完璧

日韓辭典

朴成湲 編著

明文堂

編著者 略歷

· 東京女子大學 日本文學科 卒業

· 前 京畿女子高等學校 教師

· 前 韓國外國語大學校 教授, 日本語科長

著　書

· 標準日本語教本

· 標準日本語會話

· 司法行政 受驗叢書 日本語問題集

本書의 內容

머 리 말

日本은 지리적으로 우리 나라와 가장 가까운 나라여서, 옛날부터 좋든 나쁘든간에 역사상 밀접한 관계를 가져왔지만, 아직까지 본격적인 日韓辭典이 간행되지 않았던 것은, 옛적에는 물론 사전이란 존재가 불가능한 것이었고, 일제시대에는 한국인에게 日語를 自國語로서 가르치게 한 관계로 미처 본격적인 사전의 출현을 가질 만한 여건이 되어 있지 못하였던 까닭이다. 이에 완전히 외국어로써 日語를 대하게 되는 젊은 세대들을 위하여 여기에 본격적인 日韓辭典을 편찬하게 되었다.

사전 편찬에 있어서는 어느 외국어의 경우에나, 적절한 번역어를 찾는다는 것이 쉬운 일이 아니다.

日語와 우리 말과는 助辭가 있는 점, 敬語와 卑語의 구별이 있는 점, 같은 한자를 쓰는 점 등 공통된 점이 많아서 쉬운 면도 있으나, 한편으로 역시 적절한 譯語를 찾기 어려운 점도 허다하다.

그것은 앞에서 말한 바와 같이 우리가 日語를 배울 때에 외국어로서 사전을 찾아 가며 배운 것이 아니기 때문에, 어떤 말에 대한 개념적인 설명에 앞서 그 말을 이해한다는 것이 사전 편찬에는 도리어 역효과를 가져온다는 점이다. 즉 그 말의 뜻을 너무나 자세히 알기 때문에 그 말을 어느 한 묶음 속에 묶으려고 하면 어쩐지 미흡한 느낌이 들고 더 적절한 표현은 없을까 하고 고민하는 것이다.

여하간 휘문출판사의 개척자적인 열의로써 허다한 난관을 극복하여 이 사전을 내게 되었다.

이 사전을 엮음에 있어서는 日本에서 간행된 최신의 사전 數種類를 참고로 하여 表題語의 선택에 특히 중점을 두었다. 즉 현대 사회의 언어생활에 유용하게 함을 第一條件으로 하여 日常語, 外來語, 新語를 精選

수록하였다.

그리고 그 말들에 대하여 될 수 있는 한 적절한 번역어를 붙이되, 번역어가 없는 경우에는 알기 쉽게 설명을 해 놓았다. 인정, 풍습이 다른 만큼 설명을 하지 않으면 안될 경우도 많은 것이다.

또 하나 큰 특색으로 자랑할 수 있는 것은 많은 例語, 例文을 提示하고 그 설명을 붙인 점이다.

이 例文에 대한 설명과 간단하나마 英譯을 첨부하는 일도 이 사전을 만드는 데 있어서 가장 힘든 일 중의 하나였다.

表記에 있어서는 「現代かなづかい」와 「新送りがな法」에 따라 어디까지나 현대 日語의 지침이 되게 하였다.

이 사전은 휘문출판사 사장의 열성과 편찬을 도우신 여러분의 꾸준한 노력에 의하여 이에 햇빛을 보게 되었으며, 특히 각 전문분야에서 협력을 아끼지 않으신 여러 선생님들께 깊은 사의를 표하는 동시에, 이 사전이 앞으로 보다 좋은 발전이 있도록 격려가 있기를 바라는 바이다.

朴　成　媛

增補版에 즈음하여

이번 增補에서 두드러진 것은 「日語慣用句集」을 붙인 것이다. 각각 독립된 단어풀이만으로써는 그 말이 가지고 있는 참뜻을 이해할 수 없는 경우가 허다하다. 日語를 연구함에 있어서 이 慣用句는 반드시 극복하여야 할 과제라 아니할 수 없다.

增補 전에도 慣用句가 전혀 무시되고 있지 않았으나 이번에 이를 체계있게 간추려서 부록으로 다시 붙인 것이다.

日語를 연구함에 있어 이 慣用句集이 편리하게 활용될 것을 기대한다.

編 著 者

發　刊　辭

이 《完璧 日韓辭典》은 30여 성상(星霜)동안 국내에서 최장기 베스트셀러로 자타가 공인하는 문제작이었다. 그것은 편저자가 들인 각고의 노력과 이 사전 편찬에 여러 모로 협조를 해주신 사계(斯界)의 권위자들의 정성어린 자문이 열매를 거둔 결과라고 생각한다.

이제 이 자랑스러운 《完璧 日韓辭典》을 폐사(弊社)에서 재발간하게 된 것을 기쁘게 생각한다. 필요한 표제어를 총망라한 사전, 오자(誤字)가 없는 완벽한 사전, 실제로 널리 활용되고 있는, 관용구집(慣用句集)을 비롯하여 광범위하게 응용할 수 있는부록들로 화려하게 꾸민 사전임을 자부한다.

시대의 요청에 따라 일본어(日本語)가 날로 중요시되는 때를 즈음하여 이 사전이 독자 제현들에게 큰 도움이 될 것을 믿어 의심치 않는다.

2000년 2월

金　東　求識

—本辭典 編纂을 도와 주신 분들—

◁編　　輯▷

中　村　完 (日本 天理大・韓國外國語大學 專任講師)

◁英　　語▷

梁　炳　鐸 (慶熙大學校 敎授)

◁專門用語▷

植　物・鄭　台　鉉 (理學博士・成大 敎授)

動　物・趙　福　成 (理學博士・高大 敎授)

魚　類・鄭　文　基 (理學博士・韓國水產技術協會長)

昆　虫・具　　　健 (서울農業大 敎授)

이 사전의 특징

〔1〕 새 세대의 요구에 따른 편집

이 사전은 우리 나라 최초의 일(日), 한(韓), 영(英) 새 형식의 입체적 종합 사전으로서, 일어(日語)를 우리 말뿐만 아니라, 영어(英語)로도 그 대표적인 뜻을 달아 주어 이해에 만전을 기했다.

그러므로 이 사전은 일한 사전(日韓辞典)에 그치지 않고 일영 사전(日英辞典)의 요소도 가미하여 새 세대의 요구에 따른 종합적인 용도를 지니게 했다.

〔2〕 광범위하고 풍부한 어휘

언어 생활, 독서 생활에 필요한 어휘를 면밀히 조사, 선택하였다.

그 범위는 현대 기본어, 고어(古語), 한어(漢語), 이언(俚諺), 관용구(慣 用句), 신어, 외래어 등, 이밖에 사회 과학, 자연 과학 용어 등을 광범위하게 포괄하여 총 15만여어를 수록하였으니, 학생은 물론 사회인의 독서, 실무, 교양에 충분한 반려(伴侶)가 될 줄 믿는다.

〔3〕 간결 명료한 해설에 절실한 예문

누구나 알 수 있는 평이(平易)한 말로 간결하고 명료하게 해설하였다. 그리고 해설을 돕는 용례(用例)로서 그 말에 가장 절실한 예문(例文)을 충분히 들어 주었다. 이것은 어휘별로 간추려 놓은 속담(격언) 사전의 구실도 할 것이다.

또한 그 말의 반대어(反対語), 참조어(参照語) 및 명사형(名詞形), 동사형(動詞形) 들을 들어 주어 사전으로서의 최선을 기했다.

〔4〕 예전 카나(假名) 쓰기와 문법 사항의 명시

표제어(表題語)는 현대 카나 쓰기로 들어 주고, 사용자의 편리를 도모하기 위해 예전 카나 쓰기도 달아 주었다. 그리고 품사 활용(品詞活用)을 명시했고, 특히 명사 가운데 サ행 변격 활용(サ行変格活用)을 하는 것, 형용동사(形容動詞)의 역할을 하는 것에는 그 뜻을 명시하여 그 말을 실제로 활용하는 경우에 필요하게끔 하였다.

〔5〕 한일 사전(漢日辞典)을 겸한 사전

일한 사전만으로는 읽기 어려운 한자어(漢字語)를 찾아 볼 수 없기 때문에, 이 결함을 보충하기 위하여 권말에 「상용 한자 음훈표(常用漢字音訓表)」(7천자)와 「읽기 힘든 한자어」(천여 어휘)를 수록하였다. 이 두 표만 가지면 어떠한 한자어도 찾아 낼 수 있을 것이고, 해설은 본문에서 참조하기 바란다.

〔6〕 일어 표기 원칙과 일어 문법

책 끝에 일본 문부성에서 발표한 일어의 새로운 표기법에 의한 일어 표기의 기준을 실었다.

한자 쓰기, 카나 쓰기, 로마자 쓰기, 그밖에 외래어, 지명, 성씨(姓氏), 연중 행사(年中行事) 등 많은 참고가 될 줄 믿는다. 일어 문법에 있어서도 문법 체계, 각종 품사 활용을 들었다. 일어 학습에 많은 도움이 되기 바란다.

〔7〕 인쇄, 용지, 제본의 배려(配慮)

인쇄는 최신 기술에 의한 축쇄(縮刷) 옵셋을 사용하여 선명을 기했고, 용지는 최고급 특수 사전 용지를 썼으며, 제본은 장세월 견딜 수 있게끔 견고를 위주로 하였다.

일 러 두 기

어휘의 수록

1. 일어 항목은 현대어를 중심으로 하여 고어, 속어, 방언 등을 망라하였다.
2. 그 범위는 철학, 종교, 법률, 경제, 음악, 역사, 지리, 천문, 생물, 농업, 광업, 의학, 이학, 수학 등에서 그 중요성, 영구성(永久性), 빈도수(頻度数) 등을 감안하여 수록 해설하였다.
3. 외래어는 현세대의 사람들이 많이 사용하여 생활화한 말들을 추리어 일어 항목에 섞어 같이 취급하였다.

표 제 어

1. 표제어는 원칙적으로 현대 카나(仮名) 쓰기에 의하여 히라가나(平仮名)로 표기하였다.
2. 예전 카나 쓰기는 표제어 다음에 카타카나(片仮名)로 달아 주었다.
   예 : **かお**[顔]カホ(명) ……… **はい**[灰]ハヒ(명) ………
   단, 예전 카나 쓰기는 순일본어에 한해서 표시하였다.
3. 외래어는 카타카나로 표기하였다.
   예 : **アーチ**[arch](명) ……… **ボイラー**[boiler](명) ………
   또 카타카나로 쓰는 습관이 고정된 화어도 카타카나로 표기하였다.
   예 : **イ**(명)〈악〉 ……… **ハ**(명)〈악〉 ………
4. 음절(音節)은 사이를 조금씩 떼 주는 것으로 표시하였다.
   예 : **じゆう しゅぎ**[自由主義](명) ……… **せん そう**[戦争](명·자サ) ………
5. 접두사, 접미사, 조어 성분(造語成分) 등은 그 말의 앞이나 뒤에 ―표를 붙여 표시하였다.
   예 : **あ―**[亜](접두) ……… **お―**[御](접두) ………
   ―い[位](접미) ……… **―めい**[名](접미) ………
   うい[初]ウヒ(조어) ……… **―うえ**[上]ウヘ(조어) ………
6. 활용이 있는 말은 변화하는 부분(語幹)과 변화하지 않는 부분(語尾)과의 사이에 중점(·)을 찍어 표시하였다.
   예 : **うたが·う**[疑う]ウタガフ(타 4) ……… **はたら·く**[働く](자) ………
   あいらし·い[愛らしい](형) ………
   또, 형용동사는 어간 부분을 표제어로 내세웠기 때문에 중점이 붙지 않는다.
   예 : **あきらか**[明らか](형동ダ) ……… **たい ぜん**[泰然](형동タルト) ………
7. 표제어에 상당하는 한자, 로마자, 외국어의 원어는 [ ]으로 싸서 표시하였다.

ㄱ) 표제어의 한자는 일본 당용한자체를 썼다. 또 한자를 여러 가지로 붙일 수 있는 말은 낱낱이 들어 주었다.

예 : **あい うち**[相打ち·相撃ち·相討ち]アヒー(명) ………

あたたか·い[暖かい·温かい](형) ………

ㄴ) 외래어는 원어 앞에 그 말의 국적(国籍)을 약어로 달아 주었다.

예 : **サラサ**[포 saraşa·更紗](명) ………　　**コーヒー**[네 koffie·珈琲](명) ………

또, 영어는 특히 붙여 줄 필요가 있는 것을 제외하고는 생략하였다. 또 고유 명사인 경우는 국적을 생략하고 해설로 밝혀 주었다.

어휘의 배열

표제어의 배열은 일어 50음순에 따랐다.

발음이 같은 말이 여러 개 있을 때는 다음의 원칙에 의하여 배열하였다.

1. 촉음(促音)을 나타내는 「っ」, 요음(拗音)을 나타내는 「ゃ, ゅ, ょ」, 외래어를 나타내기 위한 「ァ, ィ, ェ, ォ」 등의 소문자는 그렇지 않은 대문자의 앞에 놓았다.

   예 : **てっき**[敵機]　**てつき**[手付き]　**ひゃく**[百]　**ひやく**[飛躍]

   ファン[fan]　**ふあん**[不安]

2. 청탁(清濁)에 대해서는 청음, 탁음, 반탁음의 순으로 놓았다.

   예 : **はん**[藩]　**ばん**[番]　**パン**[pan]

3. 말의 구성면에서는 접두어(接頭語), 접미어(接尾語), 조어 성분(造語成分), 단어(単語), 연어(連語)의 순으로 놓았다.

4. 말의 종류에 있어서는 화어(和語), 한자어, 외래어의 순으로 놓았다.

5. 품사의 구별에 있어서는 활용하지 않은 품사를 앞에, 활용하는 품사를 뒤에 놓았다. 즉 명사, 대명사, 수사, 부사, 연체사(連体詞), 접속사, 감동사, 조사, 그리고 동사, 형용사, 형용동사, 조동사의 순이다.

6. 같은 품사 중에서는 한자의 자획순(字劃順)에 따랐다.
   두 자 이상의 한자어로 첫자가 같은 획일 때는 다음 자의 획이 적은 것부터 앞에 놓았다.

7. 외래어의 장음은 그 음이 하나 더 있는 것으로 하였다.

   예 : **アーク**[arc]→**アアク**　**イーグル**[eagle]→**イイグル**

8. 한 어휘에서 이루어지는 성구(成句)는 각각 따로 표제어로 내세우지 않고 그 항목의 말미에 50음순으로 모았다. 이 경우 그 성구의 표제어에 상당하는 부분은 ―으로 생략하였다.

   예 : **こころ**[心](명) ………　**―あし**[心悪し](형シク)〈고〉 ………　**―あたり**[心当たり](명) ………　**―あて**[心当て](명) ………

   단, 한자어는 한자 2자 이상으로 된 숙어가 다시 딴 말과 합하여 복합어를 이루었을 때에 한하였다.

해설의 방식

1. 설명은 간결 명료를 위주로 하고, 번역어를 찾아 들어 주었다.

형용동사와 같이 꼬집어 한마디로 표현할 수 없는 말은 설명으로 이해시키고 구디 애매한 번역어를 달지 않았다.

2. 한 어휘 가운데 품사와 용례가 달리 쓰일 때는 Ⅰ Ⅱ Ⅲ……으로 나누어 해설하고, 같은 품사 안에서 뜻이 여러 가지로 쓰일 때는 ①②③……으로, 또 그것을 나누어 설명할 필요가 있을 때는, ㉠㉡㉢……으로 표시하였다.

3. 표제어마다 설명의 말미에 그의 대표적인 영문을 들어 주어 이해에 도움이 되게 하였다. 단, 고어, 방언, 준말 등은 제외하였다.

4. 뜻이 같은 말이 달리 쓰일 때는 다음과 같은 방법을 썼다.

ㄱ) 한 말에서 인도된 파생어는 [파생]이라 하여 그 말만을 내세우고 설명을 따로 붙이지 않았다.

예 : **あたらし·い**[新しい](형) ………. [파생] **—がる**(자 4) **—げ**(형동ダ) **—さ**(명).

ㄴ) 명사형에 따른 동사형, 자동사형에 따른 타동사형 등은 해설 끝에 그 말만을 들어 주고 설명을 따로 붙이지 않았다.

예 : **ありあわせ**[有り合わせ]—アハセ(명) ………. [동] 有り合せる(자하 1).

うらがえす[裏返す]—ガヘス(타 4) ………. [명] 裏返し. [자] 裏返る(4).

あつまる[集まる](자 4) ………. [타] 集める.

삽화와 부록

1. 삽화는 주로 생활, 풍습면에서 발췌하여 설명을 보충하고 이해에 도움이 되게 하였다.

2. 부록으로 수록한 「일어 표기의 기준」「일문법 요람」은 일어 학습을 위한 체계적인 자료이고, 「상용한자 음훈표」「읽기 힘든 한자어」는 한자만 알고 그 읽는 법을 몰라 항목을 못 찾는 독자를 위한 것이다.

이 사전이 여러분의 좋은 반려(伴侶)가 되기 바란다.

약　어　표

◇부　　호◇

⇨ 보라　항목으로는 내세웠으나 관련되는 다른 항목에 해설을 전부 맡겼으니 그리로 가 보라는 뜻.
⇨:참조　그 항목을 참조하면 해설이 보충된다는 뜻.
← 온말　어떤 말의 일부, 또는 준말 형식으로 이루어진 말.
↔ 반대어　반대의 뜻을 가진 말.
[파생]　파생형
[명]　명사형
[동]　동사형
[자]　자동사형
[타]　타동사형

◇학술 전문 용어◇

〈경〉　경　제
〈고〉　고전어
〈광〉　광　물
〈군〉　군사, 군대
〈농〉　농업, 축산, 임업
〈동〉　동　물
〈방〉　방　언
〈법〉　법률, 재판
〈불〉　불　교
〈생〉　생물, 생리
〈속〉　속어, 비어(卑語), 은어(隱語)
〈수〉　수　학
〈식〉　식　물
〈심〉　심　리
〈악〉　음　악
〈역〉　역사, 고고학
〈의〉　의　학
〈이〉　물리, 화학
〈종〉　종교, 특히 기독교
〈지〉　지명, 지리, 지질
〈천〉　천문, 기상
〈철〉　철학, 논리

◇품　　사◇

(감)　감탄사
(감조)　감탄조사
(격조)　격조사
(대)　대명사
(명)　명　사
(보동)　보조동사
(부)　부　사
(수)　수　사
(수조)　수식조사
(연어)　연어(連語)
(연체)　연체사(連体詞)
(자)　자동사
(접)　접속사
(접두)　접두사
(접미)　접미사
(접조)　접속조사
(조동)　조동사
(조어)　조어성분(造語成分)
(타)　타동사
(형)　형용사
(형동)　형용동사

◇활　　용◇

(カ)　カ행 변격 활용
(ク)　형용사 ク 활용
(サ)　サ행 변격 활용
(シク)　형용사 シク 활용
(ダ)　형용동사 ダ형 활용
(タリ)　문어 형용동사 タリ형 활용(タルト형 형용동사의 문어형)
(タルト)　형용동사 タルト형 활용
(ナ)　ナ행 변격 활용(문어에서)
(ナリ)　문어 형용동사 ナリ형 활용(ダ형 형용동사의 문어형)
(ラ)　ラ행 변격 활용(문어에서)
(상 1)　상 1 단 활용
(상 2)　상 2 단 활용(문어에서)
(하 1)　하 1 단 활용
(하 2)　하 2 단 활용(문어에서)
(4)　4 단 활용
(특수)　조동사 가운데 특수한 활용을 하는 것

◇외 래 어◇

[그]　그리이스 고전어
[네]　네델란드어
[도]　도이치어
[라]　라틴어
[러]　러시아어
[미]　미국어
[범]　범어(梵語)
[스]　스페인어
[영]　영　어
[이]　이탈리아어
[인]　인도어
[일]　일　어
[중]　현대 중국어
[포]　포르투갈어
[프]　프랑스어
[한]　한국어
[헤]　헤브라이어

あ

あ—[亜](접두) ①…의 버금. …의 다음 가는.「—熱帯(ネッタイ); 아열대」②〈이〉무기산(無機酸)에서 산소가 한 분자(分子) 적은 것.「—硫酸(リュウサン); 아황산」

あ[足](명)〈고〉발. 다리.

あ[吾](대)〈고〉나. 저. 자기(自己).

あ[亜](명)〈지〉①아시아(亜細亜)의 준말. ②아르헨티나(亜爾然丁)의 준말.

あ[阿](명)〈지〉아프리카(阿弗利加)의 준말.

あ[唖](명) 벙어리. a dumb person

あ[痾](명) 낫기 어려운 병. a chronic disease

ああ(부) 저렇게. 저처럼.「—いう; 저렇게 말하다」

ああ[嗚呼](감) 무엇을 느끼고 내는 소리. 오호. 아아. (놀람, 슬픔, 기쁨, 한탄, 부름 등을 나타냄) oh

アーク[arc](명) 아아크. 호(弧). 활 모양. **—とう**[arc燈](명)〈이〉아아크등. 서로 맞선 두 개의 탄소 막대에 전류를 통하여 강한 흰 빛을 내게 하는 전등.

アーケード[arcade](명) 아아케이드. ①둥근 지붕이 있는 복도. ②상점가(商店街)의 길 위에 지붕처럼 씌운 것. 또는 그런 상가(商街).

アース[earth](명) 어어드. ①지구. 대지. ②〈이〉라디오의 수신기와 지면 사이에 전로(電路)를 만드는 장치. 접지(接地).

〔アーケード②〕

アーチ[arch](명) 아아치. ①〔건축에서〕문 등의 위쪽을 활 모양으로 쌓아 올린 것. ②나무 등의 뼈대를 소나무 가지 등으로 싸서 만든 문. 경축식, 운동회 때 앞문에 흔히 세움.

アーティスト[artist](명) 아아티스트. ①예술가. 미술가. ②책략가(策略家).

アート[art](명) 아아트. 예술. 미술. 기술. **—ペーパー**[art paper](명) 아아트페이퍼. 아아트지(紙). 표면에 윤기가 있는 약간 두꺼운 인쇄 용지.

アーベント[도 Abend](명) 아아벤트. ①저녁. ②밤에 열리는 모임.「ベートーベン—; 베에토오벤의 밤」

アーメン[헤 amen](감·명) 아멘. 〔기독교에서〕기도의 뒤에 붙이는 말. 그 내용에 찬동한다는 뜻.

アーモンド[almond](명)〈식〉아아먼드. ①편도(扁桃). 씨는 약용, 식용. ②양과자에 쓰는 살구.

アーリアンじんしゅ[Aryan 人種](명) 아리안 인종. 인도 게르만족을 잘못 일컫는 말. 주로 유럽, 미국에 사는 백인종(白人種)의 호칭(呼称).

アール[프 are](명) 아아르. 미터법에 의한 면적의 단위. 100 m^2 (약 30평). 기호는 *a*.

アーンドラン[earned run](명) 어언드런. 〔야구에서〕러너(走者)가 안타(安打), 희타(犠打), 사구(四球), 폭투(暴投) 등으로 점수를 얻는 일. 자책점(自責点).

あい—[相]アヒ(접두) ①서로. 더불어.「—いましめる; 서로 주의를 주다」②어조(語調)를 고르고 강조하기 위하여 동사 위에 붙이는 말.「—すみません; (대단히) 미안합니다」

あい[合い·間]アヒ(명) ①사이. 틈. ②←あい狂言(キョウゲン). ③←合服(アイフク). 1. a gap

あい[愛](명) 사랑. ①애정. 동정.「—の手(テ)をさしのべる; 사랑의 손길을 뻗치다」②이성애(異性愛).「—をちかう; 사랑을 맹세하다」③〔기독교에서〕자비(慈悲). 하나님이 인류에게 행복을 주는 일. ④애호(愛好). 1. love 2. tender passion

あい[藍]アヰ(명)〈식〉쪽. 마디풀과에 속하는 1년초. 잎에서 남빛 물감을 얻음.「—色(イロ); 쪽빛(남빛)」 an indigo-plant

アイ[eye](명) 아이. ①눈(眼).「—バンク; 안구 은행(眼球銀行)」②관찰력(観察力). 감식 안(鑑識眼).「カメラ—; 카메라를 사용하는 능력」

あいあい[藹藹](형동タルト) 애애. 온화한 모양. (사람의 마음이) 부드러운 모양.「和気(ワキ)—; 화기 애애」 peaceful

あいあいがさ[相合い傘]アヒアヒ—(명) 한 우산을 남녀가 같이 받는 일. under the same umbrella

あいいく[愛育](명·타サ) 사랑하여 기름. tender care

あいいれない[相容れない]アヒイレ—(연어·형) 서로 일치되지 않다. 서로 용납(容納)하지 않다.「氷炭(ヒョウタン)—; 빙탄 불상용」 contradictory

あいいん[合い印]アヒ—(명) 계인(契印). 할인(割印). a counter-stamp

あいいん[愛飲](명·타サ) 애음. 즐겨 마심. habitual drinking

あいうち[相打ち·相討ち·相撃ち]アヒ—(명·자サ) 동시에 서로 치거나 베거나 쏨. simultaneous beating

アイエヌエス[INS←International News Service](명) 아이엔에스. 국제적인 뉴우스 공급을 업으로 하는 미국 통신사의 약칭.

アイエルオー[ILO←International Labour Organization](명) 아이엘오우. 국제 노동 기구의 약칭.

あいえん[合縁]アヒ—(명) 서로 잘 화합하는 인연.「—奇縁(キエン); 합연 기연(서로의 화합은 모두 이상한 인연에 의하여 된다는 말)」 karma-relation

あいえん[哀婉](명·형동ダ) 가련하고 예쁨. graceful in sorrow

あいえん[愛煙](명) 애연. 담배를 즐김.「—家(カ);

애연가」 habitual smoking
あいおい[相生い]アヒオヒ(명) ①함께 자람. ②한 뿌리에서 두 개의 줄기가 자람. ③같은 나이. 동갑. 2. twin growth
アイオーシー[IOC←International Olympic Committee](명) 아이오우시이. 국제 올림픽 위원회의 약칭.
あいおん[哀音](명) 슬픈 소리. a mournful sound
あいか[哀歌](명) 애가. 슬픈 노래. 슬픈 마음을 노래한 시가(詩歌). an elegy
あいかぎ[合い鍵]アヒ―(명) 한 자물쇠에 맞게 만든 또 하나의 같은 열쇠. a duplicate key
あいかご[相駕籠]アヒ―(명) 두 사람이 함께 한 가마에 타는 일. in the same palanquin with
あいかた[相方]アヒ―(명) ①연극 대사(臺詞) 중간에 타는 샤미센(三味線). ②노오(能)의 반주자. ③〔유곽(遊廓)에서〕 상대의 여자. 3. a partner
あいかまえて[相構えて]アヒカマヘテ(부)〈고〉 십분 주의하여. 반드시. 결단코.
あいがみ[間紙]アヒ―(명) 더러워지거나 깨지지 않게 물건 사이에 끼우는 종이. padding paper
あいがも[合鴨·間鴨]アヒ―(명) ①〈동〉 물오리와 집오리의 트기. ②오리 고기. 1. a crossbreed of the duck 2. duck meat
あいかわらず[相変わらず]アヒカハラズ(연어·부) 변함없이. 여전히. as usual
あいかん[哀感](명) 슬픈 느낌. feeling of sorrow
あいかん[哀歓](명) 애환. 슬픔과 기쁨. sorrow and pleasure
あいがん[哀願](명·자サ) 애원. 간절히 부탁함. 매우 간절히 바람. supplication
あいがん[愛玩](명·타サ) 애완. 귀여워하며 가까이 두고 즐김. 「一動物(ドウブツ); 애완 동물」 fondling
あいき[愛機](명) 애기. 애용하는 비행기. 또는 사진기. one's airplane or camera
あいぎ[合着·間着]アヒ―(명) ①겉옷과 속옷 사이에 입는 옷. ②⇨あいふく.
あいぎこえ[相聞え]アヒ―(명) ⇨そうもん.
あいきゃく[相客]アヒ―(명) 같은 자리, 같은 여관에 있는 손님. a fellow guest
あいきょう[愛敬·愛嬌](명) ①애교. 귀여움. ②붙임성이 있는 것. ③(파는 물건에 덧붙여 주는) 덤. 1. winsomeness 2. sociability
あいきょう[愛郷](명) 애향. 고향을 사랑함. the love of one's native place
あいぎょう[愛楽](명) ①〈불〉 불법을 믿어 발원(發願)함. ②사랑하고 즐김. 2. making a pet of
あいきょうげん[間狂言]アヒ―(명) 일본 고유의 연극인 노오(能)를 상연할 때 중간에 상연하는 희극. an interlude
あいぎん[愛吟](명) 좋아하는 시가(詩歌)를 즐겨 읊음. chanting one's favourite poems
あいくぎ[合釘]アヒ―(명) 양끝이 다 뾰족한 못. 판자 등을 연결할 때 씀. a double-pointed nail
あいくち[合口·匕首]アヒ―(명) 비수. 날밑이 없는 단도. a dagger
あいくるし·い[愛くるしい](형) 매우 귀엽다. 사랑스럽다. 파생 **―げ**(형동ダ) **―さ**(명). charming
あいけい[愛敬](명·타サ) 애경. 사랑하고 존경함. reverence
あいけん[愛犬](명) 애견. ①사랑하는 개. ②개를 귀여워하는 일. 「一家(カ); 애견가」 1. one's pet dog
あいこ[相子]アヒ―(명) 서로 우열이 없음. 무승부(無勝負). 「これで一だ; 이것으로 비겼다(이것으로 피장파장이다)」 an even game
あいこ[愛顧](명·타サ) 사랑하여 돌봐 줌. patronage
あいご[相碁]アヒ―(명) 〔바둑에서〕 서로 실력이 같은 것. 맞바둑. 상선(相先). 호선(互先).
あいご[愛語](명)〈불〉 애어. 부처나 고승(高僧)이 중생을 구하고자 하는 자비로운 말.
あいご[愛護](명·타サ) 애호. 사랑하고 보호함. 「動物(ドウブツ)一; 동물 애호」 protection
あいこう[愛好](명·타サ) 애호. 즐기고 친함. 사랑하고 즐김. 「一者(シャ); 애호자」 relish
あいこう[愛校](명) 애교. 자기 학교를 사랑함. 「一心(シン); 애교심」 the love of one's school
あいごう[哀号](명) 슬피 울부짖음. 곡(哭). 호곡(号哭). lamentation
あいこく[愛国](명) 애국. 자기 나라를 사랑함. 「一者(シャ); 애국자」 the love of one's country
あいことば[合い言葉·合い詞]アヒ―(명) 같은 패끼리 미리 약속해 놓은 신호용(信号用)의 말. 암호(暗号). a watchword
アイコノスコープ[iconoscope](명) 아이코너스코우프. 텔레비전 송상 장치(送像裝置)의 일부. 빛의 명암(明暗)을 전류로 변화시키는 진공관.
あいごま[間駒]アヒ―(명) 〔장기에서〕 방어하기 위하여 놓는 말. a countercheck
あいさい[愛妻](명) 애처. ①사랑하는 아내. ②아내를 사랑함. 「一家(カ); 애처가」 1. one's beloved wife 2. the love for one's wife
あいさく[合作·間作]アヒ―(명)〈농〉 ⇨かんさく.
あいさつ[挨拶](명·자サ) ①응대. 접대. ②상대방에게 (답하여) 인사함. 사교적인 인사. ③(모임 등에서) 취지나 감상을 나타내는 말. 「開会(カイカイ)の一; 개회사」 1. a greeting 2. an address
あいし[哀史](명) 애사. 슬픈 역사(이야기). 「女工(ジョコウ)一; 여직공의 슬픈 이야기」 a tragic history
あいし[哀詩](명) 슬픈 마음을 나타낸 시. an elegy
あいじ[愛児](명) 귀여운 자식. 사랑하는 자식. one's beloved child
アイシェード[eye-shade](명) 아이세이드. 광선을 피하기 위해 모자처럼 쓰는, 차양만으로 된 것.
あいじつ[愛日](명) ①겨울날. ②시간을 아껴 노력함. ③효심(孝心)이 지극한 것. 1. a winter day 2. hard work 3. piety
あいじゃく[愛着](명·자サ) ⇨あいちゃく.

アイシャドー[eye-shadow](명) 아이섀도우. 눈두덩에 바르는 화장품의 하나.
あいしゅう[哀愁](명) 애수. 가슴에 스며 드는 슬픔. 「一抹(イチマツ)の一; 한 가닥의 애수」 sorrow
あいしゅう[愛執](명)〈불〉 애정에 집착함. attachment
あいじゅつ[哀恤](명) 애휼. 불쌍히 여겨 도와 줌. sympathy and relief
あいしょ[愛書](명) 애서. ①책을 좋아함. 「一家(カ); 책을 사랑하는 사람」 ②아끼는 책. 1. the love of books
あいしょう[相性·合い性]アヒー(명) ①궁합(宮合)이 맞음. ②성격이 잘 맞음. compatibility of the stars
あいしょう[哀傷](명·타サ) 애상. 슬퍼하고 가슴 아파함. sorrow
あいしょう[愛妾](명) 애첩. 사랑하는 첩. one's favourite mistress
あいしょう[愛称](명) 애칭. ①친한 사이에 부르는 이름. ②친밀과 사랑을 나타내어 부르는 이름. 1. a pet name
あいしょう[愛唱](명·타サ) 애창. 즐겨 부름. 「一歌(カ); 애창가(즐겨 부르는 노래)」 favourite singing
あいしょう[愛誦](명·타サ) 애송. 즐겨 읊음. 또는 읽음. favourite reading
あいじょう[愛情](명) 애정. 사랑하는 마음. affection
あいじょう[愛嬢](명) 사랑하는 딸. 영애(令愛). 남의 딸을 일컫는 말. one's beloved daughter
あいじるし[合い印]アヒー(명) ①다른 것과 구별할 수 있게 찍어 놓은 표지(標識). 합인. ②자기편임을 나타내는 표지. 1. counter marks 2. friendly marks
あいじるし[合標]アヒー(명) 바느질할 때 두 겹의 천을 똑바로 꿰매기 위해 찍는 표지. seam tracing
あいしろ·う アヒシラフ(타 4)〈고〉 ①응답(應答)하다. 상대하다. ②접대하다. ③일을 원만하게 다루다.
あいじん[愛人](명) 애인. 사랑하는 사람. 연인(恋人). a lover
アイシング[icing](명) 아이싱. (과자 등에 입히는) 설탕 등으로 된 겉껍질. 「バターー; 버터 아이싱」
あい·す[愛す](타 4) 사랑하다. 귀여워하다. love
アイス[ice](명) 아이스. ①얼음. 「一コーヒー; 냉코오피」 ②아이스크리임의 준말. ③〈속〉 고리 대금업자. **—キャンデー**[ice candy](명) 아이스캔디. 빙과. 얼음 과자. **—クリーム サンデー**[ice cream sundae](명) 아이스크리임선디. 아이스크리임에 과즙이나 코코아를 섞은 음료. **—ボックス**[ice box](명) 아이스 복스. 얼음 냉장고. **—ホッケー**[ice hockey](명) 아이스하키. 스케이트를 타며 하는 하키. **—リンク**[ice rink](명)아이스링크. 스케이트장. 빙판.
あいず[合図]アヒー(명·자サ) 미리 한 약속에 의하여 어떤 일을 알림. 신호. a signal
アイスランド[Iceland](명)〈지〉 아이슬란드. 대서양 북쪽의 섬. 독립 공화국. 수도는 레이캬비익(Reykiavik).
あい·する[愛する](타サ) ①사랑하다. 귀여워하다. ②좋아하다. ③사모하다. 그리워하다. ④소중히 여기다. 1. love
あいせい[愛婿](명) 사랑하는 사위. one's favourite son-in-law
あいせき[哀惜](명·타サ) 애석. 슬퍼하고 아까와함. condolence
あいせき[哀戚](명·타サ) 애척. 서러워하고 근심함. 애도(哀悼). lamentation
あいせき[愛惜](명·타サ) 애석. 사랑하고 아까와함. 매우 아까와함. fondness
あいせつ[哀切](명·형동ダ) 애절. 매우 애처롭고 슬픔. pathos
あいぜつ[哀絶](명) 애절. 매우 슬퍼함. a bitter grief
あいせん[相先]アヒー(명) ⇨たがいせん.
あいせん[間銭]アヒー(명)〈고〉 구전(口錢). 구문(口文).
あいぜん[愛染](명) 애욕. 번뇌. lust. **—みょうおう**[愛染明王](명)〈불〉 애염 명왕. 밖으로는 분노의 정을 나타내고 있으나 내심은 애착을 본체로 하는 사랑의 신. 눈이 셋이고 팔이 여섯이며 머리에는 사자관을 쓰고 있음.
あいぜん[藹然](형동タリ) ①많고 왕성한 모양. ②무성한 모양. ③화목한 모양. 1. flourishing
あいぜん[靄然](형동タリ) 안개 낀 모양. misty
アイゼン[도 Eisen](명) 아이젠. 등산할 때 구두 밑에 덧신는 쇠로 만든 기구. 쉬타이크아이.
あいそ[哀訴](명·자サ) 애소. 슬프게 하소연함. 슬피 호소함. 애원(哀願). an appeal
あいそ[愛想](명) 〔←あいそう〕 ①애교. ②대접. ③친밀한 정. 「一がつきる; 정이 떨어지다」 ④〔お一〕〔요리집에서〕 계산. 「ねえさん, お一; 색시, 계산하세요」 1. amiability 2. entertainment. **—づかし**[愛想尽かし](명) 정이 떨어져 사귀지 않음.
あいぞう[愛憎](명) 애증. 사랑과 미움. love and hatred
あいぞう[愛蔵](명·타サ) 귀중하게 여겨 잘 보관함. 비장(秘蔵). 「一の茶碗(チャワン); 비장해 둔 차잔」 treasuring
あいそく[愛息](명) 사랑하는 아들. one's beloved son
アイソトープ[isotope](명)〈이〉 아이소토우프. 원자 번호는 같으나 원자량(原子量)이 다른 원소. 동위 원소(同位元素).
あいそん[愛孫](명) 사랑하는 손자. one's beloved grandchild
あいだ[間]アヒダ Ⅰ(명) ①사이. 간격. ②중간. 「一を取(ト)る; 중간을 취하다」 ③틈. ④관계. 「一を裂(サ)く; 관계를 끊다」 ⑤기간. 시간. 동안. 「長(ナガ)い一; 오랫동안」 Ⅱ(접조) 고로. 때문에. 「お送(オク)り申(モウ)し上(ア)げそうろう(候)一; 보내 드렸사오니」 Ⅰ 4. terms 5. an interval of time. **—がら**[間柄](명) ①사람과 사람과의 관계. ②교제. 사귐. **—ぐい**[間食い](명) 간식.
あいたい[相対]アヒー(명) ①상대. 서로 마주 대함. ②상담. 의논. 「一ずく; 서로(둘이서) 의논하여 정함」 1. face to face
あいたい[靉靆] Ⅰ(형동タリ) 구름, 안개 등이 낀 모양. Ⅱ(명) 안경(眼鏡). 돋보기. Ⅰ trailing Ⅱ glasses
あいたしゅぎ[愛他主義](명) 애타주의. 남의 이익을

피하는 주의. altruism
あいだちな·し(형ク)〈고〉 ①무뚝뚝하다. 귀염성이 없다. ②철없다.
あい ち[愛知](명)〈지〉 중부 지방 서남의 현. 현청 소재지는 나고야(名古屋).
あい ちゃく[愛着](명·자サ) 애착. 애정에 끌려 그리워함. 매우 아낌. 집착. attachment
あい ちょう[哀調](명) 애조. 구슬픈 가락.「一を帯(オ)びた民謡(ミンヨウ); 애조를 띤 민요」 a mournful melody
あい ちょう[愛重](명·타サ) 애중. 사랑하고 소중히 여김. 애지 중지함.「一の念(ネン); 사랑하고 소중히 여기는 마음」 treasuring
あい ちょう[愛鳥](명) (야생의) 새를 사랑하는 일.「一週間(シュウカン); 애조 사상을 앙양하기 위한 주간」 the love of birds
あいつ(대)〈속〉 그. 그놈. that chap
あい つ·ぐ[相次ぐ]アヒー(자 4) 연달다. 잇달다.「一悲報(ヒホウ); 연달은 비보」 succeed
あい づち[相槌]アヒー(명) ①(벼림질 등을 할 때) 교대로 내리치는 망치질. ②(이야기 등의) 맞장구. 2. chiming in with
あい て[相手]アヒー(명) ①함께 일하는 상대방. ②서로 다투는 상대방. 1. a partner 2. an opponent. — **かた**[相手方](명)〈법〉 사건에 관계하는 다른 편. 상대방. —**ど·る**[相手取る](타 4) 상대하다. 상대하여 맞서다.
アイデア[idea](명) 아이디어. ①〈철〉 이념. 관념. 이상. ②표상(表象). ③착상(着想). 고안.「いい一だ; 좋은 착상이다」
アイデアリズム[idealism](명) 아이디얼리즘. ①이상주의. ②〈철〉 관념론(観念論). 이상론(理想論).
アイデアル[ideal](형동ダ) 아이디얼. 이상적. 전형적.
あい でし[相弟子]アヒー(명) 같은 스승에게 함께 배우는 제자. 동문(同門). a fellow-pupil
あい てら·す[相照らす]アヒー(타 4) 서로 비추다.「肝胆(カンタン)—; 의기 상통(意気相通)하다」 light each other
あい とう[哀悼](명·타サ) 애도. 고인(故人)의 죽음을 슬퍼하고 상심함. 애척(哀戚). condolence
あい どく[愛読](명·타サ) 애독. 즐겨 읽음.「一者(シャ); 애독자」 reading with pleasure
あい どの[相殿]アヒー(명) 2주(柱) 이상의 신을 한 신사(神社)에 모시는 일. joint enshrinement
あい とむら·う[相弔う]アヒトムラフ(자 4) 서로 위로하다.「形影(ケイエイ)—; 자신과 자신의 그림자가 서로 위로하다(슬픔 속에 고독하다)」 console each other
あい ともな·う[相伴う]アヒトモナフ(자 4) ①동반하다. 동행하다.「夫婦(フウフ)—; 부부 동반」 ②함께 나타나다. 수반(随伴)하다. 1. be accompained by
あい ともに[相共に]アヒー(부) ①함께. 더불어. ②동시에. 1. together 2. at the same time
あい なかば·する[相半ばする]アヒー(자サ) 절반씩이 되다. 반반이 되다.「功罪(コウザイ)—; 공죄 반반이다」 get even with
あい な·し[間無し]アヒー(형ク)〈고〉 간격이 없다.
あい な·し[愛無し]アヒー(형ク)〈고〉 ①애교가 없다. ②재미 없다. ③쓸모 없다. 불필요하다. ④난폭하다.
あいな だのみ[あいな頼み](명)〈고〉 헛된 기대. 지나친 기대.
あい なめ(명)〈동〉 쥐노래미. 바닷물고기로 길이 30 *cm* 정도. 몸빛은 개체 변화가 심함. a greenling
あいなめの まつり[相嘗祭]アヒー(명) 천황이 천지 신명에게 햇곡식을 바치는 제사.
あい な·る[相成る]アヒー(자 4) "なる(되다)"의 정중한 말.
あいにく[合憎·生憎] Ⅰ(부) 불행히. 공교롭게. 형편이 불리하게.「お一さま; (당신의 뜻대로 안되어) 미안합니다」 Ⅱ(형동ダ) 형편이 나쁜 모양.「遠足(エンソク)に一な雨(アメ)だ; 소풍에 공교롭게도 비야」 Ⅰ unfortunately
アイヌ[Ainu](명) 아이누. 홋카이도오(北海道)와 사할린에 사는 한 종족. 몸에 털이 많음.
あい のこ[合いの子·間の子]アヒー(명) ①트기. 잡종(雑種). 혼혈아. ②어느 쪽인지 모르는 애매한 것. 중간치. 1. a half-blood 2. a neuter
あい の て[合いの手·間の手]アヒー(명) ①노래와 노래 사이에 하는 악기의 연주. 간주(間奏).「一を入(イ)れる; 간주를 넣다」 ②회화(会話) 등의 진행중에 끼우는 말이나 소리.「一を入(イ)れる; 장단을 맞추다」 1. an interlude
あい のり[相乗り]アヒー(명·자サ) 차에 같이 탐. 합승(合乗). riding together
あい ば[愛馬](명) ①애마. 사랑하고 아끼는 말. ②말을 사랑함. 2. the love of horses
あい はん[合判]アヒー(명) ①⇨あいいん. ②함께 책임지는 표지로 찍는 도장. 연판(連判). 2. a joint seal
あい ばん[相判]アヒー(명) ①종이 치수의 하나. 세로 약 21 *cm*, 가로 15 *cm*. ②〔사진 전판에서〕 간판(間判). 세로 12.7 *cm*, 가로 10 *cm*.
アイ バンク[eye bank](명) 아이뱅크. 안구 은행(眼球銀行).
アイ ビー エム[IBM←International Business Machine](명) 아이비이엠. 기록, 계산, 통계 등의 여러 가지 사무를 자동적으로 처리하는 전자 계산기.
あい びき[逢い引き·媾曳]アヒー(명·자サ) 남녀가 몰래 만남. 밀회(密会). a rendezvous
あい びょう[愛猫](명) 사랑하는 고양이. one's favourite cat
あい ふ[合符]アヒー(명) 역에서 수하물(手荷物)을 인수(引受)할 때 주는 표. 물표. a check
あい ぶ[愛撫](명·타サ) 애무. 귀여워하여 어루만짐. caressing
あい ふく[合服·間服]アヒー(명) ①간복. 춘추복. ②겉옷과 속옷 사이에 입는 옷. 1. a spring suit
あい ふだ[合い札]アヒー(명) ①물건을 맡은 증거로 주

는 표. 보관증. ②뒷날의 증거로 한 장의 표를 반으로 나누어 주는 것. 1. a check

あいべつ[哀別](명·자サ) ①이별을 서러워함. ②슬픈 이별. 1. the sorrow of parting 2. a sad parting

あいべつりく[愛別離苦·哀別離苦](명)〈불〉 애별리고. 팔고(八苦)의 하나. (부모, 형제, 처자 등) 사랑하는 사람과의 사별(死別)의 괴로움. bereavement

あいぼ[愛慕](명·타サ) 애모. 사랑하고 그리워함. 「一の情(ジョウ); 애모의 정」 love

あいぼう[相棒]アヒー(명) ①가마를 같이 메는 상대. ②일을 같이 하는 사람. 한패. 1. a partner 2. a mate

アイボリー[ivory](명) 아이보리. ①상아(象牙). ②상아 빛깔의 두꺼운 서양지. 명함 등에 쓰임.

あいま[合間]アヒー(명) 사이. 동안. 중간. an interval

あいまい[曖昧](형동ダ) 애매. ①분명치 않은 모양. 「一模糊(モコ); 애매 모호」 ②뒤가 깨끗하지 못한 모양. 1. ambiguity 2. doubtfulness

あいま·つ[相俟つ]アヒー(자 4) 둘 이상이 서로 어울리다. 「天分(テンブン)と努力(ドリョク)が両両(リョウリョウ)あいまって; 천품과 노력이 서로 잘 어울려서」 correlate

あいみたがい[相身互い]アヒミタガヒ(명) 서로 돕는 일. 상호 협조. 「武士(ブシ)は一; 무사는 서로 도움」 mutual sympathy

あい·みる[相見る]アヒー(타상 1) 서로 마주 보다. look at each other

アイモ[Eyemo](명) 아이모. 미국의 벨 앤드 하우엘(Bell and Howell) 회사에서 만든 35*mm* 휴대용 영화 촬영기. 뉴우스 영화 촬영용.

あいもち[相持ち]アヒー(명) ①번갈아 드는 것. ②같이 가지는 것. ③서로 같은 분량을 부담하는 것. 2. common possession 3. an equal share

あいやく[相役]アヒー(명) 같은 일에 종사하는 사람. 동료(同僚). an associate

あいやど[相宿]アヒー(명·자サ) 같은 여인숙(旅人宿)에 듦. 동숙(同宿). lodging together

あいよう[愛用](명·타サ) 애용. 즐겨 사용함. 「一車(シャ); 애용하는 차」 habitual use

あいよく[愛欲](명) 애욕. ①이성(異性)을 사랑하고 싶은 욕망. ②성욕(性慾). 1. passion

あいらし·い[愛らしい](형) 귀엽다. 사랑스럽다. 파생 **—げ**(형동ダ) **—さ**(명). lovable

あいりん[愛林](명) 애림. 산림을 애호함. 「一週間(シュウカン); 산림 애호 주간」 forest conservation

アイルランド[Ireland·愛蘭](명)〈지〉 아일란드. 애란. 영국 서쪽의 섬으로 이루어진 공화국. 수도는 더블린(Dublin).

アイレ[Eire](명) ⇨エール.

あいれん[哀憐](명) 애련. 가엾게 여김. pity

あいれん[愛恋](명) 애련. 남녀가 사랑하여 그리워함. yearning love

あいれん[愛憐](명) 애련. 동정. 자비. kindness

あいろ[文色](명)〈고〉 ①모양. 모습. ②구별. 분별.

あいろ[隘路](명) 애로. ①험하고 좁은 길. ②방해(妨害). 지장. 곤란. 「販売(ハンバイ)の一; 판매상의 애로」 1. a narrow path 2. a bottle-neck

アイロニー[irony](명) 아이러니. 반어(反語). 비꼼. 풍자(諷刺).

アイロン[iron](명·타サ) 아이론. ①다리미. 다림질. 「電気(デンキ)一; 전기 다리미」 ②머리털을 지져서 다듬는 데 쓰는 기구. 고데.

あいわ[哀話](명) 애화. 슬픈 이야기. 비화(悲話). a sad story

あ·う[合う]アフ Ⅰ(자 4) ①합치다. ②맞다. 알맞다. ③갖추다. ④노력(労力)의 보상이 되다. 「日給(ニッキュウ)百円(ヒャクエン)ではあわない; 일급 백 원으로는 (수지가) 맞지 않는다」 ⑤조화되다. Ⅱ(보동·4) …하여 함께 어울리다. 「落(オ)ち一; 서로 만나다」 ②서로 …하다. 「ほめ一; 서로 칭찬하다」 Ⅰ 1. join 2. suit

あ·う[会う·遇う·逢う]アフ(자 4) 만나다. 면회하다. 당하여 만나다. meet

あ·う[敢う]アフ(자하 2)〈고〉 ①완수(完遂)하다. 밀고 나가다. ②참다. 견디다. 버티다.

あ·う[婚う]アフ(자 4)〈고〉 ①결혼하다. ②싸우다. 회전(会戦)하다.

あ·う[饗]アフ(타하 2)〈고〉 대접하다.

アウタルキー[도 Autarkie](명) 아우타르키이. 자급 자족(自給自足).

アウト[out](명) 아우트. ①바깥. 겉. 「一ポケット; 겉 호주머니」 ②〔정구, 야구 등에서〕 공이 일정한 선 밖으로 나가는 일. ↔イン. ③〔야구, 권투 등에서〕 득점의 권리를 잃는 것. ↔セーフ. **— カーブ**[outcurve](명·자サ) 아우트커어브. 〔야구에서〕 피처(投手)가 던진 공이 배터(打者) 근처에서 급히 밖으로 구부러지는 일. ↔インカーブ. **— コース**[outcourse](명) 아우트코오스. 〔야구에서〕 피처가 던진 공이 배터에게서 먼 쪽을 통과하는 것. ↔インコース. **— コーナー**[outcorner](명) 아우트코오너. 〔야구에서〕 외각(外角). ↔インコーナー. **— サイダー**[outsider](명) 아웃사이더. ①국외자(局外者). 제삼자. 필요 없는 것. 필요 없는 사람. ②〈경〉 협정에 가입하지 않은 사람. 비가맹자(非加盟者). 또는 비가맹사(非加盟社). **— サイド**[outside](명) 아웃사이드. 외부. 외면. 겉. ↔インサイド. **— シュート**[outshoot](명) 아우트슈우트. 〔야구에서〕 피처의 직구(直球)가 배터 가까이에서 바깥쪽으로 굽는 일. ↔インシュート. **— ドロップ**[outdrop](명) 아우트드롭. 〔야구에서〕 피처가 던진 공이 배터 가까이에서 급히 아래쪽으로 떨어지는 일. ↔インドロップ. **— ライン**[outline](명) 아우트라인. ①윤곽. ②개요(概要).

アウドロ(명) 〔야구에서〕 아우트드롭의 준말.

あうん[阿吽·阿呍](명)〈불〉 ①입을 벌리고 내는 소리(阿)와 다물고 내는 소리(吽). ②만물의 처음과 끝. ③호흡(呼吸). ④인왕(仁王). 하나는 입을 벌리고 하나는 입을 다물고 있음. 2. alpha and omega

あえか(형동ナリ)〈고〉 가냘픈 모양. 매우 약하고 덧없어 보이는 모양.
あえ·ぐ[喘ぐ]アヘグ(자 4) ①숨이 차다. 헐떡이다. ②피로와하다. 허덕이다. 「経営難(ケイエイナン)に—; 경영난에 허덕이다」 1. pant 2. suffer
あえしろ·う(타 4)〈고〉 ⇨あいしろう.
あえず[敢えず]アヘ—(연어) 다하지 못하고. 끝맺지 못하고. 「いいも—; 말을 끝맺지도 못하고」
あえて[敢えて]アヘ—(부) ①감히. 굳이. 「—する; 감히 하다」 ②일부러. 부러. 「—いう; 일부러 말하다」 ③조금도. 별로. 「—驚(オドロ)くには當(アタ)らない; 별로 놀랄 것은 없다」 1. dare 3. at all
あえな·い[敢え無い]アヘ—(형) 보람 없다. 허무하다. 덧없다. 「—最期(サイゴ); 허무한 최후」 pitiful
あえな·し[敢え無し]アヘ—(형 ク)〈고〉 ①덧없다. ②어쩔 수가 없다.
あえもの[和え物·韲え物]アヘ—(명) 야채, 생선, 조개 등을 된장, 초, 깨 등으로 양념을 하여 무친 요리. a salad
あ·える[和える·韲える]アヘル(타하 1) 야채, 생선, 조개 등을 된장, 초, 깨 등으로 무치다. make a salad
あえん[亜鉛](명)〈이〉 아연. 청백색의 금속 원소(金属元素). 철의 산화 방지, 양은, 유기 등의 합금에 쓰임. 기호는 Zn. zinc
あえんか[亜鉛華](명) 아연화. 산화 아연(酸化亜鉛)의 가루. bloom. **—なんこう**[亜鉛華軟膏](명)〈의〉 아연화 연고. 화상 등에 바르는 흰 고약.
あお—[青]アヲ(조어) 미숙한. 「—二才(ニサイ); 풋나기」
あお[青]アヲ(명) ①파랑. 하늘빛. ②풀색. 녹색. 「—竹(ダケ); 푸른 대나무」 ③(안전, 전진 등을 나타내는) 청색 신호(信号). 청신호(青信号). ④검은 말. 또는 그 털빛. 1. blue 2. green
あおあお[青青]アヲアヲ(부·자サ) 청청한 모양. 매우 푸른 모양. vividly green
あおあらし[青嵐]アヲ—(명) 초여름에 약간 세게 부는 바람. wind through verdure
あおい[葵]アフヒ(명) ①〈식〉 아욱과에 속하는 당아욱, 접시꽃, 동규(冬葵) 등의 총칭. ②토쿠가와(徳川)가의 가문(家紋). 1. a hollyhock. **—まつり**[葵祭り](명) 쿄오토(京都) 카모 신사(賀茂神社)의 축제(祝祭).
あお·い[青い·蒼い]アヲイ(형) ①파랗다. 푸르다. ②얼굴빛이 창백하다. ③(과일 등이) 잘 익지 않다. 파생 **—さ**(명). 1. blue 3. unripe. **—とり**[青い鳥](명) 행복의 상징인 파랑새. (마아테를링크의 동화 파랑새에서 나온 말)
あおいき[青息]アヲ—(명) 탄식할 때, 두려울 때 나오는 숨. 한숨. a sigh. **—といき**[青息吐息](연어·명) 심한 곤경에 빠져서 허덕임. 또는 그러할 때 나오는 한숨.
あおいろしんこく[青色申告]アヲイロ—(명) 정부가 인정한 방식으로 장부를 꾸미고 청색 용지에 소득세(所得税)를 신고하는 일. a blue return
あおう[亜欧](명) 아시아(亜細亜)와 유럽(欧羅巴)의 준말.
あおうなばら[青海原]アヲ—(명) 넓고 푸른 바다. 창해(滄海). the ocean
あおうま[青馬·白馬]アヲ—(명)〈고〉 ①푸른 빛이 도는 검은 말. ②흰 말. 또는 흰 털에 갈색, 검은 색 등의 털이 섞인 말. 「the blue expanse of water
あおうみ[青海]アヲ—(명) 푸른 바다. 벽해(碧海). ↗
あおうみがめ[青海亀](명)〈동〉 바다거북. 암황색(暗黄色)의 반점이 있는 암록색(暗緑色)의 거북. 고기와 알은 식용하며, 기름은 비누의 원료로 쓰임. 푸른거북. a blue sea-turtle
あおうめ[青梅]アヲ—(명) 덜 익은 매실(梅実). an unripe plum
あおえ[青絵]アヲヱ(명) 도자기에 그린 쪽빛 그림. 또는 그 도자기. blue pattern
あおえり[青衿]アヲ—(명)〈고〉 푸른 깃. 보잘 것 없는 옷을 가리키는 말.
あおがい[青貝]アヲガヒ(명) ①⇨らでん(螺鈿). ②전복 껍질을 간 것. 단추 등에 쓰임. 2. a nacre
あおがきやま[青垣山]アヲガキ—(명)〈고〉 울타리처럼 주위를 둘러 싼 푸른 산.
あおかび[青黴]アヲ—(명)〈식〉 푸른곰팡이. 음식에 피는 가장 흔한 곰팡이. green mould
あおがれびょう[青枯れ病]アヲ—(명)〈농〉 야채류가 세균의 침입으로 파란 채로 시들어 죽는 병. 장승병. 입고병(立枯病). wilt disease
あおき[青木]アヲ—(명)〈식〉 식나무. 참식나무. 층층나무과에 속하는 상록 활엽 관목. 줄기가 푸르고 겨울에 빨간 열매가 열림. a gold-leaf plant
あおぎなこ[青黄な粉]アヲ—(명) 푸르대콩으로 만든 고급 콩가루. soybean flour
あおぎり[青桐·梧桐]アヲ—(명)〈식〉 벽오동. 나무가 늙어도 껍질의 푸른 빛이 그대로 있는 것이 특색임. 과실은 식용, 수액(樹液)은 제지용의 풀로 쓰고 껍질에서는 섬유를 채취함. a sultan's parasol
あおきん[青金]アヲ—(명) ①금과 철의 합금. ②금과 은의 합금. 가루로 만들어 칠기(漆器)에 그림을 그리는 데 씀. 2. being alloyed gold with silver
あお·ぐ[仰ぐ]アフグ·アヲグ Ⅰ(자 4) 쳐다보다. 「空(ソラ)を—; 하늘을 쳐다보다」 Ⅱ(타 4) ①우러르다. 존경하다. 모시다. 「師(シ)と—人(ヒト); 스승으로 우러르는 사람」 ②삼가 바라다. 「ご裁決(サイケツ)を—; 앙결재(仰決裁)」 ③들이켜다. 「毒(ドク)を—; 독을 마시다」 ④청하다. 「教(オシ)えを—; 가르침을 청하다」 Ⅰ look up Ⅱ 1. revere
あお·ぐ[扇ぐ]アフグ(타 4) ①(부채 등으로) 바람을 일으키다. 부치다. ②선동하다. 꼬드기다. 1. fan
あおくさ[青草]アヲ—(명) 푸른 풀. green grass
あおくさ·い[青臭い]アヲ—(형) ①풋내가 나다. ②불충분하다. 미숙하다. 「—文章(ブンショウ); 미숙한 문장」 1. grassy-smelling 2. unskilled
あおくちば[青朽ち葉]アヲ—(명) ①푸른 색을 띤 황갈색. ②옛날 일본 옷의 색의 배합. 겉은 초록 또는 연두, 안은 노랑. 1. bluish tawny

あおぐも[青雲]アヲー(명) 푸른 하늘. 창공(蒼空). the blue sky
あおぐろ·い[青黒い]アヲー(형) 검푸르다. darkish blue
あおざかな[青魚]アヲー(명) 등이 푸른 생선. 예: 고등어, 정어리 등.
あおさぎ[青鷺]アヲー(명)〈동〉 왜가리. 백로과에 속하는 새. 하천, 호수에 떼 지어 삶. a heron
あおざむらい[青侍]アヲザムラヒ(명)〈고〉 풋나기 무사.
あおざ·める[青ざめる]アヲー(자하 1) (안색이) 창백해지다. turn pale
あおじ[青地]アヲー(명) (옷감의) 바탕이 청색인 것. a blue texture
あおじゃしん[青写真]アヲー(명) 청사진. 청색 사진. 푸른 바탕에 설계도나 글자를 희게 나타낸 사진. a blue-print
あおじろ·い[青白い·蒼白い]アヲー(형) ①푸른 기가 있고 희다. ②(얼굴빛이) 창백하다. 해쓱하다. 1. whitish blue 2. pale
あおすじ[青筋]アヲスヂ(명) ①살갗 위로 보이는 정맥(静脈). 「一を立(タ)てる; 핏대를 올리다」 ②푸른 줄기. 1. a blue vein 2. a blue stripe
あおぞら[青空]アヲー(명) 푸른 하늘. 맑게 갠 하늘. 창공(蒼空). the blue sky
あおた[青田]アヲー(명) ①벼가 푸릇푸릇한 논. ②벼가 아직 익지 않은 논. 1. green rice-fields. **—ばいばい**[青田売買](명) 벼의 수확 전의 매매. 입도 선매(立稲先売).
あおだいしょう[青大将]アヲー(명)〈동〉 구렁이. 독이 없는 배암으로 길이 2*m* 정도. a striped snake
あおだたみ[青畳]アヲー(명) 새것이어서 거죽이 파랗게 보이는 다다미. 「一のような海上(カイジョウ); 파란 다다미를 깐 듯한 잔잔한 바다」 a new straw mat
あおだち[青立ち]アヲー(명) 벼가 덜 익은 채 서 있는 것. 또는 그 벼. the unripe-paddy
あおっぱな[青っ洟]アヲー(명) 아이들이 흘리는 푸른 콧물. children's nasal mucus
あおでん(しゃ)[青電(車)]アヲー(명) 막차 하나 앞의 전차. 파란 불을 켬. ↔赤(アカ)電車. the last car but one
あおてんじょう[青天井]アヲー(명) 푸른 하늘을 천장에 비유한 말. the blue vault of heaven
あおどうしん[青道心]アヲー(명) ①불문(仏門)에 들어가서 삭발한 지 얼마 안되는 중. ②막 깎아 파랗게 보이는 머리. 1. a novice
あおな[青菜]アヲー(명) 푸른 빛깔의 야채. 「一に塩(シオ); 야채에 소금을 뿌리면 숨이 죽듯이 기운 없이 시드는 것의 비유」 greens
あおにさい[青二才]アヲー(명) 젊고 미숙한 사나이를 경멸하여 하는 말. 풋나기. a raw youth
あおにび[青鈍]アヲー(명) ①청색을 띤 짙은 남빛. ②옛날 일본 옷의 색의 배합. 안팎이 다 짙은 남빛. 1. dark bluish colour
あおの·ける[仰のける]アフー·アヲー(타하 1) ⇨あおむける.
あおのり[青海苔]アヲー(명) 파래. green laver
あおば[青葉]アヲー(명) ①푸른 잎. ②(초여름의) 신록(新緑). 1. green foliage
あおばえ[青蠅·蒼蠅]アヲバヘ(명) 청파리. 금파리. 쉬파리. a blowfly
あおばな[青花]アヲー(명) ①〈식〉 닭의장풀. ②닭의장풀의 즙(汁)으로 물들인 남빛 종이. 1. a dayflower
あおば·む[青ばむ]アヲー(자 4) 파래지다. 푸른 색을 띠다. grow green
あおび[青火]アヲー(명) ①푸른 불길. ②⇨おにび. 1. pale flames
あおひとぐさ[青人草]アヲー(명)〈고〉 국민.
あおひょう[青票]アヲー(명) ⇨せいひょう.
あおびょうし[青表紙]アヲー(명) ①푸른 색의 표지. ②경서(経書). (푸른 표지를 많이 사용했음) ③후지와라노 테이카(藤原定家)가 교정(校訂)한 겐지 모노가타리(源氏物語). 1. blue covers
あおびょうたん[青瓢箪]アヲー(명) ①익지 않은 푸른 호리병박. ②여위고 얼굴빛이 창백한 사람. 1. a green calabash 2. a tallowy face
あおふく[青服]アヲー(명) 푸른 무명으로 지은 직공의 작업복. ⇨:なっぱふく. blue jeans
あおぶくれ[青脹れ]アヲー(명·자サ) 퍼렇게 부음. 또는 그런 사람. a dropsical swelling
あおへど[青反吐]アヲー(명) 막 토해 놓은 구토물(嘔吐物). a vomit
あおほん[青本]アヲー(명) 연한 녹색 표지를 붙인 예전 이야기책. 카부키(歌舞伎) 등의 줄거리를 소재로 함. an illustrated storybook
あおまめ[青豆]アヲー(명) 푸르대콩. green beans
あおみ[青身]アヲー(명) (고등어 등의) 푸른 부분.
あおみ[青味]アヲー(명) ①푸른 빛을 띰. 또는 그 정도. ②국이나 생선 요리에 곁들이는 파란 채소. 1. blueness 2. greens
あおみどろ[青緑]アヲー(명)〈식〉 해캄. 녹조류에 속하는 담수조(淡水藻). 논이나 못의 물속에 있는 털 같은 녹색 이끼. the pond scum
あおみわた·る[青み渡る]アヲミー(자 4) 전면적으로 푸르러지다. look green
あお·む[青む]アヲム(자 4) 푸르러지다. 파래지다. turn green
あおむ·く[仰むく]アフー·アヲー(자 4) 고개를 치켜 들고 위를 보다. ↔うつむく. 명 あおむき. look up
あおむ·ける[仰むける]アフー·アヲー(타하 1) 위를 보게 하다. 명 あおむけ. turn up
あおむし[青虫]アヲー(명)〈동〉 배추벌레. 배추흰나비의 유충(幼虫). a green caterpillar
あおもの[青物]アヲー(명) ①야채류의 총칭. 「一市場(イチバ); 야채(청과) 시장」 ②(고등어, 정어리 등) 푸른 색깔의 생선. 1. vegetables
あおもり[青森]アヲー(명)〈지〉 혼슈우(本州) 북단(北端)에 있는 현. 또는 그 현의 현청 소재지.

あおやか[青やか]アヲー(형동ダ) 새파란 모양. green

あおやぎ[青柳]アヲー(명) 청류. 푸른 버드나무. a green willow

あおり[煽り]アフリ(명) ①(부채 등으로) 부침. 「—どめ; 창이나 문이 바람에 닫히는 것을 막기 위하여 문설주 등에 박은 것」 ②여세(餘勢). 관성(慣性). 「—を食(ク)って倒(タオ)れる; 여세로 넘어지다」 1. flapping 2. a by-blow

あおり[障泥]アフリ(명) 장니. 말다래. a saddle-flap

あお·る[呷る]アフル(타サ) (술 등을) 단숨에 마시다. 들이켜다. quaff

あお·る[煽る]アフル(타4) ①부채질하다. 부치다. ②말을 급히 몰다. ③선동하다. 꼬드기다. 「人(ヒト)を—; 남을 꼬드기다」 1. fan

あか—[赤](조어) 온통. 아주. 「—うそ; 새빨간 거짓말」

あか[赤](명) ①빨간 빛. ②갓난 아기. ③공산주의자. 빨갱이. ④(위험, 정지 등을 나타내는) 적색 신호. 적신호(赤信号). ↔青(アオ). 1. red 3. a communist

あか[垢](명) ①때. ②←みずあか. 1. dirt

あか[淦](명) 배(船) 밑바닥에 괸 물. bilge

あか[銅](명) 동. 구리. 「—なべ; 구리 남비」 copper

あか[閼伽](명)〈불〉 불전이나 묘 앞에 놓는 물. lustral water

あかあかと[赤赤と](부) 새빨갛게. 「—燃(モ)える; 새빨갛게 타다」 ruddily

あかあかと[明明と](부) 환하게. 매우 밝게. 「—火(ヒ)をともす; 환하게 불을 켜다」 brightly

あか·い[赤い](형) ①빨갛다. 붉다. ②좌익적(左翼的)이다. 파생 **—さ**(명). 1. red 2. communistic. **—はね**[赤い羽根](명) 공동 모금(共同募金)에 기부한 표지로 달아 주는 빨간 털.

あかいしさんみゃく[赤石山脈](명)〈지〉 일본의 중앙 고지(高地)의 하나. 남알프스라 일컬어짐.

あかいろ[赤色](명) 적색. 빨간 색. red colour

あかいわし[赤鰯](명) ①소금에 절여 말린 정어리. ②〈속〉 빨갛게 녹슨 칼. 1. a dried salted sardine 2. a rusty sword

あかえ[赤絵]—ヱ(명) 도자기에 그린 붉은 그림. 또는 그 도자기. red pattern pottery

あかえい[赤鱏](명)〈동〉 노랑가오리. 색가오리과에 속하는 바닷물고기. 꼬리에 독이 있는 침이 있음. a stingray

あかえぼし[赤烏帽子](명) ①"えぼし(烏帽子)"에 빨간 칠을 한 것. (보통은 검은 색) ②호기심이 많은 사람. 2. a whimsy

あかがい[赤貝]—ガヒ(명)〈동〉 피안다미조개. 살조개과에 속하는 조개. 새고막. an ark-shell

あかがえる[赤蛙](명)〈동〉 송장개구리. 등은 적갈색(赤褐色)이고 배는 노란 색의 개구리. 식용, 약용함. a brown frog

あかがし[赤樫](명)〈식〉 북가시나무. 너도밤나무과에 속하는 상록 활엽 교목. 줄기는 질기고 단단하여 나무칼, 곡괭이 자루 등에 쓰임. a live-oak

あかがね[赤金·銅](명) ⇨どう(銅).

あかかぶ[赤蕪](명)〈식〉 ⇨ラディ(ッ)シュ.

あかがみ[赤紙](명) ①빨간 종이. ②군대의 소집 영장(召集令状). 1. red paper 2. a conscription order

あがき[足掻き](명) ①발버둥. ②수단. 방도. 도리. 「—が取(ト)れない; 어떻게 할 도리가 없다」 1. struggling

あかぎっぷ[赤切符](명) 기차의 3등 승차권. (빨간색이었음) a red ticket

あかぎれ[皸](명) (추위로) 손발이 틈. chaps

あが·く[足掻く](자4) ①말이나 소 등이 발로 땅을 긁다. ②⇨もがく. 1. paw

あかぐろ·い[赤黒い](형) 검붉다. dark-red

あかげ[赤毛](명) ①붉은 기가 도는 머리털. ②붉은 기가 도는 갈색의 말. 1. reddish hair

あかゲット[赤毛布](명) ①빨간 빛깔의 담요. ②도회지를 구경하는 시골 사람. ③어설픈 서양 유람객. 1. a red blanket

あかご[赤子](명) 갓난아기. 아기 a baby

あかこうのう[赤行嚢](명) 적행낭. 등기(登記) 우편물 등의 귀중한 우편물을 넣는 빨간 우편 주머니. a red mail-bag

あかざ[藜](명)〈식〉 명아주. 잎은 식용. a goosefoot

あかざとう[赤砂糖](명) 적사탕. 홍탕. brown sugar

あかさび[赤錆](명) 빨간 녹. 圏 赤さびる(자상1). red rust

あかし[燈](명) 등불. a lamp

あかし[証し](명·타サ) ①증거. 증명. 명백히 함. 「—ぶみ; 증명서」 ②결백. 「—を立(タ)てる; 결백을 증명하다」 1. proof 2. innocence

あかし[明石](명) ①〔←あかしちぢみ〕 오글쪼글한 하복(夏服)용 비단 옷감. ②〈지〉 효오고현(兵庫県) 남부의 명승지.

あか·し[明し](형ク)〈고〉 ①밝다. ↔暗(クラ)し. ②깨끗하다. 청정(清浄)하다.

あかじ[赤字](명) 적자. 수입보다 지출이 많은 것. 결손. 수입 부족. red ink. **—こうさい**[赤字公債](명) 적자 공채. 국가의 수입 부족을 메우기 위한 공채. **—ざいせい**[赤字財政](명) 적자 재정. 1년간의 국가 수입이 그 지출보다 적은 것. ↔健全(ケンゼン)財政. **—ゆうし**[赤字融資](명) 적자 융자. 기업계의 자금난을 완화시키기 위하여 운영 자금을 융자해 주는 것.

あかじ[赤地](명) ①빨간 바탕의 직물(織物). ②빨간 바탕. 1. red texture

アカシア[acacia](명)〈식〉 아카시아. 콩과에 속하는 가시나무의 한 가지.

あかしお[赤潮]—シホ(명) 적조. 미생물(플랑크톤 등)이 번식하여 적갈색이 된 바닷물. a red tide

あかしくら·す[明かし暮らす](자4) 세월을 보내다. 살다. live

あかしぶみ[証文·証書](명) ①신불(神仏)에게 기도하고 맹세하는 글. 서약서(誓約書). ②증명서. 1. a written oath

あか じ·みる[垢染みる](자상 1) 때가 끼다. 때가 묻어 더러워지다. be stained with dirt

あか しんごう[赤信号](명) 적신호. 위험을 알리는 신호. 교통 기관의 정지 신호.「水不足(ミズブソク)の—; 갈수(渴水)의 적신호」 a red signal

あか しんぶん[赤新聞](명) 폭로 기사 등을 주로 하는 저열한 신문. gutter press

あか·す[明かす](타 4) ①밝히다. ②털어 놓다. ③밤을 새우다. ④증명하다. 1. light up 3. sit up all night

あか·す[証す](타 4) 뚜렷이 하다. 증명하다. prove

あか·す[飽かす](타 4) ①싫증 나게 하다. ②지나칠 정도로 충분히 하다. 충분히 사용하다.「ひまに—; 시간을 충분히 들이다」 1. weary

あかず[飽かず](연어) ①싫증 안 내고. 끈기 있게.「—見入(ミイ)る; 끈기 있게 들여다 보다」 ②불만인. 충분치 않은. 2. unsatisfactorily

あか すり[垢磨](명) 목욕할 때 때를 미는 것. 예: 헝겊, 수세미 등. a wash-rag

あか·せる[飽かせる](타하 1) ①싫증 나게 하다. ②충분히 들이다.「かねに飽(ア)かせて家(イエ)を建(タ)てる; 돈을 충분히 들여서 집을 짓다」 1. weary

あがた[県](명)〈고〉 ①옛날 조정의 직할지. ②현주(県主)의 영지(領地). ③옛날 지방관의 임지(任地). ④시골. 지방. **—ぬし**[県主](명) 옛날 세습적인 현의 장관.

あか だいこん[赤大根](명) ①홍당무. ②겉으로만 좌익(左翼)인 체하는 자. 1. a red radish

あか だし[赤だし](명) 생선을 넣은 오오사카(大阪)식 된장국.

あか だな[閼伽棚](명)〈불〉 부처에게 바치는 물 등을 올려 놓는 선반. a lustral shelf

あがためし のじもく[県召の除目](명) 옛날 각 지방 장관을 임명하는 의식. 정월 11일부터 13일까지 거행하였음.

あか ちゃ[赤茶](명) 붉은 기가 있는 갈색(褐色).「—色(イロ); 적갈색」 reddish brown

あか ちゃ·ける[赤茶ける](자하 1) 퇴색하여 불그스름하게 되다.「赤茶けた たたみ; 퇴색하여 불그스름하게 된 다다미」 turn reddish brown

あか チン[赤チン](명) 머어큐러크롬의 속칭.

あか つき[暁](명) ①날이 샐 무렵. 새벽. ②그때.「成功(セイコウ)の—は; 성공할 때는」 1. dawn 2. at the time. **—やみ**[暁闇](명) 달이 없는 밤의 새벽녘.

あか づ·く[垢付く](자 4) 때가 묻다. 더러워지다.

あがっ たり[上がったり](연어) 장사나 사업이 전연 안되는 것.「商売(ショウバイ)—だ; 장사가 전연 안 되다」 It's all up with...

あか つち[赤土](명)〈광〉 적토. 화산회(火山灰)가 풍화되어 퇴적된 흙. red clay

アカデミー[academy](명) 아카데미. ①학문, 예술의 연구 발표를 위한 학회.「美術(ビジュツ)—; 미술 아카데미」 ②고등(전문) 학교. ③학사원(学士院).

アカデミシャン[academician](명) 아카데미션. ①아카데미 회원. ②학자. 학문의 권위자.

アカデミズム[academism](명) 아카데미즘. ①관학적(官学的)인 학풍(学風). ②알맹이가 없는 이론. 공리공론(空理空論).

アカデミック[academic](형동ダ) 아카데믹. ①학사원(学士院)다운 모양. ②관학적(官学的). 순수하고 진실하나 좀 구식인 모양. ③공리적(空理的).

あか でん[赤電](명) 빨갛게 칠한 공중 전화. a red public telephone

あか でん(しゃ)[赤電(車)](명) 그날의 마지막 전차. 빨간 불을 켬. ↔青(アオ)電車. a red-lamp car

あか とき[暁](명)〈고〉 ⇨あかつき.

あか とんぼ[赤蜻蛉](명) 고추잠자리. a red dragonfly

あがな·う[購う]アガナフ(타 4) 사다. 구입하다. 사들이다. purchase

あがな·う[贖う]アガナフ(타 4) ①돈이나 물품으로 속죄하다. ②벌충(보충)하다. 명 あがない. 1. atone

あか なくに[飽かなくに](연어)〈고〉 아직 미련이 있는데. 아직 싫증이 안 나는데.

あか に[赤丹·赤土](명) ①적토. 염료(染料)로 쓰이는 빨간 흙. 주토(朱土). ②주토 빛깔. 1. reddle

あか にし[赤螺](명)〈동〉 쇠고둥. 얕은 바다의 모래 땅에 사는 껍질이 두꺼운 고둥의 일종. a whelk

あか ぬけ[垢抜け](명·자サ) ①때가 빠져 깨끗해짐. ②세련됨. 촌티를 벗음. 말쑥해짐.「—した作品(サクヒン); 세련된 작품」 1. polished 2. urbaneness

あかぬ わかれ[飽かぬ別れ](연어)〈고〉 미련 많은 이별.

あかね[茜](명)〈식〉 꼭두서니. 다년생 만초(蔓草). 뿌리에서 검은 기가 있는 빨간 물감을 얻음. a madder

あか のたにん[赤の他人](연어·명) 완전한 남. 전연 관계 없는 사람. a perfect stranger

あか はじ[赤恥]—ハヂ(명) 큰 창피.「—をかく; 큰 창피를 당하다」 a public disgrace

あか はた[赤旗](명) 적기. ①빨간 기. ②옛날 헤이케(平家)의 기. ③공산당이나 혁명파의 기. ④위험을 알리는 기. 1. 3. 4. a red flag

あか はだか[赤裸](명) ①알몸뚱이. ②새나 짐승의 털을 뽑은 상태. 1. stark nakedness

あか びかり[垢光り](명·자サ) 옷 등에 때가 절어 번들거림. a dirty lustre

あか ふだ[赤札](명) 적찰. ①싸게 파는 상품에 붙이는 정가표. ②매매 계약이 된 상품에 붙이는 표. 1. a card of clearance goods

あか ぼう[赤帽](명) 적모. ①빨간 모자. ②〔정거장에서〕 수하물(手荷物)을 운반하는 인부. 포오터. 1. a red cap 2. a railway porter

あが ほとけ[吾が仏](명)〈고〉 ①자기가 믿는 부처. ②중을 부르는 말. ③소중하게 여기는 사람.

あか ほん[赤本](명) ①빨간 색을 주로 한 표지의 아동용 이야기책. ②조잡(粗雜)하게 만들고 정도가 낮은 책. 2. a penny dreadful

あか まつ[赤松](명)〈식〉 적송. 소나무. 육송(陸松). a red pine

あかみ[赤身](명) ①비계가 없는 살코기. ②재목(材木)의 빨간 심. 심재(心材). 1. lean meat 2. heartwood
あかみ[赤味](명) 붉은 빛을 띰. 또는 그 정도. 「―がさす; 빨간 기가 돌다」 redness
あかむけ[赤剝け](명·자サ) 살갗이 빨갛게 벗겨짐. raw flesh
あかめ[赤目](명) ①빨갛게 충혈된 눈. ②토끼 눈. ③농어류의 물고기. ④⇨あかんべえ. ⑤〈방〉 "めなだ(가숭어)"의 방언. ⑥〈광〉 적흑(赤黑)색을 띤 사철(砂鉄). ⑦〈식〉 ⇨かなめもち. 1. bloodshot eyes
あか·める[赤める](타하 1) 붉히다. 「顔(カオ)を―; 얼굴을 붉히다」 make red
あが·める[崇める](타하 1) 우러러 존경하다. respect
あかもん[赤門](명) ①붉게 칠한 문. ②토오쿄오(東京) 대학의 다른 이름. (문이 빨감) 1. a red gate
あからがお[赤ら顔·赭ら顔]―ガホ(명) 불그레한 얼굴. a ruddy face
あからさま(형동ダ) ①갑작스러운 모양. ②분명한. 노골적. 「人(ヒト)の前(マエ)で―にいう; 남 앞에서 노골적으로 말하다」 ③얼마 안되는 모양. 2. plain
あから·める[赤らめる](타하 1) 붉히다. 빨갛게 하다. 「顔(カオ)を―; 얼굴을 붉히다」 ㉆ 赤らむ(4). redden
あかり[明かり](명) ①빛. ②등불. ③혐의, 의심을 풀 증거. 증명. 1. light 2. a lamp 3. proof. **―さき**[明かり先](명) 빛이 들어 오는 쪽. **―とり**[明かり取り](명) 빛을 들이기 위한 창문. 영창.
―あがり[上がり](조어) 과거에 어떤 직업에 종사한 일이 있는, 또는 그런 사람. 출신(出身). 「軍人(グンジン)―; 군인 출신」
あがり[上がり](명) ①오름. 「―段(ダン); 오르는 계단」 ↔さがり. ⇨: あがる. ②〔쌍륙(双六)에서〕 끝이 되는 곳. 또는 거기에 들어 가는 것. ③수확. 수입. ④〔←あがり花(バナ)〕 금방 끓인 차(茶). 1. ascent 3. crop. **―かまち**[上がり框](명) 집으로 들어 가는 곳의 마루 끝. **―ぐち**[上がり口](명) 집, 방, 계단 등으로 올라 가는 곳. **―こ·む**[上がり込む](자 4) 올라 가서 들어 가다. 「人(ヒト)の家(イエ)に遠慮(エンリョ)なく―; 남의 집에 서슴지 않고 들어 가다」 **―だか**[上がり高](명) 수입고(収入高). **―はな**[上がり端](명) ①마루나 방에 올라서 들어 선 그곳. ②값이 오르는 시초. 또는 그 시기. 「―を買(カ)う; 시세가 오르려 할 때 사다」 **―め**[上がり目](명) ①눈초리가 올라간 눈. ②물가가 오르기 시작할 때. ↔さがりめ. **―ゆ**[上がり湯](명) 목욕탕에서 나올 때 몸을 헹구는 깨끗한 물.
あがりや[揚がり屋](명) 에도(江戸) 시대 막부(幕府) 직속의 하급 무사를 가두던 감옥.
あか·る[別る](자하 2)〈고〉 ⇨わかれる.
あか·る[明かる·開かる](자 4)〈속〉 (자연히) 열리다. 「戸(ト)が―; 문이 열리다」 open naturally
あが·る[上がる] Ⅰ(자 4) ①오르다. ②(남의 집을) 방문하다. ③(성적 등이) 오르다. 나아지다. 「腕(ウデ)が―; 솜씨가 나아지다」 ④값이 오르다. 비싸지다. ⑤〔쌍륙에서〕 종착점에 들어 가다. ⑥〔트럼프, 마작 등에서〕 승리로 끝나다. ⑦완성되다. ⑧그치다. 멈추다. 멎다. 「雨(アメ)が―; 비가 개다」 ⑨(물고기나 벌레가) 죽다. ⑩쿄오토(京都) 시에서 북으로 가다. ⑪상기(上気)하다. 흥분하다. ⑫(신불에게) 바쳐지다. ⑬〈고〉 시대가 거슬러 올라 가다. 오래 되다. 「あがりたる世(ヨ); 옛날(太古)」 ⑭집으로 들어 가다. Ⅱ(타 4) "食(タ)べる, 飲(ノ)む"의 높임말. 잡수시다. 드시다. Ⅰ 1. rise 3. progress
あが·る[揚がる](자 4) ①뛰어나게 되다. 「ふうさいが―; 풍채가 나아지다」 ②(튀김 등이) 완성되다. 다 튀겨지다. 1. be distinct
あかる·い[明るい](형) ①밝다. ②능통하다. 「法律(ホウリツ)に―; 법률에 밝다」 파생 **―さ**(명). 1. light
あかるみ[明るみ](명) ①밝은 곳. ②세상. 표면(表面). 관변(官辺). 「―に出(デ)る; 표면화되다」 1. a bright place
あかる·む[明るむ](자 4) 밝아지다. brighten
あかれ[別れ](명)〈고〉 ⇨わかれ.
あかんたい[亜寒帯](명)〈지〉 아한대. 한대와 온대(温帯)의 중간 지대. the sub-frigid zone
あかんべ(え)(명·자サ) 아래 눈까풀을 뒤집어 보이며 경멸, 위협 등의 기분을 나타내는 행동을 함.
あかんぼう[赤ん坊](명) 갓난 아이. a baby
あき[明き·空き](명) ①틈새. 사이. ②(시간적인) 틈. 시간(時間). ③빈 것. 「―べや(部屋); 빈방」 1. a gap 3. a vacancy
あき[秋](명) 가을. autumn
あき[飽き·厭き](명) 싫증. 지나쳐서 싫어짐. weariness
あき[安芸](명)〈지〉 옛 지방 이름. 현재 히로시마현(広島県)의 일부.
あきあき[飽き飽き·厭き厭き](명·자サ) 싫증이 남. 진저리 남. 「話(ハナシ)の長(ナガ)いのには―した; 이야기가 긴 데는 진저리가 났다」 get sick of
あきうど[商人](명) ⇨あきんど.
あきおち[秋落ち](명)〈농〉 추수(秋収)가 예상보다 적어지는 일. a low rice crop caused by adverse factors
あきかぜ[秋風](명) ①추풍. 가을 바람. ②(남녀의) 애정이 식음. 「―が立(タ)つ; 애정이 식어지다」 1. an autumn wind
あきかん[空罐](명) 빈 양철통. 빈 깡통 an empty can
あきくさ[秋草](명) 가을에 꽃이 피는 풀. autumn flowers
あきぐち[秋口](명) 초가을. the beginning autumn
あきご[秋蚕](명)〈농〉 추잠. 가을 누에. ↔はるご. autumn silkworms
あきさく[秋作](명) ①가을 농사. 가을에 거둬 들이는 곡식. ②가을에 심는 곡식. 2. autumn-grown corns
あきさめ[秋雨](명) 가을비. autumn rain
あきしょう[飽き性·厭き性](명) 싫증 나기 쉬운 성질. fickle nature
あきす[明き巣·空き巣](명) ①빈 새둥지. ②빈집. ③←あきす狙い. 1. an empty nest. **―ねらい**[明き

巣狙い·空き巣狙い](명) 빈집을 노리는 도둑.

あきた[秋田](명)〈지〉 오오우(奥羽) 지방 북서부의 현. 또는 그 현의 현청 소재지.

あきたりない[飽き足りない](연어) 불만족하다. 성에 차지 않다. be unsatisfactory

あきち[明き地·空き地](명) 공지. 빈 땅. 빈 터. unoccupied ground

あきつ[秋津](명)〈고·방·동〉 잠자리. **—しま(ね)**[秋津島(根)](명) 일본의 옛 이름. 「weary

あきっぽ·い[飽きっぽい](형)〈속〉 싫증을 잘 내다. ↗

あきつ(み)かみ[現津(御)神](명)〈고〉 이승에 살아 있는 신. 곧 천황.

あぎと[腭](명) ①턱. ②아가미. 1. the chin 2. gills

あきない[商い]アキナヒ(명·타サ) ①장사. 상업. ②물품의 매매(売買). trade

あきな·う[商う]アキナフ(타 4) 장사하다. 매매하다. 거래하다. trade

あきのそら[秋の空](연어·명) ①가을 하늘. 가을 날씨. ②변덕스러움의 비유. 「男心(オトコゴコロ)と—; 변덕이 많은 비유」 1. autumn weather

あきのななくさ[秋の七草](연어·명) 가을에 꽃 피는 싸리, 칡, 마타리, 등골나물, 술패랭이꽃, 억새, 도라지의 일곱 풀. the seven herbs of autumn

あきのほ[秋の穂](명) 가을의 벼이삭.

あきのみや[秋の宮](명)〈고〉 ①황후의 궁전. ②황후(皇后). 「a fine autumn day

あきばれ[秋晴れ](명) 맑게 갠 가을 날씨. ↗

あきびと[商人](명)〈고〉 ⇨あきんど.

あきびより[秋日和](명) 가을의 좋은 날씨. bright autumnal weather

あきま[明き間·空き間](명) ①틈. 사이. 공간. ②빈방. 1. a gap 2. an unoccupied room

あきまきせい[秋播性](명)〈생〉 가을에 파종하여 월동하지 않으면 개화, 결실을 못하는 성질. 예: 보리, 밀 등. autumn-sown nature

あきめくら[明き盲](명) ①눈뜬 장님. 청맹과니. ②글을 모르는 사람. 문맹(文盲). 1. an amaurotic person 2. an unlettered person

あきや[明き家·空き家](명) 빈집. an unoccupied house

あきょうぼく[亜喬木](명)〈식〉 아교목. 교목과 관목(灌木)의 중간 식물. an arborescent tree

あきゅうど[商人]アキウド(명) ⇨あきんど.

あきらか[明らか](형동ダ) ①환한 모양. ②분명한 모양. 똑똑한 모양. 1. light 2. clear

あきらけ·し[明らけし](형ク)〈고〉 ①밝다. 분명하다. ②맑다. 깨끗하다.

あきら·める[明らめる](타하 1) 밝게 하다. 분명히 하다. light up

あきら·める[諦める](타하 1) 단념하다. 체념하다. 명 あきらめ. give up

あ·きる[飽きる](자상 1) 만족해하다. be satiated

あ·きる[厭きる](자상 1) 싫어지다. 싫증 나다. be tired of

あきれかえ·る[呆れ返る]—カヘル(자 4) 아연 실색하다. 어이 없어하다. 기가 막혀 하다. be amazed

アキレスけん[Achilles腱](명)〈생〉 아킬레스건. 발뒤꿈치 위에 있어 비장근(腓腸筋)과 비목어근(比目魚筋)파를 종골(踵骨)에 부착시키는 건. Achilles' tendon

あきれは·てる[呆れ果てる](자하 1) ⇨あきれかえる.

あき·れる[呆れる](자하 1) 어이 없어하다. 어처구니 없어하다. be dumbfounded

あきんど[商人](명) 상인. 장사아치. 장수. a merchant

あく—[悪](조어) 나쁜. 「—感情(カンジョウ); 나쁜 감정」

あく[灰汁](명) ①잿물. (재를 물에 걸러 얻음) ②식물류에 포함된 떫은 맛. ③고집 세고 끈질긴 성격. 집요(執拗)한 성격. 「—の強(ツヨ)い人(ヒト); 고집이 센 사람」 1. lye 2. harshness

あ·く[明く·空く](자 4) ①(속이) 비다. ②한가하게 되다. 「からだが—; 틈이 나다(손이 비다)」 1. become vacant

あ·く[開く](자 4) ①틈이 생기다. 열리다. 「戸(ト)が—; 문이 열리다」 ②시작되다. 1. open 2. begin

あ·く[飽く·厭く](자 4)〈방〉 싫증 나다. be tired of

あく[悪](명) ①나쁜 짓. ↔善(ゼン). ②미운 것. ③솜씨가 나쁜 것. ④죄악. ⑤〔연극 등에서〕 악인(悪人)의 역(役). 악역(悪役). 1. vice 5. a villain's part

あく[幄](명) ①상하, 사방을 둘러 치게 된 휘장(천막). ②진중(陣中)에서 쓰는 천막. 1. a covering curtain

あくあらい[灰汁洗い]—アラヒ(명) (낡은 집 등을) 잿물로 씻는 일. scouring with lye

アクアラング[aqualung](명) 아콰렁. 잠수할 때 등에 지는 호흡용 공기를 넣은 도구. 수중 호흡기.

あくい[悪意](명) 악의. ①나쁜 마음. ②나쁜 뜻. ↔善意(ゼンイ). 1. ill will 2. a bad meaning

あくいんあっか[悪因悪果](연어·명)〈불〉 악인 악과. 나쁜 행위가 나쁜 결과를 낳는다는 말. An evil cause produces an evill effect.

〔アクアラング〕

あくうん[悪運](명) 악운. ①나쁜 운. ②나쁜 짓을 하여도 괜찮거나 더 잘되는 운. 「—が強(ツヨ)い; 악운이 세다」 1. bad fortune

あくえき[悪疫](명) 나쁜 유행병. a plague

あくえん[悪縁](명) 악연. ①나쁜 인연. ②뜻대로 안 되는 남녀의 인연. 1. evil destiny 2. unlucky love

あくがた[悪形](명) 〔연극 등에서〕 악인(悪人)의 역(役). 악역(悪役). a villain's part

あくが·れる[憧れる](자하 1) ⇨あこがれる.

あくぎ[悪戯](명) 장난. 짓궂은 장난. a practical joke

あくぎゃく[悪逆](명·형동ダ) 인도(人道)에 어긋나는 나쁜 행위. 「—無道(ムドウ); 악역 무도」 atrocity

あくぎょう[悪行](명) 악행. 나쁜 행위. evildoing

あくごう[悪業](명)〈불〉 악업. 나쁜 행위에 대한 응보(応報). 전세(前世)에서의 나쁜 행위. evildoings in a former life

あくさい[悪才](명) 나쁜 짓을 생각해 내는 재주. craftiness
あくさい[悪妻](명) 악처. 나쁜 아내. a bad wife
あくじ[悪事](명) ①나쁜 일. ②재난(災難). 재해. 1. wrongdoing
あくじき[悪食](명) 악식. ①일반 사람이 안 먹는 음식. 또는 그것을 먹음. ②좋지 못한(맛 없는) 음식. 또는 그것을 먹음. 1. gross feeding 2. low feeding
あくしつ[悪疾](명) 질이 나쁜 병. a malignant disease
あくしつ[悪質](명·형동ダ) 악질. 매우 성질이 나쁨. 「—な犯罪(ハンザイ); 악질적인 범죄」 ill nature
あくしゅ[悪手](명) 〔바둑 등에서〕 나쁜(졸렬한) 수.
あくしゅ[握手](명·자サ) 악수. ①손을 서로 쥠. ②화해함. ③연락이 닿음. 이어짐. 1. a handshake
あくしゅう[悪臭](명) 악취. 나쁜 냄새. a nasty smell
あくしゅう[悪習](명) 악습. 나쁜 습관. a bad habit
あくしゅみ[悪趣味](명) 악취미. 나쁜 취미. bad taste
あくじゅんかん[悪循環](명) 악순환. 하나의 원인이 나쁜 결과를 낳고, 그것이 또 더 나쁜 결과를 낳고 하는 일. 「貧困(ヒンコン)の—; 빈곤의 악순환」 a vicious circle
あくしょ[悪所·悪処](명) ①위험한 곳. ②유곽(遊廓). 「—通(ガヨ)い; 유곽 출입」 1. a dangerous spot 2. licensed quarters
あくじょ[悪女](명) 악녀. ①못생긴 여자. ②나쁜 여자. 독부(毒婦). 1. an ugly woman 2. a wicked woman
あくしょう[悪性](명·형동ダ) ①악성. 성질이 나쁨. ②난봉질. 「—者(モノ); 난봉군」 1. ill-nature
あくじょうけん[悪条件](명) 악조건. ①불리한 조건. ②일을 하는 데 방해가 되는 사정. 1. ill terms
アクション[action](명) 액션. ①행동. 활동. 동작(動作). 「—ドラマ; 활극(活劇)」 ②배우의 연기.
あくしん[悪心](명) 나쁜 마음. 악의(悪意). an evil intention
あくじん[悪神](명) 사람에게 재난을 내리는 신. a wicked god
あくすい[悪水](명) ①못 먹는 물. ②더러운 물. 1. undrinkable water
あくせい[悪声](명) ①나쁜 목소리. ②나쁜 소문. 「—が立(タ)つ; 나쁜 소문이 나다」 1. a bad voice 2. scandal
あくせい[悪性](명·형동ダ) 악성. 성질이 나쁨. 악질. ↔良性(リョウセイ). malignancy
あくせい[悪政](명) 악정. 백성에게 해로운 정치. misgovernment
あくぜい[悪税](명) 무리하고 가혹한 세금. bad tax
あくせく[偓促·齷齪](명·자サ) 작은 일에 구애됨. 안달함. worrying oneself
アクセサリー[accessory](명) 액세서리. ①부속품. ②복장의 장식품.
アクセル(レーター)[accelerator](명) 액셀러레이터. (자동차 등의) 발로 밟아서 동작시키는 속도 조절 장치.
あくせん[悪戦](명·자サ) 악전. 괴롭고 어려운 전쟁. 불리한 조건하에서의 전쟁. 고전(苦戦). hard fighting. **—くとう**[悪戦苦闘](명·자サ) 악전 고투. ①불리한 전쟁을 고생하며 싸움. ②불리한 환경에서 고생하며 노력함.
あくせん[悪銭](명) ①조악(粗悪)한 돈. ②부정(不正)한 수단으로 번 돈. 「—身(ミ)につかず; 더럽게 모은 재물은 오래 가지 않는다」 1. a bad coin 2. ill-gotten money
アクセント[accent](명) 악센트. ①한 낱말의 음절 속에서 정해져 있는 소리의 강약, 고저(高低)의 관계. ②어조(語調). ③〔건축, 복장 등에서〕 강조점(強調点). 중점(重点).
あくそう[悪走](명·자サ) 〔야구 등에서〕 서투르게 달림. a poor run
あくそう[悪相](명) ①험한 인상. 험상. ②불길한 모양. 1. a sinister look 2. an evil phenomenon
あくそう[悪僧](명) 계율(戒律)을 지키지 않고 나쁜 짓을 하는 중. a wicked priest
あくた[芥](명) 먼지. 티끌. dirt
あくたい[悪態](명) 욕. 「—をつく; 욕하다」 abuse
あくだま[悪玉](명) 악인(悪人). ↔善玉(ゼンダマ). a bad character
あくたれ[悪たれ](명) ①난폭자. ②심한 장난. 난폭. 1. a rowdy 2. rowdyism 동 悪たれる(자하 1).
あくたろう[悪太郎](명)〈속〉 개구장이. a naughty fellow
あくち[悪血](명)〈속〉 병독을 품은 피. virulent blood
あくちちけい[悪地地形](명)〈지〉 비에 깎여 땅이 고르지 못해 교통이 불편한 지형. badland topography
アクチブ[러 aktiv](명) 악티브. 적극 분자(積極分子) 적극적으로 활동하는 사람.
アクチブ[active](형동ダ) 액티브. 활발한 모양. 활동적(活動的). 적극적.
あくど·い(형) ①집요하다. 끈덕지고 차지다. ②악랄하다. 파생 **—さ**(명). 1. heavy 2. villainous
あくとう[悪投](명·자サ) 악투. 〔야구에서〕 서투르게 공을 던짐. a wild throw
あくとう[悪党](명) 악당. ①악인(悪人)의 무리. ②악인. 1. scoundrels
あくどう[悪童](명) 악동. ①행실이 나쁜 아이. ②개구장이. a naughty boy
あくどう[悪道](명) 악도. ①나쁜 길. ②〈불〉 살아서 악행을 한 자가 죽은 뒤에 가게 된다는 곳. ③악행(悪行). 1. bad roads 2. hell
あくとく[悪徳](명) 악덕. ①도덕을 벗어난 나쁜 행위. 부도덕. ↔美徳(ビトク). ②협터리. 사기. 「—業者(ギョウシャ); 악덕 업자」 1. vice
あくにち[悪日](명) 운이 나쁜 날. an unlucky day
あくにん[悪人](명) 악인. 나쁜 사람. 악한(悪漢). ↔善人(ゼンニン). a wicked man
あくぬき[灰汁抜き](명·타サ) (야채 등의) 떫고 쓴맛을 우려 냄. removal of harshness
あぐ·ねる[倦ねる](자하 1) ①지치다. 「さがし—; 찾다 지치다」 ②싫증 나다. 2. be tired of

あくねん[悪念](명) 나쁜 마음. 악의(悪意). a bad intention

あくば[悪罵](명·타サ) 심한 욕을 함. a curse

あくび[欠·欠伸](명·자サ) 하품. 하품을 함. a yawn

あくひつ[悪筆](명) 악필. 서투른 글씨. bad handwriting

あくひょう[悪評](명·타サ) 악평. 나쁜 평판. ↔好評(コウヒョウ). a bad reputation

あくびょう[悪病](명) 악성의 병. a malignant disease

あくびょうどう[悪平等](명) 나쁜 의미의(형식만의) 평등. 잘못된 평등. mistaken equality

あくふう[悪風](명) 악풍. 나쁜 풍속. a bad custom

あくぶん[悪文](명) 서투른 문장. ↔名文(メイブン). poor writing

あくへい[悪弊](명) 악폐. 나쁜 습관. 악습(悪習). 악풍(悪風). a corrupt practice

あくへき[悪癖](명) 나쁜 버릇. 악습(悪習). a bad habit

あくへん[悪変](명) 나쁘게 됨. 악화(悪化). 「天候(テンコウ)が一した; 날씨가 나빠졌다」 ↔好転(コウテン). changing badly

あくほう[悪法](명) 악법. 나쁜 법률. 나쁜 교의(教義). a bad law

あくほう[悪報](명) 악보. ①〈불〉 악행(悪行)에 대한 응보(応報). ②불길한 소식. 흉보(凶報). 2. bad news

あくま[悪魔](명) 악마. ①사람을 미혹시키는 마귀. ②흉악한 사람. 극악인(極悪人). 1. a devil

あくまで(も)[飽く迄(も)](연어·부) 어디까지나. 끝까지. to the end

あくみょう[悪名](명) ⇨あくめい.

あくむ[悪夢](명) 악몽. 나쁜 꿈. 흉몽. a bad dream

あぐ·む[倦む](자 4) 지치다. 싫증 나다. 약비나다. 「攻(セ)め一; 공격에 지치다」 1. be tired of

あくめい[悪名](명) 악명. 나쁜 이름. 나쁜 평판. 「一が高(タカ)い; 악명이 높다」 a bad reputation

あくやく[悪役](명) 악역. 〔연극 등에서〕 악인(悪人)의 역(役). a villain's part

あくゆう[悪友](명) 나쁜 친구. ↔良友(リョウユウ). a bad friend

あくよう[悪用](명·타サ) 악용. 나쁘게 씀. ↔善用(ゼンヨウ). improper use

あぐら[胡座·胡床](명) ①(앉음새의) 책상다리. ②걸상. 1. crossed legs

あくらつ[悪辣](명·형동ダ) 악랄. 매섭고 표독함. 악독함. craftiness

あぐりあみ[揚繰網](명) 두 척의 배가 그물 하나를 쳐서 고기를 잡는 그물. a purse net

あくりょう[悪霊](명) 악령. 못된 재앙을 내린다는 망령(亡霊). an evil spirit

あくりょく[握力](명) 악력. 손아귀로 물건을 쥐는 힘. 「一計(ケイ); 악력계」 grasping power

アクリル(さん)じゅし[acryl(酸)樹脂](명) 아크릴산 수지. 비행기의 창, 비닐론 원료 등에 쓰이는 투명한 플라스틱스. acryl acid resins

あくる[明くる](연체) 다음의. 「一朝(アサ); 다음날 아침」 following. **—ひ**[명일(明日). 익일(翌日).

あくれい[悪例](명) 악례. 나쁜

アグレマン[프 agrément](명) 아그레 승낙. ②대사나 공사를 파견하기 전 받는 승인.

あくろ[悪路](명) 나쁜 길. 험로(険路). ba

アクロバチック[acrobatic](명) 아크로바티크. 서어커스. 곡예 댄스.

アクロバット[acrobat](명) 아크로바트. 곡예사.

アクロマチック[achromatic](명) 애크로매틱. 색수차(色収差)를 일으키지 않는 것. 「一レンズ; 색수차를 없앤 렌즈」

あけ[朱·緋](명) 주홍색. 「一に染(ソ)まってたおれる; 피투성이가 되어 쓰러지다」 scarlet

あけ[明け](명) ①날이 샘. 새벽. ②기간(期間)이 끝남. 기한(期限)이 다 됨. 만기. 「休暇(キュウカ)一; 휴가가 끝났을 때」 1. dawn 2. termination

あげ[上げ](명) ①올림. 「賃(チン)一; 임금 인상」 ↔さげ. ②아이들 옷의 허리, 어깨를 징거 놓은 것. 1. raising 2. a tuck

あげ[揚げ](명) ①(기름에) 튀긴 것. 튀김. 「精進(ショウジン)一; 우엉, 당근, 감자, 변두 등의 야채 튀김」 ②유부(油腐). 1. fried food

あげあし[揚げ足·挙げ足](명) ①공중에 뜬 다리. ②말 꼬리. 말끝. 「一をとる; 남의 실수한 말 꼬리를 잡아 트집 잡다」 1. one's raised foot

あげあぶら[揚げ油](명) 튀김 기름. frying oil

あげいた[上げ板·揚げ板](명) 물건을 꺼내고 넣기 위해 만든 마룻바닥의 여닫게 된 널빤지 뚜껑. a movable floorboard

あげおろし[揚げ卸し·上げ下ろし](명·타サ) ①올림과 내림. ②짐을 싣고 부리는 일. 1. raising and lowering 2. loading and unloading

あげかじ[上げ舵]ーカヂ(명) 비행기 등을 위로 올리기 위한 키잡이. steering up

あけがた[明け方](명) 새벽녘. dawn

あけがらす[明け烏](명) 새벽에 우는 까마귀. a morning crow

あげく[挙げ句·揚げ句](명) ①렌가(連歌) 등의 끝 구. ②끝. 종막. 마지막. 「一のはて; 결국(結局)」 1. finishing couplet

あげくだし[上げ下し](명) 구토와 설사. vomiting and purging

あけくら·す[明け暮らす](타 4)〈고〉 살아 가다. 세월을 보내다.

あけくれ[明け暮れ](명·부) ①아침 저녁. ②언제나. 항시(恒時). 1. day and night 2. always

あけく·れる[明け暮れる](자하 1) 세월이 가다. elapse

あげさげ[上げ下げ](명) ①올림과 내림. ②칭찬과 비난. 2. praise and blame

あげしお[上げ潮]ーシホ(명) 밀물. ↔引(ヒ)き潮, 下(サ)げ潮. the rising tide

あげじとみ[上げ蔀·揚げ蔀](명) 들창 모양으로 된 격자창.

あけすけ[明け透け](부·형동ダ) 노골적인 모양. 숨기지 않는 모양. open

あげせん[上げ銭](명) ①보수금(報酬金). 수수료. ②거스름돈. ③매상금(売上金). 1. a fee 2. a change

あげぞこ[上げ底·揚げ底](명) 그릇의 밑이 올라 온 것. 겉 높이에 비하여 속 깊이가 얕은 상자나 그릇. a raised bottom

あげだい[揚げ代](명) 기생을 부르는 돈. 화대(花代). a singer-fee

あけたて[開け閉て](명·타サ) 개폐. 「戸(ト)の—; 문의 여닫이」 opening and shutting

あげちょう[揚げ超](명)〈경〉 정부나 지방 자치 단체가 민간으로부터 흡수한 금액이 민간에의 지불액보다 많은 것. excess of borrowings

あけっぱなし[明けっ放し·開けっ放し](명) ①연 채로 둠. 개방. ②노골적. 1. leaving open 2. frankness

あけっぴろげ[明けっ広げ·開けっ広げ](형동ダ) ①개방한 모양. 넓게 트인 모양. ②노골적인 모양. 1. open

あげつら·う[論う]アゲツラフ(타 4) 논평하다. 선악을 따지다. 명 あげつらい. argue

あけて[明けて](부) 새해가 되어. 새날이 밝아. 「—三十六才(サンジュウロクサイ); 새해 들어 36세」

あげて[挙げて](부) ①모두. 죄다. 몽땅. 「国(クニ)を—; 거국적으로」 ②일일이. 1. unanimously

あげど[揚げ戸](명) 위로 밀어 올려서 열게 된 문. a push-up door

あげなべ[揚げ鍋](명) 튀김질을 하는 남비. 번철(燔鉄). a frying pan

あけに[明け荷](명) ①고리짝의 한 가지. 골풀로 엮은 자리로 만들며 모서리에 대를 댔음. ②아직 포장하지 않은 짐. 2. open goods

あけのかね[明けの鐘](명) 새벽에 절에서 치는 종. 새벽종. the dawn-bell

あけのこ·る[明け残る](자 4) 새벽에 달, 별이 아직도 남아 있다. linger

あけのみょうじょう[明けの明星](명) 샛별. 금성(金星). Venus

あげはちょう[揚げ羽蝶·鳳蝶](명)〈동〉 호랑나비. a swallow-tail

あけはな·す[明け放す·開け放す](타 4) 완전히 열다. 개방하다. 명 明け放し. open wide

あけはな·れる[明け放れる·明け離れる](자하 1) 날이 완전히 새다. become broad daylight

あけはら·う[明け払う]—ハラフ(타 4) ①완전히 열다. 「戸(ト)を—; 문을 활짝 열다」 ②(집, 성 등을) 명도(明渡)하다. 1. open wide 2. evacuate

あけび[木通·通草](명)〈식〉 으름덩굴. 가을에 자색 열매가 열림. 과실은 식용(食用). 〈학명〉 Akebia quinata

あげひばり[揚げ雲雀](명) 공중에 높이 날아 오르는 종달새. a lark on the wing

あげぶた[上げ蓋](명) ⇨あげいた.

あけぼの[曙](명) 새벽. 여명(黎明). dawn

あげまき[揚げ巻き·総角](명) ①아이들의 머리 매는 식의 하나. ②끈을 매는 법의 하나. 1. twin pigtails

あげまく[揚げ幕](명) (극장 등의) 무대로 통하는 출입구에 드리운 막. ↔引(ヒ)き幕. an entrance curtain

あけむつ[明け六つ](명) 새벽 6시. 또는 그 시각에 치는 종소리. ↔暮(ク)れ六つ. (bells rung at) six in the morning 〔揚げ巻き①〕

あげもの[揚げ物](명) 기름에 튀긴 것. fried food

あげや[揚げ屋](명) 유곽(遊廓). 요정(料亭). a brothel

あ·ける[明ける·開ける] Ⅰ(자하 1) ①밝아지다. 아침이 되다. 「夜(ヨ)が—; 날이 새다」 ②새해가 되다. ③(계약한 고용 기간이) 끝나다. Ⅱ(타하 1) ①열다. ②뚫다. 「穴(アナ)を—; 구멍을 뚫다」 ③간격이 있게 하다. 떨어지게 하다. ④시간을 내다. 「一日(イチニチ)—; 하루 틈을 내다」 ⑤비우다. 「家(イエ)を—; 집을 비우다」 Ⅰ 1. dawn Ⅱ 1. open

あ·げる[上げる·揚げる·挙げる] Ⅰ(타하 1) ①올리다. ↔さげる. ②"やる(주다)"의 높임말. 드리다. 「きみにあげよう; 자네에게 주겠네」 ③신불(神仏)에게 바치다. ④목소리를 높이다. ⑤칭찬하다. 치켜 세우다. 「あげたりさげたり; 치켰다 내렸다」 ⑥기름에 튀기다. ⑦기생이나 창녀를 부르다. ⑧토하다. ⑨끝맺다. 완수하다. ⑩(낳아서) 가족이 되게 하다. ⑪〈속〉 검거(検挙)하다. Ⅱ(보동·하 1) ①(…하여) 분명히 나타내다. 「いい—; 말하여 밝히다」 ②상대에 대해 하는 자기 행동을 겸사로 일컫는 말. 「願(ネガ)いあげます; 바라나이다」 ③〔"て…"의 형태로〕 "てやる"의 공손한 말. 「見(ミ)て—; 보아 드리다」 Ⅰ 1. raise 3. offer

あけわた·す[明け渡す](타 4) 명도하다. 비워 내주다. 명 明け渡し evacuate

あけわた·る[明け渡る](자 4) 날이 훤히 새다. 날이 완전히 밝다. become broad daylight

あこ[吾子](대)〈고〉 자기 자식을 친밀하게 부르는 말.

あご[腭·顎](명) ①턱. ②아가미. ③아래턱의 바깥 부분. 「—で使(ツカ)う; 턱으로 부리다(사람을 거만하게 부리다)」 ④(낚시의) 미늘. 1. the jaws 3. the chin

あご[網子](명)〈고〉 후릿그물을 끄는 사람.

あこう[雀榕]アカウ(명)〈식〉 벤골보리수. 뽕나무과에 속하는 상록 교목. 남국산 나무로 가지에서 많은 지주근(支柱根)이 나옴. a banyan-tree

アコーデ(ィ)オン[accordion](명)〈악〉 아코오디언. 손풍금. 「—プリーツ; 잘게 잡은 주름」

あこが·れる[憧れる·憬れる](자하 1) ①마음이 들뜨다. ②마음이 끌리다. 하고 싶어하다. 동경(憧憬)하다. 「俳優(ハイユウ)に—; 배우가 되고 싶어하다」 명 あこがれ. 1. be restless 2. pine for

あこぎ[阿漕ぎ](형동ダ)〈속〉 지독히 탐내고 무자비한 모양. 「—なやりかた; 지독히 탐욕적이고 무자비한 수법」 insatiable

あごひも[顎紐](명) 모자의 턱끈. a chin strap

あこめ[衵](명) ①옛날 남자가 정장(正装)할 때 겉에서 네 번째로 입던 옷. ②부인과 아이들의 속옷.

あこやがい[阿古屋貝]ーガヒ(명)〈동〉 진주조개. 속에서 진주를 얻음. a pearl oyster

あさ[麻](명) ①〈식〉 삼. ②베실. 마사(麻糸). ③삼베. 1. hemp 3. hemp-cloth

あさ[朝](명) 아침. morning

あざ[字](명) 말단 행정 구역의 하나. 한국의 이(里)에 해당. a section

あざ[痣](명) ①나면서부터 피부에 생긴 붉거나 푸른 반점. 점보다 범위가 큼. 모반(母斑). ②멍. a birthmark

あさあけ[朝明け](명) 새벽녘. 여명(黎明). dawn

あさ·い[浅い](형) ①얕다. ↔深(フカ)い. ②오래 되지 않다.「日(ヒ)がー; 일천(日浅)하다」③도수(度数)가 적다. 정도가 낮다.「色(イロ)がー; 색이 엷다」[파생] **ーさ**(명). 1. shallow

あさい[明寝](명)〈고〉 아침잠.

あさいち[朝市](명) 아침 저자. 아침에 열리는 야채, 생선 등을 파는 저자. morning fair

あさうら[麻裏](명) ①삼베로 된 안감. ②←麻裏草履. 1. a hemp lining. **ーぞうり**[麻裏草履](명) 삼으로 엮은 것을 밑바닥에 댄 짚신.

あさお[麻苧]ーヲ(명)〈고〉 ①베실. ②삼.

あさおき[朝起き](명·자サ) ①아침 일찍 일어남. ↔朝寝(アサネ). ②아침에 일어날 때의 기분.「ーがいい; 아침 기분이 좋다」 1. early rising

あさおり[麻織り](명) 삼을 원료로 해서 짠 옷감. 삼베. hemp-cloth

あさがえり[朝帰り]ーガヘリ(명) 외박(外泊)하고 아침에 자기 집에 돌아 오는 것. return in the morning

あさがお[朝顔]ーガホ(명)〈식〉 나팔꽃. 메꽃과에 속하는 1년생 만초(蔓草). a morning glory

あさがけ[朝駆け·朝駈け](명·자サ) ①아침 일찍 말을 달림. ②아침 일찍 공격함. ③아침 일찍 출발함. ↔夜討(ヨウ)ち. 1. a morning ride

あさがすみ[朝霞](명) ①아침에 낀 안개 같은 기운. ②⇨あさやけ. 1. the morning haze

あさかぜ[朝風](명) 아침에 부는 상쾌한 바람. 아침 바람. the morning breeze

あさがた[朝方](명) 아침. 아침때. morning

あさがれい[朝餉]ーガレヒ(명)〈고〉 천황의 아침 식사.

あさぎ[浅黄](명) ①엷은 노랑. 연노랑. ②⇨あさぎ(浅葱). 1. light yellow

あさぎ[浅葱](명) 연한 남색. 옥색. 물빛. light blue

あさぎり[朝霧](명) 아침 안개. the morning mist

あさくさ[浅草](명)〈지〉 토오쿄오(東京)의 아사쿠사 관음(観音)을 중심으로 발달한 민중 오락의 번화가.

あさくさがみ[浅草紙](명) 휴지로 다시 만든 종이. 재생지(再生紙). coarse toilet paper

あさくさのり[浅草海苔](명) 일본의 내해(内海)에서 따는 김.

あさぐつ[浅沓](명) 오동나무를 파서 옻칠을 한 얕은 신발. ↔深(フカ)ぐつ. clog-slippers

あさぐも[朝雲](명) 아침 하늘에 떠 있는 구름. 아침 구름. the morning cloud

あさぐもり[朝曇り](명) 아침에 날이 흐리는 일. a cloudy morning

あさぐろ·い[浅黒い](형) 거무스름하다. 거뭇하다.「ー顔(カオ); 거무스름한 얼굴」 dark

あさけ[朝明](명)〈고〉 새벽.

あさげ[朝餉](명) 아침밥. 조반. breakfast

あざけ·る[嘲る](타 4) 비웃다. 조소(嘲笑)하다. [명] あざけり. ridicule

あさざけ[朝酒](명) 아침에 (일어나면서) 마시는 술. a morning drink

あささむ[朝寒](명) 아침의 추운 때. 아침 추위. cold hours in the morning

あさじ[浅茅]ーヂ(명)〈고〉 드문드문 난 띠. 또는 키가 작은 띠. **ーう**[浅茅生]ーフ(명) 키가 작은 띠가 드문드문 난 곳.

あさせ[浅瀬](명) 얕은 여울. a shoal

あさだち[朝立ち](명·자サ) 아침 일찍 출발함. ↔夜立(ヨダ)ち. an early morning departure

あさぢえ[浅知恵·浅智慧](명) 얕은 꾀. 잔꾀. shallow wit

あさつき[浅葱](명)〈식〉 큰산파. 달래과에 속하는 다년초. 높이 30 *cm* 정도. 잎은 파같이 가늘고 식용함. a chive

あさづくよ[朝月夜](명)〈고〉 새벽달이 남아 있는 때. 새벽에 남아 있는 달. 잔월(残月).

あさづけ[浅漬け](명) 설말린 무우를 소금, 누룩으로 산뜻한 맛이 나도록 잠깐 절인 김치. a fresh-pickled radish

あさって[明後日](명) 모레. the day after tomorrow

あさっぱら[朝っ腹](명·부)〈속〉 ①조반 전의 공복(空腹). 식전(食前). ②아침 일찍. 조조(早朝).「ーから; 이른 아침부터」 2. early in the morning

あさつゆ[朝露](명) 아침 이슬. ↔夜露(ヨツユ). the morning dew

あさで[浅手](명) 가벼운 부상, 상처. 경상(軽傷). ↔深手(フカデ). a slight wound

あざと·い(형)〈속〉 잔꾀가 많다. 약빠르다. shrewd

あざな[字](명) 자. ①본명(本名) 이외의 다른 이름. ②⇨あざ(字). ③별명. 니크네임. 1. a popular name

あさなあさな[朝な朝な](부) 아침마다. 매일 아침마다. morning after morning

あざな·う[糾う]アザナフ(타 4) (새끼를) 꼬다. twist

あさなぎ[朝凪](명) 아침 한때 바다가 바람이 없고 잔잔한 것. the morning calm

あさなゆうな[朝な夕な]ーユフナ(부) 조석으로. 아침 저녁으로. 늘. 항상. day and night

あさなわ[麻縄]ーナハ(명) 삼으로 꼰 참바. 삼끈. a hempen rope

あさにけに[朝に夕に](부)〈고〉 밤이나 낮이나. 언제나.

あさね[朝寝](명·자サ) 아침잠. 늦잠. ↔朝起(アサオ)き. late rising. **ーぼう**[朝寝坊](명·자サ) 늦잠을

잠. 늦잠꾸러기.

あさのは[麻の葉](명) ①삼 잎. ②삼잎 모양의 무늬. 1. a hemp leaf

〔麻の葉②〕

あさはか[浅はか](형동ダ) 생각이 얕은 모양. 천박한 모양.「—な考(カンガ)え; 얕은 소견」 shallow-brained

あさはん[朝飯](명) 조반. 아침밥. breakfast

あさばん[朝晩](명) ①아침과 밤. ②항상. 밤낮. 1. morning and evening

あさひ[朝日·旭](명) 아침 해. 아침에 솟는 해. the morning sun. **—こ**[朝日子](명)〈고〉 아침 해.

あさびらき[朝開き](명)〈고〉 아침이 되어 배가 출항함.

あさぶろ[朝風呂](명) ⇨あさゆ. **—たんぜんながひばち**[朝風呂丹前長火鉢](연어) 아침에 목욕하고 편안한 옷을 입고 화로 앞에 앉음. 편안한 생활의 비유.

あさぼらけ[朝朗](명) 새벽녘. 여명(黎明). daybreak

あさま[朝間](명) 아침 나절. morning

あさまいり[朝参り](명) 아침 일찍 절이나 신사(神社)에 참배하는 일. an early morning visit to a shrine or a temple

あさまし·い[浅ましい](형) ①한심하다. ②비열(卑劣)하다. 파생 **—が·る**(자 4) **—げ**(형동ダ) **—さ**(명). 2. base

あさまだき[朝未き](부) 날이 새기 전. 아침 일찌기. before sunrise

あさまつりごと[朝政](명)〈고〉 ①조정의 정사(政事). ②천황이 아침 일찍 정무(政務)를 보살피는 일.

あさみ[浅み](명) 얕은 것. 얕은 곳. ↔深(フカ)み. shallow

あざみ[薊](명)〈식〉 엉거시과에 속하는 엉겅퀴속 식물의 총칭. 늦봄에 민들레 비슷한 붉은 보랏빛 꽃이 핌. a thistle

あさみどり[浅緑](명) 연한 녹색. 연두색. light green

あさ·む〈고〉 Ⅰ(자 4) 의외임에 놀라다. 어이 없어하다. Ⅱ(타 4) 조소하다. 깔보다.

あざむ·く[欺く](타 4) ①속이다. 거짓말하다. ②〈고〉 깔보다. 무시하다.「鬼(オニ)を—大男(オオオトコ); 도깨비도 무색케 할 정도로 큰 사나이」 1. cheat

あさめし[朝飯](명) 조반. 아침밥.「—前(マエ)だ; 조반 전에 할 만큼 쉬운 일」 breakfast

あさもや[朝靄](명) 아침 안개. the morning haze

あざやか[鮮やか](형동ダ) ①선명한 모양. ②훌륭한 모양. 멋진 모양. 1. vivid 2. splendid

あざや·ぐ[鮮やぐ]〈고〉 Ⅰ(자 4) 분명해지다. Ⅱ(타하 2) 분명히하다. ⌈the morning glow

あさやけ[朝焼け](명·자サ) 아침놀. ↔夕(ユウ)焼け. ⌟

あさゆ[朝湯](명) ①아침에 데운 목욕물. ②아침 목욕. 2. a morning bath

あさゆう[朝夕] 조석. Ⅰ(명) 아침과 저녁. Ⅱ(부) 늘. 언제나. Ⅰ morning and evening

あざらけ·し[鮮らけし](형ク)〈고〉 산뜻하다. 싱싱하다.

あざらし[海豹](명)〈동〉 해표. 바다표범. 한대에 가까운 바다에 사는데, 검푸르며 반점(斑点)이 있고 발엔 물갈퀴가 있음. 모피(毛皮)는 방한용, 기름은 비누의 원료로 씀. a common seal

あさり[浅蜊](명)〈동〉 바지락조개. 바지락개량조개. 개량조개과에 속하는 조개. 얕은 바다에 삶.

あさ·る[漁る](타 4) ①물고기나 조개를 잡다. ②(먹이 등을) 찾아 다니다.「古本(フルホン)を—; 고본을 구하기 위하여 찾아 다니다」 1. fish 2. search for

あざ·る[戯る](자하 2)〈고〉 ①희롱하다. ②풍류적(風流的)이다.

あざわら·う[嘲笑う]—ワラフ(타 4) 조소하다. 깔보아 웃다. scorn

あし[足·脚](명) ①[足] 발. ②[脚] 다리. ③걸음.「—を早(ハヤ)める; 걸음을 빨리하다」 ④발을 내딛는 것.「ひと—; 한 걸음」 ⑤가는 김.「その—で; 그 길로」 ⑥(통근 등에 이용하는) 교통 기관.「—をうばわれる; 발이 묶이다」 ⑦식물이 상하는(썩는) 속도.「—が早(ハヤ)い; 빨리 상하다」 ⑧어떤 물체를 받치는 부분.「机(ツクエ)の—; 책상 다리」 ⑨배의 흘수(吃水). ⑩부족. 흠.「—が出(デ)る; 결점이 나타나다」 ⑪(떡 등의) 찰기. ⑫(도망 간) 행방.「—がつく; 꼬리가 밟히다」 ⑬(더러운) 관계. 인연.「—を洗(アラ)う; 지금까지의 일을 그만두고 인연을 끊다」 ⑭⇨:おあし. 1. a foot 2. a leg

あし[銭](명)〈고〉 돈.

あし[蘆·葦·芦](명)〈식〉 갈대. 포아풀과에 속하는 다년초. 물가에 나며 줄기로 발을 엮음. a reed

あ·し[悪し](형シク)〈고〉 나쁘다. ↔よし.

あじ[味]アヂ(명) ①(음식물이 혀에 느껴지는) 맛. ②멋. 재미.「—のある話(ハナシ); 재미 있는 이야기」 1. taste

あじ[鰺]アヂ(명)〈동〉 전갱이. 전광어. a horse mackerel

アジ(명) 아지테이션의 준말.

アジア[Asia·亜細亜](명)〈지〉 아시아. 6대주의 하나.

あしあと[足跡](명) ①발자국. 발자취. ②도망 간 방향. 1. a footprint

あしうら[足裏·蹠](명) 발바닥. the sole of a foot

あしおと[足音·跫音](명) 발소리. a footstep

あしか[海驢](명)〈동〉 해려. 물개과에 속하는 바다 짐승. 북쪽 바다에 삶. 모피(毛皮)를 이용. 강치. 해룡(海龍). a sea lion

あしがかり[足掛かり](명) ①발판. 발 디딜 곳. ②단서. 실마리.「解決(カイケツ)への—とする; 해결의 실마리(단서)로 삼다」 1. a foothold 2. a clue

あしかけ[足掛け](명) 최초와 최후의 연월일을 넣어서 계산하는 것.「—三年(サンネン); 햇수로 3년」 ↔満(マン), まる. calendar years

あしかせ[足枷](명) ①족가. 차꼬. ②자유를 구속하는 것. 1. shakles 2. an encumbrance

あしがた[足形](명) 신자국이나 발자국. a footprint

あしがため[足固め](명·자サ) ①발, 다리를 튼튼하게 함. ②장래를 위한 준비. 1. foot training

あしからず[悪しからず](연어) 나쁘게 생각지 마시기를 (바랍니다). with good will

あしがらみ[足搦み](명) 〔씨름, 유도 등에서〕 다리로

걸어 넘기는 수. 낚시걸이. the scissors
あしがる[足軽](명) ①싸움터의 보병(歩兵). ②제일 하급의 무사(武士). 「一大将(ダイショウ); 하급 무사의 두목」 1. a foot soldier 2. a footman
アしきしゅうきゅう[ア式蹴球 ←association football](명) 아식 축구. 서커.
あじきな·い[味気無い]アヂキー(형) ⇨あじけない.
あしくせ[足癖](명) ①걸음걸이나 앉음새의 버릇. ②〔씨름에서〕 낚시걸이의 수. 1. a gait 2. tripping
あしくび[足首](명) 발목. an ankle
あしげ[足蹴](명) 발길. 발길질. kicking
あしげ[葦毛](명) 흰 바탕에 흑(黒), 갈(褐), 적(赤)색 등의 반점이 섞인 말의 털빛. 또는 그런 털의 말. a dapple-grey horse
あじけな·い[味気無い]アヂケー(형) ①싱겁다. 재미 없다. 따분하다. ②무익하다. 1. uninteresting
あしこし[足腰](명) 다리와 허리. 「一立(タ)たない病気(ビョウキ); 아랫도리를 못 쓰는 병」 legs and loins
あしごしらえ[足拵え]ーゴシラヘ(명·타サ) 〔도보 여행에서〕 오래 걸을 수 있도록 발과 다리에 준비를 함. (짚신 감발을 단단히 함) 「一も厳重(ゲンジュウ)に出発(シュッパツ)した; 짚신 감발도 단단히 하고 떠났다」 outfit with good footgear
あじさい[紫陽花]アヂサヰ(명)〈식〉 자양화. 낙엽 활엽 관목. 초여름에 옥색 등의 꽃이 공 모양으로 핌. 수국(水菊). a hydrangea
あじさし[鯵刺](명)〈동〉 제비갈매기. 갈매기과에 속하는 해조(海鳥). a sea swallow
あしざまに[悪し様に](부) 나쁘게. 끝사납게. unfavourable
アシスタント[assistant](명) 아시스턴트. 조수(助手).
あしずり[足摺り](명) 발버둥 치며 분해함. 또는 슬퍼함. stamping. **—みさき**[足摺岬](명)〈지〉 시코쿠(四国) 최남단 코오치현(高知県)에 있는 갑(岬).
あしぞろえ[足揃え]ーゾロヘ(명) 〔행군, 경마 등에서〕 보조를 맞추는 일. walking in step
あした[朝](명) 아침. morning
あした[明日](명) 명일. 내일. tomorrow
あしだ[足駄](명) 비가 올 때 신는 굽이 높은 왜나막신. high clogs
あしだい[足代](명) 거마비. 교통비. carfare
あしだまり[足溜まり](명) (잠시 체재하여) 무엇을 하기 위한 중심지. 기지. 근거지. a place of sojourn
あしついで[足序で](명) 가는 김. 가는 길. while one is on foot
あしつき[足付き](명) ①도구에 다리가 달려 있음. 또는 그 다리. ②걸음걸이. 「妙(ミョウ)な一; 묘한 걸음걸이」 1. utensils with legs 2. a gait
あしつぎ[足継ぎ](명) 발판. a footstool
あじつけ[味付け]アヂー(명·타サ) 맛을 냄. 맛을 낸 것. seasoning
あしで[葦手](명) 〔←葦手書(ガ)き〕 헤이안(平安) 시대에 물을 그린 옆에 갈대가 흩어진 것처럼 멋을 내어 와카(和歌) 등을 쓴 것.
アジテーション[agitation](명) 아지테이션. 대중을 꼬드기는 일. 선동(煽動).
アジテーター[agitator](명) 아지테이터. 선동자(煽動者).
あしてまとい[足手纏い]ーマトヒ(명·형동ダ) 옆에 있어 일이나 활동에 방해가 됨. 또는 그런 사람. 걸리적거림. 또는 그 사람. encumbrance
アジト[←agitating point](명) 아지트. (죄악 등의) 비밀 본부. 비밀 본거지.
あしどめ[足留め·足止め](명·타サ) 외출 금지(外出禁止). 「一を食(ク)らう; 외출 금지를 당하다」 confinement
あしどり[足取り](명) ①걸음걸이. 보조(歩調). 「軽(カル)い一; 가벼운 걸음걸이」 ②(범인이 도망 다닌) 경로(経路). 「一をたどる; 범인이 다닌 경로를 더듬다」 ③〈경〉 시세의 움직임. 발걸음. 「一表(ヒョウ); 시세 변동표」 1. a gait 2. a trace
あしなえ[蹇·跛]ーナヘ(명) 다리를 못 쓰는 것. 절름발이. 앉은뱅이. a lame person
あしなが[足長](명) 다리가 몹시 길다는 상상상(想像上)의 인물. a long-legged person
あしなみ[足並み](명) ①보조(歩調). 여럿의 걸음걸이. ②여럿이 행동할 때의 모양. 「一がそろう; 행동이 일치하다」 1. step
あしならし[足慣らし·足馴らし](명) ①걸음 연습. ②미리 하는 연습. 1. walking practice 2. preparations
あしのこう[足の甲](연어·명) 발등. an instep
あじのもと[味の素](명)〈이〉 화학 조미료(化学調味料)의 상품명(商品名).
あしば[足場](명) ①발 딛는 곳. 발판. ②일, 활동 등의 토대가 되는 곳. 근거지. 교두보(橋頭堡). ③교통의 편리. 「しずかではあるが一がわるい; 조용하긴 한데 교통이 나쁘다」 1. a foothold
あしばや[足早](형동ダ) 종종걸음 치는 모양. 빠른 걸음걸이. 「一に通(トオ)りすぎる; 종종걸음으로 지나가다」 quick walking
あしはら[葦原](명) 갈대가 있는 벌판. 갈밭. a reed-field
あしはらい[足払い]ーハラヒ(명) 〔유도에서〕 상대방의 다리를 발이나 다리로 후려서 넘기는 수. parrying a leg
あしはらのみずほのくに[葦原の瑞穂の国]ーミヅホー(명)〈고〉 일본의 옛 이름.
あしび[馬酔木](명)〈식〉 ⇨あせび.
アジびら(명) 좌익(左翼) 운동자의 선전 삐라. an agitation poster
あしぶえ[葦笛](명) 갈대 잎으로 만든 피리. a reed pipe
あしぶみ[足踏み](명·자サ) ①제자리 걸음. 답보(踏歩). ②그 상태대로 있음. 정체(停滞). 「生産(セイサン)が一を続(ツヅ)ける; 생산이 정체를 계속하다」 1. treading 2. a stalemate
アジプロ[←agitation propaganda](명) 아지프로. 선동(煽動)과 선전(宣伝).
あしべ[葦辺](명) 갈대가 무성한 물가. 갈밭이 있는 연안(沿岸). the reedy waterside

あし へん[足偏](명) 한자 부수(部首)의 하나. 발족변. "路, 躍" 등의 "⻊" 부분. 「among the reeds

あし ま[葦間](명) 갈대가 우거진 사이. ⤴

あし まかせ[足任せ](명) 발 가는 대로 감. 목적 없이 감. walking at random

あし まめ[足忠実](명·형동ダ) 귀찮아하지 않고 잘 돌아 다니며 일을 함. 또는 그런 사람. a good walker

あし もと[足元·足許](명) ①발밑. ②입장(立場). ③가까운 곳. 근처(近処). ④걸음걸이의 모양. 발을 내딛는 모양.「一がふらつく; 걸음걸이가 휘청거리다」⑤목전(目前)의 모양. ⑥출처(出処). 1. feet 4. a step

あしゃ[唖者](명) 벙어리. a dumb person

あし や[蘆屋](명) 갈대로 지붕을 인 집. a reed-thatched house

あし やすめ[足休め](명) 다리를 쉼. resting

あじゃり[阿闍梨](명)〈불〉 아사리. ①스승이 될 만한 승려(僧侶). ②천태(天台), 진언(眞言), 율종(律宗)의 승직(僧職) 이름. 1. a senior priest

あし ゆ[足湯·脚湯](명) 무릎 아래를 따끈한 물에 잠그는 것.「一を使(ツカ)う; 다리를 더운물에 잠그다」 a footbath

あし ゅ[亜種](명)〈생〉 아종. 생물 분류상(生物分類上)의 한 단위. subspecies

あしゅら[阿修羅](명)〈불〉 아수라. 고대 인도의 나쁜 신. Asura

あし よわ[足弱](명·형동ダ) ①다리가 약하여 잘 걷지 못함. ②늙은이, 여자, 아이들의 일컬음.「一を引(ヒ)きつれる; 늙은이, 여자, 아이들을 인솔하다」 1. weaklegged

あしら·う アシラフ(타 4) ①응답(応答)하다. ②(적당히) 접대하다. ③배합(配合)하다. 곁들이다.「松(マツ)にゆりを一; 소나무에 백합을 곁들이다」 명 あしらい. 1. answer 3. garnish

アジ·る(타 4) 선동하다. 꼬드기다. agitate

あじろ[網代](명) ①노송나무, 갈대, 대 등을 가늘게 쪼개어 대각선(対角線)으로 자리처럼 엮은 것. 울타리, 간막이, 자리 등에 사용. ②겨울에 물속에 대나 나무를 발처럼 쳐 놓고 물고기를 잡는 장치. 어살. 어전(魚箭). 1. a wickerwork 2. a wickerwork fish-net. ―**ぎ**[網代木](명) "あじろ②"에 쓰는 나무. ―**ぐるま**[網代車](명) 지붕을 갈대나 대로 엮어 인 우차(牛車). 옛날 귀인이 탔음.

〔網代①〕

あじわい[味わい] アヂハヒ(명) ①맛. 진미(珍味). ②취미. 풍미(風味). 1. taste 2. charm

あじわ·う[味わう] アヂハフ(타 4) ①맛보다. ②감상(鑑賞)하다.「名文(メイブン)を一; 명문을 감상하다」③체험하다. 몸소 겪다.「苦(クル)しみを一; 고생을 맛보다」 1. taste 2. appreciate 3. experience

あし わざ[足業](명)〔유도에서〕 다리로 상대를 넘어뜨리는 수. footwork

あす[明日](명) 명일. 내일. tomorrow

アス[ash](명)〈속〉 애시. 석탄 찌끼. 석탄재.

あ·す[浅す](자하 2)〈고〉 바다, 강 등이 얕아지다. 물이 줄어 마르다.

あ·す[褪す](자하 2)〈고〉 ①색이 날다. 바래다. ②변하다. 쇠퇴하다.

あすか じだい[飛鳥時代](명)〈역〉 ①스이코(推古) 천황으로부터 몬무(文武) 천황까지의 시대. (593~686) ②〔미술사에서〕 불교가 전해진 뒤부터 타이카 개신(大化改新)까지의 일본 미술의 초창기. (552~645)

あずか·る[与かる] アヅカル(자 4) ①관계하다.「あずかって力(チカラ)がある; 크게 힘(도움)이 되다」②(웃사람에게서) 받다.「おほめに一; 칭찬을 받다」 1. participate in 2. be obliged

あずか·る[預かる] アヅカル(타 4) ①맡아 두다. 보관하다.「子供(コドモ)を一; 아이를 맡아 돌봐 주다」②승부를 정하지 않고 미루어 두다. 명 預かり. 1. keep

あずき[小豆](명)〈식〉 팥. 콩과에 속하는 1년초. a red bean

あず·ける[預ける] アヅケル(타하 1) 맡기다. 보관시키다. 명 預け. give into keeping

あすこ[彼処](대) ⇨あそこ.

あずさ[梓] アヅサ(명)〈식〉 개능소화. 능소화과에 속하는 낙엽 활엽 교목. 활, 목판(木版) 등을 만듦. catalpa. ―**ゆみ**[梓弓](명) 개능소화로 만든 활.

アスター[aster](명)〈식〉 애스터. ①탱알, 들국화 등을 부르는 말. ②과꽃. 엉거시과에 속하는 1년초.

あずち ももやまじだい[安土桃山時代] アヅチ―(명)〈역〉 오다 노부나가(織田信長), 토요토미 히데요시(豊臣秀吉)가 집권하던 시대. (1573~1615)

アストラカン[astrakhan](명) 아스트라칸. 소련의 아스트라한 지방에서 나는 새끼 양의 꼬불꼬불하게 말린 털이 붙은 모피(毛皮). 또는 그런 모양으로 만든 모직물이나 털실.

アストリンゼン(ト)[astringent](명) 아스트린젠트. 수렴제(収斂剤). 살갗을 긴장시키기 위한 산성(酸性) 화장품.「一ローション; 아스트린젠트 로우션」

あすなろ[翌檜·羅漢柏](명)〈식〉 나한백. 노송나무 비슷한 상록 교목. 건축 재료로 쓰임. a hatchet-leaved arbor vitae

アスパラガス[asparagus](명)〈식〉 아스파라거스. 백합과에 속하는 다년초. 어린 순은 요리에 씀.

アスピリン[도 Aspirin](명)〈의〉 아스피린. 해열제의 하나. 아세틸살리칠산의 상품명.

アスファルト[asphalt](명) 아스팔트. ①〈광〉 원유(原油)에서 중유(重油)를 증류한 뒤의 찌끼. ②도로 포장 등에 쓰이는 검고 끈끈한 액체.

アスベスト[네 asbest](명)〈광〉 ⇨いしわた.

あずま[東·吾妻] アヅマ(명)〈고〉 ①칸토오(関東) 지방. 또는 그곳을 중심으로 한 지방. ②옛날 쿄오토(京都) 사람이 칸토오 지방의 무사(武士)를 경멸하여 일컫던 말. ―**あそび**[東遊び](명) 칸토오 지방의 웅장한 가무(歌舞). ―**えびす**[東夷](명)〈고〉 칸토오 지방의 미개인. ―**おとこ**[東男] ―ヲトコ(명) 칸토오 지방의 사나이. 남아다운 사나이의 대표. ↔京(キョウ)おんな. **―じ**[東路]―ヂ(명)〈고〉 ①교오토(京都)에서 칸토오로 가는 길. ②⇨あずま①.
あずまや[四阿·東屋]アヅマ―(명) 지붕만 있고 벽이 없는 집. 정자(亭子). an arbour
アスリート[athlete](명) 아틀리이트. 운동가. 운동 선수. 체육인. sweat
あせ[汗](명)〈생〉 땀.
あぜ[畔·畦](명) ①논두렁. ②인방(引枋)의 홈과 홈의 사이. 1. a footpath between rice fields. **―おり**[畦織](명) 굵고 가는 실을 교대로 넣어 이랑지게 짠 옷감. **―みち**[畦道](명) 논길.
あせい[阿世](명) 세속에 아부하는 일.「曲学(キョクガク)―; 곡학 아세(참되지 못한 학문으로 세속에 아첨하는 일)」 timeserving
あせいそうけん[亜成層圏](명)〈지〉 아성층권. 성층권의 아래, 대류권(対流圏)의 위. 지상에서 7~8,000 *m* 의 높이에 있는 대기층(大気層). the substratosphere
あぜくら[校倉](명) 세모난 긴 재목을 "井"자 모양으로 짜 올려 지은 창고. 쇼오소오인(正倉院) 등이 대표적인 예.
あせじ·みる[汗染みる](자상 1) 땀이 배어 더러워지다. be stained with sweat

〔校倉〕

あせしらず[汗知らず](명) 땀띠약. 땀을 빨아 들여 땀띠를 막음. prickly heat powder
あせ·する[汗する](자타サ) 땀을 흘리다.「ひたいに―; 이마에 땀을 흘리며 노력하다」 sweat
あせだく[汗だく](명·형동ダ)〈속〉 몹시 땀에 젖음. 땀투성이. sweatiness
アセチレン[acetylene](명)〈이〉 아세틸렌. 카아바이드에 물을 부으면 나오는 가스. 등화(燈火), 용접(鎔接) 등에 쓰임.
アセテート[acetate](명) 아세테이트. 셀룰로우스에 무수 초산(無水醋酸)을 가(加)하여 처리한 것을 원료로 하여 만든 인견(人絹).
あせば·む[汗ばむ](자 4) 땀이 스며 나오다. 땀으로 살갗이 끈적거리다. be slightly sweaty
あせび[馬酔木](명)〈식〉 마취목. 철쭉과에 속하는 상록수. 잎은 살충제로 씀. 〈학명〉 Pieris japonica
あせみず[汗水]―ミヅ(명) 물처럼 흐르는 땀.「―たらしながら; 땀을 뻘뻘 흘리며」 copious perspiration
あせみずく[汗みずく]―ミヅク(형동ダ)〈속〉 땀에 젖은 모양. 땀투성이가 된 모양. dripping with sweat
あせみどろ[汗みどろ](형동ダ) 땀에 흠뻑 젖은 모양. dripping with sweat
あせも[汗疹·汗疣](명) 땀띠. prickly heat
あせ·る[焦る](자 4) 안달하다. 초조(焦燥)해 하다. be impatient
あ·せる[褪せる](자하 1) 바래다. 색이 엷어지다. 빛깔이 벗겨지다. fade
あぜん[啞然](형동タルト) 아연. 뜻밖이어서 말이 안 나오는 모양. dumbfounded
あそこ[彼処](대) 저기. 저쪽. there
アゾせんりょう[azo 染料](명)〈이〉 아조 염료. 아조벤젠을 원료로 하여 만든 염료. 물감의 대부분을 차지함. azo dyes
あそば·す[遊ばす] Ⅰ(타 4) 놀리다. 놀게 하다. Ⅱ(보동·4) "する(하다)"의 높임말. 하시다.「ごらん―; 보시다」 Ⅰ entertain
あそばせことば[遊ばせ言葉](명) "あそばせ"를 붙여 특별히 공손하게 말하는 부인의 말씨. 예: ごめんあそばせ, おあがりあそばせ.
あそび[遊び](명) ①놀이.「―場(バ); 놀이터」 ②유흥. 노름. 1. play 2. merrymaking. **―にん**[遊び人](명) ①직업이 없는 사람. 무직자. 룸펜. 건달. ②노름군. **―め**[遊び女](명) 유녀. 기생. 창녀.
あそ·ぶ[遊ぶ](자 4) ①놀다. ②직업 없이 지내다. ③주색(酒色)에 빠지다. ④사방으로 나다니다. ⑤여행하며 다니다. ⑥(시설 등이) 이용되지 않고 있다. ⑦다른 곳에 가서 배우다.「パリーに―; 파리에 유학(留学)하다」 1. amuse oneself 3. make merry
あそん[朝臣](명)〔"あそみ"의 변화〕예전 4위 이상의 사람에 대한 높임말.
あだ[仇](명)〔"あた"의 변화〕 ①원수.「―をうつ; 원수를 갚다」 ②원한.「恩(オン)を―で返(カエ)す; 은혜를 원한으로 갚다」 ③보복. 앙갚음. 1. an enemy
あだ[徒](명·형동ダ) ①임시. ②알맹이가 없음. 헛됨. ③난봉. 들뜬 마음. 2. emptiness
あだ[寇](명)〔"あた"의 변화〕 ①쳐들어 오는 적병. ②나쁜 일. 해(害). 2. harm
あだ[婀娜](형동ダ) 요염한 모양. charming
アダージョ[이 adagio](부)〈악〉 아다지오. 천천히.
あだあだ·し[徒徒し](형シク)〈고〉 ①진실되지 않다. ②마음이 들떠 있다.
あたい[価·値]アタヒ(명) ①값. 가격. 대금(代金). ②가치(価値). ③〈수〉 운산(運算)하여 얻은 수. 1. a price 2. value. **―·する**[価する](자サ) 가치가 있다. (…에) 상당(相当)하다.「一見(イッケン)に―; 한 번 볼 가치가 있다」
あた·う[与う]アタフ(타하 2) ⇨あたえる.
あた·う[能う]アタフ(자 4) 가능하다. 될 수 있다.「―かぎり; 가능한 한」 can do
あだうち[仇討ち](명·자サ) 원수 갚음. 복수. revenge
あたえ[与え]アタヘ(명) 부여(賦与). 수여(授与).「天(テン)の―; 천부(天賦)」 giving
あた·える[与える]アタヘル(타하 1) ①주다. ②책임을 지우다. 일을 하게 하다.「問題(モンダイ)を―; 문제를 내어 주다」 ③받게 하다. 입히다.「損害(ソンガイ)を―; 손해를 입히다」 1. give
あだおろそか[徒疎か](형동ダ) 소홀한 모양. careless
あだかたき[仇敵](명) ⇨あだ(仇)①.
あたかも[恰も](부) ①마치. 흡사. ②마침. 1. as if 2. just. **―よし**[恰も好し](연어) 마침 좋게. 알맞게.
あだざくら[徒桜](명) ①지기 쉬운 벚꽃. 빨리 지는

벚꽃. ②바람둥이 여자. 2. a fickle woman

あだし—[他し](조어) 딴. 별개(別個)의.「—男(オトコ); 딴 남자」

あだし—[徒し·空し](조어) 변하기 쉬운. 덧없는. 허무한.「—世(ヨ); 허무한 세상」

あたじけな·い(형)〈속〉 인색하다. 깍정이다. stingy

あだ·する[寇する](자サ) ①가해(加害)하다. ②쳐들어가다. 1. do harm 2. invade

あたたか[暖か·温か](형동ダ) 따뜻한 모양. 훈훈한 모양. warm

あたたか·い[暖かい·温かい](형) ①따뜻하다. 훈훈하다. (적당하게 온기가 있어) 기분이 좋다. ②돈이 충분하다.「ふところが—; 주머니가 두둑하다」③인정이 많다. 다정하다. ④원만하다. 온화하다. 파생 —**げ**(형동ダ) —**さ**(명). 1. warm 2. rich

あたた·める[暖める·温める](타하 1) ①따뜻하게 하다. 데우다. ②간직하다. 세상에 발표하지 않고 두다. 자 あたたまる(4). 1. warm

アタック[attack](명·타サ) 어택. ①공격함. ②〈악〉 노래의 첫소리를 일제히 냄.

アタッチメント[attachment](명) 어태치멘트. ①기구, 기계의 부속 장치. ②사진기의 렌즈에 달아 초점 거리를 변화시키는 렌즈 같은 것.

あだな[綽名·渾名](명) 어떤 사람의 특징을 잡아 남이 붙인 이름. 별명. a nickname

あだなさけ[仇情け](명) 헛된 정. 일시적인 사랑.「主(ヌシ)と一夜(ヒトヨ)の—; 임과 하룻밤의 뜬 사랑」 fleeting love

あだなみ[徒浪·仇浪](명) ①소란한 파도. ②변하기 쉬운 사람의 마음. 1. noisy waves 2. fickleness

あだばな[徒花](명) 열매를 맺지 않는 꽃. 수꽃. an abortive flower

あたふた(부·자サ)〈속〉 당황하는 모양. 황망히. 허둥지둥. in a hurry

アダプター[adapter](명) 어댑터. 〔사진에서〕 촬영용(撮影用)의 부속품을 달기 위한 도구.

あたま[頭](명) ①머리. (뇌가 있는 곳) ②목 위의 부분.「—が さがる; 머리가 숙어지다」③두뇌. 지능. 생각.「—がいい; 머리가 좋다」「古(フル)い—; 낡은 생각」 ④처음.「—から かぞえる; 처음부터 세다」⑤우두머리. 두목. ⑥머리카락. 두발.「—が白(シロ)くなる; 머리가 하얘지다」1. the crown 2. the head. —**うち**[頭打ち](명) ①〈경〉 증권 시세 등이 더 이상 오르지 않는 일. ②세력, 계급이 그 이상 오르지 않는 일. —**かず**[頭数](명) 인원수. 사람 수. —**かぶ**[頭株](명) 두목. 주요 인물. —**きん**[頭金](명) 나누어 무는 돈의 첫 지불금. —**ごなし**[頭ごなし](명) (상대방의 말도 듣지 않고) 처음부터 일방적으로 꾸중(비난)하는 일. —**でっかち**[頭でっかち](형동ダ) 몸의 다른 부분에 비하여 머리가 지나치게 큰 모양. —**わり**[頭割り](명) 인원수로 평등하게 할당(割当)하는 것.

あたみ[熱海](명)〈지〉 시즈오카현(静岡県)에 있는 유명한 온천 도시. 경치가 좋음.

アダム[Adam](명)〈종〉 아담. 〔구약 성서에서〕 하나님이 만든 최초의 남자. 이브의 남편. ⌈be fascinating

あだめ·く[婀娜めく](자 4) 요염하게 보이다. ⤴

あだや[徒矢](명) 맞지 않은 화살. a futile arrow shot

あだ(や)おろそか[徒(や)疎か](연어) 소홀히. 아무렇게나. 대수롭지 않게. slight

あだゆめ[徒夢](명) 헛된 꿈. 허망한 꿈. an empty dream

あたら[可惜] Ⅰ(연체) 아까운. 애석한. Ⅱ(부) 아깝게도. 애석하게도. Ⅰ regretful Ⅱ regretably

あたらざる[当たらざる](연어) 적당하지 않은. 알맞지 않은. 부당한.「—も はなはだしい; 부당하기 짝이 없다」 unsuitable

あたら·し[可惜し](형シク)〈고〉 아깝다. 애석하다.

あたらし·い[新しい](형) ①새롭다. ②현대적이다. 진보적이다.「—女(オンナ); 현대 여성」 파생 —**が·る**(자 4) —**げ**(형동ダ) —**さ**(명). 1. new 2. modern

あたらしが·る[新しがる](자 4) (유행 등을 좇아) 새롭게 여기다. 새로운 척하다. hunt after novelty

あたらない[当たらない](연어) 〔"には—"의 형태로〕 필요 없다.「泣(ナ)くに(は)—; 울 필요는 없다」 need not

—**あたり**(조어) ①쯤. 정도. 경(頃).「きょう—; 오늘쯤」②예컨대 …등.「昨年(サクネン)—は; 작년 같은 때」

—**あたり**[当たり](조어) …에 대하여.「一日(イチニチ)—百円(ヒャクエン); 일당 백 원」

あたり[辺り](명) ①가. 부근. 근처.「—一面(イチメン); 부근 일대」②주변. ③경(頃). 1. neighbourhood

あたり[当たり](명) ①들어 맞음. 명중(命中). ②취급. ③단서. 짐작. ④〔바둑에서〕 앞으로 한 수만 더 놓으면 적을 잡을 수 있는 경우. ⑤〔낚시에서〕 물고기가 미끼를 건드리는 일. ⑥성공.「—映画(エイガ); 성공(히트)한 영화」 1. a hit. —**さわり**[当たり障り]—サハリ(명) 나쁜 영향. 지장. 방해. —**ちら·す**[当たり散らす](자 4) 까닭 없이 옆 사람에게 화를 내다. —**どし**[当たり年](명) 수확이 많은 해. 풍년이 든 해. —**ばこ**[当たり箱](명) 벼루 상자. —**ばち**[当たり鉢](명) ⇨すりばち. —**や**[当たり屋](명) ①뜻한 대로의 이익을 얻은 사람. ②인기(人気)를 얻은 가게나 사람. ③〔야구에서〕 안타(安打)를 많이 치는 사람. —**やく**[当たり役](명) 배우가 맡은 역 중에서 가장 호평을 받는 역. 또는 받은 역.

あたりまえ[当たり前]—マヘ(형동ダ) ①당연한 모양. ②보통인 모양. 1. natural 2. normal

あた·る[当たる](자 4) ①맞다. 부딪치다. ②닿다. ③만나다. ④명중하다. 적중하다. ⑤성공하다. ⑥향하다.「北(キタ)に当って山(ヤマ)が見(ミ)える; 북쪽에 산이 있다」⑦상당하다. 해당하다. ⑧맡다.「事件(ジケン)の処理(ショリ)に—; 사건의 처리를 맡다」⑨상태를 보다. 대조(対照)하다. ⑩대하다.「子供(コドモ)につらく—; 아이에게 심하게 대하다」⑪잘다. ⑫(수염 등을) 깎다. ⑬중독(中毒)되다. 체하다.「さかなに—;

생선에 중독되다」 1. beat 2. touch

あたん[亜炭](명) 탄화(炭化)가 불충분한 석탄. lignite

あち[彼方](명) ←あちら Ⅰ.

アチーブ(メント)(명) 〔어치이브멘트 테스트 (achievement test)의 준말〕 학력 검사. 「here and there

あちこち[彼方此方](대·부) 여기저기. 이곳 저곳. ↗

アチドージス[도 Azidosis](명)〈의〉 아찌도시스. 피가 산성(酸性)이 되는 일. 또는 그때의 증상. 산중독증(酸中毒症). ↔アルカロージス.

アチャラ(づけ)[포 achar·阿茶羅(漬け)](명) 야채를 채쳐서 초간장에 무친 것.

あちら[彼方] Ⅰ(대) 저기. 저쪽. 「—こちら; 여기저기」 Ⅱ(명) 외국. 특히 구미(欧美). 「—帰(ガエ)り; 외국에 (갔다) 돌아 온 사람」 Ⅰ there

あつあつ[熱熱](형동ダ) 열렬. ①매우 뜨거운 모양. ②(남녀가 사랑하여) 열중하는 모양. 「大(オオ)—だ; 열렬한 연애중이다」 1. hot

あつ·い[厚い](형) ①두껍다. ②두텁다. 인정이 깊다. 「—お情(ナサケ); 두터운 정(동정)」↔薄(ウス)い. 파생 —さ(명). 1. thick

あつ·い[暑い](형) 덥다. ↔寒(サム)い. 파생 —がる(자 4) —さ(명). hot

あつ·い[熱い](형) ①뜨겁다. 열이 높다. ②열심이다. 열렬하다. ③「—戦争(センソウ); 무력 전쟁」↔つめたい. 파생 —がる(자 4) —さ(명). 1. feverish 2. eager

あつ·い[篤い](형) ①위독하다. ②뜻이 깊다. 정이 두텁다. 1. serious 2. affectionate

あつえん[圧延](명·타サ) 압연. 회전하는 압연기의 로울을 통하여 쇠붙이를 눌러 펴서 판이나 막대를 만드는 일. rolling

あっか[悪化](명·자サ) 악화. 나빠짐. 「病気(ビョウキ)が—する; 병세가 나빠지다」 becoming worse

あっか[悪貨](명) 악화. 나쁜 화폐. 지금(地金)의 가격이 법정 가격보다도 낮은 화폐. bad money

あつかい[扱い]アツカヒ(명) ①취급. 다룸. ②접대(接待). 시중. 「客(キャク)—; 손님 접대」 ③중재(仲裁). 1. dealing

あつか·う[扱う]アツカフ(타 4) ①다루다. 취급하다. 조작(操作)하다. 「本(ホン)をたいせつに—; 책을 소중히 다루다」 ②간주하다. 처리하다. 「出席(シュッセキ)として—; 출석한 것으로 간주하다」 ③돌보다. 보호하다. 「病人(ビョウニン)を—; 병자를 돌보다」 ④중재(仲裁)하다. manage

あつかまし·い[厚かましい](형) 몰염치하다. 뻔뻔스럽다. 파생 —げ(형동ダ) —さ(명). shameless

あつがみ[厚紙](명) 두꺼운 종이. 보오드지(紙). 판지(板紙). thick paper

あっかん[圧巻](명) 압권. (서적, 전시회, 영화 등에서) 가장 뛰어난 부분. the best part

あっかん[悪漢](명) 악한. 나쁜 놈. a rascal

あつかん[熱燗](명) 술을 뜨겁게 데움. 또는 그 술. hot wine

あっかんじょう[悪感情](명) 악감정. 나쁜 감정. 싫어하는 마음. 미워하는 마음. ill feeling

あっき[悪鬼](명) 악귀. 재앙을 주는 나쁜 귀신. a demon

あつぎ[厚着](명·자サ) 옷을 많이 껴입음. thick dressing

あつくるし·い[熱苦しい·暑苦しい](형) 무덥다. 괴롭도록 덥다. 파생 —げ(형동ダ) —さ(명). sultry

あっけ[呆気](명) 놀라서 어리둥절함. 아연(啞然). 망연(茫然). 「—にとられる; 어안이 벙벙하다」 amazement. —な·い[呆気無い](형) 싱겁다. 맥이 빠지다. 파생 —なさ(명). 「a sinister design

あっけい[悪計](명) 나쁜 계략(計略). 흉계(凶計). ↗

あつげしょう[厚化粧](명·자サ) 짙게 화장함. 짙은 화장. thick make-up

あっけらかん(부)〈속〉 입을 벌리고 멍청해 있는 모양. vacantly

あっこう[悪口](명·자サ) 욕함. 험구(険口). abuse

あつさ[厚さ](명) 두께. 두꺼운 정도. thickness

あつさ[暑さ](명) ①더위. 더운 정도. ②여름철. 「—に向(ム)かう; 여름철이 되어 가다」 1. warmness

あっさく[圧搾](명·타サ) 압착. 눌러 짬. 눌러서 작게 함. 또는 그렇게 한 것. 「—空気(クウキ); 압착 공기」 pressure

あっさつ[圧殺](명·타サ) 압살. 눌러 죽임. pressing to death

あっさり(부·자サ) 산뜻하게. 시원스럽게. 소탈하게. 담박하게. simply

あっし[圧死](명·자サ) 압사. 짓눌리어 죽음. death from pressure

アッシ[아이누 attush·厚司](명) ①아이누인이 입는 난티나무 섬유로 짠 옷감. ②두껍고 질긴 면직물. 등거리, 앞치마 등에 쓰임. 2. thick cotton clothes

あつじ[厚地](명) 두꺼운 옷감. thick cloth

あっしゅく[圧縮](명·타サ) 압축. 눌러서 줄게 함. 또는 작게 함. compression

あっ·する[圧する](타サ) ①(권력이나 힘으로) 누르다. ②눌러서 넘어뜨리다. 압도(圧倒)하다. 1. press 2. oppress

あっせい[圧制](명·형동ダ) 압제. 권력 등으로 압박하고 억누름. oppression

あっせい[圧政](명) 압정. 강압 정치.

あっせん[斡旋](명·타サ) 알선. ①주선하여 돌봐 줌. ②(말을) 솜씨 있게 씀. 1. mediation

あったか[暖か·温か](형동ダ)〈속〉 따뜻한 모양. warm

あったか·い[暖かい·温かい](형)〈속〉 따뜻하다. 파생 —げ(형동ダ) —さ(명). warm

あった·める[暖める·温める](타하 1)〈속〉 데우다. 따뜻하게 하다. 재 あったまる(4). heat

あったら[可惜] Ⅰ(연체) 애석한. 아까운. 「—物(モノ); 아까운 것」 Ⅱ(부) 아깝게도. 애석하게도. Ⅰ regretful

あっち[彼方](대) 저쪽. 저기. there

あつで[厚手](명) (도자기, 종이, 천 등의) 바탕이 두꺼운 것. ↔うすで. thickness

あってん[圧点](명)〈생〉 압점. 살갗에서 압력을 느끼는

부위(部位). tactile points

あつど[圧度](명) 압도. ①압력의 정도. ②〈이〉 단위 면적에 작용하는 압력의 크기. 1. degree of pressure 2. unit of pressure

あっとう[圧倒](명·타サ) 압도. ①눌러서 넘어뜨림. ②월등히 뛰어난 힘으로 제압함. 2. overwhelming

アットバット[at bat](명) 애트배트. 〔야구에서〕 ①공격하는 쪽의 선수가 배터(打者)로 서는 일. ②한 시합에서 배터가 된 회수. 타석수(打席数).

アットホーム[at home] 애트호움. Ⅰ(형동ダ) (자기 집에 있는 것처럼) 편안한 모양. 마음이 놓이는 모양. Ⅱ(명) 가정적인 초대회(招待会)나 모임.

アッパーカット[upper cut](명·타サ) 어퍼커트. 〔권투에서〕 상대방의 턱을 밑으로부터 올려 침.

あっぱく[圧迫](명·타サ) 압박. (권력, 힘 등으로) 내리 누름. coercion

あっぱっぱ(명) 가정에서 입는 간단한 부인용 하복(夏服). 원피이스. a plain one-piece dress

あっぱれ[適·天晴れ] Ⅰ(형동ダ) 경탄할 만한. Ⅱ(감) 칭찬할 때 쓰는 말. 훌륭하다! 갸륵하다! 기특하다! 잘했어! Ⅰ admirable Ⅱ Bravo!

あつび[圧尾](명) 결말. 종결. the end

アップ[up](명·타サ) 업. ①위. ↔ダウン. ②머리 형(型)의 하나. 뒷머리를 위로 치켜 올림. 「―スタイル; 뒷머리를 위로 올린 머리 모양」 ③들어 올림. ④오름. 올림. ⑤클로우즈업의 준말. ↔ロング. ⑥크랭크업의 준말. 「oppression

あっぷく[圧伏](명·타サ) (힘으로) 눌러 항복 받음. ↗

アップツーデート[up-to-date](형동ダ) 업투데이트. 현대적인 모양. 첨단적(尖端的).

アップリケ[프 appliqué](명) 아플리케. 천이나 레이스, 가죽 같은 것에 다른 천이나 레이스, 가죽을 갖가지 모양으로 오려 꿰매어 붙이는 일.

アップル[apple](명) 애플. 사과. 「―パイ; 애플 파이」

あつぼったい[厚ぼったい](형) 두꺼운 느낌이다. 둔후(鈍厚)하다. 「―洋服地(ヨウフクジ); 두꺼운 느낌을 주는 양복지」 heavy

あつまり[集まり](명) ①모임. 집회(集会). ②떼. 무리. 1. meeting 2. a crowd

あつま·る[集まる](자 4) 모이다. 떼를 짓다. 타集める(하 1). gather

あつもの[羹](명) 야채, 고기 등을 넣은 뜨거운 국. hot soup

あつらえ[誂え]アツラヘ(명) 주문(注文). 주문품. 마춤. 「―洋服(ヨウフク); 마춤 양복」 동あつらえる(타하 1). an order. ―**むき**[誂え向き](형동ダ) ①주문대로 된 모양. ②희망대로 된 모양. 「ちょうど, お―だ; 아주 안성 마춤이다」

あつりょく[圧力](명) 압력. ①위에서 누르는 힘. ②〈이〉 딴 물체를 미는 힘. 「―釜(ガマ); 압력 가마」 pressure. ―**だんたい**[圧力団体](명) 압력 단체. 정치에 압력을 넣어 영향을 주는 단체. 「discord

あつれき[軋轢](명·자サ) 알력. 서로 다툼. 불화. ↗

―あて[充て·宛て](조어) ①할당. 몫. 「ひとり―; 1인당」 ②목표. 앞. 「学校(ガッコウ)―に送(オク)る; 학교 앞으로 보내다」

あて[当て](명) ①예측. 예기. 가망성. 「就職(シュウショク)の―; 취직의 가망성」 ②의지. 기대. 「君(キミ)を―にするよ; 자네를 믿네」 1. expectation

あで―[艶](조어) 요염한. 「―すがた; 요염한 자태」

あてがい[宛てがい]―ガヒ(명) 할당. 분배. 또는 할당 분배한 것. allotment. ―**ぶち**[宛てがい扶持](명) 이쪽 생각대로 돈이나 물건을 주는 것.

あてが·う[宛てがう]―ガフ(타 4) ①할당하다. ②분배하다. ③맞추다. 1. 2. allot

あてこす·る[当て擦る](자 4) 풍자하다. 빈정대다. 명 あてこすり. insinuate

あてごと[当て事](명) ①의지(依支). 기대(期待). ②알아 맞히기. 1. expectations

あてこ·む[当て込む](타 4) 기대하다. 예상하다. expect

あてさき[宛て先](명) 수신인(受信人)의 주소. a destination

あてじ[当て字·宛て字](명) 본뜻에 관계 없이 음이나 훈(訓)을 따서 어떤 말을 나타내는 한자(漢字). 또는 그런 용법. 예: 目出度(メデタ)い, 矢鱈(ヤタラ). ↔正字(セイジ). a false substitute character

あてずいりょう[当て推量](명·타サ) 제멋대로 짐작함. 억측(臆測). conjecture

あてずっぽう(명·형동ダ)〈속〉 ⇨あてずいりょう.

あてつ·ける[当て付ける](타하 1) 풍자하다. 빈정대다. 명 当て付け. speak ironically

あてっこ[当てっこ](명)〈속〉 (퀴즈 등의) 알아 맞히기. 「―をしよう; 알아 맞히기를 하자」 guessing

あてど[当て所](명) 목표. 목적지. 갈 곳. an aim

あてな[宛て名](명) 수신인(受信人)의 이름. an address

アデノイド[도 Adenoid](명)〈의〉 아데노이드. 편도선이 부어 기억력이 나빠지는 병. 아이들에게 많음.

アデノビールス[도 Adenovirus](명)〈의〉 아데노비루스. 아데노이드병(病)을 일으키는 비루스. 감기의 병원체(病原体).

あてはずれ[当て外れ]―ハヅレ(명) 기대에 어긋남. 짐작이 빗나감. disappointment

あては·める[当て嵌める](타하 1) ①꼭 맞도록 하다. ②맞도록 생각하다. ③적용(適用)하다. 자 当てはまる(4). 1. 3. apply 2. expect

あてびと[貴人](명)〈고〉 귀인. 신분이 고귀한 사람.

あてみ[当て身](명) 〔유도에서〕 상대방의 급소(急所)를 찔러 기절하게 하는 일. 「―をくらわせる; 급소를 찌르다」 a body attack

あてもの[当て物](명) ①(퀴즈 등의) 알아 맞히기 놀이. 수수께끼. ②현상 문제. 1. a riddle

あでやか[艶やか](형동ダ) 고상하고 아름다운(요염한) 모양. 파생 ―**さ**(명). fair

アデュー[프 adieu] (감·자サ) 아디유. 안녕. 굿바이.

あてら·れる[当てられる](연어) ①중독(中毒)되다. 「茸(キノコ)に―, 버섯에 중독되다」 ②연애 장면을 목격

하게 되거나 정화(情話) 등을 들어 괴로움을 받다. 「妹夫婦(イモウトフウフ)の仲(ナカ)のよいのに—; 여동생 부부의 사이가 너무 좋아서 보기가 면구스럽다」 ③지명(指名)되다. 1. be affected

あ·てる[当てる] Ⅰ(타하 1) ①닿게 하다. ②맞추다. ③데우다. 쬐다. 「火(ヒ)に—; 불에 쬐다」 ④깔다. 대다. 「ざぶとんを—; 방석을 깔다」 ⑤맞히다. 명중시키다. ⑥옳게 추측하다. ⑦지명(指名)하여 시키다. ⑧배당하다. 충당하다. 「生活費(セイカツヒ)に—; 생활비에 충당하다」 Ⅱ(자하 1) …으로 성공하다. 「株(カブ)で—; 증권으로 성공하다」 Ⅰ 1. touch Ⅱ succeed

あ·てる[充てる](타하 1) 충당(充当)하다. allot

アテンポ[이 a tempo](명)〈악〉 아템포. 본래의 속도로 돌아 가서 연주하라는 뜻.

あと[後](명) 후. ①뒤. ②끝난 다음. 이후. 「夏休(ナツヤスミ)み—; 여름 방학 이후」 ③지난 뒤. 「三年(サンネン)—; 3년 후」 ④끝난 뒤. 「—で後悔(コウカイ)するな; 나중에 후회 말라」 ⑤다음. 버금. 「—の汽車(キシャ); 다음 기차」 ⑥등이 있는 쪽. 뒤. 「—をふりかえる; 뒤를 돌아다 보다」 ⑦죽은 뒤. 사후. 「—をとむらう; 사후의 명복을 빌다」 ⑧자손. 후사(後嗣). 「—が絶(タ)える; 대가 끊어지다」 ⑨나머지. 「—はよろしく; 뒷일은 잘 부탁합니다」 1. behind 2. after

あと[跡·迹](명) ①발자국. ②왕래(往来). ③행방(行方). ④흔적. ⑤가독(家督). 「—を絶(タ)つ; 가계(家系)가 끊기다」 ⑥신불(神仏)의 영(霊). ⑦뒤. 1. a footprint 2. traffic

あど(명) 〔노오쿄오겐(能狂言)에서〕 조연(助演). 또는 그 사람. ↔仕手(シテ). an antagonist

あど(부)〈고〉 어찌. 어떻게.

アド(명) ①〔애드버타이즈멘트(advertisement)의 준말〕 광고. 「—バルーン; 광고 기구(気球)」 ②애드레스의 준말.

あと あし[後足·後脚](명) (동물의) 뒷다리. hind legs

あと あじ[後味]—アヂ(명) ①먹은 뒤에 남는 맛. 뒷맛. ②사물이 끝난 뒤의 느낌. 「—がわるい; 뒷맛이 개운치 않다」 aftertaste

あと あと[後後](명) ①다음다음. ②오랜 뒤. 2. distant future

あと おさえ[後押え]—オサヘ(명) ⇨しんがり.

あと おし[後押し](명·타사) ①뒤에서 밂. ②힘이 되어 줌. 후원. 또는 후원자. 1. pushing 2. a supporter

あと がき[後書き](명) 서적, 논문 등의 발문(跋文). 후기(後記). ↔はし書き, 前(マエ)書き. a postscript

あと かた[跡形](명) 뒤에 남은 표적. 흔적. 「—もなく; 흔적도 없이」 traces

あと かたづけ[後片付·後片附](명) 뒷처리. 뒷수쇄. putting in order

あと がま[後釜](명) ①대신 오는 사람. 후임(後任). ②후처(後妻). 1. a successor 2. a second wife

あと きん[後金](명) 물다 남은 돈. 잔금(残金). remainder of payment

あと ぐされ[後腐れ](명) 끝난 뒤에 문제가 생기는 일. 「—がない; 뒤가 깨끗하다」 aftermath

あと くち[後口](명) ⇨あとあじ.

あどけな·い(형) 순진하고 귀엽다. 「—顔(カオ); 순진하고 귀여운 얼굴」 파생 —さ(명). naive

あと さき[後先](명·자사) 뒤와 앞. 전후(前後). 선후(先後). front and rear

あと さく[後作](명)〈농〉 ⇨うらさく.

あと ざん[後産](명)〈의〉 후산. 태아(胎児)가 나온 뒤에 태반(胎盤) 등이 나오는 것. afterbirth

あと じさり[後退り](명·자사) 뒷걸음질. 뒷걸음침. moving backwards

あと じまい[後仕舞]—ジマヒ(명·타사) 뒷처리나 뒷수쇄를 함. clearance work

あと しまつ[跡始末·後始末](명·타사) 뒷처리를 함. settlement

あと しらなみ[後白浪](연어·명)〈고〉 행방 불명(行方不明). 「—と なりにけり; 행방 불명이 되었도다」

あと ずさり[後退り](명·자사) ⇨あとじさり.

あと つぎ[跡継ぎ](명) ①대를 이음. 또는 그 사람. 후사(後嗣). ②뒤를 이음. 또는 그 사람. 후계자(後継者). 후임자(後任者). 1. an inheritor 2. a successor

あと づ·ける[跡付ける](타하 1) 뒤를 밟아서 밝히다. 조사하여 밝히다. 「歴史(レキシ)を—; 사적(史蹟)을 조사하여 사실(史実)을 밝히다」 trace

あと とり[跡取り](명) ⇨あとつぎ①.

あどな·し(형ク)〈고〉 ⇨あどけない.

アトニー[도 Atonie](명)〈의〉 아토니. (수축성 조직의) 이완(弛緩). 무력증(無力症). 「胃(イ)—; 위무력증」

あと の まつり[後の祭り](연어·명) 때, 기회 등을 놓치는 일. 이미 시기가 지나는 일. 1. too late for

アドバイザー[adviser](명) 어드바이저. 상담역(相談役). 고문(顧問).

アドバイス[advice](명·자사) 어드바이스. 충고. 조언.

あと ばら[後腹](명) ①훗배앓이. ②끝난 뒤의 출비(出費) 등의 고통. 「—が病(ヤ)める; 일이 끝난 뒤 과도한 출비에 고통받다」 ③후처(後妻)가 낳은 아이. 1. afterpains

あと ばらい[後払い]—バラヒ(명·타사) 후불. 물건 값을 뒤에 지불함. deferred payment

アドバルーン[ad balloon](명) 애드발루운. 광고 기구(広告気球).

アドバンテージ[advantage](명) 어드밴티지. ①유리한 지위나 조건. ②〔정구에서〕 듀우스 뒤에 한 점을 더 얻는 일.

あと ひき[後引き](명) 한없이 물건(특히 술)을 탐내는 일. 「—上戸(ジョウゴ); 마실수록 더 마시고 싶어하는 술군」 insatiability

アドベンチュア[adventure](명) 어드벤처. 모험. 모험적인 연애.

あと ぼう[後棒](명) 가마 등의 뒤 채를 메는 사람. ↔先棒(サキボウ). a hind bearer of a palanquin

あと まわし[後廻し]—マハシ(명) 할 일을 뒤로 돌림. postponement

アトミズム[atomism](명)〈철〉 아토미즘. 일체의 사물은 원자로 이룩되어 있다는 설. 원자론(原子論).
アトミック—[atomic](조어) 아토믹. 원자력(原子力)의.「—エージ; 원자력 시대」
アトム[atom](명) 아톰. 원자(原子). (그리이스어로 분할할 수 없다는 뜻)
あとめ[跡目](명) 가문(家門)의 상속자(相続者). 「the family heir
あと·う[率う]アトモフ(타 4)〈고〉 인솔하다. 동반하다.
あともどり[後戻り](명) ①되돌아 감. ②퇴보. 1. backing 2. retrogression
アトモスフィア[atmosphere](명) 애트머스피어. ①대기(大気). ②분위기(雰囲気). 기분.
あとやく[後厄](명) 액년(厄年)의 다음.해. ↔まえやく. the year following one's critical year
あとやま[後山](명)〔광산, 탄광 등에서〕 새로 들어와 경험이 적은 광부(鉱夫). 대개 운반에 종사함. ↔先山(サキヤマ). a putter
アトラクション[attraction](명) 어트랙션. ①남의 이목(耳目)을 끄는 것. 매력. ②인력(引力). ③인기(人気) 있는 상연물(上演物). ④손님을 끌기 위하여 상연하는 연예류(演芸類). 막간(幕間) 상연물.
アトラクチブ[attractive](형동ダ) 어트랙티브. 사람을 끄는 힘이 있는 모양. 매력적. 매혹적.
アトラス[Atlas](명) 아틀라스. ①그리이스 신화에 나오는 거인족(巨人族)의 신. 제우스에게 벌을 받아 지구의 서쪽 끝에서 하늘을 떠받치고 있다고 함. ②지도(地図).
アトランダム[at random](형동ダ) 애트랜덤. ①무질서한 모양. 두서 없는 모양. ②〈수〉 무작위(無作為).
アトリエ[프 atelier](명) 아틀리에. ①화가나 조각가가 그 일을 하는 방. 화실(画室). ②사진 촬영실. 스튜디오.

〔アトラス①〕

アドリブ[ad lib](명) 애드리브. 즉흥(即興)의 대사(臺詞)나 연주.
アドレス[address](명) 애드레스. 주소. 수신인의 주소.
アドレナリン[도 Adrenalin](명)〈의〉 아드레날린. 부신(副腎)에서 나오는 호르몬의 한 가지. 출혈을 막고, 염통을 자극함.
あな[穴·孔](명) ①구멍. ②주의가 잘 미치지 않는 곳. 결점. ③결손(缺損). 손실(損失).「—をあける; 결손을 내다」④〔경마(競馬) 등에서〕 사고로 순번이 바뀌는 일. 또는 예상 외의 승부. ⑤좋은 장소.「—を見(ミ)つける; 좋은 곳을 발견하다」⑥←あなうま. 1. a cavity 3. a deficit
あな(감)〈고〉 탄성(嘆声). 오오! 아하!
アナ(명) ①〔아나키스트(anarchist)의 준말〕 무정부주의자(無政府主義者). ②〔아나키즘(anarchism)의 준말〕 무정부주의. ③아나운서의 준말.
あない[案内](명)〈고〉 ⇨あんない.
あなうま[穴馬](명)〔경마에서〕 예상을 뒤엎고 우승한 말. a dark horse
あなうめ[穴埋め](명·자サ) ①구멍을 메움. ②벌충함. 손실을 메움. 1. filling a hole
あなうら[蹠·足裏](명)〈고〉 발바닥.
アナウンサー[announcer](명) 아나운서. 〔방송국, 극장 등에서〕 어떤 일을 널리 알리는 사람. 방송원(放送員).
アナウンス[announce](명·타サ) 아나운스. 방송함. 보도(報道)함. 「hole darning
あなかがり[穴縢り](명) (단춧구멍 등을) 사뜨는 일.
あなかしこ[穴賢](연어) ①황송(惶悚)하다. 황공(惶恐)하다. ②삼가다. ③(여자가) 편지 끝에 쓰는 인사말.
あながち[強ち](부)〔뒤에 반어(反語)를 동반하여〕 ①반드시.「—偶然(グウゼン)ではない; 반드시 우연은 아니다」②무리하게. 억지로.「—に行(ユ)く必要(ヒツヨウ)はない; 억지로 갈 필요는 없다」 2. forcibly
あなかぶ[穴株](명)〈경〉 뜻밖에 값이 뛴 주(株).
あなかま(감)〈고〉 아아, 시끄러워. 조용히 해요.
あなかんむり[穴冠](명) 한자 부수(部首)의 하나. 구멍혈밑. "突, 空" 등의 "穴" 부분.
あなぐま[穴熊·貛](명)〈동〉 오소리. 족제비과에 속하는 너구리 비슷한 동물. 모피(毛皮)를 이용하고 털은 붓을 만드는 데 씀. a badger
あなぐら[穴蔵·窖](명) 땅속에 구덩이를 파서 물건을 저장하는 곳. 움. a cellar
あなぐ·る[穿る](타 4)〈고〉 두루 찾다. 천착(穿鑿)하다.
アナクロ(ニズム)[anachronism](명) 아나크로니즘. 그 시대를 착각함. 시대에 뒤떨어짐. 시대 착오.
あなご[穴子](명)〈동〉 붕장어. 먹붕장어과에 속하는 바닷물고기. a sea-eel
あなじ[穴痔](명) ⇨じろう(痔瘻).
あなすえ[足末]—スヱ(명)〈고〉 ①발끝. ②자손.
あなず·る[侮る]—ヅル(타 4)〈고〉 ⇨あなどる.
あなた[彼方](대) ①저쪽. 저기.「山(ヤマ)の—; 산너머 저쪽」②오래 전. 1. there
あなた[貴方](대) 상대를 높여 부르는 말. 당신. 귀하.「—さま; 귀하」 — **まかせ**[貴方任せ](연어·명) ①〈불〉 아미타불(阿彌陀仏)의 서원(誓願)에 맡김. ②남에게 의지하여 그대로 따르는 일. 상대방에 위임(委任)함
あなど·る[侮る](타 4) 멸시하다. 깔보다. 名侮り. dispise
あなにく[生憎](부)〈고〉 ⇨あいにく].
アナフィラキシー[도 Anaphylaxie](명)〈의〉 아나필락시. 알레르기의 심한 형태. 때로는 죽는 수가 있음.「ペニシリン—; 페니실린에 대한 과민증」
あなふさぎ[穴塞ぎ](명) ⇨あなうめ.
あなや(감) 아아! 아차!「—という間(マ)に; 아차 하는 사이에」
あなり(연어)〈고〉 있는 것 같다. 있는 모양이다.
あに[兄](명) ①형. 오빠. ②배우자의 손위 남자 형제. 예: 손위 시숙, 손위 처남, 형부 등. ↔弟(オトウト). ③남자끼리 친구를 높여 부르는 말. 의형(義兄). 1. an elder brother
あに[豈](부)〔다음에 반어(反語)를 동반하여〕 어찌. 어떻게. 뜻밖에. how in the world..

あにい[兄い](명)〈속〉①형. ②씩씩한 젊은이.「さかな屋(ャ)の—; 생선 가게의 젊은이」1. an elder brother

あにき[兄貴](명)〈속〉①형. ②형으로 부르며 사귀는 사람. 2. one's elder

あにじゃひと[兄じゃ人](명)〈고〉형의 높임말. 형님.

あにでし[兄弟子](명) 같은 선생에게서 자기보다 먼저 배웠거나 배우고 있는 제자. 선배. an elder pupil

あにはからんや[豈図らんや](연어·부) 어찌 뜻했으리오. 뜻밖에도. unexpectedly

あによめ[兄嫁·嫂](명) 형수. an elder brother's wife

アニリン[도 Anilin](명)〈이〉아닐린. 인조 염료(人造染料)의 중요 원료가 되는 무색 투명한 기름 같은 액체.

あね[姉](명) ①언니. 누나. ②배우자의 손위의 여자 형제. 예: 손위 시누이, 처형 등. ↔妹(イモウト). an elder sister

あねご[姉御](명) ①언니, 누나의 높임말. ②도박군, 건달 등의 두목의 여편네. ③여자 두목을 부르는 말. 2. a boss's wife

あねったい[亜熱帯](명)〈지〉아열대. 열대와 온대의 중간 지대. subtropics

あねにょうぼう[姉女房](명) 남편보다 나이 많은 아내. an older wife than her husband

アネモネ[anemone](명)〈식〉아네모네. 미나리아재비과에 속하는 다년초. 봄에 빨강, 보랏빛 꽃이 핌.

あの[彼の](연체) 저. 그.「—かた; 저분. 그분」that

あのよ[彼の世](연어·명) 죽은 뒤의 세계. 저승. 내세(来世). the next world

アノラック[anorak](명) 아노락. 후드가 달린 방한용의 짧은 외투.

〔アノラック〕

あば[浮子](명) 어망을 띄우는 부표(浮標). a buoy

アパート(명) 〔아파아트멘트하우스(apartment house)의 준말〕 아파아트. ①세방(貰房). ②집합 주택(集合住宅).

あばく[発く](타4) ①파 헤치다.「墓(ハカ)を—; 묘를 파 헤치다」②(비밀을) 폭로하다. 1. unearth 2. expose

あばずれ[阿婆擦れ](명) 세파(世波)를 많이 겪어 순진성을 잃음. 또는 그런 여자. a jade

あばた[痘痕](명) 천연두(天然痘)를 앓고 난 흔적. 마마 자국. pock-marks

アパッシュ[프 apache](명) 아파시. (파리의) 악한(悪漢). 깡패.

あばよ(감)〈속〉헤어질 때의 인사말. 안녕. 안녕히. 「Good-bye.

あばら(ぼね)[肋(骨)](명) 늑골. 갈빗대. the ribs

あばらや[荒ら屋](명) 황폐한 집. 쓰러져 가는 집. a dilapidated house

アパルトマン[프 appartement](명) ⇨アパート①.

あば·れる[暴れる](자하1) 난폭(乱暴)하게 굴다. riot

アバンギャルド[프 avant-garde](명) 아방가르드. ①전위(前衛). ②전위 예술파(前衛芸術派).

アバンゲール[프 avant-guerre](명) 아방게에르. (제2차 대전의) 전전(戦前). 전전파(戦前派). ↔アプレゲール.

アバンチュール[프 aventure](명) 아방튀이르. ①뜻밖의 사고. ②모험. 모험적인 연애.

アピール[appeal](명·자타サ) 어피일. ①여론이나 대중에게 호소함. 요청(要請).「原爆禁止(ゲンバクキンシ)の—; 원폭 금지의 호소」②〈속〉받아 들임. 공감을 줌.「大衆(タイシュウ)に—する; 대중에게 공감을 주다」③(불러 일으키는) 매력(魅力).「セックス—; 성적 매력」

あびき[網引](명·자サ)〈고〉(고기를 잡기 위해) 어망을 끌어 당김.

あびきょうかん[阿鼻叫喚](명) 아비 규환. 아비 지옥(地獄)과 규환 지옥. (지옥의) 괴로움을 못 이겨 고함치는 것. agonies and cries

あひさん[亜砒酸](명)〈이〉아비산. 무수 아비산(無水亜砒酸)의 통칭. arsenious acid

あびじごく[阿鼻地獄](명)〈불〉아비 지옥. 무한히 괴로움을 받는 지옥. 무간 지옥(無間地獄). the veriest hell

あびせか·ける[浴びせ掛ける](타하1) ①위에서 끼얹다.「頭(アタマ)から水(ミズ)を—; 머리로부터 물을 끼얹다」②위에서 큰소리로 퍼붓다.「悪口(ワルクチ)を—; 욕을 퍼붓다」 1. pour upon

あび·せる[浴びせる](타하1) ①끼얹다. 퍼붓다. ②입히다.「非難(ヒナン)の声(コエ)を—; 비난의 말을 퍼붓다」③(위에서) 내려 쳐서 베다.「一太刀(ヒトタチ)—; 한칼로 내려 치다」 1. pour on 2. lay on

あひる[家鴨](명)〈동〉집오리. 오리과에 속하는 가금(家禽). a duck

あ·びる[浴びる](타상1) ①(탕이나 물을) 몸에 끼얹다. ②(피해를) 입다. (비난을) 받다.「非難(ヒナン)を—; 많은 비난을 받다」 1. pour upon oneself

あぶ[虻](명)〈동〉등에. 말파리. a horse-fly

アフガニスタン[Afghanistan](명)〈지〉아프가니스탄. 아시아 서남부의 입헌 왕국(立憲王国). 수도는 카불(Kabul).

あぶく[泡](명)〈속〉거품. a bubble. **—ぜに**[泡銭](명) 부정(不正)하게 번 돈.

アブサン(ト)[프 absinthe](명) 압상트. 리큐르의 한 가지. 녹색이며 주정도(酒精度)는 70%.

アブストラクト[abstract](명·형동ダ) 앱스트랙트. ①추상적. ②추상 회화(抽象絵画).「—アーツ; 추상 예술」③요지(要旨). 적요(摘要).「外国文献(ガイコクブンケン)の—; 외국 문헌에서 간추린 것」

アフターケア[after-care](명) 아프터케어. ①회복한 (결핵) 환자의 몸이나 생활을 보호하는 일. 또는 그 시설. ②졸업 후의 직업 보도.

アフターサービス[after-service](명) 아프터서어비스. 상품을 판 뒤에도 무료 또는 실비로 수리, 수선 등을 하여 주어 봉사하는 일.

アフタヌーン[afternoon](명) 애프터누운. ①오후(午後). 하오(下午). ②부인이 오후 또는 외출시(外出時)에 입는 양복. 모양은 원피이스 비슷함. 애프터누운 드레스.

あぶな·い[危ない](형) ①위험하다. ②근심되다. 위태

롭다. 파생 **—が·る**(자 4) **—げ**(형동ダ) **— さ**(명). 1. dangerous

あぶなく[危なく](부) 자칫하면. 거의. 간신히. narrowly

あぶなっかし·い[危なっかしい](형)〈속〉 위태위태하다. 매우 염려되다. 파생 **—げ**(형동ダ) **— さ**(명). unsteady

アブノーマル[abnormal](형동ダ) 애브노오멀. 보통과 다른 모양. 이상적(異常的). 병적(病的).

あぶはち とらず[虻蜂取らず](연어) 둘을 구하려다가 도리어 하나도 얻지 못하는 것의 비유. fall between two stools

あぶみ[鐙](명) 말 안장에 달린 발을 디디는 장치. 등자(鐙子). stirrups

〔鐙〕

あぶら[油](명) ①기름. 「—を売(ウ)る; 할 일은 안하고 잡담으로 시간을 보내다」 ②〈동〉 ←油蟬. ③〈속〉 술. 알코홀분. 「—が足(タ)りない; 알코홀분이 부족하다」 1. oil. **— あげ**[油揚げ](명) ⇨あぶらげ. **— いろ**[油色](명) 붉은 기가 도는 노랑색. **— え**[油絵](명) 유화(油画). **— えのぐ**[油絵の具](명) 유화구. 유화의 채색 물감. **— かす**[油粕](명) 유박. 깻묵. **— がみ**[油紙](명) 유지. 기름종이. **— け**[油気](명) 기름을 품고 있는 성질. 기름기. **— さし**[油差し](명) 기름을 기계에 칠 때 쓰는 도구. **— ざら**[油皿](명) 기름을 담아 불을 켜는 작은 접시. **— じ·みる**[油染みる](자상 1) 기름이 배어 더러워지다. **— ぜみ**[油蟬](명)〈동〉 유지매미. 큰 편이며 잘 욺. **— つぼ**[油壺](명) ①머릿기름을 넣는 병. ②기계에 기름을 치기 위해 비치한 기름 그릇. **— でり**[油照り](명) 바람도 없이 뙤약볕이 지글지글 내려 쬠. **— とり**[油取り](명) 얼굴에 내배는 기름기를 닦는 화장지. **— な**[油菜](명)〈식〉 유채. 겨자과에 속하는 월년초(越年草). 씨는 기름을 짬. 평지. **— むし**[油虫](명) ①〈동〉 진디. ②〈동〉 바퀴. 민바퀴. 부엌 등에 많으며 닿으면 냄새가 남. ③〈속〉 공짜로 극장 등에 들어 가는 사람. 공짜배기.

あぶら[脂·膏](명) ①기름. 굳기름. 지방. ②살갗에 내배는 기름기. 「—をしぼる; 기름을 짜다(잘못에 대해 몹시 꾸짖다)」 1. fat. **— あし**[脂足](명) 기름기 있는 땀을 많이 흘리는 발. **— あせ**[脂汗](명) 끈적거리는 땀. **— ぎ·る**[脂ぎる](자 4) 기름기가 돌다. 비계가 많아지다. **— け**[脂気](명) 기름기. 지방분. **— じり**[脂尻](명) 새 궁둥이의 지방이 많은 부분. **— っこ·い**[脂っこい](형) 기름기가 많다. **— で**[脂手](명) 기름기 있는(땀이 많이 나는) 손. **— み**[脂身·脂肉](명) 기름이 많은 살.

あぶらげ[油揚](명) 유부. 「とんびに—をさらわれる; 소리개한테 유부를 채이다(갑자기 귀중한 것을 빼앗기다)」 fried bean-curd

あぶらめ(명)〈동〉 ⇨あいなめ.

アプリオリ[라 a priori](명)〈철〉 아프리오리. 선천적(先天的). 생득적(生得的).

アフリカ[Africa·阿弗利加](명)〈지〉 아프리카. 6 대주의 하나. 유럽 남쪽에 있는 대륙.

アプリケ[프 appliqué](명) ⇨アップリケ.

あぶり だし[炙り出し](명) 불에 쬐어 그림이나 글자를 나타나게 하는 종이. a thermotype

あふ·る(타 4)〈속〉 ⇨あおる.

あぶ·る[炙る](타 4)①굽다. ②말리다. 쬐다. 1.roast

アプレ(ゲール)[프 après-guerre](명) 아프레게에르. (제 2차 대전 후의) 청소년들의 경향. 전후(戦後). 전후파(戦後派).

アフレコ[←after recording](명·타サ) 아프레코. 〔발성영화(発声映画)에서〕 촬영한 다음에 대사, 음향, 음악 등을 녹음함.

あふ·れる[溢れる](자하 1) 넘쳐 흐르다. overflow

あぶ·れる(자하 1)〈속〉 실직(失職)하다. miss one's job

アプローチ[approach](명·자サ) 어프로우치. ①접근함. ②〔스키이에서〕 출발점에서부터 구름판까지의 사이에서 점프하기 위하여 활주(滑走)하는 방법.

アフロディテ[Aphrodite](명) 아프로디테. 그리이스 신화에 나오는 미(美)와 사랑의 여신. 로마 신화의 베누스에 해당.

あべかわ もち[安倍川餅](명) 찹쌀떡을 구워 뜨거운 물에 적셔 콩가루와 설탕을 묻힌 것.

あべ こべ(명·형동ダ)〈속〉 거꾸로 됨. 반대. reverse

アベック[프 avec](명) 아베크. 남녀 한 쌍의 동반(同伴). 「—パトロール; 짝지은 순찰(둘이 짝지어 하는 순찰)」

アベニュー[avenue](명) 아베뉴. ①큰 거리. ②가로수가 있는 길.

アベ マリア[라 Ave Maria](명) 아베마리아. 성모 마리아에게 바치는 기도의 말.

あへん[阿片·鴉片](명) 아편. 익지 않은 양귀비 열매의 즙을 뽑아 만든 갈색 가루. 성분은 모르핀. opium. **— くつ**[阿片窟](명) 아편굴. 아편을 맞는 비밀 장소. **— せんそう**[阿片戦争](명)〈역〉 아편 전쟁. 1840년에서 1842년에 걸친 청(清) 나라와 영국과의 싸움.

あほう[阿呆·阿房](명·형동ダ) 바보. 천치. a fool. **— ばらい**[阿呆払い]—バラヒ(명·타サ) 에도(江戸) 시대에 무사의 두 칼을 빼앗고 추방하던 형벌.

あほう どり[信天翁](명)〈동〉 신천옹. 희고 큰 해조(海鳥). 무인도(無人島) 등에 살며 사람이 가까이 가도 도망 가지 않음. an albatross

アポストロフ(ィー)[apostrophe](명) 어포스트러피. 생략, 소유격(所有格)을 나타내거나 오독(誤読)을 막기 위하여 찍는 부호. 「'」. 예: an't.

あほだら きょう[阿呆陀羅経](명) 경문(経文)의 훈독(訓読)을 흉내 내어 만든 우습광스러운 속요(俗謡). mock sutra

あほらし·い[阿呆らしい](형) 바보 같다. 매우 어리석다. ⇨: ばからしい. 파생 **— さ**(명). foolish

アポロ[라 Apollo](명) 아폴로. 그리이스 신화에 나오는 태양의 신.

あま—[天](조어) 하늘 「—翔(カケ)る; 하늘을 나는」

あま—[雨](조어) 비. 「—粒(ツブ); 빗방울」

あま[尼](명) ①〈불〉 여승. 비구니. ②〈종〉 수녀(修女). ③〈속〉 여인에 대한 욕. 1. 2. a nun 3. a hussy
あま[海人·蜑](명) 어민(漁民). 어부. a fisherman
あま[海女](명) 해녀. 바다에 잠수하여 전복, 해삼, 미역 등을 따는 여자. a woman pearl-diver
あま[亜麻](명)〈식〉 아마. 삼의 한 가지. 섬유에서는 실, 씨에서는 기름을 얻음. flax
アマ[네 ama·阿媽](명) 중국, 일본 등에 사는 외국인에게 고용되는 하녀나 식모.
アマ(명) 아마튜어의 준말.
あまあい[雨間]ーアヒ(명) 비가 잠깐 멎은 사이. ⇨: あまま. an interval of rains
あまあし[雨脚](명) ①비가 지나가는 모양.「ーがはやい; 비가 지나가는 속도가 빠르다」②빗발. 1. passage of the rain 2. lines of rain
あま·い[甘い](형) ①(맛이) 달다. ②싱겁다. ↔辛(カラ)い. ③말이 능숙하다. ④둔하다. 느슨하다.「ねじがー; 나사가 헐겁다」⑤엄하지 않다. 후하다.「点(テン)がー; 점수가 후하다」⑥〈경〉 시세가 약간 떨어질 기미가 있다. ↔しっかり. [파생] ー さ(명). 1. sugary 2. not salted enough
あま·える[甘える](자하 1) 응석 부리다. fawn
あまおおい[雨覆い]ーオホヒ(명) 비를 막는 덮개. a rain-cover
あまおち[雨落ち](명) 빗물이 떨어지는 곳. 낙수받이. a gutter for eavesdrops
あまおと[雨音](명) 빗소리. the sound of rain
あまおぶね[海人小舟]ーヲブネ(명) 고기잡이배. 어선(漁船). a fishing boat
あまがいとう[雨外套](명) ⇨レーンコート.
あまがえる[雨蛙]ーガヘル(명)〈동〉 청개구리. 몸길이는 4 *cm* 정도, 나무에도 살며 비가 오려 할 때 울어댐. a tree-frog
あまがさ[雨傘](명) 우산. ↔日傘(ヒガサ). an umbrella
あまガッパ[雨合羽](명) 비를 막기 위하여 겉에 걸쳐 입는 옷. 비옷. a raincoat
あまから[甘辛](명·형동ダ) 달고 매움.「ーせんべい; 달면서도 매콤한 부꾸미 비슷한 과자」 sugary and pungent taste
あまかわ[甘皮]ーカハ(명) ①과일의 속껍질. ↔粗皮(アラカワ). ②손톱이 나오는 부분의 부드러운 살갗. 1. epidermis
あまかんむり[雨冠](명) 한자 부수(部首)의 하나. 비우변. "雲, 雪" 등의 "⻗" 부분.
あまぎ[雨着](명) ⇨あまぐ(雨具).
あまぎみ[尼君](명) 높은 신분 출신의 여승(女僧)에 대한 높임말.
あまぎ·る[天霧る](자サ)〈고〉 하늘에 자욱하게 안개가 끼다. 하늘이 잔뜩 흐리다.
あまぐ[雨具](명) 옷 위에 입어 비를 막는 것. 비옷. 우비. rain-gear
あまくだ·る[天下る](자 4) ①하늘에서 지상으로 내려오다. ②관청이나 상급자 등이 강제로 명령하다. [명] 天下り. 2. come from higher powers
あまくち[甘口](명·형동ダ) ①맛이 닮. ②단맛을 좋아함. 또는 그런 사람. ↔辛口(カラクチ). ③달콤한 말. 감언(甘言). ④무딘 성질. 1. sweetness 2. a sweet tooth
あまぐも[雨雲](명) 비구름. rain cloud
あまぐもり[雨曇り](명·자サ) 비가 올 듯이 잔뜩 흐림. cloudy weather
あまぐり[甘栗](명) ①말린 밤. ②단맛이 나게 뜨거운 모래에 볶은 밤. 1. dried chestnuts
あまけ[雨気](명) ⇨あまもよう.
あまげしき[雨景色](명) ①비 오는 경치. ②비가 올 듯한 날씨. 2. a slight promise of rain
あまごい[雨乞い]ーゴヒ(명·자サ) 비 오기를 빎. 기우(祈雨). praying for rain
あまごもり[雨籠り](명) 비 때문에 집에 갇혀 있는 것. rain-confinement
あまさえ[剰え]アマサヘ(부)〈고〉 ⇨あまつさえ.
あまざけ[甘酒·醴](명) 감주. 단술.
あまざらし[雨曝し](명) 비를 맞게 내버려 둠. 비를 맞힘. exposure to rain
あまじ[天路]ーヂ(명)〈고〉 ①하늘에 있다는 길. ②천상세계(天上世界).
あまじお[甘塩]ージホ(명) ①짠맛이 적음. 싱거움. ②싱겁게 절인 생선. 1. slightly salted
あまじたく[雨支度](명·자サ) 비가 올 때에 대한 준비를 함. preparations against rain
あま·す[余す](타 4) 남게 하다. 남기다. set apart
あまず[甘酢](명) 술, 간장, 식초 등을 같은 양으로 섞은 것에다 설탕을 넣어 보통 식초보다 달게 한 식초. sweet vinegar
あまずっぱ·い[甘酸っぱい](형) 달콤하고 시다. sweet and sour
あまそぎ[尼削ぎ](명)〈고〉 ①여승이 될 사람의 머리를 어깨에 닿는 곳에서 가지런히 자르는 일. ②어깨까지 오게 자른 아이들의 단발.
あまぞら[雨空](명) ①비가 올 듯한 하늘. ②비 오는 하늘. 1. a threatening sky
あまた[数多](명·부) 다수. 많은 수. 수많은. many
あまだい[甘鯛]ーダヒ(명)〈동〉 옥돔. 도미의 대용으로 많이 쓰임. a bream
あまだれ[雨垂れ](명) 낙수물. 낙수(落水). eavesdrops.
ー **おち**[雨垂れ落ち](명) 낙수받이.
あまちゃ[甘茶](명) ①〈식〉 수국차. 수국과에 속하는 낙엽 활엽 관목. ②수국차 잎으로 만든 음료(飲料). ③〔관불회(灌仏会)에서〕 석가상(釈迦像)에 끼얹는 산수국차의 물. 2. hydrangea tea
アマチュア[amateur](명) 아마튜어. 직업적이 아닌 운동가, 예술가. ↔プロフェッショナル.
あまちょろ·い[甘ちょろい](형)〈속〉 ①(생각 등이) 몹시 낙천적이다. ②안이하다. 1. optimistic
あまつー[天津](조어)〈고〉〔つ=の〕 ①하늘의.「ー使(ツカ)い; 하늘의 사자」②천황의 후계자.「ー日嗣(ヒツ)ぎ; 천황의 후계자」

あまつかみ[天つ神](명)〈고〉 하늘에 있는 신. ↔国(クニ)つ神.

あまっこ[尼っ子](명)〈속〉 (여자에 대한 욕으로) 년. 계집애. a wench

あまつさえ[剰え]ーサヘ(부) 더우기. 그 위에. 더군다나. besides

あまったる·い[甘ったるい](형) 달콤하다. 달착지근하다.「一声(コエ); 달콤한 목소리」 파생 **—さ**(명). sugary

あまった·れる[甘ったれる](자하 1)〈속〉 응석 부리다. 어리광 부리다. presume upon another's love

あまっちょ[尼っちょ](명)〈속〉 ⇨あまっこ.

あまでら[尼寺](명) ①〈불〉 이사. 여승이 사는 절. 여승방. 신중절. ②수도원(修道院). 1. a nunnery

あまてら·す[天照らす](자 4)〈고〉 ①"天照る(하늘에서 비치다)"의 높임말. ②천하를 다스리시다.「一大御神(オオミカミ); 일본 황실의 선조가 되는 여신」

あまど[雨戸](명) (풍우를 막기 위한) 덧문. a shutter

あまどい[雨樋]ードヒ(명) 낙수받이. 홈통. a gutter

あまとう[甘党](명) 단것을 좋아하는 사람. ↔辛党(カラトウ). a person having a sweet tooth

あまな·う[和う]アマナフ(타 4)〈고〉 화의(和議)하다. 동의(同意)하다.

あまなっとう[甘納豆](명) 삶은 팥, 광저기 등에 설탕을 버무린 과자. sugared red beans

あまに[亜麻仁](명) 아마인. 아마의 씨.「一油(ユ); 아마인유」 linseed

あまねく[普く·遍く](부)〈고〉 널리. 보편적으로.

あまの一[天の](조어)〈고〉 하늘의. **—いわと**[天の岩戸]ーイハト(명)〈고〉〔일본 신화(神話)에서〕 천상에 있다는 암굴의 문. **—がわ**[天の川·天の河]ーガハ(명)〈천〉 은하. 은하수. **—じゃく**[天の邪鬼](명) 일부러 남의 말을 거역하거나 반대되는 행동을 하는 사람. **—はら**[天の原](명) 하늘.

あまのさえずり[海人の囀り]ーサヘズリ(명)〈고〉 어부들의 떠들썩한 말소리.

あまのはごろも[天の羽衣](명) 하늘 나라의 사람들이 입는다는 옷.

あまのり[甘海苔](명)〈식〉 ⇨あさくさのり.

あまはだ[甘肌](명) ⇨あまかわ.

あまほうし[尼法師](명) ⇨あま(尼).

あまぼし[甘干し](명) ①곶감. ②생선을 말린 것. 건어물. 1. a dried persimmon 2. a half-dried fish

あまま[雨間](명) ⇨あまあい.

あまみ[甘味](명) ①감미. 맛의 단 정도. ②단것. 예: 과자, 사탕 등. 1. sweetness

あまみず[雨水]ーミヅ(명) 빗물. rain water

あまも[甘藻](명)〈식〉 거머리말. 다년생 해초로 근경, 잎은 식용. sea-hay

あまもよい[雨催い](명) 비가 올 듯한 날씨. 또는 그런 하늘. a threatening sky

あまもよう[雨模様](명) 비가 올 듯한 모양. signs of rain

あまもり[雨漏り](명·자サ) (지붕, 천장 등에서) 비가 샘. rain leaking

あまやか·す[甘やかす](타 4) 응석을 받아 주다. 엄하게 하지 않고 버릇 없음을 묵인하다. spoil

あまや·ぐ[甘やぐ](자 4) 달콤해지다. taste sweet

あまやどり[雨宿り](명·자サ) 비가 긋기를 처마 밑, 나무 그늘 등에서 기다림. 비를 그음. (taking) shelter from rain

あまやみ[雨止み](명·자サ) 비가 멎음. 비가 갬. stopping of rain

あまよ[雨夜](명) 비가 내리는 밤. a rainy evening

あまよけ[雨避け](명·자サ) ①비를 막는 덮개. ②⇨あまやどり. 1. a shelter

—あまり[余り](조어) 그 이상 나머지가 있는 것.「十日(トオカ)—; 10일 남짓」

あまり[余り] Ⅰ(명) 나머지. Ⅱ(부) 너무. 지나치게. Ⅰ the remainder. **—ある**[余り有る](연어) 여유가 있는. 충분하고도 남는. **—に**[余りに](부) 너무나. 지나치게.

アマリリス[amaryllis](명)〈식〉 아마릴리스. 수선과에 속하는 다년초. 봄에 백합 비슷한 크고 빨간 꽃이 핌.

あま·る[余る](자 4) ①남다. ②지나치다. 넘치다. 겹다.「力(チカラ)に—; 힘에 겹다」「身(ミ)に—光栄(コウエイ); 분에 넘치는 영광」 1. remain

アマルガム[amalgam](명) 아말감. ①〈이〉 수은(水銀)과 다른 금속과의 합금. ②〈의〉 (충치를 때우는) 은, 주석, 수은 등의 합금.

あまん·じる[甘んじる](자상 1) 만족하게 여기다. 달게 받다.「今(イマ)の地位(チイ)に—; 현재의 지위를 감수(甘受)하다」 be content

あみ[網](명) 그물. a net

あみ[醤蝦](명)〈동〉 보리새우. 강하(糠蝦). 매우 작으며 간장에 졸여 식용함. a mysis

アミ[프 ami](명) 아미. 친구. 벗. 애인. (여성형은 amie)

あみあげ[編み上げ](명) ①밑에서 위로 떠(엮어) 올라감. ②〔←編み上げ靴(グツ)〕 목이 길며, 목까지 긴 끈으로 얽어 매게 되어 있는 신. 편상화(編上靴). 1. lacing up 2. lace-boots

あみうち[網打ち](명) 그물을 던져 물고기를 잡는 일. 또는 그 사람. net-fishing

あみがさ[編み笠](명) 골풀, 사초, 볏짚 등으로 엮은 삿갓. a braided hat

あみき[編み機](명) (그물, 옷 등을 짜는) 편물 기계(編物機械). a knitting machine

あみこ[網子](명) 후릿그물을 끄는 사람. a netter

あみじゃくし[網杓子](명) 망으로 만든 국자. 삶은 것을 건지는 데 씀. 석자. a netted ladle

あみだ[阿彌陀](명) ①〈불〉 아미타. 서방 정토(西方浄土)에 있다는 교주(教主).「一仏(ブツ); 아미타불」 ②←阿彌陀籤. ③←阿彌陀被り. 1. Amitâbha. **—かぶり**[阿彌陀被り](명·타サ) 모자 등을 뒤로 젖혀 씀. **—くじ**[阿彌陀籤](명) 제비에 써 있는 대로의 금액

을 거두어 과자 등을 사서 같이 나누는 일.

あみだ·す[編み出す](타 4) 고안(考案)해 내다. 생각하여 만들어 내다. 「独特(ドクトク)の技術(ギジュツ)を—; 독특한 기술을 고안해 내다」 think out

あみだな[網棚](명) 그물로 만든 선반. a rack

あみど[網戸](명) 유리 대신 철망을 끼운 문. 망창문. a wire-door

あみど[編み戸](명) 대나 나무로 엮은 문. a braided door

アミノさん[amino 酸](명)〈이〉 아미노산. 흰자질을 구성하고 있는 유기 화합물. amino acid

アミノじゅし[amino 樹脂](명) 아미노수지. 탈지 우유에서 카세인 등을 분리하여 이를 가공하여 만든 물질. 동물의 뿔 같은 성질을 가지고 있으며 장식품, 일용품의 재료로 많이 쓰임. aminoplast

あみのめ[網の目](명) ⇨あみめ.

あみばり[編み針](명) 뜨개질 바늘. knitting needle

あみばん[網版](명) ⇨あみめばん(網目版).

あみぶね[網船](명) 그물을 쳐서 고기를 잡는 어선. a netting boat

あみぼう[編み棒](명) 막대 모양의 뜨개질 바늘. a knitting pin

あみめ[網目](명) 그물코. meshes. **—ばん**[網目版](명) 사진 동판. 또는 아연판. 화면이 점의 집합으로 되어 있음.

あみめ[編み目](명)〔뜨개질에서〕코와 코 사이의 틈. a stitch

あみもと[網元](명) 고깃배나 어망(魚網)을 소유하며 많은 고기잡이들을 거느린 사람. a boss of fishermen

あみもの[編み物](명) 편물. 뜨개질. 또는 뜨개질한 옷. knitting

あみやき[網焼き](명) 석쇠 구이. 불 위에 석쇠를 놓고 구움. 또는 그 요리. a grill

アミューズメント[amusement](명) 어뮤우즈먼트. 오락. 「—センター; 오락 센터」

あ·む[浴む·沐む](타상 2)〈고〉 ⇨あびる①.

あ·む[編む](타 4) ①엮다. 짜다. ②글을 모아 책을 만들다. 편찬(編纂)하다. 1. knit

アムール[프 amour](명) 아무우르. 사랑. 연애.

あめ[天](명)〈고〉 하늘. ↔地(ツチ).

あめ[雨](명) 비. rain

あめ[飴](명) ①엿. ②조청. 1. wheat-gluten

アメ(명)〈속〉 아메리카의 준말.

あめあがり[雨上がり](명) 비가 갠 뒤. after the rain

あめあし[雨脚](명) ⇨あまあし.

あめあられ[雨霰](명) ①비와 우박. ②총알, 화살 등이 빗발 치듯하는 것. 「—と降(フ)る; (총탄 등이) 빗발 치듯하다」 1. rain and hail 2. like rain and hail

あめいせんそう[蛙鳴蟬噪](연) ①개구리, 매미가 시끄럽게 울어댐. ②쓸 데 없는 논의로 시끄러움. 2. a fuss

あめいろ[飴色](명) 물엿빛. 노랑 또는 적갈색. amber-colour

あめうし[飴牛](명) 엿빛깔의 털을 가진 소. an amber-cow

アメーバ[도 Amöba](명)〈생〉 아메에바. 대표적인 단세포 동물(単細胞動物).

あめがした[天が下](명)〈고〉 ①하늘 밑. ②전국(全国).

あめがち[雨勝ち](명) 비 오는 날이 많음. 또는 하루 중에서 비 오는 시간이 많음. raining frequently

あめ·く[叫喚く](자 4) ⇨わめく.

あめざいく[飴細工](명) 엿으로 여러 가지 모양을 만든 것. wheat-glutten figures

アメション(명)〈속〉 미국에 가서 오줌을 눌 뿐인 무의미한 외국 여행.

あめつち[天地](명)〈고〉 천지. 하늘과 땅. 온 세상.

あめに[飴煮](명) 엿, 설탕 등을 진이 나도록 끓임.

あめの—[天の](조어)〈고〉 ①하늘의. 「—下(シタ); 천하」 ②하늘에 있는. ③존경하고 기리는 말. 「—の香具山(カグヤマ); 거룩한 카구산」

あめもよう[雨模様](명) ⇨あまもよう.

アメリカ[America·亜米利加](명)〈지〉 아메리카. ①미국. ②아메리카주. 미주(美洲). **—がっしゅうこく**[America 合衆国](명)〈지〉 아메리카 합중국. 미국. 수도는 와싱턴(Washington). **—しゅう**[America 州](명)〈지〉 아메리카주. 남북 아메리카주의 총칭.

アメリカナイズ[Americanize](명·자타サ) 아메리카나이즈. 미국식이 됨. 미국화(美国化)함.

アメリカニズム[Americanism](명) 아메리카니즘. ①미국식. 미국풍. ②친미(親美)주의. 미국 옹호파.

アメリカン[American](명) 아메리칸. 미국(인). **—インデ(ィ)アン**[American Indian](명) 아메리칸 인디언. 아메리카주의 원주민. 피부색은 구릿빛. **—フットボール**[American football](명) 아메리칸 풋보올. 미식 축구. 럭비 비슷하나 더 격렬함. **—リーグ**[American League](명) 아메리칸 리이그. 미국의 직업 야구 조직.

アメリシウム[americium](명)〈이〉 아메리슘. 초(超)우란 원소(元素)의 하나. 방사성이 강함.

あめんぼ[水黽·飴坊](명)〈동〉 소금쟁이. 물 위를 미끄름 지치듯 날아 다니는 다리가 가는 곤충. a pond skater

あや[文·綾](명) ①무늬. 빛깔. 아름다움. ②㉠여러 가지 무늬가 있는 비단. ㉡날실과 씨실이 비스듬히 교차되어 나타나도록 짠 직물. 능직(綾織). ③취지(趣旨). 조리(条理). ④잘 수식된 글이나 말의 표현. 「文章(ブンショウ)の—; 글의 멋진 표현」 1. a figure 2. twill. **—いと**[綾糸](명) ①실뜨기 하는 실이나 노끈. ②베틀의 잉아. 종사(綜糸).

あや[奇](형동ナリ)〈고〉 비교할 수도 없는 모양. 진기한 모양.

あやう·い[危うい]アヤフイ(형) 위험하다. 위태롭다. dangerous

あやおり[綾織り](명) 무늬를 넣어 짠 비단 옷감. 능직물(綾織物). figured silk stuff

あやかし(명) ①이상함. 괴기(怪奇). ②해상(海上)에 나타나는 요괴(妖怪). 1. a mystery 2. a sea monster

あやかりもの[肖り者](명) 행운아(幸運児). 행복한 사람. a lucky person

あやか·る[肖る](자 4) ①감화(感化)되어 닮다. ②복된, 또는 위대한 사람을 닮아 행복해지다. 1. influence 2. take after
あやぐも[彩雲](명) 채운. 빛이 아름다운 구름. beautifully coloured clouds
あや·し[賤し](형シク)〈고〉 천하다. 「一の男(オトコ); 천한 사나이」
あやし·い[怪しい](형) ①이상하다. 괴상하다. ②수상하다. 의심스럽다. 파생 **—が·る**(타 4) **—げ**(형동ダ) **—さ**(명). 2. suspicious
あやし·む[怪しむ](자 4) 이상히 여기다. 수상히 여기다. 의심스럽다. 명 怪しみ. wonder
あや·す(타 4) (우는 아기를) 어르다. 달래다. dandle
あやつ[彼奴](대)〈속〉 저놈. 저자식. 저새끼. a fellow
あやつり[操り](명) ①조종. ②〔인형극에서〕 실로 뒤에서 조종하여 동작시키는 인형. 꼭둑각시. 또는 인형극(人形劇). 1. manipulation
あやつ·る[操る](타 4) ①실로 뒤에서 조종하다. ②조종하여 잘 부리다. ③잘 다루다. 1. work 2. manage
あやとり[綾取り](명·자サ) 실이나 노끈의 두 끝을 마주 맨 것을 손에 걸고 여러 모양을 만드는 놀이. 실뜨기. cat's-cradle
あやど·る[操る](타 4) ①⇨あやつる. ②⇨あやなす.
あやど·る[綾取る](타 4) (멜빵 등을) 비스듬히 "×" 모양으로 교차시키다. cross
あやな·し[文無し](형ク)〈고〉 ①조리가 서 있지 않다. 이유를 알 수 없다. ②보람 없다. 이익이 없다.
あやな·す(타 4) ①잘 다루다. 조종(操縦)하다. ②(무늬를) 아름답게 나타내다. 1. manipulate 2. make designs
あやに[奇に](부)〈고〉 ①이상하게. 비길 데 없이. 「一かしこき; 비길 데 없이 황송하온」 ②매우. 무조건. 「一とうとき; 매우 존귀하신」
あやにく[生憎](부·형동ダ) ⇨あいにく.
あやにしき[綾錦](명) ①얇은 비단과 두껍고 무늬 있는 비단. 능단(綾緞). ②아름다운 비단옷. 1. twill and brocade 2. figured brocade
あやぶ·む[危ぶむ](타 4) 위험하다고 생각하다. 위태로와하다. apprehend
あやふや(형동ダ) 분명치 않은 모양. 애매한. uncertain
あやまち[過ち](명) 과오. 과실. 잘못. 실수. an error
あやま·つ[過つ](타 4) ①실수하다. ②무의식중에 죄를 범하다. 1. err 2. commit a fault
あやまり[誤り](명) ①잘못. 실수. ②틀림. 1. an error
あやま·る[誤る·謬る](타 4) ①잘못하다. 「人選(ジンセン)を一; 인선을 잘못하다」 ②틀리다. 실수하다. 「計算(ケイサン)を一; 셈을 틀리게 하다」 1. err 2. mistake
あやま·る[謝る](타 4) ①사과하다. 잘못을 빌다. ②항복하다. 1. apologize
あやめ[文目](명) ①무늬. 색의 배합. ②구분. 차별. 「一も分(ワ)かぬ真(シン)のやみ; 아무 것도 분간할 수 없는 암흑(暗黒)」 1. figures 2. distinction
あやめ[菖蒲](명)〈식〉 ①붓꽃. 관상용의 다년초. 잎은 가늘고 길며 초여름에 보랏빛과 흰 꽃이 핌. ②창포의 옛 이름. 「一の節句(セック); 단오절」 1. a blue flag
あや·める[危める·殺める](타하 1) ①해(害)를 가하다. ②죽이다. 1. wound 2. murder
あゆ[鮎](명)〈동〉 은어. 맑고 센 개울에 사는 물고기. 흔히 회, 소금 구이 등을 하여 먹음. a sweetfish. **—ずし**[鮎鮓](명) 은어의 뱃속에 밥을 넣어 만든 초밥.
あゆ[阿諛](명·자サ) 남의 기분을 맞춤. 아첨. flattery
あゆみ[歩み](명) ①걷는 것. 「月日(ツキヒ)の一; 세월의 흐름」 ②걸음걸이. 발걸음. ③〔←歩み板(イタ)〕 건너기 위하여 걸쳐 놓은 판자. 1. walking. **—あい**[歩み合い]—アヒ(명·자サ) ①서로 양보함. ②(양쪽에서) 걸어서 다가 감. 동 歩み合う(자 4). **—よ·る**[歩み寄る](자 4) ①서로 걸어서 다가 서다. ②양보하여 해결에 다가 서다.
あゆ·む[歩む](자 4) ①걷다. 「苦難(クナン)の道(ミチ)を一; 고난의 길을 걷다」 ②진행(進行)하다. 1. walk
あら—[荒](조어) ①황폐한. 「一野(ノ); 황야」 ②매우 거친. 횡포한. 세력이 강한. 「一武者(ムシャ); 거칠고 강한 무사」
あら—[荒·粗](조어) ①거친. 굵은. 「一づくり; 조제(粗製)」 ②손질하지 않은. 「一木(キ); 원목(原木)」 ③성긴. 드문.
あら—[新](조어) ①새로운. ②아직 쓰지 않은. 신품인.
あら(감) 어머나. 아아. Dear me!
あら[粗](명) ①생선을 요리하고 남은 살이 붙은 뼈다귀. 「一煮(ニ); 생선 뼈 조림」 ②(고르고) 남은 찌꺼기. ③(남의) 결점(缺点). 「一をさがす; 남의 결점을 찾다」 3. a fault
アラー[Allah](명)〈종〉 알라. 회교(回教)의 유일신(唯一神).
あらあら[粗粗](부)〈고〉 대체로. 대충. **—かしこ**(연어) 여인이 편지 끝에 쓰는 인사말. 총총. 이만 줄이나이다.
あらあらし·い[荒荒しい](형) 몹시 난폭하다. 거칠다. 파생 **—げ**(형동ダ) **—さ**(명). violent
あらい[洗い·膾い]アラヒ(명) ①씻음. ②〔요리에서〕 생선 살을 저며 차게 하여 좀 굳게 만든 회. 2. crimped raw fish. **—あ·げる**[洗い上げる](타하 1) ①다 씻다. ②충분히 씻다. **—がみ**[洗い髪](명) 감아 빗기만 한 머리. **—がわ**[洗皮·洗革](명) ①가죽을 정제한 것. ②연분홍으로 물들인 사슴 가죽. **—ぐま**[洗熊·浣熊](명)〈동〉 북미에 사는 너구리 비슷한 동물. 먹이를 씻어 먹음. **—こ**[洗い粉](명) 얼굴이나 머리를 감을 때 쓰는 가루 비누. **—ざらい**[洗い浚い]—ザラヒ(부) 죄다. 깡그리. 모두. **—ざらし**[洗い晒し](명) 여러 번 빨아 색이 바램. 또는 그렇게 된 것. **—だし**[洗い出し](명) ①인조석(人造石), 벽돌의 바탕을 바르지 않고 그대로 둠. ②벽 등을 씻어 내어 잔돌을 도드라지게 함. **—た·てる**[洗い立てる](타하 1) ①거듭 씻다. ②남의 허물을 들추어 내다. **—はり**[洗い張り](명·자サ) 옷을 뜯어 빨아 판자 등의 위에 펴서 말림. **—もの**[洗い物](명) 세탁. 세탁물.

あら·い[荒い](형) ①난폭하다. ②기세가 격렬하다. [파생] **— さ**(명). 1. rude 2. wild

あら·い[荒い·粗い](형) ①굵다. ②거칠다.「はだが—; 살갗이 거칠다」③조잡하다.「作(ツク)り方(カタ)が—; 만듦새가 조잡하다」④성기다.「目(メ)が—; (그물 등의) 눈이 성기다」[파생] **— さ**(명). 1. coarse 2. rough

あらいそ[荒磯](명) 거칠게 파도 치는 바닷가. 바위나 돌이 많은 해안. a rough coast

あらいみ[荒忌·散斎](명) 제사를 지내기 전에 제주(祭主)가 목욕 재계하고 근신하는 일.

あら·う[洗う]アラフ(타 4) ①씻다. 빨다. ②〈속〉 조사하다.「身(ミ)もとを—; 신원을 조사하다」 1. wash 2. inquire into

あらうま[荒馬](명) 사나운 말. an unbroken horse

あらうみ[荒海](명) 파도가 사나운 바다. a rough sea

あらえびす[荒夷](명) ①사나운 사람. 야만인. ②칸토오(関東) 지방의 무사. 1. a barbarian

あらおり[荒織り·粗織り](명) 굵고 거친 실로 성기게 짠 옷감. coarse cloth

あらか[殿](명)〈고〉 궁전.

あらが·う[抗う]アラガフ(타 4) 다투다. 항거하다.「権勢(ケンセイ)に—; 권세에 항거하다」 dispute

あらかじめ[予め](부) 미리.「—相談(ソウダン)する; 미리 의논하다」 beforehand

あらかせぎ[荒稼ぎ](명·자サ) ①험한 노동. ②수단을 가리지 않고 돈을 범. ③강도(強盗)질. 1. heavy labour 2. profiteering

あらかた[粗方](부) 대강. 대개. 대체. mostly

あらがね[粗金](명) 파낸 그대로의 금속. 광석. ore

あらかべ[荒壁·粗壁](명) 초벽한 벽. cob-coating

アラカルト[프 à la carte](명) 알라카르트. 식성에 따라 한 가지씩 주문하는 요리. 일품 요리(一品料理). ↔ターブルドート.

あらかわ[粗皮]—カハ(명) (나무, 곡식 등의) 겉껍질. ↔甘皮(アマカワ). a bark, a husk

あらかん[阿羅漢](명)〈불〉 ⇨らかん.

あらき[殯](명)〈고〉 시체를 파묻기 전에 입관하여 안치하는 곳. 빈소(殯所).

あらき[荒木·粗木](명) 산에서 베어 낸 대로의 나무. 원목(原木). rough-hewn wood

あらき[新墾](명)〈고〉 새로 개간한 땅.

あらぎも[荒肝](명) 담력(胆力). 두둑한 배짱.「—をひしぐ; 간담을 서늘케 하다」 liver

あらぎょう[荒行](명) 괴로움을 참고 하는 험한 수행(修行). 고행(苦行). austere discipline

あらくれもの[荒くれ者](명) 언행이 난폭한 자. 사나운 놈. a ruffian

あらく·れる[荒くれる](자하 1) 난폭해지다. 거칠어지다. behave rowdily

あらけずり[荒削り·粗削り]—ケヅリ(명·타サ·형동ダ) ①거칠게 깎음. 또는 그렇게 한 것. ②조야(粗野)함. 수양이 덜 되어 거칢. 1. rough-hewing

あらけな·し[荒気なし](형ク)〈고〉 매우 횡포하다. 몹시 난폭하다.

あらごと[荒事](명) 〔카부키(歌舞伎)에서〕 용맹스러운 동작(動作).「—師(シ); (칼싸움 등) 용맹스러운 역할을 하는 배우」 a ruffian's part

あらごなし[荒ごなし](명·타サ) ①애벌 빻음. ②일을 시작하기 전에 대충 해봄. 대체적인 준비. 1. rough grinding 2. rough. preparations

あらごも[粗菰](명) 거친 거적. a rough rush-mat

あらさがし[粗探し·粗捜し](명·자サ) 남의 흠을 들추어 내어 욕함. fault-finding

あらし[荒らし](명) 함부로 침입하여 소란을 피움. 또는 그런 사람.「不良(フリョウ)が酒場(サカバ)を—た; 불량배가 술집에서 소란을 부렸다」 intrusion

あらし[有らし]〈고〉 〔←あるらし〕 있는 모양이다. 있는 것 같다.

あらし[嵐](명) ①심한 바람. 폭풍우. ②가정, 사회 등의 혼란과 소란스러운 다툼. 1. a storm

あらしごと[荒仕事](명·자サ) ①힘든 일. 험한 노동을 함. ②〈속〉 강도질. 1. heavy work

あらじょたい[新世帯](명) 새로 이룩된 세대. 새살림. 신가정(新家庭). a new home

あら·す[荒らす](타 4) ①황폐하게 하다.「公園(コウエン)を—; 공원을 황폐하게 하다」②소란하게 하다. 1. desolate 2 disturb

あらず[非ず](연어)〈고〉 아니다. 그렇지 않다.「雲(クモ)に—; 구름이 아니다」 **—もがな**[非ずもがな](연어) 없는 편이 낫다. 없어도 괜찮다.

アラスカ[Alaska](명)〈지〉 알래스카. 캐나다 서북부에 있는 미국의 영토. 1958년 주(州)로 승격.

あらすじ[粗筋]—スヂ(명) (이야기, 소설 등의) 대강의 줄거리. 개요(概要). an outline

あらそい[争い]アラソヒ(명) 다툼. 분쟁(紛争). a dispute

あらそ·う[争う]アラソフ(타 4) 싸우다. 다투다. 시비하다. quarrel

あらそえない[争えない]アラソヘ—(연어) 싸울 수 없는. 다툴 수 없는. incontrovertial

あらそわれない[争われない]アラソハレ—(연어) 부정할 수 없는. 어쩔 수 없는. 싸울 수 없는.「血筋(チスジ)は—; 핏줄기는 어쩔 수 없다」 undeniable

あらた[新た](형동ダ) 새로운 모양. new

あらた[荒田](명) ⇨あれた.

あらたえ[荒妙]—タヘ(명)〈고〉 발이 굵은 삼베.

あらたか(형동ダ) 신불(神仏)의 영험(霊験)이 뚜렷이 나타난 모양. miraculous

あらだ·てる[荒立てる](타하 1) ①일을 거칠게 만들다.「事(コト)を—; 사태를 악화시키다」②화나게 하다. [자] 荒立つ(4). 1. make wild 2. make angry

あらたま[新玉·粗玉](명) 파낸 대로 가공하지 않은 구슬. an uncut gem

あらたま·る[改まる](자 4) ①새롭게 되다. 새로와지다.「年(トシ)が—; 새해가 되다」②새삼스럽게 자세를 바로잡다.「改(アラタ)まった顔(カオ)をして; 정색한 얼굴로」 1. be renewed 2. be formal

あらたま·る[革まる](자 4) (증세가) 악화하다. grow worse

あらため[改め](명) 조사(調査).「宗門(シュウモン)ー; 종문(종파) 조사」 examination

あらためて[改めて](부) 다시 한번. 다시. 따로.「ーお知(シ)らせします; 다시 알리겠읍니다」 again

あらた·める[改める](타하 1) ①새롭게 하다. ②고치다. 바로잡다. ③조사하다. 심사(審査)하다. 1. renew 2. reform

あらづくり[粗造り](명) 거칠게 만드는 일, 조제(粗製). crude manufacture

あらっぽ·い[荒っぽい](형) ①거칠다. 난폭하다. ②조잡(粗雑)하다. 1. violent 2. rough

あらて[新手](명) ①아직 싸우지 않은 군대. ②새로 들어 온 사람. 신참(新參). ③새로운 수단, 방법. 1. fresh troops 2. a newcomer

あらと[粗砥](명) 거친 숫돌. a rough whetstone

あらなみ[荒波](명) 거친 물결. high waves

あらなわ[荒縄·粗縄]ーナハ(명) 굵은 새끼나 밧줄. a straw rope

あらに[粗煮](명) 살을 발라 낸 생선 뼈 조림. rough hard-boiled food

あらぬ(연체) ①그렇지 않은. 딴.「ーかたを見(ミ)る; 다른 쪽을 보다」 ②의외인. 뜻밖의. 2. unexpectedly

あらぬか[粗糠](명) ⇨もみぬか(籾糠).

あらぬの[粗布](명) 거칠게 짠 옷감. sacking

あらぬり[荒塗り·粗塗り](명·타サ) 애벌칠을 함. 바닥칠을 함. ↔上塗(ウワヌリ). the first coating

あらの[荒野·曠野](명) 황야. 황폐하고 거친 들판. 사람이 없는 들판. a waste

あらばこそ(연어) 있기는커녕. 있을소냐.「遠慮会釈(エンリョエシャク)もー; 사양도 인사도 없이 (염치 불고하고)」 far from being

アラビア[Arabia·亜剌比亜](명)〈지〉 아라비아. 아시아 서남부에 있는 반도. **ーうま**[Arabia 馬](명)〈동〉 아라비아말. 아라비아 원산의 말. 주로 승마용(乗馬用). **ーゴム**[Arabia 護謨](명) 아라비아 고무. 아라비아 등지에서 나는 반투명의 고무. 풀, 잉크 등을 만드는 데 쓰임. **ーすうじ**[Arabia 数字](명) 아라비아 수자. 산수에서 쓰는 수자. 예: 0, 1, 2 등.

あらひとがみ[現人神](명)〈고〉 ①사람의 모습으로 이승에 나타난 신. ②천황.

あら·びる[荒びる](자상 1) ①황폐하다. 거칠다. ②미개하다. 1. be laid waste

アラブ[Arab](명) 아랍. ①아라비아인. ②아라비아말(馬). **ーれんごうきょうわこく**[Arab 連合共和国](명)〈지〉 아랍 연합 공화국. 이집트, 예멘 등이 합친 공화국. 수도는 카이로(Cairo).

アラベスク[arabesque](명) 아라베스크. ①아라비아식의 무늬. 당초(唐草) 무늬. ②〈악〉 아라비아식의 악곡(楽曲).

あらほうし[荒法師](명) ①용감한 승려. ②난폭한 승려. 2. a fierce priest

あらぼとけ[新仏](명) 죽은 뒤 첫 우란분재(盂蘭盆斎)에 모시게 되는 영혼. one newly Buddhified

あらまき[荒巻き](명) ①짚, 갈 등으로 생선을 감아서 싼 것. ②소금에 약간 절인 연어를 짚으로 싼 것. ③소금에 약간 절인 연어. 1. fish wrapped in rushes 3. a salt salmon

あらまし[予期](명)〈고〉 예기. 예상.

あらまし(부) 대강. 대개. 대충. roughly

あらまほ·し(연어)〈고〉 그랬으면 좋겠다. 바라고 싶다.

あらみ[新身](명) 새로 만든 칼. a new sword

あらみたま[荒御魂](명)〈고〉 활동적이며 용감한 일을 한다고 믿어지는 신령.

あらむしゃ[荒武者](명) ①행동이 거친 무사(武士). ②난폭한 자. 1. a fierce warrior 2. a wild fellow

あらむしろ[荒筵·粗筵](명) 거칠게 짠 거적. a loose woven straw-mat

あらめ[荒布](명)〈식〉 주름대망. 바닷말(海藻)의 한 가지. 미역 비슷하나 더 거칢. an edible seaweed

アラモード[프 à la mode](명) 알라모오드. 최신 유행. 최신형.「秋(アキ)のー; 가을의 최신 유행」

あらもの[荒物](명) 집에서 쓰는 도구. 예: 비, 쓰레받기 등.「ー屋(ヤ); 집안 도구를 파는 가게」 kitchen utensils

あらやま[荒山](명) ①험준한 산. ②사람이 없는 산. 1. a steep mountain 2. a desert mountain

あらゆる(연체) 모든. 일체(一切).「ー問題(モンダイ); 모든 문제」 every

あららか[荒らか](형동ダ) 거친 모양. 난폭한. rude

あららぎ[蘭](명)〈식〉 주목(朱木)의 옛 이름. an orchid

あらら·げる[荒らげる](타하 1) 거칠게 하다.「声(コエ)をー; 목소리를 거칠게 하다」 make harsh

あらりょうじ[荒療治](명·타サ) ①(난폭한) 외과(外科) 치료. ②살상(殺傷)함. ③과감하게 개조(改造)함. 1. rough treatment 2. butchery

あられ[霰] ①싸라기눈. ②〔요리에서〕 주사위 모양으로 썲. 또는 그렇게 썬 것. ③얄팍한 찹쌀떡을 주사위 모양으로 썰어 볶은 것. 1. a hail-stone 2. small cubes

あられもない(연어·형) (여자로서) 어울리지 않다. 적당하지 않다.「ー姿(スガタ); 꼴사나운 모습」 improper

あらわ[露わ]アラハ(형동ダ) ①숨김 없는 모양. ②노골적인 모양. 1. open 2. frank

あらわし[荒鷲](명) 사나운 독수리. a fierce eagle

あらわ·す[表わす·現わす·顕わす]アラハス(타 4) 밖으로 드러내다. 나타내다. express

あらわ·す[著わす]アラハス(타 4) 저술하다. 책을 지어 세상에 내놓다. write

あらわ·れる[表われる·現われる·顕われる]アラハレル(자하 1) ①나타나다. 눈에 띄게 되다. ②알려지다. 발각되다.「悪事(アクジ)がー; 나쁜 일이 발각되다」 명 あらわれ. 1. come out 2. be found

あらんかぎり[有らん限り](연어·명) ⇨あるかぎり.

あり[蟻](명)〈동〉 개미. an ant

あり[有り](명) 있음. 존재.「ーなし; 유무(有無)」 being

あ·り[有り](자ラ) 있다. be

あ·り[在り](자ラ) 있다. be
アリア[이 aria](명)〈악〉 아리아. ①선율적이고 서정적인 독창곡. 영창(詠唱). ②가요조(歌謡調).
ありあい[有り合い]ーアヒ(명) ⇨ありあわせ.
ありあ·う[有り合う·在り合う]ーアフ(자 4) 마침 그곳에 있다. happen to be
ありあけ[有り明け](명) ①하늘에 달이 떠 있는 채 날이 새는 것. 또는 그런 새벽. 「一の月(ツキ); 새벽달」 ②새벽. 2. daybreak
ありあま·る[有り余る](자 4) 남다. 필요한 분량보다 많이 있다. be in excess
ありあり(부) 똑똑히. 눈으로 보는 듯이. 역력히. 「一と; 매우 똑똑히(눈으로 보는 듯이)」 distinctly
ありあわせ[有り合わせ]ーアハセ(명) 마침 그자리에 있음. 또는 그런 물건. 「一の料理(リョウリ); 집에 있는 것으로 만든 요리」 㗊 有り合わせる(자하 1). what is ready
ありうべき[有り得べき](연어) ①있어도 좋은. ②있을 법한. 있을 수 있는. 「有りうべからざる; 있을 수 없는」 2. possible
あり·うる[有り得る](자하 2) 있을 수 있다. 「落第(ラクダイ)ということも一; 낙제라는 것도 있을 수 있다」 be possible
ありか[在り処](명) 있는 곳. 소재(所在). 「宝(タカラ)の一; 보물이 있는 곳」 the place where a thing is
ありがお[有り顔]ーガホ(명) 있을(는) 듯한 얼굴. 「用(ヨウ)一; 용무가 있는 듯한 얼굴」 a plausible look
ありかた[在り方](명) 있는 상태, 태도. 본연의 자세. 「大学(ダイガク)の一; 대학 본연의 자세」 the way that something should be
ありがた·い[有り難い](형) 고맙다. 「一ほとけさま; 고마우신 부처님」 파생 **ーが·る**(타 4) **ーげ**(형동ダ) **ーさ**(명). grateful
ありがたなみだ[有り難涙](명) 너무 고마와 흘리는 눈물. 감사의 눈물. grateful tears
ありがたみ[有り難味](명) 고마운 정도. 고마움. gratefulness
ありがためいわく[有り難迷惑](형동ダ) 고맙기는 하지만 그 때문에 오히려 곤란한 모양. an unwelcome favour
ありがち[有り勝ち](형동ダ) 있기 쉬운. 흔히 있는. 「一な事(コト); 흔히 있는 일」 common
ありがとう[有り難う]ーガタウ(감) 〔인사말로서〕 고맙습니다. Thank you.
ありがね[有り金](명)〈속〉 현재 갖고 있는 돈. 「一をはたいて買(カ)う; 가진 돈 전부를 털어 사다」 ready cash
ありがよ·う[有り通う]ーガヨフ(자 4)〈고〉 습관적으로 늘 다니다.
ありきたり[在り来たり](명·형동ダ) 원래부터 있는 흔한 것. 평범. 재래(在来). 진부(陳腐). 「一の考(カンガ)え; 평범한(재래식) 생각」 ordinary
ありぎれ[有り切れ·有り布](명) ①팔다 남은 천. ②마침 가지고 있는 천. 1. textures left unsold
あり·く[在り来](자カ)〈고〉 해(年)를 지나 오늘에 이르다. 같은 상태로 오래 계속되다.
ありくい[食蟻獣]ークヒ(명)〈동〉 개미핥기. 개미귀신과에 속하는 포유 동물. 남미(南美)에 많으며 개미를 잡아 먹음. an ant-eater
ありげ[有り氣](형동ダ) 있는 듯한. 「用(ヨウ)一な顔(カオ); 볼일이 있는 듯한 얼굴」
ありさま[有り様](명) 모양. 상태. state
ありし[在りし](연어) 이전의. 지나간. 「一日(ヒ); 지난날」 old days. **ーむかし**[在りし昔](명) ①지나간 옛날. ②살아 있었을 때. 생전(生前).
ありしよ[在りし世](연어) ⇨ありしむかし.
ありじごく[蟻地獄](명)〈동〉 개미귀신. 명주잠자리의 유충. 깔때기 모양의 개미 지옥을 파서, 개미 기타의 곤충이 들어 오면 잡아 먹음. an ant-lion
ありそ[荒磯·有磯](명) ⇨あらいそ.
ありだか[在り高](명) 재고. 현재 있는 수량. 또는 액수. 현액(現額). 잔고. 잔액. goods in hand
ありたけ[有丈](명) ⇨ありったけ.
ありづか[蟻塚·垤](명) 의총. 개미가 집을 파기 위하여 파낸 흙으로 된 무덤 모양의 둑. 가운데에 개미집의 출입구가 있음. 개밋둑. 의질(蟻垤). 의봉(蟻封). an ant-hill
ありつ·く[在り付く](자 4)〈속〉 일, 음식, 돈 등을 가질 수 있는 기회를 만나다. 얻어 걸리다. 「ごちそうに一; 맛난 음식을 먹을 기회를 가지다」 obtain
ありったけ[有りっ丈](명·부) 있는 것 전부. 죄다. 몽땅. all the things
ありてい[有り体](명) 있는 그대로. 「一にいえば; 솔직히 말하면」 ⇨: ありのまま. the true state
ありとあ(らゆ)る[有りとあ(らゆ)る](연어·연체) "あらゆる"의 강한 말. 온갖. 모든. all
ありどころ[在り所](명) ⇨ありか(処).
ありなし[有り無し](명) 유무. ①있음과 없음. ②있는지 없는지의 여부. 1. existence and non-existence
ありのすさび(연어)〈고〉 언제나 있으리라고 생각하고 소홀히 함. 흔하여 고마움을 모름.
ありのとう[蟻の塔](명) ⇨ありづか.
ありのとわたり[蟻の門渡り](명) ①개미 행렬. ②음부와 항문 사이. 회음(会陰). 1. a procession of ants 2. the perineum
ありのまがい[有りの紛い]ーマガヒ(명) 물건이 많아서 어지러운 것. 물건이 많아 헛갈리는 것. confusion
ありのまま[有りの儘](명·부·형동ダ) 있는 (그)대로. 사실대로. as it is
ありのみ[有りの実](명) 배(梨)의 다른 이름. 〔"なし(梨)"가 "なし(無)"와 음이 같기 때문에 이렇게 말하며, 경사 때에 쓰는 말〕 a pear
アリバイ[alibi](명) 알리바이. 그자리에 없었다는 증거. 또는 증명. 부재(不在) 증명.
ありふ[在り経](자하 2)〈고〉 연명(延命)하여 세월을 보내다.

ありふ·れる[有り触れる](자하 1) 흔히 있다. 신기하지 않다.「ありふれた顔(カオ); 흔히 있는 얼굴(평범한 얼굴)」 be common

ありまい[在り米](명) 현재 저장되어 있는 쌀. rice-stock

ありまき[蟻牧·蟻巻](명)〈동〉 ⇨あぶらむし②.

ありゅう[亜流](명) 아류. ①서투르게 흉내를 내는 사람. 추종자(追從者). ②제2위의 사람. 1. a bad second

ありゅうさんガス[亜硫酸瓦斯](명)〈이〉 아황산 가스. 유황(硫黄)을 태울 때 생기는 무색의 기체. 코를 찌르는 듯한 악취가 남. 황산의 원료. sulphurous acid gas

ありよう[有り様](명) ①모양. 상태. ②실제의 상태. 실정(實情). ③있어야 할 것. 있어 마땅한 것. 1. sight

ありわ·ぶ[有り佗ぶ](자하 2)〈고〉 있기 거북해하다. 살기 싫어하다.

あ·る[生る](자하 2)〈고〉 ①태어나다. ②나타나다.

あ·る[有る](자 4) ①있다. 존재하다. ②소유하다.「学問(ガクモン)が—; 학문이 있다」③실시되다. 일어나다. 1. exist

あ·る[在る] Ⅰ(자 4) ①있다.「賛成(サンセイ)する人(ヒト)が—; 찬성하는 사람이 있다」②살아 있다. Ⅱ(보동·4) ①전에 한 일이 지금까지 남아 있음을 나타내는 말.「木(キ)が植(ウ)えて—; 나무가 심어져 있다」②〔"で—"의 형태로〕 …이다.「これは花(ハナ)で—; 이것은 꽃이다」 Ⅰ 2. live

ある[或る](연체) 분명치 않은 사물을 가리킬 때 쓰는 말. 어떤.「—人(ヒト); 어떤 사람」 certain

あるいは[或るいは]アルヒー Ⅰ(접) 혹은. 또는.「ペン—筆(フデ); 펜 또는 붓」 Ⅱ(부) ①혹시. 혹.「—そうかも知(シ)れない; 혹은 그럴지도 모른다」②어떤 때는.「—海(ウミ)に—山(ヤマ)に; 혹은 바다로, 혹은 산으로」 Ⅰ or Ⅱ 1. perhaps

あるかぎり[有る限り](연어·부) 있는 대로 전부. 있는 한 모두. all that one has

あるかなきか[有るか無きか](연어) 있는지 없는지 모를 정도로 희미하고 분명치 않은 모양. little

あるかなし[有るか無し](연어) 있는지 없는지 알 수 없을 정도로 적은.「—の分量(ブンリョウ); 매우 적은 분량」 little

あるがまま[有るが儘](연어) 있는 그대로. 자연 그대로. as things are

アルカリ[네 alkali](명)〈이〉 알칼리. 나트륨, 칼륨 등의 화합물 중 리트머스 시험지나 리트머스액을 빨강에서 파랑으로 변하게 하는 것. 예 : 가성소오다.「—泉(セン); 알칼리 온천」↔酸(サン). **—せい**[alkali性](명)〈이〉 알칼리성. 알칼리의 반응을 보이는 성질.

アルカロイド[도 Alkaloid](명)〈이〉 알칼로이드. 식물(植物)에 포함되는 일종의 물질. 대부분은 극약. 예: 모르핀 등.

アルカロージス[도 Alkalosis](명)〈의〉 알칼로시스. 혈액이 알칼리성으로 기우는 일. 또는 그때의 증상. 알칼리 중독증. ↔アチドージス.

アルギンさん[algine 酸](명)〈이〉 알긴산. 마른 바닷말(海藻)에서 뽑는 끈기가 강한 산. 접착제(接着劑) 등의 제조에 씀.

ある·く[歩く](자 4) ①걷다.「歩いて行(イ)く; 걸어 가다」②도보 또는 탈것을 이용하여 가다.「車(クルマ)で—; 차로 가다」 1. walk

アルコール[네 alcohol](명) 알코홀. ①〈이〉 술의 주성분. 주정(酒精). 에틸알코홀.「—中毒(チュウドク); 알코홀 중독」⇨:メチルアルコール. ②〈속〉 술.「—が足(タ)りない; 술이 부족하다」

アルゴール[Algol](명)〈천〉 앨골. 페르세우스좌의 베에타성(β星)으로 전형적인 변광성(變光星).

アルゴン[argon](명)〈이〉 아르곤. 액체 공기를 분류하여 얻는 무색, 무미, 무취의 희(稀)가스 원소. 전구 속에 채워 필라멘트의 연소를 막음. 기호는 Ar.

あるじ[主](명) 주인. 가장(家長). 소유주. the head of a family. **—·す**[主す](타サ)〈고〉 주인으로서 손님을 대접하다. **—もうけ**[主設け](명)〈고〉 손님을 대접하기 위한 준비. 또는 대접.

アルジェリア[Algeria](명)〈지〉 알제리아. 아프리카주 북부에 있는 공화국. 수도는 알제이(Algiers).

アルゼンチン[Argentine·亜爾然丁](명)〈지〉 아르헨티나. 남아메리카주 남부에 있는 공화국. 수도는 브웨이노스아이레스(Buenos Aires).

アルタイル[Altair](명)〈천〉 앨테어. 견우성(牽牛星).

アルチザン[프 artisan](명) 아르티장. ①직공. 기술자. ②기교(技巧)만 우수한 예술가. 사상성, 예술성을 결(缺)한 예술가.

アルちゅう[アル中](명) 알코홀 중독의 준말.

アルデヒド[aldehyde](명)〈이〉 알데히드. 알데히드기(基)를 갖는 화합물의 총칭. 알코홀의 불충분한 산화에 의해 생기는 휘발하기 쉬운 액체. 환원제(還元劑)로 쓰이고 다른 물질과 섞어 합성 수지를 만듦.

アルテミス[Artemis](명) 아르테미스. 희랍 신화에 나오는 올림퍼스 12신(神)의 하나.

アルト[이 alto](명)〈악〉 알토. ①여성(女声)의 가장 낮은 소리. 또는 그 목소리의 가수. ②저음 악기(低音楽器).「—サックス; 알토 색소폰」

あるときばらい[有る時払い]—バラヒ(연어·명) 기한을 정하지 않고 돈이 있을 때에 지불하는 것.「—の催促(サイソク)なし; 기한 없이 언제나 돈 있을 때에 갚기로 하여 재촉하지 않는 것」 indefinite payment

あるない[有る無い](연어·명) 유무. 있음과 없음. 유무 여부(有無与否). existence

あるは[或るは](부)〈고〉 또는. 혹은.

アルバイター[도 Arbeiter](명) 아르바이터. 아르바이트를 하는 사람.

アルバイト[도 Arbeit](명·자サ) 아르바이트. ①일함. 노동. 근로. ②연구. ③(박사) 논문. ④학생의 내직(內職).

アルパイン[Alpine](명) 앨파인. ①알프스산. ②[alpine] 높은 산. 산악(山岳).「—カレンダー; 산악 달력」

アルパカ[alpaca](명) 알파카. ①〈동〉 낙타과에 속하는 동물. 남미산(南美産)으로 양과 비슷함. ②알파카의 털을 섞어 짠 모직물.

アルバニア[Albania](명)〈지〉 알바니아. 보올칸 반도에

있는 공화국. 수도는 티라나(Tirana).

アルハベット[alphabet](명) ⇨アルファベット.

アルバム[album](명) 앨범. ①사진첩. ②기념첩(記念帖). 「卒業記念(ソツギョウキネン)―; 졸업 기념 앨범」

アルビオン[Albion](명) 앨비언. 영국이나 그레이트브리튼의 미칭(美称).

アルピニスト[Alpinist](명) 알피니스트. ①알프스의 등산가(登山家). ②등산가.

アルファ(ー)[A·α](명) 알파. ①그리이스 자모(字母)의 첫자. ↔オメガ. ②〔야구에서〕 9회 말에 싸우지 않고 승부가 결정되었을 때에 기입하는 표. (현재는 "×"를 사용함) 「五A対三(ゴアルファータイサン); 5알파 대 3」 ③〔높이뛰기 등에서〕 더 높이 뛸 수 있는 것을 중지한 경우에 적는 표. 「1メートル 90 A; 1 *m* 90알파」 ④시초가 되는 것. ⑤약간. 「基本給(キホンキュウ)＋A; 기본 봉급 외 약간」 **――せん**[α線](명)〈이〉 알파선. 방사선(放射線)의 한 가지. 방사성 원소(元素)가 내는 헬륨 원자핵(原子核)의 선.

アルファベット[alphabet](명) 알파벳. A,B,C... 등 26자의 로마 글자.

アルプス[Alps](명) 알프스. 유럽 평원과 지중해 지역 사이에 있는 습곡 산맥. 알프스 산맥.

アルブミン[albumin](명)〈이〉 알부민. 흰자질의 한 가지. 계란의 흰자위, 우유, 콩 등에 함유되어 있음.

アルヘイとう[有平糖](명) 설탕과 엿을 넣고 조려 막대 모양으로 만든 과자. toffee

あるべき[有るべき](연어) 마땅한. 있어야 할. 「―すがた; 마땅(당연)한 모습」 should be

アルペン[도 Alpen](명) 〔알페(도 Alpe)의 복수〕 알펜. ①높은 산. 알프스의 연산(連山). ②활강(滑降)과 회전(回転)의 성적을 합하여 순위를 정하는 스키이 종목. **――シュトック**[도 Alpenstock](명) 알펜쉬톡. 갈고랑이가 달린 등산용 지팡이.

アルボース[도 Arbos](명)〈의〉 아르보스. 장뇌(樟脳)와 같은 냄새가 나는 담황색(淡黄色) 고체의 소독제(消毒剤). 「―せっけん; 소독 비누」

アルマイト[alumite](명)〈이〉 알루마이트. 알루미늄의 표면을 산화시켜 막(膜)을 만든 것. 산화(酸化), 부식(腐蝕)에 강함.

あるまじき[有るまじき](연어) 있을 수 없는. 부당한. 「学生(ガクセイ)として―行為(コウイ); 학생으로서 있을 수 없는 행위」 unbecoming

アルマナック[almanac](명) 앨머넉. ①일화(逸話), 시 등을 기입한 달력. ②문학, 정치 등에 관한 연감. 통계 연감(統計年鑑).

アルミ(명)〈이〉 알루미늄의 준말.

アルミナ[alumina](명)〈이〉 알루미나. 수산화 알루미늄을 세게 가열하면 나오는 흰 가루. 내화재(耐火材)로 쓰임. 산화(酸化) 알루미늄. 반토(礬土).

アルミニウム[aluminium](명)〈이〉 알루미늄. 금속 원소의 하나. 백색이며 가벼워 주로 남비, 솥, 식기 등에 쓰임. 기호는 Al.

アルルカン[프 arlequin](명) 아를르캉. 가면 희극(仮面喜劇). 또는 그 배우.

あれ[荒れ](명) ①거침. 「―肌(ハダ); 거친 살갗」 ②거칠어지게 하는 일. 황폐하게 하는 일. 1. chapping

あれ[我·吾](대)〈고〉 나. 자기(自己).

あれ[彼れ](대) ①저이. 그 사람. 저 사람. ②저기. 거기. 2. that

あれい[啞鈴](명) 아령. 두 손에 쥐고 근육 운동을 하는 체조 용구. a dumb-bell

アレキサンドライト[alexandrite](명)〈광〉 ⇨きんりょくぎょく.

あれくる·う[荒れ狂う](자 4) 광포(狂暴)하다. 미친 듯이 날뛰다. rage

アレグレット[이 allegretto](명)〈악〉 알레그레토. 조금 빨리.

アレグロ[이 allegro](부)〈악〉 알레그로. 쾌속(快速)하게.

アレゴリー[allegory](명) 알레고리. 비유. 예화(例話).

あれこれ[彼れ此れ](대·부) 이것 저것. 여러 가지. this or that

あれしき(명) 그 정도. 「―のことにくじけるな; 그 정도의 일에 꺾이지 마라」 such

あれしょう[荒れ性](명·형동ダ) 피부에 기름기가 적어 살갗이 거칠어지기 쉬운 체질(体質). chapped skin

あれた[荒れ田](명) 황전. 경작하지 않은 논밭. 또는 할 수 없는 논밭. a neglected rice-field

あれち[荒れ地](명) 황지. 경작하지 않은 땅. 경작할 수 없는 땅. waste land

あれつ·ぐ[生れ継ぐ](자 4)〈고〉 태어나 대를 잇다. 계속 태어나다.

あれにもあらず[我にも非ず](연어)〈고〉 자신을 잊고. 정신 없이.

あれの[荒れ野](명) 황야. 황폐하여 풀이 무성한 들판. the wilds

あれはだ[荒れ肌](명) 기름기가 적어 꺼칠꺼칠한 살갗. rough skin

あれは·てる[荒れ果てる](자하 1) 매우 황폐(荒廃)해지다. be desolate

あれほど[彼れ程](부) 그렇게. 그 정도로. 그토록. so

あれもよう[荒れ模様](명) (날씨가) 궂어질 듯한 모양. signs of a storm

あ·れる[荒れる](자하 1) ①황폐해지다. 거칠어지다. 「畑(ハタケ)が―; 밭이 황폐해지다」 ②쇠진(衰盡)하다. ③거칠어지다. 「手(テ)が―; 손이 거칠어지다」 ④뜻밖의 일이 생겨 소란해지다. 「議会(ギカイ)が―; 의회가 소란해지다」 1. become rough

アレルギー[도 Allergie](명)〈의〉 알레르기. 혈청(血清), 세균(細菌) 등에 대하여 몸에 항체(抗体)가 생길 때까지 일어나는 이상한 반응. 두드러기, 열 등이 남. 「―性体質(セイタイシツ); 알레르기성 체질」

アレンジ[arrange](명·타サ) 어레인지. ①배열. 정리. ②편곡(編曲). 어레인지멘트. ③회합 장소 등을 예약함. 약속. 「もう―しておいた; 벌써 예약해 두었다」

アロイ[alloy](명)〈이〉 얼로이. 합금. 「アルミニウム―; 알루미늄 합금」

アロハシャツ[aloha shirt](명)〈이〉 알로하샤쓰. 남방샤쓰. 색, 무늬가 화려하며 자락을 바지 겉에 그냥 드리워 입는 여름 저고리. 「1. a bubble 2. foam

あわ[泡·沫](명) ①거품. ②입가에 튀는 침방울. ↗

あわ[粟]アハ(명)〈식〉 조. millet

あわ[安房](명)〈지〉 옛 지방 이름. 현재 치바현(千葉県)의 일부.

あわ[阿波](명)〈지〉 옛 지방 이름. 현재의 토쿠시마현(徳島県).

―アワー[hour](조어) 아워. 시간. 「ラッシュ―; 러시아워(출퇴근으로 교통이 혼잡한 시간)」

あわい[間]アハヒ(명)〈방〉 사이. between, among

あわ·い[淡い]アハイ(형) ①엷다. 담담하다. ↔こい. ②정이 얕다. 파생 **―さ**(명). 1. light 2. cold-hearted

あわうみ[淡海]アハー(명) 호수. a lake

あわじ[淡路](명)〈지〉 옛 지방 이름. 세토 내해(瀬戸内海)에 있는 섬으로 현재 효오고현(兵庫県)에 속함.

あわ·す[合わす]アハス(타 4) 합치다. 맞추다. 만나게 하다. put together

あわ·す[醂す]アハス(타 4) 감의 떫은 맛을 빼다. 우리다. 침담그다. remove astringency from persimmons

あわせ[合わせ]アハセ(명) ①맞춤. 합침. 「―糸(イト); 합사」 ②둘을 맞세워 승부를 가리게 함. 「歌(ウタ)―; 노래 경기」 1. combination. **―かがみ**[合わせ鏡](명) 뒷모습을 보기 위하여 앞뒤에서 거울을 비추는 일. **―め**[合わせ目](명) 두 개를 이은 곳. **―もの**[合わせ物](명) ①두 개 이상을 합친 것. ②합주(合奏). 콘서트. ③같은 종류의 것을 모아 우열을 정하는 놀이. **―ず**[合わせ酢](명) 술과 소금을 섞은 식초.

あわせ[袷]アハセ(명) 겹옷. a lined garment

あわせて[合わせて·併せて]アハセ―(부) 동시에. 더불어. 함께. 그것과 같이. in all

あわせど[合わせ砥](명) ①숫돌의 한 가지. 날을 낼 때 쓰는 결이 고운 숫돌. ②숫돌의 면을 매끈하게 하기 위한 점판암(粘板岩)의 작은 숫돌. 2. a smoothing whetstone

あわ·せる[合わせる]アハセル(타하 1) ①만나게 하다. ②맞도록 하다. 합치다. 「心(ココロ)を―; 마음을 합치다(합심)」 ③조합(調合)하다. ④악기의 가락을 맞추다. ⑤합주(合奏)하다. ⑥대조(対照)하다. 「書類(ショルイ)を―; 서류를 대조하다」 1. put together 2. adapt

あわただし·い[慌だしい](형) 황급하다. 부산하다. 어수선하다. 파생 **―げ**(형동ダ) **―さ**(명). hurried

あわだ·つ[泡立つ](자 4) 거품이 일다. 타 あわ立てる(하 1). froth

あわだ·つ[粟立つ]アハ―(자 4) 소름이 끼치다. have gooes-flesh

あわたてき[泡立器](명) 저어 거품을 일으키는 기구. 교란기(攪卵器). 교반기(攪拌器). an egg-beater

あわつぶ[粟粒](명) ①좁쌀알. ②몹시 작은 것. 1. a millet seed

あわてふため·く[慌てふためく](자 4) 매우 당황하여 쩔쩔 매다. hurry-scurry

あわ·てる[慌てる·周章てる](자하 1) 당황하다. 덤벙대다. 일이 급하여 어쩔 줄 모르다. be confused

あわび[鮑·鰒]アハビ(명)〈동〉 전복. 바다 속 바위에 붙어 있는 조개의 한 가지. an ear-shell. **―のかたおもい**[鮑の片思い](연어) 〔전복의 껍질이 한 쪽에만 있는 데서〕 짝사랑.

あわもり[泡盛り](명) 류우큐우(琉球)와 큐우슈우(九州)에서 나는 쌀이나 좁쌀로 만든 소주. millet-brandy

あわやアハヤ Ⅰ(부) 하마터면. 까딱하면. Ⅱ(감) 매우 놀라서 내는 소리. 아차! Ⅰ nearly Ⅱ ah!

あわゆき[淡雪]アハ―(명) 얇게 깔린 눈. light snow

あわよくばアハ―(부) 잘되면. 잘하면. 운이 좋으면. 「―ひともうけしようとして; 잘되면 한밑천 벌려고」 if things go well

あわれ[哀れ]アハレ Ⅰ(명·형동ダ) ①불쌍함. 가련함. 「みなしごは―だ; 고아는 불쌍하다」 ②불쌍히 여기는 마음. 동정심. 「―をさそう; 동정심을 불러 일으키다」 ③정취(情趣). 「―の深(フカ)い物語(モノガタリ); 정취 있는 이야기」 Ⅱ(감)〈고〉 아아! 거룩한. 장한. 파생 **―が·る**(타 4) **―げ**(형동ダ) **―さ**(명). Ⅰ 1. piteousness. **―っぽ·い**[哀れっぽい](형) 가련하다. 「―声(コエ); 가련한 목소리」

あわれ·む[哀れむ·憐れむ]アハレム(타 4) ①불쌍히 여기다. ②사랑하다. ③정취(情趣)를 맛보다. 1. take pity on 3. taste

あん―[暗](조어) 어두운. 거무튀튀한. 「―赤色(セキショク); 검은 빛을 띤 빨간 색(암적색)」

あん[何](대) "なん"의 와음(訛音).

あん[案](명) ①책상. ②생각. ③초안(草案). 원안(原案). ④계획. 3. a draft 4. a plan

あん[庵](명) ⇨いおり.

あん[餡](명) ①팥, 제비콩 등을 삶아 으깨어 설탕을 섞은 것. 팥소. 고물. ②⇨くずあん. 1. bean-jam

あんあん[暗暗](명) ①어둠. ②비밀. 「―のうちに; 비밀리에」 2. secrecy. **―り**[暗暗裏·暗暗裡](명) 암암리. 몰래. 비밀히. 「―に; 암암리에」

あんい[安易](형동ダ) 안이. ①쉬운 모양. 「―な道(ミチ); 쉬운 길」 ②낙천적인 모양. 불철저(不徹底)한 모양. 「―な考(カンガ)え; 낙천적인 생각」 1. easy

あんいつ[安逸·安佚](명·형동ダ) 안일. ①편안히 즐김. ②건들건들 놂. 「―をむさぼる; 안일을 탐내다」 2. indolence

あんうつ[暗鬱](형동ダ) 암울. 어둡고 우울한 모양. melancholy

あんうん[暗雲](명) 암운. ①먹구름. ②어둡고 걱정되는 예상(予想). 비관적인 예측. 1. dark clouds

あんえい[暗影·暗翳](명) 암영. 어두운 그림자. 비관적인 징조. 「―を投(ナ)げる; 암영을 던지다(비관적 징조를 보이다)」 a dark shadow

あんおん[安穏](명·형동ダ) ⇨あんのん.

あんか[行火](명) 손발을 따뜻하게 하는 작은 화로. 구멍이 있는 그릇에 숯을 피워 담고 담요 등을 덮은

것. 그 속에 손발을 넣어 덥게 함. a foot-warmer
あんか[安価](명·형동ダ) 안가. 값 싼 모양. cheapness
あんか[案下](명) 안하. ①책상 밑. ②편지의 수신인 이름 왼쪽 밑에 쓰는 말. 1. under the desk
あんが[安臥](명·자サ) 편안히 누움. lying quiet
アンカー[anchor](명) 앵커. ①닻. ②〔릴레이 경주에서〕 마지막에 뛰는 사람.
あんがい[案外](부·형동ダ) 의외로. 뜻밖의. unexpectedly
あんかけ[餡掛け](명) 조미(調味)한 녹말국을 얹은 요리. food dressed with liquid starch
アンカット[uncut](명) 언컷. ①잡지, 서적 등의 도련(刀鍊)하지 않은 책. ②검열 전의 인쇄물이나 영화 필름.
アンカラ[Ankara](명)〈지〉 안카라. 터어키의 수도.
あんかん[安閑](형동タルト) 한가하고 편한 모양. comfortable
あんき[安気](형동ダ) 마음이 편한 모양. 근심이 없는 모양. carefree
あんき[安危](명) 안위. 안전과 위험. safety and danger
あんき[暗記·諳記](명·타サ)암기. 욈. learning by heart
あんき[暗鬼](명) 어둠 속의 괴물. 사실은 없는데 있다고 생각하여 느끼는 두려움이나 의심. a bugbear
アンギーナ[도 Angina](명)〈의〉 안기나. ①목젖 부근의 염증(炎症). ②급성 편도선염(急性扁桃腺炎).
あんぎゃ[行脚](명·자サ) 행각. ①〈불〉 승려가 도를 닦기 위해 여기저기 여행함. ②사방을 돌아 다님. 「講演(コウエン)—; 강연 행각」 ③도보로 여행함. 1. a pilgrimage 2. a tour
あんきょ[安居](명) 편안하게 지냄. 편안히 삶. a quiet life
あんきょ[暗渠](명) 암거. 땅속에 낸 도랑. an underdrain. **—はいすい**[暗渠排水](명)〈농〉 암거 배수. 암거를 만들어 배수함.
あんぐ[暗愚](형동ダ) 암우. 어리석은 모양. imbecile
あんぐう[行宮](명) 행궁. 왕이 여행할 때의 임시 궁전. 이궁(離宮). a temporary palace
アングラー[angler](명) 앵글러. 낚싯군.
あんぐり(부·자サ) 멍하게 입을 크게 벌린 모양. agape
アンクル[anchor](명) 앵커. (시계의) 톱니 바퀴의 회전을 조절하는 닻 모양의 기구. 앙그루.
アングル[angle](명) 앵글. ①모퉁이. 구석. ②각도(角度). 「カメラー; 카메라 각도」
アンクル サム[Uncle Sam](명) 엉클샘. 〔미국의 약자(略字) US로 만든 희어(戱語)〕 ①미국 정부. ②전형적인 미국인.
アングロ サクソン[Anglo-Saxon](명) 앵글로색슨. 영국 국민을 형성하는 중심적 민족.
あんくん[暗君](명) 암군. 어리석은 군주(君主). ↔賢君(ケンクン). an imbecile ruler
アンケート[프 enquête](명) 앙케에트. 통신 조사(通信調査). 문의(問議). 설문(設問).
あんけん[案件](명) 안건. ①조사, 심의(審議)할 사건. ②소송 사건. 1. a matter 2. a case
あんけん さつ[暗剣殺](명) 구성(九星)의 방위(方位) 가운데서 이것을 범하면 검난(劍難)을 당한다고 하는 가장 나쁜 방위. a fatal direction
あんこ(명)〈방〉 〔이즈오오시마(伊豆大島) 등에서〕 처녀.
あんこ[安固](명·형동ダ) 안전하고 확고함. firm
あんこ[餡子](명)〈속〉 팥이나 제비콩 등을 삶아 으깨어 설탕을 넣어서 끓인 것. 팥소. 고물. bean-jam
あんご[安居](명)〈불〉 안거. 중이 4월 16일부터 석 달 동안 방안에서 도를 닦는 일. summer training
あんこう[安康](명) 안강. 평안. 무사 태평. peacefulness
あんこう[鮟鱇](명)〈동〉 안강. 아귀. 깊은 바다에 사는 물고기. 넓적하고 입이 큼. an angler
あんごう[暗号](명) 암호. 통신의 비밀을 지키기 위하여 자기들만이 알게 약속한 부호나 말. a cipher
あんごう[暗合](명·자 4) 우연히 일치함. coincidence
あんこうしょく[暗紅色](명) 암홍색. 검붉은 색. dark red
アンコール[프 encore](명·타サ) 앙코오르. ①〔다시 한 번, 한 번 더의 뜻으로〕 출연자에게 한 번 더 해 달라는 요구의 함성, 박수. ②〈속〉 같은 것을 잡지 등에 다시 게재(揭載)하거나 극장에서 상연 또는 상영함.
あんこく[暗黒](명·형동ダ) 암흑. ①심히 어두움. 칠흑. 「一の夜(ヨ·ヨル); 칠흑 같은 밤」 ②질서, 문명 등의 쇠퇴. 또는 미개발(未開発). 「一時代(ジダイ); 암흑 시대」 1. darkness
アンゴラ[Angora](명) 앙고라. ①터어키의 수도 안카라의 옛 이름. ②앙고라토끼털로 짠 옷감. **—うさぎ**[Angora 兎](명)〈동〉 앙고라토끼. 털이 길어 털옷감을 짬. **—やぎ**[Angora 山羊](명)〈동〉 앙고라 면양. 앙고라 지방에 사는 면양. 그 모직물을 모헤어라고 함.
あんころ[餡ころ](명)〈속〉 팥소. 팥고물. 「一もち(餅); 팥고물을 묻힌 찰떡」 bean-jam
あんざ[安座](명·자サ) 안좌. ①편안히 앉음. ②책상다리를 함. 1. quiet sitting
あんざいしょ[行在所](명) 행재소. 왕이 멀리 거둥할 때의 임시 숙소. a temporary palace
あんさつ[暗殺](명·타サ) 암살. 부정 수단을 써서 죽임. 몰래 습격하여 죽임. assassination
あんさつし[按察使](명) 안찰사. 예전의 지방 행정 감독관.
あんざん[安産](명·타サ) 안산. 사고 없이 해산(解産)함. 순산(順産). an easy delivery
あんざん[暗算](명·타サ) 암산. 붓이나 주판을 쓰지 않고 머리 속으로 셈함. mental arithmetic
あんざんがん[安山岩](명)〈광〉 안산암. 짙은 회색의 화산암의 한 가지. 건축재로 쓰임. andesite
アンサンブル[프 ensemble](명) 앙상블. ①전체. ②갖추어진 것. 완비(完備). ③다 갖추어진 부인복. 한 벌의 부인복. ④(음악, 연극 등의) 통일적 효과. 조화. ⑤합창. 합주. 또는 그 단체.
あんじ[暗示](명·타サ) 암시. 넌지시 알림. 넌지시 깨우쳐 줌. 힌트를 줌. a suggestion
あんしじゅつ[安死術](명)〈의〉 ⇨ユータナジー.

あんししょく[暗紫色](명) 암자색. 검은 빛을 띤 보랏빛. dark purple
あんしつ[庵室](명) ①승려가 사는 집. ②암자. 1. a hermitage 2. a cell
あんしつ[暗室](명) 암실. 광선이 못 들어 오게 만든 방. 사진 현상 등에 쓰임. a dark chamber
アンシャンレジーム[프 ancien régime](명)〈역〉앙샹레짐. (프랑스 대혁명 이전의) 구제도(旧制度).
あんしゅ[庵主](명) 암주. 암자의 주인. the master of a hermitage
あんしゅ[暗主](명) 어리석은 임금. a foolish ruler
あんじゅう[安住](명·자サ) ①안주. 걱정 없이 삶. ②만족하고 있음. 「幼稚(ヨウチ)な考(カンガ)えに―する; 유치한 생각에 만족하고 있다」1. peaceful living
あんしゅつ[案出](명·타サ) 안출. 생각해 냄. device
あんじょ[安如·晏如](형동タルト) 마음이 편안하고 온화한 모양. calm
あんしょう[暗唱·暗誦](명·타サ) 암송. 외어 읽음. 외어 읊음. recitation
あんしょう[暗礁](명) 암초. ①물속에 잠겨 있는 바위. ②뜻밖의 방해.「―に乗(ノ)りあげる; 뜻밖의 장해를 만나다」 1. a reef
あんじょう(부)〈방〉안성 마춤으로. 마침. 잘. just
あんじょう[鞍上](명) 말 안장 위. 말 위. on saddle
あんしょく[暗色](명) 어두운 느낌의 빛깔. 어두운 색. a dark colour
あん·じる[按じる](타상1) ①손으로 짚어 보다. ②생각하다. ③조사하다.「地図(チズ)を―; 지도를 조사하다」 1. grasp 3. scrutinize
あん·じる[案じる](타상1)〈방〉①생각해 내다.「一計(イッケイ)を―; 한 가지 계책을 생각해 내다」②염려하다.「身(ミ)の上(ウエ)を―; 신변을 걱정하다」 1. ponder 2. fear
あんしん[安心](명·자サ) 안심. 마음을 편하게 함. 걱정이 없음.「ご―ください; 안심하십시오」peace of mind. ―**りつめい**[安心立命](명·자サ)〈불〉안심 입명. 불교 신앙에 의하여 마음을 가다듬고 모든 일을 천명(天命)에 맡김.
あんず[杏](명)〈식〉살구. an apricot
あんずるに[案ずるに](부) 생각컨대. Methinks...
あんせい[安静](명·형동ダ) 안정. 편안히 누워 있음.「絶対(ゼッタイ)―; 절대 안정」 quietness
アンゼルス[라 Angelus](명) 안젤루스. ①〈종〉마리아의 수태 고지(受胎告知)를 기념하기 위한 찬가(讃歌). 또는 그때의 종소리. ②밀레의 그림. 만종(晩鐘).
あんせん[暗線](명)〈이〉암선. 스펙트럼 속에 나타나는 흑선(黒線). obscure rays
あんぜん[安全](명·형동ダ) 안전. 위험하지 않음.「―かみそり; 안전 면도」safety. ―**ピン**[安全 pin](명) 안전핀. 옷핀. ―**べん**[安全弁·安全瓣](명) 안전판. (보일러 등의) 자동적으로 일정한 압력을 유지하도록 만든 기계 장치. ―**ちたい**[安全地帯](명) 안전지대. 위험이 없는 안전한 지대. ―**ほしょう**[安全保障](명) 안전 보장. 조약국(条約国)이 서로 상대국의 영토적 안전을 보장하는 일.
あんぜん[暗然·黯然](형동タルト) ①어두운 모양. ②우울하고 슬픈 모양. 1. gloomy 2. doleful
あんそく[安息](명·자サ) 안식. 편히 쉼. rest. ―**にち**[安息日](명)〈종〉안식일. 일을 쉬고 기도 등을 하는 날. 기독교에서는 일요일, 안식교에서는 토요일.
あんそくこう[安息香](명) 안식향. 인도, 타일란드 등에서 생산되는 안식향의 수피(樹皮)에서 분비되는 수지(樹脂). 향료, 화장품 및 방부제(防腐剤)로 쓰임. benzoin
アンソロジー[anthology](명) 앤돌러지. 시나 문장의 선집(選集). 사화집(詞華集).
あんだ[安打](명·자サ) 안타. 〔야구에서〕배터(打者)가 안전하게 베이스로 나갈 수 있는 타구(打球). a hit
アンダー[under](명) 언더. ①밑. 아래. ②(남자의) 속샤쓰. 언더샤쓰. ―**ウエア**[underwear](명) 언더웨어. 속옷. ―**(ハンド)スロー**[under(hand)throw](명·타サ) 언더(핸드)드로우. 〔야구에서〕공을 밑에서 올려 던짐. ↔オーバー(ハンド)スロー. ―**ライン**[underline](명·자サ) 언더라인. 주의를 끌기 위하여 글자의 밑,옆 등에 줄을 그음. 또는 그 줄. 밑줄.
あんたい[安泰](형동ダ) 안태. 무사 태평한 모양. peaceful
アンタレス[Antares](명)〈천〉안타레스. 전갈좌(全蠍座)의 으뜸 별. 여름날 초저녁 남천(南天)에 보이는 별.
あんたん[暗澹](형 タルト) 암담. 어둡고 낙심되는 모양.「―たる気持(キモ)ち; 암담한 기분」 dismal
アンダンテ[이 andante](명)〈악〉안단테. 느린 속도.
アンダンティーノ[이 andantino](명)〈악〉안단티노. 안단테보다 약간 빠른 속도.
アンチ―[anti](접두) 안티. 반(反). 반대.「―コミュニズム; 반공산주의」
あんち[安置](명·타サ) ①안치. 소중하게 놓아 둠. ②신불(神仏)의 상(像)을 잘 모심. 1. installation
アンチック[프 antique](명) 앙티크. 활자 자체(字體)의 한 가지. 고딕 비슷하나 훨씬 부드러운 활자.
アンチテーゼ[도 Antithese](명)〈철〉안티테에제. 대립하여 정립(定立)됨. 반(反). 대립물. 반대 명제(命題). ↔テーゼ.
アンチノック[antiknock](명) 앤티녹. 내폭제(耐爆剤). 가솔린 기관의 마찰을 적게 하는 연료.
アンチピリン[antipyrin](명)〈의〉안티피린. 해열제의 하나. 아스피린보다 강하고 진통제로도 쓰임.
アンチモニー[antimony](명)〈이〉⇨アンチモン.
アンチモン[도 Antimon](명)〈이〉안티몬. 은백색의 무른 금속 원소. 합금으로 하여 활자(活字) 제조 등에 쓰임. 기호는 Sb.
あんちゃく[安着](명·자サ) 안착. 무사히 도착함. 「safe arriva
あんちゃん[兄ちゃん](명)〈속〉①자기 형을 부르는 말. 형. 형님. ②젊은이를 부르는 말. 1. a brother 2. a youngste
あんちゅう[暗中](명) 암중. 어둠 속. in darkness

—ひやく[暗中飛躍](명·자サ) 암중 비약. 몰래 책동(策動)함. 암약(暗躍). —もさく[暗中摸索](명·자サ) 암중 모색. 물건 등을 어둠 속에서 더듬어 찾음. 「事件(ジケン)は一だ; 사건은 오리 무중이다」
あんちょう[暗調](명) 〔사진에서〕 화면을 어둡게 마무리하는 것.
あんちょく[安直](명·형동ダ) ①값이 쌈. 값 쌈. ②간편함. 손쉬움. 「一な方法(ホウホウ); 손쉬운 방법」 1. cheapness
あんちょこ(명) 〔"あんちょく(安直)"의 변화〕 중학 교과서 등의 값 싼 자습서.
アンツーカー[프 en-tout-cas](명) 앙투카. ①붉은 벽돌 가루 같은 흙을 깔아 비가 와도 쓸 수 있는 운동장. 또는 그 흙. ②청우(晴雨) 겸용 우산.
あんてい[安定](명·자サ) 안정. ①자리가 잡힘. ②견고하게 놓여짐. 「一感(カン); 안정감」 1. stability.
—じょ[安定所](명) 공공 직업 안정소의 약칭.
アンテナ[antenna](명)〈이〉 안테나. 전파를 발사(発射), 수신(受信)하기 위하여 공중에 친 도선(導線). 공중선(空中線).
アンデパンダン[프 indépendants](명) 앙데팡당. 〔미술에서〕 보수, 전통에 반대하여 창립된 프랑스의 독립 미술 협회. 「一展(テン); 앙데팡당파의 전람회」
あんてん[暗転](명·자サ) 암전. 〔연극에서〕 막을 내리지 않고 불을 꺼서 무대를 어둡게 하고 장면, 무대 장치 등을 바꿈. a dark change
あんど[安堵](명·자サ) ①안도. 마음을 놓음. 안심. ②카마쿠라(鎌倉), 무로마치(室町) 시대에 막부(幕府)에서 소유지(所有地)나 영지(領地)의 소유권을 인정받음. 「本領(ホンリョウ)一; 본영지의 인정」 1. relief
あんとう[暗闘](명·자サ) 암투. ①이면(裏面)에서 다툼. ②〔연극에서〕 무언극(無言劇). 1. a secret strife
アンドロメダ[Andromeda](명) 안드로메다. ①그리이스 신화에 나오는 이디오피아의 왕녀. ②북천(北天)에 있으며 초겨울의 저녁때 천정(天頂)에 오는 성좌.
あんどん[行燈](명) 네모난 나무틀에 종이를 바르고 그 속에 등잔을 넣은 것. 호롱. a paper-covered lamp. —ばかま[行燈袴](명) 통치마.

〔行燈〕

あんな(연체) 그러한. 저런. 「一こと; 그런 일」 such
あんない[案内](명·타サ) ①사정을 알고 있음. 「ご一でしょうが; 아시겠지만」 ②안내. 알림. 통지. 「一状(ジョウ); 안내장」 ③전달함. 말을 전함. 「一をこう; 안내를 청하다(방문하여 주인을 찾는 말)」 ④인도(引導). 또는 인도해 주는 사람. 1. acquaintance 2. guidance
アンナン[Annam·安南](명)〈지〉 안남. 인도지나 동쪽의 한 지방. 옛날에는 왕국이었음. 주도(主都)는 위에이(Hué).
あんに[暗に](부) 넌지시. 은근히. 몰래. 「一反対(ハンタイ)する; 은근히 반대하다」 indirectly
アンニュイ[프 ennui](명) 앙뉘. 권태. 싫증. 불안. 애수.
あんねい[安寧](명) 안녕. 평안. public peace
あんのじょう[案の定](연어·부) 생각한 대로. 예측한 대로. as expected
あんのん[安穏](형동ダ) 안온. 편안하고 조용한 모양. tranquillity
あんば[鞍馬](명) 안마. 체조 경기의 한 종목. 또는 거기에 쓰이는 기구. a horse
あんばい[案配·按排](명·타サ) 안배. 적당히 늘어놓음. arrangement
あんばい[塩梅·按配](명) ①간 맞추기. ②알맞는 맛. ②몸의 상태(컨디션). 1. seasoning

〔鞍馬〕

アンパイア[umpire](명) 엄파이어. 심판원(審判員).
あんばこ[暗箱](명) 사진기의 렌즈와 감광판 사이의 빛이 안 드는 상자. 어둠 상자. a camera obscura
アンバランス[unbalance](명·형동ダ) 언밸런스. 균형이 잡히지 않은 모양. 불균형. 부조화(不調和).
あんぴ[安否](명) ①안부. 무사한지의 여부. 「一をきづかう; 안부를 걱정하다」 ②사는 모양. 1. safety
アンビシャス[ambitious](형동ダ) 앰비셔스. 큰 뜻을 가진 모양. 야심적(野心的).
アンビション[ambition](명) 앰비션. 야심. 야망. 공명심(功名心).
あんぶ[按舞](명·타サ) 안무. 가곡, 음악 등에 따르는 무용의 형(型)이나 진행을 창안함. choreography
あんぶ[鞍部](명) 산과 산 사이의 낮은 곳. a saddleback
あんぷ[暗譜·諳譜](명·타サ) 악보(楽譜)를 욈. 곡을 욈. recitation
アンプ(ー)ル[ampoule](명)〈의〉 앰푸울. 주사액(注射液)을 넣은 밀폐된 유리병.
あんぷく[按腹](명·자サ) 배에 하는 안마(按摩). abdominal massage

〔アンプ(ー)ル〕

アンプリファイアー[amplifier](명) 앰플리파이어. 증폭기(増幅器).
あんぶん[案分·按分](명·타サ) 비율에 따라 나눔. 배분(配分). 「一比例(ヒレイ); 비례 배분」 proportional division
あんぶん[案文](명) 글의 초잡이. 초안(草案). 초고(草稿). a draft
アンペア[ampere](명)〈이〉 암페어. 전류(電流)의 세기를 나타내는 단위. 매초 1쿨롱의 전기량이 흐를 때의 전류의 세기. 기호는 A.
アンペラ[포 amparo](명) 암페라. ①〈식〉 레피로니아. 인도 원산의 다년초. 여름과 가을에 녹갈색(緑褐色)의 꽃이 핌. ②레피로니아의 줄기로 짠 거적이나 모자.
あんぽ[安保](명) 안전 보장(安全保障)의 준말. 「一条約(ジョウヤク); 안전 보장 조약」
あんぽう[罨法](명·타サ)〈의〉 염증, 충혈 등을 제거하기 위하여 차게 하거나 뜨겁게 하는 찜질법. 「冷(レイ)一; 냉찜질」 fomentation
あんぽんたん(명·형동ダ)〈속〉 바보. 천치. a simpleton
あんま[按摩](명·타サ) 안마. ①손으로 몸을 두드리거나 주물러 피로 등을 회복시킴. 또는 그 사람.

안마사. ②〈속〉 장님. 1. massage 2. a blind man
あんまく[暗幕](명) 암막. 방을 어둡게 하기 위하여 치는 검은 막. a black curtain
あんまり Ⅰ(형동ダ) 너무하다. 지나치다. 과도하다. 「親(オヤ)を打(ウ)つとは—だ; 어버이를 때리다니 너무하다」 Ⅱ(부) 너무. Ⅰ unreasonable Ⅱ much
あんみつ[餡蜜](명) 삶은 완두콩과 우무 등을 넣어 달게 맛을 낸 것에 팥소를 얹은 음식.
あんみん[安眠](명·자サ) 안면. 편히 잠. 「—妨害(ボウガイ); 안면 방해」 a sound sleep
あんめん[暗面](명) ①어두운 면. 암흑면. ②이면(裏面). 내막. 추악한 면. 1. the dark side
あんもく[暗黙](명) 암묵. 말을 하지 않는 것. 「—のうちに; 말 없는 가운데」 taciturnity
アンモニア[ammonia](명)〈이〉 암모니아. ①쏘는 듯한 냄새를 가진 무색의 기체. 향료(香料), 냉각(冷却) 등에 사용함. 「—水(スイ); 암모니아수」 ②암모늄. 「硫酸(リュウサン)—; 황산 암모늄」
アンモニウム[ammonium](명)〈이〉 암모늄. 질소 1분자와 수소 4분자로 되어 있는 원자(原子)의 덩어리.
あんや[暗夜·闇夜](명) 암야. 어두운 밤. a dark night
あんやく[暗躍](명·자サ) 암약. 비밀리에 활동함. 암중 비약(暗中飛躍). intriguing
あんゆ[暗喩](명) ⇨いんゆ(隠喩).
あんよ(명·자サ) ①걸음마. ②발. 1. toddling 2. a foot
あんらく[安楽](명·형동ダ) 안락. 몸, 마음이 편안하고 즐거움. comfort. **—し**[安楽死](명)〈의〉 ⇨ユータナジー. **—じょうど**[安楽浄土](명)〈불〉 안락 정토. 극락 정토.
あんりゅう[暗流](명) 암류. ①표면에 나타나지 않는 물의 흐름. ②외부에 나타나지 않는 사건이나 사상의 흐름. an undercurrent
あんるい[暗涙](명) 몰래 흘리는 눈물. 「—にむせぶ; 남 몰래 흐느끼다」 silent tears

い

い—[異](조어) 다른. 「—民族(ミンゾク); 이민족」
—い[衣](조어) 옷. 「作業(サギョウ)—; 작업복」
—い[位](접미) ①지위. 차례. 순위. 「第一(ダイイチ)—; 제1위」 ②영혼을 세는 높임말. 「英霊(エイレイ)百(ヒャク)—; 영령 백위」
—い[委](조어) ①위원의 준말. ②위원회의 준말.
い[井]ヰ(명)〈고〉 우물. 「—の中(ナカ)のかわず(蛙); 우물 안 개구리(넓은 사회의 사정을 모른다는 비유)」
い[亥]ヰ(명) ①12지(支)의 맨 끝. 돼지. ②옛 시각 이름. 해시. 오후 9시부터 11시까지. ③방위 이름. 북북서(北北西). 3. north-northwest
い[胆](명)〈고〉 담낭(胆嚢). 쓸개. 「熊(クマ)の—; 웅담」
い[帷]ヰ(명) 장막. 휘장. a curtain
い[猪]ヰ(명)〈고·동〉 멧돼지.
い[藺]ヰ(명)〈고·식〉 ⇨いぐさ(藺草).
い[寝·睡](명)〈고〉 잠. 수면.
い[五](수)〈고〉 다섯. 「—十(ソ); 오십」
い[伊](명)〈지〉 이탈리아의 준말.
い[衣](명) 옷. 의복. 「—食住(ショクジュウ); 의식주」 clothes
い[医](명) ①의원(医員). ②의술. 의학. 「—は仁術(ジンジュツ); 의술은 인술이다」 ③의학부(医学部)의 준말. 1. a doctor 2. medicine
い[易](명) 쉬운 것. 용이(容易). 「—より難(ナン)へ進(スス)む; 쉬운 것으로부터 어려운 것으로 나아가다」 easiness
い[胃](명)〈생〉 위. 밥통. 「—を痛(イタ)める; 위를 상하다」 the stomach
い[威](명) 위엄(威厳). 위세(威勢). 위력(威力). 「とらの—をかりるきつね; 강자의 권세를 이용하는 간사한 자(狐仮虎威)」 dignity
い[意](명) ①마음. 기분. 뜻. 「—のまま; 뜻대로」 ②생각. 의사(意思). 「—余(アマ)ってことばたらず; 생각은 많고 말은 모자라다」 ③까닭. 의미. ④바람(希求). ⑤의지(意志). 1. mind 2. an idea
い[緯]ヰ(명) ①직물의 씨실. ②위도(緯度). 2. latitude
い[異] Ⅰ(형동ダ) ①다른. ②이상한. 「—なこと; 이상한 일」 Ⅱ(명) 이의(異議). 이론(異論). 「—を立(タ)てる; 이의를 말하다」 Ⅰ 1. uncommon Ⅱ an objection
イ(명) ①〈악〉 장음계의 다조(調)의 라에 해당하는 음. A음. ②〔서지학(書誌学)에서〕 이본(異本)의 기호. ③(갑차의) 1등 차의 기호.
いあい[居合]ヰアヒ(명) 재빨리 칼을 뽑아 적을 베는 검술(剣術). quick sword display. **—ぬき**[居合抜き](명)진 칼을 단숨에 뽑는 무술(武術). 또는 곡예(曲芸).
いあい[畏愛](명) 존경하고 사랑하는 일. reverence and love
いあい[遺愛](명) 고인이 생전에 즐겨 쓰던 물건. 「—の品(シナ); 유애품」 a relic of the departed
いあく[帷幄](명) 유악. ①휘장. 장막. ②작전 계획을 세우는 곳. 본영(本営). ③참모(参謀). 1. a curtain
イアソン[Iason](명) 이아손. 그리이스 신화에 나오는 영웅. 데살리아의 왕자.
いあつ[威圧](명·타サ) 위압. ①올러 대어 누름. ②위엄으로 누름. 1. overpowering
いアトニー[胃 atony](명)〈의〉 위아토니. 위근 쇠약증(胃筋衰弱症). gastric atony
イアリング[ear-ring](명) 이어링. 귀걸이. 귀고리.
いあわ·せる[居合わせる]ヰアハセル(자하 1) 마침 그곳

에 있다. happen to be

いあん[怡安](명) 즐거움과 편안함. comfort and peace

いあん[慰安](명·타サ) 위안. 위로함. 노고를 치하하고 기분을 좋게 하여 줌. consolation

いい[飯]イヒ(명) 밥. boiled rice

いい[謂]イヒ(명) 이유. 까닭. 의미. meaning

い·い[善い·好い](형) 좋다. 착하다. good

いい[易易](형동タルト) 쉬운 모양. 용이한 모양.「―たるものだ; 용이한 것이다」 easy

いい[唯唯](부) "네네"하고 남의 말에 좇는 모양.「―諾諾(ダクダク); 유유 낙낙(무조건 복종함)」 readily

いいあい[言い合い]イヒアヒ(명) ①서로 이야기하는 일. ②말다툼. 토론. 동言い合う(타 4). 1. saying to each other 2. a dispute

いいあか·す[言い明かす]イヒ―(타 4) 밤새껏 말하다. 이야기하며 밤을 새우다. stay up all night talking with

いいあ·てる[言い中てる]イヒ―(타하 1) 알아 맞히다. 추측으로 말한 것이 들어 맞다. guess right

いいあやまり[言い誤り]イヒ―(명) 실수하여 말을 잘못함. 또는 잘못한 말. 실언(失言). a misstatement

いいあらそい[言い争い]イヒアラソヒ(명) 말다툼. 언쟁. 동言い争う(타 4). a quarrel

いいあらわ·す [言い表わす·言い現わす]イヒアラハス(타 4) ①말로 나타내다. ②표현하다. express

いいあわ·せる[言い合わせる]イヒアハセル(타하 1) ①서로 이야기하다. ②언약(言約)하다. 타합하다. 명言い合わせ. 1. say to each other 2. arrange

いいおき[言い置き]イヒ―(명) ①말하여 둠. ②유언(遺言). 동言い置く(타 4). 2. a will

いいおく·る[言い送る]イヒ―(타 4) ①말을 전하다. 말하여 주다. ②차례로 말을 전하다. 1. send word 2. spread by report

いいおこ·す[言い致す·言い遣す]イヒ―(타하 2)〈고〉 말해 오다. 말을 보내 오다.

いいおと·す[言い落す]イヒ―(타 4) ①할말을 빠뜨리다. ②나쁘게 말하다. 1. fail to mention 2. despise

いいがいな·い[言い甲斐無い]イヒガヒ―(형) ①말할 가치가 없다. ②겁이 많다. 1. not worth saying

いいかえ·す [言い返す]イヒカヘス(자타 4) ①되풀이 말하다. ②말대답하다. ③변명하여 말하다. 1. repeat 2. retort

いいがかり[言い掛かり]イヒ―(명) 까닭 없이 억지로 이유를 붙여 말하는 것. 구실. 트집. a false charge

いいかけ[言い掛け]イヒ―(명) ①이야기를 시작하는 것. ②말을 거는 것. ③발음이 같은 것을 이용하여 한 말을 두 가지 의미로 사용하는 것. ④억지로 이유를 붙여 말하는 것. 동言い掛ける(타하 1). 1. beginning to speak

いいかげん[好い加減] Ⅰ(연어·부) ①적당히. ②꽤. 상당히. 어지간히. 「―つかれた; 꽤 피곤하다」 Ⅱ(연어·명·형동ダ) ①적당히 해 두는 모양. ②이론, 이치에 맞지 않음. 무책임. 불철저. Ⅰ1. properly Ⅱ2. random

いいかた[言い方]イヒ―(명) 말씨. 말투. a manner of speaking

いいがた·い[言い難い]イヒ―(형) 말하기 어렵다. 말로 나타내기 어렵다.「―悲(カナ)しみ; 말로 다 할 수 없는 슬픔」 hard to say

いいかた·める[言い固める]イヒ―(타하 1) 서로 굳게 언약하다. make a solemn verbal promise

いいか·ねる[言い兼ねる]イヒ―(타하 1) 말하기 거북하다. 말하고 싶지만 말할 수 없다. find it hard to say

いいかぶ·せる[言い被せる]イヒ―(타하 1) 죄나 책임 등을 타인에게 뒤집어 씌워 말하다. put blame on another

いいかわ·す[言い交す]イヒカハス(타 4) ①서로 이야기하다. ②언약하다. ③남녀가 결혼을 약속하다. 1. talk with 2. promise

いいき[好い気](형동ダ) 자기가 하는 일을 좋다고 생각하는 모양.「―になる; 우쭐하다」 self-complacent

いいき[異域](명) 이역. 외국. a foreign country

いいきか·せる[言い聞かせる]イヒ―(타하 1) 말로 들려주다. 타이르다. instruct

いいきみ[好い気味](명) 좋은 기분. (상대방의 불행, 피해 등을 시원히 여길 때 사용함)「それは―だね; 그거 통쾌하다」 serve one right

いいぎり[椅桐](명)〈식〉 의나무. 초여름에 엷은 노란색 꽃이 피고 목재는 악기 등에 쓰임.

いいき·る[言い切る]イヒ―(타 4) ①말을 마치다. ②단언하다. 확고히 말하다. 1. tell all 2. state positively

いいく[意育](명) 의지(意志)의 단련을 목적으로 하는 교육. education of will

いいくく·む[言い含む]イヒ―(타하 2)〈고〉 ⇨いいふくめる.

いいぐさ[言い種]イヒ―(명) ①화제(話題). ②말하는 투.「あいつの―がしゃくにさわる; 저놈의 말버릇이 울화통을 터뜨린다」③구실. 변명. 핑계. ④입버릇같이 늘 하는 말. 1. a subject of talk 3. an excuse

いいくさ·す[言い腐す]イヒ―(타 4) 헐뜯어 말하다. 나쁘게 말하다. speak ill of

いいくら·す[言い暮す]イヒ―(타 4) 늘 그 말만 되풀이하면서 지내다. talk about something day and night

イーグル[eagle](명)〈동〉 이이글. 독수리.

いいくる·める[言いくるめる]イヒ―(타하 1) ①말로써 상대방을 농락하다. 궤변을 농하다. ②이치에 맞지도 않는 말로 얼버무리다. prevaricate

いいけ·す[言い消す]イヒ―(타 4) ①남의 말을 부인하다. ②한 말을 취소하다. 명言い消し. 1. deny 2. retract

いいけらく[言いけらく]イヒ―(연어) 말하기를. 가라사대.「古人(コジン)―; 옛사람이 말하기를」 say

いいこ[好い子](연어·명) 착한 아이.「―になる; (자기만이) 남에게 칭찬받게끔 하다」 a good boy

いいこな·す[言いこなす]イヒ―(타 4) 말을 교묘히 하다. express properly

いいこ·める[言い込める]イヒ―(타하 1) 말로 상대방을 이기다. argue a person into silence

いい さ·す[言い止す·言い差す]イヒー(타 4) 말을 하다가 말다. leave off talking

いい ざま[言い様]イヒー(명) 말투. 말하는 모양. a way of speaking

イージー[easy](형동ダ) 이이지. ①안락한 모양. 안이(安易)한 모양. ②간편한 모양. 손쉬운 모양. **—オーダー**[easy order](명) 이이지오오더. 미리 표준형에 맞춰 가봉해 두었던 양복을 손님의 치수에 맞추어 만드는 것. **—ゴーイング**[easy going](형동ダ) 이이지고우잉. 안이한 모양. 낙관적인 모양. **—ペイメント**[easy payment](명) 이이지페이먼트. 상품의 값을 나누어 지불하는 일. 월부(月賦).

いい しぶ·る[言い渋る]イヒー(타 4) (말하기 싫거나 말이 잘 나오지 않아서) 더듬더듬 말하다. falter

いい じょう[言い条]イヒー Ⅰ(명) 명분(名分). 구실. 타당한 이유. 말할 조목(条目). Ⅱ(연어) 그렇다고 말하기는 하나.「困(コマ)ったとは—じつはうれしいんだ; 곤란하다고는 말하지만 사실은 기쁘다」 Ⅰ an excuse Ⅱ though

いい しれぬ[言い知れぬ]イヒー(연어) 말할 수 없는. 이루 다 표현할 수 없는.「—感激(カンゲキ); 이루 다 말할 수 없는 감격」 unspeakable

イースター[Easter](명) 이스터. 부활제(復活祭).

イースト[east](명) 이이스트. ①동녘. 동쪽. ②동양(東洋). ③동부(東部). ④동풍.

イースト[yeast](명) 이이스트. 효모(酵母). 뜸씨.

イーゼル[easel](명) 이이즐. 화가(画架).

いい そび·れる[言いそびれる]イヒー(타하 1) 망설이다가 할말을 못하다. 말할 기회를 놓치다. miss an opportunity to speak out

〔イーゼル〕

いい だこ[飯蛸]イヒー(명)〈동〉반초. 꼴뚜기. 낙지과에 속하는 연체 동물.

いい だし[言い出し]イヒダシ(명) 말하기 시작함. 모두(冒頭). speaking out. **—ベ**[言い出し屁](명)〈속〉①구리다고 처음 말한 자가 실은 방귀를 뀐 장본인이라는 것. ②제창자(提唱者)가 먼저 실천하는 것.

いい た·てる[言い立てる]イヒー(타하 1) ①사뢰다. 상신(上申)하다. ②하나하나 들어 말하다. ③주장하다. 1. state 2. point out

いい つか·る[言い付かる]イヒー(자 4) 분부를 받다. 명령을 받다. be told to

いい つく·す[言い尽くす]イヒー(타 4) 죄다 말해 버리다. say exhaustively

いい つ·ける[言い付ける]イヒー(타하 1) ①명령하다. 분부하다. ②고자질하다. 밀고하다. ③입버릇처럼 말하다. 늘 말하다. 명言い付け. 1. tell

いい つたえ[言い伝え]イヒツタヘ(명) ①옛날부터 말로 전해 내려 오는 이야기. 전설. 구전(口伝). ②전언(伝言). 동言い伝える(타하 1). 1. a legend

いい つの·る[言い募る]イヒー(타 4) 점점 더 격하게 말하다. declare more persistently

いい なおし[言い直し]イヒナホシ(명) 고쳐 하는 말. 정정하여 말하는 것. 동言い直す(자 4). a restatement

いい なか[好い仲](연어·명) ①좋은 사이. ②사랑하는 사이. 1. being in good terms 2. being in love

いい なずけ[許嫁·許婚]イヒナヅケ(명) (어려서부터) 약혼한 상대. 약혼자. the betrothed

いい ならわ·す[言い習わす]イヒナラハス(타 4) ①옛부터 말로 전해 내려 오다. ②입버릇처럼 말하다. 명言い習わし. 2. speak in one's habitual way

いい なり[言い成り]イヒー(명) 말하는 대로. 하라는 대로.「—になる; 말하는 대로 되다」 submission

いい ぬけ[言い抜け]イヒー(명·자サ) 말로 책임, 의무 등을 회피함. 핑계. 동言い抜ける(자하 1). an evasion

いい ね[言い値]イヒー(명) (팔 사람이) 부르는 값. ↔付(ツ)け値. a seller's price

いい のが·れる[言い逃れる]イヒー(타하 1) 말로 발뺌하다. 말을 교묘히 하여 궁경(窮境)을 면하다. 명言い逃れ. equivocate

いい のこ·す[言い残す]イヒー(타 4) ①할말을 다 하지 않고 남겨 두다. ②헤어질 때 말을 남기다.「何(ナニ)か—ことはないか; 뭐 해 둘 말은 없나」 ③유언하다. 1. leave unsaid 2. leave words

いい は·つ[言い果つ]イヒー(타하 2)〈고〉 말해 버리다. 말이 끝나다.

いい はな·つ[言い放つ]イヒー(타 4) 방언(放言)하다. 거리낌 없이 단언하다. speak boldly

いい はや·す[言い囃す]イヒー(타 4) 크게 칭찬하다. 극구 칭찬하다. applaud

いい は·る[言い張る]イヒー(타 4) 끝까지 주장하다. 어디까지나 우겨대다. insist on

イーピー (ばん)[EP(盤)←extended playing](명) 이이피이반. LP반의 일종. 1분간에 45회전하는 레코오드.

いい ひと[好い人](연어·명) ①성격이 좋은 사람. ②애인. 연인. 2. a lover

いい ひらき[言い開き]イヒー(명·자サ) 변명(辯明). 해명(解明). 타言い開く(4). an excuse

いい ふく·める[言い含める]イヒー(타하 1) ①(잘 알아듣도록) 자세히 말해 주다. ②말하여 뜻을 깨닫게 하다. 1. instruct 2. inculcate

いい ふ·せる[言い伏せる]イヒー(타하 1) 설복(說服)시키다. argue into

いい ふら·す[言い触らす]イヒー(타 4) ①많은 사람들에게 말하여 퍼뜨리다. 선전하다. ②쑥덕공론하다. 1. spread a report 2. circulate a rumour

いい ふる·す[言い古す·言い旧す]イヒー(타 4) 되풀이 말하여 새로운 맛이 없게 하다. hackney

いい ぶん[言い分]イヒー(명) ①할말. 주장하고 싶은 말. ②불평하는 말. 1. a claim 2. an objection

いい ほど·く[言い解く]イヒー(타 4) 변명하다. vindicate

いい まか·す[言い負かす]イヒー(타 4) 설복(說服)시키다. 말로써 상대방을 지게 하다. confute

いい まぎら·す[言い紛らす]イヒー(타 4) ①속여 얼버무려 말하다. ②남의 말을 참견하여 혼란케 하다. 명

言い紛らし. 1. equivocate 2. interfere

いいまく·る[言い捲る]イヒ—(타 4) ①떠벌리다. ②연거푸 말하다. 상대방의 말을 꺾어 버리다. 2. argue down

いいまわし[言い回し]イヒマハシ(명) 말의 표현법. 말하는 모양. an expression

いいもら·す[言い漏らす]イヒ—(타 4) ①빠뜨리고 말하다. ②비밀이 새어 나가게 하다. 비밀을 누설(漏泄)하다. 1. omit 2. reveal

いいやぶ·る[言い破る]イヒ—(타 4) 토론으로 상대방을 이기다. 말로 상대방을 지게 하다. refute

いいよう[言い様]イヒ—(명) 말의 표현법. 말하는 식. 「—のないかなしみ; 말할 수 없는 슬픔」 a way of speaking

いいよど·む[言い淀む]イヒ—(타 4) 말을 더듬다. 말을 하려다가 잠깐 멈추다. hesitate to say

いいよ·る[言い寄る]イヒ—(자 4) ①사랑을 호소하다. ②말을 걸며 다가 가다. 1. court 2. accost

いいわけ[言い訳]イヒ—(명·자サ) ①구실. 변명(辯明). ②사과(謝過). 1. an excuse

いいわた[結い綿](명) ⇨ゆいわた.

いいわた·す[言い渡す]イヒ—(타 4) 명령하다. 선언하다. 언도하다. 명 言い渡し. sentence

いいん[医員](명) ①의원. 의료(医療)에 종사하는 사람. ②수석 의사(首席医師) 밑에 있는 의사. 1. a physician

いいん[医院](명) 의원. 병자를 치료하기 위하여 특별한 시설을 갖춘 곳. a medical practitioner's office

いいん[委員](명) 위원. 특정(特定)의 일을 심의, 조사, 처리하는 사람. a committeeman

い·う[言う·云う]イフ Ⅰ(자 4) ①말하다. ②소리 내다. 「窓(マド)ががたがた—; 창문이 덜컹덜컹 소리를 내다」 Ⅱ(타 4) ①말로 표현하다. ②이야기하다. ③부르다. 칭하다. Ⅰ 1. say Ⅱ 1. 2. talk

いうじょう[言う条]イフ—(연어)(방) 말하기는 하나. 말할지언정. 「有(ア)ると(は)—; 있다고는 말하지만」 though

いうならく[説道]イフ—(연어·부) 항설(巷説)에는. 세인(世人)이 말하기는. They say (that)...

いうなり[言うなり]イフ—(명) ⇨いいなり.

いうまでもない[言うまでもない]イフマデモ—(연어·형) 말할 필요도 없다. 물론이다. reasonable

いえ[家]イヘ(명) ①집. ②자기 집. 자택. ③가정. 「—を持(モ)つ; 가정을 갖다(결혼하다)」 ④아내. ⑤가문(家門). ⑥세대주(世帯主)와 그 가족으로 이루어지는 단체. 가족. 1. a house 2. one's home

いえい[遺詠](명) 발표되지 않은 채 사후(死後)에 남겨진 시가(詩歌). a posthumous poem

イェーメン[Yemen](명)〈지〉 예멘. 아라비아 반도 남부에 있는 왕국. 수도는 사나(San'a).

いえがまえ[家構え]イヘガマヘ(명) 집의 구조(構造). 집의 형태. the style of a house

いえがら[家柄]イヘ—(명) 가문(家門). 문벌(門閥). the standing of a family

いえき[胃液](명)〈생〉 위액. 위에서 나오는 무색(無色), 무취(無臭)의 소화액. 산성(酸性)으로서 주로 흰자질을 소화시킴. gastric juice

いえごと[家毎]イヘ—(부) 집집마다. every house

いえじ[家路]イヘヂ(명) 집으로 가는 길. 귀로(帰路). 「—に就(ツ)く; 귀로에 오르다」 one's way home

イエス[yes](감·명) 예스. 네. 그래. 응. **—マン**[yes-man](명) 예스맨. 자주성 없이 남의 말만 좇는 사람.

イエスキリスト[Jesus Christ](명)〈종〉 예수 그리스도. 구세주(救世主). 예수.

いえすじ[家筋]イヘスヂ(명) 한집안의 혈통. 가계(家系). lineage

いえだに[家壁蝨]イヘ—(명)〈동〉 쥐벼룩. 쥐에 기생하여 전염병을 매개하며, 사람의 피를 빨아 먹음. a house tick

いえつき[家付き]イヘ—(명) ①본래부터 집에 있는 물건. 또는 사람. 「—の娘(ムスメ); 데릴사위를 보는 딸」 ②집이 붙어 있는 것. 「—の工場(コウジョウ); 살림집이 딸려 있는 공장」 1. an heiress

いえつぎ[家継ぎ]イヘ—(명) 가독 상속(家督相続). 가독 상속인. succession to a house

いえづと[家苞·家苴]イヘ—(명) 집에 가지고 가는 선물. a present taken home

いえで[家出]イヘ—(명·자サ) 가출. (몰래) 집을 나가 돌아 오지 않음. absconding

いえとじ[家刀自]イヘ—(명)〈고〉 한집안의 주부(主婦)에 대한 높임말.

いえども[雖も]イヘ—(접조) 그렇다 하더라도. …할지라도. 「一円(イチエン)たりと—; 단 1원이라 할지라도」 although

いえなし[家無し]イヘ—(명) 집이 없는 것. 또는 그런 사람. a vagrant

いえなみ[家並み]イヘ—(명) ①집들이 늘어서는 것. 집들이 늘어선 곳. ②집집. 매호(毎戸). 1. a row of houses 2. every house

いえぬし[家主]イヘ—(명) 가주. 집주인. a landlord

いえのこ[家の子]イヘ—(명) ①〈고〉 같은 집안의 자손. 일문(一門). ②〈고〉 가신(家臣). ③〔정당에서〕 부하. 「—郎党(ロウドウ); 정당의 부하나 그 추종자들」

いえのしゅう[家の集](명) 개인의 와카(和歌)를 모은 책.

いえばえ[家蠅]イヘバヘ(명)〈동〉 집파리. a house-fly

いえびと[家人]イヘ—(명) ①가족. ②집의 고용인. 1. family 2. a family servant

いえもち[家持ち]イヘ—(명) ①집을 지니고 있는 사람. ②살림을 꾸려 나가는 방법. 「—がうまい; 살림살이를 잘하다」 1. a house-owner 2. housekeeping

いえもと[家元]イヘ—(명) ①예도(芸道)의 정통(正統)을 계승하는 집. 또는 그 사람. ②친정(親庭). 2. the wife's home

いえやしき[家屋敷]イヘ—(명) 집과 대지(垈地). an estate

いえらく[言えらく]イヘラー(연어·부) 말하기를. 가라사대.「古人(コジン)—; 옛사람이 이르되」 It is said that...
い·える[癒える](자하 1) 병이나 아픔이 낫다. be cured
イェルサレム[Jerusalem](명)〈지〉 예루살렘. 이스라엘의 수도. 기독교의 성지(聖地).
イエロー[yellow](명) 옐로우. 노랑. 황색.
いえん[以遠](명) 〔주로 철도에서〕 어떤 지점보다 더 먼 곳.「浜松(ハママツ)—; 하마마쯔보다 먼 곳(그 저쪽)」 farther
いえん[胃炎](명)〈의〉 위염. 위의 점막(粘膜)에 염증(炎症)이 생기는 병. 위카타르.「慢性(マンセイ)—; 만성위염」 gastritis
いお[庵]イホ(명) ⇨いおり.
いお[五百]イホ(명)〈고〉 수가 많은 것.
イオ[Io](명) 이오. 그리이스 신화에 나오는 여신. 제우스의 사랑을 받았으나 헤라의 질투로 암소가 되었다가 제우스와 헤라의 화해로 환신(還身).
いお·う[斎う](타 4)〈고〉 ①몸과 마음을 깨끗이 하고 신에게 빌다. 목욕 재계하다. ②소중히 여기다. 소중히 지키다.
いおう[以往](명) 그 뒤. 이후. henceforth
いおう[硫黄](명)〈이〉 유황. 노랗고 잘 부스러지는 비금속 원소. 탈 때 파란 불꽃이 생김. 화약, 성냥, 고무 제조 등에 사용. 기호는 S. sulphur
いおうびょう[萎黄病](명)〈의〉 위황병. 주로 청춘기의 여자에게 생기는 일종의 빈혈병(貧血病). 온몸이 황록색이 됨. chlorosis
イオニア[Ionia](명)〈지〉 이오니아. 소아시아의 에게해 연안 지방. 그리이스의 이오니아족의 식민지였음. **—かい**[Ionia 海](명)〈지〉 이오니아해. 지중해 중앙부의 바다. 이탈리아, 그리이스, 시칠랴도(島) 등에 싸여 있음. **—しき**[Ionia 式](명) 이오니아식. 고대 그리이스의 우미 경쾌한 건축 양식의 하나.
イオニウム[ionium](명)〈이〉 이오늄. 토륨 동위 원소의 하나. 방사성 원소로, 붕괴(崩壞)하여 라듐이 됨. 기호는 Io.
いおり[庵·廬]イホリ(명·자사) 중이나 은자(隱者)가 사는 작고 검소한 집. 암자. a hermitage
イオン[도 Ion](명)〈이〉 이온. 전기를 지닌 원자(原子), 원자단(原子団).「陰(イン)—; 양극(+)으로 가는 이온」 **—かけいこう**[ion 化傾向](명)〈이〉 이온화 경향. 금속이 물 또는 그 금속의 이온을 포함하고 있는 용액과 접할 때 다소간 이온으로 화하여 용해되려는 경향. **—こうかんじゅし**[ion 交換樹脂](명)〈이〉 이온 교환 수지. 염류 용액 중에서 일정한 이온을 흡수하여 스스로의 이온과 교환하는 성질을 가지고 있는 합성 수지의 하나.
いおんびん[い音便](명) 〔문법에서〕 발음의 편의상 "き, ぎ" 대신 "い"를 쓰는 것. 예: 咲(サ)きて→咲いて, 脱(ヌ)ぎて→脱いで. *i*-euphony
いか[凧](명)〈고〉 ⇨いかのぼり.
いか[烏賊](명)〈동〉 오징어. 바다에 사는 연체 동물(軟体動物)로 발은 열 개. 적을 만나면 먹물을 뿜고 도망침. a cuttlefish
いか[以下](명) 이하. ①…로부터 아래. ②…을 비롯하여 모두.「船長(センチョウ)—三十名(サンジュウメイ); 선장 이하 30명」↔以上(イジョウ). 1. bellow, following
いか[医科](명) 의과. ①의학에 관한 학과. ②의학부(医学部).「—大学(ダイガク); 의과 대학」 1. the medical department
いか[医家](명) ①의료(医療)를 행하는 집. ②의사(医師). 1. a doctor's house
いか[易化](명·타사) 쉽게 함. simplification
いか[異化](명·자타사) 달라지게 됨. 또는 달라진 것. dissimilation
いが[毬](명) 밤송이. 율방(栗房). a bur
いが[衣蛾](명)〈동〉 옷좀나방. 유충은 모직물(毛織物), 모피(毛皮) 등을 침식함. clothes moth
いが[伊賀](명)〈지〉 옛 지방 이름. 현재 미에현(三重県)의 일부.
いかい[位階](명) 위계. 벼슬의 품계. 정 1위(正一位)부터 종 8위(従八位)까지 16계가 있음. rank
いかい[医界](명) 의계. 의사들의 사회. 의학계. the medical world
いかい[遺戒·遺誡](명) 유계. 죽은 뒤에 남긴 훈계나 교훈. 유훈(遺訓). the teachings of the departed
いがい[以外](명) 이외. 그밖. 이밖. except
いがい[意外](형동ダ) 의외. 예상 밖인 모양. 뜻밖. unexpected
いがい[遺骸](명) 유해. 시체. 송장. 주검. a corpse
いがいちょう[居開帳]キー(명·자사)〈불〉 본존(本尊)이 있는 절에서 감실(龕室)의 부처를 내객에게 공개하는 일. ↔出(デ)開帳.
いかいよう[胃潰瘍](명)〈의〉 위궤양. 위, 특히 유문(幽門) 부근이 허는 병. stomach ulcer
いかえ·す[射返す]ーイカヘス(타 4) ①활을 쏘아 적을 격퇴하다. ②적이 쏜 화살을 되쏘다. 1. drive back by shooting arrows
いかが[如何が](부) ①어떻게.「—いたしましょう; 어떻게 할까요」 ②어떻습니까.『ごきげん—; 안녕하신지요」 1. how. **—な**[如何がな](연체) 어떤.
いかがわし·い[如何がわしい]イカガハシイ(형) ①의심스럽다. ②(도덕상) 좋지 않다. ③정체 불명이다. 1. doubtful
いがき[斎垣·忌垣](명)〈고〉 신사(神社)의 울타리.
いかく[囲郭](명) 엄중히 둘러 친 방벽(防壁). an enclosure
いかく[威嚇](명·타사) 위협함.「—射撃(シャゲキ); 위협 사격」 threatening
いがく[医学](명)〈의〉 의학. 병의 치료, 예방법을 연구, 실시하는 학문.「—博士(ハクシ); 의학 박사」 medical science
いかくちょう[胃拡張](명)〈의〉 위확장. 위가 과도하게 확장되는 병. gastric dilatation

いがぐり[毬栗](명) ①밤송이에 싸인 밤. ②[←いがぐりあたま] 짧게 깎은 머리. 1. chestnuts in a bur
いかけ[鋳掛け](명) 놋쇠나 철기(鉄器)의 깨진 것을 고치는 일. 땜질. 「—屋(ヤ); 땜장이」 tinkering
いかけじ[沃懸地](명) 옻칠한 뒤에 금가루나 은가루를 뿌린 것.
いか·ける[射掛ける](타하 1) 적에게 활이나 총을 쏘다. shoot
いかさま[如何様] Ⅰ(명) 가짜. 위조품. Ⅱ(부) 과연. 정녕. Ⅰ swindle. **—し**[如何様師](명) 사기군. 엉터리 짓을 하는 자. **—に**[如何様に](부)〈고〉 어떻게.
いがしゅう[伊賀衆](명) 이가(伊賀) 출신의 무사들로 구성된, 막부(幕府)에 고용되어 첩보 업무에 종사하던 무리. 사람의 허(虚)를 찌르는 술책을 잘했음.
いかじゅせい[異花受精](명)〈생〉 이화 수정. 같은 나무의 다른 꽃이나 다른 나무의 꽃으로부터 꽃가루를 받아 정받이(受精)하는 현상. allogamy
いか·す[生かす·活かす](타 4) ①살리다. ②유효하게 쓰다. 활용하다. 1. revive
いかすい[胃下垂](명)〈의〉 위하수. 위가 밑으로 처지는 병. 헛배가 부르고 위에 충만감(充満感), 중압감(重圧感)을 느낌. gastroptosis
いかずち[雷]イカヅチ(명) 우뢰. 뇌신(雷神). thunder
いかぞく[遺家族](명) 유가족. 죽은 뒤에 남은 가족. 유족(遺族). a bereaved family
いかだ[筏](명) 대나 나무를 엮어 물 위에 뜨게 한 것. 떼. a raft
いがた[鋳型](명) 주형. 주조물의 거푸집. a mould
いカタル[胃加答児](명)〈의〉 위카타르. 위의 점막(粘膜)에 염증이 일어나는 병. 위염(胃炎). gastric catarrh
いかつ[威喝](명·타サ) 큰소리로 위협함. threatening
いかつ·い(형) 엄하다. 위엄 있게 보이다. 「—肩(カタ); 딱 바라지고 올라 간 어깨」 파생 **—げ**(형동ダ) **—さ**(명). stern
いかで[争で](부) ①어떻게 해서(든지). ②왜. 어찌하여. 2. why. **—か**[争でか](부) 왜. 어찌하여.
いかな[如何な](연체) 어떤. 어떠한. 「—わるものも; 어떤 나쁜 놈이라도」 what kind of
いかなご[玉筋魚·梭魚子](명)〈동〉 까나리. 몸이 길고 모래 속에 숨어 사는 바닷물고기. a sand-launce
いかなる[如何なる](연체) 어떤. 어떠한. what
いかなれば[如何なれば](부) 왜. 어째서. why
いかに[如何に] Ⅰ(부) ①어떻게. ②어느 정도. ③왜. 어째서. 여하(如何)히. Ⅱ(감) 부르는 소리. 여보시오. 이봐. Ⅰ1. how 3. why. **—も**[如何にも](부) ① 아무래도. 아무리 생각하여도. 「—困(コマ)った顔(カオ)をして; 아무리 생각해도 곤란하다는 얼굴로」 ② 참말로. 정말로. 「—わかったような口(クチ)をきく; 정말로 아는 것 같은 말을 하다」 ③과연. 「—さよう; 과연 그렇군」
いかのぼり[凧·紙鳶](명) 연. 지연. 종이 연. a kite
いかばかり[如何許り](부) 얼마나. 어떻게. how far, much

いがばかま[伊賀袴](명) 가랑이를 행전처럼 매게 한 일본식 바지. 여행 등에 착용.
いかほど[如何程](부) 얼마나. 어느 정도로. how (much)
いがみ[歪み](명)〈방〉 ⇨ゆがみ.
いがみあ·う[啀み合う]—アフ(자 4) ①서로 적대시하여 싸우다. ②짐승이 서로 으르렁거리다. 명 いがみ合い. 2. snarl at each other
いかめし·い[厳めしい](형) ①엄숙하다. ②성대하다. 파생 **—げ**(형동ダ) **—さ**(명). 1. solemn
いかもの[如何物](명) 제대로 되어 있지 않은 것. 위조품(偽造品). a sham. **—ぐい**[如何物食い]—グヒ(명) 보통 사람들이 먹지 않는 것을 즐겨 먹는 것. 또는 그 사람.
いかよう[如何様](형동ダ) 어떠한. 어떻게. how
いから·せる[怒らせる](타하 1) ①화나게 하다. ②모나게 하다. 어깨 등을 으쓱 치키다. 「肩(カタ)を—; 어깨를 위세 있게 치켜 올리다」 1. offend 2. raise
いがらっぽ·い(형) ⇨えがらっぽい.
いかり[怒り](명) 분노(憤怒). 노기(怒気). 화. 노여움. 「—にふれる; 노여움을 사다」 anger. **—がた**[怒り肩](명) 딱바라지고 올라 간 어깨.
いかり[錨·碇](명) ①배를 정박시키기 위하여 물속에 던져 두는 쇠갈고랑이. 닻. ②물속의 것을 끌어 올리는 갈고랑이. 1. an anchor 2. a grapnel. **—そう**[碇草·淫羊藿](명)〈식〉 음양곽. 삼지구엽초(三枝九葉草). 매자나무의 다년초. 뿌리는 말려서 강장제(強壮剤)로 씀. **—づな**[碇綱](명) 닻줄.
いか·る[怒る](자 4) ①화내다. ②모가 나다. 「肩(カタ)が—; 어깨가 바라지고 모나다」 ③힘차다. 「怒れる激浪(ゲキロウ); 힘찬 격랑」 1. get angry 2. perk
いかる(が)[斑鳩](명)〈동〉 콩새. 참새과에 속하는 새. 부리가 노랗고 크며, 산에 많음. 석취(鍚嘴). 상호(桑扈). a grosbeak
いか·れる[行かれる](자하 1)〈속〉 ①남에게 앞지름을 당하다. ②얼이 빠지다. 정신이 돌다. ③낡아서 나빠지다. 「いかれた洋服(ヨウフク); 낡아 빠진 양복」 ④ …함을 당하다. 2. be beaten
いかん[以還](명) 그후. 이후. 이래. thereafter
いかん[如何ん] Ⅰ(부) ①⇨いかに. ②어떠한지. Ⅱ(명) 모양. 경과. 「情勢(ジョウセイ)—によって; 정세 여하에 따라서」 Ⅰ2. what. **—せん**[如何ん為ん](연어) 어떻게 하려고 하여도. 유감이지만. **—となれば**[如何んとなれば](연어·접) 왜냐하면. **—とも**[如何んとも](연어) 아무렇게도. 어떻게도. 「—しがたい; 어떻게도 할 수 없다」
いかん[衣冠](명) 의관. ①의복과 관. ②옛날 조정(朝廷)에 나갈 때 입은 약식 관복(官服). 관을 쓰고 노송나무 부채를 듦. 「—束帯(ソクタイ); 의관 속대」 1. clothes and crown
いかん[尉官](명)〈군〉 위관. 대위, 중위, 소위의 총칭. a company officer
いかん[移管](명·타サ) 이관. 관리(管理)를 다른 사람에게 넘김. transfer

いかん[異観](명) 이관. 색다른 광경. a rare sight
いかん[偉観](명) 위관. 훌륭한 광경. 장관(壮観). a magnificent sight
いかん[遺憾](형동ダ) 유감. ①매우 섭섭한 모양. ②매우 언짢은 모양.「一ながら; 유감이지만」1. regretful 2. pitiful. ── **なく**[遺憾無く](연어·부) 유감 없이. 충분히.
いがん[依願](명) 본인이 원하는 바에 의하는 일.「一免職(メンショク); 의원 면직」 at one's own request
いがん[胃癌](명)〈의〉위암. 위에 암이 생기는 병. cancer of the stomach
いかんぞ[如何んぞ](부) 어떻게. 어찌하여. 왜. how
いかんそく[維管束](명)〈생〉유관속. 식물체 조직의 하나로 섬유와 도관(導管)으로 이루어짐. 수분이나 양분의 통로. 식물체를 지지(支持)하는 골격 역할을 함. 관다발(管束). a fibro-vascular bundle
いき[生き](명) ①생존.「一死(シ)に; 생사」②생기(生気). 활기.「一のいい魚(サカナ); 싱싱한 생선」③〔교정(校正) 등에서〕지운 것을 다시 살림. 되살림. 1. living 2. freshness 3. stet
いき[行き](명) ①가는 것. ②가는 때. 가는 길. 1. going
いき[息·気息](명) ①호흡. 숨.「一を引(ヒ)き取(ト)る; 숨지다(죽다)」②상태. 기분.「一が合(ア)う; 호흡이 맞다」③김. 증기. 1. breathing
いき[粋](명·형동ダ) 세련되고 매력이 있음. smartness. ── **すじ**[粋筋](명) 화류계 방면(花柳界方面). 정사(情事)에 관한 방면.
いき[域](명) ①경계(境界). ②구역(区域). ③경지(境地).「名人(メイジン)の一に達(タッ)する; 명인이라 할 경지에 이르다」④정도. 1. a boundary
いき[閾](명) ①문지방. ②〈심〉역. 자극을 느끼는 처음과 마지막의 한계점. 식역(識閾). 1. the threshold 2. threshold of stimulus
いき[壱岐](명)〈지〉옛 지방 이름. 현재의 쯔시마(対馬)와 큐우슈우(九州) 사이에 있는 섬. 현재 나가사키현(長崎県)의 일부.
いき[委棄](명·타サ) 위기. 방임함. 버려 두고 돌보지 않음. noninterference
いき[意気](명) 의기. ①어떤 일을 하려는 용기.「一軒高(ケンコウ); 의기 충천」②의지(意志). 결기. 고집(固執). 2. will power
いき[遺棄](명·타サ) 유기. ①버려 둠.「一死体(シタイ); 유기 시체」②〈법〉부양(扶養)의 의무를 다하지 않아서 죄가 되는 행위.「親族(シンゾク)一; 친족 유기」 1. abandonment
いぎ[威儀](명) ①위엄 있는 태도. ②예법에 맞는 몸가짐.「一を正(タダ)す; 위의를 갖추다」 1. majesty
いぎ[異義](명) 이의. 다른 뜻.「同音(ドウオン)一; 동음 이의(음은 같으나 뜻이 다름)」a different meaning
いぎ[異議](명) 이의. ①남과 다른 주장이나 의견.「一なし; 이의 없음」②〈법〉국가 기관의 처분 등에 대한 불복이나 반대 의사.「一を申(モウ)し立(タ)てる; 이의를 신립(申立)하다」 an objection
いぎ[意義](명) 의의. ①사물의 뜻. 의미.「一ある行事(ギョウジ); 뜻 있는 행사」②가치. 1. meaning
いきあたりばったり(연어)〈속〉그때그때 되어 가는 대로. 형편에 따라 적당히. 무계획적인. at haphazard
いきいき[生き生き](부·자サ) 생생한 모양. 팔팔하게. 싱싱하게. vividly
いきうつし[生き写し](명) ①생물체의 모습을 꼭 닮게 그리는 일. ②꼭 닮은 것.「父(チチ)に一だ; 아버지를 꼭 닮다」 1. drawing to the life
いきうま[生き馬](명) 살아 있는 말.「一の目(メ)を抜く; 방심할 수 없을 만큼 잽싸다(눈 감으면 코 베어 가다)」 a live horse
いきうめ[生き埋め](명·타サ) 생매장함. burying alive
いきえさ[活き餌]一ヱサ(명) (낚시의) 산 미끼. a live bait
いきおい[勢い]イキホヒ Ⅰ(명) ①힘찬 모양. ②남을 압도하는 힘. 위세(威勢). ③원기(元気). 활동력. ④모양. 정세.「時(トキ)の一にまかせる; 그때의 정세에 맡기다」⑤탄력(弾力). Ⅱ(부) 그때 형편으로. 자연히.「貧(マズ)しいので, 一, いやしくもなる; 가난하니까 자연히 천해지다」Ⅰ 1. vigorousness 2. power Ⅱ as a matter of course. ── **こ·む**[勢い込む](자 4) 크게 기운을 내다.
いきがい[生き甲斐]一ガヒ(명) 산 보람. 사는 보람.「一が有(ア)る; 사는 보람이 있다」 worth while to live
いきがい[域外](명) 역외. 구역의 밖. ↔域内(イキナイ). out of the boundary
いきかえり[行き帰り]一カヘリ(명·자サ) 왕래(往来). 왕복(往復).「一の途中(トチュウ); 오가는 도중」 going and returning
いきかえ·る[生き返る]一カヘル(자 4) 소생(蘇生)하다. 회생(回生)하다. revive
いきがかり[行き掛かり](명) ①가는 김. 가는 길. 가는 때. ②내친걸음이라 여세(餘勢)가 강하여 일을 중지할 수 없는 것.「一上(ジョウ); 일이 이렇게 된 이상」 2. force of circumstances
いきがけ[行き掛け](명) 가는 김. 가는 길. 가는 때.「一に; 가는 길에(겸하여)」 on one's way
いきかた[生き方](명) 삶의 방법, 태도, 양식. one's way of living
いきがみさま[生き神様](명) ①이승에 현신(現身)한 신. ②덕이 높은 사람의 높임말. 생불(生仏). 1. a living god
いきき[行き来·往き来](명·자サ) 오고 감. 왕래(往来). 왕복(往復). going and coming
いきぎも[生き肝·生き胆](명) 생간. 살아 있는 동물의 간. the liver of a living animal
いきぎれ[息切れ](명·자サ) ①숨이 참. 헐떡임. ②(일 따위를) 오래 계속하지 못함. 1. shortness of breath
いきぐみ[意気組み](명) ⇨いきごみ.
いきぐるし·い[息苦しい](형) 숨쉬기가 곤란하다. 숨이 가쁘다 파생 ── **け**(형동ダ) ── **さ**(명). stifling
いきごと[粋事](명) 정사(情事). love affairs

いきごみ[意気込み](명) 어떤 일을 하려고 분발하는 것. 기세(気勢). 활기(活気). 「たいへんなーだ; 대단한 기세다」 ardour
いきご·む[意気込む](자 4) 어떤 일을 하려고 분발하다. 어떤 일에 힘을 내다. be in high spirits
いきざい[遺棄罪](명)〈법〉유기죄. 생활 무능력자에 대한 보호 의무를 수행하지 아니함으로써 이루어지는 죄. abandoning
いきざし[息差し](명) ①숨쉬기. 숨결. ②기세. 기상(気象). ③어떤 일에 힘을 냄. 1. breathing
いきさつ[経緯](명) 경위. 사정. 경과. 정세(情勢). the course (of events)
いきじ[意気地](명) 자기 의견을 관철하려는 굳은 마음. 고집. pride
いきじごく[生き地獄](명) 생지옥. 이승에서의 지옥 같은 괴로움. a hell on earth
いきしな[行きしな](명) ①가는 길. ②가는 때. 1. on one's way to
いきじびき[生き字引き](명) ①뭐든지 잘 아는 사람. 만물 박사. ②알기만 하고 응용을 못하는 사람. 1. a walking dictionary
いきすぎ[行き過ぎ](명) 지나치는 것. going too far
いきせきき·る[息急き切る](자 4) 숨을 헐떡이다. 숨이 매우 가쁘다. pant
いぎたな·い[寝穢ない](형) ⇨ねぎたない. 「lifeblood
いきち[生き血](명) 생혈. 살아 있는 동물의 피. 생피. ⤴
いきちがい[行き違い]ーチガヒ(명) ①엇갈림. 어긋남. ②착오(錯誤). 1. crossing 2. misunderstanding
いきづえ[息杖]ーヅヱ(명) 지게, 가마채 등을 버티는 작대기. a pole
いきづかい[息遣い]ーヅカヒ(명) 숨쉬는 모양. 숨결. 「ーがあらい; 숨결이 거칠다」 breathing
いきつぎ[息継ぎ](명·자サ) ①한숨 돌림. 잠시 쉼. ②〈악〉쉼표. 휴지부(休止符). 1. a breather
いきつ·く[行き着く](자 4) 도착하다. 이르다. arrive
いきづ·く[息衝く](자 4)〈고〉①괴롭게 숨을 쉬다. 헐떡이다. ②탄식하다.
いきづまり[行き詰まり](명) 막다른 골목. 막다른 길. 동 行き詰まる(자 4). a deadlock
いきづま·る[息詰まる](자 4) 숨이 막히다. 「ーようなシーン; 숨이 막힐 듯한 장면」 명 息詰まり. suffocate
いきとうごう[意気投合](명·자サ) 의기 투합. 서로 기분이 맞음. mutual understanding
いきどおり[憤り]イキドホリ(명) 성내는 것. 분노. 노여움. 「ーを発(ハッ)する; 화를 내다」 rage
いきどお·る[憤る]イキドホル(자 4) ①화내다. 노하다. ②개탄(慨嘆)하다. 1. be in a rage
いきどまり[行き止まり](명) 막바지. 더 갈 수 없어 멈추는 곳. no passage
いきない[域内](명) 역내. 구역 안. ↔域外(イキガイ). precincts
いきながら·える[生き長らえる]ーナガラヘル(자하 1) 생존(生存)하다. 오래 살고 있다. live on
いきなり[行き成り](부) 갑자기. 돌연히. 불쑥. suddenly
いきにんぎょう[生き人形](명) ①크기, 모습 등이 사람과 같은 인형. ②인형처럼 살갗이 희고 예쁜 사람. 1. a lifelike doll
いきぬき[息抜き](명·자サ) ①긴장을 풂. 휴식함. 숨을 돌림. ②환기창(換気窓). 1. a rest 2. a blowhole
いきぬ·く[生き抜く](자 4) 참고 견디어 악착같이 살다. 난관을 극복하며 살아 나가다. survive
いきのお[息の緒]ーヲ(연어·명) ①목숨. ②호흡(呼吸). 숨. 1. life 2. breath
いきのこり[生き残り](명) 살아 남음. 또는 그 사람. 동 生き残る(자 4). survival, a survivor
いきのした[息の下](연어) 숨이 끊어지려고 하는 순간의 모양. 「苦(クル)しいーから; 괴롭게 숨을 쉬면서」 gasping
いきのね[息の根](연어) 목숨. 생명. 「ーを止(ト)める; 죽이다」 life
いきの·びる[生き延びる](자상 1) ①생존하다. ②오래 살다. 1. survive 2. live long
いきば[行き場](명) 가는 곳. 갈 곳. a place to go to
いきはじ[生き恥]ーハヂ(명) 살아서 받는 수치(羞恥). ↔死(シ)に恥. a dishonour in life
いきはり[意気張り](명) 고집을 부림. 끝까지 고집을 부림. stubbornness
いきば·る[息張る](자 4) 숨을 들이켜서 배에 힘을 주다. strain
いきぼとけ[生き仏](명) ①생불(生仏). 산부처. ②덕이 높은 중. ③〈속〉살아 있는 사람. 1. a living Buddha 2. a virtuous priest
いきま·く[息巻く](자 4) ①숨을 헐떡이며 화내다. ②세력을 휘두르다. 때를 만나 득세(得勢)하다. 1. be enraged 2. flourish
いきみ[生き身](명) 살아 있는 몸. 「ーは死(シ)に身(ミ); 산 것은 반드시 죽음(생자 필멸)」 flesh and blood
いき·む[息む](자 4) ⇨いきばる.
いきもの[生き物](명) ①살아 있는 것. ②생물. 동물. 「ーをいじめるな; 생물을 학대하지 말라」 1. a living thing
いきやすめ[息休め](명·자サ) 숨을 돌림. a breather
いきょう[異教](명) 이교. ①공인(公認)되지 않은 종교나, 학문 등의 가르침. 이단(異端)의 가르침. ②〈종〉기독교 이외의 종교. ③자기가 믿지 않는 종교나 종파를 가리키는 말. 2. paganism 3. a foreign religion.
——と[異教徒](명) 이교도. 이교를 믿는 사람.
いきょう[異郷](명) 이향. 다른 지방. 낯선 고장. 타향. a strange land
いきょう[異境](명) 타국. 외국. a foreign country
いぎょう[囲繞](명·타サ) "いじょう"의 잘못.
いぎょう[医業](명) 의업. 의료 방면의 직업. the medical profession
いぎょう[異形](명·형동ダ) 보통과 다른 모양. 수상한 모습. 「ーの者(モノ); 수상한 사람」 an unnatural form
いぎょう[偉業](명) 위업. 거룩한 사업. 「ーをうちた

てる; 위대한 사업을 이룩하다」 a great work

いぎょう[遺業](명) 유업. 생전에 하다가 남겨 놓은 사업. 「—を継承(ケイショウ)する; 유업을 계승하다」 a work left after one's death

いきようよう[意気揚揚](연어·명·형동タルト)의기 양양. 의기가 매우 높음. 의기 충천. triumphant

いきょく[医局](명) ①대학 병원 등의 의사, 간호원의 연구실. ②학교 등의 진료실. a medical office

いきょく[委曲](명) 자세한 사정. 상세한 설명. 「—をつくす; 매우 자세하게 설명하다」 details

イギリス[포 Inglez·英吉利](명)〈지〉영국(英国). 영국 연방의 중심 되는 나라로 유럽 대륙 서쪽 대서양에 있는 입헌 군주국. 수도는 런던(London). **—かいきょう**[英吉利海峡](명)〈지〉영국 해협. 영국과 프랑스 사이의 해협. 영불 해협. **—れんぽう**[英吉利連邦](명)〈지〉영연방. 영(英) 본국과 자치령이 모인 연방.

いきりた·つ[いきり立つ](자 4) ①분격(憤激)하다. ②세도 부리다. 1. fly into a rage

いきりょう[生き霊](명) 재앙을 내린다는 산 사람의 영혼. ↔死霊(シリョウ). a fetch

い·きる[生きる](자상 1) ①살다. 생존하다. ②생계를 유지하다. ③소생하다. 부활하다. ④가치가 있다. 1. live 3. come to life

いきれ[熅](명) 무더움. 무더운 공기. 「人(ヒト)の—; 인열(人熱)로 생기는 무더운 공기」 sultriness

いきわかれ[生き別れ](명·자サ) 생이별. 「親(オヤ)と—になった; 양친과 생이별하였다」 a lifelong parting

いきん[衣衾](명) 옷과 이부자리. dress and bedclothes

いく—[幾](접두) ①정해 있지 않은 양을 나타내는 말. 몇. 얼마의. 「—日(ニチ); 며칠」「—人(ニン); 몇 사람」 ②매우 많은 양을 나타내는 말. 「—百(ヒャク), —千(セン); 몇 백, 몇 천」

い·く[行く](자 4) ①걷다. ②가다. ③출발하다. ④돌아 가다. 떠나다. ⑤시집 가다. 「よめに—; 출가하다」 ⑥하다. 「—(ヒト)つ行(イ)こうか; 한번 해볼까」 ⑦차차 진행하다. 1. walk 2. go

いく[畏懼](명·자サ) 외구. 무서워하고 두려워함. fear

いぐい[居食い]キグヒ(명·자サ) ①일을 안하고 지냄. 무위 도식(無為徒食). ②〔낚시에서〕 고기가 낚시찌를 움직이지 않고 낚싯밥을 따먹음. 1. eating the bread of idleness

いくえ[幾重]—ヘ(명) 겹겹. 여러 겹. so many folds. **—にも**[幾重にも](부) 몇 번이고. 거듭.

いくえい[育英](명) 육영. 뛰어난 재능을 가진 학생, 청년을 교육하는 일. 「—資金(シキン); 육영 자금」

いくか[幾日](수·부) ①얼마간의 날짜. 며칠. ②많은 날짜. 1. how many days 2. many days

いくさ[軍·戦](명) ①싸움. 전쟁(戦争). ②군대. 군세(軍勢). 1. a war 2. troops

いぐさ[藺草]キー(명)〈식〉골풀. 등심초. 돗자리 등을 만듦. a rush

いくじ[育児](명·자サ) 육아. 아기를 기름. infant rearing

いくじ[幾時](명) 몇 시. what time

いくじ[意気地](명) 〔"いきじ"의 변화〕 의지. 고집. pride. **—なし**[意気地無し](명) 무기력. 무기력한 사람. 겁장이.

いぐし[斎串](명) 옛날 신에게 바치던 비쭈기나무나 작은 대나무.

いくしゅ[育種](명·타サ)〈생〉육종. 동식물의 품종을 개량함. 새 품종을 만듦. breeding

いくすう[育雛](명·자サ)〈농〉육추. 닭, 오리 등의 새끼를 기름. rearing

いくせい[育成](명·타サ) 육성. 길러 키움. 「事業(ジギョウ)を—する; 사업을 길러 키우다」 upbringing

いくそばく[幾十許](명) 얼마. 어느 정도. how much

いくた[幾多](부) ①얼마나. 많이. ②허다(許多)히. 1. how much, how many

いくたび[幾度](명) ①몇 번. ②많은 회수. 종종. 1. how many times 2. often

いくたり[幾人](수·부) 몇 사람. how many men

いぐち[欠脣·兎脣](명) 토순. 언청이. a harelip

いくちよ[幾千代](명) 기천대. 많은 세월. 많은 세대(世代). 「—かけて; 많은 세월에 걸쳐(많은 세대에 걸쳐)」 (how) many generations

いくつ[幾つ](수·부) 몇. 몇 개. 몇 살. how many, how old

いくどうおん[異口同音](연어) 많은 사람들이 모두 같은 소리를 함. 이구 동성. 「—に; 이구 동성으로」 with one accord

いくとせ[幾年](수·부) 몇 년. 몇 해. how many years

いくばく[幾許](부) 얼마. 어느 정도. how much, how many. **—もなく**[幾許も無く](부) 얼마 안 있어. 잠시 후.

いくひ[生日](명)〈고〉길일(吉日). 신의 제일(祭日).

いくび[猪首]キー(명) ①멧돼지 목처럼 짧고 굵은 목. 또는 그런 사람. ②투구를 뒤로 젖혀 쓰는 일. 1. a bull neck

いくひさしく[幾久しく](부) 오래오래. 언제까지나. 변함 없이. 「—(と)幸福(コウフク)をお祈(イノ)り申(モウ)し上(ア)げます; 오래도록 변함 없이 행복하시기를 비옵니다」 forever

いくびょう[育苗](명·자サ)〈농〉육묘. 곡물의 모를 기름. grow seedlings

いくぶん[郁文](명) 문물(文物)이 창성(昌盛)한 것. the prosperity of art and science

いくぶん[幾分](명·부) ①몇 개로 나눔. 「—の—(イチ); 몇분의 일」 ②일부분. 조금. 약간. 다소. 2. somewhat, a part

いくほど[幾程](명·부) 어느 정도. 얼마. how much, how many

いくよ[幾世·幾代](명) ①몇 세대. ②많은 세대. 1. how many generations 2. many generations

いくよ[幾夜](수·부) ①며칠 밤. ②여러 날 밤. 1. how many nights 2. many nights

いくら[幾ら](명·부) 얼마. 어느 정도. how much,

how many. **—か**[幾らか](부) 다소. 얼마간. 「—春(ハル)らしくなった; 약간 봄다와졌다」

イクラ[러 ikra](명) 이크라. 연어나 송어의 알을 소금에 절인 것.

いくり[海石](명)〈고〉 물속에 숨어 있는 암석. 암초(暗礁).

いくん[異訓](명) 같은 글자를 두 가지 이상으로 읽을 수 있는 것.

いくん[偉勲](명) 위훈. 큰 공적. a great service

いくん[遺訓](명·자サ) 유훈. 죽은 뒤에 남긴 가르침. the instructions of the departed

いけ—(접두)〈속〉 참으로. 매우. 밉게. 「—ずうずうしい; 매우 뻔뻔스럽다」

いけ[池](명) ①땅을 파고 물을 넣은 곳. 못. ②벼루의 물이 담기는 곳. 연지(硯池). 1. a pond

いけい[畏敬](명·타サ) 외경. 두려워하고 존경함. reverence

いけいれん[胃痙攣](명)〈의〉 위경련. 위가 오그라지며 심한 아픔을 일으키는 병. convulsion of the stomach

いけうお[活魚](명) 활어. 기르는 물고기. 살려서 두는 물고기. fish-breeding

いけがき[生け垣](명) 산 나무를 심어 만든 울타리. 생울타리. a hedge

いけす[生け州·生け簀](명) 잡은 물고기나 요리에 쓸 물고기를 살려 두기 위하여 만든 곳. a fish reserve

いけすかな·い[いけ好かない](형)〈속〉 매우 싫다. 진저리 나다. hateful

いけずみ[活炭·埋炭](명) 화력이 오래 가도록 재 속에 묻어 둔 숯불. a covered fire

いけぞんざい(형동ダ)〈속〉 매우 거친 모양. coarse

いげた[井桁]キ—(명) ①나무로 "井"자 모양으로 짠 우물의 틀. ②"井"자 모양. 1. a well crib 2. parallel crosses

いけづくり[生け作り](명) ①〔요리에서〕 산 잉어, 도미로 회를 떠서 다시 본 모양대로 만들어 놓은 것. ②신선한 생선회.

いけつな·い(형)〈속〉 박정(薄情)하다. 제 욕심만 부리다. cold-hearted

いけどり[生け捕り](명) ①생포. 산 채로 잡음. ②포로. 동生けどる(타4). 1. catching alive 2. a prisoner

いけない(연어·형) ①안된다. ②좋지 않다. 나쁘다. 「—子(コ); 나쁜 아이」 1. must not 2. bad

いけにえ[生け贄·犠け牲]—ニヘ(명) 희생. 산 채로 신의 제사에 바치는 동물. a sacrifice

いけのこころ[池の心](명)〈고〉 ①연못의 밑바닥. ②연못의 중심. ③연못의 표면. 연못.

いけばな[生け花·活け花](명) ①꽃꽂이. ②생화(生花). 1. flower arrangement

いけび[生け火·埋け火](명) 재에 묻어 둔 숯불. a covered fire

い·ける[生ける·活ける](타하1) ①살리다. ②꽃을 화병 등에 꽂다. 자生かる(4). 1. keep alive 2. arrange

い·ける[行ける](자하1) ①갈 수 있다. ②할 수 있다. 「英語(エイゴ)も—; 영어도 할 수 있다」 ③(술을) 마실 수 있다. 「かれは—ほうだ; 그는 잘 마시는 편이다」 ④맛있다. 「これは—; 이것은 맛있다」 1. can go 2. can do

い·ける[埋ける](타하1) 묻다. 「土管(ドカン)を—; 토관을 묻다」 자いかる(4). bury

いける[生ける](연체) 산. 살아 있는. 「—しかばね; 산송장」 living

いけん[異見](명) 이견. 다른 의견. a different opinion

いけん[意見] Ⅰ(명) 의견. 생각. 예측. 「—の相違(ソウイ); 의견의 상위」 Ⅱ(명·자サ) 훈계함. 「子供(コドモ)に—する; 아이에게 훈계하다」 Ⅰ a view Ⅱ remonstration

いけん[違憲](명)〈법〉 위헌. 헌법 위반. ↔合憲(ゴウケン). unconstitutionality

いけん[遺賢](명) 정부에 등용되지 않고 민간(民間)에 있는 유능한 인사. 「野(ヤ)に—なし; 훌륭한 자는 다 등용된 좋은 정치」 an able man left in the cold

いげん[威厳](명) 위엄. 엄숙. 엄격. dignity

いげん[違言](명) ①의견이 다른 말. ②조리에 맞지 않는 말. 1. a different opinion 2. unreasonable words

いげん[遺言](명) ⇨ゆいごん.

いご[以後](명) 이후. ①…의 뒤. 이래(以来). ②금후. 지금부터. ↔以前(イゼン). 1. after 2. from now on

いご[囲碁](명) 바둑을 둠. 또는 두는 수.

いこい[憩い]イコヒ(명) 쉼. 휴식. 「—の場所(バショ); 쉬는 곳(휴게소)」 rest

いこ·う[憩う]イコフ(자4) 쉬다. 휴식하다. rest

いこうイカウ(부)〈방〉 매우. 대단히. very

いこう[以降](명) 그뒤. 이후. since

いこう[衣桁](명) 옷걸이. a clothes rack

いこう[威光](명) 위광. 무서운 세력. 위세(威勢). authority

いこう[移行](명·자サ) 이행. 옮아 감. 「新制度(シンセイド)へ—する; 신제도로 옮아가다」 transference

〔衣桁〕

いこう[移項](명·타サ)〈수〉 이항. 방정식의 항을 부호를 바꾸어 딴 변으로 옮김. the transposition of a term

いこう[偉功](명) 큰 공훈. 위훈. a distinguished merit

いこう[偉効](명) 뛰어난 효과. a great effect

いこう[意向](명) 의향. 무엇을 하려는 생각. 작정. 「廃止(ハイシ)する—だ; 폐지할 생각이다」 an intention

いこう[遺功](명) 유공. 죽은 뒤에도 남는 공로. services to be remembered after one's death

いこう[遺稿](명) 유고. 죽은 사람이 생전에 발표하지 않고 남겨 둔 원고. posthumous manuscripts

イコール[equal] 이퀄. Ⅰ(형동ダ) 같은. 동등한. Ⅱ(명)〈수〉 등호(等号). 「=」

いこく[異国](명) 이국. 다른 나라. 타국. 「—情調(ジョウチョウ); 이국 정서」 a foreign country

いごこち[居心地]キ—(명) 그 장소에서의 기분. 그 집에서 사는 기분. 「ここは—がいい; 여기는 있는 기분이 좋다」 the way one feels

いこじ[依怙地·意固地](명·형동ダ)〔"えこじ"의 변화〕

고집. 완고(頑固). perversity
いこつ[遺骨](명) 유골. 죽은 사람의 뼈. one's ashes
いこぼ·れる[居溢れる]ヰー(자하 1) 많은 사람이 꽉 차 있다. be full
いこ·む[鋳込む](타 4) 쇠를 녹여 거푸집에 붓다. 주입(鋳入)하다. 명 鋳込み. cast
いこん[遺恨](명) 유한. 길이 남는 원한. 잊혀지지 않는 원한. enmity
いごん[遺言](명) ⇨ゆいごん.
いさ(부) 글쎄. 어떨지. 「―しらず; 글쎄, 어떨지 모르겠다」 well
いざ(감) 사람들에게 함께 행동할 것을 청할 때의 말. 자. 「―行(ユ)かん; 자, 가자」 Come!
いさい[委細](명) ①자세한 것. 상세. ②전부. 「―承知(ショウチ)しました; 모두 잘 알았읍니다」 1. details
いさい[異才](명) 이재. 남달리 뛰어난 재주. 또는 그런 재주를 가진 사람. versatile talent
いさい[異彩](명) 이채. 색다른 것. a striking colour
いざい[異材](명) 남달리 뛰어난 인물. an excellent
いざい[偉材](명) 위재. 뛰어난 인물. a great man
いざい[遺財](명) 죽은 뒤에 남긴 재산. 유산. a legacy
いざいそく[居催促]ヰー(명·자サ) 그자리에 눌러 앉아 재촉함. sticking close and dunning for
いさお(し)[勲(し)·功(し)]イサヲ(シ)(명) 공훈(功勲). 공적(功績). a distinguished service
いさかい[諍い]イサカヒ(명·자サ) 말다툼함. 언쟁(言争). 구론(口論). a dispute
いざかまくら[いざ鎌倉](연어) 큰 사건이 생겼을 경우. 「―というときには; 큰일 났다 할 때에는」 in case of emergecy
いざかや[居酒屋]ヰー(명) 선술집. 목로 술집. 대폿집. a grogshop
いさき(명)〈동〉 벤자리. 농어 비슷한, 살이 흰 물고기. 흔히 소금에 절여 구워 먹음. 〈학명〉 Parapristipoma trilineatum
いさぎよ·い[潔い](형) ①깨끗하고 맑다. 결백하다. ②용감하다. ③미련이 없다. 소탈하다. 2. valiant
いさぎよしとしない[潔しとしない](연어) 더럽게 여기는. 꺼림칙하게 여기는. 「職(ショク)にとどまることを―; 그 직책에 머무름을 꺼림칙하게 생각하다」 feel humiliated
いさく[遺作](명) 유작. 고인(故人)이 발표하지 않고 남긴 작품. one's posthumous works
いさご[砂](명)〈고〉 모래.
いざこざ(명) 다툼. 분쟁(紛争). 「―がおこる; 분쟁이 일어나다」 trouble
いささ―(접두) 작은. 약간의. 근소한. 「―小川(オガワ); 작은 내」
いささか[聊か·些か](부·형동ダ) 약간. 좀. 「―おどろいた; 약간 놀랐다」 a little
いざさせたまへ[いざさせ給へ](연어)〈고〉 ①어서 하십시오. ②자, 같이 오십시오.
いささめに(부)〈고〉 임시로. 약간의 방편으로.
いざさらば(연어)〈고〉 자. 그럼. 그러면.
いさ·つ[泣つ](자상 2)〈고〉 몸부림 치며 울다. 통곡하다.
いざたまえ―タマヘ(연어)〈고〉 어서 오십시오. 자, 갑시다.
いざと·い[寝聴い](형) 잠귀가 밝다. 잠을 쉽게 깨다. quick-waking
いさとよ(감)〈고〉 그건말이야. 자. 이젠.
いさな[勇魚](명)〈고·동〉 고래.
いざな·う[誘なう]イザナフ(타 4) 꾀다. 권하다. tempt
いざなぎのみこと[伊弉諾尊](명) 천신(天神)의 분부로 처음 일본을 다스렸다고 하는 남자 신. 아마테라스 오오미카미(天照大神)의 아버지.
いざなみのみこと[伊弉冊尊](명) 이자나기노미코토(伊弉諾尊)의 아내. 아마테라스 오오미카미(天照大神)의 어머니.
いさは[斑葉](명) 반점(斑点)이나 줄이 있는 잎. variegated leaves
いさば[魚肆·五十集](명) ①어장(漁場). ②어시장. ③자반, 건어(乾魚) 등을 파는 상점. ④생선을 팔러 다니는 배. 1. fishing grounds
いさまし·い[勇ましい](형) ①용감하다. ②마음을 분발시키다. 「―物語(モノガタリ); 용맹스러운 내용의 이야기」 파생 ―げ(형동ダ) ―さ(명). 1. brave
いさみ[勇み](명) ①용기. ②의기(意気). 1. bravery.
―**はだ**[勇み肌](명) 강자를 억제하고 약자를 돕는 기개 있는 기풍. 또는 그런 사람.
いさ·む[勇む](자 4) 용기를 내다. 분발하다. be spirited
いさめ[禁](명) 금제(禁制). a ban
いさ·める[諫める](타하 1) 훈계하다. 충고하다. 간하다. 명 諫め. advise
いざよい[十六夜]イザヨヒ(명) 〔"いさよい"의 변화〕 음력 16일 밤. 또는 그날 밤의 달. the sixteenth night
いざよ·うイザヨフ(자サ) 〔"いさよう"의 변화〕 주저하다. 흔들려 고정되지 못하다. 「―波(ナミ); 출렁이는 물결」 hesitate
いさり[漁り](명·자サ)〈고〉 고기잡이. ―**び**[漁り火](명) 밤에 고기 떼를 모으기 위하여 어선에서 피우는 불. 어화(漁火).
いざり[躄]ヰー(명) 앉은뱅이. a cripple
いざ·る[躄る]ヰー Ⅰ(자 4) ①앉아서 걷다. ②무릎으로 기다. Ⅱ(타 4) 앉아서 걸어 가게 하다. Ⅰ2. crawl
いさん[胃散](명)〈의〉 위산. 위병에 쓰는 가루약. medicinal powder for the stomach
いさん[胃酸](명)〈생〉 위산. 위액 속에 섞여 있는 산. 주로 염산(塩酸). 「―過多症(カタショウ); 위산 과다증」 stomach acid
いさん[違算](명·자サ) ①셈이 틀림. 오산(誤算). ②예산이 빗나감. 그릇된 추측. miscalculation
いさん[遺産](명) 유산. 죽은 뒤에 남긴 재산. 「―相続(ソウゾク); 유산 상속」 an estate left
いし[石](명) ①돌. ②암석(岩石). ③석재(石材). ④바둑돌. ⑤보석. ⑥시계의 보석. ⑦라이터돌. ⑧〔가위바위보에서〕 주먹. ⑨담석(胆石). 결석(結石). 1. a stone 5. a jewel
いし[医師](명) 의사. 병을 치료하는 사람. 또는 그 자격을 갖춘 사람. a doctor

いし[異志](명) ①딴마음. 배반할 마음. ②뛰어난 마음. 2. a noble mind

いし[意志](명·자サ) 의지. ①어떤 일을 자진하여 하려는 마음. 「自由(ジユウ)—; 자유 의지」 ②감정을 누르는 마음의 작용. 「—薄弱(ハクジャク); 의지 박약」 1. mind 2. will

いし[意思](명) 의사. 하려는 생각. an intention

いし[遺子](명) ①죽은 뒤에 남겨진 자녀. 유자녀. ②기아(棄児). 1. a child left behind

いし[遺矢](명) 앉은 채로 오줌똥을 지림. dirty one's clothes

いし[遺志](명) 유지. 고인(故人)의 생전의 뜻. the intentions of a deceased person

いし[遺旨](명) 유지. 고인의 생전의 생각. a purport left behind one's death

いし[遺址](명) 유지. 옛 건물, 전쟁 등이 있었던 자리. 유적(遺跡). the ruins

いし[頤使](명·타サ) 남을 우쭐하는 태도로 부리다. 거만하게 남을 부리다. leading by the nose

いし[縊死](명·자サ) 액사. 목매어 죽음. hanging oneself

い·し[美し·好し](형シク)〈고〉 ①좋다. 호감이 가다. ②뛰어나다. ③맛 있다.

いじ[位次](명) 위계(位階)의 높고 낮음에 따라 정해진 좌석의 순서. the order of precedence

いじ[異事](명) 이상한 일. emergency

いじ[異時](명) 이시. 다른 때. 기왕. former times

いじ[意字](명) ⇨ひょういも(ん)じ(表意文字). ↔音字(オンジ).

いじ[意地](명) ①마음. 근성(根性). ②고집. 「—でも; 어떤 일이 있더라도」 ③반항심. 거역하는 마음. 1. disposition 2. pride

いじ[維持](명·타サ) 유지. 지탱하여 감. maintenance

いじ[遺児](명) 유아. ①부모가 죽은 뒤에 남겨진 자녀. ②버린 아이. 기아(棄児). 1. an orphan 2. a foundling

いじ[遺事](명) 유사. ①죽은 사람이 남긴 사적(事跡). ②옛부터 전해지는 사적. ③새어 나온 일(비밀). 1. bequest 2. a historical fact

いじいじイヂイヂ(부·자サ) 외축(畏縮)된 모양. 마음이 비뚤어지고 겁이 많은 모양. cower

いしうす[石臼](명) 석구. 돌절구. a stone-mill

いしがき[石垣](명) 돌로 쌓은 담. a stone-wall

いしがに[石蟹](명)〈동〉 돌게. 딱지의 양끝이 뾰족하고, 양옆에 여섯 개의 거치(鋸歯)가 있으며 단단함. a mountain-crab

いしがみ[石神](명) 〔민간 신앙(民間信仰)에서〕 모양이 이상한 돌을 신으로 모신 것.

いしがめ[石亀](명)〈동〉 남생이. 거북 비슷하나 작고 민물에 삶. a Japanese terrapin

いしかわ[石川]—カハ(명)〈지〉 중부 지방의 동해 쪽에 면한 현 이름. 현청 소재지는 카나자와(金沢).

いしき[居敷]キ—(명) ①좌석. 자리. ②엉덩이. 「—当(ア)て; 옷의 엉덩이 쪽에 대는 헝겊」 2. the hips

いしき[意識](명·타サ) 의식. ①〈심〉 제정신일 때의 마음의 상태나 작용. 「—的(テキ)に; 의식적으로」 ②〈불〉 분별, 판단하는 심적 작용. 1. consciousness 2. discernment. **—しょうがい**[意識障害](명)〈의〉 의식장해. 정신 이상 증상.

いしき[違式](명·형동ダ) 격식(格式)에 벗어남. 또는 그러한 방법. 「その手続(テツヅ)きは—だ; 그 수속은 격식 위반이다」 informality

いじきたな·い[意地汚ない](형) 음식을 탐내다. 식탐이 많다. greedy

いしく[石工](명) 석공. 석수(石手). a stonemason

いしぐみ[石組み](명·자サ) 정원에 자연석(自然石)을 배치(配置)함. 또는 그 돌.

いしくも(부) 기특하게도. 용감하게도. exquisitely

いじく·る[弄くる]イヂクル(타4)〈속〉 ⇨いじる.

いしくれ[石塊](명) ⇨いしころ.

いじ·けるイヂケル(자하1) ①외축(畏縮)되다. ②성질이 비뚤어지고 겁장이가 되다. 1. shrink 2. be stunted

いしけん[石拳](명) 가위바위보. a toss

いしこ[石子](명) 자갈. a pebble. **—づめ**[石子詰め](명) 옛날 죄인을 산 채로 구덩이에 넣고 자갈을 넣어 눌러 죽이던 형벌.

いしころ[石塊](명) 자갈. 돌멩이. a pebble

いしじぬり[石地塗り](명) 작은 점이 많이 있는 잿빛의 옻칠. frosted lacquer ware

イシス[Isis](명) 이시스. 이집트 신화에 나오는 여신. 주신(主神) 오시리스의 누이 동생이며 아내.

いしずえ[礎]イシズヱ(명) ①주춧돌. 초석(礎石). ②사물의 기초. 1. a foundation stone

いじずく[意地尽く]—ヅク(명) 자기의 주장을 밀고 나감. 고집을 세움. obstinacy

いしずり[石摺り](명) 비석 등의 그림이나 글을 종이를 대고 박아 내는 일. 또는 그 종이. 탑본(搨本). a print from stone

いしだかみち[石高道](명) 돌이 많아 울퉁불퉁한 길. an uneven road

いしだたみ[石畳](명) ①평탄한 돌을 깐 곳. ②돌계단. ③바둑 무늬. 1. a stone pavement

いしだん[石段](명) 돌층계. stone steps

いしつ[異質](명·형동ダ) 이질. 질이 다름. different nature

いしつ[遺失](명·타サ) 유실. 잃음. 「—物(ブツ); 유실물」 loss

いじつ[異日](명) 다른 날. 타일(他日). some day

いしづき[石突き](명) ①(창, 지팡이 등의) 자루 끝을 감싼 쇠붙이. ②버섯 뿌리 근처의 단단한 곳. 1. a ferrule

いじっぱり[意地っ張り](명·형동ダ) 고집장이. 고집을 세움. an obstinate person

いしどうろう[石燈籠](명) 석등롱. 돌로 만든 등롱. 장명등(長明燈). a stone lantern

いしばい[石灰]—ばヒ(명) ⇨せっかい.

いしばし[石橋](명) 돌다리. 「—をたたいて渡(ワタ)る; 돌다리도 두드려 보고 건너다(매우 조심스러운 것의

비유)」 a stone bridge

いじば·る[意地張る](자 4) 고집을 세우다. 자기 주장을 내세우다. persist

いしびや[石火矢](명) 옛날의 대포. an ancient cannon

いしひょうじ[意思表示](연어·명·자サ) 의사 표시. 생각을 나타냄. the manifestation of one's intention

いしぶみ[碑](명) 비. 비석. 비문. a stone monument

いしべきんきち[石部金吉](명)〈속〉(돌이나 금같이 단단해서) 여자에 혹하지 않는 사람. 목석(木石). a man of strict probity

いしへん[石偏](명) 한자 부수(部首)의 하나. 돌석변. "砂, 礎" 등의 "石" 부분.

いしぼとけ[石仏](명) ①석불. 돌부처. ②말이 없는 사람. ③감정에 움직이지 않는 사람. 1. a stone Buddhist image 2. a taciturn person

いしむろ[石室](명) ①돌로 만든 방이나 굴. ②등산자를 위하여 만든 산막(山幕). 1. a stone house

いしめ[石目](명) ①돌의 결. ②〔조금(彫金) 등에서〕 쇠붙이 위에 좁쌀 같은 자국을 낸 것. 1. grain 2. shark-skin metal work

いじ·める[苛める]イヂメル(타하 1) 학대하다. oppress

いしもち[石持ち·石首魚](명)〈동〉 석수어. 조기. 〈학명〉 Sciæna schlegelii

いしゃ[医者](명) 의사(医師). a doctor

いしゃ[慰謝·慰藉](명·타サ) 위자. 위로함. 「一料(リョウ); 위자료」 consolation

いしやき[石焼](명) ①자기(磁器)의 다른 이름. ↔土焼(ツチヤキ). ②생선 등을 뜨거운 돌 위에 얹어서 구운 요리. 1. porcelain

いじゃく[胃弱](명)〈의〉 위약. 위의 소화력이 약해지는 것. 또는 그런 병. dyspepsia

いしやま[石山](명) ①돌이 많은 산. ②돌을 캐 내는 산. 돌산. 1. a stony mountain 2. a quarry

いしゅ[異種](명) 이종. 다른 종류. ↔同種(ドウシュ). a different kind

いしゅ[意趣](명) ①생각. 배려. ②원한. 「一返(ガエ)し; 보복(앙갚음)」 1. intention 2. malice

いしゅ[遺珠](명) 아직 알려지지 않은 훌륭한 시가(詩歌). unknown excellent poems

いしゅう[異宗](명) 다른 종파. other sects

いしゅう[異臭](명) 이상하고 싫은 냄새. a nasty smell

いしゅう[蝟集](명·자サ) 위집. (고슴도치의 털처럼) 많이 한곳에 모임. 운집(雲集). 「群衆(グンシュウ)が一する; 군중이 많이 모이다」 thronging

いじゅう[移住](명·자サ) 이주. 딴 곳으로 이사 감. emigration

いしゅく[委縮·萎縮](명·자サ) 위축. 시들어 작아짐. withering. **―じん**[委縮腎](명)〈의〉 위축신. 신장이 굳어지고 작아지는 병. **―びょう**[委縮病](명)〈농〉 위축병. 벼, 야채 등이 바이러스의 침입으로 시드는 병.

いしゅく[畏縮](명·자サ) 외축. 누려워서 몸을 움츠림. shrinking

いしゅつ[移出](명·타サ) ①밖으로 옮김. ②식민지나 현(県) 밖으로 화물(貨物)을 보냄. ↔移入(イニュウ). 1. transfer 2. export

いじゅつ[医術](명) 의술. 병을 고치는 기술. medicine

いしゆみ[石弓·弩](명) ①돌을 당겨 날리는 병기. ②밧줄에 돌을 매었다가 적이 침입할 때 끊어 떨어뜨리는 것. 1. a catapult

いしょ[医書](명) 의서. 의학에 관한 서적. 의학 서적. a medical book

いしょ[異書](명) 이서. ①진귀한 책. 진본(珍本). ②같은 책인데 내용이 좀 다른 것. 이본(異本). 1. a rare book 2. a copy of different edition

いしょ[遺書](명) 유서. 죽을 때 유족이나 후세를 위하여 남기는 글. a will

いしょ[遺緒](명) 선인(先人)이 남긴 사업. a predecessor's achievement

いしょう[衣装·衣裳](명) 의상. ①옷. ②연극, 영화, 무용, 촬영 등에 입는 옷. 1. clothes

いしょう[囲障](명) 울타리. 담. an enclosure

いしょう[異称](명) 이칭. 다르게 부르는 칭호. 별칭(別称). another name

いしょう[意匠](명) 의장. ①생각. 고안(考案). 「一をこらす; 여러 모로 생각하고 연구하다」 ②제품이나 공예품의 모양, 배색 등에 대한 고안. 1. device 2. a design

いしょう[遺詔](명) 천자(天子)의 유언. an Imperial will

いじょう[以上] Ⅰ(명) 이상. ①이것부터 위나 앞. 「一述(ノ)べたこと; 이상 말한 것」 ↔以下(イカ). ②문장의 끝에 써서, 끝을 나타내는 말. Ⅱ(접조) …한 바에야. 「引(ヒ)き受(ウ)けた一; 맡은 바에야」 Ⅰ 1. above 2. the end

いじょう[囲繞](명·타サ) 위요. 둘러 쌈. enclosing

いじょう[委譲](명·타サ) 위양. (권한 등을) 남에게 위임, 양도함. transfer

いじょう[移乗](명·자サ) 이승. 갈아 탐. changing

いじょう[異状](명) 이상. 보통과 다른 상태. strangeness

いじょう[異常](형동ダ) 이상. 보통과 다른 모양. uncommon

いじょうふ[偉丈夫](명) 뛰어난 사나이. a great man

いしょく[衣食](명) 의식. ①옷과 음식. ②생활. 「一足(タ)って礼節(レイセツ)を知(シ)る; 생활이 넉넉하여야 예절을 안다」 1. food and clothing 2. living. **―じゅう**[衣食住](연어·명) ①의식주. ②생활.

いしょく[委嘱](명·타サ) 위촉. 위임하여 부탁함. entrusting

いしょく[移植](명·타サ) 이식. 옮겨 심음. transplantation. **―ごて**[移植鏝](명) 화초 등을 이식하는 데 쓰는 매우 작은 삽. 꽃삽.

いしょく[異色](명) 이색. 특이한 것. 「一番組(バングミ); 색다른 프로」 novelty

いじらし·いイヂラシイ(형) 귀엽고 기특하다. 갸륵하다. 파생 **―げ**(형동ダ) **―さ**(명). lovely

いじ·る[弄る]イヂル(타 4) ①주무르다. ②손대다. 「おできを一; 부스럼을 자꾸 만지다」 명 弄り. 1. finger

いしわた[石綿](명)〈광〉 석면. 돌솜. 사문암(蛇紋岩), 각섬석(角閃石) 등이 솜처럼 변한 것. 방화(防火), 보온(保温) 등에 쓰임. asbestos

いじわる[意地悪](명·형동ダ) 성질이 나쁨. 심술궂음. 「一な男(オトコ); 심술궂은 사내」 ill nature

いじわる·い[意地悪い](형) ①심술궂다. 성질이 나쁘다. ②형편이 나쁘다. 기회가 나쁘다. 1. ill-natured 2. unlucky

いしん[威信](명) 위신. 위세와 신용. 위엄. dignity

いしん[異心](명) 이심. 두 마음. 배반하려는 마음. treachery

いしん[維新](명) 유신. ①모든 것이 바뀌고 새로와짐. 혁신. ②메이지 유신(明治維新)의 준말. 1. renovation

いしん[遺臣](명) 유신. 선대(先代)부터의 신하(臣下). a surviving retainer

いしん[懿親](명) 의친. 친척간의 아름다운 사귐. 친척간의 화목. friendly feeling between relatives

いじん[夷人](명) ①미개인. 야만인. ②외국인. 1. a barbarian 2. a foreigner

いじん[異人](명) ①기이한 사람. ②다른 사람. ③외국인. 「一さん; 외국인」 2. a different man

いじん[偉人](명) 위인. 훌륭한 사람. 뛰어난 사람. 「世紀(セイキ)の一; 세기의 위인」 a great man

いしんでんしん[以心伝心](연어·명)〈불〉 이심 전심. 마음에서 마음으로 생각을 전함. 암암리에 마음이 서로 통함. thought transference

いす[椅子](명) ①의자. 걸터앉는 가구(家具). 걸상. ②지위. 관직. 벼슬 자리. 「総理大臣(ソウリダイジン)の一; 수상(首相)의 자리」 1. a chair 2. a post

い·ず[出ず]イヅ(자하 2) 나오다 come out

いず[伊豆](명)〈지〉 옛 지방 이름. 현재 시즈오카현(静岡県) 동남부.

いすう[異数](명) 유례 없는 것. 특별한 취급. 「一の発展(ハッテン); 유례 없는 발전」 exception

いすか[鶍·交喙](명) ①〈동〉 잣새. 참새과에 속하는 철새. 부리의 위아래가 어긋나 있음. ②「一のはし; 잣새의 부리(사물이 어긋나 뜻대로 되지 않는 것의 비유)」 1. a crossbill

いずかた[何方]イヅー(대) 어느 쪽. where

いずく[何処]イヅー(대) ⇨いずこ.

いすくま·る[居竦まる]ヰー(자 4) (무서움 등으로) 앉은 채로 움직일 수 없게 되다. crouch

いすく·める[射竦める](타하 1) ①화살을 쏘아 적을 위축(萎縮)시키다. ②눈으로 쏘아 보아 상대의 기를 죽이다. 「視線(シセン)にいすくめられる; 시선에 위축되다」 2. quail

いずくんぞ[何くんぞ·安んぞ·焉んぞ]イヅクンー(부)어찌. 어떻게. 「一知(シ)らん; 어찌 알 수 있으리오」 how

いずこ[何処]イヅー(대) 어디. where

イスタンブール[Istanbul](명)〈지〉 이스탄불. 터어키 최대의 도시.

いずち[何方]イヅー(대) 어느 쪽. where

イスパニア[ス España·西班牙](명)〈지〉 ⇨スペイン.

いずまい[居住まい]ヰズマヒ(명) 앉은 모양. 「一を正(タダ)す; 자세를 고쳐 바로 앉다」 a sitting posture

いずみ[泉]イヅミ(명) ①땅속에서 물이 절로 솟아 나오는 곳. 또는 그 물. 샘. 샘물. ②(이야기 등의) 재료가 되는 지식. 1. a spring 2. a source. **—のした**[泉の下](명) 황천. 저승.

いずみ[和泉]イヅミ(명)〈지〉 현재 오오사카(大阪) 남부의 옛 이름.

いずみどの[泉殿]イヅミー(명) 중세 귀족 저택의, 못가의 정자(亭子).

いずみねつ[泉熱]イヅミー(명)〈의〉 성홍열(猩紅熱)의 다른 형태. 병원체는 바이러스. 전염성은 약함.

イズム[ism](명) 이즘. 주의(主義). 설(説).

いずも[出雲]イヅモ(명)〈지〉 옛 지방 이름. 현재 시마네현(島根県) 동부.

いずものかみ[出雲の神]イヅモー(명) 남녀의 인연을 맺어 준다는 신. Hymen

イスラエル[Israel](명) 이스라엘. ①유태인의 원 이름. 헤브류우. ②〈지〉 지중해 연안에 있는 공화국. 수도는 예루살렘(Jerusalem).

イスラムきょう[Islam 教](명)〈종〉 이슬람교. 회교(回教)의 정식 호칭. Islamism

い·する[医する](타サ) 병을 고치다. cure

い·する[委する](타サ) ①맡기다. 위임하다. ②버려두다. 방임하다. 1. entrust 2. leave

い·する[慰する](타サ) 위로하다. console

いずれ[何れ·孰れ]イヅレ Ⅰ(대) 분명치 않은 것을 가리키는 말. 어느 것. 어느 곳. 어느 쪽. Ⅱ(부) ①어떻든지. 여하간. ②근간에. 얼마 뒤에. ③어느 쪽(것)이 좋은가. 「…と一ぞ; …과 …의 어느 쪽이냐」 Ⅰ which, where Ⅱ 1. anyhow. **—も**[何れも](부) 어느 것이나. 아무거나. **—もさま**[何れも様](명) 여러분.

いすわ·る[居座る]ヰー(자 4) ①눌러 앉다. ②계속 같은 지위에 있다. 「会長(カイチョウ)の地位(チイ)に一; 회장 자리에 그대로 머무르다」 명 居座り. 2. remain in the same position

いせ[伊勢](명)〈지〉 미에현(三重県)의 옛 이름.

いせい[以西](명) 이서. 여기서부터 서쪽. ↔以東(イトウ). west of

いせい[医聖](명) 매우 뛰어난 의사. a celebrated doctor

いせい[為政](명) 위정. 정치를 하는 일. 「一者(シャ); 위정자」 governing

いせい[威勢](명) 위세. ①사람들을 두렵게 하는 힘. 큰 세력. ②의기가 왕성한 것. 1. authority 2. high spirits

いせい[異性](명) 이성. ①성질이 다름. 이질(異質). ②암수의 성이 다름. ③남자가 여자를, 여자가 남자를 가리켜 일컫는 말. ↔同性(ドウセイ). 1. a different character 2. the opposite sex

いせい[異姓](명) 다른 성. 타성. a different surname

いせい[遺制](명) 유제. 아직 남아 있는 옛 제도(制度). a surviving system
いせいかつ[衣生活](명) 의생활.(살아 가는데 있어서) 입는 방면에 관한 것. clothing habits
いせえび[伊勢蝦](명)〈동〉 대하(大蝦). 왕새우. 맛이 좋음. a spiny lobster
いせき[医籍](명) 의사 면허 수여자 대장(医師免許授与者臺帳). a doctors' register
いせき[移籍](명·자타サ) 이적. 적(籍)을 옮김. transfer of domicile
いせき[偉績](명) 훌륭한 공적. an exploit
いせき[遺跡·遺蹟](명) 유적. 옛날 건물이나 전쟁 등이 있었던 곳. 구적(旧跡).「エジプトの—; 이집트의 유적」 ruins
いせじんぐう[伊勢神宮](명) 미에현(三重県) 이세시에 있는 아마테라스 오오미카미(天照大神)를 모신 일본 최귀(最貴)의 신사(神社).
いせつ[異説](명) 이설. 다른 설. ↔通説(ツウセツ), 定説(テイセツ). a different opinion
い·せる(타하 1) ①꿰매어 줄이다. ②물결이 많이 일다. 1. sewand shorten
いせん[緯線](명)〈지〉 위선. 적도에 평행하여 지구의 표면에 가정(仮定)한 선. 씨줄. a parallel
いぜん[以前](명) 이전. ①어떤 시간이 되기 전. ②옛날. 1. before
いぜん[依然](형동タルト) 본래대로의 모양.「旧態(キュウタイ)—; 구태 의연」 as it was before
いぜん[怡然](형동タリ) 이연. 기뻐하는 모양. 즐기는 모양. joyful
いぜんけい[已然形](명)〔문법에서〕 문어(文語)의 활용(活用)형식의 한 가지. 확정된 조건을 보이는 형태. 예: "書(カ)けば"의 "書け". (구어에서는 가정형이라고 함)
いそ[磯](명) ①바다, 호수 등의 물가. ②비파(琵琶) 등의 동체(胴体)의 측면. 1. a beach
いそ[五十](수) 오십. 쉰. fifty
いそいそ(부·자サ) ①바쁜 듯이. ②기뻐서 활기를 내는 모양. 2. cheerfully
いそう[位相](명) ①〈이〉 위상. 주기(周期) 운동에서 어떤 순간의 운동 상태. ②지역, 직업, 성별, 계급 등의 차이에 따른 말씨의 차이. a phase
いそう[移送](명·타サ) 이송. ①다른 곳으로 보냄. ②〈법〉 사건을 어떤 재판소(검찰청)에서 다른 재판소(검찰청)로 옮김. 1. transportation 2. removal
いそう[異相](명) 색다른 얼굴. a strange appearance
いそう[異装](명) 색다른 복장. a strange dress
いそう[意想](명) 뜻. 생각.「—図(ズ); 건물 등을 짓기 전에 완성된 것을 가상하여 그린 그림」 a thought. **—がい**[意想外](형동ダ) 의외인 모양. 예상 밖.
いぞう[遺贈](명·타サ) 유증. ①증정(贈呈)함. ②〈법〉 유언에 의하여 재산을 줌. 1. a bequeathing 2. a bequest
いそうさけんびきょう[位相差顕微鏡](명) 위상차 현미경. 투명 물질 등에 들어 있는 투명한 이물(異物)을 분간하는 특수 현미경. a phase contrast microscope
いそうお[磯魚]—ウヲ(명) 해변 가까이에서 잡히는 물고기. ↔沖魚(オキウオ). inshore fish
いそうろう[居候]キサフラフ(명) 남의 집에서 얻어 먹고 있는 사람. 식객(食客). a hanger-on
いそがし·い[忙しい·急がしい](형) ①바쁘다. 틈이 없다. ②마음이 조급하다. 급하다. 파생 **—がる**(자 4) **—げ**(형동ダ) **—さ**(명). 1. busy
いそが·せる[急がせる](타하 1) 빨리 하라고 재촉하다. 빨리 가게 하다. hurry one up
いそがわし·い[忙わしい]イソガハシイ(형) 바쁘다. 파생 **—げ**(형동ダ) **—さ**(명). busy
いそぎ[急ぎ](명) 서두르는 것. 급한 것.「—の用(ヨウ); 급한 용무」 haste. **—あし**[急ぎ足](명) 급한 걸음. 종종걸음.
いそぎんちゃく[磯巾着](명)〈동〉 말미잘. 분홍말미잘과에 속하는 강장 동물(腔腸動物). 해변의 돌짬, 모래땅 등에 살며 원통형(円筒形)의 몸에 많은 촉수(触手)가 있어 꽃잎 같음. a sea-anemone
いそ·ぐ[急ぐ](자 4) ①서두르다. 빨리 하다.「急がば回(マワ)れ; 급하면 돌아 가라(급할수록 침착히 하라는 말)」 ②빨리 걷다. ③〈고〉 준비하다. 1. make haste
いぞく[異俗](명) 이속. ①색다른 풍속. ②풍속이 다른 외국인. 1. strange customs
いぞく[遺族](명) 유족. 죽은 뒤에 남은 가족. a bereaved family
いそくさ·い[磯臭い](형) 생선, 해초 등의 냄새가 나다. 바다 냄새가 나다. smelling of sea-shore
いそじ[五十路]—ヂ(수) ①오십. ②쉰 살. 오십 세. 1. fifty 2. fifty years
いそし·む[勤しむ](자 4) 힘쓰다. 노력하다. 열심히 일하다. work diligently
いそちどり[磯千鳥](명) 바닷가에 사는 물떼새. a beach plover
イソニコチンさんヒドラジッド[isonicotin 酸 hydrazide](명)〈의〉 이소니코틴산 하이드라짓. 폐결핵 치료제의 하나. 수용성(水溶性)의 백색 결정체.
いそべ[磯辺](명) 바위가 많은 바닷가. 해변가. a beach
いそまつ[磯松](명) ①바닷가의 소나무. ②〈식〉 좀갯질경이. 바닷가의 모래나 바위 틈에서 자람. 2. a plumbago
いそん[依存](명·자サ) 의존. 딴 것에 의지하여 삶. 의지. reliance
いそん[遺存](명·자サ) 살아 남음. 잔존(残存). survival
いぞん[異存](명) 다른 의견. 반대 의견. an objection
いそんひん[易損品](명) 깨지기 쉬운 물건. a fragile article
いた[板](명) ①재목, 돌 등을 얇게 꿇은 것. 판자. 널빤지. ②금속을 편편하고 얇게 눌러 편 것. 판금(板金). ③도마. ④무대.「—につく; 잘 어울리다(어떤 태도, 기술이 몸에 배다)」 1. a board 2. a plate. **—がこい**[板囲い](명) 판자 울타리. **—ガラス**[板 grass](명) 판유리. **—のま**[板の間](명) 마루방.

いた·い[痛い](형) ①고통을 느끼다. 아프다. ②심하다. 대단하다. ③괴롭다. 힘에 겹다. 파생 **—が·る**(자 4) **—さ**(명). 1. painful 2. hard
い たい[衣帯](명) 의대. ①옷과 띠. ②정장(正装). 1. clothes and a belt
い たい[異体](명) 이체. ①보통과 다른 모습. ②동일하지 않은 몸. 1. a different figure
い たい[遺体](명) 유체. ①시체. 유해(遺骸). ②부모가 준 자기 몸. 1. a corpse
い だい[医大](명) 의대. 의과 대학의 준말.
い だい[偉大](형동ダ) 위대. 훌륭하고 큰 모양. great
いたい け[幼気](형동ダ) 어리고 작은 모양. 작고 귀여운 모양. lovely
いたいたし·い[痛痛しい](형) 참혹하다. 불쌍하다. 가련하다. 파생 **—げ**(형동ダ) **—さ**(명). pitiful
いたい どうしん[異体同心](연어·명) 이체 동심. 몸은 다르나 마음은 하나인 것. 여럿의 마음이 일치되는 것. perfect harmony of two persons
いた えん[板縁](명) 판자로 만든 툇마루. a boarded portico
いた おい[板笈](명) 얇은 판자로 만든 궤. 수도자(修道者)가 여행 도구를 넣고 짊어 지는 것. a pannier made of thin boards
いた がね[板金·鈑](명) ⇨ばんきん.
いた かべ[板壁](명) 판벽. 판자로 된 벽. a boarded wall
いたが·る[痛がる](자 4) 아파하다. 아프게 느끼다. 아픈 것 같은 시늉을 하다. complain of pain
いだき こ·む[抱き込む·抱き籠む](타하 2)〈고〉⇨だきこむ.
いたく[痛く·甚く](부) 대단히. 매우.「—感(カン)じ入(イ)る; 매우 감동하다」 very
い たく[依託](명·타サ) 의탁. 부탁함. 맡김. 위탁.「—加工(カコウ); 위탁 가공」 trust
い たく[委託](명·타サ) 위탁. ①〈법〉 자기의 채무 처리를 남에게 맡김. ②의탁(依託).「—注文(チュウモン); 위탁 주문」 trust. **— はんばい**[委託販売](명) 위탁 판매.
い たく[遺沢](명) 유택. ①죽은 뒤에도 남아 있는 은혜. ②남아 있는 광택. 2. remaining lustre
いだ·く[抱く·懐く](타 4) ①끌어 안다. ②마음에 간직하다. 1. embrace
いたけ だか[居丈高]キタケー(형동ダ) 위협하듯이 무섭게 화내는 모양.「—に なる; 위협하듯이 화내다」 haughty
いた ご[板子](명) 배(船) 밑에 까는 판자. a plank
いた ごと[痛事](명) ①괴로움을 느끼는 일. ②비용이 많이 들어 괴로운 일.「—に なる; 타격이 되다」 1. misfortune
いたし かた[致し方](명) 하는 수. 방법. 「—ない; 하는 수 없다」 a method
いたし かゆし[痛し痒し](연어) 〔부스럼 등이 가려워 긁으면 아프고 안 긁으면 가렵다는 데서〕 양쪽이 비슷비슷하여 한 쪽을 취하면 다른 쪽을 취할 수 없는 것의 비유. ticklish
いたじき[板敷き](명) 마루. 마루방. a board floor
いたじとみ[板蔀](명) 판자로 만든 가리개나 문. 햇빛, 비바람을 가리는 덧문.
いたじめ[板締め](명) ①판자로 죄는 일. ②무늬를 새긴 두 판자 사이에 옷감을 끼워 무늬를 박는 방법. 1. tightening by boards
いたし よう[致し様](명) 하는 수. 방법. a way
いた·す[致す] Ⅰ(타 4) ①보내다.「書(ショ)を—; 편지를 보내다」②내다.「力(チカラ)を—; 힘을 내다(노력하다)」③"する(하다), おこなう(행하다)"의 공손한 말.「そういたしましょう; 그렇게 하겠읍니다」Ⅱ(보동·4) "する(하다)"의 겸손한 말.「おねがいいたします; 부탁 드립니다」 Ⅰ1. send
いだ·す[出だす](타 4) 내다. put out
いたず·く[労く]イタヅク Ⅰ(자타 4)〈고〉①고생하다. 애쓰다. ②앓다. Ⅱ(타 4) 위로하다.
いたずら[悪戯]イタヅラ(명·형동ダ) ①짓궂은 장난. 나쁜 장난.「—っ子(コ); 장난꾸러기」②행실이 바르지 못함.「—娘(ムスメ); 행실이 나쁜 처녀」 1. mischief 2. lewdness
いたずら[徒ら]イタヅラ(형동ダ) ①헛된 모양. 쓸 데 없는 모양.「—に苦労(クロウ)するだけだ; 쓸 데 없이 고생만 할 뿐이다」②허무한 모양. 1. futile. **—ごと**[徒ら事](명) 헛된 일. **—に**[徒らに](부) 헛되이. **—もの**[徒ら者](명) 쓸모 없는 사람.
いただき[頂](명) ①머리. ②산꼭대기. 1. the head 2. the summit
いただ·く[頂く·戴く] Ⅰ(타 4) ①머리(꼭대기)에 이다.「雪(ユキ)を—山山(ヤマヤマ); 꼭대기에 눈이 쌓인 산들」②높이 올리다. 치키다. ③"もらう(받다)"의 공손한 말. ④"くう(먹다), のむ(마시다)"의 공손한 말. Ⅱ(보동·4) ①〔"て—"의 형태로〕 "もらう(받다)"의 공손한 말씨.「書(カ)いて—; 써 받다」②상대방으로부터의 어떤 동작을 감사히 여기는 마음을 나타내는 말.「お話(ハナ)し—; 말씀하여 주시다」 명 いただき. Ⅰ1. put on one's head 2. hold upward
いただけ ない[頂けない·戴けない](연어·형)〈속〉 감심(感心)할 수 없는. 불만인.「あの態度(タイド)は—; 저 태도는 감심할 수 없다」 discontented
いただ·ける[頂ける·戴ける](자하 1) ①받을 수 있다. ⇨:いただく. ②꽤 좋다. 상당하다. 1. be acceptable
いた だたみ[板畳](명) ①판자에 돗자리를 씌운 것. ②마루방. 1. a mat-covered board 2. a wooden floor
いたたまら ないキタタマラー(연어·형) 있으려고 해도 더 이상 있을 수 없는.「はずかしくて—; 부끄러워서 더 이상 머물러 있을 수 없다」 unable to stay
いたち[鼬](명)〈동〉 족제비. 집 근처에 살며 닭을 잘 잡아 먹음. a weasel. **— ごっこ**[鼬ごっこ](명·자サ) ①둘이 서로 손등을 꼬집는 놀이. ②같은 일을 되풀이함.
いた チョコ[板チョコ](명) 판자 모양의 초콜렛. a chocolate bar

いだつ[遺脱](명) 유탈. 빠지는 것. 탈락(脱落).
いたつき[労き](명)〈고〉 병(病). 노심(労心).
いたづ·く[労く](명) ⇨いたずく.
いたって[至って] Ⅰ(부) 극히. 매우. Ⅱ(연어)〔"に—"의 형태로〕…에 이르러. …이 되어. 「十月(ジュウガツ)に—; 시월에 이르러」 Ⅰ 1. exceedingly
いたで[痛手·傷手](명) ①깊은 상처. 중상. 「—を負(オ)う; 심한 상처를 입다」 ②손해. 타격. 「—をこうむる; 피해를 입다」 1. a serious wound 2. a loss
いだてん[韋駄天](명)〈불〉 불법을 지키는 신. 걸음이 빠름. a guardian god of Buddhism. —**ばしり**[韋駄天走り](명·자サ) 매우 빨리 뜀.
いたど[板戸](명) 판자문. a wooden door
いたどこ[板床](명) ①판자를 깐 토코노마(床の間). ②돗자리를 씌운 판자. 1. a boarded alcove
いたどり[虎杖](명)〈식〉 호장. 감제풀. 마디풀과에 속하는 다년초. 잎이 크고, 뿌리는 진통제(鎮痛剤)로 씀. the giant knotweed
いたのま[板の間](명) 마루방. a wooden floor. —**かせぎ**[板の間稼ぎ](명·자サ) 주로 목욕탕, 온천장 등에서 손님의 물품을 훔침. 또는 그런 사람.
いたば[板場](명) ①도마를 놓는 곳. ②요리사. 2.a cook
いたばさみ[板挟み](명) 양쪽 사이에 끼여 꼼짝 못하는 것. 「—になる; 중간에서 매우 곤란하게 되다」 a dilemma
いたばり[板張り](명) ①판자를 둘러 치는 일. 또는 그렇게 한 곳. ②빨래에 풀을 먹여 판자 위에 말리는 일. 1. boarding 2. fulling
いたび[板碑](명)〈불〉 고인의 명복을 빌기 위해 세우는 위가 삼각형으로 된 평평한 석비(石碑).
いたひき[板挽き](명) 목재를 판자로 켜는 일. 또는 그것을 업으로 삼는 사람. 제재(製材). sawing
いたびさし[板庇](명) 판자로 된 차양(遮陽). a wooden pent-roof
いたぶき[板葺き](명) 판자로 지붕을 이는 일. 또는 그 지붕. shingle-roofing
いたふね[板船](명) ①논에서 모나 볏단을 싣는 작은 배 같은 것. ②어시장에서 생선을 놓고 파는 판자.
いたぶ·る(타 4)〈속〉 강탈하다. 강요하다. blackmail
いたべい[板塀](명) 판자 울타리. 판장. a board fence
いたま[板間](명) ①판자 지붕의 틈새기. ②마루방. 1. a chink between roof-boards
いたまえ[板前]—マヘ(명) 요리사. 숙수(熟手). a cook
いたまし·い[痛ましい·傷ましい](형) 가련하다. 불쌍하다. 참혹하다. [파생] —**げ**(형동ダ) —**さ**(명). pitiful
いたみ[痛み·傷み](명) ①아픔. ②슬픔. ③괴로움. ④파손. ⑤썩음. 「りんごに—がくる; 사과가 상하기 시작하다」 1. a pain. —**い·る**[痛み入る](자 4) 황공하다. 두려워 움츠리다. —**わけ**[傷み分け](명) 〔씨름에서〕 한쪽의 부상으로 경기를 중지하는 것.
いた·む[傷む·悼む](타 4) (죽음을) 슬퍼하고 한탄하다. mourn
いた·む[痛む·傷む](자 4) ①아픔을 느끼다. ②괴로움을 받다. ③깨지다. 손상하다. ④썩다. 상하다. ⑤손해 입다. 1. pain 2. grieve 5. become damaged
いため[板目](명) ①판자와 판자가 합쳐진 곳. ②판자의 무늬(결)가 곧지 않은 것. ↔柾目(マサメ). 1. a joint of boards 2. cross grain. —**がみ**[板目紙](명) 여러 겹으로 붙인 두꺼운 종이.
いためがわ[撓皮·革撓]—ガハ(명) 아교 물에 담갔다가 두들겨서 굳힌 가죽. ↔なめしがわ. stiffening leather
いためつ·ける[痛め付ける](바하 1) 엄하게 책망하다. 심히 꾸짖다. reprove
いた·める[炒める·煠める](타하 1) 음식물을 기름에 볶다. [자] いたまる(4). fry
いた·める[痛める·傷める](타하 1) ①아프게 하다. ②괴롭히다. ③슬프게 하다. ④깨뜨리다. 무너뜨리다. 일을 망치다. 1. hurt 3. sorrow
いた·める[撓める](타하 1) 가죽을 아교 물에 담갔다가 두들겨서 굳히다.
いたも[甚も](부)〈고〉 심하게도. 가혹하게도.
いたや[板屋](명) ①판자로 지붕을 인 집. ②판자 지붕. a shingle-roof
いたやがい[板屋貝]—ガヒ(명)〈동〉 국자가리비. 가리비과에 속하는 조개. 껍질은 부채꼴이며 국자 대용으로도 쓰임. a scallop
いたらぬ[至らぬ](연체) 미치지 못하는. 미흡한. 미숙한. 「—者(モノ); 미흡한 자(덜된 놈)」 imperfect
いたり[至り](명) ①이름. 다다름. 결과. 「若(ワカ)げの—; 젊은 까닭에」 ②극(極). 끝(端). 「感心(カンシン)の—; 매우 감탄할 일」 2. extremity
イタリア[포 Italia·伊太利亜](명)〈지〉 이탈리아. 이태리. 지중해 북쪽 연안에 있는 입헌 공화국. 수도는 로마(Roma).
イタリアン[Italian](명) 이탈리안. 이탈리아 사람. 이탈리아 말.
イタリー[Italy·伊太利](명)〈지〉 ⇨イタリア.
イタリック[italic](명) 이탤릭. 유럽 활자체(活字体)의 하나. 약간 오른쪽으로 기욺. 예: *a b c*.
いた·る[至る·到る](자 4) ①이르다. ②도달하다. ③〔"に至っては"의 형태로〕…이 되면. ④(하게) 되다. 「中止(チュウシ)に—; 중지하게 되다」 ⑤널리 퍼지다. ⑥두루 미치다. 1. reach 2. arrive. —**ところ**[到る処](명·부) 가는 곳마다. 도처(到処).
いたれりつくせり[至れり尽くせり](연어) 용의 주도한. 빈틈 없는. 흠잡을 데 없는. 「—のもてなし; 흠잡을 데 없는 후한 대접」 perfect
いたわし·い[労わしい]イタハシイ(형) 가련하다. 참혹하다. [파생] —**げ**(형동ダ) —**さ**(명). pitiful
いたわ·る[労わる]イタハル Ⅰ(자 4) ①앓다. ②노심(労心)하다. Ⅱ(타 4) ①위로하다. ②불쌍히 여기다. [명] いたわり. Ⅱ 1. console
いたん[異端](명) 이단. 정통(正統)이 아닌 학설이나 종교. 「—者(シャ); 이단자」 an unorthodox theory or heteroboxy
いち—[一](조어) ①하나의. 한 사람의. 「—老人(ロウジ

ン); 한 노인」②어떤.「一学生(ガクセイ); 어떤 학생」③하찮은. 쓸모 없는.「一私人(シジン); 하찮은 한 개인」④뛰어난.「一人物(ジンブツ); 뛰어난 인물」

いち[一·壱] Ⅰ(명) ①시작. 처음. ②가장 뛰어난 것. ③샤미센(三味線)의 맨 위의 굵은 줄. Ⅱ(수) ①하나. ②첫째. Ⅰ 1. the beginning 2. the best Ⅱ 1. one

いち[市](명) ①사람이 모이는 곳.「一をなす; 사람이 많이 모이다」②저자. 시장. 일정한 날 거리에서 물건을 매매하는 곳. 장.「一が立(タ)つ; 장이 서다」③시가지. 거리.「一に虎(トラ)あり; 거짓말이라도 많은 사람이 말하면 끝내는 사실로 믿어진다는 말」 1. a public place 2. a market

いち[位地](명) 계급. 지위. rank

いち[位置](명) 위치. ①곳. 장소. ②입장. 1. a place

いちい[一位](명) ① 1위. 첫째 자리. 1등. ②〈식〉 주목(朱木). 상록수의 이름. 목재는 굳으며 건축에 쓰임. 1. the first rank 2. a yew

いちい[一意] Ⅰ(명) 한 가지 일에 뜻을 기울이는 것. 한 뜻. Ⅱ(부) 오로지. Ⅱ whole heartedly. **—せんしん**[一意専心](연어·부) 매우 열심히. 전심 전력으로.

いちい[一葦](명) ①한 개의 갈잎. ②쪽배. 1. one reed 2. a small boat

いちいたいすい[一衣帯水](명) 일의대수. 한 가닥의 띠를 편 것 같은 좁은 강(바다). a narrow strait

いちいち[一一](명·부) ①하나하나. 한 사람 한 사람. ②죄다. 모두. 일일이. 1. one by one 2. every one

いちいん[一因](명) 하나의 원인. one of the causes

いちいん[一員](명) 일원. 한 사람. 한패.「会(カイ)の一; 회원의 한 사람」 a member

いちいん[一院](명) ①두 사람 이상의 상황(上皇)이 있을 때 첫째 상황. ②하나의 절(寺院). ③(국회의) 상하 양원의 어느 한쪽. 2. one temple 3. one chamber

いちう[一宇](명) 한 건물. 하나의 사원. an edifice

いちえん[一円] Ⅰ(명) 일원. ①일대(一帯). 전체.「関東(カントウ)一; 칸토오 지방 일대」②〈경〉 일본 화폐의 단위. Ⅱ(부) 거의. 전부. Ⅰ 1. the whole Ⅱ almost

いちおう[一応·一往](부) ①대체로. 대충.「一の結論(ケツロン); 대체적인 결론」②한번. 일단.「一行(イ)ってみよう; 우선 한번 가 보자」 1. in outline

いちがいに[一概に](부) ①몰밀어. 통틀어. 차별 없이. ②한말로. 한 마디로.「一わるくはいえない; 한 마디로 나쁘다고만 할 수는 없다」 1. in general

いちがつ[一月](명) 1월. 정월(正月). January

いちかばちか[一か八か](연어) 잘되든 안되든간에 운에 맡기고 한번 해봄. sink or swim

いちがん[一丸](명) ①하나의 탄환(弾丸). ②한 덩어리. 한 뭉치.「一となって; 하나의 덩어리로 뭉쳐」 1. a bullet

いちがん[一眼](명) ①하나의 눈. 한 쪽 눈. ②〔레플렉스 카메라에 있어서〕 렌즈가 하나인 것.「一レフ; 렌즈가 하나인 레플렉스 카메라」 1. one eye

いちぎ[一義](명) ①하나의 뜻. ②제일의(第一義). 1. a reason. **—てき**[一義的](형동ダ) ①한 뜻으로밖에는 해석할 수 없는 모양. ②제일의적.

いちぎ[一儀](명) 어떤 사건. 한 건(件). a matter

いちぎ[一議](명) ①한 번의 논의.「一に及(オヨ)ばず; 한 번 논의할 필요도 없다」②한 마디. 1. a consultation

いちぎょう[一業](명) 하나의 직업. an occupation

いちく[移築](명·타サ) 다른 곳에 옮겨 지음. rebuilding in the another place

いちぐう[一隅](명) 일우. 한구석. 한 모퉁이. a corner

いちぐん[一軍](명) ①한 떼의 군대. ②전군(全軍). ③제 1군의 준말. ④〔프로 야구 등에서〕 정규 선수로 된 티임. ↔二軍(ニグン). 2. the whole army

いちぐん[一群](명) 일군. 한 무리. a group

いちげ[一夏](명)〈불〉 음력 4월 15일부터 7월 15일까지의 승려의 좌선 수업(坐禅修業) 기간.

いちげい[一芸](명) 하나의 기술, 예능.「一にひいでる; 한 가지 재주에 뛰어나다」 an art

いちげき[一撃](명·타サ) 일격. 한 번 침. 한 방 쏨. a stroke

いちげつ[一月](명) ①한 달. 1개월. ②1월. 정월. 2. January

いちげん[一元](명) ①같은 근원. ②하나의 연호.「一世(イッセイ)一; 한 임금의 치세에 한 연호」③〈경〉 중국 화폐의 단위. ④〈수〉 하나의 미지수(未知数).「一二次方程式(ニジホウテイシキ); 1원 2차 방정식」 1. the root. **—か**[一元化](명·타サ) 일원화. 많은 사무나 조직 등을 한데 뭉침.

いちげん[一言](명·자サ) 일언. 한 마디.「一以(モッ)てこれを蔽(オオ)えば; 일언이 폐지하면(한 마디로 그 뜻을 요약하면)」 a word. **—いっこう**[一言一行](연어·명) 일언 일행. 하나하나의 말과 행동. 모든 언행. **—こじ**[一言居士](명) 일언 거사. 무엇에든 한 마디 하지 않고는 못 배기는 사람. 말참견을 썩 좋아하는 사람.

いちげんきん[一絃琴·一弦琴](명)〈악〉 일현금. 줄이 하나만 있는 금. 판금(板琴). a monochord

いちこ[市子](명) 죽은 사람의 혼을 불러 그 생각을 알려 주는 무당. 영매(霊媒)하는 무당. a female medium

いちご[苺·莓](명)〈식〉 딸기의 총칭. a strawberry

いちご[一期](명) 일기. 일생. 생애.「一の思(オモ)い出(デ); 일생에 잊지 못할 일」 one's life

いちご[一語](명) 일어. 한 마디. a word

いちこう[一高](명) 제일 고등 학교의 준말.

いちごう[一毫](명) 일호. ①한 오라기의 가는 털. ②근소. 아주 소량(小量). 2. a trifle

いちごうめ[一合目](명) 산의 밑으로부터 10분의 1의 높이가 되는 곳. tenth-height of a mountain

いちごん[一言](명·자サ) 일언. 한 마디. 짧은 말.「一一句(イック); 일언 일구」 a word. **—はんく**[一言半句](연어·명) 일언 반구. 극히 짧은 말.

いちざ[一座] Ⅰ(명) ①상좌(上座). ②동석(同席). ③좌석 전체의 사람. ④흥행 단체. Ⅱ(명·자サ) ①한방에 나란히 앉음. ②⇨いちどう(一同). Ⅰ 1. a top seat

いちざい[一剤](명)〈의〉 1회분의 약. a dose

いちじ[一次](명) 일차. ①1회. 한 번. ②첫번째. 최초. 「一試験(シケン); 1차 시험」 ③〈수〉 자승(自乗) 또는 그 이상의 항(項)을 포함하지 아니하는 것.「一式(シキ); 1차식」 1. one time 2. first 3. the first degree

いちじ[一字](명) 한 자. a word. **—せんきん**[一字千金](연어·명) 일자 천금. 한 자에 천금의 값어치가 있음. 뛰어난 문장이나 글씨.

いちじ[一事](명) 한 사건. 한 가지 일.「一が万事(バンジ); 하나를 보면 딴 것도 다 알 수 있다」an affair. **—ふさいぎ**[一事不再議](연어·명) 〔의회에서〕 한 번 정한 것은 그 회기 중에는 다시 심의(審議)하지 않는 것. 일사 부재리(一事不再理).

いちじ[一時](명) ①어떤 때. ②잠시. 당분간. 임시. ③동시(同時).「一に; 동시에」 ④한 번. 1. once 2. for a time. **—しきん**[一時賜金](명) 국가에 공훈이 있는 자에게 한 번만 주는 돈. **—てき**[一時的](형동ダ) 일시적. 임시적인. 그때만의. ↔恒常的(コウジョウテキ).

いちじく[無花果](명)〈식〉 무화과나무. 뽕나무과에 속하는 낙엽 활엽 관목. 정원에 심는 과수로서 가을에 달걀만한 열매가 열림. a fig (tree)

いちしちにち[一七日](명) ①사람이 죽은 지 7일째 되는 날. ②1주일. 1. the seventh day after one's death

いちじつ[一日](명) 1일. 하루.「一の長(チョウ)がある; 일일지장이 있다(경험을 많이 쌓아 한걸음 앞서 있다)」a day. **—せんしゅう**[一日千秋](연어·명) 일일 천추. 하루가 천년같이 생각됨.「一の思(オモ)い; 일일 천추의 생각(몹시 기다려지는 것의 비유)」

いちじゅ[一樹](명) 한 그루의 서 있는 나무.「一の陰(カゲ); 한 나무의 그늘에서 같이 쉬는 것도 전세의 인연이라는 말」 a tree

いちじゅう[一汁](명) 한 가지의 국.「一一菜(イッサイ); 국 한 가지에 나물(菜) 한 가지(매우 검소한 식사의 비유)」 a simple meal

いちじゅん[一旬](명) 10일간. 순일(旬日). ten days

いちじゅん[一巡](명·자サ) 일순. 한 바퀴 돎. one round

いちじょ[一女](명) ①한 여자 아이. 하나의 딸.「三男(サンナン)一; 3남 1녀」 ②장녀. 맏딸. 1. a daughter

いちじょ[一助](명) 약간의 도움.「研究(ケンキュウ)の一にする; 연구에 약간의 도움이 되다」 a help

いちじょう[一丈](명) 길이의 단위. 10척. 약 3m.

いちじょう[一条](명) ①한 가닥. 한 줄. ②한 건. ③한 조건. 1. a line 2. an affair

いちじょう[一定] Ⅰ(명) ①확정. 고정. ②기정(既定). 기결(既決). Ⅱ(부) 반드시. 틀림 없이. Ⅰ1. fix Ⅱ surely

いちじょう[一城](명) 하나의 성. 하나의 근거지.「一の主(アルジ); 성주(城主)」 a castle

いちじょう[一場](명) ①그때뿐. 잠깐.「一の夢(ユメ); 일장 춘몽」 ②일장. 1회. 한바탕.「一の講演(コウエン); 일장 연설」 1. ephemeral

いちじるし·い[著しい](형) 현저하다. 명확하다. 눈에 띄다.「著しく不足(フソク)する; 현저하게 부족하다」 파생 **—さ**(명). distinct

いちじん[一人](명) 천자. 임금. the Emperor

いちじん[一陣](명) ①일진. 제일 앞의 진. ②한때의 세찬 것.「一の風(カゼ); 세차게 불어 오는 바람」2. a blast

いちじんぶつ[一人物](명) 일가견(一家見)을 가진 상당한 사람. a character

いちず[一途](형동ダ) 외곬인 모양. 일념(一念). 전념(専念). whole-hearted

いちせいめん[一生面](명) 새로운 방면. 새로운 부문.「一をひらく; 새로운 분야를 개척하다」 new parts

いちぜんめし[一膳飯](명) 상밥.「一屋(ヤ); 상밥집」

いちぞく[一族](명) 일족. 일문(一門). 동족(同族). 가문(家門). kinsmen

いちぞん[一存](명) 자기 혼자의 생각.「一ではきめられない; 혼자 생각으로는 정할 수 없다」 one's own opinion

いちだ[一朶](명) 한 가지(枝). a branch

いちだい—[一大](조어) 일대. 하나의 큰.「一発見(ハッケン); 하나의 큰 발견」

いちだい[一代](명) 일대. ①한 임금의 재위 기간. ②한 호주(군주)가 집(나라)을 다스리는 기간. 1세대(一世代). ③일생. 한 생애. ④당시. 1. one dynasty. **—き**[一代記](명) 일대기. 어느 사람의 일생의 일을 기록한 것. 전기(伝記).

いちだいじ[一大事](명) 일대사. 한 가지 큰일. 중대한 일. 일대 사건. an important event

いちだん[一団](명) 일단. 한 덩어리. 한 패. a crowd

いちだん[一段] Ⅰ(명) ①(계단의) 한 단. ②일단락(一段落). 한 매듭. ③〈방〉 한층 좋은 것.「一でござりましょう; 한층 더 좋겠읍죠」 Ⅱ(부) 더. 일층.「一とりっぱに見(ミ)える; 한층 훌륭하게 보이다」 Ⅰ1. a step Ⅱ still more

いちだんらく[一段落](명·자サ) 일단락. 일의 한 계단이 끝남.「事件(ジケン)も一した; 사건도 한 매듭 지었다」 a pause

いちづ·ける[位置付ける](타하 1) 위치를 정해 주다. 위치를 정하다. place

いちど[一度] Ⅰ(명) ①한 번. 한 차례.「一来(キ)たことがある; 한 번 온 일이 있다」 ②(온도, 각도, 위도 등의) 도. 한 눈금으로 표시되는 단위. Ⅱ(부) 함께. 동시에. Ⅰ1. one time Ⅱ at one time

いちどう[一同](명·부) 일동. 모두. 전부. all the persons present

いちどう[一堂](명) ①하나의 당(집). ②같은 건물.「一に会(カイ)する; 한자리에 모이다」 1. a shrine

いちどう[一道](명) ①하나의 길(道路). ②한줄기.「一の光明(コウミョウ); 한줄기의 빛(희망)」 1. one road

いちどきに[一時に](부) 동시에. 단번에. 함께. at the same time

いちどく[一読](명·타サ) 일독. 한 번 읽음. a perusal

いちどっかい[一読会](명) 제1독회(第一読会)의 준말.

いちなん[一男](명) ①한 아들.「一三女(サンジョ); 1남 3녀」 ②장남. 맏아들. 2. the eldest son

いちなん[一難](명) 한 재난.「一去(サ)って また一; 한 재난이 가면 또 한 재난이 오다(갈수록 태산)」 one difficulty

いちに[一二](명) ①한둘. 한두 사람. 약간. ②첫째나 둘째.「一を争(アラソ)う; 일이등을 다투다」 1. a few 2. the first or second

いちにち[一日](명) ①아침부터 밤까지의 사이. 하루. ②어느 날.「一鎌倉(カマクラ)にあそぶ; 어느 날 카마쿠라에서 놀다」③초하루. ④짧은 시일. 1. a day. **— ましに**[一日増しに](부) 하루하루. 날이 갈수록.

いちにょ[一如](명)〈불〉일여. ①진리는 평등, 무차별이라고 하는 주장. ②둘이 아닌 것. 오직 하나.「物心(ブッシン)一; 물심은 하나」 1. equality 2. oneness

いちにん[一人](명) 일인. 한 사람.「ご一様(サマ); 한 분」one person. **— しょう**[一人称](명) 일인칭. 〔문법에서〕 자기를 가리키는 말. **— まえ**[一人前] 一マヘ(명) ①제 구실.「一の人間(ニンゲン); 한 사람 몫의 구실을 하는 사람」②한 몫. 한 사람에게 줄 분량. 1인분. ③어른. ④상당한(독립할 수 있는) 학술, 기예 등의 습득자.

いちにん[一任](명·타サ) 일임. 일체를 위임함.「議長(ギチョウ)に一する; 의장에게 일임하다」 leaving a matter entirely to a person

いちねん[一年](명) ①1년. 한 해. 1월부터 12월까지의 사이.「一生(セイ)草本(ソウホン); 한해살이풀」②기원, 연호의 첫해. 원년(元年). ③어떤 해. ④제1학년. 1. one year 2. the first year. **— き**[一年忌](명) 1 주기(一周忌). 1회기(一回忌).

いちねん[一念](명) 일념. 골똘한 생각. 골똘한 마음. a concentrated mind. **— おうじょう**[一念往生](명) 일념 왕생. 한 번의 염불로 극락에 간다는 것.

いちのう[一能](명) ①하나의 기능(技能). ②하나의 예술. 2. one art

いちのかみ[一の上](명) "さだいじん(左大臣)"의 다른 이름.

いちのぜん[一の膳](명)〔일본 요리의 정식 상차림에서〕 첫번째 상. the first course of a regular dinner

いちのとり[一の酉](명) 11월의 첫 유일(酉日). 토오쿄오(東京)에 있는 오오토리 신사(鷲神社)의 제사가 있음.

いちのひと[一の人](명) 섭정(摂政). 또는 관백(関白).

いちのみや[一の宮](명) ①왕세자(王世子). 황태자. ②각 지방 제일의 신사(神社). 1. the Crown Prince

いちば[市場](명) 시장. ①〈경〉일정한 날에 상인, 고객(顧客)이 모여 물품을 거래하는 곳. 장. 저자. ②일용품, 식료품 등을 한데 모아 파는 곳. 1. a fair 2. a market

いちばい[一倍](명·자サ) ①배(倍).「人(ヒト)一; 남보다 배나 더」②그 수(数) 자체. 1. double

いちはつ[一八·鳶尾](명)〈식〉연미붓꽃. 화훼(花卉) 식물로 재배함. a wall iris

いちはやく[逸速く](부) 재빨리. 아주 빨리. quickly

いちばん[一番] Ⅰ(명) ①한 번. ②첫째. ③가장 좋은 것.「それが一だ; 그것이 제일이다」④한 곡조. Ⅱ(부) ①시험적으로. ②더없이. 가장. Ⅰ 1. one time 2. the first Ⅱ 1. by way of experiment. **— がけ**[一番駆け](명) ①전장에서 제일 먼저 적진에 뛰어 들어 싸우는 일. ②솔선. **— かん**[一番館](명) 개봉관. **— どり**[一番鶏](명) 첫닭. **— のり**[一番乗り](명) 적을 격파하여 첫번째로 적진에 이르는 일. **— やり**[一番槍](명) ①〔옛날 전장에서〕 첫번째로 창을 들고 적진에 돌입하는 것. 또는 그 사람. ②어떤 곳에 제일 먼저 당도하는 일. 최초로 공을 세우는 것.

いちび[莔麻](명)〈식〉어저귀. 아욱과에 속하는 1년초. 줄기, 껍질은 섬유로 씀. an Indian mallow

いちびと[市人](명) ①시민(市民). ②상인(商人). 1. a citizen 2. a tradesman

いちひめにたろう[一姫二太郎](연어·명) 처음에 딸, 둘째에 아들을 낳는 것이 이상적이라는 속설.

いちぶ[一分](명)〈수〉① 10분의 1. 1할.「八分(ハチブ)どおり; 8할 가량」②1할의 10분의 1. 1%. ③한 치의 10분의 1. 한 푼. 약 0.3 *cm*. ④한 냥의 4분의 1. ⑤근소한 분량. 2. one hundredth. **— いちりん**[一分一厘](명·부) 일푼 일리. 매우 근소한 것.「一ちがわない; 조금도 틀리지 않다」

いちぶ[一部](명) 일부. ①(서적의) 한 질.「一三冊(サンサツ); 한 질, 세 권」②한 권. ③일부분. 1. a set 2. a copy. **— しじゅう**[一部始終](연어·명) 처음부터 끝까지. 자초 지종.「一を話(ハナ)す; 자초 지종을 이야기하다」 ⌈a part

いちぶぶん[一部分](명·부) 일부분. 전체의 한 부분. ⤴

いちぶん[一分](명) 면목. 체면.「男(オトコ)の一が立(タ)たない; 남자의 체면이 서지 않다」an honour

いちべつ[一別](명·자サ) 일별. 한 번 헤어짐.「一以来(イライ)のことを語(カタ)りあう; 한 번 헤어진 뒤의 이야기를 나누다」 parting

いちべつ[一瞥](명·타サ) 일별. 한 번 슬쩍 봄. a glance

いちぼう[一望](명·타サ) 일망. 한눈에 바라봄.「一千里(センリ); 한눈에 천리가 보이다」 one view

いちぼう[一眸](명) ①한 쪽 눈동자. ②한눈에 바라보는 일.「一のもとに; 한눈에 바라보이는」2. one view

いちぼく[一木](명) 한 그루의 나무.「一一草(イッソウ); 나무 한 그루, 풀 한 포기」 a tree

いちまい[一枚](수) ①1매. 한 장. ②한 논배미. 1. a sheet. **— かんばん**[一枚看板](명) ①유명한 배우의 이름을 크게 쓴 간판. 또는 그것에 적힌 배우. ②단체 등의 중심 인물. ③〈속〉한벌 밖에 없는 옷. 단벌 옷.

いちまつ[一抹](명) 일말. 붓으로 살짝 스친 정도의 분량. 약간.「一の不安(フアン); 약간의 불안」 a touch

いちまつ(もよう)[市松(模様)](명) ①흑백색의 사각형을 교차시킨 바둑무늬. ②다른 두 선이 교차되는 사각형 무늬. 1. a checkered pattern

〔市松模様①〕

いちみ[一味](명) 일미. ①한방약(漢方薬)의 한 종류.

②한 가지의 맛. ③뛰어난 맛. ④한 취지(趣旨). ⑤일맥(一脈). ⑥[一身] 한패. 한 동아리.
2. a tinge 6. conspirators

いちみゃく[一脈](명) 일맥. 한줄기. 한데 이어진 것. 「一相通(アイツウ)じるところがある; 일맥 상통하는 점이 있다」 a vein

いちみん[一眠](명)〈농〉 일면. 누에가 첫 허물을 벗는 잠. 애기잠. the first sleep of silkworms

いちめい[一名] 일명. Ⅰ(명) 별명. 다른 이름. Ⅱ(수) 한 사람. Ⅰ another name Ⅱ one person

いちめい[一命](명) ①(한 사람의) 목숨. 「一にかかわる; 생사에 관계되다」 ②한 번의 명령. 1. a life

いちめがさ[市女笠](명) 한가운데가 뾰족한, 옻칠을 한 삿갓.

いちめん[一面] Ⅰ(명) ①한쪽. ②전체. 「空(ソラ)一; 온 하늘」 Ⅱ(수) (거문고, 거울 등의) 하나. Ⅰ 1. one side 2. all over. **—かん**[一面観](명) 한쪽만의(편벽된) 관찰. **—てき**[一面的](형동ダ) 어느 한쪽뿐인 모양.

いちめんしき[一面識](명) 일면식. 한 번 만나 아는 것. 「一もない; 일면식도 없다(생면 부지)」
a slight acquaintance

いちもう[一毛] Ⅰ(명) ①털 하나. 극히 가벼운 것. ②←一毛作. 「一田(デン); 일모작 전답」 Ⅱ(수) 1리(厘)의 10분의 1. **—さく**[一毛作](명) 일모작. 한 해에 한 번 농작물을 재배하는 것.

いちもうだじん[一網打尽](연어·명) 일망 타진. 한 번에 모조리 잡는 것. catching at one cast

いちもく[一目](명) ①한쪽 눈. 외눈. ②한눈. 일견(一見). ③바둑의 한 눈. 「一(を)おく; 상대방의 실력을 인정하여 사양함」 ④하나의 항목. 1. one eye 2. a glance. **—さん**[一目散](명) 곁눈질하지 않고 똑바로 가는 일. 「一に走(ハシ)る; 앞만 보고 빨리 달리다」 **—りょうぜん**[一目瞭然](부·형동タルト) 일목 요연. 한 번 언뜻 보고 환히 알 수 있는 모양.

いちもつ[一物](명) ①하나의 물건. ②〈속〉 저것. ③계략. 「腹(ハラ)に一ある; 뱃속에 (남을 해치려는) 계략이 숨어 있다」 1. an article

いちもつ[逸物](명) 일물. 뛰어나고 훌륭한 물건이나 사람. a pick

いちもん[一文](명) ①1전(錢)의 10분의 1. 한 푼. ②근소한 돈. 「一なし; 한 푼도 없다(무일푼)」 ③하나의 글자. 「一不知(フチ); 일자 무식(문맹)」 2. a mere farthing. **—おしみ**[一文惜しみ](명) 한 푼을 아끼는 사람. 구두쇠.

いちもん[一門](명) 일문. ①혈족. ②한집안. ③같은 스승에게 배운 사람. 동문(同門). 1. a clan

いちもん[一問](명·자サ) ①하나의 질문. 하나의 문제. ②한 번 질문함. 1. a question. **—いっとう**[一問一答](명·자サ) 일문 일답. 서로 묻고 대답함.

いちもんじ[一文字](명) ①하나의 글자. ②가로로 곧은 것. ③족자의 아래위에 붙이는 가느다란 헝겊.
1. a word 2. a straight line

いちや[一夜](명) ①하룻밤. ②어느 날 밤. 1. one night. **—ざけ**[一夜酒](명) 하룻밤에 만든 술. 감주 등을 말함. **—づくり**[一夜作り](명·타サ) ①하룻밤 사이에 만듦. ②임시 변통으로 급히 만듦. **—づけ**[一夜漬け](명·타サ) ①담은 지 하룻밤만 지나면 먹는 일본식 김치 종류. ②급히 만든 연극이나 책, 문장. ③(시험 전날 밤에) 황급하게 암기(暗記)함.

いちやく[一役](명) ①한 직분. ②중요한 역할.
1. a position 2. an important position

いちやく[一躍](명·자サ) 일약. ①한 번 뜀. ②일정한 순서를 뛰어 넘어 별안간 지위 등이 오름. 「一有名(ユウメイ)になる; 일약 유명해지다」 a bound

いちゃつ·く(자 4)〈속〉 (남녀가 서로) 장난하다. 시시덕거리다. flirt with

いちゅう[移駐](명·자サ) 이주. 군대 등이 다른 곳으로 옮겨 주둔함. transference

いちゅう[意中](명) 의중. 마음속. 마음속에 생각한 것. the mind. **—のひと**[意中の人](연어·명) ①사랑하는 사람. 연인. ②마음속에 점을 찍어 둔 사람.

いちゆう[一揖](명) 가볍게 하는 인사. a greeting

いちょ[遺著](명) 유저. 저자(著者)가 죽은 뒤에 남겨진 저술. a posthumous work

いちょう[医長](명)〈의〉 각 과(科)의 수석 의사.
the head physician

いちょう[胃腸](명)〈생〉 위장. 위와 창자. 「一障害(ショウガイ); 위장 장해」 the stomach and bowels

いちょう[異朝](명) 외국. 외국의 조정. a foreign court

いちょう[移牒](명·자サ) 이첩. 문서로 다른 관청에 통지함. transmission

いちょう[移調](명)〈악〉 이조. 어떤 악곡 전체를 올리거나 내리거나 하여 음조를 바꾸는 일. transposition

いちょう[銀杏·公孫樹](명)〈식〉 은행나무. 키가 높은 낙엽수. 열매는 식용함. a gingko. **—がえし**[銀杏返し](명) 머리털을 둘로 갈라 두 개의 동그라미 모양으로 튼 머리 모양.

いちよう[一葉](명) ①하나의 나뭇잎. ②(종이) 한 장. ③쪽배 한 척. 「一落(オ)ちて天下(テンカ)の秋(アキ)を知(シ)る; (오동나무) 낙엽 한 잎에 가을을 느끼다(대수롭지 않은 일을 보고 닥쳐 올 대세를 짐작할 수 있다는 비유)」 1. a leaf 2. one sheet

いちよう[一様](명·형동ダ) ①같은 모양. ②보통(普通). 1. equality

いちょうがしら[銀杏頭](명) 에도(江戸) 시대 남자의 머리 모양. 상투 끝을 은행잎같이 펼쳤음.

いちようらいふく[一陽来復](연어·명·자サ) 일양 내복. ①음(陰)이 끝나고 양(陽)이 돌아 옴. 음력 동짓달. 또는 동지(冬至). ②불행이 가고 행운이 옴.
1. return of spring

いちょく[違勅](명) 위칙. 칙명을 거역하는 일.
disobedience to an Imperial decree

いちょく[遺勅](명) 유칙. 후세에 남긴 천자의 말씀.
a decree of the late Emperor

いちよく[一翼](명) 일익. ①한 쪽의 보조. 한 팔. ②

한 역할. 1. one arm 2. a part

いちらく[一楽](명) 하나의 낙(즐거움).「また一だ; 또 한 한 즐거움이다」 a pleasure. **―あみ**[一楽編](명) 등나무 세공의 한 가지. **―おり**[一楽織](명) 무늬를 두드러지게 짠 비단의 한 가지.

いちらん[一卵](명)〈의〉 일란. 하나의 알. 하나의 난자. 「一性(セイ)双生児(ソウセイジ); 일란성 쌍생아」 a single ovum

いちらん[一覧](명・타サ) 일람. ①한 번 훑어 봄. 한 번 대충 읽어 봄. ②내용을 간단히 추린 책이나 표. 「一表(ヒョウ); 일람표」 1. a look. **―ばらい**[一覧払い](명)〈경〉 일람불. 어음, 수표의 소지인(所持人)이 그 지불을 위하여 제시한 날을 만기(満期)로, 돈을 내주는 일.

いちり[一利](명) 한 가지 이익. one advantage. **―いちがい**[一利一害](연어・명) 일리 일해. 이익이 있는 대신 손해도 있는 것. 일득 일실(一得一失).

いちり[一理](명) 일리. 한 가지 이치(도리). 대체적인 이유. 「君(キミ)のことばにも一ある; 자네 말에도 일리가 있다」 a reason

いちり[一里](수) 1리. 거리의 단위. 약 3.93 *km*. 한국의 10리. **―づか**[一里塚](명) 옛날 전국의 가도(街道)에 10리마다 길 옆에 만들어 놓은 흙돌 무덤. 대개 그 위에 나무를 심어 이정표(里程標)나 도표(道標)로 이용했음.

いちりつ[一律](명・형동ダ) 일률. ①하나의 규칙. ②같은 형편. ③한결같음. 「千篇(センペン)一; 천편 일률」 3. uniformity

いちりつ[市立](명) 시립. 시에서 설치, 운영하는 것. 「一高校(コウコウ); 시립 고등 학교」 municipal

いちりゅう[一流](명) 일류. ①한 유파(流派). 또는 분파. ②제일의 지위. 「一の学校(ガッコウ); 일류 학교」 ③특이(特異)한 방식. 「彼(カレ)一のやりかた; 그 나름의 독특한 방법」 2. the first class 3. peculiarity

いちりゅう[一流・一旒](수) (깃발) 한 폭. one flag

いちりゅう[一粒](수) 일립. 한 알. a grain

いちりょう―[一両](조어) 한둘의. 하나나 둘. 「一日(ジツ); 하루 이틀」

いちりょう[一領](명) 옷 한 벌. a suit of clothes

いちりょう[一両](수) ①한 냥. 옛 돈의 단위. ②무게의 단위. 4 돈쭝(15 *g*). ③〈속〉 1원(円).

いちりょう[一両・一輛](수) (차량) 한 대. one car

いちりん[一輪](명) 일륜. ①찻바퀴 하나. ②피어 있는 한 송이 꽃. ③(둥근 것의) 하나. 「一の月(ツキ); 하나의 둥근 달」 1. a wheel 2. a flower. **―ざし**[一輪挿し](명) 한 송이의 꽃을 꽂는 작은 꽃병. **―そう**[一輪草](명)〈식〉 외대바람꽃. 미나리아재비과에 속하는 다년생 초본. 높이 20 *cm* 정도. 봄에 매화 같은 꽃이 핌.

いちる[一縷](명) 일루. ①한 가닥의 실. ②근소. 약간. 「一の望(ノゾ)み; 한 가닥의 가냘픈 희망」 1. a thread 2. a faint gleam of

いちるい[一塁](명) ①한 보루. ②1루. 〔야구에서〕 배터(打者)가 러너(走者)가 되어 처음으로 밟는 베이스. 제1루. 2. first base

いちるい[一類](명) ①한패. ②같은 종류. ③동족(同族). 2. the same sort 3. a family

いちれい[一礼](명・자サ) 한 번 절함. a bow

いちれい[一例](명) 일례. 하나의 예. 하나의 보기. an example

いちれいのあめ[一犁の雨](연어・명) 밭갈이에 알맞을 정도의 비. sufficient rain for farming

いちれつ[一列](명) 일렬. ①한 줄. ②첫줄. ③같은 패. 1. a row 2. the first row

いちれん[一連](명) 일련. ①한데 이어진 것. ②(종이의) 한 연(連). 전지 500 매. ③(말린 생선 등을 줄로 엮은) 한 두름. 1. a series 2. a ream of paper

いちれん[一連・一聯](명) 일련. ①한데 이어진 사물. 서로 상관된 사물. 「一の事実(ジジツ); 서로 밀접한 관계가 있는 사실(뒤이어 일어나는 사실)」 ②〔율시(律詩)에서〕 한 쌍의 구(句). 1. a chain 2. a couplet

いちれんたくしょう[一蓮託生] (연어・명) 일련 탁생. ①〈불〉 죽은 뒤 극락에서 같은 연대(蓮臺) 위에 몸을 의탁하는 것. ②행동이나 운명을 같이하는 것. 2. sharing one's fate with another

いちろ[一路] 일로. Ⅰ(명) 하나의 길. Ⅱ(부) 곧장. 오로지. 오직. 「一邁進(マイシン); 일로 매진」 Ⅰ one road Ⅱ intently

いちろく[一六](명) ①1과 6. ②〔투전에서〕 한 끗과 여섯 끗. 주사위의 1과 6. 1. one and six. **―ぎんこう**[一六銀行](명)〈속〉 전당포. 〔1과 6의 합인 7(シチ)에서 "しちや(質屋)"에 통하므로〕 **―しょうぶ**[一六勝負](명)〈속〉 ①도박. ②운에 맡긴 승부.

いちわり[一割](명) 1할. 10분의 1. 10 %. ten percent

いつ―[五](조어) 다섯. 「一月(ツキ); 다섯 달」

いつ[一・壱] Ⅰ(명) 하나. 한 쪽. 「一は…, 他(タ)は…; 하나는 …, 나머지는…」 Ⅱ(수) 일. 하나. one

いつ[何時](대) 언제. 어느 때. 「一何時(ナンドキ); 언제 어느 때」 when

いつう[胃痛](명) 위통. 위(胃)의 아픔. stomachache

いつえ[五重](명) 오중. 다섯 겹. five layers

いっか[一下](명・자サ) 일하. 한번 내림. 한번 떨어짐. 「命令(メイレイ)一; 명령 일하(명령이 한번 떨어지자마자)」 giving once

いっか[一荷](명) 하나의 짐. 한번에 멜 정도의 분량(分量). a load

いっか[一家](명・수) 일가. ①하나의 집. 한 채의 집. ②가족 전체. 「一団欒(ダンラン); 일가 단란」 ③학문, 기예 등의 독립한 한 유파(분파). 「一を成(ナ)す; 한 파를 이루다」 ④하나의 권위(権威). 1. a house 2. a family 3. a school 4. an authority. **―げん**[一家言](명) 자기의 독특한 주장이나 논설. 일가견. 「一を持(モ)つ; 자기 독특한 견해를 갖다」 **―そうでん**[一家相伝](명) 학문, 기예의 비전(秘伝)을 가족이 대대로 물려받는 일.

いっか[一過](명・자サ) 일과. ①단번에 지나감. 한번

지나가 버림. 「台風(タイフウ)一; 태풍 일과」 ②한번 훑어 봄. 1. passing away 2. glancing over
いっか[一価](수)〈이〉 1가. 원자가(原子価)가 1인 것. 수소 원자(水素原子) 하나와 화합하는 일. univalency
いっか[一箇·一個](수) 한 개. 「一三分(サンブン)の一(イチ); 1과 3분의 1」 one
いっか[一顆](수) (돌, 과일 등의) 한 알.
いつか[五日](명) ①5일. ②초닷새. 1. five days 2. the fifth day of a month
いつか[何時か](부) ①언젠가. ②어느 사이에. 「一秋(アキ)になっていた; 어느 사이에 가을이 되어 있었다」 ③조만간에. 얼마 안 있어. 언젠가는. 1. 2. before one is aware
いっかい[一介](명) 일개. ①(하찮은) 한 사람. 「一の文士(ブンシ); 한낱 보잘 것 없는 문인」 ②근소한 분량. 하찮은 것. 2. a trifle
いっかい[一階](명) 건물의 지면에 붙어 있는 부분. 1층. a ground floor
いっかい[一塊](명) 한 덩어리. 한 뭉치. a lump
いっかい[一回](수) 1회. ①한 번. ②한 바퀴. 1. once 2. a round. **—き**[一回忌](명) 1회기. 죽은 지 만 1년이 되는 날. 1주기(週期). **—てん**[一回転](명·자サ) 1회전. 한 번 돎.
いっかく[一角](명) 일각. ①한구석. 「建物(タテモノ)の一; 건물의 한구석」 ②한 모퉁이. 한 모서리. ③한 냥의 4분의 1의 금화나 은화. ④〈동〉 일각고래. 태평양, 대서양 북부에 살며 위턱에 긴 이가 1개 나온 돌고래의 한 가지. 1. a corner 4. a narwhal
いっかく[一画](명) ①일획. 글자의 한 획. 「一一点(イッテン); 한 획 한 점」 ②토지의 한 구획. 1. one stroke
いっかく[一郭·一廓](명) 한 둘레의 지대. a block
いっかくせんきん[一攫千金](연어·명) 일확 천금. 단번에 큰 이익을 보는 일. 「一を夢見(ユメミ)る; 일확 천금을 꿈꾸다」 making a fortune at a stroke
いっかげつ[一箇月·一個月](수) 1개월. 한 달. a month
いっかしょ[一箇所·一個所](명) 1개소. 한 곳. 한 군데. a place
いつかしら[何時かしら] Ⅰ(부) 어느 사이에. Ⅱ(연어) 언제일까. Ⅰ before one knows
いっかつ[一括](명·타サ) 일괄. 한데 묶음. 한데 합침. 「法案(ホウアン)を一上程(ジョウテイ)する; 여러 법안을 함께 상정하다」 summing up
いっかつ[一喝](명·타サ) 일갈. 큰소리로 꾸짖음. a thundering cry
いっかど[一角·一廉](명·부) ①한 구석. ②보통 이상으로 뛰어난 것. 「一の学者(ガクシャ); 뛰어난 학자」 1. a corner
いっかな(부) 〔"いか(如何)な"의 변화〕 아무리 하여도. 「一いうことをきかない; 아무리 하여도 말을 안 듣는다」 by no means
いつかな[何時かな](부) "いっかな"의 변화.
いっかねん[一箇年·一個年](수) 1개년. 한 해. a year
いっかん[一竿](명) 하나의 낚싯대. 「一の風月(フウゲツ); 낚시질로 세진(世塵)을 잊고 자연을 즐김」 a pole
いっかん[一貫] Ⅰ(수) 1관. 한 관. 1,000 돈쭝. 3,750 *g*. Ⅱ(명·자サ) ①같은 방법으로 해 감. 꿰뚫음. 「終始(シュウシ)一して; 시종 일관하여」 ②같은 회사가 (원료에서 제품까지) 일관하여 작업함. 「一作業(サギョウ); 일관 작업」 Ⅱ 1. consistency
いっかん[一管](수) ①(붓, 피리 등의) 하나. ②〔요오쿄쿠(謡曲)에서〕 피리를 노래에 맞춰 부는 것.
いっかん[一環](명) 일환. ①사슬 가운데의 한 고리. ②관계가 있는 한 부분. 「計画(ケイカク)の一として; 계획의 한 부분으로」 1. a link 2. a part
いっかんばり[一閑張り](명) 책상, 궤, 기명(器皿) 등의 위에 여러 겹으로 종이를 발라 말린 후 옻칠을 한 것. lacquered papier-mâché
いっき[一気](명) ①한 번의 호흡. ②단숨. 즉시. 1. a breath 2. at once. **—かせい**[一気呵成](연어·명) 일기 가성. 단숨에 글을 짓거나 일을 해 치우는 것. 「一にした; 단숨에 해 치웠다」
いっき[一季](명) ①1년 중의 한 계절. 한 철. ②(옛날 고용인의 근무 기간으로) 1년. 1. a season
いっき[一期](명·부) 일기. ①한정된 한 시기. 「一おくれて入学(ニュウガク)した; 한 학기 늦게 입학하였다」 ②제1기. 「一生(セイ); 제1기생」 a term
いっき[一揆](명) ①일규. 같은 정도. ②농민, 토착민 등의 폭동. ③단결. 1. the same kind 2. a riot
いっき[一基](수) 일기. (서 있는 것의) 하나. 한 대. 「燈台(トウダイ)一; 등대 하나」
いっき[一簣](수) 한 삼태기. 「九仭(キュウジン)の功(コウ)を一に欠(カ)く; 다 된 일을 약간의 게으름으로 망치다(九仭功虧一簣)」
いっき[一騎](수) 말에 탄 한 병사. a horse man. **—うち**[一騎打ち·一騎討ち](명·자サ) ①일기(一騎)씩 나아감. ②일기씩 싸움. 1대 1로 싸움. **—とうせん**[一騎当千](연어·명) 일기 당천. 혼자서 천 명을 감당함. 또는 그만한 힘이 있는 것.
いっき[逸機](명·자サ) 기회를 놓침. loss of a chance
いっきいちゆう[一喜一憂](연어·명·자サ) 일희 일우. 기쁨과 근심이 번갈아 일어남. 매사에 예민하여 울고 웃고함. (be) now glad, now sad
いっきく[一掬](명) ①일국. 한 움큼. ②마음뿐. 「一の同情(ドウジョウ); 마음만의 동정」 ③근소. 약간. 「一の涙(ナミダ); 약간의 눈물」 1. a scoop
いつきのみこ[斎王](명)〈고〉 천황 즉위 때에 중요 신사(神社)에 봉사시키기 위하여 보내는 미혼 왕녀(王女).
いつきめ[斎女](명)〈고〉 재계(斎戒)하여 신(神)에 봉사하는 여자.
いっきゃく[一客](명) ①한 손님. 손님 한 분. ②가장 중한 손님. 1. a guest 2. an honourable guest
いっきゃく[一脚](수) ①다리 하나. ②(의자, 책상 등의) 하나. 1. a leg
いっきゅう[逸球](명·자サ) 〔야구에서〕 놓친 공. 공을 놓침. an error
いっきゅう[一級](수) 일급. ①한 계급. ②한 학년.

「一上(ウエ)だ; 한 학년 위다. 한 급 위다」③제1의 등급. 「一品(ヒン); 일급품」 1. a grade 3. the first class

いっきょ[一挙](명·자サ) 일거. ①한 번 일을 함. ②한 번의 호흡. 단숨. 1. one effort 2. in one breath. **— いちどう**[一挙一動](연어·명) 일거 일동. 하나 하나의 동작. **— に**[一挙に](부) 일거에. 단번에. **— りょうとく**[一挙両得](연어·명) 일거 양득. 한 번에 두 가지 이익을 얻는 일. 일석 이조(一石二鳥).

いっきょ[逸居](명·자サ) 일을 않고 게으르게 삶. an idle life

いっきょう[一興](명) 한 가지 재미. 약간의 재미. 「釣(ツ)りも一だ; 낚시질도 한 재미다」 a fun

いっきょう[一驚](명·자サ) 놀람. 「一を喫(キッ)する; 깜짝 놀라다」 a surprise

いっきょう[逸興](명) 즐거움. 재미. pleasure

いっきょく[一曲](수) ①한 악곡(楽曲). 한 곡목. ②음악의 한 구절. 1. a piece of music

いっきょく[一局](수) ①장기판 하나. ② 바둑의 한 번의 승부. 한 판. 2. a game

いっきょしゅ いっとうそく[一挙手一投足](연어·명) 일거수 일투족. 손발을 한 번 놀리는 것. 아주 쉽고 작은 노력. 「一もゆるがせにしない; 일거 일동도 소홀히 하지 않는다」「一の労(ロウ)をおしむ; 아주 작은 노력을 아끼다」 a slight effort

いっきん[一斤](명) 한 근. 160돈쭝. 600 *g*.

いっく[一区](명) ①토지 등의 한 구획. ②첫째 구역. ③(버스 등의) 한 구간(区間). 1. 3. a section

いっく[一句](명) ①하이쿠(俳句)의 한 수. ②문장이나 시가의 한 단락(段落). 2. a line

いつ·く[居着く]キー(자 4) 정착(定着)하다. 계속 살다. get settled

いつ·く[斎く](자 4)〈고〉 ①신을 섬기다. ②소중히 간직하다.

いつく·し[美し](형シク)〈고〉 아름답다. 사랑스럽다.

いつく·し[厳し](형シク)〈고〉 장엄하다. 위엄 있다.

いつくし·む[慈しむ](타 4) ①자애를 베풀다. 귀여워하다. 소중히 여기다. ②불쌍히 여기다. 명 いつくしみ. 1. cherish 2. pity

いっけ[一家](명) ⇨いっか. ┌a single family lineage

いっけい[一系](명) 한핏줄. 같은 혈통(血統). ↗

いっけい[一茎](명) 풀 한 포기. one grass

いっけい[一計](명) 한 계책. 한 꾀. 「一を案(アン)じる; 한 계책을 생각해 내다」 a plan

いっけつ[一穴](명) ①경락(経絡)의 하나. ②하나의 구멍. ③대소변을 겸하여 보게 된 변기. 2. a hole

いっけつ[一決](명·자サ) ①하나로 결정함. 「対策(タイサク)一; 대책 결정」 ②단호하게 정함. 결심. 1. a unanimous agreement 2. a positive decision

いっけつ[溢血](명·자サ)〈의〉 일혈. 신체의 조직 사이에 일어나는 출혈. 피부 표면에 무늬가 짐. 「脳(ノウ)一; 뇌일혈」 extravasation

いっけん[一犬](명) 개 한 마리. 「一虚(キョ)にほえる; 한 마리의 개가 공연히 짖다(한 사람이 엉뚱한 말을 끄집어 내는 것의 비유)」 a dog

いっけん[一件](명) ①한 사건. ②〈속〉 그 일. 그것. 그건. 1. a matter 2. the affair

いっけん[一見] Ⅰ(명·타サ) 일견. ①한 번 봄. 「百聞(ヒャクブン)は一にしかず; 백문이 불여 일견」 ②한 번 만남. 「一旧(キュウ)の如(ゴト)し; 초면에 벌써 구면같이 되다」 Ⅱ(부) 얼핏 보기에. 「一会社員(カイシャイン)ふうの男(オトコ); 얼핏 보기에 회사원 같은 남자」 Ⅰ 1. a glance 2. seeing once

いっけん[一間](명) ①집의 기둥과 기둥 사이. ②6자의 길이. 1.81 *m*.

いっけん[一軒](명) ①안채를 중심으로 하여 이에 딸린 한 무리의 건물. 집 한 채. ②용마루로 이어진 건물. ③한 집. 3. a house. **— や**[一軒家](명) 따로 떨어져 있는 집. 외딴집.

いつげん[逸言](명) 잘못된 말. 지나친 말. 실언(失言). 과언(過言). a slip of the tongue

いっけんしき[一見識](명) 상당한 식견. 꽤 뛰어난 식견. a tolerable idea

いっこ[一己](명) 자기 한 사람. 혼자. 「わたくし一の考(カンガ)え; 저 혼자의 생각」 alone

いっこ[一戸](명) 한 집. 한 건물. a house

いっこ[一箇·一個](수) ①한 개. ②수량(水量)의 단위(매초 1 입방척). ③〈속〉 100원. 1. one

いっこ[一顧](명·타サ) 일고. ①잠깐 뒤돌아 봄. ②조금 생각함. 고려. 「一の価値(カチ)もない; 조금도 고려할 가치가 없다」 1. notice 2. consideration

いっこう[一行](명) 일행. ①동행. 동행한 사람들. ②한 줄. ③작은 행동. 「一言(イチゲン)一; 일언 일행(사소한 말과 행동)」 ④편지 한 통. ⑤어떤 일에 전력하는 것. 1. a party 2. a row

いっこう[一考](명·타サ) 일고. 한 번 생각해 봄. 「一を要(ヨウ)する; 한 번 생각해 볼 필요가 있다」 a consideration

いっこう[一更](명·타サ) 일경. 옛 시각 이름. 오후 8시부터 10시까지. 초경(初更). 초야(初夜). early night

いっこう[一高](명) ⇨いちこう. **— いってい**[一高一低](연어) 번갈아 높아졌다 낮아졌다 하는 것.

いっこう[一校](명) ①한 학교. ②학교 전체. 전교(全校). ③최초의 교정쇄(校正刷). 초교(初校). 3. the first proof

いっこう[一向](부) ①오로지. 외곬으로. ②조금도. 전연. ③도리어. 오히려. 1. intently 2. at all

いっこく[一国](명) ①일국. 한 나라. ②온 나라. 전국. 1. a country 2. the whole country

いっこく[一刻] Ⅰ(명) 일각. ①〔옛날의 시간에서〕 1시의 4분의 1. 지금의 30분. ②짧은 시간. 잠깐. ③한 때. Ⅱ(명·형동ダ) ① 남에게 비판을 받으면 발칵 성을 냄. ②고집이 셈. Ⅰ 1. half an hour 2. one moment Ⅱ 2. obstinacy. **— もの**[一刻者·一国者](명) ①고집이 세어 남의 말을 안 듣는 사람. 외고집장이. ②화를 잘 내는 사람. **— せんきん**[一刻千金](명) 일각 천금. 매우 귀중한 시간. 시간은 매우 귀중하다는 말. **—せんしゅう**[一刻千秋](명) 일각 천추. 매우 기다려져서 일각이 천년같이 더디 생각되는 것.

いっこじん[一個人](명) 일개인. ①단체 중의 한 사람 한 사람. ②한 사람. 개인. 1. a private person

いっこてん[一壺天](명) 작은 우주. 소천지(小天地). a small world

いっこん[一献](명) ①한 잔의 술. ②술을 대접하는 것. 술을 한번 치는 것.「—さしあげたい; 한잔 대접하고 싶다」③적은 인원수의 술자리. 1. a cup of wine

いっさい[一切](명·부) 일체. 모두. 전부. everything. **—がっさい**[一切合切](명·부) 전부. 모두. 일체. **—きょう**[一切経](명)〈불〉일체경. ①불경, 불교 서적 등의 일체. ②⇨だいぞうきょう(大蔵経). **—しゅじょう**[一切衆生](연어·명)〈불〉일체 중생. 이승에 살고 있는 모든 생물.

いっさい[一再](명) 한두 번. 한두 회(回).「—ならず; 한두 번이 아니고(몇 번이나)」 once or twice

いっさい[一歳](명) ①한 살. ②1평방척(平方尺)의 직물(織物). 1. a year of age

いつざい[逸材](명) 일재. 뛰어난 재능(才能)을 가진 인물. a man of high ability

いっさいたふ[一妻多夫](연어·명) 일처 다부. 한 아내에게 둘 이상의 남편이 있는 일. ↔一夫多妻(イップタサイ). polyandry

いっさく—[一昨](조어) (연월일에서) 하나를 건너 뛴 과거. **—さくじつ**[一昨昨日](명) 그그저께. **—さくねん**[一昨昨年](명) 재재작년. **—じつ**[一昨日](명) 그저께. **—ねん**[一昨年](명) 재작년. **—ばん**[一昨晩](명) ⇨いっさくや. **—や**[一昨夜](명) 그저께 밤.

いっさく[一作](명) 하나의 작품. a work

いっさく[一策](명) 하나의 책략, 방법.「—を案(アン)じる; 하나의 방법을 생각해 내다」 a plan

いっさく[一昨](연체) 그저께의.「—十八日(ジュウハチニチ); 그저께 18일」 the day before yesterday

いっさつ[一札](명) ①한 문서. ②증서(証書).「—を入(イ)れる; 사과문, 서약서 등을 써서 내다」2. a bond

いっさつたしょう[一殺多生](연어·명)〈불〉⇨いっせつたしょう.

いっさん[一山](명) 하나의 절.(건물로서의 절은 "いちじ"라고 함)「—の大衆(ダイシュ); 절의 많은 승려」

いっさん[一盞](명) 술 한 잔. 한 잔의 술. a cup of wine

いっさんか たんそ[一酸化炭素](명)〈이〉일산화탄소. 숯 등이 제대로 타지 못할 때에 나오는 독 있는 가스. carbon monoxide

いっさんに[一散に·逸散に](부) ①한눈을 팔지 않고 곧장. ②사방으로 흩어지는 모양. 1. at full speed 2. scatteredly

いっし[一子](명) ①외아들. ②많은 아이 중의 한 아이. 1. an only child

いっし[一矢](명) 일시. 하나의 화살.「—をむくいる; 화살을 되쏘다(도전해 온 싸움이나 밖에서 오는 비난 등에 대하여 응수하다)」 an arrow

いっし[一死](명) ①한 번 죽는 것. ②〔야구에서〕한 사람이 아우트되는 것. 1. death 2. one out

いっし[一糸](명) ①실 한 오리.「—もまとわず; 실 한 오리도 몸에 걸치지 않고(완전 나체)」②무게의 단위. 1모(毛)의 10분의 1. ③근소한 것.「—乱(ミダ)れず; 일사 불란」 1. a thread

いっし[一指](명) 한 손가락.「—もふれない; 손가락 하나 건드리지 않다」 a finger

いっし[逸史](명) 일사. 정사(正史)에 빠진 역사상의 사실. unofficial history

いっし[一枝](수) 한 가지.「梨花(リカ)—; 배꽃 한 가지」 a branch

いつじ[逸事](명) 일사. 세상에 알려지지 않은 사실. an anecdote

いつしか[何時しか](부) ①조만간에. 그러는 사이에. ②어느 사이에. ③〈고〉㉠너무 이르게. ㉡언제일까 하고 고대하는 모양. 1. shortly 2. before one knows

いっしき[一式](명·부) 한벌. 전부. a whole set

いっしき[一色](명) 일색. ①한 가지 빛깔. ②한 가지 물건. 1. one colour

いっしそうでん[一子相伝](연어) 한 자식에게만 자기가 지니고 있는 학문, 기예 등의 오묘한 비법을 전함. transmission from father to son

いっしちにち[一七日](명)〈불〉⇨ひとなのか.

いっしつ[一室](명) 일실. ①한 방. ②같은 방. ③어떤 방. 1. a room 2. the same room

いっしどうじん[一視同仁](연어·명) 일시 동인. 모든 사람(국민)에게 똑같이 사랑을 베푸는 일. universal brotherhood

いっしはんせん[一紙半銭](연어·명) ①종이 한 장과 돈 5리(五厘). ②근소한 것의 비유. 2. a trifle

いっしゃせんり[一瀉千里](연어·명·부) 일사 천리. ①속도가 빠름. ②사물의 진척이 빠름. ③문장이나 말이 거침 없고 빠름. 1. rapidity 2. rapid despatch

いっしゅ[一朱](명) 옛 화폐의 단위. 1냥(両)의 16분의 1.

いっしゅ[一種](명·수) 일종. ①같은 종류. ②같은 종류 중의 좀 다른 갈래. ③제1종 우편물(第一種郵便物)의 준말. 1. the same kind 2. a sort

いっしゅ[一首](수) 시가(詩歌)의 하나. a poem

いっしゅう[一宗](명) 불교의 한 종파(宗派).「—一派(イッパ)にかたよらない; 어느 한 종파에 치우치지 않다」 a sect

いっしゅう[一周](명·자サ) 일주. ①한 바퀴 돎. ②한 바퀴. 한 돌. 1. a round. **—き**[一周忌](명)〈불〉일주기. 죽은 지 만 1년 만에 지내는 불사(제사). 1회기(一回忌). **—ねん**[一周年](명) 1주년. 만 1년.「開店(カイテン)—; 개점 1주년」

いっしゅう[一蹴](명·타サ) 일축. ①차 버림. ②냉정하게 거절함.「要求(ヨウキュウ)を—する; 요구를 단번에 거절하다」 2. rejection

いっしゅう[一週](수·부) 1주. 7일. a week. —

かん[一週間](명) 1주간. 7일간.
いっしゅくいっぱん[一宿一飯](연어·명) 하룻밤 자고 한끼 식사 대접을 받는 것. 적은 신세. 「一の恩義(オンギ); 약간의 신세」
いっしゅつ[逸出](명·자サ) 일출. ①빠져 나옴. ②뛰어남. 1. escape 2. eminence
いっしゅん[一瞬](명) 일순. ①눈 한 번 깜짝할 사이. 한 순간. ②매우 짧은 시간. ③한 번 봄. 1. a blink 2. a moment 3. a look. —かん[一瞬間](명) 일순간. 매우 짧은 시간.
いっしょ[一書](명) ①한 통의 편지나 문서. ②하나의 책. ③다른 책. 어떤 책. 「一にいわく; 어떤 책에 이르되」 2. a book
いっしょ[一緒·一所](명) ①전체가 하나로 되어 구별이 없는 것. ②동반. 함께 하는 것. 「一に; 함께」 ③동시. ④〈속〉 한데 뭉치는 일. 부부. 「一になる; 부부가 되다」 1. a lump 2. company 3. the same time. —くた[一緒くた](명)〈속〉 ①이것 저것 한데 섞어 놓은 것. 잡동사니. ②동일시(同一視)하는 일. 「何(ナニ)もかも一にする; (함부로) 죄다 한데 합쳐 놓다」
いっしょ[逸書·佚書](명) 일서. 이름만 전해지고 내용은 전해지지 않는 책.
いっしょう[一升](수) 한 되. 약 1.8*l*.
いっしょう[一生](명) ①일생. 나서 죽을 때까지의 사이. 생애. ②아주 적은 삶의 가능성. 「九死(キュウシ)一; 구사 일생」 1. a lifetime. —がい[一生涯](명) 일생애. 살아 있는 기간. 한평생. —けんめい[一生懸命](연어·부) 〔一所懸命의 변화〕 ①목숨을 걸고. 결사적으로. 매우 열심히. ②옛날 한 곳의 영지의 녹(禄)으로만 생활하던 모양.
いっしょう[一笑](명·자サ) 일소. ①한 번 웃음. ②하찮게 여김. 웃음 거리로 여김. 「一に付(フ)する; 일소에 붙이다(문제로 삼지 않고 웃어 넘기다)」 1. a laugh
いっしょう[一称](명) 하나의 이름. 하나의 말씨.
いっしょう[一宵](명) 하룻밤. 하루 저녁. one night
いっしょう[一将](명) 일장. 한 장군. 「一功(コウ)成(ナ)りて万骨(バンコツ)枯(カ)る; 한 장군의 공은 많은 졸병의 희생으로 이룩된다(一将功成万骨枯)」 a general
いっしょう[一勝](명·자サ) 한 번 이김. 「一をあげる; 한 번 승리를 거두다」 a single victory
いっしょうさんたん[一唱三嘆·一唱三歎](연어) 일창삼탄. 한 번 읽고 세 번 감탄함. 훌륭한 시나 문장을 읽고 매우 감탄함.
いっしょく[一色](명) 일색. ①한 빛깔. 「青(アオ)一にぬる; 푸른 색 한 가지로만 칠하다」 ②한 가지의 경향. 1. one colour
いっしょく[一食](명) 한 번의 식사. 한끼. a meal
いっしょくそくはつ[一触即発](연어·명·자サ) 일촉즉발. 약간 스쳐도 폭발할 위험한 상태. 누란(累卵)의 위기. a touch-and-go situation
いっしん[一心](명) 일심. ①일치한 마음. ②마음을 한데 쏟는 것. ③한마음. 1. unity 2. concentration of mind 3. one mind. —ふらん[一心不乱](연어·명) 일심 불란. 한 가지 일에만 골몰하는 일.
いっしん[一身](명) 일신. ①자기 몸. ②전신. 온몸. 1. one's own body 2. the whole body. —じょう[一身上](명) 일신상. 자기 자신(환경)에 관한 것.
いっしん[一新](명·자타サ) 일신. 모두 새로와짐. 새롭게 함. 「顔(カオ)ぶれが一する; 인원이 전부 새로 갈리다」 renewal
いっしん[一審](명)〈법〉 일심. 첫번째의 재판. 제1심의 준말. the first trial
いっしんいったい[一進一退](연어·명·자サ) 일진 일퇴. ①전진, 후퇴를 번갈아 함. 일이 제대로 안됨. ②좋아졌다 나빠졌다함. 「一の病状(ビョウジョウ); 나아졌다 더했다하는 병세」 1. advance and retreat
いっしんきげん[一新紀元](연어·명) 사물이 새로 바뀐 첫해. 신기원. 「一を画(カク)す; 신기원을 획하다(새로운 시대를 이루다)」 a new era
いっしんきょう[一神教](명) 일신교. 단지 하나의 신만을 믿는 종교. ↔多神教(タシンキョウ). monotheism
いっしんとう[一親等](명)〈법〉 자기 또는 배우자를 중심으로 한 친척 관계 중에서 가장 가까운 사람. 예: 부모, 자녀 등. relation of the first degree
いっすい[一炊](명) 밥을 한 번 짓는 일. 「一の夢(ユメ); 일취지몽(인생의 허무함의 비유)」 one boiling
いっすい[一睡](명·자サ) 한잠. 「一のひまもない; 눈붙일 틈도 없다」 a sleep
いっすい[溢水](명·자타サ) 물이 넘침. 물이 넘치게 함. overflow
いっ·する[逸する](타サ) ①놓치다. 「機会(キカイ)を一; 기회를 놓치다」 ②놓아 주다. ③빠뜨리다. 잊다. 잃다. 「この点(テン)を一ことはできない; 이점을 빠뜨릴 수는 없다」 1. 3. miss
いっすん[一寸](명) ①한 치. 1자의 10분의 1. 약 3.03*cm*. ②짧은 거리, 시간. 「一先(サキ)はやみ; 한 치 앞은 암흑(인생에서 앞일은 조금도 알 수 없다는 비유)」 ③작은 것. 「一の虫(ムシ)にも五分(ゴブ)の魂(タマシイ); 한 치의 벌레에도 5푼의 혼(지렁이도 밟으면 꿈틀한다)」 3. smallness
いっすんのがれ[一寸逃れ](명) 임시적인 책임 회피(責任回避). quibble
いっすんぼうし[一寸法師](명) ①동화 속에 나오는 상상상(想像上)의 소인(小人). ②난장이. 2. a midget
いっせ[一世](명) 일세. ①일생. 한평생. 「一一度(イチド); 일생에 한 번」 ②과거, 현재, 미래의 삼세(三世) 중의 하나. ③당시. 당대(当代). ④군주로 있은 기간. ⑤같은 왕조(나라)에서 같은 이름의 황제 중 최초의 황제. 「ジョージ一; 조오지 1세」 1. a lifetime 4. a reign
いっせい[一声](명) 일성. 한 소리. 「汽笛(キテキ)一; 한 번 울리는 기적 소리」 a shout
いっせい[一斉](부) 일제히. 동시에. 「一射撃(シャゲキ); 일제 사격」 simultaneity
いっせいき[一世紀](명) 1세기. 100년. a century
いっせいめん[一生面](명) 새로운 길, 방법. 신기축

(新機軸). a new phase
いっせき[一夕](명·부) ①하룻밤. ②어느날 밤. ③밤새. 1. 2. one evening
いっせき[一石](명) 일석. 하나의 돌.「一を投(トウ)じる; 하나의 돌을 던지다(문제를 일으키다)」a stone.
—にちょう[一石二鳥](연어·명) 일석 이조. 한 일을 하여 두 이익을 거두는 것. 일거 양득.
いっせき[一席](명) ①(연설, 연회 등의) 1회. 일장(一場).「一弁(ベン)じる; 일장 연설을 하다」②한 자리.「一を設(モウ)ける; 한 술자리를 마련하다」 1. a sitting 2. a party
いっせき[一隻](수) ①한 척. ②하나. 1. a ship 2. one.
—がん[一隻眼](명) 독특한 식견.「一をそなえる; 독특한 식견을 갖고 있다」
いっせつ[一説](명) 일설. ①하나의 설. ②어떤 설. ③다른 설. 이설(異説). 1. an opinion 3. another view
いっせつ[一節](명) 일절. ①문장, 악곡 등의 한 구분. ②야구 등의 한 일정(日程). ③어떤 시기. 1. a paragraph 2. a term
いっせつ[一切](부) 일체. 모두. everything
いっせつたしょう[一殺多生](연어·명)〈불〉 한 사람을 희생시키는 대신 많은 사람을 구하는 것. killing one for the benefit of many
いっせつな[一刹那](명) 찰나. 순간. an instant
いっせん[一閃](명·자サ) 한 번 번쩍 빛남.「白刃(ハクジン)一; 흰 칼날이 한 번 번쩍하다」 a flash
いっせん[一戦](명·자サ) 일전. 한 번의 전투. 한 승부.「一をまじえる; 한 번 교전(시합)하다」a battle
いっせん[一線](명) 일선. ①하나의 선(금).「一を画(カク)す; 한 금을 긋다(분명히 구분하다)」②제일선. 최전선. 1. a line 2. the front
いっそ(부) 차라리. 도리어.「一のこと; 차라리」rather
いっそう[一掃](명·타サ) 일소. 말끔히 쓸어 버림. 말끔히 치워 버림.「不安(フアン)を一する; 불안을 죄다 없애 버리다」 sweeping
いっそう[逸走](명·자サ) 도주함. scamper
いっそう[一双](수) (장갑, 병풍 등의) 한 벌. a pair
いっそう[一層](부) 일층. 한층. 더욱더. still more
いっそく[一足](수) (신발 등의) 한 켤레. a pair.
—とび[一足飛び](명·자サ) ①두 발을 모아 뜀. 모두뜀. ②차례로 하지 않고 건너 뜀.
いっそく[逸足](명) 일족. ①걸음이 빠른 것. ②뛰어난 문하생(門下生), 제자(弟子). 2. one's best pupil
いつぞや[何時ぞや](부) 언젠가. 일찌기. 전에. 앞서. once
いったい[一体] Ⅰ(명·수) 일체. ①한 몸. ②(불상 등의) 하나. ③하나의 양식. Ⅱ(부) ①몰밀어서. 대체로.「一に; 대(전)체로」②본시. 원래.「一が; 원래가」Ⅲ(감) 이상히 여겨 책망하는 말.「一どうしたんだ; 도대체 어떻게 된 거야」 Ⅰ1. a unity Ⅱ1. generally.
—ぜんたい[一体全体](부) "いったいⅢ"을 강조한 말. 대관절. 도대체.
いったい[一帯](명) ①한 줄. 하나로 이어진 것. ②일대. 전부.「その付近(フキン)一; 그 부근 일대」1. a zone
いつだつ[逸脱](명·자サ) 일탈. ①빗나가 벗어남. ②잘못하여 빠뜨림. 1. deviation 2. omission
いったん[一端](명) 일단. ①한쪽 끝. ②사물의 일부.「希望(キボウ)の一を述(ノ)べる; 희망의 일부를 진술하다」 1. one end 2. a part
いったん[一旦](부) 일단. 한번. 조금. once
いっち[一致](명·자サ) 일치. 하나가 됨. 둘 이상이 잘 맞음. agreement
いっちはんかい[一知半解](연어·명) 일지 반해. 제대로 모르는 것. 수박 겉 핥기의 지식. smattering
いっちゃく[一着](명) 일착. ①첫번째의 도착. ②옷 등을 세는 말. 한벌.「背広(セビロ)一; 양복 한벌」③옷을 한 번 입는 일.「新(アタラ)しい洋服(ヨウフク)を一に及(オヨ)ぶ; 새 양복을 한 번 뽐내어 입다」 1. the first arrival
いっちゅう[一中](명) ①한 번 맞는 것.「五発(ゴハツ)一; 5발에 한 방 맞음」②제일 중학교(第一中学校)의 준말. 1. a strike
いっちゅう[一籌](명) ①승부를 겨룰 때의 한 점.「一を輸(ユ)する; 조금 지다」②하나의 계책. 1. a point
いっちゅうや[一昼夜](명) 일주야. 24시간. 하루 낮과 하룻밤. a whole day and night
いっちょう[一町](수) 일정. ①거리의 단위. 60간. 약 109*m*. ②지적(地積)의 단위. 10단보.
いっちょう[一朝](명·부) ①하루 아침. ②일단. 한번.「一ことあれば; 일단 유사시(有事時)에는」③잠깐. 한때. 1. one morning. **—いっせき**[一朝一夕](연어·명). 일조 일석. 짧은 시일.「一ではできない; 단시일엔 안되다」
いっちょう[一丁](수) ①(팽이, 가마, 두부 등의) 하나. 한 자루. 한 채. 한 모. ②(음식점에서 주문한) 한 가지 음식. ③〈속〉(승부, 일 등의) 하나. 한판.「一やろう; 한판 하자」④1정(町). ⑤(책장의 앞뒤) 한장. ⑥(장정, 인부의) 한 사람. 2. one helping
いっちょう[一丁·一挺](수) 일정. (먹, 총, 창 등의) 한 자루. a piece
いっちょう[一張](수) 거문고, 휘장, 활 등의 하나.
—いっし[一張一弛](명) 일장 일이. ①늦추었다 죄었다함. ②때로는 일을 시키고 때로는 놀리는 것.
いっちょういったん[一長一短](명) 일장 일단. 장점도 있고 단점도 있는 것. a merit and a demerit
いっちょうら[一張羅](명) ①단벌인 외출복. ②갖고 있는 것 중에서 가장 좋은 옷. 1. one's only suit 2. one's Sunday best
いっちょくせん[一直線](명) 일직선. 하나의 곧은 선. 똑바른 것. 쭉 곧은 것. a straight line
いつつ[五つ] Ⅰ(명) 옛 시각 이름. 오전, 오후 8시. Ⅱ(수·부) ①다섯. ②다섯 살. Ⅱ1. five
いづつ[井筒]キ—(명) ①우물의 땅 위로 올라 온 부분. 사고 방지를 위하여 우물 둘레를 돌이나 나무

〔井筒①〕

로 둘러 싼 것. ②가문(家紋)의 이름. 1. a well curb

いっつい[一対](수) 한 쌍. 한 벌. 둘로써 한 벌이 되는 것. a pair

いっつう[一通](수) (문서나 편지의) 하나. 한 통.

いつづけ[居続け]キー(명·자サ) 유흥가(遊興街)에서 계속 외박함. 동 居続ける(자하 1). passing many days in dissipation

いって[一手](명) ①자기 혼자서 하는 것. 독점. 「一に引(ひ)き受(う)ける; 혼자 도맡다」 ②〔장기, 바둑에서〕 한 번 움직임. 한 수. 1. monopoly 2. a move

いってい[一定](명·자타サ) 일정. 정해져 있음. 「一の期間(キカン); 일정한 기간」 settlement

いっていじ[一丁字](명) 하나의 글자. 「目(メ)に一もない; 글을 전연 모르다(目不識丁)」 a single letter

いってき[一擲](명·타サ) 일척. 던져 버림. 한 번 던짐. 「一乾坤(ケンコン)を賭(ト)す; 천지를 걸 만한 큰 승부나 모험(乾坤一擲)」 abandonment, throwing

いってき[一滴](수) 일적. 한 방울. a drop

いってきこく[一敵国](명) 깔볼 수 없는 상대. 호적수(好敵手). 「一を成(ナ)す; 호적수를 이루다」 a formidable foe

いってつ[一徹](형동ダ) ①고집이 센 모양. 완고(頑固). 「老(オ)いの一で; 노인의 외고집으로」 ②심히 골똘한 모양. 1. obstinate

いってん[一天](명) ①창공. 온 하늘. ②천하. 전체. 1. the whole sky 2. the whole country. **—ばんじょう**[一天万乗](명) 천하를 다스리는 자리. 또는 천자. 「一の君(キミ); 황제」

いってん[一点](명·수) ①(위치만 있고 넓이가 없는) 하나의 점. ②조금. 약간. ③물건의 하나. ④옛날의 1시간을 4분의 1로 나눈 첫 토막. 「寅(トラ)の一; 오전 4시 30분」 ⑤점수의 하나. 1. a point 2. a speck. **—ばり**[一点張り](명) 하나의 일(방법)만을 고집하는 것. 외곬. 「しごと一; 일 밖에 모름」

いってん[一転](명·자サ) ①일회전(一回転). ②완전히 바뀜. 일변(一変). 「形勢(ケイセイ)一; 정세 일변」 1. a turning

いってんき[一転機](명) ①중요한 전환기. ②바뀌는 곳. 전환점. a turning point

いっと[一兎](명) 토끼 한 마리. 「一をも得(エ)ずに; 아무 목적도 이루지 못하고」 a rabbit

いっと[一途](명) ①같은 길. ②외곬. 2. a straight line

いっとう[一刀](명) ①한 자루의 칼. ②한 번 휘두르는 칼. 한칼. 1. a sword. **—りょうだん**[一刀両断](연어·명) 일도 양단. ①한칼로 두 동강이를 내는 일. ②과감히 처리하는 것.

いっとう[一党](명) 일당. ①하나의 당파. 「一政治(セイジ); 일당 정치」 ②한 패. 「一をひきいる; 한 패를 거느리다」 a party

いっとう[一等] Ⅰ(명) 1등. ①제일. 제일의 등급. ② 1착. 첫째 번. Ⅱ(부)〈속〉 제일. 가장. 「それが一いい考(カンガ)えだ; 그게 가장 좋은 생각이다」 Ⅰ 1. the first class Ⅱ the best. **—しん**[一等親](명)〈법〉 ⇨ いっしんとう(一親等). **—せい**[一等星](명)〈천〉 일등성. 제일 빛이 약한 별을 1로 하고, 그 별보다 100배나 밝은 별. 예: 견우성, 직녀성 등. **—へい**[一等兵](명)〈군〉 1등병. 군대의 제일 밑에서 둘째 계급.

いっとう[一統](명) ①한 줄기. 한 계통. ②일동. 「ご一様(サマ); 여러분들」 ③통일. 2. all 3. unification

いっとう[一頭](명·수) ①머리 하나. 「一地(チ)をぬく; 남보다 한층 뛰어나다」 ②일두. 짐승 한 마리. a head

いっとう[一燈](명·수) 전등, 등불 등의 하나. 「貧者(ヒンジャ)の一; 빈자의 일등(가난한 자의 정성 어린 하나의 등은 부자의 허영에 찬 만 등보다 낫다는 비유)」 one light

いっとき[一時](명) ①일시. 지금의 2시간. ②잠시. 1. two hours. **—のがれ**[一時逃れ](명) 임시의 책임 회피. 임시적인 미봉(彌縫).

いっとくいっしつ[一得一失](연어·명) 일득 일실. 이익이 있는 반면에 손실이 있는 것. 일리 일해(一利一害). an advantage and a disadvantage

いつと(は)なく[何時と(は)無く](연어·부) 어느 사이에. 언젠지도 모르게. before one knows

イットリウム[yttrium](명)〈이〉 이트륨. 희금속(稀金属) 원소의 하나. 기호는 Y, Yt.

いつに[一に](부) ①또는. 혹은. ②오로지. 전연. 「一きみのために; 오로지 너 때문에」 1. or 2. solely

いっぱ[一派](명) 일파. ①학문, 종교, 무술, 예술 등의 한 분파(分派). ②한패. 같은 패. 「反対党(ハンタイトウ)の一; 반대당의 일파」 1. a school 2. a party

いっぱ[一波](명) ①하나의 물결. ②한 소요(騷擾). 「賃上(チンア)げ闘争(トウソウ)の一; (한 차례의) 임금 인상 투쟁의 소요」 1. a wave 2. a disturbance

いっぱ[一羽](수) 한 마리의 새. a bird

いつはあれど[何時はあれど](부)〈고〉 언제랄 것은 없으나 특별히.

いっぱい[一杯] Ⅰ(명·수) ①술 한 잔. 또는 술잔 하나. ②한 잔에 드는 분량. ③가득 차는 것. ④약간의 술. 한잔 술. 「一やる; (술을) 한잔하다」 ⑤(배) 한 척. ⑥오징어 한 마리. Ⅱ(부) ①충분히. ②최대한으로. 「一食(ク)わす; 남을 감쪽같이 속이다」 Ⅰ 1. a winecup Ⅱ 1. fully 2. to the utmost. **—いっぱい**[一杯一杯](명)〈속〉 손해도 이득도 없는 것. 손득(損得)이 맞먹는 것. **—きげん**[一杯機嫌](명) 한잔 마신(취한) 기분. 약간의 취기(酔気).

いっぱい[一敗](명·자サ) 일패. 한 번 짐. 「一地(チ)にまみれる; 대패(大敗)하여 다시 일어날 수 없게 되다(一敗塗地)」 a single defeat

いっぱく[一白](명) ①말 다리 아랫부분에 흰 얼룩이 있는 것. ②일백. 구성(九星)의 하나. 방위, 궁합 등에서 길(吉)이라 함. 1. a white speck on the fetlock

いっぱく[一拍](명·자サ) ①손뼉을 한 번 침. ②박자를 한 번 침. 한 박자. ③〔언어에서〕 한 음절. 1. beating 2. a beat

いっぱく[一泊](명·자サ) 일박. 하룻밤을 잠. a night's lodging

いっぱし[一端](부) 남처럼. 보통으로. 「一(の)くらしを立(タ)てる; 남 사는 정도(보통)의 살림을 꾸리어 나가다」 like other people

いっぱつ[一発](명·수) 일발. ①(사격의) 한 방. ②(총알의) 하나. ③〈속〉 한 번 함. 「一やってみよう; 한 번 해보자」 1. a shot

いっぱん[一半](명) 반쪽. one half

いっぱん[一般](명) 일반. ①전체. 「社会(シャカイ)一; 사회 전체」 ②세상. 많은 사람. 「一を失望(シツボウ)させた; 세상(대중)을 실망시켰다」 ③보통. 보편. 「一入場者(ニュウジョウシャ); 보통 입장자(관람자)」 ④동일(同一). 1. generality 3. commonness. **―かいけい**[一般会計](명)〈법〉 일반 회계. 한 나라의 주요한 세출입을 총합하여 경리하는 회계. **―しょく**[一般職](명) 일반직. 특별직을 제외한 공무원. **―てき**[一般的](형동ダ) 일반적. 대체적인 모양. 보편적. **―に**[一般に](부) ①대체로. ②〈수〉 보편적으로. 모든 경우를 통하여. **―ろん**[一般論](명) 일반론. 전체에 대해 개괄적으로 고루 논하는 것.

いっぱん[一班](명) ①조직 중의 한 작은 부분. 한 조(組). ②첫째 조(組). 1. a section

いっぱん[一斑](명) ①일부분. 「一を述(ノ)べる; 일부분을 말하다」 ②표범 가죽의 반점 하나. 「一をもって全豹(ゼンピョウ)をト(ボク)す; 반점 하나로 표범의 모양을 점치다(사물의 일부분을 보고 전체를 짐작하다)」 ↔全豹(ゼンピョウ). 1. a part 2. a speck

いっぱん[一飯](명) ①한끼의 식사. ②한 그릇의 밥. 「一の徳(トク); 적은 은혜」 1. a meal

いつび[溢美](명) 지나친 칭찬. 과분한 포상(褒賞). overpraising

いっぴ[一臂](명) ①한 팔. ②약간의 조력. 약간의 협조. 「一の力(チカラ)をかす; 한 팔의 힘을 빌리다(조력하다)」 「一の労(ロウ); 약간의 조력」 1. an arm

いっぴき[一匹·一疋](수) ①(짐승) 한 마리. 한 필. ②(비단) 한 필. ③옛날 돈의 단위. 10 푼. 또는 25 푼. 1. a head

いっぴつ[一筆](명·자サ) 일필. ①한 자루의 붓. ②개칠하거나 먹을 다시 찍지 않고 단번에 씀. ③간단한 문장을 씀. ④한 통의 편지나 문서를 씀. ⑤같은 사람의 필적(筆跡). 「全編(ゼンペン)一だ; 책 전부가 같은 사람의 글씨다」 1. a writing brush 5. the same person's handwriting

いっぴょう[一瓢](명) (술이 든) 호리병박 하나. a gourd (containing wine)

いっぴん[一品](명·수) 일품. ①하나의 물건. ②최고의 물품. 최상품. 「天下(テンカ)一; 천하 일품(천하에서 최고인 물건)」 1. an article. **―りょうり**[一品料理](명) 일품 요리. ①한 가지씩 따로 값을 매겨 주문에 따라 파는 요리. 알라카르트. ②맛이 썩 좋은 요리.

いっぴん[逸品](명) 뛰어나게 우수한 물품. a rarity

いっぴんいっしょう[一顰一笑](연어·명) ①일빈 일소. 얼굴을 한 번 찡그렸다 한 번 웃는 것. ②안색. 기분. 상태. 「一を伺(ウカガ)う; 남의 기분을 살피다」 1. a smile or a frown 2. humour

いっぷ[一夫](명) ①한 남편. ②한 남자. ③한 무사. 1. a husband 2. a man 3. a warrior. **―いっぷ**[一夫一婦](명) 일부 일부. 한 남편에 한 아내만을 인정하는 제도. **―たさい**[一夫多妻](명) 일부 다처. 한 남편에 둘 이상의 아내를 인정하는 제도. ↔一妻多夫(イッサイタフ).

いっぷう[一封](명) 일봉. 하나의 봉투. 한 통의 편지. 「金(キン)一; 금 일봉(돈을 넣은 한 봉투)」an enclosure

いっぷう[一風](명) ①색다른 기질, 태도. 「一かわった人(ヒト); 색다른 사람」 ②하나의 풍류. 1. oddity 2. elegance

いっぷく[一服](명·수·자타サ) ①(차나 약의) 한 모금. ②(담배) 한 모금. ③(가루 약) 한 봉. ④잠깐의 휴게(休憩). ⑤(독약) 한 봉지. 「一盛(モ)る; 독약을 먹이다」 1. a drink 2. a smoke

いっぷく[一腹](명) 같은 어머니에게서 태어난 동기. 동복(同腹). brothers or sisters of the same venter

いっぷく[一幅](수) (서화, 족자 등의) 한 폭. a scroll

いつぶ·す[鋳潰す](타 4) 금속 제품을 녹여서 지금(地金)을 만들다. melt down

いつぶん[逸文·佚文](명) 일문. ①한 부분만이 남은 글. ②흩어져 전하여지지 않는 글. ③뛰어난 글. 2. a scattered and lost writing

いつぶん[逸聞](명) 일문. 세상에 전해지지 않는 진기한 이야기. an anecdote

いっぺき[一碧](명) 전체가 푸르게 개는 것. 「天空(テンクウ)一; 파랗게 갠 하늘」 bright and clear

いっぺん[一片](명·수) ①한 잎. 「一の花(ハナ)びら; 한 잎의 꽃잎」 ②한 조각. 「一の肉(ニク); 한 조각의 고기」 ③약간. 조금. 「一の愛情(アイジョウ); 약간의 애정」 ④둥근 것의 하나. 「一の月(ツキ); 둥근 달 하나」 1. a leaf 3. a bit

いっぺん[一変](명·자サ) 일변. 아주 변함. 아주 달라짐. a complete change

いっぺん[一遍](명·수·부) ①형식적으로 하는 것. 「とおり一の; 다만 형식적인」 ②한 번. ③일방적인 것. 「正直(ショウジキ)一の; 정직하기만 한」 ④한때. 1. formality 2. one time. **―に**[一遍に](부) 대번에. 「一降参(コウサン)した; 대번에 항복했다」

いっぺん[一編·一篇](수) 서적이나 작품의 한 편. 「一の詩(シ); 한 편의 시」 a piece

いっぺんとう[一辺倒](명) 일변도. 한쪽으로만 기우는 것. 「武力(ブリョク)一; 무력 일변도(무력에만 치우침)」 complete devotion to one side

いっぽ[一歩](수) 일보. 한 걸음. a step

いっぽう[一方](명) ①한쪽. 한편. 일변. ②둘 중의 한 쪽. ③그것만. 전문(専門). 「食(タ)べる一だ; 먹기만 하다」 1. one side. **―てき**[一方的](형동ダ) 일방적. ①치우치는 모양. ②이기적인 모양.

いっぽう[一法](명) 한 방법. 「電話(デンワ)するのも一だろう; 전화를 하는 것도 한 방법일 것이다」 a way

いっぽう[一報](명·자サ) ①잠깐 알림. 또는 알린 그 것. ②제일보(第一報)의 준말. 1. a notice

いつぼう の あらそい[鷸蚌の争い](명) 방휼지쟁(蚌鷸之争). 〔도요새가 방합을 먹으려 하니 방합이 딱지를 닫아 진퇴 양난인 싸움이 되었는데 어부가 와서 둘이 다 잡혔다는 고사에서〕 싸움은 상호간에 불리하고 제삼자에게만 유리하다는 뜻.

いっぽん[一本](명·수·부) ①한 권. ②어떤 책. ③이본(異本). ④(나무, 부채, 창, 머리카락 등 가늘고 긴 것의) 하나. 한 가락. 한 자루. ⑤〔유도, 검도에서〕 한 점. 「一とる; 한 점을 따다」 ⑥〈속〉 한 승부. 한 번. 「一まいった; 한 번 졌다」 ⑦일정한 수준에 달한 기생. 1. a book 2. some book. **—ぎ**[一本気](명·형동ダ) ①외곬으로 생각함. ②순진한 성질. **—だち**[一本立ち](명·자サ) 독립함. **—ちょうし**[一本調子](명·형동ダ) 한결같음. **—ばし**[一本橋](명) 외나무다리. **—やり**[一本槍](명) ①창을 한 번 찔러 승부를 정하는 것. ②오로지 하나만을 믿고 나가는 것.

いっぽん[一品](명) ①친왕(親王)의 자리에서 제1위. ②〈불〉 경문의 1장(章).

いつま[暇](명)〈고〉 여유. 한가(閑暇).

いつみん[逸民](명) ①일민. 세속을 떠나 숨어 사는 사람. 은자(隠者). ②백성. 「太平(タイヘイ)の一; 태평성대의 백성」 1. a retired person

いつも[何時も](부) 늘. 항상. 언제나. always

いつや[乙夜](명) 오후 10시 경. 「一の覧(ラン); 〔옛날 현군은 정무에 바빠서 밤 늦게서야 독서하였다는 고사에서〕 천자(天子)의 독서」 about 10 p. m.

いつゆう[逸遊](명·자サ) 멋대로 놂. 놀며 일하지 않음. idleness

いづら[何ら](대)〈고〉 ①어디. 어느 쪽. 어느 곳. ②왜. 어찌 된 거야.

いつらく[逸楽](명) 일락. 편안히 놀며 즐기는 것. pleasure

いつわ[逸話](명) 일화. 세상에 널리 알려지지 않은 이야기. an anecdote

いつわり[偽り]イツハリ(명) 거짓. 거짓말. 「一言(ゴト); 거짓말」 ↔誠(マコト). a lie

いつわ·る[偽る·詐る]イツハル Ⅰ(자 4) 거짓말하다. Ⅱ(타 4) 속이다. Ⅰ tell a lie Ⅱ deceive

いて[射手](명) 사수. ① 활 쏘는 사람. ②궁술의 명인. 1. an archer 2. a good shot

いで(감) ①피어 낼 때나 문득 생각켰을 때 내는 소리. 자. 어서. ②아. 참. 참으로. 실로. 1. well

いで[井手](명) 강물 등을 끌어 넣기 위해 막아 놓는 것. 수문(水門). a sluice

イデア[그 idea](명)〈철〉 이데아. 관념(観念). 이념(理念). 아이디어.

いでい[出で居](명)〈고〉 ①출타. 나가 있는 것. ②객실(客室).

イディオム[idiom](명) 이디엄. 관용어. 숙어(熟語).

イデオロギー[도 Ideologie](명)〈철〉 이데올로기. ①관념 형태. ②기본적 사고 방식.

いてき[夷狄](명) ①이적. 미개한 백성. 야만인. ②외국인. 1. a barbarian 2. a foreigner

いで·く[出で来](자サ)〈고〉 ①나오다. 나타나다. ②태어나다. 생기다. ③서로 만나다. 해후(邂逅)하다.

いでたち[出で立ち](명·자サ) ①나감. 출발함. ②몸차림. 복장. ③출세함. ④서 있는 모습. 동 出で立つ(자 4). 1. departure 2. dress

いてつ[鋳鉄](명) ⇨ちゅうてつ.

いてつ·く[凍てつく](자 4) 얼어 붙다. 꽁꽁 얼다. freeze

いでばえ[出で栄え](명)〈고〉 화려한 일을 하는 것. 볼품 있는 일을 하는 것. ↔いで消(キ)え.

いでまじろ·う[出で交ろう]—マジラフ(자 4)〈고〉 세상에 나와 교제하다. 접촉하다.

いでま·す[幸す](자 4)〈고〉 오시다. 행행(行幸)하시다.

いでむこ·う[出で向こう]—ムカフ(자 4)〈고〉 나가 대면하다. 마중 나가다.

いでや(감)〈고〉 ①무엇을 말하려 할 때 내는 소리. 에에. ②감동을 나타내는 말. 참. 참으로. ③권할 때 쓰는 말. 자아. 어서.

いでゆ[出湯·温泉](명) 온천. 땅속에서 뜨거운 물이 나오는 샘. a hot spring

い·てる[凍てる](자하 1) 얼다. freeze

—い·でる[出でる](조어·하 1)〈고〉 나오다. 「流(ナガ)れ一; 흘러 나오다」

いてん[移転](명·자サ) 이전. ①사물의 변이(変移). ②주소를 옮김. 이사. ③권리의 양도. 1. transition

いでん[位田](명) 옛날에 5위 이상의 관리에게 준 경작지.

いでん[遺伝](명·자サ)〈생〉 유전. 부모나 조상의 체질, 성격이 자손에게 전해짐. 「隔世(カクセイ)一; 격세 유전(한 대나 여러 대 걸러서 나타나는 유전)」 heredity. **—し**[遺伝子](명)〈생〉 유전자. 염색체 속에 있어 유전을 이룩하는 인자(因子). ⇨:せんしょくたい.

いと[糸](명) ①동식물의 섬유를 꼬아서 길게 한 것. 실. ②현악기(弦楽器)의 줄. ③명주실. 생사(生糸). ④낚싯줄. ⑤샤미센(三味線)을 뜯는 사람. ⑥실처럼 가늘고 긴 것. 「しだれやなぎの一; 수양버들의 실가지」 1. thread. **—いり**[糸入り](명) 면사와 생사를 섞어 짠 옷감. 교직(交織). **—くず**[屑](명) 실밥. 못 쓰는 실.

いと(부)〈고〉 지극히. 당연히. 정말로.

いと[意図](명·자타サ) 의도. 하려고 생각함. 마음. 생각. an intention

いど[井戸]ヰ—(명) 우물. 「一みず; 우물물」 a well. **—がえ**[井戸替え](명·자サ) 우물 소제.

いど[異土](명) 외국. 이국(異国). a foreign country

いど[緯度](명)〈지〉 위도. 지구의 수직선과 적도면(赤道面)이 이루는 각도. 적도가 0도, 양극(両極)이 90도. 씨도. ↔経度(ケイド). latitude

いと·う[厭う]イトフ(타 4) ①싫어하다. ②돌보다. 「寒(サム)さのおりから, おからだ おいとい ください; 추운 때에 몸조심하옵소서」 ③염세(厭世)하다. 1. hate

いとう[以東](명) 이동. …로부터 동쪽. ↔以西(イセ

イ).　to the east

いどう[医道](명) 의사의 도덕. 의료(医療)의 길.　medical morality

いどう[移動](명·자타サ) 이동. 장소를 옮김. removal. **―さつえい**[移動撮影](명) 이동 촬영. 촬영기를 옮겨 가면서 이동하는 사물을 촬영하는 일. **―せいこうきあつ**[移動性高気圧](명)〈천〉 이동성 고기압. 대륙성 고기압의 일부가 동으로 이동하는 것. 날씨는 쾌청하게 됨.

いどう[異同](명) ①다른 것. 차이(差異). ②같은 점과 다른 점.　1. difference

いどう[異動](명·타サ) 이동. (인사의) 변동. 지위(地位)나 근무(勤務) 등이 바뀜. 「人事(ジンジ)を―する; 인사 이동을 하다」　a reshuffle (of personnel)

いとおし·い イトホシイ(형) ①귀엽다. 사랑스럽다. ②가련하다. 파생 **―が·る**(타 4) **―げ**(형동ダ) **―さ**(명).　1. lovely

いとおし·む イトホシム(타 4) ①불쌍히 여기다. ②귀여워하다. 사랑하다. ③소중히 하다.　1. pity 2. love

いとおり[糸織り](명) 명주실(생사)을 꼰 실로 짠 옷감. 「―姫(ヒメ); 직녀(織女). 직녀성」　silk cloth

いどがわ[井戸側]ヰドガハ(명) ①우물 안쪽의 벽. ②위험 방지를 위해 우물 둘레를 돌, 나무로 에워 싼 것. ⇨: いづつ(井筒).　2. a well crib

いときり[糸切り](명) 도자기의 밑굽. the bottom of an earthenware. **―ば**[糸切り歯](명) 송곳니.

いとく[威徳](명) 위덕. 남이 스스로 따르도록 하는 위엄과 덕.　virtue and dignity

いとく[遺徳](명) 유덕. 죽은 뒤에도 추모되는 덕행(徳行).　the virtue of the departed

いとぐち[糸口·緒](명) ①실의 끝. ②실마리. 단서. 시작. 「解決(カイケツ)の―; 해결의 단서」　1. the end of a thread 2. a clue

いとくらべ[糸競べ](명) 현악기의 연주 경쟁. a contest

いとくり[糸繰り](명·자サ) ①실을 자음. 또는 그 사람: ②⇨いとわく. ③〈식〉 매발톱꽃. 성탄꽃과에 속하는 다년초.　1. reeling or a spinner 3. a columbine

いとぐるま[糸車](명)(실을 잣는)물레. a spinning wheel

いとけな·い[稚けない·幼けない](형) 어리다. 나이가 어려 순진하다.　innocent

いとげのくるま[糸毛車](명) 사람이 타는 곳을 색실로 장식한, 소가 끄는 수레. 상황(上皇), 왕비, 왕녀, 섭정(摂政) 등이 탔음.

いとこ[従兄弟·従姉妹](명) 종형제. 종자매. 사촌 형제자매. a cousin. **―に**[従兄　채소를 넣고 끓인 음식.

いどころ[居所]ヰ―(명) 있는 곳.　one's whereabouts

いとごんにゃく[糸蒟蒻](명) 실처럼 가늘게 썬 곤약.

いとざくら[糸桜](명)〈식〉 사앵. 벚나무과에 속하는 낙엽 교목. 가지가 실같이 드리우는 벚꽃나무.　a drooping cherry tree

いとさばき[糸捌き](명) ①실 다루는 솜씨. ②현악기를 다루는 솜씨. 「たくみな―; 교묘한 현악기의 연주 솜씨」　1. handling of threads

いとさめ[糸雨](명) 가랑비.　a drizzle

いとし·い[愛しい](형) ①사랑스럽다. 귀여워 견딜 수 없다. ②가련하다. 가엾다. 불쌍하다. 파생 **―が·る**(타 4) **―げ**(형동ダ) **―さ**(명).　1. lovely 2. pitiful

いとしご[愛し子](명) 귀여운 자식. 소중한 자식.　a darling child

いとしば[糸芝](명)〈식〉 금잔디. 잔디의 일종으로 잎, 줄기가 실같이 가늘고 부드러움.

いとじり[糸尻](명) ⇨いとぞこ.

いとすぎ[糸杉](명)〈식〉 측백나무의 변종(変種). 줄기는 곧고 가지와 잎은 가늘며 드리워짐.　a cypress

いとすじ[糸筋](명) ①실오리. ②실처럼 가는 것. ③현악기의 줄.　1. a line of thread 2. a line

いとぞこ[糸底](명) ①그릇의 굽. ②도자기의 밑굽.　2. the bottom of an earthenware

いとたけ[糸竹](명) ①거문고, 피리 등속. 악기. ②음악. 음곡(音曲). 「―の道(ミチ); 음악의 길」 2. music

いとづくり[糸作り](명) 실처럼 가늘게 썬 회(膾).

いとど[蛼·蟋蟀](명)〈고·동〉 ⇨こおろぎ.

いとど[最最](부) ①점점. 더욱더. ②〈고〉 그러잖아도.　1. more and more

いとど·し(형シク)〈고〉 더하다. 심하다. 한층 더하다.

いとな·し[暇無し](형ク)〈고〉 틈이 없다. 바쁘다.

いとなみ[営み](명) ①영위(営為). 경영(経営). ②일. 근무(勤務). 직업. 「日日(ヒビ)の―; 매일의 임무(근무)」 ③준비.　2. business

いとな·む[営む](타 4) ①(힘써) 행하다. 영위(営為)하다. 경영하다. 「生活(セイカツ)を―; 생활을 영위하다」 ②준비를 갖추어 행하다. 「法事(ホウジ)を―; 재(斎)를 올리다」 ③만들다. 장만하다. 「巣(ス)を―; 보금자리를 만들다」　1. perform

いとにしき[糸錦](명) ①가죽 옷. ②금사(金糸)를 섞지 않고 색실만으로 짠 비단의 일종.　1. a furcoat

いとのきて(부)〈고〉 ①대단히. 특별히. ②그러잖아도.

いとのこ[糸鋸](명) 〔←糸のこぎり〕 실톱. a fret saw

いどばた[井戸端]ヰドー(명) 우물가. 우물 있는 근처. the well side. **―かいぎ**[井戸端会議](명)〈속〉 (부녀들의) 우물가의 쑥덕공론.

いとはん[嬢はん](명)〈방〉 아가씨.　a lass

いとひめ[糸姫](명)〈속〉 제사 공장(製糸工場)에서 일하는 여직공.

いとびん[糸鬢](명) 예전 남자들의 상투 모양의 하나. 머리의 대부분을 다 깎고 양쪽의 밑머리를 실같이 가늘게 남겼음. 대개 신분이 낮은 사람이 하였음.

〔糸鬢〕

いとへん[糸偏](명) ①한자 부수(部首)의 하나. 실사변. "結, 綿" 등의 "糸" 부분. ②〈속〉 섬유. 섬유 관계의 산업. 「―景気(ケイキ); 섬유 산업 경기」　2. fibre

いどへんか[緯度変化](명)〈천〉 위도 변화. 지구의 자전축(自転軸)의 이동에 의하여 생기는 천문학적 위도의 변화.　variation of latitude

いとま[暇](명) ①틈. 짬. ②쉼. 휴가. ③사직(辞職). ④절연(絶縁). 1. leisure. **―ごい**[暇乞い]―ゴヒ(명·자サ) 고별(告別). 휴가원(休暇願).
いとまき[糸巻き](명) ①실패. ②실 감듯이 머리를 틀어 얹는 법. ③(음을 고르기 위해) 샤미센(三味線)의 줄을 감는 것. 1. a reel
いとまさ[糸柾](명) 실처럼 가는 나뭇결. the thready straight grain
いとまゆ[糸眉](명) 실눈썹. narrow eyebrows
いとみず[糸水](명) 실같이 가늘게 떨어지는 낙수물.
いとみち[糸道](명) 샤미센(三味線)을 많이 타서 왼쪽 집게손가락 끝에 생긴 오목하게 팬 곳.「―があく; 제법 샤미센을 타게 되다」
いど·む[挑む](타 4) ①맞서다. 서로 경쟁하다. ②도전하다. 싸움을 걸다. ③억지로 연애를 걸다. 1. strive
いとめ[糸目](명) ①실. 선(線). ②연의 겉에 다는 몇 가닥의 실. ③실의 무게. ④물건에 잘게 새긴 금. ⑤〈동〉 갯지렁이. 얕은 바다의 진흙 속에 살며 지렁이와 비슷함. 낚시 미끼로 사용. 2. a string 4. stripes
いとめ[厭目](명) 꺼림. 걱정.「金(カネ)に―をつけない; 돈을 아끼지 않고 쓰다(낭비하다)」 unwillingness
いと·める[射止める](타하 1) ①쏘아 죽이다. 쏘아 맞춰서 잡다. ②맞추어서 자기 것으로 하다.「賞金(ショウキン)を―; 상금을 타다」 1. shoot dead
いとも[最も](부) 매우. 의외로. 참으로. exceedingly
いとやなぎ[糸柳](명)〈식〉 ⇨しだれやなぎ.
いとゆう[糸遊](명)〈고〉 아지랭이.
いとより[糸撚り·糸撚り](명) ①실을 꼬는 일. ②←糸撚り車. 1. twining. **―ぐるま**[糸撚り車](명) 물레.
いとわく[糸枠](명) 실을 감는 틀. 얼레. a spool
いとわし·い[厭わしい]イトハシイ(형) 매우 싫다. 파생 **―げ**(형동ダ) **―さ**(명). disgusting
いな―[稲](조어) 벼의.「―作(サク); 벼농사」
いな[否] Ⅰ(명) 승낙하지 않는 것. 거부. Ⅱ(감) 불찬, 취소 등을 나타내는 말. 아니. Ⅰdenial Ⅱno
いな[鯔](명)〈동〉 청회색의 숭어 새끼. ⇨:しゅっせうお(出世魚). a grey mullet
いな[異な](연체) 이상한. 색다른.「―こと; 이상한 일」 strange
いない[以内](명) 이내. …로부터 안.「十日(トオカ)―に; 10일 이내로」 within
いなおりごうとう[居直り強盗]ヰナホリ―(명) 좀도둑이 집사람들에게 들키자 갑자기 강도로 변하는 것. a burglar who turns into a hold-up man
いなお·る[居直る]ヰナホル(자 4) ①똑바로 앉다. ②강경하게 나오다.「押(オ)し売(ウ)りが―; 강매(強売)장이가 협박하는 듯한 태도로 나오다」 명 居直り. 1. sit upright
いなか[田舎]ヰナカ(명) 시골.「―びる; 촌스럽다」 the country. **―うど**[田舎人](명) 시골 사람. **―じるこ**[田舎汁粉](명) 새알심을 넣은 단팥죽. **―っぺい**[田舎っぺい](명)〈속〉 시골뜨기. **―まわり**[田舎回り](명) ①지방 순회. ②지방으로 전전하는 공무원. **―や**[田舎家](명) 시골의 보잘 것 없는 집. **―わたらい**[田舎渡らい](명) ①시골에서 사는 것. ②지방 순회. 지방 행상(行商).
いなかけ[稲架け](명)〈농〉 벤 벼를 걸어 말리는 장치.
いなかぶ[稲株](명) 벼 그루. a rice-stubble
いながら[稲幹](명) 볏짚. rice-straw
いながらにして[居乍らにして]ヰ―(부) (집에) 앉은 채로.「―天下(テンカ)の形勢(ケイセイ)を知(シ)る; 가만히 앉아 있으면서도 천하의 정세를 알다」 as one sits
いなが·れる[居流れる]ヰ―(자하 1) 사람들이 길게 줄지어 앉다. 열좌(列坐)하다. sit in a line
いなぎ[稲城](명) ①대나 나무로 엮어 베어낸 벼를 말리는 틀. ②옛날 전쟁 때 볏단을 쌓아 보루(堡塁)로 삼던 일. 「a granary
いなぐら[稲倉](명) 벼 창고. 벼를 넣어 두는 곳간. ⤴
いなご[稲子·蝗](명)〈동〉 메뚜기. 몸빛은 녹색이며 벼의 해충. a locust
いなさ(명) ①동남풍. 경명풍(景明風). ②동풍. 샛바람. 1. the south-easterly wind 2. the east wind
いなさく[稲作](명) 벼농사. 미작(米作). a rice crop
いな·す[往なす](타 4) ①상대의 날카로운 공세(攻勢)를 가볍게 피하다. ②가게 하다. ③〔씨름에서〕 급히 몸을 피하여 상대를 제힘에 넘어지게 하다. 2. let one go 3. dodge
いなずま[稲妻]―ヅマ(명) ①〈천〉 번개. ②매우 날쌘 동작. ③순간. ④←稲妻形. ⑤잘 간 칼에 나타난 무늬. 1. lightning. **―がた**[稲妻形](명) 번개 모양. 뇌문(雷紋).
いなせ[鯔背](명·형동ダ) 결기가 있음. 의협적이며 용감함.「―なあにい; 결기 있는 형님(선배)」 dashing
いなだ(명)〈동〉 숭어의 새끼 때의 이름. ⇨:しゅっせうお(出世魚).
いなだ[稲田](명) 논. a rice-field
いなとよ[否とよ](부) 아니아니. 아니오. no
いなな·く[嘶く](자 4) 말이 높은 소리로 울다. 명 いななき. neigh
いなば[因幡](명)〈지〉 옛 지방 이름. 현재 돗토리현(鳥取県) 동부.
いなびかり[稲光](명) 번개. lightning
いな·ぶ[辞ぶ](타 4·상 2)〈고〉 ①거부하다. 거절하다. ②사퇴(辞退)하다. 사양(辞譲)하다.
いなほ[稲穂](명) 벼 이삭. an ear of rice
いな·む[否む·辞む](타 4) ①거부하다. 사퇴하다. ②부정(否定)하다. 1. refuse
いな·む[居並む](자 4)〈고〉 죽 늘어앉다. 열석(列席)하다. 줄지어 앉다. 열좌(列坐)하다.
いなむら[稲叢](명) 볏가리. a rick
いなめない[否めない](연어) ①거부할 수가 없다. ②부정(否定)할 수가 없다. cannot refuse
いなや[否や] Ⅰ(연어) 없느냐.「有(ア)りや―; 있나 없나?」 Ⅱ(명) ①할 것인지 안할 것인지의 여부(与否).「―をいわせず; 싫다 좋다 하는 말도 못하게 하고」 ②반대. 이의(異議).「―はない; 반대는 없다」 Ⅲ(부)

곧.「取(ト)るや一; 잡자마자 곧」 ‖ 1. whether or not
いなら·ぶ[居並ぶ]ヰ一(자 4) 줄지어 앉다. sit in a row
いなり[稲荷](명) 곡식을 맡는 신. 여우는 그 사자(使者)라 함.「一神社(ジンジャ); 곡신(穀神)을 모신 신사」 the god of cereals. **一ずし**[稲荷鮨](명) 달게 한 유부로 싼 초밥. 유부 초밥. 「south of
いなん[以南](명) 이남. …로부터 남쪽. ↔以北(イホク).
いにざま[往様](명)〈고〉 헤어질 무렵. 갈 때.
イニシアチブ[initiative](명) 이니시에이티브. 발언권(発言権). 발의권(発議権). 주도성(主導性).「一を取(ト)る; 주도권을 잡다」
イニシアル[initial](명) 이니셜. 이름(姓名)의 처음 글자. 예: 야마구치 지로오(山口次郎)라면 J.Y.
いにしえ[古]一へ(명) (지나간) 먼 옛날. 과거(過去). ancient times
いにゅう[移入](명·타サ) ①식민지에서 본국으로 물건을 들여 옴. ②현(県) 밖에서 현 안으로 물건을 들여 옴. ↔移出(イシュツ). importation
いにょう[囲繞](명·타サ) ⇨いじょう.
いにょう[遺尿](명·자サ)〈의〉 유뇨. 잠잘 때 등에 오줌을 싸는 것.「一症(ショウ); 유뇨증」 bed wetting
いにん[委任](명·타サ) 위임. ①맡김. ②〈법〉 법률 행위의 실행을 맡겨 상대가 이를 승낙하는 계약. 2. mandate. **一じょう**[委任状](명)〈법〉 위임장. 위임의 의사를 적은 문서.
いぬ一[犬](접두) ①어느 식물(植物)에 비슷하나 그만 못한 것.「一かや(榧); 개비자나무」 ②경멸하는 뜻을 나타내는 말.「一侍(ザムライ); 천한 무사」 ③무익한 것.「一死(ジ)に; 개죽음」 「1. a dog 2. a spy
いぬ[犬](명) ①〈동〉 개. ②〈속〉 앞잡이. 간첩. 탐정. ⤴
いぬ[戌](명) ①12지(支)의 열 한째. 개. ②옛 시각 이름. 술시. 오후 7시에서 9시까지. ③방위 이름. 서북서. 3. west-northwest
い·ぬ[往ぬ·去ぬ](자ナ)〈방〉 ①가다. 사라지다. ②거쳐 가다. 지나가다. 경과하다. ③죽다. ④자기 집으로 돌아 가다. 1. go
いぬあわせ[犬合](명) 개싸움을 시키는 것. letting dogs fight
い·ぬ[寝ぬ](자하 2)〈고〉 자다. 「the northwest
いぬい[乾·戌亥]一ヰ(명) 방위 이름. 서북(西北). ⤴
いぬおうもの[犬追う物]イヌオフ一(명) 말 탄 무사가 개를 쫓아 가며 활을 쏘는 무예(武芸).
いぬかき[犬掻き](명) 헤엄치는 법의 하나. 가장 초보적인 헤엄. 개헤엄. swimming in dog fashion
いぬき[居抜き]ヰ一(명) 상품(商品), 설비(設備) 등을 건물과 아울러 팔거나 세놓는 일. buying a shop as a going concern
いぬくぎ[犬釘](명) 철도 레일이 움직이지 않게 하기 위하여 박은 큰못. a spike
いぬくぐり[犬潜り](명) 개구멍. a doghole
いぬころ[犬ころ](명) 강아지. a puppy
いぬざむらい[犬侍]一ザムラヒ(명) 쓸모 없는 천한 무사의 낮춤말. a shameless knight
いぬじに[犬死に](명·자サ) 개죽음. a useless death
いぬじもの[犬自物]〈고〉 Ⅰ(명) 개 같은 것. Ⅱ(부) 개같이. 개처럼. 「The devil take you!
いぬちくしょう[犬畜生](명) (욕하는 말로) 개새끼. ⤴
いぬはりこ[犬張り子](명) 종이로 속이 비게 실물 모양으로 만든 장난감 개. 아이들의 액막이로 했음. a papier-mâché dog
いね[稲](명)〈식〉 벼. a rice-plant. **一こき**[稲扱き](명) ①벼를 훑는 일. ②벼 훑는 사람. ③벼훑이.
いねむり[居眠り·居睡り]ヰ一(명·자サ) 앉아 졺. 드러눕지 않고 잠. 동居眠る(자 4). a doze
いねん[意念](명) 생각. 의식. consciousness
いのいちばん[いの一番](명) 제일 먼저. 첫번째. 우선(于先). the very first
いのくち[堰口]ヰ一(명) 저수지 등의 제방(堤防)에 만들어 놓은 무넘기. the mouth of a sluice
いのこ[豕]ヰ一(명) 돼지.「遼東(リョウトウ)の一;〔옛날 중국 요동에서 흰 돼지 새끼를 천자에게 바치려고 하남(河南)에 이르고 보니 흰 돼지가 너무 많아 되돌아갔다는 고사에서〕 자기딴에는 좋은 줄 생각하여도 남이 볼 때에는 하찮은 것의 비유」 a pig
いのこずち[牛膝](명)〈식〉 우슬. 쇠무릎지기. 비름과에 속하는 다년초. 산야에 자생(自生)함. 열매에 가시가 있어 소, 말, 사람 등에 잘 붙음.
いのこ·る[居残る]ヰ一(자 4) 남이 간 뒤에도 남다. 남아서 일하다. 명居残り. remain after working hours
いのしし[猪]ヰ一(명) ①〈동〉 멧돼지. ②무턱대고 돌진하는 사람. 1. a wild boar. **一むしゃ**[猪武者](명) 무턱대고 돌진하는 무사.
いのせ[妹兄](명) 부부(夫婦). ⇨: いもせ(妹背).
いのち[命](명) ①목숨. 생명. ②살아 있는 동안. 생애. ③가장 중대한 부탁. 1.2. life. **一がけ**[命懸け](형동ダ) 목숨을 걸고 하는 모양. 매우 열중하는 모양. **一からがら**[命辛辛](연어·부) 겨우 목숨만 남아서. **一げ**[命毛](명) 붓의 털 중에서 가장 긴 털. **一ごい**[命乞い]一ゴヒ(명·자サ) ①오래 살도록 신불(神仏)에 기도함. ②살려 달라고 애원함. **一しらず**[命知らず](형동ダ) 목숨을 아끼지 않는 모양. **一づな**[命綱](명) 위험한 곳이나 바다에서 작업할 때 만약을 위하여 몸에 매는 밧줄. 구명색(救命索). **一とり**[命取り](명) 목숨을 빼앗는 것. **一びろい**[命拾い]一ビロヒ(명·자サ) 꼭 죽을 것이 살아 남. **一みょうが**[命冥加](명·형동ダ) (신불의 수호로) 신기하게 목숨을 건짐.
いのなか[井の中]ヰ一(명) ①우물 속. ②좁은 곳. 좁은 사회.「一のかわず(蛙); 우물 안 개구리(세상 물정을 모르는 소견이 좁은 사람)」 1. in a well
いのふ[胃の腑](명) 위. 밥통. the stomach
いの·る[祈る·禱る](타 4) 신불(神仏)에게 기도하다. 명いのり. pray
いはい[位牌](명) 위패. 신위(神位)의 이름을 적은 나무 패. 신주(神主). a monumental tablet
いはい[違背](명·자サ) 위배. 결정된 것을 배반함.

위반(違反). violation
いば·える[嘶える](자하 1) ⇨いななく.
いはく[医博](명) 의박. 의학 박사의 준말.
いはく[威迫](명·타サ) 협박함. intimidation
いはく[帷薄](명) ①드리운 휘장과 발. ②침실. 규방(閨房). 2. a bedroom
いばく[帷幕](명) ①휘장. 천막. ②중요 기밀을 상의하는 곳. 2. a place for holding important conference
いばしょ[居場所](명) 있는 곳. one's whereabouts
いばしんえん[意馬心猿](연어·명)〈불〉 본능이 강하여 억제할 수 없는 것의 비유. uncontrollable passions
いはつ[衣鉢](명)〈불〉 의발. ①가사(袈裟)와 바리때. 즉 전교(伝教)의 표지. ②스승이 제자에게 전하는 귀중하고 핵심적인. 불교의 가르침. 「一を継(ツ)ぐ; 스승의 대를 잇다」 1. master's mantle and bowl
いはつ[遺髪](명) 죽은 사람의 머리카락. hair of the departed
いば·ゆ[嘶ゆ](자하 2)〈고〉 소나 말 등이 소리 높이 울다.
いばら[茨](명) ①〈식〉 가시나무. 가시가 있는 관목류(灌木類)의 총칭. ②식물의 가시. 「一の道(ミチ); 가시밭 길(고난에 찬 인생길)」 1. a briar
いばらき[茨城](명)〈지〉 일본 중동부의 현. 현청 소재지는 미토(水戸).
いばり[尿](명) 오줌. 소변. urine
いば·る[威張る](자 4) 뽐내다. 거만하게 굴다. be haughty
いはん[異版·異板](명) 군데군데 내용이 틀리는 출판물. a copy of a different edition
いはん[違反](명·자サ) 위반. 법률, 규칙, 약속 등을 어김. 위배. offence
いはん[違犯](명·자サ)〈법〉 법률을 어김. violation
いび[萎靡](명·자サ) 시들고 약해짐. 기운이 없어짐. 「一沈滞(チンタイ); 기운이 없어 일이 진척되지 않음(시들고 약해져 떨치지 못함)」 decay
いび[猗靡](명) ①(나무 등이) 한들거리는 모양. ②(여인의) 호리호리하며 우아한 모양. 2. gracefulness
いびき[鼾](명) 코고는 소리. a snore
イヒチオール[도 Ichthyol](명)〈의〉 이히티올. 소염(消炎), 진통, 살균제로 쓰는 갈색의 기름 같은 액제(液剤). 환부(患部)에 바름.
いびつ[歪](명·형동ダ) ①타원형. 달걀 모양. ②이지러짐. 찌그러짐. 1. oval 2. distortion
いひょう[意表](명) 의외. 뜻밖. 「一を突(ツ)く; 허점을 찌르다」 unexpectedness
いびょう[胃病](명)〈의〉 위병. 위의 병. 위장병. a stomach disorder
いび·る(타 4) ①괴롭히다. 학대하다. 「よめを一; 며느리를 학대하다」 ②(불에) 그슬리다. 1. torment
いひん[遺品](명) ①고인(故人)이 남긴 물건. 유물. ②잃어 버린 물건. 유실물(遺失物). 1. an article left by the departed
いふ[位封](명) 중세에 제왕, 제신 중 3위(三位) 이상인 자에게 내린 식읍(食邑).
いふ[依付](명) 의지. reliance
いふ[畏怖](명·자サ) 두려워 외축됨. fear
いふ[委付](명·타サ) 위부. ①맡겨 부탁함. 양도. ②〈법〉 자기 소유물 또는 권리를 상대방에게 주어 상호간의 법률 관계를 없앰. 1. request 2. abandonment
いふ[異父](명) 의붓아비. 「一兄(ケイ); 어머니는 같고 아버지는 다른 형」 a different father
いふ[移付](명·타サ)〈법〉 물건 또는 권리를 다른 관할로 옮김. transfer
いぶ[威武](명) 위세와 무력. authority and force
いぶ[慰撫](명·타サ) 위무. 위로하고 어루만짐. soothing
イブ[Eve](명)〈종〉 이브. 〔구약 성서에서〕 인류 최초의 여성. 아담의 아내.
いふう[威風](명) 위풍. 위세 있는 모양. 「一堂堂(ドウドウ); 위풍이 당당함」 a majestic air
いふう[異風](명) 색다른 풍습(모양). a strange figure
いふう[遺風](명) 유풍. 후세에 남겨진 풍습이나 교훈(教訓). a tradition
いぶかし·い[訝しい](형) 의심스럽다. 수상하다. 파생 **—が·る**(자 4) **—げ**(형동ダ) **—さ**(명). doubtful
いぶか·る[訝る](타 4) 수상하게 여기다. 의심하다. doubt
いぶき[息吹き](명) ①숨. 숨쉬기. ②바람. 기풍(気風). 「清新(セイシン)の一を吹(フ)きこむ; 청신한 기풍을 불어 넣다」 동 息吹く(자 4). 1. breath
いふく[畏伏](명·자サ) 외복. 두려워 엎드림. prostration with awe
いふく[衣服](명) 의복. 옷. clothes
いふく[畏服](명·자サ) 외복. 두려워 복종함. yielding
いふく[異腹](명) 이복. 아버지는 같고 어머니가 다른 것. 배다른 것. a different mother
いふく[倚伏](명·자サ) 모여 엎드려 있음.
いふく[威服](명·자サ) 위복. 위엄이나 위세(威勢)로 복종시킴. (frighten into) submission
いぶくろ[胃袋](명) 위. 밥통. the stomach
いぶ·す[燻す](타 4) ①그슬리다. 연기 내다. ②유황을 태워 쇠붙이를 그슬리다. ③불에 굽다. ④모깃불을 피우다. 명 燻し. 1. smoke
いぶつ[異物](명) ①별다른 물건. ②〈의〉 몸속에 들어가 몸의 기관과 어울리지 않는 것. 삼킨 동전, 바늘 등. ③시체. 1. a different thing 2. a foreign substance
いぶつ[遺物](명) 유물. ①죽은 뒤에 남긴 물건. ②전세부터 전해 오는 물건. ③유실물(遺失物). 1. a bequest
イブニング[evening](명) 이이브닝. ①저녁. ②연미복(燕尾服). ③부인의 야회복(夜会服). 이이브닝드레스.
いぶ·る[燻る](자 4) 연기 나다. 그을다. smoke
いぶん[異文](명) 색다른 문장. a variant reading
いぶん[移文](명) ①회람장(回覧状). ②조회문(照会文). 1. a circular 2. an official letter of inquiry
いぶん[異聞](명) ①색다른 풍문. ②세상에 별로 알려지지 않은 이야기. 1. a strange report 2. an anecdote

いぶん[遺文](명) 유문. 고인(故人)이 살았을 적에 써 놓은 글. literary remains
いぶん[遺聞](명) 세상에 알려지지 않은 풍문(風聞). an anecdote
いぶん[懿文](명) 의문. 아름답고 훌륭한 글. 훌륭한 문장. a splendid writing
いぶんし[異分子](명) 이분자. 한패 속에서 대부분의 다른 사람과 성질, 사상이 다른 자. a foreign element
いべい[衣袂](명) 옷소매. the sleeve
いへき[胃壁](명)〈생〉위벽. 위를 형성하는 벽. walls of the stomach
イペリット[도 Yperit](명) 이페릿. 미란성(糜爛性) 독가스의 하나. 살에 닿으면 덴 것처럼 물집이 생김.
いへん[韋編](명) 위편. 옛날에 책을 꿰매던 가죽 끈. 「一三(ミ)たび絶(タ)つ; 위편 삼절(책을 꿰맨 가죽 끈이 세 번 닳아서 끊어지도록 독서함)」
いへん[異変](명) 이변. ①색다른 사건. ②변화. 1. an accident 2. change
いへん[違変](명) 계약 등의 위반. nonfulfilment
いへん[遺編·遺篇](명) 고인(故人)의 문집. a collection of literary works left behind
イベント[event](명) 이벤트. ①사건. ②(경기, 시합 등의) 종목.
いぼ[疣](명) ①〈생〉 피부에 생기는 모반(母斑)의 일종. 사마귀. ②물건의 표면에 나타난 돌기(突起). 1. a wart 2. a papula
いぼ[異母](명) 이모. 아버지는 같고 어머니가 다른 것. 배다른 것(異腹). 「一兄(ケイ); 배다른 형」 a different mother
いほう[異邦](명) 이방. 외국. 다른 나라. 「一人(ジン); 이방인(외국인)」 a foreign country
いほう[移封](명) 영주(領主)의 봉토(封土)를 다른 지방으로 바꾸는 일. transference of fief
いほう[彙報](명) 휘보. ①종류별로 모은 보고. ②잡보(雑報). 1. classified reports
いほう[違法](명·형동ダ) 위법. ①법을 어김. ②〈법〉 법률을 위반함. ↔適法(テキホウ). 1. illegality. **—こうい**[違法行為](명)〈법〉 위법 행위. 법률에 어긋나는 행위. **—しょぶん**[違法処分](명)〈법〉 위법 처분. 행정 관청이 법률에 어긋난 처분을 하는 일.
いほう[遺法](명) 유법. 선인(先人)이 남긴 법. 유제(遺制). laws left by ancestors
いぼう[威望](명) 위망. 위엄과 덕망. influence and popularity
いぼう[異望](명) 색다른 소망. an unusual hope
いぼう[遺忘](명) 유망. 잊는 것. 건망(健忘). oblivion
いほく[以北](명) 이북. …로부터 북쪽. ↔以南(イナン). north of
いぼく[遺墨](명) 유묵. 고인(故人)이 생전에 남긴 붓글씨. 고인의 필적. autographs of departed persons
いぼじ[疣痔](명)〈의〉 ⇨じかく(痔核).
いぼたのき[疣取樹·水蠟樹](명)〈식〉 수랍목. 쥐똥나무. 목서과(木犀科)에 속하는 낙엽 관목. a privet
いほり[庵](명·자サ) ⇨いおり.
いほん[異本](명) 이본. ①〔서지학(書誌学)에서〕 같은 책이면서 자구(字句)나 조직이 다소 다른 책. ②진귀한 책. 1. a copy of different edition 2. a rare book
いま—[今](조어) 현대의. 「一浦島(ウラシマ); 현대판 우라시마 타로오」
いま[今] Ⅰ(명) 현재. 지금. Ⅱ(부) ①당장. ②곧. 「一行(イ)く; 곧 간다」 ③방금. 「一来(キ)たところだ; 방금 온 길이야」 ④그 위에. 더. 「一すこし; 좀더」 Ⅰ this time Ⅱ 1. soon 3. just now 4. more
いま[居間]キー(명) 거처하는 방. 거실. a sitting room
イマージュ[프 image](명) ⇨イメージ.
いまいまし·い[忌ま忌ましい](형) 분하다. 화가 치밀다. 파생 **—が·る**(자4) **—げ**(형동ダ) **—さ**(명). provoking
いまがた[今方](명) 방금. 조금 전. just now
いまごろ[今頃](명·부) 지금쯤. 이맘때. 「一何(ナニ)をしているだろう; 지금쯤 무엇을 하고 있을까」 about this time
いまさら[今更](부) 새삼스럽게. 지금에 와서(다시). 「一何(ナニ)をいおう; 지금에 와서 새삼스럽게 무어라 하겠나」 now. **—らし·い**[今更らしい](형) 지금에 와서 비로소 안 듯하다. 금시 초문인 듯하다.
いまし[汝](대)〈고〉 너. 그대.
いまし[今し](부) ①지금 바로. ②방금. 1. at this time 2. just now
いましがた[今し方](부) 방금. 조금 전에. a moment ago
いまじぶん[今時分](명) ①지금쯤. 이맘때. ②지금. 이제. (시기가 늦어 소용 없거나 또는 뜻밖인 때에 씀) about this time
いましめ[戒め·誡め·警め](명) ①충고하여 나쁜 짓을 않게 함. 훈계. ②규칙. 계율(戒律). ③금지(禁止). ④경계(警戒). 경비(警備). ⑤묶는 것. ⑥응징(膺懲). 징계(懲戒). 1. warning 3. prohibition
いまし·める[戒める·誡める·警める](타하1) ①훈계하다. ②금지하다. ③묶다. ④주의하다. 경계하다. 1. warn 4. guard
いましも[今しも](부) 바로 지금. 지금 막. very now
いま·す[在す]〈고〉 Ⅰ(자4) ①"いる(있다)"의 높임말. 계시다. 「父母(フボ)の一ときは; 부모가 계실 때에는」 ②"行(ユ)く(가다)"의 높임말. 가시다. ③"来(ク)る(오다)"의 높임말. 오시다. Ⅱ(타하2) 계시게 하다.
いますか·り[在すかり](자ラ)〈고〉 "いる, ある(있다)"의 높임말. 계시다.
いますこし[今少し](연어·부) 좀더. a little more
いまだ[未だ](부) 아직. yet, still. **—·し**[未だし](형シク)〈고〉 ①아직 시기가 안되다. 「一の感(カン); 아직 멀었다는 느낌」 ②아직 미숙하다. **—に**[今だに·未だに](부) 아직도. 현재까지도.
いまちのつき[居待ちの月](명) 음력 18일 밤의 달. (앉아서 좀 기다려야 달이 뜨므로) an eighteen-day-old moon
いまどき[今時](명·부) ①현금(現今). 요즈음. ②이맘

때. 지금쯤. 1. nowadays 2. at this time
いまに[今に](부) ①지금에 와서도. 아직도.「一名人(メイジン)と伝(ツタ)えられる; 지금도 아직 명인으로 전해지고 있다」②이윽고. 멀지 않아. 이제. 1. even now. **—して**[今にして](연어) 지금 와서. 이제 와서.「一思(オモ)えば; 지금에 와서 생각하니」**—も**[今にも](부) ①당장 곧. ②바야흐로. 지금 막.
いまは[今は](명) ①임종. 죽을 무렵.「一のきわ; 임종시」②지금뿐. 1. the dying hour
いまはた[今将](부)〈고〉 ⇨いまに.
いまひとつ[今一つ](연어·부) ①하나 더. ②조금만 더 했더라면「一もの足(タ)りない; 조금만 더 했더라면 만족인데(조금 부족하다)」 1. one more
いまふう[今風](명·형동ダ) 현대의 풍속. 현대식. a modern fashion
いまほど[今程](명) ①조금 전. 방금. ②요즈음. 1. a little while ago 2. recently
いままいり[今参り]ーマキリ(명)〈고〉 ①처음으로 섬기는 것. ②신참자(新参者). 새로 온 사람.
いままで[今迄](명) 지금까지. until now
いまめかし·い[今めかしい](형) ①현대적이다. ②인위적(人為的)이다. 꾸민 듯하다. 동 今めかす(타 4). 1. modern 2. artificial
いまもって[今以て](연어·부) 바로 지금도. 아직도. 지금이라도. even now
いまや[今や](부) 지금 막. 지금이야말로. 당장. 바야흐로. just now
いまよう[今様](명) ①현대식. ②헤이안조(平安朝)에 유행된 가요. 보통 7·5 조의 4 구로 이룩됨. 1. a modern fashion
いまわ[今際](명) ①마지막. ②임종. 최후.「一のきわ; 임종시」 2. the dying hour
いまわし·い[忌まわしい]イマハシイ(형) 싫다. 불길하다. 파생 **—げ**(형동ダ) **—さ**(명). ominous
いまわり[居回り·居廻り]キマハリ(명) 부근(附近). 일대. 이웃. neighbourhood
いまわ·る[居回る·居廻る]キマハル(자 4) 둥글게 앉다. 둘러 앉다. sit in a circle
いまん[帷幔](명) 현수막(懸垂幕). a curtain
いみ[忌み](명) ①싫어하는 것. 꺼리는 것. ②금기(禁忌). ③복중(服中). 1. disgusting
いみ[意味](명·자타サ) 의미. ①말, 행동, 일 등에 당연히 포함되었다고 생각되는 뜻. ②뜻.「ことばの一; 말의 뜻」③(할 만한) 가치. 의의(意義).「やっても一がない; 해도 가치가 없다」 1. 2. meaning
いみあい[意味合い]ーアヒ(명) (전후 사정을 포함한) 의미. 연유. 서로 관련된 의미. meaning
いみあけ[忌み明け](명) 상을 벗는 일. 탈상(脱喪). 해상(解喪). the end of mourning
いみがき[斎垣](명) 신사 주위에 둘러 친 울타리.
いみきら·う[忌み嫌う]ーキラフ(타 4) 싫어하여 피하다.「へびのように一; 배암같이 싫어하고 피하다」 hate
いみことば[忌み詞](명) 꺼리는 말. a tabooed word
いみ·じ(형シク)〈고〉 ①대단하다. 심하다. ②뛰어나다. 근사하다. ③심하다. 무섭다.
いみじくも(부) ①능숙하게. 잘. 교묘하게.「一うたいあげる; 잘 노래하다」②갸륵하게. 기특하게. 1. skillfully
いみづ·ける[意味付ける](타하 1) 뜻을 붙이다. 의미를 붙이다. 명 意味付け. put with meaning
イミテーション[imitation](명·타サ) 이미테이션. ①흉내. 모방. ②모조품.
いみな[忌名·諱](명) ①휘. 죽은 사람의 생전의 이름. ②시호(諡号). ③실명(実名)의 높임말. 2. a posthumous name
いみば[斎場](명)〈고〉 신을 모시는 곳.
いみび[斎火·忌火](명)〈고〉 부정(不浄)이 없는 불. 신을 모실 때 사용함.
いみび[斎日·忌日](명) ①음양가(陰陽家)에서 재난이 있다고 기피(忌避)하는 날. ②부정(不浄)을 피하고 조심하는 날. ③고인(故人)의 제사날. 2. a day for purity 3. a day of mourning
いみょう[異名](명) 이명. ①다른 이름. ②별명(別名). 2. a nickname
いみべ[斎部·忌部](명)〈고〉 ①상고 시대에 제기(祭器)를 만들고 제사에 종사하던 사람의 직명(職名). ②성(姓)의 하나.
いみん[移民](명·자サ) 이민. ①다른 나라에 이사하여 삶. 또는 그런 사람. ②노동을 목적으로 외국에 가서 삶. 또는 그런 사람. 1. emigration
い·む[忌む](타 4) ①기피(忌避)하다. 싫어하다. ②증오하다. 미워하다.「一べき風習(フウシュウ); 기피할 풍습(나쁜 풍습)」 1. dislike
い·む[斎む](타 4)〈고〉 ①더러움을 피하고 심신을 청정(清浄)하게 하여 조심하다. ②부처의 가르침을 받다. **—こと**[斎む言·斎む事](명)〈고〉 부처님의 가르침. 불계(仏戒).「一を授(サズ)く; 불문에 들게 하다(출가시키다)」 ⌈medical affairs
いむ[医務](명) 의무. 의료(医療)에 관한 사무. ⌡
いむしつ[医務室](명) 의무실. (학교, 회사 등에서) 병, 상처 등을 치료하는 곳. 위생실. 양호실. a medical room
いむしろ[藺蓆](명) 골풀로 짠 멍석(자리). a rush mat
いめ[夢](명)〈고〉 ⇨ゆめ.
いめい[依命](명) 의명. (관청에서) 명령에 의하여 하는 것.「一通牒(ツウチョウ); 의명 통첩 (명에 의하여 알림)」 on orders
いめい[異名](명) ⇨いみょう.
いめい[違命](명) 명령 위반. violation of an order
いめい[遺命](명·자サ) 유명. 죽을 때에 남긴 명령. one's dying wishes
イメージ[image](명) 이미지. ①영상(映像). ②모습. ③마음에 떠오르는 모습. 형상(形象).
いめつ[夷滅](명) 이멸. 완전 멸망. destruction
いも[芋·薯·藷](명)〈식〉 ①둥그스름하고 먹을 수 있는 풀뿌리. 예: 감자, 토란, 고구마 등. ②토란. 천남성과에 속하는 다년초. 뿌리는 식용.「一を洗(アラ)うよう; 감자를 씻는 듯하다(많은 사람이 좁은 곳에서 복작거리는 모양)」 1. a potato 2. a taro

いも[妹](명)〈고〉 ①남자가 여자를 부를 때의 애칭. ②아내. ③누이 동생. 「pockmarks

いも[痘痕](명) 두흔. 마마 자국.「一づら; 곰보」 ↗

いもうと[妹](명) ①여동생. 누이 동생. ②남편이나 아내의 형제로 손아래 여자. 1. a younger sister. **一ご**[妹御](명) 남의 누이 동생에 대한 높임말.

いもがしら[芋頭](명)〈식〉 토란 뿌리 중에서 가장 크고 오래 된 것. a parent taro

いもがゆ[芋粥·藷粥](명) ①칡 즙에 마를 넣어 끓인 죽. ②고구마 등을 넣은 죽. 1. rice porridge with yam

いもがら[芋幹](명) ①고구마 줄기나 토란 줄기를 말린 것. ②고구마, 토란 등의 지상경(地上茎). 2. a terrestrial stem

いもざし[芋刺し](명·타サ) 고구마를 대꼬챙이로 찌르듯이 사람을 창으로 찔러 죽임. thrusting through

いもせ[妹背](명)〈고〉 ①남녀. ②부부.「一のちぎり; 부부의 약속(결혼)」 ③오누이. 남매.

いもちびょう[稲熱病](명)〈농〉 도열병. 벼에 생기는 병의 하나. 잎과 줄기에 박테리아가 번식하여 발생함. rice blight

いもづるしき[芋蔓式](명) ①고구마 줄기를 당기듯이 차례로 연줄을 찾아 출세하는 것. ②차례로 폭로하는 것. 2. one leading to another

いもと[妹](명) ⇨いもうと.

いもの[鋳物](명) 주물. 쇠를 녹여 거푸집에 부어서 만든 물건. a casting

いものこ[芋の子](명) ①큰 감자와 작은 감자. ②토란. 2. a taro

いもばん[芋版](명) 고구마를 둥글게 썰어 그림을 새겨 먹, 물감을 칠해서 찍는 것. a potato-stamp

いもむし[芋虫](명)〈동〉 ①나비, 나방의 유충으로, 털이 없는 것의 총칭. 모양이 누에 비슷함. ②고구마 벌레. a green caterpillar

いもめいげつ[芋名月](명) 한가윗날(8월 15일) 밤의 달. ↔くり名月, まめ名月.

いもり[井守·蠑螈]キ一(명)〈동〉 영원. 도마뱀 비슷하며 배가 빨갛고 검은 반점이 있음. a newt

いもん[慰問](명·타サ) 위문. (재난, 병 등으로) 고생하는 사람을 위로함. consolation

いや[礼·敬](명)〈고〉 공경. 예의.

いや[彌](부) 점점. 더욱더.「一遠(トオ)く; 점점 더 멀리」 more and more

いや[否·嫌·厭] Ⅰ(형동ダ) 싫은 모양. 꺼림한 모양.「一ながら同意(ドウイ)した; 싫으면서 동의하였다」 파생 **一さ**(명). Ⅱ(부) 혹은. 또는. Ⅲ(감) 아니.「これは私(ワタクシ)の, 一君(キミ)の問題(モンダイ)でもある; 이건 나의, 아니 자네의 문제이기도 하다」「一でもおうでも; 싫거나 좋거나」 Ⅰ dislikable Ⅱ or Ⅲ no

イヤーブック[yearbook](명) 이어북. 연감(年鑑). 연보(年報).

いやいや[否否] Ⅰ(명) 아이들이 싫다고 도리질하는 것. Ⅱ(부) 싫으면서도. 마지못해서.「一するのではだめ; (시키니까) 마지못해서 하면 못쓴다」 Ⅲ(감) 아니아니. Ⅱ unwillingly Ⅲ no, no

いやおい[彌生]一オヒ(명)〈고〉 ①초목(草木)이 점점 무성해지는 것. ②⇨やよい.

いやおう[否応](명) 거절과 승낙.「一なしに; 불문곡직하고(좋든 싫든)」 approval or disapproval

いやがうえに[彌が上に]一ウヘニ(연어·부) 그 위에 더. 더더구나. all the more

いやがおうでも[否が応でも](연어·부) 찬부를 불문하고. 여하간에. anyhow

いやがらせ[嫌がらせ](명) 남이 싫어하는 짓을 굳이 하는 것. 또는 그런 언행. an unpleasant thing

いやが·る[嫌がる](타 4) 싫어하다. hate

いやき[嫌気](명·타サ) ①싫은 마음. 싫증.「一がさす; 싫어지다」 ②〈경〉 시세가 뜻대로 안되어 인기가 떨어짐. 1. disgust

いやく[医薬](명) 의약. ①약품. ②진료와 조제.「一分業(ブンギョウ); 의약 분업」 1. medicine

いやく[意訳](명·타サ) 의역. 원문(原文)의 뜻을 헤아려 낱말에 엄격히 구애되지 않고 번역하는 것. ↔直訳(チョクヤク). free translation

いやく[違約](명·자サ) 위약. 약속이나 계약을 어김. ⤵

いやけ[嫌気](명) ⇨いやき. ⌊a breach of promise

いやさ[否さ](감) "いや(否)Ⅲ"을 강조한 말. no

いやし·い[卑しい·賤しい](형) ①(지위, 신분 등이) 낮다. 천하다. ②가난하다. ③태도 등이 저열하다. 비열하다. 파생 **一げ**(형동ダ) **一さ**(명). 1. low

いやし·く[彌頻く](자 4)〈고〉 더욱더 많아지다. 도수가 거듭되다.

いやしくも[苟も](부) ①적어도. 결코. ②적당히. 소홀히.「一字一句(イチジイック)一しない; 한 자 한 구를 소홀히 하지 않는다」 ③만약에. 1. on any account

いやし·める[卑しめる·賤しめる](타하 1) 깔보다. 멸시하다. 천하게 여기다. despise

いやしんぼう[卑しん坊](명·형동ダ)〈속〉 음식을 심히 탐냄. 또는 그런 사람. 걸귀(乞鬼). a glutton

いや·す[癒やす](타 4) (병이나 고통 등을) 고치다. 상처를 아물게 하다. 치료하다. heal

いやち[厭地·忌地](명)〈농〉 같은 땅에 같은 작물을 계속 재배하여 수확이 줄어지는 것「一病(ビョウ); 연작(連作)으로 생기는 병」

いやちこ(형동ダ) (신불의 영험이) 현저한 모양. 매우 분명한. 새로운.「霊験(レイゲン)一; 영험이 현저하다」 miraculous

いやでもおうでも[否でも応でも](부) 싫든 좋든간에. 어떻든. 반드시. 아무래도. willy-nilly

いやな·し[礼無し](형ク)〈고〉 무례하다.

いやに(부) 이상하게. 묘하게.「一気(キ)どった声(コエ); 유달리 점잔을 빼 목소리」 disagreeably

いやはて[彌果て](명)〈고〉 제일 끝. 최후.

いやはや(감) 놀라고 어처구니 없어 내는 소리. 어허

참. 거 참. Dear!

イヤホ(ー)ン[earphone](명) 이어폰. ①귀에 끼고 듣는 청취기(수신기). ②머리에 걸고 방송을 듣는 장치.

いやまさ·る[彌增さる](자 4) 점점 더 많아지다. increase more and more

いやま·す[彌増す](자 4) 점점 더 많아지다. increase more and more

いやみ[嫌味·厭味](명·형동ダ) ①남이 싫어하는 언행을 함.「わざと—をいう; 일부러 싫은 소리를 하다」②불쾌한 기분이나 태도.「—たっぷりな男(オトコ); 심한 불쾌감을 주는 사나이」 2. offensiveness

いやも·う[敬う]キヤマフ(타 4)〈고〉존경하다. 우러르다.

いやもて[嫌持て](명·자サ) 속으로는 미움을 받으면서 겉으로만 좋은 대접을 받음. treatment of double faces

いやらし·い(형) 싫다. 파생 **—が·る**(자 4) **—げ**(형동ダ) **—さ**(명). disagreeable

イヤリング[earring](명) 이어링. 귀걸이. 귀고리.

いゆ[慰諭](명) 위로하고 타이르는 것. admonition

いゆう[畏友](명) 외우. ①존경하는 벗. ②벗의 높임말. 1. one's respected friend

いよ[伊予](명)〈지〉옛 지방 이름. 현재의 에히메현(愛媛県).

いよいよ[愈愈](부) ①점점. 더욱더. ②확실히. ③드디어. 결국. 1. more and more

いよう[威容](명) 위용. 위엄 있는 모습. dignified appearance

いよう[偉容](명) 위용. 훌륭한 모습. a grand appearance

いよう[異容](명) 이용. 색다른 모습. 유다른 자태. strange mien

いよう[異様](형동ダ) 색다른 모양. 이상한.「—な身(ミ)なり; 이상한 몸차림」 strange

いよう[移用](명·타サ)〈법〉이용. 국회에서 결정된 목적 이외에 필요에 따라 예산을 옮겨 쓰는 일. misappropriation

いよく[意欲](명) 의욕. 뜻하는 바를 하고자 하는 왕성한 마음. will. **—てき**[意欲的](형동ダ) 의욕적. 의욕이 왕성한 모양.

いよよ[愈よ](부)〈고〉⇨いよいよ.

いら[刺](명) ①(초목의) 가시.「—草(クサ); 가시가 돋친 풀」②(어류의) 지느러미 가시. 1. a thorn

いらい[以来](명) 이래. ①그때부터 지금까지. ②그 뒤. 이후. 1. since 2. after this

いらい[依頼](명·타サ) 의뢰. ①부탁함. ②의지함.「—心(シン); 의뢰심」1. request 2. dependence. **—しん**[依頼心](명) 의뢰심. 남에게 의지하려는 마음.

いらいら[苛苛](명·부·자サ) ①가시에 찔린 기분. ②마음이 조급함. 안달이 남. 1. be prickly

いら·う[弄う]イラフ(타 4)〈방〉장난으로 만지다. finger

いら·える[応える]イラヘル(자하 1) 대답하다. 대꾸하다. 명 いらえ. answer

いらか[甍](명) ①대마루 양끝이 삼각형으로 된 곳. ②기와 지붕. ③기와 지붕의 대마루 끝을 막는 기와. 2. a tiled roof

いらが[刺蛾](명)〈동〉노랑쐐기나방. 쐐기나방과에 속하는 곤충. 과수(果樹)의 해충(害虫).

いらく[慰楽](명) 위락. 위로와 즐거움. comfort

いらく[怡楽](명) 기쁨과 즐거움. pleasure

イラク[Iraq](명)〈지〉이라크. 아라비아 북쪽의 공화국. 수도는 바그다드(Bagdad).

いらせら·れる(자하 1) "いらっしゃる(계시다)"의 높임말.

いらだたし·い[苛立たしい](형) 초조하다.「—気持(キモチ); 초조한 기분」파생 **—げ**(형동ダ) **—さ**(명). irritating

いらだ·つ[苛立つ](자 4) 초조해지다. 조급해지다. 명 いら立ち. 타 いら立てる(하 1). get irritated

いら·つ[苛つ](자 4) 초조해지다.「いらって切(キ)りこむ敵陣(テキジン); 초조하여 쳐들어 가는 적진」 become impatient

いらつこ[郎子](명)〈고〉젊은 남자의 애칭. ↔いらつめ.

いらっしゃ·る Ⅰ(자 4) "居(イ)る, 行(ユ)く, 来(ク)る"의 높임말. 계시다. 가시다. 오시다. Ⅱ(보동·4) "…ている, …である"의 높임말.「お元気(ゲンキ)で—; 몸 편히 계시다」「見(ミ)て—; 보고 계시다」

いらつめ[郎女](명)〈고〉젊은 여자의 애칭. ↔いらつこ.

いらな·し(형ク)〈고〉①떠벌리다. 어마어마하다. ②고통스럽다. 마음이 괴롭다. ③날카롭다. 강하다.

いらぬ(연어) 필요 없는. 쓸 데 없는.「—お世話(セワ)だ; 쓸 데 없는 참견이다」 needless

いらむし[刺虫](명)〈동〉노랑쐐기나방의 유충(幼虫).

イラン[Iran](명)〈지〉이란. ①페르샤의 현재의 이름. 수도는 테헤란(Teheran). ②서남 아시아의 고원 지방.

いり[入り](명) ①들어 가는 것. ②안 보이게 되는 것. ③드는 비용.「—がかさむ; 비용이 많이 들다」④수입. ⑤며칠 계속되는 행사의 첫날. 1. entering 3. expenses

いりあい[入り相]ーアヒ(명) ①저녁 무렵. 해질 무렵. ②←入り相の鐘. 1. sunset. **—のかね**[入り相の鐘](명) 저녁 종소리.

いりあい[入り会い]ーアヒ(명)〈법〉일정 지역의 주민이 삼림(森林)이나 토지를 공동으로 사용하는 것.「—地(チ); 공용지(共用地)」 common

いりあ·げる[入り揚げる](타하 1) 좋아하는 것(사람)을 위하여 돈을 탕진하다. lavish money on

いりうみ[入り海](명) 육지로 깊숙이 들어 간 바다. 만(湾). a bay

いりえ[入り江](명) 바다, 호수 등이 육지 깊숙이 들어 간 곳. 만(湾)의 작은 것. 후미. a inlet

いりがた[入り方](명) 해나 달이 질 무렵. sunset or moonset

いりかわり[入り代わり]ーカハリ(명) ①교대하여 들어오는 것. ②교대. 교체. 동 入り代わる(자 4). 1. entering in turn. **—たちかわり**[入り代わり立ち代わり]ータチカハリ(부·자サ) 계속 교체하는 모양.

いりぐち[入り口](명) ①입구. ②시작. 첫머리. 1. the entrance 2. the beginning

いりく·む[入り組む](자 4) ①뒤섞이다. ②복잡하다. 1. be intermingled

いりこ[炒粉](명) 볶은 쌀가루. 미싯가루. parched rice flour

いりこ[海参·熬海鼠](명) 말린 해삼. dried sea slug

いりこ[熬り子](명) ⇨にぼし(煮干し).

いりこ·む[入り込む](자 4) ①들어 가다. 잠입하다. ②혼잡하다. ③들어 가 섞이다. ④밀어 젖히고 들어 가다. 1. enter

イリジウム[iridium](명)〈이〉이리듐. 백금 비슷한 원소. 희고 굳어 철필촉, 도가니 등을 만듦. 기호는 Ir.

イリス[Iris](명) 이리스. 그리이스 신화에 나오는 무지개의 여신. 에로스의 어머니. 지팡이를 들었고 어깨에는 날개가 있음.

いりた·つ[入り立つ](자 4)〈고〉①들어 서다. ②친하게 드나들다. 통하다.

いりちが·う[入り違う](자 4) ①엇갈리다. 서로 반대 방향으로 지나쳐 버리다. ②한 쪽은 들어 오고 한 쪽은 나가서 엇갈리다. 1. cross (each other)

いりつ·ける[煎り付ける](타하 1) 볶다. 조리다. parch

いりに[入り荷](명) ①생산지 등에서 짐이 오는 것. 또는 그 짐. ②창고 등에 넣어 둔 짐. 1. a receipt of goods

いりひ[入り日](명) 지는 해. 석양. the setting sun

いりひ[圦樋](명) 수로(水路)의 입구나 배수구에 설치한 홈통. a sluice

いりびた·る[入り浸る](자 4) ①물에 담그다. ②다른 집이나 장소에서 살다. ③어떤 일에 골몰하다. 1. be steeped in (water)

いりふね[入り船](명) 항구에 들어 오는 배. ↔出船(デフネ). an incoming ship

いりぼし[熬り干し](명) (쪄서) 말린 생선. 멸치 등.

いりまじ·る[入り交じる](자 4) 뒤섞이다. be mixed

いりまめ[炒り豆·煎り豆](명) 볶은 콩. 콩볶은이.「一に花(ハナ)が咲(サ)く; 볶은 콩에 꽃이 피다(전연 있을 수 없는 일의 비유)」 parched beans

いりみだ·れる[入り乱れる](자하 1) 뒤섞여 혼란하다. mix in confusion

いりむぎ[炒り麦](명) 볶은 보리. parched barley

いりむこ[入り婿](명·자サ) 여자 집에 들어 가 사위가 됨. 데릴사위. an adopted husband

いりめ[入り目](명) ①비용. 비용을 내는 것. ②들어 가는 쪽. 입구 쪽. 1. expenses

いりめし[炒り飯](명) 볶음밥. roast rice

いりもや[入り母屋](명) 위를 박공(膊栱) 지붕으로 하고 아래를 경사지게 한 지붕.

いりゅう[慰留](명·타サ) 위로하고 만류함. 중지하도록 권함.「辞任(ジニン)を 一する; 사임을 만류하다」 dissuade a person from resigning

いりゅう[遺留](명·타サ) ①유류. 죽은 뒤에 남김.「一品(ヒン); 유류품」②어디다 두고 잊어 버림. 1. bequeathing. **——ぶん**[遺留分](명)〈법〉상속인이 반드시 받을 수 있는 유산의 비율.

イリュージョン[illusion](명) 일류전. 환영(幻影). 환상.

いりょう[衣料](명) 의료. ①옷의 재료. 옷감. ②옷.「一品(ヒン); 의료품(의복)」 2. clothing

いりょう[衣糧](명) 옷과 식량. clothing and provisions

いりょう[医療](명) 의료. 병을 치료하는 일. medical treatment

いりよう[入り用](명·형동ダ) ①비용. ②필요(必要). 1. expenses

いりょく[威力](명) 위력. ①남을 복종시키는 힘. ②뛰어난 힘. might

いりょく[偉力](명) 위력. 훌륭한 힘. great power

いりょく[意力](명) 의지의 힘. will

い·る[入る] Ⅰ(자 4) ①들어 가다. ②숨다. ③도달하다.「京(キョウ)に一; 입경하다」Ⅱ(보동·4) 동사 밑에 붙어 뜻을 강조하는 말.「頼(タノ)み一; 간절히 부탁하다」 Ⅰ 1. enter 3. reach

い·る[炒る·煎る·熬る](타 4) ①(불에다 음식을) 볶다. ②조리다. 1. parch

いる[居る]キル Ⅰ(자상 1) ①(사람, 동물 등이) 있다. ②집에 있다. Ⅱ(보동·상 1)〔"…て—"의 형태로〕①동작, 작용이 진행중임을 나타내는 말.「仕事(シゴト)をして一; 일을 하고 있다」②동작, 작용의 결과가 거기에 있음을 나타내는 말.「もう来(キ)て一; 벌써 와 있다」③현재의 상태를 나타내는 말.「くもって一; 흐렸다」 Ⅰ 1. be 2. be at home

い·る[要る](자 4) ①필요하다.「千円(センエン)一; 천 원이 필요하다」②비용이 들다.「引越(ヒッコ)しの費用(ヒヨウ)が一万円(イチマンエン)一; 이사 비용이 만 원 든다」 1. need

い·る[射る](타 4)〔문어(文語)는 상 1 활용〕①활을 쏘다. ②강하게 비치다.「人(ヒト)を一眼光(ガンコウ); 사람을 쏘는 시선」 1. shoot

いる[鋳る](타상 1) 녹인 금속을 거푸집에 부어 물건을 만들다. cast

いる[率る](타상 1)〈고〉이끌다.

いるい[衣類](명) 의류. 옷가지. clothing

いるい[異類](명) ①이류. 다른 종류. ②인류 이외의 것. 예: 조수(鳥獸) 등. 1. different kinds

いるか[海豚](명)〈동〉해돈. 돌고래. 고래의 일종으로 고래 중 제일 작은 종류. 고기, 가죽, 기름 등을 이용. a dolphin

いるがせ[忽せ](형동ナリ)〈고〉경솔한 모양. 소홀한.

いるさ[入るさ](명)〈고〉①들어 가는 쪽. 입구 쪽. ②들어 가는 때.

いるす[居留守]キー(명) 집에 있으면서도 없는 것처럼 꾸미는 것.「一をつかう; 집에 있으면서 없다고 하다」 'not at home'

イルマン[포 irmão](명)〈종〉이르망.〔옛날 가톨릭에서〕형제(兄弟). 선교사.

イルミネーション[illumination](명) 일류미네이션. 전등, 가스 등을 사용한 장식.

—いれ[入れ](조어) 넣어 두는 그릇.「名刺(メイシ)一;

명함 케이스」
いれあ·げる[入れ揚げる](타하 1) ⇨いりあげる.
いれあわ·せる[入れ合わせる]ーアハセル(타하 1) 벌충하다. 보충하다. make up for
いれい[威令](명) 위령. ①위력과 명령. ②권위 있는 명령. 「ーが行(オコ)なわれない; 위령이 시행되지 않다」 1. power and an order
いれい[威霊](명) 위령. 영묘하고 위대한 힘. 신령(神霊)의 위력. influence of the divine spirit
いれい[異例](명) ①이례. 전례(前例)와 다른 것. ②병(病). 1. exception 2. illness
いれい[違例](명) ①상례(常例)와 다른 것. 이례(異例). ②병(病). 1. unusualness 2. a disease
いれい[慰霊](명) 위령. 죽은 사람의 영혼을 위로하는 일. 「ー祭(サイ); 위령제」 a memorial service for the dead
いれい[遺令](명) 사후에 남긴 명령. an order left by a deceased person
いれかえ[入れ替え·入れ換え]ーカヘ(명·타サ) ①교체함. (물건이나 극장의 손님 등을) 갈아 넣음. ②〔철도에서〕기차를 다른 선로(線路)에 넣음. 「ー作業(サギョウ); 입환 작업」 ③교차. 「ー模様(モヨウ); 교차 무늬」 1. replacement 2. shunting 3. alternation
いれがみ[入れ髪](명) ⇨いれげ. ↔地髪(ジガミ).
いれかわ·る[入れ替わる]ーカハル(자 4) 있던 사람은 나가고, 다른 사람이 들어 오다. 교체하다. 명 入れ替わり. 타 入れ替える(하 1). change places with
イレギュラー[irregular](형동ダ) 이레귤러. 불규칙. 변칙. 예외적. 「ーバーブ; 불규칙 동사」
いれげ[入れ毛](명·자サ) 여자들이 머리를 틀어 올릴 때 그 속에 넣는 머리털. 다리. false hair
いれこ[入れ子](명) 닮은꼴의 상자 등을 크기의 차례대로 겹쳐 넣게 된 것. a nest

〔入れ子〕

いれずみ[入れ墨·文身·刺青](명·자サ) ①입묵. 문신. 실에 먹을 묻혀서 살에 꿰어 글자, 그림 등을 새김. 또는 새긴 것. ②옛날 피부에 입묵을 하여 전과(前科)의 표적으로 삼았던 것. 1. a tattoo
いれちが·う[入れ違う]ーチガフ(자 4) ⇨いりちがう.
いれちがえ[入れ違え]ーチガヘ(명) ①잘못 넣는 것. ②엇갈리게 넣는 것. 1. misplacement
いれぢえ[入れ知恵](명·자サ) 남에게 꾀를 가르쳐 줌. 남에게서 배운 (좋지 않은) 지혜. borrowed wisdom
いれつ[威烈](명) 격렬. 격렬한 위력. intense power
いれつ[偉烈](명) 위대한 공적. 훌륭한 공로. a distinguished merit
いれつ[遺烈](명) 선인이 남긴 공훈. distinguished deeds of the departed
いれば[入れ歯](명·자サ) ①입치. 이를 해 넣음. 또는 그 이. 의치(義歯). ②왜나막신의 굽을 갊. 1. a false tooth
いれふで[入れ筆](명) 뒤에 글씨를 더 써 넣거나 수정하는 일. 가필(加筆). touching up
いれめ[入れ目](명) 해 넣은 눈. 의안(義眼). a false eye
いれもの[入れ物](명) 물건을 넣어 두기 위한 그릇. 용기(容器). 예: 주머니. 상자. 지갑 등. a vessel
い·れる[入れる](타하 1) ①넣다. ↔出(ダ)す. ②끼우다. 집어 넣다. 맞추다. ③들어 가게 하다. 고용하다. 「人(ヒト)をー; 사람을 고용하다」 ④포함하다. 「勘定(カンジョウ)にー; 셈에 넣다」 ⑤받아 들이다. 승낙하다. 「忠告(チュウコク)をー; 충고를 받아 들이다」 ⑥지불하다. 「利息(リソク)をー; 이자를 물다」. ⑦만들다. 내다. 「お茶(チャ)をー; 차를 달여 내다」 ⑧던지다. 「票(ヒョウ)をー; 투표하다」 ⑨〈경〉(상대방에게 전화를) 걸다. 1. put in 2. set in
い·れる[煎れる·炒れる](자하 1) ①볶아지다. ②조려지다. 1. parch
いろ[色](명) ①색. 빛깔. ②착색. 채색. ③안색. 얼굴빛. ④종류. 「一(ヒト)ー; 한 종류」 ⑤모양. ⑥상태. 컨디션. ⑦취지. 아취(雅趣). ⑧색정. 연정(恋情). ⑨〈속〉애인. 정부. 1. colour 4. a kind
いろあい[色合]ーアヒ(명) 색깔의 배합, 농도 등의 상태. 색조(色調). a tone of colour
いろあげ[色揚げ](명·타サ) 빛깔이 바랜 것을 다시 염색함. redyeing
いろいと[色糸](명) 색실. coloured thread
いろいろ[色色·種種](명·부·형동ダ) 여러 가지. 가지각색. 갖가지. 다양(多様). 「ーさまざま; 가지각색」 1. various colours
いろう[慰労](명·타サ) 위로. 수고를 치사하여 마음을 즐겁게 함. recognition of another's service
いろう[遺老](명) 유로. ①생존한 노인. ②선왕(先王)을 섬겼던 노신(老臣). ③망국(亡国)의 구신(旧臣). 1. a surviving old man
いろ·う イロフ(타 4)〈고〉 ①관계하다. ②간섭하다. 참견하다. ③만지작거리다. ④다투다.
いろ·う[綺う]ーフ(타하 2)〈고〉 ①아름답게 색칠하다. ②금, 은을 누각(鏤刻)하다.
いろう[遺漏](명·자サ) 유루. 새어 나옴. 무엇을 잊고 빠뜨림. omission
いろえ[色絵](명) 색칠한 그림. a coloured picture
いろえんぴつ[色鉛筆](명) 색연필. a coloured pencil
いろおとこ[色男]ーヲトコ(명) ①미남. 멋장이 사나이. ②정부(情夫). ③색을 바치는 남자. 1. a handsome man
いろおんな[色女]ーヲンナ(명) ①미녀(美女). ②정부(情婦). 1. a beautiful woman
いろか[色香](명) ①색과 향기. ②분과 향유(香油). ③아름다운 용모. 1. colour and fragrance
いろがみ[色紙](명) 색종이. coloured paper
いろがわり[色変わり]ーガハリ(명·자サ) ①색이 변함. 색이 변한 것. 변색(変色). 퇴색(褪色). ②종류가 다름. 또는 그것. ③해산 후 100일이 되어 유아나 산모가 흰옷으로 갈아 입음. ④결혼식이 끝난 뒤에 신부가 예복을 벗고 색복으로 갈아 입음. 1. discolouration
いろく[位禄](명) ①지위와 봉록. ②예전에 정(正) 4위

이하의 관리에게 준 솜과 옷감 등.
いろくづ[鱗](명)〈고〉 ①물고기. 어류(魚類). ②비늘.
いろけ[色気](명) ①색조(色調). ②여자의 성적 매력. 색정.「―がある; 성적 매력이 있다」③애교.「―のない返事(ヘンジ); 애교 없는 대답」④(남녀 교제에 적극적으로 응하려는) 기분. 교태.「―たっぷり; 교태 만점」⑤흥미. 야심. 1. colouring 2. sexual passion
いろけし[色消し](명·타サ) ①〈이〉 색수차(色収差)를 없앰. ②모처럼의 흥미를 잃음. ③광택(光沢)을 적게 함. 1. achromaticity
いろこ[鱗](명)〈고〉 ①생선의 비늘. ②물고기. ③머리의 비듬.
いろこい[色恋]―コヒ(명) 남녀의 애정과 연애. 정사(情事). love
いろごと[色事](명) ①남녀간의 애정 행위. 정사(情事). 정교(情交). ②〔연극에서〕 연애 장면의 연기.「―師(シ); 애정 관계 연기를 잘하는 배우. 여색에 빠진 남자」 1. a love affair
いろごのみ[色好み](명) 색을 밝힘. 또는 그런 사람. 호색가(好色家). 색골(色骨). lewdness
いろじかけ[色仕掛け](명) 미모나 색정으로 이성을 유혹하는 것. seduction
いろしゅうさ[色収差](명)〈이〉 색수차. 렌즈에 생기는 상(像)의 주위에 빨강, 보랏빛이 생기는 것. chromatic aberration
いろじろ[色白](명·형동ダ) 살갗이 흼. 흰 살갗. fair complexion
いろずり[色刷り](명·타サ) ①색깔 있는 인쇄물. 색판(色版). ②그림 물감으로 종이에 무늬를 박아 냄. 2. colour printing
いろせ[兄](명)〈고〉 오빠. 남동생.
いろぞめ[色染め](명) 염색. 여러 가지 색으로 물들이는 일. 또는 그 천. dyeing in various colours
いろづ·く[色付く](자 4) ①물이 들다. 색깔이 짙어지다. ②익다.「かきの実(ミ)が―; 감이 (빨갛게) 익다」 1. put on a colour
いろづけ[色付け](명) 착색. 염색. colouring
いろっぽ·い[色っぽい](형) 요염하다. 성적 매력이 있다. 파생 ―さ(명). voluptuous
いろつや[色艶](명) ①색깔과 광택. ②안색(顔色).「―がよい; 안색이 좋다」③정애(情愛). 재미. ④애교(愛嬌). 1. colour and lustre
いろと[弟](명)〈고〉 동생. 남동생. 여동생. ↔いろね.
いろどめ[色止め](명·타サ) (염색할 때) 약을 넣어 물이 빠지지 않게 함. fixation
いろどり[色取り·彩り](명) ①채색. 색칠. ②화장. ③장식(装飾). 1. colouring
いろど·る[色取る·彩る](타 4) ①색칠하다. 착색(着色)하다. 채색(彩色)하다. ②각가지 색을 배합하다. ③화장하다. ④장식하다. 1. colour
いろなおし[色直し]―ナホシ(명·자サ) ①(결혼식 등이 끝난 뒤) 다른 옷으로 갈아 입음. ②다시 염색함. 1. change to an ordinary 2. redyeing
イロニー[도 Ironie](명) ⇨アイロニー.
いろぬき[色抜き](명) 탈색(脱色). decolourization
いろね(명)〈고〉 오빠. 형. 누나. 언니. ↔いろと.
いろは[伊呂波·以呂波](명) ①히라가나 47자의 호칭. ②초보. 첫걸음. 2. the A B C. **―ガルタ**[伊呂波加留多](명) 히라가나의 47자를 두문자(頭文字)로 하는 속담을 한장 한장에 쓴 화투 비슷한 놀이 딱지.
いろまち[色町](명) 화류계. 유곽가. a gay quarter
いろめ[色目](명) ①색조(色調). ②애교(교태) 있게 눈을 흘기는 것. 윙크.「―をつかう; 추파를 던지다」 1. colour
いろめがね[色眼鏡](명) ①색안경. ②선입관(先入観). 1. coloured glasses
いろめ·く[色めく](자 4) ①제철이 되어서 활기를 띠다. ②요염해지다. 성적 매력을 풍기다. ③싸움에 패하여 흩어지기 시작하다.「敵(テキ)が―; 적이 흩어지기 시작하다」 2. charm
いろも[妹](명)〈고〉 ①누이 동생. ②아내의 애칭.
いろもの[色物](명) ①(옷감, 종이 등의) 채색된 것. ②(흥행 장소에서의) 만담, 야담, 음악, 곡예, 요술 등을 가리키는 말. 1. coloured goods
いろやけ[色焼け](명·자サ) 살갗이 햇볕에 그읆. (be) sunburned
いろよい[色好い·色良い](연체) 좋은. (이쪽 형편에) 좋은.「―返事(ヘンジ); 만족스러운 대답」 favourable
いろり[色利](명) 가다랭이포와 콩 등을 삶은 국물.
いろり[囲炉裏](명) ⇨ろ(炉).
いろわけ[色分け](명·타サ) ①채색하여 구분(별)함. ②종류에 따라 구분함. 분류(分類). 2. classification
いろん[異論](명) 이론. 남과 다른 주장. 이의(異議). an objection
いろんな[色んな](연체) 여러 가지. 각가지. various
いわ[岩·磐]イハ(명) 바위. 반석. a rock
いわ[沈子·錘]イハ(명) 어망(漁網)에 다는 추. a sinker
いわ[違和](명·자サ)〈의〉 몸의 상태가 이상하게 되는 것.
いわい[祝い]イハヒ(명) 축하. celebration. **―うた**[祝い歌](명) 축가. 축하하는 뜻의 노래. **―ごと**[祝い事](명) 축하할 일. 경사. **―ごと**[祝い言](명)〈고〉 축언. 축하의 말. **―ざけ**[祝い酒](명) 축하의 술. **―のぜん**[祝いの膳](명) 경사에 내는 음식상. 말린 전복, 황밤 등을 곁들임. **―ばし**[祝い箸](명) 양 끝을 둥글고 가늘게 한 젓가락. 축하연에 쓰임. **―び**[祝い日](명) 경축일.
いわいご[斎児]イハヒ―(명)〈고〉 소중히 키우는 자식.
いわいべ[斎瓮]イハヒ―(명)〈고〉 신에게 올리는 술을 담는 토기(土器)로 된 술병.
いわ·う[祝う]イハフ(타 4) ①경축하다. 축하하다. ②행복을 빌다. 축복하다.「結婚(ケッコン)を―; 결혼을 축하하다」③(설 음식을 먹고) 설을 기뻐하다. 1. congratulate
いわ·う[斎う]イハフ(타 4)〈고〉 ①심신을 정결히 하고 신에게 빌다. ②소중히 섬기다.
いわお[巌]イハホ(명) 큰 바위. 반석. a rock
いわがき[岩垣]イハ―(명) ①울타리처럼 둘러 싸인 바

위. ②돌담. 1. surrounding by rocks 2. a stonewall

いわき[岩木]イハー(명) ①바위와 나무. ②무감각한 것. 무생물. 목석(木石). 「一ではないこの身(ミ); 목석이 아닌 이 몸」 1. a rock and a tree

いわき[磐城]イハー(명)〈지〉 옛 지방 이름. 현재의 후쿠시마현(福島県)의 동부와 미야기현(宮城県)의 일부에 해당.

いわく[曰く]イハク Ⅰ(명) 까닭. 연유. Ⅱ(부) 가라사대. 말씀하시기를. Ⅰ a reason Ⅱ say. **—つき**[曰く付き](명) ①특별한 이유가 있는 것. 「一の茶(チャ)わん; 유래가 깊은 차잔」 ②죄가 있는 자. 전과자.

いわけな·し[稚し](형 ク)〈고〉 어리다. 유치하다. 앳되다. 순진하다.

いわし[鰯·鰮](명)〈동〉 정어리. 청어과에 속하는 바닷물고기. 기름기가 많음. a sardine. **—ぐも**[鰯雲](명) 권적운(巻積雲)의 하나. 정어리 떼처럼 보임.

いわしみず[岩清水]イハシミヅ(명) 바위 틈에서 솟아 흐르는 맑은 물. a spring trickling out of rocks

いわしろ[岩代]イハー(명)〈지〉 옛 지방 이름. 현재 후쿠시마현(福島県)의 서부.

いわしめる[言わしめる]イハシー(연어·하 1) 말하게 하다. 「私(ワタクシ)をして言(イ)わしめれば; 저로 하여금 말하라면」 let say

いわずかたらず[言わず語らず]イハズー(연어) 말을 하지 않는. 무언(無言). silence

いわずもがな[言わずもがな]イハズー(연어) 말하지 않음이 낫다. 말하지 말기를 바라는.「一のこと; 말할 필요가 없는 것(일)」 better to leave unsaid

いわ·せる[言わせる]イハセル(타하 1) 말을 하도록 하다. 말하는 대로 두다. let speak

いわたおび[岩田帯]イハター(명) 임신 5개월경부터 배에 감는 띠. 복대(腹帯). a maternity belt

いわだたみ[岩畳]イハー(명) 편평한 바위가 겹친 곳. a place piled with flat rocks

いわつばめ[岩燕]イハー(명)〈동〉 바위제비. 흰털발제비. 제비과에 속하는 철새. 인가(人家)의 처마나 바위에 집을 지음. a black-chinned martin

いわて[岩手]イハー(명)〈지〉 혼슈우(本州) 동북 지방, 태평양 쪽에 있는 현. 현청 소재지는 모리오카(盛岡).

いわでも[言わでも]イハー(연어) 말하지 않아도 (좋은). 「一のこと; 말하지 않아도 좋은 일」 needless to say

いわと[岩戸]イハー(명) 동굴의 입구. 동굴 (문). a rock cave. **—がくれ**[岩戸隠れ](명) 아마테라스오오미카미(天照大神)가 스사노오노미코토(素戔嗚尊)의 난폭함에 노하여 아메노이와토(天の岩戸)에 숨었다는 고사(故事).

いわな[岩魚]イハー(명)〈동〉 곤들매기. 계곡의 하천에 사는 민물고기. 등은 검푸르고 배는 흼. 식용. a char

いわね[岩根]イハー(명) ①바위의 밑바닥. ②바위. 1. the rock-foot

いわば[岩場]イハー(명) 바위가 많은 곳. a rocky place

いわば[言わば·謂わば]イハー(부) 말하자면. 비유하여 말한다면. so to speak

いわばしる[石走る]イハー(자 4)〈고〉 물이 바위 위를 힘차게 흐르다.

いわばな[岩鼻]イハー(명) 바위 끝. 바위 꼭대기. the top of a rock

いわまほし[言わまほし]イハー(연어)〈고〉 말하고 싶다.

いわみ[石見](명)〈지〉 옛 지방 이름. 현재 시마네현(島根県)의 일부.

いわや[岩屋·窟]イハー(명) ①바위를 뚫어 만든 것. ②바위의 동굴. 1. a cavern

いわやま[岩山]イハー(명) 암산. 바위가 많은 산. 바위 산. a rocky mountain

いわゆる[所謂]イハー(연체) 소위. 세상에서 말하는. 이른바. what is called

いわれ[謂われ]イハレ(명) ①까닭. 사유. 이유. ②전해 내려 오는 이야기. 전설. 1. a reason

いわんかたなし[言わん方無し]イハンー(연어·형 ク)〈고〉 말할 방법이 없다. 말로 표현하기 어렵다.

いわんや[況や]イハンー(부) 더군다나. 하물며. 황차(況且). much more

—いん[院] Ⅰ(접미) ①불문에 들어 간 법황(法皇), 상황(上皇)의 궁전의 높임말. ②〈불〉 높은 지위에 있는 사람의 계명(戒名) 밑에 붙이는 말. Ⅱ(조어) ①울타리를 친 큰집. 저택. ②관청. 「会計検査(カイケイケンサ)一; 회계 검사원」 ③기관. 「参議(サンギ)一; 참의원」 ④학교. 「学(ガク)一; 학원」 ⑤절. 「智恩(チオン)一; 치온사(寺)」 ⑥곳. 「美容(ビヨウ)一; 미용원」

—いん[員](조어) ①…하는 사람. 「検査(ケンサ)一; 검사원」 ②사무원. 「会社(カイシャ)一; 회사원」

—いん[韻](접미) 〔렌가(連歌)에서〕 구(句). 「五十(ゴジュウ)一; 50 구」

いん[引](명) 서문. 머리말. a preface

いん[印](명) ①도장. ②흔적. 자리. ③〈불〉 손가락을 여러 가지 모양으로 굽는 것. 인상(印相). 「一をむすぶ; 결인(結印)」 ④〈지〉 인도의 준말. 1. a seal

〔印③〕

いん[因](명) ①원인. 「一をなす; 원인을 이루다」 ②〈불〉 직접적인 원인. ↔縁(エン), 果(カ). a cause

いん[姻](명) ①인연을 맺는 것. ②인척(姻戚). 친척. 1. marriage 2. relatives

いん[院](명) ①불문에 들어 간 법황(法皇), 상황(上皇)의 궁전. ②중의원(衆議院), 참의원.

いん[員](명) ①사물의 수량. 「一数(ズウ); 수량」 ②인원수. 「一に備(ソナ)わるのみ; 정원(定員)만 채울 뿐 (별로 쓸모 없다)」 2. a member

いん[淫·婬](명) 성욕. 색정. lewdness

いん[殷](명)〈역〉 은. 중국의 옛 왕조. 시조는 탕왕(湯王). B.C. 1122년경 주(周) 나라에 멸망.

いん[陰](명) ①〔주역(周易)에서〕 소극적, 여성적인 것. 「太(タイ)一; 태음」 ↔陽(ヨウ). ②산의 북쪽. 강의 남쪽. ③그늘. 응달. 「一に陽(ヨウ)に; 음으로 양으로」 ④음기(陰気). 우울한 마음. 「一にこもる; 우울에 잠기다」 ⑤남녀의 생식기. ⑥〈이〉 ㉠음극(陰極). ㉡음전기(陰電気). 4. gloominess

いん[飲](명) ①마시는 일. ②음료(飮料). ③주연(酒宴). 1. drinking

いん[韻](명) 운. ①말끝의 여운. (모음이나 m, n, ng 등) ②한자(漢字)를 ①에 의하여 구분한 것. ③글줄의 끝이나 말머리에 있는 같은 여운의 말.「一をふむ; 운을 밟다」 1. a rhyme

いんい[蔭位](명) 선조의 공으로 내리는 위계(位階).

いんイオン[陰 ion](명)〈이〉음이온. 음전기를 띤 분자. 또는 원자(原子). ↔陽(ヨウ)イオン. an anion

いんいつ[淫逸·淫佚](명·형동ダ) ①방탕함. ②풍기 문란. 1. debauchery 2. immorality

いんいつ[隠逸](명) 은일. 세상을 피하여 숨어 사는 것. seclusion

いんいん[殷殷](형동タルト) 은은한 모양. 소리가 요란하게 울려 퍼지는 모양.「一たる砲声(ホウセイ); 은은한 포성」 pealing

いんいん[陰陰](형동タリ) 쓸쓸하고 음울(陰鬱)한 모양. dreary

いんう[陰雨](명) 음우. 오래 계속해서 우울하게 내리는 비. a long and dreary rain

いんうん[陰雲](명) 음운. 하늘을 덮은 검은 구름. dark clouds

いんうつ[陰鬱·陰欝](형동ダ) 음울. 매우 우울(憂鬱)한 모양. gloomy

いんえい[印影](명) 도장 찍은 자국. sealed marks

いんえい[陰影·陰翳](명) ①그림자. ②그늘. 흐림. 또는 그늘지는 것. 흐릿한 것. 1. shadow

いんえん[因縁](명) ⇨いんねん.

いんおうご[印欧語](명) 인구어. 인도유럽어. 예: 영어, 프랑스어, 러시아어 등. Indo-European languages

いんか[引火](명·자サ) 인화. 불이 붙음.「ガソリンに一する; 가솔린에 불이 붙다」 ignition

いんか[允可](명·타サ) 들어 줌. 허가함. 윤허(允許). permission

いんか[印可](명·타サ) ①〈불〉인가. 스승이 제자에게 오도(悟道)의 숙달을 인정하는 증명을 줌. ②예도(芸道)의 숙달에 대한 증명. 면허(免許).

いんか[姻家](명) 혼인, 양자 등으로 생기는 친척집. 인척 관계의 집. a connection by marriage

いんか[陰火](명) 도깨비불. an elf fire

いんが[印画](명·타サ) 인화. 음화(陰画)를 감광지(感光紙)에 재생시킴. printing. ── **し**[印画紙](명) 인화지. 사진에 쓰는 감광지.

いんが[因果] Ⅰ(명) 인과. ①〈불〉원인과 결과. ②악의 응보. 죄.「何(ナン)の一でこんな病気(ビョウキ)になったのか; 무슨 업보로 이런 병이 들었는가」 ③원인이 있으면 결과가 있는 것.「一関係(カンケイ); 인과 관계」 Ⅱ(형동ダ) ①숙명적인. ②심한. Ⅰ 1. a cause and an effect Ⅱ 1. fatal. ── **おうほう**[因果応報](명) 인과 응보. 사람의 생각이나 언행의 선악에 따라 응보가 오는 것. (흔히 나쁜 뜻으로 쓰임) ── **りつ**[因果律](명)〈철〉인과율. 자연계의 원인에는 반드시 결과가 따른다는 인과의 법칙.

いんが[陰画](명) 음화. 사진을 현상하였을 때에 밝기가 반대로 나타나는 화상(画像). ↔陽画(ヨウガ). a negative picture

インカーブ[incurve](명·자サ) 인커어브. 〔야구에서〕 피처(投手)가 배터(打者) 쪽으로 커어브가 생기게 공을 던짐. ↔アウトカーブ.

いんかい[陰晦](명) 어둠. 어두컴컴한 것. dimness

いんがい[員外](명) 정원 외. non-membership

いんがいだん[院外団](명) 국회 의원 외의, 실력을 가진 정당원의 그루우프. the lobby

いんかしょくぶつ[隠花植物](명)〈식〉은화 식물. 꽃이 없고 홀씨(胞子)로 번식하는 식물. 민꽃 식물. ↔顕花(ケンカ)植物. a cryptogam

いんかん[印鑑](명) 인감. ①지방 자치 단체에 계출한 도장.「一証明(ショウメイ); 인감 증명」 ②(예전의) 도장이 찍힌 관문(関門) 등의 통과증. 패스. 1. a seal impression

いんかん[殷鑑](명) 은감. 훈계가 되는 전례(前例). 교훈. 귀감(亀鑑).「一遠(トオ)からず; 본받을 전례는 멀리 있는 것이 아니다 (殷鑑不遠)」 a warning

いんき[陰気] Ⅰ(명) 음기. 음산(陰散)한 기운. Ⅱ(형동ダ) 음침한 모양.「一な家(イエ); 음침한 집」↔陽気(ヨウキ). Ⅰ gloom

インキ[네 ink](명) ⇨インク.

いんぎ[院議](명) 원의. (중의원, 참의원 등의) 원(院)의 회의. 또는 그 결의. the Diet decision

いんきゃく[韻脚](명) 운각. 시의 각 구(各句) 끝에 쓰는 운자(韻字). a rhyme

いんぎゃく[淫虐](명·형동ダ) 행동이 음란하고 가혹함. sexual perversion

いんきょ[允許](명·타サ) 윤허. 허가함. permission

いんきょ[引拠](명·타サ) 인용하여 증거로 함. 또는 그 근거. reference

いんきょ[殷虚](명)〈역〉은허. 은 나라 수도의 유적. 하남성(河南省)에 있음.

いんきょ[隠居](명·자サ) 은거. ①세속 일에서 떠나 편안히 삶. ②〈법〉호주가 그 지위를 가독 상속인(家督相続人)에게 물려줌. ③호주의 어버이. 노인. 1. retirement from active life

いんぎょう[印形](명) 도장. 인장. a seal

いんきょく[陰極](명) 음극. ①〈이〉전위(電位)가 낮은 전극. 마이너스. ②자석의 남극. ↔陽極(ヨウキョク). 1. the negative pole. ── **せん**[陰極線](명)〈이〉음극선. 진공관 속에서 방전(放電)할 때, 음극에서 나와서 양극으로 향하는 전자의 흐름.

いんぎん[慇懃·殷勤](명·형동ダ) 은근. ①태도가 겸손하고 정중함. ②깊은 정의(情誼). ③남녀의 교정(交情).「一を通(ツウ)じる; 정을 통하다」 1. politeness. ── **ぶれい**[慇懃無礼](명·형동ダ) ①예의가 지나쳐 실례가 됨. ②공손, 정중한 듯하면서 실은 무례함.

いんきんたむし[陰金田虫](명)〈의〉음부나 살에 생기는 홍색 습진. 완선(頑癬). ringworm

インク[ink](명) 잉크. 펜, 만년필, 인쇄 등에 쓰는 색깥이 있는 액체. **―スタンド**[inkstand](명) 잉크 스탠드. 책상 위에 놓아 두고 쓰는 잉크 넣는 그릇.

インクライン[incline](명) 인클라인. 비탈에 궤도를 놓고 짐이나 사람을 운반하는 장치.

イングランド[England](명)〈지〉 잉글란드. ①영국 본토. 브리튼섬의 주요 지방. ②영국.

イングリッシュ[English](명) 잉글리시. 영국풍. 영국인. 영어.

いんくんし[隠君子](명) 은군자. ①세속을 피하여 숨어 사는 군자. ②〈식〉 국화(菊花)의 다른 이름. 1. a hermit

いんけい[陰茎](명)〈생〉 음경. 남성의 생식기. the penis

いんけつ[引決](명) 책임을 지고 처결하는 것. settlement by oneself

いんけん[引見](명·타サ) 인견. (웃사람이 아랫사람을) 불러 들여 만남. an audience

いんけん[隠見](명·자サ) 보였다 안 보였다함. appearance and disappearance

いんけん[陰険](형동ダ) 음험. 겉은 부드러우나 속은 심술궂은 모양. crafty

いんげん[隠元](명)〈식〉〔←隠元豆(インゲンマメ)〕 강남콩. a bush bean

いんこ[鸚哥](명)〈동〉 잉꼬. 앵무새과에 속하는 새. a macaw

いんご[隠語](명) 은어. 한패 이외에는 알리지 않기 위하여 자기들끼리만 알 수 있게 만든 말. an argot

いんご[韻語](명) 운을 밟은 문장. 운문. rhymes

いんこう[印行](명·타サ) 인행. 인쇄하여 발행함. 간행(刊行). publication

いんこう[咽喉](명) 인후. ①〈생〉 목구멍. ②중요한 곳. 「一を扼(ヤク)する; 목을 조르다(가장 중요한 곳을 점령하다)」 1. the throat

いんこう[淫行](명) 음행. 음란한 행동. an obscene act

いんごう[因業] Ⅰ(명)〈불〉 인업. 원인이 되는 행위. Ⅱ(형동ダ) 무정한 모양. 혹독한 모양. Ⅱ cruel

いんごう[院号](명) ①원(院)의 이름. ②원(院) 자가 있는 계명(戒名).

イン コース[in-course](명) 인코오스. 〔야구에서〕 배터(打者) 가까이를 지나가는 공의 길.

イン コーナー[in corner](명) 인코오너. 〔야구에서〕 내각(内角). ↔アウトコーナー.

いんこく[印刻](명·타サ) 인각. 도장을 새김. 전각(篆刻). engraving

いんざい[印材](명) 인재. 도장을 만드는 재료. a material for seals

インサイド[inside](명) 인사이드. ①안쪽. 내부. ②〔정구 등에서〕 공이 일정한 선(금)의 안쪽으로 떨어지는 일. ↔アウトサイド.

いんさつ[印刷](명·타サ) 인쇄. 일일이 손으로 쓰는 대신에 문자나 그림을 기계로 대량 찍어 냄. printing

イン ザ ホール[in the hole](명) 인더호울. 〔야구에서〕 피처(投手) 또는 배터(打者)의 보올카운트가 불리하게 된 경우. 「バッター; 배터의 인더호울」

いんさん[陰惨](명·형동ダ) 음울하고 참혹함. dismal

いんざん[院参](명·자サ) 불문에 들어 간 법황(法皇), 상황(上皇)의 궁궐에 들어 가 배알(拝謁)함.

いんし[因子](명) 인자. 근본. 요소(要素). a factor

いんし[印紙](명) 인지. ①〈법〉 조세, 수수료 등을 거두는 수단으로 붙이는 우표 같은 종이. 「収入(シュウニュウ)―; 수입 인지」 ②우표. 1. a revenue stamp 2. a postage stamp

いんし[院旨](명) 불문에 들어 간 법황(法皇), 상황(上皇)의 뜻. an ex-Emperor's thought

いんし[淫祠](명) 음사. 바르지 못한 귀신을 모셔 놓은 사당. 「―邪教(ジャキョウ); 음사 사교」 an objectionable shrine

いんし[隠士](명) 은사. 세상을 피하여 조용히 사는 사람. 은자(隠者). a hermit

いんじ[印字](명·타サ) 글자를 기계로 찍어 냄. 또는 그 글자. typewriting

いんじ[印璽](명) 옥새(玉璽)와 국새(国璽)의 총칭. the Imperial seals

いんじ[淫事](명) 음탕한 일. lewdness

いんじ[韻字](명) 운자. 시나 운문(韻文)의 구의 끝에 붙여 어조(語調)를 맞추는 글자. a rhyming word

いんじ[韻事](명) 운사. 풍류, 아취 있는 일. 「風流(フウリュウ)―; 풍류 운사」 a literary pastime

いんじ[往んじ](연어·부)〈고〉 지나간. 예전의.

インジウム[indium](명)〈이〉 인듐. 흰빛의 무른 금속 원소의 하나. 화학적 성질은 알루미늄과 유사함. 기호는 In.

インジゴー[indigo](명) 인디고. 청남색 물감. 양람(洋藍).

いんしつ[陰湿](형동ダ) 음습. 그늘지고 습기가 많은 모양. shady and damp

いんじゃ[隠者](명) 은자. 속세와 인연을 끊고 명상(瞑想)에 잠겨 사는 숨은 선비. 은인(隠人). a hermit

いんしゅ[飲酒](명·자サ) 음주. 술을 마심. drinking

いんじゅ[印綬](명) 관직이나 위계(位階)의 표지(標識)를 다는 끈. a ribbon of an official seal

いんじゅ[院主](명) ①절의 으뜸가는 중. 주지. ②원(院)의 소유자나 경영자. 2. a director

いんしゅう[因習·因襲](명) 인습. 옛부터의 풍습. 또는 옛 풍습을 그대로 답습하는 일. 「―を破(ヤブ)る; 옛부터의 풍습을 깨뜨리다」 a convention

イン シュート[in shoot](명·자サ) 인슈우트. 〔야구에서〕 피처(投手)가 던진 공이 배터(打者) 가까이에 와서 급히 안쪽으로 굽는 일. ↔アウトシュート.

インシュリン[insulin](명)〈의〉 인슐린. 췌장(膵臓)에서 나오는 내분비액(内分泌液). 당뇨병(糖尿病)의 치료에 쓰임.

いんじゅん[因循](명·형동ダ) 인순. ①지금까지의 방법을 답습하는 것. ②꾸물거림. 1. conservativeness

いんしょ[音書](명) 소식. 편지. a letter

いんしょう[引証](명·타サ) 인증. 증거로 함. 증거로

인용함. citation
いんしょう[印章](명) 인장. 도장. a seal
いんしょう[印象](명·자타サ) 인상. ①대상이 마음에 주는 직접적인 영향. ②강하게 마음에 새겨져서 잊을 수 없는 감명(感銘).「―づよい; 인상이 강하다」 1. an impression. ―**しゅぎ**[印象主義](명) 인상주의. 사물이 주는 인상을 그대로 표현함을 목적으로 하는 예술상의 주의. ―**づ·ける**[印象付ける](타하 1) 인상을 주다. ―**てき**[印象的](형동ダ) 인상적. 특별한 인상을 주는 모양.「―なことば; 인상적인 말」 ―**は**[印象派](명) 인상파. 인상주의의 예술가.
いんしょく[飲食](명·자サ) 음식. 마시는 것과 먹는 것.「―店(テン); 음식점」 eating and drinking
いんしん[音信](명·자サ) 편지. 소식. a letter
いんしん[殷賑](명·형동ダ) 흥성흥성하여 매우 성함. prosperity
いん·す[印す] Ⅰ(자サ) 자국이 남다. Ⅱ(타サ) 자국을 남기다. Ⅱ imprint
いんすう ぶんかい[因数分解](명·타サ)〈수〉 인수 분해. 하나의 식을 몇 개의 식으로 분해함. 예 : $a^2-b^2=(a+b)(a-b)$ factoring
いんずう[員数]キンー(명) 수량. 액수. 인원수. number
インスピレーション[inspiration](명) 인스피레이션. 영감(靈感).
いん·する[印する](타サ) 자국을 남기다. imprint
いん·する[淫する](자サ) ①지나치다. 과도하다. ②탐)하다.「富貴(フウキ)に居(イ)て淫(イン)しない; 부귀하면서도 있는 체하지 않다」③빠지다. 탐닉(耽溺)하다.「書(ショ)に―; 독서에 탐닉하다」 1. run to excess
いんせい[院政](명) 불문에 들어 간 법황(法皇)이나 상황(上皇)이 궁전에서 하던 정치. the rule of the cloistered Emperors
いんせい[殷盛](명·형동ダ) 은성. 매우 번영함. 번성(繁盛). flourishing
いんせい[陰性](명) 음성. ①소극적인 성질. 음울한 성질. ②〈의〉 반응이 없는 것. ↔陽性(ヨウセイ). 1. sombre character
いんせい[陰晴](명) 음청. 날씨의 흐림과 갬. cloudy and fine
いんせい[隕星](명) 운성. 유성. 별똥. a falling star
いんせい[隠世·隠棲](명·자サ) 속세를 떠나 조용히 숨어 삶. 또는 그곳. a life in seclusion
いんぜい[印税](명) 인세. 저작권(著作権)의 사용료로 저작물의 정가, 발행 부수에 따라 저자에게 지불하는 돈. royalty
いんせき[引責](명·자サ) 인책. 책임을 짐.「―辞職(ジショク); 인책 사직」 assuming the responsibility
いんせき[姻戚](명) 인척. 결혼으로 인하여 생기는 친척. 아내나 남편의 친척. a relative by marriage
いんせき[茵席](명) 깔개. 까는 자리. a cushion
いんせき[隕石](명) 운석. 땅 위에 떨어진 별똥. 별똥돌. a meteorite
いんぜん[院宣](명) 불문에 들어 간 법황(法皇), 상황(上皇)의 칙서(勅書). an ex-Emperor's command
いんぜん[隠然](형동タルト) 은연. 무게가 있는 모양. 어딘가 위세가 있는 모양.「―たる勢力(セイリョク); 어딘지 모르게 드러나는 세력(은연한 세력)」 secret
いんぞく[姻族](명)〈법〉 ⇨いんせき(姻戚).
いんそつ[引率](명·타サ) 인솔. 이끌어 거느림.「―者(シャ); 인솔자」 leading
インター[inter](명) 인터내셔널의 준말.
インタ(ー)ナショナル[international](명) 인터내셔널. ①국제간. 국제적. ②국제 노동자 동맹. 또는 그 동맹원이나 그 동맹의 노래.
インター(ビ)ュー[interview](명·자サ) 인터뷰우. ①회견. 면접. 면회. ②(기자, 아나운서 등의) 방문. 또는 그 기사.
インターフェア[interfere](명·타サ) 인터피어. 〔경기에서〕 고의적인 방해.
インターホン[interphone](명) 인터폰. 자동 교환 실내 전화기.
インターン[intern](명) 인터언. 실습 의학생(実習医学生).
いんたい[引退](명·자サ) 인퇴. 관직, 지위 등을 그만두고 물러남. retirement
いんたい[隠退](명·자サ) 은퇴. 세속적인 일에서 물러나 한가로이 지냄. retirement
いんたく[隠宅](명) 속세를 피하여 사는 집. a refuge
インダストリアル―[industrial](조어) 인더스트리얼. 산업의. 공업의.「―エンジニアリング; 생산 기술의 합리화를 위한 관리(管理)」
インタレスト[interest](명) 인터레스트. ①이해 관계. ②이자. ③이익. ④흥미.
インタロゲーション マーク[interrogation mark](명) 인테로게이션마아크. 물음표. 의문 부호. "?"
いんち[引致](명·타サ)〈법〉 용의자 등을 연행함. custody
いんち[印池](명) 인주통. a container of ink-pad
いんち[韻致](명) 운치. 아취(雅趣). elegance
インチ[inch·吋](명) 인치. 영국의 길이의 단위. 약 2.54 *cm*.
いんちき(명·형동ダ)〈속〉 부정. 사기. 속임. swindle
いんちょう[院長](명) 원장. 원(院)이라 불리는 곳의 우두머리. a president
インデア ペーパー[India paper](명) 인디아페이퍼. 질기고 흰 얇은 양지(洋紙)의 이름. 담배 말이, 사전 등에 많이 쓰임.
インデアン[Indian](명) 인디언. ①인도 사람. ②아메리카 인디언의 준말.
いんてつ[隕鉄](명)〈천〉 운철. 7할 이상의 철분을 포함하는 운석. a meteorite
インデックス[index](명)인덱스. 색인(索引). 목차(目次)
インテリ(ゲンチャ)[러 intelligentsija](명) 인텔리겐차. 지식 계급. 또는 지식인.
インテル[inter](명) 인테르. 〔인쇄에서〕 행간(行間) 등을 떼기 위해 끼우는 것. 납, 구리, 나무로 만듦.

いんてん[院展](명) 일본 미술원 전람회(日本美術院展覧会)의 준말.

—いんでん[院殿](접미) 무사 집권 시대에 장군, 귀족의 계명(戒名)의 원(院) 밑에 전(殿)을 곁들인 것.

いんでんき[陰電気](명)〈이〉 음전기. 수지(樹脂)를 털가죽으로 마찰하였을 때 생기는 전기. ↔陽電気(ヨウデンキ). negative electricity

インド[India·印度](명)〈지〉 인도. ①아시아 남부에 있는 큰 반도. ②인도 반도에 있는 공화국. **— きょう**[印度教](명)〈종〉 인도교. 바라문교(婆羅門教)에서 발전한 다신교(多神教). 힌두교. **— ゲルマン ご**[Indo-German 語](명) 인도게르만어. 인도, 유럽의 대부분의 민족이 사용하는 언어. 어미 변화를 하는 것이 특색. **— シナ**[印度支那](명)〈지〉 인도지나. ①인도와 중국 사이의 큰 반도. 베트남, 버어마, 타일란드, 말레이 반도 등이 있음. ②베트남, 캄보디아, 라오스 3국이 있는 반도. 과거의 불령(仏領) 인도지나. **— れんぽう きょうわこく**[印度連邦共和国](명)〈지〉 인도 연방 공화국. 인도 반도의 한 나라. 1949년 영국에서 독립. 수도는 뉴우델리(New Delhi).

インドア[indoor](명) 인도어. 실내. 옥내(屋内). 「—ゲーム; 실내 경기」

いんとう[咽頭](명)〈생〉 인두. 목젖 있는 근처. 비강(鼻腔), 구강(口腔), 식도(食道), 후두(喉頭)로 각각 이어지는 부분. the pharynx

いんとう[淫蕩](명·형동ダ) 음탕. 음란하고 방탕함. debauchery

いんどう[引導](명)〈불〉 인도. ①〔선종(禅宗)에서〕 죽은 사람을 설법하여 불문(仏門)으로 이끄는 것. 「—を渡(ワタ)す; 죽은이(시체)에게 설법하다」 ②불도(仏道)로 이끄는 일. 1. a requiem

いんとく[陰徳](명) 음덕. 세상에 알려지지 않은 덕행(徳行). a secret kindness

いんとく[隠匿](명·타サ) 은닉. 숨김. 감춤. 「—物資(ブッシ); 숨긴 물품」 concealment

イントネーション[intonation](명) 인토네이션. ①말할 때의 목소리의 오르고 내리는 상태. 억양(抑揚). ②영창(詠唱).

インドネシア[Indonesia](명)〈지〉 인도네시아. ①말레이 군도(群島). ②동인도(東印度). 동남 아시아 태평양과 인도양의 중간의 여러 섬으로 이루어진 공화국. 수도는 자카르타(Jakarta).

イントロダクション[introduction](명) 인트러덕션. ①서론(序論). 머리말. ②처음에 붙인 설명. 입문(入門). ③〈악〉 서주(序奏).

インドロップ[indrop](명·자サ) 인드롭. 〔야구에서〕 피처(投手)가 던진 공이 배터(打者) 가까이에 와서 급히 굽으면서 떨어짐. 또는 그 공. ↔アウトドロップ.

いんとん[隠遁](명·자サ) 은둔. 속세를 버리고 피하여 숨음. 은세(隠世). retirement

インナー キャビネット[inner cabinet](명) 이너캐비닛. 내각(内閣) 중의 내각. 실질적인 권력을 가진 소수 각료로써 내각을 운영함.

いんない[院内](명) 원내. ①원(院)의 안. ②국회의 내부. 2. inside the House

いんに[陰に](부) 그늘에서. 남 몰래. 비밀히. 「—陽(ヨウ)に; 음으로 양으로」 secretly

いんにく[印肉](명) 인주(印朱). an inkpad

いんにん[隠忍](명·자サ) 은인. (주로 마음의) 괴로움을 참음. 「—自重(ジチョウ); 은인 자중」 patience

インニング[inning](명) 이닝. 〔야구 등에서〕 한 회(回). 「ラスト—; 최종회」

いんねん[因縁](명) 인연. ①〈불〉 사물이 이룩되는 원인. ②예정되어 있는 운명. 숙명. ③운명이 맺어준 관계. 「浅(アサ)からぬ—; 깊은 인연」 ④생트집. 「—をつける; 생트집을 잡다」 ⑤유래. 1. affinity 5. origin

いんのうえ[院の上](명) 상황(上皇). an ex-Emperor

いんのちょう[院の庁](명) 상황(上皇)이 정사(政事)를 보는 곳.

いんばい[淫売](명·자サ) 매음(売淫). 매춘부. prostitution

いんばん[印判](명) 인형(印形). 인발. a stamp

いんび[淫靡](명·형동ダ) 음미. 음란함. obscenity

いんび[隠微](명·형동ダ) 은미. 희미해서 알기 힘듦. obscurity

いんぶ[陰部](명)〈생〉 음부. 남녀의 외부 생식기가 있는 곳. pudenda

いんぷ[印譜](명) 인발을 모아 둔 책. a stamp book

いんぷ[淫婦](명) 음부. 음란한 여인. 음녀(淫女). a wanton woman

インフィールドフライ[infield fly](명) 인피일드플라이. 〔야구에서〕 무사(無死) 또는 원아우트로서 러너(走者)가 1, 2루 또는 만루(満塁)인 경우에 내야수(内野手)가 쉬이 잡을 수 있는 범위 안으로 때린 비구(飛球). 심판이 인피일드플라이를 선언하면 그 공을 놓쳐도 배터(打者)는 아우트됨. 내야 비구(内野飛球).

いんぷう[淫風](명) 음란한 풍습. loose morals

インフェリオリティー コンプレックス[inferiority complex](명) 인피어리어리티 콤플렉스. 열등감(劣等感).

インフォ(ー)メーション [information](명) 인포오메이션. ①정보. 보도. ②접수. 접수구. 안내소.

インフルエンザ[influenza](명)〈의〉 인플루엔자. 유행성 감기.

インフレ(ーション)[inflation](명)〈경〉 인플레이션. ①통화의 발행고가 급히 불어 물가가 급속히 오르는 일. 통화 팽창(通貨膨脹). ↔デフレ(ーション). ②물가의 등귀(騰貴).

インプレッション[impression](명) 임프레션. 인상(印象). 감명(感銘).

いんぶん[韻文](명) 운문. ①운을 밟은 글. ②시 형식의 글. 음률적인 글. 시가. ↔散文(サンブン). 1. verse

いんぺい[隠蔽](명·타サ) 은폐. 덮어 감춤. 가리어 숨김. concealment

インペリアリズム [imperialism](명) 임페리얼리즘. 제국주의(帝国主義).

いんぼう[陰謀](명) 음모. ①몰래 꾀하는 나쁜 계략. ②〈법〉 범행의 모의(謀議). an intrigue

インポテンツ[도 Impotenz](명)〈의〉 임포텐쯔. 성교 불능증(性交不能症). 음위(陰萎).

いんぽん[淫奔](형동ダ) 음란한 모양. lewd

いんめつ[隠滅·堙滅·湮滅](명·자타サ) 인멸. (흔적도 없이) 없어짐. 소멸(消滅). 말살(抹殺). 「証拠(ショウコ)—; 증거 인멸」 extinction

いんめん[印面](명) 글자를 새긴 도장의 면. stamp face

いんめん[印綿·印棉](명) 인도에서 생산되는 면화(棉花). 인도면.

いんもう[陰毛](명)〈생〉 음모. 생식기의 주위에 난 털. 거웃. pubic hair

いんもつ[音物](명) ①선물. ②뇌물. 1. a present

いんもん[陰門](명)〈생〉 음문. 여성의 생식기. the vulva

いんやく[隠約](명) 말이 노골적이 아니고 분명치 않은 것. 말이 간략하여 뜻이 깊은 것. 「—の間(カン)に; 은연중에」 ambiguousness

いんゆ[引喩](명) 옛사람의 말이나 고사(故事) 등을 인용하여 자기의 생각을 나타내는 일. an allusion

いんゆ[隠喩](명) 은유. 간접적인 비유. 예: 시간은 금이다. ↔直喩(チョクユ). a metaphor

いんゆう[因由](명·자サ) 원인의 유래(由来). origin

いんよう[引用](명·타サ) 인용. 자기의 주장을 밑받침하기 위하여 남의 주장을 끌어 냄. quotation

いんよう[陰陽](명) 음양. ①〔주역(周易)에서〕 만물의 근본이라고 하는 음과 양. ②〈이〉 음극과 양극. 1. the positive and negative

いんよう[飲用](명·타サ) 마심. 마시는 데 씀. 「—水(スイ); 음료수」 drinking

いんよく[淫欲](명) 음욕. 남녀의 정욕(情慾). 색욕(色慾). lust

いんらく[淫楽](명) 육체적, 관능적(官能的) 쾌락. carnal pleasures

いんらん[淫乱](명·형동ダ) 음란. 음탕하고 난잡함. 「—な おんな; 음란한 여자」 lewdeness

いんりつ[韻律](명) 운율. 운문(韻文)의 발음이나 말의 음악적인 가락. a rhythm

いんりょう[飲料](명) 음료. 마시는 것. 마실 것. a drink. **—すい**[飲料水](명) 음료수. 마시는 물. 식수(食水).

いんりょく[引力](명)〈이〉 인력. 물체가 서로 끄는 힘. 만유 인력(万有引力). attraction

いんれい[引例](명·타サ) 인례. 증거로 끌어 쓰는 보기. quotation

インレー[inlay](명·타サ)〈의〉 인레이. 충치(虫歯), 나빠진 이 등을 메우기 위하여 금 등의 합금을 사용하는 치료법.

いんれき[陰暦](명) 음력. 달의 운행을 중심으로 한 역법(暦法). 태음력(太陰暦). ↔陽暦(ヨウレキ). the lunar calendar

いんろう[印籠](명) 인롱. 허리에 차는 작은 약상자.

〔印籠〕

いんわい[淫猥](명·형동ダ) 음란함. 음탕. obscenity

う

う—[右](접두) 오른쪽의. 「—大臣(ダイジン); 우상(右相)」 ↔左(サ).

—う[宇](접미) 건물을 세는 말. 채. 「—(イチ)—の堂(ドウ); 한 채의 당」

う[卯](명) ① 12지(支)의 네째. 토끼. ②옛 시각 이름. 묘시. 오전 5시에서 7시까지. ③방위 이름. 동쪽.

う[兎](명)〈동〉 토끼. 「—の毛(ケ); 토끼털」 a rabbit

う[鵜](명)〈동〉 가마우지. 오리보다 크며, 목이 배암같이 길고, 물고기를 잘 잡음. 「—のまねをするからす; 가마우지 흉내를 내는 까마귀(자기 분수에 지나치면 실패함의 비유)」 a cormorant

う[得](타하 2) ⇨える(得る).

う(조동·특수형) 주로 의지, 추측을 나타내는 조동사. 「さあ, 行(ユ)こ—; 자, 가자」

う[有](명) 있는 것. 존재. 실재(実在). existence

う[憂](명)〈고〉우울. 근심. 고뇌. 「あな—の世(ヨ); 아아, 괴로운 세상」

ヴ ⇨**ブ** 예: サーヴ⇨サーブ.

ヴァ〜 ⇨**バ〜** 예: ヴァイオリン⇨バイオリン.

うい—[初]ウヒ(조어) 처음의. 첫. 「—陣(ジン); 첫 출진(出陣)」

う·い[愛い](형) ①귀엽다. 사랑스럽다. 「—やつ; 귀여운 놈」 ②갸륵하다. 기특하다. 「—働(ハタラ)き; 갸륵한 행동」 1. nice 2. fine

う·い[憂い](형) (뜻대로 안되어) 괴롭다. 우울하다. 「旅(タビ)は—もの, つらいもの; 나그네 길은 슬픈 것, 괴로운 것」 gloomy

うい[羽衣](명) 천사(天使)의 옷. 새의 깃으로 만든 옷. the celestial raiment of an angel

うい[有為](명)〈불〉 인연(因縁)에 의하여 생긴 일체의 현상. 「—の奥山(オクヤマ); 덧없는 이 세상」 ↔無為(ムイ). perpetual change caused by karma

うい[雨衣](명) 비옷. a raincoat

うい[雨意](명) 비가 올 듯한 모양. 우기(雨気). signs of rain

ウイ[프 oui](감) 위이. 네. 예. 예스.

ヴィ〜 ⇨**ビ〜** 예: ヴィオラ⇨ビオラ.

ウイーク[week](명) 위이크. 일요일에서 월요일까지의 사이. 7일간. 주(週). **— エンド**[week end](명) 위이크엔드. 주말(週末). 주말 휴가. **—デー**[week day](명) 위이크데이. 주간(週間)에서 일요일 이외의 날. 근무일.
ウイーク ポイント[weak point](명) 위이크포인트. 약점(弱点).
ウイークリー[weekly](명) 위이클리. 주간 신문(週刊新聞). 주간 잡지(週刊雑誌).
ういうい し·い[初初しい]ウヒウヒー(형) 세상 물정에 익지 않다. 생소(生疎)하다. 매우 순진하다. 파생 **―げ**(형동ダ) **―さ**(명). innocent
うい きょう[茴香](명)〈식〉 회향풀. 미나리과에 속하는 2년초. 7월에 노란 꽃이 핌. 향미료(香味料)로 쓰임. a fennel
うい こうぶり[初冠]ウヒカウブリ(명)〈고〉 남자가 성인식(成人式)을 하고 처음으로 관을 쓰는 일.
うい ざん[初産]ウヒー(명) 초산. 첫 분만(分娩). one's first childbirth
うい じん[初陣]ウヒー(명·자サ) 처음으로 전쟁이나 시합에 나감. 첫 출진(出陣). one's first compaign
ウイスキー[whisky](명) 위스키. 보리, 수수 등으로 만든 양주(洋酒). 주산지(主産地)는 스코틀란드.
うい た[浮いた](연체) 연애나 정사(情事)에 관한.「―うわさ; 남녀 관계에 관한 소문」 about love
ウイット[wit](명) 위트. 기지(機知). 멋진 말. 재치있는 농담. 재담(才談).
うい てんぺん[有為転変](연어·명)〈불〉 유위 전변. 세상만사의 심한 변화. mutability
ウィニング―[winning](조어) 위닝. 승리를 얻음. **―ショット**[winning shot](명) 위닝쇼트.〔정구에서〕결정타(決定打).
うい まご[初孫]ウヒー(명) 첫손자. 첫손녀. 「the first grandchild
うい まなび[初学び]ウヒー(명) 초학. 처음으로 배움. 또는 그 사람. the first learning
うい やつ(연어·명) 기특한 젊은이. 진실하고 용감한 청년. a laudable young man
ウインク[wink](명·자サ) 윙크. 눈짓함. 추파(秋波).
ウイング[wing](명) 윙. ①날개. ②무대 좌우의 공간. ③축구에서의 포오드나 럭비의 쿠오오터의 양끝. 또는 이를 맡은 두 사람.
ウインター[winter](명) 윈터. 겨울.
ウインチ[winch](명) 윈치. 물건을 감아 올리는 기계. 자아틀.
ウインドー[window](명) 윈도우. 창문. 진열창.「ショー―; 쇼우윈도우(진열창)」
〔ウインチ〕
ウィンドヤッケ[도 Windjacke](명)⇨アノラック.
ウインナ ソーセージ[Vienna sausage](명) 비엔나소시지. 손가락 모양의 소시지.
ウースター ソース[Worcester(shire) sauce](명) 우스터소오스. 가장 흔한 검은 소오스.
ウーステッド[worsted](명) 우스팃. 긴 양털을 꼬아 만든 소모사(梳毛糸)로 짠 옷감.
ウーリー―[woolly](조어) 울리. 양털 모양으로 가공한.「―ナイロン; 울리 나일론」
ウール[wool](명) 울. ①양털. ②털실. ③모직물.

―うえ[上]ウヘ(조어) ①옛날 신분이 높은 부인 이름에 붙인 존칭.「葵(アオイ)の―; 아오이 마님」②손윗사람을 부를 때에 붙이는 존칭.「父(チチ)―; 아버님」
うえ[上]ウヘ(명) ①높은 곳. 높은 지위. 「―を下(シタ)への大騒動(オオソウドウ); 발칵 뒤집는 큰 소동」↔下(シタ). ②겉. 표면.「机(ツクエ)の―; 책상 위」③뛰어난 것. ④〈고〉 임금. ⑤막부(幕府)의 장군. ⑥신분이 높은 사람이나 그 부인. ⑦가. 연변(沿辺). ⑧(어떤 일에) 관계가 있는 것.「仕事(シゴト)の―の話(ハナシ); 일에 관한 이야기」⑨〔"…した―で"의 형태로〕뒤. …한 다음. 「見(ミ)た―できめる; 본 뒤에 정하다」⑩〔"…した―に"의 형태로〕그 위에. 「ほめた―にほうびまでやる; 칭찬한 위에 상까지 주다」⑪〔"…した―は"의 형태로〕…한 이상은.「見(ミ)られた―はしかたがない; 발견된 이상 할 수 없다」⑫정부. 관청. 1. upper part 2. the surface
うえ[筌]ウヘ(명) 민물고기를 잡는 어구(漁具)의 하나. 대, 싸리 등을 통처럼 엮어 물에 잠가 두어 잡음. 통발. a weir
うえ[飢え·餓え]ウヱ(명) 굶주림. starvation
ヴェ～ ⇨**ベ～** 예: ヴェール⇨ベール.
ウエア[wear](명) 웨어. 의복. 옷.「アンダー―; 내의(속옷)」
ウエー[way](명) 웨이. ①길. 도로. 「ドライブ―; 드라이브 웨이」②방도(方途). 「スリー―スピーカー; 세 가지 용도로 쓰이는 스피이커」
ウエーター[waiter](명) 웨이터. 식당 등에서 음식 시중을 드는 사내 아이. 급사.
ウエート[weight](명) 웨이트. ①중량. 무게. ②중대성. 중요성.「―をおく; 소중히 취급하다」
ウエートレス[waitress](명) 웨이트레스. 여급(女給).
ウエーブ[wave](명·자サ) 웨이브. ①전파(電波). ②머리털의 곱슬곱슬함.
うえ き[植木]ウヱー(명) ①옮겨 심은 나무. ②분재(盆栽).「―鉢(バチ); 화분」 2. a potted dwarfed tree
うえ こみ[植え込み]ウヱー(명) ①나무를 한군데 많이 심은 곳. ②〈농〉 씨고구마를 심는 일. 동 植え込む(타 4). 1. thick growth
うえ さま[上様]ウヘー(명) ①신분이 높은 사람을 높이어 일컫는 말. ②영수증에서 상대의 이름 대신 쓰는 높임말.
うえ した[上下]ウヘー(명) 상하. ①위와 아래. ②거꾸로. 반대.「―に見(ミ)る; 거꾸로 보다」1. up and down
うえ じに[飢え死に]ウヱー(명·자サ) 굶어 죽음. 아사(餓死). death by starvation
ウエスタ(ー)ン[Western](명) 웨스턴. ①(미국의) 서부(西部). 또는 그곳 음악. ②서부극(西部劇).
ウエスト[waist](명) 웨이스트. ①〔재봉에서〕허리. 또는 그 둘레.「―ライン; 허리 둘레(腰線)」②여자나 아이들의 조끼.
ウエスト[west](명) 웨스트. 서쪽. 서부(西部).
ウエスト ボール[waste-ball](명) 웨이스트보올.〔야구

에서〕 도루(盜塁)를 예상하고 이를 견제하기 위하여 던지는 공.

うえつがた[上つ方]ウヘー(명) 신분이 높은 사람. 귀인(貴人). upper-class people

うえつけ[植え付け]ウヱー(명·타サ) ①심어 키움. ②모내기. 동植え付ける(타하 1). 1. planting

ウエット[wet](명·형동ダ) 웨트. 의리, 인정, 감상(感傷) 등에 사로잡힘. ↔ドライ.

ウエディング[wedding](명) 웨딩. 결혼. 결혼식.「―ドレス; 혼례복(婚礼服)」

うえのきぬ[上の衣]ウヘー(명) 정장(正装) 때의 겉옷. 도포(道袍).

うえのはかま[表袴]ウヘー(명) 정장(正装) 때의 겉바지.

ウエハース[wafers](명) 웨이퍼스. 달고 가볍게 구운 바삭바삭한 과자. 웨이퍼.

うえびと[上人]ウヘー(명) ⇨てんじょうびと.

うえぼうそう[植疱瘡]ウヱバウサウ(명) 종두(種痘). 우두(牛痘). vaccination

う·える[飢える·餓える]ウヱル(자하 1) 주리다. 굶주리다.「愛情(アイジョウ)に―; 애정에 굶주리다」명うえ. starve

う·える[植える]ウヱル(타하 1) ①뿌리를 땅속에 묻어 풀이나 나무를 살게 하다. 심다. ②끼워 넣다.「活字(カツジ)を―; 식자(植字)하다」 1. plant

ウエルカム[welcome](명·타サ) 웰컴. 환영.

ウエルター(きゅう)[welter(級)](명) 웰터급. 체중으로 나타낸 선수 계급의 하나. 라이트급의 위. 권투에서는 체중 147 파운드(약 67 *kg*)까지의 선수.

うえん[有縁](명) ①〈불〉 부처에 인연이 있는 것. ②서로 밀접한 인연이 있는 것.

うえん[迂遠](형동ダ) 우원. (길이) 돌아서 먼 모양.「―ないいかた; 우원한 표현」 roundabout

うお[魚]ウヲ(명) 물고기.「―市(イチ); 어시장」 fish

ヴォ～ ⇨**ボ～** 예: ヴォリューム⇨ボリューム.

うおうさおう[右往左往](명·자サ) 우왕 좌왕. ①많은 사람들이 이쪽저쪽으로 왔다 갔다함. ②많은 사람들이 갈 바를 몰라 혼란함. 1. going hither and thither

ウオーター[water](명) 워어터. 물.「アイス―; 빙수」

―シュート[water chute](명) 워어터슈우트. 가파른 사면(斜面)에 궤도를 설치하여 보우트를 타고 물위로 미끄러져 떨어지는 놀이.

ウオーミング(アップ)[warming(-up)](명·자サ) 와아밍업. 시합 전의 준비 운동이나 연습.

ウオールがい[Wall 街](명) 월가. ①뉴우요오크의 증권 거래소가 있는 거리. ②미국의 금융계. 또는 금융 시장.

うおがし[魚河岸]ウヲー(명) 어시장(魚市場)이 있는 강변(江辺). a riverside fish market

うおかす[魚滓]ウヲー(명) 생선 찌끼. 생선의 대가리, 내장, 뼈 등. 비료로 씀. rubbish of fish

ウオッカ[러 vodka](명) 워트카. 호밀, 옥수수 등을 원료로 한 증류주(蒸溜酒). 소련의 명산(名産).

うおのめ[魚の目]ウヲー(명) 티눈. a corn

うおんびん[う音便](명)〔문법에서〕"ひ(발음은 い), く"가 주로 문어(文語) 또는 사투리에서 "う"로 변하는 일. 예: 問(ト)ひて→とうて, よく来(キ)た→ようきた.

うか[羽化](명·자サ) 우화. 곤충이 번데기로부터 날개 있는 벌레가 됨. growing wings

うかい[鵜飼い](명) 가마우지를 잘 훈련시켜 은어 등의 민물고기를 잡게 하는 일. 또는 그 사람. cormorant fishing

うかい[迂回](명·자サ) 우회. 돌아서 감.「―道路(ドウロ); 돌아 가는 길」 detour

うがい[嗽]ウガヒ(명·자サ) 양치질. gargling

うかうか(부·자サ) ①마음이 들뜬 모양. ②생각이 얕아 알아 차리지 못하는 모양. 주의가 부족한 모양. 1. absent-mindedly 2. thoughtlessly

うかがい[伺い]ウカガヒ(명) ①여쭈어 봄. ②신불(神仏)의 탁선(託宣)을 기원함. ③상급 관청, 상사(上司) 등으로부터의 지시, 설명을 바람.「支出(シシュツ)―; 지출 청원」 2. consulting the oracle

うかが·う[伺う]ウカガフ(타 4) ①"問(ト)う, 尋(タズ)ねる"의 겸손한 말. 여쭈다. ②"おとずれる"의 겸손한 말. 찾아 뵈다.

うかが·う[窺う]ウカガフ(타 4) ①엿보다. 살피다.「顔色(カオイロ)を―; 안색을 살피다」②(기회 등을) 노리다.「すきを―; 틈을 노리다」 1. peep into 2. watch for

うかく[羽客](명) 선인(仙人). 신선. a hermit

うがく[有学](명)〈불〉 유학. 불도 수행 단계(仏道修行段階)의 하나. 수행하여 성자(聖者)가 되었으되 최후의 아라한과(阿羅漢果)를 얻기 위하여 더욱 수학(修学)을 요하는 사람.

うかさ·れる[浮かされる](자하 1) 제 정신을 잃고 들뜨게 되다.「熱(ネツ)に―; 열이 올라 정신이 희미해지다」 be carried away

うかし[浮かし](명) ①띄우는 것. ②국건더기. 국거리. 1. floating

うか·す[浮かす](타 4) 띄우다. float

うか·せる[浮かせる](타하 1) ①뜨게 하다. 띄우다. ②추어 올려 쾌활하게 하다. 1. float

うかつ[迂闊](명·형동ダ) 우활. ①우원(迂遠)함. ②사정에 어둡고 얼뜸. 2. stupidity

うが·つ[穿つ](타 4) ①구멍을 뚫다. ②꿰뚫다. ③(학문 등을) 깊이 파고 들다. ④미묘한 정을 잘 표현하다.「うがった批評(ヒヒョウ); 핵심(核心)을 찌른 비평」명穿ち. 1. excavate

うかと(부) 무심코. 저도 모르게. unawares

うかとうせん[羽化登仙](연어·명·자サ) 우화 등선. 날개가 돋쳐 신선이 되어 하늘로 올라 감. feeling as if one were treading on air

うかぬかお[浮かぬ顔]―カホ(연어·명) 우울한 얼굴. a gloomy face

うかば·れる[浮かばれる](자하 1) ①죽은 사람의 혼이 위로되어 진혼(鎭魂)되다. 죽은 사람의 영혼이 구제되다.「これで仏(ホトケ)も―ことだろう; 이것으로 진

혼이 되겠지」 ②「浮かばれない; 입장(면목)이 서지 못하다」 1. be redeemed

うかび あが·る[浮かび上がる](자 4) ①떠오르다. 밑에서 나타나다. ②낮은 지위로부터 출세하다. 1. rise to the surface

うか·ぶ[浮かぶ](자 4) ①뜨다. ②떠오르다. ③출세하다. ④상기(想起)되다. 생각이 미치다. ⑤성불(成仏)하다. 1. float 3. rise in the world. **— せ**[浮かぶ瀬](연어·명) ①편안하게 되는 시기. 또는 장소. 「—がない; 편안할 때가 없다」 ②출세하는 시기.

うか·べる[浮かべる](타하 1) 뜨게 하다 띄우다. float

うか·む[浮む](자 4)〈고〉 ①뜨다. ②생각 나다. ③망령(亡霊) 등이 성불(成仏)하다.

うから[族](명) 가족. 친척. 부모 형제. relatives. **— やから**[族·親族](명) 동족(同族). 친족(親族).

うか·る[受かる](자 4) (시험에) 합격하다. pass

うか·る[浮かる](자하 2)〈고〉 ①들떠 방황하다. ②마음이 들뜨다. ③흥겨워하다. 재미에 홀리다.

うかれ お[浮かれ男]—ヲ(명) 마음이 들떠 놀고만 다니는 사람. 탕아(蕩児). 건달. a prodigal

うかれ がらす[浮かれ烏](명) ①달빛에 속아 나와 우는 까마귀. ②들떠서 밤에 놀러 다니는 사람. 1. a crow cawing by moonlight 2. a merrymaker

うかれ ちょうし[浮かれ調子](명) 마음을 들뜨게 하는 가락. a gay tune

うかれ·でる[浮かれ出る](자하 1) ①재미에 끌려 그곳에 가다. ②정처 없이 집을 나서다. ③바람 나다. 2. wander aimlessly

うかれ め[浮かれ女](명) 창녀. 유녀(遊女). a harlot

うか·れる[浮かれる](자하 1) (마음이) 들뜨다. 흥겨워하다. make merry

う がん[右岸](명) 우안. 강 하류를 향하여 오른쪽 강변. the right bank

う がん[右眼](명) 우안. 오른쪽 눈. the right eye

う かんむり[ウ冠](명) 한자 부수(部首)의 하나. 갓머리. "安, 家" 등의 "宀" 부분.

うき[浮き](명) ①뜨는 것. ②낚시찌. 부표(浮標). ③부대(浮袋). 부낭(浮囊). 2. a float

うき[泥](명)〈고〉 진흙. 흙탕. 「the rainy season」

う き[雨季·雨期](명) 우계. 우기. 비가 많이 오는 시기.

う ぎ[羽義](명) ①온 세상의 모범이 되는 것. ②훌륭한 차림으로 조정(朝廷)에 나가는 것. ③의식(儀式). 1. becoming a paragon 3. a ceremony

うき あが·る[浮き上がる](자 4) ①수면(水面)에 떠오르다. ②괴로운 경우를 피하게 되다. ③지면에서 발이 떨어지다. ④일반적인 경향으로부터 떨어지다. 1. rise to the surface

うきあし だ·つ[浮き足立つ](자 4) ①도망 치려 하다. ②책임 등을 회피하려는 태도를 취하다. 1. be ready to run

うき いし[浮き石](명)〈광〉 ⇨かるいし.

うき うお[浮き魚]—ウヲ(명) 수면(水面) 가까이에 사는 물고기. ↔沈(シズ)み魚.

うき うき[浮き浮き](부·자サ) 마음이 매우 들뜬 모양. light-heartedly

うき おり[浮き織り](명) 솟을 무늬로 짬. 또는 그 직물. weaving with raised figures

うき がし[浮き貸し](명·타サ)〈경〉〔은행 등에서〕 받아들인 예금을 정식 수속을 밟지 않고 개인적으로 대부하는 일. 부정 대부. an illegal loan

うき かわたけ[浮き河竹]—カハタケ(연어·명) 덧없는 유녀(遊女)의 신세. a vicissitudinous life of prostitution

うき くさ[浮き草·浮萍](명) ①〈식〉 개구리밥. 물위에 떠돌며 여름에 자디잔 흰 꽃이 핌. 부평초. ②수면에 떠 있는 풀 종류의 총칭. ③덧없음의 비유. 1. a duckweed. **— かぎょう**[浮き草稼業](명) 언제 전근이나 파면을 당할지 모르는 불안정한 직업. 또는 생활.

うき ぐも[浮き雲](명) 부운. ①뜬구름. ②불안정한 것의 비유. 1. a floating cloud

うき くろう[憂き苦労](연어·명) 걱정. 근심. 고생. anxiety

うき ごし[浮き腰](명) ①허리에 힘을 주지 않음. ②방침이 정해지지 않아 갈피를 못 잡음. 「—になる; 이러지도 저러지도 못하다」 1. an unsteady posture

うき しずみ[浮き沈み]—シヅミ(명·자サ) 부침. ①뜸과 가라앉음. ②흥망 성쇠(興亡盛衰). 1. rising and sinking 2. rise and fall

うき しま[浮き島](명) ①풀이 호수 가에 많이 나서 섬처럼 보이는 것. ②물위에 떠 있는 것처럼 보이는 섬. 2. a floating island

うき す[浮き巣](명) ①(농병아리 등의) 마른 갈대잎으로 만든 둥지. ②불안정한 거처(居処). 1. a floating nest 2. an unsettled dwelling

うき だ·す[浮き出す](자 4) ①겉에 무늬나 글자가 도드라지다. ②물위로 나오다. ③들뜨다. 1. be relieved

うき た·つ[浮き立つ](자 4) 마음이 들뜨다. become merry

うき·でる[浮き出る](자하 1) 물위에 떠오르다. rise to the surface

うき ドック[浮き dock](명) 선체(船体)를 싣고 물위에서 작업할 수 있게 한 선거(船渠). 부선거(浮船渠). ↔乾(カン)ドック. a floating dock

うき な[浮き名](명) ①나쁜 소문. ②연애에 관한 소문. a scandal

うき ね[浮き寝](명·자サ) ①작은 배(舟)에서 잠. ②선잠. ③창녀들처럼 매번 상대가 다른 잠자리. 1. sleeping in a ship

うき ばかり[浮秤](명)〈이〉 부칭. 액체 비중계의 하나. 액체 속에 가라앉는 비율로 비중을 잶. an aerometer

うき はし[浮き橋](명) 부교. 배나 뗏목을 띄워 연결하여 임시로 놓은 다리. 배다리. 주교(舟橋). a floating bridge

うき ひと[憂き人](연어·명)〈고〉 자기에게 박정하게 대하는 사람. 무정한 사람.

うき ぶくろ[浮き袋](명) ①부대, 고무 튜우브 등에 공기를 넣어 헤엄칠 때 몸에 지녀 몸을 뜨게 하는 것.

부낭(浮囊). ②〈동〉 부레. ③배에 비치한 구명구(救命具). 1. a life buoy 2. an air-bladder

うきふし[憂き節](명) 괴로운 일. 슬픈 일.「一の里(サト); 화류계(유곽)」 hardships

うきふね[浮き舟](명) ①물위에 떠 있는 쪽배. ②⇨フロート. 1. a floating boat

うきぼり[浮き彫り](명·타サ) 부조. 형상이 도드라지게 조각함. 돋을 새김. 양각(陽刻).「一にする; 똑똑히 알 수 있도록 나타나게 하다」 relief

うきみ[浮き身](명) 헤엄의 한 가지. 전신의 힘을 빼고 바로 누워 조용히 물위에 뜨는 것. floating on one's back

うきみ[憂き身](명) 괴로움이 많은 몸.「一をやつす; 괴로움에도 불구하고 열중하다」 a wretched life

うきめ[憂き目](명) 괴로운 경우. 괴로운 체험(体験).「一にあう; 괴로운 경우를 당하다」a bitter experience

うきよ[浮き世](명) ①덧없는 세상.「一の波(ナミ); 덧없는 일생의 흥망」②이승. 현세.「一の絆(キズナ); 세상을 버리는 데 있어서의 장애물(의리, 인정, 가족 등)」「一の情(ナサケ); 이승에 사는 사람끼리의 오가는 인정」③현대식. 1. transitory world. **—え**[浮き世絵]—ヱ(명) 에도(江戸) 시대에 시작된 풍속화. **—ぞうし**[浮き世草紙](명) 에도 시대의 풍속을 묘사한 근세 소설의 한 가지. **—どこ**[浮き世床](명)〈속〉⇨かみゆいどこ. **—ぶろ**[浮き世風呂](명)〈속〉 공동 목욕탕. 공동탕.

うきよ[憂き世](명) 괴로운 세상. 진세(塵世).

うきょう[右京](명) ①옛날 나라(奈良)를 동서(東西)로 나눈 그 서부. ②옛날 교오토(京都)를 동서로 나눈 그 서쪽.

うきょ·う[祈う·誓う]ウケフ(자 4)〈고〉(신에) 맹세하다.

うきょく[迂曲](명·자サ) ①꾸불꾸불 구부러짐. ②멀리 돎. 우회(迂回). 1. winding

う·く[浮く](자 4) ①밑바닥에서 떨어져 올라 오다. 뜨다. ↔沈(シズ)む. ②물위에 나타나다. ③고정되지 않고 움직이다.「浮いた心(ココロ); 들뜬 마음」④솟다.「歯(ハ)が一; 이빨이 흔들리다」⑤(예정보다 적게 들어) 남다.「費用(ヒヨウ)が一; 비용이 (절약되어) 남다」 1. float 5. be left over

うぐ[迂愚](명·형동ダ) 사물에 어둡고 어리석음. stupidity

うぐ[雨具](명) ⇨あまぐ.

う·ぐ[穿ぐ](자하 2)〈고〉 터져 구멍이 나다.

うぐい[鯎·石斑魚]ウグヒ(명)〈동〉 황어(黃魚). 잉어과의 담수어(淡水魚). 맛이 좋음. a dace

うぐいす[鶯]ウグヒス(명) ①〈동〉 꾀꼬리. ②올리브색. ③〈속〉 목청이 좋은 사람. 1. a bush warbler. **—ばり**[鶯張り](명) 밟으면 삐걱거려 꾀꼬리 같은 소리가 나게 놓은 마루.

ウクライナ[Ukraina](명)〈지〉 우크라이나. 소련 남서부에 있는 소련방의 한 공화국. 수도는 키에프(Kiev).

ウクレレ[ukulele](명)〈악〉 우쿨렐레. 기타아 비슷한 네 줄의 현악기.

〔ウクレレ〕

うけ[受け·請け](명) ①받음. ②받는 도구나 장치.「郵便(ユウビン)一; 편지통」③승낙.「お一できない; 승낙할 수 없다」④지탱(支撐). 받침.「軸(ジク)一; 베어링」⑤평판. 인기.「一がいい; 평판이 좋다(인기가 있다)」 1. receiving 5. reputation

うけ[有卦](명) 행운. 행운의 해돌림.「一に入(イ)る; 행운을 만나다」 luck

うけあ·う[受け合う·請け合う]—アフ(타 4) ①보증하다. ②책임 지고 맡다. ③청부(請負) 맡다. 図うけあい. 1. guarantee

うけい[右傾](명·자サ) 우경. ①오른쪽으로 기울어짐. ②보수적. 또는 국수적(国粋的). ↔左傾(サケイ). 1. leaning to the right

うけい[祈·約]ウケヒ(명)〈고〉 ①신에게 서원(誓願)함. 맹세. 서약. ②주문(呪文). 저주.

うけい·れる[受け入れる](타하 1) ①받아 들이다. ②돈 등을 받아 넣다. ③받아 들여 한패로 하다. ④들어 주다.「主張(シュチョウ)を一; 주장을 들어 주다」 1. accept

うけうり[受け売り](명·타サ) ①도매상에서 산 것을 팖. ②남의 말을 그대로 받아 옮김. 1. reselling

うけおい[請負]—オヒ(명·타サ) 청부. 남의 일을 (보수를 받고) 책임 지고 완성할 것을 약속함. undertaking. **—し**[請負師](명) 청부업자. 토목, 건축 등의 청부를 업으로 하는 사람.

うけお·う[請け負う]—オフ(타 4) 청부 맡다. undertake

うけが·う[肯がう]—ガフ(타 4) ①맡다. 인수(引受)하다. ②승낙하다. 1. accept

うげき[羽檄](명) 우격. 지급(至急)의 격문(檄文). 비격(飛檄). 우서(羽書). an urgent manifesto

うけぐち[受け口](명) ①물건을 넣는 아가리. ②위턱보다 아래턱이 더 내민 입. 1. an usher's window 2. upturned lips

うけごし[受け腰](명)〈경〉 ①〔청산 거래(清算去来)에서〕사는 사람이 주(株)나 쌀 등의 실물을 인수(引受)하려는 태도. ②던진 것을 받으려고 할 때의 허리 모양.

うけこたえ[受け答え]—コタヘ(명·자サ) 묻는 말에 대답함. 응답(応答). an answer

うけざら[受皿](명) 음식물의 즙(汁) 등이 흐르는 것을 받는 접시. a receptacle

うけしょ[請け書](명) 일 또는 물품을 인수(引受)하였다는 증서(証書). a written acknowledgement

うけだ·す[請け出す](타 4) (전당 잡힌 물건이나 기생 등을) 대금을 내고 인수(引受)하다. redeem

うけだち[受け太刀](명) ①칼의 공격을 막는 칼. ②상대방의 공격을 막기만 하고 있는 입장. 1. a guarding sword

うけたまわ·る[承る]—タマハル(타 4) ①삼가 듣다. ②승낙하다. ③전해 듣다. 1. listen

うげつ[雨月](명) ①비 오는 밤의 달. ②음력 5월의 다른 이름. 1. the moon on a rainy night

うけつ·ぐ[受け継ぐ](타 4) 계승하다. 뒤를 잇다. succeed to

うけ つけ Ⅰ[受け付け](명・타サ) 신입(申込)을 받음. Ⅱ[受付](명) 손님의 용무(用務)를 접수(接受)하는 곳. 또는 접수하는 그 사람. Ⅰ acceptance Ⅱ an usher
うけ つ・ける[受け付ける](타하 1) ①접수하다. 인수하다. ②책임을 맡다. ③손님의 용건을 전갈하다. 1. accept
うけ と・める[受け止める](타하 1) 받아서 멈추게 하다. 공격을 막다. stop
うけ とり[受け取り](명) ①인수. 수납. 수취. 「一人(ニン); 수취인(受取人)」 ②[受取・請取] 영수증. 인수증. 1. receiving
うけ と・る[受け取る](타 4) ①(손으로) 받아 쥐다. ②받다. 「返事(ヘンジ)を一; 답을 받다」 ③(그대로) 이해하다. 「そうは受け取りにくい; 그렇게 해석하기는 곤란하다」 1. 2. receive
うけ なが・す[受け流す](타 4) ①상대방의 칼이나 공격을 살짝 피하여 빗나가게 하다. ②적당하게 응대하다. 1. ward off
うけ にん[請け人](명) 보증인. a guarantor
うけ はらい[受け払い]ーハラヒ(명・타サ) 받음과 치름. 수납과 지불. receiving and paying
うけ ば・る[受け張る](타 4)〈고〉 책임 맡아 멋대로 처리하다. 뜻대로 하다.
うけ ひ・く[受け引く](타 4) 승낙하다. 맡다. 인수(引受)하다. accept
うけ み[受け身](명) ①남에게서 동작이나 공격을 받는 것. ②〔유도에서〕 다치지 않고 넘어지는 방법. 낙법(落法). ③〔문법에서〕 남에게서 동작을 받음을 나타내는 말. 1. passiveness
うけ も・つ[受け持つ](타 4) ①담당하다. 「一年生(イチネンセイ)を一; 1학년을 맡다」 ②소임을 맡다. 「進行係(シンコウガカリ)の役(ヤク)を一; 진행계의 소임을 맡다」 명 受け持ち. 1. take charge of
うけ もどし[請け戻し](명・타サ) 돈을 갚고 저당물을 찾음. redemption
う・ける[受ける・承ける] Ⅰ(타하 1) ①받다. 「ボールを一; 공을 받다」 ②상대방의 동작, 영향 등이 자기에게 미치다. 「影響(エイキョウ)を一; 영향을 받다」 ③이어받다. 「親(オヤ)の血(チ)を一; 어버이의 피를 이어받다」 ④(상대방의 기분이나 말을) 받아 들이다. 「注文(チュウモン)を一; 주문을 받다」 ⑤책임 지다. 「お受(ウ)けします; 책임 지겠읍니다」 ⑥향하다. 「南(ミナミ)を一; 남쪽을 향하다」 ⑦거치다. ⑧오는 공격을 막다. Ⅱ(자하 1) 인기를 모으다. 「大衆(タイシュウ)に一; 대중의 인기를 모으다」 Ⅰ 1. receive Ⅱ appeal to
う・ける[請ける](타하 1) 대금을 내고 도로 찾다. 보석금을 내고 신병(身柄)을 인수하다. redeem
うけ わたし[受け渡し](명・타サ) 인수(引受)와 인도(引渡). delivery
うげん[右舷](명) 우현. 뱃머리를 향하여 오른쪽 뱃전. ↔左舷(サゲン). the starboard
う ご[羽後](명)〈지〉 옛 지방 이름. 현재의 아키타현(秋田県).
う ご[雨後](명) 우후. 비 온 뒤. 「一のたけのこ; 우후죽순(雨後竹筍)」 after a rainfall
う ごう[烏合](명) 오합. 까마귀 떼처럼 질서가 없이 어중이떠중이가 모이는 일. 「一の卒(ソツ); 오합지졸」 disorderly gathering
うごか・す[動かす](타 4) 움직이게 하다. move
うご・く[動く](자 4) ①움직이다. 위치를 바꾸다. ②흔들리다. ③감동하다. 「純情(ジュンジョウ)に動かされる; 순정에 감동되다」 ④활동하다. ⑤변화하다. 「相場(ソウバ)が一; 시세가 변하다」 ⑥미혹(迷惑)하다. ⑦소란하다. 명 動き. 1. move 2. sway
うこ さべん[右顧左眄](명・자サ) ⇨さこうべん(左顧右眄).
うごめか・す[蠢かす](타 4) 꿈틀거리게 하다. 벌름거리게 하다. 「得意(トクイ)の鼻(ハナ)を一; 득의 양양하여 코를 벌름거리다」 wriggle
うごめ・く[蠢く](자 4) 꿈틀거리다. 준동하다. wriggle
う こん[鬱金](명) ①〈식〉 울금. 생강과에 속하는 다년초. 뿌리끝줄기(根茎)는 황색이며 굵음. 가을에 노란 꽃이 핌. 열대 지방에 나며 뿌리끝줄기는 한약에 쓰임. 심황. ②심황 뿌리로 물들인 색. 짙은 황색. 1. a turmeric
う さ[憂さ](명) 근심. 괴로움. 「一つらさ; 근심과 괴로움」 heaviness
うさぎ[兎](명)〈동〉 토끼. a rabbit. **—うま**[兎馬](명)〈동〉 ⇨ろば(驢馬).
うさばらし[憂さ晴らし](명・자サ) 괴로운 마음을 씻음. 기분 전환(気分転換). 소창(消暢). diversion
うさん くさ・い[胡散臭い](형) 어딘가 수상하다. 「一所(トコロ); 어딘가 수상한 곳」 suspicious
うし[牛](명)〈동〉 소. 「一の歩(アユ)み; 소걸음(느린 걸음)」 a cow
うし[丑](명) ① 12지(支)의 둘째. 소. ②옛 시각 이름. 축시. 오전 1시에서 3시까지. ③방위 이름. 북북동. 3. north-northeast
うし[大人](명)〈고〉 학자를 높여 부르는 칭호. 선생. 「本居(モトオリ)の一; 모토오리 선생」
うし[齲歯](명)〈의〉 우치. 충치. a decayed tooth
—うじ[氏]ウヂ(접미) 씨. 성(姓)에 붙이는 높임말. 「加藤(カトウ)一; 카토오씨」
うじ[氏]ウヂ(명) ①가계(家系)를 나타내는 말. 성(姓). ②가계. 가문. 문벌(門閥). 「一よりそだち; 가문보다 환경(교육)이 중요함」 「一なくして玉(タマ)の輿(コシ); 여자는 천한 태생이라도 아름답기만 하면 귀인의 사랑을 받아 출세한다」 1. a surname
うじ[蛆](명)〈동〉 구더기. a larva
うじ[宇治](명) ⇨ひきちゃ.
うじ うじ ウヂウヂ(부・자サ)〈속〉 꾸물꾸물 주저하는 모양. hesitantly
うしお[潮]ウシホ(명) ①바닷물. 조수(潮水). ②←潮汁. ③←潮煮. 1. tide. **— じる**[潮汁](명) 소금만 넣고 끓인 맑은 생선국. **—に**[潮煮](명) 내장을 빼고 소금을 쳐서 조린 생선.

うしおい[牛追い]—オヒ(명) 소를 모는 사람. a cattle drover

うしかい[牛飼い]—カヒ(명) 소를 치는 사람. 소를 부리는 사람. a cowman

うじがみ[氏神]ウヂー(명) ①조상으로 모시는 신. ②⇨うぶすながみ. 1. an ancestor-god of a family

うしぐるま[牛車](명) 우차. ①소가 끄는, 집 모양의 수레. ②짐 싣는 수레. 달구지. 1. a cow-carriage 2. an ox cart

うじこ[氏子]ウヂー(명) ①한 조상신의 자손. 동족(同族). ②한 토지신이 지키는 지방에 태어난 주민. 1. descendants of an ancestor-god. **——じゅう**[氏子中](명) 같은 조상이나 신을 모시는 사람들.

うしころし[牛殺し](명) 소 도살(屠殺)을 직업으로 하는 사람. 백장. a cattle-killer

うじすじょう[氏素姓]ウヂー(명) 가문. 문벌. birth

うじでら[氏寺]ウヂー(명)〈역〉 씨족에 전속된 절. 중세(中世) 이전의 귀족이나 무인(武人)들에게서 볼 수 있었음.

うしとら[艮·丑寅](명) 방위 이름. 북동방. 귀문(鬼門). 귀방(鬼方). the northeast

うしな·う[失う]ウシナフ(타 4) ①잃다. 잃어 버리다. ②놓치다. ③죽게 하다. 여의다. 「子(コ)を—; 자식을 여의다」 1. lose

うじのかみ[氏上]ウヂー(명) 씨족의 우두머리. 동족(同族)의 장. the head of a clan

うしのときまいり[丑の時参り]—マヰリ(명) 질투 많은 여자가 축시(오전 2시경)에 몰래 신사에 들어 가 머리에 삼발이를 이고, 손에 못과 쇠망치를 쥐고, 가슴에 거울을 달고, 저주하는 사람의 모형을 신목(神木)에 거는 일. 7일 되는 날에 그 사람이 죽는다고 함.

うしのひ[丑の日](명) 축일. 일진(日辰)이 소(丑)인 날. 입추(立秋) 전 18일 안의 축일에는 뱀장어 구이를 먹고 소한, 대한 사이의 축일에는 입병을 막는다는 뜻에서 여자는 입술 연지를 바름.

うしは·く[領く](타 4)〈고〉 ①신(神)이 토지를 차지하여 다스리다. 영유(領有)하다. ②진수(鎮守)하다.

うじびと[氏人]ウヂー(명) 같은 씨족의 사람. 동문(同門). clansmen

うじぶみ[氏文]ウヂー(명)〈역〉 동족(同族)의 계도(系図)나 대대의 사적(史蹟)을 기록한 것. 족보. genealogy

うしみつ[丑三つ·丑満つ](명) ①옛 시각 이름. 오전 3시. ②한밤중. 「草木(クサキ)も眠(ネム)る—時(ドキ); 초목도 잠자는 한밤중」 2. the dead of night

うじむし[蛆虫](명) ①〈동〉 ⇨うじ(蛆). ②남을 욕하는 말. 2. a rabble

うじゃうじゃ(부·자サ)〈속〉 ①(작은 벌레들이) 많이 뭉쳐 움직이는 모양. 우굴우굴. ②중언 부언(重言復言)하는 모양. 1. in a swarm

うじゅ[迂儒](명) 세상 물정에 어두운 학자.

うしょ[羽書](명) ⇨うげき(羽檄).

うしょう[羽觴](명) 술잔의 다른 이름. 「—をとばす; 술잔을 주고 받다」 a winecup

うしょう[鵜匠](명) 가마우지를 길들여 고기잡이를 업으로 하는 사람. a cormorant fisherman

うじょう[有情](명) 유정. ①〈불〉 ㉠일체의 생물. ㉡(부처에 대하여) 범인(凡人). 보통 사람. ②마음이 있는 것. 동정을 아는 것. 「—の目(メ); 유정의 눈」 ↔無情(ムジョウ). 1.ㄱ. a sentient thing

うじょう[羽状](명) 날개 모양. featheriness

うしろ[後ろ](명) ①뒤. 「—をふりむく; 뒤를 돌아다보다」 ↔前(マエ). ②나아가는 쪽과 반대 방향. 등. 「敵(テキ)に—を見(ミ)せる; 져서 도망 치다」 ③정면(正面)에서 안 보이는 부분. 그늘. 「びょうぶの—; 병풍 뒤」 ④뒷모습. 「—を見送(ミオク)る; 뒷모습을 배웅하다」 1. behind. **——あし**[後ろ足·後脚](명) ①뒷다리. ②도망 치려 하는 일. **——あわせ**[後ろ合わせ]—アハセ(명) ①등을 맞댐. ②반대. **——おし**[後ろ押し](명) ①뒷밀이. ②후원. 원조. **——かげ**[後ろ影](명) 뒷모습. **——がみ**[後ろ髪](명) 뒷머리. 뒷머리털. 「—を引(ヒ)かれる思(オモ)い; 뒷일이 염려되다. 미련이 남다」 **——ぐら·い**[後ろ暗い](형) ①뒷일이 불안하다. ②엉큼하다. 딴마음이 있다. ③양심에 거리끼다. 파생 **——ぐらさ**(명). **——すがた**[後ろ姿](명) 뒷모습. **——だて**[後ろ楯](명·자サ) ①뒤를 막는 물건. 뒷방패. ②뒤에서 도와 주는 사람. 후원자. **——つき**[後ろ付き](명) 뒷모습. 「—が似(ニ)た人(ヒト); 뒷모습이 닮은 사람」 **——で**[後ろ手](명) 손을 뒤로 돌린 상태. 뒷짐을 지는 일. **——はちまき**[後ろ鉢巻き](명) 뒤에서 맨 머리띠. ↔むこうはちまき. **——はば**[後ろ幅](명) 옷의 등솔기에서 겨드랑이 솔기까지의 나비. **——まえ**[後ろ前](명) 앞뒤가 바뀜. **——み**[後ろ身](명) 옷의 뒷부분. **——むき**[後ろ向き](명) 등을 돌리고 있음. **——めた·い**[後ろめたい](형) 뒤가 켕기다. 꺼림칙하다. 파생 **——めたさ**(명). **——やす·し**[後ろ安し](명)〈고〉 뒤가 염려 없음. **——ゆび**[後ろ指](명) 뒷손가락질. 「—をさされる; 뒤에서 몰래 비방받다」

うす—[薄](접두) ①얇은. 엷은. 연한. 「—紫(ムラサキ); 연한 보랏빛」 ②조금. 약간. 「—ばか; 약간 바보」 ③어딘지 모르게.

—うす[薄](조어) 적은. 작은. 「気乗(キノ)り—; 별로 마음이 안 내키다」

うす[臼](명) ①절구. ②맷돌. 1. a mortar

うず[渦]ウヅ(명) ①물이 둥글게 돌며 흐르는 것. 소용돌이. ②소용돌이 모양의 무늬. ③대단한 혼란. 「あらそいの—にまきこまれる; 분쟁의 와중(渦中)에 끌려 들다」 1. a vortex

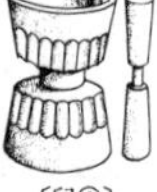

〔臼①〕

うず[髻華](명)〈고〉 옛날 머리에 꽂은 나뭇가지나 꽃 등의 장식.

うず[右図]—ヅ(명) 오른쪽의 그림이나 도표. the right diagram

うすあかり[薄明り](명) 희미한 빛. dim light

うす·い[薄い](형) ①얇다. ↔厚(アツ)い. ②엷다. ↔濃(コ)い. ③적다. 모자라다. 「興味(キョウミ)が—; 흥미가 적다」 1. thin

うすい[雨水](명) 우수. ①빗물. ②24절기의 하나. 양력 2월 18일경에 듦. 1. rainwater
うすいた[薄板](명) ①얇은 판자. ②얇은 옷감. ↔厚板(アツイタ). ③판자로 된 꽃병 받침. ④목재를 종이처럼 얇고 넓게 켠 것. 음식물 등을 싸는 데 씀. 1. a thin board
うすいろ[薄色](명) ①엷게 한 염색. ②〈고〉 연한 보랏빛. ③옛날 일본옷의 색의 배합. 겉은 짙은 남색, 안은 보랏빛. 1. a light colour
うすうす[薄薄](부) 희미하게. 어슴푸레하게. dimly
うすがみ[薄紙](명) 얇은 종이. 「一をはぐように; 병이 조금씩 나아지는 모양」 thin paper
うすぎ[薄着](명・자サ) 옷을 얇게 입음. ↔厚着(アツギ). scanty clothing
うすぎたな・い[薄汚ない](형) 어쩐지 더럽다. 약간 더럽다. dirty
うすぎぬ[薄衣](명) 얇은 옷. thin clothes
うすぎぬ[薄絹](명) 얇은 비단. thin silk cloth
うすきみわる・い[薄気味悪い](형) 어쩐지 겁이 나다. 어쩐지 기분이 언짢다. uncanny
うすぎ・れる[薄切れる](자하 1) (옷 등이) 닳아 얇아져서 해어지다. wear out
うず・く[疼く]ウヅク(자 4) 쑤시다. 동통(疼痛)을 느끼다. throb with pain
うすくち[薄口](명) (간장 등의) 묽은 것. 「一しょうゆ; 묽은 간장」 ↔こいくち. diluteness
うずくま・る[蹲る]ウヅクマル(자 4) ①(사람이) 웅크리고 앉다. ②(짐승이) 앞발을 세우고 앉다. 1. squat
うすぐも[薄雲](명) 엷게 낀 구름. fleecy clouds
うすぐもり[薄曇り](명) 약간 흐린 날씨. slightly cloudy weather
うすぐら・い[薄暗い](형) 어둑어둑하다. dusky
うすげしょう[薄化粧](명・자サ) 엷은 화장. ↔厚(アツ)化粧. light make-up
うすごおり[薄氷]一ゴホリ(명) 박빙. 살얼음. thin ice
うすさ[薄さ](명) 얇음. 얇은 정도. thinness
うすじ[薄地](명) 옷감이나 금속 등의 바탕이 얇은 것. a thin article
うすじお[薄塩]一ジホ(명・자サ) ①짠맛을 적게 함. ②소금을 조금 침. 1. slightly salted
うずしお[渦潮]ウヅシホ(명) 소용돌이치는 조수(潮水). a whirling sea-current
うすずみ[薄墨](명) 묽은 먹. 연한 흑색. thin Indian ink
うずたか・い[堆い]ウヅ一(형) 쌓여서 산 모양으로 두두룩하다. piled high
うすちゃ[薄茶](명) ①묽은 차. ↔濃(コ)い茶. ②엷은 갈색. 1. weakly brewed powdered tea
うすっぺら(형동ダ) ①매우 얇은 모양. ②경솔한 모양. 천박한 모양. 1. very thin
うすで[薄手](명・형동ダ) ①가벼운 상처. 경상(軽傷). ↔深手(フカデ). ②(옷감이나 질그릇 등이) 얇음. 「一のシャツ; 얇은 샤쓰」 ↔厚手(アツデ). ③⇨うすっぺら. 1. a slight injury
うすにく[薄肉](명) ①살이 얇은 것. 얇게 썬 고기. ②연한 살색. 연한 빨강. ③형상을 얇게 드러내어 새긴 조각. 박육조(薄肉彫). 2. light flesh-colour
うすにごり[薄濁り](명・자サ) ①조금 흐려짐. 약간 혼탁해짐. ②묽은 막걸리. 1. slight muddiness
うすにび[薄鈍](명) 잿빛. 회색. grey
うずの・う(타 4)〈고〉 승낙하다. 받아 들이다.
うすのろ[薄鈍](명・형동ダ)〈속〉 재능이 없고 둔함. 또는 그런 사람. a simpleton
うすば[薄刃](명) 얇은 도신(刀身). thinness of blade
うすばか[薄馬鹿](명・형동ダ) ⇨うすのろ.
うすばかげろう[薄翅蜻蛉・薄翅蜉蝣]一カゲロフ(명)〈동〉 명주잠자리. 잠자리 비슷하나 작음. 유충(幼虫)은 개미귀신이라고 함. an ant lion
うすばないろ[薄花色](명) 연한 하늘빛. pale blue
うすび[薄日・薄陽](명) 흐린 햇빛. 흐린 태양. soft beams of sunlight
うすべり[薄縁](명) 가장자리에 헝겊 등을 댄 돗자리. bordered matting
うずまき[渦巻き]ウヅ一(명) ①소용돌이. 소용돌이치는 흐름. ②소용돌이 무늬. 동 渦巻く(자 4). 2. a volute
うずま・る[埋まる]ウヅマル(자 4) 파묻히다. 「花束(ハナタバ)に一; 꽃다발에 파묻히다」 be buried
うずみどい[埋み樋]ウヅミドヒ(명) 땅속에 묻은 홈통. a covered drain
うずみび[埋み火]ウヅミ一(명) 잿속에 묻어 둔 숯불. a banked fire
うすめ[薄目](명) ①조금 뜬 눈. ②엷은 정도. 2. being rather light
うす・める[薄める](타하 1) 묽게 하다. 엷게 하다. 자 薄まる(4). thin
うず・める[埋める]ウヅメル(타하 1) ⇨うめる.
うすもの[薄物](명) 얇게 짠 직물(織物). light stuff
うすもよう[薄模様](명) 연한 보랏빛으로 물들인 무늬. a light-purple pattern
うずも・れる[埋もれる]ウヅモレル(자하 1) ①⇨うずまる. ②(인물, 연구 등이) 알려지지 않다.
うすゆき[薄雪](명) 조금 쌓인 눈. 자국눈. light snow
うすよう[薄様・薄葉](명) 얇게 뜬 안피지(雁皮紙). thin rice paper
うすよご・れる[薄汚れる](자하 1) 어딘지 모르게 더러워지다. 좀 더러워지다. become dirty looking
うすら一[薄ら](접두) ①엷은. 약한. 희미한. 「一あかり; 희미한 빛(등불)」 ②어딘지 모르게. 좀. 「一寒(サム)い; 좀 춥다」
うずら[鶉]ウヅラ(명) ①〈동〉 메추라기. 꿩과에 속하는 새. 털은 다갈색이며 흑백의 반점이 있음. 알은 식용. ②옛 극장의 아래층 관람석. 1. a quail. **── まめ**[鶉豆](명)〈식〉 메추라기 알같이 알룩달룩한 강남콩. **── もく**[鶉木](명) 메추라기 날개 같은 나뭇결.
うすらい[薄ら氷]一ヒ(명)〈고〉 ⇨うすごおり.
うすら・ぐ[薄らぐ](자 4) ①엷어지다. ②적어지다. 1. grow pale

うすら さむ·い[薄ら寒い](형) 으스스하다. 어딘지 모르게 춥다. [파생] **— さ**(명). chilly
うすらび[薄ら日](명) 흐린 날의 태양. 희미하게 보이는 태양. light sunlight
うす·れる[薄れる](자하 1) 엷어지다. fade
うずわ[渦輪]ウヅー(명) 소용돌이 모양의 원형(円形). volution
うすわらい[薄笑い]—ワラヒ(명·자サ) 조금 웃음. 민망할 때나 남을 비웃을 때의 웃음. a faint smile
うせい[雨声](명) 우성. 빗소리. the sound of rain
うせい[迂生](대) 자기를 겸사로 일컫는 말. 소생(小生). 불초(不肖).
うせつ[右折](명·자サ) 오른쪽으로 돎. 「—禁止(キンシ); 오른쪽으로 돎을 금지함」 turning to the right
うせつ[雨雪](명) ①비와 눈. ②진눈깨비. 1. rain and snow 2. sleet
うせつ[迂拙](대) 자기를 겸사로 일컫는 말. 소생(小生). 불초(不肖).
うせつりょう[雨雪量](명)〈지〉 강우량(降雨量)과 강설량(降雪量). 강수량(降水量). rainfall
うせびと[失せ人](명) 도망 친 사람. 실종인(失踪人). 행방 불명자. a missing person
うせもの[失せ物](명) 잃은 물건. 분실물. a lost thing
う·せる[失せる](자하 1) ①잃다. ②죽다. ③사라지다. 1. be lost
うせん[羽扇](명) 새 깃으로 만든 부채. a feather fan
うぜん[羽前](명)〈지〉 옛 지방 이름. 현재의 야마가타현(山形県).
うそ—(접두) 어딘지 모르게 좀. 「—寒(サム)い; 으스스하다」
うそ[嘘](명) 거짓말. 「—も方便(ホウベン); 거짓말도 때로는 방편이 될 수 있다」 ↔本当(ホントウ). a lie
うそ[獺](명)〈동〉 ⇨かわうそ.
うそ[鷽](명)〈동〉 멋장이새. 참새과에 속하는 새. 등은 청회색, 허리는 백색, 목은 담홍색. 울음 소리가 피리 소리 같음. a bullfinch
うそうそ(부·자サ) ①두리번거리는 모양. 둘레둘레. ②불안한 모양.
うぞうむぞう[有象無象](명) 유상 무상. ①유형 무형(有形無形)의 모든 것. ②어중이떠중이. 1. all things, visible or invisible
うそく[右足](명) 오른쪽 발. the right foot
うそく[右側](명) 우측. 오른쪽. the right side
うそさむ·い[うそ寒い](형) 좀 춥다. 어쩐지 으스스하다. chilly
うそじ[嘘字](명) 바르지 않은 글자. 틀린 글자. 오자(誤字). a wrong character
うそつき[嘘吐き](명) 거짓말장이. a liar
うそっぱち[嘘っぱち](명)〈속〉 "うそ(거짓말)"의 센말.
うそのかわ[嘘の皮]—カハ(명)〈속〉 새빨간 거짓말. 순전한 거짓말. a humbug
うそはっぴゃく[嘘八百](명) 온통 거짓말. 완전한 거짓말. 거짓말 투성이. a web of lies
うそぶ·く[嘯く](자 4) ①(시나 노래를) 읊조리다. ②(실은 두려우나 겉으로) 큰소리 치다. ③(큰 짐승이) 울다. 「虎(トラ)が—; 범이 포효(咆哮)하다」 ④모르는 척하다. ⑤휘파람을 불다. 5. whistle
うた[歌·唄](명) 노래. ①노래 부르기 위한 글이나 시. ②와카(和歌). 「—会(カイ); 지은 와카를 발표하는 모임」 ③가요곡. 유행가. 속요(俗謡). 3. a song
うたあわせ[歌合わせ]—アハセ(명) 두 패로 갈라 와카(和歌)를 지어 서로 비교하여 승부를 겨루는 일. 중세 귀족들 사이에 유행하였음.
うたい[謡]ウタヒ(명) 노오(能)의 가사. 요오쿄쿠(謡曲). **—もの**[謡物](명) 노래처럼 읊는 형식의 문학. ↔物語(モノガタリ), 語(カタ)り物.
うだい[宇内](명) 천지 사방의 안. 천하(天下). 세계. the whole world
うだい[有待](명)〈불〉 ①타력(他力)에 의하여 존재하는 허무한 인간 세계. ②덧없는 범부(凡夫)의 몸.
うたいあ·げる[歌い上げる]ウタヒー(타하 1) ①노래 부르다. ②시가(詩歌)를 짓다. 1. sing
うだいじん[右大臣](명) 우대신. 우의정(右議政). 우상(右相).
うたいて[歌い手]ウタヒー(명) 가수. 노래 부르는 것을 직업으로 삼는 사람. a singer
うたいとり[歌鳥](명)〈동〉 뻐꾸기의 다른 이름.
うたいめ[歌い女]ウタヒー(명) ①옛날 궁정의 아악서(雅楽署)에 속한 여자 가수. ②기생.
うた·う[歌う]ウタフ(타 4) ①노래 부르다. 「歌(ウタ)を—; 노래를 부르다」 ②시가(詩歌)를 짓다. 1. sing
うた·う[謳う]ウタフ(타 4) ①노래하다. ②선전하다. ③(말이나 문서로) 나타내다. 2. advertise
うたうたい[歌唱い]—ウタヒ(명) 가수(歌手). a singer
うたえ[訴え]ウタヘ(명)〈고〉 호소. 소송(訴訟).
うたが·う[疑う]ウタガフ(타 4) ①수상하게 여기다. 의심하다. ②위태롭게 여기다. [명] 疑い. 1. suspect
うたがうらくは[疑うらくは]ウタガフー(연어) 의심컨대. 대개. 아마도. perhaps
うたがき[歌垣](명) 예전에 남녀가 모여 시가(詩歌)를 읊고 춤을 추며 즐기던 놀이.
うたかた[泡沫](명) ①포말. 물거품. ②물거품같이 덧없는 것. 1. a bubble
うたかたも(부)〈고〉 잠시도. 순간도.
うたがら[歌柄](명) 노래의 품격(品格).
うたガルタ[歌 carta·歌加留多](명) 와카(和歌)를 적은 놀이딱지. 한 사람이 하나하나의 와카를 읽으면 여러 사람들이 판에 있는 패 중에서 그 노래가 적힌 것을 고름. 가장 많이 고른 자가 이김. 편을 짜서 하는 수도 있음.
うたがわし·い[疑わしい]ウタガハシイ(형) 수상하다. 의심스럽다. 이상하다. [파생] **—げ**(형동ダ) **— さ**(명). doubtful
うたくず[歌屑](명) 서투른 와카(和歌).
うたぐち[歌口](명) ①와카(和歌)를 읊는 투. ②와카를 썩 잘 읊음. ③피리, 저(笛) 등의, 입을 대고 부는 구멍. 3. a mouthpiece

うたぐ·る[疑る](타 4)〈속〉 의심하다. 이상하게 여기다. 수상히 여기다. doubt

うたげ[宴](명) 잔치. 연회(宴会). a feast

うた ごえ[歌声]ーゴヱ(명) ①노랫소리. ②(청년 등의) 합창. 1. a singing voice

うたごかい はじめ[歌御会始め](명) 매년 정월에 궁중(宮中)에서 여는 와카(和歌)를 짓는 모임.

うた ごころ[歌心](명) ①시가(詩歌)를 짓고 싶어하는 마음. 시정(詩情). ②시가의 뜻. 1. poetic sentiment

うた ざいもん[歌祭文](명) 어떤 사건 등을 노래로 엮은 속곡(俗曲)의 한 가지.

うた ざわ(ぶし)[歌沢(節)]ーザハ(ー)(명) 에도(江戸) 말기에 유행했던 짧은 민요(民謡)의 한 가지.

うたた[転た](부) 몹시 마음이 움직이는 모양. 「一感慨(カンガイ)にたえない; 몹시 감개 무량하다」 —**ね**[転た寝](명·자サ) 선잠. 얕은 잠.

うだつ[梲](명) 들보 위에 세우는 짧은 기둥. 동자 기둥. 쪼구미. 「一が上(ア)がらない; 역경에서 헤어나지 못하다」

〔梲〕

うた て(부)〈고〉 ①심하게. 더욱더. ②유달리. 수상히. ③싫은 모양. 께끄름한 모양. 「一びと; 싫은 사람」 ④우습광스럽게.

うたて·し[転し](형ク)〈고〉 ①너무 심하다. ②무정하다. ③우습광스럽다. ④수상하다.

うた びと[歌人](명) ①와카(和歌)를 읊는 사람. ②가수(歌手). ③시인(詩人). 3. a poet

うた ひめ[歌姫](명) 가희. 여류 가수. a songstress

うた まくら[歌枕](명) 옛 노래에 읊어진 명소(名所). a place famed in poetry

うた よみ[歌詠み](명) 시가(詩歌)를 잘 지음. 또는 그 사람. 가인(歌人). a poet

うだ·る[茹る](자 4) ①⇨ゆだる. ②더위로 몸이 나른해지다. 2. be sweltered

うたわ·れる[謳われる]ウタハレル(타하 1) 칭송받다. 크게 기림을 받다. be famed

う たん[右端](명) 우단. 오른쪽 끝. ↔左端(サタン). the right end

うちー[打ち](접두) ①좀. 가볍게. 「一見(ミ)る; 힐끗 보다」 ②완전히. 「一しおれる; 완전히 시들다 (아주 풀이 죽다)」 ③동사의 뜻을 세게 나타내기 위하여 붙이는 말. 「一わらう; 웃어 젖히다」

うち[内·中·裏] Ⅰ(명) ①안. ↔外(ソト). ②속. 「手(テ)の一; 손바닥」 ③(지나는) 동안. 「三日(ミッカ)の一に; 사흘 안으로」 ④궁중(宮中). ⑤임금. ⑥자기 집. ⑦자기 단체나 회사 등. 「一の店(ミセ); 우리 가게」 ⑧자기 아내 또는 남편. ⑨우리. 우리의 것. (대명사처럼 쓰임) ⑩마음. 「思(オモ)い一にあれば; 뜻(생각)이 있으면」 Ⅱ(대)〈방〉 나. 저. Ⅰ1. 2. the inside

うち あげ[内揚げ](명) 옷을 안쪽으로 징그는 일. an inside tuck

うち あげ[打上げ](명) ①쳐 올림. 쏘아 올림. ②화포(花砲). ③흥행 또는 상연을 끝냄. 동 打ち上げる(타하 1). 1. letting off

うちあげ はなび[打ち上げ花火](명) ⇨はなび①.

うち あ·ける[打ち明ける](타하 1) 숨김 없이 이야기하다. 털어 놓고 이야기하다. 「打ち明け話(バナシ); 숨김 없는 이야기」 confide

うち あわ·せる[打ち合わせる]ーアハセル(타하 1) ①서로 부딪치게 하다. 「手(テ)を一; 손뼉을 치다」 ②미리 타합(打合)하다. 미리 의논하다. 명 打ち合わせ. 1. strike against

うち あわび[打ち鮑]ーアハビ(명) 얇게 썰어 말린 전복. 마른 안주로 쓰임. a sliced and dried abalone

うち い·ず[打ち出ず]ーイヅ(자하 2)〈고〉 ①나가다. ②출진(出陣)하다. ③말하기 시작하다.

うち いり[内入り](명) ①빚이나 대금(代金) 등의 일부를 갚는 일. ②수입(収入). 1. part payment

うち いり[討ち入り](명·자サ) 쳐들어 감. a raid

うち いわい[内祝い]ーイハヒ(명) 집안끼리의 축하. 또는 그 기념품. a family celebration

うち うち[内内](명) ①비밀(秘密). 내밀(内密). ②집안. 1. secret

うち うみ[内海](명) 내해. ①큰 호수. ②작은 만(湾). ↔外海(ソトウミ). 1. a lake

うち うら[内浦](명) 활 모양으로 육지로 쑥 들어 온 바다나 호수. 만(湾). a bay

うち お[打ち緒]ーヲ(명) 두 가닥 이상의 실로 꼰 끈. a braid

うち おと·す[打ち落す](타 4) ①쳐서(쏘아) 떨어뜨리다. ②목을 베어 떨어뜨리다. 1. strike down

うち かえ·す[打ち返す]ーカヘス(타 4) ①반격(反撃)하다. ②(헌솜을) 다시 타다. ③되풀이하다. ④뒤집다. ⑤물러간 물결이 다시 몰려 오다. 1. strike back

うち かくし[内隠し](명) 양복의 안 호주머니. an inside pocket

うち かけ[打ち掛け·裲襠](명) ①옛날 무관(武官) 부인의 예복. 겉에 입는, 길이가 긴 옷. 지금은 결혼식 등에 입음. ②무관의 예복. 소매 없는 전복(戦服) 비슷한 웃옷. ③〔바둑 등에서〕 다음날에도 계속되는 시합에서 첫날의 끝 국면(局面). 1. a long overdress

〔裲襠①〕

うち がけ[内掛け](명) 〔씨름 등에서〕 다리를 안으로 걸어 상대를 넘기는 수. 안낚시. 안낚시걸이. ↔外掛(ソトガ)け. throw-down the use of one's legs

うち かさな·る[打ち重なる](자 4) "重なる(겹치다)"의 센말. 「一不運(フウン); 거듭되는 불행」

うち がし[内貸し](명·타サ) 임금(賃金), 보수(報酬) 등의 일부를 선불(先払)함. ↔内借(ガ)り. advancing a part (of a person's salary)

うち かた[打ち方](명) ①총을 쏘는 것. 사격. 「一止(ヤ)め; 사격 중지」 ②쏘는 법. 1. shooting

うち かたぶ·く[打ち傾く]〈고〉 Ⅰ(자 4) 고개를 갸우뚱하고 생각하다. 여러 가지로 생각에 잠기다. Ⅱ(타하

2) 한쪽으로 기울이다.
うちか·つ[打ち勝つ·打ち克つ](타 4) "(かつ)이기다"의 센말. 극복하다. 「難局(ナンキョク)に一; 난국을 극복하다」 overcome
うちかぶと[内兜](명) ①투구의 안쪽, 이마가 닿는 부분. ②안 호주머니. 「一を見(ミ)すかす; 남의 약점, 내막 등을 간파하다」 the inside of a helmet
うちがり[内借り](명·타サ) 봉급, 보수(報酬) 등의 일부를 먼저 빌림. 가불(仮払). ↔内貸(ガ)し. drawing a part (of one's salary) in advance
うちがわ[内側]ーガハ(명) 안쪽. 내면(内面). ↔外側(ソトガワ). the inside
うちき[内気](명·형동ダ) ①내성적이고 소극적이며 조심성이 많은 성질. ②겁이 많음. 소심(小心). 1. a retiring disposition
うちぎ[袿](명) ①헤이안(平安) 시대 귀부인의 겹으로 된 웃옷의 한 가지. ②옛날 매사냥 옷 밑에 입던 남자 평복(平服)의 한 가지.
うちぎき[打ち聞き](명)〈고〉 ①약간(살짝) 들음. 얼핏 들은 말. ②들은 것을 잊지 않기 위한 기록. 비망록.
うちきず[打ち傷](명) 부딪쳐 난 상처. 타박상. a bruise
うちき·る[打ち切る](타 4) ①끊다. ②일단 그치다. 중단하다. 「調査(チョウサ)を一; 조사를 중단하다」 명 打ち切り. 1. cut off
うちきん[内金](명) 대금의 일부를 선불하는 것. 내입금(内入金). bargain money
うちくだ·く[打ち砕く](타 4) "砕く(빻다, 부수다, 깨다)"의 센말. break to pieces
うちくつろ·ぐ[打ち寛ぐ](자 4) (여유 있는 태도로) 편히 쉬다. make oneself comfortable
うちくび[打ち首](명) 목자르는 형벌. 참수(斬首). 참형(斬刑). beheading
うちぐら[内倉·内庫](명) 건물의 원채에 달아 지은 곳간. a warehouse between buildings
うちけし[打ち消し](명) ①취소. ②부정(否定). 부인(否認). ③〔문법에서〕 동작, 존재, 상태 등을 부정하거나 취소할 때 쓰는 말. 1. cancellation 2. negation
うちけ·す[打ち消す](타 4) ①지우다. 취소하다. ②부정하다. 부인하다. 1. erase 2. deny
うちけはい[内気配](명)〈경〉〔증권 거래에서〕 다음 입회시(立会時)의 시세에 관한 예상(豫想). 짐작 기세(気勢).
うちげんかん[内玄関](명) ⇨ないげんかん.
うちこ[打ち粉](명) 칼 손질에 쓰는 숫돌 가루. powder for polishing swords
うちこ·む[打ち込む](자타 4) ①두드리다. 박아 넣다. ②던져 넣다. 「みずに一; 물속에 던지다」 ③〔검도에서〕 상대를 공격하다. ④열중하다. 「音楽(オンガク)に一; 음악에 열중하다」 ⑤〔바둑에서〕 상대방의 집 속으로 뛰어 들다. ⑥북을 높이 치다. 1. smash 2. throw in
うちころ·す[打ち殺す](타 4) ①"殺す(죽이다)"의 센말. ②때려 죽이다. ③총살하다. 2. beat to death
うちこわし[打ち壊し]ーコハシ(명) 때려 부숨. 파괴. 동 打ち壊す(타 4). destruction
うちざし[内差し](명) 안에서 잠그는 일. shut indoors
うちざた[内沙汰](명) ①공개적이 아닌 소송. ②내부적인 처사. ↔表(オモテ)沙汰. 1. a private action
うちしお·れる[打ち萎れる]ーシヲレル(자하 1) "しおれる(시들다)"의 센말.
うちしき[内敷き](명) ①불단(仏壇), 불구(仏具) 밑에 까는 천. ②과자 그릇에 까는 흰 종이. 1. a spread
うちしず·む[打ち沈む]ーシヅム(자 4) 풀이 죽다. 축 늘어지다. be dejected
うちじに[討ち死に](명·자サ) 싸우다 죽음. 전사(戦死). death in battle
うちす·える[打ち据える]ースヱル(타하 1) ①"すえる(놓아 두다)"의 센말. ②타도(打倒)하다. 때려 넘어뜨리다. 2. beat down
うちす·ぎる[打ち過ぎる](자상 1) "すぎる(지나다)"의 센말. 「日(ヒ)ごろは ごぶさたに打ち過ぎ; 평소에는 늘 격조(隔阻)하와」
うちす·てる[打ち捨てる](자하 1) 버려 두다. 「仕事(シゴト)を一; 일을 방치하다」 throw away
うちずみ[内住み](명)〈고〉 (궁녀 등이) 궁중에서 삶.
うちたえて[打ち絶えて](부) 완전히. 전연. perfectly
うちだか[内高](명) (영주의) 실제의 수입. ↔表高(オモテダカ).
うちだし[打ち出し](명·타サ) ①⇨: 打ち出す③⑤. ②그날의 마지막 흥행 또는 상연.
うちだ·す[打ち出す](타 4) ①힘차게 치다. ②쳐서 내다. ③치기 시작하다. ④흥행이나 상연이 끝난 신호로 북을 치다. ⑤(금속 등을) 안에서 쳐서 무늬를 겉으로 도드라져 나오게 하다. ⑥토지 조사를 하여 여분을 찾아 내다. ⑦나타나게 하다. 2. strike out
うちた·てる[打ち立てる](타하 1) 힘차게 세우다. 「偉業(イギョウ)を一; 위대한 업적을 세우다」 set up
うちちがい[打ち違い]ーチガヒ(명) ①"十"자 모양으로 교착(交錯)함. 엇갈림. ②잘못 침. 1. cross
うちつけに[打ち付けに](부) ①돌연히. 갑자기. ②노골적으로. 무례하게. 1. suddenly
うちつ·ける[打ち付ける](타하 1) ①못을 박아 고정시키다. ②세게 때리다. ③내던지다. 1. nail
うちつづ·く[打ち続く](자 4) 계속되다. 오래 계속되다. continue
うちづら[内面](명) 집안 사람에게 보이는 얼굴이나 태도. 「一のきつい人(ヒト); 집안에서는 엄한 사람」 ↔外面(ソトヅラ).
うちつ·れる[打ち連れる](자하 1) 동반하다. 함께 가다. go with
うちて[打ち手](명) ①토벌(討伐) 하는 사람. ②총포(銃砲)를 쏘는 사람. 2. a shooter
うちでし[内弟子](명) 스승 집에서 침식(寢食)을 같이 하는 제자. an apprentice
うちでのこづち[打ち出の小槌](연어·명) 치면 무엇이든 나온다는 작은 망치. 복방망이. a good luck mullet

うちと[内外](명) ①안팎. ②불교와 유교. ③이세 신궁(伊勢神宮)의 내궁(内宮)과 외궁(外宮). 1. inside and outside

うちと·ける[打ち解ける](자하 1) ①녹다. 풀리다. ②격의(隔意) 없이 사귀다. 「打ち解けた間柄(アイダガラ); 막역(莫逆)한 사이」 ③편히 쉬다. ④마음이 해이(解弛)해지다. 1. become untied 3. relax

うちどめ[打ち止め·打ち留め](명) ①흥행 또는 상연의 끝. ②쏘거나 두드리는 일을 중지함. 1. the close

うちと·める[打ち止める·討ち止める](타하 1) ①참살(斬殺)하다. ②타살(打殺)하다. 1. put to the sword

うちと·める[打ち止める·撃ち止める](타하 1) ①쏘아 죽이다. ②쳐죽이다. 1. shoot dead

うちと·る[打ち取る·撃ち取る](타 4) ①쏘아 죽이다. 쳐죽이다. ②쳐서 빼앗다. 1. shoot dead

うちと·る[打ち取る·討ち取る](타 4) ①베어 죽이다. 타살(打殺)하다. ②약탈하다. 2. pillage

うちにわ[内庭]ーニハ(명) 안마당. 안뜰. a courtyard

うちぬ·く[打ち抜く·打ち貫く](타 4) ①꿰뚫어 구멍을 내다. ②우물을 파다. 명 打ちぬき. 1. punch

うちぬ·く[打ち抜く·撃ち抜く](타 4) 소총 등을 쏘아 구멍을 내다. shoot through

うちのうえ[内の上](명)〈고〉 천황(天皇)의 존칭.

うちのひと[内の人](명) ①가족. ②자기 남편을 남에게 일컫는 말. 1. a member of a family

うちのめ·す[打ちのめす](타 4) ①때려 누이다. ②박살 내다. 1. knock down

うちのもの[内の者](명) ①집안 사람. 가족. ②집의 고용인. 1. a family

うちのり[内法](명) 물건 안쪽의 가로, 세로, 높이 등의 길이. 안치수. inside measure

うちはえて[打ち延えて]ーハヘテ(부)〈고〉 쭉 계속하여. 한없이 계속하여.

うちはた·す[打ち果たす·討ち果たす](타 4) 베어 죽이다. 무기를 써서 죽이다. slay

うちばらい[内払い]ーバラヒ(명·타サ) 내입금(内入金)을 지불함. part payment

うちはら·う[打ち払う]ーハラフ(타 4) ①"払う(떨다)"의 센말. ②떨어서 깨끗이 하다. ③쫓아 버리다. ④[撃ち払う] 총을 쏘아 쫓아 버리다. 2. purify

うちび[打ち火](명) 부시로 붙인 불. flint sparks

うちひそ·む[打ち顰む](자 4) 얼굴을 찡그리다. 울상이 되다. pull a long face

うちひも[打ち紐](명) 두 가닥 이상으로 꼰 노끈. a braid

うちぶ[打ち歩](명)〈경〉 ⇨プレミアム.

うちぶところ[内懐](명) ①가슴 쪽의 안 호주머니. ②내부의 사정. 「一を見(ミ)すかされる; 내막을 상대방이 알게 되다」 1. an inside pocket

うちべんけい[内弁慶](명) 밖에서는 용기가 없으면서 집안에서만 큰소리 치는 일. 또는 그런 사람. a lion at home and a mouse abroad

うちぼり[内堀·内濠·内壕](명) 성 안쪽의 호(濠). ↔外(ソト)ぼり. an inner moat

うちまかせては(부)〈고〉 보통으로. 대체로.

うちまき[打ち撒き](명) ①〈고〉 재액, 잡귀를 쫓기 위하여 뿌리는 쌀. 액막이로 뿌리는 쌀. ②신전(神前)에 배례할 때 뿌리는 쌀. 산미(散米). ③쌀의 다른 이름.

うちまく[内幕](명) ①안쪽에 치는 장막. ②내막. 내부의 사정. 「一をさらす; 내막을 드러내다」 1. an inner curtain 2. inside facts

うちまご[内孫](명) 친손자. ↔外孫(ソトマゴ). one's grandson

うちまた[内股](명) ⇨うちもも. ── **ごうやく**[内股膏薬](명) (사타구니에 붙인 고약처럼) 이쪽저쪽에 붙는 사람. 남의 뒤만 좇아 다니는 사람.

うちまも·る[打ち守る](타 4) ①잘 보호하다. ②응시하다. 지켜 보다. 1. protect carefully

うちみ[打ち身](명·자サ) 세게 맞아서 피하 조직(皮下組織)에 받은 상처. 좌상(挫傷). a bruise

うちみ[打ち見](명) 외견(外見). 외관. 힐끗 본 모양. 「一には; 겉으로 보아서는」 an appearance

うちみず[打ち水]ーミヅ(명·자サ) 물을 뿌림. 또는 그 물. 살수(撒水). watering

うち·みる[打ち見る](타상 1) 잠깐 보다. 힐끗 보다. 「打ち見たところ; 잠깐 본 바」 glance

うちもの[打ち物](명) ①(칼, 창 등) 벼린 무기. ②두드려 만든 금속 기구. ↔鋳物(イモノ). ③거푸집에 넣어 구워 낸 마른 과자. ④타악기(打楽器). 1. a forged weapon. ── **わざ**[打ち物業](명) 칼로 서로 치는 일. 또는 그 기술. 검술(剣術).

うちもも[内股](명) 사타구니. the inside of the thigh

うちやぶ·る[打ち破る·撃ち破る](타 4) 파괴하다. 쳐부수다. destroy

うちゆ[内湯](명) 온천장(温泉場)에서 여관 등의 옥내(屋内) 목욕탕. ↔総湯(ソウユ). a bath

うちゅう[宇宙](명) 우주. ①천지 사방(天地四方). ②무한한 공간(空間). 세계. 천지. 누리. ③지구 밖의 공간. 「一人(ジン); 우주인」 ④〈철〉 통일체로서의 세계. 「小(ショウ)一; 소우주」 2. the universe. ── **せん**[宇宙線](명)〈이〉 우주선. 우주에 존재하는 일종의 방사선(放射線).

うちゅう[雨中](명) 우중. 비 오는 중. in the rain

うちゅうかん[右中間](명) 〔야구에서〕 우익수(右翼手)와 중견수(中堅手)의 사이. between a right-fielder and a center-fielder

うちょうてん[有頂天](명·형동ダ) ①〈불〉 유정천. 구천(九天) 중에서 가장 높은 하늘. ②정신 없이 기뻐함. 1. the highest heaven

うちよ·せる[打ち寄せる](자하 1) ①다가 오다. ②밀어 닥치다. dash

うちわ[内輪](명·형동ダ) ①안. 내부. 가정내. 집안. ②내밀(内密). 비밀. ③줄임. 「一に見積(ミツモ)る; 줄잡아 견적하다」 1. a family circle 2. privacy. ── **げんか**[内輪喧嘩](명) ⇨うちわもめ. ── **もめ**[内輪揉め](명·자サ) 집안 싸움. 내분(内紛).

うちわ[団扇]ーハ(명) ①부채. 「一太鼓(ダイコ); 니치

렌종(日蓮宗)의 신자(信者)가 치는 둥근 북」 ②⇨ぐんばいうちわ. 1. a fan
うちわけ[内訳](명·타サ) 내역. 총액에 대한 소분(小分). 명세(明細). 「一書(ショ); 내용 명세서」 itemization
うちわた[打ち綿](명) ①무명활로 탄 솜. ②무명활로 새로 탄 헌솜. 1. whipped cotton
うちわたし[内渡し](명·타サ) 내입금(内入金)을 지불(支払)함. part payment
う·つ[打つ](타 4) ①두드리다. ②두드려 박다. 「くぎを一; 못을 박다」 ③걸다. 「額(ガク)を一; 사진틀을 걸다」 ④갈다. 「田(タ)を一; 논을 갈다」 ⑤베다. 「首(クビ)を一; 목을 베다」 ⑥[討つ] 죽이다. 「かたきを一; 원수를 갚다」 ⑦공격하다. 「背後(ハイゴ)を一; 배후를 공격하다」 ⑧[討つ] 정벌하다. 「敵(テキ)を一; 적을 정벌하다」 ⑨[撃つ] 발사하다. ⑩두드려 만들다. 「刀(カタナ)を一; 칼을 만들다」 ⑪말을 타고 가다. 「一騎(イッキ)うたせる; 말을 타고 한 번 달리다」 ⑫뿌리다. 「水(ミズ)を一; 물을 뿌리다」 ⑬(계약금을) 지불하다. ⑭(전보를) 치다. ⑮흥행(상연)하다. ⑯주사(注射)를 놓다. ⑰감동시키다. 「胸(ムネ)を一; 감동되다」 ⑱수단을 쓰다. 「手(テ)を一; 조처하다」 ⑲바둑, 투전 등을 하다. ⑳묶다. 「なわを一; 포승으로 묶다」 ㉑끈을 꼬다. ㉒솜을 타다. ㉓던지다. 「あみを一; 그물을 던지다」 1. strike 2. nail
うつ[鬱·欝](명) 우울. 침울. 「一に克(カ)つ; 우울함을 이겨 내다」 melancholy
うつうつ[鬱鬱](명·부) 울울. ①불쾌하고 답답한 모양. ②초목이 무성한 모양. 1. gloomy
うつうつ(부) 꾸벅꾸벅 조는 모양. drowsily
うっかい[鬱懐](명) 우울한 마음. 기분이 좋지 않음. mental depression
うっかり(부·자サ) 무심히. 멍청히. absent-mindedly
うっき[鬱気](명) 우울한 기분. 울적한 기분. gloom
うづき[卯月](명) 음력 4월의 다른 이름. April of the lunar calendar
うつくし·い[美しい](형) ①아름답다. 「一花(ハナ); 아름다운 꽃」 ②호감(好感)이 가다. 기분 좋다. 「一話(ハナシ)だ; 마음이 흐뭇한 이야기(美談)다」 [파생] ── げ(형동ダ) ── さ(명). 1. beautiful
うつくし·む[愛しむ](타 4)〈고〉 ①사랑하다. 귀여워하다. ②동정하다. 구휼(救恤)하다.
うっくつ[鬱屈](명·자サ) 마음이 불쾌하고 답답함. 울적. gloom
うつけ[空け](명) ①멍청한 정신. 「この一め; 이 멍청아」 ②텅 빈 마음. 1. stupidity
うっけつ[鬱血](명·자サ)〈의〉 울혈. 병난 곳의 정맥(静脈)이 확대되어 피가 몰리는 증세. blood congestion
うっけつ[鬱結](명) 우울. 울적. melancholy
うっさん[鬱散](명) 울산. 갑갑한 마음을 풀어 후련하게 함. 기분 전환. diversion
うつし[写し](명) ①베낌. ②사본(写本). ③등본(謄本). 부본(副本). 「一をとる; 등본을 만들다」 1. copying.
── え[写し絵](명) ①베낀 그림. 초상화. ②사진. ③환등(幻燈). ④ ⇨かげえ.
うつしよ[現し世](명) 이승. 현세. this world
うつ·す[写す](타 4) ①베끼다. ②사진을 찍다. 1. imitate
うつ·す[映す](타 4) 그림자를 비추다. project
うつ·す[移す·遷す](타 4) ①장소를 바꾸다. 옮기다. ②색소를 뽑아 물들이다. ③전염시키다. 「病気(ビョウキ)を一; 병을 옮기다」 1. remove
うっすら[薄ら](부) 희미하게. 엷게. 연하게. slightly
うっすり[薄り](부) ⇨うっすら.
うっ·する[鬱する·欝する](자サ) 마음이 답답하고 쓸쓸하다. 울적하다. be depressed
うつせがい[うつせ貝]一ガヒ(명) 알맹이가 없는 조개 껍데기. 조가비. a shell
うっせき[鬱積](명·자サ) 우울한 마음이 겹쳐 쌓임. congestion
うつせみ[空蟬](명) ①매미가 벗어 놓은 껍질. 매미 허물. ②〈동〉 ⇨せみ. 1. a cast-off skin of a cicada
うつせみ[現せ身](명) ①현재 살아 있는 몸. ②〈고〉 이승. 현세. 1. this present body
うつぜん[鬱然](형동タルト) 울연. ①매우 무성한 모양. ②왕성한 모양. 훌륭한 모양. 「一たる大家(タイカ); 훌륭한 대가」 ③마음이 답답한 모양. 1. dense
うっそう[鬱蒼](형동タルト) 울창. 푸른 큰 나무들이 빽빽이 들어 선 모양. dense
うつそみ[現そ身](명)〈고〉 ⇨うつせみ(現せ身).
うった·う[訴ふ]ウッタフ(타하 2) 호소하다. 고소(告訴)하다. accuse
うつたえに ウツタヘニ(부)〈고〉 ①직접으로. 노골적으로. ②오로지. 외곬으로.
うった·える[訴える]ウッタヘル(타하 1) ①재판을 구하다. 고소하다. ②호소하다. ③(수단을) 쓰다. 「暴力(ボウリョク)に一; 폭력을 쓰다」 [명] 訴え. 1. suit
うづち[卯槌](명)〈고〉 옛날 새해 첫 묘일(卯日)에 축하로 쓰던 물건. 복숭아나무를 길이 3자, 폭 1치로 하여 오색(五色)실을 드리워 액(厄)을 쫓았음.
うっちゃらか·す[打っ遣らかす](타 4) 던져 버린 그대로 두다. 방임하다. neglect
うっちゃ·る[打っちゃる](타 4) ①던져 버리다. ②그대로 두다. 방임하다. ③〔씨름에서〕 링 가에까지 상대에게 밀려 갔던 씨름군이 자기 몸을 비틀면서 링 밖으로 상대를 밀어 내다. ④마지막 판에 역전(逆転)시키다. [명] うっちゃり. 1. throw away
うつつ[現つ](명) ①현존(現存). ②온전한 정신. 본심. 「一をぬかす; 정신 없이 열중하는 모양」 ③꿈꾸는 듯한 기분. 「ゆめ一; 꿈 같은 기분」 1. reality 2. consciousness
うって[討手](명) 추격하는 쪽. 추격자(追撃者). 추격병(追撃兵). an attacking party
うってかわ·る[打って変わる]一カハル(연어·자 4) 갑자기 변하다. 아주 달라지다. change completely
うってつけ[打って付け](명) 꼭 맞음. 안성·마춤. 「一の人(ヒト); 아주 적합한 사람」 fit
うって·でる[打って出る](연어·하 1) ①자진하여 나가

다.「仲介役(チュウカイヤク)として―; 중개역으로 나서다」②눈부시게 활동을 시작하다.「政界(セイカイ)に―; 정계에 진출하다」 1. launch

うっとうし·い[鬱陶しい](형) ①마음이 개운치 않다. ②음울(陰欝)하다. 갑갑하다. ③번거롭다. 귀찮다. 파생 **―が·る**(자 4) **―げ**(형동ダ) **―さ**(명). 2. melancholy

うっとり(부·자サ) 황홀한 모양. 마음이 사로잡혀 멍청한 모양. absorbedly

うつばり[梁](명) 들보. 마루를 받쳐 도리와는 "ㄱ"자로, 마루와는 "+"자로 됨. a beam

うつびょう[鬱病](명)〈의〉조울병(躁鬱病)의 하나. 정신 활동이 억제되어 우울하며 절망적인 상태가 됨. ↔躁病(ソウビョウ). depressive-psychosis

うつぶ·す[俯す](자 4) 엎드리다. 엎드려 눕다. 명 うつぶし. lie prone

うつぶ·せる[俯せる](타하 1) ①엎드리게 하다. ②엎어 놓다. 명うつぶせ. 2. turn bottom up

うっぷん[鬱憤](명) 울분. 쌓이고 쌓인 불만이나 분노.「―をはらす; 울분을 풀다」 resentment

うつぼ[靫·空穂](명) 허리에 차거나 어깨에 메는 전동(箭筒). a quiver

うつぼつ[鬱勃](형동タルト) 원기 왕성한 모양.「―たる元気(ゲンキ); 왕성한 원기」 irresistible

うつむ·く[俯く](자 4) 내려다 보다. 머리를 숙이다. 명 うつむき. look downwards. **―かげん**[俯く加減](형동ダ) 약간 숙인 모양. 「drop one's head

うつむ·ける[俯ける](타하 1) 숙이다. 명うつむけ. ↗

うつら うつら(부·자サ) 꾸벅꾸벅 조는 모양. drowsily

うつり[映り](명) ①빛이나 그림자가 나타나는 것. ②색채(色彩)의 배합. 색조(色調).「―がいい; 색의 조화가 잘되다」 1. reflection

うつり[移り](명) ①옮기는 일. ②선물의 답례품. 1. transition. **―が**[移り香](명) 옮아서 남는 냄새. **―かわり**[移り変り](명) 변천. **―ぎ**[移り気](명·형동ダ) 변덕 많은 마음. 잘 변하는 마음. **―ばし**[移り箸](명) 한 가지 반찬을 먹고 곧 또 다른 반찬을 집어 먹는 것. 무례함의 비유.

うつ·る[写る](자 4) ①투명하게 보이다. ②사진에 찍히다. 1. be transparent

うつ·る[映る](자 4) ①빛, 그림자가 비치다.「鏡(カガミ)に―; 거울에 비치다」②색의 배합이 잘 어울리다. ③조화되다. 어울리다. 1. be reflected

うつ·る[移る](자 4) ①(장소가) 바뀌다. 옮다. ②(때가) 지나다. ③색이 날다. 바래다. ④병이 전염하다. ⑤냄새가 옮다. 1. move 3. fade

うつろ[虚ろ·空] Ⅰ(형동ダ) ①비어 있는 모양. ②헛된 모양. 정신이 빠진 모양.「―な目(メ); 얼빠진 눈」 Ⅱ(명)빈 것. 속이 없는 것. Ⅱ 1. empty

うつろ·う[映ろう]ウツロフ(자 4)〈고〉빛이나 그림자가 비치다.

うつろ·う[移ろう]ウツロフ(자 4) 옮겨 가다. 변천(變遷)하다. move

うつわ[器]ウツハ(명) ①그릇. ②도구. 기구. ③재능. 도량. 인물.「長(チョウ)たる―; 우두머리가 될 만한 인물」 1. a vessel

うで[腕](명) ①⇨て(手)①. ②손목에서부터 어깨까지의 부분. 팔. ③팔꿈치부터 어깨까지의 부분. 상박(上膊)「―をまくる; 소매를 걷어 붙이다」④솜씨. 기능.「―が鳴(ナ)る; 솜씨를 보이고 싶어 팔이 근질근질하다」⑤완력. 힘.「―におぼえがある; 힘(솜씨)에 자신이 있다」⑥←腕木(ウデギ). 2. an arm

うてき[雨滴](명) 빗방울. 낙수물. a raindrop

うでぎ[腕木](명) 물건을 지탱하는 가로대. a bracket

うできき[腕利き](명·형동ダ) ①주먹이 셈. 또는 그 사람. ②솜씨가 뛰어남. 또는 그 사람. 2. a man of ability

うでくび[腕首](명) 팔목. 손목. the wrist

うでぐみ[腕組み](명·자サ) 팔짱. 팔짱을 낌. arms folded

うでくらべ[腕比べ·腕競べ](명·자サ) 솜씨나 완력을 서로 겨룸. a trial of one's strength

うでこき[腕扱き](명) ⇨うできき.

うでずく[腕尽く]―ヅク(명) ①솜씨나 완력을 충분히 나타냄. ②완력만을 씀. 1. by force

うでずもう[腕相撲]―ズマフ(명) 팔씨름. arm-wrestling

うでぞろい[腕揃い]―ゾロヒ(명) 완력이나 솜씨가 뛰어난 사람만이 모여 있는 것.

うでだて[腕立て](명·자サ) 완력으로 남과 다툼. 폭력에 의한 처리.「いらぬ―; 쓸데 없는 완력 다툼」 resorting to force

うでたまご[茹で卵](명) ⇨ゆでたまご.

うでだめし[腕試し](명·자サ) 완력이나 솜씨를 시험함. a trial of one's strength

うでっこき[腕っ扱き](명) ⇨うできき.

うでっぷし[腕っ節](명) ⇨うでぷし②.

うでどけい[腕時計](명) 팔뚝 시계. a wristwatch

うてな[台](명) 대. ①지붕이 없는 높은 건물. ②물건을 올려 놓는 받침.「植木鉢(ウエキバチ)―; 화분대」③꽃받침. 1. a tower 2. a stand

うでぬき[腕貫き](명) ①팔찌. 팔가락지. ②토시. ③칼자루에 다는 고리 모양의 끈. 1. a bracelet

うでぷし[腕節](명) ①팔의 관절(関節). ②완력(腕力). ⇨: うでっぷし. 1. the joint of an arm

うでまえ[腕前]―マヘ(명) 능력. 솜씨. 실력. ability

うでまくり[腕捲り](명·자サ) 소매를 걷어 올리고 팔뚝을 내어 놓음. tucking up one's sleeves

う·でる[茹でる](타하 1) ⇨ゆでる.

うでわ[腕輪](명) 팔찌. 팔가락지. a bracelet

うてん[雨天](명) 우천. 비 오는 날. ↔晴天(セイテン). a rainy day. **―じゅんえん**[雨天順延](연어·명·자サ) 우천 순연. 비가 오면 개는 날로 순차로 미룸.

うと[烏兎](명) ①해와 달. 일월(日月). ②세월. 날짜.「―そうそう; 세월이 빨리 흐르는 모양.」 2. time

うど[独活](명)〈식〉땅두릅. 두릅나무과에 속하는 다년초. 줄기 높이 2~3 *m* 이상이고 어린 줄기는 청신한 향기가 있어 즐겨 먹음. 「一の大木(タイボク); 땅두릅의 큰 나무(크기만 하고 쓸모 없는 것의 비유)」 a spikenard

うと·い[疎い](형) ①친하지 않다. ②소원(疎遠)하다. 격조(隔阻)하다. ③잘 모르다. 서먹서먹하다. 파생 **—さ**(명). 1. unfriendly

うとう[右党](명) 우당. 보수당. 여당(与党). ↔左党(サトウ). the right wing

うとうと(부·자サ) 꾸벅꾸벅 조는 모양. drowsily

うとうとし·い(형) 소원하다. 냉담하다. unfriendly

うとく[有徳](명·형동ダ)〈고〉①유덕. 덕이 있는 모양. ②돈이 많은 모양.

うとまし·い[疎ましい](형) 싫다. 꺼림칙하다. 파생 **—げ**(형동ダ) **—さ**(명). disagreeable

うと·む[疎む](타 4) (꺼려) 멀리하다. keep away from

うどん[迂鈍](명·형동ダ) 우둔. 세상 일에 어둡고 둔함. stupidity

うどん[饂飩](명) 일본식 밀국수. 우동. noodle. **—こ**[饂飩粉](명) 밀가루.

うどんげ[優曇華](명) ①〈불〉 우담화. 3천 년에 한 번 꽃이 핀다는 상상상(想像上)의 식물. 「一の花(ハナ); 거의 없는 희귀한 것」 ②〈동〉 나뭇가지 등에 낳아 놓은 풀잠자리의 알. 흰 실 모양으로, 꽃처럼 보임. 2. flowers of luck

うとん·じる[疎んじる](타상 1) ⇨うとむ.

うな(명) ←うなぎ.

ウナ(명) 지급 전보(至急電報)의 약호(略号). 「一電(デン); 지급 전보」

うない[髫髪] ウナヰ(명)〈고〉 옛날 아이들의 목까지 내려 오는 단발 머리. 또는 목 뒤에 묶은 머리.

うな·う[耡う]ウナフ(타 4)〈고〉 (논밭을) 갈다.

うなが·す[促す](타 4) 재촉하다. urge

うなぎ[鰻](명)〈동〉 뱀장어. 기름이 많고 맛이 좋음. an eel. **—のぼり**[鰻登り](명·자サ) 힘차게 위로 올라 감.

うなさか[海界·海境](명)〈고〉 바다 멀리의 수평선. 바다 끝.

うなさ·れる[魘される](자하 1) 무서운 꿈을 꾸면서 소리 지르다. 가위 눌리다. have a nightmare

うなじ[項](명) 목덜미. the nape

うなじ[海路]ーヂ(명) 해로. 뱃길. 항로(航路). ↔陸路(クガジ). a sea-route

うなず·く[頷く·首肯く]ウナヅク(자 4) 수긍하다. 고개를 끄덕이다. nod

うなず·ける[頷ける·首肯ける]ウナヅケル(자하 1) 납득이 가다. 긍정할 수 있다. can nod

うなだ·れる[項垂れる](자하 1) 고개를 숙이다. 머리를 숙이다. hang one's head

うなつき[項衝](명)〈고〉 뒷머리털이 목까지 닿는 나이. 유년(幼年). 「a bowl of eel and rice

うなどん[鰻丼](명) 〔←うなぎどんぶり〕 장어 덮밥. ⤴

うなね[項根](명)〈고〉 ⇨うなじ(項). 「the ocean

うなばら[海原](명) 넓고 넓은 바다. 창해(滄海). ⤴

うなり[唸り](명) ①신음 소리를 냄. 으르렁거림. ②〈이〉 주기적으로 소리의 강도가 변하는 현상. ③연에 달아 바람에 울게 하는 것. 1. a groan

うな·る[唸る](자 4) ①신음하다. ②짐승이 울다. ③오래 울리다. ④무의식중에 감탄하다. ⑤쥐어 짜는 목소리로 노래하다. 「浪花節(ナニワブシ)を一; 나니와부시를 읊다」 1. groan 2. growl

うに[海胆](명)〈동〉 섬게. 바닷가 바위 등에 살며 모양은 밤송이 같음. a sea urchin

うに[雲丹](명) 섬게알젓. seasoned sea urchin eggs

うぬ[汝](대)〈속〉 상대를 욕하여 일컫는 말. 너. 자식. you

うぬぼ·れる[自惚れる](자하 1) 잘난 체하다. 자기 자랑을 하다. 자부(自負)하다. 명 うぬぼれ. be conceited

うね[畝·畦](명) 밭이랑. a ridge

うねうね(부·자サ) (산이나 이랑처럼) 기복(起伏)이 있는 모양. 물결 치는 모양. 넘실넘실. windingy

うねおり[畝織り](명) 굵은 실과 가는 실을 섞어서 기복(起伏)이 있게 짠 직물. ribbed fabric

うねま[畝間](명) 이랑과 이랑의 사이. between ridges

うねめ[采女](명) 왕의 수라상을 맡은 젊은 궁녀. a lady-in-waiting

うねり(명) ①물결 침. 기복(起伏). ②높게 이는 파도. 1. undulation

うね·る(자 4) 기복(起伏)이 생기다. (산등성이나 파도처럼) 물결 치다. 꾸불거리다. undulate

うのけ[兎の毛](명) ①토끼털. ②아주 작은 것. 아주 적은 것. 「一ほどのすきもない; 털끝만한 틈도 없다」 ③토끼. ④토끼털로 만든 붓. 또는 붓의 다른 이름. 1. hair of a rabbit

うのはな[卯の花](명) ①〈식〉 일본고광나무 고광나무과에 속하는 낙엽 관목. 5월경 눈같이 흰 꽃이 핌. 울타리, 관상용. ②비지. 1. flowers of a deutzia. **—くたし**[卯の花腐し](명) 음력 4, 5월의 장마비. 매우(梅雨). **—づき**[卯の花月](명) 음력 4월의 다른 이름.

うのみ[鵜呑み](명·타 4) ①(가마우지가 물고기를 삼키듯) 통째로 삼킴. ②뜻이나 내용 등을 고려하지 않고 외어 버림. ③충분한 심의(審議) 없이 승인함. 「予算案(ヨサンアン)を一にする; 예산안을 충분한 심의 없이 통과시키다」 1. swallowing whole

うのめたかのめ[鵜の目鷹の目](연어·명) 열심히 무엇을 찾는 눈. 또는 찾는 모양. sharp eyes

うは[右派](명) 우파. 보수적 당파. 우익(右翼). ↔左派(サハ). the right wing

うば[姥](명) ①할머니. ②할머니 모양의 탈(仮面). ③⇨うば(乳母). 1. an old woman

うば[乳母](명) 유모. 어머니를 대신하여 아이를 양육하는 여인. 젖어머니. a nurse

うばい[優婆夷](명)〈불〉 우바이. 속가(俗家)에 있으면서 불법을 닦는 여인. 보살. ↔優婆塞(ウバソク).

うば·う[奪う]ウバフ(타 4) ①빼앗다. ②약탈하다. ③몰수하다. 징발(徴発)하다. 가로채다. 박탈하다. 「地位(チイ)を一; 지위를 박탈하다」 ④정신을 사로

잡다. 「ころを一; 마음을 사로잡다」 1. rob a person of 4. absorb

うばぐるま[乳母車](명) 유모차. 갓난 아이를 앉혀 태우고 다니는 작은 수레. 동차(童車). a perambulator

うばざくら[姥桜](명) ①⇨ひがんざくら. ②아름답고 매력이 있는 중년 여인. 2. a fading beauty

うばそく[優婆塞](명)〈불〉 우바새. 속가(俗家)에 있으면서 불법을 닦는 남자. ↔優婆夷(ウバイ).

うはつ[有髪](명) 머리를 깎지 않고있는 것. (주로 중의 경우를 말함)「一の僧(ソウ); 유발승」 an unshaven head

うばら[茨](명)〈고·식〉 ⇨いばら.

うひょう[雨氷](명)〈천〉 우빙. 비가 나무나 지면에 닿는 순간에 언 것. glazed frost

うひょうえ[右兵衛](명) 옛날 대궐을 지키던 관리. **一ふ**[右兵衛府](명) 대궐과 임금의 행행(行幸) 때 수비를 맡은 관청.

うふ[右府](명)〈고〉 ⇨うだいじん. ↔左府(サフ).

うぶ[初] Ⅰ(형동ダ) 순진한 모양. 천진 난만한. 어린애 같은. Ⅱ(명) 숫처녀. 숫색시. Ⅰnaive Ⅱa virgin

うぶぎ[産着·産衣](명) 산의. 갓난 아이에게 처음으로 입히는 옷. 배내옷. a layette

うぶげ[産毛](명) ①배냇머리. 솜털. ②성긴 털. 1. downy hair

うぶごえ[産声]ーゴヱ(명) 산성. 갓난 아이의 첫 울음소리. 고고(呱呱)의 소리. the first cry of a new-born baby

うぶすな[産土](명) ①자기가 태어난 곳. 출생지. 고향. ②←産土神. 1. one's birthplace. **一がみ**[産土神](명) 출생지를 지키는 신.

うぶや[産屋](명) ①해산(解産)을 위하여 지은 집. ②산실(産室). 2. a maternity room

うぶやしない[産養い]ーヤシナヒ(명) (옛날) 산후(産後) 3일, 5일, 7일의 축하. 「a baby's first bath

うぶゆ[産湯](명) 갓난 아이를 씻어 주는 더운 물.⤴

うべ[宜](부)〈고〉 참으로. 정말.

うべうべ·し[宜宜し](형シク)〈고〉 그럴 듯하다. 격식을 차리다.

うべな·う[諾なう]ウベナフ(타 4) ①동의하다. 승낙하다. ②복종하다. 1. agree with

うほう[右方](명) 우방. 오른쪽. 오른편. the right side

うま[午](명) ① 12지(支)의 일곱째. 말. ②옛 시각 이름. 오시. 오전 11시부터 오후 1시까지. ③방위 이름. 남쪽. 3. the south

うま[馬](명) ①〈동〉 말. 「一の耳(ミミ)に念仏(ネンブツ); 말귀에 염불(牛耳讀經)」 ②발판. ③술집에서 유흥비를 받기 위하여 손님에게 딸려 보내는 사람. ④장기짝의 하나. 말. ⑤목마(木馬). ⑥「一が合(ア)う; 의기가 투합하다」 ⑦쌍륙(双六)의 주사위. 1. a horse 2. a stepladder

うまい[熟寝](명·자サ) 깊이 잠. 숙면. sleeping soundly

うま·い[旨い·甘い](형) ①맛 있다. ②호감이 가다. 좋다. ③[上手い] 솜씨가 좋다. ④기회가 좋다. 다행하다. 「一話(ハナシ); (조건 등이) 매우 좋은 이야기」 파생 **一が·る**(자 4) **一さ**(명). 1. delicious. **一しる**[旨い汁](연어·명) 이익(利益). 「一を吸(ス)う; 실속 차리다」

うまいかだ[馬筏](명) 내를 건너기 위하여 말을 물속에 죽 세워 물살을 약하게 하는 일.

うまいち[馬市](명) 말을 매매하는 시장. a horsefair

うまうま Ⅰ(명) 맛 있는 음식. 냠냠이. (어린이들의 말) Ⅱ(부) 교묘하게. 감쪽같이. 보기 좋게. 「一(と)だまされた; 보기 좋게 속았다」 Ⅰa sweet Ⅱskillfully

うまおい[馬追い]ーオヒ(명) ①말을 목책 안으로 몰아 넣는 일. ②마부. ③←馬追い虫. 2. a horse driver. **一むし**[馬追い虫](명)〈동〉 ⇨すいっちょ.

うまかた[馬方](명) 마부(馬夫). (주로) 마차를 끄는 사람. a pack-horse driver

うまが·る[旨がる](자 4) 맛 있어하다. relish

うまぐつ[馬沓](명) 제철(蹄鉄). 편자. a horseshoe

うまぐわ[馬鍬](명) 마소가 끌어 땅을 고르는 농구. 써레. a harrow

うまざけ[味酒·旨酒](명) 좋은 술. 명주(銘酒).

うま·し[美し](형ク)〈고〉 좋다. 훌륭하다. 「一夢(ユメ); 좋은 꿈」

うまじるし[馬印](명) 싸움터에서 대장의 말 옆에 세워 그 소재를 알리는 표지. a commander's standard

うまずめ[産まず女·石女](명) 임신을 못하는 여자. 석녀. 돌계집. a barren woman

うまだまり[馬溜り](명) 성 밖의 다리 근처에 마련한, 말을 매어 두는 곳. a vacant lot for tying horses

うまづら[馬面](명) 말상. 긴 얼굴. a horse-face

うまに[旨煮·甘煮](명) 고기와 야채를 달고 진하게 조린 것. fish and vegetables boiled in thick soy with sugar

うまのあし[馬の足·馬の脚](명) 하급 배우. a utility

うまのかみ[馬頭](명) 옛날, 관마(官馬)에 관한 업무를 맡던 관청의 장관.

うまのす[馬巣](명) 말총. 말의 꼬리털. horsehair

うまのはなむけ[餞](명)〈고〉 이별의 선물. 전별금(餞別金).

うまのほね[馬の骨](명)〈속〉 말뼈. 내력을 잘 모르는 사람에 대한 욕. 「どこの一だ; 어디서 굴러 온 놈이냐」 a man of doubtful origin

うまのり[馬乗り](명) ①말타기. 승마. ②말을 탄 사람. ③양다리로 걸터앉음. 「一になる; 양다리로 걸터앉다」 ④말을 잘 타는 사람. 1. horseback riding

うまば[馬場](명) ⇨ばば.

うまびと[貴人](명)〈고〉 귀인. 문벌이 좋은 사람.

うまぶね[馬槽](명) ①말이나 소의 먹이를 담는 그릇. 구유. ②(나무로 만든) 큰 통. 1. a manger

うままわり[馬回り·馬廻り]ーマハリ(명) ①말을 탄 주군(主君)을 수호하던 무사들. ②대장이 탄 말의 근처.

うまみ[旨味](명) ①맛이 좋은 정도. ②솜씨가 좋은 정도. ③재미. 흥미. 「一がない; 재미가 없다」 1. a delicious taste

うまや[駅](명) 역 옛날 여객이나 관원(官員)의 요

청에 따라 말이나 인부를 제공하던 곳. 역참. a stage
うまや[馬屋·厩](명) 마구간. a stable
うまやじ[駅路]ーヂ(명) 역로. 가도(街道). a postal road
うまら[荆](명)〈고〉 ⇨いばら. 「1. be buried
うま·る[埋まる](자 4) ①파묻히다. ②벌충되다. ⤴
うまれ[生まれ](명) ①탄생. ②출생지. ③출신. 내력. ④타고 난 성질. 천성. 「ーもつかぬ; 천성이 아니다」 1. birth. **ーお·ちる**[生まれ落ちる](자상 1) 태어나다. **ーかわ·る**[生まれ変わる]ーカハル(자 4) 다른 것으로 다시 태어나다. 명 生まれ変わり. **ーこきょう**[生まれ故郷](명) 출생지. 고향. **ーつき**[生まれつき](명·부) 타고 난 성질. 천성. **ーつ·く**[生まれつく](자 4) 천성을 가지고 태어나다. 「正直者(ショウジキモノ)にー; 정직한 사람으로 태어나다」 **ーながら**[生まれながら](부) 태어날 때부터. **ーび**[生まれ日](명) 생일.
うま·れる[生まれる·産まれる](자하 1) 태어나다. 출생(出生)하다. be born
うまわ·る[殖る]ウマハル(자 4)〈고〉 붇다. 불어나다.
うみ[生み](명) 낳음. 「ーの母(ハハ); 생모(生母)」 birth
うみ[海](명) ①바다. 「ーのものとも山(ヤマ)のものともつかない; 어느 쪽인지 분명치 않은」↔陸(リク). ②호수(湖水). 「鳰(ニオ)のー; 비와호(琵琶湖)」 ③(벼루 등의) 물을 붓는 곳. 연지(硯池). 1. the sea
うみ[膿](명)〈의〉 농. 고름. pus
うみうし[海牛](명)〈동〉 해우. 바다에 사는 팔태충 비슷한 작은 연체 동물. 모양은 타원형, 빛깔은 홍색 또는 벽색(碧色)이며 종류가 많음. a sea cow
うみおと·す[生み落とす·産み落とす](타 4) 낳다. 「卵(タマゴ)をー; 알을 낳다」 give birth to
うみがめ[海亀](명)〈동〉 푸른거북, 붉은거북 등 바다거북의 총칭. a turtle
うみさち[海幸](명) 해산물. 예: 물고기, 해초(海草) 등. ↔山幸(ヤマサチ). marine products
うみせんやません[海千山千](연어·명)〈속〉 산전 수전(山戦水戦)을 다 겪어 노련한 것. 또는 그 사람. an old stager
うみだ·す[生み出す·産み出す](타 4) ①낳다. 분만하다. ②창조하다. ③(결과적으로) 만들어 내다. 「すばらしい成果(セイカ)をー; 굉장한 성과를 가져오다」 1. give birth to 2. create
うみづき[産み月](명) 산월. 해산달. the month of parturition
うみつ·ける[生み付ける·産み付ける](타하 1) ①(곤충 등이) 나뭇잎 등에 알을 슬다. ②(어떤 모양이나 성질로) 낳다. 1. lay eggs on
うみつばめ[海燕](명)〈동〉 해연. 바다제비. 제비 비슷한 작은 바다 새. a petrel
うみづら[海面](명) ①해면. 해상(海上). ②〈고〉 해변. 1. the surface of the sea
うみなり[海鳴り](명·자サ) 해명 (심한 파도 등으로) 바다에서 나는 우뢰 같은 소리. (폭풍우가 불어 올 전조라 함) rumbling of the sea
うみねこ[海猫](명)〈동〉 괭이갈매기. 갈매기의 한 가지로, 우는 소리가 고양이 우는 소리 같음. a blach-cuiledgull
うみの[生みの·産みの](연체) ①(자기를) 낳아 준. 「ー親(オヤ); 친부모」 ②자기가 낳은. 「ー子(コ); 친자식」⤵
うみのこ[子孫](명)〈고〉 자손. 후예. ⌊1. one's real
うみべ[海辺](명) 해변. 바닷가. 해안. the beach
うみへび[海蛇](명)〈동〉바다뱀. 투들뱀장어. a sea snake
うみぼうず[海坊主](명) ①바다에 나타난다고 하는 중 대가리의 도깨비. ②〈동〉 푸른거북. 1. a sea-goblin
うみほおずき[海酸漿]ーホホヅキ(명) 소라 종류의 알주머니로 만든 꽈리.
うみやま[海山](명) ①바다와 산. ②사물의 높고 깊음의 비유. 「ーの如(ゴト)き恩(オン); 바다나 산 같은 크나큰 은혜」 1. seas and mountains
う·む[生む·産む](타 4) ①아기나 알을 낳다 ②불리다. 붇게 하다. 1. give birth to
う·む[倦む](자 4) ①싫증 나다. 「うまずたゆまず; 꾸준히(줄기차게)」 ②지치다. 1. get tired of
う·む[熟む](자 4) 익다. get ripe
う·む[膿む](자 4) 곪다. form pus
う·む[績む](타 4) 실을 잣다. spin
うむ[有無](명) 유무. ①있는 것과 없는 것. 「ー相通(アイツウ)じる; 유무 상통하다」 ②승낙 여부. 「ーをいわさず; 다짜고짜로」 1. existence and nonexistence
うむがし·む(자 4)〈고〉 기뻐하다. 경축하다.
うめ[梅](명)〈식〉 매화나무. 열매는 매실. 「ーにうぐいす; 아름답게 조화됨의 비유」 a plumtree
うめあわ·せる[埋め合わせる]ーアハセル(타하 1) ①벌충하다. 보충하다. ②고르다. 평균(平均)하다. 명 埋め合わせ. 1. compensate
うめがえ[梅が枝](연어·명) 매화나무의 가지. a branch of a plum tree
うめがか[梅が香](연어·명) 매향. 매화의 향기. the fragrance of plum blossoms
うめき[埋め木](명·자サ) 재목의 구멍이나 갈라진 곳에 나무를 박아 메움. 또는 그 나무. a plug. **ーざいく**[埋め木細工](명) ⇨よせきざいく.
うめ·く[呻く](자 4) ①신음하다. ②부르짖다. ③고심하여 시가를 짓거나 읊다. 명 うめき. 1. groan
うめくさ[埋め草](명) ①구덩이에 묻은 사초(飼草). ②빈틈을 메우는 것. ③잡지 등의 여백을 메우는 기사(記事). 3. a filler
うめしゅ[梅酒](명) 매실, 소주, 설탕, 향료 등을 넣어 만든 술. 매실주. plum brandy
うめず[梅酢](명) 매실을 소금에 절여 나온 즙(汁). plum vinegar
うめた·てる[埋め立てる](타하 1) ①메우다. ②강, 바다 등을 메워 육지로 만들다. 매립(埋立)하다. 명 埋め立て. 1. fill in
うめづけ[梅漬け](명) ①매실을 소금, 술 등에 절인 것. ②매실을 소금에 절여 나온 국물에 담근 야채. 1. pickled plums

うめびしお[梅醬]ービシホ(명) 우메보시(梅干し)의 살을 설탕에 갠 것.
うめぼし[梅干し](명) ①차조기의 잎을 넣고 소금에 절인 매실. ②주름이 많은 것. 「ーばばあ; 쪼그랑 할멈」 1. a pickled plum
うめみ[梅見](명) 매화의 감상(鑑賞). plum blossom viewing. **ーづき**[梅見月](명) 음력 2월의 다른 이름.
うめもどき[梅擬き](명)〈식〉 나도매화나무. 감탕나무과에 속하는 낙엽 활엽 관목. 겨울에 낙엽된 뒤에 빨갛고 동그란 열매가 열림.
う·める[埋める](타하 1) ①묻다. ②찬물을 타서 미지근하게 하다. ③메우다. ④벌충하다. 1. bury
うもう[羽毛](명) 우모. ①깃털. ②새의 깃털과 짐승의 털. 1. feathers
うもれぎ[埋もれ木](명) ①흙속에 묻혀 탄화(炭化)한 나무. ②버림받은 처지. 또는 그 사람. 「ーに花(ハナ)が咲(サ)く; 불우한 이에게 뜻밖의 행운이 깃들다(枯木生花)」 1. lignite
うも·れる[埋もれる](자하 1) ①파묻히다. ②숨겨지다. be buried
うやうやし·い[恭恭しい·恭しい](형) 공손하다. 예의 바르고 정중(鄭重)하다. 파생 **ーげ**(형동ダ) **ーさ**(명). respectful
うやま·う[敬う]ウヤマフ(타 4) 존경(尊敬)하다. 삼가 섬기다. respect
うやむや[有耶無耶](명·형동ダ) 유야무야. 애매함. 분명치 않음. 흐지부지함. 「捜査(ソウサ)をーに打(ウ)ち切(キ)る; 수사를 흐지부지 끝내다」 hazy
うゆう[烏有](명) 오유. 다 없어지는 것. 「ーに帰(キ)する; (화재를 만나) 온통 재가 되다」 nothing
うようよ(부·자サ) 많이 몰려 움직이는 모양. 우글거리는 모양. in swarms
うよきょくせつ[紆余曲折](명·자サ) 우여 곡절. ①구불구불함. ②뒤얽힌 복잡한 사정. 1. meandering 2. complications
うよく[右翼](명) 우익. ①오른쪽 날개. ②대열(隊列)의 오른쪽. 오른쪽의 부대. ③보수주의 단체. 국수주의 세력. ④〔야구에서〕 오른쪽을 지키는 사람. ↔左翼(サヨク). 1. 2. 3. the right wing
うよく[羽翼](명) ①날개. ②도와 주는 사람. 보좌(補佐). 1. wings
うらー(조어) 어쩐지. 이렇다 할 이유도 없이. 「ーはずかしい; 어쩐지 부끄럽다」
うら[心](명)〈고〉 마음. 생각. 「ーもなし; 무심하다」
うら[末](명)〈고〉 ①끝. 앞. 가. ②가지 끝.
うら[占·卜](명)〈고〉 점. 점을 쳐서 앞으로의 길흉 화복을 판단, 예언하는 일.
うら[浦](명) ①호수나 바다가 육지에 들어 간 곳. 포구(浦口). ②해안. 해변. 1. a creek
うら[裏](명) ①사물을 바로 볼 때에 보이지 않는 부분. 안. ↔表(オモテ). ②뒤. 배후. ↔表. ③안의 사정. 내막. ④틈. 허점(虛点). 「ーをねらう; 상대방의 허점을 노리다」 ⑤비공식. 약식. ⑥〔야구에서〕 1회에서 선공(先攻)이 수비(守備)가 되는 차례. 말(末). ⑦예비. 「ー番組(バングミ); 예비 프로」 ⑧반대. 반대 방향. 1. the reverse side 2. the back
ウラー[러 ura](감) 우라아. 만세(万歲)의 뜻.
うらうえ[裏表]ーウヘ(명) ①표리. 안과 겉. ②반대(反對). 뒤바뀜. 1. both sides
うらうち[裏打ち](명·타サ) ①옷에 안감을 댐. ②(종이, 가죽 등의) 뒤에 종이를 대어 튼튼하게 함. ③보증함. 다짐함. 1.2. lining
うらうら(부) 화창하게. brightly
うらおもて[裏表](명) ①표리. 안과 겉. ②반대. 뒤바뀜. 거꾸로 되는 것. ③그늘과 양지. 1. both sides
うらがえ·す[裏返す]ーガヘス(타 4) 안을 겉으로 나오게 하다. 뒤집다. 명 裏返し. turn over
うらがえ·る[裏返る]ーガヘル(자 4) ①뒤집히다. ②배반하다. 적과 내통하다. 1. turn upside down
うらがき[裏書き](명·자サ) 이서. ①뒷면에 글이나 글자를 씀. ②어음 등의 뒷면에 주소 성명을 기입함. ③〈법〉 증권 뒷면에 양도하였음을 적는 일. ④보증함. 다짐함. 1. commentary
うらかぜ[浦風](명) 바닷바람. a sea breeze
うらかた[裏方](명) ①신분이 높은 사람의 아내. ②무대 뒤에서 일하는 사람. ↔表方(オモテカタ). 1. the lady consort
うらがなし·い[心悲しい](형) 어쩐지 슬프다. 파생 **ーさ**(명). sorrowful
うらがね[裏曲](명) 곱자 뒤에 눈금을 나타낸 자. 그 1자(尺)는 겉의 $\sqrt{2}$ 자와 같음.
うらがれ[うら枯れ·末枯れ](명) 초목(草木)의 가지 끝이 마름. 동 うら枯れる(자하 1). withering on the top
うらき[うら木·末木](명) 나뭇가지의 끝. ↔元木(モトキ). a treetop
うらきもん[裏鬼門](명) 귀문(鬼門)의 반대 방위. 남서(南西). the southeastern direction
うらぎり[裏切り](명·자サ) 배반(背反)함. 적과 내통(內通)함. treachery
うらぎ·る[裏切る](타 4) ①배반하다. 적과 내통하다. ②반대로 하다. 뒤집다. 「予想(ヨソウ)をー; 예상을 뒤집다」 1. betray
うらぐち[裏口](명) ①뒷문. 부엌문. ↔表口(オモテグチ). ②부정 수단. 비밀. 「ー営業(エイギョウ); 비밀 영업」 1. the back door
うらこい·し[心恋し]ーコヒシ(형シク)〈고〉 왠지 그립다.
うらこ·う[心恋う]ーコフ(타상 2)〈고〉 마음속으로 그리워하다.
うらごえ[裏声]ーゴヱ(명) ①샤미센(三味線)의 가락보다 낮게 부르는 소리. ②자기의 보통 목소리보다 일부러 높거나 낮게 내는 소리. 2. a falsetto
うらごし[裏漉し](명·타サ) 거름. 또는 거르는 도구. 체. a sieve
うらさく[裏作](명)〈농〉 이작. 주된 농작물을 수확한 뒤에 채소 등을 심는 일. ↔表作(オモテサク). the second crop

うら ざと[浦里](명) 바닷가의 마을. 어촌(漁村). a fishing village
うら さびし·い[心寂しい·心淋しい](형) 어쩐지 쓸쓸하다. 파생 **—げ**(형동ダ) **—さ**(명). lonesome
うらさ·ぶ[心荒ぶ·心寂ぶ](자상 2)〈고〉 ①마음이 거칠고 메마르다. ②쓸쓸하고 외롭다.
うら じ[裏地](명) (옷의) 안감. lining
うら じろ[裏白](명)〈식〉 풀고사리. 잎은 크고 뒷면이 흼. a lot tree
うら せど[裏背戸](명) 뒷문. 부엌문. the back door
うら だな[裏店](명) 뒷거리에 있는 보잘 것 없는 집. a back street·slum
うら づけ[裏付け](명·타サ) ①안을 받쳐 튼튼하게 함. ②다짐함. 보증. 「君(キミ)の—があれば; 자네 보증이 있으면」 동 裏付ける(타하 1). 1. backing
うらづたい[浦伝い](명) 해변을 따라 가는 것. going along the beach
うら て[裏手](명) 뒤편. 뒤쪽. the back
うら どおり[裏通り]—ドホリ(명) 뒷길. 뒷거리. ↔表(オモテ)通り. a backlane
うら ない[占い·トい]—ナヒ(명) ①점. ②점장이. 1. fortunetelling
うら どう[裏問う]—ドフ(타 4)〈고〉 심중을 떠 보다.
うら な·う[占う]—ナフ(타 4) 점치다. divine
うら ながや[裏長屋](명) 뒷거리에 죽 잇닿아 지은 초라한 집. a back street slum
うら なぎ[浦凪·浦和](명) 잔잔한 해변. 해변의 잔잔한 물결. calming of waves breaking on a beach
うら な·く[心泣く](자 4)〈고〉 마음속으로 울다.
うら なさけ[裏情·心情](명)〈고〉 마음에 품고 있는 애정.
うら な·し[心無し·裏無し](형 ク)〈고〉 ①격의(隔意) 없다. 노골적이다. ②조심성이 없다. ③생각이 얕다.
うら なみ[浦波](명) 해변에 부딪치는 파도. waves breaking on a beach
うら なり[末成り·末生り](명) ①때 늦게 덩굴 끝에 달린 열매. ↔本(モト)成り. ②얼굴이 길고 안색이 나쁜 사람. 1. a fruit born on the end of a vine
ウラニウム[uranium](명)〈이〉 ⇨ウラン.
うら にほん[裏日本](명)〈지〉 혼슈우(本州) 중에서 동해에 면한 쪽. ↔表(オモテ)日本. the coastal district of the East Sea
うら にわ[裏庭]—ニハ(명) 뒷마당. 뒤뜰. a back garden
うら ば[末葉](명) 가지 끝의 잎. the top leaves
うら はずかし·い[心恥ずかしい]—ハヅカシイ(형) 어쩐지 부끄럽다. 파생 **—げ**(형동ダ) **—さ**(명). bashful
うら はら[裏腹](명·형동ダ) 뒤바뀜. 반대. the contrary
うら びと[浦人](명) 바닷가에 사는 사람. 어민(漁民). a seaside dweller
うら び·る(자하 2)〈고〉 적막하게 느끼다. 슬픔에 잠기다.
うら ぶ·れる(자하 1) ①쓸쓸하게 여기다. 비참하게 여기다. ②영락(零落)하다. 세력이 쇠잔해지다. 1. feel wretched
うら べ[卜部](명) 예전에 점을 맡았던 관직의 이름.
うら べ[浦辺](명) 바닷가. 해변(海辺). the beach
うら ぼん(え)[盂蘭盆(会)]—(ヱ)(명)〈불〉 우란분회. 음력 7월 15일에 조상의 영혼을 제사 지내는 불교 행사.
うら まち[裏町](명) 뒷거리에 있는 초라한 동네. a back street
うら ま·つ[心待つ](자 4)〈고〉 마음속으로 기다리다.
うらみ[恨み·怨み](명) 원한. 앙심. 「—を買(カ)う; 원한을 사다」 a bitter feeling. **— ごと**[恨言·怨言](명) 원한의 말. **—っこ**[恨みっこ·怨みっこ](명) 서로가 원망함. 「—ない; 원망할 것은 없다」 **—つらみ**[恨みつらみ·怨みつらみ](명) 원망스럽고 괴로운 것.
うらみ[憾み](명) 결점. 흠. 유감. 「言(イ)い過(ス)ぎた—がある; 너무 지나치게 말한 흠이 있다」 regret
うら み[浦回](명)〈고〉 해안의 굽은 곳. 「2. a byway
うら みち[裏道](명) ①뒷길. ②샛길. 지름길. ③골목길. ↗
うら·む[恨む·怨む](타 4) ①원망하다. 앙심을 품다. ②불평하다. ③분하게 여기다. 1. bear a grudge. **—らくは**[恨むらくは·怨むらくは](연어) 유감스럽게도.
うら むらさき[末紫](명)〈고〉 보랏빛.
うらめし·い[恨めしい·怨めしい](형) 원망스럽다. 유감이다. 파생 **—が·る**(자 4) **—げ**(형동ダ). regrettable
うら めずら·し[心珍し]—メヅラシ(형 シク)〈고〉 어쩐지 진기하다. 마음속으로 진기하게 생각하다.
うら もん[裏紋](명) 정식 가문(家紋) 대신으로 쓰는 가문. one's informal crest
うらやす の くに[浦安の国](명)〈고〉 일본의 다른 이름.
うら やま[裏山](명) 뒷산. a hill at the back
うらやまし·い[羨ましい](형) ①부럽다. ②질투를 느끼다. 파생 **—が·る**(타 4) **—げ**(형동ダ) **— さ**(명). 1. enviable
うらや·む[羨む](타 4) ①부러워하다. ②질투하다. 새암하다. 1. envy
うらら[麗ら](형동ナリ)〈고〉 ⇨うららか. **— か**[麗らか](형동ダ) 화창한 모양. 날씨나 마음씨가 밝은 모양.
うら わ[浦曲](명) 작은 만(湾)의 깊이 굽은 곳. 만입(湾入). an indentation
うら わか·い[うら若い](형) 젊디젊다. 매우 젊고 싱싱하다. youthful
ウラン[도 Uran](명)〈이〉 우란. 금속 원소(元素)의 하나. 겉보기는 철 같고 무거움. 라듐의 모체(母体)로 중성자(中性子)를 흡수하여 원자핵(原子核) 분열을 일으켜 원자 에네르기를 방출함. 원자 폭탄의 원료. 우라늄. 기호는 U. 「—鉱(コウ); 우란광」
うり[瓜](명)〈식〉 박과 식물의 총칭. 대개 날로 먹음. 「—のつるになすびはならぬ; 오이 덩굴에 가지 열릴까(평범한 부모로부터 영리한 아이는 나지 않는다는 비유)」 a cucumber
うり[売り](명) 파는 것. ↔買(カ)い. sale
うり あげ[売り上げ](명) 매상. ①물건을 판 돈. 매상금. ②죄다 팖. 매진(売尽). 동 売り上げる(타하 1). 1. proceeds. **— きん**[売り上げ金](명) 매상금. **— かんじょう**[売り上げ勘定](명)〈경〉 ①매상금의 계산. ②

〔위탁 판매에서〕 일정 기간 뒤의 대금 지불.
うり いそ·ぐ[売り急ぐ](자 4) 서둘러 팔다. be in a hurry to sell
うり おしみ[売り惜しみ]ーヲシミ(명·타サ) 파는 것을 꺼림. 매석(売惜). 동売り惜しむ(타 4). holding back
うり かい[売り買い]ーカヒ(명·타サ) 팔고 사고함. 매매. 거래(去来). selling and buying
うり かけ[売り掛け](명·타サ) 외상으로 팖. 또는 그 대금. 「一金(キン); 외상값」 credit sales
うり かた[売り方](명) ①파는 방법. 판매술. ②〈경〉 파는 사람. 파는 쪽. ↔買(カ)い方. 1. how to sell
うり き·る[売り切る](타 4) 죄다 팔아 버리다. sell out
うり き·れる[売り切れる](자하 1) 다 팔리다. 매진(売尽)되다. 품절(品切)되다. 명売り切れ. be sold out
うり ぐい[売り食い]ーグヒ(명·자サ) 도구나 재산을 조금씩 팔아서 살아 감. living by selling one's property
うり こ[売り子](명) ①행상인(行商人). 판매원. ②여점원. 1. a salesman
うり ごえ[売り声]ーゴヱ(명) 행상인(行商人)이 물건을 팔러 다닐 때 외치는 소리. a hawker's cry
うり ことば[売り言葉](명) 싸움을 거는 말. 「一に買(カ)い言葉; 오는 말에 가는 말」↔買い言葉. taunt
うり こ·む[売り込む](타 4) ①사방에 팔다. 판로(販路)를 넓히다. ②이름, 명예, 신용 등을 넓히다. 명売り込み. 1. sell
うりざね がお[瓜核顔·瓜実顔]ーガホ(명) 희고 갸름한 얼굴. an oval face
うり さば·く[売り捌く](타 4) 팔다. 널리 팔다. 팔아 내다. sell
うり だか[売り高](명) 매상고(売上高). 매상금(売上金). the amount of sale
うり だ·す[売り出す](타 4) ①널리 선전하여 상품을 팔다. ②팔기 시작하다. ③세상에서 널리 알려지다. 「映画俳優(エイガハイユウ)として一; 영화 배우로서 널리 알려지다」 명売り出し. 1. offer for sale
うり たた·く[売り叩く](타 4)〈경〉 시세를 내리기 위하여 마구 팔다. 명売りたたき. beat down the market price
うり たて[売り立て](명·타サ) 저장해 두었던 상품을 한번에 팔아 치움. selling away
うり だめ[売り溜め](명) 매상금을 저축하는 일. 또는 그 돈. proceeds
うり つ·ける[売り付ける](타하 1) 강매(強売)하다. 명売り付け. pass (something) upon (a person)
うり つなぎ[売り繫ぎ](명·타サ) ①〈경〉 시세가 내릴 것을 예상하여 팔려고 시장에 내어 놓음. 팔아 걸기. ②물건을 팔아 생활을 유지함. 동売りつなぐ(타 4). 1. hedge-selling
うり て[売り手](명) 물건을 파는 사람. ↔買(カ)い手. a seller
うり とば·す[売り飛ばす](타 4) ①미련 없이 팔아 치우다. ②몸값을 받고 팔아 멀리 보내다. 「娘(ムスメ)を一; 딸을 팔아 멀리 보내다」 1. sell off

うり ぬし[売り主](명) 매주. 물건을 파는 사람. ↔買(カ)い主. a seller
うり ね[売り値](명) 파는 값. ↔買(カ)い値. a sale price
うり ば[売り場](명) ①상품 등을 파는 곳. ②팔기에 좋은 시기. 1. a selling place
うり ばえ[瓜蠅·守瓜]ーバヘ(명)〈동〉 노린재. 갑충(甲虫)의 하나로 오이류(瓜類)의 해충. 잡으면 고약한 냄새가 남. 〈학명〉 Aulacophora femoralis
うり はら·う[売り払う]ーハラフ(타 4) 팔아 치우다. 다 팔아 버리다. sell out
うり ふたつ[瓜二つ](연어·명)〔오이 두 개가 나란히 있듯이〕 (얼굴이) 꼭 닮은 것. 「一の兄弟(キョウダイ); 꼭닮은 형제」
うり もの[売り物](명) 매물. 팔 물건. ↔買(カ)い物. an article for sale
うり もみ[瓜揉](명) 채친 오이를 소금에 절였다가 식초로 무친 것. slices of cucumber dressed in vinegar
うり や[売り家](명) 매가. 팔려고 내놓은 집. a house for sale
うりょ·う[憂う·愁う]ウレフ(자타하 2) ⇨うれえる.
うりょう[雨量](명)〈천〉 우량. 비가 온 분량. 강우량. 「一計(ケイ); 우량계」 rainfall
うり わた·す[売り渡す](타 4) 매도하다. 팔아 넘기다. 매여(売与)하다. sell (over)
うる[粳](명) 멥쌀, 좁쌀, 수수 등과 같이 찰기가 적은 것. 메. ↔糯(モチ). nonglutinous crops
う·る[売る](타 4) ①돈을 받고 물건을 주다. 팔다. ↔買(カ)う. ②명성(名声)을 퍼뜨리다. 떨치다. ③자기의 이익을 위하여 배반하다. 「友(トモ)を一; 친구를 배반하다」 ④(싸움을) 걸다. 1. sell
う·る[得る] Ⅰ(타하 2형) ⇨える. Ⅱ(보동·하 2) 있을 수 있다. 가능하다. 「有(ア)り一こと; 있을 수 있는 일」 Ⅱ be able to
うるう[閏]ウルフ(명) 역세(暦歳)와 지구 운행의 오차를 메우기 위하여 사이에 끼우는 달이나 날. 양력에서는 대개 4년에 하루를 2월에 첨가하고, 음력에서는 대개 3년에 한 달씩을 더하여 줌. 「一年(ドシ); 윤년」
うるおい[潤い]ウルホヒ(명) ①물기를 머금는 것. 습기. ②이익. ③은혜. ④온정. 1. moisture
うるお·う[潤う]ウルホフ(자 4) ①축축하다. ②(돈이) 잘 벌리다. 이득이 되다. ③풍족(豊足)하게 되다. ④베풂을 받다. 「恩沢(オンタク)に一; 은혜를 입다」 1. be moistened
うるお·す[潤す]ウルホス(타 4) ①축축하게 적시다. ②스며 들게 하다. ③은혜를 베풀다. 1. wet
うるか[鱁](명) 은어 등의 알젓. salted guts of trout
ウルグアイ[Uruguay](명)〈지〉 우루과이. 남미(南美) 동남부의 공화국. 수도는 몬테비데오(Montevideo).
うる ごめ[粳米](명) ⇨うるち.
うるさ·い[五月蠅い·煩い](형) ①시끄럽다. ②집요하여 성가시다. ③귀찮다. 번거롭다. 「一奴(ヤツ); 귀찮은 놈」 ④⇨やかましい. 파생 ― **が·る**(자 4) ― **げ**(형동ダ) ― **さ**(명). 3. troublesome

うるさ がた[煩型](명) 잔소릿군. a fastidious person
うるし[漆](명) ①〈식〉 옻나무. ②옻나무의 진. 옻칠. 1. a lacquer tree. **—かぶれ**[漆感·漆瘡](명) 옻이 올라 생기는 급성 피부병. **—ぬり**[漆塗り](명) 칠기(漆器). 옻칠을 함. 또는 그 사람. **—まけ**[漆負け](명·자サ) 옻이 쉽게 오름.
うるち[粳](명) 멥쌀. ↔もちごめ. nonglutinous rice
ウルトラ[ultra](명) 울트라. ①극단. 극단적.「—モダン; 초현대식」②극좌(極左) 또는 극우(極右).
うる·む[潤む](자 4) ①흐리다. 물기를 띠다.「目(メ)が—; 눈물이 글썽글썽하다」②(목소리가) 흐리게 들리다.「声(コエ)が—; 목소리가 울먹이다」③멍이 들다. 명 潤み. 1. be dimmed
うる め(いわし)[潤目(鰯)](명)〈동〉 눈퉁멸. 눈이 젖어 보이며 기름기가 적어 말려서 먹음. a round herring
うるわし·い[麗しい]ウルハシイ(형) ①⇨うつくしい. ②썩 좋다.「ごきげん—; 기분이 썩 좋다」③보기 좋다.「—風景(フウケイ); 보기 좋은 풍경」파생 **—げ**(형동ダ) **—さ**(명). 2. be in good humour
うるわし·むウルハシム(타 4)〈고〉 아름답게 생각하다. 친히 사랑하다.
うれ[末](명)〈고〉 초목(草木) 등의 끝. 새싹의 끝.
うれ[売れ](명) 팔림. sale
うれい[憂い·愁い]ウレヒ(명) ①한탄. 슬픔. ②걱정. 근심. ③고뇌. 마음의 괴로움. 재난. 2. anxiety
うれ·う[憂う·愁う]ウレフ(자타하 2) 우려하다. 걱정하다.「—べき結果(ケッカ); 우려할 결과」 be anxious
うれ·える[憂える·愁える]ウレヘル(자타하 1) 근심하다. 한탄하다. 명 憂え. be anxious
うれ くち[売れ口](명) ①팔려 가는 곳. 판로(販路). ②〈속〉 시집 갈 곳. 1. a market
うれし·い[嬉しい](형) 기쁘다. 즐겁다. 파생 **—が·る**(자 4) **—げ**(형동ダ) **—さ**(명). joyful
うれし がらせ[嬉しがらせ](명) 남을 기쁘게 하는 언행(言行)이나 태도. flattery
うれし が·る[嬉しがる](자 4) 기뻐하다. be glad
うれし なき[嬉し泣き](명·자サ) 너무 기뻐 욺.「—に泣(ナ)く; 하도 기뻐 울다」 crying for joy
うれし なみだ[嬉し涙](명) 너무 기뻐 흘리는 눈물. tears of joy
うれし·ぶ[嬉しぶ](자상 2)〈고〉 기뻐하다.
うれ だか[売れ高](명) 팔린 수량(数量). 팔린 금액. 매상고. the amount of sale
うれた·し(형)〈고〉 원망스럽다. 밉다. 불쾌하다.
うれだ·す[売れ出す](자 4) ①팔리기 시작하다. ②판로(販路)가 넓어지다. ③명성을 떨치기 시작하다. 1. begin to sell
うれっ こ[売れっ子](명) 인기 있는 사람. (인기 직업에서) 잘 팔리는 사람. a popular person
うれ のこり[売れ残り](명) ①안 팔린 상품. ②〈속〉 시집 못 간 노처녀. 동 売れ残る(자 4). 1. goods left unsold
うれ ゆき[売れ行き](명) 팔리는 정도. 매상(売上).「—が思(オモ)わしくない; 매상이 시원치 않다」 sale
う·れる[売れる](자하 1) ①팔 수 있다. ②팔리다. ③널리 알려지다.「顔(カオ)が売れている; 얼굴이 널리 알려져 있다」④유행되다. 2. be sold
う·れる[熟れる](자하 1) (과일 등이) 익다. (곡식이) 여물다. ripen
うれわし·い[憂わしい]ウレハシイ(형) 걱정스럽다. 한탄스럽다. 파생 **—げ**(형동ダ) **—さ**(명). anxious
うろ(명) 빈 것. 나무의 속이 텅 빈 것. a hollow
う ろ[迂路](명) 돌아 가는 길. 우회로(迂廻路). a roundabout way
う ろ[雨露](명) 우로. 비와 이슬.「—をしのぐ; 비, 이슬을 피하다」 rain and dew
う ろ[烏鷺](명) ①까마귀와 백로. ②흑백. ③바둑.「—の争(アラソ)い; 바둑 시합」 1. crows and herons
うろ うろ(부·자サ) 방황하는 모양. 우물쭈물. loiteringly
うろ おぼえ[うろ覚え](명·자サ) 확실치 않은 기억. 어슴푸레한 기억. a faint memory
うろ くず—クヅ(명) ①비늘. ②물고기. 1. a scale
うろこ[鱗](명) ①비늘. ②옷감의 삼각형 무늬. 비늘 무늬. ③비듬. 2. squamation

〔鱗②〕

うろた·えるウロタヘル(자하 1) 당황하다. 허둥대다. be confused
うろつ·く(자 4) 방황하다. 어정버정하다. loiter
うろ ぬ·く[疎抜く](타 4) 솎다. 솎아 내다. thin out
う ろん[胡乱](형동ダ) 의심스러운 모양. 수상한 모양. suspicious
うわ—[上]ウハ(조어) 위, 겉을 나타내는 말.「—皮(カワ); 표피(表皮)」
うわ あご[上顎]ウハ—(명) 위턱. the upper jaw
うわ え[上絵]ウハ—(명) ①염색을 하고 희게 남긴 바탕에 안료(顔料)로 그린 그림. ②도자기의 겉에 그리는 그림. 1. dyed figures
うわ えり[上領·上襟]ウハ—(명) 덧칼라. 덧깃. the same coloured neckband
うわ おおい[上覆]ウハ—(명) ①씌우개. ②(작업복 등의) 덧옷. 가운. 1. covering
うわ おき[上置き]ウハ—(명·타サ) ①위에 놓음. ②책상 등의 위에 놓는 상자. ③떡, 밥 등의 위에 얹는 부식물(副食物). 1. laying on
うわ がき[上書き]ウハ—(명·타サ) ①겉에 쓰는 글자. ②편지 겉봉에 수신인의 주소 성명을 씀. 또는 그 주소 성명. superscription
うわ がさね[上襲]ウハ—(명) ①웃옷. 상의(上衣). ②앞섶.
うわ がみ[上紙]ウハ—(명) 책, 상자 등의 거죽을 싼 종이. a wrapper
うわ かわ[上皮]ウハ—(명) ①상피. 겉가죽. 표피(表皮). ②외면(겉)을 씌우는 것. 1. the outer layer of the skin
うわ がわ[上側]ウハガハ(명) 표면(表面). 위쪽. 겉. the upper side
うわ き[浮気]ウハ—(명·자サ·형동ダ) ①들뜨고 변하기 쉬움. ②애정이 잘 변함. 바람기가 있음.「—者(モノ); 바람둥이」 1. restlessness

うわぎ[上着·上衣]ウハー(명) ①저고리. 상의. ↔ズボン. ②겉옷. ↔下着(シタギ). 1. a coat
うわぐすり[上薬·釉薬]ウハー(명) 유약. 잿물. glaze
うわくちびる[上唇]ウハー(명) 윗입술. the upper lip
うわぐつ[上靴]ウハー(명) 집안에서 신는 신발. 실내화. slippers
うわごと[譫言·囈語]ウハー(명) ①헛소리. ②농담. 터무니 없는 말. 1. talking in delirium
うわさ[噂]ウハサ(명·타サ) ①항설(巷説). 소문. ②어떤 일이나 사람의 평판. 뒷공론. 「―をすれば影(カゲ)がさす; 호랑이도 제 말하면 온다」 1. a rumour
うわざし[上差し]ウハー(명) ①전동(箭筒) 왼쪽에 꽂는 두 개의 화살.
うわざや[上鞘]ウハー(명)〈경〉 어떤 달의 시세가 다른 달보다 비싼 일. ↔下(シタ)ざや. higher in quotation
うわじき[上敷き]ウハー(명) ①덮개. 씌우개. ②테를 두른 돗자리. 2. a bordered matting
うわすべり[上滑り]ウハー(명·자サ) ①표면이 미끄러움. ②피상적(皮相的)으로만 아는 것. ③경솔하게 함. 2. shallow understanding
うわずみ[上澄み]ウハー(명) 액체(液体)가 침전(沈澱)한 뒤 위쪽의 맑은 부분. 웃물. 「―を取(ト)る; 웃물을 뜨다」 supernatant fluid
うわず·る[上擦る]ウハー(자 4) ①가벼워 보이다. ②상기(上気)하다. 흥분하다. 「上擦ったこえ; 흥분한 목소리」 ③경솔하게 되다. 3. be careless
うわぜい[上背]ウハー(명) 보통보다 큰 키. 「―がある; 키가 크다」 great stature
うわちょうし[上調子] ウハー(명·형동ダ) ①침착하지 못함. 들뜬 기분. ②성질, 언행이 경솔함. 1. flippant
うわぢょうし[上調子]ウハー(명) ①샤미센(三味線)의 높고 날카로운 가락. ②⇨うわちょうし.
うわつ·く[上付く·浮付く]ウハー(자 4) (기분이) 들뜨다. 마음이 들썽거리다. be restless
うわづつみ[上包み]ウハー(명·타サ) 겉을 쌈. 포장(包装). a wrapper
うわ(っ)つら[上(っ)面]ウハ(ッ)ー(명)〈속〉 겉. 표면(表面). external appearance
うわっぱり[上っ張り]ウハ(ッ)ー(명) 작업할 때 입는 덧옷. 작업복. an overall
うわづみ[上積み]ウハー(명) 쌓은 짐 위에 다시 짐을 쌓는 일. 또는 그 짐. the upper load
うわて[上手]ウハー Ⅰ(명) ①위쪽. ②바람이 불어 오는 쪽. ③강의 상류(上流). Ⅱ(형동ダ) 한 수 위인 모양. 더 나은 모양. Ⅰ1. the upper part. ── **なげ**[上手投げ](명) ①〔씨름에서〕 상대방의 팔을 끌어 안듯이 하면서 위로부터 상대방의 허리띠를 잡아 들어 던지는 수. ②〔야구에서〕 손을 위에서 아래로 흔들어 공을 던지는 재주. 오우버핸드 드로우. ↔下手(シタテ)投げ.
うわに[上荷]ウハー(명) ①수레나 배에 쌓은 짐. ②위에 쌓은 짐. ↔底荷(ソコニ). 1. a cargo
うわぬり[上塗り]ウハー(명·타サ) ①바닥칠한 뒤에 다시 더 칠함. ↔あら塗り, 下(シタ)塗り. ②덧붙임. 「恥(ハジ)の―; 겹치는 창피」 1. the final coating
うわね[上値]ウハー(명)〈경〉 비싼 값. 고가(高価). ↔下値(シタネ). a higher price
うわのそら[上の空]ウハー(명) ①〈고〉 하늘. 천상(天上). ②마음이 들뜬 것. 건성. 2. absent-mindedness
うわのり[上乗り]ウハー(명·자サ) ①배를 타고 항해중의 일을 처리, 감독함. 또는 그 사람. 관리인. ②위에 탐. 1. a supercargo 2. getting on
うわば[上葉]ウハー(명) 위에 있는 잎. ↔下葉(シタバ). the upper leaves
うわば[上歯]ウハー(명) 윗니. the upper teeth
うわばき[上履き]ウハー(명) 집안에서 신는 신발. 실내화. ↔下(シタ)履き. slippers
うわばみ[蟒]ウハバミ(명)〈동〉 이무기. 큰 뱀. an anaconda
うわばり[上張り·上貼り]ウハー(명·타サ) ①⇨うわっぱり. ②정배(正褙). ↔下(シタ)張り. 2. facing
うわべ[上辺]ウハー(명) ①겉. 표면. ②외형(外形). 외관(外観). 1. the surface
うわまえ[上前]ウハマヘ(명) ①옷의 가장 표면에 나오는 부분. 앞섶. ②수수료. 구전. 「―をはねる; 이익의 일부를 슬쩍 가지다」 1. the outer skirt
うわまわ·る[上回る]ウハマハル(자 4) 어떤 수준 이상이 되다. 많아지다. ↔下(シタ)回る. exceed
うわむ·く[上向く]ウハー(자 4) ①위를 보다. ②형편이 좋아지다. 여양이 좋아지다. ③〈경〉 시세가 오르기 시작하다. ↔下(シタ)向く. 명 上向き. 1. look upward
うわめ[上目]ウハー(명) ①눈을 치켜 뜸. ②초과. 여분. ③포장된 채 무게를 다는 일. 1. an upward glance. ── **づかい**[上目使い](명·자サ) 눈을 치켜 떠서 봄.
うわや[上屋·上家]ウハー(명) ①역, 부두 등에 우로(雨露)를 피하기 위하여 간단하게 지은 집. 또는 그 지붕. ②세관(税関)의 국내(局内)에 있는 짐을 두는 창고. 1. a shed
うわやく[上役]ウハー(명) 상사(上司). 상관. ↔下役(シタヤク). one's superior
うわ·る[植わる](자 4) 심어지다. be planted
うわん[右腕](명) 우완. 오른팔. ↔左腕(サワン). the right arm
うん(감) 승낙, 긍정 등을 표시하는 말. 응. 그래. yes
うん[運](명) 운. ①운명. 숙명. ②행운. 「―がむく; 운이 트이다」 1. fortune
うん[暈](명) (해나 달의) 무리. a halo
うんい[云為](명·타サ) 운위. 말하는 것과 행하는 것. 언행(言行). words and deeds
うんえい[運営](명·타サ) 운영. 일을 위하여 조직을 움직여 부림. 운용(運用). 「会社(カイシャ)の―; 회사 운영」 operation
うんえん[雲煙·雲烟](명) ①구름과 연기. ②산수(山水)의 명화(名画). 1. clouds and smoke. ── **かがん**[雲煙過眼](명) 운연 과안. 사물에 깊은 마음을 두지 않음.
うんえい[雲翳](명) 운예. 구름으로 생기는 그늘. being clouded

うんおう[蘊奧](명) 온오. 학문, 기예 등의 깊은 곳. 오의(奧義). profundity

うんか[浮塵子](명)〈동〉 멸구. 식물의 액즙(液汁)을 빨아 먹어 농작물에 해가 많음. the rice insect

うんか[雲霞](명) ①운하. 구름과 안개. ②헤아릴 수 없는 많은 수의 집단. 「一のごとく; (구름같이) 많이」 1. clouds and mist

うんが[運河](명) 운하. 인공적인 수로(水路). a canal

うんかい[雲海](명) 운해. ①구름이 꽉 낀 바다. ②바다같이 보이는 구름. 2. a vast ocean of clouds

うんかく[雲客](명)〈고〉 ①당상관. ②높은 벼슬아치.

うんかく[雲鶴](명) 구름과 나는 학을 그린 무늬.

うんき[雲気](명) ①구름이 움직이는 모양. ②하늘로 퍼져 오르는 이상한 기운. 2. air

うんき[運気](명) 자연 현상의 밑을 꿰뚫고 있다고 하는 힘. 이것으로 사람의 운명을 판단함. 운. 운수(運数). influence

うんき[温気](명) ①온기. 따뜻한 기운. ②무더움. 1. warmth

うんきゃく[雲脚](명) ①구름이 드리운 모양. ②구름이 흘러 가는 모양. 2. movement of clouds

うんきゅう[運休](명) 운휴. 운전, 운항(運航)의 중지. 교통 기관의 운영 정지. suspension of traffic

うんげい[雲霓](명) 운예. ①구름과 무지개. ②비가 올 징조. 1. clouds and a rainbow

うんげん[繧繝](명) ①같은 색깔을 세 층으로 농담(濃淡)을 두어 염색하는 일. ②세로줄 무늬의 경계를 바림한 직물(織物).

うんこう[運行](명·자サ) 운행. 일정한 길을 돎. 「天体(テンタイ)の一; 천체의 운행」 traffic service

うんこう[運航](명·자サ) 운항. 배가 항로(航路)를 따라 항행함. navigation

うんざ[運座](명) 여럿이 모여 하이쿠(俳句)를 지어 서로 좋은 것을 뽑는 모임.

うんざり(부·자サ) 몹시 싫증이 나는 모양. 지긋지긋한 모양. get tired of

うんさん[雲散](명·자サ) 운산. 구름처럼 흩어짐. dispersion. **―むしょう**[雲散霧消](연어·명·자サ) 운산 무소. 산산이 흩어져 사라짐.

うんざん[運算](명·타サ)〈수〉 운산. 식(式)대로 계산하여 답을 냄. 연산(演算). operation

うんしゅう[雲集](명·자サ) 운집. 구름처럼 많이 모임. swarming

うんじょう[雲上](명) ①구름 위. ②궁중(宮中). 1. above the clouds

うんじょう[雲壌](명) ①구름과 흙. ②심한 차이의 비유. 천양지차. 운니(雲泥). 1. clouds and clay

うんじょう[運上](명) 에도(江戸) 시대 각종 영업세.

うんじょう[醞醸](명·타サ) ①술을 빚음. 양조(醸造). ②천지간(天地間)의 만물을 양성함. ③여러 가지로 손을 씀. 1. brewage

うんしん[運針](명) 바늘 쓰는 법. 꿰매는 법. handling of a needle. **―ぬい**[運針縫い]一ヌヒ(명·자サ) ⇨ぐしぬい.

うん・ず[倦んず](자サ)〈고〉 ①싫증 나다. 싫어하다. ②피로하다. 기가 꺾이다.

うんすい[雲水](명) ①구름과 물. ②여기저기 떠돌아다니는 중. 행각승(行脚僧). 1. clouds and water

うんせい[運勢](명) 운세. 운명이 나아가는 형편. 장차의 운명. fortune

うんそう[運送](명·타サ) 운송. 물건을 운반함. 운수(運輸). transport

うんそう[運漕](명·타サ) 배로 물건을 운반함. 조운(漕運). marine transportation

うんだい[雲台](명) 삼각가(三脚架) 위에 장치하여 카메라를 놓는 대.

〔雲台〕

うんだめし[運試し](명·자サ) 운이 트였는지 어떤지를 시험함. 또는 그러기 위한 모험적인 행동. trying one's luck

うんちく[蘊蓄](명) ①저축. ②학문상의 깊은 지식. 「一をかたむける; 있는 지식을 다 기울이다」 2. the stock of one's knowledge

うんちん[運賃](명) 운임. 운송료. freightage

うんでい[雲泥](명) 운니. 구름과 진흙. 「一の差(サ); 천양지차(天壌之差)」 clouds and mud

うんてん[運転](명·타サ) 운전. ①기계, 교통 기관 등을 움직임. 「一手(シュ); 운전수」 ②(돈을) 돌림. 운용. 「一資金(シキン); 운용 자금」 1. operation

うんと(부)〈속〉 많이. 크게. many, much

うんどう[運動](명·자サ) 운동. ①〈이〉 물건이 공간적인 위치를 바꿈. ②체육. ③산보. ④어떤 목적을 위하여 남에게 작용함. 「釈放(シャクホウ)一; 석방 운동」 1. motion 2. exercise. **―いん**[運動員](명) 운동원. 어떤 일을 위하여 작용을 미치는 사람. **―かい**[運動会](명) 운동회. 체육 대회. 경기 대회. **―じょう**[運動場](명) 운동장. 운동을 하는 곳. **―しんけい**[運動神経](명) 운동 신경. ①〈생〉 힘살 운동을 맡은 신경. ②〈속〉 운동을 속히 익히는 감각. **―ちゅうすう**[運動中枢](명)〈생〉 운동 중추. 수의 운동(随意運動)을 맡는 대뇌 피질부(大脳皮質部). **―ひ**[運動費](명) 운동비. 어떤 목적을 위한 노력을 위하여 필요한 돈. **―りょう**[運動量](명)〈이〉 운동량. 물체의 질량에 속도를 곱한 값.

うんともすんとも(연어·부) 묵묵히. 도무지 대꾸가 없는 모양. silently

うんぬん[云云](명·타サ) 운운. 말을 생략할 때 쓰는 말. 「スポーツーのことは; 스포츠 운운이라고 한 것은」 and so on. **―する**(타サ) 운운하다. 이러쿵저러쿵 말하다.

うんのう[蘊奥](명) ⇨うんおう.

うんぱん[運搬](명·타サ) 운반. 나름. 옮김. conveyance

うんぴつ[運筆](명) 운필. 붓을 움직이는 법. penmanship

うんぴょう[雲表](명) 구름 위. 구름 밖. above the clouds

うんぷてんぷ[運否天賦](연어·명) 운부 천부. 운명의 길흉(吉凶)은 하늘이 내린다는 말. 운을 하늘에 맡기는 것. leaving one's luck to Providence
うんぼ[雲母](명)〈지〉 ⇨うんも.
うんむ[雲霧](명) 운무. 구름과 안개. clouds and mist
うんめい[運命](명) 운명. ①운. 운수. ②인간의 행동을 지배하는 큰 힘. 팔자. fate. **―ろん**[運命論](명)〈철〉 운명론. 삼라 만상이 인간의 의지로는 어쩔 수 없는 운명에 의하여 지배된다는 설.
うんも[雲母](명)〈지〉 운모. 돌비늘. 여섯모의 판 모양으로 된 결정체로 비늘처럼 일어남. 전기의 절연체(絶縁体)로 쓰임. mica
うんゆ[運輸](명) 운수. 사람이나 짐을 나르는 일. transportation. **―しょう**[運輸省](명)〈법〉 운수성. 교통 관계 행정 사무를 보는 중앙 관청. 한국의 교통부에 해당. **―しょう**[運輸相](명) 운수상. 한국의 교통부 장관에 해당.
うんよう[運用](명·타サ) 운용. 실제로 사용함. 「法規(ホウキ)の―; 법규의 운용」 application
うんりょう[雲量](명)〈천〉 운량. 하늘에 있는 구름의 분량. 구름의 농도에 따라 0에서 10까지 있음. 「―三(サン); 운량 3」 cloudiness

え

―え[重]ヘ(접미) 겹. 「二(フタ)―; 두 겹(二重)」 -fold
え[上]ヘ(명) 〔"…の―"의 형태로〕 위. 「山(ヤマ)の―; 산 위」 on
え[江](명) ①바다나 호수가 육지 깊숙이 들어 간 곳. 작은 만(湾). 후미. ②〈고〉 강. 1. an inlet
え[会](명) 법회(法会), 제사, 행사 등의 모임. 「茶(チャ)の―; 다회」 meeting
え[枝](명)〈고〉 가지. 「松(マツ)が―; 소나무 가지」
え[柄](명) 손잡이. 자루. a handle
え[餌]ヱ(명) 모이. 미끼. 먹이. a bait
え[能](부)〈고〉 능히. 잘. 감히. 「―取(ト)らず; 취할 수가 없다」
え[絵·画](명) 그림. 회화(絵画). a picture
え(격조) ⇨へ(격조).
エア[air](명) 에어. ①공기. ②공중. ③항공(航空). 「―メール; 항공 우편」
エアコン(ディショニング)[air conditioning](명) 에어컨디셔닝. 자동적으로 방의 기온, 습도를 조절하는 장치.
エアコンプレッサー[air compressor](명) 에어컴프레서. 공기•압축기.
エアシュート[air shoot](명) 에어슈우트. 서류를 파이프 속에 넣어 압축 공기로 보내는 장치.
エアブレーキ[air brake](명)〈이〉 에어브레이크. 압축 공기로 정차(停車), 문의 개폐(開閉) 등을 하는 장치.
エアポート[air port](명) 에어포오트. 공항. 비행장.
エアポケット[air pocket](명) 에어포켓. 기류(気流) 관계로 공기가 희박하여 비행기가 갑자기 몇 미터 떨어지는 구역.
エアメール[air mail](명) 에어메일. 항공 우편.
エアライン[air line](명) 에어라인. ①항공 회사. ②정기 항공로(定期航空路).
えい[酔い]ヱヒ(명) 취하는 것. ⇨: よい.
えい[鱏]ヱヒ(명)〈동〉 가오리. 몸은 넓적하고, 꼬리가 가늘고 긴 바닷물고기. a ray
えい[英](명)〈지〉 영국의 약칭. 「―文(ブン); 영문」
えい[栄](명) 명예. 영광. 「一身(イッシン)の―; 일신의 영광」 glory
えい[詠](명) 시가(詩歌)를 읊는 것. 「日常(ニチジョウ)―; 평시에 읊은 시가」 reciting
えい[裔](명) 자손. 후예. 「名門(メイモン)の―; 명문의 후예」 a descendant
えい[郢](명)〈악〉 ⇨シャプⅡ. ↔変(ヘン).
えい[纓](명) ①관(冠) 뒤에 늘어뜨리는 천. ②갓끈. 1. the pendant (of a ceremonial cap)
えいい[英偉](명) ①뛰어나고 위대함. ②큰 인물. 1. excellence
えいい[栄位](명) 명예로운 지위. a honourable position
えいい[営為](명) 영위. 운영(運営). management
えいい[鋭意](부) 예의. 마음을 날카롭게 가다듬어. 열심히. 「―努力(ドリョク)する; 열심히 노력하다」 devotedly
えいえい[営営](부·형동タルト) ①급히 왕래하는 모양. ②부지런히 일하는 모양. 「―と働(ハタラ)く; 부지런히 일하다」 2. assiduous
えいえん[永遠](명·형동ダ) 영원. 끝이 없이 길고 오램. 영구(永久). eternity
えいか[英貨](명) 영화. ①영국 화폐. ②영국 화물(貨物). 1. English currency 2. English made articles
えいか[詠歌](명) ①노래를 읊음. ②〈불〉 ⇨ごえいか(御詠歌). 1. composing a poem
えいか[穎果](명)〈식〉 영과. 포아풀과 식물의 열매. 예: 벼, 보리 등. an arista
えいが[映画](명) 영화. 활동 사진. 「―俳優(ハイユウ); 영화 배우」 a (motion) picture
えいが[栄華](명) 영화. 번영하고 빛남. 「―を尽(ツ)くす; 영화를 다하다」 glory
えいがい[営外](명) 영외. 병영(兵営) 밖. 「―居住(キョジュウ); 영외 거주」 outside barracks
えいかく[鋭角](명·형동ダ) 예각. ①날카로운 각도.

②〈수〉 직각(直角)보다 작은 각. ↔鈍角(ドンカク). 2. an acute angle

えいがく[英学](명) ①영국식 학문. ②영어나 영국에 관한 학문. ③영어에 의한 학문. 2. the study of English

えいかん[栄冠](명) 영관. 명예로운 관(冠). 또는 그 지위. 영예. the crown

えいかん[叡感](명) 예감. 천자(天子)의 감동. 임금의 감동. the Imperial approval

えいき[英気](명) 영기. 뛰어난 재기(才気). excellent talent

えいき[鋭気](명) 예기. 날카로운 기세. spirit

えいきゅう[永久](명·형동ダ) 영구. 길고 오램. 영원. 「半(ハン)—的(テキ); 반영구적」 eternity

えいきょ[盈虚](명) 영허. 참과 이지러짐. 흥망 성쇠(興亡盛衰). waxing and waning

えいきょう[英京](명) 영경. 영국의 수도. 런던. the capital of England

えいきょう[影響](명·자サ) 영향. 한 가지 사물로 인하여 다른 사물에 미치는 결과. influence

えいぎょう[営業](명·자サ)〈법〉 영업. 이익을 얻기 위한 사업. business

えいきん[英斤](명) 영국의 무게의 단위. 약 120 돈쭝. a pound

えいぎん[詠吟](명·타サ) 시가를 소리 내어 읊음. 음영. reciting

えいけつ[永訣](명·자サ) 영결. 영구히 이별함. 사별(死別). the last parting

えいけつ[英傑](명) 영걸. 뛰어난 사람. a great man

えいこ[栄枯](명) 영고. 성함과 쇠함. 「—盛衰(セイスイ); 영고 성쇠」 rise and fall

えいご[英語](명) 영어. 영국이나 미국의 국어. English

えいご[穎悟](명) 영오. 매우 영리함. 뛰어나게 슬기로움. cleverness

えいこう[曳航](명·타サ) 예항. 배를 끌고 감. tow

えいこう[栄光](명) 영광. 빛나는 명예. 광영. glory

えいごう[永劫](명) 영겁. 매우 긴 세월. 영원. 「未来(ミライ)—; 미래의 영원한 세월」 eternity

えいこうだん[曳光弾](명)〈군〉 예광탄. 불을 길게 뿜으면서 나가는 총탄. 신호용으로 많이 씀. a light tracer

えいごえ[曳声]—ゴエ(명) 힘을 줄 때 내는 소리.

えいこく[英国](명)〈지〉 영국. 수도는 런던(London). England

えいこん[英魂](명) 영혼. 죽은 사람의 영혼의 높임말. 영령(英霊). a departed spirit

えいさい[英才·穎才](명) 영재. 뛰어난 재주. 또는 그런 사람. talent

えいさくぶん[英作文](명) 영작문. 영어로 글을 지음. 또는 그 글. English composition

えいし[英志](명) 영지. 뛰어난 뜻. one's distinguished intention

えいし[英姿](명) 영자. 훌륭한 모습. a majestic appearance

えいし[英詩](명) 영시. 영국의 시. 영어로 된 시. English poetry

えいし[英資](명) 영자. 뛰어난 천성. 뛰어난 자질(資質). brilliant qualities

えいし[詠史](명) 역사적 사건이나 인물을 읊은 시가(詩歌). an epic

えいし[叡旨](명) 예지. 임금의 뜻. 성지(聖旨). the Emperor's instructions

えいし[衛視](명) 국회의 경위(警衛)와 감시를 맡은 직원. a guard

えいじ[英字](명) 영자. 영어로 쓴 글자. 로마 글자. 「—新聞(シンブン); 영자 신문」 an English letter

えいじ[嬰児](명) 영아. 갓난 아기. 젖먹이. 유아(乳児). a baby

えいじぎん[永字銀](명) 에도(江戸) 시대의 은전. ("永"자를 새겼음)

えいじつ[永日](명) 낮이 긴 날. 봄날. a long (spring) day

えいじはっぽう[永字八法](연어·명) 영자 팔법. "永"자에 포함되어 있는 모든 한자(漢字)에 공통되는 여덟 가지 기본적인 운필법(運筆法).

〔永字八法〕

えいしゃ[泳者](명) 헤엄치는 사람. a swimmer

えいしゃ[映写](명·타サ) 영사. 영화나 환등(幻燈)을 상영(上映)함. 「—時間(ジカン); 상영 시간」 projection

えいしゃ[営舎](명)〈군〉 병영(兵営)의 건물. 병사(兵舎). a camp

えいしゃく[栄爵](명) 영작. 영예로운 작위. peerage

えいしゅ[英主](명) 영주. 뛰어난 군주. a wise ruler

えいじゅう[永住](명·자サ) 영주. 한곳에 오래 삶. 오래 거주함. permanent residence

えいしゅつ[映出](명·타サ) (영화를) 비추어 냄. 영사(映写). screening

えいしゅつ[詠出](명·타サ) 시가를 읊음. 또는 읊은 시가. composing a poem

えいしゅん[英俊](명) 영준. 뛰어난 재주. 또는 그런 사람. a genius

えいしょ[英書](명) 영서. 영국 서적. 영어로 된 서적. an English book

えいしょう[栄称](명) 명예(栄誉)로운 칭호(称号). an honourable title

えいしょう[詠唱](명·타サ)〈악〉 ⇨アリア.

えいしょう[詠誦](명·타サ) 영송. 시가를 소리 내어 읊음. 큰소리로 읊음. chant

えいしょく[栄職](명) 영직. 명예(栄誉)로운 직위. an honourable position

えいじょく[栄辱](명) 영욕. 영예(栄誉)와 수치(羞恥). honour and disgrace

えいし·る[酔い痴る]ヱヒー(자하 2)〈고〉 몹시 취하여 정신을 잃다.

えい·じる[映じる](자상 1) 비치다. 「目(メ)に—; 눈에 비치다」 be reflected

えいしん[栄進](명·자サ) 영진. 윗자리로 올라 감.

승진(昇進). promotion
えいしん[詠進](명·타サ) 시가를 지어 궁중(宮中), 신사(神社)에 바침. presenting a poem
えいじん[英人](명) 영인. 영국 사람. an Englishman
えい·ずる[詠ずる](타サ) ①시가를 읊다. ②시가를 짓다. 1. recite
えいせい[永世](명) 영세. 영원한 세상. 영구한 세월. 「—中立国(チュウリッコク); 영세 중립국」 eternity
えいせい[永生](명) 영생. 영구히 삶. 영원한 삶. eternal life
えいせい[永逝](명·자サ) 영서. 영면(永眠). 죽음. passing away
えいせい[衛生](명) 위생. 건강에 주의하여 병의 예방, 치료 등에 힘쓰는 일. hygiene. **—てき**[衛生的](형동ダ) 위생적. 위생에 적합한 모양.
えいせい[衛星](명) 위성. ①〈천〉 유성(遊星)의 둘레를 도는 작은 천체. 달은 지구의 위성임. ②어떤 것의 주위에 있어 그를 지키고 그를 좇고 있는 것. 「—国(コク); 위성국」 ③인공 위성의 준말. 1. a satellite
えいせん[曳船](명) ⇨ひきふね.
えいぜん[営繕](명·타サ) 영선. 건물 등의 신축(新築)과 수선(修繕). building and repairs
えいそう[詠草](명) 지은 노래의 초고. a draft poem
えいそう[営倉](명) 영창. 죄를 범한 군인을 가두는 곳. 또는 그곳에 갇히는 벌. (detention in) a guardhouse
えいそう[営巣](명)〈생〉 영소. 동물들이 번식을 위한 보금자리를 마련하는 일. nesting
えいぞう[映像](명)〈이〉 영상. 빛의 굴절, 반사 등으로 나타나는 물체의 상. a reflection
えいぞう[営造](명·타サ) 영조. 집이나 창고 등을 지음. building. **—ぶつ**[営造物](명) 영조물. ①건축물. ②〈법〉국가나 공공 단체가 사회의 공공 이익을 위해 만든 것. 예: 학교, 철도, 도로 등.
えいぞう[影像](명) 영상. 초상. an image
えいぞく[永続](명·자サ) 영속. 오래 계속됨. 「—的事業(テキジギョウ); 영속적인 사업」 lasting
えいたい[永代](명) 오랜 세월. 영세(永世). 영구(永久). 「—供養(クヨウ); 죽은 사람을 영구히 공양하는 일」 permanence
えいたつ[栄達](명·자サ) 영달. 출세해서 번영함. worldly fame
えいだつ[鋭脱·穎脱](명·자サ) 재능이 뛰어나게 나타남. rising above one's fellows
えいたん[詠嘆·詠歎](명·자サ) 영탄. ①길게 뽑아 노래함. ②감동해서 칭찬함. ③탄식함. 2. admiration
えいだん[英断](명) 영단. 영특한 결단. 대담한 조처(措処). a wise decision
えいだん[営団](명)〈경〉 영단. 경영 재단(経営財団)의 준말. 공공 사업을 경영하기 위한 재단. 「住宅(ジュウタク)—; 주택 영단」
えいち[英知·叡智](명) 영지. 예지. 뛰어난 지혜. 슬기로운 지혜. wisdom
えいてん[栄典](명) 영전. ①경사스러운 의식. ②〈법〉 명예를 나타내는 제도. 훈장, 포장(褒章) 등을 주는 일. 1. ceremony
えいてん[栄転](명·자サ) 영전. 더 좋은 직위나 자리로 옮김. promotion
えいトン[英ton·英噸](명) 영톤. 무게의 단위. 2,240 파운드. 약 271 관. 영국톤. a British ton
えいない[営内](명) 영내. 병영(兵営) 안. ↔営外(エイガイ). inside barracks
えいねん[永年](명) 긴 세월. 「—居住(キョジュウ); 영년 거주」 many years
えいのう[営農](명·자サ)〈농〉 영농. 농업을 경영함. farming
えいはつ[英発](명·자サ) 재능과 지혜가 밖으로 나타남. brilliance
えいはつ[映発](명·자サ) (빛이나 색의) 반사(反射), 반영(反映). reflection
えいびん[鋭敏](형동ダ) 예민. 감각이나 행동 등이 날카롭고 빠른 모양. keen
えいふう[英風](명) 뛰어나고 훌륭한 풍채. lofty virtues
えいぶん[英文](명) 영문. ①영어로 된 글. ②영문학(英文学). 1. an English sentence
えいぶん[叡聞](명) 예문. 임금님이 듣는 것. 「—に達(タッ)す; 임금님 귀에 들어 가다」 Emperor's hearing
えいぶんがく[英文学](명) 영문학. 영국 문학이나 영어로 된 문학을 연구하는 학문. English literature
えいへい[鋭兵](명) ①썩 날쌔고 용감한 군대. 정예부대. ②예리한 무기. 1. picked troops
えいへい[衛兵](명) 위병. 영문(営門)을 경비하는 병사. a guard
えいべつ[永別](명·자サ) 영별. 영구히 이별함. 사별(死別). the last parting
えいほう[英法](명) 영법. 영국의 법률이나 법식(法式). English law
えいほう[泳法](명) 헤엄치는 방법. 수영법. how to swim
えいほう[鋭鋒](명) 예봉. ①예리한 창 끝. ②날카로운 공세(攻勢). 2. the brunt
えいまい[英邁](형동ダ) 영매. 매우 영특한 모양. 「—な君主(クンシュ); 매우 영특한 군주」 wisdom
えいまん[盈満](명) 가득 참. being enough
えいみん[永眠](명·자サ) 영면. 죽음. 영별. death
えいめい[英名](명) 영명. 뛰어난 명성. fame
えいめい[英明](명·형동ダ) 영명. 뛰어나고 슬기로움. cleverness
えいもん[営門](명) 영문. 병영의 문. the barrack gate
えいやく[英訳](명·타サ) 영역. 영어로 번역함. English translation
えいゆう[英雄](명) 영웅. 재능과 무용(武勇)이 매우 뛰어난 사람. a hero
えいよ[栄誉](명) 영예. 영광스러운 명예. 빛나는 명성(名声). honour
えいよう[栄養·営養](명)〈생〉 영양. 신진 대사를 시키고 몸을 건전히 보전하기 위하여 섭취하는 양분. 「—剤

(ザイ); 영양제」 nutrition. **——か**[栄養価](명) 영양가. 식품이 몸에 들어 가서 나타내는 열량(熱量). 칼로리. **——し**[栄養士](명) 영양사. 영양에 관한 일정한 자격을 가지고 영양을 지도하는 사람. **——しっちょう**[栄養失調](명)〈의〉 영양 실조. 영양분 특히 흰자질 부족에서 오는 몸의 장애. 몸이 무겁고 얼굴이나 하반신이 부음. **——そ**[栄養素](명) 영양소. 몸의 영양이 되는 주요한 성분. 예: 흰자질, 탄수화물, 굳기름, 무기 염류, 비타민 등.

えいよう[栄耀](명) 빛나고 번창함. 영광. 「—栄華(エイガ); 영광과 번영」 honour and wealth

えいらん[英蘭](명) ①영국과 네덜란드. ②영국. 잉글란드. 1. Anglo-Dutch. **——ぎんこう**[英蘭銀行](명) 영란 은행. 런던에 있는 영국의 중앙 은행.

えいらん[叡覧](명·자サ) 예람. 임금께서 보심. 어람(御覧). the Emperor's personal inspection

えいり[絵入り](명) 그림이 든 것. 삽화가 있는 것. being illustrated

えいり[営利](명) 영리. 이익을 꾀하는 것. 돈벌이. 「—団体(ダンタイ); 영리 단체」 profit-making

えいり[鋭利](형동ダ) 예리. 날카로운 모양. sharp

えいりょ[叡慮](명) 예려. 임금의 뜻. 성려(聖慮). 성지(聖旨). the Emperor's mind

えいりょう[英領](명) 영령. 영국 영토. British territory

えいりん[映倫](명) 영화 윤리 규정 관리 위원회(映画倫理規定管理委員会)의 준말.

えいりん[営林](명·자サ) 영림. 삼림(森林)을 관리 경영함. 「—署(ショ); 영림서」 forestry

えいれい[英霊](명) 영령. ①죽은 사람의 영혼의 높임말. 영혼(英魂). ②훌륭한 사람의 혼. 1. the spirit of revered memory

えいれんぽう[英連邦](명)〈지〉 영연방. 영국 연방. 영 본국 및 그 자치 공화국, 자치령, 보호령, 직할 식민지, 신탁 통치령 등으로 구성되는 연방. the British Commonwealth of Nations

えいわ[英和](명) ①영국과 일본. ②영어와 일본어. 「—辞典(ジテン); 영일 사전」 1. England and Japan

えいん[会陰](명)〈생〉 회음. 음부(陰部)와 항문의 사이. the perineum

えうるし[絵漆](명) 그림용 옻칠. painting lacquer

ええ(감) ①놀라움을 나타내는 소리. ②긍정하는 대답. ③생각할 때 등에 내는 소리. 2. yes 3. well

エーエフピー[AFP←Agence France Presse](명) 에이에프피이. 프랑스의 통신사. 1944년 창립.

エーカー[acre](명) 에이커. 영국 면적의 단위. 약 4,047 m^2.

エークラス[A class](명) 에이클라스. 제 1 급.

エーご[A 5](명) 에이 5판(判). 책의 규격. 세로 21 *cm*, 가로 14.8 *cm*. 국판(菊版).

エージ[age](명) 에이지. 시대(時代). 「アトミック—; 원자 시대」

エージェント[agent](명) 에이전트. 대리인. 지배인.

エース[ace](명) 에이스. ①(주사위, 트럼프 등의) 한 끗. ②(제 1 차 세계 대전에서) 적기를 세 대 이상 격추시킨 비행사. ③일류(一流). ④〔야구에서〕 주전 피처(主戦投手).

エーデー[A.D.←Anno Domini](명) 에이디이. 서력 기원. ↔ビーシー.

エーテル[ether](명)〈이〉 에에테르. ①빛을 전하는 물질. ②알코올에 황산을 넣어 만든 액체. 마취 등에 씀.

エート[eight](명) 에이트. ①여덟. 8. ②여덟 사람이 젓는 경기용 보우트. 또는 그 선수. ③〔럭비에서〕 8인조 스크럼. ↔セブン. ④〔스케이트에서〕 여덟 가지 기본 활주법(滑走法).

エード[ade](명) 에이드. 과실즙에 설탕과 물을 넣어 만든 음료수. 「オレンジー; 오렌지 에이드」

エーピー[AP←Associated Press](명) 에이피이. 미국의 연합 통신사. 1847년 창립.

エービーシー[ABC](명) 에이 비이 시이. 영어 자모 중 최초의 석 자. 초보. 입문(入門). 「哲学(テツガク)の—; 철학 입문」

エープリル[April](명) 에이프릴. 4월. **——フール**[April fool](명) 에이프릴푸울. 만우절. 서양 풍속에서 공공연히 거짓말을 해도 괜찮은 날. 4월 1일.

エール[ale](명) 에일. 영국산 맥주의 한 가지.

エール[Eire](명)〈지〉 아이레. 아일란드의 새 칭호.

エール[yell](명) 옐. 운동 경기 때 학생들이 응원하며 지르는 소리.

エーろく[A 6](명) 에이 6판(判). 책의 규격. 에이 5판의 절반 크기. 문고판(文庫版).

エーログラム[aerogramme](명) 에어러그램. 편지지와 봉투를 겸한 항공 우편용 봉함 엽서.

エーワン[A one·A 1](명) 에이원. 제 1 급. 최상의 것. 최상의 요리.

ええん[会厭](명)〈생〉 회염. 후두(喉頭)에 달려 음식물이 기관(気管)으로 들어 가지 않도록 막는 일을 하는 기관(器官). 회염 연골. epiglottis

えがい[餌飼い](명) (짐승, 새 등을) 먹이를 주어 기르는 일. 사육(飼育). feeding

えがお[笑顔](명) 웃음 띤 얼굴. 웃는 얼굴. a smiling face

えかき[絵かき·絵描き](명) 그림을 그리는 사람. 화가. a painter

えが·く[描く·画がく](타 4) ①그림으로 나타내다. ②그리다. 묘사하다. ③…의 모양을 이루다. 「円(エン)を—; 원을 이루다」 1. 2. describe

えがた·い[得難い](형) 얻기 어렵다. 귀중하다. hard to obtain

えがら[絵柄·画柄](명) ①그림이나 도안이 주는 맛. ②그림, 무늬, 도안 등의 모양. 2. a design

えがらっぽ·いェー(형) (연기 등으로) 아릿하다. 맵싸하다. acrid

えき[役](명) ①부역(賦役). ②전쟁. 1. service

えき[易](명) ①음양의 원리로 길흉 화복(吉凶禍福)을 판단하는 법. 「—学(ガク); 역학」 ②역경(易経)의 준말. 1. divination

えき[奕](명) 바둑. 바둑 두기.
えき[疫](명) 유행병. 역병. an epidemic
えき[益](명) ①이익. 벌이. ↔損(ソン). ②유용(有用). 쓸모가 있어 도움이 되는 것. 1. profit
えき[液](명) ①액체. ②물. 1. liquid
えき[掖](명) ①겨드랑이. ②궁전의 담, 문, 정원 등. ③궁궐. 1. the armpit 3. the Court
えき[腋](명) 겨드랑이. the armpit
えき[駅](명) 역. ①역참(駅站). ②정거장. 1. a stage 2. a station
えきあん[液安](명)〈이〉 액체 암모니아의 준말.
えきいん[駅員](명) 역원. 역의 직원. a station employee
えきうり[駅売り](명·자타サ) 역 구내에서 물건을 팖. 또는 그 사람. selling at the station-premises
えきおん[液温](명)〈이〉 액체의 온도. 「—計(ケイ); 액체 온도계」 liquid temperature
えきか[腋下](명) 겨드랑이 밑. the armpit
えきか[液化](명·자サ)〈이〉 ⇨えっか.
えきか[腋窩](명)〈생〉 겨드랑이. the armpit
えきが[腋芽](명)〈생〉 액아. 줄기나 가지의 잎겨드랑이에서 나는 싹. ↔頂芽(チョウガ). an axillary bud
えきぎゅう[役牛](명) 부리는 소. 일소. ↔乳牛(ニュウギュウ). a working cow
えききょう[易経](명) 역경. 오경(五経)의 하나. 모든 사물을 음양(陰陽)의 원리로 설명한 책. 주역(周易).
えききん[益金](명) 이익금. ↔損金(ソンキン). profit
えきざい[液剤](명) 액제. 물약. ↔粉剤(フンザイ). a liquid medicine
エキサイティング[exciting](형동ダ) 엑사이팅. 흥분시키는. 조마조마하게 하는. 「—ゲーム; 백열전(白熱戦)」
エキサイト[excite](명·자타サ) 엑사이트. 흥분시킴.
エキジビション[exhibition](명) 엑시비션. 전람회. —**ゲーム**[exhibition game](명) 엑시비션게임. 공개 모범 경기(公開模範競技).
えきしゃ[易者](명) 역자. 점장이. a fortune-teller
えきしゃ[駅舎](명) 역사. 정거장 건물. a station house
えきしゅ[駅手](명) 역에서 잡일을 하는 사람. 역부(駅夫). a station hand-worker
えきじゅう[液汁](명) 액즙. 즙. juice
えきじょう[液状](명) 액상. 액체의 상태. 액체상. a liquidfied state
エキス[越幾斯](명) 〔엑스트랙트(네 extract)의 준말〕 ①약이나 음식물의 유효 성분을 진한 액체로 한 것. ②정수(精粹).
エキストラ[extra](명) 엑스트러. ①규정 이외의 것. 특별 프리미엄. ②임시로 쓴 배우. ③증간(増刊). 호외(号外).
エキスパート[expert](명) 엑스퍼어트. 노련가. 전문가.
エキスプレッション[expression](명) 익스프레션. 표현(表現).
えき·する[役する](타サ) 공용(公用)에 사람을 쓰다. 사역(使役)하다. put to service
えき·する[益する](타サ) 이익을 주다. benefit
えきせいかくめい[易姓革命](명) 역성 혁명. 고대 중국의 혁명 사상. 덕망 있는 사람이 천명(天命)에 의하여 부덕한 임금을 내쫓고 새 왕조를 세움은 당연하다는 생각.
エキセントリック[eccentric](형동ダ) 엑센트릭. 이상한. 색다른.
エキゾチ(シ)ズム[exoticism](명) 엑조티시즘. 이국풍(異国風). 이국 정조(情調). 이국 풍정(風情).
エキゾチック[exotic](형동ダ) 엑조틱. 이국적인 모양.
えきたい[液体](명)〈이〉 액체. 일정한 부피를 지니나 일정한 형태를 갖지 않는 유동 물질. 예: 물, 기름, 술 등. fluid. —**くうき**[液体空気](명)〈이〉 액체 공기. 온도를 낮추고 압력을 주어 액체로 만든 공기. —**さんそ**[液体酸素](명)〈이〉 액체 산소. 압력을 가해서 액체로 만든 산소. 산소 흡입(吸入)이나 용접에 쓰임.
えきちく[役畜](명)〈농〉 역축. 노역(労役)에 쓰이는 가축. 예: 말, 소 등. cattle
えきちゅう[益虫](명) 익충. 인류에 이로운 곤충. 예: 누에, 벌, 잠자리 등. ↔害虫(ガイチュウ). a useful insect
えきちょう[益鳥](명) 익조. 인류에 이로운 새. 예: 제비. 까치 등. ↔害鳥(ガイチョウ). a useful bird
えきちょう[駅長](명) 역장. ①옛날 역참(駅站)의 장. ②역의 우두머리. 2. a station master
えきてい[役丁](명) 인부. 잡부. 막일군. a coolie
えきてい[駅亭](명) 역참의 여관. 원(院). a stage-house
えきてい[駅逓](명) ①역참(駅站)에서 역참으로 짐, 우편물, 사람 등을 보내는 일. ②우편. 1. stage relay
えきでん[易田](명) 예전에 토질(土質)이 나빠 한 해 걸러 경작하던 땅.
えきでん[駅伝](명) ①역에서 역으로 보내는 일. ②역참(駅站)에서 역참으로 연락하던 마차. ③←駅伝競走. 2. a stagecoach. —**きょうそう**[駅伝競走](명) 역전 경주. 일정한 가도를 여러 티임이 분담하여 달려 승부를 겨루는 장거리 경주.
えきとう[駅頭](명) 역두. 역. 역전(駅前). the station
えぎぬ[絵絹](명) 그림용 생명주. drawing silk
えきばせい[駅馬制](명) 역마 제도. 역참(駅站) 제도.
えきひ[液肥](명) 액체 비료. 수비(水肥). liquid manure
えきびょう[疫病](명) 역병. 유행병. 전염병. an epidemic
えきふ[駅夫](명) 역부. 역에서 일하는 사람. 역원(駅員). a station hand-worker
えきべん[液便](명) 묽은 대변. liquid feces
えきべん[駅弁](명) ①역 구내에서 파는 도시락. ②←駅弁大学. 1. a station lunch. —**だいがく**[駅弁大学](명)〈속〉 지방의 신제 대학(新制大学).
えきむ[役務](명) 역무. 노역(労役)을 하는 일. labour. —**ばいしょう**[役務賠償](명) 역무 배상. 금전, 물품 등에 의하지 않고 역무로 손해를 배상하는 일.
えきめい[駅名](명) 역명. 역의 이름. a station name
えきゆう[益友](명) 유익한 친구. a good friend
えきり[疫痢](명)〈의〉 역리. 여름에 아이들에게 많은 급성 전염을 하는 설사병. 이질. children's dysentery

えきれい[疫癘](명) 역병(疫病). 전염병. 유행병. an epidemic

えきれい[駅鈴](명) 헤이안(平安) 시대에 공용(公用)으로 출장하는 관리에게 말(馬)을 사용할 수 있는 증표로 준 방울.

えきろ[駅路](명) 역로. 역참(駅站)이 설치되어 있는 길(街道). a postal road

エクアドル[Ecuador](명)〈지〉 에콰도르. 중미(中美)에 있는 나라 이름. 수도는 퀴토(Quito).

えぐ·い エグイ(형) ⇨えがらっぽい.

エクスクラメーション マーク [exclamation mark](명) 엑스클러메이션 마아크. 감탄 부호. "!".

エクスタシー[ecstasy](명)〈종〉 엑스터시. 법열(法悦). 황홀, 흥분하여 무아의 상태가 되는 것. 망아(忘我).

えくぼ[笑窪·靨](명) 보조개. a dimple

エクラン[프 écran] (명) 에크랑. 영사막(映画幕). 스크리인. 은막(銀幕).

えぐ·る[抉る·刳る]エグル(타 4) ①도려 내다. 쑤시다. ②비난하거나 비꼬아 남의 가슴을 찌르다. ③들추어 내다. 파 헤치다. 「問題(モンダイ)の核心(カクシン)を—; 문제의 핵심을 파 헤치다」 1. gouge out

エクレア[프 éclair](명) 에클레어. 겉에 초콜렛을 바른 슈우크리임.

えげ[会下](명)〈불〉 회하. 스승되는 중에게서 가르침을 받는 중. 문하(門下). a disciple

えげつな·い(형)〈방〉 ①야비하다. ②박정하다. 매정하다. 파생 —**さ**(명). 2. heartless

えこ[依怙](명) 편애(偏愛). 편파. 「—の沙汰(サタ); 편파적인 처사」 partiality

エゴ[ego](명) 에고. ①자아(自我). ②에고이스트, 에고이즘의 준말.

エゴイスト[egoist](명) 에고이스트. 이기주의자.

エゴイズム[egoism](명) 에고이즘. 이기주의.

えこう[回向](명·타サ)〈불〉 회향. ①자기가 닦은 공덕이나 선행을 남에게 돌리어 정토 왕생(浄土往生)하기를 원하는 일. ②불공(仏供)을 드려 죽은 사람의 명복을 비는 일. 2. a prayer for the dead

エコー[echo](명·자サ) 에코오. 반향. 메아리.

エコール[프 école](명) 에콜. ①학교. ②학파. ③예술가 등의 파.

えごころ[絵心](명) ①그림을 그리고 싶은 감정. ②그림을 아는 능력. 2. an artistic taste

えこじ[依怙地](명·형동ダ) 고집 셈. 옹고집. perversity

エコノミー[economy](명) 에코노미. ①경제. ②절약.

エコノミスト[economist](명) 에코노미스트. ①경제가. ②경제학자.

エゴチスト[egotist](명) 에고티스트. 이기주의자. 자기 위주의 사람.

エゴチズム[egotism](명) 에고티즘. 자기 중심주의.

えことば[絵言葉·絵詞](명) 그림의 뜻을 설명한 문장. 그림에 써 넣은 글. explanatory writing of pictures

えこひいき[依怙贔屓](명·타サ) 한쪽만 편을 듦. 편애(偏愛). 편파(偏頗). 불공평. partiality

えごま[荏胡麻](명)〈식〉 들깨.

えごよみ[絵暦](명) ①그림이 들어 있는 달력. ②그림으로만 나타낸 달력. 글을 모르는 사람도 알게 만든 달력. 2. a picture calendar

エコールドパリ[École de Paris](명) 에콜 드 파리. 파리를 본거지로 한 미술의 한 파. 파리파.

えさ[餌]エサ(명) ①모이. ②사람을 유혹하기 위한 미끼. 1. feed

えさがし[絵探し](명) 그림 찾기. 그림 속에 숨겨 그려진 그림을 찾아 내는 것. a picture puzzle

えさらず[得避らず](연어)〈고〉 불가피한. 부득이한.

えし[絵師](명) ⇨えかき.

えし[壊死](명·자サ)〈의〉 괴사. 신체 조직의 일부가 생활력을 잃는 일. necrosis

えじ[衛士](명) ①옛날 각 영주가 매년 교대로 보내던 궁궐 수비병. ②메이지(明治) 초년의 궁성 수비병. ③이세(伊勢) 신궁을 경비하는 사람.

えしき[会式](명)〈불〉 ①법회(法会)의 의식. ②니치렌(日蓮)의 기일(忌日)의 법회. 1. a Buddhist memorial service

えじき[餌食]エー(명) ①먹이. ②유혹물(誘惑物). 미끼. 「悪者(ワルモノ)の—になる; 나쁜 놈에게 희생되다」 1. food

エジプト[Egypt](명)〈지〉 이집트. 아프리카에 있는 아랍 공화국에 속하는 나라. 수도는 카이로(Cairo).

えしゃく[会釈](명·자サ) ①가볍게 절함. ②고개를 끄덕임. 「遠慮(エンリョ)—もなく; 사양 함이 없이 (용서 없이)」 1. a bow

えしゃじょうり[会者定離](연어·명)〈불〉 회자 정리. 만나면 반드시 헤어지게 되는 일. We meet only to part.

エス[S ←sister](명) 에스. 여학생의 동성애(同性愛). 또는 그 대상.

エス(명) 예수그리스도, 에스페란토, 이스케이프의 준말.

えず[絵図](명) ①그림. ②가옥, 정원 등의 평면도(平面図). 1. a drawing

エスオーエス[SOS](명) 에스오우에스. 조난 신호(遭難信号). 위험 신호.

えすがた[絵姿](명) 그림으로 나타낸 사람의 모습. 초상화(肖像画). a portrait

エスカレーター[escalator](명) 에스컬레이터. 계단식으로 된, 사람이나 짐을 운반하는 장치. 자동 계단.

エスカロープ[프 escalope](명) 에스칼롭. 얇게 썬 고기.

エスキス[프 esquisse](명) 에스키스. 초안. 스케치. 화고(畵稿).

エスキモー[Eskimo](명) 에스키모. 북극 지방 근처에 사는 인종.

えず·く[嘔吐く](자 4) 토하다. vomit

エスケープ[escape](명·자サ) 이스케이프. ①도망함. 빠져 나옴. ②배우기 싫은 학과를 쉼.

エスご[エス語](명) ⇨エスペラント.

エスコート[escort](명·자타サ) 에스코오트. 호위함. 호송(護送).

エスさま[エス様](명) 예수의 높임말. 예수님.

エステル[도 Ester](명)〈이〉 에스테르. 산(酸)과 알코올에서 물의 분자가 유리되어 생기는 화합물. 식료품의 향료로 쓰임.

エスピー[SP←standard playing](명) 에스피이. 보통 속도의 레코오드. 1분간 78회전. ↔イーピー, エルピー.

エスプリ[프 esprit](명) 에스프리. ①정신. ②기지(機知). 재기(才気). ③정수(精髄).

エスペランチスト[Esperantist](명) 에스페란티스트. 에스페란토를 쓰는 사람. 에스페란토주의자.

エスペラント[Esperanto](명) 에스페란토. 1887년 폴란드의 안과 의사 자멘호프가 창시한 국제어.

えずめん[絵図面](명) 그림. 도면. a plan

えせ—[似非](접두) ①닮았으나 사실은 그렇지 않은. 사이비.「—学者(ガクシャ); 사이비 학자」 ②조소할 만한. 천한. **—もの**[似非者](명) ①비천한 자. ②어리석은 자. 용렬한 자.

えそ[壊疽](명)〈의〉 조직의 일부가 생활력을 잃는 증세.「肺(ハイ)—; 폐 조직의 일부가 그 생활력을 잃는 병」 gangrene

えぞ[蝦夷](명) ①아이누족의 옛 이름. ②홋카이도오(北海道)의 옛 이름. 1. the Ainus

えぞう[絵像](명) 그림. 초상. 화상(画像). a portrait

えぞうし[絵双紙](명) ①에도(江戸) 시대 초기의 그림책. ②풍속을 그린 그림을 넣은 목판본(木版本). 1. an illustrated storybook

えぞぎく[蝦夷菊](명)〈식〉 과꽃. 엉거시과에 속하는 1년초. 키가 작으며 여름철에 국화 비슷한 꽃이 핌. a China aster

えぞまつ[蝦夷松](명)〈식〉 가문비나무. 전나무과에 속하는 상록 침엽 교목. 아한대에 나며 목재는 건축, 기구(器具), 제지(製紙) 원료로 쓰임. a spruce

えそらごと[絵空事](명) 〔그림은 실물과 꼭같지는 않다는 뜻에서〕 거짓. 지나친 표현. fabrication

えだ[枝](명) ①〈식〉 가지. ②〈방〉 손발. ③갈라져 나온 것.「—道(ミチ); 샛길」 1. a branch

えたい[得体](명) 정체. 본성.「—が知(シ)れない; 정체를 알 수 없다」 true character

えだうち[枝打ち](명) 나무의 밑가지나 마른 가지를 쳐 버리는 일. lopping off the lower branches of a tree

えだずみ[枝炭](명) 〔다도(茶道)에서〕 철쭉나무, 상수리나무의 가지를 구워 호분(胡粉)을 하얗게 바른, 차 끓일 때 쓰는 숯.

えだち[役](명)〈고〉 부역(賦役). 노역(労役).

エタニットパイプ[eternit pipe](명) 이터니트파이프. 시멘트와 석면(石綿)을 원료로 하여 만든 파이프.

えだは[枝葉](명) 지엽. ①가지와 잎. ②중요치 않은 사항.「—の問題(モンダイ); 사소한 문제」 1. branches and leaves

えだぶり[枝振り](명) 가지가 퍼져 나온 모양. the shape of a tree

えだまめ[枝豆](명) 가지에 달린 아직 덜 익은 콩. 풋콩. 소금물에 삶아 먹음. green soybeans

えたり[得たり](연어) 잘됐다.「—とばかり; 옳다 잘됐다는 듯이」 seizing the occasion. **—がお**[得たり顔](명) 득의에 찬 얼굴. **—かしこし**[得たり賢し](연어) 옳다 됐다. **—やおう**[得たりや応](감) 좋아! 됐어!

エチオピア[Ethiopia](명)〈지〉 이디오피아. 아프리카 동북부의 독립 왕국. 수도는 아디스아바바(Addis Ababa).

エチケット[프 étiquette](명) 에티켓. 예절. 사교법.

えちご[越後](명)〈지〉 옛 지방 이름. 현재의 니이가타현(新潟県).

えちごじし[越後獅子](명) 정월의 놀이. 어린이들이 사자 탈을 쓰고 물구나무서기로 걷기도 하며 걸립(乞粒)하는 놀이.

えちぜん[越前](명)〈지〉 옛 지방 이름. 현재 후쿠이현(福井県) 북동부.

〔越後獅子〕

エチュード[프 étude](명) 에튀드. ①연구. ②습작(習作). ③〈악〉 연습곡.

エチル[도 Äthyl](명)〈이〉 에틸. 탄소(炭素) 2분자, 수소 5분자로 된 일가 원자단(一価原子団). **—アルコール**[도 Äthylalkohol](명)〈이〉 에틸알코올. 당류의 발효로 얻어지는 보통 알코올. 주정(酒精).

エチレン[도 Äthylen](명)〈이〉 에틸렌. 무색 가연성(可燃性)의 기체.

えつ[悦](명) 기쁨.「—に入(イ)る; 기뻐하다」 joy

えつ[越](명) ①〈역〉 월. 중국 춘추 시대에 있던 나라 이름. 이웃에 있던 오(呉) 나라와 사이가 좋지 않았음. ②〈지〉 중국의 절강성(浙江省).

えつ[謁](명) 높은 사람과의 면회. 알현.「—を許(ユル)さる; 접견을 허용받다」 audience

えつ[閲](명) ①조사. 열람.「—を請(コ)う; 교열을 바라다」 ②경과.「—年(ネン); 해를 지냄」 1. inspection

えっか[液化](명·자타サ)〈이〉 액화. 고체나 기체를 액체로 함.「石炭(セキタン)—; 석탄 액화」 liquefaction

えっきょう[越境](명·자サ) 월경. 국경을 넘음. 경계를 넘음. crossing the border

エッグ[egg](명) 에그. 달걀.

えづ·く[餌付く]ユー(자4) 기르는 새나 짐승이 길들여져 모이를 먹게 되다. begin to eat food

エックス[X](명) 엑스. ①알파벳의 하나. ②〈수〉 미지수의 부호. ③아직 모르는 일. 미지수. **—こうせん**[X光線](명) 엑스 광선. 복사선(輻射線)의 한 가지. 뢴트겐.

えっけん[越権](명) 월권. 권한을 넘음.「—行為(コウイ); 월권 행위」 arrogation

えっけん[閲見](명·타サ) 조사함. 열람. examination

えっけん[謁見](명·자サ) 알현. 귀인을 만남. 임금을 만나 뵘.「—式(シキ); 알현식」 audience

エッジ[edge](명) 에지. 스키이나 스케이트의 날.

えっ·する[謁する](자サ) 귀인을 만나다. 알현(謁見)하다. have an audience with

エッセイスト[essayist](명) 에세이스트. 수필가(随筆家). 논문가(論文家).

エッセー[essay](명) 에세이. 수필. 소논문(小論文).

エッセンス[essence](명) 에센스. ①증류시켜서 얻은 순수한 성분. ②정수(精粋). 본질. ③향료.

えっそ[越訴](명·자サ) 정당한 수속을 밟지 않고 상관에게 호소함.

えっちゅう[越中](명)〈지〉 옛 지방 이름. 현재의 토야마현(富山県).

えっちゅう(ふんどし)[越中(褌)](명) 길이 1*m* 가량의 천 반폭에 끈을 단 들보. a stringed loincloth

えっちらおっちら(부) ①억지로 힘드는 듯이 걷는 모양. ②무거운 것을 힘들여 나르는 모양. laboriously

エッチング[etching](명) 에칭. 동판(銅板)을 산(酸)으로 부식시켜 만드는 판화(版画).

えっとう[越冬](명·자サ) 월동. 겨울을 넘김. 「一準備(ジュンビ); 월동 준비」 passing the winter

えつどく[閲読](명·타サ) 열독. 내용을 검토하며 읽음. 열람. perusal

えつねん[越年](명·자サ) 월년. 해를 넘김. ringing out the old year

えっぷく[悦服](명·자サ) 열복. 기꺼이 복종함. willing submission

えっぺい[閲兵](명·자サ) 열병. 군대를 사열함. an inspection of troops

えつぼ[笑壺]エー(명) 웃으며 재미 있어 하는 것. 「一に入(イ)る; 흥겨워 웃어대다」 chuckling

えつぼ[餌壺](명) 모이를 넣는 그릇. 모이통. a food pot

えつらく[悦楽](명·자サ) 열락. 기뻐하고 즐거워함. joy

えつらん[閲覧](명·자サ) 열람. 세밀히 읽음. 「図書(トショ)の一; 도서 열람」 reading

えつれき[閲歴](명) 경력. 이력(履歴). a career

えて[得手](명·형동ダ) ①가장 능란함. 능수(能手). 「一に帆(ホ)をあげる; 득의 양양하여 일을 진행시키다」 ↔不得手(フエテ). ②⇨えてかって. ③원숭이의 다른 이름. 1. one's forte

えて[得て](부) ①자칫하면. 「一…しがちだ; 자칫하면 …하기 쉽다」 ②어떤 일이 있어도. 「一ちかづくべからず; 절대로 가까이 가지 말라」 It often happens that...

エディション[edition](명) 에디션. ①출판. 간행(刊行). ②판(版).

エディター[editor](명) 에디터. 편집인. 주필.

エディップスコンプレックス[Oedipus complex](명)〈심〉 에디푸스콤플렉스. 사내 아이가 아버지를 멀리하고 어머니를 사모하는 경향.

えてかって[得手勝手](명·형동ダ) 제멋대로 함. 방자(放恣). selfishness

えてして[得てして](연어·부) 자칫하면. be apt to

エデン[헤 Eden](명)〈종〉 에덴. 〔헤브라이어로 "즐거운"의 뜻〕 아담과 이브가 살았다는 낙원. 「一の園(ソノ); 에덴 동산」

えと[干支](명) 간지. 10간(干)과 12지(支).

えど[江戸](명)〈지〉 ①토오쿄오(東京)의 옛 이름. ②에도(江戸)시대 막부(幕府)의 소재지.

えど[穢土](명)〈불〉 예토. 더러운 땅. 이승. 현세(現世). ↔浄土(ジョウド). this impure world

えとき[絵解き](명·타サ) ①그림의 뜻을 설명함. ②그림으로 설명을 보충함. 1. explanation of pictures

えとく[会得](명·타サ) 마음으로 깨달음. 터득. 이해(理解). understanding

えどころ[絵所](명) ①궁중에서 그림 관계의 일을 보던 관청. 또는 그에 소속된 화가. ②중세 이후 신사(神社), 사원에 속하여 그림 관계의 일을 맡던 곳. ③에도(江戸) 시대 막부(幕府)에서 그림 관계의 일을 맡던 곳.

えどじだい[江戸時代](명)〈역〉 토쿠가와(徳川)씨가 정권을 잡았던 시대. (1603~1867)

エトセトラ[et cetera·etc.·&c](명) 이트세트러. 등등. 따위. 운운.

えどっこ[江戸っ子](명) 에도(江戸)에서 나고 자란 사람. 서울나기.

えどばくふ[江戸幕府](명) 토쿠가와 이에야스(徳川家康)가 1603년에 에도(江戸)에 설치한 막부.

えどまえ[江戸前]ーマヘ(명) ①에도풍(江戸風). 에도식. ②토오쿄오만(東京湾)에서 잡히는 물고기.

えどむらさき[江戸紫](명) 지치로 염색한 빛깔. 남색이 강한 보랏빛. mazarine purple

エトランゼ[프 étranger](명) 에트랑제. 나그네. 외국인. 이방인(異邦人).

エトワス[도 Etwas](명) 에트바스. 어느 것. 영어의 섬딩(something)에 해당함.

えな[胞衣](명)〈생〉 포의. 태아(胎児)를 싸고 있는 막(膜)과 태반(胎盤). the placenta

えない[得ない](연어·형) 할 수 없다. 「止(ヤ)むを一; 부득이하다」 impossible

エナメル[enamel](명) 에나멜. 금속 기구, 유리 그릇 등의 표면에 모양을 착색하며 광택을 내는 데 쓰는 유리질의 도료. 법랑(琺瑯).

えならず(연어) 뭐라고 말할 수 없이 뛰어난. 「えならぬかおり; 뭐라 말할 수 없이 좋은 향기」 indescribably

えに[縁](명)〈고〉 ⇨えん(縁).

えにし[縁](명) 인연. 연고. 유래. 관계. relation

エニシダ[네 genista·金雀枝·金雀児](명)〈식〉 금작화(金雀花). 콩과에 속하는 상록 관목. 진한 녹색 가지에 초여름에 노란 나비 모양의 꽃이 핌. a common broom

エヌ エイチ ケー[NHK←Nippon Hôsô Kyôkai](명) 엔에이치케이. 일본 방송 협회.

エヌ オーシー[NOC←National Olympic Committee](명) 엔오우시이. 국내 올림픽 위원회.

エヌ ジー[NG←no good](명) 엔지이. 불량(不良). 〔영화에서〕 촬영 실패로 못 쓰게 되는 일. 또는 그 필름.

エネルギー[도 Energie](명) 에네르기. ①〈이〉 물체가 일할 수 있는 능력의 양. ②원기. 활기. 정력(精力). 에너지.

エネルギッシュ[도 energisch](형동ダ) 에네르기쉬. 원기 왕성한 모양. 정력적.

えのあぶら[荏の油](명) 들기름. 들깨 기름. perilla oil

えのき[榎](명)〈식〉 팽나무. 느릅나무과에 속하는 낙엽 활엽 교목. 9월경에 홍갈색 둥근 열매가 열림. 목질은 단단함. a nettle tree

えのぐ[絵の具](명) 그림 그리는 화구(画具). 안료(顔料). 그림 물감. colours

えのこ[狗](명)〈고〉 강아지.

えのころ[狗児](명)〈고〉 강아지.

えば[餌ば]エー(명)〈속〉 모이. 사료(飼料). feed

えば[絵羽](명) 〔←絵羽羽織(エバハオリ)〕 큰 무늬가 있는 일본 덧옷. 부인의 외출복.

エバ[Eva](명) ⇨イブ.

エバー[ever](조어) 에버. 언제든지.

えはがき[絵葉書](명) 그림 엽서. a picture postcard

えはだ[画膚・画肌](명) 그림의 표면에서 받는 느낌. matter

えばはおり[絵羽羽織](명) ⇨えば(絵羽).

えばもよう[絵羽模様](명) 화화적(絵画的)인 큰 무늬.

エーばん[A 判](명) 인쇄 용지의 일본 표준 규격. 전판(全判)은 세로 84.1 *cm*, 가로 118.9 *cm* 이며 긴 변을 2분하여 A 1에서 A 12 까지 있음 A-size

えび[蝦・海老](명) ①〈동〉 새우. 「一で鯛(タイ)を釣(ツ)る; 작은 미끼나 노력으로 큰 이익을 얻음의 비유」 ②가운데가 굽은 것. 「一錠(ジョウ); 새우처럼 반원형(半円形)으로 된 자물쇠」 1. a lobster

えびがに[蝦蟹・海老蟹](명)〈동〉 가재. a crawfish

エピキュリアン[epicurean](명) 에피큐리언. 향락주의자. 쾌락주의자.

エピゴーネン[도 Epigonen](명) 에피고넨. 추종자(追従者). 아류(亜流).

えびす[夷](명) ①아이누족. ②야만인. ③거치른 무사(武士). 2. a barbarian

えびす[恵比寿・戎](명) 일곱 가지 복을 가져다 준다는 신(七福神)의 하나. 상가(商家)에서 믿음. 왼손에 도미, 오른손에 낚싯대를 쥐고 있음. **— がお**[恵比寿顔](명) 싱글벙글 웃는 얼굴. **— こう**[恵比寿講](명) 10월 20일에 상가에서 행하는 제사.

エピソード[episode](명) 에피소우드. ①삽화(挿話). ②〈악〉 악곡 중의 주제 사이에 끼워 넣는 부분.

えびぞめ[葡萄染め](명) ①연보랏빛. ②씨는 빨강, 날은 연보랏빛으로 짠 직물(織物). ③옛날 일본옷의 색의 배합. 겉은 검붉은색, 안은 연한 남색. 1. orchid

えびちゃ[海老茶](명) 검은 색을 띤 적갈색(赤褐色). 「一色(イロ); 검은 자주빛」 maroon

エピック[epic](명) 에픽. 서사시(叙事詩).

えひめ[愛媛](명)〈지〉 시고쿠(四国) 지방 북서부의 현. 현청 소재지는 마쯔야마시(松山市).

えびら[箙](명) 화살을 넣어서 지는 도구. 전동. a quiver

エピローグ[epilogue](명) 에필로오그. 결말. 맺음. ↔プロローグ.

えふ[衛府](명) 왕조 시대에 궁궐의 경비를 맡던 관청. 또는 그 관청에 근무하던 무사.

エフェクト[effect](명) 에펙트. 효과. 효력. 영향.

エフエム[FM←frequency modulation](명)〈이〉 에프엠. 라디오 방송에서 음파의 모양에 따라 전파의 주파수를 변화시키는 방법. 주파수 변조(周波数変調). 「一放送(ホウソウ); 에프엠 방송」

えふで[絵筆](명) 그림 그리는 붓. 화필. a paintbrush

エプロン[apron](명) 에이프런. ①서양식 앞치마. ②←エイプロンステージ. **— ステージ**[apron stage](명) 에이프런 스테이지. 극장 무대가 관객 앞으로 튀어 나온 부분.

エベント[event](명) ⇨イベント.

えほう[恵方・吉方](명) 그해의 간지(干支)에 따라 좋다고 정해진 방향. the lucky direction. **— まいり**[恵方参り]—マキリ(명) 정월 초하룻날 좋다는 방향의 신사(神社)에 참배하여 그해의 행운을 비는 일.

えぼし[烏帽子](명) 옛날 귀족, 무사가 쓰던 모자의 한 가지.

エポック[epoch](명) 에폭. 중요한 시기. 새로운 기원. **—メーキング**[epoch-making](형동ダ) 에폭메이킹. 획기적(劃期的).

エボナイト[ebonite](명)〈이〉 에보나이트. 생고무에 유황을 넣어서 만든 단단한 물질. 만년필, 전기 기구 등의 재료.

エホバ[Jehovah](명)〈종〉 예호바. 이스라엘 사람이 섬기던 유일신(唯一神)의 이름. 여호와.

えほん[絵本](명) 그림책. a picture book

えま[絵馬](명) 신사(社神)나 절에 봉납하는 말을 그린 그림 액자. a votive tablet of a horse

〔絵馬〕

えまい[笑い](명)〈고〉 ①웃음. ②꽃봉오리가 벌어짐. 동 笑まう(자 4).

えまき(もの)[絵巻き(物)](명) 이야기 등을 그림으로 그린 두루마리. a picture scroll

えみ[笑み]エミ(명) ①웃음. ②꽃이 핌. ③밤송이가 벌어짐. 1. a smile

えみし[蝦夷](명)〈고〉 ⇨えぞ.

えみこだ・る[笑みこだる](자하 2)〈고〉 매우 웃다. 배꼽을 빼다.

えみさか・ゆ[笑み栄ゆ](자하 2)〈고〉 웃어서 얼굴이 화사해지다. 싱글벙글하다.

えみわ・れる[笑み割れる]エミ—(자하 1) 밤송이, 꽃봉오리 등이 자연히 벌어지다. split open

え・む[笑む]エム(자 4) ①웃다. ②(꽃이) 피다. ③열매가 익어 터지다. 1. smile

エム[M](명) 엠. ①〔←money〕 돈. ②〔←man〕 남성. 남성적 요소. ↔W. ③〔←범 māra〕〔은어(隠語)로서〕 음경(陰茎).

エムアールエー[MRA←Moral Re-Armament](명) 엠아아르에이. 도덕 재무장 운동(道徳再武装運動).

エムエスエー[MSA](명) 엠에스에이. ①〔←Mutual Security Act〕 상호 안전 보장법(相互安全保障法). ②〔←Mutual Security Agency〕 상호 안전 보장 본부. 지금은 대외 활동 본부가 됨.

エム ピー[MP](명) 엠피이. ①〔←medium playing〕 1분간 33과 3분의 1회전하는 레코오드. 시간은 LP와 같으나 소리가 깨끗함. ↔エス ピー, エル ピー. ②〔←military police〕 헌병.

エメラルド[emerald](명)〈광〉 에메랄드. 녹색의 보석. 녹옥(綠玉). 취옥(翠玉).

えも いわれぬ[得も言われぬ]—イハレヌ(연어·연체) 무엇이라 말할 수 없는.「—うつくしさ; 형언할 수 없는 아름다움」 unspeakable

え もの[得物](명) ①가장 자신 있는 것. 능수(能手). ②자기가 가장 자신 있게 다루는 무기. ③무기. 2. one's favourite weapon

え もの[獲物](명) ①잡은 것. 수확물(收穫物). ②전리품(戰利品). 1. game

え ものがたり[絵物語](명) 그림 이야기. 이야기를 그림으로 그린 것. an illustrated story

え もん[衣紋](명) ①옷을 입는 요령. ②옷깃을 여미는 것.「—をつくろう; 옷깃을 단정히 하다」 ③옷. 1. the proper manner of dressing. **— かけ**[衣紋掛け](명) ①옷걸이. ②⇨いこう(衣桁). **— だけ**[衣紋竹](명) 대로 만든 옷걸이.

えもん ふ[衛門府](명) 예전 궁성 외문(宮城外門)의 경비를 맡았던 관청.

エヤ[air](명) ⇨エア.

え やみ[疫病](명)〈고〉 역병. 유행성 질병(疾病).

え よう[栄耀](명) ⇨えいよう(栄耀).

えら[鰓](명) ①〈동〉 생선의 숨쉬는 기관. 아가미. ②〈속〉 턱뼈. the gills

エラー[error](명) 에러. 잘못. 과실. 실책.

えら·い[偉い·豪い](형) ①훌륭하다. 위대하다. ②심하다.「—寒(サム)さ; 심한 추위」 1. great

えら·ぐ(자 4)〈고〉 한껏 즐거워하다. 흥겨워 크게 웃으며 즐기다.

えら·ぶ[選ぶ·択ぶ](타 4) ①고르다. 가려 뽑다. ②〈고〉 발췌해서 책을 만들다. 편찬하다. ③다르다.「…と—ところがない; …과 다른 바가 없다」 1. select

えら ぶた[鰓蓋](명)〈생〉 아감딱지. 아가미를 보호하는 기관. a gill cover

えら ぶつ[偉物·豪物](명)〈속〉 뛰어난 사람. 수완이 좋은 사람. 걸출(傑出). a great man

えらぶ·る[偉ぶる](자 4) 난 체하다. 뽐내다. be proud

えら·む[選む·択む](타 4) 고르다. 가려 뽑다. select

えり[襟·衿](명) ①옷깃. 동정.「—を正(タダ)す; 옷깃을 여미고 마음을 가다듬다」 ②목덜미. ③칼라. 1. a neck band 3. a collar

えり[魞](명) 가는 댓조각을 엮어서 긴 통처럼 만들어 강이나 호수 등 물속에 잠가 두고 고기를 잡는 도구. 통발. a fish-trap

エリア[area](명) 에어리어. ①구역.「サービス—; 봉사 구역」 ②범위. ③지면. ④빈 터. ⑤면적.

えり あか[襟垢](명) 옷깃에 묻은 때. dirt on the collar

えり あし[襟足](명) 목덜미의 머리털이 난 부분. the border of the back-hair

エリート[프 élite](명) 엘리트. 선량(選良). 뽑힌 사람. 정예(精鋭).「—意識(イシキ); 선량 의식」

エリカ[erica](명)〈식〉 에리카. 온실 등에서 재배하는 관목. 보랏빛 종 모양의 작은 꽃이 겨울부터 봄에 걸쳐 핌. 히이드.

えり かざり[襟飾り](명) 양복 칼라에 다는 장식. 예: 넥타이, 브로우치 등.

えりがみ[襟髪·襟上](명) ①목덜미에 나는 머리털. ②목덜미. 1. back-hair

えり ぎらい[選り嫌い]—ギラヒ(명·타サ) 즐기는 것만을 골라 취함. fastidiousness

えり くび[襟首](명) 목덜미. the nape

えり ごのみ[選り好み](명·자サ) 좋아하는 것만을 골라 취함. fastidiousness

えり さき[襟先·衿先](명) 깃 끝. the neck

えり しょう[襟章](명) 옷깃에 다는 휘장 배지. a collar-badge

えり すぐ·る[選りすぐる](타 4) 고르고 골라 뽑다. 가려 뽑다. 선발(選拔)하다. choose

えり と·る[選り取る](타 4) 뽑아 내다. 가려서 가지다. 골라 잡다. pick up

えり ぬき[選り抜き](명·자타サ) 가려 뽑음. 선발.「—の人物(ジンブツ); 선발된 인물. 우수한 인물」 타 選り抜く(4). selection

えり まき[襟巻き](명) 목도리. a muffler

エリミネーター[eliminator](명)〈이〉 엘리미네이터. 전등용 교류 전류(交流電流)를 수신기(受信器)의 전원(電源)으로 쓰기 위해 이것을 적당히 변화, 정류(整流)하는 장치.

えり もと[襟元](명) 목 언저리.「—につく; 권력자에 아부하다」 the neck

えり わ·ける[選り分ける](타하 1) 많은 것 중에서 골라 가려 내다. assort

える[得る](타하 1) ①자기 것으로 만들다. 얻다. 손에 넣다. ②깨닫다. 알다. ③할 수 있다. 1. obtain

え·る[彫る]エル(타 4) 새기다. 조각하다. carve

え·る[選る](타 4) 고르다. 가려 내다. 뽑다. select

え·る[鐫る](타 4)〈고〉 ①구멍, 홈 등을 파다. ②새기다.

エル ピー[LP←long playing](명) 엘피이. 회전을 늦추어 장시간 틀 수 있게 한 레코오드. 1분간 33과 3분의 1 회전을 함. ↔イー ピー, エス ピー.

エルム[elm](명)〈식〉 ⇨にれ.

エレガンス[elegance](명) 엘레간스. 우아(優雅). 고상(高尚). 전아(典雅).

エレガント[elegant](형동ダ) 엘레간트. 우아한. 고상한.

エレクトロ—[electro](조어)· 엘렉트로. 전기의.

エレクトロニクス[electronics](명)〈이〉 엘렉트로닉스. 전자 공학.

エレクトロン[electron](명)〈이〉 엘렉트론. ①전자(電子). ②마그네슘을 주성분으로 하는 가벼운 합금.

エレジー[elegy](명) 엘레지. 비가(悲歌). 애가(哀歌). 만가(挽歌).

エレベーター[elevator](명) 엘리베이터. ①승강기. ②

카메라를 아래위로 움직이는 장치.
エレメント[element](명) 엘리멘트. ①〈이〉 원소(元素). ②요소. 성분.
エロ(명·형동ダ)〔에로틱(erotic)의 준말〕 에로. 색정(色情). 성적 매력.
エロキューション[elocution](명) 엘러큐우션. 웅변술. 화술(話術). 낭독법. 연설법.
エログロ(명) 〔에로틱(erotic)과 그로테스크(grotesque)가 줄고 합쳐서 된 말〕 에로그로. 색정적(色情的)이며 기괴한 것.
エロス[ユ Eros](명) 에로스. ①그리이스 신화에 나오는 사랑의 신. ②성적(性的) 사랑.
エロチシズム[eroticism](명) 에로티시즘. 성적 연애. 호색(好色). 색정(色情).
エロチック[erotic](형동ダ) 에로틱. 색정적(色情的).
えん—[援](조어) 원조. 도와 줌.
—**えん**[炎](조어)〈의〉 염. 염증. 「盲腸(モウチョウ)—; 맹장염」
—**えん**[焉](조어) 말 끝에 붙여 그 뜻에 힘을 주는 말. 「我関(ワレカン)せず—; 나는 무관하도다(吾不関焉)」
—**えん**[園](조어) ①동산. 정원. ②교육하는 장소. 「幼稚(ヨウチ)—; 유치원」 ③채소, 꽃, 과수 등을 심은 구역. 「学校(ガッコウ)—; 학교 채원」 「1. a circle
えん[円](명) 원. ①동그라미. ②일본 화폐의 단위. ↗
えん[宴](명) 연회. 잔치. a feast
えん[寃·冤](명) 억울한 죄. 「—をそそぐ; 무고한 죄를 씻다」 a false charge
えん[塩](명) 염. ①소금. ②〈이〉 산의 수소 원자를 금속 원자로 바꾸어 놓은 화합물. 또는 금속을 산으로 녹일 때에 생기는 물질의 총칭. 예: 유산염. 1. salt
えん[演](명) ①출연. ②상연. 2. performance
えん[縁](명) ①〈불〉 간접적 원인. 「前世(ゼンセ)の— 전생의 인연」 ↔因(イン). ②관계. 「親子(オヤコ)の—; 부자의 관계」 ③연고(縁故). 「—を求(モト)めて; 연고를 찾아서」 ④관계를 맺게 되는 동기. 「これをご—に; 이것을 동기로 해서」 2. relation
えん[艶](형동ナリ)〈고〉 요염한. 성적 매력이 있는.
えんいん[延引](명·자サ) 늦어짐. 연기. postponement
えんいん[遠因](명) 원인. 먼 원인. 간접적인 원인. ↔近因(キンイン). a remote cause
えんう[煙雨](명) 연우. 안개 같은 비. 이슬비. a drizzle
えんえい[遠泳](명·자サ) 원영. 먼 거리를 헤엄침. 장거리 헤엄. a long-distance swim
えんえき[演繹](명·타サ) 연역. ①차차 넓혀서 논함. ②〈철〉 일반적 원리에서 하나하나의 사실을 추론(推論)함. ↔帰納(キノウ). 1. reasoning 2. deduction
えんえん[奄奄](형동タルト) ①숨이 곧 끊어지려는 모양. 「気息(キソク)—; 숨이 곧 끊어지려고 할딱할딱하는 것」 ②어두컴컴한 모양. 1. gasping
えんえん[延延](형동タルト) 연연. 어디까지나 길게 계속되는 모양. perpetual
えんえん[炎炎](형동タルト) 활활 타오르는 모양. blazing
えんえん[蜿蜿](형동タルト) 길게 꾸불꾸불 뻗어 나간 모양. meandering
えんお[厭悪](명·타サ) 염오. 미워하고 싫어함. 혐오(嫌悪). detestation
えんおう[冤枉](명) 무고한 죄. 억울한 죄. 원죄(寃罪). a false charge
えんおう[閻王](명) 염라 대왕. ⇨:えんま. Yama
えんおう[鴛鴦](명) 원앙. ①〈동〉원앙새. 오리과에 속하는 물새. ②화목한 부부의 비유. 1. a mandarin duck
えんおん[延音](명) 하나의 음이 길게 뻗어서 두 음으로 되는 일. 또는 그 음. diastole
えんか[円価](명) 원가. 외국에서의 일본 돈의 시세. 일본 돈의 환율(換率). the yen value
えんか[円貨](명)〈경〉 원화. 일본 돈. the yen
えんか[塩化](명)〈이〉 염화. 염소(塩素)와 다른 원소와의 화합. 「—水素(スイソ); 염화 수소」 chloridation. **—ナトリウム**[塩化 natrium](명)〈이〉 염화 나트륨. 소금의 화학명(化学名). **—ビニール**[塩化 vinyl](명)〈이〉 염화 비닐. 아세틸렌과 염화 수소가 화합한 기체. 비닐은 이것을 가공한 것.
えんか[煙霞](명) ①연기와 안개. ②흐릿하게 안개 끼어 보이는 경색(景色). 산수(山水)의 좋은 경치. 1. smoke and mist
えんか[演歌·艶歌](명) 가두(街頭)에서 가수가 부르는 유행가. 애정 관계가 주제임. **—し**[演歌師·艶歌師](명) 메이지(明治) 말기에 바이올린을 켜며 신작(新作)의 유행가를 부르며 그 노래책을 팔던 사람.
えんか[燕窩](명) ⇨えんそう(燕巣).
えんか[縁家](명) ①사돈집. ②자기와 관련이 있는 집안. a related family
えんか[嚥下](명·타サ) 연하. 삼킴. swallowing
えんかい[沿海](명) 연해. ①해안에 따른 육지. ②육지에 가까운 바다. 「—航路(コウロ); 연해 항로」 2. the coastal waters. **—ぎょぎょう**[沿海漁業](명) 연해어업. 가까운 바다에서의 어업.
えんかい[宴会](명) 연회. 잔치. a banquet
えんかい[遠海](명) 원해. 먼 바다. 원양(遠洋). ↔近海(キンカイ). an ocean
えんがい[円外](명) 원외. 원 밖. 동그라미 바깥. ↔円内(エンナイ). the outside of a circle
えんがい[掩蓋](명) 씌우개. 덮개. a cover
えんがい[塩害](명) 염해. 바닷물의 염분이 원인이 되는 해(害). injury from salt
えんがい[煙害](명) 연해. 연기로 인한 해. 광산이나 공장 지대의 경우가 많음. injury from smoke
えんかく[沿革](명) 연혁. 변천해 온 내력. history
えんかく[遠隔](형동ダ) 원격. 멀리 떨어진 모양. remote
えんかつ[円滑](명·형동ダ) 원활. 원만하고 순탄함. 「会(カイ)の運営(ウンエイ)が—にゆく; 회의 운영이 원활하게 되어 가다」 smoothness
えんがわ[縁側](명) 방 밖에 조붓하게 깐 긴 툇마루. a veranda

えんかわせ[円為替]ーカハセ(명)〈경〉 일본 원화와 외국 화폐와의 비교 가치. yen exchange
えんかん[鉛管](명) 연관. 납으로 만든 파이프. 수도나 가스관에 쓰임. a lead pipe
えんがん[沿岸](명) 연안. ①내, 바다, 호숫가의 육지. ②육지에 가까운 내, 바다, 호수. 1. the coast
えんかんぎょ[塩乾魚](명) 소금에 절여 말린 생선. salty dried fish
えんき[延期](명·타サ) 연기. 예정보다 늦춤. 기일을 물림. postponement
えんき[塩基](명)〈이〉 염기. 산과 작용하여 소금을 만드는 물질. a base
えんき[遠忌](명)〈불〉 원기. 3주기를 넘은 주기(週忌). 예: 50 년기, 100 년기 등. ⇨: おんき. the anniversary for a person long dead
えんき[厭忌](명) 염기. 꺼리고 싫어함. 매우 싫어함. 염오(厭悪). abhorrence
えんぎ[演技](명·자サ) 연기. 배우 등이 무대나 영화에서 어떤 동작이나 표정을 지어 보임. acting
えんぎ[演義](명) 연의. ①원본을 통속적으로 풀어 쓴 것. 「三国志(サンゴクシ)ー; 삼국지 연의」 ②뜻을 펴서 풀이하는 것. 1. an adaptation for general reading
えんぎ[縁起](명) ①〈불〉 모든 일의 기원. 유래(由来). ②신사(神社)나 절에서 일어난 일을 적은 문서. ③길흉의 전조(前兆). 「ーがいい; 징조가 좋다」 1. cause.
ーでもない[縁起でもない](연어) 가당치도 않다. 재수 없는 소리 마라. **ーなおし**[縁起直し]ーナホシ(명·자サ) 징조가 나쁜 것을 좋도록 빌어서 고침. **ーもの**[縁起物](명) ①길조를 비는 물건. ②신사나 절에 가는 사람을 상대로 파는 물건.
えんきょう[遠境](명) ①벽지. 멀리 떨어진 곳. ②국경(国境). 1. far-away countries
えんきょく[婉曲](명·형동ダ) 완곡. 언행을 노골적으로 하지 않고 빙 돌려서 함. 「ーな表現(ヒョウゲン); 완곡한 표현」 euphemism
えんきょり[遠距離](명) 원거리. 멀리 떨어진 거리. 먼 거리. a long distance
えんきり[縁切](명) 친족, 주종(主従) 관계 등의 인연을 끊고 남이 되는 것. 절연(切縁). dissolution of a tie
えんきん[遠近](명) 원근. 멀고 가까움. far and near. **ーほう**[遠近法](명) 원근법. 〔그림에서〕 원근의 거리감(距離感)을 화면에 나타내는 방법.
えんく[厭苦](명) 싫어하고 괴로와함. trouble
えんぐみ[縁組み](명·자サ) ①부부, 양자, 양녀 등의 인연을 맺음. 결연. ②결혼. 혼인. 1. adoption
えんぐん[援軍](명) 원군. 도와 주는 군대. 원병(援兵). a reinforcement
えんけい[円形](명) 원형. ①둥근 모양. 「ー劇場(ゲキジョウ); 원형 극장」 ②〈수〉 원. 1. a round shape
えんけい[烟景](명) 안개 낀 풍경. a hazy view
えんけい[遠計](명) 원대한 계획. a far-sighted scheme
えんけい[遠景](명) 원경. 먼 경치. ↔近景(キンケイ). a distant view
えんげい[園芸](명) 원예. 야채, 화초, 과수 등을 가꾸는 일. gardening
えんげい[演芸](명) 연예. 대중 앞에서 노래, 춤, 연극 등을 해 보임. 또는 그 재주. entertainments
エンゲージ[engage](명·자サ) 인게이지. 약혼함. 「ーリング; 약혼 반지」
えんげき[演劇](명) 연극. 배우가 무대에서 각본에 따라 움직이는 예술. a play
エンゲルけいすう[Engel 係数](연어·명)〈경〉 엥겔 계수. 도이치의 통계학자 엥겔이 가계(家計) 조사에서 발견한 계수. 빈곤할수록 생계비 중 식비가 차지하는 비율이 높다고 함. Engel's coefficient
えんげん[延言](명) 음을 길게 늘여 하는 말. a diastolic word
えんげん[怨言](명) 원한의 말. 불평의 말. complaint
えんげん[淵源](명·자サ) 연원. 사물의 본원. 기원. 근원. the origin
えんこ(명·자サ) ①〔아이들의 말로〕 주저앉음. ②〈속〉 전차나 자동차가 고장으로 움직이지 않음. 1. sitting down 2. stopping
えんこ[円弧](명)〈수〉 원호. 원둘레의 한 부분. 그 길이가 전원주(全円周)의 반보다 길 때 우호(優弧)라 하고 짧을 때 열호(劣弧)라 함. a circular arc
えんこ[縁故](명) 연고. ①인연. ②사유. ③유래. 관계. 관련. 3. connection
えんご[掩護](명·타サ) 엄호. 감싸 지킴. covering
えんご[援護](명·타サ) 원호. 도와서 지킴. backing
えんご[縁語](명) 관계 있는 말을 써서 문장의 중요한 부분을 한층 돋우는 말. a kindred word
えんこう[円光](명)〈불〉 원광. 부처나 보살의 머리 뒤에서 비치는 빛. 후광(後光). a halo
えんこう[猿猴](명)〈동〉 원숭이. a monkey
えんこう きんこう[遠交近攻](연어·명)〈역〉 원교 근공. 진(秦) 나라 소왕(昭王) 때 범수(范睢)가 쓴 정책으로, 먼 나라와 친교를 맺고 협력하여 가까운 나라를 쳐부수던 정책. friendship with distant states and hostility with neighbours
えんごく[遠国](명) 원국. 먼 나라. ↔近国(キンゴク). a remote country
えんこん[怨恨](명) 원한. 원통하고 한되는 것. grudge
えんさ[怨嗟](명·자サ) 원망하고 한탄함. grievance
えんざ[円座](명) ①둥그렇게 둘러 앉음. ②둥글게 짠 깔개. 1. sitting in a circle
えんざい[冤罪](명) 원죄. 무고한 죄. 억울한 죄. a false charge
エンサイクロペジア[encyclopædia](명) 엔사이클로피디어. 백과 전서. 백과 사전.

〔円座②〕

えんさき[縁先](명) 마루 끝. the edge of a veranda
えんさだめ[縁定め](명) (부부, 양자 등의) 인연 맺기를 결정하는 것. the contract of a marriage
えんさん[塩酸](명)〈이〉 염산. 염화 수소가 물에 풀린 것. 공업용으로 쓰임. hydrochloric acid

えんざん[鉛槧](명) ①〔납 가루와 판자의 뜻으로〕 문필에 종사하는 일. ②인쇄. 1. literary profession
えんざん[遠山](명) 원산. 먼 산. a distant mountain
えんざん[演算](명·타사)〈수〉 ⇨うんざん(運算).
えんし[鉛糸](명) 연사. 끝에 납 덩어리를 달아 맨 실. 늘어뜨려 중력의 방향을 조사함. 추선(錘線). a plumb line
えんし[遠視](명) 원시. ①〈의〉 가까운 것보다 먼 것이 잘 보이는 눈. ↔近視(キンシ). ②멀리 봄. 1. long sight
えんじ[衍字](명) 글 중에 실수로 들어 간 쓸 데 없는 글자. a redundant word
えんじ[園児](명) 원아. 유치원 등의 어린이. kindergarten children
えんじ[遠寺](명) 먼 곳에 있는 절. a temple in the distance
えんじ[臙脂](명) 연지. ①화장할 때 입술이나 손톱에 바르는 홍색 안료. ②산뜻하고 고운 홍색. ③보랏빛과 빨강을 섞은 그림 물감. 1. rouge
エンジニア[engineer](명) 엔지니어. 기사. 기술자.
えんじつてん[遠日点](명)〈천〉 원일점. 천체가 태양에서 가장 먼 위치. ↔近日点(キンジッテン). the aphelion
えんしゃ[演者](명) 출연자. a player
えんじゃ[縁者](명) 인척되는 사람. a relative
えんじゃく[燕雀](명) 연작. ①제비와 참새. ②도량이 좁은 사람. 「一安(イズク)んぞ鴻鵠(コウコク)の志(ココロザシ)を知(シ)らんや; 작은 인물이 어찌 큰 인물의 뜻을 알 것인가」 2. a narrow-minded person
えんしゅ[園主](명) 원주. ①정원(庭園), 유원(遊園) 등의 주인. ②원이라고 불리는 곳의 주인(대표자). 1. the owner of a garden
えんじゅ[槐](명)〈식〉 회화나무. 콩과에 속하는 낙엽 활엽 교목. 중국 원산으로 목재가 단단함. a Japanese pagoda-tree
えんじゅ[延寿](명) 오래 삶. longevity
えんしゅう[円周](명)〈수〉 원주. 원을 그리는 곡선. 원둘레. circumference. **—りつ**[円周率](명)〈수〉 원주율. 원주의 직경에 대한 비(比)를 나타내는 수치(数値). 약 3,1416. 기호는 π(파이).
えんしゅう[演習](명·자사) 연습. ①실습. ②학생이 그루우프를 지어 지도 교수 밑에서 연구, 토론을 하는 것. ③〈군〉 군대의 실전(実戦) 연습. 1. an exercise
えんじゅく[円熟](명·자사) 원숙. ①무르익음. ②매우 숙련(熟練)함. ③인격이나 지식이 오묘한 경지에 이름. maturity
えんしゅつ[演出](명·타사) 연출. ①각본에 따라 극, 영화를 표현함. 무대 감독. 「一家(カ); 연출가」 ②상연(上演)함. production
えんしょ[炎暑](명) 염서. 심한 더위. 혹서(酷暑). intense heat
えんしょ[艶書](명) 염서. 연애 편지. a love letter
えんじょ[援助](명·타사) 원조. 도움. 구원. help
エンジョイ[enjoy](명·타사) 엔조이. 즐김. 향락. 「生活(セイカツ)を一する; 생활을 즐기다」

えんしょう[炎症](명)〈의〉 염증. 몸의 일부에 열, 종기, 기능 장해 등이 일어나는 증상. inflammation
えんしょう[延焼](명·자사) 연소. 불이 옮겨 붙어 퍼짐. the spread of the fire
えんしょう[遠称](명) 지시 대명사의 하나. 먼 곳의 것을 가리키는 것. 예: あれ, かれ, かなた.
えんじょう[炎上](명·자사) ①타오름. ②큰 건물이 불탐. 1. burning
えんしょく[怨色](명) 원망하는 기색. grudging look
えんしょく[艶色](명) 요염한 자태. coquettish looks
えん·じる[怨じる](자상 1) 원망하다. 원한을 품다. 질투하다. bear a grudge
えん·じる[演じる](타상 1) ①〔극, 영화 등에서〕 어떤 역을 맡다. ②다하다. 이행하다. 「大(オオ)きな役割(ヤクワリ)を一; 큰 역할을 이행하다」 1. act
えんしん[円心](명) 원심. 원의. 중심. the centre of a circle
えんしん[遠心](명) 원심. 중심에서 멀어지는 것. ↔求心(キュウシン). centrifugal. **—ぶんり**[遠心分離](명·타사)〈이〉 원심 분리. 원심력을 이용해서 비중이 다른 두 가지 액체나 그중의 고체를 나누는 일. 「一器(キ); 원심 분리기」 **—りょく**[遠心力](명)〈이〉 원심력. 물체가 원운동을 할 때 바깥쪽을 향해 움직이는 힘. ↔求心力.
えんじん[円陣](명) 원진. 둥글게 친 진. a circle
えんじん[烟塵](명) ①연기나 먼지. ②속세의 번거로운 일. 1. smoke and dust
えんじん[厭人](명) 사상이나 성격상 사람을 싫어함. 「一癖(ヘキ); 사람을 싫어하는 버릇」 misanthropy
エンジン[engine](명) 엔진. ①증기 기관. ②발동기.
えんず[燕巣](명) ⇨えんそう(燕巣).
えんすい[塩水](명) 염수. 소금물. 식염수. salt water. **—せん**[塩水選](명)〈농〉 염수선. 씨앗을 소금물에 담가 고르는 방법. 가라앉은 것만을 택함.
えんすい[円錐](명)〈수〉 원추. 원추면의 정점과 밑면 사이에 이루어진 중간의 입체. a cone
えんすい[遠水](명) 멀리 있는 물. 「一近火(キンカ)を救(スク)わず; 멀리 있는 것은 급할 때의 소용에 닿지 않음」 water in the distance
えんずい[延髄](명)〈생〉 연수. 뇌수(脳髄)의 아래쪽에 있어 척수(脊髄)에 연결되는 부분. 호흡, 심장 맥동 등 중요 생리 작용을 맡음. the after brain
エンスト[←engine stop](명)〈속〉 엔진 고장.
えん·する[宴する](자사) 주연(酒宴)을 베풀다. give a banquet
えん·ずる[怨ずる](자사) 원망하다. bear a grudge
えんせい[延性](명)〈이〉 연성. 물체가 깨지지 않고 늘어나는 성질. ductility
えんせい[遠征](명·자사) 원정. ①멀리 정벌하러 떠남. ②(시합, 등산, 탐험 등을 하기 위하여) 멀리 여행함. 1. expedition
えんせい[厭世](명) 염세. 세상을 싫어함. 「一主義(シュギ); 염세주의」 pessimism. **—かん**[厭世観](명)

〈철〉 염세관. 인생은 살 가치가 없다고 하는 생각. ↔楽天観(ラクテンカン).

えんせき[宴席](명) 연석. 연회의 자리.「一に列(レッ)する; 연회에 참석하다」 a banquet

えんせき[遠戚](명) 원척. 촌수가 먼 친척. a distant relation

えんぜつ[演説](명·자サ) 연설. 대중 앞에서 자기 의견을 말함. explanation

エンゼル[angel](명) 에인젤. 천사(天使). 수호신(守護神). 천사 같은 사람. 「places along railway-tracks

えんせん[沿線](명) 연선. 철도 연변. ↗

えんせん[厭戦](명) 염전. 전쟁을 싫어함.「一思想(シソウ); 염전 사상」 war-weariness

えんぜん[宛然](부) 완연. 마치. 꼭. just like

えんぜん[嫣然](부) 젊은 여자가 생긋 웃는 모양.「一と; 생긋하고」 smiling

えんぜん[婉然](형동タリ) ①정숙한 모양. ②우아한 모양. 1. refined

えんそ[塩素](명)〈이〉 염소. 기체 원소의 하나. 유독성으로 소독에 쓰임. 기호는 Cl. chlorine

えんそ[遠祖](명) 원조. 먼 선조. a remote ancestor

えんそう[演奏](명·타サ) 연주. 음악을 여러 사람에게 들려 줌.「一会(カイ); 연주회」 performance

えんそう[燕巣](명) 연소. ①바위에서 사는 금사연(金糸燕)의 보금자리. 물고기나 바닷말(海藻)을 물어다가 침을 발라 만든 것인데 고급 중국 요리에 쓰임. 연와(燕窩). ②제비집. 1. an edible bird's nest

えんぞう[怨憎](명) 원망과 증오. hatred

えんぞう[塩蔵](명·타サ) 염장. 소금에 절여 저장함. preserving in salt

えんそく[遠足](명·자サ) 원족. 운동이나 자연 관찰을 겸하여 교외 등 먼 길을 걸음. 소풍. an excursion

えんそく[堰塞](명) 언색. 물의 흐름을 막음.「一湖(コ); 언색호」 damming up

えんたい[延滞](명·자サ) 연체. 세금이나 이식의 지불이 늦어짐.「一利子(リシ); 연체 이자」 delay

えんだい[演台](명) 연대. 강연 등을 할 때 강연자 앞에 놓는 탁자나 대. 연탁. a stand on a platform

えんだい[演題](명) 연제. 연설, 강연 등의 제목. the subject of an address

えんだい[縁台](명) 더운 여름에 밖에서 앉아 쉬게 만들어 놓은 기다란 걸상. 평상(平床). a bench

えんだい[遠大](형동ダ) 원대. 규모나 뜻이 큰 모양. great and far

えんだか[円高](명)〈경〉 일본 돈의 시세가 외국의 통화보다 높은 것. ↔円安(エンヤス). in favor of the yen

えんたく[円卓](명) 원탁. 둥근 테이블.「一会議(カイギ); 원탁 회의」 a round table

えんタク[円タク](명) 1 원 균일로 달리던 택시. 지금은 일반 택시를 말함. a taxi

エンタシス[entasis](명) 엔타시스. 그리이스, 로마, 르네상스 등의 건축에서 기둥의 배가 약간 나오게 만든 건축 양식.

えんだ·つ[艶立つ](자 4)〈고〉 요염한 모양을 보이다.

えんだて[円建て](명)〈경〉 일본 돈으로 하는 무역.

えんたん[鉛丹](명)〈이〉 연단. 납의 산화물. 빨간 가루. 철강재의 녹을 방지하는 도료로 씀. 사삼 산화연(四三酸化鉛). red lead

えんだん[演壇](명) 연단. 강연, 연설 등을 하는 사람이 서는 단. a platform

えんだん[縁談](명) 혼담(婚談). a marriage proposal

えんちゃく[延着](명·자サ) 연착. 예정보다 늦어서 도착함. late arrival

えんちゅう[円柱](명) 원주. 둥근 기둥. a column

えんちょう[延長](명·자サ) 연장. ①시간, 길이를 늘임.「一戦(セン); 연장전」②길고 넓게 폄. ③〈수〉 직선의 한 끝에서 그 방향으로 늘인 부분. 1. 2. extension

えんちょう[園長](명) 원장. 유치원, 동물원 등 원이라고 불리는 곳의 장. the head (of a kindergarten)

えんちょうこくい[円頂黒衣](명) 삭발한 머리에 검은 옷. 중의 모습. the tonsured folk

えんちょく[鉛直](명·형동ダ)〈이〉 연직. 수평면에 직각인 방향.「一線(セン);연직선」 perpendicularity

えんづ·く[縁付く](자 4) 시집 가다. 출가하다. 他 縁付ける(하 1). be married to

えんつづき[縁続き](명) 친척이나 인척(姻戚) 관계가 있는 것. relationship

えんてい[炎帝](명) 염제. ①불의 신(神). ②여름의 신. 1. the god of fire

えんてい[園丁](명) 원정. 정원을 맡아 보살피는 사람. 정원사. a gardener

えんてい[堰堤](명) 제방. 둑. a dam

えんてん[円転](명) 원전. ①둥글게 도는 것. 회전. ②원만하게 진행되는 것. 1. rolling round. ── **かつだつ**[円転滑脱](연어·형동ダ) 원전 활탈. 말이나 일을 모나지 않고 원만하게 처리하는 모양. 「the hot sun

えんてん[炎天](명) 염천. 여름철의 더운 날씨. ↗

えんてん[宛転](명·형동ダ) ①느릿느릿하게 돎. ②붙지도 않고 떨어지지도 않고 따라 감. ③굴러 감. 1. rolling smoothly

えんでん[塩田](명) 염전. 바닷물로 소금을 만들기 위해 만든 논. a salt-field

エンド[end](명) 엔드. 끝. 종말. 종국(終局).

えんとう[円筒](명) 원통. 둥근 통. a round tube

えんとう[円壔](명)〈수〉 원도. 두 개의 평행하고 같은 면적의 원의 둘레와 그를 잇는 곡면으로 이룩되는 입체(立体). 원기둥(円柱). a cylinder

えんとう[煙筒](명) 연통. ①굴뚝. ②담뱃대. 1. a chimney

えんとう[遠島](명) ①원도. 육지에서 멀리 떨어진 섬. ②에도(江戸) 시대에 범죄자를 먼 섬에 보내던 형벌. 유형(流刑). 1. an outlying island

えんどう[沿道](명) 연도. 길가. the roadside

えんどう[羨道](명)〈역〉 연도. 분묘(墳墓) 입구에서 현실(玄室)까지의 길.

えんどう[豌豆](명)〈식〉 완두. 콩과에 속하는 만초(蔓

草). 열매는 식용. 잎은 사료로 씀. a pea

えんどお·い[縁遠い]―ドホイ(형) ①관계가 적다. 인연이 멀다. ②결혼할 기회를 잘 만나지 못하다. 「―娘(ムスメ); 혼담이 잘 성립되지 않는 처녀」 1. slightly related to

えんどく[煙毒](명) 연독. 제련소, 공장 등에서 나오는 연기의 독. sulphurous acid gas

えんどく[鉛毒](명) 연독. ①납에 있는 독. ②연백(鉛白)이 들어 있는 분 등의 사용으로 일어나는 중독. 납중독. 1. lead poisoning

えんとして[宛として](부) 마치. 꼭. 완연히. just like

えんとつ[煙突](명) ①굴뚝. 연통. ②〈속〉 택시가 미터를 세운 채 손님을 태우고 달리는 일. 1. a chimney

エントリー[entry](명) 엔트리. ①경기 참가의 등록이나 신입(申込). ②(배우의) 등장.

エントロピー[entropy](명)〈이〉 엔트로피. 에네르기와 더불어 물체의 열역학적(熱力学的) 상태를 나타 내는 물리량(物理量)의 하나. **―ぞうだいのほうそく**[entropy 増大の法則](명)〈이〉 엔트로피 증대의 법칙. 엔트로피의 양이 증대하면 물체의 기계적 이용 가치가 줄고, 에네르기가 열로 변하여 모든 현상은 사멸(死滅)에 가까와진다는 설.

えんない[円内](명) 원내. 원의 안. inside the circle

えんない[園内](명) 원내. 정원, 유치원 등 원이라고 불리는 곳의 안. the compound (of a garden, etc.)

えんにち[縁日](명) 신불(神仏)을 공양하고 재를 올리는 날. a fête day

えんねつ[炎熱](명) 염열. 여름의 심한 더위. 혹서(酷暑). intense heat

えんねんまい[延年舞](명) 헤이안조(平安朝) 말경부터 요시노조(吉野朝)에 걸쳐 법회(法会)의 여흥으로 하던 승무(僧舞).

えんのう[延納](명·타サ) 연납. 정한 기일이 지나서 납부함. delayed pay

えんのした[縁の下](연어·명) 마루 밑. 「―の力持(チカラモ)ち; 보이지 않는 데서 노력하는 사람」 under the floor

えんぱ[煙波](명) 연파. 멀리 안개에 싸인 것같이 아스라하게 보이는 물결. the hazy waves

えんばく[燕麦](명)〈식〉 ⇨からすむぎ.

えんぱく[鉛白](명)〈이〉 연백. 납의 탄산화물. 흰 가루며 독이 있고 흑색으로 변함. 화장품, 도료 등에 쓰임. 염기성 탄산연(塩基性炭酸鉛). white lead

えんぱつ[延発](명·자サ) 연발. 예정보다 늦게 출발함. delayed departure

えんばん[円板](명) ⇨えんばん(円盤)②.

えんばん[円盤](명) 원반. ①(경기용의) 둥글넓적한 판. 「―投(ナ)げ; 원반 던지기」 ②축음기판. 레코오드. 1. a discus

えんばん[鉛板](명) 연판. 납으로 된 판. a lead plate

えんばん[鉛版](명) 연판. 지형(紙型)에 납의 합금을 녹여 넣어 만든 인쇄판. a stereotype

えんび[艶美](명) 요염하고 아름다움. amorous beauty

えんび[猿臂](명) 원숭이처럼 긴 팔. 「―をのばす; 팔을 길게 뻗치다」 a long arm

えんぴつ[鉛筆](명) 연필. 흑연. 점토. 백악(白堊) 등으로 심을 넣어서 만든 붓. a pencil

えんびふく[燕尾服](명) 연미복. 남자의 예복. 상의(上衣)의 뒤가 제비 꼬리처럼 째져 있음. a swallow-tailed coat

えんぶ[円舞](명) 원무. ①원을 이루며 추는 춤. ②남녀 한쌍이 둥글게 돌며 추는 춤. a round. **―きょく**[円舞曲](명)〈악〉 원무곡. 3박자의 우아하고 경쾌한 댄스곡. 왈츠.

えんぶ[演舞](명·자サ) 무용을 보여 줌. a dance in the public

えんぷ[怨府](명) 원부. 대중의 원한이 쏠리는 단체나 기관. the focus of common hatred

えんぷく[艶福](명) 염복. 여자들에게 사랑받는 복. 「―家(カ); 염복가」 good fortune in love

えんぶん[衍文](명) 문장 속에 잘못 끼인 불필요한 문장. a pleonasm

えんぶん[塩分](명) 염분. 소금의 포함률. 소금기. salt

えんぶん[鉛分](명) 납의 성분(成分). lead

えんぶん[艶文](명) 염문. 연애 편지. a love letter

えんぶん[艶聞](명) 염문. 이성 관계에 대한 소문. 정사(情事)에 관한 소문. a love affair

えんぷん[鉛粉](명) 연분. 납을 원료로 하여 만든 흰 안료(顔料)나 화장용 백분(白粉). a lead white

えんぺい[援兵](명) 원병. 원군(援軍). a reinforcement

えんぺい[掩蔽](명·타サ) 엄폐. ①덮어 씌움. ②〈천〉 달 또는 혹성에 의하여 항성(恒星)이나 다른 혹성이 일시적으로 가리워지는 일. 1. covering

えんぺん[縁辺](명) ①연변. 주위. 둘레. 가. ②혼인상의 관계. 친족(親族). ③연고(縁故)가 있는 사람이나 집. 1. margin

えんぼう[遠望](명·타サ) 원망. 멀리 바라봄. a distant view

えんぼう[遠謀](명) 원모. 먼 장래에 대한 계획. 「―深慮(シンリョ); 원모 심려」 a far-sighted scheme

えんぽう[遠方](명) 원방. 먼 곳. a distant place

えんぽん[円本](명) 정가가 1원 균일이었던 책. a one-yen edition

えんま[閻魔](명) ①〈불〉 염마. 지옥의 왕. 염라(閻羅). 지옥에서 죽은 사람의 생전의 죄과를 심판하여 벌을 준다고 하며, 그 상은 험상궂은 것으로 상상 표현됨. ②잔인한 사람. ③못뽑이. 1. Yama. **―こおろぎ**[閻魔蟋蟀](명)〈동〉 왕귀뚜라미. 귀뚜라미과에 속하는 곤충. 몸길이 약 2.5 cm. 몸빛은 빛나는 흑갈색. **―だいおう**[閻魔大王](명)〈불〉 염마 대왕. 염마의 높임말. 염라 대왕. **―ちょう**〔閻魔帳〕(명) 염마장. ①〈불〉 저승에서 이승의 죄과를 염마가 기록하는 장부. ②교사(教師)의, 채점 기타 학생들의 개인 상황에 관한 기록을 적은 책. ③〈속〉 순경의 수첩. **―のちょう**[閻魔の庁](명)〈불〉 염마청. 염라 대왕이 죽은 사람의 생전의 죄를 조사 심판한다는 법정.

えんまく[煙幕](명)〈군〉 연막. ①적군의 시야를 어지럽히기 위해 퍼뜨리는 연기.「一を張(ハ)る; 연막을 치다」②교묘하게 말을 돌려 상대방에게 요령을 잡지 못하게 함. 1. a smoke screen

えんまん[円満](명·형동ダ) 원만. ①충분히 차 있음. ②부드럽고 온화함. ③모나지 않음. 1. perfection

えんむ[煙霧](명) 연무. ①연기와 안개. ②연기 섞인 안개. 2. smog

えんむすび[縁結び](명) ①인연을 맺는 것. 결혼. ②신사, 절 등의 문이나 나무에 사랑하는 사람의 이름을 쓴 종이를 매어 결연되기를 비는 것. 1. marriage

えんめい[延命](명) 연명. 목숨을 늘임. 사는 기간을 길게 하는 것.「内閣(ナイカク)の一をはかる; 내각의 연명을 꾀하다」 the prolongation of life

えんめつ[煙滅](명·자サ) ⇨いんめつ(湮滅).

えんや[艶冶](명·형동ダ) 요염하고 아름다움. charm

えんやす[円安](명)〈경〉일본 돈의 시세가 외국 통화에 비해 싼 것. ↔円高(エンダカ). yen at a low rate

えんゆ[縁由](명) 연유. 인연. 유래. connection

えんゆう[遠猷](명) 먼 장래까지의 계획. 백년 대계. 원모(遠謀). a far-sighted scheme

えんゆうかい[園遊会](명) 원유회. 정원에 많은 손님을 초대하여 흥취 있는 식사와 여흥 등으로 대접하는 연회. a garden party

えんよう[援用](명·타サ) 자기 설(說)의 증거로 다른 데서 인용해 씀. claim

えんよう[遠洋](명) 원양. 먼 바다. 원해.「一航海(コウカイ); 원양 항해」 an ocean

えんよう[艶容](명) 요염한 모습. a coquettish figure

えんらい[遠来](명) 원래. 멀리서 옴.「一の客(キャク); 멀리서 온 손님」 a visit from afar

えんらい[遠雷](명) 원뢰. 멀리서 나는 우뢰. a distant thunder

えんらく[宴楽·燕楽](명) 주연을 베풀어 즐김. revelry

えんり[垣籬](명) 울타리. a fence

えんり[厭離](명) 세상을 싫어하여 버림. forsaking the world

えんり[遠離](명) 멀리 헤어지는 것. 멀리 떠나는 것. getting far apart

エンリッチ[enrich](명) 인리치. 비타민이나 광물질을 넣어서 영양을 풍부하게 하는 것. 강화(強化).「一食品(ショクヒン); 강화 식품」

えんりょ[遠慮](명·타サ) ①장래의 계획. ②조심성 있게 함. 사양함. ③에도(江戸) 시대에 무사나 중에게 주던 벌. 외출을 삼가고 집에서 근신하게 하였음. ⤵ ⌊1. prudence

えんるい[塩類](명)〈이〉⇨えん(塩)②.

えんれい[延齢](명) 수명을 연장함. prolongation of one's life

えんれい[婉麗](명) 우아하고 아름다움. (voluptuous) beauty

えんれい[艶麗](형동ダ) 염려. 요염하고 아름다운 모양. charming

えんろ[沿路](명) 연로. 도로의 연변. the roadside

えんろ[遠路](명) 원로. 먼 길.「一わざわざ; 원로에 일부러」 a long distance

えんろう[煙浪·烟浪](명) 안개가 낀 바다에 이는 파도. 연파(煙波). the hazy sea

お一[小]ヲ(접두) ①작은. 가느다란.「一川(ガワ); 시내」②조금. 약간의.「一ぐらい; 좀 어두운」③말머리에 붙여 어조(語調)를 부드럽게 하는 말.「一田(タ); 논」

お一[御](접두) 말머리에 붙여 존경, 공손, 친밀 등을 나타내는 말.(때로는 거의 뜻이 없음)「一礼(レイ); 감사 (사례)」

お[尾]ヲ(명) ①(동물의) 꼬리. ②산마루.「一根(ネ); 산마루터기」③ 산기슭의 길게 뻗은 곳. ④끝. 종말.「一をひく; 끝난 뒤까지도 영향이 남다」1. a tail

お[男]ヲ(명) ①〈고〉사나이.「一のこ; 남아」②둘 중에서 센 쪽 또는 큰 쪽.「一滝(ダキ); (둘 중) 큰 폭포」

お[峰·丘](명)〈고〉봉우리.

お[麻·苧]ヲ(명) ①〈고·식〉 ㉠대마(大麻). ㉡모시풀. ②베실. 모시 실.

お[雄·牡]ヲ(명)〈고〉 수컷. 수.「一犬(イヌ); 수캐」↔雌(メ).

お[緒]ヲ(명) ①〈고〉실. ②신발의 끈.「はな一; 왜나막신의 끈」③악기의 줄. 현(弦). ④긴 끈. 줄.「玉(タマ)の一; 구슬을 꿴 줄(목숨)」⑤사물의 오랜 계속.「年(トシ)の一長(ナガ)く; 수명이 길게」3. a string

おヲ(조) ⇨を.

おウ(조동·특수형) ⇨う.

お[悪](명) 미움. 증오(憎悪). hate

おあい[汚穢]ヲ一(명) ⇨おわい.

おあいそ(う)[御愛想](명·자サ) ①요리집 등의 계산서. ②접대하는 말씨. 애교 부림.「一をいう; 상대방에게 듣기 좋은 말을 하다」 1. a bill

おあし[御足](명) ①발의 높임말. ②돈. 2. money

オアシス[oasis](명) 오아시스. ①사막 속의 샘. 또는 그 근처의 녹지(緑地). ②위안을 주는 곳. 휴식처.

おあずけ[御預け](명·자サ) ①개 등에게 그 앞에 놓은 먹이를 허가가 있을 때까지 못 먹게 함. ②약속이나 말뿐으로 실천을 연기함. 2. postponement

おい(감) ①동년배 이하를 부르는 말. 어이! ②놀라서 내는 소리. 아! ③부름에 대한 대답. 응. 1. hey 3.yes

おい[老い](명) ①늙은 것.「一を忘(ワス)れて; 늙은 것

도 잊고」②늙은이.「一も若(ワカ)きも; 늙은이도 젊은 이도」 1. old age

おい[笈]オヒ(명) ①예전 짊어 지는 책궤. ②수행자(修行者) 등이 지고 다니는 불구(仏具), 옷, 식기(食器) 등을 넣는 발이 달린 궤. a pannier

おい[甥]ヲヒ(명) 조카. 생질. ↔めい. a nephew

〔笈〕

おい い·ず[生い出ず]オヒー(자하 2)〈고〉 ①태어나다. ②성장하다. ③돋아 나다.

おい うち[追い打ち·追い撃ち]オヒー(명·타サ) 추격. 쫓아 가며 침.「一をかける; 추격하다」 a pursuit

おい う·つ[追い討つ·追い撃つ]オヒー(타 4) 추격하다. 쫓아 가며 치다. pursue

お いえ[御家]ーイヘ(명) ①남의 집의 높임말. ②귀인의 집. ③주인집.「一の大事(ダイジ); 주인집의 큰일」 3. one's master's house. **—げい**[御家芸](명) ①가전(家伝)의 독특한 재주. ②자기가 잘하는 재주. **—そうどう**[御家騒動](명) 예전 명문에서 있었던 가독 상속(家督相続)의 다툼. **—りゅう**[御家流](명) 글씨체의 하나. 손엔 법친왕(尊円法親王)의 필법(筆法)을 전한 것.

おい おい(감) ①부르는 소리. 여봐여봐. ②소리 내어 우는 소리. 엉엉. 1. hey

おい おい[追い追い]オヒオヒ(부) 차차.「一わかるだろう; 차차 알게 되겠지」 gradually

おい おと·す[追い落す]オヒー(타 4) ①적을 쫓아 보내다. ②내쫓고 성을 차지하다. ③약탈하다. 명 追い落とし. 1. drive away

おい かえ·す[追い返す]オヒカヘス(타 4) ①쫓아 버리다. ②쫓아 내고 다시 찾다. 1. drive back

おい かけ[老い懸·緌](명) 옛날 무관의 관(冠) 좌우에 달던 말총으로 만든 반달 모양의 장식품. the accessories of a warrior's headgear

おい か·ける[追い掛ける]オヒー(타하 1) 따라 가다. 쫓아 가다. run after

おい かぜ[追い風]オヒー(명) ①뒤에서 불어 오는 바람. 순풍(順風). ②옷 등의 향기를 전해 오는 바람. 1. a tail wind. **—ようい**[追い風用意](명) 걸어 지나간 뒤에 향기가 남도록 옷에 향을 뿌려 스미게 한 것.

おい き[老い木](명) 노목. 늙은 나무. an old tree

おい ごえ[追い肥え]オヒー(명)〈농〉 ⇨ついひ.

おい こ·す[追い越す]オヒー(타 4) 앞지르다. 명 追い越し. outrun

おい こみ[追い込み]オヒー(명) ①몰아 넣는 것. ②〔극장 등에서〕 좌석을 만들지 않고 사람을 마구 넣는 일. 또는 그곳. ③앞 줄에 이어 활자를 짜는 것. ④승패가 갈리는 마지막 순간. 1. driving in

おい こ·む[老い込む](자 4) 노쇠(老衰)하다. 늙다. grow weak from age

おい こ·む[追い込む]オヒー(타 4) ①몰아 넣다. ②몰아치다. ③병(病)을 내공(内攻)시키다. ④〔인쇄에서〕 앞 줄에 이어 짜다. 1. drive in

おい さき[生い先]オヒー(명) 생장(生長)해 가는 앞날. 장래. remaining life

おい さき[老い先](명) 노인의 여명(餘命). 여생.「一短(ミジカ)い老人(ロウジン)の身(ミ); 여생이 얼마 남지 않은 노인의 몸」 remaining life

おい さらば·える[老いさらばえる]ーサラバヘル(자하 1) 노쇠하다. 늙어 초라해지다. become decrepit

おいし·い[美味しい] (형)맛 있다. 파생 **—が·る**(자 4) **—げ**(형동ダ) **— さ**(명). delicious

おい しげ·る[生い茂る]オヒー(자 4) (초목 등이) 무성하다. grow thick

おい すが·る[追い縋る]オヒー(자 4) ①따라 가며 매달리다. ②억지로 부탁하다. 애원하다. 1. run after closely

オイスター[oyster](명)〈동〉 오이스터. 굴. 모려(牡蠣).

おいずる[笈摺]オヒー(명)〔"おいずり"의 변화〕 순례자들이 옷 위에 입는 것.

おい せん[追い銭]オヒー(명) 한번 치른 뒤에 또 여분으로 치르는 돈. 추가 대금.「どろぼうに一; 도둑에게 도난당한 위에 또 웃돈을 주다(손해에 또 손해를 보다)」 money paid in addition

おい そだ·つ[生い育つ]オヒー(자 4) 성장하다. 자라나다. 커 가다. grow up

おい それと(부) 간단히. 갑자기. 곧. 쉽게.「一はやれない; 그렇게 간단히 할 수는 없다」 readily

おい た(명) (어린 아이의) 장난. mischief

おい だき[追い炊き]オヒー(명·타サ) 밥이 모자라 또 지음.

おい だ·す[追い出す]オヒー(타 4) 추방하다. 내쫓다. 명 追い出し. drive out

おい たち[生い立ち]オヒー(명) ①생장. ②⇨そだち. 동 おい立つ(자 4). 1. breeding

おい た·てる[追い立てる]オヒー(타하 1) ①내쫓다. ②쫓아 버리다. 명 追い立て. 1. drive out 2. eject

おい ちら·す[追い散らす]オヒー(타 4) 쫓아서 흩어지게 하다. disperse

おい つ·く[追い付く·追い着く]オヒー(자 4) ①쫓아 가서 앞서 가는 사람을 따라 붙다. ②힘이나 능력이 같아지다. overtake

おい つ·める[追い詰める]オヒー(타하 1) 몰아 대다. 심하게 추궁하다. get into a corner

おい て[追い手]オヒー(명) 쫓아 가는 사람. 추격자(追撃者). a pursuer

おい て[追い風]オヒー(명) ⇨おいかぜ①

おい て[於いて](연어) ①…에서. …에 있어서.「家(イエ)に一; 가정에 있어서」 ②…에 관해서.「芸(ゲイ)に一; 예술에 관해서」 1. at, in

おい て[措いて](연어)〔"を一"의 형태로〕…밖에. …을 두고서. 제외하고.「彼(カレ)を一適任者(テキニンシャ)がない; 그를 빼놓고는 적임자가 없다」 except

おいで[御出で](명) ①"でる(나감)", "ゆく(감)", "くる(옴)", "いる, おる(있음)"의 높임말. ②(웃사람이) 오

심.「一になる; 오시다」 ―おいで[御出で御出で](명·자サ) 손짓하며 아이를 부름. 이리 온, 이리 온.

おいてけぼり(명)〈속〉 사람을 내버려 두는 일.「一をくう; 내버려 둠을 당하다」 leaving behind

おいぬ·く[追い抜く]オヒー(타 4) ①앞지르다. ②다른 사람보다 힘이나 능력이 강해지다. 1. outrun

おいはぎ[追い剝ぎ]オヒー(명·자타サ) 통행인을 위협하여 금품을 강탈함. 또는 그 사람. a highwayman

おいはご[追い羽子]オヒー(명) ⇨おいばね.

おいばね[追い羽根]オヒー(명·자サ) 여자들 놀이의 하나. 배드민턴과 흡사함. battledore and shuttlecock

おいばら[追い腹]オヒー(명·자サ) 주군(主君)을 따라 그 부하가 할복(割腹)하여 죽음. suicide to follow one's deceased master

おいはら·う[追い払う]オヒハラフ(타 4) 쫓아 버리다. drive out

おいぼれ[老い耄れ](명) ①노쇠(老衰)한 사람. ②노인이 자기를 겸사로 일컫는 말. ③노인에 대한 욕. 늙은이. 1. a dotard

おいぼ·れる[老い耄れる](자하 1) 늙어서 몸이나 마음의 움직임이 둔해지다. 노쇠해지다. dote

おいまく·る[追い捲る]オヒー(타 4) 심하게 쫓다. 심히 몰아치다. repulse

おいまつ[老い松](명) 노송. 늙은 소나무. an old pine tree

おいまわ·す[追い回す·追い廻す]オヒー(타 4) ①이리저리 쫓아 다니다. ②심하게 부리다. 1. chase about

おいめ[負い目]オヒー(명) 빚. 부채(負債). a debt

おいや·る[追い遣る]オヒー(타 4) 멀리 쫓아 버리다.「辺地(ヘンチ)へ一; 벽지로 쫓아 버리다」 drive out

おいら[俺等](대)〈속〉 ①나. ②우리들. 2. we

おいらか(형동ナリ)〈고〉 순진하고 온순한. 얌전한.

おいらく[老いらく](명) 늙은 것. 노년(老年).「一の恋(コイ); 늘그막의 사랑」 old age

おいらん[花魁](명) ①유곽(遊廓)에 있는 고급 창녀. ②창녀. 1. a courtesan

おいり[御入り](명) 들어 오심. coming in

お·いる[老いる](자상 1) ①늙다. ②노쇠하다. ③철(季節)이 끝나 가다. 1. grow old

オイル[oil](명) 오일. ①기름. ②유화구(油画具). ③석유. ―**スキン**[oilskin](명) 오일스킨. 기름 등을 먹여 방수한 헝겊. 방수포(防水布).

おいわけ[追分]オヒー(명) ①길이 둘로 갈라지는 곳. ②←追分節. 1. a forked road. ―**ぶし**[追分節](명) 일본 민요의 하나. 슬픈 가락의 마부의 노래.

おう―[黄](조어) 노랑이 섞인.「一褐色(カッショク); 황갈색」

お·う[追う·逐う]オフ(타 4) ①쫓아 가다. ②뒤따르다. ③〈고〉 앞지르다. ④쫓아 버리다. ⑤순서를 밟아 가다.「日(ヒ)を一って; 날이 감에 따라서」 1. pursue

お·う[負う]オフ(타 4) ①짊어 지다. ②맡다.「責任(セキニン)を一; 책임을 지다」 ③상당하다. 부합하다. 어울리다.「名(ナ)に一; 이름에 부합하는」 ④입다.「傷(キズ)を一; 상처를 입다」 ⑤힘입다.「先人(センジン)に一ところが多(オオ)い; 선인에게 힘입음이 많다」 1. carry on one's back 2. take

おう[王](명) 왕. ①군주. ②왕자. ③(일본 장기의) 궁. 1. a king 2. a prince

おう[応](명) ①응하는 것. ②승낙.「いやも一もない; 승낙하고 안하고가 없다」 agreement

おう[欧](명)〈지〉 유럽(欧洲)의 약칭. Europe

おう[翁](명) 옹. ①남자 노인. ②남자 노인의 높임말. 영감님. 1. an aged man

おう[媼](명) 할머니. an aged woman

おう[墺](명)〈지〉 오스트리아(墺地利)의 약칭.

おうあ[欧亜](명) 유럽(欧州)과 아시아(亜細亜). Europe and Asia

おうい[王位](명) 왕위. 임금의 자리. the throne

おういつ[横逸](명) 멋대로 하는 것. 방자(放恣). having one's own way

おういつ[横溢·汪溢](명·자サ) 횡일. 넘쳐 흐름.「活気(カッキ)一; 활기가 넘쳐 흐름」 overflow

おういん[押印](명·타サ) 도장을 찍음. 날인(捺印). affixing a seal

おういん[押韻](명·자サ) 압운. 시가(詩歌)에서 일정한 곳에 운(韻)을 닮. rhyming

おうう[奥羽](명)〈지〉 예전 혼슈우(本州) 동북 지방의 이름.

おうえん[応援](명·타サ) 응원. ①도움. ②〔경기에서〕 박수를 치고 소리를 높여 자기편 선수를 격려함. 2. cheering

おうおう[怏怏](부) 앙앙. 마음에 만족하지 않은 모양.「一として楽(タノ)しまず; 매우 불만스러워 울적하다」 despondingly

おうおう(にして)[往往(にして)](부) 왕왕. 이따금. 때때로. often

おうか[王化](명) 왕화. 임금의 뛰어난 덕에 의한 감화. the benevolent influence of the Emperor

おうか[王家](명) 왕가. 임금의 가계(家系). 왕실. the Imperial family

おうか[応化](명) 응용 화학(応用化学)의 준말.

おうか[欧化](명·자타サ) 유럽식으로 바뀜. 서양화(西洋化).「一思想(シソウ); 구화 사상」 Europeanization

おうか[殃禍](명) 앙화. 재난. a misfortune

おうか[桜花](명) 벚꽃. cherry blossoms

おうか[横禍](명) 뜻하지 않은 재난. 횡액. an accident

おうか[謳歌](명·타サ) 구가. 입을 모아 칭찬함.「平和(ヘイワ)を一する; 평화를 구가하다」 glorification

おうが[枉駕](명·자サ) 왕가. 찾아 오심. 왕림(枉臨).

おうが[横臥](명·자サ) 모로 누움. 모로 누워 잠. lying on one's side

おうかく[凹角](명)〈수〉 요각. 두 직각보다 크고 네 직각보다 작은 각. ↔凸角(トッカク). are-entrant angel

おうかくまく[横隔膜](명)〈생〉 횡격막. 흉강(胸腔)과 복강(腹腔) 사이에 있는 활 모양의 근육성의 막. 가로막. the diaphragm

おう かん[王冠](명) 왕관. ①임금의 관. ②승리의 관. ③병마개. 1. a royal crown
おう かん[往還](명)①왕복. ②왕래. 1. coming and going
おう き[王畿](명) 왕기. 왕성 둘레 천리의 땅. 왕도 근방. the area adjacent to the royal palace site
おう き[嘔気](명) 구역질 나는 기분. 토기(吐気). nausea
おうぎ[扇]アフギ(명) 부채. a folding fan. **— がた**[扇形](명) 부채꼴.
おう ぎ[奥義](명) ⇨おくぎ.
おう ぎ[横議](명·자サ) 멋대로 논의함. having one's own way in argument
おう ぎゃく[横逆](명) 횡포하고 도리에 어긋남. iniquity
おう ぎゃく[横虐](명) 횡포하고 잔악한 것. atrocity
おう きゅう[王宮](명) 왕궁. 왕이 거처하는 궁궐. 대궐. a royal palace
おう きゅう[応急](명) 응급. 급한 대로 우선 처리하는 것.「一策(サク); 응급책」 a makeshift
おう ぎょう[王業](명) 왕업. 왕의 국토 통치의 대업(大業). kingcraft
おう ぎょく[黄玉](명)〈광〉 황옥. 보석 이름. 노랑이나 무색의 투명, 또는 반투명의 광택 있는 광물. topaz
おう け[王家](명) 왕가. 왕의 일가. the royal family
おう けい[凹形](명) 가운데가 움푹 팬 모양. 오목한 모양. concavity
おう けつ[甌穴](명)〈지〉 구혈. 급한 흐름의 내나 폭포로 바위 바닥이 침식되고 그곳에 자갈 등이 회전 침식하여 생긴 사발 모양의 움푹한 구덩이. a pothole
おう けん[王権](명) 왕권. 임금의 권력.「一神授説(シンジュセツ); 왕권 신수설」 sovereign powers
おう こ[往古](명) 옛날. ancient times
おう ご[応護](명)〈불〉 중생의 기도에 응해 부처가 지켜 주는 일. divine protection
おう こう[王公](명) 왕공. 왕과 공. 귀인. the nobility
おう こう[王后](명) 왕후. 왕의 부인. an empress
おう こう[王侯](명) 왕후. 왕과 제후.「一貴族(キゾク); 왕후 귀족」 crowned heads
おう こう[往航](명) 목적지를 향하여 가는 항해. 또는 항공. ↔復航(フッコウ). the voyage out
おう こう[横行](명·자サ) 횡행. ①(악이) 활개침. ②자행됨.「不正取り引(フセイトリヒ)きが一する; 부정 거래가 자행되다」 ③옆으로 걸음. 1. swaggering about
おう こく[王国](명) 왕국. 왕이 다스리는 나라. a kingdom
おう ごん[黄金](명) 황금. ①순금(純金). ②돈. 1. gold 2. money. **— じだい**[黄金時代](명) 황금 시대. 가장 왕성하고 화려한 시대. **— ぶんかつ**[黄金分割](명) 황금 분할. 직선을 1대 1.618의 비례로 나누는 일.
おう さ[王佐](명) 왕에 대한 보좌(補佐). 보필(輔弼). assistance of an emperor
おう ざ[王座](명) 왕좌. ①임금의 자리. 옥좌. ②제일의 지위. 1. the throne
おう さい[往歳](명) 지난해. 지난 세월. 왕년. old years
おう さい[殃災](명) 재앙. 재난. a disaster
おうさきるさアフサー(명)〈고〉 ①한쪽이 좋으면 한쪽이 나쁜 것. ②이것 저것. ③가고 오는 것. 왕래.
おう さつ[鏖殺](명·타サ) 전멸함. 몰살함. massacre
おう さま[王様](명) 임금의 높임말. 임금님.
おうし[啞]オフシ(명) ⇨おし.
おう し[王氏](명) ①중국 천자의 자손. ②천황의 자손으로 성(姓)이 주어지지 않은 사람.
おう し[王師](명) 왕사. ①임금의 군대. ②임금의 스승. 1. the Imperial army
おう し[横死](명·자サ) 횡사. 재난에 부딪쳐 갑자기 죽음. 사고로 죽음. an accidental death
おう じ[王子](명) 왕자. ①임금의 아들. ②황족(皇族)의 아들. a prince
おう じ[王事](명) ①임금의 사업. ②왕실에 관한 일.「一に尽(ツ)くす; 임금을 위하여 진력(尽力)하다」 1. royal doings
おう じ[往事](명) 지난 일. 옛일.「一は夢(ユメ)のごとし; 지난 일은 꿈과 같다」 bygones
おう じ[往時](명) 지나간 때. 옛날. old days
おう じ[皇子](명) 황자. 천황의 아들. an Imperial prince
おう しつ[王室](명) 왕실. 임금의 가족. the royal family
おう じつ[往日](명) 지난날. 옛날. old days
おう しゃ[王者](명) 왕자. ①제왕(帝王). ②왕도(王道)로써 나라를 다스리는 사람. ↔覇者(ハシャ). ③제일인자. 1. a king
おう しゃ[往者](명) 지난날. 옛날. bygones
おう しゃ[横斜](명) 옆으로 기욺. sideways inclination
おう じゃく[尫弱](명) 허약(虚弱). weakness
おう じゃく[往昔](명) 옛날. ancient times
おう しゅ[応手](명) 응수. 〔바둑, 장기 등에서〕 상대방의 수에 응하여 두는 수. a responding move
おう じゅ[応需](명) 요구에 응함.「入院(ニュウイン)一; 입원 요구에 응함」
おう じゅ[桜樹](명)〈식〉 벚나무. a cherry tree
おう しゅう[応酬](명·자サ) 응수. ①대답함.「負(マ)けずに一する; 지지 않고 대답하다」 ②말이나 술잔을 주고 받음. 수작(酬酌).「一をくり返(カエ)す; 되풀이하여 주고 받다」 1. response
おう しゅう[押収](명·타サ)〈법〉 압수. 재판소가 증거품, 몰수할 재산 등을 차압하는 강제 처분. seizure
おう しゅう[欧州](명)〈지〉 구주. 유럽. 유럽주. Europe. **— たいせん**[欧州大戦](명) ⇨せかいたいせん(世界大戦).
おう しゅう[奥州](명)〈지〉 아오모리(青森), 이와테(岩手), 미야기(宮城), 후쿠시마(福島)의 4현.
おう じゅく[黄熟](명·자サ) 황숙. (곡물이) 누렇게 익음. ripening yellow
おうじゅ ほうしょう[黄綬褒章](명) 오랫동안 일에 힘써 공적이 있는 사람에게 정부가 주는 황색 리본이 달린 기장(記章).
おう じょ[王女·皇女](명) 왕녀. ①임금의 딸. 공주. 옹주. ②황족의 딸. a princess
おう しょう[王将](명) 일본 장기의 궁(宮). a king
おう しょう[応召](명·자サ)〈군〉 응소. ①소집에 응함.

②군인이 소집된 장소에 모임. 2. answering the call to the colours

おうしょう[鞅掌](명·자サ) ①바삐 일함. ②스스로 만족함. 1. being busily engaged in

おうじょう[王城](명) 왕성. ①임금이 사는 곳. 궁성. 궁궐. ②도읍. 도성. 수도. 1. an Imperial castle

おうじょう[凹状](명) 오목한 모양. hollowness

おうじょう[往生](명·자サ) ①〈불〉 왕생. 극락에 태어나는 일. ②죽음. 「一際(ギワ); 임종시」 ③처치에 곤란함. 「あれにはーした; 그것엔 손 들었어」 1. attainment of nirvana

おうしょく[黄色](명) 황색. 노랑. yellow

おう·じる[応じる](자상 1) ①응하다. 「質問(シツモン)にー; 질문에 응하다」 ②따르다. 「すすめにー; 권유에 따르다」 ③적응하다. 「環境(カンキョウ)にー; 환경에 적응하다」 1. respond 2. comply

おうしん[応診](명·자サ) 의사가 요구에 따라 진찰함. complying with a medical examination

おうしん[往信](명) 보내는 편지. 왕복 엽서에서 보내는 면(面)의 편지. ↔返信(ヘンシン). a letter sent

おうしん[往診](명·자サ) 왕진. 의사가 환자의 집에 가서 진찰함. ↔宅診(タクシン). a sick visit

おうす[御薄](명) 엷은 차의 미칭(美称).

おうすい[王水](명)〈이〉 왕수. 농염산(濃塩酸)과 농질산(濃窒酸)을 3 대 1의 비율로 섞은 액체. 금, 백금 등을 녹임. aqua regia

おうすい[黄水](명) 토할 때 나오는 위액(胃液). bile

おうせ[逢瀬]アフー(연어·명) 만날 기회. 남녀가 몰래 만나는 일. 밀회(密会). 「ーを楽(タノ)しむ; 밀회를 즐기다」 a meeting

おうせい[王政](명) 왕정. 임금이 행하는 정치. 「一復古(フッコ); 왕정 복고」 Imperial rule

おうせい[旺盛](명·형동ダ) 왕성. 매우 성한 모양. 「意欲(イヨク)ー; 의욕 왕성」 vigorous

おうせき[往昔](명) 옛날. 옛적. old days

おうせつ[応接](명·자サ) 응접. ①접대함. ②면회함. 「一室(シツ); 응접실」 1. reception

おうせつじゅうせつ[横説縦説](명·자サ) 종횡 자재로 논함. arguing eloquently

おうせん[応戦](명·자サ) 응전. 적의 공격에 응해서 싸움. defence

おうせん[横線](명) 횡선. 가로 그은 줄. 가로줄. 「一小切手(コギッテ); 횡선 수표(手票)」 ↔縦線(ジュウセン). a horizontal line

おうぜん[汪然](부) ①깊고 넓은 모양. ②눈물이 막 쏟아지는 모양. 1. vastly

おうそ[応訴](명·자サ)〈법〉 응소. 소송에 응해서 피고로서 대처하는 일. a counter suit

おうそう[押送](명·타サ)〈법〉 압송. 죄수를 다른 곳으로 보내는 일. escorting

おうぞく[王族](명) 왕족. 왕의 가족. 왕의 일가. a royal family

おうだ[殴打](명·타サ) 구타. 때림. a blow

おうたい[応対](명·자サ) 응대. 면회하여 상대함. 「客(キャク)にーする; 손님을 응대하다」 reception

おうたい[横隊](명) 횡대. 가로 서는 대형(隊形). ↔縦隊(ジュウタイ). a line

おうだい[王代](명) 왕조 시대(王朝時代)의 준말.

おうたいホルモン[黄体 hormone](명)〈생〉 황체 호르몬. 난소(卵巣)에서 나오는 호르몬의 한 가지. 정받이(受精)한 정자(精子)를 잘 발육시킴. 「consent

おうだく[応諾](명·자サ) 응낙. 받아 들임. 승낙함. ↗

おうだつ[横奪](명·타サ) 가로챔. 약탈. usurpation

おうたどころ[御歌所](명) 궁중에서 와카(和歌)에 관한 사무를 보는 곳. the Imperial Poetry Bureau

おうだん[黄疸](명)〈의〉 황달. 담즙(胆汁)의 색소 관계로 피부가 노래지는 병. 달병(疸病). jaundice

おうだん[横断](명·타サ) 횡단. ①가로 자름. 「一面(メン); 횡단면」 ②가로지름. ③아래위 둘로 가름. ↔縦断(ジュウダン). 1. 2. intersection

おうち[楝](명)〈식〉 ⇨せんだん(栴檀).

おうち[凹地](명) 오목한 땅. 얕은 땅. a hollow

おうちゃく[横着](명·자サ·형동ダ) ①건방짐. 방자함. ②게으름. ③능청스러움. 뻔뻔스러움. 3. being cunning

おうちょう[王朝](명) 왕조. ①조정(朝廷). ②왕조 시대의 준말. 「一物語(モノガタリ); 왕조 이야기」 1. the royal court

おうちょう[応徴](명·자サ) 징용(徴用)이나 징병(徴兵)에 응함. obeying a calling-up order

おうつり[御移り](명) 선물을 담아 온 그릇에 답례로 넣어 보내는 반지(半紙), 성냥 등. a return present

おうて[王手](명) 〔장기에서〕 직접 궁(宮)을 공격하는 수. a check

おうて[追う手]オフー(명) ⇨おおて(大手).

おうてき[横笛](명) ⇨よこぶえ.

おうてっこう[黄鉄鉱](명)〈광〉 황철광. 누런 빛이 나는 광석. 유황, 철이 주성분이며 황산(黄酸) 제조의 원료가 됨. pyrites

おうてん[横転](명·자サ) 횡전. ①좌우로 회전함. 옆으로 돎. ②옆으로 넘어짐. 1. a lateral turning

おうと[王都](명) 왕도. 궁성(宮城)이 있는 도시. 수도(首都). a capital

おうと[嘔吐](명·타サ) 구토. 토함. vomiting

おうど[王土](명) 왕토. 왕의 영토. 임금이 다스리는 국토. (왕의 덕. 문화를 기리어 하는 말) the Imperial domain

おうど[黄土](명) 황토. ①중국 산서성(山西省) 등에 많은 노랗고 고운 흙. ②〈광〉 산화철(酸化鉄)을 포함한 노란 진흙. 2. loess

おうとう[王統](명) 왕통. 임금의 핏줄기. 황통(皇統). royal descendants

おうとう[応答](명·자サ) 응답. 물음에 답함. 또는 그 대답 「質疑(シツギ)ー; 질의 응답」 a reply

おうどう[王道](명) 왕도. 임금의 인덕(仁徳)을 근본으로 해서 나라를 다스리는 방법. ↔覇道(ハドウ). righteous government

おう どう[黄道](명)〈천〉 ⇨こうどう.
おう どう[横道](명·형동ダ) ①올바르지 않은 길. 사도(邪道). ②방자함. 패씸함. 1. evil ways
おう とつ[凹凸](명) 요철. 오목한 것과 볼록한 것. 「ーレンズ; 요철 렌즈」 unevenness
おうな[媼·老女](명) 나이 먹은 여자. 할머니. an aged woman
おう な·し[奥無し](형ク)〈고〉 생각이 얕다. 경솔하다.
おう なつ[押捺](명·타サ) 도장을 찍음. 날인(捺印). stamping a seal
おうにんの らん[応仁の乱](명)〈역〉 오오닌 원년(元年)부터 11년에 걸쳐 있었던 전란. (1467~77) 귀족들의 세력 다툼으로 전국(戦国) 시대의 원인이 되었음.
おうねつびょう[黄熱病](명)〈의〉 황열병. 열대 지방에 유행하는 급성 전염병. yellow fever
おう ねん[往年](명) 왕년. 지난 세월. 옛날. 과거. 「ーのおもかげ; 지난날의 모습」 former years
おう のう[懊悩](명·자サ) 오뇌. 번민(煩悶). 고민. mental anguish
おう は[横波](명)〈이〉 횡파. 물결의 진행 방향에 대하여 직각으로 진동하는 파동. ↔縦波(ジュウハ). transverse wave
おう ばく[黄蘗](명) ①〈식〉 황벽나무. 운향과에 속하는 낙엽 활엽 교목. 목재는 건축용. 수피는 코르크용 또는 과실과 함께 약용함. 황경피나무. ②황벽나무 껍질로 만든 물감. 1. 〈학명〉 Phellodendron amurense Ruprecht
おうばくしゅう[黄檗宗](명)〈불〉 인겐(隠元)이 시작한 선종(禅宗)의 한 파.
おう はん[凹版](명) 요판. 인쇄하는 부분이 판면(版面)보다 오목한 정밀한 인쇄판. 오프셋판. 「ー印刷(インサツ); 요판 인쇄」 ↔凸版(トッパン). intaglio
おうばん ぶるまい[椀飯振舞](명) ⇨おおばんぶるまい.
おう ひ[王妃](명) 왕비. 임금의 아내. 왕후. a queen
おう ひ[奥秘](명) ①⇨おくぎ(奥義). ②중요한 비밀. 2. the mysteries
おう ふく[往復](명·자サ) ①왕복. 갔다가 돌아 옴. ②편지의 왕래. ③〔←往復きっぷ〕왕복표. 왕복 차표. 1. going to and from
おう ぶん[応分](명) 응분. 신분에 알맞음. 「ーの寄付(キフ); 응분의 기부」 appropriation
おう ぶん[欧文](명) 구문. 유럽에서 쓰는 로마자의 문장. ↔和文(ワブン), 邦文(ホウブン). a European writing
おう へい[横柄·大柄](형동ダ) 방자(放恣)하고 거만한 모양. arrogant
おう べい[欧米](명) 구미. 유럽과 아메리카. Europe and America
おう へん[応変](명·자サ) 응변. 불의의 일을 적당히 처리함. 임기 응변. 「ーの処置(ショチ); 응변의 조처」 expediency
おう へん[黄変](명·자サ) 황변. 노란색으로 변함. 「ー米(マイ); 황변미」 yellowing
おうぼ[応募](명·자サ) 응모. 모집에 응함. 「ー人員(ジンイン); 응모 인원」 application
おう ほう[応報](명) 응보. 보답. 과보(果報). 「因果(インガ)ー; 인과 응보」 retribution
おう ほう[往訪](명·자サ) 왕방. 찾아 감. 만남. 방문. ↔来訪(ライホウ). a visit
おう ぼう[王法](명)〈불〉 왕법. 임금이 하는 통치의 법칙. ↔仏法(ブッポウ). king's government
おう ぼう[横暴](명·형동ダ) 횡포. 방자하고 거칢. 난폭. tyranny
おう ま[黄麻](명)〈식〉 황마. 열대산(熱帯産) 삼의 한 가지. 마대 등을 만듦. jute
おうまが とき[逢魔が時]アフマー(명) 저녁때. 해가 질 무렵. 황혼(黄昏). dusk
おう み[近江](명)〈지〉 옛 지방 이름. 현재의 시가현(滋賀県).
おう む[鸚鵡](명)〈동〉 앵무새. 말소리를 잘 흉내 내는 새. a parrot. ―**がえし**[鸚鵡返し]ーガヘシ(명) ①보낸 와카(和歌)를 조금 고쳐서 돌려 주는 일. ②상대방이 말한 대로 곧 되풀이하는 일.
おう めい[王命](명) 왕명. 임금의 명령. an order of a sovereign
おうめん きょう[凹面鏡](명)〈이〉 요면경. 반사면이 오목하게 들어 간 거울. 오목 거울. ↔凸面鏡(トツメンキョウ). a concave mirror
おう もん[応問](명) 물음에 답하는 일. 응답(応答). a reply to a question
おうもん きん[横紋筋](명)〈생〉 횡문근. 가로줄이 난 힘살. 뜻대로 움직일 수 있는 힘살. 수의근(随意筋). ↔平滑筋(ヘイカツキン). a voluntary muscle
おう よう[応用](명·자サ) 응용. 원리를 실제로 씀. 「ー化学(カガク); 응용 화학」 application
おう よう[汪洋](형동タリ) ①넓고 큰 모양. ②태연하고 여유 있는 모양. 1. vast
おう よう[鷹揚](형동ダ) ⇨おおよう(大様).
おう らい[往来](명·자サ) ①왕래. 가고 옴. ②길. 「ー中(ナカ); 길 가운데」 ③생활에 필요한 지식을 편지투로 나열한 옛날 교양책. ④소식. 방문. 1. coming and going
おう りつ[王立](명) 왕립. 왕실에서 설립한 것. royal
おう りょう[横領](명·자サ) 횡령. 남의 것을 불법으로 가로채거나 빼앗음. 「公金(コウキン)ー; 공금 횡령」 usurpation. ―**さい**[横領罪](명)〈법〉 횡령죄. 횡령으로 성립되는 죄.
おうりょうし[押領使](명)〈역〉 예전에 지방관(地方官) 중에서 특별히 뽑혀 군대를 이끌고 전국(全国)의 죄인을 잡거나 반란을 진압하던 벼슬.
おう りん[黄燐](명)〈이〉 황린. 인(燐)의 동소체(同素体)의 하나. 담황색으로 납 모양이며, 악취와 맹독(猛毒)이 있음. yellow phosphor
おう レンズ[凹 lens](명)〈이〉 오목 렌즈. 가운데가 얇은 렌즈. ↔凸(トツ)レンズ. a concave lens
おう ろ[往路](명) 가는 길. ↔復路(フクロ). the way to
おう ろ[欧露](명)〈지〉 유럽과 러시아.

オーヴン[oven](명) ⇨オーブン.
おえしき[御会式](명)〈불〉 니치렌(日蓮)의 기일(忌日)인 10월 13일의 법회(法会).
おえつ[嗚咽](명·자サ) 오열. 흐느껴 욺.「一の声(コエ); 흐느껴 우는 소리」 sobbing
おえらがた[御偉方](명)〈속〉 ①지위나 신분이 높은 사람들. ②훌륭한 분들.(농담조로 하는 말) a dignitary
お·える[負える]オヘル(자하 1) 할 수 있다. 다룰 수 있다.「手(テ)に負(オ)えない; 감당할 수 없다」be borne
お·える[終える]ヲヘル(타하 1) 끝마치다. 종결(終結) 짓다. finish
おお一[大]オホ(조어) ①큰. ②많은.「一入(イ)り満員(マンイン); 대만원」 ③제일의. 대표적인.「一本(モト); 제일 근본」
おおあざ[大字]オホ一(명) 일본의 말단 행정 구획의 하나. ↔小字(コアザ). a larger village section
おおあじ[大味]オホアヂ(형동ダ) 맛이 멈멈하고 풍미(風味)가 없는 모양. insipid
おおあたり[大当たり]オホ一(명·자サ) ①잘 맞아 떨어짐. 적중(適中). ②대성공. a great hit
おおあな[大穴]オホ一(명) ①큰 구멍. ②큰 손실. ③〔경마 등에서〕 예상이 크게 뒤집힘. 1. a large hole
おおあめ[大雨]オホ一(명) 큰비. 호우(豪雨). a heavy rain
おおあり[大有り]オホ一(명) ①많이 있는 것. ②물론 있는 것.「一だとも; 있고말고」
おおあれ[大荒れ]オホ一(명·자サ) ①심한 횡포. 매우 거칠게 굶. ②심한 폭풍우. 1. a heavy act
おお·い[多い]オホイ(형) 많다. 파생 **一げ**(형동ダ) **一さ**(명). many, much
おおい[被い·覆い]オホヒ(명) 씌우개. 덮개. a cover
おおいかぶ·せる[覆い被せる]オホヒ一(타하 1) ①덮어씌우다. ②쉬지 않고 퍼붓듯이 말하다. 1. cover
おおいき[大息]オホ一(명) 한숨. a deep sigh
おおいぎみ[大君]オホイ一(명)〈고〉 귀족의 맏딸의 존칭.
おおいさ[大いさ]オホイ一(명) 크기. size
おおいた[大分]オホ一(명)〈지〉 큐우슈우(九州) 동북부의 현. 또는 현청 소재지.
おおいどの[大殿]オホイ一(명)〈고〉 대신(大臣)의 높임말.
おおいなる[大いなる]オホイ一(연체) 큰. 위대한. great
おおいに[大いに]オホイ一(부) ①많이. 크게. ②심(甚)히. 1. much
おおいもうちぎみ[大臣]オホイマウチ一(명)〈고〉 대신.
おおいり[大入り]オホ一(명) 손님이 많이 드는 일. a full house. **一ぶくろ**[大入り袋](명)〔흥행업 등에서〕 손님이 많이 들었을 때 종업원에게 주는 특별 상여금을 넣은 주머니.
おお·う[被う·覆う·蓋う]オホフ(타 4) ①가리다.「顔(カオ)を一; 얼굴을 가리다」 ②덮다. ③싸서 감추다.「罪(ツミ)を一; 죄를 은폐하다」 2. cover 3. conceal
おおうちやま[大内山]オホ一(명) 대궐. 궁궐(宮闕). the Imperial Palace
おおうつし[大写し]オホ一(명·타サ)〔영화 등에서〕 가까이에서 크게 찍는 일. 대사. a close-up
おおうなばら[大海原]オホ一(명) 큰 바다. 대양(大洋). the ocean
おおえど[大江戸]オホ一(명) 에도(江戸)의 미칭(美称).
おおおおじ[大祖父]オホオホヂ(명)〈고〉 증조부.
おおおく[大奥]オホ一(명) ①에도성(江戸城)에서 장군의 아내가 거처하던 곳. ②대궐의 깊은 곳. 구중 궁궐. 1. an inner palace
おおおじ[大伯父·大叔父]オホヲヂ(명) 조부모의 남자 형제. 종조부(従祖父). 외종조부. a great-uncle
おおおば[大伯母·大叔母]オホヲバ(명) 조부모의 여자 형제. 대고모(大姑母). 왕고모. a great-aunt
おおがい[頁]オホガヒ(명) 한자 부수(部首)의 하나. 머리혈부. "頭, 顔" 등의 "頁" 부분.
おおがかり[大掛かり]オホ一(명·형동ダ) 대규모(大規模). a large scale
おおかぜ[大風]オホ一(명) 큰 바람. 강풍(強風). a gale
おおかた[大方]オホ一(명·부) ①대개. 아마. ②약. 대충. ③일반(一般).「一の読者(ドクシャ); 일반 독자」 1. probably 2. generally
おおがた[大形]オホ一(명·형동ダ) 큰 모양. 또는 큰 무늬.「一の鳥(トリ); 큰 새」 a large pattern
おおがた[大型]オホ一(명·형동ダ) 대형. 형체가 큼.「一のバス; 대형 버스」↔小型(コガタ). a large size
おおかみ[狼]オホ一(명)〈동〉 이리. a wolf
おおがら[大柄]オホ一(형동ダ) 몸집이나 무늬가 큰 모양. with a large frame
おおかれ すくなかれ[多かれ少なかれ]オホカレ一(연어·부) 많든 적든간에. 다소간에. more or less
おおき[多き]オホキ(명) 많음.「一を望(ノゾ)まない; 많은 것을 바라지 않는다」 plenty
おおき·い[大きい]オホキイ(형) ①크다. ②굵다. ③넓다. ④많다. ⑤무겁다. 파생 **一さ**(명). 1. big 5. heavy
おおきど[大木戸]オホ一(명) ①나무로 만든 대문. ②에도(江戸) 시대 도시(都市)의 출입구에 둔 관문(関門). 1. a front gate
おおきな[大きな]オホキ一(연체) ①큰. ②지나친. 쓸데 없는.「一おせわだ; 쓸데 없는 간섭이다」 1. big. **一かお**[大きな顔]一カホ(연어·명) 뽐내는 얼굴이나 태도.
おおきに[大きに]オホキ一 Ⅰ(부) 크게. 매우. Ⅱ(감)〈방〉〔칸사이(関西) 지방의 말로〕 고맙습니다. Ⅰ greatly Ⅱ Thank you.
おおきみ[大君]オホ一(명) ①천황의 높임말. ②제왕(諸王). 친왕(親王) 등의 높임말. 1. an Emperor
おおぎみ[大君]オホ一(명) 군주의 높임말. a sovereign
おおきやか[大きやか]オホキ一(형동ダ) 크게 보이는 모양. apparently large
おおぎょう[大形·大仰]オホ一(형동ダ) ⇨おおげさ.
おおぎり[大切り]オホ一(명) ①크게 자르는 일. 큰 토막. ②끝. ③〔연극에서〕 그날 최종회의 상연. 1. a large chop
おおく[多く]オホク(부) 흔히. 대개. almost

おお ぐい[大食い]オホグヒ(명) 많이 먹음. 또는 그 사람. 대식가. gluttony
おお ぐけ[大絎]オホー(명) ①크게 공그름. ②공그를 때 쓰는 긴 바늘. 1. a big stitch
オークション[auction](명) 오옥션. 경매(競売).
おお ぐち[大口]オホー(명) ①큰 입. ②큰소리. 호언 장담(豪言壮談). 「一を たたく; 큰소리 치다」 ③대량(大量). 「一の注文(チュウモン); 대량 주문」 1. a wide-open mouth
おお くら[大蔵]オホー(명) ←大蔵省. **— きょう**[大蔵卿](명) 옛날의 대장성(大蔵省)의 장관. **— しょう**[大蔵省](명)〈법〉 대장성. 재정을 맡는 중앙 행정 관청. 한국의 재무부에 해당. **— だいじん**[大蔵大臣](명)〈법〉 대장성의 장관. 한국의 재무부 장관에 해당.
オークル[프 ocre](명) 오크르. 황갈색.
オーケー[OK](감·명·자サ) 오우케이. ①알았다. ②승낙함.
おお げさ[大袈裟]オホー(형동ダ) 과대한 모양. 과장한 모양. 보통보다 심한 모양. 「一な動作(ドウサ); 과장된 동작」 exaggerated
オーケストラ[orchestra](명)〈악〉 오케스트라. ①관현악. 관현악단. ②주악석(奏楽席).
オーケストレーション[orchestration](명)〈악〉 오케스트레이션. 관현악으로 편성하는 것. 관현악 편곡법.
おおけ な·しオホケー(형ク)〈고〉 어울리지 않다. 동떨어지다.
おお ごえ[大声](명) 큰 목소리. a loud voice
おお ごしょ[大御所]オホー(명) ①은퇴한 막부 장군(幕府将軍)의 집. ②그 방면의 대세력가(大勢力家). 「文壇(ブンダン)の一; 문단의 대세력가」
おお ごと[大事]オホー(명) 큰 사건. 중대한 일. 큰일. 「一だ; 큰일이다」 a serious matter
おお さか[大阪]オホー(명)〈지〉 킨키(近畿) 지방 중앙부의 부(府). 또는 부청 소재지.
おお ざけ[大酒]オホー(명) ①많은 술. ②주호(酒豪). 술고래. 모주망태. 1. a large quantity of wine
おお ざっぱ[大雑把]オホー(명·형동ダ) ①대범함. ②대충. 대강. 조잡하고 개략적인 것. 「一に分類(ブンルイ)する; 대충 분류하다」 1. liberality
おお ざと[邑·阝]オホー(명) 한자 부수(部首)의 하나. 우부방. "邦, 都" 등의 "阝" 부분.
おお じ[大路]オホヂ(명) 대로. 큰길. 「都(ミヤコ)一; 도시(수도)의 큰길」 ↔小路(コウジ). a main street
おお じ[祖父]オホヂ(명)〈고〉 조부. ①부모의 아버지. ②늙은 사나이. 할아버지.
おおし·い[雄雄しい·男男しい]ヲヲー(형) 씩씩하다. 사내답다. 파생 **— げ**(형동ダ) **— さ**(명). brave
おお しお[大潮]オホシホ(명) 조수의 차가 제일 큰 때의 밀물과 썰물. ↔小潮(コシオ). the flood tide
おお じかけ[大仕掛け]オホー(명·형동ダ) 꾸밈새가 큼. 대규모. a large scale
おお じだい[大時代]オホー(명·형동ダ) 옛스러움. 몹시 오래 된 양식. 고풍(古風). 「一な言(イ)い方(カタ); 옛날식의 말투」 antiquity
おおし た·つ[生し立つ]オホシー(타하 2)〈고〉 양육하다. 키우다.
おおしま (つむぎ)[大島(紬)](명) 카고시마현(鹿児島県)의 오오시마(大島)에서 나는 명주의 한 가지.
オーシャン[ocean](명) 오우샨. 대양(大洋). 대해(大海).
おお·す[生す]オホスー(타 4)〈고〉 ①돋아 나게 하다. ②키우다.
おお·す[仰す]オホスー(타하 2)〈고〉 말씀하시다. 분부하시다.
おお·す[果す]オホスー(타하 2)〈고〉 다하다. 해 치우다.
おお·す[負おす·課す]オホス·オフス(타하 2)〈고〉 ①등에 지우다. ②책임 지우다. ③죄를 씌우다.
おお すじ[大筋]オホスヂ(명) 대강의 줄거리. 「事件(ジケン)の一を話(ハナ)す; 사건의 대강의 줄거리를 얘기하다」 an outline
オーストラリア[Australia·濠太剌利](명)〈지〉 오스트레일리아. 호주(濠洲). 아시아 동남쪽에 있는 대륙. 수도는 캔버러(Canberra).
オーストリア[Austria·墺地利](명)〈지〉 오스트리아. 오지리. 도이치 남쪽에 위치한 공화국. 수도는 비인(Wein).
おお すみ[大隅](명)〈지〉 옛 지방 이름. 현재 카고시마현(鹿児島県)의 일부.
おおせ[仰せ]オホセ(명) ①명령. 분부. ②말씀. 1. an order
おお ぜい[大勢]オホー(명) 많은 사람. a large number of people
おお ぜき[大関]オホー(명) ①씨름 선수 계급의 하나. 요코즈나(横綱)에 다음 가는 씨름군. ②같은 무리에서 뛰어난 사람. 2. a surpassing man
おおせ ごと[仰せ言]オホセー(명) 말씀. 분부의 말씀. one's words
おおせ つか·る[仰せ付かる]オホセー(자 4) "いいつかる(분부받다)"의 높임말. 「殿様(トノサマ)から一; 영주로부터 분부를 받다」 타 仰せ付ける(하 1).
おおせ ら·れる[仰せられる]オホセー(연어·하 1) 말씀하시다. 분부하시다.
おお·せる[果せる]オホセル(타하 1) 다하다. 이룩하다. 끝내다. 「やり一; 완수하다」 manage
おお ぞうオホザウ(형동ナリ)〈고〉 보통인 모양. 흔히 있는 모양.
おお そうじ[大掃除]オホー(명) ①1년에 한두 번 집 안팎을 대대적으로 청소하는 일. 대청소. ②두루 깨끗이 하는 일. 「歯(ハ)の一; 스케일링」 1. annual general house-cleaning
オーソドックス[orthodox](명·형동ダ) 오오도독스. 오르토독스. ①정통파(正統派). ②정통적. 「一な方法(ホウホウ); 정통적인 방법」
おお ぞら[大空]オホー(명) 대공. 넓고 큰 하늘. the sky
オーソリティー[authority](명) 오오도리티. 권위. 대가.
オーダー[order](명) 오오더. ①순서. ②명령. ③주문(注文). **—メード**[order-made](명) 오오더메이드. 주문에 의하여 만든 제품. ↔レディーメード.
おお だい[大台]オホー(명)〈경〉 일화(日貨) 백 원(円)을

단위로 하는 가격의 범위. 「五百円(ゴヒャクエン)の一にのせる; (시세를) 5백 원 대로 올리다」

おおだち[大太刀]オホー(명) 큰 칼. a large sword

おおだちまわり[大立ち回り]オホダチマハリ(명) 큰 싸움. 큰 소동. a scuffle

おおだてもの[大立て者]オホー(명) ①한 극단에서 뛰어난 배우. ②가장 중요시되는 인물. 1. a principal actor

おおたば[大束]オホー Ⅰ(명) 큰 다발. Ⅱ(형동ダ) ①⇨おおざっぱ. ②⇨おおげさ. ③거만한 모양. 제 멋대로인 모양. Ⅰa large bundle

おおづかみ[大掴み]オホー(명·타サ) ①손을 크게 벌려 쥠. ②대강의 파악. 1. grasping

おおつごもり[大晦]オホー(명) ⇨おおみそか.

おおづつ[大筒]オホー(명) 옛날의 대포(大砲). a gun

おおづな[大綱]オホー(명) ①굵은 밧줄. ②근본적인 것. 대본(大本). 1. a large rope

おおっぴら[大っぴら]オホッー(형동ダ) 공공연한 모양. 노골적인 모양. 「一にいいふらす; 공공연히 말을 퍼뜨리다」 publicly

おおづめ[大詰め]オホー(명) ①〔연극에서〕 최후의 장면. ②끝. 종국. 1. the last scene

おおて[大手]オホー(명) ①적의 정면을 공격하는 부대. ②성의 정문. ↔からめて. ③〈경〉〔거래소에서〕 다액(多額)의 매매를 하는 사람. 큰손. 「一五社(ゴシャ); 큰 거래를 하는 다섯 회사」 ↔まばら. ④⇨おおで. 2. the front gate of a castle

おおで[大手]オホー(명) 크게 휘두르는 손. 크게 벌린 손. 「一を振(フ)って; 거리낌 없이(당당히, 활개를 치며)」 arms spread out

オーディオー[audio](조어) 오오디오. 라디오, 텔레비전 등의 음(音)의 부분. ↔ビデオ.

オーディション[audition](명) 오오디션. 계약을 하기 위해 가수 등의 음성을 테스트하는 일. 시청(試聴). 「一に合格(ゴウカク)する; 오오디션에 합격하다」

おおでき[大出来]オホー(명) ①훌륭한 결과. ②훌륭하게 해내는 것. 1. a great success

オーデコロン[프 eau de Cologne](명) 오드콜로뉴. 향수 비슷한 화장수.

オート[auto](명) 〔오오토모빌(automobile)의 준말〕 오오토. 자동차. **—さんりんしゃ**[auto 三輪車](명) 소형 삼륜차. 세 바퀴 오오토바이. **—レース**[auto-race](명) 오오토레이스. 오오토바이나 자동차의 경기.

おおど[大戸]オホー(명) 대문. 「一をおろす; 대문을 닫다」 the front gate

おおどう[大胴]オホー(명) 노오가쿠(能楽) 등의 반주에 쓰이는 큰 북.

おおどうぐ[大道具]オホー(명) 대도구. 무대 장치 중 비교적 큰 축조물의 총칭. ↔小(コ)道具. stage-setting

おおどおり[大通り]オホドホリ(명) 큰길. 넓은 길. 주요 거리. a main street

おおどか[大どか]オホー(형동ダ) 대범한 모양. 관대한 모양. broad-minded

おおどこ[大所]オホー(명) ⇨おおどころ.

おおどころ[大所]オホー(명) ①커다란 집. 부자집. ②세력가. 권위자. 2. an authority

おおどしより[大年寄]オホー(명) ⇨たいろう(大老).

おおとの[大殿]オホー(명) ①대전. 궁전. 정전(正殿). 대내. ②대신(大臣)의 높임말. ③대신이나 귀족의 부친을 높이어 일컫는 말. **—あぶら**[大殿油](명) 궁중의 대전에 켜는 등잔불. **—ごも·る**[大殿籠る](자 4)〈고〉 "寝(ネ)る(자다)"의 높임말. 주무시다.

オートバイ(명)〔오오토바이크(autobike)의 준말〕 오오토바이. 자동 이륜차(自動二輪車).

オードブル[프 hors d'œuvre](명) 오르되브르. 〔서양요리에서〕 식전(食前) 또는 술안주로 먹는 가벼운 음식. 전채(前菜).

オートマチック[automatic](형동ダ) 오오토매틱. ①자동적. ②자동 권총.

オートマット[도 Automat](명) 아우토마트. 오오토맷. 사진기의 셔터나 필름 감기의 자동 장치.

オートミール[oatmeal](명) 오우트미일. 서양식 죽의 한 가지. 귀리를 갈아서 우유와 함께 끓여 설탕, 소금을 쳐서 먹음.

オートメ(ーション)[automation](명) 오오토메이션. 자동 조작(操作) 방식. 전자 장치를 이용한 자동 제어(自動制御)에 의하여 전생산 공정(全生産工程)을 자동화하는 방식.

おおども[大供]オホー(명)〈속〉 어른. ↔子供(コドモ). an adult

おおとり[鵬]オホー(명) 붕새. 날개 길이 3천 리, 한 번 날개 치면 9만 리를 난다는 상상상(想像上)의 큰 새. 붕조.

おおとり[大鳥]オホー(명) 큰 새. a large bird

おおど·るオホー(자하 2)〈고〉 ①헝클어지다. 어수선하게 흩어지다. ②대범하게 하다.

オーナー[owner](명) 오우너. 소유자. 선박, 출판사, 야구단(野球団) 등의 소유자.

おおにオホー(부)〈고〉 이럭저럭 적당히. 어렴풋이.

おおにゅうどう[大入道]オホー(명) ①중대가리 모양의 도깨비. ②몸집이 큰 사람. 1. a bonze-headed bogy

おおぬのこ[大布子]オホー(명)〈고〉 솜을 두둑하게 많이 둔 무명 옷.

オーバー[over] 오우버. Ⅰ(명·자サ) ①지남. ②초과함. 지나침. 「一タイム; 오우버타임(규정 시간을 초과한 노동 시간)」 Ⅱ(명)←オーバーコート. **—コート**[overcoat](명) 오우버코우트. 외투. **—スライド**[overslide](명·자サ) 오우버슬라이드. 지나치게 미끄러짐. **—(ハンド)スロー**[over (hand) throw](명) 오우버(핸드)드로우. 〔야구에서〕 위로 던지는 일. ↔アンダー(ハンド)スロー. **—ラップ**[overlap](명·타サ) 오우버랩. 〔영화에서〕 영상(映像)을 이중으로 비춤. **—ワーク**[overwork](명·자サ) 오우버워어크. 너무 일을 많이 함. 과중 노동.

オーバーチュア[overture](명)〈악〉 오우버추어. 전주곡. 서곡(序曲).

オーバーホール[overhaul](명·타サ) 오우버호올. (항공기를) 분해 수리(分解修理)함.

おおばこ[車前(草)]オホバコ(명)〈식〉 차전초. 잎이 크며 씨, 잎, 뿌리는 약용함. 질경이. a plantain
おおはし[大橋]オホー(명) 큰 다리. a big bridge
おおはば[大幅]オホー(명・형동ダ) 대폭. ①보통보다 폭이 큼. ②변동이 많음. 「一な値上(ネア)げ; 대폭적인 가격 인상」 1. full width
おおはらい[大祓い]オホハラヒ(명)〔"おおはらえ"의 변화〕 죄나 부정(不浄)을 씻어 버리는 신사(神社)의 행사로 6월과 12월 말일에 행함. 큰 액막이.
オーパル[opal](명)〈광〉 ⇨オパール.
おおばん[大判]オホー(명) ①대판. 넓은 지면(紙面). ②타원형의 큰 금화(金貨). ↔小判(コバン). ③대형(大形). 1. a large size
おおばんぶるまい[埦飯振舞・大盤振舞]オホバンブルマヒ(명・자サ) 옛날 설날에 친척 등을 초대하여 성찬을 베풀던 일. 성대한 잔치.
オービー[OB←old boy](명) 오우비이. ①교우(校友). 졸업생. 선배. ②졸업생 티임.
おおびけ[大引け]オホー(명)〈경〉〔거래소에서〕 오전이나 오후의 입회(立会)가 끝나는 일. 또는 최종회의 매매나 시세. 종필(終畢). ↔寄(ヨ)り付(ツ)き. closing
おおひろま[大広間]オホー(명) 아주 넓은 방. a grand hall
おおふう[大風]オホー(형동ダ) 뽐내는 모양. 건방진 모양. 「一な態度(タイド); 뽐내는 태도」 haughty
オープス[라 opus](명)〈악〉 오푸스. 예술 작품. 걸작(傑作). 대작(大作).
オープニング[opening](명) 오우프닝. ①처음 공개. 「一ショー; 오우프닝쇼오」 ②개시. 시작.
おおぶね[大船]オホー(명) 큰 배. 「一に乗(ノ)ったような気持(キモ)ち; 큰 배를 탄 것 같은 마음(믿고 안심하는 마음)」 a large ship
おおぶり[大降り]オホー(명) 눈이나 비가 심하게 오는 일. a heavy fall
おおぶり[大振り]オホー Ⅰ(명・타サ) ①〔야구에서〕 크게 휘두름. 스윙. ②대형(大形). Ⅱ(명・형동ダ) (딴 것에 비겨서) 큼. ↔小(コ)振り. Ⅰ 2. a large size
おおぶろしき[大風呂敷]オホー(명) ①큰 보자기. ②과장하여 하는 말. 또는 그러는 사람. 「一をひろげる; 허풍을 떨다」 2. a big talk
オーブン[oven](명) ⇨てんぴ(天火).
オープン[open] 오우픈. Ⅰ(형동ダ) ①열린 모양. 탁 트인 모양. 개방적. 「一セット; 오우픈셋」↔シャット. ②공개된 모양. 공개적. Ⅱ(명) ①〔오우픈카아(open car)의 준말〕 지붕 없는 자동차. ②공개 경기. 참가 자격의 제한이 없는 경기. 오우픈게임. ③〔수영에서〕 자유형. **一ショップ**[open shop](명) 오우픈숍. 노동 조합원이거나 아니거나에 관계 없이 고용하는 공장. ↔クローズドショップ.
おおべや[大部屋]オホー(명) ①큰방. ②〔극장 등에서〕 하급 배우가 함께 쓰는 방. ③하급 배우. 1. a large room 3. lower class actors
オーボエ[oboe](명)〈악〉 오보에. 오케스트라에 쓰이는 어두운 고음의 목관 악기. 〔オーボエ〕
おおまか[大まか]オホー(형동ダ) ①⇨おおよう. ②⇨おおざっぱ.
おおまがとき[大禍時]オホー(명)〈고〉 ⇨おうまがとき.
おおまけ[大負け]オホー(명・자サ) ①매우 싸게 함. 값을 많이 깎음. 「一に負けて十円(ジュウエン)だ; 아주 싸게 해서 10원이다」 ②대패(大敗)함. 1. a big cut in price 2. a crushing defeat
おおまた[大股]オホー(명) 가랑이를 크게 벌리는 것. 「一歩(アル)き; 큰 걸음(성큼성큼 걷는 걸음)」 long steps
おおまんどころ[大政所](명) 섭정(摂政), 관백(関白)의 어머니를 높이어 일컫는 말. ↔北(キタ)の政所.
おおみ一[大御]オホー(접두)〈고〉 신이나 천황에 관한 사물에 붙여 쓰는 높임말. 「一代(ヨ); 천황의 치세(治世)」
おおみ[大身]オホー(명) ①(날이) 길고 큼. 「一の槍(ヤリ); 날이 길고 큰 창」 ①임금의 몸.
おおみえ[大見え・大見得]オホー(명) 크게 뽐내는 것. 과시(誇示). 「一を切(キ)る; 크게 뽐내어 눈에 띄는 표정이나 동작을 하다」 display
おおみず[大水]オホミヅ(명) 홍수. 큰물. a flood
おおみそか[大晦日]オホー(명) 대회일. 섣달 그믐날. the last day of the year
おおみや[大宮]オホー(명) ①〈고〉 궁전의 높임말. ②신사(神社)의 높임말. ③태황, 태후 또는 황태후의 높임말.
おおみやびと[大宮人]オホミヤー(명) 궁중에서 일하는 사람. 공경(公卿). a courtier
おおみよ[大御代]オホミー(명) 천황이 다스리는 세상. 성대(聖代). the Imperial reign
おおむかし[大昔]オホー(명) 먼 옛날. 태고(太古). great antiquity
おおむぎ[大麦]オホー(명)〈식〉 보리. barley
おおむこう[大向こう]オホムカフ(명) ①〔극장에서〕 서서 보는 자리. 입석(立席). ②관중(観衆). 대중(大衆). the gallery
おおむね[概ね]オホー(부) 대개. 대체로. 일반적으로. generally
おおめ[大目]オホー(명) ① 200 돈쭝을 1 근으로 하여 무게를 다는 법. ②관대(寛大)한 처사. 관대한 취체(取締). 「一に見(ミ)る; 관대하게 보다」 ③대강의 계산. 2. generosity
おおめだま[大目玉]オホー(명) ①크고 튀어 나온 눈. 왕방울 눈. 또는 그런 사람. ②심한 꾸중. 「一をくう; 심한 꾸중을 듣다」 1. big eyes
おおめつけ[大目付]オホー(명) 에도 막부(江戸幕府)의 벼슬 이름. 주로 지방 영주를 감시하던 벼슬.
おおもじ[大文字]オホー(명) 대문자. ①큰 글자. ②로마자에서 문장 첫머리에 쓰는 큰 글자. 머리 글자(頭文字). ↔小(コ)文字. 1. a big letter
おおもて[大持て]オホー(명) 대인기. 대환영. being lionized
おおもと[大本]オホー(명) 대본 근본. 근원. the foundation

おおもの[大物]オホー(명) ①뛰어난 물건이나 사람. ②세력 있는 사람. 「政界(セイカイ)の―; 정계의 거물」 ↔小物(コモノ). 2. a big figure

おおもり[大盛り]オホー(명) 음식물을 수북하게 담은 것. a heap

おおもん[大門]オホー(명) 대문. 정문. the front gate

おおや[大家·大屋]オホー(명) ①집주인. ②본채. 안채. 1. a landlord

おおやいし[大谷石]オホヤー(명)〈광〉응회석. 화산재(火山灰), 모래 등이 엉겨 된 무른 바위. 화산암의 한 가지. 건축재 등에 쓰임.

おおやかず[大矢数]オホー(명) ①옛날 저녁부터 그 다음날 저녁때까지 계속 쏘는 원거리 궁술 시합. ②하이쿠(俳句)를 하루에 계속적으로 많이 지어 내는 일.

おおやけ[公]オホヤケ(명) ①〈고〉조정. 정부. ②관청의 일. ③세상. 공중. ④나타난 일. 「―にする; 공개(공표)하다」 ⑤공공(公共). 공유(共有). 「―の建物(タテモノ); 공공의 건물」 ⑥공평. 평등. 2. the government affairs. **―びと**[公人](명) 궁전에서 일보는 사람.

おおやしま[大八洲]オホー(명)〈고〉일본의 옛 이름.

おおゆき[大雪]オホー(명) 대설. 많이 쌓인 눈. 많이 내리는 눈. ↔小雪(コユキ). a heavy snow fall

おおよう[大様]オホー Ⅰ(형동ダ) ①대범한 모양. 관대한 모양. ②침착한 모양. Ⅱ(부) 대체로. 일반적으로. Ⅰ 1. generous

おおよそ[大凡]オホー Ⅰ(명) 보통. 대개. Ⅱ(부) 아마. 대개는. 거의. Ⅰ approximate Ⅱ about

オーライ(감) 〔오울라이트(all right)의 변화〕 오라이. 좋다. 오우케이.

おおらか オホラカ(형동ダ) 대범한 모양. 도량이 넓은 모양. large-hearted

おおり ヲヲリ(명)〈고〉휨. 휘도록 무성함. 동 おおる(자 4).

オール[all](명) 오올. 모두. 전부. 「―ウール; 순모(純毛)」 **―ウエーブ**[all wave](명) 오올웨이브. 전파 수신기(全波受信機). **―ナイト**[all night](명) 오올나이트. 철야(徹夜). **―バック**[일 all back](명) 오올백. 가리마 없이 뒤로 빗어 넘긴 머리. **―マイティー**[almighty](명) 오올마이티. ①전능(全能)의 신. ②〔트럼프에서〕 제일 센 패. 조우커.

オール[oar](명) 오어. 노(櫓).

オールド―[old](조어) 오울드. ①나이 먹은. ②묵은. 옛날의. 옛 것의. 「―ファッション; 구식(舊式)」 **―ボーイ**[old boy](명) 오울드보이. ①교우(校友). ②졸업생 티임. ③마음이 젊은 노인. **―ミス**[일 old miss](명) 오울드미스. 노처녀.

オーレオマイシン[aureomycin](명)〈의〉 오오레오마이신. 일종의 방사균(放射菌)으로부터 분리한 황색 결정성(結晶性)의 항생 물질.

おおろか オホロカ(형동ナリ)〈고〉소홀한 모양. 어렴풋한 모양. 엉터리인 모양.

オーロラ[aurora](명) 오오로라. ①로마 신화에 나오는 새벽의 여신(女神). ②〈지〉(양극 지방에서) 공중에 막을 내린 것같이 엷은 빛이 나타나는 현상. 극광(極光).

おおわざもの[大業物]オホー(명) 길고 잘 드는 칼. a long and sharp sword

おおわらい[大笑い]オホワラヒ(명·자サ) ①크게 웃음. ②몹시 비웃음. 1. a great laughter

おおわらわ[大童]オホワラハ(명·형동ダ) 힘있는 데까지 분투함. 「―になる; 크게 분투하다」 actively engaged

おか[丘·岡]ヲカ(명) 언덕. a hill

おか[陸]ヲカ(명) ①뭍. 육지. ②목욕통 밖의 바닥. ③벼루의 먹을 가는 곳. 1. land

おかあさま[御母様](명) 어머니의 높임말. 어머님. a mother

おかいこ[御蚕]―カヒコ(명) ①누에. ②〈속〉비단. 「―ぐるみ; 비단으로 휘감다」 1. a silkworm

おかえし[御返し]―カヘシ(명·타サ) ①답례 선물. 「お祝(イワ)いをもらった―; 축하 선물을 받은 답례 선물」 ②회답함. 1. a return present

おかか(명) "かつおぶし"의 여성어(女性語).

おかかえ[御抱え]―カカヘ(명) 고용. 「―の運転手(ウンテンシュ); 고용한 (자가용) 운전수」 employment

おがくず[大鋸屑]―クヅ(명)〔おが=큰톱〕톱밥. sawdust

おかくれ[御隠れ](명) 귀인의 죽음. 돌아 가시는 것. 「―になった; 돌아 가셨다」

おかげ[御陰·御蔭](명) ①덕분. 덕택. 혜택. 「君(キミ)の―だ; 자네 덕분일세」 ②〔"―さまで"의 형태로〕 덕분으로. 고맙게도. 1. grace

おかざり[御飾り](명) ①신불(神仏) 앞의 장식. 또는 그 앞에 바친 물건. ②설날의 장식. 1. divine ornaments 2. New Year decorations

おがさわらりゅう[小笠原流]ヲガサハラー(명) ①예법의 한 유파. 그 기원이 오래고 일반적으로 많이 쓰임. ②정중한 예의 범절. 2. strict formalities

おか·し ヲカシ(형シク)〈고〉①아취가 있다. ②뛰어나다. ③재미 있다. ④아름답다. ⑤우습다.

おかし·い[可笑しい]ヲカシイ(형) ①수상하다. 이상하다. ②우습다. 파생 **―が·る**(자 4) **―げ**(형동ダ) **―さ**(명). 1. strange 2. ridiculous

おかしな[可笑しな]ヲカシナ(연체) ⇨おかしい.

おかじょうき[陸蒸気]ヲカー(명) 기차의 옛 이름. a train

おかしら(つき)[尾頭付き]ヲー(명) 꼬리와 머리를 붙인 채로 구운 생선. a fish with the head and tail

おか·す[犯す·侵す]ヲカス(타 4) ①규칙이나 도덕을 어기다. 범하다. ②침입하다. 해를 주다. ③더럽혀 주다. 여인을 욕보이다. 1. violate 2. invade

おか·す[冒す]ヲカス(타 4) ①남의 이름을 사칭(詐称)하다. ②(위험이나 곤란을) 무릅쓰고 하다. 모험하다. ③침입하다. 1. assume

おかず[御数](명) 반찬. 부식물. a side dish

おかた[御方](명) ①남을 높이어 부르는 말. 「あの―; 저분」 ②귀인의 아내나 아이의 높임말. ③〈고〉남의 아내의 높임말.

おかちん(명) 〔여성어(女性語)로〕 떡.

おかっぱ[御河童](명) 단발 머리. a Dutch cut

おかっぴき[岡っ引き]ヲカッー(명) 에도(江戸) 시대의

하급 탐정. 포리(捕吏)의 보조 역할을 했음.

おかづり[陸釣り]ヲカ―(명) 강가나, 바닷가에 앉아 낚시질하는 것. fishing at the bank

おかどちがい[御門違い]―チガヒ(명) ①집이나 방향을 잘못 찾는 것. ②사람이나 장소를 잘못 아는 것. ③그릇된 판단. 1. going to a wrong house

おかね[御金](명) 돈. 금전. money

おかぶ[御株](명) 특기. 잘하는 재주. 장기(長技).「―くらべ; 장기 겨루기」 one's favourite trick

おかべ[丘辺·岡辺]ヲカ―(명) 언덕 근처. the hill side

おかぼ[陸稲]ヲカ―(명) 육도. 밭벼. upland rice

おかぼれ[岡惚れ·傍惚れ]ヲカ―(명·자사)(이성에 대해서) 혼자서 연모(恋慕)함. unrequited love

おかま[御釜](명) ①솥의 미칭(美称). ②〈속〉 궁둥이의 다른 이름. ③〈속〉 남색(男色). ④아내. 처(妻). 3. sodomy

おかまい[御構い]―カマヒ(명) 에도(江戸) 시대의 추방형(追放刑). ②상대가 되어 접대함. 1. banishment

おかみ[女将](명) 요리집 등의 여주인.「―さん; 주인 아주머니(마담)」 a mistress

おかみ[御上](명) ①조정. 주상(主上). ②귀족의 높임말. ③정부(政府). 1. the Court 3. the government

おがみうち[拝み撃ち]ヲガミ―(명) 칼을 두 손으로 똑바로 들고 정면에서 내려 치는 것. a straight stroke on the forehead

おがみたお·す[拝み倒す]ヲガミタフス(타 4) 간청하여 억지로 승낙시키다. win over by entreaties

おが·む[拝む]ヲガム(타 4) ①절하다. ②합장하여 기도하다. ③"見る(보다)"의 겸손한 말. 1. worship 2. pray

おかめ[阿亀](명) 둥근 얼굴에 광대뼈가 불거지고 코가 납작하고 뚱뚱한 여자. 또는 그러한 가면(仮面). a plain woman

おかめ[傍目](명) 곁눈질. looking by

おかめはちもく[傍目八目]ヲカメ―(연어·명)〔바둑에서 나온 말로, 옆에서 보면 수를 더 잘 보듯이〕제삼자가 보면 오히려 시비를 잘 알 수 있다는 말. Lookers-on see more than players.

おかもち[岡持]ヲカ―(명) 음식 그릇을 나르는 손잡이와 뚜껑이 있는 통. a wooden carrying-box

おかやき[傍焼き]ヲカ―(명·자사) 공연히 옆에서 질투함. jealousy

おかやま[岡山]ヲカ―(명)〈지〉 츄우고쿠(中国) 지방 동부 세토 내해(瀬戸内海)에 면한 현. 또는 그 현의 현청 소재지.

おかゆ[陸湯]ヲカ―(명) ⇨あがりゆ.

おから[雪花菜](명) (두부의) 비지. bean curd refuse

おがら[麻幹]ヲ―(명) 껍질을 벗긴 삼대의 줄기. a hemp reed

オカリナ[이 ocarina](명)〈악〉 오카리나. 취주 악기(吹奏楽器)의 한 가지. 사기로 만든 비둘기 모양의 것. 입에 대고 붊.

〔オカリナ〕

おかわ[御厠]―カハ(명) 요강. 변기(便器). a chamber pot

おがわ[小川]ヲガハ(명) 작은 내. 시내. a brook

おかわり[御代わり]―カハリ(명·자사) 계속해서 같은 식사나 음료를 먹거나 마심.「―たのむ; (밥이나 국 등을) 더 줘요」 a second help

おかん[悪寒]ヲ―(명)〈의〉 오한. 발열(発熱)로 느끼는 추위. a chill

おかんばん[御燗番](명) 술을 데우는 사람.

おかんむり[御冠](명)〈속〉 기분이 나쁜 것.「きょうはちょっと―だ; 오늘은 조금 (기분이) 저기압이다」 displeasure

―おき[置き](접미) 간격. 걸러서.「一日(イチニチ)―; 하루 걸러(격일)」

おき[沖](명) ①해안에서 먼 바다 위.「―にもつかず磯(イソ)にも離(ハナ)る; 의지할 곳 없음의 비유」 ②넓게 펼쳐진 들판. ③〈고〉 왼쪽. 1. the offing

おき[燠](명) ①빨갛게 핀 숯불. ②장작불이 타고 난 숯불. 뜬숯불. 1. live charcoal 2. embers

おき[隠岐](명)〈지〉 옛 지방 이름. 현재 시마네현(島根県)의 일부.

おぎ[荻]ヲギ(명)〈식〉 물억새. 포아풀과에 속하는 다년초. 강, 연못 가의 습지에 남. a common reed

おきあい[沖合]―アヒ(명) ①앞바다. ②어선(漁船)의 선장. 1. the offing

おきあがりこぼし[起き上がり小法師](명) 오뚝이. 밑에 중심이 있어 넘어졌다가도 스스로 일어나는 인형. 부도옹(不倒翁). a tumbler

おきあが·る[起き上がる](자 4) 일어나다.「寝床(ネドコ)のうえに―; 이부자리 위에 일어나 앉다」 get up

おきあわせ[置合せ]―アハセ(명) 배합(配合). assortment

おきいし[置き石](명) ①정원 등에 장식으로 놓는 돌. ②댓돌. ③〔바둑에서〕실력이 낮은 사람이 두 점 이상을 미리 놓는 돌. 1. a garden-stone

おきうお[沖魚]―ウヲ(명) 해안에서 먼 바다에서 잡히는 고기. ↔磯魚(イソウオ).

おきか·える[置き換える]―カヘル(타하 1) ①바꿔 놓다. ②〈수〉 대수 속의 문자를 수치로 바꾸다. ③물질이 어떤 화합물을 분해(分解)하여 그 속의 한 성분이 되어 새로운 화합물이 되다. 명置き換え. 자置き換わる(4). 1. replace

おきがかり[沖繋り](명) 해안에서 떨어진 바다에 정박(碇泊)하는 일. anchoring off the coast

おきがた[置き形](명) 옷감에 직접 염색하지 않고 본을 놓아 무늬를 놓는 일.

おきご[置き碁](명)〔바둑에서〕수가 낮아 처음부터 두 점 이상 놓고 두는 바둑. 접바둑.

おきごたつ[置き炬燵](명) 이동할 수 있도록 만든, 나무틀 속에 숯불을 담은 단지를 넣고 그 위에 이불을 덮은 화로. ↔切(キ)りごたつ. a portable footstove

おきざり[置き去り](명·자사) 뒤에 남겨 두고 가 버림.「―にする; 놓아 두고 가 버리다」 leaving behind

おきじ[置き字](명) ①한문을 훈독(訓読)할 때 읽지 않는 조사적(助詞的)인 글자. 예: "焉, 矣" 등. ②〔서한문에서〕 부사, 접속사 등에 쓰는 글자. 예: "凡,

抑, 又, 将又" 등. an expletive
おきつ[沖つ](연체)〈고〉 해안에서 먼 바다의. 「一波(ナミ); 먼 바다의 물결」
おきつかぜ[沖つ風](명)〈고〉 바다 멀리에서 불어 오는 바람.
おきつち[置き土](명) ①다른 곳에서 갖다 놓은 흙. ②토질을 개량하기 위하여 딴 흙을 섞는 일. 또는 그 흙. 객토. 흙들임. soil brought from another place
おきづり[沖釣り](명) 먼 바다에 나가서 하는 낚시질. ↔磯釣(イソヅリ). offshore fishing
おきて[掟](명) ①규칙. ②법도. 1. a rule
おきてがみ[置き手紙](명·자サ) 용건을 써서 뒤에 남겨 둠. 또는 그 편지. a letter left behind
おきどけい[置き時計](명) 탁상 시계. a table-clock
おきどこ[置き床](명) 토코노마(床の間) 모양으로 만든 이동식 대(臺). a portable-dais
おきどころ[置き所·置き処](명) ①둘 자리. 둘 곳. 「身(ミ)の一がない; 몸 둘 곳이 없다」 ②둔 곳. 「一を忘(ワス)れる; 둔 곳을 잊어 버리다」 a place
おきな[翁](명) ①옹. 늙은 남자. 할아버지. ②노오가쿠(能楽)에 쓰이는 노인의 탈. ③노인의 탈을 쓰고 춤추는 놀이. 1. an old man 2. an old man's mask. **―ぐさ**[翁草](명)〈식〉 ①일본할미꽃. 미나리아재비과의 다년초. 뿌리는 약용. 가는할미꽃. ②국화의 미칭(美称). ③소나무의 미칭.
おぎな·う[補う]オギナフ(타 4) 부족을 메우다. 보충하다. 벌충하다. 명 補い. fill up
おきなお·る[起き直る]―ナホル(자 4) 자세를 바로 하고 일어나 앉다. sit up
おきなさ·ぶ[翁さぶ](자상 2)〈고〉 늙어 노인다와지다. 노인이 노인다운 행동을 하다.
おきなわ[沖縄]―ナハ(명)〈지〉 ⇨りゅうきゅう.
おきぬけ[起き抜け](명) 일어나는 즉시(即時). 「一に散歩(サンポ)する; 일어나자마자 산책하다」 as soon as one gets up
おきのどく[御気の毒](명·형동ダ) "きのどく(미안함, 불쌍함)"의 높임말.
おきば[置き場](명) 두는 곳. a place
おきびき[置き引き](명·자サ) 대합실 등에서 남의 짐을 자기 짐인 양 가장하여 훔쳐 감. swiping another's luggage
おきふし[起き伏し](명·자サ) ①일어남과 잠. ②항상. 밤낮. 1. getting up and lying down 2. night and day
おきみやげ[置き土産](명·타サ) 갈 때 두고 가는 선물. 또는 선물을 두고 감. a parting present
おきもの[置き物](명) ①객실 등에 놓는 장식물. ②명색뿐으로 실제로는 아무 것도 안하는 사람. 1. an ornament 2. a figure head
おきや[置き屋](명) 기생이나 창녀(娼女)를 두는 집. 포주집.
おきゃん[御侠](명·형동ダ) ⇨おてんば.
おぎょう[御形](명)〈식〉 ⇨ははこぐさ(母子草).
お·きる[起きる](자상 1) ①일어서다. 일어나다. ②(잠이) 깨다. 1. rise 2. awake
お·きる[熾きる](자상 1) ⇨おこる(熾る).
おきわすれ[置き忘れ](명) ①둔 곳을 잊음. ②둔 채 갖고 올 것을 잊음. 1. mislaying 2. leaving behind
おきわた·す[置き渡す](자타 4) 전면(全面)에 놓다. place all over
お·く[招く]ヲク(타 4)〈고〉 부르다. 초대하다.
お·く[措く](타 4) ①그치다. 멈추다. 「感嘆(カンタン)―あたわず; 감탄해 마지않다」 ②제외하다. 제쳐 놓다. 「彼(カレ)をおいてほかにない; 그 사람 밖에는 없다」 1. give up 2. except
お·く[置く] Ⅰ(자 4) 두다. 놓다. Ⅱ(타 4) ①놓아 두다. ②사이를 떼다. ③고용하다. 「女中(ジョチュウ)を―; 식모를 두다」 ④(하숙인 등을) 있게 하다. ⑤설치하다. 「幹事(カンジ)を―; 간사를 두다」 ⑥맡기다. 「質(シチ)に―; 전당 잡히다」 ⑦셈하다. 「算木(サンギ)を―; 산가지를 놓다」 ⑧멈추다. 「筆(フデ)を―; 각필(擱筆)하다」 Ⅲ(보동·4) ①그대로 두다. 「聞(キ)いて―; 들어 두다」 ②미리 준비하다. 「書(カ)いて―; 써 두다」 Ⅱ 1. put 3. engage
おく[屋](명) ①지붕. 「屋上(オクジョウ)―を架(カ)す; 지붕 위에 지붕을 얹다(쓸 데 없는 일을 거듭함의 비유)」 ②집. 1. a roof 2. a house
おく[奥](명) ①안에 깊이 들어 간 곳. 속. 「一の手(テ); 비결(숨겨 둔 최후의 수단)」 ②집의 앞문에서 먼 곳. ③부인. 「一さん; 부인」 ④맨 끝쪽. ⑤⇨みちのく(陸奥). ⑥⇨おくて. 1. innermost part 3. one's wife
おく[億](수) 억. 만의 만 곱. one hundred million
おくがい[屋外](명) 옥외. 집의 밖. ↔屋内(オクナイ). outdoors
おくがき[奥書き](명·자サ) 책의 뒷장에 저자의 이름이나 발행 날짜 등을 적음. a postscript
おくがた[奥方](명)귀인의 아내. 영부인(令夫人). a lady
おくぎ[奥義](명) 학문이나 무술의 비결(秘訣). secrets
おくさま[奥様](명·대) 남의 아내나 주부의 높임말. 아씨. madam
おくざしき[奥座敷](명) 집의 안쪽에 있는 방. an inner room
おくさん[奥さん](명·대) 남의 아내의 높임말. ma'am
おぐし[御髪](명) 머리털의 미칭(美称). hair. **―あげ**[御髪上げ](명) 남의 머리를 빗겨 주는 일.
おくしゃ[屋舎](명) 옥사. 집. 건물. a house
おくじょう[屋上](명) 옥상. ①지붕 위. ②지붕 위에 만든 평평한 곳. 1. the housetop
おくじょちゅう[奥女中](명) 에도(江戸) 시대 귀인의 집에서 주인이나 부인의 시중을 들던 여자. a lady's maid
おく·する[臆する](자サ) 겁내다. 주저주저하다. 「一色(イロ)もなく; 주저하는 빛도 없이」 be timid
おくせつ[憶説·臆説](명) 억설. ①추측한 의견. 가설(仮説). ②엉터리 주장. a conjecture
おくそく[憶測·臆測](명·타サ) 억측. 엉터리로 추측함. a guess

おくそこ[奥底](명) ①깊은 곳. ②본심(本心). 1. the depth 2. one's heart of hearts

オクターブ[프 octave](명)〈악〉 옥타아브. 어느 음의 두 곱의 진동수를 가진 음. 음계의 어떤 음에 대하여 그것보다 위로 8음정이 되는 음. 또는 그 양자의 간격. 팔도 음정(八度音程).

おくだん[臆断](명·타サ) 억단. 멋대로 추측하여 판단을 내림. a conjecture

オクタンか[octane 価](명) 옥탄가. 연료의 내폭성(耐爆性)을 나타내는 수치(数値). octane value

おくち[奥地](명) 도시나 해안에서 멀리 떨어진 곳. 벽지(僻地). the interior

おくちょう[億兆](명) ①억조. 한없이 많은 수. ②국민. 백성. 1. infinite number 2. the people

おくつき[奥津城](명)〈고〉 무덤. 묘(墓).

おくづけ[奥付け](명) 판권장(版権張). 책 끝장에 저자, 발행인, 발행 연월일, 정가(定価) 등을 인쇄한 부분. a colophon

おくづとめ[奥勤め](명) 귀인의 집안일에 종사하는 일. 또는 그 사람. serving as a lady's maid

おくて[奥手·晩稲·晩生](명) ①〈식〉 늦게 익는 곡식, 과실, 채소 등. ②늦되는 사람. 1. late crops

おくでん[奥伝](명) ⇨おくゆるし.

おくない[屋内](명) 옥내. 집 안. 「一競技(キョウギ); 옥내 경기」 ↔屋外(オクガイ). indoors

おくに[御国](명) ①제후의 영지. ②고향. 「一自慢(ジマン); 고향 자랑」 ③시골. 지방. ④상대의 나라나 고향의 높임말. 3. the country. **— なまり**[御国訛り](명) 고향 사투리.

おくねん[憶念](명) 깊이 새겨 언제까지나 잊지 않는 일이나 생각. an idea firmly rooted in one's mind

おくのいん[奥の院](명) 사원이나 신사(神社)의 본당 안에 영상(靈像)을 모신 당. the inner temple

おくのて[奥の手](명) ①기예(技芸)의 오묘(奥妙)한 재주. 오의(奥義). 비결(秘訣). ②최후의 수단. 1. a secret principle 2. the last resort

おくば[奥歯](명) 어금니. 구치(臼歯). 「一にものはさまったような言(イ)い方(カタ); 무엇인가를 숨기고 악의나 비난을 품은 말의 비유」 a molar tooth

おくび[噯気](명) ①위 안의 가스가 입 밖으로 나오는 것. 트림. 「一にも出(ダ)さぬ; 조금도 기미를 보이지 않다」 ②하품. 1. a belch

おくびょう[憶病·臆病](명·형동ダ) 겁이 많음. 겁장이. 소심(小心). 「一者(モノ); 겁장이」 timidness. **— かぜ**[憶病風](명) 지지러지는 것. 겁내는 것. 「一を吹(フ)かれる; 겁을 먹다」

おくぶか·い[奥深い](형) ①앞문에서 안까지가 멀다. 속이 깊다. ②뜻이 깊다. 2. profound

おくま·る[奥まる](자 4) 속이 깊어지다. 깊이 들어 가다. 뜻이 오묘해지다. be sequestered

おくまん[億万](명)〈수〉 ①억만. ②매우 많은 수. 「一長者(チョウジャ); 억만 장자」 1. one hundred million

おくみ[衽](명) (옷의) 섶. a gusset

おくむき[奥向き](명) ①집의 안쪽. ②(상류 가정의) 집안일. 1. the interior 2. home affairs

おくめん[臆面](명) 자신이 없어 주저하는 것. 망설이는 것. 「一もなく; 주저하지 않고」 shy look

おくやま[奥山](명) 심산. 깊은 산. a deep mountain

おくゆかし·い[奥床しい](형) ①아취(雅趣)가 있어 그윽하다. ②생각이 깊은 듯하다. ③우아(優雅)하다. 조심성이 많다. 파생 **— が·る**(자 4) **— さ**(명). 1. profound and dear

おくゆき[奥行き](명) 집이나 땅의 앞쪽에서 안까지의 거리. depth

おくゆるし[奥許し](명) 예도(芸道)의 오의(奥義)를 전수(伝授)하는 일. a diploma

おくら[御蔵·御倉](명)〈속〉 ①곳간에 넣는 것. ②전당 잡혀 있는 것. 2. being in pledge

オクラ[okra](명)〈식〉 오크라. 서양 야채의 이름. 수우프 등에 쓰임.

おぐらアイス[小倉 ice](명) 달게 삶은 팥을 넣은 아이스크리임.

おぐらあん[小倉餡](명) 거피(去皮) 하여 만든 단 팥소에 삶은 팥을 섞은 것.

おぐら·い[小暗い]ヲー(형) 어두컴컴하다. dim

おくら·せる[遅らせる·後らせる](타하 1) 늦추다. 늦게 하다. delay

おぐらひゃくにんいっしゅ[小倉百人一首]ヲグラー(명) 텐치(天智) 천황에서 쥰토쿠(順徳) 천황까지의 백 명의 가인(歌人)의 와카(和歌)를 한 수씩 골라 모은 것.

おくり[送り](명) ①전송. 배웅. ②보내는 것. ③←送り状. 2. sending. **— おおかみ**[送り狼]ーオホカミ(명) 길 가는 사람을 해치려고 따라 가는 이리. 또는 사람. 특히 여자를 노리고 따라 가는 남자. **— がな**[送り仮名](명) 한자(漢字)를 읽기 위해 한자 아래나 오른쪽에 일본 글로 다는 토. **— じょう**[送り状](명) 송장. 짐을 보내는 사람이 받을 사람에게 보내는 문서. 편지. 운송장(運送状). **— び**[送り火](명) 우란분(盂蘭盆) 마지막 날 밤 망령(亡霊)을 저승으로 보내기 위하여 문앞에 피우는 불. ↔迎(ムカ)え火.

おくりこ·む[送り込む](타 4) 보내다. send into

おくりじ[送り字](명) ⇨おどりじ.

おくりな[贈り名·諡](명) 생전의 업적을 찬양하여 죽은이에게 보내는 칭호. 시호(諡号). a posthumous title

おくりむかえ[送り迎え]ームカヘ(명) 송영. 보냄과 맞이함. seeing off and welcoming back

おくりもの[贈り物](명) 선물. a gift

おく·る[送る](타 4) ①보내다. ②전송하다. ③지내다. 「日(ヒ)を一; 날을 보내다」 ④보답하다. 갚다. 「恩(オン)を一; 은혜를 갚다」 ⑤토를 달다. ⑥차례로 옮기다. 2. see off 4. return

おく·る[贈る](타 4) ①보내다. 주다. ②죽은 사람에게 관위(官位)나 칭호를 내리다. 1. present 2. confer on

おくるみ[御包み](명) 추위를 막기 위해 갓난 아이의 옷 위에 두르는 포대기. a wadded baby wrapper

おくれ[遅れ·後れ](명) ①늦는 것. 뒤떨어지는 것.「人(ヒト)に一をとる; 남에게 뒤떨어지다」②겁내는 마음. ③←おくれ毛. 1. backwardness 2. timidity. **―げ**[後れ毛](명) 여자의 빈모(鬢毛). 살쩍. **―ばせ**[後れ馳せ](명) 뒤떨어져서 뛰어 가는 것.「―ながら; 뒤늦게나마」

おく·れる[遅れる·後れる](자하 1) ①뒤지다. 뒤떨어지다. ②늦어지다. 지체되다. ③못하다. 떨어지다. ④죽은 사람의 뒤에 남다. 1. get behind 2. delay 3. be backward

おけ[桶]ヲケ(명) 통. 나무통. a tub

おけつ[悪血·瘀血](명)〈의〉어혈. 멍이 들어 맺힌 피. 적혈(積血). impure blood

おけら[螻蛄](명)〈동〉⇨けら.

おける[於ける](연어·연체) ①〔"に―"의 형태로〕…에서의. …의 경우의.「日本(ニッポン)に一人口問題(ジンコウモンダイ); 일본에 있어서의 인구 문제」②…에 대한. …에 대한 관계.「読書(ドクショ)の精神(セイシン)に一は食物(ショクモツ)の肉体(ニクタイ)に―が如(ゴト)し; 독서의 정신에 대한 관계는 음식의 몸에 대한 관계와 같다」 1. at, in 2. to, for

おこ[烏滸·尾籠]ヲコ(명·형동ダ)〈고〉어리석음. 어리석은 사람. 바보.

おこう[汚行](명) 오행. 부도덕(不道徳)한 행동. 수치스러운 행동. a disgraceful conduct

おこえがかり[御声掛かり]オコヱー(명) "口ぞえ"의 높임말. 웃사람이나 세력이 있는 사람이 말로 하는 알선. 또는 소개. recommendation

おこがまし·い[烏滸がましい]ヲコー(형) ①우습광스럽다. 어리석다. ②건방지다. 괘씸하다. 파생 **―さ**(명). 1. ridiculous 2. impertinent

おこさま[御子様](명) 남의 집 아이의 높임말. 자녀.

おこし[粔籹](명) 튀긴 곡물에 깨나 콩을 넣고 물엿이나 사탕물로 굳힌 과자. a millet and rice cake

おこし[御越し](명) "行(ユ)く(가다), 来(ク)る(오다)"의 높임말.

おこし[御腰](명) ①"こし(허리)"의 높임말. ②⇨こしまき.

おこしいれ[御輿入れ](명·자サ) 시집 감. 신부의 가마가 신랑집에 들어 감. 출가(出嫁).

おこ·す[起こす](타 4) ①일으키다. ②(잠을) 깨우다. ③왕성하게 하다. ④시작하다. ⑤발생시키다. ⑥땅을 파 엎다. ⑦새로 만들다. ⑧전표(伝票)를 쓰다. 1. raise up 2. awake

おこ·す[遣す](타 4·하 2)〈고〉파견하다. 보내 오다.

おこ·す[興す](타サ) 번성하게 하다.「国(クニ)を―; 나라를 흥하게 하다」 revive

おこ·す[熾す](타サ) 불을 피우다. 불을 세게하다. kindle

おこぜ[鰧·虎魚]ヲコゼ(명)〈동〉①쑤기미. 쑥치과에 속하는 바닷물고기. 길이 20 *cm* 내외. 가시가 솟아 있어 닿으면 몹시 아픔. 흉칙하게 생겼음. ②용모가 추한 사람. 2. an ugly man

おごそか[厳か](형동ダ) 엄숙(厳粛)한 모양. solemn

おこそずきん[御高祖頭巾](명) 여자가 방한용으로 쓰는 두건. 눈만 내놓고 얼굴 전체를 가림. a woman's hood

〔御高祖頭巾〕

おこた(명) ⇨こたつ(火燵).

おこた·る[怠る](자 4) ①게으름을 피우다. 태만하다. ②주의하지 않다. ③병이 나아지다. 명 怠り. 1. be idle 2. neglect

おこと[御事](대)〈고〉⇨あなた.

おことぞえ[御言添え]―コトゾヘ(명) 웃사람이 잘되도록 말해 줌. 웃사람의 조언(助言).「―をお願(ネガ)いします; 말씀을 좀 잘해 주십시오」 counsel

おこない[行ない]オコナヒ(명) ①하는 일. ②행동. 품행. ③〈불〉수도(修道). 1. behaviour 2. conduct. **―すま·す**[行ない澄ます](자 4)〈고〉①신중히 행동하다. ②〈불〉마음을 가라앉혀 수도(修道)하다.

おこな·う[行なう]オコナフ(타 4) ①하다. 행동하다. ②불도를 닦다. 1. do 2. practise asceticism

おこなわ·れる[行なわれる]オコナハレル(자하 1) ①지장없이 성립되다. 행해지다. ②널리 쓰이다. 유행하다. 2. prevail

おごのり[海髪](명)〈식〉강리. 홍조류의 바닷말. 한천을 만들 때 우뭇가사리와 섞어 씀. 꼬시래기.

おこめ·く[烏滸めく·痴めく]ヲコー(자 4)〈고〉①바보로 보이다. ②장난치다. 희롱하다.

おごめ·く[蠢動く](자 4) 꿈틀거리다. 준동하다. wriggle

おこも[御薦](명) 거지. a begger

おこり[起こり](명) 시초. 기원(起源). the origin

おこり[瘧](명)〈의〉학질. 말라리아 원충이 혈구내(血球内)에 기생함으로써 생기는 전염병. 일정한 시간적 간격을 두고 고열이 남. malaria

おごり[奢り](명) ①사치. 호사. ②한턱 내는 일. 1. being luxurious

おごり[驕り](명) 교만. 거만. arrogance

おこりじょうご[怒り上戸](명) 술에 취하면 성을 잘 내는 성질. 또는 그런 사람. a quarrelsome drinker

おこ·る[怒る](자 4) 성내다. 노하다. get angry

おこ·る[起こる·興る](자 4) ①시작되다. 일어나다. ②흥하다. 번영하다. 1. happen

おこ·る[熾る](자 4) ①숯에 불이 붙다. ②숯불이 잘 일다. 팔다. 2. get lively

おご·る[奢る](자 4) ①사치하다. 낭비(浪費)하다. ②한턱 내다. 1. be extravagant

おご·る[驕る](자 4) ①거만 떨다. ②무례하다. ③멋대로 하다. 1. be arrogant

おこわ[御強]―コハ(명) ⇨こわめし(強飯).

おさ[長]ヲサ(명) ①두목. 장(長).「村(ムラ)の―; 촌장(村長)」②가장 뛰어난 사람. 1. the chief

おさ[筬]ヲサ(명) 베틀에 딸린 기구의 하나. 바디. a reed

おざ[御座](명) ①좌석의 높임말. ②그자리의 모양.「―が さめる; 좌중의 흥이 깨지다」 1. a seat

おさい[御菜](명) 반찬. subsidiary articles of diet

おさえ[押え·抑え]オサヘ(명) ①누르는 것. 억압. ②받침. 버팀. ③물건을 눌러 놓는 것. ④군대 행렬의 제일 뒷사람. ⑤사람을 복종시키는 힘. 통솔력.「ーをきかす; 통솔력을 발휘하다」⑥다짐. 확인. 1. suppression 2. a prop

おさえつ·ける[押え付ける]オサヘー(타하 1) 단단히 누르다. keep down

おさ·える[押える·抑える]オサヘル(타하 1) ①누르다. 억압하다. ②견디다. 참다. ③막다. 버티다. ④그치게 하다. ⑤붙잡다. ⑥꼭 쥐다. 1. press down 2. endure

おさおさヲサヲサ(부)〔부정(否定)의 말과 함께〕거의. 대개. 전혀.「ーおとらない; 거의 떨어지지 않다(별로 손색이 없다)」 almost

おさがり[御下がり](명) ①제사 물림. ②잔치의 나머지 음식. ③웃사람에게서 물려 받은 물건.「にいさんのー; 형님이 쓰다가 물려준 것」 1. a former offering 2. food left uneaten

おさき[御先](명) "さき(먼저)"의 높임말.「どうぞーへ; 어서 먼저 하셔요. 또는 가셔요(인사말)」 **―ぼう**[御先棒](명) ⇨さきぼう.

おさきまっくら[御先真暗](명·형동ダ) 앞일이 캄캄함. 앞일을 예측할 수 없음. having no foresight

おさげ[御下げ](명) ①늘어뜨린 머리. ②띠의 양끝을 늘어뜨려 매는 것. 1. hair hanging down the back

おさけび[雄叫び](명) ⇨おたけび.

おざしき[御座敷](명) "ざしき(방)"의 높임말.「ーがかかる; (기생 등이 술자리에) 불리다」

おさだまり[御定まり](명) 늘 정해져 있는 것.「ーのあいさつ; 상투적인 인사」

おさつ[御札](명) 지폐, 화폐 등의 미칭(美称).

おさつ[御薩](명) ⇨さつまいも.

おさと[御里](명) ①친정. ②이전의 신분. 경력.「ーが知(シ)れる; 자라난 바탕이 드러나다」 1. one's home 2. one's origin

おさなー[幼]ヲサナ(조어) "おさない"의 어간(語幹). ①어린.「ーすがた; 어린 모습」②어린 아이. **―がお**[幼顔]ーガホ(명) 어릴 때의 얼굴. **―ご**[幼子·幼児](명) 어린 아이. **―ごころ**[幼心](명) 어린 마음. 동심(童心). **―なじみ**[幼馴染み](명) 어릴 때 친했던 사람. 소꿉 동무.

おさな·い[幼い]ヲサナイ(형) ①어리다. 나이가 적다. ②미숙하다. 유치하다.「考(カンガ)え方(カタ)がー; 생각이 유치하다」파생 **―げ**(형동ダ). 1. infant 2. inexperienced

おざなり[御座成り](명·형동ダ) 임시 변통으로 아무렇게나 함.「ーの計画(ケイカク); 임시 변통으로 아무렇게나 세운 (조잡한) 계획」 mere formality

おさまり[収まり·納まり·治まり]ヲサマリ(명) 매듭 짓는 것. 결말 짓는 것.「ーがつく; 결말이 나다. 진정되다」 settlement

おさま·る[収まる·納まる]ヲサマル(자 4) ①들어 가다. ②해결되다. 끝나다.「ストライキがー; 파업이 해결되다」③그자리에 앉다. 직위에 취임하다.「社長(シャチョウ)にー; 사장이 되다」④지위나 환경에 만족하여 편안히 지내다.「そうーなよ; 그렇게 빼기고 앉아 있지 마라」 2. be settled

おさま·る[治まる·修まる]ヲサマル(자 4) 안정되다. 가라앉다. calm down

おさむ·い[御寒い](형) ①"さむい(춥다)"의 점잖은 말. ②〈속〉빈약하다. 한심하다.「ー計画(ケイカク); 빈약한 계획」 2. scant

おさめもの[納め物]ヲサメー(명) ①신사(神社)나 절에 바치는 물건. 공물(供物). ②조세. 세금. 공물(貢物). 1. an offering

おさ·める[収める·納める]ヲサメル(타하 1) ①집어 넣다. ②받아 들이다. ③금품을 물다. 납입하다. ④넣어 두다. ⑤끝내다. 명 おさめ. 1. obtain 3. pay

おさ·める[治める]ヲサメル(타하 1) ①평정하다.「乱(ラン)をー; 난을 평정하다」②(나라나 지방 등을) 다스리다. 지배하다. 통치하다. ③경영하다. ④(병을) 고치다. 1. suppress 2. rule

おさ·める[修める]ヲサメル(타하 1) ①바르게 하다.「身(ミ)をー; 수양하다」②배우다.「学業(ガクギョウ)をー; 학업을 닦다」③고치다. 바로잡다. 1. order 2. study

おさらい[御浚い]ーサラヒ(명·타サ) ①복습함. ②연습함. 익힘. 1. a review

おさらば(감·명·자サ)〈속〉작별 인사. 안녕.「これでーだ; 이것으로 작별이다」 good-bye

おさん[御産](명) 해산. 아이를 낳음. 분만. childbirth

おさんかた[御三方](명) "さんにん(세 사람)"의 높임말. 세 분.

おさん(どん)[お三(どん)](명) ①식모. ②부엌일을 하는 여자. a kitchen maid

おさんじ[御三時](명) ⇨おやつ(御八つ).

おしー[押し](접두) 동사 위에 붙여 뜻을 강조하는 말.「ーこめる; 처넣다」

おし[圧し](명) ①누르는 것. ②물건을 눌러 놓는 물건. 예: 누름돌, 김칫돌 등. ③사람을 위압하는 힘.「ーがきく; 위압할 수 있다」 1. pressing down

おし[押し](명) ①누르는 것.「押(オ)しも押(オ)されもせぬ…; 당당한 실력을 자타(自他)가 공인하는…」②밀어 내는 것. ③고집을 부리는 것.「ーが強(ツヨ)い; 고집이 세다」 2. pushing out 3. audacity

おし[唖](명) 벙어리. the dumb

おし[鴛鴦]ヲシ(명)〈동〉⇨おしどり.

お·し[愛し]ヲシ(형シク)〈고〉①귀엽다. ②멋지다.

おじ[伯父·叔父·小父]ヲヂ(명) ①부모의 형제 및 고모, 이모의 남편. ②⇨:おじさま(小父様). 1. an uncle

おしあいへしあい[押し合い圧し合い]オシアヒヘシアヒ(연어·명·자サ) 대중이 모여 밀고 밀리고 하여 혼잡(混雑)함. jostling

おしあ·う[押し合う]ーアフ(자 4) 서로 밀다. jostle one another

おしあけ[押し明け](명) 날이 새는 것. 또는 그때. 밝을녘.「夜(ヨ)のーに; 새벽녘에」 dawn

おしあげポンプ[押揚げ pump](명)〈이〉물을 높은 곳으로 퍼올리는 펌프. 밀펌프. a forcing pump

おしあて[推し当て](명) 추측. 짐작. guess
おし·い[惜しい]ヲシイ(형) ①아깝다. 단념하기 어렵다. ②애석하다. 유감스럽다. [파생] **—が·る**(자 4) **—げ**(형동ダ) **—さ**(명). 2. pitiful
おじいさん[御祖父さん](명) 할아버지의 높임말. a grandfather
おじいさん[御爺さん](명) 남자 노인에 대한 높임말. 할아버지. 영감님. an old man
おしいただ·く[押し戴く·押し頂く](타 4) ①(받들어서) 정중히 받다. 「卒業証書(ソツギョウシショ)を—; 졸업장을 정중히 받다」 ②존경하고 따르다. 삼가 모시다. 「皇帝(コウテイ)を—; 황제를 삼가 모시다」
おしいり[押し入り](명) ①무리하게(강제로) 들어가는 것. ②강도(強盜). 2. a robber
おしい·る[押し入る](자 4) 강제로 들어 가다. break into
おしいれ[押し入れ](명) 이부자리 등을 넣어 두는 곳. 벽장. a closet
おしうつ·る[推し移る](자 4) 변천(變遷)하다. (세월이) 흘러 달라지다. change
おしうり[押し売り](명·타サ) 강제로 팖. 또는 그 사람. 강매(强賣). forcing a sale
おしえ[教え]ヲシヘ(명) ①가르침. ②타이름. ③교육. 학문. ④종지(宗旨). 교의(教義). 1. instruction 4. a doctrine. **—ご**[教え子](명) 제자. 학생. **—こ·む**[教え込む](타 4) 잘 가르치다. **—のにわ**[教えの庭]—ニハ(연어·명) 학교. 학원(學園).
おしえ[押し絵](명) 꽃, 새, 사람 등의 모양을 오린 판지(板紙)에 솜을 붙이고 예쁜 헝겊을 씌워 널빤지에 붙인 그림. raised pictures
おし·える[教える]ヲシヘル(타하 1) ①가르치다. ②이끌어 주다. 지도하다. 1. instruct 2. lead
おじおじ[怖じ怖じ]オヂオヂ(부·자サ) ⇨おずおず.
おしかえ·す[押し返す]—カヘス(타 4) ①제자리로 도로 밀다. ②도로 잡아 당기다. ③뒤집다. 거꾸로 하다. 1. push back 2. turn back
おしかく·す[押し隠す](타 4) 밀어 넣어 감추다. 억지로 숨기다. hide by force
おしか·ける[押し掛ける](자하 1) ①밀어 닥치다. ②청하지도 않는데 가다. 「押し掛け女房(ニョウボウ); 여자가 자청하여(억지로) 결혼한 아내」 2. go uninvited
おしがた[押し型](명) 판목(版木) 위에 건타비(乾打碑)를 칠하고 종이를 대어 판목의 무늬를 뜬 인쇄물.
おしがみ[押し紙](명) ①문서에 간단한 의견, 주의 사항 등을 적어 붙인 종이. 부전(附箋). ②덜 마른 잉크 등을 눌러 빨아 들이는 종이. 압지(押紙). 흡묵지(吸墨紙). 1. a tag 2. blotting paper
おしがり[押し借り](명·타サ) 무리하게 빌림. 강제로 빌림. lending by force
おしが·る[惜しがる](타 4) 아까와하다. 애석해하다. feel regrettable
おしき[折敷](명) 회목, 삼목 등으로 만든 쟁반. 네 귀를 잘라 모가 나게 한, 칠을 하지 않은 나무 쟁반.
おじき[伯父貴·叔父貴](명) "おじ(아저씨)"의 높임말. 또는 애칭(愛称).
おじぎ[御辞儀](명·자サ) "じぎ(인사)"의 점잖은 말.
おしきせ[御仕着せ·御四季施](명) 철에 따라 고용인들에게 옷을 해 주는 일. 또는 그 옷.
おじぎそう[含羞草](명)〈식〉 함수초. 콩과에 속하는 1년초. 줄기에 가시가 있고 건드리면 잎을 오므림. a mimosa
おしきり[押し切り](명) ①꽉 누르고 자르는 것. ②작두. ③할인(割印). 계인(契印). 「—帳(チョウ); 돈을 지불하고 상대방에게 영수인(領受印)을 찍게 하는 장부」 1. cutting by pressing 2. a straw-cutter
おしき·る[押し切る](타 4) ①꽉 누르고 자르다. ②무릅쓰고 하다. 「反対(ハンタイ)を—; 반대를 무릅쓰고 강행하다」 ③자르다. 베다. ④계속 노를 젓다. 1. cut by pressing 2. force one's way
おしくも[惜しくも]ヲシク—(연어·부) 아깝게도. 애석하게도. regrettably
おしくら[押し競](명·자サ) 서로 밀어서 쓰러뜨리는 놀이. 밀기 내기.
おしげ[惜し気]ヲシ—(명) 아까와하는 기색. 「—もなく; 아까와하는 기색도 없이」 regret
おじけ[怖じ気]オヂ—(명) 공포심. 「—づく; 무서운 생각이 들다」 fear. **—だ·つ**[怖じ気立つ](자 4) 무서워서 오싹 소름이 끼치다.
おじ·ける[怖じ気る]オヂケル(자하 1) 겁내다. 무서워하다. become nervous
おしこみ[押し込み](명) ①벽장. ②강도(强盜). 1. a closet 2. a robber
おしこ·む[押し込む] Ⅰ(자 4) ①강제로 들어 가다. ②밀고 들어 가다. ③강도질하러 들어 가다. Ⅱ(타 4) 무리하게 가뜩 밀어 처넣다. Ⅰ break into Ⅱ stuff into
おしこ·める[押し込める](타하 1) ①가뜩 밀어 넣다. 무리하게 집어넣다. ②밖에 못 나오게 막다. 감금하다. 1. force in 2. confine
おじさま[小父様]ヲヂ—(명) ①친척 이외의 손위 남자의 높임말. 아저씨. ②젊은 여인이 중년 이상의 남성을 부르는 말.
おじさん[小父さん]ヲヂ—(명) ⇨おじさま.
おしずし[圧鮨](명) 사각형의 나무 상자에 밥을 넣고 간을 맞춘 생선, 계란 등을 얹어 눌러 적당한 크기로 잘라 만든 초밥.
おしすす·める[押し進める](타하 1) ①밀고 나아가다. ②[推し進める] 추진하다. 강력히 실천하다. 「政策(セイサク)を—; 정책을 강행하다」 1. push
おしせま·る[押し迫る](자 4) (눈앞에) 다가 오다. 「選挙(センキョ)の期日(キジツ)が—; 선거 기일이 박두해오다」 approach
おしぞめ[捺染め](명) ⇨なっせん.
おしたし[御浸し](명) ⇨おひたし.
おしたじ[御下地](명) 간장의 미칭(美称). soy
おしだし[押し出し](명) ①밀어 내는 것. ②〔씨름에서〕 밀어 내는 수. ③여러 사람 앞에 나갔을 때의

외양(外様). 풍채(風彩). 「一がりっぱだ; 풍채가 훌륭하다」 1. pressing out

おしだ·す[押し出す] Ⅰ(자 4) ①치밀다. ②여럿이 함께 가다. ③여러 사람 속으로 밀고 들어 가다. ④현저해지다. Ⅱ(타 4) ①밀어 내다. ②억지로 내다. Ⅰ 2. start all together Ⅱ 1. push out

おした·つ[押し立つ](자 4)〈고〉①무리하게 하다. 남을 제쳐 놓고 하다. ②고집을 부리다. ③딱 버티고 서다.

おしだま·る[押し黙る](자 4) 꾹 침묵을 지키다. 전혀 입을 열지 않다. be stubbornly silent

おしちや[御七夜](명) 첫이레의 축하 잔치. 아기를 낳아서 이레가 되는 날 밤. 또는 그 축하. congratulation for the seventh day after birth

おしつけがまし·い[押し付けがましい](형) 마치 강제하는 것 같다. 무리하게 책임을 지우는것 같다. 파생 ―さ(명). forceful

おしつ·ける[押し付ける](타하 1) ①꽉 누르다. ②강제로 시키다. 강요하다. ②「仕事(シゴト)を一; 일을 강요하다」③강제로 받게 하다. ④책임을 남에게 밀다. 4. put the blame on

おしっこ(명) 소변. 오줌. (아이들의 말) urine

おしつま·る[押し詰まる](자 4) ①절박하다. 박두하다. ②연말(年末)이 다가 오다. 2. be near the year-end

おして[押して](부)강제로. 무리하게. forcibly

おして[推して](부) 미루어서. 헤아려서. by guess. ―**しるべし**[推して知るべし](연어) 가히 짐작할 수 있다. 말할 필요도 없다.

おしとお·す[押し通す]ートホス(타 4) 어떻게 해서든지 관철하다. 곤란해도 억지로 밀고 나아가다. carry through

おしどり[鴛鴦]ヲシー(명) ①〈동〉원앙새. 오리과에 속하는 물새. 수컷은 모관(毛冠)이 있으며 털빛이 아름다움. 암수의 의가 좋다고 함. ②의 좋은 부부. 1. a mandarin-duck

おじな·し[怯じなし]ヲヂー(형ク)〈고〉①겁이 매우 많다. ②서투르다. 못하다.

おしなべて[押し並べて](부) ①대체로. 모두 한가지로. 몰밀어서 ②보통으로. 1. generally 2. commonly

おしの·ける[押し退ける](타하 1) 밀어 젖히다. push away

おしのび[御忍び](명) "しのび(미복 잠행)"의 높임말. 미복 잠행(微服潛行)하심. incognito

おしの·べる[押し延べる](타하 1) 눌러 펴다. 압연(圧延)하다. roll

おしば[押し葉](명) ①(표본 등으로 쓰려고) 책갈피 등에 끼어 말린 잎. ②〈식〉⇨さくよう(腊葉). 1. dried plants

おしはか·る[推し量る](타 4) 추측하다. 헤아리다. 짐작하다. 명 推し量り. guess

おしひら·く[押し開く](타 4) 밀어서 열다. 무리하게 열다. push open

おしひろ·める[押し広める·押し弘める](타하 1) ①널리 퍼뜨리다. ②확장하다. (의미 등을) 확대하다. 2. expand

おしふ·せる[押し伏せる](타하 1) 강제로 엎드리게 하다. 엎어 누르다. push to lie

おしぶち[押し縁](명) 물건을 고정시키기 위하여 가에 박은 가는 대나 나무.

おしべ[雄蕊]ヲー(명)〈식〉수술. ↔雌蕊(メシベ). a stamen

おしへ·す[押し圧す](타 4) 눌러 터뜨리다. 무겁게 누르다. crush

おしボタン[押し釦](명) (벨 등이 울리도록) 누르는 단추. a push button

おしぼり[御絞り](명) (손, 얼굴 등을 닦기 위한) 물수건. 「一を出(ダ)す; 물수건을 내다」

おしまい[御仕舞い]ーマヒ(명) ①"しまい(끝남)"의 높임말. ②화장(化粧)의 점잖은 말. 2. make-up

おしまずき[几]オシマヅキ(명)〈고〉①팔걸이. ②책상.

おしまわ·す[押し回す]ーマハス(타 4) ①"まわす(돌리다)"의 센말. ②자동차 등을 타고 거창하게 돌아 다니다. ③안면(顔面)을 이용하여 능란(能爛)하게 활동하다. 3. be active

おし·む[惜しむ]ヲシム(타 4) ①아끼다. ②소중히 여기다. 「名(ナ)を一; 명예를 소중히 여기다」③애석히 여기다. 「別(ワカ)れを一; 이별을 애석히 여기다」명 惜しみ. 3. regret

おし·む[愛しむ]ヲシム(타 4)〈고〉사랑하다. 소중하게 여기다.

おしむぎ[押し麦](명) 압맥. 납작보리. pressed barley

おしむ·ける[押し向ける](타하 1) 강제로 향하게 하다. force to turn

おしむらくは[惜しむらくは]ヲシムー(연어·부) 아깝게도. 분하게도. 유감스럽게도. It is a pity that...

おしめ[押し目](명)〈경〉시세가 계속 오르다가 조금 내리는 일. 눌림목. 「一買(ガ)い; 시세가 내릴 때 사다」↔もどり売(ウ)り. a scale down

おしめ[襁褓](명) 기저귀. a diaper

おじめ[緒締め]ヲー(명) 주머니 등의 아가리에 단 끈을 구멍으로 통하게 하여 졸라 매는 것. 상아, 보석, 금속 등으로 만듦. a string-fastener

おしめり[御湿り](명) ⇨しめり③.

おしも[お下](명) ①귀인댁의 하녀. ②대소변의 공손한 말.

おしもど·す[押し戻す](타 4) 밀어 제자리로 물리치다. push back

おしもんどう[押し問答](명·자サ) 시비함. 언쟁함. 서로 자기 주장을 굽히지 않음. bandying words

おじや(명) ⇨ぞうすい(雑炊).

おしゃか(명)〈속〉잘못된 제품. 쓸 수 없게 된 상태. 파치. 「一が出(デ)る; 파치가 나오다」a rejected article

おしゃく[御酌](명) ①"しゃく(술 따름)"의 점잖은 말. ②작부(酌婦). ③아직 한 사람 몫으로 인정받지 못하는 기생. 동기(童妓). 2. a waitress

おしゃぶり(명) 갓난 아이에게 빨리는 장난감. a teething ring

おしゃべり(명·자サ·형동ダ) 잘 지껄임. 또는 그 사람. 수다. 수다장이. chattering

おしゃま(명·형동ダ) 조숙함. 조숙한 아이. precocity
おしゃます(연어)〈속〉 말씀하시다. 「そう一と; 그렇게 말씀하시면」
おしや·る[押し遣る](타 4) ①밀어 주다. ②밀어 치우다. 1. push forward 2. push aside
おじゃ·る オヂャル(자 4)〈고〉 "ある(있다), いく(가다), くる(오다)"의 높임말.
おしゃれ[御洒落](명·자サ·형동ダ) ①멋을 냄. 모양을 냄. ②멋장이. 1. dandyism
おじゃん(명)〈속〉 예상이 어긋나는 일. 실패. 「一だ; 틀렸다(실패다)」 coming to nothing
おしゅう[汚臭](명) 고약한 냄새. 악취. a bad smell
おしゅう[汚習](명) 더러운 습관. 더러운 풍습. ignoble manners
おじゅう[御重](명) "じゅうばこ(찬합)"의 점잖은 말.
おしょう[和尚](명)〈불〉 ①도를 많이 닦은 중. ②스승에 해당되는 중. ③중의 높임말. 스님. 1. a Buddhist priest
おじょうさん[御嬢さん](명) 남의 딸이나 처녀의 높임말. 아가씨.
おしょく[汚職](명) 오직. 관직(官職)을 더럽힘. 독직(瀆職). corruption
おじょく[汚辱](명) 오욕. 욕됨. 수치(羞恥). disgrace
おじょく[汚濁](명) ⇨おだく.
おしよ·せる[押し寄せる] Ⅰ(자하 1) 여럿이 공격해 오다. 밀려 들다. Ⅱ(타하 1) 밀어 가깝게 하다. Ⅰ advance on
お·じる[怖じる] オヂル(자상 1) 겁내다. fear
おしろい[白粉](명) 화장품의 한 가지. 분. face powder. 一**した**[白粉下](명) 분을 바르기 전에 바르는 크림. 화장수. 一**やけ**[白粉焼け](명·자サ) 오래도록 분을 발라 (연중독으로) 피부가 갈색이 되는 일.
オシログラフ[oscillograph](명)〈이〉 ⇨オッシログラフ.
おしわ·ける[押し分ける](타하 1) 좌우로 밀어 헤치다. push apart
おしわり[押し割り](명)〔←押し割り麦(ムギ)〕 납작보리. 압맥(圧麦).
おしん[悪心](명)〈의〉 오심. 가슴속이 이상해지면서 토할 듯한 기분이 생기는 현상. nausea
おじん[汚塵](명) 오진. 더러운 먼지. dirty dust
おしんこ[御新香](명) ⇨つけもの.
おす[雄·牡] ヲス(명)〈생〉①수컷. ↔めす. ②수꽃. 1. a male
お·す[圧す](타 4) ①무게로 누르다. ②압박하다. 1. press 2. oppress
お·す[押す](타 4) ①누르다. ②밀다. ③군대를 진군시키다. ④풀칠하여 붙이다. ⑤운(韻)을 달다. ⑥노(櫓)를 젓다. ⑦무리하게 하다. ⑧찍다. 「判(ハン)を一; 도장을 찍다」 1. press 6. row
お·す[食す] ヲス(타 4)〈고〉 ①"飲(ノ)む(마시다), 食(ク)う(먹다), 着(キ)る(입다)"의 높임말. ②다스리다.
お·す[推す](타 4) ①⇨おす(押す). ②추천하다. 「会長(カイチョウ)に一; 회장으로 추천하다」③미치(及)게 하다. ④견주어 보다. ⑤헤아리다. 2. recommend
おすい[汚水](명) 오수. 더러운 물. foul water
おずおず[怖怖] オヅオヅ(부) 겁에 질려. 조심조심. timidly
オスカーしょう[Oscar 賞](명) 오스카상. 미국 영화의 아카데미상.
おすきやぼうず[御数寄屋坊主](명) 에도 막부(江戸幕府)에서 다도(茶道)의 일을 맡던 중대가리의 관리.
おすくに[食す国] ヲスー(명)〈고〉 천황(天皇)이 다스리는 나라.
おすそわけ[御裾分け](명·타サ) 남에게 얻은 물건이나 이익을 나누어 줌. share
おすなおすな[押すな押すな](연어·명) 만원 상태. 대만원(大満員). 「一の盛況(セイキョウ); 대만원의 성황」 be crowded
おすべらかし(명) 부인의 늘어뜨린 머리 모양의 한 가지. 앞머리를 옆으로 붙이고 머리채를 뒤로 길게 늘어뜨림. 지금은 황족의 정장 때에 함.
おすまし[御澄まし](명) ①점잔 빼는 것. ②"すましじる(맑은 장국)"의 점잖은 말. 1. assuming a prim air
オスミウム[osmium](명)〈이〉 오스뮴. 백금속(白金属) 원소의 하나. 비중은 가장 크며 기호는 Os.
おすみつき[御墨付き](명) 검은 도장이 찍힌 문서. 무로마치(室町), 에도(江戸) 시대에 영주가 부하에게 증명으로 주었음.
オセアニア[Oceania](명)〈지〉 ⇨たいようしゅう(大洋州).
おせおせ[押せ押せ](연어·명) ①일 등이 밀려 다음 일에 차례로 영향을 미치는 것. ②기일 등이 절박한 것. ③⇨おすなおすな. 「一の盛況(セイキョウ); 대성황」
おせじ[御世辞](명·자サ) "せじ"의 높임말.
おせち[御節](명) 정월이나 다섯 명절에 쓰는 요리.
おせっかい[御節介](명·자サ·형동ダ) (공연히) 참견함. meddling
おせん[御煎](명)〔여성어(女性語)〕 ⇨せんべい(煎餅).
おせん[汚染](명·타サ) 오염. ①더러워짐. ②〈이〉 세균, 가스, 방사선 등의 독을 입음. 1. stain
おぜんだて[御膳立て](명·타サ) ①밥상을 차림. ②충분히 준비함. 「総選挙(ソウセンキョ)の一; 총선거에 대한 충분한 준비」 1. setting the table
おそ[悪阻](명)〈의〉 악조. 임신 2, 3개월쯤에 가슴이 답답하고 식욕이 없으며 구토가 나는 증상. 악조증. 입덧. 「妊娠(ニンシン)一; 입덧」 morning sickness
おそ·い[遅い](형) ①시간이 걸리다. 느리다. ②늦다. ↔早(ハヤ)い. 파생 一**さ**(명). 1. belated
おそ·う[襲う] オソフ(타サ) ①갑자기 습격하다. ②갑자기 방문하다. ③계승하다. 「所長(ショチョウ)のあとを一; 소장의 뒤를 잇다」 1. assault 2. call on without notice
おそうそうさま[御草草様](감) 주인이 손님에게 대접이 소홀했다고 하는 인사말.
おそうまれ[遅生まれ](명) 4월 2일부터 12월 사이에 태어나는 일. 또는 그 사람. ↔早(ハヤ)生まれ.
おそかれはやかれ[遅かれ早かれ](연어·부) 조만간(早晩間). 언젠가는. sooner or later

おぞく[汚俗](명) 더러운 풍속. 악습(悪習). defiled customs
おそく(と)も[遅く(と)も](연어) 늦어도. 늦더라도. 늦는다 하더라도. at the latest
おぞくも[鈍くも](부) 어리석게도. 둔하게도. foolishly
おぞけ[怖気](명) ⇨おじけ.
おそざき[遅咲き](명) 늦게 피는 것. late blooming
おそしさま[御祖師様](명)〈불〉〔니치렌종(日蓮宗)에서〕 니치렌의 높임말.
おそちえ[遅知恵·遅智慧](명) ①아동의 지혜가 늦게 발달하는 것. ②뒤늦게 나오는 지혜.「ばかの—; 바보의 뒤늦은 지혜」 1. unripe wisdom 2. afterwit
おそなえ[御供え]—ソナヘ(명) "そなえもの(공양물)"의 높임말. an offering
おそなわ·る[遅なわる]オソナハル(자 4)〈고·방〉 늦어지다.
おそば[御側](명) ①"そば(곁)"의 높임말. ②가까운 신하. ③주인 가까이에서 시중 드는 여자. 2. an attendant.
—づき[御側付](명) 주인 가까이에서 시중 드는 일. 또는 그 사람.
おそば[遅場](명) 벼가 늦게 익는 곳.「— 米(マイ); 벼가 늦게 익는 곳에서 난 쌀」↔早場(ハヤバ).
おそはやも[遅早も](부)〈고〉 ⇨おそかれはやかれ.
おそまき[遅蒔き](명) ①늦은 파종. ②뒤늦게 일을 시작하는 것.「—ながらはじめる; 시기가 늦었으나 시작하다」 1. late sowing
おぞま·し[鈍まし](형シク)〈고〉 ①어리석다. 둔하다. ②고집이 세다. 교활하다. ③싫다. ④무섭다.
おぞまし·い[悍しい](형) ①〈고〉무섭다. ②〈고〉교활하다. ③싫다. 파생 **—げ**(형동ダ) **—さ**(명). 3. dislikable
おそらく(は)[恐らく(は)](부) 아마도. 대개. 십중 팔구는. perhaps
おそ·る[恐る](자하 2) ⇨おそれる. **—おそる**[恐る恐る](부) 두려워하면서. 겁내면서. **—べき**[恐るべき](연어·연체) "おそろしい(두렵다)"의 센말. 두려워하지 않으면 안될. 가공(可恐)할.「—計劃(ケイカク); 가공할 계획」
おそれ[恐れ](명) ①두려움. 공포. ②걱정. 염려. 1. fear. **—い·る**[恐れ入る](자 4) ①황송해하다. 죄송해하다. ②몹시 기가 막혀하다. ③압도되다. **—おお·い**[恐れ多い]—オホイ(형) ①대단히 고맙다. ②황공하다. 미안하다. 송구하다. **—げ**[恐れ気](명) 겁내는 기색.「—もなく; 겁내는 기색도 없이」 **—ながら**[恐れ乍ら](부) 죄송합니다만.「—申(モウ)し上(ア)げます; 죄송합니다만 말씀 드립니다」
おそれ[虞れ](명) 걱정. 우려.「悪化(アッカ)の—がある; 악화될 우려가 있다」 anxiety
おそ·れる[恐れる](자하 1) ①무서워하다. 두려워하다. ②우려하다. 걱정하다. 1. dread 2. apprehend
おそろし·い[恐ろしい](형) ①무섭다. ②걱정스럽다.「—ことになった; 걱정스럽게 되었다」 ③심하다.「—暑(アツ)さ; 심한 더위」 파생 **—が·る**(자 4) **—げ**(형동ダ) **—さ**(명). 1. fearful 3. awful
おそわ·る[教わる]ヲソハル(타 4) 가르침을 받다. 배우다. be taught
おそわ·れる[魘われる]オソハレル(자하 1) 악몽으로 괴로와하다. 가위 눌리다. have a nightmare
おそん[汚損](명·자타サ) 오손. 더럽히고 손상함. stain
オゾン[ozone](명)〈이〉 오존. 공기 속의 방전(放電)으로 생기는 특유한 냄새의 기체. 소독, 표백 등에 쓰임. 기호는 O_3.
おだ(명)〈속〉〔←おだいもく〕 대단한 기세(気勢). 기염(気炎).「—を上(ア)げる; 기염을 토하다」 tall talk
おだ[小田](명) 논. a poddy field
おたあさま[おたあ様](명)〔궁중 용어로〕 어머니의 높임말. ↔おもうさま.
おだい[御代](명) "だいきん(값)"의 점잖은 말.
おたいこ[御太鼓](명) ①북치는 사람. 고수(鼓手). ②〔←おたいこ結(ムズ)び〕 여자 옷의 띠를 매는 법의 한 가지. 북같이 불룩하게 맴. 2. a drumshape tie
〔御太鼓②〕
おだいじん[御大尽](명) ⇨だいじん(大尽).
おだいもく[御題目](명) ①⇨だいもく④. ②〈속〉 주장(主張)되는 제목.「—だけはりっぱだ; 명목만은 훌륭하다」 2. a subject
おたいら[御平ら]—タヒラ(명) 편하게 앉으라고 권할 때 쓰는 말.「どうぞ—に; 편히 앉으세요」 Make yourself at home
おたがい[お互い](명) 피차. 상호(相互).「—さま; 피차 일반입니다」 each other
おたかく[お高く](연어) 고자세로. 거만하게.「—とまる; 거만하게 남을 업신여기다」 haughtily
おたから[御宝](명) ①보물(宝物). ②⇨たからぶね. ③돈. 1. a treasure 3. money
おだき[雄滝]ヲ—(명) 한쌍의 폭포 중에서 큰 폭포. ↔雌滝(メダキ).
おたく[御宅](명) ①상대방 집의 높임말. 귀택(貴宅).「—様(サマ)では; 댁에서는」 ②상대방 사람 또는 소속되는 곳의 높임말. 1. your house
おだく[汚濁](명·자サ) 오탁. 더럽고 흐림. corruption
おだけ[雄竹]ヲ—(명)〈식〉 왕대. 대의 한 가지. ↔雌竹(メダケ). a long-jointed bamboo
おたけび[雄叫び]ヲ—(명) 우렁찬 부르짖음. 힘찬 고함. a war cry
おだ·し[穏し](형シク)〈고〉 온화하다. 안온하다.
おたずねもの[御尋ね者]オタヅネ—(명) 경찰에서 찾고 있는 범인. 수배인(手配人). a suspected criminal
おたち[御立ち](명) ①출발의 높임말. ②(손님이 집으로) 돌아 가심의 높임말. 1. start
おたっし[御達し](명) 지시. 분부. an order
おだ·てる[煽てる](타하 1) 부추기다. 선동하다. 치켜세우다.「—に乗(ノ)る; 치켜 올리는 데에 넘어가다」 명 おだて. flatter
おたな[御店](명) (점원의) 주인집에 대한 높임말. **—もの**[御店者](명) 점원.

おたびしょ[御旅所](명) 제례(祭礼) 때 신을 모신 가마를 임시로 넣어 두는 곳. a resting place of a travelling shrine
おたふく[阿多福](명) ⇨おかめ. **—かぜ**[阿多福風](명)〈의〉 유행성 이하선염(耳下腺炎)의 속칭. 항아리 손님.
おだぶつ[御陀仏](명·자サ)〈속〉 ①죽음.「—になる; 죽다」②돌이킬 가망이 없는 실패. 1. death
おだまき[苧環]ヲ—(명) ①베실을 둥글게 감은 것. 베실꾸리. ②〈식〉 매발톱꽃. 성탄꽃과에 속하는 다년초. 1. a spool
おたまじゃくし[御玉杓子·蝌蚪](명) ①나무로 만든 국자. ②〈동〉 올챙이. ③〈속·악〉 악보(楽譜)의 음부(音符). 콩나물 대가리. 2. a tadpole
おたまや[御霊屋](명) 귀인의 영(霊)을 모셔 두는 곳. 사당(祠堂). a mausoleum
おため[御為](명) "ため(이익)"의 높임말. 주인을 위해 이익을 도모하는 것. benefit. **—ごかし**[御為ごかし](명) 남을 위하는 척하면서 실은 자기 이익을 꾀하는 것.
おだやか[穏やか](형동ダ) ①온화한 모양. 조용한 모양. ②고요하고 침착한 모양. 1. calm
おだわら[小田原]ヲダハラ(명) ①←小田原提燈 ②←小田原評定. **—ぢょうちん**[小田原提燈](명) 주름이 잡혀 있어 접었다 폈다할 수 있는 초롱. **—ひょうじょう**[小田原評定](명)결론 없는 논의.
〔小田原提燈〕
おち[落ち](명) ①떨어짐. ②실수. ③누설(漏洩). ④도망 침. ⑤끝장. 결말.「失敗(シッパイ)するのが—だ; 결국은 실패한다(실패 할 것이 뻔하다)」⑥〔만담 등에서〕 사람을 웃기고 끝맺는 부분. ⑦←おちあゆ. ⑧최후의 승리. ⑨실수. 1. fall 4. escape
おち[彼方]ヲチ(명)〈고〉 저쪽.
おちあ·う[落ち合う]—アフ(자 4) ①약속하고 만나다.「駅(エキ)で—; 역에서 만나다」②냇물이 합쳐져 흐르다. 명 落ち合い. 1. meet 2. fall together
おちあゆ[落ち鮎](명) 가을이 되면 알을 낳기 위해 강에서 바다로 내려 가는 은어(銀魚). a migrating sweet-fish for spawning
おちい·る[落ち入る·陥る](자 4) ①움푹 들어 가다. 함몰하다. ②끼이다. ③계략에 빠지다. ④함락되다.「城(シロ)が—; 성이 함락되다」1. sink 3. be taken in
おちい·る[落ち居る]—キル(자상 1)〈고〉 안정되다. 안심하다. 마음이 가라앉다.
おちうお[落ち魚]—ウヲ(명) ①바다로 가는 은어(銀魚). ②깊은 강으로 옮겨 가는 물고기. ③죽은 물고기. 3. a dead fish
おちうど[落ち人](명) ①숨어서 도망 치는 사람. ②전쟁에 져서 도망 치는 사람.「平家(ヘイケ)の—; 헤이케의 도망군」 a fugitive
おちおち[落ち落ち](부) 침착하게. 안심하고.「心配(シンパイ)で夜(ヨル)も—眠(ネム)れない; 걱정 때문에 밤에도 마음 놓고 잘 수 없다」 calmly
おちえん[落ち縁](명) 마룻바닥보다 낮은 툇마루. a low veranda
おちかえ·る[復ち返る]ヲチカヘル(자 4)〈고〉 ①복귀하다. 처음 상태로 돌아가다. 복구하다. ②젊어지다.
おちかた[遠方]ヲチ—(명)〈고〉 저쪽. 먼 곳.
おちぐち[落ち口](명) ①떨어지기 시작함. ②물이 흘러 떨어지는 곳. 1. beginning of falling
おちぐり[落ち栗](명) 떨어진 밤. 밤송이에서 빠진 밤. a fallen chestnut
おちげ[落ち毛](명) 빠진 머리카락. fallen hair
おちご[御稚児](명) ①"ちご(어린애)"의 높임말. ②고승(高僧)의 시중을 드는 아이. ③⇨ちごわ.
おちこち[遠近]ヲチ—(명)〈고〉 이쪽 저쪽. 여기저기.
おちこ·む[落ち込む](자 4) ①구멍 속에 빠지다. ②움푹 패어 쑥 빠지다. 함몰(陥没)하다. 1. fall in
おちざま[落ち様](명) 떨어질 때.「—に; 떨어질 때에. 떨어지려 할 때에」 in falling
おちしお[落ち潮]—シホ(명) 썰물. an ebb tide
おちず(연어·부)〈고〉 모조리. 빠짐 없이.
おちつき[落ち着き·落ち付き](명) ①침착한 태도. ②(그릇 등의) 안정. 1. composure 2. stability. **—はらう**[落ち着き払う]—ハラフ(자 4) 대단히 침착하다.
おちつ·く[落ち着く·落ち付く](자 4) ①안정되다.「天候(テンコウ)が—; 날씨가 안정되다」②진정되다. 가라앉다. ③평온해지다. ④조화(調和)되다. ⑤움직이지 않게 되다. 1. settle 2. be calm
おちつ·ける[落ち着ける](타하 1) 진정시키다. 안정시키다. settle
おちど[落ち度·越度](명) ①과실(過失). 실수. ②실패(失敗). 1. a fault 2. a failure
おちのひと[御乳の人](명) 귀인댁의 유모(乳母).
おちの·びる[落ち延びる](자상 1) (무사히) 멀리 달아나다. be safe from pursuit
おちば[落ち葉](명) ①낙엽. 떨어진 나뭇잎. ②←落葉色. 1. fallen leaves. **—いろ**[落葉色](명) 낙엽색. 적황색을 띤 갈색. 화다색(樺茶色).
おちびと[落ち人](명) ⇨おちうど.
おちぶ·れる[落魄れる·零落れる](자하 1) 가난해지다. 신분이 떨어지다. 영락하다. be reduced to poverty
おちぼ[落ち穂](명) 떨어진 이삭. gleanings
おちむしゃ[落ち武者](명) 져서 도망 치는 무사. 패한 군대. 「—はすすきの穂(ホ)に怖(オ)ず; 패하여 도망 치는 무사는 억새꽃에도 질겁을 한다 (자라 보고 놀란 가슴 소댕 보고 놀란다)」 a fugitive warrior
おちめ[落ち目](명) 쇠퇴하기 시작하는 상태.「—になる; 쇠퇴해 가다」 adversity
おちゃ[御茶](명) ①차(茶)의 미칭(美称).「—を濁(ニゴ)す;어물어물 넘기다」②(샌드위치 등의) 간단한 식사. ③다도(茶道). ④일하는 도중의 휴식. 1. tea
おちゃうけ[御茶請け](명) 차를 마실 때 같이 먹는 과자. a cake
おちゃっぴい(명·형동ダ) 수다스럽고 익살스러움. 또는 그런 소녀. a saucy girl

おちゃのこ[御茶の子](명) ①⇨おちゃのこさいさい.
おちゃのこ さいさい[御茶の子さいさい](연어·명) 간단히 할 수 있는 일. 아주 쉬운 일. a very easy matter
おちゃ ひき[御茶挽き](명) 창녀나 기생이 손님이 없어 한가한 것. 또는 그 기생이나 창녀.
おちゃ や[御茶屋](명) ①다도(茶道)를 닦는 방. ②엽차의 재료를 파는 집. ③〔관광지 등에서〕 간단한 음식과 차를 파는 집. ④요정(料亭). 1. a tea-ceremony booth
おち ゆ·く[落ち行く](자 4) ①도망가다. ②되어 가다. 낙착되다. ③영락(零落)되다. 1. flee
おちょう[雄蝶](명) ①수나비. ↔雌蝶(メチョウ). ②혼례용 술병에 매는 수나비 모양으로 오려 만든 종이.
おちょうし[御銚子](명) ⇨とくり(徳利).
おちょうし もの[御調子者](명) 남에게 휩쓸리기를 잘하는 사람. 경솔한 사람. a person easily elated
おちょぼ ぐち[御ちょぼ口](명) 작고 귀엽게 오므라진 입. pouted lips
お·ちる[落ちる](자상 1) ①(갑자기) 내리다. ②떨어지다. ③낙찰되다. ④구멍에 끼이다. ⑤잠기다. ⑥새다. ⑦함락되다. ⑧도망 치다. ⑨낙제하다. ⑩나쁘게 되다. ⑪(물고기 등이) 죽다. ⑫자백하다. 「遂(ツイ)に—; 드디어 자백하다」 ⑬이해하다. 「腑(フ)に—; 납득이 되다」 ⑭영락하다. ⑮(광선이) 들다. ⑯기절하다. 1.2. fall 3.4. fall into 9. fail
おっ—[押っ](접두) 동사에 붙여 뜻을 강조하는 말. 「—かぶせる; 콱 씌우다」
おっ—[追っ](접두) "おい(쫓다)"의 음편(音便). 「—ぱらう; 쫓아 버리다」
おつ[乙] Ⅰ(명) ① 10 간(干)의 둘째. ②제 2 위. ↔甲(コウ). ③〔일본 음악에서〕 한 옥타아브 낮은 가락. Ⅱ(형동ダ) ①산뜻한. 멋진. 「—な味(アジ); 근사한 맛」 ②묘하다. 이상하다. 「—にすます; 지나치게 새침떼다」 Ⅰ 2. the second 3. bass Ⅱ 2. strange
おっ かあ[阿母](명)〈속〉 ①어머니. ②마누라. 1. a mother 2. a wife
おっ かか·る(자 4)〈속〉 기대다. lean
おっ かけ[追っ掛け](명) ①쫓아 가는 것. ②계속. ③〔영화에서〕 추적(追跡)하는 장면. 1. running after
おっ か·ける[追っ掛ける](타하 1) 쫓아 가다. run after
おっかな·い(형)〈속〉 무섭다. 두렵다. fearful
おっかなびっくり(연어·부)〈속〉 무서워 떨면서. fearfully
おっ かぶ·せる(타하 1)〈속〉 콱 씌우다. 자 おっかぶさる(4). cover
おつき[御付き](명) 수행. 시종. an attendant
おつぎ[御次](명) ①다음 사람의 높임말. 다음 분. ②귀인방의 옆방. 또는 거기에 대기하여 주인의 시중을 드는 여자.
おっ くう[億劫](명·형동ダ) (움직이기가) 귀찮음. 파생 —が·る(자 4). trouble
おつくり[御作り](명) ①"さしみ(생선회)"의 미칭(美称). ②화장(化粧). 2. make-up
おつけ[御付け](명) 국. 된장국.
おつげ[御告げ](명) 신불(神仏)의 계시. an oracle. —**ぶみ**[御告げ文](명) 천황이 신(神)에게 선서하는 말. ⇨:こくぶん(告文).
オッケー(감)〈속〉 ⇨オーケー.
おっ けん[越権](명) ⇨えっけん(越権).
おっ けん[臆見](명) 억견. 적당히 짐작한 생각. a conjecture
おっ こ·ちる(자상 1)〈속〉 떨어지다. 타 おっことす(4). have a fall
おっ さん(명·대)〈속〉 중년 남자를 친숙하게 부르는 말. 아저씨. uncle
おっしゃ·る[仰しゃる](타 4) "言(イ)う(말하다)"의 높임말. 말씀하시다.
オッシログラフ[oscillograph](명)〈이〉 오실로그래프. 전류(電流)나 전압의 변화 등을 가시(可視) 곡선으로 나타내는 기계. 진동 기록기.
おっ た·てる[追っ立てる·押っ立てる](타하 1) "おいたてる(쫓아 버리다)"의 센말.
おっちょこ ちょい(명·형동ダ)〈속〉 덜렁거리고 경박함. 또는 그런 사람. impertinence
おっつ かっつ(연어·형동ダ) ①거의 동시인 모양. ②거의 같은 모양. 우열이 없는 모양. 1. almost the same time 2. nearly equal
おっ つ·く[追っ付く](자 4)〈속〉 뒤쫓아 가 닿다. 떨어졌던 것이 따라 가서 같이 되다. overtake
おっ つけ[追っ付け](부)〈속〉 멀지 않아. 이제 곧. 「—くるだろう; 멀지 않아 오겠지」 by and by
おっ つ·ける[押っ付ける](타하 1)〈속〉 ①밀어 붙이다. ②〔씨름에서〕 내지르는 팔을 잡아서 내지르지 못하게 하다. 명 押っ付け. 1. press
おっ て[追っ手](명) 도망자를 쫓아 가는 사람. 추격자(追撃者). a pursuer
おっ て[追って·追而] Ⅰ(부) 멀지 않아. 추후에. 「—通知(ツウチ)します; 추후에 통지하겠읍니다」 Ⅱ(접) 첨부해서. Ⅰ soon Ⅱ further. —**がき**[追って書き](명) 편지 끝에 덧붙여 쓰는 글. 추신(追伸).
おっと(감) 놀라거나 갑자기 생각 났을 때 내는 소리. 이크. 아이구. 「—あぶない; 이크, 위험하다」 oh
おっと[夫](명) 남편. ↔妻(ツマ). a husband
おっと せい[膃肭臍](명)〈동〉 물개. 북해에 사는 큰 물짐승. 해구(海狗). a fur seal
おつとめ[お勤め](명) ①근무. 임무. ②〈불〉 중이 매일 하는 독경(読経). 1. service
おっとり(부·자サ) 대범하고 침착한 모양. 「—かまえる; 대범하고 침착한 태도를 취하다」 composedly
おっとり がたな[押っ取り刀](명) 다급하여 칼을 차지 않고 손에 든 채로인 모양. snatching up one's sword
おっ とりこ·める[追っ取り込める](타하 1)〈속〉 완전히 포위하다. surround
おっ と·る[押っ取る](타 4)〈속〉 급히 손에 잡다. snatch
おつに[乙に](부) 묘하게. 이상하게. 괜히. strangely
おつ ねん[越年](명) 월년. 해를 넘김. tiding over the year-end
おっ ぱい(명) 젖. (어린이들의 말) milk

おっぱら·う[追っ払う]ーパラフ(타 4) (적, 도둑 등을) 쫓아 버리다. drive out
おっぺしょ·る(타 4)〈속〉 짓눌러 꺾다. break
おつぼ ぐち[御壺口](명) 작고 귀여운 입. a small mouth
おっぽりだ·す[押っ放り出す](타 4)〈속〉 ① 팽개치다. 집어 던지다. ②쫓아 내다. 1. throw out
おっぽ·る[押っ放る](타 4) 내던지다. throw out
おつまみ(もの)[御摘まみ(物)](명) ⇨つまみもの.
おつむ(명) 〔←おつむり〕 머리. (어린이 말) the head
おつもり[御積もり](명) ①"つもり(작정)"의 높임말. ②술자리를 파하기로 하여 마지막으로 술을 따르는 것. 필배. 「ーにする; 술자리를 파하다」 2. close
おつゆ[御汁](명) "しる(된장국), すましじる(맑은 장국)"의 미칭(美称).
おつり[御釣り](명) 거스름돈. change
おつりき(형동ダ)〈속〉 색다르며 좋은 모양. unusual
おてあげ[御手上げ](명) 어떻게 할 수 없게 됨. 손을 듦. 「また失敗(シッパイ)すればもうーだ; 다시 실패하면 이제 고만이다」 inevitable stopping
おでい[汚泥](명) 진흙탕. 진창. muddiness
おでき[御出来](명) ①"できもの(종기, 뾰루지)"의 미칭(美称). ②"できること(됨, 가능)"의 높임말. 「ーになりましたか; 되셨읍니까」
おでこ(명)〈속〉 ①이마가 툭 튀어 나온 사람. ②튀어 나온 이마. 2. a projecting forehead
おてだま[御手玉](명) ①조그만 주머니에 팥 등을 넣은 것. 공기. ②공기 놀이. dibs
おてつき[御手付き](명·자サ) ①가루다에서 잘못 잡은 딱지. 또는 잘못 짚은 벌로 주는 딱지. ②〈속〉 주인이 자기가 부리는 여자와 관계함. 또는 그 여자. 1. touching a wrong card 2. carnal connection
おてて[御手手](명) 손. (어린이들의 말) a hand
おてのうち[御手の中](명) ①소유물의 높임말. ②솜씨. 능력. ③가지고 있는 것. (돈 따위) 2. ability
おてのすじ[御手の筋](명)〈속〉 잘 알아 맞히는 것. guess right
おてのもの[御手の物](명) 특기(特技). 능수(能手). 장기(長技). one's strong point
おてまえ[御手前]ーテマヘ Ⅰ(명) ①"てまえ"의 높임말. ②[御点前] 다도(茶道)의 예법. 또는 그 솜씨. Ⅱ(대) 당신. 자네. 〔무사(武士)의 동년배끼리의 말〕
おでまし[御出座し](명) "出てゆく(나가다), くる(오다)"의 높임말. 나가시다. 오시다.
おてもり[御手盛り](명) 자기만 좋도록 처리하는 것. a self-approved plan
おてもと[御手元·御手許](명) ①"てもと①"의 높임말. 「ー金(キン); 귀인의 소지금」 ②〔요정 등에서〕 젓가락의 높임말.
おてやわらか[御手柔らか]ーヤハラカ(형동ダ) 부드럽게 다루는 모양. 관대하게 다루는 모양. gentle
おてら さま[お寺様](명) 주지(住持)의 높임말.
おてん[汚点](명) 오점. ①더러운 곳. ②결점(缺点). 1. a stain 2. a blemish
おでん(명) ①⇨でんがく(田楽). ②야채, 두부, 곤약(蒟蒻), 유부(油腐) 등을 장국에 넣어 익힌 일본식 음식. 꼬치 안주.
おてんき[御天気](명) ①"てんき(날씨)"의 미칭(美称). ②기분. 2. temper. **ーや**[御天気屋](명) 기분이나 태도가 변하기 쉬운 사람. 변덕장이.
おてんと さま[御天道様](명)〈속〉 태양. 해. the sun
おてんば[御転婆](명·형동ダ) 〔네 ontembaar의 변화〕 여자답지 않은 여자. 말괄량이. 플래퍼. a tomboy
おと[音](명) ①음. 소리. ②울림. ③소식. ④소문. 「ーに聞(キ)く; 소문에 듣다」 1. a sound 3. news
おとう さま[御父様](명) 아버지의 높임말. a father
おとうと[弟](명) ①남자 동생. ②여자 동생 ③동생 뻘 되는 손아랫사람. 예: 처남, 매제, 시동생 등. ↔兄(アニ). 1. a younger brother. **ーでし**[弟弟子](명) 후배의 남자. 같은 스승에게 뒤에 배우러 온 남자 제자. 남자인 동문 후배(同門後輩). ↔兄でし. **ーよめ**[弟嫁](명) 제수.
おとおし[御通し]ートホシ(명) 간단한 술안주.
おどおど(부·자サ) 두려워 침착성을 잃은 모양. 겁에 질린 모양. timidly
おとがい[頤]オトガヒ(명) (아래)턱. the lower jaw
おどか·す[嚇かす](타 4) ①⇨おどす(威す)①. ②놀라게 하다. 무서움을 느끼게 하다. 명嚇し. 2. threaten
おとぎ[御伽](명) ①말벗. 이야기 상대. ②간호. 간호인. ③첩. ④죽은 사람 곁에서 밤샘을 하는 일. 1. some one to talk to. **ーばなし**[御伽噺·御伽話](명) 옛날 이야기.
おどく[汚毒](명) 더럽고 독이 있는 것. 더럽게 하고 독을 주는 것. poisoning
おとくい[御得意](명) 단골집. 단골 손님. 「ーまわり; 단골집 방문」 a regular customer
おどけ(명) 농담. 익살. 재담. buffoonery
おど·ける(자하 1) 농담하다. 장난하다. jest
おとこ[男]ヲトコ(명) ①남성. 사나이. ↔女(オンナ). ②성인 남자. 「ー盛(ザカ)り; 한창 나이의 남자」 ③수컷. ④정부(情夫). ⑤남자의 체면. 또는 면목. 「ーが立(タ)たない; 남자의 체면이 안 서다」 ⑥고용인. 머슴. 1. a male 2. an adult 4. a lover. **ーいっぴき**[男一匹](명) 한 사람 몫을 하는 사나이. 「ーだ. かならずやるぞ; 적어도 사나이다. 반드시 하고야 만다」 **ーぎ**[男気](명) 약자나 정의를 위하는 마음. 협기(俠気). **ーざか**[男坂](명) 두 언덕 중에서 더 가파른 언덕. ↔女坂. **ーしゅ**[男衆](명) ①사나이들. (여자들의 말) ②남자 하인. ③배우의 시중을 드는 남자. **ーしゅう**[男主](명)〈고〉 남자 주인. 주인 남자. **ーずき**[男好き](명) ①남자가 좋아하는 것. ②여자가 남자를 바치는 일. **ーだて**[男伊達](명) 남자답게 의협심을 살려 목숨을 아끼지 않는 것. 협객(俠客). **ーで**[男手](명) ①남자의 일손. ②한문. ③남자의 필적. **ーなき**[男泣き](명·자サ) 좀처럼 울지 않는 사나이의 심히 억울하거나 감격된 울음. **ーぶり**[男振り](명) ①남자의 풍채. ②남자의 면목. **—まえ**[男前]ーマヘ(명) ⇨おとこぶり. **—まさり**[男勝り](명·자サ) 남자를 능가하는 강한 성격의 여자. **—みょうり**[男冥利](명) 남자로 태어난 행복감. 「—に尽(ツ)きる; 남자로서 더없이 행복하다」**—やもめ**[男鰥](명) 홀아비. **—らし·い**[男らしい](형) 사내답다. 씩씩하다.

おと さた[音沙汰](명) 소식. 편지. 「—がない; 소식이 없다」 tidings

おとし[落とし](명) ①떨어뜨리는 것. ②장애. 함정. ③나무 화로 속에 넣는 금속제 재받이. ④아래위로 움직일 수 있는 문걸이가 문얼굴을 뚫고 문지방 구멍에 박혀 문을 잠그게 되어 있는 장치. 1. letting fall 2. a trap. **—あな**[落とし穴](명) ①함정(陥穽). ②모함(謀陥). 흉계(凶計). **—がみ**[落とし紙](명) 변소에 쓰는 종이. **—ざし**[落とし差し](명) 칼집 끝을 내려서 칼을 차는 일. **—だね**[落とし胤](명) 귀인(貴人)의 사생아(私生児). **—ばなし**[落とし話·落とし噺](명) ⇨らくご(落語). **—ぶた**[落とし蓋](명) ①궤짝에 달린, 아래위로 여닫는 뚜껑. ②남비 안에 들어 가게 만든 뚜껑. **—ぶみ**[落とし文](명) 낙서(落書). **—もの**[落とし物](명) 모르고 떨어뜨린 물건.

おどし[威し](명) 위협. 협박. menace. **—つ·ける**[威し付ける](타하 1) 몹시 위협하다.

おどし[縅し]ヲドシ(명) 갑옷 미늘을 아래위로 얽어 매는 일. 또는 그 색조. 「黒糸(クロイト)—; 검은 실로 미늘을 얽어 맴」 armour-threading

おとしい·れる[落とし入れる·陥れる](타하 1) ①속으로 빠지게 하다. ②속여서 죄를 씌우다. 「人(ヒト)を—; 남에게 죄를 씌우다」 ③함락시키다. 2. entrap 3. capture

おとしだま[御年玉](명) 새해를 축하하는 선물. a New Year's present

おとし·める[貶める](타하 1) 얕보다. 멸시하다. look down upon

おと·す[落とす](타 4) ①떨어지게 하다. ②없애다. ③〔경매에서〕 손에 넣다. ④속이다. ⑤쳐서 빼앗다. 「城(シロ)を—; 성을 함락시키다」 ⑥놓치다. ⑦낙제시키다. ⑧줄이다. 「速度(ソクド)を—; 속력을 줄이다」 ⑨빼다. 뽑아 버리다. 「名簿(メイボ)から—; 명부에서 빼 버리다」 ⑩낮추다. 「声(コエ)を—; 목소리를 낮추다」 ⑪죄를 받게 하다. ⑫〔유도에서〕 기절시키다. ⑬〔사진에서〕 어둡게 찍다. ⑭새를 졸라 죽이다. ⑮달걀을 깨뜨려 형체대로 넣다. 수란(水卵) 뜨다. 1. let fall 3. knock down 12. make swoon

おど·す[威す](타 4) ①위협하다. ②놀라게 하다. 1. menace

おど·す[縅す]ヲドス(타 4) 갑옷 미늘을 꿰매다.

おとず·れる[訪れる]オトヅレル(자하 1) ①방문하다. ②편지하다. ③오다. 「春(ハル)が—; 봄이 오다」 명 訪れ. 1. visit 3. come

おとつい[一昨日]ヲトツヒ(명)〈속·방〉 ⇨おととい.

おとと[弟](명) ⇨おとうと.

おとど[大臣](명) 대신의 높임말.

おととい[一昨日]ヲトトヒ(명) 그저께. 재작일(再昨日). the day before yesterday

おととい[弟兄](명)〈고〉 형제 자매(兄弟姉妹).

おととし[一昨年]ヲトトシ(명) 재작년(再昨年). the year before last

おとな[大人](명) ①어른. ↔子供(コドモ). ②점잖은 것. 1. an adult. **—げ な·い**[大人気無い](형) 어른답지 못하다. 점잖지 않다. **—しやか**[大人しやか](형동ダ) ①어른다운 모양. 점잖은 모양. ②침착하고 온순한 모양. **—·びる**[大人びる](자상 1) 점잖아지다. 어른다와지다.

おとな·う[訪う]オトナフ(자 4) 방문하다. 명 訪い. visit

おとな·う[響う]オトナフ(자 4) 소리가 나다. sound

おとなし·い[大人しい·音無しい](형) ①어른답다. 점잖다. ②(성질이) 온순하다. 「—犬(イヌ); 온순한 개」 파생 **—げ**(형동ダ) **—さ**(명) **—やか**(형동ダ). 1. gentle

おと ひめ[乙姫·弟姫](명) ①〈고〉 귀인의 작은 따님. ②〈고〉 신분이 높은 젊은 여자. ③용궁(龍宮)에 산다는 미녀. 3. the Princess of the Dragon Palace

おとめ[少女·乙女]ヲトメ(명) ①소녀. ②처녀. 1. a girl 2. a virgin. **—ご**[少女子·乙女子](명) ⇨おとめ. **—さび**[少女さび·乙女さび](명·자サ)〈고〉 소녀다운 동작. 「—す; 소녀다운 행동을 하다」

おと も[御供](명) ①수행(随行). ②"とも(수행자)"의 높임말. 1. attendance

おとも なく[音も無く](연어·부) 매우 조용히. 소리도 없이. very quietly

おと や[乙矢](명) 두 번째 쏘는 화살. ↔甲矢(ハヤ). the second shot

おとり[劣り](명) 뒤떨어짐. 남보다 못함. inferiority

おとり[囮]ヲトリ(명) ①다른 새나 짐승을 유인하기 위해서 쓰는 새나 짐승. 미끼로 쓰는 짐승. ②남을 유인하기 위하여 이용하는 것. 또는 그 사람. a decoy

おどり[踊り]ヲドリ(명) ①춤을 추는 것. ②몸을 율동적으로 아름답게 움직이는 예술. 춤. ③〈경〉〔←踊り歩(ブ)〕 차용 증서(借用証書)를 다시 쓸 때 내는 이중의 이자. 1. dancing 2. a dance. **—あが·る**[踊り上がる·躍り上がる](자 4) 뛰어 오르다. **—かか·る**[躍り懸かる](자 4) 힘차게 덤비다. **—こ**[踊り子](명) ①춤추는 소녀. 동기(童妓). **—こ**[踊りこ](명)〈속〉 ⇨ひよめき. **—じ**[踊り字](명) 같은 자를 겹쳐 쓸 때의 부호. 「々」 **—ば**[踊り場](명) ①무도장. ②계단이 꺾이는 곳의 평평한 곳. 층계참.

おとり さま[御酉様](명) ⇨とりのいち(酉の市).

おとりぜん[御とり膳](명)〈속〉 남녀가 오붓이 마주 앉아 식사하는 상. 남녀 겸상.

おと·る[劣る](자 4) 딴것에 비하여 모자라다. 뒤떨어지다. 미치지 못하다. be inferior

おど·る[踊る·躍る]ヲドル(자 4) ①뛰어 오르다. ②춤추다. ③가슴이 두근거리다. ④이자(利子)가 겹치다. 1. jump up and down 2. dance

おどろ[棘ろ](명·형동ダ)〈고〉 ①덤불. 수풀. ②머리카락이 엉클어짐.

おとろ·える[衰える]オトロヘル(자하 1) 쇠약해지다. 기세가 없어지다. become weak

おどろおどろ·し(형シク)〈고〉 ①무섭다. 놀랍다. ②거창스럽다. 지나치다. ③굉장하다. 어마어마하다.

おどろか·す[驚かす·愕かす](타 4) ①놀라게 하다. ②〈고〉 주의를 환기시키다. ③〈고〉 (잠을) 깨우다. 1. surprise

おどろき[驚き·愕き](명) 놀람. surprise. **—い·る**[驚き入る](자 4) 몹시 놀라다.

おどろ·く[驚く·愕く](자 4) ①놀라다. ②〈고〉 눈이 뜨이다. 1. be surprised

おどろくべし[驚くべし](연어) 놀랍게도. 놀랄지어다. to one's astonishment

おないどし[同い年](명) 같은 나이. 동갑. 동년배(同年輩). the same age

おながざる[尾長猿](명)〈동〉 긴꼬리원숭이. 아프리카에서 나는 꼬리가 긴 원숭이. a long-tailed monkey

おながどり[尾長鳥](명)〈동〉 ⇨ながおどり(長尾鶏).

おながれ[御流れ](명) ①웃사람이 마시다 남겨 주는 술잔. ②웃사람에게서 받는 퇴물. ③중지. 폐지(廃止).「会(カイ)が—になる; 유회되다」 3. abandonment

おなご[女子]ヲナー(명)〈속〉 ①계집애. 소녀. ②여자. ③하녀. 1. a girl

おなじ[同じ] Ⅰ(형동ダ) ①모양, 성질, 종류 등이 같은 모양. ②딴것이 아닌 바로 그것인. Ⅱ(부) 아무래도. 어차피.「—見(ミ)るなら; 어차피 볼 바엔」 Ⅲ(형シク) 같다. 마찬가지다. Ⅰ 2. equal Ⅱ in any case

おなじ·い[同じい](형) 동일하다. 같다. same

おなじく[同じく](부) 같게. 같이. 마찬가지로. in the same way. **—は**[同じくは](부) 같은 값이면. 같은 일이면.

おなじみ[御馴染み](명) "なじむ(친함)"의 높임말.「みなさま—の; 여러분이 잘 아시는」

おなみ[男波·男浪]ヲー(명) 파도 중에서 큰 파도. ↔ 女波(メナミ). a billow

おなら(명)〈속〉 방귀. a fart

おなり[御成り](명) ①(천황 등의) 외출. 행행(行幸). 출어(出御). ②황족, 장군 등의 외출. a visit

おなんど[御納戸](명) ①귀인의 의복, 도구 등을 넣어 두는 방. ②←御納戸色. ③←御納戸役. 1. a noble's closet. **—いろ**[御納戸色](명) 쥐색을 띤 남색. **—やく**[御納戸役](명) 에도(江戸) 시대에 귀인의 의복이나 도구를 관리(管理)하던 관리(官吏).

おに—[鬼](조어) ①귀신 얼굴을 한.「—瓦(ガワラ); 귀와(鬼瓦)」 ②강하고 무서운.「—将軍(ショウグン); 맹장(猛将)」 ③심한. 잔혹(残酷)한.「—ばば; 무자비한 노파」 ④큰 형태의.「—蜘蛛(グモ); 왕거미」

おに[鬼](명) ①빌미가 되는 망령(亡霊). 귀신. ②상상상의 괴물. 무서운 얼굴에 머리에는 뿔이 있고 힘이 세다고 함. 도깨비.「—が笑(ワラ)う; 하도 비현실적이어서 귀신도 웃다」 ③추악하게 생긴 사람.「—も十八(ジュウハチ), 番茶(バンチャ)も出花(デバナ); 추녀(醜女)도 한창 나이에는 매력이 있다」 ④〔놀이에서〕 진 편. ⑤용맹한 사람.「—に金棒(カナボウ); 위낙 강한데 더욱 강해짐」 ⑥무자비한 사람.「—の目(メ)にも涙(ナミダ); 잔인한 자에게도 눈물은 있다」 ⑦빚장이. 1. a ghost 6. a merciless person

オニオン[onion](명)〈식〉 오니온. 양파.

おにがみ[鬼神](명) ①무서운 신. ②악마. a demon

おにがわら[鬼瓦]—ガハラ(명) 귀와. 귀신의 얼굴 모양의 기와. a gargoyle

〔鬼瓦〕

おにぎり[御握り](명) 주먹밥. a boiled-rice ball

おにご[鬼子](명) ①귀신의 아이. ②어버이를 닮지 않은 아이. ③날 때부터 이가 난 아이. 1. 2. a devil's child

おにば[鬼歯](명) 치열(歯列)의 바깥쪽으로 난 이. 덧니. a projecting tooth

おにばば[鬼婆](명) ①노파의 모양을 한 귀신. ②간악하고 무자비한 노파. a hag

おにび[鬼火](명) 도깨비불. a will-o'-the-wisp

おにやらい[鬼遣らい·追儺らい]—ヤラヒ(명) (입춘 전날의) 볶은 콩을 뿌리며 액귀(厄鬼)를 내쫓는 행사(行事). 액막이의 한 가지. driving devils out

おにゆり[鬼百合·巻丹](명)〈식〉 참나리. 백합과에 속하는 다년초. 황적색에 암자색(暗赭色) 작은 반점(斑点)이 있음. a tiger lily

おぬし[御主](대) 동년배 이하의 대칭 대명사. 너. 그대. 임자. 자네. you

おぬれ[尾末](명)〈고〉 산기슭의 끝.

おね[尾根]ヲー(명) 산등성이. a ridge

おねじ[雄捻子]ヲネヂ(명) 수나사. ↔雌(メ)捻子. a male screw

おねしょ(명·자サ) 잠을 자면서 오줌을 쌈. 야뇨(夜尿). bed-wetting

おねつ[悪熱](명) 오열. 오한 뒤에 나는 열. fever after a chill

おねば[御粘](명) 밥이 끓어 넘는 물. 밥물. 곡정수(穀精水).

おねり[御練り·御邌り](명) ①영주 등의 행렬이 서서히 나아가는 것. ②〈속〉 천천히 나아가는 것.

おの[己] Ⅰ(명)〈고〉 나. 자기.「—が; 나의」 Ⅱ(대) 너.

おの[斧]ヲノ(명) 도끼. an axe

おのえ[尾の上]ヲノヘ(명)〈고〉 정상(頂上). 꼭대기.

おのおの[各·各各] Ⅰ(명·부) 각각. 한 사람 한 사람. 제각기. Ⅱ(대) 제군. 여러분.「—がた; 여러분」 Ⅰ each one Ⅱ everyone of you

おのがさまざま[己が様様](연어)〈고〉 각각 다른 모양.

おのがじし[己がじし](부)〈고〉 각각 자유로이.

おのこ[男]ヲノコ(명)〈고〉 ①남성. ↔おみな. ②하인.

おのずから[自ずから]オノヅカラ(부) ①저절로. 스스로. 자연히. ②만약. 혹시. ③더러는. 1. naturally

おのずと[自ずと]オノヅト(부) ⇨おのずから①.

おのの·く[戦く]ヲノノク(자 4) 부들부들 떨다.「恐怖

(キョウフ)に一; 공포에 떨다」 tremble

おのぼり さん[御上りさん](명)〈속〉 도회지 구경을 온 시골 사람. a visitor from the country

おのも おのも[各も各も](명·부)〈고〉 각각. 따로따로.

おのれ[己れ] Ⅰ(명) 그 자신. 자기 자신. Ⅱ(대) ①나. ②너. 그대. Ⅲ(감) 성났을 때의 소리. 이놈! 이 자식! Ⅰ oneself

おのわらわ[男の童]ヲノワラハ(명)〈고〉 사내 아이(들).

おは[尾羽]ヲー(명) 꼬리와 날개. 「一打(ウ)ち枯(カ)らす; 아주 영락(零落)하다」 tail and feather

おば[小母]ヲー(명) 아주머니. 남의 어머니나 부인을 부르는 말 an aunt

おば[伯母·叔母]ヲー(명) 부모의 여자 형제 및 부모의 남자 형제의 부인. 백모. 숙모. 고모. 이모의 총칭. 아주머니. 「一上(ウエ); 아주머님」 an aunt

おば[祖母](명) ①조모. 할머니. ②늙은 여인. 1. a grandmother 2. an aged woman

おばあさん[御祖母さん](명) 할머니의 높임말.

おばあさん[御婆さん](명) 여자 노인의 높임말.

オパール[opal](명)〈광〉 오팔. 단백석(蛋白石). 석영(石英)과 같은 바탕의 젖빛 또는 담황색의 돌.

おはぎ[御萩](명) 경단의 한 가지. 멥쌀과 찹쌀을 섞어 밥을 지어 쳐서 동그랗게 빚어 팥고물을 묻힌 것. rice-cake covered with beanpaste

おはぐろ[御歯黒](명) ①옛날 결혼한 여자가 이를 까맣게 물들이던 일. ②이를 까맣게 물들이는 흑갈색 액체. 철장(鉄漿). 2. tooth-dye. **一とんぼ**[御歯黒蜻蛉](명)〈동〉 검물잠자리. 물잠자리의 한 가지. 검은 날개를 곧추 세우고 앉음. 검은날개물잠자리.

おばけ[御化け](명) 도깨비. 요괴(妖怪). a spectre

おはこ[十八番](명) 십팔번. 능란한 재주. 장기(長技). 특기(特技). one's forte

おはこび[御運び](명) "くる(오다), いく(가다)"의 높임말. 「わざわざ一をいただきまして; 일부러 왕림해 주셔서」

おば さん[小母さん](명) 아주머니의 높임말.

おはじき[御弾き](명) 유리 구슬, 조가비 등을 손가락으로 튀기며 노는 소녀들의 놀이. marbles

おばしま[欄](명)〈고〉 난간.

おはち[御鉢](명) ①밥통. ②순번. 차례. 「一がまわって来(ク)る; 차례가 돌아 오다」 1. a rice-tub

おはつ[御初](명) ①처음. 첫번. ②새로 입은 옷. ③금방 이발한 머리. 1. at first time

おはつ お[御初穂]一ハツホ(명) "はつお(첫 수확)"의 미칭(美称).

おばな[尾花]ヲー(명)〈고·식〉 참억새의 꽃.

おばな[雄花]ヲー(명)〈식〉 수술만 있는 꽃. 수꽃. ↔雌花(メバナ). a male flower

おはなし[御話](명) "はなし(이야기)"의 높임말.

おはなばたけ[御花畑·御花畠](명) 고산(高山) 식물이 밀생한 초원(草原). a field of Alpine flowers

おはね[御跳ね](명) 말괄량이. a hussy

おはもじ[御は文字](명) 〔"は"는 "はずかしい"의 첫 소리〕 부끄러움.

おはよう[御早う]一ハヤウ(감) 아침의 인사말. Good morning.

おはらい[御払い]一ハラヒ(명) ①"はらい(터는 일, 지불)"의 높임말. ②폐품을 파는 일. **一ばこ**[御払い箱](명) 해고. 면직(免職).

おはらい[御祓い]一ハラヒ(명) ①매년 6월, 12월 말일에 신사에서 하는 액막이 행사. ② ⇨たいま(大麻). 1. a purification ceremony. **一ばこ**[御祓い箱](명) 부적을 넣어 두는 상자.

おはらめ[大原女](명) 쿄오토(京都) 교외의 오오하라(大原)의 마을에서 쿄오토 시내로 팔 물건을 머리에 이고 오는 여인들.

おはり[御針](명) ①바느질. ②침모(針母). 재봉사(裁縫師). 2. a seamstress

おび[帯](명) ①허리띠. 「一に短(ミジカ)し襷(タスキ)に長(ナガ)し; 어중되다」 ②허리띠 모양의 물건. ③⇨おびがみ①. ④⇨おびばんぐみ(帯番組). 1. a girdle

おび あげ[帯揚げ](명) 여자의 띠가 흘러 내리지 않게 매는 가느다란 헝겊. a sash-band

おひいさま[御姫様](명) ⇨おひめさま.

おび いわい[帯祝い]一イハヒ(명) 임신하여 복대(腹帯)를 띨 때의 축하.

おび·える[脅える·怯える](자하 1) ①무서워하다. ②가위 눌리다. 1. fear 2. have a nightmare

おびがね[帯金](명) 허리띠처럼 물건을 감는 금속. 대철(帯鉄). a hoop iron

おびがみ[帯紙](명) 대지. ①잡지나 책 등을 매는 좁고 긴 종이. ②띠처럼 쓰는 종이. 1. a wrapper

おび かわ[帯皮·帯革]一カハ(명) ①가죽 허리띠. 혁대. ②피대(皮帯). 1. a leather belt 2. a belt

おび かわ[帯側]一カハ(명) 여자 띠의 한 쪽 헝겊.

おひきずり[御引き摺り](명) ①옷자락을 끄는 것. ②게으른 여자. ③게으름장이. 3. an idle fellow

おびき だ·す[誘き出す](타 4) 꾀어 내다. 유혹(誘惑)하다. lure

おびき よ·せる[誘き寄せる](타하 1) 꾀어서 오게 하다. decoy

おび ぎわ[帯際](명) 띠를 맨 언저리.

おび·く[誘く](타 4) 꾀다. lure

おびグラフ[帯 graph](명) 띠그래프. 띠그림표.

おび こう[帯鋼](명) 상자나 통 등을 감는 좁은 강철의 띠. 쇠테. band steel

콩의 성분
수분 흰자질 굳기름 탄수화물 칼슘
0 50 100
〔帯グラフ〕

おひざおくり[御膝送り](명·자サ) (자리가 좁든가 하여) 여러 사람이 앉은 채 무릎 걸음으로 차례로 움직여 자리를 냄. sitting close to

おひ さま[御日様](명) 태양의 높임말. the sun

おひざもと[御膝下](명) ①귀인의 곁. ②주권자가 있는 도시. 「将軍様(ショウグンサマ)の一; 장군님 곁(에도를 말함)」 1. beside a noble person

おびざん[帯桟](명) 문의 중간의 가로살. a cross piece

おびじ[帯地](명) 띠 감. 허리띠를 만들 헝겊.
おびじめ[帯締め](명) ⇨おびどめ.
おびしん[帯芯](명) ①띠의 모양을 지탱(支撐)하기 위하여 속에 넣는 심지. ②띠 전면(前面)이 안 꺾이게 하기 위하여 끼우는 것. sash-padding
おひたし[御浸し](명) 데친 야채를 양념 간장에 무친 것. 나물. boiled green with dressing
おびただし·い[夥しい](형) ①대단히 많다. 「一出血(シュッケツ); 대단히 많은 출혈」「一聴衆(チョウシュウ); 매우 많은 청중」 ②심하다. 「たよりないことー; 매우 미덥지 못하다」 파생 **— さ**(명). 1. abundant 2. tremendous
おひつ[御櫃](명) "めしびつ(밥통)"의 미칭(美称).
おびてつ[帯鉄](명) 궤짝, 통 등을 감는 좁은 강철 띠. band-steel
おびどめ[帯止め·帯留め](명) 여자의 띠가 흘러 내리지 않게 매는 끈. a sash-clip
おひとよし[御人好し](명·형동ダ) 온순하여 남이 하라는 대로 하는 사람. 호인. 「一につけこむ; 호인임을 기화로 악용(悪用)하다」 a good-natured man
おひねり[御捻り](명) 돈을 종이에 싸서 비튼 것. 축의금(祝儀金). a coin wrapped in paper
おびのこ(ぎり)[帯鋸](명) 대거. 띠톱. a band saw
おひめさま[御姫様](명) 귀인의 딸의 높임말. a princess
おびばんぐみ[帯番組](명) 라디오나 텔레비전에서 매일 같은 시간에 계속 방송하는 프로. a serial
おびふう[帯封](명) 잡지 등의 우편물을 폭이 좁은 대지(帯紙)로 포장하는 것. wrapping
おひや[御冷や](명) 냉수. cold water
おびやか·す[脅かす](타 4) ①협박하다. 위협해서 겁나게 하다. ②협박하여 좇게 하다. 1. menace
おひゃくど[御百度](명) ①소원이 성취되도록 (절이나 신사에 가서) 일정한 거리를 백 번 왕복하며 기도하는 일. ②부탁을 하러 몇 번이고 같은 곳에 가는 일. 1. hundred-time worships
おひゃらか·す(타 4)〈속〉 희롱하다. 조롱하다. trifle with
おひら[御平](명) 운두가 낮고 넓적한 그릇. a flat bowl
おひらき[御開き](명) ①도망 친다는 말을 기(忌)해서 쓰는 말. 퇴각(退却). ②끝났다는 말을 기해서 쓰는 말. 폐회(閉会). 「一にする; 폐회하다」 1. retirement 2. adjournment
おひる[御昼](명) "ひるめし(점심)"의 미칭(美称).
お·びる[帯びる](타상 1) ①허리에 띠다(차다). 「剣(ケン)をー; 칼을 차다」 ②두르다. 「周囲(シュウイ)に川(カワ)をー; 주위에 내를 두르다」 ③몸에 지니다. 「使命(シメイ)をー; 사명을 지니다」 ④머금다. 품다. 「酒気(シュキ)をー; 주기를 띠다」 1. wear 2. enclose
おひれ[尾鰭]ヲー(명) 물고기의 꼬리와 지느러미. 「一をつける; 없는 것을 멋대로 날조하고 과장하다」 tail and fin
おひろい[御拾い]ーヒロヒ(명) "あるく(걷다)"의 높임말.
おひろめ[御披露目](명) "ひろう(披露)"의 미칭(美称).
お·ぶ[帯ぶ](타 4)〈방〉 ⇨おびる.
オフィス[office](명) 오피스. ①사무소. ②회사. ③관청. **—ガール**[office girl](명) 오피스거얼. (관청 등의) 여사무원.
おぶ(う)(명) ①더운 물. ②차. ③목욕. 1. hot water
おぶ·う[負ぶう]オブフ(타 4) 업다. 지다. 「子(コ)をー; 아이를 업다」 carry on one's back
おふくろ[御袋](명)〈속〉 어머니. one's mother
おふくわけ[御福分け](명·타サ) 받은 선물의 분배. share of gifts
オブザーバー[observer](명) 업저어버. ①관찰자. 시찰인. ②발언권은 있으나 의결권이 없는 방청자.
オフサイド[off-side](명) 오프사이드. 〔축구에서〕 규칙 위반의 하나. 현재 공이 있는 위치에서 전방으로 나가 플레이하는 일.
おぶさ·る[負ぶさる](자 4)〈속〉 ①업히다. ②의지(依持)하다. 2. depend
オブジェ[프 objet](명) 오브제. 미술에서 이상한 환상적(幻想的) 효과를 내기 위하여 작품에 넣는 돌, 차바퀴 등의 여러 가지 물체. 특히 꽃꽂이에 쓰는 꽃 이외의 재료.
オブジェクト[object](명) 오브제트. ①목적. 목적물. ②대상. 객체(客体).
おふせ[御布施](명) "ふせ(시주)"의 높임말.
オフセット[offset](명) 오프셋. 고무 판에 일단 전사해서 종이에 인쇄하는 방법. 오프셋 인쇄.
おふだ[御札](명) 잡귀를 몰아 내고 몸을 지켜 준다는 패. 부적(符籍). a charm
おふたかた[御二方](명) 두 분. two persons
オプチミスト[optimist](명) 옵티미스트. 낙천가. 낙관론자. ↔ペシミスト.
オプチミズム[optimism](명) 옵티미즘. 낙천주의. 낙관론. ↔ペシミズム.
おぶつ[汚物](명) 오물. 더러운 것. dirt
おぶつみょう[御仏名](명) 옛날 궁중에서 평상시의 죄를 씻기 위하여 12월 19일부터 3일간 여러 부처의 이름을 부르던 행사.
おふでさき[御筆先](명) ①〔천리교(天理教) 등에서〕 신의 말씀을 교주가 쓴 문서를 높이어 일컫는 말. ②신의 계시. ③신이 들린 사람의 말.
おぶね[小舟·小船]ヲー(명) 작은 배. a small vessel
オブラート[네 oblaat](명) 오블라아트. 녹말과 고무 분말로 만든 얇은 막(膜). 물에 녹음. 쓴 가루약을 싸서 먹는 데 씀. 교갑(膠匣).
オブリガート[이 obbligato](명)〈악〉 오블리가토. 조주(助奏). 주성부(主声部)는 아니나 단순한 반주는 아닌, 빠뜨릴 수 없는 보조 성부(補助声部)를 맡는 것.
オフリミット[off limit](명) 오프리밋. 출입 금지.
おふれ[御触れ](명) 관청의 명령이나 훈령(訓令). an official notice
おべっか(명)〈속〉 아첨의 말. flattery
おへやさま[御部屋様](명) 신분이 높은 사람의 첩. a noble's concubine
オペラ[opera](명) 오페라. 가극. 극시(劇詩)와 음악,

무용을 혼용하여, 대사의 전부 또는 일부를 노래로 부르면서 하는 연극. **—グラス**[opera glass(es)](명) 오페라글라스. 극장이나 음악회에서 쓰는 작은 쌍안경. **—コミック**[프 opéra comique](명) 오페라코미크. 희가극(喜歌劇).

オベリスク[obelisk](명) 오벨리스크. 고대 이집트의 유물(遺物)의 한 가지. 네모나고 높으며 끝이 뾰족한 돌로 된 기념비.

〔オベリスク〕

オペレーション[operation](명) 오퍼레이션. ①〈경〉 투기 매매(投機売買). 매매에 의한 시장 조작(市場操作). ②〈의〉 수술(手術). ③작전(作戦). **—ズリサーチ**[operations research](명) 오퍼레이션즈 리서어치. 경영(経営)을 과학적이고 계획적으로 하기 위한 조사 연구.

オペレーター[operator](명) 오퍼레이터. ①기계, 기구를 움직이게 하는 사람. ②교환수. ③〈경〉 운항 업자(運航業者).

オペレッタ[이 operetta](명) 오페레타. 희극적인 소가극. 경가극(軽歌劇).

おべんちゃら(명)〈속〉 아첨의 말. 「—をいう; 아첨의 말을 하다」 flattery

おぼえ[覚え](명) ①기억. ②자신. 「腕(ウデ)に—がある; 팔(솜씨)에 자신이 있다」 ③신임. 총애. 「社長(シャチョウ)の—がめでたい; 사장의 신임이 두텁다」 ④←覚え書き. ⑤평판. 소문. 1. memory 2. self-confidence. **—がき**[覚え書き](명) ①기억하기 위해 적어 두는 메모. ②각서. 약식, 비공식의 외교 문서.

おぼえず[覚えず](부) 모르는 사이에. 부지중에. 무의식중에. 「—涙(ナミダ)を流(ナガ)す; 자기도 모르게 눈물을 흘리다」 unconsciously

おぼ·える[覚える](타하 1) ①느끼다. 「寒(サム)さを—; 추위를 느끼다」 ②깨닫다. ③기억하다. ④생각되다. 1. feel 3. remember

おぼお·し オボホシ(형シク)〈고〉 ①어렴풋하다. ②우울하다. 불쾌하다.

おぼおぼ·し(형シク)〈고〉 ①애매하다. 희미하다. ②서먹서먹하다.

おぼお·る[溺おる]オボホル(자하 2)〈고〉 ①빠지다. ②눈물에 젖다. 흐느껴 울다. ③본심을 잃다. 멍청하다.

おぼこ[未通女](명) ①세상 일에 익숙하지 못한 여자. ②아직 남자를 모르는 여자. 처녀. 2. a virgin

おぼし·い[思しい](형) …로 보이는. …로 생각되는. ("と"밑에 붙음) 「犯人(ハンニン)と—男(オトコ); 범인이라고 생각되는 사나이」 1. look like

おぼしい·る[思し入る](자하 2)〈고〉 염려되다. (마음에 걸려) 걱정하다.

おぼしめし[思し召し](명) ①"かんがえ(생각), きもち(마음, 기분)"의 높임말. ②〈속〉 (이성에의) 특별한 관심. 2. fancy

おぼしめ·す[思し召す](타 4) "おもう(생각하다)"의 높임말. 생각하시다.

おぼ·す[思す](타 4) "おもう(생각하다)"의 높임말. ("おぼしめす"보다 가벼움)

オポチュニスト[opportunist](명) 오퍼튜우니스트. 일정한 주견을 내세우지 않고 그때그때의 형편에 따라 행동하는 사람. 편의주의자. 기회주의자.

おぼつかな·い[覚束無い](형) ①확실치 않다. 믿을 수 없다. 「—返事(ヘンジ); 애매한 대답」 ②불안하다. 「成功(セイコウ)するかどうか—; 성공할지 어떨지 불안하다」 [파생] **—が·る**(자타 4) **—げ**(형동ダ) **—さ**(명). 1. unreliable

おぼ·ゆ[覚ゆ](자하 2)〈고〉 ①생각되다. 상상되다. ②기억하고 있다. 잊지 않다. ③닮다. 똑같다.

おぼら·す[溺らす](타 4) 빠지게 하다. drown

おぼれじに[溺れ死](명) 익사. 물에 빠져 죽는 것. drowning

おぼれだに[溺れ谷](명)〈지〉 익곡. 육지의 침강(沈降)으로 바다가 된 골짜기. 빠진골. a drowned valley

おぼ·れる[溺れる](자하 1) ①(물에) 빠지다. 「—者(モノ)は藁(ワラ)をも摑(ツカ)む; 물에 빠진 자는 지푸라기에도 매달린다」 ②물에 빠져 죽다. ③탐닉하다. 쏠리다. 「酒(サケ)に—; 술에 빠지다」 [타] おぼらす(4). 1. sink into water 2. be drowned

おぼろ[朧ろ](형동ダ) 몽롱한 모양. 똑똑하지 않은 모양. 멍한 모양. dim. **—げ**[朧ろ気](형동ダ) ①흐릿한 모양. ②대략의. **—よ**[朧ろ夜](명) 달이 몽롱해 보이는 봄 밤. 으스름 달밤.

おぼん[御盆](명) ⇨うらぼん(え).

おまいり[御参り·御詣り]ーマヰリ(명·자サ) 신불(神仏)을 참배하러 감. a visit to a temple

おまえ[御前]ーマヘ Ⅰ(명) 신불(神仏)이나 귀인의 앞의 높임말. Ⅱ(대) 너. 자네. (지금은 손아랫사람에게 씀) 「—たち; 너희들」 Ⅱ you

おまけ[御負け](명·자サ) ①그 위에 더함. 덤. ②부록. 경품(景品). 1. addition 2. an extra. **—に**[御負けに](접) 그 위에. 덤으로.

おまし[御座](명)〈고〉 ①옥좌(玉座). ②귀인이 앉는 곳.

おまじり[御交じり](명) 밥알이 섞인 미음.

おま·す[御座す](자 4) ①있다의 높임말. 계시다. ②〈방〉 ⇨ございます.

おませ(명·형동ダ)〈속〉 조숙한 아이. a precocious child

おまちどお(さま)[御待ち遠(様)]オマチドホ(—)(형) 상대방을 기다리게 했을 때 쓰는 인사말. 오래 기다리셨읍니다. 늦어 죄송합니다.

おまつ[雌松]ヲ—(명)〈식〉 ⇨くろまつ(黒松). ↔雄松(メマツ).

おまつりさわぎ[御祭り騒ぎ](명) ①축제 때 법석대는 것. ②몹시 들떠서 떠들썩한 것. 2. merrymaking

おまはん(대)〈방〉 〔"おまえさん"에서 온 말로〕 너의 높임말. 임자. 자네.

おまもり[御守り](명) 부적. 호부(護符). a charm

おまる[虎子](명) 변기. 요강. a bedpan

おまわり[御巡り]ーマハリ(명)〈속〉 순경. a policeman

おまわり[御回り]ーマハリ(명) 개를 빙빙 돌게 하는 것.

おまんま[御飯](명)〈속〉밥. 맘마. boiled-rice
おみ―[御御·大御](접두) 정중, 존경의 뜻을 나타내는 말. 「―足(アシ); 발」
おみ[御身](대) 그대. 당신. 「―たち; 당신들」
おみあし[御御足](명) "あし(발)"의 높임말.
おみおつけ[御御御付け](명) "みそしる(된장국)"의 높임말.
おみき[御神酒·大御酒](명) ①신께 바치는 술. ②술.
おみくじ[御御籤](명) 신사나 절에서 참배인에게 뽑게 하여 길흉을 점치게 하는 제비. a lottery
おみこし[御神輿](명) ①"みこし"의 높임말. 신을 모신 가마. ②〈속〉허리. 「―をあげる; 겨우 일어서다. 겨우 시작하다」 2. the waist
おみそれ[御見逸れ](명·타サ) "알아 보지 못하다, 생각지 못하다"의 높임말. 「―しました; 알아 뵙지 못했읍니다」 fail to see
オミット[omit](명·타サ) 오밋. 생략(省略). 제외.
おみな[女]ヲミナ(명)〈고〉여자. ↔男(オノコ).
おみなえし[女郎花]ヲミナヘシ(명)〈식〉여랑화. 마타리. 여름에 노란 꽃이 가지 끝에 핌. 어린 잎은 식용함. 〈학명〉Patrinia scabiosaefolia
おみや[御宮](명) 신사(神社)의 높임말.
おみや(げ)[御土産](명) "みやげ"의 높임말.
おむか·し(형シク)〈고〉재미 있다. 기껍다. 마음이 끌리다.
おむすび[御結び](명) "むすび(주먹밥)"의 미칭(美称).
おむつ[御襁褓](명) "むつき(기저귀)"의 미칭(美称).
オムニバス[omnibus](명) 옴니버스. ①합승 자동차. ②독립한 여러 이야기를 한데 모은 것. 「―映画(エイガ); 옴니버스 영화」
オムレツ[omelet(te)](명) 오믈렛. 서양 요리의 한 가지. 고기, 양파 등을 잘게 썰어 간을 맞춘 것을 프라이팬에 지진 계란으로 싼 요리.
おめい[汚名](명) 오명. 불명예. 나쁜 소문. ill fame
おめいこう[御命講](명)〈불〉⇨おえしき.
おめおめ(부) 창피도 모르는 것처럼. 면목 없는 채로. 「―帰(カエ)れない; 염치 없이 돌아 갈 수 없다」 shamelessly
オメガ[omega·Ω·ω](명) 오메가. ①그리이스 자모의 끝 자. ②최종(最終). 끝. ↔アルファ(α). ③전기 저항을 나타내는 기호.
おめかし(명·자サ) 모양 냄. 꾸밈. 장식. decoration
おめがね[御眼鏡](명) ①안경의 미칭(美称). ②감식안(鑑識眼), 판정력(判定力)의 높임말. 「―にかなう; 마음에 들다」 1. glasses
おめ·く[喚く]ヲメク(자 4) 부르짖다. 소리 치다. shout
おめし[御召し](명) ①부름, 초청, 탐, 입음, 옷의 높임말. ②〔←おめしちりめん〕비단의 한 가지. ―**かえ**[御召し替え]―カヘ(명·자サ) 바꿔 입기, 바꿔 타기의 높임말. ―**もの**[御召し物](명) 상대방 옷의 높임말. ―**れっしゃ**[御召し列車](명) 천황 등이 타는 특별 열차.
おめず[怖めず](연어·부) 거리낌 없이. 당당히. 「―臆(オク)せず; 거리낌 없이 당당히」 without hesitation
おめだま[御目玉](명) 잔소리. 꾸중. 「―を食(ク)う; 꾸중 듣다」 scolding
おめでた[御目出度·御芽出度](명) (출산, 결혼, 임신 등의) 경사. a matter for congratulation
おめでた·い[御目出度い·御芽出度い](형) ①"めでたい(경사롭다)"의 높임말. ②호인이다. 약간 바보다. 2. good-natured
おめでとう[御目出度う·御芽出度う](감) 기쁜 일, 새해 등의 인사말. 축하합니다. 경축합니다. Congratulations!
おめにかかる[御目に掛かる](연어) (사람을) 만나다의 높임말. 뵙다.
おめみえ[御目見得](명·자サ) ①"めみえ(면회, 만남)"의 높임말. ②귀인을 뵘. ③고용인이 처음으로 주인을 뵘. ④새로 온 배우의 첫 무대. ⑤에도(江戸) 시대에 막부 장군(幕府将軍)을 직접 만날 수 있었던 신분. 또는 그 격식(格式). 4. the first appearance
おめもじ[御目文字](명·자サ) 만나 뵘. meeting
おも[面](명) ①얼굴. 「―長(ナガ); 긴 얼굴」 ②표면. 「海(ウミ)の―; 해면」 1. a face 2. the surface
おもい[思い]オモヒ(명) ①생각. ②원함. 바람. ③걱정. ④사랑. ⑤원한. 원망. ⑥추측. 「―半(ナカ)ばに過(ス)ぎる; 충분히 짐작할 수 있다. 알아 차리다」 1. mind 2. desire. ―**あが·る**[思い上がる](자 4) 우쭐해서 남을 깔보게 되다. ―**あた·る**[思い当たる](자 4) 생각 나다. 깨닫다. ―**あま·る**[思い余る](자 4) 혼자서 작정하기 어렵다. ―**あわ·せる**[思い合わせる]―アハセル(타하 1) 비교해서 생각하다. ―**いた·る**[思い至る·想い到る](자 4) 생각이 미치다. 생각 끝에 도달하다. 「事件(ジケン)の重大(ジュウダイ)さに―とき; 사건의 중대성에 생각이 미칠 때」 ―**いれ**[思い入れ](명·자サ) ①마음을 다함. 정성들임. ②〔연극에서〕무언으로 심중을 나타내는 동작. ―**うか·べる**[思い浮かべる](타하 1) 생각이 떠오르다. 생각해 내다. ―**おこ·す**[思い起こす](타 4) ①마음을 정하다. ②생각해 내다. ―**おもい**[思い思い]―オモヒ(부) 각자의 생각대로. ―**かえ·す**[思い返す]―カヘス(타 4) ①다시 생각하다. ②생각을 고치다. ―**がけ·ない**[思い掛け無い](형) 의외다. 뜻밖이다. ―**きって**[思い切って](부) ①결심하고. ②단연. 감연히. ―**きや**[思いきや] Ⅰ(연어) ①(어찌) 생각했으리오. ②…라고 생각했으나 의외에도. 「行(イ)ったと―; 갔다고 생각했더니」 Ⅱ(부) 의외에도. ―**きり**[思い切り] Ⅰ(명) 체념. 단념. Ⅱ(부) 충분히. 마음껏. ―**き·る**[思い切る](타 4) ①단념하다. ②결심하다. ―**くずお·る**[思い崩おる]―クヅホル(자하 2)〈고〉마음이 꺾이다. 낙심하다. ―**こ·む**[思い込む](자 4) ①깊이 생각하다. ②굳게 결심하다. ―**ざし**[思い差し](명·타サ) 그 사람을 생각하는 마음이 있어 술잔을 권함. ―**じに**[思い死に](명·자サ) 그리워하면서 죽음. ―**し·る**[思い知る](타 4) 마음에 깨닫다. ―**すごし**[思い過ごし](명) 지나친

생각. ―だ·す[思い出す](타 4) 상기(想起)하다. 생각해 내다. ―た·つ[思い立つ](타 4) 마음을 정하다. 계획하다. ―ちがい[思い違い]―チガヒ(명·자サ) 잘못 생각함. 오해. ―つき[思い付き](명) ①생각이 떠오르는 것. 착상(着想). 고안(考案). ②재미있는 생각. ―つ·く[思い付く](타 4) ①착상하다. ②잊었던 일을 생각해 내다. ―つ·める[思い詰める](타하 1) 골똘히 생각하다. 외곬으로 생각하다. ―で[思い出](명) ①회상. ②추억. ―とま·る[思い止まる](타 4) 계획을 그만두다.「外遊(ガイユウ)を―; 외유를 그만두다」―なし[思い做し](명) 추측한 판단. 㗊思い做す(타 4). ―のこ·す[思い残す](타 4) 미련을 남기다. ―の たけ[思いの丈](명) 사랑하는 생각의 전부. ―の ほか[思いの外](부) 뜻밖에. ―の まま[思いの儘](부) 뜻대로. 생각한 대로. ―まよ·う[思い迷う]―マヨフ(자 4) 생각을 정하지 못하다. 생각의 갈피를 잡지 못하다. ―みだ·れる[思い乱れる](자하 1) 마음이 산란해지다. 괴롭게 생각하다. ―みる[思い見る·惟る](타상 1) 잘 생각하여 보다. 숙고하다. ―もう·ける[思い設ける]―マウケル(타하 1) 미리 생각하다. 예기(豫期)하다. ―もの[思い者](명) ①애인. ②애첩(愛妾). ―もよらない[思いも寄らない](연어) 뜻밖이다. 생각지도 못하다. ―や·る[思い遣る](타 4) ①헤아리다. 추측하다. ②동정하다. ―わずら·う[思い煩う]―ワヅラフ(자 4) 생각하고 괴로와하다. 고민하다. ―わ·びる[思い侘びる](타상 1) 쓸쓸히 생각하다.

おも·い[重い](형) ①무겁다. ↔軽(カル)い. ②중요하다.「―任務(ニンム); 중요한 임무」③존귀(尊貴)하다.「―位(クライ); 높은 자리」④심하다.「―傷(キズ); 심한 상처」⑤개운하지 않다.「頭(アタマ)が―; 머리가 무겁다」파생 ―が·る(자 4) ―げ(형동ダ) ―さ(명). 1. heavy 2. important

おも·う[思う]オモフ(타 4) ①생각하다. ②판단하다.「正(タダ)しいと―; 옳다고 판단하다」③추측하다. ④원하다. ⑤사랑하는 마음을 갖다. 1. think 3. guess. ―さま[思う様](부) 생각한 대로. 실컷. ―ぞんぶん[思う存分](부) 마음껏. 충분히. ―つぼ[思う壺](명) 예기한 바.「―にはまる; 예기한 대로 들어맞다」―どち[思うどち](명)〈고〉서로 생각하는 동지. 친한 동무. ―に[思うに·惟うに](부) 생각컨대. ―ひと[思う人](명) ①친한 사람. ②연인(恋人). ―まま[思う儘](명·부) 생각한 대로. 뜻대로.

おもう さま[おもう様](명)〔궁중, 화족(華族)의 용어로〕아버지의 높임말. ↔おたあさま.

おもえらく[思えらく]オモヘラー(부) 생각컨대. It seems to me that:..

おも·える[思える]オモヘル(자하 1) ①생각할 수 있다. ②생각되다. 1. be able to think

おもおもし·い[重重しい](형) 무게 있고 엄숙하다.「―口調(クチョウ); 엄숙하고 무게 있는 말씨」파생 ―げ(형동ダ) ―さ(명). solemn

おも がい[面繫·羈](명)〔"おもかき"의 음편(音便)〕말머리에서 재갈에 걸친 끈. a headstall

おも かげ[面影·俤](명) ①얼굴 모양. ②모습.「昔(ムカシ)の―; 옛 모습」③어렴풋한 모습. 1. one's face 2. an appearance

おも かじ[面舵]―カヂ(명) ①뱃머리를 오른쪽으로 돌리는 키잡이. ↔取(ト)り舵. ②오른쪽 뱃전. 우현(右舷). 2. the starboard

おも がわり[面変わり]―ガハリ(명·자サ) 용모가 변함. 변모(変貌). changing of features

おもき[重き](명) 가치나 중대성의 정도. 무게.「―をおく; 중요시하다」 weight

おも くるし·い[重苦しい](형) ①짓눌리는 것같이 괴롭다. 갑갑하다. 답답하다. ②경쾌하지 않다. 파생 ―げ(형동ダ) ―さ(명). 1. oppressive 2. dull

おも くろ·い[面黒い](형)〈속〉⇨おもしろい.

おも さ[重さ](명) ①무게. ②무거움의 정도. ③〈이〉물체에 작용하는 중력(지구의 인력)의 크기. 1. 3. weight 2. heaviness

おも ざし[面差し](명) 얼굴 모양. 용모. one's face

おもし[重し](명) ①물건을 눌러 놓는 것. ②사람을 누르는 힘. 관록(貫祿). 2. dignity

おもし[重石](명) 김칫돌. 김치를 눌러 놓는 돌. a weight

おもしろ―[面白](조어)〔"おもしろい"의 어간(語幹)〕재미 있는. 흥미 있는. ―おかし·い[面白可笑しい]―ヲカシイ(형) 재미 있고 우습다. ―ずく[面白尽く]―ヅク(명) 재미에 끌려 하는 것. 재미 때문에 하는 것.

おもしろ·い[面白い](형) ①흥미 있다. ②재미 있다.「―男(オトコ); 재미 있는 사나이」파생 ―が·る(자 4) ―げ(형동ダ) ―さ(명). amusing

おもた·い[重たい](형) 무겁다. 무겁게 느끼다. 파생 ―が·る(자 4) ―げ(형동ダ) ―さ(명). heavy

おも だか[野茨菰·沢瀉](명)〈식〉택사. 한약재로 쓰이는 다년초. a water plantain

おもたせ[御持たせ](명) 상대방이 가지고 온 선물에 대한 높임말.

おも だた·し[面立たし](형シク)〈고〉영광이다. 체면이 서다.

おも だち[面立ち](명) 얼굴. 용모. one's looks

おも だ·つ[重立つ·主立つ](자 4) 중심이 되다.「重立った人(ヒト); 주요한 인물」 be main

おもちゃ(명) 장난감. a toy

おもて[表](명) ①거죽. 표면. ↔裏(ウラ). ②겉.「―をかざる; 겉치레하다」③문밖.「―であそぶ; 집 밖에서 놀다」④정식의 것.「―門(モン); 정문」⑤두드러진 곳. ⑥…을 향한 쪽.「南(ミナミ)―; 남쪽」⑦공공연한 것.「―沙汰(ザタ); 공공연한 일. 관청에서 다루는 사건」⑧객실. ⑨토쿠가와 막부(徳川幕府)에서 정치를 행하던 곳. ⑩정식 의식. ⑪〔야구에서〕1회초. ⑫←畳(タタミ)表. 1. the surface 3. outdoor. ―がえ[表換え·表替え]―ガヘ(명·자サ) 다다미 거죽을 바꿈. ―かた[表方](명)(극장 같은 곳의)사무원. 안내원. ↔裏方. ―がまえ[表構え]―ガマヘ(명) 집 정면

의 꾸밈새. **―かんばん**[表看板](명) ①걸 간판. ②표면적인 명목. **―ぐち**[表口](명) ①정면 출입구. ↔裏口. ②⇨まぐち. **―さく**[表作](명)〈농〉 같은 땅의 재배 농작물 중 주된 농작물. ↔裏作. **―ざた**[表沙汰](명) ①공공연한 일. 「―になる; 표면화되다」 ②소송(訴訟). 재판. **―だか**[表高](명) 제후의 공적(公的) 수입. ↔内高(ウチタカ). **―だ·つ**[表立つ](자 4) 공개되다. 표면화되다. **―どおり**[表通り]―ドホリ(명) 시가지의 주요 거리. ↔裏通り. **―にほん**[表日本](명)〈지〉 일본 열도 중 태평양에 면한 쪽. ↔裏日本. **―むき**[表向き] Ⅰ(명) ①표면 쪽. ②관변(官辺). Ⅱ(부) 공공연히. **―もん**[表門](명) 대문. 정문.

おもて[面](명) ①얼굴. 「―もふらず; 열심히. 옆을 거들떠 보지도 않고」 ②가면(仮面). 탈. ③표면. ④면목. 체면. ⑤문면(文面). 취지. 1. a face 2. a mask

おもで[重手·重傷](명) 중상. 심한 상처(傷処). 깊은 상처. a serious wound

おもと[御許] Ⅰ(명) ①곁. ②여자의 편지에서 상대방의 이름 옆에 쓰는 말. ③〈고〉 남의 아내의 높임말. Ⅱ(대)〈고〉 아내의 높임말. 당신. Ⅰ 1. beside

おもと[万年青](명)〈식〉 만년청. 백합과에 속하는 상록 다년초. 관상용으로 재배. 〈학명〉 Rhodea japonica

おもな[重な·主な](연체) 주요한. 중요한. principal

おもなが[面長](형동ダ) 얼굴이 긴 모양. oval-faced

おもな·し[面無し](형 ク)〈고〉 ①면목이 없다. 남을 볼 낯이 없다. ②뻔뻔스럽다. 염치 없다.

おもに[重荷](명) ①무거운 짐. ②무거운 부담(負担). 일을 행하는 데 매우 장해가 되는 것. a heavy burden

おもに[主に](부) 주로. mainly

おもね·る[阿ねる](자 4) 아첨하다. 아부하다. flatter

おもの[御物](명)〈고〉 ①임금의 식사. 수라(水剌). ②음식물의 높임말. ③귀인의 옷, 대검(帯劍) 등 몸에 지니는 것의 총칭.

おもはゆ·い[面映ゆい](형) 부끄럽다. 열없다. 낯 간지럽다. 파생 **―げ**(형동ダ) **―さ**(명). bashful

おもぶせ[面伏せ](명) 면목이 없어 고개를 숙이는 것. 부끄러움. 수줍음. facing down

おもほ·ゆ[思ほゆ](자하 2)〈고〉 생각키우다. 생각나다.

おもみ[重み·重味](명) ①무게. ②침착(沈着). 신중(慎重). 「―のある態度(タイド); 무게가 있는 태도(침착한 태도)」 ③사람을 위압(威圧)하는 힘. 위력. 관록(貫祿). 1. weight

おもむき[趣](명) ①내용. 취지. ②이유. ③느낌. ④재미. 취미. 1. meaning 4. taste

おもむ·く[赴く·趣く] Ⅰ(자 4) ①향하다. ②향하여 가다. ③따르다. 좇다. Ⅱ(타하 2)〈고〉 (향하여) 가게 하다. 좇게 하다. Ⅰ 1. tend 2. go

おもむろに[徐ろに](부) 서서히. 조용히. slowly

おももち[面持ち](명) 용모. 표정. one's face

おもや[母屋](명) ①본채, 안채 등 집의 주요한 부분. ②주택으로 쓰이는 건물. 「ひさしを貸(カ)して―を取(ト)られる; 하찮은 것을 빌려 주어 중요한 것까지 빼앗기다」 ③본가(本家). 본점(本店). 1. a main house

おもやつれ[面窶れ](명·자サ) 얼굴이 야윔. 「長(ナガ)わずらいで―した; 오랜 병으로 수척해졌다」 emaciation of one's face

おもゆ[重湯](명) 미음. thin rice-gruel

おもらし[御漏らし](명) (아이가) 오줌을 쌈. pass water

おもり[重り·錘](명) ①무게를 다는 추. ②분동(分銅). ③낚싯봉. 1. a sinker 3. a bob

おも·る[重る](자 4) 무거워지다. (병 등이) 악화하다. become serious

オモロ(명) 류우큐우(琉球) 고대의 제신가(祭神歌).

おもわ[面輪](명) 얼굴. a face

おもわく[思わく·思惑]オモハー(명) ①생각. ②평판. 인기. ③〈경〉 시세가 오를 것을 예상하는 것. 셈속. 「―買(ガ)い; 시세 등귀를 예기하고 사는 것」 1. thought 3. speculation. **―ちがい**[思惑違い]―チガヒ(명) 예기(豫期)한 바와 달라지는 것. 어긋난 예상.

おもわし·い[思わしい]オモハシイ(형) ①짐작되다. 생각되다. ②바람 직하다. 뜻에 맞다. 「―結果(ケッカ)が出(デ)ない; 결과가 좋지 않다」 1. apparent

おもわず[思わず]オモハー(부) 생각 없이. 무의식중에. 엉겁결에. 「―笑(ワラ)った; 무의식중에 웃었다」 unconsciously

おもわすれ[面忘れ](명·자サ) 남의 얼굴을 잊어 버림. forgetting of another's face

おもわせぶり[思わせ振り]オモハセー(명·형동ダ) 넌지시 깨닫게 하는 말이나 행동. 변죽 울림. mystification

おもん·じる[重んじる](타상 1) ①중히 여기다. 소중히 여기다. 「健康(ケンコウ)を―; 건강을 중히 여기다」 ②존중하다. 공경하다. 「親(オヤ)を―; 어버이를 공경하다」 1. make much of

おもんぱかり[慮り](명) ①사려(思慮). 생각. ②처리. 조처. ③모사(謀事). 동 慮る(타 4). 1. consideration 2. disposal

おもん·みる[惟んみる](타상 1) 곰곰이 생각하다. 「つらつら―に; 곰곰이 생각하건대」 consider carefully

おや[親](명) ①어버이. 부모. 「―の心(ココロ)子(コ)知(シ)らず; 자식은 부모의 자비로운 마음을 전혀 모른다」 ②조상. ③근본. 원조(元祖). ④사물이 생기는 근본. ⑤작은 것에 대해서 큰 것. ⑥중심이 되는 것. 주되는 것. 「―電話(デンワ); 한 전화를 가지고 갈라서 쓸 때 그 본전화」 ⑦두목. ⑧←親株(オヤカブ). 1. parents 2. an ancestor

おや(감) 응. 어머. (의외, 수상히 여길 때 내는 말) Oh!

おや ヲヤ(조)〈고〉 ①접속 조사 "を"에 영탄(詠嘆)의 "や"가 붙은 것. …인 것을. ②격조사(格助詞) "を"에 부조사(副助詞) "や"가 붙은 것. …을? ③종조사(終助詞) "を"와 "や"가 결합된 것. (하물며) …에 있어서랴.

おやいも[親芋](명) ⇨いもがしら.

おやおもい[親思い]―オモヒ(명) 부모를 소중히 여기는 일. 또는 그 사람. devotion to one's parents

おやがいしゃ[親会社](명)〈경〉 자본 기타 관계로 딴 회사를 움직이는 회사. ↔子(コ)会社. a parent company

おやがかり[親掛かり](명·자サ) 장성하여서도 부모에게 양육됨. dependence on one's father

おやかた[御館](명) 귀인의 저택의 높임말.

おやかた[親方] Ⅰ(명) 은혜를 입어 어버이같이 섬기는 사람. Ⅱ(명·대) ①주인으로 섬겨야 할 사람. ②예능이나 씨름의 스승. ③직공의 우두머리. ④두목. Ⅲ(대) 배우를 부르는 말. Ⅱ 1. a master 3. a foreman

おやかぶ[親株](명) ①〈경〉 구주(旧株). ②뿌리를 쪼개서 묘목을 만들 경우 그 원줄기. ↔子株(コカブ). 1. an old stock 2. the stool

おやがわり[親代り]ーガハリ(명) 어버이 대신 돌봐 주고 양육하는 것. 또는 그 사람. (serving as) a parent substitute

おやき[親木](명) 〔접목(接木)에서〕 땅에 뿌리 박고 있는 나무. 대목(臺木). the stool

おやこ[親子](명) ①부모와 자식. ②구주(旧株)와 신주(新株). ③닭고기와 달걀. 「ーどんぶり; 닭고기를 넣은 계란 덮밥」 1. parent and child 2. old stocks and new stocks

おやご[親御](명) 남의 어버이를 존경해서 일컫는 말. 「ーさん; 양당(両堂)」

おやこうこう[親孝行](명·자타サ) 부모에게 효도함. 또는 효도하는 사람. ↔親不孝(オヤフコウ). obedience to one's parents

おやごころ[親心](명) 어버이가 자식을 생각하는 자비로운 마음. parental affection

おやじ[親父·親仁·親爺]ーヂ Ⅰ(명)〈속〉 ①아버지. ②노인. 영감. ③직장의 우두머리. Ⅱ(명·대) 음식점 등의 주인. Ⅰ 1. a father 2. an old man

おやしお[親潮]ーシホ(명)〈지〉 치시마(千島) 해류. 치시마(千島), 홋카이도오(北海道), 혼슈우(本州)의 동해안을 남쪽으로 흐르는 한류(寒流). the Kurile current

おやしらず[親知らず](명) ①부모의 얼굴을 모르는 아이. ②파도가 세어서 위험한 곳. ③〈의〉 제일 늦게 나는 네 개의 어금니. 사랑니. 2. a dangerous spot 3. a wisdom tooth

おやすい[御安い](연어) 쉬운. 간단한. 「ーご用(ヨウ)だ; 쉬운 일이다」 easy

おやだま[親玉](명)〈속〉 ①두목. 중심이 되는 인물. ②염주 등 구슬 중에서 가장 큰 것. 1. the chief

おやつ[御八つ](명) (오후 3시의) 간식(間食). afternoon refreshment

おやなし[親無し](명) 어버이가 없는 것. 또는 그 아이. 고아(孤児). an orphan

おやばか[親馬鹿](명) 귀여움에 겨워 자식의 결점 등에 맹목(盲目)이 되는 일. 또는 그런 어버이. a love-blinded parent

おやばしら[親柱](명) 담, 난간 등의 끝에 있는 굵은 기둥. the main pillar

おやふこう[親不孝](명) ①불효. ↔親孝行(オヤコウコウ). ②〈경〉 신주(新株)가 구주(旧株)보다 비싼 것. 불효 시세(不孝時勢). 1. disobedience to one's parents

おやぶね[親船](명) ①작은 배를 거느린 큰 배. ②모선(母船). 본선(本船). 「ーに乗(ノ)ったつもり; 큰 배를 탄 것 같은 기분(푹 안심이 되다)」 1. a big ship 2. a mother ship

おやぶん[親分](명) ①임시로 정한 어버이. 양부모. ②어버이라 생각하고 모든 것을 맡긴 사람. 두목. 「ー肌(ハダ)の男(オトコ); 두목 기질의 사나이」 ↔子分(コブン). 1. assumed parents 2. the boss

おやぼね[親骨](명) 부채의 양끝에 있는 굵은 살. the outer ribs of a fan

おやま[女形]ヲー(명) 여자 역(役)만 하는 남자 배우. a man-actress

おやまさり[親勝り](명·형동ダ) 부모보다 잘남. 또는 그런 자식. (a child) surpassing his parent

おやまのたいしょう[御山の大将](연어·명) ①어린이 놀이의 한 가지. 흙을 쌓아 놓은 데 올라 서서 올라 오는 아이를 밀어 떨어뜨리는 놀이. ②제가 제일인 줄 알고 뻐기는 것. 또는 그 사람. 2. a cock on its own dunghill

おやみ[小止み]ヲー(명) 비나 눈이 잠시 멎는 것. 「ーなく; 잠시도 쉬지 않고」 동小止む(자 4).

おやもじ[親文字](명) ①숙어의 본이 되는 글자. ②구문(欧文)에서 첫자 또는 고유 명사의 첫자. ③활자의 자모(字母). 1. the first character 2. a capital letter 3. a matrix

おやもと[親元·親許](명) 어버이의 곁. 부모 슬하(膝下). parental roof

おやゆずり[親譲り]ーユヅリ(명) 어버이에게서 물려 받은 것. 또는 그 물건. 「ーの短気(タンキ); 부모를 닮은 급한 성미」 inheritance from one's parent

おやゆび[親指](명) ①엄지 손가락. ②〈속〉 주인. 두목(頭目). 1. the thumb 2. the boss

おゆ[御湯](명) "ゆ(끓인 물)"의 미칭(美称).

およぎ[泳ぎ](명) 수영. 헤엄. swimming

およ·ぐ[泳ぐ](자 4) ①헤엄치다. ②물고기가 움직이다. ③〔씨름에서〕 앞으로 고꾸라지며 나가다. ④헤치며 나가다. 「人波(ヒトナミ)をー; 인파를 헤치고 나가다」 ⑤처세를 잘하다. 1. swim 4. wade through

およず·く(자하 2)〈고〉 ①어른이 되다. ②철이 들다. 조숙해지다. 잔꾀가 생기다. ③소박하게 되다. ④교묘하게 보이다.

およずれ[妖]オヨヅレ(명)〈고〉 남을 미혹하는 나쁜 말. 요언(妖言). 사언(詐言). 거짓말.

およそ[凡そ] Ⅰ(명) 대개. Ⅱ(부) ①대체로. ②일반적으로. ③〈속〉 전연. 아주. 「ーつまらない; 아주 시시하다」 Ⅱ 1. almost 2. generally 3. entirely

およばずながら[及ばず乍ら](부) 불충분하나마. 미흡(未洽) 하나마. poor as my power may be

およばない[及ばない](연어) ①못 당하다. 못 미치다. ②(…할) 필요가 없다. 「わびるにはー; 사과할 필요는 없다」 1. be no match for 2. need not

およばれ[御呼ばれ](명) 초대받는 것. an invitation

および[指](명)〈고〉 ⇨ゆび(指).

および[及び] Ⅰ(접) 또. 및. 와. 「インドーアメリカ; 인

도 및 미국」 Ⅱ〔"及ぶ"의 연용형으로〕 그때에 이르러서. 즈음하여. 「調査(チョウサ)するに一; 조사함에 이르러」 Ⅰ and. **―ごし**[及び腰](명) 엉거주춤하고 허리를 굽힌 채 손을 앞으로 내밀고 무엇을 잡으려는 불안정한 자세. 어중된 태도. **―もつかない**[及びもつかない](연어) 도저히 못 당하다.

およびたて[御呼び立て](명·타サ) 불러 내다, 부르다의 높임말. 「一してすみません; 오시라고 해서 미안합니다」

およ·ぶ[及ぶ](자 4) ①미치다. 닿다. 「災害(サイガイ)が身(ミ)に一; 재해가 몸에 미치다」 ②퍼지다. 「四方(シホウ)に一; 사방에 퍼지다」 ③따르다. 필적(匹敵)하다. 「一者(モノ)がない; 따를 자가 없다」 ④…으로 되다. 「戦争(センソウ)に一; 전쟁이 되다」 ⑤성취되다. 「及(オヨ)ばぬ恋(コイ); 이루지 못할 사랑」 1. reach 3. match

およぼ·す[及ぼす](타 4) 미치게 하다. 「影響(エイキョウ)を一; 영향을 미치게 하다」 extend

オラクル[oracle](명) 오오러클. 신탁(神託). 신의 계시.

オラトリオ[이 oratorio](명)〈악〉 오라토리오. 가장 복잡하고 대규모적인 종교적 합창곡. 성담곡(聖譚曲).

おら·ぶ[叫ぶ](자 4)〈고〉 울부짖다.

オランダ[Holland·阿蘭陀·和蘭](명)〈지〉 홀란드. 화란. 네델란드. 유럽 북부에 있는 왕국. 수도는 암스테르담(Amsterdam).

―おり[折り]ヲリ(접미) 찬합 따위의 여러 층으로 된 것을 세는 말. -fold

おりヲリ(명) ①[折り] ㉠꺾는 것. 접음. ㉡찬합. 도시락. ②[折] 시기. 때. 「一も一とて; 마침 그때」 1. ㄱ. breaking, folding ㄴ. a chip box 2. an occasion

おり[澱](명) 침전물(沈澱物). 앙금. dregs

おり[檻]ヲリ(명) 우리. 감방. a cell

おり[織](명) 옷감. 방직. weaving

おり[汚吏](명) 오리. 부정한 관리. 「貪官(ドンカン)一; 탐관 오리」 a corrupt official

おりあい[折り合い]ヲリアヒ(명) ①화합(和合). 「夫婦(フウフ)の一; 부부의 화합」 ②타협. 「一をつける; 타협을 짓다」 1. mutual relations

おりあ·う[折り合う]ヲリアフ(자 4) ①화합하다. ②타협하다. 1. harmonize with 2. compromise

おりあが·る[織り上がる](자 4) (옷감 등이) 다 짜지다. 짜는 일이 끝나다. 명 織り上がり. be woven up

おりあしく[折悪しく]ヲリー(부) 공교롭게도. 시기가 나쁘게도. inopportunely

おりいって[折り入って]ヲリー(부) 특별히. 간절히. 진지(真摯)하게. 정말로. earnestly

おりいと[織糸](명) 옷감을 짜는 실. weaving thread

おりいのみかど[下居の帝](명)〈고〉 퇴위(退位)한 임금. 태상황(太上皇).

オリーブ[olive](명)〈식〉 올리브. 아열포(阿列布). 감람(橄欖). 열매로는 기름을 짬.

おりえがお[折得顔]ヲリエガホ(명) 때를 만난 듯한 것. 득의 만면(得意満面). a triumphant look

オリエンタル―[Oriental](조어) 오리엔탈. 동양의.

オリエンテーション[orientation](명) 오리엔테이션. 방향 잡이. 신인 교육이나 그를 위한 강습회.

オリエント[Orient](명)〈지〉 오리엔트. ①동양. 동방. ②서남 아시아와 동북 아프리카. 근동(近東).

おりおり[折折]ヲリヲリ Ⅰ(명) 그때그때. 「四季(シキ)一の; 사철마다의」 Ⅱ(부) 때때로. 이따금. Ⅰ an occasion Ⅱ on occasion

オリオン[Orion](명) 오리온. 성좌 이름. 하늘의 적도 양쪽에 걸려 있으며 28수(宿)의 삼성(三星)이 이 속에 있음.

おりかえし[折り返し]ヲリカヘシ Ⅰ(명) ①접는 것. ②되돌아오는 것. ③⇨リフレーン. Ⅱ(부) (편지를 보고) 곧. 즉시. 「一ご返事(ヘンジ)ください; 곧 회답 주시기 바랍니다」 Ⅰ 1. turning up Ⅱ by return

おりかえ·す[折り返す]ヲリカヘス(자타 4) ①반대편으로 접다. ②되풀이하다. ③되돌아오다. ④(열차, 전차 등이) 종점에서 다시 돌아 가다. 1. turn up 2. repeat

おりかさな·る[折り重なる]ヲリー(자 4) 몇 겹으로 겹치다. 여러 겹으로 쌓이다. lie one upon another

おりかさ·ねる[折り重ねる]ヲリー(타하 1) 접어 포개다. 접어 겹치다. fold

おりがし[折り菓子]ヲリー(명) 상자에 담은 과자.

おりかばん[折り鞄]ヲリー(명) 서류 같은 것을 넣는, 둘로 접게 된 가방. a portfolio

おりかみ[折り紙]ヲリー(명) ①감정서(鑑定書). ②보증. 「一つき; 보증할 수 있는」 ③자격, 가치 등 정평(定評)이 있는 것. 1. a note of authentication

おりがみ[折り紙]ヲリー(명) ①둘로 접은 종이. ②여러 가지 형태로 색종이를 접은 것. 또는 접으며 노는 놀이. 2. a coloured paper for folding play

おりから[折柄]ヲリー(부) 때마침. 마침 그때. 「一の雨(アメ)で; 때마침 오는 비 때문에」 just at that moment

おりきど[折り木戸]ヲリー(명) 접게 된 나무 문. a wicket with folding doors

おりく[折句]ヲリー(명). 와카(和歌), 하이쿠(俳句) 등에 있어서 각 구(句) 위에 물건의 이름을 한 자씩 놓은 것.

おりくち[降り口·下り口](명) 내려 가는 통로. a descending path

おりこ[織子](명) 옷감을 짜는 사람. a weaver

おりこ·む[折り込む]ヲリー(타 4) ①접어서 안에 넣다. ②(광고 등을 신문에) 따로 끼워 넣다. 1. turn in

おりこ·む[織り込む](타 4) ①직물(織物)에 실, 은실, 무늬 등을 짜 넣다. ②(어떤 계획 등에) 다른 생각이나 계획을 짜 넣다. 1. interweave

オリザニン[도 Oryzanin](명)〈이〉 오리자닌. 쌀겨에서 뽑은, 비타민 B_1을 많이 포함한 영양소.

オリジナル[original] 오리지날. Ⅰ(형동ダ) ①독창적(独創的). ②창작(創作). 「一もの; 창작물」 ↔脚色(キャクショク). Ⅱ(명) 〔복제품(複製品)에 대해서〕 원작(原作). 원화(原画).

おりしも[折しも]ヲリー(부) 마침 그때. 때마침. just at this moment

おりしりがお[折知り顔]ヲリーガホ(명) 때를 만난 듯한 얼굴. a triumphant face

オリジン[origin](명) 오리진. 기원(起源).

おりすけ[折助]ヲリー(명) 무사의 하인. 「一根性(コンジョウ); 하인 근성」

おりたた·む[折り畳む]ヲリー(타 4) 접다. 개다. 명 折り畳み. fold

おりた·つ[下り立つ](자 4) 내려 서다. 「庭(ニワ)に一; 뜰에 내려 서다」 go down and stand

おりづめ[折り詰め]ヲリー(명) 얇게 켠 나무 판자를 접어 만든 상자(도시락)에 넣는 일. 또는 그 음식. the food packed in a chip box

おりづる[折り鶴]ヲリー(명) 종이로 접은 학. a folded paper-crane

おりて[織り手](명) 옷감을 짜는 사람. a weaver

おりど[折り戸]ヲリー(명) 경첩으로 접게 만든 문짝. folding doors

おりな·す[織り成す](타 4) ①짜서 옷감(무늬)을 만들다. ②조립(組立)하다. 2. form

おりばこ[折り箱]ヲリー(명) 얇게 켠 판자나 마분지로 접어 만든 상자. 나무 도시락. a thin chip box

おりびつ[折櫃](명) 노송나무의 얇은 판자로 네모, 여섯모 등으로 만든 상자. 과자, 반찬 등을 넣음. a receptacle of bended thin board

おりひめ[織り姫](명) 베 짜는 아가씨. a weaving princess

おりふし[折節]ヲリー Ⅰ(명) 그때그때. Ⅱ(부) ①마침 그때. ②때때로. 간혹. Ⅰan occasion Ⅱ1. just then

おりほん[折り本]ヲリー(명) 한 장의 긴 종이를 접어서 만든 책. 서첩(書帖). a folding book

おりま·げる[折り曲げる](타하 1) 꺾다. 꾸부리다. bend

おりめ[折り目]ヲリー(명) ①접은 금(자리). ②절도(節度). 예절. 「一正(タダ)しい; 예의 바르다」 ③일의 단락(段落). 1. a fold 2. manners

おりめ[織り目](명) 직물의 올과 올 사이. 결. texture

おりもあろうに[折もあろうに](연어) 좋은 때도 있을 텐데 하필 이러한 때에. of all occasions

おりもおりとて[折も折とて](명) 마침 그때. 때마침. at that very moment

おりもと[織り元](명) (팔기 위한) 직물(織物)을 짜는 집. a textile manufacturer

おりもの[下り物](명)〈생〉①월경(月経). ②후산(後産). ③자궁에서 나오는 병적인 액체. 2. the afterbirth

おりもの[織物](명) 직물. 방직물 (특히 능견). a fabric

おりもよう[織り模様](명) 바탕과 다른 실로 짠 무늬. woven design

おりもん[織り紋](명) 짜 낸 가문(家紋). a woven crest

おりやま[折り山]ヲリー(명) 헝겊이나 종이 등을 접은 바깥쪽 금(줄). 「一線(セン); 접은 금」

おりゃ·る Ⅰ(자 4)〈고〉〔←おいりある〕계시다. Ⅱ(보동·4)〔"で一"의 형태로〕"である, だ(…이다)"의 높임말.

おりよく[折好く]ヲリー(부) 때마침. 안성 마춤으로. 때맞게. opportunely

お·りる[降りる·下りる](자상 1) ①내리다. ②열이 적어지다. 「熱(ネツ)が一; 열이 내리다」 ③탄 것에서 내리다. ④이슬, 서리가 오다. ⑤자리를 물러나다. 1. come down 3. get off 4. fall

オリンピア[Olympia](명) 올림피아. ①〈지〉고대 그리이스의 펠로포네수스 반도의 들. ②올림피아에서 4년마다 첫여름의 닷새 동안 베풀던 제우스신의 제사. 그 여흥으로 여러 가지 경기를 행한 것이 올림픽의 효시(嚆矢)가 되었음.

オリンピア(ー)ド[Olympiad](명) 올림피아드. ①국제 올림픽 대회. ②올림피아제와 다음 올림피아제와의 사이의 4 년간.

オリンピック[Olympic](명) ←オリンピック競技. **—きょうぎ**[Olympic 競技](명) 올림픽 경기. 4년마다 열리는 국제 체육 경기 대회.

お·る[折る]ヲル(타 4) ①접다. ②꺾다. 부러뜨리다. 「枝(エダ)を一; 가지를 꺾다」 ③급히 꺾어서 아프게 하다. 「腕(ウデ)を一; 팔을 꺾다」 ④굽히다. 「節(セツ)を一; 절개를 굽히다」 1. fold 2. break 4. bend

お·る[居る]ヲル Ⅰ(자 4) 있다. Ⅱ(보동·4) ①"いる(있다)"의 약간 공손한 말. ②〈방〉…하고 있다. 「泣(ナ)き一; 울고 있다」 Ⅰbe

お·る[織る](타 4) ①(옷감을) 짜다. ②조립(組立)하다. 1. weave

オルガスムス[도 Orgasmus](명) 오르가스무스. 극쾌감. 성적 쾌감의 절정(絶頂).

オルガニズム[organism](명) 오르가니즘. 유기체. 생물체. 유기체적 조직체.

オルガン[네 orgaan](명) 오르간. ①기관(器官). 기관(機関). ②〈악〉풍금. 바람을 보내서 음을 내는 건반 악기.

オルグ[러 org. ←organizator](명) 오르그. 공산주의 운동의 조직자. 조직의 활동가. 오오거나이저.

オルケスタ[스 orquesta](명)〈악〉오르퀘스타. 오케스트라. 「一ティピカ(típica); (포르테냐 음악을 위한) 표준 편성의 관현 악단」

オルゴール[네 orgel](명) 오르골. ①⇨オルガン. ②〈악〉자동적으로 음악을 들려 주는 악기. 자명악(自鳴楽).

おれ[俺·己](대)〈속〉①나. 「一たち; 우리들」 ②너. 2. you

おれあ·う[折れ合う]ヲレアフ(자 4) 서로 양보하다. 타협하다. 명 折れ合い. compromise

おれい[御礼](명·자サ) 감사의 인사. 또는 선물. 「一心(ゴコロ); 사례하는 마음」 thanks. **—ぼうこう**[御礼奉公](명·자サ) 신세 진 보답으로 거저 봉사해 줌. **—まいり**[御礼参り]—マヰリ(명) ①소원 성취 후의 신불에게의 참배. ②〈속〉석방 후에 자기를 잡히게 한 사람에게 복수하는 것.

オレーフ[네 olijf](명) 올레프. 올리브. 「一油(ユ); 올리브유」

おれくぎ[折れ釘]ヲレー(명) ①굽은 못. ②대가리를 꼬부린 못. 2. a hooked nail

おれくち[折れ口]ヲレー(명) 꺾어진 곳. 꺾어진 자리나 선. a break

おれこ·む[折れ込む]ヲレー(자 4) 꺾여서 안으로 들어가다. 접혀 들어 가다. turn in

おれせんグラフ[折れ線 graph] ヲレセンー(명)〈수〉 절선 그래프. 꺾은금 그림표.

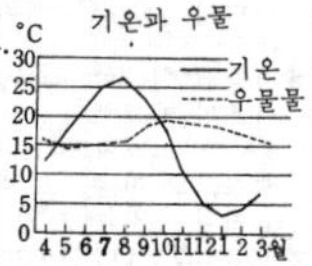

〔折れ線グラフ〕

おれめ[折れ目]ヲレー(명) 꺾인 곳. 접힌 곳. a fold

お·れる[折れる]ヲレル(자하 1) ①꺾이다. ②구부러지다. ③부러지다. ④돌아서 가다.「道(ミチ)を右(ミギ)に—; 길을 오른쪽으로 돌다」⑤지다. 양보하다.「会社(カイシャ)がわが折(オ)れて解決(カイケツ)した; 회사측이 양보해서 해결되었다」 1. be folded 4. turn

オレンジ[orange](명) ①〈식〉 오렌지. 등자(橙子). ②오렌지색.

おろおろ(부·자サ) ①〈고〉 대충. 조금. ②울음 섞여 목소리가 떨리는 모양.「—声(ゴエ); 떨리는 목소리」③당황한 모양. 침착성(沈着性)을 잃은 모양. 2. falteringly

おろか(명) ①불충분. 소홀. ②말할 것도 없는 것.「虎(トラ)は—犬(イヌ)の子(コ)—(イッ)びきいない; 호랑이는 커녕 강아지 한 마리 없다」 2. not to mention

おろか[愚か](형동ダ) 어리석은 모양. 파생 **—さ**(명). stupid. **—もの**[愚か者](명) 어리석은 자. 바보.

おろかし·い[愚かしい](형) 어리석다. 파생 **—げ**(형동ダ) **—さ**(명). stupid

おろが·む[拝む]ヲロガム(타 4)〈고〉 ⇨おがむ.

おろし[下し](명) ①내리는 것. ②←下し金. 1. taking down. **—がね**[下し金](명) 강판. **—だいこん**[下し大根](명) ①⇨だいこんおろし. ②강판에 갈기 좋은 무우.

おろし[卸し](명) ←卸し売り. **—うり**[卸し売り](명·타サ) 도매.

おろし[颪](명) 산에서 밑으로 내려 부는 바람.

おろ·す[降ろす·下ろす](타 4) ①내리게 하다. ↔乗(ノ)せる. ②낮추다. ③베어 내리다.「枝(エダ)を—; 가지를 치다」④사용하기 시작하다. ⑤생선을 요리하기 좋게 가르다. ⑥면도질하다.「頭(アタマ)を—; 삭발(削髮)하다」⑦강판으로 갈다. ⑧낙태(落胎)시키다. 3. prune off 8. abort

おろ·す[卸す](타 4) 도매하다. sell wholesale

おろそか[疎か](형동ダ) ①등한한 모양. 소홀한 모양.「—にする; 소홀히 하다」②부주의한 모양.「—な態度(タイド); 부주의한 태도」 1. negligent 2. careless

おろち[大蛇]ヲロチ(명) 대사. 큰 배암. 이무기.「やまたの—; 옛날 일본 신화에 나오는 머리와 꼬리가 각각 여덟 개씩 있었다는 큰 배암」 a boa

おろぬき[おろ抜き](명) 솎는 것.「—大根(ダイコン); 솎아 낸 무우」 thinning out

おわい[汚穢](명) 오예. ①더러운 것. ②변소에 괸 대소변. 1. dirt

おわしま·す[御座す]オハシー(자 4) "おわす(계시다)"의 높임말.

おわ·す[御す]オハス(자 4) "ある(있다), いく(가다), いる(있다), くる(오다)"의 높임말.

おわり[終わり]ヲハリ(명) ①끝. 종말. ②임종. 1. an end 2. the end of one's life. **—はつもの**[終わり初物](명)(과일 등) 끝물이 맏물처럼 귀하게 여겨지는 것. **—ね**[終わり値](명)〈경〉 ⇨ひけね.

おわり[尾張]ヲハリ(명)〈지〉 옛 지방 이름. 현재 아이치현(愛知県)의 서북부.

おわ·る[終わる]ヲハル(자 4) ①끝나다. ②죽다.「一生(イッショウ)が—; 생애를 마치다」 1. end 2. die

おん—[御](접두) 존경의 뜻으로 말머리에 쓰는 말.「—礼(レイ); 사례」

おん—[温](조어) 온. 따뜻한.「—湿布(シップ); 더운 찜질」

—おん[温](조어) 온도.「海水(カイスイ)—; 해수 온도」

おん[雄ん]ヲン(명)〈속〉 수컷. ↔めん. a male

おん[音](명) ①〈이〉 ⇨おと. ②음색. ③목소리. ④한자의 중국식 읽기. ↔訓(クン). 2. tone 3. voice

おん[恩](명) 은혜.「—を返(カエ)す; 은혜를 갚다」 favour

おんあい[恩愛](명) 은애. 정. 은혜와 사랑. affection

おんいき[音域](명)〈악〉 음역. 낼 수 있는 최고음과 최저음과의 범위. compass

おんいん[音韻](명) 음운. ①한자(漢字)의 음(音)과 운(韻). ②언어를 이루는 구성 단위로서의 각 음. ↔音声(オンセイ). 1. a vocal sound

おんうち[御内](명) 편지에서 상대방 이름 옆에 붙이는 말. (가족 전체에게 낼 때 씀)

おんえん[恩怨](명) 은원. 은혜와 원한(怨恨). 은수(恩讐). love and hate

おんが[温雅](형동ダ) 온아. 온화하고 우아(優雅)한 모양. gentle

おんかい[音階](명)〈악〉 음계. 악음(楽音)을 높이 차례로 배열한 것. the musical scale

おんがえし[恩返し]—ガヘシ(명·자サ) 은혜를 갚음. 보은(報恩). a requital for kindness

おんかく[温覚](명)〈심〉 온각. 피부 감각의 하나. 피부의 온도보다 높은 온도에 대한 감각. ↔冷覚(レイカク). the sense of warmth

おんがく[音楽](명) 음악. 음을 재료로 만든 예술.「—家(カ); 음악가」 music

おんかた[御方](명) ①거처(居処)의 높임말. ②귀인을 높이어 부르는 말.

おんかん[音感](명) 음감. ①〈악〉 악음의 성질을 분별하는 감각.「—教育(キョウイク); 음감 교육」②음에서 받는 느낌. 1. acoustic sense

おんがん[温顔](명) 온안. 온화한 얼굴. 부드러운 얼굴빛. a gentle look

おんき[遠忌](명)〈불〉 종조(宗祖) 등의 50년기(忌) 이후 50년마다 갖는 법회(法会).

おんぎ[音義](명) ①글자의 발음과 뜻. 또는 그것을 설명해 놓은 책. ②한 음(音)마다 지니고 있는 뜻.「—学(ガク); 음의학」 1. pronunciation and meaning

おんぎ[恩義·恩誼](명) 은의. 보답할 의리(義理)가 있는 은혜. 은혜와 덕의(徳義). an obligation
おんきゅう[恩給](명)〈법〉 은급. 공무원의 퇴직 연금. 「一金庫(キンコ); 은급 금고」 a pension
おんきゅう[温灸](명) 온구. 원통의 온구기에 쑥 등을 넣고 불을 붙여 환부(患部)를 뜸질하는 요법(療法). thermotherapy
おんきょう[音響](명) 음향. 소리. 소리의 울림. 「一効果(コウカ); 음향 효과」 a sound
おんぎょく[音曲](명) ①일본식 음악, 가곡의 총칭. (특히 샤미센 등에 맞춰서 부르는 속곡) ②음곡. 음악의 연주. 2. musical performances
おんぐう[恩遇](명) 은우. 고마운 대우. 후대(厚待). warm reception
オングストローム[Ångström](명)〈이〉 옹스트롬. 빛의 파장의 단위. 기호는 Å 또는 A. 미크론의 만분의 1. 밀리미터의 천만분의 1.
おんくん[音訓](명) 음훈. 한자의 발음과 뜻. 한자의 중국식 읽기(음)와 일본어 읽기(훈).
おんけい[恩恵](명) 은혜. 베풀어 주는 혜택. 「一を受(ウ)ける; 은혜를 입다」 a favour
おんけつどうぶつ[温血動物](명)〈동〉 온혈 동물. 포유동물이나 조류(鳥類)처럼 일정한 체온을 보유하는 동물. ↔冷血(レイケツ)動物. a warm-blooded animal
おんけん[穏健](명·형동ダ) 온건. 온화하고 건실함. 「一な意見(イケン); 온건한 의견」 moderateness
おんこ[恩顧](명) 은고. 은혜를 베풀어 돌봐 주는 것. patronage
おんこう[温厚](형동ダ) 온후. 온순(温順)하고 점잖은 모양. 「一な君子人(クンシジン); 온후한 군자다운 사람」 gentle and kind
おんこちしん[温故知新](연어·명) 온고 지신. 옛날 일을 연구해서 새로운 도리를 발견하는 일. getting new knowledge by studying old things
おんさ[音叉](명)〈이〉 음차. 강철로 만든 "U" 자형의 도구. 소리를 내고 진동수(振動数)를 측정(測定)하는 데 쓰임. a tuning fork
オンザマーク[on the mark](연어) 온더마아크. 경주의 출발 직전의 호령. 준비! 제자리에!
おんし[音詩](명)〈악〉 설화(説話)를 음으로써 표현하려는 음악.
おんし[恩師](명) 은사. ①배움의 은혜를 입은 스승. 옛날 배운 일이 있는 스승. ②〈속〉 자기의 선생. one's teacher
おんし[恩賜](명) 은사. 임금으로부터 받음. 또는 그 물건. an Imperial gift
おんじ[音字](명) ⇨ひょうおんも(ん)じ. ↔意字(イジ).
おんしつ[音質](명) 음질. 소리의 성질이나 좋고 나쁨. tone quality
おんしつ[温室](명) 온실. 겨울에도 따뜻하도록 장치해서 식물 등을 재배하는 건물. 「一育(ソダ)ち; 귀엽게 자라 연약한 것」 a greenhouse
おんしゃ[恩赦](명)〈법〉 은사. 특별한 은전(恩典)에 의하여 형벌을 용서받거나 감형되는 일. an amnesty
おんしゃ[温藉·醞藉](명) 도량이 넓고 온화한 것. gracefulness
おんしゃく[恩借](명·타サ) (물건이나 돈을) 정리(情理)로써 빌거나 꿈. 또는 그것. borrowing
おんじゃく[温石](명) 따뜻하게 달군 돌. 이것을 천에 싸서 환자 등의 몸을 보온함. a warming stone
おんしゅう[恩讐](명) 은혜와 원수. love and hate
おんしゅう[温習](명) (춤 등의) 연습. 복습. review. **——かい**[温習会](명) 연습의 결과를 발표하는 모임.
おんじゅう[温柔](명·형동ダ) 온유. ①온화하고 유순함. ②따뜻하고 부드러움. 1. being gentle and mild
おんじゅん[温順](명·형동ダ) 온순. 순하고 얌전함. being gentle and obedient
おんしょう[恩賞](명) 은상. 칭찬하며 주는 상. reward
おんしょう[温床](명) 온상. ①〈농〉 묘상(苗床)의 온도를 높여 속성 재배하는 설비. ②무엇을 생기게 하는 근원이나 환경. 「悪(アク)の一; 악의 온상」 1. a hotbed
おんじょう[音声](명) 음성. 목소리. voice
おんじょう[恩情](명) 은정. 자비. 인정. kindness
おんじょう[温情](명) 온정. 따뜻한 마음. 인정 있는 마음. warm-heartedness
おんしょく[音色](명)〈이〉 ⇨ねいろ.
おんしょく[温色](명) ①온화한 얼굴색. ②따뜻한 느낌을 주는 색. 난색(暖色). 예: 빨강, 노랑 등. ↔寒色(カンショク). 1. a mild look 2. a warm colour
おんしらず[恩知らず](명·형동ダ) 은혜를 갚을 줄 모름. 또는 그런 사람. 배은 망덕. ingratitude
おんしん[音信](명·자サ) 소식. 편지 왕래. 「一不通(フツウ); 소식이 없음」 correspondence
おんじん[恩人](명) 은인. 은혜를 베풀어 준 사람. a benefactor
オンス[네 ons](명) 온스. 무게의 단위. 기호는 oz. 1파운드의 16분의 1. 보통은 약 28.4 *g*.
おんすう[音数](명) 음절의 수. the number of syllables. **——りつ**[音数律](명) 음수로 이루어지는 리듬. 예: 7·5 조(調) 등.
おんせい[音声](명) 음성. ①목소리. ②말을 이루는 소리. 모음과 자음. ↔音韻(オンイン). 1. voice
おんせつ[音節](명) 음절. 끊김이 없는 음성의 한 단위. 소리 마디. a syllable
おんせん[温泉](명)〈지〉 온천. 지열(地熱)로 뜨거워져서 솟아 오르는 물. 「一場(バ); 온천장」 ↔冷泉(レイセン). a hot spring
おんぞうし[御曹司·御曹子](명) ①귀족, 공경(公卿)의 아들. 적남(嫡男)으로서 아직 가독(家督)을 상속하지 않은 신분. 또는 차남(次男) 이하로서 가독을 상속할 수 없는 자. ②옛날 겐지(源氏)의 혈통을 직접 이어받은 자로서 아직 상속을 받지 않은 아들. ③명문(名門)의 아들. 3. a cadet
おんそく[音速](명) 음속. 음파(音波)가 전파(伝播)되는 속도. the speed of sound
おんぞん[温存](명·타サ) 온존. 소중히 간직함. 고이

간직함. preservation
おんたい[御大](명)〈속〉〔←御大将(オンタイショウ)〕 두목. 수령. 대장. a boss
おんたい[温帯](명)〈지〉 온대. 열대와 한대와의 사이에 있는 기후대. the temperate zone
おんたく[恩沢](명) 은혜와 덕택. 자비. benevolence
おんだん[温暖](형동ダ) 온난. 따뜻한 모양. warm. **—ぜんせん**[温暖前線](명)〈천〉 온난 전선. 불연속선의 하나. 저기압이 전면에 발생해서 본격적으로 비를 내리게 하고 기온을 높임. ↔寒冷(カンレイ)前線.
おんち[音痴](명) 음치. ①노래를 바르게 부를 수 없음. 또는 그 사람. ②(음악 등을) 전혀 모름. 또는 그 사람. 「方向(ホウコウ)—; 방향을 잘 판단하지 못하는 사람」 ③〈속〉 바보. 피짜. 1. tone deafness
おんち[御地](명) ⇨きち(貴地).
おんちゅう[御中](명) 단체, 회사 등의 앞으로 편지를 낼 때에 상대방의 단체, 회사명 아래에 붙이는 말. 귀중(貴中). Messrs.
おんちょう[音調](명) 음조. ①〈악〉 ㉠음의 고저(高低). ㉡음악의 곡절(曲節). ②시나 노래의 가락. ③⇨アクセント①. 1. tone 2. tune
おんちょう[恩寵](명) 은총. 임금이나 신(神)의 은혜. 「神(カミ)の—; 신의 은총」 grace
おんてい[音程](명)〈악〉 음정. 두 개의 음의 고저(高低)의 차. an interval
おんてき[怨敵](명) 원한이 있는 적. 원수. 「—退散(タイサン); 원적을 물리침(적병의 항복을 신불에 기원할 때 등에 쓰는 말)」 a sworn enemy
おんてん[恩典](명) 은전. ①다정한 조처. ②자비를 베푸는 일. 「—に浴(ヨク)する; 은전을 입다」 1. an act of grace
おんと[音吐](명) 음성. 목소리. 「—朗朗(ロウロウ)と; 목소리도 낭랑하게」 voice
おんど[音頭](명) ①〔아악에서〕 관악기를 불기 시작하는 사람. ②여럿이 노래 부를 때, 맨 먼저 노래를 부르고 또 가락을 맞추는 사람. ③많은 사람들이 노래에 맞추어 춤을 추는 일. 또는 그 춤. 3. dancing to a chorus. **—とり**[音頭取り](명) ①먼저 노래를 부르고 가락을 맞추는 사람. ②먼저 말을 끄집어 내는 사람. 주가 되어 주장하는 사람. 선창자(先唱者). 발기인(発起人).
おんど[温度](명)〈이〉 온도. 따뜻함과 차가움의 정도. 「—計(ケイ); 온도계」 temperature
おんとう[温湯](명) 온탕. 따뜻한 물. warm water
おんとう[穏当](형동ダ) 온당. 온화하고 이치에 맞는 모양. 「—な処置(ショチ); 온당한 조처」 proper
おんとく[恩徳](명) 은덕. 은혜와 덕. grace
おんどく[音読](명·타サ) 음독. ①한자나 한문을 음으로 읽음. ↔訓読(クンドク). ②소리 내어 읽음. 2. reading aloud
おんどり[雄ん鳥]ヲンー(명) ①새의 수컷. ②수탉. ↔雌(メ)ん鳥. 1. a male bird
オンドル[한 温突](명) 온돌.
おんな[女]ヲンナ(명) ①여자. 여성. ↔男(オトコ). ②성숙한 여인. ③정부(情婦). 1. a female. **—がた**[女形](명) ⇨おやま. **—ざか**[女坂](명) 언덕이 두 개 있을 때 경사가 낮은 언덕. ↔男坂. **—ざかり**[女盛り](명) 여자로서 한창인 때. 여자로서 가장 아름다운 때. **—だてら**[女だてら](명) 여자에게 어울리지 않음. 여자답지 않음. 「—に; 여자답지도 않게」 **—で**[女手](명) 여자의 일손. 여자의 힘. **—のこ**[女の子](명) ①계집애. ②젊은 여자. 처녀. 소녀. ③〈속〉 젊은 직업 여성. **—ひでり**[女旱](명) 사랑해 주는 여자가 없음. **—らし·い**[女らしい](형) 여자답다. 파생 **—らしさ**(명). **—わらべ**[女童](명) ①소녀. ②여자와 아이.
おんなじ(부·형동ダ) ⇨おなじ I Ⅱ.
おんねつ[温熱](명) 온열. ①따뜻하게 느껴지는 열. ②따스함과 뜨거움(熱). 2. warmth and heat
おんねん[怨念](명) 원한을 품은 생각. a bitter feeling
おんのじ[御の字](명)〈속〉 ①공경(恭敬). 존경. ②특별한 것. 아주 좋은 것. ③고마와서 어쩔 줄 모르는 것. 「千円(センエン)なら—だよ; 천 원이면 감지덕지한 일이지」 3. more than enough
おんば[乳母](명)〈속〉 ⇨うば.
おんぱ[音波](명)〈이〉 음파. 소리의 파동. sound wave
オンパレード[on parade](명) 온퍼레이드. 대행진(大行進). 총출연(総出演).
おんばん[音盤](명) 음반. 축음기판. a record
おんびき[音引き](명) ①발음으로 말을 찾는 것. ②사전을 한자의 음으로 찾아 보게 한 것. ↔画(カク)引き.
おんぴょうもんじ[音標文字](명) 음표 문자. 음성을 나타내는 기호로써 사용하는 글자. 예: 한글, 로마자 등. ↔表意(ヒョウイ)文字. a phonetic alphabet
おんびん[音便](명) 〔문법에서〕 발음의 형편으로 단어, 문장의 일부분에 일어난 음의 변화. "い"음편, "う" 음편, "はつ(撥)" 음편, "そく(促)" 음편의 4 종류가 있음. euphony
おんびん[穏便](명·형동ダ) (어떤 일의 처리 방법이) 온화함. 모나지 않음. 「—にすます; 부드럽고 원만하게 처리하다」 peaceable
おんぶ[負んぶ](명·자타サ) ①(어린애를) 업음. 또는 업힘. ②남에게 의지함. 비용을 남에게 부담시킴. 2. depend on
おんぷ[音符](명) 음부. ①한자나 카나(仮名)에 붙여서 발음을 알리기 위한 보조 부호. 예: 탁음부(濁音符) 「゛」, 반탁음부 「゜」, 촉음부(促音符) 「っ」, 반복 음부(反復音符). 「ゝ, 々」및 장음부(長音符) 「ー」 등. ②형성(形声)에 의한 한자의 구성 부분에서 음(音)을 나타내는 부분. 예: "河"자의 오른쪽 부분의 "可" ③〈악〉 음의 고저, 장단(長短)을 나타내는 부호. 예: 4분 음부 「♩」 3. a note
おんぷ[音譜](명)〈악〉 음보. 음악을 나타내는 보(譜). 악보(楽譜). a score
おんぶきごう[音部記号](명)〈악〉 음부 기호. 오선식(五

線式) 악보의 왼쪽 끝에 적어 소리 높이의 기호를 정하는 부호. 고음부 기호, 중음부 기호, 저음부 기호 등이 있음. a clef
おんぷく[温服](명·타サ)〈의〉 약을 따뜻하게 데워서 마심.
おんぼう[隠坊·隠亡](명) ①묘지기. ②시체 화장을 직업으로 하는 사람. 1. a grave-keeper 2. a cremator
おんぼろ(명)〈속〉 매우 남루함. 너덜너덜함. rag
おんみ[御身] Ⅰ(명) 몸(身体)의 높임말. Ⅱ(대) 당신. 그대. Ⅰ your body
おんみつ[隠密] Ⅰ(명) 에도(江戸) 시대의 탐정. Ⅱ(형동ダ) 은밀. 비밀스러운 모양. 「ことを一にはこぶ; 일을 비밀리에 하다」 Ⅰ a spy Ⅱ secrect
おんめい[音名](명)〈악〉 음명. 소리의 절대적인 높이의 이름. 예: 다, 라, 마, 바 등. ↔階名(カイメイ). a tone name
おんめい[恩命](명) 은명. 고마운 분부. 인정 있는 말씀. gracious command
おんめん[恩免](명) 동정(同情)에 의하여 죄를 용서받음. pardon
おんもと[御許](명·대) ⇨おもと.
おんもん[한 諺文](명) 언문. 한국의 글자. 한글을 전에 일컫던 속칭. the Korean alphabet
おんやく[音訳](명·타サ) 음역. 한자음을 빌어서 외국의 발음을 나타냄. 예: "ロンドン"을 "倫敦"으로 표기하는 등. transliteration
オンユアマーク[on your mark(연어) ⇨オクンザマーク
おんよう[音容](명) 목소리와 용모. voice and look
おんよう[陰陽](명) ①음양. ②점(占). 음양도(陰陽道). 1. the positve and negative
おんよう[温容](명) 온용. 온화한 모습. 또는 그런 얼굴. a gentle look
おんよく[温浴](명·자サ) 온욕. 따뜻한 물로 목욕함. ↔冷水浴(レイスイヨク). taking a hot bath
おんよみ[音読み](명) 음독. 한자를 음으로 읽음. ↔訓(クン)読み. reading of Chinese character
おんり[厭離](명) ⇨えんり.
オンリー[only] 오운리. Ⅰ(부) 오로지. 단지. 「一ワンだ; 단 하나뿐이다」Ⅱ(명) ①일본에 주둔한 미군인의 첩. ↔パンパン. ②전속(專屬).
おんりつ[音律](명) 음률. 음의 가락. 소리의 가락. tune
おんりょう[音量](명)〈악〉 음량. 소리의 풍부(豊富)한 정도. volume
おんりょう[怨霊](명) 원령. 원한을 품고 죽은 사람의 넋. a revengeful ghost
おんりょう[温良](명·형동ダ) 온량. 성질이 온화하고 양순함. being gentle and obedient
おんる[遠流](명) 멀리 귀양 보냄. 원배(遠配). exile
おんわ[温和](명·형동ダ) 온화. ①온순하고 부드러움. 「一な人(ヒト)がら; 온화한 인품」 ②따뜻하고 조용함. 「一な気候(キコウ); 온화한 기후」 1. gentleness 2. mildness
おんわ[穏和](명·형동ダ) 온화. 온순하고 부드러움. gentleness

か

か一(접두) 어조(語調)를 정돈하고 강하게 하는 말. 「一細(ボソ)い; 아주 가는」
か一[下](조어) ①아래의. 아래쪽의. 「一顎骨(ガッコツ); 아래턱뼈」 ②손아래의. 「一学年(ガクネン); 아래 학년」
か一[過](접두)〈이〉 ①과도(過度)한. 「一飽和(ホウワ); 과포화」 ②최대한(最大限). 「一流酸(リュウサン); 과황산」
一か[日](접미) 날. 날짜를 세는 말. 「とお一; 열흘」
一か[処](조어) 장소. 「あり一; 있는 곳」
一か[下](조어) …의 아래. 「炎天(エンテン)一; 염천 아래」
一か[火](조어) 화재(火災). 「不審(フシン)一;원인을 알 수 없는 화재」
一か[化](접미) 〔명사 밑에 붙어〕 그렇게 만들거나 그렇게 됨을 나타내는 말. 「暴動(ボウドウ)一; 폭동화」
一か[花](조어) 꽃. 「五弁(ゴベン)一; 오판화(五瓣花)」
一か[価](조어) ①가격. 「予定(ヨテイ)一; 예정 가격」 ②〈이〉 ⇨: いっか(一価).
一か[家](접미) …하는 사람. 「小説(ショウセツ)一; 소설가」 -ist, -er
一か[荷](접미) 하물을 세는 말. 「一(イッ)一; 짐 한짝」
一か[華](조어)〈이〉 승화(昇華)한 것. 「硫黄(イオウ)一; 유황화」
一か[貨](접미) 돈. 「白銅(ハクドウ)一; 백동화」
一か[禍](조어) …에 의한 재난. 「舌(ゼッ)一; 설화」
一か[箇·個·ケ](접미) ①무엇을 세는 말. 「三(サン)一月(ゲツ); 3개월」 ②〈수〉 대분수(帯分数)의 표시. 「二(ニ)一三分(サンブン)の一(イチ); 2과 3분의 1」
一か[歌](조어) ①단가(短歌). 와카(和歌). 「叙景(ジョケイ)一; 풍경을 노래한 와카」 ②노래. 가요. 「流行(リュウコウ)一; 유행가」
一か[顆](접미) 과실, 보석 등을 세는 말. 「りんご一(イッ)一; 사과 한 알」
か[香](명) 냄새. 향기. perfume
か[蚊](명)〈동〉 모기. a mosquito

か[彼](대) ①〈고〉 저것. (독립되어 쓰이는 경우는 거의 없음) ⇨: かわたれどき. ②〔"何(ナニ)"와 함께〕 막연히 무엇을 가리키는 말. 「何も一も; 모두」

か[歟·乎] Ⅰ(감조) ①의문을 나타내는 말. ②물음을 나타내는 말. ③반문(反問)을 나타내는 말. 「そんなことがある一; 그런 일이 있느냐」 ④가벼운 감동을 나타내는 말. 「夢(ユメ)だった一; 꿈이었구나」 ⑤강한 감동을 나타내는 말. 「恋(コイ)しくもある一; 그리운 지고」 Ⅱ(수조) ①의문을 나타내는 말. 「なんと思(オモ)った一…; 어떻게 생각했는지…」 ②불확실, 불분명한 기분을 나타내는 말. 「あると一いう話(ハナシ)だ; 있다든가 하는 얘기다」 ③〈고〉 질문을 나타내는 말. 「幾夜(イクヨ)一寝(ネ)つる; 몇 밤이나 잤는가」 ④반어(反語)를 나타내는 말. 「たれ一夢(ユメ)なき; 누군들 꿈이 없으리」 Ⅲ(접조) …은 아니고. …는커녕. 「ほめるどころ一しかりつけた; 칭찬은커녕 야단만 쳤다」

か[化](명) ①가르침. 교화(教化). ②변화(変化). ③화학(化学). 1. teachings 3. chemistry

か[火](명) ①불. 타는 불길. ②화요일. 1. fire 2.Tuesday

か[可](명) 좋음. ②좋다고 인정함. 「一とする; 가하다고 인정하다」 ③성적을 평가하는 말의 하나. 양(良)의 다음. 1.good 2. approval

か[加](명) ①더함. 더해짐. ②덧셈. 「一減乗除(ゲンジョウジョ); 가감 승제」 ③〈지〉 카나다(加奈陀). 1. adding

か[佳](명) 좋음. 아름다움. beauty

か[果](명) ①보답(報答). 응보(応報). 결과. 「因(イン)となり一となる; 원인이 되고 결과가 되다」 ②〈불〉 깨달음. 「一を得(ウ)る; 깨닫다」 1. a result

か[科](명) 과. ①구별. 소분류(小分類). ②〈동·식〉 분류학상의 한 단계(段階). 목(目)과 속(属)과의 중간. 1. subdivision

か[寡](명) 수가 적은 것. 「一をもって衆(シュウ)にあたる; 적은 수로 많은 수에 맞서다. fewness

か[課](명) 과. 사무(事務) 분담에 있어서의 한 구분. 부(部)의 아래, 계(係)의 위. a section

一が[画](조어) 그림. 「西洋(セイヨウ)一; 서양화」

が Ⅰ(감조)〈고〉 소망(所望)을 나타내는 말. 「つばさも一; 날개가 있었으면」 Ⅱ(격조) ①동작, 성질 등의 주체를 나타내는 말. 「犬(イヌ)一走(ハシ)る; 개가 뛰다」 ②욕망, 가능, 기호(嗜好), 불호(不好) 등의 대상을 나타내는 말. 「本(ホン)一読(ヨ)みたい; 책이 읽고 싶다」 ③소유, 관계하는 뜻을 나타내는 말. 「これ一ため; 이것 때문에」 ④가운데의 뜻. 「みな一みな; 모두가다」 ⑤"같다, 듯이"의 뜻을 나타내는 말. 「とぶ一ごとく; 나는 듯이」 ⑥〔같은 말 가운데 끼어〕 그렇다는 뜻을 나타내는 말. 「ばあい一ばあいだから; 경우가 경우이니만큼」 Ⅲ(접조) ①단순히 두 개의 문장을 접속하는 말. 「私(ワタクシ)です一何(ナニ)かご用(ヨウ)ですか; 전데요, 무슨 볼일이 계신가요」 ②뜻이 반대되는 문장이나 어구를 접속하는 말. 하지만. ③상대방을 어려워하면서 반대할 때 쓰는 말. 「ないはずはない一; 없을 리는 없지만」 Ⅳ(접) 그러나. 하지만. 그렇지만.

が[我](명) ①나. 자아(自我). ②제멋대로. 마음 내키는 대로. 「一を折(オ)る; 자기 고집을 버리다」 ③사욕(私慾). 1. ego 3. selfishness

が[賀](명) ①축하. 기쁨. 「六十(ロクジュウ)の一; 환갑의 축하」 ②축수(祝寿). 1. congratulation

が[雅](명) ①바르고 우아한 것. 고상(高尚)한 것. ②풍류(風流). 훌륭한 취미. 1. grace 2. elegance

が[蛾](명)〈동〉 나방. 나비 비슷하며, 주로 밤에 활동함. a moth

が[駕](명) 탈것. 수레. 가마. 「一をまげる; 일부러 왕림(枉臨)하시다」 a vehicle

カー[car·車](명) 카아. 전차. 자동차. 화차(貨車). 「ケーブル一; 케이블카아」

カーキー[인 khaki](명) 카아키. 누른 빛에 엷은 갈색이 섞인 빛깔. 「一色(イロ); 카아키색」

ガーゼ[도 Gaze](명) 가아제. 소독(消毒)한 부드러운 면포(綿布). 의료(医療)에 쓰임.

ガーター[garter](명) 가아터. ①양말 대님. ②[G—] 기사(騎士)에게 수여하는 영국의 최고 훈장.

カーディガン[cardigan](명) 카아디건. 앞을 단추로 채우게 되어 있는 털로 짠 스웨터.

カーテン[curtain](명) 커어튼. 문이나 창에 치는 휘장.

ガーデン[garden](명) 가아든. 정원(庭園). 「一パーティー; 원유회(園遊会)」

カード[card](명) 카아드. ①트럼프. ②가루다 모양의 두꺼운 종이. ③(글을 쓰려고) 적당한 크기로 자른 종이. ④전표(伝票). ⑤〔야구 등의 시합에서〕 대전(対戦). 조직. 「好(コウ)一; 좋은 대전」

ガード(명) 〔거어더 (girder)의 변화〕 도로 위의 철교(鉄橋). 육교(陸橋).

ガード[guard](명) 가아드. ①수위. ②농구의 후위.

カートン[carton](명) 카아톤. 카르퉁. ①마분지. ②은행에서 돈을 내줄 때 쓰는 종이 등으로 만든 쟁반 비슷한 것. ③초를 입힌 판지(板紙) 상자.

ガーナ[Ghana](명)〈지〉 가나. 아프리카 중부에 있는 흑인 공화국. 영연방(英聯邦)을 구성하는 나라의 하나. 수도는 아크라(Accra).

カーニバル[carnival](명) 카아니발. ①사육제(謝肉祭). ②(가장 행렬 등의) 축제(祝祭) 소동.

カーネーション[carnation](명)〈식〉 카아네이션. 석죽과에 속하는 다년생 화초. 어머니날에 씀.

カーバイド[carbide](명)〈이〉 카아바이드. 석회와 석탄을 전기로(電気炉) 안에서 화합시킨 것. 아세틸렌 발생에 사용하며, 비료의 원료가 됨.

カーブ[curve](명·자サ) 커어브. ①구부러짐. 구부러진 곳. 곡선(曲線). 「一を切(キ)る; 커어브를 꺾다」 ②〔야구에서〕 곡구(曲球).

カーペット[carpet](명) 카아펫. 융단(絨緞).

ガーベラ[gerbera](명)〈식〉 거어베라. 엉거시과에 속하는 화초. 꽃자루(花柄)는 직립(直立)함.

カーボランダム[carborundum](명) 카아버런덤. 금강사(金剛砂). 연마제(研磨剤), 내화제(耐火剤)로 쓰임.

カーボン[carbon](명) 카아본. ①〈이〉 탄소. ②〔카아본페이퍼의 준말〕 탄산지(炭酸紙). 복사지(複写紙). **—ブラック**[carbon black](명) 카아본 블랙. 매연(煤煙)에서 얻어지는 흑색 안료(顔料). 인쇄 잉크 등의 원료.
カーリット[Carlit](명)〈이〉 카아릿. 발파(発破) 등에 쓰이는 회색 폭약(爆薬).
カール[curl](명·타サ) 커얼. ①곱슬곱슬한 머리털. ②털을 곱슬곱슬하게 함. 「一人形(ニンギョウ); 고수머리 인형」
カール[도 Kar](명)〈지〉 카아르. 빙하(氷河)의 침식으로 생긴 산간(山間)의 반원형(半円形) 분지(盆地).
ガール[girl](명) 거얼. 여자. 소녀. **—スカウト**[Girl Scouts](명) 거얼스카우트. 소녀단. ↔ボーイスカウト.
かい—[掻い](접두) "かき"의 음편(音便). 「一出(ダ)す; 긁어 내다」
かい—[灰](조어) 회색을 띤. 「一黒色(コクショク); 짙은 쥐색」
かい—[皆](조어) 전부. 전부의. 「一出席(シュッセキ); 전원 출석」
—かい[回·囘] Ⅰ(접미) 회수(回数)를 나타내는 말. Ⅱ(조어) 〔경기에서〕 시합의 한 차례. 「最終(サイシュウ)—; 최종 게임」
—かい[界](조어) 사회(社会). 「映画(エイガ)—; 영화계」
—かい[海](조어) 바다. 「地中(チチュウ)—; 지중해」
—かい[階](접미) 집의 층을 세는 말. 「五(ゴ)—; 5층」
かい[貝]カヒ(명) ①〈동〉 조개. ②조가비. ③소라고둥의 패각. 소라. 「一を吹(フ)く; 소라를 불다」 2. a shell
かい[峡]カヒ(명)〈고〉 산골짜기.
かい[買い]カヒ(명) ①삼. ②〈경〉 시세(時勢)가 오를 것을 예상하여 삼. ↔売(ウ)り. 1. purchase
かい[櫂](명) 노. 물을 헤쳐서 배를 나아가게 하는 도구. "T"자 모양으로 생겼음. an oar
かい[甲斐]カヒ(명) ①보람. 효험. 「努力(ドリョク)した一がない; 노력한 보람이 없다」 ②〈지〉 옛 지방 이름. 현재의 야마나시현(山梨県). 1. a effect
かい[会](명) ①모임. ②만남. ③집회(集會). 회의. 1. 2. meeting 3. an assembly
かい[回·囘](명) ①회수(回数). 「一をかさねる; 회수를 거듭하다」 ②〈종〉 회교(回教). 회교도(回教徒). 1. a time 2. Islam
かい[快](명) 기분이 좋음. 쾌락. 「一をむさぼる; 쾌락을 탐하다」 pleasure
かい[戒·誡](명) ①경고. 훈계. ②〈불〉 죄악을 범하지 못하게 하는 계율(戒律). 「殺生(セッショウ)—; 살생계」 1. warning 2. a commandment
かい[怪](명) ①괴이한 것. 기괴. ②도깨비. 유령(幽霊). 1. a mystery 2. a ghost
かい[塊](명) ①흙덩어리. ②덩어리. 1. a clod 2. a mass
かい[楷](명) 해서(楷書). 「一, 行(ギョウ), 草(ソウ); 해서, 행서, 초서」 the square style of Chinese handwriting
かい[解](명) 답. 해석(解釈). 풀이. explanation
かい[下位](명) 하위. ①낮은 지위. ②버금 자리. ↔上位(ジョウイ). 1. a lower position
かい[歌意](명) 노래의 뜻. 시가(詩歌)의 뜻.
—がい[外](조어) …의 밖. 외. 「問題(モンダイ)—だ; 문제 밖이다」
—がい[街](조어) 거리. 「商店(ショウテン)—; 상점가」
—がい[蓋](접미) 우산 등을 세는 말.
がい[害](명) 해. 해침. 나쁜 영향. 「健康(ケンコウ)に一がある; 건강에 해롭다」 harm
がい[概](명) ①모양. ②경향(傾向). ③기개(気概). 「武士(ブシ)の一がある; 무사다운 기개가 있다」 1. looks 2. tendency
がい[我意](명) 제 멋대로 하는 것. 임의. self-will
がい[画意](명) 그림이 갖는 의미. 회화(絵画)의 고상한 맛.
がい[賀意](명) 축하의 뜻. 축의(祝意). good wishes
がい[該](연체) 그의. 이의. 「一問題(モンダイ); 그 문제」 that
かいあお·る[買い煽る]カヒアフル(타 4)〈경〉 시세를 올리기 위해 사다. 매점(買占)하다. buy up
かいあく[改悪](명·타サ) 개악. 도리어 나쁘게 고침. ↔改善(カイゼン). deterioration
がいあく[害悪](명) 해악. ①죄. ②해(害). 1. sin 2. harm
かいあげ[買い上げ]カヒー(명) ①매상. 정부가 민간으로부터 사들이는 것. ②〔お—〕 상대방이 사는 것의 높임말. 1. purchase
かいあさ·る[買い漁る]カヒー(타 4) 이곳 저곳 찾아 다니면서 사다. buy found any where
かいあわせ[貝合わせ]カヒアハセ(명) 옛날 맞붙은 조가비들을 떼어 서로 섞어 그중에서 제짝을 찾아 맞추던 놀이. 나중에는 조가비에 그림, 노래 등을 써넣었음. a shell-coupling game
かいい[介意](명·타サ) 개의. 마음에 둠. minding
かいい[会意](명) 회의. ①육서(六書)의 하나. 둘 이상의 한자를 의미상으로 조합하여 새로운 한자를 만드는 방식. 예: 人+言=信. ②이해. 2. understanding
かいい[怪異](명·형동ダ) 괴이. ①괴상함. ②도깨비. 유령. 1. strange 2. a monster
かいい[海尉](명)〈군〉 해상 자위대(海上自衛隊)의 위관(尉官). ↔空尉(クウイ), 陸尉(リクイ).
かいい[魁偉·怪偉](명·형동ダ) 괴위. 굉장히 크고 강함. 또는 그런 모습. 「容貌(ヨウボウ)—; 용모가 크고 훌륭함」 a giant
がいい[害意](명) 사람을 해치려고 하는 마음. 해심(害心). malice
かいいき[海域](명) 해역. 해면(海面)의 구역. waters
かいいぬ[飼い犬]カヒー(명) 집에서 기르는 개. 「一に手(テ)をかまれる; 기른 개에 손을 물리다(돌봐 준 사람에게 도리어 해를 입다)」 a house dog
かいい·れる[買い入れる]カヒー(타하 1) 사들이다. 사다. 명 買い入れ. purchase
かいいん[会員](명) 회원. 회(会)의 구성원. a member
かいいん[改印](명·자サ) 인장(印章)을 바꿈. 「一届

(トド)け; 개인계」 the change of one's seal
かい いん[海員](명) 배의 승무원. a mariner
かい いん[開院](명·자サ) 개원. ①국회가 열림. ②병원 등을 개업함. ↔閉院(へイイン). 2. the opening of a hospital
がい いん[外因](명) 외인. 외부에 있는 원인. ↔内因(ナイイン). the external factor
かい う·ける[買い受ける]カヒー(타하 1) 물건을 사서 넘겨 받다. buy over
かい うん[海運](명) 해운. 해상의 운송. ↔陸運(リクウン). shipping
かい うん[開運](명·자サ) 운이 트임. better fortune
かい えき[改易](명·타サ) ①개역. 새로 바꿈. ②에도(江戸) 시대에 사족(士族)을 제적(除籍)시키고 영지(領地)나 저택을 몰수하던 형벌. 1. reformation 2. divestiture
かい えん[海淵](명)〈지〉 해연. 해구(海溝) 가운데 특히 움푹 팬 곳. the abyss
かい えん[開園](명·자サ) 동물원, 유원지 등을 열어 사람을 들어 가게 함. ↔閉園(へイエン). opening
かい えん[開演](명·자サ) 연설, 연극 등을 시작함. ↔終演(シュウエン). opening
がい えん[外延](명)〈철〉 외연. 개념이 적용되는 사물의 범위. 예: "동물"이라는 개념의 외연은 "사람, 짐승, 곤충" 등. ↔内包(ナイホウ). denotation
がい えん[外苑](명) 궁전, 신궁(神宮) 밖에 있는 넓은 뜰. ↔内苑(ナイエン). outer gardens
かいおう せい[海王星](명)〈천〉 해왕성. 태양계(太陽系)의 제8 혹성(惑星). Neptune
かい おき[買い置き]カヒー(명·타サ) 곧 사용하지 않지만 사서 둠. 또는 그 물건. 동 買い置く(타 4). a stock
かい おけ[飼い桶]カヒー(명) 사료(飼料)를 넣어 두는 통. 구유. a manger
かい か[怪火](명) 괴화. ①이상한 불. ②원인을 알 수 없는 화재. 1. a mysterious fire
かい か[階下](명) ①계하. 계단 밑. ②계단 아래의 방. ↔階上(カイジョウ). 2. downstairs
かい か[開化](명·자サ) 개화. 지식, 문화 등이 발달됨. civilization
かい か[開花](명·자サ) 개화. 꽃이 핌. 「努力(ドリョク)が一する; 노력의 결과가 이룩되다」 bloom
かい が[怪訝](명) 수상함. suspicion
かい が[絵画](명) 회화. 그림. a painting
がい か[外貨](명) 외화. ①외국의 돈. ②외국에서 오는 화물(貨物). 1. foreign currency
がい か[凱歌](명) 개가. 승리를 축하하는 노래. 승리의 함성. 「一をあげる; 개가를 올리다」a triumphal song
がい が[外画](명) 외화. 외국 영화. 양화(洋画). ↔邦画(ホウガ). a foreign film
ガイガー けいすうかん[Geiger 計数管](명)〈이〉 가이거 계수관. 극히 적은 양의 방사성 원소나 우주선(宇宙線)에 포함되는 입자(粒子)를 재는 장치. a Geiger-Müller counter
かい かい[開会](명·자サ) 개회. 회를 시작함. ↔閉会(へイカイ). the opening of a meeting
かい かい[怪怪](형동ダ) 기괴한 모양. mysterious
かい がい[海外](명) 해외. 외국. foreign countries. ── **しじょう**「海外市場](명) 해외 시장. 자기 나라가 거래하고 있는 국외의 모든 지역의 총칭. 국외 시장. ↔国内(コクナイ)市場.
がい かい[外界](명) 외계. 자기 몸 밖에 있는 것 일체. 환경. the external world
がい かい[外海](명) 외해. ①육지 밖에 있는 바다. ↔内海(ナイカイ). ②육지에서 멀리 떨어져 있는 바다. 외양(外洋). ↔近海(キンカイ). the open sea
がい がい[皚皚](형동タリ) 애애. 서리, 눈 등이 하얗게 내린 모양. silver-white
かいがい し·い[甲斐甲斐しい]カヒガヒー(형) ①갸륵하다. ②발랄하다. ③부지런하다. 파생 ── **げ**(형동ダ) ── **さ**(명). 1. commendable 3. diligent
かい かく[改革](명·타サ) 개혁. 새롭게 뜯어 고침. reformation
がい かく[外角](명) 외각. 〔야구에서〕 호움베이스에 있어서 배터(打者)로부터 먼 쪽에 있는 각(角). ↔内角(ナイカク). outcorner
がい かく[外郭·外廓](명) 외곽. ①바깥 울타리나 경계. ②바깥 테두리. 「一団体(ダンタイ); 외곽 단체」 1. the outer block
がい かく[外殻](명) 외각. 바깥쪽에 있는 껍질. 겉껍데기. a shell
かい かた[買い方]カヒー(명) ①사는 방법. ②〈경〉 사는 사람. 산 편. ↔売(ウ)り方. 1. how to make a good bargain 2. a purchaser
かい かつ[快活](형동ダ) 쾌활. 발랄(潑剌)하고 명랑한 모양. cheerful
かい かつ[快闊](형동ダ) 쾌활. ①도량이 넓고 명랑한 모양. ②마음이 탁 트인 모양. 1. cheerful 2. throwing of formalities
かい かつ[開豁](명·형동ダ) ①도량(度量)이 큼. 활달(豁達). ②앞이 탁 트여 전망이 좋음. 1. large-minded 2. extensive
がい かつ[概括](명·타サ) 개괄. 대충대충 추려 한데 뭉침. a summary
かい かぶ·る[買い被る]カヒー(타 4) 비싸게 사다. 지나치게 평가하다. 명 買いかぶり. overvalue
かい がら[貝殻]カヒー(명) 패각. 조개 껍데기. 조가비. a shell. ── **ぼね**[貝殻骨](명)〈생〉 견갑골(肩胛骨). 어깨뼈. ── **むし**[貝殻虫](명)〈동〉 패각충. 조개벌레. 반시류(半翅類)에 속하는 작은 곤충. 식물의 해충(害虫)으로서 암놈은 조가비 같은것을 덮어 쓰고 있음.
かい かん[会館](명) 회관. 집회소로 쓰는 건물. a hall
かい かん[快感](명) 쾌감. 상쾌하고 즐거운 느낌. a pleasant feeling
かい かん[怪漢](명) 괴한. 괴이한 사나이. 정체(正体)를 알 수 없는 사나이. a ruffian
かい かん[海関](명) 해관. ①항구의 세관(税関). ②〔중국에서〕 외국 무역을 위하여 둔 세관. 1. customs

かいかん[開巻](부) 서책(書冊)을 연 첫머리. 권두(巻頭). 「一第一(ダイイチ)ページに; 책 첫 페이지에」 the beginning of a book

かいかん[開館](명·자サ) 개관. 도서관, 영화관 등을 열어서 사람을 입장시킴. ↔閉館(ヘイカン). the opening (of a hall)

かいかん[解官](명) 해관. 관직을 그만두게 함. 면직(免職). release from office

かいがん[海岸](명)〈지〉 해안. 바다와 육지의 경계 지대. 바닷가. the coast. **—せん**[海岸線](명) 해안선. ①〈지〉 바다와 육지의 경계선. ②해안을 따라 부설(敷設)된 철도 선로.

かいがん[開眼](명·자サ) 개안. ①〈불〉 ⇨:かいげん(開眼). ②〈의〉 눈을 뜸. 눈이 보이게 함. 「一手術(シュジュツ); 개안 수술」

がいかん[外患](명) 외환. 외국이나 외부로부터 받는 걱정. 외국과 사건을 일으키는 것. 「内憂(ナイユウ)一; 내우 외환」 foreign troubles

がいかん[外観](명) 외관. 겉으로 본 모습. 겉모양. an exterior view

がいかん[概観](명·타サ) 개관. 대강의 모습. 대강 관찰함. a general view

かいき[買い気]カヒー(명) 사려는 생각. 사는 쪽의 인기(人気). bullish sentiment

かいき[会規](명) 회규. 회의 규칙. 회칙(会則). the rule of a society

かいき[会期](명) 회기. 회가 열리는 기간. a session

かいき[回忌](명) 회기. 해마다 돌아 오는 기일(忌日). 제사날. 주기(週忌). 「七(シチ)一; 7주기」 an anniversary of a death

かいき[回帰](명·자サ) 회귀. 한 바퀴 돌아서 제자리로 다시 돌아 옴. a revolution. **—せん**[回帰線](명)〈지〉 회귀선. 적도(赤道)의 남북 23도 27분의 위선을 통과하는 선. **—ねつ**[回帰熱](명)〈의〉 회귀열. 고열(高熱)과 평열(平熱)이 며칠을 격하여 교대로 오는 열병. 재귀열(再帰熱).

かいき[快気](명·자サ) ①병이 다 나음. 쾌차(快差). ②상쾌한 기분. 1. recovery 2. pleasure

かいき[皆既](명)〈천〉 개기. 태양이나 달이 달이나 지구에 완전히 가려지는 것. 「一日食(ニッショク); 개기 일식」 a total eclipse

かいき[怪奇](명·형동ダ) 괴기. 괴이하고 진기함. wonder

かいき[開基](명·자サ) 개기. ①터전을 닦음. ②사원(寺院), 종파(宗派) 등을 창립함. 또는 그 사람. 개산(開山). 1. the foundation 2. the founder

かいぎ[会議](명·자サ) 회의. 여럿이 모여 의논함. a meeting

かいぎ[回議](명·타サ) 담당자가 입안(立案)하여 관계자에게 차례차례로 돌려 의견을 물음.

かいぎ[解義](명·타サ) 해의. 뜻을 풀어서 밝힘. 해석(解釈). interpretation

かいぎ[懐疑](명·자サ) 회의. 의심을 품음. doubt. **—ろん**[懐疑論](명)〈철〉 회의론. 인식을 부정하고 만물의 실재를 부인하여 진리를 의심하는 주장.

がいき[外気](명) 외기. 바깥 공기. the air

かいきえん[怪気炎·怪気焰](명) 위세(威勢)가 대단하여 상대를 어리둥절하게 하거나 압도(圧倒)하는 말. 또는 말투. mystifying talk

かいぎゃく[諧謔](명) 해학. 재미 있는 농담. a humour

がいきゃく[外客](명) 외국 손님. a foreign visitor

かいきゅう[階級](명) 계급. (사회적) 지위. 신분. class

かいきゅう[懐旧](명·타サ) 회구. 옛일을 회상(回想)하고 그리워함. reminiscence

かいきょ[快挙](명) 쾌거. 시원스런 거사. 훌륭한 행위. a splendid enterprise

かいきょ[開渠](명) 윗부분을 덮지 않고 터놓은 수로(水路)나 도랑. ↔暗渠(アンキョ). an open ditch

かいぎょ[海魚](명) 해어. 바닷물고기. 바다에서 잡는 생선. a sea fish

かいきょう[回教](명)〈종〉 회교. 마호멧을 개조(開祖)로 하고 알라신(神)을 믿는 일신교(一神教). 마호멧교. 이슬람교. 회회교. Mohammedanism

かいきょう[海峡](명)〈지〉 해협. 육지 사이에 낀 좁은 바다. 수도(水道). a strait. **—しょくみんち**[海峡植民地](명) 해협 식민지. ①해협 지역에 있는 식민지. ②〈역〉 전에 말래카 해협에 있던 영국의 직할 식민지.

かいきょう[懐郷](명) 회향. 고향을 그리워함. nostalgia

かいぎょう[改行](명·자サ) 행(行)을 바꾸어 다음 행에서 쓰기 시작함. making a new paragraph

かいぎょう[開業](명·자サ) 개업. ①영업을 시작함. 개점(開店). ②영업을 하고 있음. 1. opening of business. **—い**[開業医](명) 개업의. 의사 면허증을 가지고 개업한 의사.

がいきょう[概況](명) 개황. 대강의 상황. a general condition

かいきょく[開局](명·자サ) 개국. 우편국, 방송국 등 국(局)이라고 불리는 곳을 엶. opening of an office

がいきょく[外局](명) 중앙 관청에 직속되어 있으면서 독립 관청과 같은 성질을 가지는 관청. ↔内局(ナイキョク). an external organ

かいき·る[買い切る]カヒー(타4) 모두 사다. 몽땅 사다. 名 買い切り. buy up

かいきん[戒禁](명) 타일러 못하게 함. commandment

かいきん[皆勤](명·자サ) 개근. 하루도 빠짐 없이 근무함. 「一賞(ショウ); 개근상」 non-absence

かいきん[開襟](명) 깃을 열어 젖힌 것. wing-collared

かいきん[解禁](명) 해금. 금지 명령을 해제함. lifting of the ban

がいきん[外勤](명·자サ) 외근. 사무실 밖에 나가 근무함. 외무(外務). ↔内勤(ナイキン). outdoor service

がいぎん[外銀](명)〈경〉 외국환 은행(外国換銀行).

かいく[化育](명·타サ) 화육. 천지 자연이 만물을 만들어 기름. evolution

かいく[海区](명) 바다 위에 설정한 구역. sea area

がいく[街衢](명) 거리. a street

かいぐい[買い食い]カヒグヒ(명·타サ) (아이들이) 과자

등을 사 먹음. 군것질. spend money on sweets

かい くぐ·る[掻い潜る](자 4) ①틈 사이로 재빨리 빠져 나가다. ②물속에 빨리 잠기다.

かい く·る[掻い繰る](타 4) (줄 같은 것을) 양손으로 번갈아 잡아 당기다. haul in hand over hand

かい くれ(부) 전혀. 아주. 「—わからん; 전연 몰라」 (not) at all

かい くん[回訓](명·자サ) 회훈. 본국 정부로부터의 회답(回答)의 훈령. instructions in response to request

かい ぐん[海軍](명)〈군〉 해군. 해상(海上)의 국방을 맡은 군대. the navy

かいけい[会計](명·타サ) 회계. ①돈의 수입이나 지출. 또는 그 사무. ②대금의 지불. 셈. ③예산의 시행. 1. account. **—し**[会計士](명) 회계에 관한 서류의 감사(監査), 증명 등을 하는 직업인. **—ねんど**[会計年度](명) 회계 연도. 회계의 편의상 만든 일정한 기간. 보통 1개년.

かい けい[塊茎](명)〈식〉 괴경. 감자 등과 같이 덩어리로 된 땅속줄기(地下茎). 덩이줄기. a tuber

がい けい[外形](명) 외형. 겉으로 보이는 형태. 외용(外容). an external form

がい けい[概形](명) 대체적인 형태. a general form

かいけいのはじ[会稽の恥]—ハヂ(연어·명) 〔중국 춘추 시대에 월왕(越王) 구천(勾践)이 오왕(呉王) 부차(夫差)에게 회계산 싸움에서 크게 패하여 사로잡힌 바 되어 치욕을 당한 고사(故事)에서〕 잊기 어려운 심한 치욕. the shame of defeat

かい けつ[怪傑](명) 괴걸. 언어, 행동 등에 매우 괴상한 기량을 가지고 있는 호걸. a prodigy

かい けつ[解決](명·자타サ) 해결. 사건이나 문제가 분명하게 결말 지어짐. 또는 결말 지음. settlement

かいけつびょう[壊血病](명)〈의〉 괴혈병. 비타민 C의 부족으로 일어나는 병증. 빈혈, 쇠약, 피부 등의 출혈, 경골의 동통 등의 증상이 나타남. scorbutus

かい けん[会見](명·자サ) 회견. 만나 봄. an interview

かい けん[改憲](명) 개헌. 헌법을 고침. reformation of the constitution

かい けん[懐劍](명) 옛날에 품속에 넣고 다니던 단도. 비수(匕首). a dagger

かい げん[改元](명·타サ) 개원. 연호(年号)를 고침. the change of era

かい げん[戒厳](명) 계엄. (전시나 사변을 당하여) 군대가 어느 지역을 지키며 행정, 사법 등의 권력을 행사하는 일. 「— 令(レイ); 계엄령」 guarding against danger

かい げん[開眼](명·자サ)〈불〉 개안. ①불도(仏道)의 진리를 깨달음. ②불상(仏像), 불화(仏画) 등이 완성되었을 때 부처의 영(霊)을 마지하는 의식. 1. spiritual awakening

がい けん[外見](명) 외견. 외관(外観). 외양(外様). an external appearance

がい けん[概見](명·타サ) ⇨がいかん(概観).

がい げん[概言](명) 개요(概要)를 말함. a general word

かい こ[蚕]カヒコ(명)〈동〉 누에. a silkworm

かい こ[回顧](명·타サ) 회고. 지나간 일을 돌이켜 생각함. reflection

かい こ[解雇](명·타サ) 해고. 고용인을 내보냄. 면직(免職). dismissal

かい こ[懐古](명·자サ) 회고. 과거를 돌이켜 생각하고 그리워함. retrospection

かい ご[改悟](명·자サ) 개오. 전비(前非)를 뉘우쳐 깨달음. repentance

かい ご[戒護](명) 계호. 경계하여 지킴. admonition

かい ご[悔悟](명·자サ) 회오. 지난 일의 잘못을 뉘우쳐 깨달음. repentance

がい ご[外語](명) 외어. ①외국어. ②외국어 학교(대학)의 준말. 1. a foreign language

かい こう[回航·廻航](명·타サ) 회항. ①여러 곳을 돌아 다니는 항해. ②어떤 곳으로 배를 돌림. 1. sailing about

かい こう[改稿](명·자サ) 개고. 원고를 고쳐 씀. rewriting

かい こう[怪光](명) 이상한 빛. a mysterious light

かい こう[海港](명) 해항. 해안에 있는 항구. ↔河港(カコウ). a seaport

かい こう[海溝](명)〈지〉 해구. 좁으면서 굉장히 깊은 해저(海底). (5,500 *m* 이상) a deep

かい こう[開口](명) 개구. ①입을 벌림. ②입을 열어 말을 함. 2. opening one's mouth for speech

かい こう[開校](명·자サ) 개교. 새로 세운 학교에서 수업(授業)을 시작함. ↔閉校(ヘイコウ). the opening of a school

かい こう[開港](명·자サ) 개항. 외국과의 무역을 위해 항구를 개방함. the opening of a port. **—じょう**[開港場](명) 개항장. 개항한 항구.

かい こう[開講](명·자サ) 개강. 강의를 시작함. ↔閉講(ヘイコウ). begininng a series of lectures

かい こう[邂逅](명·자サ) 해후. 뜻밖에 서로 만남. meet by chance

かい ごう[会合](명·자サ) 회합. 모임. 집회. a meeting

かい ごう[改号](명·자サ) 개호. ①칭호를 고침. 고친 칭호. ②연호(年号)를 고침. 개원(改元). 1. renaming

がい こう[外交](명·자サ) 외교. ①〈법〉 외국과의 교제나 교섭. ②외부와 교제함. 또는 교섭함. ③↔外交員. 1. a foreign policy 2. diplomacy. **—いん**[外交員](명) 외교원. 〔상점, 회사 등에서〕 가정, 직장 등을 돌아 다니며 상품을 선전, 권유하는 사람. **—かん**[外交官](명)〈법〉 외교관. 외국에 가거나 머물러서 외교 사무를 보는 관리. **—じれい**[外交辞令](명) 외교 사령. 상대에게 호감을 주는 교묘하고 사교적인 말. **—だん**[外交団](명) 외교단. 한 나라에 주재하고 있는 각국 외교 사절 전체.

がい こう[外光](명) 집 밖의 광선. outdoor light

がい こう[外向](명)〈심〉 외향. 성격이 밖으로 향하여 사교적이고 적극적인 경향. ↔内向(ナイコウ). extroversion

がいこう[外航](명) 외국 항로. a foreign voyage

がいこう[外寇](명) 외구. 국외(国外)에서 공격해 오는 적병(敵兵). a foreign enemy

かいこうしょく[灰黄色](명) 잿빛이 도는 황색. greyish yellow

かいこく[回国](명·자サ) 여러 나라를 돌아 다님. travelling about many countries

かいこく[戒告·誡告](명·자サ) 계고. ①경고하여 타이름. ②〈법〉 징계 처분의 하나. 서면(書面)으로 경고함. 1. warning

かいこく[海国](명) 해국. 사방이 바다에 둘러 싸인 나라. 섬나라. a maritime country

かいこく[開国](명·자サ) 개국. ①처음으로 나라를 세움. ②외국과 교제를 처음으로 시작함. 2. the opening of a country

がいこく[外国](명) 외국. 다른 나라. a foreign country. ―**さい**[外国債](명)〈경〉 ⇨がいさい(外債).

がいこつ[骸骨](명) 해골. 시체가 썩어 뼈만 남은 것. a skeleton

かいことば[買い言葉]カヒー(명) 걸어 오는 시비에 응수하는 욕설. 「売(ウ)りことばに―; 걸어 오는 시비에 (욕설로) 응수하는 것」 a retort

かいこ·む[買い込む]カヒー(타 4) (시세를 내다보고) 사들이다. buy off

かいこ·む[掻い込む](타 4) ①겨드랑이에 끼다. ② 긁어 넣다. 움켜 넣다. 1. hold under the arm

かいごろし[飼い殺し]カヒー(명·타サ) 가축이나 고용인(雇傭人) 등이 일할 수 없게 되어도 죽을 때까지 돌보아 줌. keeping a person till he dies

かいこん[悔恨](명·자サ) 회한. 뉘우치고 한탄함. repentance

かいこん[開墾](명·타サ) 개간. 산이나 들을 개척하여 논이나 밭을 만듦. reclamation

かいさ[海佐](명)〈군〉 해상 자위대의 영관(領官). ↔空佐(クウサ), 陸佐(リクサ).

かいさい[快哉](명) 쾌재. 매우 흡족하게 여김. 「―を叫(サケ)ぶ; 쾌재를 부르다」 delight

かいさい[皆済](명·타サ) ①남김 없이 끝냄. ②다 갚음. 「借金(シャッキン)を―する; 빚을 모두 갚다」 1. full settlement

かいさい[開催](명·타サ) 개최. 모임 등을 주최하여 엶. 「講演会(コウエンカイ)を―する; 강연회를 개최하다」 holding

かいざい[介在](명·자サ) 개재. 사이에 끼어 있음. interposition

がいさい[外債](명)〈경〉 외채. 외국에서 모집하는 공채(公債)나 사채(社債). 외국채(外国債). ↔内債(ナイサイ). a foreign loan

かいざいく[貝細工](명) 조가비로 하는 세공(細工). 또는 그 물건. shellwork

かいさく[改作](명·타サ) 개작. 새로 고쳐 만듦. 또는 그 물건. adaptation

かいさく[快作](명) 쾌작. 만족스럽게 제작된 작품. 통쾌한 작품. 쾌심작(快心作). a satisfactory work

かいさく[開削·開鑿](명·타サ) 산을 뚫거나 파서 길이 통하게 함. excavation

かいさつ[改札](명·자サ) 개찰. 차표나 입장권 등을 입구에서 조사함. the examination of tickets

かいさん[海産](명) 해산. 바다에서 생산되는 물건. ↔陸産(リクサン). marine products

かいさん[開山](명) ①〈불〉 개산. 사원(寺院)이나 종파(宗派)를 처음으로 창건함. 또는 그 사람. 개조(開祖). ②어떤 일을 처음 시작한 사람. 1. the founder 2. the originator

かいさん[解散](명·자サ) 해산. ①모였다가 헤어짐. ②〈법〉 국회에서 의원(議員)의 자격을 해제하여 한 때 국회를 닫는 일. ③〈법〉 회사, 법인(法人) 등의 폐지. 1. break up 2.3. dissolution

かいざん[改竄](명·타サ) 개찬. 자구(字句)를 고침. (특히 악용하는 경우를 말하는 때가 많음) revision

がいさん[概算](명·타サ) 개산. 대충 계산함. 대략의 계산. ↔精算(セイサン). a rough estimate

かいし[怪死](명·자サ) 원인 모르게 죽음. 이상한 죽음. a mysterious death

かいし[海士](명)〈군〉 해상 자위대의 병사(兵士). 전의 수병(水兵). ↔空士(クウシ), 陸士(リクシ). a bluejacket

かいし[開示](명·타サ) 개시. ①열어서 보임. 가르쳐 타이름. ②⇨かいじ(開示). 1. show

かいし[開始](명·자타サ) 개시. 시작함. start

かいし[懐紙](명) ①접어서 품에 지니는 흰 종이. 휴지 등으로 쓰며 보통 휴지보다는 질이 좋음. ②와카(和歌)나 렌가(連歌)를 적는 종이. 1. toilet-paper

かいじ[快事](명) 쾌사. 기분 좋은 일. 유쾌한 사건. a pleasant matter

かいじ[怪事](명) 괴상한 일. 이상한 사건. a mystery

かいじ[海事](명) 해상(海上)에 관한 일. naval affairs

かいじ[開示](명·타サ)〈법〉 법정(法廷)에서 공개하여 보이는 일. indication

がいし[外史](명) 민간에서 쓴 역사. 야사(野史). unofficial history

がいし[外紙](명) 외지. 외국 신문. a foreign newspaper

がいし[外資](명) 외자. 외국 자본. foreign capital

がいし[碍子](명)〈이〉 애자. 전주(電柱) 등에 전선(電線)을 연결, 절연시키기 위해 사용하는 도자기 등으로 만든 기구. 뚱딴지. an insulator

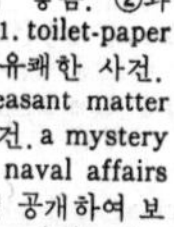

〔碍子〕

がいじ[外字](명) 외자. 외국 글자. foreign letters

がいじ[外事](명) 외사. 외국에 관한 일. foreign affairs

かいしき[開式](명·자サ) 개식. 식을 시작함. ↔閉式(ヘイシキ). opening a ceremony

かいしき[解式](명)〈수〉 해식. 계산의 순서나 방법을 일정한 기호로 기록한 것. a solution

がいして[概して](부) 대체로. 일반적으로. generally

かいし·める[買い占める]カヒー(타하 1) (필요 이상으

로) 사서 독차지하다. 매점(買占)하다. buy up
かいしゃ[会社](명) 회사. 상행위(商行為)를 목적으로 하여 여럿이 설립한 단체. 「一員(イン); 회사원」 a company
かいしゃ[膾炙](명·자サ) 회자. 많은 사람의 화제가 되어 칭찬받음. 「人口(ジンコウ)に一する; (칭찬의 대상으로) 널리 사람들의 입에 오르내리다」 popularity
がいしゃ[外車](명) 외국산(外国産) 자동차. a car of foreign production
がいしゃ[蓋車](명) 지붕이 있는 차. 유개차. a covered waggon
かいしゃく[介錯](명·타サ) ①시중을 듦. 또는 그 사람. ②할복(割腹)하는 사람의 목을 잘라 줌. 또는 그 사람. 1. attendance
かいしゃく[解釈](명·타サ) 해석. 뜻을 이해하거나 설명함. interpretation
かいしゅ[会主](명) 회를 열어 주관하는 사람. 주최자(主催者). the promotor of a meeting
かいしゅう[会衆](명) 회중. 모인 사람들. attendants
かいしゅう[回収](명·타サ) 회수. 도로 거둬 들임. withdrawal
かいしゅう[改宗](명·자サ) 개종. 종지(宗旨)나 신앙(信仰)을 바꿈. conversion
かいしゅう[改修](명·타サ) 개수. (도로, 또는 교과서 등을) 다시 고침. repair
かいじゅう[怪獣](명) 괴수. 괴상한 짐승. a monster
かいじゅう[海獣](명)〈동〉 해수. 바다 짐승. 예: 고래, 물개 등. a marine animal
かいじゅう[懐柔](명·타サ) 회유. 교묘하게 설복시켜 따르게 함. pacification
かいじゅう[晦渋](형동ダ) 언어나 문장이 어려워서 이해할 수가 없는 모양. 난해(難解). 난삽(難渋). ambiguity
がいしゅういっしょく[鎧袖一触](연어) ①적이 하잘 것 없이 약한 것. ②개수 일촉. 간단히 상대방을 굴복시킴. 1. The enemy is a mere passover.
がいじゅうないごう[外柔内剛](연어·명) 외유 내강. 겉으로는 부드럽게 보이면서 마음속은 굳셈.
がいしゅつ[外出](명·자サ) 외출. 출입함. 나들이. going out
かいしゅん[回春](명) 회춘. ①해가 바뀜. ②병이 나음. ③도로 젊어짐. 1. greeting the New Year 2. recovery 3. rejuvenation
かいしゅん[改悛·悔悛](명·자サ) 개전. 전의 잘못을 뉘우쳐 고침. 개심(改心). repentance
かいしょ[会所](명) ①모이는 장소. ②에도(江戸) 시대의 돈이나 물품의 거래소. 1. a meeting-place
かいしょ[開所](명·자サ) 사무소 등을 새로 열어 처음으로 사무를 시작함. the opening of an office
かいしょ[楷書](명) 해서. 한자의 획을 생략하지 않고 바르게 쓰는 서법(書法). 또는 그런 글씨. the square style
かいじょ[解除](명·타サ) 해제. 제약이나 금지를 풀어줌. 「追放(ツイホウ)一; 추방 해제」 releasing
がいじょ[外助](명) 외부로부터의 도움. 외원(外援). ↔内助(ナイジョ). other's assistance
かいしょう[甲斐性]カヒー(명) 굳건한 성품. 발랄(潑剌)한 성질.
かいしょう[会商](명·자サ) 모여서 의논함. 회담. negotiation
かいしょう[回章·廻章](명) 회장. ①차례차례로 돌려서 보이는 문서. 회람장(回覧状). ②답장. 1. a circular 2. an answer
かいしょう[改称](명·자타サ) 개칭. 이름을 고침. 또는 그 이름. the changing of a name
かいしょう[快勝](명·자サ) 쾌승. 통쾌하게 승리함. 통쾌한 승리. a signal victory
かいしょう[海相](명) 해군 대신. the Minister of the Navy
かいしょう[海将](명)〈군〉 해상 자위대 계급의 하나. 전의 중장. ↔空将(クウショウ), 陸将(リクショウ). a vice-admiral. **—ほ**[海将補](명)〈군〉 해상 자위대의 계급. 전의 해군 소장. ↔空将補, 陸将補.
かいしょう[解消](명·자타サ) 해소. 사라져 없어짐. 지워 없앰. 「なやみを一する; 고민을 없애다」 dissolution
かいじょう[会場](명) 회장. 회를 개최하는 장소. a meeting-place
かいじょう[回状](명) 회장. 회람장(回覧状). a circular
かいじょう[戒杖](명) 중의 지팡이. 석장(錫杖). a priest's staff
かいじょう[海上](명) 해상. 바다 위. ↔陸上(リクジョウ). the sea. **—じえいたい**[海上自衛隊](명) 해상 자위대. 방위청(防衛庁)에 속하며 바다를 지키는 자위대. **—トラック**[海上truck](명) 한 사람의 선원이 움직이는 극히 소형의 화물선. **—ほあんちょう**[海上保安庁](명)〈법〉 해상 보안청. 해상의 안전을 지키고 법률 위반을 방지하기 위한 기관.
かいじょう[塊状](명) 괴상. 덩어리진 모양. 덩어리. a mass
かいじょう[階上](명) 계단 위. 계단 위의 방. ↔階下(カイカ). upstairs
かいじょう[開城](명·자サ) 개성. ①성문을 엶. ②항복함. 1. surrender of a fortress
かいじょう[開場](명·자サ) 개장. 장소를 열어 사람을 넣음. ↔閉場(ヘイジョウ). opening
がいしょう[外妾](명) ①외국인의 첩. ②딴살림을 차려 준 첩. 2. a concubine kept in a separate house
がいしょう[外相](명) 외상. 외무 대신(外務大臣). the Foreign Minister
がいしょう[外商](명) ①외국 상인. ②상점으로 오지 않는 손님이나 회사 등에 가서 직접 판매하는 일. 1. a foreign merchant
がいしょう[外象](명) 겉으로 보이는 모양. 외형(外形). an external form
がいしょう[外傷](명) 외상. 몸 외부의 상처. an external wound

がいしょう[街娼](명) 밤에 가두(街頭)로 나와 매춘하는 여자. 밤거리에 나와 손님을 유혹하는 창녀(娼女). a streetwalker
がいじょう[街上](명) 길거리. 노상(路上). in the street
かいしょく[灰色](명) 회색. 잿빛. grey
かいしょく[会食](명·자サ) 회식. 모여서 식사함. dining together
かいしょく[海蝕](명)〈지〉 해식. 해수(海水)에 의한 침식(浸蝕). erosion of the sea
かいしょく[解職](명·타サ) 해직. 직무를 그만두게 함. 면직(免職). dismissal
がいしょく[外食](명·자サ) 외식. 자기 집 아닌 데서 식사함. dining out
かいしん[会心](명) 회심. 마음에 듦. 만족. 「—の微笑(ビショウ); 회심의 미소」 satisfaction
かいしん[回心](명·자サ) 회심. ①〈종〉 나쁜 마음을 고쳐서 정도(正道)로 돌아 옴. ②뜻을 바꿈. 1. conversion
かいしん[回診](명·자サ) 회진. 순회하며 진찰함. a doctor's round of visits
かいしん[改心](명·자サ) 개심. 마음을 바르게 고침. amendment
かいしん[改新](명·자타サ) 개신. 새롭게 함. 경신(更新). renewal
かいしん[快心](명) 기분이 상쾌함. 만족. satisfaction
かいしん[戒心](명·자サ) 계심. 조심함. 주의. caution
かいしん[戒慎](명) 계신. 경계하여 삼감. precaution
かいしん[海神](명) 해신. 바다의 신. Neptune
かいじん[灰燼](명) 회신. ①재와 타다 남은 것. ②몽땅 타 버림. 또는 그 장소. 2. being reduced to ashes
かいじん[怪人](명) 괴인. 이상한 사람. a stranger
がいしん[外心](명) 외심. ①딴마음. 두 마음. ②〈수〉 외접원(外接円)의 중심. ↔内心(ナイシン). 1. duplicity 2. a circumcentre
がいしん[外臣](명) 외신. 외국 사신이 그 주재국(駐在国) 임금에 대해 자기를 일컫는 말. a foreign subject
がいしん[外信](명) 외신. 외국으로부터의 전보나 통신(通信). foreign news
がいしん[害心](명) 해를 끼치려는 마음. ill-will
がいじん[外人](명) 외인. ①외국인. ②주위의 사람. 제삼자(第三者). 1. a foreigner 2. an outsider
がいじん[外陣](명) 신사(神社)나 절의 본당 밖에 있는, 앉아서 예배하는 곳.
がいじん[凱陣](명) ⇨がいせん(凱旋).
かいず[海図](명)〈지〉 해도. 해양의 상황을 나타낸, 항해(航海)에 사용하는 도면. a chart
かいすい[海水](명) 해수. 바닷물. sea-water. **—ぎ**[海水着](명) 수영복. 해수욕복(海水浴服). **—よく**[海水浴](명·자サ) 해수욕. 바다에서 헤엄치거나 목욕함. **—よくじょう**[海水浴場](명) 해수욕장. 해수욕을 하는 곳.
かいすう[回数](명) 회수. 도수(度数). frequency. **—けん**[回数券](명) 회수권. 승차권, 입장권 등의 몇 회분을 한 뭉치로 하여 파는 표.
がいすう[概数](명) 대강의 수. round numbers
かい·する[介する](타サ) 사이에 두다. 끼우다. 「意(イ)に—; 개의(介意)하다」「人(ヒト)を—; 사람을 사이에 세우다」 insert
かい·する[会する]. Ⅰ(자サ) ①모이다. ②면회하다. ③만나다. Ⅱ(타サ) ①(불러) 모으다. ②깨닫다. Ⅰ 1. assemble 3. meet Ⅱ 1. assemble 2. comprehend
かい·する[解する](타サ) ①풀다. 해석하다. ②알다. 이해하다. 「人(ヒト)の気持(キモチ)を—; 남의 기분을 이해하다」 1. interpret 2. understand
がい·する[害する](타サ) ①상하게 하다. 「のどを—; 목을 상하게 하다」 ②방해하다. 「生長(セイチョウ)を—; 생장을 방해하다」 ③죽이다. 해치다. 「人(ヒト)を—; 사람을 해치다」 1. harm 2. obstruct 3. kill
かいせい[回生](명·자サ) 회생. 다시 살아 남. 「起死(キシ)—; 기사 회생」 coming to life again
かいせい[改正](명·타サ) 개정. 새로이 다시 고침. 틀린 데를 고침. revision
かいせい[改姓](명·자サ) 개성. 성을 바꾸어 고침. changing one's family name
かいせい[快晴](명) 쾌청. 활짝 갬. fine weather
かいせい[諧声](명) ①조화된 소리. ②해성. 한자 육서(六書)의 하나. 글자의 반은 뜻을, 반은 음을 나타냄. 예: "柱, 潮" 등. 형성(形声). 1. a harmonious voice
がいせい[外征](명·자サ) 외정. 외국으로 출정(出征)함. foriegn expedition
がいせい[慨世](명) 개세. 세상을 개탄함. public-spirited
かいせいそう[海成層](명) 해성층. 해저(海底)에 퇴적하여 이루어진 지층. the sea layer
かいせき[会席](명) 회석. ①여러 사람이 모인 자리. ②렌가(連歌), 하이카이(俳諧) 등을 짓는 자리. ③←会席料理. 1. a place of meeting. **—りょうり**[会席料理](명) 정식 요리상보다 간단히 차린 주석(酒席)의 요리.
かいせき[怪石](명) 괴석. 기이하게 생긴 돌. an odd stone
かいせき[解析](명·타サ) 해석. ①사물을 세밀하게 분석함. ②〈수〉 함수(函数)의 성질을 연구하는 수학의 한 부문. 1. analysis 2. analytical geometry
かいせき[懐石](명)〔다도(茶道)에서〕 차를 대접하기 전에 내는 간단한 음식. simple meal served before tea
がいせき[外戚](명) 외척. 외가(外家) 편의 친척. a maternal relation
かいせつ[回折](명·자サ) ①굽어 꺾임. ②〈이〉 회절. 어떤 매질(媒質) 중에서 빛이나 전파가 장해물을 만나 굽어 꺾여서 그 뒤쪽으로 전해지는 현상. 1. turn 2. diffraction
かいせつ[開設](명·타サ) 개설. 처음으로 설치함. 새로 설치함. establishment
かいせつ[解説](명·타サ) 해설. (사물의) 의미를 알기 쉽게 설명함. explanation
かいぜつ[快絶](명) 매우 유쾌함. intense pleasure
がいせつ[外接·外切](명·자サ)〈수〉 외접. 두 개의 원이 서로 하나의 점에서 맞닿을 때, 하나가 다른 하나의 외부에 있는 일. ↔内接(ナイセツ). circumscription. ── えん[外接円](명)〈수〉 외접원. 한 다각형의 모든 정점을 다 지나면서 그 다각형을 에워 싼 원. ↔内接円.

がいせつ[剴切](명·형동ダ) 꼭 맞음. 아주 적절(適切)함. appropriateness

がいせつ[概説](명·타サ) 개설. 대요(大要)를 말함. 개론(概論). general statement

カイゼルひげ[Kaiser 髭](명) 카이제르 수염. 양쪽 끝이 위로 치켜 올라 간 코밑 수염. the Kaiser's moustache

かいせん[会戦](명·자サ) 회전. ①어울려서 싸움. ②큰 전투. 2. a battle

かいせん[回旋](명·자타サ) 회선. 빙글빙글 돎. 또는 돌림. rotation. ── **きょく**[回旋曲](명)〈악〉 회선곡. 삽입한 곡이 사이사이에 끼여 주제(主題)가 몇 번이고 되풀이되는 곡. 론도.

かいせん[回船](명) 해상의 운송선(運送船). a lighter

かいせん[改選](명·타サ) 개선. (의원 등을) 새로 선거함. re-election

かいせん[怪船](명) 괴선. 정체(正体)를 알 수 없는 이상한 배. a strange ship

かいせん[界線](명) 경계선. a border line

かいせん[疥癬](명)〈의〉 개선. 옴. itch. ── **ちゅう**[疥癬虫](명)〈동〉 개선충. 옴벌레.

かいせん[海戦](명) 해전. 해상(海上)의 전쟁. ↔陸戦(リクセン). a naval battle

かいせん[開戦](명·자サ) 개전. 전쟁을 개시함. the outbreak of war

かいぜん[改善](명·타サ) 개선. 고쳐서 좋게 함. ↔改悪(カイアク). improvement

かいぜん[快然](형동タリ) 상쾌한 모양. pleasant

がいせん[外戦](명) 외국과의 전쟁.

がいせん[外船](명) ①외국의 선박. ②외국 항로를 항해하는 배. 2. an ocean-going ship

がいせん[外線](명) 외선. ①바깥쪽의 선. ②옥외(屋外) 전선. ③관청, 회사 등에서 외부로 통하는 전화. ↔内線(ナイセン). 2. outside wire. ── **さくせん**[外線作戦](명)〈군〉 외선 작전. 적을 포위하여 싸우는 작전.

がいせん[凱旋](명·자サ) 개선. 전쟁에 이기고 돌아옴. a triumphal return. ── **もん**[凱旋門](명) 개선문. 싸움에 이기고 돌아 오는 군사를 맞고 기념하기 위하여 세운 문.

がいぜん[慨然](형동タリ) 분개하는 모양. indignant

がいぜんせい[蓋然性](명) 개연성. 현상(現象)의 발생이나 지식에 관한 확실성의 정도. probability

かいそ[改組](명·타サ) 다시 짬. reorganization

かいそ[開祖](명) 개조. ①한 유파(流派)의 기초를 연 사람. ②〈불〉 ⇨:かいさん(開山). 1. the founder

かいそう[会葬](명·자サ) 장례식에 모임. 「一者(シャ); 장례식에 모인 사람」 attending a funeral

かいそう[回送](명·타サ) 회송. ①보냄. ②다시 돌려보냄. 반송(返送). 1. forwarding

かいそう[回想](명·타サ) 회상. 옛일을 돌이켜 생각함. recollection

かいそう[回漕](명·타サ) 회조. 선박(船舶)에 의하여 운송(運送)함. shipping

かいそう[改装](명·타サ) 개장. ①포장을 다시 고침. ②표면의 체재와 장비를 고침. remodelling

かいそう[改葬](명·타サ) 개장. 다시 장사 지냄. 면례(緬礼). 이장(移葬). reburying

かいそう[快走](명·자サ) 쾌주. 기분 좋게 달림. 통쾌하도록 빨리 달림. running fast

かいそう[海送](명·타サ) 해상의 수송. 해운(海運). transportation by sea

かいそう[海草·海藻](명)〈식〉 해초. 해조. 바다에 나는 식물. 바닷말. seaweeds

かいそう[海曹](명)〈군〉 해상 자위대의 하사관. ↔空曹(クウソウ), 陸曹(リクソウ). a petty officer

かいそう[階層](명) 계층. ①건물의 층계. ②(사회를 형성하는) 여러 가지 계급. 1. a storey 2. a class

かいそう[潰走](명·자サ) 궤주. 패해서 도망 침. rout

かいぞう[改造](명·타サ) 개조. 다시 고쳐 만듦. reconstruction

かいぞう[解像](명·타サ)〈이〉 렌즈가 세세한 부분까지 분명하게 분해하여 형태를 찍는 것.

がいそう[外装](명) 외장. 외부 장식. 외부의 포장. outward ornaments

がいそう[外層](명) 바깥쪽의 층. an outward layer

がいそう[咳嗽](명·자サ)〈의〉 해수. 기침. a cough

かいぞえ[介添え]―ゾヘ(명·자サ) 시중 듦. 또는 시중드는 사람. helping or an attendant

かいそく[会則](명) 회칙. 회의 규칙. the rules of a society

かいそく[快足](명) 걸음이 빠름. 빠른 걸음. quick walking

かいそく[快速](명·형동ダ) 쾌속. 기분 좋을 정도로 속도가 빠름. high speed

かいぞく[海賊](명) ①〔무로마치(室町) 시대의〕 해군. ②해적. 해상(海上)에서 항해하는 선박의 재물을 빼앗는 도둑. 「一版(バン); 해적판(외국의 저서를 몰래 복사한 출판물)」 ↔山賊(サンゾク). 2. a pirate

がいそく[外側](명) 외측. 바깥쪽. ↔内側(ナイソク). the outside

がいそく[概則](명) 대략의 규칙. ↔細則(サイソク). general rules

がいそく[概測](명·타サ) 대략 측량(測量)함. rough measurement

がいそふ[外祖父](명) 외조부. 어머니의 아버지. 외할아버지. a maternal grandfather

がいそぼ[外祖母](명) 외조모. 어머니의 어머니. 외할머니. a maternal grandmother

かいぞめ[買い初め]カヒ―(명·타サ) 새해에 처음으로 물건을 삼. the first shopping in the New Year

かいそん[海損](명)〈법〉 해손. 해상(海上) 사고에 의해 생긴 배나 하물(荷物)의 손해. sea damage

がいそん[外孫](명) 외손. 딸의 자식. ↔内孫(ナイソン). a grandchild by a daughter
かいだ[快打](명·자타サ) 〔야구에서〕 기분이 상쾌할 정도로 훌륭한 안타(安打). a clean hit
がいだ[咳唾](명) 해타. ①기침과 침. ②말의 높임말. 말씀. 「一おのずから珠(タマ)を成(ナ)す; 시문이 뛰어남의 비유(咳唾成珠)」 1. cough and spittle
かいたい[拐帯](명·타サ) 위탁된 금품을 가지고 도망함. abscondence
かいたい[解体](명·자타サ) 해체. ①조각조각 나눔. 또는 나뉨. ②해부(解剖). 1. dissolution 2. dissection
かいたい[懐胎](명·자サ) 회태. 임신. pregnancy
かいだい[改題](명·자サ) 개제. 제목을 고침. retitling
かいだい[海内](명) ①해내. 국내(国内). ②천하(天下). 1. the interior 2. the whole country
かいだい[解題](명·타サ) 해제. 서적이나·작품의 저작자, 체재, 내용 등에 관한 해설. a bibliographical introduction
かいたく[開拓](명·타サ) 개척. 황무지를 일구어 논밭을 만듦. reclamation
かいだく[快諾](명·타サ) 쾌락. 기분 좋게 승낙함. a ready consent
かいだし[買い出し]カヒー(명·자サ) ①시장, 도매상 등으로 물건을 사러 감. ②소비자가 식량을 그 생산지까지 가서 삼. 동 買い出す(타4). 1. food-hunting
かいだ·す[掻い出す](타4) 퍼내다. bail
かいたて[買い立て](명) ①함부로 사들임. ②〈경〉 살 것을 계약하는 일. 1. buying up 2. bargain
かいだめ[買い溜め]カヒー(명·타サ) 물건을 많이 사서 저장해 둠. 동 買い溜める(타4). hoarding
かいたん[塊炭](명) 괴탄. 커다란 덩어리로 된 석탄. a lump coal
かいだん[会談](명·자サ) 회담. 만나서 이야기함. a conference
かいだん[戒壇](명)〈불〉 계단. 중이 계율(戒律)을 받는 단(壇). the ordination platform. **—いん**[戒壇院](명)〈불〉 계단원. 수계(授戒)하는 단이 있는 건물.
かいだん[快談](명·자サ) 유쾌한 담화(談話). 흥겹게 이야기함. a pleasant talk
かいだん[怪談](명) ①도깨비 이야기. ②괴담. 괴상한 이야기. the ghost story
かいだん[階段](명) 계단. ①단으로 된 통로. 층층대. ②차례를 따라 올라 가는 등급. 1. stairs 2. a class
かいだん[解団](명·타サ) 단체를 해산함. ↔結団(ケッダン). disbanding
がいたん[慨嘆·慨歎](명·자サ) 개탄. 분하게 여겨 탄식함. deploring
がいたん[骸炭](명) ⇨コークス.
がいだんこうせつ[街談巷説](명) 길거리나 항간에 떠도는 소문. 항설(巷説). a gossip
かいだんし[快男子](명) 시원스럽고 쾌활한 사나이. 쾌남아. a manly fellow
ガイダンス[guidance](명·타サ) 가이던스. 학생이나 아이들의 생활, 학습 등 모든 면에 걸친 지도.
がいち[外地](명) 외지. 외방(外方). 외국. ↔内地(ナイチ). an oversea land
かいちく[改築](명·타サ) 개축. 새롭게 다시 고쳐 지음. rebuilding
かいちゅう[回虫·蛔虫](명)〈동〉회충. 거위. a roundworm
かいちゅう[改鋳](명·타サ) 개주. 고쳐 다시 주조(鋳造)함. recasting
かいちゅう[海中](명) 해중. 바다 속. in the sea
かいちゅう[懐中](명·타サ) 회중. ①품속. 품속에 넣음. 「一時計(ドケイ);회중 시계」 ②지갑. 1. pocketing 2. a purse. **—じるこ**[懐中汁粉](명) 말린 팥소, 녹말, 설탕 등을 섞어 만든 식품. 뜨거운 물에 넣으면 팥죽이 됨. **—でんとう**[懐中電燈](명) 회중 전등. 건전지를 전원(電源)으로 한 휴대용의 작은 전등. **—もの**[懐中物](명) 품이나 호주머니에 넣는 물건. 특히 돈지갑 따위.
がいちゅう[外注](명·타サ)〈경〉 외부에 주문함.
がいちゅう[害虫](명)〈동〉 해충. 인체 또는 가축, 농작물 등에 해를 끼치는 벌레. ↔益虫(エキチュウ). a noxious insect
かいちょう[会長](명) 회장. 회원을 통솔하고 회를 대표하는 사람. the president
かいちょう[回腸](명)〈생〉 회장. 대장(大腸)에 잇닿은 소장(小腸)의 일부. the ileum
かいちょう[快調](명·형동ダ) 쾌조. ①기분 좋음. ②일이 잘되어 감. 호조(好調). 1. harmony 2. an excellent condition
かいちょう[海鳥](명) 해조. 해변에 사는 새. a sea bird
かいちょう[開庁](명·자サ) 새로이 관청을 설치하여 사무를 보기 시작함. inauguration
かいちょう[開帳](명·타サ) 〔お一〕 감실(龕室)을 열어 평소에는 보이지 않던 불상(仏像)을 신자(信者)에게 보여 줌. exhibiting a Buddhist image
かいちょう[諧調](명) ①조화를 이룬 것. ②잘 조화된 리듬. 1. harmony 2. melody
がいちょう[外朝](명) 외국의 조정(朝廷). 외국. a foreign Imperial court
がいちょう[害鳥](명)〈동〉 해조. 농업, 임업, 수산업 등에 해를 주는 새. ↔益鳥(エキチョウ). an injurious bird
かいちょうおん[海潮音](명) 해조음. ①바다의 파도 소리. ②〈불〉 "나무 관세음"이란 염불에 때를 가리지 않고 주는 관세음의 이익의 비유. 1. the sound of the tide
かいちょく[戒飭](명·자타サ) 계칙. 남을 타일러 근신시킴. 스스로 근신함. caution
かいちん[開陳](명·타サ) 개진. 자기 의견을 여러 사람 앞에서 진술함. statement
かいつう[開通](명·자サ) 개통. (철도, 전화 등이) 통함. opening to traffic
かいづか[貝塚]カヒー(명) 패총. 석기(石器) 시대 인류가 버린 조개 껍데기나 폐물이 더미로 쌓인 유적. 조개 무지. a shell-mound
かいつけ[買い付け](명) ①늘 사는 것. 「一の店(ミセ);

단골 가게」②물건을 사들이는 것.
1. being accustomed to make purchases 2.buying
かいつぶり(명) ⇨かいつむり.
かい つま·む[掻い摘まむ](타 4) 요약하다. 요점을 집어 내다. summarize
かいつむり(명)〈동〉①농병아리. 비둘기만한 새. 호수, 늪 등에 부소(浮巣)를 만들고 삶. ②⇨かたつむり. 1.a grebe
かい づめ[貝爪]カヒー(명)납작하고 짧은 손톱. a flat nail
かい て[買い手]カヒー(명) 사는 사람. 살 사람. ↔売(ウ)り手. buyer
かい てい[改定](명·타サ) 개정. 고쳐서 새로이 정함. reform
かい てい[改訂](명·타サ) 개정. 새로 고침. revision
かい てい[海底](명) 해저. 바다 밑. the bottom of the sea. **── かざん**「海底火山](명)〈지〉 해저 화산. 바다 속에 있는 화산. **── でんしん**[海底電信](명) 해저 전신. 바다 밑에 부설한 전선에 의한 전신.
かい てい[階梯](명) 계제. ①계단. 순서. ②초보(初步). 입문(入門). 1. stairs 2. first steps
かい てい[開廷](명·자サ) 개정. 재판을 개시함. ↔閉廷(ヘイテイ). opening of a court
かい てき[快適](형동ダ) 쾌적. 마음이나 몸에 알맞아 상쾌한 모양. comfort
がい てき[外的](형동ダ) 외적. ①외부적. ②육체적. ③객관적. ↔内的(ナイテキ). 1. external
がい てき[外敵](명) 외적. 외부의 적. 외국의 적. a foreign enemy
がい てき[害敵](명) 해를 끼치는 적. a wicked enemy
かい てん[回天](명) 회천. ①천하(天下)의 형세를 일변(一変)시킴. ②퇴세(頽勢)를 만회(挽回)함. 1. epoch-making
かい てん[回転](명·자サ) 회전. ①빙글빙글 돎. ②〈이〉 물체가 어느 점이나 축(軸)을 중심으로 원운동(円運動)을 하는 일. ③〈경〉 상품을 판 돈으로 다음 상품을 사는 것을 되풀이하는 일. 1. turning round 2. rotation
かい てん[開店](명·자サ) 개점. 상점을 엶. ↔閉店(ヘイテン). opening a shop. **── きゅうぎょう**[開店休業](연어·명·자サ) 개점 휴업. 상점을 열어도 손님이 없어 휴업이나 마찬가지임.
かい てん[開展](명·자타サ) ①전개(展開)함. ②진보하고 발전함. 1. extension 2. development
かい でん[皆伝](명·타サ) ①스승으로부터 오의(奥義)를 전부 전해 받음. ②사범(師範)의 자격을 허가받음. 1. initiation into all the mysteries
がい でん[外伝](명) 본전(本伝) 이외의 전기. 또는 일화(逸話).
がい でん[外電](명) 외전. 외국으로부터의 전보나 통신(通信). a foreign dispatch
ガイド[guide](명·타サ) 가이드. ①안내. 안내자. ②안내서. 인도(引導). 「─ブック; 안내서」
かい とう[会頭](명) 회두. 회의 우두머리. the president
かい とう[回答](명·자サ) 회답. 답함. 답장. an answer
かい とう[快刀](명) 쾌도. 기분 좋게 잘 드는 칼. 「─乱麻(ランマ)を断(タ)つ; 어려운 사건을 칼로 얽힌 삼(麻)을 베듯이 명쾌하게 해결함」 a sharp blade
かい とう[快投](명·자サ) 쾌투. 〔야구에서〕 피처(投手)가 기분 좋게 공을 잘 던지는 일. fine pitching
かい とう[怪盗](명) 괴도. 괴이한 도둑. a mysterious thief
かい とう[解党](명·타サ) 해당. 정당을 해체함. dissolution of a party
かい とう[解答](명·자サ) 해답. 문제나 질문에 대답함. 또는 그 대답. an answer
かい どう[会同](명·자サ) 회동. 여럿이 모임. 회합(会合). an assembly
かい どう[会堂](명) 회당. ①집회를 위해 세운 건물. ②〈종〉 교회당. 1. a hall 2. a church
かい どう[怪童](명) (보통 아이와 달라) 크고 힘이 센 아이. a mysterious child
かい どう[皆働](명) 모든 사람들이 일하는 것. 개로(皆労). 「国民(コクミン)─; 국민 개로」
かい どう[海棠](명)〈식〉 해당화. 장미과에 속하는 낙엽 활엽 관목. 때찔레. an aronia
かい どう[海道](명) ①해로(海路). ②바다에 연한 가도. ③토오카이도(東海道)의 준말. 1. a sea route 2. a coastal highway
かい どう[街道](명) 가도. ①국내에 통하는 공공(公共)의 도로. ②큰길. 1. a highway 2. the main street
がい とう[外套](명) 외투. 방한용(防寒用)의 겉옷. an over-coat
がい とう[外燈](명) 외등. 집 밖에 다는 전등. 옥외등(屋外燈). an outdoor lamp
がい とう[街燈](명) 가등. 가로(街路)에 달아 놓은 전등. 가로등. a street lamp
がい とう[街頭](명) 가두. 시가지(市街地)의 길거리. a street
がい とう[該当](명·자サ) 해당. 들어 맞음. applicability
かい どく[買い得·買い徳]カヒー(명) 사서 덕을 보는 일. 사서 이익을 얻는 일. buying at a bargain
かい どく[回読](명·타サ) 책 등을 여러 사람이 돌려가며 읽음. 회람(回覧). reading in turn
かい どく[会読](명·타サ) 두 사람 이상이 모여 책을 읽고 그 내용 등을 논함. reading together
かい どく[解読](명·타サ) 해독. 암호나 어려운 문장 등을 해석하여 읽음. deciphering
がい どく[害毒](명) 해독. 해와 독. an evil influence
かいともし[掻燈](명) 옛날 궁중(宮中)에서 침실 등에 켠 등불.
かい どり[掻い取り](명) ⇨うちかけ.
かい どり[飼い鳥]カヒー(명) ①집에서 기르는 새. ②새장에 애완용(愛玩用)으로 기르는 새. 1. a domestic fowl 2. a cage bird
かい と·る[買い取る]カヒー(타 4) 사들이다. 매입(買入)하다. 명買い取り. buy in
かいな[腕]カヒナ(명) ⇨うで.

かいな·い[甲斐無い]カヒー(형) ①보람 없다. ②미숙(未熟)하다. [파생] **— さ**(명). 1. in vain 2. unskilful
かいなで[掻い撫で](명) 사물의 표면만을 알고 그 진상(真相)을 모르는 것. 수박 겉 핥기. superficiality
かいなん[海難](명) 해난. 해상에서 일어나는 재난(災難). maritime perils
かいなんとう[海南島](명)〈지〉 해남도. 중국 광동성(広東省) 남부에 있는 중국 제2의 큰 섬. 열대성 기후이며 미개발의 광산 자원이 풍부하고 어업이 성함.
かいなんぷう[海軟風](명) 해연풍. 낮에 바다에서 육지로 부는 미풍. ↔陸軟風(リクナンプウ). a sea breeze
かいにゅう[介入](명·자サ) 개입. 사건에 끼어 들어감. interference
かいにん[解任](명·타サ) 해임. 임무를 그만두게 함. dismissal
かいにん[懐妊](명·자サ) 아이를 뱀. 임신. pregnancy
かいにんそう[海仁草](명)〈식〉 해인초(海人草). 홍조류(紅藻類)에 속하는 바닷말(海藻)로서 회충 구제약으로 씀. 〈학명〉 Digenea simplex
かいぬし[買い主]カヒー(명) 사는 사람. a buyer
かいぬし[飼い主]カヒー(명) 가축 등을 기르는 주인. the owner
かいね[買い値]カヒー(명) ①사는 값. ②사들이는 원가(原価). ↔売(ウ)り値. 1. a purchase price
かいねり[皆練り·掻練り](명) 생견(生絹)을 누여 부드럽게 한 것. 숙견(熟絹). glossed silk
がいねん[概念](명)〈철〉 개념. 많은 관념 중에서 공통되는 것을 뽑아 종합하여 얻어지는 하나의 관념. a concept. **— てき**[概念的](형동ダ) 개념적. ①개념을 중심으로 하는 모양. ②관념적(観念的).
かいのう[皆納](명·타サ) 다 납입함. full payment
かいば[飼い葉]カヒー(명) 마소에게 주는 마른 풀. 꼴. fodder
かいば[海馬](명)〈동〉 ⇨たつのおとしご.
かいはい[改廃](명·타サ) 개폐. 고침과 없앰. 개정(改正)과 폐기(廃棄). alternation and abolition
かいはい[潰敗](명·자サ) 무너져 패함. crushing defeat
かいはく[灰白](명) 잿빛을 띤 흰 빛. ash-colour
がいはく[外泊](명·자サ) 외박. 자기 집 이외의 장소에서 잠. lodging out
がいはく[該博](명·형동ダ) 해박. 사물에 관해서 널리 앎. 「一な知識(チシキ); 해박한 지식」 profundity
かいはくしょく[灰白色](명) 회백색. 잿빛을 띤 흰색. greyish white
かいばしら[貝柱]カヒー(명) ①〈동〉 패주. 조개 껍데기에 조갯살이 붙어 있게 하는 단단한 근육. 조개 관자. ②가리비(海扇) 등의 조개 관자를 삶아 말린 것. 요리에 씀. 1. a ligament
かいはつ[開発](명·타サ) 개발. ①개척하여 이용함. ②〔교육에서〕 자발적으로 알게 하는 방법. ③(연구 등을 진전시켜) 실용화(実用化)함. 1. cultivation 2. enlightenment 3. development
かいばつ[海抜](명)〈지〉 해발. 해면(海面)으로부터의 높이. 표고(標高). above sea-level
かいばなし[飼い放し]カヒー(명) (가축을) 가두지 않고 놓아 기름. 방사(放飼). pasturage
かいはな·つ[掻い放つ](타 4)〈고〉 열다. 개방하다.
かいはな·る[掻い離る](자하 2)〈고〉 떨어져 가다.
かいばみ[垣間見](명)〈고〉 틈으로 엿보는 것.
かいはん[改版](명·타サ) 개판. 〔인쇄에서〕 원판(原版)을 고쳐 다시 판을 짬. revision
かいはん[解版](명·타サ) 해판. 한번 짠 활자판을 풀어 헤침. distribution
かいひ[会費](명) 회비. 회를 성립, 유지하기 위한 비용. 회원이 내는 비용. a membership fee
かいひ[回避](명·타サ) 회피. ①피함. 멀리함. 「ストライキを一する; 스트라이크를 회피하다」 ②보류함. 삼감. 1. avoidance 2. reservation
がいひ[外皮](명) 외피. 바깥쪽을 싸는 가죽. 겉껍질. a husk
かいびゃく[開闢](명) 개벽. 천지가 처음으로 생기는 것. 「一以来(イライ); 개벽 이래」 the creation
かいひょう[開票](명·자サ) 개표. 투표함을 열어 투표 결과를 조사함. the opening of the ballot
かいひょう[海豹](명)〈동〉 ⇨あざらし.
がいひょう[概評](명·타サ) 개평. 대충대충 비평함. 개괄적인 평을 함. general comment
かいひん[海浜](명) 해변. 바닷가. the beach
がいひん[外賓](명) 외빈. 외국 손님. a foreign guest
かいふ[回付·廻附](명·타サ) 회부. 보냄. 회송(回送). transmission
かいふ[開府](명) 관청을 설치하여 관리를 두는 일.
がいぶ[外侮](명) 외모. 외부나 외국으로부터 받는 모욕(侮辱). an insult by a foreign country
がいぶ[外部](명) ①외부. 바깥. 바깥쪽. 외면(外面). ②자기가 속하지 않은 곳. 자기 조직 밖의 사람들. ↔内部(ナイブ). 1. the outside
かいふう[海風](명) ①해풍. 바닷바람. ②해연풍(海軟風). 1. the sea wind
かいふう[開封](명·타サ) ①개봉. (편지 등의) 봉한 것을 엶. ②봉하지 않는 우편물. 1. opening a letter 2. an unsealed letter
かいふく[回復·恢復](명·자타サ) 회복. ①병이나 피해(被害)가 그것이 없던 상태로 되돌아감. ②이전 상태로 돌이킴. 「失地(シッチ)一; 실지 회복」 2. restoration
かいふく[開腹](명·타サ)〈의〉 개복. 수술하기 위해 배를 가르는 일. 「一手術(シュジュツ); 개복 수술」 cutting open the abdomen
かいぶし[蚊燻](명) 모깃불. smoking out mosquitoes
かいぶつ[怪物](명) 괴물. ①괴이한 물건. 도깨비. 유령. ②괴상한 인물. 1. a monster
がいぶつ[外物](명) 외물. ①자기 이외의 것. 다른 물건. ②〈철〉 마음에 접촉되는 일체의 대상. 1. an external object
かいぶん[灰分](명) 물질이 타고 난 뒤에 남는 가루. 재. ashes
かいぶん[回文·廻文](명) ①회장(回章). 회람장(回覧

状). ②바로 읽거나 거꾸로 읽거나 다 말이 되는 문구(文句). 1. a circular 2. a palindrome
かいぶん[怪聞](명) 괴상한 소문. a strange rumour
がいぶん[外聞](명) ①세상 소문.「一を気(キ)にする; 소문을 염려하다」②면목(面目). 체면(体面). 1. reputation 2. dignity
かいぶんしょ[怪文書](명) 상대방을 헐뜯은 출처 불명의 문서. a reprehensible literature
かいへい[皆兵](명) 개병. 전국민이 병역에 복무할 의무를 지는 일.「国民(コクミン)一; 국민 개병」 universal conscription
かいへい[海兵](명) 해병. ①해병대의 사병. ②해군의 하사관. ③해군병 학교(海軍兵学校)의 약칭(略称). 1. 2. a sailor
かいへい[開平](명·타サ)〈수〉평방근(平方根)의 답을 구하는 일. 개평방. the extraction of a square root
かいへい[開閉](명·타サ) 개폐. 열었다 닫았다 함. opening and shutting. **—き**[開閉器](명) 개폐기. ①〈이〉스위치. ②차단기(遮断機).
がいへき[外壁](명) 외벽. 바깥쪽 벽. 밭벽. ↔内壁(ナイヘキ). an outer wall
かいへん[改変](명·타サ) 사물을 새로이 바꿈. change
かいへん[改編](명·타サ) 개편. 편성(編成), 편집(編輯) 등을 다시 함. reorganization
かいへん[海辺](명) 해변. 바닷가. the seaside
かいべん[快弁](명) 쾌변. 거침 없이 기분 좋게 하는 언변. eloquence
かいほう[介抱](명·타サ) 상처나 병시중을 듦. 간호. nursing
かいほう[会報](명) 회보. 회의 보고를 위한 문서(文書)나 잡지. a bulletin
かいほう[回報](명) 회보. ①대답. ②회장(回状). 회문(回文). 1. an answer 2. a circular
かいほう[快方](명) (병이나 부상이) 나아지는 것.「一に向(ム)かう; 차도가 있다」 convalescence
かいほう[快報](명) 쾌보. 기쁜 소식. good news
かいほう[開方·開法](명)〈수〉개방법. (평방근 등의) 멱근(羃根)을 구하는 계산법. evolution
かいほう[開放](명·타サ) 개방. ①(문 따위를) 열어 놓음. ②널리 사람들이 이용할 수 있게 함.「施設(シセツ)を一般(イッパン)に一する; 시설을 일반에게 개방하다」③〈의〉개방성 결핵.「一性(セイ); 결핵균이 자유로이 밖으로 나가 다른 사람에게 전염되는 상태」 1. opening. **—てき**[開放的](형동ダ) 개방적. 숨김 없이 터놓은 모양.「一な性格(セイカク); 개방적인 성격」
かいほう[解放](명·타サ) ①해방. 속박을 풀어 자유롭게 함. ②자유로이 쓸 수 있게 함. 1. liberation
かいほう[懐抱](명·타サ) ①회포. 마음속에 품은 생각. ②품속에 지님. 1. cherish
かいぼう[海防](명) 해방. 해안의 방비. coast defence
かいぼう[解剖](명·타サ) 해부. ①〈생〉생물의 몸을 조사하기 위하여 그 몸을 갈라 헤치는 일. ②세세하게 분석하여 연구함. 1. dissection 2. analysis
がいほう[外方](명) 외방. 바깥. 바깥쪽. ↔内方(ナイホウ). the outside
がいほう[外報](명) 외국으로부터의 통신이나 전보. foreign news
がいぼう[外貌](명) 외모. ①얼굴 모습. ②겉모양. 1. features 2. outward appearance
がいぼう[概貌](명) 대강의 모양. outlines
かいほうせき[海泡石](명)〈광〉해포석. 치밀한 흙 또는 점토(粘土) 모양의 광물. 회백색(灰白色)으로서 담뱃대 물부리 제조에 쓰임. meerschaum
かいぼり[搔い掘り](명·타サ) 개천, 연못 등의 물을 퍼냄. bailing
かいまい[回米](명) 생산지에서 보내 온 쌀. the rice transported
がいまい[外米](명) 외미. 외국으로부터 수입한 쌀. 외국미. foreign rice
かいまき[搔い巻き](명) 솜을 얇게 둔 잠옷. 또는 침구(寝具). a sleeved coverlet
かいまく[開幕](명·자サ) 개막. ①막을 열어 연기(演技)를 시작함. ②어떤 일을 시작함. ↔閉幕(ヘイマク). 1. the raising of the curtain
かいま·みる[垣間見る](타상 1) 틈으로 엿보다. peep
かいみ[快味](명) 기분 좋은 느낌. 상쾌한 맛. an agreeable feeling
かいみょう[戒名](명)〈불〉계명. ①불문(仏門)에 들어온 자에게 주는 이름. ②죽은 사람에게 붙이는 이름. 법명(法名). 1. a Buddhist nam 2. a posthumous Buddhist name
かいみん[快眠](명·자サ) 기분 좋게 잠. a sweet sleep
かいむ[会務](명) 회무. 회의 사무. affairs of a society
かいむ[皆無](형동ダ) 개무. 아무 것도 없는 모양. 전혀 없는 모양. nothing
かいむ[槐夢](명) ①꿈과 같이 헛된 한때의 부귀와 영화. 남가 일몽(南柯一夢). ②꿈. 2. a dream
がいむ[外務](명) 외무. ①외국과의 교제, 통상(通商) 등의 외교 사무. ②외근(外勤). ③↔外務省. 1. foreign affairs. **—しょう**[外務省](명)〈법〉외무성. 한국의 외무부에 해당. **—だいじん**[外務大臣](명)〈법〉외무 대신. 한국의 외무부 장관에 해당.
かいめい[会名](명) 회명. 회의 이름. a name of a society
かいめい[改名](명·자サ) 개명. 이름을 고침. changing one's name
かいめい[晦冥](명) 어두컴컴한 것. darkness
かいめい[開明](명) 개명. 사람의 지혜가 열리고 문화가 발달되는 것. civilization
かいめい[階名](명)〈악〉계명. 음계(音階) 각 단(各段)에 붙은 이름. 예: 도, 레, 미 등. ↔音名(オンメイ). a scale
かいめい[解明](명·타サ) 해명. (확실하지 않은 점을) 풀이하여 밝힘. explanation
かいめつ[壊滅·潰滅](명·자타サ) 괴멸. 궤멸. ①조직이 무너져 망함. 패하여 망함.「敵(テキ)の艦隊(カンタイ)

はーした; 적의 함대는 괴멸되었다」 ②파괴되어 없어짐. 1. destruction
かいめん[海面](명) 바다의 표면. the surface of the sea
かいめん[海綿](명) 해면. ①〈동〉해면 동물의 준말. ②해면 동물의 골격. 가는 구멍이 뚫어져 솜같이 부드럽고 흡수성이 많아 화장, 사무, 인쇄 용구 등에 쓰임. 2. a sponge
がいめん[外面](명) 외면. ①겉면. 표면. ②외모. 외양. ↔内面(ナイメン). 2. an appearance. **—てき**[外面的](형동ダ) 외면적. 겉만 그럴 듯한 모양. 형식적. ↔内面的.
かいもく[皆目](부) 전혀. 아주. 도무지. 「—わからない; 전혀 모른다」 entirely
かいもの[買い物]カヒー(명·자サ) ①물건을 삼. 또는 산 물건. ②살 물건. 살 것. 1. shopping
かいもん[開門](명·자サ) 개문. 문을 엶. ↔閉門(ヘイモン). opening the gate
かいや[飼い屋]カヒー(명) 누에를 치는 집. 잠실(蚕室). 양잠소(養蚕所). a cocoonery
がいや[外野](명) 외야. 〔야구에서〕 ①내야(内野)의 뒤쪽. ↔内野(ナイヤ). ②←外野手. 1. outfield. **—しゅ**[外野手](명) 외야수. 〔야구에서〕 외야를 지키는 선수. ↔内野手.
かいやき[貝焼]カヒー(명) ①조개를 껍질째 굽는 것. ②조개 껍데기를 남비 대신으로 사용하여 만든 음식. 1. a shellfish baked in its own shell
かいやく[改訳](명·타サ) 개역. 고쳐 번역함. retranslation
かいやく[解約](명·타サ) 해약. 계약을 해제함. cancellation of a contract
かいや·る[搔い遣る](타 4)〈고〉 손으로 털어 버리다. 손으로 밀다.
かいや·る[搔い破る](타 4)〈고〉 찢다. 찢어 버리다.
かいゆ[快癒](명·자サ) 쾌유. 병이 쾌히 나음. recovery
がいゆ[外輸](명·타サ) 화물(貨物)을 외국에 수출하거나 외국에서 수입함. am export or an import
かいゆう[会友](명) 회우. ①회원인 친구. ②회원. ③정식 회원은 아니나 그 회에 관계가 있는 사람. 1. a member friend
かいゆう[回遊](명·자サ) 회유. ①여러 곳을 돌아 다니면서 놂. ②〈동〉(고기 등이) 무리를 지어 계절적(季節的)으로 이동하는 것. 1. touring
がいゆう[外遊](명·자サ) 외유. 외국에 여행함. a foreign tour
かいよう[海洋](명) 해양. 넓은 바다 the ocean
かいよう[海容](명) (바다와 같이 넓고 큰 도량으로 상대방의) 죄, 허물을 용서함. 「ご—ください; 넓으신 마음으로 용서해 주십시오」 pardoning
かいよう[潰瘍](명)〈의〉 궤양. 피부 점막(粘膜)의 성분이 헐어서 짓무르는 것. an ulcer
がいよう[外用](명)〈의〉외용. 피부, 점막 등의 겉에 약을 바르는 일. ↔内用(ナイヨウ). external application
がいよう[外洋](명) 외양. 넓은 바다. 대양(大洋). ↔内海(ナイカイ). the ocean
がいよう[概要](명) 개요. 대략. 대요(大要). a synopsis
かいよりはじめよ[隗より始めよ](연어) 말을 낸 사람부터 시작하라. Begin with the proposer.
かいらい[傀儡](명) 괴뢰. ①허수아비. 인형(人形). 꼭둑각시. ②남에게 조종되는 자. a puppet. **—し**[傀儡師](명) 괴뢰사. ①인형을 놀리는 사람. ②뒤에서 조종하는 사람. 뒤에 숨은 모사(謀士).
がいらい[外来](명) 외래. ①외부나 외국에서 옴. ②〈의〉외부에서 병원으로 진찰받으러 옴. 「—患者(カンジャ); 외래 환자」 1. coming from outside. **—ご**[外来語](명) 외래어. 본래 외국어였던 것이 국어화된 말.
かいらく[快楽](명) 쾌락. 감각의 즐거움. pleasure
かいらん[回覧](명·타サ) ①여러 곳을 돌아 다니며 봄. ②회람. 차례차례로 돌려 가며 봄. 「—雑誌(ザッシ); 회람 잡지」 2. circulation
かいらん[解纜](명·자サ) 배가 떠남. sailing off
かいらん[潰乱](명·자サ) 무너져 흐트러짐.
かいらん[壊乱](명·자타サ) 괴란. 파괴되어 어지럽게 됨. 파괴하여 어지럽게 함. 「風俗(フウゾク)—; 풍속 괴란」 corruption
かいり[乖離](명·자サ) 괴리. 서로 등지어 떨어짐. estrangement
かいり[海里·浬](명) 해리. 해상 거리의 단위. 1,852 *m*. a knot
かいり[海狸](명)〈동〉해리. 바다삵. a beaver
かいりき[怪力](명) 괴력. 이상할 정도로 센 힘. Herculean strength
かいりく[海陸](명) 해륙. 바다와 육지. sea and land
かいりつ[戒律](명)〈불〉계율. 승려가 중히 지켜야 할 율법. Buddhist precepts
がいりゃく[概略](명) 개략. 대략. 개요. an outline
かいりゅう[回流](명) 돌아서 흐름. a circular current
かいりゅう[開立](명)〈수〉입방근(立方根)을 구하는 일. 개립방. the extraction of a cubic root
かいりゅう[海流](명)〈지〉해류. 일정한 방향으로 흐르는 해수(海水). an ocean current
かいりょう[改良](명·타サ) 개량. 고쳐서 좋게 함. 개선(改善). improvement
かいりょく[怪力](명) ⇨かいりき. **—らんしん**[怪力乱神](명) 괴력난신. 〔괴이(怪異)한 용력(勇力)과 패란(悖乱)과 귀신(鬼神)이란 뜻으로〕 이성(理性)으로는 도저히 설명할 수 없는 일들.
がいりょく[外力](명) 외력. 외부로부터 작용하는 힘. ↔内力(ナイリョク). external force
がいりん[外輪](명) ①바깥쪽 바퀴. ②바깥 둘레. 「—山(ザン); 외륜산」 ③바퀴의 바깥쪽에 단 쇠나 강철로 만든 테. 1. a paddle wheel 2. the circumference
かいれい[回礼](명·자サ) 새해에 세배하러 돌아 다님. a round of complimentary visits
かいれい[瑰麗](형동ダ) 매우 아름다운 모양. excellently beautiful

かいれき[改暦](명·자サ) ①달력, 역법(暦法) 등을 고침. ②신년(新年). 1. revision of a calendar 2. a new year

かいろ[回路](명)〈이〉 회로. 전류, 자기(磁気)의 통로(通路). a circuit

かいろ[海路](명) 해로. 배가 다니는 길. 뱃길. ↔陸路(リクロ). a sea route

かいろ[懐炉](명) 회로. 품속에 지녀 몸을 따스하게 하는 도구. pocket-warmer

カイロ[Cairo](명)〈지〉 카이로. 나일강 삼각주 남단에 있는 이집트의 수도. 아프리카 최대의 도시로 운하 교통의 중심지. 부근에 피라밋과 스핑크스 등이 있음.

がいろ[街路](명) 가로. 시가의 도로. 「一樹(ジュ); 가로수」 a street

かいろう[回廊](명) 회랑. 꺾여 길게 계속되는 낭하. a gallery

かいろう[皆労](명·자サ) 개로. 빠짐 없이 모두 일함. universal labouring

かいろう[偕老](명) 해로. 부부가 일생을 함께 늙음. growing old together in wedded life

かいろうどうけつ[偕老同穴](연어·명) 해로 동혈. (부부가 의좋게 늙어, 죽어서는 한 무덤 속에 묻힌다는 뜻으로) 생사(生死)를 같이하는 부부의 사랑의 맹세를 가리키는 말. a man and a wife in mutual fidelity till death

かいろく[回禄](명) ①화재. ②〔중국에서〕 불을 맡은 신(神). 2. the god of fire

がいろく[街録](명) 가두 녹음(街頭録音)의 준말.

カイロプラクチック[Chiropractic](명) 카이로프랙틱. 척주(脊柱) 처리에 의하여 병을 치료하는 요법. 등골(背骨)과 그 양쪽을 손가락으로 누름. 척주 조정 요법(脊柱調整療法).

がいろん[概論](명·자サ) 개론. 전체의 내용을 추려서 대강 논함. an introduction

かいわ[会話](명·자サ) 회화. 마주 보고 담화함. 「英語(エイゴ)一; 영어 회화」 a conversation

かいわい[界隈](명) 근처. 부근. 주위. 일대(一帯). 「銀座(ギンザ)一; 긴자 일대」 neighbourhood

かいわり[貝割り·頴割り]カヒー(명) 씨앗에서 처음 싹이 터서 나온 것. 자엽(子葉). 「一葉(バ); 떡잎」a bud

かいわん[快腕](명) 시원시원하게 해내는 솜씨. 뛰어난 수완(手腕). an excellent ability

かいわん[怪腕](명) 이상할 정도로 뛰어난 수완. a remarkable ability

かいん[下院](명) 하원. 〔양원제 의회에서〕 중의원(衆議院). 민의원. ↔上院(ジョウイン). the Lower House

かいん[過飲](명·타サ) 과음. 술을 지나치게 마심. excessive drinking

かいん[禍因](명) 화인. 재난(災難)의 원인. the cause of trouble

かいん[課員](명) 과원. 관청, 회사 등의 과(課)의 직원. the staff of a section

か·う[支う]カフ(타 4) 지탱하다. prop up

か·う[買う]カフ(타 4) ①사다. ②인정하다. 존중하다. 「才能(サイノウ)を一; 재능을 인정하다」 ↔売(ウ)る. 1. buy 2. appreciate

か·う[飼う]カフ(타 4) (동물을) 기르다. 사육(飼育)하다. feed

カウボーイ[cow boy](명) 카우보이. 미국 서부(西部) 등지에서 말을 타고 일하는 목동(牧童).

かうん[家運](명) 가운. 한집안의 운명. 「一が傾(カタム)く; 가운이 기울다」 fortunes of a family

ガウン[gown](명) 가운. ①(승려, 재판관, 대학 교수 등이 입는) 긴 웃옷. ②부인용의 긴 겉옷.

カウンセリング[counseling](명) 카운셀링. 고민을 지닌 사람에게 그 해결을 위한 조언(助言)을 해 주는 것. 이 일을 담당하는 사람을 카운셀러라 함.

カウンター[counter](명) 카운터. ①계산하는 곳. ②계산기. ③계산계(係). ④상품 전열대. ⑤(바아의) 술 마시는 대(臺).

カウント[count](명·자サ) 카운트. ①셈함. 계산. ②(경기의) 득점 계산. ③〈이〉 방사능(放射能)의 측정 단위. ④〔권투에서〕 상대가 쓰러졌을 경우 초(秒)를 세는 일. ⑤백작(伯爵).

かえ[代え·替え·換え]カヘー(명) ①바꿈. 교환. ②대리(代理). 예비(豫備). ③교환의 비율. 1. exchange

かえうた[替え歌]カヘー(명·자サ) 어떤 곡조에 다른 가사(歌詞)를 맞춤. 또는 그 노래. a parody

かえき[課役](명) ①노역(労役)을 과함. 부역(賦役). ②할당한 부역. ③분담(分担). 1. imposing a task

かえぎ[替着]カヘー(명) 바꿔 입을 옷. 여벌의 옷. a spare suit

かえさ[帰さ]カヘー(명)〈고〉 돌아 가는 도중. 돌아 갈 때. 귀로(帰路).

かえし[返し]カヘシ(명) ①돌려 주는 일. ②자음(字音)의 반절(反切). ③대답. 답장. ④파도, 바람, 지진 등이 한번 멈추었다가 다시 일어나는 일. ⑤〔お一〕 답례(答礼). 1. returning 3. an answer

かえじ[替字]カヘー(명) 음이 같은 글자를 바꿔 쓰는 것. 또는 그 문자. 예: 幸(コウ)→孝(コウ), 竹(タケ)→武(タケ). a substitute letter

かえ·す[反す]カヘス Ⅰ(타 4) ①뒤집어 엎다. ②번의(翻意)하다. ③갈(耕)다. ④한자(漢字)의 반절(反切)을 하다. Ⅱ(보동 4) 되풀이하다. 「読(ヨ)み一; 되풀이해 읽다」 Ⅰ1. upset Ⅱ repeat

かえ·す[返す·帰す]カヘス(타 4) ①본디 자리로 돌리다. 돌려 주다. 「借(カ)りた本(ホン)を一; 빌린 책을 돌려주다」 ②돌아 가게 하다. 「家(イエ)へ一; 집으로 돌려보내다」 ③답례하다. 보답하다. ④받지 않고 돌려보내다. ⑤대답하다. 1. return 3. answer. **一がえす(も)**[返す返す(も)]- ガヘス(一)(부) 여러 번. 어디까지나. 아무리 생각해도. 「一残念(ザンネン)だ; 아무리 생각해도 분하다」

かえ·す[孵す]カヘス(타 4) 알을 까다. 부화하다. hatch

かえだま[替え玉]カヘー(명) 진짜 대신 사용하는 가짜. 대신하는 사람. a dummy

かえち[替え地]カヘー(명·자サ) ①토지를 바꿈. 또는

바꾼 토지. ②대신 주는 토지.
1. exchanging a land 2. a substitute land

かえって[却って]カヘッ―(부) ①반대로. 도리어. ②더구나. 한층 더. 1. on the contrary 2. all the more.
―とく[却って説く](부) 각설(却說)하고. 이리하여.

かえで[替え手]カヘ―(명) 〔일본 고유의 음악에서〕 원작(原作)을 토대로 하여 편곡한 합주곡(合奏曲).

かえで[楓]カヘデ(명)〈식〉 단풍나무. a maple-tree

かえな[替名]カヘ―(명) 본명 이외의 다른 이름. 별명(別名). a pseudonym

かえば[替え刃]カヘ―(명) 안전 면도에 갈아 끼우는 면도날. a razor blade

かえらなん[帰らなん]カヘラ―(연어) 돌아 왔으면 (좋겠다). ⇨: 帰りなん. wishing to return

かえらぬたび[帰らぬ旅]カヘラヌ―(연어·명) 죽어 저 세상으로 가는 것을 비유한 말. 「―に出(デ)る; 돌아 오지 못할 길을 떠나다(죽다)」
the road to the other world

―かえり[回り]カヘリ(접미) 회. 회수.

かえり[返り·帰り]カヘリ(명) ①돌아 옴. ②돌아 올 때. 돌아 오는 길. ↔行(ユ)き. ③대답. ④←返り点. 1. returning. **―うち**[返り討ち](명) 원수를 갚으려다가 도리어 죽음. **―がけ**[帰り掛け](명) 돌아 오는 도중. 돌아 올 때. **―ごと**[返り言](명)〈고〉 대답. 회답(回答). **―ざき**[返り咲き](명) ①철이 지났는데 다시 꽃이 핌. ②다시금 전처럼 번영(활동)함. 동返り咲く(자 4). **―しな**[帰りしな](명) 돌아 갈 때. 돌아가는 길. 돌아 오는 도중. **―しょにち**[返り初日](명) (연극 등을) 한 번 중지했다가 다시 시작한 첫날. **―しんざん**[帰り新参](명) 그만두었던 곳에서 다시 일하는 것. 또는 그 사람. **―ちゅう**[返り忠](명·자サ) 배반함. 내통(内通). **―てん**[返り点](명) 한문의 일본식 해독(解読)을 위해 한자 왼편에 붙여 아래에서 위로 올려 읽는 표지. **―なん**[帰りなん](연어) 돌아 가자. ⇨: 帰らなん. **―ばな**[返り花](명) 철이 지난 뒤에 피는 꽃. **―みち**[帰り道·帰り路](명) 집으로 돌아 가는 길. 귀로(帰路). **―やみ**[返り病]カヘリ―(명) 병이 재발(再発)하는 것. 또는 그 병.

かえり·みる[顧みる]カヘリミル(타상 1) ①뒤를 보다. 돌아 보다. ②지나간 일을 생각하다. 「むかしを―; 옛날을 돌이켜 생각하다」 ③돌보아 주다. ④[省みる] 반성하다. 1. look back 2. recollect 4. reflect

―かえ·る カヘル(접미·4형) 동사에 붙어서 동작의 심함을 나타내는 말. 심히, 몹시, 아주 …하다. 「あきれ―; 어처구니가 없다(참 기가 막히다)」

かえる[蛙]カヘル(명)〈동〉 개구리. a frog

かえ·る[反る]カヘル(자 4) 뒤집히다. upset

か·える[代える·替える·換える]カヘル Ⅰ(타하 1) 교환하다. 바꾸다. Ⅱ(보동·하 1) 고치다. 다시 하다. 「書(カ)き―; 고쳐 (다시) 쓰다」 Ⅰ interchange Ⅱ reform

かえ·る[返る·帰る·還る]カヘル(자 4) ①본래대로 되다. ②돌아 오다. 「帰らぬ旅(タビ); 돌아 오지 않는 나그네 길 (죽음)」 ③떠나다. 1. restore 2. return 3. leave.
―さ[帰るさ](명) 돌아 갈 때. 돌아 가는 길.

か·える[買える]カヘル(자하 1) 살 수 있다.
be able to buy

か·える[変える]カヘル(타하 1) ①변하게 하다. 변화시키다. 「顔色(カオイロ)を―; 안색이 변하다」 ②고치다. 「方針(ホウシン)を―; 방침을 고치다」 ③움직이다. 옮기다. 「位置(イチ)を―; 위치를 옮기다」
1. change 2. reform 3. remove

かえ·る[孵る]カヘル(자 4) ①알을 까다. 부화(孵化)하다. ②갈탕(葛湯)이 열 때문에 굳어지다. 1. hatch

かえるとし[返る年]カヘル―(명) 내년. 명년(明年).
the next year

かえん[下縁](명) 아래쪽 가. 아래쪽 둘레. the lower edge

かえん[火炎·火焰](명) ⇨ほのお.

がえん[賀宴](명) 하연. 축하하는 잔치. 축연(祝宴).
a feast

がえん·じる[肯んじる]ガヘンジル(타상 1) 수긍하다. 승낙하다. 떠맡다. accept

かお[顔]カホ(명) ①얼굴. 용모. ②모습. ③체면. 면목. 「―が立(タ)つ; 체면이 서다」 ④표정. 태도. 「いやな―をする; 싫은 표정을 짓다」 ⑤사람. 인원수. 「―がそろう; 인원이 다 모이다」 ⑥잘 알려진 이름. 아는 얼굴. 「―で買(カ)う; 안면(顔面)으로 사다」
1. a face 2. a countenance 3. honour

―がお[顔]ガホ(조어) 얼굴 모양. 모습. 표정. 「あきれ―; 기가 막힌 듯한 얼굴」

かおあわせ[顔合わせ]カホアハセ(명·자サ) ①회합함. ②〔씨름에서〕 맞붙음. 대전(対戦). 1. meeting

かおいろ[顔色]カホ―(명) 안색. ①얼굴빛. ②얼굴 표정. ③기분. 눈치. 「―を見(ミ)る; 눈치를 살피다」
1. complexion 2. expression

かおう[花押·華押](명) ⇨かきはん.

かおかたち[顔貌]カホ―(명) 얼굴의 생김새. 얼굴 모양. 용모. a countenance

かおく[家屋](명) 가옥. 집. 주거(住居). 「木造(モクゾウ)―; 목조 가옥」 a house

かおけしき[顔気色]カホ―(명) 얼굴 모양. 안색(顔色).
countenance

カオス[ユ khaos](명) 카오스. 혼돈(混沌). 혼란.

かおぞろい[顔揃い]カホゾロヒ(명·자サ) ①사람이 다 모임. 멤버가 꽉 짜임. ②뛰어난 사람들이 다 모임.
a galaxy

かおだし[顔出し]カホ―(명·자サ) ①(잠깐) 인사하러 감. ②(잠시 동안) 출석함. 1. calling on

かおだち[顔立ち]カホ―(명) 얼굴 모습. features

かおつき[顔付き]カホ―(명) ①얼굴 생김새. 얼굴 모양. ②안색. 표정. 1. a look

かおつなぎ[顔繋ぎ]カホ―(명·자サ) 얼굴을 대하여 서로 알게 됨. 서로 관계를 맺음.
introduction to one another

かおなじみ[顔馴染み]カホ―(명) ①얼굴을 알고 친하게 됨. ②낯익은 사람. 친한 사람. 2. an intimate friend

かおばせ[顔ばせ]カホー(명) ⇨かんばせ
かおぶれ[顔触れ]カホー(명) ①얼굴을 보임. ②집회, 또는 사물의 발기, 기업 등에 이름을 올리는 사람들. 2. personnel
かおまけ[顔負け]カホー(명·자サ) 상대방의 뻔뻔스러움에 질려서 도리어 이쪽이 무안함. being astonished at a person's impudence
かおみしり[顔見知り]カホー(명) 안면(顔面)이 있음. 만나서 서로 얼굴을 앎. 또는 그런 사이.
かおみせ[顔見世]カホー(명·자サ) ①많은 사람에게 처음으로 얼굴을 보임. ②한 극단(劇団)의 배우 전원이 관객에게 얼굴을 보임.
かおむけ[顔向け]カホー(명) 다른 사람과 얼굴을 마주 대하는 것. 「一ができない; (면목이 없어서) 얼굴을 마주 대할 수가 없다」 showing one's face
かおやく[顔役]カホー(명) 세력, 명성(名声)이 있는 사람. 「町(マチ)の一; 동네의 유지」 a man of influence
かおよごし[顔汚し]カホー(명) 체면을 더럽힘. 또는 그러한 행위를 하는 사람. disgrace
かおり[薫り]カヲリ(명) 좋은 냄새. 향기. odour
かお·る[薫る·馨る]カヲル(자 4) 좋은 냄새가 나다. 향기가 나다. smell sweet
かおん[訛音](명) 와음. 그릇 전하여 잘못 읽는 음. 와전(訛伝)된 음. a corrupt pronunciation
かか[嚊·嬶](명) ⇨かかあ.
かか[呵呵](부) 가가. 큰소리로 웃는 모양. 하하. 「一大笑(タイショウ); 가가 대소(크게 소리 내어 웃음)」 Ha! ha!
かが[加賀](명) 옛 지방 이름. 현재 이시카와현(石川県)의 일부.
がか[画架](명) 화가. 서양화를 그릴 때 화판을 받치는 삼각대. an easel
がか[画家](명) 화가. 그림 그리는 사람. 화공(画工). a painter
がか[雅歌](명) 풍아(風雅)한 노래. an elegant song
がが[峨峨](형동タリ) (산 같은 것이) 험하게 우뚝 솟아 있는 모양. rugged
かかあ[嚊·嬶](명)〈속〉①아내. ↔亭主(テイシュ). ②어머니. 1. a wife. ── **でんか**[嚊天下·嬶天下](명) 아내가 권력을 쥐고 흔드는 것. 내주장. ↔亭主関白(テイシュカンパク).
かかい[加階](명) 품계(品階)를 올림. 승진(昇進). 승급(昇給). promotion
かかい[歌会](명) ①와카(和歌)를 짓는 모임. ②와카를 지어 발표하는 모임.
かがい[加害](명) 가해. 상해(傷害)나 손해를 입힘. ↔被害(ヒガイ). violence
かがい[花街](명) 화류계(花柳界). 유곽. a gay quarter
かがい[禍害](명) 재난. 화난. an evil
かがい[課外](명) 과외. ①정해진 학과나 과업 이외의 것. ②〔관청, 회사 등에서〕과의 외부. 1. extra
がかい[瓦解](명·자サ) 와해. 전체의 조직이 파괴되어 산산이 무너짐. 붕괴. 「内閣(ナイカク)の一; 내각의 와해」 collapse
がかい[画会](명) ①화가가 자작의 그림을 팔기 위하여 연 전람회. 개인전(個人展). ②그림을 그리고 서로 비평하는 모임. 2. the painters' meeting
がかい[雅懐](명) 풍아(風雅)한 마음. 아취(雅趣)가 있는 회포. an aesthetic sentiment
─かかえ[抱え]カカヘ(접미) 두 팔로 안을 정도의 굵기. 아름. 「一(ヒト)一; 한 아름」
かかえ[抱え]カカヘ(명) ①껴안는 것. ②고용하고 있는 창녀, 기녀(妓女). ③고용된 사람. 1. holding in one's arms. ── **こ·む**[抱え込む](타 4) ①안아 들이다. 껴안다. ②(일 등을) 맡다. ③고용하다.
かか·える[抱える·拘える]カカヘル(타하 1) ①껴안다. ②귀찮은 것을 지니다. 책임 지다. 「三人(サンニン)の子供(コドモ)を一; 세 아이가 딸리다」 ③고용하다. 「運転手(ウンテンシュ)を一; 운전수를 두다」 1. hold in one's arms
カカオ[cacao](명) 카카오. 열대에 자라는 카카오나무의 씨. 또는 그 씨를 가루로 만든 것. 음료(飲料), 초콜렛 등의 원료.
かかく[価格](명) 가격. 값. price
かかく[家格](명) 가문(家門)의 품격. 한집안의 격식. 문벌(門閥). the family rank
かかく[華客](명) 단골 손님. a customer
かかく[過客](명) 과객. 지나가는 나그네. 길손. a traveller
かかく[歌格](명) ①와카(和歌)의 규칙. ②와카의 풍격(風格).
かかく[蝸角](명) 와각. ①달팽이의 촉각(触角). ②협소(狭小)한 경계(境界). 1. tentacles of a snail 2. a small circumstance
かがく[下顎](명) 하악. 아래턱. the lower jaw
かがく[化学](명)〈이〉화학. 모든 물질의 조성과 물질 상호간의 변화, 작용 등을 연구하는 학문. 「一的(テキ); 화학적」↔物理(ブツリ). chemistry. ── **きごう**[化学記号](명)〈이〉화학 기호. 원소 또는 원자량을 나타내는 부호. ── **しき**[化学式](명)〈이〉화학식. 화합물을 표시하기 위하여 쓰이는 식. ── **せんい**[化学繊維](명) 화학 섬유. 인조 섬유. ── **ちょうみりょう**[化学調味料](명) 화학 조미료. 화학적으로 합성하여 만든 조미료. ── **はんのう**[化学反応](명)〈이〉화학 반응. 두 가지 또는 그 이상의 물질 사이에 화학 변화가 일어나는 일. ── **ひりょう**[化学肥料](명)〈농〉화학 비료. 화학 약품, 무기 화합물 등으로 만든 비료. ── **へいき**[化学兵器](명)〈군〉화학 병기. 화학전(化学戦)에 쓰는 무기. 예: 독가스, 소이탄 등. ── **へんか**[化学変化](명)〈이〉화학 변화. 한 물질이 다른 물질로 변하는 일. ── **りょうほう**[化学療法](명)〈의〉화학 요법. 수술하지 않고 주사나 약으로 치료하는 방법.
かがく[価額](명) 가격에 상당하는 금액. value
かがく[科学](명·자サ) 과학. 어떠한 가정 위에 서서, 일정한 인식 목적과 합리적 방법에 의하여 대상을 체계적으로 연구하는 학문. science. **—しゃ**[科学者](명) 과학자. 과학을 연구하는 사람. **—てき**[科学的](형동ダ) 과학적. 과학을 바탕으로 하는 모양. **—てきしゃかいしゅぎ**[科学的社会主義](명) 과학적 사회주의. 역사 및 현실에 대한 과학적인 인식 위에서 마르크스, 엥겔스 등이 주장한 사회주의. **—はくぶつかん**[科学博物館](명) 과학 박물관. 과학 연구를 위한 자료를 진열한 박물관.

かがく[家学](명) 가학. 한집안에 대대로 전해 내려오는 학문. hereditary learning

かがく[歌学](명) 와카(和歌)에 관한 학문.

ががく[画学](명) 그림에 관한 학문. drawing

ががく[雅楽](명) 아악. 상고(上古), 중세에 행해진 궁정 음악. court music

ががくせい[画学生](명) 그림을 공부하는 학생. 미술학도. a student of drawing

かかくしすう[価格指数](명)〈경〉 가격 지수. 어떤 시기를 기준으로 잡아 다른 시기에 있어서의 물품의 가격을 지수로 나타낸 수치. price index number

かかくせん[貨客船](명) ⇨かきゃくせん(貨客船).

かかぐ·る(자 4)〈고〉 ①(길 등을) 더듬어 가다. 더듬다. ②의지하다. 매달리다.

かか·げる[掲げる](타하 1) ①높이 쳐들다. ②게양하다. ③게시하다. ④기재(記載)하다. 게재하다 1. 2. hoist

かかし[案山子](명) ①허수아비. ②쓸모 없이 겉 모양만 그럴 듯한 것의 비유. 1. a scarecrow 2. a dummy

かか·す[欠かす](타 4) 빠뜨리다. 빼다. 「生活(セイカツ)に—ことができないもの; 생활에 꼭 필요한 것(생활 필수품)」 miss

かかずら·うカカヅラフ(자 4) ①관여하다. ②구애하다. 「小事(ショウジ)に—; 하찮은 일에 구애하다」 1. have to do with

かがすり[蚊絣](명) 모기떼가 엉켜 날고 있는 것 같은 작은 무늬를 물들인 직물.

かかつ[瓜葛](명) 과갈. 인척(姻戚). 친척. 핏줄. kinship

かがっこつ[下顎骨](명)〈생〉 하악골. 아래턱뼈. the submaxillary bone

かかでも[書かでも](연어) (억지로) 쓰지 않아도 (좋은). 「—の事(コト); 쓰지 않아도 좋은 일」

かかと[踵](명) 발꿈치. 발뒤축. the heel

かがなべて(연어)〈고〉 날수(日数)를 거듭하여.

かかの·む[かか飲む](타 4) 〔"かか"는 마신다는 뜻〕 물 등을 소리 내어 마시다. 꿀꺽꿀꺽 마시다.

かがま·る[屈まる](자 4) ①구부리다. ②웅크리다. 1. bend 2. crouch

かがみ[鏡](명) ①거울. ②평면. ③술통 뚜껑. 「—をぬく; 술통 뚜껑을 빼다」 ④〔お—〕←鏡餅. 1. a mirror 3. a barrel-head. **—いた**[鏡板](명) ①문이나 천장 등에 쓰는 평평하고 큰 널빤지. ②노오 무대(能舞臺)의 뒷면에 널빤지로 만든 벽. **—びらき**[鏡開き](명) 정월에 카가미모치(鏡餅)를 먹는 행사. **—もち**[鏡餅](명) 신불(神仏)에게 바칠 때 쓰는 동글납작한 떡.

かがみ[鑑·鑒](명) ①귀감(亀鑑). 모범. 「武士(ブシ)の—; 무사의 모범」 ②경계(警戒). 1. a model

かが·む[屈む](자 4) ①구부러지다. ②몸을 구부리다. 1. bend 2. stoop

かがめる[屈める](타하 1) 굽히다. 구부리다.

かがやかし·い[輝かしい·耀かしい](형) 빛나다. 화려하다. 파생 **—さ**(명). brilliant

かがやか·す[輝かす·耀かす](타 4) ①빛내다. ②이름을 날리다. 1. brighten 2. distinguish oneself

かがや·く[輝く·耀く](자 4) ①빛나다. ②한층 더 훌륭하게 보이다. 명 輝き. 타 輝かす(4). 1. shine

かがよ·う[耀う]カガヨフ(자 4) ①빛나다. ②번쩍이다. 명 耀よい. 1. sparkle 2. flicker

かかり(명) 낚시에 물린 고기가 빠져 나가지 못하게 하는 부분. 미늘.

かかり[係り](명) ①걸림. 관계. ②담당하여 일을 함. 또는 그 사람. 담당. ③[掛かり] 비용. ④[懸かり] 공을 차는 장소. ⑤〔문법에서〕 걸림 조사(関係助詞). ⇨: 係り結び. 1. being connected. **—あい**[掛かり合い]ーアヒ(명) ①관계. ②연루(連累). 동 掛かり合う(자 4). **—いん**[係員](명) 계원. 사무를 맡은 사람. **—(っ)きり**[掛かり(っ)切り](명) 그 일에만 관계(종사)하는 것. **—むすび**[係り結び](명) 〔문법에서〕 위에 걸림 조사가 왔을 때 문장의 술어를 종지형(終止形) 이외의 형태로 맺는 것. **—ゆ**[掛かり湯](명) 몸을 다 씻고 나서 끼얹는 깨끗한 더운 물.

かがり[篝](명) ①횃불을 피우는 쇠로 만든 바구니. ②〔←かがり火(ビ)〕 화톳불. 2. a bonfire

かがり[縢り](명) 〔제본 용어(製本用語)로〕 책 등을 실로 꿰매는 것. darning

—がかり(조어) ①…비슷함. …조(調). 「芝居(シバイ)—; 연극조」 ②시간이 걸림. 「三日(ミッカ)—で; 사흘 걸려」 ③관계함. 「三人(サンニン)—で; 세 사람이 들어서」 ④…의 신세를 지다. 「親(オヤ)—で; 부모의 덕으로」 ⑤공격하는 편. 공격. 「車(クルマ)—; 몇 패로 나누어 교대로 공격하다」

—がかり[係](조어) 담당하는 사람. 「経理(ケイリ)—; 경리계」

かかりゅうど[掛人](명) 식객(食客). a hanger-on

かか·る[係る](자 4) 관계되다. 「安危(アンキ)に—; 안위에 관계되다」 be concerned

かか·る[掛かる·懸かる] Ⅰ(자 4) ①걸리다. ⇨: 掛ける. ②(상대나 일을 향하여) 행동을 취하다. 「仕事(シゴト)に—; 일을 시작하다」 ③배가 닻을 내리고 머물다. Ⅱ(보동 4) ①…할 것같이 되다. 「死(シ)に—; 죽어가다」 ②조금(중도까지) …하다. 「来(キ)—; 오고 있다」 Ⅰ 1. hang

かか·る[罹る](자 4) 병에 걸리다. 재난(災難)을 만나다. be suffered

かかる[斯かる](연체) 〔←かくある〕 이러한. 이런. 「—ありさまでは; 이런 상태로는」 such

かが·る[縢る](타 4)〈고〉 (실, 끈 등으로) 사뜨다. 「ボタンのあなを—; 단춧구멍을 사뜨다」

かが·る[輝る](자 4) 손발이 트다.
一がか·る(접미·4형) ①…비슷하다. …격이다. …조(調)다.「芝居(シバイ)一; 연극조다」②…을 띠다.「あい色(イロ)がかった; 남빛을 띤」
かがわ[香川](명)〈지〉 시코쿠(四国) 동북부의 현. 현청 소재지는 타카마쯔(高松).
かかわらず カカハラ―(연어) ①…인데도.「雨(アメ)にも一; 비가 오는데도」②관계 없이. 불구하고.「晴雨(セイウ)に一; 청우에 관계 없이」 in spite of
かかわ·る[係わる·関わる·拘わる] カカハル(자 4) ①관계를 가지다.「命(イノチ)に一; 생명에 관계되다」②관계를 가지고 얽매이다. ③구애되다. 명 かかわり. 1. have connections with
かかん[下瞰](명·타サ) 위에서 내려다 봄. looking down
かかん[加冠](명·자サ) ①관례(冠礼)를 행하여 처음으로 관을 씀. ②직위(職位)가 오름. 승진(昇進). 1. first crowning 2. promotion
かかん[花冠](명)〈생〉 화관. 꽃부리. the corolla
かかん[河漢](명) ①하한. 은하(銀河). ②헤아릴 수 없는 것. 1. the galaxy 2. unmeasurableness
かかん[果敢](명·형동ダ) 과감. 결단력이 있고 용감함. daring
かがん[河岸](명) 하안. 하천의 양쪽 둔덕. a river-side
かき一[掻き](접두) 동사에 붙어서 말의 뜻을 강하게 하는 말.「一消(ケ)す; 싹 지워 버리다」
かき[柿·柹](명)〈식〉 감나무. 감. a persimmon-tree
かき[垣](명) 담. 울타리. a fence
かき[牡蠣](명)〈동〉 모려. 굴조개. an oyster
かき[下記](명) 하기. 아래에 기입함. the following
かき[火気](명) 화기. ①불기운. ②불의 기세. 화력(火力). 1. fire 2. caloric force
かき[火器](명) 화기. ①화로 따위의 불을 담는 그릇의 총칭. ②소총, 기관총, 대포 등의 총칭. 2. firearms
かき[花卉](명) 화훼. 꽃이 피는 풀. 화초(花草). a flowering plant
かき[花期](명) 화기. 꽃이 피는 시절. 꽃이 피어 있는 동안. the blooming season
かき[花器](명) 화기. 꽃을 꽂는 그릇. a flower-vase
かき[佳季](명) 좋은 계절. 가절(佳節). a good season
かき[佳期](명) 좋은 시기. a good time
かき[夏季](명) 하계. 여름철. summer
かき[夏期](명) 하기. 여름의 기간. a summertime
かぎ[鉤](명) 갈고랑이. 갈고랑이 모양의 것. a hook
かぎ[鍵](명) ①열쇠 또는 자물쇠. ②해결에 도움이 되는 소중한 일.「事件(ジケン)をとく一; 사건을 푸는 열쇠」 1. a key 2. the clue
かぎ[嘉儀](명) 경사스러운 의식. a happy event
がき[瓦器](명) 토기(土器). an unglazed earthenware
がき[餓鬼](명) ①〈불〉 ㉠아귀. 생전의 죄로 아귀도(餓鬼道)에 떨어져 기갈(飢渴)로 괴로와하는 망령(亡霊). ㉡연고자가 없는 망령. ②〈속〉 아이.「うちの一; 우리 집 개구장이」 1. ㄱ. the dead in the Hell of Starvation
がぎ[賀儀](명) 축하하는 의식. 하례(賀礼). a congratulatory ceremony
かきあげ[掻き揚げ](명) ①긁어 올림. 위로 끌어 올림. ②(등불의 심지를) 돋움. ③튀김의 한 가지. 재료를 잘게 썰어 밀가루 반죽에 버무려 기름에 튀긴 것. 1. scratching 3. fritters
かきあ·げる[書き上げる](타하 1) ①차례차례로 쓰다. ②다 쓰다. ③써서 관청이나 웃사람에게 내다. 명 書き上げ. 2. finish writing
かきあ·げる[掻き揚げる](타하 1) ①위로 끌어 올리다. ②⇨かきたてる①. 1. comb up
かきあじ[書き味]一アヂ(명) 글씨 쓸 때 펜 등의 감촉(感触).
かきあつ·める[掻き集める](타하 1) ①긁어 모으다. ②한군데로 모으다. 1. rake up 2. gather up
かきあやまり[書き誤り](명) (실수해서) 잘못 씀. a mistake in writing
かきあらわ·す[書き表わす](타 4) 글로 써서 나타내다. express
かきあわ·せる[掻き合わせる]一アハセル(타하 1) 여미다.「えりを一; 옷깃을 여미다」 adjust
かきいれ[書き入れ](명·자サ) ①써 넣음. 기입(記入). ②저당(抵当)함. ③매상(売上), 이익, 흥미 등에 대한 기대. 동 書き入れる(타하 1). 1. filling in 2. mortgage. **一どき**[書き入れ時](명) ①(장부의 정리에) 바쁜 때. ②돈이 잘 벌릴 때.
かきいろ[柿色](명) ①적갈색(赤褐色). ②암갈색(暗褐色). 2. dark brown
かきおき[書き置き](명·자サ) ①써서 뒤에 남김. ②써 놓고 간 편지. ③유언장. 유서. 동 書き置く(타 4). 1. a note left behind 3. a testament
かきおこ·す[書き起こす](타 4) 쓰기 시작하다. 명 書き起こし. start writing
かきおこ·す[掻き起こす](타 4) 손을 움직여 일으키다. lift up with hands
かきおと·す[書き落す](타 4) 빠뜨리고 쓰다. omit in writing
かきおろし[書き下ろし](명) 새로 씀. 새로 쓴 작품. 동 書きおろす(타 4). a newly written story
かきかえ[書き換え·書き替え]一カヘ(명) ①고쳐 씀. ②〈경〉 돌려 줄 기일이 지난 차용 증서를 다시 고쳐 쓰는 일. 동 かきかえる(타하 1). 1. rewriting
かきかぞ·う[掻き数ふ]一カゾフ(타하 2)〈고〉 수를 세다. 손가락을 꼽아 수를 세다.
かきかた[書き方](명) ①글자 쓰는 방법. 붓 놀리는 방법. ②습자(習字). 1. how to write
かきがね[掛き金](명) ⇨かけがね.
かきき·える[掻き消える](자하 1) 흔적도 없이 사라지다. vanish
かきき·る[掻き切る](타 4) 칼날을 자기 쪽(안)으로 하고 베다. cut off
かきくだ·す[書き下す](타 4) ①위에서 아래로 내리 쓰다. ②붓 가는 대로 쓰다. ③순 한문을 카나(仮名)가 섞인 문장으로 고쳐 쓰다. 1. write down

かき くど·く[掻き口説く](자 4) "くどく(설득하다)"의 센말.

かき くも·る[掻き曇る](자 4) "くもる(흐리다)"의 강한 말. 잔뜩 흐리다.

かき くら·す[掻き暗す](자 4)〈고〉 ①하늘이 몹시 흐려지다. 어두워지다. ②마음이 어두워지다. 슬픔으로 인하여 마음의 움직임이 둔해지다.

かき く·れる[掻き暮れる](자하 1) 눈이 흐려 보이지 않게 되다. 「涙(ナミダ)に—; 눈물이 앞을 가려 보이지 않다」 blur the eyes with tears

かき け·す[掻き消す](타 4) "けす(지우다)"의 강한 말. 싹 지우다.

かき け·つ[掻き消つ](타 4)〈고〉 ⇨かきけす.

かき ごし[垣越し](명) 울타리 너머. over a fence

かき ことば[書き言葉](명) 문장을 쓸 때 사용하는 말. 문장어(文章語). ↔話(ハナ)し言葉. written language

かき こみ[書き込み](명) 더 써 넣음. 또는 더 써 넣은 글자. 동 書き込む(타 4). entry

かき こ·む[掻き込む](타 4) ①긁어 넣다. ②급히 먹다. 「飯(メシ)を—; 밥을 쓸어 넣다」 1. rake in 2. eat hurriedly

かぎ ざき[鉤裂き](명) (의복이) 못 같은 것에 걸려서 "ㄱ"자 모양으로 찢어짐. 또는 찢어진 곳. tear

かきさ·す[書き止す](타 4) 쓰다가 그만두다. leave off writing

かき しぶ[柿渋](명) 날감의 떫은 즙(汁). 감물. persimmon tannin

かき しる·す[書き記す](타 4) 쓰다. 기록하다. write down

かき す·う[舁き据う](타하 2)〈고〉 (가마 등을)메다 놓다.

かき すさ·ぶ[書き遊ぶ](타 4)〈고〉 장난 삼아 쓰다.

かき す·てる[書き捨てる](타하 1) ①써서 버리다. ②함부로 쓰다. 1. throw off a writing

かき そ·える[書き添える]—ソヘル(타하 1) 더 써 넣다. 첨기(添記)하다. add something in writing

かき ぞめ[書き初め](명·자サ) 신년(新年)에 처음으로 글씨를 쓰는 행사. 신춘 휘호(新春揮毫). the New Year's writing

かき そんじ[書損じ](명) 틀리게 씀. 잘못 씀. 또는 쓴 것. miswriting

がき だいしょう[餓鬼大将](명) 장난꾸러기 아이들 중의 우두머리. a bully

かき だし[書き出し](명) ①글의 첫머리. 서두. 모두(冒頭). ②계산서. 1. the opening paragraph

かき だ·す[書き出す](타 4) ①써 내다. ②쓰기 시작하다. ③필요(중요)한 것을 뽑아 쓰다. 2. begin to write

かぎ だ·す[嗅ぎ出す](타 4) ①냄새를 맡아 알아 내다. ②(비밀 등을) 알아 내다. 탐지하다. ③냄새를 맡기 시작하다. 1. scent out 2. get wind of

かき たて[書立て](명) ①또렷또렷하게 씀. ②조목별로 씀. 1. writing attractively 2. itemizing

かき た·てる[書き立てる](타하 1) ①차례차례 써 나가다. ②눈에 띄게 쓰다. 특별히 취급하여 쓰다. 「新聞(シンブン)に—; 신문에 대서 특필(大書特筆)하다」 1. itemize

かき た·てる[掻き立てる](타하 1) ①심지를 돋우어 불빛을 밝게 하다. ②마구 섞다. ③몹시 긁다. 자극하다. 「心(ココロ)を—; 마음을 흥분시키다」 2. stir up

かぎ タバコ[嗅ぎ tobacco·嗅ぎ煙草](명) 콧구멍에 갖다 대어 냄새를 맡는 가루 담배. 코담배. snuff

かきたまじる[掻玉汁](명) 맑은 장국에 계란을 풀어 넣은 것. egg soup

かき た·る[掻き垂る](자하 2)〈고〉 비가 억수로 쏟아지다. 썩 많이 내리다.

かき ちら·す[書き散らす](타 4) 붓 가는 대로 함부로 쓰다. 갈겨 쓰다. scribble

かき ちら·す[掻き散らす](타 4) "散らす(흩뜨리다)"의 강한 말. 막 흩뜨리다. scatter about

かきつ(명)〈고〉〈식〉 ⇨かきつばた.

かき つけ[書き付け](명) 기록한 문서. a document

かき つ·ける[書き付ける](타하 1) 써 놓다. 기록(記録)하다. record

かぎ つ·ける[嗅ぎ付ける](타하 1) ①냄새를 맡아 알아내다. ②탐지해 내다. 1. smell out 2. get wind of

かぎって[限って](연어) ("に—"의 형태로)…만은 (특별히). 「あの人(ヒト)に—そんなことはありません; 그 사람만은 그런 일이 없읍니다」 only

かきつばた[杜若](명)〈식〉 제비붓꽃. 붓꽃과에 속하는 다년초. 연자화(燕子花). an iris

かき つら·ねる[書き連ねる](타하 1) 써 늘어놓다. 열기(列記)하다. 길게 쓰다. write down

かき て[書き手](명) ①쓰는 사람. 필자(筆者). ②글씨나 글을 잘 쓰는 사람. 명필. 서예가. 문장가. 1. a writer 2. an excellent writer

がき どう[餓鬼道](명)〈불〉 아귀도. 삼악도(三悪道)의 하나. 아귀들이 모여 사는 세계로, 늘 굶주림과 목마름에 시달린다고 함. Buddhist Hell of Starvation

かき どなり[垣隣](명) 울타리를 사이에 둔 이웃.

かき とめ[書留](명) ①써 둠. ②〈법〉 등기 우편물. 1. a note left behind 2. registered post

かき と·める[書き留める](타하 1) 써서 남기다. 써 두다. record

かき とり[書き取り](명·자サ) ①베껴 씀. ②부르는 말이나 글을 받아 씀. 받아 쓰기. 동 書き取る(타 4). 1. copying 2. dictation

かき なお·す[書き直す]—ナホス(타 4) 고쳐 쓰다. 개서(改書)하다. rewrite

かき なが·す[書き流す](타 4) ①붓 가는 대로 쓰다. ②한문 문장을 카나(仮名)가 섞인 문장으로 고쳐 쓰다. 명 書き流し. 1. write easily

かき なぐ·る[書きなぐる](타 4) 난잡하게 갈겨 쓰다. 휘갈겨 쓰다. dash off in writing

かき なら·す[掻き鳴らす](타 4) (현악기를)타다. thrum

かぎ なり[鉤状](명) 갈고랑이 모양. hooklike

かぎ なわ[鉤縄]—ナハ(명) 갈고랑이를 단 줄. a hooked rope

かきぬ·く[書き抜く](타 4) ①일부를 뽑아 쓰다. ②열심히 계속하여 쓰다. 명 書き抜き. 1. excerpt
かきね[垣根](명) ①울타리 밑. 울밑. ②울타리. 담장. 1. the base of a fence 2. a fence
かきの·ける[掻き退ける](타하 1) 좌우로 밀어 내다. push aside
かきのこ·す[書き残す](타 4) ①써서 남기다. ②빠뜨리고 쓰다. 1. leave a note
かきのし[書き熨斗](명) 선물의 포장지나 옆으로 여닫는 막(幕) 같은 데에 다는 색종이로 접은 축하의 표지 대신에 글자로「"のし"」라고 초서체로 쓴 것. a written sea-ear symbol
かきのぞき[垣覗き](명) 울타리 틈으로 엿봄.「めくらの—; 장님 울타리 틈으로 엿보기(아무 것도 안 보이는 것의 비유)」 peep through a crack
かぎのて[鉤の手](명) ①갈고랑이 모양으로 구부러진 것. ②길 모퉁이. 1. a right angle 2. a corner
かぎばこ[鍵箱](명) 열쇠 상자. a box for containing keys
かぎばな[鉤鼻](명) 매의 부리 모양으로 구부러진 코. 매부리코. a hook-nose
かぎばり[鉤針](명) 구침. ①끝이 갈고랑이 모양으로 굽은 바늘의 총칭. ②뜨개질 바늘의 한 가지. 레이스 등을 짤 때 씀. 1. a hook
かきはん[書き判](명) 〔옛 문서에서〕 이름 밑에 자필로 하는 서명(署名). 수결(手決). 수압(手押). a written seal
かきぶり[書振り](명) ①글을 쓸 때의 태도. ②필적(筆跡). 1. manner of writing 2. handwriting

足利尊氏

徳川家康
〔書き判〕

かきほ[垣穂](명)〈고〉 ⇨かきね.
かきま·ぜる[掻き雑ぜる](타하 1) ①휘저어 섞다. ②문제를 일으키다. 1. mix 2. ransack
かきまわ·す[掻き回す]—マハス(타 4) ①휘젓다. ②(자기 생각대로) 휘두르다. 1. stir
かきみだ·す[掻き乱す](타 4) ①뒤섞어 흩뜨리다. ②소란하게 하다. 소동을 일으키다.「会(カイ)を—; 회를 교란시키다」 2. ransack
かきむし·る[掻き毟る](타 4) 막 긁어 쥐어뜯다. tear off
かきもち[欠き餅·掻き餅](명) ①설날의 카가미 모치(鏡餅)를 손으로 잘게 뜯은 것. ②찰떡을 잘게 썰어서 말린 것. 1. broken rice-cake 2. sliced and dried rice-cake
かきもの[書き物](명·자サ) ①글씨나 문장을 씀. ②문서(文書). 1. writing
かきもみじ[柿紅葉](명) 단풍(丹楓)이 든 감나무 잎. tinged persimmon leaves
かきもら·す[書き漏らす](타4) 써 넣을 것을 잊다. 빠뜨리고 쓰다. omit writing
かきもん[書紋](명) ①(의복에) 붓으로 그린 무늬. ②(의복에) 붓으로 그린 가문(家紋). 1. a hand-drawn figure 2. hand-drawn family crest
かきやく[書役](명) 베끼거나 초안(草案)을 만드는 사람. 서기. a copyist
かぎゃく[可逆](명)〈이〉 역전(逆転)할 수 있는 것. 되돌아가는 것. reversible. **—はんのう**[可逆反応](명)〈이〉 가역 반응. 화학 반응의 결과로 생긴 새로운 물질을 다시 본래의 물질로 돌이키는 방향으로 진행할 수 있는 반응.
かぎゃく[苛虐](명·형동ダ) 지독하게 학대함. cruelty
かきゃくせん[貨客船](명) 화객선. 여객과 화물을 싣는 배. a combination vessel
かきゅう[下級](명) 하급. 아래 등급. ↔上級(ジョウキュウ). a lower grade
かきゅう[火急](명·형동ダ) 화급. 굉장히 급함. urgency
かきゅう[加給](명·타サ) 추가(追加)로 급료를 지불함. additional paying
かぎゅう[蝸牛](명)〈동〉 와우. 달팽이. a snail. **—かくじょう**[蝸牛角上](명) 와우각상. 〔달팽이의 뿔 위라는 뜻으로〕 좁은 세상을 비유한 말.「—の争(アラソ)い; 좁은 세상에서의 싸움(하찮은 일로 하는 싸움)」
かきゅうてき[可及的](부) 가급적. 될 수 있는 대로. 힘 닿는 한.「—すみやかに; 가급적 빨리」 as... as possible
かきょ[科挙](명) 과거. 〔옛날 한국, 중국 등에서〕 관리의 등용 시험. examination for officials
かきょ[家居](명·자サ) ①집 안에만 들어 앉아 있음. ②주거(住居). 1. staying at home 2. a dwelling
かきょう[仮橋](명) 가교. 임시로 놓은 다리. a temporary bridge
かきょう[佳境](명) 가경. ①재미 있는 경지. 묘미를 느끼는 고비.「話(ハナシ)が—にはいる; 얘기가 재미있는 대목으로 들어 가다」 ②경치가 좋은 곳. 1. the climax 2. a scenic spot
かきょう[架橋](명·자サ) 가교. 다리(橋)를 놓음. 또는 놓은 다리. bridging
かきょう[家郷](명) 고향. one's native place
かきょう[華僑](명) 화교. 외국에 사는 중국의 상인. a Chinese merchant abroad
かきょう[歌境](명) ①시가(詩歌)를 짓는 솜씨의 정도. 또는 경지. ②시가를 지을 때의 심경.
かぎょう[家業](명) 가업. 한집안에 대대로 내려 오는 직업. one's occupation
かぎょう[稼業](명) 생업(生業). 직업. an occupation
かぎょう[課業](명) 과업. 배당된 학과나 의무. a lesson
がきょう[画境](명) ①그림을 그리는 솜씨의 정도. 또는 그 경지. ②그림을 그릴 때의 심경. 2. state of mind in painting
がぎょう[画業](명) 그림을 그리는 일. 또는 그 업적. painting
かぎょうへんかく(かつよう)[か行変格(活用)](명) カ행 변격 활용. 〔문법에서〕 동사 "来(ク)る"가 "こ, き, くる, くれ, こい" 등으로 활용되는 어미 변화.
かきょく[佳局](명) 재미 있는 국면(局面). 좋은 장면. an interest situation
かきょく[歌曲](명) 가곡. ①노래, 노래의 절(節). ②

〈악〉 성악(声楽)을 위한 곡. 성악곡. 리이드(Lied). 1. a song

かきよ·せる[掻き寄せる](타하 1) ①손으로 긁어 모으다. ②흩어진 것을 한군데로 모으다. 1. draw near 2. rake together

―かぎり[限り](접미) ①만. 뿐. 「この場(バ)―の話(ハナシ); 이 자리에서만의 얘기」 ②힘껏. 「力(チカラ)の一戦(タタカ)う; 힘껏 싸우다」

かぎり[限り](명) ①한. 「あやまらない―許(ユル)さない; 사과하지 않는 한 용서하지 않는다」 ②경계. ③가. 끝. 종말. ④임종(臨終). ⑤사이. 동안. ⑥범위. 「この―でない; 차한(此限)에 부재(不在)함(이 범위가 아니다)」 1. as far as 2. boundary 3. end. **―な·い**[限り無い](형) ①한이 없다. 끝이 없다. ②이 위에 더없다. 「―喜(ヨロコ)び; 한없는 기쁨」

かぎ·る[限る] Ⅰ(자 4) 더 이상되는 것이 없다고 인정되다. 「これに―; 이것 밖에 없다(이것이 최고다)」 Ⅱ(타 4) ①경계 짓다. 간을 막다. ②간격을 두다. 멀어지게 하다. Ⅰ be the best Ⅱ 1. limit

かぎろい[陽炎]カギロヒ(명)〈고〉 ①불길. 화염(火炎). ②빛나는 햇빛. ③⇨かげろう(陽炎).

かきわ·ける[書き分ける](타하 1) 구별하여 쓰다. discriminate in writing

かきわ·ける[掻き分ける](타하 1) (손으로) 좌우로 헤치다. push aside

かきわり[書き割り](명) 무대의 배경으로 방, 산하(山河) 등을 그린 것. a set scene

かきん[家禽](명)〈동〉 가금. 집에서 기르는 조류(鳥類). ↔野禽(ヤキン). domestic fowls

かきん[瑕瑾](명) ①흠. 티. ②결점. 과오(過誤). 1. a flaw 2. a fault

―かく[閣](조어) ①높이 지은 건물. 누각(楼閣). ②유서 있는 건물, 요리집 등에 붙이는 말. 「山水(サンスイ)―; 산수각」

か·く[欠く](타 4) ①부수다. ②줄이다. ③빠뜨리다. ④게으름 피우다. 1. break 2. decrease 3. omit

か·く[舁く](타 4) ①메다. 「駕籠(カゴ)を―; 가마를 메다」 ②안아 올리다. 1. shoulder

か·く[書く](타 4) ①문자를 쓰다. ②그림을 그리다. ③문장을 짓다. ④책을 지어 내다. 저작(著作)하다. 1. 3. 4. write 2. draw

か·く[掻く](타 4) ①손톱으로 긁다. 할퀴다. 「頭(アタマ)を―; 머리를 긁다」 ②손이나 젓가락 등으로 휘젓다. ③손으로 밀어 내다. ④자르다. 「寝首(ネクビ)を―; 잠자는 사이에 목을 자르다」 ⑤당하다. 받다. 「恥(ハジ)を―; 창피를 당하다」 ⑥내다. 「汗(アセ)を―; 땀을 흘리다」 ⑦훔치다. 닦다. 1. scratch 4. cut off

かく[斯く](부) 이와 같이. 이렇게. thus

かく[角](명) 각. ①뿔. ②구석. 모퉁이. ③네모(四角). ④네모난 재목. 각재(角材). ⑤〈수〉 서로 교차되는 두 개의 직선이 짓는 도형(図形). ⑥뿔피리. 각적(角笛). ⑦⇨かっこう(角行). 1. a horn 2. a corner

かく[画·劃](명) 획. 한자(漢字)를 구성하는 하나하나의 선. a stroke

かく[客](명) 객. 손님. 나그네. a visitor

かく[格](명) 격. ①격식. 규칙. ②지위. 신분. 「―がちがう; 신분이 틀리다」 ③〔문법에서〕 한 말이 문장 안에서 다른 말에 대해 가지는 관계. 1. a rule 2. the status

かく[核](명) 핵. ①중심에 하나만 있는 씨. 알맹이. ②중심. ③〈생〉 세포의 중심에 있는 가장 중요한 부분. ④원자핵(原子核)의 준말. 「―実験(ジッケン); 핵실험」 1. a core 3. a nucleus

かく[確](명) 확실. 「当(トウ)―; 당선 확실」 certainty

かく[殻](명) ①껍질. ②조개 껍데기. 조가비. ③겉껍질. 외피(外皮). 1. 2. a shell 3. a husk

かく[佳句](명) ①가구. 좋은 구절이나 문구. ②좋은 하이쿠(俳句). 1. a fine phrase

かく[各](연체) 각각의. 각기의. 「―学校(ガッコウ); 각 학교」 each

か·ぐ[嗅ぐ](타 4) ①냄새 맡다. ②탐지하다. 1. smell

かぐ[下愚](명·형동ダ) 하우. 아주 어리석고 못남. 또는 그런 사람. a very foolish man

かぐ[家具](명) 가구. 책상, 양복장 등의 세간. furniture

がく[学](명) ①배움. ②학교. ③체계화된 일체의 지식. 학식. 「―がある; 학식이 있다」 1. learning

がく[岳·嶽](명) 큰 산. a great mountain

がく[萼](명)〈식〉 악. 꽃받침. a calyx

がく[楽](명) ①음악. 악곡(楽曲). 「―の音(ネ); 음악 소리」 ②아악(雅楽). 1. music 2. ceremonial music

がく[額](명) ①액수. 분량. ②현판(懸板). 액자. ③이마. 1. amount, quantity 3. the brow

かくあげ[格上げ](명·타サ) 격을 높임. 자격을 높임. ↔格下(カクサ)げ. elevation of the status

かく·い[角い](형)〈속〉 네모지다. 모가 나다. angled

かくい[各位](명) 각위. 여러분. 제위(諸位). 제군(諸君). every one

かくい[隔意](명) 격의. 꺼리는 마음. 터놓지 아니하는 속마음. 「―なく; 격의 없이」 reserve

がくい[学位](명) 학위. 일정한 배움을 닦고 논문을 낸 사람에게 주는 칭호. a doctorate

かくいつ[画一](명·형동ダ) 획일. ①다 같은 규격(規格)으로 고름. ②차별 없이 취급함. 1. uniformity 2. treat alike

かくいん[各員](명) 각원. 한 사람 한 사람. 각자. 각각. each person

かくいん[客員](명) 객원. 손님으로서 특별한 대우를 받는 사람. 「―教授(キョウジュ); 객원 교수(초빙 교수)」 a guest member

かくいん[閣員](명) 각원. 내각(内閣)을 구성하는 인원. 각료(閣僚). a Cabinet member

がくいん[学院](명) 학원. 학교. a school

がくいん[楽員](명) 악단(楽団)에서 음악을 연주하는 사람. 악사(楽士). a bandsman

かくう[架空](명·형동ダ) 가공. ①공중에 건너 지름.

「一索道(サクドウ); 가공 색도」 ②근거가 없음. 엉터리.「一の話(ハナシ); 근거 없는 이야기」 ③상상으로 만들어 냄.「一の動物(ドウブツ); 상상상(想像上)의 동물」 1. overhead 2. imaginary
かぐう[仮寓](명) 임시로 사는 곳. 임시 우거(寓居). a temporary residence
がくえん[学園](명) 학원. ①학교. ②사립 학교에 붙이는 칭호. 1. a school
かくおち[角落ち](명) 〔장기에서〕 수의 차가 많을 때 장기짝을 떼고 두는 것.
かくおび[角帯](명) 남자가 띠는 허리띠. 각띠. a stiff sash
がくおん[楽音](명)〈이〉 악음. 규칙적이고 유쾌한 느낌을 주는 소리. 예: 악기 소리 등. ↔噪音(ソウオン). a musical sound
がくおん[顎音](명) 혀의 앞 부분을 경구개(硬口蓋)에 가까이 대고 숨을 압착(圧搾)하여 내는 소리. 예: チャ.
かくかい[各界](명) 각계. 사회의 각 방면.
かくかい[角界](명) 씨름군의 세계. various circles
かくがい[格外](명) 격외. 규격에서 벗어남. 보통이 아님. an article below standards
かくがい[閣外](명) 각외. 내각의 외부. ↔閣内(カクナイ). outside the Cabinet
がくがい[学外](명) 대학의 외부. ↔学内(ガクナイ). outside the university
かくかく[斯く斯く](부) 이렇게 이렇게. 운운(云云). 여차여차하여. so and so
がくがく[諤諤](형동タルト) 거리낌 없이 바른 말을 하는 모양. 「侃侃(カンカン)一; 강직하게 거리낌 없이 바른 말을 하는 모양」 outspoken
かくがた[角形](명) 각형. ①모난 모양. ②사각형(四角形). 1. a square
かくがり[角刈り](명) 머리 전체를 네모나게 깎는 이발의 한 가지. square-cut hair
かくぎ[閣議](명) 각의. 내각 회의. a Cabinet council
がくぎょう[学業](명) 학업. ①학교 공부. ②학교 성적. 1. studies
かくきょり[角距離](명)〈이〉 각거리. 관측자로부터 두 물체에 이르는 두 직선이 이루는 각도. an angular distance
かくぐう[客寓](명) ①(손님이 되어) 몸을 의탁함. ②(손님이 되어) 임시로 거처하는 집. 1. staying as a visitor
がくげい[学芸](명) 학예. ①학문과 예술. 문예. ②〔신문에서〕 문학, 예술, 과학 등을 다루는 난.「一欄(ラン); 학예란」 ③가르치기 위한 지식과 기술. ④학예회. 1. art and science
がくげき[楽劇](명) 악극. 노래보다도 극적 표현을 주로 한 가극(歌劇). a musical drama
かくげつ[各月](명·부) 각월. 매달. every month
かくげつ[客月](명·부) 객월. 지난달. last month
かくげつ[隔月](명·부) 격월. 한 달씩 거름. 달을 거름. every other month
かくげん[格言](명) 격언. 금언(金言). a maxim
かくげん[確言](명·자サ) 확언. 확실하게 말함. an assertion
かくご[客語](명) 객어. ①〔문법에서〕 타동사의 목적이 되는 말. 목적어(目的語). ②〈철〉 주사(主辞)에 대해 진술(陳述)하는 말. 1. an object 2. the predicate
かくご[覚悟](명·자サ) 각오. ①도리(道理)를 깨달음. ②마음의 태도. 마음 가짐. ③결심. ④체념. 1. perception of truth 3. resolution
かくさ[格差](명) ①〈경〉 가격의 차이. ②자격, 등급 등의 차이. 1. difference in price
かくさ[較差](명) ⇨こうさ.
かくざ[擱坐](명·자타サ) ①좌초(座礁). ②〈군〉 전차(戦車) 같은 것이 파괴되어 움직이지 못하게 되는 일. 1. stranding
かくさい[客歳](명·부) 지난해. 작년. last year
かくざい[角材](명) 각재. 네모진 재목. square timber
がくさい[学才](명) 학문상의 재능. scholastic ability
がくさい[楽才](명) 음악의 재능. musical talent
かくさく[画策](명·타サ) 획책. 계획을 세움. (나쁜 뜻으로 많이 씀) planning
かくさげ[格下げ](명·타サ) 격하. 지위나 자격을 낮춤. ↔格上(カクア)げ. degradation
かくざとう[角砂糖](명) 각사탕. 모나게 굳힌 흰 설탕. 모사탕. lump sugar
かくさん[拡散](명·자サ) 확산. ①〈이〉 어떤 기체나 액체에 다른 기체나 액체가 고르게 섞여 등질(等質)이 되는 현상. ②흩어져 퍼짐. 2. scattering
かくさん[核酸](명)〈이〉 핵산. 세포의 핵이나 원형질 속에 포함된 유기산(有機酸). nucleic acid
かくし[隠し](명) ①숨기는 것. ②호주머니. 1. concealment. **一げい**[隠し芸](명) 몰래 익힌 재주나 솜씨. 여기(餘技). **一だて**[隠し立て](명·자타サ) 감싸서 숨김.
かくし[各氏](명) 여러분. every person
かくし[各紙](명·부) 각지. 각각의 신문. 여러 신문. every newspaper
かくし[各誌](명·부) 각지. 각각의 잡지. 여러 잡지. every magazine
かくし[客死](명·자サ) 객사. 여행중에 사망함. 객지에서 죽음. death in foreign land
かくじ[各自](명·부) 각자. 각기. each person
がくし[学士](명) 학사. 대학 졸업자의 칭호. a bachelor. **一いん**[学士院](명) 학사원. 한국의 학술원에 해당.
がくし[学資](명) 학자. 학비. school expenses
がくし[楽師·楽士](명) 악사. ①아악(雅楽)의 연주자. ②(극장 등에 전속되어) 음악을 연주하는 사람. 2. a musician
がくじ[学事](명) 학문이나 교육에 관한 일. studies
かくしき[格式](명) 격식. ①규칙. 제도. ②신분에 맞는 예의 범절. 1. a system. **一ば·る**[格式張る](자 4) 격식을 차리다. 예절을 찾고 딱딱하게 굴다.
がくしき[学識](명) 학식. ①학문과 식견. ②학문에

서 얻은 식견(識見). 1. learning and knowledge

かくじだいてき[画時代的](형동ダ) 새로운 기원(紀元)을 여는 모양. 획기적(画期的). epoch-making

かくしつ[角質](명) 각질. ①<이> 뿔, 손톱, 굽, 머리털 등을 형성하는 성분. ②뿔과 같은 성질. 1. keratin

かくしつ[革質](명) 혁질. 가죽과 같은 성질. leathery material

かくしつ[確執](명·자サ) ①확집. 자기 주장을 고집함. ②불화(不和). 1. persistence 2. discord

かくじつ[隔日](명·부) 격일. 하루씩 거름. every other day

かくじつ[確実](형동ダ) 확실. 틀림 없는 모양. certain

かくじっけん[核実験](명) 핵실험. 원자핵의 분열, 융합 등에 관한 실험. a nuclear experiment

かくして[斯くして](연어·부) 이리하여. 이렇게 하여. thus

かくしぶみ[隠し文](명) ①비밀의 편지. ②익명(匿名)의 문서. 1. a secret letter 2. an anonymous letter

かくしもん[隠し紋](명) 안에서 겉으로 나타나게 한 무늬나 가문(家紋).

かくしゃ[客舎](명) 객사. 객지의 숙소. 객관. a hotel

かくしゃ[覚者](명) 각자. ①<불> 부처(仏陀). ②우주, 인생의 진리를 깨달아 안심 입명(安心立命)의 경지에 다다른 사람. 1. Buddha

がくしゃ[学者](명) 학자. 학문에 통달하거나 학문을 연구하는 사람. a scholar

かくしゃく[赫灼](명) ①빛남. ②뜨거움. 1. brightness 2. hotness

かくしゃく[矍鑠](명·형동タリ) 늙어도 기력이 정정함. haleness

かくしゅ[各種](명) 각종. 여러 가지 종류. various kinds

かくしゅ[馘首](명·타サ) ①목을 벰. ②면직(免職)함. 해고(解雇). 1. beheading 2. dismissal

かくしゅ[鶴首](명·타サ) 목을 학처럼 길게 빼어 기다림. 학수 고대. looking forward to

かくしゅ[攫取](명·타サ) 잡아 챔. 빼앗아 가짐. grasping

がくしゅ[楽手](명) 연주자(演奏者). 악사(楽士). a musician

かくしゅう[客愁](명) 객수. 객지에서 느끼는 수심. 여수(旅愁). anxiety on a journey

かくしゅう[隔週](명·부) 격주. 한 주일씩 거름. every other week

かくじゅう[拡充](명·타サ) 확충. 넓혀서 충실하게 함. 「施設(シセツ)を一する; 시설을 확충하다」 expansion

がくしゅう[学修](명·타サ) 배워 닦음. learning

がくしゅう[学習](명·타サ) 학습. 배우고 익힘. study

がくじゅつ[学術](명) 학술. 학문과 예술. 학문. science. **—かいぎ**[学術会議](명) 학술 회의. 학술 연구의 촉진 등을 위한 회의.

かくじゅん[恪遵](명·타サ) 정성껏 지킴. 정성으로 복종함. faithful observance

かくしょ[各所·各処](명·부) 각처. 여러 곳. 여기저기. everywhere

かくしょう[各省](명) 각성. ①<법> 내각에 속하며 각 대신(大臣) 감독하에 정무(政務)를 행하는 기관을 통틀어 일컫는 말. ②각각의 성(省). 1. every ministry

かくしょう[客将](명) ①손님으로 와 있는 대장. ②부장(副将).

かくしょう[確証](명) 확증. 확실한 증거. 「—をにぎる; 확실한 증거를 잡다」 a positive proof

かくじょう[各条](명·부) 각조. 각각의 조목(条目). each article

がくしょう[学生](명) 학생. ①예전 대학에서 경서(経書)를 배우던 사람. ②큰 절 등에서 불전(仏典)을 닦던 사람. ③배우기 위하여 학교에 다니는 사람. 3. a student

がくしょう[学匠](명) ①학문이 있는 사람. 학자. ②불도를 닦은 스승으로서의 자격이 있는 사람. 1. a scholar

がくしょう[楽匠](명) 뛰어난 음악가. a great musician

がくしょう[楽章](명)<악> 악장. 소나타 등의 대곡(大曲)에서 2개 이상의 악절(楽節)로 된 소곡(小曲). a movement

がくしょく[学殖](명) ①학문을 쌓음. ②학문에 대한 소양(素養). ③깊은 학식. 2. learning

かくじょし[格助詞](명) 격조사. 〔문법에서〕 문장 안에서 체언(体言)이 가지는 자격을 나타내는 조사.

かくしん[革新](명·타サ) 혁신. 묵은 것을 고쳐 아주 새롭게 함. ↔保守(ホシュ). reform. **—てき**[革新的](형동ダ) 혁신적. 지금까지의 방법을 고쳐 새롭게 하는 모양. ↔保守的.

かくしん[核心](명) 핵심. 사실의 중심. 사물의 중심이 되는 가장 중요한 부분. 「事件(ジケン)の—にふれる; 사건의 핵심을 찌르다」 the core

かくしん[隔心](명) 서로 터놓지 않는 속마음. 격의(隔意). reserve

かくしん[確信](명·타サ) 확신. ①굳게 믿음. ②굳은 신념. 1. conviction 2. a firm faith

かくじん[各人](명·부) 각인. 각자. each person. **—かくせつ**[各人各説](연어) 각인 각설. 사람에 따라 각각 의견이 다름.

がくじん[楽人](명) 악인. 음악을 연주하는 사람. 악사(楽士). a musician

かく·す[隠す](타4) ①남이 모르게 하다. 비밀로 하다. ②감추다. 숨기다. 1. keep secret 2. conceal

かく·す[画す·劃す](타4) ①선을 긋다. ②경계 짓다. 구획(区画)하다. 한정하다. ③계획하다. 「倒閣(トウカク)を—; 내각의 타도를 꾀하다」 1. draw 2. divide

かくすい[角錐](명)<수> 각추. 다각형을 밑변으로 하고 그 평면 외의 한 점을 공통의 정점으로 삼은 여러 개의 삼각형으로 에워 싸인 입체. a pyramid

かくすう[画数·劃数](명) 획수. 한자(漢字)를 구성하는 선이나 점의 수. the number of strokes

かく·する[馘する](타サ) ①목을 베다. ②면직하다. 해고하다. 1. behead 2. dismiss

がく·する[学する](자サ) 학문, 지식 등을 배우다. 공

부하다. study
かくせい[覚醒](명·자타サ) 각성. ①눈을 뜸. ②깨달음. ③주의를 환기함. 일깨워 줌. 1. awakening 2. disillusion. **—ざい**[覚醒剤](명) 각성제. 흥분제.
かくせい[郭清·廓清](명·타サ) 확청. 오랜 폐단을 없애어 깨끗하게 함. 숙청(粛清). purification
かくせい[隔世](명) 격세. ①시대를 격함. 시대를 달리 함. 「一の感(カン); 격세지감(시대의 틀림이 심하다고 생각하는 느낌)」 ②〈생〉 도중의 세대(世代)를 하나 거르는 것. 1. a distant age
かくせい[鶴声](명) 전언(伝言)의 높임말.
がくせい[学生](명) 학생. 학교에 적을 두고 교육을 받는 사람. a student
がくせい[学制](명) 학제. 학교에 관한 제도. an educational system
がくせい[楽聖](명) 악성. 뛰어나게 훌륭한 음악가. 위대한 음악가. a celebrated musician
かくせいき[拡声器](명) 확성기. 음성을 크게 하여 멀리 들리게 하는 장치. a loud speaker
がくせき[学籍](명) 학적. 재학하는 학생의 적. a school register
がくせき[学績](명) ①학업 성적. ②학문상의 업적. 1. scholastic achievement
かくせつ[確説](명·자サ) 확설. 확실한 근거가 있는 설. 확실한 설. an established theory
かくぜつ[隔絶](명·자타サ) 매우 동떨어짐. 「古今(ココン)に一した業績(ギョウセキ); 고금에 따를 바 없는 업적」 isolation
がくせつ[学説](명) 학설. 학문상의 논설. a theory
がくせつ[楽節](명)〈악〉 악절. 두 개의 악구(楽句)로 성립되어 하나의 악상(楽想)을 표현하는 구절. 악절이 두 개 이상 모여 악장을 구성함. a passage
かくぜん[画然·劃然](형동タルト) 획연. 명백한 모양. distinct
かくぜん[廓然](형동タリ) 확연. 넓고 휑하니 트여 있는 모양. open
かくぜん[確然](형동タルト) 확연. 분명한 모양. definite
がくぜん[愕然](형동タルト) 악연. 매우 놀라는 모양. 「急病(キュウビョウ)の知(シ)らせに一とする; 급병이라는 소식에 깜짝 놀라다」 aghast
かくせんせき[角閃石](명)〈광〉 각섬석. 단사정계(単斜晶系)에 속하는 광물. 흑갈색 또는 흑록색(黒緑色)의 결정체로 광택이 강함. amphibole
かくそう[各層](명) 각층. 각각의 계층(階層). 여러 계층. each stratum
がくそう[学窓](명) 학창. 학교. a school
がくそう[学僧](명) 학승. 학문이 깊은 승려. a learned priest
がくそう[楽想](명) 악상. 악곡의 구상. a theme
がくそく[学則](명) 학칙. 학교의 규칙. school regulations
がくそつ[学卒](명) ①대학 졸업. ②대학 졸업자.
かくそで[角袖](명) ①네모난 소매. ②일본 옷(和服). ③직무 수행을 위하여 사복(私服)을 입은 순경. 형사. 1. square sleeves 2. Japanese clothes
かくたい[客体](명) 객체. ①〈법〉 의사(意思)나 행위가 미치는 목적물. ②〈철〉 주관에 대립하는 객관. ↔主体(シュタイ). 1. an object
かくだい[拡大](명·타サ) 확대. 펴서 크게 함. magnification. **—きんこう**[拡大均衡](명)〈경〉 확대 균형. 생산과 소비, 수요와 공급, 수입과 수출 등 경제의 모든 면을 확대시키고, 경제적 균형이 잡히게 하는 일.
がくたい[楽隊](명) 악대. 음악을 합주하는 단체. 음악대. a brass band
がくだい[学大](명) 학예 대학(学芸大学)의 약칭.
かくたる[確たる](연체) 확실한. 틀림 없는. 완전한. 「一証拠(ショウコ); 확실한 증거」 reliable
かくたん[喀痰](명)〈의〉 객담. 가래침을 뱉음. 또는 뱉은 가래. expectoration
かくだん[格段](부) 특별히. 각별히. particularly
がくだん[楽団](명) 악단. 음악을 연주하는 단체. an orchestra
がくだん[楽壇](명) 악단. 음악가의 사회. 음악계(音楽界). the musical circle
かくち[各地](명) 각지. 여러 곳. 도처. various places
かくちく[角逐](명·자サ) 각축. 서로 경쟁함. competition
かくちゅう[角柱](명) 각주. 모난 기둥. a square pillar
かくちょう[各庁](명) 각청. ①각각의 관청. ②모든 관청. 여러 관청. 1. each ministry
かくちょう[拡張](명·타サ) 확장. 넓힘. extension
かくちょう[格調](명) 격조. 시나 노래의 품격과 리듬. the style and tone of a sentence or a poem
がくちょう[学長](명) 학장. 단과 대학의 장. a president
がくちょう[楽長](명) 악장. 악단의 지휘자. a bandmaster
がくちょう[楽調](명) 악조. 음악의 곡조. 악률(楽律). musical tone
かくつう[各通](명) ①각통. 각각의 서류. ②각자에게 송달하는 일. 1. each paper
かくつう[角通](명) 씨름에 대하여 잘 알고 있는 사람.
かくづけ[格付け](명·타サ) 〈경〉 표준품과 비교하면서 품질에 따라 가격의 차를 두는 일. grading
かくて[斯くて](접) 이리하여. 그래서. 그리하여. thus
かくてい[画定](명·타サ) 획정. 경계를 갈라 명백히 정함. demarcation
かくてい[確定](명·자타サ) 확정. 확실하게 정함. settlement
がくてき[学的](형동ダ) 학적. 학문에 관계가 있는 모양. suiting to science
カクテル[cocktail](명) 칵테일. ①몇 가지 양주를 적당히 혼합한 술. 혼합주(混合酒). ②이종(異種)의 혼합물. 「フルーツ一; 프루우츠 칵테일」 **—パーティー**[cocktail party](명) 칵테일파아티. 선 채 칵

테일 등을 마시며 간담(懇談)하는 모임.
がくてん[楽典](명) 악전. 악보(楽譜)에 관한 규칙을 쓴 책. a musical grammar
かくど[角度](명) 각도. ①〈수〉 각(角)의 도수. ②보는 입장.「いろいろな―から考(カンガ)える; 여러 모로 생각하다」 1. angular measure 2. a point of view
かくど[客土](명) ①객지(客地). ②〈농〉 객토. 토질을 개량하기 위하여 다른 곳에서 가져다 넣는 흙. 1. a strange land
かくど[嚇怒](명·자サ) 매우 노함. 격노(激怒). wrath
がくと[学徒](명) 학도. ①학생. 생도. ②학술을 연구하는 사람. 학자. 1. a student 2. a scholar
がくと[学都](명) 대학이나 그밖에 학교가 많은 도시. a city of learning
かくとう[角燈](명) 각등. 손에 들고 다니는 네모진 유리 등. a square hand-lantern
かくとう[格鬪·格闘](명·자サ) 격투. 맞붙어 싸움. a grapple
かくとう[確答](명·자サ) 확답. 확실히 대답함. 확실한 대답. a definite answer
がくどう[学童](명) 학동. 국민 학교에 다니는 아동. a school-child
かくとく[獲得](명·타サ) 획득. 손에 넣음. acquisition
がくとく[学徳](명) 학덕. 학문과 덕행(徳行). learning and virtue
かくとした[確とした](연어·연체) 확실한. 틀림 없는. definite
かくない[閣内](명) 각내. ①내각(内閣)의 내부. ↔閣外(カクガイ). ②고루 거각(高楼巨閣)의 안. 1. inside the Cabinet
かくない[郭内](명) 성내(城内). 구역내(区域内). ↔郭外(カクガイ). in an enclosure
がくない[学内](명) 학내. 대학의 내부. ↔学外(ガクガイ). inside the university
かくなわ[結果](명)〈고〉 ①밀가루를 반죽하여 끈을 비튼 것 같은 모양으로 만들어 기름에 튀긴 옛날 과자. ②많은 적을 상대로 여러 모양으로 칼을 쓰는 것. ③마음이 매우 산란한 것. ④가로 세로 얽힌 모양.
かくにん[確認](명·타サ) 확인. 확실히 인정함. confirmation
かくねん[客年](명·부) 객년. 작년. 지난해. last year
かくねん[隔年](명·부) 격년. 한 해씩 거름. every other year
がくねん[学年](명) 학년. 한 해의 공부하는 기간. 또는 그것으로 구분한 학급. a school year
かくのう[格納](명·타サ) 격납. 집어 넣어 둠. housing. **―こ**[格納庫](명) 격납고. 비행기, 비행선 등을 넣어 두는 창고.
かくのごとし[斯くの如し](연어·형ク) 이와 같다. thus
かぐのこのみ[香の菓](명)〈고〉 귤, 유자(柚子) 등 향기로운 열매의 총칭. ⇨:かぐのみ.
かくは[各派](명) 각파. 각각의 유파. 또는 당파. 「each school
がくは[学派](명) 학파. 학문의 유파(流派). a school
かくばくはつ[核爆発](명) 핵폭발. 핵무기의 폭발. nuclear bomb explosion
がくばつ[学閥](명) 학벌. ①학문의 파벌. ②출신 학교에 의한 파벌. 2. an academic clique
かくば·る[角張る](자 4) ①모나다. ②딱딱해지다. 긴장하다.「角張ってすわる; 긴장하여 앉다」 1. become square 2. get rigid
かくはん[各般](명) 온갖. 여러. 제반(諸般).「―の事情(ジジョウ); 모든 사정」 all sorts of things
かくはん[攪拌](명·타サ) 교반. 휘저어 섞음. beating
かくばん[隔晩](명) 하룻밤씩 거름. every other night
かくはんのう[核反応](명)〈이〉 핵반응. 원자핵의 분열이나 융합을 일으키는 반응. nuclear reaction
がくひ[学費](명) 학비. 학자(学資). school expenses
かくびき[画引き](명) 〔사전에서〕 획인. 획수에 의해서 한자(漢字)를 찾는 일. ↔音(オン)引き.
かくひつ[擱筆](명·자サ) 각필. 쓰던 글을 멈추고 붓을 놓음. 다 씀. laying down one's pen
かくぶ[各部](명) 각부. 각각의 부분. each part
がくふ[学府](명) 학부. 학교. a school
がくふ[岳父](명) 악부. 아내의 아버지. 장인. the father of one's wife
がくふ[楽譜](명) 악보. 악곡을 일정한 기호로 써서 나타낸 것. a musical note
がくぶ[学部](명) 학부. 〔종합 대학 등에서〕 전공 학과에 따라 나눈 부. a department
がくふう[学風](명) 학풍. ①학문의 경향. ②학교의 기풍. 교풍(校風). 1. a method of study 2. school morals
がくぶち[額縁](명) ①사진틀 등의 테. ②장식을 위해 창문, 출입구 등의 둘레에 끼운 나무. 1. a picture frame
かくぶつちち[格物致知](명) 격물 치지. ①〔주자학(朱子学)에서〕 사물의 이치를 밝혀 지식을 닦는 것. ②〔양명학(陽明学)에서〕 뜻을 바로 잡음으로써 선천적인 양지(良知)를 얻는 것. 1. abstract and concrete study of natural principles
かくぶん[確聞](명·타サ) 확실히 들음. reliable information
かくぶんれつ[核分裂](명·자サ)〈이〉 핵분열. 원자핵이 각각 같은 크기의 두 원자핵으로 나누어지는 일. 원자핵 분열. ↔核融合(カクユウゴウ). nuclear fission
かくへいき[核兵器](명) 핵병기. 핵분열(核分裂) 또는 핵융합(核融合)을 할 때 생기는 에네르기를 이용한 병기. 원자 병기. 핵무기. nuclear weapons
かくべ(え)じし[角兵衛獅子](명) ①명공(名工) 카쿠베에(角兵衛)가 만든 사자탈. ②설에 아이들이 사자 머리와 닭의 꼬리같이 만든 옷을 입고 춤을 추는 일.
かくへき[隔壁](명) 격벽. ①간을 막은 벽. 간막이 벽. ②벽 하나를 사이에 둠. 1. a partition
かくべつ[格別](부·형동ダ) ①격별. 각별한 모양. ②별문제이지만.「いやだというのなら―だが; 싫다고 한다면 별문제이지만」 1. particularly 2. whether or not
かくほ[確保](명·타サ) 확보. 손아귀에 꽉 쥠. 확고(確

固)히 보유(保有)함.「地位(チイ)を一する; 지위를 확보하다」 security

かくほう[各方]ハウ一(명) 각방. 여러 방면. every part

かくほう[確報](명) 확보. 확실한 통지. a reliable report

かくぼう[角帽](명) ①각모. 대학생의 제모. 사각모. ②대학생. 1. a square cap 2. a university student

がくほう[学報](명) 학보. ①학술상의 보고나 잡지. ②대학의 보고 잡지.

がくぼう[学帽](명) 학모. 그 학교의 학생만 쓰기로 되어 있는 모자. a school cap

がくぼく[学僕](명) 학복. 서당에서 사환 노릇을 하며 공부하는 사람. a student dependant

かくぼん[角盆](명) 네모난 쟁반. ↔丸盆(マルボン). a square tray

かくま·う[匿う]カクマフ(타 4) 몰래 숨겨 두다. 은닉(隱匿)하다. shelter

かくまく[角膜](명)〈생〉각막. 안구(眼球)의 가장 바깥 벽으로서 공막(鞏膜)의 전면(前面)에 있는 둥근 접시 모양의 투명한 안막(眼膜). the cornea

かくまで(に)[斯く迄(に)](부) 이렇게까지. 이토록. this much

がくむ[学務](명) 학무. 학교나 교육에 관한 사무. school affairs

かくめい[革命](명) 혁명. ①왕조(王朝)가 바뀌는 것. ②국가나 사회 조직의 급격한 변혁(変革). 1. the change of a dynasty 2. a revolution

がくめい[学名](명) 학명. ①학문의 명성이나 명예.「一があがる; 학문적인 명성이 높아지다」②〈동·식〉동식물에 붙이는 각국 공통의 이름. 라틴어로 붙임. 2. a scientific name

がくめん[額面](명) 액면. ①편액(扁額). ②〈경〉증권이나 화폐의 표면에 적힌 금액. ③겉으로 나타난 말의 뜻. 「その批評(ヒヒョウ)は一どおりには受(ウ)け取(ト)れない; 그 비평은 액면대로 받아 들일 수는 없다」 1. a tablet 2. the face of a bill. —**われ**[額面割れ](명)〈경〉시세가 액면 금액보다 떨어지는 일. 액면 이하(額面以下).

かくもん[各問](명) 각각의 문제나 질문. each question

がくもん[学問](명·자サ) 학문. ①여러 가지 지식을 배움. ②배워 익힌 지식. ③체계적으로 조직된 지식. 1. learning 2. science. —**てき**[学問的](形動ダ) 학문적. 학문에 관계가 있는 모양.

がくや[楽屋](명) ①무대 뒤에 있어 배우들이 준비하고 휴식하는 곳. 분장실(扮装室). ②이면(裏面). 내막.「一話(バナシ); 내막 얘기」1. a greenroom 2. inside affairs. —**おち**[楽屋落ち](명) ①극장 등에서 내부의 사람에게만 통하는 일. ②내부 사정을 설명하는 것. —**すずめ**[楽屋雀](명) ①무대 뒤에 드나들어 연극 사정에 밝은 사람. ②사회의 내막에 밝은 사람.

かくやく[確約](명·자타サ) 확약. 확실히 약속함. 또는 그 약속. a definite promise

かくやす[格安](형동ダ) 품질에 비해 값이 싼 모양. cheap

かくゆう[客遊](명) 손이 되어 타향에 가 놂. 낯선 타향을 여행함. travelling

がくゆう[学友](명) 학우. ①같은 학문을 닦는 사람. ②학교 친구. 1. a friend of the same learning 2. a schoolmate

かくゆうごう[核融合](명)〈이〉핵융합. 원자핵이 결합하여 안정된 하나의 원자핵이 되는 현상. 원자핵 융합. ↔核分裂(カクブンレツ). nuclear fusion

かくよう[各様](명) 각양. 각각의 모양. 여러 모양.「各人(カクジン)一; 각인 각색」 variety

がくよう[学用](명) 학용. 학문 연구에 사용되는 것. —**ひん**[学用品](명) 학용품. 학습에 필요한 물품.

かぐら[神楽](명) ①신에게 제사 지낼 때 연주하는 무악(舞楽). ②연극의 반주 음악의 하나. ③궁중 이외의 곳에서 신에게 제사 지낼 때 연주하는 무악. 1. sacred music and dance

かぐらづき[神楽月](명)〈고〉음력 11월의 다른 이름.

かくらん[霍乱](명)〈의〉①일사병(日射病). ②곽란. 여름철에 일어나는 급성 장카타르. 심한 토사(吐瀉)를 함. 1. sunstroke 2. cholera nostras

かくらん[攪乱](명·타サ) 교란. 휘저어서 어지럽게 함. disturbance

かくり[隔離](명·자타サ) 격리. ①사이가 막혀 서로 떨어짐. ②〈의〉전염병 환자를 다른 곳에 떼어 두는 일.「一病室(ビョウシツ); 격리 병실」 1. separation 2. isolation

がくり[学理](명) 학리. 학문상의 이론. a scientific principle

かくりつ[格率](명) 격률. ①규칙. 준칙. ②〈철〉행위나 의욕(意欲)의 주관적 원리. 2. maxim

かくりつ[確立](명·자타サ) 확립. 굳건하게 섬. 단단히 세움.「基礎(キソ)を一する; 기초를 굳건히 세우다」 establishment

かくりつ[確率](명) 확률. 어떤 현상이 일어날 비율. 확실성의 정도. 공산(公算). probability

かくりょう[閣僚](명) 각료. 내각(内閣)의 구성원. 각원(閣員). Cabinet ministers

がくりょう[学寮](명) ①학교의 기숙사. ②절(寺院)의 중이 공부하는 곳. ③에도(江戸) 시대 성당에 부속된 생도의 기숙사. 1. a dormitory 2. a priests' seminary

かくりょく[核力](명)〈이〉핵력. 원자핵을 형성하는 양자(陽子)와 중성자 사이에 작용하는 강한 인력.

がくりょく[学力](명) 학력. 학문을 이해하고 응용하는 능력. 수학(修学)의 정도. scholarship

かくれ[隠れ](명) ①숨는 것. ②물건에 가려 보이지 않는 곳. 그늘. ③신분이 높은 사람의 죽음. ④엉덩이. 1. hiding 2. cover. —**が**[隠れ家](명) 세상이나 사람을 피하여 숨어 사는 집. —**ざと**[隠れ里](명) 세상을 등지고 숨어 사는 마을. —**(も)ない**[隠れ(も)無い](연어) 잘 알려져 있다. 유명하다.

がくれい[学齢](명) 학령. 국민 학교에 들어 갈 나이. 의무 교육의 기간. school age

かくれいわ[隠れ岩](명) 물속에 잠겨 보이지 않는 바

위. 암초(暗礁). a hidden rock
がくれき[学歴](명) 학력. 학문을 닦은 경력. a school career
かくれば[隠れ場](명) 숨을 곳. a refuge
かくれみず[隠れ水](명) 가려서 보이지 않게 흐르는 물.
かくれみの[隠れ蓑](명) 입으면 몸뚱이가 보이지 않게 된다는 도롱이. the mantle of invisibility
かく·れる[隠れる](자하 1) ①숨다. ②잠복하다. ③도망치다. 피하다. ④세속(世俗)을 등지다. ⑤"死ぬ(죽다)"의 높임말. 돌아가시다. 1. hide 2. lurk 3. run away
かくれんぼう[隠れん坊](명) 숨바꼭질. hide and seek
かぐろ·い[か黒い](형) 검은 느낌이 들다. ("か"는 가볍게 붙인 접두사) black
かくろう[客臘](명) 객랍. 지난해 섣달. 구랍(旧臘). last December
かくろう[閣老](명) 각로. 내각의 원로(元老).
がくろく[岳麓](명) 후지산(富士山)의 기슭.
かくろ·う[隠ろう]カクロフ(자하 2)〈고〉 ⇨かくれる.
かくろん[各論](명) 각론. 각 항목의 논설. ↔総論(ソウロン). a special argument
かくろん[確論](명) 확실한 이론. 정론(定論). an infallible argument
かぐわし·い[芳しい·馨しい]カグハシイ(형) ①향기롭다. ②아름답다. 훌륭하다. [파생] ── さ(명). 1. fragrant
がくわり[学割](명) (철도, 영화 등의) 학생 할인(学生割引)의 준말.
かくん[家君](명) 한 집안의 어른. 자기 아버지에 대한 높임말. the head of a family
かくん[家訓](명) 가훈. 가정의 가르침. 가헌(家憲). family precepts
がくん(부) ①급작스레 움직이는 모양. 덜커덕. ②(사람이) 갑자기 힘이 빠지는 모양.
―かけ[掛け](접미) 동작(動作)의 도중.「書(カ)き―; 쓰는 도중」
かけ[欠け](명) ①빠져서 부족되는 것. 빠짐. ②빠진 조각. 1. want 2. a fragment
かけ[掛け](명) ①거는 것. 걸이.「帽子(ボウシ)―; 모자걸이」②외상. 외상값. ③에누리. ④저울에 단 무게. ⑤뜨거운 국물에 만 메밀 국수. ⑥⇨うちかけ. ⑦낚시걸이. 1. suspending
かけ[賭け](명) 내기. 내기에 건 금품. gambling
かけ[鶏](명)〈고〉 닭.
かげ[陰·蔭·翳](명) ①빛이 안 닿는 부분. 그늘. ②가려서 보이지 않는 부분. ③(그) 사람이 없는 곳.「―で悪口(ワルクチ)をいう; 그 사람이 없는 데서 험담하다」④표면에 나타나지 않는 것.「―の人(ヒト); 이면의 사람」 1. the shade 2. the back
かげ[影](명) ①해나 달의 빛.「月(ツキ)―; 달빛」②〈이〉빛이 차단되어 생기는 어두운 모습. 그림자. ③비쳐 보이는 것.「鏡(カガミ)の―; 거울에 비친 그림」④모습.「―を隠(カク)す; 모습을 감추다」 1. a light 2. a shadow
かげ[鹿毛](명) 사슴털 같은 다갈색 털빛의 말. a fawn-coloured horse
―がけ[掛け](접미) ①걸다. 띠다.「たすき―; 멜빵을 걸고」②하려고 하는 때. 도중(途中).「行(イ)き―; 가는 도중(가는 길)」③할(割).「八(ハチ)―; 8할」④배(倍).「ふたつ―の大(オオ)きさ; 두 배의 크기」⑤앉을 수 있는 것.「三人(サンニン)―のいす; 세 사람이 앉을 수 있는 의자」⑥〔씨름, 유도 등에서〕 상대에게 덤빔.「十人(ジュウニン)―; 10인 상대」
がけ[崖·厓](명) 벼랑. 절벽. a cliff
かけあい[掛け合い]―アヒ(명·자サ) ①서로 끼얹음. ②서로 이야기함. ③둘 이상이 서로 말을 주고 받으며 하는 연예(演芸). 특히 만담. 2. negotiations
かけあ·う[掛け合う]―アフ(자 4) ①상치(相値)하다. 엇갈리다. ②서로 걸다. 서로 끼얹다. ③서로 관계하다. ④교대로 하다. ⑤서로 이야기하다. 교섭하다. 담판하다.「会場(カイジョウ)を―; 회장을 교섭하다」 3. relate each other
かけあし[駆け足·駈け足](명·자サ) ①달림. 구보(駆歩). ②질주. ③⇨ギャロップ. 2. running fast
かけあわ·せる[掛け合わせる]―アハセル(타하 1) ①(서로) 관계시키다. ②곱셈하다. ③교미(交尾)시키다. 교배(交配)하다. 2. multiply 3. cross
かけい[下掲](명·자サ) 밑에 게시(掲示)함. the undermentioned notice
かけい[火刑](명) 화형. 불태워 죽이는 형벌. burning at the stake
かけい[河系](명) 하천(河川)의 본류(本流)와 지류(支流)의 총칭. a river system
かけい[佳景](명) 가경. 아름다운 경치. 훌륭한 풍경(風景). a fine view
かけい[家兄](명) 가형. 자기의 형. my elder brother
かけい[家系](명) 가계. 한 집안의 계통. lineage
かけい[家計](명) 가계. ①한 집안의 생계(生計). ②살림의 수입과 지출. 살림살이.「―簿(ボ); 가계부」 household economy
がけい[雅兄](대) 아형.〔편지 등에서〕 남자 친구끼리 상대방을 높이어 부르는 말.
かけうどん[掛け饂飩](명) 뜨거운 국물에 만 밀국수. wheat vermicelli in soup
かけうま[賭馬](명) ①경마(競馬). ②경마에 쓰이는 말. 1. a horse race 2. a race-horse
かけうり[掛け売り](명) 외상 판매. selling on credit
かげえ[影絵·影画](명) 어떤 형상을 흉내 내어 창문이나 벽 등에 그림자를 나타내는 일. a shadow-picture
かけえり[掛け衿](명) 깃이 더럽히지 않도록 깃 위에 덧붙이는 깃. 덧깃. a double neckband
かけおち[駆け落ち](명·자サ) ①연인(恋人)들이 남 몰래 함께 다른 곳으로 달아남. 사랑의 도피(逃避). ②몰락(没落)했거나 나쁜 일을 저질러 타향으로 도망감. ③싸움에 져서 도망 침. elopement
かけがい[掛け買い]―ガヒ(명·타サ) 외상으로 삼. credit purchase

かけがえ[掛け替え]—ガへ(명) ①예비로 준비해 두는 같은 종류의 물건. 예비품. 대리품(代理品). 「—のない品(シナ); 다른 것과 대신할 것이 없는 물건(귀한 물건)」 ②대신(代身)이 될 사람. 「—のないわが子(コ); 둘도 없는 내 자식」 1. a substitute

かけか·える[掛け替える]—カヘル(타하 1) 고쳐 걸다. 다시 걸다. replace

かけがね[掛け金](명) 문을 잠그는 고리. a clasp

かけかまい[掛け構い]—カマヒ(명) 관계. 「—ない; 관계 없다」 relation

かげき[歌劇](명)〈악〉 가극. 극시(劇詩)와 음악, 무용 등을 혼용(混用)한 연극. an opera

かげき[過激](형동ダ) 과격. 지나치게 격렬(激烈)한 모양. 「—な運動(ウンドウ); 과격한 운동」 violent

かけきん[掛け金](명) ①일부나 월부로 내는 돈. ②외상값. 1. an instalment

かげぐち[陰口](명) 본인이 없는 곳에서 하는 험담. backbiting

かけくら(べ)(명·자サ) 다름박질. 경주(競走). a running match

かけご[懸子](명) 어떤 상자와 모양이 같으며 그 상자 안에 빡빡하게 들어 가게 만든 납작한 상자.

かけご[賭け碁](명) 내기 바둑.

かけごえ[掛け声]—ゴヱ(명·자サ) ①불러 대는 소리. ②장단을 맞추거나 기운을 나게 하기 위하여 내는 소리. 1. a shout 2. a shout to mark time

かけごと[賭け事](명·자サ) 돈이나 물건을 걸고 승부를 가림. 내기. 도박(賭博). a gamble

かげごと[陰言](명) ⇨かげぐち.

かけことば[掛け詞·懸け詞](명) 수사법(修辞法)의 하나. 한 말에 두 가지 뜻을 갖게 한 것. 예 : "すみの江(エ)の月(ツキ)"의 "すみ"는 "住み"와 "澄み"의 두 가지 뜻이 있음. a pivot-word

かけこ·む[駆け込む](자 4) 뛰어 들다. 달려 들어 가다. run into

かけこも·る[掛け籠る](자 4)〈고〉 열쇠를 잠그고 방안에 틀어 박히다.

かけさき[掛け先](명) 외상으로 판 상대방.

かけざん[掛け算](명)〈수〉 곱셈. multiplication

かけじ[掛け字](명) (글씨를 쓴) 족자(簇子). a hanging scroll

かけじ[懸路](명) ①돌이 많고 험한 길. 또는 산길. ②판자로 벼랑에 선반같이 만든 길. 잔도(桟道).

かけじく[掛け軸](명) ⇨かけもの(掛け物).

かけす[懸巣](명)〈동〉 어치. 까마귀과에 속하는 새. 소리가 곱고 다른 새들의 소리를 잘 흉내 냄. 언치새. a jay

かけず[掛け図](명) 괘도. 벽에 걸게 된 지도(地図)나 표본 그림. a wall-map

かけず(부)〈고〉 저항 없이. 문제 되지 않게. 간단히.

かけず·る[駆けずる·駈けずる]カケヅル(자 4) 이리저리 뛰어 다니다. 「駆(カ)けずりまわる; 이리저리 뛰어 돌아 다니다」 run about

かげぜん[陰膳](명) 객지에 있는 사람의 무사함을 빌기 위해 집에 있는 사람이 조석으로 차려 놓는 밥상. a meal set for an absent person

かけそば[掛け蕎麦](명) 뜨거운 국물에 만 메밀 국수. buckwheat macaroni in soup

かけだい[掛け鯛]—ダヒ(명) ①설날에 한쌍의 말린 도미를 새끼로 매어 대문 위나 부뚜막 위에 다는 것. ②축하 때에 놓는 아름다운 새끼로 묶은 두 마리의 도미 생선. 나무로 도미 모양을 새긴 것도 있음.

かけだおれ[掛倒れ](명) ①외상값이 걷히지 않는 것. ②비용만 들고 이익이 없는 것. 1. a bad debt 2. loss of expenses

かけだし[駆け出し](명) ①뛰기 시작함. 뜀. ②서투른 사람. 초심자. 신참(新参). 2. a novice

かけだ·す[駆け出す](자 4) ①뛰어 나가다. ②뛰기 시작하다. ③도망 치다. 1. run away 2. begin to run

かげち[陰地·蔭地](명) 음지. 그늘진 곳. the shade

かけちが·う[掛け違う]—チガフ(자 4) 엇갈리다. cross

かけぢゃや[掛け茶屋](명) 길가나 관광지 등에서 길손 등이 걸터앉아 쉬며 차를 마시게 하는 찻집. a tea-stall

かけつ[可決](명·타サ) 가결. 〔회의에서〕 의안(議案)이 좋다고 인정함. ↔否決(ヒケツ). approval

—かげつ[箇月](접미) 달(月)의 수를 세는 말. 「—(イッ)—; 1개월」

かけつ·ける[駆け付ける](자하 1) ①뛰어서 닿다. ②급히 달려 오다. 2. come hurriedly

かけっこ(명·자サ) 달음박질. 경주(競走). a race

かけて(연어)〔"に—"의 형태로〕 ①걸쳐서. 「春(ハル)から夏(ナツ)に—; 봄부터 여름에 걸쳐」 ②관하여. 「法律(ホウリツ)に—は専門家(センモンカ)だ; 법률에 관해서는 전문가다」 ③⇨かける(掛ける) Ⅰ ⑱⑲. 2. as regards

かけどけい[掛け時計](명) 벽이나 기둥에 걸게 된 큰 시계. 괘종(掛鐘). a wall-clock

かげとも(명)〈고〉 태양을 향하는 쪽. 남향(南向).

かけとり[掛け取り](명) 외상값을 받으러 다님. 또는 그 사람. bill-collection

かげながら[陰乍ら](부) 보이지 않는 곳에서 남 모르게. 「—ご無事(ブジ)をおいのりします; 남 몰래 무사하시기를 빕니다」 secretly

かけぬ·ける[駆け抜ける](자하 1) 뛰어서 앞지르다. outrun

かけね[掛け値](명·자サ) ①에누리함. ②과장(誇張)함. 「—のない賛辞(サンジ); 과장이 없는 찬사」 ③할인(割引)한 값. 1. an overcharge

かけはし[掛け橋](명) ①사다리. ②험한 벼랑에 널빤지 등을 걸쳐 만든 다리. ③중개자(仲介者). 매개(媒介). 1. a ladder

かけはな·れる[掛け離れる](자하 1) ①멀리 떨어지다. ②관계가 소원(疏遠)해지다. 1. be far apart

かけひ[懸け樋·筧](명) 땅 위에 걸쳐 놓은 홈통. a water-pipe

かけひき[駆け引き](명·자サ) ①싸움터에서의 진퇴(進退). ②상거래(商去来)나 교섭에서 그때그때 임기응변의 방법. 「―のうまい商人(ショウニン); 상술이 능란한 상인」 ③책략(策略). 권모 술수. 「―の多(オオ)い人(ヒト); 책략이 많은 사람」 2. bargaining

かげひなた[陰日向](명) ①그늘과 양지. ②사람이 보고 있을 때와 안 볼 때. 표리(表裏). 표면과 내심(内心). 「―なく働(ハタラ)く; 표리 없이 부지런히 일하다」 2. double-dealing

かけぶとん[掛け蒲団](명) 이불. ↔敷(シ)きぶとん. a coverlet

かけへだた·る[懸け隔たる](자 4) 현격. 멀리 떨어지다. 매우 떨어지다. 田懸け隔てる(하 1). be far apart

かけべり[掛け減り](명) ⇨めべり.

かげべんけい[陰弁慶](명) ⇨うちべんけい.

かげぼうし[影法師](명) 햇빛이나 불빛 때문에 비쳐 보이는 사람의 그림자. a shadow-figure

かげぼし[陰干し·陰乾し](명·타サ) 음건. 그늘에 말림. drying in the shade

かげま[陰間](명) 비역(男色)을 파는 소년. 남창(男娼). a professional catamite

かけまくも[掛けまくも](연어)〈고〉 말하기조차. 「―かしこき; 말하기조차 황송한(매우 황송한)」

かげまつり[陰祭り](명) 해를 걸러 행하는 정식 축제(祝祭)가 없는 해에 간단하게 행하는 축제. ↔本(ホン)祭り.

かけまわ·る[駆け回る]―マハル(자 4) ①이리저리 뛰어다니다. ②(남의 일로) 분주하게 돌아 다니다. run about

かげみ[影身](명) 몸의 그림자. 그림자처럼 잠시도 떨어지지 않는 것. keeping close to another

がけみち[崖道](명) 절벽 위의 길. 벼랑길. 낭떠러지의 길. a path over a precipice

かげむしゃ[影武者](명) ①적을 속이기 위하여 대장(大将) 또는 중요 인물과 같은 복장을 한 무사(武士). ②이면(裏面)에서 지휘하는 사람. 1. a dummy general

かけめ[欠け目](명) ①결핍되고 불완전한 부분. 결점. ②모자라는 근량(斤量). ③〔바둑에서〕 한 수 밖에 남지 않아 아무래도 살아 날 방법이 없는 것. 1. a break 2. a short weight

かけめ[掛け目](명) ①저울에 단 무게. ②생사(生絲) 1관(貫)을 뽑는 데 필요한 고치 값의 단위. ③〔뜨개질에서〕 코를 늘이는 방법의 하나. 1. weight

かけめぐ·る[駆け巡る](자 4) 뛰어 다니다. run about

かけもち[掛け持ち](명·타サ) 두 가지 이상을 함께 맡아 가짐. 겸임(兼任). 「二(フタ)つの学校(ガッコウ)を―で教(オシ)える; 두 학교를 겸임하여 가르치다」 holding two or more positions concurrently

かけもの[掛け物](명) 서화(書画) 등 벽에 걸어 놓고 보는 것. 족자(簇子). a hanging scroll

かけもの[賭け物](명) 내기에 거는 돈이나 물건. stakes

かげもん[陰紋](명) 음선(陰線)으로 윤곽만 그린 무늬.

かけや[掛け矢](명) 나무로 만든 큰 망치. a maul

かけやぶ·る[懸け破る](타 4)〈고〉 옷 등이 못에 걸려 "ㄱ"자 모양으로 찢기다.

かけよ·る[駆け寄る](자 4) 뛰어 오다. 달려 오다. run to

かけら[欠けら](명) 부서진 조각. 단편(断片). a fragment

かげり[翳り](명) 날이 흐린 것. being clouded

か·ける[欠ける](자하 1) ①갖춰야 할 것이 빠지다. 모자라다. ②망그러지다. 파손되다. ③이지러지다. ④소홀하게 되다. 1. lack 3. wane

か·ける[掛ける·懸ける] Ⅰ(타하 1) ①늘어뜨리다. 걸다. ②(다리를) 놓다. ③위에 얹다. 「なべを―; 남비를 얹다」 ④잠그다. 걸다. 「錠(ジョウ)を―; 쇠를 잠그다」 ⑤(사다리를) 걸치다. ⑥(물을) 뿌리다. ⑦걸치다. 「中国(チュウゴク)から九州(キュウシュウ)にかけて; 추우고쿠에서 큐우슈우에 걸쳐」 ⑧높이 올리다. 「帆(ホ)を―; 돛을 높이 올리다」 ⑨영향을 주다. 미치다. 「迷惑(メイワク)を―; 폐를 끼치다」 ⑩(불을) 붙이다. ⑪(시간이나 돈을) 쓰다. ⑫(어떤 수를) 곱하다. ⑬일부, 월부 등의 돈을 내다. ⑭사람 앞에 내놓고 …하다. 「裁判(サイバン)に―; 재판에 걸다」 ⑮열심히 기도하다. 「願(ガン)を―; 소원을 기도하다」 ⑯(저울로) 달아 보다. ⑰(기계를) 가동시키다. 「電話(デンワ)を―; 전화를 걸다」 ⑱(실패하면) …가 없어질 것을 각오하다. 「命(イノチ)を―; 목숨을 걸다」 ⑲맹세하다. 「神(カミ)かけて; 신에 맹세코」 ⑳시중 들게 하다. 「医者(イシャ)に―; 의사에게 보이다」 ㉑장치하여 빠지게 하다. 「わなに―; 함정에 빠지게 하다」 ㉒「心(ココロ)に―; 생각하다. 염려하다」 ㉓(웃사람을) 빕다. ㉔「口(クチ)に―; 말하다」 Ⅱ(보동·하 1) ①시작하다. 「走(ハシ)り―; 뛰기 시작하다」 ②되어 가다. 「死(シ)に―; 죽어 가다」 Ⅰ1. hang 2. lay 5. put up Ⅱ1. begin

かけ·る[翔る](자 4) 하늘 높이 날다. soar

か·ける[駆ける·駈ける](자하 1) ①뛰어 가다. 달리다. ②말을 타고 달리다. 1. run 2. canter

か·ける[賭ける](타하 1) ①내기하다. ②내기에 돈을 걸다. 「千円(センエン)―; 천 원 걸다」 ③위험을 무릅쓰고 하다. 「命(イノチ)を―; 목숨을 걸다」 1. bet

か·ける[繋ける](타하 1) ①매다. 「なわを―; 새끼줄을 매다」 ②맞추다. 끼우다. 1. fasten

かげ·る[陰る](자 4) ①그늘지다. 흐려지다. 「庭(ニワ)が―; 뜰이 그늘지다」 ②해가 기울다. 「日(ヒ)が―; 해가 기울다」 1. become clouded 2. get dark

かげろう[陽炎]カゲロフ(명) 아지랭이. simmering of heated air

かげろう[蜉蝣]カゲロフ(명) ①〈동〉 부유. 하루살이. ②목숨이 짧거나 덧없음의 비유. 1. a day-fly

かげろ·うカゲロフ(자 4)〈고〉 ①그늘지다. ②아지랭이처럼 아물거리다.

かけん[家憲](명) 가헌. 한집안의 규율(規律). 가훈(家訓). the family rules

―かげん[加減](접미) ①정도. 「糸(イト)の張(ハ)り―で; 실의 팽팽한 정도로」 ②알맞는 정도. 「飲(ノ)み

一の酒(サケ); 마시기 알맞는 술」 ③…의 기미. 또는 경향.「こごみ一の; 등이 좀 굽은 듯한」

かげん[下弦](명) 하현. 만월(滿月)과 다음 신월(新月)과의 중간에 뜨는 달. ↔上弦(ジョウゲン). the last phase of the moon

かげん[下限](명) 아래쪽의 한계. ↔上限(ジョウゲン). the lower limit

かげん[加減](명·타サ) 가감. ①더함과 덜함. ②조절함.「ねじのしめ方(カタ)を一する; 나사못의 죔을 조절하다」 ③정도. ④몸의 상태. 건강 상태.「一がわるい; 건강 상태가 나쁘다」 ⑤〈수〉 더하기와 빼기.「一乗除(ジョウジョ); 가감 승제」 1. addition and subtraction. **—もの**[加減物](명) 조절이 힘든 사물.

かげん[仮言](명) 어떤 조건을 가정(仮定)한 말. a hypothetical proposition

かげん[訛言](명) 잘못된 말. 와전(訛伝)된 말. 와설(訛説). a corruption

かげん[嘉言](명) 가언. 좋은 말. a good saying

かげん[寡言](명·형동ダ) 과언. 말이 적음. taciturnity

がけん[我見](명) ①자기의 견해. 자기의 편협한 견해. ②〈불〉 아집(我執). 1. self-opinion

がげん[雅言](명) ①우아한 말. 세련된 말. 좋은 말. ②시가(詩歌), 문장 등에 쓰이는 말. 1. refined words 2. elegant words

かげんみ[過現未](명)〈불〉 과현미. 과거, 현재, 미래의 삼세(三世).

かこ[水夫](명) 수부. 뱃사람. a sailor

かこ[過去](명) 과거. ①지나간 때. ②〈불〉 전세(前世). ③〔문법에서〕 지나간 동작이나 상태를 나타내는 어법(語法). 예: "行(ユ)く(가다)"의 과거는 "行(イ)った(갔다)". 1. the past

かご[籠](명) 바구니. a basket

かご[駕籠](명) 가마. a palanquin

〔駕籠〕

かご[加護](명·타サ) 가호. ①보호해 줌. ②신불(神仏)이 보호해 줌. 2. divine protection

かご[訛語](명) ①와전된 말. ②사투리. 1. a variant

かご[華語](명) 중국 말. 중국어. Chinese

かご[過誤](명) 과오. 잘못. 그릇된 것.「一を犯(オカ)す; 과오를 범하다」 an error

かご[歌語](명) 노래에 많이 쓰이는 말.

がご[雅語](명) 아름답고 고상한 말. elegant words

かこい[囲い]カコヒ(명) ①둘러 쌈. 둘러 싼 것. ②울타리. ③둘레. 주위. ④(채소 등의) 저장. ⑤집에 베푼 다실(茶室). ⑥←囲い者. 1. 2. an enclosure 3. circumference. **—もの**[囲い者](명) 딴 곳에 살림을 차린 첩.

かこ·う[囲う]カコフ(타4) ①둘러 싸다. ②숨겨 두다.「めかけを一; 첩을 두다」 ③저장해 두다.「野菜(ヤサイ)を一; 야채를 저장해 두다」 1. enclose 3. store

かこう[下降](명·자サ) 하강. 높은 데서 아래로 내려옴. descent

かこう[火口](명)〈지〉 화구. 화산의 분화구(噴火口).「一丘(キュウ); 화구구(분화구 속에 새로 생긴 화산)」 a crater. **—げん**[火口原](명)〈지〉 화구원. 화산 주위에 생긴 저지(低地). **—こ**[火口湖](명)〈지〉 화구호. 화산의 분화구에 물이 괴어서 이루어진 호수.

かこう[加工](명·타サ) 가공. ①인공을 더함. ②천연물이나 미완성품에 다시 수공(手工)을 더함.「一品(ヒン); 가공품」 1. manufacturing

かこう[可耕](명)〈농〉 경작할 수 있는 것.「一面積(メンセキ); 경작할 수 있는 면적」

かこう[仮構](명) ①가정. ②임시적인 구조. ③허위. 1. supposition 2. a temporary structure 3. a falsehood

かこう[河口](명) 하구. 강물이 바다로 흘러 들어 가는 어귀. the mouth of a river

かこう[河港](명) 하항. 강기슭에 있는 항구. ↔海港(カイコウ). a river port

かこう[花梗](명)〈생〉 화경. 꽃이 달리는 짧은 가지. 꽃자루. a peduncle

かこう[歌稿](명) 시가(詩歌)를 쓴 원고. a manuscript of a poem

かこう[嘉肴](명) 가효. 좋은 요리나 술안주.「珍味(チンミ)一; 썩 맛 있는 요리」 dainties

かごう[化合](명·자サ)〈이〉 화합. 둘 이상의 물질이 결합하여 새로운 물질을 이룩하는 화학 변화. chemical combination. **—ぶつ**[化合物](명)〈이〉 화합물. 화합하여 이룬 물질.

がこう[画工](명) 화공. 그림을 그리는 사람. 화가(画家). a painter

がこう[画稿](명) 화고. 대충 그려 놓은 그림. 초벌 그림. a sketch

がごう[雅号](명) 아호. 문인, 학자, 화가 등이 본명 외에 가지는 이름. 필명(筆名). a pen name

かこうがん[花崗岩](명)〈광〉 화강암. 석영(石英), 정장석(正長石), 사장석(斜長石), 운모(雲母) 등으로 이루어진 돌. granite

がこうそう[鵞口瘡](명)〈의〉 아구창. 입술이나 잇몸이 헐어서 썩는 병. 아감창(牙疳瘡). aphthae

かごか(형동ナリ)〈고〉 한가하고 고요한 모양. 고요하고 쓸쓸한 모양. 한적(閑寂).

かこかんりょう[過去完了](명) 과거 완료. 〔영문법 등에서〕 과거 어느 때에 이미 있었거나 행해졌던 동작을 나타내는 어법. the past perfect tense

かこく[河谷](명)〈지〉 하곡. 하천(河川)이 흐르는 골짜기. a river valley

かこく[苛酷](명·형동ダ) 가혹. 각박하고 혹독함. 매우 잔인함. 무자비(無慈悲). severity

かこく[過酷](명·형동ダ) 각박하고 혹독함. 지나치게 가혹함. overseverity

かごしま[鹿児島](명)〈지〉 큐우슈우(九州) 남쪽 끝에 있는 현. 또는 그 현의 현청 소재지.

かこちがお[かこち顔]ーガホ(명)〈고〉 슬픔에 잠긴 얼굴. 탄식하는 얼굴.

かこちょう[過去帳](명)〈불〉 과거장. 〔절에서〕 죽은 신

도들의 속명(俗名), 법명(法名), 죽은 날짜 등을 기록하여 두는 장부. 귀적(鬼籍). an obituary

かこ·つ[託つ](타 4) ①핑계 삼다. 구실 삼다. ②탄식하여 말하다. 원망하여 말하다. 1. make a pretext of

かこつ·ける[託ける](타하 1) 핑계 삼다. 구실 삼다.「病気(ビョウキ)にかこつけて休(ヤス)む; 병을 핑계 삼아 쉬다」 명 かこつけ. make a pretext of

かごと[託言](명)〈고〉 ①원망의 말. 불평. ②핑계의 말. 구실(口実).

かごぬけ[籠脱け](명·자サ) ①바구니를 빠져 나가는 곡예(曲芸). ②앞문으로 들어 와 돈이나 물건을 훔쳐 뒷문으로 몰래 도망 침.

かごのとり[籠の鳥](명) ①새장에 들어 있는 새. ②자유가 없는 사람. ③유녀(遊女). 2. a caged life

かこみ[囲み](명) ①(군대가) 에워 싼 것. ②둘레. 주위. 1. besiegement

かこ·む[囲む](타 4) 포위하다. 둘러 싸다. besiege

かごめ[籠目](명) ①바구니를 결은 눈. ②바구니 눈 같은 무늬. 1. woven bamboo pattern

〔籠目②〕

かこん[禍根](명) 화근. 재앙의 근원. the root of evil

かごん[過言](명) 과언. 지나친 말.「一ではない; 지나친 말은 아니다」 exaggeration

かさ[毬](명) (솔방울, 잣송이 등의) 구과(毬果).「松(マツ)一; 솔방울」 a cone

かさ[笠](명) ①삿갓. ②삿갓 모양으로 만든 것.「電燈(デントウ)の一; 전등 갓」 1. a bamboo-hat

かさ[傘](명) ①우산. 양산. ②우산 모양으로 만든 것.「松(マツ)たけの一; 송이버섯의 갓」 1. an umbrella

かさ[嵩](명) ①쌓인 것의 높이 또는 크기. ②용적(容積). ③높은 곳. 위쪽. 2. bulk

かさ[暈](명)〈천〉 햇무리. 달무리. a halo

かさ[瘡](명) ①피부병의 총칭. 부스럼. 헌데. ②〈속〉 매독(梅毒). 1. a blotch 2. syphilis

かざあし[風脚](명) 바람의 속도. 풍속. wind velocity

かざあな[風穴](명) 바람 구멍. 바람이 들어 오는 틈. a wind-hole

かさい[火災](명) 화재. ①불로 인한 재난. ②←火災保険. 1. a fire. **──ほけん**[火災保険](명)〈경〉 화재보험. 화재로 입은 손해를 보상하기 위한 보험.

かさい[家裁](명) 가정 재판소(家庭裁判所)의 준말.

かさい[歌才](명) 와카(和歌)를 잘 짓는 재주.

かざい[花材](명) 꽃꽂이에 쓰이는 재료.

かざい[家財](명) 가재. 한 집의 살림 도구. 또는 재산.「一道具(ドウグ); 가재 도구」 household effects

かざい[歌材](명) 와카(和歌)에 쓰이는 재료.

がさい[画才](명) 화재. 그림을 그리는 재능. a talent for art

がざい[画材](명) 화재. 그림의 재료나 도구. matter

かざおもて[風面](명) 바람이 불어 오는 쪽. the direction of the wind

かさかき[瘡掻き](명)〈속〉 매독 환자. a syphilitic

かさかさ(부·자サ) ①말라 물기가 없는 모양. ②가랑잎 등의 마른 것에 닿았을 때 나는 소리. 바삭바삭. 1. dry 2. rustling

がさがさ(부·자サ) ①물기나 기름기가 없이 까칠한 모양. ②성격이 메마른 모양. 거친 성격. 1. dry and rough

かざかみ[風上](명) ①바람이 불어 오는 쪽. ↔風下(カザシモ). ②위쪽. 윗자리.「一に置(オ)けぬ; 성질과 행실이 비열함을 욕하는 말」 1. windward

かさぎ[笠木](명) 문 위나 난간 위에 대는 가로대(横木). a top-beam

かざきり[風切り](명) ①배 위에 세워 바람의 방향을 보기 위한 기(旗). ②〈동〉 새 날개 끝에 한 줄로 나란히 나 있는 길고 센 깃. 칼깃. 1. a weather vane 2. flight feathers

かさく[仮作](명·타サ) 사실이 아닌 것을 조작(造作)함. fiction

〔風切り②〕

かさく[佳作](명) 가작. 잘된 작품.「選外(センガイ)一; 선외 가작」 a fine piece of work

かさく[家作](명) ①집을 지음. 또는 그 집. ②셋집. 1. building a house

かさく[寡作](명·형동ダ) 과작. 양적으로 적게 지음.「一の作家(サッカ); 작품을 적게 쓰는 작가」

かざぐすり[風薬](명) 감기약. medicine for the cold

かざぐち[風口](명) (난로, 아궁이 등의) 바람이 통할 수 있게 만들어 놓은 구멍. 바람 구멍. a wind-hole

かざぐるま[風車](명) 풍차. 바람의 힘으로 돌아 가게 되어 있는 바퀴. 팔랑개비. a windmill

かざけ[風気](명) 감기 기운. a touch of cold

かざごえ[風声]ーゴエ(명) 감기 들었을 때의 목소리. 콧소리. 쉰 목소리. a hoarse voice

かささぎ[鵲](명)〈동〉 까치. 까마귀과 까치속(属)에 속하는 새. 등은 검고 깃은 희끗희끗함. a magpie

かざし[挿頭](명)〈고〉 관(冠)이나 머리에 꽂는 꽃.

かざしも[風下](명) 바람이 불어 가는 쪽. ↔風上(カザカミ). leeward

かざ·す[翳す](타 4) ①가리다. 덮다.「手(テ)を火(ヒ)に一; 불에 손을 쬐다」 ②머리 위에 얹다. 그늘지게 하다.「小手(コテ)を一; 손을 눈썹 언저리에 대어 햇빛을 가리고 보다」 1. put over

かざ·す[挿頭す](타 4) 관(冠)이나 머리에 꽃 등을 꽂다.

かさだか[嵩高](형동ダ) ①부피가 많은 모양. ②얕보고 무례한 짓을 하는 모양. 1. bulky

がさつ(형동ダ) 언어, 동작 등이 침착하지 못하고 거친 모양. 덜렁대는 모양. rude

カザック[러kazak](명) 카자흐. 중앙 아시아 터어키 족의 한 파. 용감하고 말을 잘 탐.

がさつ·く(자 4) ①와삭거리다. ②침착하지 못하다. 덜렁대다. 1. rustle 2. be restless

かざとおし[風通し]ートホシ(명) 바람이 통하는 것. 통풍.「一がいい; 통풍이 잘되다」 ventilation

かさな·る[重なる](자 4) ①겹치다.「紙(カミ)が二枚(ニ

マイ)—; 종이가 두 장 겹치다」 ②거듭되다. 「災難(サイナン)が—; 재난이 거듭되다」 1. be piled up 2. come one after another

—**かさね**[重ね](접미) 겹친 것을 세는 말.

かさね[重ね·襲ね](명) ①겹침. 겹친 것. ②옷을 껴입음. ③속옷과 겉옷이 갖춰진 옷. 1. piling up. **—がさね**[重ね重ね](부) ①때때로. 가끔. ②거듭거듭. 더욱더. **—て**[重ねて](부) 되풀이해서. 재차. 「—お願(ネガ)いします; 거듭 부탁합니다」

かさ·ねる[重ねる](타하 1) ①겹치다. ②더하다. ③되풀이하다. 1. pile up 3. repeat

かさのだい[笠の台](명)〈속〉 목. 「—が飛(ト)ぶ; 목이 잘리다」 a neck

かざばな[風花](명) ①초겨울에 바람이 일고 비나 눈이 풀풀 내리는 것. ②바람에 불려 오는 눈. ③갠 날에 날리는 눈.

かさば·る[嵩張る](자 4) 부피가 늘다. 부피가 커지다. 「荷物(ニモツ)が—; 짐이 커지다」 be bulky

かさぶた[瘡蓋·痂](명) 부스럼 딱지. a scab

カサブランカ[Casablanca](명)〈지〉 카사블랑카. 모로코의 최대 도시. 근대적인 설비를 갖춘 아프리카 제일의 양항(良港).

かざまち[風待ち](명·자사) 배가 출범(出帆)하려고 순풍(順風)을 기다림. waiting for a favourable wind

かざまど[風窓](명) 풍창. ①통풍(通風)을 위해 뚫어 놓은 창. ②마루 밑에 뚫어 놓은 공기 구멍. 1. a window for ventilation

かざみ[汗衫](명)〈고〉 ①땀받이. 땀등거리. ②초여름에 여자나 아이들이 입는 웃옷.

かざみ[風見](명) 풍향(風向)을 관측하는 기계. 풍향계(風向計). 풍신기(風信器). a weathercock

かさ·む[嵩む](자 4) 부피가 커지다. grow bulky

かざむき[風向き](명) ①바람이 부는 쪽. 풍향. ②형세(形勢). 「会議(カイギ)の—が変(カ)わる; 회의의 형세가 바뀌다」 ③감정. 상태. 「社長(シャチョウ)の—がわるい; 사장의 기분이 나쁘다」 1. the direction of the wind 2. the situation

かざよけ[風除け](명) 바람을 막는 것. 바람막이. 방풍(防風). a windbreak

かざり[飾り](명) ①장식함. ②장식물. ③⇨しめかざり. ④⇨まつかざり. ⑤머리털. 「—をおろす; 중이 되다」 1. decoration 2. an ornament. **—け**[飾り気](명) 꾸며 남에게 잘 보이려고 하는 마음. 「—のない人(ヒト); 꾸밈이 없는 사람」 **—しょく**[飾り職·錺職](명) 금속의 장식품을 세공하는 직업. **—た·てる**[飾り立てる](타하 1) ①훌륭하게 장식하다. ②성장(盛裝)하다. **—つ·ける**[飾り付ける](타하 1) 장식하여 늘어놓다. 「店内(テンナイ)を—; 상점 안을 장식하다」 명 飾り付け. **—まつ**[飾り松](명) ⇨まつかざり. **—もの**[飾り物](명) ①장식품. ②실용이 안되는 것. **—や**[飾り屋·錺屋](명) 금속의 장식품을 세공하는 직업. 또는 그 사람.

かざ·る[飾る](타 4) ①표면을 아름답게 하다. 장식하다. 「ことばを—; 말을 꾸미다」 ②눈에 띄게 하다. 빛나게 하다. 「最後(サイゴ)を—功績(コウセキ); 최후를 빛내는 공적」 1. adorn

かさん[加算](명·타사) 가산. ①더하여 셈함. 보탬. ②〈수〉 덧셈. addition

かさん[加餐](명·자사) 몸을 조리함. 양생(養生). 섭생(摂生). care of health

かさん[家蚕](명) 가잠. 집에서 치는 누에. ↔野蚕(ヤサン).

かさん[家産](명) 가산. 한 집안의 재산. 가재(家財). family property

かざん[火山](명)〈지〉 화산. 땅속 깊이 있는 가스나 암장(岩漿)의 분출로 이루어지는 산. a volcano. **—がん**[火山岩](명)〈지〉 화산암. 암장이 지표(地表)나 지표에 가까운 곳에서 냉각되어 이루어진 화성암(火成岩). **—たい**[火山帯](명)〈지〉 화산대. 화산맥. **—だん**[火山弾](명)〈지〉 화산탄. 구형, 타원형, 방추형 등 특수한 형태를 이룬 용암의 조각. **—とう**[火山島](명)〈지〉 화산도. 해저 화산의 분출물이 쌓여, 해면 위로 나타난 섬. **—ばい**[火山灰]—バヒ(명) 화산회. 화산에서 분출하는 용암(熔岩)의 부스러기가 자디잔 먼지같이 된 재. **—みゃく**[火山脈](명)〈지〉 화산맥. 화산으로 된 산맥.

がさん[画賛·画讃](명) 그림에 써 넣는 문구(文句)나 문장. legend over a picture

かさんかすいそ[過酸化水素](명)〈이〉 과산화 수소. 무색(無色) 투명한 액체. 산화 작용이 강함. 표백, 방부, 소독 등에 씀. hydrogen peroxide

かし[貸し](명) ①빌림. ②빌린 돈. 「—がある; 받을 빚이 있다」 ↔借(カ)り. 1. lending 2. a loan

かし[樫](명)〈식〉 떡갈나무. 열매는 도토리. 목질(木質)이 단단하여 가구를 만드는 데 씀. an oak

かし(감조) 다짐하여 뜻을 강조하는 말. 「幸有(サチア)れ—; 부디 행복 있으라」

かし[河岸](명) 강변. 강가. 물가. a riverside

かし[下士](명) 하사. 사병 계급의 하나. 하사관. a noncommissioned officer

かし[下肢](명) 하지. 다리. the lower limbs

かし[下賜](명·타사) 하사. 주심. (임금이 신하에게) 내려 줌. an imperial grant

かし[可視](명) 가시. 눈으로 볼 수 있음. 「—光線(コウセン); 가시 광선」 visiable

かし[仮死](명)〈의〉 가사. 죽음과 거의 비슷한 상태. 인사 불성의 상태. syncope

かし[家士](명) 집에 딸린 무사(武士). 부하. a follower

かし[家資](명) 한 집안의 자산(資産). 가산(家産). 가재(家財). family property

かし[カ氏·華氏](명) 화씨 온도계. 화씨 온도계의 눈금. ↔セ氏·摂氏(セッシ). Fahrenheit

かし[菓子](명) 과자. 밀가루 등에 감미료(甘味料)를 넣어 만든 기호(嗜好) 본위의 음식. confectionery

かし[歌詞](명) 가사. 노래의 내용이 되는 문구. 가요곡이나 가극의 문구. the words of a song

かし[瑕疵](명) 하자. ①흠. 결점. ②〈법〉 완전한 조건

을 갖추지 못한 상태. 1. a flaw

かし[嫁資](명) 신부가 가지고 가는 재산. 지참금(持参金). a dowry

かじ[梶·楫·舵]カヂ(명) ①(배의) 키. 「一をとる; 키를 잡다」 ②비행기의 속도나 안정을 조절하는 장치. ③배를 나아가게 하는 도구. 노. 1. a helm 2. controls 3. an oar

かじ[鍛冶]カヂ(명) 시우쇠를 다루어 기구와 연장을 만드는 일. 대장일. 또는 대장장이. smithery

かじ[火事](명) (건물이나 산림 등에) 불이 붙어 타는 것. 화재(火災). a fire

かじ[加持](명·자サ) 가지. ①〈불〉 병이나 재앙을 면하기 위하여 부처에게 빎. ②기도. 1. faith-heading

かじ[家事](명) 가사. 살림살이에 관한 일. 집안 일. household affairs

かじ[華字](명) 중화 민국의 글자. 한문자. a Chinese character

一がし(접미)〔조사(助詞) "かし"의 변화로 명령형에 붙어서〕 …란 듯이. 「出(デ)て行(ユ)け一に; 나가란 듯이」 「congratulatory words

がし[賀詞](명) 축하의 말. 축사(祝詞). ↗

がし[餓死](명·자サ) 아사. 굶어 죽음. death from starvation

かしいえ[貸家](명) 셋집. a house to let

かしうり[貸し売り](명) ⇨かけうり.

かじお[梶緒]カヂヲ(명) 키를 배에 매는 밧줄.

かしおり[菓子折](명) 선물용 과자 상자. a package of cake

かじか[鰍](명)〈동〉 둑중개. 민물 고기로, 맑은 물속 자갈 틈이나 모래톱에 삶. a miller's-thumb

かじか(がえる)[河鹿(蛙)]一(ガヘル)(명)〈동〉 개구리의 한 가지. 몸은 여윈 편이고 수놈은 여름에 맑은 소리로 울어 애완용으로 기름. a singing frog

かしかた[貸し方](명) ①빌려 주는 쪽. 또는 그 사람. ②빌려 주는 방법. ③〔부기(簿記)에서〕 지출(支出)을 기입하는 부분. ↔借(カ)り方. 1. the creditor

かしがまし·い[囂しい](형) 시끄럽다. 소란하다. 요란스럽다. 「一おしゃべり; 시끄러운 수다」 파생 **一さ**(명). noisy

かじか·む(자 4) 추위로 손이 곱아지다. be benumbed with cold

かしかり[貸し借り](명·타サ) 꾸어 줌과 꿈. 대차(貸借). lending and borrowing

かしかん[下士官](명)〈군〉 하사관. 장교 바로 아래 지위에 있는 군인. a noncommissioned officer

かしかんだんけい[カ氏寒暖計·華氏寒暖計](명) 화씨 온도계. 도이치 파아렌하이트가 창안한 온도계. 기호는 F. 빙점(氷点)은 32 도, 비점(沸点)은 212 도. a Fahrenheit thermometer

かじき(まぐろ)[舵木(鮪)]カヂ一(명)〈동〉 새치다래. 위턱이 칼처럼 돌출되어 있는 바닷물고기. a marlin

かしきり[貸し切り](명) 대절. 약속한 기간 동안 전적으로 빌림. reserving

かしき·る[貸し切る](타 4) ①대절하다. ②죄다 빌리다. 명 貸し切り. 1. reserve 2. lend all

かしきん[貸し金](명) 빌려 준 돈. a loan

かしく[可祝](명) ⇨かしこ.

かし·ぐ[炊ぐ·爨ぐ](타 4) (밥을) 짓다. boil

かし·ぐ[傾ぐ](자 4) 기울다. 기울어지다. 「地震(ジシン)で家(イエ)が一; 지진으로 집이 기울어지다」 incline

かじく[花軸](명)〈생〉 화축. 꽃자루(花梗)가 달리는 줄기. 꽃대. a floral axis

かし·げる[傾げる](타하 1) 기울이다. 옆으로 굽히다. 「首(クビ)を一; 고개를 갸웃하다」 incline

かじ·ける(자하 1) 추워서 손발이 곱다. 「寒(サム)くて手(テ)が一; 추워서 손이 곱다」 benumb

かしこ(명)〔"かしこし(황공합니다)"의 어간(語幹)〕 여자가 편지 끝에 쓰는 말. 삼가 이만 사뢰나이다.↘

かしこ[彼処](대) ⇨あそこ. ⌊Very sincerely yours

かしこ·い[賢い](형) 슬기롭다. 현명하다. 파생 **一げ**(형동ダ). **一さ**(명). clever

かしこくも[畏くも](부) 황공하옵게도.

かしこし[貸し越し](명)〈경〉 대월(貸越). 은행이 예금의 잔고 이상으로 수표를 발행하는 일. ↔借(カ)り越し. 동 貸し越す(타 4). overdraft

かしこ·し[畏し·恐し](형 ク)〈고〉 ①황송하다. ②두렵다. 겁나다. ③고맙다. ④고귀하다.

かしこだて[賢立て](명·자サ) ⇨さかしら.

かしこどころ[賢所](명) ①궁중(宮中) 안에 야타노카가미(八咫鏡)를 모시어 둔 신전(神殿). ②야타노카가미(八咫鏡).

かしこま·る[畏まる](자 4) ①황공하여 하다. 죄송하여 하다. ②사과하다. ③무릎을 꿇고 앉다. 「その場(バ)に一; 그 자리에 무릎을 꿇고 앉다」 ④삼가 복종하다. 「かしこまりました; 알겠사옵니다(분부대로 하겠읍니다)」 1. be awed

かしさ·げる[貸し下げる](타하 1) 관청에서 민간에게 빌려 주다. 대여(貸与)하다. 명 貸し下げ. lend

かしざしき[貸座敷](명) ①유곽(遊廓). ②⇨かしせき. 1. a brothel

かししつ[貸し室](명) 돈을 받고 빌려 주는 방. 아파아트. a room to let

かしず·く[傅く·侍く]カシヅク(자 4) ①시중을 들면서 보호하다. ②돌보아 주다. ③소중하게 기르다. 1. attend 2. guard

かしせき[貸し席](명) (회의나 식사를 위하여) 돈을 받고 빌려 주는 방. a room for hire

かしだおれ[貸し倒れ]一ダフレ(명·자サ) 빌려 준 돈을 받지 못하게 됨. a bad debt

かしだ·す[貸し出す](타 4) 대출(貸出)하다. 꾸어 주거나 주기 위하여 지출하다. 명 貸し出し. lend

かしち[貸し地](명) 돈을 받고 빌려 주는 토지. 대토(貸土). land to let

かしちん[貸し賃](명) 빌려 주었을 때 받는 돈. 임대료(賃貸料). rent

かしつ[家室](명) ①집. ②한집안 식구. 가족(家族).

③아내. 1. a house 2. a family 3. a wife
かしつ[過失](명) 과실. 부주의로 인한 잘못. a fault.
— ちし[過失致死](연어·명)〈법〉 과실 치사. 실수로 사람을 죽이는 것.
かじつ[果実](명) 과실. ①열매. ②과일. a fruit
かじつ[佳日](명) 가일. 좋은 날. 길일(吉日). 경사스러운 날. an auspicious day
かじつ[夏日](명·부) 하일. 여름날. a summer day
かじつ[過日](명·부) 과일. 지난날. 전날. the other day
かじつ[嘉日](명) 가일. 좋은 날. 경사스러운 날. auspicious day
がしつ[画室](명) 화실. 그림을 그리는 방. 아틀리에. a studio
がしつ[画質](명) (텔레비의) 영상(映像)의 질(정도).
かじづか[舵柄]カヂー(명) 키의 손잡이. a tiller
かしつけ[貸し付け](명) 대부. 금품을 빌려 줌. lending.
— しんたく[貸付信託](연어·명)〈경〉 대부 신탁. 신탁 은행이 대부 신탁 증권을 발행하여 모인 자금을 대부해서 그 이익을 증권 소유자에게 분배하는 제도.
かして[貸し手](명) 빌려 준 사람. 대주(貸主). a lender
かしどり[橿鳥·樫鳥](명)〈동〉 ⇨かけす.
かじとり[舵取り]カヂー(명) ①키잡이. 타수(舵手). ②단체의 지도자. 1. a steersman 2. a leader
かじどろ[火事泥](명) ⇨かじばどろぼう.
かしぬし[貸し主](명) 대주. 금품(金品)을 빌려 준 사람. a lender
カジノ[이 casino](명) 카지노. ①클럽. ②집회소. ③오락장. 도박장. ④레뷔 흥행장.
かじば[火事場](명) 화재가 난 곳. a scence of a fire.
— どろぼう[火事場泥坊](명) ①불난 데서 도둑질하는 사람. ②혼잡 속에서 이익을 취하는 사람.
かじぼう[梶棒]カヂー(명) ①수레 특히 인력거의 채. ⇨:じんりきしゃ. ②⇨かじづか. 1. shafts
かしほん[貸し本](명) 대본. 돈을 받고 빌려 주는 책. 세책(貰冊). 「一屋(ヤ); 대본 집」 a book for lending
かしま[貸し間](명) 돈을 받고 빌려 주는 방. 세방(貰房). a room to let
かじまくら[梶枕·舵枕]カヂー(명) 배 안에서 자는 것. sleeping in a ship
かしまし·い[囂しい·姦しい](형) 떠들썩하다. 시끄럽다. 「女三人(オンナサンニン)よればー; 여자 셋이 모이면 시끄럽다」 파생 **— さ**(명). noisy
かしまだち[鹿島立ち](명·자サ) ①출발함. ②출전(出戦)함. ③출범(出帆)함. 동かしま立つ(자 4). 1. start 2. departure for the front
ガジマル(명)〈식〉 벤골보리수(菩提樹). 열대 지방의 상록수로 가지에서 많은 지주근(支柱根)이 나옴. a banyan tree
カシミア[cashmere](명) 캐시미어. 인도의 캐시미르 지방에서 나는 산양(山羊)의 털로 짠 부드러운 직물. 윤기가 있고 바탕이 질겨서 양복지로 많이 쓰임.
カシミール[Kashmir](명)〈지〉 캐시미르. 인도 북서부에 있는 토후국(土侯国). 농산물, 석탄, 석회 등을 산출하며, 양모(羊毛)와 캐시미어 직물로 유명함.
かしみせ[貸店](명) 대점. 세를 주는 가게. a stall to let
かじみまい[火事見舞](명·자サ) 화재당한 사람을 위문함. inquiry on the occasion of a fire
かじめ[搗布](명)〈식〉 개다시마. 갈조류(褐藻類)의 바닷말(海藻).
かしもと[貸し元](명) ①돈을 빌려 주는 사람. ②노름군의 두목. 1. a capitalist
かしゃ[貨車](명) 화차. 화물을 나르는 차. 화물 열차. 「一繰(グ)り; 화차의 배차」 a goods wagon
かしや[貸し家](명) 셋집. a house to let
かじや[鍛冶屋]カヂー(명) ①대장간. 대장장이. ②〈속〉상자 등의 못을 빼는, 끝이 S자 모양으로 구부러진 도구. 1. a smith
かしゃく[仮借](명·타サ) 가차. ①빌리는 일. ②사정을 봐 줌. 용서. 「一しない; 용서하지 않다」 ③〔바르게는 "かしゃ"〕 한자(漢字)의 육서(六書)의 하나. 어떤 말을 적는 데 적당한 글자가 없을 때, 뜻은 다르나 음이 같은 글자를 빌어서 쓰는 법. 예: 제기(祭器)의 뜻을 가진 두(豆)를 그와 같은 음을 가진 콩의 뜻으로 쓰는 것 따위. ④한자를 발음 부호로 쓰는 용법. 예: 也末=山(ヤマ). 1. borrow
かしゃく[呵責](명) 가책. 꾸짖음. 책망. 「良心(リョウシン)の一; 양심의 가책」 torture
かしゅ[火手](명) (기관차 등의) 화부(火夫). a fireman
かしゅ[火酒](명) 워트카, 위스키, 브랜디, 소주 등 주정분(酒精分)이 강한 술. 증류주(蒸溜酒). spirits
かしゅ[歌手](명) 가수. 노래를 잘 불러 그것으로 업을 삼는 사람. 유행 가수. a singer
かじゅ[果樹](명) 과수. 과실 나무. a fruit-tree
がしゅ[画趣](명) 그림과 같은 정취(情趣). 그림이 될 만한 풍경. picturesqueness
がしゅ[雅趣](명) 아취. 아담한 정취(情趣). 또는 취미. tastefulness
かしゅう[加州](명)〈지〉 가주. 미국 캘리포오니아주.
かしゅう[家集](명) 개인의 와카(和歌) 등의 시가를 모은 책. ↔撰集(センシュウ). the collected poetical works
かしゅう[歌集](명) 노래를 모은 책. 가곡집(歌曲集). a collection of poems
カシュー[cashew](명) 캐슈. 서인도 제도에서 나는 옻나무의 열매. 즙은 약용, 염료로 쓰고 어린 싹은 식용함.
かじゅう[加重](명·자타サ) 가중. 더욱 무거워짐. 무게를 더함. becoming heavier
かじゅう[佳什](명) 훌륭한 시가(詩歌). a fine piece of poetry
かじゅう[果汁](명) 과즙. 과일즙. fruit juice
かじゅう[荷重](명) 짐의 무게. load
かじゅう[家什](명) 가집. 집안의 온갖 세간. 가장 집물(家蔵什物). furniture
かじゅう[過重](형동ダ) 과중. 지나치게 무거운 모양. 힘에 겨운 모양. 「一な負担(フタン); 힘에 겨운 부담」 overweight

がしゅう[我執](명) 아집. ①〈불〉 자아(自我)가 실재(実在)하는 것으로 생각하는 것. 아견(我見). ②자기만을 내세움. 자기의 의견에 사로잡혀 고집함. 2. egotism
がしゅう[画集](명) 화집. 그림을 모은 책. a collection of pictures
かじゅえん[果樹園](명) 과수원. 과수를 재배하는 농원(農園). an orchard
かじゅく[家塾](명) 가숙. 개인이 하는 글방. 사숙(私塾). a private school
ガジュマル(명)〈식〉 ⇨ガジマル.
がじゅん[雅馴](명·형동ダ) ①말씨나 필적이 고상하고 아름다움. ②문장고의 품이 높고 점잖음. refinement
かしょ[華胥](명)〔옛날 중국의 황제(黄帝)가 낮잠을 자다가 꿈에 보았다는 선정(善政)의 나라〕 화서지몽(華胥之夢). 낮잠. 좋은 꿈.
かしょ[歌書](명) 와카(和歌)에 대해 쓴 책.
かしょ[家書](명) ①자기 집에서 온 편지. ②자기 집의 장서(蔵書). 2. one's collection of books
かしょ[箇所·個所](명) 개소. 군데. 장소. a place
かじょ[加除](명·타サ) ①보탬과 뺌. ②〈수〉 더하기와 나누기. 1. addition and exclusion
かじょ[花序](명) 화서. 꽃이 줄기나 가지에 배열되는 모양. 꽃차례. inflorescence
かしょう[火傷](명·자サ)〈의〉 화상. 불에 데어 상함. 또는 그 상처. a burn
かしょう[仮称](명·자サ) 가칭. ①가정(仮定)으로 일컬음. ②거짓 일컬음. 1. a provisional name
かしょう[仮象](명) 가상. 거짓 현상(現象). 거짓 형태. an appearance
かしょう[河床](명)〈지〉 하상. 하천의 밑바닥. 강바닥. a riverbed
かしょう[和尚](명)〈불〉 화상. ①수행(修行)을 많이 한 중. ②〔천태종(天台宗)에서〕 중의 높임말. 2. a Buddhist priest
かしょう[訛称](명) 그릇 일컫는 말. 발음이 그릇 변한 말. 사투리. a corruption
かしょう[華商](명) 화상. 외국에 사는 중국의 상인. 화교(華僑). a Chinese merchant abroad
かしょう[過賞](명·타サ) 상을 지나치게 줌. 지나친 칭찬. overpraise
かしょう[歌唱](명·자サ) 가창. 노래 부름. 「—指導(シドウ); 노래 지도」 singing
かしょう[嘉祥](명) 헤이안(平安) 시대, 음력 6월 16일에 역병(疫病)을 쫓기 위해 16개의 과자나 떡을 신에게 바친 뒤 그것을 먹던 일.
かしょう[嘉賞](명·타サ) 가상. 좋다고 칭찬함. 칭찬하여 기림. approval
かしょう[過小](형동ダ) 과소. 지나치게 작은 모양. 「—評価(ヒョウカ); 과소 평가」 ↔過大(カダイ). too small
かしょう[過少](형동ダ) 과소. 지나치게 적은 모양. 「—資本(シホン); 과소 자본」 ↔過多(カタ). too little
かしょう[寡少](형동ダ) 과소. 아주 적은 모양. fewness
かじょう[下情](명) 일반 민중(民衆)의 실정. 백성의 형편. 「—上達(ジョウタツ); 하정 상달(민중의 실정이 정치인에게 잘 알려짐)」 the condition of the people
かじょう[火定](명·자サ)〈불〉 화정. 불도를 닦은 사람이 스스로 불속으로 들어 가 죽음. suicide in a fire
かじょう[河上](명) 하상. ①강 위. ②강가.
かじょう[科条](명) 과조. 규칙. 법령(法令). regulations
かじょう[家常](명) 한집안의 습관. a family custom. — **さはん**[家常茶飯](명) 예사로운 일. 일상 있는 일. 항다반(恒茶飯).
かじょう[渦状](명) 와상. 소용돌이치는 꼴. 「—星雲(セイウン); 와상 성운」 a spiral
かじょう[過剰](명·형동ダ) 과잉. 지나침. 「—忠誠(チュウセイ); 과잉 충성」 surplus. — **せいさん**[過剰生産](명)〈경〉 과잉 생산. 물품의 소비력에 비하여 정도에 지나치게 많은 생산. — **とうし**[過剰投資](명)〈경〉 과잉 투자. 생산 설비의 확장, 신설 등에 대한 한도 이상의 투자.
かじょう[箇条](명) 개조. 낱낱의 조목. an article. — **がき**[箇条書き](명) 낱낱의 조항으로 나누어 쓴 것.
がしょう[画商](명) 화상. 그림을 사고 파는 업. 또는 그 사람. a picture dealer
がしょう[臥床](명·자サ) ①잠자리. ②병으로 누워 있음. 1. a bed 2. being sick in bed
がしょう[賀正](명) 하정. 새해를 축하함. 연하장(年賀状) 등에 쓰는 말. a Happy New Year
がしょう[雅称](명) 아칭. 풍아(風雅)한 이름. an elegant name
がじょう[牙城](명) 아성. ①성(城)의 중심. 본진(本陣). ②본거지(本拠地). 근거지. 1. the inner citadel
がじょう[画帖](명) 화첩. ①그림을 모아 엮은 책. ②그림을 그릴 수 있도록 만든 책. a picture-album
がじょう[賀状](명) 하장. ①경사를 축하하는 편지. 축하의 편지. ②연하장(年賀状). 1. a congratulatory letter 2. a New Year's card
かしょく[火食](명·자サ) 화식. 익혀 먹음. eating of cooked food
かしょく[仮植](명·타サ) 가식. 임시로 심음.
かしょく[家職](명) 가업(家業). one's trade
かしょく[華飾](명) ①화려하게 꾸밈. ②지나친 치장. 1. a showy decoration 2. extravagance
かしょく[華燭](명) 화촉. ①호화로운 등불. ②혼례식에 켜는 촛불. 「—の典(テン); 화촉지전(결혼식)」
かしょく[貨殖](명) 재화(財貨)를 늘임. 「—の道(ミチ); 재화를 늘이는 길」 money-making
かしょく[過食](명·타サ) 과식. 너무 많이 먹음. overeating
かしら[頭](명) ①머리. ②머리에 해당하는 부분. ③머리털. ④두목. 우두머리. ⑤현장 감독. 1. the head 4. a chief. — **がき**[頭書](명) 머리말. — **だ·つ**[頭立つ](자 4) 윗자리에 서다. 남을 지배하다. — **ぶん**[頭分](명) 우두머리. 두목. — **もじ**[頭文字](명) ①두문자. 머리에 오는 글자. ②로마자의 대문자. — **やく**[頭役](명) 우두머리. 장(長).

―がしら[頭](조어) ①그때, 그 찰나 등의 뜻을 나타내는 말. …자마자. 「出(デ)あい―; 만나자마자」 ②어떤 말에 붙여 월일(月日) 또는 시간의 처음인 것을 나타내는 말. 첫머리. 「月(ツキ)―; 월초(月初)」

かじりつ·く[齧り付く](자 4) ①물어 뜯다. ②꽉 달라붙다. ③그것만을 믿고 매달리다. 「辞典(ジテン)に―; 사전에만 매달리다」 1. bite 2. stick

かしりょう[貸料](명) 물건을 빌리는 요금. rent

かじ·る[齧る](타 4) ①이로 갉다. ②일부분만을 알다. 「統計学(トウケイガク)を―; 통계학을 약간 알다」 1. gnaw 2. smatter

かしわ[槲·柏]カシハ(명)〈식〉 떡갈나무. 너도밤나무과에 속하는 낙엽 활엽 교목. an oak. **―もち**[柏餅](명) ①떡갈나무의 잎으로 싼 찹쌀 떡. ②〈속〉 이불을 한 자락은 깔고 한 자락은 덮고 자는 일.

かしわ[黄鶏]カシハ(명) ①황계. 털빛이 누른 닭. ②닭고기. 1. a brown fowl

かしわで[柏手]カシハ―(명) 신(神)에게 빌 때 두 손을 마주 치는 일. clapping one's hand

かしわで[膳·膳夫]カシハデ(명)〈고〉 ①식기. 밥상. 음식. ②요리사. 숙수.

かしわびと[餉手]カシハ―(명)〈고〉 요리인. 숙수.

かしん[下臣](명) ①지위가 낮은 신하. ②신하가 자기를 겸사로 일컫는 말.

かしん[花心](명) 화심. 꽃의 중심. 꽃의 한가운데. 꽃술이 있는 부분. the gynoecium and androecium

かしん[花信](명) 화신. 꽃이 핌을 알리는 소식. 꽃소식. tidings of flowers

かしん[佳辰](명) 가신. 좋은 날. 경사스러운 날. an auspicious day

かしん[河心](명) 강의 한복판. the midst of a river

かしん[家臣](명) 가신. 제후(諸侯)를 모시는 신하. a vassal

かしん[家信](명) 가신. 자기 집에서 온 편지. a letter from one's home

かしん[家親](명) 가친. 집에 있는 어버이. 자기 어버이. one's parents

かしん[過信](명·타サ) 과신. 지나치게 믿음. overconfidence

かじん[佳人](명) 가인. 아름다운 여자. 미인(美人). a beauty

かじん[家人](명) ①한집안 사람. 처자 권속(妻子眷属). 가족. ②가신(家臣). 1. the family

かじん[歌人](명) 와카(和歌)를 짓는 사람.

がじん[画人](명) 그림을 그리는 사람. 화가. an artist

がしんしょうたん[臥薪嘗胆](연어·명·자サ) 와신 상담. 〔섶에 누워 쓸개를 핥는다는 뜻으로〕 원수를 갚으려고 괴로움을 참고 애쓰는 것의 비유. struggle against difficulties for the sake of vengeance

かす(명)〈속〉 잔소리. 「―を食(ク)う; 잔소리를 듣다」 a scolding

かす[滓](명) 찌꺼기. 앙금. dregs

かす[糟·粕](명) ①지게미. ②좋은 것을 뽑고 남은 찌꺼기. ③보잘 것 없거나 쓸모 없는 것. 「人間(ニンゲン)の―; 인간의 찌꺼기」 1. brewer's grains

か·す[化す](자타 4) …화하다. …되다. turne to

か·す[仮す](타 4) ①빌려 주다. ②주다. 「時(トキ)を―; 시간의 여유를 주다」 ③유예하다. 2. grant

か·す[貸す](타 4) ①빌려 주다. ②조력하다. 돕다. 「力(チカラ)を―; 도와 주다」 1. lend 2. aid

か·す[嫁す](자타 4) 시집 가다. be married

か·す[課す](타 4) ①배당하다. 할당하다. ②부과하다. 2. levy

かず[数](명) 수. ①사물의 많고 적은 것을 세는 말. ②가지가지. 「―ある中(ナカ)で; 여러 가지 있는 중에서」 ③특별히 셀 만한 가치가 있는 것. 「―ならぬ; 하찮은. 천한」 ④동류(同類). ⑤수자(数字). 1. a number 2. numerousness

かず[下図](명) 하도. 아래의 그림. the figure placed below

が·す[賀す](타 4) 축하하다. congratulate

ガス[네 gas·瓦斯](명) 가스. ①기체의 총칭. ②연료(燃料)로 쓰이는 기체. 「―ストーブ; 가스 난로」 ③독가스. ④가스실. ⑤가솔린. ⑥해상(海上)의 짙은 안개. ⑦〈속〉 방귀. **―いと**[瓦斯糸](명) 가스실. 주란사실. **―おり**[瓦斯織](명) 주란사실로 짠 직물. **―かん**[瓦斯管](명) 가스관. 가스를 보내는 강철관. **―いりでんきゅう**[瓦斯入電球](명) 가스 전구. 전구 내부에 질소, 아르곤 등의 불활성(不活性) 가스를 넣은 전구.

かすい[下垂](명·자サ) (아래로) 늘어짐. hanging down

かすい[仮睡](명·자サ) 선잠. a nap

かすい[河水](명) 하수. 냇물. 강물. river-water

かずい[嘉瑞](명) 좋은 징조. 길조(吉兆). a good omen

かすいぶんかい[加水分解](명·자타サ)〈이〉 가수 분해. ①염류(塩類)가 물에 분해되어 산성 또는 알칼리성을 띠게 되는 것. ②유기 화합물이 물과 반응하여 분해되는 것. hydrolysis

ガスえそ[瓦斯壊疽](명)〈의〉 가스 회저. 가스 회저균이 상처를 통하여 몸속에 들어 감으로써 일어나는 회저. 환부(患部)에 가스가 발생하여 몹시 붓고, 독소(毒素) 때문에 심장이 쇠약해짐. gaseous gangrene

かすか[幽か·微か](형동ダ) ①분명하지 않은 모양. 희미한 모양. ②외로운 모양. 적적한 모양. 약하디 약한 모양. 「―な声(コエ); 가냘픈 목소리」 1. faint

〔鎹②〕

かすがい[鎹]カスガヒ(명) ①걸쇠. ②꺾쇠. ③두 개를 연결시키는 것. 「子(コ)は―; 자식은 부모간의 꺾쇠」 2. a cramp

かずかず[数数](명·부) 갖가지. 수가 많음. 「―の作品(サクヒン); 수많은 작품」 a great many

かずき[被衣]カヅキ(명) 옛날 부인이 외출할 때에 머리에 뒤집어 쓰던 옷. 장옷.

かすげ[糟毛](명) 털빛의 하나. 회색(灰色)에 흰 털이 섞인 털 빛.

〔被衣〕

かず·ける[被ける]カヅケル(타하 1) ①씌우다. ②뒤집어 씌우다.「罪(ツミ)を一; 죄를 뒤집어 씌우다」 1. cover 2. lay on

かずさ[上総](명) 옛 지방 이름. 현재 치바현(千葉県)의 일부.

かすじる[粕汁](명) 지게미를 넣은 된장국.

カスター[caster](명) 카아스터. 소금, 후추, 소오스 등을 넣어 두는 테이블용의 기구.

カスター(ド)[custard](명) 커스터드. 우유와 달걀에 설탕, 향미료 등을 넣어서 흐물흐물하게 찌거나 구운 과자.

ガスタービン[gas turbine](명) 가스터어빈. 터어빈의 한 가지. 압축 공기에 연료를 혼합하여 연소시켜서 생기는 고온 고압(高温高圧)의 가스로 터어빈차(車)를 회전시켜 동력을 일으키는 원동기.

カスタネット[ス castañetto](명)〈악〉캐스터네츠. 스페인의 타악기. 두 짝의 목편(木片)이나 상아를 손가락에 끼워 서로 부딪게 하여 소리를 내는 악기.

〔カスタネット〕

カスチング ボート[casting vote](명) 캐스팅보우트. ①가부 동수(可否同数)인 경우의 의장의 결정 투표. ②결정권(決定権).

かすづけ[粕漬](명) 생선이나 야채를 지게미에 절인 것.

カステ(ー)ラ[포 castella](명) 카스텔라. 밀가루에 달걀과 설탕을 버무려서 부드럽게 구운 과자.

カスト[caste](명) 카아스트. 인도에서 옛부터 정해져 온 세습적 신분 제도의 네 계급. 승려로서의 바라문(婆羅門), 왕족이나 무인(武人)으로서의 찰제리(刹帝利), 평민으로서의 비사(毗舎), 노예로서의 수다라(首陀羅)로 나뉨. 사성(四姓).

ガスとう[gas 灯·瓦斯燈](명) 가스로 켜는 등불. 가스등. a gas lamp

かすとり[粕取り](명) 지게미로 만든 질이 낮은 술.

かずとり[数取り](명) ①수를 셈. 또는 그 사람. ②수를 많이 가지는 사람이 이기는 놀이. 1. a tally 2. an amassing game

かずならぬ[数ならぬ](연체) ①문제가 되지 않는. 가치 없는. ②보잘 것 없는. 천한. 신분이 낮은. 1. worthless 2. low

かずのこ[数の子](명) 말린 청어 알. herring-roe

カスピかい[Caspi 海](명)〈지〉카스피해. 중앙 아시아와 코카시아 지방과의 사이에 있는 세계 최대의 염호(塩湖). the Caspian Sea

ガスマスク [gas mask](명) 가스마스크. ①방독면(防毒面). ②소방용(消防用)의 연기를 제거하는 마스크.

かすみ[霞](명) ①놀. ②아지랭이. ③안개. ④눈이 흐림. 침침함. ⑤먼 것이 희미하게 보이는 현상. 2. 5. a haze. **——あみ**[霞網](명) 새를 잡는 가는 그물. **——め**[霞目](명) 눈이 흐려 잘 보이지 않는 눈병.

かすみがせき[霞が関·霞ケ関](명) (일본의) 외무성(外務省). 또는 그것이 있는 곳.

かす·む[霞む](자 4) ①흐리다. ②눈앞이 확실히 보이지 않다.「目(メ)が一; 눈이 흐리다」 1. be hazy

かす·む[翳む](자 4) 어렴풋하다. 희미하다. be dim

かす·める[掠める](타하 1) ①빼앗다. 훔치다. ②일부를 가지다. ③속이다. 눈가림하다.「人(ヒト)の目(メ)を一; 남의 눈을 속이다」④살짝 스치다. 1. rob 2. take a percentage from

かずも·う[数まう]カズマフ(타하 2)〈고〉①수를 세다. ②상당(相当)한 사람으로 취급하다. 경의를 표하다.

かずもの[数物](명) ①수가 많은 것. ②돈을 조금 들이고 많이 살 수 있는 물건. 하등품(下等品). ③수가 적은 것. 1. a common thing 2. inferior goods

かすゆざけ[糟湯酒](명) 지게미를 더운 물에 탄 음료(飲料).

かずら[葛]カヅラ(명)〈식〉칡. 콩과에 속하는 낙엽 활엽의 만목(蔓木). a vine

かずら[鬘]カヅラ(명) ①〈고〉옛날 머리 장식으로 쓴 덩굴풀. ②⇨かつら.

かすり[掠り·擦り](명) ①조금 스침. ②이익금(우수리)을 슬쩍 가로 챔. 돈. 1. grazing. **——きず**[擦り傷](명) 찰상. 찰과상(擦過傷).

かすり[絣·飛白](명) 붓으로 살짝 스친 것 같은 작은 무늬가 많이 있는 옷감. cloth with splashed patterns

かす·る[掠る](타 4) ①[擦る] 조금 스치다. ②이익금의 일부나 구전을 떼다. ③(먹을 조금 묻혀) 스치듯이 쓰다. 비백서(飛白書)를 쓰다. 1. graze

か·する[化する] Ⅰ(자サ) ①…으로 되다. ②좋게 되다. ③달라지다. Ⅱ(타サ) ①변하게 하다. ②영향을 미치다. 감화시키다. Ⅰ1. change Ⅱ2. influence

か·する[呵する](타サ) ①꾸중하다. ②힘있게 숨을 내쉬다.「禿筆(トクヒツ)を一; 무딘 붓으로 서툰 문장이나 글씨를 쓰다(겸손의 말)」 1. scold

か·する[架する](타サ) ①걸쳐 놓다.「橋(ハシ)を一; 다리를 놓다」②만들다. 구축(構築)하다.「屋上(オクジョウ), 屋(オク)を一; 지붕 위에 지붕을 얹다(필요 없는 것을 중복한다는 뜻)」 1. span

か·する[科する](타サ) 부과하다. 형벌을 주다. inflict

か·する[嫁する] Ⅰ(자サ) 시집 가다. Ⅱ(타サ) ①시집 보내다. ②뒤집어 씌우다. 전가(転嫁)하다.「責任(セキニン)を他人(タニン)に一; 책임을 남에게 뒤집어 씌우다」 Ⅰbe married Ⅱ2. lay on another

か·する[課する](타サ) ①배당하다. ②(세금을) 부과하다. ③분부하여 시키다.「仕事(シゴト)を一; 일을 시키다」 1. assign

が·する[賀する](타サ) 축하하다. congratulate

が·する[駕する](자サ) 말이나 차를 타다.「雲(クモ)に一; 구름을 타다」 ride

かす·れる[掠れる](자하 1) ①스쳐 가다. ②(먹이 적어서 붓 자국에) 흰 잔줄이 생기다. ③목소리가 쉰 것처럼 되다. 1. graze

かせ[枷](명) ①목이나 수족에 거는 형구(刑具). 가쇄(枷鎖). ②방해. 1. shackles

かせ[桛·綛](명) 방추(紡錘)에서 실을 옮겨 감는 "工" 자 모양의 도구. 실패의 한 가지. a reel

かぜ[風](명) ①바람.「一を切(キ)る; 바람을 끊다(바람을 안고 힘차게 빨리 가는 모양)」②태도(態度).「役人(ヤクニン)一を吹(フ)かせる; 관리 티를 내다」③감기. ④형세. 형편.「どういう一の吹(フ)きまわしか; 무슨 바람이 불었는지 (어떻게 된 일인지)」 1. a wind 2. an air

かぜ[風邪](명)〈의〉 감기. a cold

かぜあたり[風当たり](명) ①바람이 세게 닿는 곳. 바람받이. ②외부의 압박. 1. blowing 2. oppression

かせい[化生](명·자사) ①생겨 남. 생장. ②생물(生物)의 형태나 기능이 변함. 1. growth 2. metamorphosis

かせい[化成](명·자타サ) ①잘 자라게 함. ②다른 것으로 모양을 변하게 함. ③화합하여 딴 물질이 됨. 1. maturing 2. transformation

かせい[火星](명)〈천〉 화성. 태양계(太陽系)의 네 번째 혹성(惑星). 금성 다음으로 지구에서 가깝고, 2개의 위성을 가지고 있음. Mars

かせい[火勢](명) 불이 타오르는 기세. 불기운.「一が強(ツヨ)い; 불기운이 세다」 the force of a fire

かせい[加勢](명·자サ) 가세. 조력(助力)함. 조력하는 사람. 원병(援兵). aid

かせい[仮性](명) ①거짓 성질. ②〈의〉 가성. 증상이 진성(真性)과 비슷한 경우에 쓰는 말. 유사(類似). ↔ 真性(シンセイ). 1. an assumed nature

かせい[河清](명) 중국 황하(黃河)의 탁류가 맑아지는 일. 아무리 하려고 해도 실현되지 않음의 비유.「百年(ヒャクネン)一を待(マ)つ; 황하의 물이 맑아지기를 백년을 기다리다(될 가망이 없음의 비유)」

かせい[苛性](명) 가성. 피부나 동물의 세포 조직을 썩히는 성질. causticity. **—カリ**[苛性加里](명)〈이〉 가성 칼리. 흰 결정체로 시약(試薬), 중화제(中和剤) 등의 원료. 수산화 칼륨. **—ソーダ**[苛性曹達](명)〈이〉 가성 소오다. 수산화 나트륨의 속칭.

かせい[苛政](명) 가혹한 정치. 학정(虐政). tyranny

かせい[家政](명) 가정. 가사(家事)의 처리. 집안 살림을 다스리는 일. housekeeping. **—ふ**[家政婦](명) 가정부. 가사를 돕는 것을 직업으로 하는 여인.

かせい[歌声](명) 노랫소리. singing

かせい[歌聖](명) 썩 뛰어난 와카(和歌)의 명인.

カセイ[Cathay](명)〈지〉 캐데이. 옛날 유럽인이 중국을 가리켜 부른 이름.

かぜい[苛税](명) 가혹한 조세. a heavy tax

かぜい[課税](명·자サ) 과세. 세금을 부과(賦課)함. taxation

がせい[画聖](명) 화성. 그림에 뛰어난 사람. a great painter

がせい[賀正](명) 새해를 축하함. a Happy New Year

かせいと[桛糸·綛糸](명) "工"자 모양의 실패에 감은 실. reeled thread

かせいがん[火成岩](명)〈광〉 화성암. 용해된 암장(岩漿)이 지표(地表)나 지하에서 굳어서 된 암석. 화산암(火山岩). igneous rocks

カゼイン[도 Kasein](명)〈생〉 카세인. 우유 속에 있는 흰자질. 영양가가 많고, 교착제(膠着剤)로 씀.

かせき[化石](명·자サ) 화석. ①〈지〉 지질 시대의 생물의 유적이 암석 속에 남아 있는 것. ②돌로 변함.「一したように動(ウゴ)かない; 돌이 된 것처럼 움직이지 않다」 1. a fossil

かせぎ[稼ぎ](명) ①일함. 일하여 돈을 버는 것. ②벌이. 번 돈. ③일. 생업(生業). 1. work 3. an occupation. **—だか**[稼ぎ高](명) 번 돈의 액수.

がせき[瓦石](명) ①기와와 돌. ②가치 없는 것. 1. tile and stone 2. rubbish

かせ·ぐ[稼ぐ](자 4) ①열심히 일하다. ②돈을 벌다. 1. work hard

かぜくさ[風草](명)〈식〉 암크령. 포아풀과에 속하는 다년초. 지풍초(知風草). 〈학명〉 Eragrostis ferruginea

かぜぐすり[風邪薬](명) 감기약. a medicine for the cold

かぜけ[風気](명) ⇨かざけ.

かぜごこち[風心地](명) 감기가 든 것 같은 기분. 감기기. a touch of cold

かぜしりぐさ[風知草](명)〈식〉 ⇨かぜくさ.

かせつ[仮設](명·자サ) 가설. ①임시로 만듦.「一テント; 가설 텐트」②실제에 없는 것을 있는 것으로 가정함. 1. the temporary establishment

かせつ[仮説](명) 가설. 사실을 합리적으로 설명하기 위한 전제 조건(前提条件). 가정(仮定). a hypothesis

かせつ[佳節](명) 기쁜 날. 축일(祝日). an auspicious occasion

かせつ[架設](명·타サ) 가설. 건너 질러서 만듦.「電線(デンセン)を一する; 전선을 가설하다」 construction

かぜとおし[風通し]ートホシ(명) ⇨かざとおし.

かぜひき[風邪引き](명) 감기가 듦. 또는 감기 든 사람. catching cold

かぜまち[風待ち](명·자サ) ⇨かざまち. **—づき**[風待ち月](명) 음력 6월의 다른 이름.

かぜのかみ[風の神](연어·명) ①바람의 신. 풍백(風伯). ②감기를 퍼뜨리는 신. 1. the god of the winds

かぜのたより[風の便り](연어·명) 뜬소문. 풍문(風聞). a wild rumour

かぜむき[風向き](명) ⇨かざむき.

かぜよけ[風除け](명) ⇨かざよけ.

かせん[火箭](명) 화전. ①옛날에 불을 붙여 쏘던 화살. ②화약을 장치한 화기(火器). ③함선(艦船)에서 쓰이는 신호용의 화구(火具). 1. a fire arrow 3. a rocket signal

かせん[化繊](명) 화학 섬유(化学繊維)의 줄말.

かせん[河川](명) 하천. 시내. 강.「一の増水(ゾウスイ); 강물의 증가」 rivers

かせん[河船](명) 하선. 강을 다니는 배. a river-boat

かせん[架線](명·타サ) 가선. 전선(電線)을 가설함. aerial wiring

かせん[歌仙](명) ①와카(和歌)의 명인(名人). 가성(歌聖). ②렌가(連歌), 하이카이(俳諧)의 한 형식. 36구로 이루어짐.

かぜん[果然](부) 과연. 참으로. 듣는 바와 같이. as was expected

がぜん[俄然](부) 아연. 갑자기. 금방. suddenly
がせんし[画仙紙](명) 화선지. 글씨나 그림을 그리는 데 쓰이는 질이 좋은 한지(漢紙).
かそ[家祖](명) 한 집안의 조상. 선조. an ancestor
かぞいろ[父母](명)〈고〉 부모. 어버이.
かそう[下層](명) 하층. ①겹친 것의 아래쪽. 아래층. 「一にある雲(クモ); 아래쪽에 있는 구름」 ②아래 계급. 하급(下級). 「一のひとびと; 하층 사람들」 1. a lower layer 2. the lower classes
かそう[火葬](명·자サ) 화장. 시체를 불에 살라 장사 지냄. cremation
かそう[仮装](명·자サ) 가장. ①거짓 꾸밈. ②거짓 분장(扮装)함. 「一行列(ギョウレツ); 가장 행렬」 ③임시의 장비(装備). 1. 2. disguise
かそう[仮想](명·자サ) 가상. 가정적으로 생각함. 가정된 상상. 「一敵国(テッコク); 가상 적국」 supposition
かそう[家相](명) 집의 방향이나 구조 등으로 길흉을 판단하는 일.
かぞう[加増](명·자타サ) ①증가. 보태어 늘임. ②영지(領地)나 녹봉(祿俸)의 증가. 1. increase 2. a rise
かぞう[家蔵·架蔵](명·자サ) 가장. 자기 집에 간직하여 둠. 또는 그 물건. treasuring up in one's house
がぞう[画像](명) 화상. 그림으로 그린 초상. a portrait
かぞえ[数え]カゾヘ(명) ←数え年. 「一で二十(ハタチ); 당년 스무 살」 **—あ·げる**[数え上げる](타하 1) ①하나하나 세다. ②다 세다. **—うた**[数え歌](명) 하나, 둘, … 하며 수를 세며 부르는 노래. **—た·てる**[数え立てる](타하 1) 하나하나 세다. 하나하나 들어 말하다. **—どし**[数え年](명) 난 해를 한 살로 쳐서 세는 나이. ↔満年齢(マンネンレイ).
かぞ·える[数える]カゾヘル(타하 1) ①수를 세다. 계산하다. ②일일이 말하다. 하나씩 열거하다. 1. count 2. enumerate
かそく[加速](명·자サ) 가속. ①속도를 더함. ②더해진 속도. ↔減速(ゲンソク). 1. acceleration 2. accelerated velocity
かぞく[家族](명) 가족. 부부를 중심으로 한 핏줄로 이어져 공동 생활을 하는 사람들. 예: 부모, 형제, 자매 등. 「一的(テキ)待遇(タイグウ); 가족과 같은 대우」 a family. **—せいど**[家族制度](명) 가족 제도. ①가족의 단체를 사회의 기초로 하는 제도. ②대대로 이어지는 가문(가족)에 대한 제도.
かぞく[華族](명) 화족. 메이지(明治) 시대에 생긴 작위(爵位)를 가진 특권 계급. 귀족. (지금은 없음) the nobility
がぞく[雅俗](명) ①품위가 있는 것과 세속적인 것. ②아어(雅語)와 속어(俗語). 「一折中(セッチュウ); 아어와 속어의 절충」 1. refinement and vulgarity
かそくど[加速度](명) 가속도. ①단위 시간에 속도가 증가하는 비율. ②점점 속도가 더해지는 모양. 「一的(テキ); 가속적」 1. acceleration
かそけ·し[幽けし](형ク) 은미(隠微)하다. 어슴푸레하다. 희미하다. faint
かそざい[可塑剤](명)〈이〉 가소제. 물질에 어떤 힘을 가하여 자유로 형태를 고치거나 만들 수 있는 물질. 합성 수지(合成樹脂)의 원료에 섞어 성질을 고르게 하기 위한 물질. plasticizer
かそせい[可塑性](명)〈이〉 가소성. 고체에 힘을 주었을 때 모양이 변하는 성질. plasticity
かそ·ふ[掠ふ](타 4)〈고〉 빼앗다. 훔치다.
かそぶつ[可塑物](명) ⇨プラスチック(ス).
カソリック[Catholic](명) 가톨릭. 천주교(天主教).
ガソリン[gasoline](명) 가솔린. 휘발유. **—カー**[gasoline car](명) 가솔린 카아. 가솔린차. **—スタンド**[gasoline stand](명) 가솔린 스탠드. 가솔린 판매소.
かた—[片](조어) ①한쪽의. 「一手(テ); 한쪽 손」 ②구석진. 변두리인. 「一いなか; 구석진 시골」 ③불완전한. 「一言(コト); 불완전한 말」 ④약간의 뜻을 나타내는 말. 「一時(トキ); 잠시」
かた—[堅·固](조어) 단단한. 딱딱한. 굳은. 「一パン; 단단한 빵」
—かた[方](접미) ①…의 쪽. 「父(チチ)一の兄弟(キョウダイ); 아버지 쪽의 형제」 ②…방(方). 「山田様(ヤマダサマ)一; 야마다씨 방」 ③수단과 방법. 「作(ツク)り一; 만드는 법」 ④계원. 「会計(カイケイ)一; 회계원」 ⑤사람. 「売(ウ)り一; 파는 사람」
かた[方](명) ①방향. 방위. ②장소. 위치. 「東(ヒガシ)の一; 동쪽」 ③사람을 존경해서 하는 말. 「あの一; 저분」 ④때. 시대. 「来(コ)し一行く末(スエ); 과거와 미래」 ⑤수단 방법. 「やる一なく; 할 도리 없이」 1. a direction 2. situation 4. time
かた[片](명) ①한쪽. 「一やうみ, 一ややま; 한 쪽은 산, 한 쪽은 바다」 ②[形] 처리. 결말. 「一がつく; 처리가 되다(결말이 나다)」 1. a piece
かた[形](명) ①모양. 형상(形状). ②무늬. ③흔적. ④그림. 초상(肖像). ⑤모범(模範). 전형(典型). 「一のごとくあいさつする; 틀에 박은 듯한 인사를 하다」 ⑥볼모. 저당. 「借金(シャッキン)の一; 빚의 저당」 ⑦⇨片(カタ)②. 1. shape 3. a mark 4. an image
かた[肩](명) ①〈생〉 어깨. 몸에 팔이 달린 부근. ②짐승의 앞발과 새의 날개의 윗부분. ③옷의 어깨에 해당하는 부분. 「一当(ア)て; 어깻바대」 1. the shoulder
かた[型](명) ①원형(原型)이 되는 모양. 본. 틀. ②주형(鑄型). 거푸집. ③←型紙(カタガミ). ④어떤 특징을 완전히 구비한 형태. 「理想(リソウ)一; 이상형」 1. a model 2. a mould 4. a type
かた[潟](명) ①사주(沙洲)로 인하여 바다와 격하여 생긴 만(灣). ②간석지(干潟地). 1. a bay
かた[過多](명) 과다. 너무 많음. 「胃酸(イサン)一; 위산 과다」 ↔過少(カショウ). superabundance
かた[夥多](명) 과다. 매우 많음. 다수(多数). abundance
—がた[方](접미) ①(사람)들의 높임말. 「先生(センセイ)一; 선생님들」 ②대개의 정도, 수량을 나타내는 말. 가량. 정도. 「二割(ニワリ)一安(ヤス)い; 2할 정도 싸다」 ③…할 것을. 「調査(チョウサ)一を依頼(イライ)する; 조사할 것을 의뢰하다」 ④무렵. 녘. 때.

「夜明(ヨアケ)け一; 새벽녘」 ⑤…의 편. 소속. 쪽. 「徳川(トクガワ)一; 토쿠가와 편」

一がた[形](조어) …의 모양. …꼴. 「卵(タマゴ)一; 달걀 모양」

がた(명)〈속〉 기계 등의 조직이 헐거워져서 덜걱거리는 것. 「一が来(ク)る; 덜걱거리게 되다」

かたあげ[肩上げ·肩揚げ](명) 아이들 옷의 소매를 그 아이가 커도 입을 수 있게 어깨 있는 곳에서 징그는 일. 어깨 징금. tuck at the shoulder

かたあて[肩当](명) ①어깻바대. ②잘 때 베개와 어깨 사이에 대는 방한용의 헝겊. ③갑옷의 멜빵. 1. a shoulder-pad

かたい[傍居·乞丐]カタヰ(명)〈고〉 ①걸인. 거지. ②남을 욕할 때 쓰는 말. ③나병(癩病)의 다른 이름.

かた·い[堅い·固い](형) ①단단하다. 굳다. ②확실하다. 「合格(ゴウカク)は一; 합격은 틀림 없다」 ③착실하다. ④의리를 중히 여기다. 근실하다. ⑤고집이 세다. 파생 **一さ**(명). 1. solid 2. firm

かた·い[難い](형) 어렵다. hard

かたい[下腿](명)〈생〉 하퇴. 발목과 무릎 사이. the lower leg

かたい[過怠](명) ①과실(過失). ②죄의 값으로 금품을 냄. 「一金(キン); 과태료」 1. a fault 2. recompense

かたい[歌体](명) ①자수(字数)로 본 와카(和歌)의 형식. ②단가(短歌), 장가(長歌) 등의 형체.

かだい[架台](명) ①발판. ②철도, 교량(橋梁) 등을 받치는 무쇠나 나무로 만든 대(臺). 1. a foothold 2. an abutment

かだい[過大](형동ダ) 과대. 지나치게 큰 모양. 「一に評価(ヒョウカ)する; 과대 평가하다」 ↔過小(カショウ). excess

かだい[歌題](명) 와카(和歌)의 제목.

かだい[課題](명) 과제. 부과된 문제. 해결하기 위하여 주어진 문제. a theme

一がた·い[難い](조어·형) …하기 어렵다. 「得(エ)一; 얻기 어려운」 파생 **一さ**(명). difficult

がだい[画題](명) 그림의 제목. the subject of painting

かたいき[肩息·片息](명) 어깨로 쉬는 매우 고통스러운 숨. gasping for breath

かたいじ[片意地](명·형동ダ) 외고집. 완고한 모양. 「一な男(オトコ); 외고집의 사나이」 stubbornness

かたいっぽう[片一方] 한쪽. 다른 한편. one of a pair

かたいと[片糸](명) 외올로 된 실. 홑실. 단사(単糸). one-ply thread

かたいなか[片田舎]一ヰナカ(명) 구석진 시골. 두메 산골. a remote district

かたうた[片歌](명) 와카(和歌)의 절반의 자수(字数)인 5·7·7의 3구(句)로 된 옛 형식의 와카. (문답용)

かたうで[片腕](명) ①한쪽 팔. ②가장 신뢰할 수 있는 조력자. 1. one arm 2. one's right-hand man

かたうど[方人](명)〈고〉 ①동아리. 동지(同志). ②〔와카(和歌) 짓기에서〕 한편의 사람들.

かたうらみ[片恨み](명·타サ) 한쪽만이 원망함. one-sided grudge

かたえ[片方]一へ(명) ①한쪽. ②일부분. ③[傍元] 옆. 곁. ④곁에 있는 사람. 1. one side 2. a part 3. the side

かたえくぼ[片靨](명) 한쪽에만 생기는 보조개. a dimple on one cheek

かたおか[片丘·片岡]一ヲカ(명) 앞이 높고 뒤가 낮은 언덕. 보기 흉한 언덕.

かたおき[型置](명) 본을 놓고 그 위에 색칠을 하여 무늬를 나타냄. stencilling

がたおち[がた落ち](명·자サ) (값, 인기, 솜씨 등이) 갑자기 심하게 떨어짐. 폭락(暴落). a sharp drop

かたおなみ[片男波]一ヲナミ(명) ⇨おなみ.

かたおもい[片思い]一オモヒ(명) 한쪽에서만 생각하는 사랑. 짝사랑. one-sided love

かたおや[片親](명) 편친. 홀로 된 어버이. 양친 중에서 아버지나 어머니가 안 계신 것. a parent

かたおりど[片折り戸](명) 두 짝을 경첩으로 연결하여 한 짝만 열 수 있게 된 문. ↔諸(モロ)折り戸.

かたがき[肩書き](명) ①본문의 오른편 위에 쓰는 글. ②이름의 오른편 위에 쓴 직위, 신분 등. ③직위와 신분. 직함(職銜). 「一がものをいう; 직함이 힘을 쓰다」 3. a title

かたかけ[肩掛け](명) 외출할 때 어깨에 두르는 천. 어깨걸이. a shawl

かたかげ[片陰·肩陰](명) 구석진 그늘. 그늘. a shade

かたかた[片片·片方](명) ①한쪽. ②구석. 1. one of a pair 2. a corner

かたがた[方方] Ⅰ(명) 사람들의 높임말. Ⅱ(대) 여러분들. Ⅲ(부) 이것 저것. 여러 가지. Ⅲ in various respects

かたがた[旁] Ⅰ(접) 한편으로는 (이러하오니). 「一ご安心(アンシン)ください; 이러하오니 안심하십시오」 Ⅱ(조) 겸하여. 하는 김에. 「御礼(オレイ)一; 인사겸」 Ⅰ on the other hand

かたかど[片才](명)〈고〉 ①약간의 재주. ②사람이 지니고 있는 재능과 기예(技芸)의 일부분.

かたかな[片仮名](명) 일본글의 하나. 대부분 해서(楷書)의 한자(漢字) 획을 따서 만든 것. 원래 한문 훈독의 보조 부호로서 고안해 낸 것임. 예: カタカナ. ↔ひらがな.

かたかまやり[片鎌槍](명) ①날 옆에 또 하나의 날이 달린 창. 두 가닥으로 된 미늘창. ②"十"자 모양의 창날의 한쪽 날이 없는 것.

かたがみ[型紙](명) 형지. ①무늬의 본을 뜬 종이. ②양복의 본을 뜬 종이. a pattern paper

かたがわ[片側]一ガハ(명) 한쪽 편. 「一町(マチ); 길의 한쪽에만 집이 있는 거리」 one side

かたがわり[肩代わり·肩替わり]一ガハリ(명·자サ) ①남의 부채나 부담을 인수함. ②파는 물건을 대신 인수(引受)함. ③가마를 교대하여 멤. 1. a subrogation

一かたき[片食](접미) 하루 한 번의 식사. 1회 분의 식사의 양(量). 「一(ヒト)一; 한 끼」

かたき[敵](명) 적. ①싸움, 경쟁 등의 상대. ②원한이 있는 상대. 원수. 「一うち; 복수」 ③〈고〉 배우자(配

偶者). 사위. 1. a rival 2. an enemy. ―うち[敵討ち](명) 복수. ―やく[敵役](명) ①악인역(悪人役). 또는 그 배우. ②미움을 받는 사람.

かたぎ[気質](명) 기질. 직업, 신분 등에 따른 특유한 성질. 「商人(ショウニン)―; 상인 기질」 character

かたぎ[形木](명) ①무늬를 새긴 판자. ②책판이나 그림판에 쓰는 나무. 판목(版木). 1. a sculptured board 2. a printing block

かたぎ[堅木](명) ①목질(木質)이 단단한 재목. ②〈식〉 떡갈나무. 1. hardwood 2. an oak

かたぎ[堅気](명·형동ダ) ①성질이 견실함. ②견실한 직업. 또는 그 직업에 종사하는 사람. 1. uprightness 2. an honest occupation

―がたき[敵](조어) 상대. 적수(敵手). 「碁(ゴ)―; 바둑 상대」

かたぎぬ[肩衣](명) ①어깨나 등만을 덮는 가난한 사람의 옷. ②어깨로부터 등에 걸쳐 입는 무사(武士)의 예복. 1. a coarse sleeveless coat 2. a shoulder piece

かたく[火宅](명)〈불〉 화택. 불처럼 괴로움에 찬 세상. 사바(娑婆). this world

かたく[仮託](명·자サ) 핑계. 구실. a pretence

かたく[家宅](명) 가택. 살고 있는 집. a dwelling. ―そうさく[家宅捜索](명)〈법〉 가택 수색. 검찰, 경찰관 등이 형사 사건의 범인이나 피의자의 가택을 직권으로 뒤져 증거물을 찾는 일.

かたくち[片口](명) ①한쪽 사람만의 진술. ②한쪽에만 귀때가 있는 술 국자. ③한쪽에만 귀때가 있는 대접. ④고삐를 한쪽만 잡아 당김. 1. an ex parte statement

かたぐち[肩口](명) 어깻죽지. the shoulder

かたくな[頑な](형동ダ) ①완고한 모양. ②마음이 비뚤어진 모양. ③보기 흉한 모양. 1. stubborn 2. perverse

かたくない[難くない](연어·형) 어렵지 않다. 무난하다. 쉽다. 「察(サッ)するに―; 헤아리기 어렵지 않다」 not difficult

かたくり[片栗](명)〈식〉 얼레지. 백합과에 속하는 다년초. 일본의 홋카이도오(北海道) 등지에 분포함. 비늘줄기(鱗茎)에서 녹말을 채취하여 약용, 식용함. a dog-tooth violet. ―こ[片栗粉](명) 녹말(澱粉). ①얼레지 뿌리에서 채취한 녹말. ②감자나 고구마 등으로 만든 녹말.

かたくるし·い[堅苦しい](형) 지나치게 엄격하다. 딱딱하다. 너무 의례적(儀礼的)이다. 파생 ―げ(형동ダ) ―さ(명). ceremonious

かたぐるま[肩車](명) ①목 위에 걸터탐. 목말. ②〔유도에서〕 어깨로 메어 던지는 수. 1. riding on another's shoulders

かた·げる[肩げる](타하 1) 어깨에 메다. shoulder

かた·げる[傾げる](타하 1) 기울이다. incline

かたこい[片恋]―コヒ(명·자サ) 짝사랑. one-sided love

かたこう[型鋼](명) 형강. 끊은 면(面)이 특별한 모양으로 된 압연 강철재(壓延鋼鉄材). 예 : 아이비임, 앵글 등. section steel

かたごころ[片心](명)〈고〉 ①약간의 관심. ②한쪽으로 치우친 마음. 자기만의 생각.

かたこと[片言](명) ①말의 일부분. 한 마디의 말. ②간단한 말. ③(아이들의) 불완전한 말. 1. a part of the words 3. prattle

かたこり[肩凝り](명) 어깨가 뻐근함. 어깨가 쑤심. stiffness in the shoulders

かたさき[肩先](명) 어깻죽지. the shoulder

かたし·く[片敷く](타 4) 한쪽 소매를 밑에 깔다.

かたじけな·い[辱ない·忝ない](형) ①과분하다. 송구스럽다. ②고맙다. ③부끄럽다. 파생 ―さ(명). 2. grateful

かたしろ[形代](명) ①신령 대신 모셔 놓는 것. 신주(神主). 위패(位牌). ②재앙을 쫓는 데 쓰이는 종이 인형. ③대신(代身)하는 것. 2. a paper image

かたじん[堅人](명) ①강직한 사람. 고지식한 사람. ②완고한 사람. 1. an honest man

かた·す[片す](타 4) 치우다. 정돈하다. put in order

かたず[固唾]―ヅ(명) 숨을 죽일 때 입 속에 괴는 침. 「―をのむ; 침을 꿀꺽 삼키다(매우 긴장하다)」 spittle

かたすかし[肩透かし](명) ①씨름 수의 하나. 맞잡고 어깨로 밀다가 홱 빼면서 팔로 목을 감아 당겨 상대방을 얼결에 고꾸라뜨림. ②방심한 틈을 타서 자기 이익을 취하는 일. 「―をくわせる; 감쪽같이 상대방을 속이다」 1. dodging

カタストロフィー[프 catastrophe](명) 카타스트로프. ①돌연한 대변동. ②희곡(戯曲)의 최후 장면. ③비극적인 결말. 파국(破局).

かたすみ[片隅](명) 한쪽 구석. a corner

かたずみ[堅炭](명) 참나무 숯. 단단한 숯. 참숯. hard charcoal

かたぞう[堅蔵](명)〈속〉 성실하고 고지식한 사람. ⇨: かたじん. an honest man

かたそば[片側](명)〈고〉 한쪽 가. 한쪽 끝. 일부분.

かたぞめ[型染め](명) 형지(型紙)로 눌러서 무늬를 염색하는 것. textile printing

かたたがへ[方違へ](명)〈고〉 (외출이나 여행을 할 때) 갈 곳의 방위(方位)가 나쁘면 일단 다른 곳으로 갔다가 다음날 목적지로 출발하는 일.

かただより[片便り](명) 한쪽에서만 보낸 회답이 없는 편지. an unanswered communication

かたち[形](명) ①눈이나 손의 작용으로 인식할 수 있는 물체의 모양. ②모양. 형식. 형태. ③모습. 용모. 1. a shape 3. a figure. ―づくる[形作る] Ⅰ(자 4) 화장하다. Ⅱ(타 4) 형성(形成)하다. 만들어 내다. 구성하다.

かたちびと[容人](명)〈고〉 미인. 용모와 자태가 뛰어난 사람.

かたちんば[片ちんば](명)〈속〉 ①절름발이. ②(한벌 중의) 한짝. 짝짝이. 1. lameness

かたつ[下達](명·타サ) 하달. 아랫사람에게 뜻을 전함. ↔上達(ジョウタツ). notification

かたつき[型付](명) 무늬. something with print

かたつき[肩付き](명) 어깨의 모양. an appearance at one's shoulders
かたづ·く[片付く](자 4) ①처리되다. 정리되다. 정돈되다. 사물 등이 매듭 지어지다. ②딸이 시집 가다. ③방해자가 없어지다(죽다). 1. be put in order 2. get married
がたつ·く(자 4) ①덜컹거리다. ②분쟁이 일어나서 조직체가 흔들리다. 1. rattle 2. be disturbed
かたづけ[片付け](명) 정리. 처리. putting in order
かたづ·ける[片付ける](타하 1) ①정리하다. 처리하다. ②치우다. 시집 보내다. 「長女(チョウジョ)を—; 맏딸을 시집 보내다」 ③방해자를 없애다(죽이다). 명片付け. 1. settle 2. marry one to
がたっと(부) 갑자기 나쁘게 변하는 모양. 못 쓰게 되는 모양.
かたっぱし[片っ端](명)〈속〉 한쪽. 한쪽 끝. 「—から; 닥치는 대로」 1. one side
かたつむり[蝸牛](명)〈동〉 와우. 달팽이. a snail
かたて[片手](명) ①한쪽 손. ②한쪽의 상대방. ③외손잡이. 1. one hand. **— おけ**[片手桶](명) 한 쪽에만 손잡이가 달린 통. **— おち**[片手落ち](명·형동ダ) 편파(偏頗). 역성. 편애(偏愛).
かたてま[片手間](명) 여가(餘暇). 본업 이외의 시간. 「—の内職(ナイショク); 여가에 하는 부업」 spare time
かたてわざ[片手業](명) ①한 손으로 하는 일. ②본직(本職)의 여가에 하는 일. 내직(内職). 부업(副業). 2. a side-job
かたどおり[型通り]—ドホリ(형동ダ) 정해진 방식대로인 모양. 격식대로인 모양. 「—のあいさつ; 격식대로의 인사(틀에 박은 듯한 인사)」 conventional
かたとき[片時](명) 잠시 동안. 잠시. a short time
かたど·る[象る](자 4) 닮게 하다. 모방하다. 형용하다. 「竜(リュウ)を—彫刻(チョウコク); 용의 모양을 형용한 조각」 imitate
かたど·る[型取る](자 4) 본을 뜨다. model
かたな[刀](명) ①한쪽 날의 검. ②작은 칼. 단도. ③허리에 차는 큰 칼. 요도. 패도. 1. a short blade. **— かじ**[刀鍛冶]—カヂ(명) 칼을 만들거나 벼리는 대장장이.
—がたな·い(접미·형형) …어려운. 「わすれ—; 잊기 어려운」
かたなし[形無し](명·형동ダ) ①흔적도 없음. 「財産(ザイサン)を—にする; 재산을 몽땅 없애다」 ②형편없음. 면목 없음. ③용모가 추함. 보기 흉함. ④효과가 없음. 보잘 것 없음. 1. mere ruin
かたならし[肩慣らし](명·자サ) 야구할 때 피처(投手)가 공 던지는 연습을 해서 어깨를 공던지기에 알맞게 함.
かたなり[片成·片生](명·형동ナリ)〈고〉 ①발육이 덜됨. ②기능(技能)이 미숙함.
かたに[片荷](명) 한쪽에 있는 짐(荷物). 절반으로 나눈 짐. 「—がおりる; 부담이 가벼워지다」 the load on one side
かたぬぎ[肩脱ぎ](명) 겉옷을 벗어 속옷의 어깨를 드러냄. baring one's shoulders
かたねり[固練り](명) 되게 반죽함. 또는 그것. solid cream
かたのごとく[形の如く](연어) 형식대로. 정해진 대로. 틀에 박힌 듯이. in due form
かたは[片刃](명) 한쪽 날. 한쪽만 날을 세운 칼. ↔諸刃(モロハ). a single-edged tool
かたはい[片肺](명) 한쪽 허파. one lung
かたばかり[形許り](부) 명색만으로 조금. 형식적으로만. 「—のお礼(レイ); 명색뿐인 사례」 for the sake of formality
かたはし[片端](명) ①한쪽 가. 한쪽 끝. ②일부분. 여럿으로 끊어진 조각. 1. one end
かたはだ[片膚·片肌](명) ①상반신의 한쪽. 「—ぬぐ; 힘껏 도와 주다」↔諸膚(モロハダ). ②←片肌脱ぎ. **— ぬぎ**[片肌脱ぎ](명) 저고리의 한쪽 어깨를 벗음. ②도와 줌.
かたはば[肩幅](명) ①어깨의 나비. ②〔재봉에서〕 등솔기로부터 소매를 다는 데까지의 나비. 1. the breadth of one's shoulders
かたばみ[酢漿草](명)〈식〉 작장초. 뿌리끝 줄기(根茎) 속에 수산(蓚酸)이 들어 있어 신맛이 있음. 산거초(酸車草). 괭이밥. a wood-sorrel
かたはら[片腹](명) 한쪽 배. 옆구리. the flank. **— いた·い**[片腹痛い](형) 너무 웃어 옆구리가 아프다. 매우 우습다. 우습광스럽다.
カタパルト[catapult](명) 캐터펄트. ①노(弩)와 비슷한 고대 그리이스, 로마의 투석기(投石機). ②화약, 압착 공기 등의 힘으로 비행기를 함선(艦船) 위에서 뜨게 하는 장치. 비행기 사출기(飛行機射出機).
かたパン[堅麵麭](명) 단단하고 넓적하게 구운 빵. 건빵. hardtack
かたびさし[片庇](명) ①한쪽에만 있는 차양. 허술한 지붕. ②허술한 집. 보잘 것 없는 집. 1. a single-sloped roof
かたびら[帷子](명) ①장막으로 사용한 엷은 천. ②마직물(麻織物)이나 생사로 만든 홑옷. 2. a hemp garment. **— ゆき**[帷子雪](명) 엷고 큰 눈송이.
かたびん[片鬢](명) 한쪽의 살쩍.
かたぶ·く[傾く](자타·4)〈고〉 ⇨かたむく.
かたぶくろ[肩袋](명) 어깨에 걸치는(메는) 자루.
かたふさがり[方塞がり](명)〈고〉 행선지(行先地)의 방위에 손이 들어서 가지 못함.
かたぶとり[堅太り](명) 단단하게 살이 찜. 또는 그 사람. of firm build
かたぶつ[堅物](명)〈속〉 ①고지식하고 강직한 사람. ②완고한 사람. 1. a stubborn man
かたふね[片船](명) 한 쪽의 배. ②박 등을 두 쪽으로 타갠 그 한 쪽.
かたほ[片秀](명·형동ナリ)〈고〉 사물의 불완전한 모양. 불충분한 모양. 미숙한 모양. ↔真秀(マホ).
かたほ[片帆](명) 돛을 한쪽으로 기울여 올림. ↔真帆

(マホ). a close-hauled sail

かたほう[片方](명) 한쪽. 한편 쪽. ↔両方(リョウホウ). one of a pair

かたぼう[片棒](명) 가마를 멘 두 사람 중의 한 사람.「ーをかつぐ; 협력하다」

かたぼうえき[片貿易](명) 편무역. 수출, 수입 중 어느 한쪽으로만 치우치는 무역. one-way trade

〔片帆〕

かたほとり[片辺り](명) ①변두리. 구석진 시골. ②한구석.「湖(ミズウミ)の ー; 호수의 한구석」 1. a remote district 2. a corner

かたまえ[片前]ーマヘ(명) 남자 양복의 저고리 앞이 외줄 단추로 되고, 겹치는 섶이 좁은 것. 싱글. ↔両前(リョウマエ). single-breasted

かたま・し(형シク)〈고〉 마음이 비뚤어지다.

かたまり[固まり・塊](명) ①덩어리. 뭉치. ②집단. 단체. ③굳게 믿음. 광신(狂信).「迷信(メイシン)のー; 미신의 광신자」 1. a lump 2. a group

かたま・る[固まる](자 4) ①굳어지다. ②뭉치다. ③모이다. ④확실해지다.「証拠(ショウコ)がー; 증거가 확실해지다」⑤진보하지 않게 되다. 나아가지 못하다.「思想(シソウ)が早(ハヤ)くー; 사상이 진보되지 않다」 1. harden 3. mass

かたみ[片身](명) ①전체의 반.「たいのー; 도미의 반쪽」②(등솔기를 중심으로 가른) 옷의 반쪽. 2. one side of a dress

かたみ[形見・片見](명) ①추억의 재료가 되는 것. ②이별한 사람이 남기고 간 물건. 유물. 1. a keepsake 2. a memento. **ーわけ**[形見分け](명) 사람이 죽은 뒤 그의 유물을 친척이나 아는 사람에게 나누어 주는 일.

かたみ[肩身](명) 체면. 면목.「ーが狭(セマイ); 면목이 없다」 prestige

かたみ[筐](명)〈고〉 대(竹)로 가늘게 짠 광주리.

かたみがわり[互み替わり]ーガハリ(명) 교대. 교체(交替). alternation

かたみち[片道](명) ①가고 오는 길의 어느 한쪽.「ー乗車券(ジョウシャケン); 가기만(오기만) 하는 차표」②한쪽에서만 하는 것.「ー貿易(ボウエキ); 일방적인 무역」↔往復(オウフク). 1. one way

かたみに[互みに](부) 서로서로. one another

かたみばこ[筐箱](명) 옷장. a chest of drawers

かたむき[傾き](명) ①기울. 경사(傾斜). ②경향(傾向). 1. inclining 2. tendency

かたむ・く[傾く](자 4) ①기울어지다. 비스듬하게 되다. ②무게로 인하여 한쪽으로 기울어지다. ③그 경향이 생기다.「賛成(サンセイ)にー; 찬성하는 쪽으로 기울어지다」④마음이 끌리다.「美(ウツク)しい人(ヒト)にー; 아름다운 사람에게 마음이 끌리다」⑤쇠퇴하다.「家運(カウン)がー; 가운이 쇠퇴하다」⑥(해 등이) 기울다.「日(ヒ)がー; 해가 서쪽으로 기울다」 1. incline 6. decline

かたむ・ける[傾ける](타하 1) ①기울이다. ②한곳으로 모으다. 집중시키다.「心(ココロ)をー; 마음을 집중하다」③쇠퇴하게 하다.「家運(カウン)をー; 가운을 기울게 하다」④다하다.「力(チカラ)をー; 힘을 다하다」 1. incline 2. gather

かたむすび[片結び](명) 한쪽은 똑바로, 다른 쪽은 둥그렇게 돌려서 맴.

かため[固め](명) ①굳힘. ②확정. ③약속. 맹세. ④방비. 준비. 1. hardening 3. pledge

かため[片目](명) ①한쪽 눈. ②애꾸눈. 1. one eye 2. one-eyed person

かた・める[固める](타하 1) ①굳게 하다. ②확고하게 하다. ③경비하다.「周囲(シュウイ)を警官(ケイカン)がー; 주위를 경관이 경비하다」 1. harden 2. assure

かためん[片面](명) 한쪽 면. 일면. one side

かたや[片や](연어)〔씨름 등에서〕 한쪽은. one side

かたやま[肩山](명) 옷의 어깨 부분의 불룩한 곳.

かたやまざと[片山里](명) 구석진 산골. 또는 그 마을. 두멧구석. a remote village

かたやまびょう[片山病](명)〈의〉〔일본에서〕 주혈 흡충병(住血吸蟲病). a toxoplasmosis

かたよ・せる[片寄せる](타하 1) ①한쪽으로 모으다. ②한쪽으로 치우다. 정리하다. set a thing aside

かたよ・る[片寄る・偏る](자 4) ①한쪽으로 치우치다.「自説(ジセツ)にー; 자기 설에만 치우치다」②불균형하게 되다. 불공평하게 되다. 명片寄り. 1. lean 2. be unequal

かたら・う[語らう] カタラフ(타 4) ①이야기를 주고 받다. ②남녀가 장래를 약속하다. ③함께 하기를 권하다.「友(トモ)を語(カタ)らって行(イ)く; 친구를 꾀어서 함께 가다」명語らい. 1. talk with 2. plight one's troth

かたり[語り](명) 이야기. a talk. **ーあ・う**[語り合う]ーアフ(타 4) ①서로 이야기하다. ②의논하다. **ーあか・す**[語り明かす](타 4) 이야기하며 밤을 새우다.「友(トモ)だちとー; 친구들과 이야기하며 밤을 새우다」**ーぐさ**[語り草・語り種](명) 이야깃거리. **ーくち**[語り口](명) ①이야기의 실마리. ②만담 등을 할 때의 어조(語調)나 태도. **ーつた・える**[語り伝える]ーツタヘル(타하 1) 이야기하여 전하다. **ーて**[語り手](명) ①이야기하는 사람. ②극(劇)의 진행중에 해설을 하는 사람. **ーべ**[語り部](명) 옛날 문자가 없을 때 전설 등을 전문적으로 이야기로 전하던 직업. 또는 그 사람. **ーもの**[語り物](명) 이야깃거리나 읽을 거리 등에 가락을 붙여 반주에 맞추어 낭독하는 일. ↔謡物(ウタイモノ).

かたり[騙り](명) 사람을 속여서 물건을 빼앗는 것. 사기. swindling

かた・る[語る](타 4) ①마음 먹은 것을 이야기하다. 말하다. ②가락을 붙여서 낭독하다. 1. tell 2. chant

カタル[도 Katarrh・加答児](명) 카타르. 점막(粘膜)이 자극되어 염증이 생기는 일.「腸(チョウ)ー; 장카타르」

カタルシス[그 katharsis](명) 카타르시스. 비극의 효과

가 항상 울적한 인간의 공포에 눌린 감정을 해방하여 쾌감을 일으키게 하는 일. 정화 작용(浄化作用).

カタログ[catalogue·型録](명) 카탈로그. 목록(目録). 상품 목록. 영업 안내.

かたわ[片輪·片端]ーハ Ⅰ(형동ダ) 결함이 있는 모양. 불완전한 모양. Ⅱ(명) ①병신. 불구자. ②보기 흉한 것. Ⅰ deformity Ⅱ 1. a cripple

かたわき[片脇](명) 한쪽 옆. 한쪽 구석. the side

かたわら[傍ら]カタハラ Ⅰ(명) 옆. 곁. Ⅱ(부) 한편에서는. Ⅰ a side Ⅱ besides

かたわれ[片割れ](명) ①그릇 등의 깨어진 한 조각. ②물건의 한 조각. ③한패 중의 한 사람. 1. a broken piece 3. one of the party. **—づき**[片割れ月](명) 반달(半月). 조각달. 「the bottom end」

かたん[下端](명) 하단. 아래쪽 가. ↔上端(ジョウタン).

かたん[加担·荷担](명·자サ) ①짊어 짐. ②가담. 한편이 됨. 「悪事(アクジ)に—する; 나쁜 일에 가담하다」 1. carry on the shoulder 2. assistance

かだん[花壇](명) 화단. 흙을 돋우어 화초를 심은 곳. 꽃밭. a flower-bed

かだん[果断](명·형동ダ) 과단. 과감하게 결정함. 단행. 「—な処置(ショチ); 과감한 조처」 resolute

かだん[華壇](명) 꽃꽂이를 하는 사람들의 사회. flower-arrangement circles

かだん[歌壇](명) 와카(和歌)를 짓는 사람들의 사회.

がだん[画壇](명) 화단. 화가의 사회. painting circles

カタンいと[cotton 糸](명) 무명실. 면사(綿絲). cotton thread

かたん·ずる[難んずる](타サ) 어렵게 여기다.

かち[徒·徒歩](명) 도보(徒歩). 걸어서 감. going on foot

かち[勝ち](명) 이김. 승리. ↔負(マ)け. winning

かち[価値](명) 가치. ①값. 값어치. ②〈경〉 물건이나 돈의 효과의 정도. 1. value

—がち[勝ち](접미·형동ダ형) …한 경향이 많은. …하기 쉬운. 「怒(オコ)り—な性格(セイカク); 화를 잘 내는 성격」 be apt to

がち[雅致](명) 아치. 풍류로운 맛이나 멋. 아취(雅趣). grace

かちあ·う[搗ち合う]ーアフ(자 4) ①충돌하다. 부딪치다. ②일치하지 않다. 1. collide

かちいくさ[勝ち軍](명) ①싸움에 이김. ②반드시 이기는 싸움. 1. victory 2. a winning battle

かちいろ[勝色](명) ①꼭 이길 듯한 기미. ↔負色(マケイロ). ②갈색(褐色). a victorious sign

かちえる[勝ち得る](타하 1) 이겨서 자기 것으로 하다. 노력하여 획득하다. win

がちがち(부·자サ) ①이빨 등 단단한 것이 마주치는 소리. 딱딱. ②바쁜 듯한 모양. ③욕심이 많은 모양. 1. chatteringly

かちき[勝ち気](명·형동ダ) 지지 않으려는 성질. 승벽(勝癖). unyielding

かちく[家畜](명) 가축. 집에서 기르는 짐승. a domestic animal

かちぐり[勝ち栗·搗ち栗](명) 절구에 찧어 껍질을 벗겨 말린 밤. 경사에 씀. 황밤. 황률. a dried chestnut

かちこ·す[勝ち越す](자 4) 이긴 회수가 상대보다 많아지다. ↔負(マ)け越す. lead by wins

かちじ[徒路]カチヂ(명)〈고〉 걸어 감. 또는 그 길.

かちだち[徒立ち](명) 걸어서 출발함. 도보(徒歩) 출발. going on foot

かちどき[勝ち鬨](명) 승리의 환성. 개가(凱歌). a shout of victory

かちなのり[勝ち名乗り](명) 〔씨름에서〕 심판이 승리자의 이름을 불러 승리를 선언(宣言)함. announcement of a winner

かちにげ[勝ち逃げ](명·자サ) 이기고 도망 감. running away with a win

かちぬき[勝ち抜き](명) 질 때까지 몇 사람이든지 상대방을 바꾸며 승부를 겨룸. 「—試合(シアイ); 질 때까지 계속하는 시합」 图 勝ち抜く(자 4). a tournament

かちはだし[徒跣](명) 맨발로 걸음. walking barefoot

かちはな·す[勝ち放す](자 4) 최후까지 계속하여 이기다. 图 勝ち放し. make a clean score

かちはんだん[価値判断](명) 가치 판단. 널리 사실 일반에 관한 가치, 특히 진선미의 가치와 관련시켜서 하는 판단. judgement of value

かちほこ·る[勝ち誇る](자 4) 승리를 뽐내다. be triumphant

かちぼし[勝ち星](명) 이긴 표지. 승부(勝負)의 표(表)에, 이긴 사람의 이름 위에 그리는 흰 동그라미 표. ↔負星(マケボシ). a winning dot

かちまけ[勝負け](명) 승부. 이기는 것과 지는 것. victory or defeat

かちみ[勝ち味](명) 이길 가능성. 이길 예상. 승산(勝算). 「—がない; 이길 가능성이 없다」 winning chances

かちめ[勝ち目](명) ⇨かちみ.

がちゃがちゃ(명)〈속〉〈동〉 ⇨くつわむし.

かちゅう[火中](명·타サ) 불속. 「—のくりを拾(ヒロ)う; 위험을 무릅쓰다」 fire

かちゅう[花柱](명)〈생〉 화주. 암술의 씨방(子房)과 주두(柱頭)와를 연결하는 둥근 기둥 모양의 가늘고 긴 부분. a style

かちゅう[家中](명) ①온 가족. 문중(門中). 집안. ②영주의 신하. 또는 그들이 사는 거리. 1. the whole family 2. a retainer

かちゅう[華中](명) 중국의 중부. ↔華南(カナン), 華北(カホク). Central China

かちゅう[華冑](명) 귀한 집안의 계통. 명문(名門). 귀족(貴族). peers

かちゅう[渦中](명) 와중. ①소용돌이 속. ②사건의 혼란 속. 「—に巻(マ)き込(コ)まれる; 사건 속에 말려 들어 가다」 1. a maelstrom 2. the maelstrom of an event

かちょう[花鳥](명) 화조. 꽃과 새. flowers and birds. **—ふうげつ**[花鳥風月](명) 화조 풍월. ①자연의 경치. 아름다운 경치. ②풍류.

かちょう[家長](명) 가장. 한 집의 주인. 호주(戸主). the head of a family
かちょう[課長](명) 과장. 한 과의 장. a section chief
がちょう[画帳·画帖](명) 화첩. ①그림을 모아 엮은 책. ②그림을 그릴 수 있도록 화선지 등을 한데 모아 만든 책. a picture album
がちょう[鵞鳥](명)〈동〉거위. 기러기과에 속하는 새. 희고 목이 길며 부리에 혹이 있음. a goose
かちより[徒歩より](연어)〈고〉걸어서. 도보로.
かつー[活](조어) ①살아 있는. ②활동하고 있는.「ー火山(カザン); 활화산」
か·つ[勝つ·克つ](자 4) 이기다. 극복하다.「おのれにかつ; 자기 욕망을 이겨 내다」 overcome
かつ[且つ] Ⅰ(부) 한편. 또한.「ーおどろき ーよろこぶ; 한편 놀라고 한편 기뻐하다」Ⅱ(접) 그 위에. 더구나. Ⅰat the same time Ⅱbesides
かつ[活](명) ①삶의 방법.「死中(シチュウ)に ーを求(モト)める; 죽을 지경에서 살 방도를 구하다」②기절한 사람을 살리는 방법.「ーを入(イ)れる; 기절한 사람을 소생하게 하다. 기운을 차리게 하다」 2. the art of resuscitation
かつ[渇](명) 갈증(渇症).「ーをおぼえる; 갈증을 느끼다」 thirst
かつ[喝](감)〔선종(禅宗)에서〕그릇된 생각이나 망상을 꾸짖어서 깨닫게 할 때의 고함 소리.
カツ(명) 카틀렛의 준말.
ーがつ[月](접미) 월(月). 1 년을 12 로 나눈 하나하나의 기간.「ー(イチ)ー; 1월(정월)」
かつあい[割愛](명·타サ) 할애. ①아까와하며 나누어 줌. ②소중한 것을 나누어 주거나 생략함. 1. parting with something reluctantly 2. parting with
かつえき[滑液](명)〈생〉활액. 관절을 싸고 있는 활액막(滑液膜)에서 분비하는 액체. 관절의 운동을 원활하게 함. synovia
かつえじに[餓え死に]カツエー(명·자サ) 굶어 죽음. 아사(餓死). starvation
かつ·える[餓える]カツエル(자하 1) ①굶주리다. ②결핍하다. 1. be starved 2. want
かつお[鰹]カツヲ(명)〈동〉가다랭이. 고등어과에 속하는 바닷물고기. a bonito. **ーぶし**[鰹節](명) 가다랭이의 등을 갈라 쪄서 말린 것. 잘게 깎아서 음식의 국물에 넣음.
かつおぎ[鰹木](명) 궁전이나 신사(神社) 등의 용마루 위에 장식으로 다는 방추형의 나무.
かっか[閣下](명) 각하. 높은 고관(高官)이나 장관(将官) 이상을 부를 때의 높임말. Your Excellency
かっか[核果](명)〈생〉핵과. 다육과(多肉果)의 한 가지. 씨가 단단한 핵으로 싸여 있는 열매. 예: 복숭아, 살구 등. a stone-fruit
がっか[学科](명) 학과. 교수, 연구의 편의상 구별한 학문의 과목. a branch of learning
がっか[学課](명) 학과. 학문의 과정. a lesson
かっかい[各界](명) 각계. 직무, 직업에 따라서 생긴 각기의 사회. various circles
かっかい[角界](명) 씨름군의 사회.
がっかい[学会](명) 학회. ①학술에 관한 회합. ②학술 연구 단체. 2. a learned society
がっかい[学界](명) 학계. 학자의 사회. 학문의 세계. learned circles
がっかい[楽界](명) 악계. 악단(楽壇). musical circles
かっかく[赫赫](형동タルト) 혁혁. ①빛나는 모양. 왕성한 모양.「ーたる名声(メイセイ); 혁혁한 명성」②공훈이 많은 모양. 1. brilliant 2. meritorious
かっかざん[活火山](명) 활화산. 현재 활동하고 있는 화산. ↔死火山(シカザン). an active volcano
がっかせん[顎下腺](명)〈생〉악하선. 아래턱의 삼각부에 있어 침을 분비하는 선. 턱밑샘. the maxillary gland
かっかそうよう[隔靴掻痒](연어·명) 격화 소양.〔신을 신은 채 발바닥을 긁는다는 말로〕성에 차지 않음의 비유. feel impatient
かつかつ[且且](부) ⇨かつがつ.
かつかつ[戛戛](부) ①딱딱한 것이 부딪치는 소리. ②서로 때리는 소리. 1. rattlingly
かつがつ[且且](부) 겨우. 그럭저럭. with difficulty
がつがつ(부·자サ) ①굶주린 모양. 허기진 모양. ②굶주린 사람이 음식을 마구 먹는 모양. 1. hungrily 2. greedily
がっかり(부·자サ) ①실망하는 모양. 낙담하는 모양. ②맥이나 마음이 풀리는 모양. ③피로한 모양. ⤵ ⌊2. loosely
かっかん[客観](명·타サ) ⇨きゃっかん.
かつがん[活眼](명) ①살아 있는 눈. 생기 있는 눈. ②사물을 꿰뚫어 보는 눈.「ーをひらく; 사물의 본질을 알게 되다」 2. piercing eyes
がっかん[学監](명) 학감. 교무(校務)나 학생의 감독을 하는 구실. 또는 그 사람. a school superintendent
かっき[火っ気](명) 화기. 불의 힘. 불기운.「火(ヒ)ばちのー; 화로의 불기운」 the force of a fire
かっき[客気](명) 객기. ①혈기(血気). ②객적게 부리는 혈기. 1. youthful enthusiasm
かっき[活気](명) 활기. ①활동하기 위한 기운. ②발랄한 기개나 기운. 생기(生気). 2. high spirits
かつぎ[被衣](명) ⇨かずき.
がっき[学期](명) 학기. 한 학년을 나눈 기간.「ー(イチ)ー; 1 학기」 a term
がっき[楽器](명) 악기. 음악을 연주하는 기구. 예: 거문고, 피리, 바이올린 등. musical instruments
かっきてき[画期的](형동ダ) 획기적. 새로운 기원을 이룰 만큼 뛰어난 상태.「ーな大事業(ダイジギョウ); 획기적인 대사업」 epoch-making
かつぎや[担ぎ屋](명) ①미신가(迷信家). ②〈속〉암거래의 식량을 운반하는 사람. 1. a superstitious person 2. a black-market pedlar
がっきゅう[学究](명) 학구. 학문을 전문적으로 연구하는 것. 또는 그 사람. 학자. an academic scholar
がっきゅう[学級](명) 학급. 학교에서 수업에 편리하도록 나눈 학생의 일단(一団). a class

がっきゅう[楽弓](명) ⇨ゆみ③.

かっきょ[割拠](명·자サ) ①할거. 토지나 국토를 분할하여 웅거(雄拠)함. ②각기 소유지에서 독립하여 세력을 폄. 1. stand by oneself

かっきょう[活況](명) 활기 있는 상황(状況). 경기가 좋은 모양.「一を呈(テイ)する; 활기를 띠다」 signs of activity

がっきょく[楽曲](명) 악곡. ①음악의 곡조. ②곡조를 나타내는 부호. 1. a musical piece

かっきり(부) ①꼭.「1時(ジ)一; 1시 정각」②분명히. …만.「1度(イチド)一; 딱 한 번만」 1. just

かっきん[恪勤](명) 각근. 정성껏 부지런히 힘씀. faithful service. **一せいれい**[恪勤精励](연어·명) 매일 나와서 열심히 일함.

かつ·ぐ[担ぐ](타 4) ①메다. ②속이다.「人(ヒト)を一; 사람을 속이다」③미신에 사로잡히다.「新興宗教(シンコウシュウキョウ)を一; 신흥 종교에 사로잡히다」④치켜 세우다. 무리하게 높은 지위에 앉히다.「会長(カイチョウ)に一; 회장 자리에 앉히다」 1. carry on the shoulder 2. cheat

がっく[学区](명) 학구. 학교의 소재지를 중심으로 해서 나눈 구역. a school area

かっくう[滑空](명·자サ) 활공. 발동기, 프로펠러 등을 사용하지 않고 바람의 힘으로 비행함.「一機(キ); 글라이더」 gliding

がっくり(부) 처음에는 든든하던 것이 갑자기 약해지는 모양.「一来(キ)た; 갑자기 맥이 탁 풀렸다」

かっけ[脚気](명)〈의〉각기. 비타민 B의 결핍에서 오는 영양 실조증의 한 가지. 다리가 저리거나 부어 오르는 병.「一衝心(ショウシン); 각기 충심(각기로 말미암아 가슴이 답답해지는 병)」 beriberi

かっけい[活計](명) 생활 계책. 생계. living

がっけい[学兄](대) 학형. 학문상의 선배. 학우(学友)의 높임말.

かつげき[活劇](명) 활극. ①영화나 연극에서 난투(乱闘) 장면을 주로 하여 꾸민 것. ②활극 영화 같은 난투. 1. a fighting scene

かっけつ[喀血](명·자サ) 객혈. 폐, 기관지 점막 등에서 기침과 함께 피를 토함. hemorrhage of the lung

かっこ[各戸](명·부) 집집마다. 매호(毎戸). every door

かっこ[各個](명·부) 각개. 각각. 제각기. each

かっこ[括弧](명·타サ) 괄호. 수자나 문자의 앞뒤에 끼워 다른 것과 구별 또는 명시(明示)하는 기호. 예: ( ), 〔 〕, { } 등. a parenthesis

かっこ[羯鼓](명) 갈고. ①아악(雅楽)에서 사용하는 북. 대에 얹어 놓고 두 개의 막대기로 양쪽에서 침. ②가슴에 매어 달고 양쪽에서 치는 북.

〔羯鼓①〕

かっこ[確固·確乎](형동タルト) 확고. 확호. 확실하고 견고한 모양.「一たる信念(シンネン); 확고한 신념」 steady

かつご[活語](명) 활어. ①현재 쓰이는 말. ↔死語(シゴ). ②〔문법에서〕 어미 변화가 있는 말. 활용어(活用語). 2. inflective words

かっこう[各校](명·부) 각교. 각 학교. each school

かっこう[各項](명·부) 각항. 각 항목. 각 조항(条項). each item

かっこう[角行](명) 일본 장기짝의 하나. 자유로 사행(斜行)함. 상(象)에 해당.

かっこう[格好·恰好] Ⅰ(명) ①꼴. 모양. 모습.「よい一; 좋은 모양」②좋은 형태. 볼품. Ⅱ(형동ダ) 알맞고 적당한 모양.「一な嫁(ヨメ); 알맞는 며느리(색시)」 Ⅰ a figure Ⅱ suitable

かっこう[郭公](명)〈동〉곽공. 뻐꾸기. 뻐꾹새. a cuckoo

かっこう[滑降](명·타サ) 활강. 스키이로 경사진 눈 위를 미끄러져 내려 감. a descent-slide

かつごう[渇仰](명·타サ) ①깊이 신앙함. ②깊이 우러르고 사모함. 1. adoration 2. admiration

がっこう[学校](명) 학교. 일정한 목적과 규칙에 의하여 교사(教師)가 계속적으로 피교육자에게 교육을 실시하는 기관.「一生活(セイカツ); 학교 생활」a school. **一い**[学校医](명) 학교의. 위탁을 받고 학교의 위생, 학생들의 신체 검사를 맡아 보는 의사. 교의(校医). **一えん**[学校園](명) 학교원. 학교 안에서 자연 과학 연구 및 환경의 미화와 정서 교육을 위하여 학교내에 설치한 정원(庭園)이나 논밭.

がっこう[楽工](명) 악공. 직업적으로 음악을 연주하는 사람. a musician

かっこく[各国](명) 각국. 각 나라. each country

がっこつ[顎骨](명)〈생〉악골. 동물의 턱을 이루는 뼈. 턱뼈. a jaw bone

かっこ·む[搔っ込む](타 4) ①긁어 모으다. ②겨드랑이에 끼다. ③먹을 것을 급히 입에 넣다. 1. rake up 2. hold under the arm

かっさい[喝采](명·자 4) 갈채. 왁자지껄하게 칭찬함. 또는 그 소리.「拍手(ハクシュ)一; 박수 갈채」cheers

がっさい[合切](명) 일체(一切). all. **一ぶくろ**[合切袋](명) 여러 가지 휴대물을 넣는 주머니.

がっさく[合作](명·자타サ) 합작. ①공동으로 만듦. ②공동의 목적을 위하여 만듦. 1. collaboration 2. cooperation

かっさつ[活殺](명) 활살. 살림과 죽임. 생살(生殺).「一自在(ジザイ); 생살을 자유로 하다」life and death

がっさつ[合冊](명·타サ) ⇨がっぽん(合本).

がっさん[合算](명·타サ) 합산. 합쳐서 계산함. 합계(合計). summing

かつじ[活字](명) 활자. 활판 인쇄에 사용하는 문자의 자형(字型). a printing type

かっしゃ[活写](명·타サ) 생생하게, 똑같게 베낌. 생생하게 나타냄. vivid description

かっしゃ[滑車](명) 활차. 도르래. a pulley

かっしゃかい[活社会](명) 활동하고 있는 사회. 실제 사회. a living world

ガッシュ[프 gouache](명) 과시. 수채화(水彩画)에 쓰는 불투명(不透明)한 그림 물감.

がっしゅうこく[合衆国](명) 합중국. ①두 개 이상의

국가가 연합하여 생긴 합성 국가. ②미합중국의 약칭. 1. a federal state

がっしゅく[合宿](명·자サ) 합숙. 여럿이 어떤 목적을 위해 잠시 한 곳에서 숙박함. 「一練習(レンシュウ); 합숙 연습」 lodge together

かつじょう[割譲](명·타サ) 할양. 물건이나 토지의 일부를 떼어서 남에게 줌. 분할 양도(分割譲渡). cession

がっしょう[合唱](명·타サ) 합창. 많은 사람들이 목소리를 합쳐 노래를 부름. 「一団(ダン); 합창단」↔独唱(ドクショウ). achorus

がっしょう[合掌](명·자サ) 합장. ①두 손바닥을 마주 합침. ②〈불〉 부처에게 절할 때에 두 손바닥을 마주 합침. 원래 인도에서 행하던 예법. ③재목(材木)을 양쪽으로부터 교차하여 짜 맞춰 세운 것. 1. joining the hands 3. a principal rafter

かっしょく[褐色](명) 갈색. 다색(茶色). brown

がっしり(부·자サ) ①굵직하고 튼튼한 모양. ②완강한 모양. 「一した体格(タイカク); 떡 벌어진 체격」③물건의 짜임새가 잘된 모양. 1. stoutly 3. in perfect union

かつじんが[活人画](명) 활인화. 분장한 사람이 그림 속의 사람처럼 움직이지 않고 있는 것. (관객에게 보임) a tableau vivant

かっすい[渇水](명·자サ) 갈수. 가물음으로 물이 마름. 「一期(キ); 갈수기」 a dearth of water

かっ·する[渇する](자サ) ①물이 마르다. ②목이 마르다. ③결핍을 느껴 매우 갈망하다. 1. dry up 2. be thirsty 3. want

がっ·する[合する] Ⅰ(자サ) 만나다. 합치다. 「二(フタ)つの流(ナガ)れが一; 두 줄기의 물줄기가 합치다」 Ⅱ(타サ) 만나게 하다. meet

かっせい[活性](명) 활성. 화학적으로 활발한 성질을 가지는 일. activation. **―たんそ**[活性炭素](명)〈이·의〉 활성 탄소. 흡착력을 강하게 한 탄소. 색소의 흡수, 설사를 그치게 하는 데, 또는 방독면(防毒面) 등에 씀.

かっせき[滑石](명) 활석. ①〈광〉 함수 규산 고토(含水硅酸苦土)의 광물. 석필(石筆), 화장품 등에 쓰임. ②표면이 부드러운 돌. 1. talc 2. a smooth stone

かっせん[合戦](명·자サ) 합전. 어울려 싸움. 교전(交戦). a battle

かっせん[活栓](명) 활전. ①〔금속 관악기에서〕 자연음 이외의 소리를 내기 위한 장치. ②⇨ピストン. 1. a stop-cock

かっせん[割線](명)〈수〉 할선. 원과 직선이 두 개의 점을 공유(共有)할 때의 직선. 곧 원주(円周)나 곡선을 둘 또는 둘 이상의 점에서 자르는 직선. a secant

かつぜん[戛然](형동タルト) 딱딱한 것이 부딪치는 소리. 예: 말발굽 소리 등. rattling

かつぜん[豁然](형동タルト) 활연. ①(경치 등이) 훤히 트인 모양. ②막힘이 없이 밝히 깨닫는 모양. 1. extensive 2. all of a sudden

かっそう[滑走](명·자サ) 활주. ①미끄러져 달려 감. ②비행기가 비행을 시작할 때, 기관의 힘으로 지상을 달림. 1. gliding 2. taxiing. **―ろ**[滑走路](명) 활주로. 비행기가 뜨고 내리고 할 때 달리는 길.

かっそう[褐藻](명)〈식〉 갈조. 갈색 조류(藻類). 잎파랑이(葉緑素) 외에 갈색의 색소가 많이 섞인 편평한 사상(糸状)의 바닷말. 한류의 깊은 곳에 많이 남. 예: 미역, 다시마 등. brown algae

がっそう[合奏](명·타サ) 합주. 두 개 이상의 악기로 동시에 연주함. a concert

かっそく[活塞](명) ⇨ピストン.

カッター[cutter](명) 커터. ①고물이 방형(方形)으로 된 보우트. ②영화 필름의 편집자. ③재단기(裁断機). ④⇨フライス(ばん). ⑤←カッターシューズ. **―シャツ**[cutter shirts](명) 커터 샤쓰. 와이샤쓰와 비슷하나 칼라 및 커프스가 바꿔 달 수 없게 된 샤쓰. 운동복으로 많이 쓰임. **―シューズ**[cutter shoes](명) 커터 슈우즈. 굽이 낮은 부인용의 구두.

かったい[癩]カッタヰ(명) 문둥병. 한센씨병. leprosy

がったい[合体](명·자サ) 합체. ①하나가 됨. 합동(合同). ②마음을 하나로 합침. 1. unification 2. union

かったつ[闊達·豁達](형동ダ) 활달. 마음이 넓어 사소한 일에 구애되지 않는 모양. 도량이 넓고 융통성이 있는 모양. broad-mindedness

かつだつ[滑脱](형동ダ) 자유 자재로 변화하여 붙잡을 수 없는 모양. 「円転(エンテン)一; 원전 활탈(모나지 않게 자유 자재로 행동하여 교묘히 막힘 없이 난국을 타개해 나가는 일)」 versatile

かったる·い(형)〈속〉 (피곤하여) 나른하다. languid

かったん[褐炭](명)〈광〉 갈탄. 석탄의 한 가지. 탄화(炭化) 작용이 불충분한 갈색의 석탄. lignite

がっち[合致](명·자サ) 합치. 꼭 들어 맞음. 일치(一致)함. concurrence

かっちゅう[甲冑](명) 갑주. 투구와 갑옷. helmet and armour

かっちり(부·자サ) ①꼭 맞는 모양. ②빈틈이 없는 모양. fitly

がっちり(부·자サ) ①굵직하고 튼튼한 모양. 「一した体格(タイカク); 딱 벌어지고 튼튼한 체격」②〈속〉 빈틈이 없고 단단한 모양. 「一して る; 빈틈이 없고 단단하다」 ③돈 등의 씀씀이가 헤프지 않다. 1. strong

カッチング[cutting](명·타サ) 커팅. ①베어 냄. 또는 그 조각. ②영화의 편집. ③양복의 재단.

がっつ·く(자 4)〈속〉 ①몹시 배고파하며 음식을 마구 먹다. ②책상에 달라붙다. 2. cling to desk

かって[勝手] Ⅰ(명·형동ダ) ①형편이 좋음. ②제멋대로 함. 「一放題(ホウダイ); 제멋대로」 Ⅱ(명) ①부엌. 「一許(モト); 부엌쪽」 ②상황. 상태. 「一がちがう; 상황이 다르다」 ③생계. 생활 상태. Ⅰ 1. convenience 2. selfishness Ⅱ 1. a kitchen 2. circumstances. **―きまま**[勝手気儘](명·형동ダ) 제멋대로. **―ぐち**[勝手口](명) 부엌문. **―しだい**[勝手次第](형동ダ) 생각대로 하는 모양. **―に**[勝手に](부) 제 마음대로. 자유로이. 멋대로. **―むき**[勝手向き](명) ①부엌일에 관한 일. ②생활 상태.

かつて[曾て·嘗て](부) ①예전부터 지금까지. 이전에. ②(부정의 뜻으로) 전혀. 단 한번도. 「一ない; 전혀 없던」 1. before 2. never

かってっこう[褐鉄鉱](명)〈광〉 갈철광. 갈철의 광석. limonite

がってん[合点](명·자サ) ①와카(和歌) 등에 평점(評点)을 매김. ②승낙. 동의(同意). ③이해(理解). 1. marking 2. consent

かっと(부) ①갑자기 성을 내거나 흥분하는 모양. 벌컥. 「一なる; 벌컥 성내다」 ②(눈, 입을) 힘있게 크게 뜨는 모양. 딱. ③갑자기 불이 타는 모양. 확. ④갑자기 일어나거나 열리는 모양. 벌컥. 1. suddenly

カット[cut](명·타サ) 커트. ①절단(切断). 잘라 냄. 생략함. ②〔정구, 탁구에서〕 공을 비스듬히 아래로 깎는 것처럼 치는 일. ③옷이나 머리의 형(型). ④영화의 한 장면. ⑤조그만 그림. 삽화. ⑥〈경〉 파업한 동안의 노임을 공제함. **一グラス**[cut glass](명) 커트글라스. 조각이나 세공을 가한 유리 그릇. **一バック**[cut-back](명·타サ) 커트백. 〔영화에서〕 연속된 화면의 도중에 갑자기 다른 화면이 나타났다가 다시 먼저의 화면으로 돌아 가는 영화 촬영상의 기교.

ガット[GATT←General Agreement on Tariffs and Trade](명) 가트. 관세(関税) 및 무역에 관한 일반 협정. 관세의 차별 대우를 없애기 위하여 각국이 주네브에 모여 맺은 협정. 국제 관세 협정.

ガット[gut](명) 거트. 고양이, 돼지, 양 등의 창자로 만든 줄(線). 정구 라켓의 망(網)이나 악기의 줄(弦)을 만드는 데 씀. 장선(腸線).

かっとう[葛藤](명) 갈등. 분쟁. 분규. complications

かつどう[活動](명·자サ) 활동. ①힘차게 일함. 활기있게 일함. ②활동 사진의 준말. 영화(映画). 1. activity 2. a cinema. **一てき**[活動的](형동ダ) 활동적. 활발하게 움직이는 모양.

かっとば·す[かっ飛ばす](타 4) 〔야구에서〕 공을 세게 쳐서 멀리 날리다. bang out

かつは[且つは](부) 한편으로는.「一おどろき一喜(ヨロコ)ぶ; 한편 놀라고 한편 기뻐하다」 on the other hand

かっぱ[河童](명) ①물속에 산다는, 어린애 모양을 한 상상상(想像上)의 동물. 「おかにあがった一; 자기의 장점을 살릴 수 없게 된 사람의 비유」 ②〈속〉 하동. 헤엄을 치고 있는 아이. ③헤엄 잘치는 사람. 1. a river monster 2. a swimming child

かっぱ[喝破](명·자타サ) 갈파. ①큰소리로 남을 꾸짖어 눌러 버림. ②남의 언론(言論)을 설파(説破)함. ③바르지 못한 설(説)을 큰소리로 무너뜨리고 진리를 밝힘. 3. expounding

カッパ[포 capa·合羽](명) 가빠. ①소매 없는 비옷. ②짐(荷物)을 덮는 동유지(桐油紙).

かっぱつ[活発·活潑](형동ダ) 활발. 힘찬 모양. lively

かっぱと(부) 갑자기 앞으로 고꾸라지거나 또는 일어서는 모양. 책. 벌떡. 벌렁. suddenly

かっぱら·う[掻っ払う]一パラフ(타 4) 틈을 타서 남의 것을 훔치다. 명かっ払い. pilfer

かっぱん[活版](명) 활판. 활자로 짜서 만든 인쇄판. 식자판. 활자판. type printing

がっぴ[月日](명) 월일. 달과 날. 날짜. date

がっぴょう[合評](명·타サ) 합평. 많은 사람들이 함께 비평함. 또는 그 비평. 「一会(カイ); 합평회」 a joint review

かっぷ[褐夫](명) 갈부. 너절한 옷을 입은 천한 사람. a person of mean birth

カップ[cup](명) 컵. ①손잡이가 달린 술잔. ②상배(賞杯). **一ケーキ**[cupcake](명) 컵케이크. 컵 모양으로 구운 과자.

かっぷく[恰幅](명) 몸매. 풍채. 체격. 「一がいい; 풍채가 좋다」 build

かっぷく[割腹](명·자サ) 할복. 배를 가름. 할복 자살(割腹自殺). self-disembowelment

かつぶし[鰹節](명)〈속〉 ⇨かつおぶし.

かつぶつ[活仏](명) 활불. ①생불(生仏). ②라마교(喇嘛教)의 수장(首長). 1. a living Buddha 2. a chief Lama

カップリング[coupling](명) 커플링. 동력을 한쪽의 축에서 다른 축으로 전하는 장치.

カップル[couple](명) 커플. ①한쌍. ②부부. ③한쌍의 남녀.

がっぺい[合併](명·타サ) 합병. (국가, 회사 등이) 하나로 합침. combination

がっぺき[合壁](명) 벽을 사이에 둠. 벽 하나를 사이에 둔 이웃집. the immediate neighbourhood

かつべん[活弁](명) 활동 사진의 변사(辯士). 무성 영화의 해설자(解説者). a film interpreter

かっぽ[闊歩](명·타サ) 활보. ①거드럭거리며 걷는 걸음. ②힘차고 당당하게 걸음 1. strut 2. stride

かつぼう[渇望](명·타サ) 갈망. 간절히 바람. 열망(熱望). eager desire

かっぽう[割烹](명) 음식의 조리(調理). 요리. 「一着(ギ); 가사, 요리를 할 때 의복 위에 입는 옷」 cooking

がっぽう[合邦](명) 합방. 둘 이상의 나라를 합쳐 한 나라로 만드는 일. 또는 그렇게 해서 성립된 나라. annexation of a State to another

がっぽん[合本](명·자サ) 합본. 몇 권의 책을 한 권으로 합침. 또는 합친 책. copies bound together in book form

かつまた[且つ又](접) 또한. 그 위에 또. 더구나. moreover

かつもく[刮目](명·자サ) 괄목. 눈을 크게 뜨고 봄. 주목(注目)함. 「一して待(マ)つ; 괄목하여 기다리다」 watching in keen interest

かつやく[活躍](명·자サ) 활약. 눈부시게 활동함. activity

かつやく[括約](명·타サ) 괄약. ①벌어진 것을 오므라지게 함. ②모아서 한데 합함. 1. contraction 2. gathering together. **一きん**[括約筋](명)〈의〉 괄약근. 근육(筋肉)의 한 가지. 항문, 요도(尿道) 등의 둘레에 있어 뜻대로 오므릴 수 있는 둥근 근육.

かつゆ ほう[活喩法](명) 활유법. 사람 아닌 것을 사람처럼 나타내는 수사법(修辞法). 의인법(擬人法). personification
かつ よう[活用](명·타サ) 활용. ①살려 이용함. 잘 이용함. 잘 변통함. ②〔문법에서〕 어미(語尾) 변화. 1. practical use 2. inflection. **— ご**[活用語](명) 활용어. 활용이 되는 말. 용언, 조동사 등의 총칭.
かつようじゅ[闊葉樹](명)〈식〉 활엽수. 떡갈나무, 오동나무 등과 같이 잎이 넓은 나무. 넓은잎나무. broad-leaved trees
かつら[桂](명)〈식〉 계수나무. 크게 자라는 낙엽수. 잎은 포플러 비슷함. 이른 봄에 잎이 나기 전에 조그맣고 빨간 꽃이 핌. a cassia
かつら[鬘](명) ①가발(仮髪). ②다리. 1. a wig
かつりょく[活力](명) 활력. 살아 움직이는 힘. 활동 또는 생활하는 힘. energy
カツレツ[cutlet](명) 카틀렛. 얇게 썬 쇠고기, 양고기, 돼지고기에 빵가루를 묻혀서 기름에 튀긴 서양 음식.
かつ ろ[活路](명) 활로. 살아 나갈 길. means of escape
かて[糧](명) ①휴대 식량. 말린 밥. 건반(乾飯). ②식량. 먹을 것. ③활동의 근원이 되는 것. 「心(ココロ)の—; 마음의 양식」 1. sun-dried boiled rice 2. food
—がて[難て](접미)〈고〉 …하기 어려워. 「過(ス)ぎ—に; 지나가기 어려워서」
か てい[仮定](명·자サ) ①가정. 임시로 정함. 「—形(ケイ); 가정형」 ②가설(仮説). 1. supposition 2. a hypothesis. **— けい**[仮定形](명) 가정형. 〔구어(口語)의 활용형에서〕 활용형의 제 5 단. 아직 성립하지 않은 조건을 가정하는 형. 예: "読めば, 見れば"의 "読め, 見れ" 등.
か てい[河底](명) 하저. 강바닥. 하상(河床). a river bed
か てい[河堤](명) 하천에 만든 제방(堤防). 강둑. a bank of a river
か てい[家弟](명) 자기의 아우. 사제(舎弟). my younger brother
か てい[家庭](명) 가정. 생활을 같이 하는 가족의 집단. 「—を持(モ)つ; 가정을 갖다」 home. **— さいばんしょ**[家庭裁判所](명)〈법〉 가정 재판소. 전국 지방법원에 있어서, 비공개로 가정 문제를 다루는 법원.
か てい[過程](명) 과정. 사물의 진행, 발전하는 경로. 경과한 길. 「研究(ケンキュウ)の—; 연구 과정」 process
か てい[課程](명) 과정. 공부하는 내용의 범위와 순서. 과업(課業)의 정도. a course
カテーテル[네 katheter](명)〈의〉 카테테르. 요도(尿道)나 방광(膀胱)의 진찰, 치료에 사용하는 막대 모양의 기구. 소식자(消息子).
カテキズム[catechism](명)〈종〉 캐티키즘. 교리 문답서(教理問答書).
カテゴリー[도 Kategorie](명)〈철〉 카테고리이. 범주(範疇). 부문(部門). 범위.
かてて くわえて[糅てて加えて]—クハヘテ(연어·부) 그 위에. 더구나. 엎친 데 덮쳐서. moreover
か て めし[糅飯](명) 잡곡이나 그밖의 것을 섞은 밥. rice boiled together with cereals
ガテマラ[Guatemala](명)〈지〉 ⇨グアテマラ.
—がてら(접미) 하나의 동작을 겸하여 다른 동작을 하는 뜻을 나타내는 말. …하는 김에. …를 겸하여. 「遊(アソ)び—; 놀이를 겸하여」
か でん[瓜田](명) 과전. 참외밭. 오이밭. 「—に履(クツ)を納(イ)れず; 참외밭에서 신발을 고치지 않음(의심받을 짓은 하지 않는 것이 좋다는 비유)」
か でん[家伝](명) 가전. 옛부터 집에 전해 오는 것. a family recipe
か でん[荷電](명·자サ)〈이〉 하전. 물체가 전기를 띰. 또는 그 근원이 되는 실체(実体). electric change
か でん[訛伝](명·자サ) 와전. 그릇 전함. 잘못 전해진 소문. 오전(誤伝). a false report
が てん[合点](명·자サ) ①납득. ②동의. 승낙. 2. consent
が てん[画展](명) 화전. 그림 전시회(展示会). 미술 전람회. a picture exhibition
がでん いんすい[我田引水](연어·명·자サ) 아전 인수. 자기의 이익이 되도록 말이나 행동을 함. drawing water to one's own mill
カデンツァ[이 cadenza](명) 카덴짜. 악곡 끝의 기교적인 부분. 악곡이 끝나기 직전에 연주 또는 노래하는 장식적 경과 악구(裝飾的経過楽句).
か と[家兎](명)〈동〉 집에서 기르는 토끼. 집토끼. ↔野兎(ヤト). a rabbit
か と[過渡](명) 과도. ①강을 건넘. 또는 건너는 곳. 나루터. ②묵은 것에서 벗어나 새것을 이루는 도중. 「—期(キ); 과도기」 1. crossing 2. transition
か と[蝌蚪·蝌斗](명) ①〈동〉 올챙이. ②올챙이 모양의 글자. 과두 문자(蝌蚪文字). 1. a tadpole 2. an ancient seal character
かど[角](명) ①모난 귀퉁이. ②길 모퉁이. 「—の酒屋(サカヤ); 길 모퉁이의 술집」 ③모가 남. 딱딱함. 「—がとれる; 모가 없어져 원만해지다」 1. an angle 2. a corner
かど[門](명) ①문. 집의 출입구. ②문앞. 문전(門前). 1. a gate 2. in front of a gate
かど[廉](명) ①조목(条目). 점. 사항(事項). ②이유. 조리(条理). 「証拠(ショウコ)ふじゅうぶんの—で; 증거 불충분의 이유로」 1. a point 2. reason
かど[鰊](명)〈동·방〉 청어. a herring
か ど[過度](명·형동ダ) 과도. 지나침. 정도를 지남. excess
か とう[下等](형동ダ) 하등. ①품질이 나쁜 모양. ②등급이 낮은 모양. 「—動物(ドウブツ); 하등 동물」 1. inferior 2. vulgar
か とう[果糖](명)〈이〉 과당. 포도당과 함께 단 과일이나 꿀에 다량으로 함유되어 있는 육탄당(六炭糖)의 한 가지. fruit sugar
か とう[過当](형동ダ) 지나친 모양. 정도를 넘어선 모양. excessive
か どう[可動](명) 움직일 수 있는 것. movability

かどう[花道·華道](명) 화도. 꽃꽂이의 도(道). the art of flower-arrangement
かどう[家道](명) 가도. 집안 살림을 다스리는 길. 가정(家政). housekeeping
かどう[家僮](명) 가동. 집안의 심부름을 하는 어린 사내 종. 동복(童僕). a servant
かどう[渦動](명)〈이〉 와동. 유체(流体)가 폐곡선(閉曲線)을 축(軸)으로 하여 회전하는 현상. 소용돌이 모양의 움직임. vortex
かどう[歌道](명) 와카(和歌)의 도(道). 와카를 짓거나 연구하는 일.
かどう[稼働·稼動](명·자타サ) 가동. ①벌이함. 일함. ②기계를 운전함. 「—時間(ジカン); 가동 시간」 1. work 2. operation
がどう[画道](명) 화도. 그림의 도(道). 회화의 도리. the art of painting
かとうせいじ[寡頭政治](명) 과두 정치. 소수의 사람들이 행하는 독재 정치. oligarchy
かとうど[方人](명)〈고〉 ⇨かたうど.
かどかど·し[才才し](형シク)〈고〉 재능이 뛰어나다. 재기(才気)가 있다.
かどかどし·い[角角しい](형) ①모(角)가 많다. 규각(圭角)이 많다. ②성격이 원만치 않다. 1. angular
かどがまえ[門構え]—ガマヘ(명) ⇨もんがまえ.
かとき[過渡期](명) 과도기. 묵은 것으로부터 새로운 것으로 옮아 가는 시대. 과도 시대. a transitional period
かとく[家督](명) 가독. ①집의 대를 이을 사람. 장남. ②〈법〉 구법(旧法)에서 호주의 신분에 따르는 권리와 의무. 「—相続(ソウゾク); 호주 상속」 1. an heir 2. the headship of a family
かどぐち[門口](명) 집의 출입구. a gateway
かどだ·つ[角立つ](자 4) ①모가 나다. ②거칠게 되다. 일을 덧들이다. 他 かど立てる(하 2). 1. be angular 2. be rough
かどち[角地](명) 도로의 모퉁이에 있는 땅.
かどちがい[門違]—チガヒ(명) ①잘못 찾은 집. ②사람을 헛봄. 딴 사람으로 앎. ③틀린 방향. 1. mistaking the house 2. taking a person for another
かどづけ[門付け](명·자サ) 문 앞에서 노래 등을 불러 돈을 받고 돌아 다님. 또는 그 사람. singing from door to door
かどで[門出](명·자サ) 집을 나섬. 출발함. 여행길을 떠남. departure
かどなみ[門並](명) ①집집마다. ②늘어선 집들. 1. each house 2. a row of houses
かどば·る[角張る](자 4) ⇨かくばる.
かどばん[角番](명) 〔장기 등에서〕 한 판만 더 이기면 승리가 확정되는 판.
かどび[門火](명) 죽은 사람의 영혼을 보내기 위하여 문 앞에서 피우는 불. a funeral fire
かどまつ[門松](명) 설날에 문 앞에 세우는 장식(裝飾) 소나무. the New year's pine decoration
カドミウム[cadmium](명)〈이〉 카드뮴. 아연(亜鉛)과 비슷한 청백색을 띤 금속 원소. 아연과 함께 산출되며 성질도 아연과 비슷함. 기호는 Cd.
かどやしき[角屋敷](명) 길 모퉁이에 있는 저택. a corner house
かどやなぎ[門柳](명) 문전(門前)에 있는 버드나무.
カドリール[quadrille](명) 쿼드릴. 네 사람씩 짜서 추는 무용. 또는 그 무용곡.
かとりせんこう[蚊取り線香](명) 제충국(除虫菊)의 가루를 막대 또는 와상(渦状)으로 굳힌 모기향. a mosquito incense-stick
カトリック[네 Katholiek](명) ←カトリック教↔プロテスタント. — **きょう**[Katholiek 教](명)〈종〉 가톨릭교. 로마 교황의 지배를 받는 정통파의 그리스도교. 구교. 천주교.
かどわか·す[勾かす]カドハカス(타 4) 속여서 데려 가다. 유괴하다. kidnap
かとん[火遁](명) 화둔. 불 속에 들어 가서 몸을 숨기는 요술의 한 가지.
かとんぼ[蚊蜻蛉](명)〈속〉 여위고 호리호리한 사람. a thin man like a daddy-longlegs
かな—[金](조어) ①금속의. 쇠붙이의. 「—くぎ; 쇠못」 ②돈. 금전(金銭). 「—しばり; 돈에 의한 속박. 단단한 속박」
かな[仮名·仮字](명) 한자(漢字)의 일부를 따서 만든 일본의 음절 문자(音節文字). 「—書(カ)きの; 일본 글자로 쓴」 the Japanese syllabary
かな[哉](감조) ①감동의 뜻을 나타냄. …하도다. …하구나. 「楽(タノ)しき—; 즐겁도다」 ②의문에 감동의 뜻을 곁들임. 「そう—; 그런가」
—がな(접미) 있는 한. 죄다. 「日(ヒ)——日(イチニチ); 하루 종일」
がな Ⅰ(감조)〈고〉 바람을 나타내는 조사. …면 좋으련만. 「見(ミ)てし—; 보았으면 좋겠는데」 Ⅱ(수조) …이든지. …이라도. 「何(ナニ)—; 무엇이든지」
かなあみ[金網](명) 구리나 철사로 짠 그물. 철망. wire-netting
かない[家内](명) ①가내. 집안. 「—工業(コウギョウ); 가내 공업」 ②자기 아내. ③가족(家族). 1. inside the house 2. my wife
かない[課内](명) 과내. 회사 등의 과(課)의 내부. in the section
かな·う[適う·叶う]カナフ(자 4) ①들어 맞다. 「理(リ)に—; 이치에 맞다」 ②이루어지다. 바라는 대로 되다. 「願(ネガイ)が—; 소원이 이루어지다」 ③미치다. 필적(匹敵)하다. 「あの人(ヒト)にはかなわない; 저 사람에게는 못 당한다」 1. fit 2. be capable
かなえ[鼎]カナヘ(명) ①발이 셋 달린 무쇠솥. 세발솥. ②제위(帝位)나 권위의 상징. 「—の軽重(ケイチョウ)を問(ト)う; 권위를 의심하다(왕위 등의 높은 지위를 빼으려 하다)」 1. a tripod 2. authority

〔鼎①〕

かな·える[適える·叶える]カナヘル(타하 1)

①들어 맞게 하다. ②이루어 주다. 들어 주다.「願(ネガ)いを—; 소원을 들어 주다」 1. fit 2. fulfill
かな がき[仮名書き](명) 카나(仮名)로 씀.
かな がしら[金頭](명)〈동〉 달강어. 몸 빛이 붉고 머리는 크고 모가 나 있음. a gurnard
かな がな[鯛](명)〈동〉 ⇨ひぐらし(茅鯛).
かな がわ[神奈川](명)〈지〉 칸토오(関東) 지방 서남부의 현. 현청 소재지는 요코하마(横浜).
かなきり ごえ[金切り声]—ゴヱ(명) 쇳소리. 높고 날카로운 목소리. a shrill voice
カナキン[포 canequim·金巾](명) 카네킨. 올의 짜임새가 촘촘한 엷은 무명. 옥양목.
かな ぐ[金具](명) 기구(器具) 등에 붙이는 금속으로 만든 물건. metal fittings
かな くぎ[金釘](명) 쇠못. 쇠로 만든 못. an iron nail. **— りゅう**[金釘流](명) 서투른 글씨를 조롱하여 이르는 말.
かな くさ·い[金臭い](형) 쇳내 나다. smell metallic
かな ぐし[金串](명) 생선 등을 꿰어 굽는 데 쓰는 쇠꼬챙이. an iron-skewer
かな くそ[金屎](명) ①철물(鉄物)에 슨 녹. ②용해한 금속의 찌끼. 쇠똥. 철설(鉄屑). ③광석(鉱石)의 찌끼. 광재(鉱滓). 1. iron rust 3. dross
かな ぐつ[鉄沓](명) 말굽에 대어 붙이는 쇳조각. 제철(蹄鉄). 편자. a horseshoe
かな ぐつわ[金轡](명) ①쇠재갈. ②입막음으로 주는 돈. 1. a bit 2. hush-money
かなぐり す·てる[かなぐり捨てる](타하 1) 벗어 동댕이 치다. 벗어 팽개치다.「上着(ウワギ)を—; 웃옷을 홱 벗어 던지다」
かなぐ·る(타 4) 난폭하게 밀어 젖히다. 쥐어 뜯다. tear
かな け[金気](명) ①철분. ②쇠로 만든 새로운 남비나 솥을 사용할 때 떠오르는 검붉은 것. 녹. 쇳녹. ③〈속〉 돈이 있는 기미. 1. a metallic taste 2. rust
かな さび[金錆](명) 금속 표면에 생기는 녹. rust
かな·し[愛し](형シク)〈고〉 귀엽다. 예쁘다.「—き わが子(コ); 귀여운 내 자식」
かなし·い[悲しい·哀しい](형) 슬프다. 파생 **— が·る**(자 4) **— げ**(형동ダ) **— さ**(명). sorrowful
かな しき[鉄敷き](명) 대장간에서 금속을 단련할 때 받침으로 쓰는 모탕. 모루. 철침(鉄砧). a anvil
かな しばり[金縛り](명) ①단단히 묶음. ②돈으로 자유를 속박함. 1. binding tight 2. binding with money
かなしび[悲しび·哀しび](명)〈고〉 슬퍼함. 슬픔.
かな しぶ[金渋·鉄渋](명) 쇠붙이의 녹이 섞인 물. rusty water
かなし·ぶ[悲しぶ·哀しぶ](타 4)〈고〉 슬피 여기다. 슬퍼하다.
かなしみ[悲しみ·哀しみ](명) 슬픔. 비애(悲哀). sorrow
かなし·む[悲しむ·哀しむ](타 4) ①비탄하다. ②애도(哀悼)하다. 슬퍼하다. ③아까와하다. 1. lament 2. pity 3. regret
かなた[彼方](대) 저쪽. 저편. there
カナダ[Canada·加奈陀](명)〈지〉 캐나다. 북미에 있는 영국의 자치령. 수도는 오타와(Ottawa).
かな だらい[金盥]—ダラヒ(명) 금속으로 만든 대야. 양은 자배기. a metal basin
かな づかい[仮名遣い]—ヅカヒ(명) 일본말을 카나(仮名)로 쓸 때의 표기법.「現代(ゲンダイ)—; 현대식 카나 표기법」
かな づち[金槌](명) ①쇠망치. ②헤엄을 조금도 못 침. 또는 그 사람. 1. a hammer. **— あたま**[金槌頭](명) 완고한 머리. 둔한 머리. 돌대가리.
カナッペ[프 canapé](명) 카나페. 버터를 발라 구운 식빵.
かな つぼ[金壷](명) 쇠붙이로 만든 항아리나 단지. a metal jar. **— まなこ**[金壷眼](명) 옴팡눈.
かな つんぼ[金聾](명) 심한 귀머거리. stone-deafness
かな てこ[鉄梃](명) 쇠지렛대. a crowbar
かな·でる[奏でる](타하 1) ①(음악을) 연주하다. ②〈고〉 춤을 추다. 1. play
かな とこ[鉄床·鉄砧](명) 모루. 철침(鉄砧). an anvil
かな ばさみ[金鋏](명) ①금속을 자르는 가위. 양철 가위. ②숯불이나 달군 쇠를 집는 금속제의 기구(器具). 1. shears for cutting metal 2. iron tongs
かな ひばし[金火箸](명) ①부젓가락. 쇠집게. ②부젓가락처럼 가느다란 몸. 1. iron tongs
かな ぶつ[金仏](명) ①금속으로 만든 불상(仏像). ②아주 냉정한 사람을 일컫는 말. 1. a bronze statue of Buddha 2. a lout
かな ぶんぶん[金蚉](명)〈동〉 풍이. 풍뎅이과에 속하는 해충(害虫). a scarab
かな べら[金篦](명) ①쇠주걱. ②인두. 1. a metal spatula 2. an iron
かな ぼう[金棒·鉄棒](명) ①쇠막대기. ②윗부분에 쇠고리를 단 쇠막대기.「鬼(オニ)に—; 더욱 강해짐의 비유」③⇨てつぼう②. 1. an iron bar 2. an iron pole with rings. **— ひき**[鉄棒引き](명)〈속〉 소문을 퍼뜨리고 다니는 여자.
かな ぼとけ[金仏](명) ⇨かなぶつ.
カナマイシン[Kanamycin](명)〈의〉 캐너마이신. 항생물질의 한 가지. 폐렴, 이질 등에 잘 들음.
かな まじり[仮名交じり](명) 한자(漢字)에 카나(仮名)를 섞은 표기(表記).「—文(ブン); 카나가 섞인 글」
かな まり[鋺](명)〈고〉 금속으로 만든 그릇.
かなめ[要](명·형동ダ) ①부채의 살을 한 곳에 모으기 위하여 끼우는 못. 사북. ②가장 중요한 곳. ③〈식〉 ←要黐.「—垣(ガキ); 붉은순나무 울타리」1. the rivet 2. a vital point. **— もち**[要黐](명)〈식〉 붉은순나무. 울타리용으로 심는 장미과의 상록수. 잎이 빨갛고 아름다움.
かな もじ[仮名文字·仮字文字](명) 일본의 카나(仮名) 글자.
かな もの[金物](명) ①쇠붙이로 만든 기구. ②철물.「—屋(ヤ); 철물점」 1. ironwares 2. metal fittings
かな やま[金山](명)〈속〉 광산. a mine

かならず[必ず](부) 반드시. 꼭. 확실히. without fail. **―しも**[必ずしも](부) (부정의 뜻이 뒤따라서) 반드시…라고는(할 수 없다). 「一成功(セイコウ)するとは限(カギ)らない; 반드시 성공한다고는 정해져 있지 않다」 **―や**[必ずや](부) 필시. 대개. 반드시. 「一成功(セイコウ)するだろう; 반드시 성공할 것이다」

かなり[可成り·可也](부·형동ダ) ①대략. 어느 정도. ②상당히. 제법. 꽤. 1. pretty 2. considerably

かなり[可なり](연어) 가하다. 좋다. 「死(シ)すとも一; 죽어도 좋다」 good

カナリア[canaria·金糸雀](명)〈동〉 카나리아. 되새과에 속하는 새. 카나리아 제도(諸島) 원산으로 보통 노란 색깔이며 아름다운 목소리로 욺. 사조(飼鳥)로 많이 기름.

がな·る(자 4)〈속〉 고함 치다. 시끄럽게 떠들다. roar

かなわ[金輪](명) ①쇠붙이로 만든 고리(輪). ②⇨ごとく(五徳)②. 1. a metal ring

かなわない[敵わない]カナハー (연어) 당하지 못하다. 이기지 못하다. 견딜 수 없다. 「こう寒(サム)くては一; 이렇게 추워서는 견딜 수 없다」 cannot win

かなん[火難](명) 불의 재난. 화재. 「一の相(ソウ)がある; 화재를 입을 상이 있다」 a fire disaster

かなん[家難](명) 집안의 재난(災難). a misfortune of a family

かなん[華南](명)〈지〉 화남. 중국의 남부. ↔華北(カホク). South China

かなん[禍難](명) 화난. 재앙과 환난(患難). 재난(災難). a disaster

かに[蟹](명)〈동〉 게. 「一は甲羅(コウラ)に似(ニ)せて穴(アナ)を掘(ホ)る; 각기 자기에게 알맞는 언행을 한다는 비유」 a crab

かに(명·자サ) 〔"かんにん"의 준말〕 용서. (여자들의 말) 「一してね; 용서해 주세요」

がに(접조)〈고〉 …할 듯이. …되게. 「消(ケ)ぬ一; 사라질 듯이」

かにかくに(부) 이러쿵저러쿵. 여하튼간에. 「this and that

かにく[果肉](명) 과육. 과일의 살. flesh

かにこうせん[蟹工船](명) 잡은 게를 통조림으로 만드는 시설을 갖춘 배. a floating crab cannery

―かにち[箇日](접미) 날수를 세는 말. 「三一; 사흘」

かにばば[蟹屎](명) 배내똥. 갓난 아이가 최초로 누는 똥. 태변(胎便). meconium

がにまた[蟹股](명)〈속〉 "O"자 형(型)으로 굽은 다리. 오우각(O脚). bandy legs

かにゅう[加入](명·자サ) 가입. 전부터 있는 어떤 조직에 들어 감. 단체에 참가함. 「結社(ケッシャ)に一する; 결사에 가입하다」 joining

カヌー[canoe](명) 카누우. 통나무배.

かね[印](명) 낙인(烙印). 소인(燒印). a brand

かね[金](명) ①금속. 특히 쇠. ②금속을 뽑아 내는 광석. 「一山(ヤマ); 광산」 ③금전. 돈. 「一をためる; 돈을 모으다」 1. metal 3. money

かね[矩](명) ①기역자로 된 자. 곱자. 곡척(曲尺). 「一の1尺(シャク); 곱자의 한 자」 ↔くじら. ②직선. ③직각. 2. a straight line

かね[鉦](명) 엎어 놓고 당목(撞木)으로 치는 대야 모양의 종. 징의 한 가지. a gong

かね[鐘](명) ①종. ②종소리. 1. a hanging bell 2. a sound of a bell

かね[鉄漿](명) ⇨おはぐろ.

―がね(조어) (…의) 후보자. 「婿(ムコ)一; 신랑감」

かねあい[兼ね合い]ーアヒ(명) 걸맞음. 균형. 「千番(センバン)に一番(イチバン)の一; 천 번해서 한 번 성공하기도 어려운 일」 equilibrium

かねあ·う[兼ね合う]ーアフ(타 4) 어울리다. 걸맞다. balance

かねいれ[金入れ](명) 돈을 넣어 두는 것. 예:지갑, 주머니 등. a purse

かねうり[金売り](명) ①사금(砂金) 등을 파는 사람. ②환금(換金)을 업으로 하는 사람. 1. a gold-dust merchant 2. a money exchanger

かねかし[金貸し](명) 돈을 꾸어 주고 이자를 받는 일. 대금 업자. money-lending

かねがね[兼兼·予予](부) 미리미리. 전부터. previously

かねがり[金借り](명) 돈을 꾸는 일. 차금(借金). borrowing money

カネキン[포 canequim·金巾](명) ⇨カナキン.

かねぐつわ[金轡](명) ⇨かなぐつわ.

かねくよう[鐘供養](명) 새로 만든 종을 처음 칠 때 하는 공양(供養). a Buddhist mass held for a newly-cast temple bell

かねぐら[金庫](명) ①금고. 돈을 넣어 두는 창고. ②돈을 대줄 수 있는 사람. 1. a treasure house 2. a financial backer

かねぐり[金繰り](명·자サ) 돈을 융통함. financing

かねごと[予言](명) 약속의 말. a promise

かねざし[矩尺](명) ⇨かねじゃく.

かねじゃく[曲尺·矩尺](명) 곱자. 곡척(曲尺). ↔鯨尺(クジラジャク). a carpenter's square

〔曲尺〕

かねそな·える[兼ね備える]ーソナヘル(타하 1) 겸비(兼備)하다. 함께 갖추다. 「知恵(チエ)と勇気(ユウキ)を一; 지용을 겸비하다」 combine

かねだか[金高](명) ⇨きんだか.

かねたたき[鉦叩き](명) ①징을 치는 사람. ②당목(撞木). ③징을 치면서 구걸하고 다니는 거지. 1. a gong striker 2. a wooden bell-hammer

かねつ[火熱](명) 불의 열. heat

かねつ[加熱](명·타サ) 가열. 열을 가함. heating

かねつ[過熱](명·자타サ) 과열. ①너무 뜨거워짐. ②액체를 비등점 이상으로 끓임. 1. overheating

かねづかい[金遣い]ーヅカヒ(명) 돈의 사용법. 돈의 씀씀이. the way one spends money

かねつき[鐘突き·鐘撞き](명) ①종을 지키며 시각(時刻)마다 종을 치는 사람. 종지기. 「一堂(ドウ); 종루(鐘

楼)」②종을 매어 닮. 1. a bell ringer

かね づく[金尽く](명) 돈으로 일을 처리하는 것. by force of money

かね づまり[金詰まり](명·자サ) 돈의 융통이 막혀 자금이 부족함. 금융 핍박. shortage of money

かね づる[金蔓](명) 돈줄. 돈을 얻을 수 있는 길. 돈을 대주는 사람. a source of revenue

かね て[兼て·予て](부) 미리. 먼저. previously

かね ない[兼ねない](연어) …않는다고 말할 수 없다. …할 기세다. …할지도 모른다. 「あの男(オトコ)ならやりー; 저 사내라면 할지도 모르겠다」 be capable of

かね ばこ[金箱](명) ①돈 상자. 금고(金庫). ②⇨ドルばこ. 1. a money-chest

かね ばなれ[金離れ](명) 돈 쓰는 솜씨. 「ーがいい; 돈을 척척 잘 쓴다」 the way with money

かね ふで[鉄漿筆](명) 철장(鉄漿)으로 이(歯)를 까맣게 칠할 때 쓰던 붓. a brush for dyeing teeth

かね へん[金偏](명) ①한자 부수(部首)의 하나. 쇠금변. "鉄, 銀" 등의 "金"부분. ②〈속〉철강(鉄鋼), 광산 등 금속에 관계가 있는 주(株). 2. metal

かね ほり[金掘](명) 광산에서 금, 은 등을 캐내는 일. 또는 그 사람. mining

かね まわり[金回り]ーマハリ(명) ①돈의 유통. ②몸에 지닌 돈의 정도. 「ーがいい; 수입이 많다. 경기가 좋다」 1. circulation of money 2. pecuniary condition

かね め[金目](명) 값. 값이 비싼 것. 「ーのもの; 값이 나가는 물건」 value

かね もうけ[金儲け]ーマウケ(명·자サ) 돈벌이. money-making

かね もち[金持ち](명) 부자. 금만가(金満家). the rich

ーか·ねる[兼ねる](조어·하 1) ①하지 못한 채로 끝나다. 「いいー; 말하지 못하다」②거절하는 말을 듣기 좋게 하는 말. 「お引(ヒ)き受(ウ)けいたし兼(カ)ねます; 맡기가 곤란합니다」 ③하려고 하다가 못하다. 「待(マ)ちー; 더 이상 기다리지 못하다」

か·ねる[兼ねる](타하 1) ①합치다. 하나로 만들다. ②두 개 이상의 일을 하다. 겸하다. ③삼가다. ④예상하다. 예언하다. 1. combine 2. hold in addition

ーか ねん[箇年](접미) 해(年)를 세는 말. 「5ー; 5 개년」

か ねん[可燃](명)〈이〉가연. 불에 타는 것. 「ー性(セイ); 탈 수 있는 성질」↔不燃(フネン). combustbles

か ねんど[過年度](명) 과년도. 지난해. 지난 회계 연도. 「ー払(バラ)い; 과년도에 속하는 경비를 현 회계 연도에 지불하는 것」 the last financial year

か の[彼の](연체) 저. 그. 「ー地(チ); 그 땅. 그곳」 that

が の いわい[賀の祝]ーイハヒ(명) 장수(長寿)의 축하. 초로(初老) 이후 10년마다 행하며 또한 42, 61, 77, 88세에도 함.

か のう[化膿](명·자サ) 화농. 곪음. 「ー菌(キン); 화농균」 suppuration

か のう[可能](명·형동ダ) 가능. 할 수 있음. possible. ── **せい**[可能性](명) 가능성. 가능한 성질. 「実現(ジッゲン)のーは薄(ウス)い; 실현 가능성은 적다」

か のう[嘉納](명·타サ) 가납. ①권하는 말을 옳게 여겨 기꺼이 들음. ②기꺼이 받아 들임. ③(임금이) 받으심. 1. approval 2. ready acceptance

が のう[画嚢](명) 화낭. 그림 그리는 종이, 붓, 물감 등을 넣어 두는 주머니.

が のうた[賀の歌](명) 와카(和歌) 분류의 한 가지. 장수(長寿)를 축하하는 와카를 말함.

か のえ[庚](명) 10간(干)의 일곱째.

か の こ[鹿の子](명)〈동〉①사슴 새끼. ②사슴. ③←鹿の子絞り. ④←鹿の子斑. 1. a fawn 2. a deer. ── **しぼり**[鹿の子絞り](명) 갈색 바탕에 드문드문 하얀 무늬가 있는 홀치기염(絞染). ── **まだら**[鹿の子斑](명) 갈색 바탕에 흰 점이 드문드문 있는 것. ── **ゆり**[鹿の子百合](명)〈식〉점박이흰나리. 백합의 한 가지.

か の じょ[彼女] Ⅰ(대) 그 여자. 그녀. Ⅱ(명)〈속〉연인(恋人). ↔彼氏(カレシ). Ⅰ she Ⅱ sweet-heart

か の と[辛](명) 10간(干)의 여덟째.

か の なみだ[蚊の涙](연어·명) 모기 눈물. 매우 근소(僅小)함의 비유. 「ーほどの退職金(タイショクキン); 눈곱만한 퇴직금」 a little, a few

カノン[canon](명) 카논. ①교리(教理). 성전(聖典). ②전형(典型). 규범(規範). 표준(標準). ③〈악〉곡의 도중에서 앞과 같은 선율이 연이어서 나오는 곡. 추복곡(追復曲).

カノン[네 cannon·加農](명) 캐넌. 대포의 한 가지. 포신(砲身)이 길어 포탄이 멀리 감.

か は Ⅰ(감조) 반어(反語)를 나타내는 말. …할 것인가. …까요. …련가. 「後塵(コウジン)を拝(ハイ)すべきー; (어찌) 남의 뒤만 따를 것인가」 Ⅱ(수조)〈고〉①물음을 나타내는 말. 「いかに久(ヒサ)しきものと一知(シ)る; 얼마나 오래 된 것인가를 어찌 알랴」 ②반문(反問)을 나타내는 말. 「何(ナニ)ーせん; 무엇 할 것인가 (소용 없다)」

か ば[樺](명)〈식〉자작나무. 자작나무과에 속하는 낙엽 활엽 교목. 고산 지방에 많은, 껍질이 흰 낙엽수. 나무는 숯을 만듦. 백화(白樺). a birch-tree

か ば[蒲](명)〈식〉⇨がま.

か ば[河馬](명)〈동〉하마. 물에 사는 동물. 뚱뚱하며 네 다리는 극히 짧음. 사하라 사막 이남의 아프리카에 많음. a hippopotamus

カバー[cover](명·타サ) 커버. ①덮개. 뚜껑. 표지(表紙). 「本(ホン)のー; 책의 표지 덮개」 ②손실이나 부족을 메움. 보충함. 「a subordinate ↗

か はい[下輩](명) 아랫사람. 하인배(下人輩).

か はい[加配](명·타サ) 배급을 더 줌. an additional ration

か ばい だて[庇い立て]カバヒー(명·타サ) 감싸 줌. protecting

か ば いろ[樺色](명) 붉은 빛을 띤 노랑색. 주황색. reddish yellow

か ば·う[庇う]カバフ(타 4) 감싸다. 도와 주고 지켜 주

다.「老人(ロウジン)を一; 늙은이를 보호하다」protect
がばがば(부·자サ) ①액체가 흔들리거나 흐르는 모양. 출렁출렁. ②기름 종이가 스쳐서 나는 소리. 부스럭부스럭. ③느긋하고 큰 모양. 헐렁헐렁. 1. gushingly 2. rustlingly
かばかり[斯ばかり](부)〈고〉 ①이만큼. 이와 같이. ②이것만. 이것뿐. ③이 정도.
かはく[下膊](명)〈생〉 하박. 팔꿈치에서 손목까지의 부분. 전박(前膊). 전완(前腕). the forearm
かはく[仮泊](명·자サ) 배가 임시로 정박함. temporary anchoring
かはく[河伯](명) ①하백. 강의 신. 하신(河神). ②⇨かっぱ(河童). 1. a river god
かはく[科白](명) 배우의 대사(臺詞). an actor's part
かはく[寡薄](명) 적고 엷음. scarcity
がはく[画伯](명) 화백. ①그림을 잘 그리는 사람. ②화가의 높임말. an artist
かばしら[蚊柱](명) 날고 있는 모기 떼. mosquito swarm
かばぞめ[樺染め](명) 주황빛으로 염색함. 또는 그 염색. dyeing... reddish yellow
かはたれどき[彼者誰時](명)〈고〉 새벽, 아직 날이 밝기 전 누가 누구인지를 분간하지 못할 때. 새벽의 어두컴컴한 시각. ↔たそがれどき.
かはたれぼし[彼者誰星](명)〈고〉 새벽 어두컴컴한 때에 나타나는 별. 효성(曉星).
かばつ[科罰](명) 형벌 또는 징벌을 가함. punishment
かばね[尸·屍](명) 시체. 송장. a corpse
かばね[姓](명)〈고〉 씨족(氏族)의 가문(家門) 등에 의하여 나누어진 계급적인 호칭. "おみ(臣), むらじ(連)" 등 조신(朝臣)에게 주었던 것.
かばやき[蒲焼き](명) 뱀장어 등의 생선을 갈라 꼬챙이에 꿰어 구운 요리. spitchcock
かばらい[過払い]一バラヒ(명·타サ) 과불. 대금, 급료 등을 원 액수보다 많게 지불함. overpaying
かばり[蚊鉤](명) 모기 모양으로 만든 낚싯바늘. a fly
かはん[下半] 하반. 아래의 절반.「一部(ブ); 하반부」↔上半(ジョウハン). the lower half
かはん[河畔](명) 하반. 강가. a riverside
かはん[過半](명) 과반. 반 이상. 대부분. the greater part. **一すう**[過半数](명) 과반수. 반이 넘는 수.
かはん[過般](명·부) 과반. 지난번. 지난날. 전일(前日).「一の台風(タイフウ); 지난번의 태풍」 the other day
かばん[鞄](명) 가방. a bag
がばん[画板](명) 화판. ①유화(油画)를 그리기 위한 판자. ②그림을 그릴 때 도화지를 올려 놓거나 붙이는 판자. a drawing board
かはんしん[下半身](명) 하반신. 몸의 허리 아래 부분. ↔上半身(ジョウハンシン). the lower part of body
かひ[下婢](명) 하녀. 식모. a maid
かひ[可否](명) 가부. ①좋고 나쁨. ②찬성과 반대.「一同数(ドウスウ); 가부 동수」 1. good or bad 2. for and against

かひ[果皮](명) 과피. 과실의 껍질. the peel
かひ[歌碑](명) 와카(和歌)를 새긴 비.
かび[黴](명)〈식〉 곰팡이. mould
かび[華美](명·형동ダ) 화미. 화려하고 아름다움.「一な服装(フクソウ); 화려하고 아름다운 복장」splendour
かび[蛾眉](명) 아미. ①나방의 촉각처럼 가늘고 긴 눈썹. 초생달 같은 눈썹. ②미인. 1. arched-eyebrows 2. a beauty
カビア[caviar(e)](명) ⇨キャビヤ.
かびくさ·い[黴臭い](형) ①곰팡이 냄새가 나다. ②낡다. 케케묵다.「一考(カンガ)え方(カタ); 케케묵은 사고 방식」 1. musty 2. old-fashioned
カピタン[포 capitão·加比丹](명) 카피탕. ①에도(江戸) 시대의 네델란드 상관장(和蘭商館長). ②선장(船長). 대장(隊長).
かひつ[加筆](명·자サ) 가필. ①붓을 대어 글씨를 고침. ②시가(詩歌)나 문장을 고침. revision
がひつ[画筆](명) 화필. 그림을 그리는 붓. a brush
カビネ[프 cabinet](명) ⇨キャビネ.
かひょう[下表](명) 아래의 표. the following table
がひょう[賀表](명) 하표. 축하하는 뜻을 써서 황실에 바치는 문서(文書).「一提出(テイシュツ); 하표의 제출」 a congratulatory address
がひょう[餓莩](명) 굶어 죽은 사람. 아사자(餓死者). a starved person
がびょう[画鋲](명) 압정(押釘). a drawing pin
か·びる[黴びる](자상 1) 곰팡이가 피다. mould
かひん[佳品](품) 가품. 질이 좋은 물건. a choice article
かひん[河浜](명) 강변. 냇가. a riverside
かひん[佳賓](명) 가빈. 반가운 손님. 귀한 손. 진객(珍客). a good guest
かびん[花瓶](명) 화병. 꽃병. a vase
かびん[過敏](형동ダ) 과민. 지나치게 예민한 모양.「神経(シンケイ)一; 신경 과민」 nervous
かふ[下付](명·타サ) 하부. 관공서에서(발행하여) 줌. 증명, 허가 등을 내어 줌. grant
かふ[火夫](명) ⇨かしゅ(火手).
かふ[花譜](명) 화보. 피는 계절에 따라 순서대로 기록한 꽃의 도보(図譜). a floral calendar
かふ[家父](명) 자기의 아버지. a my father
かふ[家婦](명) 한 집안의 주부. 아내. a housewife
かふ[家扶](명) (귀족의 집에서) 집안 일을 맡아 보던 사람. 집사(執事). a steward
かふ[華府](명)〈지〉 ⇨ワシントン.
かふ[寡婦](명) 과부. 미망인. 홀어미. a widow
一かぶ[株](접미) 뿌리가 달린 식물을 세는 말. 그루.
かぶ[株](명) ①그루터기. ②에도(江戸) 시대 돈으로 살 수 있었던 직무(職務). ③주식 회사의 준말. ④주권(株券). ⑤〈속〉 평판. 명성(名声). 1. a stump
かぶ[蕪](명)〈식〉 순무. 무우의 하나로 뿌리는 구형, 또는 장형(長形)이며 빛은 백색임. a turnip
かぶ[下部](명) 하부. 아래쪽의 부분. ↔上部(ジョウブ). the lower part

かぶ[歌舞](명·자サ) 가무. ①노래와 춤. ②노래하고 춤추는 유흥. 「―音曲(オンギョク); 노래와 춤」 1. singing and dancing 2. merrymaking

がふ[画布](명) 화포. 그림을 그리기 위한 천. a canvas

がふ[画譜](명) 화보. 종류별로 분류한 화첩(画帖). a picture album

がふ[楽府](명) 악부. 한시(漢詩)의 한 형식. 인정, 풍속을 읊은 것으로 글귀에 장단(長短)이 있음.

かふう[下風](명) 남의 밑(下位). 「―に立(タ)つ; 남의 밑에 있다」 the lower post

かふう[家風](명) 가풍. 한 집안의 전통적인 격식(格式). a family custom

かふう[歌風](명) 가풍. 와카(和歌)를 짓는 데 있어서의 특색.

がふう[画風](명) 화풍. 그림 그리는 방법의 특색. 그림의 작풍(作風). a style of painting

カフェイン[도 Kaffein](명)〈이〉 카페인. 코오피, 코코아 등에 포함된 성분. 은백색으로 바늘과 같은 입자임. 극약(劇薬).

カフェー[프 café](명) 카페. ①〔서양에서〕 코오피를 마시는 곳. 코오피숍. ②여급이 있고 양주를 파는 술집. 바아의 구식 이름.

カフェテリア[cafeteria](명) 카페테리아. 급사가 없이 손님 자신이 음식을 날라다 먹는 간이 식당.

かぶか[株価](명)〈경〉 주가. 주식(株式)이나 주권(株券)의 값. a stock price

がぶがぶ(부·자サ) ①액체를 마구 마시는 모양. 또는 그 소리. 벌떡벌떡. ②⇨だぶだぶ. 1. quaff

かぶき[冠木](명) ①대문 기둥, 난간 등의 위에 댄 큰 가로대. ②위에 가로대를 댄 대문. 1. a cross-bar on the gate

かぶき[歌舞伎](명) 에도(江戸) 시대에 발달된 일본 고유의 연극. **―じゅうはちばん**[歌舞伎十八番](명) 이치카와가(市川家)에 전해 내려 오는 특히 정평 있는 연극 18종.

かふきゅう[過不及](명) 과불급. 지나침과 모자람. 과부족. 「―なく; 알맞게」 excess and deficiency

かぶきん[株金](명)〈경〉 주금. 주식에 대한 출자금(出資金). a stock

かふく[下腹](명) 하복. 아랫배. 「―部(ブ); 하복부」 the abdomen

かふく[禍福](명) 화복. 화와 복. weal and woe

がふく[画幅](명) 화폭. 그림이 있는 족자. a hanging scroll

かぶけん[株券](명)〈경〉 주권. 증권. 주식(株式). a share-certificate

かぶさ·る[被さる](자 4) 씌워지다. 덮쳐지다. be covered

かぶしき[株式](명)〈법〉 ①주식. 주식 회사의 자본을 평등하게 나눈 하나의 단위. ②〈경〉 주권(株券). ③주주권(株主權). 1. shares 2. a share-certificate. **―がいしゃ**[株式会社](명)〈법〉 주식 회사. 주주(株主)에 의하여 조직된 회사.

カフス[cuffs](명) 커프스. 와이샤쓰 등의 소매를 접어 올린 것. 「―ボタン; 커프스 단추」

かぶせぶた[被せ蓋](명) 뚜껑. 덮개. a lid

かぶ·せる[被せる](타하 1) ①덮다. 덮어 씌우다. ②전가(転嫁)하다. 자 かぶさる(4). 1. cover

カプセル[도 Kapsel](명)〈의〉 캅셀. ①젤라틴으로 만든 투명한 원통(円筒). 교갑. ②캡슐과 같이 투명한 그릇.

かふそく[過不足](명) 과부족. 지나침과 부족함. excess and deficiency

かぶと[兜·冑](명) 투구. 「―をぬぐ; 항복하다」 a helmet. **―くび**[兜首](명) 투구를 쓴 대장의 목. **―ちょう**[兜町](명) ①토오쿄오 증권 거래소(東京証券去来所)가 있는 곳. ②토오쿄오의 금융 시장(계). ↔北浜(キタハマ). **―のお**[兜の緒](명) 투구 끈. **―むし**[甲虫·兜虫](명)〈동〉 갑충. 초시류(鞘翅類)에 속하는 곤충의 총칭. 딱정벌레.

かぶぬし[株主](명) 주주. 주식 회사에 출자한 사람. 주식(株式)을 가지고 있는 사람. a shareholder

かぶま[株間](명)〈농〉 포기와 포기와의 사이. 그루와 그루 사이. interval of stubbles

かぶら[鏑](명) 화살 끝에 다는 순무 모양의 속이 궁글고 구멍이 몇 개 있는 살촉. **―や**[鏑矢](명) 순무 모양의 화살촉이 달린 화살. 날아 갈 때 소리가 요란함.

〔鏑〕

かぶら(な)[蕪·蕪菁](명)〈식〉 ⇨かぶ(蕪).

かぶり[頭](명) 머리. 대가리. 「―をふる; 머리를 흔들다(도리질하다)」 the head

カプリチオ[이 capriccio](악) 카프리치오. 광상곡(狂想曲).

かぶりつき[噛り付き](명) ①극장의 무대 바로 앞쪽의 관람석. ②낙수물이 떨어지는 곳. 1. the front row

かぶりつ·く[噛り付く](자 4) ①물다. 물어 뜯다. ②달라붙다. 1. bite 2. cling

かぶ·る(자 4) 복통을 일으키다. have a stomach-ache

かぶ·る[被る] Ⅰ(타 4) ①(머리에) 쓰다. ②(위에) 덮다. 덮어 쓰다. 「水(ミズ)を―; 물을(머리로부터) 끼얹다」 ③피해, 죄 등을 입다. 또는 뒤집어 쓰다. Ⅱ(자 4) ①〔사진에서〕 건판(乾板)에 광선이 들어 가 흐려지다. ②(파도 때문에) 배가 흔들리다. ③연극이 끝나다. 명 被り. Ⅰ 1. put on Ⅱ 1. be affected

かぶれ[気触れ](명) 옻, 고약 때문에 살갗이 헒. 또는 헐어서 생긴 피부병. skin-eruption

かぶ·れる[気触れる](자하 1) ①옻이나 고약 때문에 피부가 헐다. 「うるしに―; 옻이 오르다」 ②나쁜 것에 물들다. 「ニヒリズムに―; 허무주의에 물들다」 1. have a rash 2. get influenced

かぶろ[禿](명) ①대머리. ②단발 머리. ③유녀(遊女)가 부리는 소녀. 1. bob 3. baldness

かふん[花粉](명)〈식〉 화분. 꽃가루. 수꽃술의 약(葯) 속에 있는 가루. pollen

かぶん[過分](명·형동ダ) 과분. 분에 넘침. 「―のおほめ; 분에 넘친 칭찬」 excess

かぶん[寡聞](명·형동ダ) 과문. 견문(見聞)이나 지식

이 적음. (대개 겸사로 씀)「一にして知(シ)らない; 과문하여 모른다」 poor knowledge
がぶん[雅文](명) 헤이안(平安) 시대의 문장. 또는 그 것을 흉내 낸 문장.
かぶんすう[仮分数](명)〈수〉가분수 분자(分子)가 분모(分母)보다 큰 분수. an improper fraction
かべ[壁](명) ①벽. ②뚫을 수 없는 장애. 장벽.「一に突(ツ)きあたる; 장벽에 부딪치다」 1. a wall
かへい[貨幣](명)〈경〉화폐. 돈. money. **—かち**[貨幣価値](명)〈경〉화폐 가치. 화폐의 구매력(購買力).
かへい[寡兵](명) 인원수가 적은 군대. a small force
がべ(へ)い[画餅](명) 그림의 떡. 소용 없는 것.「一に帰(キ)する; 헛되게 되다」 naught
カペイカ[러 kopeika](명) 카페이카. 러시아의 동화(銅貨). 루우블리의 100 분의 1.
かべいと[壁糸](명) 되게 꼰 굵은 실에 가는 실을 덧 꼰 실. **—(いと)おり**[壁(糸)織り](명) 카베이토(壁糸)를 씨실로 짠 옷감. 가로로 굴곡이 생김.
かべがき[壁書](명) ①벽서. 벽에 쓴 글. ②옛날 법령(法令) 등을 벽에 써 붙인 것.
1. a character written on a wall
かべかけ[壁掛](명) 벽에 걸어서 장식하는 것. 색실로 풍경 같은 것을 짠 것 등. a tapestry
かべがみ[壁紙](명) 벽지. 도배지. wallpaper
かべぎわ[壁際](명) 벽 근처. 벽 옆. the side of a wall
かべごし[壁越し](명) 벽을 사이에 둠. 벽 너머. with a wall between. **—すいりょう**[壁越推量](명) 엉터리 추측.
かべしたじ[壁下地](명) 벽의 뼈대가 되는 부분. 외.
かべしろ[壁代](명) ①궁전 등에서 벽 대신 드리운 장막. ②(벽의) 외.
かべしんぶん[壁新聞](명) 벽신문. 많은 사람에게 보이기 위하여 벽에 붙이는 인쇄물이나 신문.
a wall-newspaper
かべそしょう[壁訴訟](명) ①혼자하는 불평. ②(남에게) 들으란 듯이 하는 말. 비꼼. 빈정거림.
1. complaining to oneself
かべつち[壁土](명) 벽토. 바람벽에 바르는 흙. plaster
かべどなり[壁隣](명) 벽 하나를 사이에 둔 이웃.
next door
かべひとえ[壁一重]—ヒトヘ(연어) 벽 하나. 「となりとは一だ; 이웃과는 벽 하나 사이다」 a wall
かへん[か変](명)〔문법에서〕“か”행(行) 변격 활용(変格活用)의 준말.
かへん[火片](명) 불꽃. 불똥. sparks
かへん[可変](명) 가변. 변할 수 있는 것.「一蓄電器(チクデンキ); 가변 축전기(바리콘)」 variableness
かへん[花片](명) 꽃잎. a petal
かへん[佳編](명) 뛰어난 작품. an excellent work
かべん[花弁·花瓣](명)〈식〉화판. 꽃잎. a petal
かぼ[家母] 가모. 자기의 어머니. one's (own) mother
かほう[下方](명) 아래쪽. ↔上方(ジョウホウ).
the lower part
かほう[火砲](명)〈군〉화포. 구경(口径) 11*mm* 이상의 화기(火器). a gun
かほう[加法](명)〈수〉덧셈. ↔減法(ゲンポウ). addition
かほう[加俸](명) 가봉. 본봉(本俸) 외에 주는 봉급.
an additional allowance
かほう[花苞](명)〈생〉화포. 꽃대의 밑 또는 꽃꼭지의 밑에 있는 비늘 모양의 잎. 포(苞). a bract
かほう[果報] 과보. Ⅰ(명) 인과에 따르는 응보. Ⅱ(형동ダ) 행복한 모양. 운수 좋은 모양.「一者(モノ); 행운아(幸運児)」 Ⅰ retribution Ⅱ luck
かほう[苛法](명) 가혹한 법령. a rigorous law
かほう[家法](명) 가법. ①한 집안의 법도(法度)나 격식. 가풍(家風). ②가전(家伝).
1. family rules 2. a family recipe
かほう[家宝](명) 가보. 집의 보배. a family treasure
かほう[過褒](명) 지나친 칭찬. 과찬.「それは一です; 그것은 과찬입니다」 overpraise
かぼう[火防](명) 화재의 예방(방지). prevention of fire
がほう[芽胞](명)〈생〉아포. 포자(胞子). 홀씨. a spore
がほう[画法](명) 화법. 그림 그리는 법.
the art of drawing
がほう[画報](명) 화보. 그림이나 사진 등을 주로 한 잡지나 간행물. a graphic
かほうわ[過飽和](명)〈이〉과포화. 일정한 양 이상으로 물질이 포함되어 있는 것.「一状態(ジョウタイ)の溶液(ヨウエキ); 과포화 상태의 용액」 supersaturation
かほく[華北](명)〈지〉화북. 중국의 북부. ↔華中(カチュウ), 華南(カナン). North China
かぼく[家僕](명) 가복. 사삿집에서 부리는 사내 종. 가노(家奴). a manservant
かぼそ·い[か細い](형) 가늘고 약하다. 섬약(纖弱)하다. slender
カボチャ[南瓜](명)〈식〉호박. 박과에 속하는 일년생 만초(蔓草). a pumpkin
カポック[kapok](명) ⇨パンヤ.
ガボット[프 gavotte](명)〈악〉가보트. 2 박자의 쾌활하고 우미한 프랑스의 옛 무도곡.
かほど[斯程](부) 이만큼. 이처럼. this much
かほんか[禾本科](명)〈식〉화본과. 꽃식물 가운데 속씨 식물의 이대군(二大群)의 하나. 보리, 벼 등이 이에 속함. the grass family
かま[釜](명) 솥. 가마. an iron pot
かま[窯](명) 가마. 큰 솥. 물건을 열하거나 녹이는 데 씀. 예:숯가마, 벽돌가마 등. an oven
かま[鎌](명) ①낫. 「一をかける; 넘겨짚다」 ②〔씨름에서〕 상대방의 팔을 안으로부터 자기 손에 걸어 넘어뜨리는 수. 1. a sickle
かま[竈](명) ⇨かまど①.
かま[罐](명) (기차나 배 등의) 기관(汽罐). a boiler
がま[蒲](명)〈식〉큰부들. 물가에 나는 잎이 긴 풀. 잎과 줄기로 자리, 부채 등을 만듦. 향포(香蒲). a cattail
がま[蝦蟇](명)〈동〉⇨ひきがえる.
かまいたち[鎌鼬](명) 선풍이 일 때에 공기 중에 생.

기는 진공(真空) 부분. 피부가 닿으면 갈라짐.
かまいつ·ける[構い付ける]カマヒー(타하 1) 상대하다. 대해 주다.「構い付けない; 상대하지 않다」 face each other
かまいて[構い手]カマヒー(명) 상대가 되어 주는 사람. 돌봐 주는 사람.「一のない子(コ); 돌보아 주는 사람이 없는 아이」 one who cares for another
かま·う[構う]カマフ Ⅰ(자 4) ①상관하다. 염려하다.「どうか構(カマ)わないでください; (상대의 대접이나 염려에 대하여 사양하는 뜻으로) 제 염려는 마십시오. 저는 괜찮습니다」②접대하다. Ⅱ(타 4) ①추방형(追放刑)에 처하다. ②상대하다. ③야유하다. Ⅰ 1. mind Ⅱ 3. tease
かまえ[構え]カマヘ(명) ①준비. ②만드는 법. ③구조(構造). ④몸의 태세. 무기를 손에 들고 적을 겨누는 방법이나 태도. 1. preparation 4. a posture. ―**て**[構えて](부) ①결코.「一病気(ビョウキ)すな; 결코 앓지 마라」②대비하여. 주의하여.
かま·える[構える]カマヘル(타하 1) ①만들다. 갖추어 만들다.「家(イエ)を一; 집을 지어서 살다」②(일부러)만들어 내다.「口実(コウジツ)を一; 구실을 만들어 내다」③일으키다.「兵(ヘイ)を一; 군사를 일으키다」④태도나 자세를 취하다.「厳然(ゲンゼン)と一; 엄숙한 태도를 취하다」⑤준비하다.「待(マ)ち一; 대비하다」⑥속이다.「言(ゲン)を一; 거짓말을 꾸며 하다」 1. construct 2. pretend
かまきり[蟷螂](명)〈동〉 당랑. 사람의 손 등에 오줌을 싸면 사마귀가 난다고 함. 사마귀. a rearhorse
がまぐち[蝦蟇口](명) 돈지갑. 쇠꼭지를 비틀어 열도록 되어 있는 지갑. a (metal-mouthed) purse
かまくび[鎌首](명) 낫과 같이 구부러진 목.「へびが一をもたげる; 뱀이 모가지를 쳐들다」a goose-neck
かまくら[鎌倉](명)〈지〉 카나가와현(神奈川県) 사가미만(相模湾) 동북 해안에 있는 시(市). 관광지(観光地)로 유명함.
かまくらじだい[鎌倉時代](명)〈역〉 미나모토노 요리토모(源頼朝)가 카마쿠라(鎌倉)에 막부(幕府)를 연 후, 호오죠오(北条)씨가 정권을 잡고 있었던 시대. (1192～1333)
かま·ける(자하 1) 마음을 빼앗겨 (다른 일을 못하다).「仕事(シゴト)にかまけて; 일에 몰두하여」 be engrossed in
かまし[釜師](명) 솥 만드는 것을 직업으로 하는 사람. a iron-pot maker
―がまし·い(접미·형형) …인 것 같은. …와 닮은.「おしつけ一; 강요하는 것 같은」 파생 ―**さ**.
かましき[釜敷](명) 솥이나 무쇠 주전자 밑에 까는 것. a kettle-rest
かます[叺](명) 가마니. a strawbag
かます[魳](명)〈동〉 ①꼬치고기 무리. ②꼬치고기. 바다에 사는 가느다랗고 길다란 조그만 고기. 입이 뾰족함.
かま·す[噛ます](타 4)〈속〉 ①지렛대 등을 집어 넣다. ②〔씨름에서〕 몸으로 부딪치다. 한 수 먹이다.「突(ツ)っ張(パ)りを一; 떠밀어서 한 수 먹이다」
かまたき[罐焚き](명) 기관(汽罐)의 불을 때는 사람. 화부(火夫). a boilerman
かまち[框](명) ①마루 끝에 대는 가로대. 마루턱.「上(ア)がり一; 마루턱」②문얼굴. 문광. 1. a frame-work
かまど[竈](명) ①부뚜막. 아궁이. ②독립한 생계를 유지하고 있는 한 집. 세대(世帯).「一を持(モ)つ; 살림을 차리다」 1. a kitchen range
かまとと(명) 아는 것도 모르는 척하며 고상하거나 순박함을 자랑함. 또는 그런 사람.「一令嬢(レイジョウ); 새침데기 아가씨」 a person who affects ignorance
かまどめ[鎌止め](명) 산야(山野)의 벌목(伐木)을 금지함. prohibition against cutting
かまひげやっこ[鎌髭奴](명) 카이젤 수염을 기른 종놈.
かまびすし·い[囂すしい](형) 시끄럽다. 떠들썩하다. 파생 ―**さ**(명). noisy
かまぼこ[蒲鉾](명) 가마보꼬. 생선의 살을 으깨어 조미료를 섞어 쪄서 굳힌 식품. 생선묵. boiled fish-paste
かまめ[鴎](명)〈고〉 ⇨かもめ.
かまめし[釜飯](명) 작은 솥에 쌀, 고기, 야채 등을 일인분씩 넣어서 지은 밥.
かまもと[窯元](명) 도자기(陶磁器)를 굽는 가마. 또는 그 사람. a ceramist
かまゆで[釜茹で](명·타サ) 솥에서 삶거나 찜. boiling in an iron pot
がまん[我慢](명·타サ) ①〈불〉 자기를 훌륭하게 생각함. 오만(傲慢). ②어리광을 피움. 멋대로 하려 함. 고집. ③참는 것. 참을성. 3. bearing. ―**づよ·い**[我慢強い](형) 참을성이 많다. 파생 ―**づよさ**(명).
かみ―[神](조어) ①신이 …하다.「一しずまる; 신이 진좌(鎮座)하시다」②신의. 신과 같은.「一わざ; 귀신 같은 재주」
かみ[上](명) ①위. 높은 곳. ②천자(天子). ③정부(政府). 관청. 관리.「お一; 관리, 관청의 높임말」④막부 장군. ⑤존경할 만한 사람. ⑥처음. ⑦옛날. ⑧강의 상류. ⑨쿄오토(京都). ⑩상부(上部). ⑪〈고〉사또. 대감. (옛날 관청의 장) ⇨:かみ(守). ⑫ ⇨かみのく(上の句). 1. a higher place 2. the Emperor
かみ[守](명) ①옛날 관청의 장관. ②옛날의 지방 장관.「伊豆(イズ)の一; 이즈의 태수(太守)」a governor
かみ[神](명) 신. ①사람의 지혜로서는 헤아릴 수 없는 거룩한 존재. ②죽은 사람의 영혼. ③신사(神社)에 모신 영혼. ④〈종〉 신앙의 대상이 되는 존재. ⑤우뢰. 천둥. 1. providence 4. God
かみ[紙](명) 종이.「一一重(ヒトエ)の差(サ); 종이 한 장의 차이(근소한 차이)」 paper
かみ[雷](명)〈고〉 ⇨かみなり.
かみ[髪](명) ①머리털. ②머리를 매만진 모양. 1. hair
かみ[加味](명·타サ) 가미. ①맛을 더함. ②다른 것을 더함. 섞음.「教訓(キョウクン)を一した話(ハナシ); 교훈을 섞은 이야기」 1. flavouring
かみ[佳味](명) 좋은 맛. 진미(珍味). fine taste

がみ[雅味](명) 고상한 취미. 품위 있는 취향.「―ゆたかな; 아취가 풍부한」 elegance
かみあい[嚙合い]―アヒ(명) ①서로 물어 뜯음. ②싸움. 2. a fight
かみあ·う[嚙み合う]―アフ(자 4) ①서로 물어 뜯다. ②톱니 바퀴가 서로 맞물리다. 요철(凸凹)이 꼭 들어 맞다. ③몹시 다투다. 명かみ合い. 1. bite each other
かみあげ[髮上げ](명) ①머리를 매만지는 일. 또는 그 사람. ②옛날에 여자가 어른이 되어 머리를 올리는 일. 머리를 얹음. 1. hair-dressing
かみあぶら[髮油](명) 머릿기름. hair oil
かみあらい[髮洗い]―アラヒ(명) 머리를 감는 일. hair washing
かみあわせ[嚙み合わせ]―アハセ(명) ①맞물리는 일. ②위아래의 어금니가 서로 맞닿는 부분. 2. the bite
かみあわ·せる[嚙み合わせる]―アハセル(타하 1) ①꽉 물다. ②(짐승 등에게) 싸움을 시키다. ③맞물리게 하다.「歯車(ハグルマ)を―; 톱니 바퀴를 서로 맞물리게 하다」 1. clench 2. set fighting
かみいちだん かつよう[上一段活用](명)〔문법에서〕동사의 어미(語尾)가 50음(音)의 "い"단에만 활용되는 것. 예: "見(ミ)る, 落(オ)ちる"등.
かみいれ[紙入れ](명) ①종이를 넣는 물건. ②지폐를 넣는 지갑. 1. a paper-carrying case
かみがかり[神憑り](명) ①신이 들림. 또는 그 사람. ②과학이나 이론을 무시, 부정하는 것.「―的(テキ)な論法(ロンポウ); 미신적인 논법」 1. divine inspiration
かみがき[神垣](명) ①신(神)을 모신 사당의 울타리. ②신사(神社). 2. a shrine
かみがくし[神隠し](명) 갑자기 행방을 알 수 없게 되는 것. 감쪽같이 자취를 감추는 것. a mysterious disappearance
かみかけて[神掛けて](부) 신에 맹세코. by God
かみかぜ[神風](명)〈속〉①신의 위력에 의해서 일어난다는 바람. ②〈속〉결사적으로 달림.「―タクシー; 위험을 무릅쓰고 굉장한 속도로 달리는 택시」 1. a divine wind
かみがた[上方](명) ①수도가 있는 쪽. 윗쪽. ②쿄오토(京都), 오오사카(大阪) 지방을 부르는 이름.
かみがた[髮型](명) 머리 빗은 모양. coiffure
かみかたち[髮形·髮容](명) ①머리 빗은 모양. 헤어스타일. ②두발(頭髮)과 용모. 1. coiffure
がみがみ(부·자サ) 물어 뜯는 것같이 심하게 꾸짖음. snappishly
かみき[上期](명) 상반기(上半期). ↔下期(シモキ). the first half of the year
かみきり[紙切り](명) ①주로 종이를 자르는 데 쓰이는 작은 칼. ②종이를 여러 가지 모양으로 오려 내는 놀이. 1. a paper knife 2. paperwork
かみきりむし[髮切虫·天牛](명)〈동〉천우. 날개는 딱딱하며 촉각은 매우 길. 하늘소. a longicorn
かみきれ[紙切れ](명) 종잇조각. a scrap of paper
かみき·る[嚙み切る](타 4) 물어 끊다. bite off
かみくず[紙屑]―クヅ(명) 못 쓰는 종이. 종잇조각. waste paper
かみくせ[髮癖](명) 굽거나 곧거나 하는 머리털의 독특한 성질. 머리털의 결. a kink
かみくせ[嚙み癖](명) 무는 버릇. 물어 뜯는 성질. biting habit
かみくだ·く[嚙み砕く](타 4) ①씹어서 잘게 깨다. ②알기 쉽게 설명하다.「むずかしい理論(リロン)を―; 어려운 이론을 알기 쉽게 설명하다」 1. crush with the teeth
かみこ[紙子](명) 두꺼운 종이에 감물을 들여 비벼서 부드럽게 하여 만든 옷. 여자의 손을 거치지 않아, 율승(律僧)이 입음. a paper garment

〔紙子〕

かみこな·す[嚙みこなす](타 4) ①음식물을 잘 씹어서 소화할 수 있게 하다. ②잘 풀이하여 이해하다.「本(ホン)の内容(ナイヨウ)を―; 책의 내용을 잘 이해하다」 1. chew
かみころ·す[嚙み殺す](타 4) ①물어 죽이다. ②(얼굴에 나타나지 않도록) 누르다. 억제하다.「あくびを―; 하품을 참다」 1. bite to death
かみざ[上座](명) 상좌. 윗자리. 상석(上席). ↔下座(シモザ). the top seat
かみざいく[紙細工](명) 종이 세공. paperwork
かみさ·びる[神さびる](자상 1) ①오래 되어 거룩하게 느껴지다. ②쓸쓸하고 두렵게 느껴지다. ③세월을 거치다. ④늙다. 1. look venerable
かみさま[神樣](명) 하느님. 신의 높임말. God
かみさ·る[神去る](자 4)〈고〉귀인(貴人)이 죽다.
かみさん[上樣](명) ①(장삿군이나 신분이 낮은 사람의) 아내. ②⇨おかみ.
かみしばい[紙芝居]―シバヰ(명) 하나의 이야기를 여러 장의 그림으로 엮어 설명하여 보이는 것. 그림 연극. a picture-story show
かみし·める[嚙み締める](타하 1) ①잘 씹다. ②음미(吟味) 하다.「話(ハナシ)をよく―; 얘기를 잘 음미하다」 1. chew well
かみしも[裃](명) 에도(江戸) 시대의 예복.
かみしも[上下](명) 상하. ①아래위. ②저고리와 바지. ③옛날 무사들의 예복. ④안마사가 허리를 중심으로 아래 위를 주무르는 것. 1. up and down
かみじょちゅう[上女中](명) 주인의 가까이에서 일하는 여자. a chambermaid
かみすき[紙漉き](명) 종이를 뜸. 또는 그 사람. paper-making
かみすじ[髮筋](명) ①빗질한 자국. ②머리털. 1. comb furrows 2. a hair
かみぜに[紙銭](명) 지전. 종이를 돈 모양으로 오린 것. 죽은 사람이 저승으로 가는 길에 쓰라는 뜻으로 관 속에 넣어 줌. a paper coin
かみそり[剃刀](명) ①면도칼. ②머리가 예민한 사람. 재지(才知)가 기민한 사람. 1. a razor 2. a shrewd man

かみだな[神棚](명) 집안에 신을 모셔 놓는 작은 감실(龕室). a household altar
かみだのみ[神頼み](명·자サ) 신에게 빌어 가호(加護)를 바람.「苦(クル)しいときの—; 괴로울 (급할) 때의 하느님 찾기」 praying to God for aid
かみたばこ[嚙煙草](명) 씹는 담배. chewing tobacco
かみつ[花蜜](명) 화밀. 꽃의 밀선(蜜腺)에서 분비하는 꿀. nectar
かみつ·く[嚙み付く](자타 4) ①달려들어 물다. ②물고 늘어지다. ③(날카롭게) 대들다. 3. bite at
かみづつみ[紙包み](명) 종이로 싼 것. a paper parcel
かみづな[髮綱](명) 머리털로 꼰 줄. a hair-rope
かみつぶ·す[嚙み潰す](타 4) 씹어서 부수다. crunch
かみて[上手](명) ①위쪽. ②관람석에서 무대를 향하여 오른쪽. ③강의 상류(上流). ↔下手(シモテ). 1. the upper part 2. the right side of a stage
かみテープ[紙 tape](명) 가늘고 긴 종이 오라기. 종이 끈. a paper tape
かみでっぽう[紙鉄砲](명) 종이총. 대롱 한 끝을 종이뭉치로 막고 공기를 압축하여 그 탄력으로 쏘는 장난감 총. a pop-gun
かみどこ[髮床](명) 이발소. a hairdresser's shop
かみながら[随神](명·부) ⇨かんながら.
かみなづき[神無月](명) 음력 10월의 다른 이름.
かみなり[雷](명) ①〈이〉 천둥. 우뢰. ②천둥을 일으킨다는 신.「—おやじ; 큰소리로 야단을 잘 치는 아버지(영감)」 1. thunder
かみにだんかつよう[上二段活用](명) 〔문법에서〕동사의 어미가 50음(音)의 “い, う”의 2단에서 활용하는 일. 예:“落(オ)つ” 등.
かみのく[上の句](명) ①〔와카(和歌)에서〕처음의 5·7·5의 3구. ②〔하이쿠(俳句)에서〕처음 5자의 구.
かみのけ[髮の毛](명) 머리털. 두발(頭髮). hair
かみのぼり[紙幟](명) 종이로 된 긴 깃발. a paper flag
かみばさみ[紙挾み](명) ①종이를 집는 집게. ②종이를 끼우는 도구. 1. a paper clip 2. a paper-holder
かみばな[紙花](명) ①종이로 만든 꽃. 조화(造花). ②종이에 싼 돈. 1. an artificial flower
かみはんき[上半期](명) 상반기. 1년의 전반기. ↔下(シモ)半期. the first half of the year
かみばり[紙張り](명·자サ) 종이를 바르는 것. papering
かみびな[紙雛](명) 종이로 만든 인형. a paper doll
かみぶすま[紙衾](명) 종이로 만든 이부자리. a paper quilt
かみほとけ[神仏](명) 신불. 신령과 부처. gods and Buddha
かみまいり[神参り]—マヰリ(명) 신을 참배하는 것. shrine-visiting
かみまき(タバコ)[紙巻き(煙草)](명) 종이로 만 담배. 궐련. a cigarette
かみもうで[神詣で]—マウデ(명·자サ) 신사 참배(神社参拝). shrine-visiting
かみやしき[上屋敷](명) 옛날 지위가 높은 무사들이 살고 있던 집. ↔下屋敷(シモヤシキ).
かみやすり[紙鑢](명) ⇨サンドペーパー.
かみゆい[髮結い]—ユヒ(명) 머리를 빗음. 또는 빗어주는 사람. hairdressing. **—どこ**[髮結い床](명) 이발소. 미장원.
かみよ[神代](명) 옛날 신화 시대. 신(神)이 이 세상을 다스렸다고 하는 태고(太古) 시대. the age of gods
かみより[紙縒り](명) 종이로 가늘게 꼰 끈. 지노. 지승(紙繩). a twisted paper-string
かみわ·ける[嚙み分ける](타하 1) ①잘 씹어서 맛보다.「酸(ス)いも甘(アマ)いも—; 신맛 단맛 다 맛보다 (맛을 분간하다)」②사물을 잘 경험하여 세밀하게 분간하여 생각하다. 1. chew and taste well 2. understand
かみわざ[神業](명) ①신의 조화. 신묘한 일. 불가사의한 일. ②신에 관한 행사. 1. a miracle work
かみん[仮眠](명·자サ) 선잠. 조금 잠. a nap
かむ[家務](명) 가무. 집안 일. 가사(家事). household affairs
か·む[擤む](타 4) 코를 풀다. blow one's nose
か·む[嚙む](타 4) ①씹다. ②이빨로 물다. ③감다. 1. chew
カム[cam](명) 캠. 축(軸)의 회전을 여러 가지 운동으로 바꾸는 장치.
ガム[gum](명) 추우잉검(껌)의 준말.
かむ[醸む](타 4)〈고〉 술을 빚다. 양조(醸造)하다.
かむあがる[神上がる](자 4)〈고〉 ①신이 승천(昇天)하다. ②붕어(崩御)하다.
がむしゃら[我武者羅](명·형동ダ) 앞뒤 생각 없이 함부로 날뜀. daredevilry
カムチャッカ[Kamchatka](명)〈지〉 캄차카. 시베리아의 동북부로부터 남방에 돌출한 방추상(紡錘状)의 반도.
カムバック[come back](명·자サ) 컴백. ①다시 옴. 돌아옴. ②회복(回復).
カムフラージュ[프 camouflage](명·타サ) 카무플라즈. 변장. 위장(偽装). 속임수.
かむり[冠](명) 관. 예장(礼装)할 때의 모자의 한 가지. 「a crown」
かむろ[禿](명) ⇨かぶろ.
かめ[瓶](명) ①단지. 항아리. ②⇨はないけ. 1. a jar
かめ[亀·龜](명)〈동〉 거북. 거북과에 속하는 파충류의 총칭. 수륙 양서(水陸両棲) 동물. a tortoise
カメ(명)〈속〉〔Come here.의 사투리인 "カメヤ"의 변화〕 서양 개(洋犬).
かめい[下名] Ⅰ(명) 아래에 쓴 이름. Ⅱ(대) 자기를 낮추어 일컫는 말. 졸자(拙者). 불초(不肖). Ⅰ the undermentioned name
かめい[下命](명·타サ) 하명. 명령. 주문(注文).「ご—しだい; 주문하시는 대로」 orders
かめい[加盟](명·자サ) 가맹. 동맹, 약속에 참가함.「—店(テン); 가맹한 상점」 joining (in an alliance)
かめい[仮名](명·자サ) 가명. 임시로(거짓으로) 붙인 이름. an assumed name
かめい[家名](명) 가명. ①집의 이름. 가호(家号). ②가문의 명예. 1. the family name 2. the family honour

がめい[画名](명) 화명. ①그림의 이름. ②화가(画家)로서의 명성. 1. the name of a picture

カメオ[cameo](명) 카메오. 돋을 새김(陽刻)을 한 보석. 상아, 마노(瑪瑙) 등에 하여 장신구로 씀.

がめつ·い(형)〈방〉 이익을 추구함에 빈틈이 없고 극성맞다. 악착스럽다.

かめのこう[亀の甲·龜の甲](명) 귀갑. ①거북의 등껍데기.「ーより年(トシ)の功(コウ); 오랜 경험이 제일이다」 ②육각형(六角形)의 연속 무늬. 1. a tortoise-shell

かめぶし[亀節·龜節](명) 가다랭이를 쪄서 말린 것의 한 가지. 조그맣고 넓적함. ↔本節(ホンブシ).

カメラ[camera](명) 카메라. 사진기. **──マン**[cameraman](명) 카메라맨. ①영화의 촬영 기사(撮影技師). ②(신문사 등의) 사진반(写真班). ③사진사(写真師). **──ワーク**[camera work](명) 카메라 워어크. 사진 기술.

カメリア[camellia](명)〈식〉 커멜리어. 동백나무.

カメレオン[chameleon](명)〈동〉 카멜레온. 도마뱀류 카멜레온과에 속하는 파충류(爬虫類). 몸 빛이 광선, 온도에 따라 자유로이 변화하여 주위의 상태에 적응함.

かめん[下面](명) 하면. 아래쪽의 면. ↔上面(ジョウメン). the under surface

かめん[仮面](명) 가면. ①나무, 흙, 종이 등으로 만든 얼굴의 형상. 탈. ②본심을 감추고 거짓으로 꾸민 표면. 1. a mask

がめん[画面](명) 화면. ①그림의 표면. ②영사막에 비친 영상(映像). ③필름, 인화지(印画紙) 등에 촬영된 영상. 1. a painted surface 2. a scene on the screen

かも[鴨](명) ①〈동〉 물오리. 들오리. ②〈속〉 이용하기 쉬운 상대. 봉.「いいーだ; 이용하기 좋은 사람이다(좋은 봉이다)」 1. a duck 2. a dupe

かも Ⅰ(감조)〈고〉 ①의문과 감동을 나타내는 말. ②감동을 나타내는 말.「おもはゆるー; 생각되도다」 ③반어(反語)를 나타내는 말.「恋ひざらめー; 그립지 않을소냐」 Ⅱ(수조)〈고〉 감동을 포함한 의문을 나타내는 말.「遠(トオ)みー; 멀어서인지」

がも(감조) 소망(所望)과 감동을 나타내는 말. (…이 있으면) 좋겠건만.

かもい[鴨居]ーキ(명) (홈이 패인) 상인방(上引枋). ↔敷(シ)き居. a lintel

がもう[鵞毛](명) ①거위의 털. ②매우 가벼운 것의 비유. 1. a plume of a goose

かもく[科目](명) 과목. ①조그만 부분. 개조(箇条). ②학과의 구분. 1. an item 2. a subject

かもく[寡黙](명·형동ダ) 과묵. 말이 적음.「ーの人(ヒト); 말이 적은 사람」 taciturnity

かもく[課目](명) 과목. 학과의 종류.「必修(ヒッシュウ)ー; 필수 과목」 a subject

かもじ[髢](명) ①(여자의 말로) 머리털. ②다리. 1. hair 2. false hair

かもしか[羚羊](명)〈동〉 영양. 염소와 비슷하나 털은 회색을 띤 황갈색이며, 눈 아래와 발굽 밑에 취액(臭液)의 분비선이 있어 나무, 돌 등에 묻혀 길을 찾음. 뿔은 짧게 뒤로 굽고 꼬리는 염소보다 김. 모피는 방한용으로 씀. an antelope

かもしだ·す[醸し出す](타 4) (어떤 기분을) 만들어 내다. 양성(醸成)하다.「なごやかなふんい気(キ)をー; 화목한 분위기를 양성(조성)하다」 make in a mood

かも·す[醸す](타 4) 누룩, 메주 등을 섞어 술, 간장을 만들다. 빚다. 만들어 내다.「独特(ドクトク)のふんいきをー; 독특한 분위기를 만들어 내다」 brew

かもつ[貨物](명) 화물. ①운반, 수송하는 짐. 하물(荷物). ②화물 열차의 준말. 1. goods

かもなくふかもなし[可も無く不可も無し](연어) 좋지도 않고 나쁘지도 않다.「君(キミ)の成績(セイセキ)はーというところだ; 자네의 성적은 보통 정도다」 common

かもなんばん[鴨南蛮](명) 오리 고기와 파를 넣은 국수.

かものはし[鴨の嘴](명)〈동〉 오리너구리. 일혈목(一穴目) 오리너구리과에 속하는 짐승. 물가에 살며 알을 낳는 포유류의 하나. 오스트레일리아 원산. a duckbill

カモフラージ(ュ)[프 camouflage](명·타サ) ⇨カムフラージュ.

かもめ[鷗](명)〈동〉 갈매기. 갈매기과에 속하는 바닷물새. 몸빛은 대체로 백색인데 배면은 담회색이고 부리와 다리는 녹황색임. 꼬리와 다리는 짧고 물갈퀴가 있어서 헤엄을 잘 침. 해안, 항구 등에 서식함. 백구(白鷗). a gull

かもん[下問](명·타サ) 하문. 윗사람이 아랫사람에게 물음.「ごーがある; 물어 보시다(하문이 계시다)」 consulting one's inferiors

かもん[家門](명) 가문. 집안. 문중(門中). 한 집안. one's family

かもん[家紋](명) 가문. 한 집안의 표지(標識). the family crest

かもん[渦紋](명) 소용돌이 모양의 무늬. a scroll

かや[茅·萱](명)〈식〉 띠, 억새 등의 총칭. 지붕을 이는 데 씀.

かや[榧](명)〈식〉 비자나무. 상록수의 한 가지. 잎은 단단하고 가늘며, 열매는 약용 또는 기름을 짬.

かや[蚊屋·蚊帳](명) 모기장. a mosquito-net

かや(조)〈고〉 ①감동의 뜻을 나타내는 말. …도다 ②의문 또는 확실치 않은 뜻을 나타내는 말. …인가. ③반문(反問)을 나타내는 말. …ㄹ쏜가.

かやく[火薬](명) 화약. 불이 붙으면 폭발하는 물질. 폭약(爆薬). gunpowder

かやく[加薬](명) ①생선, 고기, 야채 등을 넣어 짓는 밥의 재료나 국수 꾸미. ②양념. 고명. 2. spices

かやく[課役](명) 과역. 노역(労役)을 과함. an imposed service

かやす·し(형ク)〈고〉 ①쉽다. 용이하다. ②가볍다. 간편하다.

かやつ[彼奴](대) 그놈. that fellow

カヤック[kayak](명) 카약. 에스키모인이 사용하는 가죽으로 만든 조그만 배. 한 개의 노로 젓는데, 경주

용으로도 사용함. 「a thatched roof
かやぶき[茅葺き](명) 떠로 이은 지붕. 초가 지붕. ⤴
かやり[蚊遣り](명) ①모깃불을 피우는 일.「一火(ビ); 모깃불」②제충국으로 만든 모기향. 1. smudging
かゆ[粥](명) 죽. rice-gruel
かゆ·い[痒い](형) 가렵다. 파생 **—が·る**(자 4) **—さ**(명). itchy
がゆう[雅遊](명) 아취(雅趣) 있는 놀이. 풍치가 있고 멋있게 노는 일. 시가(詩歌)나 산수(山水)를 즐기는 놀이. 풍류 놀이. an elegant pastime
かゆばら[粥腹](명) 죽을 먹어 힘이 없는 배. a gruel-fed stomach
かゆみ[痒み](명) 가려운 느낌. itch
がよ[駕輿](명) 탈것. 가마. a palanquin
かよい[通い]カヨヒ(명) ①내왕. 왕래. ②←通い帳. ③통근(通勤). ④연회 등에서 심부름하는 사람. 1. going and coming. **—じ**[通い路]—ヂ(명) 통로. 다니는 길.「獣(ケダモノ)の—; 짐승이 다니는 길」**—ちょう**[通い帳](명) 통장. ①외상 장부. ②예금 통장. **—ばこ**[通い箱](명) 상품 배달에 쓰는 상자.
かよ·う[通う]カヨフ(자 4) ①왕래하다. ②통용하다. ③유통(流通)하다. ④닮다. 상통(相通)하다.「母(ハハ)に—おもざし; 어머니와 닮은 얼굴」⑤통학하다. 통근하다. 다니다. 1. ply
かよう[斯様](형동ダ) 이와 같은. 이러한.「—なありさま; 이러한 상태」 such
かよう[火曜](명) 한주일의 세 번째 날. 화요일. Tuesday
かよう[加養](명·자サ) 양생(養生). 섭생(摂生). taking care of one's health
かよう[可溶](명·형동ダ)〈이〉 가용. 액체에 녹음.「—性(セイ); 가용성」↔不溶(フヨウ). being soluble
かよう[歌謡](명) 가요. ①노래. ②가요곡의 준말. 1. songs **—きょく**[歌謡曲](명) 가요곡. 유행가.
がようし[画用紙](명) 그림을 그릴 때 쓰는 종이. 도화지. drawing paper
かよく[寡欲·寡慾](형동ダ) 과욕. 욕심이 적은 모양. unselfish
がよく[我欲·我慾](명) 아욕. 자기의 욕심. 자기 혼자만의 이익. selfish desire
かよりかくよる[彼寄り此く寄る]〈고〉 ①이리저리 밀림. ②여기저기서 밀려 옴.
かよわ·い[か弱い](형) 가날프다. 섬약하다. 파생 **—げ**(형동ダ) **—さ**(명). weak
かよわ·す[通わす]カヨハス Ⅰ(자 4)〈고〉 다니시다. Ⅱ(타 4) 다니도록 하다. 통하게 하다.
から—(조어) 전혀. 조금도.「—いくじがない; 전혀 용기가 없다」
から—[唐](조어) 중국이나 외국에서 온 것.「—にしき; 중국 비단(唐錦)」
から[空·虚](명) ①속이 텅 빈 것. ②아무 것도 가지고 있지 않음. ③알맹이가 없는 것. ④거짓. 1. emptiness 2. an empty hand
から[唐](명)〈고〉 ①중국. ②외국.
から[殻](명)〈고〉 껍질. 껍데기.
から[幹](명)〈고〉 ①줄기. ②화살대. 살대. ③자루.
から[韓](명)〈고〉 ①한국. ②외국.
から Ⅰ(격조) ①출발점, 기점(起点)을 나타내는 말. ②일의 발판이나 시간적인 지점을 나타내는 말. ③"になって (…때가 되어)"에 해당하는 말.「あと—いってもだめだよ; 나중에 얘기해도 소용 없다」④"も (…이나)"에 해당하는 강조의 말.「三千円(サンゼンエン)—する; 3천 원이나 한다」Ⅱ(접조) ①이유, 원인을 나타내는 말. ②결심, 판단 등을 나타내는 말. …할 테다.「ただではおかない—; 그냥 두지는 않을 테다」③…만 해도.「見(ミ)る—かわいらしい; 보기만 해도 귀엽다」 Ⅰ1. from Ⅱ1. as
がら[柄](명) ①몸. 체격. ②신분. 성질. 인품(人品). 「—のわるい人(ヒト); 인품이 나쁜 사람」③모양. 무늬.「きものの—; 옷의 무늬」④적합함.「—でもない; 격에 맞지도 않다」 1. build 2. character
がら[瓷](명) ①품질이 나쁜 코우크스. ②닭고기의 살을 발라 낸 뒤의 뼈. ③광초. 1. bad coke
がら[瓦落](명)〈경〉 시세의 폭락(暴落). a slump
カラー[collar](명) 칼라. 와이샤쓰나 양복의 깃.
カラー[colour](명) 컬러. ①색. 색채.「—テレビ; 천연색 텔레비」②그림 그리는 물감. 화구.「ポスター—; 포스터 도료(塗料)」③특색. 색조.「ローカル—; 지방색(地方色)」**—コンディショニング**[colour conditioning](명) 컬러컨디셔닝. 건물 색채를 알맞게 조절하는 것. 색채 조절.
がらあき[空明き](형동ダ) 텅 빈 모양.「—の電車(デンシャ); 텅 빈 전차」 quite empty
からあげ[空揚げ·唐揚げ](명·타サ) 기름에 튀길 때 가루를 묻히지 않고 그냥 튀김.
からあや[唐綾](명) 옷감의 무늬를 도드라지게 짠 것. 문돋이. Chinese twill
から·い[辛い](형) ①얼얼하다. 맵다. ②가혹하다. 박하다.「点(テン)が—; 점수가 박하다」③위험하다. ④괴롭다. 파생 **—さ**(명). 1. pungent
から·い[鹹い](형) 짜다. salty
からいばり[空威張り](명·자サ) 허세를 부림. bluff
からいり[乾熬り](명·타サ) 볶음. roasting
からうす[碓](명) 디딜방아. 발로 디뎌 곡식을 찧게 된 방아. a mortar worked by treading
からうす[殻臼](명) 매통. a mortar for hulling
からうそ[空嘘](명) 완전한 거짓말. 새빨간 거짓말. a whopping lie
からうた[唐歌](명) 한시(漢詩). ↔大和歌(ヤマトウタ). Chinese poetry
からうり[空売り](명·타サ)〈경〉〔거래소에서〕 차액의 이익을 목적으로 가지고 있지 않은 주식이나 상품을 파는 일. 공팔기.
からえずき[空嘔]—エヅキ(명·자サ) 헛구역질. 헛구역질을 함. empty vomiting
からおし[空押し](명·타サ) 책의 표지 등에 잉크를

칠하지 않고 눌러서 무늬나 문자가 도드라지게 함.

からおり[唐織](명) 당직. 중국에서 건너 온 직물(織物). Chinese fabrics

からか·うカラカフ(자 4) 야유하다. 놀려 주다. 노리개로 삼다. 조롱하다. tease

からかさ[傘](명) 대나무에 유지(油紙)를 발라 만든 우산. 지우산. an umbrella

カラカス[Caracas](명)〈지〉 카라카스. 베네수엘라의 수도. 기후가 온화하고 스페인식의 아름다운 도시임.

からかぜ[空風·乾風](명) 비, 눈을 동반하지 않고 몹시 세차게 부는 바람. a dry wind

からかね[唐金·青銅](명)〈이〉 청동. 구리와 주석과의 합금. 갈동(褐銅). bronze

からかみ[唐紙](명) ①여러 가지 무늬가 있는 고운 종이. ②장지. 2. a paper sliding door

からから(부·자サ) ①단단한 것, 마른 것이 맞부딪치는 소리. 대그럭대그럭. ②마른 모양. 바삭바삭. ③아무 것도 없는 모양. 텅텅. ④소리 높게 웃는 모양. 또는 그 소리. 깔깔. 껄껄. 1. clattering

からがら[辛辛](부) 겨우. 「命(イノチ)—逃(ニ)げだした; 겨우 목숨만 살아서 도망 치다」 barely

がらがら Ⅰ(명) 흔들면 달가닥달가닥 소리가 나는 장난감. Ⅱ(부·자サ) ①덜거덕덜거덕. ②말을 꾸미지 않고 그대로 말해 버리는 모양. 「—した人(ヒト); 털털한 사람」 Ⅰ a rattle Ⅱ 1. clattering. **—へび**[がらがら蛇](명)〈동〉 방울뱀. 북아메리카에 사는 맹렬한 독을 가진 뱀. 위험을 당할 때 꼬리를 흔들어 소리를 냄. 향미사(響尾蛇).

からき[唐木](명) 자단(紫檀), 흑단(黒檀), 백단(白檀) 등 열대산 목재(木材)의 총칭. rare foreign wood

からぎぬ[唐衣](명) 당의. 중세(中世) 부인의 예복. 웃옷 위에 입는 짧은 옷. a Chinese robe

からくさ[唐草](명) 당초. 덩굴풀이 비피어 뻗어 나가는 모양을 그린 무늬. 당초문. 「—模様(モヨウ); 당초 무늬」 an arabesque (design)

〔唐草〕

からくじ[空籤](명) 아무 것도 없는 빈 제비 「—なし; 빈 제비가 없다」 a blank

がらくた(명)〈속〉 가치가 없는 잡다(雑多)한 물건. 잡동사니. rubbish

からくち[辛口](명) ①매운 것을 좋아함. ②(술 등의) 맛이 독한 것. ↔甘口(アマクチ). 1. (having) a salty tooth

からくに[唐国](명)〈고〉 중국(中国).

からくに[韓国](명)〈고〉 한국.

からく(も)[辛く(も)](부) 겨우. 간신히. barely

からくり(명) ①조종(繰縦). ②장치. 기계. ③계략(計略). 속임수. ④요지경(瑤池鏡). 1. handling 2. a device

からく·る(타 4) 조종하다. 조작하다. handle

からぐるま[空車](명) 사람 혹은 짐을 싣지 않은 차. 빈 차. an empty car

からくれない[唐紅·韓紅]—クレナヰ(명) 진홍색. 짙은 다홍빛. crimson

からげいき[空景気](명) 겉으로만 경기가 좋게 보이는 일. 또는 좋은 체해 보임. a false show of activity

からけつ[空穴](명)〈속〉 ①아주 텅 빈 것. ②전혀 돈이 없는 것. 무일푼. 1. quite emptiness

から·げる[絡げる·紮げる](타하 1) 단으로 묶다. bundle

からげんき[空元気](명) 겉보기뿐인 원기. 허세(虚勢). a show of courage

からこ[唐子](명) ①중국식 옷을 입은 아이. ②중국 옷을 입은 인형. ③←唐子髷. 1. a child dressed in the Chinese style. **—まげ**[唐子髷](명) 옛날 관례(冠礼) 전의 사내 아이가 땋던 머리.

〔唐子①〕

からごころ[漢心](명) 중국식을 제일 좋다고 생각하는 마음.

からごと[唐琴](명) 중국의 일곱 줄로 된 거문고. 칠현금(七弦琴). a Chinese heptacord

からころも[唐衣](명) ①중국식으로 만든 옷. 소매가 넓고 소맷자락이 깊. ②진귀하고 아름다운 옷.

カラザ[chalaza](명)〈생〉 컬레이저. 새 알의 흰자와 노른자를 이은 끈과 같은 것. 단백질로서, 노른자의 위치를 안정시킴. 알끈.

からざお[殻竿·連枷]—ザヲ(명) 도리깨. 타작할 때 쓰는 연장. a flail

からざけ[乾鮭](명) 창자를 꺼내고 말린 연어. 건연어. a dried salmon

からざま[唐様](명·형동ナリ) 중국의 제도, 풍속을 닮음. 중국식. 당풍(唐風). the Chinese style

からさわぎ[空騒ぎ](명·자サ) 헛소동. 헛되이 떠들어 댐. much ado about nothing

からし[辛子·芥子](명) 겨자. 겨자의 종자(種子)를 가루로 만든 것. 향신료(香辛料), 약용에 쓰임. 「—粉(コ); 겨자 가루」 mustard. **—でい**[芥子泥](명)〈의〉 겨자 가루를 물로 반죽한 것. 피부를 자극하는 메씀. **—な**[芥子菜](명)〈식〉 갓. 겨자과에 속하는 1년 또는 2년초. 4월경에 노란 꽃이 핌. 씨는 몹시 작고 황갈색이며 맵고 향기로운 맛이 있음. 양념과 약제에 쓰임.

からしし[唐獅子](명)〈동〉 옛날 중국의 사자를 가리키던 말. 사자.

〔唐獅子〕

からす—[烏](조어) 검은. 「—ねこ; 검은 고양이.

からす[烏·鴉](명)〈동〉 까마귀. 까마귀과에 속하는 새의 총칭. 「—の鵜(ウ)の真似(マネ); 무능한 자가 남의 흉내를 내다가 실패한다는 비유」 「—の雌雄(シユウ); 서로 닮아 분간키 어려움의 비유」 a crow. **—うり**[烏瓜](명)〈식〉 쥐참외. 박과에 속하는 다년초. 달걀만한 크기의 빨간 열매는 화장품의 원료로 씀. **—がね**[烏金](명) 일수(日収) 돈. **—ぐち**[烏口](명) 오구. 선(線)을 그을 때 쓰는 강철로 만든 제도 용구(製図用具). 까마귀의 부리처럼 생겼음. **—なき**[烏鳴き](명) 까마귀의 울음 소리. 보통 그 울음 소리로써 길흉(吉凶)을 점침. 「―がわるい; 흉조(凶兆)다」 ―**むぎ**[燕麦·烏麦](명)〈식〉 귀리. 오우트미일. 가축 사료 등에 씀.

から·す[枯らす](타 4) 시들게 하다. (풀, 나무 등을) 말라 죽게 하다. wither

から·す[涸らす](타 4) (냇물, 우물 등의) 물을 마르게 하다. dry up

から·す[嗄らす](타 4) 목이 쉬게 하다. make hoarse

ガラス[네 glas·硝子](명)〈이〉 글라스. 유리. ―**ばり**[硝子張り](명) ①유리를 끼운 것. ②속이 잘 들여다 뵈는 것. ③〈속〉 공명 정대하여 조금도 비밀이 없는 것.

からすき[唐鋤·犂](명) 쟁기. a plough

からずね[空臑](명)〈속〉 가려지지 않은 정강이. 드러낸 정강이.

からすみ[鱲子](명) 숭어 등의 난소(卵巣)를 소금에 절여 말린 것. dried mullet roe

からせき[乾咳](명) ①마른 기침. ②헛기침. 1. a dry cough

からせじ[空世辞](명) 입에 발린 외교 사령. flattery

からだ[体·躰·身体](명) ①몸. 신체. 육체. ②몸통. 몸채. the body. ―**つき**[体付き](명) 몸의 모양. 몸매.

からたけ[幹竹·唐竹](명)〈식〉 참대. 왕대와 비슷하나 훨씬 작음. a long-jointed bamboo. ―**わり**[幹竹割り](명) 참대를 쪼개는 것처럼 세로 똑바로 쪼개는 것.

からたち[枳殻·枸橘](명)〈식〉 탱자나무. 5월에 백색 오판화(五瓣花)가 하나씩 피며, 가을에는 둥근 장과(漿果)가 노랗게 익는데 향기가 남. 산울타리로 심고 과실은 약재로 씀. the trifoliate orange

からたちばな[唐橘](명)〈식〉 송이꽃자금우. 자금우과에 속하는 상록 소관목.

カラチ[Karachi](명)〈지〉 카라아치. 파키스탄의 도시. 인더스강 어귀에 위치하는 수륙 연락의 요지.

からちゃ[空茶](명) 과자 없이 차만 마시는 것. tea without cake

からつ[唐津](명) ①←唐津焼. ②도자기(陶磁器)의 총칭. 2. pottery. ―**やき**[唐津焼](명) 카라쯔시(市) 또는 그 부근에서 만든 도자기.

からっかぜ[空っ風·乾っ風](명)〈속〉 ⇨からかぜ.

からっきし(부)〈속〉 전혀. 도무지. quite

からっけつ[空っ穴](명)〈속〉 텅 비어 있는 것. emptiness

カラット[carat](명) 캐럿. ①〈이〉 합금 중에 포함된 금의 비율. 순금은 24캐럿임. ②〈광〉 보석 무게의 단위. 200 *mg*을 말함.

からつばき[空唾](명) 담이 섞이지 않은 침. spittle

からっぽ(명·형동ダ) 속이 텅 빔. emptiness

からつゆ[空梅雨](명) 비가 오지 않는 매우기(梅雨期). a dry rainy season

からづり[空釣](명) 낚싯밥 없는 낚시질. 빈 낚시로 하는 낚시질. angling without bait

からて[空手](명) 공수. 빈손. 맨손. an empty hand

からて[唐手·空手](명) 당수. 손발만을 사용하는 호신술(護身術). ―**チョップ**[唐手 chop](명) 손날로 써 세게 치는 것.

からてがた[空手形](명) ①〈경〉 ⇨ゆうずうてがた(融通手形). ②일시적, 편의상의 거짓 약속. 2. an empty promise

からとう[辛党](명) 애주가(愛酒家). 술군. ↔甘党(アマトウ). a drinker

からに(접조) ①…만 하여도. 「見(ミ)る―かわいらしい; 보기만 하여도 귀엽다」 ②그렇다고 하여서. 2. even though

からにしき[唐錦](명) 중국 비단. Chinese brocade

からには(접조) …한 이상은. 「私(ワタクシ)が引(ヒ)き受(ウ)けた―もうだいじょうぶだ; 내가 맡은 이상이젠 염려 없다」

からばこ[空箱](명) 빈 상자. an empty box

からはし[空橋](명) ⇨りっきょう(陸橋).

からはふ[唐破風](명) "乙"자처럼 곡선으로 된 박공(膊栱). 현관, 문 등의 지붕의 장식으로 씀. ⇨:はふ(破風). a Chinese gable

カラハリさばく[Kalahari 沙漠](명)〈지〉 칼라하리 사막. 아프리카 남부 베추아날란드에 있는 고원 사막 지대.

からびつ[唐櫃·韓櫃](명) 발이 네 개 달린 중국식 궤. a Chinese chest

から·びる[乾びる](자상 1) ①물기가 없어지다. 마르다. ②(초목 등이) 시들다. 1. dry 2. wither

からぶき[乾拭き](명·타サ) 마른 걸레로 닦음. wiping with dry cloth

からふと[樺太](명)〈지〉 ⇨サハリン.

からふね[空船](명) 빈 배. an unloaded boat

からぶり[空振り](명·타サ) 〔야구에서〕 ①배터(打者)가 친 공이 맞지 않음. 헛침. ②타격 연습으로 혼자 배트를 휘두름. 1. missing the ball

からぶり[唐風](명) 당풍. 중국식. the Chinese style

からへた[空下手](명·형동ダ) 아주 서투름. being a very poor hand at

がらぼう[がら紡](명) 허드렛솜이나 못 쓰는 누에고치로 천을 짜는 일. 또는 그 천. cup-throstle spinning

からぼり[空堀](명) 물이 없는 호(濠). a dry moat

からま·す[絡ます](타 4) 휘감기게 하다. twine around

からまつ[唐松·落葉松](명)〈식〉 낙엽송. 전나무과에 속하는 낙엽 침엽 교목. 인공림(人工林)으로 산지에 심으며 유럽, 북미 등지에 분포함. 건축재, 침목(枕木), 선박재 등으로 씀. a larch

からま·る[絡まる](자 4) ①휘감기다. 말리다. 「つるが―; 덩굴이 휘감기다」 ②얽히다. 「すそが―; 옷자락이 얽히다」 ③감다. 1. twine around

からまわり[空回り]―マハリ(명·자サ) ①바퀴가 헛돎. 공전(空転). ②목적을 떠나 일이 헛되이 되어 감. 「議論(ギロン)が―する; 토의(討議)가 진전되지 않다」 1. skidding

からみ[辛味](명) 짠맛. 또는 매운 맛. a pungent taste

からみ[空身](명) 맨몸. without any baggage

―**がらみ**[搦み](접미) ①합쳐. 「荷物(ニモツ)―; 짐까지 합쳐서」 ②(어느 값이나 연령에) 가까운. …가량.

「十円(ジュウエン)ー; 10원 가량」

からみつ·く[絡み付く](자 4) ①매달리다. 휘감기다. ②귀찮게 매달리다. 타絡み付ける(하 1). 1. entwine itself round

から·む[絡む] Ⅰ(자 4) ①휘감겨 붙다. ②떨어지지 않게 붙다. 「義理(ギリ)にー; 의리에 얽매이다」 ③무리한 말을 하다. 시비를 걸다. Ⅱ(타 4) 휘감기게 하다. Ⅰ 1. coil itself round Ⅱ cause to coil round

からむし[苧·苧麻](명)〈식〉 모시풀. 쐐기풀과에 속하는 다년초. 줄기의 껍질에서 섬유를 채취함. ramie

からめ[辛目](명) 짠맛 또는 매운 맛이 많음. 「ーに味(アジ)をつける; 맛을 짜게 또는 맵게 하다」

からめ·く[唐めく](자 4) ①중국식이다. 중국식으로 보이다. ②보통과 다르다. 새롭다. 1. be in the Chinese 2. be novel

からめて[搦め手](명) ①잡으러 오는 사람들. ②성(城)의 뒷문. 성의 뒷문을 공격하는 군대. ↔大手(オオテ). 2. the back gate

からめとる[搦め捕る](타 4) 붙잡아 묶다. 구속(拘束)하다. arrest

から·める[搦める](타하 1) 붙들어서 묶다. arrest

カラメル[caramel](명) 캐러멜. ①설탕을 섭씨 200도로 열할 때 생기는 갈색 비결정(非結晶)의 엿과 같은 물질. 흑맥주, 과자, 식초, 알코올 등의 착색제(着色剤)로 쓰임. ②설탕에 우유, 초콜렛 등을 넣고 고아서 굳혀 잘게 자른 과자.

からものや[唐物屋](명) ①무역상(貿易商). ②고물상(古物商).

からよう[唐様](명) ①중국식. ②중국의 서체(書体). 「売(ウ)り家(イエ)とーで書(カ)く三代目(サンダイメ); 뒤를 이을 3대째가 착실하지 않으면 집안이 망한다」 the Chinese style

からり(부) ①단단한 물건이 부딪거나 굴러서 나는 소리. 찰카당찰카당. ②완전히 변하는 모양. ③맑게 개는 모양. 1. with a clink 2. quite

がらり(부) ①문 따위를 별안간 열어 젖뜨리는 모양. 또는 그 소리. ②갑자기 변하는 모양. ③물건이 떨어지는 소리. 1. with a clatter 2. suddenly and completely

カラリスト[colourist](명) 컬러리스트. 색채에 특색이 있는 화가. 색조 화가(色調画家). 색채파(色彩派).

からわ[唐輪](명) ⇨からこまげ.

からん[禍乱](명) 화란. 재앙과 세상의 어지러움. 소동(騒動). disturbances

カラン[네 kraan](명) 카란. 수도 꼭지.

がらん[伽藍](명)〈불〉 가람. 사원(寺院). 승원(僧院). 큰 절. a temple

がらんと(부) 건물이 크고 넓고 텅 빈 모양. 휑뎅그렁하게. 「ーしたへや; 휑뎅그렁한 방」 vacant

がらんどう(명·형동ダ) 속이 텅 빔. hollowness

かり[仮](명) ①잠시(暫時). 임시. 「ーの住(ス)まい; 임시로 사는 집」 ②임시 변통(臨時変通). 「ーの手段(シュダン); 일시적 수단」 ③거짓. 「ーの名(ナ); 거짓 이름(가명)」 1. temporariness 3. falsity

かり[狩り](명) ①새나 짐승 등을 잡음. 사냥. ②물고기를 잡음. ③찾아 다님. 1. 3. hunting

かり[借り](명) ①꿈. 빎. ②차금(借金). 빚. 「ーがある; 빚이 있다」 1. borrowing

かり[雁·鴈](명)〈동〉 ⇨がん(雁·鴈).

カリ[네 kali·加里](명)〈이〉 칼리. ①탄산 칼륨. ②칼륨염류(塩類)의 통칭. 「青酸(セイサン)ー; 청산 칼리」

がり(명) ⇨がりばん.

がり[許](수조)〈고〉 …이 있는 곳에. 「君(キミ)ー行(ユ)けば; 임 계신 곳에 가면」

がり[我利](명) 자기만의 이익. 사리(私利). self-interest

かりあげ[刈り上げ](명·타サ) ①뒷머리를 쳐 올림. ②가을의 추수. 2. harvest

かりあ·げる[借り上げる](타하 1) 정부나 손윗사람이 토지, 물건 등을 빌다. 명借り上げ.

かりあつ·める[駆り集める](타하 1) 급히 사방에서 끌어 모으다. gather

カリー[curry](명) ⇨カレー.

かりいえ[借家](명) 빌어 쓰는 집. 셋집. a rented house

かりいお[仮庵]ーイホ(명) 임시로 만든 조그마한 집. 오두막집. a temporary cottage

かりい·れる[刈り入れる](타하 1) 수확(収穫)하다. 베어 들이다. 명刈り入れ. harvest

かりい·れる[借り入れる](타하 1) (돈을) 꾸어 들이다. 명借り入れ. borrow

かりう·ける[借り受ける](타하 1) (돈을) 꾸어 가지다. 명借り受け. borrow

かりうど[狩り人](명) 사냥군. a hunter

カリウム[네 kalium](명)〈이〉 칼륨. 금속 원소의 하나. 은백색이며 연하고 산화하기 쉬움. 유리, 비누, 비료 등의 원료. 기호는 K.

かりうめ[仮埋め](명·타サ) 임시로 묻음. 가매장(仮埋葬). burying temporary

カリエス[도 Karies](명)〈의〉 카리에스. ①뼈가 결손(缺損)되고 고름이 나는 질환. 결핵에 의하여 많이 생기는데 흔히 연소자들이 걸림. 골양(骨瘍). 「せきついー; 척추 카리에스」 ②충치(虫歯).

かりお[仮庵]ーホ(명) ⇨かりいお.

かりおや[仮親](명) ①수양 부모. 길러 준 어버이. ②양부모. 1. assumed parents 2. adoptive parents

かりか·える[借り換える]ーカヘル(타하 1) 먼저 빚을 갚고 또다시 꾸다. 명借り換え. convert

かりかし[借り貸し](명) 꾸는 것과 꾸어 주는 것. 대차(貸借). debt and loan

かりかた[借り方](명) ①빌어 오는 수단이나 방법. ②빌어 온 사람. 채무자. ③〔부기에서〕 현재 가지고 있는 재산, 예금, 현금 등을 기입하는 곳. 차변(借辺). ↔貸(カ)し方. 1. how to borrow 2. a debtor

カリカチュア[caricature](명) 캐리커처. 만화. 희화(戯画). 풍자화(諷刺画).

かりがね[雁が音·雁金](명) ①기러기의 울음 소리. ②기러기. 1. the cry of a wild goose 2. a wild goose

かりかぶ[刈り株](명) 베어 낸 뒤의 남은 그루. a stump
がりがよく[我利我欲](명) 자기만의 이익과 욕망. 사리 사욕. one's own interest and desire
がりがり[我利我利](명) 자기만 이익을 취하려고 하는 것. 이기주의. selfishness. **—もうじゃ**[我利我利亡者](명) 남을 생각하지 않고 지나치게 자기만의 이익을 취하는 사람. 이기주의자.
かりぎ[借り着](명·자サ) 옷을 빌어 입음. 빌어 입은 옷. wearing borrowed clothes
かりぎぬ[狩り衣](명) 옛날 귀족이 사냥이나 여행할 때에 입던 옷. 후에 평상복이 됨. a hunting suit
カリキュラム[curriculum](명) 커리큘럼. 교육 과정(教育課程). 학생의 학습 과정.

〔狩り衣〕

かりき·る[借り切る](타 4) 대절(貸切)하다. 몽땅 빌다. 「バスを—; 버스를 대절하다」 engage wholly
かりくら[狩り座](명) 사냥터. a hunting ground
かりこし[借り越し](명) 꾸어 준 것보다 더 많이 꾸어 오는 것. ↔貸(カ)し越し. 동借り越す(타 4). letting a debt stand over
かりこみ[狩り込み](명) 짐승이나 부랑자, 죄인 등을 좇아 가서 잡는 것. 동狩り込む(타 4). a round-up
かりこ·む[刈り込む](타 4) ①풀, 머리털 등을 깎고 손질하다. ②베어서 저장하다. 명刈り込み. 1. clip
かりごや[仮小屋](명) 임시로 세운 조그마한 집. a temporary shed
かりじ[借り字](명) ⇨あてじ.
かりじょうやく[仮条約](명) 가조약. 정식 조약의 확정 이전에 우선 임시로 체결된 조약. 잠정 조약(暫定条約). a provisional treaty
かりしょぶん[仮処分](명·타サ)〈법〉 가처분. ①강제 집행을 보전하기 위하여 하는 법원의 처분. ②계쟁(係争) 중에 있는 권리 관계에 관하여 임시적인 지위를 정하기 위하여 행하는 법원의 처분. provisional disposition
かりずまい[仮住まい·仮住居]—ズマヒ(명·자サ) 가주거. 임시로 머물러 삶. 또는 그 집. dwelling temporarily
かりそめ[仮初め](명) ①임시 변통. 「—の住(ス)まい; 임시 주거」 ②소홀. 「—にする; 소홀히 하다」 ③우연한 일. 「—のやまい; 우연한 병」 1. temporariness. **—にも**[仮初めにも](부) ①적어도. ②조금이라도. 잠깐 동안이라도. ③결코.
かりたお·す[借り倒す]—タフス(타 4) 꾼 것을 갚지 않아 상대방에게 손해를 끼치다. bilk
かりだ·す[狩り出す](타 4) 몰아 내다. 「けものを—; 짐승을 몰아 내다」 hunt out
かりだ·す[駆り出す](타 4) 몰아 내다. 「多(オオ)くの人(ヒト)を—; 많은 사람을 동원하다」 hunt out
かりた·てる[駆り立てる·狩り立てる](타하 1) ①몰아세우다. ②억지로 가게 하다. 2. force
かりち[借り地](명) 차지. 빌어 쓰는 땅. leased land
かりちん[借り賃](명) 차임. 물건을 빌어 쓰고 지불하는 요금. 임차료(賃借料). ↔貸(カ)し賃. rent
かりつ[課率](명) 과세율. 세율(税率). tax rates
かりっぱなし[借りっ放し](명) 꾼 것을 돌려 주지 않음. leaving one's debt unpaid
かりて[借り手](명) 돈이나 물건을 꾸어 쓴 사람. 차주(借主). ↔貸(カ)し手. a borrower
かりとじ[仮綴](명) 가철. 책이나 서류를 임시로 대강 매어 둠. temporary binding
かりと·る[刈り取る](타 4) ①베어 들이다. ②베어서 갖다. 명刈り取り. 1. mow
かりに[仮に](부) ①임시로. 우선. ②설사. 비록. 「—そうだとしても; 설사 그렇다고 하더라도」 1. temporarily. **—も**[仮にも](부) ①적어도. ②어떤 일이 있더라도. 결코.
かりぬい[仮縫い]—ヌヒ(명·타サ) 가봉. ①임시로 꿰맴. ②양복점에서 양복을 마출 때 재단한 후 임시로 꿰매어 몸에 맞추어 봄. 1. sewing temporarily
かりぬし[借り主](명) ⇨かりて.
かりね[仮寝](명·자サ) ①잠깐 눈을 붙임. ②여행지에서의 잠. 야숙(野宿). 노숙(露宿). 1. a nap 2. passing a night on one's journey
かりのこ(명)〈고〉 ①새의 알. ②오리알. ③오리 또는 거위의 새끼.
かりのつかい[雁の使い]—ツカヒ(명) 편지. a letter
かりのよ[仮の世] (연어·명) 무상(無常)한 이 세상. 현세(現世). the transient world
かりば[狩り場](명) 사냥터. a hunting ground
かりばし[仮橋](명) 가교. 임시로 놓은 다리. a temporary bridge
カリパス[cal(l)ipers](명) 캘리퍼스. 콤파스처럼 다리를 벌려서 길이를 재는 자. 내경(内径)을 재는 데 쓰는 것을 인터널캘리퍼스, 외경(外径)을 재는 데 쓰는 것을 엑스터널캘리퍼스라고 함.
かりばね[刈り株](명)〈고〉 그루터기.
がりばん[がり版](명)〈속〉 등사판. a mimeograph
カリひりょう[加里肥料](명)〈이〉 칼리 비료. 칼륨을 많이 포함한 비료. 예: 재(灰) 등. potassic manure
カリフ[caliph](명) 칼리프. (아라비아 말로) 상속자. 회교의 교조 마호멧의 후계자로 정치, 종교 등의 권리를 장악하는 자의 칭호. 아라비아왕이나 터어키왕.
カリフラワー[cauliflower](명)〈식〉 코올리플라우어. 겨자과에 속하는 2년초. 양배추와 비슷한데 잎은 타원형. 줄기 끝에 작은 꽃이 무수히 핌. 양배추 중 가장 진화된 것.
かりほ[刈り穂](명) 베어 낸 벼 이삭. ears of harvested rice
かりほ[仮庵](명) ⇨かりいお.
かりまた[雁股](명) 촉이 두 가닥으로 갈라진 화살. ⇨:かぶら(鏑). an arrow with a turnip-shaped head
かりみや[仮宮](명) ①임시 궁전. ②임금이 거둥할 때 머무르는 별궁(別宮). 행궁(行宮). 1. a temporary palace
かりもがり[殯](명)〈고〉 매장하기 전에 시체를 관에 넣

은 채 안치해 두는 곳. 빈소(殯所).

かりもの[借り物](명) 차물. 빌어 쓰는 물건. a borrowed thing

かりもよお·す[駆り催す]ーモヨホス(타 4) 끌어 내어 모으다.

かりや[仮屋](명) 가옥. 임시로 만든 조그마한 집. 오두막집. a temporary cottage

かりや[借り家](명) 빌어 쓰는 집. 셋집. a rented house

かりゅう[下流](명) 하류. ①강의 아래쪽. ②천한 계급. 하층. 「一階級(カイキュウ); 하층 계급」↔上流(ジョウリュウ). 1. the lower reaches

かりゅう[花柳](명) 화류. ①꽃과 버들. ②유녀(遊女), 기생들이 많은 거리. 유곽(遊廓). 1. flowers and willows 2. prostitutes. **—かい**[花柳界](명) 화류계. 유녀, 기생들의 사회. **—びょう**[花柳病](명)〈의〉화류병. 성병(性病).

かりゅう[河流](명) 하류. 강의 흐름. a stream

かりゅう[顆粒](명) 과립. ①입자(粒子). 알맹이. ②〈생〉세포(細胞) 안에 있는 아주 작은 알맹이. 1. a grain

がりゅう[我流](명) 자기만의 독특한 방식. 자기류(自己流). one's own way

がりゅう[画龍](명)〔"がりょう"의 변화〕그림 속의 용. 용을 그린 그림. a painted dragon. **—てんせい**[画龍点睛](연어·명) 화룡 점정. 〔용을 그린 뒤 마지막으로 눈동자를 그려 넣었더니, 그 용이 홀연히 구름을 타고 하늘로 날아 올라 갔다는 고사에서〕사물의 가장 요긴한 곳, 일의 가장 긴요한 부분을 끝내어 완성시킴을 일컫는 말.

かりゅうど[狩人]カリウド(명) 수인. 사냥군. a hunter

かりょう[下僚](명) 하료. 아래 직위. 아래 직위에 있는 사람. petty officials

かりょう[加療](명·자サ) 가료. 치료를 함. remedy

かりょう[科料](명)〈법〉과료. 가벼운 죄를 범한 자에게 벌로 내게 하는 돈. a fine

かりょう[過料](명)〈법〉과료. 행정범(行政犯)에게 물리는 돈이나 물건. a police fine

かりょう[過量](명) 지나친 분량. excessive quantity

かりょう[佳良](형동ダ) 좋은 모양. 괜찮은 모양. good

がりょう[臥龍](명) 와룡. ①누워 있는 용. ②장차 풍운 조화(風雲造化)를 일으킬 큰영웅을 일컫는 말. 1. a lying dragon 2. a great man in hiding

がりょう[雅量](명) 아량. 크고 넓은 마음. 마음이 관대함. 「—に乏(トボ)しい; 아량이 모자라다」generosity

かりょうびん[迦陵頻](명)〈악〉아악(雅楽)의 한 가지. 서(序), 파(破), 급(急)의 3부(部)를 이루고 네 사람이 춤을 춤.

かりょうびんが[迦陵頻伽](명)〈불〉가릉빈가. 불경에 나타나는 상상(想像)의 새. 히말라야산에 사는데 몹시 미묘한 소리를 낸다 하며, 또 극락 정토에 깃들이며 인두 조신(人頭鳥身)의 모양을 하고 있다 함. 가라빈가(迦羅頻伽). 묘음조(妙音鳥). 선조(仙鳥).

かりょく[火力](명) 화력. ①불의 힘. 불길. ②〈군〉화기의 힘. 총포의 힘. 1. the force of a fire 2. gunfire

か·りる[借りる](타상 1) ①빌다. ②임시로 다른 것을 대용하다. ③도움을 받다. 「力(チカラ)を—; 힘을 빌다」↔貸(カ)す. 1. borrow

かりわたし[仮渡し](명) 임시로 줌. giving temporarily

かりん[花梨](명)〈식〉모과나무. 능금나무과에 속하는 낙엽 활엽 교목. 열매는 약용, 목재(木材)는 기구(器具)를 만듦. a Chinese quince

かりんさん せっかい[過燐酸石灰](명)〈이〉과린산 석회. 인광분(燐鉱粉)에 황산을 작용시켜, 원료 중의 불용성(不溶性) 인산 칼슘을 가용성(可溶性)의 황산 제일 칼슘으로 변화시킨 물질. 과린산칼슘. calcium superphosphate

かりんとう[花林糖](명) 과자의 한 가지. 밀가루에 설탕을 섞어 되게 반죽하여 기름에 튀긴 후 다시 설탕을 묻힌 것. fried dough-cake

か·る[刈る](타 4) ①베다. 「草(クサ)を—; 풀을 베다」②깎다. 「頭(アタマ)を—; 머리를 깎다」 1. reap 2. cut

か·る[狩る](타 4) ①(새, 짐승 등을) 사냥하다. ②물고기를 잡다. ③찾아 다니다. 1. 3. hunt

か·る[離る](자하 2)〈고〉①떠나다. ②멀어지다. ③사이가 멀어지다. 소홀해지다.

か·る[借る](타 4)〈방〉⇨かりる.

か·る[駆る·駈る](타 4) ①쫓다. 몰다. ②달리게 하다. 「馬(ウマ)を—; 말을 달리다」③강제로(무리하게) 참가시키다. 또는 하게 하다. 1. drive

—が·る(접미·형 4) ①…라고 생각하다. 「うれし—; 기뻐하다」②…인 체하다. 「強(ツヨ)—; 강한 체하다」

かる·い[軽い](형) ①가볍다. ↔重(オモ)い. ②경솔하다. 「—あつかい; 경솔한 취급」③경쾌하다. 편하다. 「—気持(キモ)ち; 편한 마음」④다루기 쉽다. 「—相手(アイテ); 다루기 쉬운 상대」⑤대단치 않다. 「—病気(ビョウキ); 대단치 않은 병」[파생] **—さ**(명). 1. light 2. undignified

かるいざわ[軽井沢](명)〈지〉군마현(群馬県)에 가까운 나가노현(長野県)의 고원 지대. 피서지로 유명함.

かるいし[軽石](명)〈광〉경석. 용암(熔岩)이 갑자기 식어서 된 구멍이 많고 가벼운 돌. 속돌. a pumice stone

カルカッタ[Calcutta](명)〈지〉캘커타. 인도 서쪽 벵골주의 수도.

かるかや[刈る茅](명) 베어 낸 띠. reaped miscanthus

かるかや[刈る萱](명)〈식〉솔새. 잎은 벼와 비슷하고 가을에 보리 이삭 같은 조그마한 꽃이 핌. 뿌리는 솔을 만들고 줄기는 지붕을 이는 데 씀. a kind of pampas grass

かるがゆえに[かるが故に]ーユヱニ(접) 그런 까닭에. 그렇기 때문에. therefore

かるがる[軽軽](부) 가볍게. lightly. **—し·い**[軽軽しい](형) ①매우 가볍다. ②매우 경솔하다. [파생] **—しさ**(명).

カルキ[네 kalk](명)〈이〉칼크. 석회. 「クロール—; 클로르칼크」

かるくち[軽口](명) ①입이 가벼움. 또는 그러한 사람. ②한 말에 두 가지 뜻을 포함시킨다든가 하여 재치

있게 하는 말. ③재미 있고 우스운 말. 3. a joke
カルケット[calcuit](명) 칼킷. 칼슘을 함유하는 비스킷.
かるこ[軽子](명) 망태기 같은 것으로 물건을 나르는 것을 업으로 하는 사람. 운반부. 담군(担軍). a coolie
カルサン[포 calcão·軽衫](명) 칼산. 위가 넓고 아래가 좁은 치마 비슷한 바지. (주로 여인들이 노동할 때에 입음)
カルシウム[calcium](명)〈이〉칼슘. 경금속의 하나. 은백색이고 단단함. 석회암, 대리석, 뼈 등의 조직 속에 포함되어 있음. 기호는 Ca.
カルスト[도 Karst](명)〈지〉카르스트. 빗물의 침식을 받은 석회암의 대지(臺地). 「一地形(チケイ); 카르스트 지형」
ガルソン[프 garcon](명) 가르송. ①남자. 청년. ②보이. 급사. 〔カルサン〕
カルタ[포 carta·加留多·歌留多](명) 가루다. ①놀이나 노름 등에 사용하는 장방형의 딱지. 놀이딱지. 골패(骨牌), 화투 등 종류가 많음. ②←いろはガルタ. ③←歌(ウタ)ガルタ.
カルタゴ[Carthago](명)〈지〉카르타고. 북아프리카 튜우니스시의 북동쪽에 페니키아인이 건설했던 고대의 도시 국가(都市国家).
カルチ(ベーター)[culti(vator)](명)〈농〉컬티베이터. 밭이나 논 등을 가는 기계. 경운기(耕耘機).
カルチュア[culture](명) 컬처. ①경작. 재배. ②문화. ③교양. 수양.
カルテ[도 Karte](명) 카르테. ①두꺼운 종이. 카아드. ②〈의〉진료부(診療簿). 진단서.
カルテット[프 quartette](명)〈악〉콰르텟. 사중창(四重唱). 사중주(四重奏).
カルデラ[포 Caldera]〈지〉(명) 칼데라. 화산 꼭대기의 한복판에 생긴 넓은 분화구. 직경 4 *km* 이상의 것을 말함. 「一地形(チケイ); 칼데라 지형」
カルテル[도 Kartell](명)〈경〉카르텔. 같은 기업가들이 상호간의 경쟁을 피해서 이익을 많게 하고 시장을 독점하기 위해 만드는 연합. 기업 연합.
カルトン[프 carton](명) 카르통. ①마분지. ②은행에서 돈의 수불(受払)에 쓰는, 종이나 셀룰로이드 등으로 만든 접시 같은 것.
かるはずみ(명·형동ダ) 경솔함. 소홀함. thoughtlessness
カルパチア さんみゃく[Carpathia 山脈](명)〈지〉카르파티아 산맥. 알프스의 연장으로 폴란드와 체코슬로바키아 국경을 동남으로 달리는 신기 습곡(新期褶曲) 산맥. 카르파토 산맥. the Carpathian Mountains
かるみ[軽み](명) ①가볍게 느끼는 정도. 가벼운 기미. ↔重(オモ)み. ②하이쿠(俳句) 작풍(作風)의 하나. 일상 생활의 평범한 것을 읊을 것을 주장함. 1. lightness 2. simplicity
かる·む[軽む](타하 2)〈고〉가볍게 보다. 얕보다. 경멸하다.
かるめ[軽目](명) 무게가 가벼운 것. lightness
カルメやき[カルメ焼](명) ⇨カルメラ.
カルメラ(명) 〔캐러멜로(포 caramelo)의 변화〕 붉은 설탕을 끓여서 소오다를 넣고 살짝 구운 과자.
カルモチン[calmotin](명)〈의〉칼모틴. 백색, 무취의 결정상(結晶状) 분말. 진정, 최면제 등으로 쓰임.
かるやき[軽焼き](명) 찹쌀 가루에 설탕을 넣어 부풀게 구운 과자. a cracknel
かるわざ[軽業](명) ①몸을 가볍게 날려 하는 재주부리기. 곡예(曲芸). 「一師(シ); 곡예사」②위험이 많은 직업. 1. an acrobatic feat
かれ[彼](대) ①이야기 상대 이외의 남자를 가리키는 말. 그 사람. 저이. 그. ②멀리 떨어져 있는 사물을 가리키는 말. 저것. 1. he 2. that
かれ[故](접)〈고〉고로. 이로 인하여. 이때문에. 그래서.
—がれ[枯れ](조어) ①시들어 마르는 것. 「冬(フユ)—; 겨울에 나무, 풀 등이 시들어 마르는 일」②없어짐. 「資金(シキン)—; 자금 고갈」③〈경〉경기가 떨어짐. 「夏(ナツ)—; 여름철의 불경기」
がれ(명) (사태가 난 뒤의) 돌이 많은 급한 경사.
かれい[餉]カレヒ(명)〈고〉⇨かれいい.
かれい[鰈]カレヒ(명)〈동〉가자미. 가자미과에 속하는 바닷물고기. 대개 몸이 납작하여 타원형에 가깝고, 두 눈이 다 오른쪽에 몰려 붙었으며 몸이 넓치보다 작음. 가어(加魚). 접어(鰈魚). a flatfish
かれい[加齢](명·자サ) 가령. 나이가 많아짐. 나이를 먹음. adding to the age
かれい[花麗·華麗](명·형동ダ) 화려. 빛나고 호화롭고 고움. 화미(華美). splendid
かれい[佳例](명) 좋은 전례(前例). 길례(吉例). an auspicious function
かれい[佳麗](명·형동ダ) 가려. (모양이나 경치 같은 것이) 곱고 새뜻함. 미려(美麗). beautiful
かれい[家令](명) 옛날 귀족의 집에서 사무나 회계를 관리하고 사용인(使用人)을 감독하던 사람. a steward
かれい[家例](명) 가례. 한 집안의 특수한 습관이나 격식. 가법(家法). 가규(家規). a family custom
かれい[家隷](명) 사삿집에서 부리는 사내 종. 가복(家僕). 사노(私奴). a servant
かれい[嘉例](명) 반가운 예. 좋은 선례(先例). an auspicious function
かれいい[乾飯·餉]—イヒ(명)〈고〉건반. 밥을 말린 것. 여행 등의 휴대용 식량. 더운 물에 불려 먹음.
かれいろ[枯れ色](명) (초목의) 마른 빛깔. withered colour
かれう[枯れ生]—フ(명) 마른 풀이 죽 서 있는 곳. 마른 풀밭(草原).
カレー[curry](명) 카레이. 강황(薑黄), 후추, 생강, 마늘 등으로 만든 노랗고 매운 조미료. **—ライス**[curry and rice](명) 카레이라이스. 인도 요리의 하나. 고기, 야채 등을 익힌 국물에 밀가루, 카레이 가루를 넣어 밥에 친 요리.
ガレージ[프 garage](명) 가라아즈. 자동차를 넣어 두는 창고. 차고(車庫). 비행기의 격납고(格納庫).
かれえだ[枯れ枝](명) 시들고 마른 나뭇가지. a withered branch

かれおばな[枯れ尾花]ーヲバナ(명) 마른 억새. withered pampas grass
かれがれ[枯れ枯れ](부) 초목이 시들려고 하는 모양. 시들시들. beginning to wither
かれがれ[涸れ涸れ](부) 물이 마르려고 하는 모양. 바작바작. almost dried up
かれき[枯れ木](명) 고목. 말라 죽은 나무. a dead tree
がれき[瓦礫](명) 와륵. ①기와와 자갈. ②소용 없는 것의 비유. 폐물. 1. tiles and pebbles 2. trash
かれくさ[枯れ草](명) 마른 풀. dry grass
かれこれ[彼此] Ⅰ(대) 이것과 저것. Ⅱ(부·자サ) ①이러저러. 이러쿵저러쿵. 갖가지. ②이제 곧. 거의. 대개. 「一五時(ゴジ)だ; 이제 곧 5시가 된다」 Ⅰ this and that Ⅱ 2. almost
かれし[彼氏] Ⅰ(대)〈속〉 저 사람. 그분. Ⅱ(명) 남자 애인. ↔彼女(カノジョ). Ⅰ he Ⅱ a lover
かれしば[枯れ芝](명) 마른 잔디. dry turf
かれすすき[枯れ薄](명) 마른 억새. withered pampas grass
かれつ[苛烈](형동ダ) 가열. 엄격하고 심한 모양. severe
カレッジ[college](명) 칼리지. ①단과 대학. ②전문학교.
かれの[枯れ野](명) 풀이 마른 들판. 겨울의 들판. a wintry field
かれのはら[枯れ野原](명) ⇨かれの.
かれは[枯れ葉](명) 고엽. 마른 잎. a dead leaf
かればむ[枯ればむ](자 4) 시들려고 하다. 시들기 시작하다. begin to wither
かれやま[枯れ山](명) 초목이 마른 산. 메마른 산. a plant-withered hill
かれら[彼等](대) 그들. 그사람들. they
か·れる[枯れる](자하 1) ①초목이 시들고 마르다. ②기력이 쇠약해지다. ③기술이 원숙(円熟)해지다. 노련(老錬)해지다. 「筆(フデ)が一; 글씨 솜씨가 원숙해지다」 1. wither 2. shrivel
か·れる[涸れる](자하 1) 물기가 없어지다. 마르다. 「井戸(イド)が一; 우물이 마르다」 dry up
か·れる[嗄れる](자하 1) 목이 쉬다. 「声(コエ)が一; 목소리가 쉬다」 get hoarse
かれん[苛斂](명) 가렴. (세금 등을) 혹심하게 거둬들임. 「一誅求(チュウキュウ); 가렴 주구(세금을 지독하게 거둬 들임)」 exaction
かれん[可憐](형동ダ) 가련. 귀엽고도 애처로운 모양. lovely
カレンズ[currants](명) 커런츠. 씨가 없는 조그마한 알맹이의 건포도.
カレンダー[calendar](명) 캘린더. ①달력. ②연중 행사표. ③일람표.
カレント[current](명) 커런트. ①흐름. 조류(潮流). ②풍조. 사조. ③시사(時事). 현재. 현금(現今). 「一トピックス; 오늘의 화제(話題)」
かろ[火炉](명) ①화로. 난로. ②기관(汽罐). 보일러. ③향로(香炉). 1. a hearth 2. a boiler
かろう[家老](명) ①가신(家臣)들의 우두머리. ②한집안의 노인(老人). 1. the principal retainer
かろう[過労](명·자サ·형동ダ) 과로. 지나치게 일하여 피로함. overwork
がろう[画廊](명) ⇨ギャラリー②.
かろうじて[辛うじて]カラウー(부) 겨우. 간신히. 「一消(ケ)しとめる; 간신히 불을 끄다」 barely
かろがろし·い[軽軽しい](형) 가볍다. 경솔하다. 파생 **一げ**(형동ダ) **一さ**(명). light
かろく[家禄](명) (세습적으로) 물려 받는 녹(禄). 상전이 메리고 있는 사람의 집에 주는 녹봉(禄俸). a hereditary stipend
かろし·む[軽しむ](타하 2)〈고〉 가볍게 보다. 얕보다.
かろし·める[軽しめる](타하 1) ①얕보다. 경멸하다. ②가볍게 보다. 2. look down upon
カロチン[carotin](명) 카로틴. 녹색 식물에 포함되어 있는 적황색 결정이 되는 중요한 색소. 홍당무의 뿌리, 버터 등에 많이 있음. 비타민 A로 분해되므로 프로비타민 A라고도 함.
かろとうせん[夏炉冬扇](연어·명) ⇨とうせんかろ(冬扇夏炉).
かろびやか[軽びやか](형동ナリ)〈고〉 ①매우 가벼운 모양. 경쾌한 모양. ②경솔한 모양. 부박(浮薄)한 모양.
かろ·む[軽む]〈고〉 Ⅰ(자 4) 가볍게 되다. 적어지다. Ⅱ(타하 2) 얕보다.
かろやか[軽やか](형동ダ) ①가벼운 모양. 「一な服装(フクソウ); 경쾌한 복장」 ②장중(荘重)하지 않은 모양. 「一な態度(タイド); 가벼운 태도」 1. light
カロリー[도 Kalorie](명)〈이〉 칼로리. ①열량의 단위. 순수한 물 1g의 온도를 섭씨 1도 올리는 데 드는 열량. ②〈생〉 음식물의 영양가의 단위.
カロリンしょとう[Caroline 諸島](명)〈지〉 캐롤린 제도. 남태평양 미크로네시아에 속하는 제도. 서(西)캐롤린 제도는 팔라우 제도라고도 함. the Caroline Islands
かろん[歌論](명) 가론. 와카(和歌)에 관한 평론 또는 문학론.
がろん[画論](명) 화론. 그림에 관한 논평. an essay on painting
ガロン[gallon](명) 갤론. 영국, 미국의 액체 용적(容積)의 단위. 영국은 약 4.5l, 미국은 약 3.8l임.
かろん·じる[軽んじる](타상 1) ①얕보다. 깔보다. 「人(ヒト)を一; 사람을 깔보다」 ②아깝지 않게 생각하다. 가볍게 보다. 「国(クニ)のために命(イノチ)を一; 나라를 위하여 목숨을 아끼지 않는다」 1. look down upon
かろん·ずる[軽んずる](타サ) ⇨かろんじる.
かわ[川·河]カハ(명) 내. 시내. 흐르는 물길. 강. a stream
かわ[皮]カハ(명) ①(동식물의) 가죽. ②모피. ③껍질. 표면. ④이불의 솜을 싸는 천. 1. skin 3. covering
かわ[革]カハ(명) 가죽. 매끄럽고 부드럽게 만든 동물의 가죽. leather
かわ[側]カハ(명) ①물건의 한쪽. 일면(一面). ②옆. 곁. 1. a side
かわ[佳話](명) 가화. ①재미 있고 좋은 이야기. ②

미담(美談). a beautiful story
かわ[歌話](명) 와카(和歌)에 관한 이야기.
—がわ[側]ガハ(조어)…쪽.…방면.「東(ヒガシ)—;동쪽」
がわ[側]ガハ(명) ①옆. 곁. ②둘러 싸는 것. 주위. 둘레. 테.「とけいの—; 시계의 겉 테」 1. side
かわあかり[川明り]カハ—(명) 내(川)의 수면(水面)의 밝기. gleam of the river
かわあそび[川遊び]カハ—(명) 내에 배를 띄우고 노는 놀이. boating on a river
かわい·い[可愛い]カハイイ(형) 귀엽다. ↔にくい. 파생 **—が·る**(타 4) **—げ**(형동ダ) **—さ**(명). lovely
かわいそう[可哀相]カハイ—(형동ダ) 가엾은 모양. 불쌍한 모양. pitiable
かわいらし·い[可愛らしい]カハイ—(형) 귀엽다. ↔にくらしい. 파생 **—げ**(형동ダ) **—さ**(명). lovable
かわうお[川魚]カハ—(명) 천어. 냇물에 사는 물고기. 민물고기. ↔海魚(ウミウオ). a fresh-water fish
かわうそ[川獺·獺]カハ—(명)〈동〉 수달. 족제비과에 속하는 짐승. 물가에 살며 모양은 족제비 비슷하나, 조그마함. 물속으로 헤엄치면서 고기를 잡아 먹음. an otter
かわお[革緒]カハヲ(명). 가죽 끈. a leather strap
かわおと[川音]カハ—(명) 냇물이 흐르는 소리. the murmur of a brook
かわおび[皮帯]カハ—(명) 혁대. 가죽으로 만든 띠. 밴드. a leather belt
かわか·す[乾かす](타 4) 말리다. 습기를 없애다. dry
かわかぜ[川風]カハ—(명) 냇가에서 부는 바람. 강바람. a river wind
かわかみ[川上]カハ—(명) ①상류(上流). ↔川下(カワシモ). ②냇가. 1. the upper reaches of a river
かわがらす[川烏]カハ—(명)〈동〉 물까마귀. 굴뚝새과에 속하는 새. 등은 흑갈색, 배는 백색임. 산, 개울가에 서식하며 물속의 곤충을 잡아 먹음. a water ouzel
かわがり[川狩り]カハ—(명·자サ) 냇물에서 고기를 잡음. 천렵(川獵). river-fishing
かわき[乾き·渇き](명) ①마름. ②목마름. 갈증. ③병후의 왕성한 식욕. 1. drying 2. thirst
かわぎし[川岸]カハ—(명) 냇가. 강변. a riverside
かわきり[皮切り]カハ—(명·자サ) ①뜸뜰 때의 첫번째 뜸. ②일의 시작. 최초. 1. the first-applied moxa
かわぎり[川霧]カハ—(명) 냇가에 낀 안개. river mist
かわ·く[乾く·渇く](자 4) ①마르다. 습기가 없어지다. ②목이 말라 물이 먹고 싶어지다.「のどが—; 목이 마르다」 명 かわき. 1. dry 2. feel thirsty
かわぐ[皮具·革具]カハ—(명) 가죽으로 만든 도구(道具). an instrument made of leather
かわぐち[川口·河口]カハ—(명) 하구. 강물이 호수나 바다로 들어 가는 입구. 강구. a river mouth
かわぐつ[皮靴]カハ—(명) 가죽신. 구두. leather shoes
かわくま[川隈]カハ—(명) 내(川)가 구부러져 흐르는 곳. 내의 모퉁이. 강굽이.
かわご[皮籠]カハ—(명)〈고〉 ①가죽으로 만든 상자. ②종이를 바른 고리.
かわごし[川越し]カハ—(명) ①걸어서 내를 건너는 것. ②강 건너. ③업어서 내를 건네 주는 것을 업으로 하는 사람. 월천군. 1. wading
かわごろも[皮衣]カハ—(명) ①모피로 만든 옷. ②(옛날) 중(僧)의 다른 이름. 1. a fur-coat
かわざかな[川魚]カハ—(명) ⇨かわうお.
かわざんよう[皮算用]カハ—(명) 아직 손에 넣기도 전에 그것을 기대하여 셈에 넣는 일.「取(ト)らぬたぬきの—; 떡 줄 사람은 생각도 않는데 김칫국부터 마신다」 counting chickens before they are hatched
—がわし·いガハシイ(접미·형형) …인 듯하다.「みだり—; 난잡스러운 듯하다」 파생 **—さ**(명).
かわしも[川下]カハ—(명) 흐름의 아래쪽. 하류(下流). ↔川上(カワカミ). the lower reaches of a river
かわじり[川尻]カハ—(명) ①하류. ②내(川)의 입구. 1. the lower reaches 2. a river mouth
かわ·す[交わす]カハス(타 4) ①주고 받다. 교환하다.「手紙(テガミ)を—; 편지를 주고 받다」 ②교차하다.「枝(エダ)を—; 가지를 교차시키다(나뭇가지가 교차되다)」 1. exchange
かわ·す[交わす·躱す]カハス(타 4) 살짝 몸을 돌려 피하다.「身(ミ)を—; 몸을 돌려 살짝 피하다」 dodge
かわず[蛙]カハヅ(명)〈동〉 ①개구리. ②맹꽁이.
かわすじ[川筋]カハスヂ(명) 강의 물줄기. 수맥(水脈). the course of a river
かわせ[川瀬]カハ—(명) ①강의 얕은 곳. ②물살이 세게 흐르는 곳. 여울. 1. the shallows of a river
かわせ[為替]カハセ(명)〈경〉 ①멀리 떨어져 있는 사람이 어음으로 돈을 주고 받는 방법. 환. 환어음. 약속어음. ②←かわせ相場. 1. exchange. **—かんり**[為替管理](명)〈경〉 정부가 외국환의 자유로운 거래를 금지, 제한하는 것. 환관리. **—ぎんこう**[為替銀行](명)〈경〉 외국환을 취급하는 은행. 환은행. **—じり**[為替尻](명)〈경〉 은행에서 환거래를 한 결과 장부에 남은 잔고. **—そうば**[為替相場](명)〈경〉 두 나라 사이의 돈 가치의 비율. 환시세. **—ダンピング**[為替 dumping](명)〈경〉 환시세를 하락(下落)시킴으로써 수출품 가격을 인하하여 외국 시장에 상품을 투매하는 일. 환덤핑. **—レート**[為替 rate](명)〈경〉 환레이트. 환율. 환시세.
かわせがき[川施餓鬼]カハ—(명)〈불〉 물에 빠져 죽은 사람의 명복(冥福)을 빌기 위하여 강가나 물 위에서 하는 의식(儀式). Buddhist service for those drowned in a river
かわせみ[川蟬]カハ—(명)〈동〉 물총새. 냇가에 사는, 참새보다 조금 큰 새. 꼬리가 짧고 발은 빨감. 강가의 구멍 속에 살면서 고기를 잡아 먹음. 쇠새. 어구(魚狗). a kingfisher
かわぞい[川沿い]カハゾヒ(명) 냇가. 강가. a riverside
かわぞこ[川底]カハ—(명) 강의 밑바닥. the bottom of a river
かわたけ[川竹]カハ—(명) ①〈식〉 ⇨まだけ. ②유녀(遊女)의 신세.「うき—; 부평초 같은 신세인 유녀」

かわたれどき[彼者誰時]カハー(명) ⇨かはたれどき.
かわたれぼし[彼者誰星]カハー(명) ⇨かはたれぼし.
かわたろう[河太郎]カハー(명) ⇨かっぱ(河童).
かわち[河内](명)〈지〉 오오사카부(大阪府) 동부 지방의 예전 이름.
かわちどり[川千鳥]カハー(명) 강가에 사는 물떼새. 「a riverside-haunting plover
かわつき[皮付き]カハー(명) 가죽이 붙어 있음. 또는 그 물건. with the skin on
かわづたい[川伝い]カハヅタヒ(명) 강을 따라 감. going along the river
かわづら[川面]カハー(명) ①강의 표면. 강의 수면(水面). ②강가. 1. the surface of a river
かわと[革砥]カハー(명) 혁지. 면도칼 같은 것을 갈 때 사용하는 가죽. a strop
かわどこ[川床]カハー(명) 강바닥. 하상(河床). a river-bed
かわとじ[皮綴]カハトヂ(명) 책의 표지를 가죽으로 만듦. 또는 그 표지. leather binding
かわどめ[川止め]カハー(명·타サ) (큰물이 났을 때) 강을 건너 다님을 금함. the stoppage of ferry service
かわなか[川中]カハー(명) 강이나 내의 중간. 흐름의 한복판. 중류(中流). mid-stream
かわながれ[川流れ]カハー(명·자サ) ①강물에 떠내려 감. ②강물에 빠져 죽음. 「かっぱの—; 헤엄 잘 치는 놈 물에 빠져 죽는다」 1. being carried away by a river current
かわなみ[川波]カハー(명) 강의 물결. ripples on a stream
かわばた[川端]カハー(명) 냇가. 강가. a riverside
かわはば[川幅]カハー(명) 강의 폭. the width of a river
かわばり[皮張り]カハー(명) 가죽으로 메움. 또는 그것. covering with leather
かわひも[皮紐·革紐]カハー(명) 가죽 끈. a thong
かわびらき[川開き]カハー(명·자サ) 그해 처음의 납량(納涼)을 축하하는 뜻으로 냇가에서 불꽃 놀이를 하는 연중 행사. a river festival
かわぶち[川縁]カハー(명) 강가. 강변. 천변(川辺). the edge of a river
かわぶね[川船]カハー(명) 강에서 쓰이는 배. 예: 나룻배, 거룻배 등. a river-boat
かわべ[川辺]カハー(명) 천변. 강변. 강가. a riverside
かわほね[河骨·骨蓬]カハー(명)〈식〉 ⇨こうほね.
かわほり[蝙蝠]カハー(명)〈고〉 박쥐.
かわまた[川股]カハー(명) 강의 흐름이 나누어지는 곳. 분류(分流). a fork of a river
かわみず[川水]カハミヅ(명) 강물. river-water
かわむかい[川向かい]カハムカヒ(명) 강 건너. 강 저쪽 편. 대안(対岸). the other side of a river
かわむき[皮剝]カハー(명) ①껍질을 벗기는 일. ②껍질을 벗기는 용구(用具). 1. skinning 2. a parer
かわむこう[川向こう]カハー(명) 강 건너. 강 건너 저쪽. 대안(対岸). the other side of a river
かわむし[皮虫]カハー(명)〈고〉 ⇨けむし(毛虫).
かわも[川面]カハー(명) 강물의 수면. 강의 표면. the surface of a river
かわや[厠]カハヤ(명) 변소. a toilet
かわやしろ[川社]カハー(명) ①강가의 신사(神社). ②옛날 6월의 액막이신을 모시기 위하여 강변에 임시로 짓던 신사.
かわやなぎ[川柳·水楊·楊柳]カハー(명)〈식〉 ①냇버들. 냇가에 자라는 버들의 한 가지. 키는 작고 가지는 늘어지지 않음. ②값 싼 차(茶). 1. a purple willow
かわよど[川淀]カハー(명) 강물이 잘 흐르지 않고 괴는 곳. a pool of a river
かわら[瓦]カハラ(명) 기와. 기왓장. a tile. **—せんべい**[瓦煎餅](명) 기왓장처럼 구운 과자. **—ばん**[瓦版](명) 와판. 옛날 목판(木版) 대신 진흙에 글씨나 그림을 새겨 구워서 기와처럼 만들어 인쇄하면 인쇄판.
かわら[川原·河原]カハー(명) 하상(河床)이 드러난 강변. 넓은 강변. a river-beach. **—こじき**[川原乞食](명) 연극 배우의 낮은말. 광대. **—もの**[川原者](명) ①천한 인부. ②〈속〉 거지, 놈팡이들을 얕잡아 일컫는 말. ③〈속〉 연극 배우.
かわらかカハラカ(형동ナリ)〈고〉 산뜻한 모양. 깨끗한 모양.
かわらけ[土器]カハラー(명) ①토기. 옹기. 질그릇. ②질그릇 술잔. ③밴대 보지. 1. unglazed earthenware
かわり[代わり·替わり]カハリ(명) ①바꿈. 또는 그것. ②보상. ③대리. 1. substitution. **—あ·う**[代わり合う](자 4) 차례로 또는 서로 교대하다. **—きょうげん**[替わり狂言](명) 앞의 것과 다르게 하는 일본 고유의 연극. **—に**[代わりに] Ⅰ(연어·부) 대신으로. Ⅱ(접) 그 대신에. **—ばえ**[代わり映え](명·자サ) 바꾼 까닭에 전보다 더 잘됨. **—ばん**[代わり番](명) ①교대 근무. ②교대 차례. **—め**[代わり目](명) 바뀔 때.
かわり[変わり]カハリ(명) ①변함. 변화. ②보통과 다른 것. 1. change 2. difference. **—だね**[変わり種](명) ①변종. 다른 종류. ②이상한 사람. ③보통과 다른 경력의 사람. **—は·てる**[変わり果てる](자하 1) 아주 변해 버리다. **—め**[変わり目](명) ①변할 때. ②차이점(差異点). **—もの**[変わり者](명) ①(말, 행동, 성질 등이) 보통 사람과 다른 사람. 괴짜. ②다른 종류.
かわ·る[代わる·替わる]カハル(자 4) ①교대하다. ②대리하다. 1. interchange. **—がわる**[代わる代わる]—ガハル(부) 교대교대로. 순차로. 차례로.
かわ·る[変わる]カハル(자 4) ①다르게 되다. 변하다. 옮기다. ②새롭게 되다. ③움직이다. 1. change
かわ·れる[買われる]カハレル(자하 1) (능력, 인물 등을) 인정받다. 「温厚(オンコウ)な人(ヒト)がらを—; 온후한 인품을 인정받다」 be recognized
かん—[奸](조어) 나쁜. 간악한. 「—手段(シュダン); 간악한 수단」
かん—[閑](조어) ①한가한. 「—日月(ジッゲツ); 한가한 세월」 ②한가한 사람이 하는. 실생활과 무관한. 「—

事業(ジギョウ); 한가한 사업」
かん—[慣](조어) 익숙한. 관용(慣用)의. 「—手段(シュダン); 관용 수단」
かん—[緩](조어) 느릿한. 완만한. 「—下剤(ゲザイ);완하제」 ↔峻(シュン).
—**かん**[巻](접미) 권. 책, 필름 등을 세는 말. 「上下(ジョウゲ)二(ニ)—; 상하 두 권」
—**かん**[管](접미) 피리, 관(管) 등을 세는 말. 「—(イッ)—の笛(フエ); 한 자루의 피리」
—**かん**[冠](조어) 관. 머리에 쓰는 것. 「月桂(ゲッケイ)—; 월계관」
—**かん**[柑](조어) …산(産)의 귤. …종류의 귤.
—**かん**[桿](조어) 지레. 「操縦(ソウジュウ)—; 조종간」
—**かん**[漢](조어) 사나이. 「熱血(ネッケツ)—;정열이 넘치는 사나이(熱血漢)」
—**かん**[監](조어) ①감독하는 역할. 또는 그 사람. 「生徒(セイト)—; 생도감」 ②감방. 유치장. 「未決(ミケツ)—; 미결감」
—**かん**[館](조어) (공공의) 건물. 「図書(トショ)—; 도서관」
かん[刊](명) 간행. 출판. 「一九六六年(ネン)—; 1966년 간」 publication
かん[甲](명) 맑고 높은 목소리. 「—の声(コエ); 맑고 높은 목소리」 shrill
かん[奸](명) 마음이 비뚤어진 놈. 간악한 놈. 「君側(クンソク)の—; 임금 곁에 있는 간신」a wicked person
かん[完](명) ①끝. ②완전. 1. finish
かん[肝](명) 간. 간장(肝臓). 「—硬変症(コウヘンショウ); 간경변증」 the liver
かん[官](명) ①공공(公共). 정부. 조정. ②국가 기관. 관공서. ③관직. ④관리. 「行政(ギョウセイ)—; 행정관」 1. the government
かん[巻](명) ①감은 것. ②책. ③필름 길이의 단위. 기준은 천 피이트(305 *m*). 1. a scroll 2. a book
かん[冠] Ⅰ(명) ①관. ②으뜸. 제 1 위. 「…を—とする; …을 으뜸으로 하다」 Ⅱ(형동タルト) ⇨かんたり. Ⅰ1. a crown 2. the best
かん[疳](명) ①신경질. 「—が強(ツヨ)い; 신경질이 심하다」 ②몹시 짜증을 내고 경련을 일으키기도 하는 소아의 병. 감병(疳病). 1. peevishness
かん[勘](명) 직감적으로 느끼는 마음의 작용. 직감력(直感力). 제육감(第六感). 「—がいい; 육감이 빠르다」 intuition
かん[貫](명) ①돈의 단위. 천 푼. ②무게의 단위. 천 돈쭝. ③무인(武人)의 봉록액(俸禄額).
かん[患](명) ①질병(疾病). ②근심. 걱정. 1. sickness 2. anxiety
かん[寒](명) ①추운 것. 추위. 「三(サン)—四温(シオン); 삼한 사온」 ②대한과 소한. 「—の入(イ)り; 대한, 소한 추위의 시작」 1. coldness
かん[棺](명) 관. 시체를 담는 궤. 「—を おおう; 관 뚜껑을 덮다 (죽다)」 a coffin
かん[款·歎](명) ①가슴속을 털어 놓는 것. 진심(真心). ②정. 애정(愛情). ③즐거움. 기쁨. ④은밀. 내통(内通). ⑤조항을 열거한 것. 법률서 등의 조항. ⑥예산 등의 항목 위에 있는 구분. ↔項(コウ), 目(モク). 1. sincerity 2. goodwill 6. a title
かん[間](명) ①사이. 동안. 「その—; 그동안」 ②틈. 새. ③기회. ④관계. 1. an interval 2. a gap
かん[感](명) ①느낌. 기분. 마음. 「哀惜(アイセキ)の—; 애석한 느낌」 ②감동. 「—きわまる; 매우 감격하다」 1. feeling
かん[骭](명) 정강이. 「衣(コロモ)—に至(イタ)る; 바지가랑이가 정강이에 이르다(볼썽 사납다)」 the leg
かん[漢](명) ①〈지〉 중국 본토. ②〈역〉 중국 왕조의 이름. 진(秦)의 다음, 삼국 시대의 앞. (B. C. 202～A. D. 220) ③중국. 중국말. 「—字(ジ); 한자」
かん[寛](명) ①너그러움. 관대. ②넓고 여유(餘裕)가 있는 것. 1. generosity
かん[管](명) ①관. 통. 대롱. ②붓. 붓대. ③퉁소. 관악기. 「—弦(ゲン); 관현」 ④진공관. 1. a pipe
かん[関](명) ①빗장. ②관문(関門). 1. a bolt
かん[緘](명) 편지의 봉함. 봉한 곳에 쓰는 글자. seal
かん[歓](명) 기쁨. 즐거움. 「—を尽(ツ)くす; 한껏 즐기다」 joy
かん[館](명) 집. 저택. a building
かん[燗](명) 술을 데우는 일. 또는 데우는 온도. 「—をつける; 술을 데우다」 warming
かん[環](명) 환. 고리. 반지. a ring
かん[癇](명) ①성내는 것. 성을 잘 내는 성미. 「—にさわる; 화가 나다」 ②신경질. 짜증. 1. irritability
かん[簡](명) 손쉬움. 간단함. 간이(簡易). 간편(簡便). 「—にすぎる; 너무 간단하다」 simplicity
かん[韓](명)〈지〉 한국. 대한 민국. Korea
かん[観](명) ①모습. 겉보기. 「別人(ベツジン)の—がある; 딴 사람 같다」 ②상태. ③견지(見地). 관점(觀点). 「一面(イチメン)—; 일면의 관점」 ④고루(高楼). ⑤사려(思慮), 분별(分別)의 능력. ⑥도사(道士)가 있는 절. 1. an appearance 3. a view
かん[艦](명) 군함. a warship
かん[鐶](명) ①쇠고리. ②(손가락에 끼는) 반지. ③(옷장 등의) 고리 모양의 손잡이. ④둥근 고리 모양의 것. 1. a metal ring
かん[罐·鑵](명) 관. 양철로 만든 그릇. 예:초롱, 통조림통 등. a can
カン[네 Kan](명) 캔. 깡통. 통조림.
—**がん**[丸](접미) 환약(丸薬) 이름에 붙이는 말. 「六神(ロクシン)—; 영신환」
—**がん**[岩](조어) 바위. 암석. 「火山(カザン)—;화산암」
—**がん**[眼](조어) ①눈. 눈의 작용. ②판단력. 「審美(シンビ)—; 심미안」
がん[眼](명) ①눈. 「—のくばり; 눈의 움직임(주의)」 ②보는 것. 보는 힘. ③아는 힘. 1. an eye
がん[雁·鴈](명)〈동〉 기러기. 오리과에 속하는 물새의 총칭. 가을에 오고 봄에 가는 철새. a wild goose
がん[癌](명)〈의〉 ①암. 표피, 점막, 샘(腺) 조직에 생

기는 악성 부스럼. 「胃(イ)—; 위암」 ②종처럼 없어지지 않는 나쁜 존재. 또는 그러한 사람. 「社会(シャカイ)の—; 사회의 암」 1. cancer

がん[願](명) 신이나 부처에게 하는 기원. 소원. 「—をかける; 발원(発願)하다(맹세를 걸고 기원을 드리다)」 a prayer

がん[贋](명) 가짜. 거짓. ↔真(シン). a counterfeit

がん[龕](명) ①부처를 안치(安置)하는 궤. 감실(龕室). ②관(棺). 1. a niche

ガン[gun](명) 건. ①총포(銃砲). 총. ②소총의 모양을 한 도구.

かんあ[寒鴉](명) 겨울 까마귀. a winter crow

かんあが·る[神上がる]カムー(자 4)〈고〉 ①신(神)이 승천(昇天)하다. ②붕어(崩御)하다.

かんあく[姦悪·奸悪](명·형동ダ) 간악. 마음이 비뚤어지고 나쁨. wickedness

かんあけ[寒明け](명) 소한, 대한 등의 추위가 다 지나 가고 입춘(立春)이 되는 것. ↔寒の入(イ)り. the end of the coldest season

かんあん[勘案](명·타サ) 감안. 이리저리 잘 생각함. consideration

かんい[官位](명) 관위. ①관직과 위계(位階). ②관등(官等). 1. office and rank

かんい[冠位](명) 관위. 관(冠)의 색으로 나타낸 위계(位階).

かんい[敢為](명·형동ダ) 과감하게 행함. 감행(敢行). bravery

かんい[簡易](형동ダ) 간이. 손쉬운 모양. 간단하고 쉬운 모양. simple and easy. **—さいばんしょ**[簡易裁判所](명)〈법〉 간이 재판소. 가장 하급의 재판소로서 간단한 사건을 취급함. **—ほけん**[簡易保険](명)〈경〉 간이 보험. 절차를 간단히 하고, 중산 계급 이하의 사람을 목표로 하는 보험.

がんい[願意](명) 바라는 마음. 소원. petition

かんいっぱつ[間一髪](명) 간일발. 아주 급박한 것. 위험한 순간. 「—の差(サ); 아슬아슬한 차이」 a hair's breadth

かんいん[官印](명) 관인. 관청이나 관직(官職)의 도장. an official seal

かんいん[官員](명) 관원. 벼슬아치. 관리. a government official

かんいん[姦淫](명·자타サ) 간음. 남녀가 부정(不正)한 성행위를 함. adultery

かんいん[館員](명) 관원. 관(館)이라고 불리는 곳의 직원. a clerk

かんう[甘雨](명) 감우. 단비. 반가운 비. beneficial rain

かんうん[旱雲](명) 한운. 가물 때 뜨는 구름.

かんうん[寒雲](명) 한운. 겨울 하늘에 뜬 구름. a cloud in the wintry sky

かんうんやかく[閑雲野鶴](연어·명) 한운 야학. 아무런 속박(束縛)도 받지 않고 유유히 자연을 즐기며 사는 것. living free from worldly cares

かんえい[官営](명) 관영. 정부가 경영하는 일. government management

かんえつ[観閲](명·타サ) 군대를 검열함. 사열(査閲). 「—式(シキ); 사열식」 inspection

がんえん[岩塩](명)〈광〉 암염. 암석 사이에서 나는 큰 덩어리로 된 소금. rock salt

かんおう[感応](명·자サ) ⇨かんのう.

かんおう[観桜](명) 벚꽃을 관상함. 「—会(カイ); 벚꽃놀이를 하는 모임」 cherry-viewing

かんおけ[棺桶]—ヲケ(명) 관으로 사용하는 통. a coffin

かんおん[漢音](명) 한음. 한자 음의 하나. 중국의 북쪽에서 사용되던 음이 일본에 전해진 것. 예: 人(ジン). ↔呉音(ゴオン). Han pronunciation

かんおん[感恩](명) 감은. 은혜에 감동함. feeling gratitude

かんか[干戈](명) ①간과. 방패와 창. 무기. 「—に訴(ウッタ)える; 무력에 호소하다」 ②전쟁. 「—を交(マジ)える; 전쟁을 하다」 1. arms

かんか[看過](명·타サ) 간과. ①대충 훑어 봄. ②보지 못하고 지나감. overlooking

かんか[患家](명) 환자의 집. a patient's house

かんか[閑暇](명) 한가. 틈. 여가. leisure

かんか[換価](명·타サ) 환가. 값으로 환산하는 일. 또는 그 값. conversion

かんか[感化](명·타サ) 감화. ①영향을 주어 마음이 변하게 함. ②다른 사물의 영향을 받아 마음이 변함. 「—をうける; 감화를 받다」 influence

かんか[管下](명) 관하. 관할하는 범위 안. under jurisdiction

かんか[轗軻](명) 감가. ①때를 못 만나 뜻을 이루지 못함. 불우(不遇). 불운(不運). ②길이 험하여 가기 어려움. 1. live in obscure life

かんか[鰥寡](명) 환과. 홀아비와 과부. 「—孤獨(コドク); 홀아비와 과부와 고아와 자식 없는 늙은이(의지할 곳 없는 사람)」 a widower and a widow

かんが[官衙](명) 관아. 관청(官庁). a government office

かんが[閑雅](형동ダ) ①한가롭고 아취가 있는 모양. 풍류(風流). ②경치가 고요하고 품위가 있는 모양.

がんか[眼下](명) 눈 아래. 「—に見(ミ)おろす; 눈 아래에 굽어 보다」 under one's eyes

がんか[眼科](명)〈이〉 안과. 눈에 관한 의학의 분과. ophthalmology

がんか[眼窠](명)〈생〉 안과. 눈구멍. an eyehole

かんかい[官界](명) 관계. 관리의 사회. officialdom

かんかい[勧戒](명·타サ) 권계. 타일러 가며 훈계함. 선(善)을 권하고 악(悪)을 징계함. 권선징악(勧善懲悪). rewarding the good and punishing the evil

かんかい[感懐](명) 감회. 느낌. 느낀 생각. feelings

かんかい[緩解](명·자타サ) ①느슨해져 풀림. 완화(緩和). ②〈의〉 완화시켜 없앰. 1. relaxation

かんかい[環海](명) 사방을 둘러 싼 바다. 사방을 바다로 둘러 싸는 것. 「四面(シメン)—; 사면을 둘러 싼 바다」 surrounding seas

かんがい[干害·旱害](명) 한해. 가물음의 재해(災害). a drought disaster

かんがい[寒害](명) 한해. 농작물 등이 추위로 인하여 받는 해. 예:상해(霜害), 동해(凍害) 등. damage from the cold
かんがい[感慨](명) 감개. 깊이 느끼는 회포. 절실한 느낌. deep emotion. **—むりょう**[感慨無量](연어·형동ダ) 감개 무량. 느끼는 회포가 무한한 모양.
かんがい[管外](명) 관할 이외. 관할 구역 이외. ↔管内(カンナイ). outside the jurisdiction
かんがい[艦外](명) 함외. 군함 밖. ↔艦内(カンナイ). the out of a ship
かんがい[灌漑](명) 관개. 논이나 밭에 물을 댐. irrigation
がんかい[岩海](명) 높은 산지(山地)나 고원(高原) 지방 등에서 풍화 작용에 의하여 크고 작은 바위들이 광범위하게 겹쳐 깔려 있는 곳. a sea of rocks
がんかい[眼界](명) 안계. ①눈에 보이는 범위. 시야(視野). ②사물을 보거나 생각하는 범위.「—がせまい; 생각하는 범위가 좁다」 1. sight
かんがえ[考え]カンガヘ(명) 생각. 의견. 사고(思考). 고안(考案). thought. **—ごと**[考え事](명) ①생각하는 일. ②걱정. **—こ·む**[考え込む](자 4) 생각에 잠기다. **—もの**[考え物](명) ①깊이 생각할 일. 좋을지 어떨지 모를 일. ②생각해서 맞추는 일. 퀴즈.
かんが·える[考える]カンガヘル(타하 1) 생각하다. think
かんかく[扞格](명·자サ) 서로 상대를 용납(容納)하지 않음. 규각(圭角). incompatibility
かんかく[看客](명) 보는 사람. 구경군. 관람객. 관객(観客). an onlooker
かんかく[間隔](명) 간격. 틈. 사이. 거리. an interval
かんかく[感覚](명) 감각. ①자극(刺戟)에 대한 의식의 느낌.「—がなくなる; 감각이 없어지다」 ②사물에 대한 느낌. sense
かんかく[観客](명) ⇨かんきゃく(観客).
かんがく[侃諤](명) ⇨かんかんがくがく.
かんがく[官学](명) 관학. ①관립 학교(官立学校). ↔私学(シガク). ②정부에서 옳다고 인정한 학문. 1. a government school
かんがく[漢学](명) 한학. ①한문(漢文)에 관한 학문.「—者(シャ); 한학자」 ②중국 한대(漢代)의 경학(経学). ↔宋学(ソウガク). 1. study of Chinese literature
かんがく[勧学](명) 권학. 학문을 권장(勧奨)함. the encouragement of learning
がんかけ[願掛け](명·자サ) 소원 성취를 위하여, 신불에게 맹세를 걸고 기도를 드림. 발원(発願). praying
かんかつ[管轄](명·타サ) 관할. 권한에 의하여 지배하는 일.「文部省(モンブショウ)の—; 문교부의 관할」 jurisdiction.
かんかつ[寛闊](명·형동ダ) 관활. ①충분하고 넓음. 여유가 있음. ②성품이 관대하고 활달함. 시원스러움. 1. loose
かんがっき[管楽器](명)〈악〉 관악기. 관내(管内)의 공기를 진동시켜 소리를 내는 악기. 취주 악기(吹奏楽器). a wind instrument
かんが·みる[鑑みる·鑒みる](타상 1) ①비추어 보다.「時局(ジキョク)に—; 시국에 비추어 보다」 ②모범으로 삼다. 본받다.「教訓(キョウクン)に—; 교훈에 따르다」 1. consider
かんがらす[寒烏](명) ⇨かんあ(寒鴉).
かんがり(부) 어슴푸레하게 밝은 모양. darkly
カンガルー[kangaroo](명)〈동〉 캥거루우. 캥거루우과에 속하는 뒷발이 긴 짐승. 암놈은 배에 주머니가 달려 있어, 새끼를 그 속에 넣어 키움. 꼬리와 뒷발로 섬.
かんかん(명)〔어린이 말로〕 ①땋은 머리털. ②머리에 꽂는 장식. 비녀 등. 1. braided hair
かんかん[看貫](명·타サ) ①물건을 저울에 닮. ②앉은 저울. 대칭(臺秤). 1. weighing
かんかん[漢奸](명)〔중국에서〕 적(敵)에 내통하는 사람을 욕하는 말. 매국노(売国奴). a traitor
かんかん[閑閑](형동タルト) 한가한 모양. 조용한 모양.「悠悠(ユウユウ)—; 유유하고 한가함」 quiet
かんかん[感官](명) 감관. 감각 기관(感覚器官). a sense organ
かんがん[汗顔](명) 한안. 부끄러워서 얼굴에 땀이 나는 것.「—のいたりです; 매우 부끄럽습니다」 blushing with shame
かんがん[宦官](명) 환관. 옛날 후궁에 근무하던 거세(去勢)된 남자 관리. 내시. a eunuch
がんがん(부·자サ) ①종(鐘) 등이 시끄럽게 울리는 모양. 땡땡. ②잔소리를 시끄럽게 하는 모양. ③머리가 심하게 아픈 모양. 지끈지끈. 1. clang-clang 2. snarlingly
かんかんがくがく[侃侃諤諤](연어·명) 거리낌 없이 바른 말을 마구 하는 것.「—の議論(ギロン); 강직하고 바른 논의」 an outspoken statement
かんかんしき[観艦式](명)〈군〉 관함식. 국가 원수가 자기 나라의 군함을 사열하는 의식. a naval review
かんき[官紀](명) 관기. 관리가 복무상 지켜야 할 규율(規律). official discipline
かんき[勘気](명) 군주나 어버이로부터의 견책.「—をこうむる; 군신(君臣) 또는 친자(親子) 관계가 끊기다(주인, 어버이에게 내쫓기다)」 displeasure
かんき[乾季·乾期](명) 건기. 비가 오지 않는 계절. ↔雨季(ウキ). the dry season
かんき[喚起](명·타サ) 환기. 불러 일으킴.「注意(チュウイ)を—する; 주의를 환기시키다」 awakening
かんき[寒気](명) 한기. 추위. 찬 공기. the cold
かんき[換気](명·타サ) 환기. 공기를 바꿈. ventilation
かんき[歓喜](명·자サ) 환희. 기뻐함. joy
かんぎ[官妓](명) 예전 관(官)에 부속되어 가무(歌舞)에 종사(從事)하던 기생.
かんぎ[冠儀](명) 남자가 성인(成人)이 되는 의식. 관례(冠礼). a rite to mark one's attainment of manhood
がんぎ[雁木](명) ①커다란 톱. ②눈이 많이 내리는 지방에서 처마를 길게 내달아 놓은 그 밑의 길. 2. a snow-shelter
かんぎく[寒菊](명)〈식〉 한국. 국화의 한 가지. 꽃이 작

고 초겨울(11월)에 핌. a winter chrysanthemum

かんぎく[観菊](명) 관국. 국화 감상. chrysanthemum-viewing

かんきつ[柑橘](명)〈식〉 감귤류의 총칭. citrus

かんきゃく[閑却](명·타サ) 한각. 허술히 여겨 그냥 내버려 둠. negligence

かんきゃく[観客](명) 관객. 구경군. 「一席(セキ); 관람석」 spectators

かんきゅう[官給](명) 관급. 정부로부터의 지급. 「一品(ヒン); 관급품」 government supply

かんきゅう[感泣](명·자サ) 감읍. 너무 감격해서 욺. being moved to tears

かんきゅう[管球](명) ①형광등처럼 기다랗게 된 전구. ②진공관. 2. a valve

かんきゅう[緩急](명) 완급. ①느슨한 것과 엄한 것. ②느린 것과 빠른 것. ③급한 일. 위급한 경우. 사변(事変). 「一(イッ)たん一の際(サイ)は; 일단 유사시에는」 2. slowness and fastness

かんきゅう[緩球](명) 완구. 〔야구에서〕 속력이 느린 공. 슬로우보울. ↔速球(ソッキュウ). a slow ball

がんきゅう[眼球](명)〈생〉 안구. 눈알. an eyeball

かんぎゅうじゅうとう[汗牛充棟](연어·명) 한우 충동. 갖고 있는 책이 매우 많음의 비유. 많은 장서(蔵書). superabundant library

かんきょ[官許](명·타サ) 관허. 정부의 허가. government permission

かんきょ[閑居](명·자サ) 한거. ①조용한 거처. ②한가한 생활을 함. 2. a leisurely life

かんぎょ[干魚·乾魚](명) 건어. 말린 물고기. a dried fish

かんぎょ[還御](명·자サ) 환어. 임금이나 신분이 높은 사람이 대궐로 돌아 옴. 환궁(還宮). 환행(還幸). the Emperor's return

かんきょう[乾薑·乾姜](명) 건강. 말린 생강. dried ginger-root

かんきょう[感興](명) 감흥. 흥미를 느낌. 재미. interest

かんきょう[環境](명) 환경. 주위의 사물 또는 사정. 「家庭(カテイ)一; 가정 환경」 environment

かんきょう[艦橋](명) 함교. 군함의 제일 높은 곳에 있는 갑판. 장교가 지휘하는 곳임. the bridge

かんぎょう[官業](명) 관업. 정부의 영업. 관영 사업(官営事業). a government enterprise

かんぎょう[寒行](명)〈불〉 한행. 소한, 대한 등의 추운 계절에 하는 수행(修行). training in the cold season

かんぎょう[勧業](명) 권업. 산업을 장려함. 「一博覧会(ハクランカイ); 산업 박람회」 the encouragement of industry

がんきょう[眼鏡](명) 안경. 불완전한 시력을 돕거나 눈을 보호하기 위한 기구. spectacles

がんきょう[頑強](명·형동ダ) 완강. 저항, 고집 등이 셈. 「一にいいはる; 완강히 주장하다」 stubbornness

がんぎょう[願行](명)〈불〉 소원 성취를 위하여 거는 맹세와 수행(修行). prayers and austerities

かんきり[罐切り](명) 깡통을 따는 도구. a can-opener

かんきん[官金](명) 정부의 돈. government money

かんきん[看経](명)〈불〉 소리를 내지 않고 경문(経文)을 읽는 것. silent reading of the Buddhist scriptures

かんきん[桿菌](명)〈의〉 간균. 분열균(分裂菌)의 하나. 막대기처럼 길쭉한 세균. a bacillus

かんきん[換金](명·자타サ) 환금. 돈으로 바꿈. 「一するために売(ウ)る; 돈으로 바꾸려고 팔다」 converting into money

かんきん[監禁](명·타サ) 감금. 몸의 자유를 제한해서 가둠. 구금(拘禁). 「一室(イッシツ)に一する; 한 방에 가두다」 confinement

かんぎん[閑吟](명·타サ) 한음. 한가로이 시가(詩歌)를 읊음. reciting peacefully

かんぎん[感吟](명) ①감탄하여 시가를 읊는 것. ②감탄할 정도로 뛰어난 시가(詩歌). 2. an admirable poem

かんぎん[勧銀](명) 권업 은행(勧業銀行)의 약칭.

がんきん[元金](명) 원금. 밑천. 본전(本錢). ↔利息(リソク). principal

かんく[甘苦](명) 감고. ①단맛과 쓴맛. ②즐거움과 괴로움. 세상의 온갖 경험. 고락(苦楽). ③고생을 달게 여김. 1. sweetness and bitterness

かんく[寒九](명) 소한(小寒)부터 9일째.

かんく[寒苦](명) 한고. 추위로 말미암은 괴로움. suffering from severe cold

かんく[管区](명) 관구. 관할 구역. a district

かんく[艱苦](명) 간고. ①빈곤. ②고생. 2. hardships

がんぐ[玩具](명) 완구. 노리개. 장난감. 「一店(テン); 완구점」 a toy

がんぐ[頑愚](명·형동ダ) 완우. 완고하고 어리석음. stupid and obstinate

がんくつ[岩屈·岩窟](명) 암굴. 바위굴. 동굴. a cave

がんくび[雁首](명) ①대통. 담배통. ⇨:キセル ②〈속〉 목. 모가지. 1. the bowl of a pipe

かんぐ·る[勘繰る](자 4) 남을 의심하여 억측(臆測)하다. guess

かんぐん[官軍](명) 관군. 정부의 정식 군대. the government forces

かんげ[勧化](명·타サ)〈불〉 권화. ①불교를 권장함. ②절이나 부처 등을 만들기 위하여 기부를 모집하는 일.

かんけい[奸計·姦計](명) 간계. 나쁜 계획. 간악(奸悪)한 계교. an evil scheme

かんけい[寛刑](명) 관대한 형벌. a lenient purnishment

かんけい[関係](명·자サ) ①관계. 둘 이상이 서로 걸림. 「精神(セイシン)と肉体(ニクタイ)の一; 정신과 육체의 관계」 ②관련. 「事業(ジギョウ)の一で; 사업 관계로」 ③방면. 「教育(キョウイク)一の仕事(シゴト); 교육 방면의 일」 ④(남녀의) 정교(情交). 1. 2. relation

かんけい[還啓](명·자サ) 왕태후, 왕세자 등이 외출에서 돌아 옴. return

かんけい[簡勁](명·형동ダ) 간경. 단순(간결)하고 힘참. being simple and forceful

かんげい[歓迎](명·타サ) 환영. 즐거이 맞음. ↔歓送(カンソウ). welcome

かんげいこ[寒稽古](명·자サ) 무술(武術) 등을 추위를 무릅쓰고 연습함. winter excercises

かんげき[間隙](명) ①간극. 간격. 틈. 사이. 「一を縫(ヌ)う; 간극을 누비다 (좁은 데를 빠져 나가다)」 ②사이가 나빠짐. 불화(不和). 1. a gap

かんげき[感激](명·자サ) 감격. 크게 느껴서 흥분(興奮)함. deep emotion

かんげき[観劇](명·타サ) 관극. 연극을 구경함. seeing a play

かんけつ[完結](명·자サ) 완결. 완전하게 끝마침. conclusion

かんけつ[間欠·間歇](명·타サ) 간헐. 일정한 간격을 두고 쉬었다 일어났다함. 「一的(テキ); 간헐적」 intermittence. **—いでん**[間欠遺伝](명) 간헐 유전. 유전 형질(形質)이 일대(一代) 또는 수대(数代)를 걸러서 나타나는 유전. 격세 유전(隔世遺伝). **—せん**[間欠泉](명) 간헐천. 일정한 동안을 두고 주기적으로 분출하는 온천. **—ねつ**[間欠熱](명)〈의〉 간헐열. ①간헐적으로 일어나는 신열(身熱). ②말라리아성의 열병.

かんけつ[簡潔](명·형동ダ) 간결. 간단하고 요령(要領) 있음. conciseness

かんげつ[寒月](명) 한월. 맑고 차게 느껴지는 겨울 밤의 달. a winter moon

かんげつ[観月](명) 달맞이. 달구경. 「一会(カイ); 달맞이 모임」 moon viewing

かんけん[官権](명) 관권. 정부의 권력. government authority

かんけん[官憲](명) 관헌. ①관청. ②관리(官吏). 1. government offices

かんけん[寒暄](명) 날씨의 춥고 더움. 「一を叙(ジョ)す; 계절에 대한 인사를 하다」 heat and cold

かんけん[乾繭](명)〈농〉 건견. 보존하기 좋게 말린 고치. dried cocoons

かんけん[管見](명) 관견. ①좁은 견문. 좁은 견해. ②자기 견해를 겸사로 일컫는 말. a narrow view

かんげん[甘言](명) 감언. 달콤한 말. 「一につられる; 달콤한 말에 유혹되다」 honeyed words

かんげん[換言](명·자サ) 환언. 바꾸어 말함. 「一すれば; 바꾸어 말하면」 saying in other words

かんげん[寛厳](명) 관대함과 엄함. severity and lenity

かんげん[管弦·管絃](명) 관현. ①관악기와 현악기. ②음악(특히 아악)을 연주함. 1. wind and string musical instruments. **—がく**[管弦楽](명)〈악〉 관현악. 관악기, 현악기, 타악기 등으로 이루어지는 대합주. 오케스트라.

かんげん[諫言](명·타サ) 간언. 잘못을 타이르는 말. 충고의 말. remonstration

かんげん[還元](명·자타サ) 환원. ①원상태로 돌아감. ②〈이〉 산소 화합물로부터 산소를 떼어 내는 것. 수소를 다른 물질과 화합시키는 것. 1. restoration 2. reduction

がんけん[眼瞼](명)〈생〉 안검. 눈꺼풀. an eye-lid

がんけん[頑健](명·형동ダ) 몸이 튼튼함. robust health

かんこ[歓呼](명·자サ) 환호. 기뻐서 소리 지름. a cheer

かんこ[鹹湖](명)〈지〉 함호. 염분이 많이 들어 있어 물맛이 짠 호수. 함수호. a salt lake

かんご[看護](명·타サ) 간호. 부상자나 병자를 돌봄. 「一人(ニン); 간호인」 nursing. **—ふ**[看護婦](명) 간호부. 여자 간호원.

かんご[閑語](명·자サ) ①조용하게 이야기함. ②한담(閑談). 잡담. 「閑人(カンジン)一; 한가한 사람들의 한가한 이야기」 1. a quiet talk

かんご[漢語](명) ①한어. 옛날 중국에서 들어 온 외래어. ②음독하는 한자의 숙어. 1. a Chinese word

かんご[監護](명·타サ) 감독하고 보호함. protection

かんご[韓語](명) 한국어. Korean

かんご[観護](명·타サ) 관찰하고 보호함. 「一処分(ショブン); 관찰 보호 처분」

がんこ[頑固](명·형동ダ) 완고. ①고집스러움. ②좀처럼 낫지 않음. 난치(難治). 「一な水虫(ミズムシ); 좀처럼 낫지 않는 무좀」 obstinacy

かんこう[刊行](명·타サ) 간행. 인쇄해서 출판함. 「一物(ブツ); 간행물」 publication

かんこう[完工](명·자サ) 완공. 공사가 끝남. finishing works

かんこう[官公](명) 관서(官署)와 공서(公署). 관공서. 관청. public offices. **—しょ**[官公署](명) 관공서. 관청(官庁). **—ちょう**[官公庁](명) 관공청. 관청(官庁)과 공청(公庁). 관공서. **—り**[官公吏](명) 관공리. 관리와 공리. 공무원. **—ろう**[官公労](명) 일본 관공청 노동 조합 협의회의 약칭.

かんこう[勘考](명·타サ) 잘 생각하여 봄. 깊이 생각함. 숙고(熟考). thinking over

かんこう[勘校](명·타サ) 생각하여 비교함. checking

かんこう[敢行](명·타サ) 감행. 과감하게 행함. a decisive action

かんこう[款項](명) 관항. (예산의) 항목의 구분. 관(款)이 가장 큰 항목이고, 항은 그 다음임. an article

かんこう[感光](명·자サ) 감광. 빛을 느낌. 빛을 받음. exposure. **—し**[感光紙](명) ⇨いんがし(印画紙).

かんこう[寛弘](명) 도량이 넓고 큼. 관대(寛大). generosity

かんこう[勧降](명) 권항. 항복하기를 권함. 「一使(シ) 항복하기를 권하는 사자」 a summons to surrender

かんこう[慣行](명·타サ) ①관습. ②예전부터 관례가 되어 행함. 2. habitual practice

かんこう[緩行](명·자サ) 완행. ①천천히 감. 서행(徐行). ②역마다 정거하는 빠르지 아니한 차. 「一車(シャ); 완행차」 ←急行(キュウコウ). 1. going slowly

かんこう[緘口·箝口](명·자타サ) 함구. ①입을 다묾. ②입을 막음. 언론(言論)의 자유를 속박함. 1. keeping silent 2. gagging. **—れい**[緘口令·箝口令](명) 함구령. 어떤 일의 내용에 대해 말하는 것을 엄금(厳禁)하는 명령.

かんこう[還幸](명·자サ) 환행. 천황이 대궐로 돌아

음. 환궁(還宮). Emperor's return
かんこう[観光](명) 관광. 여행을 하며 구경함. 「一客(キャク); 관광객」 sightseeing. **―じぎょう**[観光事業](명) 관광 사업. 관광을 촉진하는 각종 사업. **―バス**[観光 bus](명) 관광 버스. 관광객을 위하여 운행하는 버스.
かんこう[寛厚](명·형동ダ) 관후. 마음이 넓고 태도가 점잖음. generosity
がんこう[眼孔](명) 안공. ①눈구멍. ②견식의 범위. 안계(眼界). 1. an eye-socket
がんこう[眼光](명) 안광. ①눈빛. ②판단력(判断力). 「一紙背(シハイ)に徹(テッ)する; 독서할 때 자구의 해석에만 그치지 않고 그 심오(深奥)한 의미까지 철저히 깨닫다」 1. the brightness of the eye
がんこう[雁行](명·자サ) ①기러기의 행렬. ②비스듬히 늘어서서 감. 2. going aslant abreast
かんこうしょ[官公署](명) 관공서. ①관서(官署)와 공서(公署). ②관청. 1. public offices
かんこうば[勧工場](명) 메이지(明治) 이후에 번창했던 일종의 상품 진열소. 상품을 한 곳에 진열하고 팔았음. a bazaar
かんこうへん[肝硬変](명)〈의〉 간경변. 간장 세포의 장해(障害)와 결체(結締) 조직의 증가로 간장이 굳어지는 낫기 어려운 병. 간경변증.
がんこうらん[岩高蘭](명)〈식〉 시로미. 높은 산에 군생(群生)하는 상록의 작은 관목. 관상용으로 재배하고 파실은 식용함. 〈학명〉 Empetrumn igrum
かんごえ[甲声]―ゴエ(명) 높은 목소리. a sharp voice
かんごえ[寒声]―ゴエ(명) 추위 속에서 발성 연습(発声練習)을 함. midwinter vocal training
かんごえ[寒肥](명) 한비. 겨울에 주는 비료. midwinter manure
かんごえ[癇声]―ゴエ(명) 신경질적(神経質的)인 높은 목소리. a splenetic voice
かんこく[寒国](명) 매우 추운 나라. 또는 매우 추운 지방. a cold country
かんこく[漢国](명) 한(漢)나라. Han
かんこく[勧告](명·타サ) 권고. 하도록 권함. 「退職(タイショク)を一する; 퇴직을 권고하다」 advice
かんこく[韓国](명) 한국. 대한 민국. Korea
かんごく[監獄](명)〈법〉 감옥. 형무소와 구치소를 합친 곳. 교도소. a prison. **―べや**[監獄部屋](명) 본인의 자유를 속박하고 함부로 다루는 인부(人夫)의 숙사(宿舎).
かんこつ[顴骨](명)〈생〉 관골. 광대뼈. the cheek-bone
かんこつだったい[換骨奪胎](연어·명·타サ) 환골 탈태. 옛사람들의 시문(詩文) 형식이나 착상을 약간 바꾸어 자기의 창작으로 함. recast
かんこどり[閑古鳥](명)〈동〉 ⇨かっこう(郭公).
かんごり[寒垢離](명) (기도 등을 위하여) 추위 속에서 하는 목욕. cold-water ablution in midwinter
かんこんそうさい[冠婚葬祭](연어·명) 관혼 상제. 관례(冠礼; 성인식), 혼례(婚礼), 장례(葬礼), 제례(祭礼)의 총칭. the ceremonies
かんさ[奸詐·姦詐](명) 간사. 교활(狡猾)하고 남을 잘 속임. an evil design
かんさ[監査](명·타サ) 감사. 감독하고 검사함. 「一役(ヤク); 감사역」 inspection
かんさ[鑑査](명·타サ) 감사. 감정하고 검사함. inspection
かんざ[環座](명) 환좌. 여러 사람이 둥그렇게 둘러앉음. sitting in a circle
かんさい[完済](명·타サ) 완제. 빚을 완전히 갚음. full payment
かんさい[漢才](명) 한재. 한학에 대한 재능. mastery of Chinese classics
かんさい[関西](명)〈지〉 나고야(名古屋) 서쪽 교오토(京都), 오오사카(大阪) 지방. ↔関東(カントウ).
かんさい[簡裁](명) 간이 재판소의 준말.
かんさい[艦載](명) 함재. 군함에 싣는 것. 「一機(キ); 함재기」 being carried on board a ship
かんざい[寒剤](명)〈이〉 한제. 혼합(混合)에 의하여 저온(低温)을 얻을 수 있는 재료. a freezing mixture
かんざい[管財](명) 관재. 재산의 관리. 「一人(ニン); 재산을 관리하는 사람」 administration
がんざい[丸剤](명) 환제. 환약. a pill
かんさく[奸策·姦策](명) 간책. 간악한 계책. 「一をめぐらす; 간책을 꾀하다」 a sinister scheme
かんさく[間作](명·타サ)〈농〉 간작. 주(主)농작물의 사이에 다른 농작물을 재배하는 일. catch-cropping
がんさく[贋作](명·타サ) 가짜 작품. 위작(偽作). a counterfeit
かんざけ[燗酒](명) 데운 술. warmed wine
かんざし[簪](명) ①옛날 관(冠)이 떨어지지 않도록 꽂았던 부속품. ②비녀. 2. an ornamental hairpin
かんさつ[監察](명·타サ) 감찰. 단속하고 조사함. 감시하여 살핌. inspection
かんさつ[観察](명·타サ) 관찰. 사물을 주의하여 자세히 살핌. observation. **―がん**[観察眼](명) 관찰안. 사물을 관찰하는 안목(眼目).
かんさつ[鑑札](명) 감찰. 관공서(官公署)에서 발행하는 허가증. a licence
がんさつ[贋札](명) 위조 지폐. counterfeit paper money
かんさ·びる[神さびる](자상 1) ⇨かみさびる.
かんざまし[燗冷まし](명) 데웠던 술이 식는 것. 식은 술. warmed wine left over
かんざらし[寒晒し](명) 겨울에 쌀을 물에 담갔다가 음지(陰地)에서 말린 뒤에 빻은 가루. rice flour bleached in midwinter
かんさん[甘酸](명) ①단맛과 신맛. ②고락(苦楽). 「人生(ジンセイ)の一; 인생의 쓴맛 단맛」 1. sweetness and sourness
かんさん[換算](명·타サ) 환산. 다른 단위(単位)로 고쳐 셈함. 「メートル法(ホウ)に一する; 미터법으로 환산하다」 change
かんさん[閑散](명·형동ダ) 한산. 한가함. leisure

かんざん こぼく[寒山枯木](명) 겨울 산의 마른 나무. 매우 쓸쓸한 모양.

かんし[干支](명) 간지. 10간(干)과 12지(支). 「the sexagenary cycle

かんし[官私](명) ①공과 사. 공사(公私). ②관청과 민간. ③관립과 사립. 1. official and personal

かんし[甘死](명) 감사. 기꺼이 죽음. 죽음을 두려워하지 않음.

かんし[冠詞](명) 관사. 〔영문법 등에서〕 명사 앞에 위치하여 단수, 복수, 정(定), 부정(不定) 등을 나타내는 품사. 예 : a, the 등. an article

かんし[鉗子](명)〈의〉 겸자. 가위 모양의 외과(外科) 수술용 기구. forceps

かんし[敢死](명) 감사. 죽음을 각오하고 함. 결사(決死). preparedness for death

かんし[瞰視](명·타サ) 높은 데서 내려다 봄. 부감(俯瞰). taking a bird's-eye view

かんし[漢詩](명) 한시. ①한문으로 쓴 시. ②중국의 시. Chinese poetry

かんし[監視](명·타サ) 감시. 주의하여 지킴. watch

かんし[諫止](명·타サ) 충고하여 중지시킴. dissuasion

かんし[諫死](명·자サ) 간사. 목숨을 걸고 충고함. remonstration at the risk of one's life

かんし[環視](명·타サ) 환시. 뭇사람이 둘러 서서 봄. 많은 사람이 주목함. 「衆人(シュウジン)—の中(ナカ)で; 여러 사람이 둘러 싸고 보는 가운데서」 concentration of attention

かんじ[甘辞](명) 달콤한 말. 감언(甘言). honeyed words

かんじ[閑事](명) 쓸 데 없는 일. fruitless matters

かんじ[感じ](명) ①느낌. 감상. ②인상. ③막연한 지각. ④효과. ⑤감각. 1. feeling 2. impression. —**いる**[感じ入る](자 4) 깊이 느끼다. 몹시 감동하다.

かんじ[幹事](명) 간사. ①사무를 맡아 처리하는 일. 또는 그 사람. 「—長(チョウ); 간사장」 ②(연회, 잔치 등을) 돌보는 사람. 1. managing

かんじ[漢字](명) 한자. 중국 고유의 문자. a Chinese character

かんじ[監事](명)〈법〉 감사. 법인(法人)의 감독 기관. a supervisor

かんじ[莞爾](형동タルト) 완이. 빙그레 웃는 모양. 생긋 웃는 모양. smiling broadly

がんじ がらめ[雁字搦め](명) 끈이나 새끼줄로 가로 세로 얽어 맴. binding firmly hand and foot

かんしき[乾式](명) 건식. 액체나 용제(溶剤)를 사용하지 않는 방식. ↔湿式(シッシキ).

かんしき[鑑識](명) 감식. 좋고 나쁨을 가릴 줄 아는 식견(識見). 보고 판단함. judgement

かんじき[樏](명) 눈속이나 얼음판에 빠지고 미끄러지지 않도록 신바닥에 다는 것. snow-shoes

がんしき[眼識](명) 안식. 판단력. discrimination

カンジダ しょう[라 candida 症](명)〈의〉 칸디다증. 칸디다라는 곰팡이에 의해서 생기는 병.

ガンジスがわ[Ganges 川]—ガハ(명)〈지〉 갠지스강. 인도에 있는 큰 강. 히말라야 산맥에서 발원하여 동남으로 흘러 벵골만으로 들어 감. 힌두교도의 숭배의 대상임.

かんしつ[乾湿](명) 건습. 공기 등의 건조함과 습윤함. dryness and humidity. —**きゅうしつどけい**[乾湿球湿度計](명)〈이〉 건습구 습도계. 물이 증발하는 정도를 측정하여 공기 중의 습도를 아는 장치. 건습계(乾湿計).

かんしつ[乾漆](명) 건칠. ①옻나무 즙(汁)을 말려서 만든 덩어리. 약으로 씀. ②건칠상(乾漆像)의 준말. 삼베에 옻칠을 하여 굳혀 만든 속이 빈 소상(塑像). 1. a dry lump of lacquer

かんじつ[閑日](명) 한일. 한가한 날. an idle day

がんしつ[眼疾](명) 안질. 눈병. an eye trouble

がんじつ[元日](명) 원일. 한 해의 첫날. 1월 1일. 설날. New Year's Day

かんじつげつ[閑日月](명) ①한가한 세월. 한가한 때. ②여유 있는 마음. 1. leisure

かんしゃ[甘蔗](명)〈식〉 ⇨さとうきび.

かんしゃ[官舎](명) 관사. 국가나 지방 자치 단체가 세운 관공리들의 주택. an official residence

かんしゃ[感謝](명·타サ) 감사. 고맙게 생각함. 고마운 마음으로 사례함. thanks

かんじゃ[冠者] (명) ①옛날 관례(冠礼)를 치른 소년. ②관직이 없는 사람. ③십부름군. ④젊은이. 4. a lad

かんじゃ[患者](명) 환자. 병자. a patient

かんじゃ[間者](명) 간첩. 밀탐. a spy

かんしゃく[官爵](명) 관작. 관직(官職)과 작위(爵位). office and rank

かんしゃく[癇癪](명) 성내는 것. 성내기 쉬운 성질. irritability. —**だま**[癇癪玉](명)〈속〉 ①울화통. 「—が破裂(ハレツ)する; 울화통이 터지다」 ②화약을 종이에 싼 장난감. 던지면 큰소리를 내며 폭발함. —**もち**[癇癪持ち](명) 조그마한 일에도 격하여 성내는 성질. 또는 그런 사람.

かんじゃく[閑寂](명·형동ダ) 한적. 조용함. 「—の境地(キョウチ); 한적한 경지」 quietness

かんしゅ[巻首](명) 권수. 책의 첫머리. 권두(巻頭). the opening of a book

かんしゅ[看守](명) 간수. ①보살피고 지키는 일. 또는 그 사람. ②교도소의 직원. 2. a jailer

かんしゅ[看取·観取](명·타サ) 간취. 보아서 그 진상을 파악함. 보아서 내용을 알아 차림. seeing through

かんしゅ[監守](명) 감독하고 지킴. 또 그 사람. a guard

かんしゅ[館主](명) 관(館)이라고 불리는 곳의 주인. a host

かんしゅ[艦首](명) 함수. 군함의 앞머리. the bow

かんじゅ[甘受](명) 감수. 달게 받음. submission

かんじゅ[貫首·貫主](명)〈불〉〔천태종(天台宗)에서〕 최고의 승직(僧職). the chief abbot

かんじゅ[感受](명·타サ) 감수. 외부의 영향(자극)을 받아 마음이 움직여짐. impression. —**せい**[感受性](명) 감수성. 사물이나 외계의 자극을 받아 마음이 움직여지는 성질. 「—が強(ツヨ)い; 감수성이 강하다」

がんしゅ[癌腫](명)〈의〉 암종. 병리학상 악성 종양(腫瘍)의 한 가지. 암. cancer

がんしゅ[願主](명) 기원하는 사람. 청원자(請願者). 원인(願人). a petitioner

かんしゅう[官臭](명) 관리 근성. 관료적인 성질, 경향. 「一を排(ハイ)する; 관료 근성을 배제하다」 colour of bureaucracy

かんしゅう[慣習](명) 관습. ①습관. ②사회의 정통적 행동 양식. custom. **—ほう**[慣習法](명)〈법〉 관습법. 법적 효력을 갖게 된 관습. 습관법.

かんしゅう[監修](명·타サ) 감수. 책의 저술(著述)을 편집, 감독함. 편찬의 감독. editorial supervision

かんしゅう[観衆](명) 관중. 보고 있는 사람들. 구경군. 관객(観客). spectators

かんじゅく[完熟](명·자サ)〈농〉 완숙. 열매나 씨가 완전히 익음. ripeness

かんしゅだん[慣手段](명) 늘 쓰는 수법. 상투 수단(常套手段). a common trick

かんしょ[甘蔗](명)〈식〉 〔"かんしゃ"의 관용음(慣用音)〕 ⇨さとうきび.

かんしょ[甘薯·甘藷](명)〈식〉 ⇨さつまいも.

かんしょ[官署](명) 관서. 관청(官庁). 관공서. a government office

かんしょ[寒暑](명) 한서. 추위와 더위. heat and cold

かんしょ[漢書](명) 한서. ①중국의 서적. 한문으로 기록된 서적. 한적(漢籍). ②〈역〉 중국 전한(前漢)의 역사를 쓴 책. 1. a Chinese book

かんじょ[官女](명) 궁중에서 일하는 여자. 궁녀(宮女). a court lady

かんじょ[寛恕](명·타サ) ①마음이 너그러움. ②관서. 너그럽게 용서함. 1. generosity

かんじょ[緩徐](명·형동ダ) 완서. 천천하고 느릿느릿함. gentle and quiet

かんじょ[緩舒](명) 완서. 느릿느릿함. 완만(緩慢). 느림. slowness

がんしょ[願書](명) 원서. ①원하는 바를 적은 문서. 원문(願文). ②신청서. 지원서. 1. a petition

かんしょう[干渉](명·자サ) 간섭. ①공연히 또한 무리하게 참견함. ②〈법〉 한 나라가 다른 나라의 내정에 자국(自国)의 의사를 강요하는 일. ③〈이〉 두 개의 물결(파도)이 겹쳐지는 현상. 1. interference

かんしょう[奸商·姦商](명) 간상. 간악한 상인. 나쁜 장사아치. 악덕 상인. a dishonest dealer

かんしょう[完勝](명·자サ) 완승. 완전히 이김. ↔完敗(カンパイ). a complete victory

かんしょう[冠省](명) 편지에서 앞말(인사말)을 생략할 때 쓰는 말. I hasten to inform you that…

かんしょう[勧奨](명·타サ) 권장. 권하여 장려함. encouragement

かんしょう[勧賞](명·타サ) 권상. 상품을 주어 장려함. 칭찬하고 장려함. encouragement

かんしょう[感傷](명·자サ) 감상. ①느껴서 마음이 아파짐. 느끼기 쉬움. ②〈심〉 조그마한 자극에 의하여 곧 감정이 움직여지는 마음의 경향. sentimentality. **—しゅぎ**[感傷主義](명) 감상주의. 감정을 특히 강하게 표현하려는 주의. 센티멘털리즘. **—てき**[感傷的](형동ダ) 감상적. ①감동하기 쉽고 눈물이 많은 모양. 「一な人(ヒト); 감상적인 사람」 ②마음에 호소하여 눈물을 짜 내게 하는 모양. 「一な音楽(オンガク); 눈물을 자아내는 음악」

かんしょう[感賞](명·타サ) ①감상. 감탄하여 칭찬함. ②공을 칭찬하여 상을 줌. 또는 그 상. ③예술품을 감식하고 음미함. 감상(鑑賞). 1. admiration

かんしょう[管掌](명·타サ) 관장. 사무 등을 맡아서 주관함. management

かんしょう[緩衝](명·타サ) 완충. 둘 사이의 불화나 충돌을 완화시킴. a buffer. **—こく**[緩衝国](명) 서로 인접한 강대국 사이에 끼여 충돌을 완화시키는 지위에 있는 작은 나라. 룩셈부르크, 스위스는 도이치, 프랑스의 완충국임. **—ちたい**[緩衝地帯](명) 완충 지대. 대립하는 두 나라 또는 수개국간의 충돌을 완화시키기 위해 설치한 중립 지대.

かんしょう[癇性](명·형동ダ) 화를 잘 내는 성질. 신경질(神経質). irritability

かんしょう[環礁](명)〈지〉 환초. 환상(環状)으로 된 산호초(珊瑚礁). an atoll

かんしょう[簡捷](명) 간첩. 손쉽고 빠름. simplification

かんしょう[観照](명·타サ) 관조. ①현실을 냉정히 관찰함. ②보고 명백히 앎. 1. contemplation

かんしょう[観賞](명·타サ) 관상. 보고 칭찬함. 보고 즐김. 「花(ハナ)を一する; 꽃을 관상하다」 enjoyment

かんしょう[鑑賞](명·타サ) 감상. 예술 작품의 아름다움을 깊이 맛봄. 「詩(シ)や歌(ウタ)を一する; 시나 노래를 감상하다」 appreciation. **—ひひょう**[鑑賞批評](명) 감상 비평. 감상을 중심으로 하는 예술 작품의 비평.

かんじょう[干城](명) 간성. 나라를 방위하는 군인. a bulwark

かんじょう[冠状](명) 관 모양. coronate form

かんじょう[勘定](명·타サ) ①계산함. 회계. 셈. ②지불 대금. 1. reckoning. **—ずく**[勘定尽く]—ヅク(명) 타산적. **—だか·い**[勘定高い](형) 이해(利害)에 밝다. 계산이 빠르다. 타산적이다.

かんじょう[勧請](명·타サ) 권청. ①신불(神仏)의 내림(来臨)을 빎. ②신불의 영(霊)을 청하여 맞이함. 1. petition for oracle

かんじょう[感状](명)〈군〉 공적, 전공(戦功)에 대한 문서. a citation

かんじょう[感情](명) 감정. ①기분. ②〈심〉 희, 노, 쾌, 불쾌 의식의 현상. 1. emotion. **—てき**[感情的](형동ダ) 감정적. 감정에 치우치는 모양.

かんじょう[環状](명) 환상. 고리 모양. loop form. **—せん**[環状線](명) 환상선. ①환상으로 된 도로나 철도 선로. ②토오쿄오(東京) 야마테선(山手線)의 다른 이름.

かんじょう[艦上](명) 함상. 군함의 위. on board a warship

がんしょう[岩床](명) 암상. 암장(岩漿)이 지층 사이로 들어 가서 멍석 자리 모양으로 퍼져 굳은 것. a sheet
がんしょう[岩漿](명) 암장. 땅속 깊은 곳에서 암석이 지열(地熱) 때문에 용해된 것. magma
がんしょう[岩礁](명) 암초. 바다 속에 있는 바위. a reef
がんしょう[翫賞](명·타サ) ⇨かんしょう(鑑賞).
がんじょう[岩乗·頑丈](명·형동ダ) ①몸이 튼튼함. ②(구조가) 견고함. strong
かんしょく[官職](명) 관직. ①벼슬과 직위. ②직무. ③관직상의 지위. 3. a government post
かんしょく[寒色](명)〈이〉 한색. 차가운 느낌을 주는 빛. 청색(青色) 계통. ↔温色(オンショク). a cold colour
かんしょく[間色](명)〈이〉 간색. 원색(原色)과 여색(餘色) 또는 여색과 여색을 혼합하여 생기는 빛깔. 중간색. a compound colour
かんしょく[間食](명·자サ) 간식. 식사와 식사 사이에 먹음. 또는 그 음식. eating between meals
かんしょく[閑職](명) 한직. 한가한 직무. an easy post
かんしょく[感触](명) 감촉. ①외계의 자극에 대한 느낌. ②손으로 만진 느낌. 촉감. 1. sensation
がんしょく[顔色](명) 안색. 얼굴빛. 「一なし; 놀랍고 두려워 얼굴빛이 파래지다」 a countenance
かん·じる[寒じる](자상 1) 추위가 몸에 스며 들다. be chilled to
かん·じる[感じる](타상 1) ①느끼다. ②마음이 움직이다. 감동하다. ③감응(感応)하다. ④감탄하다. 1. feel
かん·じる[観じる](타상 1) ①〈불〉 마음속으로 생각하여 진리를 깨닫다. ②단념하다. ③보다. 1. observe
かんしん[甘心](명) 감심. 괴로움이나 책망을 달게 여기는 마음. 만족. satisfaction
かんしん[奸臣·姦臣](명) 간신. 간악한 신하. a villainous retainer
かんしん[寒心](명·자サ) 한심. 속이 선뜩함. 소름이 끼침. 기가 막힘. 「一にたえない; 한심하기 짝이 없다」 shuddering
かんしん[感心] Ⅰ(명·자サ) 감심. 마음에 깊이 느낌. 감동되어 마음이 움직임. Ⅱ(형동ダ) 칭찬할 만큼 훌륭한 모양. Ⅰ admiration Ⅱ admirable
かんしん[関心](명·자サ) 관심. 마음이 끌림. 유의하는 마음. 「一を払(ハラ)う; 관심을 기울이다」 interest
かんしん[歓心](명) 환심. 기뻐하는 마음. 「一を買(カ)う; 환심을 사다」 favour
かんじん[奸人·姦人](명) 간인. 간사한 사람. 간물(奸物). 악인(悪人). a wicked man
かんじん[肝心·肝腎](명·형동ダ) 긴요함. 중요함. essentiality. **— かなめ**[肝心要·肝腎要](명) 매우 중요한 것. 핵심(核心). 「a leisured man
かんじん[閑人](명) 한인. 한가하고 일이 없는 사람. ↗
かんじん[寛仁](명·형동ダ) 관인. 마음이 너그럽고 인정이 많음. 「一大度(タイド); 관대하고 인자하며 도량이 넓음」 generosity
かんじん[漢人](명) 한인. ①한 나라 사람. ②중국 본토 사람. 2. Chinese
かんじん[勧進](명·타サ)〈불〉 ⇨かんげ(勧化). **— ちょう**[勧進帳](명) 절, 불상 등을 만들기 위한 기부 모집의 취지가 기록된 기부 장부. **— もと**[勧進元](명) 기부금을 모으기 위한 씨름의 흥행자.
かんじん[韓人](명) 한인. 한국 사람. Korean
かんじんより(명) ⇨かんぜより.
カンズ[중 槓子](명) 마작(麻雀)에서 같은 패(牌)가 넷이 한데 모인 것. 「accomplishment
かんすい[完遂](명·타サ) 완수. 완전히 수행함. ↗
かんすい[冠水](명·자サ) (홍수가 나) 물에 잠김. 침수(浸水). 「畑(ハタケ)が一する; 밭이 물에 잠기다」 submergency
かんすい[梘水](명) 중국식 국수를 만들 때에 가루에 섞는 천연 소오다수.
かんすい[澗水](명) 골짜기에 흐르는 물. valley water
かんすい[鹹水](명) 함수. ①짠물. 소금물. ②바닷물. 「一湖(コ); 함수호」 1. salt-water. **— ぎょ**[鹹水魚](명) 함수어. 염분이 많은 물속에 사는 물고기. 바닷물고기.
かんすい[灌水](명·자サ) 관수. 물을 댐. 물을 부어 줌. 관개(灌漑). sprinkling of water
がんすいたんそ[含水炭素](명)〈이〉 함수 탄소. 탄소, 수소, 산소의 세 원소로 이루어진 화합물. 탄수화물. 예: 녹말, 당류(糖類) 등. carbohydrate
かんすう[巻数](명) 권수. ①책의 수효. ②영화 필름의 수. 1. the number of volumes
かんすう[関数·函数](명)〈수〉 함수. 어떤 수 갑(甲)이 다른 수 을(乙)의 변화에 따라 변화할 때, 을에 대한 갑의 이름. 갑은 을의 함수임. a function
かんすうじ[漢数字](명) 한자의 수자. 예: 一, 二, 三… 十, 百 등. ↔アラビア 数字. Chinese figures
かん·する[冠する](타サ) ①관을 쓰다. ②관례(冠礼)를 하다. ③위에 씌우다. 1. crown
かん·する[姦する] Ⅰ(자サ) 간통하다. Ⅱ(타サ) 남의 부인의 정조를 범하다. Ⅰ commit adultery Ⅱ debauch
かん·する[管する](타サ) ①관리하다. 관장하다. 「事務(ジム)を一; 사무를 관장하다」 ②다스리다. 「領地(リョウチ)を一; 영지를 다스리다」 2. control
かん·する[関する](자サ) 관계하다. 「水害救助(スイガイキュウジョ)に一; 수해 구조에 관계하다」 be connected with
かん·する[緘する](타サ) ①봉하다. ②입을 다물다. 함구하다. close
かん·する[燗する](타サ) 술을 데우다. warm wine
かん·ずる[感ずる](자サ) 느끼다. feel
かん·ずる[観ずる](타サ) 여러 가지로 깊이 생각하여 보다. contemplate
かんぜ[観世](명)〈불〉 ①←観世流. ②관세음 보살(観世音菩薩). **— みず**[観世水](명) 소용돌이치는 물 모양의 무늬. **— より**[観世縒](명) ⇨かみより. **— りゅう**[観世流](명) 칸제 키요쯔구(観世清次)에 의한 노오가쿠(能楽)의 한 파.
かんせい[完成](명·자타サ) 완성. 다 됨. 다 이룩함.

completion. ―ほう[完成法](명) 완성법. 필기 시험의 한 방법으로, 문장 중에 몇 개의 공란을 두어 그것을 메우게 해서 완성시키는 방법.

かんせい[官制](명)〈법〉관제. 정치상의 사무를 분담하는 기관에 대한 규정. government regulations

かんせい[官製](명) 관제. 정부 제조. 정부 제조품. 「―はがき; 관제 엽서」 government manufacture

かんせい[陥穽](명) 함정. ①짐승 등을 잡기 위하여 파놓은 구멍. 허방다리. 허정(虚穽). ②사람을 모함하는 계략. a pitfall

かんせい[乾性](명) 건성. 건조한 성질. 수분이 적은 성질. ↔湿性(シッセイ). dryness. ―ゆ[乾性油](명) 건성유. 공기 중에서 쉽게 마르는 식물성 기름. 뼁끼, 와니스, 잉크 등에 섞어 씀. 건조유.

かんせい[喚声](명) 환성. 부르짖는 소리. 고함 소리. 「―をあげる; 환성을 올리다」 a shout

かんせい[閑静](명·형동ダ) 한정. 한가하고 고요함. 평화로움. 「―な家(イエ); 조용한 집」 quietness

かんせい[喊声](명) ①함성. 여러 사람의 고함 소리. 「―をあげる; 고함을 지르다」 ②왁자지껄하게 떠드는 소리. 1. a war-cry

かんせい[感性](명) 감성. ①감각을 일으키는 성질. ②인상을 받아 들이는 능력. 감수성. 2. sensibility

かんせい[慣性](명)〈이〉관성. 물체가 외부로부터 힘의 작용을 받지 않는 한 정지 또는 원상태를 변하지 않는 성질. inertia

かんせい[管制](명·타サ) 관제. (국가가 강제적으로) 관리 제한함. 「燈火(トウカ)―; 등화 관제」 control

かんせい[監製](명·타サ) 감독해서 만듦. production under superintendence

かんせい[歓声](명) 환성. 기쁨의 고함 소리. a shout of joy

かんせい[鼾声](명) 코고는 소리. snoring

かんぜい[間税](명)〈법〉간접세. ↔直税(チョクゼイ). an indirect tax

かんぜい[関税](명) 관세. 국가가 일정한 경계선을 통과하는 화물에 대하여 부과하는 조세. customs

がんせいひろう[眼精疲労](명) 안정 피로. 눈이 피로하여 머리가 아프고 구토감 등이 나는 상태. eyestrain

かんぜおん(ぼさつ)[観世音(菩薩)](명)〈불〉관세음 보살. 자비스러운 덕이 있어 구원을 청하면 그 음성을 듣고 구제한다는 보살. the Goddess of Mercy

かんせき[漢籍](명) 한문 서적. 한서(漢書). a Chinese book

かんせき[艦籍](명)〈군〉함적. 군함이 소속(所属)하는 적(籍). the Navy List

がんせき[岩石](명)〈광〉암석. 바위 a rock

かんせつ[官設](명) 관설. 정부가 설립한 것. established by the government

かんせつ[間接](명) ①간접. 중간에 물건이나 사람을 거치는 것. 「―照明(ショウメイ); 간접 조명」 ②완곡하게 하는 것. 「―にいう; 완곡하게 말하다」↔直接(チョクセツ). 1. indirectness. ―ぜい[間接税](명)〈법〉간접세. 상품에 부과하여 그 제조, 판매자에게서 징수하되, 그 상품의 소비자가 부담하게 되는 세금. 예:주세(酒税). ―てき[間接的](형동ダ) 간접적. 간접으로 하는 모양.

かんせつ[勧説](명·타サ) 권설. 말하여 권유함. advice

かんせつ[関節](명)〈생〉관절. 뼈와 뼈를 연결하여 움직이는 부분. 뼈의 마디. a joint. ―えん[関節炎](명)〈의〉관절염. 관절 안에 세균이 들어 가서 생기는 염증(炎症).

かんせつ[環節](명)〈생〉환절. 곤충이나 지렁이 등과 같이 몸이 여러 개의 고리 모양의 분절(分節)로 이루어지는 것의 그 하나하나의 마디. 고리 마디. a segment

かんぜつ[冠絶](명·자サ) 관절. 가장 뛰어남. 「世界(セカイ)に―する; 세계에서 가장 뛰어나다」 consummation

がんぜな·い[頑是無い](형) 철이 없다. 아직 어려서 사리를 모르다. 분별이 없다. innocent

かんぜみ[寒蟬](명) 한선. ①〈동〉쓰르라미. ②가을에 우는 매미. ③울지 않는 매미. 2. an autumn cicada

かんせん[汗腺](명)〈생〉한선. 피부의 땀을 내는 샘. 땀샘. 땀구멍. a sweat-gland

かんせん[官選](명·타サ) 관선. 정부나 관청에서 뽑음. chosen by the government

かんせん[官撰](명·타サ) 관찬. 정부에서 편집, 선정(選定)함. a government compilation

かんせん[乾癬](명)〈의〉건선. 영양 불량으로 생기는 만성 피부병. 마른 버짐. psoriasis

かんせん[感染](명·자サ) 감염. 병균이 몸속에 침입함. 전염. infection

かんせん[幹線](명) 간선. 철도, 도로, 전신(電信) 등의 주요한 선. 「鉄道(テツドウ)の―; 철도의 간선」↔支線(シセン). a trunk line

かんせん[観戦](명·타サ) 관전. 전쟁, 경기 등의 승부를 관찰함. 「―記(キ); 관전기」 witnessing a battle

かんせん[艦船](명) 함선. 군함과 선박. warships and vessels

かんぜん[完全](명·형동ダ) 완전. 결점이나 부족이 없음. perfection. ―こよう[完全雇用·完全雇傭](명·타サ)〈경〉완전 고용. 실업자가 없도록 모든 사람에게 직업을 주는 일. ―へんたい[完全変態](명)〈생〉완전 변태. 곤충이 발생 과정에 있어서 알, 유충, 번데기의 3단계를 거쳐 성충으로 변하는 상태. 완전 탈바꿈. ―むけつ[完全無欠](명·형동ダ) 완전무결. 완전하여 흠이 없음.

かんぜん[間然](명·자サ) 비판받을 허점(虚点)이 있음. 「―するところがない; 흠잡을 데가 없다」 be defective

かんぜん[敢然](부) 감연. 큰마음을 먹고. 단호히. 과감히. 「―と; 감연히」 bold

がんせん[頑癬](명)〈의〉완선. 은백색(銀白色)의 운모 비슷한 비늘이 생기는 만성 피부병. scabies

がんぜん[眼前](명) 안전. 눈앞. before one's eyes

かんぜんちょうあく[勧善懲悪](연어·명) 권선 징악. 착한 것을 권하고 악한 것을 징계함. reproval of vice and promotion of virtue

かんそ[寒素](명) 가난하면서 질소(質素)함. 청빈(清貧). being poor and plain

かんそ[簡素](명·형동ダ) 간소. 간단하고 소박함.「一化(カ); 간소화」 simplicity

がんそ[元祖](명) 원조. ①한집안의 선조. ②어떤 일을 맨 처음 시작한 사람. 창시자(創始者). 1. an ancestor 2. a founder

かんそう[完走](명·자サ) 끝까지 달림. 주파(走破).

かんそう[乾草](명) 건초. 마른풀. hay

かんそう[乾燥](명·자타サ) 건조. ①마름. ②재미가 없음. 1. dryness 2. tastelessness. **―けっしょう**[乾燥血漿](명)〈의〉건조 혈장. 여러 사람의 혈장을 냉동(冷凍), 건조시켜 가루로 만든 물질. **―ざい**[乾燥剤](명)〈이〉건조제. 다른 물건으로부터 수분을 빨아 내는 데 쓰는 흡습성이 센 물질. **―むみ**[乾燥無味](형동ダ) 건조 무미. 맛이나 재미가 조금도 없는 모양.

かんそう[間奏](명)〈악〉간주. ①곡의 도중에 기분을 나타내기 위하여 기악으로 연주하는 부분.「一曲(キョク); 간주곡」②막간의 연주. an interlude

かんそう[感想](명) 감상. 어떤 일에 관하여 마음에 떠오르는 느낌. 소감(所感).「一文(ブン); 감상문」 feelings

かんそう[還送](명·타サ) 환송. 되돌려 보냄. 회송(回送). 반송(返送). sending back

かんそう[歓送](명·타サ) 환송. 기쁘게 보냄. 즐거이 배웅함. a hearty send-off

かんそう[観相](명) 관상. 인상(人相)을 보고 성격, 운명 등을 점치는 일. phrenological interpretation

かんぞう[甘草](명)〈식〉감초. 콩과에 속하는 다년생 약용 식물. 뿌리는 황색으로 달며 약용함. a liquorice

かんぞう[肝臓](명)〈생〉간장. 배의 오른쪽 위에 있는 소화선. 담즙을 만들고 글리코겐을 저장하는 일 등을 함. the liver. **―ジストマ**[肝臓 distoma](명)〈동〉간장 디스토마. 사람이나 개 등의 간장에 살면서 병을 일으키게 하는 기생충.

がんそう[含嗽](명·자サ)〈의〉함수. 물을 입에 넣어서 굴리다가 다시 뱉어 내는 일. 양치질. gargling

がんそう[岩層](명) 암층. 종류가 다른 바위가 겹친 것. a rock formation

がんぞう[贋造](명·타サ) 가짜를 만듦. 위조(偽造).「一紙幣(シヘイ); 위조 지폐」 a forgery

かんそうきょく[間奏曲](명)〈악〉간주곡. 두 악곡 사이나, 악극의 막간에 연주하는 짧은 음악. an interlude

かんそく[観測](명·타サ) 관측. ①자연 현상의 변화, 변이(変移) 등을 관찰하거나 측정함.「天体(テンタイ)一; 천체 관측」②(장래의 일을) 미루어 헤아림.「希望的(キボウテキ)一; 희망적인 관측」 1. observation

かんぞく[奸賊·姦賊](명) 간적. 간특한 악인. 간악한 도적. a traitor

かんそん[寒村](명) 한촌. 가난하고 쓸쓸한 마을. a poor village

かんそんみんぴ[官尊民卑](연어·명) 관존 민비. 관리를 존중하고 백성을 천하게 여김. putting government above people

カンタータ[이 cantata](명)〈악〉칸타타. 교성곡(交声曲).

カンタービレ[이 cantabile](부)〈악〉칸타빌레. 노래하듯이. 노래하는 듯한 표정으로.

かんたい[冠帯](명) ①관대. 관(冠)과 띠. ②예의 바른 풍속. 1. a crown and a belt 2. polite customs

かんたい[寒帯](명)〈지〉한대. 남북위(南北緯) 각 66.5도로부터 양극(両極)까지의 지대. 양극에 가까운 추운 기후. the frigid zone. **―しょくぶつ**[寒帯植物](명)〈식〉한대 식물. 한대 지방에 자라는 식물.

かんたい[歓待·款待](명·타サ) 환대. 반가와하고 후히 대접함. 친절한 대접. a warm reception

かんたい[緩怠](명·형동ダ) ①태만함. 등한. ②과실. 실수. ③무례함.「一至極(シゴク); 실례 막심」 1. negligence 2. a fault

かんたい[艦隊](명)〈군〉함대. 군함 2척 이상으로 편성된 해상 부대. a fleet

かんだい[寛大](명·형동ダ) 관대. 너그럽고 큼.「一な処分(ショブン); 관대한 처분」 generosity

がんたい[眼帯](명)〈의〉안대. 눈병이 났을 때 눈을 가리는 가아제 등의 천 조각. an eye bandage

かんだか[甲高·疳高](명·형동ダ) 목소리가 높고 날카로움. shrill

かんだか·い[甲高い·疳高い](형) 목소리가 높고 날카롭다. shrill

かんたく[干拓](명·타サ) 간척. 호수나 바닷물을 빼버리고 경작지를 만듦. land reclamation by drainage

かんだちめ[上達部](명) 옛날 조정에 종사하던 고관으로 위(位)는 3위(位), 직(職)은 참의(参議) 이상의 사람을 일컫던 말. 공경(公卿)의 다른 이름.

がんだて[願立て](명·자サ) 신불(神仏)에게 맹세를 걸고 기원을 드림. making a petition

かんだひ[乾打碑](명) 유연묵(油煙墨)에다 납(き)을 섞어 만든 먹. 탑본(搨本)할 때 씀.

カンタビ(ー)レ[이 cantabile]〈악〉(명) ⇨カンタービレ.

カンタベリー[Canterbury](명)〈지〉캔터베리. 영국 동남부의 도시. 종교의 중심지로, 캔터베리 대사원(大寺院)이 있고, 켈트인과 로마인의 유적이 많음.

かんたまご[寒卵](명) 닭이 겨울에 추위 속에서 낳은 알. 잘 썩지 않고 영양가가 많다고 함. winter eggs

かんた·り[冠たり](형동タルト) 가장 뛰어난 모양.「世界(セカイ)に一; 세계에서 으뜸가다」 excellent

がんだれ[雁垂](명) 한자 부수(部首)의 하나. 음호변. “原, 厚” 등의 “厂” 부분.

かんたん[肝胆](명) 간담. ①간과 쓸개. ②마음. 마음속.「一あい照(テ)らす; 서로 마음속 깊이 있는 뜻을 털어 놓고 사귀다」 2. one's innermost heart

かんたん[邯鄲](명) 한단. ①〈지〉중국 하북성(河北省) 남부에 있는 도시. 교통의 요지이며 농산물의 집산지임. ②←邯鄲の夢. **—のゆめ**[邯鄲の夢](명) 한단지몽(邯鄲之夢). 인생의 덧없음과 영화(栄華)의 허무함을 비유한 말. 일취지몽(一炊之夢).

かんたん[感嘆·感歎](명·타サ) 감탄. 감동하여 칭찬함. admiration. **—し**[感嘆詞·感歎詞](명) 감탄사. ①감탄한 나머지 내는 말. ②〔문법에서〕 품사의 하나. 감정의 발로(発露)나 의지의 발동을 간단히 나타내는 말. 느낌씨. **—ふ**[感嘆符·感歎符](명) 감탄을 나타내는 부호. 감탄 부호. "!"

かんたん[簡単·簡短](명·형동ダ) 간단. ①시간이 별로 걸리지 않음. ②복잡하지 않음. 단순. ↔複雑(フクザツ). 2. simplicity. **—ふく**[簡単服](명) 간단하고 편리하게 만들어 여름에 부인들이 입는 옷. 예: 원피이스 등.

かんだん[寒暖](명) 한란. 추움과 따뜻함. heat and cold. **—けい**[寒暖計](명) 한란계. 기온의 높낮이를 재는 온도계.

かんだん[間断](명) 간단. 잠깐 끊긴 사이. 「—なく; 끊일 사이 없이」 intermission

かんだん[閑談](명·자サ) 한담. ①조용한 이야기. ②쓸 데 없는 이야기를 함. 잡담. 1. a quiet talk

かんだん[歓談·款談](명·자サ) 환담. 즐겁게 서로 이야기를 주고 받음. a pleasant talk

がんたん[元旦](명) 원단. 설날. 원조(元朝). 설날 아침. 정조(正朝). New Year's Day

かんたんし[邯鄲師](명)〈속〉 ⇨まくらさがし.

かんち[奸知·奸智](명) 간지. 간악한 지혜. 나쁜 지혜. 「—にたけた; 나쁜 꾀가 많은」 cunning

かんち[官地](명) 정부 소유지. 관유지(官有地). government land

かんち[寒地](명) 한지. 추운 땅. ↔暖地(ダンチ). a cold region

かんち[閑地](명) ①한지. 조용한 땅. ②한가한 지위. ③직무가 없는 신분. 1. a quiet place 2. an easy post

かんち[換地](명·자サ) 환지. 토지를 교환함. 또는 바꾼 땅. a substitute lot

かんち[感知](명·타サ) 감지. 느껴서 앎. perception

かんち[関知](명·자サ) 관지. 어떤 일에 관계하여 앎. being concerned with

カンチェンジュンガ[Kanchenjunga](명)〈지〉 칸첸중가. 히말라야 산맥 동부의 세계 제3위의 고봉(高峰). 네팔의 동쪽 에베레스트의 동남에 있음. 높이 8,579 *m*.

かんちがい[勘違い]—チガヒ(명·자サ) 잘못 생각함. 착각. 오해. misunderstanding

かんちく[寒竹](명)〈식〉 한죽. 마디가 길고 담색 바탕에 자색 반문(斑紋)이 있음. 자죽(紫竹). 설죽(雪竹).

がんちく[含蓄](명·타サ) 함축. ①품고 있음. ②의미심장함. 내용이 풍부함. 「—にとむことば; 함축성이 많은 말」 implication

かんちゅう[巻中](명) 두루마리나 책의 속. a scroll

かんちゅう[寒中](명) 한중. 추운 동안. 소한(小寒)부터 입춘(立春) 전날까지의 약 30일간. midwinter

かんちゅう[閑中](명) 한중. 한가한 동안. ↔忙中(ボウチュウ). for leisure

がんちゅう[眼中](명) 안중. 눈 속. 눈에 보이는 것. 「—にない; 안중에 없다(무시하다)」 in one's eyes

かんちょう[干潮](명) 간조. 썰물. ebb tide

かんちょう[官庁](명)〈법〉 관청. 관리로써 조직되어 국가의 정무(政務)를 맡는 기관. a government office

かんちょう[浣腸·灌腸](명·타サ)〈의〉 관장. 약물을 항문을 통해 직장(直腸) 또는 대장(大腸)에 주입(注入)하는 일. rectal injection

かんちょう[貫長·貫頂](명)〈불〉 ⇨かんじゅ(貫首).

かんちょう[間諜](명) 간첩. 첩자(諜者). a spy

かんちょう[勧懲](명) 권선 징악(勧善懲悪)의 준말.

かんちょう[管長](명)〈불〉 관장. 한 종파(宗派)를 관리하는 우두머리. the chief abbot

かんちょう[館長](명) 관장. 관(館)이라고 불리는 곳의 장(長). 「図書(トショ)—; 도서관장」 a director

かんちょう[艦長](명)〈군〉 함장. 군함의 장(長). the captain of a warship

がんちょう[元朝](명) 원조. 설날 아침. 원단(元旦). the morning of New Year's Day

かんつい[完遂](명·타サ) ⇨かんすい(完遂).

かんつう[姦通](명·자サ) 간통. ①남녀가 부정하게 정을 통함. ②남편이 있는 여자가 외간 남자와 정을 통함. 1. illicit intercourse 2. adultery

かんつう[貫通](명·자타サ) 관통. ①빠져 지나감. 「弾丸(ダンガン)が—する; 탄환이 관통하다」 ②끝까지 계속함. ③잘 통함. 1. piercing

かんづ·く[感付く·勘付く](자 4) 깨닫다. 생각이 미치다. 알아 차리다. suspect

かんつどい[神集い]カムツドヒ(명)〈고〉 신들의 모임.

かんつばき[寒椿](명) 겨울의 추위 속에서 피는 동백꽃. a winter camellia

かんづま·る[神留る](자 4)〈고〉 신이 머무르다. 신령이 진좌(鎮座)하다.

かんづめ[罐詰め](명) ①열을 가한 식품을 깡통에 넣어 단단히 봉하여 오래 저장할 수 있도록 만든 것. 통조림. ②〈속〉 어떤 장소에 가두는 일. 「ホテルに—にして原稿(ゲンコウ)をかかせる; 호텔에 들여 앉혀 놓고 원고를 쓰이다」 1. tinned provisions

かんてい[官邸](명) 관저. 관사. 「大統領(ダイトウリョウ)—; 대통령 관저」 an official residence

かんてい[艦艇](명) 함정. 크고 작은 여러 가지 군함. war vessels

かんてい[鑑定](명·타サ) 감정. 진짜인지 가짜인지를 보고 판별함. 정도나 가치를 따짐. 「刀剣(トウケン)の—; 도검의 감정」 criticism

がんてい[眼底](명) 안저. 눈알의 내면(内面). the bottom of an eyeball

かんていりゅう[勘亭流](명) 서체(書体)의 하나. 굵다란 붓으로 쓴 글씨체. 간판(看板) 등에 쓰이는 글씨.

かんてき(명)〈방〉 풍로. a small cooking stove

かんてつ[貫徹](명·자타サ) 관철. 끝까지 뚫고 나가 목적을 이룸. penetration

かんでふくめる[嚙んで含める](연어) ①음식을 씹어서 먹여 주다. ②알기 쉬운 말로 들려 주다.「一教(オシ)え方(カタ); 알기 쉽게 자세히 풀이하여 가르치는 방식」

カンテラ[네 kandelaar](명) 칸델라. 함석과 유리로 만든 휴대용 석유등.

かんてん[干天·旱天](명) 한천. 가무는 날씨. 가무는 여름철의 하늘.「一の慈雨(ジウ); 가뭄에 오는 단비」 dry weather 〔カンテラ〕

かんてん[官展](명) 관전. 정부에서 주최하는 전람회. a government sponsored exhibition

かんてん[看点·観点](명) 관점. 관찰하는 입장. 보는 입장. 견지(見地). a point of view

かんてん[寒天](명) 한천. ①겨울 하늘. 추운 날의 하늘. ②우무. 1. freezing weather

かんてん[寛典](명) 관전. ①관대한 은전(恩典). ②관대한 처치(処置).「一に処(ショ)する; 관대하게 처치하다」 1. clemency

かんでん[乾田](명)〈농〉 수확(収穫) 후의 물을 빼어 말린 논. a dry rice-field

かんでん[感電](명·자サ)〈이〉 감전. 전류가 몸에 통하여 충격을 받는 일. receiving an electric shock

かんてんきち[歓天喜地](연어·명) 환천 희지. 하늘과 땅을 향하여 기뻐함. 몹시 기쁨. a transport of joy

かんでんち[乾電池](명)〈이〉 건전지. 회중 전등 등에 사용하는 액체를 사용하지 않은 소형의 전지. a dry cell

かんと[官途](명) ①관리. ②벼슬의 길.「一につく; 관리가 되다」 government service

かんと[環堵](명) ①담. 울타리. ②울타리 안. 집안. ③좁은 방. 1. a surrounding fence 2. premises

かんど[漢土](명) 한토. 중국의 땅. China

かんど[感度](명) 감도. (필름, 라디오 등이 빛이나 전파 등을) 받아 들이는 정도. 느끼는 정도. sensibility

かんとう[完投](명·자サ) 완투. 〔야구에서〕 한 피처(投手)가 끝까지 공을 던지는 일. pitching to the last innings

かんとう[官等](명) 관등. 관직의 등급. official rank

かんとう[巻頭](명) 권두. ①책의 첫머리.「一論文(ロンブン); 책 첫머리의 논문」 ②그 책 속에서 가장 뛰어난 작품. 1. the opening page of a book. **—げん**[巻頭言](명) 권두언. 책, 잡지의 맨 앞에 싣는 말.

かんとう[竿頭](명) 장대의 끝.「百尺(ヒャクシャク)—一歩(イッポ)を進(スス)める; 백척 간두에 진일보(신중히 고려하여 나아감)」 the top of a pole

かんとう[寒燈](명) 한등. ①추운 밤에 비치는 등불. ②쓸쓸히 비치는 등불. 1. a light in a cold night

かんとう[敢闘](명·자サ) 감투. 용감히 싸움. a courageous fighting

かんとう[関東](명)〈지〉 ①스즈카(鈴鹿), 후와(不破), 아라치(愛発)의 세 관소(関所)의 동쪽 지방. ②하코네(箱根)의 동쪽 지방. ③칸토오 지방(関東地方). ④카마쿠라(鎌倉) 막부. ⑤에도(江戸) 막부. **—はっしゅう**[関東八州](명) 하코네(箱根) 이동(以東)의 8지방. **—へいや**[関東平野](명)〈지〉 칸토오 평야. 칸토오 지방의 반을 차지하는 일본 최대의 평야.

かんとう[関頭](명) ①갈림길.「生死(セイシ)の一; 생사의 갈림길」 ②중요한 점. 2. a serious point

かんどう[勘当](명·타サ) ①법에 비추어 죄를 따짐. ②어버이, 스승 등에게서 자식, 제자로서의 인연을 끊김.「一される; 견책받아 의절(義絶)을 당하다」 2. disinheritance

かんどう[間道](명) 샛길. 지름길.「一づたい; 지름길로」 a short cut

かんどう[感動](명·자サ) 감동. 어떤 일을 보고 듣고 깊이 느껴 정신적으로 흥분함. 깊이 느낌. being moved. **—し**[感動詞](명) 감동사. 감동, 응답 등을 나타내는 말. 감탄사. 간투사(間投詞).

がんとう[岸頭](명) 바닷가. 해안. the side of a shore

がんとう[岩頭](명) 바위 위. the top of a rock

かんとうし[間投詞](명) ⇨かんどうし(感動詞).

がんどう(ぢょうちん)[龕燈(提燈)](명) 앞만을 비치게 되어 있는 초롱. 〔龕燈提燈〕

かんとく[感得](명·타サ) ①감득. 느껴서 깨달아 얻음. ②신불(神仏)의 도움으로 소원을 성취함. ③뜻밖에 얻음. 1. perception

かんとく[監督](명·타サ) 감독. ①보살펴 단속(団束)함. 또는 그 사람. ②〔기독교 특히 구교에서〕 최상의 교직명(教職名). ③〔영화, 연극 등에서〕 연출가(演出家). ④현장 감독의 준말. ⑤〔야구, 경기 등에서〕 지도자. 1. superintendence

かんどころ[勘所](명) ①〔현악기에서〕 현을 눌러 일정한 음을 내는 곳. ②중요한 곳. 요소. 2. a vital point

がんとして[頑として](부) 완강히.「一受(ウ)け付(ツ)けない; 완강히 받아 들이지 않다」 firmly

かんドック[乾 dock](명) 건독. 바닷물을 자유로이 넣었다 빼었다할 수 있게 만든 독. 건선거(乾船渠). ↔浮(ウ)きドック. a dry dock

かんどり[楫取り](명) ⇨かじとり.

カントリー[country](명) 컨트리. 교외. 시골.「一クラブ; 컨트리클럽(교외의, 골프장 등을 설치한 휴양 시설)」

かんとん[嵌頓](명·자サ)〈의〉 감돈. 창자, 자궁 등 복부의 내장이 병적으로 생긴 틈으로 빠져 나와 다시 원위치로 돌아 가지 못하는 상태.「腸(チョウ)一; 장감돈」

かんな[鉋](명) 대패. 나무를 곱게 밀어 깎는 연장.「一くず; 대팻밥」 a plane

かんな[仮名·仮字](명)〈고〉 ⇨かな.

カンナ[canna](명)〈식〉 칸나. 잎이 배우 크고 여름에 빨간, 또는 노란 꽃이 핌. 난초(蘭蕉). 담화(曇華).

かんない[管内](명) 관내. 관할 구역 내. ↔管外(カンガイ). within the jurisdiction

かんない[館内](명) 관내. 관(館)의 내부. inside the hall

かんない[艦内](명) 함내. 군함 속. ↔艦外(カンガイ). within the warship

かんながら[神ながら]カムー(명·부)〈고〉 신의 뜻 그대로. 태고(신이 다스리던) 때와 같이.

かんなぎ[巫·覡]カムー(명)〈고〉 신령을 섬기는 사람. 무당.
かんなづき[神無月](명) ⇨かみなづき.
かんなん[艱難](명) 간난. 피로움. 고난. hardships
かんにして[簡にして](연어) 간단하고.「一要(ヨウ)を得(ウ)る; 간단하면서도 요점을 파악하다」 simple
かんにゅう[嵌入](명·타サ) 장식 같은 것을 박아 넣음. 박음. inlaying
かんにょ[官女](명) 궁녀. a court lady
かんにん[堪忍·勘忍](명·자サ) ①참음. 인내. ②노여움을 누르고 용서함. 용서. 1. patience. **—ぶくろ**[堪忍袋](명) 참음의 한계.「一の緒(オ)が切(キ)れる; (분을) 참을 수 없게 되다」
カンニング[cunning](명·자サ) 커닝. (학생이 시험 때에 책이나 노우트를 보는 것 같은) 부정 행위.
がんにん(ぼうず)[願人(坊主)](명) ①에도(江戸) 시대 칸에이사(寛永寺)에 속했던 탁발승. ②거지중. 또는 머리가 자란 중.
カンヌ[Cannes](명)〈지〉 칸느. 프랑스 남동부 지중해 연안의 유명한 보양지(保養地). 근래에는 매년 국제 영화제가 거행됨.
かんぬき[閂](명) 대문을 잠글 때에 끼우는 나무. 빗장. a bolt
かんぬし[神主](명) ①〈고〉 제주(祭主). ②신사(神社)에 봉사하는 신관(神官).
かんねい[奸佞·姦佞](명·형동ダ) 간녕. 마음이 비뚤어져 간악함. 또는 그런 사람. wickedness
かんねぶつ[寒念仏](명)〈불〉 추운 밤에 염불을 외면서 사원에 참배하는 것. midwinter prayers
かんねん[観念](명·자타サ) 관념. ①외계의 일에 관하여 머리 속에 남아 있는 (틀에 박힌) 기억, 인상 등. ②어떤 것에 관한 생각.「時間(ジカン)一; 시간 관념」 ③각오. 체념.「一しろ; 각오하라」 2. an idea. **—てき**[観念的](형동ダ) 관념적. 현실을 떠난 머리 속의 생각에 치우치는 모양. 비현실적. **—ろん**[観念論](명)〈철〉 관념론. ①정신만을 실체(実体)라 인정하고 외계(外界)는 관념으로 인정한, 가상(仮像)의 세계에·불과하다고 하는 인식론(認識論). ②비현실적인 이론.
がんねん[元年](명) 원년. ①연호(年号)의 첫째 해「明治(メイジ)一; 메이지 1년」 ②나라를 세운 해. ③임금이 즉위한 해. 1. the first year
かんねんぶつ[寒念仏](명)〈불〉 ⇨かんねぶつ.
かんのいり[寒の入り](연어·명) 소한, 대한 절기에 들어 섬. 추운 철로 들어 섬. the beginning of midwinter
かんのう[完納](명·타サ) 완납. 완전히 납부함.「税金(ゼイキン)の一; 세금의 완납」 full payment
かんのう[肝脳](명) 간뇌. 간장과 뇌수.「一をしぼる; 지혜를 다 짜 내다」 the liver and brain
かんのう[官能](명) 관능. ①〈생〉 감각을 일으키는 기관(器官)의 작용. ②육체적인 쾌감.「一的(テキ); 관능적」 1. bodily functions
かんのう[堪能](명·형동ダ) ①일을 잘 감당할 만한 능력이 있음. ②재능(才能)이 있어 일을 잘 감당(堪当)해 냄. skilfulness
かんのう[間脳](명)〈생〉 간뇌. 대뇌(大脳)와 소뇌(小脳) 사이에 있는 뇌의 일부분.
かんのう[感応](명·자サ) 감응. ①(마음이 어떤 것을) 느끼고 그것에 따라 움직임. 자극에 따라 변함. ②신앙심이 신불(神仏)에게 통함. 1. sympathy. **—でんりゅう**[感応電流](명)〈이〉 감응 전류. 자장(磁場)을 변화시킬 때 전자 감응의 작용에 의해서 일어나는 전류. 유도 전류.
かんのき[貫の木·関の木](명) ⇨かんぬき.
かんのむし[疳の虫](명) ①감기(疳気)를 일으킨다는 벌레. ②경련.
かんのむし[癇の虫](명) 화를 잘 내게 한다는 벌레.「一がおきる; 화가 치밀다」
かんのん[観音](명) 관음. ①〈불〉 관세음 보살(観世音菩薩)의 준말. ②〈속〉 이(虱). 2. a louse. **—どう**[観音堂](명) 관음당. 관세음 보살의 상(像)을 안치한 당. **—びらき**[観音開き](명) 좌우 양쪽으로 앞으로 당겨 열게 된 문. **—りき**[観音力](명)〈불〉 관음력. 관세음 보살이 중생을 구제하는 힘.
かんば[樺](명)〈식〉 ⇨かば(樺).
かんば[汗馬](명) ①말을 달려 땀을 내게 함. ②준마(駿馬). 1. a foaming horse
かんば[悍馬·駻馬](명) 사나운 말. a vicious horse
かんぱ[看破](명·타サ) 간파. 보고 속내를 알아 차림. penetration
かんぱ[寒波](명)〈천〉 한파. 기온이 갑자기 내려서 심한 추위가 오는 현상. a cold wave
カンパ(명) 〔캄파니아(러 kampaniya)의 준말〕 캄파. ①조직적(대중) 투쟁. ②자금의 모집 운동.「資金(シキン)一; 자금 모집 운동」
かんばい[寒梅](명) 한매. 겨울의 추위 속에서 피는 매화. early plum-blossoms
かんばい[観梅·看梅](명) 매화꽃을 구경함. 매화 감상. plum-blossoms viewing
かんぱい[完配](명·타サ) 예정대로 완전히 배급함. full distribution
かんぱい[完敗](명·자サ) 완패. 완전히 짐. ↔完勝(カンショウ). complete defeat
かんぱい[乾杯](명·자サ) 건배. 술잔을 치켜 들고 축복하면서 마심. a toast
かんぱい[感佩](명·자サ) ①송구스럽게 생각함. ②깊이 마음에 새겨서 잊지 않도록 함. 1. heartful thanks
かんばく[艦爆](명) 함상 폭격기(艦上爆撃機)의 준말.
かんぱく[関白](명) ①옛날 천황을 도와 국가를 다스리던 중직(重職). ②권세가 센 것을 일컬음. 1. the chief adviser to the Emperor
かんばし·い[芳しい·馨しい](형) ①냄새가 좋다. 향기롭다. ②아름답다. 훌륭하다. ③좋다. 재미 있다.「一成績(セイセキ)でない; 좋은 성적이 아니다」 1. fragrant
かんばしくな·い[芳しくない·馨しくない](형) 재미 없

다. 좋지 않다. 「ー結果(ケッカ); 좋지 않은 결과」 not good
かんばし·る[甲走る](자 4) 목소리가 가늘고 높고 날카롭게 울리다. be shrill
カンバス[canvas](명) 캔버스. ①삼베. ②(유화의) 화포(画布).
かんばせ[顔ばせ](명) 얼굴 모양. 얼굴빛. 안색(顔色). a countenance
かんばつ[干魃·旱魃](명) 한발. 물이 마르는 것. 가뭄. a drought
かんばつ[間伐](명·타サ) 간벌. 삼림(森林)의 나무 가운데서 부적당한 것을 베어 정리함. 솎아 베기. thinning out a forest
かんぱつ[渙発](명·타サ) 임금이 조칙(詔勅)을 발포(発布)함. 「大詔(タイショウ)ー; 조칙을 발하다」 promulgation
かんぱつ[煥発](명·타サ) 빛나며 나타남. 「才気(サイキ)ー; 재기가 넘쳐 흐름」 brilliance
かんはっしゅう[関八州](명) 칸토오 8주(関東八州)의 준말.
かんはつをいれず[間髪を容れず](연어) 조금의 틈도 없는 모양. 즉각. in no time
カンパニー[company](명) 컴퍼니. ①회사. ②친구.
がんばリズム[頑張リズム](명)〈속〉 맹렬히 노력하는 주의.
がんば·る[頑張る](자 4) ①버티다. 견디어 나가다. ②몹시 노력하다. 1. hold out
かんばん[看板](명) 간판. ①상점이나 흥행장 등의 앞에 통행인의 주의를 끌기 위해 상점 이름,영업 종목 등을 써서 건 표지(標識). ②가문(家紋) 등을 붙인 등롱(燈籠)이나 옷. ③외관(外観). 겉보기. ④하루의 영업을 끝냄. 「ーになる; 영업을 끝내다」 ⑤사회적인 이름. 대외적으로 내세운 명분이나 이름. 「代議士(ダイギシ)のーをかかげる; 대의사의 직함을 내세우다」 1. a signboard. **ーだおれ**[看板倒れ]ーダフレ(명) 겉보기만 훌륭하고 사실은 그렇지 못한 것. **ーむすめ**[看板娘](명) 상점에서 손님을 끌기 위해 두는 예쁜 여자.
かんばん[燗番](명) 술을 데우는 일을 맡아 보는 사람.
かんぱん[干犯](명·타サ) 간범. 침범하여 거슬림. 간섭하여 남의 권리를 침범함. violation
かんぱん[甲板](명) 갑판. 군함이나 배 위에 있는 평평한 곳. a deck
かんぱん[官版·官板](명) 정부 출판. 정부 출판물. government publication
かんぱん[乾板](명) 건판. 사진 감광판(感光版)의 하나. 유리에 감광 유제(感光乳剤)를 칠한 것. a dry-plate
かんパン[乾麵麭](명) 건빵. 단단하게 구운 빵. a biscuit
がんばん[岩盤](명) 암반. 다른 바위 속으로 돌입하여 굳어진 불규칙한 큰 바위.
かんび[甘美](명·형동ダ) 감미. ①맛이 좋음. 닮. ②달고 아름다움. 「ーな曲(キョク); 감미로운 곡」 1. deliciousness
かんび[完備](명·자サ) 완비. 완전히 갖춤. perfection
かんび[巻尾](명) 권미. 책의 끝. the end of a book
かんび[艦尾](명) 함미. 군함의 뒷부분. 군함의 고물. ↔艦首(カンシュ). the stern of a warship
かんぴ[官費](명) 관비. ①정부나 관청에서 지출하는 비용. ②〈속〉 개인의 부담이 아닌 비용. 1. government expense
がんぴ[雁皮](명) ①〈식〉 안피나무. 팥꽃나무과에 속하는 낙엽 활엽 관목. 제지(製紙)의 원료. ②←雁皮紙. **ーし**[雁皮紙](명) 안피지. 안피나무 껍질로 만든 종이. 지질(紙質)은 얇으나 질기고 투명함.
かんびょう[看病](명·타サ) 간병. 병자를 돌봄. nursing
かんぴょう[乾瓢·干瓢](명) 박을 기다랗게 썰어서 말린 식품(食品). 박고지. dried gourd shavings
がんびょう[眼病](명) 눈병. 안질. an eye trouble
かんぶ[官武](명) ①문관과 무관. ②조신(朝臣)과 무사(武士). 1. civil and military officers
かんぶ[患部](명)〈의〉 환부. 병난 부분. an affected part
かんぶ[幹部](명) 간부. 단체나 회사의 주된 사람. the leaders
かんぷ[完膚](명) ①흠(상처)이 없는 피부. ②흠(결점)이 없는 곳. 「ーなきまで; (형편 없이) 지독하게」 1. harmless skin
かんぷ[官府](명) 관부. ①조정(朝廷). 정부. ②관청. 1. the government 2. an office
かんぷ[姦夫](명) 간부. 남편이 있는 여자와 간통(姦通)한 사내. an adulterer
かんぷ[姦婦](명) 간부. 남편 아닌 남자와 간통한 여자. an adulteress
かんぷ[悍婦](명) ①성질이 사나운 여자. ②사나운 말. 1. a shrew
かんぷ[乾布](명) 건포. 마른 천. 「ー摩擦(マサツ); 건포 마찰」 dry cloth
かんぷ[還付](명·타サ) 환부. 되돌려 줌. return
かんぷう[完封](명·타サ) ①완봉. 완전히 봉쇄함. ②활동시키지 않음. 「相手(アイテ)の技(ワザ)をーする; 상대가 수를 전연 못 쓰게 막다」 a complete blockade
かんぷう[寒風](명) 한풍. 찬바람. a cold wind
かんぷう[観楓](명) 단풍을 감상하는 일. an excursion for viewing scarlet maple leaves
かんぷく[官服](명) 관복. 정부에서 지급한 제복. 관리의 제복. an official uniform
かんぷく[感服](명·자サ) 감복. 마음에 깊이 느끼어 충심으로 따름. admiration
かんぶくろ[紙袋](명) 종이 봉지. a paper-bag
かんぶつ[奸物·姦物](명) 간물. 마음이 간특한 사람. 간악한 사람. 간인(奸人). a crafty fellow
かんぶつ[官物](명) 관물. 정부 소유물. ↔私物(シブツ). government property
かんぶつ[乾物](명) 말린 식품. 「ー類(ルイ); 말린 식품류」 dry provisions
かんぶつ[換物](명·자サ) 환물. 돈을 물건으로 바꿈. conversion into goods
かんぶつ[灌仏](명) 관불. ①불상(仏像)에 향수를 뿌

리는 일. ②←灌仏会. **—え**[灌仏会](명) 관불회. 석가의 탄생일(4월 8일)에 불상에 향수를 뿌리는 행사.
がんぶつ[贋物](명) 가짜 물품. 위조품. an imitation
かんぶな[寒鮒](명) 겨울에 잡히는 붕어. a crucian caught in midwinter
カンブリアき[Cambria 紀](명)〈지〉 캄브리아기. 고생대(古生代) 중 가장 오랜 시대. the Cambrian period
カンフル[네 Kamfer](명) 캠퍼. 장뇌(樟脳)를 올리브유에 녹인 것. **—ちゅうしゃ**[Kamfer 注射](명) 캠퍼 주사. ①〈의〉 죽어 가는 사람의 심장의 작용을 강하게 하는 주사. 강심제. ②거의 다 틀어진 일에 대하여 효과가 있는 수단. **—チンキ**[Kamfer 丁幾](명)〈의〉 캠퍼 정기. 장뇌를 알코올에 녹인 약품.
かんぶん[漢文](명) 한문. ①중국 고유의 문장. ②한자(漢子)로 된 글. a Chinese composition. **—ちょう**[漢文調](명) 한문조. 한문투.
かんぷん[感奮](명·자サ) 마음에 느끼어 분발함. inspiration
かんぺい[観兵](명) 관병. ①군대를 정렬시켜 놓고 검열하는 일. 「一式(シキ); 관병식」 ②군의 위력을 빛내는 것. 1. a military review
かんぺき[完璧](명·형동ダ) 완벽. ①흠이 없는 구슬. ②결점이 없음. 완전 무결. 2. perfection
かんぺき[癇癖](명) ⇨かんしゃく(癇癪).
がんぺき[岩壁](명) 암벽. 벽 모양으로 깎아지른 듯이 높이 솟은 바위. a cliff
がんぺき[岸壁](명) 안벽. ①물가의 벼랑. ②부두나 항구에 시설한 콘크리이트 벽. 1. a cliff 2. a wharf
かんべつ[鑑別](명·타サ) 감별. 보고 판단함. discrimination
かんべに[寒紅](명) 추운 겨울의 축일(丑日)에 만든 연지. 입 안의 병을 막는다고 함.
カンベラ[Canberra](명)〈지〉 캔버러. 오스트레일리아의 수도. 1913년에 건설된 정치 도시.
かんべん[勘弁](명·타サ) 잘못을 용서함. pardon
かんべん[簡便](명·형동ダ) 간편. 손쉽고 편리함. expediency
かんぺん[官辺](명) 관변. 관청 방면. 관청 쪽. 「一筋(スジ); 관변측」 official circles
かんぽ[閑歩](명·자サ) 한보. 한가롭게 걸음. 산책(散策). a stroll
かんぽ[緩歩](명·자サ) 완보. 느리게 걸음. 느린 걸음. slow walking
かんぽ[簡保](명) 간이 보험(簡易保険)의 준말.
かんぼう[官房](명)〈법〉 관방. 장관의 바로 밑에서 사무를 보는 보조 기관. a secretariat. **—ちょうかん**[官房長官](명) ⇨ないかくかんぼうちょうかん.
かんぼう[感冒](명)〈의〉 감모. 감기. a cold
かんぼう[監房](명) 감방. 교도소에서 죄인을 가두어 두는 방. a cell
かんぼう[観望](명·타サ) 관망. ①(상태를) 바라봄. ②형세를 살핌. 2. watching
かんぽう[官報](명) 관보. ①정부로부터 일반 국민에게 알릴 것을 편집해서 발행하는 문서. ②관공서에서 내는 공용(公用)의 전보. ↔私報(シホウ). 1. the official gazette
かんぽう[漢方](명) 한방. 중국식의 의술. Chinese medicine. **—やく**[漢方薬](명) 한방약. 한방에서 쓰는 의약. 한약.
かんぽう[艦砲](명)〈군〉 함포. 군함에 갖추어 있는 대포. 「一射撃(シャゲキ); 함포 사격」 a naval gun
がんぼう[願望](명·타サ) 원망. 원하고 바람. 소원(所願). a desire
かんぼく[簡朴·簡樸](명) 간소하고 순박함. 마음이 순진하여 꾸밈이 없음. simplicity
かんぼく[灌木](명)〈식〉 관목. 키가 3*m* 내외로 주간(主幹)이 분명하지 않고 밑동에서 가지가 많이 나는 나무. 예:사철나무, 앵도나무 등. ↔喬木(キョウボク). a shrub
カンボジア[Cambodia·柬埔寨](명)〈지〉 캄보디아. 인도지나 반도 남부에 있는 왕국. 수도는 프놈펜(Pnompenh).
かんぼつ[陥没](명·자サ) 함몰. 빠져 들어 감. 「地震(ジシン)で土地(トチ)が一する; 지진으로 땅이 함몰하다」 depression
がんほどき[願解き](명·타サ) 신불(神仏)에게 기원했던 일이 이루어졌을 때, 감사의 뜻으로 그 신불에게 참배함. visiting a temple for thanksgiving
かんぽん[刊本](명) 간본. 인쇄된 책. 간행본. a published book
かんぽん[完本](명) 완본. 전집 등의 권수가 모두 갖추어진 책. ↔端本(ハホン), 零本(レイホン). a complete book
がんぽん[元本](명) ①원금(元金). ②〈법〉 이익이나 수입이 생기는 물건. 또는 권리. 1. principal
ガンマ(一)せん[γ線](명)〈이〉 감마선. 방사선의 하나. 원소가 내는 파장이 짧은 전자파(電磁波). γ-rays
かんまいり[寒参り]ーマヰリ(명·자サ) 소한(小寒)부터 입춘(立春) 전날까지 매일 밤 흰옷을 입고 신불을 참배함. 또는 그 사람. a midwinter pilgrimage
かんまつ[巻末](명) 권말. 책의 끝. 권미(巻尾). the end of a book
かんまん[干満](명) 간만. 바닷물이 밀고 써고 하는 일. 간조(干潮)와 만조(満潮). ebb and flow
かんまん[緩慢](명·형동ダ) 완만. ①느릿느릿함. ②활발하지 않음. 1. slowness
かんみ[甘味](명) 감미. 단맛. a sweet taste. **—りょう**[甘味料](명) 감미료. 음식에 단맛을 내기 위한 조미료. 예:설탕, 사카린 등.
かんみ[鹹味](명) 함미. ①짠맛. ②짠 음식. 1. saltiness 2. a salty food
がんみ[含味](명·타サ) ⇨がんみ(玩味).
がんみ[玩味·翫味](명·타サ) 완미. ①잘 씹어 맛봄. ②뜻을 잘 새겨 맛봄. 음미. 「熟読(ジュクドク)一; 충분히 읽고 뜻을 잘 새겨 맛봄」 1. tasting 2. appreciation
かんみん[官民](명) 관민. 관리와 민간인. 정부와 민간. government and people

かんみんぞく[漢民族](명) 한민족. 한족. 중국 본토 재래의 종족. the Chinese
かんむり[冠](명) 관. ①머리에 쓰는 것의 총칭. 예: 갓, 관 등. ②관복(官服), 예복 등을 입을 때에 머리에 쓰는 것. ③한자 부수(部首)의 하나. 민갓머리. "冠, 冥" 등의 "冖" 부분. 1. headgear 2. a crown
かんめ[貫目](명) ①무게. 중량. ②척관법에 의한 무게의 단위. 1,000 돈쭝. ③관록(貫祿). 1. weight
かんめい[官名](명) 관명. 관직의 이름. an official title
かんめい[官命](명) 관명. 정부나 관청의 명령. official orders
かんめい[漢名](명) 한명. 중국의 명칭. 한문으로 된 이름.
かんめい[感銘·肝銘](명·자サ) 감명. 감격하여 명심함. 깊이 느껴 마음속에 새겨 둠. a deep impression
かんめい[簡明](명·형동ダ) 간명. 간단하고 뚜렷하여 곧 알 수 있음. 「一な説明(セツメイ); 간단 명료한 설명」 conciseness
かんめい[艦名](명) 함명. 군함의 이름. the name of a warship
がんめい[頑迷·頑冥](명·형동ダ) 완미. 완고하고 사리에 어두움. stubbornness. **―ふれい**[頑冥不霊](명·형동ダ) 완고하고 무지(無知)함.
かんめん[乾麵](명) 건면. 말린 국수. dried vermicelli
がんめん[顔面](명) 안면. 얼굴. 「一蒼白(ソウハク); 얼굴이 창백함」 a face. **―しんけいつう**[顔面神経痛](명)〈의〉 안면 신경통. 안면에 일어나는 신경통.
がんもう[願望](명·타サ) ⇨がんぼう(願望).
かんもく[緘黙](명·자サ) 함묵. 입을 다물고 말하지 않음. 함구(緘口). silence
がんもく[眼目](명) ①눈. ②주요한 것. 요점(要点). 2. the main point
かんもじ[閑文字](명) 실지의 이익이 없는 문자. 또는 문장. a useless word
かんもち[寒餅](명) 소한, 대한의 계절에 만든 찹쌀떡. 곰팡이가 나지 않는다고 함. midwinter rice-cake
がんもどき[雁擬き](명) 유부의 한 가지. 잘게 썬 야채 등을 두부에 넣어 기름에 튀긴 음식.
かんもん[喚問](명·타サ) 환문. 소환(召喚)하여 신문함. 「証人(ショウニン)の一; 증인의 환문」 summons
かんもん[関門](명) 관문. ①국경의 성문. ②돌파하기 어려운 곳. 난관. 「入学試験(ニュウガクシケン)の一; 입학 시험의 난관」 ③〈지〉 시모노세키(下関)와 모지(門司). 1. the gate of a barrier
がんもん[願文](명) 신불(神仏)에게 기원할 때 자기의 원하는 바를 적은 글. a prayer
かんや[寒夜](명) 몹시 추운 밤. a cold night
かんやく[完訳](명·타サ) 완역. 외국어 또는 고전어(古典語)의 전문(全文)을 완전하게 번역함. complete translation
かんやく[漢訳](명·타サ) 한역. 어떤 글이나 말을 한문으로 번역함. Chinese translation
かんやく[漢薬](명) 한약. 한방약. a Chinese drug
かんやく[簡約](명·타サ) 간약. 간단하게 요약(要約)함. simplification
がんやく[丸薬](명) 환약. 약재를 가루로 만들어 반죽하여 잘고 둥글게 빚은 약. a pill
かんゆ[肝油](명) 간유. 대구 등의 물고기의 간장으로부터 짜 낸 기름. 비타민 A, D가 많이 포함되어 있음. 강장제로 쓰임. cod-liver oil
かんゆ[乾油](명) 건유. 건성유(乾性油). drying oil
かんゆ[換喩](명·타サ) 어떤 것을 표현할 때 그것과 연관성이 있는 다른 것으로 나타냄. 예: 월계관으로 명예를 표현하는 것 등. metonymy
かんゆう[官有](명) 관유. 정부 소유. 국유(国有). 「一地(チ); 국유지」 government ownership
かんゆう[姦雄](명) 간웅. 간특한 영웅. a great villain
かんゆう[勧誘](명·타サ) 권유. 권하여서 하도록 함. 「保険(ホケン)の一; 보험에 들기를 권유함」 invitation
がんゆう[含有](명·타サ) 함유. 포함하고 있음. 「一量(リョウ); 함유량」 containing
かんよ[関与·干与](명·자サ) 관여. 참여함. 관계함. 「その問題(モンダイ)には一しない; 그 문제에는 관여하지 않는다」 participation
かんよう[肝要](명·형동ダ) 간요. 썩 중요함. 긴요(緊要). importance
かんよう[寛容](명·형동ダ) 관용. 너그럽게 받아 들이거나 용서함. 「一の心(ココロ); 너그럽게 용서하는 마음」 tolerance
かんよう[慣用](명·타サ) 관용. 늘 씀. 널리 세간(世間)에서 씀. common use. **―おん**[慣用音](명) 관용음. ①옳지는 않으나 보통 통용되는 음. 속음(俗音). ②한음(漢音)이나 오음(呉音) 이외에 일본에서 예전부터 일반적으로 쓰고 있는 한자에 통용되는 음. 예: 輸(シュ)→ゆ. **―く**[慣用句](명) 관용구. 둘 이상의 말이 늘 붙어서 사용되어 전체가 어떤 정해진 뜻을 나타내는 말. 이디엄. **―ご**[慣用語](명) 관용어. 문법상 바르지는 않으나 일반적으로 습관이 되어 사용되고 있는 말. **―しゅだん**[慣用手段](명) 늘 쓰는 수단. 언제든지 일정하게 쓰는 수단.
かんよう[観葉](명) 잎(葉)을 보고 즐기는 것. 「一植物(ショクブツ); 관엽 식물」 viewing of tree-leaves
かんよう[涵養](명·타サ) 함양. 서서히 육성함. 저절로 물드는 것같이 차차 길러 냄. 「道徳心(ドウトクシン)を一する; 도덕심을 함양하다」 cultivation
がんらい[元来](부) 원래. 본디. 처음부터. originally
がんらいこう[雁来紅](명)〈식〉 ⇨はげいとう(葉鶏頭).
かんらく[陥落](명·자サ) 함락. ①땅이 무너져 떨어짐. 함몰(陥没). ②적의 성채(城砦)나 요지 등을 쳐서 빼앗음. fall
かんらく[乾酪](명) ⇨チーズ.
かんらく[歓楽](명) 환락. 기쁘고 즐거움. 「一街(ガイ); 환락가」 pleasure
かんらく[観楽](명) 보고 즐김. pleasure of viewing
かんらん[甘藍](명)〈식〉 ⇨キャベツ.
かんらん[橄欖](명)〈식〉 ⇨オリーブ.

かんらん[観覧](명·타サ) 관람. 구경함. viewing
かんり[官吏](명) 관리. 관직에 있는 사람. 국가 공무원. a government official
かんり[管理](명·타サ) ①관리. 책임을 지고 사무를 관할 처리함. 「一人(ニン); 관리인」 ②〈농〉 경작물의 손질. 1. administration
がんり[元利](명) 원리. 본전과 이자. 「一金(キン); 원리금」 principal and interest
がんりき[眼力](명) 안력. ①눈으로 사물을 보는 힘. 시력(視力). ②관찰력. 감식력. 2. power of observation
がんりき[願力](명) ①신불에게 기원하여 소원을 이루고자 하는 정성의 힘. ②〈불〉 부처, 보살 등의 가호에 의해 얻어진 힘. 1. the force of one's prayer
かんりつ[官立](명) 관립. 국가가 설립(設立), 운영하는 것. ↔私立(シリツ). a government institution
かんりゃく[簡略](명·형동ダ) 간략. 단출하여 복잡하지 않음. 간단(簡単). simplicity
かんりゅう[乾留·乾溜](명·타サ)〈이〉 건류. 밀폐된 속에 넣은 고체에 높은 열을 가하여 분해해서 휘발성 화합물을 빼냄. dry distillation
かんりゅう[貫流](명·자サ) 관류. 꿰뚫어 흐름. 「市内(シナイ)を一する川(カワ); 시내를 꿰뚫고 흐르는 강」 flowing through
かんりゅう[寒流](명) 한류. ①찬물의 흐름. ②〈지〉 양극(両極) 지방에서 적도 지방으로 흐르는 온도가 낮은 해류. ↔暖流(ダンリュウ). 1. flow of cold water
かんりゅう[幹流](명) 주가 되는 물줄기. 본류(本流). 주류(主流). the main stream
かんりゅう[緩流](명) 완류. 천천히 흐르는 물. a gentle stream
かんりゅう[還流](명·자サ) 환류. ①도로 흘러 돌아옴. ②적도 해류가 대륙, 섬 등에 이르러 둘로 갈려 극(極) 지방을 향하여 동쪽으로 흐르는 일. 예: 흑조(黒潮). 1. circulating current
かんりょう[完了](명·자타サ) 완료. ①완전히 마침. ②〔문법에서〕 사건이나 동작의 완결을 나타내는 어법(語法). 1. completion
かんりょう[官僚](명) 관료. 관리. 국가 공무원. 「一主義(シュギ); 관료주의」 bureaucrat. **—せいじ**[官僚政治](명) 관료 정치. 정치 조직의 중추부(中樞部)가 전제적, 집권적으로 행해지는 정치. **—てき**[官僚的](형동ダ) 관료적. 국민 대다수의 의사를 무시하고 독선적으로 행하는 모양.
かんりょう[管領](명) ①도맡아 다스림. 지배. ②무로마치(室町) 시대 막부(幕府)의 직명(職名). 장군을 도와 정치를 총할(総轄)했음. 1. supervision
かんりょう[感量](명) 저울 눈이 나타낼 수 있는 최저의 무게. ↔秤量(ヒョウリョウ).
がんりょう[含量](명) 함량. 함유량(含有量). 「ビタミンの一; 비타민 함유량」 content
がんりょう[顔料](명) 안료. ①화장품. ②도료(塗料). 염료(染料). 1. face-paints
がんりょく[眼力](명) ⇨がんりき(眼力).
かんりん[官林](명) 정부 소유의 산림(山林). 국유림(国有林). 관유림(官有林). a government forest
かんりん[寒林](명) ①낙엽 진 겨울의 숲. ②인도의 풍습으로, 송장을 버려 두는 숲. ③묘지(墓地). 1. a winter forest 3. a graveyard
かんりん[翰林](명) 한림. ①문서(文書)를 모아 두는 곳. ②학자(学者)나 문인(文人)들. ③←翰林院. 1. a library 2. the literary world. **—いん**[翰林院](명) 한림원. ①〔옛날 중국에서〕 학자를 모아 조칙(詔勅) 등 문장을 짓게 하던 관청. ②아카데미.
かんるい[感涙](명) 감루. 감격의 눈물. 마음에 깊이 느껴 나오는 눈물. tears of gratitude
かんれい[函嶺](명)〈지〉 하코네산(箱根山)의 다른 이름.
かんれい[寒冷](명·형동ダ) 한랭. 춥고 참. 몹시 추움. 「一な気候(キコウ); 몹시 추운 기후」 chill. **—しゃ**[寒冷紗](명) 한랭사. 거칠고 굳으며 극히 엷은 면포나 마포. 장식 또는 조화(造花)에 씀. **—ぜんせん**[寒冷前線](명)〈천〉 한랭 전선. 불연속선(不連続線)의 한 가지. 기온을 갑자기 내리게 하고 뇌우(雷雨), 때로는 돌풍(突風)을 일으킴. ↔温暖(オンダン)前線.
かんれい[慣例](명) 관례. 관습이 된 전례(前例). 「a custom
かんれい[管領](명) ⇨かんりょう.
かんれい[艦齢](명) 군함을 사용한 햇수(年数). the age of a warship
かんれき[還暦](명) 환력. 환갑(還甲). 「一祝(イワ)い; 환갑 축하(잔치)」 one's 61st birthday
かんれつ[寒烈](명·형동ダ) 추위가 몹시 심함. 맹렬한 추위. 매운 추위. severe cold
かんれつ[艦列](명) 줄지어 있는 군함의 열. 「一を離(ハナ)れる; 함렬에서 떨어지다」
かんれん[関連·関聯](명·자サ) 관련. 서로 걸려 얽힘. 서로 관계됨. 「一性(セイ); 관련성」 connection
かんろ[甘露](명) 감로. ①천하가 태평할 때 하늘이 내린다는 달콤한 이슬. ②달콤하고 맛 있음. 「一煮(ニ); 생선 등을 달게 조린 것」 2. sweetness
かんろ[寒露](명) ①한로. 24절기의 하나. 양력 10월 8일경에 듦. ②늦가을에서 초겨울에 걸쳐 내리는 이슬.
がんろう[玩弄](명·타サ) 완롱. ①희롱함. 「一物(ブツ); 노리개감」 ②놀림감으로 함. 우롱(愚弄). 2. making fun of
かんろく[官祿](명) 관록. 관원에게 주는 봉급. 관봉(官俸). a stipend
かんろく[貫祿](명) 관록. 몸에 갖추어진 위엄. 또는 무게. 「一がある; 관록이 있다」 dignity
かんわ[官話](명) 관화. 현대 중국의 표준말. 「北京(ペキン)一; 북경 관화」 Mandarin
かんわ[閑話](명·자サ) 한화. ①조용한 담화. ②쓸 데 없는 이야기. 한담(閑談). 1. a quiet talk. **—きゅうだい**[閑話休題](연어·접) 한화 휴제. 이야기를 처음의 화제로 돌릴 때 쓰는 말. 그런데 쓸 데 없는 이야기는 그만하고. 그것은 그렇고.

かんわ[漢和](명) ①중국과 일본. ②중국어와 일본어. 2. Chinese and Japanese. **―じてん**[漢和字典·漢和辞典](명) 한문을 일본어로 풀이한 사전.

かんわ[緩和](명·자타サ) 완화. 급박한 것을 느슨하게 함. 「住宅難(ジュウタクナン)を―する; 주택난을 완화하다」 relief

き―[生](조어) ①순수한. 「―まじめな; 성실한」 ②섞이지 않은. 「―じょうゆ; 순간장」 ③정제하지 않은. 「―糸(イト); 생사」

き―[希·稀](조어)〈이〉 ①엷은. 희박한. 「―硫酸(リュウサン); 희황산」 ②드문. 「―ガス類(ルイ); 희가스류」

き―[帰](조어) 돌아 옴. 「―郷(キョウ); 귀향」

き―[既](조어) 벌써(이미)…한. 「―発表(ハッピョウ)の論文(ロンブン); 이미 발표한 논문」

き―[貴](조어) ①귀중한. 「―金属(キンゾク); 귀금속」 ②존경하는. 당신의. 「―社(シャ); 귀사」

き―[輝](조어) 빛나는. 「―コバルト鉱(コウ); 휘코발트광」

―き[忌](조어) ①금기(禁忌). 근신(謹慎). ②죽은 사람의 기일(忌日). 「三年(サンネン)―; 3주기(三周忌)」

―き[鬼](조어) ①귀신. 악마. ②악마와 같은 사람. 「殺人(サツジン)―; 살인마」

―き[記](조어) 기록(記録). 「航海(コウカイ)―; 항해기」

―き[基](접미) ①붙박아 놓은 것의 수(数). 「石塔一(セキトウイッ)―; 석탑 1기」 ②〈이〉 기. 어떤 화합물 중의 원자의 모임이 그대로 딴 화합물에 옮겨 간 것. 「水酸(スイサン)―; 수산기」 ③근원이 되는 물질. 「培養(バイヨウ)―; 배양기」

―き[期](조어) 기간. 시기. 「幼児(ヨウジ)―; 유아기」

―き[旗](조어) 기. 깃발. 「国連(コクレン)―; 유우엔기」

―き[器](조어) ①기구. 기계. 「とじこみ―; 호치키스」 ②그릇. 「ガラス―; 유리 그릇」

―き[機] Ⅰ(접미) 항공기를 세는 말. Ⅱ(조어) ①기계. 「工作(コウサク)―; 공작기」 ②항공기. 「戦闘(セントウ)―; 전투기」

―き[騎](접미) 말 탄 사람의 수. 「武者一(ムシャイッ)―; 말 탄 무사 한 사람」

き[木·樹](명) ①나무. 수목(樹木). ↔草(クサ). ②〈속〉 한 개의 식물의 전체. 포기. 「トマトの―; 토마토 포기」 ③재목. ④땔감. 1. a tree

き[生](명) 있는 그대로의 것. 「ウィスキーを―で飲(ノ)む; 위스키에 다른 것을 섞지 않고 그대로 마시다」 rawness

き[柝](명) 박자를 맞추는 나무 토막. 딱다기. 「さえた―の音(オト); 맑은 딱다기 소리」 wooden clappers

き[黄](명) 칠색(七色)의 하나. 노랑. yellow

き(조동·특수형) 과거의 사실을 나타내는 말. 「去(サ)り―; 가 버렸다」.

き[己](명) 10 간(干)의 여섯째.

き[気](명) ①대기. 공기. 「天晴(テンハ)れ―澄(ス)み; 하늘은 개고 공기는 맑아」 ②분위기. 느낌. 「陰惨(インサン)な―; 음산한 분위기」 ③그것이 지닌 독특한 냄새나 맛. 「―のぬけたビール; 김빠진 맥주」 ④마음. 마음의 작용. 「―が狂(クル)う; 미치다」 ⑤기분. 마음의 상태. 「―がふさぐ; 마음이 우울하다」 ⑥작정. 의지(意志). 「どうする―だ; 어쩔 작정이냐」 ⑦걱정. 「―にする; 걱정하다」 ⑧모양. 기세. 기미. 「復興(フッコウ)の―; 부흥의 기세」 ⑨정기. 생기(生気). ⑩흥미. ⑪절기(節気). 1. air 3. flavour

き[机·几](명) ①책상. ②팔걸이. 1. a desk 2. an elbow rest

き[希](명) 그리이스(希臘)의 약칭.

き[奇](명) ①진기한 것. 유별난 것. 「なんの―もない; 아무런 신기한 바도 없다」 ②수상한 것. 이상한 것. 「―縁(エン); 기연」 ③기수(奇数). ↔偶数(グウスウ). 1. singularity 2. wonderfulness

き[季](명) ①춘하추동의 계절. 사계(四季). ②연월(年月)의 구분. 「半(ハン)―; 반년」 ③〔하이쿠(俳句)에서〕 읊는 계절의 경물(景物). ④뒷차례인 것. 1. a season

き[軌](명) 궤도(軌道). 길. 「―を一(イツ)にする; 같은 길을 밟다 (방법을 같이하다)」 a wheel track

き[癸](명) 10 간(干)의 열 번째.

き[紀](명) ①해. 햇수. ②기록. ③한 왕의 1대를 기록한 역사책. ④규칙. ⑤니혼쇼키(日本書紀)의 약칭. 1. a year 2. a record 3. a chronicle 4. a rule

き[記](명) ①기록. 기록한 것. 「花(ハナ)を見(ミ)るの―; 꽃의 감상기」 ②기사문(記事文). ③코지키(古事記)의 약칭. 1. a record

き[揆](명) 하는 방법. 길. 「―を一(イツ)にする; 방법을 같이하다」 principle

き[期](명) ①때. 시절. 시기. ②경우. 기회. 1. a term

き[機](명) ①시기. 기회. 「―を見(ミ)て; 기회를 보고」 ②기계. ③비행기. 1. an opportunity

ぎ―[義](조어) ①혈연 관계가 아니면서 혈연 관계를 맺은. 의리로 맺은. 「―兄弟(キョウダイ); 의형제」 ②실물(実物)의 대용으로 하는. 「―眼(ガン); 의안」

ぎ―[擬](조어) 모양을 닮게 한. 흡사한. 준(準)한. 「―古(コ); 옛 풍(風)을 모방함」

―ぎ[気](조어) 기분. 기상(気象). 마음씨. 「親切(シンセツ)―; 친절한 마음씨」

―ぎ[着](조어) 옷. 「外出(ガイシュツ)―; 외출복」

―ぎ[儀] Ⅰ(접미) …에 관한 일. 「私(ワタクシ)―この

たび; 저는 이번에」 ‖(조어) ①측량의 표준으로 쓰이는 기계. 「水準(スイジュン)—; 수준의」 ②모형. 「地球(チキュウ)—; 지구의」

ぎ[技](명) 재주. 기예(技芸). 기술. 솜씨. 「—神(シン)に入(イ)る; 재주가 신묘한 경지에 이르다」 art

ぎ[妓](명) 기생. 유녀(遊女).

ぎ[義](명) 의. ①올바른 것. ②사람이 행할 바른 도리. ③선행(善行). ④신의(信義). ⑤의미. 까닭. 1. justice 2. morality

ぎ[儀](명) ①의식(儀式). 「婚礼(コンレイ)の—; 결혼 의식」 ②예의 범절. ③사건. 일. 「その—ばかりは; 그 일만은」 1. a ceremony 2. manners 3. the case

ぎ[魏](명)〈역〉 위. ①(중국의) 전국 시대, 하남성(河南省)에서 일어난 왕국. B.C. 225년 진(秦) 나라에게 망함. ②(중국의) 삼국 시대, 화북에 있었던 왕조. 오(呉) 나라, 촉한(蜀漢)과 대립. 265년 진(晋) 나라에게 망함.

ぎ[議](명) 의논. 상담(相談). 「教授会(キョウジュカイ)の—をへて; 교수회의 논의를 거쳐」 consultation

ギア[gear](명) 기어. ①톱니 바퀴. ②톱니 바퀴를 이용하여 회전 속도를 변동시키는 장치.

きあい[気合い]—アヒ(명) ①기분. ②호흡. 숨. ③기합. 정신을 신체에 집중하여 어떤 일을 하는 기세. 또는 그때에 지르는 소리. 「—をかける; 기합을 넣다(힘을 내기 위해 소리 지르다)」 1. temper 2. a breath

ぎあく[偽悪](명) 악(悪)을 가장하는 일. ↔偽善(ギゼン). pretending to be wicked

きあけ[忌明け](명) ⇨いみあけ.

きあさ[生麻](명) 생마. 누이지 아니한 삼. raw hemp

きあつ[気圧](명)〈이〉 기압. 대기의 압력. 「—計(ケイ); 기압계」 atmospheric pressure

ギアナ[Guiana](명)〈지〉 기아나. 남아메리카 동북 해안에 있는 지방. 남아메리카 유일의 식민지로 영령(英領), 난령(蘭領), 불령(仏領)으로 3분됨.

きあわ·せる[来合わせる]—アハセル(자하 1) 마침 와서 만나다. 우연히 만나다. happen to come

きあん[起案](명·타サ) 기안. 초안(草案)을 작성함. 안을 세움. drafting

ぎあん[議案](명) 의안. 회의에 내놓는 안건(案件). 의사(議事)의 안건. a bill

きい[忌諱](명·자サ) ⇨きき.

きい[紀伊](명)〈지〉 옛 지방 이름. 현재의 와카야마현(和歌山県).

きい[貴意](명) 상대방 의견의 높임말. 「—を得(エ)たい; 귀하의 고견(高見)을 듣고 싶다」 your opinion

きい[奇異](형동ダ) 기이. 기괴하고 이상한 모양. 「—の感(カン); 기이한 느낌」 strange

キー[key](명) 키이. ①(피아노, 오르간, 타이프라이터 등의) 손가락으로 누르는 부분. 건반(鍵盤). ②열쇠. ③해설(解説). ④실마리. 단서. ⑤기본. 기간(基幹). ⑥기재의 연결기.

キーサン[한 妓生](명) 기생. 노래, 춤, 풍류 등으로 잔치나 술자리에서 흥을 돋우는 것을 업으로 삼는 여자. 기녀(妓女).

キーステーション[key station](명) 키이스테이션. 어떤 방송망에 참가한 방송국 중에서 중심적인 지위를 차지하고 있는 방송국.

きいたふう[利いた風](연어·명·형동ダ) ①건방짐. ②아는 체함. 「—な口(クチ)をきく; 아는 체하는 말을 하다」 1. saucy airs

きいちご[木苺](명)〈식〉 나무딸기. 장미과에 속하는 낙엽 활엽 관목. 야생하며, 나무에 가시가 있고, 열매는 먹음. a raspberry

きいつ[帰一](명·자サ) 귀일. 하나로 합침. 한군데로 귀착됨. unification

きいっぽん[生一本](명·형동ダ) ①잡되지 않음. 순수. ②타고 난 대로의 곧은 마음. 1. purity 2. naturalness

きいと[生糸](명) 생사. 누이지 않은 명주실. raw silk

キーパー[keeper](명) 키이퍼. 〔축구에서〕 고울을 지키는 선수. 고울키이퍼.

キーパンチャー[key-puncher](명) 키이펀처. 통계 기계, 전자 계산기 등에 사용하는 카아드에 구멍을 뚫는 사람.

キーポイント[key point](명) 키이포인트. 단서가 되는 점(点). 해결점. 요점(要点).

キール[keel](명) 키일. 배의 맨 밑바닥에 있어, 수미(首尾)로 통하는 줄기가 되는 부분. 용골(龍骨).

きいろ[黄色](명·형동ダ) 황색. 노란 색. 노랑. yellow. ——·い[黄色い](형) 노랗다. 「くちばしが—; 아직 어리다(미숙하다)」

きいん[気韻](명) 고상한 운치. 높은 기품. gracefulness

きいん[起因](명·자サ) 기인. 일이 일어나는 원인이 됨. the cause

きいん[棋院](명) 기원. 바둑의 전문가가 조직하는 단체. 또는 그 집합소.

ぎいん[議員](명)〈법〉 의원. 국회나 지방 의회 같은 합의제의 기관을 구성하고, 의결의 권리를 가지는 사람. an assemblyman

ぎいん[偽印](명) 위조한 도장. 가짜 도장. a false seal

ぎいん[議院](명) ①국회. 의회(議会). ②국회 의사당. 1. the Diet

きう[気宇](명) 마음. 기개와 도량. 「—壮大(ソウダイ); 기개와 도량이 큼」 the frame of mind

きうけ[気受け](명) 세상의 평판. 남이 그에게 가지는 느낌. 「—がよい; 평판이 좋다」 popularity

きうつ[気鬱·気鬱](명·자サ) 마음이 울적하여 가슴이 답답함. 「—症(ショウ); 기울증」 melancholy

きうつり[気移り](명·자サ) 마음이 딴 데로 옮아 감. 마음이 변함. fickleness

きうら[木裏](명) 판자의 수심(樹心)에 가까운 면. ↔木表(キオモテ). the inner side of a plank

きうん[気運](명) 기운. 돌아 가는 시세의 형편. 「復興(フッコウ)の—; 부흥의 기운」 a tendency

きうん[機運](명) 기운. 시운(時運). 시기. opportunity

きえ[帰依](명·자サ)〈불〉 귀의. 마음으로부터 순종하고 신앙하여 의지하는 일. 귀명(帰命). conversion

きえい[気鋭](명·형동ダ) 기예. 기백(気魄)이 날카로

움. 기세가 날카로움. spiritedness
きえい[帰営](명·자サ) 귀영. 병영(兵営)으로 돌아 감. 또는 돌아 옴. returning to barracks
きえい[機影](명) 비행기의 그림자. 비행기의 모습.
きえい[虧盈](명) 차는 것과 이지러지는 것. 영허(盈虚). 영휴(盈虧). being full and waning
きえい·る[消え入る](자 4) ①정신을 잃다. ②숨이 끊어지다. 죽다. 1. faint 2. die
きえう·せる[消え失せる](자하 1) ①사라져 없어지다. ②숨이 끊어지다. 1. disappear 2. die
きえぎえ[消え消え](형동ダ) 꺼지려 하는 모양. 사라지려 하는 모양. 끊어지려는 모양. faintly
きえつ[喜悦](명·자サ) 희열. 기쁘고 즐거움. joy
きえのこ·る[消え残る](자 4) ①꺼지지(사라지지) 않고 남다. ②살아 남다. 1. remain unmelted
きえは·てる[消え果てる](자하 1) ①완전히 꺼지다. 사라지다. ②숨이 끊어지다. 죽다. 1. vanish completely 2. die
き·える[消える](자하 1) ①불이나 빛이 없어지다. ②눈이 녹아서 없어지다. ③사라지다. 1. go out 2. melt away
きえん[気炎·気焔](명) 기염. 대단한 기세. 굉장한 호기(豪気). 「―を あげる; 기염을 올리다」high spirits
きえん[奇縁](명) 기연. 기이(奇異)한 인연. 이상한 인연. strange fate
きえん[棄捐](명) ①버림. ②기연. 사재(私財)로 도와줌. 1. casting away 2. contribution
きえん[機縁](명) 기연. ①〈불〉 부처의 교화(教化)를 받을 만한 인연. ②기회. ③인연. 1. karma-relations
ぎえん[義援·義捐](명) 의연. 불행이나 재난을 당한 사람을 돕기 위하여 내놓는 기부. 「―金(キン); 의연금」 contribution
きえんさん[希塩酸·稀塩酸](명)〈이〉 희염산. 물을 타서 엷게 한 염산. 소화제(消化剤), 살균제(殺菌剤) 등으로 씀. diluted hydrochloric acid
きおい[気負い·競い]キホヒ(명) 지지 않으려고 기를 쓰는 것. rivalry. **―はだ**[競い肌](명) ⇨いさみはだ.
きおいた·つ[気負い立つ]キホヒ―(자 4) 분기(奮起)하다. 용감히 일어나다. be in hot rivalry
きお·う[気負う·競う]―ホフ(자 4) ①분발하다. 지지 않으려고 버티다. ②경쟁하다. 2. compete
きおう[既往](명) 기왕. 지나가 버린 일. 과거. the past. **―しょう**[既往症](명)〈의〉 기왕증. 이전에 걸렸던 병.
きおく[記憶](명·타サ) 기억. ①어떠한 일을 잊지 아니함. ②〈심〉 이미 경험된 과거의 인상이 또다시 마음에 떠올라 느껴짐. 1. memory
きおくれ[気後れ](명·자サ) 겁을 냄. 놀라 움츠림. 마음이 위축됨. 기가 죽음. timidity
キオス[Khios](명)〈지〉 키오스. 에게해(海)에 있는 그리이스령(領)의 섬. 경치가 좋음.
きおち[気落ち](명·자サ) 낙심하여 기가 죽음. 낙담(落胆). despondency

きおも[気重](명·형동ダ) ①기분이 침울함. ②〈경〉〔시장 등에서〕 경기(景気)가 없음. 1. gloom 2. dullness
きおん[気温](명) 기온. 대기의 온도. ↔水温(スイオン), 地温(チオン). temperature
ぎおん[祇園](명) ①〈지〉 교오토(京都) 히가시야마구(東山区) 기온 신사(祇園神社)를 중심으로 한 일대. 대표적인 화류계. ②←祇園精舎. **―しょうじゃ**[祇園精舎](명)〈불〉 기원 정사. 옛날 인도에서 석가(釈迦)를 위하여 지은 절(寺).
ぎおん[擬音](명) 의음. 어느 소리를 흉내 내어 인공적으로 만들어 내는 소리. 흔히 연극, 방송극 등에 씀. an imitation sound
きか[机下](명) ①책상 밑. ②〔편지에서〕 이름 아래 덧붙이는 말. 안하(案下). 1. under the desk 2. to be presented at your desk
きか[気化](명·자サ)〈이〉 기화. 액체, 고체 등이 기체로 변하는 일. 「―熱(ネツ); 기화열」 evaporation
きか[奇貨](명) 기화. ①진기(珍奇)한 보화(宝貨). 보배로운 물건. ②의외(意外)의 이익을 얻을 수 있는 물건. 또는 기회. 「…を―として; …을 기화로(…을 좋은 기회로 여겨서)」 1. a rarity 2. a good opportunity
きか[奇禍](명) 뜻밖의 재난(災難). 「―に あう; 뜻밖의 재난을 당하다」 an accident
きか[帰化](명·자サ) 귀화. ①임금의 덕(徳)에 감화되어 복종함. ②〈법〉 다른 나라의 국적을 얻어 그 국민이 되는 일. 1. submission 2. naturalization
きか[幾何](명) 기하. ①얼마. ②〈수〉 기하학의 준말. 1. how much, how many
きか[貴家](명) 상대방 집의 높임말. your house
きか[麾下](명) ①막부(幕府)의 장군에 직속되었던 (고급) 무사. ②휘하. 지휘하에 있는 사람. 부하. 2. under one's command
きか[貴下](대) 귀하. ①동년배에 대한 존칭 대명사. ②〔편지에서〕 상대방을 높이기 위해 이름 밑에 붙여 쓰는 말.
きが[飢餓·饑餓](명) 기아. 굶주리는 것. 「―に 瀕(ヒン)する; 굶주림에 직면하다」 hunger
きが[起臥](명·자サ) ①누웠다 일어났다함. ②일상 생활을 함. 기거(起居). 1. getting up and lying down 2. daily life
きが[帰臥](명·자サ) 귀와. 직무를 그만두고 고향에 돌아 와서 쉼. 「故山(コザン)に―する; 고향에 돌아 와서 쉬다」 retirement from public service
ぎが[戯画](명) 희화. 익살맞게 그린 그림. a caricature
きかい[奇怪](명·형동ダ) 기괴. ①이상 야릇함. ②괘씸함. 1. mystery 2. reprehensibility
きかい[棋界](명) 장기나 바둑의 세계. 또는 그 사회. the world of chess players
きかい[器械](명) 기계. ①그릇, 연장, 기구(器具) 등의 총칭. ②실험, 측정 등의 목적으로 만든 도구. 「―体操(タイソウ); 기계 체조」 1. a tool
きかい[機会](명) 기회. 어떤 일을 하는 데 가장 알맞은 때. 이용할 수 있는 좋은 때. 「―をつかむ; 기회

를 잡다」 an opportunity

きかい[機械](명) 기계. ①〈이〉인력을 직접 쓰지 않고 자연의 원동력을 이용하여 어떤 일정한 일을 하는 장치. ②남의 의사에 기계적으로 움직이는 사람. 1. a machine. **—か**[機械化](명·자타サ) 기계화. 생산, 동작 등을 기계에 의해서 함. **—てき**[機械的](형동ダ) 기계적. ①기계가 장치된 모양. ②기계와 같이 틀에 박힌 동작을 되풀이하는 모양.

きがい[危害](명) 위해. ①재해(災害). 재난. ②목숨이나 신체를 위태롭게 하는 것. 1. an evil 2. harm

きがい[気概](명) 기개. 씩씩한 기상(気象)과 꿋꿋한 절개. 「—のある人(ヒト); 기개가 있는 사람」 an unyielding spirit

きがい[機外](명) (비행기의) 기체(機体)의 밖. ↔機内(キナイ). the outside of an aeroplane

ぎかい[議会](명)〈법〉 의회. ①국민, 지방민 등을 대표하는 기관으로, 법률을 만들거나 의결(議決)을 행하는 기관. 「—政治(セイジ); 의회 정치」 ②국회. 1. an assembly 2. the Diet

きがえ[着替え]—ガヘ(명·자サ) ①옷을 갈아 입음. ②갈아 입기 위한 옷. 갈아 입는 옷. 圏着替(キカ)える(타하 1). 1. changing clothes

きかがく[幾何学](명)〈수〉 기하학. 점(点), 선(線), 면(面), 입체 등으로 되어 있는 도형(図形)의 성질을 연구하는 학문. geometry

きがかり[気懸かり·気掛かり](명·형동ダ) 마음에 걸림. 걱정. 근심. anxiety

きかく[企画](명·타サ) 기획. 일을 계획함. a plan

きかく[規格](명) 규격. ①규칙과 격식. 일정한 표준. ②〈경〉기계나 공업 제품의 치수, 품질, 모양 등에 대하여 정해진 표준. 1. a standard. **—ばん**[規格判](명) 규격판. ①일본의 표준 규격에 의한 서적 등 지물의 크기의 기준. ②정해진 일정한 양식.

きかく[棋客](명) 바둑, 장기 등을 전문으로 두는 사람. 기사(棋士). a professional chess player

きがく[貴学](명) 상대편의 학교에 대한 높임말. 귀교(貴校). your school

きがく[器楽](명)〈악〉 기악. 악기를 사용하여 연주하는 음악. ↔声楽(セイガク). instrumental music

ぎがく[伎楽](명) ①음악. ②옛날 오(呉) 나라에서 전해진 음악. ③〈불〉 가무(歌舞). 1. music

ぎかくし[擬革紙](명) 의혁지. 도료(塗料)를 칠해서 가죽 비슷하게 만든 종이. leather paper

きがけ[来掛け](명) 오는 도중. on the way here

きかげき[喜歌劇](명)〈악〉 희가극. 희극조(喜劇調)의 경쾌한 가극. a comic opera

きがさ[気嵩](명) 지기 싫어하는 성질. 승벽(勝癖). an unyielding spirit

きかざ·る[着飾る](타 4) 아름다운 의복을 입다. 성장(盛装)하다. dress oneself richly

きかじん[帰化人](명) 귀화인. 그 나라의 국적(国籍)을 얻고 그 국민이 된 외국인. a naturalized person

きか·す[利かす](타 4) 효과가 잘 나타나게 하다. 「幅(ハバ)を—; 위세를 떨치다」

きか·す[聞かす](타 4) 들려 주다. let hear

きガス[木 gas](명) 목가스. 목재를 건류(乾溜)할 때 생기는 가연성(可燃性) 가스. wood gas

きガス[希 gas·稀 gas](명)〈이〉 희가스. 대기 중에 극소량 포함되어 있는 기체 원소(気体元素)로서 헬륨, 네온, 크립톤, 아르곤 등의 총칭. noble gas

きかす[聞かす](연어)〈고〉〔"す"는 존경의 조동사〕 들으시다. 「在(ア)りと聞(キ)かして; 있다고 들으시고」

きか·せる[聞かせる](타하 1) ①들리게 하다. ②능숙해서 저절로 듣게 하다. 듣게 하다. 1. let hear

きかた[来方](명) ①올 무렵. ②오는 방법. 1. the time of coming 2. the way of coming

きがた[木型](명) 제도(製陶), 주물(鑄物) 등에 쓰는 목재의 원형(原型). 나무로 만든 골. a wooden pattern

きかつ[飢渇](명) 기갈. 굶주리는 것과 목마른 것. 음식물의 결핍. starvation

きがっきょく[器楽曲](명)〈악〉 기악곡. 악기의 독주나 합주(合奏)를 위하여 만든 악곡. instrumental music

きかぬき[利かぬ気](연어·명·형동ダ) ⇨きかんき.

きがね[気兼ね](명·자サ) 남에게 양보하여 자기 기분을 억제함. 사양(辞譲). reserve

きかねつ[気化熱](명)〈이〉 기화열. 액체 1g을 증발시키는 데 필요한 열량(熱量). 증발열(蒸発熱). evaporation heat

きがまえ[気構え]—ガマヘ(명) ①마음의 준비. ②〈경〉 시세에 기대를 거는 사람들의 마음. 채비. 1. anticipation

きがみ[生紙](명) 생지. 뜬 채로의 종이. unsized paper

きがら[木柄](명) ①광 입구 등에 회벽(灰壁)을 하기 위하여 대는 나무. ②나무의 품질. 2. quality of wood

きがる[気軽](형동ダ) 소탈하여 사물에 구애되지 않는 모양. 싹싹한 모양. 쾌락한 모양. light-hearted

きがる·い[気軽い](형) 소탈하다. 싹싹하다. light-hearted

きがわり[気変り]—ガハリ(명·자サ) 마음이 변함. 기분이 바뀜. a change of mind

きかん[気管](명)〈생〉 기관. 목구멍에서 기관지로 통하는 공기의 통로. 숨통. the trachea. **—し**[気管支·気管枝](명)〈생〉 기관지. 기관의 아래쪽에서 좌우로 갈라져 폐로 들어 가는 두 줄의 관. **—しはいえん**[気管支肺炎](명)〈의〉 기관지 폐렴. 기관지염이 원인이 되어 생기는 폐의 염증. 카타르성 폐렴.

きかん[汽関·汽罐](명) 기관. 밀폐한 강철판으로 만든 용기(容器) 안에서 물을 끓여 증발시켜 높은 압력의 증기를 발생시키는 장치. a boiler

きかん[奇観](명) 기관. 기이(奇異)한 광경. 매우 훌륭한 경치. a wonderful sight

きかん[季刊](명) 계간. 한 철에 한 번 발간하는 것. 또는 그 간행물. a quarterly publication

きかん[既刊](명·타サ) 기간. 이미 간행함. ↔未刊(ミカン). previous publication

きかん[帰館](명·자サ) 귀관. 관(館)으로 돌아 감. 또는 돌아 옴. returning to a mansion

きかん[帰還](명·자サ) 귀환. (싸움터 등에서) 돌아옴. return

きかん[帰艦](명·자サ) 귀함. 자기가 있는 군함으로 돌아 감. 또는 돌아 옴. returning to one's warship

きかん[飢寒](명) 기한. 굶주리고 추운 것.「―にたえる; 기한을 참고 견디다」 hunger and cold

きかん[基幹](명) 기간. 근본 줄거리. 본바탕이 되는 줄기.「―産業(サンギョウ); 기간 산업」 the basis

きかん[貴館](명) 상대방의 저택(邸宅)에 대한 높임말. your mansion

きかん[貴翰](명) 상대방 편지의 높임말. your letter

きかん[期間](명) 기간. 어느 일정한 시기에서 다른 일정한 시기까지의 사이. a period

きかん[旗艦](명) 기함. 함대 사령관이 타는 군함. a flag-ship

きかん[器官](명)〈생〉기관. 생물체가 생활 작용을 하는 기관(機関).「感覚(カンカク)―; 감각 기관」 an organ

きかん[機関](명) 기관. ①조직, 유기체 등의 작용을 맡아 활동하는 것.「消化(ショウカ)―; 소화 기관」②동력(動力)에 의해 기계를 운전하는 장치. 엔진. ③어떤 목적을 이루는 수단으로서 설치한 조직.「報道(ホウドウ)―; 보도 기관」 1. an organ 2. an engine. **―ざっし**[機関雑誌](명) 기관 잡지. 개인 또는 단체의 정신을 널리 펴기 위하여 만들어 내는 잡지.「学会(ガッカイ)の―; 학회지」 **―し**[機関紙·機関誌](명) 기관지. 기관 신문, 기관 잡지 등. **―しゃ**[機関車](명) 기관차. 객차, 화차 등을 끌고 다니는 철도 차량의 원동기(原動機). **―しんぶん**[機関新聞](명) 기관 신문. 기관의 신문. **―とうし**[機関投資](명)〈경〉기관 투자. 은행, 회사 등이 하는 투자. **―ほう**[機関砲](명)〈군〉기관포. 방아쇠를 당기고 있으면 자동적으로 계속해서 장전 발사되는 총포.

きかん[亀鑑·亀鑑](명) 귀감. 사물의 거울. 본보기가 될 만한 것. 모범. a paragon

きかん[貴官](대) 귀관. 상대방 관리(官吏)의 높임말.

きがん[奇岩·奇巌](명) 기암. 기이한 모양을 한 바위. a fantastic rock

きがん[祈願](명·타サ) 기원. 신불(神仏)에게 바라는 일이 이루어지기를 빎. a prayer

きがん[帰雁](명) 봄이 되어 북쪽으로 옮겨 가는 기러기. returning wild-geese

ぎかん[技官](명) 기술을 담당한 관리. ↔教官(キョウカン). a technical official

ぎがん[義眼](명) 의안. 만들어 박은 눈. an artificial eye

きかんき[利かん気](연어·명·형동ダ)〈속〉기승(気勝)하여 남에게 지기를 싫어함. 또는 그런 성질이나 사람.「―の坊(ボウ)や; 기승스런 어린이」

きき[利き](명) ①효과를 나타내는 것. 듣는 것.「左(ヒダリ)―; 왼손잡이」②효력. 효능.「薬(クスリ)の―; 약의 효능」 1. acting 2. effectiveness

きき[危機](명) 위기. 위험한 순간. 위급한 경우. a crisis

きき[忌諱](명·자サ) 기휘. ①꺼리어 싫어함. ②두려워 피함.「―にふれる; 남이 꺼리고 싫어하는 일을 하여 불쾌감을 일으키다」 displeasure

きき[記紀](명) 코지키(古事記)와 니혼쇼키(日本書紀).

きき[既記](명) 이미 기록함. above-mentioned

きき[鬼気](명) 귀신이 나올 듯한 무서운 분위기. 무시무시한 기운.「―せまる空(ア)き家(ヤ); 무서운 기운이 스며 드는 빈집」 weirdness

きき[機器·器機](명) 기구. 기계. machinery and tools

きき[騏驥](명) 훌륭한 말. 준마(駿馬).「―の跼躅(キョクセキ)は駑馬(ドバ)の安歩(アンポ)にしかず; 아무리 뛰어난 사람이라도 재능을 발휘하지 않으면 평범한 사람이 노력하는 것보다 못하다」 a swift horse

きき[嬉嬉](형동タルト) 매우 기뻐하는 모양.「―として; 희희 낙락하여」 joyous

きぎ[木木](명) 여러 가지 나무. 많은 나무. many trees

きぎ[危疑](명·타サ) 위태롭게 여겨 의심함.「成功(セイコウ)を―する; 성공을 의심하다」 apprehensions

きぎ[機宜](명) 시기와 형편에 알맞는 것.「―の処置(ショチ); 시기와 형편에 맞는 조치」 an opportunity

きぎ[嬉戯](명·자サ) 즐거이 장난하며 놂. joyous play

ぎき[義気](명) 의기. 정의감에서 일어나는 기개(気概). 의협심(義侠心). chivalry

ぎき[義旗](명) 의기. 정의의 깃발.「―をひるがえす; 의병(義兵)을 일으키다」 a flag of loyalty

ぎぎ[疑義](명) 의심스러운 뜻. 의미가 확실하지 않은것.「―をただす; 의심스러운 것을 따져 밝히다」 a dubious meaning

ぎぎ[巍巍](형동タリ) 외외. 높고 큰 모양. lofty

ききあわ·せる[聞き合わせる]―アハセル(타하 1) 조회(照会)하다. inquire

ききいっぱつ[危機一髪](연어·명) 위기 일발. 매우 위태로운 순간. 금시라도 위험한 일이 일어날 것 같은 순간. the critical moment

ききい·る[聞き入る](자 4) 열심히 듣다. 반해서 듣다. listen attentively

ききい·れる[聞き入れる](타하 1) ①듣다. ②승낙하다.「人(ヒト)の申(モウ)し出(デ)を―; 남의 말을 들어주다」 2. consent to

ききうで[利き腕](명) 잘 듣는 쪽의 팔. 오른팔. the able arm

ききおさめ[聞き納め]―ヲサメ(명) 마지막으로 듣는 것. the last hearing

ききおとし[聞き落し](명) 빠뜨리고 듣는 것. failing to hear

ききおと·す[聞き落す](타 4) 들어야 할 것을 빠뜨리고 못 듣다. fail to hear

ききおぼえ[聞覚え](명) ①전에 들은 일이 있는 것. ②듣고 기억해 두는 것. 이학(耳学). 1. hearing in memory 2. learning by the ear

ききおよ·ぶ[聞き及ぶ](타 4) 남에게 들어서 알다. 전해 듣다. be informed of

ききかいかい[奇奇怪怪](연어·형동ダ) 기기 괴괴. 매

우 기이하고 괴상한 모양. 몹시 이상 야릇한 모양. most strange

ききかえ·す[聞き返す]—カヘス(타 4) 되묻다. 반문하다. inquire again

ききがき[聞き書き](명) 듣고 기록하는 일. 청취서(聴取書). writing what one hears

ききかじ·る[聞き齧る](타 4) 일부분 또는 표면만을 듣고 알다. have a smattering of

ききかた[聞き方](명) ①듣는 태도나 방법. ②듣는 사람. 1. how to hear 2. the person who hears

きぎく[黄菊](명) 황국. 노랑 꽃이 피는 국화. a yellow chrysanthemum

ききぐるし·い[聞き苦しい](형) 소문이 나쁘다. 듣기 거북하다. 듣기 어렵다. 「口(クチ)ぎたなくののしるのが—; 쌍스럽게 욕하는 것이. 듣기 거북하다」 파생 —さ(명). unpleasant

ききごたえ[聞き応え]—ゴタヘ(명) 듣는 반응. 「—のある講演(コウエン); 들을 만한 가치가 있는 강연」

ききごま[利き駒](명) 〔장기에서〕효과 있게 쓰이는 말.

ききこみ[聞き込み](명) ①다른 곳에서 얻어 듣는 것. ②사전 조사를 위해 내정(内情)을 탐지하는 일. 동 聞き込む(타 4). 1. hearing 2. secret information

ききざけ[聞き酒·利き酒](명·자サ) 조금 맛보고 술의 좋고 나쁨을 가려 냄. 또는 그 술. tasting wine

ききじょうず[聞き上手](명·형동ダ) 상대방이 이야기하기 좋도록 맞장구를 쳐서 충분히 이야기를 들음. 또는 그 사람. ↔聞きべた. a good hearer

きぎす[雉子](명)〈동〉 ⇨きじ.

ききすご·す[聞き過ごす](타 4) 들어 넘기다. 듣고 흘려 버리다. take no notice of

ききずて[聞き捨て](명·자サ) 들은 채로 내버려 둠. 듣고도 마음에 두지 않고 내버려 둠.「—ならぬことば; 그냥 들어 넘길 수 없는 말」 passing over unnoticed

ききす·てる[聞き捨てる](타하 1) 듣고 흘려 버리다. 듣고도 마음에 두지 않다. take no notice of

ききそこな·う[聞き損う](타 4) ①⇨ききおとす. ②잘못 듣다. 2. mishear

ききだ·す[聞き出す](타 4) ①듣기 시작하다. ②들어서 비밀을 알아 내다. 1. begin to hear

ききただ·す[聞き糺す](타 4) 들어 확인하다. 듣고 조사해서 밝히다. ascertain

ききちがい[聞き違い](명) 잘못 듣는 일. mishearing

ききつ·ける[聞き付ける](타하 1) ①늘 들어서 귀에 익다. 「聞(キ)き付(ツ)けた声(コエ); 귀에 익은 목소리」 ②들어서 알다. 듣다. 1. be accustomed to hear

ききつた·える[聞き伝える]—ツタヘル(타하 1) 다른 사람에게서 전해 듣다. hear from others

ききづら·い[聞き辛い](형) 듣기 거북하다. 듣기 어렵다. hard to hear

ききて[聞き手](명) 듣는 사람. ↔話(ハナ)し手. a hearer

ききて[利き手](명) ①자유롭게 움직여 일할 수 있는 손. ②잘 쓰는 손. 솜씨 있는 손. the able hand

ききとが·める[聞き咎める](타하 1) 듣고 문책(問責)하다. 듣고 꾸중하다. rebuke

ききどころ[利き処](명) ①효과 있는 곳. 또는 경우. ②중요한 곳. 급소(急所). 1. a key point 2. a vital point

ききどこ(ろ)[聞き処](명) 들을 만한 가치가 있는 것. 또는 그 부분. the most important part to hear

ききとど·ける[聞き届ける](타하 1) ①주의해서 듣다. 들어서 확인하다. ②듣고 승낙하다. 「たのみを—; 부탁을 받아 들이다」 1. listen attentively

ききともない[聞きとも無い](연어·형) ①듣고 싶지 않다. 귀에 거슬리다. ②소문이 나쁘다. 1. discordant

ききとり[聞き取り](명) ①듣고 이해하는 것. ②사정을 듣는 것. 청취(聴取). 1. hearing 2. audition

ききと·る[聞き取る·聴き取る](타 4) ①듣고 이해하다. 들어서 알다. ②청취하다. understand

ききと·れる[聞き蕩れる](자하 1) 도취되어 듣다. 「音楽(オンガク)に—; 음악에 도취되다」 listen to with absorbing interest

ききなお·す[聞き直す](타 4) 확인하기 위해서 다시 물어서 듣다. 되물어 듣다. inquire again

ききなが·す[聞き流す](타 4) 듣고도 마음에 두지 않다. 듣고 흘려 버리다. take no notice of

ききにく·い[聞き悪い](형) ①듣기 괴롭다. ②알아 듣기 힘들다. ③묻기 거북하다. 1. disagreeable to hear

きぎぬ[生絹](명) 생견. 생사로 짠 김. 생명주. raw silk

ききふる·す[聞き古す](타 4) 여러 번 들어서 신기함이 없어지다. stale

ききべた[聞き下手](명·형동ダ) 상대방 이야기에 맞장구 칠 줄을 몰라 상대방 이야기를 잘 끌어 내지 못하거나 상대방이 즐겁게 이야기하게 못함. 또는 그런 사람. ↔聞き上手(ジョウズ). a bad hearer

ききほ·れる[聞き惚れる](자하 1) 열중하여 듣다. 반하여 듣다. 듣는 데 도취되다. 명 聞きぼれ. listen to with absorbing interest

ききみみ[聞き耳](명) 들으려고 애쓰는 귀. 「—を立(タ)てる; (열심히 들으려고) 귀를 기울이다」

ききみょうみょう[奇奇妙妙](형동ダ) 기기 묘묘. 매우 기묘한 모양. extremely strange

ききめ[利き目·効き目](명) 약 따위의 효능(効能)이나 효과의 정도. 「—がうすい; 효력이 적다」 effect

ききもの[聞き物](명) 들을 만한 가치가 있는 것. something worth hearing

ききゃく[棄却](명·타サ) 기각. ①버리고 쓰지 아니하거나 일삼지 않음. ②〈법〉이유가 없다 하여 소송(訴訟)을 수리하지 않는 것. 1. abandonment 2. dismissal

ききやく[聞き役](명) 상대방의 말을 듣고만 있는 역할. 또는 그 사람. 「—にまわる; 듣는 역이 되다 (듣기만 하다)」 a hearer

ききゅう[企及](명·자サ) 계획을 세워 따라 감. 어깨를 나란히 함. 「他人(タニン)の—すべからざる著述(チョジュツ); 남이 따를 수 없는 저술」 attainment

ききゅう[危急](명) 위급. 위험, 재난이 가까와지는 것. an emergency. —**そんぼう**[危急存亡](연어·명) 위급 존망. 흥망의 위기. 「—の際(サイ); 위급 존

망의 시기」
ききゅう[気球](명)〈이〉 기구. 공기보다 가벼운 기체를 넣어서 공중에 올리는 구형(球形)의 주머니. 경기구(軽気球). a balloon
ききゅう[希求·冀求](명·타サ) 희구. 원하고 구함. a wishing
ききゅう[帰休](명·자サ) 귀휴. 자기 집에 돌아 와 휴식함. resting at home
ききゅう[欷泣](명·자サ) 흐느껴 욺. sob
ききゅう[箕裘](명) 조상의 업(業)을 이어 받는 것. 또는 그 업. 「一を継(ツ)ぐ; 조상의 업을 이어 받다」 taking over one's parent's work
ききょ[起居](명·자サ) 기거. ①평상시의 동정(動静). ②일상 생활. 1. behaviour 2. one's daily life
ぎきょ[義挙](명) 의거. 정의를 위하여 일으키는 거사(挙事). a noble undertaking
ききょう[奇矯](명·형동ダ) 언행(言行)이 보통과 달리 이상함. 「一のふるまい; 기이한 행동」 eccentricity
ききょう[桔梗](명)〈식〉 길경. 초롱꽃과에 속하는 다년초. 도라지. a Chinese bellflower
ききょう[帰京](명·자サ) 귀경. 수도(首都)로 돌아 옴. 또는 돌아 감. return to the capital
ききょう[帰郷](명·자サ) 귀향. 고향에 돌아 옴. 또는 돌아 감. going home
ききよう[聞き様](명) ①듣는 법. ②묻는 법. 1. the way of hearing
きぎょう[企業](명) 기업. ①어떠한 사업을 계획하는 것. ②〈경〉 생산, 영리(営利) 등을 목적으로 하는 사업을 하는 것. 「一家(カ); 기업가」 2. an enterprise
きぎょう[起業](명·자サ) 기업. 사업을 새로 일으킴. starting an enterprise
きぎょう[機業](명) 직조 사업(織造事業). 방직업(紡織業). the textile industry
ぎきょう[義侠](명) 의협. 강자(強者)를 누르고 약자를 도우려는 의로운 마음. 남자다운 기개(気慨). 「一心(シン); 의협심」 chivalry
ぎきょうだい[義兄弟](명) 의형제. ①형제의 약속을 맺은 사이의 사람. ②의리(義理)로 맺은 형제. ③아내의 형제. 또는 자매(姉妹)의 남편. 1. a sworn brother 2. a brother-in-law
ききょく[危局](명) 위국. 위험한 시국. 또는 판국. 「一に立(タ)つ; 난국에 당면하다」 a crisis
ききょく[棋局](명) 기국. 바둑의 국면(局面).
ききょく[貴局](대) 귀국. 상대의 국(局)의 높임말. your bureau
ぎきょく[戯曲](명) 희곡. 연극의 각본 형식으로 쓴 문학. a drama
ききょらい[帰去来](연어·명) 귀거래. 〔도연명(陶淵明)의 글 제목에서 온 말로〕 고향으로 돌아 간다는 뜻.
きぎれ[木切れ](명) 나뭇조각. a piece of wood
ききわけ[聞分け](명) 듣고 판단하는 일. listening to reason
ききわ·ける[聞き分ける](타하 1) ①듣고 분간하다. 「主人(シュジン)の声(コエ)を一; 주인의 목소리를 알아 듣다」 ②납득(이해)하다. 「よく聞き分けてくれた; 잘 이해해 주었다」 图聞き分け. 2. understand
ききわす·れる[聞き忘れる](타하 1) ①들어야 할 것을 잊고 못 듣다. ②전에 들은 일을 잊다. 1. forget to hear 2. forget
ききん[飢饉·饑饉](명) 기근. ①흉년으로 곡식이 부족한 것. 흉작. ②물자(物資)의 부족. 「水(ミズ)一; 물기근」 1. a famine 2. scarcity
ききん[基金](명)〈경〉 기금. ①사업의 경제적 기초가 되는 돈. ②일정한 목적을 위하여 모아서 준비해 놓은 자금. ③특정한 사업에 제공하는 자금. a fund
ぎきん[義金](명) 의연금(義捐金)의 준말.
ききんぞく[貴金属](명)〈이〉 귀금속. 쉽사리 화학 변화를 받지 않는 금속. 많이 캐 낼 수 없어 귀중하게 여김. 예: 백금, 금, 은 등. precious metals
き·く[利く·効く](자 4) ①효력이 나타나다. 「くすりが一; 약효가 나타나다」 ②기능을 발휘하다. 「腕(ウデ)が一; 능력이 있다」 ③가능하다. 1. be efficacious
き·く[聞く](타 4) ①소리를 귀에 느끼다. 말이나 목소리를 귀에 듣고 알다. ②(교훈을) 받다. 듣다. ③묻다. ④(술 등을) 맛보다. 1. hear 3. ask
き·く[聴く](타 4) ①주의하여 자세히 듣다. ②받아 들이다. 「ねがいを一; 소원을 받아 들이다」 ③용서하다. 1. listen 2. admit
きく[菊](명)〈식〉 국화. a chrysanthemum
きく[起句](명) 기구. 시, 문장의 첫 구. the first line
きく[規矩](명) ①콤파스와 곱자(曲尺). ②규칙. 본보기. 2. a standard
きぐ[危惧](명·타サ) 위구. 위태롭고 두려움. 「一の念(ネン); 두려운 생각」 fear
きぐ[器具](명) 기구. ①세간, 그릇, 연장 등의 총칭. ②간단한 기계. 1. a tool 2. an apparatus
きぐ[機具](명) 기구. 기계. 「農(ノウ)一; 농기구」
ぎく[疑懼](명·타サ) 의구. 의심하고 두려워함. 「一の念(ネン); 의구심」 apprehension
きくいむし[木食虫](명)〈동〉 나무좀과에 속하는 곤충의 총칭. 성충, 유충 모두 나무를 해침. a wood borer
きくいも[菊芋](명)〈식〉 뚱딴지. 엉거시과에 속하는 다년초. 가을에 노란 두상형(頭状形)의 꽃이 핌. 돼지감자. a Jerusalem artichoke
きぐう[奇偶](명) 기수(奇数)와 우수(偶数). an odd number and an even number
きぐう[奇遇](명) 기우. 기이한 인연으로 만남. 이상하게 만남. an unexpected meeting
きぐう[寄寓](명·자サ) 기우. ①남의 집에 기식(寄食)함. ②한때 입시로 거처함. 우거(寓居). 1. living at other people's house
きくがた[菊形](명) 국화 모양. the shape of a chrysanthemum
きくぎ[木釘](명) 나무로 만든 못. 나무못. a wooden nail
ぎくぎく(부·자サ) ①꺾여 굽는 모양. ②⇨ぎくしゃく.
きくきゅうじょ[鞠躬如](부) ⇨きっきゅうじょ.

ぎくしゃく(부·자サ) ①언행(言行)이 부드럽지 않은 모양. ②꿈틀꿈틀.

きくず[木屑]—クヅ(명) 나무 지저귀. 톱밥. 대팻밥. ↗scobs

きぐすり[生薬](명) 생약. 조제(調剤)하지 않은 약재 그대로의 약. 건재(乾材). (동식물의 일부 또는 전부를 정제하지 않고 씀) a drug

きく·する[掬する](타サ) ①(물 등을) 양손으로 움켜 뜨다. ②추측하다. 참작하다. 「真情(シンジョウ)を—; 진정을 참작하다」 1. scoop up with one's hands

きくずれ[気崩れ]—クヅレ(명·자サ) ①의기(意気)가 죽음. ②〈경〉 특별한 원인도 없이 시세가 떨어지는 것. 1. a depression

きくずれ[着崩れ]—クヅレ(명·자サ) 옷매무시가 흩어짐. wearing clothes out of shape

きぐち[木口](명) ①재목의 성질. ②재목을 가로로 자른 한 면. ③(장바구니 등의) 나무 손잡이. 1. the quality of timber 2. a cross section of wood

きぐつ[木靴](명) 나무로 만든 신. 나막신. clogs

きくづくり[菊作り](명) 국화를 재배하는 일. 또는 그 사람. chrysanthemum growing

きくならく[聞道·聞説](연어·부) 들은 바에 의하면. 듣기에는. from what I hear

きくにんぎょう[菊人形](명) 국화꽃으로 꾸민 인형. a chrysanthemum figure

きくのえん[菊の宴](명) 음력 9월 9일에 일본 궁중에서 베풀던 국화를 감상하는 잔치.

きくのせっく[菊の節句](명) 음력 9월 9일 중양(重陽)의 명절. the chrysanthemum festival

きくばり[気配り](명·자サ) 여러 모로 마음을 쓰고 주의함. 배려(配慮). 염려. care

きくばん[菊判](명) 국판. ①인쇄 용지의 치수. 세로 93 *cm*, 가로 63 *cm*의 것. ②책 모양의 크기. 국판 용지를 16절로 한 크기의 책. 2. a small octavo

きくびより[菊日和](명) 국화꽃이 필 무렵의 좋은 가을 날씨. fine autumn weather

きくみ[菊見](명) 국화를 바라보며 즐기는 것. 관국(観菊). chrysanthemum viewing

きぐみ[木組み](명) 재목을 잘라서 엮는 일. mortising timber together

きぐみ[気組み](명) 마음 가짐. 마음 먹음. enthusiasm

きぐらい[気位]—グラヰ(명) 자기의 품위를 지키려고 하는 마음 가짐. 「—が高(タカ)い; 자존심이 높다」 pride

キクラデスしょとう[Cyclades 諸島](명)〈지〉 시클러디이즈 제도. 에게해(海)에 있으며, 그리이스와 소아시아를 연결하는 열도(列島).

きぐろう[気苦労](명·자サ) 여기저기(여러 모로) 신경을 씀. 또는 그 마음. 잔걱정. 시름. worry

きくん[貴君](대) 귀군. 동년배 또는 아랫사람을 부르는 높임말. you

ぎぐん[義軍](명) 의군. 정의를 위하여 일으킨 군사. 의병(義兵). a righteous army

きけい[奇形·畸型](명·형동ダ) 기형. 생물의 형태가 정상적인 체제(体制)와는 달리 불완전함. 「—児(ジ); 기형아」 deformity

きけい[奇計](명) 기계. 기묘한 계획. 기발(奇抜)한 꾀. a clever stratagem

きけい[貴兄](대) 귀형. 동년배나 약간 손위인 상대방을 친근하게 높여 부르는 말. you

きけい[詭計](명) 궤계. 거짓 계책. a trick

きけい[奇警](형동ダ) ①기특하고 현명한 모양. ③기발(奇抜)한 모양. 2. epigrammatic

ぎけい[偽計](명) 위계. 거짓 꾸민 계책(計策). a deceptive plan

ぎけい[義兄](명) 의형. ①의로 맺은 형. ②남편의 형이나 아내의 오빠. 또는 누이의 남편. ↔実兄(ジッケイ). 1. a sworn elder brother

ぎげい[伎芸](명) 노래, 춤 등의 재주. 유예(遊芸).

ぎげい[技芸](명) 기예. 기술상의 재주와 솜씨. 미술, 공예 방면의 기술. handicraft

きげき[喜劇](명) 희극. ①웃음 거리를 섞어서 재미있게 각색(脚色)한 연극. ②사람을 웃길 만한 일이나 사건. ↔悲劇(ヒゲキ). 1. a comedy 2. a comic event

きけつ[奇傑](명) 기걸. 기상(気像)이나 풍채가 기이한 호걸. a character

きけつ[既決](명·자サ) 기결. 이미 결정된 것. 이미 결재된 것. ↔未決(ミケツ). a matter settled

きけつ[帰結](명·자サ) 귀결. 끝이 맺어짐. 결론이 남. 종결. conclusion

きけつ[起結](명) ①사건의 발생과 결말. ②시문의 기구(起句)와 결구(結句). 1. the beginning and the end

きげつ[期月](명) ①만 1개월. ②예정된 기한의 달. 1. a full month 2. the fixed month

ぎけつ[議決](명·타サ) 의결. 〔의회 등에서〕 의논하여 결정함. 「—機関(キカン); 의결 기관」 a decision

きけもの[利け者](명) ①수완이 뛰어난 것. 또는 그런 사람. ②효능이 좋은 것. 1. an able man

きけん[危険](명·형동ダ) 위험. 위태함. 「—信号(シンゴウ); 위험 신호」 danger

きけん[気圏](명) 기권. 대기(大気)가 지구를 둘러 싸고 있는 범위. 대기권(大気圏). the atmosphere

きけん[帰県](명·자サ) 자기가 사는 현(県)으로 돌아감. 또는 돌아 옴. return to one's prefecture

きけん[貴顕](명) 귀현. 신분이 높은 사람. a distinguished person

きけん[棄権](명·타サ) 기권. 자기의 권리를 포기함. 「投票(トウヒョウ)を—する; 투표를 기권하다」 the renunciation of one's right

きげん[紀元](명) 기원. ①나라를 세운 첫해. ②연대(年代)를 계산하는 데 기초가 되는 해. 1. the first year of the founding of a state

きげん[起原·起源](명) 기원. 사물이 생긴 근원. origin

きげん[基源](명) 시작. 기원(起源). origin

きげん[期限](명) 기한. 미리 한정한 시기. 「—を切(キ)る; 기한을 정하다」 a period

きげん[機嫌](명) ①겉으로 드러나는 마음의 상태. 기분.「一がいい; 기분이 좋다」②편안히 지내고 있는지 어떤지의 상태. 안부(安否).「一をうかがう; 문안 드리다」③좋은 기분.「きょうは ご一だ; 오늘은 기분이 좋다」 1. temper. **一かい**[機嫌買い]ーカヒ(명) ①변덕스러운 것. 또는 그런 사람. ②상대의 눈치를 살피는 일. 또는 그런 사람. **一きづま**[機嫌気褄](명) 기분. 심정.

ぎげん[偽言](명) 거짓말. a lie

ぎげん[戯言](명) 농담. a joke

きげんせい[帰原性](명) 귀원성. 강에서 깐 물고기가 성장하여 바다로 갔다가 또다시 그 강으로 돌아와 알을 낳는 습성.

きげんそ[希元素·稀元素](명)〈이〉 희원소. 지구상에 가장 드문 원소. 희유 원소. 예: 우라늄, 티타늄 등.

きこ[旗鼓](명) ①군기(軍旗)와 북. 진용(陣容). ②병력과 군세(軍勢).「一堂堂(ドウドウ); 위세 당당」③전장(戦場). 1. colours and drums 2. an army

きこ[騎虎](명) 호랑이 등에 탐.「一の勢(イキオ)い; 기호지세(중도에서 그만둘 수 없는 형세)」 1. riding on a tiger

きご[季語](명) 〔하이쿠(俳句) 용어로〕 계절을 나타내기 위해 정해진 말. season words

きご[綺語](명) 기어. ①〈불〉 공교롭게 꾸며 겉과 속이 다른 말. ②아름답게 나타낸 말. florid words

ぎこ[擬古](명) ①옛 풍(風)을 모방하는 일. ②시, 문장 등을 옛 형식에 맞추어 짓는 일. 1. pseudo-classicism. **一ぶん**[擬古文](명) ①의고문. 옛 문장을 본받아 지은 글. ②에도(江戸) 시대의 국학자가 헤이안조(平安朝)의 문체(文体)를 흉내 내어 지은 글.

ぎご[戯語](명) 농으로 하는 말. 농담. a joke

きこう[気孔](명)〈생〉 기공. 동물의 표피(表皮)나 식물의 잎, 줄기 등에 있는 작은 구멍. 호흡 작용을 함. a stigma

きこう[気候](명) 기후. 날씨의 상태. weather

きこう[希覯·稀覯](명·형동ダ) 좀처럼 보기 드묾. 진기(珍奇).「一書(ショ); 진귀한 책」 rare

きこう[奇行](명) 기이한 행동. 기발한 행동.「一の多(オオ)い人(ヒト); 기이한 행동이 많은 사람」 an eccentric conduct

きこう[奇功](명) 뛰어난 공적. 기이한 공적. a wonderful success

きこう[奇効·奇效](명) 기이한 효능(效能). 뛰어난 효과. a remarkable effect

きこう[季候](명) 계절이나 날씨. 시후(時候). weather

きこう[紀行](명) 기행. 여행의 감상을 적은 문장.「一文(ブン); 기행문」 a traveller's journal

きこう[起工](명·자サ) 기공. 공사를 시작함. setting to work

きこう[起稿](명·자サ) 기고. 원고를 쓰기 시작함. beginning to write

きこう[帰校](명·자サ) 귀교. 학교로 돌아 감. 또는 돌아 옴. return to school

きこう[帰航](명·자サ) 귀항. 배나 항공기가 돌아 감. 또는 돌아 옴. ↔往航(オウコウ). the homeward voyage

きこう[帰降](명·자サ) 항복함. 귀순(帰順). surrender

きこう[帰港](명·자サ) 귀항. 배가 떠난 항구로 돌아감. 또는 돌아 옴. return to port

きこう[寄航·寄港](명·자サ) 기항. 항해 중의 배가 어떤 항구에 들름. a call at a port

きこう[寄稿](명·자サ) 기고. 원고를 신문사나 잡지사에 보냄.「一家(カ); 기고가」 a contribution

きこう[貴校](명) 귀교. 상대방의 학교를 높여 일컫는 말. your school

きこう[機甲](명) 전차(戦車) 또는 장갑차(装甲車)로 무장한 것.「一部隊(ブタイ); 기갑 부대」 panzer

きこう[機構](명) 기구. 얽어 세운 구조. 짜임. 조직(組織). mechanism

きこう[騎行](명·자サ) 말을 타고 감. going on horseback

きこう[貴公](대) 귀공. 동년배나 손아랫사람에 대한 호칭.

きごう[記号](명) 기호. 사람들 사이에서 약속으로 쓰이는 표지. a mark

きごう[帰仰](명·자サ)〈불〉 귀의(帰依)하여 깊이 믿는 일. adoration

きごう[揮毫](명·타サ) 휘호. 붓을 휘둘러 글을 쓰거나 그림을 그림. writing

ぎこう[技工](명) 기공. ①손으로 가공하는 기술. ②솜씨가 좋은 사람. ③능숙한 기술자. 1. craft

ぎこう[技巧](명) 기교. ①묘한 솜씨. ②예술에 있어 제작이나 표현상의 수단. 1. skill 2. art

ぎごう[戯号](명) 에도(江戸) 시대의 오락 소설가들이 쓰던 아호(雅号).

きこうし[貴公子](명) 귀공자. ①귀한 집안의 자제(子弟). ②기품 있는 청년. 2. a young noble

きこうでん[乞巧奠](명) 여자들이 칠석날 직녀성에게 길쌈의 솜씨를 늘게 해 달라고 비는 제사.

きこえ[聞こえ](명) ①들림. 들은 느낌. ②남이 듣는 것.「一のよいことをいう; 듣기 좋은 말을 하다」③평판(評判).「一がいい; 평판이 좋다」 1. hearing 3. reputation

きこえご·つ[聞えごつ](타 4)〈고〉 잘 들리게 말하다.

きこえよがし[聞こえよがし](연어) 들어 보라는 듯이.「一にいう; 들어 보란 듯이 말하다」 wanting to be heard

きこ·える[聞こえる](자하 1) ①소리가 귀에 느껴지다. ②뜻을 알다. ③해석되다. …라는 뜻으로 들리다. ④널리 알려지다. ⑤냄새가 나다. ⑥코가 예민하다. 1. be heard 2. be reasonable

きこく[鬼哭](명) 귀곡. 죽은 사람의 혼이 우는 소리. 귀신의 울음. a ghost's wail

きこく[帰国](명·자サ) 귀국. 자기 나라로 돌아 감. 또는 돌아 옴. return to one's country

きこく[貴国](명) 귀국. 상대방의 나라를 높여 일컫는 말. 귀방(貴邦). your country

ぎごく[疑獄](명) 의옥. ①복잡해서 수사하기 어려운

재판 사건. ②정부의 고관(高官)이 관계된 금전상의 부정 사건. a scandal

きごこち[着心地](명) 옷을 입었을 때의 기분. 옷 입은 기분. how a dress feels

きごころ[気心](명) 기분. 성질. temper

きこしめ·す[聞こし召す](타 4) ①"聞く(듣다)"의 높임말. 들으시다. ②"飲む(마시다), 食う(먹다)"의 높임말. 잡수시다. ③"行なう(행하다)"의 높임말. 행하시다. ④들어 주시다. ⑤〈속〉 술을 마시다.「一杯(イッパイ)—; 한잔 마시다」 5. drink

きこ·す[聞こす]〈고〉 Ⅰ(자 4) 말씀하시다. Ⅱ(타 4) 들으시다. ⇨:きこしめす.

ぎごちな·い(형) ①동작(動作) 등이 딱딱하다.「—動作(ドウサ); 딱딱한 동작」 ②불친절하다. 파생 —さ(명). 1. rough 2. unamiable

きこつ[気骨](명) 기골. 불굴(不屈)의 기상. 씩씩한 의기. 기개(気概).「—のある人(ヒト); 기개가 있는 사람」 spirit

きこつ[奇骨](명) 색다른 성격. eccentric nature

ぎこっかい[擬国会](명) 모의 국회(模擬国会)의 준말.

きこな·す[着こなす](타 4) 몸에 맞게 잘 입다. 명 着こなし. dress oneself stylishly

きこのいきおい[騎虎の勢い]—イキホヒ(연어·명) 기호지세(騎虎之勢). 형편상 중지할 수 없는 기세.

きごみ[気込み](명) 정신을 들이는 것. 열성(熱誠). enthusiasm

きこ·む[着込む·着籠む](타 4) ①겉옷의 밑에 입다. ②옷을 많이 입다. 껴입다. 1. wear under

きこり[樵](명) 나무를 베는 일. 나무하는 것. 또는 그 사람. 초부(樵夫). a woodcutter

きこ·る[樵る](자 4) 산림의 나무를 베다. 땔나무를 하다. cut woods

きこん[気根](명) ①인내력(忍耐力). 끈기. ②〈식〉 기근. 땅속에 있지 아니하고 공기 중에 노출되어 있는 뿌리. 1. perseverance 2. an aerial root

きこん[気魂](명) 영혼. 정신. the soul

きこん[既婚](명) 기혼. 이미 결혼한 것.「—者(シャ); 기혼자」↔未婚(ミコン). being married

きこん[既墾](명) 기간. 이미 개간되어 있는 것.「—地(チ); 기간지」 reclaimed

きこん[基根](명) 근본. 근원. the root

きこん[機根](명)〈불〉 기근. 불법을 듣고 움직이는 마음의 능력. 교화(教化)에 의해서 발동하는 마음의 작용. one's inborn capacity

きざ[気障](명·형동ダ)〈속〉 ①상대방이 불쾌할 정도로 태도, 몸차림 등을 바꿈. ②마음에 걸림. 아니꼬움. 2. disagreeable

きざ[起座·起坐](명·자サ) 일어나 앉음. sitting up

きざ[跪坐](명·자サ) 꿇어 앉음. kneeling down

きさい[后](명) ⇨きさき(后).

きさい[奇才](명) 아주 뛰어난 재주. 또는 그런 재주가 있는 사람. versatile talent

きさい[鬼才](명) 귀재. 드물게 뛰어난 재주. 또는 그런 사람. a genius

きさい[起債](명·자サ) 기채. ①빚을 얻음. ②〈경〉 국가나 공공 단체가 공채(公債)를 모집함. 1. owing money 2. floatation of a loan

きさい[記載](명·타サ) 기재. 써서 실음.「台帳(ダイチョウ)に—する; 대장에 올리다」 description

きさい[既済](명·타サ) 이미 갚음. 일이 이미 끝남. already settled

きさい[機才](명) 기민한 재지(才智). quick talent

きざい[木材](명)〈속〉 목재. 재목. wood

きざい[器材](명) 기구의 재료. material of utensils

きざい[器財](명) 그릇. 도구. utensils

きざい[機材](명) 기계의 재료. machine materials

きさき[后](명) 황후(皇后). 중궁(中宮). an empress

きさき[気先](명) ①세력. 기세(気勢). ②〔거래 용어로〕 인기. 1. spirit

ぎざぎざ(명·부·자サ)〈속〉 톱니 모양. zigzag

きさく[気さく](형동ダ) 인품이나 태도가 담백하고 명랑한 모양. 소탈한 모양. 싹싹한 모양. frank

きさく[奇策](명) 기묘한 계책. 기발한 꾀. a clever stratagem

きさく[詭策](명) 궤책. 거짓 책략. 적을 속이는 계략. 궤술(詭術). a trick

ぎさく[偽作](명·타サ) 위작. 본떠서 비슷하게 만듦. 위조 작품(偽造作品). 모조품(模造品). a forgery

ぎさく[戯作](명·타サ) ⇨げさく.

きざけ[生酒](명) 아무 것도 섞지 않은 순수한 술. 「pure wine

きさご[細螺](명)〈동〉 비단납작고둥. 복족류(腹足類)의 바닷조개. 껍질은 원추형이며 옅은 갈색 또는 회청색의 무늬가 많음. a periwinkle

きざし[兆し·萌し](명) ①싹이 트는 것. 싹틈. ②징조(徵兆). 1. sprouting 2. a sign

きざ·す[兆す·萌す](자 4) ①싹트다. ②징조(徵兆)가 보이다. 1. sprout 2. show signs

きさつ[貴札](명) 상대편 편지의 높임말. your letter

きざはし[階](명) 오르내리기 위하여 만든 단(段). 계단(階段). steps

きさま[貴様](대) 동년배 또는 아랫사람을 경멸해서 부르는 말. 너. you

きざみ[刻み](명) ①잘게 써는 것. ②새기는 것. 조각.「—目(メ); 새긴 눈금」 ③때. 경우. ④계급. 등급(等級). 1. chopping 3. the when 4. rank. **—あし**[刻み足](명) 종종걸음. **—タバコ**[刻み煙草](명) 잘게 썬 담배. 살담배. **—つ·ける**[刻み付ける](타하 1) ①새겨서 모양을 이룩하다. ②마음에 새기다.「心(ココロ)に—; 명심하다」

きざ·む[刻む](타 4) ①잘게 썰다. ②새기다. 조각하다. ③깊이 마음에 새기다. 1. cut fine 2. carve

きざら[木皿](명) 나무 접시. 목기 접시. a wooden dish

きさらぎ[如月](명) 음력 2월.

きざわし[木醂し]—ザハシ(명) 나무에 달린 채 잘 익은 감. 홍시(紅柿). a persimmon sweetened on the tree

きざわり[気障り]—ザハリ(명·형동ダ) 비위에 거슬림.

싫은 생각이 듦. 아니꼬움. disagreeable
きさん[起算](명·자サ) 기산. 세기 시작함. 계산을 시작함. starting to count
きさん[帰山](명·자サ) 귀산. 중이 자기 절로 돌아감. 또는 돌아 옴. return to one's temple
きさん[帰参](명·자サ) ①돌아 옴. ②일단 떠났었던 주인을 다시 돌아 와 섬김. 1. returning 2. returning to one's former service
ぎさん[蟻蚕](명)〈동〉 ⇨けご.
ぎさん[蟻酸](명)〈이〉 의산. 자극성(刺戟性)이 있는 산. 개미의 체내에 있으며, 피부에 닿으면 염증을 일으킴. 개미산. formic acid
きさんじ[気散じ](명·형동ダ) ①기분 전환. ②마음이 편함. 1. pastime
きし[岸](명) ①지면과 물과의 경계. 물가. ②벼랑. 낭떠러지. 1. the shore 2. a cliff
きし[奇士](명) ①기이한 사람. ②언행(言行)이 뛰어난 사람. 1. a strange character 2. a superb person
きし[起死](명) 다 죽어 가는 병자를 다시 소생시키는 일. 회생(回生). revival
きし[起始](명) 처음. 시작. the beginning
きし[棋士](명) 기사. 바둑, 장기 등을 직업적으로 두는 사람. a professional chess player
きし[貴紙](명) 귀지. 상대방의 편지, 신문 등의 높임말. your letter or paper
きし[貴誌](명) 귀지. 상대방 잡지의 높임말. your journal
きし[旗幟](명) 기치. ①기(旗). ②태도. 방침 1. a flag
きし[愧死](명·자サ) 몹시 부끄럽게 여겨 죽음. 죽을 듯이 부끄러워함. death from shame
きし[騎士](명) 기사. ①말 탄 무사. ②(옛날 서양의) 무사의 칭호. 1. a warrior on horseback 2. a knight
きじ[雉·雉子](명)〈동〉 꿩. a pheasant
きじ[木地](명) ①나뭇결. ②칠하지 않은 그대로의 나무. ③나뭇결 모양을 나타낸 옻칠. 또는 그러한 기구(器具). 1. the grain of wood 2. a plain wood
きじ[生地·素地](명) ①본래대로의 성질. 본성. 「―を出(ダ)す; 본성을 나타내다」 ②옷감의 바탕. 「い い―だね; 좋은 옷감이군」 ③유약(釉薬)을 바르지 않은 도자기나 필름. ④손질하지 않은 그대로의 것. 1. natural state 2. textile
きじ[記事](명) 기사. 사실을 적은 글.「新聞(シンブン)―; 신문 기사」 description
ぎし[技師](명) 기사. 전문적인 기술을 가진 사람. an engineer
ぎし[義士](명) 의사. 정의를 지키는 사람. 의로운 사람. a righteous person
ぎし[義子](명) 친자식이 아니고 의로 맺은 자식. 양자. ↔実子(ジッシ). an adoptive person
ぎし[義姉](명) ①친누이가 아니고 의리로 맺은 누이. 의누이. ②남편의 누이. 아내의 언니. 형의 아내. ↔実姉(ジッシ). 2. an elder sister-in-law
ぎし[義肢](명) 의지. 의수, 의족. an artificial limb
ぎし[義歯](명) ⇨いれば①.
ぎじ[義字](명) 한문자(漢文字)처럼 글자마다 뜻이 있는 글자. 의자(意字). 뜻글자. an ideograph
ぎじ[疑似](명) 매우 닮은 것. 유사(類似).「―脳炎(ノウエン); 유사 뇌염」 confusing
ぎじ[議事](명) 의사. 일을 의논하는 것. 또는 그 심의사항(審議事項).「―録(ロク); 의사록」 consultation
きしかいせい[起死回生](연어·명·타サ) 기사 회생. 죽을 뻔하다가 도로 살아 남.「―の策(サク); 기사 회생의 방책」 revival
きしかた[来し方](명) 과거(過去)의 일. 과거.「―行(ユ)く末(スエ); 과거와 미래」 the past
ぎしき[儀式](명) 의식. ①정식(定式). 격식(格式). ②식전(式典). ③정해진 예법. 3. formality
きじく[機軸](명) 기축. ①기관(機関)이나 찻바퀴의 굴대. 축대. ②지구 자전의 회전축(回転軸). 지축(地軸). ③활동의 근원이 되는 중심. ④방식. 구조. 방법.「新(シン)―; 신기축」 1. an axle 3. an axis
きしつ[気質](명) 기질. ①기분. 성미. 성질. ②유전이나 체질로 생긴 개인의 감정 경향. 1. nature 2. temperament
きじつ[忌日](명) 기일. 사람이 죽은 날. an anniversary of one's death
きじつ[期日](명) 기일. 작정한 날짜. 기한의 날짜.「―にまにあう; 기일에 대다」 the appointed day
きしづたい[岸伝い](명) 물가를 따라 가는 것. going along the shore
ぎじてい(そく)すう[議事定(足)数](명) 의사 정족수. 어떤 회의체(会議体)에 있어서 의사를 심의함에 필요한 출석 인원수.
きしどう[騎士道](명) 기사도. ①기사 계급의 성립에 의하여 이루어진 무사의 윤리(倫理). ②기사의 특색 있는 기풍(気風). 기독교를 숭상하고 용기, 예의, 명예 등을 중하게 여겼음. knighthood
ぎじどう[議事堂](명) 의사당. ①의원들이 모여 회의하는 곳. ②국회 의사당의 준말. 1. an assembly hall
きしな[来しな](명) 오는 도중. on the way here
ぎじにってい[議事日程](명) 의사 일정. 회의에 붙일 나날의 사항과 순서, 회의 일시(日時) 등을 미리 정해 놓은 순서. an order of the day
ぎじばり[擬餌鉤](명) 인조(人造) 미끼를 단 낚시. a feather jig
きじぶえ[雉笛](명) 꿩의 울음 소리와 비슷한 소리를 내는 피리. 꿩 사냥에 씀.
きじぶん[記事文](명) 기사문. 사실을 기술하는 데 주력한 문장. a descriptive composition
きしべ[岸辺](명) 물가. the beach
きしぼじん[鬼子母神](명)〈불〉 ⇨きしもじん.
きし·む[軋む](자 4) ①삐걱거리다. ②서로 다투다. 1. grate 2. contend
きしめ·く[軋めく](자 4) 삐걱삐걱 소리 나다. creak
きしめん[棊子麺](명) 가늘고 납작하게 썰어서 만든 국수.

きしもじん[鬼子母神](명)〈불〉 귀자모신. 아름다운 여신. 부부의 금실을 좋게 하고 해산(解産)을 가볍게 하는 등의 소원을 들어 준다고 함. the goddess of children

きじもの[木地物](명) 다듬거나 칠하지 않은 목재로 만든 세공물(細工物). plain woodwork

きしゃ[汽車](명) 기차. 증기, 전기 등의 원동력으로 철로 위를 달리는 열차. a train

きしゃ[記者](명) 기자. ①문서를 기록하는 사람. ②신문, 잡지 등의 기사를 집필하거나 편집하는 사람. 「新聞(シンブン)―; 신문 기자」 2. a journalist

きしゃ[喜捨](명·타サ) 희사. ①기꺼이 재물을 기부함. ②절에 재물을 기부함. 2. an offering

きしゃ[貴社](명) 귀사. 상대방 회사의 높임말. your company

きしゃ[騎射](명·자サ) ①말 타고 활을 쏨. ②옛날 마상(馬上)에서 활을 쏘던 의식(儀式). 1. shooting on horseback

きしゃく[希釈·稀釈](명·타サ)〈이〉 희석. 용액(溶液)에 물이나 용매(溶媒)를 섞어서 묽게 하는 일. dilution

きじゃく[着尺](명) 어른 옷 한 벌의 옷감. 또는 그 길이와 폭. a dress length. **―じ**[着尺地](명) 한 벌의 옷감.

きしゅ[起首](명) 일의 시작. 일어나는 것. the origin

きしゅ[寄主](명)〈생〉 기생(寄生)하는 동식물을 붙여 이에 양분을 주는 동식물. 숙주(宿主). a host

きしゅ[期首](명) 기간(期間)의 시작. ↔期末(キマツ).

きしゅ[旗手](명) 기수. ①기를 든 사람. ②〈군〉 군기(軍旗)를 받들어 든 사람. 1. a bearer of a flag

きしゅ[機首](명) 기수. 비행기의 앞머리. ↔機尾(キビ). the nose of a plane

きしゅ[機種](명) ①비행기의 종류. ②기계의 종류.

きしゅ[騎手](명) 기수. ①말 탄 사람. ②경마에 나가 말을 타는 사람. a rider

きじゅ[喜寿](명) 희수. 나이 77세를 일컬음. one's 77th birthday

ぎしゅ[技手](명) 기수. 기사(技師) 밑에서 기술을 담당하는 사람. an assistant engineer

ぎしゅ[義手](명) 의수. 절단된 손 대신 나무나 금속으로 만들어 붙인 손. an artificial arm

きしゅう[奇習](명) 신기한 풍습. 기이한 습관. 이상스러운 버릇. a strange custom

きしゅう[奇襲](명·타サ) 기습. 허(虛)를 찔러 불의(不意)에 습격함. a sudden attack

きしゅう[既習](명·타サ) 이미 학습함. 이미 습득함. 「―単語(タンゴ); 이미 배운 단어」 mastering

きしゅう[貴酬](명) 답장을 겸사로 일컫는 말. 편지 겉봉의 함자 밑에 씀.

きしゅう[羇愁](명) 나그네의 시름. 여수(旅愁). ennui of a journey

きじゅう[寄住](명·자サ) 임시로 삶. 또는 그 집. a temporary residence

きじゅう[帰従](명·자サ) 복종함. 항복하여 따름. surrender

きじゅう[機銃](명)〈군〉 기총. 자동적으로 탄환을 장전(装塡) 발사하는 총. 기관총. 「―掃射(ソウシャ); 기총 소사」 a machine gun

きじゅう[騎従](명·자サ) 말을 타고 뒤따름. 또는 그 사람. accompanying on horseback

きじゅう[騎銃](명) 기병(騎兵)의 소총. 승마시(乗馬時)에는 등에 짐. a carbine

きじゅうき[起重機](명) 기중기. 무거운 물건을 들어 올리거나 내리거나 이동시키는 기계. a crane

きしゅく[耆宿](명) 경험이나 덕망이 뛰어난 대가(大家). 덕망과 경험이 많은 노인. a veteran

きしゅく[寄宿](명·자サ) 기숙. ①남의 집에서 기거함. ②←寄宿舎. 1. lodging. **―しゃ**[寄宿舎](명) 기숙사. 학생, 직공, 점원 등을 공동으로 생활시키기 위한 시설.

ぎじゅく[義塾](명) 의숙. 공익(公益)을 위하여 의연금으로 설치한 교육 기관.

きじゅつ[奇術](명) 기술. ①기묘한 재주. ②속임수. 요술. 1. a strange art

きじゅつ[記述](명·타サ) 기술. ①글로 나타냄. ②사물의 특징을 관찰하여 표시함. 1. description

きじゅつ[既述](명·타サ) 기술. 앞에서 이미 말함. the above-mentioned description

ぎじゅつ[技術](명) 기술. ①과학을 실지로 응용하여 인간 생활에 이용하는 재주. ②재주. 기능(技能). 「―家(カ); 기술자」 2. art. **―てき**[技術的](형동ダ) 기술적. 기술에 관계가 있는 모양. 실제 응용상. 「―に不可能(フカノウ)だ; 기술적으로 불가능하다」

きしゅん[季春](명) 늦봄. 만춘(晩春). late spring

きじゅん[帰順](명·자サ) 귀순. 반항심을 버리고 순종함. submission

きじゅん[規準](명) 규범이 되는 기준이나 표준. rules

きじゅん[基準](명) 기준. ①비교할 때의 표준이 되는 것. ②기본 표준. a standard

きしょ[希書·稀書](명) 희서. 쉽게 볼 수 없는 희귀한 서적. a rare book

きしょ[奇書](명) 기서. 이상한 책. 진서(珍書). a rare book

きしょ[帰所](명·자サ) 사무실 등에 돌아 옴. 또는 돌아 감. return to one's office

きしょ[貴所] Ⅰ(명) 귀소. 상대방이 있는 곳의 높임말. Ⅱ(대) 당신. 귀하. Ⅰ your residence

きしょ[貴書](명) 귀서. 상대방 편지(책)의 높임말. 귀한(貴翰). your letter

きじょ[鬼女](명) 귀녀. ①여자의 모습을 한 귀신(악마). ②악마와 같이 무서운 여자. 1. a demoness

きじょ[貴女] 귀녀. Ⅰ(명) 신분이 높은 여자. Ⅱ(대) 상대방 여자의 높임말. Ⅰ a lady

ぎしょ[偽書](명·타サ) 위서. ①필적을 흉내 냄. 위필. ②거짓 편지나 책. 1. forged handwriting

ぎしょ[戯書](명) 장난 삼아 쓴 것. 낙서. scribbling

ぎじょ[妓女](명) 기녀. 음곡(音曲)을 켜며 손님을 접대하는 유녀(遊女). a harlot

きしょう[気性](명) 마음씨. 성품. 기질. nature

きしょう[気象](명) 기상. ①타고 난 마음씨나 기질. ②마음의 경향.「進取(シンシュ)の一; 진취의 기상」③〈천〉 바람, 비, 온도 등의 대기 현상(大気現象). 1. disposition 3. atmospheric phenomena. **—ちょう**[気象庁](명) 기상청. 기상의 상태를 조사하는 관청.

きしょう[奇勝](명) ①좋은 경치. ②의외의 승리. 1. a beauty spot 2. a signal victory

きしょう[記章·徽章](명) 기장. 휘장. ①기념의 표지. ②신분, 직업, 명예 등을 나타내는 표지.「T学校(ガッコウ)の一; T학교의 휘장」 1. a commemoration medal 2. a badge

きしょう[起床](명·자サ) 기상. 잠에서 깸. 잠자리에서 일어남. ↔就床(シュウショウ). getting up

きしょう[起請](명·자サ) ①청원(請願)함. 또는 그 문서. ②신불(神仏)에게 서원(誓願)함. 또는 그 증서. ③서로 교환하는 약속의 증서. 서약서. 3. a written pledge. **—もん**[起請文](명) 서약서. 청원서. 서원서.

きしょう[毀傷](명·타サ) 훼상. 손상함. injury

きしょう[旗章](명) 기장. 깃발로 한 표지. a flag mark

きしょう[希少·稀少](형동ダ) 희소. 좀처럼 보기 드문 모양.「一価値(カチ); 희소 가치」 rare

きじょう[机上](명) 책상 위.「一の空論(クウロン); 탁상 공론」 on a desk

きじょう[軌条](명) 기차 등의 선로(線路). 궤도. a rail

きじょう[帰城](명·자サ) 귀성. 성(城)에 돌아 옴. 또는 돌아 감. return to one's castle

きじょう[機上](명) 기상. 비행기의 안. 비행기의 위.「一の人(ヒト)となる; 비행기에 타다」 on a plane

きじょう[騎乗](명·자サ) 말을 탐. riding on horseback

きじょう[気丈](형동ダ) 마음이 굳센 모양.「一者(モノ); 담대한 사람」 stout-hearted

ぎしょう[偽称](명·자サ) 거짓으로 꾸며 일컬음. misrepresentation

ぎしょう[偽証](명·타サ) 위증. ①거짓 증언. 거짓 증거. ②〈법〉 법원에 호출된 증인이 거짓 진술하는 것.「一罪(ザイ); 위증죄」 1. a false proof 2. perjury

ぎじょう[儀仗](명) 의장. 의식에 쓰는 장식으로서의 무기. 또는 물건.「一兵(ヘイ); 의장병」

ぎじょう[議定](명·타サ) ①의논하여 결정함. ②의논하여 결정된 법규. 1. agreement

ぎじょう[議場](명) 의장. 회의 장소. an assembly chamber

きしょうてんけつ[起承転結](연어) 기승전결. 한시(漢詩), 특히 절구(絶句)를 짓는 격식. 시의 처음을 기(起)라고 하고, 처음의 뜻을 받아 쓰는 것을 승(承), 중간에 뜻을 한번 바꾸는 것을 전(転)이라 하고, 전편을 거두어 맺는 것을 결(結)이라 함. introduction, development, turn and conclusion

きじょうぶ[気丈夫](형동ダ) 마음 든든한. reassuring

きじょうゆ[生醤油](명) ①혼합물이 없는 간장. ②끓이지 않은 간장. 날간장. 1. pure soy 2. raw soy

きしょく[気色](명) 기색. ①안색. 얼굴빛.「一がわるい; 안색이 나쁘다」②기분. 2. mood

きしょく[寄食](명·자サ) 기식. 남의 집에 붙어서 얻어 먹음. dependence

きしょく[喜色](명) 희색. 기쁜 듯이 보이는 얼굴빛. 기뻐하는 얼굴빛.「一満面(マンメン); 희색 만면」 a glad countenance

きし·る[軋る·轢る·轣る] Ⅰ(자 4) ①삐걱거리다. ②서로 미워하여 다투다. Ⅱ(타 4) ①마찰시키다. ②갉다. Ⅰ1. creak Ⅱ1. rub 2. gnaw

きじるし[キ印](명)〈속〉 미친 사람. a madman

きしん[忌辰](명) 죽은 날. 기일(忌日). an anniversary of one's death

きしん[鬼神](명) 귀신. ①죽은 사람의 넋. 유령. ②마귀(魔鬼). 도깨비. a ghost

きしん[帰心](명) 귀심. 돌아 가고 싶은 마음.「一矢(ヤ)のごとし; 돌아 가고 싶은 마음이 매우 간절하다」 longing for home

きしん[寄進](명·타サ) ①불당(仏堂)이나 신사(神社)에 재물을 기부함. ②남에게 금품(金品)을 줌. 희사(喜捨). contribution

きしん[貴紳](명) 신분이 높은 사람. 귀인(貴人). men of rank

きじん[奇人·畸人](명) 기인. 기질이나 품행이 기이한 사람. an eccentric person

きじん[鬼神](명) ⇨きしん(鬼神).

きじん[帰陣](명·자サ) 진영(陣営)으로 돌아 옴. 또는 돌아 감. 전쟁에서 돌아 옴. returning to one's camp

ぎしん[義心](명) 의로운 마음. 의협심(義侠心). chivalrous spirit

ぎしん[疑心](명) 의심. 미심하게 여기는 생각. suspicion. **—あんき**[疑心暗鬼](연어·명) 의심이 심해지면 없는 허깨비까지도 보이게 된다는 뜻.

ぎじん[義人](명) 의인. ①정의를 지키는 사람. ②정의심이 강한 사람. 의사(義士). an upright man

ぎじん[擬人](명) 의인. ①(문장을 지을 때) 사람이 아닌 것을 사람처럼 다루는 일. 의인법. ②〈법〉 자연인이 아닌 것에 법률상 인격을 인정하는 것. personification

きす[鱚](명)〈동〉 보리멸. 해안 근처 모래 바다에 사는 바닷물고기. 식용(食用). <학명> Sillago sihama Forskal

き·す[帰す](자 4) ⇨き(帰)する.

き·す[期す](타 4) 기(期)하다. 기약하다. 맹세하다. 약속하다. promise

キス[kiss](명·자サ) 키스. 입맞춤.

きず[傷·疵](명) ①상처. ②흠. 부족. 결함. ③실패. 실수.「古(フル)い一をあばく; 묵은 실수를 들추어내다」 1. a wound 2. a flaw

きず[生酢](명) 순수한 식초(食酢). pure vinegar

ぎ·す[擬す](타 4) ⇨ぎする.

ぎ·す[議す](타 4) 의논하다. 상의하다. consult

きずあと[傷跡·傷痕·疵痕](명) 상처 난 자국. a scar

きすい[既遂](명) 이미 수행한 것.「一犯(ハン); 기수범」↔未遂(ミスイ). accomplished

きずい[奇瑞](명) 이상한 상서로운 징조. a good omen
きずい[気随](형동ダ) 자기 의사대로 하는 모양. 제멋대로인 모양. self-indulgent
きすう[奇数](명)〈수〉 기수. 둘로 나누어지지 않는 수. 홀수. ↔偶数(グウスウ). an odd number
きすう[帰趨](명·자サ) 귀추. (거처 등이) 정해짐. 낙착(落着). 귀결(帰結).「勝敗(ショウハイ)の―; 승패의 귀결」 a trend
きすう[基数](명)〈수〉 기수. 1에서 9까지의 정수(整数). a cardinal number
ぎすぎす(부·자サ) 무뚝뚝하여 사귀기 어려운 모양. frigidly
きすぐ[生直ぐ](형동ダ) 언행(言行)이 자연스럽고 꾸밈이 없는 모양. mild and frank
きず·く[築く]キヅク(타 4) ①쌓다. 건축하다. ②굳건하게 쌓아 올리다.「不動(フドウ)の 地位(チイ)を―; 확고한 지위를 쌓다」 1. build
きずぐち[傷口·疵口](명) ①상처받은 자리. ②흠. 실패(失敗).「古(フル)い―にふれる; 묵은 흠을 건드리다」 1. a wound
きずつ·く[傷付く·疵附く](자 4) ①상처가 나다. ②부서지다. ③명예가 훼손되다. 1. get wounded
きずとがめ[傷咎め·疵咎め](명·자サ) 상처가 덧남. an inflamed wound
きずな[絆·紲]キヅナ(명) ①동물의 고삐. ②끊기 어려운 정(情)이나 인연.「夫婦(フウフ)の―; 부부의 정리」 1. a yoke 2. bounds
きずみ[木炭](명) 목탄. 숯. charcoal
きずもの[傷物·疵物](명) ①흠집이 있는 것. 결딴 난 것. ②〈속〉 정조를 잃은 여자. 1. a defective article 2. a deflowered girl
きずやみ[疵病み](명) 상처가 원인이 되어 생긴 병. a disease caused from a wound
き·する[帰する](자サ) ①향하다. 부임하다. ②모이다. ③따르다. 귀의(帰依)하다. ④정해지다. 귀착(帰着)되다. ⑤기인(基因)하다. ⑥…의 탓으로 하다. 3. submit 4. settle. ―**ところ**[帰する所](연어·명·부) 귀결되는 바. 결국.
き·する[期する](타サ) ①예기(豫期)하다. ②기한이나 시각을 정하다. 약속하다.「再会(サイカイ)を―; 재회를 약속하다」③결심하다. 각오하다.「成功(セイコウ)を―; 성공을 결심하다」 ④기대하다.「君(キミ)に―ところが大(オオ)きい; 너에게 기대하는 바가 크다」 2. promise 3. decide
ぎ·する[擬する](타サ) ①들이대다. 겨누다.「銃(ジュウ)を―; 총을 들이대다」②흉내 내다. ③비교하다. 가정하다. 가상하다. 1. point 2. imitate
ぎ·する[議する](타サ) ①상담하다. 의논하다. ②토론하다. 토의하다. ③비난하다. 논란하다. 1. consult
ぎ·する[艤する](타サ) 출범 준비를 하다. equip
きせい[気勢](명) 기세. 기운과 세력. 원기.「―をあげる; 기세를 올리다」 spirit
きせい[希世·稀世](명) 희세. 세상에 드문 것. rarity
きせい[奇声](명) 기성. 기묘한 소리. a queer voice
きせい[季世](명) 말세(末世). a degenerate age
きせい[祈請](명) 신불(神仏)께 기원(祈願)함. praying
きせい[祈誓](명) 신불(神仏)에게 기도하고 맹세함. 서원(誓願). vow
きせい[既成](명) 기성. 이미 이루어진 것.「―事実(ジジツ); 기성 사실」 already completed
きせい[既製](명) 이미 만들어진 것.「―品(ヒン); 기성품」 ready-made
きせい[帰省](명·자サ) 귀성. 고향에 돌아 감. 또는 돌아 옴. going home
きせい[寄生](명·자サ) 기생. ①〈동·식〉 생물이 다른 생물에 붙어서 생활하는 것. ②독립하지 못하고 남에게 의지하여 삶. 1. parasitism 2. reliance. ―**ちゅう**[寄生虫](명) 기생충. ①〈의·동〉 다른 생물에 기생하여 생활하는 동물. ②남에게 의지하여 살아 가는 사람을 업신여겨 일컫는 말.
きせい[規正](명·타サ) 규정. 바르게 고침. correction
きせい[規制](명·타サ) 규제. 규율(規律)을 세워 제한(制限)함. regulation
きせい[規整](명·타サ) 규정. 규율(規律)에 맞추어 정리함. regulation
きせい[期成](명) 기성. 꼭 이루어질 것을 기약(期約)함. 성공을 기약함.「―会(カイ); 기성회」 expectation for success
きせい[棋聖](명) 기성. 바둑, 장기에 뛰어난 명인
きせい[棋勢](명) 바둑, 장기의 승패(勝敗)의 형세.
ぎせい[擬制](명) ①꾸미는 것. 겉치레. 가면(仮面). ②〈법〉 의제. 본질이 다른 것을 법률상 동일한 것으로 간주하고 동일한 효과를 주는 것. 예: 법인(法人) 등. 1. pretence 2. fiction. ―**しほん**[擬制資本](명)〈경〉 의제 자본. ①주식이 그 액면(額面) 이상의 가격으로 매매될 때, 그 매매 가격에 의해서 계산되는 자본. ②생산의 뒷받침이 없는 자본.
ぎせい[擬勢](명) 겉만의 용기. 허세(虛勢). bluff
ぎせい[擬製](명·타サ) 본떠서 비슷하게 만듦. 흉내내어 만듦. imitation. ―**どうふ**[擬製豆腐](명) 두부에 계란과 야채 등을 넣어서 부친 것.
ぎせい[犠牲](명) 희생. ①신에게 제물로 바치는 산 짐승. ②어떤 목적을 위해 생명, 재물, 노력(労力) 등을 자진해서 바치는 일. a sacrifice. ―**だ**[犠牲打](명)〔야구에서〕⇨ぎだ(犠打). ―**てき**[犠牲的](형동ダ) 희생적. 희생되는 것을 애석하게 생각하지 않는 모양.
ぎせいご[擬声語](명) 의성어. 사물의 음성을 흉내 낸 말. 예: 졸졸, 덜그렁덜그렁 등. ↔擬態語(ギタイゴ). an onomatopoeia
きせき[奇跡·奇蹟](명) 기적. 사람의 힘으로나 생각으로는 할 수 없는 신기한 사실. a miracle. ―**てき**[奇跡的](형동ダ) 기적적. 기적에 가까운 모양.「―に生(イ)きかえる; 기적적으로 살아 나다」
きせき[軌跡](명) 궤적. ①〈수〉 주어진 조건에 적합한 점(点)이나 선(線)의 전체를 나타내는 도형(図形). ②수레 바퀴가 지나간 자국. 바퀴 자국. 1. a locus 2. a rut

きせき[鬼籍](명) 귀적. 〔절 등에서〕 죽은 신도(信徒)의 이름, 기일(忌日) 등을 기록한 장부. 과거장(過去帳). 「一に入(イ)る; 죽다」 a death register
きせき[碁石·棊石](명) 바둑돌.
ぎせき[議席](명) 의석. 의장(議場)에 있는 의원(議員)의 자리. a parliamentary seat
きせずして[期せずして](부) 뜻밖에. 예기(豫期)치 않고. 우연히. 「一意見(イケン)が一致(イッチ)した; 뜻밖에 의견이 일치하였다」 by accident
きせつ[気節](명) ①의기(意気)와 절조(節操). ②기후(気候). 1. spirit 2. climate
きせつ[季節](명) 계절. 절기. 시후(時候). 사철의 변화. 「一感(カン); 계절감」 a season. **── ふう**[季節風](명)〈지〉 계절풍. 겨울에는 대륙에서 대양으로, 여름에는 그 반대로 부는 바람. 철바람.
きせつ[既設](명·자サ) 기설. 이미 설치됨. ↔未設(ミセツ). established
きぜつ[気絶](명·자サ) 기절. 한때 정신을 잃음. 까무러침. 졸도. fainting
きぜつ[奇絶](명) 매우 진기한 것. 몹시 기묘한 것. oddity
ぎぜつ[義絶](명·자サ) 의절. ①맺었던 의리를 끊음. 절교(絶交). ②군신(君臣) 또는 육친(肉親)의 인연을 끊음. cutting off relationship
きせなが[着せ長](명)〈고〉 갑옷. 특히 장군이 착용하는 것을 말함.
きせもの[被物](명) ①입는 것. 의복. 덮개. ②어떤 물건을 다른 물건 위에 덮어 씌워 그 물건으로 보이게 꾸민 것. 가짜 물건. 1. clothes
き·せる[着せる](타하 1) ①입히다. ②씌우다. 「罪(ツミ)を一; 죄를 씌우다」 1. put on 2. cover
キセル[캄보디아 khsier·煙管](명) ①양쪽 끝이 금속이고 가운데가 대로 되어 있어 살담배를 피우는 도구. 담뱃대. ②〈속〉 발차역과 도착역 가까운 곳의 표만 가지고 중간에는 표 없이 기차 등을 타는 일.
〔煙管①〕
きぜわ[生世話](명) 〔카부키(歌舞伎)에서〕 특히 당시의 사회상과 풍속을 그대로 옮긴 것.
きぜわし·い[気忙しい]ーゼハシイ(형) ①초조하여 침착하지 못하다. ②성급하다. 파생 **── さ**(명). 1. restless 2. fussy
きせわた[着せ綿](명) 물건 위에 입히는 솜.
きせん[汽船](명) 기선. 증기선(蒸気船). a steamship
きせん[帰船](명·자サ) 귀선. ①배가 원래의 항구로 돌아 감. 또는 돌아 옴. ②한번 배에서 내린 사람이 다시 배로 돌아 감. 또는 돌아 옴. 2. return to one's ship
きせん[基線](명) 기선. ①삼각 측량(三角測量)의 기준으로서 제일 먼저 지상에 정치(定置)되는 직선. ②〈수〉〔투영 화법(投影画法)에서〕 직립(直立) 투영면과 수평(水平) 투영면과의 교선(交線)을 나타내기 위하여 긋는 선. 1. a base line 2. a base
きせん[貴賤](명) 귀천. ①부귀(富貴)와 빈천(貧賤). ②귀한 사람과 천한 사람. 고하(高下). 「一の別(ベツ)なく; 귀천의 차별 없이」 2. high and low
きせん[輝線](명)〈이〉 휘선. 기체 원소(気体元素)에서 나오는 스펙트럼의 빛나는 선. 원소 감정(鑑定)에 쓰임. a bright line
きせん[機先](명) 기선. ①일이 일어나려고 하는 찰나. 발생할 즈음. ②남보다 앞질러 하는 것. 「一を制(セイ)する; 선수를 쓰다」 1. vanguard
きせん[機船](명) 기선. 발동기선(発動機船)의 준말.
きぜん[毅然](형동タルト) 의연. 의지(意志)가 굳은 모양. 굳센 모양. 「一たる態度(タイド); 굳건한 태도」 dauntless
ぎせん[義戦](명) 정의를 위한 전쟁. a righteous war
ぎぜん[偽善](명) 위선. 선(善)을 가장하는 것. 착한 체하는 것. ↔偽悪(ギアク). hypocrisy
ぎぜん[巍然](형동タルト) 외연. (산이) 높이 솟아 있는 모양. towering majestically
きそ[起訴](명·타サ)〈법〉 기소. 검사가 공소(公訴)를 일으킴. 소송(訴訟)을 제기(提起)함. 「一状(ジョウ); 기소장」 prosecution
きそ[基礎](명) 기초. ①토대. 밑바닥. 「一工事(コウジ); 기초 공사」 ②근본. 「一知識(チシキ); 기초 지식」 1. a foundation 2. the basis
きぞ[昨日](명)〈고〉 ①어제. ②어젯밤.
きそ·う[競う]キソフ(자 4) ①다투다. 경쟁하다. 겨루다. 「技(ギ)を一; 재주를 겨루다」 ②힘쓰다. 노력(労力)하다. 1. compete 2. strive
きそ·う[着装う·服襲う]キソフ(타하 2)〈고〉 입은 옷 위에다 겹쳐 입다. 껴입다.
きそう[起草](명·타サ) 기초. 글의 초안을 잡음. 원고를 씀. 기안. drafting
きそう[貴僧] Ⅰ(명) 지위가 높은 승려(僧侶). Ⅱ(대) 상대의 승려에 대한 높임말. Ⅰ a high priest
きぞう[寄贈](명·타サ) 기증. 물건을 증정(贈呈)함. presentation
ぎそう[偽装·擬装](명·자サ) 위장. 다른 것인 것처럼 꾸며 적의 눈을 속임. 또는 그 수단. camouflage
ぎそう[義倉](명) 의창. 흉년(凶年)에 세궁민(細窮民)을 구제하기 위하여 곡물을 보관해 두는 창고. a reserve-barn against famine
ぎそう[艤装](명·타サ) ⇨せんそう(船装).
ぎそう[議奏](명) 일본 무가 시대(武家時代)의 직명. 카마쿠라(鎌倉) 시대에는 정치를 논의하여 상주(上奏)했고, 에도(江戸) 시대에는 3위(三位) 이하의 관리에게 하달되는 구두 칙어(勅語)의 전달이나 정치에 관한 일의 상주(上奏)를 맡아 했음.
ぎぞう[偽造](명·타サ) 위조. 거짓으로 만듦. 진짜처럼 만듦. 「一紙幣(シヘイ); 위조 지폐」 forgery
きそうきょく[綺想曲](명)〈악〉 ⇨きょうそうきょく(狂想曲).
きそうてんがい[奇想天外](형동ダ) 기상 천외. 깜짝 놀랄 만큼 기발한 모양. fantastic

きそく[気色](명)〈고〉 기색. ①안색(顔色). 모양. 상태. ②기분.

きそく[気息](명) 기식. 숨기. breath. **—えんえん**[気息奄奄](연어·형동タルト) 호흡이 힘이 없어 끊어지려 하는 모양. 금방 죽을 것 같은 모양.

きそく[規則](명) 규칙. ①여러 사람이 다 같이 지키기로 작정한 법칙. ②사물의 질서. 「一的(テキ); 규칙적(질서 바른)」 1. a rule 2. order

きそく[驥足](명) ①준마(駿馬)의 뛰는 힘. ②뛰어난 인물의 재능. 1. running power of a swift horse 2. ability

きぞく[帰属](명·자サ) 귀속. ①본래의 자리에 돌아가 붙음. 복종. ②〈법〉 재산이나 권리가 특정한 주체(主体)에 속하게 되는 일. 1. submission 2. reversion

きぞく[貴族](명) 귀족. ①문벌이나 지위가 높고 봉건적인 특권을 가진 사람. ②상류 사회의 특권을 가진 계급. 1. noblemen. **—てき**[貴族的](형동ダ) 귀족적. (말이나 태도가) 귀족다운 모양.

ぎそく[偽足](명)〈생〉 위족. 원생 동물(原生動物) 등이 세포 표면에서 형성하는 신축 자재(伸縮自在)한 원형질 돌기(突起). 운동이나 먹이 섭취의 구실을 함. 가족(仮足). 허족(虚足). a pseudopodium

ぎそく[義足](명) 의족. 절단된 다리를 보충하기 위한 고무나 나무로 만든 다리. an artificial leg

ぎぞく[義賊](명) 의적. 의협심(義俠心)이 있는 도둑. a chivalrous robber

きそこうじょ[基礎控除](명)〈법〉 기초 공제. 소득세법(所得税法)에 있어서 소득 중에서 일정한 금액을 공제하는 일.

きそづ·ける[基礎付ける](타하 1) 기초가 되게 하다. 기초를 만들다. base on

きそば[生蕎麦](명) 순 메밀 국수. buckwheat vermicelli

きぞめ[着初め](명·자サ) 새옷을 처음으로 입음. 또는 입기 시작함. the first wearing of a new suit

きそゆうよ[起訴猶予](명)〈법〉 기소 유예. 피고인의 범죄 행위가 가볍다고 인정되어 검사가 재판소에 공소하지 않는 것. suspension of indictment

きそん[既存](명) 기존. 이미 존재하는 것. existing

きそん[帰村](명·자サ) (자기의) 마을로 돌아 감. 또는 돌아 옴. return to one's village

きそん[棄損·毀損](명·타サ) 훼손. 헐거나 깨뜨러져 못 쓰게 되는 일. damage

きた[北](명) ①북. 북쪽. ②북풍(北風). 1. the north

きだ[段](명)〈고〉 ①도려 낸 자국. 새긴 금. ②구분. 계급. ③계단.

ぎだ[犠打](명) 희타. 〔야구에서〕 러너(走者)를 진루(進塁) 또는 득점하게 하기 위하여 배터(打者)가 희생적으로 아웃되는 타격. 희생타(犠牲打). a sacrifice hit

ギター[guitar](명)〈악〉 기타아. 바이올린과 비슷한 현악기(絃楽器)의 하나.

〔ギター〕

きたアイルランド[北 Ireland](명)〈지〉 북아일랜드. 아일란드의 북동부 지방. 농업, 목축업, 섬유, 조선업 등이 성함. 수도는 벨파스트(Belfast).

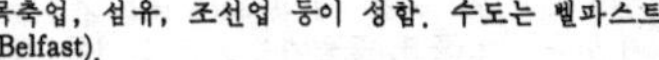

きたアメリカ[北 America·北亜米利加](명)〈지〉 북아메리카. 6대주(六大洲)의 하나. 아메리카 대륙의 파나마 지협 이북.

きたい[気体](명)〈이〉 기체. 공기처럼 일정한 형체를 갖지 않고, 자유로이 유동하기 쉬운 물질. gas

きたい[危殆](명) 위태. 형세가 매우 위험한 것. 「—に瀕(ヒン)する; 아주 위태롭게 되다」 danger

きたい[奇態](형동ダ) 진기한 모양. strange

きたい[期待](명·타サ) 기대. 마음속으로 바람. 예기하여 기다림. expectation

きたい[機体](명) 기체. 비행기의 동체(胴体). 또는 발동기 이외의 부분. a fuselage

きだい[希代·稀代](형동ダ) 희대. 세상에 드문 모양. 희세(稀世). rare

きだい[季題](명) ⇨きご(季語).

ぎたい[疑殆](명) 의심하고 두려워함. apprehension

ぎたい[擬態](명) 의태. ①어느 모양이나 행동을 흉내내는 일. ②〈생〉 동물이 적을 방어 또는 공격하기 위하여 빛깔이나 모양을 다른 것과 닮게 하는 일. mimicry. **—ご**[擬態語](명) 의태어. 사물의 생긴 모양이나 태도를 흉내 낸 말. 예: 꼬불꼬불, 얼룩얼룩 등. ↔擬声語(ギセイゴ). **—ほう**[擬態法](명) 사물의 자태를 구체적으로 표현하는 수사법(修辞法).

ぎだい[議題](명) 의제. 회의에서 논의할 문제. a subject for discussion

きたえぞ[北蝦夷](명)〈지〉 ⇨サハリン.

きた·える[鍛える]キタヘル(타하 1) ①쇠붙이를 불에 달구어 두드리다. ②단련(鍛錬)하다. 강하게 하다. 「体操(タイソウ)でからだを—; 체조로 신체를 단련하다」 1. temper

きたおもて[北面](명) 북면. 북으로 향한 쪽. the north side

きだおれ[着倒れ]—ダフレ(명·자サ) 옷치장으로 재산을 없앰. ↔食(ク)い倒れ. waste in dress

きたかいきせん[北回帰線](명)〈지〉 북회귀선. 북위 23도 30분의 위도(緯度)를 연결한 선. 춘분(春分) 때 적도에 있던 해가 점점 북으로 올라 가 하지(夏至)에 이 선을 통과하고, 다시 남으로 내려 감. ↔南(ミナミ)回帰線. the Tropic of Cancer

きたかぜ[北風](명) 북풍. 북쪽에서 불어 오는 바람. 북새. ↔南風(ミナミカゼ). the north wind

きたきり[着た切り](명) 입은 옷뿐인 것. 옷이 한 벌뿐이어서 갈아 입을 옷이 없는 일. having nothing to wear except the clothes on now. **—すずめ**[着た切り雀](명)〈속〉 옷이 한 벌 밖에 없는 사람. 단벌 신사.

きたく[帰宅](명·자サ) 자기 집으로 돌아 감. 또는 돌아 옴. 귀가(帰家). returning home

きたく[寄託](명·타サ) 기탁. ①부탁하여 맡기어 둠. ②〈법〉 당사자의 한 쪽이 상대방에게서 물품의 보관을 위탁받고 하는 계약. 1. trust 2. bailment

きたく[貴宅](명) 귀댁. 상대방 집의 높임말. your house

きたけ[着丈](명) 키에 맞는 옷의 길이. the length of one's clothes

きたざま[北様](명) 북쪽. 북방. the north

きた·す[来たす](타 4) 오게 하다. 오도록 하다. 초래하다. 「破局(ハキョク)を一; 파국을 초래하다」 invite

きた·する[北する](자サ) 북으로 가다. ↔南(ミナミ)する. go toward the north

きだち[木太刀](명) 나무로 만든 검. 목검(木劍). 목도(木刀). a wooden sword

きたつ[既達](명·타サ) 이미 지시함. 이미 알림. 「一の通(トオ)り; 이미 알린 바와 같이」 a previous information

きだて[木楯](명) 몸을 방어하기 위하여 수목(樹木)을 방패로 대신하는 일.

きだて[気立て](명) 성품. 성질. 기질. 「一がやさしい; 성품이 부드럽다」 temper

きだて[季立て](명) 〔하이쿠(俳句)에서〕 계절을 나타내는 말을 넣는 일.

きたな·い[汚ない·穢ない](형) ①더럽다. 추하다. ②비열하다. 속이 검다. 「やり方(カタ)が一; 하는 짓이 비열하다」 ③인색하다. 「おかねに一; 돈에 인색하다」 ④천하다. 「一ことば; 천한 말」 [파생] **―が·る**(자 4) **―げ**(형동ダ) **―さ**(명). 1. dirty 2. unfair

きたならし·い[汚ならしい·穢ならしい](형) 더럽게 보이다. 추하게 느껴지다. [파생] **―が·る**(자 4) **―げ**(형동ダ) **―さ**(명). dirty-looking

きたのかた[北の方](명) ①북쪽. ②신분이 높은 사람의 부인. 1. the north

きたはま[北浜](명) ①오오사카(大阪) 증권 거래소가 있는 곳. ②오오사카의 금융 시장. ↔兜町(カブトチョウ).

きたはんきゅう[北半球](명)〈지〉 북반구. 지구를 적도(赤道)에서 남북으로 나눈 북쪽 부분. ↔南(ミナミ)半球. the northern hemisphere

きたまくら[北枕](명) (시체 등의) 머리를 북쪽으로 향하게 누이는 것. lying with one's head to the north

きたむき[北向き](명) 북쪽으로 향하는 일. 북향(北向). facing north

きたやま[北山](명) ①북쪽 산. ②〈속〉 배고픔을 느끼는 것. ③〈속〉 음식물이 상하는 것. ④상대방이 정을 붙여 오는 것. 1. a northern hill 2. feeling hungry

ぎだゆう[義太夫](명) ←義太夫節. **―ぶし**[義太夫節](명) 겐로쿠(元禄) 시대에 시작된 죠오루리(浄瑠璃)의 대표적인 일파.

きた·る[来たる] Ⅰ(자 4) "くる(오다)"의 센말. 「台風(タイフウ)一; 태풍 내습(来襲)」 ②…(하여) 오다. 「用(モチ)い一…; 지금까지 써 온…」 ③〈속〉 상하다. 썩다. Ⅱ(연체) 다음에 오는. 「一十日(トオカ); 오는 10일」 ↔去(サ)る. Ⅰ 3. rot Ⅱ coming. **―べき**[来たるべき](연체) 이제부터 올. 다음에 올. 「一総選挙(ソウセンキョ)には…; 앞으로 올 총선거에는…」

きたん[忌憚](명) 기탄. 싫어 꺼리는 것. 삼가는 것. 「一のない意見(イケン); 기탄 없는 의견」 reserve

きだん[気団](명)〈천〉 기단. 수평 방향으로 온도, 습도 등이 어디나 대개 같게, 넓은 범위에 걸쳐서 퍼져 있는 공기의 덩어리. an air mass

きだん[奇談](명) 기담. 기이한 이야기. 이상 야릇하고도 재미 나는 이야기. 괴담(怪談). a strange story

きだん[綺談](명) 재미 있게 꾸민 이야기. a romantic story

ぎだん[疑団](명) 의심의 덩어리. 풀리지 않는 의심. a doubt

きたんぱくせき[貴蛋白石](명)〈광〉 귀단백석. 보석의 한 가지. 돌리면서 보면 방향에 따라서 각기 다른 아름다운 광채를 냄. noble opal

きち[吉](명) 길. 경사(慶事). ↔凶(キョウ). a good luck

きち[危地](명) 위지. 위험한 장소(場所). 위태로운 자리. a dangerous place

きち[奇知·奇智](명) 기지. 기발한 지혜. wit

きち[既知](명) 기지. 이미 알려진 것. 벌써 알고 있는 것. a known matter

きち[基地](명) 기지. (행동을 일으키는) 근거지. 활동의 중심이 되는 곳. a base

きち[貴地](명) 귀지. 상대방이 살고 있는 땅의 높임말. your place

きち[機知·機智](명) 기지. 그때그때 재치 있게 변통하는 슬기. wit

きち[窺知](명·타サ) 엿보아서 앎. grasping an idea of

きぢか[期近](명)〈경〉 〔정기 거래(定期去来)에서〕 수도(受渡) 기일이 가까와지는 것. 「一物(モノ); 수도 기일이 가까운 것」

きちがい[気違い]―チガヒ(명) ①정신 이상이 되는 일. 또는 미친 사람. ②어떤 일에 몹시 열중하는 일. 또는 그 사람. 「野球(ヤキュウ)一; 야구광」 1. a madman. **―ざた**[気違い沙汰](명) 미치광이 같은 짓. 당치도 않은 일. **―じ·みる**[気違い染みる](자상 1) 미치광이처럼 되다. 미치광이처럼 보이다. 「気違いじみた言動(ゲンドウ); 미치광이 같은 언동」 **―みず**[気違い水]―ミヅ(명)〈속〉 술(酒).

きちきち(부·자サ) ①물건이 빽빽이 차 있는 모양. ②물건의 양이나 시간이 겨우 차서 여유가 없는 모양. 겨우겨우. ③⇨ぎちぎち. 1. closely packed 2. barely

ぎちぎち(부·자サ) ①물건이 서로 닿아서 삐걱거리는 소리. ②일이 잘 안되는 모양. 1. creakily 2. wrongly

きちく[鬼畜](명) ①마귀와 짐승. ②인정이 없는 사람. ③은의(恩義)를 모르는 놈. 2. a cruel person

きちく[騎竹](명) 어린이들이 죽마(竹馬)를 탐. 「一の交(マジワ)り; 죽마지우(竹馬之友)」 playing on stilts

きちこう[桔梗](명)〈고〉 ⇨ききょう.

きちじ[吉事](명) 길사. 경사스러운 일. 경사(慶事). ↔凶事(キョウジ). a good luck

きちじょうてん(にょ)[吉祥天(女)](명)〈불〉 길상 천녀. 중생에게 복덕(福德)을 주는 여신. 아버지는 덕차가(徳叉迦), 어머니는 귀자모(鬼子母). 비사문천(毘沙門天)의 비(妃).

きちずい[吉瑞](명) 길서. 길한 징조. a good omen
きちすう[既知数](명) 기지수. ①〈수〉 방정식(方程式)에서 이미 그 수치(数値)를 알고 있는 수. ↔未(ミ)知数. ②이미 알려진 것. 「彼(カレ)は一だ; 그는 기지수의(발전할 수 없는) 사람이다」 1. a known quantity
きちにち[吉日](명) 길일. 일진이 좋은 날. 경사스러운 날. 상서로운 날. a lucky day
きちむ[吉夢](명) 길몽. 좋은 꿈. 상서로운 꿈. ↔凶夢(キョウム). an auspicious dream
きちゃく[帰着](명·자サ) 귀착. ①돌아 가 닿음. ②의논이 낙착됨. 귀결(帰結). 1. returning
きちゅう[忌中](명) 기중. 초상이 난 동안. 상중(喪中). 또는 그동안에 문앞에 세운 푯말. mourning
きちゅう[基柱](명) 기본이 되는 기둥. the principal pillar
きちょ[貴著](명) 상대편의 저작(著作)에 대한 높임말. your book
きちょう[几帳](명) 대(臺)에 두 개의 기둥을 세우고 그 위에 가로대를 지르고 휘장을 친 것. 옛날 방의 간막이로 썼음. a screen. **—めん**[木帳面·几帳面] Ⅰ(명) 기구(器具)의 모서리에 홈을 판 것. Ⅱ(형동ダ) 예의 범절이 엄격하고 거동이 방정한 모양. 빈틈 없고 꼼꼼한 모양.

〔几帳〕

きちょう[記帳](명·타サ) 기장. 장부에 기록함. register
きちょう[帰庁](명·자サ) 귀청. 청사로 돌아 옴. 또는 돌아 감. returning to a government office
きちょう[帰朝](명·자サ) 외국에서 돌아 옴. 귀국(帰国). home-coming
きちょう[貴重](명·타サ·형동ダ) 귀중. 귀하고 중함. 진중(珍重). preciousness
きちょう[基調](명) 기조. ①사상, 행동 등의 기준이 되는 것. ②〈악〉 주조음(主調音). 1. the basis 2. the keynote
きちょう[機長](명) 기장. 항공기의 지휘자. 운항(運航)과 안전의 책임자. the leader of an aeroplane
ぎちょう[議長](명) 의장. ①회의나 의회의 대표자. 또는 사회자. ②〈법〉 합의제(合議制) 기관의 의사(議事)를 통리(統理)하고, 그 합의체(合議体)를 대표하는 사람. 1. the chairman 2. the speaker
きちれい[吉例](명) 길례. 좋은 전례(前例). 경사스러운 습관. 「一にちなむ; 길례를 따르다」 a time-honoured custom
きちん(부) ①잘 정리된 모양. 깔끔히. 말쑥이. ②규칙이 바른 모양. 「一とした生活(セイカツ); 규칙적인 생활」 2. regularly
キチン[kitchen](명) 키친. 요리장(料理場). 부엌.
きちんやど[木賃宿](명) ①시탄료(柴炭料)를 내고 합숙하며 각자 자취하는 여인숙(旅人宿). ②값 싼 여인숙. 1. a dosshouse 2. a cheap lodginghouse
きつ[吉](명) ⇨きち(吉).
きつ·い(형) ①강하다. 용감하다. ②심하다. 엄중하다. ③꼭 끼어서 움직이지 않다. 여유가 없다. 답답하다. 「靴(クツ)が一; 구두가 꼭 끼다」 ④뛰어나다. 훌륭하다. 1. strong 2. severe 3. tight
きつえん[喫煙](명·자サ) 끽연. 담배를 피움. 「一室(シツ); 끽연실」 smoking
きつおん[吃音](명) 더듬는 음성. a stammering voice
きっか[菊花](명) ①국화. ②국화꽃 무늬. 1. a chrysanthemum
きっかい[奇っ怪](형동ダ) "きかい"의 강한 말. 매우 기괴한 모양. strange
きづか·う[気遣う]ーヅカフ(자 4) 마음을 쓰다. 염려하다. 명 気づかい. be anxious about
きっかけ[切っ掛け](명) ①시작. 실마리. 계기(契機). ②기회. 알맞는 시기. 1. a beginning
きっかり(부) ①뚜렷이. ②마침. 꼭. 1. clearly 2. just
きづかれ[気疲れ](명·자サ) 마음이 피로함. 지침. mental fatigue
きづかわし·い[気遣わしい]ーヅカハシイ(형) 마음 놓을 수 없다. 걱정스럽다. 염려(念慮)스럽다. 파생 **—げ**(형동ダ) **— さ**(명). apprehensive
きっきゅう[鞠躬](명·형동タリ) 황송하여 몸을 굽힘. humility. **—じょ**[鞠躬如](부) 황송해하는 모양.
きっきょ[拮据](명·자サ) 바쁘게 일함. 「一経営十年(ケイエイジュウネン); 부지런히 경영한지 10년」 hard toil
きっきょう[吉凶](명) 길흉. 좋은 일과 궂은 일. 행복과 재앙. good or ill luck
きっきょう[喫驚](명·자サ) 깜짝 놀람. a surprise
きっきん[喫緊·吃緊](명·형용ダ) 끽긴. 중대함. 긴요(緊要). vital importance
キック[kick](명·타サ) 킥. 발로 참. **—オフ**[kick off](명·자サ) 킥오프. 〔축구에서〕 ①시축(始蹴)함. ②시합 개시.
きづ·く[気付く](자 4) 알아 차리다. 눈치 채다. notice
きっくつ[詰屈·佶屈](명·부) ①구부러짐. ②문자 따위가 어려워서 알기 힘듦. 「一聱牙(ゴウガ); 문장과 자구(字句)가 어렵고 딱딱함」 1. stoop 2. stiffness
キックボール[kick-ball](명) 킥보올. 두 편으로 나누어 두 개의 동그라미 사이에 공을 놓고 먼저 상대편의 동그라미 속에 차 넣는 것으로 승부를 겨루는 경기.
きつけ[気付け·気附け](명) ①기운을 차리는 것. ②기절한 사람을 다시 정신을 차리게 하는 것. 「一薬(グスリ); 깨어 나게 하는 약」 ③[気付]〔"キヅケ"로도 발음함〕 그곳에 살고 있지 않은 사람에게 편지를 낼 때, 주소 옆에 적는 말. …방(方). 전교(転交). 1. encouragement
きつけ[着付け·着附け](명·자サ) ①입어 옷이 몸에 익음. 또는 그 옷. ②옷맵시. 옷거리. ③연극에서 입는 저고리. ④복장(服装). 1. usual wearing
きっこう[拮抗·頡頏](명·자サ) ①뛰어 올랐다 내렸다 함. ②서로 세력을 다투어 우열(優劣)이 없음. ③굴종하지 않음. 2. rivalry 3. rebelling against
きっこう[亀甲·亀甲](명) ①귀갑. 거북의 등(背) 껍데기. 거북 딱지. ②귀갑 모양의 육각형이 연속한 모

양. 또는 그런 무늬. 1. a tortoiseshell

〔亀甲②〕

きっさ[喫茶](명) 끽다. 차(茶)를 마시는 것.「一店(テン); 다방」 tea-drinking

きっさ[譎詐](명) 속임. 기만. a lie

きっさう[吉左右](명) ⇨きっそう.

きっさき[切っ先·鋒](명) ①칼끝. ②뾰족하게 깎은 것의 끝. 1. the point of a sword

きつじ[吉事](명) ⇨きちじ.

きつじ[屹峙](명) 산이 높이 솟은 모양. towering

きつじつ[吉日](명) ⇨きちにち.

ぎっしゃ[牛車](명) 옛날 귀인이 타고 다니던 소가 끄는 수레. 사람 타는 곳이 집같이 되어 있었음. ⇨: ぎゅうしゃ(牛車). a cow-carriage

きっしょう[吉祥](명) ①행복. 기쁨. ②경사스러운 징조. 1. happiness 2. a good omen

ぎっしり(부) 가득 찬 모양. 가득히. 빈틈 없이. closely

きっしん[吉辰](명) 길일. 경사스러운 날. a lucky day

キッス[kiss](명·자타サ) ⇨キス.

きっすい[生粋](명) 다른 것이 섞이지 않은 것. 순수(純粹). genuineness

きっすい[喫水·吃水](명) 흘수. 배밑에서 수면에 이르는 최대 수직 거리. 배가 물에 가라앉는 깊이. draught. **—せん**[喫水線](명) 선복(船腹)이 물에 잠기는 한계선. 흘수선.

きっ·する[喫する](타サ) ①마시다. 먹다. ②받다. 당하다.「惨敗(サンパイ)を一; 참패를 당하다」 1. take

きっせき[詰責](명·타サ) 힐책. 따져 물어 책망함. reproach

きつぜん[屹然](형동タリ) ①산이 높이 솟은 모양. ②의연하여 굴하지 않는 모양. 1. soaring 2. dauntless

きっそう[気っ相](명) 안색. 혈색. complexion

きっそう[吉左右](명) 좋은 소식. 소식. good news

きっそう[吉相](명) 길상. ①좋은 일이 있을 징조. ②행운을 축원함. ③좋은 인상(人相). 1. a good omen

きづた[木蔦·常春藤](명)〈식〉 상춘등. 송악. 두릅나무과에 속하는 상록 활엽 만목(蔓木). 기근(氣根)이 있고 줄기와 잎은 약용함. 〈학명〉Hedera Tableri

きったつ[切っ立つ](자 4) 깎아 지른 듯이 우뚝 서다. 똑바로 서다. stand perpendicularly

きづち[木槌](명) 나무로 만든 망치. 나무 방망이. a wooden mallet

きっちゃ[喫茶](명)〈속〉 ⇨きっさ.

きっちゅう[橘中](명) 귤 속. 「一の仙(セン); 바둑을 즐기는 사람(귤을 쪼개 보니 그 속에서 두 사람의 백발 노인이 바둑을 두며 즐기고 있더라는 중국 고사에서 나옴)」

ぎっちょ(명)〈속〉 왼손잡이. left-handedness

きっちょう[吉兆](명) 길조. 좋은 일이 있을 조짐. 길징(吉徵). ↔凶兆(キョウチョウ). a good omen

きっちり(부·자サ) ①빈틈 없이. 꼭 알맞게.「一はめこむ; 꼭 알맞게 끼우다」②꼭. 정확히. 우수리 없이.「五時(ゴジ)一; 정각 다섯 시」 1. closely 2. just

キッチン[kitchen](명) ⇨キチン.

きつつき[啄木鳥](명)〈동〉 딱다구리. 삼림 속에 살며 날카롭고 단단한 부리로 나무를 쪼아 구멍을 내어 그 속에 든 벌레를 잡아 먹음. a woodpecker

きって[切手](명) ①수표(手票). ②우표. ③상품권(商品券). 1. a cheque 2. a postage stamp

きっての[切っての](연어) …에서 제일가는. …에서 으뜸인.「市内(シナイ)一金持(カネモ)ち; 시내에서 제일가는 부자」 the most...of all

きっと[屹度·急度](부) ①반드시. 꼭. ②엄숙하게. 엄중히.「態度(タイド)が一なる; 태도가 엄숙해지다」③〈고〉 움직이지 않고 조용히. ④〈고〉 재빨리. 곧. 1. surely

キット[kit](명) 키트. ①맞추어 쓸 수 있도록 모아 놓은 부분품의 한벌. ②여행, 운동 용구 등의 한벌. ③연장 한벌.

キッド[kid](명) 키드. ①염소 새끼. ②염소 새끼의 가죽. ③송아지 가죽.

きつね[狐](명) ①〈동〉 여우. ⇨: いなり(稲荷). ②간사한 사람. 요사스러운 사람. ③유부 초밥. ④유부로 만든 요리에 붙이는 이름.「一うどん; 유부 국수」⑤←狐色. 1. a fox 2. a cunning person. **—いろ**[狐色](명) 엷은 갈색(褐色). **—けん**[狐拳](명) 가위바위보의 한 가지. 두 손을 펴서 머리에 올리면 여우, 무릎 위에 올리면 면장(面長), 한 손을 앞으로 내밀면 총(銃)으로 정해 놓고 노는 놀이. **—つき**[狐付き·狐憑き](명) 여우에게 홀렸다고 하는 일종의 정신병. 또는 그 병에 걸린 사람. **—び**[狐火](명) 도깨비불. **—ものがたり**[狐物語](명) 중세기 서부 유럽의 동물 설화(動物說話). 대표적인 것은 1174년경부터 1250년에 걸쳐 프랑스에서 쓰여진 것으로, 26편의 운문(韻文)으로 되어 있음. 동물을 묘사하면서 당시의 인간 사회를 풍자한 것으로 여러 나라에 널리 퍼져 있음. **—のよめいり**[狐の嫁入り](명) ①도깨비불이 많이 줄지어 보이는 것. ②해가 나 있는데 오는 비. 여우비.

きっぱし[切っ端](명) 오려 낸 조각. 베어 낸 토막. a scrap

きっぱり(부·자サ) 확고히. 똑똑히. 딱 잘라.「一ことわる; 딱 잘라 거절하다」 definitely

きっぷ[切符](명) ①승차권. 차표. 입장권. ②물건의 수도(受渡), 배급 등에 쓰이는 표. ③납세 통지서. 1. a ticket 2. a coupon

きっぷ[気っ風](명)〈속〉 ①기풍. 기질. ②돈이나 물건을 후하게 쓰는 성질.「一がいい; 손이 크다(금품을 호기 있게 잘 쓰다)」 1. temperament

きっぽう[吉報](명) 길보. 좋은 소식. 희소식(喜消息). ↔悪報(アクホウ). good news

きづま[気褄](명) 기분. 생각. 의도. intention

きづまり[気詰まり](명·형동ダ) 마음이 울적함. 마음이 거북함. constraint

きつもん[詰問](명·타サ) 힐문. 트집을 잡아 따져 물음. cross-examination

きつりつ[屹立](명·자サ) 흘립. (산 등이) 높이 솟아 있음. 우뚝 솟아 있음. 용립(聳立). towering

きつれい[吉例](명) ⇨きちれい.

きつれごうし[木連格子](명) 문살을 바둑판 모양으로 짠 격자(格子). 정자(井字) 격자.

きづよ·い[気強い](형) ①마음이 강하다. 용기가 있다. ②매정하다. 박정하다. ③안심되다. 마음 든든하다. ④기승하다. 파생 **―さ**(명). 1. stronghearted

きて[来手](명) 올 사람. 와 줄 사람. 「嫁(ヨメ)に―がない; 시집 와 줄 사람이 없다」 a comer

きて[着手](명) 입을 사람. 「洋服(ヨウフク)の―がない; 양복을 입을 사람이 없다」 a wearer

ぎて[技手](명)〈속〉 ⇨ぎしゅ.

きてい[汽艇](명) 기정. 증기 기관으로 달리는 비교적 작은 배. a steam launch

きてい[既定](명) 기정. 이미 정해져 있는 것. being established

きてい[規定·規程](명·타サ) 규정. ①규칙을 정함. 또는 정해 놓은 규칙. ②모든 행위의 준칙(準則)이 되는 규칙. rules

きてい[基底](명) 토대가 되는 바탕. 본바탕. a base

きてい[貴弟](명) 귀제. 상대편 남동생의 높임말. 계씨(季氏). your younger brother

きてい[旗亭](명) ①여인숙. 여관. ②요리점. 술집. 1. an inn 2. a restaurant

ぎてい[義弟](명) ①의로 맺은 동생. ②남편이나 아내의 남동생. 또는 여동생의 남편. 시동생. 처남. 매제. ↔実弟(ジッテイ). 2. a younger brother-in-law

ぎてい[議定](명·타サ) 의정. ①평의(評議)하여 정함. ②약속하여 결정함.「―書(ショ); 의정서」 agreement

きてき[汽笛](명) 기적. 증기의 힘으로 부는 고동. 「汽車(キシャ)の―; 기차의 기적」 a steam whistle

きてれつ[奇天烈](형동ダ)〈속〉 아주 기묘한 모양. 보기 드문 모양. 「奇妙(キミョウ)―; 기기 묘묘」 strange

きてん[気転·機転](명) ①재치. 기지(機智). ②임기응변. 1. ready wit

きてん[起点](명) 기점. 사물의 첫머리. 출발점. 「鉄道(テツドウ)の―; 철도의 기점」 origin

きてん[基点](명) 기점. 기초가 되는 곳. 근본이 되는 점. a cardinal point

きてん[貴店](명) 귀점. 상대방의 상점을 높이어 일컫는 말. your shop

きでん[起電](명) 전기를 일으킴. electric generation

きでん[貴殿](대) 동년배나 손윗사람에게 쓰는 높임말. 귀하. 당신. you

ぎてん[疑点](명) 의심스러운 점. a doubtful point

ぎてん[儀典](명) 의전. 의식의 규정. 전례(典例). ceremonial regulation

ぎでん[偽電](명) 거짓 전보. 위조 전보. a false telegram

きでんたい[紀伝体](명) 기전체. 왕, 고관(高官) 등의 인물 전기(人物伝記)를 중심으로 서술한 역사 편찬의 한 체재(体裁). ↔編年体(ヘンネンタイ). a collection of biography

きと[企図](명·타サ) 기도. 일을 꾸며 내려고 꾀함. 계획. a plan

きと[帰途](명) 귀도. 돌아 가는 길. 또는 돌아 오는 길. 귀로(帰路). one's way home

きど[木戸](명) ①작고 간단한 성문(城門). 지방 행정 구역의 경계에 있는 간단한 문. ②통로나 출입구에 간단히 설비한 지붕 없는 문. ③흥행장(興行場)의 출입구. ④←木戸銭. 1. a castle-gate 3. an entrance. **―せん**[木戸銭](명) 예전의 흥행물 관람료.

きど[喜怒](명·자サ) 희로. 기쁨과 노여움. joy and anger

きどあいらく[喜怒哀楽](명) 희로애락. 기쁨과 노여움과 슬픔과 즐거움. 여러 가지 감정. 「―をあらわさない; 감정을 나타내지 않다」 feelings

きとう[汽筒·汽箭](명) 기통. (기차, 기선 등의) 피스톤이 그 속에서 왕복 운동을 하는 원통. a cylinder

きとう[祈禱](명·타サ) 기도. 소원이 이루어지기를 신불(神仏)에게 빎. a prayer

きとう[既倒](명) 이미 넘어져 있는 것. 「狂瀾(キョウラン)を―にめぐらす; 거의 결딴 난 일을 다시 회복하다」 being already fallen

きとう[起倒](명·자サ) 일어남과 쓰러짐. standing up and falling down

きとう[貴答](명) 상대방 대답의 높임말. your answer

きどう[気道](명)〈생〉 기도. 숨이 허파로 드나드는 통로. 예: 콧구멍, 숨관 등. the respiratory tract

きどう[奇童](명) 기동. 뛰어나고 총명한 어린이. a child prodigy

きどう[奇道](명) 정상이 아닌 기이한 방법. ↔正道(セイドウ). a strange method

きどう[軌道](명) 궤도. ①차가 지나 다니는 길. ②기차 또는 전차를 운행하기 위한 궤철(軌鉄). 레일. ③사람이 밟아야 할 바른 길. ④〈천〉 천체(天体)가 운행하는 일정한 길. ⑤〈이〉 물체가 일정한 힘을 받아 운동할 때에 그리는 일정한 경로(経路).「―に乗(ノ)る; (사물이) 본격화(本格化)되다」 2. 3. 5. a track

きどう[鬼道](명)〈불〉 아귀도(餓鬼道). 삼악도(三悪道)의 하나. 아귀들이 모여 사는 지옥으로서, 음식을 먹으려고 하면 불로 변하여 늘 굶주리고 매를 맞는다고 함. the Buddhist Hell of Starvation

きどう[起動](명·자サ) 기동. ①작용이나 동작을 일으킴. ②기관(機関)이 운전을 개시함. 시동(始動). 2. starting of motion

きどう[機動](명)〈군〉 기동. ①교전(交戦) 전후 또는 교전시에 군대가 전략상 취하는 행동. 「―力(リョク); 기동력」 ②조직적이며 기민한 행동. 「―的(テキ); 기동적」 manoeuvre. **―ぶたい**[機動部隊](명) 기동 부대. ①비상한 속도로 행동하는 유격 부대(遊撃部隊). ②항공 모함을 중심으로 한 함대.

きどうしゃ[気動車](명) 기동차. 가솔린 기관을 원동기(原動機)로 해서 운전하는 철도의 차량. 가솔린 카아. an engine-car

きどうらく[着道楽](명) 옷치장을 즐기는 것. 사치한 옷을 입는 도락. 또는 그 사람. love of finery

キトー[Quito](명)〈지〉 키이토. 에콰도르의 수도. 적도

직하(直下)에 위치한 고원 도시(高原都市).
きどおし[着通し](명) 늘 같은 옷을 입는 것. 圏着通す(타4). continual wearing of the same clothes
きとく[危篤](명) 위독. 병세가 대단하여 목숨이 위태로움. 중태(重態). being dangerously ill
きとく[既得](명) 기득. 이미 손에 넣음. 또는 손에 넣은 것. 「一権(ケン); 기득권」 already acquired
きどく[奇特](형동ダ) 기특. ①특히 뛰어난 모양. ②훌륭하여 칭송할 만한 모양. 「一な行(オコ)ない; 훌륭한 행동」 laudable
きどごめん[木戸御免](연어·명) 흥행장 등에 입장료 없이 출입할 수 있도록 허가하는 것. free admission
きどり[木取り](명·타サ) 재목을 용도(用途)에 알맞게 켬. dressing of wood
きど·る[気取る](자4) ①체재(体裁)를 꾸미거나 진지한 척하다. 「気取った話(ハナ)し方(カタ); 멋을 낸 말투」 ②…체하다. …척하다. 「豪傑(ゴウケツ)を一; 호걸인 척하다」 ③느끼다. 깨닫다. 명気取り. 1. affect 2. pretend
キナ[네 kina·規那](명)〈의〉 키나. 기나수(幾那樹)의 껍질을 말린 것. 알칼로이드를 많이 포함하여 강장제(強壮剤), 키니네의 원료로 씀.
きない[畿内](명) ①메이지(明治) 이전에 궁정(宮廷)에서 직접 다스린 (쿄오토의) 궁성(宮城) 부근의 토지. ③쿄오토에 가까운 야마시로(山城), 야마토(大和), 카와치(河内), 이즈미(和泉), 세쯔(摂津)의 다섯 지방(地方).
きない[機内](명) 비행기의 안. ↔機外(キガイ). the inside of an aeroplane
きなお·す[着直す](타4) 옷을 고쳐 입다. 갈아 입다. change clothes
きなが[気長](명·형동ダ) 성품이 느긋함. patience
きながし[着流し](명·타サ) 〔일본 옷차림에서〕 하카마(袴)를 입지 않은 평상시의 복장. 圏着流す(타4).
きなきな(부·자サ)〈방〉 우물쭈물. 「一しなさんな; 우물쭈물하지 마시오」 worryingly
きなくさ·い[きな臭い](형) (종이나 천 등이) 타는 내가 나다. 눋는 내가 나다. smell something burning
きなぐさみ[気慰み](명) 마음의 위로. 울적한 마음을 달램. 소창(消暢). recreation
きなこ[黄な粉](명) 콩가루. roasted soy bean flour
きなん[危難](명) 위난. 위급하고 곤란한 것. 재난(災難). danger
ギニア[Guinea](명)〈지〉 기니아. 아프리카 서해안의 공화국. 수도는 코나크리(Conakry).
キニーネ[네 quinine](명)〈의〉 키니네. 기나수(幾那樹)의 껍질로 만드는 알칼리성의 쓴맛이 나는 알칼로이드. 말라리아의 특효약. 금계랍.
きにいり[気に入り](명) 마음에 듦. 기분에 맞음. 또는 그런 사람. favour
きにち[忌日](명) 기일. 사람이 죽은 날. 제사날. 기신(忌辰). an anniversary of one's death
きにち[帰日](명·자サ) 일본으로 돌아 감. 또는 돌아옴. return to Japan
きにち[期日](명) 기일. 작정한 날짜. 정한 날짜. the appointed day
きにゅう[記入](명·타サ) 기입. 써 넣음. entry
ギニョール[프 guignol](명) 기뇨올. 꼭둑각시. 끈 대신 손에 씌워 손가락을 써서 놀리는 인형. 또는 그 인형극.
きにん[帰任](명·자サ) 귀임. 임지로 돌아감. 또는 돌아 옴. return to one's post
きぬ[衣](명) ①옷. 의복. ②껍질. 1. clothes
きぬ[絹](명) 명주. 비단. silk

〔ギニョール〕

きぬあや[絹綾](명) 능직(綾織)의 얇은 비단. silk damask
きぬいと[絹糸](명) 견사. 명주실. silk
きぬえ[絹絵](명) 명주에 그린 그림. a silk picture
きぬおり[絹織り](명) 견사(絹糸)로 짠 직물. 명주. 견직물(絹織物). silk fabrics
きぬがさ[衣笠](명) ①비단을 씌운 자루가 긴 양산. 옛날 귀인의 행차 때에 받치던 것. 일산(日傘). ②⇨てんがい(天蓋)①. 1. a long stemmed silk umbrella
きぬがさ[絹傘](명) 비단 우산. a silk umbrella
きぬかつぎ[衣被](명) 껍질을 벗기지 않고 통째로 삶은 작은 토란.
きぬぎ[着脱ぎ](명·타サ) (옷을) 입고 벗고 하는 일.
きぬぎぬ[衣衣·後朝](명)〈고〉 ①남녀가 동침(同寝)한 다음날 아침 각자의 옷을 입고 헤어짐. 또는 그 시각. ②남녀의 이별.
きぬけ[気抜け](명·자サ) 의식이 멍함. 얼빠짐. 실신(失神). distraction
きぬごし[絹漉し](명) 명주로 곱게 거름. 「一豆腐(トウフ); 명주 자루로 곱게 걸러서 만든 두부」 percolation through silk cloth
きぬこまちいと[絹小町糸](명) 방적 견사(紡績絹糸)로 만든 실. 비단 바느질 실의 대용품.
きぬじ[絹地](명) ①견직물의 바탕. ②그림 그리는 데 쓰이는 명주. 1. silk stuff
きぬずれ[衣擦れ](명) 옷이 스치는 것. 옷이 스치는 소리. rustling of clothes
きぬた[砧](명) ①다듬이질을 하는 나무나 돌로 만든 대. 다듬잇돌. ②다듬이질. 1. a fulling block
きぬてん[絹天](명) 면(綿) 빌로오드의 한 가지. velveteen

〔砧〕

きぬばり[絹針](명) 견사로 비단 바느질을 할 때 쓰는 바늘. ↔もめん針. a silk needle
きぬばり[絹張り](명) ①비단의 양끝을 버티어 잡아당겨서 주름을 펴는 가느다란 나무 막대. ②비단에 풀칠을 하여 팽팽하게 펴는 데 쓰는 판자. ③비단을 바른 물건. 「一の傘(カサ); 비단 우산」 3. silk finish
きぬもの[絹物](명) ①견직물. ②비단 옷. 2. silk clothes
きぬわた[絹綿](명) 허드렛고치로 만든 하얗고 광택이 있는 솜. 풀솜. floss
きね[杵](명) 절굿공이. a pestle
きねずみ[木鼠](명)〈동〉 ⇨りす(栗鼠).

きねづか[杵柄](명) 절굿공이의 자루. 「むかし取(ト)った—; 옛날에 익힌 솜씨」 the handle of a pounder
キネマ[kinema](명) 키네마. 영화. 시네마.
きねん[祈念](명·타サ) 기도(祈禱). prayer
きねん[記念·紀念](명·타サ) 기념. 기억하여 잊지 아니함. commemoration. **—さい**[記念祭](명) 기념제. 어떠한 기념을 위한 축제나 제사. **—ひ**[記念碑](명) 기념비. 어떠한 일을 기념하기 위해 세운 비.
きねん[期年](명) 1 주년. a full year
ぎねん[疑念](명) 의념. 의심스러운 생각. suspicion
きのいわい[喜の祝い](명) 77세의 축하. the celebration of one's 77th birthday
きのう[気嚢](명) ①〈생〉 기낭. 조류의 허파에 이어져 있는 얇은 막질(膜質)의 주머니. 몸이 또는 것을 돕고 호흡 작용을 함. ②기구(気球) 등 가스를 넣는 주머니. 1. an air sac 2. a gas bag
きのう[昨日]キノフ(명) 작일. 어제. 「—の雨(アメ); 어제의 비」 yesterday
きのう[帰納](명·타サ) 귀납. 여러 구체적인 사실로부터 일반적인 원리를 유도해 냄. 「—的(テキ); 귀납적」 ↔演繹(エンエキ). induction
きのう[帰農](명·자サ) 귀농. 직업을 그만두거나 쉬고 농사를 지으려고 고향으로 돌아 감. returning to farms
きのう[機能](명·자サ) 기능. 활동함. 작용. function
ぎのう[技能](명) 기능. 기술상의 재능(才能). 기량(技倆). capacity
きのえ[甲](명) 10간(干)의 첫째. 「—子(ネ); 갑자」
きのか[木の香](명) 재목의 냄새. 「—も新(アタラ)しい; 재목 냄새도 산뜻한」 a smell of fresh timber
きのかしら[木の頭](명) 〔연극 등에서〕 폐막(閉幕)이나 무대가 바뀔 때 두드리는 딱다기의 첫소리.
きのこ[菌·蕈](명)〈식〉 버섯. a mushroom. **—ぐも**[菌雲](명) 버섯 구름. 원자운(原子雲).
きのじ[きの字](명)〈속〉 미치광이. a madman
きのじ[喜の字](명) 77세. 희수(喜寿). one's 77th birthday
きのと[乙](명) 10간(干)의 둘째.
きのどく[気の毒](명·자サ·형동ダ) 남의 고통이나 슬픔을 마음 아프게 여김. 가엾이 여김. 파생 **—がる**(자 4) **—げ**(형동ダ) **—さ**(명). pitifulness
きのぼり[木登り](명) ①나무에 오름. 또는 그 사람. ②옥문(獄門)에 목을 닮. 효수(梟首). 1. tree climbing
きのまろどの[木の丸殿](명)〈고〉 둥근 통나무로 지은 보잘 것 없는 어전(御殿).
きのみきのまま[着の身着の儘](연어·명) 평상시 그대로의 옷차림. 갈아 입지 않음. 「—でにげだす; 입은 옷 그대로 도망 치다」 without changing one's clothes
きのめ[木の芽](명) ①나무의 새싹. 「—どき; 나무가 싹틀 무렵」 ②산초나무의 싹. 「—和(ア)え; 산초나무의 새싹에 된장을 섞어 생선, 야채 등을 무친 것」 1. a bud
きのやまい[気の病]—ャマヒ(명) 정신의 피로에서 오는 병. 근심에서 오는 병. illness from one's anxiety
きのり[気乗り](명·자サ) 마음에 당김. 「—薄(ウス); 마음이 별로 당기지 않음」 gusto
きば[牙](명) 송곳니. 견치(犬歯). a tusk
きば[木場](명) 재목을 쌓아 두는 곳. a lumber-yard
きば[騎馬](명) 기마. 말을 탐. 또는 말을 탄 사람. horse-riding
きはい[気配](명) ①걱정. 염려. ②〈경〉 거래소(去来所)의 경기. 인기(人気). 「買(カ)い—; 매기(買気)」 1. fear 2. the tone of a market
きはい[棄背](명·타サ) 버리고 배반함. desertion
きはい[跪拝](명·자サ) 무릎을 꿇고 비는 일. worshipping on one's knees
きばい[木灰](명) 초목을 태운 재. ashes of plants and trees
きばえ[着映え](명·자サ) 입어서 좋게 보임. 「—のする洋服(ヨウフク); 입어서 좋게 보이는 양복」
きはく[気迫·気魄](명) 기백. 씩씩한 기력. 진취성 있는 정신. spirit
きはく[希薄·稀薄](형동ダ) 희박. 액체나 기체의 밀도가 낮은 모양. ↔濃厚(ノウコウ). thin
きばく[起爆](명·자サ)〈이〉 기폭. 화약이 충동을 받아 폭발의 반응을 일으킴. 또는 그 현상. explosion
きばさみ[木鋏](명) 전정(剪定) 가위. pruning shears
きはずかし·い[気恥ずかしい]—ハヅカシイ(형) 부끄럽다. 창피하다. 파생 **—さ**(명). shy
きはだ[木肌](명) 나무의 겉껍질(外皮). bark
きはだ(まぐろ)[黄肌鮪](명)〈동〉 황다랭이. 고등어과의 바닷물고기.
きばたらき[気働き](명) 마음의 날쌘 움직임. 재치. 「—がある; 재치가 있다」 ready wit
きばち[木鉢](명) 나무로 만든 그릇. 바리때. 응기(応器). a wooden bowl
きはちじょう[黄八丈](명) 노란 바탕에 다갈색의 줄무늬를 놓은 비단 옷감. 이즈하치죠오도(伊豆八丈島)에서 만듦. checkered yellowish silk stuff
きはつ[揮発](명·자サ)〈이〉 휘발. 보통 온도에서 액체가 기체로 되어 증발함. volatilization. **—ゆ**[揮発油](명)〈이〉 휘발유. ①가솔린. ②식물체에서 채취한 휘발성 기름의 통칭. 벤진.
きばつ[奇抜](형동ダ) 기발. 유달리 뛰어난 모양. 썩 우수한 모양. 엉뚱한 모양. 「—な思(オモ)いつき; 기발한 착상(着想)」 original
きばへんじゃく[耆婆扁鵲](연어·명) 기파 편작. 고대 인도의 명의(名医) 기파와 고대 중국의 명의 편작. 세상에 보기 드문 명의. an excellent doctor
きば·む[黄ばむ](자 4) 노란 빛을 띠다. 노래지다. turn yellow
きばや[気早](명·형동ダ) 성급함. 또는 그런 사람. impatience
きばや·い[気早い](형) 성급하다. 성미가 급하다. rash
きはらい[既払い]—ハラヒ(명) 이미 지불한 것. ↔未(ミ)払い. paid up
きばらし[気晴らし](명·자サ) 우울한 마음을 밝게 풂.

기분 전환. 소창(消暢). recreation
きば·る[気張る](자 4) ①분발하다. 용기를 내다. ②큰마음 먹고 돈을 쓰다. ③위세를 보이다. 허세를 부리다. 1. exert oneself
きはん[軌範](명) ①궤법. 본보기가 될 만한 법도(法度). 궤모(軌模). ②〈철〉사유(思惟), 의지, 감정 등이 취해야 할 법칙이나 원리. 1. a model 2. a norm
きはん[帰帆](명) 돌아 오는 돛단배. 멀리 나갔던 돛단배가 돌아 옴. sailing back
きはん[規範](명·타サ) 규범. ①본보기. 모범. ②판단, 평가, 행위 등의 기준이 되는 것. 표준. 기준. 1. a model 2. a standard
きはん[羈絆](명) ①기반. 굴레. 속박(束縛). ②떨어지기 어려운 관계. 1. a yoke
きばん[基盤](명) 기반. 토대(土臺). 기초(基礎). a base
ぎはん[偽版](명) 위조판(偽造版). a pirated edition
ぎはん[儀範](명) 의범. 모범. 본보기. a model
きはんせん[機帆船](명) 기범선. 발동기를 장치한 작은 범선. a steam-and-sail-driven boat
きひ[忌避](명·타サ) 기피. ①꺼리어 피함. ②〈법〉소송(訴訟) 당사자가 불공평한 재판을 할 우려가 있는 법관의 직무 집행을 거절함. 1. evasion 2. challenge
きひ[起否](명) 일어나는 것과 일어나지 않는 것. 일어섬의 여부. rise or not
きひ[基肥](명)〈농〉기비. 파종(播種), 이앙(移秧), 정식(定植) 전에 주는 거름. 밑거름. initial manure
きひ[譏誹](명·타サ) 나쁘게 말함. 비방. blame
きび[黍·稷](명)〈식〉기장. 수수 비슷한 식물. 「一だんご; 기장으로 만든 경단」 millet
きび[気味](명)〈속〉⇨きみ. 「the tail of an airplane
きび[機尾](명) 비행기의 뒷부분. ↔機首(キシュ). ♪
きび[機微](명) 기미. 일의 야릇한 기틀. 낌새. secrets
きび[驥尾](명) ①준마(駿馬)의 뒤. 또는 꼬리. ②훌륭한 사람의 뒤. 「一に付(ツ)く; 훌륭한 이를 좇아 일을 해내다」 2. behind a great man
きびき[忌引き](명) 근친이 죽어서 근무를 쉬고 집안에 있는 일. absence from work due to mourning
きびきび(부·자サ) ①쾌활하고 원기가 좋은 모양. 활발하고 생기가 있는 모양. ②문장이나 언어가 짜이고 싱싱한 모양. 1. energetically 2. smart
きびし·い[厳しい](형) ①엄숙하다. 엄격하다. ②심하다. ③비상하다. 지독하다. 파생 —さ(명). 1. strict
きびす[踵](명) ⇨くびす. 「the opening sentence
きひつ[起筆](명·자サ) 쓰기 시작함. ♪
ぎひつ[偽筆](명·타サ) 위필. 다른 사람이 쓴 글씨를 흉내 내어 씀. 또는 그 글씨. forged handwriting
きびと[紀人](명) 키이 지방의 사람.
きびょう[急病](명) ⇨きやみ.
きひょう[旗標](명) ⇨はたじるし. 「a peculiar disease
きびょう[奇病](명) 기병. 이상한 병. 기이한 병. ♪
ぎひょう[儀表](명) 남에게 모범이 되는 것. a paragon
きびょうし[黄表紙](명) 에도(江戸) 시대의 그림 본위의 소설. 종래의 영웅, 전설, 괴담(怪談)에서 벗어나 세태, 인정을 묘사 풍자했음. (이 책자의 표지가 황색인 데서 붙여진 이름)
きびら[生平](명) 황마(黄麻)의 섬유로 짠 거친 마포.
きびわ キビハ(형동ナリ)〈고〉어리고 약한 모양. 귀여운 모양. 유소(幼少).
きひん[気品](명) 기품. ①고상한 품위. 위엄(威厳). 「一のある人(ヒト); 고상하고 위엄 있는 사람」 ②고상한 운치(韻致). 「一のある庭(ニワ); 운치가 있는 정원」 1. nobility
きひん[気稟](명) 기품. 천성. 천품. nature
きひん[貴賓](명) 귀빈. 귀한 손님. 「一室(シツ); 귀빈실」 an honoured guest
きびん[機敏](명·형동ダ) 기민. 날쌔고 재빠름. 민첩(敏捷). promptness
きふ[肌膚](명) 피부. 살갗. skin
きふ[寄付·寄附](명·타サ) 기부. 어떠한 일에 재물을 내어 줌. contribution. **—こうい**[寄付行為](명)〈법〉기부 행위. 재산을 제공하여 재단 법인(財団法人)을 설립하는 행위.
きふ[亀趺](명) 귀부. 거북 모양으로 새긴 비(碑)의 대석(臺石).
きふ[棋譜](명) 기보. 장기나 바둑의 대국(対局)한 순서를 기록한 책.
きぶ[基部](명) 기부. 기본이 되는 부분. 토대. the base
ぎふ[岐阜](명)〈지〉중부 지방 서부의 현. 또는 그 현의 현청 소재지.
ぎふ[義父](명) 의부. ①의붓아비. 계부(継父). ②의리로 맺은 아버지. 양부(養父). ③시아버지. 장인. ↔実父(ジップ). 1. a stepfather
ギブアンドテーク[give-and-take](명) 기브 앤드 테이크. ①주고 받음. ②상대에게도 이익을 주고 자기도 이익을 얻음. ③응수.
きふう[気風](명) 기풍. ①기상과 풍채. ②일반적인 풍습. 1. character
きふう[棋風](명) 장기나 바둑을 둘 때의 특징, 태도.
きふく[起伏](명·자サ) 기복. ①높아졌다 낮아졌다함. ②일어났다 누웠다함. ③성쇠(盛衰). 1. undulation
きふく[帰服](명·자サ) 명령에 복종함. 귀순(帰順). surrender
きぶく[忌服](명) 상(喪)을 치르는 기간. 상중(喪中). mourning
きぶく·れる[着膨れる·着脹れる](타하 1) 많이 입어서 뚱뚱해지다. swell with clothes
きふじん[貴婦人](명) 귀부인. 신분이 높은 부인. a noble lady
ギプス[네 gips](명) 깁스. ①석고(石膏). 「一ベット; 깁스로 만든 베드」 ②깁스 붕대의 준말.
きぶつ[木仏](명) ①나무를 파서 만든 불상(仏像). ②감정이 냉담한 사람. 1. a wooden Buddhist image
きぶつ[器物](명) 기물. 기구(器具). 도구. a vessel
ぎぶつ[偽物](명) ①가짜 물건. ②실물을 본떠서 비슷하게 만든 물건. 모조품(模造品). a counterfeit
きぶっせい[気ぶっせい](형동ダ)〈속〉마음이 우울한

모양. 또는 갑갑한 모양. gloomy

ギフト[gift](명) 기프트. 선물. 증여물(贈与物). 「—ブック; 기증본」 **—ショップ**[gift shop](명) 기프트숍. 외국 사람에게 선물용 물건을 파는 가게. **—チェック**[gift cheque](명) 기프트체크. 은행에서 취급하는 증답용(贈答用) 수표(手票).

きぶり[木振](명) 서 있는 나무 줄기나 가지 등의 생긴 모양. 나무의 생김새. the shape of a tree

きぶり[着振](명) 옷 입은 맵시. style

きふるし[着古し](명) 오래 입어서 낡아지는 일. 또는 그 옷. 동 着古す(타 4). old clothes

キプロス[Cyprus](명)〈지〉 사이프러스. 지중해의 동부, 소아시아 남방, 시리아 서방에 있는 섬으로 된 작은 공화국. 수도는 니코시아(Nicosia).

きぶん[気分](명) 기분. ①마음에 저절로 느껴지는 상태. 「—がすぐれない; 기분이 좋지 않다」 ②심기(心気). ③분위기(雰囲気). 「お祭(マツ)り—; 축제의 분위기」 1. 2. mood

きぶん[奇聞](명) 기문. 이상한 소문. 진문(珍聞). strange news

きぶん[記聞·紀聞](명) 기문. 다른 곳에서 들은 것을 기록한 것. 메모. a record

ぎふん[義憤](명) 의분. 정의를 위하여 일어나는 분노. righteous indignation

ぎぶん[戯文](명) 희문. ①장난으로 쓴 글. ②중국 원(元) 나라 때 남쪽에서 일어난 희곡(戯曲)의 한 체(体). 1. humorous writings

きへい[騎兵](명) 기병. 말 탄 병사. a cavalry

ぎへい[義兵](명) 의병. 의를 위하여 일어난 군사. a loyal army

きへき[奇癖](명) 기벽. 이상한 버릇. 「—がある; 이상한 버릇이 있다」 an eccentric habit

きへん[机辺](명) 책상 근처. the side of a desk

きへん[木偏](명) 한자 부수(部首)의 하나. 나무목변. "松, 杆"의 "木" 부분.

きべん[奇弁·詭弁](명) 궤변. ①도리에 맞지 않는 변론. ②불합리한 이론. 「—家(か); 궤변가」 sophism

ぎへん[欺騙](명) 거짓으로 속이는일. 기만. deception

きぼ[鬼簿](명)〈불〉 ⇨かこちょう.

きぼ[規模](명) 규모. ①본보기. 틀. ②사물의 짜임새. 구조(構造). ③〈고〉 명예. 면목(面目). 2. scale

ぎぼ[義母](명) ①의붓어미. 계모(継母). ②의리로 맺은 어머니. 양모(養母). ③시어머니. 장모(丈母). ↔実母(ジッボ). 1. an adoptive mother 2. a stepmother

きほう[気泡](명) 기포. 공기를 품은 거품. a bubble

きほう[奇峰·奇峯](명) 기이한 모양의 봉우리. a singular peak

きほう[既報](명·타サ) 기보. 이미 알림. 이미 보도함. a previous report

きほう[貴方] Ⅰ(명) 상대방이 살고 있는 곳의 높임말. Ⅱ(대) 귀하(貴下). 당신. Ⅱ you

きほう[貴報](명) 귀보. 남이 보낸 보도(報道)나 편지의 높임말. your letter

きほう[機鋒](명) 날카로운 끝. 창끝, 칼끝. 예봉(鋭鋒). sword point

きぼう[希望·冀望](명·타サ) 희망. 기망. 바라고 원함. hope. **—てき**[希望的](형동ダ) 희망적. 희망을 거는 모양.

きぼう[既望](명) 기망. 음력 매달 열 엿샛날. 또는 그날 밤의 달. the sixteenth night of a lunar month

ぎほう[技法](명) 기법. 기교와 방법. 「小説(ショウセツ)の—; 소설의 기법」 technique

ぎほう[儀法](명) 의식의 법칙. ceremonial rules

ぎぼうしゅ[擬宝珠](명) ①탑, 난간의 기둥머리에 붙이는 보주(宝珠) 모양의 장식. ②파 꽃. ③〈식〉 옥잠화. 1. the ornamental tops of railings

〔擬宝珠①〕

きぼうほう[喜望峰](명)〈지〉 희망봉. 아프리카 서남단의 갑(岬). 케이프 반도의 끝. the Cape of Good Hope

きぼく[亀卜](명) 귀복. 옛날 거북의 등을 태워서 길흉(吉凶)을 점치던 일. 거북점. 귀점(亀占). divination by tortoise shells

ぎぼく[義僕](명) 의복. 충성스러운 하인. 충복(忠僕). a devoted servant

ぎぼし[擬宝珠](명) ⇨ぎぼうしゅ.

きぼとけ[木仏](명) ⇨きぶつ.

きぼね[気骨](명) 마음을 씀. 근심. 「—が折(オ)れる; 심적 고통으로 힘이 들다」 mental strain

きぼよう[気保養](명·자サ) 기분을 냄. 답답한 마음을 풂. 소창(消暢). be amused

きぼり[木彫り](명) 나무를 조각하는 일. 또는 그 물건. 목각(木刻). wood carving

きほん[基本](명) 기본. 기초나 토대가 되는 것. 「—的(テキ); 기본적」 a foundation. **—てきじんけん**[基本的人権](연어·명)〈법〉 기본적 인권. 인간이 가져야 할 당연한 기본 권리.

ぎまい[義妹](명) 의매. ①의리로 맺은 여동생. ②배우자의 여동생. ③손아래 올케. 1. a sworn sister

きまえ[気前]—マヘ(명) ①성품. 기질. ②금전이나 물건을 아끼지 않는 성품. 「—がいい; 호기롭게 돈이나 물건을 잘 쓰다」 1. disposition

きまかせ[気任せ](형동ダ) 마음 내키는 대로 하는 모양. 뜻대로 하는 모양. one's free will

ぎまく[義膜·偽膜](명)〈의〉 통상(通常)의 조직 구조를 갖지 않는 막. 섬유 조직에서 생기는 수가 많음. 디프테리아의 경우 목젖의 점막에 생기는 것 따위. the pseudomembrane

きまぐれ[気紛れ](형동ダ) ①변덕스러운 모양. ②날씨가 고르지 못한 모양. ③기분이 들뜬 모양. 1. capricious

きまじめ[生真面目](형동ダ) 융통성이 없고 진실한 모양. sincere

きまず·い[気不味い]—マヅイ(형) 마음이 거북하다. 불쾌하다. 파생 **—げ**(형동ダ) **—さ**(명). unpleasant

きまつ[期末](명) 기말. 기한의 끝. 기간의 끝. ↔期首(キシュ). the end of a term

きまって[決まって·極まって](부) ①반드시. 꼭. ②항상. 늘. 1. surely 2. always

きまま[気儘](명·형동ダ) ①임의(任意)대로임. 제 멋대로임. ②마음 먹은 대로임. 방자(放恣). 1. having one's will

きまよい[気迷い]ーマヨヒ(명·자サ) ①마음의 갈피를 잡지 못함. 분별 못함. ②〈경〉 증권 시세의 오르내림의 갈피를 잡을 수 없음. 1. hesitation

きまり[決まり·極まり](명) ①결정. 규정. ②낙착. 끝. 결말. 「一がつく; 결말이 나다」 ③(상대가) 언제나 정해져 있는 일. ④면목. 「一がわるい; 부끄럽다」 1. settlement 4. way of feeling. **―きった**[決まり切った](연어·연체) ①틀에 박힌. ②언제나 같아서 새로운 맛이 없는. **―もんく**[決まり文句](명) 틀에 박힌 문구. **―わる·い**[決まり悪い](형) 공연히 부끄럽다. 파생 **―わるげ**(형동ダ) **―わるさ**(명).

きま·る[決まる·極まる](자 4) ①결정되다. ②끝나다. 1. be settled 2. end

ぎまん[欺瞞](명·타サ) 기만. 남을 그럴 듯하게 속여 넘김. deception

きみ[君] Ⅰ(명) ①임금. ②주인. ③남자를 높여 일컫는 말. 「あの一は; 그 어른은」 Ⅱ(대) 남자가 동년배 이하의 사람을 부르는 말. 군. 자네. Ⅰ 1. a sovereign 2. a master Ⅱ you

きみ[気味](명) 기미. ①기색. 모양. ②느낌. 기분. 「一がわるい; 기분이 나쁘다(무섭다)」 ③경향(傾向). 티. 「慢心(マンシン)の一がある; 교만한 티가 있다」 2. feeling

きみ[黄身](명) 새알의 노란 부분. 노른자위. 난황(卵黄). ↔白身(シロミ). yolk

きみ[黄味](명) 노랑. 노란 빛깔. yellow

ーぎみ[気味](조어) ①…의 모양. 「あせりー; 초조한 기색」 ②경향. 「荒(ア)れー; 거친 경향」

きみあい[気味合]ーアヒ(명) ①기분. 마음. ②취미. 취향(趣向). ③구미가 당기는 것. 1. feeling 2. taste

きみがよ[君が代](명) ①임금의 치세(治世). ②일본의 국가(国歌). 1. the Emperor's reign

きみがり[君許](연어)〈고〉 당신이 있는 곳에. 당신께. 「一ゆけば; 당신이 있는 곳에 가면」

きみじか[気短](명·형동ダ) 성급함. 조급함. 참을성이 없음. impatient

きみず[黄水]ーミヅ(명) 입으로 토해 내는 황록색 담즙(胆汁). acid liquid

きみつ[生蜜](명) 생밀. (벌집에서 방금 떠낸) 정제하지 않은 꿀. raw honey

きみつ[気密](명)〈이〉 기밀. 기체(気体)의 유통(流通)을 막는 것. (기계 등이) 외부 기압의 영향을 받지 않는 것. 「一室(シツ); 기밀실」 airtightness

きみつ[機密](명) 기밀. 매우 중요한 비밀. 「一事項(ジコウ); 기밀 사항」 secrecy

きみどり[黄緑](명) 황록. 노랑이 섞인 녹색. yellowish green

きみゃく[気脈](명) 기맥. 기분이 통하는 길. 「一を通(ツウ)じる; 기맥이 통하도록 하다」 connection

きみょう[帰命](명)〈불〉 귀명. 자기의 목숨을 신앙에 바치는 일. 귀의(帰依). conversion. **―ちょうらい**[帰命頂礼](명·자サ)〈불〉 귀명 정례. ①머리를 땅에 대고 절하며 빌어 귀명의 뜻을 나타내는 일. ②예불(礼仏)할 때에 외는 말.

きみょう[奇妙](형동ダ) 기묘. ①기이하고 묘한 모양. ②진기하고 뛰어난 모양. 1. strange 2. marvellous

きみわる·い[気味悪い](형) (무섭고 이상한 느낌이 들어) 기분이 나쁘다. 파생 **―が·る**(자 4) **―げ**(형동ダ) **―さ**(명). uncanny

きみん[飢民](명) 기민. 굶주린 백성. starved people

ぎみん[義民](명) 의민. ①의로운 백성. ②목숨을 걸고 정의를 따르는 백성. ③의인(義人). 3. a public-spirited man of the people

ぎむ[義務](명) 의무. (사회인으로서) 하지 않으면 안될 일. 맡은 직분. 「一年限(ネンゲン); 의무 연한」 ↔権利(ケンリ). duty. **―てき**[義務的](형동ダ) 의무적. 의무 때문에 하는 모양.

ぎむきょういく[義務教育](명) 의무 교육. 국민의 의무로서 취학시키는 교육. compulsory education

きむずかし·い[気難しい]ームヅカシイ(형) 기분을 맞추기 어렵다. 성미가 까다롭다. 「一老人(ロウジン); 성미가 까다로운 노인」 파생 **―げ**(형동ダ) **―さ**(명). fastidious

きむすこ[生息子](명) 숫총각. 동정 남(童貞男). a virgin

きむすめ[生娘](명) 숫처녀. 동정녀(童貞女). a virgin

ギムナジウム[도 Gymnasium](명) 김나지움. ①체육관. ②(도이치의) 고등 학교. 수업 연한(修業年限)은 9년. 「1. arrangement 2. a contract

きめ[決め·極め](명) ①결정(決定). 작정. ②약속. ↗

きめ[木目](명) ①나무의 결. 나뭇결. ②(피부 등의) 표면에 나타난 결. 살결. 1. grain

きめい[忌明](명) 금기(禁忌)의 기간이 끝나는 것. 해상(解喪). 탈상(脱喪). the end of mourning

きめい[記名](명·자サ) 기명. 이름을 써 넣음. 「一投票(トウヒョウ); 기명 투표」 signature

きめい[貴名](명) 상대방 이름의 높임말. 함자(銜字). your name

ぎめい[偽名](명·자サ) 거짓으로 일컫는 이름. 가명(仮名). 「一を使(ツカ)う; 가명을 쓰다」 a false name

きめこみにんぎょう[木目込み人形](명) 버드나무를 조각(彫刻)하여 비단옷을 입힌 인형. a wooden doll dressed in clothes

きめこ·む[決め込む·極め込む](타 4) ①(마음속으로) 결정하다. ②시늉을 하다. …척하다. 「たぬきねいりを一; 자는 척하다」 1. presume

きめし[生飯](명) 잡곡을 섞지 않은 밥.

きめだし[決め出し](명) 〔씨름에서〕 상대의 팔을 안은 채 씨름판 밖으로 내미는 수.

きめだま[決め球](명) 승부(勝負)를 판가름하려고 던지거나 치는 공. a winning shot

きめつ·ける[決め付ける](타하 1) (상대방의 변명을 들

어 주지 않고) 심히 꾸짖다. scold

きめて[決め手](명) ①〔장기 등에서〕 승패를 판가름하는 수단. 결정적인 수. ②(범죄 사건 등을) 해결하는 수단. 범죄를 증명하는 뚜렷한 증거. 1. a winning trick 2. a conclusive proof

きめどころ[極め所](명) ①해결하거나 결정하는 데 좋은 곳. 또는 그런 시기. ②중요한 곳. 요소(要所). 1. a proper chance 2. a vital point

き·める[決める·極める·定める](타하 1) ①변하지 않게 하다. 정하다. ②약속하다. ③매듭 짓다.「話(ハナシ)を一; 이야기를 매듭 짓다」④결심하다. ⑤단정하다. ⑥수를 써서 꼼짝 못하게 하다. 2. promise

きめん[鬼面](명) 귀면. ①도깨비의 얼굴. ②도깨비 얼굴의 탈(仮面).「一人(ヒト)をおどろかす; 도깨비의 탈을 쓰고 사람을 놀라게 하다(외모로 남을 놀라게 하다」 1. a devil's face

きも[肝](명)①〈생〉 간장(肝臓). ②내장. 뱃속. ③정신. 마음.「一に銘(メイ)じる; 마음속 깊이 명심하다」 1. the liver 2. the abdomen

きもいり[肝煎り](명) ①돌보아 줌. 또는 그 사람. 주선(周旋).「あの人(ヒト)の一で; 저 사람의 주선으로」②예전의 촌장(村長). 1. good offices 2. a village headman

きもう[起毛](명) 직물이나 편물의 털을 세움.「一器(キ); 털을 세우는 기구」 naping

きもすい[肝吸い]一スヒ(명) 뱀장어의 간(肝)을 넣어 끓인 국. 「pluck

きもだま[肝魂·肝玉](명) 간과 혼. 기력. 담력(胆力). ↗

きもち[気持ち](명) ①감각에 의해서 일어나는 마음의 상태.「一のいい朝(アサ); 상쾌한 아침」②감정. ③기분.「いい一; 좋은 기분」 feeling

きもったま[肝っ魂·肝っ玉](명) ⇨きもだま.

きもの[季物](명) 계절에 적합한 것. things suitable for a season

きもの[着物](명) ①옷. ②일본 고유의 옷. 1. clothes

きもん[奇問](명) 기문. 기발한 질문. 진문(珍問).「一を発(ハッ)する; 기발한 질문을 하다」a queer question

きもん[記問](명) 기문. 기억은 하고 있으나 그 참뜻은 잘 모르는 것.「一の学(ガク); 남의 질문에 대해서 기억한 대로만 대답하는 데 그치는 얕은 학문」 superficial knowledge

きもん[鬼門](명) ①귀문. 방위(方位)에 관한 미신의 하나. 귀성(鬼星)이 있는 방위. 귀신이 드나든다 하여 피하는 방위. 동북방(東北方). 귀방(鬼方). ②가기 싫은 곳. ③무섭고 싫은 사람. 1. the devil-coming quarter. **—よけ**[鬼門除け](명) 귀문(鬼門)의 방위에 제사를 지내어서 재난(災難)을 피하는 일.

ぎもん[疑問](명) 의문. 의심스러운 것. a doubt. **—ふ**[疑問符](명) 의문부. 의문을 나타내는 부호. 물음표.「?」

一きゃく[客](접미) 접대에 쓰이는 도구, 그릇을 세는 말.「吸(ス)い物(モノ)わん五(ゴ)一; 국 공기 다섯 사람 몫(5인분)」

一きゃく[脚](접미) (의자, 책상 등) 다리가 달린 것을 세는 말.「机一(ツクエイッ)一; 책상 하나」

きゃく[客](명) ①찾아 온 사람. 손님.「お一様(サマ); 손님」②식객. 군식구. ③나그네. 여행하는 사람. ④〔상점 등에서〕 물건을 사거나 주문하는 사람. ⑤유료 관람자나 청중(聽衆). ⑥탈것에 돈을 내고 타는 사람. 승객(乗客). ⑦월경(月経). 1. a visitor 3. a traveller

きゃく[格](명) 나라(奈良), 헤이안(平安) 시대에 법률을 시행하기 위해서 임시로 반포(頒布)한 조칙(詔勅). 또는 이를 편집한 책.

きゃく[脚](명) ⇨あし. 「a specific

きやく[奇薬](명) 신기하게 잘 듣는 약. 영약(霊薬). ↗

きやく[規約](명) 규약. 규칙으로 정한 약속. 규정(規定). a contract

ぎゃく[逆](명·형동ダ) ①반대임. 거꾸로임. ②도리에 어긋남. 부정(不正). ③임금에게 반역함. ④⇨ぎゃくて(逆手). 1. inverse 2. injustice

ギャグ[gag](명) 개그. ①(연극이나 영화 각본 등에 넣는) 익살. 농담. ②(배우가 무대에서 임기 응변으로 하는) 대사(臺辞).

きゃくあし[客足](명) 고객(顧客)의 출입. 상점이나 흥행장에 손님이 오는 정도.「一が落(オ)ちる; 손님이 적어지다」 customers

きゃくあしらい[客あしらい]一アシラヒ(명) 손님을 다룸. 접객(接客). hospitality

きゃくあつかい[客扱い]一アツカヒ(명·자サ) 손님을 다룸. 접객(接客). hospitality

きゃくい[客位](명) ①손님의 좌석. ②주(主)된 것에 대한 종(従)의 지위. 1. a seat for a guest 2. a secondary place

ぎゃくい[逆意](명) 모반(謀反)하려는 뜻. 역심(逆心). treachery

きゃくいん[客員](명) 객원. 단체나 회사 등에서 정규(正規)의 회원이나 사원은 아니지만 빈객(賓客)으로 대우를 받는 사람.「一教授(キョウジュ); 객원 교수(초빙 교수)」 a guest member

きゃくいん[脚韻](명) 각운. 시구(詩句) 끝에 붙이는 운(韻). ↔頭韻(トウイン). a rhyme

きゃくうけ[客受け](명) 손님의 자기에 대한 감정. 손님들간의 평판.「一がいい; 손님들에게 평판이 좋다」 customer's favour

ぎゃくうん[逆運](명) 역운. 순탄치 못한 운명. 불운(不運). misfortune

きゃくえん[客演](명·자サ) 전속(専属)이 아닌 배우가 임시로 초빙되어 출연함. appearance on a stage as a guest

ぎゃくえん[逆縁](명)〈불〉 역연. ①부처를 비방한 일이 오히려 불도(仏道)에 들어 가는 인연이 되는 일. ②나이 많은 사람이 나이 어린 사람을 공양하는 일. ③원수의 주검을 장사 지내는 일. ④아무 인연이 없는 자가 죽은 사람에게 회향(回香)하는 일. 3. reverse fate

きゃくご[客語](명) 객어. 〔문법에서〕 문장 가운데 동작의 목적을 나타내는 말. 목적어(目的語). an object
ぎゃくこうか[逆効果·逆效果](명) 역효과. 예상과 반대되는 효과. a reverse effect
ぎゃくこうせん[逆光線](명) 역광선. 물체의 배후에서 비치는 광선. 역광(逆光). counter-light
ぎゃくコース[逆 course](명) 역 코오스. ①반대의 코오스. ②옳은 방향이나 추세(趨勢)에 반대되는 경향. 1. the reverse course
きゃくざしき[客座敷](명) 손님을 접대하는 방. 객실. a drawing room
ぎゃくさつ[虐殺](명·타サ) 학살. 참혹하게 죽임. slaughter
ぎゃくざや[逆鞘](명)〈경〉두 개의 가격 또는 이율(利率)의 차가 반대 관계에 있는 현상. ↔順鞘(ジュンザヤ).
ぎゃくさん[逆産](명) 역산. 부역자나 역적의 재산. 「一処分(ショブン); 역산 처분」a property of a traitor
ぎゃくさん[逆算](명·타サ) 역산. 순서를 거꾸로 하여 계산함. reverse operation
ぎゃくざん[逆産](명) 역산. 태아(胎児)가 거꾸로 발부터 나오는 일. 도산(倒産). an agrippa
ぎゃくし[虐使](명·타サ) 학사. 잔학(残虐)하게 부림. 혹사(酷使). driving hard
きゃくしつ[客室](명) 객실. 응접실. a drawing room
きゃくしゃ[客車](명) 객차. 여객 열차. 여객이 타는 칸. a passenger coach
きゃくしゃ[客舎](명) 객사. 객지의 숙소. 여관. a hotel
ぎゃくしゅう[逆襲](명·자サ) 역습. 방어의 입장에 있는 편이 거꾸로 기회를 보아 급히 공격함. a counterattack
ぎゃくじゅん[逆順](명) 역순. 거꾸로 된 순서. 반대 순서. a reverse course
ぎゃくしょう[逆唱](명·타サ) 순서를 거꾸로 해서 부름. converse
ぎゃくじょう[逆上](명·자サ) 상기(上気)함. 몹시 흥분함. rush of blood to the head
きゃくしょうばい[客商売](명) 손님(客)을 접대하는 영업. 예: 여관업, 음식점 등. entertainment business
きゃくしょく[脚色](명·타サ) 각색. ①각본(脚本)을 꾸밈. ②소설이나 사건을 영화나 연극으로 할 수 있게 꾸밈. 2. dramatization
きゃくじん[客人](명) 객인. 손님. a guest
ぎゃくしん[逆心](명·자サ) 역심. 모반(謀反)하려는 마음. 반역의 마음. treachery
ぎゃくしん[逆臣](명) 역신. 군주(君主)에 배반한 신하. ↔忠臣(チュウシン). a traitor
ぎゃくすい[逆水](명) 거슬러 흐르는 물. 역류(逆流). a backward flow
ぎゃくすう[逆数](명)〈수〉역수. 두 수(数) 또는 두 식(式)의 적(積)이 1일 때 이들 수 또는 식은 서로 역수라 함. 4의 역수는 1/4. a reciprocal number
きゃくすじ[客筋]—スヂ(명) ⇨きゃくだね(客種).
ぎゃくせい[虐政](명) 학정. 포학한 정치. tyranny
ぎゃくせいせっけん[逆性石鹸](명)〈이〉소독력(消毒力)을 가진 비누.
きゃくせき[客席](명) 객석. 손님의 좌석(座席). a seat for a guest
ぎゃくせつ[逆説](명) 역설. ①반대되는 이론. ②진리에 모순되게 보이지만 사실은 그 속에 일종의 진리를 품은 말. 1. a counter-theory 2. a paradox
きゃくせん[客船](명) 객선. 여객을 태우는 배. ↔貨物船(カモツセン). a passenger steamer
きゃくぜん[客膳](명) 손님에게 내놓는 밥상. 또는 식사. 손님상. a meal set on table for a guest
ぎゃくせんでん[逆宣伝](명·타サ) 역선전. 상대방에게 불리하게 선전함. counter-propaganda
きゃくせんび[脚線美](명) 각선미. 여자의 다리의 곡선이 나타내는 아름다움. the beauty of leg lines
きゃくそう[却走](명·자サ) 뛰어 물러감. retreat
きゃくそう[客僧](명) 객승. ①다른 절에 초대되어 간 승려. ②수도(修道)를 위해 돌아 다니는 승려. 2. a travelling priest
ぎゃくぞく[逆賊](명) 역적. 제 나라 또는 제 나라 임금에게 반역하는 사람. a rebel
きゃくたい[客体](명) 객체. ①〈법〉의지(意志)나 행위의 목적물. ②대상(対象). ↔主体(シュタイ). the object
ぎゃくたい[虐待](명·타サ) 학대. 가혹하게 대우함. 몹시 굶. maltreatment
きゃくだね[客種](명) 손님의 종류. 손님의 질. 「一がいい; 손님의 질이 좋다」 the quality of customers
きゃくちゅう[脚注·脚註](명) 각주. 본문 밑에 다는 주석(注釈). ↔頭注(トウチュウ). foot notes
ぎゃくて[逆手](명) ①〔유도(柔道)에서〕 상대의 관절을 꺾는 수. ②〔씨름에서〕 금지된 위험한 수. ③비겁하고 짓궂은 방법. ④반대되는 방법. 「一を使(ツカ)う; 역수를 쓰다」 1. dislocating a joint
きゃくでん[客殿](명) 손님을 접대하는 어전(御殿).
ぎゃくてん[逆転](명·자サ) 역전. ①거꾸로 회전(回転)함. ②형세가 뒤집힘. ③일이 거꾸로 됨. ④공중전회(空中転廻). 1. reversal
きゃくど[客土](명) 객토. ①다른 곳에서 가져오는 흙. ②〈농〉토질을 개량하기 위해 논밭에 넣는 흙. 1. earth brought from another place
ぎゃくと[逆徒](명) 역도. 역당(逆党). 모반인(謀叛人). traitors
ぎゃくと[逆睹](명·타サ) 앞일을 미리 내다봄. 예측(豫測). 「一しがたい; 예측하기 어렵다」 forecasting
きゃくどめ[客止め](명·자サ) 만원이 되어 손님의 입장(入場)을 사절함. a full house
ぎゃくひ[逆比](명)〈수〉역비. 어떤 일정한 비(比) A:B에 대하여 그 전항과 후항을 바꾸어 놓은 비. B:A를 먼저의 비에 반비, 또는 A와 B의 반비라고 함. 반비(反比). ↔正比(セイヒ). inverse ratio
きゃくひき[客引き](명) 손님을 끄는 일. 또는 그 사람. a touting
ぎゃくひれい[逆比例](명·자サ)〈수〉역비례. 어떤 양(量)이 다른 양의 역수(逆数)에 비례됨. 반비례(反比

例). ↔正(セイ)比例. inverse proportion
きゃくぶ[脚部](명) 각부. 다리 부분. the leg
ぎゃくふう[逆風](명) 역풍. 거슬러 부는 바람. 앞바람. the adverse wind
きゃくぶん[客分](명) 손님으로 대접하는 사람. a guest
きやくぶんすう[既約分数](명)〈수〉 기약 분수. 분모와 분자 사이에 공약수가 없어서 그 이상 약분할 수 없는 분수. a simple fraction
ぎゃくぼう[逆謀](명) 역모. 반역의 계략. 반역을 도모하는 것. a plot of revolt
きゃくほん[脚本](명) 각본. 연극, 영화의 대사 또는 무대의 모양이나 꾸밈새, 배우의 동작 등을 적은 글. 희곡(戯曲). 영화 각본. 시나리오. a drama
きゃくま[客間](명) ⇨きゃくざしき.
きゃくまち[客待ち](명·자サ) 자동차, 인력거 등이 손님을 기다림. 또는 기다리는 곳. waiting for hire
ぎゃくゆにゅう[逆輸入](명·타サ) 역수입. 일단 수출했던 것을 다시 수입함. reimportation
きゃくよう[客用](명) 객용. 손님이 사용하도록 갖추어 놓은 것. 손님용. offering for guests
ぎゃくよう[逆用](명·타サ) 역용. 반대로 이용함. 역이용(逆利用). a reverse use
きゃくらい[客来](명) 손님이 옴. visiting
ぎゃくりゅう[逆流](명·자サ) 역류. 거꾸로 흐름. a backward flow
きゃくりょく[脚力](명) 각력. 다리의 힘. 다릿심. walking power
ぎゃくろう[逆浪](명) 거슬러 치는 파도. 역풍으로 인해 일어나는 파도. a head sea
ギャザー[gathers](명·타サ) 개더. 치마의 주름. 「—スカート; 주름 치마」
きゃしゃ[花車·華車·華奢](명·형동ダ) 화사. ①화려하고 사치함. 섬세하고 우아함. ②섬약(纖弱)함. 매우 약함. ③풍류(風流). 2. slender
きや·す[消やす](타 4) ①끄다. ②지우다. 1. put out
きやす·い[気安い](형) 무관(無関)하다. 허물 없다. 「—友(トモ)だち; 허물 없는 친구」 파생 —**げ**(형동ダ) —**さ**(명). carefree
キャスチング ボート[casting vote](명) ⇨カスチングボート.
キャスト[cast](명) 캐스트. ①역할(役割). 배역(配役). ②주형(鋳型). 거푸집. 주조물(鋳造物).
きやすめ[気休め](명) 잠시 마음을 늦추고 쉬는 것. 일시적인 안심. soothing
きやせ[着痩せ](명·자サ) 옷을 입으면 오히려 말라 보이는 일. 「—する たちだ; 옷을 입으면 말라 보이는 체격이다」
キャタストローフ[catastrophe](명)⇨カタストロフィー.
きゃたつ[脚榻子·脚立·脚榻](명) 높은 곳에 있는 물건을 잡거나 내릴 때에 쓰이는 사다리 모양의 발판. a step-ladder
キャタピラ[caterpilar](명) 캐터필러. 무한 궤도(無限軌道).

きゃつ[彼奴](대)〈속〉 사람을 업신여겨 일컫는 말. 그 자식. 그놈. the fellow
きゃっか[却下](명·타サ) 각하. 원서, 신청 등을 받지 않고 물리침. 「申請(シンセイ)を—する; 신청을 각하하다」 rejection
きゃっか[脚下](명) 다리 아래. 발밑. at one's feet
きゃっかん[客観](명)〈철〉 객관. 인식 작용(認識作用)의 대상이 되는 것. 자기 마음 이외의 것. 객체(客体). 「—性(セイ); 객관성」 ↔主観(シュカン). the object. —**てき**[客観的](형동ダ) 객관적. 주관을 떠난 모양. ↔主観的. —**びょうしゃ**[客観描写](명) 객관묘사. 대상에 대하여 자기의 주관을 가하지 않고 객관적으로 있는 그대로 관찰하고 충실히 묘사하는 수법.
ぎゃっきょう[逆境](명) 역경. 일이 뜻대로 안되는 불행한 경우. 일이 순조롭지 않은 환경. 불우한 형편. ↔順境(ジュンキョウ). adversity
きゃっこう[脚光](명) 각광. 무대의 전면(前面) 아래쪽에서 비치는 광선. 「—をあびる; 각광을 받다(사회의 주목을 끌다)」 footlights
ぎゃっこう[逆光](명) 역광선(逆光線)의 준말.
ぎゃっこう[逆行](명·자サ) 역행. ①거슬러 나아감. ②순서를 거꾸로 함. ③뒷걸음질을 침. 「時代(ジダイ)に—する; 시대에 역행하다」 1. 3. retrogression
キャッシュ[cash](명) 캐시. 현금(現金). 「—レジスター; 금전 등록기(金銭登録器)」
キャッチ[catch](명·타サ) 캐치. ①잡음. 쥠. ②받음. ③〔야구에서〕 포수(捕手). 캐처. ④〔수영에서〕 손으로 물을 끌어 당기며 나아가는 법. ⑤〔보우트레이스에서〕 노를 물속에 넣는 일. —**フレーズ**[catch phrase](명) 캐치프레이즈. 〔광고에서〕 강한 인상으로 대중의 심리를 포착하는 기발하고 짧은 문구(文句). —**ボール** [catch ball](명·자サ) 캐치 보올. 〔야구에서〕 공을 던지고 받고 하는 연습.
キャッチャー[catcher](명) 캐처. ①잡는 사람. ②〔야구에서〕 포수(捕手). —**ボート**[catcher boat](명) 캐처보우트. 포경 모선(捕鯨母船)을 따라 다니는 견인력(牽引力)이 큰 디이젤선. 포경선.
キャップ[cap](명) 캡. ①전과 운두가 없는 납작한 모자. ②연필, 만년필의 뚜껑. ③병마개. ④〔캡틴(captain)의 준말〕 책임자. 주임(主任).
ギャップ[gap](명) 갭. ①틈새. ②빈틈. ③간격.
キャデー[caddie](명) 캐디. ①골프 경기자를 시중 드는 사람. ②심부름군.
キャノン[canon](명) ⇨カノン.
ギャバジン[gabardine](명) 개버딘. 소모사(梳毛絲) 또는 면사를 써서 만든 고각도(高角度)의 능직(綾織). 춘추 복지로 쓰이고 방수막을 입혀 레인코우트 감으로도 쓰임.
キャバレー[프 cabaret](명) 카바레. 댄서가 있는 술집.
きゃはん[脚半·脚絆](명) 각반. 여행, 등산 등에 보행(歩行)을 간편케 하기 위하여 다리에 감는 헝겊 띠. gaiters

キャビア[caviar](명) 캐비아. 철갑상어의 알젓.
キャピタリズム[capitalism](명)〈경〉 캐피털리즘. 자본주의.
キャピタル[capital](명) 캐피털. ①수도(首都). ②영문의 대문자(大文字). ③자본(資本). 자본금.
キャビネ[프 cabinet](명) 카비네. 세로 16.5 *cm*, 가로 12 *cm*의 사진 전판의 크기.
キャビネット[cabinet](명) 캐비닛. ①라디오, 텔레비전, 레코오드 등을 넣는 상자. ②귀중품을 넣어 두는 장. ③미술품 등을 전시하는 진열장. ④내각(内閣).
キャビン[cabin](명) 캐빈. 선실(船室). 객실(客室).
キャプション[caption](명) 캡션. 신문, 잡지 등의 사진 설명.
キャプスタン[capstan](명) 캡스턴. 수직으로 된 원추형 동체(胴体)에 밧줄이나 체인을 감아 그를 회전시켜 무거운 물건을 끌어 당기는 기계.
キャプテン[captain](명) 캡틴. ①수령(首領). 장(長). ②선장(船長). 함장(艦長). ③육군 대위. ④주장(主将).
キャベ(ー)ジ[cabbage](명)〈식〉 ⇨キャベツ.
キャベツ(명)〈식〉〔캐비지(cabbage)의 변화〕 양배추. 잎은 크고 두꺼우며 둥글게 뭉침. 감람(甘藍).
ギヤマン(명)〔다이아맨테(포 diamante)의 변화〕 ①(유리 자르는) 금강석(金剛石). ②유리.
きやみ[気病み](명·자サ) 걱정으로 말미암아 일어난 병. 심화병. 울화병. mental depression
キャミソール[camisole](명) 캐미솔. ①부인용 소매 없는 속옷. ②부인용 속 조끼. ③부인용 화장옷.
キャメラ[camera](명) ⇨カメラ.
きゃら[伽羅](명) ①〈식〉 ⇨じんこう(沈香). ②침향을 원료로 하는 향료. ③짙은 갈색.
ギャラ(명) 개런티의 준말.
きゃらいろ[伽羅色](명) 짙은 갈색. dark brown
キャラクター[character](명) 캐릭터. ①성질. 성격. ②특성. 특질.
キャラコ[calico](명) 캘리코우. 평직(平織)으로 짠 폭이 넓은 흰 무명의 총칭.
キャラバン[caravan](명) 캐러밴. ①대상(隊商). ②나그네. 순례자(巡礼者)의 대열. ③포장 마차.
キャラメル[caramel](명) 캐러멜. ①설탕과 우유 등을 섞어서 만든 갈색(褐色)의 과자. ②설탕을 섭씨 200도로 가열할 때 생기는 갈색 비결정(非結晶)의 엿과 같은 물질. 쓴맛이 있고 음식물의 착색제(着色剤)로 쓰임.
ギャラリー[gallery](명) 갤러리. ①회랑(廻廊). 긴 복도. ②화랑(画廊). 미술 전람실.
ギャランティー[guaranty](명) 개런티. ①(출연 등의) 보증금. 수수료(手数料). 계약금. 사례금. ②보증함. 책임짐.
きやり[木遣り](명) 무거운 바위나 나무를 밧줄로 어깨에 메고 여럿이 나르는 일. 목도. 「一歌(ウタ); 목도할 때 부르는 노래」 lumber-carrying
ギャルソン[프 garçon](명) ⇨ガルソン.
ギャロップ[gallop](명·자サ) 갤럽. 말이 한 발짝마다 네 발을 모두 땅에서 떼고 뛰는 것.
ギャロップ[galop](명)〈악〉 갈롭. 15세기 초부터 유행한 2박자의 급속 경쾌한 선회 무용곡(旋回舞踊曲). 또는 그 무용.
ギャング[gang](명) 갱. 폭력단(暴力団). 강도단.
キャンセル[cancel](명·자サ)〈경〉 캔설. 삭제. 취소(取消). (무역상의) 계약 해제.
キャンデー[candy](명) 캔디. ①서양풍의 사탕 과자의 총칭. ②아이스캔디의 준말.
キャンパー[camper](명) 캠퍼. 캠프하는 사람. 야영(野営)하는 사람.
キャンバス[canvas](명) ⇨カンバス.
キャンピング[camping](명) 캠핑. 텐트 생활. 야영(野営) 생활.
キャンプ[camp](명·자サ) 캠프. ①야영(野営). ②텐트로 지은 집. ③임시로 지은 집. ④포로 수용소. ── **ファイア(ー)**[campfire](명) 캠프파이어. 야영할 때 피우는 불. 모닥불.
ギャンブル[gamble](명) 갬블. 내기. 노름. 도박.
キャンペ(ー)ン[campaign](명) 캠페인. ①야전(野戦). ②(사회적, 정치적) 운동이나 투쟁을 통한 사회 개혁 운동. ③선전. 활동. 선거전. 유세(遊説). 「プレスー; 신문 논전(新聞論戦)」
きゅう一[旧](조어) 구. 옛. 이전(以前). 본래. 「一華族(カゾク); 구 귀족」
きゅう一[休](조어) 휴. 활동을 정지한. 「一火山(カザン); 휴화산」
一きゅう[丘](조어) 언덕. 「火口(カコウ)一; 화구구(화산 분화구 속의 작은 화산)」
一きゅう[宮](조어) ①궁전(宮殿). 「水晶(スイショウ)一; 수정궁」 ②〈천〉 천구(天球)의 구분.
一きゅう[球](조어) ①전구. 「百(ヒャク)ワットー; 100 와트 전구」 ②〔야구 등에서〕 공. 보올. 「内角(ナイカク)一; 내각구 (인코오너 보올)」
一きゅう[給](조어) 급여(給与). 「時間(ジカン)一; 시간당으로 주는 급여」
きゅう[九] Ⅰ(명)〈지〉 큐우슈우(九州). Ⅱ(수) ⇨く.
きゅう[弓](명)〈악〉 바이올린 등의 활. a bow
きゅう[旧](명) ①묵은 것. 오랜 것. 옛날 것. 「一に復(フク)する; 옛 것으로 돌아 가다」 ②←旧暦(キュウレキ). ③←旧株(キュウカブ). 1. oldness
きゅう[灸](명)〔お一〕 뜸. 뜸질. 「一をすえる; 야단치다」 moxacautery
きゅう[急](명·형동ダ) ①서두름. 급함. 「一な用事(ヨウジ); 급한 용무」 ②엄함. ③심함. ④절박함. 위험함. 「事態(ジタイ)は一をつげた; 사태는 절박했다」 ⑤성급(性急)함. 1. haste
きゅう[柩](명) 관. 널. 「一車(シャ); 영구차」 a bier
きゅう[笈](명) 등에 짊어 지는 책궤. 「一を負(オ)う; 타향으로 유학 가다」 a portable bookcase
きゅう[級](명) ①등급(等級). ②계단. ③학급(学級). ④학년(学年). 1. a rank 2. a stair
きゅう[球](명) ①공이나 수박 모양으로 둥근 것.

「一の形(カタチ); 구형(球形)」 ②공. 보올. 1. a globe
キュー[cue](명) 큐우. ①〔당구(撞球)에서〕 공을 치는 막대기. ②〔라디오에서〕 연출을 위한 신호(信号).
きゆう[希有·稀有](명) 희유. 흔하지 않고 드문 것. 「一金属(キンゾク); 희유 금속」 rareness
きゆう[杞憂](명) 기우. 쓸 데 없는 걱정. 공연한 걱정. groundless fears
きゆう[喜遊·嬉遊](명·자サ) 즐겁게 놂. joyful play
ぎゅう[牛](명) ①〈동〉 소. ②쇠고기(牛肉). 1. a cow
ぎゆう[義勇](명) 의용. ①정의(正義)를 위한 용기. ②나라를 위해 몸을 바침. 「一兵(ヘイ); 의용병」 1. heroism. ── **ぐん**[義勇軍](명) 의용군. 국가의 강제에 의하지 않고 국민 스스로가 나서서 조직한 군대.
きゅうあい[求愛](명·자サ) 구애. 이성(異性)의 사랑을 구함. courtship
きゅうあく[旧悪](명) 구악. 이전의 죄악. an old crime
きゅうい[球威](명) 〔야구에서〕 던지는 공의 위력. the power of a ball
きゅういん[吸引](명·타サ) 흡인. ①빨아 들임. ②끌어 당김. 1. absorption 2. attraction
きゅういん[吸飲](명·타サ) 빨아 마심. sucking
ぎゅういんばしょく[牛飲馬食](연어·명·자サ) 우음 마식. 마소처럼 많이 먹고 마심. heavy eating and drinking
ぎゅうえき[牛疫](명)〈농〉 우역. 소의 전염병(伝染病).
きゅうえん[仇怨](명) 원수. 적. a foe
きゅうえん[旧怨](명) 구원. 오래 전부터 품고 있는 원한. 숙원(宿怨). an old grudge
きゅうえん[旧縁](명) 구연. 옛날에 맺은 인연. old relationship
きゅうえん[休演](명·자サ) 휴연. 출연이나 공연을 쉼. suspension of performance
きゅうえん[求縁](명) 결혼이나 양자의 상대를 구하는 것. 「一広告(コウコク); 구연 광고」 courtship
きゅうえん[救援](명·타サ) 구원. 곤란한 처지에 있는 사람을 도와 줌. 또는 살려 줌. rescue
きゅうおん[旧恩](명) 구은. 전에 입은 은혜. old favours
きゅうか[九夏](명) 구하. 여름 석달. 여름철의 90일간. summer time
きゅうか[旧家](명) ①오래 대(代)를 이어 온 집안. ②옛날에 살던 집. 1. an old family
きゅうか[休暇](명) 휴가. 직장이나 학교를 쉼. a holiday
きゅうか[毬果](명)〈생〉 구과. 소나무과 식물의 열매. 예: 솔방울, 잣송이 등. a cone
きゅうが[球芽](명)〈생〉 구아. 백합 등의 잎겨드랑이(葉腋)에 생기는 흑자색의 둥근 눈. 땅에 떨어지면 싹이 남. a bulbil
きゅうかい[旧懐](명) 구회. 지난날을 생각하고 그리는 마음. reminiscence
きゅうかい[休会](명·타サ) 휴회. ①의회(議会)를 쉼. ②거래소 등의 매매 거래를 쉼. 1. recess 2. closing
きゅうかい[球界](명) 구계. 야구 등을 하는 사람들의 사회. 또는 그 무리. the baseball world
きゅうかく[嗅覚](명)〈생〉 후각. 냄새를 맡는 감각. the sense of smell
きゅうがく[休学](명·자サ) 휴학. 오랫동안 학교를 쉼. prolonged absense from school
きゅうかざん[休火山](명) 휴화산. 활동을 하지 않는 화산. ↔活火山(カッカザン). a dormant volcano
きゅうかつ[久闊](명) 오랫동안 소식이 없거나 소식을 전하지 못하는 것. 격조(隔阻). 「一を叙(ジョ)する; 격조했던 인사를 하다」 long neglect in writing
きゅうかつ[裘葛](명) ①가죽 옷과 갈포(葛布)로 만든 옷. 겨울 옷과 여름 옷. ②1년. 「一を易(カ)う; 세월이 흐르다」 2. year
きゅうかな(づかい)[旧仮名(遣い)]-(ヅカヒ)(명) 이전의 일본 글자 표기법. ⇨: れきしてきかなづかい(歴史的仮名遣い).
きゅうかぶ[旧株](명) 구주. (자본이 증가되어) 새로 발행한 주식에 대한 그 이전의 주식. ↔新株(シンカブ). an old share
きゅうかん[旧刊](명) 구간. 예전에 나온 책. 오래 된 간행물. ↔新刊(シンカン). an old edition
きゅうかん[旧慣](명) 옛 습관. 이전의 풍습. old customs
きゅうかん[旧館](명) 오래 된 건물. 예전부터 있던 건물. ↔新館(シンカン). an old building
きゅうかん[旧観](명) 예전의 모양. 예전의 모습. the former appearance
きゅうかん[休刊](명·타サ) 휴간. (신문, 잡지 등의) 간행(刊行)을 쉼. 「明日(アス)一; 명일 휴간」 discontinuation
きゅうかん[休閑](명) 휴한. 토양(土壌)을 개량하기 위하여 경작(耕作)을 쉬는 일. 「一地(チ); 휴한지」 fallow
きゅうかん[休館](명·자サ) 휴관. 관(館)이라고 불리는 곳의 사무나 영업을 쉼. closing
きゅうかん[急患](명)〈의〉 급환. 급병(急病)에 걸린 환자. an emergency case
きゅうかん[嗅官](명)〈생〉 후관. 후각을 맡은 기관(器官). the olfactory organ
きゅうかん[嗅感](명) 후감. 후관(嗅官)의 감각. the sense of smell
きゅうかんちょう[九官鳥](명)〈동〉 구관조. 참새목 찌르레기과에 속하는 새. 몸 빛은 흑색에 자색 광택이 남. 우는 소리가 크며 사람의 말을 잘 흉내 냄. 진길료(秦吉了). a mina
きゅうき[旧記](명) 구기. 옛날의 기록. 옛일을 적은 문서. an old chronicle
きゅうき[吸気](명) ①숨을 들이마심. 또는 그 숨. ↔呼気(コキ). inspiration
きゅうぎ[旧誼](명) 구의. 옛 정의(情誼). old friendship
きゅうぎ[球技](명) 구기. ①공을 사용하는 운동경기. 예: 야구, 탁구, 정구 등. a ballgame
きゅうぎ[球戯](명) ①당구(撞球). ②공을 가지고 노는 것. 1. billiards 2. a bowling

きゅうきゅう(부·자サ)〈속〉 ①가난해서 여유가 없는 모양. ②눌려서 삐걱거리는 소리. ③⇨ぎゅうぎゅう①. 2. creaking

きゅうきゅう[救急](명·자サ) 구급. ①위급함을 구원함. ②응급 조치(応急措置)를 취함. 「一車(シャ); 구급차」 ③응급 치료를 함. 1. relief. **一ばこ**[救急箱](명) 구급약을 넣어 두는 상자.

きゅうきゅう[汲汲](형동タルト) 급급. 어떤 일에 마음을 쏟아 쉴 사이가 없는 모양. 한 가지 일에만 열심히 마음을 쓰는 모양. diligent

ぎゅうぎゅう(부)〈속〉 ①여유 없이 심하게 밀거나 조이는 모양. ②구두가 삐걱거리는 소리. 1. squeezingly

きゅうぎゅうのいちもう[九牛の一毛](연어·명) 구우일모. 많은 것 중에 아주 적은 일부분. 문제가 되지 않을 만큼 하찮은 것. a mere fraction

きゅうきょ[旧居](명) 이전의 주거. 전에 살던 집. an old residence

きゅうきょ[急遽](부) 급거. 급작스레. 서둘러서. 「一上京(ジョウキョウ)する; 갑자기 상경하다」 hastily

きゅうきょう[旧教](명)〈종〉 구교. 천주교. 가톨릭교. ↔新教(シンキョウ). Roman Catholicism

きゅうきょう[究竟](명) 구경. ①결국. 필경. ②근본. 보편(普遍). 1. the final end

きゅうきょう[窮境](명) 궁경. 괴로운 경우. 생활이 매우 어려운 지경. 난처한 입장이나 경우. extremity

きゅうぎょう[休業](명·자サ) 휴업. 영업을 쉼. 일을 쉼. closing

きゅうきょく[究極·窮極](명·자サ) 궁극. 한도나 끝에 이름. 「一の目的(モクテキ); 궁극의 목적」 finality

きゅうきん[球菌](명)〈의〉 구균. 구상(球状)으로 된 세균. 「葡萄(ブドウ)一; 포도상(葡萄状) 구균」 a coccus

きゅうきん[給金](명) 급료(給料)로서 지불하는 돈. wages

きゅうくつ[窮屈](형동ダ) 자유롭지 못한 모양. 거북스러운 모양. 불편한 모양. 옹색한 모양. tight

きゅうくん[旧訓](명) 한자, 한문의 옛날식 읽는 법.

きゅうけい[弓形](명) 궁형. 활처럼 구부러진 모양. 활꼴. a crescent form

きゅうけい[休憩](명·자サ) 휴게. 잠깐 쉼. 휴식(休息). a recess

きゅうけい[求刑](명·타サ)〈법〉 구형. 검사가 피고인의 형벌을 요구(要求)하는 것. prosecution

きゅうけい[球形](명) 구형. 공 모양. a globular form

きゅうけい[球茎](명)〈생〉 구경. 전분 등의 양분을 많이 저장하여 살이 쪄서 구형을 이룬 땅속줄기. a bulb

きゅうげき[旧劇](명) 구극. 신파극(新派劇)이 생기기 전의 극. 카부키극(歌舞伎劇) 등. ↔新劇(シンゲキ).

きゅうげき[急激](형동ダ) 급격. 급하고 격렬한 모양. sudden

きゅうけつ[吸血](명) 흡혈. 피를 빨아 먹음. suck of blood. **一き**[吸血鬼](명) 흡혈귀. ①사람의 피를 빨아 먹는다는 귀신. ②사람의 고혈(膏血)을 착취하는 인간.

きゅうけつ[宮闕](명) 궁궐. 임금이 사는 집. 대궐. 궁전(宮殿). the Imperial Palace

きゅうけつ[給血](명·자サ)〈의〉 급혈. 수혈(輸血)에 필요한 혈액을 공급함. supply of blood

きゅうげん[給源·給原](명) 공급하여 주는 원천(源泉). 공급원(供給源). source of supply

きゅうこ[舅姑](명) 시아버지와 시어머니. 시부모(媤父母). one's parents-in-law

きゅうご[救護](명·타サ) 구호. ①구조하여 보호함. ②상병자(傷病者)를 수용하여 간호 또는 치료함. 1. relief 2. aid

ぎゅうご[牛後](명) 〔소의 엉덩이란 뜻으로〕 큰 단체 안에서 지위가 낮은 사람. 강대(強大)한 자에게 붙어 부림받는 사람. 「一となるなかれ; 남의 지배를 받는 사람이 되지 말라」 ↔鶏口(ケイコウ). a retinue

きゅうこう[旧交](명) 구교. 오랜 교제(交際). 「一をあたためる; 옛 정의를 돈독히 하다」 old friendship

きゅうこう[旧稿](명) 구고. 전의 원고(原稿). 오래 된 원고. an old manuscript

きゅうこう[休校](명·자サ) 휴교. 학교가 수업을 하지 않고 쉼. closure of a school

きゅうこう[休航](명) 휴항. 배나 비행기가 운항(運航)을 하지 않고 쉬는 일. suspension of sailing

きゅうこう[休講](명·자サ) 휴강. 강의를 쉼. no lecture

きゅうこう[急行](명·자サ) 급행. 급히 감. 빨리 감. 「一列車(レッシャ); 급행 열차」 going in a hurry

きゅうこう[救荒](명) 구황. 기근(飢饉)에서 구함. 기근 구제. 「一植物(ショクブツ); 구황 식물(산이나 들에 야생하며, 흉년에 먹을 수 있는 식물)」 famine relief

きゅうこう[躬行](명·자サ) 궁행. 몸소 행함. 「実践(ジッセン)一; 몸소 실천함」 personal practice

きゅうごう[旧号](명) ①잡지 등의 묵은 호(号). ②옛 칭호. 1. a back number 2. an old name

きゅうごう[糾合·鳩合](명·타サ) 규합. 모아서 합침. 불러 모음. 「同志(ドウシ)を一して; 동지를 규합하여」 calling together

きゅうこうぐん[急行軍](명·자サ)〈군〉 급행군. 단시간에 목적지에 도달하기 위하여 거의 쉬지 않고 하는 행군. 강행군(強行軍). a quick march

きゅうこく[旧国](명) ①구국. 오래 된 나라. ②고향. 고국. 1. an old country

きゅうこく[急告](명·타サ) 급고. 급히 알림. an urgent notice

きゅうこく[救国](명) 구국. 나라를 구함. 위태롭게 된 나라를 구함. national salvation

きゅうごしらえ[急拵え](명) 급히 만듦. 급조(急造). hurried construction

きゅうこん[求婚](명·자サ) 구혼. 결혼을 청함. 혼처(婚処)를 구함. 청혼(請婚). a proposal of marriage

きゅうこん[球根](명)〈식〉 구근. 구형(球形) 또는 덩어리 모양으로 된 땅속줄기(地下茎)나 뿌리의 총칭. a bulb

きゅうこん[窮困](명) 생활이 궁하고 곤란한 것. 곤궁. poverty
きゅうさい[旧債](명) 구채. 오래 된 부채(負債). 묵은 빚. an old debt
きゅうさい[休載](명·타サ) 계속 실리던 것을 쉼. 「今月号(コンゲッゴウ)にかぎり—; 이달 호에 한하여 싣지 않음」 non-appearance
きゅうさい[救済](명·타サ) 구제. 재해(災害)나 불행에서 구하여 건져 줌. 「貧民(ヒンミン)—; 빈민 구제」 relief
きゅうざい[糾罪](명) 규죄. 죄를 따짐. 죄를 규탄(糾弾)함. impeachment
きゅうさく[旧作](명) 구작. 이전 작품. ↔新作(シンサク). an old work
きゅうさく[窮策](명) 궁책. 곤궁한 끝에 생각해 낸 계책. 궁여지책(窮餘之策). the last resort
きゅうさん[急霰](명) 갑자기 쏟아지는 우박. a sudden hailstorm
きゅうし[九死](명) 구사. 거의 죽게 됨. 「—一生(イッショウ); 구사 일생」 probable death
きゅうし[仇視](명·타サ) 원수같이 봄. 원수로 여김. hostility
きゅうし[旧址](명) 예전에 건물, 성(城) 등이 있었던 자리. 옛터. ruins
きゅうし[旧師](명) 옛 스승. one's former teacher
きゅうし[臼歯](명)〈생〉 구치. 어금니. a molar tooth
きゅうし[休止](명·자타サ) 휴지. ①쉬어서 그침. ②진행을 정지함. pause. **—ふ**[休止符](명)〈악〉 휴지부. 악보에서 도중에 쉼을 표시하는 부호. 쉼표.
きゅうし[急死](명·자サ) 급사. 갑자기 죽음. sudden death
きゅうし[急使](명) ①급한 심부름. ②급히 연락해야 할 사명을 띤 사람. 2. an express messenger
きゅうし[球史](명) 야구(野球)의 역사. 특히 야구 경기의 승패에 관한 역사. the baseball history
きゅうし[給資](명·자サ) 자금을 대어 줌. financing
きゅうし[窮死](명·자サ) 궁한 끝에 죽음. 생활고, 병고(病苦) 등으로 죽음.
きゅうじ[旧事](명) 옛일. past events
きゅうじ[旧時](명·부) 옛적. 이전. old times
きゅうじ[灸治](명) 뜸을 떠서 병을 고침. moxibustion
きゅうじ[給仕](명·자サ) 급사. ①관공서나 단체에서 심부름하는 아이. 사동(使童). 사환(使喚). ②식사 시중을 들어 줌. 또는 그 사람. 「お—する; 식사 시중을 들다」 1. a boy
ぎゅうし[牛脂](명) 우지. 소의 지방(脂肪)을 정제(精製)한 것. 비누, 초, 연고(軟膏) 등을 만드는 데 쓰임. beef-tallow
ぎゅうじ[牛耳](명) 우이. ①쇠귀. ②장(長). 우두머리. 「—をとる; 지배자가 되다」 ⇨: ぎゅうじる. 1. the ears of an ox 2. a leader
きゅうしき[旧式](명·형동ダ) 구식. ①옛 격식. 낡은 형태나 격식. ②시대에 뒤진 형태나 격식. ↔新式(シンシキ). old type
きゅうしき[旧識](명) 오래 전부터 아는 사이. 구면(旧面). an old friend
きゅうしつ[吸湿](명)〈이〉 물질이 공기 중의 습기를 흡수하는 일. hygroscopic. **—せい**[吸湿性](명)〈이〉 흡습성. 물질이 공기 중의 습기를 흡수하는 성질.
きゅうしつ[宮室](명) 궁실. ①궁전, 어전(御殿). ②거실(居室). 집. 1. a palace
きゅうじつ[休日](명) 휴일. 일을 쉬고 노는 날. 공휴일(公休日). a holiday
きゅうしゃ[柩車](명) 시체를 담은 관(棺)을 나르는 차. 영구차(霊柩車). a hearse
きゅうしゃ[鳩舎](명) 비둘기장. a pigeon house
きゅうしゃ[厩舎](명) 구사. 마구간. a stable
ぎゅうしゃ[牛車](명) 우차. ①소가 끄는 수레. 달구지. ②⇨ぎっしゃ. 1. an ox-cart
ぎゅうしゃ[牛舎](명) 외양간. a cowhouse
きゅうしゅ[旧主](명) 옛 주인. 이전의 소유자. one's former master
きゅうしゅ[鳩首](명·자サ) 구수. 여럿이 머리를 맞댐. 「—会議(カイギ); 구수 회의」 laying heads together
きゅうしゅう[九州](명)〈지〉 혼슈우(本州)의 서남쪽에 있는 큰 섬.
きゅうしゅう[旧習](명) 구습. 오래 된 습관. 옛날 풍속과 습관. old customs
きゅうしゅう[吸収](명·타サ) 흡수. ①빨아 들임. ②한데 모음. 병합(併合). ③〈이〉 기체(気体)가 액체나 고체로, 또는 고체가 액체로 빨려 들어 용해되는 현상. 1. absorption 2. gathering
きゅうしゅう[急襲](명·자サ) 급습. 갑자기 습격함. a surprise attack
きゅうじゅう[九十](수) 구십. 아흔. 90. ninety
きゅうしゅつ[救出](명·타サ) 구출. 구해 냄. delivering
きゅうじゅつ[弓術](명) 궁술. 활을 쏘는 기술. archery
きゅうじゅつ[救恤](명·타サ) 구휼. 빈민이나 이재민에게 금품을 주어 구조함. 구원(救援). 구제. relief
きゅうしゅん[急峻](명·형동ダ) 가파르고 험준함. steepness
きゅうしょ[急所·急処](명) 급소. ①신체 중에서 생명에 관계되는 가장 중요한 부분. ②사물의 가장 중요한 곳. 요점(要点). 요소(要素). 1. a vital part
きゅうしょ[急書](명) 급한 편지. an urgent letter
きゅうじょ[救助](명·타サ) 구조. 어려운 지경에 있는 자를 도와 살려 줌. rescue
きゅうしょう[旧称](명) 구칭. 옛 칭호. an old name
きゅうしょう[求償](명·자サ) 구상. 배상 또는 상환(償還)을 요구함. claim for compensation
きゅうしょう[急症](명) 급증. 갑자기 일어나는 병. 급병(急病). 급환(急患). a sudden illness
きゅうじょう[弓状](명) 활 모양. 궁형(弓形). arch
きゅうじょう[休場](명·자サ) 휴장. ①흥행(興行) 등을 쉼. ②출장(出場)을 쉼. 1. closure of a theatre
きゅうじょう[宮城](명) 궁성. ①천황(天皇)이 사는

곳. 황거(皇居). ②궁궐(宮闕)을 싸고 있는 성벽. 1. the Imperial Palace

きゅうじょう[球状](명) 구상. 공같이 둥근 모양. 구형(球形). a globular shape

きゅうじょう[球場](명) 구장. ①야구장. ②축구, 야구, 정구 등을 하는 운동장. 1. a baseball park

きゅうじょう[窮状](명) 궁상. 곤궁한 모양. 궁핍한 모양. distressed circumstances

きゅうしょく[休職](명·자サ) 휴직. 직업이 있던 사람이 얼마 동안 직무를 쉼. temporary retirement

きゅうしょく[求職](명·자サ) 구직. 직업을 구함. job-hunting

きゅうしょく[給食](명·자サ) 급식. (학교에서 아동에게) 음식을 줌. 「一制度(セイド); 급식 제도」 supply of food

ぎゅうじ·る[牛耳る](자 4)〈속〉 마음대로 지배하다. 우두머리가 되다. take command

きゅうしん[丘疹](명)〈의〉 구진. 살갗에 돋는 발진(発疹). a papule

きゅうしん[旧臣](명) 구신. 옛날의 신하. 오래 전부터 섬겨 온 신하. one's former retainer

きゅうしん[休神·休心](명·자サ) 안심(安心)함. 「ご一ください; 안심하십시오」 peace of mind

きゅうしん[休診](명·타サ) 휴진. 의사나 병원이 진찰, 또는 진료(診療)를 쉼. suspension of medical examination

きゅうしん[求心](명) 구심. ①중심으로 쏠리는 힘. ②중심으로 당기는 작용. ↔遠心(エンシン). 1. centripetence **—りょく** [求心力](명)〈이〉 구심력. 물체가 원운동(円運動)을 할 때 그 물체를 원의 중심으로 당기는 힘.

きゅうしん[急信](명) 급신. 급한 일을 알리는 통신. 급한 소식. an urgent message

きゅうしん[急進](명·자サ) 급진. ①서둘러 급히 진행함. ②급히 이상(理想)을 실현하고자 함. ↔漸進(ゼンシン). 1. rapid progress 2. radicalism

きゅうしん[急診](명·타サ)〈의〉 급진. 급히 진찰함. 급한 진찰. an urgent medical examination

きゅうしん[球心](명) 구심. 구(球)의 중심. the centre of a sphere

きゅうしん[球審](명) 구심. 〔야구에서〕 캐처(捕手)의 뒤에서 보올, 스트라이크 등을 분별하는 심판. 주심(主審). a ball umpire

きゅうじん[九仞](명) 〔인(仞)은 옛날 길이의 단위로, 1인(仞)은 8척(尺)〕 아주 높은 것. 「一の功(コウ)を一簣(イッキ)に欠(カ)く; 거의 다 된 일을 마지막 적은 노력의 부족으로 망치다」 fair height

きゅうじん[旧人](명) ①옛사람. ②새 시대에 맞지 않는 사람. ↔新人(シンジン). 1. an old man

きゅうじん[求人](명) 구인. 쓸 사람을 구함. an offer of a situation

きゅうじん[球人](명) 야구를 하는 사람. 야구 선수. a baseball player

きゅうす[急須](명) 차를 끓이는 데 쓰는 주전자. 사기, 금속 제품 등이 있음. a teapot

きゅう·す[休す](자サ) ①쉬다. ②그치다. 끝나다. 「万事(バンジ)一; 모든 것이 끝장 나다」 1. rest

きゅう·す[窮す](자サ) ①막다르다. 절박하다. ②괴로와하다. 난처해하다. ③빈궁하다. 곤궁하다. 1. be at a loss

きゅうすい[給水](명·자サ) 급수. 물을 공급함. 「一車(シャ); 급수차」 water supply

きゅうすう[級数](명)〈수〉 급수. 일정한 법칙에 따라 증감(増減)하는 수를 일정한 순서로 배열한 수열(数列). 예: 등차(等差), 등비 급수(等比級数) 등. progression

きゅう·する[休する](자サ) ①쉬다. ②그치다. 멈추다. 끝나다. 1. rest 2. end

きゅう·する[給する](타サ) ①주다. 급여(給与)하다. ②분배하다. 배급하다. 공급하다. 1. allow 2. provide

きゅう·する[窮する](자サ) ①막다르다. 변통할 수가 없다. 「返事(ヘンジ)に一; 대답에 궁하다」 ②괴로움을 받다. ③빈궁하다. 곤궁하다. 1. be at a loss 2. be puzzled

きゅうせい[九星](명) 구성. 구요성(九曜星)을 오행(五行)과 방위에 할당하여 사람의 생년(生年)에 맞추어 길흉(吉凶)을 점치는 일. horoscope

きゅうせい[旧制](명) 구제. 예전의 제도. 구제도(旧制度). ↔ 新制(シンセイ). the old system

きゅうせい[旧姓](명) 결혼이나 양자 관계를 맺기 전의 본성(本姓). one's former name

きゅうせい[急性](명)〈의〉 급성. ①(병 등이) 갑자기 일어나는 것. ↔慢性(マンセイ). ②성미가 급한 것. 성급(性急). 1. acute

きゅうせい[急逝](명·자サ) 급서. 갑자기 세상을 떠남. 급사(急死). 「心臓麻痺(シンゾウマヒ)のため一した; 심장 마비로 갑자기 돌아가셨다」 a sudden death

きゅうせい[救世](명) 구세. ①세상 사람을 구원하는 일. ②종교의 힘으로 불행과 죄악에서 구제하는 일. salvation of the world. **—ぐん**[救世軍](명)〈종〉 구세군. 기독교를 전하고 사회 사업, 구제 사업을 하는 신교(新教)의 한 파. **—しゅ**[救世主](명) 구세주. ①인류를 구제하는 사람. ②〈종〉 예수를 일컫는 말. 주(主). 구주(救主). 메시아.

きゅうせき[旧跡·旧蹟](명) 구적. 옛 사적이 있었던 곳. 고적. 「名所(メイショ)一; 명소 고적」 remains

きゅうせき[旧績](명) 옛 업적. old achievements

きゅうせつ[旧説](명) 구설. 옛 학설. 전의 주장. an old theory

きゅうせつ[急切](명) 매우 절박함. 급박(急迫). urgency

きゅうせつ[急設](명·타サ) 급설. 급히 서둘러 설치(設置)함. speedy laying

きゅうせっきじだい[旧石器時代](명) 구석기 시대. 석기 시대의 한 구분으로 구석기가 만들어진 시대. ↔新(シン)石器時代. the Old Stone Age

きゅうせん[弓箭](명) ①활과 화살. 궁시(弓矢). ②활

을 쏘는 일. ③전쟁(戦争). 「一の家(イエ); 무인(武人)의 집」 1. bows and arrows 3. a warfare

きゅうせん[休戦](명·자サ) 휴전. ①전쟁을 일시 중지(中止)함. ②〈법〉 (교전국, 교전 단체가) 합의에 의하여 일정 기간 전투 행위를 정지함. an armistice

きゅうぜん[翕然](형동タリ) 흡연. 하나로 합치는 모양. 화합하는 모양. with one accord

きゅうせんぽう[急先鋒](명) 급선봉. 제일 선두(先頭)에 서서 나아가는 것. 또는 그 사람. a forerunner

きゅうそ[泣訴](명·자サ) 읍소. 울면서 간절히 호소함. an appeal

きゅうそ[窮鼠](명) 궁서. 궁지에 빠진 쥐. 「一かえってねこをかむ; 궁서는 오히려 고양이를 문다(궁지에 몰리면 약자도 강자가 될 수 있음의 비유)」 a cornered mouse

きゅうそう[急送](명·타サ) 급송. 급히 서둘러 보냄. sending in haste

きゅうそう[給桑](명·자サ)〈농〉 급상. 누에에게 뽕잎을 줌.

きゅうぞう[急造](명·타サ) 급조. 급히 만듦. 갑자기 만듦. hurried construction

きゅうぞう[急増](명·자타サ) 급증. 갑자기 증가함. a rapid increase

きゅうそく[休息](명·자サ) 휴식. 잠깐 쉼. 휴게(休憩). rest

きゅうそく[球速](명) 〔야구에서〕 공(球)의 속도. pace

きゅうそく[急速](형동ダ) 급속. 몹시 급한 모양. 몹시 빠른 모양. rapid

きゅうぞく[九族](명) 구족. 자기를 중심으로 선조(先祖) 4대, 자손(子孫) 4대를 포함한 9대(九代)의 친족. the nine generations of a family

きゅうそだい[窮措大](명) 궁조대. 가난한 학자. 청빈한 선비. a poor student

きゅうそつ[旧卒](명) 구졸업자(旧卒業者)의 준말. ↔新卒(シンソツ).

きゅうたい[旧態](명) 구태. 예전의 모습. 옛 모양. 「一依然(イゼン); 구태 의연」 the old order

きゅうたい[球体](명) 구체. 공 모양의 물체. a sphere

きゅうだい[九大](명) 큐우슈우(九州) 대학의 약칭.

きゅうだい[及第](명·자サ) 급제. ①시험에 합격함. ②과거(科挙)에 합격함. ↔落第(ラクダイ). passing

きゅうたく[旧宅](명) 이전의 집. 옛집. 구가(旧家). one's former residence

きゅうたん[急湍](명) 급단. 물살이 빠른 얕은 여울. rapids

きゅうたん[給炭](명·자サ) 급탄. 석탄을 공급(供給)함. coaling

きゅうだん[糾弾·糺弾](명·타サ) 규탄. 잘못이나 허물을 따지고 캐어 밝힘. impeachment

きゅうだん[急談](명·자サ) 급한 얘기. an urgent talk

きゅうだん[球団](명) 야구단(野球団)의 준말.

きゅうち[旧知](명) 이전부터 아는 사이. 구면(旧面). an old friend

きゅうち[窮地](명) 궁지. ①곤궁한 지경. 「一におちいる; 궁지에 빠지다」 ②교통이 불편한 벽촌. 벽지(僻地). 1. a predicament

きゅうちしん[求知心](명) 지식을 구하려는 마음. mind seeking after knowledge

きゅうちゃく[吸着](명·자타サ) 흡착. ①착 달라붙음. ②〈이〉 고체(固体)의 표면에 접(接)하는 기체가 그 표면에 가까운 얇은 층(層)에 모여 보존되어 있는 현상(現象). 1. adhesion by suction

きゅうちゅう[宮中](명) 궁중. 대궐 안. 궁전(宮殿) 안. 금중(禁中). the Imperial Court. **―さんでん**[宮中三殿](명) 일본 궁중(宮中)의 아마테라스오오미카미(天照大神)를 모신 카시코도코로(賢所), 천황의 선조를 모신 코오레이덴(皇霊殿), 천지(天地)의 여러 신을 모신 신전(神殿)의 총칭.

きゅうちょ[旧著](명) 구저. 이전에 내놓은 저서. ↗「one's old work

きゅうちょう[九重](명) 구중. ①여러 겹. ②구중 궁궐(九重宮闕). 궁중(宮中). 궁성(宮城). 1. many folds

きゅうちょう[急調](명) 빠른 박자. 빠른 템포. quick tempo

きゅうちょう[急潮](명) 빠른 조류. a tidal wave

きゅうちょう[級長](명) 급장. 학급(学級)을 대표하는 학생. 반장. a monitor

きゅうちょう[窮鳥](명) 궁조. ①쫓기어 곤경에 빠진 새. ②쫓기는 사람. 「一ふところに入(イ)る; 쫓기는 사람이 구원을 청해 오다」 1. a sorely-pressed bird

きゅうつい[急追](명·타サ) 급히 쫓음. a hot pursuit

きゅうつい[窮追](명·타サ) ①어디까지든지 쫓아 감. ②어디까지든지 캐어 따짐. 추궁. 1. corner

きゅうつう[窮通](명) ①가난과 부귀. ②곤궁과 영달. ③막힘과 피어남. 1. poverty and wealth

きゅうてい[休廷](명·자サ) 휴정. 법원(法院)의 재판을 쉼. holding no court

きゅうてい[泣涕](명) 눈물을 흘리면서 우는 것. 체읍(涕泣). weeping

きゅうてい[宮廷](명) 궁정. 대궐. 궁중(宮中). 금중(禁中). the Court

きゅうていたいりょ[九鼎大呂](연어·명) 〔구정은 하(夏), 은(殷), 주(周) 3대에 전하는 보물(금으로 만든 세발솥), 대려는 주나라 왕실의 큰 종〕 높은 지위와 명성.

きゅうてき[仇敵](명) 구적. 원수(怨讐). a bitter enemy

きゅうてん[九天](명) 구천. ①가장 높은 하늘. 구중천(九重天). ②하늘을 아홉 방위(方位)로 나누어 일컫는 말. ③〈불〉 아홉 개의 천체(天体). ④궁중(宮中). 1. the heavens

きゅうてん[灸点](명) 구점. 뜸을 뜰 자리에 먹물로 찍은 표지. 「一をおろす; 구점을 찍다」 moxocausis

きゅうてん[急転](명·자サ) 급전. 갑자기 형세가 바뀜. a sudden change. **―ちょっか**[急転直下](연어·명·자サ) 급전 직하. 갑자기 형세가 바뀌어 걷잡을 수 없이 됨.

きゅうでん[休電](명·자サ) 휴전. 전력(電力)의 공급

울 쉼. no supply of electricity
きゅうでん[急電](명) 급전. 지급을 요하는 전보. 지급 전보. an urgent telegram
きゅうでん[宮殿](명) 궁전. 대궐. 어전(御殿). a palace
きゅうでん[給電](명·자サ) 급전. 전력을 공급함. electric supply
きゅうと[旧都](명) 구도. 옛 도읍. the old capital
きゅうど[旧土](명) 구토. 이전의 땅. an old place
きゅうとう[旧冬](명) 지난 겨울. the last winter
きゅうとう[旧套](명) 구투. 예전 격식(格式). 구태(旧態).「一を脱(ダッ)しない; 구태를 벗지 못하다」 conventionalism
きゅうとう[急騰](명·자サ) 급등. 물가가 급격히 오름. ↔急落(キュウラク). a jump
きゅうどう[弓道](명) 궁도. 활을 쏘는 기술. 궁술(弓術). archery
きゅうどう[旧道](명) 구도. 예전 길. 이전에 다니던 도로. an old road
きゅうどう[求道](명) 구도. 진리의 정도(正道)를 구하는 일.「一者(シャ); 구도자」 seeking after truth
きゅうどう[球道](명) 〔야구에서〕 던진 공이 가는 길. the path of a ball
ぎゅうとう[牛刀](명) 우도. 소를 잡는 칼.「にわとりを割(サ)くに一を用(モチ)いる; 닭을 잡는 데 소 잡는 칼을 쓰다(과장하거나 작은 일을 크게 떠벌림의 비유)」 a butcher's knife
ぎゅうとう[牛痘](명) 우두. ①〈농〉 소의 몸에 돋는 포창(疱瘡). ②〈의〉 천연두를 예방하기 위해 사람의 피부에 접종하는 약. 2. cowpox
ぎゅうなべ[牛鍋](명) ①쇠고기를 조리하는 남비. ②남비에 조리한 쇠고기 요리. 1. a beef-pan
きゅうなん[急難](명) ①절박한 곤란. ②갑자기 생긴 재난. 1. an imminent danger
きゅうなん[救難](명) 구난. 재난(災難)을 구함. rescue
きゅうに[急に](부) ①갑자기. ②급하게. 빨리. 1. suddenly 2. in haste
ぎゅうにく[牛肉](명) 우육. 쇠고기. beef
きゅうにゅう[吸入](명·타サ) 흡입. 빨아 들임.「一器(キ); 흡입기」 inhalation
ぎゅうにゅう[牛乳](명) 우유. 암소의 젖. milk
きゅうにん[旧任](명) 구임. 전에 임명됨. 또는 그 사람. 전임(前任). ↔新任(シンニン). seniority
キュウねつ[Q熱](명)〈의〉 큐우열. 리케차를 병원체로 하는 가축의 전염병. 인체에도 전염하여 발열, 두통 등을 일으킴. Q-fever
きゅうねん[旧年](명) 구년. 지난해. 작년. ↔新年(シンネン). the last year
きゅうのう[救農](명) 구농. 어려운 농민을 구함. relief of poor farmers
きゅうは[旧派](명) 구파. ①예전부터의 형식을 따르는 유파(流派). ②보수적인 사람. ③(신파 연극에 대해서) 재래의 연극. ↔新派(シンパ). 1. the old school 3. a classical drama
きゅうは[急派](명·타サ) 급파. 급히 파견함. despatch
きゅうば[弓馬](명) 궁마. ①활과 말. ②활 쏘기와 말타기. 무예(武芸). ③전쟁(戦争). ④무사(武士). 2. archery and horsemanship
きゅうば[急場](명) 급한 경우. 절박(切迫)한 경우.「一の間(マ)にあわない; 급할 때에 소용에 닿지 못하다」 an emergency
キューバ[Cuba·玖瑪](명)〈지〉 쿠바. 중앙 아메리카 서인도 제도 중 최대의 섬으로 독립 공화국. 수도(首都)는 아바나(Havana).
ぎゅうば[牛馬](명) 우마. 소와 말. oxen and horses
きゅうはい[九拝](명·타サ) ①아홉 번 절함.「三拝(サンパイ)一; 거듭 절함」 ②편지 끝에 써서 경의(敬意)를 나타내는 말. 1. nine-fold worshipping
きゅうはい[朽廃](명·자サ) 낡아 못 쓰게 됨.「校舎(コウシャ)の一; 교사가 낡아 못 쓰게 됨」 decay
きゅうはいすい[給排水](명·자サ) 수도(水道)로 물을 공급하고 하수도로 물을 내보냄. 급수와 배수.
きゅうはく[急迫](명·자サ) 급박. 조금의 여유도 없이 절박함. urgency
きゅうはく[窮迫](명·자サ) 궁박. 곤궁이 절박함. 몹시 곤궁함. straitened circumstances
きゅうばく[旧幕](명) 예전의 막부(幕府). 메이지 유신(明治維新) 후 토쿠가와 막부(徳川幕府)를 부르던 말.
きゅうばしのぎ[急場凌ぎ](명) 급한 경우를 벗어나는 방법. 위급(危急)을 면하는 수단. 응급 수단. an emergency measure
きゅうはん[旧版](명) 구판. 같은 출판물의 이전의 판.「一を改訂(カイテイ)する; 구판을 개정하다」 ↔新版(シンパン). an old edition
きゅうはん[旧藩](명) 막부(幕府) 시대의 각 영주(領主). 또는 그 봉토(封土).
きゅうはん[急坂](명) 가파른 언덕. a steep hill
きゅうばん[吸盤](명)〈동〉 흡반. 낙지, 거머리 같은 동물이 다른 물건에 달라붙거나 피 등을 빨아 먹는 데 사용하는 육질(肉質)의 기관(器官). 빨판. a sucker
きゅうひ[給費](명) 급비. ①비용을 지급(支給)함. 비용을 줌. ②학자(学資) 등을 위해 지급하는 비용.「一生(セイ); 급비생」 1. supply of expenses
きゅうひ[厩肥](명)〈농〉 구비. 가축의 분뇨(糞尿)와 짚 등을 섞은 비료. 마구간에 쌓인 거름.
きゅうび[急火] ①갑자기 타오르는 불. ②맹렬히 타는 불. 맹화(猛火). 2. raging fire
きゅうび[鳩尾](명) ⇨みずおち.
ぎゅうひ[牛皮](명) 쇠가죽. oxhide
ぎゅうひ[求肥](명) 전분에 설탕, 엿 등을 넣어 굳혀서 만든 과자. Turkish delight
ぎゅうび[牛尾](명) 쇠꼬리. ↔鶏口(ケイコウ). the tail of an ox
キューピー[kewpie](명) 큐우피. 로마 신화에 나오는 큐우핏을 흉내 내어 머리 끝이 뾰족하고 눈을 크게 만든 나체 인형.

キュービズム[cubism](명) 큐우비즘. 20세기 초 프랑스에 일어난 미술상의 운동. 입체주의(立体主義). 입체파.
キューピッド[Cupid](명) 큐우핏. ①로마 신화에 나오는 사랑의 신. ②미소년(美少年).
きゅうびょう[急病](명) 급병. ①갑자기 일어나는 병. ②위급한 병. 1. a sudden illness
きゅうひん[救貧](명) 구빈. 가난한 사람을 구제하는 일. relief of the poor
きゅうびん[急便](명) 급한 일을 알리는 편지. 지급 편지. 지급 통신. 급신(急信). an express message
きゅうふ[休符](명)〈악〉 휴지부(休止符). 쉼표. a pause
きゅうふ[給付](명·타サ) 급부. 지급함. 교부(交付)함. delivery of gift
きゅうぶつ[旧物](명) 구물. ①옛 물건. 예전 것. 낡은 것. ②대대로 물려 전해 오는 물건. 1. an old thing
きゅうぶん[旧聞](명) 구문. 오랜 이야기. 전에 들은 소문.「一に属(ゾク)する; 구문에 속하다」 old news
ぎゅうふん[牛糞](명) 쇠똥. cattle-dung
きゅうへい[旧弊](명·형동ダ) 구폐. ①전부터 내려 오는 나쁜 관습(慣習). ②오래 된 폐해(弊害). 구악(旧悪). 1. long existing abuses
きゅうへん[急変](명·자サ) 급변. ①갑자기 달라짐. 별안간 변함. ②별안간 일어난 사변(事変). 1. a sudden change 2. an accident
きゅうぼ[急募](명·타サ) 급모. 급히 모집함. an urgent collection
ぎゅうほ[牛歩](명) ①소걸음. ②진행(進行)이 느린 것.「一遅遅(チチ)として; 소걸음처럼 느릿느릿하여」 1. a cow's pace
きゅうほう[旧法](명) 구법. ①예전 법률. 예전 법령(法令). ②옛 방법. 낡은 방법. 1. a defunct law 2. an old method
きゅうほう[急報](명·타サ) 급보. 급히 알림. 급한 소식. 또는 연락. a hurried message
きゅうぼう[窮乏](명·자サ) 궁핍. 몹시 곤궁함. 몹시 가난함. poverty
きゅうぼん[旧盆](명) 음력의 우란분(盂蘭盆). 하안거(夏安居)의 끝날인 음력 7월 보름날에 행하는 불사(仏事).
きゅうみん[九民](명) 각 계급의 사람. the people
きゅうみん[休眠](명·자サ) 휴면. ①쉬면서 거의 활동하지 않음. ②〈생〉 동식물이 한동안 거의 정지 상태로 되어 있는 일. 2. dormancy
きゅうみん[救民](명) 구민. 백성을 구제하는 일. relief of people
きゅうみん[窮民](명) 궁민. 곤궁한 백성. poor people
きゅうむ[急務](명) 급무. 급한 일.「刻下(コッカ)の一; 당장의 급무」 urgent business
きゅうめい[旧名](명) 구명. 고치기 전의 이름. 예전에 부르던 이름. an old name
きゅうめい[究明](명·타サ) 구명. 깊이 파고 들어 밝힘.「事故(ジコ)の原因(ゲンイン)を一する; 사고의 원인을 구명하다」 inquiry
きゅうめい[糾明·糺明](명·타サ) 규명. (잘못을) 자세히 캐고 따져 밝힘.「責任(セキニン)を一する; 책임을 규명하다」 a searching examination
きゅうめい[救命](명) 구명. 사람의 목숨을 구함.「一艇(テイ); 구명정」 lifesaving
きゅうめん[球面](명) 구면. ①구(球)의 표면.「一鏡(キョウ); 구면경」②〈수〉 어느 일정한 점에서 일정한 거리에 있는 점의 궤적(軌跡). a spherical surface
きゅうもん[糾問·糺問](명·타サ) 따져 물음. cross-examination
きゅうもん[宮門](명) 궁궐의 문. the gate of the palace
きゅうやく[旧約](명) 구약. ①예전 약속. ②〈종〉 ←旧約聖書. ↔新約(シンヤク). 1. an old promise. ── **せいしょ**[旧約聖書](명)〈종〉 구약 성서. 기독교의 경전(経典). 예수 탄생 이전부터 전해 오는 유태교(猶太教)의 가르침을 모은 책.
きゅうやく[旧訳](명) 구역. ①낡은 번역. 전의 번역. ②〈불〉 현장 삼장(玄奘三蔵) 이전의 불전(仏典)의 한역(漢訳). 1. an old translation
きゅうゆ[給油](명·자サ) 급유. ①기름을 공급함.「一船(セン); 급유선」②기름을 침. 1. oil supply
きゅうゆう[旧友](명) 구우. 사귄지 오래 된 친구. 옛 친구. an old friend
きゅうゆう[旧遊](명) ①이전에 놀던 일. ②이전에 여행한 일이 있는 것.「一の地(チ); 전에 가 본 일이 있는 곳」 2. formerly visited
きゅうゆう[級友](명) 급우. 같은 학급(学級)의 친구. a classmate
きゅうよ[給与](명·타サ) 급여. ①대어 주거나 베풀어 줌. 또는 그 물건. ②급료(給料). 1. allowance 2. a salary
きゅうよ[窮余](명) 궁여. 매우 궁박한 나머지.「一の一策(イッサク); 궁여의 일책(궁여지책)」 difficulty
きゅうよう[休養](명·자サ) 휴양. 휴식하여 보양(保養)함. repose
きゅうよう[急用](명) 급용. ①긴급하게 쓸 일. ②급한 용건. 2. urgent business
きゅうよう[給養](명·타サ) 급양. ①물건을 대어 주며 기름. ②생존(生存)하는 데 필요한 양식이나 의류 등을 공급함. 1. maintenance
きゅうらい[旧来](명·부) 구래. 옛부터 전해 옴. 이전부터. 고래(古来).「一の習慣(シュウカン); 이전부터의 습관」 from old times
きゅうらい[急雷](명) 갑자기 울리는 천둥.
きゅうらい[救癩](명) 나병 환자를 구하는 일.「一事業(ジギョウ); 나병 환자 구제 사업」 relief of lepers
きゅうらく[及落](명) 급락. 급제와 낙제. success and failure
きゅうらく[急落](명·자サ) 급락. 물가나 증권 시세 등이 갑자기 떨어짐. ↔急騰(キュウトウ). a sudden drop
ぎゅうらく[牛酪](명) 우락. 버터. butter
きゅうり[胡瓜]キウリ(명)〈식〉 오이. 박과에 속하는 1

년생 만초(蔓草). 열매는 중요한 야채임. a cucumber

きゅうり[久離](명) ①오래 떨어져 있는 것. ②부모와 자식간의 인연을 끊는 일. 1. long separation

きゅうり[旧里](명) 고향. one's home

きゅうり[究理](명) 사물의 이치를 구명하는 일. 궁리(窮理). reasoning

きゅうり[窮理](명) 궁리. ①사리를 깊이 연구함. ②좋은 도리를 발견하려고 곰곰이 생각함. consideration

きゅうりゅう[穹窿](명) 궁륭. ①활 모양으로 보이는 하늘. 맑게 갠 하늘 모양. ②궁형(弓形)의 천장 (天障). ③활이나 무지개같이 굽은 것. 1. the vault of heaven 2. a vaulted ceiling

きゅうりゅう[急流](명) 급류. 급하게 흐르는 물. 급류수(急流水). a rapid stream

きゅうりょう[丘陵](명) 구릉. 언덕. 작은 산. a hill

きゅうりょう[旧領](명) 구령. 이전의 영토. old territory

きゅうりょう[休漁](명·자サ) 휴어. 고기잡이를 쉼.

きゅうりょう[救療](명) 가난한 자를 치료해서 구해주는 일. medical relief of the poor

きゅうりょう[給料](명) 급료. 노력(労力)에 대해 지불하는 돈. a salary

きゅうれい[旧例](명) 구례. 이전의 예(例). 옛 습관. 옛 풍속. an old custom

きゅうれき[旧暦](명) 구력. 음력. 태음력(太陰暦). ↔新暦(シンレキ). the lunar calendar

きゅうれき[球歴](명) 야구(野球)의 경력(経歴). one's baseball career

きゅうろう[旧臘](명) 구랍. 지난해의 섣달. 객랍(客臘). 작년 말. the last December

きゅうろう[丘隴](명) 작은 언덕. a small hill

キュラソー[프 curaçao](명) 큐라소. 리큐르의 한 가지. 알코올에 쓴맛이 있는 큐라소 오렌지의 과피(果皮)를 가하여 조미한 달콤한 서양주(西洋酒).

キュリー[curie](명)〈이〉 퀴리. 방사능(放射能)을 지니는 물질의 양을 나타내는 단위. 라듐을 내는 방사능의 양. 약호는 C.

キュリウム[curium](명) 큐륨. 초(超)우란 원소의 하나. 가장 새로운 인공 방사성 원소. 원자 번호 96.

—きょ[居](조어) 집에 붙이는 이름. 「惜春(セキシュン)—; 석춘거」

きょ[居](명) 사는 집. 살림집. 주거(住居). 「—を構(カマ)える; 살림을 차리다」 a dwelling place

きょ[炬](명) 횃불. 화톳불. 「眼光(ガンコウ)—のごとし; 안광이 횃불 같다」 a bonfire

きょ[挙](명) ①행위. 거동. 「…の—に出(デ)る; …의 행동으로 나오다」 ②계획. 계략. ③추거(推挙). 주선. 1. behaviour

きょ[虚](명) ①부주의. 틈. 「—をつく; 허를 찌르다」 ②거짓. 「—実(ジツ); 허실」 ③속이 텅 빈 것. 공허(空虚). 1. unguardedness

きょ[距](명) ①〈동〉 며느리발톱. ②〈식〉 제비꽃, 봉숭아꽃 등의 꽃잎 뒤의 며느리발톱 모양의 가늘고 긴 돌출부. a spur

きょ[渠](명) 도랑. 「—成(ナ)って水至(ミズイタ)る; 도랑이 생기면 물은 자연히 흐르게 된다」 a channel

きょ[裾](명) 옷자락. the skirt

きょ[墟](명) 옛날에 어떤 일이 있었던 자리. 고적(古跡). historic remains

きよ[寄与](명·자サ) 기여. ①줌. 보내 줌. ②이바지함. 공헌(貢献). 「研究(ケンキュウ)に—する; 연구에 이바지하다」 1. presentation

きよ[毀誉](명) 헐뜯음과 칭찬함. 세상의 평판. praise and blame

—ぎょ[魚](조어) 물고기. 「深海(シンカイ)—; 심해어」

ぎょ[御](명) ①말(馬)을 다루는 일. 마술(馬術). ②다스려 통치함. 1. the art of riding 2. control

きよ·い[清い](형) ①깨끗하다. 맑다. ②결백하다. 순진하다. ③기분이 좋다. 상쾌하다. ④사념(邪念)이 없다. 파생 — さ(명). 1. clear 4. innocent

ぎょい[御衣](명) 어의. 왕이나 신분이 매우 높은 사람의 의복. Imperial clothes

ぎょい[御意](명) 상대의 생각이나 뜻의 높임말. 「—に召(メ)す; (상대의) 마음에 들다」 your will

—きょう[教](조어) ①가르침. ②종교의 한 파. 「天理(テンリ)—; 천리교」

—きょう[郷](조어) ①동리. 읍(邑). ②토지(土地). ③고향. 향리(郷里). 「理想(リソウ)—; 이상향」 ④장소. 지대(地帯). 「温泉(オンセン)—; 온천 지대」

—きょう[境](조어) ①경지(境地). 경우. 「恍惚(コウコツ)—; 황홀경」 ②장소. 환경. 「人外(ニンガイ)—; 무법 지대(無法地帯)」

—きょう[橋](조어) 다리. 「可動(カドウ)—; 가동교」

—きょう[鏡](조어) 거울. 「三面(サンメン)—; 삼면경」

きょう[今日]ケフ(명) 금일. 오늘. 「—明日(アス)のうちに; 금명간에」 today

きょう[凶](명) 흉. 운이 나쁜 것. ↔吉(キチ). calamity

きょう[共](명) 공산주의의 준말. 「反(ハン)—; 반공」

きょう[狂](명) ①미친 사람. ②어떤 한 가지 일에만 몹시 열중하는 사람. 「収集(シュウシュウ)—; 수집광」 1. a madman 2. a mania

きょう[京] Ⅰ(명) ①서울. 수도(首都). ②쿄오토(京都)를 일컫는 말. 「—の都(ミヤコ); 쿄오토」 Ⅱ(수) 경. 조(兆)의 1만 배. Ⅰ1. the capital

きょう[香](명) ⇨きょうしゃ(香車).

きょう[俠](명) 남자다운 기상. gallantry

きょう[莢](명)〈생〉 (콩 등의) 꼬투리. 협과(莢果). a pod

きょう[強](명) ①힘이 센 것. 또는 그 사람. ②어떤 수에 남는 우수리가 있을 때 그 수에 붙이는 말. 강. 「五(ゴ)キロ—; 5킬로 강」 ↔弱(ジャク). 1. mightiness 2. and a fraction

きょう[経](명) 경. ①〈불〉 부처의 가르침을 쓴 책. 불경(仏経). 경문(経文). 「お—; 경문」 ②⇨けいしょ(経書). 1. Buddhist scriptures

きょう[卿](명) 경. ①헤이안(平安) 시대 중앙 관청의 장관. ②작위(爵位) 3위(三位) 이상의 사람. ③귀

족을 높이어 일컫는 말. ④〔영국에서〕작위(爵位)를 가진 사람의 이름에 붙이는 칭호. 서어. 3. lord

きょう[境](명) ①경지(境地). 「無我(ムガ)の一; 무아경」②경계(境界). ③경우(境遇). a state

きょう[興](명) 흥. ①흥겨움. 「一に乗(ノ)る; 흥겨워하다」②한시(漢詩)의 한 체. 어떤 사물을 빌어 자기의 느낌을 서술한 것. 1. taste

きよう[紀要](명) 대학(大学) 등에서 정기적으로 내놓는 연구 보고서.

きよう[起用](명·타サ) 기용. ①관직에 등용함. 발탁(抜擢). 「新人(シンジン)を一する; 신인을 기용하다」②휴직(休職) 또는 면직(免職)된 사람을 다시 불러서 씀. 1. promotion

きよう[器用](명·형동ダ) ①유용(有用)한 재능(才能). ②솜씨가 뛰어남. 「手先(テサキ)が一だ; 손끝이 재다」 2. skilfulness. **—びんぼう**[器用貧乏](명) 재간이 있어 일을 잘하는 사람이 도리어 성공하지 못하고 가난하다는 말. 또는 그런 사람.

ぎょう[行](명) 행. ①글자의 줄. 「一を変(カ)える; 행을 바꾸다」②〈불〉㉠과거의 행위. ㉡불도(仏道)의 수업. ③행서(行書)의 준말. 1. a line

ぎょう[堯](명)〈역〉고대 중국의 이상적인 황제(皇帝). 요 임금. 「一舜(シュン); 요순(요 임금과 순 임금)」

ぎょう[業](명) 업. ①일. 직업. ②학문. 기예(技芸). ③공적. 업적. 1. an occupation 2. studies 3. service

ぎよう[技癢](명) 솜씨를 보여 주고 싶어 못 견디는 마음. itching for action

ぎょう[御宇](명) 천자(天子)가 나라를 다스리는 세대(世代). 치세(治世). the Imperial reign

ぎよう[儀容](명) 의용. 예의 범절에 맞는 모습. a mien

ぎょうあ[暁鴉](명) 새벽에 우는 까마귀. a crow at daybreak

きょうあい[狭隘](명·형동ダ) 협애. ①면적(面積)이 좁음. 매우 좁아 답답함. 「一を告(ツ)げる; 좁아지다」②마음이 좁음. 1. narrow

きょうあく[凶悪·兇悪](형동ダ) 흉악. ①성질이 거칠고 사나운 모양. ②용모가 험상궂고 모진 모양. 「一な犯人(ハンニン); 흉악한 범인」 1. atrocious

きょうあつ[強圧](명·타サ) 강압. 강제로 억압함. pressure

きょうあん[教案](명) 교안. 학과(学科)를 가르치는 목적, 방법, 내용 등을 기록한 것. 교수안(教授案). 지도안(指導案). a teaching programme

ぎょうあん[暁闇](명) 새벽녘의 희미한 어둠. darkness before dawn

きょうい[脅威](명·타サ) 위력으로 협박함. 위협. 「一にさらされる; 위협에 직면하다」 a menace

きょうい[胸囲](명) 흉위. 가슴 둘레. chest

きょうい[教委](명) 교육 위원회(教育委員会)의 약칭.

きょうい[驚異](명) 경이. 놀랍고 기이한 것. 「一的(テキ); 경이적」 wonder

きょういき[境域](명) 경역. 토지의 경계. 또는 넓이. a boundary

きょういく[教育](명·타サ) 교육. ①가르쳐 기름. ②가르쳐 지식을 알려 줌. 2. education. **—いいん**[教育委員](명) 교육 위원. 교육 자치제의 교육 행정을 행하는 사람. **—か**[教育家](명) 교육가. 교육 사업에 종사하는 사람. **—かい**[教育界](명) 교육계. 교육에 관계하고 있는 사람들의 사회. **—がく**[教育学](명) 교육학. 교육의 목적, 방법 등에 대해서 이론적인 연구를 하는 학문. **—かてい**[教育課程](명) 교육 과정. 학습 지도 계획의 체계. **—かんじ**[教育漢字](명) 교육 한자. 〔일본에서〕당용 한자(当用漢字) 중에서 의무 교육의 기간 중 배워야 할 한자. **—きかん**[教育機関](명) 교육 기관. 교육을 행하는 곳. **—こうむいん**[教育公務員](명) 교육 공무원. 국립 및 공립 학교의 교원, 교육감, 장학관 등 교육에 종사하는 공무원. **—しゃ**[教育者](명) 교육자. 교육을 행하는 사람. **—しんりがく**[教育心理学](명)〈심〉교육 심리학. 교육에 관한 사항의 심리학적 기초를 연구하고, 교육의 과학적, 합리적 방법을 구하는 학문. **—ちょう**[教育長](명) 교육 위원회의 사무 국장. **—てき**[教育的](형동ダ) 교육적. ①교육에 관계가 있는 모양. 「一な職業(ショクギョウ); 교육적인 직업」②교육함에 있어 필요한 상태. 「一な環境(カンキョウ); 교육적인 환경」

きょういつ[驕佚](명) 교만하고 게으른 것. being haughty and idle

きょういつ[驕溢](명) 교만하고 방자한 것. being haughty and proud

きょういん[凶音](명) 나쁜 소식. 사망(死亡)의 알림. 부음(訃音). the news of one's death

きょういん[狂院](명) 정신 병원(精神病院). a mental hospital

きょういん[教員](명) 교원. 학생을 가르치는 사람. 선생(先生). 교사(教師). a teacher

きょうう[胸宇](명) 가슴속. 심중(心中). one's bosom

ぎょうう[暁雨](명) 새벽에 오는 비. rain towards daybreak

ぎょううん[暁雲](명) 새벽녘에 떠 있는 구름.

きょうえい[共栄](명) 공영. 서로 함께 번영하는 것. 「共存(キョウソン)一; 공존 공영」 mutal prosperity

きょうえい[共営](명) 공영. 공동(共同)으로 경영함. joint operation

きょうえい[胸泳](명) ⇨ブレスト②.

きょうえい[競泳](명·자サ) 경영. 수영 경기(水泳競技). a swimming race

きょうえい[競映](명·타サ) 경영. 좋은 영화를 경쟁하여 상영함. a competitive exhibition of films

きょうえつ[恐悦](명·자サ) 삼가 기뻐함. (타인에게 자기의 기쁨을 말할 때 씀) delight

きょうえん[共演](명·자サ) 공연. 함께 출연(出演)함. coacting

きょうえん[竟宴](명) 옛날 궁중에서 하나의 사업이 끝났을 때 잔치를 베풀고 여러 신하에게 시가(詩歌)를 읊게 하고 녹(禄) 등을 내렸던 일.

きょうえん[供宴·饗宴](명) 향연. 남을 향응(饗応)하는

잔치. 연회(宴会). a banquet
きょうえん[競演](명·자サ) 경연. 연기(演技) 등을 겨룸. a contest
きょうえん[嬌艶](명·형동ダ) 아름답고 요염함. fascinating beauty
きょうおう[供応·饗応](명·자サ) 향응. 특별히 마음을 써서 융숭하게 대접함. an entertainment
きょうおう[胸奥](명) 가슴속. 심중(心中). one's heart
きょうおう[教皇](명)〈종〉 교황. 로마 가톨릭의 최고 지배자. 법왕(法王). the Pope
きょうおく[胸臆](명) 가슴속. 심중(心中). 「—を行(オコナ)う; 자기 생각대로 행하다」 one's heart
きょうおんな[京女]—ヲンナ(명) 쿄오토(京都)의 여자. 「あずま男(オトコ)に—; 남자는 칸토오(関東), 여자는 쿄오토 사람이 좋다는 말」
きょうか[狂歌](명) 해학, 풍자를 주로 읊은 와카(和歌).
きょうか[供花](명) ⇨くげ(供花).
きょうか[教化](명·타サ) 교화. 가르쳐서 감화(感化)시킴. enlightenment
きょうか[教科](명) 교과. 가르치는 과목. 교과목(教科目). a course of study. **—しょ**[教科書](명) 교과서. 가르치는 데 쓰이는 책. 교육에 사용하도록 만든 책.
きょうか[強化](명·타サ) 강화. ①강하게 함. ↔弱化(ジャッカ). ②비타민, 미네랄, 흰자질 등을 합쳐 영양가를 높임. 「—食品(ショクヒン); 영양가를 강화한 식품(강화 식품)」 1. intensification
きょうか[橋架](명) 다리. a bridge
きょうが[恭賀](명) 공하. 삼가 축하함. 근하(謹賀). congratulation
ぎょうが[仰臥](명·자サ) 앙와. 반듯이 누움. 반듯이 누워 잠. lying on the back
きょうかい[協会](명) 협회. 어떤 목적을 위하여 회원이 협력을 계속해 나가는 모임. a society
きょうかい[教会](명) 교회. ①신앙을 같이하는 사람들의 조직체. ②←教会堂. 1. a church. **—どう**[教会堂](명)〈종〉 교회당. 예배 드리기 위한 건물. 예배당. 교회.
きょうかい[教戒·教誨](명·타サ) 교회. 가르쳐 훈계함. **—し**[教誨師](명) 교회사. 교도소에서 죄수에게 설교하는 사람. preaching
きょうかい[境界·疆界](명) 경계. 지역(地域), 구역 등의 경계. a boundary
きょうかい[胸懐](명) 가슴속. 심중(心中). one's mind
きょうがい[境界](명) 경계. ①〈불〉 인과(因果)의 이치에 따라서 받는 지위(地位). 또는 경우(境遇). ②경우. 2. a situation
きょうがい[境涯](명) 신분(身分). 지위(地位). 경우(境遇). circumstances
きょうがい[驚駭](명·자サ) 몹시 놀람. great surprise
ぎょうかい[業界](명) 업계. 사업가의 사회. industrial world
ぎょうかい[凝灰](명) 엉키어 굳어진 재. a clot. **—がん**[凝灰岩](명)〈광〉 응회암. 화산이 터질 때 분출된 재나 모래가 엉키어 된 바위.
きょうかく[侠客](명) 협객. 협기가 있는 남자. 협사(侠士). a chivalrous person
きょうかく[胸郭·胸廓](명)〈생〉 흉곽. 가슴을 둘러 싼 골격. the chest. **—せいけいじゅつ**[胸郭成形術](명)〈의〉 흉곽 성형술. 결핵의 병소(病巣)를 압박하기 위하여 늑골(肋骨)의 일부를 끊어 내고 흉곽을 축소하여 폐를 압축하는 수술법.
きょうがく[共学](명·자サ) 공학. (남녀가) 같은 학교, 또는 같은 장소에서 함께 공부함. 「男女(ダンジョ)—; 남녀 공학」 co-education
きょうがく[教学](명) 교학. 교육과 학문. education and learning
きょうがく[驚愕](명·자サ) 경악. 깜짝 놀람. 「—に堪(タ)えない; 놀랍기 짝이 없다」 astonishment
ぎょうかく[行革](명) 행정 개혁(行政改革)의 준말.
ぎょうかく[仰角](명)〈수〉 앙각. 수평면(水平面)에서 위로 잰 각도. ↔俯角(フカク). an angle of elevation
ぎょうかく[墝埆·磽确](명) 돌이 많고 척박(瘠薄)한 땅.
きょうかすいげつ[鏡花水月](명) 경화 수월. 거울에 비치는 꽃과 물에 비치는 달. 눈에는 보이나 손으로 잡을 수 없음의 비유.
きょうかたびら[経帷子](명) 〔불교식(仏教式) 장례에서〕 죽은 사람에게 입히는 흰옷. a shroud
きょうかつ[恐喝·恐愒](명·타サ) 공갈. ①을러서 무섭게 함. ②돈이나 물품을 얻기 위해 위협함. 1. a threat
きょうがのこ[京鹿の子](명) 쿄오토(京都)에서 나는 사슴 가죽의 무늬처럼 흰 점을 나타낸 홀치기염(絞染).
きょうが·る[興がる](자 4) 흥겨워하다. be amused
きょうがわら[経瓦](명) 경문을 새긴 기와.
きょうかん[凶漢·兇漢](명) 흉한. 나쁜 짓을 하는 사람. 악한(悪漢). a ruffian
きょうかん[叫喚](명·자サ) 규환. ①큰소리로 부르짖음. ②〈불〉 ←叫喚地獄. 「阿鼻(アビ)—; 아비 규환」 1. a shout. **—じごく**[叫喚地獄](명)〈불〉 규환 지옥. 팔열 지옥(八熱地獄)의 하나. 불의 열로 망자(亡者)가 못 견디어 울부짖는 곳.
きょうかん[共感](명·자サ) 공감. 같이 느낌. 같은 감정. 동감(同感). sympathy
きょうかん[共管](명) 공관. 공동 관리, 공동 관할의 준말.
きょうかん[峡間](명) 골짜기. a valley
きょうかん[胸間](명) 흉간. 가슴 언저리. the breast
きょうかん[教官](명) 교관. 〔학교, 연구소 등에서〕 학문, 기술을 가르치거나 연구하는 사람. ↔技官(ギカン). a teacher
きょうかん[郷関](명) 향관. 고향 땅. 고향. 「—を出(イ)づ; 고향을 떠나다」 one's native place
きょうかん[経巻](명) 경문을 적은 두루마리. a roll of sutras

ぎょうかん[行間](명) 행간. (글의) 행과 행의 사이. 「—をあける; 행간을 띄다」 space between lines

きょうき[凶器·兇器](명) 흉기. 사람을 죽이거나 상처 나게 하는 기구. arms

きょうき[狂気](명) 광기. 미친 기. 미치광이. madness

きょうき[狂喜](명·자サ) 광희. 미칠 듯이 기뻐함. ecstasy

きょうき[俠気](명) 협기. 의협적인 기상(気象). 용맹스러운 마음. a chivalrous spirit

きょうき[狭軌](명) 협궤. 철도의 궤조(軌条) 사이의 거리가 각국 표준인 1.435 *m* 이내의 궤도. ↔広軌(コウキ). a narrow gauge

きょうき[強記](명) 강기. 오래도록 잘 기억함. a good memory

きょうき[強毅](명) 마음이 굳세고 강인함. fortitude

きょうき[驚喜](명·자サ) 몹시 놀라 기뻐함. 뜻하지 않은 결과를 당하여 매우 기뻐함. pleasant surprise

きょうぎ[経木](명) 목재(木材)를 종이처럼 얇고 넓게 깎은 것. chips

きょうぎ[協議](명·자타サ) 협의. ①의논해서 정함. ②여러 사람이 모여 의논함. 2. conference

きょうぎ[狭義](명) 협의. 좁은 뜻. ↔広義(コウギ). a narrow sense

きょうぎ[教義](명) 교의. 종교에서의 가르침. 교설(教説). 교리(教理). a doctrine

きょうぎ[競技](명·자サ) 경기. ①서로 우열(優劣)을 겨룸. ②일정한 종목(種目)을 정해 놓고 싸우는 운동. 1. a contest 2. sporting events

ぎょうき[澆季](명)〈고〉①도덕과 인정 풍속이 부패된 세상. ②말세(末世). ③저승. 후세(後世).

ぎょうぎ[行儀](명) ①기거 동작(起居動作). 예의 범절. ②순서. 나열. 「—のわるい歯(ハ); 치열이 고르지 않은 이」 1. manners

ぎょうぎ[凝議](명·자타サ) 열심히 의논함. 숙의(熟議). deliberation

きょうきゃく[橋脚](명) 교각. 양쪽 강변에 세워 다리를 받치는 기둥. a pier

きょうぎゃく[凶逆](명·형동ダ) 마음이 비뚤어지고 도리에 벗어남. 흉악(凶悪). villainy

きょうきゅう[供給](명·자サ) 공급. ①수요에 따라 물품을 제공함. ②〈경〉판매, 교환의 목적으로 시장에 상품을 제공함. ↔需要(ジュヨウ). supply

きょうきょ[僑居](명) 임시로 사는 곳. 우거(寓居). a temporary residence

きょうきょう[恐恐·兢兢](형동タルト) 공공. 무서워하는 모양. 두려워하는 모양. 「戦戦(センセン)—として; 전전 긍긍하여」 trembling

ぎょうぎょうし·い[仰仰しい·業業しい](형) 과장하다. 수선스럽다. 파생 —さ(명). exaggerated

きょうぎょうしんしょう[教行信証](명) 카마쿠라(鎌倉) 시대의 불서(仏書). 정토종(浄土宗)의 교의(教義)를 말한 것.

きょうきん[胸襟](명) ①가슴과 깃. ②흉금. 가슴속. 심중(心中). 「—を開(ヒラ)いて; 흉금을 터놓고」 1. breast and collar 2. the bosom

きょうく[狂句](명) ①익살맞은 하이쿠(俳句). ②⇨せんりゅう(川柳).

きょうく[恐懼](명·자サ) 공구. 몹시 두려워함. 황공. 송구. fear

きょうく[教区](명)〈종〉교구. 포교(布教)를 하기 위하여 만든 구역(区域). a parish

きょうぐ[教具](명) 교구. 학교 교육에 쓰이는 기구. teaching tools

きょうぐう[境遇](명) 경우. 부딪친 형편이나 사정. a situation

きょうくん[教訓](명·자サ) 교훈. 가르치고 이끌어 줌. 「—をたれる; 교훈을 주다」 instruction

きょうげ[教化](명·타サ)〈불〉교화. 교도하여 불도(仏道)에 들게 함. Buddhist education

きょうけい[恭敬](명) 공경. 공손히 섬기는 일. 삼가서 예를 표시함. respect

ぎょうけい[行刑](명)〈법〉행형. 형벌(刑罰)을 집행함.

ぎょうけい[行啓](명) 왕태후, 왕후, 왕세자의 행차(行次). an august visit

きょうげき[京劇](명) 경극. 북경(北京)을 중심으로 하는 중국의 고전적인 극.

きょうげき[挟撃·夾撃](명·타サ) 협격. 적을 양쪽에서 들이침. 협공(挟攻). a double attack

きょうげき[矯激](명·형동ダ) (사상, 주의 등이) 극단으로 과격함. 극렬(極烈). extreme

きょうけつ[供血](명)〈의〉공혈. 수혈용(輸血用)의 혈액을 제공하는 일. 「—者(シャ); 공혈자」 blood donation

ぎょうけつ[凝血](명)〈의〉응혈. 피가 엉기어 뭉치는 일. 또는 그 피. curdling

ぎょうけつ[凝結](명·자サ) 응결. ①한데 엉기어 뭉침. ②〈이〉기체가 액체로, 액체가 고체로 되는 현상(現象). 1. coagulation

きょうけん[狂犬](명) 광견. 광견병에 걸려서 사람을 물려고 덤비는 개. 미친개. a mad dog. **—びょう**[狂犬病](명)〈의〉광견병. ①주로 개에 유행하는 급성 전염병. ②미친개에 물려 생기는 병. 공수병(恐水病).

きょうけん[恭倹](명·형동ダ) 공검. 공손하고 검소(倹素)함. modesty

きょうけん[恭謙](명·형동ダ) 공겸. 공손하고 겸손함. modesty

きょうけん[教研](명) 교육 연구소, 교육 연구의 준말. 「—大会(タイカイ); 교육 연구 대회」

きょうけん[教権](명) 교권. ①교육상의 권위나 권력. ②종교상의 권위나 권력. 1. educational authority

きょうけん[強肩](명) 〔야구에서〕 튼튼한 어깨. strong arm

きょうけん[強堅](명·형동ダ) 강견. 굳세고 단단함. firm

きょうけん[強健](명·형동ダ) 강건. 튼튼하고 건전함. 「—なからだ; 튼튼한 몸」 robust

きょうけん[強権](명)〈법〉강권. 국가의 강제적인 권력. 「—発動(ハツドウ); 강권 발동」 governmental authority

きょうげん[狂言](명) ①무로마치(室町) 시대에 발달한 노오가쿠(能楽)의 막간(幕間)에 보여 주는 우습광스러운 극(劇). ②카부키(歌舞伎). 또는 그 각본(脚本). ③꾸민 계획. 속임수. 「一強盗(ゴウトウ); 강도를 당한 것처럼 꾸밈」 3. a trick. **—きご**[狂言綺語](연어·명) 실제에 없는 것을 아름답게 과장하여 나타낸 문학적 표현.. **—し**[狂言師](명) ①희극을 업으로 하는 사람. ②여러 가지 계략(計略)으로 남을 속이는 사람.

きょうげん[郷原·郷愿](명) 마을의 신망을 얻기 위하여 착한 체 가장하는 소심(小心)한 사람.

きょうこ[強固·鞏固](명·형동ダ) 강고. 공고. 굳세고 튼튼함. 「一な意志(イシ); 굳센 의지」 firmness

きょうご[向後](명·부) 향후. 이 뒤. 이다음. hereafter

きょうご[教護](명·타サ)〈법〉 교호. 불량(不良)한 아이들을 가르치고 보호함. 또는 그 사람. guidance

ぎょうこ[凝固](명·자サ) 응고. ①엉겨 뭉쳐 딱딱하게 됨. ②〈이〉 액체 또는 기체가 고체로 되는 현상. 「一点(テン); 응고점(액체, 기체가 응고할 때의 온도)」 ↔融解(ユウカイ). 1. congelation

きょうこう[凶行·兇行](명) 흉행. 살인 등의 흉악한 범행(犯行). violence

きょうこう[凶荒](명) 흉작(凶作). 기근(飢饉). a famine

きょうこう[向後](명·부) ⇨きょうご.

きょうこう[恐惶](명) 공황. ①두려워 어찌할 바를 모름. ②편지 끝에 쓰는 인사말. 1. trepidation. **—きんげん**[恐惶謹言](명) 편지 끝에 쓰는 인사말.

きょうこう[恐慌](명) 공황. ①급변(急変)한 사태(事態)에 놀랍고 두려워 당황하는 것. ②〈경〉 경제계의 혼란 상태.. 경제 공황. 1. terror 2. panic

きょうこう[胸腔](명)〈생〉 흉강. 흉부(胸部)에 있는 체강(体腔). the thorax

きょうこう[強行](명·타サ) 강행. 강제로 행함. 무리하게 함. 「ストライキを一する; 동맹 파업을 강행하다」 enforcement

きょうこう[強攻](명·타サ) 강제로 공격함. 무리하게 공격함. a forced attack

きょうこう[強硬](명·형동ダ) 강경. 강하게 버티어 굽히지 않음.「一にいいはる; 강경하게 주장하다」 firm

きょうごう[叫号](명·자サ) 부르짖음. 외침. crying

きょうごう[校合](명·타サ) 원본(原本)과 대조하여 틀린 것을 바로 잡음. collation

きょうごう[強豪·強剛](명) 강호. 세력이 강하여 대적하기 힘드는 것. 또는 그 사람. a warrior

きょうごう[競合](명·자サ) 경합. 경쟁함. competition

きょうごう[驕傲](명·형동ダ) 교오. 교만함. arrogancy

ぎょうこう[行幸](명·자サ) 행행. 임금의 행차(行次). 거둥. the Emperor's visit

ぎょうこう[暁光](명) 새벽녘의 빛. dawn

ぎょうこう[僥幸·僥倖](명) 요행. 뜻밖에 얻는 행운(幸運). luck

ぎょうこう[暁紅](명) 아침놀. the morning glow

きょうこうぐん[強行軍](명)〈군〉 강행군. 먼 거리를 무리하게 급히 가는 행군. a forced march

きょうこく[峡谷](명) 협곡. 험하고 좁은 골짜기. a ravine

きょうこく[郷国](명) 태어난 고향. one's native place

きょうこく[強国](명) 강국. 강한 나라. ↔弱国(ジャッコク). a leading country

きょうこつ[侠骨](명) 장부다운 기골. 호협(豪侠)한 기상(気像). a chivalrous spirit

きょうこつ[胸骨](명)〈생〉 흉골. 흉곽의 앞쪽 한복판에 있어 좌우 늑골과 연접하여 흉곽의 앞 벽(壁)을 형성하는 뼈. the sternum

きょうこのごろ[今日此の頃](명) 요사이. 이즈음. 작금(昨今). nowadays

きょうさ[教唆](명·타サ) 교사. 남을 선동하여 못된 일을 하게 함. instigation

きょうさい[共済](명·타サ) 공제. ①공동으로 일을 함. ②힘을 합하여 서로 도움. 2. mutual assistance. **—くみあい**[共済組合](명) 공제 조합. 조합원 상호간의 구제와 생활 향상을 목적으로 조직된 조합.

きょうさい[匡済](명·타サ) 광제. 바르게 고치어 구제함. reformation

きょうさい[共催](명·타サ) 공동 주최(共同主催)의 준말.

きょうさい[恐妻](명) 공처. ①아내를 두려워하는 것. ②두려운 아내. 1. henpected

きょうざい[教材](명) 교재. 가르치는 데 쓰이는 재료. 교습, 학습의 재료. teaching material

きょうさく[凶作](명) 흉작. 농작물의 소출(所出)이 썩 적은 것. ↔豊作(ホウサク). bad crops

きょうさく[狭窄](명) 협착. 공간이 몹시 좁은 것. contraction

きょうさく[競作](명·타サ) 경작. 경쟁하여 작품을 만듦. a workmanship contest

きょうさく[警策](명)〈불〉 경책. 좌선(坐禅)할 때에 졸음이나 사념(邪念)을 쫓기 위하여 때리는 길이 4자 가량의 넙적한 막대기.

きょうざく[警策](명·형동ナリ)〈고〉 ①시(詩)나 문장이 뛰어남. ②인품이 뛰어나고 훌륭함.

きょうさつ[挟殺](명·타サ) 협살. 〔야구에서〕 러너(走者)를 협격(挟撃)하여 아우트시키는 일. run-down

きょうざつ[夾雑](명) 뒤섞인 것. 「一物(ブツ); 불순물」 mixture

きょうざまし[興醒まし](명·형동ダ) 흥을 깨뜨림. 또는 그렇게 하는것. 파흥. a skeleton at the feast

きょうざ·める[興醒める](자하 1) 흥이 깨지다. 명 興ざめ. spoil one's pleasure

きょうさん[共産](명) 공산. 재산을 공동으로 가짐. common property. **—しゅぎ**[共産主義](명) 공산주의. 재산을 공유(共有)로 하는 주의. 자본주의 사회를 비판하고 계급 투쟁으로써 프롤레타리아 혁명을 주장하는 학설. 마르크스주의. **—とう**[共産党](명) 공산당. 공산주의자로 형성된 정당.

きょうさん[協賛](명·타サ) 협찬. 힘을 합하여 도움.

찬성하고 도움. 후원. co-operation

きょうさん[強酸](명)〈이〉 강산. 산(酸) 중에서 그 수용액(水溶液)의 해리도(解離度)가 커서 산의 특성인 수소 이온을 많이 발생시키는 산. 예: 염산, 질산, 황산 등. ↔弱酸(ジャクサン). a strong acid

きょうざん[京桟](명) 〔←京桟織(オリ)〕 날실과 씨실을 모두 외올실로 짠 무명 옷감.

ぎょうさん[仰山](형동ダ)〈방〉 ①매우 많은 모양. ②크게 벌이는 모양. 과장(誇張)하는 모양. 1. immense 2. exaggerated

きょうし[狂死](명·자サ) 광사. 미쳐서 죽음. death from madness

きょうし[狂詩](명) 에도(江戸) 중기에 한창 성했던 해학을 주로 한 한시(漢詩). a comic poem. ―**きょく**[狂詩曲](명)〈악〉 광시곡. 자유로운 형식의 악곡.

きょうし[教示](명·타サ) 교시. 가르쳐 보임. instruction

きょうし[教旨](명) 교지. ①가르침의 뜻. ②종교의 취지(趣旨). 1. tenets 2. doctrine

きょうし[教師](명) 교사. 학문, 예술 등을 가르치는 사람. 교원(教員). 선생. a teacher

きょうし[嬌姿](명) 아름답고 요염한 자태. 교태(嬌態). a charming figure

きょうし[驕肆·驕恣](명) 교사. 교만하고 방자(放恣)한 것. arrogance

きょうじ[凶事](명) 흉사. 불길한 일. 흉악한 일. (죽음 등의) 불행한 일. a misfortune

きょうじ[矜持](명) 긍지. 자랑. 자부(自負). pride

きょうじ[経師](명) 표구사(表具師). 「―屋(ヤ); 표구점(표구사)」 a paper hanger

きょうじ[教示](명·타サ) ⇨きょうし.

きょうじ[驕児](명) 교아. 제 멋대로 하는 아이. 떼보. 「一代(イチダイ)の―; 일대의 교아」 a cross child

ぎょうし[仰視](명·타サ) 앙시. 존경하는 마음으로 우러러 봄. 앙견(仰見). looking up

ぎょうし[凝脂](명) ①엉긴 지방(脂肪). ②희고 부드러운 살갗. 1. congealed fat

ぎょうし[凝視](명·타サ) 응시. 뚫어지게 봄. a stare

ぎょうじ[行司](명) 〔씨름에서〕 심판관.

ぎょうじ[行事](명) 행사. 사회, 단체가 정기적으로 행하는 일. 관례(慣例)에 따라 일정하게 행하는 모임이나 일. 「学校(ガッコウ)の―; 학교의 행사」 a regular function

きょうしきこきゅう[胸式呼吸](명) 흉식 호흡. 주로 늑골(肋骨)의 운동으로 행해지는 호흡. ↔腹式(フクシキ)呼吸. thoracic breathing

きょうしつ[教室](명) 교실. ①학문, 기예(技芸) 등을 가르치는 방. ②대학의 연구실. 1. a classroom

きょうじつ[凶日](명) 흉일. 불길한 날. ↔吉日(キッジツ). an unlucky day

きょうしゃ[狂者](명) 미치광이. 광인(狂人). a lunatic

きょうしゃ[俠者](명) 협기(俠気) 있는 사람. 협객(俠客). a chivalrous person

きょうしゃ[香車](명) 일본 장기짝의 하나. 차(車).

きょうしゃ[狭斜](명) 유곽(遊廓). 「―の巷(チマタ); 화류계」 gay quarters

きょうしゃ[強者](명) 강자. 힘이 센 사람. ↔弱者(ジャクシャ). a strong man

きょうしゃ[驕奢](명) 교사. 교만하고 사치함. luxury

ぎょうしゃ[業者](명) 업자. ①상업, 공업 등을 경영하는 사람. ②동업자(同業者). 1. traders concerned

ぎょうじゃ[行者](명) ①불교, 도교(道教)의 가르침을 닦는 사람. ②⇨しゅげんじゃ(修験者). 1. an ascetic

きょうじゃく[怯弱](명·형동ダ) 겁약. 겁이 많고 마음이 약함. timidity

きょうじゃく[強弱](명) 강약. ①강한 것과 약한 것. ②강자와 약자. 1. strength and weakness

きょうしゅ[凶手·兇手](명) 흉수. ①악한(悪漢)의 독수(毒手). 또는 그 수단. ②암살자(暗殺者). 2. an assassin

きょうしゅ[拱手](명·자サ) ①공경의 예를 표하기 위하여 자기 손을 마주 잡음. ②아무 것도 하지 않고 있음. ③팔짱을 낌. 「―傍観(ボウカン); 수수 방관(袖手傍観)」 1. folding one's arms 2. being idle

きょうしゅ[教主](명) 교주. ①〈불〉 석가(釈迦). ②종교의 창시자(創始者). 교조(教祖). 1. Buddha 2. the founder of a religion

きょうしゅ[興趣](명) 흥취. 흥겹고 재미 있는 것. 흥미(興味). 「―満点(マンテン); 흥취 만점」 taste

きょうじゅ[享受](명·타サ) 향수. ①(권리나 지위를) 받아 들여 가짐. ②예술의 미(美)를 음미(吟味)하고 즐김. 1. acceptance

きょうじゅ[教授](명·타サ) 교수. ①학문, 기예(技芸) 등을 가르쳐 줌. 또는 그 사람. ②대학의 정식 교원. 구제(旧制)의 고등, 전문 학교에서 학생을 가르치던 교원. 1. teaching 2. a professor

ぎょうしゅ[業主](명) 업주. 영업이나 사업을 하는 사람. 영업주. 사업주. an industrialist

ぎょうしゅ[業種](명) 업종. 상공업(商工業)의 종류. 사업(事業)의 종류. a category of business

きょうしゅう[強襲](명·타サ) 강습. 세차게 습격함. 적의 화력을 무릅쓰고 습격을 강행함. an assault

きょうしゅう[教習](명·타サ) 교습. 가르쳐서 익히게 함. training

きょうしゅう[郷愁](명) 향수. 고향을 그리는 마음. nostalgia

きょうしゅう[嬌羞](명) 요염(妖艶)하게 부끄러워하는 것. 아리땁게 수줍어하는 것. coyness

ぎょうしゅう[凝集·凝聚](명·자サ) 응집. 응취. 엉기어 모임. cohesion

ぎょうじゅうざが[行住座臥] Ⅰ(연어·명)〈불〉 행주 좌와. 일상(日常)의 기거 동작(起居動作). Ⅱ(연어·부) 항상. 늘. Ⅰ behaviour Ⅱ everyday

きょうしゅく[恐縮](명·자サ) 공축. 두려워서 몸을 움츠림. obligation

ぎょうしゅく[凝縮](명·자サ) 응축. 엉기어 줄어듦. condensation

きょうしゅつ[供出](명·타サ) 공출. ①제공하여 내놓음. ②민간(民間)의 물자나 식량을 정부에 배도(売渡) 또는 제공함. 2. delivery

きょうじゅつ[供述](명·타サ)〈법〉 공술. 신문(訊問)에 대하여 피고인 또는 피의자가 행하는 진술. deposition

きょうじゅん[恭順](명) 공순. 공손하고 온순(温順)한 것. 삼가 좇음. 「一の意(イ)をあらわす; 공순할 뜻을 표하다」 submission

きょうしょ[校書](명) 문서(文書)의 잘못된 것을 바로 잡는 일. 교정(校正). proof-reading

きょうしょ[教書](명) 교서. ①막부(幕府) 장군이나 제후(諸侯)의 명령서(命令書). ②〔미국에서〕 대통령이 국회에 보내는 정치상의 의견서. ③〈종〉 로마 교황의 훈고(訓告). 2. a message

きょうじょ[共助](명) 공조. 서로 도움. 공동으로 도움. helping each other

きょうじょ[狂女](명) 광녀. 미친 여자. a mad woman

ぎょうしょ[行書](명) 행서. 한자 서체(書体)의 하나. 해서(楷書)와 초서(草書)의 중간으로 해서의 획을 조금 흘려 쓴 것. semi-cursive writing

きょうしょう[協商](명·자サ) 협상. ①서로 상의함. 협의(協議). ②〈법〉 이해 관계가 있는 국가가 협의하여 약속함. 또는 그 약식(略式)의 조약(条約). 1. negotiations 2. an agreement

きょうしょう[狭小](명·형동ダ) 협소. 좁고 작음. 협착(狭窄). narrowness

きょうしょう[胸章](명) 흉장. 군인, 관리 등의 가슴에 다는 표장(標章). a medal attached to one's breast

きょうしょう[胸墻](명) 가슴 높이 정도로 쌓은 담. a breastwork

きょうしょう[強将](명) 힘이 센 장군. a strong general

きょうしょう[嬌笑](명) 요염한 웃음. a charming smile

きょうしょう[趫捷](명·형동ダ) 몸이 가볍고 날쌤. 민첩(敏捷). nimbleness

きょうじょう[凶状·兇状](명) 죄를 범함. 범죄(犯罪). a crime

きょうじょう[教条](명)〈종〉 교조. 교회가 공인(公認)한 교의(教義). dogma

きょうじょう[教場](명) 가르치는 곳. 교실(教室). a classroom

きょうじょう[橋上](명) 다리 위. upon a bridge

ぎょうしょう[行商](명·타サ) 행상. 도부 장사. 「一人(ニン); 도부 장수」 peddling

ぎょうしょう[暁鐘](명) 새벽 종. a morning bell

ぎょうしょう[驍将](명) 효장. 사납고 날쌘 장수. 용장(勇将). a veteran general

ぎょうじょう[行状](명) ①품행(品行). 행동. ②행장. 죽은 사람의 생전 경력(経歴)의 기록. 「一記(キ); 행장기」 1. behaviour

きょうしょく[教職](명) 교직. ①학생을 가르치는 직무(職務). 교원. ②〈종〉 신도(信徒)의 지도와 교회의 관리를 맡은 직무. 1. the teaching profession

きょうしょく[矯飾](명) 거짓으로 꾸밈. glossing over

きょうしょくいん[教職員](명) 교직원. 학교의 교사와 직원. the teaching staff

きょう·じる[興じる](자상 1) 흥겨워하다. 재미 있어 하다. amuse oneself

きょうしん[狂信](명) 광신. 종교, 미신 등을 미친 듯이 믿는 일. 「一的(テキ); 광신적」 fanaticism

きょうしん[恭慎](명) 삼가 조심하는 것. respectfulness

きょうしん[強震](명)〈지〉 강진. 강한 지진(地震). 열진(烈震)보다 약하나 벽이 갈라지며 묘석(墓石)이 쓰러질 정도의 진도(震度). a severe earthquake

きょうじん[凶人·兇人](명) 흉악한 사람. a rascal

きょうじん[凶刃·兇刃](명) 흉인. 살인(殺人) 등의 흉한 짓에 쓰이는 칼. 「一にたおれる; 흉한의 칼에 쓰러지다(죽다)」 an assassin's dagger

きょうじん[狂人](명) 광인. 미치광이. a lunatic

きょうじん[強靱](형동ダ) 강인. 억세고 질긴 모양. 「一な態度(タイド); 끈질긴 태도」 tough

きょうしんかい[共進会](명) 공진회. 생산물, 제품 등을 널리 모아서 그 우열(優劣)을 사정(査定)하여 공표하는 모임. a competitive exhibition

きょうしんざい[強心剤](명)〈의〉 강심제. 심장의 작용을 강하게 하는 약. a heart medicine

きょうしんしょう[狭心症](명)〈의〉 협심증. 갑자기 심장부(心臓部)에 심한 동통(疼痛)을 일으키는 증세(症勢). stricture of the heart

ぎょう·ず[行ず](자サ)〈고〉 행하다. 행동하다.

きょうすい[胸水](명)〈의〉 흉수. 늑막강(肋膜腔) 속에 괴는 물. hydrothorax

ぎょうずい[行水](명·자サ) ①재계(斎戒)를 위하여 맑은 물로 몸을 깨끗이 씻음. ②큰 물통에 물을 떠다 몸의 땀 등을 씻음. 목물. 1. ablution

きょうすいびょう[恐水病](명)〈의〉 ⇨きょうけんびょう(狂犬病).

きょうすずめ[京雀](명)〈속〉 교오토(京都)에 살며 그곳 사정에 밝은 사람.

きょう·する[狂する](자サ) 정신이 이상해지다. 미치다. become insane

きょう·する[供する](타サ) 바치다. 드리다. 제공(提供)하다. serve

きょう·する[饗する](타サ) 맛 있는 음식을 대접하다. 향응(饗応)하다. feast

きょう·ずる[興ずる](타サ) 흥겨워하다. amuse oneself

ぎょう·ずる[行ずる](타サ) 행하다. perform

きょうせい[匡正](명·타サ) 광정. 바로 잡아 고침. 교정(矯正). correction

きょうせい[共生·共棲](명·자サ) 공생. 공서. ①함께 삶. ②〈생〉 다른 종류의 생물이 한곳에 살며 서로 이익을 주고 받으며 공동 생활을 하는 일. 1. a collective life 2. symbiosis

きょうせい[胸声](명)〈악〉 흉성. 흉강(胸腔)에서 울려 나오는 비교적 낮은 소리. ↔頭声(トウセイ).

きょうせい[強制](명·타サ) 강제. 위력(威力)을 써서 억지로 시킴. 「一労働(ロウドウ); 강제 노동」 compulsion. —しょぶん[強制処分](명·타サ)〈법〉 강제 처분. 범죄 사실을 조사하기 위하여 구류(拘留) 처분을 함. —てき[強制的](형동ダ) 강제적. 억지로 시키는 모양.

きょうせい[強請](명·타サ) 강청. 억지로 짓궂게 청함. 강제로 부탁함. extortion

きょうせい[教生](명) 교생. 교육 실습을 하는 학생. 교육 실습생. a pupil teacher

きょうせい[嬌声](명) 교성. 교태(嬌態)가 있는 목소리. 애교 있는 목소리. a charming voice

きょうせい[矯正](명·타サ) 교정. 고쳐서 바르게 함. 시정(是正). reformation

ぎょうせい[行政](명)〈법〉 행정. ①입법(立法), 사법(司法) 이외의 국가의 통치 작용. ②법률, 정령(政令)의 범위내에서 행하는 정치상의 사무. administration. —がく[行政学](명) 행정학. 행정에 관한 학문. —かん[行政官](명) 행정관. 행정 사무를 집행하는 공무원. —かんちょう[行政官庁](명) 행정관청. 행정에 관한 국가의 의사를 결정, 표시하는 권한을 가지는 기관. —きかん[行政機関](명) 행정 기관. 행정 사무를 맡은 국가의 기관. —さいばん[行政裁判](명)〈법〉←行政訴訟. —しょぶん[行政処分](명)〈법〉 행정 처분. 법규에 의거하여 특정 사건을 처리하는 행정 행위. —せいり[行政整理](명) 행정 정리. 행정 기관의 조직 또는 인원을 정리하여 경비를 절약하는 일. —そしょう[行政訴訟](명)〈법〉 행정 소송. 행정 관청의 처분에 의하여 권리를 침해당한 자가 그것을 구제받기 위하여 법원에 제기(提起)하는 소송. —ほう[行政法](명) 행정법. 국가나 공공 단체와 소속 국민과의 행정 관계를 규정한 국내법(国内法)의 총칭.

ぎょうせい[暁星](명) 효성. ①샛별. ②많지 않은 물건의 비유. 1. a morning star

ぎようせい[疑陽性](명)〈의〉 투베르쿨린 반응(反応)에서 양성(陽性)에 가까운 반응을 보이는 일.

ぎょうせき[行跡](명) 행적. 행위의 실적(実績). 평생에 한 일. conduct

ぎょうせき[業績](명) 업적. 일의 공적. 업무의 성적. 「顕著(ケンチョ)な—; 현저한 업적」 results

きょうせん[胸腺](명)〈생〉 흉선. 흉골(胸骨)의 뒤쪽에 있는 내분비선의 하나. 어릴 때의 신체 발육과 밀접한 관계가 있음. a thymus gland

きょうぜん[恟然](형동タリ) 무서워서 떠는 모양. 두려워 떠는 모양. 두근두근. surprised

きょうぜん[饗膳](명) 향연 때에 쓰는 화려하게 장식한 요리상. a treat

ぎょうぜん[凝然](형동タルト) 가만히 있어 움직이지 않는 모양. 「—とみつめる; 응시(凝視)하다」 still

きょうそ[教祖](명) 교조. 한 종교나 종파의 창시자. 교주(教主). the founder of a religion

きょうそ[教組](명) 교원 조합(教員組合)의 준말.

きょうそう[狂騒·狂躁](명) 미쳐 날뛰는 것. frenzy

きょうそう[競争](명·자サ) 경쟁. ①서로 겨룸. 「—心(シン); 경쟁심」 ②한층 유리(有利)한 상태가 되려고 다툼. competition

きょうそう[競走](명·자サ) 경주. 달음질. 러닝. a race

きょうそう[競漕](명·자サ) 경조. 보우트 경기. 경주(競舟). a boat race

きょうそう[強壮](형동ダ) 강장. 힘이 세고 혈기가 왕성한 모양. robust

きょうぞう[胸像](명) 흉상. 인체의 가슴 위만 나타낸 조각상이나 초상화. ↔立像(リッゾウ). a bust

きょうぞう[経蔵](명)〈불〉 경장. ①삼장(三蔵)의 하나인 불경. ②절에서 일체의 경서(経書)를 넣어 두는 곳. 경당(経堂). 1. the Buddhist scriptures

ぎょうそう[行草](명) 행초. 행서(行書)와 초서(草書). 또는 그 중간의 글씨체. 「—体(タイ); 행초체」 semi-cursive writing and cursive writing

ぎょうそう[形相](명) 형상. 모양. 모습. a look

きょうそうきょく[狂想曲](명)〈악〉 광상곡. 일정한 형식에 의하지 않은 자유로운 수법으로 작곡된 공상적이고 기교가 많은 기악곡. 기상곡(綺想曲). 카프리치오. a rhapsody

きょうそうきょく[協奏曲](명)〈악〉 ⇨コンチェルト.

きょうそく[脇息](명) 앉았을 때 팔을 괴고 몸을 기대는 것. 팔걸이. an armrest

〔脇息〕

きょうそく[教則](명) 교칙. 교수상(教授上)의 규칙. 교규(教規). rules for teaching. —ぼん[教則本](명)〈악〉 교칙본. (악기 연주의) 기본적인 것부터 순서 있게 연습하기 위한 책. 「バイエル—; 바이에르 교칙본」

きょうぞく[凶賊·兇賊](명) 흉적. 흉악한 도둑이나 반도(叛徒). a villain

きょうぞめ[京染め](명) 교오토식(京都式) 염색. 또는 교오토에서 염색한 것.

きょうそん[共存](명·자サ) 공존. 함께 생존함. 함께 존재함. 「—共栄(キョウエイ); 공존 공영」 coexistence

きょうだ[強打](명·타サ) 강타. ①강하게 때림. 세게 침. ②치명적인 타격을 가함. 1. a heavy blow

きょうだ[怯懦](형동ダ) 겁나. 겁이 많고 의지가 약한 모양. coward

きょうたい[狂態·狂体](명) 광태. ①정상(正常)이 아닌 태도나 행동. ②미친 듯한 태도나 행동. 미친 짓. 「—を演(エン)じる; 광태를 부리다」 crazy behaviour

きょうたい[嬌態](명) 교태. 아양 부리는 태도. a coquettish behaviour

きょうだい[兄弟](명) 형제. ①형과 아우. ②매우 친한 사이. 1. brothers. —ぶん[兄弟分](명) 형제의 의를 맺은 사이. 형제처럼 친한 사이.

きょうだい[京大](명) 교오토 대학(京都大学)의 약칭.

きょうだい[橋台](명) 다리의 양쪽 끝을 받치는 기둥.

きょうだい[鏡台](명) 경대. 거울을 단 화장대(化粧臺). a mirror-stand

きょうだい[強大](형동ダ) 강대. 강하고 큰 모양. mighty

ぎょうたい[行体](명) ①행체. 행서(行書)로 쓴 글씨체. ②몸차림. 옷차림. 1. semi-cursive writing

ぎょうたい[業態](명) 업태. 영업(営業), 기업(企業) 등의 상태. business condition

ぎょうたい[凝体](명) 응고한 물체. coagulated matter

ぎょうたい[凝滞](명·자사) 막히거나 걸림. 정체(停滯). stagnation

きょうたく[供託](명·타사) 공탁. ①물건을 맡기고 보관을 부탁함. ②〈법〉 법령의 규정에 따라 금전이나 유가 증권을 공탁소에 기탁하는 일. 「一金(キン); 공탁금」 1. deposit

きょうたく[教卓](명) 교탁. 교단(教壇)에서 교사가 가르치는 데 쓰는 탁자. a teaching desk

きょうたん[驚嘆·驚歎](명·자사) 경탄. 몹시 감탄함. 몹시 놀라 탄식함. wonder

きょうだん[凶弾·兇弾](명) 흉탄. 악한(悪漢)이 쏜 총탄(銃弾). a villain's shot

きょうだん[教団](명) 교단. 종교상(宗教上)의 집단(集団). a religious body

きょうだん[教壇](명) 교단. 교사(教師)가 가르칠 때 서는 단. a platform

きょうち[境地](명) 경지. 마음이나 몸이 놓인 상태나 처지. 입장(立場). 심경(心境). a condition

きょうちくとう[夾竹桃](명)〈식〉 협죽도. 마삭나무과에 속하는 상록 관목. 꽃은 복숭아꽃과 비슷하고 잎은 댓잎 같음. 유엽도(柳葉桃). a sweet oleander

ぎょうちゃく[凝着](명·자사) 엉겨 붙음. coagulation

きょうちゅう[胸中](명) 흉중. 가슴속. 마음속. 「一を披瀝(ヒレキ)する; 마음속을 털어 놓다」 one's heart

ぎょうちゅう[蟯虫](명)〈동〉 요충. 선충류(線虫類)의 기생충. 대개 어린 아이에 많으며, 항문으로 나와 스멀거림. 좀거위. 실거위. a thread worm

きょうちょ[共著](명) 공저. 두 사람 이상의 공동 저술(共同著述). joint authorship

きょうちょう[凶兆](명) 흉조. 불길한 징조. 흉증(凶証). ↔吉兆(キッチョウ). an ill omen

きょうちょう[協調](명·자사) 협조. 서로 협력(協力)함. 「一性(セイ); 협조성」 co-operation

きょうちょう[狭長](명·형동ダ) 좁고 길. being narrow and long

きょうちょう[強調](명·타사) 강조. ①힘차게 고조(高調)함. ②강력히 주장함. 역설. 1.emphasis 2.insistence

きょうちょく[強直](명·자사·형동ダ) 강직. ①마음이 강하고 곧음. ②근육을 연속적으로 자극했을 때 수축(収縮)되는 상태. 1. integrity 2. stiffness

きょうつい[胸椎](명)〈생〉 흉추. 경추(頸椎)와 요추(腰椎) 사이의 척추의 한 부분. the thoracic vertebrae

きょうつう[共通](명·자사·형동ダ) 공통. 서로 통함. commonness. ―**ご**[共通語](명) 공통어. 널리 서로 통용되는 말. 「英語(エイゴ)は世界(セカイ)の一だ; 영어는 세계의 공통어다」

きょうつう[胸痛](명) 흉통. 가슴이 아픈 증세. a pain in the chest

きょうづか[経塚](명)〈불〉 경총. 경전(経典), 경석(経石), 경와(経瓦) 등을 땅속에 묻고 만든 무덤.

きょうづくえ[経机](명)〈불〉 불전(仏前)에서 경을 읽을 때 경문을 올려 놓는 책상. a desk for reading sutras

きょうてい[協定](명·타사) 협정. 의논해서 정함. agreement

きょうてい[胸底](명) 흉저. 흉중(胸中). 가슴속. 마음속. one's innermost heart

きょうてい[教程](명) 교정. ①가르치는 정도나 법식. 또는 형식. ②가르치는 과정. 1. a grade

きょうてい[筺底](명) 상자의 밑바닥. the bottom of a box

きょうてい[競艇](명) 경정. 모우터보우트의 경주. a motorboat race

きょうてき[強敵](명) 강적. 강한 적. ↔弱敵(ジャクテキ). a formidable foe

きょうてき[狂的](형동ダ) 광적. 미친 것 같은 모양. 「一信仰(シンコウ); 광적인 신앙」 lunatic

きょうてん[狂癲](명) 미치는 것. 미치광이. a lunatic

きょうてん[経典](명)〈종〉 경전. ①교리(教理)를 적은 책. ②불교의 경문을 적은 책. 1. the sacred books 2. Buddhist scriptures

きょうてん[教典](명) ①교육상 규범이 되는 것. ②종교상의 기본이 되는 책. 1. an educational model

きょうでん[強電](명) 강전. 공업에 쓰이는 고압 전류(高圧電流). ↔弱電(ジャクデン). a high-voltage current

ぎょうてん[仰天](명·자사) 대단히 놀람. 「びっくり一; 몹시 놀라는 모양」 astonishment

ぎょうてん[暁天](명) 새벽 하늘. dawn

きょうでんしき[共電式](명) 공전식. 수화기를 들면 바로 교환수와 통하게 되어 있는 전화기. the common battery system

きょうてんどうち[驚天動地](연어·명) 경천 동지. 〔하늘이 놀라고 땅이 뒤흔들린다는 뜻으로〕 세상을 몹시 놀라게 하는 것. startling

きょうと[凶徒·兇徒](명) 흉도. ①악당. 악한(悪漢). ②폭도(暴徒). 1. a villain 2. a mob

きょうと[京都](명)〈지〉 쿄오토부(府) 중부에 있는 부청(府庁) 소재지. 토오쿄오(東京)로 수도를 옮기기 전 천여 년 동안 일본의 수도였음.

きょうと[教徒](명) 교도. 신도(信徒). a believer

きょうど[匈奴](명) 흉노. 옛날 중국 북방에 살던 민족. 훈족. the Huns

きょうど[強度](명) 강도. 강한 정도(程度). intensity

きょうど[強弩](명) 옛날 돌을 튕기어 쏘던 강한 포(砲). a stiff catapult

きょうど[郷土](명) 향토. ①고향. 고향 땅. ②시골. 지방(地方). 「一色(ショク); 지방색」 1. a native place 2. the country

きょうとう[共闘](명·자사) 공동 투쟁(共同闘争)의 준말.

きょうとう[狂濤](명) 미친 듯이 날뛰는 물결. 광란(狂瀾). raging waters

きょうとう[侠盗](명) 협도. 의협심(義侠心)이 있는 도둑. a chivalrous robber

きょうとう[教頭](명) 교두. 국민 학교, 중고등 학교의 수석 교원(首席教員). 교무 주임(教務主任). a head teacher

きょうとう[郷党](명) 향당. 고향 사람들. a village community

きょうとう[橋頭](명) 교두. 다리가 있는 근처. the neighbourhood of a bridge. **—ほ**[橋頭保·橋頭堡](명)〈군〉교두보. ①교량(橋梁)을 직접 엄호(掩護)하기 위하여 그 전방 또는 필요한 곳에 만든 보루(保塁). ②강이나 바다의 대안(対岸)에서 작전을 전개시키기 위한 거점(據点).

きょうとう[驚倒](명·자타サ) 경도. 놀라 자빠짐. 매우 놀람. astonishment

きょうどう[共同](명·자サ) 공동. ①둘 이상의 사람이 일을 함께 함. 「—生活(セイカツ); 공동 생활」②둘 이상의 사람이 같은 자격으로 결합함. 「—責任(セキニン); 공동 책임」1. co-operation 2. union. **—くみあい**[共同組合]—クミアヒ(명) 공동 조합. 두 사람 이상이 공동으로 조직한 조합. **—しゃかい**[共同社会](명) 공동 사회. 서로의 사랑을 기초로 결합된 인간의 자연적, 또는 유기적인 공동 생활체. 예: 가족(家族). ↔利益(リエキ)社会. **—せいかつ**[共同生活](명) 공동 생활. 두 사람 이상이 서로 협력하여 하는 생활. **—せいはん**[共同正犯](명)〈법〉공동 정범. 같은 범죄를 공동으로 범한 2인 이상의 범인. **—せんせん**[共同戦線](명) 공동 전선. ①같은 목적을 향해 싸우는 두 개 이상의 최전선(最前線). ②정책, 방침을 달리 하는 정당이나 노동 조합 등이 공통의 목적에 대해 일치한 행동을 취하는 일. **—ぼうぎ**[共同謀議](명) 공동 모의. 2인 이상이 공동으로 불법 행위의 계획, 실행 수단을 의논하는 일. **—ぼきん**[共同募金](명) 공동 모금. 사회 복지 사업(社会福祉事業)에 기부하기 위하여 공중(公衆)으로부터 모금하는 일.

きょうどう[協同](명·자サ) 협동. 힘을 합쳐 서로 도우며 함께 일을 함. co-operation. **—くみあい**[協同組合]—クミアヒ(명) 협동 조합. 소규모(小規模)의 생산자 또는 소비자에 의하여 만들어지는 조합.

きょうどう[協働](명·자サ) 서로 협력해서 일함. co-operation

きょうどう[教導](명) 교도. 가르쳐 인도하는 일. instruction

きょうどう[経堂](명)〈불〉경당. 경전(経典)을 간직해 두는 당. a hall where Buddhist scriptures are kept

きょうどう[嚮導](명·타サ) 향도. 길을 인도함. 길 안내자. guidance

ぎょうどう[行道](명) 행도. ①도를 행하는 일. ②여기저기 돌아 다니는 것. ③〈불〉㉠불도를 닦는 일. ㉡대법회(大法会) 때에 여러 중들이 줄을 지어 독경하면서 불상이나 불당의 주위를 도는 의식. ㉢중이 경문을 외면서 걷는 일.

きょうにん[杏仁](명) 행인. 살구씨 속의 알맹이. 한방(漢方)에서 약재로 씀. an apricot stone

ぎょうにんべん[行人偏](명) 한자 부수(部首)의 하나. 두인변. "待, 得" 등의 "彳" 부분.

きょうねつ[狂熱](명) 광열. 미친 듯한 정열. frenzy

きょうねつ[強熱](명·타サ) 강하게 열함. 또는 그 열. strong heat

きょうねん[凶年](명) 흉년. ①농작물이 잘되지 아니한 해. ②나쁜 일이 있었던 해. 1. a year of famine

きょうねん[享年](명) 향년. 한평생에 누린 나이. 죽었을 때의 나이. 「—六十(ロクジュウ); 향년 60」 age

ぎょうねん[行年](명) ⇨きょうねん(享年).

きょうは[教派](명) 교파. 종교의 분파. a sect

きょうばいばい[競売買](명·타サ) 경매. ①〈경〉살 사람이 여럿 있을 때 값을 많이 부르는 사람에게 파는 일. ②〈법〉압류(押留)한 것을 국가에서 매매법(売買法)에 의하여 공매(公売) 방법으로 파는 일. ③⇨: せりうり. ④어느 쪽이나 여럿이 일단(一団)이 된 살 사람과 팔 사람 사이에 맺어지는 매매. 경매매(競売買). ⑤경매물(競売物)을 사들임. 1. 2. auction

きょうはく[脅迫](명·타サ) 협박. 으르고 다잡음. 위협함. threat

きょうはく[強迫](명·타サ) 강박. ①협박하여 강제로 시킴. ②〈법〉해를 끼칠 것을 통고하여 상대방의 공포심을 일으키게 하는 일. 1. compulsion. **—かんねん**[強迫観念](명)〈심〉강박 관념. 없애려고 애써도 사라지지 않는 불쾌하고 무서운 관념.

きょうばこ[経箱·経函](명) 경함. 경문을 넣어 두는 함. a casket for sutras

きょうはん[共犯](명)〈법〉공범. 두 사람 이상이 공동으로 죄를 범하는 일. 또는 그 사람들. complicity

きょうはん[共販](명) 공판. 공동 판매(共同販売)의 준말. 「—所(ショ); 공판 장소」

きょうはん[教範](명) 교범. 가르치는 방법. 교수(教授)의 법식(法式). a method of education

きょうはん[橋畔](명) 다리 언저리. 다리 근처. the approach to a bridge

きょうび[今日日](명)〈속〉요사이. 요즈음. nowadays

きょうふ[恐怖](명·자サ) 공포. 두려워함. 무서워함. 「—心(シン); 공포심」fear. **—じだい**[恐怖時代](명) 공포 시대. 생명과 재산에 위협을 받아 불안을 느끼는 시대. **—しょう**[恐怖症](명) 공포증. 신경질인 사람에게 있는 강박 관념의 한 가지. **—せいじ**[恐怖政治](명) 공포 정치. 횡포한 수단을 써서 반대당을 탄압하여 행하는 정치.

きょうふ[教父](명)〈종〉교부. ①가톨릭교의 고승(高僧). ②세례(洗礼)받을 때의 남자 보증인. 대부(代父). 1. a father 2. a godfather

きょうふ[驚怖](명·자サ) 놀라고 두려워함. fear

きょうぶ[胸部](명) 흉부. ①가슴 부분. ②호흡기. 「—疾患(シッカン); 호흡기 질환」 1. the breast

きょうふう[狂風](명) 광풍. 이리저리 사납게 부는 바람. a raging wind

きょうふう[強風](명) 강풍. ①강한 바람. ②매초 13.9~17.1 *m*의 풍속을 가진 바람.「—注意報(チュウイホウ); 강풍 주의보」 1. a strong wind 2. a moderate gale
きょうふう[矯風](명) 교풍. 나쁜 풍속을 고치는 일. reformation
きょうふう[驚風](명)〈의〉 경풍. 뇌막염(脳膜炎) 등으로 경련을 일으키는 병. 경기(驚気). convulsion
きょうぶん[凶聞](명) 흉문. 궂은 소식. 좋지 못한 소식. 흉보(凶報). bad news
きょうぶん[狂文](명) 익살스러운 문장. a travesty
きょうへい[強兵](명) 강병. ①강한 군대. 강한 병력(兵力). ②군대를 강하게 하는 일.「富国(フコク)—; 부국 강병」 1. a strong soldier
きょうへい[驕兵](명) 싸움에 이기고 뽐내는 군사. 교만한 군사. a proud soldier
きょうへき[胸壁](명) 흉벽. ①〈군〉 적의 사격을 방지할 목적으로 흙을 1 *m* 이상 쌓은 벽. 흉장(胸墻). ②〈생〉 흉곽(胸廓)의 외벽(外壁). 2. walls of the chest
きょうへん[凶変·兇変](명) 흉변. 사람이 죽는 등의 불길한 변사(変事). a calamity
きょうへん[共編](명·타サ) 공편. 함께 편찬함. 또는 편찬한 것. coeditorship
きょうべん[強弁](명·타サ) 강변. ①굳이 변명함. 억지 변명. ②구변(口辯)이 좋음. 1. sophistry
きょうべん[教鞭](명) 교편. 수업할 때 교사가 쓰는 회초리.「—をとる; 교편을 잡다」 a teaching stick
きょうほ[強歩](명) 힘차고 빠른 걸음. a forced walk
きょうほ[競歩](명·자サ) 경보. 한쪽 발이 땅에서 떨어지기 전에 다른 발이 땅에 닿게 하여 빨리 걷는 경기. a foot race
きょうほう[凶報](명) 흉보. ①궂은 기별. ②사람이 죽었다는 통보(通報). 부보(訃報). ↔吉報(キッポウ). 1. ill news 2. sad news
きょうほう[教法](명) 교법. ①〈종〉 종문(宗門)의 가르침. 교의(教義). ②교수(教授)하는 방법. 1. a creed
きょうぼう[共謀](명·자サ) 공모. 공동으로 어떤 일을 모의함. conspiracy
きょうぼう[狂暴](명·형동ダ) 광포. 매우 난폭함. brutality
きょうぼう[強暴](명·형동ダ) 강포. ①완강(頑強)하고 포악(暴悪)함. ②우악스럽고 사나움. 1. violence 2. threat and assault
きょうぼう[驕暴](명·형동ダ) 교만하고 횡포함. being haughty and violent
きょうぼう[凶暴·兇暴](형동ダ) 흉포. 흉악하고 난폭한 모양. brutal
ぎょうほう[行法](명)〈불〉 행법. ①수도자(修道者)가 닦아야 할 교법(教法). ②불도를 닦는 방법.
ぎょうぼう[仰望](명·타サ) ①앙망. 우러러 봄. ②존경하여 따름. 1. looking up
ぎょうぼう[翹望](명·타サ) 목을 길게 늘이고 기다림. 학수 고대(鶴首苦待). looking forward to
きょうぼく[喬木](명)〈식〉 교목. 줄기가 길고 굵으며 높이 위로 퍼지는 나무. 예: 소나무, 오동나무 등. a forest tree
きょうぼく[梟木](명) 효목. 효수(梟首)를 매다는 나무. 옥문대(獄門臺). a gibbet
きょうほん[狂奔](명·자サ) 광분. ①미친 듯이 뛰어다님. ②열중하여 돌아 다님. 1. running wild
きょうほん[教本](명) 교본. 교과서. a textbook
きょうま[京間](명) 쿄오토(京都)에서 방의 넓이를 재는 척도(尺度). 곱자(曲尺) 6자 5치(1.97 *m*)를 한 간으로 함.
きょうまい[京舞](명) 쿄오토(京都)에 전해지는 춤.
きょうまい[供米](명·자サ) ①쌀을 정부에 공출(供出)함. ②공출미(供出米)의 준말. 1. delivery of rice
きょうまく[胸膜](명)〈생〉 흉막. 늑막(肋膜). the pleura
きょうまく[鞏膜](명)〈생〉 공막. 각막(角膜)을 제외한 안구(眼球) 전체의 벽을 싸고 있는 희고 튼튼한 막. the sclera
ぎょうまつ[行末](명) (글)줄의 끝. the end of a line
きょうまん[驕慢](명·형동ダ) 교만. 잘난 체 뽐내며 방자함. haughtiness
きょうみ[興味](명) 흥미. 흥을 느끼는 재미. 취미.「—津津(シンシン); 흥미 진진」 interest
きょうむ[教務](명) 교무. ①교수(教授), 교육에 관한 사무. ②종교에 관한 사무. 1. school affairs
ぎょうむ[業務](명) 업무. 사업상의 일.「—命令(メイレイ); 업무상의 명령」 business
きょうめい[共鳴](명·자サ) 공명. ①〈이〉 발음체(発音体)가 외부로부터 온 음파에 자극되어 이와 동일한 진동수의 소리를 냄. ②남의 사상이나 의견에 동감(同感)함. 1. resonance 2. sympathy
きょうめい[嬌名](명) 아름답다는 평판. 미인이라는 소문. a reputation of femine charms
ぎょうめい[驍名](명) 효명. 용감하다는 평판. 용명(勇名). 무명(武名).「—をはせる; 용명을 떨치다」 fame for bravery
きょうめん[鏡面](명) ①거울의 표면(表面). ②렌즈의 표면. 1. the surface of a mirror
きょうもう[凶猛·兇猛](명·형동ダ) 흉악(凶悪)하고 사나움. atrocity
きょうもん[教門](명) 교문. 종문(宗門). a sect
きょうもん[経文](명)〈불〉 경문. 불교 경전(経典)의 문장. Buddhist scriptures
きょうやく[共訳](명·타サ) 공역. 두 사람 이상이 함께 번역함. joint translation
きょうやく[共軛](명)〈수〉 공액. 두 개의 점, 선 또는 수가 서로 특수한 관계를 가지고 있어, 서로 전환(転換)하여도 성질상 변화가 없을 경우의 그 둘의 관계. conjugate
きょうやく[協約](명·자サ) 협약. ①의논하여 약속함. ②〈법〉 개인, 단체, 국가간의 계약. 1. agreement 2. an entente
きょうゆ[教諭](명·타サ) 교유. ①가르치고 타이름. ②국민 학교, 중고등 학교의 교원. 2. an instructor

ぎょうゆ[暁諭](명) 효유. 알아 듣게 타이름. instruction

きょうゆう[共有](명·타サ) 공유. 공동으로 가짐. 함께 가짐. common ownership

きょうゆう[享有](명·타サ) 향유. (권리, 능력 등 무형물을) 날 때부터 지님. 또는 누림. possession

きょうゆう[洶湧·洶涌](명) ①물이 세게 솟아 나는 일. ②큰 물결이 세차게 일어나는 일. 1. gushing out 2. running high

きょうゆう[侠勇](명) 협기가 있고 용기가 있음. 또는 그 사람. gallantry

きょうゆう[梟雄](명) 효웅. 사나운 영웅. 잔인하고 용맹스러운 영웅. an accomplished villain

きょうゆう[郷邑](명) 향읍. 시골에 있는 읍. a village

きょうゆう[驍勇](명) 효용. 사납고 날쌘 용기. 또는 그런 용기를 가진 사람. valour

きょうよ[供与](명·타サ) 공여. 공급하여 줌. 상대방에게 이익이나 물건 등을 줌. furnishing

きょうよう[共用](명·타サ) 공용. 공동으로 씀. common use

きょうよう[供用](명·타サ) 공용. 사용하도록 제공함. 쓰게 함. offering to use

きょうよう[強要](명·타サ) 강요. 강제로 요구함. enforcement

きょうよう[教養](명·타サ) 교양. ①가르쳐 기름. ②넓은 지식과 풍부한 정서(情緒). 문화적인 넓은 지식. 2. culture

きょうらく[京洛](명) ①수도(首都). ②쿄오토(京都). 1. the capital

きょうらく[享楽](명·타サ) 향락. 즐거움을 누림. enjoyment. **―しゅぎ**[享楽主義](명) 향락주의. 쾌락을 얻는 것을 인생 최대의 목적으로 하는 주의. **―てき**[享楽的](형동ダ) 향락적. 향락에 관계가 있는 모양. 쾌락에 빠지는 모양.

きょうらく[競落](명·타サ) 경락. 경쟁 입찰(競争入札)에서 낙찰(落札)함. a successful bid

きょうらん[狂乱](명·자サ) 광란. 미쳐 날뜀. derangement

きょうらん[狂瀾](명) 광란. ①미친 듯한 세찬 물결. ②사물이 몹시 어지러운 상태. 1. the violent waves

きょうらん[供覧](명·타サ) 공람. 공개하여 관람시킴. 일반에게 보임. display

きょうり[胸裏·胸裡](명) 흉리. 가슴속. one's bosom

きょうり[郷里](명) 향리. 고향. one's native place

きょうり[教理](명) 교리. ①종교상의 이론. ②일정한 종교, 종파가 진리라고 인정하고 있는 교의 체계. 1. a doctrine

ぎょうりき[行力](명)〈불〉 행력. 불도를 닦아 얻은 힘. 1. the efficacy of ascetic exercises

きょうりつ[共立](명) 공립. 공동으로 설립(設立)하는 일. joint establishment

ぎょうりつ[凝立](명·자サ) 꼼짝하지 않고 서 있음. still standing

きょうりゅう[恐竜](명)〈동〉 공룡. 중생대(中生代)에 살았던 거대한 파충류(爬虫類). 현재 화석(化石)으로 남아 있음. a megalosaur

〔恐竜〕

きょうりょう[狭量](명·형동ダ) 협량. 마음이 좁음. 좁은 도량(度量). narrow-mindedness

きょうりょう[橋梁](명) 교량. 다리. 「―工事(コウジ); 교량 공사」 a bridge

きょうりょく[協力·共力](명·자サ) 협력. 힘을 합침. 「―的(テキ); 협력적」 co-operation

きょうりょく[強力](명·형동ダ) ①강력. 힘이 강함. 강한 힘. 「―な内閣(ナイカク); 강력한 내각」 ②힘씀. 노력. ③폭력(暴力). 1. great strength

きょうれい[凶冷](명) 흉작(凶作)의 원인이 되는 냉해(冷害).

きょうれつ[強烈](형동ダ) 강렬. 세차고 맹렬한 모양. 「―な印象(インショウ); 강렬한 인상」 intense

ぎょうれつ[行列](명·자サ) 행렬. 여럿이 줄지어 감. 줄지어 늘어선 열(列). a procession

きょうれん[狂恋](명) 광연. 미친 듯이 보이는 열렬한 연애. ardent love

きょうれん[教練](명·타サ) 교련. ①가르쳐 단련시킴. ②〈군〉 지휘관 또는 병사(兵士)를 훈련시킴. ③학생에게 행하는 군사(軍事) 훈련. 학교 교련. 1. training

きょうわ[共和](명) 공화. 공동(共同)으로 화합(和合)하여 사업 등을 하는 것. republicanism. **―こく**[共和国](명) 공화국. 공화 정치를 행하는 나라. **―せいじ**[共和政治](명)〈법〉 공화 정치. 주권(主権)이 국민에게 있고 선거된 대통령이나 의회에 의하여 행하는 정치.

きょうわ[協和](명·자サ) 협화. ①마음을 합하여 화합(和合)함. ②여러 개의 소리가 한번에 잘 어울리어 나는 현상. 「―音(オン); 협화음」 harmony

きょうわらべ[京童](명) ①수도(首都)에 사는 아이들. ②쿄오토(京都)의 아이들.

きょうわん[峡湾](명)〈지〉 협만. 양안(両岸)이 벼랑으로 된 좁고 긴 만(湾). a fiord

きょえい[虚栄](명) 허영. 자기 분수에 넘는 외관상(外観上)의 사치. 필요 이상의 겉치레. vanity. **―しん**[虚栄心](명) 허영심. 허영을 부리려는 마음.

ぎょえん[御苑](명) 어원. 궁전(宮殿)의 정원. 금원(禁苑). an Imperial garden

ぎょえん[御宴](명) 임금이나 황태자가 베푸는 연회(宴会). the Court banquet

きょおく[巨億](명) 거억. 거만(巨万)보다 강한 느낌의 말. 막대(莫大)한 수. 「―の富(トミ); 거억의 부」 enormousness

きょおく[居屋](명) 살고 있는 집. a residence

ギョーザ[중 餃子](명) (중국식) 만두. a bun

きょか[炬火](명) 횃불. a torch light

きょか[許可](명·타サ) 허가. 들어 줌. 허락. permission

きょか[許嫁](명) ⇨いいなずけ.

ぎょか[漁火](명) 어화. 어선(漁船), 또는 어부(漁夫)가 밝히는 불. a fishing fire
きょかい[巨魁·渠魁](명) 거괴. ①악당의 두목. ②거물. 괴수. 1. a ringleader
ぎょかい[魚介](명) 어개. ①물고기와 조개류의 총칭. 「一類(ルイ); 어개류」 ②해산(海産) 동물의 총칭.
ぎょかい[魚貝]ーカヒ(명) 물고기와 조개. 어개(魚介). fishes and shells
きょがく[巨額](명) 거액. ①많은 돈. 다액(多額). ②수(数)가 많은 것. 1. a large sum
ぎょかく[漁獲](명·타サ) 어획. 수산물을 잡거나 뜯음. 또는 그 물건. 「一高(ダカ); 어획고」 fishery
ぎょかす[魚滓](명) ⇨うおかす. 「a giant
きょかん[巨漢](명) 거한. 몸집이 큰 사나이. 거인.↗
きょかん[巨艦](명) 거함. 큰 군함. a monster warship
きょかん[居館](명) 살고 있는 저택. one's mansion
きょがん[巨岩·巨巌](명) 거암. 큰 바위. a huge rock
ぎょかん[御感](명) 임금이 감동하는 일. 임금의 칭찬. 예감(叡感). Imperial admiration
ぎょがん[魚眼](명) 어안. 물고기의 눈. eyes of a fish. **— せき**[魚眼石](명)〈광〉 어안석. 정방정계(正方晶系) 광석의 한 가지. 무색이고 간혹 초록색도 있는데 수지(樹脂) 광택이 남. **— レンズ**[魚眼 lens](명)〈이〉 어안 렌즈. 180 도의 넓은 각도를 가진 렌즈.
きょき[歔欷](명·자サ) 흐느낌. 흐느껴 욺. sobbing
きょぎ[虚偽](명) 허위. 거짓. 속임수. 「一の申告(シンコク); 허위 신고」 a lie
ぎょき[漁期](명) 어기. 고기잡이의 시기(時期). a fishing season
ぎょきょう[漁協](명) 어협. 어업 협동 조합(漁業協同組合)의 약칭. 「condition of fishery
ぎょきょう[漁況](명) 어황. 고기잡이의 상황. ↗
ぎょぎょう[漁業](명) 어업. 물고기를 잡거나 기르는 직업. fishery
きょきょじつじつ[虚虚実実](연어·명) 허허 실실. 허실의 계책(計策)을 써서 열심히 싸우는 것. diamond cut diamond
きょきょねん[去去年](명) 재작년. the year before last
きょきん[醵金](명·자サ) 갹금. ①돈을 갹출(醵出)함. 또는 그 돈. ②의연금(義捐金). 기부금. contribution
きょくー[極](접두) 극단(極端)적인. 절정(絶頂)의. 「一陰性(インセイ); 극음성」
ーきょく[局](조어) 사무를 분담하여 맡는 곳. 「放送(ホウソウ)ー; 방송국」
きょく[曲](명) ①구부러진 것. ↔直(チョク). ②바르지 못한 것. ③마디. 절(節). ④악곡(楽曲). ⑤곡예(曲芸). 「一乗(ノ)り; 자전거, 말 등을 타는 곡예」 ⑥재미. 흥미(興味). 「一がない; 재미가 없다」 ⑦한시(漢詩)의 한 체. 생각한 바를 그대로 표현한 것. 1. being bent 4. a musical setting
きょく[局](명) ①방. ②한 부분. 구분(区分). ③장기, 바둑 등의 판. 또는 한 번의 승부. ④판국(版局). ⑤우편국 등, 국이라 불리는 곳의 준말. 2. a board
きょく[棘](명) ①가시가 있는 관목의 총칭. ②가시. ③물고기의 지느러미에 있는 가시. 1. a briar 2. a thorn
きょく[極](명) 극. ①끝. 한(限). 「天地(テンチ)の一; 천지의 끝」 ②〈지〉 지축(地軸)의 끝. ③〈이〉 자극(磁極)이나 전극(電極). ④종말. 종극. 「絶望(ゼツボウ)の一; 절망의 끝」 ⑤임금의 자리. 제위(帝位). 1. an extremity 3. magnetic poles
きょく[巨軀](명) 거구. 큰 몸집. a big figure
ぎょく[玉](명) 옥. ①보석. 구슬. ②〈광〉 반투명의 담록색 또는 담회색의 보석. 예: 경옥(硬玉), 연옥(軟玉) 등. ③〈경〉 거래된 증권 또는 상품. ④기생 등에게 주는 돈. 화대(花代). ⑤〔음식점에서〕 달걀. ⑥(일본 장기의) 왕장(王将). 1. a jewel 3. a bill 5. an egg
ぎょく[漁区](명) 어구. 어업 구역. a fishing ground
ぎょぐ[漁具](명) 어구. 어업(漁業)에 쓰이는 기구나 기계. fishing implements
ぎょくあんか[玉案下](명) 〔책상 아래라는 뜻으로〕 편지에서 상대방의 이름 밑에 쓰는 말.
きょくいん[局員](명) 국원. ①국(局)이라 불리는 곳의 직원. ②우편국의 직원. 1. the staff of a bureau
ぎょくいん[玉音](명) ⇨ぎょくおん.
きょくう[極右](명) 극우. 극단적(極端的)으로 우익(右翼)에 기울어지는 일. 또는 그 사상. ↔極左(キョクサ). the extreme right
きょくうち[曲打ち](명·타サ) 곡예(曲芸)를 하듯이 변화 있게 북을 침.
ぎょくおん[玉音](명) ①맑은 음성. ②임금의 음성. 임금의 말씀. ③편지의 높임말. 1. a clear voice 2. an Emperor's voice
きょくがい[局外](명) 국외. ①국(局)의 바깥. 국의 관할외(管轄外). ②그 일에 관계 없는 처지. ↔局内(キョクナイ). 2. an independent position. **— ちゅうりつ**[局外中立](명) 국외 중립. 교전국(交戦国)의 어느 쪽도 돕지 않는 중립(中立).
きょくがく[曲学](명) 곡학. 진리에 벗어난 학문. 또는 그것을 가르치는 학자. prostitution of learning. **— あせい**[曲学阿世](연어·명) 곡학 아세. 세상 형편에 따라 학리(学理)를 굽혀 아첨하는 것.
ぎょくがん[玉顔](명) ①맑고 아름다운 얼굴. ②임금의 얼굴. 용안(龍顔). 1. an innocent and charming face
きょくぎ[曲技](명) 아슬아슬한 기술. 곡예(曲芸)의 기술. acrobatic feats
きょくげい[曲芸](명) 곡예. 줄타기 등과 같이 위험하고 어려운 재주를 부리는 것. acrobatic feats
きょくげん[局限](명·타サ) 국한. 어떤 부분에만 한정됨. 범위를 한정함. localization
きょくげん[極言](명·타サ) 극언. ①있는 말을 다하여 의견을 올림. ②극단적으로 말함. 1. full explanation
きょくげん[極限](명) 극한. ①궁극의 한계. ②사물의 끝 닿는 곳. 1. limits
きょくさ[極左](명) 극좌. 극단적으로 좌익(左翼)에 기울어지는 일. 또는 그 사상. ↔極右(キョクウ). the extreme left

ぎょくざ[玉座](명) 옥좌. 임금의 자리. 보좌(宝座). the Imperial throne
ぎょくさい[玉砕](명·자サ) 옥쇄. 신념이나 도의(道義)를 지키기 위하여 생명을 버림. death for honour
きょくし[曲師](명) 나니와부시(浪花節)를 샤미센(三味線)으로 반주하는 사람.
きょくし[局紙](명) 예전 일본 내각 인쇄국(内閣印刷局)에서 만들어 내던 두껍고 윤나는 종이.
きょくじ[曲事](명) 곡사. 바르지 못한 일. 도리에 어긋난 일. a dishonest act
ぎょくじ[玉璽](명) 옥새. 임금의 도장. the Imperial Seal
きょくじつ[旭日](명) 욱일. 아침 해. 「一昇天(ショウテン)の勢(イキオ)い; 아침 해가 떠오르는 듯한 힘찬 기세」 the rising sun
きょくしゃ[局舎](명) 우편국 등, 국(局)이라 불리는 곳의 건물. the building of a bureau
きょくしゃく[曲尺](명) 곡척. 곱자. 기역자 자. a carpenter's square
きょくしょ[局所](명) 국소. ①신체의 일부분. 「一麻酔(マスイ); 국소 마취」 ②음부(陰部). 국부(局部). 1. a part of the body
きょくしょ[極所](명) 극소. 끝 닿은 곳. 최종점(最終点). the limit
きょくしょう[極小](명) 극소. ①극히 작은 것. ②〈수〉 수량이 어느 일정한 법칙에 따라 변화할 때, 점점 줄어 가다가 마지막에 더 줄어질 수 없고, 다시 늘어 가려고 하는 점의 값. ↔極大(キョクダイ). 1. the smallest 2. the minimum
きょくしょう[極少](명) 극소. 극히 적은 것. the fewest
ぎょくしょう[玉将](명) (일본 장기의) 왕장(王将).
ぎょくしょう[玉章](명) ①훌륭한 시문(詩文). ②상대방 편지의 높임말. 1. a fine composition
ぎょくしん[玉簪](명) 옥잠. 옥으로 만든 머리에 꽂는 장식품. an ornamental hairpin with a jade
ぎょくずい[玉髄](명)〈광〉 옥수. 석영(石英)의 한 가지. 빛은 황색, 녹색, 백색, 적색 등이 있으며 극히 작은 결정체를 이룸. chalcedony
きょくすいのえん[曲水の宴](명) 곡수연. 궁중에서 하던 음력 3월 3일의 축제. 공경(公卿)들이 곡수에 앉아 상류(上流)에서 흘러 내려 오는 술잔을 기울이며 시가(詩歌)를 읊던 잔치. 곡수 유상(曲水流觴). 곡연.
きょく·する[局する·跼する] Ⅰ(자サ) 등을 구부리다. Ⅱ(타サ) 국한하다. 제한하다. Ⅰstoop Ⅱlimit
きょくせい[局勢](명) 시국(時局)의 정세. 시국의 형세. circumstances of the situation
ぎょくせい[玉成](명·자サ) 옥성. 완전 무결하게 이룸. 완전한 인물이 됨.
きょくせき[跼蹐](명·자サ) ①황송하여 몸을 굽힘. ②압박당하여 자유로 행동할 수 없음. 1. stooping
ぎょくせき[玉石](명) 옥석. ①옥과 돌. ②좋은 것과 나쁜 것. 「一混淆(コンコウ); 옥석이 뒤섞이다」 1. gems and stones
きょくせつ[曲折](명·자サ) 곡절. ①구부러져 꺾임. ②단조롭지 않고 변화가 많음. ③복잡한 사정이나 까닭. 1. winding 2. changefulness
きょくせつ[曲節](명) 곡절. 가락. 선율(旋律). a tune
ぎょくせつ[玉屑](명) ①옥을 바수어 만든 가루. ②눈(雪). 눈송이. ③썩 잘 지은 글. 1. scraps of a jade
きょくせん[曲線](명) 곡선. ①구부러진 선. ②〈수〉 직선만으로는 이루어지지 않는 선. 1. a curve. **—び**[曲線美](명) 곡선미. ①회화(絵画)나 조각 등에 표현된 곡선의 아름다움. ②여자의 육체의 곡선에서 오는 아름다움.
きょくせん[局線](명) 국선. 전화국에 연결되는 전화. 또는 그 선(線). 외선(外線).
きょくだい[極大](명) 극대. ①지극히 큰 것. ②〈수〉 수량이 점점 늘어가다가 더 늘 수 없는 점까지 이르렀을 때의 양. ↔極小(キョクショウ). 1. the greatest
ぎょくたい[玉体](명) 옥체. ①신분이 높은 사람의 몸. ②임금의 몸. 2. the Emperor's body
ぎょくだい[玉代](명) 기생이나 창기(娼妓) 등을 상관하고 주는 돈. 해웃값. 화대(花代). charge for a prostitute
きょくたん[極端](명·형동ダ) 극단. ①맨 끝. ②몹시 한쪽으로 치우침. 1. an extreme
きょくち[局地](명) 국지. 한정된 일정한 지역. 국한된 지역. a locality
きょくち[極地](명) 극지. ①끝에 있는 땅. ②남극(南極), 북극(北極)의 지방. 1. the terminal land
きょくち[極致](명) 극치. ①극단에 이르는 것. ②더할 수 없는 풍치. 「美(ビ)の一; 미의 극치」 culmination
きょくちょう[曲調](명) 곡조. 음악이나 가사(歌詞)의 가락. a melody
きょくちょう[局長](명) 국장. ①국(局)의 사무 전체를 책임 지며 국원을 감독하는 사람. ②우편국 등, 국이라 불리는 곳의 장(長). 1. the director of a bureau
きょくちょく[曲直](명) 곡직. ①굽은 것과 곧은 것. ②사리(事理)의 옳고 그름. 정사(正邪). 「是非(ゼヒ)一; 시비 곡직」 2. right or wrong
きょくてん[極点](명) 극점. 최후의 점. 극도에 다다른 점. 「興奮(コウフン)は一に達(タッ)した; 흥분은 극도에 달했다」 the extreme point
きょくてんせきち[跼天蹐地](명) 몹시 황송하여 몸을 움츠리는 일. shrinking from awe
きょくど[極度](명) 극도. 더할 수 없는 정도. 「一の寒(サム)さ; 극도의 추위」 the extremity
きょくとう[極東](명) 극동. ①동쪽의 끝. ②〈지〉 동양의 가장 동쪽에 위치한 지방. 예: 한국, 중국, 필리핀, 일본 등. 1. the east end 2. the Far East. **—ちほう**[極東地方](명)〈지〉 극동 지방. 시베리아에서 태평양을 면한 지방.
きょくない[局内](명) 국내. 관청이나 회사의 한 국(局)의 안. in charge of a bureau
きょくのみ[曲飲み](명) 곡예(曲芸)를 하면서 술 등을 마시는 일.

きょくのり[曲乗り](명·자サ) 말, 자전거 등을 타고 곡예(曲芸)를 함. circus riding
きょくば[曲馬](명) 곡마. 말을 타거나 말을 부려 곡예를 하는 것.「一団(ダン); 곡마단」 a circus
ぎょくはい[玉杯](명) 옥배. ①옥으로 만든 술잔. 옥치(玉巵). ②술잔을 아름답게 일컫는 말. 1. a jade cup
きょくび[極微](형동ダ) 극미. 지극히 작은 모양. atomic
きょくびき[曲弾き](명·타サ) 특수한 기교를 부려 샤미센(三味線) 등을 빠르게 잘 탐. trick playing
きょくひつ[曲筆](명·자サ) 곡필. 바른 대로 쓰지 않고 사실을 굽혀서 씀. 또는 그 글. literary dissembling
きょくひどうぶつ[棘皮動物](명)〈동〉 극피 동물. 몸은 배부(背部)와 복부(腹部)로 구분되며, 방사 상칭형(放射相称形)의 원시적인 동물. 예: 해삼, 불가사리, 섬게 등. an echinoderm
きょくふ[曲譜](명) 악보(楽譜). musical notes
きょくふ[局譜](명) 국보(局譜). (장기 등의) 승부를 적은 도표(図表).
きょくぶ[局部](명) 국부. ①한 부분.「一的(テキ); 국부적」 ②음부(陰部). 1. a part 2. the private parts
きょくほ[曲浦](명) 꾸불꾸불한 해변. a creek with a winding coast line
ぎょくほ[玉歩](명) 옥보. ①신분이 높은 사람의 걸음걸이의 높임말. ②임금의 걸음걸이.
きょくほう[局方](명) 일본 약국방(日本薬局方)의 준말.
きょくほう[局報](명) 국보. 우편, 전신 등에 관한 업무 연락을 위해 우체국 사이에 서로 주고 받는 전보. a service telegram
きょくほく[極北](명) 극북. 북극(北極)에 가까운 곳. the extreme north
きょくまち[局待](명) ←局待電報. **―でんぽう**[局待電報](명) 발신인이 발신국에서 그 반신을 기다리고 있음을 수신인에게 통지하게 되어 있는 전보.
きょくめん[曲面](명)〈수〉 곡면. 연속하여 구부러진 표면(表面). a curved surface
きょくめん[局面](명) 국면. ①바둑, 장기판의 표면. 또는 승부의 형세. ②일이 되어 가는 형세. 2. the aspect of affairs
きょくもく[曲目](명) 곡목. ①악곡의 이름. ②연주할 악곡의 순서를 적은 것. 1. the title of a tune
きょくもく[極目](부) 눈으로 볼 수 있는 한. 바라볼 수 있는 한. as far as the eye can reach
ぎょくよう[玉葉](명) 옥엽. ①임금의 일문(一門)을 높이어 일컫는 말. ②남이 보낸 엽서의 높임말. 1. the Imperial family
きょくりゅう[極流](명)〈지〉 극류. 남북 양극(両極) 지방에서 적도(赤道) 방면으로 흐르는 한류(寒流). a polar current
きょくりょう[極量](명)〈의〉 극량. 극약, 독약 등에서 규정(規定)한 최대의 분량. the maximum quantity
きょくりょく[極力](부) 극력. 힘이 닿는 한. 힘 자라는 데까지. to the utmost
ぎょくれん[玉輦](명) 옥련. 귀족이 타는 수레. a carriage for noble men
ぎょくれん[玉簾](명) 옥렴. 옥으로 장식한 아름다운 발. 주렴(珠簾). a bamboo blind ornamented with jades
ぎょくろ[玉露](명) 옥로. ①맑고 깨끗하게 방울 진 이슬. ②향기롭고 감미(甘味)로운 고급 차(茶)의 한 가지. 2. refined green tea
ぎょくろう[玉楼](명) 옥루. 화려하게 장식한 누각(楼閣). a fine mansion
きょくろく[曲彔](명) 곡록. 승려용(僧侶用) 의자. 두 다리가 승창 모양으로 교차되고 뒤쪽으로 굽은 등받이가 있으며 좌부(座部)에 가죽을 건 의자. a Buddhist priest's chair

〔曲彔〕

きょくろん[曲論](명·자サ) 곡론. 바르지 않은 이론이나 주장. a biassed argument
きょくろん[極論](명·타サ) 극론. 극단적으로 말함. 극언(極言). unreserved criticism
ぎょぐん[魚群](명) 어군. 물고기 떼. a school of fish
きょげい[巨鯨](명) 큰 고래. a giant whale
ぎょけい[御慶](명) ①경사(慶事). ②새해를 축하하는 말. 1. congratulation
ぎょけい[魚形](명) 물고기 모양. 방추형(紡錘形). a fishlike shape. **―すいらい**[魚形水雷](명) ⇨ぎょらい.
きょげつ[去月](명·부) 거월. 지난달. last month
きょげん[虚言](명·자サ) 허언. 거짓말. 빈말. a lie
きょこう[挙行](명·타サ) 거행. 의식(儀式)을 행함.「卒業式(ソツギョウシキ)を一する; 졸업식을 거행하다」 performance
きょこう[虚構](명·타サ) 허구. ①없는 일을 사실처럼 꾸며 조작함. ②작가(作家)의 상상력으로 창조하는 이야기. 픽션. 1. a fabrication
きょごう[倨傲](명·형동ダ) 겸손하지 않고 뽐냄. 잘난 체하고 남을 업신여김. arrogance
ぎょこう[御幸](명) 임금의 외출. 행행(行幸). 거둥. an Imperial visit
ぎょこう[漁港](명) 어항. 어업의 중심이 되는 항구. a fishing port
きょこく[挙国](명) 거국. 나라 전체. 온 나라. 전국(全国).「一一致(イッチ); 거국 일치」 the whole nation
きょこん[許婚](명) 허혼. 혼인을 허락하는 일. 약혼(約婚). one's betrothed
きょこん[虚根](명)〈수〉 허근. 방정식(方程式)의 근이 허수(虚数)인 것. an imaginary root
きょざ[踞座](명·자サ) 웅크리고 앉음. crouching
ぎょざ[御座](명) 황후, 황족, 귀족의 좌석. the seat of a high personage
きょさい[去歳](명) 작년. 지난해. last year
きょざい[巨材](명) ①대단히 큰 재목. ②뛰어난 인물. 1. big lumber
きょざい[巨財](명) 거재. 많은 재산.「一をたくわえる; 많은 재산을 모으다」 a enormous fortune

きょさつ[巨刹](명) 거찰. 큰 절(寺刹). a great temple
きょし[巨資·鉅資](명) 많은 자본. a large capital
きょし[拒止](명·타サ) 항거하여 막음. refusal
きょし[挙止](명) 행동. 거동(挙動). manner
きょし[鋸歯](명) 거치. 톱니. 「一状(ジョウ); 톱니 모양」 a saw tooth
きょじ[虚字](명) 〔한문에서〕 실자(実字), 조자(助字) 이외의 글자. 동사나 형용사에 쓰이는 글자. 실자, 허자의 두 가지로 나눌 때는 조자도 포함.
きょじ[虚辞](명) 허사. 거짓말. a lie
ぎょじ[御璽](명) 어새. 임금의 도장. 옥새(玉璽). the Privy Seal
きょしき[挙式](명·자サ) 거식. (결혼 등의) 식을 올림. holding a (wedding) ceremony
きょしつ[巨室](명) ①큰 방. ②세력 있는 집안. 1. a large room 2. an influential family
きょしつ[居室](명) 거실. 거처하는 방. a living room
きょじつ[虚実](명) 허실. ①있는 것과 없는 것. ②거짓과 진실. ③허허 실실(虚虚実実)의 준말. 2. truth or falsehood
きょしてき[巨視的](형동ダ) 거시적. ①육안(肉眼)으로 직접 식별할 수 있는 정도의 크기의 모양. ②대국적 견지(大局的見地). ↔微視的(ビシテキ). 1. macroscopic
ぎょしゃ[御者·馭者](명) 마차를 부리는 사람. 마부(馬夫). a driver
きょじゃく[虚弱](명·형동ダ) 허약. 몸이 약함. weakness
ぎょしやす·い[御し易い](형) (말이나 사람을) 다루기 쉽다. 부리기 쉽다. easily manageable
きょしゅ[拠守](명·타サ) 웅거하여 지킴. defence
きょしゅ[挙手](명·자サ) 거수. 손을 들어 올림. raising one's hand
きょじゅ[巨樹](명) 거수. 썩 큰 나무. a big tree
きょじゅ[巨儒·鉅儒](명) 거유. 학식이 많은 선비. 이름 난 대학자. 대유(大儒). a great scholar
きょしゅう[去秋](명·부) 지난 가을. last autumn
きょしゅう[去就](명) 거취. 일신의 진퇴(進退). 「一をきめる; 거취를 정하다」 one's course of action
きょしゅう[醵集](명·타サ) 거두어 모음. collection
きょじゅう[巨獣](명) 거수. 썩 큰 짐승. a big beast
きょじゅう[居住](명·자サ) 거주. 자리를 잡고 머물러 삶. 또는 사는 곳. residence
きょしゅつ[拠出·醵出](명·타サ) 거출. 어떤 목적을 위하여 여러 사람이 각기 돈이나 물건을 추렴해서 냄. 각출. contribution
きょしょ[居所](명) 거소. ①거주하는 곳. 거처(居処). ②〈법〉 얼마 동안 계속 사는 곳. ↔住所(ジュウショ). 1. a dwelling-place
きょしょう[巨匠](명) 거장. 대학자. 대예술가. 대가(大家). a great master
きょしょう[去声](명) 거성. 한자 사성(四声)의 하나로 가장 높은 소리.
きょしょう[挙証](명·자サ) 거증. 증거를 듦. 입증(立証). presentation of proof
きょじょう[居城](명) 거처하는 성. a war-lord's castle
ぎょしょう[魚商](명) 어상. 생선 가게. 생선 장수. a fish-monger
ぎょしょう[魚礁](명) 바다 속에 바위가 깔려 있어 물고기가 모이기 쉬운 곳. 「人工(ジンコウ)一; 인공 어초」
ぎょじょう[漁場](명) 어장. 고기잡이를 하는 곳. a fishing-ground
きょしょく[虚飾](명·타サ) 허식. 실속 없이 외관만 치레함. 겉치레. ostentation
ぎょしょく[漁色](명) 어색. 여색(女色)을 탐하는 일. debauchery
きょしん[虚心] Ⅰ(명·형동ダ) 허심. 마음속에 아무 거리낌이나 생각이 없음. 「一に耳(ミミ)をかたむける; 허심 탄회하게 이야기를 듣다」 Ⅱ(부) 남의 말을 잘 받아 들이는 모양. Ⅰ open-mindedness. **—たんかい**[虚心坦懐](연어·형동ダ) 허심 탄회. 마음속에 아무런 사념(邪念)이 없어 편한 모양.
きょじん[巨人](명) 거인. ①몸이 유난히 큰 사람. ②뛰어난 사람. 1. a giant 2. a great man
きょじん[挙人](명) 거인. 중국 한(漢) 나라 때 지방관에 의하여 조정에 추천된 사람.
ぎょしん[御寝](명) 취침(就寝)의 높임말.
きょすう[虚数](명)〈수〉 허수. 부수(負数)의 평방근(平方根). ↔実数(ジッスウ). an imaginary number
ぎょ·する[御する] Ⅰ(자サ) 모시다. 섬기다. Ⅱ(타サ) ①말(馬)을 부리다. ②다스리다. ③지휘하다. 부리다. 「人(ヒト)を一; 사람을 부리다」 Ⅱ 1. manage
きよせ[季寄せ](명) 하이쿠(俳句)의 철을 나타내는 말을 모은 책.
きょせい[巨星](명) 거성. ①항성(恒星) 중에서 크고 광도(光度)가 센 별. ②큰 인물. 「一墜(オ)つ; 큰 인물이 죽다」 1. a giant star
きょせい[去声](명) ⇨きょしょう
きょせい[去勢](명·자サ) 거세. ①저항 또는 반항하지 못하도록 세력을 꺾어 버림. ②동물의 수컷의 고환(睾丸)이나 암컷의 난소(卵巣)를 제거하여 성적 특징을 없앰. 1. emasculation
きょせい[挙世](부) 거세. 온 세상 사람이 모두. 세상 전체. 「一滔滔(トウトウ)として; 온 세상 사람이 모두 한가지로」 all the world
きょせい[虚勢](명) 허세. 실속이 없는 기세(気勢). 허위(虚威). 「一を張(ハ)る; 허세를 부리다」 a bluff
ぎょせい[御製](명) 어제. 임금이 지은 시가(詩歌). 임금이 만든 것. an Emperor's poem
きょせき[巨石](명) 거석. 큰 돌. a big stone
きょせつ[虚説](명·자サ) 허설. 근거 없는 뜬소문. 낭설(浪説). a groundless rumour
きょぜつ[拒絶](명·타サ) 거절. 허락하지 않고 물리침. 거부하여 사절함. 「申(モウ)し出(デ)を一する; 부탁을 거절하다」 refusal
きょせん[巨船](명) 거선. 매우 큰 배. a large ship
きょぜん[居然](형동タリ) ①태연한 모양. ②할 일이

없는 모양. ③본래대로의 모양. 1. sedate
きょぜん[遽然](형동タリ) 갑작스러운 모양. sudden
ぎょせん[漁船](명) 어선. 고기잡이하는 배. 고기잡이배. a fishing-boat
きょそ[挙措](명) ①올리는 일과 내리는 일. ②행동거지(行動挙止). 2. behaviour
きょぞう[巨象](명) 썩 큰 코끼리. 「一のような力士(リキシ); 어마어마하게 큰 씨름군」 a big elephant
きょぞう[巨像](명) 거상. 커다란 조상(彫像). colossus
きょぞう[虚像](명)〈이〉 허상. 경면(鏡面)의 상(像)이 그 위치에 있는 것처럼 보이나 실제로는 없는 것. a virtual image
きょそく[虚足](명)〈동〉 허족. 세포 표면에서 형성되는 원형질의 돌기(突起). 위족(僞足). pseudopodia
ぎょぞく[魚族](명) 어족. 어류(魚類). fishes
きょそん[居村](명) 살고 있는 마을. one's home village
ぎょそん[漁村](명) 어촌. 어부들이 모여 사는 마을. a fishing-village
きょた[許多](명) 허다. 수가 많은 것. 다수. multitude
きょたい[巨体](명) 거체. 대단히 큰 몸집. 썩 큰 체격(体格). a gigantic body
きょだい[巨大](명·형동ダ) 거대. 대단히 큼. gigantic
ぎょだい[御題](명) ①임금이 지은 글. ②임금이 정한 시가(詩歌)나 문장의 제목. 1. the Emperor's work
きょたく[居宅](명) 살고 있는 집. a dwelling-house
きょだく[許諾](명·타サ) 허락. 들어 줌. 승낙(承諾). consent
きょだつ[虚脱](명·자サ) 허탈. ①〈의〉 기력이 약해지거나 혈액 순환의 장애로 빈사(瀕死) 지경에 이르는 일. ②정신이 몽롱함. 「一状態(ジョウタイ); 허탈 상태」 1. collapse 2. dispiritedness
きょたん[祛痰](명)〈의〉 거담(祛痰). 담을 없어지게 함. 「一剤(ザイ); 거담약」 clearing the throat of phlegm
きょだん[巨弾](명) 거탄. 썩 큰 포탄(砲弾). 또는 폭탄. a huge shell
きょちゅう[居中](명·자サ) 거중. 두 편의 중간에 들어 있음. mediation. **—ちょうてい**[居中調停](명·타サ) ①사이에 들어 조정함. ②〈법〉 제삼국이 분쟁 당사국 사이에 들어 분쟁을 원만히 해결하도록 알선함.
きょっかい[曲解](명·타サ) 곡해. 사실과 어긋나게 잘못 이해함. 곱새김. 오해(誤解). misinterpretation
きょっかん[極冠](명)〈천〉 극관. 화성(火星)의 양극(両極) 지방에 상당(相当)하는 부분에 보이는 하얀 부분. polar caps
きょっきゅう[曲球](명) 곡구. 〔야구에서〕 배터(打者) 가까운 곳에서 갑자기 구부러지는 공. a curve
きょっけい[極刑](명) 극형. 가장 중한 형벌. 사형(死刑). 「一に処(ショ)する; 극형에 처하다」 capital punishment
きょっこう[旭光](명) 솟아 오르는 아침 햇빛. the rays of the rising sun
きょっこう[極光](명)〈지〉 ⇨オロラ②.
ぎょっこう[玉稿](명) 옥고. 상대방 원고의 높임말. your manuscript
ぎょっと(부·자サ) 오싹. 섬뜩. 깜짝. startlingly
きょてん[拠点](명)〈군〉 거점. (전투 등의) 활동의 근거가 되는 지점. a base
きょでん[虚伝](명) 거짓 전하는 일. 또는 그 말. a groundless rumour
きょとう[巨頭](명) 거두. ①큰 머리. ②유력한 인물. 두목. 수령(首領). 「両(リョウ)一会談(カイダン); 양거두 회담」 1. a large head 2. a leader
きょとう[巨濤](명) 큰 파도. a billow
きょとう[去冬](명·부) 지난 겨울. last winter
きょとう[挙党](명) 거당. 당(党) 전체.
きょどう[挙動](명) 거동. 움직이는 태도. 움직이는 모양. 행동 거지. behaviour
ぎょとう[漁燈](명) 고기잡이에 사용되는 등불. 어화(漁火). a fishing-fire
ぎょどう[魚道](명) 어도. 물고기가 떼 지어 다니는 일정한 길. the regular course for fish
きょときょと(부·자サ) 불안하여 두리번거리는 모양. 「一あたりを見(ミ)まわす; 주위를 두리번거리다」 restlessly
きょとんと(부·자サ)〈속〉 (깜짝 놀라거나 어이가 없어) 눈을 크게 뜨고 멍청해 있는 모양. 「びっくりして一している; 깜짝 놀라 눈을 크게 뜨고 멍청해 있다」 with a stupid look of amazement
ぎょにく[魚肉](명) 어육. ①생선 고기. ②생선과 짐승의 고기. 1. fish
きょねん[去年](명·부) 거년. 지난해. 작년. last year
ぎょば[漁場](명) ⇨ぎょじょう.
きよはらい[清祓]一ハラヒ(명)〈종〉 신에 대한 제사 전후에 부정을 금기(禁忌)하는 일.
きょひ[巨費](명) 많은 비용. 「一を投(トウ)じる; 많은 비용을 들이다」 a great cost
きょひ[拒否](명·타サ) 거부. 승낙하지 않음. 거절(拒絶). rejection
きょひ[許否](명) 허락과 거절. approval or disapproval
ぎょひ[魚肥](명) 어비. 어류(魚類)를 원료로 하는 비료. 인산분(燐酸分)이 많음. fish manure
きょひけん[拒否権](명) 거부권. ①남의 의견이나 요구를 거부할 수 있는 권리. ②〈법〉 입법부를 통과한 의안에 대하여 행정부가 동의를 거절하는 권리. 「一の発動(ハツドウ); 거부권 발동」 2. a veto
きょふ[巨富](명) 거부. 썩 큰 부자. a millionaire
ぎょふ[漁夫](명) 어부. 어업에 종사하는 사람. 고기잡이. a fisherman
きよぶき[清拭き](명·타サ) 마른걸레나 헝겊으로 닦음. 마른 걸레질. 행주질. polishing over with dry cloth
ぎょふく[魚腹](명) 어복. 물고기의 배. 물고기의 뱃속. 「一にほうむられる; 물고기의 밥이 되다(익사하다)」 a fish's belly
ぎょぶつ[御物](명) 왕실(王室)의 소유품. 임금이 쓰는 물건. Imperial properties

きょぶん[虚聞](명) ①헛소문. ②헛된 명성(名声). 1. a false rumour

ぎょふん[魚粉](명) 어분. 어류(魚類)를 익히거나 말려서 빻은 가루. 비료, 사료 등으로 씀. fish-meal

きょへい[挙兵](명·자サ) 거병. 군사를 모아 전란을 일으킴. raising an army

きょほ[巨歩](명) 거보. ①거대한 걸음. ②위대한 업적(業績). 「―をのこす; 큰 업적을 남기다」 ③힘찬 출발(出発). 「―をふみだす; 힘찬 출발을 하다」 2. great services

きょほう[巨砲](명) ①매우 큰 대포(大砲). ②〔야구에서〕 배터(打者)의 강타(強打). ③〔씨름에서〕 강하게 밀어 내는 것. 1. a big gun

きょほう[巨峰](명) 큰 산봉우리. a gigantic mountain

きょほう[虚報](명) 허보. 허위 보도. a false report

ぎょほう[漁法](명) 물고기를 잡는 방법. a method of fishing

きよほうへん[毀誉褒貶](연어·명) 세평(世評). public opinion

きょぼく[巨木](명) 거목. 큰 나무. a big tree

きよま·る[清まる](자 4) 맑아지다. 깨끗해지다. be purified

きょまん[巨万](명) 거만. ①대단히 많은 수(数). ②재산이나 금액이 막대한 것. 「―の富(トミ); 거만의 재산」 1. millions

ぎょみ[魚味](명) ①물고기의 맛. ②〔←魚味の祝(イワイ)〕 어린애가 3, 4세가 되어 처음으로 생선을 맛보이는 의식. 1. the taste of fish

ぎょみん[漁民](명) 어민. 어업에 종사하는 사람. fishermen

きょむ[虚無](명) 허무. ①아무 것도 없는 것. 텅 빈 것. ②덧없는 것. 무상(無常). 「―思想(シソウ); 허무 사상」 1. nothingness

きょむしゅぎ[虚無主義](명) 허무주의. 일체의 사물이나 현상이 존재하지 않고, 아무런 가치도 가지지 않는다고 하는 주의. nihilism

きよめ[清め](명) 맑게 하는 일. 깨끗하게 하는 일. purification

きょめい[虚名](명) 허명. ①실제에 맞지 않는 명성(名声). ②거짓 이름. 가명. 1. a false reputation

ぎょめい[御名](명) 어명. 임금의 이름. 「―御璽(ギョジ) 임금의 서명 날인」 the Emperor's name

きよ·める[清める·浄める](타하 1) ①더러운 것을 깨끗이 하다. 맑게 하다. ②설욕하다. 「恥(ハジ)を―; 치욕을 씻다」 1. purify 2. wipe out

きょもう[虚妄](명) 허망. ①거짓. ②허황되고 미덥지 않은 것. 1. falsehood

ぎょもう[漁網·魚網](명) 어망. 물고기를 잡는 그물. a fishing-net

ぎょもつ[御物](명) ⇨ぎょぶつ.

きよもと(ぶし)[清元(節)](명) 죠오루리(浄瑠璃)의 한 파. 에도(江戸) 시대 토미모토부시(富本節)에서 갈려진 것.

ぎょゆ[魚油](명) 어유. 물고기에서 짜 낸 기름. fish-oil

ぎょゆう[御遊](명) 궁중(宮中)에서 행하는 음악 등의 놀이.

きょよう[挙用](명·타サ) 끌어 올려서 씀. 등용(登用). 기용(起用). appointment

きょよう[許容](명·타サ) 허용. 허락하여 용납함. permission

きよら(형동ナリ) ①화미(華美)한 모양. ②⇨きよらか.

きょらい[去来](명·자サ) 오고 감. 왕래(往来). coming and going

ぎょらい[魚雷](명)〈군〉 어뢰. 모양이 물고기처럼 생긴 수뢰(水雷). 자동 장치로 물속으로 나아가 목적물에 부딪치면 폭발함. 어형 수뢰(魚形水雷). a fish-torpedo

きよらか[清らか](형동ダ) 맑고 깨끗한 모양. 아름다운 모양. 「―な心(ココロ); 맑고 깨끗한 마음」 pure

ぎょらん[魚卵](명) 어란. 물고기의 알. fish-eggs

ぎょらん[魚籃](명) 물고기를 담는 바구니. a fish-basket. **―かんのん**[魚籃観音](명)〈불〉 어람 관음. 33관음의 하나. 어람을 든 상(像)과 큰 물고기 등에 타고 있는 상의 두 가지가 있음. 나찰(羅刹), 독룡(毒龍)의 해를 제거하는 공덕이 있다고 함.

きょり[巨利](명) 썩 큰 이익. 막대(莫大)한 이익. an enormous profit

きょり[距離](명) 거리. ①두 곳의 사이가 떨어진 정도. 간격. 「二尺(ニシャク)の―; 2자 간격」 ②〈수〉 두 점 사이의 직선의 길이. distance

ぎょり[漁利](명) ①어업상(漁業上)의 이익. ②어부지리(漁父之利). 1. fishing interests 2. monopolization of the gains

きょりゅう[居留](명·자サ) 거류. 조약에 의해 외국 영토의 일부에 자유로이 삶. 「―地(チ); 거류지」 residence. **―みん**[居留民](명) 거류민. 거류지(居留地)에 사는 외국인.

ぎょりょう[漁猟](명) 어렵. ①고기잡이와 사냥. 어업(漁業)과 수렵(狩猟). ②어업(漁業). 1. fishing and hunting. **―じだい**[漁猟時代](명) 어렵 시대. 어렵으로 생활하던 미개(未開) 시대.

ぎょりん[魚鱗](명) 어린. ①물고기의 비늘. ②물고기 비늘 모양의 진형(陣形). 어린진(魚鱗陣). 1. scales

ぎょるい[魚類](명)〈동〉 어류. 물고기 종류. Pisces

きょれい[挙例](명·자サ) 예를 듦. giving an instance

きょれい[虚礼](명) 허례. 겉으로만 꾸민 예절. 「―廃止(ハイシ); 허례 폐지」 empty forms

ぎょろう[魚蠟](명) 어류나 바다 짐승의 기름으로 만든 굳은 지방(脂肪). fish-fat

ぎょろう[漁労·漁撈](명) 어로. 물고기 기타의 수산물을 포획(捕獲), 채취(採取)하는 일. fishing

きよわ[気弱](명·형동ダ) 기약. 기운이 허약함. 또는 그런 사람. timidity

きら[綦羅](명) 바둑돌처럼 늘어서는 것.

きら[綺羅](명) 기라. ①곱고 아름다운 비단 옷. 아름다운 의복. 「―を飾(カザ)る; 화려하게 차려 입다」 ②정장(正装)으로 차려 입은 사람. 1. fine clothes

キラー[killer](명) 킬러. ①〔배구에서〕킬을 주로 하는 중위(中衛)의 세 사람. ②살인 청부업자(殺人請負業者). ③특정한 상대에게 강한 사람.「レディー—; 여자를 녹이는 사람」

きらい[嫌い]キラヒ(명·형동ダ) ①(이성적인 판단과는 별도로) 마음에 들지 않음. 싫음. ②의심스러운 점. 혐의(嫌疑). ③경향(傾向).「無視(ムシ)する—がある; 무시하는 경향이 있다」④구별. 차별.「男女(ダンジョ)の—なく; 남녀의 구별 없이」 1. dislike 2. suspicion

きらい[機雷](명)〈군〉기뢰. 물속에 설치해 놓고 배가 닿으면 폭발하게 되어 있는 수뢰. 기계 수뢰. 부설(敷設) 수뢰. a mechanical mine. **—げん**[機雷原](명) 기뢰원. 기뢰를 많이 장치해 놓은 해면.

きらい[帰来](부·자サ) 돌아 옴. coming back

きら·う[嫌う]キラフ(타4) ①싫어하다. 좋아하지 않다. ②피하다. ③미워하다. 1. dislike

きらきら(부·자サ) 빛나는 모양. 반짝반짝. glitteringly

ぎらぎら(부·자サ) 번쩍이는 모양. 번쩍번쩍. dazzlingly

きらく[帰洛](명·자サ) 수도(首都)로 돌아 옴. 귀경(帰京). return to the capital

きらく[気楽](형동ダ) ①걱정이 없는 모양. 마음이 편한 모양. ②마음에 두지 않는 모양. 1. carefree

きら·す[切らす](타4) 가진 것을 다 없애다.「タバコを—; 담배가 떨어지다」 run out of

きらず[雪花菜](명) 비지. bean-curd refuse

ぎらつ·く[煌つく](자4) 번쩍번쩍하다. glitter

きらびやか[煌びやか](형동ダ) ①눈부시게 아름다운 모양. ②분명한 모양. 똑똑한 모양. 1. gorgeous

きらぼし[煌星](명) 아름답게 빛나는 별. 기라성.「—のごとく居(イ)ならぶ; (화려하게 차린) 사람들이 기라성처럼 늘어서다」 a glittering star

きらめ·く[煌めく](자4) ①빛나다. 반짝이다. ②화려하게 차리다. ③잘 접대하다. 1. glitter 2. be dressed

きらら[雲母](명)〈광〉⇨うんも.

きららか(형동ナリ)〈고〉반짝이는 모양. 휘황하고 아름다운 모양.

きらわ·し[嫌わし]キラハシ(형シク)〈속〉싫다. dislikable

きらん[貴覧](명) 상대방이 보는 것의 높임말. 고람(高覧).「—に供(キョウ)する; 보시게 하다」 your inspection

きり[切り](명) ①자르는 것. 베는 것. ②한정(限定). 끝장.「—をつける; 끝장을 내다」③노오(能)나 조오루리(浄瑠璃) 등의 끝 부분. ↔口(クチ). 2. bounds

きり[限](명)〈경〉〔정기 거래에서〕수도(受渡)하는 기한.「七月(シチガツ)—; 7월 한」 delivery

きり[桐](명)〈식〉오동나무. 오동과에 속하는 낙엽 활엽 교목. 가벼워서 악기, 옷장 등을 만듦. a paulownia

きり[錐](명) 송곳. a gimlet

きり[霧](명) ①안개. ②물을 안개처럼 뿜는 것.「—を吹(フ)く; 물을 뿜다」 1. mist

きり(수조) ①한정(限定)의 뜻을 나타내는 말. …만.「ふたり—で; 둘이서만」②…이 마지막임을 나타내는 말.「去年(キョネン)見(ミ)た—です; 작년에 보았을 뿐입니다」③…뿐.「これ—だ; 이것뿐이다」1. only

きり[奇利](명) 생각지도 않은 이익. an unexpected gain

きり[肌理](명) ①살결. ②나뭇결. 2. grain

きり[棋理](명) 장기, 바둑의 이론.

ぎり(수조) ⇨きり(수조).

ぎり[義理](명) 의리. ①행하여야 할 옳은 길.「—を欠(カ)く; 의리가 없다」②까닭. 이유. 의미. ③교제. ④혈족과 같은 관계를 맺는 일.「—の兄(アニ); 의형」 1. justice 3. intercourse

ぎりあい[義理合]—アヒ(명) ①교제상의 관계. ②교제상의 의리. 2. social obligation

きりあ·う[切り合う]—アフ(자4) ①칼로 서로 싸우다. 접전(接戦)하다. ②"+"자 또는 "×"자 모양으로 교차하다. 1. cross swords

きりあ·げる[切り上げる](타하1) ①일단락(一段落)을 짓다. 일단 끝을 맺다.「仕事(シゴト)を—; 일을 끝맺다」②〈수〉끝자리 수를 윗자리에 1로 계산하여 넣다. 예: 18.4→19. 명 切り上げ. 1. stop 2. reckon as a unit

きりあめ[霧雨](명) ⇨きりさめ.

きりいし[切石](명) ①용도에 따라 적당한 크기로 깨어 놓은 돌. ②포석(鋪石). ③깨어져서 날이 선 돌.

きりい·る[切り入る](자4) ①베고 안으로 들어 가다. ②적중으로 쳐들어 가다. cut one's way into

きりうり[切り売り](명·타サ) ①조금씩 잘라 팖. ②여기저기서 뽑거나 추려서 강의 또는 출판함. ③이것 저것 겸하여 일함. 1. selling by the piece

きりおと·す[切り落す](타4) ①베어 떨어뜨리다. ②베어서 낮게 하다. ③둑(堤防)을 터서 물이 흐르게 하다. 1. cut down

きりおろ·す[切り下す](타4) 칼로 위에서 아래로 내리치다. cut downward

きりかえ[切り替え·切り換え]—カヘ(명·타サ) ①바꿔 침. 달리 함. ②〈농〉삼림(森林)을 개척하여 수년간 작물(作物)을 재배하다가 수확이 적어지면 다시 나무를 심음. 1. change. **—ばた**[切り替え畑](명)〈농〉①새로 일군 밭. ②조림과 전작(田作)을 교대로 하는 밭.

きりかえし[切り返し]—カヘシ(명) ①되받아 치는 것. 반격. ②〔검도에서〕상대방의 얼굴 양옆을 비스듬히 교대로 치는 연습법. ③⇨カットバック. 동 切り返す(타4). 1. cutting in return

きりか·える[切り替える·切り換える]—カヘル(타하1) 바꾸다. 달리 하다.「頭(アタマ)を—; 생각을 달리 바꾸다」자 切りかわる(4). change

きりかか·る[切り掛かる·斬り掛かる](타4) ①베기 시작하다. ②베려고 하다. ③베며 쳐들어 가다. 1. begin to cut

きりがくれ[霧隠れ](명) 안개에 가리우는 것. hiding in the fog

きりかけ·る[切り掛ける·切り懸ける](타하1) ①베기 시작하다. ②덤벼들어 베다. ③벤 것을 걸어 놓다. 1. begin to cut

きりかた[切り方](명) 베는 방법. how to cut
ぎりがた·い[義理堅い](형) 의리가 굳다. faithful
きりがね[切り金](명) ①금박(金箔)을 잘게 자른 것. ②금, 은을 잘게 잘라서 회화(絵画), 조각 등의 무늬나 장식에 사용하는 것. 1. gold foil cut to pieces
きりかぶ[切り株](명) 초목(草木) 등을 자른 그루터기. a stump
きりかみ[切り紙](명) ①종이를 자르는 일. 또는 그 종이. ②〔무예 등에서〕최초의 면허장. ③접은 종이를 접은 금대로 반으로 벤 것. 1. a scrap of paper
きりかみ[切り髪](명) ①자른 머리털. ③옛날 미망인(未亡人)이 머리털을 짧게 잘라 끈으로 동여 매던 일. 1. cut hair
きりがみ[切り紙](명) 접은 종이를 접음 금대로 오려 모양을 나타내는 일.
きりかわ·る[切り替る]ーカハル(자 4) 완전히 변하다. 일변(一変)하다. change completely
きりきざ·む[切り刻む](타 4) 잘게 자르다. 다지다. cut into pieces
きりぎし[切り岸](명) 깎아 세운 듯한 벼랑. 절벽. 단애(断崖). a cliff
きりきず[切り傷·切り疵](명) 칼 같은 것으로 베인 상처. an incised wound
きりきょうげん[切り狂言](명) 〔연극에서〕 그날 최종회의 연극. the last piece
きりきり(부·자サ) ①삐걱거리며 돌아 가는 소리. ②세차게(꽉) 감는 모양. ③세차게 도는 모양. ④찌르는 것같이 아픈 모양. ⑤발랄한 모양. 1. creakily. **―しゃんと**(부) 잽싸고 부지런히. 「年(トシ)はとってもーしている; 늙었어도 잽싸고 부지런하다」 **―まい**[きりきり舞]ーマヒ(명·자サ) ①한쪽 발을 들고 (팽이같이) 뱅뱅 돎. ②몹시 바쁘게 일함.
ぎりぎり[限限] Ⅰ(명) ①더 이상 여지(餘地)가 없는 것. 최대, 최소의 한도(限度). 「ーいっぱい; 한껏」 ②〈생〉 머리의 가마. Ⅱ(부·자サ) ①이빨을 악무는 모양. ②삐걱거리는 모양. Ⅰ 1. the limit
きりぎりす[蟋蟖](명)〈동〉 ①〈고〉 귀뚜라미. ②여치. 2. a grasshopper
きりくず[切り屑](명) 물건을 자른 (쓸모 없는) 토막이나 조각. 또는 부스러기. chips
きりくず·す[切り崩す]ークヅス(타 4) ①잘라서 낮게 하다. ②적진을 무찌르다. ③상대측의 단결을 무너뜨리다. 명 切り崩し. 1. level down
きりくち[切り口](명) ①벤 자리. 단면(断面). ②베인 상처. ③베는 솜씨 1. a cut end
きりくび[切り首·斬り首](명) 목을 자르는 일. 또는 자른 목. decapitation
きりく·む[切り組む] Ⅰ(자 4) 서로 (칼로) 베다. Ⅱ(타 4) 잘라서 맞추다. 명 切り組み. Ⅱ piece together
きりぐも[霧雲](명) 안개처럼 낮게 낀 구름. 안개구름. hazy cloud
きりこ[切り子·切り籠](명) 네모난 것의 모를 자른 것. 「ーガラス; 커트글라스」 a regular solid with corners cut off. **―どうろう**[切り子燈籠](명) 조화(造花)나 종이 꼬리를 단 다각형(多角形)의 등롱.
きりこうじょう[切り口上](명) 강경한 태도로 마디마디를 똑똑 떼어 분명히 말하는 말. 또는 그 말투. a stiff and formal language
きりごえ[切声](명) 토막토막 끊어서 내는 소리.
きりごたつ[切り炬燵](명) 방바닥을 파서 만든 화로. ↔置(オ)き炬燵.
きりこまざ·く[切り細裂く](타 4) 잘게 썰다. 잘게 찢다. chop
きりこみ[切り込み](명) ①칼로 내리치는 일. 돌입(突入). ②토막 친 생선을 소금에 절인 것. 「いかのー; 오징어 절임」 ③흙과 모래를 알맞게 섞은 것. ④옷감의 가를 톱니 모양으로 자른 것. 1. cutting deep into. **―たん**[切り込み炭](명) 캐낸 그대로의 큰 석탄.
きりこ·む[切り込む](타 4) ①적진으로 쳐들어 가다. ②깊이 베다. ③날카롭게 추궁하다. 따져 묻다. 1. make a raid into 2. cut deep into
きりさいな·む[斬り苛む](타 4) 토막토막 자르다. cut in pieces
きりさげがみ[切り下げ髪](명) 목 언저리에서 잘라 늘어뜨린 머리. 단발 머리. hair cut and let down
きりさ·げる[切り下げる](타하 1) ①잘라서 낮게 하다. ②잘라서 늘어뜨리다. ③가격을 싸게 하다. 「平価(ヘイカ)をー; 평가를 절하(切下)함」 ④내리치다. 명 切り下げ. 1. cut down 3. devaluate
きりさめ[霧雨](명) 가랑비. misty rain
ギリシア[포 Grecia·希臘](명)〈지〉 그리이스. 희랍. 유럽 동남부 보올칸 반도의 남단과 그 부근의 여러 섬으로 이루어진 왕국. 수도는 아테네(Athenae). **―しんわ**[Grecia 神話](명) 그리이스 신화. 희랍 신화.
キリシタン[포 Christão·切支丹·吉利支丹](명) 무로마치(室町) 시대에 처음으로 일본에 전해진 가톨릭교. 또는 그때 승려가 사용한 이화학적(理化学的) 기술.
きりじに[切り死に·斬り死に](명·자サ) 칼 싸움을 하다 그자리에서 죽음. fighting with swords to death
ぎりずく[義理尽く]ーヅク(명) 어디까지나 의리를 존중함.
きりすて[切り捨て·斬り捨て](명) ①잘라 버림. ②옛날 무사(武士)가 무례(無礼)한 짓을 한 평민을 베어 죽이던 일. ③〈수〉 나머지 끝 수를 떼어 버리는 것. 예: 18.4→18. 1. cutting off 2. free killing. **―ごめん**[切り捨て御免](명) 에도(江戸) 시대 무사에게 무례한 짓을 한 평민을 베어 죽여도 죄가 되지 않았던 것.
きりす·てる[切り捨てる](타하 1) ①끝을 잘라 버리다. ②자른 대로 버려 두다. 1. cut off
キリスト[포 Christo·基督](명) 그리스도. 기독교의 개조(開祖). 예수. **―きょう**[Christo 教·基督教](명)〈종〉 기독교. 예수 그리스도를 교조(教祖)로 하는 종교. 하나님을 믿고 속죄와 신앙과 사랑의 모범에 추종하여 영혼의 구원을 얻으려는 종교.

きりずみ[切り炭](명) 화로에 넣기 알맞게 깨뜨린 숯. cut charcoal

きりたお·す[切り倒す]ータフス(타 4) 베어 쓰러뜨리다. cut down

きりだし[切り出し](명) ①베어 냄. 또는 베어 낸 것. ②칼집, 칼자루가 없는, 날은 넓적하고 비스듬하며 끝이 뾰족한 작은 칼. 1. cutting down

きりだ·す[切り出す](타 4) ①잘라 내다. ②자르기 시작하다. ③이야기를 시작하다. 「用件(ヨウケン)を一; 용건을 끄집어 내다」 1. cut down 3. begin to talk

きりたつ[切り立つ](자 4) 깎은 듯이 서다. 「切り立ったがけ; 깎은 듯이 선 벼랑」 stand perpendicularly

ぎりだて[義理立て](명·자サ) 의리를 중히 여김. 의리를 지킴. being faithful to others

きりつ[起立](명·자サ) 기립. 일어섬. standing up

きりつ[規律·紀律](명) ①규율. 기율. 「一正(タダ)しい生活(セイカツ); 규율 바른 생활」 ②일정한 질서(秩序)나 차례. 1. regulations 2. order

きりつぎ[切り接ぎ](명·타サ) 접목법(接木法)의 한 가지. 잘라 낸 접목(接木)의 목질부(木質部)와 껍질 사이에 접지(接枝)를 밀착시키는 방법. grafting

きりつぎ[切り継ぎ](명·타サ) 잘라 이음. cut and patch

きりつ·ける[切り付ける](타하 1) ①베려고 덤비다. ②상처를 내다. ③잘라서 붙이다. ④새기다. 1. cut at

きりづま[切り妻](명)〈건〉 마루 머리나 합각머리에 "ㅅ"자 모양으로 붙인 두꺼운 널. 박공(牔栱). a gable.
— **づくり**[切り妻造り](명) 박공 지붕으로 만든 집.
— **やね**[切り妻屋根](명) 박공 지붕.

きりつ·める[切り詰める](타하 1) 절약하다. cut down

きりど[切り戸](명) 쪽문. a side gate

きりどおし[切り通し]ードホシ(명) 산 등을 끊어 만든 도로나 수로(水路). a hollow way

きりどり[切り取り](명) ①베어 냄. ②사람을 베어 죽이고 돈이나 물건을 빼앗는 일. 「一強盗(ゴウトウ); 살인 강도」 2. robbery with violent means

きりと·る[切り取る](타 4) ①일부를 잘라 내다. ②무력으로써 일부분을 점령하다. 2. occupy by arms

きりなし[限無し](명) 한(限)이 없는 것. 끊어지지 않는 것. 끝이 없는 것. infinity

きりなわ[切縄](명) 적당히 잘라 죄수 등을 묶는 포승.

きりぬきちょう[切り抜き帳](명) 필요한 기사를 오려 내어 붙이는 책. a scrapbook

きりぬ·く[切り抜く](타 4) 오려 내다. 「新聞(シンブン)を一; 신문을 오려 내다」 명 切り抜き. cut out

きりぬ·ける[切り抜ける](타하 1) ①적(敵)을 뚫고 나아가다. ②곤경을 타개(打開)하다. 겨우 곤란을 면하다. 1. cut one's way through

きりのう[切り能](명) 그날의 공연에서 마지막으로 하는 노오(能). the last piece

きりは[切り羽·切り端](명) 광석이나 석탄 등을 파내는 곳. 갱도(坑道)의 종점. a coal face

きりば[切り場](명) ⇨きりは.

きりはく[切り箔](명) 금은박(金銀箔)을 자른 것.

きりばこ[霧箱](명)〈이〉 전자(電子), 양자(陽子), 중간자(中間子), 알파 입자(粒子) 등의 하전(荷電) 입자가 기체 안을 통과할 때의 경로를 직접 보기 위한 장치. 윌슨 무함(霧函). a cloud chamber

きりはた[切り畑](명) 산의 중턱을 개간(開墾)한 밭. a hillside farm

きりばな[切り花](명) 자른 꽃가지. cut flowers

きりはな·す[切り放す](타 4) ①잘라 버리다. ②고삐를 끊어 소, 말 등을 놓아 주다. 1. cut off 2. detach

きりはなれ[切り離れ](명) ①잘려 흩어지는 일. ②단념. ③돈을 아낌 없이 쓰는 솜씨. 1. being cut asunder

きりはら·う[切り払う](타 4) ①풀이나 나무의 가지 등을 자르다. ②칼로 공격하여 쫓아 버리다. 1. cut away 2. scatter the enemy with a sword

きりばり[切り張り·切り貼り](명·타サ) 창호지를 바른 창문 등의 찢어진 곳을 도려 내고 조각 종이로 바름. patching

きりび[切り火·鑽り火](명) ①나무를 맞비벼 불을 일으키는 일. 또는 그 불. ②신불(神仏)이나 길을 떠나는 사람을 위해 부싯돌로 깨끗한 불을 일으키는 일. 또는 그 불. 2. flint sparks

きりびと[切り人](명) 임금의 총애를 받아 권세가 있는 사람. a favourite retainer in power

きりひとは[桐一葉](연어·명) 〔오동잎 하나 떨어지는 것을 보고 가을이 온 것을 안다는 말에서〕 쇠약의 징조가 보임. an omen of decline

きりひら·く[切り開く](타 4) ①개간하여 전답이나 도로를 만들다. ②적의 포위망을 뚫고 나올 길을 열다. ③장차 나아갈 방향을 새로 열다. 「科学(カガク)の新分野(シンブンヤ)を一; 과학의 새로운 분야를 개척하다」 1. reclaim

きりふ[切り生·切り斑](명) ①화살의 깃에 쓰이는 매의 꼬리털이 흑백(黒白)의 반점으로 층(層)을 이룬 것. ②얼룩이 있는 초목(草木)의 잎. ③풀을 깎아 낸 땅. 1. a black and white arrow-feather

きりふき[霧吹き](명) 분무기(噴霧器). a sprayer

きりふ·せる[切り伏せる](타하 1) ①베어 넘기다. ②정복하다. 1. cut down 2. conquer

きりふだ[切り札](명) ①〔트럼프 등에서〕 다른 패를 덮어 누르는 패. 으뜸패. ②최후에 내놓는 유력한 수단. 비방(秘方). 2. one's last resort

きりぼし[切り干し](명) 무우, 고구마 등을 썰어 말린 것. 오가리. 고지. 「一大根(ダイコン); 무우 말랭이」 dried strips of radishes

きりまい[切り米](명) 에도(江戸) 막부가 막료(幕僚)에게 급여하던 쌀.

きりまく[切り幕](명) 무대 좌우의 연기자가 출입하는 길목에 치는 막. an entrance curtain

きりまく·る[切り捲る](타 4) ①닥치는 대로 마구 베다. ②호되게 논박(論駁)하여 상대를 누르다 1. attack and scatter

きりまど[切り窓](명) 빛을 들어 오게 하기 위해 만든 창. a window for admitting light

きり まわ·す[切り回す·切り廻す]—マハス(타 4) ①닥치는 대로 마구 베다. ②마음대로 처리하다. 「ひとりで会(カイ)を—; 혼자서 회를 좌지 우지하다」 ③복잡한 일을 잘 처리하다. 「家計(カケイ)を—; 가계를 잘 꾸려 나가다」 3. deal with skilfully

きりみ[切り身](명) ①썬 생선 토막. ②썬 고기 조각. a slice

きりみず[切り水]—ミヅ(명) 꽃가지를 잘라 그 자른 데를 바로 물에 담그는 일. putting freshly cut flowers into water

きりむす·ぶ[切り結ぶ](자 4) 칼을 맞부딪쳐 접전(接戰)하다. clash swords

きりむね[切り棟](명) 지붕 용마루의 양끝을 자른 것같이 한 것. 박공(牔栱) 지붕.

きりめ[切り目](명) ①벤 자국. 자른 자리. ②사물의 결정(決定). 매듭. 1. a cut 2. a finish

きりめどう[切り馬道](명) 건물을 연결하는 복도의 일부를 끊어 놓았다가 필요한 때 판자로 다리를 놓아 연결시키는 것.

きりもち[切り餅](명) ①(먹기 좋게) 네모로 자른 떡. ②에도(江戸) 시대에 은전 25냥을 네모지게 종이로 포장한 것. 1. a square piece of rice-cake

きりもの[切り者](명) ⇨きりびと.

きりもみ[錐揉み](명·자サ) ①송곳을 두 손으로 돌려 비비면서 구멍을 뚫음. ②비행기가 기수를 아래로 향하고 회전하면서 낙하함. 나선식 강하(螺旋式降下). 1. drilling 2. tail spin

きりもり[切り盛り](명·타サ) ①음식물을 적당히 자르거나 그릇에 담음. ②사물의 처리. 조처(措処). 1. serving food 2. management

きりゃく[機略](명) 기략. 임기 응변의 계략. resources

ギリヤーク[Gilyaks](명) 길랴아크. 사할린 북부 및 시베리아 동부에 사는 몽고족 계통의 인종.

きりゅう[気流](명) 기류. 대기(大気)의 흐름. 공기의 이동. air current

きりゅう[寄留](명·자サ) 기류. 타향 또는 남의 집에 머물러 삶. 1. a sojourn

きりょ[羇旅](명) 기려. 여행. a journey

きりょう[器量](명) 기량. ①사람의 덕량(徳量)과 재능. ②얼굴 모양. 용모. 「—がよい; 얼굴이 잘생겼다」 1. ability. **—じん**[器量人](명) ①재덕(才徳)이 뛰어난 사람. ②얼굴이 잘생긴 사람. **—まけ**[器量負け](명·자サ) ①재능이 뛰어나 도리어 불행함. ②잘생겨서 도리어 불행함. 미인 박명(美人薄命).

ぎりょう[技量·伎倆](명) 기량. 기능. 수완. skill

ぎりょう[議了](명·타サ) 심의(審議)가 끝남. finishing discussion

きりょく[気力](명) 기력. ①정신과 육체의 힘. ②원기(元気). 정력. 박력(迫力). 2. energy

きりょく[棋力](명) 기력. 장기, 바둑을 두는 솜씨. 또는 능력.

きりょくがん[輝緑岩](명)〈광〉 휘록암. 화성암의 한 가지. 휘석(輝石)으로 이루어지며, 입상(粒状)으로 바탕이 치밀함. diabase

きりわ·る[切り割る](타 4) 베어서 두 쪽으로 나누다. 가르다. 쪼개다. cut and divide

きりん[麒麟](명) 기린. ①〔중국에서〕 상상상(想像上)의 신비한 동물. ②〈동〉 우제목(偶蹄目) 기린과의 열대 지방에 사는 키가 크고 목과 네 다리가 긴 짐승. 노랑색 바탕에 갈색(褐色) 반점이 있음. 2. a giraffe. **—じ**[麒麟児](명) 기린아. 재주와 재능이 뛰어난 아이(젊은이).

〔麒麟①〕

き·る[切る] Ⅰ(타 4) ①[斬る] 연장으로 끊다. 자르다. 베다. ②베어져 다치다. 「手(テ)を—; 손을 베이다」 ③(수분을) 빼내다. 빼우다. ④가로 막다. 가로 지르다. 횡단하다. 「行列(ギョウレツ)を—; 행렬을 횡단하다」 ⑤한정(限定)하다. 「日(ヒ)を—; 날짜를 정하다」 ⑥(관계를) 끊다. 「縁(エン)を—; 인연을 끊다」 ⑦(전기 등을) 끄다. 「ラジオを—; 라디오를 끄다」 ⑧손해를 보다. 「元(モト)を—; 밑천(본전)을 손해 보다」 ⑨(전화 등을) 도중에서 끊다. ⑩〔트럼프에서〕 패를 뒤섞다. ⑪〔트럼프에서〕 으뜸패를 내놓다. ⑫〔당구에서〕 공이 돌면서 나아가 방향을 바꾸도록 공의 밑 또는 옆을 치다. ⑬결단적인 말을 하다. 「たんかを—; (싸움 등에서) 호통을 치다」 Ⅱ(보동·4) ①끝내다. 다하다. 「泳(オヨ)ぎ—; 목적지까지 헤엄치다」 ②완전히 …하다. 「弱(ヨワ)り—; 완전히 지치다」 Ⅰ 1. cut 3. let run off Ⅱ 1. finish

き·る[霧る](자 4)〈고〉 ①안개가 끼다. ②눈이 흐려지다.

きる[着る·著る](타상 1) ①(옷을) 입다. 걸치다. ②뒤집어 쓰다. 「罪(ツミ)を—; 죄를 뒤집어 쓰다」 ③(은혜 등을) 입다. 「恩(オン)に—; 은혜를 입었다고 생각하다」 1. wear

き·る[鑽る](타 4) 마찰시켜 불을 일으키다. 「火(ヒ)を—; 부싯돌로 불을 붙이다」

きるい[着類](명) 옷. 의류(衣類). clothes

キルク[네 kurk](명) ⇨コルク.

ギルダー[guilder·盾](명)〈경〉 길더. 네덜란드 화폐(貨幣)의 단위.

キルティング[quilting](명·자サ) 퀼팅. ①두 장의 천 속에 심이나 솜을 넣고 한 자수(刺繡). 예: 누비 이불, 쿠션 등. ②군데군데 솜이나 털실 등을 넣어 무늬를 두드러지게 한 수예의 한 가지.

ギルド[guild](명)〈경〉 길드. 18세기 이후 유럽 각 도시에서 발달한 상공업자의 동업 조합.

—きれ[切れ](접미) 자른 것(조각)을 세는 말.

きれ[切れ](명) ①칼 등의 드는 정도. ②직물(織物)의 조각. 헝겊. ③직물. 필목(疋木). ④옛사람의 필적(筆跡)의 한 조각. ⑤석재(石材)의 1입방척(立方尺)의 체적(体積). 1. sharpness 2. 3. cloth

—ぎれ[切れ](접미) 유명한 옛사람의 필적의 단편(断片)을 부르는 말.

きれ あが·る[切れ上がる](자 4) 위쪽으로 베어지다. 위로 째어지다. cut upward

きれあじ[切れ味]ーアヂ(명) 칼 등이 드는 정도나 드는 느낌. 「一のいい小刀(コガタナ); 잘 드는 주머니칼」 sharpness

きれい[奇麗·綺麗](형동ダ) ①깨끗하고 고운 모양. 미려(美麗)한 모양. 「一な顔(カオ); 예쁜 얼굴」 ②더러운 데가 없이 기분이 좋은 모양. 「一な座敷(ザシキ); 깨끗한 방」↔きたない. ③⇨うつくしい①. 「一な花(ハナ); 아름다운 꽃」 ④흔적이 남지 않은 모양. 「一さっぱりと忘(ワス)れる; 깨끗이 잊어 버리다」 ⑤솜씨가 좋은 모양. 「一にやられた; 깨끗이 당했다」 ⑥〔"一に"의 형태로〕 충분히. 완전히. 「一に平(タイ)らげる; 완전히 먹어 버리다(해 치우다)」 1. beautiful. **―ごと**[奇麗事](명) ①솜씨가 좋고 아름다운 것. ②겉치레뿐이지 실속이 없는 것. **―どころ**[奇麗所](명) 예쁜 여자. 미인. 아름다운 기생. 「一をそろえる; 미인을 모아 놓다」

ぎれい[儀礼](명) 의례. 예식. 예의. courtesy. **―てき**[儀礼的](형동ダ) 의례적. 예의를 위하여 형식적으로 하는 모양. 「一な手紙(テガミ); 의례적인 편지」

きれぎれ[切れ切れ](명·형동ダ) 여러 개로 잘게 조각남. 또는 그 조각. pieces

きれくち[切れ口](명) 잘린 곳. 절단면. a section

きれこみ[切れ込み](명) ①베어져 깊이 들어 가는 것. 또는 그 자국. ②나뭇잎 등의 가장자리의 톱니 모양. 거치연(鋸歯縁). 동 切れ込む(자 4). 1. a cut

きれじ[切れ字](명) 하이쿠(俳句) 등에서 한 구(句)의 매듭에 쓰는 조사(助詞)나 조동사. 예: や, けり 등.

きれじ[切れ地·布地](명) ①옷감. 피륙. ②옷감의 자투리. 1. cloth

きれじ[切れ痔·裂れ痔](명)〈의〉 항문(肛門)의 피부와 점막(粘膜) 사이에 생기는 치질(痔疾). 항문 열상(裂傷). hemorrhoids

きれつ[奇列](명)〈수〉 기열. 기수(奇数)가 되는 열. ↔偶列(グウレツ). an odd row

きれつ[亀裂·龜裂](명) 균열. 거북의 등처럼 갈라져 터지는 일. 또는 그 갈라진 틈이나 금. a crack

ぎれつ[義烈](명) 의열. 의(義)를 지키는 마음이 강한 것. 「忠勇(チュウユウ)一; 충성스럽고 용감하며 정의감이 강함」 heroism

きれなが[切れ長](형동ダ) 가늘고 길게 째어진 모양. 「一の目(メ); 눈초리가 째어진 것 같은 눈」

きれはし[切れ端](명) ①자른 나머지 조각. 토막. ②한쪽. 일부분. 1. a cut end

きれはなれ[切れ離れ](명) ⇨きりはなれ.

きれま[切れ間](명) 끊어진 사이. 간단(間断). 「一なく; 끊어질 사이 없이(쉴 새 없이)」 a break

きれめ[切れ目](명) ①잘린 곳. 베어진 자국. ②한 구획(区画). 단락(段落). ③끊어질 때. 없어질 때. 「かねの一; 돈이 떨어질 때」 1. a break 2. a pause

きれもの[切れ者](명) ①주인의 신용을 얻어 세력이 있는 사람. ②수완이 있는 사람. 2. an able man

きれもの[切れ物](명) ①잘 드는 날이 있는 것. ②품절된 것. 1. an edged tool 2. an article out of stock

き·れる[切れる] Ⅰ(자하 1) ①잘리다. 베어지다. 나뉘다. ②없어지다. (물품 등이) 떨어지다. 「米(コメ)が一; 쌀이 떨어지다」 ③찢어지다. 째어지다. ④줄다. 결(缺)하다. ⑤벨 수가 있다. ⑥(칼 등이) 잘 들다. ⑦머리나 수완이 좋다. 민완(敏腕)하다. 「一人(ヒト); 수완이 좋은 사람」 ⑧관계가 없어지다. 「縁(エン)が一; 인연이 끊기다」 ⑨갑자기 굽다. 갑자기 꺾이다. Ⅱ(보동·하 1) ①끝낼 수 있다. 다 할 수 있다. 「泳(オヨ)ぎ一; 능히 헤엄칠 수 있다」 ②완전히 …할 수 있다. 「食(タ)ベ一; 다 먹을 수 있다」 Ⅰ 1. be separated 6. cut well 7. be smart

きろ[岐路](명) 기로. 갈림길. a forked road

きろ[帰路](명) 귀로. 돌아 가는 길. 또는 돌아 오는 길. one's way back

キロ[프 kilo](명) 킬로. ①천(千)을 뜻하는 말. 「一サイクル; 천 사이클」 ②킬로그램, 킬로미터의 준말.

きろう[耆老](명) 기로. 육칠십 세 정도의 노인. 나이 많은 노인. an old person

ぎろう[妓楼](명) 기루. 기생집. 청루(青楼). a brothel

ぎろぎろ(부·자サ) ①눈을 몹시 번쩍이는 모양. ②눈을 부라려 사물을 보는 모양. staring

きろく[鬼録](명) 귀록. 과거장(過去帳)의 기록. 귀적(鬼籍). 「一に登(ノボ)る; 죽다」 the dead register

きろく[記録](명·타サ) 기록. ①적음. 글로 적은 서류나 문서. 「地震(ジシン)の一; 지진의 기록」 ②경기나 운동의 성적. 특히 최고의 점수나 성적. 「連続出場(レンゾクシュツジョウ)の一; 연속 출장의 실적」 a record. **―てき**[記録的](형동ダ) 기록적. 지금까지의 기록을 깨뜨릴 만한. 「一な暑(アツ)さ; 기록적인 더위」

キログラム[프 kilogramme·瓩](명) 킬로그램. 〔미터법에서〕 질량의 기본 단위. 1 g의 1,000 배. 기호는 kg. **―げんき**[kilogramme 原器](명) 킬로그램 원기. 킬로그램 질량(質量)의 표준으로서 만든 것. 직경, 높이 각 39 mm의 직원주(直円柱)임.

キロサイクル[kilocycle](명)〈이〉 킬로사이클. 1,000 사이클.

キロすう[kilo 数](명) 킬로 수. ①킬로미터, 킬로그램을 나타내는 수. ②킬로와트를 나타내는 수.

ギロチン[guillotine](명) 길로틴. 기요틴. 프랑스의 의사 기요틴이 발명한 사형 집행의 단두대(断頭臺).

キロてい[kilo 程](명) 킬로로 나타낸 도정(道程). 거리(距離).

キロトン[프 kilotonne·瓲](명)〈수〉 킬로톤. 〔미터법에서〕 중량 단위. 1kg의 1,000배.

キロメートル[프 kilomètre·粁](명) 킬로미터. 〔미터법에서〕 길이의 단위. 1 m의 1,000배. 기호는 km.

〔ギロチン〕

キロリットル[프 kilolitre·竏](명) 킬로리터. 〔미터법에서〕 부피(容積)의 단위. 1 l의 1,000 배. 기호는 kl.

キロワット[kilowatt](명)〈이〉 킬로와트. 전량(電量)의 단위. 1와트의 1,000 배. 기호는 kw. **―じ**[kilowatt

時](명)〈이〉 킬로와트시. 1킬로와트의 전력(電力)으로 한 시간에 하는 일의 양(量). 기호는 *kwh*.

ぎろん[議論](명·자타サ) 의론. ①서로 공론(公論)함. ②서로 논쟁(論争)함. a discussion

きわ[際]キハ(명) ①한(限). 끝. 경계. ②〈방〉 옆. 곁. 근처. 「がけの一; 벼랑의 바로 옆」 ③때. 경우. 「今(イマ)はの一; 임종시」 ④신분. 정도. 「やんごとなき一; 존귀(尊貴)한 신분」 1. the end 2. a side

きわ[奇話](명) 기화. 기이한 이야기. 진기한 이야기. 기담(奇談). a mystery story

―ぎわ[際]ギハ(접미) ①근처. 옆. 「窓(マド)―; 창가」 ②때. 순간. 「別(ワカ)れ―; 헤어질 때」

きわぎわ·し[際際し]キハギハ―(형シク)〈고〉 두드러진 모양. 현저한 모양.

ぎわく[疑惑](명) 의혹. 의심하여 분별하기 어려움. 의아(疑訝). 「―の念(ネン); 의심하는 생각」 suspicion

きわた[木綿](명)〈식〉 ①⇨パンヤ. ②면화. 솜. 2. cotton

きわた[生綿](명) ⇨もめん.

きわだ[黄蘗·蘗木]キハダ(명)〈식〉 황벽나무. 운향과에 속하는 낙엽 활엽 교목. 껍질은 염료(染料)나 약재로 쓰임. **―いろ**[黄蘗色](명) 황벽나무 껍질로 물들인 누른 빛깔.

きわだ·つ[際立つ]キハ―(자 4) 눈에 띄다. 두드러지다. 「際立った業績(ギョウセキ); 뛰어난 업적」 be distinct

きわだ(まぐろ)[黄肌(鮪)]―ハダ(―)(명)〈동〉⇨きはだ(まぐろ).

ぎわだん[義和団](명)〈역〉 의화단. 청(清) 나라의 비밀결사. 배외(排外) 사상에 충동되어 산동성(山東省)에서 봉기(蜂起)하였는데, 북청 사변(北清事変)의 원인이 되었음. the Boxers

きわど·い[際疾い]キハ―(형) ①위급하다. ②절박하다. 「―ところで助(タス)かる; 아슬아슬한 고비에서 살아나다」 ③모험적이다. 1. dangerous 2. by a hairbreadth

きわまりない[窮まり無い·極まり無い]キハマリ―(연어·형) 한이 없다. 끝이 없다. 무궁하다. 비상하다. 「不健全(フケンゼン)―; 불건전하기 짝이 없다」 infinite

きわま·る[窮まる·極まる·谷まる]キハマル(자 4) ①극점(極点)에 달하다. ②끝나다. 다하다. 「進退(シンタイ)―; 진퇴 유곡」 ③괴로움을 당하다. ④결정되다. 명 窮まり. 2. end 3. be troubled 4. be decided

きわみ[窮み·極み]キハミ(명) 끝. 한(限). the extremity

きわめ[窮め·極め]キハメ(명) ①궁극. 끝. ②서화, 골동품 등의 감정(鑑定). 「―書(ガ)き; 감정 증명서」 1. the end 2. judgement. **―づき**[窮め付き·極め付き](명) ①감정 증명서가 붙어 있는 것. ②확실한 것. **―つく·す**[窮め尽す·極め尽す](타 4) 남김 없이 다하다.

きわめ[際目]キハメ(명) ①가장자리. 경계. ②막다른 순간. 1. the border 2. the last moment

きわめて[極めて]キハメ―(부) 더없이. 대단히. 지극히. extremely

きわ·める[窮める·極める]キハメル(타하 1) ① 극단(極端)까지 가다. ②다하다. 「口(クチ)をきわめてほめる; 입에 침이 마르도록 칭찬하다」 ③깊이 연구하다. 3. investigate

きわもの[際物]キハ―(명) ①철에 따라 파는 물건. ②세상에 알맞는 것. 때를 맞춘 사업. ③일시적인 유행에 알맞는 소설이나 연예(演芸). 1. seasonable articles 3. a sensational topic novel. **―し**[際物師](명) ①계절에 맞는 물건을 파는 장수. ②한때의 유행을 목적으로 일을 하는 사람.

きわやか[際やか]キハ―(형동ダ) 현저하게 눈에 띄는 모양. 두드러진 모양. prominent

きん―[近](조어) 가까운. 「―距離(キョリ); 가까운 거리」

きん―[金](조어) ①귀중한. ②아름다운.

―きん[金](조어) 금의 순도(純度)를 나타내는 말. 순금은 24금이라 함. 「十八(ジュウハッ)―の指輪(ユビワ); 18금 반지」

きん[斤](명) 근. 무게의 단위. 보통 600 *g*.

きん[金](명) ①〈이〉 금. 누런 광택이 있는 금속 원소. 질(質)은 무겁고 무름. 산출량이 적어 귀금속으로서 화폐, 장식품 등에 사용됨. 기호는 Au. 황금. ②금속(金属). ③돈. ④돈의 단위. ⑤금빛. 황금빛. 「―紙(ガミ); 황금색 종이」 ⑥〔장기에서〕 ←金将(キンショウ). ⑦금요일의 준말. 1. gold 3. money

きん[衾](명) 침구. 이부자리. bedding

きん[菌](명) ①〈식〉 버섯. ②세균. ③병균. 2. a germ

きん[琴](명) 거문고. 칠현금(七弦琴).

きん[筋](명) ①힘줄. ②근육(筋肉). 「―繊維(センイ); 근섬유」 1. a sinew 2. a muscle

きん[禁](명) ①행동을 못하게 함. 금함. ②금령(禁令). 「―をおかす; 금령을 범하다」 ③경고(警告). 1. 2. a ban 3. a warning

―ぎん[吟](조어) 읊은 시가. 「旅中(リュチュウ)―; 여행 중에 읊은 시가」

ぎん[吟](명) ①읊음. 읊은 시가(詩歌). ②〔요오쿄쿠(謡曲)에서〕 소리의 강약(強弱)의 정도. 1. reciting

ぎん[銀](명) ①〈이〉 은. 금속 원소의 하나. 금보다 약간 가벼우며 백색의 아름다운 광택을 가짐. 돈, 장식품 등을 만듦. 기호는 Ag. ②돈. 은전. ③은빛(銀色). 「―紙(ガミ); 은색 종이」 ④〔장기에서〕 ←銀将(ギンショウ). ⑤은행의 준말. 1. silver 2. money

きんあつ[禁圧](명·타サ) 금압. 압력을 가하여 금지함. 「キリスト教(キョウ)を―する; 기독교를 금압하다」 suppression

きんい[金位](명) 금의 순도(純度)를 나타내는 말. the grade of gold

きんい[錦衣](명) 금의. 비단 옷. 아름다운 옷. 「―還郷(カンキョウ); 금의 환향」 fine dress

ぎんい[銀位](명) 은의 순도(純度)를 나타내는 말. the grade of silver

きんいつ[均一](명) 균일. 한결같이 고름. 차가 없음. 똑같음. 「百円(ヒャクエン)―; 백 원 균일」 uniformity

きんいっぷう[金一封](연어·명) 금일봉. 봉투에 넣은 얼마간의 돈. a gift of money

きんいん[近因](명) 근인. 가까운 원인. ↔遠因(エンイン). the immediate cause
きんいん[金員](명) 금액(金額). 금전. sum
きんう[金烏](명) 금오. 태양. 해. the sun
きんうるし[金漆](명) 금니(金泥)를 섞은 옻칠. lacquer mixed with gold dust
きんえい[近詠](명) 최근에 지은 시가(詩歌). poems recently composed
きんえい[近影](명) 근영. 최근에 찍은 사진. one's recent portrait
きんえい[禁衛](명) 금위. 대궐을 지킴. 또는 그 사람. the Imperial guards
ぎんえい[吟詠](명·타サ) 음영. 시나 노래를 읊음. 또는 그 시나 노래. recital
きんえん[金円](명) ①화폐. 돈. ②금본위제(金本位制)에 의한 일본 돈. 원(円)의 통화(通貨). 1. money
きんえん[筋炎](명)〈의〉 근염. 근육이 여러 가지 화농균(化膿菌)의 전염을 받아 일으키는 염증. myositis
きんえん[禁園·禁苑](명) 금원. ①들어 가서는 안되는 정원. ②대궐 안의 뜰. 비원(秘苑). 어원(御苑). 1. a restricted area 2. the Imperial gardens
きんえん[禁煙·禁烟](명·자サ) 금연. ①담배 피우는 것을 금함. ②담배를 끊음. 1. No smoking!
きんおうむけつ[金甌無欠](연어·명) ①사물이 완전하여 흠이 없음. ②국가의 주권이 완전하고 견고하여 다른 나라의 모욕이나 침략을 받지 않음. 1. perfection
きんか[近火](명) 가까운 곳의 화재(火災). a fire in the neighbourhood
きんか[金貨](명) 금화. 금을 주성분으로 한 화폐. a gold coin
きんか[槿花](명)〈식〉 ①근화. 무궁화. 아욱과에 속하는 낙엽 활엽 관목. ②나팔꽃. 1. the rose of Sharon
きんが[謹賀](명) 근하. 삼가 축하하는 일. 새해의 인사말. 「―新年(シンネン); 근하 신년」 congratulating respectfully
ぎんか[銀貨](명) 은화. 은을 주성분으로 한 화폐. a silver coin
ぎんが[銀河](명) 은하. 은하수. 은한(銀漢). the Milky Way. **―けい**[銀河系](명)〈천〉 은하계. 은하의 주위에 분포해 있는 다수의 항성(恒星) 및 성운(星雲)의 집단. 직경 약 10만 광년(光年), 두께 약 2만 광년의 원반형(円盤形)임.
きんかい[近海] 근해. 육지에 가까운 바다. ↔遠海(エンカイ). neighbouring waters
きんかい[金塊](명) 금괴. 금 덩어리. a gold ingot
きんかい[欣快](명·형동ダ) 흔쾌. 마음이 기쁘고 통쾌함. pleasant
きんかい[禁戒](명) 금계. ①금하여 경계함. ②나쁜 일을 금지하는 계율. 2. a commandment
ぎんかい[銀塊](명) 은괴. 은 덩어리. a silver ingot
ぎんかいしょく[銀灰色](명) 은회색. 은빛을 띤 회색. silver-gray
きんかぎょくじょう[金科玉条](연어·명) 금과 옥조. 금옥과 같이 귀중히 여기어 신봉하는 법칙이나 규정. 「―とする; 금과 옥조로 삼다」 a golden rule
きんかく[金革](명) ①무기와 갑주(甲冑). ②전쟁의 용구(用具). ③전쟁. 1. weapons, helmets and armours
きんがく[金額](명) 금액. 돈의 액수. amount
きんがく[勤学](명·자サ) 근학. 열심히 배움. industrious study
ぎんかく[吟客](명) 시가(詩歌)를 읊는 풍류객(風流客). 시인. a poet
きんかくし[金隠し](명) ①변소의 변기(便器) 앞에 달린 가리개. ②갑옷의 허리 앞에 드리우는 것. 1. a frontal screen in a water closet
ギンガム[gingham](명) 깅감. 격자(格子) 무늬가 있는 평직(平織) 옷감.
きんがわ[金側]―ガハ(명) (팔뚝 시계 등의) 금으로 만든 껍데기. a gold case
ぎんがわ[銀側]―ガハ(명) (팔뚝 시계 등의) 은으로 만든 껍데기. a silver case
きんかん[近刊](명) 근간. ①근일 중에 곧 출판되는 것. ②최근에 출판된 간행물(刊行物). 1. books in preparation 2. a recent publication
きんかん[金柑](명)〈식〉 금감. 금귤(金橘). 밀감의 한 가지. 열매는 노랗고 자잘한 긴 타원형인데 껍질째 먹음. a kumquat
きんかん[金冠](명) 금관. ①금으로 만들거나 장식한 관. ②〈의〉 금으로 충치(虫歯)를 씌우는 것. 금니. 1. a gold crown
きんかん[金環](명) 금환. ①금으로 만든 고리. ②금반지. a gold ring. **―しょく**[金環食](명)〈천〉 금환식. 일식(日蝕)의 한 가지. 달이 태양의 중앙만을 가리어 태양 광선이 달의 주위에 고리 모양으로 보이는 것.
きんがん[近眼](명) ①〈의〉 멀리 있는 것이 잘 안 보이는 눈. 근시안(近視眼). ②선견지명(先見之明)이 없음. 또는 그런 사람. 1. near-sightedness 2. lacking in foresight. **―きょう**[近眼鏡](명) 근시안의 사람이 쓰는 오목(凹) 렌즈 안경.
ぎんかん[銀漢](명) ⇨ぎんが(銀河).
きんかんがっき[金管楽器](명)〈악〉 금관 악기. 금속제의 관악기. 예: 트럼펫, 코오넷 등. a brass
きんかんばん[金看板](명) ①금문자(金文字)로 쓴 간판. ②세상에 자랑스럽게 내놓는 기예(技芸), 주의(主義), 상품. 2. the best slogan
きんき[近畿](명) 근기. ①수도(首都)에서 가까운 지방. 내기(畿内). ②옛날 황성(皇城) 근처의 지방. ③쿄오토(京都) 부근의 지방.
きんき[欣喜](명·자サ) 흔희. 기쁘고 즐거움. 환희(歓喜). 「―雀躍(ジャクヤク); 너무 좋아 기뻐 날뜀」 rejoice
きんき[禁忌](명) 금기. ①꺼리어 금하는 것. ②⇨タブー. ③어떤 병(病)에 대하여 사용을 금하는 약품이나 식품. 1. prohibition
きんき[錦旗](명) 빨간 비단에 해와 달을 그린 천황의

기(旗). a gold-brocade flag

〔錦旗〕

ぎんき[銀器](명) 은기. 은그릇. a silver ware

ぎんぎつね[銀狐](명)〈동〉 은호. 밑이 검고 끝이 회백색인 털을 가진 여우. 또는 그 모피. a silver fox

きんきゅう[緊急](형동ダ) 긴급. 긴요하고 급함. 중대하고 급함. 「一動議(ドウギ); 긴급 동의」 urgent. **―たいほ**[緊急逮捕](명)〈법〉 긴급 체포. 피의자가 중죄(重罪)거나 증거 인멸(湮滅)의 우려가 있을 때 구속 영장 없이 용의자를 구속하는 일. 긴급 구속.

きんぎょ[金魚](명)〈동〉 금붕어. a goldfish. **―ばち**[金魚鉢](명) 어항(魚缸). **―も**[金魚藻](명)〈식〉 이삭물수세미. 개미탑과의 다년생 수초(水草).

きんぎょ[禁漁](명) 금어. 어류 번식과 보호를 위하여 고기를 잡지 못하게 함. prohibition of fishing

きんきょう[近況](명) 근황. 요사이의 형편. 「一報告(ホウコク); 근황 보고」 the recent state

きんぎょう[近業](명) 최근의 작품. 최근의 업적. a recent work

きんぎょう[欽仰](명·타サ) 흠앙. 공경(恭敬)하여 우러름. reverence

きんきょく[琴曲](명) 금곡. 거문고의 가곡(歌曲).

きんぎょく[金玉](명) ①금과 옥. ②귀중한 것. ③칭찬할 만한 것. 「一の作品(サクヒン); 금옥과 같은 작품」 1. gold and gem 2. a jewel

きんきょり[近距離](명) 근거리. 가까운 거리. a short distance

きんきり[金切り](명)〈속〉 불알을 깜. 거세(去勢). 「一馬(ウマ); 거세한 말」 castration

きんぎれ[錦切れ](명) 비단 조각. a piece of silks

きんきん[近近](부) 멀지 않아. 가까운 장래에. shortly

きんきん[欣欣](부) 흔흔. 매우 기뻐하는 모양. joyfully. **―ぜん**[欣欣然](형동タルト) 흔흔연. 매우 기뻐하는 모양.

きんきん[僅僅](부) 근근. 겨우. 「一三(サン)か月(ゲツ)に; 겨우 3개월간에」 merely

きんぎん[金銀](명) 금은. ①금과 은. ②금화(金貨)와 은화(銀貨). ③돈. 통화(通貨). 현금(現金). 1. gold and silver

きんく[金句](명) ①아름다운 구절. ②훌륭한 격언(格言). 1. a superb phrase

きんく[禁句](명) ①와카(和歌), 하이쿠(俳句) 등에서 써서는 안되는 말이나 구절. ②공중(公衆) 앞에서 해서는 안되는 말. a tabooed word

キング[king](명) 킹. ①임금. 제왕. 국왕. ②트럼프의 왕의 패. ③가장 으뜸가는 것. **―サイズ**[king-size](명) 킹사이즈. 특대(特大). 큰 판(判). 대형(大形).

きんくう[謹空](명)〔종이 끝에 공백을 두어 비판을 청한다는 뜻으로〕 편지 끝에 붙여 경의를 나타내는 말.

きんぐち[金口](명) 궐련의 입에 닿는 부분을 금종이로 만 것. a gold-tipped cigarette

きんけい[近景](명) 근경. 가까이 보이는 경치. ↔遠景(エンケイ). a near view

きんけい[金鶏](명) 금계. 별 속에 산다는 상상상(想像上)의 닭. Golden Cock

きんけい[謹啓](명) 근계. "삼가 아뢰니다"의 뜻으로 편지 첫머리에 쓰는 말. Dear Sir

きんけつ[金欠](명)〈속〉 돈이 떨어짐. 「一状態(ジョウタイ); 돈이 떨어진 상태」 shortage of funds

きんけつ[金穴](명) ①금이 나오는 굴. ②〈속〉 재산가. 부호. ③〈속〉 자금이나 비용을 대주는 사람. 달러복스. 돈줄. 1. a gold mine 3. one's financial backer

きんけん[近県](명) 가까운 현(県). 가까운 지방. neighbouring prefectures

きんけん[金券](명) 금권. ①특정한 범위 안에서 돈 대신 통용되는 증권. ②금화(金貨)와 바꿀 수 있는 지폐. 2. a gold note

きんけん[金権](명) 금권. 돈의 권력. 돈의 위력. 「一候補(コウホ); 돈을 배경 삼은 후보」 power of money

きんけん[勤倹](명) 근검. 부지런하고 검소한 것. thrift

きんげん[金言](명) 금언. 모범이 될 만한 어구. 격언(格言). a maxim

きんげん[謹言](명) 근언. "삼가 말씀을 드림"의 뜻으로 편지 끝에 써서 경의를 표하는 말. Yours respectfully

きんげん[謹厳](명·형동ダ) 근엄. 점잖고 엄함. sobriety

きんこ[近古](명) 근고. ①그리 멀지 않은 이전. 중고(中古)와 근세(近世) 사이의 시대. ②〔일본사(日本史)에서〕 카마쿠라(鎌倉), 무로마치(室町) 시대. 1. the early modern age

きんこ[金庫](명) 금고. ①돈이나 중요한 서류를 간수하여 보관하는 데 쓰는 쇠로 만든 궤. ②〈법〉 국가, 공공 단체의 현금 출납 기관. 1. a safe

きんこ[禁固·禁錮](명·타サ) ①방에 가두어 밖에 내보내지 않음. ②〈법〉 자유형(自由刑)의 하나로 단순히 형무소에 구치(拘置)할 뿐 노동을 시키지 않는 형벌. 1. confinement 2. imprisonment

きんこ[金海鼠](명) 금해서. ①〈동〉 광삼(光蔘). 극피(棘皮) 동물로 해삼과 비슷함. 중국 요리에 씀. ②광삼을 익혀서 말린 것. 1. a three-striped sea slug

きんこう[均衡](명·자サ) 균형. 한쪽으로 치우침이 없이 쪽 고름. 「一のとれた財政(ザイセイ); 균형 잡힌 재정」 balance

きんこう[近郊](명) 근교. 도시 주변의 땅. 교외(郊外). the suburbs

きんこう[欣幸](명) 행운을 기뻐하는 것. joy

きんこう[金工](명) 금공. 금속을 사용해서 물건을 만들거나 새기는 미술 공예. 또는 그 일을 하는 사람. 금장(金匠). metal work

きんこう[金坑](명) 금갱. 금을 채굴하는 광갱(鉱坑). 금광. a gold mine

きんこう[金鉱](명) 금광. ①금이 들어 있는 광석. ②금을 파내는 광산. 1. gold ore 2. a gold mine

きんこう[謹厚](형동ダ) 근후. 근면하고 온후(温厚)한 모양. prudent

きんごう[近郷](명) 도회에서 가까운 시골. 「一近在

(キンザイ); 가까운 시골」 the surrounding country
ぎんこう[吟行](명·자サ) ①시가(詩歌)를 읊으며 걸음. ②시가를 짓기 위하여 교외나 명소(名所)로 나감.
ぎんこう[銀行](명) ①〈경〉 은행. 저축자로부터 예금을 맡고 한편으로는 대부 또는 증권의 인수 등을 업으로 하는 금융 기관. 「一家(カ); 은행가」 ②부족한 것을 저장하였다가 융통해 주는 곳. 「血液(ケツエキ)一; 혈액 은행」 1. a bank
ぎんこう[銀光](명) 은색의 광채. 은빛. a silver beam
ぎんこう[銀坑](명) 은갱. 은을 채굴(採掘)하는 광갱(鉱坑). a silver mine
ぎんこう[銀鉱](명) 은광. ①은이 들어 있는 광석. ②은을 파내는 광산. 1. silver ore 2. a silver-mine
きんこく[謹告](명·타サ) 근고. "삼가 아룁니다"의 뜻으로, 상점(商店) 등의 인사말이나 광고에 흔히 씀.
きんごく[近国](명) ①가까운 나라. ②수도에 가까운 지방. ↔遠国(エンゴク). a neighbouring country
きんごく[禁獄](명) 금옥. 옥에 가두어 두는 형벌. confinement
きんこつ[筋骨](명) 근골. ①근육과 뼈. ②신체. 체격. 「一たくましい; 늠름한 체격」 1. bones and sinews 2. physical structure
きんこん[緊褌](명) 분발하는 것. bracing oneself up
きんこんしき[金婚式](명) 금혼식. 혼인한지 만 50년 되는 날을 축하하는 식. a golden wedding
ぎんこんしき[銀婚式](명) 은혼식. 결혼한지 25년 되는 날을 축하하는 식. a silver wedding
きんざ[金座](명) 에도 막부(江戸幕府)의 금화 주조(金貨鋳造)를 맡았던 관청. the gold mint
ぎんざ[銀座](명) ①토쿠가와 막부(徳川幕府)의 은화(銀貨)를 만들던 곳. ②〈지〉 토오쿄오(東京) 중앙구(中央区)의 번화가(繁華街). 1. the silver mint
きんざい[近在](명) 도회에서 가까운 시골. 교외(郊外). a neighbouring village
きんさく[近作](명) 근작. 근래의 작품. 최근의 작품. one's recent work
きんさく[金策](명·자サ) 돈을 마련함. 「一に奔走(ホンソウ)する; 돈을 마련하려고 동분 서주하다」 the means of raising money
きんさつ[金札](명) ①금, 또는 금빛으로 만든 패(牌). ②옛날 정부 또는 제후가 발행한 금화 대신 쓰던 지폐. 1. a gold plate
きんさつ[禁札](명) 금지하는 뜻을 써 붙이거나 새긴 패목(牌木). a prohibition notice board
ぎんさつ[銀札](명) ①은, 또는 은빛으로 만든 패. ②은화 대신 발행한 지폐. 1. a silver plate
ぎんざめ[銀鮫](명)〈동〉 은상어. a sea monster
きんさん[菌傘](명)〈생〉 균산. 버섯 위에 우산을 펼친 것처럼 된 부분. the pileus
きんざん[金山](명) 금을 파내는 광산. 금광(金鉱). a gold mine
ぎんざん[銀山](명) 은을 파내는 광산. 은광(銀鉱). a silver-mine
きんざんじみそ[金山寺味噌](명) 된장의 한 가지. 오이, 가지 등을 넣어 달콤하게 만든 된장.
きんし[近視](명) ← 近視眼. ↔遠視(エンシ). **—がん**[近視眼](명)〈의〉 ⇨きんがん(近眼). **—がんてき**[近視眼的](형동ダ) 근시안적. 사물에 대한 견해가 한정되어 좁은 모양.
きんし[金糸](명) 금사. ①금종이를 실처럼 가늘게 오린 것. 금박을 입힌 실. ②금칠을 한 철사. 1. gold thread
きんし[金鵄](명) 금빛 소리개. 진무(神武) 천황 동정(東征) 때 활 끝에 앉았다고 함. the Golden Kite. **—くんしょう**[金鵄勲章](명) 〔일본에서〕 전쟁에 공로가 큰 군인에게 주던 훈장.
きんし[菌糸](명)〈생〉 균사. 균류(菌類)의 본체를 이루는 실 모양의 세포. the mycelium
きんし[勤仕](명·자サ) 자기가 맡은 일에 힘써 일함. 근무(勤務). service
きんし[禁止](명·타サ) 금지. 어떤 짓을 말려서 못하게 함. 금제(禁制). prohibition
きんじ[汝]キンヂ(대)〈고〉 너. 그대. 당신.
きんじ[近似](명·자サ) 근사. 거의 같음. 비슷함. 유사(類似). similarity. **—ち**[近似値](명)〈수〉 근사치. 어떤 특정한 수의 참 값(値)에 가까운 수. 예: 3.1416은 원주율(圓周率)의 근사치.
きんじ[近侍](명·자サ) 근시. 가까이 모심. 또는 그 사람. 시종. 호종(扈従). waiting on
きんじ[近事](명) 근래에 생긴 일. 최근의 일. recent events
きんじ[近時](명·부) 근래. 최근. 요즈음. recent times
きんじ[金字](명) 금자. 금빛의 문자(文字). gold letters. **—とう**[金字塔](명) 금자탑. ①⇨ピラミッド. ②영원히 후세에 전해질 만한 가치가 있는 저작(著作)이나 사업.
きんじ[金地](명) 금빛 바탕. 금박(金箔)을 입힌 종이나 헝겊. gold ground
きんじ[矜持](명) ⇨きょうじ(矜持).
ぎんし[銀糸](명) 은사. 은종이를 가늘게 잘라 실같이 꼰 것. 은빛의 실. 은실. silver thread
ぎんじ[銀地](명) 은가루나 은박을 입힌 바탕. 은빛 바탕. silvery ground
きんじき[禁色](명) 금색. 옛날 임금이나 황족(皇族)의 옷 빛깔을 신하들이 사용하는 것을 금했던 일. prohibited colours
きんしぎょくよう[金枝玉葉](연어·명) 금지 옥엽. ①임금의 자손이나 집안. 황족(皇族). 왕족(王族). 「一の御身(オンミ); 금지 옥엽의 귀하신 몸」 ②귀여운 자손. 1. the Imperial Family
きんじさん[禁治産](명)〈법〉 금치산. 정신 상실자를 보호하기 위하여 법원이 법률상 그가 재산을 관리할 능력이 없음을 인정하고 재산을 처분하지 못하게 하는 일. 「一者(シャ); 금치산자」 incompetency
きんしつ[均質](명) 균질. ①성질이 같은 것. 등질(等質). ②성분, 밀도 등이 일정한 것. homogeneity
きんしつ[琴瑟](명) ①금슬. 거문고와 비파. ②부부의

화목한 즐거움. 금실. 「—あい和(ワ)す; 부부의 의가 아주 좋음」 2. conjugal harmony

きんじつ[近日](명) 근일. 요사이. 근근(近近). 「—開店(カイテン); 근일 개점」 in a few days

きんじつてん[近日点](명)〈천〉 근일점. 유성, 위성, 혜성의 궤도 위에서 태양에 가장 가까운 점. ↔遠日点(エンジッテン). the perihelion

きんしばい[金糸梅](명)〈식〉 금사매. 물레나물과에 속하는 반낙엽의 작은 관목.

きんしゃ[金砂](명) ①⇨きんすなご. ②금가루. ③금모래. 2. gold dust

きんしゃ[金紗·錦紗](명) ①←きんしゃ縮緬. ②←きんしゃ御召し. ③←きんしゃ織り. **—おめし**[金紗御召し](명) 바탕의 주름을 잘게 한 비단. **—おり**[金紗織り](명) ①비단의 바탕에 금실로 무늬를 짜 넣은 옷감. ②⇨きんしゃちりめん. **—ちりめん**[金紗縮緬](명) 가는 생사(生絲)로 짠, 바탕이 오글오글한 비단.

ぎんしゃ[吟社](명) 시가(詩歌)의 결사(結社).

きんしゅ[金主](명) ①자금이나 비용을 대주는 사람. ②돈의 소유자. 1. a financial backer 2. an owner of money

きんしゅ[菌種](명)〈농·의〉 균종. 버섯 종류. 균사(菌糸)의 종류. the kind of mycelium

きんしゅ[筋腫](명)〈의〉 근종. 근육에 생기는 부스럼. myoma

きんしゅ[禁酒](명·자サ) 금주. ①술을 못 먹게 금함. ②먹던 술을 끊음. temperance

きんじゅ[近習](명) 주군(主君)을 가까이 모시는 사람. 호종(扈從). 근시(近侍). an attendant

ぎんしゅ[銀朱](명) 수은으로 된 주사(硃砂). 주묵(朱墨)이나 약재로 씀.

きんしゅう[錦秋](명) 비단같이 아름다운 가을.

きんしゅう[錦繡](명) ①금수. 수를 놓은 비단. ②아름다운 옷감. 아름다운 의복. ③시문(詩文)의 아름다운 자구(字句). ④아름다운 꽃. 아름다운 단풍. 1. embroidered brocade 3. flowery prose and poetry

きんじゅう[禽獣](명) 금수. ①날짐승과 길짐승. 조수(鳥獸). ②은혜나 의리를 모르는 사람. 1. birds and beasts 2. a brute in human shape

きんしゅく[緊縮](명·자타サ) 긴축. 바짝 줄임. 「—財政(ザイセイ); 긴축 재정」 constriction

きんしょ[禁書](명) 출판 또는 판매를 금지한 책. prohibited books

きんしょ[謹書](명·타サ) 삼가 씀. writing respectfully

きんじょ[近所](명) 가까운 곳. 근처. 이웃. 「—隣(トナリ); 가까운 이웃」 the neighbourhood. **—がっぺき**[近所合壁](명) ①벽을 하나 사이에 둔 이웃. ②가까운 이웃.

きんしょう[金将](명) 일본 장기짝의 하나. 사(士). 뒤쪽 두 귀퉁이로 엇비슷이 물러날 수 없을 뿐, 전후 좌우 및 앞쪽 두 귀퉁이에 한 회씩 나아갈 수 있음.

きんしょう[近称](명) 근칭. 〔문법에서〕 자기에게 가까운 방향, 장소, 사물을 나타내는 대명사. 예: "これ(이것), ここ(여기)" 등. ↔遠称(エンショウ).

きんしょう[焮衝](명)〈의〉 ⇨えんしょう(炎症).

きんしょう[僅少](형동ダ) 근소. 아주 적은 모양. 얼마 되지 않는 모양. a little, a few

きんじょう[今上](명) 금상. 현재의 임금. 「—陛下(ヘイカ); 금상 폐하」 the present Emperor

きんじょう[近状](명) 요사이의 형편. 근황(近況). the recent condition

きんじょう[近情](명) 요즈음의 정세. 근황(近況). the recent condition

きんじょう[金城](명) 금성. 대단히 견고한 성. a strong castle. **—てっぺき**[金城鉄壁](연어·명) 금성 철벽. ①대단히 견고한 성벽. ②몹시 견고한 사물(事物)의 비유. **—とうち**[金城湯池](연어·명) 금성 탕지. 수비(守備)가 매우 튼튼한 성지(城池).

きんじょう[禁城](명) 궁성. 궁궐. the Imperial Palace

きんじょう[錦上](명) 비단의 위. 「—さらに花(ハナ)をそえる; 금상 첨화(錦上添花)」 on the cloth of gold

きんじょう[謹上](명) "삼가 올립니다"의 뜻으로 편지 끝에 쓰는 말.

ぎんしょう[吟唱·吟誦](명·타サ) 소리 높이 읽음. 소리 높이 읊음. recitation

ぎんしょう[銀将](명) 일본 장기짝의 하나. 킨쇼오(金将) 다음 위치를 차지하여 네 귀퉁이와 앞으로 한 회씩 나아갈 수 있음.

きんしょく[金色](명) 금색. 황금빛. golden colour

ぎんしょく[銀色](명) 은색. 은빛. silvery colour

ぎんしょく[銀燭](명) 은촉. ①은으로 만든 촛대. ②아름답게 빛나는 등불. 밝은 등불. 2. a bright light

きん·じる[禁じる](타상 1) 금지하다. 제지하다. 「外出(ガイシュツ)を—; 외출을 금지하다」 prohibit

ぎん·じる[吟じる] Ⅰ(자상 1) ①소리 치다. ②지저귀다. Ⅱ(타상 1) ①읊조리다. 홍얼거리다. ②읽다. 읊다. Ⅰ 2. sing Ⅱ recite

きんしん[近臣](명) 근신. 임금을 가까이에서 모시는 신하. a trusted vassal

きんしん[近信](명) ①요사이 온 편지나 소식. ②가까이하여 믿는 것. 1. a recent message 2. full confidence

きんしん[近親](명) 근친. 가까운 친척. 「—者(シャ) 근친자」 a near relative

きんしん[謹慎](명·자サ) 근신. ①언행을 삼가고 조심함. ②과오(過誤)에 대하여 반성하고 들어 앉아 행동을 삼감. penitence

きんす[金子](명) 돈. 화폐. 지폐. money

ぎんす[銀子](명) ①백은(白銀). ②은전(銀銭).

きんすじ[金筋](명) 금빛의 선(線). 금줄. a gold stripe

ぎんすじ[銀筋](명) 은빛의 선(線). 은줄. a silver stripe

きんすなご[金砂子](명) 금박(金箔)을 가루로 한 것. gold dust

ぎんすなご[銀砂子](명) 은박(銀箔)을 가루로 한 것. silver dust

きん·ずる[禁ずる](자サ) ⇨きんじる.
ぎん·ずる[吟ずる](타サ) ⇨ぎんじる.
きんせい[近世](명) 근세. ①오래 되지 아니한 세상. ②근래의 세상. 근대(近代). 1. recent times
きんせい[均勢](명) 균세. 균형된 세력. 세력이 균형이 잡힌 것. the balance of power
きんせい[均整·均斉](명) 균정. 균제. 고루 가지런한 것. 균형. 「一のとれた体格(タイカク); 균형 잡힌 체격」 symmetry
きんせい[金星](명)〈천〉 금성. 태양의 주위를 도는 9개 유성(遊星) 중의 하나. 유성 중에서 가장 찬란하게 비치는 별로 224.7일 만에 태양을 한 바퀴 돎. Venus
きんせい[金製](명) 금제. 금으로 만드는 일. 또는 그 물건. (an article) made of gold
きんせい[禁制](명·타サ) 금제. ①하지 못하게 말림. ②행위, 사물의 금하는 법규나 규정. 「一品(ヒン); 금제품」 prohibition
きんせい[謹製](명) 근제. 삼가 짓는 일. 삼가 만드는 일. carefully produced
ぎんせい[吟声](명) 시가(詩歌)를 읊는 소리. recitation
ぎんせい[銀製](명) 은제. 은으로 만드는 일. 또는 그 물건. (an article) made of silver
ぎんせかい[銀世界](명) 은세계. 눈이 많이 내려 은빛으로 덮인 눈의 경치. a silver world
きんせき[金石](명) 금석. ①금속과 암석(岩石). 쇠붙이와 돌. ②금속기(金属器)와 석기(石器). 1. minerals and rocks 2. metal wares and stone wares. **—がく**[金石学](명) 금석학. 금석 문자를 연구하는 학문.
きんせつ[近接](명·자サ) 근접. 가까이 접촉함. 가까이 닿음. approach
きんせつ[緊切](형동ダ) 긴절. 긴요하고 절실한 모양. 아주 필요하고 중요한 모양. urgent
きんぜつ[禁絶](명·타サ) 금하여 막음. prohibition
ぎんせつ[銀雪](명) 은설. 은빛으로 빛나는 눈. silvery snow
きんせん[金扇](명) 금박(金箔)을 입힌 부채. 바탕이 금빛인 부채. a gilt fan
きんせん[金銭](명) 금전. 돈. 금화(金貨). money. **—ずく**[金銭尽く]—ヅク(명) 돈의 다소를 조건으로 하는 일. 돈으로 일을 처리하는 것. **—とうろくき**[金銭登録器](명) 금전 등록기. 캐시리지스터.
きんせん[金線](명) 금선. ①금빛의 선. ②금으로 된 줄. 1. a golden coloured line 2. a gold line
きんせん[琴線](명) ①거문고의 줄. ②마음속 깊이 간직한 감정. 감동하여 공명(共鳴)하는 정. 「心(ココロ)の一に触(フ)れる; 마음에 깊은 감동을 주다」 1. a string of a harp 2. heart strings
きんせん[欽羨](명) 우러러 부러워하는 것. 「一の至(イタ)りだ; 매우 부럽다」 envy
きんせん[謹選](명·타サ) 근선. 삼가 선택함. carefully chosen
きんぜん[欣然](부·형동タルト) 흔연. 매우 기뻐하는 모양. joyfully
ぎんせん[銀扇](명) 은박(銀箔)을 입힌 부채. 바탕이 은빛인 부채. a silver-coloured fan
ぎんぜん[銀髯](명) 은빛 수염. 흰 수염. a white beard
きんせんい[筋繊維](명)〈생〉 근섬유. 근육을 구성하는 섬유. 근육 섬유. muscular fibres
きんせんか[金盞花](명)〈식〉 금잔화. 여름에 적황색 술잔 모양의 꽃이 핌. 금송화. a common marigold
きんそうがく[金相学](명)〈이〉 금상학. 금속, 합금의 내부 조직과 조성(組成)이나 물리적 성질과의 관계를 연구하는 학문. metallography
きんそく[禁足](명·타サ) 금족. 규칙을 어긴 벌로서 외출을 금함. 「一令(レイ); 금족령」 confinement
きんぞく[金属](명) 금속. 광물의 한 가지. 광석에 섞여 있으며, 녹여 여러 가지 도구를 만듦. 대개 굳고 빛남. 쇠붙이. 「一元素(ゲンソ); 금속 원소」 metal
きんぞく[勤続](명·자サ) 근속. 한곳에서 오래 계속하여 근무함. 「一十五年(ジュウゴネン); 근속 15년」 continuous service
きんそん[近村](명) 근촌. 가까운 마을. a neighbouring village
きんだ[勤惰](명) 근면과 태만. diligence and indolence
きんたい[今体](명) 현금(現今)에 행해지는 양식. present forms
きんたい[近体](명) ①요즈음 유행하는 체재(体裁). ②〔한시(漢詩)에서〕 고체(古体)에 대해서 율시(律詩), 절구(絶句)를 말하는 것. 1. recent styles
きんたい[勤怠](명) ⇨きんだ(勤惰).
きんだい[近代](명) 근대. ①요즈음. 근세. ②현대. 「一女性(ジョセイ); 현대 여성」 1. recent times. **—ごしゅきょうぎ**[近代五種競技](명) 근대 5종 경기. 한 사람의 선수가 사격, 수영, 펜싱, 기마, 4,000 *m* 경주의 다섯 가지 경기를 하루 한 종목씩 하여 각 종목마다 채점하여 등급을 매기는 경기. **—てき**[近代的](형동ダ) 근대적. 근대의 느낌이 드는 모양.
きんだか[金高](명) 계산한 돈의 분량. 금액. an amount of money
きんだく[欣諾](명·타サ) 기분 좋게 승낙함. 흔연히 하는 승낙. a ready consent
きんだち[公達](명) ①제왕(諸王). ②귀족의 자녀(子女). 1. rulers 2. young noblemen
きんたま[金玉](명) ①금빛의 공 모양의 것. ②불알. 고환(睾丸). 1. a golden ball 2. the testicles. **—ひばち**[金玉火鉢](명)〈속〉 가랑이 사이에 화로를 넣고 쬐는 일.
きんたん[禁痰](명) 금담. 가래침 뱉는 것을 금함. No spitting.
きんだん[金談](명·자サ) 금전에 관해서 의논함. a talk for a loan
きんだん[禁断](명·타サ) 금단. 못하게 함. 금제(禁制). 「一の木(コ)の実(ミ); 금단의 열매」 prohibition
きんち[錦地](명) 상대방이 사는 곳의 높임말. 귀지(貴地). your place

きんちさん[禁治産](명)〈법〉 ⇨きんじさん.
きんちゃく[巾着](명) ①주머니. 돈 주머니. ②⇨こしぎんちゃく(腰巾着). 1. a purse. **—きり**[巾着切り](명) 소매치기.
きんちゃく[近着](명·자サ) 근착. 최근에 도착함.「一雑誌(ザッシ); 요새 온 잡지」 recent arrival
きんちゅう[禁中](명) 금중. 궁중(宮中). the Court
きんちょ[近著](명) 근저. 최근의 저술. a recent work
きんちょう[金打](명·자サ) ①무사(武士)가 약속을 지킨다는 표시로 서로 칼을 맞부딪쳐 소리를 냄. ②약속을 지킴. 2. fulfilment of one's promise
きんちょう[禁鳥](명) 금조. 법률에 의해 사냥이 금지된 새. 보호조(保護鳥). a protected bird
きんちょう[禽鳥](명) 금조. 새. 조류. birds
きんちょう[緊張](명·자サ) 긴장. 마음을 단단히 하여 조심함. strain
きんちょう[謹聴] Ⅰ(명·타サ) 근청. 삼가 들음. Ⅱ(감) 연설(演説) 등을 듣는 청중이 발(発)하는, 잘 들으라는 주의(注意)의 말(고함). Ⅰ listening with attention
きんちょく[謹直](형동ダ) 근직. 근실하고 정직한 모양. prudent
きんつば[金鍔](명) ①황금 또는 금빛의 날밑. ②[←金鍔焼(ヤキ)] 밀가루를 반죽하여 팥소를 넣고 날밑 모양으로 둥글 넓적하게 기름에 부친 과자. 1. a golden sword guard
きんづまり[金詰まり](명) ⇨かねづまり.
きんてい[欽定](명·타サ) 흠정. 황제나 군주(君主)가 친히 제정(制定)함. legislation by Imperial order
きんてい[禁廷](명) 궁중. 궁궐. the Imperial palace
きんでい[金泥](명) 금니. 금박 가루를 아교풀에 갠 것. gold paint
ぎんでい[銀泥](명) 은니. 은박 가루를 아교풀에 갠 것. silver paint
きんてき[金的](명) ①사방(四方) 3 *cm* 가량 되는 노란 판(板)의 중앙에 그린 직경 1 *cm* 가량의 금색(金色) 과녁. ②큰 목적. 갈망하면서도 이룩하기 어려운 목표.「一を射(イ)とめる; 큰 목적을 이루다」 1. the bull's-eye 2. a long desired purpose
ぎんてき[銀笛](명) 은빛의 피리. 은피리. a flageolet
きんてつ[金鉄](명) ①금과 철. ②견고한 사물을 비유하여 일컫는 말.「一の守(マモ)り; 견고한 방비」 1. gold and iron 2. firmness
きんてん[均霑](명·자サ) ①균점. 고루 적심. ②평등하게 이익을 받음. 평등하게 혜택을 입음. 2. equal participation
きんでん[均田](명) 균전. 토지를 국가 공유로 하여 백성들에게 고루 나누어 주던 일.
きんでんぎょくろう[金殿玉楼](연어·명) 훌륭하고 아름다운 전각(殿閣). a magnificent palace
きんてんさい[禁転載](연어) 다른 책에 싣는 것을 금함. Reproduction prohibited.
きんでんず[筋電図](명)〈의〉 근전도. 근육의 활동에 수반되어 발생하는 전류(電流)를 기록한 그림. 신경통, 소아 마비의 진찰 등에 응용함. an electromyogram
きんど[襟度](명) 금도. 남을 용납할 만한 도량. 아량(雅量).「大会社(ダイカイシャ)の一を示(シメ)す; 대회사의 아량을 보이다」 magnanimity
きんとう[近東](명)〈지〉 근동. 서유럽에 가까운 동양의 여러 나라. 동양의 서쪽 부분. 곧 터어키, 이란, 아프카니스탄 등의 지역. the Near East
きんとう[均等](형동ダ) 균등. 고르고 가지런하여 차별이 없는 모양. equal
きんとき[金時](명) 팥을 달게 삶은 것.「一の火事見舞(カジミマイ); 얼굴이 몹시 빨간 모양의 비유」
きんどけい[金時計](명) 금시계. 금딱지로 된 시계. a gold watch
ぎんどけい[銀時計](명) ①은시계. 은딱지로 된 시계. ②토오쿄오 제국 대학(東京帝国大学)의 우등 졸업생. 1. a silver watch
きんとん[金団](명) 으깬 강남콩이나 고구마 등에 밤 등을 넣은 식품(食品). mashed potato and sweetened chestnuts
ぎんなん[銀杏](명) 은행. 은행나무. 또는 그 열매.
きんにく[筋肉](명)〈생〉 근육. 몸의 연한 부분을 이루고 있는 힘줄과 살.「一隆隆(リュウリュウ); 근육이 울퉁불퉁 잘 발달한 모양」 muscles. **—ろうどう**[筋肉労働](명) 근육 노동. 신체를 사용하는 노동. 육체 노동. ↔精神(セイシン)労働.
ぎんねず[銀鼠](명) 은빛을 띤 쥐색. silvery grey
きんねん[近年](명·부) 근년. 가까운 해. recent years
きんのう[金納](명·타サ) 금납. 조세(租税), 소작료(小作料) 등을 돈으로 납부함. payment in money
きんのう[勤皇·勤王](명) 근왕. 황실 또는 임금을 위하여 힘쓰는 일. ↔佐幕(サバク). loyalty
きんば[金歯](명) 금니. a gold tooth
きんぱ[金波](명) ①금파. (태양이나 달빛을 받아) 금빛으로 반짝이는 물결. ②옷감을 짜는 법의 하나. 1. golden waves
ぎんぱ[銀波](명) 은파. (달빛을 받아) 은빛으로 빛나는 물결. silvery waves
きんぱい[金杯·金盃](명) 금배. ①금으로 만든 술잔. ②금메달. 1. a gold cup 2. a gold medal
きんぱい[金牌](명) 금패. 금으로 만든 상패(賞牌). a gold medal
ぎんぱい[銀杯·銀盃](명) 은배. ①은으로 만든 술잔. ②은메달. 1. a silver cup 2. a silver medal
きんばいそう[金梅草](명)〈식〉 금매화. 성탄꽃과에 속하는 다년초. 아기금매화. a globeflower
ぎんばいそう[銀梅草](명)〈식〉 은매초. 범의귀과에 속하는 다년초. 여름에 흰 꽃이 핌. 「a green bottle fly
きんばえ[金蠅]一バヘ(명)〈동〉 금파리. 쉬파리. ⤴
きんばく[緊縛](명·타サ) 긴박. 꼼짝 못하게 바싹 얽어 묶음. tight binding
きんぱく[金箔](명) ①금박. 금을 두드려 종이처럼 얇게 만든 것. ②훌륭한 직함. 보증. 값어치.「一付(ツ)き; 보증이 붙은」 1. gold leaf

きんぱく[緊迫](명·자サ) 긴박. 몹시 급박함. 아주 절박함. 「一した空気(クウキ); 긴박한 공기」 strain
ぎんぱく[銀箔](명) 은박. 은을 두드려 종이처럼 얇게 만든 것. silver leaf
ぎんはくしょく[銀白色](명) 은백색. 은빛을 띤 흰 빛. silver white
きんぱつ[金髪](명) 금발. 금빛 나는 머리털. blonde
ぎんぱつ[銀髪](명) 은발. 은빛 나는 머리털. 백발(白髪). silver hair
きんばん[勤番](명·자サ) ①교대하여 근무함. ②독신으로 먼 지방에 근무함. 1. one's turn for duty
ぎんばん[銀盤](명) 은반. ①은으로 만든 쟁반. ②얼음판의 미칭(美称). 1. a silver plate 2. ice field
きんぴ[金肥](명)〈농〉 금비. 〔돈을 주고 사들이는 비료라는 뜻으로〕 화학 비료. 유기질(有機質) 비료. an artificial fertilizer
きんぴ[禁秘](명) 금비. 비밀로 하여 보여 주지 않는 것. 금하여 비밀로 함. secrecy
きんぴかり[金光り](명·자サ) 금빛으로 빛남. golden lustre
きんびょうぶ[金屛風](명) 금박을 한 병풍. a gold-leafed folding screen
きんぴら[金平](명) ①몹시 강하고 훌륭한 사물의 비유. ②용맹스런 여자의 비유. ③←金平牛蒡. 1. adamant.
— ごぼう[金平牛蒡](명) 우엉을 잘게 썰어 기름에 볶아 설탕, 간장 등을 넣어 조린 반찬.
きんぴん[金品](명) 금품. 돈과 물품. money and goods
きんぷう[金風](명) 가을 바람. an autumn wind
きんぷくりん[金覆輪](명) 금 또는 황금색 금속으로 장식한 복륜(覆輪). gold rim
ぎんぷくりん[銀覆輪](명) 은 또는 은빛 금속으로 장식한 복륜(覆輪). silver rim
きんぶち[金縁](명) 금빛의 테. 금테 a gold frame
ぎんぶち[銀縁](명) 은빛의 테. 은테. a silver frame
きんぷら[金麩羅](명) 메밀 가루나 달걀 노른자를 씌워서 튀긴 튀김. fry with a coating of buckwheat flour
ぎんぶら[銀ぶら](명·자サ) 토오쿄오(東京)의 긴자(銀座) 거리를 슬슬 산보함.
きんぶん[均分](명·타サ) 균분. 고르게 나눔. 여럿으로 꼭같이 나눔. 균배(均配). 「一相続(ソウゾク); 균배 상속」 equal division
きんぶん[金分](명) 어떤 물질 속에 포함된 금의 분량. percentage of pure gold
きんぷん[金粉](명) 금빛 가루. 금가루. powdered gold
ぎんぷん[銀粉](명) 은빛 가루. 은가루. powdered silver
きんぺい[菌柄](명)〈생〉 버섯의 자루 부분. a stipe
きんべん[勤勉](형동ダ) 근면. 부지런한 모양. diligent
きんぺん[近辺](명) 가까운 곳. 근방. the neighbourhood
きんペン[金 pen](명) 금과 은과의 합금으로 만든 펜. 만년필에 쓰임. a gold pen
きんぼ[欽慕](명·타サ) 흠모. 기쁜 마음으로 사모함. 흔모(欣慕). adoration
ぎんぽ[銀宝](명)〈동〉 베도라치과에 속하는 바닷물고기. 몸은 은백색, 입은 작음. a blenny
きんぼう[近傍](명) 근방. 가까운 곳. the neighbourhood
きんぽうげ[金鳳花](명)〈식〉 미나리아재비. 6월에 황색의 꽃이 피고 작고 둥근 열매를 맺음. 독이 있음. a buttercup
きんぼし[金星](명) ①〔씨름에서〕 요코즈나(横綱)를 패배시킨 표. ②큰 공적. 「一をあげる; 큰 공적을 올리다」 2. great merits
きんほんい[金本位](명)〈경〉 금본위. 금화(金貨)를 본위(本位)로 하는 화폐(貨幣) 제도. the gold standard
ぎんほんい[銀本位](명)〈경〉 은본위. 은화(銀貨)를 본위(本位)로 하는 화폐(貨幣) 제도. the silver standard
ぎんまく[銀幕](명) 은막. ①은빛의 막. ②영사막. ③영화계. 1. a silver-coloured curtain 2. a screen
きんまんか[金満家](명) 금만가. 재산이 많은 사람. 부호(富豪). 재산가. a millionaire
ぎんみ[吟味](명·타サ) 음미. ①시가(詩歌)를 감상함. ②사물을 잘 조사 연구함. ③범인을 잡아 죄를 조사함. 1. appreciation 3. trial
きんみずひき[金水引](명) ①금박(金箔)을 입힌 노끈. ②〈식〉 용아초. 어린 잎은 먹고 뿌리는 아자(牙子)라고 하여 약용(薬用)함. 짚신나물. 1. golden paper-cord
きんみつ[緊密](형동ダ) 긴밀. ①바싹 들러붙어 틈이 없는 모양. ②빈틈이 없고 엄밀한 모양. 2. rigorous
きんみゃく[金脈](명) 금맥. ①금의 광맥(鉱脈). ②자금을 대주는 사람. 1. a vein of gold
ぎんみゃく[銀脈](명) 은맥. 은의 광맥. a vein of silver
きんむ[勤務](명·자サ) 근무. 직무에 종사함. 일을 봄. 「一先(サキ); 근무처」 service
きんむく[金無垢](명) 순금(純金). pure gold
きんめ[斤目](명) 근수. 근량. weight
ぎんめし[銀飯](명)〈속〉 〔은빛으로 빛난다는 뜻에서〕 흰 쌀밥. silverly-lustred boiled rice
きんめっき[金鍍金](명) 금도금. 은, 구리 등의 표면에 금을 입히는 일. gilding
ぎんめっき[銀鍍金](명) 은도금. 구리 등의 표면에 은을 입히는 일. silver plating
きんめだい[金目鯛]―ダヒ(명)〈동〉 금눈돔. 몸빛은 붉고 배쪽은 은백색이며 눈이 금빛으로 빛나는 바닷물고기. 〈학명〉 Beryx splendeus Lowe
きんモール[金モール](명) 금모울. ①금실을 날로, 견사(絹糸)를 씨로 하여 짠 직물. ②금을 도금한 장식용의 가느다란 줄. 1. gold braid 2. a gilt cord
きんもくせい[金木犀](명)〈식〉 단계목. 늦가을에 적황색(赤黄色)의 향기 짙은 작은 꽃이 핌. a fragrant olive
ぎんもくせい[銀木犀](명)〈식〉 ⇨もくせい.
きんもじ[金文字](명) 금문자. 금빛의 문자. 금니(金泥), 금박, 금가루 등으로 쓴 글자. gold letters
ぎんもじ[銀文字](명) 은문자. 은빛의 문자. 은니(銀泥), 은박, 은가루 등으로 쓴 글자. silver letters
きんもつ[禁物](명) 금물. ①법으로 매매, 사용을 금지한 물건. ②해서는 안되는 일. a prohibited thing
きんもん[金紋](명) 금박(金箔), 또는 금빛 옻칠로 쓴

가문(家紋). ── さきばこ[金紋先箱](명) 금빛 옻칠을 한 여행용 옷궤. 자루가 달렸으며 종들이 메고 다녔음. ──しゃ[金紋紗](명) 금사(金糸)로 무늬를 놓은 비단.
きんもん[禁門](명) 금문. ①출입을 금지한 문. ②대궐의 문. 1. a strictly-guarded gate
きんゆ[禁輸](명) 금수. 수출입을 금하는 일. embargo
きんゆう[金融](명·자サ) 금융. ①〈경〉 경제상 자금의 수요와 공급의 관계. ②돈이 융통됨. 「─緩慢(カンマン) 금융 완만」 1. finance. ── きかん[金融機關](명)〈경〉 금융 기관. 돈의 융통을 원만하게 하는 경제상의 기관. ── こうこ[金融公庫](명)〈법〉 금융 공고. 보통 금융 기관에서는 대차(貸借)하지 않는 자금을 대차하기 위하여 정부가 자본을 내놓아 만든 금융 기관. ── さい[金融債](명)〈경〉 금융채. 금융 채권. ──しじょう[金融市場](명)〈경〉 금융 시장. 자금의 거래 시장. ──しほん[金融資本](명)〈경〉 금융 자본. ①금융업자 또는 은행이 지니고 있는 자본. ②은행 자본과 산업 자본과 융합해서 지반(地盤)을 세운 독점적인 거대한 자본.
ぎんゆうしじん[吟遊詩人](명) 음유 시인. 중세(中世) 서양에서 자작(自作)의 시를 읊으며 각지를 돌아 다니던 시인. a minstrel
きんよう[金曜](명) 금요일의 준말.
きんよう[緊要](형동ダ) 긴요. 매우 필요한 모양. 매우 필요하고 중요한 모양. important
きんよく[禁欲·禁慾](명·자サ) 금욕. 욕망 특히 성욕을 금함. abstinence
ぎんよく[銀翼](명) 은익. (비행기의) 은빛으로 보이는 날개. silvery wings
きんらい[近来](명·부) 근래. 요사이. lately
きんらん[金襴·錦襴](명) 금실로 무늬를 놓은 화려한 비단. gold brocade
きんり[金利](명)〈경〉 금리. 원금의 이자. 밑천이나 꾸어 준 돈에 대한 변리. 이율(利率). interest
きんり[禁裏·禁裡](명) 궐내(闕内). 궁중(宮中). the Imperial Court. ── さま[禁裏様](명) 옛날 천황을 일컫던 말.
きんりょう[斤量](명) 근량. 근수. 무게. weight
きんりょう[禁猟](명) 금렵. 수렵을 금하는 것. 「─の区(ク); 금렵구」 prohibition of hunting
きんりょう[禁漁](명) 금어. 물고기의 번식, 보호를 위하여 이를 잡지 못하게 금하는 일. prohibition of fishery
きんりょく[金力](명) 금력. 돈의 힘. 금전의 세력. power of money
きんりょく[筋力](명) 근력. ①근육의 힘. ②일을 능히 감당해 내는 힘. 1. muscular strength
きんりょくぎょく[金緑玉](명)〈광〉 금록옥. 광석의 한 가지. 베릴륨, 알루민산염으로 되어 있고, 철분이 조금 섞여 있음. 빛은 황색 또는 담록색인데 투명한 부분은 보석으로 사용됨. chrysoberyl
きんりょくしょく[金緑色](명) 금록색. 초록빛으로 반사하는 금빛.
きんりん[近隣·近鄰](명) 근린. 가까운 이웃. the neighbourhood
きんりん[錦鱗](명) ①아름다운 물고기. ②금빛 비늘. 1. a beautiful fish
ぎんりん[銀鱗](명) ①은빛 비늘. ②물고기. 1. silver-coloured scales 2. a fish
ぎんりん[銀輪](명) 은륜. (자전거의) 은빛 바퀴. a silver wheel
きんるい[菌類](명)〈식〉 균류. 잎파랑이(葉緑素)를 갖지 않는 민꽃 식물(隠花植物). 예 : 버섯, 곰팡이, 효모, 세균 등. fungi
きんれい[禁令](명) 금령. 금지하는 법령. 금지 명령(禁止命令). an interdict
ぎんれい[銀鈴](명) 은방울. a silver bell
ぎんれい[銀嶺](명) 은령. 눈이 새하얗게 덮인 재나산. a mountain covered with snow
きんろう[勤労](명·자サ) 근로. ①심신을 수고롭게 하여 일에 힘씀. ②근무상의 노고. ③일정한 시간 동안 노무에 종사함. 1. service 2. toil of service. ── かんしゃのひ[勤労感謝の日](명) 일본 국민의 축일의 하나. 사람들이 서로 근로의 정신을 높이고 감사하는 날. 11월 23일. ──しゃ[勤労者](명) 근로자. 근로에 의하여 생활하는 사람. ──しょとく[勤労所得](명)〈법〉 근로 소득. 근로의 보수로 얻는 소득. 노동자의 노임. 「─税(ゼイ); 근로 소득세」 ↔ 不労(フロウ)所得.

く

く[来](자カ) ⇨くる(来る).
く[区](명) 구. ①나눈 지역. ②토지의 구획. 경계. ③도(都)나 시(市) 밑의 행정상의 구역. 1. a section 2. a ward
く[句](명) 구. ①문장의 한 구절. ②시가(詩歌)의 5자 또는 7자로 이루어진 부분. ③하이쿠(俳句)의 준말. ④⇨フレーズ. 1. a clause 2. a verse
く[苦](명) ①고통. 고민. ②고생. 노고(労苦). ③근심. 걱정. ↔楽(ラク). ④쓴맛. 1. pain 4. bitterness
く[九](수) 아홉. 9. nine
ク[倶](명) 클럽(倶楽部)의 준말.
く[垢](명) ①때. ②창피. 치욕(恥辱). ③〈불〉 번뇌(煩

脳). 1. dirt

—ぐ[具](접미) 의복, 기구 등의 한벌. 「鎧(ヨロイ)—(イチ)—; 갑옷 한벌」

ぐ[具](명) 연장. 그릇. 기구. 도구. 「筆記(ヒッキ)—; 필기 도구」 a vessel

ぐ[愚] Ⅰ(명) 어리석음. 또는 그런 사람. 바보. 「—な奴(ヤツ); 어리석은 놈」 Ⅱ(대) 자기를 겸사로 일컫는 말. Ⅰ foolishness

ぐあい[工合·具合]—アヒ(명) ①짜임새. 방법. ②형편. 정도. ③기능(技能)을 발휘하는 상태. 1. a manner 3. condition

くあくせつ[口悪説](명)〈불〉구악설. 말을 잘못하여 짓는 죄. 망언(妄言), 기어(綺語), 양설(両説), 악구(悪口) 등.

グアテマラ[Guatemala](명)〈지〉과테말라. 중앙 아메리카 북서부, 멕시코우 남부에 있는 공화국. 수도는 과테말라시티(Guatemala City).

グアノ[guano](명)〈농〉구아노. 해조(海鳥)의 똥이 해안의 암석 위에 쌓여 변질된 덩어리. 비료로 씀.

グアム[Guam](명)〈지〉구암. 메리에나 제도 맨 남쪽에 있는 동 제도 최대의 섬. 수도는 아가나(Agana).

くあわせ[句合せ]—アハセ(명) 하이쿠(俳句)나 와카(和歌)를 여럿이 지어, 심판자가 우열(優劣)을 가려 주는 모임.

ぐあん[具案](명·자サ) ①초안(草案)을 잡음. ②일정한 수단, 방법을 갖춤. 1. making a draft

ぐあん[愚案](명·자サ) 우안. 어리석은 생각. 자기 생각을 겸사로 일컫는 말. my opinion

くい[杙·杭]クヒ(명) 말뚝. 말목. a stake

くい[悔い](명) 뉘우침. 후회(後悔). 「—をのこす; 후회하다」 repentance

くい[株]クヒ(명)〈방〉그루터기. 그루. a stump

くい[句意](명) 구(句), 하이쿠(俳句)의 뜻.

ぐい(부) 힘들여 갑자기 당기거나 미는 모양. with a jerk

ぐい[愚意](명) 우의. 어리석은 뜻. 자기 의견을 겸사로 일컫는 말. my thought

くいあ·う[食い合う]クヒアフ(자 4) ①서로 물어 뜯다. ②맞물리다. ③서로의 세력 범위를 침범하다. ④〈경〉〔거래소에서〕매매가 뒤섞이다. 명くいあい. 1. bite each other 2. fit in

くいあ·きる[食い飽きる]クヒ—(타상 1) ①포식(飽食)하다. ②(음식 등에) 물리다. 1. be fed up 2. be tired of eating

くいあげ[食い上げ]クヒ—(명) 생활 수단을 잃음. 「めしの—; 실업(失業)」 unemployment

くいあら·す[食い荒らす]クヒ—(타 4) ①난폭하게 먹어 흩뜨리다. ②남의 세력 범위를 거칠게 침범하다. 1. eat wildly

くいあらた·める[悔い改める](타하 1) 회개하다. 명悔い改め. repent

くいあわせ[食い合わせ]クヒアハセ(명·타サ) ①두 가지 이상의 음식을 동시에 먹음. 또는 그로 인한 중독. 「—が わるかった; 음식의 배합이 나빴다(상극되는 음식을 함께 먹었다)」 ②두 개를 서로 연결시킴. 또는 연결시킨 곳. 1. eating two or more things together

くいいじ[食い意地]クヒ—(명) (사나운) 식욕. 「—の張(ハ)った人(ヒト); 식탐가(食貪家)」 gluttony

くいい·る[食い入る]クヒ—(자 4) ①먹어 들어 가다. 깊이 파고 들다. ②손해로 자본(저축)이 줄다. 명食い入り. 1. eat into

クイーン[queen](명) ⇨クイン.

くいおき[食い置き]クヒ—(명·타サ) ⇨くいだめ.

くいかか·る[食い掛かる]クヒ—(자 4) ①먹기 시작하다. ②달려들어 먹으려 하다. ③덤벼들다. 대들다. 1. begin to eat 3. defy

くいか·ける[食い掛ける]クヒ—(타하 1) 먹기 시작하다. begin to eat

くいかじ·る[食い噛る]クヒ—(타 4) ①먹다가 말다. ②조금 하다가 말다. ③조금 알다. 1. eat disorderly 2. do a bit of

くいか·ねる[食い兼ねる]クヒ—(타하 1)① 먹기가 곤란하다. ②생활이 곤란하다. 1. cannot eat

くいき[区域](명) 구역. 갈라 놓은 지역. a zone

くいき·る[食い切る]クヒ—(타 4) ①깨물어 끊다. ②죄다 먹어 치우다. 1. bite off 2. eat up

くいくい(부) ①가볍게 급히 끄는 모양. ②불평을 늘어놓는 모양. 2. grumbling

ぐいぐい(부) ①힘차게 사물을 움직이는 모양. ②기운차게 꿀꺽꿀꺽 마시는 모양. 1. vigorously 2. with a strong pull

くいけ[食い気]クヒ—(명)〈속〉식욕(食慾). appetite

くいこ·む[食い込む]クヒ—(자 4) ①깊이 먹어 들어 가다. ②손해를 보아 자본이나 저축이 줄다. 명食い込み. 1. eat into

くいごろ[食い頃]クヒ—(명) 먹기 좋은 때. high time for eating

くいさが·る[食い下がる]クヒ—(자 4) ①물고 늘어지다. ② 끈덕지게 상대와 맞서다. ③〔씨름에서〕상대방 몸뚱이의 아랫도리에 달라붙다. 2. get a firm grip on

くいさし[食い止し]クヒ—(명) ①먹다 맒. ②하다 맒. 1. leaving one's meal unfinished

くいしば·る[食い縛る]クヒ—(자 4) 악물다. 「歯(ハ)を—; 이를 악물다」 clench one's teeth

くいしめす[食い湿めす](타 4) 입에 대어 적시다.

くいしろ[食い代]クヒ—(명) 밥값. 식비. food costs

くいしんぼう[食いしん坊]クヒ—(명·형동ダ)〈속〉먹고 싶은 욕망에 가득 찬 사람. a glutton

クイズ[quiz](명) 퀴즈. 알아 맞히기. 질문(質問). 수수께끼. 「overeating

くいすぎ[食い過ぎ]クヒ—(명) 너무 많이 먹음. 과식. ⤴

くいぜ[株]クヒゼ(명)〈고〉그루터기.

くいぞめ[食い初め]クヒ—(명) 생후 120 일째 되는 어린 아이에게 처음으로 밥을 먹이는 일. 또는 그 의

식(儀式). the weaning ceremony

くいたお·す[食い倒す]クヒタフス(타 4) ①음식 값을 치르지 않다. ②먹어 없애다. 탕진시키다. 1. live at another's expense

くいだおれ[食い倒れ]クヒダフレ(명·자サ) ①사치하게 먹고 마셔 재산을 없앰. ②놀고 먹음. 무위 도식. 2. living in idleness

くいだめ[食い溜め]クヒー(명·타サ) 한번에 많이 먹어 뱃속에 채워 둠. storing up food in the stomach

くいちが·う[食い違う]クヒチガフ(자 4) 엇갈리다. 일치하지 않다. 「主張(シュチョウ)が—; 주장이 엇갈리다」 교착(交錯)하다. 명 食い違い. disagree

くいちら·す[食い散らす]クヒー(타 4) ① 흩뜨리며 먹다. ②이것 저것 조금씩 지저분하게 먹다. ③여러 가지 일을 조금씩 해보다. 1. eat oneself freely

クイック[quick](명) 퀵. 빠른 것. ↔スロー.

くいつ·く[食い付く]クヒー(자 4) ①물어 뜯다. ②달라붙다. 명 食い付き. 1. bite at 2. hold on to

くいつな·ぐ[食い繋ぐ]クヒー(자 4) 가까스로 먹고 살다. keep body and soul together

くいつぶ·す[食い潰す]クヒー(타 4) 먹어 없애다. 무위 도식하다. 명 食い潰し. run through one's fortune in idleness

くいつ·める[食い詰める]クヒー(자하 1) 먹고 살 수 없게 되다. be reduced to penury

くいで[食いで]クヒー(명) 먹는 분량(分量). 「—がある; 양이 크다」 solid amount for eating

ぐいと(부) 갑자기 힘차게 당기거나 미는 모양. with a jerk

くいどうらく[食い道楽]クヒー(명) ①식도락. 여러 가지 맛 있고 기이한 음식을 두루 맛보며 먹는 일을 도락으로 삼음. 또는 그 사람. ②음식을 조리하는 데 고심(苦心)하는 도락. 1. epicurism

くいと·める[食い止める]クヒー(타하 1) 막다. 방지하다. 「延焼(エンショウ)を—; 연소를 막다」 check

くいな[水鶏]クヒナ(명)〈동〉 흰눈썹뜸부기. 뜸부기과에 속하는 새. 초여름 이른 아침에 나무를 두드리는 듯한 소리로 욺. a water rail

くいにげ[食い逃げ]クヒー(명·자サ) ①먹은 음식 값을 치르지 않고 도망 침. 또는 그 사람. 1. bilking

くいのばし[食い延ばし]クヒー(명·자サ) 조금씩 먹어서 먹는 기간을 오래 끎. 타 食い延ばす(4). saving one's provisions

ぐいのみ[ぐい飲](명) ①고개를 젖히고 단숨에 꿀꺽 마심. ②크고 운두가 높은 술잔. 1. drink at a gulp

くいはぐ·れる[食いはぐれる]クヒー(자하 1) ①먹을 기회를 잃다. ②생활 수단을 잃다. 명 食いはぐれ. 1. miss one's meal 2. lose one's means of livelihood

くいぶち[食い扶持]クヒー(명) 식비(食費). 식비를 위한 녹(祿). food costs

くいぶん[食い分]クヒー(명) ⇨くいぶち.

くいほうだい[食い放題]クヒハウー(명) 멋대로 먹음. 또는 먹는 대로 내버려 둠. eating at will

くいもの[食い物]クヒー(명) ①먹을 것. 음식. ②남에게 이용됨. 또는 그 사람. 1. food 2. a sacrifice

くいりょう[食い料]クヒー(명) ①식료(食料). ②식비(食費). 1. food 2. food costs

く·いる[悔いる](자상 1) 뉘우치다. 후회하다. regret

クイン[queen](명) 퀴인. ①여왕. ②여왕의 그림이 그려진 트럼프의 패. ③한패 중에서 가장 으뜸가는 여자.

クインテット[quintet(te)](명) 〈악〉 퀸텟. ①5중창(五重唱). 5중주(五重奏). ②5중창단. 5중주단.

く·う[食う]クフ Ⅰ(자 4)〈속〉 속다. 「いっぱい—; 한번 속다」 Ⅱ(타 4) ①먹다. ②깨물다. 씹다. ③머금다. ④(상대의 세력, 연기 등에) 파고 들다. ⑤달라붙다. ⑥받다. 입다. 「小言(コゴト)を—; 잔소리를 듣다」 ⑦생활하다. 「—に困(コマ)る; 먹고 살기 어렵다」 ⑧「食(ク)ってかかる; 대들다」 ⑨벌레가 물다. 「蚊(カ)か—; 모기가 물다」 Ⅰ be cheated Ⅱ 1. eat 2. bite

くう[空](명·형동ダ) ①공간(空間). 공중(空中). ②텅 빔. 「頭(アタマ)が—になる; 머리가 텅 비다」 ③사실이 아님. 가공(架空). 「—の物語(モノガタリ); 가공의 얘기」 ④헛됨. ⑤욈. 암기(暗記). 「—で話(ハナ)す; 외서 얘기하다」 ⑥〈불〉 공 마음 이외에 실체(実体)가 존재하지 않는다는 설. 1. space 2. hollowness 6. vanity

ぐう Ⅰ(명) 가위바위보의 바위. 주먹을 쥐고 내는 것. Ⅱ(부) 괴로울 때 내는 소리. 「—の音(ネ)も出(デ)ない; 찍소리도 못하다」 Ⅰ fist-toss Ⅱ a squeak

—ぐう[宮](접미) 신사(神社)의 다른 이름.

—ぐう[隅](조어) 구석. 「1. an even number 2. a pair ↗

ぐう[偶](명) ①우수(偶数). 짝수. ②한쌍.

ぐう[寓](명) ①임시 주거(住居). 우거(寓居). ②자기 집을 겸사로 일컫는 말. 1. a temporary residence

くうい[空位](명) ①비어 있는 지위. ②비어 있는 자리. 공석(空席). 1. a vacant position 2. a vacant seat

くうい[空尉](명)〈군〉 항공 자위대(航空自衛隊)의 위관(尉官). ↔海尉(カイイ), 陸尉(リクイ).

ぐうい[寓意](명·타サ) 우의. 다른 사물에 붙여서 그 뜻을 풍자함. an allegory

ぐういん[偶因](명) 우연한 원인. an accidental cause

くううん[空運](명) 공운. 항공기에 의한 여객 및 하물의 운송(運送). transportation by air

ぐうえい[偶詠](명·타サ) 얼핏 떠오른 생각을 시가(詩歌)로 읊음. an impromptu poem

くうかい[空界](명)〈불〉 공계. 육계(六界)의 하나. 허공의 세계. 공(空). empty space

ぐうかく[隅角](명) 우각. ①모퉁이. 구석. ②〈수〉 다면각(多面角). 1. a corner 2. a polyhedral angle

くうかぶ[空株](명)〈경〉 손익 계산을 할 뿐 실제로 거래하지 않는 주. ↔実株(ジツカブ). an empty stock

くうかん[空間](명) 공간. 모든 방향으로 끝없이 널리 퍼져 있는 빈 곳. ↔時間(ジカン). space

ぐうかん[偶感](명·자サ) 우감. 우연히 머리에 떠오르는 생각. 또는 감상(感想). a random thought

くうかんち[空閑地](명) 공한지. 건축이나 농경(農耕)을 하지 않는 빈 터. a vacant lot
くうき[空気](명) 공기. ①지구를 둘러 싸고 있는 기체(気体). ②주위의 기분. 분위기. 「険悪(ケンアク)な一; 험악한 분위기」 1. air 2. atmosphere. **一ガス**[空気 gas](명)〈이〉 공기 가스. 휘발유에 공기를 불어 넣어 만든 가스. **一じゅう**[空気銃](명) 공기총. 압축된 공기의 힘으로 총알을 쏘게 만든 총. **一でんせん**[空気伝染](명·자サ)〈의〉 공기 전염. 병원체(病原体)가 공간을 통하여 사람에게 전염함. **一ポンプ**[空気 pump](명) ①〈이〉 공기 펌프. 밀폐한 용기(容器) 안의 공기를 빼내는 장치. 또는 공기를 압축해서 용기 안에 주입하는 펌프. ②자동차, 자전거 등의 바퀴에 공기를 넣는 펌프. **一まくら**[空気枕](명) 공기를 넣은 베개. **一よく**[空気浴](명)〈의〉 공기욕. 나체로 공기를 쐬어 피부의 저항력을 증진시키는 일.
くうきょ[空虚](형동ダ) 공허. ①빈 모양. ②내용이 없는 모양. 「一な思想(シソウ); 내용이 없는 사상」 1. emptiness 2. inanity
ぐうきょ[寓居](명·자サ) 우거. ①임시로 사는 집. ②자기 집을 겸사로 일컫는 말. 1. a temporary abode
ぐうぎん[偶吟](명·자サ) ⇨ぐうえい(偶咏).
くうくう[空空](형동タルト) ①아무 것도 없는 모양. 공허(空虚). ②〈불〉 번뇌(煩悩)가 없는 모양. 1. empty 2. without worldly passions. **一ばくばく**[空空漠漠](형동タルト) ①〈불〉 번뇌가 없는 모양. ②넓은 모양.
くうぐん[空軍](명)〈군〉 공군. 항공 병력. an air force
くうけい[空閨](명) 공규. 남편이나 아내가 혼자서 쓸쓸히 사는 방. 공방(空房). a bedchamber of a deserted wife
くうげき[空隙](명) 틈. 간극(間隙). 「政治(セイジ)の一をうずめる; 정치의 틈을 메우다」 a gap
くうけん[空拳](명) ①공권. 빈주먹. 맨주먹. 「赤手(セキシュ)一; 적수 공권」 ②원조(援助)나 금력(金力)이 없음. 1. a bare hand 2. one's own resources
くうげん[空言](명) 공언. ①근거 없는 풍설. 허언(虚言). 거짓말. ②빈말. 실없은 말. 「一を吐(ハ)く; 실없은 말을 하다」 1. a lie 2. an empty word
ぐうげん[寓言](명) 우언. 다른 사물에 비겨 의견이나 교훈을 은연중에 나타내는 말. 우화(寓話). a parable
くうこう[空港](명) 공항. 비행기가 뜨고 내리고 하는 곳. 비행장. an airport
ぐうごう[偶合](명·자サ) 우합. 우연히 만남. 우연한 일치. coincidence
くうこく[空谷](명) 빈 골짜기. 쓸쓸한 골짜기. a lonely valley. **一のきょうおん**[空谷の跫音](연어·명) ①아무도 없는 골짜기에 들리는 사람의 발소리. ②쓸쓸할 때 찾아 오는 사람이나 기쁜 소식.
くうさ[空佐](명)〈군〉 항공 자위대(航空自衛隊)의 영관(領官). ↔海佐(カイサ), 陸佐(リクサ).
ぐうざ[偶座·偶坐](명·자サ) 마주 앉음. sitting face to face
ぐうさく[偶作](명) 우작. 우연히 만듦. 또는 만든 것. an impromptu
くうざん[空山](명) 공산. 사람이 없는 쓸쓸한 산. a deserted mountain
くうし[空士](명)〈군〉 항공 자위대(航空自衛隊)의 사병(士兵). ↔海士(カイシ), 陸士(リクシ).
ぐうじ[宮司](명) 신사(神社)의 최고 신관(神官). the chief priest of a government shrine
くうしつ[空室](명) 공실. 빈방. 공방(空房). an unoccupied room
くうしゃ[空車](명) 공차. 빈 차. an empty car
ぐうしゃ[寓舎](명) ①임시로 사는 집. 우거(寓居). ②여인숙(旅人宿). 숙소. 1. a temporary abode 2. an inn
くうじゃく[空寂](명·형동タルト) 조용하고 쓸쓸한 모양. solitude
くうしゅう[空襲](명·타サ) 공습. 비행기로 습격함. 비행기에 의한 습격. an air raid
くうしょ[空所](명) 빈 곳. 비어 있는 곳. a blank
くうしょう[空相](명) 항공상(航空相). 공군 대신(空軍大臣). Secretary of state for Air
くうしょう[空将](명)〈군〉 항공 자위대(航空自衛隊)의 계급. 공군 중장(中将). ↔海将(カイショウ), 陸将(リクショウ). **一ほ**[空将補](명)〈군〉 공장(空将)보다 하나 아래 계급. 공군 소장(少将). ↔海将補, 陸将補.
くうしん[空振](명·타サ) 〔야구에서〕 공진. 배터(打者)가 친 배트에 공이 맞지 않음. 헛침. missing the ball
ぐうすう[偶数](명)〈수〉 우수. 짝수. an even number
グーズベリー[gooseberry](명)〈식〉 구즈베리. 구즈베리나무의 열매. 잼을 만듦.
ぐう·する[寓する](타サ) ①우거(寓居)하다. ②딴것에 비겨 뜻을 은근히 표시하다. ③머무르다. 1. reside temporarily
ぐう·する[遇する](타サ) 대하다. 대접하다. treat
ぐうせい[偶成](명) 우성. 우연한 성립. an impromptu
くうせき[空席](명) 공석. ①빈자리. ②결원(缺員)이 되어 있는 직위. 1. a vacant seat 2. a vacant position
くうせつ[空説](명) 공설. 근거 없는 뜬소문. 터무니없는 설. an empty rumour
くうせん[空船](명) 공선. 빈 배. an unloaded ship
くうせん[空戦](명) 공전. 공중전(空中戦). an air battle
くうぜん[空前](명) 공전. 비교할 만한 것이 전에는 없음. 「一の大事業(ダイジギョウ); 공전의 대사업」↔絶後(ゼツゴ). unprecedentedness. **一ぜつご**[空前絶後](연어) 공전 절후. 과거나 장래에 있어서 유례가 없을 것.
ぐうぜん[偶然](명·부·형동ダ) 우연. 뜻하지 않은 모양. 뜻밖에. ↔必然(ヒツゼン). accidentality
くうそ[空疎](형동ダ) 공소. 뚜렷한 내용이 없는 모양. 텅 비고 드문드문 떨어져 있는 모양. 「一な文章(ブンショウ); 공소한 문장」 inanity
くうそう[空曹](명)〈군〉 항공 자위대(航空自衛隊)의 하사관(下士官). ↔海曹(カイソウ), 陸曹(リクソウ).
くうそう[空想](명·타サ) 공상. 실행, 실재할 수 없는

상상. fancy

ぐうぞう[偶像](명) 우상. ①금속, 나무, 돌로 만든 상(像). ②신불(神仏)의 모양을 본떠서 만든 상. 「一視(シ)する; 우상시하다」 1. an image 2. an idol

くうそくぜしき[空即是色](연어)〈불〉 공즉 시색. 만물의 본체는 본래 공(空)인데, 그 공이 그대로 실재(実在)라고 하는 것.

ぐうたら(명·형동ダ)〈속〉 ①어리석고 꾸물거림. 또는 그런 사람. ②게으름뱅이. 1. a lagger 2. an idler

くうだん[空談](명) 공담. ①근거 없는 이야기. ②쓸데 없는 이야기. 1. a groundless talk

くうち[空地](명) ①공지. 빈 터. ②〈군〉 공중(空中)과 지상(地上). 「一連絡(レンラク); 공중과 지상과의 연락」 1. a vacant lot

くうちゅう[空中](명) 공중. 하늘. 「一戦(セン); 공중전」 the sky. **—ろうかく**[空中楼閣](명) 공중 누각. ①공중에 지은 누각(楼閣)과도 같이 근거가 없는 것. ②⇨しんきろう(蜃気楼).

くうてい[空挺](명)〈군〉 공정. 공중으로 정진(挺進)함. 「一部隊(ブタイ); 공정 부대」

くうてがた[空手形](명)〈경〉 ⇨からてがた.

クーデター[프 coup d'Etat](명) 쿠데타. 무력 등의 비상 수단으로 정권을 잡는 일. 불법적이고 폭력적인 정변(政変).

くうてん[空転](명·자サ) 공전. 헛돎. skidding

くうでん[空電](명)〈이〉 공전. 〔라디오에서〕 수신기에 소음(騒音)을 일으키는 대기(大気) 중의 방전(放電). atmospheric electricity

くうどう[空洞](명) 공동. ①텅 빔. 공허(空虚). ②동혈(洞穴). ③〈의〉 결핵균에 침범되어 폐(肺)에 생기는 조그만 구멍. 1. emptiness 2. a cave

くうとりひき[空取引](명)〈경〉 실물의 수도(受渡)를 하지 않고 시세로 손익(損益)을 계산하여 차금(差金)으로 결제(決済)하는 거래. 차금 매매(差金売買). short selling

くうに[空に](부) ①헛되이. 목적도 없이. ②근거도 없이. 1. in vain 2. baselessly

クーニャン[중 kunyan· 姑娘](명) 쿠우냥. 처녀. 소녀(少女).

ぐうのね[ぐうの音](명)〈속〉 찍소리. 「一も出(デ)ない; 찍소리도 못하다」 a squeak

くうはく[空白](명·형동ダ) 공백. ①빈 지면(紙面). ②아무 것도 행해지지 않는 상태. 「政治(セイジ)の一; 정치의 공백」 ③비어 있는 모양. 1. a blank

くうばく[空爆](명·타サ) 공폭. 항공기에 의한 폭격. 공중 폭격. an air raid

くうばく[空漠](형동タルト) 공막. ①텅 비고 넓은 모양. ②멍청하여 요령이 없는 모양. 1. vast 2. vague

くうはつ[空発](명·자サ) 공발. ①(다이너마이트 같은 것이) 헛되이 폭발함. ②겨냥하기 전에 발사(発射)됨. 1. vain explosion 2. blind firing

ぐうはつ[偶発](명·자サ) 우발. 일이 우연히 일어남. 「一的(テキ); 우발적」 accidental occurrence

くうひ[空費](명·타サ) 공비. 쓸 데 없는 경비를 씀. 헛되이 씀. 낭비(浪費). 「時間(ジカン)を一する; 시간을 낭비하다」 waste

くうふく[空腹](명·형동ダ) 공복. 배가 고픔. 속이 빔. 「一時(ジ); 공복시」 hunger

くうぶん[空文](명) 공문. 소용이 안되거나 효력이 없는 글. a dead letter

クーペ[프 coupé](명) 쿠페. 상자 모양의 2 인승 마차. 또는 작으마한 2 인승 자동차.

くうぼ[空母](명)〈군〉 항공 모함(航空母艦)의 준말.

くうほう[空包](명)〈군〉 공포. 실탄 대신에 나무나 종이로 만든 마개를 장치하여 발사 소리만 나게 하는 탄약. ↔実包(ジッポウ). a blank cartridge

くうほう[空砲](명) 공포. 실탄을 재지 않은 총포(銃砲). a blank shot

クーポン[프 coupon](명) 쿠우퐁. (승차권 등) 한 장씩 떼어서 쓰게 되어 있는 표.

くうめい[空名](명) 공명. 실제에 부합되지 않는 명성(名声). 허명(虚名). an empty name

くうめい[空冥](명) 하늘. 천공(天空). the vault of heaven

くうもう[空濛](명) 공몽. 비나 안개로 하늘이 어두운 것. dark sky with a light rain or fog

ぐうもく[寓目](명·자サ) 관심을 가지고 봄. attention

くうや[空夜](명) 쓸쓸한 밤. a lonesome night

くうやねんぶつ[空也念仏](명) 가락을 붙여 염불(念仏)을 하면서 호리병박이나 징을 두드리며 추는 춤.

くうゆ[空輸](명·타サ) 공수. 비행기로 사람이나 물건을 실어 나름. air transport

ぐうゆう[偶有](명·타サ) 우유. 우연히 갖추어 지님. accident

クーラー[cooler](명) 쿠울러. 냉방 장치(冷房装置).

くうり[空理](명) 공리. 실제로 소용이 되지 않는 이론. an empty theory

クーリー[중 cooly·苦力](명) 쿠울리. 하층 노동자. 막일군.

くうりく[空陸](명) ①하늘과 땅. ②공군과 육군. 1. the air and the land 2. the air and land forces

ぐうりょく[偶力](명)〈이〉 우력. 한 물체의 두 점에 똑같은 크기로 서로 반대 방향에 평행으로 작용하는 힘. 물체의 회전 운동만을 일으킴. a couple

クール[도 Kur](명)〈의〉 쿠르. 특정 치료를 계속하는 기간. 「一(イチ)一; 한 특정 치료 기간」

くうれい[空冷](명) 공랭. 공기로 식힘. 공기 냉각(空気冷却). 「一式(シキ); 공랭식」 ↔水冷(スイレイ). air-cooling

ぐうれつ[偶列](명) 우수의 열(列). ↔奇列(キレツ).

くうろ[空路](명) 공로. 항공로(航空路). 「一出発(シュッパツ)した; 비행기로 출발했다」 ↔陸路(リクロ), 海路(カイロ). an air route

くうろん[空論](명) 공론. 무익한 의론. 쓸 데 없는 의론. an empty theory

ぐうわ[寓話](명) 우화. 다른 사물에 비겨 의견이나

교훈을 은연중에 나타내는 이야기. a fable

くえい[区営](명) 구(区)에서 경영하는 것. 「一プール; 구에서 경영하는 푸울」 ward management

ぐえい[愚詠](명) 우영. 자신의 시가(詩歌)를 겸사로 일컫는 말. my humble poem

くえいでん[公営田](명) 왕조 시대에 국가 기관에서 장정(壮丁)에게 경작시켰던 땅. ↔私営田(シエイデン).

クエーカー[Quaker](명)〈종〉 퀘이커. 기독교의 한 파. 성령(聖霊)이 직접 지도하는 것을 주안(主眼)으로 함. 프렌드파.

クエート[Kuwait](명)〈지〉 쿠웨이트. 아라비아 동북부 페르샤만 연안에 있는 소 독립국. 또는 그 나라의 수도.

くえき[苦役](명) ①고역. 괴로운 노동. ②징역(懲役). 도형(徒刑). 1. hard labour 2. penal servitude

クエスチョンマーク[question-mark](명) 퀘스천마아크. 의문 부호(疑問符号). 「?」

くえない[食えない]クヘ―(연어) ①먹을 수 없다. ②생활할 수 없다. ③〈속〉 방심(放心)할 수 없다. 교활하여 다루기 어렵다. 「一やつ; 교활하여 마음을 놓을 수 없는 놈」 1. uneatable 3. crafty

く·える[食える]クヘル(자하 1) ①먹을 수 있다. ②먹을 만하다. ③생활할 수 있다. 1. 2. be edible 3. can live

くえんさん[枸櫞酸](명)〈이〉 구연산. 레몬이나 밀감(密柑) 등의 과실 속에 있는 염기성(塩基性)의 산. 맛은 심. 청량 음료(清涼飲料)로 사용함. citric acid

クォーター[quarter](명) 쿠오오터. ①(1시간의) 4분의 1. 15분. ②지구(地区). 구역(区域).

クォータリー[quarterly](명) 쿠오오털리. 1년에 4회 나오는 간행물(刊行物). 계간(季刊).

クォート[quart](명) 쿠오오트. 1갈론의 4분의 1. 약 1*l*.

くおん[久遠](명)〈불〉 구원. 아득하게 멀고 오램. 영구(永久). 영겁(永劫). eternity

くが[陸](명) 뭍. 육지. 언덕. land

くかい[九界](명)〈불〉 구계. 십계(十界)에서 불계(仏界)를 제외한 지옥, 아귀(餓鬼), 축생(畜生), 수라(修羅), 인간, 천상(天上), 성문(声聞), 연각(縁覚), 보살(菩薩)의 아홉 세계.

くかい[区会](명) ⇨くぎかい.

くかい[句会](명) 하이쿠(俳句)를 짓는 모임.

くがい[区外](명) 구외. 구의 지역 밖. outside a ward

くがい[苦海](명)〈불〉 고해. 고뇌(苦悩)가 많은 이 세상. 「一に沈(シズ)む; 이승의 괴로움에 잠기다」 a profound pain

くがい[苦界](명) ①〈불〉 고계. 괴로움이 많은 인간 세계. ②유녀(遊女)의 신세. 1. a bitter world

くかく[区画·区劃](명·타サ) 구획. 구별하여 획정(画定)함. 또는 획정한 곳. a division

くがく[苦学](명·자サ) 고학. 일하면서 학교에 다님. 「一生(セイ); 고학생」 studying under adversity

くがじ[陸路]―ヂ(명) 육로. 땅 위에 난 길. ↔海路(ウナジ). an overland route

くかだち[探湯·盟神探湯](명)〈고〉 옛날 재판을 할 때 옳고 그름을 가리기 위해 신에 맹세하고 끓는 물에 손을 집어 넣던 일. 데지 않는 자를 옳은 사람으로 쳤음.

くがつ[九月](명) 9월. September

くかつよう[久活用](명)〔문법에서〕 문어 형용사(文語形容詞) 활용의 하나. 어미(語尾)가 "く, く, し, き, け, れ"로 활용하는 것. ↔しく活用(カツヨウ).

くがね[黄金](명)〈고〉 ⇨こがね.

くがら[句柄](명) 구(句)의 됨됨이나 품격(品格).

くかん[区間](명) 구간. ①구(区)와 구의 사이. ②나누어진 사이. 일정한 지점의 사이. 「乗車(ジョウシャ)一; 승차 구간」 the section

くかん[苦寒](명) ①추위로 고생하는 일. ②추위가 심한 계절. 음력 12월의 다른 이름. ③빈고(貧苦)에 괴로와함. 1. suffering from cold 3. poverty

くかん[苦諫](명·타サ) 싫은 말로 간함. remonstration

くかん[軀幹](명) 몸. 동체(胴体). 몸통. a body

ぐがん[具眼](명) 구안. 안식(眼識)이 있음. 「一の士(シ); 안식이 있는 사람」 penetration

くき[茎](명) ①〈식〉 줄기. ②기구(器具)의 자루. a stem

くぎ[釘](명) 못. 「一をさす; 못을 박다(틀림 없도록 다짐하다)」 a nail

くぎ[区議](명) 구의회(区議会), 구의회 의원의 준말.

くぎかい[区議会](명) 구(区)의 의결 기관(議決機関). 전에는 구회(区会)라고 했음. a ward assembly

くぎかくし[釘隠し](명) 못대가리를 감추기 위한 장식. an ornament for covering a nailhead

くぎごたえ[釘応]―ゴタヘ(명) ①못이 단단히 박혀 있음. ②튼튼하여 오래 감. ③효과가 있음. 2. being durable

くぎづけ[釘付け](명·타サ) ①못을 박아 고정(固定)시킴. ②고정되어 움직일 수 없음. 1. nailing up 2. being stationary

くぎぬき[釘抜き](명) 못뽑이. pincers

くきやか(형동ダ) 사물의 선명한 모양. clear

くぎゃく[苦虐](명) 못살게 학대함. torment

ぐきょ[愚挙](명) 우거. 어리석은 짓. a foolish act

くきょう[句境](명) ①하이쿠(俳句)의 차차 진보하는 정도. 「一とみに進(スス)む; 하이쿠 짓기에 빨리 숙달하다」 ②하이쿠를 지을 때의 심경(心境).

くきょう[究境] Ⅰ(명) ①구경. 끝. 극한(極限). 종극(終極). ②근본. ③특히(가장) 우수한 것. Ⅱ(부) 결국. 필경. 끝내는. Ⅰ1. the end Ⅱ in short

くきょう[苦況](명) 고황. 괴롭고 어려운 형편. difficult conditions

くきょう[苦境](명) 고경. 괴로운 입장. 불행한 처지. 「一に立(タ)つ; 괴로운 입장에 서다」 adverse circumstances

くぎょう[公卿](명) ①공경. 예전 조정(朝廷)에 봉사하던 공(公)인 섭정, 관백(関白), 대신(大臣), 경(卿)인 다이나곤(大納言), 츄우나곤(中納言), 3위(三位) 이상의 사람을 가리키던 말. ②⇨てんじょうびと(殿上人).

くぎょう[苦行](명)〈종〉 고행. 괴로운 수행(修行). religious austerities
くぎり[句切り·区切り](명) ①(문장의) 구절(句節)이 끊어지는 곳. 단락(段落). ②사물을 중도에서 끊은 곳. 1. punctuation
くぎ·る[句切る·区切る](타 4) ①단락(段落)을 짓다. ②구분 짓다. 구획하다. partition
くぎん[苦吟](명·자サ) 애써서 시가(詩歌)를 지음. 또는 그 시가. a laborious composition
くく[九九](명)〈수〉 구구. 1에서 9까지의 각 수로, 두 수끼리 서로 곱쳐서 되는 적(積)을 나타낸 것. 승산표(乘算表). 곱셈표. the multiplication table
くく[句句](명·부) 한구 한구. 매구(毎句). every phrase
くく[区区](형동タルト) 구구. ①각기 다른 모양.「—たる說(セツ); 구구한 설」②작아서 하찮은 모양.「—たる小事(ショウジ); 하찮은 작은 일」1. varied 2. petty
くぐせ[屈背·傴僂](명)〈고〉 ⇨せむし.
くぐつ[裹](명)〈고〉 ①짚 등으로 엮어 만든 자루. 해초나 조개 따위를 넣음. 망태기. ②실로 엮은 자루.
くぐつ[傀儡](명) ①괴뢰. 꼭둑각시. 또는 이를 놀리는 사람이나 기술. ②유녀(遊女). 1. a puppet 2. a harlot
くく·める[銜める](타하 1) ①(입에) 물리다. ②타이르다. 납득(納得)시키다. 困 くくむ(4).
1. put in another's mouth 2. tell in easy words
くぐも·る(자 4) ①(목소리가) 입에 무엇을 문 듯이 분명치 않다. ②흐리다.
くくり[括り](명) ①묶음. 또는 묶은 것. ②새나 짐승을 잡는 덫. ③바지 등에 달아서 매는 끈. 1. a knot 2. a snare. **—まくら**[括り枕](명) 안에 메밀 껍질 등을 넣고 양쪽 끝을 묶은 베개.
くぐり[潜り](명) ①허리를 구부리고 들어 감. ②←潜り戸. 1. passing through. **—ど**[潜り戸](명) 허리를 구부리고 들어 가는 작은 문.
くく·る[括る](타 4) ①(다발로) 묶다. 매다. ②엮다. ③총괄(総括)하다. ④죄다. ⑤홀치기염(絞染)을 하다. 1. bind 3. summarize
くぐ·る[潜る](타 4) ①물속에 들어 가다. ②틈으로 들어 가다. ③틈을 엿보아 하다. ④살그머니 빠져 나가다. 1. dive 2. pass through
くげ[公家](명) ①조정(朝廷). ②⇨くぎょう(公卿). ③くげしゅう(公家衆). 1. the court
くげ[供花](명)〈불〉 공화. 불전(仏前)에 바치는 꽃. a flower offered to Buddha
くけい[矩形](명)〈수〉 구형. 장방형(長方形). a rectangle
ぐけい[愚兄](명) 우형. 자기 형을 겸사로 일컫는 말. ↔賢兄(ケンケイ). my elder brother
ぐけい[愚計](명) 우계. ①어리석은 계략. ②자기 계략을 겸사로 일컫는 말. 1. a foolish plan 2. my plan
くげしゅう[公家衆](명) 옛날 막부(幕府)에 봉사하던 무사에 대해서, 조정에서 벼슬하던 사람들을 일컫는 말. court nobles
くけだい[絎け台](명) 옷을 공그를 때 천이 늘어지지 않도록 한쪽 끝을 매어 두는 대(臺).
くけぬい[絎縫]—ヌヒ(명) 실 땀이 겉으로 나타나지 않게 꿰매는 일. 공그르기. blind stitch
くけばり[絎針](명) 공그르는 데 쓰는 긴 바늘. ↔縫針(ヌイバリ). a blind-stitching needle
く·ける[絎ける](타하 1) 공그르다. blindstitch
くけん[区検](명) 구검찰청(区検察庁)의 준말.
くげん[苦言](명·자サ) 고언. 듣기는 싫으나 유익한 말. 충언(忠言). unwelcome advice
くげん[苦患](명) 고환. 고뇌(苦惱). agony
ぐけん[愚見](명) 우견. ①어리석은 의견. ②자기의 의견을 겸사로 일컫는 말. 2. my humble opinion
ぐげん[具現](명·타サ) 구현. 구체적으로 나타냄. embodiment
くけんさつちょう[区検察庁](명)〈법〉 간이 재판소(簡易裁判所)가 담당하는 검찰 사항을 취급하는 관청.
くこ[枸杞](명)〈식〉 구기자나무. 가지과에 속하는 낙엽 활엽 관목. 줄기는 가늘고 가시가 있으며, 열매는 가을에 붉게 익으며 약용. a matrimony vine
くご[供御](명) ①천황(天皇)의 식사. 수라. ②장군의 식사. 1. the Emperor's meal
くご[箜篌](명)〈악〉 공후. 옛날 동양 여러 나라에서 쓰던 하아프 비슷한 현악기.
くこう[句稿](명) 하이쿠(俳句)의 원고.
くごう[口業](명)〈불〉 구업. 삼업(三業)의 하나. 입으로 짓는 죄업(罪業).
ぐこう[愚行](명) 우행. 어리석은 행동.
ぐこう[愚考](명·자타サ) 우고. ①어리석은 생각. ②자기의 생각을 겸사로 일컫는 말.
1. a foolish plan 2. my humble opinion
くごころ[句心](명) ①하이쿠(俳句)를 지으려는 마음. ②하이쿠의 취미를 이해하는 능력.
くごも·る[口籠る](자 4) ⇨くちごもる.
くさ[来さ](명)〈고〉 올 때. ↔行(ユ)くさ.
くさ[草](명) ①풀. ↔木(キ). ②잡초. ③이엉. 짚.「—葺(ブ)き; 초가(草家)」④꼴. 1. grass 2. weeds 4. fodder
くさ[瘡](명) ①습진(湿疹). ②부스럼. 피부병. ③태독(胎毒). 1. eczema 3. congenital syphilis
—ぐさ[種](조어) …거리. …할 재료가 되는 것.「お笑(ワラ)い—; 웃음 거리」
くさ·い[臭い](형) ①나쁜 냄새가 나다. 구리다.「—めし; 냄새가 나는 밥(형무소 밥)」②수상하다. ③…인 듯이 보이다. …인 것 같다. 1. stinking 3. seeming
くざい[句材](명) 하이쿠(俳句)의 재료.
ぐさい[愚才](명) ①어리석은 재능. ②자기의 재능을 겸사로 일컫는 말. 1. incompetence
ぐさい[愚妻](명) ①어리석은 아내. ②자기의 아내를 겸사로 일컫는 말. 1. a foolish wife 2. my wife
くさいきれ[草いきれ](명) 여름에 풀이 풍기는 풀냄새가 섞인 열기(熱気). fume of grass
くさいち[草市](명) 우란분회(盂蘭盆会)에 필요한 꽃이나 불구(仏具)를 파는 시장. a grass-market
くさいちご[草苺](명)〈식〉 장딸기. 장미과에 속하는 낙엽 활엽 관목. 줄기는 덩굴지고 가시가 있으며

열매는 먹음. a strawberry
くさいろ[草色](명) 풀색. 푸른 빛을 띤 녹색. green
くさがき[草垣](명) 풀을 엮어 만든 울타리. a grass fence
くさがくれ[草隠れ](명) ①풀숲 그늘에 숨음. 또는 그 곳. ②풀이 우거진 시골의 은신처(隠身処). 1. hiding in a grass shade
くさかげろう[草蜻蛉](명)〈동〉 초청령. 풀잠자리. 초부유(草蜉蝣). a lacewing
くさがめ[椿象](명)〈동〉 ①노린재. 해충의 하나로 잡으면 고약한 냄새를 풍김. ②남생이. 1. lacewing
くさかり[草刈り](명·자サ) 풀을 벰. 또는 그 사람. mowing
くさがれ[草枯れ](명·자サ) ①풀이 마름. ②풀이 마르는 시절. 가을. 1. withering of grass
くさかんむり[草冠](명) 한자 부수(部首)의 하나. 초두. "草, 薬" 등의 "艹" 부분.
くさき[草木](명) 초목. 풀과 나무. plants
くさぎ·る[耘る](자 4) 김매다. 제초(除草)하다. weed
くさく[句作](명·자サ) 하이쿠(俳句)를 지음.
ぐさく[愚作](명) 우작. ①보잘 것 없는 작품. ②자기의 작품을 겸사로 일컫는 말. 1. poor stuff 2. my clumsy work
ぐさく[愚策](명) ①어리석은 계책. ②자기의 계책을 겸사로 일컫는 말. 1. a foolish plan 2. my plan
くさくさ(부·자サ)〈속〉 마음이 울적(鬱寂)한 모양. depressingly
くさぐさ[種種](명) 여러 가지. 각가지. variety
くさごえ[草肥](명)〈농〉 초비. 풀을 썩히지 않고 그대로 작물 주위에 깔아 비료로 하는 것. 풋거름. 녹비(緑肥). green manure
くさ·す[腐す](타 4)〈속〉 비난하다. 헐뜯다. speak ill of
くさずもう[草相撲]—ズマフ(명) (명절 등에) 아마튜어들이 하는 씨름.
くさずり[草摺り](명) 갑옷의 허리통에 달린 허리 밑을 보호하는 부분.
くさぞうし[草双紙](명) 에도(江戸) 시대 초기에 있었던 삽화(挿画)가 든 소설책. an illustrated story book
くさたけ[草丈](명)〈농〉 농작물의 키. the height of farm crops
くさだんご[草団子](명) 쌀가루에 쑥을 넣어 만든 경단. green dumpling
くさち[草地](명) 초지. 풀밭. 초원 지대(草原地帯). a grassland
くさづと[草苞](명)〈고〉 ①풀로 싼 선물. ②뇌물. 「—に国(クニ)傾(カタム)く; 뇌물 때문에 나라가 망한다」
くさとり[草取り](명) ①잡초를 베는 일. 또는 그 사람. ②잡초를 베는 농구(農具). 1. weeding
くさなぎ[草薙](명) 날이 있는 연장으로 풀을 세차게 쳐서 베는 일. mowing grass. **—のつるぎ**[草薙剣](명) 일본 황실(皇室)의 세 신기(神器)의 하나. 검(劍).
くさのいおり[草の庵]—イホリ(연어·명) 초가 지붕의 보잘 것 없는 오두막. 암자. a thatched cottage
くさのとびら[草の扉](명) 풀로 엮은 문. 보잘 것 없는 집. a humble residence
くさのむしろ[草の筵](명) ①돗자리를 편 것처럼 풀이 우거진 것. ②돗자리 대신 풀을 까는 것. 1. grass growing like a mat
くさば[草葉](명) 풀잎. leaves of grass. **—のかげ**[草葉の陰](연어·명) ①풀숲의 그늘. ②무덤 속.
くさばな[草花](명) ①풀에 피는 꽃. ②꽃이 피는 풀. 1. the flower of a plant 2. a flowering plant
くさはら[草原](명) 초원. 풀밭. a grassy plain
くさび[楔](명) ①물건 사이나 틈새에 박아 사개가 물러나지 못하게 하는 것. 쐐기. ②축(軸) 끝에 박아 바퀴가 밖으로 나감을 막는 쐐기. 비녀장. ③어떤 사물의 사이에서 서로를 긴밀하게 연결시키는 것. 1. a wedge
くさびら[草片](명)〈고〉 ①야채. 푸성귀. ②버섯.
くさふ[草生](명) 풀이 난 곳. 초원(草原). a grassy plain
くさぶえ[草笛](명) ①꼴군이 부는 피리. ②풀잎 피리. 풀피리. ③속악(俗楽)에 쓰이는 퉁소. 2. a reed
くさぶか·い[草深い](형) ①풀이 무성하다. ②벽촌(僻村) 같다. 1. grassy 2. remote
くさぶき[草葺き](명) 띠, 짚 등으로 지붕을 임. 또는 그 지붕. 초가 지붕. thatching
くさぼうき[草帚](명) 대싸리 따위로 만든 비. a broom
くさまくら[草枕](명) 풀로 만든 베개. 풀베개.
くさみ[臭み](명) ①구림. 또는 그 정도. ②남에게 주는 혐오감(嫌悪感). 「—のある人(ヒト); 혐오감을 주는 사람」 1. a bad smell
くさむ·す[草むす](자 4) 풀이 나다. grow
くさむすび[草結び](명) ①풀을 엮어 암자를 만드는 일. ②이정(里程)의 표시로 풀을 엮는 일. ③남보다 앞서 일을 시작함. ④인연을 맺음. 1. making a secluded habitation 2. tying a grass-knot
くさむら[叢](명) 풀숲. a bush
くさめ[嚏](명) 재채기. a sneeze
くさもち[草餅](명) 떡쑥 등을 넣어 만든 떡. a mugwort rice-cake
くさや(명) 소금에 절여 말린 전갱이. dried rancid mackerel
くさや[草屋](명) ①초가(草家). ②꼴을 넣어 두는 헛간. 1. a thatched house 2. a hayloft
くさやきゅう[草野球](명) 주로 아이들이 풀밭에서 하는 야구.
くさやね[草屋根](명) 초가 지붕. a thatched roof
くさやぶ[草藪](명) 풀숲. a bush
くさら(か)·す[腐ら(か)す](타 4) 썩히다. rot
くさり[腐り](명) ①썩음. 「—の早(ハヤ)い食(タ)べ物(モノ); 상하기 쉬운 음식」 ②썩은 정도. 또는 그 부분. 1. rottenness
くさり[鎖·鏈](명) ①쇠사슬. ②사물을 연결하는 것. ③문장 등의 단락(段落). 1. a chain 2. a yoke 3. a period. **—かたびら**[鎖帷子](명) 쇠사슬로 엮은 옷. 갑옷 안

〔鎖鎌〕

에 껴입었음. ―**がま**[鎖鎌](명) 낫에 긴 쇠사슬을 달고 그 끝에 쇠뭉치를 단 무기(武器).

くさ·る[腐る](자 4) ①썩다. 부패하다. ②〈속〉 낙심하다. 비관하다. 「そう—な; 그렇게 비관하지 말라」 ③못 쓰게 되다. 녹슬다. 1. rot 2. be dejected 3. become useless

くされ—[腐れ](조어) 하등(下等)의. 더러운. 「—女(オンナ); 더러운 년」

くされ[腐れ](명) ①썩는 것. ②썩은 정도. 또는 부분. ③자포 자기하여 될 대로 되라고 내버려 둠. ④저주, 욕하는 말. 1. rottenness. ―**えん**[腐れ縁](명) 헤어질래야 헤어질 수 없는 나쁜 인연.

くさ·れる[腐れる](자하 1) 썩다. rot

くさわい[種]クサハヒ(명)〈고〉 ①사물의 원인. ②아취(雅趣). 취미.

くさわけ[草分け](명) ①황무지를 개척하는 일. 또는 그 사람. ②어떤 일을 맨 처음으로 함. 또는 그 사람. 창시자(創始者). 「プロ野球(ヤキュウ)の—; 프로야구의 창시자」 1. a pioneer

くさわら[草原]—ハラ(명) ⇨くさはら. ┌1. a skewer

くし[串](명) ①꽂. 물건을 꿰는 꼬챙이. ②초의 심지. ↗

くし[髪](명)〈고〉 머리털. 두발(頭髮).

くし[櫛](명) 빗. a comb

くし[苦思](명·자サ) 고사. 괴롭게 생각함. 괴로운 생각. 고심(苦心). anxiety

くし[苦使](명·자サ) 혹사함. driving hard

くし[駆使](명·타サ) 구사. 자유 자재로 부림. free use

くじ[籤·鬮](명) 제비. 종잇조각이나 나무쪽을 많이 만들어 그 낱낱에 적은 기호나 문구에 따라서 길흉(吉凶), 승패(勝敗), 등급(等級) 등을 결정함. a lot

くじ[九字](명)〈불〉 몸을 지키는 주문(呪文)으로 외는 아홉 개의 글자. (臨兵闘者皆陣列在前) 「—を切(キ)る; 구자의 호신법을 쓰다」·

くじ[公事](명) 공사. ①조정(朝廷)의 연중 행사(年中行事). ②공적(公的)인 사무. ③소송. 「負け—; 지는 송사」 1. court affairs

くしあげ[髮上げ](명) 머리를 빗음. 또는 그렇게 해주는 사람. hairdressing

くしうら[櫛占](명) 빗으로 치는 점. 옛날에 황양목(黄楊木) 빗으로 노래를 부르며 길흉을 점치던 일.

くじうん[籤運](명) 제비 뽑기의 운. fortune in lottery

くしがき[串柿](명) 곶감. a dried persimmon

くしがた[櫛形](명) ①빗 등처럼 굽은 모양. ②〔←櫛形窓(マド)〕 빗 모양의 창. 1. comb-shape

くしき[奇しき](연체) 이상한. 「—運命(ウンメイ); 이상한 운명」 strange

くしぎわ[髮際] (명) 머리털이 난 가장자리. the hair-border

くじ·く[挫く](타 4) ①꺾어 상처를 내다. 삐게 하다. ②누르다. 약하게 하다. 1. break 2. weaken

くしくも[奇しくも](부) 이상하게도. mysteriously

くしげ[櫛笥](명) 빗, 화장 도구 등을 넣어 두는 상자. a box of toilet set

くしけず·る[梳る]—ケヅル(타 4) 머리를 빗다. 빗질하다. comb

くじ·ける[挫ける](자하 1) ①꺾여 상처받다. 삐다. 「腰(コシ)が—; 허리를 삐다」 ②약해지다. 꺾이다. 「意気(イキ)が—; 의기가 저상(沮喪)되다」 1. break

くしざし[串刺し](명) ①꼬챙이에 꿰. 또는 꿴 것. ②사람 따위를 찔러 죽임. ③옛날 못으로 목을 찔러 효수(梟首)하던 일. 1. spitting

くしどうぐ[櫛道具](명) 빗 등 머리를 빗고 만지는 데 필요한 도구. tools for hair dressing

ぐしぬい[具し縫い]—ヌヒ(명) 홈질. 홈질 연습. sewing

くじのがれ[籤逃れ](명) 제비를 뽑은 결과 순번에서 빠짐. elimination by lottery

くじびき[籤引き](명·자サ) 제비 뽑기. 추첨(抽籤). drawing lots

くしまき[櫛巻き](명) 머리털을 빗으로 감아 튼 머리형(型). hair wound around a comb

くしめ[櫛目](명) 빗으로 머리를 빗어 난 자국. 빗자국.

ぐしゃ[愚者](명) 우자. 어리석은 사람. 바보. an idiot

くじゃく[孔雀](명)〈동〉 공작. 꿩과에 속하는 새. 인도 원산으로 수컷은 꽁지가 매우 길고 아름다움. a peacock

くしゃくにけん[九尺二間](명) 토지나 가옥의 가로의 길이가 아홉 자(약 2.7 m), 세로의 길이가 열 두 자(약 3.6 m)인 초라하고 좁은 집. 「—の裏長屋(ウラナガヤ); 뒷골목의 초라하고 좁은 집」 a small house

くしゃみ[嚔](명)〈생〉 재채기. a sneeze

くじゅ[口授](명·타サ) 구수. 말로써 가르침. oral instruction

くしゅう[句集](명) 렌쿠(連句), 하이쿠(俳句) 등을 모은 책. a collection of poems

くじゅう[久住](명)〈불〉 오래도록 살고 있음. 영주(永住). a permanent residence

くじゅう[旧住](명) 오래 전부터 살고 있음. a long residence

くじゅう[苦汁](명) ①쓴 국물(고생스러운 경험). 「—をなめる; 쓴맛을 보다(고생하다)」 ②간수. 고염(苦塩). 1. bitter juice 2. brine

くじゅう[苦渋](명) ①쓰고 떪음. ②괴로와하는 일. ③문장(文章)이 어려운 것. 난삽(難渋). 2. mortification 2. ambiguity

くじゅう[九十](수) 구십. 열의 아홉 배. 90. ninety

くじゅうめつどう[苦集滅道](명)〈불〉 고집멸도. 미(迷)와 오(悟)의 인과 관계를 설명한 불교의 근본 사상.

ぐじゅつ[具述](명·타サ) 구술. 자세히 서술함. 구신(具申). a detailed report

くしょ[区処](명·타サ) ①구별하여 처리함. ②갈라 놓은 곳. 구획(区画). 1. management by classification

くじょ[駆除](명·타サ) 구제. 몰아 내어 없애 버림. 「害虫(ガイチュウ)の—; 해충 구제」 extermination

ぐしょ[愚書](명) 가치 없는 책. an unworthy book

くしょう[苦笑](명·자サ) 고소. 쓴웃음. a forced smile

くじょう[苦情](명) ①괴로운 사정. ②불평.「—をいう; 불평하다」 1. troubles 2. a complaint
ぐしょう[具象](명) ⇨ぐたい.
ぐじょう[愚状](명) 우장. 자기의 편지를 겸사로 일컫는 말. my letter
くじら[鯨]クヂラ(명) ①〈동〉 고래. 고래류에 속하는 포유(哺乳) 동물. ②←鯨尺. 1. a whale. **—おび**[鯨帯](명) 안과 겉을 다른 색으로 한 일본 부인옷의 띠. **—じゃく**[鯨尺](명) 천을 잴 때 쓰는 길이의 단위(単位). 한 자는 약 37.8*cm*. ↔かねじゃく. **—まく**[鯨幕](명) 검은 색과 흰 색의 천을 한 장씩 번갈아 이어 만든 막(幕). 「1. gouge 2. pick
くじ·る[抉る](타 4) ①도려 내다. ②후벼 내다. ↗
くしろ[釧](명)〈고〉 옛날의 팔찌.
くしん[苦心](명·자サ) 고심. 애씀. 고려(苦慮). pains
くしん[苦辛](명) ①몹시 괴로와함. 신고(辛苦). ②쓴 맛과 매운맛. 1. hardships 2. bitterness and pungency
ぐしん[具申](명·타サ) 구신. 정상(情状)을 상세히 아뢰. reporting in detail
ぐじん[愚人](명) 우인. 어리석은 사람. 우자(愚者). 바보. a fool
くす[樟](명)〈식〉 ⇨くすのき(楠).
くず[屑]クヅ(명) ①쓰레기. 부스러기. ②소용 없게 된 것. 찌꺼기.「人間(ニンゲン)の—; 인간의 찌꺼기」 1. waste 2. dross
くず[葛](명)〈식〉 ①칡. 콩과에 속하는 낙엽 활엽 만목(蔓木). 뿌리는 전분이 많으며 식용함. ②←葛餡(クズアン). ③←葛布(クズフ). 1. an arrowroot
ぐず[愚図](명·형동ダ) 꾸물거리는 모양. 또는 그러는 사람. 1. lagging
くずあん[葛餡](명) 갈분(葛粉)을 물에 풀어 술, 간장 등으로 조미하여 끓인 음식.
くずいと[屑糸]クヅ—(명) 쓸모 없는 실. waste thread
ぐずう[弘通](명)〈불〉 ⇨ぐづう.
くずお·れるクヅホレル(자하 1) ①쓰러지듯이 앉다. 쓰러지다. ②낙담(落胆)하다. 실망(失望)하다. 1. fall 2. be dejected
くずかご[屑籠]クヅ—(명) 휴지통. a waste-paper basket
ぐずぐず[愚図愚図] Ⅰ(부·자サ) ①우물쭈물하며 결단력이 없는 모양. ②우물우물 입 속으로 투덜대는 모양. Ⅱ(명) 본래의 모양이 망그러진 상태.「野菜(ヤサイ)を煮(ニ)たら—になった; 배추를 삶았더니 문드러졌다」 Ⅰ 1. dully
くすぐった·い[擽ったい](형) 간지럽다.「—ような気持(キモチ); 간지러운 듯한 기분」 파생 **—が·る**(자 4) **—げ**(형동ダ) **—さ**(명). ticklish
くすぐ·る[擽る](타 4) 간질이다. tickle
くずこ[葛粉](명) 갈분. 칡 뿌리에서 얻은 전분. 식용함. arrowroot powder
くすし[薬師·医師](명)〈고〉 의사.
くずしがき[崩し書き]クヅシ—(명) 흘려 씀. 또는 그 글씨. a character in a simplified form
くず·す[崩す]クヅス(타 4) ①헐다. 무너뜨리다. ②흩뜨리다.「列(レツ)を—; 열을 흩뜨리다」③편하게 하다. ④자획(字画)을 생략하고 흘려 쓰다. ⑤잘게 하다.「千円札(センエンサツ)を—; 천 원짜리를 헐다」 1. destroy 4. simplify 5. change
くすだま[薬玉](명) 주머니에 여러 가지 향료를 넣고 장식하여 오색실을 단 장식품. 특히 단오(端午)의 액막이로 씀. an ornamental scent-bag
ぐずつ·く[愚図つく](자 4) ①꾸물거리다. ②언제까지나 개지 않고 흐리다.「天気(テンキ)が—; 날씨가 오래 개지 않다」 2. cloud
くずてつ[屑鉄]クヅ—(명) 고철(古鉄). 파쇠. waste ironware
〔薬玉〕
くすどの[薬殿](명) 옛날 궁중의 시의(侍医)가 있던 곳.
くずねり[葛煉](명) 갈분을 반죽하여 설탕을 넣어 끓여 굳힌 과자. 또는 떡. an arrowroot starch dumpling
くす·ねる(타하 1)〈속〉 절취(窃取)하다. pilfer
くすのき[樟の木·楠](명)〈식〉 장목(樟木). 상록 활엽 교목으로 장뇌(樟脳)의 원료로 쓰임. 녹나무. a camphor-tree
くずふ[葛布](명) 갈포. 칡의 섬유로 짠 천. grass cloth
くすぶ·る[燻ぶる](자 4) ①잘 타지 않고 연기가 나다. ②활동하지 않고 집에 들어 박혀 살다.「いなかに—; 시골에 묻혀 살다」 ③그을려지다. ④잘 해결되지 않다.「問題(モンダイ)が—; 문제가 해결되지 않다」 타 くすべる(하 1). 1. smoke 2. remain indoors
くずまい[屑米]クヅ—(명) ①벌레 먹은 쌀. ②싸라기. waste rice
くずまゆ[屑繭]クヅ—(명) 실을 뽑을 수 없는 허드렛 고치. 풀솜으로 쓰임. waste cocoon
くずまんじゅう[葛饅頭](명) 껍질을 갈분으로 만든 만두. an arrowroot starch bun
くすみ(명) ①그을음. ②거무칙칙한 색. 1. darkening 2. darkish colour
くす·む(자 4) ①수수하게 보이다. 늙어 보이다. ②착실해 보이다. 1. be plain
くずもち[葛餅](명) 갈분으로 만든 떡에 콩가루나 조청을 묻힌 것. an arrowroot starch dumpling
くずもの[屑物]クヅ—(명) ①쓰레기. 폐품(廃品). ②나쁜 생사(生糸). 2. waste silk
くずや[屑屋]クヅ—(명) 넝마장수. 또는 넝마주이. a ragman
くずや[葛屋](명) 초가(草家). 초가 지붕. a thatched house
くずゆ[葛湯](명) 갈탕. 갈분을 물에 풀어 설탕을 넣고 끓인 음식. arrowroot gruel
くすり[薬](명) ①약. 주사약. 의약품.「—びん; 약병」 ②화약(火薬). ③육체와 정신에 도움이 되는 것. ④유약(釉薬). 1. medicine 2. gunpowder 3. benefit. **—くそうばい**[薬九層倍](연어) 약장사가 이익이 아주 많다는 말. **—ゆび**[薬指](명) 약손가락. 무명지(無名指).
ぐ·する[具する·倶する] Ⅰ(자サ) ①갖추어지다. 준비

되다. ②동반하다. Ⅱ(타サ) ①갖추다. 준비하다. 「事情(ジジョウ)を具(グ)して申(モウ)し出(デ)る; 사정을 다 말씀 드리고 청하다」 ②거느리다. 「供(トモ)の者(モノ)を—; 종자(從者)를 거느리다」 Ⅰ 2. accompany Ⅱ 1. possess 2. take

ぐず·る[愚図る](자 4) ①투덜거리다. ②떼를 쓰다. ③〈속〉 생트집 부리다. 1. complain 2. fret

くずれ[崩れ]クヅレ(명) ①무너짐. 헐어짐. ②부서짐. 「菓子(カシ)の—; 과자 부스러기」 ③타락. 급락(急落). 1. 3. falling down

くず·れる[崩れる]クヅレル(자하 1) ①무너지다. 헐리다. ②찢어지다. ③망그러지다. ④흩어지다. ⑤(날씨가) 나빠지다. ⑥〈경〉 강세(強勢)의 거래가(去来価)가 약세(弱勢)가 되다. 1. crumble 6. break

くすん ごぶ[九寸五分](명)〈속〉 비수(匕首). a knife

くせ[曲](명) ①구부러짐. ②옳지 못함. 1. curve 2. injustice

くせ[癖](명) ①버릇. ②결점. 1. a peculiar habit

くせ[救世](명)〈불〉 구세. 괴로와하는 세상 사람을 구원하는 일. 「—観音(カンノン); 구세 관음 보살」 salvation of the world

くせい[区政](명) 구(区)의 행정.

くせい[区整](명) 구획 정리(区画整理)의 준말.

ぐせい[愚生](대) 우생. 자기를 겸사로 일컫는 말.

くせげ[癖毛](명) 한쪽으로 치우치는 버릇이 있는 털. curly hair

くせ ごと[曲事](명) ①올바르지 않은 일. ②괘씸한 일. ③화(禍). 흉사(凶事). 1. injustice

くぜち[口舌·口説](명)〈고〉 ⇨くぜつ.

くせつ[苦節](명) 고절. 곤란과 고통을 겪으면서도 지켜 나가는 절개. unswerving loyalty

くぜつ[口舌·口説](명) 구설. ①〈고〉 말. ②말다툼. ③치화(痴話) 싸움. 2. a quarrel

ぐせつ[愚拙] Ⅰ(명) 우졸. 어리석고 못남. Ⅱ(대) 자기를 겸사로 일컫는 말. 우생(愚生). Ⅰ stupidity

ぐせつ[愚説](명) 우설. ①어리석은 설. ②자기의 설을 겸사로 일컫는 말. 1. a foolish view 2. my opinion

くせに[癖に](접조)〈속〉 그러면서도. 그럼에도 불구하고. 「知(シ)っている—教(オシ)えない; 알고 있으면서도 가르쳐 주지 않는다」 and yet

くせ まい[曲舞](명) 부채를 들고 허리에 찬 북을 두드리며 추는 무로마치(室町) 시대의 춤의 한 가지. a recitative dance

くせ もの[曲者](명) ①나쁜 놈. ②수상한 놈. ③안심할 수 없는 놈. ④도둑놈. 1. a knave 2. a suspicious character

くせ もの[癖者](명) 괴벽한 사람. a characteristic man

くせん[苦戦](명·자サ) 고전. 괴롭고 불리(不利)한 싸움. a hard fight

くせん てい[駆潜艇](명)〈군〉 구잠정. 적의 잠수함을 쫓는 속력이 빠른 소형의 군함. a submarine chaser

くそ—[糞]〈접두〉〈속〉 ①〔욕할 때 하는 말로〕 고약한. 「—野郎(ヤロウ); 고약한 놈」. ②지나친. 심한. 「—おちつき; 지나친 침착」

くそ[糞] Ⅰ(명) ①똥. ②코, 눈, 귀 등에 생기는 마른 찌끼. 「鼻(ハナ)—;코딱지」 Ⅱ(감)〈속〉 욕할 때에 하는 말. Ⅰ 1. dung 2. filth Ⅱ Damn it!

くそう[区葬](명) 구의 비용으로 치르는 장례.

ぐそう[供僧](명)〈불〉 ①본존(本尊)을 모시고 있는 중. ②사승(師僧)을 모시고 있는 중.

ぐそう[愚僧] 우승. Ⅰ(명) 어리석은 중. Ⅱ(대) 중이 자신을 겸사로 일컫는 말. Ⅰ a silly priest

ぐそく[具足](명·자サ) ①갖추어 부족함이 없음. 원만. ②도구(道具). ③갑옷과 투구. 갑주(甲冑). ④동행(同行)함. 1. completion 2. tools 3. arms

ぐそく[愚息](명) 우식. 자기의 자식을 겸사로 일컫는 말. 돈아(豚児). my son

ぐそく かい[具足戒](명)〈불〉 구족계. 비구, 비구니가 지켜야 할 계율. 구계(具戒).

ぐそくに[具足煮](명) 요리 이름. 새우를 딱지째로 둥글게 썰어 익힌 것. 「an armour-box

ぐそく びつ[具足櫃](명) 갑주(甲冑)를 넣는 궤. ⤴

ぐそく むしゃ[具足武者](명) 갑주(甲冑)를 입은 무사(武士). a warrior in armour

くそくらえ[糞食え](연어)〈속〉 〔저주하는 말로〕 똥이나 먹어라. Go and be hanged!

くそたれ[糞垂れ](명) ①대변을 보는 일. ②〔욕하는 말로〕 똥 같은 새끼. 1. evacuation

くそぢから[糞力](명) 몹시 센 힘. brute force

くそつぼ[糞壷](명) 대소변을 받기 위해 변소 밑에 설치한 독. 똥통. a dung-pit

くそどきょう[糞度胸](명) 무턱대고 센 배짱. 똥배짱. foolhardiness

くそばえ[糞蠅]—バヘ(명)〈동〉 똥파리. a green-bottle fly

くそみそ[糞味噌](형용ダ)〈속〉 전혀 쓸모 없는 것으로 취급하여 욕하는 말. 「—にいう; 형편 없이(나쁘게) 말하다」 terrible

ぐぞん[愚存](명) 자기 생각을 겸사로 일컫는 말. 우고(愚考). my humble opinion

くだ[管](명) ①관. 모양이 둥글고 길며 속이 빈 것. ②대롱. ③북바늘. 1. a pipe

くだい[句題](명) 하이쿠(俳句)의 제목(題目).

ぐたい[具体](명) 구체. ①모양이 있는 것. 「—化(カ)する; 구체화하다」 ②실제적이며 모든 것을 갖춤. ↔抽象(チュウショウ). concreteness. **—てき**[具体的](형동ダ) 구체적. 모양이 갖추어 있는 모양. 실제적인 모양. 「—に話(ハナシ)を進(スス)める; 구체적으로 이야기를 진행시키다」 ↔抽象的.

くだかけ[鶏·腐鶏](명)〈고·동〉 닭.

くだ·く[砕く](타 4) ①깨어 잘게 하다. 빻다. ②(세력 등을) 부수다. ③(마음을) 괴롭히다. ④알기 쉽게 설명하다. 1. crush 4. explain plainly

くだくだ(부) 너무 잘거나 세밀하여 귀찮은 모양. troublesome. **—し·い**(형) 귀찮다.

くだけ まい[砕け米](명) 싸라기. broken rice

くだ·ける[砕ける](자하 1) ①부서지다. ②힘이 빠지

다. ③(마음이) 괴롭다. ④탁 털어 놓다. 「砕(クダ)けた態度(タイド); 탁 터놓은 태도」 1. be broken into pieces

くださ·る[下さる](타 4) ①(하여) 주시다. ②웃사람으로부터 받다. ③하시다. 1. give

くだされもの[下され物](명) 하사(下賜)하신 것. 주신 것. 내리신 것. a present

くださ·れる[下される](타하 1) 웃사람이 주시다. 하사(下賜)하다. 내리시다. give

くださんす[下さんす](연어) 〔에도(江戸) 시대 여자가 쓰던 말로〕 주십시오.

くだしぐすり[下し薬](명)설사약. 하제(下剤). a laxative

くだ·す[下す·降す](타 4) ①내리다. 내려 놓다. ②〈고〉(비, 눈 등을) 내리게 하다. ③중앙에서 지방으로 파견하다. ④관(官)에서 주다. 내리시다. 하사(下賜)하다. ⑤변통(便通)시키다. ⑥항복시키다. ⑦명령, 판결 등을 내리다. 1. lower 4. give 5. purge

くだたま[管玉](명) 관(管)처럼 생긴 가느다랗고 긴 구슬. 여러 개를 끈에 꿰어 장식품으로 사용하였음.

くだ·つ[降つ](자 4)〈고〉 ①쇠하다. ②밤이 깊어지다.

くだって[下って](연어·부) 〔편지 등에서〕 자기에 관한 말을 할 때 겸사로 일컫는 말. 「一私共(ワタクシドモ)は; 저희들은」

くたば·る(자 4) ①〈속〉 뻗다. ②〈고〉 수척해지다. 1. die

くたびれ[草臥れ](명) 피로(疲労). fatigue. **—もうけ**[草臥れ儲け](명) 피로할 뿐 아무 이득도 없음.

くたび·れる[草臥れる](자하 1) ①피로하다. 지치다. ②〈속〉 오래 써서 낡다. 「くたびれたズボン; 낡은 바지」 1. be fatigued 2. be worn out

くだもの[果物](명) 과물. 과실. 과일. fruits

くだら[百済](명)〈역〉 백제. **—がく**[百済楽](명) 백제에서 전해 온 아악(雅楽). **—ごと**[百済琴](명)〈악〉 ⇨くご.

くだらない(연어·형) 시시하다. 재미 없다. 가치가 없다. 쓸모 없다. worthless

—くだり[領·襲](접미)〈고〉 의복 따위를 세는 말.

くだり[下り·降り](명) ①내림. ②시간의 경과. ③서울에서 시골로 감. 또는 그 기차. ④←下り坂. ⑤←下り腹. ⑥중앙에서 보내 온 물건. ⑦그 근처. 1. going down 2. passing 3. going down into the country. **—あゆ**[下り鮎](명) 알을 낳기 위해 강을 내려 오는 은어. **—ざか**[下り坂](명) ①내리받이 고개. ②흥(興)한 끝에 차차 쇠퇴(衰退)함. **—ばら**[下り腹](명) 설사.

くだり[件り](명) ①문서(文書)의 글줄. 「三(ミ)—半(ハン); 이혼장(3줄 반으로 쓴 데서 유래)」 ②조항(條項). 부분. 항목. 1. a passage

くだ·る[下る·降る](자 4) ①높은 곳에서 낮은 곳으로 내려 가다. 「下界(ゲカイ)へ—; 인간 세계로 내려 가다」↔のぼる. ②낮게 되다. 「温度(オンド)が—; 온도가 내리다」 ③세월이 흐르다. 「下(クダ)って今日(コンニチ)に至(イタ)る; 세월이 흘러 오늘에 이르다」 ④수도에서 시골로 가다. ⑤위에서 내리다. 「命令(メイレイ)が—; 명령이 내리다」 ⑥설사하다. ⑦항복(降服)하다. ⑧못하다. 「数等(スウトウ)—; 월등 못하다」 ⑨하회(下廻)하다. ⑩하야(下野)하다.
1. descend 3. pass 4. go down 6. purge 7. surrender

くだれるよ[降れる世](명)〈고〉 뒷세상. 후세(後世). ↔上(ア)がれる世.

くだん[件ん](명) 〔"くだり"의 변화〕 예(例)(의). 전술(前述)(한). 「一の男(オトコ); 예의 사나이」 the avovementioned. **—のごとし**[件んの如し](연어) 전술한 바와 같다.

—くち[口](접미) ①입을 움직이는 것. 「一(ヒト)—に食(タ)べる; 한입에 먹다」 「—にいえば; 한 마디로 말하면」 ②전체를 나눈 하나의 단위(單位). 「——千円(センエン); 한 무더기에 천 원」 「おれも——乗(ノ)せてくれ; 나도 한몫 넣어 주게」

くち[口](명) ①입. ②먹는 일. 미각(味覚). 「—がぜいたくだ; 입이 고급이다」 「—に合(ア)わない; 입에 맞지 않다」 ③출입구(出入口). 「—をふさぐ; 출입구를 막다」 ④넣고 꺼내는 곳. 「びんの—; 병의 아가리」 ⑤말하는 것. 「—がうるさい; 남들의 말이 귀찮다」 ⑥말. 의론(議論). 「—がたっしゃだ; 말을 잘한다」 ⑦인수(人数). 「—をへらす; 사람 수를 줄이다」 ⑧일의 시작. 단서(端緒). 「—からかたづける; 처음부터 차례로 처리하다」 ⑨일자리. 「—がある; 일자리가 있다」 ⑩부름. 수요(需要). ⑪병마개. 뚜껑. ⑫종류(種類). ⑬시작. 「宵(ヨイ)—; 초저녁」 ↔切(キ)り. 1. a mouth 3. an entrance 6. words

—ぐち[口](조어) ①생활. 「ひとり—は食(ク)えないがふたり—は食える; 혼자는 못 살아도 둘이서는 산다」 ②곳. 「出入(デイ)り—; 출입구」 ③(정거장의) 출입구. 「非常(ヒジョウ)—; 비상구」

ぐち(명)〈동〉 조기. 석수어(石首魚). a yellow corvina

ぐち[愚痴·愚癡](명) ①우치. 어리석고 못남. ②쓸데없는 한탄(恨歎). 1. stupidity 2. an idle complaint

くちあい[口合](명) ①서로의 이야기가 잘 맞음. ②중개인(仲介人). 1. congenial temperaments 2. a mediator

くちあけ[口開け](명) ①입을 엶. ②맨 처음. 2. the beginning

くちあたり[口当たり](명) ①음식물을 입에 대었을 때의 느낌. 맛. 미각(味覚). 「—のいい食(タ)べ物(モノ); 입에 맞는 음식」 ②접대. 「—のいい人(ヒト); 손님 접대를 잘하는 사람」 1. taste 2. treatment

くちあら·い[口荒い](형) 말이 거칠다. foul-mouthed

くちあらそい[口争い](명) 언쟁(言争). a quarrel

くち·い(형)〈속〉 (괴로울 만큼) 배가 부르다. be satiated with

くちいれ[口入れ](명) ①참견. ②중개(仲介). 중개인. ③고용인(雇傭人) 등을 주선하는 것. 또는 주선하는 사람. 1. interference 2. mediation

くちうつし[口移し](명) ①음식물을 자기 입으로 상대방 입에 옮겨 넣어 주는 일. ②말로 직접 전해 주는 일. 1. mouth to mouth feeding 2. oral instruction

くちうら[口占·口裏](명) ①남의 말을 듣고 길흉(吉

凶)을 점치는 일. ②남의 말을 듣고 그 사람의 심중(心中)을 살피는 일. 1. divination by words

くちうら[口裏](명) 상대방에게 이야기할 내용.「—を合(ア)わせる; 할 이야기를 미리 짜다」

くちうるさ·い[口五月蠅い](형) 조그만 일에도 불평하다. 잔소리가 많다. nagging

くちえ[口絵](명) 책의 첫 페이지에 넣는 그림. 권두화(巻頭画). a frontispiece

くちおし·い[口惜しい]—ヲシイ(형) 애석하다. 분하다. 유감스럽다. 파생 **—が·る**(자 4) **—げ**(형동ダ) **—さ**(명). dissatisfied

くちおも·い[口重い](형) ①입이 무겁다. ②말하는 것이 분명치 않다. ↔口軽(クチガル)い. 1. taciturn 2. vague

くちがき[口書き](명) ①에도(江戸) 시대에 신문(訊問)의 공술(供述)을 기록한 것. ②에도 시대에 죄인이 자백한 서류에 먹으로 찍던 지장(指章). 1. a deposition

くちかず[口数](명) ①말수. ②인수(人数). 1. words 2. the number of persons

くちがた·い[口堅い](형) ①말이 확실하다. ②함부로 말하지 않다. 입이 무겁다. 1. reliable 2. discreet

くちがため[口固め](명) ①입을 막음. (돈 등을 주어) 말을 못하게 함. ②구두 약속(口頭約束). 1. prohibition of speaking 2. a verbal promise

くちがね[口金](명) ①병 등의 아가리를 막는 쇠붙이 마개. ②지갑, 핸드백 등을 여닫는 데 쓰는 쇠붙이. ③전구(電球)의 소켓에 끼우는 금속 부분. 1. a capsule

くちがる[口軽](형동ダ) ①입이 가벼운 모양. ②비밀을 잘 누설하는 모양. 1. talkative **—·い**[口軽い](형) ①입이 가볍다. ②비밀을 잘 누설하다. ↔口重(オモ)い.

くちがわり[口代わり]—ガハリ(명) "くちとり(口取り)" 대신 세 종류 정도의 간단한 찬을 담은 요리. a side dish

くちき[朽ち木](명) ①썩은 나무. ②세상에 알려지지 않은 사람. 1. decayed wood

くちきき[口利き](명·자타サ) ①이야기를 잘함. 또는 그 사람. ②교섭 같은 것을 잘함. 또는 그 사람. ③중재(仲裁)를 잘함. 또는 그 사람. ④세력가. 「町内(チョウナイ)の—; 이 고장의 세력가」 1. a clever talker 2. a clever mediator

くちぎたな·い[口汚ない](형) ①말이 천하다. 말이 더럽다. ②잔소리가 많다. ③식탐(食貪)이 많다. 1. foul-mouthed 2. nagging

くちぎよ·し[口清し](형ク)〈고〉 ①말씨가 훌륭하다. ②나쁜 마음을 숨기고 입에 발린 좋은 말만 하다.

くちきり[口切り](명) ①시작. 맨 처음. ②새 차(茶)를 처음으로 사용하는 다회(茶会). 1. the beginning

くちく[駆逐](명·타サ) 구축. 몰아 쫓아 냄. driving out. **—かん**[駆逐艦](명)〈군〉 구축함. 어뢰(魚雷)를 주요 병기로 하여 적의 주력함(主力艦), 잠수함을 격파하는 속력이 빠른 소형의 군함. a destroyer

くちぐすり[口薬](명) ①화승총(火縄銃)에 쓰이는 화약. ②입막음으로 주는 금품(金品). 1. gunpowder for a matchlock 2. hush money

くちぐせ[口癖](명) ①말버릇. 어투(語套). ②습관이 된 말. 상투어. 1. one's peculiar manner of talking

くちぐち[口口](명) ①제각기의 입. 「—にいう; 제각기 말하다」 ②사방의 출입구. 1. every mouth

くちぐるま[口車](명) 말주변. 「—に乗(ノ)せられる; 말주변에 넘어가다(속다)」 honeyed words

くちごうしゃ[口巧者](명·형동ダ) 말주변이 좋음. 또는 그 사람. a ready talk

くちごたえ[口答え]—ゴタヘ(명·자サ) 말대답. retort

くちごも·る[口籠もる](자 4) 알아 듣기 어렵게 입 속에서 중얼거리다. 말이 막혀 우물거리다. mumble

くちさがな·い[口さがない](형) 말하는 것이 천박하다. 말이 더럽다. scandalous

くちさき[口先](명) ①입. ②입에 발린 말. 말. 1. lips 2. lipservice

くちざわり[口触り]—ザハリ(명) (음식을) 입에 넣었을 때의 감촉. 맛. 미각(味覚). taste

くちしのぎ[口凌ぎ](명) ①호구(糊口). 「当座(トウザ)の—; 당장의 호구」 ②조금 먹는 것. 「お—; 맛이나 볼 정도로 조금 먹다」 1. livelihood

くちじゃみせん[口三味線](명) ①입으로 샤미센(三味線)의 흉내를 내는 일. ②말주변으로 속임.

くちじょうず[口上手](명·형동ダ) 말주변이 좋음. 또는 그 사람. glibness

くちずから[口ずから]—ヅカラ(부) 직접 구두(口頭)로. 「—教(オシ)える; 직접 말로 가르쳐 주다」 personally

くちすぎ[口過ぎ](명) 살아 가는 것. 살림. livelihood

くちずさみ[口遊み](명) 마음에 떠오르는 대로 입으로 흥얼거리는 일. talking to oneself

くちずさ·む[口遊む](타 4) ①읊조리다. ②마음에 떠오르는 대로 입으로 흥얼거리다. ③시나 노래를 읊다. 1. hum

くちすす·ぐ[嗽ぐ·漱ぐ](자 4) 양치질하다. 입가심을 하다. gargle

くちずっぱく[酸っぱく](연어·부) 입이 닳도록.

くちぞえ[口添え]—ゾヘ(명·자サ) 일이 잘되도록 말해 줌. recommendation

くちだし[口出し](명·자サ) 말참견함. 「余計(ヨケイ)な—; 쓸 데 없는 말참견」 interference

くちだて[口立て](명) 대본(臺本)에 없는 즉흥 대사(即興臺詞).

くちちょうほう [口調法](명) 구변이 좋음. 또는 그 구변. glib-tongued

くちつき[口付き·口附き](명) ①입 모습. ②말하는 모양. ③말이나 소의 고삐를 잡는 사람. 마부(馬夫). ④물건에 붙어 있어 빨 수 있게 된 부분. 「—タバコ; 필터 담배」 1. the lips 3. an ostler

くちづけ[口付け·口附け](명·자サ) 입 맞춤. kiss

くちづ·ける[口付ける·口附ける](자하 1) 입을 맞추다. 키스하다. kiss

くちづたえ[口伝え]—ヅタヘ(명) ①직접 말로 가르침. ②입으로 전함. 말로 전함. 구전. 2. transmission by word of mouth

くちづて[口伝](명) 전언. 전갈(伝喝). a message
くちと·し[口疾し](형ク)〈고〉 말이 빠르다.
くちどめ[口止め](명·자サ) ①입막음. ②남의 말을 못하게 금함. ③입막음을 위해 내는 돈. 1. prohibition of speaking 3. hush money
くちとり[口取り](명) ①말이나 소의 고삐를 잡고 끄는 사람. 마부(馬夫). ②여러 가지 음식을 한 접시에 곁들여 (5종 이상) 내놓는 안주. 1. an ostler 2. a side dish
くちなおし[口直し]—ナホシ(명·자サ) 입가심으로 음식을 먹음. 또는 그 음식. taking food to put out the aftertaste
くちなし[梔·梔子](명)〈식〉 치자나무. 꼭두서니과에 속하는 상록 활엽 관목. 7월에 백색의 큰 꽃이 피는데, 관상용으로 정원에 심음. 과실은 치자라 하여 이뇨제(利尿剤), 염료 등으로 씀. a Cape jasmine
くちなめずり[口舐り](명·자サ) 혀로 입술을 핥음. licking the lips
くちならし[口慣らし·口馴らし](명) 맛을 입에 익히는 일. 「—をする; 맛을 익히다」 tasting
くちなわ[蛇]—ナハ(명)〈동〉 ⇨へび.
くちぬき[口抜き](명) 마개 뽑이. 병마개를 뽑는 기구. a corkscrew
くちのは[口の端](명) 이야기 끝. 입길. 「—にのぼる; 입길에 오르다」 gossip
くちば[朽ち葉](명) ①썩은 낙엽. ②썩은 나뭇잎의 빛깔. 적갈색. 1. decayed leaves
くちばし[嘴](명) ①〈동〉 새나 짐승의 주둥이. 부리. ②말. 「—を入(イ)れる; 말참견하다」 1. a bill
くちばし·る[口走る](타 4) ①신이 나서 쓸데 없는 말까지 지껄이다. ②마음에도 없는 말을 무의식 중에 하다. 「妙(ミョウ)なことを—; 이상한 말을 지껄이다」 1. prate 2. blurt out
くちはっちょう[口八丁](명·형동ダ)〈속〉 말하는 것이 빠르고 유창함. 「手八丁(テハッチョウ)—; 구변도 좋고 일도 잘함」 eloquent
くちは·てる[朽ち果てる](자하 1) ①완전히 썩어 버리다. ②(세상에 알려지지 않고) 죽다. 1. decay completely
くちはば[口幅](명) ①입의 크기. ②말씨. 1. width of a mouth
くちはばった·い[口幅ったい](형) ①큰소리 치다. ②방언(放言)하다. 「—言(イ)い方(カタ); 건방진 말투」 1. talking big
くちばや[口早](형동ダ) 말이 빠른 모양. speaking fast
くちび[口火](명) ①신관(信管)의 불. 도화선(導火線)의 불. ②사물의 시작. 「—を切(キ)る; 착수하다」 1. a fuse
くちひげ[口髭](명) 콧수염. a moustache
くちびょうし[口拍子](명) 입으로 맞추는 박자. oral beating of time
くちびる[唇](명)〈생〉 입술. lips
くちぶえ[口笛](명) 휘파람. a whistle
くちふさぎ[口塞ぎ](명) ①입막음. ②손님에게 내놓는 음식 같은 것을 겸사로 일컫는 말. 「ほんの—ですが; 약소한 음식입니다만」 1. prohibition of speaking
くちぶちょうほう[口無調法](형동ダ) 말주변이 없는 모양. poor talking
くちぶり[口振り](명) 말하는 모양. 말투. one's way of talking
くちべた[口下手](명·형동ダ) 말하는 것이 서투름. a poor talker
くちべに[口紅](명) 입술 연지. rouge
くちべらし[口減らし](명) 인원수(人員数)를 줄임. 식구를 줄임. reducing the number of persons
くちへん[口偏](명) 한자 부수(部首)의 하나. 입구변. "呼, 吸" 등의 "口" 부분.
くちへんとう[口返答](명·자サ) 말대답. retort
くちまえ[口前]—マヘ(명) 말하는 법. 말씨. 「—がうまい; 말씨가 좋다」 one's way of talking
くちまかせ[口任せ](명) 말 나오는 대로 지껄임. a random talk
くちまね[口真似](명·자サ) 남의 목소리나 말을 흉내냄. mimicry
くちまめ[口忠実](명·형동ダ) 잘 지껄임. 또는 그 사람. talkativeness
くちもと[口許](명) ①입가. ②입모습. ③(자동차 등의) 출입구(出入口) 근처. 1. about one's lips
くちやかまし·い[口喧しい](형) ①말이 많아 시끄럽다. ②잔소리가 많다. 1. talkative 2. nagging
くちやくそく[口約束](명·자サ) 구두(口頭)로 약속함. 구두 약속. a verbal promise
くちゅう[苦衷](명)고충. 괴로운 마음속. a predicament
くちゅう[駆虫](명·자サ) 구충. 기생충, 해충을 구제(駆除)함. 「—薬(ヤク); 구충약」 killing insects
ぐちゅう[愚衷](명) 자기 심중(心中)을 겸사로 일컫는 말. my heart
くちょう[口調](명) 어조(語調). 이야기하는 모양. 「演説(エンゼツ)—; 연설조」 tone
くちょう[区長](명) 구장. 구의 사무를 관리하며 구를 대표하는 사람. the headman of a ward
くちょう[句調](명) 문장의 음조(音調).
ぐちょく[愚直](명·형동ダ) 우직. 어리석고 고지식함. simple honesty
くちよごし[口汚し](명) 음식이 적어서 또는 음식이 맛이 없어서 입맛만 버리게 된다는, 남에게 음식을 권할 때 겸사로 일컫는 말. a mere morsel
くちよせ[口寄せ](명·자サ) 무녀(巫女)가 죽은 사람의 영혼을 불러 그 영혼의 말을 자기 입으로 전함. 또는 그러한 일을 하는 무녀. spiritism
く·ちる[朽ちる](자상 1) ①썩다. ②세상에 알려지지도 않고 죽다. 「片(カタ)いなかで—; 시골 구석에서 죽다」 ③쇠퇴(衰退)하다. 1. rot
ぐち·る[愚痴る](자 4)〈속〉 쓸데 없는 불평을 하다. grumble
くちわる[口悪](명·형동ダ) 입이 험함. 또는 그런 사

람. 험구가(険口家). being abusive
くちわる·い[口悪い](형) 입이 험하다. foul-mouthed
ぐちん[具陳](명·타サ) 구진. 빠짐 없이 진술함. reporting in detail
―くつ[窟](조어) ①굴. 동굴. ②동굴 같은 곳.「貧民(ヒンミン)―; 빈민굴」
くつ[靴·沓](명) 구두. 가죽, 고무, 천 등으로 만든 서양식 신. shoes
くつう[苦痛](명) 고통. 괴로움. 아픔. 「―をうったえる; 고통을 호소하다」 pain
ぐづう[弘通](명)〈불〉홍통. 교법(教法)을 널리 펴는 일. propagation of Buddhism
くつおと[靴音](명) 구두 소리. sound of walking shoes
くつがえ·す[覆す] クツガヘス(타 4) ①전복(転覆)하다. 뒤집어 엎다. ②쳐부수다. ③망하게 하다. ④부러뜨리다. ⑤근본(根本)부터 새롭게 하다. 번복(飜覆)하다.「前言(ゼンゲン)を―; 전에 한 말을 번복하다」㉿くつがえる(4). 1. upset 2. overthrow
クッキー(ズ)[cookie(s)](명) 쿠키. 케이크와 비스킷 중간의 작고 납작한 양과자(洋菓子).
くつぎ[句継ぎ](명)〔요오쿄쿠(謡曲)에서〕구절은 그쳐도 숨은 그치지 않고 계속해서 길게 뽑아 다음 구절을 이어 부르는 일.
くっきょう[究っ竟](형동ダ) ①결국. ②가장 뛰어난 모양. ③아주 안성 마춤인 모양.「―の場所(バショ); 꼭 알맞는 장소」 1. after all 2. most excellent
くっきょう[屈強](형동ダ) ①힘이 센 모양.「―の若者(ワカモノ); 힘이 센 젊은이」②고집이 센 모양. 1.robust
くっきょく[屈曲](명·자サ) 굴곡. 꾸불꾸불함. bending
くっきり(부·자サ) 뚜렷한 모양. 선명한 모양. clearly
クッキング[cooking](명) 쿠킹. 요리. 요리법.
くつクリーム[[靴 cream](명) 구두에 바르는 약. 구두약. shoe-polish
くっこう[屈行](명·자サ) 허리를 구부리고 걸음. walking with a stoop
くつこう[靴工](명) 화공. 구두를 만드는 직공. a shoemaker
くっさく[掘削·掘鑿](명·타サ) 굴착. 땅을 파서 뚫음. digging
くっし[屈指](명) 굴지. ①손가락을 꼽음. ②특별히 손꼽을 만큼 뛰어남.「―の大都会(ダイトカイ); 굴지의 대도시」 1. counting 2. prominency
くつしき[靴敷](명) 구두 속에 까는 것. 안창.
くつした[靴下](명) 양말. stockings
くつじゅう[屈従](명·자サ) 굴종. 굴복하여 복종함. yielding
くつじょく[屈辱](명) 굴욕. 굴복당하여 치욕(恥辱)을 받음. humiliation
クッション[cushion](명) 쿠션. ①푹신푹신한 방석. ②자동차 등의 좌석(座席). ③당구대(撞球臺)의 고무를 댄 가장자리.
くっしん[屈伸](명·자サ) 굴신. 굽힘과 폄.「―運動(ウンドウ); 굴신 운동」 bending and stretching
くっしん[掘進](명·자サ) (흙, 석탄 등을) 파 나아감.
くつずみ[靴墨](명) ⇨くつクリーム.
ぐっすり(부) 푹 자는 모양. 깊이 자는 모양. fast
くっ·する[屈する] Ⅰ(자サ) ①굽히다. ②허리를 굽히다. ③막히다. 꺾이다. ④복종하다. 굴복(屈服)하다.「人(ヒト)に―; 남에게 굴복하다」⑤하위(下位)에 놓이다. Ⅱ(타サ) ①구부리다.「指(ユビ)を―; 손가락을 꼽다」②허리를 구부리다. ③누르다. ④굴복시키다. ⑤하위에 놓다. Ⅰ1. bend 2. stoop Ⅱ1. bend 4. submit
くつずれ[靴擦れ](명) 구두에 닿아서 발에 생긴 상처. a shoe sore
くっせつ[屈折](명·자サ) 굴절. ①꺾임. ②〈이〉광선이나 음파(音波)가 한 매체(媒体)에서 다른 매체로 들어갈 때에 경계면에서 이제까지와 다른 방향으로 나가는 현상.「光(ヒカリ)の―; 빛의 굴절」③문장 속에서 여러 가지 관계를 나타내기 위해 말의 모양이 변화하는 것.「―語(ゴ); 굴절어」 1. bending 2. refraction
くつぞこ[靴底](명) ①구두창. ②〈동〉⇨したびらめ. 1. the sole of a shoe
くったく[屈託](명·자サ) ①마음을 씀.「―がない; 거북해하지 않음」②피로하여 싫증 남. 1. worry
ぐったり(부·자サ) 힘이 빠져 녹초가 된 모양. exhaustedly
くっつ·く(자 4) ①"つく(붙다)"의 강조어(強調語). ②〈속〉옆에 따르다. ③부부(夫婦)가 되다. ㊀くっつける(하 1). 2. accompany 3. marry
くってかかる[食って掛かる](연어·4) 심한 말로 대들다. challenge
くつてどり[沓手鳥](명)〈동〉두견이의 다른 이름.
ぐっと(부) ①힘을 주는 모양. ②단숨에 하는 모양. 1. firmly 2. at once
グッド[good](감·명) 굿. ①좋음. 우수(優秀).「―デザイン; 좋은 디자인」②좋아! ③〔정구, 탁구, 배구 등에서〕공이 규정(規定)의 선 안에 들어 가는 것.
グッドバイ[good-bye](감) 굿바이. 작별할 때 "안녕히 가세요.", "안녕히 계세요"의 뜻으로 하는 인사말. 아디유.
くつとり[沓取り](명) 신을 챙기는 하인. a low follower
くつぬぎ[沓脱ぎ](명) ①신발을 벗어 놓는 곳. ②←くつぬぎ石. 1. a bootjack **―いし**[沓脱ぎ石](명) 문간, 툇마루 등의 출입구에 신발을 벗어 놓는 돌. 신방돌.
くつばみ[轡·銜](명)〈고〉⇨くつわ.
くっぷく[屈伏·屈服](명·자サ) 굴복. 힘에 굴하여 복종함. yielding
くつべら[靴篦](명) 구둣주걱. a shoehorn
くつみがき[靴磨き](명) 구두를 닦는 일. 구두 닦기. shoe polishing
くづめ[苦爪](명) 고생될 때에는 손톱이 빨리 자란다는 말.「―楽髪(ラクガミ); 고생될 때에는 손톱이 빨리 자라고, 편안할 때에는 머리털이 빨리 자란다는 말」 long nails in trouble

くつろ·ぐ[寛ぐ](자 4) ①느슨해지다. ②여유가 있고 편해지다. ③휴식하다. 쉬다. ④유유히 행동하다. 명くつろぎ. 타くつろげる(하1). 1. become loose 2. be at ease

くつわ[轡](명) (말 등의) 재갈. 「—を並(ナラ)べて; 말머리를 나란히 하여」 a bit. **—がた**[轡形](명) 재갈 모양. 동그라미 속에 "十"자가 있는 모양. **—むし**[轡虫](명)〈동〉 철써기. 여치과에 속하는 곤충. 몸빛은 녹색 또는 암갈색. 8~10월에 나와 저녁부터 아름다운 소리로 울.

〔轡〕

ぐてい[愚弟](명) 우제. ①자기를 겸사로 일컫는 말. ②자기 동생을 겸사로 일컫는 말. 2. my brother

くてん[句点](명) 구점. 문장의 구절이 끝날 때 찍는 점. 「.」「。」⇨:とうてん(読点). a full stop

くでん[口伝](명·타サ) 구전. 말로 전함. oral instruction

くでん[公田](명) ⇨こうでん(公田).

くでん[功田](명) ⇨こうでん(功田).

ぐでんぐでん(부)〈속〉 술에 만취하여 녹초가 된 모양. 곤드레만드레. be dead drunk

くど[苦土](명)〈이〉 ⇨マグネシア.

くど·い(형) 번거롭다. 귀찮다. 끈덕지다. 싫증 나도록 길게 끌거나 되풀이되다. importunate

くとう[苦闘](명·자サ) 고투. 괴로움을 무릅쓰고 싸움. 고전(苦戦). a severe battle

くとう[狗盗](명) 좀도둑. a pilferer

ぐとう[愚答](명) 우답. 어리석은 대답. 「愚問(グモン)—; 우문 우답」 a silly answer

ぐどう[求道](명)〈불〉 구도. 바른 도를 구하는 일. 수도(修道). ascetic exercises

くとうてん[句読点](명) 구두점. 문장의 띄는 표시와 끝나는 표시. 예: 「.」, 「,」 등. punctuation marks

くどき[口説き](명) ①타이름. 설득(説得). ②〔요오쿄쿠(謡曲) 등에서〕 감회, 소감 등을 나타내는 문구. 1. entreaty. **—た·てる**[口説き立てる](타하 1) 여러 가지로 설복하다. 계속해서 타이르다.

くど·く[口説く](타 4) ①투덜대다. ②달래다. 꾀다. 「女(オンナ)を—; 여자를 달래다」 ③되풀이하여 말하다. 1. grumble 2. persuade

くどく[功徳](명) 공덕. ①〈불〉 내세에 좋은 응보(応報)를 받을 만한 선행(善行). 「—を施(ホドコ)す; 공덕을 베풀다」 ③〈속〉 덕분(徳分). 덕택. 1. a virtuous deed

ぐとく[具徳](명) 구덕. 덕을 갖추는 일. being endowed with virtue

ぐとく[愚禿](대) 중(僧)이 자기를 겸사로 일컫는 말.

くどくど(부·자サ) ①귀찮게. 끈덕지게. 「—いう; 귀찮게 끈덕지게 말하다」 ②쉴 새 없이. 1. importunately. **—し·い**(형) 싫증이 나게 몹시 끈덕지다.

ぐどん[愚鈍](명·형동ダ) 우둔. 어리석고 둔한 모양. silliness

くないちょう[宮内庁](명)〈법〉 황실(皇室), 의식(儀式), 외국 사절의 응접에 관한 사무를 맡는 곳. the Office of the Imperial Household

くなん[苦難](명) 고난. 괴로움과 어려움. 고초(苦楚). distress

くに[国](명) ①〈고〉 토지(土地). ②〈고〉 일정한 지역. ③〈고〉 몇 개의 군을 모은 행정 구획. ④국가. 국토(国土). ⑤영토. ⑥지방(地方). ⑦고향. 5. a territory 6. a district 7. one's native place

くにあらそい[国争い](명) ①일국의 정권을 노리는 싸움. ②국가간의 싸움. 1. a contest for a district

くにいり[国入り](명·자サ) 영주(領主)가 자기의 영토로 감. entering one's fief

くにおもて[国表](명) 영주(領主)의 봉토(封土). one's fief

くにがえ[国替え]—ガヘ(명·자サ) 에도(江戸) 시대 영주(領主)끼리 봉토(封土)를 바꿈. transference of fief

くにがまえ[国構え]—ガマヘ(명) 한자 부수(部首)의 하나. 큰입구변. 엔담. "国, 囚" 등의 "口" 부분.

くにがら[国柄](명) ①국가 성립의 상태. 국체(国体). ②영지(領地)의 상태. 1. national character

くにがろう[国家老](명) 에도(江戸) 시대 지방 영주가 막부(幕府)에 근무하기 위해 상경(上京)해 있는 동안 그 자리를 맡아 보던 중신(重臣). the grand fief-keeper

くにく[苦肉](명) 고육. 자기 몸을 괴롭히는 것도 돌보지 않고 적(敵)을 속이는 것. 「—の策(サク); 고육지책」 disregarding one's own pains to deceive the enemy

くにぐに[国国](명) 많은 나라. 각국. many countries

くにことば[国言葉](명) ①국어. ②어느 지방의 말. 방언. 사투리. 1. one's mother tongue 2. a dialect

くにざかい[国境]—ザカヒ(명) 국경. 국가와 국가와의 경계. the boundaries

くにざむらい[国侍]—ザムラヒ(명) 지방의 무사(武士).

くにじまん[国自慢](명) 고향 자랑. being proud of one's native country

くにそだち[国育ち](명) 지방 출신. being country-bred

くにたみ[国民](명) 국민. 나라의 인민. the people

くにつかみ[国津神·地祇](명)〈고〉 ①지신(地神). 국토의 수호신. ②니니기노 미코토(瓊瓊杵尊)가 하늘에서 내려 오기 전부터 있던 신(神). ↔天津神(アマツカミ).

くにづくし[国尽くし](명) 옛날 일본의 66국(현재의 도(都), 부(府), 현(県)에 해당)의 이름을 외기 쉬운 문구로 만들어 놓은 가사(歌詞).

くにつづき[国続き](명) 국가와 국가가 인접해 있는 일. contiguity of countries

くにづめ[国詰め](명) 에도(江戸) 시대 영주(領主)나 그 가신(家臣)이 자기 영토 안에 있는 것.

くにどころ[国所](명) 태어난 고향. one's birthplace

くにどなり[国隣](명) 인접해 있는 나라. a neighbouring country

くになまり[国訛り](명) ①지방의 사투리. ②고향의 사투리. 1. a dialect

くにのかみ[国守](명) ⇨こくしゅ(国守).

くにのつかさ[国司](명) ⇨こくし(国司).

くにのみやつこ[国造](명)〈고〉 지방의 일정한 지역을 다스리던 세습(世襲)의 지방 장관.
くにはら[国原](명)〈고〉 넓은 토지. 평원(平原).
くにばらい[国払い] —バラヒ(명) 죄를 짓고 그 나라에서 추방되는 일. banishment
くにびと[国人](명) 국민(国民). the nation
くにぶり[国風](명) 국풍. ①여러 나라의 풍속(風俗). 국속(國俗). ②여러 나라의 민요. 2. ballads and songs of a country
くにみ[国見](명)〈고〉 높은 곳에 올라 가 나라의 형세나 국민의 생활 상태를 살펴 보는 일.
くにめぐり[国廻り](명) 여러 나라를 돌아 다니는 일. touring various countries
くにもち[国持ち](명) 영주가 일국(一国) 이상을 갖는 일. 또는 그 영주. 1. a feudal lord
くにもと[国許](명) ①본국(本国). 영지(領地). ②고향. 1. one's fief
くにもの[国者](명) ①지방 사람. 시골 사람. ②동향인(同鄉人). 1. a rustic 2. a fellow provincial
くにん[公人](명) 관리. 주로 지방 관리.
くぬぎ[櫟](명)〈식〉 상수리나무. 너도밤나무과에 속하는 낙엽 활엽 교목. 과실은 식용하며 수피(樹皮)는 염료로 씀. an oak
くね(명)〈고〉 나무나 대나무 등으로 경계(境界)를 표시하기 위하여 만든 울타리.
くねくね(부·자サ) 구불구불 구부러진 모양. windingly
くねつ[苦熱](명) 고열. 견디기 어려운 더위. 고염(苦炎). oppressive heat
くね·る(자 4) ①휘어 구부러지다. ②비꼬이다. ③불평하다. 원망하다. 1. be crooked 2. be distorted
くねんぼ[九年母](명)〈식〉 향귤나무. 운향과에 속하는 다년생 목본. 과실은 식용함.
くのう[苦悩](명·자サ) 고뇌. 괴로와하고 번뇌(煩惱)함. suffering
くはい[苦杯](명) 고배. ①쓴 잔. ②쓰라린 경험. 「一をなめる; 고배를 마시다」 1. a bitter cup
くばい[駆黴](명·자サ) 구매. 매독을 구제(驅除)함. healing of syphillis
ぐばく[具縛](명)〈불〉 구박. 번뇌를 갖추어 있어 생사에 속박됨. 범부(凡父)의 생애.
クバス[러 kvas](명) 크바스. 엿기름과 보리, 쌀보리 등으로 만든 소련의 맥주.
ぐはつ[俱発](명·자サ) 함께 발생함. concurrence
くば·る[配る](타 4) ①나누어 주다. ②골고루 보급하다. ③적당히 배치(配置)하다. 1. distribute 2. spread 3. arrange
くひ[句碑](명) 하이쿠(俳句)를 새긴 비석(碑石).
くび[首](명) ①〈생〉 목. ②머리. 「一をひねる; 고개를 갸우뚱하다」 ③면직(免職). 「一にする; 면직하다」 2. the head 3. dismissal
くび[頸](명) ①〈생〉 목. ②(의복의) 깃. ③목의 모양을 한 것. 「瓶(ビン)の一; 병목」 1. the neck
ぐび[具備](명·자타サ) 구비. 빠진 것이 없이 고루 갖춤. possessing
くびおけ[首桶] —ヲケ(명) 옛날, 자른 목을 넣어 두던 통. a box for holding a head cut off
くびかざり[首飾り·頸飾り](명) 목걸이. a necklace
くびかせ[頸枷](명) ①목에 채우는 형틀의 하나. 칼. ②자유를 구속하는 것. 1. a cangue 2. an encumbrance
くびがり[首狩り](명) (야만 사회에서) 종교 의식을 행하기 위해 사람의 목을 자르던 일.
くびき[頸木·軛](명) (마소의 목에 얹고 수레 등을 끌게 하는) 멍에. ⇨:ぎっしゃ(牛車). a yoke
くびき·る[首切る](타 4) ①목을 자르다. ②면직(免職)하다. 명 首切り. 1. behead 2. discharge
くびくくり[首縊り](명) 목을 매어 죽음. 또는 그 사람. hanging oneself
ぐびぐび(부) 꿀꺽꿀꺽 마시는 모양. in small gulps
くびじっけん[首実検](명·타サ) ①전장에서 자른 적(敵)의 목을 대장이 직접 조사함. ②직접 보고 확인함. 2. identification
ぐびじんそう[虞美人草](명)〈식〉 ⇨ひなげし.
くびす[踵](명) 뒤꿈치. 「一を接(セッ)する; 연달아 오다(接踵)」 the heel
くびすじ[首筋·頸筋] —スヂ(명) 목덜미. the scruff of the neck
くびたいめん[首対面](명) ⇨くびじっけん.
くびたけ[首丈](명) 몹시 반하여 열중함. 탐닉(耽溺). being over head and ears in love
くびたま[首玉·頸玉](명) ①〈고〉 옛날 목에 거는 구슬 장식. ②개, 고양이 등의 목걸이. ③목. 2. a collar 3. the neck
ぐひつ[愚筆](명) 우필. ①서투른 글씨. 졸필(拙筆). ②자기의 글씨를 겸사로 일컫는 말. 1. a poor holograph 2. my holograph
くびったけ[首っ丈](명)〈속〉 ⇨くびたけ.
くびったま[首っ玉](명)〈속〉 ⇨くびたま③.
くびっぴき[首っ引き](명·자サ)〈속〉 어떤 것을 늘 사용하여 일함. 사전, 참고서 등을 참조하여 열심히 독서하고 조사하여 공부함. constant reference
くびつり[首吊り](명) ①목을 매어 죽는 일. ②〈속〉 기성복(既成服). 1. hanging oneself 2 ready-made clothes
くびなげ[首投げ](명) 〔씨름에서〕 상대방의 목을 한 팔로 감고 넘기는 수.
くびねっこ[首根っこ](명)〈속〉 목덜미. 「一をおさえられる; 덜미를 잡히다(꼼짝 못하게 되다)」 the scruff of the neck
くびのざ[首の座](명) 목을 자를 때 앉히는 자리. a scaffold
くびひき[首引き](명·자サ) ①끈으로 고리를 만들어 목에 걸고 당기며 노는 놀이. ②서로 경쟁함. 1. a tug of war by necks
くびまき[首巻き](명) 목도리. a neckcloth
くび·る[括る](타 4) 졸라 매다. fasten
くび·る[縊る](타 4) ①(목을) 조르다. ②교수(絞首)하다. 1. strangle 2. hang a person to death
くびれじに[縊死](명) ①액사. 목을 매어 죽는 일. ②

목이 졸려 죽음. 1. hanging oneself

くび·れる[括れる](자하 1) 가운데가 조여지다. 또는 가늘어지다. be constricted

くび·れる[縊れる](자하 1) 목매어 죽다. hang oneself

くびわ[首輪·頸輪](명) ①목걸이. ②개나 고양이의 목에 거는 고리. 1. a necklace 2. a collar

くぶ[区部](명) 구(区)의 어느 지역. ↔郡部(グンブ).

ぐぶ[供奉](명·자サ) ①(귀인을) 수행(随行)함. ②수행하는 행렬. 1. attendance

くふう[工夫](명·자サ) 여러 가지로 방법을 생각함. 연구. a device

ぐふう[颶風·具風](명)〈천〉 구풍. ①열대 지방에서 생기는 강한 폭풍우. ②풍속(風速) 30 *m* 이상의 강풍(強風). a hurricane

くぶくりん[九分九厘](명·부) 구분 구리. 거의. 십중팔구. 「一成功(セイコウ)するだろう; 십중 팔구 성공할 것이다」 ten to one

ぐぶつ[愚物](명) 우물. 어리석은 사람. 우안(愚人). a simpleton

くぶどおり[九分通り]―ドホリ(부) 십중 팔구. 거의 전부. 대부분. ninety-nine percent

くぶん[口分](명) 사람 수에 따라 나누는 일. division according to the number of persons. **―でん**[口分田](명)〈역〉 구분전. 옛날에 국민에게 일정한 비율로 나누어 주던 전답(田畓).

くぶん[区分](명·타サ) 구분. 구별하여 나눔. division

くべつ[区別](명·타サ) 구별. 종류별로 나눔. distinction

く·べる(타하 1) 불을 지피다. 태우다. burn

くぼ[窪](명) 움푹 팬 곳. 구덩이. a hollow

くほう[句法](명) 시문(詩文)의 구(句)를 짜는 법. phraseology

くぼう[公方](명) ①공사(公事). 조정(朝廷). ②막부(幕府)의 장군. 또는 그 집안. 1. public affairs 2. a shogunate

ぐほう[弘法](명·자サ)〈불〉 홍법. 불법(仏法)을 퍼뜨림. 포교(布教). enlightenment by Buddhism

くぼた[窪田](명) 우묵한 저지대(低地帯)에 있는 전답(田畓). ↔あげ田. low rise-field

くぼたまり[窪溜まり](명) 웅덩이. a puddled hollow

くぼち[窪地](명) 움푹 팬 땅. a hollow

くぼま·る[窪まる](자 4) 가운데가 움푹 패다. 타くぼめる(하 1). become hollow

くぼ·む[窪む](자 4) 우묵해지다. 명くぼみ. become hollow

くほん[九品](명)〈불〉 구품. 극락 왕생(極楽往生)의 아홉 가지 계급.

くま―[熊](접두) ①힘이 세고 무서운. 「一蜂(バチ); 호박벌」 ②모양이 큰.

くま[隈](명) ①굽은 곳. 구석. ②깊숙한 곳. 으슥한 곳. ③그늘. ④비밀. ⑤짙은 색과 연한 색이 이어지는 곳. ⑥←くまどり. 1. a corner 2. a cover 3. a gloom

くま[熊](명)〈동〉 곰. a bear

くまい[供米](명) 신불(神仏)에게 바치는 쌀. 공양미(供養米). rice-offering

ぐまい[愚妹](명) 우매. 자기의 누이 동생을 겸사로 일컫는 말. my sister

ぐまい[愚昧](형동ダ) 우매. 사리에 어두운 모양. 어리석은 모양. stupidity

くまがり[熊狩り](명) 곰 사냥. bear-hunting

くまぐま[隈隈](명) 구석구석. every nook and corner

くまこうはちこう[熊公八公](명)〔만담, 대담(対談) 등에서〕 교육, 교양이 없는 사람들. Jack and Joe

くまざさ[熊笹](명)〈식〉 얼룩조릿대. 대나무의 한 가지. 동백죽. a striped bamboo

くまそ[熊襲](명) 옛날 사쯔마(薩摩), 오오스미(大隅), 휴우가(日向) 지방에 살고 있던 부족(部族).

くまたか[熊鷹](명) ①〈동〉 뿔매. 매과에 속하는 새. 머리에 뿔 모양의 깃이 있음. ②성질이 거칠고 욕심이 많은 사람. 1. a crested eagle 2. a grasping rascal

くまつ[句末](명) 시가(詩歌)의 구(句)의 끝. the end of a phrase

くまで[熊手](명) ①갈퀴. ②긴 막대에 쇠스랑 같은 것이 달린 옛날 무기의 한 가지. ③욕심꾸러기. 1. a bamboo rake 2. a rake 3. a grasping fellow

くまど[隈所](명)〈고〉 구석진 곳.

くまどり[隈取り](명·타サ) ①바림함. 선염(渲染). ②카부키(歌舞伎) 배우가 각색 물감으로 얼굴에 선(線)을 그리는 것. 1. shading 2. facial make-up

〔熊手②〕

くまど·る[隈取る](타 4) ①바림하다. ②얼굴을 분장하다. 1. shade

くまな·い[隈無い](형) ①흐린 곳이 없다. ②미치지 않은 곳이 없다. 「くまなくさがす; 남김 없이 찾다」 1. clear 2. all over

〔隈取り②〕

くまのい[熊の胆](명) 웅담. 곰의 쓸개. a bear's gall

くまばち[熊蜂](명)〈동〉 호박벌. 꿀벌과에 속하는 곤충으로 몸과 다리에 털이 많이 있음. a hornet

くままつり[熊祭り](명) (아이누 사람들이) 잡은 곰을 죽이기 전에 행하는 의식(儀式). a bear-sacrifice festival

くま·る[配る](타 4)〈고〉 ⇨くばる.

くまんばち[熊ん蜂](명)〈동〉 ⇨くまばち.

くみ(명) Ⅰ[組み] ①짜 맞춤. 또는 맞춘 것. ②실이나 노끈을 침. 또는 친 것. ③←組み歌(ウタ). Ⅱ[組] ①큰 단체의 하나의 단위(単位)로, 행동을 같이 하는 무리. 조. 「青(アオ)一; 청조」 ②짝. 쌍. 세트. ③학교에서의 학년(学年)의 구분. 학급. 클라스. ④대오(隊伍). Ⅰ 2. a braid Ⅱ 4. the ranks

くみ[苦味](명) 고미. 쓴맛. bitter taste

ぐみ[茱萸·胡頽子](명)〈식〉 보리수나무과의 총칭. a silverberry

くみあい[組合]―アヒ(명) 조합. ①서로 패를 짜는 일. 또는 그 사람. ②맞붙어 싸움. 격투(格闘). ③〈법〉 두 사람 이상이 출자(出資)하여 공동 사업을 하는 계약이나 단체. ④노동 조합의 준말. 「一運動(ウンドウ); 노동 조합 운동」 1. a union 2. a grapple 3. association
くみあ·う[組み合う]—アフ(자 4) ①서로가 짜다. 서로가 짜고 협력하다. ②한패가 되다. ③조합(組合)을 만들다. ④ 맞붙어 싸우다. 1. co-operate
くみあがり[組み上がり](명) 짜서 이룸. 또는 그것. a composition
くみあ·げる[汲み上げる](타하 1) ①물을 퍼 올리다. ②다 퍼 올리다. 1. draw up
くみあ·げる[組み上げる](타하 1) ①끝까지 짜다. 다 짜다. ②짜서 쌓아 올리다. 자 組み上がる(4). 명 組み上げ. 1. make out
くみあわ·す[組み合わす]—アハス(타 4) 짜 맞추다. 명 組み合わせ. combine
くみあわ·せる[組み合わせる]—アハセル(타하 1) ①짜서 맞도록 하다. ②서로 엮다. ③맞추어 한벌을 만들다. ④뒤섞다. 명 組み合わせ. 1. combine 2. knit together
くみいと[組み糸](명) 친 실. 엮어서 꼰 실. a plaited thread
くみい·れる[組み入れる](타하 1) 편입(編入)하다. 짜 넣다. 명 組み入れ. include in
くみいん[組員](명) 조합원. a member
くみうた[組み歌](명) 짧은 노래를 몇 개 짜 맞추어 한 곡(曲)으로 한 것. a suite song
くみうち[組み討ち](명·자サ) 맞붙어 싸움. 맞붙어 싸워 죽임. 격투. a scrimmage
くみお[組み緒]—ヲ(명) ⇨くみひも.
くみおび[組み帯](명) 실로 친 허리띠. a plaited band
くみかえる[組み替える]—カヘル(타하 1) 다시 짜다. 새로 짜다. re-organize
くみがしら[組頭](명) ①조장(組長). ②에도(江戸) 시대 나누시(名主)를 도와 마을의 사무를 맡던 벼슬. 1. a captain
くみかわ·す[酌み交わす]—カハス(타 4) 잔을 주고 받으며 술을 마시다. 대작(対酌)하다. drink together
くみきょく[組み曲](명)〈악〉 조곡(組曲). 여러 개의 악곡을 조합하여 하나로 만든 악곡. a suite
くみこ[組子](명) 한 조의 부하(部下). 조장(組長)의 부하. one in the squad
くみさかずき[組み杯·組み盃]—サカヅキ(명) 한 세트의 술잔. 대, 중, 소 세 개가 한 세트로 된 술잔. a pyramidal set of cups
くみし·く[組み敷く](타 4) 붙잡아 깔아 누이다. hold down
くみした[組下](명) 조합장의 부하. followers
くみしやす·い[組し易い·与し易い](형) 상대하기 쉽다. 다루기 쉽다. easy to deal with
くみじゅう[組み重](명) 층층으로 맞출 수 있게 된 찬합. a tier of boxes
クミス[koumiss](명) 쿠우미스. 원래는 달단인(韃靼人)이 말 젖이나 낙타 젖으로 빚은 술 현재는 우유로 만듦. 알코홀분이 들어 있음.
くみ·する[組みする·与する](자サ) ①한패가 되다. ②찬성하다. ③관계하다. ④가세(加勢)하다. 1. join 2. agree with
くみだ·す[汲み出す](타 4) ①퍼내다. ②푸기 시작하다. 1. bail out 2. begin to draw
くみたて[汲み立て](명) 방금 푼 것. 「一の水(ミズ); 막 길은 물」 freshness
くみたて[組み立て](명) ①조립(組立). 구성(構成). ②조립하는 방법. 1. construction
くみた·てる[組み立てる](타하 1) 조립(組立)하다. 구성(構成)하다. fit together
くみちょう[組長](명) 조장. 조(組)의 우두머리. a foreman
くみチンキ[苦味丁幾](명)〈의〉 맛이 쓴 황갈색(黃褐色)의 액체. 위장약으로 쓰임. bitter tincture
くみつ·く[組み付く](자 4) (싸우려고) 맞붙다. grapple with
くみてんじょう[組天井](명) 격자(格子) 모양으로 짠 천장. a compartment ceiling
くみとり[汲み取り](명) 변소 치기. cleaning the soil
くみと·る[汲み取る](타 4) ①퍼내다. ②참작하다. 「事情(ジジョウ)を一; 사정을 참작하다」 1. draw up 2. guess
くみはん[組み版](명·자サ) 조판. 활자로 판을 짬. a forme
くみひも[組み紐](명) 친 끈. 꼰 끈. a plaited cord
くみふ·せる[組み伏せる](타하 1) 붙잡아 깔아 누이다. hold down
くみほ·す[汲み乾す](타 4) 다 퍼내다. draw out
くみみほん[組見本](명) 견본으로 짜 본 판(版). 견본 조판. a provisional forme
くみもの[組物](명) ①짜 맞춘 물건. ②엮어서 만든 끈 등의 총칭. 1. combination 2. plaiting
くみん[区民](명) 구민. 한 구 안에 사는 사람. inhabitants of a ward
ぐみん[愚民](명) 우민. 어리석은 백성. 「一政策(セイサク); 우민 정책」 ignorant people
く·む[汲む·酌む](타 4) ①물을 긷다. ②잔에 따라 마시다. 「酒(サケ)を一; 술을 따라 마시다」 ③짐작하다. 「苦(クル)しい気持(キモチ)を一; 괴로운 마음을 짐작하다」 1. draw 2. drink 3. guess
く·む[組む] Ⅰ(자 4) ①한패가 되다. ②맞붙다. Ⅱ(타 4) ①교차시키다. 엮다. 짜 맞추다. 옷감을 짜다. 「うでを一; 팔짱을 끼다」 ②재료를 가지고 움직이지 않도록 짜다. 「いかだを一; 뗏목을 짜다」 ③조판(組版)하다. ④(수표를) 보낼 수속을 하다. ⑤조직하다. 편성(編成)하다. Ⅰ 1. join 2. grapple Ⅱ 1. cross 5. organize
—ぐ·む(접미·4형) 징조가 보이다. 머금다. 「角(ツノ)—; 뿔이 돋기 시작하다」「涙(ナミダ)—; 눈물을 머금다」
くめい[区名](명) 구의 이름. the name of a ward

くめん[工面](명·타サ) ①연구함. 수단(手段)을 강구함. 변통함. 「かねを―する; 이리저리 변통하여 돈을 마련하다」 ②돈의 융통. 「―がいい; 돈 융통이나 수입이 좋다」 1. contrivance 2. pecuniary circumstances
くも[雲](명) ①〈천〉 구름. ②애매한 것. 「―をつかむような話(ハナシ); 구름을 잡는 것 같은 이야기」 1. the clouds 2. cloudiness
くも[蜘蛛](명)〈동〉 거미. a spider
くもあい[雲合い]―アヒ(명) 구름의 상태. 하늘 모양. the look of the clouds
くもあし[雲脚](명) ①구름의 움직임. ②비구름이 드리워 보이는 것. ③구름 모양의 장식이 있는 책상다리. 1. the movement of the clouds
くもい[雲居]―ヰ(명) ①구름이 있는 곳. 하늘. ②먼 곳. ③궁중(宮中). 1. the sky 2. a distant place
くもがくれ[雲隠れ](명·자サ) ①구름 뒤에 숨음. ②행방을 모르게 도망 침. ③〈고〉 귀인의 죽음. 1. vanishing behind the clouds 2. disappearance
くもがた[雲形](명) 떠 있는 구름의 모양. 또는 그려한 조각. cloud-shape
くもがみ[雲紙](명) 위에 푸른 구름, 밑에 보랏빛 구름을 나타낸 일본 색지(色紙).
くもじ[雲路]―ヂ(명)〈고〉 ①새들이 하늘을 나는 길. ②구름이 가는 곳.
くもすけ[雲助](명) ①에도(江戸) 시대 여인숙, 가도(街道) 등에서 가마를 메거나 잡일을 하던, 주소가 일정치 않았던 인부. 금품의 갈취(喝取) 등으로 흔히 손님을 괴롭혔음. ②무뢰한. 불량자. 「―運転手(ウンテンシュ); 불량 운전수」 2. a ruffian
くもつ[供物](명) 공물. 신불(神仏)에게 바치는 물건. offerings
くもつくばかり[雲突くばかり](연어) 구름을 찌를 듯이 (높은 모양). 「―の大男(オオオトコ); 구름을 찌를 듯이 키가 큰 사내」 towering
くもで[蜘蛛手](명) ①거미발같이 사방으로 교차(交叉)한 상태. ②막대 등을 "X" 형으로 교차시켜 얽어 물건을 받치는 것. 2. a cross
くものい[蜘蛛の網](명)〈고〉 거미줄.
くものうえ[雲の上]―ウヘ(명) ①구름 위. ②궁중(宮中). 구중 궁궐(九重宮闕). 「―人(ビト); 궁중에서 일하는 사람. 당상관(堂上官)」 ③높은 지위.
くものかけはし[雲の梯](명) ①사다리 모양으로 생긴 구름. ②높이 가설한 다리. 구름 다리. ③궁중(宮中)의 다리. ④적의 성 따위에 타고 들어 가기 위한 다리. 운제(雲梯). 1. trailing clouds 2. an elevated bridge
くものみね[雲の峰](명) 여름철에 산봉우리같이 높이 솟은 구름. 적란운(積乱雲). a cloud bank
くもま[雲間](명) ①구름이 갈라진 틈. ②잠깐 갠 사이. 1. a break in the cloud 2. an interval of clear weather
くもゆき[雲行き](명) ①구름이 움직이는 모양. ②형세(形勢). 경과(経過). 「会議(カイギ)の―; 회의의 형세」 1. movement of the clouds 2. situation
くもら·す[曇らす](타 4) ①흐리게 하다. ②근심스러운 표정을 짓다. 목소리를 흐리게 하다. 1. overcast 2. wear a gloomy look
くもらわ·し[曇らはし]―ラハシ(형シク)〈고〉 흐리다.
くもり[曇り](명) ①흐림. 「―がち; 흐리는 일이 많은」 「―ガラス; 젖빛 유리」 ②불쾌. 우울. ③의심. 혐의. 나쁜 짓 등으로 켕기는 일. 「―なき身(ミ); 혐의를 받을 여지가 없는 결백한 몸」 1. cloudiness 2. dimness
くも·る[曇る](자 4) ①흐리다. ②희미하게 되다. 애매하게 되다. ③(눈이) 희미하다. 침침하다. ④마음이 흐려지다. ⑤판단이 명확하지 못하다. 1. be cloudy 3. be blurred
くもん[苦悶](명·자サ) 고민. 괴로와하고 번민함. agony
ぐもん[愚問](명) 우문. 어리석은 질문. a silly question. ――**ぐとう**[愚問愚答](연어·명) 우문 우답. 어리석은 문답.
くやく[苦厄](명) 고난과 재액. hardships and disasters
くやくしょ[区役所](명) 구의 사무를 취급하는 곳. 구청(区庁). a ward office
くやし·い[悔しい·口惜しい](형) 유감스럽다. 분하다. 파생 ――**が·る**(타 4) ――**げ**(형동ダ) ――**さ**(명). regrettable
くやしなき[悔し泣き·口惜し泣き](명·자サ) 분해서 우는 울음. crying of vexation
くやしなみだ[悔し涙·口惜し涙](명) 분해서 흘리는 눈물. 분루(憤涙). tears of vexation
くやしまぎれ[悔し紛れ](명) 분한 나머지 분별심을 잃는 일. out of spite
くやみ[悔み](명) ①후회(後悔). ②애도(哀悼). 1. regret 2. lament
くや·む[悔む](타 4) ①분하게 생각하다. ②후회하다. ③애도(哀悼)하다. 조위(弔慰)하다. 1. 2. regret 3. lament
くゆう[区有](명) 구의 소유. ward's ownership
ぐゆう[具有](명·타サ) 구유. 갖추어 지님. possession
くゆら·す[燻らす](타 4) 연기를 내다. 피우다. 「タバコを―; 담배를 피우다」 자 くゆる(4). smoke
くよう[九曜](명) 구요성(九曜星). 칠요(七曜)에다 나후(羅睺), 계도(計都)의 두 별을 더한 것. 「―の紋(モン); 한가운데에 큰 별을 놓고, 주위에 여덟 개의 작은 별을 놓은 무늬」
くよう[供養](명·타サ)〈불〉 공양. 부처나 죽은 사람 앞에 음식을 차려 놓고, 죽은 사람의 명복(冥福)을 빎. a mass for the dead
くよくよ(부·자サ) 사소한 일을 늘 걱정하는 모양. worryingly
―**くら**[競](접미) 경쟁. 겨루기. 「かけっ―; 달음박질(경주)」
くら[鞍](명) 안장(鞍裝). 「―心(ゴコロ); 안장에 앉은 맛」 a saddle
くら[蔵·倉·庫](명) 창고. 곳간. a warehouse
くらい[位]クラヰ I (명) ①나라를 다스리는 지위. 왕위. ②예전에 조정에서 황족(皇族)과 신하들이 자리에 앉는 순서의 표시. ③황족, 귀족, 공로자 등에게 주는 계급. ④벼슬의 계급. ⑤등급. 우열(優劣).

⑥품위. ⑦〈고〉 (앉는) 자리. ⑧〈수〉 수를 나타낼 때 10배마다 붙이는 이름. ‖(수조) ①정도나 대체의 수량을 나타냄. 「これ一の大(オオ)きさ; 이 정도의 크기」 ②…정도. 「大(オオ)きすぎる一のほうがいい; 큰 정도의 것이 좋다」 ③몹시 싫어하는 모양. 「降参(コウサン)する一なら; 항복할 정도라면」 ④…같이, …만큼. 「お前(マエ)一ばかなやつはいない; 너같이 어리석은 놈은 없다」. ⑤아주 드문 모양. 「君(キミ)一なものだ; 너 정도다(너밖엔 별로 없다)」 ⇨: ぐらい. | 1. sovereignty 5. degree ‖ 1. as....as. **── ·する**[位する](자サ) 자리를 차지하다. 지위를 갖다. **── どり**[位取り](명) 등급의 상하를 정하는 일. **── まけ**[位負け](명·자サ) ①지위가 높아 도리어 불리함. ②상대의 지위에 압도됨.

くら·い[暗い](형) ①어둡다. ②어리석다. ③눈이 어둡다. ④잘 모르다. 미개(未開)하다. ⑤뒤가 켕기다. 마음이 꺼림칙하다. 1. dark

ぐらい[位]グラヰ(수조) ①⇨くらい‖. ②가볍게 보는 마음을 나타낸 것. …쯤은. …쯤이야. 「ぼくだって英語(エイゴ)一話(ハナ)すさ; 나도 영어쯤이야 하지」 (“くらい(位)”가 체언에 붙을 때에는 본래 “ぐらい” 라고 했음) ⇨: くらい. 2. at least

くらいこ·む[食らい込む]クラヒー(자 4)〈속〉 ①포박(捕縛)되다. 구류(拘留)되다. ②형무소에 들어 가다. 1. be detained 2. be put in prison

グライダー[glider](명) 글라이더. 활공기(滑空機).

くらいつ·く[食らい付く]クラヒー(자 4) ⇨くいつく(食い付く).

クライマックス[climax](명) 클라이맥스. 정점(頂点). 최고조(最高潮). 「闘争(トウソウ)の一; 투쟁의 클라이맥스」

クライミング[climbing](명·자サ) 클라이밍. ①기어 오름. ②등산. ③〔스키이에서〕 곧장 올라 감.

くらいれ[蔵入れ·倉入れ·庫入れ](명·타サ) 곳간에 넣음. 창고에 넣음. warehousing

グラインダー[grinder](명) 그라인더. 회전시켜 사용하는 모양이 둥근 숫돌. 연마반(研磨盤).

くら·う[食らう·喰らう]クラフ(타 4)〈속〉 ①먹다. ②(술을) 마시다. ③받다. (피해 등을) 입다. 「一撃(イチゲキ)を一; 한 대 먹다」 1. eat 2. drink 3. receive

クラヴサン[프 clavecin](명)〈악〉 ⇨ハープシコード.

クラウン[crown](명) 크라운. ①관(冠). 왕관. ②왕관의 모양이 박힌 5실링짜리 영국 화폐. ③가로 15인치, 세로 21인치의 종이의 규격.

グラウンド[ground](명) 그라운드. 경기장. 운동장.

くらがえ[鞍替え]ーガヘ(명·자サ)〈속〉 ①영업 장소를 바꿈. ②직업을 바꿈. 2. change of one's job

くらがり[暗がり](명) ①어두운 곳. ②남의 눈에 띄지 않는 곳. ③사리에 어두움. 암우(暗愚). 1. a dark place 2. a secret place

くらく[苦楽](명) 고락. 괴로움과 즐거움. pleasure and pain

くらぐ[鞍具](명) 마구(馬具)의 총칭. harness

クラクション[klaxon](명) 클랙슨. (자동차의) 경적(警笛).

くらくら(부·자サ) ①현기증(眩気症)을 느끼는 모양. 아찔아찔. ②물이 끓는 모양. 부글부글. ③화가 나서 속이 끓는 모양. 부글부글. 1. feel dizzy 2. boiling

ぐらぐら(부·자サ) ①물체가 심하게 흔들리는 모양. 흔들흔들. ②“くらくら”의 센말. 1. unsteadily

くらげ[水母](명)〈동〉 ①해파리. ②근육이 발달 못한 사람. ③줏대가 없는 사람. 1. a jellyfish

くらさ[暗さ](명) 어둠. 어둠의 정도. darkness

くらざらえ[蔵浚え]ーザラへ(명·타サ) ⇨くらばらい(蔵払い).

くらし[暮らし](명) ①살아 감. ②생활. living. **── むき**[暮らし向き](명) 살림살이. 생계(生計)의 상태. 「一がゆたかになる; 살림살이가 윤택해지다」

グラジオラス[gladiolus](명)〈식〉 글라디올러스. 붓꽃과에 속하는 다년초. 여름에 적, 백, 황색의 꽃이 핌.

クラシカル[classical](형동ダ) 클라시컬. ①고전적(古典的). ②고전에 능통한 모양.

くらしき(りょう)[倉敷き(料)](명) 화물(貨物)을 창고에 보관하는 보관료(保管料). storage charges

クラシシズム[classicism](명) 클라시시즘. 고전주의.

くらした[鞍下](명) 마소의 안장 아래에 닿는 부분의 등. 또는 그 부분의 살. 등심. sirloin of beef

クラシック[classic] |(형동ダ) 클라식. 고전적인 모양. 「一音楽(オンガク); 고전 음악」‖(명) ①고대 그리이스, 라틴의 작가나 작품. ②고전 음악.

くらじり[鞍尻](명) 안장 뒷부분. the back of a saddle

くら·す[暮らす] |(자 4) ①살다. ②생활하다. 살림하다. ‖(타 4) ①하루를 보내다. ②세월을 보내다. 㓛暮らせる(하 1). | live ‖ 1. spend 2. live

クラス[class](명) 클라스. ①계급. ②학급. 「一会(カイ); 학급회」 ③등급. 종류. 「A一の人物(ジンブツ); 일류급의 인물」

グラス[glass](명) 글라스. ①유리. ②양주를 마시는 유리잔. 「カクテル一; 칵테일글라스」 ③컵. ④안경. ⑤오페라글라스의 준말.

グラスゴー[Glasgow](명)〈지〉 글라아스고우. 영국의 스코틀란드 제일의 도시.

クラスト[crust](명) 크러스트. ①쌓인 눈의 단단해진 표피(表皮). ②빵의 겉껍질.

くらずれ[鞍擦れ](명) 안장에 닿아서 생긴 상처 gall

くらだし[蔵出し·倉出し](명·자サ) 창고에 보관 중인 하물(荷物)을 꺼냄. 출고(出庫). delivery

グラタン[프 gratin](명) 그라탕. 양념한 식품을 내열성(耐熱性)의 접시에 담고, 치이즈, 빵가루 등을 뿌려 겉이 눋도록 구운 요리. 「マカロニ一; 마카로니그라탕」

クラッカー[cracker](명) 크래커. ①달지 않고 약간 짠맛이 나는 비스킷. ②폭죽(爆竹). ③호도(胡桃)를 깨는 그릇.

ぐらつ·く(자 4) ①흔들리다. 동요(動揺)되다. ②생각이 일정치 않고 흔들리다. 1. shake 2. unsteady

クラッシャー[crusher](명) 크러셔. 분쇄기(粉砕機).
クラッチ[clutch](명) 클러치. ①축(軸)의 회전 운동을 단속(断続)시키는 장치. 연축기(連軸機). ②자동차의 클러치를 움직이는 발판.
クラッチ[crutch](명) 크러치. 보우트의 노를 거는 쇠고리.
くら つぼ[鞍坪·鞍壺](명) 안장의 걸터앉는 부분. 「the seat of a saddle
グラデーション[gradation](명) 그러데이션. ①〔미술, 사진 등에서〕진한 색채에서 차차 흐리게 그림을 그리는 법. 바림. ②농담(濃淡). 해조(諧調).
くらに[倉荷](명) 창고에 넣어 둔 짐. warehoused goods. **—しょうけん**[倉荷証券](명)〈경〉 창하 증권. 창고업자가 화물 기탁자(寄託者)의 청구에 의해 그 기탁물에 대해 발행하는 유가 증권. 창고 증권.
グラニュー とう[—糖←granulated sugar](명) 그래뉴레이팃 설탕. 결정(結晶)이 작은 설탕.
クラバット[cravat](명) 크라바트. ①넥타이. ②(여자들이) 칼라에 다는 장식물.
くらばらい[蔵払い]—バラヒ(명·타サ) 창고에 남아 있는 상품을 싸게 팔아 정리함. a clearance sale
くらばん[蔵番](명) 창고를 지키는 사람. 창고지기. a warehouse keeper
グラビア[gravure](명) 그라비아. 그레뷰어. 사진을 응용한 제판 인쇄법의 하나. 판식(版式)은 요판(凹版)임. 사진 요판(写真凹版).
くらびらき[蔵開き](명) ①신년에 처음으로 창고를 여는 일. ②창고를 열고 물건을 검사하는 일. 1. the opening of a storehouse in the New Year
クラブ[club](명) 클럽. ①공통의 목적을 가진 사람들의 모임. 또는 그 모이는 곳. ②〔골프에서〕공을 치는 막대기. ③트럼프의 클로우버 잎이 그려져 있는 카아드.
グラフ[graph](명) 그래프. ①〈수〉 도표(図表). ②화보.
グラブ[glove](명) 글러브. ①장갑. ②권투나 야구 등의 운동을 할 때 끼는 장갑 같은 운동구.
グラフィック[graphic](명) 그래픽. 사진, 그림을 주로 한 출판물. 시사 화보(時事画報). 사진 화보.
クラブサン[프 clavecin](명)〈악〉 클라브상. 그랜드피아노 형(型)의 건반 악기(鍵盤楽器). 하아프시코오드.
クラフトし[kraft紙](명) 크라프트지. 펄프를 황산 소오다로 처리한 튼튼한 갈색 종이. 시멘트 부대 등을 만듦.
くらべうま[比べ馬](명) 옛날의 말타기 경주. 경마(競馬). a horse race
くらべもの[比べ物](명) ①비교할 만한 가치가 있는 것. ②힘이나 우열(優劣)이 비슷비슷한 것. 「—にならない; (차이가 심하여) 비교가 안되다」 a match
くら·べる[比べる·較べる](타하 1) ①비교하다. ②겨루다. 경쟁하다. ③대조(対照)하다. 1. compare
くらぼね[鞍骨](명) 안장의 뼈대가 되는 부분. the main part of a saddle
グラマー[glamour](명) 글래머. (육체적) 매력. 「—ガール; 글래머거얼 (성적 매력이 있는 여성)」
くら まい[蔵米](명) ①창고에 저장해 둔 쌀. ②에도(江戸) 시대에 아사쿠사(浅草)의 쌀 곳간에 있던 쌀. 1. the stored rice
くらま·す[暗ます·晦ます](타 4) ①보이지 않도록 하다. 모르게 하다. 감추다.「ゆくえを—; 행방을 감추다」 ②속이다. 「人目(ヒトメ)を—; 사람의 눈을 속이다」 1. conceal 2. deceive
くらみ[暗み](명) 어둠. 어두운 곳. darkness
くら·む[暗む·眩む](자 4) ①어두워지다. ②현기증(眩気症)이 나다. 눈이 뱅뱅 돌다. 어지럽다. (눈이) 아찔하다. ③판단력이 없어지다. 「かねに目(メ)が—; 돈에 눈이 어두워지다」 1. grow dark 2. get giddy
グラム[프 gramme·瓦](명) 그램. 미터법에 의한 무게의 단위. 기호는 *g*. 또는 *gr*.
グラム いんせいきん[Gram 陰性菌](명)〈의〉 ⇨グラムはんのう.
グラム はんのう[Gram 反応](명)〈의〉 그람 반응. 어떤 세균이 요오드 화합물의 색소(色素)에 물드는 반응. 물드는 것을 그람 양성균, 그렇지 않은 것을 그람 음성균이라 함.
グラム ようせいきん[Gram 陽性菌](명)〈의〉 ⇨グラムはんのう.
くら やしき[蔵屋敷](명) 에도(江戸) 시대에 영주(領主)가 에도나 오오사카(大阪) 등지에 두었던 창고. a rice-warehouse
くら やみ[暗闇](명) ①캄캄함. 또는 그곳. ②남이 모르는 곳. ③예견(豫見)할 수 없는 어지러운 상태. 1. darkness 2. a secret place
クラリオネット[clarionet](명)〈악〉 ⇨クラリネット.
クラリネット[clarinet](명)〈악〉 클라리넷. 목관(木管) 악기의 한 가지.

〔クラリネット〕

くらわ·す[食らわす]クラハス(타 4)〈속〉 ①먹이다. ②먹도록 꾀하다. ③유혹하기 위하여 이익을 주다. ④때리다. 타격을 주다. 「一発(イッパツ)—; 한 대(한 방) 먹이다」 1. feed 3. deal 4. strike
くら わたし[倉渡し](명·타サ) 매매된 물건을 직접 창고에서 넘겨 줌. ex-warehouse
クランク[crank](명) 크랭크. ①왕복 운동과 회전 운동을 연결하는 장치. ②촬영기(撮影機)의 핸들을 돌림. 촬영. 「—アップ; 영화 촬영이 끝남」 **—シャフト**[crankshaft](명) 크랭크샤아프트. 크랭크에 의해 회전되는 회전축(回転軸).

〔クランク①〕

クランケ[도 Kranke](명)〈의〉 크랑케. 환자(患者).
くらんど[蔵人](명) ⇨くろうど.
グランド—[grand](조어) 그랜드. ①최고의. ②중요한. ③대규모(大規模)의. ④훌륭한. 장려(壮麗)한. ⑤근사한. 정식의.
グランド[ground](명) ⇨グラウンド.
グラン プリ[프 grand prix](명) 그랑프리. 제일 우수한 것에 주어지는 상. 최우수상(最優秀賞).

くり[栗](명) ①밤. ②〈식〉 밤나무. 2. a chestnut tree
くり[庫裏·庫裡](명)〈불〉 ①절의 부엌. ②주지(住持)의 거실(居室). 또는 그 가족의 거실. 2. the priests' living quarters
—ぐり[繰り](조어) 변통. 「資金(シキン)—; 자금 변통」
くりあ·げる[繰り上げる](타하 1) ①차례차례로 위, 또는 앞으로 보내다. ②예정보다 앞당기다. 「一日(イチニチ)—; 하루를 앞당기다」 명 繰り上げ. 자 繰り上がる(4). 1. move up
クリアランスセール[clearance sale](명) 클리어런스 세일. 재고 일소(在庫一掃). 재고품의 매출(売出).
くりあわ·せる[繰り合わせる]—アハセル(타하 1) ①(실 따위를) 자아서 합치다. ②변통하다. 둘러 대다. 명 繰り合わせ. 1. tie 2. manage
クリー[중 coolie·苦力](명) ⇨クーリー.
グリー[glee](명) 글리. (3부 이상의) 합창. 보통 반주가 없고, 주로 남성을 위한 것. 「—クラブ; 글리클럽(합창단)」
クリーク[creek](명) 크리이크. ①강, 내에 조수가 드나드는 곳. 개. ②짧은 지류(支流). 또는 수류(水流).
くりいし[栗石](명) 직경 15*cm* 정도 되는 둥근 돌.
くりいと[繰り糸](명) 실을 잣는 일. 또는 자은 실. reeling cotton
くりいも[栗薯](명) 밤과 같이 단 고구마. 밤고구마.
グリース[grease](명) ⇨グリス.
クリーナ(ー)[cleaner](명) 클리이너. 소제기(掃除機).
クリーニング[cleaning](명·타サ) 클리이닝. ①서양식의 세탁. 서양 세탁. ②드라이클리이닝의 준말.
クリーム[cream](명) 크리임. ①우유로 만든 지방(脂肪). ②밀가루를 우유로 푼 것. 「—スープ; 크리임수우프(포타아즈)」 ③화장하기 전에 바르는 화장품. ④구두약. ⑤⇨なまクリーム.
くりい·れる[繰り入れる](타하 1) ①실, 밧줄 등을 두 손으로 번갈아 당겨 사려 놓다. ②짜 넣다. 편입(編入)하다. 「予定(ヨテイ)に—; 예정에 넣다」 명 繰り入れ. 2. include
くりいろ[栗色](명) 밤색. a chestnut colour
クリーン[clean](명) 클리인. ①청결(清潔). ②깨끗하고 멋진 것. 「—ヒット; 멋진 안타(安打)」 **—アップ**[clean up](명) 클리인업. 〔야구에서〕 안타(安打)를 쳐서 러너(走者)를 멋지게 호움인시키는 것.
グリーン[green](명) 그리인. ①녹색(緑色). ②풀밭. 잔디. ③골프장. **—ピース**[green peas](명)〈식〉 그리인피이스. 콩과에 속하는 1년생 만초(蔓草). 청완두(青豌頭).
グリーンランド[Greenland](명)〈지〉 그리인란드. 북미 북동쪽에 있는 세계 최대의 섬. 덴마아크의 식민지.
クリエート[create](명·타サ) 크리에이트. 창조(創造).
くりおろ·す[繰り下ろす](타 4) 차례로 내려 보내다. 차례로 다음으로 미루다. carry down
くりかえ·す[繰り返す]—カヘス(타 4) 되풀이하다. 같은 일을 두 번 하다. 반복하다. 명 繰り返し. repeat
くりか·える[繰り替える]—カヘル(타하 1) ①옮기다. 바꾸다. 대체(代替)하다. ②변통하여 형편에 맞추다. 「予定(ヨテイ)を—; 예정을 바꾸다」 ③유용(流用)하다. 명 繰り替え. 1. change 2. appropriate 3. divert
くりから[倶梨伽羅](명)〈불〉 구리가라. 용(龍)이 검(劍)에 감긴 모양. **—もんもん**[倶梨伽羅紋紋](명) 구리가라를 새긴 문신(文身).
くりき[功力](명)〈속〉 신불(神仏)의 좋은 보답을 받을 만한 선행의 보람. 영험. 영검. virtue of prayers
くりくり(부·자サ) ①〈속〉 빙빙 도는 모양. ②머리를 짧게 깎은 모양. ③둥근 모양. 1. turning round 2. clean-shaven
ぐりぐり Ⅰ(명) (목 등에 서는) 멍울. 연주창(連珠瘡). Ⅱ(부·자サ) ①매끄러워 잘 움직이는 모양. ②⇨くりくり. Ⅰ scrofula Ⅱ 1. briskly
くりくりぼうず[くりくり坊主](명) 머리를 박박 깎은 사람. 또는 그 사람의 머리. 까까중. 중대가리. a clean-shaven head
くりげ[栗毛](명) 말의 털 빛. 밤색 털의 말. a bay horse
クリケット[cricket](명) 크리켓. 11명씩 두 패로 나뉘어 배트로 나무 공을 쳐서 위켓을 넘어뜨리는 경기. 영국의 국기(国技).
グリコーゲン[도 Glykogen](명)〈이〉 글리코겐. 백색, 무미(無味), 무취(無臭)의 가루. 동물이 생활하는 데 중요한 물질. 당원질(糖源質).
くりこ·す[繰り越す](타 4) ①차례차례 다음으로 보내다. ②다음으로 넘기다. 명 繰り越し. 1. bring over 2. transfer
くりごと[繰り言](명) 되풀이하여 하는 말. 잔소리. 불평. a tedious talk
くりこ·む[繰り込む] Ⅰ(자 4) ①차례로 들어 가다. 떼지어 (함께) 들어 가다. ②끝자리 수를 올려 윗자리에 넣다. 짜 넣다. 편입시키다. Ⅱ(타 4) ①차례로 끌어 들이다. ②밧줄 등을 양손으로 번갈아 가며 끌어 당기다. 명 繰り込み. Ⅰ 1. rush in Ⅱ 2. haul in
くりさ·げる[繰り下げる](타하 1) ①차례차례 밑으로 내리다. ②차례로 늦추다. 「一日(イチニチ)—; 하루 늦추다」 명 繰り下げ. 자 繰り下がる(4). 1. take down 2. postpone
グリス[grease](명) 그리이스. ①유지(油脂). 지방(脂肪). ②윤활유(潤滑油)에 비누 따위를 섞어 반고체(半固体)로 한 기름.
クリスタル[crystal](명) 크리스털. ①수정(水晶). ②투명한 유리 기구. 「—グラス; 클리스털 글라스」 ③〈이〉 결정(結晶). ④광석식(鉱石式) (수신기, 마이크 등).
クリスチャニア[Christiania](명) 크리스차니아. 〔스키이에서〕 갑자기 방향을 돌리는 방법. 급회전(急回転).
クリスチャン[Christian](명)〈종〉 크리스찬. 기독교 신자. **—サイエンス**[Christian Science](명) 크리스찬 사이언스. 신앙의 힘으로 병을 고치는 방법. 미국의 에디(Eddy) 부인이 시작했음. **—ネーム**[Christian name](명) 크리스찬네임. 세례명(洗礼名).
クリスト[Christ·基督](명) ⇨キリスト.

クリスマス[Christmas, Xmas](명) 크리스마스. 그리스도가 탄생한 날을 축복하는 명절. 12월 25일. ── **カロル**[Christmas carol](명) 크리스마스캐럴. 크리스마스를 축복하는 찬미가.

グリセード[glissade](명·자サ) 글리사아드. 〔등산, 스키이에서〕 피켈, 지팡이 등으로 사면(斜面)을 찍으면서 설면(雪面)을 미끄러져 내려 오는 일.

グリセリン[glycerine](명)〈이〉 글리세린. 지방(脂肪), 유지(油脂)에서 얻는 무색, 투명의 기름 같은 단 액체. 의약, 폭약(爆薬)의 원료.

くりだ·す[繰り出す] Ⅰ(자 4) 함께 나가다. Ⅱ(타 4) ①차차 내어 보내다. ②차례로 끌어 내어 보내다. ③내밀다. 찌르다. ④때때로 지출(支出)하다. ⑤떼 지어 나가다. 명 繰り出し. Ⅰgo out with Ⅱ2. draw out

グリッド[grid](명) 그릿. 라디오 따위의 3극 진공관(三極真空管)의 제3의 극. 그물 모양이며, 전자(電子)의 흐름을 조절함.

クリッパー[clipper](명) 클리퍼. 여객용 쾌속 비행정(快速飛行艇).

クリップ[clip](명) 클립. ①탄력이나 나선(螺旋)을 이용하여 종이, 서장(書状) 등을 끼워 두는 기구. ②만년필, 샤아프펜슬 등에 달려 있는, 양복 주머니에 끼우는 쇠. ③여자들의 머리에 웨이브를 내기 위해 머리를 잡는 금속으로 만든 기구.

グリップ[grip](명) 그립. ①잡는 일. 잡는 곳. 「一つき; 손잡이가 달린」 ②(라켓, 골프채 등의) 손잡이. 또는 그것들을 잡는 방법.

くりど[繰り戸](명) 상인방(上引枋) 하인방에 한 홈이 있어 차례로 밀어 내어 여닫는 판자로 만든 덧문. a sliding door

クリニック[도 Klinik](명) 클리닉. ①임상 강의(臨床講義). ②진료소(診療所).

グリニッチ[Greenwich](명)〈지〉 그리니치. 영국 런던에 있는 유명한 그리니치 천문대의 소재지.

くりぬ·く[刳り貫く](타 4) 후벼서 구멍을 뚫다. 후벼서 모두 꺼내다. bore

くりねずみ[栗鼠](명) ①〈동〉 다람쥐. ②밤색을 띤 쥐색. 1. a squirrel

くりの·べる[繰り延べる](타하 1) ①차례로 미루다. ②연기하다. 명 繰り延べ. 1. defer gradually 2. postpone

クリノメーター[clinometer](명) 클리노미터. 경사의 정도를 재는 기구. 경사의(傾斜儀). 측사기(測斜器).

くりばち[刳鉢](명) 나무를 후벼 만든 주발. 바리때. a hollowed-out bowl

ぐりはま(명)〈속〉〔"はまぐり"를 거꾸로 한 말〕 상반(相反). 모순. 반대. contrariety

くりひろ·げる[繰り広げる](타하 1) ①차례차례로 펴다. ②전개(展開)하다. 벌이다. 「祭典(サイテン)を一; 제전을 벌이다」 1. unfold 2. spread

くりまわ·す[繰り回す]ーマハス(타 4) ①차례차례로 돌리다. ②변통하다. 둘러 대다. 「家計(カケイ)を一; 가계를 여러 모로 변통하여 꾸려 나가다」 명 繰り回し. 2. manage

くりまんじゅう[栗饅頭](명) 밀가루, 계란, 설탕을 반죽한 것에 밤으로 소를 넣고, 겉을 밤색으로 구운 만두. a chestnut jam bun

クリミアはんとう[Crimea 半島](명)〈지〉 크리미아 반도. 소련 서남부에 있는 반도.

クリムソン(レーキ)[crimson (lake)](명) 크림즌(레이크). 심홍색(深紅色)의 서양화 채색. 동양화의 연지빛.

くりめいげつ[栗名月](명) 음력 9월 13일 밤의 달. ↔いも名月. full moon in the chestnut season

くりもど·す[繰り戻す](타 4) ①차례차례로 본래의 자리로 돌리다. ②되풀이하다. 명 繰りもどし. 1. restore 2. repeat

くりや[厨·廚](명) 부엌. a kitchen

クリヤー[clear](형동ダ) 클리어. ①티 없이 맑은 모양. ②명료(明瞭)한 모양. 분명한 모양.

くりょ[苦慮](명·자サ) 고려. 애써 생각함. 고심(苦心). anxiety

くりよ·せる[繰り寄せる](타하 1) ①밧줄 등을 양손으로 번갈아 앞으로 당기다. ②다가 오다. 2. draw near

グリル[grill](명) 그릴. ①석쇠 구이. 또는 그 고기를 파는 식당. ②서양 요리점. 즉석, 일품(一品) 요리점.

くりわた[繰り綿](명) 목화 씨를 뺀 솜. ginned cotton

くりん[九輪](명)〈불〉 구륜. 불탑(仏塔)의 노반(露盤) 위에 있는 높은 기둥의 장식. 노반 위 청화(請花)와 맨 꼭대기의 수연(水煙) 사이에 있는 아홉 개의 테 장식. a nine-ringed spire

〔九輪〕

グリン[green](명) ⇨グリーン.

クリンシン[cleansing](명) ⇨クレンジング.

クリンチ[clinch](명) 클린치. 〔권투에서〕 서로 맞달라붙는 일.

くる[来る] Ⅰ(자カ) 오다. ↔行(ゆ)く. Ⅱ(보동·カ) ①〔"て一"의 형태로〕 동작, 작용이 계속됨을 나타내는 말. 「今(イマ)までしゃべってきたが; 지금까지 지껄였지만」 ②〔"て一"의 형태로〕 부드러운 변화를 나타내는 말. 「わかって一; (차츰) 알게 되다」 ③〔"て一"의 형태로〕 동작, 작용을 행할 작정임을 나타내는 말. 「今(イマ)書(カ)いて一; 지금 써 오지」 come

く·る[刳る](타 4) 연장으로 후벼 파서 구멍을 뚫다. bore

く·る[繰る](타 4) ①씨아로 목화의 씨를 빼다. ②실 등을 양손으로 번갈아 당기거나 감다. ③차례차례로 보내다. ④차례차례로 세다. ⑤차례차례로 페이지를 넘기다. 1. gin 2. haul 3. send successively 4. count

くる[佝僂](명)〈의〉 ⇨せむし.

ぐる(명)〈속〉 (나쁜 짓을 하는) 한패. 「一になる; 한패가 되다」 conspiracy

くるい[狂い]クルヒ(명) 정신이 이상하게 됨. 미침. madness. ──**ざき**[狂い咲き](명·자サ) 제철이 아닌데 꽃이 핌. ──**じに**[狂い死に](명·자サ) 미쳐서 죽음. 광사(狂死).

ーぐるい[狂い]グルヒ(조어) 미치는 것. 미친 사람. 「女(オンナ)一; 여자에 미친 사람」

くる·う[狂う]クルフ(자 4) ①미치다. ②보통 사람과

다르게 (이상하게) 되다.「気(キ)が—; 정신이 이상하게 되다」③정해진 틀에서 벗어나 움직이다. 제대로 할 일을 하지 않다. ④과녁이 맞지 않다. ⑤(예정이) 어긋나다.「計画(ケイカク)が—; 계획이 어긋나다」⑥모양이 바르지 않다. ⑦탐닉(耽溺)하다.「女(オンナ)に—; 여색에 빠지다」
1. go mad 3. get out of order 5. miss one's aim

クルー[crew](명) 크루우. ①승무원. (특히 보우트레이스에서 한 티임의 승무원) ②한 무리의 사람들.

グルー[glue](명) 글루우. 아교(阿膠).

クルーナー[crooner](명) 크루우너. 낮은 목소리로 감상적으로 부르는 가수.

グループ[group](명) 그루우프. ①집단. 무리. ②분파(分派). ③분단(分团).

くるおし·い[狂おしい] クルホシイ(형) 미친 것 같다. 미칠 듯하다. 파생 **—げ**(형동ダ) **—さ**(명). madly

くるくる(부·자サ) ①물체가 도는 모양. ②바지런히 일하는 모양. ③여러 겹으로 감기는 모양. ④매끄럽고 둥근 모양. 1. round and round 3. coiling

ぐるぐる(부·자サ) "くるくる"의 센말.

グルコース[glucose](명)〈이〉 ⇨ぶどうとう(葡萄糖).

くるし·い[苦しい](형) ①몸이 괴롭다. ②마음이 아프다. 답답하다. ③곤란하다. 곤궁하다. ④어렵다. ⑤걱정되다. ⑥귀찮다. 싫다. 파생 **—が·る**(자 4) **—げ**(형동ダ) **—さ**(명). 1. painful 2. agonizing

くるし·ぶ[苦しぶ](자サ)〈고〉 ⇨くるしむ.

くるしまぎれ[苦し紛れ](명) 괴로운 나머지 분별을 못함. driven by pain

くるし·む[苦しむ](자 4) ①괴로와하다. 고민하다. ②곤란을 당하다. 궁하다. ③마음이 상하다. 명 苦しみ. 1. feel pain 2. be at a loss

くるし·める[苦しめる](타하 1) ①괴롭히다. ②곤란하게 만들다. ③괴롭히다. 박해(迫害)하다. ④몸과 마음을 극도로 피로하게 하다.
1. give pain 2. trouble 3. torment 4. toil

クルス[포 cruz](명) 크루즈. 십자. 십자가(十字架).

グルタミン[glutamine](명)〈생〉 글루타민. 글루타민산의 유도체(誘導体). 식물체의 휜자질 속에 있음. **—さん**[glutamine 酸](명)〈생〉 글루타민산. 아미노산의 한 가지. 하얀 결정. 물에 풀리고 맛이 좋음. 화학 조미료의 주성분(主成分).

クルツール[도 Kultur](명) 쿨투르. 문화(文化).

クルップ[도 Krupp](명)〈의〉 크루우프. 목구멍에 두꺼운 막(膜)이 생겨 숨쉬기가 괴로와지는 급성의 염증.

グルッペ[도 Gruppe](명) 그루페. 그루우프. 떼. 조(組). 집단.

グルテン[도 Gluten](명)〈이〉 글루우텐. 황갈색의 끈적끈적한 물질. 곡류(穀類)의 종자의 주성분(主成分).

グルデン[gulden](명)〈경〉 굴덴. 네덜란드의 화폐 단위.

くるびょう[佝僂病](명)〈의〉 구루병. 곱사병. rickets

くるぶし[踝](명)〈생〉 복사뼈. 과골(踝骨). the ankle

くるま[車](명) ①차륜(車輪). ②차륜을 돌려 움직이게 된 것의 총칭. ③인력거(人力車). ④자동차. 1. a wheel 2. a vehicle. **—いど**[車井戸]—ヰド(명) 활차(滑車)로 두레박을 내리고 올리게 된 우물. **—えび**[車蝦](명)〈동〉 각시새우. **—ざ**[車座](명) 여러 사람이 둥글게 둘러 앉는 것. **—よせ**[車寄せ](명) 현관 앞에 차를 대게 만든 곳.

くるまへん[車偏](명) 한자 부수(部首)의 하나. 수레거변. "転, 輯" 등의 "車" 부분.

くるま·る(자 4) 몸이 폭 싸이다. be wrapped up in

くるみ[胡桃](명)〈식〉 호도. 호두. 추자. a walnut

—ぐるみ(접미) 죄다. 함께. …째.「土地(トチ)—; 땅까지 함께」

くる·む(타 4) 감아서 싸다. 포장하다. wrap

くるめか·す[眩めかす](타サ) ①빙빙 돌리다. ②어지럽게 하다. 1. turn round 2. make giddy

くるめがすり[久留米絣](명) 후쿠오카현(福岡県) 쿠루메(久留米)에서 만드는 곤색 바탕에 흰 점박이 무늬를 나타낸 옷감.

くるめ·く[眩めく](자 4) ①빙빙 돌다. ②눈이 돌다. 현기증이 나다. 타 くるめかす(4).
1. go round 2. feel giddy

くる·める(타하 1) 뭉뚱그리다. 둘둘 말아서 싸다. wrap

くるり(부) ①홱 도는 모양. ②급히 바뀌는 모양. ③주위를 둘러 싸는 모양. 1. round 2. wholly 3. in a circle

ぐるり Ⅰ(명) 둘레. 주위. Ⅱ(부) ①홱 도는 모양. ②둘러 싼 모양. Ⅰ surroundings Ⅱ 1. round 2. in a circle

くるる[枢](명) ①〈고〉 문의 문장부와 문둔테 구멍. ②문얼굴을 뚫고 문둔테 구멍에 박아 문을 잠그는 가는 막대기. ③축(軸). 2. bolt

くるわ[郭·廓](명) ①성(城)이나 시(市)의 둘레에 흙이나 돌로 쌓은 담벽. ②주위를 흙이나 돌로 싼 지역. ③구역(区域). ④유곽(遊郭).
1. an enclosure 4. gay quarters

くるわし·い[狂わしい] クルハシイ(형) ⇨くるおしい. 파생 **—げ**(형동ダ) **—さ**(명).

くるわ·す[狂わす] クルハス(타 4) ⇨くるわせる.

くるわ·せる[狂わせる] クルハセル(타하 1) ①미치게 하다. ②어긋나게 하다. ③상태(常態)를 잃게 하다. 변동시키다. 1. drive mad 2. put out of order

グルント[도 Grund](명) 그룬트. 기초. 근본. 근거.

くれ[呉](명) ①옛날 중국의 12열국(列国) 중의 하나. ②옛날 중국의 다른 이름.

くれ[塊](명) 덩어리.「土(ツチ)—; 흙덩어리」 a lump

くれ[暮れ](명) ①저녁때. 해질녘. ②사계(四季)의 끝.「春(ハル)の—; 늦봄」③1년의 끝. 연말. 세모(歳暮).
1. the evening 2. the end of a season 3. the year-end

くれあい[暮れ合い]—アヒ(명) 해질녘. nightfall

くれうち[塊打ち](명·타サ)〈농〉 흙을 깨어 고름.
crushing a lump of earth

くれうつ·る[暮れ移る](자 4)〈고〉 차츰 저물다.

クレー[clay](명) 클레이. ①진흙. 찰흙. ②진흙을 비둘기 모양으로 구운 것. 이것을 던지고는 쏨.「—射撃(シャゲキ); 클레이 사격」

グレー[영 grey·미 gray](명) 그레이. ①회색(灰色).「—

のズボン; 회색 양복 바지」 ②머리가 희끗희끗해지는 것. 「ロマンスー; 로만스그레이」
グレード[grade](명) 그레이드. 등급. 계급.
グレートデーン[Great Dane](명)〈동〉 그레이트데인. 덴마아크종(種)의 큰 개.
グレーハウンド[greyhound](명)〈동〉 그레이하운드. 개의 한 가지. 몸이 가늘고 주력(走力)과 시력(視力)이 발달된 사냥개. 원산지(原産地)는 스페인.
クレープ[프 crêpe](명) 크레이프. 비단의 일종으로 바탕이 쪼글쪼글함.
グレープ[grape](명) 그레이프. 포도. 포도나무. 「ージュウス; 포도 주우스」
クレーム[claim](명) 클레임. (손해 배상의) 청구(請求). 청구권. 불평.
クレーム[프 crème](명) 크라임. ⇨:クリーム.
クレーン[crane](명) 크레인. 기중기(起重機).
グレーン[grain](명) 그레인. 야아드, 파운드법의 중량의 단위. 약 0.065 *g*. 약호(略号)는 *gr*.
クレオソート[네 creosoot](명)〈이〉 크레오소오트. 백무(白橅)나무를 증류하여 만든 기름 같은 액체. 무색 또는 갈색이며 코를 찌르는 냄새가 남. 살균력이 강함.
クレオン[crayon](명) ⇨クレヨン.
くれがく[呉楽](명) 오악. 오(呉) 나라에서 전해 온 아악(雅楽).
くれがし[某](대)〈고〉 ⇨たれそれ.
くれがた[暮れ方](명) ①저녁녘. ②한 해나 철의 끝무렵. 1. nightfall
くれぐれ[呉れ呉れ](부) 되풀이해서. 거듭. 부디. 「ーも気(キ)をつけて; 부디 조심해서」 repeatedly
くれぐれ[暮れ暮れ](명) 해가 지려고 하는 때. 저녁녘.
グレゴリオれき[Gregorio 暦](명) 그레고리오력. 로마교황 그레고리우스 13세가 1582년 율리우스력(暦)을 개량(改良)하여 만든 달력. 현재의 태양력(太陽暦). the Gregorian calendar
クレジット[credit](명) 크레딧. ①신용. ②〈경〉 신용 대부(信用貸付). 차관(借款).
グレシャムのほうそく[Gresham の法則](명)〈경〉 그레셤의 법칙. 그레셤이 제창한 "악화(悪貨)는 양화(良貨)를 구축한다"는 법칙. 실질 가치가 다른 2종의 화폐가 있으면, 좋은 쪽의 화폐는 유통(流通)하지 않게 되고 나쁜 쪽의 화폐만이 사용된다는 법칙.
クレゾール[도 Kresol](명)〈이〉 크레졸. 코울타르 및 목(木)타르 중에 석탄산과 함께 나는 물질. 소독약, 방부제로 쓰임.
くれたけ[呉竹](명)〈식〉 솜대. 잎이 잘고 마디가 많음. 담죽. a black bamboo
クレタとう[Kreta 島](명)〈지〉 크레타도. 에게해(海) 남쪽에 있는 지중해 최대의 섬. 그리이스 영토. 수도는 카네아(Canea).
ぐれつ[愚劣](명·형동ダ) 우열. ①터무니 없고 소용없음. ②어리석고 못남. 2. stupidity
クレ(ッ)センド[이 crescendo](부)〈악〉 크레센도. 〔연주(演奏)에서〕 점점 세게. 점점 빠르게. ↔デクレ(ッ)センド.
くれて[呉れ手](명) ①주는 사람. ②(…을 해) 주는 사람. 「来(キ)てーがない; 와 줄 사람이 없다」 1. a giver
くれない[紅]クレナヰ(명) ①잇꽃. 홍화(紅花). 엉거시과에 속하는 1년초. 꽃물을 짜서 홍색 물감으로 씀. ②분홍. 1. a safflower 2. crimson
くれのこ·る[暮れ残る](자 4) ①날이 덜 저물어서 아직 환하다. 「ー空(ソラ); (해가 진 뒤에도) 아직 밝은 저녁 하늘」 ②해가 진 뒤에도 눈에 보이다. 「ー白(シロ)い花(ハナ); 해가 진 뒤에도 아직 희미하게 보이는 흰 꽃」 be seen dimly behind
クレバス[crevasse](명) 크레바스. 빙하(氷河)나 쌓인 눈이 깊이 갈라진 곳.
クレパス[일 crapas](명) 크레파스. 크레용과 파스텔의 특색을 따서 만든 막대기 모양의 화구(画具).
くれは·てる[暮れ果てる](자하 1) 해가 완전히 지다. 완전히 날이 저물다. Night falls completely.
クレバ(ネット)[cravenette](명) 크래버넷. 〔영국 크래버넷 회사의 상품명(商品名)으로〕 특수한 방수 가공(防水加工)을 한 개버딘과 비슷한 능직물(綾織物)인데 양복, 레인코우트용(用)으로 쓰임.
くれふたが·る[暗れ塞がる](자 4)〈고〉 온통 어두워지다. 암흑 세계가 되는 듯하다.
クレペリンけんさ[kraepelin 検査](명) 크레펠린 검사. 독일의 정신병 학자 크레펠린에 의하여 고안된 성격 검사법. 수(数)의 계산 작업에 있어서의 성격의 동요(動揺)로 판정함. Kraepelin Test
くれまど·う[暗れ惑う]ーマドフ(자 4)〈고〉 마음이 암담하여 갈피를 못 잡다. 어찌할 바를 모르다.
くれむつ[暮れ六つ](명) 저녁 여섯 점. 지금의 오후 여섯시. ↔明(ア)け六つ. six in the afternoon
クレムリン[Kremlin](명) 크레믈린. ①모스크바의 궁전. ②소련 정부.
クレヨン[프 crayon](명) 크레용. 막대기 모양의 화구(画具).
く·れる[呉れる] Ⅰ(타하 1) 주다. (손윗사람에게는 쓰지 않음) 「えさをー; 모이를 주다」 Ⅱ(보동·하 1) 〔"てー"의 형태로〕 (상대가 자기에게) 하여 주다. 「教(オシ)えてー; (나에게) 가르쳐 주다」 Ⅰ give
く·れる[暮れる](자하 1) ①해가 지다. ②한 해나 철이 끝나 가다. 세월이 흐르다. ③(마음이) 헤매다. 「思案(シアン)にー; (할 바를 몰라) 이리저리 생각에 잠기다」 ④ 주체 못하다. 잠기다. 「悲(カナ)しみにー; 슬픔에 잠기다」 ⑤분별심을 잃다. 「欲(ヨク)に目(メ)がー; 욕심에 눈이 어두워지다」 1. grow dark 2. end
ぐ·れる(자하 1)〈속〉 나쁜 길로 빠지다. 타락하다. be morally depraved
くれわた·る[暮れ渡る](자 4) 주위가 온통 어두워지다. grow dark utterly
くれわり[塊割り](명)〈농〉 고무래. 농기구의 하나로 흙덩어리를 부수거나, 펴거나, 고르는 데 씀. a rake
ぐれん[紅蓮](명) ①〈불〉 홍련. ㉠붉은 빛깔의 연꽃.

㉡←ぐれん地獄. ②타는 듯한 붉은 빛깔. 진홍(真紅). 「一のほのお; 새빨간 불꽃」 2. flame-like red. ―じごく[紅蓮地獄](명)〈불〉 홍련 지옥. 팔한 지옥(八寒地獄)의 하나. 지독한 추위 때문에 피부가 찢어져 새빨개진다고 함.

クレンザー[cleanser](명) 클렌저. 가루 비누가 든 마사(磨砂).

クレンジング[cleansing](명) 클리인싱. 깨끗하게 하는 일. ―**クリーム**[cleansing cream](명) 클리인싱크리임. 피부의 때를 씻어 내는 크리임.

ぐれんたい[愚連隊](명)〈속〉 불량배(不良輩). a gang of young roughs

くろ[畔](명) 논길. 논둑. a footpath

くろ[黒](명) ①검은 색. ②〔바둑에서〕 검은 돌(黒石). ③〈속〉 짙은 혐의(嫌疑)가 있음. 또는 그 사람. ↔白(シロ). 1. black 3. strong suspicion

グロ(형동ダ) 그로테스크의 준말.

くろあえ[黒和え]―アヘ(명) 〔요리에서〕 검은깨를 무침. 또는 그 음식. ↔しらあえ.

くろ·い[黒い](형) ①검다. 「日(ヒ)にやけた一顔(カオ); 햇빛에 그을린 검은 얼굴」 ②더럽다. 「一手(テ); 더러운 손」 ③마음이 정직하지 않고 못된 욕심이 있다. 「腹(ハラ)の 一人(ヒト); 속이 검은 사람」 [파생] ―さ(명). 1. black 2. dirty

くろいし[黒石](명) ①빛이 검은 암석(岩石). ②바둑의 검은 돌. a black stone

くろう[苦労](명·자サ·형동ダ) 몸과 마음이 피로움. 고생. toil. ―**しょう**[苦労性](명·형동ダ) 조그만 일에도 마음을 쓰는 성질. ―**にん**[苦労人](명) 많은 고생을 하여 세정(世情)에 밝은 사람.

ぐろう[愚老](대) 우로. 노인이 자기를 겸사로 일컫는 말. 졸로(拙老). my old self

ぐろう[愚弄](명·타サ) 우롱. 사람을 깔보고 놀림. mockery

くろうと[玄人](명) ①예술이나 기술에 숙달한 전문가. ②기생. 유녀(遊女). ↔しろうと. 1. an expert

くろうど[蔵人](명) 옛날에 궁중의 비밀 문서나 천황의 의류, 도구 등을 관리하던 직원.

クローカス[crocus](명)〈식〉 크로커스. 붓꽃과에 속하는 다년초. 꽃줄기를 말려 약용함.

クローク[cloak](명) 클로우크. 극장, 호텔, 클럽 등의 휴대품을 맡아 두는 곳. 클로우크루움.

クロース[cloth](명) 클로오드. 크로스. ①책의 장정에 쓰이는 천. ②테이블클로오드의 준말.

クローズアップ[close-up](명·타サ) 클로우즈업. ①〔영화에서〕 대상의 일부, 특히 인물의 상반신 같은 것을 화면에 크게 나타냄. ↔ロングショット. ②(사회 문제로) 크게 취급함.

クローズドショップ[closed-shop](명) 클로우즈드숍. 전종업원이 단일 조합(単一組合)에 가입하여 고용주가 조합원 이외의 노동자를 고용할 수 없는 제도. 또는 그 회사.

クローネ[krone](명) 크로네. ①스웨덴, 노르웨이, 덴마아크의 은화(銀貨). ②오스트리아의 은화. ③옛날 독일의 10 마르크 금화(金貨).

クローバ[clover](명)〈식〉 클로우버. 콩과에 속하는 다년초(多年草). 토끼풀.

グローブ[globe](명) 글러브. 전구등의 광원(光源)에 씌워 열을 막고 밝기를 조절하는 둥그렇고 큰 유리기구. 외구(外球).

グローブ[glove](명) ⇨グラブ.

クローム[도 Chrom](명)〈이〉 ⇨クロム.

クロール[도 Chlor](명)〈이〉 클로르. ①←クロールカルキ. ②염소(塩素). ―**カルキ**[도 Chlorkalk](명) 클로르칼크. 표백분(漂白粉).

クロール(ストローク)[crawl(stroke)](명) 크로울스트로우크. 발로 물을 차고 두 손으로 물을 긁으며 나아가는 수영법(水泳法).

クロールピクリン[도 Chlorpikrin](명)〈농〉 클로르피크린. 염소(塩素)를 자극시켜 만드는 휘발성 액체. 최루성(催涙性), 자극성이 있어 살충제, 독가스로 쓰임.

くろがき[黒柿](명) 먹감 나무. 여러 해 묵어 속이 검고 단단해진 감나무의 재목. black persimmon wood

くろがね[鉄](명)〈고〉 무쇠.

くろかみ[黒髪](명) 흑발. 검고 아름다운 머리털. black hair

くろき[黒木](명) ①껍질을 벗기지 않은 통나무. ②한자 길이로 자른 생나무를 쪄서 까맣게 만든 장작. ③〈식〉 ⇨こくたん(黒炭). 1. a log

くろき[黒酒](명) 천황이 즉위하고 나서 처음 지내는 다이조오에(大嘗会)에 쓰는 흑색의 술.

グロキシニア[gloxinia](명)〈식〉 글록시니아. 시회과에 속하는 다년초. 남미 원산으로 여름에 백색, 자색의 꽃이 핌.

くろくぐわ[久六鍬]―グハ(명) 자루가 짧고 끝이 날카로운 괭이. 굳은 땅을 팔 때 씀.

くろくま[黒熊](명)〈동〉 검은곰. a black bear

くろくも[黒雲](명) 검은 구름. black clouds

くろぐろ[黒黒](부·자サ) 몹시 검은 모양. 새까만. in deep black

くろけむり[黒煙](명) 검은 연기. black smoke

くろご[黒子](명) 〔카부키(歌舞伎)에서〕 배우를 돌봐주는 사람. 또는 그가 입는 검은 옷. a prompter

くろごま[黒胡麻](명)〈식〉 검은깨. 흑임자(黒荏子). ↔白(シロ)胡麻. a black-seeded sesame

くろごめ[黒米](명) 현미(玄米). uncleaned rice

くろさ[黒さ](명) 검은 정도. blackness

くろざとう[黒砂糖](명) 흑설탕. 정제(精製)하지 않은 흑갈색 설탕. ↔白(シロ)砂糖. unrefined sugar

くろじ[黒字](명) 흑자. ①검은 색으로 쓴 글자. ②먹으로 쓴 글씨. ③〈속〉 이익. ↔赤字(アカジ). 1. 2. black ink figures 3. black ink

くろじ[黒地](명) ①바탕이 검은 옷감. ②검은 빛깔의 바탕. 1. black cloth 2. a black ground

くろしお[黒潮]―シホ(명)〈지〉 일본 열도(日本列島)를 따라 남에서 북으로 흐르는 난류. the Black Current

くろシャツとう[黒 Shirts 党](명) 검은 샤쓰당. 무솔

리니가 통솔한 이탈리아의 정치 결사. 파시스트. the Black Shirts
くろしょうぞく[黒装束](명) 검은 빛깔의 복장. 또는 그런 복장을 한 사람. a black costume
くろしろ[黒白](명) 흑백. ①흑과 백. ②일의 선악. 정사(正邪). 1. black and white 2. right and wrong
クロス[cross](명·자사) 크로스. ①십자가. ②교차(交叉). 십자로. ③혼선.
グロス[gross](명) 그로스. 12 다스. 144 개.
クロスゲーム[close game](명) 클로우즈게임. 〔경기에서〕 접전(接戰). 백열전(白熱戰).
くろずみきょう[黒住教](명) 신도(神道)의 한 파. 교조(教祖)는 쿠로즈미무네타다(黒住宗忠).
くろず·む[黒ずむ](자 4) 검은 빛을 띠다. be blackish
くろそこひ[黒内障](명)〈의〉 흑내장. 동공(瞳孔)도 검고, 보기에는 아무렇지 않으나 실제는 전혀 보이지 않는 눈병. amaurosis
くろだい[黒鯛]—ダヒ(명)〈동〉 감성돔. 길이 40 *cm* 가량. a gilthead
くろダイヤ[黒 dia](명) 흑다이아. ①〈광〉 불순물(不純物)이 포함된 검은 다이아몬드. ②〈속〉 석탄. 1. black diamond 2. coal
くろだま[黒玉](명) ①까만 구슬. 까만 알. ②검은자위. 또는 동공(瞳孔). ③폭발하지 않은 화포(花砲)의 탄알. 1. a black ball 2. the pupil
くろち[黒血](명) 검붉은 피. black blood
くろちゃ(いろ)[黒茶(色)](명) 흑갈색. dark brown
クロッカス[crocus](명)〈식〉 ⇨サフラン.
クロッキ[프 croquis](명) 크로키. 스케치. 약화(略画).
グロッキー[groggy](형동ダ) 그로키. 피로하여 비틀비틀하는 모양.
クロッケー[프 croquet](명) 크로케. 나무 공을 나무 방망이로 쳐서 철문(鉄門)을 통과시키는 스포오츠.
くろつち[黒土](명) ①썩은 식물 등이 섞여 있는 검은 땅. 흑토. ②소토(焼土). 1. black soil
くろっぽ·い[黒っぽい](형) ①검게 느껴지다. 검다. ②〈속〉 전문가답다. 화류계 여인 티가 나다. ↔白(シロ)っぽい. 1. blackish 2. professional
グロテスク[grotesque](형동ダ) 그로테스크. ①괴기(怪奇)한 모양. 부자연(不自然)한 모양. ②변태적(変態的).
くろてん[黒貂](명)〈동〉 흑초. 검은담비. 족제비과에 속하는 포유 동물로서 크기는 고양이 정도이고, 털이 부드러워 모피(毛皮)로서는 최상급임. a sable
くろと[玄人](명) ⇨くろうと.
クロニクル[chronicle](명) 크로니클. 연대기(年代記). 편년사(編年史). 역사.
くろぬり[畔塗り](명·타사)〈농〉 논둑을 흙으로 바름.
くろねずみ[黒鼠](명) 주인집의 돈, 물건 등을 훔치거나, 또는 주인집에 손해를 끼치는 고용인(雇傭人).
クロノメーター[chronometer](명) 크로노미터. 휴대용의 정밀(精密)한 시계.
くろはちじょう[黒八丈](명) 무늬 없는 흑색의 두꺼운 명주.
くろば·む[黒ばむ](자 4) 검게 되다. become black
くろパン[黒麺麭](명) ①흑빵. 껍질째 빻은 호밀로 구운 거무스름한 빵. ②거무스름하고 달콤한 빵.
くろビール[黒麦酒](명) 흑맥주. 검은 빛깔의 엿기름(麦芽)을 섞은 맥주. 거무스름하고 독함. black beer
くろびかり[黒光り](명·자사) 검고 광택이 남. black lustre
くろふね[黒船](명) 에도(江戸) 시대 말엽 구미(欧美)에서 온 배의 호칭(号称). a black ship
くろほ[黒穂](명)〈식〉 흑수. 병이 들어 꺼멓게 된 보리 등의 이삭. 깜부기. smutted barley
くろぼく[黒ぼく](명) 검고 거칠어 부서지기 쉬운 흙.
くろぼし[黒星](명) ①검은 점. ②〔씨름에서〕 졌음을 표시하는 검은 점. 패배. ③〈속〉 실수. 실패. 「刑事(ケイジ)の—; 형사의 실수」 ④과녁 한가운데에 있는 검은 점. 과녁. ⑤눈동자. ⑥의도(意図). 목적. 1. a black spot 5. the pupil
くろまく[黒幕](명) ①검은 막. ②뒤에서 지휘하는 사람. 막후 인물. 1. a black curtain 2. a wirepuller
くろまつ[黒松](명)〈식〉 흑송. 바닷가에서 잘 자라고, 재목은 건축에 쓰임. 해송(海松). a black pine
くろまめ[黒豆](명)〈식〉 흑두. 검은콩. a black soybean
くろみ[黒味](명) ①검은 정도. ②검은 빛. 1. blackness 2. black tinge
くろみずひき[黒水引き]—ミヅヒキ(명) 반은 흰빛, 반은 검정이나 곤색으로 물들여 풀을 먹인 포장용(包装用)의 끈. 부의(賻儀) 등을 싸는 데 씀. black and white paper-strings
くろ·む[黒む](자 4) ⇨くろばむ.
クロム[도 Chrom](명)〈이〉 크로움. 은백색(銀白色)이며 윤택이 있는 단단한 금속 원소. 합금(合金)으로써 특수강(特殊鋼), 니크롬 등을 만듦. 기호는 Cr.
くろめ[黒目](명) 눈의 검은자위. tee iris of the eye
くろめうるし[黒め漆](명) 수분을 제거하여 흑갈색이 되게 한 생칠(生漆).
くろ·める[黒める](타하 1) ①검게 하다. ②속이다. 어물어물하여 숨기다. 1. blacken 2. talk wrong into right
くろもじ[黒文字](명) 이쑤시개의 한 가지. 산이나 들에 나는 작은 나무(대체로 산뜻한 향기가 있음)로 만든 이쑤시개. a toothpick
くろやき[黒焼き](명) 동식물을 밀폐(密閉)한 토기(土器) 등에 넣어 검게 굽는 것. 「まむしの—; 살무사 구이」 charred
くろやま[黒山](명) 사람이 많이 모임. a crowd of onlookers
くろゆり[黒百合](명)〈식〉 검은백합. 백합과 비슷하며 흑자색(黒紫色)의 꽃이 핌. a Japanese black fritillary
クロレラ[chlorella](명)〈식〉 클로렐라. 담수(淡水)에서 나는 단세포의 녹조(緑藻). 공중 질소를 흰자질로 바꿈. 식용(食用)함.
クロロフィル[chlorophyl(l)](명)〈식〉 클로로필. 엽록소(葉緑素).

クロロホルム[도 Chloroform](명)〈이〉 클로로포름. 알코올 등에 표백분(漂白粉)을 작용시킨 액체. 마취제 또는 용제(溶剤)로 쓰임.

クロロマイセチン[chloromycetin](명)〈의〉 클로로마이세틴. 항생 물질(抗生物質)의 한 가지. 흙속에서 생활하는 방선균(放線菌)을 배양하여 만드는 약품.

くろわく[黒枠](명) ①사망의 광고, 통지 등을 나타내는 까만 테. ②부고(訃告). 1. black borders 2. a death notice

ぐろん[愚論](명) 우론. ①어리석은 의견. ②자기 의견을 겸사로 일컫는 말. 1. a silly opinion 2. my opinion

くろんぼう[黒ん坊](명) ①열대 지방에 사는 피부 빛이 검은 사람. 흑색 인종. 검둥이. 흑인(黒人). ②살결이 검은 사람. ③깜부기. 1. negroes

くわ[桑]クハ(명)〈식〉 뽕나무. a mulberry tree

くわ[鍬]クハ(명) 괭이. a hoe

くわ[句話](명) ⇨はいわ(俳話).

くわい[慈姑]クワヰ(명)〈식〉 자고. 쇠귀나물. 택사과에 속하는 다년초. an arrowhead bulb

ぐわい[具合·工合]—ワヒ(명) ⇨ぐあい.

くわいれ[鍬入れ]クハ—(명) 농가에서 정월 11일 길(吉)한 방위에 있는 밭에 처음으로 괭이를 꽂고 쌀과 떡을 차려 풍년(豊年) 들기를 비는 행사(行事). a break-ground ceremony

くわえざん[加え算]クハヘ—(명·자타サ)〈수〉 덧셈. 가산(加算). addition

くわ·える[加える]クハヘル(타하 1) ①더하다. 보태다. ②불리다. ③(지위 등을) 올려 주다. ④놓다. 싣다. ⑤한패에 넣어 주다. ⑥주다. 베풀다. 1. add 5. include

くわ·える[銜える]クハヘル(타하 1) ①(입에) 물다. ②〈속〉 수반(随伴)하다. 동반하다. 1. take in one's mouth

くわがた[鍬形]クハ—(명) ①투구의 차양 위에 "八"자를 거꾸로 한 것같이 단 쇠붙이. ②칼자루나 칼집 끝의 장식을 ①모양으로 한 것. 1. a hoe-shaped helmet crest

くわけ[区分け](명·타サ) 구분. 따로따로 갈라 나눔. division

くわ·し[細し·美し]クハシ(형シク)〈고〉 아름답다. 뛰어나다. 우미 섬세(優美繊細)하다.

くわし·い[詳しい·委しい]クハシイ(형) ①자세하다. ②능통(能通)하다.「野球(ヤキュウ)に—; 야구에 훤하다」 파생 —さ(명). 1. minute 2. conversant

くわした[鍬下]クハ—(명)〈농〉 황무지를 개간하여 논밭을 만드는 기간.

くわずぎらい[食わず嫌い]クハズギラヒ(명) 먹어 보거나 해보지도 않고 싫어하는 것. 또는 그런 사람. disliking without tasting

くわせもの[食わせ物]クハセ—(명) 빛 좋은 개살구. 가짜. a counterfeit

くわ·せる[食わせる]クハセル(타하 1) ①먹이다. 부양(扶養)하다. ②속이다. 「—(イッ)ぱい—; (남을) 속이다」 ③맛 있어 저도 모르게 먹게 하다.「ここは—店(ミセ)だ; 이 음식점은 (음식 맛이 좋아) 식욕(食慾)을 돋우어 주는 집이야」 ④베풀다. 주다. ⑤입에 물게 하다. 물리다. 1. feed

くわだ·てる[企てる]クハダテル(타하 1) ①기도(企図)하다. 꾀하다. ②착수하다. 명 企て. 1. plan

くわつみ[桑摘み]クハ—(명) 뽕잎을 따는 일. 또는 그 사람. picking mulberry leaves

くわばたけ[桑畑]クハ—(명) 뽕밭. a mulberry field

くわばら[桑原] クハ—(감) ①뽕나무밭. ②벼락이 떨어지지 않도록 읊는주문. ③싫은 일을 피하려고할 때에 하는 말. 제발 그것만은. 2. Have mercy on me!

くわり[区割り](명·타サ) 구분(区分)함. division

クヮルテット[프 quartette](명)〈악〉 ⇨カルテット.

くわ·れる[食われる]クハレル(자하 1) ①먹히다. ②(상대의 세력 또는 연기 등에) 먹히다. 흡수되다. 「週刊誌(シュウカンシ)に—: 주간지에 흡수되다」 1. be eaten

くわわ·る[加わる]クハハル(자 4) ①더 많아지다. ②참가하다. 한패에 끼다. ③(세력 등이) 미치다. 1. increase 2. join 3. exert

—くん[君](접미) 군. 주로 친구나 손아랫사람의 이름에 붙이는 말. 「山本(ヤマモト)—; 야마모토 군」

くん[訓](명) 훈. ①자의(字義)의 해석. ②한자를 일본말에 맞추어 읽는 것. 예: "手"자를"て"로 읽음. ↔ 音(オン). 1. explanation

くん[葷](명) ①취기(臭気)가 있는 야채. 예: 파, 마늘 등. ②매운 맛이 있는 야채. 예: 고추 등. 1. stinking vegetables 2. pungent vegetables

くん[勲](명) ①공훈(功勲). 공로(功労). ②훈장(勲章)의 등급을 나타내는 말. 「—八等(ハットウ); 훈 8등」 1. merits

ぐん[軍](명) 군. ①병사. 군대. ②싸움. 전쟁. ③군부(軍部). ④〈군〉 2 개 사단 이상으로 편성하는 출정군대(出征軍隊). 1. an army 2. a war

ぐん[郡](명) ①중국 고대의 행정 구획. ②현(県)을 구분한 행정 구역. 2. a county

ぐん[群](명) 무리. 떼. 「—をなして押(オ)しよせる; 떼를 지어 밀어 닥치다」 a crowd

くんい[勲位](명) 훈위. ①공훈(功勲)의 등급과 위계(位階). ②공훈의 등급. 훈등(勲等). 1. court rank and honours

ぐんい[軍衣](명)〈군〉 군복(軍服). a military uniform

ぐんい[軍医](명)〈군〉 군의(관). 군대에서 진료(診療)를 담당하는 장교. a military surgeon

くんいく[訓育](명·타サ) 훈육. ①가르쳐 기름. ②아동, 학생의 품성(品性)을 높이는 것을 목적으로 하는 교육. 1. education 2. moral education

くんいく[薫育](명·타サ) 훈육. 덕으로써 사람을 인도해 기름. moral influence

ぐんえい[軍営](명) 군영. 병영(兵営). 진영(陣営). a camp

ぐんえき[軍役](명) 군역. ①전쟁. ②군대의 복역(服役). 1. a war 2. military service

くんえん[薫煙](명) 훈연. 냄새 좋은 연기. 향연(香煙). smoke of an incense

くんおん[君恩](명) 임금의 은혜. Imperial benevolence
くんか[君家](명) 주군(主君)이나 상전(上典)의 집. one's master's house
くんか[訓化](명) 훈화. 가르쳐 인도하는 일. 교화(教化). enlightenment
くんか[薫化](명·타サ) 훈화. 덕의 힘으로 사람을 선도(善導)함. moral reform
ぐんか[軍歌](명) 군가. 군대에서 병사의 사기를 돋기 위해 부르도록 지은 노래. a war song
ぐんか[軍靴](명) 군화. 군인용의 구두. military shoes
ぐんか[郡下](명) 군하. 군내(郡内). in the county
くんかい[訓戒](명·타サ) 훈계. 타일러 깨우침. 나쁜 짓을 하지 않도록 가르쳐 깨우침. admonition
くんかい[訓解](명·타サ) 훈해. 문장 또는 자구(字句)를 해석함. a commentary
ぐんかく[軍拡](명·자サ) 군비 확장의 준말. ↔軍縮(グンシュク).
ぐんがく[軍学](명) 군학. 병법(兵法). 병학(兵学). 「military science
ぐんがく[軍楽](명) 군악. 군대에서 연주하는 음악. 「一隊(タイ); 군악대」 military music
ぐんかん[軍官](명) 군관. ①군부(軍部)와 정부. ②〔중국에서〕 무관(武官). 「一学校(ガッコウ); 사관 학교」 1. the army and the government
ぐんかん[軍艦](명) 군함. 전투력을 갖춘 배. a warship
くんき[勲記](명) 훈기. 공훈(功勲)이 있는 사람에게 훈장과 함께 주는 증서. a patent of decoration
くんぎ[訓義](명) 훈의. 한자의 음과 뜻.
ぐんき[軍紀](명) 군기. 군대의 풍기(風紀)나 기율(紀律). a military discipline
ぐんき[軍記](명) 군기. 전쟁의 사실을 기록한 책. 전기(戦記). accounts of war. **—ものがたり**[軍記物語](명) 헤이안(平安) 시대 말기 이후에 나타난 전쟁을 주제로 한 역사 소설. 군기류 소설(軍記類小説).
ぐんき[軍規](명) 군기. 군대의 규율(規律). 군율(軍律). military regulations
ぐんき[軍旗](명)〈군〉 군기. 연대(聯隊)의 표지로서 국가의 최고 원수가 하사(下賜)한 기. the colours
ぐんき[軍機](명) 군기. 군사상(軍事上)의 기밀(機密). a military secret
ぐんぎ[群議](명·자サ) 군의. 여러 사람의 의론(議論). 중의(衆議). a multitude of opinions
ぐんきょ[群居](명·자サ) 군거. 떼 지어 삶. gregariousness
ぐんく[軍区](명) 군구. 군사상의 필요에서 설치한 구획(区画). a military district
ぐんぐん(부) ①힘을 들여 하는 모양. ②주저하지 않고 하는 모양. ③진보가 빠른 모양. 1. vigorously
くんげん[訓言](명) 훈언. 가르치는 말. 훈계(訓戒)하는 말. instruction
ぐんけん[軍犬](명) 군견. 군용(軍用)에 쓰이는 개. 군용견. a military dog
ぐんけん[群犬](명) 군견. 떼 지어 모인 개. a multitude of dogs
ぐんけん[郡県](명) 군현. ①군과 현. ②군현 제도의 약칭. 1. counties and prefectures
くんこ[訓詁](명) 훈고. 자구(字句)의 해석. 자의(字義)의 설명. exegesis
くんこう[君公](명) 군공. 자기의 임금이나 영주(領主)에 대한 높임말. one's lord
くんこう[君侯](명) 군후. 제후(諸侯)의 높임말. lords
くんこう[勲功](명) 훈공. 공적(功績). 공훈. distinguished services
くんこう[薫香](명) 훈향. ①좋은 향기. ②태워서 좋은 냄새를 내는 향료. 2. incence
ぐんこう[軍功](명) 군공. 전쟁에서 세운 공적(功績). meritorious military service
ぐんこう[軍港](명)〈군〉 군항. 해군의 근거지가 되는 항구. a naval port
くんこく[君国](명) 군국. ①군주와 국가. ②군주국(君主国). 1. one's sovereign and country 2. a monarchy
ぐんこく[軍国](명) 군국. ①군대와 국가. ②현재 전쟁 중인 나라. ③군사를 중히 여기는 나라. 3. a militant nation. **—しゅぎ**[軍国主義](명) 군국주의. 군비(軍備)를 강대(強大)하게 하고 무력으로써 나라를 융성케 하려는 정치 사상.
ぐんこん[群婚](명) 군혼. 원시 사회의 혼인 형식. 일군(一群)의 남자와 일군의 여자가 동시에 혼인하는 것. 단체 혼인(団体婚姻). group marriage
ぐんざん[群山](명) 군산. 많은 산. 한데 모여 있는 산. a chain of mountains
くんし[君子](명) 군자. ①관직 또는 지위가 있는 사람. ②덕이 높은 사람. ↔小人(ショウジン). ③대나무, 난초, 매(梅), 국화 또는 연(蓮)의 미칭. 1. a man of rank 2. a man of virtue. **—こく**[君子国](명) 군자국. 예의 바른 나라. **—じん**[君子人](명) 군자라고 할 수 있는 덕이 높은 사람. **—らん**[君子蘭](명)〈식〉 군자란. 수선과에 속하는 다년생 초본.
くんじ[訓示](명·자サ) 훈시. ①가르쳐 보임. ②상관(上官)이 하관(下官)에게 집무상(執務上)의 주의 사항을 일러 줌. 1. an instruction 2. directions
くんじ[訓辞](명) 훈사. 훈계하는 말. an admonitory speech
ぐんし[軍使](명) 군사. 사명을 띠고 적진으로 가는 사자(使者). a military envoy
ぐんし[軍師](명) ①군기(軍機)를 장악하고 작전을 꾸미는 사람. 참모(参謀). ②계략(計略)을 꾸미는 사람. 1. a strategist 2. a schemer
ぐんし[軍資](명) 군자. ①군사(軍事)에 필요한 자금. ②계획을 실현시키는 데 필요한 자금. 「一金(キン); 군자금」 1. war expenditure 2. funds
ぐんし[郡市](명) 현(県) 밑의 군과 시. counties and cities
ぐんし[郡史](명) 군의 역사. the history of a county
ぐんじ[軍事](명) 군사. 군대, 병비(兵備), 전쟁 등에 관한 일. 「一的(テキ); 군사적」 military affairs
くんしゃく[訓釈](명·자サ) 훈석. 한자를 읽고 풀이함.

くんしゃく[勲爵](명) 훈작. 훈등(勲等)과 작위(爵位). order of merit and peerage

くんしゅ[君主](명) 군주. 임금. 천자(天子). 황제. a monarch. ——**せいたい**[君主政体](명) 군주 정체. 세습(世襲)의 군주가 권력을 갖는 정체(政体). ↔共和(キョウワ)政体.

くんしゅ[葷酒](명) 특이한 냄새가 나는 야채(부추, 마늘 등)와 술. 「―山門(サンモン)に入(イ)るを許(ユル)さず; 절에 냄새 나는 야채와 술을 들여 옴을 금함」 strong flavoured vegetables and wine

ぐんじゅ[軍需](명) 군수. 군사상의 수요(需要). 군사상 필요한 물자. munitions

ぐんしゅう[群集](명·자サ) 군집. ①많은 사람, 물건 등이 떼 지어 한곳에 모임. ②사람의 무리. 1.thronging 2. a group. ——**しんり**[群集心理](명)〈심〉 군중 심리. 개인이 군중 속에서는 이성(理性)을 잃어 흥분하기도 쉽고, 타인의 행동에 끌려 가기도 쉽게 되는 심리.

ぐんしゅう[群衆](명) 군중. 한데 떼 지어 모인 많은 사람. a crowd

ぐんしゅく[軍縮](명·자サ) 군축. 군비 축소의 준말.

ぐんしょ[軍書](명) ①병서(兵書). ②군기(軍記). ③군사상의 문서. 1. a book on strategy 2. a war history

ぐんしょ[群書](명)군서. 많은 서적. 여러 가지 서적. 군적(群籍). many books

くんしょう[勲章](명) 훈장. 국가 또는 공공(公共)을 위해 세운 공적에 따라 주는 기장(記章). a decoration

くんじょう[燻蒸](명·타サ)〈농〉 훈증. 유독 가스에 쐬어서 해충 등을 구제(駆除)함. fumigation

ぐんしょう[群小] Ⅰ(명) 군소. 여러 조그마한 것들. 여러 시시한 인간들. 「―国家(コッカ); 군소 국가」Ⅱ(형동ダ) 작은 것이 많이 있는 모양. Ⅰ the small

ぐんじょう[群生](명)〈불〉 군생. 많은 생물. 중생(衆生). many living things

ぐんじょう[群青](명) 군청(색). 선명한 광물성 청색 안료(顔料). ultramarine

ぐんしょく[軍職](명) 군직. 군대의 관직(官職). the military profession

ぐんしれいかん[軍司令官](명)〈군〉 군사령관. 군대를 통솔 지휘하는 장성(將星). an army commander

ぐんしれいぶ[軍司令部](명)〈군〉 군사령부. 군사령관이 군사상의 사무를 보는 곳. military headquarters

くんしん[君臣](명) 군신. 임금과 신하. sovereign and subject

くんしん[勲臣](명) 훈신. 공훈이 있는 신하. 공신(功臣). a meritorious retainer

ぐんしん[軍神](명) 군신. ①전쟁을 다스리는 신. ②군인의 무운(武運)을 수호하는 신. ③군인의 모범이 될 만한 무공(武功)을 세운 사람을 신으로 모신 것. 2. Mars 3. a war hero

ぐんしん[群臣](명) 군신. 많은 신하. a great number of subjects

ぐんしん[群神](명) 군신. 많은 신(神). all the gods and goddesses

ぐんじん[軍人](명) 군인. ①무사. ②군적(軍籍)에 있는 사람의 총칭. 1. a warrior 2. military men

ぐんじん[軍陣](명) 군진. 군대의 진영. a camp

くん·ずる[訓ずる](타サ) 한자를 훈으로 읽다. render Chinese characters into Japanese

くん·ずる[薫ずる] Ⅰ(자サ) ①향기가 나다. ②바람이 상쾌하게 불다. Ⅱ(타サ) 향기롭게 하다. Ⅰ 1. smell sweet Ⅱ perfume

ぐん·する[軍する](자サ) 군영(軍営)을 정하다. 진을 치다. encamp

くんせい[薫製·燻製](명) 훈제. 동물의 고기를 그을려 건조 시킨 것. 또는 그 육류(肉類). smoked food

ぐんせい[軍制](명) 군제. ①군사상의 제도. ②군의 편제(編制), 경리(経理)에 대한 규정(規定). 1. military system 2. military regulations

ぐんせい[軍政](명) 군정. ①군사에 대한 정무(政務). ②전쟁이나 사변(事変)이 있을 때 병력(兵力)으로써 다스리는 정치. ↔民政(ミンセイ). 1. military affairs 2. military government

ぐんせい[群生] 군생. Ⅰ(명) ①많은 생물. ②많은 백성. Ⅱ(명·자サ) 식물 등이 한곳에 많이 돋아 남. Ⅰ 1. all living things Ⅱ growing in crowds

ぐんせい[群棲](명·자サ) 군서. 한곳에 떼 지어 삶. gregariousness

ぐんぜい[軍勢](명) 군세. ①군인의 인원수. ②군대. 1. the number of soldiers 2. an army

くんせき[勲績](명) 훈공(勲功). merits

ぐんせき[軍籍](명) 군적. 군인으로서의 신분. 병적(兵籍). the army list

ぐんせき[群籍](명) 많은 책. 군서(群書). many books

くんせん[薫染](명·자타サ) 훈염. 좋은 감화를 주거나 받음. being under the good influence

ぐんせん[軍扇](명) 옛날에 대장이 군대를 지휘할 때 사용한 부채. 대개는 쇠로 살을 만들었음. a war fan

ぐんせん[軍船](명) 군선. 군함. 싸울 수 있는 설비가 되어 있는 배. a warship

ぐんそう[軍曹](명)〈군〉 육군 하사관(下士官)의 계급의 하나. 한국의 중사에 해당. a sergeant

ぐんそう[軍装](명) 군장. ①군인의 복장. ②군의 장비(装備). 1. a military costume 2. a war attire

ぐんぞう[群像](명) 군상. ①많은 사람들. ②하나의 화면에 많은 인물을 그린 것. 많은 인물을 하나에 조각한 것. a group

くんそく[君側](명) 군측. 임금의 곁. the Court

ぐんそく[軍足](명) 군인이 신는 양말. 굵은 흰 무명으로 만듦. army socks

ぐんぞく[軍属](명) 군속. 군인이 아닌 사람으로서 군무에 종사하는 사람. 문관(文官). a military civilian

ぐんそつ[軍卒](명) 군졸. 병졸. 군사. a soldier

ぐんたい[軍隊](명) 군대. 국가에서 편성한 군인의 집단. troops

ぐんだい[郡代](명) ①무로마치(室町)시대의 지방 장관 밑에서 군사, 경찰 사무를 맡았던 관직. ②에도(江戸)

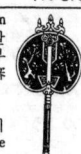

시대 막부(幕府) 직할지(直轄地)를 다스리던 직명(職名). 2. the county head

くんだり(명) 〔"くだり"의 변화〕 변두리. …같이 먼 곳. 「長崎(ナガサキ)—まで行(ユ)く; 나가사키같이 먼 곳까지 가다」 as far as

ぐんだん[軍団](명)〈군〉 군단. 보병 2개 사단 이상으로 편성한 부대. 군과 사단과의 중간. a corps

ぐんだん[軍談](명) ①군담. 전쟁 이야기. ②전쟁을 소재(素材)로 한 에도(江戸) 시대의 통속 소설. 1. a war story

ぐんちゅう[軍中](명) 군중. ①군대의 안. ②전쟁 중. 1. in the army 2. at war

くんちょう[君寵](명) 군총. 임금의 총애(寵愛). the Emperor's favour

ぐんちょう[群鳥](명) 군조. 떼 지어 모인 새. birds flocking together

くんづけ[君付け](명) 사람의 이름 밑에 군을 붙여 부르는 것. (동년배 이하의 대우)

ぐんて[軍手](명) 굵고 흰 무명실로 짠 장갑. 작업(作業)할 때 흔히 씀. army gloves

ぐんてき[群敵](명) 군적. 무리를 이룬 많은 적. thronging foes

くんてん[訓点](명) 한문을 훈독(訓読)하기 위해 적은 표점. punctuation marks

くんでん[訓電](명·자サ) 훈전. 전보로 훈령함. 전훈(電訓). instructions by telegraph

ぐんと(부) ①힘을 들이는 모양. ②매우. 월등하게. 1. vigorously 2. remarkably

くんとう[勲等](명) 훈등. 훈장(勲章)의 등급. the order of decorations

くんとう[薫陶](명·타サ) 훈도. 덕으로써 사람을 감화함. moral training

くんどう[訓導](명) 훈도. ①가르쳐 인도하는 일. ②전의 초등 학교 교원. 1. instruction

ぐんとう[軍刀](명) 군도. 전쟁에 쓰는 칼. a sabre

ぐんとう[群党](명) 군당. ①많은 당. ②여럿이 모여 당을 이루는 일. 1. many parties

ぐんとう[群島](명) 군도. ①불규칙하게 모여 있는 크고 작은 섬들. ②〈지〉 해양(海洋)의 어느 지역에 모여 있는 많은 섬들의 총칭. 1. a group of islands 2. an archipelago

ぐんとう[群盗](명) 군도. 무리 지은 도둑. a group of robbers

ぐんどう[群童](명) 많은 어린이. a multitude of children

くんとく[君徳](명) 군덕. 임금의 덕. an Imperial virtue

くんどく[訓読](명·타サ) 훈독. 한자나 한문을 훈(訓)으로 읽음. ↔音読(オンドク).

くんにく[燻肉](명) 훈육. 훈제(燻製)한 고기. 예: 베이컨, 햄 등. smoked meat

くんのう[君王](명) 군왕. 임금. 군주. 제왕. a king

ぐんば[軍馬](명) 군마. 군대에서 쓰는 말. a military horse

ぐんばい[軍配](명) ①(전쟁에서) 군대를 지휘하는 일. ②권모 술수. ③←軍配団扇. 1. stratagem **—うちわ**[軍配団扇]—ウチハ(명) ①옛날에 대장이 군대를 지휘할 때 사용한 부채 모양의 도구. ②〔씨름에서〕 심판(審判)이 쓰는 부채 모양의 도구.

〔軍配団扇〕

ぐんばつ[軍閥](명) 군벌. 군인의 파벌. 군부(軍部)를 중심으로 한 정치상의 세력. the military clique

ぐんび[軍備](명) 군비. ①군사상의 설비. ②전쟁의 준비. 1. armaments

ぐんぴ[軍費](명) 군비. 군사상의 비용. 전쟁 비용. 전비(戦費). war funds

ぐんぴょう[軍兵](명) 군병. 군대. 병사. 병졸. soldiers

ぐんぴょう[軍票](명) 군표. 전지(戦地)에서 군용품을 구할 때 쓰는 긴급 통화(緊急通貨)의 하나. 군용 수표(軍用手票). a war note

くんぷ[君父](명) 군부. 임금과 아버지. one's lord and father

ぐんぶ[軍部](명) 군부. 군인을 중심으로 한 조직. 군당국(軍当局). the military authorities

ぐんぶ[郡部](명) 군에 속하는 부분. ↔市部(シブ). a rural district

ぐんぶ[群舞](명·自サ) 군무. 많은 사람이 함께 춤을 춤. group-dancing

くんぷう[薫風](명) 훈풍. ①향기로운 바람. ②초여름에 부는 훈훈한 바람. 남풍(南風). a balmy breeze

ぐんぷく[軍服](명) 군복. 군인(軍人)의 제복(制服). a military uniform

ぐんぼう[軍帽](명) 군모. 군인의 제모. a military cap

ぐんぽう[軍法](명) 군법. ①병법. 전술. ②군기(軍紀). ③〈군〉 군대의 형법(刑法). 1. tactics 2. military discipline 3. martial law. **—かいぎ**[軍法会議](명)〈군〉 군법 회의. 군에 속한 특별 재판소.

ぐんぽう[群峰](명) 군봉. 많은 봉우리. a mountain range

ぐんま[群馬](명)〈지〉 칸토오(関東) 지방 서북부의 현. 현청 소재지는 마에바시시(前橋市).

くんみん[君民](명) 군민. 임금과 국민. the emperor and his people

ぐんみん[軍民](명) 군민. 군부(軍部)와 국민. the military and the people

ぐんみん[郡民](명) 군민. 군의 주민. the inhabitants of a county

ぐんむ[軍務](명) 군무. 군사상의 사무. military affairs

くんめい[君命](명) 군명. 임금의 명령. an Imperial command

くんもう[訓蒙](명) 훈몽. ①어린 아이 또는 초학자(初学者)에게 글을 가르치는 일. ②초학자를 가르치기 위한 책. 1. instruction 2. a book for beginners

ぐんもう[群盲](명) 많은 장님. 많은 어리석은 사람. 「—象(ゾウ)を評(ヒョウ)する; 군맹 무상(群盲撫象)」 blind populace

ぐんもん[軍門](명) 군문. 진영(陣営)의 출입구. 「—

に降(クダ)る; 항복하다」 a camp gate

くんゆ[訓諭](명·타サ) 훈유. 가르쳐 타이름. admonition

ぐんゆう[群游](명·자サ) 떼 지어서 헤엄침. swimming in crowds

ぐんゆう[群雄](명) 군웅. 많은 영웅들. 「一割拠(カッキョ); 군웅 할거」 a number of rival leaders

ぐんよう[軍用](명) 군용. ①군사, 군대에 쓰이는 것. 「一犬(ケン); 군용견」 ②군사, 군대의 비용. 1. military use 2. military expenses. **— きん**[軍用金](명) ①군용의 돈. 군자금(軍資金). ②〈속〉 비용. 용돈.

ぐんよう[軍容](명) 군용. 군대의 장비의 상태. 무장(武装). military accoutrements

ぐんよう[群羊](명) 군양. 떼 지어 모여 있는 양. 약(弱)한 자의 집단의 비유. a multitude of sheep

くんよみ[訓読み](명·타サ) 훈독. 한자를 훈으로 읽음. ↔音読(オンヨ)み.

ぐんらく[群落](명) 군락. ①많은 부락. ②〈식〉 같은 종류의 식물이 떼 지어 돋아 나는 것. 또는 돋아 난 그곳. 1. many villages 2. growing in groups

ぐんりつ[軍律](명) 군율. ①군대의 규율. 군기(軍紀). ②적국(敵国)을 점령한 군대가 정한 법률. 1. military discipline 2. martial law

ぐんりゃく[軍略](명) 군략. ①군사상의 계략(計略). ②전략(戦略). 2. strategy

ぐんりょ[軍旅](명) ①옛날, 100명을 단위로 하여 편성한 군대. ②군의 인원수. 군세(軍勢). ③전쟁(戦争). 2. an army 3. a war

ぐんりょう[群僚](명) ①많은 동료. ②많은 관료(官僚). 군신(群臣). 1. one's colleagues 2. many officials

くんりん[君臨](명·자サ) 군림. ①임금으로서 그 나라를 다스림. ②당당하여 다른 것을 압도함. 어떤 방면에서 압도적으로 세력을 떨침. 1. reigning 2. domination

くんれい[訓令](명·자サ) 훈령. ①훈시하여 명령함. ②〈법〉 내각(각부)이 내리는 명령의 하나. 1. instruction 2. official orders. **— しき**[訓令式](명) 로마자 표기법(表記法)의 하나. "シ, チ"를 "si, zi"로 쓰는 것이 특색임. 교육이나 관청에서 쓰이며 지금은 제일 표식(第一表式)이라고 부름. ↔標準式(ヒョウジュンシキ), 日本式(ニッポンシキ).

ぐんれい[軍令](명)〈군〉 군령. ①군중(軍中)이나 진중(陣中)의 명령. ②군통솔상(軍統率上)의 규정. ③군의 작전, 용병(用兵)에 관한 사항. 1. a military command

くんれん[訓練](명·타サ) 훈련. 가르쳐서 익숙하게 만듦. 「番犬(バンケン)の一; 번견의 훈련」 training

くんろう[勲労](명) 훈로. 공훈(功勲). 공로. services

くんわ[訓話](명·자サ) 훈화. 훈계(訓戒). 훈시(訓示). an apologue

け

け—(접두) 어쩐지. 왠지 모르게. 「一だるい; 왠지 모르게 나른하다」

—**け**[家](접미) 가족. 일족. 「山田(ヤマダ)—; 야마다 씨 집안」

け[日](명)〈고〉 날(日)의 복수형. 일수(日数).

け[毛](명) ①털. ②머리털. ③날개털. ④양털. 1. 2. hair 3. feathers 4. wool

け[食·饌](명)〈고〉 음식. 식사(食事). 밥.

け[笥](명)〈고〉 ①밥그릇. 밥통. ②물건을 넣는 그릇. 용기(容器).

け[消](명) "き(消)え"의 준말. 사라짐. 지워짐. 「雪(ユキ)—(ゲ); 눈이 녹는 것」

け(감조) 과거 조동사 "けり"의 준말. 과거의 사실을 회상하여 일컫는 말. …었지. 「あったっ—; 있었지」

け[気](명) ①〈고〉 병(病). ②마음의 상태. 기분. 「子供(コドモ)—; 아이다운 기분. 어린 마음」 ③기력. 원기(元気). ④모양. ⑤성분. ⑥맛. 2. a mood

け[故](명)〈고〉 까닭. 이유.

け[卦](명) 괘. 역(易)의 점괘에 나타난 형상(形象). 점괘. 이로써 천지 변화를 나타내고 길흉 화복(吉凶禍福)을 점침. 「八(ハッ)—; 팔괘」 a divination sign

—**げ**[気](접미) Ⅰ〔명사 아래서〕 모양. 상태. 기척. 「人(ヒト)—; 인기척」 Ⅱ〔형동ダ 아래서〕 …한 모양. …한 듯. 「なつかし—に; 그리운 듯이」

げ[下](명) ①밑. 아래. ②열등한 것. 떨어진 것. 하등. 「一の成績(セイセキ); 나쁜 성적」 ③(책의) 하권(下巻). 1. the lower part 2. inferiority

げ[牙](명) ①송곳니. ②상아(象牙)의 준말. 「一の笏(シャク); 상아홀(象牙笏)」 1. a tusk

げ[偈](명)〈불〉 게. 부처의 공덕을 기리는 시(詩). 주로 네 구(句)로 됨. 가타(伽陀). 송(頌).

けあい[蹴合い]—アヒ(명) ①상대방과 서로 차는 일. ②닭싸움을 시키는 일. 투계(闘鶏). 1. kicking each other 2. cockfighting

けあが·る[気上がる](자サ)〈고〉 상기(上気)되다. (속이) 치밀어 오르다. 「kick up

けあげる[蹴上げる](타하 1) 차 올리다. 명 蹴上げ. ↗

けあし[毛足·毛脚](명) ①털이 자라는 것. 「一が早(ハヤ)い; 털이 빨리 자라다」 ②털이 많이 난 다리. 2. hairy legs

けあな[毛穴·毛孔](명) 모공. 털구멍. a pore

けい—[軽](조어) ①가벼운. 「一金属(キンゾク); 경금속」 ②간편한. 경편한. 간단한. 간소한. 「一音楽(オンガク); 경음악」 ③가벼운 장비의.

けい—[頸](조어)〈생〉목의.「—動脈(ドウミャク);경동맥」
—**けい**[兄](접미) 선배나 동년배의 이름 밑에 붙이는 높임말.
—**けい**[系](조어) ①갈래. 계통. ②혈통. 계열.「右派(ウハ)—; 우파계」
—**けい**[形](접미) ①…와 같은 모양. …형. …꼴.「円(エン)—; 원형」②〔문법에서〕어미가 활용되는 꼴. 활용형(活用形).「終止(シュウシ)—; 종지형」
—**けい**[茎](조어)〈식〉줄기.「地下(チカ)—; 지하경(땅속줄기)」
—**けい**[計](조어) 분량, 속도, 정도 등을 재는 기구.「温度(オンド)—; 온도계」
—**けい**[景](조어) (연극 등의) 정경(情景).「第一(ダイイッ)—; 제1경」
—**けい**[鶏](조어) 닭.「多産(タサン)—; 알을 많이 낳는 닭」
けい[兄] Ⅰ(명) 형.「—たりがたく弟(テイ)たりがたし; 난형 난제(難兄難弟)」Ⅱ(대) 동년배를 부르는 칭호. 형님. 형씨. Ⅰ an elder brother
けい[刑](명) ①형. 국가가 죄인에게 주는 벌. 형벌.「—に服(フク)する; 복역(服役)하다」②법령(法令). 법률. 1. penalty
けい[系](명) ①계통. ②혈통. 핏줄기. ③패. 당파. ④〈수〉한 정리(定理)에서 바로 추정(推定)되는 정리. 1. a system 2. lineage 4. a corollary
けい[径](명) ①직경. 지름. ②좁은 길. 1. a diameter
けい[京] Ⅰ(명) ①경. 수도. ⇨:けいし(京師). ②토오쿄오(東京).「—浜(ヒン); 토오쿄오와 요코하마(横浜)」③쿄오토(京都).「—阪神(ハンシン); 쿄오토와 오오사카(大阪)와 코오베(神戸)」Ⅱ〈수〉경. 조(兆)의 10,000배. Ⅰ1. the capital Ⅱ ten thousand billion
けい[契](명) 계인(契印). 할인(割印). a tally
けい[型](명) 형. 틀. 본. a type
けい[計](명) ①계획. 모사(謀事).「百年(ヒャクネン)の—; 백년지계(百年之計)」②합계. 1. a trick 2. the total
けい[桂](명) ←桂馬(ケイマ).
けい[啓](명) 편지 첫머리에 쓰는 말. 근계(謹啓), 배계(拝啓)보다는 겸사의 뜻이 적음.
けい[経](명) 경. ①직물의 날실. ②도덕(道徳). ③성인(聖人)의 가르침을 기록한 책. 경서(経書). ④경선(経線). 경도(経度). ⑤경제 학부의 준말. ⑥경계(境界). 1. warp 2. morality 3. a scripture
けい[景](명) ①경치. ②모양. 상태. 1. a scene
けい[卿] Ⅰ(명) ①공경(公卿). ②대신. 고관 대작. Ⅱ(대) ①경. 군주가 신하를 부를 때 쓰는 말. ②동년배 이하를 부르는 말. 군. Ⅰ2. a court noble Ⅱ2. you
けい[罫](명) ①괘지(罫紙) 등에 그은 줄. 괘선(罫線). ②바둑판, 장기판 등에 그은 줄. 1. a ruled line
けい[慶](명) ①경사(慶事). 기쁨. ②케이오오(慶応) 대학의 약칭. 1. joy
けい[磬](명) 경쇠. 금속이나 돌을 "ㅅ"자 모양으로 만들어 매달아서 두드려 울리는 악기.
けい[警](명) ①경계(警戒). ②옛날 귀인의 행차에 행인의 통행을 금하던 일. 경필(警蹕). 1. admonition 2. a forerunner

〔磬〕

けい[怪異](명) 괴이. 이상한 일. strangeness
げい[芸](명) ①배워 익힌 특별한 기술. 특별한 재주. 기예. ②연기. ③예능. ④곡예. ⑤풍류.「—がない; 평범하여 조금도 재미 있거나 뛰어나거나 색다른 점이 없다」1. an art 2. performance
けいあい[敬愛](명·타サ) 경애. 존경하고 사랑함. respect and love
けいあん[桂庵](명) ①중매인(仲媒人). ②옛날의 고용인 소개소. 또는 그에 종사하는 사람. 1. a go-between 2. a servant agent
けいい[経緯](명) 경위. ①날줄과 씨줄. ②지구의 경선(経線)과 위선(緯線). ③사물의 경위. 상태. 사정.「事(コト)の—; 일의 경위」 2. longitude and latitude 3. circumstances
けいい[敬意](명) 경의. 존경하는 뜻. respect
けいい[軽衣](명) ①가벼운 옷. ②모양이 간단한 옷. 1. a light garment 2. a plain suit
けいい[軽易](명·형동ダ) 경이. 가볍고 쉬움. easiness
げいいき[芸域](명) 개척하여 이룬 예술의 정도.「最高(サイコウ)の—; 예술의 최고 경지」
けいいん[契印](명) 계인. 할인(割印). a tally
げいいん[鯨飲](명·타サ) 경음. 고래가 물을 마시는 것같이 술을 많이 마심. drinking heavily
げいうら[芸裏](명) 극장의 왼편에 있는 2층으로 된 관람석. ↔芸表(ゲイオモテ). a left-hand side box
けいうん[景雲·慶雲](명) 상서로운 구름. 서운(瑞雲). auspicious clouds
けいえい[形影](명) 모습과 그림자.「—相伴(アイトモナ)う; (부부 등이) 화목하여 떨어지지 않음」 form and shadow
けいえい[経営](명·타サ) 경영. ①계획을 세워 사업을 해 나감.「学級(ガッキュウ)—; 학급 경영」②〈경〉사업을 경제적으로 함.「—者(シャ); 경영자」 management
けいえい[継泳](명) 계영. 릴레이식 수영 경기. a relay swimming race
けいえい[警衛](명·타サ) 경위. 경계하고 호위함. 수호(守護). 경호(警護). guard
けいえん[敬遠](명·타サ) 경원. ①존경하여 가까이하지 않음. ②존경하는 체하면서 상대를 꺼림. 의식적으로 피함.「社長(シャチョウ)を—する; 사장을 경원하다」 2. shunning
けいえん[閨怨](명) 규원. 부인의 독숙공방(独宿空房)하는 원한. the anguish of a grass widow
けいえん[瓊筵](명) 경연. 화려한 연회석. 연석(宴席)의 미칭(美称). a gorgeous banquet
げいえん[芸苑](명) 예원. 학예(学芸)의 사회. 예술계(芸術界). artists' circles
けいえんげき[軽演劇](명) 경연극. 가벼운 기분으로

즐기는 연극. a light theatrical performance

げいおもて[芸表](명) 극장 오른편에 있는 2층으로 된 관람석. ↔芸裏(ゲイウラ). a right-hand side box

けいおんがく[軽音楽](명)〈악〉 경음악. 가벼운 기분으로 즐길 수 있는 통속적인 대중 음악. 예: 재즈, 유행가 등. light music

けいか[京華](명) 서울. 화려한 서울. the beautiful capital

けいか[珪華](명)〈광〉 규화. 규산(珪酸)을 많이 포함한 온천의 침전물(沈澱物). siliceous sinter

けいか[経過](명·자サ) 경과. ①때를 지남. 때의 지나감. ②사물의 변천하는 상태. ③일을 겪음. 또는 일을 겪어 온 과정. 「事件(ジケン)の—; 사건의 경위」 1. passage 2. progress. **—ほう**[経過法](명)〈법〉 경과법. 신구(新旧) 두 법의 관계를 밝히는 법령. **—りし**[経過利子](명)〈경〉 공사채(公私債)의 이자로서 지불 기간이 될 때까지의 중간의 이자.

けいか[軽科](명) 경과. 가벼운 죄과(罪科). 경벌(軽罰). a light punishment

けいか[蛍火](명) 반딧불. 형광(蛍光). the light of a firefly

けいが[慶賀](명·타サ) 경하. 기뻐하고 축하함. congratulation

けいが[繋駕](명) ①수레에 말을 매는 일. ②1인승 이륜 마차(二輪馬車)를 타고 달리는 경기. 1. harnessing a horse to a carriage 2. a harness race

げいか[猊下](대) 예하. ①덕이 높은 승려의 높임말. ②중에게 보내는 서장(書状)의 한쪽 옆에 써서 경의를 나타내는 말. 1. Your Eminence

けいかい[境界](명) 경계. 사물이 서로 이어 맞닿는 자리. a boundary

けいかい[警戒](명·타サ) 경계. 주의하고 조심함. 「—心(シン); 경계심」 guard. **—しょく**[警戒色](명)〈동〉 경계색. 다른 동물의 습격을 막기 위한 어떤 동물의 (화려한) 몸 빛. 보호색.

けいかい[軽快](형동ダ) 경쾌. ①가볍고 빠른 모양. ②몸이 가볍고 민첩한 모양. ③기분이 가볍고 상쾌한 모양. 「—なリズム; 경쾌한 음률」 1. light

けいがい[形骸](명) 형해. ①몸. 모습. 「—をとどめない; 흔적도 없다」 ②골격. 1. a body 2. a framework

けいがい[謦咳](명) 기침. 「—に接(セッ)する; 뵙다」 a cough

けいがい[驚駭](명) 경해. 몹시 놀람. a fright

げいかい[芸界](명) 예술인의 사회. 예능계(芸能界). 예술계. the artiste circles

けいかく[圭角](명) 규각. ①구슬의 모난 곳. 모. ②모져서 원만하지 못한 성격이나 행위. 1. an angle 2. harsh temper

けいかく[計画](명·타サ) 계획. 일을 꾀함. 기도(企図). 「—を立(タ)てる; 계획을 세우다」 a plan. **—てき**[計画的](형동ダ) 계획적. 일을 짜임새 있게 하는 모양. 「—犯行(ハンコウ); 계획적인 범행」

けいがく[経学](명) 경학. 주로 유학(儒学)의 경서를 연구하는 학문.

けいかん[掛冠](명·자サ) 벼슬을 버림. 괘관(掛冠). resigning an official post

けいかん[桂冠](명) 계관. 월계관(月桂冠). a laurel. **—しじん**[桂冠詩人](명) 계관 시인. 영국 왕실의 우대(優待)를 받는 명예로운 시인.

けいかん[景観](명) 경관. 경치. 경개(景概). a scene

けいかん[谿間·渓間](명) 계간. 골짜기. 계곡. a ravine

けいかん[鶏冠](명) 계관. 닭의 볏. a cockscomb

けいかん[鶏姦](명) 계간. 남색(男色). 비역. sodomy

けいかん[警官](명) 경관. 경찰관. a police officer

けいがん[炯眼](명·형동ダ) 형안. ①빛나는 눈. ②사물의 속을 날카롭게 꿰뚫어 보는 힘. 1. a glittering eye 2. a penetrating eye

けいがん[慧眼](명·형동ダ) 혜안. 슬기롭고 통찰력이 뛰어난 안목(眼目). a keen insight

げいかん[迎寒](명) 영한. ①한랭(寒冷)의 계절을 맞이함. ②음력 8월. 1. coming of the cold season

けいき[京畿](명) 경기. ①왕성(王城)과 그 주위의 땅. ②수도(首都)에 가까운 지방.

けいき[刑期](명) 형기. 징역에 복역(服役)하는 기간. the term of imprisonment

けいき[計器](명) 계기. 물건의 양, 길이 등을 재는 기구. 계량 기구(計量器具). a gauge

けいき[契機](명) 계기. ①원인. 동기(動機). 실마리. 「生活(セイカツ)を一新(イッシン)する—; 생활을 일신하는 동기」 ②〈철〉 사물의 변화, 발전을 결정하는 본질적 요소(要素). 1. an opportunity

けいき[景気](명) 경기. ①모양. 상태. 기미(気味). 기색(気色). ②위세(威勢). ③인기(人気). 「すもうの—; 씨름의 인기」 ④상거래의 정도나 상태. ⑤〈경〉 기업 활동의 정도. 또는 그것을 중심한 경제 상태. 4. business conditions

けいき[軽騎](명) ⇨けいきへい(軽騎兵).

けいき[継起](명·자サ) 계기. 잇달아 일어남. 계속하여 일어남. successive occurrence

げいぎ[芸妓](명) ⇨げいしゃ(芸者)①.

けいきかんじゅう[軽機関銃](명) 경기관총. 조작(操作), 운반이 간편한 소형의 기관총. 경기(軽機). a light machine gun

けいききゅう[軽気球](명) ⇨ききゅう(気球).

けいきへい[軽騎兵](명) 경기병. 유럽의 간편한 무장(武装)의 날쌘 기병. a light cavalryman

けいきゅう[警急](명) 경급. 경계하여야 할 급한 일. 위급함을 경고하거나 경계하는 일. an alarm

けいきょ[軽挙](명·자サ·형동ダ) 경거. ①가볍게 뛰어오름. ②경솔하게 행동함. 2. a hasty action. **—もうどう**[軽挙妄動](명·자サ) 경거 망동. 경솔하고 망녕되게 행동함.

けいきょう[景況](명) 경황. ①상황(状況). ②경기(景気). 1. the state of affairs

けいきょく[荊棘](명) 형극. ①가시가 돋아 있는 관목의 총칭. ②가시밭. ③고난. ④혼란한 상태. ⑤가

시 돋친 마음. 해치려는 마음. 1. a brier 4. confusion
けいぎょく[瓊玉](명) 경옥. 아름다운 구슬. 주옥(珠玉). a beautiful jewel
けいぎん[軽銀](명)〈이〉 ⇨アルミニウム.
けいきんぞく[軽金属](명)〈이〉 경금속. 비중이 4 이하의 가벼운 금속. 예: 알루미늄, 마그네슘 등. ↔重(ジュウ)金属. light metals
けいく[警句](명) 경구. 기발하고 묘한 말. 간단하고 뜻이 깊은 말. 도덕, 예술 등의 진리를 간결하게 나타낸 말. an aphorism
けいぐ[刑具](명) 형구. 죄인에게 형벌이나 고문을 가하는 도구. an implement of punishment
けいぐ[敬具](명) 경구. 편지 끝머리에 쓰는 말. 경백(敬白). Yours truly
けいぐん[鶏群](명) 계군. ①닭의 무리. ②범인(凡人)의 무리. 「一の一鶴(イッカク); 군계 일학(평범한 많은 사람 가운데서 뛰어난 한 사람)」 1. a flock of fowls
けいけい[炯炯](형동タルト) 형형. 날카롭게 번쩍이는 모양. 「一たる眼光(ガンコウ); 형형한 눈빛(매우 빛나는 눈)」 piercing
けいけいに[軽軽に](부) 경망스럽게. 경솔히. lightly
げいげき[迎撃](명·타サ) 영격. 적을 맞이하여 싸움. 또는 공격함. 싸움을 걸어 오기를 기다려 싸움. interception
けいけつ[経穴](명) 경혈. 침을 놓고 뜸을 뜨는 자리. 경락(経絡).
けいげつ[桂月](명) 계월. ①달(月)의 다른 이름. ②음력 8월. 1. the moon
けいけん[経験](명·타サ) 경험. 실제로 겪어 봄. 체험(体験). experience
けいけん[敬謙·敬虔](명·형동ダ) ①경건, 존경하고 삼가는 모양. ②신불(神仏) 등에 진심으로 귀의(帰依)하는 모양. 1. divotion
けいけん[競犬](명) 개의 경주. a dog race
けいけん[鶏犬](명) 닭과 개. 「一相聞(アイキコ)ゆ; 가축의 우는 소리가 곳곳에서 들림(인가가 가까이 모여 있음)」 a cock and a dog
けいげん[軽減](명·타サ) 경감. 줄여서 가볍게 함. mitigation
けいこ[袿袴](명) 예전 일본 부인의 대례복(大礼服). a court robe
けいこ[稽古](명·타サ) ①학문, 기술 등을 배움. ②무술, 예능 등을 배움. 연습. 「お一; 레슨을 받는 것 practice
けいご[敬語](명) 경어. 경의(敬意)를 나타내는 말. 높임말. 공대말. a term of respect
けいご[慧悟](명) 혜오. 사물의 깨침이 빠른 것. 혜민(慧敏). sagacity
けいご[警固](명·타サ) 경고. 경계하여 굳게 지킴. 또는 그 설비. 경호(警護). guard
けいご[警語](명) ⇨けいく(警句).
けいご[警護](명·타サ) 경호. 경계하고 보호함. 경위(警衛). guard
げいこ[芸子](명)〈방〉 ⇨げいしゃ(芸者).
げいご[囈語](명) 헛소리. 잠꼬대. delirious utterances
けいこう[経口](명)〈의〉 경구. 입으로 먹는 것. 내복(内服). internal use
けいこう[径行](명·형동ダ) 마음 먹은 대로 실행함. going one's way
けいこう[景仰](명·타サ) 경앙. 덕(徳)을 사모하여 우러러 봄. admiration
けいこう[傾向](명) 경향. 어떤 방향으로 향하는 모양. 기울어지는 일. tendency. **—てき**[傾向的](형동ダ) 사회주의, 또는 특정한 방향의 경향을 지니는 모양. 「carrying with
けいこう[携行](명·타サ) 가지고 감. 휴대(携帯). ↗
けいこう[蛍光](명) 형광. ①반딧불. ②〈이〉 어떤 투명체(透明体)에 빛을 비추었을 경우 그 빛과 다른 색의 빛을 되쏘는 현상. 또는 그 빛. 「一染料(センリョウ); 형광 염료」 1. the glow of a firefly 2. fluorescence. **—とう**[蛍光燈](명) 형광등. 방전관(放電管)의 내벽(内壁)에 형광 도료(塗料)를 칠한 등.
けいこう[鶏口](명) 계구. ①닭의 부리. ②작은 단체의 우두머리. 「一となるも牛後(ギュウゴ)となるなかれ; 큰 단체의 끝찌가 되는 것보다는 작은 단체의 우두머리가 되라」 1. the mouth of a cock 2. the head of a small body
げいごう[迎合](명·자サ) 영합. 주견(主見) 없이 남의 의견이나 비위를 맞춤. flattery
けいこうぎょう[軽工業](명) 경공업. 방직이나 식료품 등의 소비재(消費財) 생산을 주로 하는 공업. ↔重(ジュウ)工業. the light industry
けいこく[経国](명) 경국. 나라를 다스리는 일. 「一の大事業(ダイジギョウ); 나라를 통치(統治)하는 큰 사업」 administration
けいこく[渓谷](명) 계곡. 골짜기. a glen
けいこく[傾国](명) ①경국. 나라를 위태롭게 하는 일. 「一の美人(ビジン); 나라를 위태롭게 할 정도의 미인(美人)」 ②절세의 미인. 1. ruining a country
けいこく[警告](명·자サ) 경고. 주의하라고 알림. 경계하라고 충고함. warning
けいごく[繫獄](명) 계옥. 옥에 매어 가둠. imprisonment
けいこつ[脛骨](명)〈생〉 경골. 정강이뼈. the shinbone
けいこつ[軽忽](명·형동ダ) 경홀. 경솔하고 소홀함. rashness
けいこつ[頸骨](명)〈생〉 경골. 목뼈. the neck bone
けいこつ[鯨骨](명) 고래의 뼈. whale's bones
げいごと[芸事](명) 예능에 관한 일. accomplishments
けいさ[経差](명) 경차. 두 지점의 경도(経度)의 차. a longitudinal difference
けいさ[傾差](명)〈이〉 경차. 자침(磁針)이 수평면보다 기울어지는 각도. a dip
けいさ[繫鎖](명) ①쇠사슬로 매어 두는 일. 또는 그 사슬. ②(붙들어 매어) 자유를 구속하는 일. 1. mooring 2. restriction

けいさい[頃歳](명) 근년(近年). these years
けいさい[掲載](명·타サ) 게재. (서적, 신문 등에) 올리어 실음. publication
けいさい[荆妻](명) 형처. 자기 아내를 겸사로 일컫는 말. 우처(愚妻). my wife
けいさい[継妻](명) 계처. 후처(後妻). 후취(後娶). a second wife
けいざい[経済] Ⅰ(명)〈경〉 경제. 인간의 생활을 유지하고 발전시키는 데 필요한 교환, 소비, 생산 등의 활동. 「—状態(ジョウタイ); 경제 상태」 Ⅱ(형동ダ) 비용이 덜 드는 모양. 절약되는 모양. 「—家(カ); 경제가(절약가)」 Ⅰ economy Ⅱ economical. **—てき**[経済的](형동ダ) 경제적. ①경제에 관계 있는 모양. ②비용이 절약되는 모양. 최소의 투자(노력)로 최대의 효과(생산)를 가져오는 모양. 「—行為(コウイ); 경제 행위」 **—ふうさ**[経済封鎖](명)〈경〉 경제 봉쇄. 적대국(敵対国)에 대해서 일체의 통상, 금융 거래 등을 중지하는 일. 「talents for artistic attainment
げいさい[芸才](명) 예능에 관한 재주. ↗
けいさく[計策](명) 계책. 계교와 방책(方策). 계략(計略). a scheme
けいさく[警策](명) ①말을 길들이기 위하여 매질하는 일. ②문장 중에 그것이 있음으로써 생기 약동(生気躍動)하는 중요한 짧은 글귀. 1. whipping a horse 2. a witty remark
けいさつ[警察](명) 경찰. ①〈법〉 공공(公共)의 안녕 질서에 방해되는 것을 예방, 제거하는 국가의 활동. ②←警察署. ③경찰관. 1. the police. **—けん**[警察権](명)〈법〉 경찰권. 경찰의 목적을 위하여 국민을 단속하는 국가의 권력. **—こっか**[警察国家](명) 경찰국가. 정부가 무제한의 경찰권으로 개인 생활을 극단으로 억압하여 국민의 자치를 허용치 않는 국가. **—しょ**[警察署](명)〈법〉 경찰서. 일정 지역의 경찰 사무를 다루는 관청. **—ちょう**[警察庁](명)〈법〉 지방 경찰을 감독하며 전국의 경찰 사무를 다루는 관청. 한국의 치안국에 해당.
けいさん[計算](명·타サ) 계산. ①수량을 셈. 「人数(ニンズウ)を—する; 사람 수를 세다」 ②셈함. 「—器(キ); 계산기」 calculation. **—じゃく**[計算尺](명) 계산척. 대수(対数)의 원리를 응용한 자 모양의 계산 기구. 계산자.
けいさん[珪酸·硅酸](명)〈이〉 규산. 규소(珪素), 산소, 수소의 화합물. silicic acid
けいし[刑死](명·자サ) 형사. 형을 받아 죽음. death by execution
けいし[京師](명) 경사. 서울. 수도(首都). the capital
けいし[屐子](명)〈고〉 〔"げきし"의 음편(音便)〕 나막신의 한 가지.
けいし[経史](명) 경사. ①경서(経書)와 역사책. ②유학서(儒学書). 1. books on ethics and history
けいし[軽視](명·타サ) 경시. 하찮게 여김. contempt
けいし[罫紙](명) 괘지. 글씨의 줄을 맞추기 편하게 줄을 그어 놓은 종이. 인찰지(印札紙). 「両面(リョウメン)—; 양면 괘지」 ruled paper
けいし[継嗣](명) 계사. 대(代)를 잇는 것. 또는 대를 잇는 사람. 후계자(後継者). a successor
けいし[継子](명) ⇨ままこ.
けいし[警視](명)〈법〉 일본 경찰관 계급의 하나. 한국의 총경(総警)에 해당. a police superintendent. **—そうかん**[警視総監](명)〈법〉 경시 총감. 경시청(警視庁)의 장. **—ちょう**[警視庁](명)〈법〉 경시청. 일본에서 토오쿄오(東京) 구역의 경찰 사무를 다루는 관청. 한국의 서울 특별시 경찰국에 해당.
けいじ[兄事](명·자サ) 형으로 모심. 형으로 섬김. regarding as one's elder brother
けいじ[刑事](명) 형사. ①〈법〉 국가의 형벌권(刑罰権)에 관한 사항. 「—事件(ジケン); 형사 사건」 ↔民事(ミンジ). ②형사 사건의 수사(捜査)를 맡는 순경. 1. a criminal case 2. a detective
けいじ[計時](명) 시간을 재는 일. 「—係(ガカリ); 시간 기록계」 timing
けいじ[啓示](명·자サ) 계시. 신(神)의 가르침. 묵시(黙示). revelation
けいじ[敬事](명) 공경해서 섬김. 존경하여 섬김. attendance with reverence
けいじ[掲示](명·타サ) 게시. 여러 사람에게 알리기 위하여 내걸거나 붙여서 보게 함. 또는 그 글이나 그림 등. notification
けいじ[繋辞](명) 계사. ①〈철〉 명제(命題)의 주사(主辞)와 빈사(賓辞)를 연결하여 부정(否定) 또는 긍정(肯定)을 나타내는 말. ②역경(易経)의 경문(経文)의 설명. 1. a copula
けいじ[慶事](명) 경사. (결혼, 출생, 졸업 등과 같은) 경축(慶祝)할 만한 일. an auspicious event
けいじか[形而下](명)〈철〉 형이하. 형태가 있는 것. 유형(有形). ↔形而上(ケイジジョウ). physical things
けいしき[形式](명) 형식. ①외형. 겉모양. ②일정한 상태나 수속(手続). ③틀. 본. 모형. ④외관. 겉보기. ⑤〈철〉 사물의 성립, 발현(発現)의 법칙에 관한 것. 1. form 2. formality. **—てき**[形式的](형동ダ) 형식적. ①형식에 관한 모양. ②형식 위주인 모양.
けいじじょう[形而上](명)〈철〉 형이상. 형태를 감각으로 느낄 수 없는 것. 무형(無形). 모양을 초월(超越)한 것. ↔形而下(ケイジカ). metaphysical things. **—がく**[形而上学](명)〈철〉 형이상학. 사물의 근본 원리를 연구하는 학문. 우주의 근본되는 본체(本体)를 연구하는 학문.
けいしつ[形質](명) 형질. 형태와 성질. a character
けいしつ[閨室](명) 규실. ①침실(寝室). ②아내. 1. a bedroom 2. one's wife
けいじつ[頃日](명) 요사이. 근자. nowadays
けいしゃ[珪砂·硅砂](명)〈광〉 규사. 규석(珪石)의 작은 알맹이. 유리의 원료로 쓰임. silica
けいしゃ[傾斜](명·자サ) 경사. ①비스듬히 한쪽으로 기울어짐. ②기울어진 정도. 구배(勾配). 1. inclination
けいしゃ[鶏舎](명) 계사. 닭장. 양계장. a hen house

げいしゃ[芸者](명) ①일본 기생. ②예능(芸能)에 뛰어난 재주를 가진 사람. 2. a person of accomplishments
けいしゅ[警手](명) 〔철도에서〕 여객(旅客)의 안내, 사고 방지 등의 일을 맡는 직원. 「踏切(フミキリ)—; (철도의) 건널목지기」
けいじゅ[継受](명·타サ) 이어 받음. inheritance
けいしゅう[桂秋](명) 계추. 음력 8월.
けいしゅう[軽舟](명) 경주. 가볍고 빠르게 가는 작은 배. 경쾌한 배. a light boat
けいしゅう[閨秀](명) 규수. 학예에 뛰어난 부인. 「—作家(サッカ); 규수 작가」 an accomplished lady
けいしゅう[繋囚](명) 계수. 옥에 갇힘. 또는 갇힌 그 사람. imprisonment
けいじゅう[軽重](명) 경중. ①가벼운 것과 무거운 것. ②하찮은 일과 중대한 일. 「事(コト)の—をわきまえる; 일의 경중을 분별하다」 1. lightness and heaviness
けいしゅく[慶祝](명·타サ) 경축. 경사를 기쁜 마음으로 축하함. 경하(慶賀). 「—行事(ギョウジ); 경축 행사」 congratulation
けいしゅつ[掲出](명·타サ) 게시(掲示)함. 게시하여 보임. putting up a notice
けいじゅつ[経術](명) 경서(経書)를 연구하는 학문. 경학(経学). the study of Chinese classics
げいじゅつ[芸術](명) 예술. 아름다움을 나타내는 인간의 활동. 또는 그 작품. 「—品(ヒン); 예술품」 art. **—いん**[芸術院](명) 예술원. 예술계의 대가들을 회원으로 하여 예술 활동을 지도하는 기관. **—か**[芸術家](명) 예술가. 예술 활동에 종사하는 사람. **—さい**[芸術祭](명) 예술제. 〔일본에서〕 문화의 날(11월 3일)을 중심으로 행하는 예술 발전에 관한 여러 가지 행사. 예술 작품을 발표하는 제전. **—しじょうしゅぎ**[芸術至上主義](명) 예술 지상주의. "예술을 위한 예술"을 목표로 삼고, 예술의 절대적 가치를 주장하는 주의. **—てき**[芸術的](형동ダ) 예술적. 예술성을 지니는 모양.
げいしゅん[迎春](명) 영춘. 새봄, 새해를 맞이함. 봄맞이. greeting the New Year
けいしょ[経書](명) 경서. 유학(儒学)의 근거가 되는 중국의 고전. 예: 논어(論語), 주역(周易) 등. Chinese classics of Confucianism
けいしょう[形象](명) 형상. 모양. 형태. form
けいしょう[形勝](명) 형승. ①지세(地勢)가 뛰어난 것. 또는 그러한 곳. ②경치가 좋음. 또는 그러한 곳. 경승(景勝). an advantageous place
けいしょう[敬称](명·타サ) 경칭. 경의를 나타내기 위한 말. 존칭. a term of respect
けいしょう[景勝](명) 경승. 경치가 좋음. 또는 그러한 곳. 「—地(チ); 경치가 좋은 곳」 scenic beauty
けいしょう[軽症](명) 경증. 가벼운 병의 증세. ↔重症(ジュウショウ). a slight illness
けいしょう[軽粧](명) ①엷은 화장. ②경장. 간편(경쾌)한 차림이나 복장. 1. light make-up
けいしょう[軽捷](명·형동ダ) 경첩. ①몸이 가볍고 민첩함. ②간편하고 빠름. 손쉽고 빠름. 1. agility
けいしょう[軽傷](명) 경상. 조금 다침. 가벼운 상처. 가벼운 부상. a slight wound
けいしょう[継承](명·자타サ) 계승. 조상이나 선임자의 뒤를 이어 받음. succession
けいしょう[卿相](명) ⇨くぎょう(公卿).
けいしょう[警鐘](명) 경종. 비상한 일이나 위험을 경계(警戒)하여 울리는 종. an alarm bell
けいじょう[刑場](명) 형장. 사형을 집행하는 곳. 사형장. an execution ground
けいじょう[形状](명) 형상. 모양. 상태. 「物体(ブッタイ)の—; 물체의 모양(형태)」 shape
けいじょう[京城](명)〈지〉 경성. 한국의 수도(首都). 서울의 구칭(旧稱). Seoul
けいじょう[計上](명·타サ) 계상. 셈을 하여 써 넣음. 예산 편성에 넣음. 「予算(ヨサン)に—する; 예산에 계상하다」 summing up
けいじょう[啓上](명) (웃사람에게) 말씀을 올림.
けいじょう[敬譲](명) 경양. 존경과 겸양. 남을 존경하고 자기를 낮추는 일. reverence and humbleness
けいじょう[経常](명) 경상. 항상 일정하여 변하지 않는 일. 통상(通常). 평상. 「—費(ヒ); 경상비」 ↔臨時(リンジ). ordinariness
けいじょう[警乗](명) (경찰관이) 범죄 예방 등을 위하여 선박, 기차 등을 타고 다니며 경계하는 일. 「—警官(ケイカン); 이동 경찰」 policing aboard a train
げいしょううい[霓裳羽衣](명) 예상 우의. ①예상 우의곡. 당(唐) 나라 현종(玄宗)이 꿈에 본 선녀의 춤을 바탕으로 하여 만들었다는 무곡(舞曲). ②무지개와 같이 아름다운 의상(衣裳). ③선녀의 복장. 3. the robe of an angel
けいしょく[景色](명) 경색. 산수 풍물(山水風物) 등의 경치. a view
けいしょく[軽食](명) 경식. 가벼운 식사. 간단한 일품 요리(一品料理). a light meal
けいしょく[頸飾](명) 목에 거는 장식. 목걸이. a necklace
けいしょく[慶色](명) 경축하는 모양. 희색(喜色). a delighted look
けいしん[敬信](명) 존경하며 믿음. veneration
けいしん[敬神](명) 경신. 신(神)을 공경하고 믿음. reverence of God
けいしん[軽信](명·타サ) (깊이 생각하지 않고) 경솔하게 믿음. credulity
けいしん[軽震](명)〈지〉 경진. 문이나 미닫이가 약간 흔들릴 정도의 가벼운 지진(地震). a light earthquake
けいじん[京人](명) 수도(首都)의 사람. 서울 사람. an inhabitant of the capital
けい·す[敬す](타サ)〈고〉 ⇨けいする.
けいず[系図](명) 계도. ①계보(系譜). 족보(族譜). ②유래. 내력(来歴). 1. a genealogical table 2. descent
けいすい[谿水](명) 골짜기의 냇물. a mountain stream
けいすう[係数](명) 계수. ①〈수〉〔대수에서〕 항(項) 속

의 수자. 인수(因数). 수계수(数係数). ②〈이〉 비율을 나타내는 수치. 1. a coefficient 2. a modulus

けいすう[計数](명)〈수〉 계수. ①수효를 세는 일. ②계산하여 얻은 수자. 1. calculation 2. a figure

けいずかい[窩主買]ーカヒ(명) 장물 매매(贓物売買). 또는 그 상인. dealing stolen goods

けい·する[刑する](타サ) ①형벌을 주다. ②사형에 처하다. 1. punish

けい·する[啓する](타サ) 말씀 드리다. 사뢰다. tell

けい·する[敬する](타サ) 존경하다. revere

けい·する[慶する](타サ) 치하하다. 경축(慶祝)하다. congratulate

けいせい[刑政](명) 형정. ①형벌과 정치. ②〈법〉 형사정책(刑事政策). 1. penalty and administration

けいせい[形成](명·타サ) 형성. 형태를 이룸. formation

けいせい[形声](명) 형성. 육서(六書)의 하나. 두 글자를 결합하여 새 글자를 만들며 그 일부는 음을, 나머지 일부는 뜻을 나타내는 것. 예:水(氵)+可＝河.

けいせい[形勢](명) 형세. 되어 가는 모양. 상태. 경과. 정세. situation

けいせい[経世](명) 경세. 세상을 다스리는 일. government. **―さいみん**[経世済民](연어·명) 경세제민. 세상을 다스리고 백성을 구제함.

けいせい[渓声](명) 계성. 골짜기의 시냇물 소리. the murmur of a stream

けいせい[傾城](명) ①(한 지방의 성을 기울일 만한) 미인(美人). ②유녀(遊女). 2. a courtesan

けいせい[鶏声](명) 닭의 울음 소리. cock-crowing

けいせい[警世](명) 경세. 세상 사람들을 깨우치는 일. 「一の文(ブン); 세상 사람들의 각성(覚醒)을 촉구하는 글」 warning the people

けいせい[警醒](명·타サ) 경성. 경계하여 잠을 깨워 줌. 미혹(迷惑)을 깨닫게 함. awakening

けいせき[形跡](명) 형적. 흔적. 자취. 「ぬすまれた一はない; 도둑 맞은 흔적은 없다」 traces

けいせき[珪石·硅石](명)〈광〉 규석. 규소(珪素) 화합물로 된 광석. 도자기, 유리 등의 원료. silex

けいせき[蛍石](명)〈광〉 형석. 가열하면 형광(蛍光)이 나는 광석. 유리 공업, 광학 기계 등에 씀. fluorite

けいせき[経籍](명) ⇨けいしょ(経書).

けいせつ[蛍雪](명) 형설. 〔반딧불이나 창으로 스며 드는 눈빛으로 공부했다는 옛일에서〕 고생하며 공부하는 것. 「一の功(コウ); 형설의 공」 hard work

げいせつ[迎接](명·타サ) 영접. 맞이하여 대접(待接)함. welcome

けいせん[係船·繫船](명·자サ) 계선. ①배를 매어 둠. ②배의 사용을 일시 중지함. 또는 그 배. 1. mooring 2. laid-up ships

けいせん[経線](명)〈지〉 경선. 지구의 양극을 통과하여 그 표면에 있다고 가정한 선. 자오선(子午線). 날줄. ↔緯線(イセン). longitude

けいせん[罫線](명) ①괘선. 용지의 가, 구획 등을 나타내기 위하여 친 금. ②〈법〉 증권 시세의 변동을 방안지(方眼紙)에 나타낸 도표. 1. a ruled line

けいせん[頸腺](명)〈생〉 경선. 목에 있는 임파선(淋巴腺). a cervical gland

けいそ[刑訴](명)〈법〉 형사 소송(刑事訴訟)의 준말.

けいそ[珪素·硅素](명)〈이〉 규소. 비금속 원소의 하나. 자연계에 산소 다음으로 많으며, 거의 모든 광물에 포함되어 있음. 기호는 Si. silicon. **―じゅし**[珪素樹脂](명)〈이〉 ⇨シリコ(ー)ン.

けいそう[形相](명) 형상. 모양. 모습. form

けいそう[係争·繫争](명·자サ)〈법〉 계쟁. 당사자간의 쟁점(争点)이 됨. 어떤 목적물에 대한 당사자간의 다툼. dispute

けいそう[珪藻·硅藻](명)〈식〉 규조. 바닷물, 민물에 사는 규산(珪酸)을 포함한 단세포 식물. a diatom. **―ど**[珪藻土](명)〈지〉 규조토. 규조가 물 밑에 쌓여 이루어진 지층(地層).

けいそう[敬崇](명·타サ) 공경하여 숭상함. reverence

けいそう[軽装](명·자サ) 경장. 가벼운 복장. 경쾌한 몸차림. light dress

けいそう[継走](명) ⇨リレー.

けいそう[軽躁](형동ダ) 경조. 경솔하고 수다스러운 모양. flighty

けいぞう[形像](명) 어떤 것을 닮게 만든 상. an image

けいぞう[恵贈](명·타サ)〈고〉 남에게서 물건을 받음에 대한 높임말. 혜사(恵賜). 「ごーにあずかり; (귀한 것을 보내 주심을) 받자와」

けいそうど[軽鬆土](명)〈농〉 경송토. 알맹이가 매우 작은 화산회(火山灰)로 된 흙. 또는 부식질(腐植質)이 많은 땅.

けいそく[計測](명·타サ) 계측. 자(尺) 등의 계량기(計量器)를 써서 잼. measuring

けいぞく[係属·繫属](명·자타サ) 계속. ①〈법〉 소송 계속(訴訟係属). ②매어 이음. 연결되게 함. 2. tethering

けいぞく[継続](명·자타サ) 계속. ①끊이지 않고 이어 댐. 연속(連続). ②중단되었던 일을 다시 계승(継承)함. 1. continuation

けいそつ[軽率·軽卒](형동ダ) 경솔. 경망한 모양. 조심성이 없는 모양. 부주의한 모양. rash

けいそん[恵存](명) 혜존. "삼가 거두어 주심을 바랍니다"의 뜻으로, 자기의 저서(著書) 등을 선사할 때 상대방의 이름 밑에 적는 말.

けいたい[形態](명) 형태. 모양. 생김새. form

けいたい[継体](명) 계체. 선조의 뒤를 이어 받는 일. succession to one's ancestor

けいたい[携帯](명·타サ) 휴대. 지니고 다님. 지참(持参). 「一品(ヒン); 휴대품」 carrying

けいだい[境内](명) 경내. 신사(神社), 사원(寺院)의 구역 안. precincts

けいだい[慶大](명) 케이오오(慶応) 대학의 약칭.

げいだい[芸大](명) 예술 대학(芸術大学)의 약칭.

けいたく[恵沢](명) 혜택. 은혜와 덕택. benefit

げいだん[芸談](명) 예도(芸道)에 관한 이야기. a talk on one's accomplishments

けいだんれん[経団連](명) 경제 단체 연합회(経済団体連合会)의 약칭.
けいち[景致](명) 경치. 풍경. 경개(景概). scenery
けいち[慧知·慧智](명) 혜지. 총명한 슬기. 뛰어난 지혜. wisdom
けいちつ[啓蟄](명) 계칩. 24절기의 하나. 겨울에 칩거(蟄居)해 있던 벌레가 밖에 나올 무렵. 양력 3월 5,6일에 듦. 경칩(驚蟄).
けいちゅう[傾注](명·타サ) 경주. 마음을 기울여 쏟음. 어떤 일에 힘을 기울임. 「全力(ゼンリョク)を一する; 전력을 기울이다」 devotion
けいちゅう[閨中](명) 규중. 침실 안. a boudoir
けいちょう[敬弔](명) 경조. 삼가 조상하는 일. condolence
けいちょう[敬重](명) 존경하고 중히 여기는 일. 존중(尊重). respect
けいちょう[軽重](명) ⇨けいじゅう. 「鼎(カナエ)の一を問(ト)う; 통치자나 상급자를 경시(軽視)하거나 밀어 내고자 함. 사람이나 물건이 그만한 가치가 있나 하고 의심함」
けいちょう[傾聴](명·타サ) 경청. 귀를 기울여 (열심히) 들음. 「一に値(アタイ)する; 경청할 만하다」 listening
けいちょう[慶弔](명) 경조. 경사와 흉사(凶事). 경축과 조문. 「一電報(デンポウ); 축하나 조의(弔意)를 표하기 위한 전보」 congratulations and condolences
けいちょう[慶兆](명) 상서로운 징조. an omen of luck
けいちょう[軽佻](형동ダ) 경조. 언행(言行)이 신중하지 못하고 가벼운 모양. 경망(軽妄). 「一浮薄(フハク); 경조 부박(언행이 경솔함)」 flippant
けいつい[頸椎](명)〈생〉 경추. 척주(脊柱)의 윗부분. the cervical vertebrae
げいづくし[芸尽し](명) 자기가 할 수 있는 모든 예능(芸能)을 다하여 서로 겨루는 일. playing all one's accomplishments
けいてい[兄弟](명) 형제. 형과 아우. brothers
けいてい[逕庭](명) 경정. 차이. 상위(相違). 「一がない; 별 차이가 없다」 difference
けいてい[競艇](명) 경정. 보우트 경기. a boat race
けいてき[警笛](명) 경적. 경계하거나 비상한 일이 일어났을 때 울리는 고동. a warning horn
けいてん[経典](명) 경전. ①성인(聖人)이 지은 책. 또는 그의 언행을 기록한 책. 경서. ②종교의 진수(真髄)를 쓴 책. 2. scriptures
けいでん[経伝](명) 경서와 그 해설책.
けいでんき[継電器](명)〈이〉 계전기. 먼 곳의 송신기(送信機)에서 흘러 와 약해진 전류를 강화하여 수신기를 가동(稼動)시키는 장치(기계). a relay
けいと[毛糸](명) 모사. 털실. woolen yarn
けいと[刑徒](명) 형을 받은 자. an executed person
けいと[計図](명) 계획(計画). a plan
けいど[珪土](명)〈이〉 규토. 흙이나 모래 모양의 무수규산(無水珪酸). silica
けいど[経度](명)〈지〉 경도. 영국의 그리니치 천문대를 통과하는 경선(経線)을 기준으로 하여, 어떤 경선의 이에 대한 각도. 동경(東経), 서경(西経)으로 나타냄. longitude
けいど[軽度](명) 가벼운 정도. lightness
けいど[傾度](명) 경도. 경사의 정도. inclination
けいとう[系統](명) 계통. ①같은 혈통에 속한 것. ②공통된 하나의 원리로 통일된 것. ③사물의 정당한 이치. 또는 일의 순서. 「事務(ジム)一; 사무 계통」 ④기관(機関). 1. lineage 2. a system. ―**てき**[系統的](형동ダ) 계통적. 계통이 있는 모양. 순서가 짜인 모양.
けいとう[恵投](명·타サ) 혜투. 남에게 물건을 받는 것의 높임말. 혜척(恵擲). presentation
けいとう[継投](명·자サ)〔야구에서〕 앞의 피처(投手)의 뒤를 이어 공을 던짐.
けいとう[傾倒](명·자サ) 경도. ①마음을 기울여 사모함. ②기울어 쓰러짐. 1. devotion 2. tilt and fall
けいとう[鶏頭](명) 계두. ①〈식〉 맨드라미. 비름과에 속하는 1년초. ②닭의 볏. a cockscomb
げいとう[芸当](명) ①연예. 곡예. ②기발(奇抜)하고 위험한 일. 1. a feat
げいどう[芸道](명) 예도. 예능, 기예(技芸) 등에 있어 지킬 일이나 방법. an art
けいどうみゃく[頸動脈](명)〈생〉 경동맥. 목 양옆의 동맥. the carotid artery
げいなし[芸無し](명·형동ダ) 예능을 모름. 또는 그러한 사람. a person of no accomplishments
けいにく[鶏肉](명) 계육. 닭고기. chicken
げいにく[鯨肉](명) 경육. 고래 고기. whale meat
げいにん[芸人](명) 예인. ①예능(芸能)에 능한 사람. ②예능에 종사하는 사람. 1. an accomplished person 2. an artiste
げいのう[芸能](명) 예능. ①몸에 익힌 기예. ②뛰어난 기예. ③예술. 연예(演芸). ④오락. 1. accomplishments 2. artistic talent
げいのうゆ[鯨脳油](명) 경뇌유. 고래 골에서 빼낸 기름. 담황색이며 기계유로 쓰임. sperm oil
げいのむし[芸の虫](연어·명)〈속〉 예도(芸道)에 열성적인 사람. a devoted artiste
けいば[競馬](명) 경마. 말달리기 경주. a horse race
げいは[鯨波](명) ①경파. 큰 파도. 큰 물결. ②⇨ときのこえ. 1. a big wave
けいはい[珪肺](명)〈의〉 규폐. 광물의 가루나 먼지를 마셔 생기는 병. 광산 노동자 등에게 많음. silicosis
けいはい[敬拝](명·타サ) 경배. 존경하여 공손히 절함. 숭배(崇拝). worship
けいはい[軽輩](명) ①신분이 낮은 사람. ②경험이 적은 사람. ③⇨あしがる(足軽). 1. an underling
けいばい[啓培](명·타サ) 지능, 지식 등을 기름. 계발(啓発). enlightenment
けいばい[競売](명·타サ)〈법〉 ⇨きょうばい.
けいばい[競買](명·타サ)〈경〉 ⇨きょうばい.
けいはく[啓白](명) 삼가 사뢰.

けいはく[敬白](명) 경백. 〔"공경하여 사뢴다"는 뜻으로〕 한문 투의 편지 끝에 쓰는 말. Yours sincerely
けいはく[軽薄] Ⅰ(형동ダ) 경박. ①가볍고 엷은 모양. ②생각이 얕고 성의가 없는 모양. 경솔한 모양. Ⅱ(명) ①실속 없는 겉치레의 말. 공치사. 아유(阿諛). ②경박한 언행. Ⅰ1. frivolous 2. rash
けいばく[軽爆](명) 경폭격기(軽爆撃機)의 준말.
けいばく[繋縛](명·타サ) ①얽어 맴. ②운명, 죄업(罪業) 등에 얽매여 심신을 괴롭힘. 1. tying
けいはつ[啓発](명·타サ) 계발. 지능을 널리 깨우쳐 줌. 개발(開発). enlightenment
けいばつ[刑罰](명) 형벌. ①〈법〉 국가가 범죄자에게 과하는 제재(制裁). ②형과 벌. 징벌. 견책. 1. a penalty
けいばつ[軽罰](명) 가벼운 형벌. a light punishment
けいばつ[閨閥](명) 규벌. 아내의 친척을 중심으로 한 세력. 또는 당파. matrimonial influence
けいばつ[警抜](형동ダ) 현명하고 빼어난 모양. trenchant
けいはん[京阪](명)〈지〉 ①쿄오토(京都)와 오오사카(大阪). ②수도 부근. 일본에서는 칸사이(関西) 지방. ── **しん**[京阪神](명) 쿄오토와 오오사카와 코오베(神戸).
けいはんざい[軽犯罪](명)〈법〉 경범죄. 가벼운 범죄. 30일 이하의 구류 처분(拘留処分)을 받는 범죄. a minor offence
けいひ[桂皮](명) 계피. 계수나무의 얇은 껍질. 약, 또는 방향제(芳香剤)로 쓰임. cassia bark
けいひ[経費](명) 경비. 쓰이는(드는) 비용. expenses
けいび[警備](명·타サ) 경비. 경계하고 방비함. guard
けいび[軽微](형동ダ) 경미. 정도가 심하지 않은 모양. 조금. 약간. slight
けいひつ[警蹕](명) 경필. 임금의 거둥시에 경계하여 앞질러서 일반인의 통행을 금하던 일. 또는 그 소리. 벽제(辟除) 소리. heralding
けいひん[京浜](명) 토오쿄오(東京)와 요코하마(横浜).
けいひん[景品](명) 경품. 상품을 팔 때 덤으로 주는 물건. a premium
けいびん[慧敏](명·형동ダ) 혜민. 슬기롭고 민첩함. cleverness
げいひん[迎賓](명) 영빈. 손님을 맞이함. 「一館(カン); 영빈관」 reception
けいふ[系譜](명) 계보. 계도(系図). 족보. pedigree
けいふ[軽浮](명·형동ダ) ①가벼워서 뜸. ②경솔하여 침착하지 못함. 경조 부박(軽佻浮薄). 1. buoyance 2. frivolity
けいふ[継父](명) 계부. 의붓아비. ↔実父(ジップ). a stepfather
けいぶ[軽侮](명·타サ) 경모. 하찮게 보아 모욕함. 업신여김. contempt
けいぶ[頸部](명) 경부. 목(의 부분). the neck
けいぶ[警部](명)〈법〉 경부. 경찰관의 한 계급. 한국의 경감(警監)에 해당. a police inspector
けいふう[軽風](명) 가볍게 부는 바람. 〔기상 용어로는〕 연풍(軟風)보다 약한 바람. a light breeze
げいふう[芸風](명) 예풍. 기예의 풍취(風趣). 또는 경향(傾向). 연기의 특색 있는 방법. 또는 상태. style of acting
けいふく[敬服](명·자サ) 존경하여 복종함. admiration
けいふく[軽服](명) 가벼운 옷. 경장(軽装). a light dress
けいふく[慶福](명) 경복. 기쁨과 행복. happiness
けいぶつ[景物](명) 경물. ①사철의 자연의 모습. ②흥취를 돋우는 것. 철에 맞는 희귀한 것. ③경품. 1. natural features of the season
けいふぼ[継父母](명) 계부모. 계부와 계모. 의붓아비와 의붓어미. stepparents
けいふん[鶏糞](명)〈농〉 계분. 닭똥.
げいぶん[芸文](명) ①학예와 문학. ②예술과 문예. 1. science and literature 2. art and literature
けいへいき[経閉期](명) 월경(月経)이 그치는 시기. 폐경기. menopause
けいべつ[軽蔑](명·타サ) 경멸. 업신여김. 멸시(蔑視). 경모(軽侮). scorn
けいべん[軽便] Ⅰ(형동ダ) 경편. 몸이 가뜬하고 민첩한 모양. 간단하고 편한 모양. Ⅱ(명) 기관차와 차량이 작으며 궤도(軌道)도 좁은, 규모가 간단한 철도. 경편 철도. Ⅰhandy and convenient Ⅱa light railway
けいぼ[景慕](명·타サ) 우러러 사모함. worship
けいぼ[敬慕](명·타サ) 경모. 존경하고 사모함. love and respect
けいぼ[継母](명) 계모. 의붓어미. a stepmother
けいほう[刑法](명)〈법〉 형법. 범죄와 형벌에 관한 법률. the criminal law
けいほう[警砲](명) 경포. 경계나 위협으로 쏘는 대포. a warning gun
けいほう[警報](명) 경보. 경계하라는 알림. a warning
けいぼう[計謀](명) 계모. 계략(計略). 음모. a plan
けいぼう[閨房](명) 규방. ①침실. ②부인이 거처하는 방. 내실. 1. a bedchamber 2. a boudoir
けいぼう[警防](명) 경계하여 막는 일. 「一団(ダン); 경방단」 guard
けいぼう[警棒](명) 경관이 차는 곤봉. 경찰봉. a billy
けいま[桂馬](명) 일본 장기짝의 하나. 말(馬). a knight
けいみょう[軽妙](형동ダ) 경묘. 가볍고 묘한 모양. 「一なしゃれ; 경묘한 재담」 smart
けいむ[警務](명) 경무. 경찰 사무. police affairs
けいむしょ[刑務所](명)〈법〉 형무소. 교도소. a prison
けいめい[啓明](명) 금성(金星)의 다른 이름. 계명성. 샛별. Venus
けいめい[経営](명·자サ)〈고〉 애써 일함. 전심 노력함. 또는 종사함.
けいめい[鶏鳴](명) 계명. ①닭의 울음 소리. ②오전 2시경. ③새벽. 1. cock's crowing
げいめい[芸名](명) 예명. 예술, 기예에 종사하는 사람이 본명 이외에 가지는 이름. a stage name
けいもう[啓蒙](명·타サ) 계몽. 무지를 깨우쳐 지식을 넓힘. 계발(啓発). enlightenment. ── **しゅぎ**[啓蒙

主義](명) 계몽주의. 16세기 말에서 18세기 후반에 걸쳐 유럽 전역에 일어난, 구시대의 묵은 사상을 타파하려던 혁신적인 주의.
けいもん[閨門](명) 규문. ①침실. 또는 침실의 문. ②가정의 풍습. ③부부간의 의(誼). 1. a bedchamber
けいやく[契約](명·자サ) 계약. ①약속. 맹세. ②(법) 둘 이상의 당사자간에 하는 법적 효력을 가진 약속. 「一金(キン); 계약금」 1. a promise 2. a contract
けいゆ[経由](명·자サ) 경유. 거쳐 감. 통과함. going by way of
けいゆ[軽油](명)〈고〉 경유. ①원유(原油)를 분류하여 얻는 기름. 비등점(沸騰点)이 휘발유보다 낮은 가벼운 석유. 예:등유, 발동기 기름 등. ②석유 타르를 분류(分溜)하여 얻는 물보다 가벼운 유류(油類). ↔重油(ジュウユ). light oil
げいゆ[鯨油](명) 경유. 고래 기름. whale oil
けいよ[刑余](명) 복역한(형벌을 받은) 일이 있음. 또는 그 사람 「一の人(ヒト); 전과자」 an ex-convict
けいよ[恵与](명·타サ) 혜여. ①은혜를 베풀어 줌. ②남에게서 물건을 받음에 대한 높임말. 혜증(恵贈). 1. bestowal
けいよう[形容](명·타サ) 형용. ①모습. 모양. 형태. ②모양을 설명함. 「人(ヒト)を一することば; 사람의 모양의 어떠함을 설명하는 말」 ③비유(比喩)함. 비겨 말함. ④말이나 글의 수식(修飾). 1. form 3. comparison.
一し[形容詞](명) ①형용사. 〔문법에서〕 사물의 성질, 상태를 나타내는 말로 원 모양은 끝에 "い"나 "し"가 붙음. 예: たか(高)い, たかし. ②형용하는 말.
一どうし[形容動詞](명) 형용 동사. 〔문법에서〕 사물의 성질, 상태를 나타내는 말로 원형의 끝에 "だ"나 "たり", "なり"가 붙는 말. 예: しずかだ, しずかなり.
けいよう[京葉](명) 토오쿄오(東京)와 치바(千葉).
けいよう[掲揚](명·타サ) 게양. 높이 올림. 「国旗(コッキ)一; 국기 게양」 hoist
けいら[警邏](명) 순찰하며 경계하는 일. 또는 그 사람. 순라(巡邏). patrol
けいらく[京洛](명) ⇨きょうらく.
けいらく[経絡](명) ①맥락(脈絡). 사리(事理). 사물을 행할 때의 수속의 차례. ②근육, 섬유. 1. a thread 2. musculature
けいらん[鶏卵](명) 계란. 달걀. an egg
けいり[経理](명·타サ) 경리. 회계, 급여(給与)에 관한 사무. accountant's business
けいりし[計理士](명) 계리사. 회계사. an accountant
けいりつ[刑律](명) 형법(刑法). rules of punishment
けいりゃく[計略](명) 계략. 모략(謀略). 책략. a scheme
けいりゃく[経略](명·타サ) 경략. 국가, 천하를 경영, 통치함. administration
けいりゅう[係留·繫留](명·타サ) 계류. (배 등을) 매어 둠. mooring
けいりゅう[渓流](명) 계류. 산골짜기의 시냇물. a mountain stream
けいりょ[軽慮](명) 경솔한 생각. a rash opinion
けいりょう[計量](명·타サ) 계량. 길이, 분량, 무게 등을 재고 담. measuring
けいりょう[軽量](명) 경량. 무게가 가벼움. 가벼운 무게. light weight
けいりん[桂林](명) ①계수나무 숲. ②아름다운 숲. ③문사(文士)의 동지. 3. a group of literary men
けいりん[経綸](명) 경륜. ①국가를 다스리는 일. 또는 그 정치상의 솜씨, 식견, 포부(抱負). ②일을 조직적으로 잘 계획함. 1. statesmanship
けいりん[鶏林](명) 계림. 한국의 다른 이름.
けいりん[競輪](명) 경륜. 자전거 경기. a bicycle race
げいりん[芸林](명) 예림. 예술가의 사회. 예원(芸苑). 1. artists' circles
けいるい[係累·繫累](명) 계루. ①매이는 일. ②부모, 처자, 형제 등의 떨어질 수 없는 유대. encumbrances
けいれい[敬礼](명·자サ) 경례. 절함. a salute
けいれき[経歴](명) 경력. ①거쳐 온 일. 겪은 일. ②이력(履歴). 내력. 2. past career
けいれつ[系列](명) 계열. 계통을 세움. 사물이나 수의 배열. systematic order
けいれん[痙攣](명·자サ)〈의〉 경련. 근육이 갑자기 굳어지고 오그라져 그 기능을 잃음. convulsions
けいろ[毛色](명) ①털의 빛깔. ②모양. 종류. 「一の変(カ)わった小説(ショウセツ); 색다른 소설」 1. the colour of feather
けいろ[経路·径路](명) 경로. ①거쳐 가는 길. ②일이 되어 가는 형편이나 순서. a course
けいろう[敬老](명) 경로. 늙은이를 존경하는 일. 「一会(カイ); 경로회」 respect for the old
げいろう[鯨蠟](명) 경랍. 고래 기름으로 만든 밀랍. 양초, 코즈메틱 등에 쓰임. whale wax
けいろく[鶏肋](명) 계륵. ①쓸모도 없고 버리기도 아까운 것의 비유. ②닭의 갈비처럼 몸이 몹시 연약함의 비유. 1. a superfluity 2. a weak constitution
けう[希有·稀有](형동ダ) 희유. ①드문 모양. 진기한 모양. ②이상한 모양. 1. rare
けうと·い[気疎い](형) 싫다. 불쾌하다. disagreeable
けうら[毛裏](명) 안에 털을 받친 옷. fur-lining
ケーオー[KO](명) ⇨ノックアウト. 「一勝(ガ)ち; 케이오우승」
ケーキ[cake](명) 케이크. 양과자.
ゲージ[gauge](명) 게이지. ①철도 궤도의 넓이. 궤간(軌間). ②(시간, 수량 등의) 측정에 쓰이는 계기.
ケース[case](명) 케이스. ①상자. 갑. 「カードー; 카아드 상자」「カメラー; 카메라케이스」 ②활자를 담는 상자. ③경우. 사정. 사건. 「一バイ一; 경우(사건)마다(그때마다)」 ④〔문법에서〕 격(格).
ケーソン[caisson](명) ⇨せんかん(潜函).
ゲートル[프 guetre](명) 게에트르. 서양 각반(脚絆). 서양식 행전(行纏).
ケープ[cape](명) 케이프. (아기용의) 소매 없는 짧은 외투.
ケープタウン[Cape Town](명)〈지〉 케이

〔ケープ〕

프타운. 남아프리카 공화국의 수도.

ケーブル[cable](명) 케이블. ①부도체(不導体)로 싼 전선(電線). 또는 그 싼 것. ②땅(물) 속을 통한 전선. ③삼, 철사로 만든 밧줄. 「ーカー; 케이블카아」

ゲーペーウー[러 GPU ← Gosudarstvennoje Politicheskoje Upravlenije](명) 게에페에우우. 국가 정치 보안부(保安部). 소련의 전(前)비밀 경찰.

ゲーム[game](명) 게임. ①놀이. ②승부. 경기. ③시합. 「ーセット; 시합 종료」

けおさ·れる[気圧される](자하 1) 기세에 눌리다. 압도되다. 기가 죽다. be overpowered

けおと·す[蹴落す](타 4) ①차서 떨어뜨리다. ②그 지위에서 밀어 내다. 1. kick down 2. oust

けおり[毛織り](명) 모직. ①털실로 짠 것. 또는 그 옷감. ②면사(綿糸)의 털을 세워 짠 것. 1. woolen goods

けおりもの[毛織物](명) ⇨けおり①.

けが[怪我](명·자サ) ①상처. 부상. ②흠. 과실. 잘못. 실수. 「ーで負(マ)ける:실수로 지다」「ーの功名(コウミョウ); 일을 잘못했는데 그것이 도리어 좋은 결과를 맺게 된 것」 1. an injury 2. a mistake

げか[外科](명)〈의〉 외과. 몸의 부상이나 병을 기계(器械)나 수술로써 고치는 의학의 한 분과. surgery

げかい[下界](명) 하계. 인간의 세계. 현세(現世). 이승. this world

けかえ·す[蹴返す]ーカヘス(타 4) ①차서 제자리로 돌아 가게 하다. ②차 넘기다. ③남이 찬 것을 되받아 차다. 1. kick back

けががち[怪我勝ち](명) 상대방의 과실로 우연히 이기는 것. an accidental victory

けがき[野書き](명) 기계, 기구 등의 제작에 있어서, 직접 가공물에 치수, 구멍이나 재단의 위치 등을 표해 놓는 일. scribing

けが·す[汚す·穢す](타 4) ①더럽게 하다. 더럽히다. ②욕을 뵈다. 부녀의 정조를 빼앗다. ③명예를 손상하다. 「名(ナ)をー; 이름을 더럽히다(명예를 훼손하다)」④〔겸사로 일컫는 말로서〕 외람되게 그 지위에 있다. 「地位(チイ)をー; 자격도 없이 지위를 차지하다」 1. soil 2. dishonour 3. disgrace

けがらわし·い[汚らわしい·穢らわしい]ケガラハシイ(형) ①더럽다. 부정(不浄)하다. ②보기 싫다. 파생 ── さ(명). 1. dirty 2. abominable

けがれ[汚れ·穢れ](명) ①더러움. 불결. 부정(不浄). ②추악. 용렬. ③월경(月経). 1. impurity 3. the menses

けが·れる[汚れる·穢れる](자하 1) ① 더러워지다. ②뜻, 정조를 짓밟히다. ③나쁜 버릇이 배다. ④상중(喪中), 월경중에 있다. 1. get dirty 2. be dishonoured 4. be in the flowers

けがわ[毛皮]ーガハ(명) 모피. 털이 붙어 있는 가죽. 털가죽. a fur

げかん[下浣](명) 21일에서 월말까지의 사이. 하순(下旬). the last ten days of a month

げかん[外官](명) 왕조(王朝) 시대의 지방 관리.

げき[屐](명) 왜나막신. 신발. clogs

げき[戟](명) 끝이 세 갈래로 된 창. 삼지창(三枝槍). 당파창(鐺把槍). a halberd

げき[隙](명) ①틈. 간격(間隙). 사이. ②불화(不和). 원한. ③편승할 기회. 1. an aperture 2. discord

げき[劇](명) 연극. drama

げき[檄](명) 격(문). ①특별한 경우에 군병을 모집하거나 세인의 흥분을 일으키게 하는 글. ②어떤 사람이나 일을 힐책하고 자기의 믿는 바를 펴서 대중의 동의를 구하는 문서. 2. a manifesto

げき[外記](명) ①예전 조칙(詔勅), 상주문(上奏文) 등의 문안(文案)을 맡은 관리의 직명(職名). ②〈불〉 외기. 선종(禅宗)에서 문안을 맡은 직책.

げきえいが[劇映画](명) 극영화. 일정한 줄거리와 구성을 가지는 영화. a film drama

げきえつ[激越](형동ダ) ①음성이 높고 격렬한 모양. ②매우 흥분한 모양. 1. vehement

げきか[劇化](명·타サ) 극화. 소설, 기타 문예 작품을 각색(脚色)함. dramatization

げきか[激化·劇化](명·자サ) ⇨げっか.

げきが[劇画](명) ⇨かみしばい(紙芝居).

げきかい[劇界](명) 극계. 연극계. the theatrical world

げきげん[激減](명·자サ) 격감. 심하게 줆. ↔激増(ゲキゾウ). a sudden decrease

げきご[激語](명) 흥분해서 하는 심한 말. high words

げきこう[激昂](명·자サ) ⇨げっこう.

げきさい[撃砕](명·타サ) 격쇄. 쳐부숨. 「敵(テキ)をーする; 적을 쳐부수다」 crushing

げきさく[劇作](명) 극작. 극의 대본을 씀. playwriting

げきさつ[撃殺](명·타サ) 쳐죽임. shooting to death

げきさっか[劇作家](명) 극작가. 연극 대본을 쓰는 것을 전문으로 하는 사람. a playwriter

げきし[劇詩](명) 극시. ①대사(臺詞)가 모두 운문(韻文)으로 된 극. ②극적(劇的)인 요소를 내포(内包)하고 있는 시. dramatic poetry

げきしゅ[鷁首](명) 익수. 익(鷁)이라는 상상의 새 머리를 뱃머리에 새겨 붙인 배. 「竜頭(リュウトウ)ー; 용두 익수(옛날 귀인들이 뱃놀이에 쓰던 용의 머리와 익조를 새겨 붙인 한쌍으로 된 두 척의 배)」

げきしゅう[激臭·劇臭](명) 심한 냄새. a strong smell

げきしょ[激暑·劇暑](명) 심한 더위. 혹서(酷暑). intense heat

げきしょう[激賞](명·타サ) 격상. 극구(極口) 칭찬함. 격찬(激讃). high praise

げきじょう[劇場](명) 극장. 연극을 상연하거나 영화를 상영하는 건물. a theatre

げきじょう[激情](명) 격정. 격렬한 감정. passion

げきじょう[撃壌](명) 격양. 옛날 중국에서 땅바닥을 치며 노래했던 일. 태평을 즐기는 모양. 「鼓腹(コフク)ー; 배를 두드리고 땅을 침(태평 세월의 비유)」 beating the ground

げきじょう[撃攘](명·타サ) 격양. 적을 쳐 물리침. 격퇴(撃退). repulse

げきしょく[激職·劇職](명) 매우 바쁘고 힘이 드는 직

무(職務). 극무(劇務). a busy office
げき しん[激震·劇震](명) 격진. 심한 지진. 강진(強震). a severe earthquake
げき じん[激甚·劇甚](형동ダ) 격심. 매우 심한 모양. 격렬. 극심.「一な打撃(ダゲキ); 격심한 타격」 intense
げき·する[激する](자サ) ①격하다. 격렬해지다. ②매우 흥분하다. 격노하다. ③충돌하다. 1. become violent
げき·する[檄する](자サ) 격문(檄文)을 보내다. send a manifesto
げき せい[激成](명·타サ) 더욱 격렬하게 함. intensification
げき ぜつ[鴃舌](명) 외국인이 지껄이는 알아 들을 수 없는 말. 외국인의 말을 얕잡아 일컫는 말.
げき せん[激戦](명·자サ) 격전. 격렬하게 싸움. a fierce battle
げき ぞう[激増](명·자サ) 격증. 갑자기 많이 붙어남. ↔激減(ゲキゲン). a sudden increase
げき たい[撃退](명·타サ) 격퇴. 쳐부수어 물리침. repulse
げき たん[激湍](명) 암석 따위에 부딪쳐 거세게 흐르는 여울. 거센 여울. dashing rapids
げき だん[劇団](명) 극단. 연극을 상연하는 사람들의 모임. a dramatic company
げき だん[劇談](명) ①열심히 이야기하는 것. ②심한 담판(談判). ③연극에 관한 이야기. 1. an animated talk 2. excited negotiation
げき だん[劇壇](명) 극단. 연극계. the theatrical world
げき ちゅう[劇中](명) 극중. 연극의 내용.「一の人物(ジンブツ); 극중 인물」 in a play. ―**げき**[劇中劇](명) 극중극. 한 연극 속에 나타나는 다른 연극 장면.
げき ちん[撃沈](명·타サ) 격침. (군함 등을) 쏘아 가라앉힘. sinking
げき つい[撃墜](명·타サ) 격추. (비행기 등을) 쏘아 떨어뜨림. shooting down
げき つう[劇通](명) 연극을 잘 아는 사람. an expert in dramas
げき つう[激痛·劇痛](명) 격통. 심한 아픔. an acute pain
げき てき[劇的](형동ダ) 극적. 연극처럼 감동적이거나 흥미 있는 모양. (긴장, 감격된 상태를 말할 때 쓰는 말)「一シーン; 극적인 장면」 dramatic
げき ど[激怒](명·자サ) 격노. 몹시 노함. wrath
げき とう[激闘](명·자サ)격투. 격렬히 싸움. hot fighting
げき どう[劇道](명) 연극에 종사하는 사람들이 지켜야 할 길. dramatic art
げき どう[激動](명·자サ) 격동. 심하게 움직임. 또는 흔들림. a violent shake
げき どく[劇毒](명) 심한 독(毒). 맹독(猛毒). a deadly poison
げき として[闃として](부) 고요한 모양.「一声(コエ)なし; 쥐죽은 듯이 고요하다」 quietly
げき とつ[激突](명·자サ) 격돌. 심하게 부딪침. a crash
げき は[撃破](명·타サ) 격파. 쳐부숨. defeating
げき はつ[激発] Ⅰ(명·자サ) 격발. 격렬하게 일어남. 격하여 분발(奮発)함. Ⅱ(명·타サ) 격려함. 분발시킴. Ⅰan outburst Ⅱencouragement
げき ひょう[劇評](명) 극평. 연극의 비평. dramatic criticism
げき ぶん[檄文](명) ⇨げき(檄).
げき へん[激変·劇変](명·자サ) 격변. 심한 변화. 급격하게 변함.「環境(カンキョウ)の一; 환경의 급격한 변화」 a violent change
げき む[激務·劇務](명) 격무. 매우 바쁘고 힘드는 사무나 일. a busy office
げき めつ[撃滅](명·타サ) 격멸. 쳐서 멸망시킴. destruction
げき やく[劇薬](명) 극약. 상용량(常用量)을 지나치면 중독되거나 죽는 독한 약. a powerful medicine
け ぎらい[毛嫌い](명·타サ) 특별한 이유 없이 다만 감정적으로 싫어함. antipathy
げき りゅう[激流](명) 격류. 거세게 흐르는 물. 급류(急流). a torrent
げき りょ[逆旅](명) 역려. 여숙(旅宿). 여관. an inn
げき りん[逆鱗](명) 역린. 임금이나 천자(天子)의 노여움을 용(龍)에 비유한 말.「一にふれる; 임금의 노여움을 사다」 Imperial wrath
げき れい[激励](명·타サ) 격려. 북돋우어 장려함. 분기(奮起)시킴. encouragement
げき れつ[激烈](형동ダ) 격렬. 극히 맹렬한 모양. violent
げき ろう[激浪](명) 격랑. 거세고 사나운 물결. raging waves
げき ろん[激論](명·자サ) 격론. 격렬하게 논쟁(論争)함. a heated argument
け ぎわ[毛際]一ギハ(명) 털이 난 가장자리. the margin of the hair
げ くう[外宮](명) 이세시(伊勢市)에 있는, 토요우케신(豊受神)을 모신 신사. ↔内宮(ナイクウ).
げ げ[下下](명) ①하층(下層). ②천민(賤民). ③최하등(最下等). 1.2. masses 3. the lowest of its kind
げ けつ[下血](명·자サ)〈의〉 하혈. 피가 항문(肛門)으로 나오는 일. a bloody flux
けけれ[心](명)〈고〉 ⇨こころ.
け げん[化現](명·자サ)〈불〉 화현. 신불(神仏) 등이 그 모습을 바꾸어 세상에 나타남. incarnation
け げん[怪訝](형동ダ) 이상스러워 이해가 안되는 모양. 의아스러워 납득이 안되는 모양. dubious
け こ[笥子](명)〈고〉 밥을 담는 그릇. 식기(食器).
け ご[毛蚕](명)〈동〉 잠란(蚕卵)에서 깐 지 얼마 안되는 누에. 애누에. a newly-hatched silkworm
げ こ[下戸](명) ①술을 마시지 못하는 사람. ②술을 마시지 않는 사람. ↔上戸(ジョウゴ). 1. a poor drinker
げ こう[下向](명·자サ) 하향. ①수도 또는 임금님이 계시는 곳에서 지방으로 감. ②신불(神仏)에게 참배(参拝)를 드리고 집으로 돌아 감. 1. going away from the capital
げ こう[下校](명·자サ) 학교에서 집으로 돌아 감. 하학(下学). ↔登校(トウコウ). returning from school

げこうおん[下高音](명)〈악〉 ⇨アルト.
げこく[下国](명) ①수도에서 지방으로 내려 가는 일. ②격이 낮은 지방. 1. going down to a province
げこく[下刻](명) 예전에 한 시간(지금의 두 시간)을 셋으로 나눈 마지막 시간. ↔上刻(ジョウコク).
げこくじょう[下克上·下剋上](명) 하극상. 하급자가 상급자를 꺾고 그 자리를 차지하는 것. overpowering of seniors by juniors
けこ·む[蹴込む](타 4) ①차 넣다. ②손해 보다. kick in
けころば·す[蹴転ばす](타 4) 차서 굴리다. 차서 뒤집다. throwing down by kicking
けごろも[毛衣·裘](명) ①모피(毛皮)로 만든 옷. ②새털로 만든 옷. 1. a fur-robe
けごん[華厳](명)〈불〉 화엄. ①만행(万行), 만덕(万徳)을 쌓아 덕과(徳果)를 장엄하게 하는 일. ②←華厳経. ③←華厳宗. **—きょう**[華厳経](명)〈불〉 화엄경. 대방광불(大方広仏) 화엄경. 석가가 성도(成道)한 뒤 최초의 설법을 기록한 경문. **—しゅう**[華厳宗](명)〈불〉 화엄종. 불교의 한 종파. 화엄경을 근본 경전(経典)으로 삼는 종파.
げこん[下根](명)〈불〉 하근. 열등한 능력이나 성질. 천한 근성. ↔上根(ジョウコン). a mean disposition
けさ[今朝](명) 금조. 오늘 아침. this morning
けさ[袈裟](명)〈불〉 가사. 중이 어깨에 걸쳐 입는 옷. 법의(法衣). a stole
げざ[下座](명·자サ) ①예전에 신분이 낮은 사람이 귀인에게 자리에서 내려 앉아 부복(俯伏)하여 절을 하던 법. 「土(ド)—; 땅에 엎드려 절함」 ②말석(末席). 1. squatting 2. a lower seat
げざい[下剤](명)〈의〉 하제. 설사약. a laxative
けさがけ[袈裟懸け](명) 한쪽 어깨에서 반대쪽 겨드랑이로 걸치는 일.
けさぎり[袈裟斬り](명) 한쪽 어깨에서 반대쪽 겨드랑이 쪽으로 비스듬히 칼로 내려 베는 일. cutting aslant through the shoulder
げさく[下作](명) 조잡하게 만드는 것. 또는 그 작품. ↔上作(ジョウサク). bad make
げさく[下策](명) ①서투른 계획이나 계책. ②일을 능숙하게 꾸미지 못하는 것. a poor policy
げさく[戯作](명) ①오락을 위주로 하여 만든 작품. 심심풀이를 위한 서적. ②에도(江戸) 시대 후기에 나타난 통속 소설의 총칭. 1. writing for pleasure. **—しゃ**[戯作者](명)〈고〉 ①오락 위주의 글을 쓰는 사람. ②소설가.
けざやか(형동ナリ)〈고〉 선명한 모양.
げさん[下山](명·자サ) 하산. 산에서 내려 옴. descending from a mountain
—け·し(접미·형ク형) …의 (많은) 상태로 느껴지는 모양. 「露(ツユ)—; 이슬기가 많은」
け·し[怪し·異し](형シク)〈고〉 ①괴이하다. ②부당하다. 괘씸하다. 박정(薄情)하다. ③이해할 수 없다.
けし[芥子·罌粟](명)〈식〉 앵속. 양귀비과의 1년초. 덜 익은 씨로는 아편을 만듦. 양귀비. a poppy
げし[夏至](명)〈천〉 하지. 24절기의 하나. 북반구(北半球)에서는 낮이 가장 길고, 밤이 가장 짧은 날. 양력 6월 21, 22일에 듦. the summer solstice
げじ[下知](명·타サ) ①명령함. 지휘함. ②판결(判決). 판결문. 1. command 2. decision
けしあたま[芥子頭](명) 머리털을 면도로 밀고, 정수리에만 조금 동그랗게 남긴 어린이들의 머리 모양.
けしいん[消印](명) 소인. ①지운 표지로 찍는 도장. ②우편국에서 우편물을 받았다는 표지로 우표에 찍는 날짜가 박힌 도장. 1. a cancellation stamp 2. a postmark
けしか·ける[嗾ける](타하 1) ①남을 부추기다. 꼬드겨서 (적에) 대항하게 하다. 「犬(イヌ)を—; 개를 부추겨 덤벼들게 하다」 ②선동하다. 꼬드기다. instigate
けしから·ぬ(ん)[怪しから·ぬ(ん)](연어) ①괘씸하다. ②부당하다. 2. impertinent
けしき[気色](명) 기색. ①모양. 징조. 기미. ②기분. 얼굴빛. ③인상. 총애. 신임. ④불쾌. 윗사람으로부터의 견책. ⑤이유. ⑥〈고〉 몸차림이나 태도를 꾸밈. 1. an indication 2. temper. **—ば·む**[気色ばむ](자 4) ①얼굴에 (성난) 기색을 보이다. ②체하다.
けしき[景色](명) 경색. 풍경. 경치. scenery
げじき[下直](명·형동ナリ)〈고〉 싼값. 값이 쌈.
けしぐち[消し口](명) 화재 등을 끄기 위해 달려드는 장소.
げじげじ ゲヂゲヂ(명) ①〈동〉 그리마. 절족(節足) 동물로 15쌍의 긴다리가 있음. ②다른 사람으로부터 기피(忌避)를 당하는 사람. 1. a millipede 2. a skunk. **—まゆ**[げじげじ眉](명) 굵고 보기 흉한 눈썹.
けしゴム[消しゴム](명) (고무) 지우개. an india-rubber
けしずみ[消し炭](명) 피우던 숯불이나 장작불을 꺼서 만든 숯. 뜬숯. charcoal cinders
けしつぶ[芥子粒](명) ① 양귀비씨. ②극히 작은 것의 비유. 1. a poppy-seed 2. a tiny bit
けしつぼ[消し壺](명) 불이 붙어 있는 숯을 넣어 불을 끄는 단지. 뜬숯을 만드는 단지. a charcoal extinguisher
けしと·ぶ[消し飛ぶ](자 4) ①힘차게 날다. ②힘차게 날려 없어지다. fly off
けしと·める[消し止める](타하 1) ①불이 번지는 것을 막아 끄다. ②(다른 것에) 번지는 것을 막아 없애다. 「反対運動(ハンタイウンドウ)を—; 반대 운동을 막다」 1. put out 2. prevent
けしにんぎょう[芥子人形](명) 극히 작은 인형. a miniature doll
けしぼうず[芥子坊主](명) 머리를 면도로 밀고 정수리에만 동그랗게 남겨 두는 것.
けじめ ケヂメ(명) ①구별. 분간. ②차별(差別). 1. distinction 2. discrimination
げしゃ[下車](명·자サ) 하차. 차에서 내림. ↔乗車(ジョウシャ). getting off
げしゅく[下宿](명·자サ) 하숙. ①오랜 기간을 정해 놓고 남의 집에 숙박함. 또는 그 집. 「—人(ニン);

하숙인」 ②중류급 이하의 여관. 1. a boardinghouse 2. a low class inn

けじゅす[毛繻子](명) 날은 면사(綿糸), 씨는 모사(毛糸)로 짠 직물. 안감으로 씀. satinet

ゲシュタポ[도 Gestapo](명) 게쉬타포. 전(前)의 도이치 비밀 국가 경찰.

ゲシュタルト[도 Gestalt](명) 게쉬탈트. ①모양. 상태. ②〈심〉 형태.

げしゅにん[下手人](명) 하수인. 사람을 직접 죽인 범인(犯人). a murderer

げじゅん[下旬](명) 하순. 그달의 21일부터 월말까지의 약 10일간. ↔上旬(ジョウジュン). the last ten days of a month

げじょ[下女](명) 하녀. 잡일을 하는 여자 하인. 가정부. 식모. a maidservant

けしょう[化生](명) 화생. ①〈불〉 모태(母胎)나 알에서가 아니고 돌연히 생겨 나는 일. ②〈불〉 모습을 바꿔 나타나는 일. ③유령. 도깨비. 2. appearance in disguise 3. a goblin

けしょう[化粧](명·자サ) ①화장. 크리임, 분, 연지 등을 발라 얼굴을 꾸밈. ②겉모양을 꾸밈. 1. toilet. **—した**[化粧下](명) 화장하기 전에 바르는 크리임 또는 화장수. **—だち**[化粧立ち](명) 〔씨름에서〕 상대방을 붙잡으려는 듯이 일어나는 일. **—ばこ**[化粧箱](명) ①화장 도구를 넣어 두는 상자. ②선물할 때 쓰는 아름다운 상자. **—まわし**[化粧回し]—マハシ(명) 씨름군이 의식(儀式)을 할 때 허리에 두르는 화려한 장식의 치마 비슷한 것.

げじょう[下城](명·자サ) 하성. 성(城)에서 집으로 돌아 옴. going home from the castle

げじょう[下乗](명·자サ) ①타고 가던 것에서 내림. ②말에서 내림. 1. alighting 2. dismounting

けじらみ[毛虱](명)〈동〉 사면발이. 털에 꾀는 이. a crab-louse

けしん[化身](명)〈불〉 화신. 신불(神仏)이 다른 형태로 나타나는 일. 「菩薩(ボサツ)の—; 보살의 화신」 incarnation

け·す[化す](자サ)〈고〉 변화하다. 모습이 바뀌다.

け·す[消す](타 4) ①(불, 전기 등을) 끄다. ②지우다. ③멸망시키다. 없애다. 「うわさを—; 소문을 없애다」 ④제거(除去)하다. ⑤〈속〉 죽이다. 2. erase 4. eliminate

け·す[服す·着す](타 4)〈고〉 "입다"의 높임말. 입으시다.

げ·す(조동·특수형)〈속〉 …입니다. 「そうで—; 그렇습니다」

げす[下司](명) 미천한 관리. 계급이 낮은 관리. 「a low official

げす[下種·下衆](명) ①미천한 사람. ②행실이나 마음씨가 비열한 사람. 1. a low fellow 2. a vulgar fellow

げ·す[解す](자·타サ) ①풀다. 풀리다. ②알다. 1. thaw

げすい[下水](명) ①더러운 물. ②더러운 물이 흘러내리는 시궁창. 수채. 1. waste water

げすげす·し[下種下種し](형シク)〈고〉 대단히 비천(卑賤)하다. 아주 비열하다.

げすこんじょう[下種根性](명) 비열(卑劣)한 근성. churlishness

けすじ[毛筋]—スヂ(명) ①머리카락. ②머리를 빗은 자국. ③극히 작은 것. 2. a comb-mark 3. a bit

ゲスト[guest](명) 게스트. ①손님. ②임시로 출연, 출석하는 사람. ↔レギュラー.

けずね[毛臑](명) 털이 많이 난 정강이. hairy shanks

げすば·る[下種張る](자 4) 비열한 마음을 나타내다. 비열한 태도가 되다. be vulgar

けずめ[蹴爪·距](명) ⇨けづめ.

けずりひ[削氷](명)〈고〉 잘게 간(깎은) 얼음.

けず·る[削る]ケヅル(타 4) ①얇게 깎다. 밀다. 「かんなで—; 대패로 밀다」 ②줄이다. ③삭제하다. 「項目(コウモク)を—; 항목을 삭제하다」 1. shave 2. curtail

けず·る[梳る](타 4) 머리를 빗다. comb

げせつ[下拙](대) 자기를 겸사로 일컫는 말. 우생(愚生). 불초(不肖).

げ·せる[解せる](타하 1) 이해할 수 있다. 알 수 있다. 「解せない; 이해하지 못하다」 can understand

ゲゼルシャフト[도 Gesellschaft](명) 게젤샤프트. ①회(会). 회사. ②이익 사회. ↔ゲマインシャフト.

げせわ[下世話](명) 일반 사회에서 흔히 쓰는 말이나 이야기. common phrases

げせん[下船](명·자サ) 하선. 배에서 내림. ↔乗船(ジョウセン). leaving a ship

げせん[下賤](명·형동ダ) 하천. 신분이 낮음. 미천(微賤)한 모양. meanness

けそう[仮相](명)〈불〉 가상. 임시적이고 헛된 형태. 이승. appearance in disguise

けそう[懸想](명·자サ) 사모함. 사랑하며 그리워함. falling in love

げそう[下僧](명) 하승. 천한 중. a humble priest

げそく[下足](명) ①벗어 놓은 신. ②←下足番. ③←下足料. 1. put off footgear. **—ばん**[下足番](명) 신을 지키는 사람. **—りょう**[下足料](명) 신을 맡기는 삯.

けぞめ[毛染](명) 머리 염색. hair-dyeing

けた[桁](명) ①기둥과 기둥 위에 집의 길이에 평행이 되게 올려 얹히는 나무. 그 위에 서까래를 얹게 되었음. 도리. ②주판에서 알을 꿰는 둥글고 가는 나무. ③(수자의) 단위. ④수준. 급수. 단(段). 「—がちがう; 수준이 다르다(비교가 안되다)」 1. a beam 2. a rod 3. a place

げた[下駄](명) ①나무로 만든 신발. 왜나막신. 「—箱(バコ); 신장」. ②교정쇄(게라)에 모르는 글자의 표시로 찍히는 복자(伏字). 예: "〓" 1. wooden clogs

けたい[懈怠](명·자サ) 나태. 태만함. 꾀 부림. laziness

げだい[外題](명) ①표지에 쓰여 있는 책 이름. ↔内題(ナイダイ). ②각본 등의 표제(標題), 제목(題目). a title

けたお·す[蹴倒す]—タフス(타 4) ①차서 넘어뜨리다. ②밀어 쓰러뜨리다. 1. kick down 2. push down

けだか·い[気高い](형) 품격이 높다. 고상하다. 파생 **—さ**(명). noble

けたぐり[蹴手繰り](명) [씨름에서] 상대방의 발을 차면서 손을 끌어 당겨 쓰러뜨리는 수.
けだし[蓋し](부) ①대개. 혹시. 어떠면. ②생각컨대. 추측컨대. ③필경. 1. probably 3. after all
けだし[蹴出し](명) ①차 내는 일. ②일본 여자들이 속치마 위에 겹쳐 입는 것. 1. kicking out
けたたまし·い(형) 황급하다. 몹시 급한 소리로 떠들어대다. 시끄럽다. 파생 **―げ**(형동ダ) **―さ**(명). noisy
けたちがい[桁違い]ーチガヒ(명) ①단위의 차이. ②등급(等級), 가치의 차이. 「一の強(ツヨ)さ; 비교가 안 될 정도의 세기」 1. misplacing of figures
げだつ[解脱](명·자サ)〈불〉 해탈. ①번뇌(煩惱)와 업(業)의 속박으로부터 벗어남. ②죽은 사람의 혼백이 수라(修羅)의 혼미(混迷) 속을 벗어나 떠오름. 1. emancipation 2. attaining Buddhahood
けた·てる[蹴立てる](타하 1) 차다. ①차서 세우다. 차서 헤치다. 「波(ナミ)を一; 파도를 헤치다」 ②거칠게 밟다. 「廊下(ロウカ)を一; 낭하를 거칠게 밟고 가다」 1. kick up 2. kick violently
げたばき[下駄履き](명) ①왜나막신을 신는 것. ②수상 비행기에 플로우트가 붙어 있는 것. ③아파아트의 1층이 상점으로 되어 있는 것. 「一住宅(ジュウタク); 1층이 상점으로 된 아파아트 주택」
けたはずれ[桁外れ]ーハヅレ(명·형동ダ) 표준과 훨씬 틀림. 특출(特出). 또는 그런 사람. wide difference
けだもの[獣](명) ①짐승. 야수(野獸). ②사람을 욕하는 말. 짐승 같은 놈. a beast
けだる·い[気怠い](형) 어쩐지 노곤하다. 자기도 모르게 피곤하다. 파생 **―さ**(명). languid
げだん[下段](명) ①하단. 아랫단. ②칼, 창을 얕추 겨눔. 「一のかまえ; 얕추 겨누기」 ↔上段(ジョウダン). 1. the lowest step 2. holding a sword low
けち(명·형동ダ) ①인색함. ②액운(厄運). 불길(不吉). ③비겁함. 비열. 「一なやり方(カタ); 비겁한 수법」 ④빈약. 2. ill luck 3. baseness
けち[下知](명) ⇨げじ.
けちえん[結縁](명)〈불〉 결연. 불도 수행(修行)의 인연을 맺는 일.
けちえん[掲焉](형동ナリ)〈고〉 아주 뚜렷한 모양.
けちが·える[蹴違える]ーチガヘル(타하 1) 잘못 차다. kick in the wrong direction
けちくさ·い[けち臭い](형)〈속〉 인색하다. stingy
けちけち(부·자サ) 인색하게. stingily
ケチャップ[ketchup](명) 케첩. 버섯, 토마토 등의 주우스에 향료, 설탕, 식초 등을 섞어 만든 소오스의 한 가지.
けちょんけちょん(부)〈속〉 형편 없이. 심하게. 「一にやっつける; 흠씬 공격해 주다」 terribly
けちら(か)·す[蹴散ら(か)す](타 4) ①마구 차서 흩뜨리다. ②쫓아 흩뜨리다. 1. kick about 2. scatter
けちんぼう[けちん坊](명·형동ダ) 인색한 사람. 구두쇠. 노랑이. a miser
―けつ[血](접미) …피. …혈액. 「動脈(ドウミャク)一; 동맥혈」
けつ[欠](명) ①빠짐. 부족. ②결석(缺席). ③흠. 1. lack 2. absence 3. a flaw
けつ[穴](명) ①구멍. ②침구(鍼灸)의 경혈(経穴). ③⇨けつ(尻). 1. a cave
けつ[尻](명)〈속〉 ①궁둥이. ②맨 끝. 꼴찌. 1. the arse
けつ[決](명) ①결정. ②가부(可否)의 결정. 「一をとる; (회의에서) 가부를 물어서 결정하다」 2. a vote
けつ[闕](명) ①[중국에서] 궁성 문밖 좌우에 세운 높은 대(臺). ②궁성. 2. the Imperial Palace
げつ[月](명) 월요일(月曜日)의 준말.
けつあつ[血圧](명)〈생〉 혈압. 혈관 속의 혈액의 압력(圧力). blood pressure
けつい[欠位·闕位](명) 궐위. 자리가 빔. 또는 그 자리. a vacant post
けつい[決意](명·자サ) 결의. 의사를 결정함. 결심(決心). determination
けついん[欠員](명) 결원. 정원(定員)이 모자람. a vacancy
けつえい[欠盈](명) 이지러짐과 참. waning and becoming full
げつえい[月影](명) 달 그림자. 달빛. moonlight
けつえき[血液](명)〈생〉 혈액. 피. blood. **―がた**[血液型](명)〈생〉 혈액형. 혈구(血球)가 응고하는 모양에 따라 분류한 혈액의 4 종류의 형(型). **―ぎんこう**[血液銀行](명)〈의〉 혈액 은행. 수혈(輸血)에 필요한 혈액을 미리 채취(採取), 저장하여 필요에 따라 사용할 수 있게 보존하는 시설. 혈액 금고.
けつえき[闕腋](명) 옛 도포 같은 옷의 겨드랑이를 꿰매지 않은 곳.
けつえん[血縁](명) 혈연. 같은 핏줄에 의해서 맺어진 인연. 「一関係(カンケイ); 혈연 관계」 blood relation
けつえん[結縁](명)〈불〉 ⇨けちえん.
げつおう[月央](명)〈경〉 한 달의 중간. 15일경. the middle of the month
けっか[欠課](명·자サ) 결과. 과업에 빠짐. 학생이 수업이나 강의 시간에 빠짐. absence from a lecture
けっか[決河](명) 홍수가 져서 강물이 제방을 파괴하며 넘쳐 흐르는 일. 「一の勢(イキオ)い; 맹렬한 기세나 힘」 a flood
けっか[結果](명·자타サ) 결과. ①어떤 원인으로 말미암아 일어나는 일이나 상태. 「努力(ドリョク)の一成功(セイコウ)した; 노력의 결과 성공했다」 ②〈농〉 열매를 맺음. 또는 맺은 열매. 1. effect 2. fruit. **―てき**[結果的](형동ダ) 결과적.
げっか[月下](명) 달빛 아래. in the moonlight. **―ひょうじん**[月下氷人](연어·명) 월하 빙인. 중매인.
げっか[激化·劇化](명·자サ) 격화. 거세어짐. 심해짐. 격렬(激烈)하게 됨. intensification
けっかい[欠壊](명·자サ) 파괴됨. 터짐. a break
けっかい[血塊](명) 핏덩어리. 덩어리 피. a clot of blood
けっかい[決壊·決潰](명·자타サ) ①(둑 같은 것이) 무너짐. ②무너뜨림. collapse
けっかい[結界](명) 결계. ①제한된 구역. 구획(区画). ②〈불〉 잡신이 들어 오지 못하게 금줄을 치고 주문을

외고 불법을 지키는 일. ③금제(禁制). 3. prohibition

けっかく[欠格](명)〈법〉 결격(缺格). 필요한 자격의 결여(缺如). 자격 상실(資格喪失). 실격(失格). ↔適格(テッカク). ineligibility

けっかく[結核](명)〈의〉 결핵. ①결핵균에 의해서 생기는 결절(結節). ②결핵균에 의해서 생기는 병의 총칭.「一性(セイ); 결핵성」 tuberculosis

げっかく[月客](명) 옛날의 높은 신하. 임금을 해(日)에 비교하여 일컫는 말. a courtier

げつがく[月額](명) 한 달 치의 금액. 매달의 정액(定額). a monthly sum

けっかふざ[結跏趺坐](명)〈불〉 결가부좌. 불도(仏道)를 닦을 때 책상다리를 하고 앉는 일. sitting with crossed legs

けつか·る(보동·4)〈속〉〔"…て一"의 형태로〕"…ている(…하고 있다)", "てある(…이다)"의 천한 말씨.「書(カ)いて一; 쓰고 있다」「見(ミ)て一; 보고 있다」

けっかん[欠巻](명) ①한 질(帙)로 된 책이나 잡지 가운데의 빠진 책. ②또는 그 속에 빠진 곳이 있는 책.

けっかん[欠陥](명) 결함. 부족. 불비(不備). 결점(缺点). a defect

けっかん[血管](명)〈생〉 혈관. 핏줄. a blood vessel

けっかん[結巻](명) 결권. 한 질의 맨 끝 권. the last volume of books

けつがん[頁岩](명)〈광〉 혈암. 점토질(粘土質)로 되어 있는 수성암(水成岩). 이판암(泥板岩). shale

げっかん[月刊](명) 월간. 매달 내는 간행물.「一雑誌(ザッシ); 월간 잡지」 monthly issue

げっかん[月間](명) (특별히 정해진) 한 달. the month

けっき[血気](명) 혈기. 왕성한 의기(意気). 객기(客気). hot blood. ——**ざかり**[血気盛り](명·형동ダ) 혈기가 가장 왕성한 나이. 혈기가 왕성함. ——**のゆう**[血気の勇](연어·명) 무모한 용기. 사리를 가리지 않고 마구 내닫는 용기.

けっき[決起·蹶起](명·자サ) 궐기. ①벌떡 일어남. ②용기를 내어 뜻을 이루고자 함. 분기(憤起).「一大会(タイカイ); 궐기 대회」 springing up

けつぎ[決議](명·타サ) 결의. (회의에서)의견을 정함.「一事項(ジコウ); 결의 사항」 a decision

けっきゅう[血球](명)〈생〉 혈구. 핏속에 있는 성분의 한 가지. 피톨. a blood corpuscle

けっきゅう[結球](명·자サ)〈식〉 결구. (배추 등이) 통이 앉음.「一白菜(ハクサイ); 결구 배추」 rounding

げっきゅう[月給](명) 월급. 매달의 봉급.「一日(ビ); 월급날」 a monthly salary

げっきゅうでん[月宮殿](명) 달 속에 있다고 하는 궁전. 월궁.

けっきょ[穴居](명·자サ) 혈거. 동굴에서 삶. cave dwelling

けっきょく[結局] 결국. Ⅰ(명) 끝. 종말. Ⅱ(부) 드디어. 끝내는. Ⅰ the end Ⅱ after all

けっきん[欠勤](명·자サ) 결근(缺勤). 근무를 쉼. ↔出勤(シュッキン). absence from office

げっきん[月琴](명) 월금. 중국의 악기의 하나. 현은 넷이며 통은 둥글고 모양이 비파와 비슷함.

けっく[結句](명) Ⅰ(명) 결구. 시가(詩歌)의 끝 구절. Ⅱ(부) ①결국. 드디어. ②오히려. 도리어. 차라리. Ⅰ a concluding line Ⅱ 1. after all 2. rather

げっけい[月計](명) 월계. 한 달의 합계(合計). 매달의 합계. the monthly total

げっけい[月桂](명) ①달. ②〈식〉 월계수. 1. the moon 2. a laurel. ——**かん**[月桂冠](명) 월계관. ①고대 그리이스에서 경기의 승리자에게 씌워 주던 월계수로 만든 관. ②명예, 영광의 상징. ——**じゅ**[月桂樹](명)〈식〉 월계수. 녹나무과의 상록 교목. 향기가 좋음.

げっけい[月経](명)〈생〉 월경. 성숙한 여자의 자궁에서 정기적으로 나오는 생리적 혈액. the menses

げっけい[月卿](명) 고관(高官)의 총칭. 공경(公卿). a court lord

けっけいもんじ[楔形文字](명) ⇨せっけいもんじ.

げっけん[撃剣](명) 격검. 대칼이나 나무칼로 하는 검술(剣術). fencing

けつご[結語](명) 결어. 끝맺는 말. 맺음말. concluding remarks

けっこう[欠航](명·자サ) 정기적인 배나 비행기가 뜨지 않음. suspension of steamship service

けっこう[欠講](명·자サ) 결강. 강의를 쉼. 강의를 안함. no lecture

けっこう[血行](명) 혈행. 혈액 순환. 피의 운행(運行). blood circulation

けっこう[血紅](명) 핏빛같이 빨간 색.「一色(ショク); 진홍색(핏빛)」 crimson

けっこう[決行](명·타サ) 결행. 결심하여 행함. 단행(断行).「小雨(コサメ)一; 가랑비가 와도 그대로 함」 decisive action

けっこう[結構] Ⅰ(명) ①조립(組立). 구조. ②만드는 법. Ⅱ(형동ダ) ①〔상대방의 일을 치하하는 말로〕 좋은. 훌륭한.「一なお住(ス)まい; 훌륭한 주택」 ②〔정중하게 사양하는 말로〕괜찮다. 충분하다.「もう一です; 이제 충분합니다(이제 괜찮습니다)」 Ⅲ(부) 충분히. Ⅰ 1. construction Ⅱ 1. excellent Ⅲ well enough

けつごう[欠号](명) 결호. 차례로 갖추어져 있는 잡지나 물건 중에서 빠진 것. a missing number

けつごう[結合](명·자타サ) 결합. 맺어짐. 맺어 줌. combination

げっこう[月光](명) 월광. 달빛. moonlight

げっこう[激高·激昂](명·자サ) 격앙. 매우 화냄. 매우 흥분함. 격분. excitement

けっこん[血痕](명) 혈흔. 피가 묻은 흔적. 핏자국. a blood stain

けっこん[結婚](명·자サ) 결혼. 혼인함.「一式(シキ); 결혼식」 marriage

けっさい[決済](명·타サ) 결제. 대금을 주고 받아 매매 당사자간의 금전 거래를 끝맺음. settlement

けっさい[決裁](명·타サ) 결재. 책임자가 아랫사람이 낸 안건을 결정함. 재결. sanction

けっさい[潔斎](명·자サ) 마음과 몸을 깨끗이 하고 부

정을 가까이하지 않음. 재계(斎戒). 금기(禁忌). purification

けっさく[傑作](명·형동ダ) ①걸작. 뛰어난 작품. ②뛰어난 성적. 또는 결과. ③〈속〉 희한하고 이상한 일이나 모양. 1. a masterpiece

けっさつ[結紮](명·타サ)〈의〉 결찰. 혈관을 잡아 맴. ligation

けっさん[決算](명·자サ) 결산. ①최후의 계산. 계산의 마감. ②일정한 기간내의 수입, 지출의 총계산. 1. closing accounts 2. settlement of accounts

げっさん[月産](명) 월산. 한 달의 생산량. 월 생산량. a monthly output

けっし[決死](명) 결사. 죽음을 각오하는 것. preparedness for death

けっし[傑士](명) 걸사. 특히 뛰어난 인물. 걸물(傑物). a great man

けつじ[欠字·闕字](명) 결자. (인쇄물 같은 데의) 빠진 글자. 쓰여 있어야 할 곳에 글자가 없는 것. omission of a word

げつじ[月次](명) 매달. 월례(月例). 「一計画(ケイカク); 월차 계획(월례 계획)」 monthly

けつじ[訣辞](명) 결사. 헤어지는 말. 이별의 말. parting words

けっしきそ[血色素](명)〈생〉 혈색소. 붉은 피톨에 포함되어 있는 빨간 색소. hemoglobin

けつじつ[結実](명·자サ) 결실. ①〈농〉 열매를 맺음. ②결과가 나타남. 1. fruit-bearing 2. success

けっして[決して](부) 결코. 결단코. 어떤 일이 있어도. 여하한 경우에도. (밑에 부정하는 말이 옴) never

けっしゃ[結社](명) 결사. 여러 사람이 공동 목적을 위하여 꾸민 단체. 「政治(セイジ)一; 정치 결사」 an association

げっしゃ[月謝](명) 매달의 사례. 월사금. 수업료. 납부금. a monthly fee

けっしゅう[結集](명·타サ) 결집. ①한데 또는 하나로 모아 뭉침. ②〈불〉 석가가 죽은 뒤 교리 유지를 위하여 제자들이 모여 그 가르침을 결합, 집성(集成)한 일. 1. concentration

げっしゅう[月収](명) 월수. 한 달의 수입. 매달의 수입. a monthly income

けっしゅつ[傑出](명·자サ) 걸출. 뛰어남. pre-eminence

けっしょ[血書](명·자サ) 혈서. (굳은 결심을 나타내기 위하여) 자기의 피로 글을 씀. 또는 피로 쓴 글씨. writing in blood

けっしょ[闕所](명) ①영주(領主)가 없는 장원(荘園). ②에도(江戸) 시대에 막부(幕府)에서 영지(領地)나 재산을 몰수하던 형벌.

けつじょ[欠如·闕如](명·자サ) 결여. 빠져서 모자람. 부족함. 결핍(缺乏). 「自主性(ジシュセイ)の一; 자주성의 결핍」 lack

けつじょ[欠除](명·타サ) 제거함. elimination

けっしょう[血漿](명)〈생〉 혈장. 피속의 액체 성분. blood plasma

けっしょう[決勝](명) 결승. 승부를 가리는 일. 「一点(テン); 결승점」 ↔予選(ヨセン). the decision of a contest

けっしょう[結晶](명·자サ) 결정. ①엉켜서 굳어짐. 또는 굳어진 것. 「努力(ドリョク)の一; 노력의 결정」 ②〈광〉 규칙적인 평면에 싸이고 속의 원자 배열도 규칙적으로 된 고체. 또는 그렇게 되는 것. 1. solidification 2. crystallization

けつじょう[欠場](명·자サ) 출석하지 않음. ↔出場(シュツジョウ). absence

けつじょう[決定](명·자サ) 결정. ①결단하여 정함. ②틀림이 없음. 1. decision

けつじょう[結縄](명) 결승. 문자가 없을 때 노끈을 매어 그 모양과 수로 서로의 의사를 소통시키고 기억의 방편으로 삼던 일. a quipu

けつじょう[楔状](명) 쐐기 모양. wedge-shape. **―もじ**[楔状文字](명) ⇨せっけいもんじ.

げっしょう[月商](명)〈경〉 매달의 거래(去来). 또는 그 액수. monthly transactions

けっしょうばん[血小板](명)〈생〉 혈소판. 혈액 중의 한 성분. 혈액을 엉기게 하는 역할을 함. a blood platelet

けっしょく[欠食](명·자サ) 결식. 끼니를 거름. 「一児童(ジドウ); 결식 아동」 lack of food

けっしょく[血色](명) 혈색. ①핏빛. ②얼굴빛. 안색(顔色). 1. the colour of blood 2. complexion

げっしょく[月色](명) 월색. 달빛. moonlight

げっしょく[月食·月蝕](명)〈천〉 월식. 해와 달 사이에 지구가 들어 가 지구의 그림자가 달을 덮는 일. a lunar eclipse

けっしるい[齧歯類](명)〈동〉 설치류. 송곳니는 없고 앞니가 발달하여 물건을 갉는 성질이 있는 동물의 총칭. 예 : 토끼, 쥐 등. rodents

けっしん[欠唇](명) 언청이. 토순(兎唇). a harelip

けっしん[決心](명·자サ) 결심. 마음을 정함. determination

けっしん[結審](명·자サ)〈법〉 결심. 재판의 심리(審理)를 끝내고 결말을 지음. the conclusion of an examination

けつじん[傑人](명) 걸인. 뛰어난 사람. a great man

けっ·する[決する] Ⅰ(자サ) ①둑이 무너져 물이 세차게 흐르다. ②결정되다. Ⅱ(타サ) ①둑을 끊어 물을 흐르게 하다. ②정하다. ③판정하다. 처리하다. Ⅰ 1. collapse Ⅱ 1. break down

けっせい[血清](명)〈생〉 혈청. 엉긴 피에서 분리되는 누른 빛의 투명한 액체. serum

けっせい[結成](명·타サ) 결성. 모아서 이룩함. 만듦. 「一大会(タイカイ); 결성 대회」 inauguration

けつぜい[血税](명) 혈세. ①병역 의무. ②피나는 고생을 하여 바치는 세금. 1. military service 2. blood tax

げっせかい[月世界](명) 월세계. 달나라. the moon

けっせき[欠席](명·자サ) 결석. 나갈 곳에 나가지 않음. ↔出席(シュッセキ). absence

けっせき[血石](명) ①〈광〉 혈석. 섬유 모양의 적철광. 갈아서 장식용으로 씀. ②〈의〉 치석(歯石)이 암흑색

으로 된 것. 1. bloodstone 2. sanguinary calculi
けっせき[結石](명)〈의〉 결석. 내장 속에 생기는 돌 모양의 고형물(固形物). 예 : 담석(膽石), 요석(尿石) 등. 「腎臓(ジンゾウ)—; 신장 결석」 a calculus
けっせつ[結節](명) 결절. ①맺혀서 이루어진 마디. ②〈의〉 콩알만한 크기로 단단하게 맺혀진 피부 위의 융기물(隆起物). 1. a knot
ゲッセット[get set](명) 겟세트. 〔경주에서〕 출발 준비의 구령. 준비!
けっせん[血栓](명)〈의〉 혈전. 혈관에서 피가 엉긴 것. a thrombus
けっせん[血戦](명·자사) 혈전. 피투성이가 되어 싸움. 「一数合(スウゴウ); 혈전 여러 번」 a bloody battle
けっせん[決戦](명·자타사) 결전. 승패를 결정 짓는 싸움. 결승전. a decisive battle
けつぜん[決然](형동タルト) 결연. 각오를 단단히 하는 모양. 굳게 결심하는 모양. resolute
けつぜん[蹶然](형동タルト) 궐연. 벌떡 일어나는 모양. 분기하는 모양. with a spring
けっせん(とうひょう)[決選(投票)](명) 결선 투표. 처음 투표에서 당선자가 결정되지 않았을 때, 다수표를 얻은 두 사람에게 다시 투표하는 일. a decisive vote
けっそう[血相](명) 혈상. 얼굴빛. 안색. 「一を変(カ)える; 안색이 (획) 변하다」 a look
けっそう[傑僧](명) 뛰어난 중. a great priest
けっそく[結束](명·자타사) 결속. ①다발로 묶음. ②단결함. 「一してことにあたる; 단결하여 일에 대처(対処)하다」 1. bundling 2. union
けつぞく[血族](명) 혈족. 핏줄이 이어진 친족(親族). 혈연(血縁). 「一関係(カンケイ); 혈족 관계(친척)」 a blood relation
げっそり(부·자사) ①갑자기 여위거나 쇠퇴하는 모양. ②〈속〉 ⇨がっかり. 1. thinned down
けっそん[欠損](명·자사) 결손. ①빠져서 없어짐. 축남. ②손실. 손해. 1. breakage 2. loss
けったい(형동ダ)〈방〉 기묘한 모양. 이상 야릇한 모양. strange
けったい[結滞](명·자사)〈의〉 결체. 맥박(脈搏)이 심장의 병이나 쇠약으로 불규칙해지거나, 가끔 박동(搏動)이 끊어지는 증세. acrotism
けったく[結託](명·자사) 결탁. 서로 맺음. 마음을 결합하고 서로 의지함. 한패가 됨. confederation
けったん[血痰](명)〈의〉 혈담. 피가 섞인 가래침. bloody phlegm
けつだん[決断](명·자타사) 결단. ①어떤 일에 확고한 결정을 지음. ②판단함. 판정(判定). 1. decision 2. judgement
けつだん[結団](명·자사) 결단. 단체를 이룸. 「一式(シキ); 결단식」 organization of a party
げったん[月旦](명·타사) ①인물 비평(人物批評). 품평(品評). 「人物(ジンブツ)—; 인물평」 ②그달의 첫날. 초하루. 1. comments on personalities
けっちゃく[結着·決着](명·자사) 매듭 지음. 귀착(帰着). conclusion
げっちゅう[月中](명) 월중. ①달의 속. ②그달 안. 1. in the moon
けっちゅう[桀紂](명) 걸주. ①중국 하(夏)나라 걸왕(桀王)과 은(殷)나라 주왕(紂王). ②무도한 임금. 폭군(暴君). 2. a tyrant
けっちょう[結腸](명)〈생〉 결장. 큰창자의 맹장과 곧은창자를 제외한 부분. the colon
けっちん[血沈](명)〈의〉 혈침. 적혈구 침강 속도(赤血球沈降速度)의 준말.
ゲッツー[get two](명) 겟투우. 〔야구에서〕 두 사람의 러너(走者)를 한꺼번에 아웃트시킴. 더블플레이.
けってい[決定](명·자타사) 결정. 정함. 정해짐. decision. **—てき**[決定的](형동ダ) 결정적. 정해져 있는 모양. 확고한 모양. 「優勝(ユウショウ)は一だ; 우승은 결정적이다」 **—ろん**[決定論](명)〈철〉 결정론. 인간의 의지나 행위(行為)는 미리 어떤 원인에 의하여 정해져 있다는 설(説).
けっていそしき[結締組織](명)〈생〉 결체 조직. 몸 속의 여러 기관, 조직 사이를 메우고 이를 지지(支持)하는 조직. connective tissue
けってん[欠点](명) 결점. ①부족한 점. 단점. 흠. ②과오. 잘못. ③낙제점. 1. a defect 2. a fault
ケット(명) 블랭킷의 준말.
けっとう[血統](명) 혈통. 핏줄. lineage
けっとう[血糖](명)〈생〉 혈당. 혈장(血漿), 혈청(血清) 속에 포함되는 포도당. blood sugar
けっとう[決答](명) 확실한 대답. 결정적인 대답. 확답(確答). a definite answer
けっとう[決闘](명·자사) 결투. 원한이나 시비를 가리기 위하여 서로 약속하여 싸움. a duel
けっとう[結党](명·자사) 결당. 당(党)을 이룩함. formation of a party
げつない[月内](명) 월내. 그달 안. 월중. 「今(コン)—; 이달 안」 within a month
けつにく[血肉](명) 혈육. ①피와 살. ②핏줄이 같은 친척. 혈족(血族). 동족(同族). 「一の間(アイダ)がら; 혈육지간」 1. blood and flesh 2. a blood relation
けつにょう[血尿](명)〈의〉 혈뇨. 피가 섞인 오줌. 요혈(尿血). h(a)ematuria
けっぱい[欠配](명·타사) 주식(主食) 배급이나 급료 등을 거름. ↔満配(マンパイ). suspension of rationing
けっぱく[潔白](명·형동ダ) 결백. ①깨끗하고 흼. ②욕심이 없음. ③부정(不正)이 없음. 「一を証明(ショウメイ)する; 결백을 증명하다」 1. purity 2. unavariciousness
けっぱつ[結髪](명·자사) 결발. ①머리를 빗거나 쪽짐. ②⇨げんぷく(元服). 1. hair dressing
けつばん[欠番](명) 차례에서 빠진 번호. 그 번호에 해당하는 것이 빠져 있는 일. a missing number
けっぱん[血判](명·자사) 혈판. 피로 도장을 찍음. 또는 그 도장. a seal of blood
けっぱん[血斑](명)〈의〉 혈반. 피부 또는 점막(粘膜)에 생긴 자흑색 일혈(溢血)의 반점. a blood spot

けつび[結尾](명) 끝. 마지막. 맨 뒤. 결말. the end

けっぴょう[結氷](명·자サ) 결빙. 물이 얼어서 얼음이 됨. freezing

げっぴょう[月表](명) 월표. 다달이 기록하는 표(表). a monthly table

げっぴょう[月評](명) 월평. 매달 하는 비평(批評). a monthly review

げっぷ(명)〈속〉 트림. a belch

げっぷ[月賦](명) 월부. ①어떤 금액을 다달이 나누어서 갚음. 월부 지불. ②다달이 나눈 할당. 1. payment by monthly instalments

けつぶつ[傑物](명) 걸물. 특히 뛰어난 인물. a great man

けつぶん[欠文·闕文](명) 빠진 글. 또는 빠진 문장이 있는 책. a lacuna

けっぺい[血餅](명)〈생〉 혈병. 피가 엉길 때 피톨이 섬유소에 뭉쳐 생기는 암적색·결정. cruor

けっぺき[潔癖](명·형동ダ) 결벽. ①유별나게 깨끗한 것을 좋아하는 성격. ②부정을 매우 싫어하는 성질. 1. cleanliness 2. fastidious moral character

けつべつ[決別·訣別](명·자サ) 결별. 헤어짐. 이별. 이별의 인사. farewell

ケッヘル[Köchel](명)〈악〉 쾨헬. 모오짜르트의 악곡을 쾨헬이 연구,정리(整理)하여 연대순으로 붙인 번호. 약호는 K. 예 : 교향악 주피터는 köchel 551 번.

けつべん[血便](명)〈생〉 혈변. 피똥. bloody excrement

けつぼう[欠乏](명·자サ) 결핍. 쓰거나 축나서 모자람.「食糧(ショクリョウ)の—; 식량의 결핍」shortage

げっぽう[月俸](명) 월봉. 월급. a monthly salary

げっぽう[月報](명) 월보. 매달의 보고서. a monthly report

けっぽん[欠本·闕本](명) ①빠진 곳이 있는 책. ↔完本(カンポン). ②전집(全集) 등에서 모자라는 부분. 1. an incomplete set of volumes 2. a missing volume

けつまく[結膜](명)〈생〉 결막. 눈까풀의 안과 눈알의 표면을 싼 무색 투명한 얇은 점막(粘膜).「—炎(エン); 결막염」 the conjunctiva

けつまず·く[蹴躓く]—ツマヅク(자 4) ①발에 무엇이 걸려 넘어질 뻔하다. ②좌절(挫折)되다. 실패하다. 1. stumble 2. fail

けつまつ[結末](명) 결말. 끝. 끝장.「—をつける; 끝장을 내다」 conclusion

げつまつ[月末](명) 월말. 그믐. the end of the month

けつみゃく[血脈](명) 혈맥. ①〈생〉 혈관. 핏줄. ②혈족. 혈연. ③〈불〉 법통(法統). 1. a blood vessel 2. blood relationship

けづめ[蹴爪·距](명) ①(새나 닭의) 며느리발톱. ②(소나 말의) 뒷발톱. spur

けつめい[血盟](명·자サ) 혈맹. 서로의 피를 마시며 굳게 맹세함.「—団(ダン); 피로 맹세한 단체」 a blood pledge

〔蹴爪〕

けつめい[結盟](명·자サ) 맹약(盟約)을 맺음. an alliance

げつめい[月明](명) 달이 밝은 것. 밝은 달빛. moonlight

けつゆうびょう[血友病](명)〈의〉 혈우병. 피가 흐르기 시작하면 잘 멎지 않는 유전성의 병. hemophilia

げつよ[月余](명) 월여. 한 달 이상. more than a month

げつよう[月曜](명) 월요일. Monday

げつらい[月来](명·부) 월래. 수개월 이래. for months

げつり[月利](명) 월리. 한 달의 이자. 달변. a monthly interest

けつりょう[結了](명·자타サ) 종료(終了). completion

げつりん[月輪](명) 달. the moon

けつるい[血涙](명) 혈루. 매우 슬프고 분통하여 나는 눈물. 피눈물.「—をしぼる; 피눈물을 짜다」 bitter tears

けつれい[欠礼](명·자サ) 결례. 예의를 차리지 못함. 실례. want of respect

げつれい[月例](명) 월례. 매달 정해 놓고 하는 것.「—考査(コウサ); 월례 고사」 monthly

げつれい[月齢](명) 월령. ①〈천〉 달의 참과 이지러짐의 정도를 나타내는 날수. 삭(朔)은 1일, 만월(満月)은 15일임. ②생후(生後) 한 살 미만의 갓난 아이를 달수로 세는 나이. ↔年齢(ネンレイ). 1. the age of the moon 2. age

けつれつ[決裂](명·자サ) 결렬. ①여러 갈래로 찢어짐. 파열(破裂). ②회의(会議), 교섭, 관계 등이 갈라짐. 2. a rupture

けつろ[血路](명) 혈로. ①포위망을 뚫고 빠져 나가는 길. ②곤란을 극복하는 길.「—をひらく; 혈로를 열다」 1. a way cut through the enemy

けつろう[欠漏](명·자サ) 결루. 빠져 샘. 빠짐. 누락(漏落). an omission

けつろん[結論](명·자サ) 결론. ①논의에 매듭을 지음. ②삼단 논법(三段論法)의 맨 끝의 명제(命題). 단안(断案). 단정(断定). 1. a conclusion 2. judgement

げてもの[下手物](명) ①별로 손질을 안한 거친 물건. ↔上手物(ジョウテモノ). ②색다른 물건. 2. an odd article

げてん[外典](명)〈불〉 불경이나 불교 관계 이외의 서적. ↔内典(ナイテン).

げでん[下田](명) 하등(下等)의 전지(田地). poor soil

けとう[毛唐](명)〈속〉〔←毛唐人(ケトウジン)〕서양 사람을 천하게 일컫는 말. a hairy foreigner

けどう[化導](명·타サ)〈불〉 화도. 교화하여 선도(善導)함. proper guidance

げどう[外道](명) 외도. ①〈불〉 불교 이외의 종교. ②진리를 떠난 길. 또는 그것을 믿는 사람. ③악의나 사심(邪心)이 있는 사람. 2. heresy 3. a devil

げどく[解毒](명·자サ) 해독. 독을 없앰.「—剤(ザイ); 해독제」 counteraction

けとば·す[蹴飛ばす](타 4) ①차다. ②거칠게 밀어 내다. 1. kick off 2. push aside

けど·る[気取る](타 4) 기미를 알다. 눈치 채다. suspect

げな(연어·감조)〈속〉 …한 듯하다. …한 모양이다.「あった—; 있었대」

けなげ[健気](형동ダ) ①씩씩하고 부지런한 모양. 용

감한 모양. ②기특한 모양. 1. brave 2. praiseworthy

けな·す(타 4) 비방하다. 헐뜯다. 욕하다. disparage

けなみ[毛並み](명) ①(동물의) 털이 가지런히 나 있는 모양.「犬(イヌ)の—; 개의 털 모양」②종류. 털빛.「—の変(カ)わったもの; 색다른 것」③〈속〉 혈통.「あいつは—がいい; 저놈은 혈통이 좋다」 1. the lie of hair 2. the colour of hair

げなん[下男](명) 머슴. 남자 하인. 사내종. 종복(従僕). a manservant

げに[実に](부) ①참으로. 진실로. 실로. ②당연히. 1. truly

げにも[実にも](부) 과연 그렇게. 참으로. certainly

ケニヤ[Kenya](명)〈지〉 케냐. 아프리카 동쪽에 있는 영국 보호령과 식민지. 수도는 나이로비(Nairobi).

けにん[家人](명) ①집의 자녀. 가족. ②부하. ③옛날 막부(幕府) 직속의 낮은 무사(武士). 2. a retainer

げにん[下人](명) ①신분이 천한 자. ②하인. 종. 종복(従僕). 1. a lowly person 2. a servant

げにん[解任](명·타サ) 해임. 관직을 내놓게 함. 해면(解免). release from office

けぬき[毛抜き](명) 족집게. a pair of tweezers

げねつ[下熱](명·자サ)〈의〉 하열. 열이 내림. abatement of fever

げねつ[解熱](명·타サ)〈의〉 해열. 높은 체온을 내리게 함.「—剤(ザイ); 해열제」 removal of fever

けねん[懸念](명·타サ) ①근심. 걱정. 불안. ②〈불〉 한 곳에 마음을 두고 다른 일은 생각하지 않음. 집착(執着). 1. anxiety

けのあらもの[毛の荒物·毛の麁物](명)〈고〉 털이 굵고 거친 짐승. 짐승.

けのにこもの[毛の柔物·毛の和物](명)〈고〉 털이 가늘고 부드러운 짐승. 조류(鳥類).

けば[毛羽·毳](명) ①잔털. ②누에가 고치를 만들 때 발판으로 처음 치는 실. ③[지도(地図)에서] 높고 낮음을 나타내기 위하여 쓰는 깃털 모양의 가는 금. 운융(暈滃). ④종이나 천의 보풀. 1. down 3. hachures

げば[下馬] Ⅰ(명) 나쁜 말. ↔良馬(リョウバ). Ⅱ(명·자サ) ①하마. 말에서 내림. ②말에 탄 채 통행을 금함. ③하마하는 곳. Ⅰ an inferior horse Ⅱ 1. dismounting

けはい[化粧]—ハヒ(명·자サ) ⇨けしょう.

けはい[気配](명) 기미. 기색. 태도.「居(イ)ない—がする; (사람이) 없는 기색이다」 a sign

げはい[下輩](명) ①신분이 낮은 사람. ②손아랫사람. 1. low chracters

けはえぐすり[毛生薬](명) 모생약. 털이 나게 하기 위해 피부에 바르는 약. 양모제(養毛剤). a hair restorer

けばけば(명·자サ)〈속〉 야하게 찬란함. vulgarty. —し·い(형) 현란하다. 별나게 눈에 띄다.

けばだ·つ[毛羽立つ·毳立つ](자 4) ①(마찰되어) 보풀이 일다. ②머리가 흩어져 헝클어지다. 1. be nappy

げばひょう[下馬評](명) 하마평. ①항간의 소문이나 평판. ②제삼자가 내리는 억측(憶測). 1. a gossip 2. an outsider's irresponsible talk

けばり[毛鉤](명) 새의 날개털을 낚시에 매어 미끼 대용으로 하는 낚시. 날개털 낚시.

げはん[下阪](명·자サ) 토오쿄오(東京)에서 오오사카(大阪)로 감.

げび[下卑](명) 비열하고 천함. vulgarity

けびいし[検非違使](명)〈역〉 헤이안(平安) 시대에 경찰, 재판에 관한 일을 맡아 보던 직책.

けびょう[仮病](명) 거짓 꾸미는 병. 꾀병.「—を使(ツカ)う; 꾀병을 부리다」 feigned illness

げ·びる[下卑る](자상 1) 품위가 없어지다. 야하게 보이다. become vulgar

ケビン[cabin](명) ⇨キャビン.

けピン[毛 pin](명) 머리핀. a hairpin

げひん[下品](형동ダ) 품위가 없는 모양. 야하고 조잡하고 천한 모양. ↔上品(ジョウヒン). vulgar

けぶ·い[煙い](형)〈속〉 ①냅다. 연기를 마셔 고통스럽다. ②수상하다. ③사귀기 어렵다. 1. smoky

けぶか·い[毛深い](형) 털이 많다. hairy

けぶた·い[煙たい](형)〈속〉 ⇨けむたい.

けぶり[気振り](명) 기색. 기미. 태도.「そんな—は見(ミ)せなかった; 그런 기색은 안보였다」 a sign

けぶ·る[煙る](자サ) ⇨けむる.

げぼく[下僕](명) 심부름꾼. 하인. a servant

けぼり[毛彫り](명) 머리털같이 가는 선으로 무늬를 새기는 일. 또는 그런 조각. hairline engraving

ゲマインシャフト[도 Gemeinschaft](명) 게마인샤프트. 공동 사회(共同社会). ↔ゲゼルシャフト.

けまり[蹴鞠](명) ①발로 차고 노는 가죽 공. 축구공. ②공을 차며 노는 것. 1. football

けまん[華鬘](명)〈불〉 화만. 꽃을 실 등으로 꿰어 불전(仏前)을 치장하는 장식.

けまん[懈慢](명) 게으름. 태만. 나태. negligence

〔華鬘〕

けみ[毛見·検見](명) 무가 집권 시대(武家執權時代)에 농토(農土)의 작황(作況)을 보고 조세 등을 매기던 일.

ケミカル[chemical](명) 케미컬. 화학적. 합성(合成).「—シューズ; 합성 고무로 된 신발」

ケミスト[chemist](명) 케미스트. 화학자(化学者).

けみ·する[閲する](타サ) ①검열하다. 조사(심사)하다. ②경과하다. 1. examine 2. pass

げみん[下民](명) 하민. 천한 백성. 천민(賤民). 범민(凡民). 서민(庶民). the common people

けむ[煙](명) 연기.「—に巻(マ)く; 큰소리를 쳐서 남을 현혹시키다」 smoke

け·む(조동·특수형) ⇨けん.

けむ·い[煙い·烟い](형) ⇨けむたい. ① 파생 —が·る(자 4).

けむくじゃら—ヂャラ(형동ダ)〈속〉 털이 많고 헝클어진 모양. hairy

けむし[毛虫](명) ①〈동〉 모충. 송충이, 쐐기 벌레와 같이 털이 있는 벌레의 총칭. 털벌레. ②〈속〉 성미가 고약하여 남이 싫어하는 사람.
1. a hairy caterpillar 2. an odious fellow

けむた·い[煙たい·烟たい](형) ①냅다. ②친밀감이 없고 거북하다. 갑갑하다. [파생] **—が·る**(자 4) **—げ**(형동ダ) **— さ**(명). 1. smoky

けむり[煙·烟](명) ①연기. ②연기처럼 가늘게 퍼져 올라 가는 것. ③연기처럼 사라지는 것. 「—になる; (연기처럼) 흔적도 없이 사라지다」 ④화장(火葬). 1. smoke 4. cremation. **—ずいしょう**[煙水晶](명)〈광〉 연수정. 흑갈색으로 흐려 보이는 수정.

けむ·る[煙る](자 4) ①연기가 나다. ②흐려 보이다.
1. smoke 2. appear dim

げめん[外面](명) ①외면. 거죽. ②용모. 「—如菩薩(ニョボサツ)内心(ナイシン)如夜叉(ニョヤシャ); 외관은 보살 같으나 마음은 고약하다」 1. the outside 2. a look

けもの[獣](명) ①짐승. ②가축. 1. a beast 2. cattle

げや[下屋](명) 원채에 붙여 단 작은 지붕. 또는 그 방.

げや[下野](명·자サ) 하야. 높은 벼슬을 그만두고 서민이 됨. 정계에서 은퇴함. retiring from public life

けやき[欅](명)〈식〉 느티나무. 느릅나무과에 속하는 낙엽 교목. 재목은 건축, 가구용으로 쓰임. a zelkova

けやぶ·る[蹴破る](타 4) ①차서 헤치다. 차서 부수다. ②격파하다. 1. kick and break 2. kick about

けやり[毛槍](명) (창집을) 날개털로 장식한 창.

けら[螻蛄](명)〈동〉 땅강아지. 벼과(禾本科) 식물의 뿌리나 싹을 갉아 먹음. 하늘밥도둑. a mole-cricket

ゲラ[galley](명) 게라. ①조판(組版)해 놓은 활자판을 담아 두는 목판. ②←ゲラ刷り. **—ずり**[galley 刷り](명) 게라쇄. 교정을 보기 위하여 임시로 활자 조판(活字組版) 위에 종이를 놓고 찍는 일. 또는 찍어 낸 종이. 교정쇄(校正刷).

けらい[家来·家礼](명) ①무사(武士)의 부하. ②하인. 종. 부하. 1. a vassal 2. a servant

けらく(연어·접미) …하기를. 「いひ—; 말하기를」

けらく[快楽](명)〈고〉 쾌락. 기분이 좋고 즐거움.

げらく[下落](명·자サ) 하락. ①시세가 떨어짐. ②등급, 품질, 품위 등이 떨어짐. 1. a fall 2. degradation

けらくび[螻蛄首](명) 창날과 창자루가 이어진 곳.

けらし(연어) 〔"ける(조동)"+"らし(조사)"〕 과거를 돌이켜 헤아림. …했던 듯하다. …한 듯하다. 「読(ヨ)み—; 읽은 듯하다」

ケラチン[keratin](명)〈이〉 케라틴. 날개털, 뿔, 손톱 등의 주성분을 이루는 흰자질. 각소(角素).

けらつつき[啄木鳥](명)〈동〉 ⇨きつつき.

けられる(연어·하 1) 〔사진에서〕 렌즈후드 때문에 사진의 한구석이 찍히지 않는 일. 「画面(ガメン)が—; 사진의 한구석이 안 찍히다」

けり[鳧](명)〈동〉 민댕기물떼새. 습지에 사는 물새로 크기는 비둘기만함.

け·り Ⅰ(조동·ラ형) ①(과거 조동사)…하였다. 「むかし男(オトコ)あり—; 옛날에 한 사나이가 있었다」 ②감탄 조동사. …하구나. …구나. 「ものの哀(アワ)れは知(シ)られ—; 사물의 정취(情趣)를 알 수 있구나」 Ⅱ(명) 끝. 끝장. 「—がつく; 끝장이 나다」

げり[下痢](명·자サ) 설사. 「—止(ド)め; 지사제(止瀉剤)」 loose bowels

げりゃく[下略](명·타サ) 하략. 다음의 문구, 문장을 생략함. 이하 생략의 준말. The rest omitted.

けりょう[仮令](부) 가령. 예를 들어. 이를테면. 가사(仮使). for example

ゲリラ[guerrilla](명) 게릴라. 유격대(遊撃隊). 또는 유격대가 벌이는 작은 전투나 그 전법. 「—戦(セン); 유격전」

け·る[蹴る](타 4) ①걷어 차다. ②거절하다. 거부하다. 「1. kick 2. refuse」

ゲル[도 Gel](명)〈이〉 겔. 콜로이드 용액(溶液)이 굳은 것. 예: 우무(寒天), 젤라틴 등.

ゲル[도 Geld](명) 겔트. 돈. 금전. 「—ピン; 돈이 조금 밖에 없는 것」

けるかな(연어) …었구나. …었던 것이다. (감탄을 나타냄) 「なりに—; …되었구나」

けるかも(연어)〈고〉 "けるかな"에 해당하는 만요오슈우(万葉集) 시대의 말투.

ケルト[Celts](명) 켈트. 게르만 민족보다 이전에 유럽 중앙부에서 살았던 민족. 지금 영국 웨일즈, 스코틀란드, 아일란드 등지에 그 후손이 살고 있음.

ゲルマ(ニウム)[도 Germanium](명) 게르마늄. 금속 원소의 하나. 진공관 대신 트랜지스터 라디오의 부분품으로 쓰이는 전기의 반도체(半導体). 기호는 Ge. 「—ラジオ; 게르마늄 라디오」

ゲルマン[도 Germane](명) 게르만. ①게르만족. 로마 시대에 중부 유럽에 살고 있었던 민족. (넓은 의미의 도이치 민족) ②〈속〉 도이치 민족.

ケルン[cairn](명) 케에른. 산꼭대기나 등산길을 표시하기 위하여 쌓아 올린 돌로 된 이정표(里程標).

げれつ[下劣](형동ダ) 하열. 천하고 열등한 모양. 용렬(庸劣). base

けれど(も) Ⅰ(접) 반대의 관계에 있는 앞뒤 글을 잇는 말. 그러나. 그렇지만. 하지만. 하나. Ⅱ(접조) ①반대의 관계에 있는 글의 절을 잇는 말. ②별다른 뜻이 없이 앞뒤를 잇는 말. 「あの, わたしです—; 네, 접니다만」 Ⅰ however

けれん(명) ①〔기다유우(義太夫)에서〕 격식을 깨뜨리고 이야기하는 일. ②〔카부키(歌舞伎)에서〕 대중에 영합(迎合)될 것을 주로 연출하는 일. ③대중의 영합을 꾀한 화려한 방식. ④조작. 가식(仮飾). 「—のない人(ヒト); 가식이 없는 사람」

ゲレンデ[도 Gelände](명) 겔렌데. 기복(起伏)이 있는 스키이장.

げろ(명)〈속〉 토하는 것. 토한 것. vomiting

ケロイド[keloid](명)〈의〉 켈로이드. 심한 화상 등으로 살갗에 벌겋게 게발처럼 불거진 종양(腫瘍). 해족종(蟹足腫). 「原爆(ゲンバク)の—; 원자 폭탄으로 인한 화상의 켈로이드」

げろう[下郎](명) 남에게 부림을 받는 천한 사나이. 하인. a servant

げろう[下臈](명) ①연공(年功), 지위가 낮은 사람. ↔

上臈(ジョウロウ). ②⇨げろう(下郎). 1. a lower official

けろり(부)〈속〉①천연스럽게. ②흔적도 없이.「―と忘(ワス)れた; 까맣게 잊었다」 1. nonchalantly

けわい[化粧]ケハヒ(명) ⇨けしょう.

けわい[気配·気色]ケハヒ(명) ⇨けはい.

けわし·い[険しい]ケハシイ(형) ①험하다. 가파르다. 요철(凹凸)이 심하다. 매우 거칠다. ②(모양이) 험악하다.「―顔付(カオツ)き; 험한 표정의 얼굴」③(사태가) 위급하다. 바쁘다. 1. steep 2. fierce

―けん[件](접미) 사건(事件)을 세는 조수사(助数詞).

―けん[軒](접미) ①집을 세는 조수사(助数詞). 동(棟). 채. ②사람이나 집의 아호(雅号) 끝에 붙이는 말.

―けん[犬](조어) 개.「軍用(グンヨウ)―; 군용견」

―けん[券](조어) ①기차, 극장 등의 표.「乗車(ジョウシャ)―; 승차권」②증서. 주권(株券).「千円(センエン)―; 천 원권」

―けん[研](조어) 연구소.「原(ゲン)―; 원자력 연구소」

―けん[圏](조어) 범위.「暴風(ボウフウ)―; 폭풍권」

―けん[権](조어) 권리.「所有(ショユウ)―; 소유권」「選手(センシュ)―; 선수권」

け·ん(조동·특수형) ①과거의 추측을 나타내는 말. …었을 것이다.「見(ミ)―; 봤겠지」②과거의 전문(伝聞)을 나타내는 말.「いひ―やうに; 말했듯이」

けん[件](명) 사건. 일.「御依頼(ゴイライ)の―は; 의뢰하신 건(일)은」 a matter

けん[見](명) 보는 태도. 관찰. 생각.「皮相(ヒソウ)の―; 피상적 관찰」 a view

けん[券](명) ①증서. 수표. ②입장권, 식권, 승차권 등의 약칭. 1. a bond 2. a ticket

けん[県·縣](명) 현. ①⇨あがた. ②메이지(明治) 초기의 정부의 직할지(直轄地). ③〈법〉〔일본에서〕제일 큰 지방 행정 및 지방 자치 단체의 이름. 한국의 도(道)에 해당. ④〔중국에서〕지방 행정 구역의 이름. 성(省)의 아래. 3. a prefecture 4. a district

けん[妍](명) 얼굴 등의 아름다움.「百花(ヒャッカ)―を競(キソ)う; 많은 미녀들이 아름다움을 서로 다투다」 beauty

けん[拳](명) ①주먹. ②(태권법 등의) 권법. ③(손, 손가락 등으로) 여러 모양을 만들어 승부를 다투는 놀이. 1. a fist 3. a game of hands

けん[剣·劍·劒](명) ①검. 칼. 긴 칼. ②검술(劍術).「―をよくする; 검술을 잘하다」③총 끝에 꽂는 대검(帯劍). ④(벌 등의) 침. ⑤시계 바늘. 1. a sword 2. fencing 5. a hand

けん[兼](접) 두 가지를 겸하는 것.「首相(シュショウ)―外相(ガイショウ); 수상 겸 외상」 and

けん[険](명) ①험한 곳. 가파른 곳. 위험한 곳.「天下(テンカ)の―; 천하에 험한 곳」②험상(険相).「―のある顔(カオ); 험상이 있는 얼굴」③어려운 것. 난잡한 것. ④음험한 것. 1. steepness 2. sharpness

けん[間](명) 간. ①기둥과 기둥 사이. ②길이의 단위. 6자. 약 1.82 *m*. ③바둑이나 장기판의 눈.

けん[乾](명) ①팔괘(八卦)의 하나. ②하늘. ③서북의 방위. ④제왕(帝王). 천자(天子). 2. the sky 4. an emperor

けん[健](명) 몸이 건장한 것. 건강. healthiness

けん[腱](명)〈생〉건. 살이 뼈에 붙는 곳에 있는 질긴 결체 조직의 섬유. 힘줄. a tendon

けん[権](명) ①저울 추. ②임기 응변의 재주. ③권한. 권력. 권리.「兵馬(ヘイバ)の―; 군사권」 1. a weight 2. a makeshift 3. authority

けん[鍵](명) ①(피아노, 풍금 등의) 음을 내기 위해 손가락으로 누르는 부분. 건반. ②(타이프라이터의) 글자를 치기 위하여 누르는 곳. a key

けん[験](명) 효험. 효과. 보람. an effect

げん―[玄](조어) 희지 않은. 검은.「―米(マイ); 현미」

げん―[原](조어) 원래의. 전부터의.「―住民(ジュウミン); 원주민」

げん―[現](조어) 지금의. 현재의.「―首相(シュショウ); 현수상」

―げん[限](조어) 한도. 한계.「最大(サイダイ)―; 최대한」

―げん[源](조어) 본. 원천(源泉).「取材(シュザイ)―; 취재원」

げん[元](명) 원. ①〈수〉대수 방정식의 미지수(未知数). ②(중국의) 화폐 단위. ③〈역〉몽고족이 중국에 세운 나라. (1279~1368) ④차원(次元)의 준말. 1. an element 2. a yuan

げん[玄](명) ①검은 색. ②미묘(微妙)하고 심원(深遠)한 것. 1. black 2. mystery

げん[言](명) 말. 언어. 어구.「―をまたない; 말할 것도 없다(물론이다)」 words

げん[弦](명) 현. ①(활, 거문고 등의) 줄. ②〈천〉반월 이하의 조각달. ③〈수〉원둘레 위의 두 점을 맺는 선. ④〈수〉직각 삼각형의 빗변. 1. a bowstring 2. a quarter 3. a chord

げん[弦·絃](명) ①현. 현악기의 줄. ②현악기의 준말. 1. a string

げん[舷](명) 뱃전. 배의 좌우의 가장자리. 선연(船縁). board

げん[減](명) ①적어지는 것. 적게 하는 것. ②뺄셈.「加(カ)―乗除(ジョウジョ); 가감 승제」 1. decrease 2. subtraction

〔弦③〕

げん[験](명) ①수행(修行)을 쌓은 표징(標徵). ②효과. 보람. 효험. ③전조. 조짐(兆朕). 징조.「―がいい; 징조가 좋다」 2. an effect 3. an omen

げん[厳·嚴](형동タルト) ①용서 없이 가혹한 모양. ②위엄 있고 엄숙한 모양. ③확고 부동한 모양. 2. strict

けんあい[兼愛](명) 겸애. 모든 사람을 차별하지 않고 사랑하는 일. 중국 고대 묵자(墨子)의 윤리설(倫理說).

けんあい[険隘](명·형동ダ) 험하고 좁음. 또는 그런 모양. 험조(険阻). precipitousness

けんあく[険悪](명·형동ダ) 험악. ①(길이) 험하여 걷기 어려움. ②얼굴, 성질 등이 험상궂음. ③사건이 위험한 상태에 놓임.「―な状勢(ジョウセイ); 험악한 정세」 1. ruggedness 2. sharpness

げんあつ[減圧](명·자サ) 감압. 압력을 줄임. depression

けんあん[検案](명·타サ) 검안. (시체 등을) 조사함. 「一書(ショ); 검안서」 an examination
けんあん[懸案](명) 현안. 해결이 안된 문제. 「一を解決(カイケツ)する; 현안을 해결하다」a pending question
げんあん[原案](명) 원안. 회의에 내기 위하여 만든 (제출된) 최초의 안. the original plan
けんい[顕位](명) 현위. 높은 지위. a high rank
けんい[健胃](명) 건위. 위를 건전하게 하는 일. 「一剤(ザイ); 건위제」 promoting the functions of the stomach
けんい[権威](명) 권위. ①남을 위압하여 복종시키는 위력. 권력. 권세. ②남을 승복(承服)시키는 힘. 존중할 가치. 무게. 「彼(カレ)の話(ハナシ)は一がある; 그의 말에는 무게가 있다」 ③어떤 방면에서 전문적 지식이 뛰어나게 풍부하여 숭배할 만한 사람. 권위자. 「生物学(セイブツガク)の一; 생물학의 권위자」 1. authority
げんい[原意](명) 원의. 본래의 뜻. the original meaning
けんいん[牽引](명·타サ) 견인. 끌고 감. 잡아 당김. 「一車(シャ); 견인차」 traction
けんいん[検印](명·타サ) 검인. 검정(検定), 검열한 표로 도장을 찍음. 또는 그 도장. a stamp of approval
げんいん[原因](명·자サ) 원인. ①사물이 일어나는 까닭. ②사물이 변화되는 근거. a cause
げんいん[現員](명) 현원. 현재 있는 사람 수. 현재의 인원. the present members
げんいん[減員](명·자サ) 감원. 사람 수를 줄임. ↔増員(ゾウイン). reduction of the staff
けんうん[巻雲](명)〈천〉 권운. 제일 높이 떠 있는, 실올이나 깃털 모양의 구름. 새털 구름. a cirrus
げんうん[眩暈](명) 현훈. (정신이) 어지러운 것. 눈이 어찔어찔하는 것. 현기증(眩気症). dizziness
けんえい[県営](명) 현(県)에서 경영하는 것. 「一球場(キュウジョウ); 현이 경영하는 구장」 prefectural management
けんえい[兼営](명·타サ) 겸영. 두 가지 이상의 영업을 겸함. 겸업(兼業). combining the management of another business
けんえい[献詠](명·타サ) 시가(詩歌)를 지어 궁중, 신사 등에 바침. 또는 그 시가. a dedicated poem
げんえい[幻影](명) 환영. ①허깨비. 허깨비 모양. ②환각(幻覚)에 비치는 모습. 환상. a vision
けんえき[検疫](명·자サ) 검역. 외국에서 들어 오는 전염병 등을 막기 위하여 입국하는 사람들을 검진(検診)함. quarantine
けんえき[権益](명) 권익. 권리와 이익. 「一を守(マモ)る; 권익을 지키다」 rights and interests
げんえき[原液](명)〈이〉 원액. (물 등을) 타기 전의 진한 액체.
げんえき[現役](명) 현역. ①현재 군인으로 복무하고 있는 사람. ②현재 활동하고 있는 것. 또는 그 사람. 「一俳優(ハイユウ); 현역 배우」 active service
げんえき[減益](명·자타サ) 이익이 줄어짐. 또는 줄임. ↔増益(ゾウエキ). reduction of profit
けんえつ[検閲](명·타サ) 검열. ①검사하여 열람(閲覧)함. ②〈법〉 사회 질서의 보호를 위하여 간행물(刊行物), 상연물(上演物) 등을 검사 열람함. 또는 그렇게 하는 행정 사무. ③〔군대에서〕 군기 교육, 작전 준비 등을 바로 잡기 위하여 그 방면의 상황을 검사 열람함. 1. examination 2. censorship
けんえん[犬猿](명) 견원. 개와 원숭이. (나쁜 사이의 비유) 「一もただならぬ仲(ナカ); 개와 원숭이 사이를 빰칠 정도의 나쁜 사이」 a dog and a monkey
けんえん[妍艶](명) 고운 것. 아름답고 우아한 것. amorousness
けんえん[慊焉](형동タリ) ①만족하지 않는 모양. ②만족하게 생각하는 모양. 1. dissatisfactory
けんえん[倦厭](명·자サ) 권태가 생겨 염증이 남. 싫어짐. weariness
けんお[嫌悪](명·타サ) 혐오. 싫어하고 미워함. hate
げんおう[玄奥](명) (도리나 지식의) 속이 매우 깊은 것. 오묘(奥妙). occultness
けんおん[検温](명·자サ) 검온. 체온을 재어 봄. thermometry. **—き**[検温器](명) 검온기. 체온계.
げんおん[原音](명) 원음. 본래의 발음. 본디의 음. the original tone
けんか[県下](명) 현(県)의 지역. 또는 그 지역 안. in the prefecture
けんか[堅果](명)〈생〉 견과. 과피(果皮)가 매우 두껍고 단단하여 성숙(成熟)해도 갈라지지 않는 것. 예: 밤, 도토리 등. a nut
けんか[喧嘩·諠譁](명·자サ) ①다툼. ②싸움. 1. a quarrel. **—ごし**[喧嘩腰](명) 싸움을 하려는 듯이 덤비는 태도.
けんか[権家](명) 권세가 있는 집. a family of influence
けんか[繭価](명)〈경〉 견가. 누에고치의 가격. a price of cocoons
けんが[懸河](명) 현하. 경사가 급하여 물이 빠르게 흐르는 강. 「一の弁(ベン); 유창한 말솜씨」 a cascade
げんか[言下](명) 말을 마친 직후. 「一に否定(ヒテイ)する; 일언지하에 부정하다」 soon after one's words
げんか[弦歌·絃歌](명) 현가. 샤미센(三味線)을 켜는 소리와 노랫소리. 또는 이를 켜기도 하고 노래도 부르는 것. music and singing
げんか[原価·元価](명) 원가. ①사들인 값. ②생산비(生産費). 1. the prime cost 2. the production cost
げんか[現下](명) 현하. 현재. 지금. 「一の状勢(ジョウセイ); 현재의 정세」 the present moment
げんか[減価](명·자サ) 감가. ①원가에서 할인한 값. ②값을 싸게 함. 가격 인하(価格引下). 2. a discount. **—しょうきゃく**[減価償却](명·자サ)〈경〉 감가 상각. 시간의 경과에 따라 고정 자산(固定資産) 가치의 감소된 것을 상각비로 적립함. 감가 소각(減価消却).
げんか[厳科](명) 엄과. 엄한 처벌. a severe punishment
げんが[原画](명) 원화. 복제(複製)하지 않은 본래의 그림. the original picture

けんかい[見解](명) 견해. 보는 바. 생각하는 바. 보아서 깨달은 것. 사물에 대한 생각. 의견. a view
けんかい[県会](명)〈법〉 현의회(県議会)의 준말.
けんかい[県界](명) 현의 경계. the prefectural border
けんかい[狷介](형동ダ) 완고하여 남과 화합하지 않는 모양. 「一孤高(ココウ); 완고하여 남과 어울리지 않고 홀로 초연함」 perverse
けんがい[圏外](명) 권외. 둘레 밖. 범위 밖. 「競争(キョウソウ)一; 경쟁권외」 ↔圏内(ケンナイ). out of the circle
けんがい[遣外](명) 견외. 외국에 파견하는 것. 「一使節(シセツ); 외국에 보내는 사절」 dispatched abroad
けんがい[権外](명) 권외. 권한의 범위 밖. 권한외. ↔権内(ケンナイ). beyond one's authority
けんがい[懸崖](명) 현애. ①벼랑. 낭떠러지. 절벽. 단애(断崖). ②〔분재(盆栽) 등에서〕 잎, 가지 등이 뿌리보다 낮게 드리워진 것. 「一作(ヅク)り; (국화 등의) 현애」 1. a precipice 2. a cascade
げんかい[幻怪](명·형동ダ) 환괴. 괴이함. 괴상함. 불가사의(不可思議). mysteriousness
げんかい[限界](명) 한계. 끝나는 곳. 경계. 한도. 「能力(ノウリョク)の一; 능력의 한계」 a limit. **—こうよう**[限界効用](명)〈경〉 한계 효용. 물건의 공급에 있어 최후에 가장 적게 되는 효용. 최종 효용.
げんかい[厳戒](명·타サ) 엄계. 엄중하게 경계함. strict watch
げん がい[言外](명) 언외. 말 자체의 뜻 이외. 「一に拒否(キョヒ)する; 은연중에 거부하다」 an unexpressed meaning
げんがい[限外](명) 한외. 제한된 범위 밖. 「一発行(ハッコウ); 한외 발행」 out of limit
げんかいなだ[玄海灘](명)〈지〉 현해탄. 대한 해협 남쪽, 후쿠오카(福岡)현 서북쪽에 위치한 바다.
けんかく[剣客](명) 검객. 검술에 능숙한 사람. 검사(剣士). a swordsman
けんかく[懸隔](명·자サ) 현격. 심한 차이. 크게 동떨어짐. disparity
けんがく[見学](명·타サ) 견학. 실지로 (실물을) 보고 지식을 넓힘. study by observation
けんがく[研学](명·타サ) 연학. 학문을 닦음. pursuing one's studies
けんがく[兼学](명·타サ) 겸학. 둘 이상의 학문, 종지(宗旨)를 같이 배움. 「八宗(ハッシュウ)一; (불교의) 8종파의 교의(教義)를 겸해 배움」 wide erudition
げんかく[幻覚](명)〈심〉 환각. 외계에 감각을 자극하는 원인이 없음에도 그 자극을 받은 것같이 느끼는 현상(現象). a hallucination
げんかく[厳格](명·형동ダ) 엄격. 언행(言行)이 엄중하고 딱딱함. austerity
げんがく[弦楽·絃楽](명)〈악〉 현악. 현악기로 연주하는 음악. string music
げんがく[衒学](명) 현학. 학문, 지식이 있음을 스스로 자랑하는 것. pedantry
げんがく[減額](명·타サ) 감액. 수량이나 금액을 줄임. reduction
けんかしょくぶつ[顕花植物](명)〈식〉 현화 식물. 어느 정도 성장하면 꽃이 피어 열매를 맺는 식물. 꽃식물. ↔隠花(インカ)植物. a phanerogamous plant
げんがっき[弦楽器·絃楽器](명)〈악〉 현악기. 현(줄)을 타거나 켜서 음악을 연주하는 악기. 예: 가야금, 바이올린 등. stringed instruments
けんがみね[剣が峰](명) 씨름판의 경계선. (여기서 더 밖으로 밀려 나면 짐) 「一に こらえる; 아슬아슬한 고비에서 버티다」 ⌈a prefectural official
けんかん[県官](명) 현(県)의 사무를 다루는 공무원.⤴
けんかん[建艦](명·자サ) 군함을 만듦. 「一競争(キョウソウ); 건함 경쟁(일차 대전 후 각국이 서로 다투어 군함을 만들었던 일)」 building of warships
けんかん[兼官](명) 본직 이외의 관직. 겸직(兼職). an additional office
けんかん[権官](명) 권관. 권력 있는 관직. 또는 그 사람. an office of high rank
けんかん[顕官](명) 현관. 지위가 높은 관직. 또는 그 사람. a high official
けんがん[検眼](명·자サ) 검안. 시력을 검사함. 또는 눈을 검사함. an eye test
げんかん[玄関](명) 현관. 집의 정면에 낸 문간. 「一番(バン); 문간지기」 the entrance. **—し**[玄関子](명) 현관에서 손님을 맞는 사람. 문간지기. 문지기. **—ばらい**[玄関払い]—バラヒ(명) 손님을 집안에 들이지 않고 현관에서 돌려 보내는 일. (찾아 온 손님에 대한 푸대접을 말함).
げんかん[現官](명) 현관. 현재의 관직. the present post
げんかん[厳寒](명) 혹독한 추위. intense cold
けんき[嫌忌](명·타サ) 혐기. 싫어하고 꺼림. dislike
けんき[権貴](명) 권세가 있고 신분이 높음. 또는 그 사람. a high-ranking position
けんき[顕貴](명) 현귀. 높은 지위에 있음. 또는 그 사람. being highly distinguished
けんぎ[県議](명) 현의회 의원(県議会議員)의 준말.
けんぎ[建議](명·타サ) 건의. ①의견을 말함. 또는 희망을 진술함. ②〈법〉 입법부가 행정부에 의견이나 희망을 전달함. 1. a proposition 2. a motion
けんぎ[嫌疑](명) 혐의. 의심스러운 것. 용의(容疑). 「一が かかる; 혐의가 걸리다」 suspicion
げんき[元気] Ⅰ(명) 원기. ①만물을 만들고 기르는 정기(精気). ②근본의 힘. 근본이 되는 기력(気力). ③심신(心身)의 왕성한 정력(精力). Ⅱ(형동ダ) ①건강한 모양. ②기력, 정력 등이 왕성한 모양. Ⅰ2. 3. energy Ⅱ1. healthy
げんき[原器](명) 원기. ①같은 종류의 물건의 본보기로 만든 기물(器物). ②도량형(度量衡)을 정하는 기본 표준이 되는 그릇. 「メートル一; 미터 원기」 1. a prototype
げんき[衒気](명) 자기의 재능이나 학문을 자랑하는 기풍. 「一に満(ミ)ちた文章(ブンショウ); 자기 재능을

자랑하려는 기풍이 넘친 문장」 affectation
げんぎ[原義](명) 원의. 본래의 뜻. the original meaning
けんぎかい[県議会](명) 그 현(県)의 의원들이 현의 문제를 의논하는 모임. a prefectural assembly
けんきゃく[健脚](명·형동ダ) 건각. 힘센 다리. 걸음을 잘 걷는 다리. 또는 그런 사람. 「一家(カ); 걸음을 잘 걷는 사람」 a good walker
けんきゃく[剣客](명) ⇨けんかく.
げんきゃく[減却] (명·자타サ) 감각. 줄임. reduction
けんきゅう[研究](명·타サ) 연구. ①잘 조사하여 사실이나 도리를 깊이 앎. 「一室(シツ); 연구실」 ②궁리함. 깊이 여러 가지로 생각함. 「よく一しておきます; 잘 생각해 두(보)겠읍니다」 study
けんぎゅう[牽牛](명) ①견우. 견우 직녀 전설의 남주인공 이름. ②별 이름. 견우성. 2. Altair
げんきゅう[言及](명·자サ) 언급. 어떤 사물에 대하여 말함. reference
げんきゅう[減給](명·자サ) 급료, 급여를 줄임. 감봉(減俸). ↔増給(ゾウキュウ). a salary cut
けんぎゅうせい[牽牛星](명)〈천〉 견우성. 독수리좌의 으뜸 별. 직녀성(織女星)과 칠석날 밤에 만난다는 전설이 있음. Altair
けんきょ[検挙](명·타サ)〈법〉 검거. 취조를 위하여 범인 또는 혐의자를 잡아 감. an arrest
けんきょ[謙虚](명·형동ダ) 겸허. 겸손하고 교기(驕気)가 없음. modesty
げんきょ[原拠](명) 근본이 되는 근거. 본래의 근거. 「一を示(シメ)す; 근거를 보이다」 ground
けんきょう[剣俠](명) 검협. 검술에 능한 협객(俠客). a chivalrous person skilled in fencing
けんきょう[堅強](명·형동ダ) 견강. 단단하고 강함. hardness
けんきょう[牽強](명) 견강. 억지로 끌어다 붙이는 것. 억지로 합리화시키는 것. forced reasoning. **—ふかい**[牽強付会](연어·명·타サ) 견강 부회. 말을 억지로 끌어다 붙여서 조리에 맞추려고 함.
けんきょう[検鏡](명) 현미경으로 검사함. a microscopic examination
けんぎょう[建業](명) 건업. ①사업의 기초를 세우는 일. ②비파(琵琶)의 다른 이름. ③남경의 옛 이름. 1. establishment of the foundation of an enterprise
けんぎょう[兼業](명·타サ) 겸업. 둘 이상의 직업이나 영업을 함. 겸하고 있는 직업이나 영업. a side job
けんぎょう[検校·撿挍](명) ①옛날 장님에게 준 최고의 관직. ②신사(神社), 사원의 일체 사무를 취체하는 관직.
げんきょう[元凶·元兇](명) 원흉. 악당의 두목. 범인들 중의 주범. a ringleader
げんきょう[現況](명) 현황. 현재의 상황. the present condition
げんぎょう[現業](명) 현업. ①현재의 일(직업). ②현장의 공사, 작업 등의 노동. 2. field work. **—いん**[現業員](명) 전매청 직공, 우체부, 기관사 등 현업을 하는 관청의 공무원. **—ちょう**[現業庁](명) 현업청. 현업을 하는 행정 기관.
げんきょく[限局](명·타サ) 내용이나 뜻을 좁게 한정함. 국한. localization
けんきん[兼勤](명) 두 가지 이상의 직무를 맡는 것. 겸무(兼務). holding an additional office
けんきん[献金](명·자サ) 헌금. 돈을 바침. 또는 그 돈. contribution
げんきん[現金](명) 현금. ①현재 가지고 있는 돈. ②〔어음에 대해서〕 실제의 돈. 「一収入(シュウニュウ); 현금 수입」 1. ready money
げんきん[厳禁](명·타サ) 엄금. 엄중히 금지함. strict prohibition
けんぐ[賢愚](명) 현우. ①슬기로운 것과 어리석은 것. ②꾀보와 바보. 1. wisdom and folly
げんく[原句](명) 원래의 구(句). the original phrase
けんぐう[眷遇](명·타サ) 권우. 후하게 대우함. 권고(眷顧). cordial treatment
げんくん[元勲](명) 원훈. 국가에 대해 큰 공적을 세우는 일. 또는 그 사람. 원로(元老). 「維新(イシン)の一; 유신의 원로」 distinguished services for the country
げんくん[厳君](명) 엄군. 아버지의 높임말. 부군(父君). 엄친(厳親). one's father
げんげ[紫雲英](명)〈식〉⇨れんげそう.
けんけい[県警](명) 현(県)의 경찰 사무를 보는 관청. a prefectural police
けんけい[賢兄](대)〔현명한 형님이란 뜻으로〕 동년배에 대한 존칭. 존형. 대형(大兄). you
げんけい[原形](명) 원형. 본래(처음)의 형태(모양). the original form. **—しつ**[原形質](명)〈생〉 원형질. 생물체를 구성하는 기초 물질.
げんけい[原型](명) 원형. (제작물의) 근본이 되는 거푸집. 또는 본보기. an archetype
げんけい[現形](명) 현형. 현재의 모양. the present form
げんけい[減刑](명·자サ) 감형. ①형벌을 가볍게 함. ②〈법〉 특사(特赦)의 하나. 범죄인의 형 집행의 일부를 취소함. 1. commutation
げんけい[減軽](명·타サ) ①덜어서 가볍게 함. ②등급을 내림. ③〈법〉 형벌을 가볍게 함. 1. reduction
げんけい[厳刑](명) 엄형. 가혹(苛酷)한 형벌. 엄중한 형벌. a severe punishment
けんげき[剣戟](명) 검극. ①칼과 창. 무기(武器). ②전쟁. 1. weapons 2. a war
けんげき[剣劇](명) 검극. 칼싸움을 줄거리로 한 연극이나 영화. a fighting play
げんげつ[弦月](명) 조각달. 상현(上弦), 하현(下弦)의 달. 초승달. a crescent moon
げんげつ[限月](명)〈경〉〔거래에서〕 월말을 결제의 시기로 하는 거래 기간. the month of delivery
けんけん[拳拳](부) 삼가 받들어 지니는 모양. 「一服膺(フクヨウ)する; 삼가 마음에 새기다」 respectfully
けんげん[建言](명·자サ) 건언. 의견을 사룀. 또는 그 의견. 건의. 건백(建白). a petition

けんげん[献言](명·타サ) 헌언. (임금 등에게) 의견을 올림. 또는 그 의견. an advice
けんげん[権限](명) 권한. ①〈법〉 관청 등이 법령의 규정에 따라 하는 일의 범위. 「職務(ショクム)―; 직무 권한」 ②대리인이 할 수 있는 법률 행위의 범위. ③개인의 권리의 범위. 1. function 3. a right
けんげん[顕現](명·자타サ) 현현. 똑똑하게(두드러지게) 나타남. manifestation
げんげん[言言](명) 하나하나의 말. 말마다. 「―火(ヒ)を吐(ハ)く如(ゴト)き熱弁(ネッベン); 한 마디 한 마디 불을 토하는 듯한 열변」 every word
けんけん ごうごう[喧喧囂囂](형동タルト) 떠들썩한 모양. 굉장히 시끄러운 모양. clamorous
けんこ[眷顧](명) 권고. 돌보아 주는 것. favour
けんご[謙語](명) 겸사의 말. humiliatory language
けんご[堅固](형동ダ) 견고. ①단단하여 움직이지 않는 모양. ②(성, 요새 등이) 격파(擊破)하기 어려운 모양. 1. solid
げんこ[拳固](명)〈속〉 주먹. a fist
げんこ[儼乎](형동タリ) 엄숙한 모양. 엄한 모양. solemn
げんご[言語](명) 언어. 소리나 문자로 생각이나 느낌을 전하는 것. 말. 「―に絶(ゼッ)する; (정도가 너무 심하여) 말로는 다 할 수 없다」 language
げんご[原語](명) 원어. ①번역한 것의 본래의 말. ②외국어. 1. the original word 2. a foreign language
げんご[源語](명) ⇨げんじものがたり(源氏物語).
けんこう[兼行](명·자サ) ①밤낮을 가리지 않고 서두름. 「昼夜(チュウヤ)―; 불철 주야」 ②둘 이상의 일을 동시에 함. 2. doing two things by oneself
けんこう[健康](명·형동ダ) 건강. 건전함. (몸이) 무탈함. 「―診断(シンダン); 건강 진단」 health. **―ほけん**[健康保険](명) 건강 보험. 소액(少額) 소득자의 건강상의 사고, 특히 질병, 상해(傷害), 분만(分娩) 등에 의한 생활의 불안을 제거하려는 보험.
けんこう[堅甲](명) 견갑. ①튼튼하게 만든 갑옷. ②단단한 껍데기. 2. a solid shell
けんこう[権衡](명) 권형. ①저울의 추와 저울대. ②저울. ③사물의 경중을 고르게 하는 것. 균형(均衡). 1. a lever and a weight
けんこう[軒高·軒昂](형동タルト) 헌앙. 의기가 높은 모양. 의기 양양한 모양. 「意気(イキ)―; 의기 헌앙」 in high spirits
けんごう[剣豪](명) 검호. 검술(剣術)의 명인. a great swordsman
けんごう[堅剛](명·형동ダ) 견강. 단단하고 굳셈. 의지가 굳셈. solidity
けんごう[喧囂](명) ⇨けんけんごうごう.
げんこう[元寇](명)〈역〉 원(元) 나라의 침략. 원 나라가 일본을 두 번에 걸쳐 침략한 일. (1274~81) the Mongolian Invasion
げんこう[玄黄](명) 현황. ①검은 하늘 빛과 누른 땅 빛. 「天地(テンチ)―; 하늘은 검고 땅은 누름」 ②하늘과 땅. 우주(宇宙). 2. heaven and earth
げんこう[言行](명) 언행. 말과 행동. 「――致(イッチ); 말과 행동이 일치함」 words and deeds
げんこう[原鉱](명) 원광. 제련하기 이전의 파낸 그대로의 광석. an ore
げんこう[原稿](명) 원고. ①제대로 쓰기 전에 대충 쓴 것. 초안. 초고. ②시나 글을 쓴 종이. 「―用紙(ヨウシ); 원고 용지」 1. a draft 2. a manuscript
げんこう[現行](명) 현행. 현재 행하는 것. 또는 행해지는 것. existing. **―はん**[現行犯](명)〈법〉 현행범. 실행중이거나 실행의 직후에 발각된 범죄. 또는 그 범인.
げんごう[元号](명) 연호(年号). the name of an era
けんこう こつ[肩胛骨](명)〈생〉 견갑골. 어깨뼈. the shoulder blade
けんこく[建国](명) 건국. 새로 나라를 세움. the founding of a state
げんこく[原告](명)〈법〉 원고. 재판을 청구한 당사자. ↔被告(ヒコク). the plaintiff
げんこく[減石](명) 술의 양조량(醸造量)을 줄이는 일. ↔増石(ゾウコク).
げんこく[厳酷](명·형동ダ) 엄하고 혹독함. severity
けんこつ[顴骨](명)〈생〉 관골. 광대뼈. the cheekbone
げんこつ[拳骨](명) 주먹. a fist
げんごろう[源五郎](명)〈동〉 물방개. 물에 사는 딱정벌레의 하나. a Japanese water beetle
けんこん[乾坤](명) 건곤. ①천지. ②음양(陰陽). 1. heaven and earth 2. the sun and the moon. **―いってき**[乾坤一擲](연어·명) 건곤 일척. 운명을 걸고 성패를 겨루는 것.
げんこん[現今](명·부) 현금. 지금. 현재. today
けんさ[検査](명·타サ) 검사. 가려 냄. 조사. examination
けんさい[県債](명) ①현(県)의 채무(債務). ②현이 발행하는 채권. a prefectural loan
けんさい[賢才](명) 현재. 재주가 뛰어난 것. 또는 그런 사람. a man of ability
けんさい[賢妻](명) 현처. 남편과 가정을 잘 돕는 현명한 아내. a good wife
けんざい[建材](명) 건재. 건축 재료의 준말.
けんざい[健在](명·형동ダ) 건재. ①탈없이 무사히 지냄. ②충분히 활동할 수 있음. 1. sound and healthy
けんざい[顕在](명·자サ) 나타나 있음. ↔陰在(インザイ), 潜在(センザイ). being actualized
げんさい[減殺](명·타サ) 감쇄. 덜어서 없애 버림. 적게 함. lessening
げんさい[減債](명) 감채. 빚을 줄임. 또는 줆. 「―基金(キキン); 국채(国債)를 상환하기 위해 적립(積立)하는 기금」 partial payment
げんざい[原罪](명)〈종〉 원죄. 아담과 이브의 타락으로 인류가 나면서부터 지니고 있다는 죄. the original sin
げんざい[現在](명·부·자サ) ①현재. 지금. ②〈철〉 과거와 미래를 잇는 시점. ③〈불〉 현세. 이승. ④〔문법에서〕 동작이 현재 이루어지는 것. ⑤지금 있음. 실제(実際). 1. the present time 2. reality 3. this world.

―だか[現在高](명) 현재 있는 액수, 수량. 잔액.
げんざいりょう[原材料](명) 원재료. 원료가 되는 재료. raw and manufactured materials
けんざお[間竿]―ザヲ(명) 토지의 넓이를 재는 대나무 막대기.
けんさく[検索](명·타サ) 검색. ①뒤져 찾음. ②혐의에 따라 몸, 가택 등을 뒤져 봄. 1. searching out
けんさく[献策](명·타サ) 헌책. 일에 대한 계책(計策)을 말씀 드림. suggestion
けんさく[建策](명·자サ) 건책. 계책을 세움. planning
げんさく[原作](명) 원작. ①번역(개작)하기 전의 본래의 작품. ②각본(脚本)의 기본이 된 소설이나 희곡. 1. the text 2. the original
げんさく[減作](명)〈농〉 감작. 농작물의 수확이 감소하는 일. a short crop
けんさつ[検札](명·자サ) 검찰. 승차권 등의 표를 검사함. examination of tickets
けんさつ[検察](명) 검찰. ①조사하여 밝히는 일. ②〈법〉 범죄 등의 증거를 수집하는 일. 1. research 2. investigation. **―かん**[検察官](명)〈법〉 검찰관. 검찰 사무를 다루는 공무원. **―ちょう**[検察庁](명)〈법〉 검찰청. 검찰관이 검찰 사무를 다루는 관청.
けんさつ[賢察](명·타サ) 현찰. 타인의 추찰(推察)의 높임말. 헤아려 살피심. your conjecture
げんさつ[減殺](명·타サ)〈속〉 "げんさい(감쇄)"의 오독(誤読).
けんさん[研鑽](명·타サ) 연찬. 깊이 연구함. 「―を積(ツ)む; 깊은 연구를 쌓다」 study
けんざん[見参](명·자サ) 대면, 면회의 높임말. 배알(拝謁). a meeting
けんざん[剣山](명) 꽃꽂이에서 뿌리를 안정시키기 위해 쓰는 도구. 둥글 납작한 쇠붙이에 촉음기 바늘 같은 것을 촘촘히 박았음.
〔剣山〕
けんざん[験算·検算](명·타サ) 검산. 셈한 것을 따져 확인함. verification of accounts
げんさん[原産](명) 원산. 최초에 산출된 것. 「―地(チ); 원산지」 the origin
げんさん[減産](명·자타サ) 감산. ①생산이 줆. ②생산을 줄임. 1. a decrease in production
げんさん[減酸](명)〈의〉 감산. 위산(胃酸)이 줄어드는 일. 「―症(ショウ); 위산 결핍증」 decrease of acid in the stomach
げんざん[減算](명·자サ)〈수〉 감산. 뺄셈. subtraction
げんさんしゅ[原蚕種](명)〈농〉 원잠종. 좋은 종자를 얻기 위해 계통을 바르게 한 누에 종자. silkworm eggs
げんさんち[原産地](명) 원산지. 동식물이 본디 생산된 곳. the habitat
けんし[犬歯](명)〈생〉 견치. 송곳니. a dog-tooth
けんし[県史](명) 현의 역사. the history of a prefecture
けんし[剣士](명) 검사. 검객(剣客). a swordsman
けんし[検死·検屍](명·타サ) 검시. 변사체(変死体)를 검사함. an inquest
けんし[検使](명) 사실을 확인하기 위한 사자(使者). an investigator
けんし[検視](명·타サ) 검시. ①사실을 취조(取調)함. ②변사자(変死者)의 몸을 검사해 봄. 1. investigation
けんし[絹糸](명) 견사. 명주실. 비단실. 「人造(ジンゾウ)―; 인조 견사」 a silk-thread
けんし[繭糸](명) 견사. ①누에고치와 실. ②고치에서 뽑은 실. 생명주실. 1. cocoon and silk-thread
けんじ[健児](명) 건아. 혈기 왕성한 사나이. 젊은이. 청년. a vigorous boy
けんじ[堅持](명·타サ) 견지. 굳게 지님. holding fast
けんじ[検字](명) 검자. 〔옥편, 자전에서〕 본문에 나온 한자(漢字)를 획수 차례로 적어 놓은 색인(索引). an index of Chinese characters
けんじ[検事](명)〈법〉 검사. 검찰관 계급의 하나. a public procurator. **―きょく**[検事局](명) 검사국. 검사가 일을 보는 곳. 검찰청의 옛 이름. **―せい**[検事正](명)〈법〉 검사정. (일본의) 지방 검찰청의 장.
けんじ[献辞](명) 헌사. 자기의 저서를 증정하는 취지를 기록한 말. 헌제(献題). 헌사(献詞). dedication
げんし[幻視](명)〈심〉 환시. 사실에는 없는 것이 있는 듯이 보이는 것. 시각성(視覚性)의 환각(幻覚). a visual hallucination
げんし[原子](명) ①〈이〉 원자. 원소(元素)의 특성을 지니는 한도내에서 더 이상 나눌 수 없는 작은 입자. 이것이 모여 분자가 됨. 「―砲(ホウ); 원자포」 ②←原子爆弾. 1. an atom. **―か**[原子価](명)〈이〉 원자가. 어떤 원소의 원자가 수소 원자 몇 개와 화합하는가의 수치. **―かく**[原子核](명)〈이〉 원자핵. 원자의 핵. **―ばくだん**[原子爆弾](명)〈군〉 원자 폭탄. 원자 에네르기를 이용한 폭탄. **―びょう**[原子病](명)〈의〉 원자병. 방사능(放射能)으로 인하여 생기는 병. ⇨:げんばくしょう(原爆症). **―りょく**[原子力](명)〈이〉 원자력. 원자핵이 분열, 융합할 때 생기는 힘. 「―発電(ハッデン); 원자력 발전」 **―ろ**[原子炉](명)〈이〉 원자로. 원자핵의 분열 반응을 일으키는 설비. 동위 원소를 만드는 데 씀.
げんし[原糸](명) 원사. 직물의 원료가 되는 실.
げんし[原始](명) 원시. ①처음. 시작. 시초. ②자연대로인 것. 1. the beginning 2. primeval state. **―じん**[原始人](명) 원시인. 먼 옛날의 미개인. **―てき**[原始的](형동ダ) 원시적. 자연 그대로의 미개한 모양. **―りん**[原始林](명) 원시림. 나무를 베어 내지 않은 삼림. 원생림(原生林).
げんし[原紙](명) 원지. ①닥나무 껍질로 만든 두껍고 질긴 종이. ②잠란지(蚕卵紙). ③등사(謄写)할 때에 쓰이는 초를 먹인 종이. 2. an egg-sheet 3. stencil paper
げんし[原詩](명) 원시. 원래의 시. the original poem
げんし[減資](명·자サ)〈경〉 감자. 자본금을 줄임. ↔増資(ゾウシ). reduction of capital
げんじ[言辞](명) 언사. 말. 말씨. words
げんじ[現時](명·부) 지금. 현재. nowadays

げんじ[源氏](명) ①"源氏(ミナモトウジ)"의 음독(音読). ↔平氏(ヘイシ). ②←源氏物語. **—ぐるま**[源氏車](명) ⇨ごしょぐるま(御所車). **—な**[源氏名](명) 기생 등의 예명(芸名). **—ぼたる**[源氏蛍](명)〈동〉 홍개똥벌레. **—ものがたり**[源氏物語](명) 헤이안(平安) 시대의 세태를 묘사한 장편 소설.

けんしき[見識](명) 견식. ①생각. 의견. 식견. ②독특한 의견. 주의(主義). ③기품(気品). 1. discernment 3. pride. **—ば·る**[見識張る](자 4) 식견이 있는 체하다.

げんしじだい[原史時代](명)〈역〉 원사 시대. 고고학상(考古学上) 시대 구분의 하나. 역사 시대의 초기.

けんじつ[堅実](명·형동ダ) 견실. 확고하고 위험이 없음. 단단하고 변함이 없음. solidity

げんしつ[言質](명) ⇨げんち.

げんじつ[現実](명) 현실. 실제로 보고 듣는 엄연한 사실. 「—に目(メ)ざめる; (엄연한) 사실에 눈뜨다」 reality. **—てき**[現実的](형동ダ) 현실적. 실제적.

けんしゃ[検車](명·타サ) 검차. 차량을 검사함. 「—係(ガカリ); 검차계」 examining cars

けんじゃ[賢者](명) 현자. 어질고 슬기로운(현명한) 사람. 현인. a sage

げんしゃ[減車](명·자サ) 감차. 차량의 수를 줄임. ↔増車(ゾウシャ). a drop in runs

けんしゃく[顕爵](명) 현작. 높은 작위(爵位). peerage

けんじゃく[間尺](명) ⇨けんなわ(間縄).

げんしゃく[現尺](명) 있는 그대로를 나타낸 척수. ↔縮尺(シュクシャク). full size

けんじゅ[犬儒](명) 견유. ①견유 학파(犬儒学派)에 속하는 사람. ②사회의 모든 기성 사실(既成事実)을 멸시하고 세상을 비꼬며 비뚤어진 눈으로 보는 학자. 1. a Cynic. **—がくは**[犬儒学派](명)〈철〉 견유 학파. 소크라테스 문하(門下)였던 안티스테네스에 의해 창시된 학파. 사회적 문화, 예절 등을 무시하고 자연 생활로써 개인 정신의 자유를 얻고자 했던 사람들. 퀴닉 학파.

けんしゅ[堅守](명·타サ) 굳게 지킴. 고수(固守). 「strong defense

けんしゅ[賢主](명) 현주. 현명한 군주. 현군(賢君). a wise emperor

げんしゅ[元首](명)〈법〉 원수. 국가의 수반으로 국가를 대표하는 사람. a sovereign

げんしゅ[原種](명) 원종. ①〈농〉 씨를 받기 위하여 뿌리는 씨. ②어떤 동식물의 원형(原型)이 되는 야생의 동식물. 1. a seed

げんしゅ[厳守](명·타サ) 엄수. 엄격히 지킴. 굳게 지킴. 「時間(ジカン)—; 시간 엄수」 strict observance

けんしゅう[研修](명·타サ) 연수. 그 방면에 필요한 공부나 실습을 함. 「—会(カイ); 연수회」 study and training

けんしゅう[兼修](명·타サ) 둘 이상을 함께 배움. studying two or more subjects at the same time

けんしゅう[献酬](명·타サ) 술잔을 주고 받음. an exchange of winecups

けんじゅう[拳銃](명) 권총. 피스톨. a pistol

げんしゅう[現収](명) 현재의 수입. the present income

げんしゅう[減収](명·자サ) 감수. 수입이 줆. ↔増収(ゾウシュウ). a decrease in income

げんじゅう[現住](명) ①〈불〉 현재의 주지(住持). ②현주. 현재 살고 있는 것. 「—地(チ); 현주지」 1. the present chief priest. **—しょ**[現住所](명) 현주소. 현재 거주하고 있는 곳의 주소.

げんじゅう[還住](명·자サ) 원래 살던 곳으로 되돌아와 삶. return

げんじゅう[厳重](형동ダ) 엄중. 엄격한 모양. severe

げんじゅうみん[原住民](명) 원주민. 본래부터 그곳에 사는(살던) 사람. 토착민(土着民). natives

けんしゅく[巻縮](명) 실을 곱슬곱슬하게 하는 것. crispation

げんしゅく[厳粛](명·형동ダ) 엄숙. ①장엄하고 정숙함. 위풍 있고 엄중함. ②(도덕적으로) 진실함. 엄함. 1. solemnity 2. austerity

けんしゅつ[検出](명·타サ) 검출. 검사하여 뽑아 냄. 조사하여 찾아 냄. detection

けんじゅつ[剣術](명) 검술. 칼싸움하는 기술. 검도(剣道). fencing

げんしゅつ[幻出](명·자サ) 환영(幻影)과 같이 어렴풋이 나타남. a phantom

げんしゅつ[現出](명·자타サ) 나타남. 또는 나타나게 함. 노출(露出). appearance

げんじゅつ[幻術](명) 이상한 술법. 마술(魔術). 기술(奇術). 요술. magic

けんしゅん[険峻·嶮峻] (명·형동ダ) 험준. ①험악함. ②산이 높고 험함. 또는 그곳. 1. steepness 2. a steep

けんしょ[険所·嶮所](명) 험소. 험한 곳. a steep place

けんじょ[賢女](명) 현명한 여인. a wise woman

げんしょ[原書](명) 원서. ①본디의 책. 원본. ②원어로 쓰인 책. ↔訳書(ヤクショ). 1. the original

げんしょ[厳暑](명) 심한 더위. 혹서(酷暑). intense heat

けんしょう[見性](명)〈불〉 견성. 미혹(迷惑)을 물리치고 우주의 본원(本源)을 깨치는 일. 견성 성불(成仏).

けんしょう[肩章](명) 견장. 제복, 예복의 어깨에 다는 표장. (대개 계급 등을 나타냄) a shoulder strap

けんしょう[健勝](명) 건승. 건강(건전)한 것. 평안. 「ご—のことと存(ゾン)じます; 평안하실 줄 아옵니다」 good health

けんしょう[検証](명·타サ) 검증. ①조사하여 밝힘. 검사하여 증명함. ②〈법〉 범행에 관련된 사실을 밝히기 위해 현장이나 증거물을 실지로 정확히 조사함. 「実地(ジッチ)—; 현장 검증」 1. verification

けんしょう[憲章](명) 헌장. 국가 등이 이상(理想)으로 삼아서 정한 중요 원칙. 「児童(ジドウ)—; 어린이 헌장」 a charter

けんしょう[謙称](명) 겸칭. 겸손히 일컫는 것. 겸사로 일컫는 말. a humble expression

けんしょう[顕彰](명·자타サ) 명확히(두드러지게) 나타남. 또는 나타냄. manifestation

けんしょう[懸賞](명) 현상. 상품이나 상금을 거는 것.「―問題(モンダイ); 현상 문제」 offering a prize
けんじょう[堅城](명) 방비가 견고한 성.「―をぬく; 견고한 성을 함락하다」 a strong fortress
けんじょう[献上](명·타サ) 헌상. 〔신불(神仏)이나 귀한 사람에게〕 물건을 바침. presentation. **―はかた**[献上博多](명) 독고(独鈷) 모양의 촛을 무늬를 넣어 짠, 일본 옷의 띠에 흔히 쓰는 직물 이름.
けんじょう[喧擾](명) 훤요. 시끄럽게 떠듦. 시끄럽게 떠들어댐. tumult
けんじょう[謙譲](명·형동ダ) 겸양. 겸손하고 사양함.「―の美徳(ビトク); 겸양의 미덕」 humility
げんしょう[元宵](명) 원소. 음력 정월 보름날 밤.
げんしょう[現象](명) 현상. 자연이나 사회에 실제로 나타나 관찰할 수 있는 일.「自然(シゼン)―; 자연 현상」 appearance
げんしょう[減少](명·자타サ) 감소. 줄어서 적어짐. 또는 줄임. ↔増加(ゾウカ). diminution
げんじょう[原状](명) 원상. 본래의 상태. 처음의 상태. the original state
げんじょう[現状](명) 현상. 현재 상태. the present state
げんじょう[現場](명) 현장. 사물의 현재 장소. 사건이나 공사가 벌어진 곳. the actual spot
けんしょく[兼職](명·자サ) 겸직. 본직 외에 다른 직업을 겸함. a concurent office
けんしょく[顕職](명) 현직. 높은 지위의 관직. 고귀(高貴)한 벼슬. a prominent post
げんしょく[原色](명) 원색. ①분해할 수 없으며 모든 색의 기본이 되는 색. 기색(其色). 빨강, 파랑, 노랑의 삼색. ②본래의 색. 1. a primary colour 2. the original colour
げんしょく[現職](명) 현직. 현재의 직업. 현재의 직책. the present position
げんしょく[減食](명·자サ) 감식. 식사의 양을 줄임. reduction of diet
けん·じる[献じる](타상1) (물건을) 바치다. 진상(進上)하다. offer
げん·じる[減じる] Ⅰ(자상1) 적어지다. 덜어지다. Ⅱ(타상1) ①덜다. 적게 하다. ②빼다. 뺄셈을 하다. Ⅰ decrease Ⅱ 1. lessen 2. subtract
けんしん[見神](명) 마음속에 신의 본체(本体)를 느껴 아는 일. beatific vision
けんしん[検針](명) 계기(計器)의 바늘이 가리키는 눈금을 조사하는 일. inspection of a meter
けんしん[検診](명·타サ) 검진. 병의 유무를 진찰함.「集団(シュウダン)―; 집단 검진」 medical examination
けんしん[献身](명·자サ) 헌신. 몸(목숨)을 바쳐 진력(盡力)함. self-sacrifice. **―てき**[献身的](형동ダ) 헌신적. 헌신하는 정신으로 일하는 모양.
けんしん[権臣](명) 권력 있는 신하. an influential vassal
けんじん[県人](명) 같은 현(県)의 사람. **―かい**[県人会](명) 같은 현(県) 출신들의 모임.
けんじん[堅陣](명) 견진. 견고한 진지. a stronghold
けんじん[賢人](명) 현인. 현명한 사람. 현자(賢者). a wise man
げんしん[原審](명)〈법〉 원심. 현재의 재판 전에 받은 재판. 원재판.「―を破棄(ハキ)する; 원심을 파기하다」 the original judgment
げんじん[原人](명) 원인. 원시 시대의 인류. 원시인. a primitive man
げんず[原図]―ヅ(명) 원도. 복사(複写), 모사(模写)를 하지 않은 본래의 그림. the original figure
けんすい[建水](명) ⇨みずこぼし.
けんすい[懸垂](명·자타サ) 현수. ①내려 드리움. 매어 닮. ②철봉 등에 매달린 자세. 또는 매달려 팔을 폈다 오그렸다하는 운동. 턱걸이. 1. suspension 2. chinning
げんすい[元帥](명)〈군〉 원수. 대장 중에 특히 선출된 사람을 부르는 이름. 군인의 가장 높은 계급. a marshal
げんすい[減水](명·자サ) 감수. 물의 양이 줆. ↔増水(ゾウスイ). decrease of water
げんすいばく[原水爆](명) 원자 폭탄과 수소 폭탄. an atomic bomb and a hydrogen bomb
げんずい[玄水](명) 술의 다른 이름.
けんすう[件数](명) 건수. 사건의 수. the number of cases
けんすう[軒数](명) 집채의 수. 호수(戸数). the number of houses
けんすう[間数](명) 간수. 집의 간살의 수효.
けんすう[権数](명) 목적을 위해서는 수단 방법을 가리지 않고 권세와 모략과 중상 등 갖은 수단을 다 쓰는 술책. 권모 술수(権謀術数). trickery
げんすう[現数](명) 현재의 수량. the aotual number
けん·する[検する](타サ) ①조사하다. 검사하다. ②취체(取締)하다. 1. investigate
けん·する[験する](타サ) ①시험하다. ②검산(検算)하다. 1. attempt 2. verify accounts
けん·ずる[献ずる](타サ) ⇨けんじる.
げん·する[眩する](자타サ) 현혹(眩惑)되다. 현기증(眩気症)이 나다. 눈이 어찔어찔하다. get giddy
げん·ずる[現ずる] Ⅰ(자サ) 나타나다. Ⅱ(타サ) 나타내다. Ⅰ appear Ⅱ manifest
げん·ずる[減ずる](자타サ) ⇨げんじる. 「full size⤵
げんすん[原寸](명) 현물(現物)대로의 치수. 원치수.
げんせ[現世](명) 현세. 지금 세상. 이승. (불교 용어로는 "げんぜ") this world
げんせい[現制](명) 현재의 제도. the present system
けんせい[県政](명) 현정. 현(県)의 행정. a prefectural government
けんせい[県勢](명) 현(県)의 (경제상의) 상태. 또는 정세. a prefectural condition
けんせい[牽制](명·타サ) 견제. ①행동의 자유를 구속함. ②상대방을 자기 뜻대로 끌거나 멈추게 함. 1. check
けんせい[権勢](명) 권세. 권력과 위세. 세력. power
けんせい[憲政](명) 헌정. 헌법에 의해서 행하는 정치. 입헌 정치(立憲政治). constitutional government

けんぜい[県税](명) 현(県)에서 부과, 징수하는 세금. prefectural rates

げんせい[原生](명) 본래의 상태에서 진화(변화)하지 않은 것. 원시(原始). 「一動物(ドウブツ); 원생 동물(아메에바 같은 동물)」「一林(リン); 원시림」 primitiveness

げんせい[現勢](명) 현세. 현재의 정세나 세력. the present state

げんせい[厳正](명·형동ダ) 엄정. 엄격하고 바름. strict fairness

げんぜい[減税](명·자サ) 감세. 세금을 줄임. ↔増税(ゾウゼイ). a tax reduction

けんせき[譴責](명·타サ) 견책. ①문책함. 구중함. ②〔관청, 회사 등에서〕 부도덕한 행위나 과실에 대해 내리는 가벼운 벌. 1. rebuke

げんせき[言責](명) ①자기가 한 말에 대한 책임. ②옳고 그름을 가리는 말을 해야 할 책임. 1. responsibility for one's words

げんせき[原石](명) ①원광(原鉱). ②가공할 재료로서의 보석. 가공하지 않은 보석. 1. an ore

げんせき[原籍](명) 원적. 본적(本籍). the domicile

けんせきうん[巻積雲](명)〈천〉 권적운. (상당히 높이 떠 있는) 여러 조각으로 된 구름. 조개 구름. a cirro-cumulus

けんせつ[建設](명·타サ) 건설. ①(건물 등을) 새로 지음. ↔破壊(ハカイ). ②(학설, 질서 등을) 세움. 1. construction. **—しょう**[建設省](명)〈법〉 건설성. 중앙 관서의 하나. 한국의 예전 건설부에 해당. **—てき**[建設的](형동ダ) 건설적. 사물을 잘 유지, 발전시키고자 하는 모양. 「一意見(イケン); 건설적인 의견」↔破壊的.

けんせつ[兼摂](명·타サ) 겸섭. 원직무 외에 딴 직무를 겸하여 봄. holding an additional post

けんぜつ[懸絶](명·자サ) 현절. 아주 동떨어짐. 두드러지게 다름. 현격(懸隔). being far removed

げんせつ[言説](명) 세상에 발표된 말. a statement

けんせん[捲線](명) ①쇠줄을 감은 것. ②〈이〉 ⇨コイル.

けんせん[健羨](명) 몹시 부러워함. a great envy

けんぜん[健全](명·형동ダ) 건전. ①몸이 탈없이 건강함. ②생각이 온건함. 1. health 2. soundness

げんせん[源泉·原泉](명) 원천. ①물이 흘러 나오는 근원. ②사물의 근원. 「知識(チシキ)の一; 지식의 근원」 1. a source. **—かぜい**[源泉課税](명)〈법〉 원천 과세. 소득이나 수입을 지불하는 곳에서 징수하게 하는 세금.

げんせん[厳選](명·타サ) 엄선. 엄격히 고름. 엄정히 가려 냄. careful selection

げんぜん[現前](명·자サ) 현전. ①눈앞. 목전(目前). ②목전에 나타남. 「一の事実(ジジツ); 목전의 사실」 1. before one's eyes

げんぜん[眩然](명·형동タリ) 현연. 아주 눈부심. 눈이 캄캄함. dazzling

げんぜん[厳然·儼然](형동タリ) 엄연. 위엄 있고 점잖은 모양. majestic

けんそ[険阻·嶮岨](명·형동ダ) 험조. 지세가 거칠고 험함. 「一な山道(ヤマミチ); 험준한 산길」 steepness

げんそ[元素](명) 원소. ①근본. 으뜸. 씨. ②〈이〉 물리 화학적으로 더 이상 나눌 수 없는 것. 모든 물질을 구성하는 최소 단위. an element

けんそう[険相](명·형동ダ) 험상. 인상(人相)이 험함. 험한 인상. a forbidding look

けんそう[喧噪·喧騒](명·형동ダ) 소란함. 떠들썩함. 훤화(喧譁). tumult

けんぞう[建造](명·타サ) 건조. 세워 만듦. 이룩함. building. **—ぶつ**[建造物](명) 건조물. ①건물. ②나무, 돌, 토사, 금속 등으로 만든 것.

げんそう[幻想](명·타サ) 환상. 불합리하고 비현실적인 상상을 함. 공상. 망상. an illusion. **—きょく**[幻想曲](명)〈악〉 환상곡. ①자유롭고 즉흥적인 공상에 의하여 만든 기악곡. ②명곡을 모아 편곡한 것.

げんそう[現送](명·타サ)〈경〉 현송. 현물이나 현금을 보냄. article or cash sending

げんそう[舷窓](명) 현창. 선복(船腹)에 단 창문. a porthole

げんぞう[幻像](명) 환상. 실제로 없으면서 있는 것처럼 보이는 모양. 환영(幻影). 허깨비. a phantom

げんぞう[現像](명·타サ) 현상. 〔사진에서〕 필름, 인화지 등에 사진이 나타나게 함. developing

けんそううん[巻層雲](명)〈천〉 권층운. 높은 하늘에 새털처럼 퍼져 있는 구름. a cirro-stratus

けんそく[検束](명·타サ) 검속. 경찰권에 의하여 임시로 경찰서에 구치함. 「予備(ヨビ)一; 예비 검속」 arrest

けんぞく[眷属·眷族](명) 권속. ①일족(一族). 친척. ②부하. 1. one's whole family 2. followers

げんそく[原則](명) 원칙. 기본이 되는 법칙. a principle

げんそく[舷側](명) 현측. 뱃전. the side of a ship

げんそく[減速](명·자サ) 감속. 속도를 늦춤. ↔加速(カソク). speed reduction

げんぞく[還俗](명·자サ) 환속. 중이 도로 속인으로 돌아 옴. 퇴속(退俗). secularization

けんそん[謙遜](명·자サ·형동ダ) 겸손. 자기를 낮추고 남을 높임. modesty

げんそん[玄孫](명) 현손. 손자의 손자. 고손(高孫). a great-great-grandchild

げんそん[現存](명·자サ) 현존. 현재 있음. existence

げんそん[厳存·儼存](명·자サ) 엄존. 엄연히 존재함. 확고 부동하게 존재함. real existence

けんたい[兼帯](명·타サ) 겸대. ①하나로 둘 이상을 겸하여 씀. 겸용. 「朝昼(アサヒル)一の食事(ショクジ); 조반 겸 점심 식사」 ②겸임(兼任). 1. a combined use 2. an additional post

けんたい[倦怠](명·자サ) 권태. 싫증이 나서 게을러짐. 탐탁한 맛이 없어지고 게으름을 느끼게 됨. weariness

けんだい[見台](명) 책, 악보 등을 올려 놓고 보는 받침대. a book-stand

〔見台〕

けんだい[兼題](명) 와카(和歌), 하이쿠(俳句) 등을 짓는 모임에서 미리 내는 제목. ↔席題(セキダイ), 即題(ソクダイ). a prepared subject

けんだい[献題](명) ⇨けんじ.

けんだい[賢台](대) 〔편지에서〕동년배 또는 손윗사람에게 쓰는 높임말.

げんたい[原隊](명) 원대. 군대에서 처음 소속되었던 부대. one's home unit

げんたい[減退](명·자サ) 감퇴. 적어져 쇠퇴함. 「食欲(ショクヨク)—; 식욕 감퇴」 decline

げんだい[現代](명) 현대. ①지금 세상. 현금(現今). ②〈역〉 ㉠메이지 유신(明治維新) 이후 지금까지의 시기. ㉡제1차 세계 대전 이후 지금까지의 시기. 1. the present age. **—かなづかい**[現代仮名遣い]—カナヅカヒ(명) 일본의 현대 말소리를 나타내는 규칙. 소리대로 적음을 원칙으로 함. **—てき**[現代的](형동ダ) 현대적. 현대에 맞는 모양. 현대식.

げんだか[現高](명) 현재 있는 수량. the present amount

けんたつ[顕達](명) 현달. 세상에 나가 영화를 누림. 입신 출세(立身出世). rise in the world

げんたつ[厳達](명·타サ) 엄달. 엄중한 통지를 냄. 엄중히 시달함. giving strict instructions

げんたる[厳たる](연체) ⇨げん(厳).

けんたん[検痰](명·자サ)〈의〉 검담. 가래침 속의 결핵균의 유무를 검사함. sputum inspection

けんたん[健啖](명·형동ダ) 많이 먹음. 잘 먹음. 대식(大食). 「—家(カ); 대식가」 gluttony

げんたん[減反·減段](명·타サ) 경작 면적을 줄임. ↔増反(ゾウタン). reducing the area under cultivation

げんたん[減炭](명·자타サ) 석탄 생산량을 줄임. ↔増炭(ゾウタン). 「strict research⤵

げんたん[厳探](명·타サ) 엄탐. 엄중히 정탐(偵探)함.

げんだん[厳談](명·자サ) 엄중히 담판함. a pressing demand

けんち[見地](명) ①견지. 사물을 관찰하여 결론을 내릴 때의 입장. 관점. 견해. 「科学的(カガクテキ)—; 과학적 견지」 ②대지(垈地)를 살펴 보는 일. 1. a viewpoint

けんち[軒輊](명) ①앞이 가벼워 앞쪽이 들리는 수레와 앞이 무거워 앞쪽이 수그러지는 수레. 올라 감과 숙어짐. ②우열(優劣). 1. rise and fall

けんち[検地](명·자サ) ①경작지(耕作地)의 경계, 넓이, 수확 등을 조사함. ②전선(電線)과 토지와의 절연(絶縁) 상태를 검사함. 1. land surveying

けんち[硯池](명) 연지. 벼루의 물을 넣는 오목한 부분.

げんち[言質](명) 언질. 뒤에 증거가 될 말. 「—を取(ト)る; 언질을 받다」 a pledge

げんち[現地](명) 현지. ①현재의 토지. ②실제로 일을 하는 곳. 현장. 1. the present land 2. the spot

けんちく[建築](명·타サ) 건축. 집 등을 설계하여 세움. 「—家(カ); 건축가」 building

けんちじ[県知事](명) 현지사. 현(県)의 장관. 한국의 도지사에 해당. a prefectural governor

けんちゅう[繭紬·絹紬](명) 멧누에 실로 짠 옷감. 산동주(山東紬). pongee

げんちゅう[原注·原註](명) 원주. 본래의 주(註). the original notes

けんちょ[顕著](명·형동ダ) 현저. 명확하고 두드러짐. remarkableness

げんちょ[原著](명) 원저. 원저작(原著作). 원작(原作). the original work

けんちょう[県庁](명) 현청. 현(県)의 사무를 보는 관청. a prefectural office

けんちょう[堅調](명) ①견실한 기능, 상태. ②〈경〉 시세가 오를 기미가 있는 것. ↔軟調(ナンチョウ). 1. a steady manner

げんちょう[幻聴](명)〈심〉 환청. 실제는 소리가 나지 않았는데도 들은 것같이 느끼는 일. auditory hallucination

けんちん[巻繊](명) 두부, 우엉, 당근 등의 튀김. 또는 그것을 넣은 맑은 장국. vegetable stew cooked with oil

けんつく[剣突](명)〈속〉 심한 잔소리나 꾸중. 「—をくわせる; 타박 맞다」 scolding

けんてい[検定](명·타サ) 검정. 검사하여 합격, 불합격 등을 정함. authorization. **—しけん**[検定試験](명) 검정 시험. 특수한 자격에 필요한 학력, 기술 등을 검사하는 시험.

けんてい[献呈](명·타サ) 헌정. 삼가 물품을 바침. 근정(謹呈). presentation

けんてい[賢弟] Ⅰ(명) 현명한 아우. Ⅱ(대) 남의 아우나 손아래 남자에 대한 높임말. Ⅰ one's wise younger brother

げんてい[限定](명·타サ) 한정. 한계를 정함. 한도. 「範囲(ハンイ)を—する; 범위를 한정하다」 limitation

げんてい[舷梯](명) 승선 또는 하선(下船)하기 위해 배 옆에 설치한 사닥다리. 타라프. a gangway ladder

けんてき[硯滴](명) ①벼룻물. 연수(硯水). ②연적. 벼룻물을 담는 그릇.

けんてつ[賢哲](명) 현철. ①현인(賢人)과 철인(哲人). ②현명하여 도리에 통달한 사람. 1. the wise

けんてん[圏点](명) 권점. 글자 옆에 찍는 동그라미. (뜻의 강조 등을 위한 것) emphasizing dots

けんでん[喧伝](명·타サ) 훤전. 세상이 떠들썩하게 이야기함. 「一世(イッセイ)に—された美談(ビダン); 세상을 떠들썩하게 한 미담」 being widely talked about

げんてん[原典](명) 원전. 근본이 된 책. 「—についてしらべる; 원전에 의거해 조사함」 the original text

げんてん[原点](명) 원점. ①기점(基点)이 되는 지점. ②〈수〉 좌표축(座標軸)이 교차되는 기준점. 1. the starting point 2. the origin

げんてん[減点](명·자サ) 감점. 점수를 깎음. 또는 깎은 점수. giving a demerit

げんど[限度](명) 한도. 한계. limit

—けんとう[見当](접미) 정도. 쯤. 「四十—の人(ヒト); 40세쯤 되어 보이는 사람」

けんとう[見当](명) ①목표. 목적. ②방면. 방향. ③예

상. 가능성. 「一違(チガ)い; 예상 착오」 2. direction
けんとう[軒灯](명) 처마에 다는 등. an eaves lantern
けんとう[拳闘](명) 권투. boxing
けんとう[健投](명·자サ) 〔야구에서〕 피처(投手)가 공을 계속 힘차게 던짐. nice pitching
けんとう[健闘](명·자サ) 건투. ①〔경기 등에서〕 굽히지 않고 꿋꿋이 싸움. ②매우 열심히 노력함. 1. fighting bravely
けんとう[検討](명·타サ) 검토. 조사하고 따짐. 엄밀히 조사함. 「原案(ゲンアン)を一する; 원안을 검토하다」 investigation
けんとう[献灯](명) 헌등. 신불(神仏)에게 바치는 등. a votive lantern
けんとう[賢答](명) 현답. 현명한 대답. 「愚問(グモン)一; 우문 현답」 a sagacious answer
けんどう[県道](명) 현(県)의 비용으로 유지되는 도로. a prefectural road
けんどう[剣道](명) 검도. 칼, 대칼(竹刀)로 심신을 단련하는 무술. 검술(剣術). fencing
けんどう[権道](명) 권도. 목적을 위한 편의적인 부정한 수단. 임기 응변의 방법. expediency
げんとう[玄冬](명) 현동. 겨울의 다른 이름. winter
げんとう[幻燈](명) 환등. 그림, 사진, 실물 등을 렌즈에 의하여 확대 영사하는 장치. 환등기. a magic lantern
げんとう[原頭](명) 들판 가. 벌판. a field
げんとう[舷頭](명) 현두. 뱃전. a gunwale
げんとう[舷灯](명) 현등. 뱃전에 단 등불. a side light
げんとう[減等](명·타サ) 감등. 등수, 등급을 내림. mitigation
げんとう[厳冬](명) 엄동. 매우 추운 겨울. a hard winter
げんどう[言動](명) 언동. 언어와 행동. 언행(言行). speech and conduct
げんどう[原動](명) 원동. 운동이나 활동의 원인. a motive for action. **— き**[原動機](명)〈이〉 원동기. ① 기계, 기구 등을 움직이는 근원이 되는 장치(기계). 예: 증기 기관 등. ②모우터 발동기. **— りょく**[原動力](명) 원동력. ①기계에 운동을 일으키게 하는 힘. ②사물의 활동을 일으키는 힘.
けんとうし[遣唐使](명) 견당사. 당(唐) 나라에 파견한 사절.
けんとうせん[遣唐船](명) 견당선. 견당사(遣唐使)가 탄 배.
ケントし[Kent 紙](명) 켄트지. 회화(絵画), 제도(製図), 인쇄용 등으로 쓰이는 두꺼운 종이. 영국 켄트주(州)에서 처음 생산되었음. Kent-paper
げんとして[厳として·儼として](연어·부)⇨:げん(厳).
けんどじゅうらい[捲土重来](명·자サ) 권토 중래. 한 번 실패한 자가 재기(再起)함. 세력을 회복하여 다시 도전함. rallying with redoubled force
けんどん[慳貪](명·형동ダ) ①몹시 탐욕함. ②무자비하고 무뚝뚝함. 1. covetousness 2. cruelty
けんない[圏内](명) 권내. 일정하게 금을 그은 안쪽. 범위 안. 테두리 안. within the sphere
げんなま[現生](명)〈속〉 현금(現金). 현찰. cash
げんなり(부·자サ)〈속〉 ①낙심한 모양. ②더위 등으로 약해진 모양. ③(지쳐서) 싫증 난 모양. 1. be dejected
けんなわ[間縄]ーナハ(명) 6자마다 표를 한 줄. 땅 등을 잴 때에 씀.
けんなん[剣難](명) 칼, 창 등으로 입는 재난. 「一の相(ソウ); 칼 따위로 재앙을 받을 상」 perishing by the sword
けんなん[険難](명·형동ダ) 험난. ①위험한 곳. ②험하고 곤란함. ③고생하고 피로와함. 1. a steep passage
げんに[現に](부) ①현재. 지금. 눈앞에. 당장. ②실제로. 1. now 2. actually
げんに[厳に](부) 엄하게. 엄중히. strictly
けんにょう[検尿](명·자サ)〈의〉 검뇨. 환자의 소변을 검사함. examination of urine
けんにん[兼任](명·타サ) 겸임. 둘 이상의 직무(職務)를 겸함. holding an additional post
けんにん[検認](명·타サ) 검인. 검사하여 인정함. approval
けんにん[堅忍](명·자サ) 끈기 있게 참음. perseverance. **— ふばつ**[堅忍不抜](명·형동ダ) 견인 불발. 꾹 참고 굽히지 않음.
げんにん[現任](명) 현임. 현재 임명되어 있는 것. 또는 그 직무. ↔前任(ゼンニン). the present post
けんにんじがき[建仁寺垣](명) 대를 쪼개어 껍질 부분이 밖으로 향하게 새끼로 엮어 친 울타리. a close-arranged bamboo fence
けんのう[権能](명)〈법〉 권능. 권리를 주장, 행사할 수 있는 능력. authority
けんのう[賢能](명) 현능. 슬기롭고 재능이 있는 것. 또는 그 사람. a man of ability
げんのう[玄翁](명) 큰 쇠망치. a bush-hammer
げんのしょうこ[現の証拠·験の証拠](명)〈식〉 이질풀. 쥐소니풀과에 속하는 다년초. 이질(痢疾), 설사 등의 약재로 씀. a crane's-bill
けんのん[剣呑·険難](형동ダ)〈속〉 위험한 모양. dangerous
けんば[犬馬](명) 견마. ①개와 말. ②개나 말처럼 취급하는 일. 「一の労(ロウ); 남을 위하여 몸을 아끼지 않고 노력함」 1. a dog and a horse
けんぱ[検波](명·타サ)〈이〉 검파. ①전파의 유무를 조사함. ②진동 전류(振動電流)를 들을 수 있는 전류로 고침. 「一管(カン); 검파관」 1. wave-inspection
げんば[現場](명) 현장. ①사건, 공사 등이 생긴 그 장소. 「事故(ジコ)の一; 사고 현장」 ②실지(実地). 1. the spot
けんぱい[献杯·献盃](명·자サ) 헌배. 잔을 올림. 헌작(献酌). offering a cup of wine
げんぱい[減配](명·타サ) 감배. 배급량이나 배당량을 줄임. ↔増配(ゾウハイ). reduction in ration
けんぱく[建白](명·타サ) 건백. 윗사람에게 의견을 사룀. 건의. 건언(建言). representation

げんばく[玄麦](명) 껍질만 벗기고 쓿지 않은 보리. ↔精麦(セイバク). unpolished barley

げんばく[原麦](명) 원맥. 원료가 되는 밀이나 보리. raw barley

げんばく[原爆](명) 원폭. 원자 폭탄의 준말. **—しょう**[原爆症](명)〈의〉 원폭증. 원자 폭탄의 방사능을 받은 사람에게 나타나는 증상. 몸에 심한 화상 자국이 있으며 흰피톨이 줄어서 죽는 수가 많음.

げんばつ[厳罰](명·타サ) 엄벌. 엄중히 벌함. severe punishment

げんばらい[現払い]—バラヒ(명) 요금을 현금으로 지불하는 일. cash payment

けんばん[鍵盤](명) 건반. ①〈악〉(피아노, 오르간 등의) 건이 줄지어 있는 부분. ②(타이프라이터의) 손으로 누르는 곳. 키이. a keyboard. **—がっき**[鍵盤楽器](명)〈악〉 건반 악기. 건반을 두드려 음악을 연주하는 악기. 예 : 피아노, 오르간 등.

げんばん[原板](명) 원판. 〔사진에서〕 양화(陽画)를 만드는 근본이 되는 건판이나 필름. a negative

げんばん[原盤](명) 원반. 복제(複製)하지 않은 축음.기판. the original record

げんばん[原版](명) 원판. ①원래의 인쇄판. 초판(初版). ②사진 인쇄판의 근본이 되는 판. 1. the original edition 2. the original plate

けんび[兼備](명·타サ) 겸비. 고루 고루 갖춤. 「才色(サイショク)—; 재주와 용모를 고루갖춤」combination

けんぴ[県費](명) 현(県)의 비용. prefectural expenses

けんぴ[建碑](명·자サ) 건비. 비석을 세움. construction of a monument

げんぴ[原皮](명) 원피. 무두질하지 않은 가죽. 원료가 되는 가죽. pelt

げんぴ[原肥](명)〈농〉 ⇨きひ(基肥).

げんぴ[原被](명) 원고(原告)와 피고(被告). 원피고(原被告). the plaintiff and defendant

げんぴ[厳秘](명·타サ) 엄비. 엄중히 숨김. 극비. 「—に付(フ)する; 극비에 붙이다」 a dead secret

けんびきょう[顕微鏡](명)〈이〉 현미경. 매우 작은 것을 크게 확대하여 보는 기구. a microscope

けんぴつ[健筆](명) 건필. ①씩씩하게 글씨를 잘 씀. 또는 그 사람. ②글을 잘 지음. 또는 그 사람. 「—家(カ); 건필가」 2. a ready pen

けんぴょう[堅氷](명) 견빙. 두껍게 언 얼음. 단단한 얼음. thick-frozen ice

けんぴょう[懸氷](명) ⇨つらら.

げんぴょう[言表](명) 언표. 말로 나타내는 것.

げんぴん[現品](명) 현품. 실제의 물건. 또는 현재 있는 물건. the actual article

けんぶ[剣舞](명) 검무. 칼춤. a sword dance

けんぷ[絹布](명) 명주. 비단. 견직물. silk cloth

けんぷ[賢父](명) 현명한 아버지. a wise father

けんぷ[賢婦](명) 현부. 현명한 부인. a wise woman

げんぶ[玄武](명) 현무. 사신(四神)의 하나. 북방의 신.

げんぷ[厳父](명) 엄부. ①엄한 아버지. ↔慈母(ジボ). ②남의 아버지에 대한 높임말. 1. one's strict father

げんぷう[厳封](명·타サ) 편지나 포장물 등을 엄중하게 봉함. a hermetic seal

〔玄武〕

げんぶがん[玄武岩](명)〈광〉 현무암. 화산암의 한 가지. 회색 또는 흑색이며 결이 고움. basalt

げんぷく[元服](명·자サ) ①옛날, 일본에서 남자가 성인(成人)이 되었음을 나타내기 위하여 옷을 갈아 입고 처음으로 관을 쓰던 의식. 관례(冠礼). ②옛날 시집 간 여자가 눈썹을 깎고 이빨을 검게 칠하고 머리를 얹던 일. 1. a rite to mark one's coming of age

けんぷじん[賢夫人](명) 현부인. 현명한 부인. a wise lady

けんぶつ[見物](명·타サ) ①구경함. 유람(遊覧). ②구경군. 관람객. 1. looking 2. a spectator

げんぶつ[原物](명) 본래의 물건. the original

げんぶつ[現物](명) 현물. ①지금 있는 물건. ②금전에 대하여 물품을 일컫는 말. 실물. ③현금. ④〈경〉 ㉠현물 거래의 준말. ㉡〔거래소에서〕 채권, 주식, 쌀 등의 현품. 1. the actual article 3. cash

ケンブリッジ[Cambridge](명)〈지〉 케임브리지. 영국 동남부 케임브리지주에 있는 도시. 대학 도시로 유명.

けんぶん[見聞](명·타サ) 견문. ①보고 들음. 보는 것과 듣는 것. ②지식. 1. seeing and hearing

けんぶん[検分·見分](명·타サ) 입회하여 검사함. 확인. 「現場(ゲンバ)の—; 현장 검증」 inspection

げんぶん[言文](명) 언문. 말과 글. spoken and written languages. **—いっち**[言文一致](연어·명) 언문 일치. 실제로 쓰는 말에 맞게 글을 쓰는 것.

げんぶん[原文](명) 원문. 원래의 문장. ↔写(ウツ)し, 訳文(ヤクブン). the original

けんべい[遣米](명) 미국에 사람을 파견하는 일. dispatched to America

けんぺい[兼併](명·타サ) 겸병. 한데 합쳐 하나로 함. 또는 한데 합쳐 소유함. 합병(合併). combination

けんぺい[権柄](명) 권병. 권력으로 사람을 억압하는 일. 권력. authority. **—ずく**[権柄尽く]—ヅク(명·형동ダ) 권력을 남용함. 남을 억누름.

けんぺい[憲兵](명)〈군〉 헌병. 군사(軍事)에 대한 경찰 사무를 보는 특과(特科) 군인. the military police

げんぺい[源平](명) ①겐지(源氏)와 헤이시(平氏). ②적과 우리 편. 「—にわかれて; (경기 등을 하기 위하여) 두 패로 갈려」 ③적(赤)과 백(白). 3. red and white

けんぺき[痃癖](명) ①목에서 어깨, 얼굴 등에 걸쳐 근육이 경련하는 일. ②안마술. 2. massage

けんべつ[県別](명) 현별. 현(県)마다의 구별. every prefecture

けんべつ[軒別](명) 집집마다. 호별(戸別). every house

けんべん[検便](명·자サ)〈의〉 검변. 기생충, 병균 등의 유무를 알기 위하여 대변을 검사함. 대변 검사. examination of faeces

けんぺん[権変](명) ①권변. 돌발적인 일에 임기 응변으로 꾸며 대는 권모(権謀). ②사기. 1. expediency
けんぼ[賢母](명) 현모. 현명한 어머니. a wise mother
けんぽ[兼補](명·타サ) 본직 이외에 딴 직책을 겸함. appointment to an additional post
けんぽ[健保](명) 건강 보험의 준말.
げんぼ[原簿](명) 원부. ①본래의 장부. ②원장(元帳). 1. the original register
けんぼう[健忘](명) 건망. 잘 잊는 것. 잊기를 잘하는 것. forgetfulness. **—しょう**[健忘症](명) 건망증. ①〈의〉 어떤 기간의 경험을 아주 잊어 버리는 병. ②〈속〉 잘 잊는 성질.
けんぽう[健棒](명) 〔야구에서〕 공을 잘 침. 타격력(打撃力)이 강함. batting
けんぼう[権謀](명) 권모. 임시 변통의 모략. 권략(権略). a stratagem. **—じゅっすう**[権謀術数](명) 권모술수. 목적을 위해 온갖 수단과 방법을 쓰는 술책.
けんぽう[剣法](명) 칼 쓰는 법. 검술. swordsmanship
けんぽう[拳法](명) 권법. 당수. 태권(跆拳).
けんぽう[憲法](명) 헌법. ①법. 규칙. ②〈법〉 국가의 조직, 작용의 근본 원칙을 정한 법. 1. a rule 2. the constitution. **—きねんび**[憲法記念日](명) 헌법 기념일. 국민 축일의 하나. 헌법 제정을 기념하는 날. 5월 3일. 제헌절(制憲節).
げんぽう[現俸](명) 현봉. 현재 지급(支給)되고 있는 봉급. the present salary
げんぽう[減法](명)〈수〉 감법. 뺄셈. ↔加法(カホウ). subtraction
げんぽう[減俸](명·자サ) 감봉. 급료의 액수를 줄임. reduction of salary
げんぼく[原木](명) 원목. 원료가 되는 목재. 「パルプの—; 펄프의 원목」 wood material
けんぽん[絹本](명) 명주에 그린 서화(書画). 서화에 쓰기 위해 재단(裁断)한 명주. 김바탕. silk cloth for painting on
けんぽん[献本](명·자타サ) 책을 바침. 또는 그 책. 증정본(贈呈本). a presentation copy
げんぽん[原本](명) 원본. ①원래의 서적. ②(베낀 것이 아닌) 원래의 문서. ↔謄本(トウホン), 抄本(ショウホン). the original
けんま[研摩·研磨](명·타サ) 연마. ①(숫돌 등으로) 갈고 닦음. ②깊이 연구함. 1. grinding 2. studying hard
げんま[減摩·減磨](명·자타サ) 감마. ①닳아짐. 닳아서 작아짐. ②마찰을 작게 함 「—油(ユ); 감마유」 1. abrasion 2. lubrication
げんまい[玄米](명) 현미. 벼의 껍질만 벗긴 누런 쌀. unpolished rice
けんまく[剣幕·見幕](명) 대단히 노하거나 흥분한 모양. 노기(怒気)에 찬 얼굴이나 태도. 「大変(タイヘン)な—; 굉장히 흥분하여 노기 등등함」 fierce attitude
げんまん[拳万](명·자サ) (아이들이) 거짓이 아니다, 또는 약속한다는 표시로 새끼 손가락을 서로 걺.
けんみ[検見](명·타サ) ⇨けみ.
げんみつ[厳密](명·형동ダ) 엄밀. 엄격하고 세밀함. strictness
けんみゃく[見脈](명) 맥을 진찰하는 일. 진맥(診脈). feeling one's pulse
げんみょう[玄妙](명·형동ダ) 현묘. 기술, 뜻이 깊고 매우 묘함. 오묘(奥妙). occult
けんみん[県民](명) 현(県)의 주민. inhabitants of the prefecture
けんむ[兼務](명·타サ) 겸무. 직무(職務)를 겸함. 겸임(兼任). ↔本務(ホンム). an additional post
げんむ[幻夢](명) 환몽. 허황된 꿈. dream and vision
けんめい[県名](명) 현의 이름. the name of a prefecture
けんめい[賢明](명·형동ダ) 현명. 슬기롭고 도리를 잘 분간함. wisdom
けんめい[懸命](명·형동ダ) ①목숨을 겂. ②최대한의 힘을 기울임. 「—な努力(ドリョク); 최대한의 노력」 2. utmost endeavour
げんめい[言明](명·자サ) 언명. 말로써 의사를 분명히 나타냄. 분명히 말함. declaration
げんめい[原名](명) 원명. 본디의 이름. ↔改名(カイメイ). the original name
げんめい[厳命](명·자サ) 엄명. 엄중히 명령함. 또는 그 명령. a strict order
げんめつ[幻滅](명·자サ) 환멸. 환상(幻想)에서 깨어 냉엄(冷厳)한 현실로 돌아 옴. 「—の悲哀(ヒアイ); 환멸의 비애」 disillusion
けんめん[券面](명)〈경〉 권면. ①증권의 금액이 쓰여진 겉면. ②증권에 쓰여진 금액. 1. the face of a bill
げんめん[原綿·原棉](명) 원면. 면사(棉糸)의 원료가 되는 솜. raw cotton
げんめん[減免](명·타サ) 감면. ①경감(軽減)과 면제(免除). 「授業料(ジュギョウリョウ)の—; 수업료의 감면. ②부담을 가볍게 하거나 면제함. 1. reduction and exemption
げんもう[原毛](명) 원모. 제조 원료로서의 털. 주로 양모(羊毛)를 말함. raw wool
けんもつ[献物](명) 헌물. 바치는 물건. an offering
けんもほろろ(연어·형동ダ)〈속〉 패패이 메는 모양. 매우 냉담(冷淡)한 모양. 아주 쌀쌀한 모양. 「—な態度(タイド); 매우 냉담한 태도」 blunt
けんもん[見聞](명·타サ) 견문. 보고 들음. seeing and hearing
けんもん[検問](명·타サ) 검문. 조사하고 따져 물음. 「—所(ジョ); 검문소」 investigation
けんもん[権門](명) 권문. 관위가 높고 권세 있는 집안. 또는 그 사람. an influential family
げんもん[舷門](명) 현문. 뱃전에 설비해 놓은 출입구. a gangway
げんや[原野](명) 원야. 들. 벌판. fields
けんやく[倹約](명·타サ·형동ダ) 검약. 낭비하지 않음. 비용을 줄임. 절약. economy
げんやく[現益](명)〈불〉 현익. 현세(現世)에서 받는 이익. worldly benefits

げんゆ[原由](명) 근본 이유. 원인. the origin
げんゆ[原油](명) 원유. 정제하지 않은 석유. 황갈색(黄褐色)임. crude petrolium
けんゆう[県有](명) 현(県)의 소유물. 「一林(リン); 현이 소유한 삼림」 prefectural ownership
けんゆう[兼有](명·타サ) 겸유. 겸하여 가짐. hold simultaneously
げんゆう[現有](명) 현재 갖고 있는 것. 「一勢力(セイリョク); 현재 세력」 present
けんよう[兼用](명·타サ) 겸용. 함께(겸하여) 씀. 양용(両用). 「水陸(スイリク)一舟艇(シュウテイ); 수륙 겸용의 주정」 combined use
けんよう[顕要](명·형동ダ) 현요. 높고 중요함. 또는 그 지위. 현관 요직(顕官要職). prominence
けんよう[顕揚](명·타サ) 현양. 두드러지고 뛰어나게 함. 잘 알려지게 함. 「国威(コクイ)の一; 국위의 선양(宣揚)」 exaltation
げんよう[幻妖](명) 정체(正体)를 알 수 없는 것. 요괴(妖怪). 도깨비. a spectre
げんよう[言容](명) 말과 용모. speech and countenance
げんよう[厳容](명) 엄숙한 모습. severe countenance
けんようすい[懸壅垂](명)〈생〉 현옹수. 목젖. the uvula
けんよく[謙抑](명·자サ) 겸손하여 자기를 억제함. 겸양(謙譲). humbling oneself
けんらん[絢爛](형동タルト) 현란. ①휘황 찬란한 모양. 아름답고 빛나는 모양. 「一たる絵巻(エマ)き物(モノ); 휘황 찬란한 두루마리 그림」 ②멀귀, 문구가 매우 화려한 모양. 「一たる文章(ブンショウ); 찬란한 문장」 gorgeous
けんり[権利](명) 권리. ①무엇을 할 자유를 인정받고 있는 것. 자격. 「とがめる一がない; 문책할 권리가 없다」 ②(집, 점포, 토지 등의) 사용권, 처분권. 「店(ミセ)の一をゆずる; 점포의 사용권(처분권)을 양도하다」 ↔義務(ギム). 1. a claim 2. a right. **—おち**[権利落ち](명)〈경〉 권리락. 〔주식(株式)에서〕 증자 신주(増資新株)의 할당을 받을 권리가 없어지는 일.
げんり[原理](명) 원리. ①많은 사물에 통용되는 법칙. ②근본되는 도리. 1. a principle 2. fundamentals
けんりつ[県立](명) 현(県)이 세우고 운영하는 것. 「一高等学校(コウトウガッコウ); 현립 고등 학교」 a prefectural institution
けんりゃく[権略](명) 권모(権謀). 책략. trickery
げんりゅう[源流](명) 원류. 근원. 원천(源泉). the origin
けんりょ[賢慮](명) ①현명한(슬기로운) 생각. ②남의 생각을 높여 일컫는 말. 1. wise consideration
けんりょう[見料](명) ①관람료. ②복채(卜債). 1. an admission
げんりょう[原料](명) 원료. 물건을 제조, 가공할 때 쓰이는 재료. 생산에 쓰이는 소재(素材). raw material
げんりょう[減量](명·자타サ) 감량. 분량이 줆. 또는 줄임. reduction
けんりょく[権力](명) 권력. 남에게 어떤 행동을 강제할 수 있는 힘. power
けんるい[堅塁](명) 견루. 방비가 굳은 보루(堡塁). 보루의 방비가 굳은 것. 「一を抜(ヌ)く; 방비가 굳은 보루를 함락하다」 a stronghold
けんれい[県令](명) ①〈법〉 현(県)의 장관(도지사)이 내리는 명령. ②현지사(県知事)의 옛 이름.
げんれい[厳令](명·타サ) 엄령. 엄중한 명령. 엄중하게 명령함. a strict order
けんれん[県連](명) 현연합회(県連合会), 현조합(県組合)의 준말. ↔都連(トレン), 府連(フレン).
けんろ[険路](명) 험로. 험한 길. a steep passage
けんろう[堅牢](명·형동ダ) 견뢰. 단단함. 튼튼함. 강고(強固). solidity
げんろう[元老](명) 원로. ①평판이 좋고 특히 경력이 훌륭한 정치가. ②그 방면에 공적이 많은 연장자. 1. a senior statesman 2. an elder. **—いん**[元老院](명) ①원로원. 메이지(明治) 초기에 두었던 입법 기관. ②〔공화국 등에서〕 국회의 상원(上院).
げんろく(そで)[元禄(袖)](명) 일본 여자 옷의 둥그스름하고 넓은 소매.
げんろん[言論](명) 언론. 말이나 글로 발표된 사상. 「一の自由(ジユウ); 언론의 자유」 speech
〔元禄袖〕
げんわく[幻惑](명·타サ) 환혹. 눈을 어리게 하고 마음을 어지럽게 함. 환술(幻術)로 미혹함. bewitchment
げんわく[眩惑](명·자타サ) 현혹. 눈이 어리고 미혹(迷惑)함. 눈을 어리게 하여 미혹케 함. dazzlement
けんわんちょくひつ[懸腕直筆](명) 현완 직필. 팔을 들고 붓을 곧게 세워 글씨를 쓰는 법.

こ

こ一[小](접두) ①작은. 「一声(ゴエ); 작은 소리」 ②근소한. 얼마 안되는. 「一雨(サメ); 조금 내리는 비. 이슬비」 ③미운. 천한. 못난. 「一せがれ; 못난 자식(자기 아들을 겸사로 일컫는 말)」 ④거의. 약. 「一一時間(イチジカン); 약 한 시간」 ⑤조금. 「一ゆるむ; 조금 느슨해지다」
こ一[古](조어) 옛날의. 오래 된. 지난날의. 「一聖人(セイジン); 옛 성인」
こ一[故](접두) 고. 죽은 사람의 이름 위에 붙이는 말. 「一竹本氏(タケモトシ); 고 타케모토씨」

ーこ(접미) 비교. 겨루기. 「かけっー; 달음박질 경주」
ーこ[子](접미) 여자의 이름 아래 붙이는 말. 「花(ハナ)ー; 하나코」
ーこ[戸](접미) ⇨いっこ(一戸).
ーこ[個·箇](접미) 물건의 수를 세는 수사(数詞).
ーこ[庫](조어) 물건을 넣어 두는 건물. 창고. 「貯蔵(チョゾウ)ー; 저장고」
ーこ[湖](조어) 호수. 「十和田(トワダ)ー; 토와다호」
こ[子·児](명) ①자기가 낳은 자식. 동물의 새끼. ↔親(オヤ). ②양자. 의붓자식. ③알. 「たらのー; 대구알」 ④[仔] 알에서 깐 것. ⑤유아(幼児). 어린 아이. ⑥젊은 남녀. 「あのー; 저 젊은이」 ⑦본줄기가 되는 부분에서 갈라져 생겨 난 것. ⑧이자(利子). ⑨기생. 유녀(遊女). ⑩〈경〉←子株(コカブ). 5. a child
こ[戸](명) ①문. ②가옥. 집. 1. a door 2. a house
こ[仔](명) ①아이. ②동물의 새끼. 1. a child
こ[股](명) ①가랑이. ②〈수〉 직각 삼각형에서 직각을 끼고 있는 두 변 중에서 긴 변. 1. the thigh
こ[胡](명) 호. 〔중국에서〕 한(漢) 나라 이전 북방에 살고 있던 흉노족(匈奴族)을 가리키는 말.
こ[孤](명) ①고아. ②고독. 돕는 사람이 없어 외로움. 1. an orphan 2. solitude
こ[狐](명) 여우. a fox
こ[弧](명) ①호. ②활 모양. 반달 모양으로 굽은 것. 「ーをえがいて飛(ト)ぶ; 호를 그리며 날다」 ③〈수〉 원주(円周) 또는 곡선(曲線)의 한 부분. ⇨: げん(弦). 3. an arc
こ[粉](명)〈방〉 가루. 분말. 「ーになる; 가루가 되다(몸을 너무 써서 피로해지다)」 flour
こ[蚕](명) 누에. a silkworm
こ[袴](명) 하카마. 가랑이가 넓고 치마같이 생긴 왜 바지.
こ[鼓·皷](명) 북. a drum
こ[壺](명) ⇨つぼ.
こ[籠](명)〈고〉 대로 결어 만든 그릇의 총칭. 대바구니
こ[是·此](대)〈고〉 이것. 「ーは何事(ナニゴト)ぞ; 이게 무슨 짓이냐(이 어인 일인고)」
ごー[御](접두) 사람이나 사물 위에 붙여 존경의 뜻을 나타내는 말. 「ー両親(リョウシン); 부모님」
ーご[後](조어) 후. 뒤. 「ー時間(イチジカン)ー; 한 시간 뒤」
ーご[御](접미) 존경할 만한 사람을 가리켜 말할 때 쓰는 말. 「母(ハハ)ー; 어머님」
ーご[語](조어) 말. 「外来(ガイライ)ー; 외래어」
ご[午](명) ① 12지(支)의 일곱째. 말(馬). ②옛 시각 이름. 오시. 낮 12시. ③방위 이름. 남쪽. 2. noon
ご[豆汁](명) 콩을 물에 담갔다가 간 것. 두부의 재료, 염색(染色) 등에 쓰임.
ご[呉](명) ①〈역〉 중국 춘추 시대(春秋時代) 열국(列国)의 하나. 양자강 유역에 있었음. B.C. 473 년 월(越)에게 망함. 「ー越同舟(エツドウシュウ); 오월 동주」 ②중국 삼국(三国) 시대의 한 나라. (222~280) 양자강 남쪽 일대를 영유. ③〈지〉 강소성(江蘇省).
ご[後](명) ①뒤. 후. 「そのー; 그뒤」 ②오후(午後)의 준말. 1. after
ご[期](명) 때. 시기(時期). 「このーに及(オョ)んで; 이제 와서」 moment
ご[碁·棊](명) 위기(囲碁)의 준말.
ご[語](명) ①말. 언어. 「ーの意味(イミ); 말의 뜻」 ②단어(単語). 1. speech
ご[五](수) 오. 다섯. 5. five
ごあいさつ[御挨拶](명) ①"あいさつ(인사)"의 높임말. ②〈속〉 기발한 인사나 말. 당돌한 인사나 말. 「これはーだね; 뜻밖의 말씀인데」 2. a harsh answer
こあきない[小商い](명) 소액의 자본으로 하는 장사. small trade
ごあく[五悪](명)〈불〉 오악. 오계(五戒)를 깨뜨리는 일. 곧 살생(殺生), 투도(偸盗), 사음(邪淫), 망어(妄語), 음주(飲酒). the five deadly sins in Buddhism
こあげ[小揚げ](명) 뱃짐을 땅에 내리는 일. 또는 그 사람. unloading
こあざ[小字](명) 마을(혹은 거리)을 더 세분한 부분. a subsection of a village
こあじ[小味]ーアヂ(명·형동ダ) 감칠맛. ↔大味(オオアジ). delicate savour
こあたり[小当たり](명·자サ) 남의 기분을 조금 떠 봄. 조금 시험해 봄. beat about the bush
こい[恋]コヒ(명·자타サ) 이성간(異性間)의 사랑. 연애. love
こい[請い·乞い]コヒ(명) 청함. 「ーを入(イ)れる; 청을 들이다」 request
こい[鯉]コヒ(명)〈동〉 잉어. a carp
こ·い[濃い](형) ①진하다. 짙다. 농도(濃度)가 높다. 「ー塩水(シオミズ); 진한 염수」 ②밀도(密度)가 높다. 「ーひげ; 짙은 수염」 ↔薄(ウス)い. 파생 ーさ(명). 1. deep
こい[故意](명) 고의. 일부러. 짐짓. intention
ごい[語意](명) 어의. 말의 뜻. the meaning of a word
ごい[語彙](명) 어휘. ①단어의 모음. ②언어를 분류해서 모은 것. 용어집(用語集). ③말. 용어. 「ーが少(スク)ない; 어휘가 적다」 2. vocabulary
こいか[恋歌]コヒー(명) 연가. 이성에 대한 연모(恋慕)의 정을 읊은 노래. a love song
こいかぜ[恋風]コヒー(명) 연풍. 연정(恋情)을 바람이 몸에 스며 드는 것에 비유한 말. heart-rending feeling of love
こいがたき[恋敵·恋仇]コヒー(명) 연적. 연애의 경쟁자. a rival in love
こいき[小意気·小粋](명·형동ダ) 맵시 있음. 어딘지 멋 있음. 세련됨. stylish
こいくち[濃い口](명) 간장 등의 진한 것. ↔薄口(ウスクチ). 「the mouth of a sheath」
こいぐち[鯉口]コヒー(명) 칼집과 날밑이 맞닿는 부분.
こいこが·れる[恋い焦がれる]コヒー(자하 1) 애타게 연모(恋慕)하다. pine for
こいこく(しょう)[鯉濃(漿)]コヒー(명) 잉어를 토막 쳐

서 끓인 된장국. a carp boiled in bean-paste soup
こいごころ[恋心]コヒー(명) 연모(恋慕)하는 마음. 연정(恋情). love
こいごろも[恋衣]コヒー(명)〈고〉연모하는 이가 입고 있는 옷.
ごいさぎ[五位鷺](명)〈동〉푸른 백로(白鷺). 푸른 해오라기. a nightheron
こいし[小石](명) 작은 돌. 잔돌. 자갈. a pebble
こいじ[恋路]コヒヂ(명) 연애. 연애의 길. 「一のやみ(闇); 연애에 눈이 어두워짐」 the course of love
ごいし[碁石](명) 바둑돌.
こいし·い[恋しい]コヒシイ(형) 사랑하다. 그리워하다. 파생 **—が·る**(타 4) **—げ**(형동ダ) **—さ**(명). dear
こいした·う[恋い慕う]コヒー(타 4) 연모하다. yearn for
こいじに[恋死]コヒー(명) 상사병으로 죽음. dying of love
こいしの·ぶ[恋い忍ぶ]コヒー(타 4) 연모하다. yearn for
こい·する[恋する]コヒー(자타サ) 사랑하다. love
こいそぎ[小急ぎ](명·자サ) 조금 서두름. a little hurry
こいた·し[恋痛し]コヒー(형ク)〈고〉괴로울이만큼 그립다. 몹시 그리워하다.
こいちゃ[濃い茶](명) ①짙은 차. ↔薄茶(ウスチャ). ②짙은 갈색. 1. thick tea 2. dark brown
こいつ(대)〈속〉이녀석. 이놈.
ごいっしん[御一新](명) 메이지 유신(明治維新).
こいなか[恋仲]コヒー(명) 사랑하는 사이. in love terms
こいにょうぼう[恋女房]コヒー(명) 연애 결혼을 한 아내. 사랑하는 아내. one's beloved wife
こいぬ[小犬](명) 강아지. 작은 개. a little dog
こいねが·う[希う·冀う]コヒネガフ(타 4) 바라다. 간절히 바라다. entreat
こいねがわくは[庶幾くは·冀くは]コヒネガハクハ(부) 간절히 바라건대. 원컨대. please
こいのぼり[鯉幟]コヒー(명) 종이나 헝겊으로 잉어 모양을 만들어 단오날에 올리는 기(旗). 사내 아이가 있는 집만 달 수 있음. a carp-flag

〔鯉幟〕

こいびと[恋人]コヒー(명) 연인. 사랑하는 사람. a lover
こいぶみ[恋文]コヒー(명) 연문. 연애 편지. 연서(恋書). a love letter
こいも[子芋](명) 작은 토란. young taros
コイル[coil](명)〈이〉코일. 나사 모양으로 여러 번 감아 절연시킨 도선(導線).
こいわずらい[恋煩い]コヒワヅラヒ(명·자サ) 연애로 인해 병이 난 것 같은 상태. lovesickness
こいわた·る[恋い亘る]コヒー(자 4)〈고〉연모하며 세월을 보내다. 두고두고 연모하다.
こいん[故院](명) 돌아 가신 상황(上皇)이나 불문에 들어 간 법황(法皇). a deceased ex-emperor
こいん[雇員](명) 고원. 〔관청에서〕 관리의 사무를 돕게 하기 위해 특별히 채용한 직원. junior clerk
こう—[公](조어) 공공의. 공식의. 공립의. 공적. 「一生活(セイカツ); 공적 생활」
こう—[広](조어) 넓은. 「一範囲(ハンイ); 광범위」
こう—[好](조어) 좋은. 「一評(ヒョウ); 호평」
こう—[抗](조어)〈의〉…에 저항하는. …를 막는. 「一リューマチ剤(ザイ); 류우머티즘을 막는 약」
こう—[紅](조어) 붉은. 붉은 빛을 띤. 「一紫色(シショク); 홍자색」
こう—[後](조어) 뒤의. 뒤쪽의. 「一半生(ハンセイ); 후반생」 ↔前(ゼン).
こう—[皇](조어) 천황의. 「一長子(チョウシ); 천황의 장남(황태자)」
こう—[高](조어) ①높은. 「一血圧(ケツアツ); 고혈압」 ②연상(年上)의. 「一学年(ガクネン); 고학년」 ↔低(テイ).
こう—[黄](조어) 노란. 노랑 빛을 띤. 「一白色(ハクショク); 황백색」
—こう[口] Ⅰ(접미) 사람이나 기구의 수를 헤아리는 말. Ⅱ(조어) 입. 「突破(トッパ)—; 돌파구」
—こう[工](조어) 직공. 「機械(キカイ)—; 기계공」
—こう[公](접미) ①신분이 높은 사람의 이름 아래 붙이는 높임말. 「佐藤(サトウ)—; 사토오공」 ②이름 아래 붙여서 친밀 또는 경멸하는 마음을 나타내는 말. 「熊(クマ)—, 八(ハチ)—; 교양이 없는 직인(職人)의 무리」
—こう[孔](조어) 구멍. 「排水(ハイスイ)—; 배수 구멍」
—こう[考](조어) 생각 또는 생각함. 「国号(コクゴウ)—; 국호 연구」
—こう[光](조어) 빛. 광선(光線). 「白色(ハクショク)—; 백색광」
—こう[行](조어) 감. 가는 것. 「逃避(トウヒ)—; 도피행」
—こう[高](조어) 고등 학교. 「平安(ヘイアン)—; 헤이안 고등 학교」
—こう[校](조어) 학교. 「予備(ヨビ)—; 예비 학교」
—こう[腔](조어)〈생〉체내(体内)의 틈이 있는 곳. 「肋膜(ロクマク)—; 늑막강」
—こう[港](조어) 항구. 「横浜(ヨコハマ)—; 요코하마항」
—こう[溝](조어) 도랑. 「下水(ゲスイ)—; 하수구」
—こう[膏](조어) 고약. 「軟(ナン)—; 연고」
—こう[鋼](조어) 강철. 「特殊(トクシュ)—; 특수강」
こ·う[恋う]コフ(타 4) 그리워하다. 연모하다. love
こう[斯う]カウ(부) 〔"かく"의 음편(音便)〕 이와 같이. in this way
こ·う[請う·乞う]コフ(타 4) ①구하다. ②바라다. 원하다. 2. request
こう[工](명) 공학부(工学部), 공업 고등 학교의 준말.
こう[公](명·대) ①신분이 높은 사람을 존경하여 일컫는 말. 또는 그 사람을 높이어 부르는 말. ②공작(公爵)의 준말.
こう[巧](명) 교묘. 능숙. 「一を誇(ホコ)る; 능숙함을 자랑하다」 skilfulness
こう[功](명) 공. ①일. 직업. ②직무(職務). ③공적. 업적. 「一成(ナ)り名(ナ)遂(ト)げる; (훌륭한 일을 해

서) 공을 세우고 이름을 빛내다」 1. service 3. merits

こう[甲](명) ①딱딱한 껍질. 「かめの―; 귀갑」 ②손이나 발의 등. 「足(アシ)の―; 발등」 ③현악기의 동체(공명 상자). ④제1위. ↔乙(オツ). ⑤ 10간(干)의 첫째. ⑥갑옷. 1. a shell 2. the back

こう[交](명) ①연, 월, 계절이 바뀌는 시기. 「春夏(シュンカ)の―; 봄과 여름이 바뀌는 시기」 ②교제(交際). 1. a change 2. intercourse

こう[江](명) ①강. 큰 개울. ②양자강. 1. a river

こう[行](명) ①가는 것. 여행. ②행동. 「―を共(トモ)にする; 행동을 같이하다」 ③한시(漢詩)의 한 체(体). 1. going 2. action 3. a poem

こう[孝](명) 효. 부모를 잘 섬기는 일. 효도. ↔忠(チュウ). filial piety

こう[坑](명) 구멍. 구덩이. a pit

こう[更](명) 밤 8시(初更)부터 오전 4시(五更)까지를 다섯으로 나눈 시간의 길이. 「―闌(タ)けて; 밤이 깊어」 a watch of the night

こう[刧·劫](명) ①〈불〉 겁. 한없이 길고 긴 시간. 「―を経(ヘ)た; 오랜 시간이 지나다」 ↔刹那(セツナ). ②〔바둑에서〕 한 수 사이를 두고 서로 따 내는 일. 패(覇). 1. long years

こう[幸](명) 행운. 행복. 「―か不幸(フコウ)か; 행인지 불행인지」 happiness

こう[効·效](명) 효과. 효력. 「医薬(イヤク)の―; 의약의 효력」 effect

こう[庚](명) 10간(干)의 일곱째.

こう[侯](명) ①제후. 다이묘오(大名), 쇼오묘오(小名). 영주. ②후작(侯爵)의 준말. 1. a lord

こう[洪](명)〈지〉 항가리(洪牙利).

こう[香](명) 향. ①냄새. ②향기. 방향(芳香). ③향을 피워 그 향기를 즐기는 일. 향도(香道). 1. scent 2.3. incense

こう[郊](명) ①교외. 시외. ②들. 벌판. 1. suburbs

こう[校](명) 학교. 「わが―; 우리 학교」 a school

こう[候](명) 때. 시후(時候). 계절. 「春暖(シュンダン)の―; 따뜻한 봄철」 a season

こう[高](명) ①높은 것. ②고등 학교(高等学校)의 준말. 1. highness

こう[貢](명) 공물(貢物). a tribute

こう[項](명) ①조항. 항목. 「この―削除(サクジョ); 이 조항 삭제」 ↔款(カン), 目(モク). ②〈수〉 수식(数式)을 만드는 요소가 되는 수. 1. a clause 2. a term

こう[硬](명) 딱딱함. 강경함. ↔軟(ナン). hardness

こう[綱](명) ①줄. ②원리. 원칙. ③〈생〉 생물 분류상의 단계. 1. a rope 2. the fundamentals

こう[稿](명) 초고(草稿). 원고. 「―を新(アラ)たにする; 원고를 새로 쓰다」 a manuscript

こう[衡](명) ①저울대. ②무게를 닮. ③저울. ④공정(公正). ⑤횡목(横木). 가로대. ⑥가로. 동서(東西). ⑦〈수〉 무게의 정도. 1. 3. a balance 2. weighing 4. justice

こう[鋼](명) 강철. steel

こう[講](명) ①강의. 강석(講釈). ②금융(金融)에 있어서의 조합(組合). ③〈불〉 ㉠불교를 강의하는 모임. ㉡신도(信徒)가 하는 법회(法会). ㉢신불(神仏)을 참배하려 가는 단체. 1. a lecture

―ごう[号](접미) ①상점의 옥호(屋号)에 붙이는 말. ②배, 비행기, 열차, 동물 등의 이름에 붙이는 말. 「つばめ―; 제비호」 ③순서를 나타내는 수(数)에 붙이는 말. 「第三(ダイサン)―; 제 3 호」

ごう[号](명) ①번호. ②본명. 별명 외에 갖는 이름. 아호(雅号). 1. a number 2. a pen name

ごう[合](명) ① 1 평의 10 분의 1 (약 0.33 m^2). ②홉. 한 되의 10 분의 1 (약 0.18 l). ③산 높이의 10 분의 1. ④시합, 싸움 등의 회수를 세는 말. ⑤뚜껑이 있는 기구를 세는 말. ⑥합계(合計). 4. bouts

ごう[刧·劫](명) ⇨こう(刧).

ごう[剛](명) 강한 것. 「―の者(モノ); 강자」 ↔柔(ジュウ). valour

ごう[郷](명) ①군(郡)의 한 구역. ②시골. 지방. 「―に入(イ)りては ―に従(シタガ)え; 그 지방에 가면 그 지방의 풍습을 따르라」 1. a district 2. the country

ごう[業](명) 업. ①〈불〉 선악의 행위. ②현세(現世)의 업보(業報). 1. karma 2. inevitable retribution

ごう[豪](명)〈지〉 오오스트레일리아(豪洲).

ごう[濠·壕](명) 호. 구덩이. 「防空(ボウクウ)―; 방공호」 a ditch

ごう あく[強悪](명) 강악. 대단히 나쁨. brutality

こう あつ[光圧](명)〈이〉 광압. 빛이 물체의 표면에 미치는 압력. 복사압(輻射圧). light pressure

こう あつ[高圧](명) 고압. ①강한 압력. ②〈이〉 높은 전압. 「―線(セン); 고압선」 ③〈속〉 내려 누름. 「―的(テキ); 고압적」 1. high pressure 2. high voltage

こう あわせ[香合せ](명) ①여러 가지 향(香)을 피워 놓고 종류를 분간하거나 우열(優劣)을 비평해서 승부를 정하는 놀이. ②여러 가지 향을 합쳐 복잡한 향을 만드는 것.

こう あん[公安](명) 공안. 사회의 안전. public peace.
― いいん[公安委員](명)〈법〉 공안 위원. 경찰 제도의 운영 및 경찰의 장(長)의 임명, 면직 등을 취급하는 위원.

こう あん[公案](명)〈불〉 공안. 〔선종(禅宗)에서〕 수행자의 마음을 연마하기 위한 목표로 고찰 연구하는 문제.

こう あん[考案](명·타サ) 고안. 어떤 안을 생각해 냄. contrivance

こう い[好意](명) 호의. 남에게 보내는 친절한 마음. 「―的(テキ); 호의적」 kindness

こう い[行為](명) 행위. ①행동. ②(인간의) 목적을 지닌 활동. 1. an action

こう い[攻囲](명·타サ) 포위해서 공격함. siege

こう い[更衣](명) ①갱의. 옷을 갈아 입음. 「―室(シツ); 갱의실 (옷을 갈아 입는 방)」 ②후궁(後宮)의 궁녀. 1. changing one's clothes

こう い[厚意](명) 후의. 친절. 호의. 「―的(テキ); 후의적」 kindness

こう い[垢衣](명) 때묻은 옷. dirty clothes

こうい[皇位](명) 황위. 임금의 지위. the throne
こうい[皇威](명) 황위. 임금의 위엄. 임금의 위광(威光). Imperial prestige
こうい[校医](명) 교의. 학교의 위생 관계를 맡는 의사. a school doctor
こうい[高位](명) 고위. 높은 지위. 「一高官(コウカン); 고위 고관」 a high rank
こうい[校異](명) (책 등의 내용이) 틀린 것을 교정하는 일. 「1. a cable 2. laws of a country
こうい[綱維](명) ①굵은 밧줄. ②나라의 법률. ↗
ごうい[合意](명·자サ) 합의. 서로의 생각이나 기분이 일치함. mutual consent
こういき[広域](명) 광역. 넓은 구역. 「一運営(ウンエイ); 넓은 구역을 운영함」 a vast area
こういしょう[後遺症](명)〈의〉 후유증. 병이 나은 뒤에도 남아 있는 병적 증세. sequelae
こういつ[後逸](명·타サ) 〔야구에서〕 수비 야수(守備野手)가 두 다리 사이로 공을 놓치는 일. 터널. failure to field a grounder
こういつ[高逸](명·형동ダ) 뛰어나게 우수함. 탁월(卓越). eminence
ごういつ[合一](명·자타サ) 합일. 합쳐서 하나로 함. 합침. unity
こういっつい[好一対](명) ①걸맞는 한쌍. ②잘 어울리는 부부. 1. a good match 2. a well-matched pair
こういってん[紅一点](명) 홍일점. 많은 남성 가운데에 있는 유일한 여성. the only female among those present
こういど[高緯度](명)〈지〉 고위도. 지구의 양극에 가까운 지방의 위도. a high altitude
こういん[工員](명) 공원. 공장에서 일하는 사람. a factory hand
こういん[公印](명) 관공서의 공식 인장. an official seal
こういん[行印](명) 은행의 공식 인장. a bank seal
こういん[好音](명) ①좋은 음색(音色). ②기쁜 소식. 1. a good tone colour 2. joyful news
こういん[行員](명) 행원. 은행의 사무원. a bank clerk
こういん[光陰](명) 광음. 세월. 연월(年月). 「一矢(ヤ)の如(ゴト)し; 세월이 살과 같이 빠르다(光陰如流)」 time
こういん[拘引·勾引](명·타サ)〈법〉 구인. 신문하기 위해 강제로 일정한 장소로 가게 함. arrest
こういん[後胤](명) 후윤. 후예. 자손. a descendand
こういん[皇胤](명) 황윤. 천자(天子), 천황의 혈통. an Imperial descendant
こういん[荒淫](명) 황음. 여색에 빠짐. 함부로 음탕한 짓을 함. sexual indulgence
こういん[校印](명) 교인. 학교의 공식 인장. a school seal
こういん[鉱員](명) 광석을 파는 노동자. 광부. a miner
ごういん[強引](형동ダ) 강제로 데리고 가는 모양. 강제로 가게 하는 모양. forced
ごういん[業因](명)〈불〉 악업(悪業). karma
こうう[降雨](명) ①강우. 비가 옴. ②내리는 비. 2. rain
こうう[膏雨](명) 고우. 단비. 감우. a welcome rain
ごうう[豪雨](명) 호우. 몹시 내리는 비. 큰비. a heavy rain
こううん[行雲](명) 공중에 떠도는 구름. floating clouds. **—りゅうすい**[行雲流水](연어·명) 행운 유수. 떠도는 구름과 흐르는 물. 되 가는 대로 마음 편히 내버려 둠.
こううん[幸運·好運](명·형동ダ) 행운. 행복한 운명. good luck. **—じ**[幸運児](명) 행운아. 좋은 운수를 만난 사람.
こううん[香雲](명) ①구름처럼 피어 있는 벚꽃. (벚꽃을 구름에 비한 말) ②향연(香煙)이 구름처럼 보이는 것. 1. fragrant cherry-flowers
こううん[耕耘](명·타サ)〈농〉 경운. 경작. 경지(耕地). 「一機(キ); 경운기」 tilling
こうえい[公営](명·타サ) 공영. 국가나 지방 자치 단체나 공단(公団)에 의한 경영 또는 사업. ↔私営(シエイ). public management
こうえい[光栄](명·형동ダ) 광영. 명예. 영광. honour
こうえい[後裔](명) 후예. 자손. a descendant
こうえい[後衛](명) 후위. ①뒤를 방비함. 또는 그 사람이나 부대. ②〔정구, 배구 등에서〕 뒤를 지키는 사람. 1. the rear guard 2. a back-player
こうえい[高詠](명·타サ) ①소리 높이 읊음. ②격조가 높은 시가(詩歌). ③타인의 시가에 대한 높임말. 1. chanting loudly
こうえき[公役](명) 공역. 국가나 공공 단체가 강제적으로 어떤 일을 맡게 하는 것. 병역(兵役), 부역(賦役) 등. public service
こうえき[公益](명) 공익. 공공(公共)의 이익. 「一施設(シセツ); 공익 시설」 public interests. **—ほうじん**[公益法人](명)〈법〉 공익 법인. 종교, 자선, 학술 등 공익에 관한 것을 목적으로 하며, 영리를 목적으로 하지 않는 사단(社団) 또는 재단 법인.
こうえき[交易](명·자サ) 교역. 물건을 교환하고 팔고 삼. barter
こうえつ[校閲](명·타サ) 교열. 문서의 틀린 곳을 조사함. revision
こうえん[口演](명·자サ) 구연. 말로 진술함. 구술(口述). an oral narration
こうえん[公宴](명) ①국가에서 여는 공적인 연회. ②옛날 궁중에서 열렸던 시가(詩歌), 관현(管弦)의 잔치.
こうえん[公園](명) 공원. 공중(公衆)의 위안, 오락을 위해 만든 유원지. a park
こうえん[公演](명·자サ) 공연. 음악, 무용, 연극 등을 공개하여 연출함. a public performance
こうえん[好演](명·자サ) 호연. 좋은 연기나 연주를 함. an exececellent performance
こうえん[光炎·光焔](명) ①불과 불길. ②왕성한 세력. 1. light and flame 2. vigour
こうえん[香煙](명) 향연. 향을 사르는 연기. smoke of incense

こうえん[紅炎·紅焰](명) 홍염. ①〈천〉 해의 주위에 높이 뜨는 붉은 기체(気体). 고열(高熱)의 수소, 칼슘 또는 금속 증기로서 개기 일식(皆既日蝕) 때 잘 보임. ②붉은 불길. ③여자가 당당히 연설, 토론 등을 하는 일. 1. a solar prominence

こうえん[後援](명·타サ) 후원. 배후에서 도와 줌. 「一会(カイ); 후원회」 support

こうえん[講演](명·자サ) 강연. 대중 앞에서 이야기를 함. a lecture

こうえん[講筵](명) 강연. 강의나 강연을 하는 자리. a lecture

こうえん[広遠·宏遠](형동ダ) 넓고 원대(遠大)한 모양. 「一な理想(リソウ); 넓고 원대한 이상」 vast and far-reaching

こうえん[高遠](형동ダ) 고원. 높고 원대(遠大)한 모양. 「一な理想(リソウ); 높고 원대한 이상」 lofty

こうえん[溘焉](부) (사람의 죽음 따위가) 너무 뜻밖인 상태. 별안간. 「一として逝(ユ)く; 급서하다」

こうお[好悪](명) 호오. 좋아함과 싫어함. one's likes and dislikes

こうおく[高屋](명) ①높은 집. ②상대방의 집에 대한 높임말. 1. a house of high construction 2. your house

こうおつ[甲乙](명) 갑을. ①첫째와 둘째. ②우열(優劣). 차별. 「一をつけがたい; 우열을 따지기가 곤란하다」 ③어떤 사람과 또 한 사람의 다른 사람. 「一ふたりの者(モノ); 갑, 을 두 사람」 3. this person or that

こうおん[厚恩](명) 두터운 은혜. great obligations

こうおん[皇恩](명) 황은. 천자의 은혜. Imperial favour

こうおん[高音](명) 고음. 높은 소리. ↔低音(テイオン). a high-pitched tone

こうおん[高恩](명) 고은. 높은 은혜. great obligations

こうおん[高温](명) 고온. 높은 온도. ↔低温(テイオン). a high temperature

こうおん[鴻恩·洪恩](명) 홍은. 넓고 큰 은혜 great obligations

ごうおん[号音](명) 호음. 신호 소리. a signal sound

ごうおん[轟音](명) 굉음. 몹시 크게 울리는 소리. a roaring sound

こうか[工科](명) 공과. ①공업에 관한 학과. ②공학부. 1. a course of engineering

こうか[公家](명) 관가. 조정. the court

こうか[公課](명) 국가, 지방 자치 단체가 부과하는 세금. 또는 그밖의 금품의 부담. taxation

こうか[功科](명) 공적. 성적. merits. **—ひょう**[功科表](명) 공과표. 공무원, 회사원 등의 근무 성적표.

こうか[功過](명) 공과. 공로와 과실. merits and demerits

こうか[光華](명) 아름답게 빛남. 광채(光彩). brightness

こうか[考課](명) 고과. 사무의 성적을 따져 우열을 정함. evaluation of services. **—じょう**[考課状](명) 고과장. 고과(考課)에 관한 보고서. ②은행, 회사의 업무 보고서.

こうか[効果·效果](명) 효과. ①효력. 보람. ②[연극, 라디오, 영화 등에서] 의음(擬音)을 사용해서 효과를 크게 하는 일. 1. effect 2. sound effects. **—てき**[効果的](형동ダ) 효과적. 「一な方法(ホウホウ); 효과적인 방법」

こうか[後架](명) ①[선종(禅宗)에서] 승당(僧堂)의 뒤에 있는 세면소. ②변소. a lavatory

こうか[降下](명·자타サ) 강하. ①내려 옴. 하강함. ②내려 가게 함. 1. descent 2. letting down

こうか[降嫁](명·자サ) 공주(公主), 옹주(翁主)가 왕족 아닌 사람과 결혼함. the marriage of an Imperial princess to a subject

こうか[校歌](명) 교가. 학교의 정신을 나타내게끔 만들어진 노래. a school song

こうか[高価](명·형동ダ) 고가. 값이 비쌈. ↔廉価(レンカ). expensiveness

こうか[高架](명) 고가. 높이 가설된 것. 「一線(セン); 고가선」 overhead

こうか[高廈](명) 고하. 높고 큰 집. a lofty building

こうか[高歌](명·자サ) 큰 소리로 노래함. singing loudly

こうか[耕稼](명) 경가. 경작(耕作). farming

こうか[硬化](명·자サ) ①경화. 딱딱해짐. 「動脈(ドウミャク)一; 동맥 경화」 ②의견이나 태도가 강경해짐. ↔軟化(ナンカ). 1. hardening 2. stiffening

こうか[硬貨](명) 경화. 금속으로 만든 돈. 「十円(ジュウエン)一; 십원짜리 동전」 hard money

こうか[膠化](명·자サ) 제리 모양으로 굳어짐. colloid degeneration

こうが[公衙](명) 공아. 공공 단체의 사무를 취급하는 곳. 관청. a public office

こうが[江河](명) 강하. ①큰 강. 대하(大河). ②중국의 양자강과 황하(黄河). 1. a big river

こうが[光画](명) 사진. a photography

こうが[高臥](명·자サ) 고와. 세상을 피해 산속 등에서 조용하고 자유스럽게 살아 가는 일. living in proud seclusion

こうが[高雅](형동ダ) 고아. 고상하고 우아한 모양. elegant

ごうか[劫火](명)〈불〉 겁화. 현세를 태워 없앨 것이라는 큰 불. devouring flames

ごうか[剛果](명·형동ダ) 강과. 강하고 결단력이 있음. valour and decisiveness

ごうか[業火](명)〈불〉 업화. ①악업(悪業)의 갚음으로 받는 지옥의 맹렬한 불. ②불 같은 노여움. 1. hellfire

ごうか[業果](명)〈불〉 업과. 악업(悪業)의 결과. 업보(業報). karma effects

ごうか[豪家](명) 호가. 재산 있는 집. 세력 있는 집. a wealthy family

ごうか[豪華](명·형동ダ) 호화. 화려하고 사치함. 호사(豪侈). 「一な生活(セイカツ); 호화로운 생활」 splendour. **—ばん**[豪華版](명) 호화판. ①호화스럽게 만든 책. ②〈속〉 호화스러운 것.

こうかい[公会](명) 공회. ①공적인 모임. ②공중의 모임. ③중대 문제를 위해 여는 국제 회의(会議).

2. a public meeting. —どう[公会堂](명) 공회당. 공중의 회합을 위해 지은 건물.
こうかい[公海](명)〈법〉 공해. 어느 나라나 자유 평등으로 사용할 수 있는 해양(海洋). ↔領海(リョウカイ). the high seas
こうかい[公開](명·타サ) 공개. 공중에게 개방함.「—状(ジョウ); 공개장」 opening to the public
こうかい[更改](명·타サ) ①개혁. ②〈법〉 경개. 구채무(旧債務)를 소멸시키고 신채무(新債務)를 성립시키는 계약. 1. reformation 2. novation
こうかい[香会] ⇨こうあわせ(香合せ).
こうかい[狡獪](명·형동ダ) 나쁜 잔꾀를 부림. 교활(狡猾). cunningness
こうかい[後悔](명·자타サ) 후회. 뉘우침.「—先(サキ)に立(タ)たず; 후회 막급」 repentance
こうかい[紅海](명)〈지〉 홍해. 아라비아 반도와 아프리카 사이에 있는 내해(内海). the Red Sea
こうかい[降灰](명·자サ) 화산의 폭발로 인해 땅 위에 재가 내림. falling of ashes
こうかい[航海](명·자サ) 항해. 배로 바다를 건넘. a voyage
こうかい[黄海](명) 황해. 중국과 한국 사이에 있는 바다. the Yellow Sea
こうがい[笄]カウガイ(명) 일본식 머리에 꽂는 비녀 모양의 장식물. 또는 머리를 빗어 올리는 도구. an ornamental bodkin
こうがい[口外](명·타サ) ①입의 바깥. ②말을 하는 것. 입밖에 냄. ↔口内(コウナイ). 1. disclosure
こうがい[口蓋](명)〈생〉 구개. 입천장. the palate
こうがい[坑外](명) 갱외. 광산 등의 갱도(坑道) 바깥. ↔坑内(コウナイ). grass
こうがい[郊外](명) 교외. 도시 부근. 근교. the suburbs
こうがい[校外](명) 교외. 학교 바깥. ↔校内(コウナイ). outside the school
こうがい[後害](명) 후해. 후일(後日)의 해. 후환(後患).
こうがい[梗概](명) 경개. 개요(概要).「物語(モノガタリ)の—; (옛날) 이야기의 개요」 a synopsis
こうがい[港外](명) 항구의 바깥. ↔港内(コウナイ). outside the·harbour
こうがい[構外](명) 구외. 구역 바깥. ↔構内(コウナイ). outside the compounds
こうがい[慷慨](명·자타サ) 강개. 분개하고 탄식함.「悲憤(ヒフン)—; 비분 강개」 patriotic indignation
ごうかい[豪快](형동ダ) 호기 있고 쾌할한 모양. daring
ごうがい[号外](명) 호외. ①(신문 등의) 정한 호수 이외에 임시로 발행하는 것. ②정해진 수 이외의 것. an extra
こうかく[口角](명) 구각. 입 아귀.「—あわをとばす; 입에 거품을 풍기다(격렬히 논쟁하다)」 corners of the mouth
こうかく[広角](명) 광각. 렌즈의 촬영 각도가 넓은 것. a wide angle
こうかく[甲殻](명)〈생〉 갑각. (거북 등의) 껍질. a shell. —るい[甲殻類](명)〈동〉 갑각류. 물속에 사는 몸의 표면이 딱딱한 껍질로 되어 있는 동물의 총칭.
こうかく[光角](명)〈이〉 광각. 두 눈과 물체와의 각도. an optic angle
こうかく[行客](명) 행객. 여객. 길손. a traveller
こうかく[高角](명) 지평면과 이루는 각이 큼. 앙각(仰角)이 큼. a high angle
こうかく[高閣](명) 고각. ①높은 건물. ②높은 선반. 1. a high building
こうかく[磽确·墝埆](명) 교각. 돌이 많고 메마른 땅. barren soil
こうがく[工学](명) 공학. 공업에 대한 것을 연구하는 학문.「—博士(ハクシ); 공학 박사」 engineering
こうがく[光学](명)〈이〉 광학. 물리학 부문의 하나. 빛의 작용을 연구하는 학문. optics. —きかい[光学器械](명) 광학 기계. 거울, 렌즈, 프리즘 등을 조립한 기계. 사진기, 망원경 등.
こうがく[向学](명) 향학. 학문을 하고자 함.「—心(シン); 향학심」 desire for learning
こうがく[好学](명) 호학. 학문을 좋아함. love of learning
こうがく[好楽](명) 음악을 좋아함. love of music
こうがく[後学](명) 후학. ①후진의 학도. 후배. ②장래에 도움이 될 지식, 학문. 1. junior scholars 2. future information
こうがく[高嶽](명) 고악. 크고 높은 산. 고산(高山). a lofty mountain
こうがく[高額](명) 고액. 많은 액수. 다액.「—所得(ショトク); 다액 소득」↔低額(テイガク). a high amount
こうがく[講学](명) 강학. 학문을 연구함. the pursuit of study
ごうかく[合格](명·자サ) 합격. ①조건, 자격 등이 충분함. ②시험에 붙음.「—者(シャ); 합격자」2. success
こうがくねん[高学年](명) 고학년. 상급 학년. ↔低(テイ)学年. the upper-class
こうかけ[甲掛け](명) 천 등으로 손이나 발의 등을 덮도록 만든 것. spats
こうかつ[広闊](명·형동ダ) 광활. 넓고 확 트인 모양. vastness
こうかつ[狡猾](형동ダ) 교활. 간교(奸巧)한 모양. 나쁜 짓을 할 재능이 있는 모양. cunning
こうかっか[好角家](명) 씨름을 즐기는 사람.
こうがっか[好楽家](명) 음악을 즐기는 사람. 음악 애호가. a lover of music
こうかん[公刊](명·타サ) 공간. 공적으로 발간(発刊)함.「ちかく—する予定(ヨテイ); 멀지 않아 발간할 예정」 publication
こうかん[公館](명) 공관. 관청의 건물. 특히 외교 사절의 건물. an official residence
こうかん[向寒](명) 추위가 닥쳐 옴. 이제부터 추워짐.「—のおりから; 추워지는 이때」 with hard winter right ahead
こうかん[交換](명·자타サ) ①교환. 바꿈. ②〈경〉 거래.

exchange. —しゅ[交換手](명) 교환수. 전화 교환수. —だい[交換台](명) 교환대. 한 건물에서 전화를 교환해 주는 곳.
こう かん[交感](명·자サ) 교감. 서로 느낌. mutual sympathy. —しんけい[交感神経](명)〈생〉교감 신경. 자율 신경의 한 가지. 신체의 활동을 왕성하게 하는 작용을 함. 식물 신경. ↔副(フク)交感神経.
こう かん[交歓·交驩](명·자サ) 교환. 서로 즐김. 「—音楽会(オンガクカイ); 교환 음악회」 an exchange of courtesies
こう かん[好感](명·타サ) 호감. 좋은 느낌이나 감정. good feeling
こう かん[好漢](명) 멋진 사내. a fine fellow
こう かん[巷間](명) 항간. 세상. 「—の伝(ツタ)えるところによれば; 항간에 전하는 바에 의하면」 the world
こう かん[後患](명) 후환. 뒷근심. future troubles
こう かん[後勘](명) ①뒷날의 견책. ②뒷일을 생각함. 1. a future reprimand
こう かん[後鑑](명) 후감. 장래의 귀감(亀鑑). a model for the future
こう かん[皇漢](명) 일본과 중국. Japan and China
こう かん[高官](명) 고관. 지위가 높은 관직이나 관리. 「高位(コウイ)—; 고위 고관」 a dignitary
こう かん[校勘](명) 비교하여 생각해 봄. comparison
こう かん[浩瀚](명·형동ダ) 호한. ①넓고 큼. 광대(広大). ②한없이 많음. 「—な書物(ショモツ); 굉장히 많은 책」 1. vastness 2. multitude
こう かん[黄巻](명) 황권. 책의 다른 이름. a book
こう かん[槓杆](명) 공간. 지렛대. a lever
こう かん[鋼管](명) 강관. (높은 압력에도 견뎌내는) 강철관. a steel pipe
こう がん[紅顔](명) 홍안. 혈색 좋은 붉은 얼굴. 「—の少年(ショウネン); 홍안 소년」 a rosy face
こう がん[睾丸](명)〈생〉고환. 불알. the testicles
こう がん[厚顔](형동ダ) 후안. 뻔뻔스러운 모양. 「—無恥(ムチ); 후안 무치」 impudent
ごう かん[合歓](명·타サ) 환락을 함께 함. enjoying together
ごう かん[強姦](명·타サ) 강간. 억지로 간음함. rape
ごう がん[傲岸](명·형동ダ) 오만함. 거만. arrogant
こう き[口気](명) ①입김. ②말씨. 말투. 1. breath 2. one's way of speaking
こう き[公器](명) 공기. 공공(公共)의 기구. 대중의 기관. 「新聞(シンブン)は天下(テンカ)の—; 신문은 천하의 공기」 a public institution
こう き[広軌](명) 광궤. 레일의 나비가 1,435 *m* 이상인 궤도(軌道). ↔狭軌(キョウキ). a broad gauge
こう き[弘毅](명) 도량이 넓고 배짱이 셈. magnanimity
こう き[好奇](명) 호기. 진기한 것을 좋아함. 「—心(シン); 호기심」 curiosity
こう き[光輝](명) ①광휘. 빛. 빛남. ②명예. 1. brightness 2. glory
こう き[光機](명) 광학 기계(光学機械)의 준말.
こう き[好期](명) 호기. 좋은 때. 좋은 시기. an opportune time
こう き[好機](명) 호기. 좋은 기회. 차안스. a good opportunity
こう き[後記](명) 후기. ①후일의 기록. ②본문 뒤에 붙인 기록. 「編集(ヘンシュウ)—; 편집 후기」 ③뒤에 써 놓은 사항. ↔前記(ゼンキ). 1. a record 2. a postscript
こう き[後期](명) 후기. ①뒤의 시기. 후반기(後半期). ↔前期(ゼンキ). ②〔post—의 오역으로〕…이후. 「—印象派(インショウハ); 후기 인상파」 1. the latter period
こう き[香気](명) 향기. 향기로운 냄새. 좋은 냄새. fragrance
こう き[洪基·鴻基](명) 대사업의 기초. the foundation of a great enterprise
こう き[皇紀](명) 일본의 기원(紀元).
こう き[校紀](명) 교기. 학교의 기풍. school discipline
こう き[校規](명) 교규. 학교의 규칙. school rules
こう き[校旗](명) 교기. 학교를 대표하는 기. a school flag
こう き[綱紀](명) 강기. ①국가의 대법. ②국가를 다스림. ③공무원이 지켜야 할 일. 관기(官紀). 「—粛正(シュクセイ); 관기 숙정」 1. law
こう き[興起](명·자サ) 흥기. ①왕성하게 일어남. 「産業(サンギョウ)の—; 산업의 흥기」 ②(느낀 바 있어) 분발하여 일어남. 「感奮(カンプン)—; 느껴 분발하여 일어남」 1. prospering 2. arising
こう き[高貴](형동ダ) 고귀. ①신분이 높고 귀함. ②훌륭하고 값어치가 있음. 1. noble
こう ぎ[公儀](명) ①조정. 정부. ②공개적인 의식. 공식. 1. the Imperial court 2. public
こう ぎ[巧技](명) 교묘한 재주. a skilful act
こう ぎ[広義](명) 광의. 넓은 뜻. 「—に解釈(カイシャク)する; 광의로 해석하다」 ↔狭義(キョウギ). a broad sense
こう ぎ[交宜·交誼](명) 교의. 우의. 우정. friendship
こう ぎ[好技] 좋은(능숙한) 연기나 기술. a fine play
こう ぎ[好宜·好誼](명) 호의. 좋은 정의. friendship
こう ぎ[抗議](명·자サ) 항의. 상대의 의견에 반대하는 의견을 주장함. protest
こう ぎ[厚宜·厚誼](명) 후의. 두터운 정의. warm friendship
こう ぎ[恒儀](명) 항례적(恒例的)인 의식. a custom
こう ぎ[高宜·高誼](명) ①고귀한 정의(情誼). ②상대방 정의의 높임말. 1. close friendship
こう ぎ[講義](명·타サ) 강의. 학설, 사상, 글의 내용 등을 해석, 설명함. 「—録(ロク); 강의록」 lecture
ごう き[剛気](명·형동ダ) 굳센 기상. sturdy spirit
ごう き[剛毅](명·형동ダ) 강의. 강직하고 씩씩함. 불요 불굴(不撓不屈). fortitude
ごう き[豪気](명·형동ダ) 호기. 호방(豪放)한 기상. a sturdy character
ごう ぎ[合議](명·자타サ) 합의. 만나서 상의함. 협의(協議). consultation
ごう ぎ[強気](형동ダ)〈속〉①세력이 격렬한 모양. ②굉

장한 모양. 1. powerful

こうきあつ[高気圧](명)〈천〉 고기압. 주위의 기압에 비해 높은 기압. ↔低(テイ)気圧. high atmospheric pressure

こうぎき[香聞き](명) 향을 냄새 맡아 향내를 분간하는 놀이. smelling incense

こうきぎょう[公企業](명)〈경〉 공기업. 국가 혹은 지방 자치 단체와 같은 공공 단체가 경영하는 기업. 철도,통신,전매청 등. ↔私(シ)企業. a public enterprise

こうきじてん[康熙字典](명) 강희 자전. 중국 청(清)나라 강희제(康熙帝)의 명에 의해 편찬된 자전. 1716년 간행. 42권. 자수 4만 5천 여로 중국의 고사서(古辞書) 중 가장 유명함.

こうきゅう[公休](명) 공휴. ①의당히 쉬게 되어 있는 날. 공휴일. ②동업자가 모두 함께 쉬는 일. 1. a legal holiday

こうきゅう[好球](명) 〔야구 등에서〕 좋은 공. a nice ball

こうきゅう[攻究](명·타サ) 공구. 학문 등을 전문적으로 연구함. study

こうきゅう[考究](명·타サ) 조사 연구함. research

こうきゅう[恒久](명) 항구. 영구(永久). 「一的(テキ); 항구적」 permanency

こうきゅう[後宮·后宮](명) 후궁. ①제왕(帝王)의 첩. ②후궁이 거처하는 궁전. 1. an Imperial harem

こうきゅう[高級](명·형동ダ) 고급. ①높은 계급이나 등급. ②품질의 정도가 높은 것. 「一品(ヒン); 고급품」 1. high rank 2. high class

こうきゅう[高給](명) 고급. 높은 급료. 많은 봉급.

こうきゅう[降給](명) 급여(給与)를 낮추는 일. ↔昇給(ショウキュウ). reduction in pay

こうきゅう[硬球](명) 경구. 야구, 정구 등에 사용하는 딱딱한 공. ↔軟球(ナンキュウ). a hard ball

こうきゅう[講究](명·타サ) 강구. 조사하고 연구함. research

こうきゅう[購求](명·타サ) 사 들임. purchase

ごうきゅう[号叫](명) 큰소리로 부르짖음. crying aloud

ごうきゅう[号泣](명·자サ) 목놓아 욺. lamentation

ごうきゅう[剛球·強球](명) 〔야구에서〕 세차고 빠른 공. a fast ball

ごうきゅう[強弓](명) 센 활. 또는 센 활을 사용하는 사람. a strong bow

こうきょ[公許](명·타サ) 공허. 공적으로 허락함. government permission

こうきょ[抗拒](명·자サ) 항거. 맞서서 대항함. resistance

こうきょ[皇居](명) 천자(天子), 천황이 사는 곳. 궁성(宮城). the Imperial Palace

こうきょ[荒墟](명) 황허. 황폐한 고적(古跡). ruined historic remains

こうきょ[溝渠](명) 구거. 급수(給水)나 배수(排水)를 위해 판 도랑. a ditch

こうきょ[薨去](명·자サ) 훙거. 황족이나 삼위(三位) 이상 되는 사람의 죽음. demise

こうぎょ[香魚](명) ⇨あゆ.

こうぎょ[薨御](명·자サ) 훙어. 황족이나 3위(三位) 이상 되는 사람의 죽음. demise

こうきょう[口供](명·타サ) 구공. ①진술함. 술회함. ②〈법〉 죄인이 말하는 것을 기록한 것. 진술서. 1. an oral statement 2. deposition

こうきょう[公共](명) 공공. 사회 일반. 공중(公衆). 「一のたてもの; 공공의 건물」 the public. **—きぎょうたい**[公共企業体](명)〈법〉 공공 기업체. 국가 또는 공공 단체가 출자하고 공공의 이익을 위하여 경영하는 기업체. **—くみあい**[公共組合](명) 공공 조합. 공공 단체로서 국가가 부여한 공적인 목적을 갖는 법인체(法人体)의 조합. **—しょくぎょうあんていじょ**[公共職業安定所](명) 공공 직업 안정소. 국민이 희망하는 직업에 취하도록 알선해 주는 기관. 직업 소개소. **—しん**[公共心](명) 공공심. 공공을 위해 일하고자 하는 마음. **—だんたい**[公共団体](명)〈법〉 공공 단체. 법령에 따라 국가로부터 그 존립 목적을 부여받고 있는 법인 단체.

こうきょう[広狭](명) 광협. 넓은 것과 좁은 것. width and narrowness

こうきょう[交響](명·자サ) 교향. 여럿이 어울려 울림. **—がく**[交響楽](명)〈악〉 교향악. 관현악을 위하여 작곡한 보통 4악장으로 된 곡. 교향곡. **—きょく**[交響曲](명)〈악〉 교향곡. 교향악. 심포니. **—し**[交響詩](명)〈악〉 교향시. 자유로운 방법으로 작곡된 관현악곡.

こうきょう[好況](명) 호황. 경기가 좋음. 호경기. ↔不況(フキョウ). a prosperous condition

こうきょう[荒凶](명) 흉년(凶年). a famine

こうきょう[高教](명) 고교. 높으신 가르침. 상대방 가르침의 높임말. your instructions

こうきょう[講経](명)〈불〉 강경. 경전 등을 해석, 강의하는 일. interpretation of the sacred books

こうぎょう[工業](명) 공업. 자연의 원료에 인공을 가해 생활에 필요한 것을 만드는 산업. 「一的(テキ); 공업적」 industry

こうぎょう[功業](명) 공업. ①공적이 현저한 사업. ②공적(功績). 공로. 2. a meritorious deed

こうぎょう[宏業](명) 큰 사업. a glorious achievement

こうぎょう[洪業·鴻業](명) 홍업. ①큰 사업. 대업(大業). ②건국의 대사업. 1. a great work

こうぎょう[鉱業·礦業](명) 광업. 광물을 채굴해 제련 등을 하는 산업. the mining industry

こうぎょう[興行](명·타サ) 흥행. 연극, 영화 등을 공개적으로 구경시킴. an amusement enterprise

こうぎょう[興業](명) 흥업. ①사업을 일으킴. ②산업을 융성케 함. 1. starting an enterprise

ごうきょう[剛強](명·형동ダ) 완강함. 고집이 셈. stubbornness

ごうきょう[豪侠](명) 호협. 호기 있고 남자다움. 또는 그런 사람. gallantry

こうきょういく[硬教育](명) 경교육. 엄격한 주입식

교육. 스파르트타식 교육. Spartan training
こう きょうかい[公教会](명)〈종〉 공교회. 로마 가톨릭 교회. 천주 교회. a Catholic church
こう きょく[好局](명)〔바둑, 장기 등의〕 좋은 대국(対局).
こう ぎょく[紅玉](명)〈광〉 ⇨ルビー.
こう ぎょく[硬玉](명)〈광〉 경옥. 보석의 한 가지. 비취옥(翡翠玉). jadeite
こう ぎょく[鋼玉](명)〈광〉 강옥. 금강석 다음으로 견고한 보석. corundum
こう きん[公金](명) 공금. 정부나 공공(公共)의 돈. public money
こう きん[行金](명) 은행의 돈. bank money
こう きん[抗菌](명)〈의〉 항균. 세균이 번식하는 것을 막음. 「一性物質(セイブッシツ); 항생 물질」 antibiosis
こう きん[拘禁](명·타サ) 구금. 붙들어 두어 밖에 나가지 못하게 함. confinement
こう ぎん[高吟](명·타サ) 고음. 소리 높이 읊음. reciting aloud
こう ぎん[興銀](명) 흥업 은행의 준말.
ごう きん[合金](명)〈이〉 합금. 여러 가지 금속을 용해, 합성해서 만든 금속. an alloy
こう く[鉱区](명) 광구. 광산업자가 광물(鉱物)을 채굴할 수 있는 구역. a mining area
こう ぐ[工具](명) 공구. 공작(工作)하는 데 쓰이는 연장. a tool
こう ぐ[校具](명) 교구. 학교에 비치해 두는 용구(用具). school installations
こう ぐ[耕具](명) 경구. 경작(耕作)하는 데 쓰는 연장. farm implements
ごう く[業苦](명)〈불〉 업고. 전세의 죄로 이승에서 받는 고통. predestined sufferings in this world
ごう く[業垢](명)〈불〉 악업(悪業)이 몸에 붙음.
こう くう[口腔](명)〈생〉 ⇨こうこう.
こう くう[高空](명) 고공. 높은 하늘. 「一病(ビョウ); 높은 하늘에서 기상의 변화와 산소의 결핍으로 생기는 병」 the upper sky
こう くう[航空](명) 항공. (항공기로) 하늘을 나는 일. aviation. ―き[航空機](명) 항공기. 비행기. ―じえいたい[航空自衛隊](명) 항공 자위대. 하늘을 지키는 자위대. 공군. ―ぼかん[航空母艦](명)〈군〉 항공모함.
こう ぐう[厚遇](명·타サ) 후우. 후한 대우. 후대(厚待). a warm reception
こう ぐう[皇宮](명) 천황이 사는 곳. 궁성. 대궐. the Imperial Palace
こう くつ[後屈](명·자サ)〈의〉 후굴. 뒤로 굽어짐. 「子宮(シキュウ)―; 자궁 후굴」 retroflexion
ごう ぐら[郷倉](명) 에도(江戸) 시대 이래 연공미(年貢米)의 저장 또는 재난에 대비하여 향촌(郷村)에 설치한 곡창(穀倉). 사창(社倉).
こう くん[校訓](명) 교훈. 학교의 교육 이념을 간명(簡明)하게 표현한 표어. school precepts
こう ぐん[行軍](명·자サ) 행군. 군대의 행진. march
こう ぐん[皇軍](명) 천황의 군대. the Imperial Army
こう げ[香華](명)〈불〉 향화. 부처 앞에 바치는 향과 꽃. incense and flowers
こう げ[高下](명) 고하. ①높고 낮음. 고저(高低). ②우열(優劣). 1. highness and lowness
ごう け[豪家](명) 호가. 권세 있는 집. 호족(豪族). a powerful family
こう けい[口径](명) 구경. ①총구(銃口) 등의 내경(内径). ②직경. calibre
こう けい[公卿](명) ⇨くぎょう.
こう けい[光景](명) 광경. 풍경. a spectacle
こう けい[行径](명) 좁은 길. 오솔길. a narrow path
こう けい[肯綮](명) 급소(急所). 요점. the point
こう けい[荒径](명) 황경. 거칠고 좁은 길. a path which went barren
こう けい[後景](명) 후경. ①배후의 광경. 배경. ②장식(装飾). 1. the background
こう けい[後継](명) 후계. 뒤를 이음. 「一者(シャ); 후계자」 succession
こう けい[絞刑](명) 교형. 교수형. hanging
こう げい[工芸](명) 공예. 미술적인 공작. 「一家(カ); 공예가」 industrial arts
ごう けい[合計](명·타サ) 합계. 합하여 셈함. 총계(總計). the total
こう けいき[好景気](명) 호경기. 경기가 좋은 것. 호황(好況). ↔不(フ)景氣. prosperity
こう げき[好劇](명) 연극을 좋아함. 「一家(カ); 연극을 좋아하는 사람」 leve of drama
こう げき[攻撃](명·타サ) 공격. ①쳐부숨. 「敵(テキ)を一する; 적을 공격하다」 ②말로 남을 욕박지름. 「個人(コジン)を一する; 개인을 공격하다」 1. an attack
こう けつ[孔穴](명) 공혈. 구멍. a hole
こう けつ[高潔](명·형동ダ) 고결. 먹이 높고 결백함. noble and pure
こう けつ[膏血](명) 고혈. 피와 땀. 피땀. 「民(タミ)の一をしぼる; 백성의 고혈을 짜다」 sweat and blood
ごう けつ[豪傑](명) ①호걸. 뛰어난 인물. ②〈속〉 괴짜. 1. a man of great calibre
こう けつあつ[高血圧](명)〈의〉 고혈압. 높은 혈압. 동맥의 혈관에 탄력성이 없어지고 혈압이 높아져서 생기는 증세. high blood pressure
こう けん[公権](명)〈법〉 공권. 공법상의 권리. 국가의 국민에 대한 권리와 국민의 국가에 대한 권리로 나뉨. civil rights
こう けん[効験·效驗](명) 효험. 효력. effect
こう けん[後見](명·타サ) 후견. ①어린 가장(家長)의 대리인. ②〈법〉 친권자(親權者)가 없는 미성년자, 또는 금치산자를 보호하고 그 재산을 관리하는 제도. ③〔연극 등에서〕 배우가 출연할 때 그 뒤에서 일체의 일을 보살펴 주는 사람. ④후견인(後見人)의 준말. 1. an assistant 2. tutelage
こう けん[後賢](명) 후현. 후세의 현인(賢人). wise men of the future
こう けん[高見](명) 고견. ①탁월한 식견이나 의견. ②

상대방 식견(識見)의 높임말. 1. a valuable opinion
こうけん[高検](명) 고등 검찰청의 준말.
こうけん[貢献](명·자サ) 공헌. ①공물(貢物) 등을 바침. ②진력함. 이바지함.「平和(ヘイワ)に―する; 평화에 진력하다」 1. paying a tribute
こうげん[公言](명·타サ) 공언. 공공연히 말함. declaring openly
こうげん[広言](명·자サ) 호언 장담함. 큰소리 침. bragging
こうげん[巧言](명) 교언. 알랑대는 말. 아첨. flattery. **―れいしょく**[巧言令色](연어·명) 교언 영색. (아첨을 위한) 교묘한 말과 아름답게 꾸민 태도.
こうげん[好言](명) 좋은 말. 감언(甘言). honeyed words
こうげん[光源](명)〈이〉 광원. 스스로 빛을 내는 물건. 발광체(発光体). a source of light
こうげん[抗原·抗元](명)〈생〉 항원. 체내에 항체(抗体)를 이룩하는 물질. antigen
こうげん[荒原](명) 황폐한 들. a wilderness
こうげん[高言](명·자サ) 큰소리. 흰소리. boasting
こうげん[高原](명)〈지〉 고원. ①높은 지대의 평원. ②[그래프 등에서] 높은 상태가 계속되는 것.「―景気(ケイキ); 계속되는 호경기」 1. a tableland
ごうけん[合憲](명) 합헌. 헌법에 어긋나지 않음. ↔違憲(イケン).
ごうけん[剛健](형동ダ) 강건. 튼튼하고 힘센 모양. ↗「strong and sturdy
こうげんがく[考現学](명) 고현학. 현재의 사회 현상을 과학적으로 연구하는 학문. ↔考古学(コウコガク). modernology
こうこ[公庫](명)〈법〉 주택을 건축할 자금이나 사업을 경영할 자금을 빌려 주는 정부 기관. a public finance corporation
こうこ[考古](명) 고고. 유적, 유물 등에 의한 고대(古代)의 연구. study of antiquities. **―がく**[考古学](명) 고고학. 태고의 상태를 알아 내기 위해 유적이나 유물 등을 발굴, 조사하는 학문.
こうこ[好古](명) 옛것을 좋아함. antiquarianism
こうこ[好個](명) 적당함. 알맞음. ideal suitability
こうこ[江湖](명) 강호. [중국의 양자강(揚子江)과 동정호(洞庭湖)에서 온 말로] 세상.「―に訴(ウッタ)える; 세상에 호소하다」 the world
こうこ[後顧](명) 후고. ①뒤를 돌아 봄. ②자기가 없은 뒤의 일을 생각함. 장래사를 걱정함.「―の憂(ウレ)い; 뒷걱정」 1. looking back
こうこ[高古](명) 고상하고 옛스러움. being noble and antiquated
こうこ[曠古](명) 광고. 미증유(未曽有). 일찌기 전례(前例)가 없었던 일. without precedent
こうご[口語](명) ①구어. 언어 가운데서 특히 음성으로 표현하는 말. ②현대의 일상 쓰는 말. ↔文語(ブンゴ). colloquial speach. **―し**[口語詩](명) 구어로 쓴 운이 없는 시. **―たい**[口語体](명) 구어체. 일상의 말로 쓴 문체. **―ぶん**[口語文](명) 구어문. 구어체로 쓴 글. **―ほう**[口語法](명) 구어의 문법.
こうご[交互](명) 번갈아 함. 교대.「―に; 교대로」 alternation
こうご[向後](명·부) 향후. 이후. 앞으로. hereafter
こうご[巷語](명) 항어. 항간에 떠도는 말. 항설(巷説). 소문. a town-talk
ごうご[豪語](명·자サ) 호어. 호언. 장담. boasting
こうこう[斯う斯う]カウカウ(부) 운운(云云). 이러이러하여. so and so
こうこう[工高](명) 공업 고등 학교의 준말.
こうこう[口腔](명)〈생〉 구강. 입안의 빈 곳. the mouth cavity
こうこう[坑口](명) 갱구. 갱도의 입구. a pit mouth
こうこう[孝行](명·형동ダ) 효행. 부모를 잘 섬기는 일. 효도. obedience to one's parents
こうこう[香香](명) (일본식) 김치. pickles
こうこう[後項](명) 후항. 뒤의 조항. 뒤의 항. the succeeding clause
こうこう[高工](명) 고등 공업 학교의 준말.
こうこう[高校](명) 고등 학교의 준말.
こうこう[航行](명·자サ) 항행. 배로 바다나 강을 건넘. sailing
こうこう[港口](명) 항구. 물가에 배를 대게 마련한 곳. a harbour
こうこう[黄口](명) 황구. ①새 새끼의 부리. ②나이가 어리고 경험이 적은 것. 1. the yellow bill of a chick 2. a green youth
こうこう[硬膏](명)〈의〉 경고. 백랍(白蠟)같이 단단한 고약. ↔軟膏(ナンコウ). salve
こうこう[鉱坑](명) 광갱. 광물을 채굴하기 위해 판 구덩이. a mine
こうこう[膏肓](명) 고황. 체내에서 가장 깊숙하여 치료하기 어려운 곳. 심장의 아래위를 말함. the irremediable part
こうこう[浩浩](형동タリ) ①물이 가득 찬 모양. ②넓은 모양. 1. brimming 2. vast
こうこう[耿耿](형동タリ) ①마음이 편하지 못한 모양. ②빛이 밝은 모양. 1. apprehensive 2. bright
こうこう[皎皎](형동タリ) 교교. ①밝은 모양. ②맑은 모양. 1. bright 2. clear
こうこう[煌煌](형동タルト) 황황. 번쩍번쩍 빛나는 모양. bright
こうごう[交合](명·자サ) 교합. 성교(性交)함. 교접(交接). sexual intercourse
こうごう[香合·香盒](명) 향합. 향을 담는 합. an incence case
こうごう[皇后](명) 황후. 황제의 아내. an empress. **―ぐう**[皇后宮](명) ①황후가 기거하는 궁전. ②황후.
こうごう[校合](명·자サ) ⇨きょうごう.
ごうこう[毫光](명) 가늘게 사방으로 퍼져 나가는 빛. thin shafts of light
ごうごう[嗷嗷](형동タリ) ①와글와글 시끄러운 모양. ②많은 사람들이 원성(怨声)을 내는 모양. 1. noisy 2. lamenting cries

ごう ごう[囂囂](형동タルト) 떠들썩한 모양.「喧喧(ケンケン)—; 매우 떠들썩함」 noisy
ごう ごう[轟轟](형동タルト) 굉굉. 썩 큰 소리가 울리는 모양. roaring
こうこうがい[硬口蓋](명)〈생〉 경구개. 입천장 앞쪽의 단단한 부분. the hard palate
こうごうし·い[神神しい]カウガウー(형) 신성하다. 장엄하다. 숭고하다. 파생 **— さ**(명). divine
こう ごうせい[光合成](명)〈이〉 광합성. 식물이 태양 광선을 이용해서 탄산 가스와 물로부터 녹말을 만드는 작용. 동화 작용(同化作用). photosynthesis
こうこうや[好好爺](명) 호호야. 사람 좋은 할아버지. 인심 좋은 노인. a good-natured old man
こう こく[公告](명·타サ) 공고. (재판소, 관청, 공공 단체가) 일반인에게 알림. an official announcement
こう こく[公国](명) 공(公)을 원수(元首)로 하는 유럽의 작은 나라. a dukedom
こう こく[広告](명·타サ) 광고. ①널리 세상에 알림. ②(선전 등의 목적으로) 널리 일반에게 알리는 문서나 그림. 1. a public notice 2. an advertisement
こう こく[抗告](명·자サ)〈법〉 항고. 재판소의 결정에 대해 그 변경을 신립함. lodging a complaint
こう こく[皇国](명) 황국. 천황이 다스리는 나라. the Imperial State
こう こく[鴻鵠](명) 홍곡. ①학, 고니 등의 큰 새. ②큰 인물. 1. big birds
こう こく[興国](명) 흥국. 나라를 번영케 함. making the state prosperous
ごう こく[号哭](명·자サ) 호곡. 목놓아 슬피 욺. lamentation
こう こつ[硬骨·鯁骨](명) 경골. ①굳은 뼈대. 「—魚(ギョ); 경골어」 ②좀처럼 자기의 주장을 굽히지 않음. 「—漢(カン); 경골한」 1. a hard bone
こう こつ[恍惚](형동タルト) 황홀. 마음이 흠뻑 끌려 멍한 모양. 「—として聞(キ)きほれる; 황홀하여 정신없이 듣다」 ecstatic
こうこつぶん[甲骨文](명) 갑골문. 거북의 등, 짐승의 뼈에 새겨진 중국 고대의 상형(象形) 문자. 귀갑 문자(亀甲文字).

〔甲骨文〕

こう こん[黄昏](명) 황혼. 해가 져서 어둑어둑할 때. dusk
こう さ[公差](명) 공차. 공식적으로 인정된 오차(誤差). 「—0.5ミリ; 공차 0.5 *mm*」 an allowance
こう さ[交差·交叉](명·자サ) 교차. 서로 엇갈림. crossing. **— てん**[交差点](명) 교차점. 교차하는 곳.
こう さ[光差](명)〈이〉 광차. 천체에 일어난 현상을 관측한 시각과 그것이 실제로 일어난 시각과의 차(差). 빛이 천체로부터 지구에 도착하는 시간과 같음. equation of light
こう さ[考査](명·타サ) 고사. ①생각해 조사함. ②학생의 성적을 조사함. 시험. 1. consideration
こう さ[較差](명) 교차. 최고와 최저, 최대와 최소, 좋은 것과 나쁜 것 등의 차이(差異).
こう ざ[口座](명) 구좌. ①하나의 결산 정리를 하기 위해 장부에 만들어 놓은 자리. ②진체 구좌(振替口座)의 준말. 1. an account
こう ざ[高座](명) (연단 등의) 한 단 높은 자리. a stage
こう ざ[講座](명) 강좌. ①강의하는 학과. ②강좌의 형식을 취한 강의록. 또는 강습회. 1. a chair
こう さい[口才](명) 말재주. eloquence
こう さい[公債](명)〈경〉 공채. 국가나 공공 단체의 채무. 또는 그 증권. a public loan
こう さい[交際](명·자サ) 교제. 서로 사귐. 「—費(ヒ); 교제비」 association. **—か**[交際家](명) 교제가. 교제를 잘하는 사람. 사교가(社交家).
こう さい[光彩](명) 광채. ①눈부신 빛. ②썩 뛰어나 보임. 「—陸離(リクリ); 광채 육리(여러 빛이 섞여 찬란한 것)」 1. lustre
こう さい[荒歳](명) 흉년. a year of famine
こう さい[虹彩](명)〈생〉 홍채. 안구(眼球)의 각막(角膜)과 수정체(水晶体) 사이에 있는 원반형의 막. the iris
こう さい[高裁](명) 고등 재판소의 준말.
こう さい[鉱滓](명) 광재. 선철(銑鉄)을 만들 때 생기는 비금속성 찌꺼기. 벽돌, 시멘트를 만드는 데 쓰임.
こう ざい[功罪](명) 공죄. 공과 죄. 공과(功過). 「—相(アイ)なかばする; 공과 죄가 서로 걸맞다」 merits and demerits
こう ざい[好材](명) 좋은 재료. 호재료.
こう ざい[高材](명) 고재. 뛰어난 재능. 또는 그런 재능을 가진 사람. eminent ability
こう ざい[絞罪](명) 교죄. 목을 졸라 죽이는 형벌. 교수형. hanging
こう ざい[鋼材](명) 강재. 기계, 건축 등의 기초 재료가 되는 강철. steel materials
ごう さい[合祭](명·타サ) (신령 등을) 함께 제사 지냄.
ごう ざい[合剤](명) 합제. 두 가지 이상의 약을 조합(調合)한 약제. compound medicine
こう さく[工作](명·자サ) 공작. ①(모형 등을) 만듦. ②간단한 물건이나 연장을 만드는 과목(科目). ③준비. ④일함. 활동. 「政治(セイジ)—; 정치 공작」 1. making. **— きかい**[工作機械](명) 공작 기계. 기계를 만드는 기계. 예: 선반(旋盤) 등.
こう さく[交錯](명·자サ) 교착. 이리저리 뒤얽힘. mixture
こう さく[高作](명) 상대방 작품의 높임말.
こう さく[耕作](명·타サ) 경작. 땅을 갈아 농사를 지음. cultivation
こう さく[鋼索](명) 강색. 철사줄을 여러 개 꼰 밧줄. a wire rope
こう さつ[考察](명·타サ) 고찰. 생각하여 살펴 봄. study
こう さつ[高札](명) 고찰. ①옛날 방문(榜文)을 써서 공중 앞에 걸어 놓던 널빤지 판. ②〔입찰에서〕 가격이 가장 높은 것. 1. a notice board
こう さつ[絞殺](명·타サ) 교살. 목을 졸라 죽임. strangling

こう ざつ[交雑](명·자サ) ⇨こうはい(交配).
ごう さつ[合冊](명) ⇨がっぽん(合本).
ごう ざらし[業晒し](명) 전생에 지은 죄로 이승에서 욕을 봄. 또는 그 사람.
こう さん[公算](명) 공산. 확률(確率).「やめる—が大(オオ)きい; 그만 둘 확률이 많다」 probability
こう さん[恒産](명) 항산. ①생활할 수 있는 일정한 재산. ②일정한 직업. 1. fixed property
こう さん[降参](명·자サ) ①항복. 굴복. ②질림. 딱 질색임.「この問題(モンダイ)には—だ; 이 문제에는 질렸다」 1. surrender
こう さん[鉱産](명) 광산에서 얻는 생산물(生産物).「—物(ブツ); 광산물」 mineral products
こう ざん[江山](명) 강산. 강과 산. 산하(山河). mountains and rivers
こう ざん[高山](명) 고산. 높은 산. a high mountain. **—びょう**[高山病](명) 고산병. 높은 산에 올랐을 때 기압이 낮고 산소가 희박해서 생기는 병.
こう ざん[鉱山](명) 광산. 광물을 캐는 산. a mine
こう さんせいきん[抗酸性菌](명)〈의〉 항산성균. 산(酸)에 강한 균. 결핵균, 나균(癩菌) 등. acid-fast bacteria
こう し[口試](명) 구두 시문(口頭試問) 구술 시험의 준말.
こう し[公子](명) 공자. 귀족의 아들. a little prince
こう し[公司](명) 〔중국에서〕 회사. 주식 회사.
こう し[公私](명) 공사. 공과 사.「—の混同(コンドウ); 공사의 혼동」 public and private
こう し[公使](명) 공사. 특명 전권 공사, 특명 변리 공사의 준말. a minister. **—かん**[公使館](명) 공사관. 공사가 주재(駐在)하는 건물.
こう し[公試](명) ①국가가 행하는 시험. 국가 시험. ②공개 시험. 1. a state examination 2. an open examination
こう し[孔子](명) 공자. 중국 춘추(春秋)시대의 대철학자. (B.C. 552~B.C. 479) 그의 가르침을 유교(儒教)라 함. Confucius
こう し[光子](명)〈이〉 광자. 입자(粒子)로서의 성질을 지닌 빛.「—ロケット; 광자 로켓」 a photon
こう し[行使](명·타サ) 행사. 부려서 씀.「権利(ケンリ)を—する; 권리를 행사하다」 use
こう し[好士](명) 뛰어난 인물. an eminent person
こう し[孝子](명) 효자. 부모를 잘 섬기는 자식. 효도를 하는 자식. a dutiful child
こう し[更始](명·자타サ) 다시 시작함. renewal
こう し[厚志](명) 두터운 심지(心志). kindness
こう し[後嗣](명) 후사. 대를 잇는 자식. a successor
こう し[格子](명) 격자. ①가는 나무를 대오리로 정간을 맞추어 짠 물건. ②격자창. ③←格子縞. 1. a lattice. **—じま**[格子縞](명) 격자 무늬.
こう し[高士](명) 고사. ①인격이 높은 사람. ②산속에 묻혀 지내는 군자. 은사(隠士). 1. a noble character
こう し[貢使](명) 공물(貢物)을 가지고 가는 사자(使者). a messenger who conveys a tribute
こう し[高師](명) 고등 사범 학교의 준말.
こう し[皓歯](명) 호치. 새하얀 이빨. 미인의 이빨.「明眸(メイボウ)—; 맑은 눈동자에 하얀 이(미인의 형용)」 white teeth
こう し[鉱滓](명) ⇨こうし.
こう し[嚆矢](명) 효시. 일의 맨 처음. 시작. the first
こう し[講師](명) 강사. ①(대학, 전문 학교, 강습회 등에서) 부탁을 받고 강의하는 사람. ②(대학의) 교사직의 하나. 조교수의 아래 직위. 전임 강사. ③(부탁을 받고) 강연하는 사람. a lecturer
こう じ[麹]カウヂ(명) 누룩. 메주. 효모. yeast
こう じ[小路]—ヂ(명) 소로. 오솔길. ↔大路(オオジ). a lane
こう じ[工事](명·자サ) 공사. 토목, 건축 등의 역사(役事).「道路(ドウロ)—; 도로 공사」 construction
こう じ[公示](명·타サ) 공시. 널리 일반 대중에게 알림. public notice
こう じ[公事](명) 공사. 공적인 일. public affairs
こう じ[好事](명) ①좋은 일. 좋은 행위. ②일을 하기 좋아함. 1. a happy event
こう じ[好餌](명) ①맛 있는 미끼. ②쉽사리 남의 뜻대로 돼 버림.「悪人(アクニン)の—; 나쁜 사람의 미끼가 되다」 1. a good bait 2. an easy prey
こう じ[香餌] ①냄새가 좋은 미끼. ②사람을 유혹하는 이익(利益). 1. a bait 2. a lure
こう じ[柑子](명)〈식〉 감자. 홍귤(紅橘)나무의 열매. 왜감.
こう じ[後事](명) 후사. ①장래의 일. ② 죽은 뒤의 일. 1. future affairs
こう じ[高次](명) 고차. 높은 차원. ↔低次(テイジ).
ごう し[合祀](명·타サ) 합사. 둘 이상의 신을 함께 모심. enshrining together
ごう し[合資](명) 합자. 자본을 내어 합침. joint stock. **—かいしゃ**[合資会社](명)〈법〉 합자 회사. 무한 책임 사원과 유한 책임 사원으로 조직되어 있는 회사.
ごう し[郷士](명) 시골에 있는 무사. a yeoman
こう しき[公式](명) 공식. ①공적인 법식.「—の会見(カイケン); 공식 회견」 ②〈수〉 수학상의 기호를 써서 수의 계산 법칙을 나타내는 관계식. 1. formality 2. a formula. **—てき**[公式的](형동ダ) 공식적. ①규칙에만 따라 융통성이 없는 모양.「—な答弁(トウベン); 공식적인 답변」 ②공적으로 하는 모양.「—な会見(カイケン); 공식적인 회견」
こう しき[硬式](명) 경식. 〔야구, 정구 등에서〕 특히 딱딱한 공을 사용하는 것.「—庭球(テイキュウ); 경식 정구」 ↔軟式(ナンシキ). hard-ball
こう じき[高直](형동ダ) 값이 비싼 모양. 고가(高価). expensive
こう しせい[高姿勢](명) 고자세. 배짱을 내미는 강력한 태도. ↔低(テイ)姿勢.
こう しつ[後室](명) ①뒷방. ②귀인의 미망인. 1. a rear chamber 2. a dowager
こう しつ[皇室](명) 황실. 천황의 일가(一家). the

Imperial Household. **―てんぱん**[皇室典範](명)〈법〉 황실에 관한 법률을 기록한 것.

こうしつ[高湿](명)〈천〉 높은 습도. 「高温(コウオン)―; 고온 고습(온도도 높고 습도도 높음)」a high humidity

こうしつ[硬質](명) 경질. ①질이 딱딱함. ②딱딱한 성질. ↔軟質(ナンシツ). 1. hard quality

こうしつ[膠質](명)〈이〉 교질. 아교와 같은 물질의 끈끈한 성질. colloid

こうしつ[膠漆](명) 교칠. ①아교와 옻칠. ②굉장히 친한 사이. 1. glue and lacquer 2. intimacy

こうじつ[口実](명) 구실. 핑계. 「―を作(ツク)って欠席(ケッセキ)する; 구실을 만들어 결석하다」an excuse

こうじつせい[向日性](명)〈생〉 향일성. 식물의 줄기, 가지, 잎 등이 햇볕의 강도가 강한 방향으로 자라는 성질. ↔向地性(コウチセイ). heliotropism

こうじつびきゅう[曠日彌久](명) 광일 미구. 세월을 헛되이 보내어 오래 지체됨. procrastination

こうしゃ[公社](명)〈법〉 공사. 국가가 전액을 출자해서 만든, 공공의 이익을 위한 기업체. 「住宅(ジュウタク)―; 주택 공사」 a public corporation

こうしゃ[公舎](명) 공무원의 숙사. an official residence

こうしゃ[巧者](명·형동ダ) 능숙함. 또는 그런 사람. a good hand

こうしゃ[向斜](명)〈지〉 향사. 습곡(褶曲)을 받은 지층(地層)의 골짜기 부분. ↔背斜(ハイシャ). a syncline

こうしゃ[後車](명) 뒤차. ↔前車(ゼンシャ). a rear car

こうしゃ[後者](명) 후자. ①뒷사람. 후세 사람. ②후에 말한 것. ↔前者(ゼンシャ). 1. the following man

こうしゃ[校舎](명) 교사. 학교 건물. a school building

こうしゃ[降車](명·자サ) 차에서 내림. 하차(下車). 「―口(グチ); 승강구」↔乗車(ジョウシャ). getting off

こうしゃ[講社](명) ①신불(神仏) 참례의 모임. ②계(契)나 무진(無盡)을 위한 모임. 1. a religious association

ごうしゃ[豪奢](명·형동ダ) 호사. 호화롭고 사치스러움. an extravagant luxury

こうしゃく[公爵](명) 공작. 귀족의 제1계급. a duke

こうしゃく[侯爵](명) 후작. 귀족의 제2계급. a marquis

こうしゃく[講釈](명·자サ) ①강석. 강의하여 해석함. ②야담. 「―師(シ); 야담가」 1. a lecture

こうじゃくふう[黄雀風](명) 황작풍. 〔중국에서〕 음력 5월에 부는 남동풍.

こうしゃほう[高射砲](명)〈군〉 고사포. 비행기를 쏘기 위한 대포. an antiaircraft gun

こうしゅ[工手](명) 철도, 전기 등의 공사를 하는 노동자. 역군. a workman

こうしゅ[公主](명) 공주. 왕의 딸. an Imperial Princess

こうしゅ[甲種](명) 갑종. 갑의 종류. 제1종. the first grade

こうしゅ[叩首](명·자サ) 고수. 땅에 머리를 조아려 절함. 고두(叩頭). a deep bow

こうしゅ[巧手](명) 능란한 솜씨. 또는 그런 사람. skilfulness

こうしゅ[好手](명) 〔바둑, 장기 등에서〕 좋은 수. 좋은 기술. a good move

こうしゅ[好守](명·자サ) 〔야구에서〕 잘 수비함. 우수한 수비. clean fielding

こうしゅ[攻守](명) 공수. 공격과 수비. 「―ところをかえる; 서로의 입장이 바뀌다」 attack and defence. **―どうめい**[攻守同盟](명)〈법〉 공수 동맹. 두 나라 이상이 제삼국을 공격하기 위해, 혹은 그 공격을 막기 위해 맺는 동맹. 「taking by assault

こうしゅ[攻取](명·타サ) 공취. 공격해서 빼앗음. ↗

こうしゅ[拱手](명·자サ) ①팔짱을 낌. ②아무 것도 하지 않음. 「―傍観(ボウカン)する; 수수 방관하다」

こうしゅ[校主](명) 교주. 학교의 경영자. the proprietor of a school

こうしゅ[絞首](명) 교수. ①목을 졸라 죽임. ②〈법〉 교수에 의한 사형. 「―刑(ケイ); 교수형」1. strangulation

こうしゅ[耕種](명) 경종. 땅을 갈아 곡식을 가꿈. cultivation

こうじゅ[口授](명·타サ) 구수. 말로 가르쳐 줌. oral instruction

こうじゅ[高寿](명) 오래 삶. 장수(長壽). long life

こうじゅ[鴻儒](명) 홍유. 학문이 깊은 사람. 큰 선비. 대학자. a great scholar

ごうしゅ[強酒·豪酒](명) 호주. 술이 셈. 술을 많이 마심. 「―家(カ); 호주가」 heavy drinking

こうしゅう[口臭](명) 구취. 입 속에서 나는 냄새. 입내. foul breath

こうしゅう[公衆](명) 공중. 사회의 여러 사람. 「―電話(デンワ); 공중 전화」 the public. **―えいせい**[公衆衛生](명) 공중 위생. 사회 일반의 공동 건강을 위한 위생. **―どうとく**[公衆道徳](명) 공중 도덕. 사회의 여러 사람을 위하여 지키는 도덕.

こうしゅう[寇讎](명) 원수. 적. a foe

こうしゅう[講習](명·타サ) 강습. 학술, 기예 등을 학습함. 「―会(カイ); 강습회」 learning

こうじゅう[講中](명) ①계나 무진(無盡)을 위한 모임. ②신불(神仏) 참배를 위한 모임. 1. a mutual financing association

ごうしゅう[豪州](명)〈지〉 ⇨オーストラリア.

ごうじゅう[剛柔](명) 강유. 굳셈과 부드러움. strongness and tenderness

こうじゅうじ[紅十字](명) 〔중국에서〕 적십자.

こうしゅうは[高周波](명)〈이〉 고주파. 주파수가 높은 전파. 「―加熱(カネツ); 고주파 가열」 high frequency

こうじゅく[紅熟](명·자サ) (나무의 열매 등이) 붉게 익음. turning red with ripening

こうじゅつ[口述](명·타サ) 구술. 말로 진술함. 「―試験(シケン); 구술 시험」 an oral statement

こうじゅつ[公述](명·자サ) 공청회에서 의견을 말함. 「―人(ニン); 공술인」 a public statement

こうじゅつ[後述](명·자サ) 후술. 뒤에 말함. ↔前述(ゼンジュツ). a later statement

こうじゅほうしょう[紅綬褒章](명) 위험을 무릅쓰고 사람의 생명을 구한 사람에게 정부가 수여하는 붉은 리본이 달린 기장(記章).
こうじゅん[交詢](명) ①교순. 교제의 친밀을 도모함. ②협의. 의논. 1. promotion of social intercourse
こうじゅん[孝順](명) 효순. 효도로 섬기고 순종함. dutifulness
こうしょ[向暑](명) 이제부터는 더워짐. 더위가 다가옴. 더위가 다가 오는 계절. 「一の折(オリ)から; 더워지는 이때」↔向寒(コウカン). approaching summer
こうしょ[高所](명) ①높은 곳. ②높은 입장. 1. a height
こうしょ[講書](명) 책을 강의함. 책을 강석(講釈)함. interpretation of a book
こうしょ[購書](명) 구서. 책을 사들임. 또는 사들인 책. purchasing books
こうしょ[鴻緒](명) 홍서. 제왕(帝王)이 나라를 다스리는 대업(大業). a ruler's enterprise of governing a country
こうじょ[工女](명) 공장에서 일하는 여자. 여직공. a woman worker
こうじょ[公序](명) 공공의 질서. public order
こうじょ[孝女](명) 효녀. 효도하는 딸. a dutiful daughter
こうじょ[皇女](명) 황녀. 천황의 딸. 공주. an Imperial Princess
こうじょ[高女](명) 고녀. 고등 여학교의 준말.
こうじょ[控除](명·타サ) 공제. 빼어 냄. subtraction
ごうしょ[劫初](명)〈불〉 겁초. 이 세상의 처음. the beginning of the world
こうしょう[口承](명·타サ) 사람이 입에서 입으로(전설 등을) 전하여 내려 옴. 전승(伝承). 「一文学(ブンガク); 구승문학」 verbal transmission
こうしょう[口証](명) 구증. 구두 증명(口頭証明)의 준말. an oral statement
こうしょう[口誦](명·자サ) 구송. 소리를 내어 읽음. 음송. 「一文芸(ブンゲイ); 구송 문예」 recitation
こうしょう[工匠](명) 공장. 공작(工作)을 통하여 물건을 만들어 내는 사람. 장색(匠色). an artisan
こうしょう[工廠](명)〈군〉 육해군에 직속하는 공장. an arsenal
こうしょう[公称](명·자サ) 공칭. 공식의 명칭. 널리 공개하여 칭함. a formal nomination
こうしょう[公娼](명) 공창. 공적으로 허가를 받은 창녀. ↔私娼(シショウ). a licensed prostitude
こうしょう[公証](명)〈법〉 공증. 공무원이 직권에 의해 행하는 증명. a notarial act. **—にん**[公証人](명)〈법〉 공증인. 민사에 관한 공정 증서(公正証書)를 작성하고, 개인이 만든 서류에 인증(認証)을 주는 권한을 지닌 공무원.
こうしょう[公傷](명) 공상. 공무로 해서 받은 상처. ↔私傷(シショウ). an injury resulting from official work
こうしょう[光照](명·타サ) 빛을 비춤. lighting
こうしょう[交渉](명·자サ) 교섭. 어떤 일을 이루기 위하여 서로 의논함. 「一を持(モ)つ; 교섭을 갖다」 negotiation
こうしょう[考証](명·타サ) 고증. 문서를 증거로 해서 옛날의 사실을 따지고 설명함. investigation
こうしょう[好尚](명) ①좋아하는 것. 기호(嗜好). ②유행. 1. liking 2. fashion
こうしょう[行賞](명) 행상. 상을 내림. 「論功(ロンコウ)一; 논공 행상」 conferment of rewards
こうしょう[後章](명) 후장. 뒤의 장. ↔前章(ゼンショウ).
こうしょう[後証](명) 후증. 후일의 증거. a proof for the future
こうしょう[厚相](명) 후생 대신(厚生大臣). 한국의 보건 사회부 장관에 해당. the Welfare Minister
こうしょう[咬傷](명) 교상. 물린 상처. a bite
こうしょう[哄笑](명·자サ) 홍소. 크게 입을 벌리고 웃음. loud laughter
こうしょう[高承](명) "아시다"의 높임말. 「皆様(ミナサマ)一の; 여러분께서 아시옵는」
こうしょう[高唱](명·자サ) 고창. ①소리 높이 부르짖음. ②소리 높이 노래함. 2. singing loudly
こうしょう[降将](명) 항복한 적장(敵将).
こうしょう[校章](명) 학교의 기장(記章).
こうしょう[鉱床](명)〈광〉 광상. 광물을 포함한 암석이 있는 곳. mineral deposits
こうしょう[高尚](형동ダ) 고상. 정도가 높은 모양. 품위가 있는 모양. advanced
こうじょう[口上](명) ①말하는 것. 「一がうまい; 말을 잘한다」. ②[흥행(興行)에서] 연극 줄거리의 설명. 또는 설명하는 사람. 1. a statement. **—しょ**[口上書](명) 구상서. 상대 국가에 제출하는 외교상의 서류. 토론의 차례, 내용 등을 적은 문서.
こうじょう[工場](명) 공장. 많은 노동자를 고용해서 물품을 생산하는 곳. 「一長(チョウ); 공장장」 a factory
こうじょう[江上](명) ①강 위. 강가. ②양자강(揚子江) 위. 양자강 강가. 1. on a river
こうじょう[向上](명·자サ) 향상. 진보. going upwards
こうじょう[交情](명) 사귀는 정. 교의(交誼). friendship
こうじょう[攻城](명) 공성. 성을 공격함. siege
こうじょう[定考](명) 옛날 매년 6위(六位) 이하 사람의 예능, 공로 등을 사정(査定)하여 관작(官爵)을 내리던 일.
こうじょう[荒城](명) 황성. 황폐한 성. 「一の月(ツキ); 황폐한 옛 성터의 달」 a desolate castle
こうじょう[恒常](명) 항상. 언제나. 늘. ↔一時的(イチジテキ). constancy
こうじょう[厚情](명) 후정. 두터운 정. kindness
こうじょう[鉤状](명) 갈고리 모양으로 구부러진 모양. hook-like shape
こうじょう[膠状](명) 교상. 아교처럼 끈끈한 상태. colloidal state
ごうしょう[号鐘](명) 신호 또는 시간을 알리기 위해 울리는 종. a signal bell
ごうしょう[豪商](명) 호상. 돈이 많은 상인. 큰 장사아치. a wealthy merchant
ごうじょう[強情](명·형동ダ) 고집이 셈. 자기 뜻을

좀처럼 굽히지 않음. 「ーをはる; 고집을 부리다」 stubbornness

こうしょうがい[高障害](명) 육상 경기의 일종. 110 *m*의 거리에 높이 1.06 *m*, 폭 1 *m*의 장해물을 열 개 놓고 이것을 넘어 달리는 경주. 고장애(高障礙). high hurdles

こうじょうせん[甲状腺](명)〈생〉 갑상선. 목 아래쪽에 있는 내분비선(内分泌腺). 호르몬을 만듦. the thyroid gland

こうしょく[公職](명) 공직. 공적인 직무. a public office

こうしょく[好色](명) 호색. 색(色)을 밝힘. 여자를 좋아함. amorousness

こうしょく[交織](명·타サ) 교직. 두 가지 이상의 다른 실을 섞어서 짬. 또는 그렇게 짠 피륙. a mixed weave

こうしょく[紅色](명) 홍색. 붉은 빛깔. red

こうしょく[耕殖](명) 경식. 논이나 밭을 갈아 작물(作物)을 번식시키는 일. farming

こうしょく[降職](명·타サ)〈법〉 강직. 직위를 낮춤. 강등(降等). demotion

こうしょく[黄色](명) 황색. 노랑. yellow

こうしょく[曠職](명) 광직. 직무를 게을리 하고 책임을 다하지 않음. neglect of one's duty

こう·じる[困じる](자상1) 난처해하다. be troubled

こう·じる[高じる·嵩じる](자상1) ①뽐내다. 거만을 부리다. ②정도가 심해지다. 「病気(ビョウキ)がー; 병이 악화되다」 2. grow worse

こう·じる[講じる](타상1) ①강의하다. 학술이나 책의 뜻을 설명하다. ②연습하다. ③화해하다. ④생각하다. 조사하다. ⑤꾀하다. 계획을 짜다. 세우다. 「対策(タイサク)をー; 대책을 강구하다」 1. lecture 2. practise

こうしん[口唇](명) 입술. lips

こうしん[功臣](명) 공신. 나라에 공이 있는 신하. a meritorious retainer

こうしん[行進](명·자サ) 행진. 앞으로 나아감. advance. — **きょく**[行進曲](명)〈악〉 행진곡. 행진 보조에 맞도록 작곡된 곡. 마아치.

こうしん[孝心](명) 효심. 효성스러운 마음. filial piety

こうしん[更新](명·자타サ) 갱신. 새로 바꿈. renovation

こうしん[庚申](명)〈불〉 청면 금강(青面金剛)의 다른 이름. 제석천(帝釈天)의 사자(使者).

こうしん[恒心](명) 항심. 언제나 지니고 있는 올바른 마음. 「恒産(コウサン)あればーあり; 항산이 있으면 항심이 있다」 constancy

こうしん[後身](명) 후신. ①환생한 몸. 아주 달라진 몸. ②이전의 형태에서 변화, 발전한 것. 1. one's later self

こうしん[後進](명) 후진. ①뒤따라 옴. 또는 뒤따라 오는 사람. 후배. ②진보가 뒤떨어져 있음. 「ー国(コク); 후진국」 ③(배 등이) 뒤로 감. ↔先進(センシン). 1. one's junior 2. going backward

こうしん[高進·亢進·昂進](명·자サ) 앙진. ①뽐내어 나아감. ②(물가 등이) 오름. 2. rise

こうしん[航進](명·자サ) ①배를 타고 나아감. ②비행기를 타고 나아감. 1. sailing

こうじん[公人](명) 공직에 있는 사람. ↔私人(シジン). a public person

こうじん[行人](명) 행인. ①길 가는 사람. ②나그네. 1. a passer-by 2. a traveller

こうじん[幸甚](명) 행심. 대단히 고마움. 또는 행복함. 「おいでくだされぱーに存(ゾン)じます; 와 주시면 대단히 감사하겠읍니다」 being very glad

こうじん[後人](명) 후인. 뒷사람. 후세(後世)의 사람. posterity

こうじん[後陣](명) 후진. 뒤쪽의 진. a rear guard

こうじん[後塵](명) 후진. (마차 등이 지나간) 뒤에서 일어나는 먼지. 「ーを拝(ハイ)する; 훌륭한 사람의 뒤를 따르다」 dust raised by a carriage

こうじん[荒神](명) 부뚜막의 신. the god of the kitchen

こうじん[黄塵](명) 황진. ①누런 먼지. ②피로운 속세. 1. yellow dust

こうしんじょ[興信所](명) 흥신소. 타인의 신용 상태를 비밀히 조사 보고하는 곳. a commercial inquiry agency

こうじんぶつ[好人物](명) 마음씨가 좋은 사람. 착한 사람. a good-natured man

こうしんりょう[香辛料](명) 향신료. 향기나 매운 맛을 더해 주는 조미료. 예: 후추, 생강 등. spice

こうしんろく[興信録](명) 흥신록. 흥신소가 타인의 신용 상태를 밝히기 위해 그 재산, 영업 상태 등을 조사해서 자세히 기록한 책. a directory

こうず[構図](명·타サ) 구도. ①〈수〉 구성된 도형. ②예술 작품을 제작할 때 요소를 적당히 배치함. 2. composition

こうすい[香水](명) 향수. ①향료를 넣은 화장수. ②〈불〉 부처에게 드리는 물. 1. a perfume

こうすい[降水](명)〈천〉 강수. 비, 눈, 우박 등이 땅에 내린 것. 「ー量(リョウ); 강수량」 precipitation

こうすい[硬水](명)〈이〉 경수. 석회 그밖의 광물질이 많이 들어 있는 물. ↔軟水(ナンスイ). hard water

こうすい[鉱水](명) 광수. ①광산 또는 제련소에서 흘러 나오는 광독(鉱毒)이 섞인 물. ②광물질이 많이 섞인 물. 광천(鉱泉). 1. water containing a mineral solution

こうずい[洪水](명) 홍수. 큰물. a flood

こうすう[口数](명) 인구 수. the number of people

こうすう[恒数](명)〈수·이〉 항수. 상수(常数). a constant

ごうすう[号数](명) 호수. 번호를 나타내는 수. the issue number

こうずか[好事家](명) 호사가. ①색다른 일을 좋아하는 사람. ②풍류를 즐기는 사람. 1. a dilettante

こうずけ[上野](명)〈지〉 옛 지방 이름. 현재의 군마현(群馬県).

こう·する[抗する](자サ) 저항하다. 대들다. 항거하다. 「敵(テキ)にー; 적에 대항하다」 resist

こう·する[校する](자サ) 교정하다. 비교해서 바로 잡다. proofread

こう·する[貢する](타サ) 공물을 바치다. pay a tribute

こう·する[航する](자サ) 배로 물을 건너다. sail
こう·ずる[薨ずる](자サ) 황족, 3위(三位) 이상의 사람이 죽다. 훙거(薨去). 훙서(薨逝). pass away
ごう·する[号する](자サ) ①널리 퍼뜨리다. 공포하다.「天下(テンカ)に―; 세상에 공포하다」②부르다. 일컫다.「漱石(ソウセキ)と―; 소오세키라 부르다」 1. claim 2. call
こう せい[公正](명·형동ダ) 공정. ①비뚤어지지 않음. ②명백하고 옳음. 공명 정대. 2. fairness. **―しょうしょ**[公正証書](명)〈법〉 공정 증서. 공증인이 작성한, 법률 행위나 권리에 관한 증서.
こう せい[交声](명)〈악〉 교성. 독창과 합창을 섞음.「―曲(キョク); 교성곡」
こう せい[好晴](명) 잘 갠 날씨. fine weather
こう せい[向性](명)〈심〉 향성. 내향성, 외향성을 함께 일컫는 말.「―検査(ケンサ); 향성 검사」
こう せい[攻勢](명) 공세. 공격하는 기세. 공격 태세.「―に転(テン)じる; 공세로 바꾸다」↔守勢(シュセイ). the offensive
こう せい[更正](명·타サ) 갱정. 고쳐서 바르게 함. 바르게 고침. correction
こう せい[更生·甦生](명·자サ) 갱생. ①소생함. 다시 살아남. ②생활을 바르게 고침. ③폐품을 이용함. 재생(再生).「―品(ヒン); 재생품」 1. rebirth
こう せい[厚生](명) 후생. ①생활을 풍부하게 함. ②체력, 생명력을 증가시킴. 1. promotion of public welfare. **―しょう**[厚生省](명)〈법〉 후생성. 한국의 보건 사회부에 해당. **―ねんきん**[厚生年金](명) 후생 연금. 노동자가 연로(年老)하거나 변고(変苦)를 당했을 때 받는 연금.
こう せい[後生](명) 후생. ①자기보다 뒤에 태어난(공부하는) 사람. 후배. ②후세(後世)의 사람. 후손. 1. one's junior
こう せい[後世](명)①후세. 뒷세상. ②자손. 1. the future
こう せい[恒性](명) 항성. 언제나 변하지 않는 성질. constancy
こう せい[恒星](명)〈천〉 항성. 스스로 빛을 발하며 위치, 광선, 색 등이 변하지 않는 별. ↔惑星(ワクセイ). a fixed star
こう せい[校正](명·타サ) 교정. 인쇄물과 원고를 대조하여 활자가 잘못된 곳을 바로 잡아 고침. proofreading. **―ずり**[校正刷り](명) 교정쇄. 교정을 보기 위해 찍은 인쇄물.
こう せい[高声](명) 고성. 높은 음성. 큰소리. a loud voice
こう せい[構成](명·타サ) 구성. 짜 맞춤. 조립(組立).「文章(ブンショウ)の―; 문장 구성」 constitution
こう せい[鋼製](명) 강제. 강철로 만듦. 또는 그 물건. 강철제. made of steel
こう せい[曠世](명) 광세. 세상에 드묾. 세상에 그 유례가 없음. rare
ごう せい[合成](명·타サ) 합성. ①두 가지 이상이 합하여 한 가지 상태를 이룸. ②〈이〉 유기(有機) 화합물을 인공적으로 만들어 냄. 1. combining 2. combination. **―じゅし**[合成樹脂](명) ⇨プラスチック(ス). **―せんい**[合成繊維](명) 합성 섬유. 화학적으로 합성해서 만든 섬유. 예: 나일론, 비닐론 등.
ごう せい[剛性](명)〈이〉 강성. 물체의 꼴의 변화에 대한 탄성(弾性). rigidity
ごう せい[強勢](명) 강세. 세력이 강함. 강한 위세(威勢). vigorousness
ごう せい[豪勢](명·형동ダ) 호세. ①세력이 강대함. ②사치스러움.「―な生活(セイカツ); 호화로운 생활」 1. powerful
こうせい ぶっしつ[抗生物質](명)〈의〉 항생 물질. 세균의 번식에 저항하는 물질. 예: 페니실린, 마이신 등. an antibiotic
こう せき[口跡](명) 말버릇. 말투. a way of speaking
こう せき[功績](명) 공적. 공로의 실적. merits
こう せき[鉱石·礦石](명)〈광〉 광석. ①유용한 광물. 또는 그런 광물이 섞여 있는 돌. ②라디오의 간단한 수신기에 사용하는 광물.「―受信器(ジュシンキ); 광석 수신기」 1. a mineral
こう せき[講席](명) 강석. ①강의하는 장소. ②시가(詩歌)를 피로하는 자리. 1. a place for a lecture
こうせきき[洪積期](명)〈지〉 홍적기. 지질 시대의 하나. 신생대(新生代) 제4기 전반(前半)의 시대. 몹시 춥고 지구상은 빙하로 덮여 있었음. 홍적세(洪積世). the diluvial epoch
こうせきそう[洪積層](명)〈지〉 홍적층. 홍적기에 만들어진 지층. a diluvial formation
こう せつ[公設](명·타サ) 공설. 국가 또는 공공 단체가 설치함. 또는 그 시설. ↔私設(シセツ). instituting at public expense
こう せつ[巧拙](명) 교졸. 잘하는 것과 못하는 것. 능숙과 미숙. skilfulness and clumsiness
こう せつ[交接](명·자サ) 교접. 성교(性交). 교합(交合). sexual intercourse
こう せつ[巷説](명) 항설. 항간에 떠도는 소문. 풍설(風説).「街談(ガイダン)―; 길거리나 항간에 떠도는 소문」 a rumour
こう せつ[降雪](명) 강설. 눈이 내림. snowfall
こう せつ[高説](명) 고설. ①견식이 높은 학설이나 견해. ②남의 말에 대한 높임말.「ご―を拝聴(ハイチョウ)する; 좋은 말씀을 듣다」 2. your opinion
こう せつ[講説](명·타サ) 강설. 강의해서 설명함. 강의의 설명. a lecture
こう ぜつ[口舌](명) 구설. 말.「―のあらそい; 말다툼」 words
ごう せつ[豪雪](명) 큰 눈. a heavy snowfall
ごう せっとう[強窃盗](명) 강절도. 강도와 절도. burglary and larceny
こう せん[口銭](명) 구전. 매매 등을 소개한 수수료. 구문(口文). 소개료. commission
こう せん[工専](명) 공업 전문 학교의 준말.
こう せん[工船](명) 공장과 똑같은 시설을 가진 배.「かに―; 게를 잡아 통조림을 만드는 배」a factory ship

こうせん[公選](명·타サ) 공선. 주민 투표에 의해 선거함. a public election

こうせん[光線](명) 광선. 빛. 빛살. 「―を当(アテ)る; 광선을 비추다」 a ray of light

こうせん[交戦](명·자サ) 교전. 서로 싸움. war

こうせん[好戦](명·자サ) 호전. ①전투, 전쟁을 좋아함. ②〔야구 등에서〕 잘 싸움. 1. belligerence 2. fighting well

こうせん[抗戦](명·자サ) 항전. 저항해 싸움. resistance

こうせん[香煎](명) 곡류, 특히 보리를 볶아서 갈아 가루로 만든 것. 미싯가루. parched-barley flour

こうせん[黄泉](명) 황천. 저승. Hades

こうせん[鉱泉](명) 광천. 광물질을 많이 포함하고 있는 온천. 또는 그 물. a mineral spring

こうせん[鋼船](명) 강철로 만든 배. a steel ship

こうせん[鋼線](명) 강선. 강철로 만든 줄. 강철선. a steel wire

こうぜん[公然](부·형동タルト) 공공연한 모양. 「―の秘密(ヒミツ); 공공연한 비밀」 public

こうぜん[昂然](형동タルト) 앙연. 우쭐대고 뽐내는 모양. 의기 양양한 모양. triumphant

こうぜん[紅髯](명) 홍염. ①붉은 수염. ②서양인(西洋人). 1. a red beard

こうぜん[浩然](형동タリ) 호연. 넓고 큰 모양. 마음이 넓고 뜻이 큰 모양. vast and open

ごうぜん[傲然](형동タルト) 오연. 거만한 모양. 오만불손(傲慢不遜)한 모양. 「―たる態度(タイド); 거만한 태도」 haughty

ごうぜん[轟然](형동タルト) 굉연. 굉장히 큰 소리가 울리는 모양. roaring

こうぜんのき[浩然の気](연어·명) ①호연지기. 하늘과 땅 사이에 넘치게 가득 찬 넓고도 큰 원기. ②사물에서 해방되어 자유롭고 유쾌한 마음. 「―を やしなう; 호연지기를 기르다」 1. an open and magnanimous spirit

こうそ[公租](명)〈법〉 공조. 국세 및 지방세의 총칭. 조세(租税). a public tax

こうそ[公訴](명·타サ)〈법〉 공소. 검찰관이 재판소(법원)에 대하여 특정한 범죄인에 대한 심리, 재판을 청구하는 일. prosecution

こうそ[皇祚](명) 황조. 천황의 자리. 황위(皇位). the Imperial Throne

こうそ[皇祖](명) 천황의 선조. an Imperial ancestor

こうそ[高祖](명) ①조부모의 조부모. ②선조(先祖). 조상. ③천명을 받아 군주(君主)가 된 사람. 주로 제1대 임금. ④〈불〉 하나의 종파나 절을 세운 사람. 2. a distant ancestor 4. the founder of a sect

こうそ[貢租](명) 공조. 공물로 바치는 조세. a tribute

こうそ[控訴](명·자サ)〈법〉 공소. 제1심의 판결에 대하여 상급 재판소에 불복을 신립하는 일. an appeal

こうそ[酵素](명)〈생〉 효소. 생물의 몸에서 일어나는 반응의 촉매(觸媒)가 되는 끈끈한 교질성(膠質性) 유기 물질. 뜸씨. enzyme

こうぞ[楮](명)〈식〉 닥나무. 뽕나무과에 속하는 낙엽 활엽 관목. 꾸지나무와 비슷한데 나무 껍질은 제지 원료로 씀. a paper mulberry

ごうそ[強訴](명·타サ) 강소. 떼를 지어 호소함. an appeal by force

こうそう[公葬](명) 공장. 공적 기관에서 공비(公費)로 행하는 장례식. a public funeral

こうそう[広壮·宏壮](형동ダ) 굉장. 넓고 훌륭한 모양. 「―な たてもの; 굉장한 건물」 magnificent

こうそう[行装](명) 행장. 여행의 장비. 여장(旅装). a travelling outfit

こうそう[好走](명·자サ) 호주. 〔야구 등에서〕 잘 달림. good running

こうそう[抗争](명·자サ) 항쟁. 대항해서 싸움. 항전(抗戦). contention

こうそう[後送](명·타サ) 후송. ①후방으로 보냄. ②뒤에 보냄. 1. sending back 2. sending later on

こうそう[皇宗](명) 천황의 역대 선조. 황조(皇祖). Imperial Ancestors

こうそう[香草](명) 향초. 향기가 좋은 풀. 향기로운 풀. fragrant grass

こうそう[紅藻](명)〈식〉 홍조. 홍조류(紅藻類)에 속하는 바닷말(海藻)의 총칭.

こうそう[降霜](명) 강상. 서리가 내림. a fall of frost

こうそう[校葬](명) 교장. 학교 비용으로 하는 장례식. a school funeral

こうそう[航走](명·자サ) 배로 물 위를 달림.

こうそう[航送](명·타サ) 배나 비행기로 수송함.

こうそう[倥偬](명) 공총. 일이 많아 바쁨. busyness

こうそう[訌争](명) 내부 싸움. 내분(内紛). 내홍(内訌). an internal strife

こうそう[高僧](명) 고승. ①덕행이 높은 중. ②지위가 높은 중. 1. a learned and virtuous priest 2. a high priest

こうそう[高層](명) 고층. 층(層) 수가 높음. 「―建物 タテモノ); 고층 건물」 lofty layers

こうそう[高燥](명·형동ダ) 고조. 땅이 높고 메마름. high and dry

こうそう[鉱層](명)〈광〉 광층. 광상(鉱床)의 층. ore beds

こうそう[構想](명·타サ) 구상. ①생각을 얽어 놓음. 또는 그 생각. 「文章(ブンショウ)の―; 문장의 구상」 ②구성(構成)을 생각함. 1. conception

こうそう[鏗鏘](형동タリ) 쇠붙이, 돌 등이 서로 부딪쳐 울리는 모양. a silvery sound

こうぞう[構造](명) 구조. 기계, 조직 등의 짜임새. 「―物(ブツ); 구조물」 structure

ごうそう[豪壮](형동ダ) 세력이 왕성한 모양. 짜임새가 크며 훌륭한 모양. magnificent

こうそく[拘束](명·타サ) 구속. ①체포하여 속박함. 자유를 얽음. ②〈법〉 신체의 자유를 박탈함. 「身柄(ミガラ)を―する; 신병을 구속하다」 1. restraint. ―**じかん**[拘束時間](명) 구속 시간. 휴식 시간(1시간 정도)을 포함한 노동 시간. ↔実働(ジツドウ)時間.

こう そく[校則](명) 교칙. 학교의 규칙. school regulations
こう そく[高足](명) 뛰어난 제자. 고제(高弟). the best disciple
こう そく[高速](명) 고속. 빠른 속력. 고속도. 「一列車(レッシャ); 고속도 열차」 high speed
こう そく[梗塞](명) 경색. 막혀서 통하지 않음. 「心筋(シンキン)—; 심근 경색증」 stoppage
こう ぞく[皇族](명) 황족. 천황의 일족. the Imperial family
こう ぞく[後続](명) 후속. 뒤에 잇따름. 「一列車(レッシャ); 후속 열차」 succession
こう ぞく[航続](명·자サ) 항속. 배 또는 비행기가 한 번 실은 연료만으로써 항해 또는 항공을 계속하는 일. 「一力(リョク); 항속력」 cruising
ごう ぞく[豪族](명) 호족. 재산이 많고 세력이 큰 일족. a powerful family
こう そく(ど)[光速(度)](명)〈이〉 광속도. 진공 속에서의 빛의 속도. 1초에 약 30만 *km*.
こう そくど[高速度](명) 고속도. 빠른 속도. high speed
こう そふ[高祖父](명) 고조부. 조부모의 조부. a great-great-grandfather
こう そぼ[高祖母](명) 고조모. 조부모의 조모. a great-great-grandmother
こう そん[公孫](명) 공손. ①왕후(王侯)의 손자. ②귀족의 자손. 1. a grandchild of a lord
こう そん[江村](명) 강촌. 강가의 마을. a village along a river
こう そん[皇孫](명) 황손. 천황의 손자. 천황의 자손. an Imperial grandchild
こう そんじゅ[公孫樹](명)〈식〉 ⇨いちょう(銀杏).
こ うた[小唄·小歌](명) 옛날 속곡(俗曲)의 한 가지. 노래와 곡이 짧고 대개 샤미센(三味線)의 반주가 따름. a short song
こう だ[好打](명·타サ) 호타. 〔야구에서〕 잘 침. a smart hit
こ うたい[小謡]—ウタヒ(명) 요오쿄쿠(謡曲)의 일부분을 끊어 한 곡을 만든 것.
こう たい[交替·交代](명·자サ) 교대. 교체. alternation. **— きんしょう**[交替菌症](명)〈의〉 항생 물질을 사용한 결과 그 병균은 없어졌으나 그 외의 병균이 만연하여 다른 병이 생기는 것.
こう たい[光体](명)〈이〉 광체. 빛을 내는 물체. 발광체. a luminous body
こう たい[抗体](명)〈생〉 항체. 항원(抗原)의 침입에 의하여 혈청(血清) 안에 형성되는 물질. 병원체와 싸우며 같은 병에는 다시 걸리지 않도록 함. 면역체(免疫体). an antibody
こう たい[後退](명·자サ) 후퇴. ①뒤로 물러남. ②쇠약해짐. 소극적으로 됨. 「考(カンガ)えが一する; 생각이 소극적으로 되다」↔前進(ゼンシン). 1. retrocession
こう だい[工大](명) 공대. 공과 대학(工科大学)의 준말.
こう だい[広大·宏大](명·형동ダ) 광대. 넓고 큼. 「一な天地(テンチ); 광대한 천지」 vastness
こう だい[後代](명) 후대. 뒷세대. 후세. coming ages
こう だい[高大](명·형동ダ) 높고 큼. loftiness
こう だい[洪大·鴻大](명·형동ダ) 굉장히 큼. hugeness
ごう たい[剛体](명)〈이〉 강체. 힘을 가해도 형태나 체적이 변하지 않는 견고한 물체. a rigid body
こう たいこう[皇太后](명) 황태후. 선제(先帝)의 황후. the Empress Dowager. **— ぐう**[皇太后宮](명) 황태후궁. ①황태후가 기거하는 궁. ②황태후.
こう たいし[皇太子](명) 황태자. 천황의 지위를 계승할 황자(皇子). 동궁(東宮). the Crown Prince
こう だいじんぐう[皇大神宮](명) 이세 신궁(伊勢神宮)의 아마테라스 오오미카미(天照大神)를 모신 내궁(内宮).
こう だか[甲高](명) 발등이 높음. 또는 그 발등. 「being high in the instep
こう たく[光沢](명) 광택. 빛나는 윤택. lustre
こう たつ[口達](명·타サ) 구달. 구두로 전달함. oral transmission
こう たつ[公達](명) 정부나 관청으로부터의 공적인 통지 a public notice
ごう だつ[強奪](명·타サ) 강탈. 강제로 빼앗음. seizure
こう たん[口端](명) 입가. 입언저리. lips
こう たん[後端](명) 후단. 뒤쪽 끝. the rear end
こう たん[浩嘆·浩歎](명·자サ) 호탄. 몹시 슬퍼함. 큰 슬픔. great grief
こう たん[荒誕](명·형동ダ) 터무니 없음. 황당 무계(荒唐無稽). fabulosity
こう たん[降誕](명·자サ) 강탄. 제왕(帝王), 신, 부처, 성인 등이 태어남. birth. **— さい**[降誕祭](명) 강탄제. ①성인 등의 탄생일을 축하하는 제전. ②〈종〉 성탄절. 크리스마스.
こう だん[公団](명)〈법〉 공단. 공법상의 법인(法人)으로서 정부의 출자와 민간 자금의 차입(借入)으로 운영되는 기관. a public corporation
こう だん[巷談](명) 항담. 항간에 떠도는 이야기. 항설(巷説). gossip
こう だん[後段](명) 후단. 뒤의 단. the latter part
こう だん[降壇](명·자サ) ①단 위에서 내려 옴. ②(교사 등이) 그 직을 그만둠. ↔登壇(トウダン). 1. getting off a platform
こう だん[高段](명) 고단. 〔바둑, 장기 등에서〕 단이 높음. 「一者(シャ); 고단자」 a high rank
こう だん[高談](명·자サ) 고담. ①음성을 높여 말함. 거리낌 없이 말함. ②남이 하는 말의 높임말. 1. talking aloud
こう だん[講談](명) ①전쟁 이야기, 무용담(武勇談), 고담(古談) 등을 재미 있게 이야기해 들려 줌. 야담. ②이야기책. 1. storytelling
こう だん[講壇](명) 강단. 강의, 강연을 하는 단. 「大学(ダイガク)の一に立(タ)つ; 대학의 강당에 서다(대학에서 강의를 하다)」 a platform
ごう たん[豪胆·剛胆](명·형동ダ) 호담. 담이 큼. 대담(大胆). 「一な男(オトコ); 담이 큰 사나이」 boldness

ごう だん[強談](명·자サ) 강경하게 담판함. a peremptory demand
こうたん え[降誕会](명)〈불〉 불조(仏祖), 종조(宗祖)의 탄생일을 축하하는 법회(法会).
こう だんし[好男子](명) 호남자. 미남자(美男子). a handsome man
こう ち[公知](명) 공지. 세상에 잘 알려짐. 주지(周知). common knowledge
こう ち[巧智](명) 교지. 사물에 대한 교묘한 재지(才智). cleverness
こう ち[巧遅](명) 잘하기는 하나 속도가 느림. ↔拙速(セッソク). being elaborate and slow
こう ち[巧緻](명·형동ダ) 교치. 정교(精巧)하고 치밀함. elaborateness
こう ち[拘置](명·타サ)〈법〉 구치. 붙들어 둠. 「—所(ショ); 구치소」 confinement
こう ち[狡知·狡智](명) 교지. 간특한 꾀. craft
こう ち[校地](명) 교지. 학교의 부지. a site for a school
こう ち[耕地](명) 경지. 경작하는 땅. arable land
こう ち[荒地](명) 황지. 황폐한 땅. a waste land
こう ち[高地](명) 고지. 높은 땅. ↔低地(テイチ). heights
こう ち[高知](명)〈지〉 시코쿠(四国) 남부의 현. 또는 그 현의 현청 소재지.
こう ちぎ[小袿](명) 중고(中古) 시대 상류층 부인의 예복의 하나. 소매가 넓고 안을 받쳤음.
こう ちく[構築](명·타サ) 구축. 쌓아 올림. construction
こうち せい[向地性](명)〈생〉 향지성. 초목의 뿌리가 땅을 향하는 성질. ↔向日性(コウニチセイ). geotropism
こう ちゃ[紅茶](명) 홍차. 적갈색(赤褐色)이며, 설탕 등을 넣어 마심. 「—茶(チャ)わん; 홍차잔」 black tea
こう ちゃく[膠着](명·자サ) 교착. ①달라붙음. ②고정해서 조금도 변화하지 않음. agglutination
こう ちゅう[口中](명) 입 속. the interior of the mouth
こう ちゅう[甲虫](명)〈동〉 갑충. 껍질이 딱딱한 곤충. 딱정벌레, 풍뎅이 등. a beetle
こう ちゅう[講中](명) ⇨こうじゅう.
こう ちょ[皇儲](명) 황저. 천자의 후사(後嗣). the heir apparent to the Throne
こう ちょ[高著](명) 타인의 저서를 높여서 하는 말.
こう ちょ[較著](명) 뚜렷이 나타남. 현저(顕著). distinction
ごう ちょ[合著](명) 합저. 공동으로 저술함. 공저(共著). collaboration
こう ちょう[公庁](명) 공청. 공공 단체의 일을 취급하는 관청. a public office
こう ちょう[好調](명·형동ダ) 호조. ①제 기능을 제대로 발휘할 수 있는 형편. ②좋은 조화. ③좋은 경기. 3. a favourable tone
こう ちょう[後朝](명) ①다음날 아침. 명조(明朝). ②⇨きぬぎぬ. 1. the next morning
こう ちょう[紅潮](명·자サ) 홍조. 붉게 물듦. 「頬(ホオ)が—する; 뺨이 발개지다」 flushing
こう ちょう[貢調](명·자サ) 공조. 공물을 바침. offering a tribute
こう ちょう[校長](명) 교장. 학교의 장. a schoolmaster
こう ちょう[候鳥](명) 후조. 철새. 예: 제비, 두견이 등. a migratory bird
こう ちょう[高調](명·타サ) 고조. ①기분이나 컨디션이 아주 좋음. ②강력히 주장함. 역설. 1. becoming high-spirited
こう ちょう[高潮](명·자サ) 고조. ①〈지〉 ⇨たかしお. ②아주 한창의 고비. 2. the climax
こう ちょう[高聴](명·타サ) 고청. 남이 들어 주는 것을 높여서 일컫는 말. your kind attention
こう ちょう[硬調](명) ①딱딱하게 굳은 상태. ②〈경〉 경조. 〔거래소에서〕 값이 오르는 형세. ↔軟調(ナンチョウ). ③사진 원판의 인화에서 흑백의 차가 현저한 것. 2. bullishness
こう ちょう かい[公聴会](명) 공청회. 중요한 일 등을 공정히 결정하기 위해 관계자, 중립자, 학자 등을 모아 의견을 듣는 모임. a public hearing
こうちょう りょく[抗張力](명)〈이〉 항장력. 물체가 잡아 당기는 힘에 대항하여 견디어 낼 수 있는 한계. tensile strength
こう ちょく[交直](명)〈이〉 전기의 교류(交流)와 직류(直流). 「—両用(リョウヨウ); 교류, 직류 겸용」 an alternating current and direct current
こう ちょく[硬直](명·자サ) 경직. 굳어서 빳빳해짐. 「からだが—する; 몸이 굳어서 빳빳해지다」 stiffening
こう ちょく[剛直](명·형동ダ) 강직. 마음이 굳세고 곧음. integrity
こう ちん[工賃](명) 공임. 작업에 대한 품삯. wages
ごう ちん[轟沈](명·자타サ) ①〈군〉 굉침. 군함이나 배를 포격해서 순식간에 침몰시킴. ②군함이나 배가 자폭(自爆)해서 침몰함. 1. instant sinking 2. sinking by suicidal explosion
こう つう[交通](명·자サ) 교통. 사람, 물자 등의 왕래. 「—整理(セイリ); 교통 정리」 traffic. **—もう**[交通網](명) 교통망. 여러 가지 교통 기관이 거미줄처럼 펼쳐져 있는 상태.
ごう つくばり[業突張り](명·형동ダ) ①⇨ごうざらし. ②[強突張り] 고집이 세어 남에게 지지 않음.
こう つごう[好都合](명·형동ダ) 사정이 좋음. 형편에 맞음. 안성 마춤. convenience
こうつと[斯うつと]カウッー(감) 무엇을 생각할 때 하는 말. 「—; どうしようかな; 자, 어떻게 할까」
こう てい[工程](명) 공정. ①일, 공사(工事) 등의 진척(進陟). ②〈이〉 공률(工率). 1. the progress of work
こう てい[公定](명·자타サ) 공정. 공개하여 정함. 「—価格(カカク); 공정 가격」 official fixture
こう てい[公邸](명) 공무원을 위해 지은 저택. 관저. 「首相(シュショウ)—; 수상 관저」 an official residence
こう てい[考定](명·타サ) 생각해서 결정함. decision
こう てい[考訂](명·타サ) 생각해서 고침. correction
こう てい[行程](명) ①갈 길. 또는 그 길의 이수(里数).

「三日(サンニチ)の一; 사흘 길」②(피스톤 등이) 한번 움직인 다음 다시 본 위치로 돌아 오기까지의 거리. 1. distance 2. a stroke

こう てい[更訂](명·타サ) 경정. 다시 고침. correction

こう てい[坑底](명) 갱도(坑道)의 밑바닥. 탄광의 밑바닥. the bottom of a coal pit

こう てい[肯定](명·타サ) 긍정. 그러하다고 인정함. ↔否定(ヒテイ). affirmation

こう てい[皇帝](명) 황제. 제국의 군주. an emperor

こう てい[後庭](명) 후정. ①뒷마당. ②뒤쪽에 있는 궁전. 후궁(後宮). 1. the back garden

こう てい[校定](명·타サ) 교정. 서적 등의 자구(字句)를 비교해서 결정함. decision by comparison

こう てい[校訂](명·타サ) 교정. 문장이나 자구(字句)의 잘못을 고침. revision

こう てい[校庭](명) 교정. 학교 운동장. a playground

こう てい[航程](명) 항정. 배나 비행기로 가는 거리. the distance covered by a ship

こう てい[高低](명) 고저. ①높고 낮음. ②오르내림. 1. unevenness

こう てい[高弟](명) 고제. 뛰어난 제자. the best disciple

こう でい[拘泥](명·자サ) 구니. 집착하여 융통성이 없음. 구애(拘碍). 「ものごとに一しない; 사물에 구애를 받지 않다」 adhesion

こう てき[公敵](명) 공적. 공중의 적. a public enemy

こう てき[好敵](명) 좋은 적수. 호적수. a good rival

こう てき[好適](명·형동ダ) 호적. 썩 알맞음. suitableness

こう てき[抗敵](명) 항적. 적에 대항함. resistance

こう てき[公的](형동ダ) 공적. 공공(公共)에 관한 모양. ↔私的(シテキ). public

ごう てき(형동ダ)〈속〉 훌륭한 모양. 멋있는 모양.

ごう てき[号笛](명) 신호로 부는 피리. 경적. a whistle

ごう てき[強敵·剛敵](명) 강적. 센 적. a tough enemy

こう てきしゅ[好敵手](명) 호적수. 잘 어울리는 적수. 좋은 상대. a good rival

こう てつ[更迭](명·자타サ) 경질. 어떤 지위에 있는 사람을 갈고 다른 사람을 임용함. 인사 이동. 「校長(コウチョウ)の一; 교장의 경질」 change

こう てつ[鋼鉄](명)〈이〉 강철. 선철(銑鉄)에 포함되어 있는 탄소를 줄이고 튼튼하게 만든 쇠. steel

こう てん[公転](명·자サ)〈천〉 공전. 중심이 되는 별의 주위를 그 별의 계통에 속하는 다른 별이 도는 일. 「地球(チキュウ)の一; 지구의 공전」 ↔自転(ジテン). revolution

こう てん[江天](명) 강천. ①강과 하늘. ②멀리 보이는 강 위의 하늘. 1. rivers and the sky

こう てん[好天](명) 좋은 날씨. fine weather

こう てん[好転](명·자サ) 호전. 무슨 일이 잘되어 가기 시작함. 「事情(ジジョウ)が一する; 사정이 호전되다」 ↔悪変(アクヘン). a favourable turn

こう てん[光点](명)〈이〉 광점. 빛을 발하는 점. a luminous point

こう てん[交点](명) 교점. 두 개 또는 그 이상의 선이 만나는 점. 교차점. a point of intersection

こう てん[後天](명) 후천. ①생후에, 여러 가지 경험이나 지식에 의하여 갖게 되는 성질. 또는 체질. ↔先天(センテン). ②〈철〉 경험의 결과. 1. posteriority. **—てき**[後天的](형동ダ) 후천적. 생후에 이룩되는 상태.

こう てん[荒天](명) 황천. 비바람이 치는 거친 날씨. stormy weather

こう てん[高点](명) 높은 점수. 많은 점수. high marks

こう でん[公田](명) 공전. ①옛날 중국의 정전법(井田法)에서 한가운데 있는 공유(公有)의 밭. ②옛날 백성에게 빌려 주어 지조(地租)를 받아 들이던 공유의 밭.

こう でん[公電](명) 관청에서 내는 전보. 공무의 전보. an official telegram

こう でん[功田](명) 공전. 옛날 공로가 있는 자에게 내리던 농토.

こう でん[香典·香奠](명) 향전. 죽은 사람의 영전에 향(香) 대신 바치는 돈이나 물품. an obituary gift. **—がえし**[香典返し]ーガヘシ(명) 받은 향전에 대한 보답의 선물.

こうでん かん[光電管](명)〈이〉 광전관. 빛을 전류로 바꾸는 진공관. 사진 전송, 텔레비전, 자동 경보 등에 사용됨. a phototube

こう てんき[好天気](명) (맑게 갠) 좋은 날씨. 좋은 천기. fine weather

ごう てんじょう[格天井](명) 격자(格子) 모양으로 판자를 댄 천정. a compartment ceiling

こう でんち[光電池](명)〈이〉 광전지. 광전 효과를 이용하여 빛의 에네르기를 전류로 바꾸는 장치. a photovoltaic cell

こう と[江都](명) 에도(江戸)의 다른 이름.

こう と[宏図](명) 광도. 웅대한 계획. a great plan

こう と[後図](명) 장래의 계획. plans for the future

こう ど[光度](명)〈이〉 광도. 빛의 강도(強度). luminous intensity

こう ど[耕土](명)〈농〉 경토. 경작하기에 알맞는 땅의 제일 위층. 표토(表土). mould

こう ど[高度](명) ①〈지〉 고도. 해면으로부터의 높이. ②정도가 높음. 「一の技術(ギジュツ); 고도의 기술」 2. a high degree

こう ど[黄土](명) ①황토. 누런 흙. ②⇨おうど. 1. loess

こう ど[硬度](명) 경도. ①물질의 굳은 정도. ②〈이〉 물이 칼슘, 마그네슘 등의 염류(塩類)를 포함한 정도. 1. hardness

こう とう[口答](명) 말로 하는 대답. an oral answer

こう とう[口頭](명) 구두. (필기에 대해서) 말로 하는 것. 「一で申(モウ)し出(で)る; 구두로 신청하다」 word of mouth. **—しもん**[口頭試問](명) 구두 시문. 구술 시험.

こう とう[勾当](명) ①사무를 담당, 처리함. 또는 그 벼슬아치. ②맹인(盲人)의 관직명.

こう とう[公党](명) 공당. ①공공연히 주의 주장을 발표한 당파. ②공공연히 당으로서 인정을 받고 정

책을 발표한 정당. ↔私党(シトウ). 1. a public party
こう とう[叩頭](명·자サ) 고두. 머리를 땅에 조아려 절함. 고수(叩首). kotow
こう とう[江東](명)〈지〉 토오쿄오(東京)의 스미다강(隅田川) 동편의 땅.
こう とう[好投](명·자サ) 호투. 〔야구에서〕 잘 던짐. fine pitching
こう とう[光頭](명) 대머리. 「—クラブ; 대머리 클럽」 a bald head
こう とう[紅燈](명) 홍등. ①붉은 등. ②빨간 종이로 만든 등롱. ③화류계(花柳界). 유곽. 1. a red light
こう とう[後頭](명)〈생〉 후두. 머리의 뒷부분. 뒤통수. 「—部(ブ); 후두부」 the occiput
こう とう[皇統](명) 천황의 계통. 「—連綿(レンメン); 황통이 오랫동안 끊이지 않고 이어짐」 the Imperial line
こう とう[荒唐](명·형동ダ) 황당. 생각이나 말하는 것이 허황된 모양. absurdity. **— むけい**[荒唐無稽](명·형동ダ) 황당 무계. 언행이 허황되고 터무니 없음.
こう とう[高踏](명) 고답. ①멀리 떨어짐. ②지위나 명리를 바라지 않고 속세에 초연함. 「—的(テキ); 고답적」 2. keeping aloof from the world
こう とう[高騰·昂騰](명·자サ) 고등. 앙등. 물가가 오름. a rise in prices
こう とう[港頭](명) 항구 근처. a harbour
こう とう[喉頭](명)〈생〉 후두. 기관(気管)의 최상부(最上部). the larynx
こう とう[高等](형동ダ) 고등. ①정도(등급)가 높은 모양. 「—動物(ドウブツ); 고등 동물」 ②(물품의) 질이 좋음. 1. higher. **— がっこう**[高等学校](명) 고등 학교. **— けんさつちょう**[高等検察庁](명)〈법〉 고등 검찰청. **— さいばんしょ**[高等裁判所](명)〈법〉 고등 재판소. 고등 법원.
こう どう[公道](명) 공도. ①공평하고 옳은 도리. 정정 당당한 도리. 정의. ②공중의 길. 공로(公路). ↔私道(シドウ). 1. justice 2. a highway
こう どう[行動](명·자サ) 행동. 몸을 움직여 동작(動作)함. behaviour
こう どう[孝道](명) 효도. 효행(孝行). filial duty
こう どう[坑道](명) 갱도. ①지하 통로. ②갱내(坑内)의 통로. 1. a subterranean passage 2. a gallery
こう どう[高堂](명) 고당. ①높은 집. ②상대방 또는 상대방 집의 높임말. 1. a lofty building
こう どう[黄道](명) ①〈천〉 황도. 태양의 궤도를 나타내는 큰 원(円). ②←黄道吉日. 1. the ecliptic. **— きちにち**[黄道吉日](명) (음양으로 따져) 무엇을 해도 좋다는 길일.
こう どう[黄銅](명) ⇨しんちゅう(真鍮).
こう どう[講堂](명) 강당. 〔학교 등에서〕 의식(儀式), 강연 등을 하는 큰 방. an auditorium
ごう とう[強盗](명) 강도. 위협, 폭력 등의 수단을 써서 도둑질을 하는 사람. a robber
ごう とう[豪宕](명·형동ダ) 호탕. 기상이 호걸스럽고 방자함. boldness

ごう どう[合同](명·자타サ) 합동. 둘 이상이 하나로 합침. 또는 합치게 함. union
こうとうしき[恒等式](명)〈수〉 항등식. 식(式) 중의 문자의 값과 관계 없이 무조건 성립하는 등식. an identical equation
こう とく[公徳](명) 공덕. 사회 생활 속에서의 도덕. 공중 도덕. public morality
こう とく[高徳](명) 높은 덕. eminent virtue
こう どく[鉱毒](명) 광독. 광물을 채굴하거나 제련할 때 생기는 해독. 또는 독물(毒物). mine pollution
こう どく[講読](명·타サ) 강독. 문장을 읽고 뜻을 강의함. explanation
こう どく[購読](명·타サ) 구독. 사서 읽음. 「雑誌(ザッシ)の—; 잡지 구독」 subscription
こうどくそ[抗毒素](명)〈의〉 항독소. 생체(生体) 내에 들어 온 독소와 결합 또는 중화(中和)하여 무독(無毒)하게 만드는 물질. 면역 혈청(免疫血清)에 포함되어 있음. an antitoxin
こう ない[口内](명) 입 속. 「—炎(エン); 구내염(구강염)」 ↔口外(コウガイ). in the mouth
こう ない[坑内](명) 갱내. 광산 갱도(坑道)의 내부. ↔坑外(コウガイ). a pit
こう ない[校内](명) 교내. 학교 내부. ↔校外(コウガイ). inside the school
こう ない[港内](명) 항내. 항구의 안. ↔港外(コウガイ). a harbour
こう ない[構内](명) 구내. 구역 안. ↔構外(コウガイ). premises
こう なご[小女子](명)〈동〉 ⇨いかなご.
こう なん[後難](명) 후난. 뒤에 일어날 재난(災難). 후일의 곤란. 「—をおそれる; 후난을 두려워하다」 future trouble
こう なん[硬軟](명) 딱딱함과 부드러움. hardness
こうにち[抗日](명) 항일. 일본에 반항함. anti-Japanese
こうにゅう[購入](명·타サ) 구입. 사들임. purchase
こう にん[公認](명·타サ) 공인. 관청이나 공공 단체가 인정함. 공적인 인정. 또는 인가. authorization
こう にん[後任](명) 후임. 전에 있던 사람 대신 임명됨. 또는 그 사람. a successor
こう にん[降人](명) 항복한 사람.
こう にん[降任](명·타サ) 지위를 떨어뜨림. 강직(降職). ↔昇任(ショウニン). demotion
こう ねつ[口熱](명) 입 속의 열. fever in the mouth
こう ねつ[光熱](명) 광열. 빛과 열. 전등과 연료. light and heat
こう ねつ[紅熱](명·자サ) 홍열. 물체에 열이 가해져서 빨개짐. reddening by heat
こう ねつ[高熱](명) 고열. ①높은 열. 또는 열도. ②체온이 섭씨 39도 이상 오르는 일. 1. high heat
こうねつびょう[黄熱病](명)〈의〉 황열병. 열이 심하게 나는 열대성 전염병. yellow fever
こう ねん[行年](명) 먹은 나이. 연령(年齢). 향년(享年). one's age at death
こう ねん[光年](명)〈천〉 광년. 천체 사이의 거리를 재

는 단위. 빛이 1년간에 달리는 거리. 9.463×10^{12} *km.* a light year

こうねん[後年](명) 후년. ①뒤에 오는 해. ②후세(後世). 1. future years 2. future

こうねん[荒年](명) 황년. 흉년. a year of famine

こうねん[高年](명) 나이가 많음. 고령.「一者(シャ); 고령자」 an advanced age

こうねんき[更年期](명) 갱년기. 여성의 월경이 멎는 시기.「一障害(ショウガイ); 갱년기 장해」 the menopause

こうのう[行嚢](명) 행낭. 우편물을 넣어 가지고 다니는 가방. 우편낭(郵便嚢). a mail bag

こうのう[効能](명) 효능. 효험. 효력. efficacy. **——がき**[効能書き](명) ①약 등의 효력을 적은 메모. ②가치. 이점(利點).「一をならべたてる; 이점을 늘어놓다」

ごうのう[豪農](명) 호농. 부유하고 세력 있는 농가나 농민. a wealthy farmer

こうのとり[鸛]コフー(명)〈동〉황새. a stork

こうのもの[香の物](명) 야채를 소금에 절인 식품. 소금에 담근 김치. pickled vegetables

ごうのもの[剛の者·強の者](명) 강자. 굉장히 힘이 세고 용감한 자. a brave person

こうは[光波](명)〈이〉광파. 빛의 파동. light waves

こうは[硬派](명) 경파. 강력히 자기의 설을 주장하는 파. 강경파. ↔軟派(ナンパ). the stalwart party

こうば[工場](명) ⇨こうじょう.

こうば[耕馬](명) 경작용(耕作用)의 말. a horse for farming

こうはい[光背](명)〈불〉광배. 불상 뒤에 있는 불꽃 모양의 둥그런(혹은 타원형) 장식. a halo

〔光背〕

こうはい[好配](명) ①좋은 배필.「一にめぐまれる; 좋은 배필을 만나다」②〈경〉좋은 배당(配当).「三割(サンワリ)の一; 3할의 좋은 배당」

こうはい[交配](명·타サ)〈생·농〉교배. 종류가 다른 자웅(雌雄)을 배합함.「一種(シュ); 교배종」 crossing

こうはい[向背](명) 향배. ①쫓음과 등짐. ②거취(去就).「一を明(アキ)らかにする; 거취를 분명히 하다」 2. one's attitude

こうはい[後背](명) 뒤. 배후.「一地(チ); 배후지 (주요 도시의 배후지)」 the back

こうはい[後輩](명) 후배. ①나이, 경험 등이 적은 사람. ②같은 학교 또는 근무처 등에 늦게 들어 온 사람. ↔先輩(センパイ), 同輩(ドウハイ). 1. oen's inferior 2. oen's junior

こうはい[荒廃](명·자サ) 황폐. 그냥 버려 두어 거칠어 못 쓰게 됨.「一地(チ); 황무지」 dilapidation

こうはい[高配](명) ①고배. 타인의 배려를 높이어 일컫는 말.「ご一; 높으신 배려」②〈경〉높은 배당. 1. your trouble

こうはい[興廃](명) 흥폐. 흥함과 폐함. rise and fall

こうばい[勾配](명) 구배. 경사 또는 경사의 정도. 사면(斜面). a slope

こうばい[公売](명·타サ)〈법〉공매. 공고해서 경매함. a public auction

こうばい[紅梅](명) 붉은 빛깔의 매화. 홍매화. a plum red with blossoms

こうばい[購買](명·타サ) 구매. 사들임.「一組合(クミアイ); 구매 조합」 purchase

こうばいすう[公倍数](명)〈수〉공배수. 두 개 이상의 정수(整数)에 공통한 배수. ↔公約数(コウヤクスウ). a common multiple

こうはく[工博](명) 공학 박사(工学博士)의 준말.

こうはく[紅白](명) 홍백. 붉은 빛과 흰빛. red and white

こうはく[厚薄](명) 후박. ①두꺼움과 얇음. ②후함과 박함. 1. thickness and thinness

こうはく[黄白](명) 황백. ①노란 빛과 흰빛. ②금(金)과 은(銀). 1. yellow and white

こうはく[広博](형동ダ) 광박. (지식 등이) 넓은 모양. 박학 다식한 모양. erudite

こうばく[広漠](형동タルト) 광막. 넓고 끝이 없음.「一たる原野(ゲンヤ); 끝없는 들판」 vast

こうばこ[香箱](명) 향을 넣는 상자. 향합.「一をつくる; 고양이가 등을 동그랗게 구부리다」an incense box

こうばし·い[香ばしい·馨しい](형) ①향기가 좋다. 좋은 냄새가 나다. ②덕망이 높다. 명예롭다. 파생 **——さ**(명). 1. fragrant 2. favourable

ごうはつ[毫髪](명) ①모발(毛髪). ②극히 적음. 근소(僅少). 1. a hair 2. a bit

こうばな[香花·香華](명)〈불〉향화. 부처에 바치는 향과 꽃.

ごうはら[業腹](형동ダ) 화가 나서 참을 수 없는 모양. resentful

こうはん[公判](명)〈법〉공판. 공개된 법정에서 법죄의 사실 여부를 심리하는 일. a trial

こうはん[広範·広汎](명·형동ダ) 광범. 범위가 넓음. comprehensive

こうはん[江畔](명) 강반. 강가. a riverside

こうはん[後半](명) 후반. 뒤의 절반. ↔前半(ゼンハン). the latter half. **——き**[後半期](명) 후반기. 어느 기간을 둘로 나눈 뒤의 부분. **——せい**[後半生](명) 후반생. 인생의 뒤의 부분. 보통 마흔 살부터를 말함. ↔前半生(ゼンハンセイ). **——せん**[後半戦](명) 후반전. 경기나 시합에서 후반의 겨룸.

こうはん[攪拌](명·타サ) ⇨かくはん.

こうばん[甲板](명) 갑판. 큰 배나 군함에 철판, 나무 등으로 깔아 놓은 넓고 평평한 바닥. a deck

こうばん[交番](명) ①당번을 서로 바꿈. 번(番)을 갈아 듦. ②한 구역의 치안을 위해 설치해 놓은 경찰관 파출소. 1. keeping watch alternately 2. a police box

こうばん[鋼板·鋼鈑](명) 강판. 강철판. a steel plate

ごうばん[合板](명) ⇨ベニヤ(いた).

こうはんい[広範囲](명·형동ダ) 광범위. 범위가 넓음. a wide range

こう ひ[口碑](명) 구비. 말로 전해 내려 옴. 전설(伝說). tradition
こう ひ[工費](명) 공비. 공사에 드는 비용. 공사비. the cost of construction
こう ひ[公妃](명) 공(公)이라고 불리는 사람의 아내.
こう ひ[公費](명) 공비. 관청이나 공공 단체의 비용. public expenses
こう ひ[光被](명·자サ) 임금의 덕이 널리 미침. prevalence of an emperor's virtue
こう ひ[后妃](명) 후비. 제왕의 아내. 왕비. an empress
こう ひ[皇妃](명) 황제의 아내. 황후. an empress
こう ひ[高批](명) 상대의 비평을 높이어 하는 말. your criticism
こう ひ[高庇](명) 상대의 후의(厚意), 원조 등에 대한 높임말. your favour
こう び[交尾](명·자サ) 교미. 동물의 성교(性交). copulation
こう び[後尾](명) 후미. 길게 이어진 것의 끝 부분. 끝의 꼬리.「列車(レッシャ)の一; 열차의 후미」the tail
こう び[後備](명) 후비. 예비로 후방에 두어 두는 군세(軍勢). the second reserve
ごう ひ[合否](명) 합격과 불합격. 합격 여부(与否). success or failure in an examination
こう ヒ ざい[抗ヒ剤](명) 항히스타민제의 준말.
こう ヒスタミン ざい[抗 histamin 剤](명)〈의〉 항히스타민제. 체내의 히스타민의 작용을 없애는 약. 알레르기성 질환(두드러기, 천식 등)에 잘 들음. an antihistamine
こう ひつ[硬筆](명) 경필. 글을 쓰는 도구로서 끝이 딱딱한 것. 예: 연필, 펜 등.「一習字(シュウジ); 펜습자」↔毛筆(モウヒツ).
こう ひょう[公表](명·타サ) 공표. 세상에 널리 발표함. a public announcement
こう ひょう[公評](명) 공평. ①공평한 비평. ②세상의 평판. 1. fair criticism 2. public reputation
こう ひょう[好評](명) 호평. 좋은 평판. ↔悪評(アクヒョウ), 不評(フヒョウ). popularity
こう ひょう[高評](명) 고평. ①훌륭한 비평. ②남의 비평을 높이어 하는 말. 1. an excellent criticism
こう ひょう[降雹](명·자サ)〈농〉 우박이 옴. a hailstorm
こう ひょう[講評](명·타サ) 강평. 이유를 들어 비평함. criticism
ごう びょう[業病](명) 나쁜 짓을 한 결과 생기는 고치기 어려운 병. a malignant disease
こうびょうりょく[抗病力](명)〈의〉 항병력. 병에 저항하는 힘. resisting power against disease
こう びん[幸便](명) 좋은 인편. 알맞는 전달 방법. a good opportunity
こう びん[後便](명) 뒷소식. 다음 소식. a next letter
こう ふ[工夫](명) 토목, 전신(電信), 수도(水道) 등의 공사를 하는 노동자. a navvy
こう ふ[公布](명·타サ) 공포. 일반인에게 널리 알림. proclamation
こう ふ[交付·交附](명·타サ) 교부. (관청에서 백성들에게) 수속을 끝내고 돈이나 서류를 내어 줌.「証明書(ショウメイショ)を一する; 증명서를 교부하다」 delivery
こう ふ[坑夫](명) 갱부. 광산에서 일하는 노동자. 갱내에서 일하는 인부. a miner
こう ふ[耕夫](명) 농사 짓는 사람. 농사군. a farmer
こう ふ[貢賦](명) 공부. 공물(貢物)을 바침. offering a tribute
こう ふ[鉱夫](명) 광부. 광산의 갱내에서 일하는 노동자. 광산 인부. a miner
こう ぶ[公武](명) 조정(朝廷)과 막부(幕府).「一合体(ガッタイ); 조정과 막부가 한몸이 됨」 the Imperial Court and the Shogunate
こう ぶ[後部](명) 후부. 뒷부분. ↔前部(ゼンブ). the rear
こう ぶ[荒蕪](명) 황무. (땅 등이) 거칢. wildness
こう ぶ[講武](명) 강무. 무예(武芸)를 가르침. practising martial arts
ごう ふ[豪富](명) 호부. 부자. 부호. a rich man
こう ふう[光風](명) 광풍. ①봄빛 다사로운 맑은 날씨에 부는 바람. ②비가 개고 해가 나온 뒤에 부는 바람. 1. a spring breeze. **— せいげつ**[光風霽月](명) 광풍 제월. 마음에 걸리는 것이 없이 상쾌함.
こう ふう[好風](명) 호풍. 좋은 풍치. a fine view
こう ふう[恒風](명)〈천〉 항풍. 항상 일정한 방향으로 부는 바람. 예: 무역풍, 편서풍 등. a constant wind
こう ふう[校風](명) 교풍. 학교의 기풍. school spirit
こう ふう[高風](명) 높은 풍격(風格). noble appearance
ごう ふう[業風](명)〈불〉 업풍. 지옥에서 부는 무시무시한 바람.
こう ふく[口腹](명) 구복. 입과 배. one's mouth and stomach
こう ふく[幸福](명·형동ダ) 행복. ①복된 운수. ②만족(満足)함. 1. happiness 2. contentment
こう ふく[校服](명) 교복. 학교의 학생이 통일해서 입는 옷. a school uniform
こう ふく[降伏·降服](명·자サ) 항복. 굽히어 붙좇음. 굴복. surrender
ごう ふく[剛腹·剛愎](명·형동ダ) 배짱이 세고 도량이 넓음. obstinacy
ごう ぶく[降伏](명·타サ)〈불〉 항복. 신불(神仏)의 힘으로 악마(悪魔), 외도(外道), 불의(不義) 등을 굴복시키는 일.
こう ぶつ[好物](명) 즐기는 음식. 또는 즐기는 물건. a favourite dish
こう ぶつ[鉱物·礦物](명)〈광〉 광물. 자연계에 포함되어 있는 무기물(無機物). 예: 바위, 돌 등.「一性(セイ); 광물성」 a mineral
こう ふん[口吻](명) ①입술. 주둥이. 부리. ②말투.「どうも賛成(サンセイ)しがたいような一だった; 아무래도 찬성하기 곤란한 듯한 말투였다」 1. lips 2. one's manner of speaking
こう ふん[公憤](명) 공분. 사회악에 대한 분노. 의분(義憤). ↔私憤(シフン). righteous indignation
こう ふん[興奮·昂奮](명·자サ) 흥분. ①〈심〉 자극에 의

하여 어떤 격앙된 상태를 지속함. 「一剤(ザイ); 흥분제」 ②감정이 북받쳐 오름. ③정신의 불안한 상태. 1. excitement 2. being roused up

こう ぶん[公文](명) 공문. 공공의 문서. 공무(公務)로 작성한 문서. 공문서. an official document

こう ぶん[行文](명) 문장 쓰는 방법.

こう ぶん[高文](명) 고등 문관 시험의 준말.

こう ぶん[構文](명) 구문. 문장의 구성. construction of a sentence

こうぶんし かごうぶつ[高分子化合物](명)〈이〉 고분자 화합물. 분자량이 큰 화합물. 예:섬유소(纖維素), 고무, 흰자질 등. a high polymer

こう ぶんしょ[公文書](명) 공문서. 관청이나 공공 단체에서 내는 문서. ↔私文書(シブンショ). an offical document

こう ぶんぼ[公分母](명)〈수〉 공분모. 두 개 이상의 분수 또는 분수식의 통분(通分)에 의해서 얻어지는 분모. a common denominator

こうべ[首·頭]カウベ(명) 머리. 목. the head

こう べ[神戸](명)〈지〉 효오고현(兵庫県) 동남부의 도시. 또는 그 현의 현청 소재지.

こう へい[工兵](명)〈군〉 공병. 육군 병과(兵科)의 하나. 토목(土木), 건축, 철도, 통신 등의 기술적 공사 임무에 종사하는 병과. an engineer

こう へい[公平](명·형동ダ) 공평. 어느 쪽에도 치우치지 않고 올바름. 「一な見方(ミカタ); 공평한 견해」 impartiality

こう へい[衡平](명) 균형. 평형. balance

こう へん[口辺](명) 입가. about the mouth

こう へん[後編·後篇](명) 후편. 두 편 또는 세 편으로 되어 있는 영화나 책 같은 것의 끝편. ↔前編(ゼンペン). a sequel

こう へん[硬変](명·자サ) 경변. 굳어짐. 「肝(カン)一; 간경변증」

こう べん[口弁](명) 구변. 말재주. glibness

こう べん[抗弁](명·타サ) 항변. ①대항하여 변론함. ②〈법〉 상대방의 신청 또는 주장의 배척을 위하여 별개의 사항을 주장하는 일. 1. refutation 2. a plea

ごう べん[合弁](명) 합판. ①사업을 공동으로 경영함. ②〈경〉 둘 이상의 기업체가 공동 자본으로 기업을 경영하는 일.

ごう べんか[合弁花](명)〈식〉 합판화. 진달래나 벚꽃처럼 꽃잎이 서로 붙어서 한 개의 화판을 이루는 꽃. 통꽃부리. ↔離弁花(リベンカ). a gamopetalous flower

こう ほ[行歩](명) 행보. 걸음. 보행. walking

こう ほ[候補](명) 후보. ①어떤 지위에 오를 자격을 지님. 또는 그 사람. ②어떤 지위에 오를 것을 바람. 또는 그 사람. 「一者(シャ); 후보자」 1. candidature

こう ぼ[公募](명·타サ) 공모. 일반 사람으로부터 널리 모집함. public subscription

こう ぼ[酵母](명)〈생〉 효모. 당류(糖類)를 발효시켜 알코홀을 만드는 균. 효모균. 발효균. yeast

こう ほう[工法](명) 공사(工事)의 방법.

こう ほう[公法](명)〈법〉 공법. 통치(권력) 관계를 규정한 법률. ↔私法(シホウ). public law

こう ほう[公報](명) 공보. ①관청에서 널리 알리기 위해 내는 기관지. ②관청에서 국민에게 발표하는 보고. ③관청끼리의 보고 문서. 2. an official bulletin 3. an official report

こう ほう[広報·弘報](명) 일반에게 널리 알림. 「一課(カ); 공보과」 public information

こう ほう[攻法](명) 공법. 공격하는 법. 「the rear

こう ほう[後方](명) 후방. 뒤쪽. ↔前方(ゼンポウ). ↗

こう ほう[後報](명·타サ) ⇨ごほう.

こう ほう[高峰·高峯](명) 고봉. 높은 봉우리. 「アルプスの一; 알프스의 높은 봉우리」 a lofty peak

こう ほう[航法](명) 항법. 배나 비행기를 운전하는 기술. 「an atelier

こう ぼう[工房](명) 공방. (미술가가) 일하는 방. ↗

こう ぼう[広袤](명) 나비와 길이. 면적. 넓이. extent

こう ぼう[光房](명) 사진 촬영장. 사진관. a photographic studio

こう ぼう[好望](명) 장래의 전망이 좋음. 유망(有望). bright prospects

こう ぼう[攻防](명) 공방. 공격과 방위. 「一戦(セン); 공방전」 offence and defence

こう ぼう[興亡](명) 흥망. 흥함과 망함. rise and fall

ごう ほう[号俸](명) 호봉. 직책의 등급으로 매긴 급료의 등급. salary class

ごう ほう[号砲](명) 호포. 신호로 쏘는 총포(銃砲). 「一一発(イッパツ); 신호포 한 발」 a signal-gun

ごう ほう[合法](명·형동ダ) 합법. 법률에 맞음. ↔非(ヒ)合法. legality

ごう ほう[業報](명)〈불〉 업보. 악업으로 인해 받는 괴로움. karma effects

ごう ほう[豪放](명·형동ダ) 호방. 기개(気概)가 장하여 작은 일에 구애되지 않음. large-mindedness

こう ほうじん[公法人](명)〈법〉 공법인. 지방의 행정 사무 등을 취급하는 단체. a public corporation

こう ぼく[公僕](명) 공복. 공중(公衆)을 위해 봉사하는 사람이나 공무원. a public servant

こう ぼく[坑木](명) 갱목. 갱내(坑内)나 갱도(坑道)에 버티어 대는 데 쓰는 통나무. mine-timber

こう ぼく[香木](명) 향목. 향나무. 또는 향을 피우는 나무. an aromatic tree

こう ぼく[高木](명)〈식〉 줄기가 견고하고 높이가 3*m* 이상 되는 나무. 교목. ↔低木(テイボク). a tall tree

こう ぼく[校僕](명) ①학교의 소사. ②학교의 일을 보아 주며 공부하는 학생. 1. a school-servant

こう ほね[河骨](명)〈식〉 개연꽃. 다년생 수초(水草). 8～9월에 노란 꽃이 핌. 시냇물이나 연못에 나는데 뿌리는 약용함. 「a corrected book

こう ほん[校本](명) 교정한 책. 교정본. ↗

こう ほん[稿本](명) 고본. 초고(草稿). a draft

こう ま[小馬](명) 작은 말. 망아지. a pony

こう ま[黄麻](명)〈식〉 황마. 열대산 섬유 식물. a jute

ごうま[業魔](명)〈불〉 업마. 악업(悪業)을 마(魔)에 비유하는 말. karma

ごうま[降魔](명)〈불〉 항마. 악마를 항복시킴. 「一の利剣(リケン); 악마를 항복시키는 예리한 칼(항마검)」

こうまい[高邁](명·형동ダ) 고매. 인격이나 학식이 높고 뛰어남. 「一な人格(ジンカク); 고매한 인격」 loftiness

ごうまい[豪邁](명·형동ダ) 호매. 마음이 넓고 커서 조그만 일에 구애되지 않음. undauntedness

ごうまつ[毫末](명) 호말. 털끝. 아주 작음. the tip of a hair

こうまん[高慢](명·형동ダ) 고만. 뽐내고 건방짐. 거만. haughtiness. **―ちき**[高慢ちき](형동ダ)〈속〉 건방짐의 낮춤말.

ごうまん[傲慢](명·형동ダ) 오만. 겸손하지 않고 뽐냄. 거만. arrogance

こうみ[口味](명) 구미. 입맛. taste

こうみ[香味](명) 향미. 향기와 맛. flavour

こうみゃく[鉱脈](명)〈광〉 광맥. 광물의 줄기. a vein of ore

こうみょう[功名](명) 공명. 공을 세워 유명해짐. 「一心(シン); 공명심」 a great exploit

こうみょう[光明](명) 광명. ①밝은 빛. ②희망. ③암흑을 비추는 힘. 1. light 2. hope

こうみょう[高名](명) 고명. ①이름이 높음. 유명. ②상대방 이름의 높임말. ③싸움터에서 세운 공로. 1. fame 3. military exploits

こうみょう[巧妙](형동ダ) 교묘. 대단히 능숙한 모양. skill

こうみん[公民](명) 공민. ①국가의 일원(一員)으로서 독립된 생활을 영위할 수 있는 국민. ②공민권을 갖는 국민. a citizen. **―かん**[公民館](명) 공민관. 지방민의 교양과 문화 향상을 위해 만든 시설. **―けん**[公民権](명)〈법〉 공민권. 공민으로서 가지는 권리. 예: 선거권, 피선거권 등.

こうむ[工務](명) 공무. 토목 공사 등에 관한 사무. the management of engineering works

こうむ[公務](명) 공무. 국가나 공공 단체의 사무나 직무. official business. **―いん**[公務員](명)〈법〉 공무원. 국가나 지방의 공무에 종사하는 사람. 관리.

こうむ[校務](명) 교무. 학교 사무. 「一多端(タタン); 교무 다망」 school affairs

こうむ·る[被る·蒙る]カウムル(타 4) ①쓰다. 「帽子(ボウシ)を一; 모자를 쓰다」 ②받다. 입다. 「損害(ソンガイ)を一; 손해를 입다」 ③짊어 지다. 입다. 「重傷(ジュウショウ)を一; 중상을 입다」 1. put on 3. suffer

こうめい[公命](명) 공적 명령.

こうめい[抗命](명) 항명. 웃사람의 명령이나 제지에 항거함. disobedience

こうめい[高名](명) 고명. ①유명함. ②상대방 이름의 높임말. 1. fame

こうめい[校名](명) 교명. 학교 이름. the name of a school

こうめい[校命](명) 교명. 학교 명령.

こうめい[公明](형동ダ) 공명. 공평하고 숨김이 없는 모양. 「一選挙(センキョ); 공명 선거」 fair. **―せいだい**[公明正大](명·형동ダ) 공명 정대. 공명하고 정당함. 떳떳함.

ごうめい[合名](명) 합명. 공동으로 부담함. 「一会社(カイシャ); 합명 회사」

こうめん[後面](명) 후면. 뒷면. 뒤쪽. ↔前面(ゼンメン). the rear

こうめんほうはつ[垢面蓬髪](연어) 때투성이 얼굴과 헝클어진 머리털. a dirty face and dishevelled hair

ごうも[毫も](부) 조금도. 털끝만큼도. in the least

こうもう[孔孟](명) 공맹. 공자(孔子)와 맹자(孟子). 「一の教(オシ)え; 공맹의 가르침(유교)」 Confucius and Mencius

こうもう[紅毛](명) 홍모. ①붉은 빛의 머리털. ②네덜란드 사람 또는 네덜란드를 일컫는 말. ③서양인, 구미인(欧美人)의 낮춤말. 1. red hair. **―へきがん**[紅毛碧眼](연어·명) ①붉은 머리와 푸른 눈. ②서양인(西洋人)의 형용.

こうもう[膏肓](명) "こうこう(膏肓)"의 변화. 「病(ヤマイ)一に入(イ)る; 병이나 나쁜 습관이 심해져서 고칠 수 없게 됨의 비유」

こうもう[鴻毛](명) ①기러기의 털. ②매우 가벼운 것의 비유. 2. a feather

ごうもう[毫毛](명) ①가는 머리털. ②아주 적음. 근소. 1. a fine hair 2. a bit

ごうもう[剛毛](명) 강모. 굵고 센 머리털. a bristle

こうもく[項目](명) 항목. ①문장의 내용 등을 잘게 나눈 것. 조목. ②예산 편성에 있어서 관(款) 아래의 작은 세목. an item

こうもく[綱目](명) 강목. 대요(大要)와 세목(細目). main points and details

ごうもくてき(てき)[合目的(的)](형동ダ)〈철〉 합목적(적). 목적에 적합한 모양.

こうもくてん[広目天](명)〈불〉 광목천. 사천왕(四天王)의 하나. 서방(西方)에서 불교를 지키는 신.

こうもつ[貢物](명) 공물. ①지배하에 있는 나라나 국민이 헌상(献上)하는 물품. ②조세(租税)의 총칭. 1. a tribute

こうもり[蝙蝠]カウー(명) ①〈동〉 박쥐. ②서양식 우산. 박쥐 우산. 1. a bat

こうもん[孔門](명) 공문. 공자(孔子)의 문하(門下). the Confucian school

こうもん[肛門](명)〈생〉 항문. 똥구멍. the anus

こうもん[後門](명) 후문. 뒷문. 「前門(ゼンモン)の虎(トラ), 一の狼(オオカミ); 앞문의 호랑이, 뒷문의 늑대(진퇴 양난)」 a rear-gate

こうもん[校門](명) 교문. 학교 문. a school-gate

こうもん[閘門](명) 갑문. (선박을) 고저(高低)의 차가 심한 큰 수면으로 오르내리게 하는 장치 a lock gate

ごうもん[拷問](명·타サ) 고문. 죄를 자백하게끔 피의자의 몸에 고통을 가함. torture

こう や[広野・曠野](명) 광야. 넓은 들. a wide plain
こう や[荒野](명) 황야. ①거칠고 쓸쓸한 들. ②벽촌(僻村). 1. a wilderness
こう や[高野](명)〈지〉 〔←高野山(サン)〕 와카야 마현(和歌山県)에 있는 산. **― どうふ**[高野豆腐](명) 코오야산에서 만들기 시작한 얼음 두부(氷豆腐). **― ひじり**[高野聖](명)〈불〉기부금을 거두기 위해 코오야산에서 각지로 나돌아 다니는 중.
こう や[紺屋](명) 염색하는 집. a dyer. **― のしろばかま**[紺屋の白袴](연어・명) 남의 일에만 힘쓰고 자기 일은 하지 못함의 비유.
こう やく[口約](명・자サ) 구약. 입으로 약속함. 구두약속. 언약(言約). a verbal promise
こう やく[公約](명・자サ) 공약. ①공중에 대하여 약속함.「政党(セイトウ)の―; 정당의 공약」②공법상(公法上)의 계약. 1. a public pledge
こう やく[膏薬](명) 고약. 동물의 기름으로 조제한 종기나 상처에 붙이는 약. an ointment
ごう やく[業厄](명)〈불〉업액 악업(悪業)으로 인하여 받는 재난. karma effect
こう やくすう[公約数](명)〈수〉공약수. 둘 이상의 수에 공통하는 약수. ↔公倍数(コウバイスウ). a common measure
ごう やど[郷宿](명) 에도(江戸) 시대 인근 촌민이 공용(公用)으로 성내(城内)에 들어 갔을 때 유숙하는 여관의 한 가지.
こう ゆ[香油](명) 향유. 주로 머리에 바르는 좋은 냄새가 나는 기름. perfumed hair oil
こう ゆ[鉱油](명) 광유. 광물성 기름. mineral oil
こう ゆう[公有](명・타サ) 공유. 국가나 공공 단체의 소유.「―林(リン); 공유림」 public ownership
こう ゆう[交友](명) 교우. 벗. 친구.「―関係(カンケイ); 교우 관계」 a friend
こう ゆう[交遊](명・자サ) 교유. 서로 사귐. 서로 교제함. intercourse
こう ゆう[校友](명) 교우. ①같은 학문을 공부하는 벗. 또는 한학교의 친구. ②한학교의 졸업생. 1. a schoolmate. **― かい**[校友会](명) 교우회. 그 학교의 재학생이나 졸업생으로 구성하는 모임. 동창회.
ごう ゆう[剛勇](명・형동ダ) 용맹하고 강함. bravery
ごう ゆう[郷友](명) 향우. 귀향한 전우(戦友)들의 모임.「日本(ニッポン)―連盟(レンメイ); 일본 재향 군인회」
ごう ゆう[豪勇](명・형동ダ) 호용. 용기가 뛰어남. 호담(豪胆)한 용기. intrepidity
ごう ゆう[豪遊](명・자サ) 호유. 돈을 마구 뿌리며 놂. 호탕하게 놂. extravagant merrymaking
こう よう[公用](명) 공용. ①관청(공공)의 사용. ②관청(공공)의 용무. 공무. ③국가(공공)의 비용. 1. public use 2. official business
こう よう[行用](명) 은행의 용무(用務). the business of the bank
こう よう[光耀](명) 빛. 광휘(光輝). brilliancy
こう よう[孝養](명・자サ) 효도로 부모를 모심.「―をつくす; 효도를 다하다」the discharge of filial duties
こう よう[効用](명) 효용. ①용도. ②효과.「くすりの―; 약효」 1. use 2. effect
こう よう[紅葉](명・자サ) 나뭇잎이 떨어질 무렵 빨개짐. 또는 빨갛게 된 나뭇잎. 단풍. red leaves
こう よう[後葉](명) 자손. 후대(後代). descendants
こう よう[高揚・昂揚](명・자타サ) 앙양. 높이 게양(掲揚)함. 높이 선양(宣揚)함. elevation
こう よう[黄葉](명・자サ) 황엽. 잎이 노랗게 됨. 또는 노란 잎. yellow leaves
こう よう[綱要](명) 강요. (근본이 되는) 중요한 부분. essentials
こうよう じゅ[広葉樹](명)〈식〉광엽수. 잎이 넓은 나무. 활엽수. ↔針葉樹(シンヨウジュ). a broad-leaved tree
ごう よく[強欲・強慾](명・형동ダ) 만족할 줄 모르는 욕심. 탐욕(貪慾). avarice
こう ら[甲ら・甲羅](명) ①(거북 따위의) 등 껍질. ②〈속〉등.「―をほす; 등을 말리다」 1. a shell
こう らい[光来](명) 내방(来訪)의 높임말. 왕림(枉臨).「ご―をあおぎ申(モウ)しあげます; 왕림을 앙망하나이다」 your visit
こう らい[高麗](명)〈역〉①⇨こま(高麗)②. ②고구려(高句麗). (918~1392)
こう らく[行楽](명) 교외나 온천 등을 찾아 가 놀며 즐김.「―シーズン; 놀러 다니기 좋은 계절」 an excursion
こう らく[攻落](명・타サ) 공락. 공격하여 함락함. taking by storm
こう らん[勾欄](명) 난간. a railing
こう らん[高覧](명) 고람. 상대방이 보는 것을 높이어 하는 말. your inspection
こう らん[高欄](명) 고란. 높은 난간. a railing
こう らん[攪乱](명・타サ) 교란. 뒤흔들어 어지럽게 함. disturbance
こうり[小売り](명・자サ) 소매. 물건을 도매상에서 사다가 일반인에게 팖. 산매(散売).「―商(ショウ); 소매상」 retail
こう り[公吏](명) 공리. ①관리. ②지방 공무원. 1. an official 2. a local public servant
こう り[公利](명) 공리. 공공의 이익. 공익(公益). the public good
こう り[公理](명) 공리. ①일반적으로 공통되는 도리. 명백한 진리. ②〈수〉추리(推理), 관찰, 결론의 기초가 되는 근본적인 가정(仮定). 1. a self-evident truth 2. an axiom
こう り[功利](명) 공리. 이익과 행복.「―主義者(シュギシャ); 공리주의자」 benefit and welfare. **― てき**[功利的](형동ダ) 공리적. 자기를 위해 이익을 구하는 모양.「―な考(カンガ)え; 공리적인 생각」
こう り[行李](명) 버드나무나 대나무로 상자같이 만든 것. 옷 따위를 넣음. 고리. a wicker trunk
こう り[厚利](명) 후리. 많은 이득. ↔薄利(ハクリ). much profit

こうり[高利](명) 고리. 높은 이자. high interest. **—がし**[高利貸し](명) 비싼 이자를 받고 돈을 빌려 줌. 또는 그것을 업으로 삼는 사람. 고리 대금업자.
ごうり[合理](명) 합리. 도리에 맞음. rationality. **—か**[合理化](명·타サ) 합리화. 도리에 맞도록 함. **—てき**[合理的](형동ダ) 합리적. 도리, 이론에 부합해서 어긋나지 않는 모양.
ごうりき[合力](명·타サ) ①합력. 힘을 합침. ②돈이나 물건을 베풀어 줌. 1. co-operation
ごうりき[強力·剛力](명) ①강력. 강한 힘. ②등산 안내자. 1. great physical strength. **—はん**[強力犯](명)〈법〉 강력범. 폭력을 쓰거나 위협 등으로 행하는 범죄. 또는 그 범인. ↔知能犯(チノウハン).
こうりつ[工率](명)〈이〉 공률. 기계가 단위 시간 내에 작업을 하는 능률. power
こうりつ[公立](명) 공립. 공공 단체에서 설립한 것. 「—学校(ガッコウ); 공립 학교」 public foundation
こうりつ[効率](명)〈이〉 효율. 이용할 수 있는 정도의 능률. efficiency
こうりつ[高率](명·형동ダ) 고율. 율이 높음. 또는 높은 율. ↔低率(テイリツ). a high rate
こうりゃく[攻略](명·타サ) 공략. ①공격하여 침략함. 공격해서 빼앗음. 「城(シロ)の—; 성의 공략」 ②격파함. 멈벼 들어 지게 함. 「横綱(ヨコヅナ)を—する; 최고의 씨름군을 격파하다」 1. capture
こうりゃく[後略](명) 후략. 뒷부분을 생략함. ↔前略(ゼンリャク).
コウリャン[중 高粱](명)〈식〉 고량. 수수. kaoliang
こうりゅう[亢龍](명) 항룡. ①하늘에 오른 용. ②높은 지위. 「—の悔(クイ); 영달이 극에 달하면 기울어야 한다는 슬픔」
こうりゅう[勾留](명·타サ)〈법〉 구류. 피의자를 취조할 목적으로 일정한 장소에 억류하는 일. detention
こうりゅう[交流](명·자サ) 교류. ①〈이〉 일정한 시간마다 번갈아 반대 방향으로 흐르는 전류. ↔直流(チョクリュウ). ②(문화, 사상 등의 조류가) 서로 섞임. 「文化(ブンカ)の—; 문화의 교류」 1. an alternating current 2. interchange
こうりゅう[拘留](명·타サ) 구류. ①잡아서 가두어 둠. ②〈법〉 유치장에 가두어 둠. 구치(拘置). 1. custody 2. detention
こうりゅう[興隆](명·자サ) 흥륭. 세력이 크게 흥함. 융성(隆盛). 「国家(コッカ)の—; 국가의 융성」 rise
ごうりゅう[合流](명·자サ) 합류. (흐름 또는 단체 등이) 합쳐서 하나가 됨. joining
こうりょ[行旅](명) 행려. ①여행. ②여행자. 1. a travel 2. a traveller
こうりょ[考慮](명·타サ) 고려. 생각해 봄. 「—の余地(ヨチ); 고려할 여지」 consideration
こうりょ[高慮](명) 고려. 상대의 고려(考慮)를 높이어 하는 말. your consideration
こうりょう[口糧](명) 구량. 병사(兵士) 한 사람분의 양식. 「携帯(ケイタイ)—; 휴대 식량」 a ration
こうりょう[広量·宏量](명·형동ダ) 광량. 도량이 넓음. 넓은 도량(度量). large-mindedness
こうりょう[考量](명·타サ) 고량. 헤아려 생각함. 사려(思慮). consideration
こうりょう[香料](명) 향료. ①좋은 냄새가 나는 물질. 향수의 원료. ②⇨こうでん(香典). 1. essence
こうりょう[校了](명·타サ) 교료. 교정을 끝냄. finishing proofreading
こうりょう[중 高粱](명)〈식〉 ⇨コウリャン.
こうりょう[荒涼·荒寥](형동タルト) 황량. 황폐하여 쓸쓸한 모양. 「—たる原野(ゲンヤ); 황량한 들」desolate
こうりょう[蛟龍](명) 교룡. ①전설상의 용의 한 가지. 모양이 뱀과 같고 한 길이 넘으며 네 개의 넓적한 발이 있다고 함. ②때를 못 만나 뜻을 이루지 못한 영웅. 1. a dragon 2. a hero out of his time
こうりょう[較量](명) 비교하여 헤아려 봄. comparison
こうりょう[綱領](명) 강령. ①요점. 「哲学(テツガク)—; 철학 개요」 ②정당, 조합, 학교 등의 근본 방침. 1. general principles 2. a programme
こうりょう[稿料](명) 고료. 원고료. copy-money
こうりょく[光力](명)〈이〉 광력. 빛의 힘. 「effect
こうりょく[効力·效力](명) 효력. 보람. 효과. 효험. ↗
ごうりょく[合力](명·자サ) ①합력. 힘을 모음. ②원조(援助). 1. co-operation 2. help
こうりん[光臨](명·자サ) 광림. 신분이 높은 사람이 어느 장소에 옴. 왕림(枉臨). 「—を仰(アオ)ぐ; 왕림을 앙망함」 your visit
こうりん[後輪](명) 뒷바퀴. ↔前輪(ゼンリン). a back wheel
こうりん[降臨](명·자サ) 강림. (신이나 부처가) 지상에 내려 옴. advent
こう·る[梱る](타 4) 포장하다. 짐을 꾸리다. pack up
こうるい[紅涙](명) 홍루. ①피눈물. ②미인의 눈물. 여자의 눈물. 「—をしぼる; 눈물을 짜다」 1. tears of blood 2. tears of a fair
こうるさ·い[小五月蠅い](형)〈속〉 좀 성가시다. 좀 귀찮다. 좀 시끄럽다.
こうれい[伉儷](명) 항려. 반려(伴侶). 남편. a husband
こうれい[好例](명) 호례. 썩 좋은 예. a good example
こうれい[恒例](명) 항례. 늘 하는 행사. 상례. 「節分(セツブン)—の豆(マメ)まき; 입춘 전날 늘 하는 액막이를 위하여 콩을 뿌리는 일」 a usual practice
こうれい[高齢](명) 고령. 나이가 많음. 노년(老年). a ripe age
ごうれい[号令](명·자サ) ①천황(天皇)의 조칙(詔勅). ②호령. (큰 소리로 외치는) 명령. 구령. ③지시. 훈령(訓令). 2. a command 3. an order
こうれつ[後列](명) 후열. 뒷줄. ↔前列(ゼンレツ). the rear row
こうろ[公路](명) 공로. 공중이 통행하는 길. a highway
こうろ[行路](명) 행로. ①길을 감. 또는 길 가는 사람. ②세상을 살아 감. 또는 살아 가는 길. 1. a passer-by 2. life's journey. **—びょうしゃ**[行路病者]

(명) 행로 병자. 병이나 공복(空腹)으로 길을 가다 쓰러진 사람.
こう ろ[香炉](명) 향로. 향을 피우는 그릇. an incense burner
こう ろ[高炉](명) 광석을 녹여 선철(銑鉄)을 만드는 가마솥. 용광로. a melting-furnace
〔香炉〕
こう ろ[航路](명) 항로. 배나 비행기가 통행하는 길. 뱃길, 공로(空路). a route
こう ろう[功労](명) 공로. 공과 수고. merits
こう ろう[高楼](명) 고루. 높은 다락집. a lofty building
こう ろう い[公労委](명) 공공 기업체 노동 위원회의 준말. 공공 기업체의 노동 쟁의를 중재(仲裁)하며 부당 노동 행위의 감독 등의 일을 하는 위원회.
こう ろう ほう[公労法](명) 공공 기업체 등의 노동 관계법.
こう ろく[厚禄](명) 후록. 후한 녹봉(禄俸). a handsome salary
こう ろく[高禄](명) 고록. 많은 봉급. a high salary
こう ろん[口論](명·자サ) 구론. 말다툼. an argument
こう ろん[公論](명) 공론. 일반의 의론. public opinion
こう ろん[抗論](명·자サ) 항론. 대항하여 논의함. contradiction
こう ろん[高論](명) 고론. ①훌륭한 논설. ②남의 논설을 높이어 일컫는 말. 1. a high opinion
こうろん おつばく[甲論乙駁](연어·명·자サ) 갑론 을박. 갑이 어떤 설을 주장하면 을이 그것을 반박함. 의론이 분분함. an argument pro and con
こう わ[高話](명) 남의 이야기를 높이어 일컫는 말. your talk
こう わ[講和·媾和](명·자サ) 강화. 전쟁을 끝내고 평화를 회복하기 위한 교전국 사이의 합의. 「一条約(ジョウヤク); 강화 조약」 reconciliation
こう わ[講話](명·자サ) 강화. 친절히 풀이하여 이야기함. a lecture
こう わん[港湾](명) 항만. 배의 정박과 승객, 화물을 싣고 내리기에 편리한 시설을 갖춘 항구. harbours
こ うん[孤雲](명) 고운. 외로운 구름. 외따로 떠도는 구름. a solitary cloud
ご うん[五蘊](명)〈불〉 오온. 물질, 정신을 5종류로 나눈 것. 「一皆空(カイクウ); 오온이 모두 공허함」
こ うんそう[小運送](명) 철도, 기선 등을 사용하지 않는 하물(荷物)의 운송.
こえ[声]コヱ(명) ①목소리. 음성. ②벌레 소리. ③소리. 음향. ④의견. 「世(ヨ)の一; 여론」 1. a voice
こえ[肥え](명) ①비료(肥料). ②분뇨(糞尿). 1. manure 2.night soil
一ごえ[越え](접미) 넘어가는 길. 고개. 「ひよどり一; 히요도리 고개」
こ えい[孤影](명) 고영. 외로운 그림자. 또는 외로운 모습. 「一悄然(ショウゼン)として; 홀로 힘없이」 a solitary figure
ご えい[護衛](명·타サ) 호위. 따라 다니며 보호함. 또는 그 사람. an escort
ご えいか[御詠歌](명) 순례자가 읊는 노래. 순례가(巡礼歌). a pilgrim hymn
こえ がかり[声掛り]コヱ―(명) 손윗사람으로부터 특별한 처우(処遇)를 받음. 또는 그 사람. personal recommendation
こえ がら[声柄]コヱ―(명) 소리의 성질이나 모양. 음질(音質). tone quality
こえ がわり[声変わり]コヱガハリ(명·자サ) 14~18세 남자의 음성이 변하는 일. 또는 그 시기. 변성기(変声期). the change of voice
こえ ごえ[声声]コヱゴヱ(명) 제각기의 소리. 여러 가지 소리. 「一に; 제각기」
こ えだ[小枝](명) 작은 나뭇가지. 잔가지. a twig
こえ たご[肥え桶](명) 비료를 넣어 운반하는 통. 거름통. a night soil bucket
こえ だめ[肥溜](명) 분뇨(糞尿)를 모아 두는 곳. a night soil pot
こえ つき[声付き]コヱ―(명) 소리의 모양.
ごえつ どうしゅう[呉越同舟](연어·명) 오월 동주. 〔춘추 전국 시대 오왕 부차(夫差)와 월왕 구천(句践)이 항상 적의를 품고 싸웠다는 고사에서〕 서로 적의를 품은 자들이 같은 처지나 한자리에 놓임을 비유한 말. bitter enemies sharing common fate
こえ のした[声の下]コヱ―(연어) 말이 끝나자마자 해버리는 모양. 「…という一から; …라는 말이 끝나자마자」
ごえもん ぶろ[五右衛門風呂](명) 목욕 가마에 직접 불을 때게 되어 있는 무쇠로 만든 목욕통. 위에 떠 있는 널빤지를 밟고 들어 가서 목욕을 함.
こ·える[肥える](자하 1) ①뚱뚱해지다. 살이 찌다. ②땅이 비옥해지다. ③능력이 증가되다. 윤택해지다. 「目(メ)が一; 세상을 보는 눈이 나아지다」 1. grow fat
こ·える[越える·超える](자하 1) ①위로 넘다. ②어느 정도 이상에 이르다. ③뛰어 나오다. ④지나가다. ⑤뛰어 넘다. 1. go over
こ えん[故縁](명) 옛날의 인연. 옛 인연. 구연(旧縁). old connection
ご えん[後宴](명)〈고〉 큰 연회의 다음날 다시 여는 연회.
こ おう[呼応](명·자サ) 호응. ①부름에 따라 대답함. ②서로 기맥(気脈)을 통함. 1. communication 2. acting in union
ご おう[五黄](명) 오황. 9성(星)의 하나. 토성(土星). 이 해에 난 사람은 운이 좋아 사람의 우두머리가 된다고 함.
こおう こんらい[古往今来](연어·부) 옛부터 지금까지의 동안. at all times
コーカサス[Caucasus](명)〈지〉 코카서스. 소련의 일부. 흑해와 카스피해 사이의 산악 지방.
コークス[도 Koks](명) 코우크스. 석탄을 건류하고 남은 찌끼. 연기가 없고 화력이 셈.
こお·し[恋おし]コホシ(형 シク)〈고〉 그립다. 연정을 느끼다. 파생 ― さ(명).

コース[course](명) 코오스. ①진로.「ハイキング—; 하이킹코오스」②경주로, 경영 수로(競泳水路). ③방침.「予定(ヨテイ)の—; 예정 코오스」④경과. 과정. ⑤학과 과정(課程). ⑥서양 요리가 나오는 순서.
コースター[coaster](명) 코우스터. 레일 위를 달리거나, 내려 가는 힘을 이용하여 올라 가게 되어 있는 승용물. 타주기(惰走機).
ゴー スターン[go stern](명) 고우스터언. (배의) 후진(後進).
ゴー ストップ[go stop](명) 고우스톱. 십자로 등의 교통 신호기.
コーダ[이 coda](명)〈악〉코다. 악곡의 마지막 부분.
コーチ[coach](명·타サ) 코우치. ①지도함. ②지도자. 감독.
コーチゾン[cortisone](명)〈의〉코오티조운. 부신 피질(副腎皮質)에서 분비하는 호르몬. 류우머티즘과 천식에 유효..
コーチャー[coacher](명) 코우처. ①⇨コーチ②. ②〔야구에서〕러너(走者)에게 지시를 하는 사람.「—ボックス; 코우치 석(席)」
コーテーション マーク[quotation mark](명) 쿠오테이션마아크. 인용 부호.「" "」「' '」「〈 〉」.
コーテッド[coated](명) 코우팃.〔사진에서〕렌즈의 표면을 막(膜)으로 씌운 것.「—レンズ·アンバー; 호박색 렌즈 덮개」
コーデュロイ[corduroy](명) ⇨コールテン.
コート[coat](명) 코우트. ①웃옷.「ブレザー—; 블레이저 코우트(운동 선수가 입는 웃옷)」②(부인용의) 외투.
コート[court](명) 코오트. 농구, 배구 등의 경기장.
コード[code](명) 코우드. ①규칙.「プレス—; 신문 발행 규칙」②부호. 암호.「—ブック; 암호책」
コード[cord](명) 코오드. 고무 등으로 절연(絶緣)한 전선(電線).
こおとこ[小男]—ヲトコ(명) 몸이 작은 사나이. 키가 작은 사나이. a little man
コードバン[cordovan](명) 코오도반. ①스페인 코르도바산(産)의 결이 고운 가죽. 구두를 짓는 데 쓰임. ②말 궁둥이의 가죽. 벨트(革帶)를 만드는 데 쓰임.
こおどり[小躍り]—ヲドリ(명·자サ) 기뻐서 깡충깡충 뜀. 작약(雀躍). jumping for joy
コーナー[corner](명) 코오너. ①구석. 귀퉁이. ②앨범에 사진을 붙일 때 네 모서리에 대는 것.
コーヒー[네 koffie·珈琲](명) 코오피. 코오피나무의 열매로 만든 음료. 특유한 향기와 쓴맛이 있음.「—茶(チャ)わん; 코오피잔」 —**ポット**[coffeepot](명) 코오피포트. 코오피를 넣고 끓이는 주전자.
ゴーヘー(명)〔고우어헤드(go ahead)의 변화〕(배의) 전진(前進).
コーポラス[←cooperative house](명) 철근(鉄筋)의, 아파아트식 분양 주택(分讓住宅).
コーラス[chorus](명) 코오러스. ①합창(대). ②합창곡.
コーラン[Koran](명)〈종〉코오란. 회교(回教)의 성전.
こおり[氷]コホリ(명) 얼음. 빙수. ice. —**ざとう**[氷砂糖](명) 얼음 사탕. 결정시킨 순설탕. —**どうふ**[氷豆腐](명) 추운 바깥에 내놓아 얼린 두부. —**まくら**[氷枕](명) 얼음 베개. 차게 하기 위해 얼음을 넣어 베는 베개.
こおり[郡]コホリ(명) 군. 지방 행정 구역(行政区域)의 하나. a district
こおり つ·く[凍り付く]コホリ—(자 4) ①얼어 붙다. ②딱딱하게 얼다. be frozen hard
こお·る[凍る·氷る]コホル(자 4) 얼다. freeze
コール[call](명) 코올. ①〈경〉요구가 있으면 언제라도 돌려 주는 금융업자간의 단기 대차(短期 貸借). 단자(短資). ②〔코올머니(call money)의 준말〕당좌 차입금(当座借入金). ③〔코올로운(call loan)의 준말〕당좌 대부금(当座貸付金). —**サイン** [call sign](명) 코올사인. 무전 방송국의 전파 호출 부호. 예 : H.L.K.A, K.B.S 등.
コール[도 Chor](명) 코오르. 합창(대). 코오러스.「—ユーブンゲン; 코오르위붕겐 (성악의 교본)」
ゴール[goal](명·자サ) 고울. ①결승선. 결승점. ②〔축구, 하키 등에서〕결승점의 표시. ③←ゴールイン. ④결혼. —**イン**[goal in](명·자サ) 고울인. 고울에 뛰어듦. —**キーパー**[goal keeper](명) 고울키이퍼.〔축구, 하키 등에서〕고울을 지키는 사람.
コールタール[coal-tar](명)〈이〉코울타르. 석탄을 건류하여 석탄 가스, 코우크스 등을 만들 때 생기는 검고 끈끈한 액체. 염료(染料), 폭약(爆薬), 의약, 도로 포장 등에 씀.
コールテン[←cordedvelveteen](명) 코르덴. 누빈 것처럼 골지게 짠 우단(羽緞)과 비슷한 직물. 양복감으로 쓰임.
ゴールデン—[golden](조어) 고울던. ①금빛의. ②멋진. 굉장한. 훌륭한. ③금으로 된. —**アワー**[golden hour](명) 고울던아워. 오후 7시부터 9시까지의 가장 청취율이 높은 방송 시간. —**ウイーク**[golden week](명) 고울던 위이크. 4월 말부터 5월 초까지의 휴일이 많은 주간. —**エージ**[golden age](명) 고울던에이지. 황금 시대.
コールド[cold](명) 코울드. ①추움. ②코울드크리임(油性 크리임)의 준말. ③코울드퍼어머넨트(약물만으로 하는 퍼어머넨트)의 준말.
ゴールド[gold](명) 고울드. 금. 황금. —**ラッシュ**[gold rush](명) 고울드러시. 새로운 금산지(金産地)에 많은 사람이 모여 듦.
コールドゲーム[called game](명) 코올드게임.〔야구에서〕5회 이상의 경기를 마친 후 일몰(日没), 강우(降雨) 등의 사정으로 심판에 의해 경기가 중지되는 시합. 승패는 그때까지의 득점수로 결정됨.
こおろぎ[蟋蟀]コホロギ(명)〈동〉귀뚜라미. a cricket
コーン[cone](명) 코운. ①아이스크리임을 담는 과자 그릇. (튀겨 만들며, 아이스크리임과 함께 먹을 수 있음) ②확성기에 쓰이는 원추형의 두꺼운 종이.
コーン[corn](명) 코온. ①곡류. ②〔미국에서〕옥수수.「—スターチ; 코온스타아치(옥수수 녹말)」

ごおん[呉音](명) 한음(漢音) 이전에 일본에 전해진 한자음(漢字音)의 하나. 6세기경 양자강 지방의 발음이 전해져서 일어화(日語化)한 것. 예: 人→にん.
ごおん[語音](명) 어음. 말의 음조(音調). 「現代(ゲンダイ)—;현대 어음」
こおんな[小女](명) ①키가 작은 여자. ②소녀. ③젊은 여자. 1. a little woman 2. a girl
こか[古歌](명) 고가. 옛노래. 오래 된 노래. 옛사람의 노래. an old song
こが[古画](명) 고화. 옛 그림. an ancient picture
こが[古雅](형동ダ) ①고풍스럽고 우아한 모양. ②오래 되어 풍류가 있어 보이는 모양. classical grace
こが[個我](명) 개인으로서의 자아(自我). 자신. self
こがい[小買](명) 조금씩 삼. buying in small lots
こがい[子飼い·子養い]—ガヒ(명) ①(짐승을) 새끼 때부터 기름. 「—の 鴨(カモ); 새끼 때부터 기른 오리」 ②(아이를) 어릴 때부터 맡아서 기름. 1. fostering 2. bringing up from infancy
こがい[戸外](명) 집 바깥. 옥외(屋外). 「—運動(ウンドウ); 집 밖에 나가서 하는 운동」 the open air
ごかい[沙蚕](명)〈동〉 갯지렁이. 낚싯밥으로 많이 쓰임. a lobworm
ごかい[五戒](명)〈불〉 오계. 불교 신자들이 지켜야 할 다섯 가지의 계명(戒命). 즉 살생(殺生), 투도(偷盜), 사음(邪淫), 망어(妄語), 음주(飮酒)를 금하는 일. the five commandments
ごかい[碁会](명) 기회. 바둑을 두는 모임.
ごかい[誤解](명·타サ) 오해. 잘못 앎. 잘못 생각함. misunderstanding
こがいしゃ[子会社](명) 같은 계통의 큰 회사 밑에 속하여 그 지배를 받는 회사. 종속 회사(従属会社). ↔親(オヤ)会社. a subsidiary company
ごかいしょ[碁会所](명) 돈을 내고 바둑 두는 집. 기원.
ごかいどう[五街道](명) 에도(江戸) 시대 니혼바시(日本橋)를 기점으로 한 다섯 주요 교통로(東海道, 中仙道, 奥州街道, 日光街道, 甲州街道).
コカイン[도 Kokain](명)〈의〉 코카인. 코카나무 잎에 있는 유독한 성분. 국소 마취에 쓰임.
こがき[小書き](명) 문서 속에 잔 글씨로 써 넣는 일. 주(註) 따위. writing in detail
こかく[古格](명) 옛 격식. 옛 형식. convention
こかく[孤客](명) 고객. 혼자서 여행하는 사람. 외로운 길손. a lonely traveller
こかく[顧客](명) ⇨こきゃく.
ごかく[互角](명·형동ダ) 걸맞음. 상호간 우열(優劣)이 없음. 「—の力(チカラ); 걸맞는 힘」 equality
ごかく[碁客](명) 바둑을 두는 사람.
ごかく[語格](명) 말이 쓰이는 격식. 어법. diction
ごがく[語学](명) 어학. ①언어학. ②외국어에 대한 학문. 1. philology 2. study of a foreign language
こがくれ[木隠れ](명) 나무 그늘에 숨는 것. hiding oneself behind the trees
こかげ[小陰·小蔭](명) 작은 그늘.
こかげ[木陰·木蔭](명) 나무 그늘. the shade of a tree
コカコ(ー)ラ[Coca-Cola](명) 코카콜라. 미국의 청량 음료수의 상품명(商品名). 빛은 갈색.
—ごかし(접미) …을 빙자하여 자기 이익을 꾀하는 일. 「親切(シンセツ)—; 친절을 베푸는 체하면서 자기이득을 취함」
こがしら[小頭](명) 한 무리나 단체를 소분(小分)한 것의 두목. 소두목(小頭目). a foreman
こか·す[転かす](타 4) ①움직이다. 굴리다. ②(던져) 쓰러뜨리다. ③〈속〉 어떤 물품을 볼모로 하다. 어떤 물품을 부정 처분하다. 1. roll
こが·す[焦がす](타 4) ①태워서 검게 하다. ②눌리다. 마음 졸이다. 애태우다. 「思(オモ)いを—; 마음을 태우다」 burn
こかた[子方](명) 〔연극 등에서〕 어린이 역. 또는 그 역을 하는 사람. a child-actor
こがた[小形](명·형동ダ) 소형. 물건의 형체가 작음. 작은 물건. small size
こがた[小型](명·형동ダ) 소형. 작은 형(型). 「—自動車(ジドウシャ); 소형 자동차」 ↔大型(オオガタ). small size
ごがたき[碁敵](명) 바둑 상대.
こがたな[小刀](명) ①주머니칼 등의 작은 칼. ②⇨こづか(小柄). 1. a knife. **— ざいく**[小刀細工](명) ①작은 칼을 사용해서 하는 세공(細工). ②잔꾀. 잔재주.
こかつ[枯渇·涸渇](명·자サ) 고갈. ①물이 마름. ②결핍(缺乏)됨. 「財源(ザイゲン)が—する; 재원이 결핍되다」 1. drying up 2. exhaustion
ごがつ[五月](명) 5월. May
こがね[小金](명) ①적은 돈. ②조금 모은 재산이나 돈. 「—をためる; 약간의 재산을 모으다」 a small sum of money
こがね[黄金](명) 황금. ①금. ②금화(金貨). ③굉장히 귀중한 것. ④황금색. 1. gold. **— むし**[黄金虫](명)〈동〉 풍뎅이.
こかぶ[子株](명) 새로운 주. 신주(新株). ↔親株(オヤカブ). new stocks
こがら[子柄](명) 아이의 용모나 태도.
こがら[小雀](명)〈동〉 쇠박새의 총칭 아고산대(亜高山帯)의 숲속에 번식함. a Japanese marsh-tit
こがら[小柄](형동ダ) ①몸집이 작은 모양. 「—な男(オトコ); 몸집이 작은 사나이」 ②무늬가 작은 모양. ↔大柄(オオガラ). 1. small stature 2. small patterns
こがらし[木枯らし·凩](명) 늦가을부터 초겨울에 걸쳐 부는 쌀쌀한 바람. a cold wind
こが·れる[焦がれる](자하 1) ①몹시 동경하다. 「音楽家(オンガクカ)に—; 음악가를 동경하다」 ②깊이 사모하다. 「彼(カレ)に—; 그를 깊이 사모하다」 1. pine for 2. love
こがわせ[小為替](명) 2천 원 이하의 소액 우편환(郵便換). a postal order
こかん[股間·胯間](명) 가랑이. 두 다리가 갈라진 곳. between one's legs

こがん[湖岸](명) 호안. 호숫가. the shore of a lake
ごかん[五官](명) 오관. 다섯 가지 감각 기관. 시각의 눈, 청각의 귀, 후각의 코, 미각의 혀, 촉각의 피부. the five of sensory organs
ごかん[五感](명)〈생〉 오감. 시각, 청각, 후각, 미각, 촉각의 다섯 가지 감각. the five senses
ごかん[互換](명) 호환. 맞바꿀 수 있는 것. 「一性(セイ); 맞바꿀 수 있는 성질」
ごかん[語間](명) ①말과 말 사이. ②글자와 글자 사이. between words
ごかん[語幹](명) 어간. 〔문법에서〕(어미 변화가 있는 말에서) 변화하지 않는 부분. 예 : "書(カ)く"의 "か". ↔語尾(ゴビ). a stem
ごかん[語感](명) 어감. ①말에서 받는 느낌. ②말이 지니는 느낌. 1. word-impression
ごがん[護岸](명) 호안. 해안, 강가 등을 보호하여 수해(水害)를 막음. 「一工事(コウジ); 호안 공사」 shore protection works
こかんじゃ[小冠者](명) ①어린 나이에 관례(冠礼)를 치른 사람. ②〈속〉 어른이 소년을 낮추어 일컫는 말.
こき[古希·古稀](명) 고희. 일흔 살. 70세. seventy years of age
こき[古記](명) 고기. 옛 기록. an old record
こき[呼気](명) 내쉬는 숨. ↔吸気(キュウキ). expiration
こぎ[古義](명) 옛 해석. 옛 뜻. an old meaning
こぎ[狐疑](명·자サ) 고의. 의심하고 주저함. hesitation
ごき[碁器](명) 바둑돌을 넣는 그릇. 바둑통.
ごき[語気](명) 어투. 어세(語勢). a tone of voice
ごき[誤記](명·타サ) 오기. 잘못 적음. a mistake in writing
ごぎ[語義](명) 어의. 말의 뜻. the meaning of a word
コキール[프 coquille](명) 코키유. ①조개 껍데기. 조가비. ②조가비 또는 그런 모양의 그릇에 담아 내는 요리.
こきおと·す[扱き落とす](타 4) 끌어 당겨 떨어뜨리다.
こきおろ·す[扱き下ろす](타 4) ①끌어 내리다. ②비난하다. 헐뜯다. 욕하다. 1. hackle down 2. denounce
ごきげん[御機嫌](명) ①"きげん(기분)"의 높임말. ②기분이 좋음. **—よう**[御機嫌好う](연어·감) 헤어질 때의 인사말.
こきざみ[小刻み](명) 잘게 빨리 써는 일. mincing
ごきしちどう[五畿七道](명) 옛날 일본 전국을 일컫던 이름.
こぎたな·い[小汚ない](형) 좀 더럽다. 어딘지 모르게 좀 지저분하다. 「一身(ミ)なり; 좀 지저분한 옷차림」
こぎた·む[漕ぎ廻む](타 4)〈고〉 배를 저어 돌아 다니다.
こきた·る[扱き垂る](자하 2)〈고〉 드리우다.
こきつか·う[扱き使う]—ツカフ(타 4) 혹사하다. 「使用人(シヨウニン)を一; 고용인을 혹사하다」 work a person hard
こぎつ·ける[漕ぎ着ける](타하 1) ①(배를) 저어 목적지에 닿게 하다. ②노력해서 목표에 도달시키다. 1. row up to 2. attain to
こぎって[小切手](명)〈경〉 은행에 당좌 예금을 가지고 있는 사람이 일정한 돈을 수취인에게 지불하도록 은행에 맡겨 놓는 증권(証券). 수표. a cheque
ごきない[五畿内](명) 기내(畿内)의 다섯 구획(区画). 야마시로(山城), 야마도(大和), 카와치(河内), 이즈미(和泉). 세쯔(摂津).
こぎぬ·く[漕ぎ抜く](타 4) ①배를 저어 다른 배를 앞지르다. ②힘껏 노를 젓다. 1. outsail
ごきぶり[蜚蠊](명)〈동〉 ⇨あぶらむし①.
こきま·ぜる[扱き雑ぜる·扱き混ぜる](타하 1) 휘저어 섞다. 혼합하다. mix together
こきみ[小気味](명) 기분. 「一がいい; 자기 뜻대로 되어 속이 시원하다(통쾌하다)」 feeling
こきゃく[顧客](명) 고객. 단골 손님. a customer
こきゅう[呼吸](명·자타サ) 호흡. ①숨을 들이쉬고 내쉼. ②〈생〉 생물이 산소를 들여 마시고 탄산 가스를 내뿜는 일. ③두 사람 이상이 일을 함께 할 때의 장단. 「一が合(ア)わない; 호흡이 맞지 않다」 ④요령. 솜씨. 「演技(エンギ)の一を覚(オボ)える; 연기의 요령을 깨닫다」 1. 2. breath 3. knack. **—き**[呼吸器](명)〈생〉 호흡기. ①호흡 작용을 하는 기관. ②폐장(肺臓). 「一がわるい; 폐가 나쁘다」
こきゅう[故旧](명) 옛 벗. an old acquaintance
こきゅう[枯朽](명·자サ) 식물이 말라 썩음. wither and decay
こきゅう[鼓弓·胡弓](명)〈악〉 호궁. 샤미센(三味線)과 비슷하나 그보다 작은 활 모양의 현악기(弦楽器). a three-stringed fiddle
ごぎゅう[呉牛](명) 오우. 물소의 다른 이름. a buffalo
〔胡弓〕
こきょう[故京·古京](명) 옛날의 수도(首都). 옛 서울. an old capital
こきょう[故郷](명) 고향. 자기가 태어난 고장. one's native place
こきよう[小器用](형동ダ) 조금 재주가 있는 모양. cleverish
ごきょう[五経](명) 오경. 유교에서 존중하는 다섯 가지 경서. 역경(易経), 서경(書経), 시경(詩経), 예기(礼記), 춘추(春秋). the five Chinese classics
ごぎょう[五行](명) 오행. 우주간에 운행하는 금(金), 목(木), 수(水), 화(火), 토(土)의 다섯 가지 원기. 「陰陽(インヨウ)一説(セツ); 음양 오행설」 the five elements
ごぎょう[御形](명)〈식〉 떡쑥. 엉거시과에 속하는 월년초. 줄기에 흰 솜털이 있음. 서국초(鼠麴草). 어린 싹은 떡에 섞어 식용. cottonweed
こきょく[古曲](명) 옛 가곡. 옛 악곡. an old song
こぎ·る[小切る](타 4) ①조그맣게 자르다. 잘게 썰다. ②값을 깎다. 1. cut to pieces 2. beat down
こぎれ[小切れ·小布](명) ①헝겊 조각. ②연기자(演技者)들이 사용하는 버선, 수건 등 의복 부속품의 총칭. 1. a small piece of cloth
こぎれい[小奇麗·小綺麗](형동ダ) ①조금 깨끗한 모양. ②산뜻한 모양. 「一な服装(フクソウ); 산뜻한 복

장」 1. pretty 2. tidy

こきん[胡琴](명)〈악〉 호금. ①비파의 다른 이름. ②당악용(唐楽用)의 현악기.

ごきん[五金](명) 오금. 금, 은, 동, 철, 연(鉛)의 다섯 가지 금속.

こく一[黒](조어) 검은. 검은 빛을 띤. 「一紫色(シショク); 흑자색」

一こく[国](조어) 국. 나라. 「英(エイ)一; 영국」

こく[濃](명) 짙음. 짙은 맛. 「一がある; 짙은 맛이 있다」 solid taste

こく[告](명) 알림. information

こ・く(타 4)〈속〉 ①내보내다. ②말하다. 지껄이다. 「うそを一; 거짓말을 하다」 2. tell

こ・く[扱く](타 4) ①긁어 떨어뜨리다. 쥐어 뜯다. ②훑다. 죄어 당기다. 1. tear off 2. hackle

こく[石](명) ①석. 한 말(斗)의 10 배. 약 0.18 *kl*. ②일본 배의 적재량(積載量)의 단위. 10 입방척(立方尺). ③재목의 용적의 단위. 10 입방척.

こく[刻](명) ①물시계의 눈금. 30 분. ②1 시간의 3분의 1. 「下(ゲ)一; 각의 시간을 3 등분한 것의 맨 마지막 시간」

こく[穀・穀](명) 곡물. 곡식. cereals

こく[古句](명) 옛 구. 옛사람의 구. an old poem

こく[酷](명・형동ダ) ①가혹함. 「一な処分(ショブン); 가혹한 처분」 ②지나침. 심함. 1. cruelty 2. severity

こ・ぐ[扱ぐ](타 4) 뿌리 뽑다. 뿌리째 뽑다. 「庭(ニワ)の木(キ)を一; 마당의 나무를 뿌리째 뽑다」 root up

こ・ぐ[漕ぐ](타 4) ①배를 젓다. 「櫓(ロ)を一; 노를 젓다」 ②(자전거를 가게 하기 위해) 페달을 밟다. 「自転車(ジテンシャ)を一; 자전거 페달을 밟다」 ③〈방〉 눈이나 수풀을 헤치고 나아가기 위해 몸을 움직이다. 「雪(ユキ)の道(ミチ)を一; 눈길을 뚫고 가다」 ④〈속〉 졸며 몸을 앞뒤로 움직이다. 1. row

ごく[極く](부) 극히. 대단히. 「一上等(ジョウトウ)な; 극히 고급인」 extremely

ごく[獄](명) ①감옥. 「一につながれる; 옥에 갇히다」 ②소송. 소송 사건. 1. a prison

ごく[語句](명) 어구. 말과 구. 「一の意味(イミ); 말과 구의 뜻」 words and phrases

こくあく[酷悪](명) 잔학하고 악독함. 혹독(酷毒). being cruel and evil

ごくあく[極悪](명・형동ダ) 극악. 몹시 악함. heinous

こくあんあん[黒暗暗](형동タルト) 매우 캄캄한 모양.

こくい[国威](명) 국위. 나라의 위엄. national prestige

こくい[刻意](명・자サ) 고심(苦心). 마음을 괴롭힘. worry

こくい[黒衣](명) 흑의. ①검은 옷. ②검정 물을 들인 중의 옷. 1. black garments 2. a black robe

ごくい[極意](명) 비결. 오묘한 수나 뜻. 「柔道(ジュウドウ)の一; 유도의 비결」 the secret principle

ごくい[獄衣](명) 감옥에서 죄수가 입는 옷. 수의(囚衣). a prison uniform

こくいっこく[刻一刻](부) 각일각. 시시 각각(時時刻刻). 「一と水(ミズ)かさがふえる; 시시 각각으로 물이 붇다」 every moment

こくいん[刻印](명) 각인. ①새긴 도장. ②⇨ごくいん(極印). 1. a carved seal

こくいん[黒印](명) ①먹으로 찍은 도장. ②옛날에 명령서에 찍은 검은 색의 도장. 또는 그 문서. 1. a black seal

ごくいん[極印](명) ①품질을 증명하기 위해 물건에 찍는 도장. ②증거. ③마마 자국. 1. a stamp 2. the proof.

一づき[極印付き](명) ①품질 증명인이 찍혀 있는 것. ②확실. 보증.

こくう[虚空](명) 허공. ①하늘. 「一はるかに飛(ト)びさる; 하늘 멀리 날아 가다」 ②공간. 「一をつかんで倒(タオ)れる; 헛짚고 넘어지다」 1. the sky 2. the empty

こくう[穀雨](명) 곡우. 24절기의 하나. 양력 4월 20, 21일에 듦.

こくうぞう(ぼさつ)[虚空蔵(菩薩)](명)〈불〉 허공장 보살. 한없는 지혜와 자비를 지닌 보살.

こくうん[国運](명) 국운. 나라의 운. the fortune of a nation

こくうん[黒雲](명) 검은 구름. dark clouds

こくえい[国営](명) 국영. 국가의 경영. government management

こくえい[黒影](명) 흑영. 검은 그늘. 검은 그림자. a dark shadow

こくえき[国益](명) 나라의 이익. national interests

こくえん[黒鉛](명)〈광〉 ⇨せきぼく(石墨).

こくえん[黒煙](명) 흑연. 검은 연기. black smoke

こくおう[国王](명) 국왕. ①나라의 군주. ②왕. 1. a monarch 2. a king

こくおん[国音](명) ①그 나라 특유의 발음. ②일어화(日語化)한 한자음(漢字音). 1. a dialect

こくおん[国恩](명) 국은. 조국의 은혜. one's debt to one's country

こくが[国衙](명) ①옛날 지방관(地方官)이 있던 관청. ②지방관이 다스리던 토지.

こくがい[国外](명) 국외. 나라 밖. outside the country

ごくがい[獄外](명) 감옥 밖. the outside of a prison

こくがく[国学](명) ①헤이안조(平安朝) 시대 지방에 세워졌던 학교. ②일본의 고전 연구를 주로 하는 학문. 2. the Japanese classics

こくぎ[国技](명) 국기. 그 나라의 대표적 운동. 또는 무술. 1. the national sport

こくぎ[国儀](명) 국가의 공식적인 의식(儀式). a national and formal ceremony

こくぐう[酷遇](명・타サ) 가혹한 대우. ill-treatment

こくぐら[穀倉](명) 곡창. 곡물 창고. a granary

こくぐん[国軍](명) 국군. 그 나라의 군대. the national forces

こくげき[国劇](명) 국극. 그 나라의 대표적 연극. a play peculiar to a country

ごくげつ[極月](명) 섣달의 다른 이름. December

こくげん[刻限](명) ①정해진 시각(時刻). 정각(定刻).

②시간. 때. 1. the fixed time 2. time
こくご[国語](명) 국어. 그 나라의 말. a language
こくごう[国号](명) 국호. 나라 이름. the name of a country
ごくごく[極極](부) 극히. 더없이. 가장.
こくさい[国債](명) 국채. 국가의 채무 또는 채권. a national loan
こくさい[国際](명) 국제. 나라와 나라 사이의 교제나 관계.「一結婚(ケッコン); 국제 결혼」international relations. **—じょうり**[国際場裏](명) 국가 상호간에 교섭하는 장소. **—てき**[国際的](형동ダ) 국제적. 국가간에 관계되는 모양. **—ほう**[国際法](명)〈법〉국제법. 세계의 모든 나라가 다같이 지키지 않으면 안될 법률. **—れんごう**[国際連合](명) 국제연합. 1945년, 전후(戦後) 국제 관계를 조정하고 평화를 유지 확립하기 위해 만들어진 국제 기구. 국제 연맹(国際聯盟)의 후신.
ごくさいしき[極彩色](명) 극채색. 매우 정밀하고 화려한 빛깔. brilliant colouring
こくさく[国策](명) 국책. 나라의 정책. a national policy
こくさん[国産](명) 국산. 그 나라의 산물.「一品(ヒン); 국산품」↔舶来(ハクライ). home production
こくし[国士](명) 국사. 그 나라 안에서 뛰어난 인사. a distinguished citizen
こくし[国史](명) 국사. 그 나라의 역사. the national history
こくし[国司](명) 옛날 각 지방에 있었던 지방 장관(地方長官). a governor
こくし[国師](명)〈불〉국사. 조정에서 덕이 높은 중에게 내리는 칭호.
こくし[黒子](명) ①점. 까만 점. 사마귀. ②극히 작은 것. 또는 지역. 1. a mole 2. a tiny thing
こくし[酷使](명·타サ) 혹사. 심하게 부림. driving hard
こくじ[告示](명·타サ) 고시. 관청에서 여러 사람에게 알릴 것을 글로 써서 게시함. a notice
こくじ[告辞](명·타サ) 고사. 고하여 알리는 말. an address
こくじ[刻字](명) 각자. 글자를 새김. 또는 새긴 글자. inscription
こくじ[国字](명) ①국자. 국가가 정식으로 통용할 것을 인정한 그 나라의 문자.「一問題(モンダイ); 국자에 관한 문제」②일본에서 한자를 모방해 만든 문자. 예: "峠(トウゲ), 畑(ハタケ)" 등. 1. the native script
こくじ[国事](명) 국사. 국가에 직접 관계가 있는 일. national affairs. **—はん**[国事犯](명)〈법〉국사범. 국가 정치에 관한 범죄. 예: 내란죄, 정치범 등.
こくじ[国璽](명) 국새. 국가를 대표하는 도장. the Seal of the State. **—しょうしょ**[国璽尚書](명)〔영국에서〕국새를 보관하는 장관.
こくじ[酷似](명·자サ) 혹사. 몹시 닮음. 아주 비슷함. a close resemblance
ごくし[獄死](명·자サ) 옥사. 옥에서 죽음. death in prison
こくしつ[黒漆](명) 흑칠. ①검은 색깔의 옻칠. 또는 그 염료. ②칠(漆)처럼 검고 광택이 있음. 칠흑. 1. black lacquer 2. jet-black
こくしびょう[黒死病](명)〈의〉⇨ペスト.
ごくしゃ[獄舎](명) 옥사. 감옥. 형무소. a prison
こくしゅ[国手](명) 국수. ①명의(名医). ②바둑, 장기의 명인(名人). 1. a skilled physician
こくしゅ[国主](명) 한 나라의 원수(元首)나 영주(領主). the governor of a province. **—だいみょう**[国主大名](명) 하나의 영토(領土) 이상을 가지고 있던 영주.
こくしゅ[国守](명) ①지방 장관(地方長官). ②⇨こくしゅだいみょう. 1. the governor of a province
ごくしゅう[獄囚](명) 옥수. 감옥에 갇혀 있는 사람. 죄수(罪囚). a prisoner
ごくじゅう[極重](명) 극중. 대단히 무거움.「一悪人(アクニン); 대단한 악인」very heavy
こくしょ[国初](명) 국초. 나라를 세운 초기. the beginning of a state
こくしょ[国書](명) 국서. ①국가의 이름으로 제출하는 외교 문서. ②한 나라의 역사나 문장을 연구한 책. 1. a sovereign's message
こくしょ[酷暑](명) 혹서. 심한 더위. severe heat
ごくしょ[極暑](명) 극서. 극심한 더위. intense heat
こくじょう[国情·国状](명) 국정. 나라의 상태나 사정. the condition of a country
ごくじょう[極上](명) 극상. 아주 좋음. 또는 아주 좋은 것.「一のしなもの; 극상품」the highest quality
こくしょく[国色](명) 국색. ①나라 안에서 제일 가는 미인. ②〈식〉모란(牧丹)의 다른 이름. 1. a paragon of beauty
こくしょく[黒色](명) 흑색. 검은 색. a black colour
こくしょく[穀食](명·자サ) 곡식. 곡물을 상식(常食)으로 함. living on cereals
こくじょく[国辱](명) 국욕. 나라의 수치. 국치(国恥). a national disgrace
こくじん[国人](명) 백성. 국민. 나라 사람. a people
こくじん[黒人](명) 흑인. 흑색 인종에 속하는 사람.「一種(シュ); 흑인종」a negro
こくすい[国粋](명) 국수. 자기 나라의 전통적인 좋은 점. national characteristics. **—しゅぎ**[国粋主義](명) 국수주의. 자기 나라의 국민적 특색을 가장 훌륭한 것이라고 믿고 행동하는 주의.
ごくずい[極髄](명) 극수. ①물건의 중심. ②최상(最上). 지극(至極). 1. the center 2. the very best
こく·する[刻する](타サ) 새기다. 파다.「石(イシ)に一; 돌에 새기다」engrave
こく·する[哭する](자サ) 곡하다. 소리 내어 울다. lament
こくぜ[国是](명) 국시. 국민 전체가 옳다고 인정한 주의와 시정(施政)의 근본 방침. 확정되어 있는 한 나라의 방침. a national policy
こくせい[国政](명) 국정. 나라의 정치. administration

こくせい[国勢](명) 국세. 나라의 세력. 나라의 형세. the state of a country. **—ちょうさ**[国勢調査](명) 국세 조사. 정부가 나라의 상태를 알기 위해 시기를 정해서 인구 등을 조사하는 일.
こくぜい[国税](명)〈법〉 국세. 나라가 경비를 조달하기 위해 국민에게 할당하는 세금. 예 : 소득세. ↔地方税(チホウゼイ). a national tax
こくぜい[酷税](명) 혹세. 과중한 조세(租税). 가혹한 세금. a severe tax
ごくせい[極製](명) 최상의 제품. 특제(特製). the best products
こくせき[国籍](명)〈법〉 국적. 일정한 국가에 속해 있는 국민된 자격. 개인이 한 국가에 소속된 상태. nationality
こくせん[黒線](명) 흑선. 검은 선. a black line
こくそ[告訴](명·타サ)〈법〉 고소. 검찰관, 경찰에 범죄 사실을 알려 공소(公訴)를 청함. accusation
こくそ[蚕糞](명)〈농〉 잠분. 누에똥.
こくそう[国葬](명) 국장. 나라의 비용으로 치르는 장례. a state funeral
こくそう[穀倉](명) ⇨こくぐら.
ごくそう[獄窓](명) 옥창. 감옥의 창문. 형무소 안. 옥중(獄中). a window of a ward
こくぞうむし[穀象虫](명)〈동〉 바구미. 검은깨만한 쌀벌레. a rice-weevil
こくぞく[国賊](명) 국적. 국가에 해를 입히는 사람. a traitor
こぐそく[小具足](명) 갑옷 부속품의 총칭. 또는 그것을 입은 복장.
ごくそく[獄則](명) 감옥의 규칙. prison regulations
ごくそつ[獄卒](명) ①옥졸. 감옥의 죄인을 직접 다루는 관리. 옥사장이. ②〈불〉 (지옥에서) 망령(亡霊)을 괴롭히는 마귀. 1. a gaoler
こくたい[国体](명) 국체. ①국가의 체면. ②국가 성립의 상태 또는 형태. ③국민 체육 대회의 준말. 1. the honour of a country 2. national constitution
こくだか[石高](명) ①미곡(米穀)의 수량. ②녹봉(禄俸)의 정도. 1. the yield 2. a fief
こくだち[穀断ち](명) 수행(修行)하거나 신불(神仏)에 기도 드리기 위해 일정한 기간 곡물을 입에 대지 않는 일. abstinence from cereals
こくたん[黒炭](명)〈광〉 흑탄. 석탄의 한 가지. 광택 있는 흑색이며 검은 연기와 강한 냄새를 내며 탐. black coal
こくたん[黒檀](명)〈식〉 흑단. 감나무과에 속하는 상록 활엽 교목. 목재는 단단하여 가구를 만듦. ebony
こくち[告知](명·타サ) 고지. 고하여 알림. 통지(通知). a notice
こぐち[小口](명) ①횡단면(横断面). ↔喉(ノド). ②단서(端緒). 실마리. ③작은 구분(区分). 부문. ④소액. 소량. 「—の預金(ヨキン); 소액 예금」 1. an edge 2. the beginning 3. a class
こぐち[木口](명) 재목(材木)을 자른 단면. the cut end
こくちゅう[国中](명) 나라 안. the whole of a country
ごくちゅう[獄中](명) 옥중. 형무소 안. in prison
こくちょう[国鳥](명) 국조. 그 나라를 대표하는 새. the national bird
こくつぶ[穀粒](명) 곡물의 낟알. a grain
ごくつぶし[穀潰し](명) 밥만 먹고 아무 능력도 없는 사람. 밥통. 밥벌레. an idler
こくてい[国定](명) 국정. 국가가 제정(制定)하는 것. 「—教科書(キョウカショ); 국정 교과서」 national authorization
コクテール[cocktail](명) ⇨カクテル.
こくてつ[国鉄](명) 국철. 국유 철도(国有鉄道)의 준말. 「—線(セン); 국유 철도선」 ↔社線(シャセン).
こくてん[国典](명) 국전. ①국가의 전례(典礼)나 법전(法典). ②국문(国文)의 전적(典籍). 국서(国書). 1. a state ceremony 2. national literature
こくてん[黒点](명) 흑점. ①검은 점. ②〈천〉 태양 흑점. 태양의 표면에 있는 검은 반점. 1. a black spot 2. a sunspot
こくでん[国電](명) 국철 전차(国鉄電車)의 준말.
こくと[国都](명) 국도. 그 나라의 수도. the capital
こくど[国土](명) 국토. ①그 나라의 통치권이 미치는 지역. 영토. ②대지(大地). 토지. ③고향. 1. a territory 2. land 3. one's native place. **—けいかく**[国土計画](명) 국토 계획. 국토의 개발을 위한 계획.
こくど[国帑](명) 국가의 재화(財貨). national funds
こくど[黒土](명)〈농〉 흑토. 다량의 부식질(腐植質)을 함유한 기름진 땅. black soil
こくど[黒奴](명) 흑노. ①흑인 노예. ②흑인을 천대하여 일컫는 말. 1. a negro slave
こくとう[黒糖](명) 검은 설탕. 흑설탕. raw sugar
こくどう[国道](명) 국도. 국가가 건설, 관리하는 도로. a national road
ごくどう[極道·獄道](명·형동ダ) ①부정(不正). 비뚤어짐. 사악(邪悪). ②방탕함. 방탕한 사람. 「—むすこ; 방탕한 자식」 1. wickedness 2. a rake
こくない[国内](명) 국내. 나라 안. the interior
ごくない[極内](명) 대단한 비밀. 극비(極秘). strict secrecy
ごくない[獄内](명) 옥내. 감옥 안. in prison
こくないしょう[黒内障](명)〈의〉 흑내장. 겉으로 보기에는 아무렇지도 않은데 눈이 보이지 않게 되는 병. amaurosis
こくなん[国難](명) 국난. 국가의 위난(危難). a national danger
こくねつ[酷熱](명) 혹열. 굉장한 더위. 혹서(酷暑). intense heat
ごくねつ[極熱](명) ①극열. 몹시 뜨거움. ②〈불〉 극열 지옥(極熱地獄)의 준말. 1. intense heat
こくはく[告白](명·타サ) 고백. 숨김 없이 사실대로 말함. confession
こくはく[酷薄](명·형동ダ) 혹독하고 박정(薄情)함. inhumanity

こくはつ[告発](명·타サ)〈법〉 고발. 피해자 이외의 사람이 검찰관이나 경찰관에게 법죄 사실을 신고하는 일. prosecution
こくはつ[黒髪](명) 흑발. 검은 머리. black hair
こくはん[黒斑](명) 흑반. 검은 반점. a black spot
こくばん[黒板](명) 흑판. 칠판. a blackboard
こくひ[国費](명) 국비. 정부에서 지출하는 경비. the national expenditure
こくび[小首](명) 목. 머리. 「一を傾(カタム)ける; 고개를 갸우뚱하다」 a head
こくび[小頸·衽](명)〈고〉 의복의 깃.
ごくひ[極秘](명) 극비. 지극한 비밀. strict secrecy
ごくび[極微](명) ①극미. 극히 적음. 극히 미미함. ②심오한 의리(義理). 1. infinitesimal
こくびゃく[黒白](명) 흑백. ①흑과 백. 검은 것과 흰 것. ②옳음과 그름. 선악(善悪). 「一を弁(ベン)ぜず; 옳고 그름을 구분하지 못하다」 1. black and white 2. right and wrong
こくひょう[酷評](명·타サ) 혹평. 가혹하게 비평함. 혹독한 비평. severe criticism
こくひん[国賓](명) 국빈. 나라의 손님으로서 국가적인 대우를 받는 외국 사람. a guest of the state
ごくひん[極貧](명) 극빈. 몹시 가난함. extreme poverty
こくふ[国府](명) 국부. 중국 국민 정부의 준말.
こくふ[国富](명) 국부. 나라의 재력(財力). 나라의 부력(富力). national wealth
こくぶ[国府](명) 옛날 지방마다 있던 지방 행정 관청. 또는 그 관청이 있던 곳. the provincial capital
こくふう[国風](명) ①국풍. 그 나라의 풍습. ②그 나라의 속요(俗謡). ③와카(和歌). 1. national customs
こくふく[克服](명·타サ) 극복. ①적을 이겨 굴복시킴. ②곤란을 이겨 냄. 「病気(ビョウキ)を一する; 병을 이겨 내다」 1. conquest 2. winning
こくふく[克復](명·타サ) ①이겨서 되찾음. ②전쟁을 끝내고 평화를 회복시킴. restoration
こくふん[穀粉](명) 곡물의 가루. grain flour
こくぶん[告文](명) ①상고(上告)하는 문서. ②황태자(皇太子)가 신 앞에 선서하는 말. 1. a notification
こくぶん[国文](명) 국문. ①그 나라 말로 쓴 문장. ②←国文学. **—がく**[国文学](명) 국문학. 그 나라의 문학. 또는 그것을 연구하는 학문.
こくぶんぽう[国文法](명) 국문법. 그 나라 말의 문법.
こくべつ[告別](명·자サ) 고별. 이별을 고함. 「一式(シキ); 고별식」 farewell
こくべつ[国別](명) 나라에 의한 구별.
こくほ[国歩](명) 국보. 그 나라의 운명. 국운. 국세. 「一艱難(カンナン)の折(オリ); 국운이 어려운 이때」 the fortune of a state
こくほ[国保] 국민 건강 보험의 준말.
こくぼ[国母](명) 국모. 황후. 「一陛下(ヘイカ); 황후 폐하」 the Empress
こくほう[国法](명) 국법. 한 나라의 법률. 한 나라의 규칙. the national law
こくほう[国宝](명) 국보. ①나라의 보배. ②문화사상(文化史上) 특히 가치를 지니고 있어 나라의 보호, 관리를 받고 있는 것. 1. a treasure of the country 2. a national treasure
こくぼう[国防](명) 국방. 나라를 지킴. 외적에 대해 자기 나라를 지킴. national defence
ごくぼそ[極細](명) 아주 가늚. 또는 그러한 털실.
こくほん[国本](명) 나라의 근본. 나라의 기초 the foundation of the state
こくみん[国民](명) 국민. ①국가를 성립하고 있는 백성의 전체. 「一的(テキ); 국민적」 ②같은 국적을 가진 백성. a nation. **—きんゆうこうこ**[国民金融公庫](명)〈법〉 저당 없이 국민에게 돈을 꾸어 주는 기관. **—せい**[国民性](명) 국민성. 국민 일반에게 공통되는 성질. **—とうひょう**[国民投票](명) 국민투표. 국가의 중대한 일에 대하여 국민 전부가 투표하는 일. **—のしゅくじつ**[国民の祝日](연어·명) 국민의 축제일. 정월 초하루(1월 1일), 성인(成人)의 날(1월 15일), 춘분(春分)의 날(3월 21일경), 천황 탄생일(4월 29일), 헌법 기념일(5월 3일), 어린이날(5월 5일), 추분(秋分)의 날(9월 23일경), 문화의 날(11월 3일), 근로 감사(勤労感謝)의 날(11월 23일).
こくむ[国務](명) 국무. 국가의 정무. state affairs. **—しょう**[国務省](명) 국무성. 미국의 외무성. **—だいじん**[国務大臣](명)〈법〉 국무 대신. 내각을 조직하고 국무를 지배하는 대신. **—ちょうかん**[国務長官](명) 국무 장관. 미국의 외무 장관.
こくめい[克明](명·형동ダ) 조그만 일까지도 정성 들여 함. 「一にしらべる; 자세히 조사하다」 diligent
こくめい[国名](명) 국명. 나라 이름. the name of a country
こくもつ[穀物](명) 곡물. 쌀, 보리, 밀 등의 곡류(穀類). 곡식. corn
ごくもん[獄門](명) ①옥문. 감옥의 문. ②옛날 목 베어 죽인 중죄인의 머리를 나무에 매달아 놓던 일. 효수형(梟首刑). 1. a prison gate
ごくや[獄屋](명) 감옥. a prison house
こくやく[国訳](명·타サ) 국어로 번역함. translation
こくゆ[告諭](명·자サ) 고유. 일러서 깨우쳐 줌. 타이름. an official address
こくゆう[国有](명) 국유. 국가 소유. nationalization
こくよう[国用](명) 국가의 비용. 국비(国費). national expenses
こくようせき[黒曜石](명)〈광〉 흑요석. 화산암의 한 가지. 검은 유리 모양으로 광택이 있음. 장식품, 유리 기구 등의 원료. obsidian
こぐら·い[小暗い](형) 약간 어둡다. gloomy
こぐら·い[木暗い](형) 나무 등이 무성하여 어둠침침하다. dim with trees and shrubs
こくら(おり)[小倉(織り)](명) 두꺼운 무명 직물. 양복, 띠 등의 감으로 쓰임.
こくらがり[小暗がり](명) 조금 어두움. 어슴푸레함.

또는 그곳. dimness
こぐらか·る(자 4) 뒤얽히다. get entangled
ごくらく[極楽](명) 극락. ①〈불〉←極楽浄土. ②안락하고, 근심 걱정이 없음. 또는 그러한 신분. 2. supreme bliss. **—おうじょう**[極楽往生](명·자サ) 극락 왕생. ①〈불〉 극락 세계에 태어남. ②편안히 죽음. **—じょうど**[極楽浄土](명)〈불〉 극락정토. (정토 안의) 아미타불이 있는 세계. 괴로움이 없는 평화로운 곳. **—ちょう**[極楽鳥](명)〈동〉 극락조. 풍조과(風鳥科)에 속하는 조그맣고 아름다운 새. 뉴우기니아가 원산. 날개 빛깔과 모양이 아름다움. **—とんぼ**[極楽蜻蛉](명)〈속〉 극락에 있는 잠자리 같이 하는 일 없이 빈둥거리는 사람.
こくり[国利](명) 국리. 나라의 이익. national interests
こくり[酷吏](명) 혹리. 무자비한 관리. a cruel official
ごくり[獄吏](명) 옥리. 죄수를 다루는 감옥의 관리. 옥졸(獄卒). a gaoler
ごくり[獄裏·獄裡](명) 감옥 안. 옥중. in prison
こくりつ[国立](명) 국립. 나라에서 세움. 「—大学(ダイガク); 국립 대학」 national
こくりゅうこう[黒竜江](명)〈지〉 흑룡강. 만주 북경(北境)에서 타타르 해협으로 들어 가는 강. 아무우르강.
こくりょう[国領](명) 옛날 제후의 봉토(封土).
こくりょく[国力](명) 국력. 나라의 힘. 또는 나라의 재력. national resources and power
—こく·る(접미·4형) 철저하게 하다. 끝까지 하다. 완강하게 하다. 「黙(ダマ)り—; 끝내 침묵을 지키다」
こく·る(타 4) ①문지르다. 비비다. ②심한 동작을 하다. ③난폭하게 취급하다. 혹독하게 다루다. ④묶다. 1. rub 2. act violently 3. treat cruelly 4. bind
こくるい[穀類](명) 곡류. 곡식의 종류. 곡물. corns
こぐれ[木暮·木暗](명)〈고〉 나무 그늘의 어두운 곳.
こくれつ[酷烈](명·형동ダ) 혹렬. 매우 혹독하고 격렬함. severe
こくれん[国連](명) 국련. 국제 연합의 준말.
こくろう[国老](명) ①옛날 제후(諸侯)의 중신(重臣). ②국가의 노신(老臣). 1. a principal retainer
ごくろう[御苦労](명) ①"くろう"의 공대말. ②수고를 감사하는 말. 「—さま; 수고했읍니다」 2. Thanks for your trouble.
こくろん[国論](명) 국론. 나라 전체의 여론. 세론(世論). public opinion
こくん[古訓](명) 고훈. ①옛부터 전해 내려 오는 교훈. ②옛 훈독(訓読). 1. admonitions of the ancients
こくん[故君](명) 고군. 돌아 가신 군주. 선대(先代)의 군주. the late lord
こぐん[孤軍](명) 고군. 고립(孤立)된 군사. 「—奮闘(フントウ); 고군 분투(홀로 분투함. 적은 병력으로 대적을 상대로 하여 싸움)」 a forlorn force
こけ[苔](명)〈식〉 이끼. 「—がはえている; 이끼가 끼다(낡아지다)」 a moss
こけ[鱗](명) 비늘. 고기 비늘. scales
こけ[虚仮](명) ①〈불〉 거짓. 거짓말. ②바보. 백치(白痴). 1. emptiness 2. a fool
こげ[焦げ](명) ①눌은 것. ②누룽지. 「ごはんのお—; 누룽지」 scorching
ごけ[後家](명) ①과부. 미망인. ②〔한벌에서〕 한 쪽이 없어진 것. 「—蓋(ブタ); 덮을 그릇은 없어지고 홀로 남아 있는 뚜껑」 1. a widow 2. an odd thing
ごけ[碁笥](명) 바둑돌을 넣는 둥근 통.
こけい[固形](명) 고형. 딱딱하고 일정한 꼴을 하고 있는 것. 「—アルコール; 고형 알코홀」 solid
こけい[孤閨](명) 고규. (여자가) 혼자서 외로이 자는 방. 공규(空閨). a boudoir
ごけい[互恵](명) 호혜. 서로 특별한 편리나 혜택을 주고 받음. 「—条約(ジョウヤク); 호혜 조약」 mutual benefits
ごけい[語形](명) 어형. 말의 꼴. a word form
こけおどし[虚仮威し](명) 서투른 수단으로 위협하는 것. a dazzling display
こげくさ·い[焦げ臭い](형) 눋는 냄새가 나다. smelling of something burning
こけざる[虚仮猿](명) ①동무가 없는 원숭이. ②바보 같은 원숭이. ③나이 먹은 원숭이. 1. a friendless monkey 2. a foolish monkey
こけし(명) 일본 동북 지방 특산의 목제(木製) 인형.
こけじ[苔路](명) 이끼 낀 길. a moss-grown road
こけしみず[苔清水](명) 산골짝 이끼 사이를 흐르는 맑은 물. a mossy spring
こげちゃ[焦げ茶](명) 짙은 갈색. dark brown
こけつ[虎穴](명) 호혈. ①호랑이 굴. ②몹시 위험한 곳. 「—に入(イ)らずんば虎児(コジ)をえず; 〔범의 굴에 들어 가지 않으면 범 새끼를 잡지 못한다는 말로〕 위험을 무릅쓰지 않고선 큰일은 이룰 수 없다는 비유」 1. a tiger's den 2. a very dangerous place
こげつ[孤月](명) 고월. 외로운 달. a lonely moon
こげつ·く[焦げ付く](자 4) ①눌어 붙다. ②〈경〉 (거래 등이) 동결되다. 명 焦げ付き. 1. scorch 2. be pegged
コケット[프 coquette](명) 코케트. 교태가 있는 여자. 아양 떠는 여자.
コケットリー[coquetry](명) 코케트리. 교태(嬌態). 미태(媚態).
コケティッシュ[coquettish](형동ダ) 코케티쉬. 요염한 모양. 아양을 떠는 모양.
こけのいお[苔の庵](명) ①이끼 낀 암자. ②은자(隠者), 승려 등이 사는 보잘 것 없는 암자. 1. an old hermitage 2. a humble residence
こけのころも[苔の衣](명) ①중이나 은자(隠者)가 입는 초라한 옷. ②이끼가 가득 끼어 있는 모양. 2. mossiness
こけのした[苔の下](명) 무덤 속. 저승. under the sod
こけむしろ[苔筵](명) ①가득 돗자리처럼 된 이끼. ②중이나 은자(隠者)가 살고 있는 쓸쓸한 집의 잠자리. moss-covered ground
こけむ·す[苔むす](자 4) 이끼가 끼다. Moss grows.
こけら[杮](명) ①대팻밥. 나뭇조각. ②지붕을 이는 얇은 널빤지 같은 나뭇조각. 「一ぶき; 얇은 널빤지 같은 나뭇조각으로 인 지붕」 1. chips 2. a shingle.
— おとし[柿落とし](명) (새로 지은 극장이나 영화관의) 최초의 흥행(興行).
こけ ら[鱗](명)〈속〉 비늘. scales
こ·ける[転ける](자하 1)넘어지다. 구르다. tumble down
こ·ける[痩ける](자하 1) 살이 빠지다. 여위다. sink
こ·げる[焦げる](자하 1) 눋다. scorch
こ けん[古賢](명) 고현. 옛 현인. a sage of old days
こ けん[沽券](명) 값어치. 품위. 체면. 「一にかかわる; 체면에 관계되다」 credit
こ けん[孤剣](명) 단 한 자루의 칼.
こ げん[古諺](명) 고언. 예로부터 전해 내려 오는 속담. an old proverb
ごけん[護憲](명) 호헌. 헌법을 수호(守護)함. 「一運動(ウンドウ); 호헌 운동」
ごげん[五弦·五絃](명) (현악기의) 다섯 줄. a five-stringed musical instrument
ごげん[語原·語源](명) 어원. 단어가 성립되는 근원. 언어의 기원. etymology
こ こ[戸戸](명) 한집한집. 집집마다. every house
こ こ[呱呱](명) 고고. 갓난 아이 우는 소리. 「一の声(コエ)をあげる; 고고의 소리를 울리다(태어나다)」 a cry of a baby
こ こ[個個·箇箇](명·부) 개개. 하나하나. 「一の問題(モンダイ); 개개의 문제」 individuals
こ こ[此処·此所·玆](대) 자기가 있는 곳에서 가까운 장소를 나타내는 대명사. 여기. 이곳. 「一かしこ; 이곳 저곳」 this place
こ ご[古語](명) 고어. ①옛말. ②옛사람이 한 말. 고인의 말. 1. an archaic word
ご ご[午後](명) 오후. 정오에서 밤 12시까지. 하오. ↔午前(ゴゼン). afternoon
ご ご[語語](부) 한 마디 한 마디.
ココア[cocoa](명) 코코아. 기호품(嗜好品)의 하나. 카카오나무 열매에서 취한 분말. 초콜렛의 원료.
こ こう[戸口](명) 호구. 호수(戸数)와 인구수. houses and inhabitants
こ こう[弧光](명)〈이〉 호광. 양극에 고압(高圧) 전위차(電位差)를 가할 때 생기는 호상(弧状)의 빛. 아아크. an arc light
こ こう[孤高](명·형동ダ) 고고. 홀로 세상에 초연(超然)하여 고상함. a splendid isolation
こ こう[股肱](명) 고굉. ①넓적다리와 팔꿈치. ②수족(手足). ③가장 신뢰하는 부하. 「一とたのむ部下(ブカ); 수족같이 믿는 부하」 3. one's second self
こ こう[虎口](명) 호구. ①호랑이 입. ②몹시 위험한 곳. 또는 그러한 경우. 위지(危地). 「一をのがれる; 위험을 벗어나다」 2. the jaws of death
こ こう[枯槁](명·자サ) ①물기가 없어지고 마름. ②몰락함. ③쇠약해짐. 1. withering 2. ruin 3. emaciation
こ こう[糊口·餬口](명) 호구. 입에 풀칠함. 겨우 먹고 삶. 「一をしのぐ; 겨우 먹고 살다」 bare livelihood
こ ごう[古豪](명) 경험을 쌓은, 뛰어난 사람. an experienced person
こ ごう[呼号](명·자サ) 과장해서 말함. 「数十万(スウジュウマン)と一する; 수십만이라고 큰소리하다」
ご こう[五更](명) 오경. 옛날 시간의 이름. 지금의 오전 4~6시 사이. 인시(寅時).
ご こう[後光](명)〈불〉 후광. 부처, 보살의 몸 뒤로부터 내비치는 빛. 「一がさす; 후광이 비치다」 a halo
ご こう[御幸](명) 불문에 들어 간 법황(法皇), 상황(上皇) 등의 행차.
ごこう ごみん[五公五民](연어·명) 옛날의 조세(租税) 징수율. 조세와 농민의 수입이 5대 5의 비율이었음.
こ ごえ[小声]ーゴエ(명) 작은 소리. 낮은 소리. a low voice
こごえじに[凍え死に](명·자サ) 동사(凍死). 추위에 얼어 죽음. death from cold
こご·える[凍える](자하 1) 얼다. 추위로 감각이 없어지다. be benumbed with cold
ここ かしこ[此処彼処](대) 여기저기. 이곳 저곳. here and there
こ こく[故国](명) ①고향. ②고국. 모국(母国). 1. one's home 2. one's native country
ご こく[五穀](명) 오곡. 다섯 가지 곡식. 쌀, 보리, 조, 콩, 수수. the five cereals
ご こく[護国](명) 호국. 나라를 지킴. 「一の神(カミ); 호국의 신」 defence of the fatherland
ご こく[後刻](부) 잠시 후. 얼마 후. afterwards
こ ごし[小腰](명) 허리. 「一をかがめて; 허리를 조금 굽히고」 the waist
ここ·し(형シク)〈고〉 험준하다. 가파르다.
ここ だ[幾許](부)〈고〉 ①얼마나. 얼마쯤. 약간의. ②대단히. 매우.
ここ ち[心地](명) ①기분. 감정. 「一好(ヨ)い家(イエ); 기분 좋은 집(가정)」 ②생각. 마음씨. 1. a feeling 2. an idea
ーごこ ち[心地](조어) 기분. 감정. 「乗(ノ)りー; 탔을 때의 기분」
こ こつ[枯骨](명) 고골. 살이 다 썩어 떨어진 뼈. 앙상한 백골(白骨). rotten bones
こ ごと[小言](명) ①잔소리. 주의(注意)나 불만 등의 말. ②꾸짖는 말. 1. grumble 2. a scolding
こ ごと[戸毎](명) 집집마다. 가가 호호. 「一に訪問(ホウモン)する; 집집마다 방문하다」 every house
ここ な[此処な](연체) 여기 있는. 이. 「一横着者(オウチャクモノ); 이 횡포한 놈」
ココ ナット[coco-nut](명) 코코넛. 야자나무 열매.
ここ に[是に·此に·玆に](부) ①여기에. 이 자리에. ②이때. 이런 경우. 1. here
ここ に おいて[是に於いて](접) ①이때에. ②여기에서. 이로 인해서. 1. at this moment
ここの—[九](조어) 아홉의. 「一たび; 아홉 번」
ここのえ[九重]ーヘ(명) 구중. ①아홉 겹. ②궁중(宮中). 궁궐. 2 the Imperial Palace

ここのか[九日](명) 구일. ①달의 아홉 번째 날. 아흐렛날. ②아홉 날. 아흐레. 1. the ninth day
ここのつ[九つ] Ⅰ(명) 옛 시각 이름. 낮이나 밤의 12시. Ⅱ(수) ①아홉. ②아홉 살. Ⅰ twelve o'clock Ⅱ 1. nine
ここのところ[此処の所](연어·부) 지금에 있어서. 지금 형편으로는. 잠깐 동안. 계속해서.
ここばく[幾許](부)〈고〉 많이. 대단히.
ここべつべつ[個個別別](명) ①따로따로. 각각. ②각각 모두 다름. 1. individual
ここ·む[屈む](자 4) 허리를 굽히다. 쭈그리다. bend down
こごめ[小米·粉米](명) 싸라기. broken rice
ここ·める[屈める](타하 1) 구부리다. bend down
ここもと[此許](대) ①여기. 이곳. ②나. 이쪽. ↔そこもと. 1. here 2. I
ココやし[coco 椰子](명)〈식〉 코코야자. 야자나무.
ここら[此辺](대) 이 부근. 이 근방. hereabouts
ここら(부)〈고〉 많이. 아주 많이.
こご·る[凝る](자 4) 엉기다. 응결하다. congeal
こころ[心](명) 마음. ①사람의 지(知), 정(情), 의(意)의 움직임. 또는 그 움직임의 근원이 되는 정신적 상태. ②시비, 선악 등의 판단력. ③기분. 생각. ④인정. ⑤의지. 뜻. ⑥성의. ⑦심령(心霊). 1. mind. ── **あ·し**[心悪し](형 シク)〈고〉 ①근성이 나쁘다. ②기분이 나쁘다. ── **あたり**[心当たり](명) 마음의 짚임. 짐작. 예측. ── **あて**[心当て](명) ①추측. ②예기(豫期). ── **ある**[心有る](연어·연체) ①사려(思慮)가 깊은. 분별이 있는. 「一人(ヒト); 분별이 있는 사람」 ②운치 있는. 운치를 아는. ── **いき**[心意気](명) (상대에게 느끼게 하는) 마음의 정도. 의기(意気). ── **いられ**[心苛られ](명)〈고〉 마음이 조급함. 조바심. ── **いれ**[心入れ](명) ①마음을 기울임. ②마음을 씀. 준비함. ③배려(配慮). ── **いわい**[心祝い]ーイハヒ(명) 마음만의 축복. 마음으로부터의 축복. ── **う·し**[心憂し](형 ク)〈고〉 마음이 괴롭다. 따분하다. ── **うつり**[心移り](명) 마음이 변함. 변심. ── **え**[心得](명) ①각오. 마음 가짐. ②하급 관리가 한때 상급자의 직무를 대리하는 일. 「課長(カチョウ)ー; 과장 대리」 ── **えがお**[心得顔]ーガホ(명·형동ダ) 알았다는 얼굴 표정. 「ーにうなずく; 알았다는 듯이 끄덕이다」 ── **えがた·い**[心得難い](형) 이해하기 어렵다. 알 수 없다. ── **えちがい**[心得違い]ーチガヒ(명) ①오해. ②도리에 어긋난 생각이나 행동. ──·**える**[心得る](타하 1) ①알다. 이해하다. ②각오하다. ③(임무를) 떠맡다. ── **おき**[心置き](명) ①마음을 씀. 염려. 「ーなく; 염려할 것 없이」 ── **おきて**[心掟](명)〈고〉 ①마음의 결정. ②생각하는 방식. 마음씨. 주의. ── **おくれ**[心後れ](명) ①겁. ②사고(思考)가 둔함. ── **おごり**[心驕り](명) 만심함. 건방짐. 오만함. ── **おそ·し**[心遅し](형 ク)〈고〉 둔하다. 둔감하다. ── **おとり**[心劣り](명) ①예상보다 못해 보임. ②마음씨가 천함. ── **おぼえ**[心覚え](명·자サ) ①마음속에 기억함. ②잊지 않기 위한 표지. 메모. ── **がかり**[心掛り·心懸り](명) 근심. 걱정. 마음에 걸림. ── **がけ**[心掛け·心懸け](명) 마음씨. 주의. 조심. ── **が·ける**[心掛ける](타하 1) 마음에 두다. 주의하다. 정신 차리다. ── **がまえ**[心構え]ーガマヘ(명·자サ) 마음의 준비. 각오. ── **がら**[心柄](명) ①마음 가짐. 마음의 태도. ②자업 자득(自業自得). ── **がわり**[心変り](명·자サ) ①미침. ②마음이 변함. ── **ぎわ**[心際](명)〈고〉 마음씨. ── **くばり**[心配り](명) 배려(配慮). 걱정. ── **ぐみ**[心組み](명) ⇨こころがまえ. ── **ぐるし·い**[心苦しい](형) ①마음 괴롭다. ②가엾다. 염려되다. 파생 ── **ぐるしげ**(형동ダ) ── **ぐるしさ**(명). ── **さびし·い**[心寂しい](형) 왠지 쓸쓸하다. ── **ざま**[心状](명) 마음씨. 심정. ── **さむ·し**[心寒し](형 ク)〈고〉 뼈에 사무치게 느껴지다. 마음속에 스며 들다. 오싹하다. ── **さわぎ**[心騒ぎ]ーサハギ(명) 설렘. 마음이 안정하지 못함. ── **しずかに**[心静かに]ーシヅカニ(부) 침착하게. 서둘지 않고. ── **して**[心して](연어·부) 정신 차려서. 주의해서. 「一行(ユ)け; 조심해서 가라」 ── **じょうぶ**[心丈夫](형동ダ) 마음 든든한 모양. ── **しらい**[心しらい]ーシラヒ(명) 마음씨. 용의(用意). ──·**する**[心する](자サ) 조심하다. 정신 차리다. ── **ぜわし·い**[心忙しい](형) 마음이 바쁘다. 성급하다. ── **ぞえ**[心添え]ーゾヘ(명) 염려하여 줌. 충고(忠告). 배려(配慮). ── **たか·し**[心高し](형 ク)〈고〉 견식이 높다. 뜻이 높다. ── **だて**[心立て](명) 마음 가짐. ── **だのみ**[心頼み](명) 마음으로 의지함. 또는 의지하는 사람. ── **だましい**[心魂](명) 심혼. 정신. ── **づかい**[心遣い]ーヅカヒ(명·자サ) 마음을 씀. 염려. 주의. 「おーをいただきまして; 혜려(恵慮)를 받자와」 ── **づ·く**[心付く](자 4) ①마음에 짚이다. 주의가 가다. 생각이 미치다. ②철이 들다. ③마음이 예민하다. ── **づくし**[心尽くし](명) 마음을 다함. 성심 성의. 「ーのおくりもの; 정성 어린 선물」 ── **づけ**[心付け](명·자サ) ①주의시킴. ②행하(行下). 상여(賞与). ── **づもり**[心積もり](명·자サ) 마음속의 예산. 속셈. ── **づよ·い**[心強い](형) 마음 든든하다. 의지가 굳다. ↔心細(ココロボソ)い. ── **な·い**[心無い](형) ①생각이 모자라다. 무분별하다. ②매정하다. ③천진난만하다. 순진하다. ④정취(情趣)를 모르다. 「一人(ヒト)が花(ハナ)を折(オ)る; 정취를 모르는 사람이 꽃을 꺾다」 ── **なし**[心做し](명·부) 마음으로 그렇게 생각함. 「ー(か), 青(アオ)ざめた顔(カオ)つきで; 그렇게 생각해서 그런지 창백한 얼굴로」 ── **ならずも**[心ならずも](부) 본의 아니게. 마음과는 달리. 「一承知(ショウチ)する; 본의 아니게 승낙하다」 ── **にく·い**[心憎い](형) ①염려되다. ②어딘가 아취가 있어 마음이 끌리다. 「一態度(タイド); 우아하여 마음이 끌리는 태도」 ③얄밉다. ── **ね**[心根](명) ①마음속. ②근성(根性). 성질. ── **のこり**[心残り](명·형동ダ) ①유감. ②미련. 「ーがする; 미련이 남다」 ── **のまま**[心の儘] 생각대로. 마음 내키는 대로. ── **のや**

み[心の闇](연어·명) 마음이 혼란하여 선악을 판단할 수 없음. ―ばえ[心ばえ]―バヘ(명) ①마음의 방향. ②취지. 뜻. ―ばかり[心許り](명·부) 약간의 성의. 촌지(寸志). 마음뿐. 「―のおくりもの;마음뿐인 하찮은 선물」 ―ばせ[心ばせ](명) 의향(意向). 생각. ―ひそかに[心密かに](부) 몰래 마음속으로. 내밀(内密)히. ―ぼそ·い[心細い](형) 안심할 수 없어 염려되다. 쓸쓸하다. ↔心強(ココロヅヨ)い. 파생 ―ぼそげ(형동ダ) ―ぼそさ(명). ―まかせ[心任せ](명) 임의(任意). ―まさり[心勝り](명) ①용모보다 마음이 더 나음. ②예상했던 것보다 나음. ―まち[心待ち](명·자サ) 마음속으로 기다림. 기대(期待). 「―にする; 기대하다」 ―まどい[心惑い]―マドヒ(명) 미혹. ―みえ[心見え](명)〈고〉 속생각이 밖으로 나타남. ―みだれ[心乱れ](명) 심란. 마음이 어지러워 사려, 분별을 못하는 일. ―めた·し[心目痛し](형ク)〈고〉 ①마음이 평안하지 못하다. 양심의 가책을 느끼다. ②근심되다. ―もち[心持ち] Ⅰ(명) 기분. 마음. 생각. Ⅱ(부) 조금. 약간. 「―大(オオ)きい; 좀 큰 것 같다」 ―もとな·い[心許無い](형) ①기다려지다. 초조하다. ②근심되다. 안심되지 않아 염려되다. 「―収入(シュウニュウ); (많지 않아서) 의지할 수 없는 수입」 파생 ―もとなげ(형동ダ). ―やす·い[心安い](형) ①마음이 놓이다. ②친밀하다. ③쉽다. 간단하다. 파생 ―やすげ(형동ダ) ―やすさ(명). ―やすだて[心安立て](명) 아주 친해져서 서로 거리낌이 없음. 「―にたのむ; 흉허물 없이 부탁하다」 ―やすめ[心休め](명) 잠시 마음을 늦춤. 위로. 위안(慰安). ―やり[心遣り](명) 기분 전환. 위안. 「―とする; 위안 거리로 하다」 ―ゆかし·い[心床しい](형) ①저도 모르게 마음이 흐뭇하다. ②기분 좋게 생각되다. ③속이 깊다. ―ゆ·く[心行く](자 4) 기분이 좋아지다. 만족하다. 「―まで; 만족할 때까지」 ―わすれ[心忘れ](명) 깜박 잊어 생각해 내지 못함.

―ごころ[心](조어) 마음. 기분. 「子供(コドモ)―;어린(아이의) 마음」

こころざし[志](명) ①뜻. 결심(決心). 「―がある; 결심한 바가 있다」 ②마음에 정한 목적(신념). 「―を立(タ)てる; 목적을 세우다」 ③의향(意向). 의도(意図). ④친절. 후의(厚意). ⑤마음속을 나타내는 행동. 또는 마음뿐의 선물. 「ほんの―です; 작은 성의입니다」 1. intention

こころざ·す[志す](자 4) ①뜻하다. 마음이 쏠리다. 「旅行(リョコウ)を―; 여행을 원하다」 ②목적하다. 노리다. 1. intend 2. aim at

こころみ[試み](명) 시험 삼아 함. 시도(試図). an attempt. ―に[試みに](부) 시험 삼아. 「―読(ヨ)んでみようか; 시험 삼아 읽어 볼까」

こころ·みる[試みる](타상 1) 시험해 보다. 시도(試図)해 보다. try

こころよ·い[快い](형) ①즐겁다. 유쾌하다. ②기분이 좋다. ③병이 낫다. 쾌하다. 파생 ―げ(형동ダ) ―さ(명). 2. refreshing

ここをもって[是以](접) 이로 해서. 이로써. 이러한 까닭에. therefore

ここん[古今](명) 고금. ①옛날과 지금. ②옛부터 지금까지. 1. ancient and modern times. ―みぞう[古今未曽有](연어) 고금 미증유. 전무 후무(前無後無)한. 예로부터 지금까지 한 번도 있어 본 일이 없는. 「―の戦争(センソウ); 고금 미증유의 전쟁」

ごこん[語根](명) 어근. 〔단어에서〕 어미나 구조에 있어 그 이상 분해할 수 없는 부분. 어간(語幹). 예: "ほのめく"의 "ほの". the root of a word

ごごん[五言](명) 오언. 한 구가 다섯 자로 된 한시(漢詩)의 구절. ―ぜっく[五言絶句](명) 오언 절구. 한시에서 오언이 4 구가 합쳐 된 절구(絶句).

こさ[濃さ](명) 짙음의 정도. 농도(濃度). ↔薄(ウス)さ. depth

ごさ[誤差](명) 오차. ①차이. ②〈수〉 진수(真数)와 측정한 근사치(近似値)와의 차이. 1. a difference

ござ[茣座·蓙](명) 돗자리. 골풀(燈心草)로 만든 돗자리. a mat

ござ[御座](명) 자리의 높임말.

こさい[小才](명) 잔재주. 「―がきく; 잔재주가 있다」 smartness

こさい[巨細](명) ①큰 것과 작은 것. ②처음부터 끝까지. 자세(仔細). 「―もらさず; 하나도 빼지 않고」 1. greatness and minuteness

ごさい[五彩](명) 오채. 오색의 무늬. five colours

ごさい[後妻](명) 후처. 후취(後娶). ↔先妻(センサイ). a second wife

ござい[御座い](감조)〈속〉 ⇨ございます.

こざいく[小細工](명) ①조그마한 세공. 쉬운 세공. ②잔재주. 「―を弄(ロウ)する; 잔재주를 부리다」 2. smartness

ございます[御座います](연어) ①"ある(이다, 있다)"의 높임말. 있읍니다. 「ここに―; 여기 있읍니다」 ②…바다. 「そうで―; 그렇습니다」

コサイン[cosine](명)〈수〉 ⇨よげん(余弦).

こさ·える[拵える]コサヘル(타하 1)〈속〉 만들다. 「ひまを―; 틈을 내다」

こざかし·い[小賢しい](형) ①오만(傲慢)하다. ②잔재주가 많다. ③교활(狡猾)하다. 파생 ―げ(형동ダ) ―さ(명). 2. smart

こざかな[小魚](명) 작은 물고기. 잔고기. small fish

こさく[小作](명) 소작. ①땅을 빌어 경작함. 또는 그 사람. ②←小作料. 1. tenancy. ―そうぎ[小作争議](명) 소작 쟁의. 지주와 소작인 사이의 쟁의. ―のう[小作農](명) 소작농. 소작을 하는 농업. 또는 그 농민. ↔自作農(ジサクノウ). ―りょう[小作料](명) 소작료. 소작인이 지불하는 토지 사용료.

こざさ[小笹](명) 키가 작은 참대 「―原(ハラ); 참대밭」

ござしょ[御座所](명) ①좌석의 높임말. ②옥좌(玉座).

ござそうろう[御座候]―サフラフ(연어) "ございます(입니다, 있읍니다)"의 예전 편지투.

こさつ[古刹](명) 고찰. 오래 된 절. an old temple

こさつ[故殺](명·타サ)〈법〉 고의로 사람을 죽임. kill
ごさつ[誤殺](명·타サ) 오살. 과실 치사(過失致死).
コサック[Cossack](명) ⇨カザック.
コザック[네 kozak·도 Kosak](명) ⇨カザック.
ござっしゃる[御座っしゃる](연어·4 현)〈방〉 ⇨ござる.
こざっぱり(부·자サ) 좀 깨끗한 모양. 약간 산뜻한 모양. 「—した身(ミ)なり; 좀 산뜻한 몸차림」
こざとへん[阜偏](명) 한자 부수(部首)의 하나. 부방변. "防, 阿" 등의 "阝" 부분.
ござな·し[御座無し](연어·형 ク) "なし(없다, 아니다)"의 높임말. 「御座無(ゴザナ)くそうろう(候); 없사옵나이다. 그렇지 않나이다」
ござぶね[御座船](명) ①신분 높은 사람이 타는 큰 배. ②지붕이 있는 방을 마련한 배. 1. a state barge
こさめ[小雨](명) 가랑비. 이슬비. a light rain
こざら[小皿](명) 작은 접시. a small plate
ござ·る[御座る] Ⅰ(자 4) ①있다의 높임말. 계시다. ②〈속〉 썩다. 나빠지다. ③오다, 가다의 높임말. ④〈속〉 늙어지다. 노쇠하다. ⑤〈속〉 배고파지다. ⑥〈속〉 반하다. 마음이 사로잡히다. ⑦〈속〉 머리가 이상해지다. Ⅱ(보동·4) "ある(이다)"의 높임말.
こさん[古参](명) 고참. 오래 전부터 한 직장이나 지위에 머물러 있는 일. 또는 그 사람. seniority
こざん[故山](명) 고향. one's native place
ごさん[午餐](명) 오찬. 점심. a lunch
ごさん[誤算](명·자サ) 오산. ①계산 착오. ②잘못 생각함. 1. miscalculation 2. misjudgement
ごさんけ[御三家](명) 토쿠가와(徳川) 가문(家門)인 오와리(尾張), 키이(紀伊), 미토(水戸)의 세 가문의 높임말.
ござんす[御座んす](자·보동)〈속〉 ⇨ございます.
ござんなれ(연어) 〔"にこそあるなれ"의 변화〕 ①…로구나. 「さては人(ヒト)—; 그러면 사람이로구나」 ②자, 왔구나. 「よき敵(テキ)—; 좋은 적수가 왔구나」 2. Come on !
—こし[越し](접미) 〔울록불록한 비단(crepe)을 짜는 데 있어〕 좌우에서 넣는 씨실의 수. 「一(ヒト)—縮緬(チリメン); 날실을 한 오리씩 엇갈리게 짠 울록불록한 비단」
—こし[腰](접미) 허리에 띠거나 차는 것의 수(数).
こし[越](명)〈고〉 ⇨ほくりくどう(北陸道).
こし[腰](명) ①허리. ②허리에 닿는 의복의 부분. ③벽이나 장지문의 아랫 부분. ④밀고 나가는 의기(意気). 버티는 끈기. 「—がすわる; 각오가 단단하고 무게가 있다」 ⑤떡 등의 찰기. 끈기. 「—が強(ツヨ)い; 매우 차지거나 끈기가 있다」 ⑥와카(和歌)의 세 번째 구의 5자. ⑦기세(気勢). 기분. 「話(ハナシ)の—を折(オ)る; 옆에서 참견하여 이야기를 중단시키다(말할 기분을 꺾다)」 1. the waist
こし[輿](명) ①가마. ②상여. ③신(神)을 모신 가마. 1. 3. a palanquin
こし[古史](명) 고사. 고대의 역사. ancient history
こし[古址](명) 고지. ①옛 건축물의 터. ②옛 건물이나 도시가 있었던 곳. 1. historic remains
こし[古祠](명) 고사. 오래 된 사당. an old shrine
こし[古詩](명) 고시. 고대의 시. ancient poems
こし[虎視](명·타サ) 호시. ①호랑이가 잡을 것을 노려 봄. ②날카롭게 기회를 노림. 1. glaring at
こし[枯死](명·자サ) 고사. 초목(草木)이 말라 죽음. withering
こし[顧視](명·타サ) 돌아다 봄. looking back
こじ[古寺](명) 고사. 옛 절. 고찰(古刹). an old temple
こじ[居士](명)〈불〉 거사. ①(중이 아닌 사람으로) 불문(仏門)에 들어 가는 남자. ②남자의 법명(法名) 아래 붙이는 칭호. ↔大姉(ダイシ). 1. a Buddhist layman
こじ[固持](명·타サ) 굳게 지님. 고집(固執). persistence
こじ[固辞](명·타サ) 고사. 굳이 사양함. declining positively
こじ[虎児](명) ①호랑이 새끼. ②매우 중요한 것. ⇨: こけつ(虎穴).
こじ[孤児](명) 고아. 부모가 없는 아이. an orphan
こじ[故事·古事](명) 고사. ①옛날에 있었던 일. ②옛부터 내려 오는 유서 깊은 일. 또는 그에 관한 어구(語句). 1. ancient events
こじ[誇示](명·타サ) 과시. 자랑하여 보임. 사실보다 크게 나타내 보임. 「力(チカラ)を—する; 힘을 과시하다」 ostentation
—ごし[越し](조어) ①…너머. 「山(ヤマ)—; 산너머」 ②… 걸러. … 넘겨. 「一年(イチネン)—に; 한 해 걸러」
ごし[五指](명) 다섯 손가락. the five fingers
ごし[語志·語誌](명) 말의 내력을 자세히 적은 것.
ごじ[午時](명) 오시. 12시. 정오. noon
ごじ[誤字](명) 오자. 잘못된 글자. 틀린 글자. ↔正字(セイジ). a wrong letter
ごじ[護持](명·타サ) 호지. 귀중히 여겨 지킴. 「仏法(ブッポウ)—; 불법 수호」 defence
こしあげ[腰揚げ](명) 옷의 허리 부분을 징거 놓은 여분. a tuck at the waist
こじあ·ける(타하 1) (비틀든가 하여) 억지로 열다. wrench open
こしあん[漉し餡](명) 삶은 팥을 체 등으로 받아 거피한 단 팥고물. strained bean jam
こしい[腰居]—ヰ(명)〈고〉 앉은뱅이.
こしいた[腰板](명) ①일본 바지의 허리 뒤에 대는 헝겊을 씌운 나뭇조각. ②벽, 장지, 담 등의 아랫부분에 대는 판자. 1. the back stay 2. dadoes
こしいれ[輿入れ](명·자サ) ①신부를 태운 가마를 신랑집에 메고 들어 감. ②출가(出嫁). 혼인(婚姻). 2. marriage
こじいん[孤児院](명) 고아원. 고아를 기르는 곳. an orphanage
こしお[小潮]—シホ(명) 소조. 간만(干満)의 차이가 보통 때보다 작을 때의 조수. 또는 그런 날. ↔大潮(オオシオ). the neap tide
こしおび[腰帯](명) ①허리띠. ②(부인들이) 띠를 매기 전에 매는 가는 끈. 1. a sash 2. a waistband

こしおれ[腰折れ](명) ①나이를 먹어 허리가 굽는 일. 또는 그런 사람. ②시시한 시가(詩歌). 또는 와카(和歌). ③자기가 만든 시가를 겸사로 일컫는 말. 1. being bowed with years 2. a wretched poem

こしかけ[腰掛け](명) ①의자. 걸상. ②임시로 사는 곳. 임시로 하는 직업. 「いちじの—; 일시적 직업」 동腰掛ける(자하). 1. a chair 2. a temporary post

こしかた[来し方](연어·명) ①과거. ②지나온 장소나 방향. 1. the past

こしがたな[腰刀](명) 언제나 허리에 차고 다니는 작은 칼. a sword

こしき[甑](명)〈고〉 찜통. 시루.

こしき[轂](명) 수레의 바퀴살이 꽂히는 통. 바퀴통. 「the hub

こしき[古式](명) 고식. 옛날식. 구식. 「—にのっとる; 구식을 따르다」 an ancient rite

こじき[乞食](명·자サ) 걸식. 남에게 빌어서 얻어 먹음. 또는 그 사람. 거지. a beggar

ごしき[五色](명) 오색. ①청, 황, 적, 백, 흑의 다섯 가지 색. ②여러 가지 색. 1. the five cardinal colours

こしぎんちゃく[腰巾着](명) ①허리에 차는 주머니. ②〈속〉 언제나 곁을 떠나지 않는 사람. 1. a waist bag 2. one's shadow

こしくだけ[腰砕け](명·자サ) ①〔씨름에서〕 버틸 허릿심이 없어서 쓰러지는 것. ②일을 중도에서 중지함. 2. setback

こしぐるま[腰車](명) ①〔유도에서〕 상대의 몸을 자기 허리에 끌어 당겨 띄우듯이 해서 던지는 일. ②가마 모양의 상자에 작은 바퀴를 단 수레. 2. a trolley

こしけ[腰気](명)〈의〉 자궁(子宮)이나 질(膣)에서 분비되는 액체. 대하. whites

こしこばた[腰小旗](명) 〔옛날 싸움터에서〕 허리에 차서 표지로 삼았던 작은 기(旗).

こじさく[小自作](명)〈농〉 소작을 주로 하고 자작(自作)도 겸하는 일.

こしさげ[腰提げ](명) 허리에 차는 물건. 예: 도장집, 담배 쌈지 등.

こしじ[越路]—ヂ(명)〈고〉 호쿠리쿠도(北陸道). 또는 그 주위의 지방.

ごじそう[護持僧](명)〈불〉 옛날 임금의 옥체 호지(玉体護持)를 위하여 어소(御所)에서 기도하던 중.

こしだか[腰高](명) ①운두가 높은 그릇. ②⇨たかつき(高坏). 1. high-skirted furniture

こしだめ[腰試](명) ①〔씨름에서〕 맞붙기 전에 땅을 굴러 허릿심을 시험해 보는 일. ②우선 시험해 봄.

こしたんたん[虎視眈眈](연어·형동タルト) 호시 탐탐. 날카롭게 기회를 노리고 살피는 모양. watch for an opportunity

ごしちちょう[五七調](명) 오칠조. 〔장가(長歌)나 시(詩)에서〕 어구를 다섯 자, 일곱 자로 섞바꾸어 음조를 맞춘 것.

ごしちにち[五七日](명)〈불〉 사람이 죽은 뒤의 35일간. 또는 35일이 되는 날.

こしつ[固執](명·타サ) 고집. 끝까지 자기 의견을 주장함. 「自分(ジブン)の意見(イケン)を—する; 자기 의견을 고집하다」 insistence

こしつ[個室](명) 한 사람만이 사용하기 위한 방. 또는 병실. 독방(独房). one's private room

こしつ[鼓室](명)〈생〉 고실. 중이(中耳)의 한 부분. 고막 내부의 압력을 항상 고르게 하고 내이(内耳)에 음향을 전하는 역할을 함. the eardrum

こしつ[痼疾](명) 고질. 오랫동안 낫지 않는 병. a chronic disease

こじつ[故実](명) 옛날의 법례(法例)나 의식(儀式)의 규정(規定). 또는 그것에 밝은 사람. 전고(典故). 「—家(カ); 전고가(典故家)」 ancient practices

ごじつ[後日](명) 후일. ①뒷날. 장래. ②사건이 끝난 뒤. 「—談(ダン); 후일담」 1. the future 2. an aftermath

こしつき[腰付き](명) 허리의 모양. a gait

ゴシック[Gothic](명) 고딕. ①획이 굵은 활자체. ②12~15세기 프랑스를 중심으로 발달했던 예술 양식. **—しき**[Gothic 式](명) 고딕식. 중세(中世)에 발달한 서양 건축 양식의 하나. 선이 수직(垂直)이고, 끝이 뾰족한 아아치가 특색.

こじつ·ける(타하 1) 억지로 이론을 붙이다. 명こじつけ. distort

ゴシップ[gossip](명) 고십. 소문. 한담(閑談). 만담.

ごじっぽひゃっぽ[五十歩百歩](연어) 오십보 백보. 차이가 별로 없는 것. 그것이 그것이라는 뜻. Little difference between the two.

ごして[期して](부) ①후일(後日)을 기해서. 어느 날엔가. ②결국. 1. some day 2. after all

こしなわ[腰縄]—ナハ(명) ①죄수의 허리를 포승으로 묶음. 또는 그 포승. ②허리에 차는 노끈. 1. arresting

こしぬけ[腰抜け](명) ①겁장이. ②놀람 등으로 허리에 힘이 없이 주저앉는 것. 또는 그러한 사람. 1. a coward

こしのもの[腰の物](명) ①늘 허리에 차는 날밑이 없는 단도. ②허리에 차는 칼. ③⇨こしまき. 2. swords worn at the side

こしば[小柴](명) 자질구레한 잡목(雑木). 또는 그 나뭇가지. small brushwood

こしばめ[腰羽目](명) 벽의 아랫부분에 둘러 댄 판자. wainscoting

こしばり[腰張り](명) ①벽이나 장지 아래쪽에 종이를 바르는 일. ②허릿심. 1. papering the lower part of a wall

こしひも[腰紐](명) ①허리끈. ②아이들의 허리에 매는 끈. a waist band

こしびょうぶ[腰屏風](명) 높이 석 자쯤 되는 낮은 병풍. a low folding screen

こしべん[腰弁](명) 〔←腰弁当(コシベントウ)〕 ①도시락을 허리에 차는 것. 허리에 찬 도시락. ②도시락을 가지고 통근하는 싸구려 월급장이. 1. a lunch carried with one

こしぼね[腰骨](명) ①허리뼈. ②밀고 나가는 힘. 참고 견디는 힘. 인내력. 1. the huckle bone

こじま[小島](명) 작은 섬. a small island
こしまき[腰巻き](명) ①옛날 여자가 여름철에 통소매 옷 위에 입던 옷. ②여자의 하반신(下半身)에 걸치는 천. 일본식 속치마. 1. a woman's summer silk garment 2. a waistcloth
こじまはんとう[児島半島](명)〈지〉 오카야마현(岡山県) 남부의 반도.
こしまわり[腰回り]—マハリ(명) 허리 둘레. a waist measure
こしみの[腰蓑](명) 허리에 걸치는 짧은 도롱이. a short straw skirt
こしもと[腰元](명) ①허리 부근. ②옛날 귀인 곁에서 심부름하던 시녀(侍女). 2. a lady's maid
こしゃ[古社](명) 오래 된 신사(神社). an old shrine
ごしゃ[誤写](명·타サ) 잘못 베낌. miscopying
こしゃく[小癪](형동ダ) 약간 건방져서 아니꼬운 느낌을 주는 모양.「—な奴(ヤツ); 아니꼬운 놈」 impertinent
こじゃく[孤弱](명) ①외롭고 연약한 것. ②어리고 부모가 없어 몸 붙일 곳이 없는 것. 어린 고아. 1. being helpless and weak
ごしゃく[語釈](명·자サ) 어구(語句)를 해석함. interpretation of words
ごしゃごしゃ(부·자サ)〈속〉 어지러운 모양. 한데 몰려 혼잡한 모양.
こしゅ[戸主](명) 호주. 한 집의 주인. 가장(家長). the head of a family
こしゅ[古酒](명) 오래 된 술.
こしゅ[固守](명·타サ) 고수. 굳게 지킴. persistence
こしゅ[故主](명) 옛날의 주인.
こしゅ[鼓手](명) 고수. 북을 치는 사람. a drummer
こしゆ[腰湯](명) 허리 아래만 탕에 잠그고 하는 목욕(沐浴). a hip bath
ごしゅ[御酒](명) "さけ(술)"의 높임말.
ごしゅいん[御朱印](명) 장군의 도장이 찍힌 서류나 감찰(鑑札). **—せん**[御朱印船](명) 에도(江戸) 시대 장군의 도장이 찍힌 감찰을 가지고 해외 무역을 하던 배.
こしゅう[呼集](명·타サ) 불러 모음. assembling
こしゅう[固執](명·타サ) ⇨こしつ.
こしゅう[故習](명) 낡은 습관. an old custom
こしゅう[孤舟](명) 고주. 단 한 척의 배. 외로운 배. a lone boat
こじゅう[扈従](명·자サ) 호종. 신분이 높은 사람을 수행함. 또는 그 사람. 시종(侍従). attendance
ごじゅう[五十]〈수〉 오십. ①쉰. ② 50세. 1. fifty. **—おん**[五十音](명) ①카나(仮名)로 쓴 50개의 음(音).「—順(ジュン); 카나순」 ②←五十音図. **—おんず**[五十音図](명) 카나를 일정한 순서에 따라 종횡(縦横)으로 배열한 표. **—かた**[五十肩](명) 50세쯤 되어 흔히 일어나는 견비통(肩臂痛). ↔四十腕(シジュウウデ). **—さんつぎ**[五十三次](명) 에도(江戸) 니혼교(日本橋)에서 쿄오토(京都) 산조오교(三条橋)까지의 사이에 있었던 53개의 역원(駅院). 시나카와(品川)에서 오오쯔(大津)까지의 53의 역원(駅院).

ごじゅう[五重](명) 다섯 겹. fivefold. **—そう**[五重奏](명)〈악〉 오중주. 다섯 개의 악기를 사용하는 연주. **—のとう**[五重の塔](명) 지붕을 다섯 층으로 쌓아 올린 탑. 오층탑.
ごじゅう[後住](명)〈불〉 뒤에 온 주지(住持). ↔先住(センジュウ).
こじゅうと[小舅]—ジウト(명) 남편이나 아내의 남자형제. 시숙, 처남. a brother-in-law
こじゅうとめ[小姑]—ジウトメ(명) 남편이나 아내의 자매(姉妹). 시누이, 처형, 처제. a sister-in-law
ごしゅか[御酒家](명)〈속〉 술군의 높임말.
ごしゅきょうぎ[五種競技](명) 오종 경기. ①한 선수가 넓이뛰기, 투창, 200 *m* 경주, 원반 던지기, 1,500 *m* 경주를 하루에 행하여 그 총득점(総得点)을 겨루는 경기. ②⇨: きんだいごしゅきょうぎ(近代五種競技).
ごしゅでん[御守殿](명) 에도(江戸) 시대 3위 이상의 영주(領主)에게 시집 간 장군의 딸의 높임말. 또는 그가 거처하던 곳.
ごじゅん[語順](명) 어순. 말을 늘어놓는 순서.
こしょ[古書](명) 고서. ①오래 된 서적. ②고본(古本). 1. an old book
ごしょ[御所](명) ①옛날 천황(天皇), 상황(上皇), 태황태후(太皇太后), 황태후(皇太后), 황후(皇后) 등이 거처하던 곳의 높임말. ②옛날 왕가(王家), 장군, 대신(大臣)의 집의 높임말. ③⇨こうきょ(皇居). 1. an Imperial palace
ごじょ[互助](명) 서로 돕는 것. mutual help
ごじょ[語序](명) 말의 차례. 어순(語順).
こしょう[小姓](명) 옛날 귀인(貴人)의 시중을 들던 소년. a page
こしょう[古称](명) 고칭. 옛 명칭. an old name
こしょう[呼称](명·타サ) ①호칭. 이름 지어 부름. ②체조할 때 붙이는 구령(口令). 1. a name 2. a shout to mark time
こしょう[故障](명·자サ) 고장. ①지장. 장해. ②(기계나 몸 등이) 탈이 남. ③불복(不服), 이의(異議) 등을 신립함.「—を申(モウ)し立(タ)てる; 이의를 신립하다」 1. hindrance
こしょう[胡椒](명)〈식〉 후추나무. 열매는 후추라 하여 향신료(香辛料)로 쓰임. a pepper
こしょう[扈従](명) ⇨こじゅう.
こしょう[湖沼](명) 호소. 호수와 늪. lakes and marshes
こしょう[誇称](명·타サ) ①자랑하여 말함. ②과장해서 말함. 1. boasting 2. exaggeration
こしょう[壺觴](명) 호상. 술병과 술잔. a jar and a cup
こじょう[古城](명) 고성. 옛 성. an old castle
こじょう[弧状](명) 호상. 반달 모양. 궁형(弓形). arch
こじょう[孤城](명) 고성. ①하나뿐인 외로운 성. ②고립되어 있어 원군(援軍)이 없는 성.「—落日(ラクジツ); 외로운 성에 지는 해(세력이 쇠퇴하고 외로운 것의 비유)」 1. an isolated castle 2. a besieged castle
こじょう[湖上](명) 호수 위.「—に照(テ)る月(ツキ); 호수 위에 비치는 달」

ごしょう[後生](명) ①〈불〉 내세(来世)에 다시 태어나는 일. 또는 그 생애. 내생(来生). ②애원할 때 쓰는 말. 「—だからゆるしてくれ; 제발 용서해 주게」 1. rebirth into Paradise. **—いっしょう**[後生一生](연어·명) 내세,현세를 통해 단 한 번 있는 일. 「—のお願(ネガ)い; 일생 일대의 소원」 **—ぎ**[後生気](명) 내세의 안락을 바라는 마음. 「—を起(オ)こす; 내세의 안락을 바라는 마음이 생기다」 **—だいじ**[後生大事](연어) ①〈불〉 내세의 안락을 중히 여겨 불도에 열중하는 일. ②어떤 일을 매우 소중히 함. 「—に持(モ)ってあるく; 대단히 소중히 지니고 다니다」 **—らく**[後生楽](명) ①내세는 안락하리라 믿고 안심함. ②무슨 일이나 조금도 피로와하지 않고 태평함.

ごしょう[誤称](명) 오칭. 잘못 부르는 일. 또는 잘못 부른 이름. an erroneous name

ごじょう[五常](명) 오상. ①군신(君臣), 부자(父子), 부부(夫婦), 장유(長幼), 친우(親友) 등이 지켜야 할 다섯 가지 길. 오륜(五倫). ②인(仁), 의(義), 예(礼), 지(知), 신(信)의 다섯 가지 덕(徳). 1. the five great duties 2. the five cardinal virtues

ごじょう[互譲](명) 호양. 서로 양보하고 사양하는 일. 「—の精神(セイシン); 서로 양보하는 정신」 mutual concession

ごじょう[御諚](명) 귀인(貴人)의 분부. an august order

こしょうがつ[小正月](명) 음력 정월 15, 16일.

こじょうきせん[小蒸気船](명) 소형의 기선(汽船).

ごしょがき[御所柿](명)〈식〉 감의 한 가지. 나라현(奈良県) 고쇼(御所) 마을 원산(原産)으로 크고 가장 맛이 좋음.

こしょく[古色](명) 고색. 낡은 빛이나 풍치(風致). 「—蒼然(ソウゼン); 고색 창연」 an antique look

ごしょく[誤植](명·자サ) 오식. 활판(活版)에 활자를 잘못 꽂음. 「—の多(オオ)い本(ホン); 오식이 많은 책」 a misprint

ごしょぐるま[御所車](명) ①옛날에 귀인(貴人)이 타던 집 모양의 수레. ②가문(家紋)의 이름. 1. a court cow-carriage

ごしょどころ[御書所](명) 옛날 궁중에서 도서(図書)의 보관 관리를 취급하던 관청.

こしよわ[腰弱](명·형동ダ) ①허릿심이 약함. 또는 약한 사람. ②밀고 나가거나 버티거나 하는 힘이 약함. 또는 그런 사람. 1. weak-kneed 2. weak attitude

こじらいれき[故事来歴](연어·명) 사물의 기원이나 유래(由来)와 경과. 내력과 경과. the origin and history

こしらえ[拵え]コシラヘ(명) ①만드는 것. 만든 모양. ②준비. 채비. ③배우 등의 화장(化粧). 1. make 3. make-up

こしら·える[拵える]コシラヘル(타하 1) ①만들다. 제조하다. 세우다. ②주선하다. 손질하다. 미봉(彌縫)하다. 「その場(バ)を—; 그자리를 미봉하다」 ③속이다. ④장식하다. 「顔(カオ)を—; 얼굴을 치장하다」 ⑤흉내 내다. 모방하다. 1. make 5. imitate

こじら·せる[拗らせる](타하 1) ①(병 등을) 악화시키다. 「かぜを—; 감기를 더치게 하다」 ②일을 복잡하게 만들다. 「問題(モンダイ)を—; 문제를 복잡하게 만들다」

こじり[鐺](명) 칼집 끝의 장식(装飾). a chape

こじ·る[抉る](타 4) ①파내다. 후비다. 도려 내다. ②비틀다. 1. gouge 2. wrench

ごじる[呉汁](명) 콩을 물에 불리어 간 것을 넣은 된장국. 콩국.

こじ·れる[拗れる](자하 1) ①비틀리다. 비꼬이다. ②병이 더치다. ③사물이 얽혀 순조롭게 나가지 못하다. 「話(ハナシ)が—; 얘기가 잘 타협이 안되다」 1. be twisted 2. grow worse

こじわ[小皺](명) 잔주름. wrinkles

こしん[湖心](명) 호수의 한복판. the centre of a lake

こじん[古人](명) 고인. 옛사람. ancient people

こじん[故人](명) 고인. ①오랜 벗. ②죽은 사람. 「—となる; 고인이 되다(죽다)」 2. the deceased person

こじん[個人](명) 개인. 개개의 사람. 사회의 일원으로서의 한 사람. an individual. **—さ**[個人差](명)〈심〉 개인차. 각 개인의 정신적, 육체적인 차이. **—てき**[個人的](형동ダ) 개인적. 개인에 관계되거나 그를 본위로 하는 모양.

こじん[瞽人](명) 소경. 맹인. 장님. a blindman

ごしん[誤信](명·자타サ) 오신. 잘못 믿음. 또는 믿게 함. misbelief

ごしん[誤診](명·자サ) 오진. 잘못 진단을 내림. 또는 그 진단. an erroneous diagnosis

ごしん[誤審](명·자サ) 오심. 잘못 심판함. 또는 그 심판. a wrong refereeing

ごしん[護身](명) 호신. 몸을 지키는 일. self-protection

ごじん[五塵](명)〈불〉 오진. 중생의 진성(真性)을 더럽히는 다섯 가지 더러움. 색(色), 성(声), 향(香), 미(味), 촉(触)의 오욕(五欲).

ごじん[後陣](명) 후진. 뒤에 친 진. a rear guard

ごじん[御仁](명) 사람의 높임말. 양반. 분. 「あの—; 저 분」 a person

ごじん[吾人](대) 오인. 우리. 우리들. we

ごじんか[御神火](명) 이즈도(伊豆島) 미하라산(三原山)에서 분화(噴火)하는 불.

ごしんさん[御新さん](명) ⇨ごしんぞう(御新造).

ごしんぞう[御新造](명) 〔귀인의 아내를 높이어 일컫던 말로서〕 남의 아내의 높임말.

ごしんぷ[御親父](명) 상대방 아버지의 높임말.

こ·じんまり(부·자サ) 작은 대로 잘 정돈되어 기분좋은 모양. snugness

こ·す[越す·超す](자타 4) ①넘다. ②초과하다. ③낫다. 뛰어나다. ④경과하다. 「期限(キゲン)を—; 기한을 넘기다」 ⑤가다. ⑥오다. 「お越(コ)しください; 와 주십시오」 ⑦이사 가다. 이전(移転)하다. 1. pass over 2. exceed

こ·す[漉す·濾す](타 4) 거르다. 밭다. 여과(濾過)시키다. filter

ごず[牛頭](명)〈불〉 사람의 몸에 소의 머리를 한 지옥의 옥졸. 인신 우두(人身牛頭). ↔馬頭(メズ).

こす·い[狡い](형) ①교활하다. 간사하다. ②인색(吝嗇)하다. 1. cunning 2. niggard

こすい[湖水](명) 호수. 큰 못. a lake

こすい[鼓吹](명·타サ) 고취. ①〔북 치고 피리를 분다는 뜻에서〕 기운을 북돋아 일으킴. ②의견, 사상 등을 열렬히 주장하여 널리 선전함. 1. inspiration 2. propagation

ごすい[午睡](명·자サ) 오수. 낮잠. a midday nap

こすう[戸数](명) 호수. 집의 수. the number of houses. **—わり**[戸数割り](명) 전에 세대별로 부과하던 특별세의 하나.

こすう[個数·箇数](명) 개수. 물건의 수. 「the number of articles

ごすう[語数](명) 어수. 말의 수. the number of words

こずえ[梢·杪]—ズヱ(명) 나무 끝. 나뭇가지 끝. a treetop

こすから·い[狡辛い](형)〈속〉 ①인색하고 교활하다. ②신랄(辛辣)하다. 1. stingy

コスタリカ[Costa Rica](명)〈지〉 코스타리카. 중앙 아메리카에 있는 공화국. 수도는 상호세이(San José).

コスチューム[costume](명) 코스튜움. ①의복. 의상. 복장. ②부인복. 드레스. 「—ショ ; 패션쇼우」 **—プレー**[costume play](명) 코스튜움 플레이. 옛날 의상을 입고 하는 대규모의 역사극. 또는 역사 영화.

ごずてんのう[牛頭天王](명)〈불〉 인도의 기원 정사(祇園精舎)를 수호하는 신.

コスト[cost](명) 코스트. ①원가(原価). 생산비. ②비용. 값.

こす·む[尖む](타 4) 〔바둑에서〕 바둑돌을 먼저 놓은 것과 대각선이 되게 놓다.

ごずめず[牛頭馬頭](명)〈불〉 우두 마두. 사람의 몸에 소나 말의 머리를 한 지옥의 옥졸.

コスメチック[cosmetic](명) 코즈메틱. 포마아드를 막대기 모양으로 굳힌 것. 뻣뻣한 머리에 사용. 지꾸.

コスモス[cosmos](명) 코스모스. ①우주. 세계. ②〈식〉 국화과에 속하는 1년초. 가을에 여러 가지 빛깔의 꽃이 핌.

コスモポリタン[cosmopolitan](명). 코즈머폴리턴. 세계주의(世界主義)의 사상을 가지고 있는 사람.

こすりつ·ける[擦り付ける](타하 1) ①힘을 주어 문지르다. ②문질러 바르다. 1. rub into 2. daub

こす·る[擦る](타 4) 문지르다. 비비다. rub

こ·する[鼓する](타 4) ①쳐서 울리다. 「つずみを—; 북을 쳐서 울리다」 ②불러 일으키다. 「勇(ユウ)を—; 용기를 불러 일으키다」 1. beat 2. rouse up

ご·する[伍する](자サ) ①줄지어 서다. ②패에 끼다. 「…に伍して; …에 끼어서」 2. associate with

ご·する[期する](타サ) ①예기하다. ②미리 날짜를 정하다. ③각오하다. 1. expect

ごすんくぎ[五寸釘](명) 길이 5치의 못.

ごせ[後世](명)〈불〉 후세. 다음 세상. 내세(来世). the future life

—ごぜ[御前](접미)〈고〉 귀부인의 높임말. 「尼(アマ)—; 여(女)스님」

ごぜ[瞽女](명) 샤미센(三味線)을 켜고 노래를 불러 가며 돈을 구걸하는 눈먼 여자. a blind female street singer

こせい[個性](명) 개성. ①개체의 성질(性質). ②개인의 특성. 「—的(テキ); 개성적」 1. individual character

こせい[糊精](명)〈이〉 호정. 전분을 효소(酵素)나 산(酸)으로 분해할 때 최초로 얻어지는 물질. dextrine

こぜい[小勢](명) 적은 수의 사람. a small number of men

ごせい[互生](명·자サ)〈생〉 호생. 식물의 잎이 마디마다 하나씩 어긋매껴 나는 일. 어긋나기. 예 : 벚나무, 버드나무 등. alternate

ごせい[悟性](명)〈철〉 오성. 사물을 판단하고 이해하는 힘. 이성(理性). 지성(知性). reason

ごせい[碁聖](명) 바둑의 명인(名人).

ごせい[語勢](명) 어세. 말의 억양과 고저. 또는 힘. 어조(語調). word-force

こせいそう[古生層](명)〈지〉 고생층. 고생대에 생긴 지층(地層). Paleozoic strata

こせいだい[古生代](명)〈지〉 고생대. 지질학상으로 원생대(原生代) 다음의 시대. the Paleozoic era

こせがれ[小伜](명)〈속〉 ①자기 아들을 낮추어 일컫는 말. ②나이 어린 사람을 깔보고 일컫는 말.

こせき[戸籍](명) 호적. ①호수(戸数)나 인구를 적어 놓은 장부. ②〈법〉 사람의 본적, 성명, 생년 월일, 가족 관계 등을 등록한 공정 증서(公正証書). 「—謄本(トウホン); 호적 등본」 ③출신지 및 가족 상황. 「—しらべ; 호적 조사」 1. a census register

こせき[古跡·古蹟](명) 고적. 역사상의 사건이나 건물 등이 있었던 자리. 유적(遺跡). historic remains

こせつ[古拙](명·형동ダ) ①볼품은 없으나 아취(雅趣)가 있음. ②꾸밈이 없고 소박함. 2. old and simple

こせつ·く(자 4)〈속〉 도량이 좁아 잔걱정이 많고 자질구레한 언행을 하다.

ごせっく[五節句](명) 다섯 명절. 인일(人日; 1월 7일), 상사(上巳; 3월 3일), 단오(端午; 5월 5일), 칠석(七夕; 7월 7일), 중양(重陽; 9월 9일) 등. five fete-days

ごせっけ[五摂家](명) 옛날 섭정(摂政), 관백(関白)이 될 수 있었던 다섯 집안(近衛, 九条, 二条, 一条, 鷹司).

こぜに[小銭](명) 잔돈. small money

こぜりあい[小競り合い]—ゼリアヒ(명) ①작은 싸움. ②조그만 경쟁. ②말썽. 분규. 1. a skirmish

こぜわし·い[小忙い]—ゼハシイ(형) 공연히 바쁘다.

こせん[古銭·古泉](명) 예전에 통용되던 돈. 옛 돈. an ancient coin

こせん[弧線](명) 호선. 반달 모양의 선. an arc

ごせん[五線](명)〈악〉 오선. 악보를 쓰는 다섯 개의 평행선. 「—紙(シ); 오선지」 five lines

ごせん[互選](명·타サ) 호선. 같은 자격을 가진 사람들끼리 서로 뽑음. mutual election

—ごぜん[御前](조어) ①옛날 귀인을 높여서 그 이름 밑에 붙이던 말. ②옛날 부인을 존경하여 그 이름 밑에 붙이던 말.

ごぜん[午前](명) 오전. 밤 12시부터 정오까지의 시간. 상오(上午). morning

ごぜん[御前](명) 어전. ①귀인이나 주군의 앞. ②귀인이나 주군의 높임말. 「一様(サマ); 각하」 1. presence

ごぜん[御膳](명) ①밥상의 높임말. 진지상. ②식사 또는 밥의 높임말. 진지. **—じるこ**[御膳汁粉](명) 팥을 걸러 만든 단팥죽. **—そば**[御膳蕎麦](명) 달걀을 넣어 만든 고급 메밀 국수.

こせんじょう[古戦場](명) 고전장. 옛 싸움터. an ancient battlefield

こそⅠ(수조) ①다른 것들 중에서 특별히 내세워 강조하는 말. …야말로. 「これ一本物(ホンモノ)だ;이것이야말로 진짜다」 ②강조하는 뜻을 나타내는 말. 참으로 「ようーいらっしゃいました; 잘 오셨읍니다」 ③〔가정형(仮定形)을 동반하여〕 일단 긍정하는 뜻을 나타내는 말. 할지언정 「よろこびーすれ,おこるはずがない; 기뻐는 할지언정 화낼 리가 없다」 ④〔"…ばー"의 형태로〕 전혀 없다(하지 않는다)는 뜻을 나타내는 말. 「動(ウゴ)かばー; 움직이기는커녕」 ⑤〈고〉〔"もー"의 형태로〕 가능성이 있는 것을 나타내는 말. 「そでのぬれもーすれ; 소매가 젖을 것 같다」 ⑥문장을 끝내고 여운을 갖게 하는 말투. (실로) …이다. 「心(ココロ)すべきことにー; 실로 명심할 것이로다」 Ⅱ(감조)〈고〉 ①〔동사의 연용형(連用形)에 붙어서〕 희망을 나타내는 말. …해 다오. 「早(ハヤ)く行(ユ)きー; 빨리 가 다오」 ②호칭(呼称)이나 이름 밑에 붙이는 말. Ⅰ1. indeed

こぞ[去年](명) 거년. 지난해. 작년. last year

こぞう[小僧](명) ①나이 어린 중. ②나이 어린 점원(店員). ③청소년을 얕보아 일컫는 말. 1. a young Buddhist disciple 2. a shopboy

ごそう[護送](명·타サ) 호송. ①보호해 따라 가며 보냄. ②〈법〉 압송(押送). 「犯人(ハンニン)のー; 범인 압송」 1. escort 2. sending under guard

ごぞう[五臓](명) 오장. 다섯 가지 내장. 폐장(肺臟), 심장(心臓), 비장(脾臓), 간장(肝臓), 신장(腎臓) 등. the viscera. **—ろっぷ**[五臓六腑](명) 오장육부. ①오장과 육부. 내장의 총칭. ②뱃속. 마음속.

こそく[姑息](명·형동ダ) 고식. 우선 당장에는 탈없이 편안함. 일시적인 방편. 「一の手段(シュダン); 미봉적인 수단」 a mere makeshift

こぞく[古俗](명) 옛 풍속. 낡은 풍속. an old custom

ごぞく[語族](명) 어족. 같은 계통에 속하는 언어의 한 무리. a family of languages

こそぐ·る[擽る](타 4) ⇨くすぐる.

ごそくろう[御足労](명) 내방(来訪)의 높임말. 「ーをかけてすみません; 이렇게 오시게 해서 죄송합니다」

こそ·げる[刮げる](타하 1) 깎아 내다. 긁어 내다. 벗겨 내다. scrape off

こぞって[挙って](부) 남김 없이. 전부. 모두. all

こそで[小袖](명) ①통소매의 평상복(平常服). 이 위에 겉옷을 입음. ②솜을 둔 명주옷. ↔ぬのこ.

こそどろ[こそ泥](명)〈속〉 ①좀도둑. ②틈을 보아 살짝 물건을 훔쳐 가는 도둑. 1. a pilferer 2. a sneak thief

こそばゆ·い(형)〈속〉 간지럽다. ticklish

こぞ·る[挙る](자타 4) 전부 모이다. 빠짐 없이 갖추다. meet all together

こそん[孤村](명) 외따로 떨어져 있는 마을. a solitary village

ごぞんじ[御存じ](명) ①알고 있음의 높임말. ②아는 사이. 2. an acquaintance

こたい[古体](명) ①옛날의 모습. ②당(唐) 나라 이전의 한시(漢詩)의 형식. ③고문(古文)의 서체(書体). 3. an archaic style

こたい[固体](명)〈이〉 고체. 일정한 부피나 모양을 가지고 있어 형태를 바꾸기 어려운 것. a solid

こたい[個体](명) 개체. ①각각 독립해서 존재하는 물체. ②〈생〉 각각 독립해서 생활하는 생물. 1. an individual thing

こだい[古代](명) ①고대. 옛날. ②고풍(古風). 구식. 1. ancient times. **—むらさき**[古代紫](명) 검은 빛이 도는 보랏빛. 가지색.

こだい[誇大](명·형동ダ) 과대. ①허풍을 침. 과장. 「ーにいいふらす; 과장하여 소문을 퍼뜨리다」 ②자만함. 1.exaggeration. **—もうそう**[誇大妄想](명)〈의〉 과대 망상. 정신병의 하나. 자기의 현재 상태를 과장해서 공상하는 일. 「一狂(キョウ); 과대 망상증 환자」

ごたい[五体](명) 오체. ①근육, 맥, 살, 뼈, 살갗. ②머리, 양손, 양발. 전신(全身). ③다섯 가지의 서체(書体). 전(篆), 예(隷), 진(真), 행(行), 초(草). 1. a body 2. the whole body

ごだい[五大](명)〈불〉 오대. 지(地), 수(水), 화(火), 풍(風), 공(空)의 다섯 가지 큰 요소. 일체의 물질을 구성하는 것. ⇨: 四大(シダイ). Five Elements

こだいこ[小太鼓](명) 작은북. 소고(小鼓).

ごだいしゅう[五大州·五大洲](명)〈지〉 오대주. 아시아, 유럽, 아프리카, 남북 아메리카의 다섯 대륙. the Five Continents

ごたいそう[御大層](형동ダ)〈속〉 어마어마한 모양. 매우 과장된 모양. 「ーな態度(タイド); 매우 과장된 태도」

こた·う[答う]コタフ(자하 2) ⇨こたえる.

こたえ[応え]コタヘ(명) ①응답. 반응. ②효과. ③반향(反響). ④보답. ⑤느낌. 1. response 2. effect 3. an echo

こたえ[答え]コタヘ(명) ①대답. ②문제의 해답. 답안. 1. a reply 2. an answer

こた·える[応える]コタヘル(자하 1) ①(강하게) 느껴지다. 「寒(サム)さがー; 추위가 심하게 느껴지다」 ②보답하다. 「恩(オン)にー; 은혜에 보답하다」 ③반응을 보이다. ④듣다. 효과가 나타나다. ⑤반향(反響)하다. 3. 5. respond

こた·える[堪える]コタヘル(타하 1) ①견디다. 참다. 「こたえられない; 참을 수가 없다」 ②유지하다. 1. endure

こた·える[答える] コタヘル(자하 1) ①대답하다. ②반향(反響)하다.「こだまが—; 메아리 치다」③설명하다. ④보답하다. ⑤인사하다. 1. reply

こだか·い[小高い](형) 조금 높다. 약간 높다.「—丘(オカ); 조금 높은 언덕」 slightly elevated

こだから[子宝](명) 부모에게는 보배로운 자식(子息). 귀여운 자식. treasures in the shape of children

ごたく[御託](명)〔←御託宣(ゴタクセン)〕①귀찮게 늘어놓는 말. 잔소리. ②건방진 말투.「—をならべる; 건방진 말을 늘어놓다」 1. tedious talk

こだくさん[子沢山](명·형동ダ) 아이들이 많음. 자녀가 많음. being blessed with a numerous offspring

ごたごた Ⅰ(명) 시끄러운 소동. 분쟁. Ⅱ(부·자サ) 혼잡한 모양. Ⅰ trouble Ⅱ in confusion

こだし[小出し](명·타サ) ①조금씩 내놓음. 또는 그 물건. ②잔돈. 1. frugal use 2. small change

こだち[小太刀](명) ①작은 검. 단도. ②단도로 행하는 무술. 「a clump of trees

こだち[木立ち](명) 많이 서 있는 나무. 나무숲. ⤴

ごたち[御達](명)〈고〉 궁녀(宮女)들.

こたつ[火燵·炬燵](명) 화로의 한 가지. 화로를 살이 있는 덮개로 덮고 이불을 씌워 발이나 손 등을 넣어 몸을 덥게 하는 것. a foot-stove

ごだつ[悟脱](명·자サ)〈불〉 범속(凡俗)을 벗어나 오도(悟道)의 경지에 들어 가는 일. the attainment of supreme wisdom

ごだつ[誤脱](명) 잘못된 글자와 빠진 글자. 문장의 불완전한 곳. mistakes and omissions

ごたつ·く(자 4) ①혼잡하다. ②분쟁이 일어나다. 1. be in disorder 2. be in trouble

こだて[小楯](명) ①임시 변통의 방패. ②마스코트. 부적(符籍).

こだね[子種](명) ①자녀를 낳는 근본이 되는 것. 정충(精虫). ②(상속자로서의) 아이. 1. a seed of a child

こたび[此度](부) 이번. this time

ごたぶん[御多分](명)〈속〉 대개의 경우.「—にもれず; 대개의 경우와 같이」 the majority

こだま[木霊·谺](명·자サ) ①나무의 정령. ②메아리. 산울림. 1. a spirit of a tree 2. an echo

ごたまぜ(명) 여러 가지가 뒤섞인 것. 혼잡. medley

こたみ[此度](명)〈고〉 이번.

こだ·る(자하 2)〈고〉 ①기울다. 경사(傾斜) 지다. ②세력이 약해지다. 쇠(衰)하다.

こだわ·る[拘る] コダハル(자 4) ①구애되다.「かねに—; 돈에 구애되다」②방해되다. 2. be hindered

こたん[枯淡](명·형동ダ) ①꾸밈이 없고 담백함.「—の境地(キョウチ); 담백한 경지」②무미 건조함. 1. elegant simplicity

コタン[아이누 kotan](명) 코탄. 부락. 마을.「カムイ(=神)—; 신의 마을」 「misjudgement

ごだん[誤断](명·자サ) 잘못 판단함. 또는 그 판단. ⤴

ごだんかつよう[五段活用](명) ⇨よだんかつよう(四段活用).

こち[鯒](명)〈동〉 양태. 모래톱에 살며 특히 남해 각 연안에 많음. a flathead

こち[東風](명) 동풍. 동쪽에서 부는 바람. 샛바람. an easterly wind

こち[此方](대)〈고〉 ①이곳. 여기. ②나. 우리들.

こち[故知·故智](명) 고인의 지혜나 계략(計略). the wisdom of our forefathers

こぢから[小力](명) 다소의 힘.「—のある男(オトコ); 다소 힘이 있는 사나이」

ごちく[五畜](명) 다섯 가지 대표적인 가축. 소, 말, 돼지, 양, 닭 등. the five essential domestic animals

こちこち(형동ダ·부) ①(마르거나 얼어서) 굳은 모양. ②완고해서 융통성이 없는 모양. ③단단한 물건을 두드리는 소리. 1. stone-like 2. hardboiled

こちごち[此方此方](대)〈고〉 이곳 저곳. 이것 저것. 이 사람 저 사람.

こちごち·し[骨骨し](형シク)〈고〉 ①무례하다. ②풍류가 없다. 무뚝뚝하다.

ごちそう[御馳走](명·타サ) 맛 있는 음식. 또는 그러한 음식으로 특별히 대접함. **—さま**[御馳走様](명·감) 대접을 받았을 때 하는 인사말. 잘 먹었읍니다.

こちた·し[言痛し](형ク)〈고〉 ①귀찮다. 성가시다.「こちたきうわさ; 성가신 소문」②허풍이 심하다. ③심하다. 굉장히 많다.「こちたき露(ツユ); 굉장한 이슬」 파생 **—げ**(형동ナリ) **—さ**(명).

ゴチック[도 Gotik](명) ⇨ゴシック.

こちとら[此方とら](대)〈속〉 우리. 우리들.

こちな·し[骨無し](형ク)〈고〉 ①버릇 없다. 예의가 없다. ②풍류가 없다.

こちのひと[此方の人](대) 아내가 남편을 부르는 말. 당신.

こちゃ(연어)〔←こちは〕①이쪽은. 여기는. ②나는. 저는.

こちゃく[固着](명·자サ) 고착. ①딱 붙음. ②일정한 장소에 거주(居住)함. 1. sticking 2. settlement

こちゅう[古注·古註](명) 옛(사람의) 주석(注釈). an ancient annotation

こちゅう[湖中](명) 호중. 호수 속.

こちゅうのてんち[壺中の天地](연어·명) 속세와 떨어진 별천지(別天地). 선경(仙境). a fairyland

こちょう[古調](명) 옛 가락. an ancient tune

こちょう[枯凋](명·자サ) ①(초목 등이) 시들어 마름. ②쇠퇴함. 1. withering 2. decline

こちょう[胡蝶](명)〈동〉 호접. 나비. ⇨:ちょう(蝶). a butterfly

こちょう[誇張](명·자サ) 과장. 사실보다 크게 늘이어 말함.「—した言(イ)い方(カタ); 과장된 표현」 exaggeration

ごちょう[伍長](명)〈군〉 옛 육군 하사관(下士官)의 가장 낮은 직위. 하사(下士). a corporal

ごちょう[後朝](명) ①다음날 아침. 익조(翌朝). ②〈고〉 ⇨きぬぎぬ. 1. next morning

ごちょう[語調](명) 어조. 말의 가락. 말투. a tone

こちら[此方](대) 이쪽. 여기. 「一持(モ)ち; 이쪽 부담」↔あちら. here

こっ―[黒](조어) 검은. 검은 빛깔을 띤. 「一灰色(カイショク); 검은 빛을 띤 회색」

こつ[骨](명) ①뼈. ②화장(火葬) 뒤에 남은 뼈. ③요령. 비결. 급소(急所). 「仕事(シゴト)の一を覚(オボ)える; 일의 요령을 깨치다」 ④기골(気骨). 1. a bone 2. ashes

こつあげ[骨揚げ](명) 화장한 뒤에 남은 뼈를 주워 그릇에 담는 일. gathering of ashes

ごつ·い(형)〈속〉 ①울퉁불퉁하다. ②완고하다. ③조야(粗野)하다. ④질박(質朴)하다. ⑤멥씨가 없다. 1. rugged

こつえん[忽焉](부) 홀언. 돌연히. 갑자기. 홀연(忽然). 「一と; 갑자기」 suddenly

こっか[刻下](명) 바로 지금. 현하(現下). 「一の急務(キュウム); 당면한 급무」 nowadays

こっか[国花](명) 국화. 한 나라를 상징하는 꽃. a national flower

こっか[国家](명) 국가. 특정한 토지, 국민으로 구성되어 통치 조직을 갖는 사회. 나라. 「一試験(シケン); 국가 시험」 a country. **―けいさつ**[国家警察](명) 국립 경찰. **―こうむいん**[国家公務員](명)〈법〉 국가 공무원. 국가의 사무를 보는 공무원. **―しゃかいしゅぎ**[国家社会主義](명) 국가 사회주의. 자본주의의 폐해(弊害)를 국가 권력에 의해 제거하고자 하는 사회주의. **―しゅぎ**[国家主義](명) 국가주의. 국가를 존경하고 그 세력을 크게 하는 주의.

こっか[国華](명) 국화. 나라의 명예. the glory of a nation

こっか[国歌](명) 국가. ①그 나라를 대표하여 공공의 의식(儀式) 등에서 불리우는 노래. ②와카(和歌). 2. the national anthem

こづか[小柄](명) 칼집에 꽂아 차는 작은 칼. 요도(腰刀). a knife attached to a sword-sheath

こっかい[国会](명)〈법〉 국회. 민선(民選) 의원으로 구성된 헌법상의 합의제(合議制) 기관. the Diet. **―ぎいん**[国会議員](명)〈법〉 국회 의원. 국민의 대표자로서 국회를 구성하는 의원. **―ぎじどう**[国会議事堂](명)〈법〉 국회 의사당. 국회가 열리는 의사당.

こっかい[国界](명) 나라의 경계. 국경. the frontier

こっかい[骨灰](명)〈이〉 골회. 동물의 뼈를 태워 얻은 백색의 분말(粉末). 인산 비료, 인(燐)의 원료. bone ashes

こっかい[黒海](명)〈지〉 흑해. 유럽과 아시아 사이에 있는 내해(内海). the Black Sea

こづかい[小使い]―ヅカヒ(명) 소사. (학교, 회사 등에서) 잡일을 하는 심부름군. 사환. an office-servant

こづかい(せん)[小遣い(銭)]―ヅカヒ(―)(명) 잡비로 충당되는 돈. 용돈. pocket-money

こっかく[骨格·骨骼](명) 골격. 고등 생물의 몸을 형성하는 일체의 뼈 조직. 뼈대. frame

こつがめ[骨瓶](명) 유골을 넣는 항아리. an urn

こつがら[骨柄](명) ①체격. 골격. ②사람의 됨됨이. 인품. 1. build 2. character

こっかん[国患](명) 나라의 재난. 국난(国難). a national disaster

こっかん[国漢](명) 국어(国語)와 한문(漢文).

こっかん[国管](명) 국가 관리의 준말. 「一炭鉱(タンコウ); 국가가 관리하는 탄광」

こっかん[骨幹](명) 골간. 뼈대. 골격. the diaphysis

こっかん[酷寒](명) 혹한. 혹독한 추위. severe cold

ごっかん[極寒](명) 극한. 극도의 추위. 지독한 추위. 「一と戦(タタカ)う; 극한과 싸우다」 severe cold

こっき[克己](명·자サ) 극기. 자기의 욕심이나 사념(邪念)을 이겨 냄. 「一心(シン); 극기심」 self-control

こっき[国基](명) 국기. 나라의 기초. the foundation of a nation

こっき[国旗](명) 국기. 한 나라를 대표하는 기. the national flag

こっきょう[国教](명) 국교. 국가가 특별히 보호하며 백성으로 하여금 믿게 하는 종교. a state religion

こっきょう[国境](명) 국경. 국토의 경계. the border

こっきり(수조)〈속〉 뿐. 「一度(イチド)―; 한 번뿐」

こっきん[国禁](명) 국금. 국법으로 금하는 것. 「一をおかす; 국법으로 금하는 일을 범하다」 national interdict

こっく[刻苦](명·자サ) 각고. 몹시 힘들임. 「一勉励(ベンレイ); 매우 노력함」 labour

コック[cock](명) 콕. 옆으로 돌려서 열었다 닫았다 하는 꼭지. 고동. 「ガスの―; 가스의 고동」

コック[네 kok](명) 콕. 요리인. 요리사. 쿡.

こづ·く[小突く](타4) ①콕콕 찌르다. ②찔러서 깨다. ③들볶다. 못살게 굴다. 1. poke 3. harass

ごっく[獄苦](명) 옥고. ①감옥 살이의 고통. ②지옥의 고통. 1. the privations and hardships of prison life

コックス[cox](명) 〔콕스웨인(coxswain)의 준말〕 콕스. (보우트 경기의) 타수(舵手). 정장(艇長).

こっくり(부·자サ) ①(빛깔, 맛 등이) 알맞고 고상한 모양. ②머리를 꾸벅하는 모양.

こづくり[小作り](형동ダ) ①구조가 작은 모양. ②덩지가 작은 모양. 「一な男(オトコ); 몸집이 작은 사나이」 1. undersize

こっくん[国訓](명) 한자(漢字)를 훈(訓)으로 읽는 것. 예: 山(ヤマ).

こづけ[小付·小附](명) ①큰 하물(荷物)에 덧붙는 소화물. ②부담 위에 덧붙는 부담. 1. an additional small pack

こっけい[国警](명) 나라의 경찰. 「一本部(ホンブ); 국가 경찰 본부」↔県警(ケンケイ), 市警(シケイ). the national police

こっけい[酷刑](명) 혹형. 가혹한 형벌. a severe punishment

こっけい[滑稽](명·형동ダ) 골계. ①우습광스러움. ②익살. 재담. 농담. 해학(諧謔). 1. jocularity

こっけん[国権](명) 국권. 국가의 권력. sovereign rights

こっけん[国憲](명) 국헌. 국가의 기본 법규. the national constitution

こっけん[黒鍵](명)〈악〉피아노, 오르간 등의 검은 건(鍵). a chromatic key

こっこ[国庫](명) 국고. 나라의 현금을 보관, 출납하는 기관. the national treasury

—ごっこ(접미) 흉내 내며 여럿이 노는 놀이.「おに—; 술래 잡기」 「diplomatic relations↘

こっこう[国交](명) 국교. 나라와 나라 사이의 교제.

ごつごうしゅぎ[御都合主義](명) 기회(機会)주의. 편의(便宜)주의. opportunism

こっこく[刻刻](부) 각각. 시시 각각(時時刻刻).「—と水(ミズ)かさが増(マ)す; 시시 각각으로 수량(水量)이 붇다」 every moment

こつこつ[矻矻](부) 쉬지 않고 하는 모양. 착실하게 노력하는 모양.「—努力(ドリョク)する; 끈기 있게 노력하다」 untiringly

こっし[骨子](명) 골자. 요점. 요지(要旨).「文章(ブンショウ)の—; 문장의 요점」 the gist

こっし[骨脂](명) 골지. 주로 쇠뼈에서 뽑는 지방(脂肪). 비누의 원료.

こつじき[乞食](명) 걸식. ①중이 집집마다 다니며 쌀이나 돈을 구걸하는 일. 탁발(托鉢). ②거지. ⇨:こじき. 1. religious mendicancy 2. a beggar

こっしつ[骨質](명) ①골질. 동물의 뼈와 같은 물질. ②〈생〉동물의 딱딱한 뼈를 만들고 있는 섬유성(纖維性) 물질. 1. bony tissue

こっしょ[忽諸](명) ①소홀히 하는 것.「—に(付)する; 소홀히 하다」②갑자기 사라지는 것. 1. negligence

こつずい[骨髄](명) 골수. ①〈생〉뼈 속에 찬 지방 모양의 조직. ②마음속.「うらみ,—に徹(テッ)する; 원한이 골수에 사무치다」③요점. 안목(眼目). 1. the marrow 2. one's heart

こっせつ[骨折](명·자サ) 골절. 뼈가 부러짐. 절골(折骨). a fracture of bones

こつぜん[忽然](부) 홀연. 갑자기. 돌연.「—として消(キ)える; 홀연히 사라지다」 suddenly

こっそう[骨相](명) 골상. ①뼈대의 짜임새나 그 위에 나타난 길흉 화복의 상. ②얼굴의 뼈대. 2. physique

こっそり(부) 살짝. 몰래. secretly

ごっそり(부)〈속〉①많이 모여 있는 모양. ②(많은 물건을) 죄다. 모두.「—とられた; 몽땅 빼앗겼다」 1. in a mass 2. entirely

ごった(부) 난잡한 모양. confusingly. **—がえ·す**[ごった返す]—ガヘス(자 4) 매우 혼잡하다.「車内(シャナイ)が—; 차내가 매우 혼잡하다」

こづた·う[木伝う]—ヅタフ(자 4) 나무에서 나무로, 또는 가지에서 가지로 건너 뛰다. hop from tree to tree

こったん[骨炭](명)〈이〉골탄. 소, 말 또는 그밖의 동물의 뼈를 건류(乾溜)하여 만든 탄질(炭質)의 물질. 설탕의 탈색(脱色) 및 비료로 쓰임. animal charcoal

こっち[此方](대)〈속〉이쪽. 여기. 이편. here

こづち[小槌](명) 작은 망치. a small mallet

ごっちゃ(명)〈속〉마구 뒤섞인 모양.「—になる; 뒤죽박죽이 되다」 being mixed up

こっちょう[骨張·骨頂](명) ①주장. 역설. 고집 부림. ②장본인. ③제일. 최상(最上).「愚(グ)の—だ; 가장 어리석다」 1. insistence

こつつぼ[骨壺](명) 화장한 뼈를 넣는 항아리. an urn

こつづみ[小鼓](명) 소고. 작은북. 왼손으로 가락을 조종하는 줄을 잡고 오른 손으로 침. a small drum

こづつみ[小包](명) 소포. ①작은 짐. ②〈법〉작은 물건을 포장해서 보내는 우편물. 소포 우편. 1. a parcel

こってり Ⅰ(부자サ) 맛이나 빛깔이 짙은 모양. Ⅱ(부)〈속〉사물의 정도가 심한 모양.

ゴッド[God](명) 고드. 신(神).

こっとう[骨董](명) 골동. ①수집이나 미적(美的) 감상의 대상이 되는 옛 도구나 미술품.「—品(ヒン); 골동품」②실제로 그리 소용되지 않는 옛스러운 물품. 고물. 1. a curio

こつどう[骨堂](명) 유골을 모셔 두는 곳. 납골당(納骨堂). a charnel house

コットン[cotton](명) 코튼. ①면화(綿花). ②면포(綿布). ③면사(綿糸). **—し**[cotton紙](명) 코튼지. 면화 섬유로 만든 두껍고 부드러운 종이.

こつにく[骨肉](명) 골육. ①뼈와 살. ②육친(肉親).「—の間(アイダ)がら; 골육지간」 2. blood relations

こつねん[忽然](부) ⇨こつぜん.

こっぱ[木端](명) ①나무 부스러기. 나무 지저귀. ②아무 쓸모 없는 물건.「—役人(ヤクニン); 쓸모 없는 관리」 1. a chip. **— みじん**[木端微塵](명) 산산조각이 남.

こつばい[骨灰]—バヒ(명)〈속〉⇨こつかい.

こつばこ[骨箱](명) 유골을 넣어 두는 상자. 또는 유골을 넣은 항아리를 넣어 두는 상자. a box for ashes

こつばん[骨盤](명)〈생〉골반. 허리 밑에 있는 넓고 평평한 뼈. the pelvis

こっぴど·い[こっ酷い](형)〈속〉매우 심하다. 혹독하다.「—目(メ)にあわせる; 혼내 주다」 severe

こつひろい[骨拾い](명) ⇨こつあげ.

こつぶ[小粒] Ⅰ(명·형동ダ) ①알(粒)이 작음. 잔 알맹이. ②덩치가 작음. 또는 그런 사람. Ⅱ(명) ①⇨いちぶきん(一分金). ②⇨まめいたぎん(豆板銀). Ⅰ1. a small grain

コップ[네 kop](명) 컵. 유리 따위로 만든 물 마시는 큰 잔.

こっぷん[骨粉](명) 골분. 뼛가루. 사료, 비료 등에 씀.

コッペ(パン)[프 coupé-pain](명) 쿠페(빵). 밑이 평평하고 소가 들지 않은 고구마 모양의 빵.

コッヘル[도 Kocher](명) 코헤르. ①등산할 때 휴대하는 조립식(組立式) 취사(炊事) 도구. ②〈의〉갈고리가 있는 겸자(鉗子).

〔コッヘル①〕

こっぽう[骨法](명) ①뼈대. ②예의 범절. ③(예술 작품 등의) 주안점(主眼点). 1. a frame

こつぼとけ[骨仏](명) ①화장하고 난 다음의 뼈. ②화장한 뒤의 목뼈. (부처가 앉아 있는 모양과 비슷함) 1. ashes

こづま[小褄](명) 옷자락. a skirt
こつまく[骨膜](명)〈생〉 골막. 뼈를 싼 막. 「一炎(エン); 골막염」 the periosteum
こづめ[小爪](명) ①손톱 조각. ②속손톱. 반달. 2. the root of a nail
ごづめ[後詰め](명) 후진(後陣). a rear guard
こづら[小面](명)〈속〉 얼굴. **—にくい**[小面憎い](형) 얼굴을 보기조차 싫다. 얄밉다. 파생 **—にくさ**(명).
こつりつ[骨立](명·자サ) ①몸이 말라서 뼈가 앙상함. ②잎이 진 나무가 쓸쓸히 서 있음. 1. skinny 2. defoliated and lonely
こつりゃく[忽略](명) 홀략. 소홀(疎忽). 등한. 태만. negligence
こて[鏝](명) ①흙손. ②인두. 1. a trowel
こて[小手](명) ①하박(下膊). ②손끝. 솜씨. 「一が利(キ)く; 솜씨가 있다」 ③〔검술에서〕 팔목을 치는 일. 1. a forearm
こて[籠手](명) ①갑옷 부속품의 하나. 팔을 덮는 팔덮개. ②손, 팔뚝을 보호하는 검도(剣道)의 도구. ③(활 쏠 때의) 팔찌. 1. bracelets
ごて[後手](명) ①적에게 기선(機先)을 빼앗김. 수세(守勢)의 입장에 섬. ②뒤떨어짐. ③후진(後陣). ④〔바둑, 장기에서〕 상대의 뒤를 따르는 일. 1. being forestalled 2. too late
こてい[固定](명·자타サ) 고정. ①한곳에 박혀 움직이지 아니함. ②일정(一定)해서 변하지 아니함. 「一した収入(シュウニュウ); 고정된 수입」 fixity. **—しさん**[固定資産](명)〈법〉 고정 자산. 같은 상태로 오랫동안 지속하는 재산. 예: 토지, 건물, 기계 등. ↔流動(リュウドウ)資産.
こてい[湖底](명) 호저. 호수의 밑바닥. the bottom of a lake
こてい[小体](형동ダ)〈속〉 〔주거(住居), 생활 등이〕 조촐하고 아담한 모양.
ごてい[五帝](명) 오제. 중국 고대의 다섯 천자(天子). 황제(黄帝), 전욱(顓頊), 제곡(帝嚳), 요(堯), 순(舜).
コテージ[cottage](명) 코티지. 서양풍의 지붕이 뾰족하고 자그마한 목조(木造) 집. (작은) 별장.
こてき[胡狄](명) 호적. 〔중국에서〕 서방과 북방의 이민족을 일컫는 말. 야만인(野蠻人). barbarians
こてき[鼓笛](명) 고적. 북과 피리. 「一隊(タイ); 고적대」. drum and fife
こてこて(부·자サ)〈속〉 ①양이 많은 모양. 듬뿍. ②흉할 정도로 짙게 칠한 모양. 1. heavily
こてさき[小手先](명) ①손끝. ②재빠른 솜씨. 잔재주. 잔 기지(機知). 1. fingers
こてしらべ[小手調べ](명) 재주를 시험함. 연습. tryout
ごてつ·く(자 4) 혼잡하다. be in disorder
こてなげ[小手投げ](명) 〔씨름에서〕 들어 오는 상대의 팔을 위쪽에서 잡아 비틀어 넘겨 치는 수.
こでまり[小手毬](명)〈식〉 일본갈기조팝나무. 키가 작은 정원목(庭園木). 초여름에 작고 흰 꽃이 핌.
こてまわし[小手回し]—テマハシ(명) ①재빨리 하는 준비. 예비(豫備). ②임기 응변의 기지(機知).
ご·てる(자하 1)〈속〉 ①복잡해지다. ②귀찮게 불평을 늘어 놓다. 1. become confused 2. speak complicatedly
こてん[古典](명) 고전. ①옛 서적. ②시대를 대표하는 전거(典拠)로서 인정받는 고서(古書). 1. an old book 2. classics. **—てき**[古典的](형동ダ) 고전적. 고전의 가치가 있는 모양. 또는 고전이라고 중히 여겨지는 모양.
こてん[個展](명) 개인전. 개인이 여는 전람회. a personal exhibition
こでん[古伝](명) 고전. ①옛부터 전해 내려 옴. 전설. ②옛날 기록. 1. a legend
ごてん[呉天](명) 〔오(呉) 나라 하늘이라는 말에서〕 아득히 먼 이역(異域)의 하늘을 일컫는 말.
ごてん[御殿](명) ①귀인의 집의 높임말. ②궁전(宮殿). a palace. **—じょちゅう**[御殿女中](명) 예전 임금, 장군(将軍), 영주(領主)의 집에서 일하던 하녀(下女).
ごでん[誤伝](명·자타サ) 오전. 사실과 다르게 전해짐. 잘못 전해짐. 와전(訛伝). misrepresentation
ごでん[誤電](명) 사실과 다른 전보. 잘못된 전보. an incorrect telegram
ごてんい[御典医·御殿医](명) 옛날 토쿠가와 막부(徳川幕府)에 근무하던 의사. 전의(典医).
こてんこてん(부)〈속〉 무참하게. 참혹하게. 철저하게. 「一に負(マ)ける; 참패하다」 terribly
こと—[異](조어) 다른. 딴. 「一くに; 이국(異国)」
こと[言](명) 말. 언어. a word
こと[事](명) ①자연, 인사(人事)의 무형(無形)의 현상(現象). 형태가 없는 것. 일. ②사실. 「ほんとうの一; 사실」 ③사건. 큰일. 「さあ,一だ; 자, 큰일이다」 ④사태. 「えらい一になった; (사태가) 곤란하게 되었다」 ⑤사정. 경우. 「一によったら; 사정에 따라서는」 ⑥〔활용(活用)하는 말에 이어서〕 명사와 같은 자격의 말을 만드는 말. 「やめる一ができない; 그만둘 수가 없다」 ⑦내용. 뜻. 「ドッグとは犬(イヌ)の一だ; 도그란 개의 뜻이다」 ⑧경우. 「用心(ヨウジン)しない一には; 주의 않는 경우에는」 ⑨경험. 「洋行(ヨウコウ)した一がある; 외유(外遊)한 경험이 있다」 ⑩관한 일. 「あいつの一だから; 그녀석의 일이니까」 ⑪필요. 「急(イソ)ぐ一はない; 서두를 필요는 없다」 ⑫이야기. 소문. 「あるという一だ; 있다는 소문이다」 ⑬…하는 것이 가장 좋음. 「やはり働(ハタラ)く一だ; 역시 일하는 것이 제일이다」 ⑭다른 방법. 「一もあろうに; 다른 방법도 있을 텐데 (하필이면)」 ⑮간접적인 명령을 나타내는 말. 「枝(エダ)を折(オ)らない一; 가지를 꺾지 말 것」 ⑯연용 수식어(連用修飾語)를 만들어 전체적으로 부사와 같은 역할을 하는 말. 「早(ハヤ)い一やってしまえ; 빨리 해 치워라」 ⑰"…에 대해서 말하면"의 뜻. 「さて, わたくし一…; 그런데 저에 대해서 말하면…」 1. a matter 2. a fact

〔琴①〕

こと[琴](명) ①우리 나라의 거문고와 비슷한 현악기. ②거문고. ③⇨つくしこと(筑紫琴).
こと(감조) 감동, 질문 등을 할 때 쓰는 말.(주로 여성이 씀)「あら, きれいだ―; 어머나, 곱기도 해라」
こと[古都](명) 고도. 옛 도시. an ancient city
こと[糊塗](명·타サ) 호도. 어물어물 넘김. 어물어물 덮어 버림. 「一時(イチジ)の―にすぎない; 일시적인 미봉책에 불과하다」 obscuration
―ごと(접미) …와 함께. …째. 「皮(カワ)―食(タ)べる; 껍질째 먹다」
―ごと[毎](접미) …마다. 「夜(ヨ)―の酒盛(サカモ)り; 밤마다의 술잔치」
ごと[毎](수조) 매양. 이도 저도. 모두. 「春(ハル)―の; 봄마다의」
ごと[如](수조)〈고〉…과 같이.「春(ハル)の―;봄과 같이」
ことあげ[言挙げ](명·자サ)〈고〉 특별히 내세워 말함.
ことあたらし·い[事新しい](형) 새롭다. 일부러인 듯하다. 「事新(コトアタラ)しいことではない; 새삼스러운 일은 아니다」 파생 **―げ**(형동ダ).
ことありがお[事有り顔]―ガホ(명) (어떤) 까닭이 있는 듯한 얼굴. an expressive look
ことい·づ[言出づ](자하 2)〈고〉 말하기 시작하다. 말로 나타내다.
ことい と[琴糸](명) 거문고의 줄.
ことい み[事忌み](명) 부정을 타지 않도록 함. 금기(禁忌). abstinence
ことう[古塔](명) 고탑. 옛 탑. an old tower
ことう[孤島](명) 고도. 해상(海上)에 단 하나 있는 섬. 「絶海(ゼッカイ)の―; 절해 고도」 a solitary island
ことう[孤燈](명) 고등. 외로운 등. a solitary light
ことう[弧燈](명)〈이〉 ⇨アークとう.
こどう[鼓動](명·자サ)〈생〉 고동. (심장 등이) 진동함. 펄떡펄떡 뜀. beat
ごとう[語頭](명) 어두. 말머리. 말의 시작. ↔語尾(ゴビ). the head of a word
ごとう[誤答](명·자サ) 오답. 잘못 대답함. 또는 그 대답. ↔正答(セイトウ). a wrong answer
ごどう[悟道](명)〈불〉 오도. 불교의 진리를 깨달음. attainment of supreme wisdom
こどうぐ[小道具](명) 소도구. ①자질구레한 도구. ②도검(刀劍)의 부속 용품. ③무대에서 사용하는 도구. ↔大道具(オオドウグ). 1. a small tool 3. properties
ことうけ[言承け](명)〈고〉 답. 대답.
ごとうしゃく[五等爵](명) 예전, 일본 화족(華族)의 계급. 공(公), 후(侯), 백(伯), 자(子), 남(男)의 다섯 등급의 작(爵). five peerages
ことうた[琴歌](명) 거문고에 맞추어 부르는 노래. a harp song
ごとうち[御当地](명) 상대가 사는 곳에 가서 그 곳을 높여 일컫는 말. this place of yours
ことお·ぐ[寿ぐ]―ホグ(타 4) ⇨ことほぐ.
ことおさめ[事納め](명) ①일의 마무리. ②옛날 음력 2월 8일에 세신(歲神)을 모신 단(壇)을 치워 버리는 일. ③옛날 음력 12월 8일에 그해의 농사를 끝낸 축하를 하는 일. 1. the last time
ことか·く[事欠く](자 4) 부자유(不自由)하다. 부족하다. 「衣食(イショク)にも―生活(セイカツ); 의식에도 부족한 생활」 want
ことがま·し[言喧し](형シク)〈고〉 ①말이 많다. ②소란스럽다.
ことがら[事柄](명) 일. 일의 모양. 사항(事項). a matter
こときれる[事切れる·絳切れる](자하 1) ①끝나다. ②죽다. ③낙착되다. 1. finish 2. die
こどく[孤独](명·형동ダ) 고독. ①돌봐 주는 사람 없는 아이나 노인. ②외로움. 1. an orphan and a bachelor 2. solitude
ごとく[五徳](명) ①다섯 가지 덕. 오덕. 지(智), 신(信), 인(仁), 용(勇), 엄(厳). ②(다리가 셋 또는 넷 달린) 삼발이. 1. five virtues 2. a fire iron crest
ごとく[悟得](명·타サ) 오득. 깨달음을 얻음. attainment of spiritual awakening
ごどく[誤読](명·타サ) 오독. 잘못 읽음. misreading
ことぐさ[言種](명) ①〈고〉 평시의 말버릇. 버릇이 된 말투. ②〈고〉 구실. 핑계 거리. ③항간(巷間)의 화제 거리. 이야깃거리. 「this and that
ことごと[事事](명·부) 여러 가지 일. 모든 일. ⤴
ことごとく[尽く·悉く](부) ①남김 없이. 모두. ②상세히. ③참으로. 실로. 1. all
ことごとし·い[事事しい](형) 허풍스럽다. 과장되다. 어머어마하다. 파생 **―げ**(형동ダ) **―さ**(명). pompous
ことごとに[事毎に](부) 사사 건건. 매사(毎事)에. 「―争(アラソ)う; 매사에 다투다」 on every occasion
ことこまか[事細か](형동ダ) 자세한 모양. minute
ことさか[事離](명)〈고〉 해결. 절연(絶緣).
ことさきく[事幸く](연·부)〈고〉 평안(平安)하게. 행복하게. 「the state of things
ことざま[事様](명) 일의 형편. 사태(事態). ⤴
ことざま[異様](명) ①유다름. 색다름. ②딴 데로 마음을 옮김. 변심. ③다른 사람. 다른 방면. 1. strangeness 2. caprice
ことさ·む[事醒む](자하 2)〈고〉 흥이 깨지다.
ことさら[殊更](부·형동ダ) ①일부러. 짐짓. 고의(故意)로. ②특별한 모양. 특히. 1. on purpose 2. especially. **―め·く**[殊更めく](자 4) 고의(故意)인 것처럼 보이다. 타 こと更めかす(4).
ことし[今年](명) 금년. 올해. this year
ことじ[琴柱]―ヂ(명) 거문고 통 위에 세워, 줄을 버티고 음을 조절하는 것. a bridge
ごと·し[如し·若し](조동·형ク) ①…비슷하다. …같다. 「雪(ユキ)の―; 눈과 같다」 ②…라고 추측되다. …인 듯하다. 「大差(タイサ)なきものの―; 큰 차가 없는 듯하다」 ③〔연체형(連体形)에서〕 예로 듦을 나타내는 말. 「彼(カレ)のごとき秀才(シュウサイ); 그같은 수재」 1. be like
ことそ·ぐ[事殺ぐ](타 4)〈고〉 간단히 하다. 생략하다.
ことそばえ コトソバヘ(명)〈고〉 장난질. 희롱.

ことたえに ―タヘニ(연어·부)〈고〉 특별히. 고의로. 일부러. 새삼스레.
ことだ·てる[事立てる](자하 1) ①색다른 일을 하다. ②일을 크게 만들다. 일을 덧들이다. 1. do a striking thing 2. aggravate
ことだま[言霊](명) 말을 신령시(神霊視)한 일컬음. 말의 신묘한 힘. the miraculous power of language
ことた·りる[事足りる](자상 1) 충분하다. be sufficient
ことづけ[言付け](명) ①전갈. 전언(伝言). ②구실. 핑계. 1. a message 2. a pretext
ことづ·ける[言付ける] Ⅰ(자하 1) 빙자하다. 구실을 붙이다. Ⅱ(타하 1) 전갈하다. Ⅰ make a pretext of
ことづて[言伝](명) ①전언. 전갈. ②간접(間接)으로 들음. 전문(伝聞). 1. a message
ことづめ[琴爪](명) 거문고를 탈 때 손가락에 끼는 손톱 모양의 깍지. a plectrum
ことと·う[言問う]―トフ(자 4) ①말을 걸다. ②묻다. ③방문하다. 1. speak to with
ことと·する[事とする](타サ) 업(業)으로 하다. 전렴(専念)하다. devote oneself to
ことなかれしゅぎ[事勿れ主義](명) 아무 사건도 없기를 바라는 소극적인 사고 방식. 무사주의(無事主義). 안일주의(安逸主義). a peace-at-any-price principle
ことなく[事無く](부) 무사히. 아무 일 없이. 「夏休(ナツヤス)みも一終(オ)わった; 여름 휴가도 아무 일 없이 끝났다」 without accident
ことな·し[殊無し](형ク)〈고〉(이 위에) 더 없다.
ことなしび[事無しび](명)〈고〉 아무렇지도 않은 태도. 아무 것도 모르고 있는 모습.
ことな·す[言成す](타 4)〈고〉 문제 삼아 떠들다. 평판(評判)하다.
ことな·る[異なる](자 4) ①다르다. ②특별하다. 뛰어나다. 1. differ 2. be unusual
ことに[殊に](부) ①특히. ②더구나. 그 위에. 1. especially 2. moreover
ごとに[毎に](수조) ①…은 모두. 어떤 …도. 「あう人(ヒト)―; 만나는 사람마다」 ②…때마다(점점). 「ひと雨(アメ)―; 비가 한 번 올 때마다」 2. whenever
ことにが·し[事苦し](형ク)〈고〉 재미 없다. 불쾌하다.
ことにする[異にする](연어·타サ) ①달리하다. 「意見(イケン)を―; 의견을 달리하다」 ②특별히 하다. 구별하다. 1. differ from 2. discriminate
ことによると[事に依ると](연어·부) 경우에 따라서는. 자칫하면. 어쩌면. possibly
ことのついで[事の序で](연어·명) 그 기회에. …하는 김에. 「あの一に書(カ)きしるした; 그 기회에 적어 놓았다」 chance
ことのは[言の葉](명) ①말. ②와카(和歌). 1. words
ことのほか[殊の外](부) ①뜻밖에. ②더 없는. 특별한. 「一感(カン)じ入(イ)る; 특별히 감동하다」 1. unexpectedly
ことば[言葉·詞](명) ①언어(言語). ②언어를 문자로 나타낸 것. 문장(文章). ③문구(文句). 단어(単語). ④말투. 말씨. ⑤구실. 1. a language 2. written words. **―がき**[詞書き](명) ①와카(和歌)의 첫머리에 적어 놓는 글. ②두루마리 그림의 설명문. ③대화(対話)의 글. **―がたき**[言葉敵](명) 말 상대. 의논 상대. **―じり**[言葉尻](명) (잘못된) 말의 끝. 말꼬리. 「―をとらえる; 말꼬리를 잡다」 **―づかい**[言葉遣い]―ヅカヒ(명) 말을 사용하는 방법. 말하는 투. **―つき**[言葉付き](명) 말씨. 말버릇. 말투. **―のあや**[言葉の綾](연어·명) 말의 멋진 곳. 말의 뉘앙스.
ことばえ[事映](명)〈고〉 명예. 영예. 체면.
ことはじめ[事始め](명) ①예전 음력 2월 8일에 처음으로 농사일에 착수하던 일. ②새로 일에 착수함. ③일의 시작. 남상(濫觴). 「蘭学(ランガク)の―; 〔일본에서〕 네덜란드 학문의 시작」 2. commencement
ことびと[異人](명) 다른 사람. 남. 타인(他人). another person
ことぶき[寿·壽](명) ①축수. 축복. ②수명(寿命). 장수(長寿). 1. congratulations 2. longevity
ことぶ·く[寿く](타 4) ⇨ことほぐ.
ことふ·る[事旧る](자상 2) 낡아지다. 구식이 되다.
ことぶれ[事触れ](명) 어떤 일을 널리 알리며 돌아다님. 또는 그 사람. 「春(ハル)の―; 봄 소식」
ごとべい[五斗米](명) 오두미. ①다섯 말의 쌀. ②근소한 봉록(俸禄). 「―に節(セツ)をまげる; 하찮은 봉록에 절개를 굽히다」
ことほ·ぐ[寿ぐ·言祝ぐ](타 4) 축하하는 말을 하다.
ことほどさように[事程左様に](연어·부) 그 정도로. 그렇게. 그만큼.
ことみ[事見](명)〈고〉 구경. 구경거리.
ことむ·く[言向く](타하 2)〈고〉 정복하여 복종시키다.
ことむすび[言結び](명)〈고〉 구약(口約). 구두 약속.
こども[子供](명) ①〈고〉 사람들. 「いざ―; 자, 여러분」 ②많은 아이들. ③어린이. 아동. 「―あつかい; 어린애 취급」 ④아들. 딸. ⑤아직 생각하는 바가 어린 사람. 유치한 사람. 2. many children 3. a child. **―ごころ**[子供心](명) ①어린이의 마음. ②어린 마음. **―だまし**[子供騙し](명) ①어린이를 속임. ②천박하고 정도가 낮은 것. 또는 그런 사람. **―のひ**[子供の日](명) 어린이날. 5월 5일.
こともおろか[言も愚か](연어) 말할 것도 없이. 물론. it goes without saying
こともなげ[事も無げ](연어·형동ダ) 아무렇지도 않게 생각하는 모양. 「―にいう; 아무렇지도 않게 말하다」 ㉾事も無げに. careless
こともの[異物](명)〈고〉 다른 것. 그밖의 것.
ことゆ·く[事行く](자 4)〈고〉 일이 순조롭게 진척되다.
ことゆえ[事故](명)〈고〉 사고. 고장(故障). 지장.
ことよう[異様](명·형동ナリ)〈고〉 색다름. 유별남.
ことよ·す[言寄す](자하 2)〈고〉 ①말을 걸다. ②세상 사람들이 떠들어대다. 뒷공론하다. ③위탁(委託)하다. 전갈하다.
ことよ·す[事寄す](타 4·하 2)〈고〉 ①위임(委任)하다. 위탁(委託)하다. ②핑계를 대다.

ことよ·せる[事寄せる](자하 1) 핑계하다. make a pretext of
ことり[小鳥](명) (참새 등과 같은) 작은새. a small bird
ことわ·く[辞別く](자 4)〈고〉 말을 달리 하여 말하다.
ことわけ[事訳](명) 사유(事由). circumstances
ことわざ[諺](명) 속담. 금언(金言). 경구. a proverb
ことわざ[事業](명) 사업. 일. work
ことわり[理](명) ①도리(道理). 이치(理致). ②이유(理由). ③물론(勿論). 당연(当然). 1. 2. a reason
ことわり[断わり](명) ①미리 알림. 미리 양해를 얻음. ②사절(謝絶). 사퇴(辞退). 거절. ③사과(謝過). 1. notice 2. declining
ことわ·る[理る](타 4)〈고〉 조리 있게 판단하다. 사리(事理)를 판별(判別)하다.
ことわ·る[断わる](타 4) ①미리 알려 두다. 미리 양해를 얻다. ②사절하다. 사퇴(辞退)하다. ③용서하지 아니하다. 거절하다. ④변명하다. ⑤사과하다. ⑥해고(解雇)하다. 1. give notice 2. decline
こな[粉](명) 분. 가루. 분말. powder
こないだ コナヒダ(명)〈속〉"このあいだ(요즈음)"의 준말.
こなか[子中](명) 자식을 가진 부부 사이.
こなぐすり[粉薬](명) 가루약. powdered medicine
こなごな[粉粉](부) 가루가 된 모양. 박살이 난 모양. 「—にする; 박살을 내다」 to pieces
こなさん(대) 〔옛날 여성 용어로〕 이분. 당신.
こなし[科·熟](명) ①소화(消化). ②사물을 다루는 솜씨. ③동작. 태도. 표정. 「身(ミ)の—; 몸의 동작」 ④연기(演技). 1. digestion
こな·す(타 4) ①잘게 빻다. ②소화하다. ③잘 다루다. 익숙하다. 「外国語(ガイコクゴ)を—; 외국어에 익숙하게 되다」 ④비방(誹謗)하다. 1. reduce to powder 2. digest
こなた[此方] Ⅰ(명) 이후(以後). 이래(以来). Ⅱ(대) ①이쪽. 이곳. 「—かなた; 이쪽 저쪽」 ②나. 본인. ③당신. 너. Ⅰ since Ⅱ 1. here
こなまいき[小生意気](형동ダ) 얄밉게 건방진 모양. impertinent
こなみじん[粉微塵](명) 매우 곱게 빻음. 가루나 먼지처럼 자디잔 것. 「—になる; 산산조각이 되다」 fragments
こなゆき[粉雪](명) 가루처럼 자디잔 눈. 가랑눈. powdery snow
こなれ(명) 소화(消化). digestion
こな·れる(자하 1) ① 가루가 되다. ②소화되다. 「食(タ)べたものが—; 먹은 것이 소화되다」 ③섞여서 융합되다. ④익다. 숙련(熟練)되다. 1. be reduced to powder 2. be digested
ごなん[御難](명) 재난의 높임말. 「—にあう; 재난을 당하시다」
こにくらし·い[小憎らしい](형) 대단히 미워서 화가 나다. 얄밉다. 파생 **—げ**(형동ダ) **—さ**(명). repulsive
こにだ[小荷駄](명) ①말에 실는 짐. ②군량(軍糧). 1. a pack on horseback
ごにち[後日](명) 후일. 뒷날. other day
こにもつ[小荷物](명) 소하물. ①〔철도에서〕 주로 객차에 실어 운반하는 작은 하물. ②한 사람이 휴대할 수 있는 작은 짐. 1. a luggage
コニャック[프 cognac](명) 코냑. 브랜디의 한 가지. 포도주를 증류하여 만듦.
ごにゅう[悟入](명·자サ)〈불〉 오도(悟道)의 세계에 들어 감. enlightenment by the truth
ごにん[誤認](명·타サ) 오인. 잘못 인정함. misconception
ごにんぐみ[五人組](명) 5인조. ①다섯 사람으로 이루어진 작은 단체. ②에도(江戸) 시대 다섯 집으로 이루어졌던 자치 단체. 각종 사고, 기독교 취체의 연대 책임을 졌음. 1. a group of five persons
こにんずう[小人数](명) 적은 인원 수. a few persons
ごにんばやし[五人囃子](명) 히나(雛) 인형의 하나. 노래와 피리, 북 등의 합주 모양을 본뜬 다섯 인형. the five musician-dolls
こぬか[小糠·粉糠](명) 쌀겨. 고운 겨. 「—三合持(サンゴウモ)ったら養子(ヨウシ)に行(ユ)くな; 쌀겨 서 홉만 가졌거든 양자로 들지 말라」 rice-bran. **—あめ**[小糠雨·粉糠雨](명) 가랑비.
こぬれ[木末](명) ⇨こずえ.
こねかえ·す[捏ね返す]—カヘス(타 4) ①반죽하다. ②의논(議論) 등을 해서 일을 더욱 분규시키다. 1. knead 2. entangle
コネ(クション)[connection](명) 코넥션. (사람과 사람 사이의) 관계. 연줄. 「—で出世(シュッセ)する; 연줄로 출세하다」
こねく·る[捏くる](타 4)〈속〉 ⇨こねる.
こねずみ[濃鼠](명) 짙은 쥐색. dark grey
こねどり[捏ね取り](명) (떡을 칠 때 옆에서) 욱여 넣음. 또는 그 사람. 반죽함. 또는 그 사람. kneading
こねまわ·す[捏ね回す]—マハス(타 4) 고르게 되도록 반죽하다. knead
こねりがき[木練柿](명) 나무에 달린 채 빨갛게 잘 익은 감. 홍시. a well-ripened persimmon on a tree
こ·ねる[捏ねる](자하 1) ①반죽하다. ②휘젓다. ③떼쓰다. 억지 부리다. 「だだを—; 떼를 쓰다」 1. knead 3. annoy a person by
ご·ねる(자하 1)〈속〉 "ごねはん(御涅槃)"의 변화. ①죽다. ②생트집을 잡다. 1. die
ごねん[御念](명) "ねん(念)"의 높임말. 마음. 정성. 「—の入(イ)ったお手紙(テガミ); 정성 어린 편지」 worry
この[此の](연체) 자기에게서 가장 가까운 것을 가리키는 말. 이. 「—上(ウエ)ない; 더없는 (최상의)」 this
このあいだ[此の間]—アヒダ(명·부) ①이사이. ②전날. 수일 전. 2. these few days
ごのう[御悩](명) 병(病)의 높임말.
このうえない[此の上無い]コノウヘ—(연어·형) 이 위에 더없는. 무상(無上)의. 최고의. 「—光栄(コウエイ); 무상의 영광」 supreme
このえ[近衛](명) 군주(君主)를 가까이에서 경호하는

사람. 또는 그들이 있는 관청. guards of the Imperial Palace. ―ふ[近衛府](명) 근위부. 육위부(六衛府)의 하나. 궁성(宮城)을 경호하고 의장(儀仗)을 맡던 관청.

このかた[此の方] Ⅰ(대) ①이 사람의 높임말. 이분. ②이곳. 여기. Ⅱ(명) 이후. 그로부터. 이래. 「三年(サンネン)―; 3년 이래」 Ⅱ since

このかみ(명)〈고〉 ①장남(長男). ②형(兄). 또는 누님. ③연장자(年長者). ④수령(首領). 두목.

このかん[此の間](연어·명·부) 이사이. 이즈음. 요사이. during this period

このきみ[此の君](명) 대나무의 다른 이름. 중국 고사(故事)에 기인함. a bamboo

このくれ[木の暗](명)〈고〉 나무가 무성해서 어두움. 또는 그곳.

このごろ[此の頃](명) 근래. 요즈음. recently

このさい[此の際](명·부) 차제. 이 경우. 이때. the present occasion

このさき[此の先](명) ①앞으로. ②장래. ③이후. 금후(今後). 1. farther on 2. future 3. hereafter

このした[木の下](명) 나무 밑. 「―かげ; 나무 그늘」 under a tree

このじゅう[此の中](명) 이 동안. during this period

このしろ[鰶·鰣](명)〈동〉 전어. 기름기가 많아 구우면 냄새가 강함. 〈학명〉 Chatoessus punctatus

このせつ[此の節](명) 요즈음. 근래. nowadays

このたび[此の度](명) 이번. 금번. this time

このあと[此の後](명) 금후(今後). 이후. hereafter

このは[木の葉](명) ①나뭇잎. ②낙엽. 1. leaves. ―**ずく**[木の葉木菟]―ヅク(명)〈동〉 ⇨ぶっぽうそう(仏法僧). ―**とりづき**[木の葉採月](명) 음력 4월의 다른 이름.

このぶん[此の分](명) 이 모양. 이 상태. 「―では雨(アメ)もやみそうだ; 이 상태 같아서는 비도 그칠 것 같다」 at this rate

このほど[此の程](명·부) 요즈음. 최근. 이번. nowadays

このま[木の間](명) 나무와 나무 사이. through the branches

このまし·い[好ましい](형) ①호감이 가다. 「―青年(セイネン); 호감이 가는 청년」 ②바람직하다. 「好(コノ)ましくない人物(ジンブツ); 바람 직하지 못한 인물」 파생 ―**げ**(형동ダ) ―**さ**(명). 1. agreeable

このまま[此の儘](명) 이대로. 현재와 같이. as it is

このみ[好み](명) ①좋아함. 즐김. ②바람(望). 주문(注文). 「お―しだい; 희망하는 대로」 ③유행(流行). 기호(嗜好). 1. liking 2. choice

このみ[木の実](명) 나무 열매. fruits

この·む[好む](타 4) ①좋아하다. 즐기다. ②사랑하다. ③바라다. 주문(注文)하다. 1. like

このめ[木の芽](명) 나무 싹. buds of a tree

このもかのも[此の面彼の面](대)〈고〉 이곳 저곳. 여기 저기.

このもし·い[好もしい](형) ⇨このましい. 파생 ―**げ**(형동ダ) ―**さ**(명).

このや[此の家](연어·명) 이 집. 「―の あるじ; 이 집 주인」 this house

このゆえに[此の故に]―ユエニ(연어·접) 이러므로. 이런 까닭에. so that

このよ[此の世](명) ①이승. 현세(現世). ②현대. ③세간(世間). 1. this life 2. the modern world

このように[此の様に](부) 이 모양으로. 이와 같이. 이대로. such

このわた[海鼠腸](명) 해삼 창자로 담근 젓. salted entrails of the trepang

このんで[好んで](부) ①기꺼이. 즐겨. 「―出場(シュツジョウ)する; 기꺼이 출장하다」 ②잘. 종종. 때때로. 「―書(ショ)を読(ヨ)む; 책 읽기를 즐기다」 1. by choice

こは[此は·是は](감) 이거 (참).

こば[木端](명) ①깎아 낸 나뭇조각. 하찮은 것. ②끝. 가장자리. 1. a scrap of wood 2. edge

ごば[後場](명)〈경〉 후장. 〔거래소에서〕 오후의 입회(立会). ↔前場(ゼンバ). the afternoon market

こばい[故買](명) 고매. 장물(贓物)인 줄 알면서 삼. 「―者(シャ); 장물 고매자」 purchasing stolen goods

ごはい[誤配](명·타サ) (우편물 등을) 잘못 배달함.

こはいかに[此は如何に](연어·부) 이 어찌 된 일인가. 「帰(カエ)ってみれば―; 돌아 와 보니 이 어찌 된 일인가」 By Heavens!

こばか[小馬鹿·小莫迦](명) 좀 어리석음. 또는 그 사람. 「―にする; 바보 취급하다」

こはく[琥珀](명) ①〈광〉 호박. 수지(樹脂)가 땅속에 파묻혀 수소, 산소, 탄소 등과 화합하여 돌처럼 굳어진 것. ②호박단(琥珀緞)의 준말. 1. amber

ごはさん[御破算](명) ①〔주판에서〕 계산(計算)을 떨어 버리고 영(零)으로 만드는 일. 다시 놓기. 「―で願(ネガ)いましては; 다시 놓기로 부탁하건대」 ②백지 상태로 돌림. 「―にする; 백지화하다」 1. calculating anew

こばしり[小走り](명·자サ) 종종걸음. 빠른 걸음. trot

こはぜ[鞐](명) 서질(書帙), 왜버선, 각반 등을 끼우는 손톱처럼 생긴 꽂이. 파아스너. a clasp

こはそも[此はそも](연어·감) 놀랄 때나 갑자기 생각났을 때 등에 하는 말. 이건 또. 「―いかに; 이건 또 어떻게 된 거야」

こはだ[小鰭](명)〈동〉 전어 새끼.

こばな[小鼻](명) 콧방울. 코끝의 좌우에 볼록하게 내민 부분. the wings of the nose

こばなし[小話·小咄](명) 짧은 이야기. 우스운 이야기. a storiette

こはば[小幅](명) 큰 폭의 반폭. 약 36 *cm*. single breadth

こば·む[拒む](타 4) 거절하다. 거부하다. 「就任(シュウニン)を―; 취임을 거부하다」 reject

こばら[小腹](명) ①아랫배. 하복(下腹). ②조금 화가 남. 「―が立(タ)つ; 약간 화가 나다」 1. the abdomen

ごばらい[後払い]―バラヒ(명) 후불. 후에 지불함.

こはる[小春](명) 음력 10월.(봄 기운이 돌기 때문에) **—びより**[小春日和](명) 음력 10월의 따뜻한 날씨.
コバルト[cobalt](명) 코발트. ①〈이〉 니켈 비슷한 금속 원소. 회백색으로 자성(磁性)이 강하며 잘 늘어남. 합금(合金)의 원료. 기호는 Co. ②하늘색. 코발트색.「—色(イロ); 코발트색」 **—ブルー**[cobalt blue](명) 코발트블루우. 코발트 청(青). 짙은 청색(青色)의 안료(顔料).
こはん[古版](명) 옛날 책판(冊版). 옛날의 책.
こはん[孤帆](명) 외로운 돛(배). a solitary sail
こはん[湖畔](명) 호반. 호숫가. a lake side
こばん[小判](명) ①옛날 얇은 타원형의 금화(金貨). 한 닢은 한 냥(両)에 해당. ②(종이 등의) 규격이 작음. ↔大判(オオバン). 1. a gold coin 2. small size. **— ざめ**[小判鮫](명)〈동〉 빨판상어. 등지느러미가 빨판 모양으로 변형(変形)해서 그것으로 큰 고기나 배(船)에 붙어 다님.
ごはん[御飯](명) 밥의 공손한 말. boiled rice. **—むし**[御飯蒸し](명) 찬 밥을 데우는 그릇. 찜통.
ごはん[誤判](명) 오판. 그릇된 판단이나 판결.
ごばん[碁盤](명) 바둑판.「—割(ワ)り; 바둑판 모양으로 구획함」 **—じま**[碁盤縞](명) 바둑판 무늬.
こはんぎん[小半斤](명) 1 근의 4분의 1.
こはんじかん[小半時間](명) 약 반시간. nearly half an hour
こはんとき[小半時](명) 옛날 하루를 12시로 나눈 1 시각의 4분의 1. 30 분. half an hour
こはんにち[小半日](명·부) 한나절. 하루의 반.「—かかる; 한나절 걸리다」
こび[媚](명) 아첨. 아양. flattery
ごび[語尾](명) 어미. ①말의 끝. ↔語頭(ゴトウ). ②〔문법에서〕 어간(語幹)에 붙어 변화하는 부분. 예: "書(カ)かない", "書きます"의 "か", "き" 등. ↔語幹(ゴカン). 1. words' ending
コピー[copy](명) 코피. ①(서류 등의) 복사. 사본. ②초고(草稿). 초안(草案). ③(광고의) 문안(文案).
こびき[木挽き](명) 재목(材木)을 켬. 또는 그 사람. a sawyer
こひざ[小膝](명) 무릎.「—を打(ウ)つ; 무릎을 치다」
ゴビさばく[Gobi 沙漠](명)〈지〉 고비 사막. 중앙 아시아 동북부에 있는 큰 사막. 동은 흥안령(興安嶺), 서는 알타이 산맥에 이르며 몽고의 대부분을 차지하고 있음.
こひつ[古筆](명) 옛사람의 필적(筆跡). old writing. **— ぎれ**[古筆切れ](명) 고인의 필적의 단편(断片).
こひつじ[小羊·羔](명) ①작은 양(羊). ②양이나 염소의 새끼. 2. a lamb
こびと[小人](명) ①난장이. ②무인(武人)의 집에서 잡일을 하는 하인. 1. a dwarf 2. a petty servant
こびへつら·う[媚び諂う]—ヘツラフ(자 4) 아첨하다. 알랑거리다. flatter
ごびゅう[誤謬](명) 오류. 틀림. 그릇됨. a mistake
こひょう[小兵](명·형동ダ) ①활을 당기는 힘이 약함. ②체격이 작음. 또는 그런 사람. 1. being a short archer 2. small stature
こびりつ·く(자 4)〈속〉 착 달라붙다. 꽉 붙다. stick to
こひる[小昼](명) ①낮에 가까운 시각. ②조반과 점심 사이의 곁두리. 1. a little before noon
こ·びる[媚びる](자상 1) ①아첨하다. 영합하다. ②요염하게 꾸미다. 아양 부리다. 1. flatter 2. coquet
こびん[小鬢](명) 귀밑털. 살쩍. the side lock over the ear
こふ[誇負](명·타サ) 자랑으로 삼음. being proud of
こぶ[瘤](명) ①병적인 원인에 의하여 근육이 굳어지거나 피가 모여 피부의 국부가 기형적으로 불거진 것. 혹.「らくだのせなかの—; 육봉(肉峰). (낙타 등의 혹)」 ②거추장스러운 것. 장애물.「目(メ)の上(ウエ)の—; 눈의 가시(가까이에 있는 귀찮은 존재)」 ③어린 아이.「—付(ツ)き; 아이가 딸린 것」 1. a wen
こぶ[昆布](명)〈식〉 ⇨こんぶ.
こぶ[鼓舞](명·타サ) 고무. ①북을 치며 춤을 춤. ②추어 주어 용기가 나게 함.「志気(シキ)を—する; 사기를 돋우다」 1. tapping a tabor and dancing 2. encouragement
ごふ[護符](명) 호부. 신비스러운 힘으로 몸을 지켜 준다는 부적. 호신부. a charm
ごぶ[五分] ①5 푼. ②서로 차이가 없이 비슷함.「実力(ジツリョク)は——だ; 실력은 비슷비슷하다」 1. five per cent 2. evenness
ごぶいん[御無音](명) 〔서한문에서〕 상대를 방문, 문안하지 못함. 격조(隔阻).「—に打(ウ)ち過(ス)ぎ; 오랫동안 소식 드리지 못하와」 silence
こふう[古風](명·형동ダ) 고풍. ①옛 풍모. ②구식(旧式). ③고체(古体)의 시. 1. an antique style 2. archaism
ごふう[護符](명) ⇨ごふ.
ごふうじゅうう[五風十雨](연어·명) ①닷새마다 바람이 불고 열흘마다 비가 옴. 기후가 매우 순조로움. 우순 풍조(雨順風調). ②세상이 평화로움. 1. seasonable weather
こぶか·い[木深い](형) 나무가 우거지다.「—山奥(ヤマオク); 나무가 우거진, 후미진 산속」 thick
こふく[鼓腹](명·자サ) 고복. ①배를 두드림. ②세상이 평안하고 백성의 생활이 넉넉함. 1. beating the belly 2. peaceful livelihood
こぶく[子福](명) 자식 (복)이 많음. a large family. **—しゃ**[子福者](명) 자녀가 많은 사람.
ごふく(もの)[呉服(物)](명) 견직물(絹織物). ↔太物(フトモノ). ②옷감의 총칭. 포목(布木).「—屋(ヤ); 포목전」 drapery
ごぶさた[御無沙汰](명·자サ) 오랫동안 격조(隔阻)함.「—のおわび; 격조했던 데 대한 사과」 long silence
こぶし[拳](명) 주먹. a fist
こぶし[辛夷](명)〈식〉 백목련(白木蓮). 봄에 잎이 없는 가지에서 큰 꽃이 핌.
こぶし[古武士](명) (무사도(武士道)를 지킬 줄 아는) 옛날 무사(武士). a knight

ごふしょう[御不承](명·자サ) ①"ふしょう(싫어 함, 귀찮아 함)"의 높임말. 「—でしょうが; 폐가 되겠읍니다만」 ②싫으면서 하는 승낙(承諾)의 높임말.「—願(ネガ)います; 무리하지만 승낙해 주시기 바랍니다」
ごふじょう[御不浄](명) 〔여자들이 주로 쓰는 말로〕 변소. a toilet
こぶしん[小普請](명) 소규모의 건축이나 수리.
こぶつ[古仏](명) 고불. 옛 불상(仏像).
こぶつ[古物](명) 고물. ①써서 낡은 물건. ②옛부터 전해 오는 물건. 1. a second-hand article 2. an antique
こぶつ[個物](명)〈철〉 감각으로 인식(認識)할 수 있는 하나하나의 대상(対象). 개체(個体). ↔普遍(フヘン).
こぶつき[瘤付](명) ①혹이 붙어 있음. ②귀찮은 사람이나 어린이를 거느리고 있는 일. 1. having a knob
ごぶつぜん[御仏前](명) ①부처님 앞. 불전(仏前). ②불교식 장례에서 향전(香奠)이나 공물(供物) 등에 적는 말.
こぶとり[小肥り](명·자サ) 조금 살이 찜. plumpness
ごふない[御府内](명) 옛날 행정 구역으로서의 에도성(江戸城) 안.
こぶね[小船·小舟](명) 작은 배. a boat
コブラ[cobra](명)〈동〉 코브라. 인도에서 나는 독사.
コプラ[copra](명) 코프라. 말린 야자 씨의 살. 야자유(椰子油)나 비누의 원료.
ゴブラン(おり)[프 Gobelin (織り)](명) 고블랑직(織). 벽걸이에 사용하는 새, 꽃 등의 큰 무늬가 있는 두꺼운 직물. 또는 그것을 모방해서 만든 직물.
こぶり[小降り](명) 비, 눈 따위가 조금씩 내림. (전보다) 덜 내리다. 「雨(アメ)が—になる; (전보다) 비가 덜 오다」↔大降(オオブ)り, 本降(ホンブ)り. light rain
こぶり[小振り](명) Ⅰ(명) 작은 흔들림. Ⅱ(형동ダ) (다른 것에 비해서) 조금 작은 모양. ↔大振(オオブ)り. Ⅱ smallish
こふん[古墳](명) 고분. ①옛 무덤. ②상고(上古) 시대 언덕 모양으로 쌓아 올린 무덤. 1. an old tomb 2. an ancient mound
こぶん[子分](명) ①수양 아들. ②부하. ↔親分(オヤブン). 1. a foster child
こぶん[古文](명) 고문. ①전자(篆字) 이전의 옛 글씨체로 된 한자. 과두 문자(蝌蚪文字). ②에도(江戸) 시대 이전의 문어체(文語体)의 문장. ↔現代文(ゲンダイブン). 1. an ancient character 2. an ancient writing
ごふん[胡粉](명) 조가비를 태워 만든 회고 부드러운 가루. 그림 물감, 도료용(塗料用). whitewash
ごぶん[誤聞](명) 잘못 들음. 그릇 들음. mishearing
こへい[古兵](명) 고병. 오랫동안 군대 생활을 한 병정. ↔新兵(シンペイ). an old-timer
ごへい[御幣](명) 신불(神仏)에게 바치는 종이나 흰 천을 가늘게 오려 나무에 끼운 것. 「—をかつぐ; 운수가 좋고 사나움에 마음을 쓰다(미신을 믿다)」
〔御幣〕
ごへい[語弊](명) 어폐. 말하는 데 있어서의 결점. 또는 남의 오해를 받기 쉬운 말. 「へただというと—があるが…; 서투르다고 말하면 어폐가 있지만…」 a faulty expression
コペーカ[러 kopeika](명)〈경〉 카페이카. 러시아의 동전. 카페.
こべつ[戸別](명) 호별. 집집마다. 「—訪問(ホウモン); 호별 방문」 each house
こべつ[個別·箇別](명) 개별. 하나하나. 따로따로. 「—的(テキ); 개별적」 an individual case
コペック[kopeck](명)〈경〉 ⇨コペーカ.
コペルニクスてき てんかい[Copernicus 的転回](명) 코페르니쿠스적 전회. 의견이나 말을 완전히 바꾸는 것. 180도 전환.
こへん[湖辺](명) 호숫가. the lake side
こべん[顧眄](명·타サ) 돌이켜 봄. looking back
ごへん[御辺](대)〈고〉 귀하. 귀형(貴兄). (동년배끼리 씀)
こほう[古法](명) 옛 방법. 옛 법. an ancient rule
こほう[孤峰](명) 홀로 외로이 서 있는 봉우리. a solitary peak
こぼう[顧望](명·타サ) ①삼감. 사양함. ②둘러 봄. 돌아 봄. ③(눈치를 보며) 망설임. 주저. 1. abstention 3. hesitation
ごほう[五方](명) 오방. 다섯 방위. 중앙과 동, 서, 남, 북. five directions
ごほう[後報](명) 후보. 뒤의 알림. 뒷소식. a later report
ごほう[御報](명) 알림의 높임말. 「—参上(サンジョウ); 알려 주시면 가려고 하나이다」
ごほう[語法](명) 어법. ①말의 표현 방법(表現方法). ②문법(文法). 1. the way of expression
ごほう[誤報](명) 오보. 잘못된 알림. 잘못된 보도. an erroneous report
ごほう[護法](명) 호법. ①법률을 보호함. ②〈불〉 불법을 충실히 지킴. 또는 불법을 지켜 주는 신. 2. the defence of religion
ごぼう[午蒡·牛蒡](명)〈식〉 우엉. 엉거시과에 속하는 야채. a burdock. **—ぬき**[午蒡抜き](명) ①(초목 등의 뿌리를) 흙을 묻히지 않고 잡아 뽑는 일. ②많은 것 중에서 골라 뽑음.
ごぼう[御坊](명) 중이나 절의 높임말.
こぼうず[小坊主](명) 젊은 중. 사미(沙弥). a young priest
ごほうぜん[御宝前](명) 신불(神仏)의 앞.
こぼく[古木](명) 고목. 노목(老木). an old tree
こぼく[古墨](명) 오래 된 먹. 옛 먹. an old Chinese ink-stick
こぼく[枯木](명) 고목. 말라 죽은 나무. a dead tree
ごぼごぼ(부·자サ) 물 등이 솟거나 넘치는 소리.
こぼし[翻し](명) ⇨みずこぼし(水翻し).
こぼしや[零し屋](명) 불평가(不平家). a grumbler
こぼ·す[零す·溢す](자 4)〈속〉 불평하다. 투덜대다. grumble
こぼ·す[零す·溢す](타 4) ①흘리다. 엎지르다. ②넘다. 넘쳐 흐르다. 1. spill
こぼ·つ[毀つ](타 4) 부수다. 깨뜨리다. 헐다. break

こぼね[小骨](명) ①작은 뼈. ②약간의 수고. 「一を折(オ)る; 조금 애쓰다」 1. small bones

こぼれ[零れ](명) 넘쳐 흐름. 또는 흘린 것. spilling. **—ざいわい**[零れ幸い]ーザイハヒ(명) 생각지도 않았던 행운. 요행. **—だね**[零れ種](명) ①땅에 흘린 씨앗. ②사생아(私生児). ③여문(餘聞). 여화(餘話). **—ばなし**[零れ話](명) 어떤 사건 등에 관계있는 짧은 얘기. 여문(餘聞). 여화(餘話).

こぼ·れる[零れる·溢れる](자하 1) ①새어 나오다. ②넘쳐 흐르다. ③삐져 나오다. 2. overflow

こほん[古本](명) 고본. ①헌 책. ↔新本(シンポン). ②옛 책. 1. a second-hand book 2. an ancient book

こぼん[鼓盆](명) 아내를 잃음. 상처(喪妻). deprivation of one's wife

こぼんのう[子煩悩](명·형동ダ) 아이를 굉장히 사랑하고 돌보아 줌. 또는 그 사람. a fond parent

こま[駒](명) ①망아지. ②말. ③장기짝. ④거문고 기둥과 같이 현악기(弦楽器)의 줄을 받치는 것. ⇨: しゃみせん. ⑤물건 사이에 끼는 작은 나무. ⑥재봉실을 감은 "工"자 모양의 실패. ⑦〈동〉←駒鳥(コマドリ). 1. a foal 3. a chessman

こま[齣](명) ①영화, 소설 등의 한 장면. ②생활의 한 장면. 「日常生活(ニチジョウセイカツ)の一(ヒト)—; 일상 생활의 한 장면」 1. a scene

こま[小間](명) ①짬. 틈. 겨를. ②작은 방. ③조그맣게 쪼갠 한 부분. 「ひと—; 한 토막」 2. a small room

こま[独楽](명) 팽이. a top

こま[高麗](명)〈역〉①고구려. ②고려. ③예전 한국을 일컫던 이름.

ごま[胡麻](명)〈식〉참깨. 「一油(アブラ); 참기름」 sesame. **—あえ**[胡麻和え]ーアヘ(명) 깨소금을 넣고 무친 음식. **—すり**[胡麻摺り](명) 남에게 알랑거려 자기의 이익을 꾀하는 것. 또는 그 사람.

ごま[護摩](명)〈불〉호마. 〔밀교(密教)에서〕 불을 피우고 부처 앞에 비는 의식(儀式). 「一壇(ダン); 호마단」 a holy fire for invocation

コマーシャリズム[commercialism](명) 커머어셜리즘. 영리주의(営利主義). 상업주의.

コマーシャル(명) 〔커머어셜 메시지(commercial message)의 준말〕 커머어셜. 〔민간 방송에서〕 프로 사이에 끼어 넣는 선전 문구.

こまい[木舞·小舞]ーマヒ(명) ①(벽의) 외. ②짧은 무용(舞踊). 1. laths 2. a short dance

こま·い[細い](형)〈속〉①자세하다. ②작다. ③인색(吝嗇)하다. 1. minute 2. small

こまい[古米](명) 묵은 쌀. ↔新米(シンマイ). old rice

ごまいざさ[五枚笹](명)〈식〉⇨おかめざさ.

こまいぬ[狛犬](명) 신사(神社)나 절앞에 돌로 사자처럼 조각하여 놓은 한 쌍의 개. an image of a lion dog

〔狛犬〕

こまえ[小前]ーマヘ(명) 가난한 백성. 영세민(零細民).

こまおち[駒落ち](명) 〔장기에서〕 단수가 높은 쪽이 말을 떼고 두는 일. 「一将棋(ショウギ); 접장기」

こまか[細か](형동ダ) 잔 모양. small. **—し·い**[細かしい](형) 자질구레하다.

こまか·い[細かい](형) ①잘다. ②정밀하다. 자세하다. ③용의 주도하다. 주의 깊게 돌보다. 간곡하다. 「一注意(チュウイ); 간곡하고 치밀한 주의」 ④인색하다. ⑤귀찮다. 파생 **—さ**(명). 1. small 2. minute

ごまか·す[誤魔化す](타 4) 속이다. 거짓 꾸미다. 명 ごまかし. deceive

ごまがら[胡麻幹](명) 참깨의 줄기. 참깨 대.

こまぎり[細切り·小間切り](명·타サ) 잘게 썲. 또는 그것. 저밈. 또는 그것. chopping

こまぎれ[細切れ·小間切れ](명) ①저민 조각. 「牛肉(ギュウニク)の—; 저민 쇠고기」 ②잘게 자름. 절단. 2. small pieces

こまく[鼓膜](명)〈생〉고막. 귀청. the tympanum

こまぐみ[駒組み](명) 〔장기에서〕 말을 배치함. 포진(布陣). formation

こまげた[駒下駄](명) 딴 굽을 달지 않고 깎아 내어 만든 왜나막신. low clogs

こまごま[細細](부·자サ) ①자잘한 모양. ②자세한 모양. ③치밀하고 친절한 모양. 「一と注意(チュウイ)する; 친절하게 작은 일에까지 주의하다」 1. in pieces 2. in detail. **—し·い**[細細しい](형) ①매우 작다. ②자세하다. 세밀하다. ③번거롭다. 귀찮다.

ごましお[胡麻塩]ーシホ(명) ①깨소금. ②희끗희끗 센 머리. 2. grey-white hair

こましゃく·れる(자하 1) (어린 아이 등이) 되바라지다. 「こましゃくれた子供(コドモ); 건방진 아이. 깜찍한 아이(되바라진 아이)」 be precocious

こまた[小股](명) ①가랑이를 좁게 벌림. 좁은 걸음나비. 「一に歩(アル)く; 종종걸음으로 걷다」 ②가랑이. 「一の切(キ)れあがった; 다리가 길고 날씬하여 멋진 모양」 1. short steps. **—すくい**[小股掬い]ースクヒ(명) ①〔씨름에서〕 상대의 사타구니를 안쪽에서 들어 올려 넘기는 수. ②상대의 방심을 틈타 자기의 이익을 꾀하는 방법.

こまち[小町](명) 아름다운 처녀. 미인. 「新橋(シンバシ)—; 신바시의 미녀」 a beauty

こまつ[小松](명) 작은 소나무. 어린 소나무. a young pine tree

ごまつ[語末](명) 말의 끝 부분 ↔語頭(ゴトウ). the ending of a word

こまづかい[小間使い]ーヅカヒ(명) 주인의 잔시중을 드는 계집애종. a chamber-maid

こまっちゃく·れる(자하 1)〈속〉⇨こましゃくれる.

こまつな[小松菜](명)〈식〉평지(油菜)의 변종(変種).

こまつぶり[独楽](명)〈고〉팽이.

こまぬ·く[拱く](타 4) ①읍(揖)을 하기 위하여 두 손을 마주 잡다. ②팔짱 끼다. ③아무 것도 하지 않고 있다. 「手(テ)を—; 수수 방관하다(아무 것도 하지 않고 보고 있다)」 2. fold one's arms

こまね·く[拱く](타 4) ⇨こまぬく.

ごまのはい[護摩の灰]ーハヒ(명) 여행자를 가장하여 여객의 물건을 훔치는 도둑. a crook

こまむすび[小間結び·細結び](명) (끈 매기에서) 끈의 양끝을 두 번 곱쳐 옭아 맺는 것. 또는 그렇게 맺는 방법.

こまめ[小まめ](명·형동ダ) ①열심히 일을 잘함. ②민첩하게 움직임. 2. briskness

ごまめ[田作](명) 멸치 새끼를 말린 것. **―のはぎしり**[田作の歯軋り](연어·명) 힘이 약한 자, 또는 능력이 없는 자가 아무리 애를 써도 쓸 데 없다는 비유.

ごまめ[鱓](명) ⇨ごまめ(田作).

こまもの[小間物](명) ①(부인의) 화장 도구, 장신구 등의 자질구레한 물건. ↔荒物(アラモノ). ②〈속〉 구토.

こまやか[細やか·濃まやか](형동ダ). ①자질구레한 모양. ②자세한 모양. ③색이 짙은 모양. ④정이 두터운 모양. 「愛情(アイジョウ)が―だ; 애정이 아기자기하게 두텁다」 1. small 3. deep

こまよけ[駒除け](명) 말이 드나들지 못하게 막아 놓은 울짱.

こまりき·る[困り切る](자 4) ⇨こまりはてる.

こまりぬ·く[困り抜く](자 4) ⇨こまりはてる.

こまりもの[困り者](명) 귀찮은 사람. 성가신 사람. 다루기 곤란한 사람. a nuisance

こま·る[困る](자 4) ①난처하다. 곤란하다. ②가난해서 고생하다. 곤궁하다. 「困(コマ)り果(ハ)てる; 매우 곤궁하다」 타 困らす(4). 1. be in trouble

こまわり[小回り]ーマハリ(명) ①조금 도는 길. ②조금(약간) 돎. ↔大回(オオマワ)り. 2. a small turn

こみ[込み](명) ①여러 가지를 섞음. 「―で売(ウ)る; 섞어서 팔다」 ②말수가 넘게 가마니에 넣는 쌀. ③〔꽃꽂이에서〕 꽃을 받치는 두 개의 나뭇가지. ④〔바둑에서〕 맞바둑을 둘 때 뒤에 두는 사람이 불리하기 때문에 이에 대해서 몇 점을 주는 일. 1. in the lump a handicap

ごみ[塵·芥·埃](명) 먼지. 티끌. 쓰레기. dust

ごみ[五味](명) 다섯 가지의 맛. 단맛, 짠맛, 신맛, 매운맛, 쓴맛. five flavours

こみあ·う[込み合う]ーアフ(자 4) 많은 사람이 붐비다. 잡답(雜沓)하다. 혼잡하다. 「車内(シャナイ)が―; 차내가 혼잡하다」 be crowded

ごみあくた[塵芥](명) ①티끌. 쓰레기. ②허섭쓰레기. 쓸모 없는 찌꺼기. 1. rubbish 2. odds and ends

こみあ·げる[込み上げる](자하 1) ①치밀어 오르다. 「涙(ナミダ)が― 눈물이 솟아 나오다」 ②욕지기가 나다. ③가슴이 뻐근하다. 위경련(胃痙攣)이 일어나다. ④감정이 치밀다. 찌르다. 「悲(カナ)しさが―; 슬픔이 치밀다」 1. thrust up

こみい·る[込み入る](자 4) ①많은 사람이 밀고 들어가다. ②혼잡하게 되다. ③오밀조밀하고 정교(精巧)하게 하다. 「込み入った機械(キカイ); 정교하고 복잡한 기계」 ④뒤얽히다. 「込み入った事情(ジジョウ); 복잡한 사정」 1. intrude 2. be crowded

ごみため[芥溜め](명) 쓰레기를 모으는 곳. 쓰레기를 버리는 곳. a dump

こみしお[込潮](명) 바다 멀리에서 해안 쪽으로 흘러오는 조류(潮流).

こみち[小道](명) 소도. ①좁은 길. ②샛길. ③6정(町)을 1리(里)로 해서 거리를 재는 방법. 1. a narrow path 2. an alley

コミック[comic](명) 코믹. ①희극적. 우스운 것. ②희가극(喜歌劇). 코믹 오페라.

コミッショナー[commissioner](명) 커미셔너. ①위원(委員). ②〔야구에서〕 야구의 품위, 질서 유지를 위하여 전권을 위탁받은 직업 야구 연맹의 최고 책임자.

コミッション[commission](명) 커미션. ①위원(회). ②위임. 임명. ③수수료. 구전(口錢). ④뇌물.

こみどり[濃緑](명) 짙은 녹색. dark green

ごみとり[芥取り](명) ①쓰레받기. ②넝마주이. 1. a dustpan 2. a rubbish gatherer

こみみ[小耳](명) 귀. 「―にはさむ; 얼핏 듣다」 ears

こみもの[込物](명) 물건과 물건 사이에 끼워 넣는 것. stuffing

ごみゃく[語脈](명) 어맥. 말과 말의 유기적인 관련(關聯). the context

コミュニケ[프 communiqué](명) 코뮤니케. (주로 외교상의) 공문서(公文書). 성명서(声明書).

コミュニケーション[communication](명) 코뮤니케이션. ①통신. 보도. ②(뜻의) 전달(伝達). 「マス―; 대중 전달(大衆伝達). 대량 통보(大量通報)」

コミュニスト[communist](명) 코뮤니스트. 공산주의자.

コミュニズム[communism](명) 코뮤니즘. 공산주의.

コミュニティー[community](명) 코뮤니티. 공동 사회(共同社会). 생활 공동체(生活共同体). 지역 사회(地域社会). 공동체.

コミンテルン [도 Komintern ← Kommunistische Internationale](명) 코민테른. 국제 공산주의.

コミンフォルム[Cominform ← Communist Information Bureau](명) 코민포름. 공산당 정보국.

―こ·む[込む](접미·4형) ①넣다. 「書(カ)き―; 써 넣다」 ②들어 가다. 「とび―; 뛰어 들다」

こ·む[込む·混む](자 4) ①붐비다. 혼잡하다. 잡답(雜沓)하다. 「電車(デンシャ)が―; 전차가 만원(満員)이다」 ②오밀조밀하고 정교하다. 1. be crowded

ゴム[네 gom·護謨](명) 고무. 「―靴(グツ); 고무신」

こむぎ[小麦](명)〈식〉 밀. 「―粉(コ); 밀가루」 wheat

こむずかし·い[小難しい]ームヅカシイ(형) 좀 까다롭다. 「―理屈(リクツ)をこねる; 꽤 까다로운 이치를 캐다」 파생 **―げ**(형동ダ). troublesome

こむすび[小結](명) 씨름 계급의 하나. 세키와케(関脇)의 다음. the third champion rank

こむすめ[小娘](명) 처녀. 소녀. a young girl

こむそう[虚無僧](명)〈불〉 선종(禅宗)의 한 파로, 장발(長髮)에 가사(袈裟)를 입고 깊숙이 얼굴을 가리는 삿갓을 쓰고 저(笛)를 불며 탁발(托鉢) 수행(修行)함. a strolling flute player

ゴムなが[護謨長](명) 고무 장화. boots
ゴムのき[護謨の木](명)〈식〉 고무나무. 고무를 채취하는 식물의 총칭. a rubber tree
ゴムのり[護謨糊](명) 아라비아 고무를 용해해서 만든 풀. 고무풀. gum arabic
ゴムびき[護謨引](명) 표면에 고무를 녹여 붙여 방수(防水)하는 일. 또는 그 물건. gummed
ごむよう[御無用](명) ①"むよう(쓸모 없음. 할 필요 없음)"의 높임말.「御心配(ゴシンパイ)は一に願(ネガ)います; 염려하지 마시기를 바랍니다」②사물을 거절할 때 쓰는 말.「御意見(ゴイケン)一; 의견이 필요 없음」
〔虚無僧〕
こむら[腓·膞](명) 장딴지. 종아리. the calf. **—がえり**[腓返り]—ガヘリ(명·자サ) (준비 운동 없이 수영을 했을 때 일어나는) 장딴지 근육의 갑작스러운 경련.
こむら[木叢](명) 나무숲. 나무숲 그늘. the shade of the trees
こむらさき[濃紫](명) 검은 빛을 띤 짙은 보랏빛. deep purple
こめ[米](명) 쌀. rice
—ごめ[込め·籠め](접미) …와 함께. …째. 모두.
こめい[古名](명) 옛 이름. an old name
こめかみ[顳顬·蟀谷](명)〈생〉 섭유. 귀의 위, 눈의 옆쪽. 무엇을 씹으면 근육이 움직이는 곳. 태양혈(太陽穴). 관자놀이. the temple
こめ·く[子めく](자 4)〈고〉 참으로 어린 아이처럼 보이다. 어린 아이 같아지다.
こめそうどう[米騒動](명) 쌀 소동. 쌀 문제로 일어나는 소동이나 폭동(暴動). a rice riot
こめだわら[米俵]—ダハラ(명) 쌀 가마니. 쌀섬. a straw rice-bag
こめつき[米搗き](명) 쌀을 찧음. 또는 찧는 사람. cleaning of rice. **—ばった**[米搗き蝗虫](명) ①〈동〉 방아깨비. ②굽신거리는 사람.
コメット[comet](명)〈천〉 코밋. 혜성(彗星).
こめつぶ[米粒](명) 쌀알. 쌀의 낟알. a grain of rice
コメディアン[comedian](명) 코메디언. 희극 배우.
コメディー[comedy](명) 코메디. 희극. **—レリーフ**[comedy relief](명) 코메디릴리이프. 〔영화에서〕 긴장된 장면에 우습광스러운 장면을 삽입해서 기분을 전환시키는 방법.
こめどころ[米所](명) 쌀이 많이 생산되는 지방. 곡창(穀倉). a rice-producing place
こめぬか[米糠](명) 쌀겨. rice-bran
こめのむし[米の虫](명) ①〈동〉 쌀벌레. 바구미. ②〈속〉 인간.
こめのめし[米の飯](명) 쌀밥. boiled rice
こめびつ[米櫃](명) ①쌀을 넣어 두는 궤. 뒤주. ②〈속〉 생활비를 버는 사람. 1. a rice-chest
こ·める[込める·籠める](타하 1) ①쟁이다. 채워 넣다.「弾(タマ)を一; 총알을 재다」②포함시키다. ③감싸다. 숨기다. ④강간이나 강도질을 하다. ⑤집중(集中)하다.「心(ココロ)を一; 성의를 다하다」 1. load
こめん[湖面](명) 호수의 표면. the surface of a lake
ごめん[御免] ‖(명) ①면허(免許)의 높임말. ②면직(免職)의 높임말.「お役(ヤク)一となる; 면직당하다」③용서(容恕)의 높임말.「一なさい; 용서해 주십시오」‖(감) 방문, 이별 등을 할 때 쓰는 인사말.「一下(クダ)さい; 실례합니다」 ‖ Hello.
ごめんそう[御面相](명)〈속〉 얼굴. a face
コメント[comment](명) 코멘트. (정치적인) 논평. 설명.「ノー—; 논평을 하지 않음」
こも[薦·菰](명) 거칠게 짠 거적. straw matting
こもう[虚妄](명) 허망. 실제가 아님. 진실이 아님. 거짓. a fabrication
こもかぶり[薦被り](명) ①거적으로 싼 4 말(斗)들이 술통. ②거지. 2. a beggar
ごもく(명)〈속〉 ①쓰레기통. ②쓰레기. 먼지. 티끌.
ごもく[五目](명) ①여러 가지 것이 섞여 있음. 또는 섞여 있는 그것. ②←五目鮨. ③←五目並べ. 1. variety. **—ずし**[五目鮨](명) 생선, 야채 등 여러 가지를 잘게 썰어 섞은 초밥. **—ならべ**[五目並べ](명·자サ) ⇨れんじゅ(連珠).
こもごも[交交](부) 교대교대. 차례차례.「一立(タ)って; 차례차례 서서」 alternately
こもじ[小文字](명) 소문자. ①작은 문자. ②〔로마자에서〕 소형의 문자. ↔大文字(オオモジ). 1. a small-written character 2. a small letter
こもち[子持ち](명) ①아이를 가짐. 또는 아이를 가진 부인. ②알을 뱀. 또는 알을 밴 물고기. ③큰 것과 작은 것이 갖추어져 있음. 또는 그것. 1. motherhood 2. pregnancy
こもちづき[小望月](명) 망월(望月) 전야(前夜). 음력 14일의 달. the night before a full moon
こもづつみ[薦包](명) 거적으로 쌈. 또는 거적으로 싼 물건. a package wrapped in straw matting
ごもつ[御物](명) 황실(皇室)의 소장품(所蔵品).
こもどり[小戻り](명·자サ) 조금 회복함. 조금 돌아옴. a little recovery
こもの[小者](명) ①젊은이. ②종. 하인. 1. a youngster
こもの[小物](명) ①자질구레한 부속물. ②가볍게 취급되는 사람. 소인(小人). ↔大物(オオモノ). 1. small articles
こもむしろ[菰席](명) 줄로 짠 돗자리. a rush-mat
こもり[子守り](명·타サ) 아이를 봄. 또는 그 사람.「一歌(ウタ); 자장가」 a nurse
こもり[木守り](명·타サ)〈고〉 정원목(庭園木) 등을 가꾸고 지킴. 또는 그 사람.
こもりどう[籠堂](명)〈불〉 어느 기간 동안 들어 앉아 독경(読経), 염불(念仏)을 하며 기도를 드리는 당. a place for confining oneself for prayer
こもりぬ[隠沼](명)〈고〉 무성한 초목(草木)에 가리어 보이지 않는 늪.
こも·る[籠もる](자 4) ①숨다. 잠복하다. ②포함되다.「意味(イミ)が一; 의미가 포함되다」③외출하지 않

고 있다. 들어 앉다. ④어느 기간 동안 절 등에 숙박하며 기도하다. ⑤통풍(通風)이 나빠지다. 공기가 탁해지다. 1. hide oneself 2. be comprised

こもれび[木漏れ日](명) 무성한 나뭇가지 사이로 새어 비치는 햇빛. sunbeams filtering through the branches

こもん[小門](명) 대문에 붙은 작은 문. 쪽문. a sidedoor at the gate

こもん[小紋](명) 자잘한 무늬. 「一錦紗(キンシャ); 자잘한 무늬의 비단」 a fine pattern

こもん[顧問](명) 고문. 자문(諮問)에 응하여 의견을 말하는 직무. 상담역(相談役). 「会社(カイシャ)の一; 회사의 고문」 consultation

ごもん[御紋](명) 가문(家紋)이나 휘장(徽章)의 높임말. ⌈ancient manuscripts

こもんじょ[古文書](명) 고문서. 옛 기록. ⌋

コモン センス[common sense](명) ⇨コンモンセンス.

こや[小屋] ①작고 허름한 집. ②임시로 만든 조그만 집. 가옥(仮屋). ③흥행장(興行場)으로 쓰는 임시 건물. ④축사(畜舎). ⑤←小屋組み(コヤグミ). 1. a cabin 2. a shed

ごや[後夜](명) 후야. ①〈불〉 밤중에서 아침까지. ②〈고〉 저녁에서 밤중까지. ③〈불〉 새벽녘에 하는 근행(勤行). 1. from midnight till morning 3. morning prayer

こやがけ[小屋掛け](명·자サ) 임시로 조그만 집(仮屋)을 지음. putting up a shed

こやかまし·い[小喧しい](형) 조그만 일에도 시끄럽게 잔소리하다. fastidious

こやく[子役](명) 〔연극, 영화 등에서〕 어린이 역. a juvenile player

ごやく[誤訳](명·자サ) 오역. 그릇 번역함. 또는 그릇된 번역. erroneous translation

こやくにん[小役人](명) 신분이 낮은 관리. a petty official

こやぐみ[小屋組み](명) 집의 기둥 위에서 지붕의 무게를 지탱해 주는 뼈대. a framework

こやし[肥やし](명) 거름. 비료. 「一溜(ダ)め; 거름 구덩이」 manure

こや·す[肥やす](타 4) ①기름지게 하다. ②살찌게 하다. ③풍족하게 하다. 「私腹(シフク)を一; 사복을 채우다」 ④(취미 등의) 아는 능력을 증가시키다. 「目(メ)を一; 안식(眼識)을 넓히다」 1. fertilize 2. fatten

こやす(じぞう)[子安(地蔵)](명)〈불〉 분만(分娩)을 쉽게 해 준다는 지장 보살.

こやつ[此奴](대)〈속〉 ⇨こいつ.

こやま[小山](명) 작은 산. 낮은 산. a hill

こやみ[小止み](명) 잠시 멈춤. 잠깐 쉼. 「雨(アメ)が一なくふる; 비가 계속 오다」 a lull

こや·る(자 4)〈고〉 눕다. 자다.

こゆう[固有](명·형동ダ) 고유. ①본디부터 있음. ②특유(特有)함. 1. originality 2. peculiarity. **—めいし**[固有名詞](명) 고유 명사. 인명, 지명 등 특유(特有)한 이름을 나타내는 명사.

こゆう[故友](명) 옛 친구. an old friend

こゆき[小雪](명) 조금 내리는 눈. ↔大雪(オオユキ). a light snowfall

こゆび[小指](명) ①새끼 손가락. ②〈속〉 정부(情婦). 1. a little finger 2. a mistress

こゆるぎ[小揺るぎ](명·자サ) 조금 흔들림. a tremor

こよい[今宵]ーョヒ(명) 오늘 저녁. this evening

こよう[小用](명) ①작은 볼일. ②소변. 「一を足(タ)す;소변을 보다」 1. a trifling matter 2. urine

こよう[古謡](명) 옛부터 전해 오는 노래. an old song

こよう[雇用·雇傭](명·타サ) 고용. 품삯을 주고 부림. 「一主(ヌシ); 고용주」 employment

ごよう[互用](명·타サ) 서로 사용함. 교대로 사용함. alternate use

ごよう[御用](명) 어용. ①용건(用件)의 높임말. ②궁중(宮中), 관청의 용무. 「一商人(ショウニン); 어용 상인」 ③지배자를 위해 일하고 대중을 위해 일하지 않음. 「一学者(ガクシャ); 어용 학자」 ④예전 관명(官命)으로 죄인을 체포하던 일. 또는 그때 지르던 소리. 「一だ!;어명이다!」 2. official business. **—おさめ**[御用納め]ーヲサメ(명) 〔관청에서〕 12월 28일에 그해의 일을 끝내는 것. **—きき**[御用聞き](명) 단골집의 주문을 받으러 돌아 다님. 또는 그 점원. **—きん**[御用金](명) 에도(江戸) 시대 막부(幕府)의 비용을 충당하기 위해 농민, 상인 등으로부터 거둬들인 돈. **—たし**[御用達し](명) 궁중이나 관청의 물품을 조달(調達)하는 상인. 어용 상인. **—てい**[御用邸](명) 황실(皇室)의 별장. **—はじめ**[御用始め](명) 〔관청에서〕 신년에 처음으로 사무를 시작하는 날(1월 4일).

ごよう[誤用](명·타サ) 오용. 잘못 씀. 「ことばの一; 말을 잘못 씀」 misuse

こようじ[小楊枝](명) 이쑤시개. a toothpick

ごよう(の)まつ[五葉(の)松](명)〈식〉 오엽송. 잎이 다섯씩 붙어 있는 소나무.

こよ·す[凍す](타 4)〈고〉 얼리다. 얼게 하다.

こよな·し(형ク)〈고〉 ①이 위에 더없다. 최상(最上)이다. ②각별하다.

こよみ[暦](명) 책력. 달력. a calendar

こより[紙縒り·紙撚り](명) 종이로 가늘게 꼰 끈. 지승(紙繩). a twisted papaer-string

コラール[도 Choral](명) 코랄. 찬미가(讚美歌). 찬미가의 합창곡. 중찬가(衆讚歌).

こらい[古来](부) 고래. 옛부터. from ancient times

ごらいこう[御来光](명) ①내방(来訪)의 높임말. 왕림(枉臨). ②⇨ごらいごう②.

ごらいごう[御来迎](명) ①〈불〉 내영(来迎)의 높임말. ②산 위에서 해돋이를 맞는 일. 2. the rising sun viewed from a mountain-top

こらえしょう[堪え性]コラヘー(명) 곤란을 참고 견디는 성질. 인내심. 참을성. 「一がない; 참을성이 없다」

こら·える[堪える]コラヘル(타하 1) ①참다. 견디다. ②누르다. 억제하다. 「怒(オコ)りを一; 화를 누르다」 ③용서하다. 1. forbear

ごらく[娯楽](명) 오락. 즐거움. 위안 거리. 「一施設(シセツ); 오락 시설」 amusement
こらし·める[懲らしめる](타하 1) 응징하다. 징계하다. 벌주다. 「いたずら者(モノ)を一; 장난꾸러기를 벌주다」 圄懲らしめ. chastise
こら·す[凝らす](타 4) ①한데 엉기어 뭉치게 하다. ②(한곳에) 집중시키다. 「心(ココロ)を一; 마음을 집중시키다」 1. coagulate 2. concentrate
こら·す[懲らす](타 4) 다시 할 생각을 못하게 하다. 넌더리 나게 하다. 「いたずら者(モノ)を一; 장난꾸러기를 다시는 못하게 혼내 주다」 chastise
コラム[column](명) 컬럼. 신문 등에서 짧은 평론을 싣는 일정한 난(欄).
ごらん[御覧](명) ①"보다"의 높임말. 「一ください; 보십시오」 ②["…て一"의 형태로] …해 봐요. 「書(カ)いて一; 써 봐요」
コランダム[corundum](명) 코런덤. 자연적으로 나는 순수한 금강사(金剛砂).
こり[梱](명) ①여행할 때 짐을 넣는 물건. 고리. ②포장(包装)한 짐. 1. a wicker suitcase 2. a package
こり[凝り](명) 굳음. 응고(凝固). 「肩(カタ)の一; 어깨 근육이 뻐근하고 아픈 것」 coagulation
こり[狐狸](명) 여우와 너구리. 사람을 홀리는 것. 「一妖怪(ヨウカイ); 여우나 너구리가 둔갑을 해서 된 요괴」 foxes and badgers
こり[垢離](명) 신불(神仏)에 기도할 때 냉수로 목욕하여 심신(心身)을 정결히 하는 일. 목욕 재계(沐浴斎戒). purification by ablution
ごり[鮴](명)〈동〉 밀어(密魚). 망둑어과에 속하는 머리가 넓은 물고기.
コリー[collie](명)〈동〉 콜리. 서양개의 한 가지. 얼굴이 길고 코끝이 가늘고 구부러졌으며 털은 길고 아름다움.
こりかたま·る[凝り固まる](자 4) ①응고(凝固)하다. ②어떤 일에 열중하다. 「文学(ブンガク)に一; 문학에 열중하다」 1. agglomerate 2. devote oneself
こりくつ[小理屈·小理窟](명) 쓸 데 없는 이유. 또는 핑계. 「一をこねる; 쓸 데 없는 이유를 늘어놓다」
こりこう[小利口](형동ダ) 잔꾀가 있는 모양. 교활한 모양. saucy
こりごり[懲り懲り](명·자サ)〈속〉 넌더리 남. 지긋지긋함. having had enough of
こりさ·く[凝り咲く](자 4)〈고〉 꽃이 뭉쳐 피다.
こりしょう[凝り性](명·형동ダ) 어떤 일에 열중함. 또는 그런 성질이나 사람. enthusiasm
こりしょう[懲り性](명) 단번에 넌더리를 내는 성질. 「一もなく; 넌더리도 내지 않고」 learning by experience
ごりしょう[御利生](명)〈불〉 중생(衆生)에게 베풀어 주는 부처의 은혜.
こりずまに[懲りずまに](부) 넌더리도 내지 않고. 싫증도 내지 않고.
こりつ[孤立](명·자サ) 고립. 도와 주는 사람 없이 홀로임. helplessness
ごりむちゅう[五里霧中](연어) 오리 무중. 깊은 안개 속에서 길을 찾을 수 없듯, 어떤 일의 앞길을 전혀 알 수가 없음. in the dark
こりや[凝り屋](명) 어떤 일에 잘 열중하는 성질을 가진 사람. an enthusiast
ごりやく[御利益](명) ①〈불〉 중생(衆生)에게 베풀어 주는 부처의 은혜. ②그 사람에 의한 은혜. 「お守(マモ)りの一; 수호신의 은혜」 1. a divine favour
こりゅう[古流](명) ①고풍(古風)의 격식. ②꽃꽂이의 한 파. ③다도(茶道)의 한 파. 1. old manners 2. an old school of floral art
こりょ[顧慮](명·타サ) 고려. ①돌이켜 생각하여 봄. ②염려함. 1. regard
ごりょう[悟了](명·자サ) 모두 깨달음. spiritual awakening
ごりょう[御料](명) ①음식물의 높임말. ②사용(使用), 공급(供給)의 높임말. ③황실(皇室)의 재산. 3. Imperial property. **一ち**[御料地](명) 황실 소유지.
ごりょう[御陵](명) ⇨みささぎ.
ごりょうづか[御霊塚](명) 앙화(殃禍)를 겁내어 어떤 망령(亡霊)을 특별히 모신 무덤.
ごりょうにん[御寮人·御料人](명) 남의 부인이나 딸의 높임말.
こりょうり[小料理](명) 간단한 요리. 일품 요리(一品料理). á la cart
ゴリラ[gorilla](명)〈동〉 고릴라. 유인원과(類人猿科)에 속하는 원숭이 비슷한 큰 짐승. 성질이 사납고 얼굴이 흉하게 생겼음.
こ·りる[懲りる](자상 1) 실패나 과오를 뉘우치고 다시는 하지 않겠다고 생각하다. 넌더리 내다. learn by experience
ごりん[五倫](명) 오륜. 군신, 부자, 부부, 장유(長幼), 붕우(朋友) 사이의 인륜(人倫). the five cardinal articles of morality
ごりん[五輪](명) 오륜. ①〈불〉←五輪塔. ②올림픽. 「一大会(タイカイ); 올림픽 대회」 **一とう**[五輪塔](명) 오륜탑. 지(地), 수(水), 화(火), 풍(風), 공(空)의 오대(五大)를 상징하여 다섯 개의 돌을 쌓아 올린 탑.

〔五輪塔〕

コリントしき[Corinth 式](명) 코린트식(式). 서양 건축의 한 양식. 고대 그리이스의 코린트에서 시작했음. Corinthian order
こ·る[梱る](타 4) 짐을 묶다. 짐을 꾸리다. pack
こ·る[樵る](타 4) 나무를 베다. cut
こ·る[凝る](자 4) ①굳다. 응고(凝固)하다. ②열중하다. 반하다. 「文学(ブンガク)に一; 문학에 열중하다」 ③골몰하다. ④의장(意匠)을 꼼꼼히 하다. ⑤근육이 딱딱하게 굳다. 「肩(カタ)が一; 어깨가 뻐근하다」 1. agglomerate
コル[col](명) 콜. 산등성이의 오목한 곳.
こるい[孤塁](명) 고루. 단 하나의 보루(堡塁). 「一を守(マモ)る; 고루를 지키다」 the only fortress

コルク[cork](명) 코르크. 코르크나무 껍질. 부도체(不導体)로 가볍고 탄성이 있어 병마개 등으로 씀.
コルセット[corset](명) 코르셋. ①여자가 배와 허리 둘레의 모양을 내기 위해 입는 일종의 속옷. ②〈의〉(허리 둘레에 하는) 깁스.
コルト[Colt](명) 콜트. 자동식 피스톨의 한 가지.
ゴルフ[golf](명) 골프. 공을 쳐서 18개의 구멍에 차례로 넣어 승부를 겨루는 구희(球戱).「一パンツ; 골프팬츠」 **— リンクス**[golf links](명) 골프링크. 골프장.
ゴルファー[golfer](명) 골퍼. 골프를 하는 사람.
コルホーズ[러 kolkhoz](명) 콜호즈. 소련의 집단 농장(集団農場).
コルレス(ポンデンス)[correspondence](명)〈경〉 코레스폰던스. 은행간의 계약. 환거래(換去来) 계약.
これ[是れ·此れ·之] Ⅰ(대) ①자기 가까이에 있는 것을 가리키는 대명사. 이. 이것. ②이 사람. ③지금. ④여기. Ⅱ[惟](부)〔한문에서〕어조(語調)를 조절하기 위해 쓰는 말.「時(トキ)一九月 十五日(クガツジュウゴニチ); 때는 9월 15일」 Ⅲ(감) 사람을 부르거나 주의시킬 때 쓰는 말. 야! Ⅰ 1. this 4. here
これい[古礼](명) 옛날의 예식(礼式). old manners
これい[古例](명) 옛부터의 관례. an old practice
ごれい[語例](명) 말의 예. an example of words
ごれいぜん[御霊前](명) ①죽은 사람의 영전(霊前). ②영전에 바치는 공물(供物) 등에 적는 말.
これ かぎり[此れ限り](부) 이것으로. 이것뿐.「一別(ワカ)れる; 이것을 끝으로 헤어지다」 for this once
これ から[此れから](명·부) 이로부터. 앞으로. 이 뒤로. hereafter
これ かれ[此れ彼れ](대) ①이것과 저것. 이것 저것. ②이러저러. this and that
コレクション[collection](명) 콜렉션. 수집(蒐集).
コレクチビズム[collectivism](명)〈경〉 콜렉티비즘. 집산주의(集産主義). 집권주의(集權主義).
コレクト マニア[collect mania](명) 콜렉트마니아. 수집광(蒐集狂).
これ ぐらい[是位](명·부) 이 정도. 요 정도. this much
これ これ[此れ此れ](명) 많은 것을 하나로 통틀어 하는 말. 여차여차. 이러이러.「理由(リユウ)は一だ; 이유는 이러이러하다」 so-and-so
これ ざた[是沙汰](명)〈고〉 굉장한 평판(評判). 자자한 소문.
これ しき[是れ式·此れ式](명)〈속〉 이 정도.「一のことで泣(ナ)くか; 이 정도의 일로 우느냐」 such a trifle
これ だけ[是丈·此丈](명·부) ①이 정도. 이만큼. ②이것으로 모두. 이것뿐. 1. this much 2. no more
コレステリン[도 Cholesterin](명)〈생〉 콜레스테린. 혈관 속에 쌓이면 고혈압증이나 심장병을 일으키는 지방(脂肪) 비슷한 물질. 콜레스테롤.
これ ばかり[此れ許り](명·부) ①이것뿐. ②이 정도. ③조금. 요것 밖에. 1. only this much
これは(これは)[此れは(此れは)](감) 감탄, 놀라움 등을 나타내는 말. 이런! 저런!
これは したり[此れは為たり](연어) 놀랍고 어이가 없을 때 하는 말. 당치도 않다.「一何(ナニ)をおっしゃる; 당치도 않게 무슨 말씀을 (하십니까)」 Oh, dear me!
これ ほど[此れ程](명·부) 이 정도. 이쯤. 이만큼. this much
これ まで[此れ迄·是迄](명·부) ①지금까지. 여태까지. ②이것으로 끝냄.「きょうは一; 오늘은 이만」 1. till now
これ みよがし[此れ見よがし](연어) 여봐란 듯이. ostentatiously
これや この[此れや此の](연어) 이것이 바로 그 (…이로구나!).
コレラ[네 cholera·虎列剌](명)〈의〉 콜레라. 호열자. 급성 전염병의 하나. 사망률(死亡率)이 높음.
ごれんし[御連枝](명) (신분이 높은 사람의) 형제를 높이어 일컫는 말.
ごれんちゅう[御簾中](명) 신분이 높은 사람의 본처(本妻)를 높이어 일컫는 말.
ころ[転·転子](명) 무거운 것을 옮길 때 밑에 깔아 움직이게 하는 통나무. 굴림대. a roller
ころ[頃](명) ①경. 쯤. 즈음. ②때. ③정도. 만큼. ④시기. 계절. 4. a season
—ごろ[頃](조어) 무렵. 경.「五月(ゴガツ)一; 5월경」
ごろ(명) ①←ごろつき. ②빙어리. ③〔야구에서〕 배터(打者)가 친 공이 땅 위를 굴러 가는 일. 또는 그 공. 포구(匍球). 2. a dumb 3. a grounder
ごろ[語路·語呂](명) ①어조(語調). 말의 억양(抑揚). ②←ごろあわせ. 1. sound harmony
ころ あい[頃合]—アヒ(명) 적당한 시기. 기회(機会). opportunity
ごろ あわせ[語路合わせ]—アハセ(명) 어떤 문구의 어조(語調)에 맞추어 뜻이 다른 문구를 만드는 익살. 예: 猫(ネコ)に小判(コバン)을 下戸(ゲコ)に御飯(ゴハン)으로 하는 따위. a game of rhyming
コロイド[colloid](명)〈이〉 ⇨こうしつ(膠質).
ころう[虎狼](명) ①호랑이와 이리. ②잔인(残忍)한 사람. 2. a brute
ころう[固陋](명) 고루. 소견이 좁고 완고함. narrow-mindedness
ころう[狐狼](명) ①여우와 이리. ②교활하고 엉큼한 사람. 1. foxes and wolves 2. a cunning person
ころう[故老·古老](명) (옛일을 잘 알고 있는) 노인. 늙은이. an old man
ごろう·じる[御覧じる](타상 1) 보시다.
ころ おい[頃おい]—ホヒ(명) ①경. 무렵. ②기회.「一を見(ミ)はからう; 기회를 보다」 ③정도. 3. degree
ころ がき[転柿·胡露柿](명) 곶감. a dried persimmon
ころが·す[転がす](타 4) 굴리다. roll
ころがり こ·む[転がり込む](자 4) ①굴러 들어 가다. ②갑자기 오다. ③폐를 끼치러 오다.「友人(ユウジン)の家(イエ)に一; 친구 집에 폐를 끼치러 가다」 1. roll in 2. come in one's way

ころが·る[転がる](자 4) ①(공이나 둥근 막대기가) 굴러 가다. ②넘어지다. 쓰러지다. 1. roll 2. fall down
ごろく[語録](명) 어록. 고승(高僧), 대학자들의 설화(説話)를 모은 책. analects
ころくがつ[小六月](명) ⇨こはる(小春).
ころげこ·む[転げ込む](자 4) 굴러 들어 가다. roll in
ころ·げる[転げる](자하 1) ⇨ころがる.
ごろごろ Ⅰ(명) 천둥. Ⅱ(부·자サ) ①굴러 가는 모양. ②천둥이 울리는 소리. ③차가 붕붕거리는 소리. ④고양이 등이 으르렁대는 모양. ⑤아무 일도 하지 않고 날을 보내는 모양. ⑥평탄(平坦)치 않은 모양. Ⅰ thunder
コロシウム[Colosseum](명) ⇨コロセウム.
ころしも[頃しも](부) 바로 그 무렵. just at the time
ころしもんく[殺し文句](명) 상대방을 위협하거나 호리는 문구. cooing words
ころ·す[殺す](타 4) ①죽이다. 목숨을 끊다.「惜(オ)しい人(ヒト)を殺(コロ)した; 아까운 사람을 죽였다」↔生(イ)かす. ②억제하다.「息(イキ)を—; 숨을 죽이다」③활동을 못하게 하다. 썩히다.「才能(サイノウ)を—; 재능을 썩히다」④〔야구에서〕 아우트시키다. ⑤전당 잡히다. 1. kill 2. hold back
コロセウム[라 Colosseum](명) 콜로세움. 로마 제정(帝政) 시대에 만든 타원형의 극장.
ごろた(명)〈속〉 작고 둥그란 돌.「—石(イシ); 작고 둥근 돌」 a round pebble
コロタイプ[collotype](명) 콜로타이프. 사진 제판(製版)의 한 가지. 사진 또는 그것과 같은 원도(原図)를 복제(複製) 인쇄하는 것으로 가장 충실한 결과를 얻을 수 있음.
ごろつき[破落戸](명)〈속〉 파락호. 일정한 직업이나 거처가 없는 부랑자. 무뢰한(無頼漢). 건달. a ruffian
ごろつ·く(자 4)〈속〉 ①직업이 없이 빈둥거리다. ②파락호(破落戸)가 되다. 1. wander about
コロッケ(명)〔크로켓(프 croquette)의 준말〕 고기를 다져 기름에 볶고, 쪄서 으깬 감자와 섞어 둥글게 만들어 빵가루를 묻혀 기름에 튀긴 것.
コロップ(명)〔프롭(네 prop)의 변화〕 ⇨コルク.
コロナ[corona](명)〈천〉 코로나. 개기 일식(皆既日蝕) 때 태양 둘레에 넓게 퍼져 보이는 청백색의 둥근 빛.
コロニー[colony·도 Kolonie](명) 콜로니. ①〈의〉 세균의 군락(群落). ②식민지. 식민지의 부락. ③병이 나아가는 환자가 집단적(集団的)으로 사는 시설.
ごろね[転寝](명·자サ) 옷을 입은 채 아무 데나 쓰러져서 잠. sleeping with one's clothes on
ころば·す[転ばす](타 4) ①굴리다. ②쓰러뜨리다. 1. roll 2. tumble down
ごろはちぢゃわん[五郎八茶碗](명) 운두가 높은 질이 좋지 않은 밥공기. a large rice bowl
ころび[転び](명) ①구르기. ②전향(転向). 특히 에도(江戸) 시대 기독교도가 불교로 개종(改宗)한 일. 1. rolling **—ね**[転び寝](명) ①꾸벅꾸벅 조는 잠. ②⇨ごろね. ③야합(野合). 사통(私通).
ころ·ぶ[転ぶ](자 4) ①넘어지다. ②구르다. ③전향(転向)하다. 특히 에도(江戸) 시대 기독교도가 불교로 개종(改宗)한 것을 말함. 1. tumble down 3. convert
ころも[衣](명) ①의복. 옷. ②중의 옷. ③튀김 등의 거죽을 싸는 것. 1. clothes 2. a surplice. **—がえ**[衣替え·衣更え]—ガヘ(명·자サ) ①옷을 갈아 입음. ②옛날 4월 1일과 10월 1일에 그 계절의 옷으로 갈아 입던 일. **—で**[衣手](명)〈고〉 옷소매.
コロラチュラ(ソプラノ)[coloratura (soprano)](명) 〈악〉 콜로라투라소프라노. 장식적(装飾的)이고 기교적(技巧的)인 노래를 부르기에 적당한 소프라노.
ころり(명)〈속〉 콜레라의 메이지(明治) 시대의 속명.
コロン[colon](명) 콜론. 가로 쓰는 글이나 구문(欧文)의 구두점의 하나.「:」
コロンビア[Columbia·哥倫比亜](명)〈지〉 콜롬비아. 남미 북서부에 있는 공화국. 수도는 보고타(Bogotá).
コロンボ[Colombo](명)〈지〉 콜롬보. 실론의 수도. 인도양 항로의 중요한 기항지(寄港地). 상업 및 중계 무역(中継貿易)이 성함.
こわ·い[恐い]コハイ(형) ①무섭다. 두렵다.「あとの払(ハラ)いが—; 나중에 갚을 게 걱정이다」②위험하다.「—断崖(ダンガイ); 위험한 낭떠러지」[파생] **—さ**(명). 1. fearful
こわ·い[強い]コハイ(형) ①강하다. ②맹렬하다. 사납다. ③딱딱하다. 견고하다. 1. strong 2. severe
こわいい[強飯]コハイヒ(명) ⇨こわめし.
こわいけん[強意見]コハ—(명) 강경(強硬)한 의견. severe admonition
こわいろ[声色](명) ①음색. 목청. ②(배우 등의) 대사(台詞)의 흉내. 1. a tone
こわが·る[恐がる·怖がる]コハ—(자 4) 두려워하다. 무서워하다. be afraid
こわかれ[子別れ](명) 자식과 생이별(生離別)함.
こわき[小脇](명) 겨드랑이.「—にかかえる; 겨드랑이에 끼다」 one's armpit
こわく[蠱惑](명·타サ) 고혹. 매혹(魅惑)함. 현혹(眩惑). fascination
こわけ[小分け](명·타サ) 작게 나눔. 소구분(小区分). a subdivision
こわごわ[恐恐]コハゴハ(부) 두려워하는 모양. 겁을 내는 모양. with fear
こわざま[声様](명)〈고〉 말하는 모양. 말투.
こわじい[強強い]コハジヒ(명) 무리하게 밀고 나감. 강제로 함. compulsion
こわじり[声尻](명) 목소리의 끝. 말끝. 어미(語尾). the end of one's voice
こわ·す[壊す·毀す]コハス(타 4) ①파괴하다. 부수다. ②못 쓰게 하다. 망치다.「からだを—; 몸을 망치다」 1. break
ごわ·す(자·보동)〈방〉〔"ございます"의 변화〕 입니다. …습니다.「そうで—; 그렇습니다」
こわだか[声高](명·형동ダ) 높은 음성. 큰소리.「—にののしる; 큰소리로 욕하다」 a loud voice

こわたり[古渡り](명) 무로마치(室町) 시대나 그 이전에 외국에서 건너 옴. 또는 그 물건. an article imported of old
こわだんぱん[強談判]コハー(명) 강경(強硬)한 담판. a peremptory demand
こわづかい[声遣い]ーヅカヒ(명·자サ)〈고〉목소리를 냄. 음성(音声). 어조(語調).
こわづくり[声作り](명)〈고〉 ①목소리를 꾸밈. ②기침. 또는 기침을 함.
こわっぱ[小童](명) 소년이나 풋나기를 얕잡아 하는 말. 꼬마. 애숭이. a youngster
こわね[声音](명) 목소리의 특색. 음색(音色). a tone
こわば·る[強張る·硬張る]コハー(자 4) 굳어지다. 딱딱해지다. 「表情(ヒョウジョウ)がー; 표정이 굳어지다」 become stiff
こわめし[強飯]コハー(명) (팥을 넣고) 찜통에 찐 찰밥.
こわもて[恐持て]コハー(명) 경원(敬遠)당하면서도 잘 대접 받음. respect motivated by fear
こわもの[強者]コハー(명) 강자. 힘이 센 사람. a tough person
こわ·れる[壊れる·毀れる]コハレル(자하 1) ①망그러지다. 깨지다. ②잘되지 않아 망치다. 「話(ハナシ)がー; 이야기가 파탄이 되다」 명 こわれ. 1. break 2. be destroyed
こんー[今](조어) ①지금의. 「ーシーズン; 지금의 계절」 ②오늘의. 「ー十二日(ジュウニニチ); 오늘 12일」
ーこん[婚](조어) 혼인. 결혼. 「近親(キンシン)ー; 근친결혼」
ーこん[献](접미) 술잔을 드리는 수를 세는 말. 「一(イッ)ー献(ケン)じる; 한 잔 올리다」
こん(연체)〈속〉 "この"의 변화. 「ー畜生(チクショウ); 이 개새끼(짐승 같은 놈)」
こん[坤](명) ①팔괘(八卦)의 하나. ②방위(方位) 이름. 서남방. 2. the southwest
こん[根](명) 근. ①〈수〉 ㉠방정식을 풀어서 얻은 결과. ㉡평방근, 입방근 등의 값(値). ②〈이〉이온을 이루는 기(基). ③사물에 견디어 나가는 기력. 근기(根気). ④〈불〉 ㉠일의 결과를 낳게 하는 힘. ㉡사람의 능력. 성질. 1. a root 2. a radical
こん[紺](명) 감색. 「ー色(ショク); 감색」 dark blue
コン(명) ①컨디셔닝의 준말. 「エアー; 에어컨디셔닝」 ②콘트롤의 준말. 「ラジー; 무선 조종(無線操縦)」
ごんー[五](조어) 다섯. 5. 「ー合(ゴウ); 5홉」
ごんー[権](접두)①임시의. ②정원(定員) 외의. ③부(副).
こんい[懇意](명·형동ダ) ①친절한 마음. ②흉허물이 없이 친함. 「ごくーな友人(ユウジン); 매우 친한 친구」 1. kindness 2. intimacy
こんいつ[混一](명·자타サ) 섞어서 하나로 만듦. unification
こんいん[根因](명) 근본 원인. the proximate cause
こんいん[婚姻](명·자サ)〈법〉 혼인. 남녀 사이에 부부 관계를 맺는 법률 행위. 결혼. marriage
こんか[今夏](명) 금년 여름. 이번 여름. this summer
こんか[婚家](명) 며느리나 데릴사위로 들어 간 집. the family into which one has married
ごんか[言下](명) 말이 떨어지자마자 곧. 일언지하(一言之下). 「ーにことわる; 일언지하에 거절하다」
こんかい[今回](명·부) 이번. 이번 회(回). this time
こんかぎり[根限り](부) 근기가 계속되는 한(限). 힘자라는 대로 열심히. with all one's might
こんがすり[紺飛白·紺絣](명) 스친 듯한 흰 무늬가 있는 감색 옷감. bluish cloth with white splashes
こんがらか·る(자 4) ①헝클어지다. 「糸(イト)がー; 실이 헝클어지다」 ②시끄러워지다. 분규(紛糾)가 일어나다. 「話(ハナシ)がー; 이야기가 시끄러워지다」 1. get entangled
こんがり(부) 떡 따위가 알맞는 빛깔로 구워진 모양.
こんかん[根幹](명) 근간. ①뿌리와 줄기. ②근본(根本). 1. root and trunk 2. the basis
こんがん[懇願](명·자サ) 간원. 간절히 원함. entreaty
こんき[今季](명) 지금의 계절. the present season
こんき[今期](명) 이번 시기. 바로 지금의 시기. the present term
こんき[根気](명) 근기. 사물에 견디어 낼 수 있는 힘. stamina
こんき[根基](명) 근저(根底). 기초(基礎). basis
こんき[婚期](명) 혼기. 결혼에 적합한 시기. marriageable age
こんぎ[婚儀](명) 혼례(婚礼). 결혼식. a marriage ceremony
こんきゃく[困却](명·자サ) 매우 곤란함. perplexity
こんきゅう[困窮](명·자サ) 곤궁. 가난으로 고생함. 「ーの生活(セイカツ); 곤궁한 생활」 the hardship of porverty
こんきょ[根拠](명) 근거. ①근본이 되는 바탕. ②본거(本拠). 1. a ground 2. a base
こんぎょう[今暁](명) 오늘 새벽. early this morning
ごんぎょう[勤行](명)〈불〉 근행. 불전(仏前)에서 독경(読経), 회향(回向)하는 일. a religious service
こんく[困苦](명·자サ) 곤고. 곤란하고 괴로움. hardships
ごんく[言句](명) 짧은 말. 문구(文句). a short phrase
ごんぐ[欣求](명·타サ)〈불〉 흔구. 기꺼이 원하여 구함. desiring with delight. **ーじょうど**[欣求浄土](연어·명)〈불〉 극락에서 왕생(往生)할 것을 기꺼이 구하는 일.
ゴング[gong](명) 공. ①징. ②〔권투에서〕 경기 시간을 알리는 종.
コンクール[프 concours](명) 콩쿠우르. 경쟁. 경기회(競技会). 경연회(競演会).
こんぐらか·る(자 4)〈속〉 ⇨こんがらかる.
こんくらべ[根比べ·根競べ](명) 근기(根気)의 세기를 겨루는 일. 지구력(持久力) 겨루기. an endurance contest
コンクリート[concrete] 콘크리이트. Ⅰ(명) 시멘트와 모래, 자갈 등을 물과 함께 섞은 것. 토목, 건축 공사 등에 씀. Ⅱ(형동ダ) 구체적(具体的). **ーブロック**

[concrete block](명) 콘크리이트로 만든 블록.
コングレス[congress](명) 콩그레스. ①정식 대표자의 집회. 회의. ②미국의 의회(議会).
ごんげ[権化](명) 권화. ①〈불〉부처나 보살이 중생(衆生)을 건지기 위해 인간 세상에 나타나는 일. 또는 그 화신(化身). ②어떤 추상적(抽象的) 특질을 구체화 또는 유형화(類型化)하는 것. 1. incarnation 2. embodiment
こんけい[根茎](명)〈식〉근경. 땅속을 뻗어 나가는 뿌리와 같은 줄기. 뿌리팥줄기. 예: 대, 연 등의 뿌리. a rhizome
こんけつ[混血](명·자サ) 혼혈. 다른 인종이 결혼해서 양쪽의 특성이 섞임. 또는 그 혈통. mixed blood. **—じ**[混血児](명) 혼혈아. 인종이 서로 다른 부모 사이에 태어난 아이. 트기.
こんげつ[今月](명) 이달. 이번 달. this month
こんげん[根元·根源](명) 근원. 근본. a root
ごんげん[権現](명) ①〈불〉권현. 부처, 보살 등이 중생을 제도하기 위하여 모습을 바꾸어 일시 나타나는 일. ②〔일본에서〕옛 신의 존호(尊号)의 하나. 1. temporary manifestation of Buddha
こんご[今後](명·부) 금후. 이후(以後). from now on
コンゴ[Congo](명)〈지〉콩고. 아프리카 중부 콩고강 유역의 공화국. 수도는 레오포올드빌(Leopoldville).
ごんご[言語](명) 언어. 말. language. **—どうだん**[言語道断](연어) 언어 도단. 말문이 막힘. 어이 없음.
こんこう[混交·混淆](명·자サ) 혼효. 어지럽게 뒤섞임. 혼성(混成). 「玉石(ギョクセキ)—; 옥석 혼효」 medley
こんごう[金剛](명) 금강. ①〈불〉㉠칠보(七宝)의 하나. 금강석. ㉡금강신(金剛神). ②견고해서 부서지지 않음. 「—心(シン); 견고하고 열렬한 신앙심」 ③〈광〉←金剛砂. 2. adamant. **—しゃ**[金剛砂](명)〈광〉금강사. 불순한 강옥(剛玉)의 가루. 수정이나 대리석을 닦는데 씀. **—じん**[金剛神](명)〈불〉⇨におう. **—せき**[金剛石](명)〈광〉금강석. 보석의 하나. 순수한 탄소의 결정(結晶)으로 광물 중 가장 단단하고 아름다움. 다이아몬드. **—づえ**[金剛杖]—ヅエ(명) 등산자(登山者), 수도자(修道者) 등이 갖는 흰 나무 지팡이. **—ふえ**[金剛不壊](연어) 매우 견고해서 부서지지 않음. **—りき**[金剛力](명) 대단히 센 힘. 「—をふりしぼる; 굉장한 힘을 짜 내다」
こんごう[混合](명·자타サ) 혼합. 섞어서 합함. mixture
こんこん[昏昏](부) ①의식이 없는 모양. ②어두운 모양. 분명치 않은 모양. 「—と(して)眠(ネム)る; 정신없이 자다」 1. unconsciously 2. obscurely
こんこん[滾滾](부) (물 등이) 넘쳐 흐르는 모양. 잇달아 솟아 나는 모양. rushing down
こんこん[懇懇](부) 지성이 지극한 모양. 친절히 되풀이하는 모양. 「—と さとす; 친절하게 되풀이하여 타이르다」 in a friendly way
ごんざ[権者](명) 썩 뛰어난 고승(高僧).
こんサージ[紺 serge](명) 감색(紺色) 사아지. 양복지로 씀.
コンサート[concert](명) 콘서트. ①연주회. 음악회. 「レコード—; 레코오드콘서트」 ②연주 단체. **—マスター**[concert master](명)〈악〉콘서트마스터. 오케스트라 단원 중의 수석 연주자. 제1 바이올린부의 수석에 해당함.
こんざい[混在](명·자サ) 혼재. 섞여 있음. being mixed
ごんさい[権妻](명) 일시적인 아내. 첩. a concubine
コンサイス[concise](명) 콘사이스. ①간명(簡明). 간결. ②휴대용 사전. 소형 사전.
こんさく[混作](명·타サ)〈농〉혼작. 한 경작지에 여러 가지 작물을 섞어 가꾸는 일. mixed cultivation
こんざつ[混雑](명·자サ) 혼잡. ①뒤섞여 어지러움. ②북적거림. ③혼란(混乱). 2. bustling 3. confusion
コンサルタント[consultant](명) 콘살턴트. (경영상의) 상담(相談) 상대가 되는 전문가. 상담역(相談役).
こんし[懇志](명) 친절한 마음. 간곡한 뜻. kindness
こんじ[今次](명) 이번. 「—の大戦(タイセン); 이번 대전」 this time
こんじ[恨事](명) 한사. 한스러운 일. 원통한 일. 「千秋(センシュウ)の—だ; 천추에 한이 될 일이다」 a pity
こんじ[根治](명·자타サ) 근치. 뿌리째 고침. 완전히 치료함. 「病気(ビョウキ)が—する; 병이 근치되다」 radical cure
こんじ[紺地](명) 감색(紺色) 바탕의 천. navy-blue cloth
こんじき[金色](명) 금색. 황금빛. golden colour. **—やしゃ**[金色夜叉](명) 고리 대금업. 고리 대금업자.
コンジション[condition](명) ⇨コンディション.
こんじゃく[今昔](명) 금석. 지금과 옛날. ancient and modern. **—のかん**[今昔の感](연어·명) 금석지감. 지금과 옛날을 비교할 때 그 차이가 심함을 보고 느끼는 정.
こんしゅう[今秋](명) 금추. 금년 가을. 이번 가을. this autumn
こんしゅう[今週](명) 금주. 이번 주. this week
こんじゅほうしょう[紺綬褒章](명) 공익(公益)을 위해 자기의 재산을 기부한 사람에게 정부가 수여하는 감색(紺色) 리본이 달린 기장(記章).
こんしゅん[今春](명) 금년 봄. 이번 봄. this spring
こんしょ[懇書](명) 친절한 편지. 상대의 편지를 높이어 일컫는 말. your letter
こんじょう[今生](명) 살아 있는 이 세상. 이승. 「—の別(ワカ)れ; 이승의 하직(죽음)」 this life
こんじょう[根性](명) 근성. 근본이 되는 성질. 타고난 마음씨. 「—がわるい; 근성이 나쁘다」 nature
こんじょう[紺青](명) 감청. 선명한 남빛. 또는 남빛 안료(顔料). Prussian blue
こんじょう[懇情](명) 간곡한 정. 지성. a kindly feeling
ごんじょう[言上](명·타サ) 말씀을 올림. 위에 보고함. report
こんしょく[混食](명·타サ) 혼식. 여러 가지를 섞은 음식. 또는 그렇게 하여 먹음. mixed food
こんしょく[混織](명·타サ) 섞어서 짬. mixed weaving
こんしょく[懇嘱](명·타サ) 간절히 부탁함. 또는 간절한 부탁. a polite request

こん·じる[混じる] Ⅰ(자상 1) 뒤섞이다. 혼합되다. Ⅱ(타상 1) 섞다. 혼합하다. Ⅰmingle Ⅱmix
こんしん[混信](명·자サ) 혼신. 〔전신(電信)에서〕 일정한 송신국(送信局) 이외의 송신이 섞여 들림. jamming
こんしん[渾身](명) 혼신. 온몸. 전신(全身). 「—の力(チカラ)をこめて; 전력을 다해서」 the whole body
こんしん[懇親](명) 지성과 친절. 정답게 사귀는 것. 친목. 「—会(カイ); 친목회」 sociability
こんじん[今人](명) 현세(現世)의 사람. 현대인. the moderns
こんじん[金神](명) 금신. 음양가(陰陽家)가 모시는 신. 이 신이 있는 쪽으로 집을 짓거나 이사를 하거나 외출하는 일을 피함.
コンス[중 公司](명) 공사. (주식) 회사. a compay
ごん·す(자·보동)〈속〉〔"ございます"의 변화〕 입니다.
こんすい[昏睡](명·자サ) 혼수. ①세상 모르고 잠을 잠. ②〈의〉 의식을 잃은 상태. 인사 불성(人事不省). 「—状態(ジョウタイ); 혼수 상태」 1. a sound sleep 2. coma
ごんすけ[権助](명)〈속〉 하인(下人). 머슴. a servant
コンスターチ[cornstarch](명) 코온스타아치. 옥수수의 전분(澱粉). 사진, 세탁용의 풀, 서양 요리, 과자 등에 쓰임.
コンスタント[cornstant] 코온스턴트. Ⅰ(명)〈수·이〉 상수(常数). Ⅱ(형동ダ) 일정한 모양. 변함 없는 모양.
コンスタンチノープル[Constantinople](명)〈지〉⇨イスタンブール.
こんせい[混生](명·자サ) 섞여 자람. 섞여 삶. mixed growing
こんせい[混声](명)〈악〉 혼성. 남성(男声)과 여성(女声)이 함께 노래함. 「—合唱(ガッショウ); 혼성 합창」 a mixed voice
こんせい[混成](명·자타サ) 혼성. 섞여서 이루어짐. 섞어 만듦. mixture
こんせい[懇請](명·타サ) 간청. 간곡히 부탁함. 간절히 청함. 「光来(コウライ)を—する; 왕림(枉臨)을 간청하다」 entreaty
コンセール[프 concert](명) ⇨コンサート.
こんせき[今夕](명) 오늘 밤. 오늘 저녁. this evening
こんせき[痕跡](명) 흔적. 뒤에 남은 자취. 발자국. traces
こんせつ[今節](명) 〔야구, 경마 등에서〕 이번 계절. 이번 철. this series
こんせつ[懇切](형동ダ) 간절. 매우 간곡(懇曲)한 모양. cordial
こんぜつ[根絶](명·타サ) 근절. 뿌리째 뽑아 없앰. extermination
こんせん[混戦](명·자サ) 혼전. 뒤섞여 싸움. 한데 어울려 싸움. confused fighting
こんせん[混線](명·자サ) 혼선. 〔전신, 전화 등에서〕 전선이 뒤섞여 다른 신호나 통화(通話)가 섞여 옴. entanglement of wires
こんぜん[混然·渾然](형동タルト) 혼연. ①구별이나 차별이 없는 모양. 「——体(イッタイ)となる; 혼연 일체가 되다」 ②규각(圭角)이나 결점이 없는 모양. 원만한 모양. 1. perfectly harmonious
コンセント[concent](명) 콘센트. 〔전기에서〕 배선(配線)과 코오드와의 접속에 쓰이는 기구. 플럭을 끼움.

〔コンセント〕

コンソメ[프 consommé](명) 콩소메. 두 가지 이상의 고기를 삶아 낸 물에 간을 한 수우프. ↔ポタージュ.
こんぞめ[紺染め](명) 감색(紺色)으로 물들임. 또는 감색으로 물들인 것.
こんだく[混濁·溷濁](명·자サ) 혼탁. 흐려짐. 탁해짐. 「意識(イシキ)が—する; 의식이 흐려지다」 turbidity
コンダクター[conductor](명) 콘덕터. ②안내자. ②(오케스트라의) 지휘자.
コンタクト[contact](명) 콘택트. 가까이 댐. 접착(接着). 「—レンズ; 콘택트렌즈(눈에 밀착시키는 안경)」
こんだて[献立](명) ①그날의 요리의 종류나 요리 이름의 나열. 메뉴. 식단(食単). 「—表(ヒョウ); 식단표」 ②일품(一品) 요리의 이름을 종이에 적은 것. ③준비. 수배(手配). 1. courses of a meal
こんたん[魂胆](명) ①혼담. 혼백과 간담. ②복잡한 사정(事情). ③계획. 속셈. 1. the soul 2. circumstances
こんだん[懇談](명·자サ) 간담. 속을 터놓고 정답게 이야기함. a familiar talk
こんち(명)〈속〉 오늘. 금일. today. **—は**(연어·감)〈속〉 낮에 하는 인사말.
コンチェルト[이 concerto](명)〈악〉 콘체르토. 혼자서 연주하는 악기가 주가 되고 이에 관현악이 합주(合奏)하는 곡. 협주곡(協奏曲). 「バイオリン—; 바이올린 협주곡」
コンチネンタル[continental](명) 콘티넨탈. (유럽) 대륙풍(大陸風). 「—タンゴ; 콘티넨탈탱고」
こんちゅう[昆虫](명)〈동〉 곤충. 벌레(昆虫類)를 통틀어 일컫는 말. an insect
こんちょう[今朝](명) ⇨けさ.
コンツェルト[이 concerto](명)〈악〉 ⇨コンチェルト.
コンツェルト[도 Konzert](명) ⇨コンサート.
コンツェルン[도 Konzern](명)〈경〉 콘체른. 몇 개의 독립 회사가 결합해서 하나가 되나, 법률상으로는 별개의 기업(企業)으로 활동하는 것. 재벌(財閥).
コンテ[프 conté](명) 콩테. 크레용의 한 가지. 목탄(木炭)보다 굳고 연필보다 연하며 막대기 또는 연필 모양인데 백색, 흑색, 갈색의 세 가지가 있음.
こんてい[根底·根柢](명) 근저. 뿌리. 바탕. the basis
こんでい[金泥](명) 금니. 금박(金箔) 가루를 아교풀에 갠 것. 그림을 그리는 데 쓰임. 「紺紙(コンシ)—; 남빛 종이에 금니로 경문(経文) 등의 문자를 적은 것」 gold dust
コンディショニング[conditioning](명) 컨디셔닝. 조절(調節). 「カラー—; 색(色)의 조화(調和)」
コンディション[condition](명) 컨디션. ①(필요한) 조건(條件). ②상태. 환경. ③지위. 신분.
コンティニュイティー[continuity](명) 콘티뉴어티. ①

연속. 지속(持続). ②영화 촬영을 위한 대본(臺本).

コンテキスト[context](명) 콘텍스트. 전후(前後) 관계. 문맥(文脈).

コンテスト[contest](명) 콘테스트. ①논쟁. 논전. ②시합. 경쟁. ③경기회. 경연회.「美容(ビヨウ)—; 미용 경연 대회」

コンテナー[container](명) 콘테이너. ①운송(運送)할 짐을 넣는 가벼운 금속으로 만든 상자. ②기계, 기구 등의 용기(容器).

コンデンサー[condenser](명) 콘덴서. ①〈이〉 축전기(蓄電器). ②(증기 기관의) 응축기(凝縮器). ③집광(集光) 렌즈.

コンデンス[condense](명·타サ) 콘덴스. 응축(凝縮)함. 모임. **— ミルク**[←condensed milk](명) 콘덴스트 밀크. 가당 연유(加糖煉乳).

コント[프 conte](명) 콩트. ①이야기. ②단편 소설. ③풍자와 기지(機知)가 풍부한 짧은 소설.

こんど[今度](명·부) ①이번. ②이다음. 1. this time 2. next time

こんとう[今冬](명) 올 겨울. 이번 겨울. this winter

こんとう[昏倒](명·자サ) 혼도. 정신이 어지러워 넘어짐. 졸도(卒倒). swoon

こんどう[金堂](명) ①금박을 입히거나 금으로 장식한 당. ②〈불〉 금당. 본존(本尊)을 모시는 불전(仏殿). 본당(本堂). 1. the golden hall

こんどう[金銅](명) 금동. ①금도금(金鍍金)을 한 구리. ②구리에다 금을 용해(溶解)한 것. 1. gilt bronze

こんどう[混同](명·자타サ) 혼동. ①서로 다른 여러 개를 섞어 하나로 함. ②뒤섞여 구별할 수 없게 됨. 1. mingling together

こんとく[懇篤](형동ダ) 간독. 정이 두텁고 친절한 모양. kind

コンドーム[프 condom](명) 콘돔. 고무 또는 부레로 만든 남자용 피임, 성병 예방용의 색.

こんとし[来ん年](연어·명) 내년. 명년(明年). next year

ゴンドラ[gondola](명) 곤돌라. ①이탈리아의 베니스 특유(特有)의 배. ②비행선(飛行船), 공중 케이블카아 등의 조롱(吊籠).

〔ゴンドラ①〕

コントラスト[contrast](명) 콘트라스트. 대조(対照).

コントラバス[도 Kontrabass](명)〈악〉 콘트라바스. 저음(低音)의 현악기(弦楽器).

コントラルト[이 contralto](명)〈악〉 콘트랄토. ①여성의 가장 낮은 음(音). 또는 그 목소리의 가수(歌手). 알토. ②색스호온류(類)의 금관 악기(金管楽器).

コンドル[condor](명)〈동〉 콘도르. 독수리 비슷한 세계에서 가장 큰 맹조(猛鳥). 남아메리카의 높은 산에 살며 머리에는 털이 없음.

〔コントラバス〕

コントロール[control](명·타サ) 콘트롤. ①관리. 통제. 제어(制御). ②조종. ③조절(調節). **—タワー**[control tower](명) 콘트롤 타워. (비행기의 이륙, 착륙을 정리하는) 관제탑(管制塔).

こんとん[混沌·渾沌](형동タルト) 혼돈. 구별이 확실하지 않은 모양. chaotic

こんな(연체) 이와 같은. 이러한. like this

こんなん[困難](명·형동ダ) 곤란. 어려움. difficulty

こんにち[今日](명) ①금일. 오늘. ②요즈음. 최근.「—の世界状勢(セカイジョウセイ); 오늘의 세계 정세」1. today 2. the present. **— さま**[今日様](명) 해(太陽)의 높임말. **—は**[今日は](연어·감) 낮에 하는 인사말.

こんにゃく[蒟蒻](명) 곤약. ①〈식〉 구약나물. ②구약나물의 땅속줄기(地下茎)를 가루로 만들어 석회유(石灰乳)를 섞어 끓여 만든 식료품. 반투명이며 탄력이 있음. 2. devil's tongue jelly. **—ばん**[蒟蒻版](명) 곤약판. 간단한 등사판(謄写版)의 한 가지. 젤라틴 또는 한천(寒天)으로 판(版)을 만듦.

こんにゅう[混入](명·자타サ) 혼입. 섞어 넣음. 섞여 들어 감. mixing

こんねん[今年](명) 금년. 올해. this year

こんねんど[今年度](명) 금년도. 이번 연도. this year

コンパ(명) 컴퍼니의 준말.

コンパート(メント)[compartment](명) 콤파아트먼트. ①구획. 구분. ②(기차, 다방 등의) 간을 막은 좌석.

こんぱい[困憊](명·자サ) 곤비. 곤궁하고 고달픔. 곤핍(困乏). exhaustion

コンバイン[combine](명)〈농〉 콤바인. 합성식 수확기(合成式収穫機).

こんぱく[魂魄](명) 혼백. 영혼.「—この世(ヨ)にとどまりて; 혼백이 이승에 머물러서」 the soul

コンパクト[compact] 콤팩트. Ⅰ(명) 분이나 연지 등을 넣어 두는 거울이 달린 휴대용 화장 도구. Ⅱ(형동ダ) 꽉 들어 찬 모양. 치밀한 모양.

コンパス[네 Kompas](명) 콤파스. ①제도용 기구. 두 다리를 자유로이 넓혔다 좁혔다하여 선의 길이를 재거나 분할하거나 원을 그리는 데 씀. ②나침반(羅針盤). ③〈속〉 보폭(歩幅).「—が大(オオ)きい; 보폭이 크다」

コンパニー[company](명) 컴퍼니. ①교우(交友). 친구. ②다과회. 간친회(懇親会) ③회사. 상회(商会).

コンパニオン[companion](명) 컴패니언. 짝. 동료. 상대.

こんばん[今晩](명·부) 오늘 밤. this evening. **—は**[今晩は](연어·감) 밤에 하는 인사말.

こんぱん[今般](명·부) 금번. 이번. now

コンビ(명·타サ) 〔콤비네이션(combination)의 준말〕 콤비. 짝.「名(メイ)—; 명콤비」

コンビーフ[←corned beef](명) 코온드비이프. 소금만으로 간을 한 쇠고기 통조림.

コンビネーション[combination](명) 콤비네이션. ①결합. 합동. ②여자나 어린이가 입는 아래위가 붙은 속샤쓰. ③가죽과 캔버스(갈색의 가죽과 백색의 가죽) 등을 서로 배합해서 만든 것(구두).

こんぴら[金毘羅](명)〈불〉 금비라. 불교의 수호신(守護

神). 비를 오게 하고, 항해(航海)의 안전을 지켜 준다고 하여 뱃사람들이 위함.
こんぶ[昆布](명)〈식〉 다시마. 미역 비슷한 바닷말(海藻)의 한 가지. a sea tangle
コンプレックス[complex](명) 콤플렉스. ①복합(複合). 복합한 것.「ビタミンB—; 비타민 B 복합제」②〈심〉 ㉠(좋지 않은 본능이) 복합된 꼴로 잠재 의식(潛在意識)으로 남아 있는 감정. ㉡인피어리어리티콤플렉스의 준말.「—を持(モ)つ; 열등감을 갖다」
コンプレッサー[compressor](명) 콤프레서. (공기) 압축기(圧縮機).「エアー—; 에어콤프레서」
こんぺい[困弊](명) 곤폐. 피롭고 피로함. exhaustion
コンペートー[포 confeitos·金米糖](명) 콘페이토스. 콩알보다 좀 크며 둘레에 가시 같은 돌기가 있는 과자. 별사탕.
こんぺき[紺碧](명) 감청색. dark blue
コンベヤー[conveyor](명) 콘베이어. 운반기(運搬機).「ベルト—; 벨트로 된 운반기」
ごんべん[言偏](명) 한자 부수(部首)의 하나. 말씀언변. "計, 訓" 등의 "言" 부분.
コンベンショナル[conventional](형동ダ) 콘벤셔널. 인습적인 모양. 판에 박힌 모양. 관습적.
こんぼう[混紡](명·타サ) 혼방. 종류가 다른 섬유를 섞어서 짜는 방적(紡績). mixed spinning
こんぼう[棍棒](명) 곤봉. ①막대기. ②병 모양의 체조 용구. ③경찰봉. 1. a club 2. an Indian club
こんぽう[梱包](명·타サ) 짐을 꾸림. 또는 꾸린 짐. packing
コンポート[프 compote](명) 콩포트. 설탕에 조린 과일.
コンポジション[composition](명) 콤포지션. ①구성. 조립(組立). ②구도(構図). ③작문(作文). ④작곡.
こんぽん[根本](명) 근본. 근저(根底). the root. **— せいしん**[根本精神](연어·명) 근본 정신. 근본이 되는 정신. **— てき**[根本的](형동ダ) 근본적. 근본에 관계가 있는 모양.「—に; 근본적으로」↔末梢的(マッショウテキ).
コンマ[comma](명) 코머. ①구두점의 한 가지.「,」②〈수〉 소수점.「—以下(イカ); 소수점 이하」
こんまけ[根負け](명·자サ) ①근기(根気)가 있는가를 겨루어서 짐. ②근기가 계속되지 않음. 1. loss in a game of patience 2. losing stamina
コンミール[corn meal](명)코온미일. 맷돌에 간 옥수수.
コンミュニズム[communism](명) ⇨コミュニズム.
こんみょう(にち)[今明(日)](명) 금명일. 오늘 내일.「—中(ジュウ)に発表(ハッピョウ)される; 금명간에 발표된다」 in a day or two
こんめい[混迷·昏迷](명·자サ) 혼미. ①마음이 흐리고 사리에 어두움. ②뒤섞여 매우 혼란함. 2. confusion
こんもう[懇望](명·타サ) 간망. 간절히 바람. an entreaty
コンモン センス[common sense](명) 코먼센스. 상식. 공통 감각(共通感覚). 양식(良識).
こんや[今夜](명) 오늘 밤. this evening
こんや[紺屋](명) 염색하는 집. 염색소. a dyer's
こんやく[婚約](명·자サ) 혼약. 결혼을 약속함. 약혼.「—者(シャ); 약혼자」 an engagement
こんゆ[懇諭](명·타サ) 간곡하게 타이름. admonition
こんゆう[今夕]—ユフ(명) 오늘 저녁. this evening
こんゆう[渾融](명·자サ) 혼융. 하나로 화합해서 구별이 없음. 완전히 융합됨. unification
こんよう[根葉](명)〈생〉 근엽. 줄기의 하부(下部), 뿌리 가까운 부분에 나는 잎. radical leaves
こんよう[混用](명·타サ) 혼용. 섞어서 씀. mixed use
こんよく[混浴](명·자サ) 혼욕. 남녀가 한데 섞여서 목욕함. mixed bathing
こんらん[混乱](명·자サ) 혼란. 뒤섞여 어지러움.「頭(アタマ)が—する; 머리가 혼란하다」 confusion
こんりゅう[建立](명·타サ) 건립. 절 등을 세움. 이룩하여 세움. building
こんりん[金輪](명)〈불〉 금륜. 삼륜(三輪)의 하나. 대지(大地)의 상층을 말함. 지륜(地輪). **— ざい**[金輪際] Ⅰ(명) ①대지의 밑바닥. ②사물의 근저(根底). Ⅱ(부) 어디까지나. 결단코.「—承知(ショウチ)せぬ; 절대로 승낙하지 않는다」 「a marriage ceremony
こんれい[婚礼](명) 혼례. 결혼의 의식. ↗
こんろ[焜炉](명) 풍로. ⇨しちりん(七厘).
こんろん さんみゃく[崑崙山脈](명)〈지〉 곤륜 산맥. 중앙 아시아의 파미르 고원에서 중국 내부까지에 걸쳐 있는 큰 산맥. the Kunlun mountains
こんわ[混和](명·자타サ) 혼화. 섞여 어울림. mingling
こんわ[懇話](명) 속을 터놓고 정답게 이야기함. 간담(懇談). a friendly talk
こんわく[困惑](명·자サ) 곤혹. 곤란한 일을 당하여 어찌할 바를 모름. 난처하여 당황함. perplexity
こんわく[昏惑](명) 어리석어 갈피를 못 잡음. puzzle

さ

さ—(접두)〈고〉 음력 5월을 가리키는 말.「—月(ツキ); 5월」「—蠅(バエ); 5월의 성가신 파리」
さ—[小](접두) 작은.「—枝(エダ); 잔가지」
さ—[早](접두) ①갓난.「—わらび; 애고사리」②모내기의.「—乙女(オトメ); 모내는 처녀. 처녀의 미칭」
—さ(접미) ①형용사나 형용 동사 등의 어간에 붙여 명사를 만드는 말.「たのし—; 즐거움」②때를 나타내는 말.「帰(カエ)る—; 돌아 갈 때」

さ[然](부) 그렇게. 그와 같이.「一のみ; 그렇다고만」 so

さ(감조) ①어떤 낱말 밑에 붙여 뜻을 강조하는 말.「できる一; 할 수 있지」 ②어떤 낱말에 붙여 가볍게 감동하며 끝맺는 말. 「つまらない話(ハナシ)一; 쓸데 없는 이야기야」 ③대개 토오쿄오(東京) 지방에서 문절(文節) 끝에 붙여 어조(語調)를 고를 때 쓰는 말.「ぼくが一; 내가말이야」

さ[左](명) 좌. ①왼쪽. 「一にかかげる文章(ブンショウ); 왼쪽에 든 문장」 ②이하. 다음. 「一のとおり; 다음과 같이(如左)」 ③〔야구에서〕 좌익수(左翼手)의 준말. 1. left 2. the following

さ[差](명) 차. ①차별. 차이.「相手(アイテ)によって待偶(タイグウ)に一をつける; 상대에 따라 대우에 차별을 두다」 ②〈수〉 어느 수에서 딴 수를 뺀 나머지 수. ↔和(ワ). 1. difference 2. remainder

一ざ[座](접미) ①신사(神社)에 모신 신의 수. ②좌상(座像)의 수.

ざ[座](명) ①(집회에서) 사람이 앉는 곳. 좌석. 자리. 「一につく; 자리에 앉다」 ②비치해 놓은 대(臺). ③별자리. 성좌(星座).「さそり一; 전갈좌」 ④카마쿠라(鎌倉), 무로마치(室町) 시대 상인들의 동업 조합. ⑤에도(江戸) 시대에 돈이나 특별 면허된 물건을 만들었던 공설(公設) 장소.「銀(ギン)一; 은화 주조소」 ⑥연극을 하는 무대. 극장.「歌舞伎(カブキ)一; 카부키좌」 ⑦연극을 하는 단체. 극단.「市川(イチカワ)一; 이치카와 극단」 ⑧(권력 있는) 지위.「政権(セイケン)の一; 정권의 자리」 1. a seat 2. a stand 3. a constellation

サー[sir](명) 서어. ①영국에서 준남작(準男爵), 또는 나이트의 이름 위에 붙이는 존칭. 경(卿). ②남을 높여 부를 때 쓰는 말. 선생.

ざあ(연어)〈속〉〔미연형(未然形)에 붙어서〕 …하지 않다면.「知(シ)らーいって聞(キ)かせやしょう; 모르신다면 들려 드리지요」

サーカス[circus](명) 서어커스. 곡마(曲馬). 곡예(曲芸). 곡마단. 곡예단.

サーキュレーション[circulation](명) 서어큘레이션. ①순환(循環). ②통화(通貨). ③유통 수표(流通手票). ④신문, 잡지 등의 발행 부수.

サークル[circle](명) 서어클. ①원(円). 원진(円陣). ②동호회(同好会). 동인(同人). 「文学(ブンガク)一; 문학 서어클」

サージ[serge](명) 사아지. 소모사(梳毛糸)를 능직(綾織)으로 짠 모직물.

サーチライト[searchlight](명) 서어치라이트. 탐조등(探照燈).

サーディン[sardine](명) 사아디인. ①〈동〉 정어리. ②[←oil sardine] 정어리를 올리브유에 절임. 또는 그 통조림.

サード[third](명) 서어드. ①제3. ②〔야구에서〕 3루(三塁). 3루수(三塁手).

サービス[service](명·자サ) 서어비스. ①봉사함.「一精神(セイシン); 서어비스 정신」 ②접대(接待)함.「一がいい; 서어비스가 좋다」 ③〔배구, 정구 등에서〕 서어브를 들임. **一ステーション**[service station](명) 서어비스스테이션. 안내나 그밖에 여러 가지 서어비스를 해 주는 곳.

サーブ[serve](명·자サ) 서어브.〔정구, 탁구, 배구 등에서〕 공격측이 먼저 공을 상대편 코오트에 쳐 넣는 일. 또는 그 차례나 공. ↔レシーブ.

サーベル[네 sabel](명) 사아벨. 본디 군인이나 경관이 허리에 차던 서양식의 칼. 양검(洋劍). 양도(洋刀). 지휘도(指揮刀).

ざあま·す(조동·특수형)〔←でございます〕…읍니다.「そう一; 그렇습니다」(여자들이 쓰는 말)

サーモ(スタット)[thermostat](명) 더어머스탯. 온도의 자동 조절 장치. (방안이) 일정한 온도에 도달하면 자동적으로 열원(熱源)이 끊어지는 장치. 항온 장치(恒温装置).

サーモン[salmon](명) 새먼. 연어. 연어 통조림.

さあらぬ[然有らぬ](연어·연체) 그런 기색이 없는. 무심한.「一てい; 그런 기색이 없는 태도」 as if nothing had happened

さい一[再](조어) 두 번째. 다시. 재차.「一確認(カクニン); 재확인」

さい一[最](조어) 가장. 제일.「一上位(ジョウイ); 최상위」

一さい[歳·才](접미) 연령에 붙이는 말. 살.「十五(ジュウゴ)一; 15세」

一さい[斎](접미) 옥호(屋号), 아호(雅号)에 붙이는 말.「一刀(イットウ)一; 일도재」

一さい[祭](조어) 제. 제사. 축제.「文化(ブンカ)一; 문화제」

一さい[裁](조어) 재판소.「最高(サイコウ)一; 최고 재판소(대법원)」

一さい[債](조어) 채권.「国(コク)一; 국채」

さい[才](명) ①지혜. 능력. 지능(智能). ②학문. 학식. ③목재, 석재 등의 부피(体積)의 단위. 1입방척. 약 0.0278 m^3. ④부피(容積)의 단위. 1작(勺)의 10분의1. 약 1.8 cm^3. ⑤직물(織物)의 단위. 1평방 피이트. 약 92 cm^2. 1. intelligence 2. learning

さい[采·賽](명) 주사위. 조그만 정육면체의 옥돌이나 짐승의 뼈에 1에서 6까지 점을 새긴 것. a die

さい[妻](명) 처. ①아내. 마누라. 여편네. ②자기의 아내. 집사람. 1. a wife 2. my wife

さい[彩](명) ①빛깔. 채색(彩色). ②광. 광택. ③무늬.

さい[菜](명) ①채소. 푸성귀. ②부식물(副食物). 나물. 반찬. 2. a side dish

さい[犀](명)〈동〉 무소. 열대 지방에 사는 짐승으로 코끝에 뿔이 있음. 고기는 식용. 뿔은 약용. 코뿔소. a rhinoceros

〔犀〕

さい[際](명) ①때. 시기. 즈음.「危急(キキュウ)の一; 위급한 때」 ②한계. 경계. ③가(辺). 1. at the time 2. a limit

さい[最](명·형동タルト) ①가장 우수한 것. 으뜸.「花(ハナ)の一たるもの; 꽃 중의 으뜸가는 것」 ②주요.

요점. 「…を一とする; …을 가장 요점으로 하다」 1. the best 2. importance

さい[差異·差違](명) 차이. 서로 틀린 것. 차별(差別). difference

ざい―[在](조어) …에 있음. 「一東京(トウキョウ)の; 토오쿄오에 있는」

―ざい[剤] Ⅰ(접미) 조제한 약의 수. 「三(サン)―; 세 첩」 Ⅱ(조어) 약. 약품. 「消化(ショウカ)―; 소화제」

―ざい[罪](조어) 죄. 「横領(オウリョウ)―; 횡령죄」

ざい[在](명) 시골. 재향(在郷). a rural district

ざい[材](명) ①재목. 목재. ②원료. 재료. ③건축재(建築材). ④재능. 또는 재능 있는 사람. 유능한 인재. 「有用(ユウヨウ)の―; 유용한 인재」 1. timber 2. material 4. ability

ざい[財](명) ①보배로운 물건. ②재산. 가재(家財). ③〈경〉 인간에 필요한 상품이나 화물. 재화(財貨). 「文化(ブンカ)―; 문화재」 1. property

さいあい[最愛](명) 최애. 가장 사랑하는 것. 「一の子(コ); 가장 사랑하는 자식」 the most beloved

さいあく[最悪](명) 최악. 가장 나쁜 것. 「一の状態(ジョウタイ); 최악의 상태」 ↔最善(サイゼン). the worst

ざいあく[罪悪](명) 죄악. 죄. 허물. sin

ざいい[在位](명·자サ) 재위. (왕이) 왕위(王位)에 있는 동안. being on the throne

さいいき[西域](명) ⇨せいいき.

ざいいん[在院](명·자サ) 병원 등, 원이라고 불리는 곳에 (살고) 있음. being in the hospital

さいいん[斎院](명)〈고〉 카모 신사(賀茂神社)에 봉사한 미혼의 황녀(皇女).

さいう[細雨](명) 세우. 가랑비. 안개비. a misty rain

さいうん[彩雲](명) 채운. (아침놀, 저녁놀로) 곱게 물든 구름. cloudscape

ざいえい[在営](명·자サ) 재영. 병영 안에 있음. being in the barracks

ざいえき[在役](명·자サ) ①부역 등에 종사함. ②〈군〉 병역에 복무함. 1. being in penal service

さいえん[才媛](명) 재원. 문재(文才)나 재능이 있는 여자. a talented girl

さいえん[再演](명·자타サ) 재연. 다시 출연하거나 상연함. repetition of the same play

さいえん[再縁](명) 다시 결혼하는 것. 재혼(再婚). a second marriage

さいえん[菜園](명) 채원. 채소밭. a vegetable garden

サイエンス[science](명) 사이언스. 과학(科学).

さいおう[再往·再応](명) 재차. again

ざいおう[在欧](명·자サ) 유럽(欧羅巴)에 삶. 유럽에 머무름. staying in Europe

さいおうがうま[塞翁が馬](연어·명) 새옹지마. 인간 세계의 행불행과 운명은 예측할 수 없음의 비유. 「人間万事(ニンゲンバンジ)―; 인간 만사 새옹지마」 An evil may turn out a blessing in disguise.

さいか[西下](명·자サ) 서쪽으로 감. 토오쿄오(東京)에서 칸사이(関西) 방면으로 감. ↔東上(トウジョウ).

さいか[災禍](명) 재화. 재난. accidents

さいか[最下](명) 최하. 가장 낮은 것. 맨 아래. ↔最上(サイジョウ). the lowest

さいか[裁可](명·타サ) 재가. ①안건(案件)을 허가함. ②신하가 제출한 안건을 임금이 결재(決裁)하여 허가함. 2. Imperial sanction

さいか[載貨](명) 화물(貨物)을 차나 배에 싣는 일. 또는 그 화물. cargo

ざいか[在華](명·자サ) 중화 민국(中華民国)에 있음. being in China

ざいか[在貨·在荷](명·자サ) 재화. 현재 있는 하물이나 상품. goods in stock

ざいか[財貨](명) 재화. ①금전이나 화물. 보화(宝貨). ②〈경〉 ⇨ざい(財)③. 1. property

ざいか[罪科](명) 죄과. ①죄. 허물. ②형벌. 처형(処刑). 1. a crime 2. punishment

ざいか[罪過](명) 죄과. 죄와 허물. 과실. an offence

さいかい[再会](명·자サ) 재회. 다시 만남. meeting again

さいかい[西海](명) 서해. ①서쪽 바다. ②〈지〉←西海道. 1. west sea. **―どう**[西海道](명)〈지〉 예전 8도의 하나. 큐우슈우(九州), 이키(壱岐), 쯔시마(対島) 등을 포함한 지방.

さいかい[再開](명·자타サ) 재개. 다시 엶. 다시 시작함. 「会談(カイダン)を―する; 회담을 재개하다」 reopening

さいかい[斎戒](명·자サ) 재계. 제사나 신성(神聖)한 일을 하는 사람이 음식, 행동 등을 삼가고 몸과 마음을 정결히 가짐. 「一沐浴(モクヨク); 목욕 재계」 purification

さいかい[際会](명·자サ) 제회. 사건, 기회 등을 만남. 당함. 당하여 만남. 「危難(キナン)に―する; 위태로운 일을 만나다」 meeting

さいがい[災害](명) 재해. 재변. 재난. 「一救助(キュウジョ); 재해 구조」 a disaster

さいがい[塞外](명) 새외. ①요새(要塞) 밖. ②국경(国境) 밖. ③중국의 만리 장성(萬里長城) 밖. 1. outside a fort 2. beyond the frontier

さいがい[際涯](명) 끝. 경계. the limit

ざいかい[財界](명) 재계. 재물의 생산, 교환이 행해지는 사회. 실업가, 금융업자 등의 사회. 경제계(経済界). the financial world

ざいがい[在外](명) 재외. 외국에 있음. 「一公館(コウカン); 재외 공관」 abroad

さいかく[才覚](명·자타サ) ①재치. 영리하게 머리를 씀. ②⇨くめん. 1. ready wit

さいがく[才学](명) 재학. 재능과 학문. 재주와 학식. talent and learning

ざいがく[在学](명·자サ) 재학. 학교에 적을 둠. being in school

ざいかた[在方](명) 시골. 재향(在郷). a rural district

さいかち[皂莢](명)〈식〉 쥐엄나무. 차풀과의 낙엽 활엽 교목. 줄기에 가시가 있고, 열매의 껍질과 씨는

약으로 씀. a honey locust
さいかん[才幹](명) 재간. 재능. 재주. talent
さいかん[再刊](명·타サ) 재간. 두 번째의 간행. 재판(再版). republication
さいかん[災患](명) 재환. 재앙과 우환(憂患). calamity
さいかん[彩管](명) 그림 그리는 붓. 화필(画筆). 「一をとる; 그림을 그리다」 a paintbrush
さいかん[菜館](명) 〔중국에서〕 요리집. a restaurant
ざいかん[在官](명·자サ) 재관. 관직(官職)에 있음. being in office
ざいかん[在監](명·자サ) 재감. 감옥에 들어 있음. being in the prison
さいき[才気](명) 재기. 재주 있는 기질. 「一煥発(カンパツ); 재기 발랄」 ability
さいき[再起](명·자サ) 재기. 다시 일어남. 「病床(ビョウショウ)から一する; 병상에서 다시 일어나다」 recovery
さいき[再帰](명) 재귀. 다시 돌아 오는 것. come back. **―どうし**[再帰動詞](명) 재귀 동사. 〔문법에서〕 어떤 동작의 작용이 자신에게 되돌아오는 역할을 하는 동사.
さいき[猜忌](명·타サ) 시기. 새암. 질투. jealousy
さいき[祭器](명) 제기. 제사에 쓰이는 그릇.
さいき[債鬼](명) 채귀. 인정, 사정 없는 빚장이. 「一に責(セ)められる; 채귀에 몰리다」 a dun
さいぎ[再議](명·타サ) 재의. ①다시 상의함. ②두 번째 하는 의논. 1. reconsideration
さいぎ[猜疑](명·타サ) 시의. 남을 시기하고 의심함. 「一心(シン); 시의심」 suspicion
さいぎ[祭儀](명) 제사의 의식(儀式). a festival
さいきょ[再挙](명·자サ) 재거. 한번 실패한 사업이나 운동을 다시 기도하는 것. 「一を計(ハカ)る; 다시 한번 해볼 것을 꾀하다」 the second attempt
さいきょ[裁許](명·타サ) 재허. 재결(裁決)하여 허가함. approval
さいきょう[西京](명) ①서쪽 수도. ②쿄오토(京都).
さいきょう[最強](명) 최강. 가장 센 것. 「一のチーム; 최강 티임」 the strongest
ざいきょう[在京](명·자サ) 재경. 서울에 있음. 수도(首都)에 있음. being in one's home
ざいきょう[在郷](명·자サ) 재향. 고향, 시골에 있음. living in the country
さいきん[細菌](명)〈식〉 세균. 박테리아. a bacillus
さいきん[細瑾](명) 세근. 작은 흠. 사소한 잘못. a small defect
さいきん[最近](명·부) 최근. 가장 가까움. 지나간지 얼마 안되는 날. 「一の事件(ジケン); 최근의 사건」 the nearest
ざいきん[在勤](명·자サ) 재근. 근무하고 있음. being in office
さいぎんみ[再吟味](명·타サ) 재음미. 다시 음미함. 잘 생각해 봄. re-examination
さいく[細工](명·타サ) ①세공. 자잘한 물건을 만드는 수공. ②고안(考案). 1. workmanship 2. an artifice
さいぐ[祭具](명) 제구. 제사에 쓰이는 기구.
さいくつ[採掘](명·타サ) 채굴. 땅속에 든 물건을 캐냄. mining
サイクリング[cycling](명) 사이클링. 자전거를 타고 가는 피크닉.
サイクル[cycle](명) 사이클. ①주기(週期). 한 바퀴. ②〈이〉 교류 전기나 전파, 음파가 1초간에 방향을 바꾸는 수. 주파수. ③자전거. 「一レース; 자전거 경기」
サイクロトロン[cyclotron](명)〈이〉 사이클로트론. 원자핵(原子核)의 연구나 인공 파괴에 쓰는 장치.
さいくん[細君·妻君](명) ①자기 아내. ②남의 아내. ("おくさん"보다는 존경의 뜻이 적음) 1. my wife
ざいけ[在家](명)〈불〉 ①재가. (중에 대해서) 속가(俗家)에 있는 사람. 속인(俗人). 「一僧(ソウ); 대처승(帯妻僧)」 ②시골집. 1. a layman
さいけい[歳計](명) 세계. 1년(1회계 연도) 중의 총계(総計). yearly account
さいげい[才芸](명) 재예. 재능과 기예(技芸). talent and accomplishments
さいけいこく[最恵国](명)〈법〉 최혜국. 어느 나라와 통상(通商) 조약을 맺는 열국 중 가장 유리한 혜택을 받는 나라. 「一待遇(タイグウ); 최혜국 대우」 the most favoured nation
さいけいれい[最敬礼](명·자サ) 두 손이 무릎 아래까지 내려 가게 허리를 굽혀 절하는 가장 정중한 경례. the most respectful salutation
さいけつ[採血](명·자サ)〈의〉 채혈. 병의 진단, 수혈 등을 위해 피를 뽑음. drawing of blood
さいけつ[採決](명·자サ) 채결. 의안(議案)의 가부를 찬성의 다소로 결정함. a division
さいけつ[裁決](명·타サ) 재결. ①일의 옳고 그름을 윗자리에 있는 사람이 결정함. ②〈법〉 소청(訴請)이나 이의 신청에 대한 결정. 1. judgement 2. decision
さいげつ[歳月](명) 세월. 흘러 가는 시간. 「一人(ヒト)を待(マ)たず; 세월은 사람을 기다리지 않고 흘러간다」 time
さいけっしょう[再結晶](명)〈이〉 재결정. 정제법(精製法)의 하나. 결정성의 조제품(粗製品)을 물이나 다른 용매(溶媒)에 녹여 냉각 또는 증발에 의하여 다시 결정시키는 일. recrystallization
さいけん[再建](명·타サ) 재건. 다시 세움. reconstruction
さいけん[再検](명·타サ) 재검. 다시 한번 검사, 검토함. 재검사. 재검토. re-examination
さいけん[細見](명) 세견. ①자세히 봄. ②상세하게 만든 지도나 도면. ③유곽(遊廓)의 안내소. 1. close inspection 2. a detailed map
さいけん[債券](명)〈경〉 채권. 국가, 공공 단체, 은행, 회사 등이 자기 채무를 증명하기 위해 발행하는 증권. a bond
さいけん[債権](명)〈법〉 채권. 채무(債務)를 요구할 수 있는 권리. 「一者(シャ); 채권자」 ↔債務(サイム). credit

さいげん[再現](명·자타サ) 재현. 다시 나타남. 다시 나타냄. reappearance
さいげん[際限](명) 제한. 끝. 한. 「一がない; 끝이 없다」 a limit
ざいげん[財源](명) 재원. 재화(財貨)의 근원. 사업을 이룩함에 있어 기초가 되는 재물이나 돈. a source of revenue
さいけんとう[再検討](명·타サ) 재검토. 다시 한번 검토함. re-examination
さいこ[最古](명) 최고. 가장 오래 됨. the oldest
さいご[最後](명) 최후. ①맨 뒤. 「一的(テキ); 최후적」 ②⇨さいご(最期). 1. the last. **—つうちょう**[最後通牒](명) 최후 통첩. ①최후의 통지. ②〈법〉 분쟁의 평화적 교섭이 불가능할 때 자국의 최후적 요구를 타국에 제출하여 수락되지 않으면 자유 행동을 취한다는 요지의 외교 문서. **—っぺ**[最後っ屁](명) ①족제비가 쫓겨 다급할 때 꽁무니에서 내는 구린 가스. ②궁한 나머지 생각해 낸 수단.
さいご[最期](명) ①끝. 마지막. ②죽을 때. 임종(臨終). 1. the end 2. one's last moment
ざいこ[在庫](명·자サ) 재고. 물품이 창고에 있음. 「一品(ヒン); 재고품」 stock
サイコアナリシス[psychoanalysis](명) 사이코아날리시스. 정신 분석(精神分析). 정신 분석학.
さいこう[再考](명·타サ) 재고. 다시 생각해 봄. 「一の余地(ヨチ)がない; 재고의 여지가 없다」 reconsideration
さいこう[再校](명·타サ) 재교. 두 번째 교정(校正). the second proof
さいこう[再興](명·자타サ) 재흥. 다시 일어남. 부흥시킴. 「国(クニ)を一する; 나라를 부흥시키다」 revival
さいこう[砕鉱](명·자サ)〈광〉 쇄광. 광석을 부수어 광물 성분을 분리시키는 일. crushing
さいこう[採光](명·자サ) 채광. 창문 등을 내어 햇빛을 받아 들임. 「一のいいへや; 햇볕이 잘 드는 방」 lighting
さいこう[採鉱](명·자サ) 채광. 광석을 캐 냄. mining
さいこう[最高](명) 최고. 가장 높음. 가장 우수함. ↔最低(サイテイ). the highest. **—がくふ**[最高学府](명) 최고 학부. 가장 높은 학교. 대학. **—けん**[最高検](명)←最高検察庁. **—げん**[最高限](명) 가장 높은 쪽의 한계. ↔最低限(サイテイゲン). **—けんさつちょう**[最高検察庁](명)〈법〉 최고 검찰청. 대검찰청. 최고 재판소(대법원)에 따른 검찰 사무를 취급하는 관청. **—さい**[最高裁](명)←最高裁判所. **—さいばんしょ**[最高裁判所](명)〈법〉 최고 재판소. 대심원(大審院). 대법원(大法院)에 해당.
ざいこう[在校](명·자サ) 재교. 재학(在学)함. 「一生(セイ); 재학생」 being in school
ざいごう[在郷](명·자サ) 재향. ①시골. ②고향에 있음. 1. a rural district. **—ぐんじん**[在郷軍人](명)〈군〉 재향 군인. 예비역으로 있는 육해공군의 군인.
ざいごう[罪業](명)〈불〉 죄업. ①죄가 될 만한 소행. ②죄의 과보(果報). 1. a sinful act
さいこうちょう[最高潮](명) 최고조. 가장 긴장한 상태. 또는 그런 장면. the climax
さいこうほう[最高峰](명) 최고봉. ①가장 높은 봉우리. ②가장 우수한 것. 「楽団(ガクダン)の一; 가장 우수한 악단」 1. the highest peak 2. the greatest
さいこく[西国](명) ①서쪽 나라. ②큐우슈우(九州) 지방. ③←西国三十三所 1. a western country. **—さんじゅうさんしょ**[西国三十三所](명)〈불〉 쿄오토(京都)를 중심한 33개소의 영지(靈地). 「一巡礼(ジュンレイ); 서쪽 33개 영지의 순례」
さいこく[催告](명·타サ) 최고. ①재촉하는 뜻으로 내는 통지. ②〈법〉 채무 이행을 독촉하는 통고. 1. demand 2. a notification
ざいこく[在国](명·자サ) 나라 안에 있음. being in the country
さいころ[賽子·骰子](명) ⇨さい(采).
サイコロジー[psychology](명) 사이콜러지. 심리학(心理学).
さいこん[再建](명·타サ) 재건. (신사, 사원 등을) 다시 건립함. 「寺院(ジイン)の一; 사원의 재건」 rebuilding
さいこん[再婚](명·자サ) 재혼. 두 번째로 결혼함. ↔初婚(ショコン). the second marriage
サイゴン[Saigon·西貢](명)〈지〉 사이곤. 인도 지나 반도 베트남 공화국의 수도.
さいこんたん[菜根譚](명) 채근담. 명(明) 나라 말기에 홍 자성(洪自誠)이 유교의 사상을 골자로 하여 노장(老荘)과 선학(禅学)의 설을 받아 들여서 지은 두 권으로 된 책.
さいさ[歳差](명)〈천〉 세차. 지구의 자전축(自転軸)의 방향이 해마다 각도(角度) 50초 26분씩 서쪽으로 이동함으로써 춘분점(春分点)과 추분점(秋分点)이 조금씩 앞으로 드티는 현상. precession
さいさい[済済](형동タルト) ⇨せいせい.
さいさい[再再](부) 자주. 여러 번. again and again
さいさい[歳歳](부) 세세. 연년(年年). 해마다. 매년. year after year
さいさき[幸先](명) 좋은 일이 있을 전조(前兆). 길조(吉兆). 「一がいい; 전조가 좋다」 a good omen
さいさん[再三](명·부) 재삼. 두세 번. 수차. 「一さいそくする; 재삼 재촉하다」 again and again. **—さいし**[再三再四](부) 재삼 재사. 여러 번. 누차.
さいさん[採算](명) 채산. 이익이 있는 일. 수지가 맞는 일. 타산. 「一がとれる; 채산이 맞다」 profit
ざいさん[財産](명) 재산. ①재물. ②〈법〉 금전상의 가치가 있는 것. property. **—か**[財産家](명) 재산가. 재산이 많은 사람. 부자. **—けい**[財産刑](명)〈법〉 재산형. 재산을 징수, 몰수하는 형벌.
さいし[才子](명) 재자. 재주 있는 사람. 재치 있는 사람. 재사(才士). a man of talent. **—たびょう**[才子多病](연어) 재주 있는 사람은 흔히 몸이 약하고 병에 걸리기 쉽다는 말.
さいし[再思](명·타サ) 재사. 다시 한번 생각함. 「意

義(イギ)を—すべきである; 의의를 다시 한번 생각해 보아야 할 것이다」 reconsideration

さいし[妻子](명) 처자. 아내와 자식. one's wife and children

さいし[祭司](명) 제사. ①제전(祭典)을 맡아 보는 신관(神官). ②〈종〉 종교상의 직무를 전문으로 맡아 보는 사람. 1. a priest

さいし[祭祀](명) 제사. 제전(祭典).「祖先(ソセン)の—; 조상의 제사」 religious service

さいじ[祭事](명) 제사. 제사 지내는 일. 제사의 행사. performing religious service

さいじ[細字](명) 세자. 잔글씨. 자잘한 글자. small letters

さいじ[細事](명) 세사. ①사소한 일. 잔일.「—にこだわるな; 사소한 일에 구애되지 말라」 ②자세한 일. 1. a trifle 2. the details

さいじ[歳次](명) 세차. 간지(干支)를 따라서 정한 해의 차례. age

さいじ[蕞爾](형동タリ) 매우 작은 모양. tiny

さいしき[才識](명) 재식. 재주와 식견(識見). talent and knowledge

さいしき[彩色](명·자サ) 채색. 색을 칠함. 착색(着色). colouring

さいしき[祭式](명) 제식. 제사의 의식(儀式). rites

さいじき[歳時記](명) ①세시기. 연중 행사나 자연현상 등을 적어 놓은 책. ②하이쿠(俳句)의 계절을 나타내는 말을 모아 해설한 책. 1. annual events in life and nature

さいしつ[妻室](명) 아내. a wife

さいじつ[祭日](명) 제일. ①신을 제사 지내는 날. ②죽은 사람을 제사 지내는 날. 기일(忌日). 제사날. 1. a festival day

ざいしつ[在室](명·자サ) 재실. 방안에 있음. being in a room

ざいしつ[材質](명) 재질. 재료의 성질. 재목(材木)의 성질. the quality of the wood

ざいしつ[罪質](명)〈법〉 죄질. 범죄의 성질. the nature of an offence

さいして[際して](연어) …을 당하여. …에 즈음하여.「出発(シュッパツ)に—; 출발에 즈음하여」

ざいしゃ[在社](명·자サ) ①회사에 있음. ②회사에 근무하고 있음. 2. in office

さいしゅ[祭主](명) ①제주. 제사 지내는 데 주인이 되는 사람. ②이세 신궁(伊勢神宮)의 신관(神官)의 우두머리. 1. a master of religious rites

さいしゅ[採取](명·타サ) 채취. 캐거나 주워 냄. picking

さいしゅ[採種](명·자サ)〈농〉 채종. 종자를 받음. picking seeds

さいしゅ[債主](명) 채주. 채권을 가진 사람. 채권자(債権者). 빚장이. a creditor

さいしゅう[採集](명·타サ) 채집. ①찾아서 모음. ②동식물의 표본을 널리 찾아 모음.「植物(ショクブツ)の—; 식물 채집」 1. collection

さいしゅう[最終](명) 최종. ①맨 나중. 최후.「—的(テキ); 최종적」 ②〔교통 기관에서〕 그날 마지막 떠나는 기차나 전차. 또는 버스. 막차.「—に乗(ノ)りおくれる; 막차를 놓치다」 1. the last

ざいじゅう[在住](명·자サ) 살고 있음. 「—者(シャ); 살고 있는 사람」 residence

ざいしゅく[在宿](명·자サ) 집에 있음. being at home

さいしゅつ[歳出](명) 세출. 1년(1회계 연도) 중의 전 지출. ↔歳入(サイニュウ). annual expenditure

さいしゅつにゅう[歳出入](명)〈경〉 세출입. 세출과 세입. the expenditure and revenue

さいしゅっぱつ[再出発](명·자サ) 재출발. ①다시 출발함. ②기분을 새로이 하여 다시 함. 1. re-starting

さいしょ[細書](명·자타サ) 세서. 잔글씨로 씀. writing in small letters

さいしょ[最初](명·부) 최초. 맨 처음. the first

さいじょ[才女](명) 재녀. 재주가 있는 여인. a woman of talent

さいじょ[妻女](명) ①아내와 딸. ②아내. 1. one's wife and daughter 2. one's wife

さいじょ[細叙](명·자サ) 자세하게 써서 나타냄. 상세히 묘사함. a detailed account

ざいしょ[在所](명·자サ) ①있는 곳. 사는 곳. ②시골. 촌. ③본국. 고향. ④사무소 등 소(所)라고 불리는 곳에 근무하고 있음. 1. whereabouts 2. the country

さいしょう[再勝](명·자サ) 재승. 재차 이김. re-victory

さいしょう[妻妾](명) 처첩. 아내와 첩. one's wife and concubine

さいしょう[宰相](명) 재상. ①왕을 도와 정치를 하던 벼슬의 총칭. ②총리 대신.「一国(イッコク)の—; 일국의 재상」 the prime minister

さいしょう[細小](명) 세미(細微). 매우 가늘고 작음. minuteness

さいしょう[最小](명) 최소. 가장 작음. 「—限度(ゲンド); 최소 한도」 ↔最大(サイダイ). the smallest. **—げん**[最小限](명) 최소한. 어떤 범위나 조건에서 가장 작은 것. 최소 한도. ↔最大限. **—こうばいすう**[最小公倍数](명)〈수〉 최소 공배수. 둘 또는 그 이상의 정수(整数)나 정식(整式)의 공배수 중에서 가장 작은 것. ↔最大公約数. 「the fewest」

さいしょう[最少](명) 최소. 가장 적음. ↔最多(サイタ).

さいじょう[祭場](명) 제장. 제사 지내는 곳. the seat of a religious service

さいじょう[斎場](명) 재장. ①장례식을 하는 곳.「青山(アオヤマ)—; 아오야마 장례식장」 ②신을 모시기 위하여 깨끗이 치운 곳. 1. a funeral hall 2. the seat of a religious service

さいじょう[最上](명) 최상. ①맨 위. ②가장 우수함.「—の よろこび; 더할 수 없는 기쁨」 ↔最下(サイカ). 1. the highest

ざいしょう[罪証](명) 죄증. 범죄의 증거. traces of guilt

ざいしょう[罪障](명)〈불〉 죄장. 성불(成仏)하는 데 장

애가 되는 죄업(罪業). sins

ざいじょう[罪状](명) 죄상. 범죄의 상태. the nature of an offence

さいしょく[才色](명) 재색. 재주와 용모.「一兼備(ケンビ)の女性(ジョセイ); 재색을 겸비한 여성」 wit and beauty

さいしょく[菜食](명·자サ) 채식. ①채소를 중심으로 한 음식. ②야채를 상식(常食)으로 함.「一主義(シュギ); 채식주의」 2. vegetarianism

ざいしょく[在職](명·자サ) 재직. 직장에 근무하고 있음.「一年限(ネンゲン); 재직 연한」 being in office

さいしん[再審](명·타サ) 재심. 다시 심리(審理)함. re-examination

さいしん[細心](명·형동ダ) 세심. ①꼼꼼하게 주의함. 자세함.「一の注意(チュウイ); 세심한 주의」②마음이 좁음. 소심(小心). ③편협(偏狭)한 마음. 1. prudence 2. timidity

さいしん[最深](명) 최심. 가장 깊음. the deepest

さいしん[最新](명) 최신. 가장 새로움.「一の技術(ギジュツ); 최신의 기술」 the newest

さいじん[才人](명) 재인. ①재주가 있는 사람. 재사(才士). ②글재주(文才)가 있는 사람. 1. a man of talent 2. a talented writer

さいじん[祭神](명) 제신. 신사(神社) 등에 모신 신. an enshrined deity

サイズ[size](명) 사이즈. 크기. 치수. 척도(尺度).「洋服(ヨウフク)の一;양복 치수」

ざいす[座椅子](명) 좌의자. 앉아 기대는, 다리가 없는 의자.

さい·する[裁する](타サ) ①(옷감을) 재단하다. 마르다. ②선악(善悪)을 판단하다. 1. cut 2. judge

さい·する[際する](자サ) 만나다. 즈음하다. meet with

さいすん[採寸](명·타サ) (양복 등의) 치수를 잼. measure

さいせい[再生](명·자타サ) 재생. ①되살아 남. 소생. ②다시 태어남. ③〈심〉 재현(再現). ④폐품을 이용하여 다시 만듦.「一品(ヒン); 재생품」⑤녹음한 것을 다시 기계에 걸어 들려 줌. 1. revival 2. be reborn

さいせい[再製](명·타サ) 폐품이 된 것을 다시 가공하여 새로운 제품을 만듦. remanufacture

さいせい[済世](명) 제세. 세상 또는 세인(世人)을 구제하는 것. relief

さいせい[祭政](명) 제정. 제사와 정치. 종교와 정치.「一一致(イッチ); 제정 일치」 the church and state

さいせい[最盛](명) 최성. 가장 성함.「一期(キ); 최성기」 the zenith of prosperity

ざいせい[在世](명·자サ) 재세. 세상에 살아 있음.「故人(コジン)一中(チュウ)は; 고인이 살아 있은 동안에는」 in life

ざいせい[財政](명) 재정. ①〈경〉 국가나 공공 단체가 유지 발전하는 데 필요한 경제.「一的(テキ); 재정적」②개인의 금융이나 가계(家計). 1. finance 2. circulation of money

さいせいさん[再生産](명·자サ)〈경〉 재생산. 같은 종류의 상품을 되풀이 생산함. reproduction

さいせき[砕石](명·자サ) 암석을 깨뜨려 부숨. 또는 부순 돌. crushing

さいせき[採石](명·자サ) 채석. 돌을 떠냄. 돌을 캐냄. quarrying

ざいせき[在籍](명·자サ) 재적. 학교, 단체 등에 적을 둠. being on the register

ざいせき[材積](명) 재적. 목재, 석재(石材)의 체적(体積). the volume of the lumber

ざいせき[罪責](명) 죄책. 죄를 범한 책임. the responsibility of an offence

ざいせき[罪跡](명) 죄적. 범행을 하고 난 자취. 범죄의 흔적. the evidence of a crime

さいせつ[再説](명·타サ) 재설. 되풀이해 설명함. explaining again

さいせつ[細説](명·타サ) 자세히 말함. a detailed account

さいせん[再選](명·타サ) 재선. 두 번 뽑음. 재차 선출함. 또는 재차 당선됨. re-election

さいせん[賽銭](명) 신불(神仏)에 참배할 때 바치는 돈. 새전돈.「一箱(バコ); 새전 상자」 a money offering

さいぜん[最前](명·부) ①최전. 맨 먼저. 맨 앞. ②조금 아까. 조금 전. 1. the foremost 2. a short time ago

さいぜん[最善](명) 최선. ①가장 착함. ②가장 좋음.「一の方法(ホウホウ); 최선의 방법」 the best

ざいソ[在ソ](명) 재소. 소련에 있음. 소련에 머무르는 것. sojourn in U.S.S.R.

さいそう[才藻](명) 시가(詩歌) 또는 문장을 짓는 재능. 시문(詩文)의 재주. poetical talent

さいそう[再送](명·타サ) 재송. 다시 보냄. 두 번째의 송달(送達). reforwarding

さいそう[採草](명)〈농〉 채초. 풀을 베어 들이는 일.「一放牧地(ホウボクチ); 채초 방목지」 mowing

さいぞう[才蔵](명) 맞장구를 잘 치는 사람을 비꼬아 하는 말. a yes man

さいぞう[再造](명·타サ) 다시 만듦. remanufacture

さいそく[細則](명) 세칙. 세밀한 규칙. ↔概則(ガイソク). detailed rules

さいそく[催促](명·타サ) 빨리 해 달라고 요구함. 독촉. 재촉. pressing

ざいぞく[在俗](명)〈불〉 재속. 불도(仏道)에 들지 않고 집에 있음. 또는 그 사람. living in the world

さいた[最多](명) 최다. 가장 많음. ↔最少(サイショウ). the most

サイダー[cider](명) 사이다. 탄산수(炭酸水)에 산미(酸味)와 감미(甘味)를 가한 음료수.

さいたい[妻帯](명·자サ) 아내를 가짐.「一僧(ソウ); 대처승」 matrimony

さいたい[臍帯](명) 제대. 태아(胎児)와 태반(胎盤)을 잇는 탯줄. a navel string

さいだい[細大](명) ①잔 것과 큰 것.「一もらさず; 크고 작은 것을 빼놓지 않고」②남김 없이. 모조리.

전부. 1. great and small 2. all the details
さい だい[最大](명) 최대. 가장 큼.「一限度(ゲンド); 최대 한도」↔最小(サイショウ). the greatest. **—げん**[最大限](명) 최대한. 어느 범위나 조건내에서 가장 큰(많은) 것. ↔最小限. **— こうやくすう**[最大公約数](명) ①〈수〉 최대 공약수. 공약수 중 가장 큰 것. ↔最小公倍数(コウバイスウ). ②두 가지 이상의 일에 공통으로 있는 것.「両者(リョウシャ)の主張(シュチョウ)に見(ミ)られる—; 양자의 주장에서 발견되는 공통점」
ざい たい[在隊](명·자サ) 군대에 있음. being in the corps
さい たく[採択](명·타サ) 채택. 가려서 뽑음. 골라서 가려냄.「議案(ギアン)を—する; 의안을 채택하다」 adoption
ざい たく[在宅](명·자サ) 재택. (자기) 집에 있음. being at home
さい たま[埼玉](명)〈지〉 칸토오(関東) 지방의 현. 현청 소재지는 우라와(浦和). 「coal mining
さい たん[採炭](명·자サ) 채탄. 석탄을 캐 냄. ↗
さい たん[最短](명) 최단. 가장 짧은 것.「一距離(キョリ); 최단 거리」↔最長(サイチョウ). the shortest
さい たん[歳旦](명) ①정월 초하루 아침. 원단(元旦). ②새해. 신년. 2. a New Year
さい だん[祭壇](명) 제단. 제사 지내는 단. an altar
さい だん[裁断](명·타サ) 재단. ①옷감을 치수에 맞추어 자름. 마름질. ②옳고 그름을 판단함. 1. cutting 2. judgement
ざい だん[財団](명)〈법〉 재단. ①하나의 물권(物権)으로 인정되는 재산의 집단. ②←財団法人. ↔社団(シャダン). 1. a foundation. **—ほうじん**[財団法人](명)〈법〉 재단 법인. 일정한 목적을 위해 제공된 재산을 바탕으로 하여 설립된 법인(法人).
さい ち[才知·才智](명) 재지. ①재주와 슬기. ②꾀. 1. talent and wisdom 2. intelligence
さい ち[細緻](명·형동ダ) 자세하고 정밀함. 치밀(緻密). minuteness
さい ちく[再築](명·타サ) 재축. 다시 지음. 다시 쌓음. rebuilding
さい ちゅう[細注·細註](명) 세주. ①자세히 설명한 주석(註釈). ②잔글씨로 단 주석. 1. minute notes
さい ちゅう[最中](명) ①한창. ②한가운데. 2. in the midst
ざい ちゅう[在中](명·자サ) 재중. 안에 들어 있음.「領収書(リョウシュウショ)—; 영수증 재중」 the contents
さい ちょう[再調](명·타サ) 재조. 다시 조사함. re-examination
さい ちょう[最長](명) 최장. ①가장 긴 것. ↔最短(サイタン). ②가장 우수한 것. ③가장 나이 많은 것. 연장(年長). 1. the longest 2. the best 3. the eldest
ざい ちょう[在庁](명·자サ) (출근하여) 관청 안에 있음. presence in office
さいつ ころ[先つ頃](명)〈고〉 조금 전. 얼마 전. 전날.
さい づち[才槌](명) 나무로 만든 조그마한 망치. a mallet. **—あたま**[才槌頭](명) 앞뒤가 툭 내민 머리. 장구머리.
さい で(명)〈고〉 헝겊.
さい てい[再訂](명·타サ) 다시 정정(訂正)함.「一版(バン); 재정정판」 a second revision
さい てい[最低](명) 최저. 가장 낮은 것.「一賃金(チンギン); 최저 임금」↔最高(サイコウ). the lowest. **—げん**[最低限](명) 최저한. 가장 낮은 쪽의 한계. ↔最高限(サイコウゲン).
さい てい[裁定](명·타サ) 재정. 일의 옳고 그름을 판단하여 결정함.「仲裁(チュウサイ)—; 중재 판정」 decision
ざい てい[在廷](명·자サ) 재정. 법정에 출두하고 있음. in the court
さい てき[最適](명) 최적. 가장 적합한 것. the optimum
さい てん[再転](명·자サ) 다시 변함. a second change
さい てん[祭典](명) 제전. 제사 지내는 의식. a festival
さい てん[採点](명·타サ) 채점. 점수를 매김. marking
さい でん[祭殿](명) 제전. 제사 지내는 전물. a shrine
ざい てん[在天](명·자サ) 재천. 하늘에 있음.「人命(ジンメイ)—; 인명은 재천」 in heaven
サイト[site](명) 사이트. 부지(敷地). 용지(用地).「キャンプー; 캠프 용지」.
さい ど[済度](명·타サ) 제도. ①〈불〉 중생(衆生)을 구제하여 성불(成仏)시킴. ②구제함. salvation
さい ど[再度](부) 두 번. 재차. a second time
サイド[side](명) 사이드. ①〔경기에서〕 적(敵)과 아군의 진지. ②옆. 옆쪽.
さい とく[才徳](명) 재덕. 재주와 덕. talent and virtue
さい どく[再読](명·타サ) 재독. 다시 읽음. 고쳐 읽음. rereading
さい とり[才取り](명)〈경〉 거래소에서 매매를 소개해 주고 구전(口銭)을 먹는 일. 또는 그것을 직업으로 하는 사람. 소개업. a broker
さいな·む[苛む](타 4) ①꾸짖다. 책망하다. ②들볶다. 곯리다. 1. reproach 2. torment
さい なん[災難](명) 재난. 재화(災禍). a disaster
さい にゅう[歳入](명) 세입. 1년 (1회계 연도) 중의 수입의 전체. ↔歳出(サイシュツ). annual revenue
さい にん[再任](명·자サ) 재임. 다시 전의 관직에 임명됨. reappointment
さい にん[再認](명·타サ) 재인. 다시 인정함. reperception
ざい にん[在任](명·자サ) 재임. 근무하고 있음. 임지(任地)에 있음. in office
ざい にん[罪人](명) 죄인. 죄를 범한 사람. a criminal
さい にんしき[再認識](명·타サ) 재인식. 재차 확실히 인정함.「重要性(ジュウヨウセイ)を—する; 중요성을 재인식하다」 reperception
サイネリア(명)〈식〉 ⇨シネラリア. (“シネ”가 “死ね”와 통하기 때문에 병자에게 문병할 때는 이렇게 말함)
さい ねん[再燃](명·자サ) 재연. ①꺼졌던 것이 다시 탐. ②쇠했던 것이 다시 성함. ③한번 결말 났던

것이 다시 문제가 됨. 「汚職事件(オショクジケン)が一する; 독직 사건이 다시 말썽이 되다」 1. rekindling 2. recrudescence 3. resuscitation

さいのう[才能](명) 재능. 재주와 능력. 재간. talent

さいのう[採納](명·타サ) 채납. 거두어 들임. 「寄附(キフ)一; 기부금을 거둬 들임」 acceptance

ざいのう[財嚢](명) ①돈 주머니. 돈지갑. ②돈지갑에 있는 전체의 돈. 1. a purse 2. moneybags

さいのかわら[賽の河原]ーカハラ(명)〈불〉 죽은 아이들이 지옥에서 돌을 주워 모아 탑을 만든다고 하는 곳. 아무리 쌓아도 곧 무너져 끝이 없다고 함. the Children's Limbo

さいのめ[賽の目](명) ①주사위의 면에 나타나는 수. ②주사위만한 크기. ③입방체(立方体). 「一に切(キ)る; 주사위 모양의 입방체로 썰다」 1. spots on the die 2. the size of the die

さいのろ[妻鈍](명)〈속〉 아내에게 관대한 것. 또는 그런 사람. a fond husband. **—ジー**[妻鈍ジー](명)〈속〉〔"サイコロジー(心理学)"를 비꼰 말로〕 아내에게 관대한 것. 또는 그런 사람.

さいは[砕破·摧破](명·자타サ) 쇄파. 부수어 깨뜨림. 부서져 깨짐. 파쇄. crushing

さいはい[再拝](명·자타サ) 재배. ①두 번 절함. ②편지 끝에 쓰는 말. 1. bowing twice 2. Yours respectfully

さいはい[采配](명) ①옛날. 대장이 군사를 지휘할 때 쓰던 것. ②지휘(指揮). ③〈속〉 먼지 떨이. 총채. 1. a baton of command 3. a dusting brush

〔采配①〕

さいはい[儕輩](명) 제배. 친구. 동배(同輩). one's fellows

さいばい[栽培](명·타サ) 재배. 식물을 심어 가꿈. cultivation

さいばし[菜箸](명) 반찬을 집어 각자의 접시에 놓을 때 쓰는 젓가락. distributing chopsticks

さいはじ·ける[才弾ける](자하 1) 약아 빠지다. 약삭빠르다. be presumtuous

さいばし·る[才走る](자 4) 재주가 넘치다. 약삭빠르다. be cleverish

さいはつ[再発](명·자サ) 재발. 다시 발생함. relapse

ざいばつ[財閥](명) 재벌. 큰 자본이나 기업을 지배하여 경제계에서 세력을 떨치는 사람들의 일단(一団). a financial clique

さいはて[最果て](명) 최종(最終). 맨 끝. 「一の国(クニ); 맨 끝에 있는 나라」 the last

サイバネチックス[cybernetics](명) 사이버네틱스. 인간 대신 기계로 계산, 기억, 조절 등을 시키려는 학문. 오오토메이션(自動操作)은 이의 응용임.

さいばら[催馬楽](명) 헤이안(平安) 시대에 행해진 성악(声楽)의 한 가지. 나라(奈良) 시대의 속요를 아악(雅楽)에 넣어 가곡화한 것.

さいはん[再犯](명)〈법〉 재범. 5년 이내에 다시 범죄를 저지름. ↔初犯(ショハン). second offence

さいはん[再版](명·타サ) 재판. 출판물을 다시 출판함. 중판(重版). 재간(再刊). 「一本(ボン); 재판본」 reprint

さいばん[裁判](명·타サ) 재판. ①옳고 그름을 살펴 심판함. ②〈법〉 소송을 심리하여 어떤 법률을 적용시킬 것인가를 정하는 일. 「一所(ショ); 재판소」 1. justice 2. judgement

さいばん[歳晩](명) 세모(歳暮). 연말(年末). the end of the year

サイパンとう[Saipan 島](명)〈지〉 사이파안도. 서태평양 메리에나 군도 중부의 화산도(火山島).

さいひ[柴扉](명) ①시비. 사립문. ②보잘 것 없는 집. 쓸쓸한 집. 1. a brushwood gate

さいひ[採否](명) 채택의 여부. 「一をきめる; 채택 여부를 결정하다」 adoption or rejection

さいひ[歳費](명) 세비. ①(국회 의원 등의) 한 해의 수당. ②한 해에 필요한 비용. 1. annual allowance

さいび[細微](명·형동ダ) 세미. ①매우 가늘고 작음. 미세. ②가냘프고 약함. ③신분이 천함. 미천(微賤). 1. minute

さいひつ[才筆](명) 재필. ①좋은 문장. ②좋은 문장을 쓰는 재주. 2. literary talent

さいひつ[細筆](명) 세필. 잔글씨를 쓸 때 사용하는 붓. a thin writing brush

さいひょう[砕氷](명·자サ) 쇄빙. ①얼음을 깸. 「一船(セン); 쇄빙선」 ②깬 얼음 조각. 1. ice breaking 2. broken ice

さいひょう[細評](명) 세평. 자세한 비평. detailed comments

さいふ[財布](명) 돈지갑. 「一の底(ソコ)をはたく; 가진 돈을 죄다 털다」 a purse

さいふ[採譜](명·타サ) 채보. 민요 등을 악보(楽譜)로 적음. recording in a musical note

さいぶ[細部](명) 세부. 세세한 부분. details

ざいふ[在府](명·자サ) 에도(江戸) 시대에 영주나 그 가신(家臣)이 에도에 근무하던 일.

さいふく[祭服·斎服](명) 제복. 제사 지낼 때 입는 옷. a pallium

さいぶつ[才物](명) 재물. 재주 있는 인물. 재사(才士). a man of ability

ざいぶつ[財物](명) 재물. 돈과 물건. 재산. money and goods

サイプレス[cypress](명)〈식〉 사이프레스. 상나무 비슷한 상록 교목.

さいぶん[細分](명·타サ) 세분. 잘게 나눔. subdivision

さいぶん[祭文](명) 제문. 제사를 지낼 때 신령에 고하는 글. a funeral address

ざいべい[在米](명) 재미. 미국에 (살고) 있음. 「一商社(ショウシャ); 미국에 있는 상사」 in America

さいべつ[細別](명·타サ) 세별. 자세하게 구별함. subdivision

さいへん[再変](명·자サ) ①재변. 다시 변함. ②재차의 변사(変事). 1. the second change 2. a second calamity

さいへん[再編](명·타サ) 재편. 다시 꾸밈. 재편성. 재편집. reorganization
さいへん[砕片](명) 깨어진 조각. 파편. a fragment
さいへん[細片](명) 세편. 작은 조각. a small piece
さいぼ[歳暮](명) 세모. 한 해의 끝. 연말(年末). the year-end
さいほう[西方](명) 서방. ①서쪽. ②〈불〉 서방 정토(西方浄土). 아미타불이 있는 극락 세계. 1. westward 2. Buddhist paradise
さいほう[再訪](명·자サ) 다시 방문함. 재방문. revisit
さいほう[細報](명) 세보. 자세한 보도나 보고. 상보(詳報). detailed information
さいほう[裁縫](명·자サ) 재봉. 바느질. sewing
さいぼう[才望](명) 재망. 재주와 인망. talent and popularity
さいぼう[細胞](명) 세포. ①〈생〉 생물체를 구성하고 있는 주된 단위. 핵(核)을 포함하고 있는 원형질의 덩어리. ②하나의 단체를 구성하고 있는 각각의 사람.「共産党(キョウサントウ)—; 공산당 세포」 a cell
ざいほう[財宝](명) 재보. 재산과 보배. 보물.「金銀(キンギン)—; 금은 보배」 treasures
サイホン[siphon](명) 사이펀. ①〈이〉 액체를 높은 곳에서 낮은 곳으로 옮기는 데 쓰는 굽은 유리관. ②유리로 만든 코오피 끓이는 기구. ③가정용(家庭用)의 탄산수(炭酸水)를 만드는 데 쓰는 병.
〔サイホン③〕
さいまい[砕米](명) 싸라기. broken rice
ざいまい[在米](명) 싸전이나 창고에 현재 저장되어 있는 쌀. stocked rice
さいまく·る(자 4)〈고〉 약삭빠르다. 주제넘다.
さいまつ[歳末](명) 세말. 한 해의 끝. 세모(歳暮). 연말. 세밑.「—大売(オオウ)り出(ダ)し; 연말 대매출」 the year-end
さいみつ[細密](형동ダ) 세밀. 자디잘고 자상한 모양. 정밀(精密). 면밀(綿密). minute
さいみん[細民](명) 세민. 하층 계급의 사람. 영세민(零細民).「—街(ガイ); 빈민가」 the poor
さいみん[催眠](명) 최면. 잠을 자게 함.「—剤(ザイ); 최면제」 hypnosis. **—じゅつ**[催眠術](명)〈심〉 최면술. 암시로서 잠자는 것과 같은 상태로 끌어 들이는 기술. 인위적으로 최면 상태에 이끄는 술법.
ざいみん[在民](명) 재민. 백성에게 있음.「主権(シュケン)—; 주권 재민」
さいむ[債務](명) 채무. 남에게 빚을 갚아야 할 의무.「—者(シャ); 채무자」 debt
ざいむ[財務](명) 재무. 재정상의 사무. financial affairs
ざいめい[在銘](명) 제작자(製作者)의 이름이 작품에 표시되어 있는 것. maker's signature
ざいめい[罪名](명)〈법〉 죄명. 범죄의 이름. charge
さいもう[採毛](명) 동물의 털을 가위로 깎는 일. clipping of wool
さいもく[細目](명) 세목. 자세한 항목. 세밀히 나눈 조목.「—をきめる; 세목을 정하다」 details
ざいもく[材木](명) 재목. 건축, 기구 등의 재료로 쓰는 나무. 목재.「—屋(ヤ); 재목점」 timber
さいもん[祭文](명) ①⇨さいぶん. ②⇨うたざいもん. ③←祭文語り. **—かたり**[祭文語り](명) 에도(江戸) 시대에 세속 일을 노래로 엮어 샤미센(三味線) 등의 반주로 노래하며 집집마다 찾아 다니던 일. 또는 그 사람.
ざいや[在野](명) 재야. ①민간인으로 있음. ②야당(野党)에 있음. ③야외(野外)에 있음. 3. being out in the field
さいやく[災厄](명) 재액. 재난. a disaster
さいゆ[採油](명·자サ) ①기름을 짬. ②석유를 채굴함. 1. oil extraction
さいゆう[西遊](명·자サ) ⇨せいゆう(西遊).
さいゆう[再遊](명) ①다시 놀러 가는 것. ②두 번째 여행하는 것. 1. a second visit
さいよう[採用](명·타サ) 채용. ①채택하여 씀. ②사람을 씀.「事務員(ジムイン)に—される; 사무원으로 채용되다」 1. adoption 2. engagement
さいよう[細腰](명) 세요. ①가는 허리. ②날씬한 미인. 1. a slender waist
ざいよう[財用](명) ①자재(資財). 재화(財貨). ②자재의 용도. 1. property
さいらい[再来](명·자サ) 재래. ①다시 태어남. 재생(再生).「ゴッホの—; 고호의 재래」 ②다시 옴. 1. reincarnation
ざいらい[在来](명) 재래. 본래. 지금까지.「—の文学(ブンガク); 지금까지의 문학」 ordinary
さいらん[採卵](명) 채란. 알을 낳게 해서 꺼내는 것. getting eggs
さいり[犀利](명·형동ダ) 단단하고 날카로움. 예리(鋭利). keen
さいりゃく[才略](명) 재략. ①재주와 계교. ②재치 있는 계략. 1. resources
さいりゅう[細流](명) 세류. 작은 시내. 작으마한 흐름. a brooklet
ざいりゅう[在留](명·자サ) 재류. ①잠깐 거기 머물러 삶. ②외국에 머물러 삶.「—民(ミン); 재류민」 2. living abroad
さいりょう[宰領](명·타サ) ①하물(荷物)이나 인부를 감독함. ②단체 여행을 돌보는 사람. 1. supervision 2. a manager
さいりょう[最良](명) 최량. 가장 좋음. 최선(最善).「—の方法(ホウホウ); 가장 좋은 방법」↔最悪(サイアク). the best
さいりょう[裁量](명·타サ) 재량. 자기 생각대로 일을 결정하여 처리함.「自由(ジユウ)—; 자유 재량」 discretion
ざいりょう[材料](명) ①재료. 물건을 만드는 원료.「建築(ケンチク)の—; 건축 재료」 ②〈경〉 (증권) 시세를 좌우하는 원인.「悪(アク)—; 시세를 내리게 하는 원인」 1. material
さいりょく[才力](명) 재력. 지혜의 힘. 재능의 힘.

역량(力量). ability

ざいりょく[財力](명) 재력. ①재산상의 세력. ②비용을 부담할 수 있는 힘. 2. financial power

さいりん[再臨](명·자サ)〈종〉 재림. 세계가 종말을 고하는 날에 그리스도가 다시 한 번 이 세상에 나타난다는 것. the Resurrection

ザイル[도 Seil](명) 자일. 등산용 밧줄. 로우프.

さいるい[催涙](명) 최루. 눈물이 남. 또는 눈물이 나게 함. 「一弾(ダン); 최루탄」 shedding tears

さいれい[祭礼](명) 제사 지내는 의식(儀式). 축제(祝祭). a festival

サイレン[siren](명) 사이렌. ①음향 장치의 하나. 많은 공기 구멍이 뚫린 원판을 고속도로 회전시켜 소리를 내게 하는 장치. ②모우터 사이렌의 준말. ③[S—] 그리이스 신화에 나오는 반인 반조(半人半鳥)의 형체를 가진 마녀(魔女). 해정(海精).

サイレント[silent](명) 사일런트. ①무성 영화(無声映画). ↔トーキー. ②발음하지 않는 문자. 예: 영어에 있어 "know"의 "k"등.

サイロ[silo](명)〈농〉 사일로. 사료(飼料)로 쓸 풀이나 곡물 등을 저장해 두는 탑 모양의 창고.

〔サイロ〕

さいろう[豺狼](명) 시랑. ①승냥이와 이리. ②무지한 짓을 하는 사람. 1. a wolf and a wild dog

さいろく[才六](명) ①도제(徒弟)의 은어(隠語). ②사람을 욕하는 말. 특히 토오쿄오(東京)의 본토박이가 쿄오토(京都) 지방의 사람을 비꼬아 하는 말.

さいろく[採録](명·타サ) 채록. 뽑아 내어 기록함. recording in a book

さいろく[載録](명·타サ) 써서 실림. recording

さいろん[再論](명·타サ) 재론. 다시 의논함. 또는 그 의논. discussing again

さいろん[細論](명·타サ) 세론. 자세히 의논함. full treatment

さいわい[幸い]サヒハヒ(명) 행복. 행운. 요행. happiness. **—に(して)**[幸いに(して)](부) 운 좋게. 다행히도. 요행으로.

さいわん[才腕](명) 뛰어난 수완(솜씨). great ability

サイン[sign](명·자サ) 사인. ①기호. 신호. 암호. 「キャッチャーの—; 캐처(捕手)가 피처(投手)에게 보내는 신호」 ②이름을 씀. 서명(署名). 「—ブック; 사인북」

サイン[sine](명)〈수〉 ⇨せいげん(正弦).

ざいん[座員](명) 한 좌의 인원(人員). a member of the company

ザイン[도 Sein](명) 자인. ①존재(存在). 있음. ②〈철〉 실존(実存). 실재(実在). 본체(本体). ↔ゾルレン.

ざう[座右](명) ⇨ざゆう.

サウジアラビア[Saudi Arabia](명)〈지〉 사우디 아라비아. 아라비아 반도에서 가장 큰 왕국. 수도는 메카(Mecca)와 리야드(Riyadh).

サウスポー[southpaw](명) 사우드포오. ①〔야구에서〕 왼손잡이 피처(投手). ②〔권투에서〕왼손잡이 선수.

サウンド[sound](명) 사운드. 소리. 울림. 「—トラック; 사운드트랙」

さえ[冴え](명) 밝음. 선명. 「—た腕前(ウデマエ); 뛰어나고 날카로운 솜씨」 clearness

さえ サヘ(수조) ①극단적인 예를 들어 다른 일을 짐작할 때 쓰는 말. …까지도. 「むすこに—気(キ)がねしている; 아들에게까지 눈치를 보다」 ②어떤 일에 첨가되는 뜻을 나타내는 말. 그 위에. …조차. 「雨(アメ)—降(フ)っている; 비조차 오고 있군」 ③오직 하나만이 필요함을 나타내는 말. …뿐. …만. 「これ—あればいい; 이것만 있으면 된다」 1. 2. even

ざえ[才](명)〈고〉 ①학문. ②기능. 예능.

さえかえ·る[冴え返る]—カヘル(자 4) ①매우 밝아지다. 「月(ツキ)が—; 달이 매우 밝다」 ②아주 맑게 개고 쌀쌀해지다. 1. be exceedingly clear

さえき[差益](명)〈경〉 차익. 예정과 실제와의 차이에서 생기는 이익. 가격 인상 등으로 생기는 이익. marginal profits

さえぎ·る[遮る]サヘギル(타 4) 가로 막다. 차단하다. 「話(ハナシ)を—; 이야기를 가로 막다」 intercept

さえざえ[冴え冴え](부) 매우 밝은 모양. 「—とした顔付(カオツ)き; 매우 밝은 얼굴 모양」 exceedingly clear

さえず·る[囀る]サヘヅル(자 4) ①(새가) 지저귀다. ②〈속〉(시끄럽게) 재잘거리다. 1. chirp

さえだ[小枝](명) 잔가지. a twig

さえつ[査閲](명·타サ) 사열. 조사하기 위하여 죽 살펴 봄. 실지로 일일이 조사해 봄. inspection

さえのかみ[塞神·道祖神]サヘ—(명) 도로(道路)를 지키고 사신(邪神)을 막아 주는 신. the travellers' guardian deity

さえゆ·く[冴え行く](자 4) 차차 밝아지다. become clear

さ·える[冴える](자하 1) ①추워지다. 쌀쌀해지다. ②밝아지다. 「頭(アタマ)が—; 머리가 밝아지다」 ③솜씨 등이 뛰어나게 되다. 「さえた腕前(ウデマエ); 뛰어나고 날카로운 솜씨」 1. be cold 2. be clear

さえわた·る[冴え渡る](자 4) 전부 밝아지다. be clear all over

—さお[竿·棹]サヲ(접미) 옷장이나 기(旗) 등을 세는 말. 「たんす二(フタ)—; 옷장 두 개」

さお[竿·棹]サヲ(명) ①대줄기에서 가지, 잎 등을 떼 낸 나머지. 대막대기. ②←つりざお. ③←ものほしざお. ④←とりざお. ⑤←間(ケン)ざお. ⑥←みさお(水竿). ⑦←はかりざお. ⑧샤미센(三味線)의 줄을 메우는 긴 막대 모양의 부분. ⇨: しゃみせん. ⑨옷장, 옷궤 등을 메어 나를 때 쓰는 장대. 1. a bamboo pole

さおさ·す[棹さす]サヲ—(자 4) ①상앗대질을 하여 배를 나아가게 하다. 「流(ナガ)れに—; 흐름에 (흐르는 방향으로) 상앗대질하다」 ②타다. 편승하다. 「幸運(コウウン)に—; 행운을 타다」 1. pole

さおしか[小男鹿·小牡鹿]—ヲシカ(명)〈동〉 수사슴. a stag

さおだけ[竿竹]サヲー(명) 대막대기. a bamboo pole
さおだち[竿立ち]サヲー(명) ⇨ぼうだち.
さおづり[竿釣]サヲー(명) 낚싯대를 사용하여 고기를 낚는 일. 대낚시질. angling with a rod
さおとめ[早少女·早乙女]―ヲトメ(명) ①모를 심는 여자. ②소녀. 1. a rice planting girl
さおばかり[竿秤り]サヲー(명) 대저울. 눈금이 있는 막대의 한쪽 끝에 물건을 달고 저울추를 움직여 무게를 다는 저울. a beam balance
さおひめ[佐保姫]サホー(명) 봄의 여신(女神). the Goddess of Spring
さか―[酒](조어) 술의. 술을 넣은.「―樽(ダル); 술통」
さか[坂](명) 고개. 비탈진 곳. a slope
さか[茶菓](명) 다과. 차와 과자. refreshments
さが[性](명) ①타고 난 성질. 천성. ②습관. 풍습. 1. one's nature 2. habit
さが[佐賀](명)〈지〉 큐우슈우(九州) 서북부의 현. 또는 그 현의 현청 소재지.
ざが[座臥·坐臥](명·자サ) 좌와. 앉음과 누움. 일상 생활.「行住(ギョウジュウ)―; (가고, 머물러 있고, 앉아 있고, 누워 있고 하는) 일상 생활」 daily living
さかい[境·界]サカヒ(명) ①사물이 서로 접하는 곳. 경계. ②구별. 제한. ③장소. 1. a boundary 3. a place. ―**め**[境目](명) 경계점. 헤어지는 곳. 갈림길.「生死(セイシ)の―; 삶과 죽음의 갈림길」
さかい(접조)〈방〉 원인을 나타내는 데 쓰는 말. …니까. …에 의해서.「ある―; 있으니까」
さかうらみ[逆恨み](명·타サ) ①이쪽에서 원한을 품고 있는 사람으로부터 도리어 원한을 받음. ②남의 호의(好意)를 곡해하여 도리어 원한을 품음.
さか·える[栄える](자하 1) 세력 등이 번성해지다. 번영(繁栄)하다. 명 栄え. prosper
さかおとし[逆落とし](명) ①거꾸로 떨어뜨림. ②절벽 등을 내려 옴. 1. precipitation 2. going down a precipice
さかがめ[酒甕](명) 술독. a wine jar
さかき[榊](명)〈식〉 비쭈기나무. 후피향나무과에 속하는 상록 교목. 옛부터 신성한 나무라 하여 나뭇가지는 신전(神前)에 바침. a sacred tree
さがく[差額](명) 차액. 차이 나는 금액. 차이 나는 수량. difference
さかくせ[酒癖](명) ⇨さけくせ.
さかぐら[酒蔵](명) 술을 저장해 두는 곳간. 또는 술을 빚는(醸造) 곳간. a wine cellar
さかけ[酒気](명) 주기. 술을 마셔 취한 기운. an alcoholic breath
さかご[逆子](명) 태어날 때 발부터 나오는 아이. 역아(逆児). a cross birth
さかごも[酒薦](명) 술통을 싼 거적. a wine straw mat
さかさ[逆さ](명) 거꾸로. 반대. inversion. ―**ことば**[逆さ言葉](명) 낱말의 발음을 밑에서부터 하는 말. 예: 사람을 "람사". ②반대 뜻으로 하는 말. 예: 귀여울 때에 "아이 미워라".
さかさま[逆様](명·형동ダ) 반대. 거꾸로 된 모양.
さが·し[嶮し·険し](형シク)〈고〉 험준(険峻)하다.
さがしあ·てる[捜し当てる](타하 1) 여기저기 찾아서 발견해 내다. 찾아 내다. find out
さかし·い[賢しい](형) 현명(賢明)하다. 파생 ―**げ**(형동ダ). clever
さがしえ[探し絵·捜し絵](명) 그림 찾기.
さかしお[逆潮]―シホ(명) 주된 조류와 반대 방향으로 흐르는 조류. ↔真潮(マシオ). head tide
さかしお[酒塩]―シホ(명) 음식을 삶아 조리할 때 조미료를 치는 일. 또는 그 술.
さかしま[逆しま](명·형동ダ) ⇨さかさま.
さがしもの[捜し物](명) 찾는 물건. 물건 찾기. rummaging
さかしら[賢しら](명·형동ダ)〈고〉 약은 체함.「―をする; 약은 체하다」
ざがしら[座頭](명) ①좌상. 한 좌석의 우두머리. ②극단 등의 우두머리. 1. the chairman
さが·す[捜す·探す](타 4) 찾다.「捜し物(モノ); 찾는 물건」 search for
さかずき[杯·盃]―ヅキ(명) ①술잔. ②주연(酒宴). 술잔치. ③←杯事.「―を返(カエ)す; (폭력단 등에서) 주종(主従)의 관계를 끊다」 1. a winecup. ―**ごと**[杯事·盃事](명) ①신랑 신부, 형제, 주종(主従) 관계를 맺는 맹세의 술잔. ②잔을 주고 받고하여 술을 마심. 주연.
さか·せる[咲かせる](타하 1) ①꽃 피게 하다. ②「花(ハナ)を―; 사회에서 활약하다」 1. bloom
さかぞり[逆剃り](명) 거꾸로 미는 면도. 거꾸로 밀어 면도함. shaving against the grain
ざかた[座方](명) 극장에 속해 있는 사용인. the proprietor of a theatre
さかだい[酒代](명) 술값. drink money
さかだち[酒断ち](명) ①신불(神仏)에 기도 드려 술을 끊음. ②금주(禁酒). 1. swearing off drinking
さかだち[逆立ち](명·자サ) 거꾸로 섬. 물구나무 섬.「―しても; 아무리 용을 써도」 standing on one's head
さかだ·つ[逆立つ](자 4) 거꾸로 서다. 곤두 서다.「かみの毛(ケ)が―; (화, 무서움 등으로) 머리털이 곤두 서다」 타 さか立てる(하 1). stand on one's head
さかて[酒手](명) ①술값. ②청한 대금 외에 따로 더 주는 돈.「―をはずむ; 팁을 많이 주다」 2. a tip
さかて[逆手](명) 거꾸로 쥠. grasping downward
さかとうじ[酒杜氏·酒刀自](명)〈고〉 술을 만드는 남자.
さかとび[逆飛び](명·자サ) 거꾸로 물속에 뛰어 듦. diving
さかとんぼ[逆蜻蛉](명) ⇨まっさかさま.
さかな[魚·肴](명) ①[魚]생선. 물고기. ②[肴]술안주. ③주흥(酒興)을 돋우기 위한 노래나 춤. 1. a fish 2. a relish
さがな·い[祥ない](형) 심술궂다. 나쁘다.「口(クチ)―男(オトコ); 입이 험한 사나이」 treacherous
ざがね[座金](명) 좌금. 금속 기계의 각 부분이 접촉하는 곳에 끼우는 금속 조각. 좌철(座鉄). a washer

さかねじ[逆捩じ](명) ①거꾸로 비틂. ②비난이나 공격을 도리어 반박함. 「―をくわせる; 반박하다」 1. turning in reverse 2. retort
さかのぼ·る[溯る·遡る](자 4) ①거슬러 올라 가다. ②역행하다. 1. go up a stream 2. retrograde
さかのぼ·る[栄昇る](자 4)〈고〉 아침 해가 힘차게 솟아 오르다.
さかば[酒場](명) 손님에게 술을 파는 곳. 술집. a bar
さかびたり[酒浸り](명) 술에 젖어 삶. 매일 장취. 술만 마심. soaking in a wine
さかま·く[逆巻く](자 4) ①치밀어 올라 오다. 물이 용솟음 치다. ②파도가 물의 흐름과 반대로 일다. 2. roll upstream
さかまた[逆叉](명)〈동〉 범고래. 돌고래의 한 가지로 길이 9*m* 내외. 성질이 사나우며 지느러미가 발달하였고 다른 고래, 물고기 등을 잡아 먹음. an orc
さがみ[相模](명)〈지〉 옛 지방 이름. 현재의 카나가와현(神奈川県).
さかみち[坂道](명) 언덕길. a sloping road
さかむけ[逆剝け](명·자サ) 손거스러미. an agnail
さかもぎ[逆茂木](명) 적의 공격을 막기 위하여 죽 박아 세운 뾰족한 나뭇가지. 녹채(鹿砦). an abatis
さかもり[酒盛り](명·자サ) 여럿이 모여 술을 마시며 즐김. 주연(酒宴). a drinking party
さかや[酒屋](명) ①술 파는 집. 주점(酒店). 술집. ②술을 만드는 집. 양조장(酿造場). 술도가. 1. a wine shop
さかやき[月代](명) 에도(江戸) 시대에 남자들이 이마에서 머리 중앙까지 머리 털을 밀었던 일.

〔月代〕

さかやけ[酒焼け](명 자サ) 늘 술을 마시는 사람의 얼굴이 붉게 탄 것같이 보이는 일. 주독(酒毒). being flushed with wine
さかゆ·く[栄行く](자 4) 번성해 가다. 「―御代(ミヨ); 번영하여 가는 치세(治世)」 prosper
さかゆめ[逆夢](명) 역몽. 사실과 반대되는 (나쁜) 꿈. ↔まさゆめ. a vain dream
さかよせ[逆寄せ](명·자サ) 쳐들어 오는 적을 반격함. 역습(逆襲). a counterattack
さから·う[逆らう]サカラフ(자 4) 반대하다. 거역하다. 「親(オヤ)に―; 어버이에게 거역하다」 oppose
さかり[盛り](명) ①번성. 한창. 「花(ハナ)の―; 한창 꽃이 핌. 꽃이 한창 필 때」 ②정신과 육체의 기능이 가장 왕성할 때. 장년. 「―の年(トシ)ごろ; 한창 나이」 ③짐승이 암내 내는 때. 「―がつく; 암내 내다」 1. the height 2. prime 3. rut. **―ば**[盛り場](명) 사람들이 많이 모이는 번화한 곳. 환락가(歓楽街).
さがり[下がり](명) ①내려 감. 떨어짐. 낮아짐. 「―目(メ); 눈꼬리가 처진 눈」 ②(무엇에 매어 달려) 늘어짐. 드리워짐. ③시간이 지남. 「昼(ヒル)―に; 점심때 좀 지나서(오후 2시경)」 ④씨름꾼의 들보 앞에 드리우는 끈 모양의 장식. ⑤옷의 앞쪽의 어깨에서 단까지 댄 가느다란 천. ⑥천민이나 광대. ⑦⇨おさがり. 1. coming down 2. hanging down
さか·る[盛る](자 4) 세력이 좋아지다. 번성하다. be prosperous
さが·る[下がる](자 4) ①내려 가다. ↔あがる. ②늘어지다. 매달리다. 「つららが―; 고드름이 달리다」 ③(값이) 내리다. ④(성적이) 떨어지다. 나빠지다. ⑤퇴근하다. 물러나다. 「役所(ヤクショ)から―; 관청에서 퇴근하다」 ⑥때가 지나다. 「時代(ジダイ)が―; 시대가 지나다」 ⑦관청 등에서 증명, 허가 등이 내려오다. 「旅券(リョケン)が―; 여권이 교부되다」 ⑧쿄오토(京都) 시내에서 남쪽으로 가다. 1. come down 2. hang down 3. go down
サガレン[Sakhalin](명)〈지〉 ⇨サハリン.
さかろ[逆櫓](명) 이물에 달아 뒤로도 나갈 수 있게 한 노. two-way sculls
さかん[盛ん](형동ダ) ①원기 왕성한 모양. ②씩씩하게 활약하는 모양. ③열심히 하는 모양. ④[壮ん] 훌륭한 모양. 장한 모양. 성대한 모양. 「行(コウ)を―にする; 송별을 성대히 하다」 1. vigorous
さかん[左官](명) 미장이. a plasterer
さかん[佐官](명)〈군〉 영관(領官). 소령, 중령, 대령의 총칭. a field officer
さがん[左岸](명) 좌안. (강의 하류를 향하여) 왼쪽 기슭. ↔右岸(ウガン). the left bank
さがん[左眼](명) 좌안. 왼쪽 눈. ↔右眼(ウガン). the left eye
さがん[砂岩](명)〈광〉 사암. 모래가 얕은 바닷속에 쌓여 굳어져서 생긴 암석(岩石). 건축 재료로 쓰임. sandstone
さき[先](명) ①앞. 「列(レツ)の―; 열의 맨 앞」 ②끝. 「鼻(ハナ)の―; 코끝」 ③다음으로 이어 나가는 부분. ④장래. 앞길. ⑤그 이전. 「あとにも―にも; 전에도 후에도」 ⑥목적. 도착할 장소. ⑦〈경〉 ←先物(サキモノ). ⑧앞장. 선도(先導). 1. the front 2. the end 5. before
さき[崎](명) 갑(岬). a cape
さき[左記](명) 좌기. 다음에 적은 것. the following
さぎ[鷺](명)〈동〉 백로. 해오라기. a heron
さぎ[詐欺](명) 사기. 남을 속여 해를 주는 일. 「―罪(ザイ); 사기죄」 fraud
さきいき[先行き](명) ①먼저 감. 선발(先発). ②앞날. 장래. 1. going ahead 2. the future
さきお·う[前追ふ]―オフ(타 4)〈고〉 귀인 등의 행차 때 앞장 서서 길을 치우는 일. 벽제(辟除).
さきおととい[一昨昨日]―ヲトトヒ(명) 그끄저께. 3일 전. two days before yesterday
さきおととし[一昨昨年]―ヲトトシ(명) 그끄러께. 재재작년. 3년 전. two years before last
さきがけ[先駆け·先駈け](명·자サ) ①앞장 서서 적진에 쳐들어 감. ②남보다 먼저 나아감. 또는 시작함. 1. being the first to charge 2. pioneering
さきが·ける[先駆ける·先駈ける](자하 1) 남보다 먼저 하다(앞서다). 「春(ハル)にさきがけて咲(サ)く花(ハナ); 봄에 앞서 피는 꽃」 be the first

さきがち[先勝ち](명) ①먼저 이김. ②먼저 온 자에게 우선권을 줌. 1. the first victory

さきがり[先借り](명·타サ) 선불. borrowing in advance

さきぎり[先限](명)〈경〉 선물(先物) 거래. a future delivery

さきく[幸く](부)〈고〉 다행히. 무사히. 평온히.

さきくぐり[先潜り](명·자サ) ①남보다 선수를 써서 비밀히 일을 먼저 함. ②못된 의심을 품고 짐작함. 나쁘게 추찰(推察)함. 1. forestallment

さきこぼ·れる[咲き溢れる](자하 1) 꽃이 가지에서 넘칠 듯이 가득 피다. bloom all over

さきごめ[先込め](명) 〔구식 총 등에서〕총구로부터 넣어 탄환을 잼. muzzle loading

さきごろ[先頃](명·부) 일전. 요전. 지난번. the other day

さきざき[先先](명·부) ①과거. 이전. 오래 전. ②장래. ③가는 곳마다. 「行(ユ)く—で; 가는 곳마다」 1. the past 2. the future 3. wherever one goes

さきさま[先様](명) 제삼자를 높여 일컫는 말. 그분. 「—でもそれはご承知(ショウチ)です; 그분도 그것은 알고 계십니다」

さぎし[詐欺師](명) 사기꾼. 남을 속여 금품(金品)을 빼앗는 사람. a swindler

さきぞなえ[先備え]—ゾナヘ(명) 선두에 서는 군대. 선봉(先鋒). a van

サキソホ(ー)ン[saxophone](명)〈악〉 색소폰. 관악기의 한 가지. 부드럽고 감미로운 소리를 내어 재즈에 많이 쓰임.

〔サキソホーン〕

さきそ·める[咲き初める](자하 1) 피기 시작하다. begin to bloom

さきだか[先高](명)〈경〉 앞으로 값이 올라 갈 형세에 있음. ↔先安(サキヤス). a future rise in prices

さきだ·す[咲き出す](자 4) 피기 시작하다. begin to bloom

さきだ·つ[先立つ](자 4) ①앞장 서다. 선두에 서다. ②우선 필요하다. 「—のは おかねだ; 우선 필요한 것은 돈이다」 ③먼저 죽다. 「親(オヤ)に—; 어버이보다 먼저 죽다」 타 先立てる(하 1). 1. go before 2. take the precedence

さぎちょう[左義長·三毬杖](명) 정월 보름날에 설의 장식물을 태우는 의식. 원래 악귀를 물리치기 위해 불지르던 의식에서 유래하였음.

さきつとし[先つ年](명) 전해. 지난해. 작년. last year

さきて[先手](명) 선봉(先鋒). 전위(前衛). 앞장. a van

さきどり[先取り](명) 선취. 남보다 먼저 취함. taking before others

さきに[先に·曩に](부) 앞서. 이전에. formerly

さきにお·う[咲き匂う]—ニホフ(자 4) 아름답게 꽃 피다. bloom prettily

さきのこ·る[咲き残る](자 4) ①늦게 피다. ②아직 피어 있다. ③피지 않은 채 있다. 1. be late in blooming 2. remain in bloom

さきのひ[先の日](명) 지난날. 전날. the other day

さきのり[先乗り](명·자サ) 행렬의 선두에 서는 말. 또는 선두에 선 사람이 탄 말. an outrider

さきばこ[先箱](명) 행렬의 선두에 서서 지고 가는 옷궤. 여행중 갈아 입을 옷을 넣은 궤.

さきばし·る[先走る](자 4) ①남보다 한 걸음 앞서 달리다. ②주제넘게 참견하다. 명 先走り. 1. run before others 2. put oneself forward

さきばらい[先払い]—バラヒ(명·타サ) ①신분이 높은 사람이 외출할 때, 행인을 비켜 서게 하던 일. 벽제(辟除). ②하물의 운임, 우편물의 송료 등을 받는 사람이 부담함. 1. heralding the approach 2. payment on delivery

さきぶと[先太](명·형동ダ) 끝이 더 굵음. ↔先細(サキボソ). claviform

さきぶれ[先触れ](명·타サ) 미리 알림. 예보(豫報). 「春(ハル)の—; 봄의 예보」 a preliminary announcement

さきぼう[先棒](명) ①둘이서 물건을 멜 때 앞에서 멤. 또는 그 사람. ↔あとぼう. ②남의 수하(手下)가 되어 심부름해 주는 사람. 앞잡이. 「お—をかつぐ; 남의 앞잡이가 되다」 1. a front carrier 2. a cat's-paw

さきほこ·る[咲き誇る](자 4) 화려하게 피다. 한창 피다. 만발하다. be in full bloom

さきぼそり[先細り](명·자サ) ①끝이 가늘어짐. 「—になった棒(ボウ); 끝이 가늘어진 막대기」 ②갈수록 쇠퇴함. 또는 감소됨. 「事業(ジギョウ)が—する; 사업이 점점 쇠퇴하다」 1. tapering

さきほど[先程](명·부) 아까. 조금 전. a little while ago

さきまわり[先回り]—マハリ(명·자サ) 남보다 먼저 함. 선수를 씀. forestalling

さきみたま[幸魂](명)〈고〉 사람에게 행운을 주는 신의 영혼.

さきみだ·れる[咲き乱れる](자하 1) 찬란하게 꽃 피다. 난만(爛漫)하게 피다. bloom all over

さきもの[先物](명) 선물. ①〈경〉 장차 일정한 시기에 현품(現品)을 넘겨 줄 것을 조건으로 매매 계약을 하는 상품. ②거래소의 정기 거래 중 다음다음 달에 넘겨 주기로 되어 있는 상품. ③〈속〉 장차 희망이 있는 물품. 1. futures. **—がい**[先物買い]—ガヒ(명·타サ) ①〈경〉 선물(先物)을 사는 일. ②장차 유리할 사업에 투자하는 일.

さきもり[防人](명)〈고〉 옛날 큐우슈우(九州)의 요지(要地)에 파견되어 경비를 맡았던 병사.

さきやす[先安](명)〈경〉 장차 값이 싸질 형세에 있음. ↔先高(サキダカ). lower quotation for future months

さきやま[先山](명) ①탄광에서 석탄 등을 파냄. 또는 그 사람. ②경험이 많은 갱부. ↔後山(アトヤマ). 1. coal mining 2. a skilled miner

さきゅう[砂丘](명)〈지〉 사구. 바람에 날려 이루어진 모래 언덕. a dune

さきゆき[先行き](명) ①장차. 장래. ②앞서 감. 1. the future 2. going ahead

さぎょう[作業](명·자サ) ①작업. 일. 「—服(フク); 작업복」 ②심신(心身)의 활동. 또는 노동. 1. a work

ざきょう[座興](명) 좌흥. ①한 좌석의 흥미를 돋우기 위한 유흥. ②잠깐 벌어진 즉석(即席)에서의 홍취. 1. entertainment 2. fun
ざぎょう[座業·坐業](명) 좌업. 앉아서 하는 일. a sedentary occupation
さぎょう へんかくかつよう[さ行変格活用](명) 〔문법에서〕 어미가 "サ" 줄에서 변화하는 불규칙 동사. 예: する.
さぎり[狭霧](명) 안개. ("さ"는 접두어) fog
さきわ·う[幸う]サキハフ(자 4) 행복해지다. 번성해지다. become happy
さきわけ[咲き分け](명) 같은 그루에서 다른 색의 꽃이 섞여 핌. 또는 그 화초. variegated flowering
さきわたし[先渡し](명)〈경〉 선도. 매매 거래에서 상품의 인도를 일정한 기간이 지난 뒤에 함. forward delivery
さきん[砂金](명)〈광〉 사금. 모래 속에 섞인 모래 모양의 금. gold dust
さきん[差金](명) 찾아 내고 남은 돈. 잔금. balance
さきん·じる[先んじる](자상 1) 남보다 앞서 하다. 남보다 먼저 가다. go ahead of
さく―[昨](조어) ①어제의. 「―十五日(ジュウゴニチ); 어제 15일」 ②작년의.
さく(명)〈농〉 괭이로 땅을 일군 곳. 또는 그 두둑.
さ·く[咲く](자 4) 꽃 봉오리가 벌어지다. 꽃 피다. bloom
さ·く[裂く·割く](타 4) ①찢다. 째다. 「紙(カミ)を―; 종이를 찢다」 ②끊다. 뜨게 하다. 벌어지게 하다. 「仲(ナカ)を―; 사이를 벌어지게 하다」 ③자르다. 「さかなを―; 생선의 배를 가르다」 ④일부분을 주다. 「領土(リョウド)を―; 영토의 일부분을 갈라 주다」 ⑤일부분을 다른 데로 돌리다. 「時間(ジカン)を―; 시간을 내다」 1. tear 3. cut
さく[作](명) ①제작(製作). 저작(著作). ②작품. ③(농작물)의 작황(作況). ④수확. 1. making 2. a work
さく[柵](명) ①나무나 대를 세워 둘러 막은 울타리. ②⇨とりで(砦). ③⇨しがらみ. 1. a fence
さく[朔](명) 초하루. ↔望(ボウ). the first day of the month
さく[策](명) 계책. 책략. a plan
ざく(명) 전골에·함께 넣는 야채.
さく·い(형)〈속〉 ①바삭바삭하다. 부서지기 쉽다. ②싹싹하다. 쾌활하고 소탈하다. 1. brittle
さくい[作意](명) ①책략. 계획. ②제작(製作)의 의도(意図). 1. a plot 2. a conception of a work
さくい[作為](명·자サ) 작위. ①만들어 냄. ②(무리하게, 부자연하게) 만듦. ③〈법〉 적극적인 행위(行為). 2. artificiality 3. feasance
さくいん[索引·索隠](명) 색인. ①찾아 냄. 뽑아 냄. ②책에 나오는 사항과 어구를 찾기 쉽게 일정한 순서로 늘어놓은 목록. 1. search 2. an index
ザク(ー)スカ[러 zakuska](명) 자쿠스카. 러시아 요리에 나오는 오르되브르(식사 전에 나오는 채소).
さくおう[策応](명·자サ) 서로서로 연락을 취하여 계획함. collusion
さくおとこ[作男]―ヲトコ(명) 농사일을 하기 위해 고용된 사나이. 머슴. a farm-servant
さくが[作画](명·자サ) ①그림을 그림. ②사진을 만듦. 1. drawing
さくがら[作柄](명) ①〈농〉 농작물의 작황(作況). ②작품의 됨됨이. 1. crops 2. the quality of an artistic work
さくがん[穿岩·鑿岩](명) 바위에 구멍을 뚫음. 「―機(キ); 착암기」 rock-drilling
さくぎょう[昨暁](명·부) 어제 새벽. early yesterday morning
さくぐ[索具](명) 색구. 밧줄로 만든 (배의) 도구. rigging
さくげつ[朔月](명)〈천〉 삭월. 음력 초하룻날의 달. 달이 태양과 지구 사이에 있어 셋이 일직선을 이루었을 때의 달. conjunction
さくげん[削減](명·타サ) 삭감. 깎아 줄임. 「予算(ヨサン)―; 예산 삭감」 reduction
さくげん[遡源·溯源](명·자サ) 소원. 근원으로 거슬러 올라 감. tracing to its origin
さくげんち[策源地](명) 책원지. 싸움터에 있는 군대에 모든 공급을 해 주는 배후의 지점. 「悪(アク)の―; 악의 본거지(本拠地)」 a strategic base
さくご[錯誤](명) 착오. ①그릇됨. 틀림. ②〈법〉 법관념과 사실, 또는 의사(意思)와 표시(表示)와의 불일치(不一致). a mistake
さくさく[嘖嘖](형동タルト) 자자. 저마다 한 마디씩 외치는 모양. 시끄럽게 떠듦. 「好評(コウヒョウ)―たり; 호평이 자자하다」 loudly talked about
さくざつ[錯雑](명·자サ) 착잡. 어지럽게 뒤섞임. complication
さくさん[柞蚕](명)〈동〉 작잠. 멧누에. 산누에 나방과에 속하는 나방의 유충. 고치에서 뽑은 실은 담갈색이며 광택이 있어 직물을 짬. a wild silk worm
さくさん[酢酸·醋酸](명)〈이〉 초산. 자극이 강한 냄새가 나는 무색 투명한 액체. 초의 주성분. 조미료나 약용으로 씀. acetic acid
さくし[作詞](명·자サ) 작사. 가사(歌詞)를 지음. composing a song
さくし[作詩](명·자サ) 작시. 시를 지음. 시작(詩作). versification
さくし[昨紙](명) 어제 신문. yesterday's paper
さくし[策士](명) 책사. 여러 가지 일을 잘 꾸미는 사람. 모사(謀士). a tactician
さくじ[作事](명) 공사(工事). 역사(役事). 「―場(バ); 공사장」 works
さくじつ[昨日](명) 작일. 어제. yesterday
さくじつ[朔日](명) 삭일. 초하루. the first day of a month
さくしゃ[作者](명) 작자. 시가(詩歌), 소설, 각본(脚本) 등을 만드는 사람. 극작가. the author
さくしゅ[搾取](명·타サ)〈경〉 착취. 자본가가 노동자

의 노동에 대하여 상당한 지불을 하지 않고 벗겨 먹음. exploitation

さくしゅう[昨秋](명) 작추. 작년 가을. the autumn of last year

さくしゅう[昨週](명) 작주. 지난 주. last week

さくしゅん[昨春](명) 작춘. 작년 봄. the spring of last year

さくじょ[削除](명·타サ) 삭제. 깎아 없앰. 지워 버림. elimination

さくじょう[作条](명)〈농〉 씨를 뿌리려고 골을 타는 일. 또는 그 고랑. a ridge

さくず[作図](명·자타サ) 작도. ①그림을 만듦. 제도(製図). ②〈수〉 주어진 조건에 맞게 도형(図形)을 그림. 1. drawing figures 2. construction

さく·する[策する](타サ) 계책을 세우다. 획책하다. devise a plot

さくせい[作成](명·타サ) 작성. 만들어 냄. 「問題(モンダイ)の—; 문제 작성」 drawing up

さくせい[作製](명·타サ) 만듦. 제작. manufacture

さくせい[鑿井](명·자サ) 착정. 지하수나 석유를 퍼 올리기 위해 우물이나 구멍을 팜. 「—機(キ); 착정기」 well-drilling

さくせき[昨夕](명·부) 어젯저녁. yesterday evening

さくせん[作戦·策戦](명) 작전. 싸움하는 계획을 세움. tactics

さくぜん[索然](형동タルト) 삭연. 재미 없는 모양. 무미 건조한 모양. uninteresting

ザクセン[Sachsen](명)〈지〉 작센. 도이치 동남부의 지방 이름. 사탕무우, 밀, 양모(羊毛) 등이 생산됨. 주도(主都)는 드레스덴(Dresden).

さくそう[錯綜](명·자サ) 착종. 뒤섞여 얽힘. 착잡(錯雑)함. 「事件(ジケン)が—する; 사건이 착잡해지다」 complication

サクソフォーン[saxophone](명)〈악〉 ⇨サキソホーン.

さくちがい[作違い]—チガヒ(명)〈농〉 작황(作況)이 나쁨. a bad harvest

さくちょう[昨朝](명) 어제 아침. yesterday morning

さくつけ[作付け](명·자サ)〈농〉 작물을 심음. planting

さくてい[策定](명·타サ) 책정. 계책이나 방법을 생각해서 결정함. estimation

さくてき[索敵](명)〈군〉 색적. 적을 색출(索出)함. 적을 찾아 다님. reconnoitring

さくど[作土](명)〈농〉 ⇨こうど(耕土).

さくとう[昨冬](명) 작년 겨울. the winter of last year

さくどう[索道](명) 가공 색도(架空索道). 나무, 기둥 등에 걸친 철색에 운반용 상자를 매어 달아 짐을 운반하는 설비. a cableway

さくどう[策動](명·자サ) 책동. 은밀히 계획을 세워 활동함. manoeuvring

さくにゅう[搾乳](명·자サ) 착유. 젖을 짬. milking

さくねん[昨年](명) 작년. 거년. 지난해. last year

さくねんど[昨年度] 작년도. 거년도.

さくはく[削剝](명·타サ) 삭박. 깎아 벗김. 깎음. scraping

さくばく[索漠](형동タルト) 삭막. 쓸쓸한 모양. 적막(寂寞). dreary

さくばん[昨晩](명) 어젯밤. 작야(昨夜). last night

さくひん[作品](명) 작품. ①제작한 물건. 「生徒(セイト)の—; 학생의 작품」 ②문학, 미술 등의 제작품. 1. a production 2. a work

さくふう[作風](명) 작풍. 작품에 나타나는 작가의 특수한 경향이나 특징. a style

さくふう[朔風](명) 삭풍. 북풍(北風). a north wind

さくぶつ[作物](명) 문학, 미술 등의 작품(作品). a work

さくぶん[作文](명) 작문. 글짓기. a composition

さくほう[作法](명) 작법. 만드는 법. 「短歌(タンカ)の—; 단가 작법」 how to make

さくほう[作報](명) 작물 보고 사무소(作物報告事務所)의 약칭.

さくぼう[朔望](명) 삭망. 음력 1일과 15일. "朔"은 초하루, "望"은 보름. conjunction and opposition

さくほう[昨報](명·자サ) 작보. 어제의 보도. 어제 뉴우스. the yesterday's report

さくぼう[策謀](명·자サ) 책모. 책략(策略). 계책(計策). a stratagem

さくほく[朔北](명) 북(北). 북쪽. the north

さくもつ[作物](명) ①작물. 논밭에 심은 농작물. ②문학, 미술 등의 작품(作品). 1. farm crops 2. a work

さくや[昨夜](명) 작야. 어젯밤. 「—来(ライ); 어젯밤부터」 last night

さくやく[炸薬](명)〈군〉 작약. 탄환 속에 넣어 발사한 뒤 폭발시키는 화약. an explosive

さくゆ[搾油](명·자サ) 착유. 기름을 짬. oil expression

さくゆう[昨夕](명) 어젯저녁. last evening

さくよう[腊葉](명) 식물을 잚고 판판하게 눌러 말린 것. dried leaves

さくら(명)〈속〉 노점(露店) 등에서 장사아치의 한패가 손님을 가장하고 물품을 사며 그것을 칭찬하여 많은 손님의 구매욕을 유발시키는 일. 또는 그 사람. a decoy

さくら[桜](명) ①〈식〉 벚나무. 앵도과의 낙엽 활엽 교목. 꽃은 일본의 국화(国花). ②←桜色. ③←桜肉. 1. a cherry tree. —**いろ**[桜色](명) 연분홍색. 담홍색. —**がり**[桜狩り](명) 벚꽃을 감상하며 거닐고 노는 일. —**そう**[桜草](명)〈식〉 앵초. 벚꽃 비슷한 꽃이 핌. —**にく**[桜肉](명) 말고기(馬肉). —**めし**[桜飯](명) 흰쌀에 간장과 술을 넣어 간을 맞춰 지은 밥. 빛깔이 불그레함. —**もち**[桜餅](명) 밀가루를 반죽하여 얇게 밀어 팥소를 넣고 소금에 절인 벚나무 잎으로 싸서 찐 떡. —**ゆ**[桜湯](명) 소금에 절인 벚꽃을 넣은 음료(飲料).

さくらく[錯落](명·자サ) 뒤섞임. mixture

サクラメント[sacrament](명)〈종〉 새크러먼트. 기독교의 종교적 의식. 세례(洗礼), 성찬(聖餐) 등. 가톨릭에서는 비적(秘跡)이라고 함.

さくらん[錯乱](명·자サ) 착란. 어지럽게 뒤섞임. 뒤섞여 어수선함. 혼란. 「考(カンガ)えが—する; 생각이

어지럽게 뒤섞이다」 distraction
さくらんぼ(う)[桜ん(坊)](명)〈식〉 버찌. 벚나무의 열매. a cherry
さぐり[探り](명) ①(손발의 감각으로 물건을) 찾는 일. 또는 그 기구(器具). ②탐정(探偵). 스파이. 1. searching. **—あし**[探り足](명) 어두운 곳에서 발로 바닥을 더듬어 나아가는 일.
さくりつ[冊立](명·타サ) 책립. 칙명에 의해 황태자, 황후 등을 세움. installation
さくりゃく[策略](명) 책략. 일을 꾀함. 책모(策謀). a trick
さくりょう[作料](명) 물건을 제작한 데 대한 임금(賃金). 품삯. charge for labour
さぐ·る[探る](타 4) ①찾다. 수탐(捜探)하다. ②손발의 감각으로 물건을 더듬어 찾다. ③헤아리다. 추측하다. 1. search 2. grope
さくれい[作例](명) 작례. 무엇을 만드는 방법의 본보기. 또는 그 실례. a model for composition
さくれつ[炸裂](명·자サ) 작렬. 폭탄, 포탄 따위가 폭발함. explosion
ざくろ[石榴·柘榴](명)〈식〉 석류나무. 열매는 익으면 터지고, 맛은 달고 십. a pomegranate. **—ばな**[石榴鼻](명) 비사증(鼻査症)으로 붉은 점이 생긴 코. 주부코. 주독코.
さけ[酒](명) 술. ①알코홀의 성분을 가진 음료(飲料)의 총칭. ②정종(正宗). 1. wine
さけ[鮭](명)〈동〉 연어. 바닷물고기로서 가을에 강으로 올라 와 알을 낳음. 살은 적황색. a salmon
さげ[下げ](명) ①내림. ↔上(ア)げ. ②〈경〉 시세가 내림. 하락(下落). ③〔←下げ緒(オ)〕 칼집에 달린 끈. ④갑옷의 아랫자락. ⑤재담(才談), 만담 등의 종국(終局). 1. lowering 2. falling
さけい[左傾](명·자サ) 좌경. ①왼쪽으로 기욺. ②사상이 좌익(左翼)으로 기욺. ↔右傾(ウケイ). 1. left inclination
さげかじ[下げ舵](명) 기수(機首)를 아래로 향하게 하기 위한 키의 조종. a down helm
さけかす[酒粕·酒糟](명) 주박. 지게미. brewer's draff
さげがたな[提げ刀](명) 칼을 손에 듦. 또는 그 칼. carrying a sword
さげがみ[下げ髪](명) 여인의 머리 모양의 한 가지. 머리를 모두 뒤로 묶어 늘어뜨리는 일. hair hanging down the back
さけくせ[酒癖](명) 주벽. 술 버릇. 「—がわるい; 주벽이 나쁘다(주사가 있다)」 the way one behaves when drunk
さけくらい[酒食らい]—クラヒ(명)〈속〉 술을 많이 마시는 사람. 술부대. 술보. a drunkard
さけさかな[酒肴](명) 주효. 술과 안주. wine and a relish
さけじ[裂け痔](명)〈의〉 항문 언저리가 찢어지는 치질.
さげしお[下げ潮]—シホ(명) 썰물. 간조(干潮). ↔上(ア)げ潮. ebb tide
さげじゅう[提げ重](명) 손에 들고 다니는 찬합.
さげす·む[蔑む·貶む](타 4) 깔보다. 업신여기다. 경멸하다. 명 さげすみ. despise
さげだな[下げ棚](명) 매어 다는 선반. a hung shelf
さけのみ[酒飲み](명) ①여럿이 술을 마시며 즐김. ②술을 많이 마심. 또는 그 사람. 술보. 술부대. 1. a revel 2. a drunkard
さけ·ぶ[叫ぶ](자 4) ①외치다. ②소리 내어 울다. 명 叫び. 1. shout 2. cry loudly
さけぶとり[酒太り](명·자サ) 술을 마심으로써 살이 찜. growing fat by drinking
さげふり[下げ振り](명) ①추(錘). 진자(振子). 흔들이. ②수직인지 아닌지를 시험하는 데 사용하는 연추(鉛錘). 1. a pendulum 2. a plumb
さげまえがみ[下げ前髪]—マヘガミ(명) 소녀 등이 앞이마에 늘어뜨린 머리털.
さげもどし[下げ戻し](명) 관청에 제출한 것을 그대로 본인에게 되돌려 보냄. 반려(返戻). rejection
さ·ける[裂ける](자하 1) 찢어지다. 끊어져 갈라지다. 터지다. split
さ·ける[避ける](타하 1) ①피하다. ②빠지다. ③관계하지 않게 하다. 1. avoid
さ·げる[下げる](타하1) ①내리다. ↔上(ア)げる. ②드리우다. 「幕(マク)を—; 막을 드리우다」 ③낮게 하다. ④물리치다. ⑤걷어 치우다. 물리다. 「膳(ゼン)を—;상을 물리다」 ⑥(웃사람이 아랫사람에게) 내려 주다. ⑦(물건 값을) 싸게 하다. 1. take down 2. hang
さ·げる[提げる](타하 1) 손에 들다. 손에 들어 늘어뜨리다. carry in one's hand
さげわた·す[下げ渡す](타 4) (관청에서 민간에게) 내려 주다. 명 下げ渡し. grant
さけん[差遣](명·타サ) 사람을 시켜서 보냄. 파견(派遣). dispatch
さげん[左舷](명) 좌현. (고물에서 이물을 향하여) 왼쪽 뱃전. ↔右舷(ウゲン). port
ざこ[雑魚](명) ①잡어. 여러 가지가 섞인 물고기. ②작은 물고기. ③미천한 사람. 하찮은 사람. 1. mixed small fish
さこう[鎖港](명) 쇄항. 외국 배가 항구에 들어 오지 못하게 금함. closing the ports
ざこう[座高·坐高](명) 좌고. 앉은키. sitting height
さこうべん[左顧右眄](연어·명·자サ) 좌고 우면. 왼쪽을 보고 오른쪽을 보고 함. 여기저기를 돌아다 봄. 결단을 못 내림. irresolution
さこく[鎖国](명·자타サ) 쇄국. 외국과의 통상, 교통 등을 금함. ↔開国(カイコク). national isolation
さこそ(부) ①아마도. 참으로. 응당. ②그렇게. 그와 같이. 2. in such a way
さこつ[鎖骨](명)〈생〉 쇄골. 목에서 어깨로 연결하는 약간 "S"자 형으로 굽은 긴 뼈. the collarbone
ざこつ[座骨·坐骨](명)〈생〉 좌골. 볼기 아래쪽에 붙어 골반(骨盤)을 이루는 뼈. the hucklebone
ざこね[雑魚寝](명·자サ) 남녀할 것 없이 많은 사람이

한자리에 뒤섞여 잠. bundling together

ざこば[雑魚場](명) 여러 가지 어물을 판매하는 저자. 어시장(魚市場). a fish market

ささ[酒](명) "さけ(술)"의 다른 이름. 「bamboo grass

ささ[笹](명)〈식〉 가는 대, 작은 대 종류의 총칭. ↗

ささ[些些](형동タルト) 아주 적고 얼마 되지 않는 모양. 사소(些少)한 모양. 근소(僅少)한 모양. trifling

ささ[瑣瑣](형동タリ) 자질구레한 모양. trifling

ざさ[座作·坐作](명) 기거(起居). 몸가짐. behaviour

ささい[些細](명·형동ダ) 사소(些少)함. 근소(僅少)함. 아주 조금. a trifle

ささう[笹生]ーフ(명) 가는 대나 작은 대가 나거나 무성한 곳. a bamboo thicket

ささえ[支え]ササヘ(명) 떠받침. 또는 떠받치고 있는 것. 「ーばしら; 지주(支柱)」 support

ささえ[小筒](명) 대로 만든 휴대용의 술통. a bamboo bottle of wine

さざえ[栄螺](명)〈동〉 소라. 고둥과에 속하는 권패(巻貝)의 하나. 뿔이 있고 식용(食用). a wreath shell

ささ·える[支える]ササヘル(타하 1) ①지탱하다. 견디어 내다. ②방비(防備)하다. ③(활동을) 막다. 가로 막다. 저지(沮止)하다. 1. support 2. check

ささおり[笹折り]ーヲリ(명) ①가는 대나무 잎으로 싼 음식. ②⇨おり(折り)Ⅰ②. 1. food packed with bamboo leaves

ささがき[笹掻き](명) 우엉, 당근 등을 얇고 엇비슷하게 썲. needle-shaped slices

ささがに[蜘蛛](명)〈고·동〉 거미.

ささ·く(자 4)〈고〉 떠들다. 소란하다.

ささく·れる(자하 1) ①끝이 잘게 째어지다. ②손거스러미가 일다. 1. split finely 2. have a hangnail

ささげ[大角豆](명)〈식〉 광저기. 콩과의 1년생 만초(蔓草). 씨와 어린 깍지를 먹음. a cowpea

ささげもの[捧げ物](명) ①진상품(進上品). 헌상품(献上品). ②공물(供物). an offering

ささ·げる[捧げる](타하 1) ①두 손으로 들고 높이 떠받들다. 올려 받들다. ②바치다. 드리다. 「仏前(ブツゼン)に供物(クモツ)をー; 불전에 공물을 바치다」 1. lift 2. offer

ざさしんたい[座作進退](연어·명) 행동 거지(行動挙止). 언어 행동. 몸가짐. 기거 동작(起居動作). behaviour

ささだけ[笹竹](명)〈식〉 작은 죽류(竹類)의 총칭(総称). bamboo grass

ささつ[査察](명·타サ) 사찰. 조사하여 살핌. 「空中(クウチュウ)ー; 공중 사찰」 inspection

ささなき[小鳴き](명) 초겨울에 꾀꼬리가 조그맣게 우는 일. twit-twat

ささなみ[細波·小波](명) ⇨さざなみ.

さざなみ[細波·小波·漣](명) 세파. 잘게 이는 물결. 잔 물결. ripples

ささにごり[細濁り](명·자サ) (물이) 조금 흐림. slight muddiness

ささぶね[笹舟](명) 대나무 잎으로 만든 장난감 배. a bamboo-leaf boat

ささべり[笹縁](명) (옷이나 돗자리 등에) 천으로 가늘게 두른 테. a lace-frill

ささみ[笹身](명) 닭의 가슴패기에 붙은 살.

ささめ·く(자 4) 속삭이다. 소곤거리다. 명 ささめき. whisper

さざめ·く(자 4) 소리를 내며 떠들다. 「笑(ワラ)いー; 웃으며 떠들다」 talk in whispers

ささめごと[私語](명) 속삭이는 말. 소곤거리는 말. a whisper

ささめゆき[細雪](명) ①세설. 자잘하게 내리는 눈. 분설(粉雪). ②드문드문 내리는 눈. 1. a light snow

ささやか(형동ダ) 작은. 사소한. 보잘 것 없는. 「ーなおくりもの; 보잘 것 없는 선물(겸사의 말)」 tiny

ささや·く[囁く](자 4) 속삭이다. 명 ささやき. whisper

ささやぶ[笹藪](명) 가는 대나무의 숲. a bamboo-bush

ささら[簓](명) ①잘게 쪼갠 대를 다발로 묶은 용구(用具). 그릇 등을 씻는데 쓰임. 대솔. ②끝이 잘게 쪼개진 물건. ③←びんざさら. 1. a bamboo whisk

〔ささら①〕

ささ·る[刺さる](자 4) 찔리다. 「とげにー; 가시에 찔리다」 stick

さざれ(명) ⇨さざれいし.

さざれいし[細石](명)〈고〉 잔돌. 조약돌.

ささわら[笹原]ーハラ(명) 가는 대가 우거진 곳. 대숲. a thicket of bamboo grass

ささわり[障り](명) 지장(支障). 고장. a hindrance

さざんか[山茶花](명)〈식〉 산다화. 동백 비슷한 상록수. 늦가을에 희고 붉은 예쁜 꽃이 핌.

さしー[差し](접두) 동사 위에 붙어 그 뜻을 강조하는 말. 「ー出(ダ)す; 내어 놓다(내밀다)」

ーさし[止し](접미) 동작을 중지하는 뜻을 나타내는 말. 「読(ヨ)みー; 읽다 만」

ーさし[差し]Ⅰ(접미) 무곡(舞曲)의 수를 세는 수사(数詞). 「ひとー舞(マ)う; 한 곡 추다」 Ⅱ(조어) ①액체 따위를 따르는 도구. 「水(ミズ) ー; 물 주전자」 ②장기 따위를 두는 사람. 「将棋(ショウギ)ー; 장기 두는 사람」

さし(명)〈고〉 〔요오쿄쿠(謡曲)에서〕 말에 가락을 붙여 부르는 부분.

さし[尺](명) 자. 척도(尺度). a measure

さし[刺](명) 꽂음. 또는 물건을 꽂는 데 쓰는 도구. stabbing

さし[差し](명) ①마주 봄. ②지장(支障). ③둘이서 짐을 짐. ④〔씨름에서〕 상대방의 겨드랑이에 손을 집어 넣는 일. 또는 그 손. 1. face to face 2. a hindrance

さし[砂嘴](명)〈지〉 사취. 해류로 운반된 토사(土砂)가 바닷가로부터 길게 뻗은 모래톱. a sandbank

さし[渣滓](명) 찌끼. 침전물(沈澱物). 앙금. dregs

さし[蠁子](명)〈동〉 ①구더기. 파리의 유충. 특히 낚시 미끼로 쓰는 쉬파리의 유충을 말함. ②다꾸앙을 담는 겨소금 등에 생긴 작은 구더기.
さ·し[狭し](형ク)〈고〉 좁다. 갑갑하다. 거북하다.
さじ[匙](명) 숟가락. 「一を投(ナ)げる; (의사가 치료 방법이 없다고) 단념하다」 a spoon
さじ[些事·瑣事](명) 사소한 일. 자질구레한 일. 「一にこだわる; 사소한 일에 구애하다」 a trifle
ざし[座視·坐視](명·타サ) 좌시. 가만히 앉아서 보고만 있음. 보고만 있을 뿐 손을 쓰지 않음. 「一するにしのびない; 가만히 앉아 보고만 있을 수가 없다」 looking on unconcernedly
さし あ·う[差し合う]ーアフ(자 4) ①만나다. 마주치다. ②(다른 일과 겹쳐서) 지장이 되다. 명 差し合い. 1. meet 2. be hindered
さし あ·げる[差し上げる](타하 1) ①들어 올리다. ②드리다. 바치다. 1. lift 2. offer
さし あし[差し足](명) 소리 나지 않게 발끝으로 가만가만 걸음. 「ぬき足(アシ)ーで; 발소리를 죽여(살금살금 걸어서)」 walking on tiptoe
さし あたり[差し当たり](부) 현재. 목하(目下). 당장(当場). 우선. for the present
さし あた·る[差し当たる](자 4) ①맞부딪치다. ②뜻밖에 만나다. ③빛이 직사(直射)하다. 1.come across with
さし い·れる[差し入れる](타하 1) ①안으로 들여 보내다. ②미결감(未決監)에 있는 형사 피고인에게 음식이나 물품을 주다. 차입하다. 명 差し入れ. 1. insert
さし うつむ·く[差し俯く](자 4) 고개를 숙이다. hang down one's head
さし え[挿し絵](명) 삽화. 문장 가운데 넣는 그림. an illustration
サジェッション[suggestion](명) 서제스천. 암시. 시사(示唆).
さし お·く[差し置く](타 4) ①두다. ②그대로 내버려 두다. 1. put 2. leave
さし おく·る[差し送る](타 4) 보내다. 보내 주다. send
さし おさえ[差し押え]ーオサヘ(명·타サ) ①잡아 둠. ②〈법〉 차압. 채권자가 국가의 힘을 빌려 채무자의 재산 처분을 금하는 일. 2. seizure
さし おさ·える[差し押える]ーオサヘル(타하 1) ①눌러 못하게 하다. ②차압하다. 1. press down 2. seize
さし か·える[差し替える]ーカヘル(타하 1) ①바꾸다. ②바꿔 끼어 넣다. 명 差し替え. 1. change 2. replace
さし かか·る[差し掛かる](자 4) ①뜻밖에 만나다. ②그곳에 오다. 당도(当到)하다. 「坂道(サカミチ)にー; 언덕길에 당도하다」 ③박두해 오다. 임박하다. ④위에서 덮치다. 1. come across 2. come near
さし かけ[指し掛け](명) 장기 등을 두다가 도중에서 그만 둠. stopping over half way in a game
さし か·ける[差し掛ける](타하 1) ①받쳐 쓰다. 「かさをー; 우산을 받쳐 쓰다」 ②잔을 주다. 1. hold over 2. hold out
さじ かげん[匙加減](명·자サ) ①약을 조제(調剤)할 때 분량을 가감(加減)함. ②손짐작함. 손어림함. 1. prescription 2. consideration

さし かざ·す[差し翳す](타 4) (햇빛 등을) 손을 들어 가리다.
さし がた[矩形](명) 구형. 직사각형. a rectangle
さし かた·める[差し固める](타하 1) ①굳게 잠그다. ②경계를 엄중히 하다. 「表門(オモテモン)をー; 대문이나 정문을 엄중히 경계하다」 fortify
さし がね[差し金](명) ①곡척(曲尺). 목수가 쓰는 자. ②무대에서 관객에게 보이지 않게 나비나 새 등을 조종하는 철사. ③막후 조종(幕後操縦). (이면에서의) 간접적인 사주(使嗾). 1. a metal measure
さし がみ[差し紙](명) 에도(江戸) 시대에 관청에서 보내던 호출장(呼出状). a writ of summons
さし かわ·す[差し交わす]ーカハス(타 4) 서로 뻗쳐 엇걸리다. 「枝(エダ)をー; 가지가 서로 뻗쳐 엇걸리다」
さし き[挿し木](명)〈농〉 꺾꽂이. 초목의 줄기나 가지를 땅에 꽂아 뿌리를 내리게 하는 일. planting a cutting
さじき[桟敷](명) ①구경하기 좋게 도로 가에 한층 높이 만든 자리. ②극장의 관람석. 1. a stand
ざしき[座敷](명) ①다다밋방. ②사랑방. 객실. 응접실. ③손님을 접대함. ④기생들이 손님에게 불리움. ⑤접대, 주연(酒宴)의 시간. 2. a drawing room. ―**ろう**[座敷牢](명) 광인(狂人) 등을 가두어 놓는 방.
さし き·る[差し切る·指し切る](타 4) 〔장기에서〕 말도 다 없애고 그 이상 더 어떻게 할 수 없게 되다.
さし ぐし[挿し櫛](명) 부인이 머리의 장식용으로 꽂는 빗. an ornamental comb
さし ぐすり[差薬](명) ①눈에 넣는 약. 점안약(点眼薬). ②피하 주사에 사용하는 약. 1. a lotion 2. an injection
さし ぐ·む[差し含む](자 4) 눈물 짓다. 눈물을 머금다. 「涙(ナミダ)さしぐみ帰(カエ)り来(キ)ぬ; 눈물 지으며 돌아 왔다」 tear
さし く·る[差し繰る](타 4) 변통하다. 이럭저럭 구려 맞추다. manage
さし くわ·える[差し加える]ークハヘル(타하 1) 상연 종목(上演種目) 등을 첨가하다.
さし げ[差し毛](명) 색깔이 다른 털이 섞임. 또는 그 털. a dash of a different colour
さし.こ[刺し子](명) 누비옷. quilting
さし こ·える[差し越える](자하 1) ⇨ さしでる.
さし こばた[指し小旗](명) 갑옷 등에 달린 통(筒)에 꽂아 싸움터에서의 표지로 하는 작은 기.

〔刺し子〕

さし こみ[差し込み](명) ①찔러 넣음. ②가슴, 배 등이 쿡쿡 쑤시는 병. 산통(疝痛). ③(전기의) 콘센트. ④참견. 간섭. 1. insertion 2. a spasm
さし こ·む[差し込む] Ⅰ(자 4) ①갑자기 배나 가슴이 몹시 아프다. ②(햇볕이) 쨍쨍 쬐다. Ⅱ(타 4) 집어 넣다. 찔러 넣다. Ⅰ 1. have a griping pain 2. shine into Ⅱ 1. insert
さし こも·る[鎖し籠る](자 4) 문을 닫고 들어 박히다. 두문 불출(杜門不出)하다. shut oneself up

さし ころ·す[刺し殺す](타 4) 찔러 죽이다. stab to death

さし さわり[差し障り]ーサハリ(명) 장해(障害). 지장(支障). 고장(故障). 동 差しさわる(자 4). a hindrance

さし しお[差し潮]ーシホ(명) 밀물. ↔引(ヒ)き潮. the flowing tide

さし しめ·す[指し示す](타 4) (손가락으로) 가리키다. 가리켜 보이다. point to

さし ず[指図](명·타サ) ①지시하여 시킴. 명령. 지휘(指揮). ②지정(指定)함. 지명(指名)함. ③가옥, 정원 등의 설계도. 1. directions 2. designation 3. a plan

しすぎ(부)〈고〉 그에 뒤이어. 계속하여.

しずめ[差詰]ーヅメ Ⅰ(명) 막다른 골목. 절박. Ⅱ(부) 우선. 당장. Ⅰ the end Ⅱ for the present

さし せま·る[差し迫る](자 4) 박두하다. 절박하다. be imminent

さし ぞえ[差し添え]ーゾヘ(명) ①호위. 수행. 또는 그 사람. ②큰 칼에 곁들여 차는 작은 칼. 1. an escort 2. an small accessory sword

さし だしにん[差し出し人](명) 우편물을 보내는 사람. 발신인(発信人). ↔受(ウ)け取(ト)り人. a sender

さし だ·す[差し出す](타 4) ①제출하다. 내밀다. ②보내다. 발신(発信)하다. 「差し出し人(サシダシニン); 발신인」 1. present 2. send

さし た·てる[差し立てる](타하 1) ①세우다. ②보내다. 명 差し立て. 1. put up 2. dispatch

さしたる[然したる](연체) ①이렇다 할 정도의. 마음먹은. ②별로. 별반. 그다지. particular

さし ちが·える[刺し違える]ーチガヘル(자하 1) 서로 가슴을 맞찌르다. stab each other

さし ちが·える[差し違える]ーチガヘル(타하 1) 〔씨름에서〕 심판관이 승리자의 지적을 잘못 하다.

さし つか·える[差し支える]ーツカヘル(자하 1) 고장이 생기다. 지장이 생기다. 명 差しつかえ. hinder

さし つかわ·す[差し遣わす]ーツカハス(타 4) 보내다. 파견하다. send

さし つぎ[刺し継ぎ](명·타サ) 의복의 천이 약해진 곳을 같은 색의 실로 떠서 튼튼하게 함. strengthening of cloth by quilting

さし つぎ[指し継ぎ](명·타サ) 〔장기 등에서〕 전회(前回)에 계속하여 승부를 겨룸. continuance of a game

さし つけに[差付けに](부) 갑자기. 돌연(突然)히. all of a sudden

さし つ·ける[差し付ける](타하 1) ①밀어 붙이다. 누르다. 「母(ハハ)の胸(ムネ)に顔(カオ)をー; 어머니 가슴에 얼굴을 파묻다」 ②들이대다. 얼굴 앞에 내밀다. ③비꼬아 욕하다. 1. press to 2.thrust at

さし ったり(연어) ①아차. ②알았다.

さし つらぬ·く[刺し貫く](타 4) ①꿰뚫다. ②찔러 죽이다. 1. pierce

さし て[差し手](명) 〔씨름에서〕 상대편 겨드랑이 밑에 손을 넣는 수.

さし て[指し手](명) 〔장기에서〕 말을 놓는 방법.

さして(부) ①별반. ②특별히. 각별히. 2. particularly

さし で[差し出](명) ←差し出口. **ーがまし·い**[差し出がましい](형) 주제넘게 참견하는 모양. **ーぐち**[差し出口](명) 주제넘은 말. 말참견. **ーもの**[差し出者](명) 주제넘은 사람.

さし でる[差し出る](자하 1) ①앞으로 나아가다. 진출(進出)하다. ②주제넘다. 1. go forward 2. put oneself forward

さし とお·す[刺し通す]ートホス(타 4) 꿰뚫다. 찌르다. pierce

さし と·める[差し止める](타하 1) 억제하다. 금지하다. 「外出(ガイシュツ)をー; 외출을 금하다」 명 差し止め. prohibit

さし にない[差し担い]ーニナヒ(명) 앞뒤에서 두 사람이 짐을 멤. carrying on the shoulders between two persons

さし ぬい[刺縫い]ーヌヒ(명) ①천을 몇장 겹쳐 꿰매는 일. ②자수(刺繡)의 한 가지. 바깥쪽에만 윤곽을 지어 땀을 가지런히 하고 가운데 쪽에는 땀을 들락날락하게 하는 자수법. 1. sewing together

さし ぬき[指貫](명) 바지의 가랑이를 졸라매게 된 일본 바지의 한 가지. 약식 예장(礼装), 수렵(狩獵) 등을 할 때 입는 바지.

〔指貫〕

さし ね[指し値](명)〈경〉〔거래소에서〕 손님이 값을 지정함. 또는 그 값. the limits

さし のぞ·く[差し覗く](타 4) 엿보다. 들여다 보다. peep into

さし の·べる[差し伸べる·差し延べる](타하 1) (어느 방향을 향하여) 쭉 뻗치다. 「すくいの手(テ)をー; 구원의 손을 뻗치다」 stretch out

さし のぼ·る[差し登る](자 4) 태양이 솟아 오르다. rise

さしば[差歯](명) 비올 때 신는 왜나막신의 바닥에 다는 높은 굽.

さし はえて[差延えて]ーハヘテ〈고〉 일부러. 새삼.

さし はさ·む[挟む](타 4) ①끼다. ②사이에 넣다. ③의지하다. ④돕다. 1. insert

さし ばな[挿花](명) ⇨いけばな.

さし はな·つ[差し放つ](타 4)〈고〉 멀리하다. 멀리 보내다. 내버려 두다.

さし ひか·える[差し控える]ーヒカヘル Ⅰ(자하 1) 삼가하다. Ⅱ(타하 1) ①내밀(内密)히 하다. ②사양하다. ③사퇴하다. Ⅰ be moderate

さし ひき[差し引き](명·타サ) ①빼냄. 빼낸 나머지. ②조수(潮水)가 들었다 나갔다함. ③(체온이) 오르고 내리고 함. ④〈경〉 대차(貸借) 계산을 하고 남은 차액(差額). 「ーゼロになる; 차액이 영이 되다」 1. deduction

さし ひ·く[差し引く](타 4) ①빼내다. 감(減)하다. ②과부족(過不足)을 계산하다. ③조수가 들었다 나갔다 하다. 1. deduct 2. balance

さし ひび·く[差し響く](자 4) ①소리가 다른 데까지 울리다. ②영향이 미치다. 명 差し響き. 1.resound 2.affect

さし まえ[差し前]ーマヘ(명) 자기가 차는 칼. 패도(佩

刀). 대검(帯劍). a sword which one carries

さしまね·く[差し招く·麾く](타 4) ①군세(軍勢)가 향해야 할 곳을 가리키다. ②지휘하다. ③(손짓으로) 부르다. 1.2. command 3. beckon

さしまわ·す[差し回す]ーマハス(타 4) 딴 데로 돌려 보내다. 회송(回送)하다. 돌리다. 명 差し回し. send round

さしみ[刺身](명) 신선한 날생선을 저민 요리. 생선회. slices of raw fish

さしみ[差し身](명) 〔씨름에서〕 자기가 자신 있는 쪽의 손을 재빨리 상대방 겨드랑이에 넣음.

さしみず[差し水]ーミヅ(명·자サ) ①밖에서 군물이 우물 속에 들어 감. 또는 그 물. ②목욕물이나 꽃병 등에 물을 더 부음. 또는 그 물. 2. pouring water

さしむかい[差し向かい]ームカヒ(명) 마주 보고 앉음. 마주 대함. 「ーで; 마주 보고 앉아서」 face to face

さしむき[差し向き](부) 당장. 우선. for the present

さしむ·ける[差し向ける](타하 1) ①그쪽으로 향하게 하다. ②보내다. 부리다. 「使(ツカ)いをー; 심부름꾼을 보내다」 1. direct 2. send

さしも(부) 그렇게도. 그다지도. so much

さしもの[指し物](명) ①옛날 싸움터에서 표지(標識)가 되게 하기 위하여 갑옷 뒤에 꽂던 작은 기(장식물). ②판자를 맞추어 만든 가구나 기구(器具). 예:옷장, 창문, 책상 등. 「ー師(シ); 목수(소목)」 1. banners 2. joinery

〔指し物①〕

さしや·る[差し遣る](타 4) 밀어 젖히다. push away

さしゅ[詐取](명·타サ) 사취. 금품을 사기하여 가짐. 속여서 가짐. swindle

さしゅう[査収](명·타サ) 사수. 조사하여 받음. receipt after examination

さじゅつ[詐術](명) 사술. 남을 속여 넘기는 재주. a cheat

さしゆる·す[差し許す](타 4) (손윗사람이) 허락하다. 허가하다. permit

ざしょ[座所](명) 앉은 곳. 있는 곳. 거처(居処). one's seat

さしょう[些少](명·형동ダ) 사소. 조금. 매우 적음. 근소(僅少). 하찮음. a trifle

さしょう[査証](명·자타サ) 사증. 외국인의 입국 허가 증명. visé

さしょう[詐称](명·타サ) 사칭. (주소, 성명, 직업 등을) 속여 말함. misrepresentation

さじょう[砂上](명) 사상. 모래 위. 「ーの楼閣(ロウカク); 사상 누각(기초가 튼튼치 못하여 무너지기 쉬움의 비유)」 on the sand

さじょう[砂状](명) 사상. 모래와 같이 잔 모양. 모래 모양. being sandy

ざしょう[座礁·坐礁](명·자サ) 좌초. 배가 암초(暗礁)에 얹힘. running aground

ざしょう[挫傷](명·자サ)〈의〉 좌상. 맞거나 딩굴거나 하여 피부 밑에 상처를 받음. 또는 그 상처. 타박상(打撲傷). sprain

ざじょう[座上](명) ①앉아 있는 곳. 석상(席上). ②웃자리. 상좌(上座). 1. the seat

ざじょう[座乗·坐乗](명·자サ) 군함이나 배를 타고 지휘함. commanding on board

ざしょく[座食·坐食](명·자サ) 직업 없이 지냄. 무위도식(無為徒食). living in idleness

ざしょく[座職·坐職](명) 좌직. 앉아서 하는 일. 좌업(座業). a sedentary occupation

さしりょう[差し料](명) 허리에 차는 칼. 대검(帯劍). 패도(佩刀). a sword which one carries on one's side

さしわけ[指し分け](명) 〔장기 등에서〕 승부가 결정되지 않을 때 그냥 끝내는 일. 무승부. a drawn game

さしわたし[差し渡し](명) 지름. 직경(直径). the diameter

さじん[左衽](명) ①옷을 왼쪽으로 여밈. ②야만인의 옷 입는 법. 야만인의 풍속. 2. a barbarian custom

さじん[砂塵·沙塵](명) 사진. 모래 섞인 먼지. 먼지처럼 날리는 모래. sand-dust

ーさ·す[止す](조어·4) 중도에서 그치다. 「いいー; 말을 중단하다」

さ·す[刺す](타 4) ①찌르다. ②독충(毒虫) 따위가 쏘다. ③바늘로 누비다. 꿰매다. ④〔끈끈이를 바른 장대로〕 새를 잡다. ⑤〔야구에서〕 아웃트되게 하다. 명 刺し. 1. pierce 2. sting 3. sew

さ·す[注す](타 4) ①따르다. ②더하다. 보태다. ③안약(眼薬) 등을 넣다. 2. add 3. put into

さ·す[差す](자 4) ①밀물이 들다. ②나타나다. 생기다. ③(광선이) 비치다. ④(모르는 사이에) 들어 오다. 「水(ミズ)がー; 물이 침입하다」 ⑤붙다. 「魔(マ)がー; 마귀가 붙다」 ⑥체온이 오르다. 「熱(ネツ)がー; 열이 오르다」 1. rise 2. appear 3. shine

さ·す[指す](타 4) ①가리키다. ②지정하다. 지명하다. ③손으로 햇빛 등을 가리다. ④(자로) 길이를 재다. ⑤목표하다. 뜻하다. ⑥〔춤에서〕 손을 앞으로 뻗다. ⑦술잔을 들어 권하다. ⑧(장기 따위를) 두다. 1. point 2. designate

さ·す[挿す](타 4) ①끼우다. 꽂다. 삽입하다. ②꽃꽂이를 하다. 1. insert

さ·す[鎖す](타 4) 잠그다. 닫다. shut

さ·す(조동·하 2 형) 시키다. (4단, ナ변, ラ변 이외의 동사에 붙음)

さす[砂州·砂洲](명)〈지〉 사주. 하구(河口)에 가까운 해안이나 호안(湖岸)에 생기는 가늘고 긴 모래톱. a sand bar

さず[左図](명) 좌도. 왼쪽의 그림. the left figure

ざす[座主](명)〈불〉 ①절의 일을 맡아 보는 승직(僧職). 또는 각 파의 교무(教務)를 주간하는 승직. ②엔랴쿠사(延暦寺)의 주지. 1. an abbot

ざす[座州·坐洲](명·자サ) 배가 강 등의 얕은 곳에 올라 앉아 움직이지 못하게 됨. standing

さすが[流石](부) ①그렇다고는 하나. ②예상대로. 소문처럼. …인 만큼. 과연. 「ーに; 과연. 예상대로」 1.

such as the case is 2. certainly. **—の**[流石の](연어) 정평 있는. 「—かれも参(マイ)った; 정평 있는 그도 손들었다」

さずか·る[授かる]サヅカル(자 4) 내리시다. 주시다. 부여받다. 「授(サズ)かりもの; 주신 것」 be gifted

さず·ける[授ける]サヅケル(타하 1) ①주다. 받게 하다. 「授(サズ)けもの; 받은 것」 ②전하다. 가르쳐 주다. ③전네다. 교부하다. 1. grant 2. instruct

さすて[差す手](명) 〔춤추면서〕 앞으로 내미는 손. 「—引(ヒ)く手(テ); 춤에서 손 놀리는 법」 stretching out the hand

サスプロ[sustaining program](명) 서스프로. 민간 방송에서 스폰서어가 없이 자주적으로 편성하는 방송 프로그램.

サスペンス[suspense](명) 서스펜스. ①불안. ②〔영화나 소설에서〕 다음이 어떻게 될까 하고 마음을 조마조마하게 하는 기교.

サスペンダー[suspenders](명) 서스펜더. ①양복바지나 스커어트의 멜빵. ②양말 대님.

さすまた[刺す股](명) 긴 막대 끝에 Y자 모양의 쇠를 꽂은 것. 적(賊)을 붙잡는 데 썼음. a two-pronged weapon

さすらい[流離い]サスラヒ(명) 정처 없이 다님. 떠돌아 다님. 유랑(流浪). 「—の旅(タビ); 방랑의 길」 wandering 〔刺す股〕

さすら·う[流離う]サスラフ(자 4) 정처 없이 걷다. 떠돌아 다니다. 방랑(放浪)하다. wander

さす·る[摩る·擦る](타 4) 문지르다. 마찰하다. pat

ざ·する[座する·坐する](자サ) ①앉다. ②휩쓸리다. 연루(連累)하다. ③관계하다. 1. sit down 2. be implicated

さすれば[然為れば](접) ①그러므로. ②그렇다면. 1 because 2. and so

ざせき[座席](명) 좌석. 앉을 곳. 자리. 「—券(ケン); 좌석권」 a seat

サゼスチョン[suggestion](명·타サ) 서제스천. 암시(暗示). 시사(示唆).

させつ[左折](명·자サ) 왼쪽으로 구부러짐. ↔右折(ウセツ). turning to the left

ざせつ[挫折](명·자サ) 좌절. ①어떤 일이 중도에서 꺾임. ②마음과 기운이 꺾임. 1. a setback

させる[然せる](연체) 이렇다할. 대수로운.

さ·せる(타하 1) ①타인에게 어떤 동작을 하게끔 하다. 시키다. ②할 것을 허락하다. ③하는 대로 맡겨 두다. ④남이 해 주다. 남에게 부탁하다. 1. let

さ·せる(조동·하 1형) 〔4단·サ변 이외의 동사에 붙음〕 ⇨せる. 「見(ミ)—; 보여 주다」

させん[左遷](명·타サ) 좌천. 관직이나 지위를 좋은 자리에서 낮은 자리로 떨어뜨림. relegation

ざぜん[座禅·坐禅](명)〈불〉 좌선. 정좌(静坐)하여 심사묵념(深思黙念)하고, 해탈의 경지에 이르려는 참선술(参禅術). 「—を組(ク)む; 좌선을 하다」 sitting in religious meditation

さぞ[嘸ぞ](부) ①틀림 없이. ②그와 같이. 1. surely

さそい[誘い](명) 유인(誘引). 권유(勧誘). invitation. **—だ·す**[誘い出す](타 4) 꾀어 내다. 꾀어서 밖으로 데려 나오다. **—みず**[誘い水]—ミヅ(명) 펌프에서 물이 나오지 않을 때 물을 뽑기 위해 펌프 안에 부어 넣는 물.

さそ·う[誘う]サソフ(타 4) ①권하다. 권유하다. ②불러내다. ③꾀어 내다. 유혹하다. 1. invite 2. call out

ざぞう[座像·坐像](명) 좌상. 앉아 있는 상. ↔立像(リッゾウ). a sedentary image

さぞかし[嘸ぞかし](부) "さぞ"를 강하게 하는 말.

さそく[左足](명) 좌족. 왼발. the left foot

さそく[左側](명) 좌측. 왼쪽. 「—通行(ツウコウ); 좌측 통행」 ↔右側(ウソク). the left side

さぞや[嘸ぞや](부) "さぞかし"와 같이 "さぞ"를 강하게 하는 말.

さそり[蠍](명)〈동〉 전갈(全蠍). 돌 틈에 살며, 꼬리 끝에 침이 있어 쏘이면 심한 독에 중독됨. a scorpion

さた[沙汰](명·자サ) ①처치(処置). 처리. ②관청의 지령, 명령. ③심리(審理). 조사. ④통지. 소식. 기별. ⑤평판(評判). 소문. ⑥사건. 1. treatment 2. directions

さだ(명)〈고〉 한창때. 젊은이. 장년(壮年).

さだ[蹉跎](명·자サ) ①발이 돌 등에 걸려 넘어질 뻔함. ②몰락함. 영락(零落)함. ③불우(不遇)하여 뜻을 이루지 못함. 1. stumbling

さだいじん[左大臣](명) 좌상(左相). 옛날 다조오칸(太政官)의 장관. 「certain

さだか[定か](형동ダ) 확실한 모양. 명확한 모양. ↗

さたのかぎり[沙汰の限り](연어·명) 시비를 가릴 수 있는 한계. 언어 도단(言語道断). preposterous

さだま·る[定まる](자 4) ①정해지다. 「制度(セイド)が—; 제도가 정해지다」 ②침착해지다. ③가라앉다. 「乱(ラン)が—; 난이 진정되다」 ④확정되다. 「態度(タイド)が—; 태도가 확정되다」 ⑤쉬다. 고요하게 자다. 「深夜(シンヤ), 人(ヒト)定(サダ)まって; 깊은 밤에 사람들은 고요히 잠들고」 명 定まり. 1. be settled 2.3. subside

さだめ[定め](명) ①규정. 결정. ②법칙. 규칙. ③정해진 운명. 팔자. ④←定めし. 1. decision 2. a rule. **—し**[定めし](부) ←定めて. **—て**[定めて](부) 꼭. 정말. 반드시.

さだ·める[定める](타하 1) ①정하다. 「法律(ホウリツ)を—; 법률을 정하다」 ②가라앉히다. 「心(ココロ)を—; 마음을 가라앉히다. 마음을 정하다」 ③진정시키다. 「内乱(ナイラン)を—; 내란을 진정시키다」 ④확정하다. 「態度(タイド)を—; 태도를 확정하다」 3. suppress 4. decide

さたやみ[沙汰止み](명) ①명령, 지령, 계획의 중지. 하려던 일을 그만둠. 「—になる; 계획이 중지되다」 ②소문이 가라앉음. 1. suspension of an order

さたん[左袒](명·자サ) 좌단. ①한편이 됨. 조력함. 가세(加勢)함. ②찬성함. 편을 듦. 1. support

さたん[左端](명) 좌단. 왼쪽 끝. ↔右端(ウタン). the left end

さたん[嗟嘆·嗟歎](명·자サ) 차탄. ①탄식함. ②감탄함. 1. lamentation
サタン[Satan](명) 사탄. 악마. 또는 악마의 왕. 마귀.
ざだん[座談](명·자サ) 좌담. ①마주 앉아서 하는 담화(談話). 「一会(カイ); 좌담회」 ②그자리에서만의 이야기. 1. a table-talk
さち[幸](명) ①〈고〉 산이나 바다에서 난 음식물. 「海(ウミ)の一; 해산물」 「山(ヤマ)の一; 산에서 난 음식물(짐승, 푸성귀 등)」 ②행복(幸福). 「一あれ; 행복 있으라」 2. happiness
さちゅう[砂中](명) 사중. 모래 속. in the sand
ざちゅう[座中](명) ①좌중. 한 좌석의 가운데. ②한 좌석에 앉아 있는 사람. 1. in a room 2. members of a troupe
ざちょう[座長](명) 좌장. ①회의, 간담회 등에서 의사(議事) 진행을 맡은 사람. ②좌(座)라는 이름이 붙는 극단의 우두머리. 1. the chairman
さちわ·う[幸わう]ーハフ(자 4) ⇨さきわう.
ーさつ[冊](접미) 책을 셀 때 붙이는 말.
さつ(명)〈속〉 경찰(警察)의 준말.
さつ[札](명) ①패. ②지폐. 1. a card 2. paper money
ざつ[雑](형동ダ) ①순수하지 않은 모양. ②여러 가지가 섞인 모양. ③확실히 구별 지을 수 없는 모양. ④조잡(粗雑)한 모양. 잡된 모양. 하등(下等)인 모양. 1.2. miscellany
さつい[殺意](명) 살의. 사람을 죽이려는 생각. murderous intent
さついれ[札入れ](명) 지폐를 넣는 것. 지갑. a wallet
さつえい[撮影](명·타サ) 촬영. ①사진을 찍음. 「一機(キ); 촬영기」 ②영화를 찍음. 「一所(ショ); 촬영소」 photographing
ざつえい[雑詠](명) 잡영. 와카(和歌)나 하이쿠(俳句)를 일정한 제목 없이 짓는 것. 또는 그 작품.
ざつえき[雑役](명) 잡역. 여러 가지 일(노동). 잡일. 「一夫(フ); 잡역부」 odd jobs
ざつえき[雑益](명) (자질구레한) 여러 가지 이익. ↔雑損(ザッソン). petty profits
ざつおん[雑音](명) 잡음. ①여러 가지 소리. 시끄러운 소리. ②〈속〉 뜬소문. 세간의 평판. ③야유. ④전신(電信)이나 라디오에서 나오는 불유쾌한 소리. 1. noises 2. a rumour
さっか[作家](명) 작가. ①예술 작품의 제작자. ②소설, 희곡의 제작자. 2. a writer
さっか[作歌](명·자サ) 와카(和歌)를 지음. 또는 그 와카.
さっか[昨夏](명) 작년 여름. last summer
ざっか[雑貨](명) 잡화. 일상 생활에 쓰이는 잡다한 물품. 「一商(ショウ); 잡화상」 miscellaneous goods
サッカー[soccer](명) 사커. 아식 축구. 고울키이퍼 외에는 손을 쓰지 못함.
さつがい[殺害](명·타サ) 살해. (남을) 죽임. murder
さっかく[錯角](명)〈수〉 착각. 한 직선이 다른 두 직선과 만날 때의 여러 각 중에서 서로 반대 쪽에서 상대하는 각. 엇각. alternate angles
さっかく[錯覚](명·자サ)〈심〉 착각. 외계의 사물에 대한 지각의 착오(錯誤). 「一を起(オ)こす; 착각을 일으키다」 a hallucination
ざつがく[雑学](명) 잡다(雑多)한 사항에 대한 계통 없는 지식. knowledge in various matters
さっかしょう[擦過傷](명) 찰과상. 찰상(擦傷). 스치거나 문질려서 피부가 벗겨진 상처. an abrasion
ざつかぶ[雑株](명)〈경〉 잡주. 잡살뱅이 증권. ↔仕手(シテ)株. miscellaneous shares
サッカリン[saccharin](명)〈이〉 사카린. 설탕 대신 쓰이는 인공 감미료. 흰 결정체(結晶体)로 설탕보다 500배나 닮.
さっかん[錯簡](명) 책의 페이지 등이 뒤바뀌어 순서가 틀림. 문구가 엇갈려 틀리는 것. misplaced lines
ざっかん[雑感](명) 잡감. 여러 가지 잡다(雑多)한 감상. miscellaneous thoughts
ざっかん[雑観](명) 여러 가지 잡다한 관찰. 「一記事(キジ); 여러 가지 잡다한 관찰을 기록한 기사」 miscellaneous observations
さっき[先](명·부)〈속〉 앞서. 아까. a little while ago
さっき[殺気](명) 살기. 무섭고 거친 기운. 살벌(殺伐)한 기운. blood-thirstiness. ── **だ·つ**[殺気立つ](자 4) 거친 기분이 태도에 나타나다. 살기를 띠다.
さっき[数奇](형동ダ) "すうき"의 와음(訛音). 기구(崎嶇)한 모양. 「一な運命(ウンメイ); 기구한 운명」 vicissitudinous
さつき[五月](명) ①음력 5월의 다른 이름. ②〈식〉 ←五月躑躅. ── **あめ**[五月雨](명) 5월경에 오는 장마비. 매우(梅雨). ── **つつじ**[五月躑躅](명)〈식〉 영산홍(映山紅). 5~6월경에 홍자색 꽃이 핌. ── **ばれ**[五月晴れ](명) ① 5월의 맑은 날씨. ②장마철의 갠 날씨. ── **やみ**[五月闇](명) 장마철의 야음(夜陰).
ざっき[雑記](명·타サ) 잡기. 여러 가지 자질구레한 것을 기록(記録)함. 또는 그 기록. 「一帳(チョウ); 잡기장」 miscellaneous notes
ざつき[座付き](명) ①⇨おざつき. ②모임에서 의 첫 인사말. ③극단 따위의 전속(専属). 「一作者(サクシャ); 전속 작가」 2. a prologue at a meeting 3. being attached to a theatre
ざつぎ[雑技](명) 잡기. 여러 가지 기예. various arts
さっきゅう[早急](명·형동ダ) 매우 급함. urgency
さっきゅう[溯及](명·자サ) ⇨そきゅう.
ざっきょ[雑居](명·자サ) 잡거. ①갖가지 사람이 섞여 삶. ②다른 인종이 섞여 삶. 1. mixed living
さっきょう[作況](명)〈농〉 작황. 농작(農作)의 상황. crop conditions
ざつぎょう[雑業](명) 여러 가지 잡다한 직업. 또는 영업. miscellaneous occupations
さっきょく[作曲](명·타サ)〈악〉 작곡. 시가(詩歌)에 음절(音節)을 붙임. 또는 악곡(楽曲)을 지음. 「一家(カ); 작곡가」 composition
さっきん[殺菌](명·자サ) 살균. 세균이나 병원균을 죽

임. 「低温(テイオン)—; 저온 살균」 sterilization

ざっきん[雑菌](명) 잡균. (필요치 않은) 여러 가지 균. various germs

さっく[作句](명·타サ) 하이쿠(俳句)를 지음.

サック[sack](명) 색. 주머니. 자루. **— コート**[sack coat](명) 색코우트. ①신사복. ②유아용(幼児用)의 느슨하고 짧은 웃저고리.

ザック[도 Sack](명) 작. 등산에 쓰이는 룩작.

サックス[sax](명)〈악〉 색스. 색소폰. 「アルト—; 저음(低音)의 색소폰」

ざっくばらん(형동ダ)〈속〉 솔직한 모양. 숨김 없는 모양. 노골적인 모양. 「—に話(ハナ)す; 털어 놓고 말하다」 outspoken

ざつげき[雑劇](명) 잡극. ①중국 원(元) 나라 때 북방에서 일어난 가극. ②명(明), 청(清) 나라 때의 짧은 연극.

ざつけん[雑件](명) 잡건. 여러 가지 대수롭지 않은 사건. 또는 용건. miscellaneous matters

さっこう[作興](명·자타サ) 작흥. 정신이나 기운을 일으킴. promotion

ざっこう[雑交](명·자サ)〈생〉 잡교. 서로 다른 종류, 계통간의 수정(授精)이나 교배(交配). crossing

ざっこう[雑考](명) 잡고. 여러 가지 생각. 또는 고증(考証). miscellaneous thoughts

ざっこく[雑穀](명) 잡곡. ①쌀, 보리 이외의 여러 가지 곡식. ②콩, 메밀, 깨 등의 곡물. 1. minor cereals

さっこん[昨今](명·부) 작금. 어제 오늘. 요즈음. 근자(近者). recently

ざっこん[雑婚](명·자サ) 잡혼. 원시 사회에서 특정한 부부 관계가 없이 동물적인 방식에 의하여 함부로 결혼함. 난혼(乱婚). group marriage

ざっさい[雑載](명) 갖가지 기사를 게재(掲載)하는 일. 또는 그 기사. publication of miscellaneous articles

さっさつ[颯颯](형동タルト) 바람 소리. 또는 바람이 (시원하게) 부는 모양. breezy

さっさと(부) ①급히. 빨리. ②막힘이 없이. 지체하지 않고. 1. quickly 2. without a hitch

ざっさん[雑纂](명) 잡찬. 잡다한 일을 편찬하는 일. 또는 그 책. (a)compilation of miscellaneous matters

さっし[察し](명) 고찰(考察). 추찰(推察). 이해(理解). 통찰(洞察). 「—がいい; 눈치가 빠르다」 consideration

さっし[冊子](명) 책자. 서적. a booklet

さっし[刷子](명) ①솔. ②〈이〉 회전체의 도선(導線)을 흐르는 전류를 외부로 통하게 하기 위해 정류자(整流子)에 접촉시키는 탄소(炭素)의 막대. 탄소봉(炭素棒). 1. a brush 2. a carbon brush

ざっし[雑誌](명) 잡지. ①여러 가지 내용이 실려 있는 책. ②정기적으로 간행하는 책. 「—社(シャ); 잡지사」 a magazine

ざつじ[雑事](명) 여러 가지 잡다한 일. 속사(俗事). miscellaneous affairs

さっしゃ·る Ⅰ(타 4)〈속〉 하시다. Ⅱ(조동·4 형) 하시다. 「見(ミ)—; 보시다」

サッシュ[sash](명) 새시. ①위아래로 여닫는 창틀. 「スチール—; 스티일 새시(강철로 만든 창틀)」 ②드레스의 허리나 모자 등에 장식하는 띠.

ざっしゅ[雑種](명) 잡종. ①여러 가지 종류. ②종족이 다른 남녀 사이에서 생긴 자식. 또는 암컷, 수컷 사이에서 생긴 새끼. ③혼혈아(混血児). 1. various kinds 2. a hybrid

ざっしょ[雑書](명) 잡서. ①어떤 부류에도 들어 가지 않는 책. ②여러 가지 잡다(雑多)한 책. 2. miscellaneous books

さっしょう[殺傷](명·타サ) 살상. 죽이거나 상해(傷害)를 입힘. killing and wounding

ざっしょく[雑色](명) 잡색. 여러 가지 색이 뒤섞인 빛깔. 여러 가지 색. various colours

ざっしょく[雑食](명·타サ) 잡식. 동물성, 식물성을 섞어 먹음. 또는 여러 가지 음식을 섞어 먹음. 혼식(混食). omnivorousness

さっしん[刷新](명·타サ) 쇄신. 나쁜 폐단을 없애고 좋고 새롭게 함. 일신(一新). 「人事(ジンジ)を—する; 인사 행정을 쇄신하다」 reform

さつじん[殺人](명) 살인. 사람을 죽이는 일. 「—罪(ザイ); 살인죄」 murder. **— てき**[殺人的](형동ダ) 살인적. 사람의 목숨을 빼앗을 정도로 험악한 모양. 「—な混雑(コンザツ); 살인적인 혼잡」

さつじん[殺陣](명) 〔영화, 연극 등에서〕 살인, 칼싸움 등의 난투(乱闘) 장면. a sword battle

さっすい[撒水](명·자サ) 살수. 물을 뿌림. 「—車(シャ); 살수차」 watering

さっすう[冊数](명) 책수. 책, 노우트 등의 수. the number of volumes

さっする[察する](타サ) ①헤아리다. 이해하다. 「気持(キモ)ちを—; 기분을 이해하다」 ②생각하다. 판단하다. ③상상하다. 자세히 조사하다. 1. understand 2. think

ざつぜい[雑税](명) 잡세. 여러 가지 자질구레한 세금. miscellaneous taxes

ざつぜん[雑然](형동タルト) 잡연. 여러 가지가 뒤섞여 있는 모양. disorderly

さっそ[殺蛆](명) (독약으로) 구더기를 죽임. killing maggots with poison

さっそ[殺鼠](명) 살서. (독약으로) 쥐를 잡는 일. 「—剤(ザイ); 살서제」 killing rats with poison

さっそう[颯爽](형동タルト) 삽상. 씩씩한 모양. 「—たる姿(スガタ); 시원스럽고 씩씩한 모습」 gallant

ざっそう[雑草](명) 잡초. 농작물(農作物) 이외의 여러 가지 풀. weeds

さっそく[早速](부) 곧. 조속히. 빨리. at once

ざっそく[雑則](명) 잡칙. 여러 가지 자질구레한 규칙(規則). miscellaneous rules

ざっそん[雑損](명)〈경〉 (자질구레한) 여러 가지 손실. ↔雑益(ザツエキ). miscellaneous damages

さった[범 Sattva·薩埵](명)〈불〉 사타. ①중생(衆生). ②보살(菩薩).

ざった[雑多](명·형동ダ) 잡다. 여러 가지가 섞여 있음.「一な品物(シナモノ); 잡다한 물건」 miscellaneous

ざつだい[雑題](명) 잡제. 잡다(雑多)한 여러 가지 문제. miscellaneous subjects

さつたば[札束](명) 지폐 뭉치. a sheaf of notes

ざつだん[雑談](명·자サ) 잡담. 쓸 데 없는 잡다한 말이나 이야기를 함. a desultory talk

さっち[察知](명·타サ) 찰지. 살펴서 앎. inference

さっちゅう[殺虫](명·자サ) 살충. 이롭지 못한 벌레를 죽임.「一剤(ザイ); 살충제」 insecticide

ざっちょ[雑著](명) 잡저. ①갖가지 저서. ②잡다한 것을 모은 책. 1. various books

さっちょう[薩長](명)〈지〉 사쯔마(薩摩)와 나가토(長門).

さっと[颯と](부) ①바람이 갑자기 부는 모양. ②비가 급작스레 쏟아지는 모양. ③갑자기. 돌연히. 3. suddenly

ざっと[雑と](부) ①대강. ②조잡하게. ③시원스럽게. 1. about 2. roughly

さっとう[殺到](명·자サ) 쇄도. 한꺼번에 세차게 (많이) 몰려 듦.「注文(チュウモン)一; 주문 쇄도」 rush

ざっとう[雑踏·雑沓](명·자サ) 잡답. 사람이 많이 휩쓸려 붐빔. 혼잡(混雑). bustle

ざつねん[雑念](명) 잡념. 여러 가지 쓸 데 없는 생각. worldly thoughts

ざつのう[雑嚢](명) 여러 가지 것을 넣어 허리에 차는 주머니. a kit

さっぱ[撒播](명) 씨를 뿌림.「一期(キ); 파종기」 sowing

ざっぱく[雑駁](명·형동ダ) ①여러 가지 것이 섞여 통일성이 없음. ②조잡(粗雑)함. 1. confusion 2. roughness

さつばつ[殺伐](명·형동ダ) 살벌. 거칠고 무시무시함.「一な気風(キフウ); 살벌한 기풍」 violence

さっぱり(부·자サ)〈속〉 ①상쾌한 모양. ②소탈한 모양. ③전혀. 조금도.「一暑(アツ)くない; 조금도 덥지 않다」 1. neatly 2. frankly

ざっぴ[雑費](명) 잡비. 여러 가지 자질구레한 비용. sundry expenses

さっぴ·く[差っ引く](타 4)〈속〉 ⇨さしひく.

さつびと[猟人](명)〈고〉 사냥군.

さつびら[札片](명)〈속〉 지폐. 돈.「一を切(キ)る; 자랑하듯 돈을 마구 쓰다」 a bank note

ざっぴん[雑品](명) 잡품. 자질구레한 여러 가지 물품. 잡다한 물품. miscellaneous articles

さっぷ[撒布](명·타サ) 살포. 뿌림. sprinkling

さっぷうけい[殺風景](명·형동ダ) 살풍경. ①풍경이 매몰하고 흥취(興趣)가 없음. ②풍경이 아주 보잘 것 없음. 1. tastelessness

ざつぶつ[雑物](명) 잡물. 여러 가지 대수롭지 않은 물건. sundries

サップリメント[supplement](명) 서플리먼트. 보족(補足). 추가(追加). 부록(附録). 증보(増補).

ざつぶん[雑文](명) 잡문. 어떤 뚜렷한 내용을 갖지 않은 문장. miscellanies

ざっぷん[雑粉](명) 밀가루 이외의 가루. 밀가루 이외의 것을 섞은 가루. miscellaneous flour

さっぽう[作報](명)〈농〉 ⇨さくほう(作報).

ざっぽう[雑報](명) 여러 가지 자질구레한 보도(報道). general news

ざつぼく[雑木](명) 잡목. ①여러 가지 나무. ②대수롭지 않은 온갖 나무. 잡나무. 1. various trees 2. worthless trees

さつま[薩摩](명) ①〈지〉 옛 지방 이름. 현재의 카고시마현(鹿児島県). ②←薩摩藷. **—いも**[薩摩藷](명)〈식〉 고구마. **—がすり**[薩摩絣](명) 사쯔마에서 생산되는 곤색 바탕에 흰 비백(飛白) 같은 무늬가 있는 무명 직물의 한 가지. **—げた**[薩摩下駄](명) 폭이 넓고 굵은 흰 끈을 단 왜나막신. **—じる**[薩摩汁](명) 닭, 돼지 고기 등을 야채와 함께 끓여 된장으로 간을 맞춘 국. **—のかみ**[薩摩の守](명) 무임 승차(無賃乗車). 또는 그 사람. **—はやと**[薩摩隼人](명) 사쯔마의 무사(武士)의 미칭(美称). **—びわ**[薩摩琵琶](명) 사쯔마에서 발달한 비파 음악. 줄은 넷, 동체는 부채꼴(扇形).

ざつむ[雑務](명) 잡무. 여러 가지 자질구레한 사무. 잡다한 업무. miscellaneous business

ざつもん[雑問](명) 잡다한 질문이나 문제. miscellaneous questions

さつや[猟矢](명)〈고〉 수렵에 사용하는 화살.

さつゆみ[猟弓](명)〈고〉 수렵에 사용하는 활.

さつよう[撮要](명) 요점만 간추려 간단하게 한 것. 개요(概要). 적요(摘要).「経済学(ケイザイガク)一; 경제학 개요」 a compendium

ざつよう[雑用](명) 잡용. 여러 가지 자질구레한 용무. 하찮은 볼일. miscellaneous business

さつりく[殺戮](명·타サ) 살육. 마구 죽임. massacre

さつりゃく[殺略·殺掠](명·타サ) 살략. 사람을 죽이고 재물을 빼앗음. massacre and plunder

ざつろく[雑録](명) 잡록. 여러 가지 기록. 잡기(雑記). miscellaneous records

ざつわ[雑話](명) 쓸 데 없는 이야기. 잡담(雑談). a desultory talk

さて[扠て·偖て](접) 딴 화제로 옮길 때 쓰는 말. 각설(却説). 그런데. 그래서. well

さで(あみ)[叉手(網)](명) 두 개의 막대를 교차시켜 삼각형의 두 변을 만들어 그물을 단 것. 사둘. a scoop net

〔叉手網〕

さてい[査定](명·타サ) 사정. 조사하여 결정함. assessment

サディズム[sadism](명) 사디즘. 상대방에게 고통, 학대를 가하여 성적 만족을 느낌. 가학성(加虐性) 변태 성욕. ↔マゾヒズム.

さてお·く[扠て置く](타 4) 그대로 두다. 방치해 두다.「それはさておき; 그것은 그렇다 하고 (그것은 차치하고)」 let alone

さてこそ(부) 전에 생각한 바와 같이. 역시. just as I expected

さてさて(감) ①〈고〉 "さてあれは(그런데 그건)", "さ

てこれは(그런데 이건)"하고 물어 볼 때 쓰는 말. 그래서? 그다음엔? ②마음에 깊이 느끼거나 또는 놀랐을 때의 소리. 어머나. 저런. 2. Well I never!

さてつ[砂鉄](명)〈광〉 사철. 모래처럼 생긴 자철광(磁鉄鉱). iron sand

さてつ[蹉跌](명·자サ) 차질. ①미끄러져 넘어짐. ②일이 실패로 돌아 감. 1. stumbling 2. failure

さてはⅠ(접) 그리고 또. 혹은. 또는. Ⅱ(감) 그러면. 그렇다면. Ⅰ besides Ⅱ so then

さてまた[扠て又](접) 그리고 또. 그 위에 또. and besides

さてもⅠ(접) 그대로. 그와 같이. Ⅱ(감) 참으로. 그것 참. Ⅰ thus Ⅱ indeed

サテン[네 satijn](명) 새틴. 수자(繻子). 공단.

さと[里](명) ①사람이 사는 집이 모여 있는 곳. 마을. 촌락. ②〈고〉 인가(人家) 50호 정도의 옛 행정 구획의 하나. ③시골. 「一人(ビト); 시골 사람」 ④아내나 양자가 태어난 집. 친정. 본가(本家). ⑤양육비를 내고 아이들을 맡겨 두는 남의 집. ⑥유곽. ⑦본성(本性). 출생 성분(出生性分). 「お一が知(シ)れる; 출생 성분이 드러나다」 ⑧고용살이를 하는 사람의 본집. 1. a village 3. the country

さと[郷](명) ①향촌(郷村). ②시골. ③고향. 1. a village 3. one's native place

さと[颯と](부) ⇨さっと.

さど[佐渡](명)〈지〉 ①니이가타시(新潟市) 서쪽 해상에 있는 일본 제1의 섬. ②옛 지방 이름. 현재의 니이가타현 사도군(佐渡郡).

さと·い[聡い](형) ①총명하다. 재치 있다. ②〈고〉 날카롭다. 1. clever

さといも[里芋](명)〈식〉 토란. 천남성과에 속하는 다년초. 구근(球根)은 식용함. a taro

さとう[左党](명) ①반대당. 좌익 정당. ↔右党(ウトウ). ②주당(酒党). ③왼손잡이. 1. an opposition party 2. a drinker

さとう[砂糖](명) 설탕. 사탕수수, 사탕무우 등에서 빼내는 단맛이 강한 조미료(調味料). sugar. **—きび**[砂糖黍](명)〈식〉 사탕수수. 포아풀과에 속하는 다년초. 옥수수와 흡사하며 줄기의 즙으로 설탕을 만듦. **—だいこん**[砂糖大根](명)〈식〉 사탕무우. 명아주과에 속하는 2년초. 방추(紡錘) 모양의 무우. 즙에서 설탕을 만듦.

さとう[差等](명) 차등. 차이가 나는 등급. 등차(等差). difference

さどう[作動](명·자サ) 움직임. 동작. operation

さどう[茶道](명) ①⇨ちゃどう. ②⇨ちゃぼうず.

ざとう[座頭](명) ①맹인(盲人)의 관명(官名). ②머리를 빡빡 깎고 비파를 뜯거나 암마를 업으로 하는 장님. 2. a blind minstrel

さとおさ[里長]—ヲサ(명)〈고〉 옛날의 촌장(村長).

さとおや[里親](명) 남의 어린 아이를 맡아 기르는 어버이. 양부모(養父母). foster parents

さとがえり[里帰り]—ガヘリ(명·자サ) 여자가 결혼 후 처음 가는 친정 나들이. 근친(覲親). a bride's first call at her old home

さとかぐら[里神楽](명) 신사(神社)에서 행하는 민간의 무악(舞楽). 가면(仮面)을 쓰고 춤을 춤. a rural shrine musical dance

さとかた[里方](명) 처, 양자의 본가. 또는 그 일족. 인척(姻戚). a bride's family

さとご[里子](명) 남의 집에 맡겨서 기르는 아이. a foster-child

さとごころ[里心](명) 친정이나 고향집을 그리는 마음. 「—がつく; 고향집(친정) 생각이 나다」 homesickness

さと·す[諭す](타4) ①잘 타이르다. ②지도하다. 명 さとし. 1. admonish 2. counsel

さとばら[里腹](명) 친정에 돌아 온 색시가 밥을 많이 먹는 일. 「—三日(ミッカ); 친정에 돌아 온 신부가 사흘 치를 한꺼번에 먹음」

さとびと[里人](명) ①마을 사람. ②그 지방 사람. ③친정이나 고향 쪽 사람. ④시골 사람. ⑤동향(同郷) 사람. 1. a villager 2. a native

さと·ぶ[俚ぶ](자상 2)〈고〉 촌스러워 보이다. 시골뜨기 같이 보이다. ↔みやぶ.

さとり[悟り·覚り](명) ①깨달음. ②느낌. 알아 차리는 것. ③현혹(眩惑)을 벗어나 진리를 아는 일. 또는 그 진리. 「—をひらく; 진리를 알다」 1. comprehension 2. suspicion

さと·る[悟る·覚る](타4) ①현혹을 벗어나 진리를 깨닫다. ②미루어 알다. ③알아 차리다. Ⅰ find one's philosophy Ⅱ 1. be aware of

サドル[saddle](명) 새들. (자전거 등의) 안장.

さな(명) ①풍로나 난로 등에서 석탄, 숯 등이 얹히는 격자(格子) 모양의 판. ②곡식을 훑는 기구.

さなえ[早苗]—ナヘ(명) 못자리에서 옮겨 심는 벼의 모. rice-sprouts

さなか[最中](명) 중간. 복판. 한창인 때. in the midst

さながら[宛ら](부) ①그대로. 마치. 「地獄(ジゴク)—; 마치 지옥과도 같이」 ②남김 없이. ③아주. 바로. 1. just like

さなぎ[蛹](명)〈동〉 번데기. 누에 등이 성충(成虫)이 되는 도중 쭈그리고 움직이지 않는 것. a pupa

さなきだに(부) 그렇지 않아도. even if it were not so

さなくとも(연어·부) 그렇지 않더라도. if it were not so

さなくば(접) 그렇지 않으면. otherwise

さなだ[真田](명) 끈 등을 납작하게 꼰(친) 것. a plait. **—むし**[真田虫](명)〈동〉 ⇨じょうちゅう.

サナトリウム[도 Sanatorium](명)〈의〉 사나토리움. 결핵 요양소.

さなり[然なり](연어) ①그와 같다. 그렇다. ②당연하다. that's right

さぬき[讃岐](명)〈지〉 옛 지방 이름. 현재의 카가와현(香川県).

さね[札](명) 쇠나 가죽으로 만든 갑옷 비늘. a small armour-plate

さね[実·核](명) ①복숭아씨 등의 속에 들어 있는 흰

알맹이. 배(胚). 핵(核). ②종자. 씨. ③벽(壁)의 뼈대. 2. a seed

さのう[砂嚢](명) 사낭. ①모래를 넣은 주머니. ②〈동〉 새(鳥)의 소화기의 일부로 음식물을 삭이는 곳. 모래 주머니. 1. a sandbag 2. a gizzard

さのみ[然のみ](부) ①그렇다고만. ②그 정도로. ③그렇게. 그토록. so

さは[左派](명) 좌파. 좌익 당파. 급진적인 당파. ↔右派(ウハ). the left faction

さば[鯖](명)〈동〉 고등어. a mackerel

さはあれ[然は有れ](연어) 그렇긴 하지만. but

さはい[差配](명·타サ) ①나누어 사무를 봄. ②소유자에 대신해서 토지나 집을 관리함. 또는 그 사람. 1. conduct of business in sections 2. agency

さばおり[鯖折り]―ヲリ(명) 〔씨름에서〕 위에서 두 손으로 상대의 들보 띠를 잡아 당겨 턱으로 눌러 양 무릎을 꿇리는 수법.

さばかり[然許り](부) 그처럼. 그토록. so much

さばき[裁き·捌き](명) ①판단. ②〔기독교에서〕 신의 심판. 1. judgement 2. judgement of god

さば·く[捌く](타 4) ①혼란을 바로 잡다. ②상품을 팔다. ③잘 다루다.「たづなを―; 고삐를 잘 다루다」 1. unravel 2. sell

さば·く[裁く](타 4) 분쟁(紛争) 등의 옳고 그름을 가리다. judge

さばく[佐幕](명) 막부(幕府) 말기에 막부 정책에 찬성하여 이를 돕던 일. ↔勤皇(キンノウ).

さばく[砂漠·沙漠](명)〈지〉 사막. 황폐한 모래나 바위들이 많은 넓은 땅. a desert

さばぐも[鯖雲](명) 권적운(巻積雲). 고등어 비늘처럼 생긴 구름. 조개 구름. a cirro-cumulus

さばけぐち[捌け口](명) 판로(販路). 팔 곳. a market

さば·ける[捌ける](자하 1) ①흩어진 것이 정돈되다. ②다 팔리다. 「品物(シナモノ)が―; 물건이 다 팔리다」 ③세상 일에 익숙해져서 부드러워지다. 「さばけた人(ヒト)がら; 싹싹한 인품」 1. be unraveled 2. be in good demand

さばさば(부·자サ)〈속〉 기분이 상쾌한 모양. 시원스러운 모양. fair and free

さばよみ[鯖読み](명) 수(数)를 속여 이익을 취함. counting wrongly on purpose

サハラさばく[Sahara 沙漠](명)〈지〉 사하라 사막. 북아프리카에 있는 세계 최대의 사막.

サハリン[Sakhalin](명)〈지〉 사할린. 일본 홋카이도오(北海道) 북쪽에 있는 소련령(領)의 섬. 노일(露日) 전쟁 뒤 2차 대전 종결시까지 일본 영토였음. ⇨: からふと(樺太).

さばれ[遮莫](부) ⇨さもあらばあれ.

さはんじ[茶飯事](명) 다반사. 보통 있는 일. 아무 것도 아닌 일. 항다반사.「日常(ニチジョウ)―; 일상 다반사」 an everyday affair

さひ[左飛](명) 〔야구에서〕 좌익(左翼)에의 플라이. a fly to the left

さび[寂](명) 오래 되어서 아취(雅趣)가 있는 것. 한적함. 심심함. 쓸쓸함. lonesomeness

さび[錆·銹](명) ①〈이〉 금속의 표면이 비나 물에 젖어서 생긴 것. 녹. 「―がつく; 녹쓸다」 ②나쁜 결과. 「身(ミ)から出(デ)た―; 스스로 저지른 나쁜 결과」 ③노숙(老熟)함. 1. rust 2. an ill result

さびあゆ[錆鮎](명) 8월 하순경 산란(産卵)하기 위해 강을 내려 오는 은어. 이때의 은어의 등에는 녹빛깔의 점이 있고 맛이 없음. a mature trout

さびごえ[錆声]―ゴエ(명) 원숙(円熟)하고 아취(雅趣) 있는 목소리. a trained voice

さびし·い[寂しい·淋しい](형) ①쓸쓸하다. 섭섭하다. 「―生活(セイカツ); 쓸쓸한 생활」 ②적막하다. 「―山道(ヤマミチ); 적막한 산길」 ③있을 것이 없어서 허전하다. 「ふところが―; 주머니가 허전하다(돈이 없다)」 [파생] **―が·る**(자 4) **―げ**(형동ダ) **―さ**(명). 1. solitary 2. lonesome

さびつ·く[錆び付く](자 4) 금속 등에 녹이 슬어 서로 달라붙다. be fastened with rust

さひょう[左表](명) 좌표. 왼쪽의 표. the left table

ざひょう[座標](명)〈수〉 좌표. ①표면이나 공간에서 임의의 점의 위치를 확정하기 위해, 서로가 직각으로 마주치는 둘이나 세 직선을 기준으로 해서 도형(図形)의 위치를 정하는 수치(数値). ②좌표축(座標軸)의 잘못. 1. co-ordinates. **―じく**[座標軸](명)〈수〉 좌표축. 좌표를 정하기 위하여 표준이 되는 교차(交叉)된 직선.

y x

〔座標軸〕

―さ·びる(접미·상 1 형) …답게 되다. 「娘(ムスメ)―; 처녀다와지다」

さ·びる[寂びる](자상 1) 오래 되어 아취(雅趣)가 있게 되다. look antique

さ·びる[錆びる](자상 1) ①녹쓸다. ②목소리가 원숙하고 아취 있게 되다. 1. rust

さび·れる[寂れる](자하 1) ①변해 가다. 낡아지다. ②쇠퇴해 가다. 황폐해지다. 2. fall into decay

さふ[左府](명) 다죠오칸(太政官)의 장관. ↔右府(ウフ).

―さ·ぶ(접미) …답다. 「おとめ―; 처녀답다」

サブ[sub](명) 서브. ①대리(代理). 부(副). ②보충원(補充員). 보결(補缺). ③서브웨이(地下鉄)의 준말.

サファイア[sapphire](명)〈광〉 사파이어. 푸르고 투명한 고운 강옥(鋼玉). 청옥(青玉).

サブウエー[subway](명) 서브웨이. 지하 철도.

サブジェクト[subject](명) 서브젝트. ①주제(主題). 제목. ②주어(主語). 주격(主格). ③〈철〉 주관. 주체(主体). 자아(自我).

サブタイトル[subtitle](명) 서브타이틀. ①부제(副題). 서적 등의 부표제(副表題). ②영화의 설명 자막(字幕).

ざぶとん[座蒲団·座布団](명) 방석. a cushion

サブマリン[submarine](명) 서브머리인. 잠수함.

サフラン[네 saffraan](명)〈식〉 사프란. 소형의 서양 화

초 이름. 붓꽃과에 속하며 가을에 자색꽃이 핌. 약용.
さべつ[差別](명·타サ) 차별. 차등이 있게 구별함. 구별. 「一待遇(タイグウ); 차별 대우」 distinction
さへん[さ変](명)〔문법에서〕"さ"줄 변격 활용의 준말.
サボ(명) 사보타아지의 준말.
さほう[左方](명) 왼편. 왼쪽. ↔右方(ウホウ). the left
さほう[作法](명) ①하는 법. ②일상 동작의 법식. 「行儀(ギョウギ)—; 예의 범절」 1. a way 2. manners
さぼう[砂防](명) 사방. 흙이나 모래가 붕괴되는 것을 막음. 「一林(リン); 사방림」 sand arrestation
さぼう[茶房](명) 다방. 코오피, 홍차 등을 손님에게 파는 집. a tearoom
さぼう[詐謀](명) 남을 속이는 모책(謀策). a trick
サポーター[supporter](명) 서포오터. ①운동 선수들이 불알에 차는 것. ②씨름 선수들이 팔이나 발에 감는 고무 붕대. ③지지자. 후원자.
サボタージュ[프 sabotage](명·자サ) 사보타아지. ①노동자가 단합해서 일의 능률을 낮추는 노동 쟁의. 태업(怠業). ②게으름 부림.
サボテン[스 sapoten·仙人掌](명)〈식〉 사보텐. 선인장. 사막 지대에 많은 기형 식물. 장과(漿果)는 식용함.
さほど[然程·左程](부) 그토록. 그렇게 so
サボ·る(자 4)〈속〉 ①사보타아지하다. ②게을리하다. 1. sabotage 2. be lazy
ザボン[포 zamboa·朱欒](명)〈식〉 잼보아. 왕귤나무. 주란귤. 열매는 엷은 자색으로 향기가 있음.
—さま[様](접미) ①남의 이름 아래 붙이는 높임말. ②말 끝에 붙여 존대를 나타내는 말. 「お待(マ)ち遠(ドオ)—; 오래 기다리셨읍니다」
さま[方](명) ①편. 쪽. 「かなた—; 저쪽」 ②때. 무렵. 「下(クダ)り—に; 내려 갈 때에」 ③수단. 방법. 1. direction 2. time 3. a way
さま[様] Ⅰ(명) ①상태. 모양. ②취향(趣向). 모습. Ⅱ(대) 여자가 친한 남자를 부르는 말. 당신. 저분. Ⅰ 1. appearance 2. figure
—ざま(접미) 방향. 향하여. 「うしろ—に倒(タオ)れる; 뒤로 자빠지다」
ざま[様](명)〈속〉 모양. 꼴. 「何(ナン)だその—は; 뭐냐, 그 꼴은」 personal appearance
サマー[summer](명) 서머. 여름. 「—タイム; 서머타임」
さまか·う[様変う]—カフ(자하 2)〈고〉 ①모양이 바뀌다. 보통과 다른 모양을 하다. ②머리를 깎고 불문(仏門)에 들어 가다.
さまざま[様様](형동ダ) 가지가지. 여러 가지. various
さま·す[冷ます](타 4) ①식히다. ②잃게 하다 쇠퇴하게 하다. 「興(キョウ)を—; 흥을 깨다」 1. cool 2. spoil
さま·す[覚ます·醒ます](타 4) ①눈이 뜨이게 하다. 깨우다. ②혼미에서 깨어 나게 하다. 깨우치게 하다 ③취기를 깨게 하다. 1. let awake 2. make understand
さまた·げる[妨げる](타하 1) 방해하다. 「交通(コウツウ)を—; 교통을 방해하다」 obstruct
さまつ[瑣末·些末](형동ダ) 사소한. 하찮은. trifling
さまで[然迄](부) 그토록. 그렇게까지. so much
さまよ·う[吟よう]サマヨフ(자 4)〈고〉 괴로움을 이기지 못하여 울부짖다. 한숨 짓다.
さまよ·う[彷徨う]サマヨフ(자 4) ①방황하다. 목표 없이 걷다. ②표류(漂流)하다. ③마음을 정하지 못하다. ④유랑(流浪)하다. 1. 4. wander 2. drift
さみし·い[淋しい](형) ⇨さびしい.
さみ·す(타サ)〈고〉 경멸하다. 얕보다. 깔보다.
さみず[真水](명) ⇨まみず.
さみ(せん)[三味(線)](명) ⇨しゃみ(せん).
さみだれ[五月雨](명) (음력 5월경에 내리는) 장마비. 매우(梅雨). 동 さみだれる(자하 1). early summer rain
さみどり[さ緑](명) 새싹의 푸른 빛. green
さむ·い[寒い](형) ①춥다. 차다. ↔暑(アツ)い. ②소름끼치다. 섬뜩하다. ③빈약하다. 한심하다. 1. cold 2. shuddering. 파생 **—が·る**(자 4) **—げ**(형동ダ) **—さ**(명).
さむけ[寒気](명) 한기. ①⇨おかん(悪寒). 「—がする; 오한이 나다」 ②추위. 차가움. 2. coldness. **—だ·つ**[寒気立つ](자 4) 추위를 느끼다.
さむざむ[寒寒](부·자サ) 몹시 춥게 느끼는 모양. appearing to be cold
さむしろ[狭筵](명)〈고〉 ①폭이 좁은 거적. ②거적.
サムシング[something](명) 섬딩. 어떤 물건. 얼마간.
さむぞら[寒空](명) 겨울의 추운 날씨. cold weather
さむらい[侍]サムラヒ(명) ①〈고〉 근시(近侍). 가까이 모심. ②무사(武士). ③근시하는 신하가 대기하고 있는 곳. 2. a warrior. **—だいしょう**[侍大将](명) 무가(武家) 시대의 한 군대(軍隊)의 대장. 지휘자.
さめ[鮫](명)〈동〉 상어. a shark
さめ·く(자 4)〈고〉 시끄럽게 소리를 내다. 시끄럽게 하다. (바람이) 쾌 불다.
さめざめ(부) 눈물을 계속 흘리며 (소리 없이) 우는 모양. bitterly
さめはだ[鮫肌](명) 상어의 껍질처럼 거칠은 살갗. alligator skin
さ·める[冷める](자하 1) ①식다. 차지다. ②적어지다. 없어지다. 「興(キョウ)が—; 흥이 깨지다」 1. get cold 2. abate
さ·める[覚める·醒める](자하 1) ①깨다. 졸음에서 깨어 현실로 돌아 오다. ②깨닫다. 혼미(昏迷)가 풀리다. ③술이 깨다. 1. wake up 2. be disillusioned
さ·める[褪める](자하 1) 바래지다. 퇴색하다. fade
さも[然も](부) ①그와 같이. 「—あろう; 그렇기도 할 것이다」 ②아주. 참. 「—おもしろそうに笑(ワラ)う; 참 재미 있는 듯이 웃다」 1. like that 2. really
さもあらばあれ[遮莫](연어) 어떻든간에 될 대로 돼라. 그것은 그렇다 하고. however that may be
さもありなん[然も有りなん](연어) (과연) 그렇기도 하겠지. be very likely
さもあるべき[然も有るべき](연어) 그래도 좋은. 그럴 수도 있는. should be reasonable
さもし·い(형) ①천하다. ②비열하다. 천박하다. 파생 **—げ**(형동ダ) **—さ**(명). 1. mean 2. cowardly

さも そうず[然もそうず]—サウズ(연어)〔"そうず"는 "そうらわんず"의 변화〕 과연 그럴 것이다. it will sure as it is
ざもち[座持ち](명) 한 좌석의 흥이 깨지지 않도록 접대함. entertaining
ざもと[座元](명) ①흥행의 주최자. ②흥행주(興行主). the proprietor of a show
さも ないと[然もないと](연어·부) 그렇지 않으면. 그렇게 안하면. if not so
さもなければ[然も無ければ](접) 그렇지 않으면. 불연이면. otherwise
サモワール[러 samovar](명) 사모바아르. 러시아 전래의 특유한 둥근 금속제 주전자. 물을 끓이는 기구.
さもん[査問](명·타サ) 사문. 조사하여 질문(質問)함. inquiry
〔サモワール〕
さや[莢](명) 콩꼬투리. a pod
さや[鞘](명) ①칼집. ②붓두껍. ③〈경〉 가격이나 이율(利率)의 차액. 차(差). ④당(堂)이나 곳집의 담. ⑤「もとの—におさまる; 원상으로 되돌아 가다」 1. a sheath 2. a cap
さ や[紗綾](명) 마름모꼴(菱形) 등의 솟을 무늬를 넣어 짠 광택이 있는 견직물(絹織物). silk cloth with crosses and zigzags
さやあて[鞘当て](명·자サ) ①마주 지나가면 무사가 서로의 칼집이 부딪는 것을 시비하는 일. ②〈속〉 두 사나이가 한 여인을 서로 차지하려고 다툼. 「恋(コイ)の—; 사랑의 쟁탈전」 1. a quarrel of pretended honour 2. rivalry in love
さやえ[鞘絵](명) 옛날 칼집에 비추어서 보던 그림. 가로로 기다랗게 그려서 그냥 보면 무슨 그림인지 잘 모르나 칼집에 비추면 똑똑히 보임.
さやえんどう[莢豌豆](명)〈식〉 코투리에 든 완두. 코투리째 먹음. a field pea
さやか(형동ダ) 분명한 모양. 똑똑한 모양. distinct
さや·ぐ(자 4) ①바삭바삭 소리 나다. ②떠들썩하다. 1. rustle 2. sway
ざやく[座薬·坐薬](명)〈의〉 좌약. 요도(尿道)나 항문(肛門)에 꽂아 넣는 약. a suppository
さやどう[鞘堂](명) 목조(木造) 건물을 보호하기 위해 바깥쪽에 겹쳐 지은 건물. a house covering a temple
さやとり(ひき)[鞘取り(引き)](명)〈경〉 매매의 중개(仲介)를 하여 그 가격의 차를 이익으로 취하기 위한 거래. brokerage
さや ばし·る[鞘走る](자 4) 칼이 칼집 밖으로 나오다. come out of the sheath
さやまき[鞘巻き](명) 날밑이 없는 단도(短刀). a dagger
さやよせ[鞘寄せ](명)〈경〉 시세 변동으로 값이 내리거나 올라서 원가와 가까와짐. 이윤(利潤)의 차가 적어짐. lessening of margins
さや·る[障る](자 4)〈고〉 ①걸리다. 닿다. ②지장이 되다. 방해가 되다.
さゆ[白湯](명) 백탕. 끓인 맹물. 뜨거운 물. 「plain hot water」
さゆう[左右](명·타サ) 좌우. ①왼쪽과 오른쪽. ②근처. 곁. ③시중 드는 사람. 측근(側近). ④쯤. 쯤. 「五十(ゴジュウ)—; 50쯤」 ⑤자유롭게 함. 지배함. ⑥「言(ゲン)を—に託(タク)す; 태도를 분명히 하지 않다」 1. right and left 2. one's side
ざゆう[座右](명) ①좌석의 오른편. ②자기 근처. 신변(身辺). 가까이. 1. the right of a seat 2. by one's side. **—(の)めい**[座右(の)銘](연어·명) 좌우명. 곁에 두고 늘 교훈으로 삼는 격언.
さゆり[小百合](명)〈식〉 ⇨ゆり.
さよ[小夜](명)〈고〉 밤. 「—ふけ; 깊은 밤」
さよ あらし[小夜嵐](명) 밤에 부는 폭풍. a night storm
さよう[作用](명·자サ) 작용. ①다른 것에 영향을 미칠 어떤 움직임. 「電気(デンキ)の—; 전기의 작용」 ②생물이 살아 가기 위해 필요한 움직임. 「消化(ショウカ)—; 소화 작용」 action
さ よう[然様] Ⅰ(형동ダ) 그렇지. 그래. Ⅱ(감) 그렇다. 옳다. Ⅰ such Ⅱ Indeed! **— しからば**[然様然らば] Ⅰ(연어·명) 형식적이고 딱딱한 말투. Ⅱ(접) 그렇다면. **— なら**[然様なら·左様奈良] Ⅰ(접) 그렇다면. 그러면. Ⅱ(감) 헤어질 때 하는 인사말.
さよ きょく[小夜曲](명)〈악〉 ⇨セレナーデ.
さよく[左翼](명) 좌익. ①군대나 좌석의 왼쪽. ②사회주의 또는 사회주의자. 급진주의 또는 급진주의자. ③공산주의 또는 공산주의자. ④〔야구에서〕 좌익수. 레프트. ↔右翼(ウヨク). 2. leftists
ざよく[座浴·坐浴](명) 발이나 허리 이하를 담그고 씻는 목욕. (환자의 목욕 등) a hip bath
さよしぐれ[小夜時雨](명) 한밤중에 내리는 보슬비. a rain at night
さよちどり[小夜千鳥](명) 밤에 우는 물떼새.
さよなきどり[小夜鳴き鳥](명)〈동〉 ⇨ナイチンゲール.
さよなら(감·자サ) ⇨さようなら Ⅱ.
さより[針魚·細魚](명)〈동〉 공미리. 바다에 사는 가늘고긴 조그마한 고기. 아래턱이 길고 배는 은백색(銀白色). a snipe fish
さら(명)〈속〉 새로움. 새것.「—の帽子(ボウシ); 새 모자」 a new thing
さら[皿](명) ①접시. ②접시에 담은 요리. ③평평한 접시 모양의 것. ④종지뼈(膝蓋骨). 1. a plate 2. a dish 3. a saucer
ざら Ⅰ(명) 꺼칠꺼칠한 것. Ⅱ(형동ダ)〈속〉 흔히 있는 모양. 귀하지 않은 모양. Ⅰ roughness Ⅱ common
さらい—[再来](조어) 다음 다음의. 「—月(ゲツ); 다음 다음 달」
さらい[竹把]サラヒ(명) 대나무 갈퀴. a bamboo rake
さら·う[浚う·渫う]サラフ(타 4) ①속에 있는 것을 모두 꺼내 치우다. ②하수도나 강이나 바다의 밑을 쳐서 깊게 하다. 2. dredge
さら·う[攫う]サラフ(타 4) 갑자기 빼앗아 달아나다. 약탈하여 도망 치다. carry off
さら·う[復習う]サラフ(타 4) 복습하다. review
ざら がみ[ざら紙](명) 갱지. 한쪽이 껄쭉껄쭉한 양지

의 한 가지. 짚으로 만든 반지(半紙). rough paper

さらけだ·す(타 4) 속의 것을 낱낱이 드러내 보이다. 「内情(ナイジョウ)を—; 내정을 드러내 보이다」 reveal

サラサ[포 saraça·更紗](명) 사라사. ①오채(五彩)로써 조수(鳥獸), 화목(花木) 또는 기하학적 무늬를 날염(捺染)한 직물. 또는 그 무늬. ②꽃 색깔에 홍백이 섞여있는 것.

さら さら[更更](부) 조금도. 결코. not in the least

さらし[晒し](명) ①바램. ②바래서 희게 한 무명. ③에도(江戸) 시대에 죄인을 묶어서 시민에게 보이던 형벌. ④←晒し首. ⑤←晒し木綿. 1. bleaching 2. bleached cotton cloth. **—あめ**[晒し飴](명) 희게 만든 엿. **—あん**[晒し餡](명) 말린 팥고물 가루. **—くび**[晒し首·曝し首](명) 옛날 죄인의 머리를 옥문에 매달아 여러 사람에게 보이던 일. 또 그 머리. 효수(梟首). **—こ**[晒し粉](명)〈이〉 표백분(漂白粉). 소석회(消石灰)에 염소(塩素)를 먹인 흰 가루. 표백제나 살균제로 쓰임. **—もの**[晒し者](명) ①효수에 처한 죄인. ②대중 앞에서 창피를 당하는 사람. **—もめん**[晒し木綿](명) 하얗게 바랜 무명.

さらじゅ[沙羅樹](명)〈식〉 사라수. 용뇌향과에 속하는 상록 교목. 인도산으로 키는 30 *m*, 담황색 꽃이 핌. 목재는 건축용, 씨는 기름을 짬. a sal tree

さら·す[晒す](타 4) ①바래다. ②비바람을 맞히다. ③널리 여러 사람에게 보이다. ④효수(梟首)하다. 1. expose to the sun 2. expose to the weather

さらずば[然らずば](연어·접) 그렇지 않으면. otherwise

サラセン[Saracens](명) 사라센. (특히 십자군 시대의) 아라비아인(人)이나 회교도(回教徒).

さら そうじゅ[沙羅双樹](명)〈불〉 ⇨しゃらそうじゅ.

サラダ[salad](명) 샐러드. 야채의 날것을 썰어 놓은 서양식 요리의 한 가지. **—オイル**[salad oil](명) 샐러드 오일. 샐러드에 쓰이는 기름. **—な**[salad 菜](명) 샐러드에 쓰이는 야채. 양상치. 레터스.

さら ち[更地·新地](명) ①집도 나무도 없는 빈 터. ②손질하지 않은 빈 터. a lot with no buildings on it

ざらつ·く(자 4) 꺼칫거리다. feel rough

さらでだに[然らでだに](부) 그러지 않아도. to add to it

さら なり[更なり](연어) 말할 것도 없다. 물론이다. 「いうも—; 말할 것도 없다」 It is needless to say...

さら に[更に](부) ①다시 한번. ②조금도. 「—帰(カエ)るようすがない; 조금도 돌아 갈 눈치가 안 보인다」 ③그 위에. 다시금. 1. again 2. at all

ざら に(부)〈속〉 보통으로. 흔히. 「—ある; 흔히 있다」 commonly

さらぬ[然らぬ](연체)〈고〉 그렇지 않은. 다른. 아무 것도 아닌 듯한. 모른 체하는. 「—顔(カオ); 아무 것도 아닌 듯한 얼굴」

さらぬ だに[然らぬだに](부) 그렇지 않아도. to add to

さらぬ てい[然らぬ体](연어) 아무 것도 아닌 듯한 모양. 모르는 체하는 모양.

さらぬ わかれ[避らぬ別れ](연어)〈고〉 어쩔 수 없는 이별. 사별(死別).

さらば[然らば] Ⅰ(접) 그러면. 그렇다면. Ⅱ(감) 〔お—〕 헤어질 때의 인사. Ⅰ if so Ⅱ farewell

さらば·える サラバヘル(자하 1) 뼈가 앙상하다. 「やせ—; 말라서 뼈만 남다」 become emaciated

さらばかり[皿秤り](명) ①⇨てんびん(天秤). ②물건을 놓는 접시가 달린 저울. ↔竿(サオ)秤り. 2. a balance

サラブレット[thoroughbred](명) 더러브렛. 〔경마에서〕 영국산 말에 아라비아계(系) 말을 교배하여 낳은 종류.

〔皿秤り〕

さら まわし[皿回し·皿廻し]—マハシ(명) 접시를 젓가락이나 막대 끝에 올려 놓고 돌리는 곡예(曲芸). 또는 그 사람. balancing a dish

サラミ[이 salami](명) 살라미. 이탈리아식 소시지. 단단하고 마늘 냄새가 강함.

ざら め[粗目](명) 굵은 설탕. granulated sugar

さらめ·く(자 4)〈고〉 바작바작 소리를 내다.

さらゆ[新湯](명) 데워 놓고 아직 아무도 안 들어 간 목욕물.

さらり(부) ①깨끗하고 산뜻한 모양. 꺼림칙함이 없는 모양. 막힘 없이. ②끈적거리지 않는 모양. 1. entirely

サラリー[salary](명) 샐러리. 월급. 봉급. 「—マン; 샐러리맨(월급장이)」

サラン[Saran](명) 사란. 합성 섬유의 한 가지. 튼튼하여 그물이나 신발 만드는 데 쓰임.

さり[舎利](명)〈불〉 사리. 불타(仏陀)나 성자(聖者)를 화장한 유해(遺骸). Buddha's bones

ざ·り(조동·ラ형) 용언(用言) 아래에서 부정의 뜻을 나타내는 말. …하지 않다. 「行(イ)か—; 가지 않다」 do not

ざり[砂利](명) ⇨じゃり.

ざりがに[蝲蛄](명)〈동〉 ⇨えびがに.

さりげ な·い[然り気無い](형) 아무렇지도 않은 듯하다. nonchalant

さりじょう[去り状](명) ①이연장(離縁状). ②토지 등의 매도 증서(売渡証書). 1. a letter of divorce

サリチル さん[도 Salizyl 酸](명)〈이〉 살리실산. 신맛, 단맛이 있는 무색(無色)의 덩어리. 방부제(防腐剤), 염료, 향료 등에 씀. for all that

さりとて[然りとて·去迚](접) 그렇다고 해서.

さり とは[然りとは](접) 그렇다고는. if so

さり とも[然りとも](접) 그렇다 해도. and yet

さり ながら[然り乍ら](접) 그러나. 그렇긴 하나. however

さり ぶみ[去り文](명) ⇨さりじょう.

さりょう[茶寮](명) ①차를 달이는 곳. ②순수한 찻집. ③요리집. 2. a tea-house 3. a restaurant

さる[申](명) ① 12지(支)의 아홉째. ②옛 시각 이름. 오후 4시. ③방위 이름. 서남서. 3. west-southwest

さる[猿](명) ①〈동〉 원숭이. ②잔재주를 부리는 사람. ③덧문을 잠그는 도구. ④매달아 놓고 자유 자재로 올리고 내릴수 있게 된 갈고랑이. 1. a monkey 2. a cunning man

さる[然る](연체) ①그런. 그와 같은. ②어느. 어떤.

「一ところに; 어떤 곳에」 1. such 2. certain
さ·る[去る] Ⅰ(자 4) ①떠나다. ②멀어지다. ③지나가다. 경과하다. ④사라지다. ⑤죽다. ⑥면(免)하다. Ⅱ(타 4) ①쫓아 내다. 이별하다. ②버리다. ③멀리하다. Ⅲ(연체) 지나간. 「一十五日(ジュウゴニチ); 지난 15일」↔来(キ)たる. Ⅰ1. leave Ⅱ1. drive away
ざる[笊](명) ①대로 엮은 그릇의 한 가지. 바구니. ②←ざる碁(ゴ). ③←ざるそば. 1. a bamboo basket
さるがく[猿楽·散楽·申楽](명) ①무로마치(室町) 시대까지의 잡예(雜芸). ②여흥(餘興)으로서의 익살맞은 동작. ③노오가쿠(能楽)의 시초가 된 기예(技芸).
さるぐつわ[猿轡](명) 소리 내지 못하게 입을 막는 물건. 예: 재갈, 하무 등. a gag
ざるご[笊碁](명) 서투른 바둑.
サルジニア[Sardinia](명)〈지〉 사르디니아. 이탈리아 반도 서쪽에 있는 지중해 제2의 큰 섬. 올리브, 포도주 등의 산지(産地).
さるしばい[猿芝居]ーシバヰ(명) ①원숭이를 훈련시켜 연극을 시키는 구경거리. ②우습광스러운 몸짓. 1. a monkey show 2. a silly act
さるすべり[百日紅](명)〈식〉 백일홍. 부처꽃과에 속하는 낙엽 활엽 교목. 배롱나무. a crape myrtle
ざるそば[笊蕎麦](명) 바구니에 담아서 내는 고급 메밀 국수.
buckwheat noodle served on a basketwork plate
サルタン[Sultan](명) 설탄. ①중세 이슬람교국(教国) 최고의 정치적 칭호. 곧 군주, 황제 등. ②흰 도가머리(冠毛)를 가진 터어키산의 닭. ③직물(織物)의 한 가지. 견모 교직(絹毛交織). 「shallow cunning
さるぢえ[猿知恵·猿智慧](명) 얕은 꾀. 잔재주. ↗
サルチルさん[도 Salizyl 酸](명)〈이〉 ⇨サリチルさん.
さるのこしかけ[猿の腰掛](명)〈식〉 원숭이걸상. 버섯의 한 가지. 나무에 직각으로 나서 의자 모양으로 자람. a polypore
サルバドル[Salvador](명)〈지〉 살바도르. 정식으로는 엘살바도르(El Salvador). 중미(中美)에 있는 공화국. 수도는 산살바도르(San Salvador).
サルバルサン[도 Salvarsan](명)〈의〉 살바르산. 비소(砒素)를 함유한 약으로 매독, 학질 등에 많이 쓰임. 606호(号).
サルビア[salvia](명)〈식〉 셀비어. ①차조기과에 속하는 다년초. 잎은 약용, 향료(香料), 서양 요리 등에 쓰임. ⇨:セージ. ②차조기과에 속하는 1년 또는 다년초. 가을에 새빨간 꽃이 이삭처럼 핌.
さるひき[猿引き](명) ⇨さるまわし.
サルファざい[sulfa 剤] (명)〈의〉 ⇨ズルフォン(アミド).
サルベージ[salvage](명) 셀비지. ①해난 구조(海難救助). ②침선 인양 (沈船引揚).
ざるべからず(연어) 하지 않으면 안된다. 「行(ユ)かー; 가지 않으면 안된다」 must
さるほどに[然る程に](접) 그러는 중에. 그러는 사이에. in the meantime
さるまた[猿股](명) 잠방이 비슷한 짧은 아래 속옷. 팬츠. short drawers
さるまね[猿真似](명·타サ) ①원숭이가 사람 흉내를 냄. ②남의 흉내를 냄. 2. imitation
さるまわし[猿回し]ーマハシ(명) 원숭이를 부려서 곡예(曲芸)를 시키고 돈을 버는 일. 또는 그 사람.
a monkey-leader
ざるみみ[笊耳](명) 듣고도 곧 잊어 버리는 귀. ↔袋耳(フクロミミ). a forgetful ear
さるめん[猿面](명) 원숭이 같은 얼굴. a face like a monkey. **— かんじゃ**[猿面冠者](명) ①원숭이를 닮은 젊은이. ②토요토미히데요시(豊臣秀吉)의 젊었을 때의 별명.
サルモネラきん[salmonella 菌](명)〈의〉 살모넬라균. 식중독을 일으키는 간균(桿菌)의 한 가지. 예:파라티브스균.
さるもの[然る者](연어·명) ①그와 같은 자. ②상당한 자.「敵(テキ)もー; 적도어지간한 자」③빈틈 없는자. ④어떤 사람. 1. such a person 2. no common being
ざるをえない[ざるを得ない](연어) …하지 않을 수 없다. 「読(ヨ)まー; 읽지 않을 수 없다」
cannot help doing
されき[砂礫](명) 사력. 모래와 자갈. gravel
されこうべ[曝れ首·髑髏](명) 촉루. 비바람을 맞아 뼈만 남은 두개골. 해골骸骨). a skull
ざれごと[戯れ言](명) 농담. a joke
ざれごと[戯れ事](명) 장난. 장난으로 하는 일. a play
されど[然れど](접) 그러나. 그러하나. 하지만. but
されば[然れば] Ⅰ(접) 그러니까. Ⅱ(감) 대답할 때 하는 말. 글쎄. Ⅰ therefore Ⅱ then. **— こそ**[然ればこそ](연어) 그러니까. 생각했던 바와 같이. 역시.
ざればむ[戯ればむ](자 4)〈고〉 장난 치다. 기발한 모양을 하다.
さ·れる[為れる](타하 1) ①"する(하다)"의 높임말. 하시다. ②"する"의 수동형.
される(연어·하 1) … 당하다. 「採用(サイヨウ)ー;채용되다」
ざ·れる[戯れる](자하 1) 희롱하다. 장난 치다. joke
さろう[砂漏](명) 모래 시계. a sandglass
サロン[프 salon](명) 살롱. ①응접실. ②사교실(社交室). 호올. ③미술 전람회. ④술집.
サロン[말레이 sarung](명) 사롱. 자바인(人), 수마트라인(人), 그밖의 회교도가 허리에 감는 천.
さわ[沢]サハ Ⅰ(명) 늪. 얕은 초원의 습지. Ⅱ(형동ナリ)〈고〉 많은 모양. 1. a swamp
さわ[多]サハ(부)〈고〉 많이. 「人(ヒト)ーに来入(キイ)りおり; 사람이 많이 들어 와 있어서」
さわかい[茶話会](명) 차를 마시면서 이야기하는 모임. 다과회. a tea party
さわがし·い[騒がしい](형) ①시끄럽다. 떠들썩하다. ②세상이 뒤숭숭하다. 파생 **—げ**(형동ダ) **—さ**(명). 1. noisy 2. agitated
さわが·せる[騒がせる](타하 1) 시끄럽게하다. 떠들썩하게 만들다. disturb

さわぎ[騒ぎ](명) ①떠들썩함. 시끄러움. ②소동. ③혼잡(混雜). 1. a noise 3. confusion

さわぎた·つ[騒ぎ立つ](자 4) 떠들기 시작하다. 떠들어대다. be raised a clamour

さわ·ぐ[騒ぐ](자 4) ①떠들어대다. ②허둥지둥하다. 당황하다. ③바쁘다. 분주하다. ④평온(平穏)치 않은 상태를 보이다. 술렁거리다. 1. make a noise 2. be confused

さわさわ サハサハ(부) ①살랑살랑. 「春風(ハルカゼ)が—と吹(フ)く; 봄바람이 살랑살랑 불다」 ②비단 등이 스치는 소리. ③⇨そわそわ. rustlingly

さわさわ[爽爽]サハサハ(부·자サ) 상쾌한 모양. 시원한 모양. freshly

ざわざわ[騒騒]ザハザハ(부·자サ) ①물건이 부딪쳐서 조금 크게 나는 소리. ②사람들이 모여 떠들썩한 모양. 와글와글. 1. rustle 2. be noisy

さわ·す[醂す]サハス(타 4) 우리다. 떫은 감을 더운 물에 담가 떫은 맛을 빼다. sweeten

ざわつ·く(자 4) 와글거리다. be noisy

さわべ[沢辺]サハ—(명) 못가. 늪가. near a swamp

ざわめ·く(자 4) 와글거리다. be noisy

さわやか[爽やか]サハ—(형동ダ) ①시원한 모양. 상쾌한 모양. ②똑똑한 모양. ③깨끗한 모양. 1. fresh 2. 3. clear

さわら[椹]サハラ(명)〈식〉 화백나무. 노송나무과의 상록 교목. a Japanese cypress

さわら[鰆]サハラ(명)〈동〉 삼치. 동갈삼치과에 속하는 바닷물고기. 맛이 매우 좋음. 마교(馬鮫). 〈학명〉 Scomberomorus niphonius

さわらび[早蕨](명) ①새싹이 갓 나온 고사리. ②옛날 일본 겹옷의 색의 배합. 겉은 보랏빛, 안은 청색(青色). 1. fern sprouts

さわり[触り]サハリ(명) ①닿음. 접함. ②닿았을 때의 느낌. ③죠오루리(浄瑠璃) 중에서 가요 같은 가락의 부분. ④죠오루리의 설명의 부분. 1. touch 2. feel

さわり[障り]サハリ(명) ①지장(支障). 고장. ②방해. ③병. ④월경. 1. a hindrance 2. an obstacle

さわ·る[障る]サハル(자 4) ①지장이 되다. 방해되다. ②해롭다. 「からだに—; 몸에 해롭다」 1. be hindered 2. be harmful

さわ·る[触る]サハル(자 4) ①닿다. ②해롭게 하다. ③관계하다. 1. touch 2. hurt

さわれ サハレ(접) ⇨さはあれ.

さわん[左腕](명) 왼팔. ↔右腕(ウワン). the left arm

—さん(접미) 남의 이름 밑에 붙여 존경의 뜻을 나타내는 말. 씨. 님.

—さん[山](접미) ①산 「富士(フジ)—; 후지산」 ②절 이름 위에 붙이는 산 이름. 「比叡(ヒエイ)—延暦寺(エンリャクジ); 히에이산 엔랴쿠사」

—さん[散](접미) 가루약 이름에 붙이는 말. 산. 「屠蘇(トソ)—; 도소산」

さん[三] Ⅰ(명) 샤미센(三味線)의 줄 가운데 가장 높은 음의 줄. Ⅱ(수) 셋. 세째. Ⅱ three

さん[産](명) ①〔お—〕해산. 분만(分娩). ②출신. 출생지. ③산출한 물건. 산물(産物). ④재산. 「—をなす; 재산을 이루다」 1. childbirth 2. a native

さん[惨](명·형동タルト) ①참혹함. 「その—いうべからず; 그 참혹함은 이루 말할 수 없다」 ②상심(傷心)함. 1. disaster 2. grief

さん[桟·栈](명) ①널빤지가 휘는 것을 막기 위해 대는 가느다란 막대기. ②창살. ③가로장. 가로대. ④가교(架橋). 잔교(栈橋). 1. a crosspiece 3. a cleat

さん[酸](명) 산. ①초. ②신맛. 또는 신 것. ③〈이〉 신맛이 나며 푸른 리트머스액(液)을 붉게 변색시키는 화합물. ↔アルカリ. 1. vinegar 3. an acid

さん[算](명) ①계산. ②산가지. 「—をみだす; 대열(隊列)이 엉망으로 흩어지다」 ③수학(数学). 산수. ④계획. ⑤주판. ⑥수량. 1. counting 2. counting blocks

さん[賛·讃·讚](명) ①한문의 한 체. 사람이나 사물을 칭찬하는 글. ②서화(書画) 등에 글제로 쓰는 말. ③〈불〉 부처의 덕을 칭송하는 말. ④비평(批評). 1. praise 2. words on the painting

さん[燦](형동タルト) 곱게 빛나는 모양. 찬란(燦爛)한 모양. brilliant

—ざん[算](접미) 계산. 계산법. 「割(ワリ)—; 나눗셈」

ざん[残](명) 나머지. 잔고(残高). the balance

さんい[賛意](명) 찬의. 찬성의 뜻. 「—を表(ヒョウ)する; 찬의를 표하다」 approval

さんいつ[散逸·散佚](명·자サ) 산일. 흩어져 없어짐. getting scattered and lost

さんいっち[三一致](명) 삼일치. 서양 고전극(古典劇)의 법칙. 때, 곳, 줄거리의 일치. trinity

さんいん[山陰](명) ①산음. 산의 그늘. 산의 북쪽. ②〈지〉 ←山陰道. ↔山陽(サンヨウ). 1. the north of mountains. **—どう**[山陰道](명)〈지〉 예전 8도(道)의 하나. 쿄오토(京都)와 츄우고쿠(中国) 지방 북쪽의 각 부현(府県)을 일컬음.

さんいん[参院](명) 참의원(参議院)의 준말.

さんいん[産院](명) 산원. 임부(妊婦)나 산부(産婦) 또는 신생아를 다루는 병원. a maternity hospital

さんう[山雨](명) 산에 내리는 비. a mountain shower

さんえいっぱつ[三衣一鉢](명)〈불〉 삼의 일발. 중의 소지품인 대의(大衣), 칠조(七条), 오조(五条)의 세 가사(袈裟)와 한 개의 바리때.

さんエスじだい[三S時代](명) 스피이드(speed), 스포오츠(sports), 스크리인(screen) 또는 섹스(sex)의 세 가지가 사회적으로 가장 번성한 시대. 현대.

さんえん[三猿](명) 각기 두 손으로 눈, 귀, 코를 막은 세 원숭이의 상. 보지 않음, 듣지 않음, 말하지 않음의 뜻을 나타낸 것. the see-not, hear-not and speak-not monkeys

さんか[山河](명) 산하. 산과 내. mountains and rivers

さんか[山窩](명) 일반과는 떨어져서 사냥질, 죽세공(竹細工) 등을 하면서 산속이나 강변에 특수한 사회를 이루어 사는 사람들.

さんか[参加](명·자サ) 참가. 어떠한 모임이나 단체

에 참여함. participation

さんか[産科](명)〈의〉 산과. 임신, 해산, 신생아에 관한 의술. 「一医(イ); 산과 의사」 obstetrics

さんか[産家](명) 산가. 아이를 낳은 집. 해산(解産)한 집. a house delivered a child

さんか[惨禍](명) 참화. 비참한 재화. 「一をこうむる; 참화를 입다」 calamity

さんか[傘下](명) 산하. ①보호를 받는 어떤 세력의 그늘. 지배하(支配下). ②삿갓 모양의 지붕이 있는 씨름판. 1. under the banner

さんか[酸化](명·자サ)〈이〉 산화. 어떤 물질이 산소와 화합하는 현상. 「一作用(サヨウ); 산화 작용」 oxidation. **—ざい**[酸化剤](명)〈이〉 산화제. 다른 물질의 산화를 촉진하는 데 쓰이는 시약(試薬). 산소, 오존, 과산화 수소(過酸化水素), 이산화(二酸化) 망강 등.

さんか[賛歌·讃歌](명) 찬가. ①찬미의 뜻을 나타낸 노래. ②찬송가. 1. a song of praise

さんが[山河](명) 산하. ①산과 강. ②국토. 자연. 1. mountains and rivers 2. a country

さんが[参賀](명·자サ) 궁중(宮中)에 가서 하례를 올림. 「皇居(コウキョ)へ一する; 궁성에 가서 하례를 올리다」 offering one's congratulations at the palace

ざんか[残火](명) 잔화. 타다 남은 불. remaining fire

さんかい[山海](명) 산해. 산과 바다. 「一の珍味(チンミ); 산해 진미」 mountains and seas

さんかい[山塊](명)〈지〉 산괴. 산줄기에서 따로 떨어져 있는 산의 덩어리. a mountain mass

さんかい[参会](명·자サ) 모임에 참가함. 「一者(シャ); 참가자」 attendance at a meeting

さんかい[散会](명·자サ) 산회. 회가 끝나서 헤어짐. adjournment

さんかい[散開](명·자サ) 흩어져 벌림. extension

さんがい[三界](명) 삼계. ①〈불〉 과거, 현재, 미래의 세 세계. ②멀리 떨어진 곳. ③한정된 범위. ④〈불〉 욕계(欲界), 색계(色界), 무색계의 세 세계. 이승. ⑤〈불〉 천계(天界), 지계(地界), 인계(人界)의 세 가지. 온 세상. 1. the past, present and future world

さんがい[惨害](명) 참해. ①심한 손해. ②참혹한 가해(加害). 1. heavy damage

ざんがい[残害](명·타サ) ①상해(傷害)를 입힘. ②죽임. 1. injury 2. killing

ざんがい[残骸](명) 잔해. ①시체. ②남겨진 조각. 「飛行機(ヒコウキ)の一; 비행기의 잔해」 1. remains 2. debris

さんかいき[三回忌](명) 삼회기. 3주기. 3년기. the third anniversary of one's death

さんかく[三角](명) 삼각. ①각이 셋 있는 것. ②대립하는 세 사람. 또는 세 나라. ③〈수〉 ←三角形(法). 1. triangularity 2. being three-cornered. **—かんけい**[三角関係](명) 삼각 관계. ①세 사람의 남녀 사이에 이루어지는 연애 관계. ②세 사람 사이에 생긴 복잡한 관계. **—かんすう**[三角函数](명)〈수〉 삼각 함수. 각의 크기를 나타낸 함수. **—きん**[三角巾](명) 삼각건. 1 m의 면포를 절반으로 잘라 삼각형으로 쓰는 붕대의 한 가지. **—けい**[三角形](명)〈수〉 삼각형. 서로 만나는 세 개의 직선으로 싸인 평면 도형. **—す**[三角州·三角洲](명)〈지〉 삼각주. 강 어귀에 삼각형으로 생긴 모래톱. 델터. **—てん**[三角点](명)〈수〉 삼각점. 삼각법에 의한 측량의 기준으로서 선정된 점. **—ほう**[三角法](명)〈수〉 삼각법. 각도, 호도(弧度)에 관한 성질을 연구하는 기하학.

さんかく[参画](명·자サ) 참획. 계획에 참가함. participation in planning

さんがく[山岳·山嶽](명)〈지〉 산악. 산. mountain

さんがく[参学](명·자サ)〈불〉 불교를 연구함. 또는 그 학문. the study of Buddhism

さんがく[産額](명) 산액. 생산되는 수량 또는 그 환산액. the amount of production

ざんがく[残額](명) 잔액. 남은 수량, 금액. the balance

さんがつ[三月](명) 3월. March

さんがにち[三箇日](명) 정월 초하루부터 초사흘까지의 사흘 동안. the three New Year days

さんかん[山間](명) 산간. 산속. 「一僻地(ヘキチ); 산간 벽지」 between mountains

さんかん[三韓](명)〈역〉 삼한. 상고 시대에 한국의 남쪽에 있던 세 나라. 마한(馬韓), 진한(辰韓), 변한(弁韓). the Three Han States

さんかん[参観](명·타サ) 참관. 가서 봄. inspection

さんかんしおん[三寒四温](연어·명) 삼한 사온. 겨울에 사흘쯤 추웠다가 나흘쯤 따뜻해지는 현상. alternation of three cold days and four warm days

ざんかんじょう[斬奸状](명) 참간장. 간악(奸悪)한 놈을 베어 죽일 때에 그 이유를 적은 문서. a written impeachment

さんき[山気](명) 산의 공기. 산의 분위기. 산의 기세. mountain air

さんぎ[参議](명) 참의. ①정치에 관한 의사(議事)에 참여함. 또는 그 사람. ②옛날 다조오칸(太政官)의 직원. 1. participating in administration 2. a Councillor of State. **—いん**[参議院](명)〈법〉 참의원. 국회의 상원. 중의원(衆議院)을 보정(補正)하는 기관으로 해산은 없음.

さんぎ[算木](명) ①〈수〉 운산(運算)에 쓰이는 가늘고 긴 나무막대기. 산가지. ②점칠 때 쓰이는 나무 막대기. 1. a counting block 2. a divining stick

ざんき[慙愧](명·자サ) 참괴. 부끄러움. 부끄러워 얼굴을 붉힘. shame

ざんぎく[残菊](명) 늦게까지 피어 남은 국화. a chrysanthemum left blooming

さんきゃく[三脚](명) 삼각. ①세발 의자. ②세 다리가 달린 틀. 삼각가(三脚架). 1. three legs 2. a tripod

ざんぎゃく[残虐](명·형동ダ) 잔학. 참혹(惨酷)하게 학대함. cruelty

サンキュー[thank you](감) 땡큐우. 감사함을 나타내는 인사말. 고맙습니다. 감사합니다.

さんきゅう[参究](명·자サ)〈불〉 참구. 참선(参禅)하여

불도의 진리를 깊이 연구함.

さんきょ[山居](명) 산거. 산속에서 삶. dwelling in the mountains

さんきょう[山峡](명) 산협. 산과 산 사이. 산골짜기. a ravine

さんぎょう[三業](명) 음식점, 요정, 창루(娼楼)의 세 가지 생업. enterprises running the gay quarters

さんぎょう[蚕業](명) 잠업. 양잠업. sericulture

さんぎょう[産業](명) 산업. ①생업(生業). 직업. ②〈경〉 생산을 하는 사업. 1. an occupation 2. industry. **—かくめい**[産業革命](명)〈경〉 산업 혁명. 증기 기관 발명으로 18세기 말기 이후에 일어난 수공업(手工業)에서 기계 공업에의 전환. **—くみあい**[産業組合](명)〈경〉 산업 조합. 조합원의 협력으로 산업 경제의 발전을 꾀하는 사단 법인(社団法人). 농업 협동 조합, 소비 조합 등이 이에 속함. **—しほん**[産業資本](명)〈경〉 산업 자본. 산업 특히 공업에 투자된 자본. ↔金融(キンユウ)資本. **—みんしゅしゅぎ**[産業民主主義](명)〈경〉 산업 민주주의. 노자 협조주의(労資協助主義)의 하나. 자본주의를 인정하면서 산업 운영에 노자(労資)가 평등하게 참가하여야 한다는 주장. **—よびぐん**[産業予備軍](명)〈경〉 산업 예비군. 실업 노동자군(群).

さんぎょう[鑽仰](명·타サ) 덕을 우러러 칭송함. worship

ざんきょう[残響](명) 잔향. 나중까지 남는 울림. a sound left for a while

ざんぎょう[残業](명·자サ) 잔업. 근무 시간 이후까지 남아서 일함. 또는 그 일. 초과 근무. overtime work

さんきょく[三曲](명) 거문고, 샤미센(三味線), 적(笛) 또는 호궁(胡弓)으로 연주하는 합주(合奏). the concert of three musical instruments

ざんぎり[散切り](명) ①이발. ②옛날 남자가 머리를 틀지 않고 잘라 흩어진 채로 두던 일. 산발. ③사형수의 시체를 치우던 천인(賤人).

さんきん[参勤·参覲](명·자サ) 에도(江戸) 시대에 제후가 에도에 나와 막부 장군에 알현(謁見)하고 막부(幕府)에 근무하던 일. **—こうたい**[参勤交替·参覲交代](명) 에도 시대에 제후가 교대로 자기 영토를 떠나 에도에 와서 근무하던 일.

さんきん[産金](명) 산금. 금의 생산. 「一高(ダカ); 금의 생산고」 gold production

ざんきん[残金](명) 잔금. 나머지 돈. 남은 돈. the balance

さんく[惨苦](명) 참고. 참혹한 고통. anguish

さんぐ[産具](명) 산구. 출산(出産)에 필요한 기구. materials required at childbirth

さんぐう[参宮](명) 이세 신궁(伊勢神宮) 참배.

さんくつ[山窟](명) 산굴. 산의 바위 틈 등에 있는 굴. 또는 그 굴을 이용한 주거. a cave

さんくみ[産組](명) 산업 조합(産業組合)의 준말.

サングラス[sunglass](명) 선글라스. 색안경.

さんぐん[三軍](명) 삼군. ①〔옛날 중국에서〕 큰 제후가 내던 군대. ②전체의 군대. 전군(全軍). ③육해공군의 총칭. 2. the whole army

さんけ[産気](명) 산기. 해산할 기미. 「一付(ヅ)く; 산기가 돌다」 labour pains

さんげ[散華](명·자サ) 산화. ①〈불〉 〔법회(法会)에서〕 경을 읽으며 줄을 지어 가면서 연꽃 모양의 종이를 뿌림. ②전사(戦死)를 아름답게 말한 것. 2. death (in battle)

ざんげ[懺悔](명·타サ)〈불〉 참회. 과거의 죄를 깊이 뉘우쳐 마음을 고침. confession

さんけい[山系](명)〈지〉 산계. 같은 줄기로 이루어진 산맥. a mountain system

さんけい[三景](명) 일본에서 가장 경치가 좋은 세 곳. the three famous beauty spots of Japan

さんけい[参詣](명·자サ) 참예. 신불(神仏)에 나아가 뵘. 참배. a visit to a temple

さんけいかじょ[繖形花序](명)〈식〉 산형 화서. 많은 꽃꼭지가 방사형(放射形)을 이루어 짧은 주축(主軸)으로부터 산출하여 각 꽃꼭지에 하나씩 꽃이 피는 화서. 미나리, 파꽃 등이 이에 속함. an umbel

さんげき[惨劇](명) 참극. ①비참한 연극. ②참혹한 사건. 1. a tragedy 2. a brutal incident

さんけつ[三傑](명) 삼걸. 뛰어난 세 사람. the three remarkable men

ざんけつ[残欠·残闕](명) 빠진 데가 있어 불완전함. imperfection

ざんげつ[残月](명) 잔월. 새벽달. a morning moon

さんけん[三権](명)〈법〉 삼권. 입법과 사법과 행정. the three branches of government

さんけん[散見](명·자サ) 산견. 흩어져 보임. 여기저기 보임. scattered appearance

さんけん[産繭](명)〈농〉 누에고치의 생산. 생산된 누에고치. production of cocoons

さんげん[三弦·三絃](명) 샤미센(三味線).

ざんげん[讒言](명·자サ) 참언. 거짓을 꾸며 참소(讒訴)하는 말. false charge

さんげんしょく[三原色](명) 삼원색. 빨강, 파랑, 노랑의 세 원색. three primary colours

さんこ[三顧](명·자サ) 삼고. 군주에게서 특별한 신임을 받음. 「一の礼(レイ); 삼고의 예 (남에게 일을 부탁하기 위해 몇 번이고 방문하여 예의를 다하는 일)」

さんご[三五](명) ①←三五夜. 「一の月(ツキ); 보름달」 ②여기저기 흩어짐. 「三三五五(サンサンゴゴ); 삼삼오오」 2. by twos and threes. **—や**[三五夜](명) ①음력 보름 밤. ②8월 한가위의 밤.

さんご[産後](명) 산후. 해산 뒤. ↔産前(サンゼン). after childbirth

さんご[珊瑚](명) 산호. 따뜻한 바다의 하등 동물인 산호충이 바닷속에 만들어 놓은 나뭇가지 같은 것. coral. **—じゅ**[珊瑚珠](명) 산호주. 산호로 만든 구슬. **—しょう**[珊瑚礁](명)〈지〉 산호초. 산호로 이루어진 바위 같은 것. **—ちゅう**[珊瑚虫](명)〈동〉 산호충. 따뜻한 바다에서 사는 강장(腔腸) 동물의 하나. 석회질의 골격이 있으며 그것이 모여서 산호를 형성함.
さんこう[三后](명) 태황 태후와 황태후와 황후.
さんこう[三更](명) 삼경. 한밤중. 밤 열두 시. midnight
さんこう[三皇](명) 삼황. 중국 고대의 이상적인 세 천자. 복희(伏羲), 신농(神農), 황제(黄帝). Chinese Emperors at the beginning of history
さんこう[三綱](명) 삼강. 〔유교에서〕 군신(君臣), 부자, 부부가 마땅히 지켜야 할 도리. the three fundamental principles in human relations
さんこう[山行](명·자サ) 산행. ①산속을 걸어 감. ②산에 놀러 감. 1. walking in mountain
さんこう[参向](명·자サ) 향하여 감. 방문의 높임말. proceeding (to a place)
さんこう[参考](명) 참고. 더 알거나 확신하기 위하여 자료로 삼음. 또는 그 재료. reference. **―しょ**[参考書](명) 참고서. 수험, 교수, 연구 등에 참고하기 위해 보는 책.
さんこう[参候](명·타サ) 문안 드림. 귀인 옆이나 그 집에 가서 기다림.
さんごう[山号](명) 절 이름 앞에 붙이는 산의 칭호.
ざんこう[残光](명) 잔광. 석양빛. twilight
ざんごう[塹壕](명)〈군〉 참호. ①보병의 수비선에 파 놓은 구덩이. ②보루(堡塁), 포루(砲塁) 둘레의 구덩이. 1. a trench 2. a moat
さんごかい[珊瑚海](명)〈지〉 산호해. 태평양 남서부 오스트레일리아 북동쪽에 있는 바다. 산호초(珊瑚礁)가 많음. the Coral Sea
さんごく[三国](명) 삼국. ①세 나라. ②〈역〉 3세기경 중국의 위(魏), 촉(蜀), 오(呉)의 세 나라. ③옛날의 전세계. 1. three countries 3. the whole world. **―いち**[三国一](명) 삼국에서 제일 뛰어남. 세계 제일. **―じん**[三国人](명) 제삼국인(第三国人)의 준말. **―でんらい**[三国伝来](연어·명) 인도에서 중국을 거쳐 일본에 전해 옴.
ざんこく[残酷·残刻](명·형동ダ) 잔혹. 참혹. cruelty
さんこつ[山骨](명) 산의 흙이 벗겨져서 드러난 바위. rocks exposed in a mountain
さんこん[三献](명) 삼헌. 술을 세 번 따르는 일을 세 번 되풀이함.
ざんこん[残痕](명) 잔흔. 남은 흔적. a trace
さんさ[三叉](명) 삼차. 셋으로 갈라진 것. 「―路(ロ); 세 갈림길」 a three-pronged fork
さんさ[蚕渣·蚕沙](명)〈농〉 잠사. 누에의 똥 이외의 모든 찌끼. 거름으로 쓰임.
さんざ[散散](부)〈속〉 ⇨さんざん. **―っぱら**[散散っぱら](부)〈속〉 ⇨さんざん.
ざんさ[残渣](명) 남은 찌꺼기. refuse
さんさい[三才](명) ①삼재. 천(天), 지(地), 인(人). ②재능이 뛰어난 세 사람. ③세 살. 3세(歳). 1. the three powers
さんさい[三彩](명) 삼채. 세 가지 색(緑, 黄, 藍)으로 구운 도자기. 「唐(トウ)―; 당삼채」 ceramic wares glazed by three colours
さんさい[山妻](명) 자기 아내를 겸사로 일컫는 말.
さんさい[山菜](명) 산채. 산나물. 예: 고사리, 참취 등. mountain herbs
さんさい[山塞·山砦](명) ①산의 요새. ②산적(山賊)이 있는 굴. 1. a mountain fastness 2. a den of mountain bandits
さんざい[散在](명·자サ) 산재. 여기저기 흩어져 있음. lying scattered
さんざい[散財](명·자サ) 산재. 재산을 이리저리 흩어 없앰. waste
さんざい[散剤](명) 산제. 가루약. powder medicine
ざんさい[残滓](명) ⇨ざんし.
ざんざい[斬罪](명) 참죄. 옛날에 목을 베는 형벌에 해당하는 죄. 참형(斬刑). decapitation
さんさく[散策](명·자サ) 산책. 바람을 쐬며 이리저리 다님. 산보(散歩). a ramble
さんざし[山査子](명)〈식〉 당산사나무. 능금나무과에 속하는 낙엽 활엽 교목. 열매는 산사자라고 하여 식용, 약용함. a hawthorn
ざんさつ[斬殺](명·타サ) 참살. 목베어 죽임. killing
ざんさつ[惨殺](명·타サ) 참살. 참혹하게 죽임. butchery
さんざめ·く(자 4)〈속〉 떠들어대다. 「三味線(シャミセン)の音(オト)が―; 샤미센 소리가 요란하다」 make merry
さんさん[燦燦](형동タルト) ①곱고 산뜻한 모양. ②빛나는 모양. brilliant
さんさん[潸潸](부) ①눈물을 흘리는 모양. ②주룩주룩 비가 내리는 모양. 1. bitterly 2. incessantly
さんざん[三山](명) ①세 개의 산. ②중국의 봉래(蓬莱), 방장(方丈), 영주(瀛州)의 세 산. 삼신산(三神山). 1. three mountains
さんざん[散散](부·형동ダ) ①심한 모양. ②보기에 민망할 지경으로 지거나 혼이 나는 모양. 1. unsparingly 2. terribly
さんさんくど[三三九度](명) 결혼식에서 잔을 드는 의식. 신랑 신부가 서로 한 번에 석 잔씩 마시는 것을 세 번 되풀이하는 일. three-times-three exchange of nuptial cups
さんさんごご[三三五五](부) 삼삼 오오. 사람들이 3, 4인 또는 5, 6인씩 떼를 지어 다니거나 일을 하는 모양. by twos and threes
さんし[三思](명·자サ) 세 번 생각함. 몇 번이고 다시 생각함. thinking three times
さんし[蚕糸](명) 잠사. ①생사. 견사(絹糸). ②양잠과 제사(製糸). 1. silk yarn 2. sericulture and silk reeling
さんし[蚕紙](명) 누에나방이 알을 쓴 종이. 잠란지(蚕卵紙). a silkworm-egg card
さんじ[三次](명) 삼차. ①세 번. 세 번째. ②〈수〉 삼승(三乗). 1. the third times 2. cube
さんじ[三時](명) ①〔お―〕 오후 세 시에 먹는 간식. 「お―; 오후의 간식」 ②〈불〉 현재, 과거, 미래. 1. afternoon refreshment
さんじ[参事](명) 참사. 어떤 사무에 참여함. 또는 그 사람. participation

さんじ[産児](명) 산아. 낳을 아이. 낳은 아이.「一制限(セイゲン); 산아 제한」 a new-born baby
さんじ[惨事](명) 참사. 참혹한 일. a disaster
さんじ[賛辞·讃辞](명) 찬사. 칭찬하는 말. a eulogy
ざんし[残滓](명) 잔재. 나머지. 찌꺼기. waste matter
ざんし[惨死](명·자サ) 참사. 처참하게 죽음. a tragic death
ざんし[慙死](명·자サ) 부끄러이 여기고 죽음. 또는 부끄러워서 죽을 지경인 것. being ashamed to death
ざんじ[暫時](부) 잠시. 잠깐. a short time
サンジカリズム[syndicalism](명) 신디컬리즘. 산업 노동자가 총동맹 파업 등에 의해 자본가에 대항하는 혁명적 산업 조합주의.
さんしき[三色](명) 삼색. 세 가지 빛깔. three colours. **―すみれ**[三色菫](명)〈식〉 삼색오랑캐꽃. 제비꽃과에 속하는 다년초. 보랏빛, 노랑, 흰색의 꽃이 핌.
さんしき[算式](명)〈수〉 산식. 운산(運算)의 순서, 방법을 나타낸 식. an expression
さんじげん[三次元](명) 삼차원. 세로, 가로, 높이의 세 차원.「一の世界(セカイ); 입체의 세계」↔二次元(ニジゲン). three dimensions
さんしすいめい[山紫水明](연어) 산자 수명. 산과 물의 경치가 좋음. beautiful scenery
さんした[三下](명)〔←三下やっこ(奴)〕 노름군 또는 직인(職人) 중에서 가장 신분이 얕은 사람. a mean fellow
さんしちにち[三七日](명) 삼칠일. ① 21 일간. ②〈불〉 사람이 죽은지 스무 하루째 날. 1. the twenty-one days 2. the twenty-first day mass
さんしつ[蚕室](명) 잠실. 누에 치는 방. a silkworm-rearing room
さんしつ[産室](명) 산실. 아이 낳는 방. a maternity room
さんしのれい[三枝の礼](연어·명) 삼지례.〔비둘기도 어버이 앉은 가지에서 세째 가지 아래에 앉는다는 뜻으로〕 어버이에 대한 예의를 일컫는 말. the dove sits three branches below its parents
さんしゃ[三舎](명) 군대의 사흘간의 행정(行程).「一をさける; 상대를 두려워하여 멀리 피하다」
さんしゃ[三者](명) 삼자. ①세 사람. ②제삼자. 1. three persons 2. the third person
さんしゃく[参酌](명·타サ) 참작. ①딴 사물이나 의견을 참고로 함. ②비교하여 좋은 편을 택함. comparative consideration
さんじゃく[三尺](명) ①삼척. 석자. ②길이 석 자의 칼. ③석 자 길이의 띠. **―のしゅうすい**[三尺の秋水](연어·명) 석 자쯤 되는 잘 간 칼. **―のどうじ**[三尺の童子](연어·명) 삼척 동자. 어린 아이.
さんしゅ[三種](명) 삼종. ①세 가지 종류. ②제3종 우편물의 준말. 정기적으로 간행하는 신문, 잡지 등에 적용됨. 1. three kinds
さんしゅ[蚕種](명)〈농〉 잠종. 누에의 알. an egg of a silkworm
ざんしゅ[斬首](명·타サ) 참수. 목을 벰. beheading
さんしゅう[三秋](명) 삼추. ①가을의 석 달 동안. ② 3개년. 1. three months of autumn. **―のおもい**[三秋の思い]―オモヒ(연어·명) 하루 안 만나는 것이 3년이나 못 만나는 것같이 생각됨. 사모가 간절함의 비유.
さんしゅう[参集](명·자サ) 참집. 모여 듦. gathering
さんじゅう[三十·卅](명)〈수〉 삼십. 서른. thirty
さんじゅう[三重](명) 세 겹. threefold. **―しょう**[三重唱](명)〈악〉 삼중창. 세 종류의 소리의 합창. **―そう**[三重奏](명)〈악〉 삼중주. 세 가지 악기의 합주. 트리오.
さんじゅういちもじ[三十一文字](명) 와카(和歌). (서른 한 자로 되어 있기 때문에) a thirty-one syllable verse
さんしゅうき[三周忌](명) 삼주기. 죽은 해부터 3년째의 기일. 1주기의 다음 기일. the third anniversary of one's death
さんじゅうごミリ[三十五 mm](명) 폭이 35 *mm*의 사진이나 영화의 필름. a 35 mm film
さんじゅうさんしょ[三十三所](명)〈불〉 관세음 보살을 모신 서른 세 곳의 영지(霊地). the thirty-three sacred places
さんじゅうにそう[三十二相](명) 삼십이상. ①〈불〉 부처가 가지고 있었다는 서른 둘의 훌륭한 용모(容貌). ②미인의 얼굴. 1. the thirty-two merciful features of Buddha
さんしゅうのさい[三舟の才](연어·명) 시(詩), 가(歌), 기악 등에 능통함. ingenuity in poetry and music
さんじゅうろっけい[三十六計](명) 삼십육계. 옛 병법(兵法)에 있는 36종의 계략. 많은 계략.「一逃(ニ)げるにしかず; 뭐니뭐니 해도 곤란할 때에는 도망 치는 게 제일 상수다」 many tactics
さんじゅうろっぴょう[三十六俵](명) 씨름판.
さんしゅつ[産出](명·타サ) 산출. 산물(産物)이 나옴. 생산. production
さんしゅつ[算出](명·타サ) 산출. 계산해 냄. computation
さんじゅつ[算術](명) 산술. 계산하는 방법. 산수. arithmetic. **―へいきん**[算術平均](명)〈수〉 산술 평균. 몇 가지 수의 합계를 그 가짓수로 나누어 얻은 수. 상가(相加) 평균.
さんしゅのじんぎ[三種の神器](명) 천황이 황위(皇位)의 표지(標識)로 물려받는 세 가지 보물. 야타노카 가미(八咫鏡), 아메노무라쿠모노 쯔루기(天叢雲劍), 야사카니노 마가타마(八坂瓊勾玉). the three Sacred Treasures
さんしゅゆ[山茱萸](명)〈식〉 산수유나무. 층층나무과에 속하는 낙엽 활엽 교목. 초봄에 노란 작은 꽃이 피며 둥글고 짙은 홍색의 열매를 맺음. 열매는 산수유라 하여 약용.
さんしょ[山椒](명)〈식〉 ⇨さんしょう.
さんしょ[山墅](명) 산서. 산속에 있는 별장. 산장

(山荘). a mountain villa
さんじょ[産所](명) 산실(産室). a maternity room
さんじょ[賛助](명·타サ) 찬조. 도와 줌. support
ざんしょ[残暑](명) 잔서. 늦더위. lingering summer heat
さんしょう[三唱](명·타サ) 삼창. 세 번 부름. 「万歳(バンザイ)―; 만세 삼창」 three cheers
さんしょう[山椒](명)〈식〉 산초나무. 운향과의 낙엽 활엽 관목. 열매는 작은 알로 둥글며 잎과 함께 향신료(香辛料)로 씀. Japanese pepper. ―うお[山椒魚]―ウヲ(명)〈동〉 도롱뇽. 모양은 도마뱀과 비슷함.
さんしょう[参照](명·타サ) 참조. 대조(対照)해 봄. 비교해 봄. reference
さんじょう[山上](명) 산상. 산 위. the top of a mountain. ―のすいくん[山上の垂訓](명)〈종〉 산상수훈. 예수가 산상에서 행한 교훈.
さんじょう[三乗](명·타サ)〈수〉 삼승. 같은 수를 세 번 곱함. 세제곱. cube
さんじょう[参上](명·자サ) (자기가 남에게 하는) 방문(訪問)을 겸사로 일컫는 말. 뵈려 올라감.
さんじょう[惨状](명) 참상. 비참한 모양. a disastrous scene
ざんしょう[残照](명) 잔조. 저녁놀. afterglow
さんしょく[山色](명) 산색. 산의 빛깔. 산의 경치. mountain scenery
さんしょく[三色](명) ⇨さんしき(三色).
さんしょく[三食](명) (하루) 세끼의 식사. three meals
さんしょく[蚕食](명·타サ) 잠식. 조금씩 먹어 들어감. 좀먹음. encroachment
さんじょく[産褥](명) 산욕. 애기를 낳을 때 산부가 눕는 자리 childbed
さん·じる[参じる](자상 1) ①참석하다. 참가하다. ②참선(参禅)하다. 1. attend
さん·じる[散じる] Ⅰ(자상 1) ①흩어지다. ②없어지다. ③도망하다. Ⅱ(타상 1) ①어지르다. ②없애다. 탕진하다. ③기분을 풀다. 날려 버리다. Ⅰ1. disperse Ⅱ2. scatter
さんしん[三振](명·자サ) 삼진. 〔야구에서〕 배자(打者)가 스트라이크를 세 번 당함으로써 아웃되는 일. strike-out
さんしん[三進](명·자サ) 삼진. ①〔야구에서〕 3루(三塁)로 나아감. ②세 번 나아감. 1. advancing to third base 2. advancing thrice
さんしん[参進](명·자サ) 신분이 높은 사람 앞에 나아감. going forward
さんじん[山人](명) ①산에 사는 사람. ②문인(文人) 등이 아호(雅号) 밑에 붙이는 말. 1. dwellers in the mountains
さんじん[山神](명) 산신. 산의 수호신(守護神). a mountain god
さんじん[散人](명) ①세상 일을 떠나 한가로이 지내는 사람. 한인(閑人). ②아호(雅号) 밑에 붙이는 말. 1. a man of leisure
ざんしん[斬新](명·형동ダ) 참신. 몹시 새로움. novelty
ざんしん[讒臣](명) 참신. 참소(讒訴)를 잘하는 신하. a slandering retainer
さんしんとう[三親等](명)〈법〉 ⇨さんとうしん.
さん·す(조동) 〔활용(活用)은 "ます"의 형〕 에도(江戸) 시대의 여자들의 말로, 상대방의 동작을 높여 공손히 하는 말. 하십니다. 「見(ミ)―; 보십니다」
ざんす(연어) 〔여자들의 말로〕 〔←でございます〕 「そう―; 그렇습니다」
さんすい[山水](명) 산수. ①산과 물. ②경치. 「―画(ガ); 산수화」 1. hills and waters
さんすい[散水·撒水](명·자サ) 살수. 물을 뿌림. watering
さんすう[算数](명) 산수. ①수. 수량. ②계산. ③국민 학교의 수학. 셈본. 2. reckoning
さんすくみ[三竦み](명) ①배암은 괄태충(括胎虫)을, 괄태충은 개구리를, 개구리는 배암을 각각 두려워하는 일. ②셋이 서로 견제하는 일. 2. checking and counter-checking one another
サンスクリット[Sanskrit](명) 산스크리트. 옛날 인도어(語). 범어(梵語).
さんすけ[三助](명) 목욕탕에서 불도 때고 손님의 몸도 씻어 주는 남자. a bathhouse attendant
さんずのかわ[三途の川]―カハ(명)〈불〉 삼도천. 저승에 가는 중간에 있다는 내. 삼도내. the Styx
さん·する[参する](자サ) 참여(参与)하다. 관계하다. participate
さん·する[産する] Ⅰ(자サ) ①태어나다. ②나오다. 생기다. Ⅱ(타サ) ①낳다. 해산하다. ②생산하다. ③양육하다 Ⅰ1. be born Ⅱ2. produce
さん·する[算する](타サ) 계산하다. 수량이 …에 이르다. 「無慮(ムリョ)三十万(サンジュウマン)を―ひとむれ; 무려 30만을 헤아리는 군중」 count
さん·する[賛する](자타サ) ①힘을 보태 돕다. ②찬성하다. ③칭찬하다. ④(그림 등에) 찬사를 쓰다. 1. help 2. agree
さん·する[讃する](타サ) 칭찬하다. 기리다. praise
さん·ずる[参ずる](자サ) ⇨さんじる.
さん·ずる[散ずる](자타サ) ⇨さんじる.
ざん·する[竄する](타サ) 유배(流配)하다. exile
さんずん[三寸](명) ①세 치. ②짧음. 2. shortness
さんぜ[三世](명) 삼세. ①〈불〉 전세(前世), 현세, 내세. 또는 과거, 현재, 미래. ②부, 자, 손의 3대. 1. the three states of existence 2. three generations. ―そう[三世相](명) ①생년월일, 인상(人相) 등으로 과거, 현재, 미래의 길흉을 푸는 일. ②길흉, 화복이 돌고 돌아 일정하지 않음.
さんせい[三省](명·타サ) 삼성. 세 번 돌이켜 봄. 몇 번이고 반성함. reflecting on oneself three times
さんせい[三聖](명) 삼성. 석가(釈迦), 공자(孔子), 예수의 세 성인. the Three Holy Sages
さんせい[参政](명) 참정. 정치에 참여함. participation in government. ―けん[参政権](명)〈법〉 참정

권. 국민이 정치에 참여하고, 공무에 참여할 수 있는 권리.
さんせい[産制](명) 산아 제한(産児制限)의 준말.
さんせい[酸性](명)〈이〉 산성. 산의 성질. ↔アルカリ性. acidity. **—どじょう**[酸性土壌](명)〈농〉 산성 토양. 산성 물질이 많은 땅. 토질이 나빠서 농작물이 잘되지 않음. **—はんのう**[酸性反応](명)〈이〉 산성 반응. 산성을 가진 것을 나타내는 반응. 푸른 리트머스액(液)을 붉게 하는 반응 등.
さんせい[賛成](명·자サ) 찬성. 남의 의견에 동의함. 지지(支持). approval
ざんせい[残生](명) 나머지 생애. 여생(餘生). one's remaining days
さんせき[山積](명·자サ) 산적. 수북이 쌓임. 산더미처럼 쌓임. a mountainous pile
ざんせつ[残雪](명) 잔설. 녹다 남은 눈. lingering snow
さんせん[山川](명) 산천. 산과 내. 「一草木(ソウモク); 산천 초목」 hills and rivers
さんせん[参戦](명·자サ) 참전. 전쟁에 참가함. participation in a war
さんぜん[参禅](명·자サ)〈불〉 참선. 선도(禅道)에 들어감. 좌선(坐禅)을 함.
さんぜん[産前](명) 산전. 아이를 낳기 전. ↔産後(サンゴ). before childbirth
さんぜん[潸然](형동タリ) (소리 없이) 눈물을 흘리는 모양. bittery
さんぜん[燦然](형동タルト) 찬연. 아름답게 빛나는 모양. brilliant
ざんぜん[嶄然](부) 한층 높이 뛰어난 모양. 「一頭角(トウカク)をあらわす; 뛰어나게 두각을 나타내다」 prominently
さんぜんせかい[三千世界](명) ①〈불〉 삼천 세계. 삼천 대천 세계(三千大千世界). 수미산(須彌山)을 중심으로 해, 달, 사대주(四大洲), 육욕천(六欲天), 범천(梵天) 등을 포함한 것을 한 세계라 하고, 이것의 천 배가 소천(小千) 세계, 그 천 배를 중천 세계, 그 또 천 배를 대천 세계라 함. ②넓은 세계. 1. the universe
さんせんのおしえ[三遷の教え](연어·명) 삼천지교. 맹자(孟子)의 어머니가 세 번 이사를 하면서 아들을 가르친 일. 맹모 삼천지교(孟母三遷之教). effect of surroundings on young children
さんそ[酸素](명)〈이〉 산소. 기체의 원소. 공기의 2할을 차지함. 기호는 O. oxygen. **—きゅうにゅう**[酸素吸入](명)〈의〉 산소 흡입. 호흡을 돕기 위해 환자에게 산소를 넣어 줌. ┌a false charge
ざんそ[讒訴](명·타サ) 참소. 남을 헐뜯어 말함. 험담. ↗
さんそう[山相](명) 산상. 산의 모양. the shape of a mountain
さんそう[山荘](명) 산장. 산에 있는 별장. a mountain villa
さんそう[山僧] 산승. Ⅰ(명) 산사(山寺)의 중. Ⅱ(대) 중이 자기를 일컫는 말. Ⅰ a priest of a mountain temple
さんぞう[三蔵](명)〈불〉 삼장. 경(経), 율(律), 논(論)의 3부의 경전(経典). 또는 거기에 통달한 고승(高僧).
ざんそう[讒奏](명·타サ) 참주. 남을 나쁘게 말함. 천자(天子)에게 참소(讒訴)함. a false representation to the Throne
ざんぞう[残像](명)〈심〉 잔상. 주로 시각에서 외부의 자극이 소멸된 후에도 감각 경험이 연장되거나 재생하여 생기는 상. an afterimage
さんぞうろう[然候]—ザフラフ(연어) 그렇사옵나이다.
さんぞく[山賊](명) 산적. 산속을 근거로 하여 나드는 도둑. 산도둑. ↔海賊(カイゾク). a brigand
さんそん[山村](명) 산촌. 산속의 마을. a mountain village
さんぞん[三尊](명)〈불〉 ① 아미타(阿彌陀), 관세음(観世音), 세지(勢至). ②석가(釈迦), 문수(文殊), 보현(普賢). ③ 약사(薬師), 일광(日光), 월광(月光).
ざんそん[残存](명·자サ) 잔존. ①남아 있음. ②살아남음. 1. remaining
サンタ[포·스·이 Santa](명) 산타. ① 성도(聖徒). ② ←サンタクロース. **—クロース**[Santa Claus](명) 산타클로오스. 크리스마스 전야 굴뚝으로 들어 가 아이들에게 선물을 준다는 노인. **—マリア**[포 Santa Maria](명)〈종〉 산타마리아. 예수의 어머니의 높임말. 성모마리아.
さんたい[三体](명) 삼체. ①세 가지 형체. ②해서(楷書), 행서(行書), 초서(草書)의 서체. 1. three styles
さんだい[三代](명) 삼대. ①부, 자, 손의 3대. ②메이지(明治), 다이쇼오(大正), 쇼오와(昭和)의 3대. 「—文学(ブンガク); 삼대 문학(일본의 근대 문학)」 1. three generations. **—そうおん**[三代相恩](연어·명) 조부 때부터 임금을 섬겨 은총을 받음.
さんだい[参内](명·자サ) 참내. 궐내에 들어 감. proceeding to the Imperial Palace
さんだいばなし[三題噺](명) 손님으로부터 세 가지 제목을 받아 가지고 즉석에서 재미 있게 이야기를 꾸미는 만담의 한 가지. three-topics-in-one story
ざんだか[残高](명) 잔고. 잔액. 잔금. the balance
さんだつ[簒奪](명·타サ) 찬탈. 왕위를 빼앗음. usurpation
さんだゆう[三太夫](명) 귀족이나 부자집의 가사나 회계를 맡은 노인. 집사. a steward
さんだらぼっち[桟俵法師](명) ⇨さんだわら.
サンダル[sandal](명) 샌들. 그리이스, 로마식(式) 짚신 모양의 신.
さんたろう[三太郎](명)〈속〉 바보. 천치. a silly fellow
さんだわら[桟俵]—ダハラ(명) 쌀 가마니의 아구리를 덮는 짚으로 만든 덮개. a straw rice-bag stopping
さんたん[三嘆·三歎](명·자サ) 삼탄. ①몇 번이나 되풀이하여 한탄함. ②몇 번이고 감탄함. 1. lamentation
さんたん[賛嘆·讃嘆·讃歎](명·자サ) 찬탄. 매우 감탄하여 칭찬함. admiration
さんたん[惨胆·惨憺·惨澹](형동タルト) 참담. ①몹시 슬픈 모양. ②몹시 애쓰는 모양. ③처참(悽惨)한 모

양. 1. pitiful

さんだん[散弾·霰弾](명) 산탄. ①둥근 탄환. ②한 발씩 쏘는 탄환. ③폭발과 동시에 많은 자디잔 탄알이 한꺼번에 터져 나오게 된 탄환. 1. a shot

さんだん[算段](명·타サ) 마련함. 변통. 계책. 「おかねの—; 돈 마련」 contrivance

さんだんとび[三段飛び·三段跳](명) 삼단도. 넓이뛰기의 한 가지. hop, step and jump

さんだんめ[三段目](명) 씨름군의 한 계급. 아래서부터 세 번째의 계급.

さんだんろんぽう[三段論法](명)〈철〉 삼단 논법. 대전제(大前提), 소전제(小前提), 결론(結論)의 세 단계로된 추리의 방법. syllogism

さんち[山地](명) 산지. 산이 많은 땅. 산속의 땅. a hilly district

さんち[産地](명) 산지. ①출생지. ②생산지. 1. the place of birth 2. the place of production

サンチ(명) 센티. 센티미터의 준말.

ざんち[残置](명·타サ) 남겨 둠. leaving behind

サンチアゴ[Santiago](명)〈지〉 산탸고. 남아메리카 칠레 공화국의 수도.

サンチーム[프 centime](명) 상티임. 프랑스와 스위스의 화폐 단위. 프랑의 100분의 1.

さんちゃく[参着](명·자サ) 닿음. 도착. arrival

さんちゅう[山中](명) 산중. 산 속. in the mountain

さんちょう[山頂](명) 산정. 산꼭대기. the summit of a mountain

さんちょう[三朝](명) 삼조. 3대의 조정(朝廷). three dynasties

さんちょう[産調](명) 산아 조절(産児調節)의 준말.

さんちょう[散超](명)〈경〉〔←散布超過(サンプチョウカ)〕 ⇨はらいちょう(払い超).

さんてい[算定](명·타サ) 산정. 셈하여 정함. 견적(見積). computation

ざんてい[暫定](명) 잠정. 일시적으로 정함. 「—措置(ソチ); 잠정 조치」 provisionality

サンデー[sundae](명) 아이스크리임선디의 준말.

サンデー[Sunday](명) 선데이. 일요일.

ざんてき[残敵](명) 잔적. 남은 적. the remnants of the enemy

さんてつ[三哲](명) 삼철. ①세 사람의 철학자. ②세 사람의 훌륭한 사람. 1. three philosophers

さんてん[山顛](명) 산꼭대기. 산정(山頂). the top of a mountain

さんてん[散点](명·자サ) 여기저기 흩어짐. 점재(点在). being scattered here and there

さんでん[参殿](명·자サ) 궁전에 들어 가 뵘. a visit to the palace

さんでん[産殿](명) 궁중의 산실. a maternity palace

さんと[三都](명) 쿄오토(京都), 토오쿄오(東京), 오오사카(大阪). the three metropolises

さんど[酸度](명) 산도. ①〈이〉 염기(塩基) 1분자에 포함되는 수산기(水酸基)의 수. ②신맛의 정도. 산성도(酸性度). 1. acidity 2. sourness

サンド[sand](명) 샌드. 모래. **—ペーパー**[sand paper](명) 샌드페이퍼. 유리나 모래 또는 금강사(金剛砂)를 발라 붙인 헝겊이나 종이. 사지(砂紙). 사포(砂布).

サンドイッチ[sandwich](명) 샌드위치. 서양 음식의 하나. 빵 사이에 고기나 야채를 넣은 것. **—マン**[sandwich man](명) 샌드위치맨. 광고판을 앞뒤로 달고 다니는 사람. 「the three winter months

さんとう[三冬](명) 삼동. 겨울의 석 달. ↗

さんとう[三等](명) 삼등. ①세째 등급. ②〈속〉 정도가 낮음. 「—重役(ジュウヤク); 하찮은 중역」 ③삼등차(三等車). 1. the third degree 2. lowness

さんどう[山道](명) 산길. a mountain path

さんどう[参堂](명) ①불당(仏堂)을 참배함. ②방문의 높임말. 1. a visit to a shrine

さんどう[参道](명) 신사나 절에 마련한 참배(参拝)의 길. the approach to a shrine

さんどう[桟道](명) 잔도. 절벽과 절벽 사이에 걸쳐 놓은 다리의 길. a plank road

さんどう[産道](명)〈의〉 산도. 태아(胎児)가 나오는 길. the foetal passage

さんどう[算道](명) 셈하는 방법. 산술(算術). arithmetic

さんどう[賛同](명·자サ) 찬동. 동의. 찬성. approval

ざんとう[残党](명) 잔당. 나머지 도당. 남은 무리. remnants of a defeated party

さんとうしん[三等親](명)〈법〉 친족 사이의 촌수를 나타내는 척도(尺度)의 하나. 증조부모, 증손, 백숙부모(伯叔父母), 조카 등의 관계. a relation of the third degree

さんとうせいじ[三頭政治](명) 삼두 정치. 로마 공화정(共和政)에서 제정(帝政)으로 넘어가는 과도기에 나타났던 삼인 전제 정치. triumvirate

さんどがさ[三度笠](명) 얼굴이 안 보일 정도로 깊이 쓰게 된 삿갓. 예전 부랑자(浮浪者)들이 즐겨 썼음. a deep-clan sedge

〔三度笠〕

さんとく[三徳](명) 삼덕. ①지(知), 인(仁), 용(勇)의 세 가지 덕. ②세 가지 쓸모. 「—ナイフ; 송곳, 병마개 빼기 등이 붙어 있어서 여러 모로 쓸 수 있는 칼」 1. the three primary virtues 2. three ways of use

さんとして[惨として](연어·부) ⇨:さん(惨).

さんとして[粲として](연어·부) ⇨:さん(粲).

サントニン[santonin](명)〈의〉 산토닌. 회충 구제약.

さんどまめ[三度豆](명)〈식〉 ⇨いんげん(隠元).

さんない[山内](명) ①산속. ②절의 경내(境内). 1. among the mountains 2. precincts of a temple

さんにゅう[参入](명·자サ) 황실(皇室)을 방문함. 뵈려 들어 감. a visit

さんにゅう[算入](명·타サ) 산입. 세어 넣음. 계산에 넣음. counting in

ざんにゅう[竄入](명·자サ) 찬입. ①도망쳐 들어 감.

②잘못하여 섞여 들어 감 1. taking refuge in 2. getting mixed up in

ざんにん[残任](명) 잔임. ①남은 임무. ②남은 임기.「一期間(キカン); 잔임 기간」1. a remaining duty

ざんにん[残忍](형동ダ) 잔인. 무자비함. cruel

さんにんしょう[三人称](명) 삼인칭. 자기와 상대 이외의 사람이나 물건이나 일을 가리킴. the third person

さんぬる[去んぬる](연체) 지난. 지나간.「一年(トシ); 지난해」 last

ざんねん[残年](명) 나머지 연령. 여명(餘命). one's remaining days

ざんねん[残念](형동ダ) 아까운 모양. 분한 모양. 미련이 있는 모양. regretful

さんねんき[三年忌](명) 삼년기. 삼주기. 세 번째 기일(忌日). the third anniversary of one's death

さんのぜん[三の膳](명) 일본의 정식(正式) 요리에서 본상 다음 다음에 나오는 상. the third course of the ragular dinner

さんのまる[三の丸](명) 성의 중심부로부터 세 번째 성곽. the third perimeter (of a castle)

さんば[産馬](명) 말을 산출(産出)함. 또는 태어난 말. horse breeding

さんば[産婆](명) 산파. 조산원. a midwife

さんぱい[三拝](명·자サ) 삼배. 세 번 절함. bowing three times. **—きゅうはい**[三拝九拝](명·자サ) ①몇 번이고 절함. ②편지 끝에 써서 경의를 표하는 말. ③몇 번이고 청탁함.

さんぱい[参拝](명·자サ) 참배. 신불(神仏)에게 배례함. worship

さんぱい[酸敗](명·자サ) 시어짐. 쉬어짐. acidification

ざんぱい[惨敗](명·자サ) 참패. 참혹하게 패함. a crushing defeat

さんばいず[三杯酢·三盃酢](명) 설탕과 술을 섞은 것에 간장, 초를 적당히 혼합한 조미료. 초의 한 가지 지만 닮. soy and vinegar

サンパウロ[São Paulo](명)〈지〉 상파울루. 브라질 남부에 있는 남미 제 2의 도시. 코오피의 집산지(集散地).

さんばがらす[三羽烏](명) ①세 사람의 훌륭한 부하. 또는 제자. ②한 방면에 특출한 세 사람. a trio of retainers

さんばし[桟橋](명) 잔교. ①배를 대기 위해 부두에 만든 설비. 선창. ②높은 데 오르내리기 위해 경사지게 놓은 판자. 1. a pier

さんばそう[三番叟](명) ①〔노오가쿠(能楽)에서〕 축의(祝儀)로서 검은 늙은이의 탈을 쓰고 부채와 방울을 들고 추는 춤. ②〔연극에서〕 서막(序幕) 전에 축하로 추는 춤. ③일의 시작. 3. beginning

さんぱつ[散発](명·자타サ) 산발. 때때로 일어남. 때때로 나옴. occasional happenings

さんぱつ[散髪](명·자サ) 산발. ①흩뜨린 머리. ②머리를 깎음.「一や; 이발소」 1. tousled hair 2. haircut

ざんぱつ[斬髪](명·자サ) 머리를 깎음. haircut

さんばん[三ばん](명) 선거의 세 가지 요소. "じばん(地盤), かんばん(看板; 評判), かばん(가방; 돈)".

サンパン[중 sampan·舢板](명) 샘팬. 작은 배. 거룻배. a lighter

ざんぱん[残飯](명) 먹다 남은 밥. leftover rice

さんはんきかん[三半規管](명)〈생〉 삼반규관. 척추 동물의 내이(内耳)에 있는 기관. 평형 감각(平衡感覚)을 맡음. semicircular canals

さんび[惨鼻·酸鼻](명) 무자비(無慈悲). 비참(悲惨). heart-sickening

さんび[賛美·讃美](명·타サ) 찬미. 기리어 칭송함. praise. **—か**[賛美歌](명)〈종〉 찬미가. 찬송가.

さんぴ[賛否](명) 찬부. 찬성과 불찬성. 찬성 여부. approval or disapproval

さんびゃく(だいげん)[三百(代言)](명) ①엉터리 변호사. ②궤변(詭辯)을 농하는 사람. a pettifogger

さんぴょう[散票](명) 산표. 선거에서 표가 흩어짐. 또는 그 표. scattered votes

さんびょうし[三拍子](명) ①세 가지 악기의 박자. ②필요한 세 가지 조건.「一そろう; 세 가지 조건을 모두 갖추다」 ③〈악〉 3박자. 3박이 한 단위가 되는 박 [illegible]가이 강박(強拍)으로 시작한 강약약(強弱弱)의 형을 갖는 것이 보통임. 2. three important conditions 3. triple time

さんぴん[三一](명) ①두 개의 주사위에 3과 1이 나오는 일. ②〈속〉 계급이 낮고 봉록(俸祿)이 적은 젊은 무사. 2. a fresh warrior

ざんぴん[残品](명) 잔품. 팔다 남은 물건. unsold goods

さんぶ[三部](명) 삼부. ①세 부분. ②세 부류. ③세 권. ④세 부처(部処). 1. three parts 2. three classes 3. three copies. **—きょく**[三部曲](명)〈악〉 3부곡. 3박자의 악곡. **—さく**[三部作](명) 3부작. 세 부분으로 나누어져 있으나 서로 연락과 통일이 있는 작품.

さんぶ[三府](명)〈지〉 토오쿄오(東京)부 (현재는 도), 오오사카(大阪)부, 쿄오토(京都)부.

さんぷ[参府](명·자サ) 에도(江戸) 시대에 에도에 가서 막부(幕府)에 근무하던 일.

さんぷ[産婦](명) 산부. 해산(解産) 전후의 부인. 임산부(妊産婦). a woman in childbed

さんぷ[散布·撒布](명·타サ) 살포. 뿌림. scattering

ざんぶ[残部](명) 잔부. 나머지. 나머지 부분. the remainder

サンフォライズ[Sanforized](명) 샌포라이즈. 방축 가공(防縮加工). 또는 방축 가공을 한 직물.

さんぷく[三伏](명) 삼복. ①초복, 중복, 말복. 복중. ②여름의 가장 더운 기간. 2. severe heat

さんぷく[山腹](명) 산복. 산의 중턱. 산허리. a mountainside

さんぷくつい[三幅対](명) 세 폭이 한벌로 된 족자. 세 쪽이 한벌로 된 것. a set of three hanging scrolls

さんふじんか[産婦人科](명) 산부인과. 산과와 부인과. obstetrics and gynaecology

さんぶつ[産物](명) 산물. 그곳에서 나는 물품.

ざんぶつ[残物](명) 남은 것. remains

さんぶつえ[賛仏会·讃仏会](명)〈불〉 찬불회. 불덕(仏徳)을 기리는 법회(法會).

サン フランシスコ [San Francisco](명)〈지〉 샌프란시스코우. 미국 캘리포오니아주의 항구 도시. 항구에 있는 금문교(金門橋)는 그 길이로 세계적으로 유명.

サンプリング[sampling](명·자타サ) 샘플링. 견본을 빼냄. 표본 추출(標本抽出).

サンプル[sample](명) 샘플. 표본(標本). 견본(見本).

さんぶん[散文](명) 산문. 자수나 운율(韻律)에 구애되지 않는 문장. ↔韻文(インブン). prose. **―し**[散文詩](명) 산문시. 산문 형식으로 쓰여진 시. **―てき**[散文的](형동ダ) 산문적. ①산문의 성질을 지닌 모양. ②시적(詩的)이 아닌 모양. ③살풍경(殺風景). ↔詩的(シテキ).

ざんぷん[散粉](명) 가루를 뿌림. scattering of powder

さんぺい[散兵](명) 산병. ①적당한 간격으로 병사를 흩어 놓는 일. 또는 그 병사. ②흩어진 병사. 산란한 군대. ③해산된 병사. 1. skirmish formation 2. a skirmisher

ざんぺん[残片](명) 잔편. 남은 조각. remnant scraps

さんぽ[散歩](명·자サ) 산보. 산책. a walk

―さんぼう[三宝](접미) 되는 대로. 「行(ユ)きなりー; 되어 가는 대로」.

さんぼう[三方](명) ①세 방면. ②불전(仏前)이나 높은 사람 앞에 음식물을 받쳐 내놓는 굽이 달린 쟁반. 1. three directions

〔三方②〕

さんぼう[三宝](명) 삼보. ①눈, 귀, 입의 가장 중요한 세 가지. ②〈불〉 불(仏), 법(法), 승(僧). ③부처. 2. Three Treasures of Buddha, Law and Priests. **―こうじん**[三宝荒神](명) ①부처, 불경, 중의 수호신. ②부엌을 지키는 신. 조왕신.

さんぽう[山砲](명) 산포. 산악 지대에서 사용하기 위해 분해할 수 있게 만든 대포. a mountain gun

さんぼう[参謀](명) 참모. ①모사(謀事)의 의논에 참가함. ②작전, 용병(用兵) 등의 계획 지도를 맡는 장교. 「一本部(ホンブ); 참모 본부」 1. participation in a plan 2. a staff-officer

さんぽう[算法](명) 산법. 계산법. arithmetic

ざんぼう[讒謗](명) 참방. 남을 헐뜯어 말함. slander

さんぼうかじょ[繖房花序](명)〈식〉 산방 화서. 꽃이 모여 피는데, 아래 꽃일수록 꽃꼭지(花梗)가 길고 위쪽의 꽃일수록 짧아서 전체로는 거의 평면을 이루며 핌. 방상 화서(房状花序). a corymb

サンホセ[San José](명)〈지〉 상호세이. 중미(中美) 코스타리카 공화국의 수도.

ざんぽん[残本](명) 잔본. 팔다 남은 책. books in stock

さんぼんじろ[三盆白](명) 고급 백설탕. refined sugar

さんま[秋刀魚](명)〈동〉 꽁치. 침어과의 바닷물고기. 기름기가 많음. a saury pike

サンマー[summer](명) 서머. 여름.

さんまい[三枚](명) ①석 장. ②〔요리에서〕 대가리를 잘라 낸 생선을 등뼈를 중심으로 양쪽 살을 발라 내는 일. 발라 낸 살 두 개와, 남은 뼈 하나로 모두 셋이 됨. 2. bone and two strips of fish-meat. **―め**[三枚目](명) 희극 배우.

さんまい[三昧](명)〔다른 낱말 밑에 붙어 복합어가 될 때에는 "ざんまい"로 발음〕 ①〈불〉 삼매. 정신을 한 데 모아 잡념을 없앰. 무아(無我)의 경지. ②열중. 골몰. 「読書(ドクショ)―; 독서 삼매」 ③하기 좋아하는 경향. 「刃物(ハモノ)―; 툭하면 칼부림하는 일」 1. ecstasy 2. absorption

さんまい[産米](명) 생산(生産)한 쌀. the rice produced

さんまい[散米](명) 신을 모신 감실(龕室) 앞에 악마 따위를 쫓기 위해 뿌리는 쌀.

サンマリノ[San Marino](명)〈지〉 산마리노. 이탈리아 북부에 있는 작은 공화국. 또는 그 나라의 수도.

さんまん[散漫](형동ダ) 산만. 어수선하게 흩어진 모양. vague

さんみ[三位](명) 삼위. ①정삼위(正三位), 종삼위(従三位). ②〈종〉〔기독교에서〕 성부(聖父), 성자(聖子), 성신(聖神). 1. the third court rank 2. The Trinity. **―いったい**[三位一体](명) 삼위 일체. ①〈종〉〔기독교에서〕 삼위가 일체라는 교의(教義). ②셋이 하나로 (마음을) 합침.

さんみ[酸味](명) 산미. 신맛. acidity

さんみゃく[山脈](명) 산맥. 연이어 있는 산. a mountain range

さんみんしゅぎ[三民主義](명) 삼민주의. 중국 손문(孫文)이 제창한 민주주의. 삼민은 민족(民族), 민생(民生), 민권(民権). the Three People's Principles

ざんむ[残務](명) 잔무. 남은 사무. 「一整理(セイリ); 잔무 정리」 unsettled affairs

さんめん[三面](명) 삼면. ①세 얼굴. ②세 방면. ③〈수〉 세 평면. ④신문의 사회면. 「一記事(キジ); 삼면 기사」 1. three faces 2. three directions 4. the third page. **―きょう**[三面鏡](명) 삼면경. 거울 세 개를 정면과 양쪽에 세워 옆이나 뒤도 볼 수 있게 한 경대. **―ろっぴ**[三面六臂](명) 삼면 육비. ①얼굴이 셋에 팔이 여섯이 있는 불상(仏像). ②혼자서 여러 사람 몫의 일을 함. 「一の大活躍(ダイカツヤク); 종횡무진의 대활약」

さんもうさく[三毛作](명) 삼모작. 한 해에 세 가지 농작물을 차례로 같은 땅에 짓는 일. three crops a year

さんもん[三文](명) 삼문. ①적은 돈. ②무가치(無価値). 하찮은 것. 「一文学(ブンガク); 서푼짜리 문학(저속하고 시시한 문학)」 2. very cheap. **―ばん**[三文判](명) 싸구려 도장.

さんもん[三門](명) ①중앙과 좌우의 세 개가 연속된 문. ②〈불〉 절의 정문(正門). 1. three gates

さんもん[山門](명)〈불〉 ①산문. 절의 정문. ②엔랴쿠사(延暦寺). 1. the gate of a temple

さんや[山野](명) 산야. 산과 들. hills and fields

さんやく[三役](명) ①〔씨름에서〕 오오제키(大関), 세키와케(関脇), 코무스비(小結)의 씨름군의 세 등급.

②세 가지 중요한 역(役).
さんやく[散薬](명) 산약. 가루약. powder medicine
さんよ[参与](명·자サ) 참여. 사업이나 조직에 끼어 들어 감. participation
ざんよ[残余](명) 잔여. 나머지. the remainder
さんよう[山容](명) 산용. 산의 모양. the shape of a mountain
さんよう[山陽](명) ①산의 남쪽. ②←山陽道. ↔山陰(サンイン). 1. the south of mountains. **—どう**[山陽道](명)〈지〉 예전 8도의 하나. 츄우고쿠(中国) 지방의 세토 내해(瀬戸内海)에 면해 있는 여러 현.
さんよう[算用](명·타サ) 수를 계산함. calculation. **—すうじ**[算用数字](명) ⇨アラビアすうじ. ↔漢数字(カンスウジ).
さんらい[山籟](명) 산뢰. 산바람이 나뭇가지를 스치는 소리.
さんらく[惨落](명·자サ)〈경〉 시세가 몹시 떨어짐. 물가가 폭락함. a sudden fall
さんらく[散落](명·자サ) ①흩어져 떨어짐. ②탈락(脱落)함. 1. falling 2. loss and omission
さんらん[産卵](명·자サ) 산란. 알을 낳음. laying eggs
さんらん[散乱](명·자サ) 산란. 흩어져 뒤섞임. 어지럽게 흩어짐. 「紙(カミ)きれが—している; 종잇조각이 어지럽게 흩어져 있다」 dispersion
さんらん[燦爛](형동タリ) 찬란. 환하게 빛나는 모양. 화려하고 아름다운 모양. brilliant
さんらんだいし[蚕卵台紙](명) 누에 나방에게 알을 슬게 하는 종이. 잠란지. an egg card
さんり[三里](명) ① 30리. ②〈의〉 삼리. 침구멍의 하나. 무릎 바깥쪽 오목한 곳. 삼리혈(三里穴).
さんりく[三陸](명)〈지〉 리쿠젠(陸前), 리쿠츄우(陸中), 무쯔(陸奥). 특히 미야기(宮城), 이와테(岩手), 아오모리(青森)의 해안 지방.
さんりゃく[三略](명) 삼략. 중국의 옛 병서(兵書). 상략(上略), 중략(中略), 하략(下略)의 3권. 「六韜(リクトウ)—; 육도 삼략」
さんりゅう[三流](명) 삼류. ①세 가지 유파(流派). ② 3등 계급, 지위. 1. three schools 2. the third class
ざんりゅう[残留](명·자サ) 잔류. 뒤에 남음. 남아 있음. remaining
さんりょう[山陵](명) 산릉. ①산에 있는 왕릉. ②산과 언덕. 1. an Imperial tomb
さんりょう[山稜](명) 산릉. 산등성이. a ridge
さんりょう[産量](명) 생산되는 분량. 생산량. a yield
さんりん[三輪](명) 삼륜. 세 바퀴. three wheels. **—しゃ**[三輪車](명) 삼륜차. 세 바퀴 달린 차.
さんりん[山林](명) 산림. 산과 수풀. 산에 있는 수풀. mountains and forests
さんりんぼう[三隣亡](명) 구성(九星) 미신의 하나. 집을 짓지 못한다는 날. 이날 집을 지으면 화재로 이웃 세 집을 태운다고 하여 꺼림. the ominous day for building
さんるい[三塁](명) 〔야구에서〕 3루. 3루수. the third base. **—だ**[三塁打](명) 3루타. 〔야구에서〕 배터(打者)가 3루까지 갈 수 있게 친 안타(安打).
さんるい[酸類](명)〈이〉 산류. 산성이 있는 물질. 예: 염산(塩酸) 등. acids
ざんるい[残塁](명·자サ) 잔루. ①남은 보루(保塁). ②〔야구에서〕 공격 티임과 수비 티임의 교체시에 러너(走者)가 베이스에 남아 있는 일. 1. a remnant fort 2. being left on base
サンルーム[sun room](명) 선루움. 일광욕을 하기 위해 특별히 유리로 만든 방. 일광욕실.
さんれい[山嶺](명) 산령. 산봉우리. 산봉(山峰). the summit of a mountain
さんれい[山霊](명) 산령. 산신령. 산신(山神). 산의 정기(精気). the guardian spirit of a mountain
さんれつ[参列](명·자サ) 참렬. 참가하여 열석(列席)함. 참석. 「卒業式(ソツギョウシキ)に—する; 졸업식에 참석하다」 attendance
さんれつ[惨烈](명) 참렬. 비참하고 혹렬(酷烈)함. 「—をきわめる; 극도로 비참하고 혹렬하다」 brutality
さんれん—[三連](조어)(명) 3회 계속됨. 「—勝(ショウ); 3연승」
さんろう[山楼](명) 산루. 산 위에 있는 누각. 산속에 있는 누각. a towered mansion in a mountain
さんろう[参籠](명·자サ) 신사나 절에 일정한 기간을 정해 놓고 머물러 기도함. confinement in a shrine
さんろく[山麓](명) 산록. 산기슭. the foot of a mountain

し

し—[支](조어) 중앙에서 갈려 나온. 지방의. 「—店(テン); 지점」
し—[至](조어) …에 이르다. …까지. 「—東京(トウキョウ); 동경까지」↔自(ジ).
し—[私](조어) 개인의. 사적(私的)인. 「—生活(セイカツ); 사생활」
し—[紫](조어) 보랏빛을 띤. 「—黒色(コクショク); 자흑색」
—し[氏](접미) ①남의 성 밑에 붙이는 높임말. 「中村(ナカムラ)—; 나카무라씨」 ②사람의 높임말. 「八(ハチ)—; 여덟 분」
—し[子](조어) 남자. 사람. 「カメラ—; 카메라맨」 -man

—し[士](조어) 어떤 특별한 자격을 가지고 있는 직업인. 「弁護(ベンゴ)—; 변호사」 -er
—し[司](조어) 다루는 사람. 맡아 보는 사람.「保護(ホゴ)—; 출감자(出監者)의 보도역(保導役)」
—し[糸](조어) ①실. 「紡績(ボウセキ)—; 방적사」 ②생사(生糸).「中国(チュウゴク)—; 중국 생사」
—し[址](조어) (건물 등이 있던) 터. 유지(遺址). 「城(ジョウ)—; 성터」
—し[枝](조어) ①가느다란 것을 세는 말. ②〈농〉가지. 「結果(ケッカ)—; 열매를 맺는 가지」
—し[使](조어) 사절(使節). 사자(使者). 일을 맡겨 보내는 사람.「遣唐(ケントウ)—; 견당사」
—し[姉]Ⅰ(접미) 동배 또는 그 이상의 여성의 성명(姓名)에 붙이는 높임말. Ⅱ(조어) 언니. 누이. 「同母(ドウボ)—; 한어머니에게서 태어난 누이(친언니)」
—し[紙](조어) ①종이.「西洋(セイヨウ)—; 양지」②신문(지).「機関(キカン)—; 기관지」
—し[師]Ⅰ(접미) 종교가, 교사, 음악가 등의 이름에 붙이는 말. 「牧(ボク)—; 목사」 Ⅱ(조어) 어떤 일을 직업으로 하는 사람.「医(イ)—; 의사」
—し[歯](조어)〈의〉이.「永久(エイキュウ)—; 영구치」
—し[誌](조어)잡지.「月刊(ゲッカン)—; 월간 잡지」
しⅠ(수조)〈고〉말의 뜻을 강조하는 말.「花(ハナ)を—見(ミ)れば; 꽃을 보니까」Ⅱ(접조) ①…도 …고.「からだもいい—, 頭(アタマ)もいい; 몸도 건강하고 머리도 좋다」②…하기 때문에.「水(ミズ)も不便(フベン)だ—, 家(イエ)をたてるには 不向(フム)きなところだ; 물도 불편하고 해서 집 짓기에는 적합하지 못한 곳이다」
し[子]Ⅰ(명) ①남자. ②자작(子爵)의 준말. ③〔중국에서〕성(姓) 밑에 붙여 존경의 뜻을 나타내는 말. 특히 공자(孔子)를 일컫는 경우가 많음.「—いわく; 공자 가라사대」Ⅱ(대) 같은 신분의 사람을 가리켜 부르는 대명사. 너. 당신.
し[士](명) ①사람. 분. 「同好(ドウコウ)の—; 동호인」②예전의 관리. ③병졸을 지휘하는 사람. ④무사(武士). ⑤남자. ⑥학덕(学徳)이 있는 사람.
し[氏]Ⅰ(명) 성(姓). Ⅱ(대)〔가벼운 존경의 기분으로〕저분.「—の言(ゲン)によれば; 그분(씨)의 말에 의하면」 Ⅰa family name
し[支](명)〈지〉지나(支那)의 준말.
し[史](명) 역사. 사기(史記).「—をひもとく; 역사 책을 읽다」 history
し[市](명) ①저자. 시장. ②도시(都市).「大隠(タイイン)は—に隠(カク)る; 위대한 은자(隠者)는 도리어 도시(항간)에 숨는다」③〈법〉지방 자치 단체의 하나. 인구 5만 이상으로, 도시로서의 조건을 갖추고 있는 곳. 2. a city 3. a municipality
し[四]Ⅰ(명)〔야구에서〕←四球(シキュウ). Ⅱ(수) 넷. Ⅱfour
し[死](명) ①죽음. 「—の灰(ハイ); 죽음의 재(방사능재)」②죽을 죄. 사형.「—を賜(タマ)う; 죽음을 내리다」③〔야구에서〕㉠배터(打者)나 러너(走者)가 아우트 되는 일. ㉡사구(死球)의 준말. 1. death
し[志](명) ①(사건의) 기록. 「三国(サンゴク)—; 삼국지」②[誌] 그 지방의 생물, 광물 등의 총목록.「植物(ショクブツ)—; 식물지」 1. a record
し[其](대)〈고〉①너. 그대. ②그것.
し[刺](명) ①명함.「—を通(ツウ)じる; 명함을 내고 면회를 청하다」②가시. ③찌르는 것. ④엿보는 것. ⌊1. a card
し[汝](대)〈고〉그대. 자네. 너.
し[食](명)〈고〉음식물.
し[師](명) ①싸움. 군대.「問罪(モンザイ)の—を起(オ)こす; 죄를 문책하기 위하여 군사를 일으키다」②사단(師団)의 준말. ③교수, 전도, 설교 등을 하는 사람. 선생. 1. an army 3. a teacher
し[梓](명) 판목(板木). 또는 그에 사용하는 가래나무.「—に上(ノボ)せる; 출판하다」 a printing block
し[詞](명) ①말. 자구(字句). ②시문(詩文). ③한시(漢詩)의 한 체(体). 1. words and phrases
し[詩](명) 시. ①자연, 인생 등의 모든 사물에 대한 감정을 운율적인 형식으로 표현, 서술한 말이나 글.「—を作(ツク)るより田(タ)を作れ; 시를 읊으며 풍류에 빠지지 말고 농사일과 같은 실리적(実利的)인 일을 하여라」②한시(漢詩). 1. a poem
し[資](명) ①자본. ②밑천. ③천성(天性). 성질. ④자료(資料). 재료.「参考(サンコウ)の—とする; 참고 자료로 하다」⑤돕는 것. (정신적인) 양식(糧食). 1. fund 3. nature
し[歯](명) ①이. ②나이. 연령. 1. a tooth 2. age
し[嗣](명) 가문을 이음. 후사(後嗣). 후계자. 상속인(相続人). an heir
し[試](명) 시합(試合), 시험(試験)의 준말.
し[駟](명) 네 필의 말. 또는 네 필의 말이 끄는 마차.「—も舌(シタ)に及(オヨ)ばず; 한번 입 밖에 낸 말은 사륜 마차로 좇아 가도 돌이킬 수 없다」 ⌊a carriage and four
し[糸](수) 모(毛)의 10분의 1.
シ[이 si](명) 시. ①장음계(長音階)의 일곱째 음. ②나(B)음의 이탈리아 음명(音名).
じ—[次](조어) ①다음의.「—年度(ネンド); 다음 연도」②〈이〉알칼리성의 염(塩).「—酢酸(サクサン); 차초산」
じ—[自](조어) ①…에서. …부터.「—東京(トウキョウ); 토오쿄오에서」「—六時(ロクジ); 6시부터」↔至(シ). ②자기(自己)의.「—意識(ジイシキ); 자의식」③스스로. 절로.「—炊(スイ); 자취」「—動的(ドウテキ); 자동적」
じ—[地](조어) 그곳에서 난. 토산(土産)의.「—酒(ザケ); 토산의 술」
—じ[路]ヂ(접미) ①길. 가도(街道).「旅(タビ)—; 여로」②하루에 가는 거리. 도정(道程).「三日(ミッカ)—; 3일간을 가야 할 거리(사흘길)」③⇨じ(箇).
—じ[箇]ヂ(접미)〈고〉수사(数詞) 밑에 붙는 말.「四十(ヨソ)—; 마흔 살」
—じ[寺](접미) 절 이름 밑에 붙이는 말.
—じ[児](조어) ①아이.「異常(イジョウ)—; 이상아」②사람.「幸運(コウウン)—; 행운아」

―じ[事](조어) 일. 「関心(カンシン)―; 관심사」
―じ[時](조어) 때. 경우(境遇). 「空腹(クウフク)―; 공복인 때」
じ(조동·특수형)〈고〉 ①부정적인 추측을 나타내는 말. …않겠지. 「色(イロ)は変(カ)わらー; 색은 변치 않겠지」 ②부정의 뜻을 나타내는 말. … 않을 작정이다. 「死(シ)すともやまー; 죽어도 하겠다(그만두지 않겠다)」
じ[地](명) ①토지. 육지. 땅. ②바둑돌로 둘러 싼 판(盤) 위의 빈 곳. 집. ③ 본래부터 가지고 있는 성질. 바탕. ④직물(織物)의 성질. ⑤나뭇결. 살갗. ⑥〔소설 등에서〕 작자의 설명문. 대화(対話) 이외의 부분. 「―の文(ブン); 설명문」 ⑦노래에 맞추어 연주하는 음곡. ⑧실지. 실제. 「―で行(ユ)く; 실지로 하다」⑨←地謡(ジウタイ). ⑩소인(素人). 1. land
じ[字](명) 자. ①문자. 글자. ②한자. ③필적. 글씨. 「きれいなー; 아름다운 글씨」 1. a letter 3. handwriting
じ[児](명) 아이. 어린이. a child
じ[柱](명)〈악〉 현악기의 줄을 받치는 기둥. a bridge
じ[持](명) 〔와카(和歌) 짓기, 바둑 등에서〕 승부 없는 겨룸. 비김. a drawn game
じ[時](명) ①시간을 재는 단위. 만 하루를 24분한 그 하나. 1시간. ②시각. 「一(イチ)―; 1시」
じ[痔](명)〈의〉 치질. piles
じ[辞](명) ①인사말. 「開会(カイカイ)の―; 개회사」 ② 시나 노래. 문장. ③한문 문체의 하나. 「帰去来(キキョライ)の―; 귀거래사」 1. words 2. a composition
じ[璽](명) 임금의 인장. 옥새. Privy Seal
しあい[至愛](명) 지극히 사랑함. sincere love
しあい[試合]―アヒ(명·자サ) 시합. 서로 재주를 겨룸. 「野球(ヤキュウ)の―; 야구 시합」 a game
じあい[地合]―アヒ(명) ①옷감의 본바탕. ②〈경〉 시세의 전체적인 모양. 「―がわるい; 시세가 나쁘다」 1. texture
じあい[自愛](명·자サ) 자애. ①자기가 스스로를 아낌. 자중(自重). 「ご―をいのる; 자애하시기 바랍니다」 ②자기의 이익을 꾀함. 이기(利己). 1. taking good care of oneself 2. selfishness
じあい[慈愛](명) 자애. 인자한 마음으로 귀여워함. affection
しあがり[仕上がり](명) ①마무리. 완성. ②결과. 성과. 1. finish 2. result
しあが·る[仕上がる](자 4) 다 되다. 끝나다. 완성되다. be completed
しあくしゅ[四悪趣](명)〈불〉 사악취. 극악인(極悪人)이 사후에 가는 네 개의 세계. 지옥, 아귀(餓鬼), 축생(畜生), 수라(修羅). 사악도(四悪道).
しあ·げる[仕上げる](타하 1) ①일을 끝내다. 마무르다. ②성공하다. 성취하다. 명 仕上げ. 1. finish
しあさって[明明後日](명) 모레의 다음날. 글피. three days hence
ジアスターゼ[도 Diastase](명)〈이〉 디아스타아제. 녹말을 당분으로 변하게 하는 효소(酵素). 황색을 띤 하얀 가루로, 소화제 등으로 씀.
しあつ[指圧](명·타サ) 지압. 손가락, 손바닥 등으로 몸을 누르거나 두드림. 「―療法(リョウホウ); 지압 요법」 finger-pressure
じあまり[字余り](명) 정형시(定型詩)에서 글자 수가 규정보다 많음. 「―の句(ク); 자수가 규정보다 많은 구」 a hypermetre
じあみ[地網](명) 지인망(地引網), 정치망(定置網) 등의 총칭. a seine
じあめ[地雨](명) 일정한 세기로 계속 내리는 비. a heavy rain
しあり·く[為歩く](자 4)〈고〉 ①일을 하며 날을 보내다. ②걸어서 돌아 다니다.
しあわせ[仕合わせ]―アハセ(명·자サ·형동ダ) ①운명의 길흉(吉凶). ②행복. 행운. 2. happiness
しあん[私案](명) 개인의 생각(계획). one's private plan
しあん[思案](명·자サ) ①생각. 분별. 「―にあまって; 어떻게 하면 좋을지 몰라서」 ②걱정. 근심. 1. thought.
―なげくび[思案投げ首](연어·명·자サ) 고개를 떨어뜨리고 근심 걱정함. 「a tentative plan
しあん[試案](명) 시안. 시험적으로 만든 안(案). ↗
―し·い(접미·형) …한 모양인. …라고 느껴지는. 「つやつやー; 반들반들한(윤이 나는)」
しい[尿](명) 오줌. 쉬. (어린이 말)
しい[椎]シヒ(명)〈식〉 구실잣밤나무. 너도밤나무과에 속하는 상록 교목. 가지도 잎도 매우 무성함. 씨는 식용. 재목은 건축, 기구 등에 씀. a pasania
しい[四囲](명) ①사방으로부터 둘러 쌈. ②사위. 주위. 둘레. 「―の状勢(ジョウセイ); 주위의 정세」 1. surrounding
しい[四夷](명)〈고〉 사방(四方)에 있는 야만족.
しい[私意](명) 사의. ①자기 한 사람의 생각. 사견(私見). ②불공평한 의견. 이기심. 편견(偏見). 1. one's private opinion
しい[思惟](명·자サ) 사유. ①종교나 철학 등에 대해서 깊이 생각함. ②사고(思考). thinking
しい[恣意](명) 자의. 방자한 마음. arbitrariness
しい[紫衣](명) 중이 입는 보랏빛 옷. a purple robe
しい[詩意](명) 시의 뜻. meaning of a poem
しい[緇衣](명) ①검은 물을 들인 옷. ②중. 승려. 1. a sable robe 2. a priest
じい[爺](명) 늙은 남자. 할아버지. 노인. an old man
じい[次位](명) 차위. ①다음 가는 등위나 직위. ②제2위. 2. the second place
じい(しい)[示威](명) 시위. 위세, 위력을 나타내 보임. 「―行進(コウシン); 시위 행진」 demonstration
じい[自慰](명·자サ) 자위. ①자기 자신을 위로함. ②자기의 생식기를 주무름. 수음(手淫). 1. self-consolation 2. masturbation
じい[侍医](명) 시의. 궁중에서 왕 및 황족의 진료를 맡는 의사. a court physician
じい[辞意](명) 사의. 사퇴, 사직할 의사. 「―をもらす; 사의를 나타내다」 intention of resignation
じい[祖父](명) 조부. 할아버지. a grandfather

ジーアイ[GI←Government Issue](명)〈속〉 지이아이. 미국 병정.

じいうんどう[示威運動](명) 시위 운동. 많은 사람이 모여 어떤 뜻을 강력하게 나타내는 대중 운동. 데모. demonstration

シーエム[CM←commercial message](명) 시이엠. 선전에 사용하는 문구.

しいか[詩歌](명) 시가. ①시와 노래. ②한시(漢詩)와 와카(和歌). 「一管弦(カンゲン); 시가와 음악」 1. poetry and music

しいき[市域](명) 시역. 시의 구역(区域). the municipal area

シーキュー[CQ](감) 시이 큐우. 아마튜어 무선(無線)의 호출 부호. 「一一こちらは…; 시이큐우 시이큐우, 여기는…」

しいく[飼育](명·타サ) 사육. 가축 등을 기름. feeding

シーク[프 chic](형동ダ) ⇨シック.

しいごと[誣言](명) 무언. ①아첨하는 말. ②날조한 말. ③참언(讒言). 1. flattering words 2. a fabrication 3. a false charge

シーシー[CC←cubic centimetre](명) 시이시이. 입방 센티미터.

じいしき[自意識](명)〈심〉 자의식. 모든 체험의 중심인 자기에 대한 의식. 자기 의식. self-conciousness

シース[sheath](명) 시이드. 연필, 만년필 등을 넣어 꽂는 가죽으로 만든 집.

しい·する[弑する](타サ) 군주나 아버지를 죽이다. 시해(弑害)하다. murder

しいそさん[尸位素餐](명) 시위 소찬. 재능이 없는데도 그 지위에 앉아 부질없이 봉급(녹)을 받는 것. sinecurism

シーズン[season](명) 시이즌. ①계절. 기후. ②왕성하게 행해지는 계절(시기). 「スポーツの一; 스포오츠의 계절」 ③기간(期間).

ジーゼル(エンジン)[Diesel(engine)](명) ⇨ディーゼル(エンジン).

シーソー[seesaw](명) 시이소. 널뛰기. 긴 널판의 한가운데를 괴어 그 양쪽 끝에 사람이 타고 서로 오르락내리락하는 유희. 또는 그 틀. 「一ゲーム; 득점이 비슷하게 올라 가 승부가 나지 않는 시합」

しいたけ[椎茸]シヒー(명)〈식〉 표고. 줄기가 짧고 갓은 흑갈색. 식용. a mushroom

しいた·げる[虐げる]シヒタゲル(타하 1) 학대(虐待)하다. oppress

シーツ[sheet](명) 시이트. 침대에 아래위로 두 장 까는 흰 천.

しいて[強いて]シヒー(부) 억지로. 「一行(ユ)く必要(ヒツヨウ)はない; 억지로 갈 필요는 없다」 forcibly

シート[seat](명) 시이트. ①좌석. 자리. ②〔야구에서〕 야수(野手)가 수비하는 위치.

シート[sheet](명) 시이트. ①한 장의 종이. 「切手一(キッテイチ)一; 우표 1장」 ②(금속 등의) 얇은 판. ③화차, 자동차 등에서 하물(荷物)에 씌우는 방수(防水), 즈크제(製)의 덮개.

シード[seed](명·타サ) 시이드. 〔시합에서〕 미리 강약(強弱)의 순서를 고려하여 강한 선수들이 끝에 가서 맞붙도록 대전표(対戦表)를 짜는 일.

しいな[粃·秕]シヒナ(명) ①벼 쭉정이. ②시들고 주그러져 충분히 여물지 않은 열매. 2. an immature and withered fruit

シーハイル[도 Schi Heil](명) 쉬하일. 〔스키이에 행운 있으라는 뜻〕 스키어들의 인사말.

ジープ[Jeep](명) 〔제너럴 퍼어포스(general purpose; 상품명)의 변화〕 지이프. ①미국의 군용 소형 자동차. ②소형(型). 「一空母(クウボ); 소형 항공 모함」

ジーメン[G-men←Government men](명) 지이멘. ①아메리카 연방 검찰국의 형사. ②강도를 잡는 경관.

しいら[鱰](명)〈동〉 만새기. 바닷물고기로 살았을 때에는 아름다우나 죽으면 곧 퇴색함. 고기는 여름철에 맛이 좋고 소금에 절여 먹기도 함. a dolphin

し·いる[強いる]シヒル(타상 1) 강요하다. 강권하다. 억지로 …을 하게 하다. 「寄付(キフ)を一; 기부를 강요하다」 force

し·いる[誣いる]シヒル(타상 1) ①모함하다. 참언하다. ②억설(臆説)하다. 1. slander

シール[seal](명) 시일. ①도장. 도장을 찍음. ②봉인(封印). ③편지 등을 봉하는 데 사용하는 우표 정도 크기의 종이. 「クリスマス一; 크리스마스시일」 ④바다 표범(海豹)의 가죽.

しい·れる[仕入れる](타하 1) ①생산, 판매를 위해 물품을 사들이다. 사입(仕入)하다. ②장래를 위하여 미리 사 두다. 명 仕入れ. 1. stock up

じいろ[地色](명) ①바탕의 색. ②지면(地面)의 빛깔. ground colour

しいん[子音](명) 자음. 닿소리. ↔母音(ボイン). a consonant

しいん[子院·支院](명)〈불〉 본사(本寺)에 부속해 있는 작은 절. 암자. a small temple in the precincts of a main temple

しいん[死因](명) 사인. 사망의 원인. the cause of death

しいん[私印](명) 사인. 개인이 사용(私用)으로 쓰는 도장. a private seal

しいん[試飲](명·타サ) 시음. 시험 삼아 마심. tentative drinking

シーン[scene](명) 시인. ①무대. ②장면. ③광경. 풍경. 「劇的(ゲキテキ)一; 극적인 장면」

じいん[次韻](명) 차운. 남의 시운(詩韻)을 써서 시를 지음.

じいん[寺院](명) 사원. 절. a temple

じう[時雨](명) 시우. ①알맞는 때에 오는 비. ②⇨しぐれ. 1. a seasonable rain

じう[慈雨](명) 자우. 적당한 때 알맞게 오는 비. 단비(甘雨). 「旱天(カンテン)の一; 가뭄에 오는 단비」 a beneficial rain

じうす[地薄](명·형동ダ) 직물, 금속 등이 얇음. thinness

じうた[地歌·地唄](명) ①지방의 민요(民謡). ②에도(江戸) 시대 쿄오토(京都), 오오사카(大阪) 지방에 유행된 속곡(俗曲). 1. a folk song
じうたい[地謡](명) 요오쿄쿠(謡曲)에서 대화(対話) 이외의 부분. 또는 그것을 여럿이 노래하는 것.
しうち[仕打ち](명) ①남에게 대한 처사. 남을 다루는 방법이나 태도.「むごい―; 참혹한 처사」②배우의 연기(演技). 1. behaviour 2. performance
しうん[紫雲](명) 자운. ①보랏빛 구름. ②상서로운 구름. 서운(瑞雲). 1. purple clouds
じうん[時運](명) 시운. 시절 및 시대의 운명이나 형세. tide
しうんてん[試運転](명·타サ) 시운전. 시험 삼아 운전함. 시험적인 운전. a test run
しえ[紫衣](명) 중이 입는 보랏빛 옷. a purple robe
しえい[市営](명) 시영. 시의 경영.「―住宅(ジュウタク); 시영 주택」 municipal management
しえい[私営](명) 사영. 개인의 경영. private management
じえい[自営](명·타サ) 자영. 독립해서 영업함. self-support
じえい[自衛](명·자サ) 자위. 스스로 자기를 방위함.「―手段(シュダン); 자기 방위 수단」 self-defence. **―たい**[自衛隊](명)〈군〉 자위대. 총리 대신이 통솔하는 전후의 일본 군대.
シェーカー[shaker](명) 셰이커. 칵테일을 만들 때 양주(洋酒)를 혼들어 혼합하는 기구. 교반기(攪拌器).
シェード[shade](명) 셰이드. ①그늘. ②전등의 갓. ③ 차양(遮陽).
シェービング[shaving](명) 셰이빙. 면도질.「―クリーム; 면도용 크리임」
〔シェーカー〕
シェーマ[도 Schema](명) 셰마. ①형(型). 형식. ②〈철〉 도식(図式).
シェーレ[도 Schere](명) 셰에레. ①가위. ②〈경〉 벌린 가위와 같이 점차로 사이가 커져 가는, 고도로 독점화된 산업 부분의 상품 가격과, 그렇지 아니한 산업 부분의 상품 가격의 가격차(価格差). 협상 가격차(鋏状価格差).
しえき[私益](명) 사익. 자기 개인의 이익. private interest
しえき[使役](명·타サ) 사역. 부림. 일을 시킴. employment
ジェスイットは[Jesuit 派](명)〈종〉 제주이트파. 가톨릭교의 일파. 예수회.
ジェスチャー[gesture](명) ⇨ゼスチャー.
ジェット[jet](명) 제트. ①분사(噴射). 분출. ②분사추진(噴射推進).「―機(キ); 제트기」
ジェネレーション[generation](명) 제너레이션. ①한 세대(世代). 약 30년간.「―のちがい; 세대차」②세대(世代)의 사람들.「ヤンガー; 젊은 세대」
シェパード[shepherd](명)〈동〉 ⇨セパード.
シュラック[shellac](명)〈이〉 셸락. 동인도 제도의 락이라는 패각충(貝殻虫)이 나무 위에 분비(分泌)해 놓은 수지(樹脂) 모양의 물질을 정제(精製)하여 굳힌 것. 와니스, 절연재(絶縁材) 등으로 씀.
シェリー[sherry](명) 셰리. 스페인산(産)의 백포도주.
シェルパ[Sherpa](명) 셰퍼. 네팔 산속에 사는 민족으로 등산 안내인(案内人).
しえん[支援](명·타サ) 지원. 힘을 빌려 주어 도움. support
しえん[私怨](명) 사원. 개인적인 원한. private resentment
しえん[詞筵](명) 문인의 모임. 또는 그 자리. a meeting of poets and writers
しえん[紫煙](명) 자연. 보랏빛 연기. bluish smoke
しえん[試演](명·타サ) 시연. 연극 등을 시험 삼아 상연함. a trial performance
ジェントルマン[gentleman](명) 젠틀맨. 신분이 높은 사람. 신사. ↔レディー.
―しお[入]シホ(조어) 물감을 들이는 도수(度数)를 나타내는 말.「―(ヒト)―; 초벌 염색」
しお[塩]シホ(명) ①소금. 식염(食塩). ②소금기. 염분.「―をふくんだ風(カゼ); 소금기를 머금은 바람」③짠맛.「―があまい; 싱겁다」 1. salt
しお[潮·汐]シホ(명) ①바닷물. 조수. ②때. 기회. ③애교(愛嬌). 1. tide 2. high time
しおあい[潮合]シホアヒ(명) ①만조(満潮)와 간조(干潮)의 사이. ②〈고〉 만조가 되는 곳. ③좋은 기회. 1. the tidal hour
しおいり[潮入り]シホ―(명) ①연못이나 늪에 바닷물이 들어 오는 일. ②조수가 침입하는 일. 1. coming in of the tide
しおうみ[潮海]シホ―(명) 바다. the sea
しお·える[為終える]―ヲヘル(타하 1) 끝내다. 완수(完遂)하다. finish
しおおし[塩圧し]シホ―(명·타サ) 야채 등을 소금에 절여 돌 등으로 짓눌러 놓음. salt-pickling
しおお·せる[為果せる](타하 1) 완수하다. accomplish
しおがい[潮貝]シホガヒ(명) 바다에서 나는 조개. a shell-fish in a sea
しおかげん[塩加減]シホ―(명·자サ) 짠맛의 정도. seasoning
しおがしら[潮頭]シホ―(명) ①밀물의 물마루. ②파도의 물마루. 1. wave-crest
しおかぜ[潮風]シホ―(명) 바닷바람. a sea breeze
しおから[塩辛]シホ―(명) 물고기, 조갯살, 알, 창자 등을 소금에 절인 것. 젓갈. salted fish guts. **―·い**[塩辛い](형) 짜다. **―ごえ**[塩辛声]―ゴヱ(명) 쉰 목소리.
しおき[仕置き](명·타サ) ①법에 의하여 처분함. 처벌. ②잘못을 뉘우치게 하기 위하여 취하는 엄한 조처. 징계(懲戒).「子供(コドモ)のお―; 아이에 대한 징계」 1. punishment
しお·く[仕置く](타 4) ①해 놓다. 끝내다. ②처치하다. 처리하다. ③처분하다. 2. manage 3. dispose
しおぐもり[潮曇り]シホ―(명) 해상(海上)의 습기로 하늘이나 바다가 흐림. a mist on the sea

しおくり[仕送り](명·자サ) 생활비나 학비를 보내는 것.「国元(クニモト)からの一; 고향에서 오는 생활비」 remittance

しおけ[塩気]シホー(명) 소금기. 염분.「一が たりない; 싱겁다」 saltiness

しおけ[潮気]シホー(명) 해상(海上)의 습기(湿氣). vapour of the sea

しおけむり[潮煙]シホー(명) 해수(海水)의 물보라. a spray of the sea water

しおこしょう[塩胡椒]シホー(명·자サ) 소금과 후추. 또는 그것을 써서 맛을 냄. salt and pepper

しおさい[潮騒]シホサヰ(명) 밀물 때의 파도 소리. 높은 파도 소리. the sound of the waves

しおざかい[潮境]シホザカヒ(명) ⇨しおめ(潮目).

しおさき[潮先]シホー(명) ①밀물의 물마루. 수종(水宗). ②일의 시작. 1. a wave-crest 2. beginning

しおざけ[塩鮭]シホー(명) 소금에 절인 연어. a salted salmon

しおさめ[仕納め]一ヲサメ(명) 일의 최후. 또는 최후로 하는 일. the last work

しおじ[潮路]シホヂ(명) ①조수가 드나드는 길. ②뱃길. 해로(海路). 항로(航路). 1. a tideway 2. a sea-route

しおしおシヲシヲ(부·자サ) ①실망하여 힘이 빠진 모양.「一と うなだれる; 실망하여 맥없이 고개를 숙이다」②눈물에 젖은 모양. 1. dejectedly

しおじ·む[潮染む]シホー(자 4) 해상(海上)의 습기나 물에 젖다.

しおじり[塩尻]シホー(명) 염전(塩田)에서 둥글고 높게 무덤처럼 쌓은 모래. 여기에 바닷물을 끼얹어 증발시켜 염분(塩分)을 고착시킴.

しおせ[潮瀬]シホー(명)〈고〉 조수의 흐름. 조류(潮流).

しおぜ[塩瀬]シホー(명) 굵은 씨실로 짠 견직물(絹織物).

しおだし[塩出し]シホー(명·타サ) 염분이 있는 물건을 물에 담가 우려 냄. steeping out salt

しおだち[塩断ち]シホー(명·자サ) 신불(神仏)에 기원하기 위하여, 또는 병으로 해서 얼마 동안 염분이 있는 음식을 먹지 않음. abstinence from salt

しおた·れる[潮垂れる]シホー(자하 1) ①바닷물에 젖어 몸에서 물이 떨어지다. ②초췌한 모양이 되다. ③탄식하며 서러워하다. ④울다.

しおた·る[潮垂る]シホー(자하 2)〈고〉 ⇨しおたれる.

しおづけ[塩漬け]シホー(명) 야채, 육류 등을 소금에 절임. 또는 그 식료품. pickling with salt

しおで[牛尾菜]シホデ(명)〈식〉 밀나물. 백합과의 다년생 만초(蔓草). 어린 싹은 식용.

しおで[四方手·鞖]シホデ(명) 마구(馬具)의 한 가지. 안장에 있는 가슴걸이와 밀치를 매는 끈.

しおどき[潮時]シホー(명) ①조수가 들고 날 때. ②일을 하기에 제일 좋은 때. 기회.「一を見(ミ)て話(ハナ)しだす; (좋은) 기회를 봐서 말을 꺼내다」 1. the tidal hour 2. a good chance

しおと·す[為落す](타 4) ①하여야 할 일을 하지 않고 말다. ②무시하다. 업신여기다. 2. ignore

しおなわ[潮沫]シホー(명)〈고〉 조수의 물거품.

しおに[塩煮]シホー(명) 소금만으로 간을 맞춰서 조리거나 익힌 것. 또는 그런 음식. salt-seasoning

シオニズム[Zionism](명) 시오니즘. 종교상 또는 민족 정책상 유태인이 그들의 고지(故地)인 팔레스티나를 조국으로 부활시키려는 운동. 시온 운동.

しおばな[塩花]シホー(명) ①정진(精進) 또는 금기(禁忌)가 있을 때 소금을 뿌리는 일. 또는 그 소금. ②요리집, 카페 등 접객업(接客業)을 하는 집 출입구에 놓는 소금. 1. salt-purification 2. salt-heaps

しおはま[塩浜]シホー(명) 염전. a salt-field

しおひ[潮干]シホー(명) ①바닷물이 썸. 간조(干潮). ②←潮干狩り. 1. ebb tide. **—がり**[潮干狩り](명·자サ) 바닷물이 썬 후 개펄에서 물고기나 조개를 잡는 일.

しおびき[塩引き]シホー(명) 어류(魚類)를 소금에 절임. 소금에 절인 어류. a salted fish

しおぶた[塩豚]シホー(명) 소금에 절인 돼지 고기. salted pork

ジオプトリー[도 Dioptrie](명) 디옵트리. 안경의 도수를 나타내는 단위.

しおぶね[潮船·汐船]シホー(명)〈고〉 해상(海上)을 저어가는 배.

しおぼし[塩乾し]シホー(명) 소금에 절여서 말림. 또는 그렇게 한 식료품. a salted and dried fish

しおま[潮間]シホー(명) 조수가 썬 동안. 간조와 만조 사이. the time between full tides

しおまち[潮待ち](명·자サ) 밀물을 기다림. waiting for the rising tide

しおまねき[潮招き]シホー(명)〈동〉 꽃발게. 소형으로 조수가 썰 때 모래 위로 나와 집게발을 상하로 움직임. a fiddler crab

しおまめ[塩豆]シホー(명) 말려서 소금에 절인 완두콩을 볶은 것. salted beans

しおみ[塩味]シホー(명) 소금 맛. 소금기. 짠맛. salty taste

しおみず[潮水]シホミヅ(명) 바닷물. sea water

しおむき[塩剥き]シホー(명) (바지락조개 등의) 조개를 깜. 또는 깐 것. shucked shellfish

しおむし[塩蒸し]シホー(명) 소금을 쳐서 찜. 또는 그 음식. steaming with salt

しおめ[潮目]シホー(명) ①한류(寒流)와 난류(暖流)의 경계점. 성질이 다른 조류가 서로 닿는 선. ②애교 있는 눈길.

しおもの[塩物]シホー(명) 소금에 절인 물고기. salted fish

しおもみ[塩揉み]シホー(명·타サ) 야채, 생선, 고기 등에 소금을 뿌려 주물러 부드럽게 하는 일. 또는 그렇게 한 것. salt-rubbing

しおやけ[潮焼け]シホー(명·자サ) ①해상의 수증기가 햇빛에 빨갛게 보이는 일. ②피부가 바닷바람과 햇볕에 검붉게 그읆. 1. reddish atmosphere over the sea

しおゆ[塩湯]シホー(명) ①소금을 풀어 끓인 물. ②염

분(塩分)을 함유한 온천. 1. hot salt-water 2. a salty hot-spring
しおらし·い シヲラシイ(형) ①순진하다. 귀엽다. 사랑스럽다. 「すぐにあやまるとは一; 곧 사과한다는 것은 기특하구나」 ②조심스럽고 얌전하게 보이다. 1. lovely
ジオラマ[diorama](명) 디오라마. 긴 마포(麻布) 등에 그림을 그리고 그 앞에 실물을 놓고 그것을 잘 조명하여 전체가 실물인 듯한 느낌을 주게 하는 일. 투시화(透視画).
しおり[枝折り·栞]シヲリ(명) ①산길 같은 데서 나뭇가지를 꺾어 길의 표적을 삼는 일. 안내. ②서표(書標). 표지(標紙). ③바쇼오(芭蕉)의 하이쿠(俳句)에서 마음속의 섬세한 여정(餘情)이 구(句)로 나타난 것. ④ ←枝折り戸. 2. a bookmark.
一ど[枝折り戸](명) 나뭇가지로 엮은 문. 사립문.
じおり[地織り](명) 그 지방에서 나는 직물. (주로 자급용)
〔枝折り戸〕
しお·る[枝折る] シヲル(타 4)〈고〉 나뭇가지를 꺾어서 길의 표지를 해 놓다. ②안내하다.
しお·れる[萎れる]シヲレル(자하 1) ①낙심하여 기운이 빠지는 것. ②시들다. 풀이 죽다. 「枝(エダ)が一; 가지가 시들다」 ③힘이 빠지다. 1. be dejected 2. droop
しおん[子音](명) ⇨しいん(子音).
しおん[四恩](명)〈불〉 사은. 사람이 살아 가는 데 있어서 받는 네 가지 은혜. 천지, 국왕, 부모, 중생(衆生)의 은혜. 또는 국왕, 부모, 중생, 삼보(三宝)의 은혜. the four obligations
しおん[師恩](명) 사은. 스승으로부터 받은 은혜. 「一会(カイ); 사은회」 obligations one owes to teacher
しおん[紫苑](명)〈식〉 탱알. 엉거시과에 속하는 다년초. 7월에서 9월까지 보랏빛의 꽃이 핌. an aster
じおん[字音](명) 자음. 일본에 있어서의 한자의 음.
一かなづかい[字音仮名遣い]一カナヅカヒ(명) 자음(字音)을 카나(仮名)로 써서 표시하는 규정.
しか[鹿](명)〈동〉 사슴. 「一を逐(オ)う; 정권(政權)을 다투다」「一を追(オ)う者(モノ)は山(ヤマ)を見(ミ)ず; 이권(利權)에 눈이 어두워 도리(道理)를 잊다」 a deer
しか[然か·爾か](부) 이와 같이. 이렇게. 「一思(オモ)わる; 이렇게 생각되다」
しか Ⅰ(수조) ①한정해서 부정할 때 쓰는 말. …밖에. 「ひとり一いない; 한 사람 밖에 없다」 ②〈고〉 ⇨しが.
Ⅱ(조동)〈고〉 과거의 조동사. …했다. 「花(ハナ)こそ咲(サ)き一; 꽃이 피었다」
しか[史家](명) 사가. 역사가. a historian
しか[市価](명) 시가. 시장에서의 판매 가격. 시장의 시세. the market price
しか[糸価](명) 생사(生糸) 가격. the price of raw silk
しか[師家](명) 스승의 집. one's teacher's house
しか[私家](명) 사가. ①자기 집. 개인 집. ②개인. 「一集(シュウ); 개인 문집」 1. one's house
しか[紙価](명) 지가. 종이의 가격. 「洛陽(ラクヨウ)の一を高(タカ)からしめる; 낙양의 지가를 올리다(책이 썩 잘 팔린다는 뜻)」 the price of paper
しか[疵瑕](명) 결점. 단점. 하자(瑕疵). a fault
しか[歯科](명)〈의〉 치과. 이를 고치는 부문. 「一医(イ); 치과 의사」 dentistry
しか[詞華](명) 사화. 아름다운 말. the exuberance of words
しか[詩家](명) 시인(詩人). a poet
しか[賜暇](명) 사가. 휴가를 내림. 「一願(ネガ)い; 휴가원」 leave of absence
しが(수조)〈고〉 원망(願望)을 나타냄. …하고 싶다. 「得(エ)てー; 얻고 싶고나」
しが[歯牙](명) ①치아. ②말 끝. 「一にも かけない; 문제로 삼지도 않다」 1. teeth
しが[滋賀](명)〈지〉 킹키(近畿) 지방. 북동부의 현. 현청 소재지는 오오쯔(大津).
じか[自火](명) 자기 집에서 난 화재. a fire breaking out in one's own house
じか[自家](명) 자가. ①자기의 집. ②자기 것. 「一用車(ヨウシャ); 자가용차」 1. one's own house
じか[時価](명) 시가. 그때의 시세. the current price
じか[磁化](명·자타サ)〈이〉 자화. 자기 감응(磁気感応)에 의하여 물질이 자석(磁石)의 성질을 띠는 일. magnetization
じか[時下](부) 시하. 요즈음. nowadays
じが[自我](명) 자아. ①자기(自己). ②의식(意識)의 주체(主体). 1. one's ego
シガー[cigar](명) 시가아. 여송연(呂宋煙).
しかい[支会](명) 지회. 지부(支部) 회의. a branch
しかい[市会](명)〈법〉 시회. 시의 중요한 정무(政務)를 의결하고 그 집행을 감독하는 기관. the municipal assembly
しかい[司会](명·타サ) 사회. 회의 진행을 맡아 봄. a chairman
しかい[四海](명) 사해. ①사방의 바다. ②사방의 끝. ③사방의 외국. ④세계. 만국(万国). 1. the four seas.
一けいてい[四海兄弟](연어) 사해 형제. 세계 각국의 사람은 모두 형제같이 가깝다는 말.
しかい[四界](명) 사계. ①〈불〉 지(地), 수(水), 화(火), 풍(風)의 네 세계. ②천(天), 지(地), 수(水), 양(陽)의 네 세계. 2. the four worlds
しかい[死灰](명) ①불 기운이 없는 재. ②생기가 없음을 비유하는 말. 1. cold ashes 2. the inactive thing
しかい[死海](명)〈지〉 사해. 서부 아시아 팔레스타인의 동쪽에 있는 함수호(鹹水湖). 고도(高度)의 염분 때문에 생물이 살지 못함. Dead Sea
しかい[視界](명) 시계. ①눈으로 볼 수 있는 범위. ②⇨しや(視野). 1. the field of vision
しかい[斯界](명) 사계. 그 사회. 「一の権威(ケンイ); 사계의 권위」 this circle
しかい[詩会](명) 시를 짓는 모임. a poetry party
しかい[誌界](명) 잡지계. journalism

しがい[市外](명) 시외. 시가지의 밖. the suburbs of a city
しがい[市街](명) 시가. ①인가(人家)나 상가가 많이 늘어서 번창한 곳. ②거리. 「一戦(セン); 시가전」 1. a town 2. a street
しがい[死骸·屍骸](명) 시체. 송장. a corpse
じかい[次回](명) 차회. 다음 번. next time
じかい[字解](명·타サ) 자해. 문자의 해석. interpretation of words
じかい[自戒](명·자サ) 자계. 자신을 일깨움. 스스로 경계함. self-admonition
じかい[自壊](명·자サ) 자괴. 스스로 부서짐. destroying oneself
じかい[持戒](명)〈불〉지계. 불교의 계율을 엄격히 지킴. observance of commandments
じかい[磁界](명)〈이〉자계. 자력(磁力)이 미치는 장소. 자장(磁場). the magnetic field
じがい[自害](명·자サ) 자신을 스스로가 해침. 자살(自殺). suicide
しかいう[然か云う·云爾]ーイフ(연어) 문장을 끝맺는 말. 한문의 서문(序文) 등의 끝에 "이렇게 상술한 바와 같이"의 뜻을 나타내는 말.
しがいせん[紫外線](명)〈이〉자외선. 태양 광선의 스펙트럼의 자색부(紫色部) 바깥쪽의 암흑부에 있는 파장이 긴 복사선(輻射線). 살균 작용을 하므로 공학, 의학, 농학 등에 널리 이용됨. ultraviolet rays
しかえ[仕替え]ーカヘ(명) 고쳐 함. 다시 함. doing over again
しかえし[仕返し]ーカヘシ(명·자サ) ①고쳐 함. ②반복함. ③복수함. 보복함. 3. revenge
しか·える[仕替える]ーカヘル(타하 1) 고쳐 하다. 다시 하다. do over again
じがお[地顔]ーガホ(명) 화장하지 않은 얼굴. unpainted face
しかか·る[仕懸る](타 4) ①하기 시작하다. ②일을 도중까지 하다. 1. start 2. be not finished
しかがわ[鹿皮·鹿革]ーカハ(명) 녹비. 사슴의 가죽. leather of a deer
しかく[然かく](부) 그렇게. 「事情(ジジョウ)は一簡単(カンタン)ではない; 사정은 그렇게 간단하지가 않다」
しかく[四角](명·형동ダ) 사각. ①사각형. ②육면체. 1. a square. —·い[四角い](형) 네모지다. —しめん[四角四面](형동ダ) 정확히 네모가 진 모양. 매우 고지식한 모양. —ば·る[四角張る](자 4) ①사각형이 되다. ②엄격해지다. 진지해지다. 굳어지다.
しかく[死角](명) 사각. 총을 쏠 수 없는 각도. the dead angle
しかく[刺客](명) 자객. 남을 암살하는 사람. an assassin
しかく[視角](명) 시각. ①〈이〉물체의 두 끝에서 눈에 이르는 두 직선이 이루는 각. ②보는 눈의 각도. 1. the visual angle 2. a point of view
しかく[視覚](명)〈생〉시각. 눈으로 물체를 보았을 때 일어나는 감각. the sense of sight
しかく[詩格](명) ①시의 규칙. ②시의 품위. 1. the rule of making poetry 2. the dignity of poetry
しかく[資格](명) 자격. 어떤 일을 할 때 필요한 신분상(身分上)의 조건. 「個人(コジン)の 一で; 개인의 자격으로」 capacity
しがく[史学](명) 사학. 역사를 연구하는 학문. history
しがく[私学](명) 사학. 사립 학교. ↔官学(カンガク). a private school
しがく[視学](명) 시학. 지방 관청의 학무부에 배속되어 학교에 관한 여러 가지 일을 시찰, 감독하던 관직. 장학사. school inspection
しがく[斯学](명) 이 학문. 그 방면의 학문. this study
しがく[歯学](명)〈의〉치과의 학문. dental surgery
しがく[詩学](명) 시학. 시를 연구하는 학문. poetics
じかく[字画](명) 자획. 한자의 점이나 획수. the number of strokes in a Chinese character
じかく[寺格](명)〈종〉절의 격식(格式). status of a Buddhist temple
じかく[自覚](명·자サ) 자각. ①자기 자신을 의식함. 또는 의식하고 행동함. ②자기가 직접 앎. 「一症状(ショウジョウ); 자각 증상」 1. self-consciousness
じかく[耳殻](명)〈생〉귓바퀴. a pinna
じかく[痔核](명)〈의〉치핵. 치질의 하나. 직장(直腸)의 정맥이 항문 근처에서 울혈(鬱血)로 혹 모양으로 붓는 일. haemorrhoids
じがくじしゅう[自学自習](연어·명·자サ) 자기 혼자서 공부함. 독학(独学). self-teaching
しかけ[仕掛け](명·타サ) ①시작함. ②장치함. 설비함. ③수단. 계략. ④규모. ⑤⇨うちかけ. 1. beginning
しか·ける[仕掛ける](타하 1) ①시작하다. 「仕事(シゴト)を一と, 客(キャク)が来(キ)た; 일을 시작하자 손님이 왔다」②중도까지 하다. ③남에게 어떤 동작을 하도록 행동을 취하다. 「話(ハナシ)を —; 이야기를 걸다」④장치하다. 「爆薬(バクヤク)を一; 폭약을 장치하다」⑤준비하다. 1. begin 5. prepare
しかざん[死火山](명)〈지〉사화산. 유사 이래(有史以来) 전연 활동이 없는 화산. ↔活火山(カッカザン). an extinct volcano
しかし[併し·然かし](접) 그러나. 그렇지만. but. —ながら[併し乍ら] Ⅰ(접) 그렇지만. Ⅱ(부) 전연. 정말.
しかじか[然か然か·云云](부) 운운. (불필요한) 문구(의 반복)를 생략해서 말할 때 사용하는 말. 이러구저러구. 「これこれ一の理由(リユウ)で; 이러이러한 이유로」 such and such
じがじさん[自画自賛](연어·명·자サ) 자화 자찬. ①자기가 그린 그림을 자기가 칭찬함. ②자기가 자기를 칭찬함. 2. self-praise
しかして[然かして·而して](접) 그리고. 그래서. and
しかしゅう[詞華集](명) 사화집. 시를 골라 모은 책. an anthology
じかじゅふん[自家受粉](명)〈생〉자가 수분. 양성화(両性花)에 있어서 같은 꽃의 수술, 암술 사이에 수분 작용(受粉作用)이 행해지는 일. self-fertilization

しかず[如かず](연어) ①미치지 못하다. 따르지 못하다. ②그 편이 좋다. 「にげるに―; 도망치는 게 상수다」 1. be inferior to 2. be better
しかすがに(부)〈고〉 그렇다고는 하지만.
じかせい[自家製](명) 자가제. 자기 집에서 만듦. 「―の茶(チャ)を飲(ノ)む; 집에서 만든 차를 마시다」 home-made
じかせん[耳下腺](명)〈생〉 이하선. 귀밑에 있는 침을 내는 선. 귀밑샘. 「―炎(エン); 이하선염」 the parotid grand
じがぞう[自画像](명) 자화상. 자기가 그린 자기 초상화. a self-portrait
しかた[仕方](명) ①행동 거지. ②방법. 수단. ③몸짓. 손짓. 2. a way 3. gesture. **―な·い**[仕方無い](형) 할 수 없다. 부득이하다. **―ばなし**[仕方咄](명) 손짓이나 몸짓 섞은 만담(漫談).
じかた[地方](명) ①지방. 촌. 시골. ②무용(舞踊)의 반주(伴奏) 음악. 1. the country
じかたび[直足袋·地下足袋]ヂカー(명) 노동할 때에 신는 고무창으로 된 신. rubber-soled socks
じがため[地固め](명·자サ) ①터 다짐. 달구질. ②지반이나 기초를 단단히 함. 1. ground making 2. solidifying the foundation
じかだん(ぱん)[直談(判)]ヂカー(명·자サ) ①즉석에서 담판함. ②직접 담판함. 2. direct negotiation
しがち[仕勝ち](형동ダ) ①하면 할수록 이기게 되는 모양. ②지칫하면 그렇게 하는 경향이 많은 모양. 「欠席(ケッセキ)を―だ; 결석을 하는 경향이 많다」 2. tendentious
じかちゅうどく[自家中毒](명)〈의〉 자가 중독. 자기 몸속에 발생한 독물(毒物)에 의한 중독. 예 : 요독(尿毒), 산독(酸毒) 등. autointoxication
しかつ[死活](명) 사활. 죽음과 삶. 생사(生死). life or death. **―もんだい**[死活問題](연어·명) 사활 문제. 생사에 관한 큰 문제.
しがつ[四月](명) 4월. April. **―ばか**[四月馬鹿](명) ⇨エープリルフール.
じかつ[自活](명·자サ) 자활. 독립해서 생활함. self-support
しかつめらし·い[鹿爪らしい](형) ①그럴싸하다. ②점잔을 빼다. …하는 척하다. 의례적(儀礼的)이다. 1. plausible 2. ceremonious
しかと[確と·聢と](부) ①뚜렷이. 명백히. ②틀림 없이. 분명히. ③단단히. 1. distinctly 2. certainly
じかどうちゃく[自家撞着](연어·명·자サ) 자가 당착. 같은 사람의 글이나 언행이 앞뒤가 서로 잘 맞지 않음. 자기 모순. self-contradiction
しがな(연어·수조)〈고〉 소망을 나타내는 말. …싶고나. 「見(ミ)―; 보고 싶고나」
しがな·い(형)〈속〉 변변치 않다. 가난하다. 하찮다. 「―渡世(トセイ); 하찮은 생업(生業)」 poor
じかに[直に]ヂカー(부) 직접으로. 「―手渡(テワタ)す; 직접 수교(手交)하다」 directly
じがね[地金](명) ①지금. 제품하거나 세공하지 않은 금속. ②본성(本性). 1. ground metal 2. true character
しか·ねる[仕兼ねる](타하 1) 불가능하다. 할 수 없다. 하기 힘들다. be unable to
しかのみならず[加之](접) 그뿐만 아니라. 그 위에. 더더구나. moreover
しがのみや[滋賀宮](명) 오오미노쿠니(近江国) 시가촌(滋賀村)에 있던 텐치 천황(天智天皇)의 궁전.
しがのみやこ[滋賀都·志賀都](명) 시가노미야(滋賀宮)가 있던 곳.
しかはあれど[然かは有れど](연어) 그렇기는 하지만.
しかばかり[然許]〈고〉 그렇게까지. 그토록.
じかばき[直履き]ヂカー(명) 신발 등을 맨발에 신는 일. wearing next one's skin
じがばち[似我蜂](명)〈동〉 나나니벌. 몸은 검고 허리가 가늘며, 조그만 벌레들을 잡아다가 유충의 먹이로 함. a wasp
しかばね[屍·尸](명) 송장. 시체. 주검. a corpse
しかぶえ[鹿笛](명) 사슴을 불러 모으는 피리. a flute for gathering deer
じがみ[地髪](명) 머리에 본래부터 나 있는 머리털. ↔入(イ)れ髪(ガミ). natural hair
じがみ[地紙](명) ①부채, 우산 등에 붙이는 종이. ②도배할 때 초벌로 바르는 종이. 초배지. ground paper
しがみつ·く(자 4) 착 달라붙다. 함부로 덤비다. cling
しかみひばち[獅嚙み火鉢](명) 다리나 동부(胴部) 등에 사자 얼굴을 새긴 금속으로 만든 둥근 화로. brazier with the pattern of lion's head
しかめっつら[顰めっ面](명) 불쾌한 듯 찌푸린 얼굴. 찡그린 얼굴. a wry face
しか·める[顰める](타하 1) 찡그리다. 찌푸리다. 「顔(カオ)を―; 얼굴을 찌푸리다」 frown
しかも[然かも](부) ①그와 같이. 그렇게도. ②마침. 바로. 1. so much 2. just
しかも[而も](접) ①그 위에. 더욱. 더구나. ②…에도 불구하고. 그런데도. 1. moreover 2. and yet
じかやき[直焼](명) 불 위에 직접 놓고 굽는 것. direct broiling
じかよう[自家用](명) 자가용. ①자기 집에서 사용함. 또는 그 물건. 「農家(ノウカ)の―米(マイ); 농가에서 자기들이 먹을 쌀」 ②자가용 자동차. 1. private use
しからしめる[然らしめる](연어·하 1) 그렇게 하게 하다. 「時勢(ジセイ)の―ところで; 세상 형편이 그렇게 시키는 바로」 induce
しからず(ん)ば[然らず(ん)ば](접) 그렇지 않으면. 「生(セイ)か, ―死(シ)か; 사느냐, 그렇지 않으면 죽느냐」 if not
しからば[然らば](접) 그러면. 그렇다면. then
しがらみ[柵·笧](명) 물의 흐름을 막기 위하여 말뚝을 박고 여기에 나무나 대를 엮어 댄 것. a weir
しか·り[然り](자ラ) 그렇다. 그대로다. That's right
しかりつ·ける[叱り付ける](타하 1) 몹시 꾸짖다. scold severely
しかりといえども[然りと雖も]―イヘドモ(접) 그렇다

하더라도. 그렇지만. 그렇기는 하나. but
しか·る[叱る·呵る](타 4) 꾸짖다. 나무라다. scold
しかるあいだ[然る間]ーアヒダ(접) ①그렇기 때문에. ②그동안에. 그간에. 「in spite of that
しかるに[然るに](접) 그런데. 그런데도 불구하고. ⤴
しかるべき[然る可き](연어·연체) 그래야만 하는. 적당한. 마땅한. 「一人(ヒト); 마땅한 사람」 suitable
しかるべく[然る可く](부) 적당히. 좋도록. 알맞게. suitably
しかるべ·し[然る可し](형ク) ①그래야 할 것이다. ②알맞다. 적당하다. ③…도 좋다. 「見(ミ)てー; 보아도 좋다」 ④훌륭하다. 「然る可き知恵(チエ); 훌륭한 지혜」
シガレット[cigarette](명) 시거렛. 종이로 만 담배. 궐련(巻煙). 「ーケース; 궐련갑」
しかれども[然れども](접) 그렇지만. 그러나. but
しかれば[然れば](접) ①그렇기 때문에. ②그래서. 1. in that case 2. then
しかん[士官](명)〈군〉 사관. 장교. an officer
しかん[子癇](명)〈의〉 자간. 임산부(妊産婦)에 생기는 일종의 임신 중독증. 기운을 잃고 전신 경련을 일으킴. eclampsia
しかん[止観](명)〈불〉 지관. ①〔천태종(天台宗)에서〕 일체의 망념(妄念)을 버리고 조용한 마음으로 만법(万法)을 관조(観照)하는 일. ②⇨てんだいしゅう.
しかん[史官](명) 사관. 역사의 편집을 담당하는 관리. a chronicler
しかん[史観](명) 사관. 역사적 현상을 전적으로 파악하여 이것을 해석하는 입장. 「唯心(ユイシン)ー; 유심 사관」 a historical view
しかん[仕官](명·자サ) ①조정에서 일함. ②무사가 주군(主君)을 섬김. 1. entering the government service
しかん[糸管](명) ①줄을 타거나 켜는 악기와 입으로 부는 악기. 관현 악기. ②음악. 2. music
しかん[弛緩](명·자サ) 이완. 느즈러짐. 풀려 늦추어짐. 「精神(セイシン)のー; 정신의 이완」 relaxation
しかん[祠官](명) 신관(神官). 제관(祭官).
しかん[詩巻](명) 시(詩)를 적은 책. a book of poems
しかん[篩管](명)〈생〉 사관. 식물체내에 있는 도관(導管)의 하나. 세포 조직을 하며 잎에서 만들어진 양분의 하강로(下降路)가 됨. 체관. a sieve tube
しがん[此岸](명) 차안. 이쪽 기슭. 이편 언덕. ↔彼岸(ヒガン). this side
しがん[志願](명·자타サ) 지원. 원하고 바람. 「ー者(シャ); 지원자」 aspiration
しがん[詩眼](명)① 시를 비평하는 안목(眼目). ②오언시(五言詩)의 교졸(巧拙)을 결정하는 주요한 하나의 글자. 1. a poetical view
じかん[次官](명)〈법〉 차관. 각 성(省)의 대신(大臣)의 다음 지위(의 관리). 「事務(ジム)ー; 사무 차관」 a vice-minister
じかん[字間](명) 자간. 글자와 글자 사이의 여백(餘白). space
じかん[時間](명) 시간. ①때. ↔空間(クウカン). ②때를 재는 단위. ③〈철〉 과거, 현재, 미래의 무한한 때(時)의 흐름(연속). 1. time 2. hour. **ーわり**[時間割り](명) 학교의 수업, 열차의 운행 예정 등을 시간으로 나눠 표시한 것. 시간표.
じかん[時艱](명) 시국(時局)의 난문제(難問題). 시국의 곤란. difficulties of the times
じがん[字眼](명) 시문(詩文) 중의 주안점(主眼点)이 되는 가장 중요한 문자(文字). a key word of a poem
じがん[慈眼](명)〈불〉 ⇨じげん.
ーしき[色](조어) 색. 「五(ゴ)ーの雲(クモ); 오색의 구름」
ーしき[織](조어)〈생〉 조직(組織). 「結締(ケッテイ)ー; 결체 조직」
しき[敷き](명) ①물건 밑에 까는 깔개. 「花瓶(カビン)ー; 꽃병 깔개」 ②⇨しききん.
しき[鋪](명) 갱도(坑道). a gallery
しき(수조) 정도. 만큼. 「これーの事(コト); 이만한 일」
しき[式](명) 식. ①의식(儀式). ②일정한 표준이나 규정. 격식. ③일정한 설비. ④일정한 체재(体裁). ⑤방법. ⑥예의 범절. ⑦계산의 순서나 방법을 수자, 기호로 표시한 것. 수식(数式). 「ーを立(タ)てる; 식을 세우다」 1. a ceremony 2. a model 7. an expression
しき[識](명) 서로 아는 것. 가까이 사귀는 일. 「一面(イチメン)のーもない; 일면식도 없다(안면이 조금도 없다)」 an acquaintance
しき[士気](명) 사기. ①병사(兵士)의 의기. 「ー大(オオ)いにあがる; 사기가 충천하다」 ②〔심리학에서〕 일을 하려고 하는 기분. ③사람들의 기풍(気風). ⤵ ⌊1. morale
しき[子規](명)〈동〉 ⇨ほととぎす.
しき[四季](명) 사계. 춘하추동의 네 계절. 사철. four seasons
しき[史記](명)〈역〉 사기. 전한(前漢)의 사마천(司馬遷)이 쓴 중국 최초의 정사(正史). 상고(上古)부터 전한 무제(武帝) 때까지의 역사를 기록했음.
しき[死期](명) 사기. ①죽을 때. 임종. ②죽어야만 할 때. 1. the time of death
しき[志気](명) 어떤 일을 이룩하려는 의기(意気). 원기(元気). spirit
しき[私記](명) 개인의 기록. a private record
しき[始期](명) 어떤 일이 시작되는 시기. 초기(初期). the initial stage
しき[指揮](명·타サ) 지휘. 지시하여 일을 시킴. 명령. command
しき[紙器](명) 지기. 종이 기구(器具). 종이로 만든 그릇. a paper ware
しき[視器](명)〈생〉 시각 기관(視覚器官)의 준말.
しぎ[鴫·鷸](명)〈동〉 도요새과에 속하는 새의 총칭. ⤵ ⌊a snipe
しぎ[市議](명) 시의회 의원의 준말.
しぎ[私議](명·타サ) ①자기 혼자의 의견. ②뒤에서 비평함. 1. one's personal view 2. backbiting
しぎ[思議](명) 생각. 추측. thinking
しぎ[諮議](명) 자의. 아랫사람에게 의견을 물어 의논하는 일. 자문(諮問). an inquiry

しぎ[仕儀](명) 일의 형세나 형편. 「面目(メンボク)ない—; 면목이 없는 형편」 circumstances
—じき[食](조어) 먹는 일. 식사. 끼. 「一日(イチニチ)二(ニ)—; 하루 두 끼」
—じき[敷き](접미) 깐 다다미의 수. 「八畳(ハチジョウ)—; 다다미 여덟 장 깐 방」
じき[直] Ⅰ(명) ①직접. ②즉석(即席). Ⅱ(부) 곧. Ⅰ 1. directness Ⅱ instantly
じき[次期](명) 차기. 다음 시기. 다음 기간. the next time
じき[自記](명·타サ) ①자기가 기록함. ②자동적으로 기록함. 「—記録計(キロクケイ); 자동 기록계」 1. writing by oneself 2. self-registering
じき[自棄](명) 자기. 스스로 저를 버리고 돌보지 않음. 「自暴(ジボウ)—; 자포 자기」 self-abandonment
じき[時季](명) 계절. 시절. season
じき[時期](명) 시기. 때. 「—尚早(ショウソウ); 시기 상조」 time
じき[時機](명) 시기. 적당한 기회. 알맞은 때. a good opportunity
じき[磁気](명)〈이〉 자기. 철을 끌어 당기는 성질. 「—機雷(キライ); 자기 기뢰」 magnetism
じき[磁器](명) 자기. 사기 그릇. a porcelain
じぎ[字義](명) 글자의 뜻. literal meaning
じぎ[児戯](명) 아이들의 장난. 「—に類(ルイ)する; 아이들의 장난 같다」 a child's play
じぎ[時宜](명) 시의. 적합한 시기. 알맞은 때. 「—に適(テキ)した…; 시의에 맞은…」 the proper time
じぎ[辞儀](명·자サ) ①사퇴(辞退). 사양. ②인사. 절함. 1. declining 2. bowing
じきあらし[磁気嵐](명)〈지〉 자기람. 지구상의 자장(磁場)에 급격한 변화가 일어나는 현상. 자기 폭풍. the magnetic storm
しきい[敷居]—ヰ(명) 문지방. 하인방(下引枋). 「—越(ゴ)し; 문지방 너머」 ↔かもい. the threshold
しきいき[識閾]—ヰキ(명)〈심〉 식역. 자극에 의하여 감각(感覚)을 나타내는 최소한(最小限)의 점. the threshold of consciousness
しきいし[敷き石](명) 지면(地面)에 나란히 까는 돌. 도로에 까는 돌. 포석(鋪石). a paving stone
しきいた[敷き板](명) ①물건의 밑에 까는 널판대기. ②발판. ③마루청. 1. a board for laying 2. a footing plank
しきうつし[敷き写し](명·타サ) 서화(書画)를 투명한 종이 밑에 갈고 복사(複写)함. tracing
しきかい[色界](명)〈불〉 색계. 삼계(三界)의 하나. 욕계(欲界)의 위, 무색계(無色界)의 아래. 욕계(欲界)처럼 강하지는 않으나 아직도 물질과 육체에 집착을 갖는 경지.
しぎかい[市議会](명)〈법〉 시의회. 시의 행정을 감독하고 상담에 응하는 시의 의결 기관(議決機関). a municipal assembly
しきかく[色覚](명)〈심〉 색각. 색채를 식별하는 감각. the colour sense
しきがく[式楽](명) 의식(儀式) 때에 연주하는 음악.
しきがみ[敷紙](명) 물건 밑에 까는 종이. 또는 종이로 만든 깔개. an underlay
しきがわ[敷き皮]—ガハ(명) 모피(毛皮)의 깔개. a fur cushion
しきがわ[敷き革]—ガハ(명) 구두의 안쪽. 바닥에 까는 가죽. an inner sole
しきがわら[敷き瓦]—ガハラ(명) 봉당 등에 까는 평평한 기와. tiles for flooring
しきかん[色感](명) 색감. ①색채에서 받는 느낌. ②색을 분별하는 감각. 1. an impression of colour 2. the colour sense
しきぎょう[私企業](명)〈경〉 사기업. 개인, 회사, 조합이 경영하는 기업. ↔公企業(コウキギョウ). a private enterprise
しききん[敷き金](명) 집이나 방을 빌어 쓸 때 집주인에게 내는 보증금. a deposit
しきぎん[敷き銀](명)〈고〉 시집 가는 색시의 지참금.
じきげに[直下に](부) 즉시. 곧. 즉각. instantly
しきけん[識見](명) 식견. 학식과 의견. 사물을 분간하는 능력. 견식. 「—高邁(コウマイ); 견식이 뛰어나게 높음」 discrimination
しきご[識語](명) 책의 처음 또는 끝에 저작 연월(年月), 저자의 이름, 내력(来歴) 등을 기록한 것. a colophone
しきさい[色彩](명) 색채. ①색과 광택. 「—感覚(カンカク); 색채 감각」 ②경향. 성질. 「野党的(ヤトウテキ)—; 야당적 색채」 1. colouring 2. tendency
しきざき[四季咲き](명)〈식〉 때를 가리지 않고 꽃이 핌. 또는 그런 식물. perennial flowering
じきさん[直参](명) 에도(江戸) 시대 막부(幕府)의 장군에 직속되었던 무사 및 가신(家臣). an immediate vassal
しきし[色紙](명) 색지. ①여러 가지 색종이. ②와카(和歌)나 그림을 그리는 두꺼운 종이. 세로 약 19 cm 가로 약 16 cm의 크기. ③낡은 의복의 안에 대는 천. 1. coloured paper
しきじ[式次](명) 식의 순서. 식순(式順). the ceremonial order
しきじ[式事](명) 의식(儀式)의 행사. a function
しきじ[式辞](명) 식사. 식장(式場)에서 말하는 인사말. an address
じきじき[直直](부) 직접. directly
しきじつ[式日](명) ①의식(儀式)이 있는 날. ②모임이 있는 날. ③축제일(祝祭日). 1. a ceremonial day 3. a festival day
しきしま[敷島](명) 일본의 옛 이름. Japan. **—のみち**[敷島の道](연어·명) 와카(和歌)의 도(道).
しきしゃ[識者](명) 식자. 식견이 있는 사람. the intelligent
しきしゃ[指揮者](명) 지휘자. ①명령하여 어떤 행동을 시키는 사람. ②음악 연주를 지휘하는 사람. 1. a commander 2. a conductor

しきじゃく[色弱](명)〈의〉 색약. 색맹(色盲)의 정도가 심하지는 않으나 건전한 눈보다는 빛의 판별력(判別力)이 약한 현상. slight colour blindness
じきしょ[直書](명) 자필(自筆)의 문서. an autograph
しきじょう[式場](명) 식장. 의식(儀式)을 행하는 곳. a ceremonial hall
しきじょう[色情](명) 색정. 남녀간의 정욕. 색욕. sexual desire. **—きょう**[色情狂](명) 색정광. 색정이 지나치게 격렬한 나머지 상도(常道)를 벗어난 행동을 하는 정신병. 또는 그런 사람. 색광(色狂).
しきす(ず)な[敷砂](명) 마당 등에 모래를 까는 일. 또는 그 모래. sand scattered over a garden
しきせ[仕着せ·四季施](명)〔お—〕철을 따라서 주인이 고용인(雇傭人)에게 옷을 주는 일. 또는 그 옷. livery
しきそ[色素](명) 색소. 물체의 색을 들이는 본질(本質). 색을 나타내는 원래의 물질. colouring matter
じきそ[直訴](명·자サ) 직소. 정식 순서를 밟지 않고 직접 상관(上官)에게 호소함. a direct appeal
しきそう[色相](명)〈종〉 색상. 〔불교에서〕 육안으로 볼 수 있는 형태. state
じきそう[直奏](명·자サ) 직주. 직접 임금에게 상주(上奏)함. direct report to the Throne
しきそくぜくう[色即是空](연어)〈불〉 색즉 시공. 만물은 형(形)을 갖추고 있으나 그 본질은 무(無)라는 말. All is vanity.
しきたい[色代](명)〈고〉 ⇨しきだい.
しきだい[式台](명) 현관 앞에 있는 마루. a step
しきだい[色代](명)〈고〉 ①인사. ②아첨. ③다른 물건으로 대신하는 것.

〔式台〕

じきたつ[直達](명) 직달. 직접 전달함. direct transmission
しきたり[仕来たり](명) 습관. 풍속. 관습. 「—を破(ヤブ)る; 관습을 깨뜨리다」 a custom
ジギタリス[네 digitalis](명)〈식〉 디기탈리스. 현삼과에 속하는 서양 화초. 종 모양을 한 홍자색 꽃이 피고 잎은 심장병의 약으로 씀.
じきだん[直談](명·자サ) 직접 담화나 담판을 함. 또는 직접 들은 말. personal consultation
しきち[敷き地](명) 부지. 집이나 도로에 사용되는 토지. 「住宅(ジュウタク)の—; 주택 부지」 site
しきちょう[色調](명) 색조. 빛깔의 어울림. 빛의 조화. 색채의 강약, 농담(濃淡) 등의 정도. colour tone
しきつ·める[敷き詰める](타하1) 전면에 깔다. 「ござを—; 돗자리를 죽 깔다」 spread all over
じきてい[直弟](명) 바로 손아랫동생. one's immediate younger brother
じきでし[直弟子](명) 직접 가르침을 받는 제자. 친히 가르친 제자. one's immediate pupil
しきてん[式典](명) 식전. 의식. 「記念(キネン)—; 기념 식전」 a ceremony
じきでん[直伝](명) 무술, 예능 등의 비결을 스승이 직접 제자에게 전수(伝授)하는 일. immediate transmission
しきとう[指揮刀](명) 지휘도. 장교 등이 지휘에 쓰는 칼. a sabre
しきどう[色道](명) 색정(色情)에 관한 방면. amour
じきとう[直答](명·자サ) 직답. 직접 대답함. 곧 대답함. a direct answer
じきどう[食堂](명)〈불〉 옛날, 절에서 식사를 하던 당(堂).
しきなみに(부)〈고〉〔연이어 밀려 오는 물결이란 뜻에서 변하여〕 계속하여. 뒤이어. 줄곧.
じきに[直に](부) 금방. 곧. 바로. soon
しきね[敷寝](명) 밑에 깔고 잠. lying down upon
しきねん[式年](명) 정례적(定例的) 축제를 행하기로 정해져 있는 해. the ordinary year of festival
しきのう[式能](명) 의식으로서 행해지는 노오가쿠(能楽).
じきのう[直納](명·타サ) 남의 손을 거치지 않고 직접 납부(納付)함. direct payment
しきばらい[四季払]—バラヒ(명) 돈을 네 철의 계절말(季節末)마다 지불하는 일. quarterly payment
しきび[式微](명·자サ) 매우 쇠퇴함. decline
じきひ[直披](명) 편지를 직접 펴서 보라는 뜻. 친전(親展). confidential
じきひつ[直筆](명) 직필. 자기 자신이 쓰는 일. 또는 그 문서. an autograph
しきふ[敷き布](명) 요에 까는 천. 요홑이불. bed sheet
しきぶ[式部](명) 의식(儀式)을 맡는 소임. 「—官(カン); 의식을 맡는 관리」 a ceremonial officer
しきふく[式服](명) 의식 때에 입는 옷. 예복(礼服). a ceremonial dress
しきぶとん[敷き布団](명) 잘 때 까는 요. ↔掛(カ)け布団. a sleeping mat
しきべつ[識別](명·타サ) 식별. 분간함. 분별함. discrimination
しきほう[式法](명) 의식(儀式)과 예의 범절(凡節). ceremonies and manners
しきま[色魔](명) 색마. 많은 여자를 속여서 정조를 빼앗는 남자. 색광(色狂). a libertine
じきまき[直播き](명·타サ)〈농〉 직파. 이식하지 않고 직접 논밭에 씨를 뿌림. direct sowing
しきみ[樒](명)〈식〉 붓순나무. 숲속에 나는 상록 활엽의 작은 교목. 봄에 담황색 꽃이 핌. 가지나 잎을 불전(仏前)에 바침. an anise tree
しきみ[閾](명)〈고〉 ①내외(内外)의 한계. ②문지방.
じきみや[直宮](명) 천황과 직접 혈연 관계가 있는 황족(皇族).
しきもう[色盲](명)〈의〉 색맹. 색을 분별하지 못하는 것. 또는 그런 사람. colour blindness
しきもく[式目](명) ①무가(武家) 시대에 법규(法規)를 조목별로 쓴 것. ②렌가(連歌), 하이쿠(俳句) 등의 규칙. 1. a code 2. a rule

しきもの[敷き物](명) 밑에 깔고 앉는 것. 깔개. a cushion

じきもん[直門](명) 선생으로부터 직접 가르침을 받음. 또는 그 사람. one's immediate pupil

しぎやき[鴫焼き](명) 가지에 기름을 발라 구워, 된장으로 간을 한 음식.

し(い)ぎゃく[弑逆](명) 시역. 부모나 임금을 죽이는 것. 시살(弑殺). murder of one's lord or parent

しぎゃく[嗜虐](명) 잔악한 것을 즐김. sadism

じぎゃく[自虐](명) 자학. 자기 자신을 스스로 학대함. self-infliction

しきゅう[子宮](명)〈생〉 자궁. 아기집. the womb

しきゅう[支給](명·타サ) 지급. 지출하여 급여함. 「月給(ゲッキュウ)を一する; 월급을 지급하다」 provision

しきゅう[四球](명) ①네 개의 진공관(真空管). ②〔야구에서〕 ⇨フォアボール.

しきゅう[死球](명) 〔야구에서〕 ⇨デッドボール.

しきゅう[至急](명·부) 지급. 매우 급함. urgency

じきゅう[自吸](명) (만년필의) 자동 흡입(自動吸入)의 준말.

じきゅう[自給](명·타サ) 자급. 자기가 필요한 물건을 자기 힘으로 공급함. self-support. **―じそく**[自給自足](연어·명·자サ) 자급 자족. 자기 나라에 필요한 물자는 자기 나라의 제품으로 공급함. **―ひりょう**[自給肥料](명) 자급 비료. 농가가 자기 스스로 생산하는 비료. 퇴비, 분뇨(糞尿) 등. ↔化学(カガク)肥料.

じきゅう[持久](명) 지구. 같은 상태에서 오랫동안 견디는 것. 「一力(リョク); 지구력」 persistence

しきゅうしき[始球式](명) 시구식. 〔야구에서〕 시합 개시 직전 내빈(来賓) 중 한 사람이 제1구를 본루(本塁)에 던지는 의식(儀式). throwing the first ball

しきょ[死去](명·자サ) 사거. 죽음. 죽어 버림. death

じきょ[辞去](명·자サ) 작별하고 떠남. 인사를 하고 떠남. taking one's leave

しきょう[市況](명)〈경〉 시황. 시장의 경기. market conditions

しきょう[司教](명)〈종〉 사교. 가톨릭교의 성직. 대사교의 아래이며 시제(司祭)의 위. a bishop

しきょう[史興](명) 역사의 흥미. historical interest

しきょう[示教](명·타サ) 시교. 보여 가르침. 교시. instruction

しきょう[指教](명·타サ) ①실지로 제시하여 가르침. ②지도(指導). 1. practical teaching

しきょう[詩経](명) 시경. 오경의 하나. 중국 주(周)나라 초기 민요를 모은 책.

しきょう[詩境](명) 시경. ①시의 경지(境地). 「一とみに進(スス)む; 시작(詩作)의 경지가 급자기 진전하다」 ②시를 지을 때의 심경. 1. poetical curcumstances

しきょう[詩興](명) 시흥. ①시를 짓고 싶어하는 마음. ②시에 도취되어 일어나는 흥취. a poetical inspiration

しぎょう[始業](명·자サ) 시업. 업무나 수업을 시작함. 「一式(シキ); 시업식」 commencement

しぎょう[斯業](명) 이 사업. 그 방면의 사업. this business

じきょう[自供](명·타サ)〈법〉 자공. 자기 스스로 공술(供述)함. confession

じきょう[自彊](명) 자강. 스스로 크게 노력하는 일. strenuous efforts

じきょう[持経](명)〈불〉 지경. 항상 독송(読誦)하는 경문(経文). 특히 법화경(法華経)을 말함.

じぎょう[次行](명) (문장 등의) 다음 줄. the next line

じぎょう[地形](명) ①착공(着工)하기 전에 지면(地面)을 단단하게 다지는 일. 터다지기. 달구질. ②건축물의 기초 공사. 1. ground-making 2. ground-work

じぎょう[事業](명) 사업. ①일. 사회적인 큰일. 「慈善(ジゼン)―; 자선 사업」 ②기업(企業). ③실업. 「一家(カ); 사업가」 ④사적(事績). 업적(業績). 1. work 2. an enterprise 3. an industry 4. an achievement. **―じょう**[事業場](명) 사업장. 사업을 하는 곳. 예: 공장, 광산 등.

しきょく[支局](명) 지국. 본국(本局)의 관리하에 있으면서 지방에 분재(分在)하여 업무를 취급하는 곳. a branch office

しきょく[私曲](명) 공정하지 않은 것. 자기 자신의 부정한 이익을 도모하는 것. corrupt practices

しきよく[色欲](명) 색욕. ①색정(色情). 정욕. ②색정과 탐욕(貪慾). 2. lust and avarice

じきょく[時局](명) 시국. 당면한 국내 및 국제 정세. the situation

じきょく[磁極](명)〈이〉 자극. 자석(磁石)의 양단(両端). a magnetic pole

しきり[仕切り](명·타サ) ①분할함. 간을 막음. ②결산(決算). 결말. 청산금(清算金). 「一帳(チョウ); 결산을 하는 장부」 ③결정되어서 낙착됨. ④씨름군이 씨름판에서 씨름할 준비 태세를 취함. 1. boundary 2. settlement of accounts. **―しょ**[仕切り書](명)〈경〉 ①⇨おくりじょう(送り状). ②매상(売上) 계산서.

しきりに[頻りに](부) ①몇 번이고. 빈번히. 자꾸만. ②열심히. ③매우. 몹시. ④계속해서. 줄곧. 「一雨(アメ)が降(フ)っている; 줄곧 비가 오고 있다」 1. frequently 2. earnestly

しき·る[頻る](자 4) ①〈고〉 도수가 잦다. ②힘차게 …하다. …왕성하게 하다. 「降(フ)り―; 마구 쏟아지다」

しき·る[仕切る](타 4) ①간을 막다. 분할하다. ②결산(決算)하다. ③사물의 결말을 짓다. ④씨름을 하려고 준비 태세를 취하다. 1. partition 2. settle

じきわ[直話](명·자サ) 직접 이야기함. 또는 그 이야기. a direct talk

しきわら[敷き藁](명) 마구간 등에 까는 짚. litter

しきん[至近](명) 제일 가까운 것. 「一距離(キョリ); 가장 가까운 거리」 the nearest

しきん[試金](명) 시금. ①광물 및 합금(合金)의 정량분석(定量分析). ②화폐, 판금(板金), 귀금속 등의 순도(純度)를 조사하는 일. assay. **―せき**[試金石](명) 시금석. ①금 따위 귀금속을 문질러 그 귀금속의

품위를 판정하는 데 쓰는 규산(硅酸)을 주성분으로 하는 경도(硬度)가 높고 검은 빛깔의 돌. ②가치, 능력, 역량 등을 시험해 알아 보는 기회나 사물.

しきん[資金](명) 자금. 자본이 되는 돈. 밑천. capital

しきん[賜金](명) 사금. 천황이나 정부가 하사하는 돈. 「一時(イチジ)—; 일시 사금」 a money grant

しぎん[市銀](명)〈경〉 시중 은행(市中銀行)의 준말.

しぎん[詩吟](명) 한시(漢詩)에 가락을 붙여서 읊음. recitation of Chinese poems

しぎん[歯齦](명)〈생〉 ⇨はぐき.

じきん[地金](명) 지금. 세공하거나 제품하지 않은 금속. 가공품의 원료로서의 금속. ground metal

し·く[如く·若く](자 4) ①따르다. ②미치다. 필적(匹敵)하다. 「…に—はなし; …에 따를 자 없다」 2. compare

し·く[敷く] Ⅰ(자 4) ①깔다. 펴다. ②넓어지다. ③퍼지다. Ⅱ(타 4) ①흩뜨리다. ②넓히다. ③깔개로 하다. 밑에 깔다. ④억누르다. 억제하다. ⑤널리 퍼뜨리다. ⑥부설(敷設)하다. 「鉄道(テツドウ)を—; 철도를 부설하다」 Ⅰ 2. 3. spread Ⅱ 1. scatter

しく[四苦](명)〈불〉 사고. 생(生), 노(老), 병(病), 사(死)의 네 가지 고통. the four pains

しく[市区](명) ①시가(市街)의 구획. ②시와 구. 1. a division

しく[死句](명) 여정(餘情)이 없는 시구(詩句)나 문구. tasteless verses

しく[死苦](명) ①〈불〉 사고(四苦)의 하나. 죽을 때의 고통. ②죽을 지경의 괴로움. 2. death throes

しく[詩句](명) 시구. 시의 구절. a verse

—じく[軸](접미) 두루마리, 족자 등을 세는 말. 「巻(マ)き物(モノ)—(ヒト)—; 두루마리 한 축」

じく[軸](명) 축. ①차의 굴대. ②둘둘 말게 된 물건의 중심이 되는 막대. ③감은 것. ④족자. ⑤줄기. 「花(ハナ)の—; 꽃대」 ⑥과실, 잎 등의 꼭지. ⑦붓대. ⑧회전(回転)의 중심이 되는 대. 회전축. ⑨토대와 지붕 사이의 집의 뼈대. ⑩〈수〉 좌표(座標)의 기준이 되는 직선. 「X—; 엑스대」 ⑪돌쩌귀. 1. 2. an axis 5. a stalk 8. a spindle

じく[字句](명) 자구. 문자와 어구. words and phrases

ジグ[jig·治具](명) 지그. 가공할 것을 장치하여, 그것에 공작 기계(工作機械)의 날을 바르게 맞추는 역할을 하는 도구.

〔ジグ〕

じくうけ[軸受け·軸承け](명) ①암돌쩌귀. 축(軸)을 받치는 부분. ②기계의 축을 받치는 장치. 베어링. 1. a hinge

しくかつよう[しく活用](명)〔문법에서〕 문어(文語) 형용사의 어미가 "しく, しく, し, しき, しけれ"로 변화하는 활용. 예: "うれし, たのし" 등.

じくぎ[軸木](명) ①두루마리의 축(軸)에 사용하는 나무. ②성냥 개비. 1. the roller of a scroll 2. a splint

しぐさ[仕種](명) ①행위. 하는 짓. ②배우의 동작. 1. a method 2. action

ジグザグ[zigzag] 지그자그. Ⅰ(명) ①꼬불꼬불 구부러진 선(線). 또는 길. ②번개 모양. Ⅱ(형동ダ) 톱니꼴로 굽은 모양. 번개 모양. 「—行進(コウシン); 지그자그 행진」

じくじ[忸怩](형동タリ) 부끄러워하는 모양. 수치스러운 모양. 「内心(ナイシン)—たり; 내심에 매우 부끄럽다」 ashamed

しくじり(명) 실패. 실수. a mistake

しくじ·る(타 4) ①실패하다. 실수하다. ②쫓겨 나다. 면직되다. 1. fail 2. be dismissed

じぐち[地口](명) 속담(俗談), 그밖의 어구를 음(音)은 비슷하나 뜻이 다른 말을 사용해서 하는 말장난. 예: "扇(オウギ)にうちわお茶(チャ)でも上(ア)がれ"는 "大(オオ)きにお世話(セワ)お茶でも上がれ"(쓸 데 없는 참견 말고 차나 마셔라)와 같이 쓰는 말임. a pun

しくつ[試掘](명·타サ) 시굴. 광물을 발굴하기 위해서 시험 삼아 땅을 파 봄. a trial digging

シグナル[signal](명) 시그널. ①표지(標識). ②신호.

しくはっく[四苦八苦](명·자サ) ①〈불〉 사고 팔고. 생로 병사(生老病死)와 애별 이고(愛別離苦)의 여덟 가지 괴로움. ②심히 고생함. 「—する; 퍽 고생하다」 2. agony

じくばり[字配り](명) 문자의 배치(配置). 「—に気(キ)をつける; 문자 배치에 주의하다」

じくばりき[軸馬力](명) 축마력. 원동기(原動機)나 기계의 축부(軸部)에서 발휘하는 마력(馬力).

しくみ[仕組み](명) ①구조. 조립(組立). ②기도(企図). 각색(脚色). 구성(構成). 「劇(ゲキ)の—; 극의 구성」 ③취향(趣向). 1. construction 3. a plot

しく·む[仕組む](타 4) ①연구해서 조립(組立)하다. ②어림 잡다. 기도(企図)하다. 계획하다. ③구성(構成)하다. 각색(脚色)하다. 1. fabricate 3. arrange

じぐも[地蜘蛛](명)〈동〉 땅거미. 땅속에 주머니 모양의 집을 짓고 삶. the ground spider

じくもの[軸物](명) ①족자(簇子). ②두루마리. 1. a hanging-roll

シクラメン[cyclamen](명)〈식〉 시클라멘. 앵초과에 속하는 다년초. 그리이스, 시리아 원산으로 실내, 온상(温床) 등에서 재배함.

しぐれ[時雨](명·자サ) 가을부터 겨울에 걸쳐 오는 비. 때때로 오다 말다함. a drizzling shower in late autumn

しぐ·れる[時雨れる](자하 1) ①가을비가 내리다. ②울다. 1. drizzle 2. shed tears

じくろ[舳艫](명) 배의 이물과 고물. 「—相(アイ)ふくむ; 많은 배가 잇달아 나아가다」 stem and stern

しくん[嗣君](명) 왕위를 이은 임금. a sovereign as an heir

じくん[字訓](명) 자훈. 한자의 새김. the rendering of a Chinese character

じぐん[自軍](명) 자기가 속해 있는 군대. 아군(我軍). our own troops

しくんし[士君子](명) 사군자. 학문 및 덕행(德行)이

뛰어난 사람. an honourable man
しくんし[四君子](명) 사군자. 〔중국 그림에서〕 난초, 대, 매화, 국화의 네 가지 식물. the four graceful plants
しけ[時化](명) ①폭풍우(暴風雨)로 해상(海上)이 거칠어지는 것. ②폭풍우로 고기가 잡히지 않는 것. 흉어(凶漁). ③흥행물에 관람객이 적음. ④수입이 시원치 않음. 불경기. 2. fish scarcity 4. dry season
しけ[湿気](명) 습기. moisture
じげ[地下](명) ①옛날 당하관(堂下官). 4위, 5위 이하의 관원. ↔殿上人(テンジョウビト). ②옛날 궁중 근무자들이 자기들 이외의 사람을 가리키던 말.
しけい[支系](명) ①가지. ②방계(傍系). 2. a collateral line
しけい[市警](명) 시경. 시의 경찰. ↔国警(コッケイ), 県警(ケンケイ). the Metropolitan Police Bureau
しけい[死刑](명)〈법〉 사형. 범죄자를 죽이는 형벌. death penalty
しけい[私刑](명) 사형. 개인이 법률에 의하지 않고 함부로 행하는 제재(制裁). lynch
しけい[紙型](명) 지형. 〔인쇄에서〕 짠 활자판 표면에 종이를 눌러 뜬 본. a paper mould
しけい[詞兄](명) 동년배의 문사(文士)들끼리 서로 존경하여 부르는 말.
しけい[詩形·詩型](명) 시형. 운율(韻律)이나 음(音)의 수로 구별되는 시의 형식. 「俳句(ハイク)の一は5·7·5だ; 하이쿠의 시형은 5·7·5다」 a metre
しげい[至芸](명) 최고의 기예(技芸). prominent arts
じけい[次兄](명) 둘째 형. one's second elder brother
じけい[字形](명) 자형. 문자의 꼴. type
じけい[自警](명·자サ) 자경. 스스로 경계하여 조심함. 「一団(ダン); 자경단」 self-warning
しけいざい[私経済](명) 사경제. 개인 또는 사법인(私法人)이 행하는 경제 행위. private economic acts
しけいと[絓糸](명) 괘사. 누에고치의 겉가죽에서 뽑은 질이 낮은 견사(絹糸). coarse silk yarn
しけおり[絓織](명) 괘직. 괘사(絓糸)로 짠 견직물(絹織物). fabric of coarse silk yarn
しげき[史劇](명) 사극. 역사상의 사건을 소재(素材)로 한 극. a historical play
しげき[刺激·刺戟](명·타サ) 자극. ①생물의 몸이나 마음에 외부로부터 오는 작용 및 동작. ②침착해질 수 없게 하는 외부로부터의 작용. 흥분시키는 것. 「都会(トカイ)は一が強(ツヨ)い; 도회지는 자극이 심하다」 1. stimulus 2. irritation
しげき[詩劇](명) 시극. 시로 쓴 극. a verse drama
しげく[繁く](부) 빈번히. 여러 번. 「足(アシ)一かよう; 빈번히 다니다」 frequently
しけこ·む(자 4)〈속〉 (유곽, 요리집 등에) 틀어 박히다. go and stay
しげしげ(부) ①빈번하게. 몇 번이고. 「一かよう; 빈번히 드나들다」 ②잘. 찬찬히. 「一(と)見(ミ)る; 자상히 보다(응시하다)」 1. frequently

しけつ[止血](명·자타サ) 지혈. 출혈을 막음. 「一剤(ザイ); 지혈제」 stopping of bleeding
じけつ[自決](명·자サ) 자결. ①스스로 결정함. 「民族(ミンゾク)一; 민족 자결」 ②자살(自殺). 1. self-determination
しげみ[茂み·繁み](명) 초목이 무성한 곳. a thicket
しげりあ·う[茂り合う·繁り合う]一アフ(자 4) 전면(全面)에 서로 무성하게 자라다. grow thick
し·ける[時化る](자하 1) ①강한 비바람 때문에 해상(海上)이 거칠어지다. ②불경기가 되다. 1. be stormy 2. become dull
しけ·る[湿気る](자 4) 젖다. 습기가 차다. get damp
しげ·る[茂る·繁る](자 4) 가지나 잎이 빈틈 없이 들어차다. 무성하다. become dense
しけん[私見](명) 사견. 자기 개인의 의견이나 견해. a personal view
しけん[私権](명)〈법〉 사권. 사법상(私法上)의 권리. 재산권, 상속권 등. ↔公権(コウケン). a private right
しけん[試験](명·타サ) 시험. ①실지로 증명해 봄. ②문제를 내어 답안을 작성하도록 해서 학업 등의 실력을 재어 봄. 「一官(カン); 시험관」 1. an experiment 2. an examination. —**かん**[試験管](명)〈이〉 시험관. 화학 실험 등에 사용하는 한 쪽이 막힌 유리관. —**じごく**[試験地獄](명) 시험 지옥. 입학 시험 등 경쟁이 극심한 시험을 치르는 고통. —**てき**[試験的](형동ダ) 시험적. 시험 삼아 해보는 모양. 「一に使(ツカ)って見(ミ)る; 시험 삼아 써 보다」
しげん[四弦·四絃](명) ①네 개의 줄. ②비파(琵琶). ③←四弦琴. 1. four strings 2. a lute. —**きん**[四弦琴](명) 샤미센(三味線) 비슷한 갸름한 네 줄의 악기.
しげん[至言](명) 지언. 지극히 당연한 말. 사실이나 진리에 꼭 맞는 말. a good saying
しげん[始原](명) 시원. 처음. 원시(原始). the origin
しげん[資源](명) 자원. 원료나 재료가 되는 물자. 「地下(チカ)一; 지하 자원」 resources
じけん[自県](명) 자기가 살고 있는 현(県). one's own prefecture
じけん[事件](명) 사건. 일어난 일. an event
じげん[示現](명·자타サ) 시현. ①신불(神仏)이 영험(霊験)을 나타냄. ②〈불〉 부처나 보살이 중생을 제도하기 위하여 그의 육신을 나타냄. 1. a miracle 2. revelation
じげん[次元](명) 차원. ①〈수〉 물질의 모양을 만드는 제일 기본적인 방향. 또는 그 수. 직선은 1차원, 평면은 2차원. ②(그 입장에서 본) 세계. 「一を異(コト)にする; 차원을 달리하다」 1. dimension
じげん[字源](명) 자원. 하나하나의 문자의 근원.
じげん[時言](명) 시국에 관해서 하는 말. words of the times
じげん[時限](명) 시한. ①시간의 한계. 수업 시간. 「第一(ダイイチ)時限; 제 1 교시」 ②시간을 한정하는 것. 「一爆弾(バクダン); 시한 폭탄」 2. time limit
じげん[慈眼](명)〈불〉 자안. 중생(衆生)을 자비롭게 보

는 부처나 보살의 눈. a merciful eye

しこ[醜](명)〈고〉 ①보기 싫은 것. 추악(醜悪)한 것. ② 용맹(勇猛). 「一のますらお; 용맹한 대장부」

しこ[四股](명) 〔씨름에서〕 발의 명칭. 「一をふむ; 한 발씩 땅을 힘을 주어 딛다」 foot

しこ[四顧](명) 사고. 주위를 둘러 봄. looking about

しこ[指呼](명·타サ) 지호. ①손가락으로 가리켜 부름. ②부르면 대답할 수 있을 정도로 가까움. 「一の間(カン); 부르면 대답할 수 있을 만큼 가까운 사이」 1. beckoning

しこ[指顧](명·자サ) 손가락으로 가리키며 돌아 봄. turning round to point out

しご[死後](명) 사후. 죽은 뒤. after one's death

しご[死語](명) 사어. 현재 사용하지 않는 언어. an obsolete word

しご[私語](명·자サ) 소곤거림. 속삭임. whisper

しご[詩語](명) 시어. 특별히 시에 사용하는 말. poetic diction

しご[識語](명) (편지의) 추신(追伸). (본문의) 후기(後記). a postscript

じこ[自己](명) 자기. 자신. self

じこ[事故](명) 사고. ①사건. ②고장. 「無(ム)一; 무사고」 1. an accident

じご[耳語](명·자타サ) 속삭임. whisper

じご[事後](명) 사후. 일이 끝난 뒤. 「一承諾(ショウダク); 사후 승낙」 after the event

じご[持碁](명) 승부 없는 바둑.

じご[爾後](명·부) 이후. 그후. since then

じこあんじ[自己暗示](명)〈심〉 자기 암시. 자기가 그렇게 생각함에 의해서 작용하는 암시. autosuggestion

しこう[四行](명) 사행. 사람이 행해야 할 네 가지 길(道). 효(孝), 제(悌), 충(忠), 신(信). the four humanities

しこう[四更](명) 사경. 오전 2시부터 4시까지의 시간. two to four o'clock in the morning

しこう[至孝](명) 지효. 더 없는 효행(孝行). the greatest filial piety

しこう[至高](명) 지고. 더없이 높은 것. 최고. 「一善(ゼン); 최고의 선」 supremacy

しこう[伺候·祗候](명·자サ) ①옆에 모시고 있음. ②(천황에게) 문안을 드림. 1. waiting upon

しこう[志向](명·타サ) 지향. 뜻을 결정하고 목적한 방향으로 감. 뜻이 쏠림. intention

しこう[私行](명) 사적(私的)인 행위. a private conduct

しこう[私交](명) 개인적인 교제. private intercourse

しこう[私考](명·자サ) 자기 한 사람의 생각. one's own opinion

しこう[思考](명·자サ) 사고. 생각함. 「一力(リョク); 사고력」 thought

しこう[指向](명·타サ) 지향. 결정한 방향으로 향함. 「…に一する; …을 지향하다」 pointing to

しこう[施工](명·자サ) 시공. 공사를 행함. operation

しこう[施行](명·타サ) 시행. ①실지로 행함. 실시. ②법령의 효력을 현실적으로 발생시킴. 「一規則(キソク); 시행 규칙」 1. enforcement

しこう[恣行](명) 자행. 제 멋대로 하는 것. 또는 그 행동. wilful behaviour

しこう[脂膏](명) ①육체에서 나오는 기름. ②심신(心身)의 노고(労苦)로 얻은 이익. ③이익이 많은 것. 1. fat 3. much gain

しこう[歯腔](명)〈생〉 치강. 이의 속에 있는 빈 구멍의 부분. a dental cavity

しこう[試航](명·자サ) 시항. 시험적으로 항해(비행)함. an experimental voyage

しこう[嗜好](명·타サ) 기호. 좋아함. taste. **—ひん**[嗜好品](명) 기호품. 주식물, 부식물 외에 좋아해서 먹고 마시는 것. 예: 술, 담배, 차 등.

しこう[試行](명·타サ) 시행. 시험적으로 해봄. experimentation. **—さくご**[試行錯誤](연어·명)〈심〉 시행 착오. 학습 양식의 하나. 학습자(学習者)가 새로운 과제에 당면하여 선천적 또는 후천적으로 알고 있는 여러 가지 동작을 반복하다가 우연히 성공한 후, 되풀이하면 무익한 동작은 배제(排除)하게 되는 일.

しこう[詩稿](명) 시의 초고. a draft of a poem

しごう[糸毫](명) 극히 적은 것. the smallest amount

しごう[祠号](명) 신사(神社)의 칭호. the title of a shrine

しごう[師号](명)〈불〉 덕이 높은 중에게 내리는 대사(大師), 선사(禅師), 국사(国師) 등의 칭호. a title of a virtuous priest

しごう[諡号](명) 시호. 죽은 뒤에 그 덕을 칭송하여 추증(追贈)하는 칭호. a posthumous title

じこう[次稿](명) 다음 원고. the next draft

じこう[耳孔](명) 귓구멍. an ear-hole

じこう[自校](명) 자기 학교. one's school

じこう[侍講](명) 시강. 군주(君主)를 모시고 강의하는 관리. lecture to the Emperor

じこう[時好](명) 그 시대 사람이 좋아하는 것. 당시의 유행. 그때의 유행. the current fashion

じこう[事項](명) 사항. 항목(項目). an item

じこう[時効·時效](명)〈법〉 시효. 일정한 기간이 지남으로써 권리가 발생하거나 상실하는 일. 「一期間(キカン); 시효 기간」 prescription

じこう[時候](명) 시후. 춘하 추동(春夏秋冬) 사시(四時)의 절후(節候). climate

じごう[次号](명) 차호. 다음 호. the next number

じごう[寺号](명) 사원의 칭호. the title of a temple

じこうおん[次高音](명)〈악〉 차고음. 소프라노와 알토의 중간음. mezzo-soprano

しこうして[而うして]シカウー(접) 그리고. 그래서. 그리하여. and

じごうじとく[自業自得](연어·명) 자업 자득. 자기가 저지른 일의 과보(果報)를 자기 자신이 받는 일. the natural consequence of one's deed

しこうしへい[至公至平](연어·명) 지공 지평. 매우 공

평한 것. supreme fairness
しこうひん[紙工品](명) 종이로 가공한 물건. 종이 세공품(細工品). paper works
じごえ[地声]ーゴエ(명) 타고 난 음성. 본래의 목소리. one's natural voice
しごかん[子午環](명)〈천〉 자오환. 별이 자오선(子午線)을 지날때의 고도(高度)를 측정(測定)하는 기계. a meridian circle
しごき[扱き](명) ①손으로 쥐어 훑는 일. ②〔←扱き帯(オビ)〕 한 폭의 천을 그대로 매는 띠. 1. drawing through the hands
しごきょうちょく[死後強直](명) 사후 강직. 생물이 죽고 나서 일정한 시간이 지나면 근육이 굳어지는 일. stiffening after death
しこく[四国](명) ①네 나라. ②〈지〉 아와(阿波; 徳島), 사누키(讃岐; 香川), 이요(伊予; 愛媛), 토사(土佐; 高知)의 네 지방.
しこく[紫黒](명) 자흑색. 보랏빛을 띤 검은 색. 「purplish black
しご·く[扱く](타 4) ①손에 쥔 것을 뽑듯이 확 채며 자기 쪽으로 당기다. 손에 쥐고 훑다. draw through the hands
しごく[至極](부) 지극히. 더없이. 최상. highly
じこく[二黒](명) 이흑. 구성(九星)의 하나. 토성(土星). Saturn
じこく[自国](명) 자국. 자기 나라. one's own country
じこく[自刻](명·타サ) 자기가 조각함. carving by oneself
じこく[時刻](명) 시각. 때. 시간. time
じごく[地獄](명) 지옥. ①〈불〉 육도(六道)의 하나. 죄악을 범한 자가 죽은 뒤에 가서 고통을 받는다는 곳. 「ーに落(オ)ちる; 지옥에 떨어지다」 ②괴로움을 주는 곳. 「試験(シケン)ー; 시험 지옥」 ③분화산(噴火山)의 연기, 온천의 뜨거운 물 등이 솟아 나오는 곳. 1. hell. **ーえ**[地獄絵]ーエ(명) 죽은 사람들이 지옥에서 고통을 받고 있는 모습을 그린 그림. **ーへんそう**[地獄変相](명) 지옥에서 받는 비참한 괴로움의 모습. **ーみみ**[地獄耳](명) ①들은 것을 잊지 않음. ②남의 비밀을 재빨리 들어 알고 있음.
じこくてん[持国天](명)〈불〉 지국천. 사천왕(四天王)의 하나. 동방천(東方天). the White Guardian of the East
じこさく[自小作](명)〈농〉 자작을 주로 하며 소작도 함. part tenant farmers
しこしこ(부·자サ)〈속〉 질은 무르나 이로 물면 단단하게 느껴지는 모양.
じこしょうかい[自己紹介](명·자サ) 자기 소개. 스스로가 자기의 이름이나 경력을 남에게 말하여 알림. self-introduction
しごせん[子午線](명) 자오선. ①〈천〉 천구(天球)를 동서 둘로 나누었을 때 지평선과 서로 교차하는 선(線). ②〈지〉 ⇨けいせん(経線). 1. the meridian
しこたま(부)〈속〉 많이. 듬뿍 「ーもうける; 많이 벌다」
しこつ[指骨](명)〈생〉 지골. 손가락을 이루는 열 네 개의 뼈. a phalanx
しこつ[趾骨](명)〈생〉 지골. 발가락을 이루는 열 네 개의 뼈. a phalanx
しこつ[歯骨](명)〈생〉 치골. 이틀을 이루는 뼈. the dentine
しこつ[篩骨](명)〈생〉 사골. 두개골의 일부. 비강(鼻腔)과 앞 두개와(頭蓋窩) 및 양안과(両眼窠) 사이에 있어 벌집 모양을 한 뼈. an ethmoid
しごと[仕事·為事](명·자サ) ①일함. 작업. 「ー場(バ); 작업장」 ②직업. ③재봉. 바느질. 1. an action 2. an occupation. **ーし**[仕事師](명) ①토목 공사의 노동자. ②사업을 능숙하게 계획 경영하는 사람.
しこな[四股名](명) 씨름군으로서의 칭호. 예: 후타바야마(双葉山) 등.
しこなし(명) ①솜씨 좋게 하는 것. ②행동. 동しこなす(타 4). 2. action
じこひはん[自己批判](명) 자기 비판. 자기가 자기의 잘못을 비판하는 일. self-criticism
しこみ[仕込み](명) ①가르침. ②사입(仕入). 1. teaching 2. stocking. **ーづえ**[仕込み杖]ーヅエ(명) 속에 칼을 장치한 지팡이.
しこ·む[仕込む](타 4) ①가르치다. ②길들이다. ③훈련하다. ④사들이다. ⑤저축하다. ⑥속에 넣다. ⑦술이나 된장의 거리를 고루 버무려 담다. 1. teach 3. train
しこめ[醜女](명)〈고〉 ①추녀. 얼굴이 못생긴 여자. ②황천(黄泉)에 있다는 생김새가 무서운 귀신.
しこり(명) ①굳어진 근육. 응어리. ②뒤에까지 남는 불쾌한 기분. 「ーをのこす; 불쾌한 기분을 남기다」 1. an induration
じこりゅう[自己流](명) 자기류. 자기가 생각해 낸 방법. 자기만의 방법. one's own style
しこ·る(자 4) 멍울이 서다. 딱딱하게 되다. 경화(硬化)되다. 응어리가 지다. become stiff
しころ[錏·錣](명) ①투구 좌우와 뒤에 늘어뜨려 목덜미를 덮는 물건. ②비바람이나 햇빛을 막기 위하여 지붕 밑에 붙이는 차양. 1. neck-plates
しこん[士魂](명) 무사(武士)의 정신(精神). 「ー商才(ショウサイ); 무사의 정신과 상인의 재능을 겸비하는 일」 knight spirit
しこん[歯根](명) 치근. 이 뿌리. 이촉. the root of a tooth
しこん[紫紺](명) 보랏빛을 띤 곤색. purple-blue
しこん[詩魂](명) 시혼. 시를 지으려고 하는 마음. 「ーを養(ヤシナ)う; 시혼을 기르다」 the poetical spirit
じこん[自今·爾今](부) 지금으로부터. 이후. henceforth. **ーいご**[自今以後](부) 금후(今後). 앞으로.
しさ[示唆](명·타サ) 시사. 미리 뜻을 암시하여 일러줌. suggestion
しさ[視差](명)〈천〉 시차. 관측자로부터 본 천체(天体)의 방향과 어떤 기준점에서 본 천체의 방향과의 차이. parallax
じさ[自差](명)〈이〉 나침의(羅針儀)가 가리키는 방향과 자기 자오선(磁気子午線)이 가리키는 방향과의 사이에 생기는 차각(差角). deviation

じさ[時差](명)〈지〉 시차. 각 지방에 따라 다른 시각(時刻)의 차(差). equation of time

じざ[侍坐](명·자サ) 모시고 앉음. sitting beside

しさい[子細·仔細](명) ①까닭. 연유(緣由). ②사정. 의미. ③자초지종(自初至終). ④지장(支障). 1. reason 2. circumstances. **―な·し**[子細無し](형ク) ①지장이 없다. ②별다른 일 없다. ③쉽다. **―に**[子細に](부) 상세히. 자세히.

しさい[市債](명)〈법〉 시채. 시의 채무. municipal loan

しさい[司祭](명)〈종〉 사제. 가톨릭교의 성직. 교회를 감독하고 관리함. 신부(神父). a priest

しさい[詩才](명) 시재. 시를 짓는 재능. poetical genius

しざい[死罪](명) ①사형. ②사형에 상당한 죄. 1. capital punishment 2. capital crime

しざい[私財](명) 사재. 자기 개인의 재산. private property

しざい[資材](명) 자재. 어떤 물건을 만드는 근본이 되는 재료. 「―難(ナン); 자재난」 materials

しざい[資財](명) 자재. ①재산. ②자본이 되는 재산. ③타고난 성질. 천성. 1. property 2. property as capital

じざい[自在](명) 자재. ①방해가 없음. 자유(自由). 「自由(ジユウ)―; 자유 자재」 ②←自在鉤. 1. freedom. **―かぎ**[自在鉤](명) 매달아 놓고 마음대로 올리고 내릴 수 있도록 한 갈고리. 화로 위에 달고 주전자나 남비 등을 거는 데 씀. 「a boundary

〔自在鉤〕

じざかい[地境]―ザカヒ(명) 지경. 땅의 경계. ↗

しさく[思索](명·자サ) 사색. 깊이 생각함. 이치에 따라 사유(思惟)함. 「―にふける; 사색에 잠기다」 speculation

しさく[施策](명·자サ) 시책. 계획을 짜서 실제로 행함. 계책을 베풂. performing a measure

しさく[詩作](명·자サ) 시작. 시를 지음. composing of poems

しさく[試作](명·타サ) 시작. 시험적으로 만들어 봄. trial manufacture

じさく[自作](명·자サ) 자작. 자기가 만듦. 「―の詩(シ); 자작시」 one's own work. **―のう**[自作農](명)〈농〉 자작농. 자기의 토지를 직접 경영하는 농업. 또는 그 농민. ↔小作農(コサクノウ).

じざけ[地酒](명) 그 지방에서 만드는 술. home wine

しさ·す[為止す](타 4) 시작하여 놓고 중도에서 그만두다. stop ～ing half-done

しさつ[刺殺](명·타サ) ①자살. 칼로 찔러 죽임. 척살. ②〔야구에서〕 러너(走者)를 터치아우트시키는 일. 1. stabbing to death 2. touching out

しさつ[視察](명·타サ) 시찰. 돌아 다니며 실제로 사정을 살펴 봄. 「水害地(スイガイチ)の―; 수해지 시찰」 inspection

じさつ[自殺](명·자サ) 자살. 스스로 목숨을 끊음. ↔他殺(タサツ). suicide

しざま[為様](명) ①수단. 방법. ②바느질한 모양. 1. a way

しさ·る[退る](자 4) 뒤로 물러가다. 후퇴하다. step back

しさん[四散](명·자サ) 사방으로 흩어짐. 산산이 흩어짐. scattering

しさん[私産](명) 개인이 가지고 있는 재산. 사유 재산(私有財産). private property

しさん[試算](명·타サ) 시산. ①시험적으로 계산함. ②계산에 틀림이 없는가의 여부를 확인함. 검산(検算). 2. confirmation of a result of calculation

しさん[資産](명) 자산. ①재산. ②〈법〉 자본이 되는 재산. 자재(資財). 「―家(カ); 재산가」 1. property

しさん[賜餐](명) 사찬. 임금이 신하를 불러 연회를 베풂. 또는 그 연회. a state banquet at the court

しざ(さ)ん[死産](명·자サ)〈의〉 사산. (임신 7개월 이상 10개월 이내의) 죽은 아이를 낳는 것. a still birth

じさん[自賛·自讃](명·자サ) 자찬. ①자기 그림 등을 자기 스스로 칭찬함. ②자기가 자기 자신을 창찬함. 자랑. 2. self-praise

じさん[持参](명·타サ) 지참. 가지고 감. 또는 가지고 옴. bringing. **―きん**[持参金](명) 지참금. 신부나 신랑이 결혼할 때 친가에서 가지고 가(오)는 돈.

しし[肉·宍](명)〈고〉 고기. 살. 「―おき; 살거리」

しし[猪](명)〈고〉 ⇨いのしし. 「the limbs

しし[四肢](명) 사지. 양손과 양발. 수족(手足). ↗

しし[史詩](명) 사실(史実)을 소재로 한 시. a historical poem

しし[死屍](명) 송장. 시체. 「―累累(ルイルイ); 쌓이고 쌓인 시체」 a corpse

しし[志士](명) 지사. 국가를 위해 일신(一身)을 바치려는 뜻을 가진 사람. 고매(高邁)한 뜻을 가진 사람. a patriot

しし[刺史](명) 자사. ①〔옛날 중국에서〕 주(州)의 장관(長官). ②옛 지방 장관의 중국식 이름.

しし[紙誌](명) 신문과 잡지. newspapers and magazines

しし[師資](명) 스승과 제자 사이. 사제지간(師弟之間). the relation between teacher and student

しし[詩史](명) 시사. ①시의 역사. ②시의 형식으로 서술한 역사. 1. a history of poetry

しし[嗣子](명) 사자. 대를 이을 아들. 맏아들. an heir

しし[獅子](명) ①〈동〉 사자. ②사자춤(獅子舞)의 준말. 1. a lion

しし[孜孜](부) 부지런히. 꾸준히. 「―としていそしむ; 부지런히 노력하다」 assiduously

しじ[繁](명·부)〈고〉 ①초목(草木)이 매우 무성한 곳. 또는 그 모양. ②도수(度数)가 많음. 빈번함.

しじ[支持](명·타サ) 지지. ①지탱함. 버팀. ②좋다고 인정해서 또는 찬성하여 도와 줌. 「学説(ガクセツ)を―する; 학설을 지지하다」 1. support

しじ[四時](명) 사시. ①사계(四季). 사철. ②〔불교에서〕 하루의 네 구분. 아침(朝), 점심(昼), 저녁(暮), 밤(夜). 1. the four seasons

しじ[死児](명) ①죽은 아이. ②태내에서 죽어서 나온 아이. a dead child
しじ[私事](명) ①사사. 개인적인 일. 「一にわたる; 개인적인 일에 미치다」 ②내밀. 남에게 알리고 싶지 않은 내부적인 일. 1. personal affairs
しじ[指示](명·타サ) 지시. ①가리켜서 보임. ②지휘. 명령. 1. pointing 2. direction
しじ[指事](명) 한자(漢字) 육서(六書)의 하나. 글자의 모양이 직접 어떤 사물의 위치 또는 수량을 가리키는 것. 예:一, 上, 下, 凹, 凸 등.
しじ[師事](명·자サ) 사사. 스승으로 존경하며 모심. studying under a person
じし[次子](명) 차자. 둘째 아들. 차남. one's second son
じし[侍史](명) ①신분 높은 사람을 모시어 문서(文書)를 맡는 사람. ②편지 겉봉에 받는 사람(受信人)을 높이어 쓰는 말. 1. a private secretary
じじ[爺](명) ⇨じじい.
じじ[侍児](명) 귀인(貴人) 곁에서 시중을 드는 소년. 시동(侍童). a page
じじ[事事](명·부) 일마다. 이일저일. everything
じじ[時事](명) 시사. 당시 또는 현대에 일어난 사회적인 일. 「一問題(モンダイ); 시사 문제」 the events of the day
じじ[時時](부) 때때로. 가끔. now and then
じじ(い)[祖父]ヂヂ(イ)(명) 조부. 할아버지. one's grandfather
じじ(い)[爺]ヂヂ(イ)(명) 늙은 남자. 할아버지. an old man
ししおき[肉置き](명) 살거리. 살집.
ししがしら[獅子頭](명) 사자의 머리를 본떠서 나무로 만든 탈.
ししき[司式](명·자サ) 식전(式典)의 진행(進行)을 맡아 봄. officiating
ししく[獅子吼](명·자サ) 사자후. ①사자가 소리 지름. ②〔불교에서〕 악마 등이 무서워 굴복했다는 부처의 설법. ③진리(真理), 정의를 크게 부르짖음. 대열변(大熱辯). 대웅변. 3. an eloquent speech
じじこっこく[時時刻刻](부) 시시 각각. 시간이 감에 따라서. 점차로. momentarily
しじこらか·す(타 4)〈고〉 병 치료에 실패하다.
しししんちゅうのむし[獅子身中の虫](연어·명) ①〈불〉 부처의 제자로 있으면서 불법에 해를 끼치는 사람. ②같은 편이면서 같은 편에 해를 끼치는 사람. 내부로부터 재난을 일으키는 것.
ししそんそん[子子孫孫](명) 자자 손손. 자손 대대(子孫代代). 「一に伝(ツタ)える; 자손 대대로 전하다」 descendants
ししつ[私室](명) 사실. 개인의 방. a private room
ししつ[屍室](명) 병원 등에서 입원 환자의 시체를 안치(安置)하는 방. 시체실. a mortuary
ししつ[脂質](명) 지질. 〔영양학에서〕 굳기름을 일컫는 말. ↔蛋白質(タンパクシツ), 糖質(トウシツ).
ししつ[紙質](명) 지질. 종이의 질. the quality of paper
ししつ[資質](명) 자질. 타고 난 성품과 바탕. nature
しじつ[史実](명) 사실. 역사상의 사실. a historical fact
じしつ[自失](명·자サ) 자실. 어떤 일에 놀라서 자기 자신을 잊고 멍하니 있음. 얼이 빠짐. 「呆然(ボウゼン)一する; 망연 자실하다」 vacancy
じしつ[自室](명) 자기 방. one's own room
じしつ[地質](명) 옷감의 바탕. 염색 등의 가공을 하기 전의 옷감의 바탕. the quality of cloth
じしつ[痔疾](명)〈의〉 치질. piles
じじつ[事実](명) 사실. ①그 사람의 기분이나 생각으로는 움직이게 할 수 없는 실제로 생긴 일. 「勝(カ)ったのは一だ; 이긴 것은 사실이다」 ②실제. 현실. 「一そうなのだ; 사실 그래」 2. a fact
じじつ[時日](명) 시일. 때. 틈. 「一が経過(ケイカ)する; 시일이 지나다」 the date
しじに(부)〈고〉 빈번히. 많이. 「一あれど; 많이 있으나」
ししばな[獅子鼻](명) 사자코. a pug nose
ししばば[屎尿](명) 소변과 대변. feces and urine
じじぶつぶつ[事事物物](명·부) 사사 물물. 모든 사물. every things
ししふんじん[獅子奮迅](연어·명·자サ) 사자가 날뛰듯이 온갖 힘을 다해서 분투함. irresistible force
しじま(명) ①입을 다물고 말을 아니함. ②몹시 조용함. 정적(静寂). 「夜(ヨル)の一; 밤의 적막」 1. reticence
ししまい[獅子舞]一マヒ(명) 사자 머리의 탈을 쓰고 추는 춤.
しじみ[蜆](명)〈동〉 갱조개. 민물 조개의 하나. a corbiculid
じじむさ·いヂヂー(형) 누추하다. 불결하다. frowzy
ししむら[肉叢](명) 썬 고기의 덩어리. 살덩이. flesh
しじもじ[指事文字](명) 모양으로 나타낼 수 없는 것을 나타내기 위해서 도형(図形)이나 기호(記号)로 나타낸 문자. 예: 上, 下, 一, 二 등. demonstrative characters
ししゃ[支社](명) 지사. ①어떤 신사(神社)에서 갈라져 나온 신사. ②본사로부터 갈라진, 지방 등에 설치한 사무소. 1. a subordinate shrine
ししゃ[死者](명) 사자. 죽은 사람. ↔生者(セイシャ). a dead person
ししゃ[使者](명) 사자. 명령을 받고 심부름하는 사람. 심부름군. a messenger
ししゃ[試写](명·타サ) 시사. 영화를 공개하기 전에 특정인에게만 보이는 일. 「一会(カイ); 시사회」 a preview
ししゃ[試射](명·타サ) 시사. 총이나 활 등을 시험적으로 쏘아 봄. test firing
ししゃ[詩社](명) 한시(漢詩)를 쓰는 사람들의 단체. a poetic body
じしゃ[自社](명) 자사. 자기 회사. one's company
じしゃ[寺社](명) 절과 신사(神社). shrines and temples
じしゃ[侍者](명) 시중 드는 사람. 시종자(侍従者). an attendant
ししゃく[士爵](명) 기사(騎士). a knight
ししゃく[子爵](명) 자작. 오등작(五等爵)의 네째. 백

작의 아래, 남작의 위. a viscount

じしゃく[磁石](명)〈광〉 자석. 철을 끌어 당기는 성질을 가진 물체. a magnet

じじゃく[示寂](명·자サ)〈불〉 시적. 보살 또는 고승(高僧)의 죽음. the death of a virtuous priest

じじゃく[自若](형동タルト) 자약. 침착하여 놀라지 않는 모양. 「泰然(タイゼン)—として; 태연 자약하여」 self-possessed

ししゃごにゅう[四捨五入](명·타サ)〈수〉 사사 오입. 끝의 수가 4이하이면 버리고, 5 이상이면 10으로 하여 윗자리에 하나를 더하여 줌.

ししゅ[死守](명·타サ) 사수. 목숨을 걸고 지킴. 죽음을 각오하고 지킴. desperate defence

ししゅ[旨趣](명) ①근본 목적. 의견. 취지. ②마음속의 생각. 1. an opinion 2. thought

ししゅ[詩趣](명) 시취. 시의 흥취. poetical sentiment

じしゅ[自主](명) 자주. 독립해서 외부로부터의 보호를 받지 않음. 「—的(テキ); 자주적」 independence. **—けん**[自主権](명)〈법〉 자주권. ①국가가 그 존립, 발달의 목적을 이룩하기 위하여 자유로이 그 의지를 주장하고 행사할 수 있는 권력. ②단체가 그 법위 안에서 규칙을 스스로 정하여 처리할 수 있는 권리. **—てき**[自主的](형동ダ) 자주적. 독립하여 자기 힘으로 일을 이룩하는 모양.

じしゅ[自首](명·자サ)〈법〉 자수. 죄를 범한 자가 자진하여 범죄 사실을 신고하는 일. self-surrender

ししゅう[死囚](명) 사형수. a condemned man

ししゅう[刺繡](명·타サ) 자수. 수를 놓음. 또는 그 수. embroidery

ししゅう[詩集](명) 시집. 시를 모은 책. an anthology

しじゅう[始終] 시종. Ⅰ(명) ①처음과 끝. ②처음부터 끝까지. Ⅱ(부) ①끊임 없이. 언제나. ②〈고〉 드디어는. 필경. Ⅰ1. beginning and end

しじゅう[四十](수) 사십. 마흔. forty

じしゅう[次週](명) 차주. 다음 주. 내주. next week

じしゅう[自宗](명) 자기의 종파. one's sect

じしゅう[自修](명·타サ) 자수. 자기가 스스로 학문을 닦음. 자습(自習). 「—書(ショ); 자습서」 self-teaching

じしゅう[自習](명·타サ) 자습. 자기만의 힘으로 학교 공부를 함. 자수(自修). self-learning

じじゅう[侍従](명) 시종. 주군(主君) 가까이에서 시중 듦. 또는 그 사람. a lord in waiting

しじゅううで[四十腕](연어·명) 마흔 살쯤 되어, 때때로 팔이 아픈 일. ↔五十肩(ゴジュウカタ).

しじゅうから[四十雀](명)〈동〉 박새. 집 근처에 많이 날아 오는 참새 정도의 작은 새로, 우는 소리가 아름다움. a tit

しじゅうくにち[四十九日](명)〈불〉 사람이 죽어서 사십 구일째에 행하는 법회(法会). the forty-ninth day

しじゅうそう[四重奏](명)〈악〉 사중주. 각각 독립된 네 개의 악기로 연주하는 합주(合奏). 현악 사중주, 피아노 사중주 등. quartet

しじゅうはって[四十八手](명) ①〔씨름에서〕 상대방을 넘기는 48가지 기술. ②사람이나 사건을 조종하는 온갖 수단. 「就職(シュウショク)—; 취직을 위한 갖은 수단」 2. a social tact

ししゅく[止宿](명·자サ) 숙박함. 기숙. 머무름. 「—人(ニン); 숙박인」 lodging

ししゅく[私淑](명·자サ) 사숙. 은밀히 어떤 사람을 본보기로 해서 배움. adoration

しじゅく[私塾](명) 사숙. 개인이 학생을 모아 가르치는 곳. a private school

じしゅく[自粛](명·자サ) 자숙. 스스로 조심함. 몸소 삼감. self-control

ししゅつ[支出](명·타サ) 지출. 금품을 지불함. 지불. ↔収入(シュウニュウ). expenditure

しじゅつ[施術](명·자サ)〈의〉 수술(手術)을 하는 것. a surgical operation

しじゅほうしょう[紫綬褒章](명) 학문, 예술, 발명, 창작에 있어 공적이 있는 사람에게 일본 정부가 수여하는 보랏빛 리본이 달린 기장(記章).

しじゅん[至純](명·형동ダ) 지순. 매우 순수함. 지극히 순결함. purity

しじゅん[視準](명) 시준. 망원경의 축(軸)을 목적물에 정확하게 맞춤. 조준(照準). collimation. **—せん**[視準線](명)〈천〉 망원경의 대물 렌즈(対物 lens)의 광심(光心)과 대안(対眼) 렌즈의 광심과를 잇는 직선. 시준축(視準軸).

しじゅん[諮詢·咨詢](명·타サ) 자순. 남에게 또는 아랫사람의 의견을 물음. 자문(諮問). 「—機関(キカン); 자문 기관」 inquiry

じじゅん[耳順](명) 이순. 논어(論語)에서 나온 말. 〔생각하는 것이 원만하여 어떤 일을 들으면 곧 이해가 된다는 뜻에서〕 나이 예순 살 된 때를 일컫는 말.

ししゅんき[思春期](명) 사춘기. 이성(異性)에 관심을 갖게 되고 춘정(春情)을 느끼는 시기(15~20세). 춘기 발동기. puberty

しじゅんせつ[四旬節](명)〈종〉 사순절. 그리스도가 세례 후 40일간 황야에서 수행(修行)한 것을 기념하는 축일(祝日). Lent

ししょ[支所](명) 지소. 본소(本所)의 관리에 속하면서 본소에서 분리되어 소재지의 소관 업무를 취급하는 곳. a local branch

ししょ[支署](명) 지서. 본서에서 갈리어 나간 관서(官署). a branch office

ししょ[四書](명) 사서. 중국 고전인 칠서(七書) 중의 네 가지 책 논어, 맹자, 중용, 대학. the four Chinese classics

ししょ[史書](명) 사서. 역사책. a history book

ししょ[司書](명) 사서. 〔도서관 등에서〕 서적의 정리, 보관 등을 맡은 사람. 「—官(カン); 사서관」 a librarian

ししょ[死処·死所](명) 죽을 곳. 죽을 만한 장소. 「—を得(エ)る; 의롭게 죽을 장소를 얻다」 the place to die in

ししょ[私書](명) 사서. ①개인의 서류. ②개인의 편지. 1. a private document

ししょ[私署](명·자サ) 개인적인 서명을 함. 또는 그 서명. a private signature
ししょ[詩書](명) 시서. ①시경(詩経)과 서경(書経). ②시집(詩集). 시에 관한 책. 2. a book of poems
しじょ[子女](명) ①여자 아이. 딸. ②자녀. 아들과 딸. 자식. 1. daughters 2. sons and daughters
じしょ[字書](명) 한자를 일정한 순서로 늘어놓아 발음, 뜻, 용법 등을 쓴 책. 자전(字典). 사서(辞書). a dictionary
じしょ[自書](명·자타サ) 자서. 자기가 씀. 또는 쓴 것. one's own writing
じしょ[自署](명·자サ) 자서. 자신이 서명함. 또는 그 서명. signature
じしょ[地所](명) 지면. 토지. 「家(イエ)をたてるための一; 집을 짓기 위한 토지(대지)」 land
じしょ[辞書](명) 사서. 말을 일정한 순서로 배열하고 발음, 뜻, 용법 등을 쓴 책. 사전. a dictionary
じじょ[自助](명) 자조. ①자기 힘만으로 자기의 향상 발전 등을 꾀함. ②자기에게 도움이 되도록 함. 1. self-help
じじょ[自序](명) 자서. 자기가 저술한 책 머리에 자기가 쓰는 서문(序文). the author's preface
じじょ[次女](명) 차녀. 둘째 딸. ↔長女(チョウジョ). one's second daughter
じじょ[児女](명) ①계집아이. ②사내 아이와 계집 아이. 1. girls 2. boys and girls
じじょ[侍女](명) 시녀. 시중 드는 여자. a waiting-maid
じじょ[爾汝](명) 자네. 너. 「一の間(アイダ)がら; 서로 너, 나 하는 사이(허물 없는 사이)」 you
ししょう[支障](명) 지장. 방해. 고장. 「一なく; 지장 없이」 a hindrance
ししょう[死傷](명·자サ) 사상. ①죽음과 부상. 「一者(シャ); 사상자」 ②죽은 사람과 부상자. 「一十名(ジュウメイ); 사상 10명」 1. the killed and wounded
ししょう[司掌](명) ①취급함. 관장(管掌)함. ②중고(中古)에 모든 관청의 잡역(雑役)을 관장하던 벼슬. 1. management
ししょう[私消](명·타サ) 공공의 금품을 사사로이 씀. 「公金(コウキン)を一する; 공금을 사용(私用)하다」 embezzlement
ししょう[私娼](명) 사창. 허가 없이 매음하는 창녀. 밀매음녀(密売淫女). 「一窟(クツ); 사창굴」 ↔公娼(コウショウ). an unlicensed prostitute
ししょう[私傷](명) 사사로운 일로 받은 상처. ↔公傷(コウショウ). injury resulting from private work
ししょう[指掌](명) 손바닥을 가리키듯 일이 쉽고 명백함. clearness
ししょう[師匠](명) 학문 및 기술을 가르치는 사람. 선생. a teacher
ししょう[詞章](명) 사장. ①시가(詩歌)와 문장. ②문구(文句). 1. poetry and prose
ししょう[詩抄·詩鈔](명) 시초. 시를 뽑아서 편집한 책. a selection of poems

ししょう[嗤笑](명) 치소. 조소. 비웃음. 냉소. sneer
しじょう[支場](명) 중심되는 시험장(試験場) 등에서 갈리어 나간 출장소.
しじょう[史上](명) 사상. 역사에 나타나 있는 바. 역사상. 「一最大(サイダイ)の作戦(サクセン); 사상 최대의 작전」 in history
しじょう[市上](명) 시중(市中). in a city
しじょう[市場](명) ①시장. 저자. ②거리의 상점. 「一に出(デ)る; 시장에 나가다」 ③〈경〉 매매가 이루어지는 장소. 1. a market 3. a fair. ── **ちょうさ**[市場調査](명)〈경〉 시장 조사. 물품의 판로나 구매인(購買人)에 대해서 통계적으로 조사하는 일. 「threadiness
しじょう[糸状](명) 사상. 실과 같이 가늘고 긴 모양. ↗
しじょう[至上](명) 지상. 이 위에 더 없음. 최상. 「一の幸福(コウフク); 지상의 행복」 supremacy
しじょう[至情](명) ①진심. 진정. ②극히 자연스러운 인정. 1. sincerity
しじょう[私情](명) 사정. 개인으로서의 정의(情誼). 개인적인 감정. personal affection
しじょう[紙上](명) 지상. ①종이 위. 지면(紙面). ②신문, 잡지의 기사를 실은 면. 1. on a sheet of paper
しじょう[試乗](명·자サ) (시운전하는 차에) 시험적으로 탐. a trial ride
しじょう[詩情](명) 시정. ①시적인 맛. 시의 흥취. ②시를 쓰고 싶은 마음. 1. poetical sentiment
しじょう[誌上](명) 지상. 잡지의 지상(紙上). 「一で論争(ロンソウ)する; 지상에서 논쟁하다」 in a magazine
じしょう[自性](명)〈불〉 자성. 본래의 성질. an original nature
じしょう[自称](명·자サ) 자칭. ①스스로 일컬음. ②자기가 자기를 칭찬함. 자찬(自讃). ③〔문법에서〕 이야기하는 사람을 나타냄. 「一代名詞(ダイメイシ); 자칭 대명사(나, 저 등)」 1. self-appointed
じしょう[自証](명·타サ) ①자기 스스로 증명함. ②〈불〉 자기 스스로 대오(大悟)함. 1. one's own attestation
じしょう[自照](명) 자기 자신을 비춤. 스스로를 관찰, 반성함. shining upon oneself. ── **ぶんがく**[自照文学](명) 자조 문학. 자신의 경험, 자신의 평론, 수필, 일기, 서간집 등 자조의 정신에서 나온 문학.
じしょう[次章](명) 차장. 다음 장. the next chapter
じしょう[事象](명) 사상. 사실의 현상. matters
じじょう[自乗·二乗](명·타サ)〈수〉 자승. 똑같은 수를 두 번 곱함. 제곱. square
じじょう[次条](명) 다음 조항. the next article
じじょう[治定](명·타サ) ①다스려서 안정시킴. ②결심함. 1. subjugation 2. determination
じじょう[事情](명) 사정. 왜 그렇게 되었는가에 대한 이유나 원인. 일의 형편이나 까닭. circumstances
じじょう[磁場](명)〈이〉 자장. 자석의 자기력이 미치는 공간. the magnetic field
じじょうじばく[自縄自縛](연어·명) 자승 자박. 자기의 말이나 행동 때문에 스스로 괴로움을 당함. being caught in one's own trap

ししょうせつ[私小説](명) 사소설. ①작자의 신변에 일어난 사실을 그대로 자료로 한 소설. 심경(心境) 소설. ⇨: わたくしししょうせつ. ②주인공이 자신을 서술(敍述)하는 형식으로 된 소설. 1. a private novel
ししょく[至嘱](명) 더없이 유망함. 지극히 촉망됨. most promising
ししょく[試食](명·타サ) 시식. 시험 삼아 먹어 봄. tasting
じしょく[辞色](명) 말과 안색. words and looks
じしょく[辞職](명·자サ) 사직. 직을 그만둠. resignation
じじょでん[自叙伝](명) 자서전. 자기가 쓴 자기의 전기. an autobiography
ししょばこ[私書箱](명) 사서함. 우편국 내에 따로 만들어 두는 개인 전용의 우편함. a post-office box (P.O.B)
じしろ[地白](명) 흰 바탕의 직물. 흰 천. white cloth
ししん[至心](명) 지성된 마음. 진심. sincerity
ししん[私心](명) 사심. ①자기 한 사람의 생각. 사의(私意). ②자기만의 이익을 추구하는 마음.「一を去(サ)る; 사심을 떠나다」 1. one's own opinion
ししん[私信](명) 사신. ①비밀의 통신. ②개인적인 일을 적은 편지. 1. a secret information 2. a private letter
ししん[使臣](명) 사신. 사자로서 파견된, 군주 또는 국가의 대리자. an envoy
ししん[指針](명) 지침. ①자석반(磁石盤)의 바늘. ②계량기의 바늘. ③남을 지시 인도하는 방침.「教育(キョウイク)の一; 교육의 지침」 1. a compass-needle 2. an indicator 3. a guide
ししん[指箴](명) 지침(指針)이 되는 경계(警戒)나 교훈. guiding admonition
ししん[視診](명)〈의〉 시진. 육안(肉眼)으로 몸을 보고 병세를 진단하는 법. inspection
しじん[士人](명) ①무사. ②교육이나 지위를 가진 사람. 인사(人士). 1. a warrior
しじん[至人](명) 도덕의 극치에 다다른 사람. a man of moral perfection
しじん[私人](명) 사인. 공공의 지위나 자격을 가지지 않은 개인. ↔公人(コウジン). an individual
しじん[詩人](명) 시인. 시를 쓰는 사람. a poet
じしん[自身](명) 자신. 자기. oneself. **―ばん**[自身番](명) 에도(江戸) 시대에 에도를 경계하기 위하여 여기저기 설치했던 세대주들이 교대로 근무하던 초소(哨所).
じしん[自信](명) 자신. 자기의 가치나 능력을 믿음.「一満満(マンマン); 자신 만만」 self-confidence
じしん[地震](명)〈지〉 지진. 지각(地殼)의 변동에 의해서 일어나는 땅의 진동이나 균열(亀裂). 지구 표면의 진동. an earthquake
じしん[侍臣](명) 시신. 주군(主君) 곁에서 시중 드는 신하. an attendant
じしん[時針](명) ⇨たんしん(短針). ↔分針(フンシン).
じしん[磁針](명)〈이〉 자침. 바늘 모양을 한 철(鉄)의 자석. 양쪽 끝에 극(極)이 있으며 방위方(位)를 아는 데 씀. a magnet
じじん[自刃](명·자サ) 자인. 칼로 자살함. suicide by the sword
じじん[自尽](명·자サ) 자살. 자결(自決). suicide
じじん[自陣](명) 자기의 진지나 진영. one's camp
じじん[時人](명) 당시의 사람. men of the times
ししんけい[視神経](명)〈생〉 시신경. 대뇌에서 안구(眼球)의 망막(網膜)에 분포하는 신경으로, 눈에서 뇌에 자극을 전함. the optic nerve
シス(명)〈속〉 시스터의 준말.
しず―[静]シヅ(조어) 조용한.「一ごころ; 조용한 마음」
しず[賤]シヅ(명) 비천함. 천함.「一が家(ャ); 초라한 집」 humbleness
しず[倭文]シヅ(명)〈고〉 삼 등의 씨실을 붉은 빛깔이나 푸른 빛깔로 물들여 무늬를 어지럽게 짠 직물.
じ·す[辞す](타 4) ⇨じする.
ジス[JIS←Japanese Industrial Standard](명) 지스. 일본 공업 규격. 또는 그 마아크.
しすい[試錐](명) ⇨ボーリング②.
しずい[歯髄](명)〈생〉 치수. 치강(歯腔) 속에 가득 차 있는 연하고 부드러운 조직. 감각이 예민함. dental pulp
しずい[雌蘂] ―ズヰ(명)〈생〉 암술. ↔雄蘂(ユウズイ).
じすい[自炊](명·자サ) 자취. 자기가 손수 밥을 지어 먹음. cooking food for oneself
しすう[指数](명) 지수. ①〈수〉 어떤 수 또는 문자의 오른쪽 위에 부기(附記)하여 그 승멱(乗羃)을 표시하는 문자. 또는 수자. ②〈경〉 물가, 노동, 생산, 지능 등의 시간적인 변동을, 일정한 때를 100으로 하여 비교하는 수자.「物価(ブッカ)一; 물가 지수」 an index number
しすう[紙数](명) ①종이 수. 페이지 수. ②지면(紙面). 1. the number of pages
じすう[字数](명) 자수. 글자 수. the number of words
しずえ[下枝] シヅ―(명)〈고〉 밑가지.
しずおか[静岡](명)〈지〉 중부 지방의 태평양 연안에 있는 현. 또는 그 현의 현청 소재지.
しずか[静か] シヅカ(형동ダ) ①조용한 모양. 움직이지 않는 모양. ②침착한 모양. ③평온한 모양. ④별로 말을 아니하는 모양. 파생 ― **さ**(명). 1. quiet
しずく[雫] シヅク(명) 물방울. a drop
しずけ·し[静けし] シヅケシ(형ク) 조용하다. 파생 ― **さ**(명). calm
しずごころ[静心] シヅ―(명) 평온(平穏)한 마음. 조용한 마음. a calm mind
しすご·す[仕過ごす](타 4) 지나치게 하다. overdo
しずしずと[静静と] シヅシヅ―(부) 몹시 조용하고 얌전하게 움직이는 모양. 정숙히. quietly
シスター[sister](명) 시스터. ①자매(姉妹). ②〔학생 용어로〕 여자 친구. ③〈종〉 가톨릭교의 수녀.
システム[system](명) 시스템. ①조직. 제도. ②계통. 체계. ③순서. 질서. ④방법. 방식. …식.「東大

(トウダイ)—; 토오쿄오 대학식」

ジステンパー[distemper](명) 디스템퍼. 강아지에게 많은 급성 전염병.

ジストマ[distoma](명)〈동〉 디스토마. 기생충의 한 가지. 사람이나 말의 간장(肝臓), 폐에 기생해서 병을 일으킴.

しずの[賤の] シヅー(연어) 신분이 천한. 「一男(オ); 필부(匹夫)」 humble

しずのおだまき[倭文の苧環] シヅーヲダマキ(명) "しず(倭文)"를 짜는 베실을 감는 실꾸리.

じすべり[地滑り](명·자サ)〈지〉 흙이나 암반(岩盤) 등이 경사지를 미끄러져 떨어지는 현상(現象). 사태(沙汰). a landslide

しすま·す[為済ます](타 4) ①다 마치다. ②능숙하게 하다. 1. finish

しずまりかえ·る[静まり返る] シヅマリカヘル(자 4) 아주 조용해지다. be very quiet

しずま·る[静まる·鎮まる] シヅマル (자 4) ①조용해지다. ②평정되다. 진압되다. ③침착해지다. ④세력이 약해지다. ⑤신이 계시다. 진좌(鎮座)하다. 「森(モリ)の奥(オク)に一神(カミ); 숲 깊숙이 진좌하고 있는 신」 1. become quiet 5. be enshrined

しずみ[沈み] シヅミ(명) ①가라앉음. ②어망의 추(錘). ③숨을 내쉬고 물속에 잠겨 있음. 1. sinking 2. a sink.
— うお[沈み魚](명) 물 바닥에 사는 물고기.

しず·む[沈む] シヅム(자 4) ①물속에 잠기다. 가라앉다. ②(해나 달이) 지다. ③활기가 없어지다. (기분이나 음성이) 울적해지다. ④원기를 잃다. 실망하다. 「憂(ウレイ)に—; 근심에 잠기다」⑤(시일이 지남에 따라서) 색깔이 안정되다. ⑥물속에 빠져 죽다. 명 沈み. 타 沈める(하 1). 1. sink 3. 4. be depressed

しずめ[鎮め] シヅメ(명) 진정(鎮定)시킴. 조용하게 함. 「国(クニ)の—; 나라의 진호(鎮護)」 suppression

しずも·る[沈もる] シヅモル(자 4) ⇨しずむ.

しずやか[静やか] シヅヤカ(형동ダ) 조용한 모양. 고요한 모양. quiet

しずり シヅリ(명) 나뭇가지 위에 쌓였던 눈이 땅에 떨어지는 일.

—し·する[視する](접미·サ형) …라고 생각하다. …로 취급하다. 「英雄(エイユウ)—; 영웅시하다」

し·する[死する](자サ) 죽다. die

し·する[資する](자サ) 이바지하다. 도움이 되다. 「会(カイ)の発展(ハッテン)に—; 회의 발전에 이바지하다」 contribute to

じ·する[侍する](자サ) 가까이에서 시중들다. 가까이 모시다. attend on

じ·する[治する] ヂー(타サ) ①치료하다. 고치다. ②다스리다. ③정하다. 결정하다. 1. heal 2. rule

じ·する[持する](타サ) 갖다. 보존하다. 간직하다. hold

じ·する[辞する] Ⅰ(자サ) ①물러나다. 고별하다. 떠나다. 「友人(トモダチ)の家(イエ)を—; 친구 집을 떠나다」 ②사직하다. ③삼가다. 양보하다. Ⅱ(타サ) ①거절하다. 사양하다. ②돌려 주다. Ⅰ 1. leave Ⅱ 1. decline

しず·れる シヅレル(자하 1) 나뭇가지에서 눈이 떨어지다.

しずわ[後輪] シヅー(명) 마구(馬具)의 하나. 안장 뒷부분의 높은 곳.

しせい[市井](명) ①시정. 거리. 집들이 모여 있는 곳. ②항간. 「—のうわさ; 항간의 소문」 1. the town

しせい[市制](명)〈법〉 시제. 자치 단체로서의 시의 제도. municipality

しせい[市政](명) 시정. 시의 행정, 정치. municipal government

しせい[市勢](명) 시세. 시의 경제적 상황. the state of a city

しせい[四声](명) 사성. 한자음의 고저(高低)와 장단(長短)과를 합친 운(韻)의 네 가지. the four Chinese tones

しせい[四姓](명) 사성. 옛날 인도의 네 계급. ⇨カスト.

しせい[四聖](명) 사성. 공자, 석가, 그리스도, 소크라테스의 네 성인을 일컫는 말. the Four Greatest Sages of the World

しせい[司政](명) 정치, 행정을 취급함. 「一官(カン); 사정관(지방 행정관)」 administration

しせい[至誠](명) 지성. 지극한 정성. 진심. sincerity

しせい[至聖](명) 지극히 덕(徳)이 뛰어남. 또는 그 사람. highest knowledge and virtue

しせい[死生](명) 사생. 죽음과 삶. life and death

しせい[私生](명) 사생. 법률상으로 부부가 아닌 남녀 사이에 아이가 태어나는 일. bastardy. **—じ**[私生児](명) 사생아. 법률상으로 부부가 아닌 남녀 사이에 태어난 아이.

しせい[私製](명·타サ) 사제. 개인적으로 만듦. 「—タバコ; 사제 담배」 private manufacture

しせい[姿勢](명) 자세. ①몸가짐. 모습. ②태도. 방법. 「低(テイ)—; 저자세」 1. a figure

しせい[試製](명·타サ) 시험으로 만들어 봄. 시작(試作). trial manufacture

しせい[施政](명) 시정. 정치를 시행(施行)함. 또는 그 정치. 「—演説(エンゼツ); 시정 연설」 administration

しせい[詩聖](명) 시성. ①뛰어난 대시인. ②이 백(李白)을 시선(詩仙)이라 한 데 대해서 두 보(杜甫)를 이르는 말. 1. a great poet

しぜい[市税](명)〈법〉 시세. 시가 징수하는 세금. a municipal tax

じせい[自生](명·자サ) 자생. 저절로 자람. spontaneous growth

じせい[自省](명·자サ) 자성. 자기 스스로 반성함. 「—心(シン); 자성하는 마음」 self-reflection

じせい[自制](명·자サ) 자제. 자기가 자기의 욕망을 억제함. 「—心(シン); 자제심」 self-control

じせい[自製](명·타サ) 자기가 만듦. 또는 만든 것. one's own manufacture

じせい[時世](명) 시세. 시대. 세대. 「—おくれ; 시대에 뒤떨어진 것」 the times

じせい[時制](명) 시제. 〔문법에서〕 동사, 형용사 등이

나타내는 동작이나 형태의 시간적 위치 곧 현재, 과거, 미래를 표시하는 범주(範疇). 시상(時相). the tense

じせい[時勢](명) 시세. 시대의 추세(趨勢). 그때의 형세. the tide of the times

じせい[辞世](명) 사세. ①이 세상을 고별함. 죽음. ②임종 때에 남기는 시나 노래(歌). 「一の句(ク); 사세구」 1. passing away 2. a death song or poem

じせい[磁性](명)〈이〉 자성. 자기(磁気)를 띤 물체가 나타내는 성질. 쇠붙이를 끌어 당기거나, 자석(磁石)에 끌리는 성질. magnetism

しせいかつ[私生活](명) 사생활. 개인 생활. 「一に立(タ)ち入(イ)る; 사생활에 간섭하다」 one's private life

しせいだい[始世代](명)〈지〉 가장 오랜 지질(地質) 시대. 5억 년부터 20억 년 전으로 추정(推定)됨. 시생대(始生代). the Archeozoic Era

しせき[史跡·史蹟](명) 사적. 역사의 유적. a historic spot

しせき[史籍](명) 사적. 역사에 관한 서적. a historical book

しせき[咫尺] Ⅰ(명) 지척. 극히 가까운 거리. Ⅱ(명·자サ) 귀인(貴人)을 배알(拝謁)하는 일. Ⅰa very short distance Ⅱ audience

しせき[歯石](명)〈의〉 치석. 이 표면에 붙어 있는 석회질의 덩어리. 치구(歯垢). tartar

じせき[次席](명) 차석. 다음 번 자리. 수석(首席)의 다음 자리. 「一で入賞(ニュウショウ); 차석으로 입상」 the second in rank

じせき[自席](명) 자기 자리. one's seat

じせき[自責](명) 자책. 양심에 걸리어 스스로 자기를 책망함. self-reproach. **—てん**[自責点](명) 〔야구에서〕 피처(投手)의 책임으로 러너(走者)가 얻는 점.

じせき[事跡·事蹟](명) 사건의 자취. 일의 형적. an issue

じせき[事績](명) 사적. 일의 실적. 일의 공적. 업적(業績). an achievement

しせつ[士節](명) 무사로서의 절개. warrior's honour

しせつ[死節](명) 목숨을 걸고 절개(節概)를 지킴. defence of one's honour for one's life

しせつ[私設](명) 사설. 개인의 설립. ↔公設(コウセツ). private establishment

しせつ[使節](명) 사절. ①군주나 국가를 대표하여 사신으로서 외국에 가는 사람. ②옛날 지방에 파견되었던 조정의 관리. 1. an envoy

しせつ[施設](명·타サ) 시설. 베풀어 설비함. 만들어 설치함. 설비. 「公共(コウキョウ)の一; 공공 시설」 establishment

じせつ[自説](명) 자설. 자기의 설(説). 자기의 의견. one's own opinion

じせつ[持説](명) 항상 품고 있는 자기의 의견. 지론(持論). one's cherished opinion

じせつ[時節](명) 시절. ①때. 철. ②당세. 시대. ③시기. 기회. ④좋은 시기. ⑤세상 형편. 2. the times 3. a chance. **—がら**[時節柄](부) 시절에 알맞는 것. 때가 때인 만큼.

しせん[支線](명) 지선. ①철도의 본선으로부터 갈라진 선로. ↔幹線(カンセン). ②전선주를 받쳐 주기 위해 비스듬히 친 줄. 1. a branch line 2. a supporting line

しせん[死線](명) 사선. 죽느냐 사느냐의 경지. 「一をさまよう; 사선을 헤매다」 a crisis

しせん[私選](명·타サ) 개인이 선택함. 개인의 고름. private selection

しせん[施線](명) 선(線)을 가설함. installing a line

しせん[視線](명) 시선. ①〈생〉 안구(眼球)의 중심점과 외계(外界)의 대상과를 맺는 직선. ②눈길. 「一をそらす; 눈길을 돌리다」 1. the line of vision 2. one's eyes

しせん[詩仙](명) 시선. ①천재적인 시인. ②두 보(杜甫)를 시성(詩聖)이라 한 데 대해서 이 백(李白)을 이르는 말. 1. a great poet

しせん[詩箋](명) 시를 쓰는 종이. paper for writing Chinese poems

しぜん[自然] Ⅰ(명·형동ダ) 자연. ①가공하지 않은 원래대로의 상태. ↔文化(ブンカ). ②인력으로 변조할 수 없는 외계(外界)의 상태. ③모든 것을 만드는 작용. 「一のいとなみ; 자연의 영위(営為)」 ④본래부터 갖추고 있는 성질. ⑤정신 이외의 객체(客体). Ⅱ(부) ①만일. ②스스로. 저절로. 「一発生(ハッセイ); 자연 발생」 Ⅰ 1. nature 2. natural condition. **—かい**[自然界](명) 자연계. 인식(認識) 대상이 되는 외계. 천지의 모든 것이 존재하는 범위(範囲). **—かがく**[自然科学](명) 자연 과학. 자연 현상을 일정한 방법으로 연구하여 일반적 법칙을 인식하려고 하는 과학. **—しゅぎ**[自然主義](명) 자연주의. ①〈철〉 자연을 유일한 실재(実在)로 보고 모든 현상(現象)을 이에 의하여 설명하는 주의. ②자연의 진실을 있는 대로 표현하려고 하는 주의. ③인간의 자연성을 중시하여 이를 원만하게 발달시키려는 주의. **—とうた**[自然淘汰](명)〈생〉 자연 도태. 생물이 외계의 상태에 맞는 것은 경쟁에 이겨서 생존하고 그렇지 못한 것은 멸망하는 현상.

しぜん[至善](명) 지선. ①최고의 선. 최상의 선. ②선악의 차별을 넘어선 본성(本性). 1. the highest good

じせん[自選](명·타サ) ①(자기가) 자기를 선거함. ②자기의 작품을 자기가 고름. 2. self-selection

じせん[自薦](명·타サ) 자천. 자기 스스로를 추천함. ↔他薦(タセン). self-recommendation

じぜん[次善](명) 차선. 최선의 다음. 「一の策(サク); 차선책」 second best

じぜん[事前](명) 사전. 일이 생기기 전. 일을 행하기 전. 미연(未然). 「一に知(シ)る; 사전에 알다」 before the fact. **—うんどう**[事前運動](명) 사전 운동. 선거전 등이 있기 전에 미리 여러 가지 준비를 위하여 활동을 하는 일.

じぜん[慈善](명) 자선. ①불쌍히 여겨 도와 줌. 은혜를 베풀어 착한 일을 함. 「一事業(ジギョウ); 자선 사업」 ②인정. 은혜. 1. charity

しぜんがく[史前学](명) ⇨せんしがく(先史学).

しそ[始祖](명) ①시조. 선조. ②〈불〉〔선종(禅宗)에서〕

달마(達磨). 1. the founder
しそ[紫蘇](명)〈식〉 자소. 꿀풀과의 1년초. 잎과 열매는 식용. 우메보시(梅干)의 재료, 또는 향미료(香味料)로 쓰임. 차조기. a beefsteak plant
しそ[緇素](명) (검은 옷과 흰옷이란 뜻으로) 중과 속인(俗人). clergy and laity
じそ[自訴](명·자サ) 자수(自首). self-surrender
しそう[市葬](명) 시장. 시의 비용으로 행하는 장례. a municipal funeral
しそう[示嗾](명·타サ) 목적을 알려 주고 꼬드김. 사주(使嗾). instigation
しそう[死相](명) 사상. ①죽은 얼굴. ②죽을 것 같은 인상. 죽음의 그림자. 죽을상. 「一があらわれる; 죽을상이 나타나다」 1. a dead face 2. foreshadow of death
しそう[志操](명) 지조. 굳게 갖고 있는 주의. 굳은 절개(節概). constancy
しそう[使送](명·타サ) 심부름군으로 하여금 가지고 가게 함. sending by a messenger
しそう[使僧](명) 사자(使者)인 중. a messenger priest
しそう[使嗾·指嗾](명·타サ) 사주. 남을 부추기어 시킴. 교사함. instigation
しそう[思想](명) 사상. ①생각. ②사물을 고찰하고 추리 판단하는 마음의 능력. 또는 그 결과로 얻은 체계적인 생각. 1. an idea 2. a thought
しそう[師僧](명) 사승. 스승인 승려. a priest as a teacher
しそう[詞宗·詩宗](명) 사종. ①시의 대가(大家). 대시인. ②시인의 높임말. 1. a great poet
しそう[詞藻](명) 사조. ①시나 노래나 문장. ②시문(詩文)의 재주. 시재(詩才). 「一に富(ト)む; 시재가 풍부하다」 2. poetical expressions
しそう[詩草](명) 시초. 시의 초고(草稿). 시고(詩稿). a draft of a poem
しそう[歯槽](명)〈생〉 치조. 치근(歯根)이 박혀 있는 상하 악골(顎骨)의 구멍. an alveolus. **—のうろう**[歯槽膿漏](명)〈의〉 치조 농루. 치근으로부터 고름이 나와서 결국 이가 빠지는 병. 「a poetical sentiment
しそう[詩想](명) 시상. 시의 착상(着想). ⤴
しぞう[死蔵](명·타サ) 사장. 사용하지 않고 처박아 둠. 「書籍(ショセキ)を一する; 서적을 사장하다」 hoarding
しぞう[私蔵](명) 사장. 개인이 사사로이 간직하여 둠. private ownership
じそう[寺僧](명) 사승. 절의 중. a priest
じそう[事相](명) 일의 상태. 사태. an aspect
じそう[侍曹](명) ①귀인(貴人) 가까이에서 시중을 드는 사람. ②편지의 수신인(受信人)의 주소 왼편에 써서 경의를 표하는 말.
じぞう[自蔵](명·타サ) 기계 속에 장치함. 「アンテナ一; 안테나가 속에 장치되어 있는 라디오」
じぞう(ぼさつ)[地蔵(菩薩)](명)〈불〉 지장 보살. 석가가 열반한 뒤 미륵 보살이 나타날 때까지 중생을 화도(化導)한다는 보살. the guardian deity of children
しそく[子息](명) 자식. 아들. a son
しそく[四足](명) 사족. ①네 발이 있는 것. ②짐승. 1. four feet 2. a beast
しそく[四則](명)〈수〉 사칙. 더하기, 빼기, 곱하기, 나누기의 네 가지 셈에 있어서의 규칙. 가감 승제(加減乗除). the four rules in arithmetic
しぞく[士族](명) 사족. ①무사의 집안. ②무사의 가문을 잇는 계급. 2. the ex-military class
しぞく[氏族](명) 씨족. 선조(先祖)가 같은 혈족의 단체. 친척. 일가. a clan
しぞく[支族·枝族](명) 본가(本家)에서 갈라진 일족. a branch family
しぞ·く[退く](자 4)〈고〉 ①물러나다. ②그만두다.
じそく[自足](명·자サ) 자족. ①스스로 자기의 필요한 것을 채움. 「自給(ジキュウ)一; 자급 자족」 ②자기 스스로 만족함. 1. self-sufficiency 2. self-satisfaction
じそく[時速](명) 시속. 1시간을 단위로 하여 측정한 속도. 단위 시간(單位時間)에 달리는 거리. 「一六十(ロクジッ)キロ; 시속 60 *km*」 speed per hour
じぞく[持続](명·자타サ) 지속. 계속해 지탱함. 오래 계속함. continuance
じぞく[時俗](명) 시속. 그 시대의 인정, 풍속. customs of the age
しそこない[為損い]—ソコナヒ(명) 실패. 실수. a failure
しそこな·う[為損なう]—ソコナフ(타 4) 실패하다. 실수하다. 잘못하다. fail
しそつ[士卒](명) 사졸. 병졸. soldiers
しそん[子孫](명) 자손. ①아들과 손자. ②후손(後孫). 1. children and grandchildren 2. descendants
しそん[至尊](명) 지존. ①더없이 존귀함. ②천자(天子). 천황(天皇). 1. augustness
じそん[自存](명·자サ) 자존. ①자기의 생존(生存). ②다른 무엇에 의지함이 없이 자기 힘으로 생존함. 「自立(ジリツ)一; 자립 자존」 1. the existence oneself
じそん[自村](명) 자기 마을. one's village
じそん[自尊](명) ①자기 스스로 자기를 높임. 「一心(シン); 자존심」 ②자중(自重)하여 스스로 자기 품위를 유지함. 1. self-conceit
した[下](명) ①아래. 「一にもおかぬもてなし; 대단히 융숭한 대접」 ↔上(ウエ). ②뒤. 속. 안. ③낮은 곳. ④하등. 낮은 지위. 열등(劣等). ⑤적은 것. ⑥사전 준비. 「一相談(ソウダン); 미리 모여서 하는 의논」 ⑦〈고〉 마음속. 심중. ⑧직후. 「いう一から; 말하자마자(말이 떨어지자마자)」 ⑨저당. 볼모. 1. below
した[舌](명)〈생〉 혀. 「一の根(ネ)のかわかぬうちに; 말이 끝나자마자 (입에 침도 마르기 전에)」 the tongue
した[舌·簧](명) (취주 악기의) 혀.
しだ[歯朶·羊歯](명)〈식〉 양치류 식물의 총칭. 대개는 뿌리에 직접 잎이 붙은 우상 복엽(羽状複葉)이 나옴. 포자(胞子)로 번식함. a fern
じた[自他](명) 자타. 자기와 타인. 「一ともにゆるす; 자타가 공인(共認)하다」 ②〔문법에서〕 자동사와 타

동사.　1. oneself and others

じだ[耳朶](명) ①귓불. ②귀. 「一に触(フレ)る; 귀에 들어 가다(들리다)」　1. an earlobe

したあらい[下洗い](명·타サ) 우선 대강 하는 빨래. 애벌 빨래.　rough washing

し たい[支隊·枝隊](명) 지대. 본대(本隊)에서 분리된 독립 부대. ↔本隊(ホンタイ).　a detachment

し たい[四諦](명)〈불〉사제. 영원히 변하지 않는 네 가지 진리. 고제(苦諦), 집제(集諦), 멸제(滅諦). 도제(道諦).

し たい[死体·屍体](명) 시체. 송장. 주검.　a corpse

し たい[肢体](명) 지체. ①손과 발. ②손발과 몸.　1. hands and feet

し たい[姿態](명) 자태. 모습. 모양. 몸매.　a pose

し たい[詩体](명) 시체. 시의 체재. the form of a poem

し だい[市大](명) 시립 대학(市立大学)의 준말.

し だい[四大](명) 사대. ①〔도교에서〕4개의 큰 것. 도(道),천(天),지(地),왕(王). ②〈불〉모든 것을 낳는 4가지의 원소. 지(地), 수(水), 화(火), 풍(風). ③〈불〉사람의 몸.　2. four elements 3. a human body

し だい[次第] Ⅰ(명) ①순서. 「式(シキ)の一; 식순」 ②수속. 방법. ③사정. 이유. 「そういう一で; 그러한 이유로」 1. order 2. procedure. **—がき**[次第書き](명) 유래, 순서를 쓴 문서. **—に**[次第に](부) ①순서대로. ②점차로. 차차.

し だい[私大](명) 사립 대학(私立大学)의 준말.

し だい[誌代](명) 지대. 잡지, 기관지 등의 대금.　the price of a magagine

し だい[至大](형동ダ) 지대. 이상 더없이 큰 모양. 가장 큰 모양. 「一なる関心(カンシン); 지대한 관심」　immense

し だい[次第](접조) ①형편대로 함. ②일의 정도에 의함. 「賃銀(チンギン)は腕(ウデ)一だ; 품삯은 솜씨 나름이다」 ③…하면 곧. 「見(ミ)つけ一知(シ)らせる; 발견하는 대로 알리다」

じ たい[字体](명) 자체. 문자의 꼴. 「旧(キュウ)一; 옛 글씨체」　the form of a character

じ たい[自体] 자체. Ⅰ(명) (다른 것이 아닌) 바로 그것. 「質問(シツモン)一がおかしい; 질문 자체가 우습다」 Ⅱ(부) 본래부터. 원래. Ⅰitself Ⅱproperly speaking

じ たい[事体·事態](명) 사태. 일. 형편.　the state of affairs

じ たい[辞退](명·타サ) 사퇴. 거절하고 물러감. 사양함.　declination

じ だい[自大](명) 스스로 크게 여김. 스스로 큰 체함.　arrogance

じ だい[次代](명) 차대. 다음 세대. 2세. 「一の国民(コクミン); 다음 세대의 국민」 the next generation

じ だい[地代](명) 지대. ①〈법〉차지료(借地料). ②토지 가격. 땅값.　1. rent

じ だい[事大](명) 사대. 약자가 강자를 붙좇아 섬김. 「一主義(シュギ); 사대주의」submission to the stronger

じ だい[時代](명) 시대. ①연대. 「一錯誤(サクゴ); 시대착오」 ②그 당시. 당대. 「一の脚光(キャッコウ)をあびる; 시대의 각광을 받다」 ③시간이 경과하여 낡은 것. ④←時代物. 1. the times 2. those days. **—もの**[時代物](명) ①많은 시대를 경과해 내려 온 것. ②옛날의 사실(史実)을 각색한 조오루리(浄瑠璃). ↔世話物(セワモノ).

した いろ[下色](명) ①바탕의 빛깔. ②차차 쇠퇴해 가는 모양. 1. the ground colour 2. gradual decline

した·う[慕う]シタフ(타4) ①연모(恋慕)하다. 그리워하다. ②남의 덕을 우러러 보며 이것을 배우려 하다. ③뒤를 좇다. 따르다.　1. long for 2. adore

した うけ[下請け](명·타サ) 하청. 남이 청부 맡은 일의 전부나 일부를 다시 청부 맡음. 하청부(下請負).　a subcontract

した うち[舌打ち](명·자サ) 음식 맛을 볼 때나 불유쾌한 때 등에 혀를 참.　a tut

した うち あわせ[下打ち合わせ]—ウチアハセ(명·자サ) 정식 타협 전에 미리 의논함. a previous consultation

した え[下絵](명) ①초벌 그림. 대충 그린 그림. ②바탕에 그린 그림. 그 위에 시를 쓰기도 하고 글씨를 쓰기도 함.　1. a rough sketch

した えだ[下枝](명) 밑가지. ↔上枝(ウワエダ).　lower branches

した おし[下押し](명·자サ) ①밑으로 누름. ②〈경〉시세가 내릴 경향이 있음. 1. pushing down 2. falling

した おび[下帯](명) ①속옷 위에 매는 띠. ↔上帯(ウワオビ). ②들보. (남자의) 성기를 가리는 것. ③⇨こしまき.

した おもい[下思い]—オモヒ(명) ①부하를 극진히 사랑함. ②〈고〉내색하지 않는 마음속의 생각.

した おれ[下折れ]—ヲレ(명) 꺾여서 늘어짐. drooping

したが(접)〈고·방〉그렇지만. 그러나.

したが·う[従う]シタガフ(자4) ①좇다. 따라 가다. ②복종하다. 말한 대로 하다. ③배우다. ④들어 주다. ⑤응하다. ⑥거역하지 않다. ⑦지지하다. ⑧항상 옆에 있다. 다가 서다.　1. follow 2. obey

したが·える[従える]シタガヘル(타하1) ①데리고 가다. 거느리다. ②복종시키다. 정복하다. 「賊(ゾク)を一; 도적을 정복하다」　1. take with one 2. subdue

した がき[下書き](명·타サ) ①청서하기 전에 연습을 위해 씀. 또는 그러기 위하여 쓴 것. ②초안(草案). 초고(草稿).　1. a rough copy 2. a draft

した かげ[下陰](명) (나무) 밑의 그늘.　a shade under a tree

したがさね[下襲](명) ①옛날 정장(正装)할 때 겉에서 세째 번에 입던 옷. 뒤에 옷자락이 길게 달려 있었음. ②속옷.　2. underwear

したがって[従って](접) 그러니까. 따라서.　therefore

した がり[下刈り](명·자サ) 어린 나무를 보호하기 위하여 밑에 돋아 난 잡풀을 깎음.　weeding

した ぎ[下着](명) 속옷.　underwear

した ぎき[下聞き](명) 미리 들어 둠. previous hearing

したきり すずめ[舌切り雀](명) ①일본 5대 동화의 하

나. 풀을 핥아 먹었다가 혀를 잘린 참새의 이야기. ②생각한 것을 입 밖에 내지 못하는 사람. ③주인집을 쫓겨 난 사람. 2. a person who cannot express oneself

したく[支度·仕度](명·자サ) ①준비. 차비. ②외출의 옷차림을 함. 1. preparation 2. dress

したく[私宅](명) 사택. 자택. 사제(私第). one's private house

しだ·く(타 4) ①짓밟다. ②깨뜨리다. 부수다.「かみ—; 잘게 씹다」 1. trample 2. crush

じたく[自宅](명) 자택. 자기 집. one's home

したぐさ[下草](명) 나무 그늘에 돋아 나는 풀. undergrowth

したぐみ[下組](명) 미리 해 두는 준비. preparation

したげいこ[下稽古](명·자サ) 미리 해 두는 연습. a rehearsal

したけんぶん[下検分](명·타サ) 미리 검사해 둠. a preliminary examination

したごころ[下心](명) ①미리부터 품고 있던 생각이나 계획. ②본심(本心). ③우의(寓意). 1. one's secret intention 2. one's real intention

したごしらえ[下拵え]—ゴシラヘ(명·자サ) ①미리부터 해 두는 준비. ②대강 준비를 해 둠. 1. preparation 2. rough preparation

したさき[舌先](명) ①혀끝. ②구변. 1. the tip of one's tongue 2. speech

したじ[下地](명) ①밑바탕. 기초. ②바탕의 빛깔. ③본래의 성질. 소질. ④진정. 마음의 밑바닥. ⑤←壁(カベ)下地. ⑥간장. 1. groundwork 3. an inclination 6. soy

しだし[仕出し](명) ①만들어 냄. ②요리를 만들어 배달함. ③몸차림. 차비. 1. producing 2. catering

したし·い[親しい](형) ①혈통이 가깝다. ②친하다. 화목하다. ③친절하다. [파생] **—げ**(형동ダ) **—さ**(명). 1. related 3. kindly

したじき[下敷き](명) ①물건 밑에 까는 것. 깔개. ②밑에 깔림. 1. an underlay

したしく[親しく](부) ①자기 스스로. 손수. ②실제로. 가까이. ③의 좋게. 사이 좋게. 2. actually

したしごと[下仕事](명) ①준비하는 일. ②하청부(下請負). 1. preparatory work

したしみ[親しみ](명) ①친숙(親熟). 친밀(親密). ②애정(愛情). 1. intimacy 2. affection

したし·む[親しむ](자 4) ①가까이 지내다. ②친절히 하다. 친밀히 하다. 1. make friends with

したじめ[下締め](명) 여자의 옷 밑에 매는 끈. an undersash belt

しだしや[仕出し屋](명) 요리를 배달해 주는 집. 또는 그 사람. 요리 배달부. a caterer

したしょく[下職](명) 하청(下請)을 맡는 것. 또는 그 사람. subcontract

したしらべ[下調べ](명·자サ) ①미리 조사함. 예비 조사. ②예습(予習). 1. a preliminary examination

したず[下図](명) 초벌 그림. 준비를 위한 그림. 바탕에 그린 그림. 화고(画稿). 에스키스. a rough sketch

しだ·す[仕出す](타 4) ①시작하다. ②만들어 내다. ③훌륭한 일을 하다. 성취하다. ④요리를 만들어 배달하다. 1. begin 2. produce

したそうだん[下相談](명·자サ) 미리 하는 상의(相議). preliminary arrangement

したすずみ[下涼み](명) 나무 그늘 등에서 바람을 쐬며 쉬는 것. cooling oneself under a tree

しただい[舌代](명) 말하는 대신 쓴 글. a verbal note

したたか[強か](형동ダ·부) ①강하게.「—打(ウ)たれる; 호되게 얻어 맞다」 ②과도히. 심히.「—飲(ノ)む; 과음하다」 ③많이. 1. severe 3. much. **—もの**[強か者](명) 굳센 사람. 고집장이. 만만찮은 사람.

したた·める[認める](타하 1) ①식사하다. ②(글씨를) 쓰다. ③처리하다. ④정돈하다. 준비하다. 2. write

したたらず[舌足らず](명·형동ダ) ①혀가 짧음. ②무슨 말을 충분히 표현하지 못함.「—の発言(ハツゲン); 불충분한 발언」 2. lisping

したたり[滴り](명) 물방울. 물방울이 떨어짐. a drop

したた·る[滴る](자 4) (물방울이) 떨어지다. drop

したたる·い[舌たるい](형) 응석 부려 혀 짧은 소리를 하다. 발음이 똑똑하지 않다. lisping

じたつ[示達](명·타サ) 시달. 상급 관청에서 하급 관청에 지시를 통달(通達)함. instructions

したつくに[下津国](명)〈고〉 ⇨よみのくに.

したつづみ[舌鼓](명·자サ) (음식 맛이 있어서) 입맛을 다심.「—をうつ; 입맛을 다시다」 smacking one's lips

したっぱ[下っ端](명)〈속〉 ①아래쪽. ②지위가 낮은 사람. 1. the lower part 2. an underling

したっぱら[下っ腹](명) ⇨したはら.

したづみ[下積み](명) ①다른 것 밑에 깔리는 것. 또는 그 물건. ②언제까지나 남의 밑에만 있고 출세하지 못하는 것. 또는 그 사람. 1. the lower layer 2. living in the lowest social stratum

したつゆ[下露](명) 나무 밑과 같은 곳에 내린 이슬. 나무에서 떨어지는 이슬. dewdrops falling from trees

したて[下手](명) ①아래쪽. ②겸손.「—に出(デ)る; 겸손하게 나오다」 ③〔씨름에서〕 서로 붙잡고 있을 때 쳐드랑이 밑에 넣은 손. 2. condescension. **—なげ**[下手投げ](명) ①〔야구에서〕 손을 위로 올리지 않고 밑으로 공을 던지는 일. 언더드로우. ②〔씨름에서〕 상대방 팔 밑으로 손을 넣어 넘어뜨리는 수.

したて[仕立て](명) ①만드는 일.「洋服(ヨウフク)を—る; 양복을 지음」 ②재봉. 바느질. ③양육. 교육. 훈련. ④준비. 1. making 2. sewing 3. breeding. **—おろし**[仕立て下ろし](명) 새로 만든 옷. 또는 그 옷을 입음. **—もの**[仕立物](명) ①만든 물건. ②재봉. 바느질.

した·てる[仕立てる](타하 1) ①천을 마름질해서 옷을 짓다. ②준비하다. ③가르치다. 키우다. 양성하다. 1. make 2. prepare

したて·る[下照る](자 4)〈고〉 땅을 환하게 비칠 정도로 나뭇잎이나 꽃이 빨갛게 물들다.

したなが[舌長](형동ダ) ①혀가 긴 것. ②조심하지 않고 지껄이는 모양. 2. boasting

したなげ[下投げ](명) 먼저 차(茶)를 넣은 다음 끓는 물을 붓는 일.

したなみ[下波](명) ①물 하층에 일어나는 파도. ↔上波(ウワナミ). ②〈고〉 은연중 마음을 움직이는 것. 1. lower waves

したなめずり[舌舐めずり](명·자サ) ①혀로 입술을 핥음. ②고대(苦待). 몹시 기다림. 1. licking one's lips

したに[下煮](명·타サ) 단단해서 잘 익지 않는 것들을 미리 익혀 둠.

したぬい[下縫い]ーヌヒ(명·타サ) 가봉(仮縫). 시침 바느질. basting

したぬり[下塗り](명·타サ) 초벽. 바닥 칠. 「壁(カベ)の—; 초벽」↔上塗(ウワヌ)り. undercoating

したね[下値](명)〈경〉 싼값. ↔上値(ウワネ). the cheaper price

したのさき[舌の先](연어·명) ①혀끝. ②구변. 말솜씨. 「—がうまい; 구변이 좋다」 2. words

したのね[舌の根](연어·명) 설근. 혀뿌리. 「—がかわかないうちに; 입의 침도 마르기 전에」 the root of the tongue

したばえ[下生え](명) 나무 밑에 나 있는 풀이나 작은 잡목. undergrowth

したばき[下穿き](명) 속바지.

したばき[下履き](명) 밖에서 걸을 때나 또는 일을 할 때 신는 신. ↔うわばき. footgear

じたばた(부·자サ)〈속〉 ①손발을 버둥대며 반항하는 모양. ②허둥지둥하는 모양. 1. strugglingly

したばたらき[下働き](명) ①남의 밑에서 일함. 또는 그 사람. ②부엌에서 취사나 잡일을 함. 또는 그 사람. 1. an underworker 2. an underservant

したはら[下腹](명) ①아랫배. ②말(馬)의 아랫배. 1. the abdomen

したばり[下張り](명·타サ) 정배(正褙)하기 전의 바름. 초배. ↔上張(ウワバ)り. paste under

したび[下火](명) ①불기운이 약해지는 것. ②세력이 약해지는 것. 2. going down

したびえ[下冷え](명) 추워서 몸속까지 얼어 붙는 듯한 느낌이 드는 일. 속까지 스며 드는 추위. being chilled to the bone

したびらめ[舌平目](명)〈동〉 참서대. 넙치와 비슷하나 더 평평한 물고기. 전체가 나뭇잎 또는 혀처럼 생겼고 눈이 왼쪽에 있음. a sole

したぶし[下臥](명) 어떤 것 밑에 누움. lying under

したぶり[舌振り](명)〈고〉 혀를 놀리는 모양. 말투.

したべ[下方·下辺](명)〈고〉 저 세상. 저승. 황천(黃泉).

じたま[地卵](명) ←じたまご.

したまえ[下前]ーマヘ(명) (옷의) 안자락. ↔上前(ウワマエ). the underfold of clothes

じたまご[地卵](명) 그 지방산(産)의 달걀. home produced eggs

したまち[下町](명) 도회지의 저지대(低地帶)에 있는 주로 상공업자가 사는 곳. ↔山の手(ヤマノテ). the downtown. — **ふう**[下町風](명·형동ダ) 상가(商家)에 많이 남아 있는 에도(江戶) 시대의 순수한 풍습, 또는 정취(情趣).

したまわり[下回り]ーマハリ(명) ①잡일을 맡는 사람. ②최하급의 서투른 배우. 1. an underworker

したまわ·る[下回る]ーマハル(자 4) 수준 이하에서 돌다. 「予想(ヨソウ)を—; 예상보다 하회하다」↔上回(ウワマワ)る. be less than

したみ[下見](명·타サ) ①위 판자의 아래쪽과 아래 판자의 위쪽을 조금씩 겹쳐 낸 판자벽. ②미리 봐 둠. ③미리 조사함. 1. a clapboard 2. preparation. —**いた**[下見板](명) "下見①"에 대는 판자.

したみざけ[湑酒](명) 되에서 넘쳐 흘러 모인 술.

したみち[下道](명) 산이나 나무 등의 그늘에 있는 길. a road under...

した·む[湑む](타 4) 뚝뚝 흘리다. 뚝뚝 떨어뜨리다. drip

したむき[下向き](명) ①아래쪽을 향하는 것. ②쇠약해지는 것. ③〈경〉 시세, 물가가 떨어지는 것. ↔上向(ウワムキ). 1. looking downwards 3. a downward tendency

しため[下目](명) ①눈을 내리까는 것. 눈길을 아래로 향하는 것. ②사람을 깔보는 것. ③아래쪽. 1. looking down 2. disdain

したもえ[下萌え](명) 땅속에서 싹이 틈. 또는 그 싹. sprouts

したもつれ[舌縺れ](명·자サ) 혀가 잘 돌지 않아 말이 분명치 못함. 혀짧은 소리. a lisp

したや[下家](명) 본채에 부속되어 있는 작은 집. a small house attached to a main house

したやく[下役](명) ①부하 관리. 수하(手下). ②자기보다 아랫자리에 있는 사람. ③하급 관리. ↔上役(ウワヤク). 1. an under-officer 3. a petty official

したよみ[下読み](명·타サ) 미리 읽어 둠. preparatory reading

しだら(명) 깔끔한 모양. 「—がない; 깔끔하지 못하다」 appearance

じだらく[自堕落](형동ダ)〈속〉 타락해서 생활이 방종한 모양. slovenly

したりがお[したり顔]ーガホ(명·형동ダ) 보아라는 듯이 뽐내는 얼굴. a triumphant air

しだれ[枝垂れ](명) 가지가 아래로 늘어짐. 「—桜(ザクラ); 실수양벚나무(가지가 아래로 늘어진 벚나무)」 drooping. —**やなぎ**[枝垂れ柳](명)〈식〉 수양버들. 실버들.

しだ·れる[垂れる](자하 1) 늘어지다. hang down

したわし·い[慕わしい]シタハシイ(형) 그립다. dearly loved. 파생 —**さ**(명).

したん[紫檀](명) 자단. 열대산의 목재. 검붉은 색으로 단단함. 고급 가구에 씀. red sandalwood

しだん[史談](명) 사담. 역사상의 이야기. a historical talk

しだん[指弾](명·타サ) 지탄. 손가락질함. ostracism
しだん[師団](명)〈군〉 사단. 군대 편제의 큰 단위. 사령부를 두고 독립해서 작전을 함. a division
しだん[詩壇](명) 시단. 시인의 사회. the poetical circles
じたん[事端](명) 사단. 사건의 단서. 실마리. the cause of an affair
じだん[示談](명) 분쟁의 해결을 위한 의논. 화의(和議).「一になる; 화의하다」 a compromise
じだんだ[地団太·地団駄](명) 화가 나거나 분해서 발을 구르는 일.「一(を)ふむ; 발을 동동 구르다」 stamp on the ground
しち[七](수) 칠. 일곱. seven
しち[質](명) ①(약속의) 보증으로 맡겨 두는 물건. ②←質物(シチモツ). 1. a security
しち[死地](명) 사지. ①생사의 보증이 되지 않는 곳. ②퍽 위험한 곳.「一におもむく; 사지로 향하다」 2. the jaws of death
じち[自治](명) 자치. ①자기 일을 스스로 처리하는 것. ②지방 단체가 공선(公選)한 사람에게 국가 사무를 위임하는 일. 1. management of one's own
しちいれ[質入れ](명·타サ) 전당 잡힘. pawning
しちがい[為違い]ーチガヒ(명) 틀림. 잘못. 실수. a mistake
しちが·える[為違える]ーチガヘル(타하 1) 잘못하다. 실수하다. 틀리게 하다. mistake
しちがつ[七月](명) 7월. July
しちぎょう[質業](명) 전당포를 경영하는 일. pawnbroking
しちく[紫竹](명)〈식〉 자죽. 죽피(竹皮)는 얇은 막질(膜質)이며 담색 바탕에 자색 반점이 있음.
しちぐさ[質草·質種](명) 전당포에 맡기는 물품. 저당물. an article for pawning
しちくど·い(형)〈속〉 추근추근하다. importunate
しちけん[質券](명) 전당표. a pawn-ticket
しちけん[質権](명)〈법〉 질권. 돈을 돌려 받을 때까지 동산(動産)이나 부동산을 맡는 권리.「一設定(セッテイ); 질권 설정」 pledge
しちげんきん[七弦琴·七絃琴](명) 칠현금. 일곱 줄로 된 중국 거문고의 속칭.
しちごさん[七五三](명) ①축의(祝儀)에 사용하는 수(数). 1, 3, 5, 7, 9 중의 셋을 택한 수. ②남자는 3세, 5세, 여자는 3세, 7세 되는 해의 11월 15일에 행하는 축하 행사. ③〔일본 정식(定食)에서〕 본상에 7가지, 다음 상에 5가지, 그 다음에 3가지의 요리를 내는 성대한 잔치.
しちごちょう[七五調](명) 칠오조. 운문(韻文)에서 7음, 5음으로 맞추어 반복하는 형식. the seven-and-five syllable metre
しちごん[七言](명) 칠언. 한 구가 7자로 되어 있는 한시(漢詩)의 형식.「一絶句(ゼック); 칠언 절구」 seven-word lines
しちさん[七三](명) ①전체를 7과 3의 비례로 나누는 것. 7과 3과의 비례. 7, 3제(制). ②7과 3의 비례로 머리를 가르는 법. 1. seven to three
しちしちにち[七七日](명)〈불〉 칠칠일. 죽은 지 49일째의 날. the forty-ninth day after a person's death
しちじゅう[七十](수) 칠십. seventy
しちしょう[七生](명) ①일곱 번 다시 태어남. ②7대(七代). 일곱 대.「一までたたる; 일곱 대까지 재앙을 받다」 1. seven lives
じちしょう[自治省](명)〈법〉 자치성. 지방 자치나 소방(消防) 행정을 취급하는 중앙 관청.
じちしょう[自治相](명) ⇨じちだいじん.
しちしょく[七色](명) ①일곱 가지 빛깔. ②〈이〉 햇빛을 구성하는 일곱 가지 빛깔. 적(赤), 등(橙), 황(黄), 녹(緑), 청(青), 남(藍), 자(紫). 1. seven colours
しちせき[七夕](명) ⇨たなばた.
しちせき[七赤](명) 7성(七星)의 하나. 금성(金星). 방위(方位)는 서(西).
しちぜつ[七絶](명) 칠언 절구(七言絶句)의 준말.
じちたい[自治体](명)〈법〉 자치체. 자치 단체. a self-governing body
じちだいじん[自治大臣](명)〈법〉 자치성(自治省)의 장관.
じちだんたい[自治団体](명)〈법〉 자치 단체. 국가로부터 존립 목적을 부여받아 특별한 보호, 감독을 받는 공법인(公法人). a self-governing body
しちちん[七珍](명) ⇨しっぽう(七宝).
しちてんはっき[七転八起·七顛八起](연어·명·자サ) 칠전 팔기. 일곱 번 넘어지고 여덟 번 일어남. 거듭되는 실패에도 불구하고 끝까지 분발(奮発)함. perseverance under series of misfortunes
しちてんはっとう[七転八倒·七顛八倒](연어·명·자サ) 칠전 팔도. ①일곱 번 구르고 여덟 번 거꾸러짐. 어려운 고비를 많이 겪음. ②발버둥이 치며 괴로와함. 2. wriggling
しちどう[七道](명) 토오카이(東海), 토오산(東山), 호쿠리쿠(北陸), 산인(山陰), 산요오(山陽), 난카이(南海), 사이카이(西海)의 일곱 기본 교통로.
しちどうがらん[七堂伽藍](명)〈불〉 각종 당(堂)이나 탑 등을 완전히 갖춘 사원(寺院). a Buddhist temple with seven buildings complete
しちながれ[質流れ](명) ①유질(流質)됨. 전당 잡힌 물건이 기한이 넘어서 찾을 수 없게 되는 것. ②유질물. 1. a forfeited pawn 2. an unredeemed pledge
しちなん[七難](명) ①〈불〉 칠난. 일곱 가지의 재난. ②여러 가지 재난. ③여러 가지 결점.「色(イロ)の白(シロ)いは一かくす; 여자의 흰 살갗은 일곱 가지 결점을 덮어 준다」 1. the Seven Misfortunes
しちなんくやく[七難九厄](명) 나이가 7과 9가 되는 해에는 재난과 액(厄)이 있다는 미신.
しちねんき[七年忌](명)〈불〉 죽고 나서 7년 뒤에 행하는 제사. the seventh anniversary of death
しちふくじん[七福神](명) 7인의 복덕(福徳)의 신. 대흑천(大黒天), 혜비수(恵比須), 비사문천(毘沙門天),

변재천(辯才天), 복록수(福禄寿), 수노인(寿老人), 포대화상(布袋和尚). the Seven Gods of Good Fortune

しちふだ[質札](명) 전당포에서 발행하는 질물(質物)의 보관증. 전당표. a pawn ticket

しちぶづき[七分搗](명) 칠분도. 7분 정도로 도정(搗精)한 쌀. seven-tenth hulling

しちほんやり[七本槍](명) 시즈가타케(賤ケ岳)의 싸움에서 창으로 공을 세운 일곱 사람(加藤清正, 福島正則, 加藤嘉明, 平野長泰, 脇坂安治, 糟屋武則, 片桐且元)을 가리키는 말.

しちむずかし·い[しち難しい](형)―ムヅカシイ〈속〉복잡하고 어렵다. 꽤 까다롭다. complicated

しちめんちょう[七面鳥](명)〈동〉 칠면조. ①꿩과의 새. 서양에서는 그 고기를 축제 때에 많이 씀. ②변덕이 심한 사람. 변덕장이. 1. a turkey

しちめんどう[七面倒](형동ダ)〈속〉 매우 귀찮은 모양. troublesome. ―**くさ·い**[七面倒臭い](형)〈속〉 매우 귀찮다.

しちもつ[質物](명) 질물. 저당물. a pawned article

しちや[七夜](명) ⇨おしちや.

しちや[質屋](명) 물건을 맡고 돈을 빌려 주는 곳. 전당포. a pawn-shop

しちゅう[支柱](명) 지주. ①무엇을 버티어 괴는 기둥. ②버티어 괴는 중요한 것. 1. a prop

しちゅう[市中](명) 시중. 시내(市内). in the city

しちゅう[死中](명) 죽음 속. 죽음을 기다릴 수 밖에 없는 궁한 경지. 「―に活(カッ)を求(モト)める; 죽음속에서 살 길을 찾다」 a fatal situation

シチュー[stew](명) 스튜우. 고기, 채소 등을 약한 불에 데쳐 소금과 후추로 조미(調味)한 서양 요리.

じちゅう[寺中](명) ①절의 경내(境内). ②큰 본사(本寺)에 부속해서 그 경내에 있는 작은 절. 1. the inside of a temple

じちゅう[自注·自註](명·자サ) 자주. 자기의 작품에 자기가 주석(註釈)을 붙임. writer's notes

じちょ[自著](명) 자저. 자기 저서. one's own work

しちょう[支庁](명)〈법〉 지청. 도(都), 도(道), 부(府), 현(県)의 하급 관청. a branch office

しちょう[市庁](명) 시청. 시의 행정 사무를 취급하는 곳. a municipal office

しちょう[市長](명)〈법〉 시장. 시정(市政)을 행하고 시직원을 감독하는 시의 대표자. a mayor

しちょう[仕丁](명) 옛날 관청에서 잡역(雑役)을 맡아 보던 천한 관리.

しちょう[弛張](명·자サ) ①늦춤과 죔. ②관대함과 엄격함. 1. relaxation and strain

しちょう[思潮](명) 사조. 그 시대의 사상의 흐름. the current of thought

しちょう[師長](명) ①스승과 연장자. ②중국의 사단장(師団長). 1. teachers and seniors

しちょう[紙帳](명) 종이로 만든 모기장. a paper mosquito net

しちょう[視聴](명) 시청. 보는 일과 듣는 일. 「世間(セケン)の―をあつめる; 세상 사람들의 이목을 끌다」 seeing and hearing

しちょう[試聴](명·타サ) 시청. ①시험 삼아 들음. 「―会(カイ); 시청회」 ②⇨オーディション. 1. an audition

しちょう[輜重](명) ①여행자의 짐. ②전선(前線)으로 수송하는 무기, 식량, 의복 등 일체의 군수품. 1. a baggage

しちょう[詩調](명) 시(詩)의 가락.

しちよう[七曜](명) ①해, 달, 수성, 화성, 금성, 목성, 토성의 일곱 천체. ②칠요. (일, 월, 화, 수, 목, 금, 토) 「―暦(レキ); 칠요력」 2. the seven days of the week. ―**ひょう**[七曜表](명) 칠요표. 주일의 하루하루가 무슨 요일에 속하는가를 표시한 달력.

じちょう[次長](명) 차장. 장(長) 다음의 지위. 두 번째의 우두머리. a vice-chief

じちょう[自重](명·자サ) 자중. ①자기의 행동을 조심함. ②자기의 몸을 아낌. ③스스로 품위(品位)를 지킴. 1. prudence

じちょう[自嘲](명·자サ) 자조. 스스로 자신을 비웃음. self-scorn

しちょうかく[視聴覚](명) 시청각. 시각과 청각. 「―教育(キョウイク); 시청각 교육(라디오, 텔레비전, 영화, 레코오드 등을 통한 교육)」 sight and hearing

しちょうそん[市町村](명) 시(市)와 쵸오(町)와 읍(村).

しちょうへい[輜重兵](명)〈군〉 치중병. 무기나 식량을 전선(前線)에 운반하는 육군의 한 병과(兵科). 수송병(輸送兵). a transport soldier

しちょく[司直](명) 사직. 법에 의해서 죄를 다스려 옳고 그름을 판단하는 관리. 검찰관과 재판관. 「―の手(テ); 사직의 손」 a judge

しちりけっかい[七里結界](연어·명) ①〈불〉 70리 사방에 출입 경계를 설정하는 일. ②꺼려서 가까이하지 못하게 하는 일. 2. shunning

じちりょう[自治領](명) 자치령. 어떤 국가의 영토로서 광범위한 자치권을 갖는 영지. a dominion

しちりん[七厘·七輪](명) 흙으로 만든 풍로. a small portable cooking stove

しちん[糯珍](명) ⇨しゅちん.

じちん[自沈](명·자サ) 자침. 함선(艦船)을 자기 손으로 가라앉힘. scuttling one's own boat

じちんさい[地鎮祭](명) 지진제. 건축 공사를 시작하기 전에 지신(地神)에게 고사를 지내는 일. a ground breaking ceremony

しつ[失](명) ①실수. 실책. ②손실. ③상처. 결점. ④불리(不利). ↔得(トク). 1. an error 3. a disadvantage

しつ[室](명) ①방. ②귀인(貴人)의 아내. 내실(内室). ③굴. 토굴. 1. a room 2. a lady

しつ[質](명) 질. ①품질. 「―がわるい; 품질이 나쁘다」 ②실질(実質). 바탕. 내용. 「量(リョウ)より―; 양보다 질」 ③성분이 되는 물질. 「動物(ドウブツ)―; 동물질」 ④기질. 「多血(タケツ)―; 다혈질」 ⑤성질. 「吝嗇(リンショク)の―; 인색한 성질」 ⑥체질. 「蒲柳(ホリュウ)の―; 포류질(땅버들처럼 가늘고 연약한 체질)」 1. quality 2. substance

しつ[湿](명) ①습기. ②〈의〉 옴. 1. dampness 2. itch
しつ[瑟](명) 슬. 중국의 옛 악기로 거문고 비슷한 현악기. 「琴(キン)—相和(アイワ)す; 부부가 화합함」
じつ—[実](조어) 실제의. 「—勢力(セイリョク); 실제 세력」
じつ[実](명) ①내용. 「名(ナ)を捨(ス)てて—を取(ト)る; 명예보다 실속을 차리다」 ②진실. ③실제의 뜻. 「—がある; 충실성이 있다」 ④훌륭한 성과. 「—があがる; 성과가 오르다」 1. substance 2. truth
じつあく[実悪](명) 〔카부키(歌舞伎)에서〕 악인의 역(役). 악역(悪役). the villain's part
しつい[失意](명) 실의. ①희망이 없어지는 것. 실망. ②뜻을 이루지 못하고 낙심하는 것. ↔得意(トクイ). 1. disappointment 2. dejection
じつい[実意](명) 실의. ①친절한 마음. 성심(誠心). ②본심. 1. sincerity 2. true heart
しついん[室員](명) 방, 연구실의 인원. room members
じついん[実印](명) 실인. 인감 도장(印鑑図章). ↔みとめ印(イン). a registered seal
じついん[実員](명) 실원. 실제의 인원. effective strength
しつう[止痛](명) 아픔을 멎게 하는 것. 진통(鎮痛). 「—薬(グスリ); 진통약」 stopping the pain
しつう[私通](명·자サ) 사통. 남녀가 남 몰래 서로 정을 통함. illicit liaison
しつう[歯痛](명) 치통. 이앓이. toothache
じつう[耳痛](명)〈의〉 이통. 귀앓이. earache
しつうはったつ[四通八達](명·자サ) 사통 팔달. 도로가 각 방면에 통함. a network of roads
じつえき[実益](명) 실익. 실제의 이익. 「趣味(シュミ)と—; 취미와 실제의 이익」 actual profit
じつえん[実演](명·자サ) ①실연. 실제로 출연함. ②영화 등에 끼우는 노래, 만담 등. 1. performance on the stage
しつおん[室温](명) 실온. 실내의 온도. shade temperature
しっか[失火](명·자サ) 실화. 과실로 불이 일어남. 또는 그 불. an accidental fire
しっか[膝下](명) 슬하. ①무릎. 아래. ②부모 곁. 「父母(フボ)の—; 부모 슬하」 2. one's parental roof
じっか[実家](명) ①태어난 집. 생가(生家). ②〈법〉 혼인, 양자 등의 사유로 떠난 집. 본가(本家). 친정(親庭). 1. one's parental home
じっか[実科](명) 실과. 실제의 작업을 주로 하는 과목. 실용(実用)의 교과(教科). a practical course
しっかい[悉皆](부) 남김 없이. 죄다. all
しつがい[室外](명) 실외. ①집 바깥. ②방 바깥. 2. out of a room
じっかい[十戒](명)〈불〉 십계. 수행(修行)을 하기 위해서 지켜야 할 열 가지 계율(戒律). the Buddhist Ten Commandments
じっかい[十界](명)〈불〉 십계. 미계(迷界), 오계(悟界)의 일체의 경계(境界)를 열 가지로 나눈 것.
じっかい[十誡](명)〈종〉 십계. 신이 모세에게 주었다는 열 가지 계율. 구약 성서에 나옴. the Ten Commandments
じつがい[実害](명) 실제의 손해. an actual loss
しつがいこつ[膝蓋骨](명)〈생〉 슬개골. 무릎 관절 앞에 있는 평평한 접시 같은 뼈. the kneepan
しっかく[失格](명·자サ) 실격. 자격을 잃음. disqualification
じつがく[実学](명) 실학. 실용적인 학문. 실제로 소용되는 학문. practical science
じつかた[実方](명) 〔연극에서〕 선인(善人)의 역(役). the good man's part
じつがた[実方](명) 혼인(婚姻) 또는 양자(養子)로 해서 타가(他家)에 들어 간 사람이 친가(親家)를 일컫는 말.
しっかと[確と·聢と](부) 확실히. 단단히. certainly
じつかぶ[実株](명)〈경〉 실주. 실제로 거래소에서 매매되는 주(株). 현주(現株). real stocks
しっかり[確り·聢り](부·자サ) ①확고히. 확실히. 「—した研究(ケンキュウ); 확고한 연구」 ②단단히. 「—にぎる; 꽉 쥐다」 ③똑똑히. 「—しろ; 정신 차려라」 ④〈경〉 시세가 올라 가려 하는 모양. 1. firmly
しっかん[失陥](명·자타サ) 실함. 적에게 공격을 당하여 땅이나 성을 빼앗김. fall
しっかん[疾患](명) 질환. 병. 병환. a disease
しつかん[質感](명) 서로 다른 물건, 재료의 성질에서 받는 느낌.
じっかん[十干](명) 십간. 갑(甲), 을(乙), 병(丙), 정(丁), 무(戊), 기(己), 경(庚), 신(辛), 임(壬), 계(癸)의 천간(天干).
じっかん[実感](명·타サ) 실감. ①실제의 느낌. ②실제로 느낌. 1. actual feeling
しっき[湿気](명) 습기. 습한 기운. humidity
しっき[漆器](명) 칠기. 옻칠을 한 나무 그릇. 칠그릇. a lacquer ware
しつぎ[質疑](명) 질의. 의심스러운 것을 묻는 일. 질문. 「—応答(オウトウ); 질의 응답」 a question
じっき[実記](명) 실기. 사실의 기록. an authentic record
じつき[地突き](명) ⇨じぎょう(地形).
じつぎ[実技](명) 실기. 실제의 기술. actual technics
しっきゃく[失脚](명·자サ) 실각. ①지위를 잃음. 발판을 잃음. ②몰락(没落)함. 1. fall 2. ruin
しつぎょう[失業](명·자サ) 실업. ①직업을 잃음. 실직. 「—者(シャ); 실직자」 ②취직할 수 없음. 취직하지 않고 있음. 1. losing one's job. **—ほけん**[失業保険](명) 실업 보험. 노동자가 실업하면 그 뒤 6개월 동안 돈을 지불하고 생활을 도와 주는 보험.
じっきょう[実況](명) 실황. 실제의 상황(状況). the actual scene
じつぎょう[実業](명) 실업. 경제적 사업. 「—界(カイ); 실업계」 industry. **—か**[実業家](명) 실업가. 경제적 사업을 하는 사람.

じっきん[昵近](명·형동ダ) 매우 친근함. 매우 사이가 좋음. intimacy
しっく[疾駆](명·자サ) 차나 말을 빨리 몲. speeding
シック[thick](명) 해어지지 않도록 궁둥이에 대는 천.
シック[프 chic](형동ダ) 쉬크. 멋지다. 세련되다.
しっくい[漆喰]ークヒ(명) 석회와 찰흙을 풀가사리의 액채로 반죽한 것. mortar
しつく·す[為尽す](타 4) 전부 해 버리다. do everything possible
しっくり(부·자サ) 잘 들어 맞는 모양. 잘 어울리는 모양. harmoniously
じっくり(부·자サ) 침착하게 일하는 모양. 차분히. without hurry
シックス[six](명) 식스. 여섯. **—ばん**[six 判](명) 〔사진에서〕 세로 6 *cm*, 가로 6 *cm*의 크기. 6·6 판.
しっけ[湿気](명) 습기. 습한 기운. 축축한 기운. moisture
しつけ[躾](명) 예의 범절을 가르치는 것. breeding
しつけ[仕付け](명·자サ) ①맞추어 만듦. ②논에 모를 냄. ③시침함. ④←仕付け糸. 1. making up 3. basting. **—いと**[仕付け糸](명) 시침실.
しっけい[失敬] Ⅰ(명·자サ·형동ダ) ①버릇 없음. 실례. ②건방짐. 「—な奴(ヤツ);건방진 놈」 ③〈속〉 훔침. Ⅱ (감) 헤어질 때의 인사. Ⅰ 1. incivility Ⅱ Good-bye!
じっけい[実兄](명) 실형. 부모가 같은 형. 친형. ↔義兄(ギケイ). one's own elder brother
じっけい[実刑](명) 실형. 실제로 받는 형벌 an actual punishment
じっけい[実景](명) 실제의 경치. the actual view
じつげつ[日月](명) 일월. ①해와 달. 「—星辰(セイシン); 일월 성신」 ②연월(年月). 세월. 1. the sun and the moon
しっ·ける[湿気る](자하 1)〈속〉 습기 차다. 축축해지다. be soaked
しつ·ける[仕付ける](타하 1) ①맞추어 만들다. ②가봉(仮縫)하다. 시침하다. ③손에 익다. ④〈농〉 논에 모를 내다. 이앙(移秧)하다. 3. be used to do
しっけん[失権](명·자サ) 실권. 권력을 잃음. loss of right
しっけん[執権](명) ①집권. 정치의 실권을 잡는 일. ②카마쿠라(鎌倉), 무로마치(室町) 시대에 막부(幕府)의 장군을 보좌하던 관리. 1. regency
しつげん[失言](명·자サ) 실언. 잘못 말함. a slip of the tongue
しつげん[湿原](명)〈지〉 습기가 많은 초원(草原). 「—地(チ); 습원지」 a damp plain
じっけん[実見](명·타サ) 실제로 봄. actual observation
じっけん[実検](명·타サ) 사실인가 거짓인가를 실제로 검사함. identification
じっけん[実権](명) 실권. 실제의 권력. real power
じっけん[実験](명·타サ) 실험. ①실제로 시험함. ②실제의 경험. 「—小説(ショウセツ); 실험 소설」 ③자연 현상에 인공(人工)을 가해 변화를 일으켜서 관찰함. 「—科学(カガク); 실험 과학」 1. an actual test
じつげん[実現](명·자타サ) 실현. 실제로 나타남. 「計画(ケイカク)の—; 계획의 실현」 realization
しっこ[疾呼](명·타サ) 질호. ①성급히 부름. ②큰 소리로 부름. 「大声(タイセイ)—する; 큰 소리로 소리쳐 부르다」 1. shout
しつご[失語](명)〈의〉 실어. 말할 능력을 잃는 것. loss of speech. **—しょう**[失語症](명)〈의〉 실어증. 뇌질환(脳疾患)의 한 가지. 의미가 명확한 말을 하거나 들은 말을 이해하는 데 장해를 일으키는 병증.
しつこ·い(형) ①짙다. 농후(濃厚)하다. 「—味(アジ); 짙은 맛」 ②치근치근하다. 「—言(イ)い方(カタ); 치근치근한 말씨」 ③고집이 세다. 1. heavy
しっこう[失行](명) 실행. 도덕이나 상식에 벗어나는 행동. irregularity
しっこう[失効·失效](명·자サ) 실효. 효력을 상실함. ↔発效(ハッコウ). invalidation
しっこう[執行](명·타サ) 집행. 실제로 시행함. 「死刑(シケイ)の—; 사형 집행」 execution. **—いいん**[執行委員](명) 집행 위원. 실제로 집행하는 위원. **—ゆうよ**[執行猶予](명)〈법〉 집행 유예. 범죄인에 대해 일정한 조건 아래 일정한 기간, 형의 집행(執行)을 보류하는 일.
しっこう[膝行](명·자サ) 귀인(貴人) 앞에서 무릎을 꿇고 진퇴(進退)함. going on one's knees
じっこう[実行](명·타サ) 실행. 실제로 행함. 「—力(リョク); 실행력」 carrying out
じっこう[実効·実效](명) 실효. 실제의 효력. real virtue. **—かかく**[実効価格](명)〈경〉 실효 가격. 국민이 생활에 필요한 물자를 구입할 때의 실제 가격.
しっこく[桎梏](명) 질곡. ①차꼬와 수갑. ②자유를 속박하는 것. 1. fetters 2. bonds
しっこく[漆黒](명) 칠흑. 칠(漆)처럼 검고 광택이 있는 것. 또는 그 빛깔. jet-black
しっこし[尻腰](명)〈속〉 끈기. 근기(根気). 「—のない人(ヒト); 끈기가 없는 사람」 stamina
じつごと[実事](명) 〔카부키(歌舞伎)에서〕 실제에 가까운 사건이나 인물을 사실적으로 연출하는 일. the honest man's part
じっこん[入魂·昵懇](명·형동ダ) 사이가 극히 좋음. 흉허물이 없음. intimacy
じっこん[実根](명)〈수〉 실근. 방정식 등의 근(根) 가운데서 실수(実数)에 속하는 것. ↔虚根(キョコン). a real root
しつざい[漆剤](명)〈의〉 고무 또는 콜로디온의 용액. 피부 보호제로 쓰임.
じっさい[実際] 실제. Ⅰ(명) ①실지의 경우. 「—問題(モンダイ); 실제 문제」 ②일이 되어 있는 그대로의 모양. 사실(事実). Ⅱ(부) 정말로. 참으로. Ⅰ 1. practice 2. an actual state Ⅱ really. **—てき**[実際的](형동ダ) 실제적. ①실제의 경우에 잘 맞는 모양. 현실적. ②이론에 구애되지 않고 행동으로 옮기는 모양.
じつざい[実在](명·자サ) 실재. ①실제로 있음. 「—の

人物(ジンブツ); 실재의 인물」 ②언제나 있어 변함이 없는 실체(実体). 1. real existence

しっさく[失策·失錯](명·자サ) 실책. 잘못된 계책(計策). a blunder

しっし[嫉視](명·타サ) 질시. 시기하여 봄. 흘겨 봄. 「一反目(ハンモク); 질시 반목」 jealousy

しつじ[執事](명) 집사. 교회나 절 또는 신분이나 지위가 높은 사람의 곁에서 일을 보는 사람. a steward

じっし[十死](명) 아무리 해도 살 가망이 없는 것. 「一に一生(イッショウ)を得(エ)る; 구사 일생(九死一生)으로 살아 나다」

じっし[十指](명) ①열 개의 손가락. 「一にあまる数(カズ); 열 손가락으로 헤아릴 수 없는 수」 ②여러 사람들의 손가락. 또는 그 의견. 「一のさすところ; 여러 사람들의 일치된 의견(틀림이 없는 의견)」 ⇨: じゅうもく(十目). 1. ten fingers

じっし[実子](명) 실자. 자기가 낳은 아들. 친아들. ↔継子(ママコ). one's real child

じっし[実姉](명) 친언니. 친누님. ↔義姉(ギシ). one's real sister

じっし[実施](명·타サ) 실시. 실제로 시행함. 「計画(ケイカク)の一; 계획의 실시」 enforcement

じつじ[実字](명) 실자. 〔문법에서〕 형상(形象)이 있는 사물을 나타내며, 독립적인 뜻을 가지는 한자(漢字). ↔虚字(キョジ).

しっしき[湿式](명) 습식. 액체나 용제(溶剤) 등을 사용하는 방식. ↔乾式(カンシキ).

しつじつ[質実](형동ダ) 꾸밈이 없이 진실한 모양. 실질. 「一剛健(ゴウケン); 실질 강건」 simple

じっしつ[実質](명) 실질. 실제의 내용. 또는 성질. substance. **―てき**[実質的](형동ダ) 실질적. ①실제에 알맞은 상태. ②실제에 대해 말하는 모양.

じっしゃ[実写](명·타サ) 실사. 실황(実況), 실경(実景)을 찍거나 그림. a photograph taken from life

じっしゃかい[実社会](명) 실사회. 실제의 사회. the everyday world

じつじゅ[実需](명) 실수. 실제의 수요(需要). actual consumption

じっしゅう[実収](명) 실수. 실제의 수입. 실제의 수확고(収穫高). an actual income

じっしゅう[実習](명·타サ) 실습. 실지로 배움. 「一生(セイ); 실습생」 practice

じっしゅきょうぎ[十種競技](명) 10종 경기. 육상 경기의 한 가지. 첫날에는 100 m, 400 m, 주폭도(走幅跳), 투포환(投砲丸), 주고도(走高跳), 둘째 날에는 100 m 장해물, 투원반(投円盤), 봉고도(棒高跳), 투창(投槍), 1,500 m 경주의 열 가지 경기를 혼자서 하여 채점표에 따라 총득점으로 승부를 정함. the decathlon

しつじゅん[湿潤](형동ダ) 습윤. 젖어서 물기가 있는 모양. damp

しっしょう[失笑](명·자サ) 실소. 갑자기 웃음이 터짐. 참아야 할 자리에서 웃음이 툭 터짐. 「一を買(カ)う; 사람들에게 비웃음을 사다」 breaking into laughter

じっしょう[実正](명) 진실. 확실. 정확. the truth

じっしょう[実性](명)〈고〉 본래의 성질. 본래의 모습.

じっしょう[実証](명·타サ) 실증. ①확실한 증거. ②실지로 증명함. 1. a real proof. **―てき**[実証的](형동ダ) 실증적. 확실한 증거에 의한 모양. 증거가 확실한 모양. 「一研究(ケンキュウ); 실증적 연구」

じつじょう[実状](명) 실상. 실제의 상태(状態). 실정(実情). actual circumstances

じつじょう[実情](명) 실정. ①진심. 진정. ②실제의 사정. 1. a true heart 2. actual circumstances

しっしょく[失職](명·자サ) 실직. 직업을 잃어 버림. 실업(失業). unemployment

しっしん[失神·失心](명·자サ) 실신. 의식을 잃어 버림. 인사 불성(人事不省). 까무러침. a swoon

しっしん[湿疹](명)〈의〉 습진. 피부 표면에 생기는 염증(炎症). eczema

じっしんほう[十進法](명)〈수〉 십진법. 1, 2, 3, 4, 5, 6, 7, 8, 9를 기수로 하고 9에 1을 더한 것을 10으로 하여, 순차로 10배마다 새로운 단위 즉 백, 천, 만, 십만 등을 붙이는 법. the decimal system

じっすう[実数](명) 실수. ①실제의 수. ②〈수〉 유리수(有理数)와 무리수(無理数)의 총칭. 1. an actual number

しっ·する[叱する](타サ) 꾸짖다. scold

しっ·する[失する] Ⅰ(자サ) 정도가 지나치다. 「寛大(カンダイ)に一; 지나치게 관대하다」 Ⅱ(타サ) 잃다. 「機会(キカイ)を一; 기회를 잃다」 Ⅱ lose

しっせい[叱正](명·타サ) 질정. 꾸짖어 바르게 함. 시작품. 논문 등의 첨삭(添削), 비평을 받음. 「ご一を請(コ)う; 꾸짖어 정정(訂正)해 주십시오」 correction

しっせい[失政](명) 실정. 정치를 그릇되게 하는 일. 또는 잘못된 정치. 악정(悪政). misgovernment

しっせい[執政](명) 집정. ①정무(政務)를 집행함. 또는 그 사람. ②에도(江戸) 시대의 로오쥬우(老中). 영주들의 중신. 또는 가신(家臣)의 우두머리. 1. administration

しっせい[湿性](명) 습성. 수분이 많은 성질. ↔乾性(カンセイ). wet

じっせい[実勢](명) 실세. 실제의 세력. actual power

じっせいかつ[実生活](명) 실생활. 실제의 생활. a real life

しっせき[叱責](명·타サ) 질책. 꾸짖어 책임을 추궁함. 나무라고 책함. reproach

しっせき[失跡](명) 실적. 실종(失踪). disappearance

じっせき[実跡](명) 실적. 실제의 형적. actual traces

じっせき[実積](명) 실적. 실제 면적. solid measure

じっせき[実績](명) 실적. 실제의 공적. 또는 성적. 「一をあげる; 실적을 올리다」 actual results

じっせつ[実説](명) 실제 있던 대로의 이야기. 참이야기. 실화(実話). a true story

じっせん[実践](명·자타サ) 실천. 실제로 이행함.

practice. ―**きゅうこう**[実践躬行](명) 실천 궁행. 실제로 몸소 이행함.

じっせん[実戦](명) 실전. 실제 싸움. an actual fighting

じっせん[実線](명) 실선. 연속되어 끊어지지 않은 선. ↔点線(テンセン). a full line

しっそ[質素](명·형동ダ) 질소. ①꾸밈이 없음. ②검소. 검약(倹約). 1. plainness

しっそう[失踪](명·자サ) 실종. ①행방 불명이 됨. 종적을 감춤. ②〈법〉 일정 기간(7년간) 생사 불명일 때 죽은 것으로 간주하는 일. 1. abscondence 2. disappearance. ―**せんこく**[失踪宣告](명)〈법〉 실종 선고. 일정 기간(7년간) 생사가 불명한 사람에 대하여 사망과 같은 효과를 발생케 하는 법원의 선고(宣告).

しっそう[疾走](명·자サ) 질주. 빨리 달림. scamper

じっそう[実相](명) 실상. ①실제의 모양. ②〈불〉 생멸 무상(生滅無常)의 상(相)을 떠난 만유(万有)의 진상. 우주(宇宙)의 진상. 1. real facts 2. reality

じつぞう[実像](명)〈이〉 실상. 한 물체의 각 점으로부터 나온 광선이 렌즈, 거울 등을 통과, 반사한 뒤에 다시 한 점에 집중함으로써 생기는 실제의 상(像). ↔虚像(キョゾウ). a real image

しっそく[失速](명·자サ) 실속. 항공기가 기체(機体)의 중심을 잡지 못하여 속도를 잃음. 「―状態(ジョウタイ); 실속 상태」 stall

しっそく[疾速](명) 질속. 몹시 빠른 것. rapidity

じっそく[実測](명·타サ) 실제로 측량(測量)함. actual survey

じつぞん[実存](명·자サ) 실존. ①실제(현실)로 존재함. ②〈철〉 대상적(対象的)으로 파악할 수 없는 구체적이며 근본적인 존재. 「―哲学(テツガク); 실존 철학」 1. existence. ―**しゅぎ**[実存主義](명)〈철〉 실존주의. 실존에 기초를 두는 사상상(思想上)의 입장. 「―文学(ブンガク); 실존주의 문학」

しった[叱咤·叱咤](명·타サ) 질타. ①노기를 띠고 큰 소리로 꾸짖음. ②지휘함. 「三軍(サングン)を―する; 삼군을 지휘하다」 1. scolding

しったい[失体·失態](명) 실태. ①경우에 벗어난 짓을 하는 것. 실수. ②면목을 잃어 버리는 것. 추태. 「―を演(エン)じる; 추태를 부리다」 2. disgrace

じったい[実体](명) 실체. ①본체(本体). 실물. 실질의 내용. ②〈철〉 ㉠속성(属性)의 주체(主体). ㉡언제나 변하지 않는 본질(本質). 1. substance

じったい[集諦](명)〈불〉 사제(四諦)의 하나. 고(苦)의 원인은 미(迷)와 선악(善悪) 일체가 모여 있는 것이라고 하는 생각.

じったい[実態](명) 실태. 실제의 형편이나 모양. 실정(実情). 「生活(セイカツ)の―; 생활의 실태」 the actual condition

しったかぶり[知ったか振り](명) 모르면서 아는 척하는 것. 또는 그 사람. knowing airs

しったつ[執達](명·타サ) 상부(上部)의 뜻을 하부에 전함. notification. ―**り**[執達吏](명) 집달리. 재판의 집행, 재판소의 문서 송달(送達) 등의 사무를 보는 직원.

シッタン[범 siddham·悉曇](명) 실담. 범어(梵語). 범자(梵字)의 자모(子母).

じつだん[実弾](명) ①실탄. 총에 잰 탄환. ②〈경〉 실물(実物). ③〈속〉 (선거 운동 등에 사용하는) 현금(現金). 1. a ball cartridge

しっち[失地](명) 실지. 전쟁 등으로 잃어 버린 땅. 「―回復(カイフク); 실지 회복」 lost territory

しっち[湿地](명) 습지. 습기가 많은 땅. 질척질척한 땅. damp ground

じっち[実地](명) 실지. ①현장(現場). ②실제(実際)의 경우. 「―にためす; 실제로 시험하다」 1. an actual place

じつちく[実竹](명) 속이 비지 않은 대. 지팡이 등에 씀.

じっちゅうはっく[十中八九](연어·명·부) 십중 팔구. 8, 9할. 대개. eight or nine cases out of ten

しっちょう[失調](명) 실조. 조화를 잃어 버리는 일. 「栄養(エイヨウ)―; 영양(営養) 실조」 loss of harmony

しつちょう[室長](명) 실장. 그 방의 우두머리. the master of a room

じっちょく[実直](명·형동ダ) 실직. 충실하고 정직함. 「―な男(オトコ); 충실하고 정직한 남자」 steadiness

しっちん[七珍](명)〈불〉 ⇨しっぽう(七宝).

しっつい[失墜](명·타サ) 실추. ①잃어 버림. 떨어뜨림. ②낭비함. 「権威(ケンイ)を―する; 권위를 떨어뜨리다」 1. loss

じつづき[地続き](명) 땅이 잇닿아 있는 것. continuity of land

じって[十手](명) 에도(江戸) 시대에 죄인을 잡는 포리(捕吏)가 가지고 다니던 도구. 길이 50 cm 정도에 손잡이 가까이에 갈고리가 있는 철봉(鉄棒). a short truncheon

〔十手〕

じってい[実弟](명) 실제. 친동생. 친아우. ↔義弟(ギテイ). a real brother

じってい[実体](명·형동ダ) 정직하고 성실(誠実)함. steadiness

じっていほう[実定法](명)〈법〉 실정법. 사람이 인위적(人為的)으로 정한, 그 사회에 현재 행해지고 있는 법. ↔自然法(シゼンホウ). the positive law

しつてき[質的](형동ダ) 질적. 성질이나 바탕의 정도. ↔量的(リョウテキ). qualitative

じってつ[十哲](명) 십철. 10인의 유명한 사상가. 「孔門(コウモン)の―; 공자 문하의 열 사람의 고제(高弟)」

しってん[失点](명) 실점. 경기나 시합에서 잃은 점수. lost score

しってん[質点](명)〈이〉 질점. 물체의 전질량(全質量)이 모여 있다고 생각되는 한 점(点). material point

しつでん[湿田](명)〈농〉 습전. 배수가 잘되지 않아 항상 물기가 있는 논. a water ricefield

しっと[嫉妬](명·타サ) 질투. 시기하고 증오함. 시샘. 「―心(シン); 질투심」 jealousy

しつど[湿度](명)〈이〉 습도. 공기에 포함된 수증기의 비율. humidity
じっと(부) ①꼼짝 않고. 가만히. ②한곳에 죽 머물러. ③참는 모양. 꾹. ④뚫어지게 바라보는 모양. 1. quietly 2. fixedly
しっとう[失投](명·자サ) 실투. 〔야구 등에서〕 잘못 던짐.
しっとう[執刀](명·자サ) 집도.〔외과 수술에서〕 메스를 쥠. clinic operation
しっとう[失当](형동ダ) 도리에 어긋난 모양. 부당(不当). irrational
じつどう[実動·実働](명·자サ) ①실제로 운전함. ②실제로 노동함. 「一時間(ジカン); 실제 노동 시간」 2. actual working
じっとく[十徳](명) 옛날 옷의 한 가지. 소매가 넓고 옆구리를 꿰맨 의복.
しっとり(부) 축축한 모양. 차분하고 조용한 모습.「一ぬれる; 축축하게 젖다」 damply
しつない[室内](명) 실내. 방안. indoors. **—がく**[室内楽](명)〈악〉 실내악. 실내나 작은 음악당에서 연주하기 위해 만든 기악곡(器楽曲).
じつに[実に](부) 실로. 참으로. 정말. indeed
しつねん[失念](명·타サ) 실념. 잊어 버림. 건망(健忘). forgetting
じつの[実の](연체) 실제의. 참말의. 친.「一親(オヤ); 친어버이」 really
じつは[実は](부) ①실은. 사실을 말하자면. ②터놓고 말하면. 1. really 2. to be frank with you
ジッパー[zipper](명) 지퍼. 서로 이가 맞는 금속 조각을 가는 헝겊 등에 박아 둘을 맞물리게 하는 장치. 가방, 점퍼, 호주머니 등의 개폐(開閉) 장치에 많이 쓰임. 척(chuck).
しっぱい[失敗](명·자サ) 실패. 실수. 실책. failure
じっぱひとからげ[十把一絡げ](연어) ①여러 가지 물건을 구별하지 않고 한데 뭉뚱그림. ②수는 많아도 가치가 없음. 1. in the lump 2. unworthy lot
しっぱん[湿板](명) 습판. 〔사진에서〕 감광판(感光板)의 한 가지. 문서의 복사, 도면(図面) 촬영 등에 쓰임. a wet plate
しっぴ[失費](명) 실비. 비용의 손실. expenses
しっぴ[櫛比](명·자サ) 즐비. 빗살같이 늘어섬 standing in a continuous row
じっぴ[実否](명) 진부(真否). 「一をただす; 진부를 따지다」 the truth
じっぴ[実費](명) 실비. 실제의 비용. actual expenses
しっぴつ[執筆](명·타サ) 집필. 붓을 들어 글을 씀.「小説(ショウセツ)を一する; 소설을 집필하다」 writing
しっぷ[湿布](명·자サ)〈의〉 습포. 헝겊에 약이나 물을 적셔서 아픈 곳이나 상처에 덮어 씌움. 찜질. 또는 그 천. a stupe
じっぷ [実父](명) 실부. 친아버지. 생부(生父). one's real father
しっぷう[疾風](명) 질풍. ①모진 바람. ②나뭇가지가 흔들릴 정도의 바람. 초속 6～10 *m*. 1. a gale. **—じんらい**[疾風迅雷](연어·명) 질풍 신뢰. 모진 바람과 빠른 번개. 몹시 빠르고 심한 것.
しっぷうもくう[櫛風沐雨](명) 즐풍 목우. 긴 세월을 객지에 떠돌며 갖은 고생을 다 하는 것. busy oneself amid hardships
じつぶつ[実物](명) 실물. ①실제의 물체. ②〈경〉 현물(現物). 1. a real thing
しっぺい[竹篦](명) ①〈불〉〔선종(禪宗)에서〕 스스로를 경계(警戒)하고 또는 사람을 때리는 데 사용하는 활 모양의 대나무. ②대나무 조각이나 손톱으로 튀김. 1. a bamboo stick 2. flipping. **—がえし**[竹篦返し]—ガヘシ(명·자サ) 즉각적으로 상대방과 같은 방법으로 반격(反擊)함.
しっぺい[疾病](명)〈의〉 질병. 병. a disease
しっぽ[尻尾](명) ①꼬리. ②아래로 늘어진 것의 끝. 「帯(オビ)の一; 허리띠 끝」 ③본색. 실마리.「一をつかむ; 꼬리를 잡다」 1. the tail 2. the end
じつぼ[地坪](명) 지평. 지면의 평수(坪数). area
じつぼ[実母](명) 실모. 피를 나눈 어머니. 자기를 낳은 어머니. 친어머니. 생모(生母). ↔養母(ヨウボ). one's real mother
しつぼう[失望](명·자サ) 실망. 희망을 잃음. 낙망(落望). disappointment
しっぽう[七宝](명) ①〈불〉 칠보. 일곱 가지의 보배. 금, 은, 유리(瑠璃), 파리(玻璃), 거거(硨磲), 산호, 마노(瑪瑙). 또는 파리, 산호 대신에 진주, 매괴(玫瑰)를 넣기도 함. ②←七宝焼. **—やき**[七宝焼](명) 금, 은, 구리에 법랑을 올려 구워 여러 가지 무늬를 나타낸 것.
じっぽう[十方](명) ①시방. 사방(四方)과 사각(四角) 및 상하(上下). ②도처(到処). 1. the ten directions 2. everywhere
じっぽう[実包](명)〈군〉 (소총의) 실탄. ↔空包(クウホウ). a ball cartridge
しつぼく[質朴·質樸](명·형동ダ) 질박. ①타고 난 그대로임. ②꾸밈이 없이 소박함. 2. simplicity
しっぽく[卓袱](명) ①국수, 메밀 국수에 채소, 표고버섯 등을 얹은 것. ②중국식 식탁. 1. noodle with fish balls, mushrooms, etc. **—りょうり**[卓袱料理](명) 물고기를 재료로 한 일본화한 중국 요리. 나가사키(長崎) 요리.
じつまい[実米](명)〈경〉〔거래 용어(去来用語)로〕 쌀의 현물(現物). 현미(現米). spot rice
じつまい[実妹](명) 실매. 친누이 동생. ↔義妹(ギマイ). one's real sister
じつみょう[実名](명) 실명. 진짜 이름. 본명(本名). ↔仮名(カメイ). one's real name
しつむ[執務](명·자サ) 집무. 사무를 봄. performing one's business
じつむ[実務](명) 실무. 실제 업무. practical business
じづめ[字詰め](명) 글자의 배열 방법. setting of printing types in a line

しつめい[失名](명) 실명. 성명을 모르는 것. 이름을 잊는 것. name unknown

しつめい[失明](명·자サ) 실명. 눈이 보이지 않게 됨. 시력을 잃음. loss of eyesight

じつめい[実名](명) ⇨じつみょう.

じつもって[実以て](부) 정말로. 실로. truly

しつもん[質問](명·자サ) 질문. 의문, 이유 등을 물음. 질의(質疑). asking a question

しつよう[執拗](형동ダ) 집요. 고집이 센 모양. 끈덕진 모양. obstinate

じつよう[実用](명·자サ) 실용. 실제로 사용함. 실제로 씀. 「一化(カ); 실용화」 usefulness. **—てき**[実用的](형동ダ) 실용적. 실용에 적합한 모양.

じづら[字面](명) ①한자(漢字) 등의 모양이나 배열의 느낌. 「一がわるい; 한자의 배열이 나쁘다」 ②〔인쇄에서〕 종이에 닿는 활자면(活字面). 2. a face

しつらいシッラヒ(명) 정돈. 장치. 장식. equipment

しつら·えるジッラヘル(타하 1) 정돈하다. 준비하다. 설비하다. equip

じつり[実利](명) 실리. 실제로 얻은 이익. 현실의 이익. 실제의 효용. utility

じつり[実理](명) 실제 경험에서 얻은 이론(理論). a practical theory

しつりょう[室料](명) 남의 집 방을 빌어 쓸 때 내는 돈. 방세(房貰). a room rent

しつりょう[質料](명) 내용. 실질. matter

しつりょう[質量](명)〈이〉 질량. ①물질의 양. ②물체의 관성(慣性)의 대소(大小)에 의한 양. 1. mass

じつりょく[実力](명) 실력. ①실제의 힘, 능력, 가치. ②스트라이크, 체포 등 무력적인 행동. 「一行使(コウシ); 실력 행사」 1. one's real ability

しつれい[失礼] Ⅰ(명·자サ·형동ダ) 실례. 예의에 벗어남. Ⅱ(감) 헤어질 때나 사과할 때의 인사. Ⅰ rudeness

じつれい[実例](명) 실례. 실제의 보기. an example

じつれき[実歴](명) ①실제의 경력. ②실제로 경험하고 본 일. 1. real career

しつれん[失恋](명·자サ) 실연. 연애에 실패함. ↔得恋(トクレン). being disappointed in love

じつろく[実録](명) 실록. ①사실의 기록. ②사실을 토대로 해서 만든 문학 작품. 기록 문학. 1. an authentic record

じつわ[実話](명) 실화. 실제의 이야기. a true story

して Ⅰ(접)〈속〉 그리하여. 그리고. Ⅱ(격조) …서. 「ふたり一行(ユ)く; 둘이서 가다」 Ⅲ(수조) ①…고. …서. 「任重(ニンオモ)く一道遠(ミチトオ)し; 책임은 무겁고 길은 멀다」 ②특별한 의미 없이 말을 잇기 위해서 붙임. 「それだから一; 그런 까닭으로 해서」

して[仕手](명) ①하는 사람. ②〔노오가쿠(能楽)나 쿄오겐(狂言)에서〕 주인공이 되는 배우. ↔脇(ワキ), あど. ③〈경〉 시세의 오름을 예상하고 투기(投機)하는 사람. 1. a doer 2. a protagonist

しで[四手·垂](명) 금(禁)줄 등에 드리우는 흰 헝겊이나 종잇조각. sacred paper-strip

してい[子弟](명) 젊은이. 연소자. 청소년. 「一の教育(キョウイク); 청소년 교육」 younger people

してい[私邸](명) 사저. 개인의 주택. 사택. one's private residence

してい[使丁](명) 심부름군. a courier

してい[姉弟](명) 누이와 동생. sister and brother

してい[指定](명·타サ) 지정. 확실히 이것이라고 가리켜 정함. 「一席(セキ); 지정석」 nomination

してい[師弟](명) 사제. 스승과 제자. master and pupil

じてい[自邸](명) 자기의 집. 자택. one's residence

シティー[city](명) 시티. 시(市). 도시.

しでか·す[仕出かす](타 4)〈속〉 저지르다. 「とんでもないことを一; 얼토당토 않은 일을 저지르다」 accomplish

してかぶ[仕手株](명)〈경〉 시세의 오름을 예상하여 매매하는 사람이 투기(投機)하는 주(株). ↔雑株(ザッカブ).

してからが(연어)〈속〉〔"に一"의 형태로〕 …이 우선 첫째로. 「この私(ワタクシ)に一; 이 나부터 우선」

してき[指摘](명·타サ) 지적. ①손가락으로 가리킴. ②끄집어 내어 주의를 줌. 「弱点(ジャクテン)を一する; 약점을 지적하다」 1. indication

してき[史的](형동ダ) 사적. 역사에 관한 모양. 「一事実(ジジツ); 역사적 사실」 historical. **—げんざい**[史的現在](명) 사적 현재. 〔문법에서〕 과거의 일을 현재형으로 쓰는 일. **—ゆいぶつろん**[史的唯物論](명)〈철〉 사적 유물론. 유물론을 근거로 해서 변증법의 입장으로부터 사회 발전을 설명하는 주장. 유물 변증법.

してき[私的](형동ダ) 사적. 공적이 아닌 모양. 개인에 관계가 있는 모양. ↔公的(コウテキ). private

してき[詩的](형동ダ) 시적. 시의 흥취가 있는 모양. 정서적인 모양. ↔散文的(サンブンテキ). poetical

じてき[自適](명·자サ) 자적. 무엇에 속박됨이 없이 마음 내키는 대로 즐김. 「悠悠(ユウユウ)一する; 유유자적하다」 self-enjoyment

しでさんず[死出三途](명) 죽음의 길. 죽음. death

してつ[私鉄](명) 민간(民間)이 경영하는 철도. 사설 철도. ↔国鉄(コクテツ). a private line

じてっこう[磁鉄鉱](명)〈광〉 자철광. 검은 빛의 철광석. 광택이 나며 부스러지기 쉽고 약하나 자성(磁性)이 강함. 대표적인 제철 원료. magnetite

しでのたおさ[死出の田長]ータヲサ(명)〈고〉 두견이의 다른 이름.

しでのたび[死出の旅](명) 죽음의 길로 떠나는 것. 죽음. one's last journey

しでのやま[死出の山](명)〈불〉 사람이 죽어서 간다고 하는 저승의 산. 저승. Hades

しては(연어·수조)〈속〉〔"に一"의 형태로〕 …이라는 조건을 생각하면. …게 친다면. …로 봐서는. 「それに一; 그렇게 친다면」

してばしら[仕手柱](명) 〔노오가쿠(能楽)에서〕 무대와 분장실의 통로 중간에 있는 기둥.

してみると[して見ると](접) 그렇다면. 그로 판단해 보면. 그렇게 해보면.

しても(연어·수조)〈속〉〔"に―"의 형태로〕 ①…이라도.「それに―; 그렇다고 하더라도」 ②…라고 해도.「あるに―; 있더라도」

してや·る[為て遣る](타 4)〈속〉 ①먹다. ②성취하다. ③속이다. ④계획을 성공시키다. 2. accomplish

してん[支店](명) 지점. 본점에서 갈라진 분점. a branch office

してん[支点](명)〈이〉 지점. 지렛대를 지탱(支撐)하는 고정된 점. ↔重点(ジュウテン). a fulcrum

してん[至点](명)〈천〉 지점. 하지점(夏至点)과 동지점(冬至点). the equinoctial point

してん[視点](명) 시점. ①〔그림의 원근법(遠近法)에서〕 사람의 눈과 직각을 이루도록 지평선상에 가정한 한 점. ②사물을 보는 입장. 관점(観点). 1. a point of sight 2. a standpoint

しでん[史伝](명) ①역사와 전기(伝記). ②역사상의 전래(伝来). 1. histories and biographies

しでん[市電](명) 시영(市営)의 전차. a municipal electric railway

しでん[私田](명) 사전. ①개인 소유의 토지. ②〈역〉〔중세(中世) 전제(田制)에서〕 공전(公田)이 아닌 토지. 1. private lands

しでん[師伝](명) 스승으로부터의 전수(伝授). instruction by a master

しでん[紫電](명) ①보랏빛 전광(電光). ②날카로운 안광(眼光). ③날이 선 칼의 날카로운 빛. 1. purple lightning

じてん[次点](명) 차점. 〔선거 등에서〕 최고점 다음의 점수. 또는 그 사람. the second largest number

じてん[字典](명) 자전. 한자(漢字)를 일정한 순서로 배열하고 그 음과 뜻을 해설한 책. a dictionary

じてん[自転](명·자サ) 자전. ①저절로 돎. ②〈천〉 천체가 그 축을 중심으로 회전함. ↔公転(コウテン). rotation. **―しゃ**[自転車](명) ①자전거. ②조금도 쉬지 않고 계속하는 것.「―操業(ソウギョウ); 계속해서 하는 조업」

じてん[時点](명) 시점. 시간의 흐름 위의 어느 한 점. a point of time

じてん[事典](명) 사전. 물건, 일, 용어(用語) 등을 모아서 설명한 책.「百科(ヒャッカ)―; 백과 사전」 an encyclopaedia

じてん[辞典](명) ⇨じしょ.

じでん[自伝](명) 자전. 스스로 쓴 자기의 전기(伝記). 자서전(自叙伝). an autobiography

してんのう[四天王](명)①〈불〉 사천왕. 제석천(帝釈天)을 섬기며 사방을 지킨다는 지국천(持国天), 증장천(増長天), 광목천(広目天), 다문천(多聞天)의 네 신(神). ②부하나 문인(門人) 가운데서 가장 뛰어난 네 사람. 1. the four heavenly kings

しと[使徒](명)〈종〉 사도. 그리스도의 증인, 사자(使者)로 뽑힌 12제자. the Apostles

しと[使途](명) (돈 따위의) 용도(用途). how to use

しど[示度](명) 시도. ①〈천〉 기압이 나타내는 압력의 정도.「中心(チュウシン)―; 중심 시도」 ②온도계가 보여 주는 눈금의 도. a reading

じど[磁土](명) 자토. 도자기 제조에 쓰이는 점토(粘土). 도토(陶土). kaolin

しとう[死闘](명·자サ) 사투. 목숨을 걸고 싸움. 죽을 힘을 다하여 싸움. a desperate struggle

しとう[私党](명) 사당. 개인이 만든 당파(党派). ↔公党(コウトウ). a faction

しとう[私闘](명) 사투. 사사로운 이해 관계나 감정에 의한 싸움. a private strife

しとう[枝頭](명) 가지 끝. the point of a branch

しとう[指頭](명) 손가락 끝. a finger tip

しとう[至当](형동ダ) 지당. 지극히 마땅한 모양.「―な処置(ショチ); 지당한 처리」 proper

しどう[士道](명) ①사도. 선비가 행하여야 할 도의(道義). ②무사도(武士道). 2. chivalry

しどう[市道](명) 시의 비용으로 건설 또도 유지(維持)하는 도로. a municipal road

しどう[至道](명) 사람의 도리. 진리(眞理)의 길. the way of truth

しどう[私道](명) 사도. ①〈법〉 개인이 일반의 교통을 위해서 만든 도로. 사설 도로. ↔公道(コウドウ). ②공정하지 못한 길. 1. a private road

しどう[始動](명·자타サ) 시동. 움직이기 시작함. starting

しどう[指導](명·타サ) 지도. 가르쳐 인도함.「―者(シャ); 지도자」 guidance. **―げんり**[指導原理](명) 지도 원리. 행위, 운동의 표준이 되는 이론.

しどう[祠堂](명) 사당. ①조상을 모신 곳. ②신을 모신 곳. ③〈불〉 불당(仏堂). 불전(仏殿). 1. a mausoleum 2. a shrine

しどう[師道](명) 사도. 스승으로서 마땅히 행해야 할 길. teacher

しどう[詩道](명) 시도. 시를 짓는 방도. the way of poetry

しどう[斯道](명) 사도. 그 방면. 그 방면의 기예(技芸)나 학문. the line

じとう[自党](명) 자당. 자기가 속해 있는 당. one's party

じとう[寺塔](명) 사탑. 절의 탑. the tower of a temple

じとう[地頭](명)〈역〉 ①카마쿠라(鎌倉) 시대 장원(荘園)을 다스리고 세금을 징수하던 벼슬. ②영주(領主). 지주(地主). 1. the lord of a manor

じどう[自動·自働](명) 자동. ①스스로 움직이는 것. ②〔문법에서〕 다른 사물과 관계 없이 나타나는 동작. ↔他動(タドウ). 1. self-movement 2. intransitive. **―し**[自動詞](명) 자동사. 〔문법에서〕 자동의 뜻을 나타내는 동사. ↔他動詞. **―しゃ**[自動車](명) 자동차. 원동기의 동력으로 바퀴를 굴려서 달리는 차. **―せいぎょ**[自動制御](명) 자동 제어. (기계, 장치 등의) 상태의 변화를 감지(感知)하고 그것을 정정(訂正)하는 데 필요한 조절을 자동적으로 하는 것. ―

てき[自動的](형동ダ) 자동적. 혼자서 움직이는 모양. 스스로 되는 모양.
じ どう[児童](명) 아동. ①어린 아이. ②국민 학교에 가서 수업을 받는 아이. ↔学生(ガクセイ), 生徒(セイト). 1. a child 2. primary school boys and girls. **——けんしょう**[児童憲章](명) 아동 헌장. 아동의 인권과 행복을 지키기 위해서 만들어진 규정. 어린이 헌장.
じ どう[侍童](명) 시동. 귀인(貴人)에 딸려 시중을 드는 아이. a page
しとう かん[四等官](명)〈고〉 각 관직의 4 등급. 가미(長官), 스케(次官), 죠오(判官), 사칸(主典).
しとぎ[粢](명) 옛날 신전(神前)에 공양하던 달걀 모양의 떡.
し とく[至徳](명) 지덕. 최고의 덕. the most excellent virtue
し とく[舐犢](명)〔어미 소가 송아지를 핥으며 귀여워한다는 말에서〕 부모가 자식을 매우 귀여워하는 일. 「一の愛(アイ); 극진한 사랑」 fondling
し どく[屍毒](명) 동물의 시체가 썩을 때 세균의 작용에 의해 발생하는 유독(有毒) 물질. ptomaine
じ とく[自得](명·타サ) 자득. ①스스로 깨달음. ②스스로 만족함. 「一の色(イロ); 스스로 만족하는 기색」 ③스스로 뽐냄. 우쭐거림. 1. self-acquisition
じ とく[自瀆](명·자サ) 자독. 수음(手淫). 용두질. masturbation
じ どく[侍読](명) 시독. 옛날 천황에게 학문을 가르치던 학자.
しどけ な·い(형) ①너저분하다. 단정치 못하다. ②유치하다. 1. slovenly 2. infantile
し と·げる[為遂げる](타하 1) 끝까지 하다. 성취하다. 수행(遂行)하다. accomplish
し どころ[為所](명) 해야 할 점. 「ここが我慢(ガマン)の一だ; 이 점이 참아야만 할 점이다」
しとど(に)(부) ①심하게. 매우. ②흠뻑 젖는 모양. 「露(ツユ)—; 이슬이 홍건히」 2. damp
しとね[茵·褥](명) 앉거나 잘 때 까는 물건. 깔개. 요. 방석. a cushion
しとみ[蔀](명) 햇볕이나 비바람을 막기 위한 덧문. a folding shutter
し と·める[仕留める](타하 1) 쳐죽이다. 죽이다. kill
しと やか[淑やか](형동ダ) 언행(言行)이 우아하고 침착한 모양. 단아(端雅)한 모양. 「一な女性(ジョセイ); 단아한 여성」 refined
しとり[湿](명) 습기. 수분. moisture
じ とり[地鳥·地鶏](명) 그 지방에서 나는 닭. 재래종(在来種)의 닭.
じ どり[地取り](명) ①지면(地面)의 구획(区画). ②〔바둑에서〕 넓게 집을 잡는 일. ③씨름 연습. 2. space-taking
しと·る[湿る](자 4)〈방〉 젖다. 습기 차다. 축축하다. damp
しどろ(형동ダ) 문란한 모양. 어지러운 모양. blundering. **— もどろ**(형동ダ) 갈피를 못 잡는 모양.
シトロン[citron](명) 시트론. ①〈식〉 ⇨レモン. ②레몬의 맛을 지닌 청량 음료(清涼飲料).
—しな(접미) 그 경우. 하는 길에. 「帰(カエ)り—; 돌아오는 길에」
しな[品·科](명) ①품질. 종류. 「一が違(チガ)う; 종류가 다르다」 ②물건. 「手(テ)を換(カ)え一を換(カ)え; 여러 가지로 수단을 바꾸어」 ③인품(人品). ④교태(驕態). 점잔. 「一をつくる; 점잔을 빼다 (교태를 부리다)」 ⑤행동. 품행. ⑥종류. ⑦지위(地位). 신분. 1. a class 3. personality
し な[支那](명)〈지〉 지나. 중국. 「一人(ジン); 중국인」 China
しない[竹刀·撓] シナヒ(명) 죽도. 검도 연습에 사용하는 대나무로 만든 검. a bamboo sword
し ない[市内](명) 시내. 도시의 안. ↔市外(シガイ). a city
じ ない[地内](명) 한 구역의 토지 안. precincts
じ ない[寺内](명) 사내. 절 안. 사원의 경내(境内). the compound of a temple
しな·う[撓う] シナフ(자 4) ①휘다. 「枝(エダ)が—; 가지가 휘다」 ②쏠리다. 따르다. 1. be pliant 2. yield
しな うす[品薄](명·형동ダ) 물건이 부족함. a shortage of stock
し なおし[為直し] —ナホシ(명) 다시 함. trying again
し なお·す[為直す] —ナホス(타 4) 다시 하다. do over again
じ なおし[地直し] —ナホシ(명·타サ) ⇨じのし.
しな がき[品書き](명) 물품 이름을 열기(列記)한 것. 목록(目録). a catalogue
しな かず[品数](명) 물건의 수. 「一が足(タ)りない; 물건이 모자라다」
しな かたち[品形](명) 인품과 외모(外貌). personality and appearance
しな がら[品柄](명) 물건의 성질. 품질(品質). quality
しな がれ[品枯れ](명) 물건이 모자람. 생산지로부터 물건이 나오지 않음. a shortage of stock
しな ぎれ[品切れ](명) 품절. 상품이 다 팔리고 없음. 절품(切品). out of stock
しな さだめ[品定め](명·타サ) 물건의 좋고 나쁨을 판정함. 품평(品評). estimation
しなし たり(연어·감) 실수했을 때 쓰는 말. 아차.
しなしな[嫋嫋](부) 연약한 모양. 하늘하늘. feebly
しなじな[品品](명) ①여러 가지 물건. 여러 종류. ②각각 특색이나 차등(差等)이 있는 것. 1. various articles
し な·す[為做す](타 4)〈고〉 하다. 만들다. 행하다.
しなだま[品玉](명) ①공을 공중에 던졌다가 받곤 하는 여러 가지 곡예. ②요술. 1. juggling balls
しなだ·れる[撓垂れる](자하 1) ①시들어 늘어지다. ②힘없이 기대다. ③교태를 부리며 따르다. 1. wither
しな の[信濃](명)〈지〉 옛 지방 이름. 현재의 나가노현(長野県).
しな の がわ[信濃川] —ガハ(명)〈지〉 일본에서 제일 긴 강. 나가노현(長野県)에서 시작하여 니이가타현(新潟県)으로 들어 와 니이가타시에서 동해로 빠짐. 길이 369 *km*.

しなのき[科木·級木](명)〈식〉참피나무. 피나무과에 속하는 낙엽 활엽 교목. 여름에 황색을 띤 백색 꽃이 핌. 속껍질은 제지(製紙) 원료. 껍질은 옷감, 노끈의 원료로 씀. a linden

しなばこ[品箱](명) 낚시 도구를 넣는 상자. a fishing box

しな·びる[萎びる](자상 1) 시들다. 쭈그러지다. 위축(萎縮)하다. wither

しなめ·く[品めく](자 4)〈고〉품질이 좋아 보이다. 고상하게 보이다.

しなもの[品物](명) 물건. 상품(商品). 물품. goods

しなやか(형동ダ) ①연한. 부드러운. ②잘 휘는. 유순한. 구부러지기 쉬운. 「一な枝(エダ); 부드러운 나뭇가지」 ③온화하고 아름다운. ④불품이 있는. 1. flexible 2. pliant

じならし[地均し](명·자サ) ①땅을 고름. ②땅을 고르는 데 쓰이는 로울러. ③〈농〉논밭을 고르는 농구(農具). 1. ground-levelling

じなり[地鳴り](명·자サ) 지반(地盤)이 진동하여 울림. 땅울림. rumbling of the earth

シナリオ[scenario](명) 시나리오. ①각본. 대본. ②연극 줄거리.

しな·れる[為慣れる](자하1) 해서 익숙해지다. 숙달(熟達)하다. be accustomed to

しなわけ[品別け](명·타サ) 물품의 구별. assortment

しなん[四難](명)〈불〉사난. 인간의 네 가지 난사(難事). 곧 제불(諸仏)에 비길 수 없는 일, 사람으로 태어나기 어려운 일, 좋은 일을 만나기 어려운 일, 대선(大善)의 공덕을 닦기 어려운 일.

しなん[指南](명·타サ) 지남. ①방향 등을 지시함. ②지도함. 교수함. 「剣術(ケンジュツ)一; 검술 지도」 1. direction 2. guidance. **一ばん**[指南番](명) 옛날 지방의 무사들에게 무예를 가르치던 직책.

しなん[至難](명·형동ダ) 지난. 지극히 어려움. 「一のわざ; 지극히 어려운 일」 the most difficult

じなん[次男](명) 차남. 둘째 아들. 「一坊(ボウ); 둘째 아들」 the second son

シニア(ー)[senior](명) 시이니어. ①연장자. 선배. ②상급생. 「一コース; 상급 과정」 ↔ジュニア.

しにおく·れる[死に後れる](자하 1) (죽지 않고) 살아 남다. survive

しにがお[死に顔]ーガホ(명) 죽은 사람의 얼굴. 사색(死色). a dead face

しにがくもん[死に学問](명) 실제로 소용되지 않는 학문. 활용하지 않는 학문. useless learning

しにかけ[死に懸け](명) 거의 죽게 됨. 거의 죽음에 이름. 빈사(瀕死). on the point of death

しにかた[死に方](명) ①죽는 법. ②죽을 때의 상태, 태도. 1. the way to kill oneself

しにがね[死に金](명) ①죽을 때를 대비하여 저축한 돈. ②써도 보람이 없는 돈. ③활용하지 않는 돈. 1. money laid by against one's death

しにがみ[死に神](명) 사람을 죽음으로 이끈다는 신. 죽음의 신. the god of death

シニカル[cynical](형동ダ) 시니컬. 빈정대는 모양. 냉소적(冷笑的).

しにかわ·る[死に変わる]ーカハル(자 4) ①죽어서 모양이 변하다. ②죽어서 다시 태어나다. 1. change after one's death

しにぎわ[死に際]ーギハ(명) 죽을 때. 임종. the moment of one's death

しにく·い[為悪い](형) 하기가 어렵다. hard to do

しにざま[死に様](명) 죽을 때의 모양. 죽는 태도. the manner of one's death

シニシズム[cynicism](명) 시니시즘. ①퀴닉 학파(学派)의 입장. 견유주의(犬儒主義). 퀴닉주의. ②냉소(冷笑).

しにしょうぞく[死に装束](명) 죽을 때의 복장. 자살, 할복(割腹)할 때의 옷차림. death-dress

しにせ[老舗](명) 선조 대대의 사업을 지켜 번창하고 있는 점포(店舗). a shop established by one's ancestor

しにぞこない[死に損い]ーゾコナヒ(명) ①죽어야 할 때 죽지 못하고 살아 남는 일. 또는 그 사람. ②노인을 욕하는 말. 1. a person who has outlived his fame

しにそこな·う[死に損う]ーソコナフ(자 4) 죽으려다가 죽지 못하다. fail to die

しにたい[死に体](명) 〔씨름에서〕 몸의 자세를 가누지 못하여 일어설 가망이 없는 상태.

しにた·える[死に絶える](자하 1) 죄다 죽어서 자손이 끊어지다. 절손(絶孫)되다. die out

シニック[Cynic](명)〈철〉시닉. 견유학파(犬儒学派).

しにどき[死に時](명) 죽을 때. 죽어야 할 때. the time to die

しにどこ(ろ)[死に所·死に処](명) 죽음의 장소. 죽을 곳. the place of one's death

しにはじ[死に恥]ーハヂ(명) ①죽을 때의 치욕. ②사후(死後)까지 남는 치욕. ↔生(イ)き恥. shameful death

しにば(しょ)[死に場(所)](명) 죽는 장소. 죽을 곳. the place of one's death

しには·てる[死に果てる](자하 1) ①죽어 버리다. ②죽어서 자손이 끊어지다. 절손(絶孫)하다. 1. die 2. die out

しにばな[死に花](명) ①훌륭한 죽음. 죽을 때의 명예. 죽은 뒤의 명예. 「一を咲(サ)かせる; 훌륭한 죽음으로 명예를 남기다.」 ②그루터기에 핀 꽃. 1. a glorious death

しにみ[死に身](명) ①목숨을 버린 몸. 필사(必死). ②죽어야 할 몸. ②죽은 듯한 몸. 활기 없는 몸. ↔生(イ)き身. 1. a body ready to die

しにみず[死に水]ーミヅ(명) 죽을 때 입에 넣어 주는 물. 최후의 물. 「一をとる; 임종을 돌보다(마지막 물을 떠 넣다)」 water given to a dying person

しにめ[死に目](명) 임종(臨終). 「親(オヤ)の一にあえない; 어버이의 임종을 못 보다」 the moment of one's death

しにものぐるい[死に物狂い]ーグルヒ(명) 필사적으로

분투함. desperation

しにやまい[死に病]ーヤマヒ(명) 목숨을 건질 수 없는 중병. 죽을병. a fatal disease

しにゅう[市乳](명) 음료로 시중에서 파는 우유. milk

しにょう[屎尿](명) 대변이나 소변. 배설물. excrement

しによく[死に欲](명) 죽음의 순간에 이르러 점점 욕심이 깊어지는 일. greed of a dying person

しにわか·れる[死に別れる](자하 1) 사별(死別)하다. 「親(オヤ)にー; 어버이를 여의다」 명 死に別れ. be separated by death

しにん[死人](명) 죽은 사람. 사자(死者). a dead person

じにん[自任](명·자サ) 자임. ①스스로 자기의 임무로 인정함. ②자부(自負)함. 「指導者(シドウシャ)をもってーする; 지도자로써 자부하다」 1. self appointment

じにん[自認](명·타サ) 자인. 스스로 인정함. self-acknowledgement

じにん[辞任](명·자サ) 사임. 맡아 보는 임무나 직무를 그만둠. resignation

し·ぬ[死ぬ](자 4) ①죽다. ②활기가 없어지다. ③자살하다. ④쓸데 없게 되다. ⑤〔바둑에서〕 바둑돌이 적의 돌에 둘러 싸여 잡히다. ⑥〔야구에서〕 배터(打者)나 러너(走者)가 아우트되다. ↔生(イ)きる. 1. die 2. be lifeless

しぬ·く[為抜く](타 4) 다하다. 철저히 하다. carry through

じぬい[地縫い]ーヌヒ(명·자サ) 시침질. basting

じぬし[地主](명) 지주. 토지 주인. a land owner

しぬに(부)〈고〉 기운 없이 시들어. 힘없이 쓰러지는.

しぬ·ぶ[忍ぶ]Ⅰ(타 4)〈고〉 ⇨しのぶ.

じぬり[地塗り](명) ①〔미술에서〕 색채화(色彩画) 등의 바닥칠을 하는 것. ②옻칠로 무늬를 그린 위에 금은(金銀) 가루를 뿌려서 고착(固着)시키는 일.

シネ[프 ciné](명) ⇨シネマ.

シネスコ(명) 시네마스코우프의 준말.

じねずみ[地鼠](명) 뒤쥐. 두더지 비슷하며 주둥이가 길고 꼬리에 털이 많음. 옆구리에 악취(悪臭)의 분비선이 있음. 밤에 나와 곤충, 지렁이, 거미 등을 잡아 먹음. a shrew mouse

じねつ[地熱](명) 지열. 땅의 열. terrestrial heat

シネマ[프 cinéma](명) 시네마. 영화. **ースコープ**[cinemascope](명) 시네마스코우프. 와이드스크리인 방식에 의한 입체 영화의 한 가지. 보통 영사기에 특수 렌즈를 사용한 것.

シネラマ[cinerama](명) 시네라마. 와이드스크리인 방식에 의한 입체 영화. 세 개의 렌즈를 가진 특수 카메라로 세 개의 필름에 촬영한 것을 화면에 영사함.

シネラリア[cineraria](명)〈식〉 시네라리아. 엉거시과에 속하는 1,2년초. 카나리아도의 원산으로 관상용.

しねん[思念](명·자타サ) 사념. 마음으로 생각함. 사려(思慮). thought

じねん[自然](명·부) 자연. ①저절로 그렇게 되어 있는 모양. ②인공(人工)을 가하지 않은 것. 1. naturalness 2. spontaneousness. **ーじょ**[自然薯](명)〈식〉마. 다년생 만초로 뿌리는 약용. **ーせき**[自然石](명) 자연석. 자연 그대로의 돌. **ーち**[自然智](명)〈불〉 자연지. 저절로 생겨 나는 지혜.

しの[篠](명) ①〈식〉 줄기가 가늘고 조밀하게 총생하는 대나무의 총칭. ②←しのぶえ.

しのう[子嚢](명)〈생〉 자낭. 균류(菌類), 양치류(羊歯類)의 포자(胞子)가 들어 있는 막대 모양의 주머니. 포자낭(胞子嚢). 씨주머니. an ascus

しのう[詩嚢](명) 시의 초고를 넣는 주머니. a bag to keep poetical manuscripts in

しのうこうしょう[士農工商](연어·명) 사농공상. 무사(선비), 농부, 공인, 상인 등 모든 계급의 백성.

しのがき[篠垣](명) 가느다란 대나무로 만든 울타리. a bamboo fence

しのぎ[凌ぎ](명) ①넘음. 능가(凌駕). ②참음. 견딤. 1. tiding over 2. endurance

しのぎ[鎬](명) 칼날과 칼등 사이의 조금 불룩한 곳. 「ーをけずる; 맹렬하게 다투다」

しの·ぐ[凌ぐ](타 4) ①넘다. 능가하다. 「壮者(ソウシャ)をー; 젊은 사람을 능가하다」 ②막다. 「雨露(ウロ)をー; 비와 이슬을 막다」 ③견디어 내다. 참다. 「糊口(ココウ)をー; 겨우 호구해 가다」 1. exceed 3. endure

しのこ·す[為残す](타 4) 일을 도중까지 하다가 남겨두다. leave half done

しのごの[四の五の](연어)〈속〉 번잡하여 귀찮음을 나타내는 말. 이러니저러니. 이러쿵저러쿵. 「ーいわずに; 이러니저러니 하지 말고」 this thing or that

じのし[地伸し](명·타サ) 천을 마르기 전에 옷감에 물을 뿜어 다려서 폄. smoothing and stretching of cloth

しのすすき[篠薄](명)〈고〉 아직 이삭이 나오지 않은 참억새.

しのだけ[篠竹](명)〈식〉 ⇨しの.

しのだずし[信田鮨](명) 유부 초밥.

しのだまき[信田巻き](명) 고기, 야채 등을 유부로 싼 요리. fried beancurd wrapping

しのつくあめ[篠突く雨](연어·명) 억수로 퍼붓는 비. 호우(豪雨). a driving rain

しのに(부)〈고〉 ⇨しぬに.

シノニム[synonym](명) 시너님. 똑같은 뜻을 가진 말. 동의어(同意語).

しののめ[東雲](명) 새벽녘. 먼동이 틀 때. 샐녘. dawn

しのはい[死の灰]ーハヒ(연어·명) 원자 폭탄이 폭발할 때 나오는 재. 죽음의 재. 방사능을 포함하고 있음.

しのば·せる[忍ばせる](타하 1) 가만히 넣다. 몰래 품다. 「ナイフをー; 칼을 몰래 품다」 hide

しのはら[篠原](명) 가느다란 대나무가 많이 나 있는 벌판. a field of bamboo bushes

しのび[忍び](명) ①숨는 것. 내밀(内密). 「おー; 미복잠행(微服潜行). 미행(微行)」 ②참는 것. ③몰래 적중(敵中)으로 들어 가는 기술. 둔갑술(遁甲術). ④←忍びの者. 1. avoiding of observation **ーあし**[忍び足](명) 몰래 걷는 걸음. 발소리를 죽이고 건 발걸

음. **—がえし**[忍び返し]—ガヘシ(명) 담 위에 못이나 유리 조각, 대나무 등을 박은 것. **—こ·む**[忍び込む](자 4) 몰래 들어 가다. **—ない**[忍びない](연어·형) 참을 수 없다. **—なき**[忍び泣き](명·자サ) 속으로 욺. 소리를 죽이고 욺. **—ね**[忍び音](명) ①가만히 내는 소리. ②〈고〉 음력 4월경에 두견새가 우는 소리. **—のもの**[忍びの者](명) 첩자. 스파이. **—やか**[忍びやか](형동ダ) 남 몰래 하는 모양. 은근히. 가만히. **—よ·る**[忍び寄る](자 4) 몰래 가까이 가다. 살그머니 다가 가다. **—わらい**[忍び笑い]—ワラヒ(명·자サ) 소리를 내지 않고 웃음.

しの·ぶ[忍ぶ] Ⅰ(자 4) ①숨다. ②몰래 걷다. 몰래 다니다. Ⅱ[偲ぶ](타 4) ①연모하다. 그리워하다. 「おもかげを—; 옛 모습을 그리워하다」 ②참다. 견디다. ③숨기다. 「人目(ヒトメ)を—; 사람의 눈을 피하다」 Ⅰ1. hide Ⅱ1. yearn for

しのぶえ[篠笛](명) 해장죽, 이대 등으로 만든 구멍이 7개 있는 저.

しのぶ(ぐさ)[忍ぶ(草)](명)〈식〉 인초(忍草). 고사리과의 다년생 양치 식물(羊歯植物). 관상용. 넉줄고사리. a hare's-foot fern

シノプシス[synopsis](명) 시노프시스. 영화 등의 줄거리. 개요(概要).

じのり[地乗り](명·자サ) ①〔마술(馬術)에서〕 말로 하여금 발맞추어 걷게 하는 일. ②⇨じみち.

しば[芝](명)〈식〉 잔디. 포아풀과에 속하는 다년초. 정원, 제방(堤防) 등에 심음. turf

しば[柴](명) 작은 잡목(雑木) 가지. 벌목(伐木)한 작은 나뭇가지. brushwood

しば[死馬](명) 죽은 말. 「—にむちうつ; 그만둔 사람 등이 해 놓은 일을 비난하는 것(소용 없는 일)」 a dead horse

しば[駟馬](명) 사두 마차(四頭馬車). 또는 그 네 필의 말. a carriage and four

じは[自派](명) 자파. 자기의 당파. one's own party

じば[地場](명)〈경〉 지방의 거래소나 거래 업자. 시세군. local stock market

じば[磁場](명)〈이〉 자장. 자력이 작용하는 곳. 자계(磁界). the magnetic field

しはい[支配](명·타サ) 지배. 다스림. 「—的(テキ); 지배적」 government. **—にん**[支配人](명) 지배인. 주인을 대신하여 영업에 관한 일체의 행위를 하는 자.

しはい[紙背](명) 지배. ①종이의 뒷면. ②글에 포함된 뜻. 「眼光(ガンコウ)—に徹(テッ)す; 통찰력이 날카로와 숨은 뜻까지도 알다」 1. the back of paper

しはい[賜杯](명) 사배. 천황이나 명사(名士)가 경기에서 이긴 사람에게 보내는 우승배. 하사배(下賜杯).

しばい[芝居]—ヰ(명) ①연극. 특히 카부키(歌舞伎), 신파(新派)를 가리키는 말. ②극장. ③〈속〉 계획적으로 사람을 속이려고 하는 일. 「—(ヒト)—を打(ウ)つ; 한바탕 연극을 벌이다」 **—ぎ**[芝居気](명) ①연극적으로 꾸며서 남을 놀라게 하는 것. ②남의 앞에서 자기를 꾸며 보이려는 성질. 「—たっぷり; 연극성이 농후한」 ③연극을 꾸미는 생각.

じはい[時輩](명) 당시의 사람들. people at that time

しばいぬ[芝犬·柴犬](명) 작은 일본개의 한 가지. 귀가 서고 꼬리가 왼편 또는 오른편으로 말림.

しばがき[柴垣](명) 잡목으로 엮은 울타리. 잡목 울타리. a brushwood fence

しばかり[柴刈り](명·자サ) 잡목을 깎음. 땔나무를 함. 또는 그 사람. brushwood cutting

じはく[自白](명·타サ) 자백. ①자기 스스로 범죄를 고백함. ②〈법〉 자기의 범죄 사실을 인정함. 1. confession

じばく[自爆](명·자サ)〈군〉 자폭. (비행기 등을 적과 충돌시켜) 스스로 폭파함. dashing one's plane

じばく[自縛](명·자サ) 자박. ①자기가 자기 자신을 묶음. ②자기의 주장 때문에 자기 행동이 제한을 당함. 「自縄(ジジョウ)—; 자승 자박」 1. binding oneself

しばくさ[芝草](명)〈식〉 ⇨しば(芝).

しばぐり[柴栗](명)〈식〉 산밤나무. 산에 저절로 나는 열매가 작은 밤나무의 한 가지. a small chestnut

しばし[暫し](부) 잠깐. 잠깐 동안. 잠시. for a short time

しばしば[屢](부) 자주. 몇 번이고. 누차. often

しはす[師走](명) ⇨しわす.

じはだ[地膚·地肌](명) ①화장을 하지 않은 살갗. ②대지(大地)의 표면. ③자연 그대로의 표면. 1. skin-surface 2. the surface of the earth

しばたた·く[屢叩く·瞬く](타 4) 자주 (눈을) 깜박거리다. 「目(メ)を—; 눈을 깜박이다」 blink

しばち[芝地](명) 잔디밭. a lawn

しはつ[始発](명) 시발. ①그곳을 기점(基点)으로 해서 출발하는 것. 「—駅(エキ); 시발역」 ↔終着(シュウチャク). ②제일 먼저 출발하는 것. ↔終発(シュウハツ). 2. the first starting

じはつ[自発](명) 자발. ①자진해서 함. 아무 자극도 받지 않고 스스로 발동함. ②〔문법에서〕 조동사의 하나. 동작이 절로 일어남을 나타내는 말. 예: "れる, られる" 등. 1. spontaneity

しは·てる[為果てる](타하 4) 다 하다. 완전히 하다. do through

しばな·く[屢鳴く](자 4)〈고〉 몇 번이고 울다. 연방 울다. 「ちどり—; 물새 떼가 울어대다」

しばのと[柴の戸](연어·명) ①사립문. ②누추(陋醜)한 오두막집. 1. a brushwood gate

しばはら[芝原](명) 잔디가 깔려 있는 곳. a grass plot

しばふ[芝生](명) 잔디밭. a lawn

しばぶえ[柴笛](명) 떡갈나무, 상수리나무 등의 잎을 입술에 대고 부는 것. a leaf flute

しばぶき[柴葺](명) 잡목(雑木)으로 지붕을 임. 또는 그 지붕. thatching by brushwood

しばぶね[柴舟](명) 잡목을 실은 작은 배. a boat laden with brushwood

しばやま[芝山](명) 잔디를 심어 조그마하게 만든 동

산. an artificial hill planted with lawn
しば やま[柴山](명) 작은 잡목(雑木)이 무성(茂盛)한 산. a coppiced hill
じ ばら[自腹](명)〈속〉 ①자기 배. ②자기 지갑. 「一を切(キ)る; 타인의 비용을 자기가 부담하다」
じ ばら[地腹](명) 부르지 않은 원래대로의 배. 「一が大(オオ)きい; 원래 배가 크다」
し はらい[支払い·仕払い]ーハラヒ(명·타サ) 지불. 돈을 냄. 「一能力(ノウリョク); 지불 능력」 payment
し はら·う[支払う]ーハラフ(타 4) 치불하다. 돈을 치르다. pay
しばらく[暫く](명·부) ①잠깐. ②오래간만. ③일시적으로. 1. for a short time 2. for a long time
しばり あ·げる[縛り上げる](타하 1) 둘둘 묶다. bind up
しばり くび[縛り首](명) 옛날 두 손을 묶고 목을 자르던 형벌.
しばり つ·ける[縛り付ける](타하 1) 동여 묶다. tie
しば·る[縛る](타 4) ①새끼나 끈으로 묶다. ②묶어 떨어지지 않도록 하다. ③붙들어서 묶다. 포박(捕縛)하다. ④(행동이나 자유를) 제한하다. 속박하다. 「規則(キソク)を作(ツク)ってー; 규칙을 만들어 속박하다」 1. bind 2. fasten
じ ばれ[地腫れ](명·자サ) 상처 등의 주위 피부가 온통 부어 오름. swelling
し はん[四半](명) ①정방형으로 자른 헝겊. ②투구에 꽂는 기의 한 가지. ③활쏘기의 과녁의 한 가지. 2치 4푼×2치 4푼의 과녁. ④ 4분의 1. 4. one fourth
し はん[市販](명·타サ) 시판. 시중에서 판매함. 「一品(ヒン); 시중에서 파는 물건」 marketing
し はん[死斑·屍斑](명) 시반. 죽은 뒤 피부가 변색해서 생기는 자주빛 반점(斑点). a dead spot
し はん[私版](명) 사판. 민간(民間)에서 출판하는 일. 또는 그 도서류(図書類). ↔官版(カンパン). non-official publication
し はん[師範](명) 사범. ①모범. 본보기. ②학문이나 기예를 가르치는 사람. ③←師範学校. 1. a model 2. a teacher. **—がっこう**[師範学校](명) 사범 학교. 예전 교원을 양성하던 학교. 지금은 학예 대학(学芸大学) 학예 학부(学芸学部)로 바뀌었음. **—だい**[師範代](명) 사범(師範)을 대신해서 제자를 가르치는 사람.
し はん[紫班·紫斑](명)〈의〉 자반. 출혈 때문에 피부 속에 나타나는 자주빛 반점. a purple spot. **—びょう**[紫班病](명)〈의〉 자반병. 피부에 피가 반점처럼 번져 나오는 병.
し はん[紫瘢](명)〈의〉 자반. 상처가 나은 흔적이 자색으로 남는 것. a purple mark
じ はん[自判](명) 자기 자신이 도장을 찍는 일. 자필의 서명. sealing by oneself
じ はん[事犯](명)〈법〉 사범. 형벌을 받아야 할 행위. 「暴力(ボウリョク)—; 폭력 사범」 a punishable act
じ ばん[地盤](명) 지반. ①토지. 토지의 표면. ②토대. 기초. ③무엇을 하는 근거지. 세력 범위. 「一をかためる; 지반을 굳히다」 1. the ground 2. the base
ジバン[포 gibão·襦袢](명) ⇨ジュバン.
し はんき[四半期](명) 사반기. 1년을 넷으로 나눈 기간. a quarter
し はんぎん[四半斤](명) 한 근의 4분의 1.
し はんぶん[四半分](명) 4분의 1. one fourth
し ひ[市費](명) 시비. 시의 경비. municipal expenses
し ひ[私費](명) 사비. ①개인 비용. ②자비(自費). 1. private expenses
し ひ[施肥](명·타サ) 시비. 농작물에 비료를 줌. fertilization
し ひ[詩碑](명) 시비. 시를 새긴 비석. a stone monument engraved with poems
しび[鴟](명) ⇨ひび.
しび[鮪](명)〈동〉 큰 다랑어. a tunny
し び[詩美](명) 시가 지닌 아름다움. poetic beauty
じ ひ[自費](명) 자비. 자기가 지출(支出)하는 비용. 자기 비용. one's own expenses
じ ひ[慈悲](명) 자비. ①불쌍히 여기는 것. 동정. ②〈불〉 중생(衆生)에게 낙(楽)을 주고 괴로움을 없이 하는 일. 1. mercy
じ び[耳鼻](명) 이비. 귀와 코. 「一科(カ); 이비과」 the nose and ears
じ びき[地引き·地曳き](명) 지인망(地引網). a drag net
じ びき[字引き](명) ①자전(字典). ②사전(辞典). a dictionary
し ひつ[史筆](명) 사필. 역사를 기록하는 사관(史官)의 필법. 또는 그 문장. touches for writing history
し ひつ[紙筆](명) 지필. 종이와 붓. paper and a writing brush
し ひつ[試筆](명·자サ) 시필. 그해 처음으로 쓰기 시작함. 「元旦(ガンタン)—; 원단 시필」 the first writing
じ ひつ[自筆](명) 자필. 자신이 쓴 것. 「一の履歴書(リレキショ); 자필 이력서」 one's own writing
し びと[死人](명) 죽은 사람. a dead person
じ ひびき[地響き](명·자サ) 땅울림. 「一を立(タ)てて倒(タオ)れる; 땅을 울리며 쓰러지다」 a rumbling of the earth
しひゃく しびょう[四百四病](명)〈불〉 사백 사병. 인간의 온갖 병. all diseases
し ひょう[指標](명) 지표. 표지(標識). 표적. an index
し ひょう[師表](명) 사표. 남의 모범이 되는 것. 또는 그 사람. 「世(ヨ)の一となる; 세상의 사표가 되다」 a model character
し びょう[死病](명) 살아 날 수 없는 병. 죽을병. a fatal disease
じ ひょう[次表](명) 다음 표(表). the next table
じ ひょう[時評](명) 시평. ①당시의 평판. ②시사(時事) 비평. 1. a rumour of those days
じ ひょう[辞表](명) 사표. 사직할 때 그 뜻을 적어 내는 문서. 「一を提出(テイシュツ)する; 사표를 제출하다」 a resignation
じ びょう[持病](명) 지병. ①늘 앓아서 고통을 당하는 병. 낫기 어려운 병. ②좀체로 고치지 못하는 나쁜

버릇. 1. a chronic disease
しびょうし[四拍子](명)〈악〉 4박자. 악곡의 한 소절이 4개의 박자로 된 것. quadruple time
しびれ[痺れ](명) 저림. 마비. 「一薬(グスリ); 마취제(麻酔剤)」 numbness
しび·れる[痺れる](자하 1) 마비되다. 감각이 없어지다. 「足(アシ)が一; 발이 저리다」 be numbed
しひん[資稟](명) 자품. 사람 된 바탕과 타고 난 성품(性品). nature
しびん[溲瓶·尿瓶](명) [“しゅびん”의 변화] 요강. a chamber pot
しふ[四府](명) 좌우 근위부(左右近衛府)와 좌우 병위부(兵衛府)의 총칭.
しふ[師父](명) ①스승과 아버지. ②아버지처럼 경애하는 스승. 1. one's master and father
しふ[詩賦](명) 시부. 시와 부(賦). 중국의 운문(韻文). Chinese poetry
しぶ[渋](명) ①떫은 맛. ②[←柿(カキ)渋] 감물. ③〈고〉 물때. 1. astringent taste
しぶ[支部](명) 지부. 본부로부터 갈라져서 사무를 취급하는 곳. a branch office
しぶ[四分](명) ①10분의 4. ②옛날의 4등관(四等官). 카미(長官), 스케(次官), 죠오(判官), 사칸(主典)의 총칭. 1. four tenth
しぶ[四部](명) 사부. ①네 개의 부문. ②〈불〉 사중(四衆). 1. four parts
しぶ[市部](명) 시에 속하는 부분. ↔郡部(グンブ). urban districts
じふ[自負](명·자サ) 자부. 자기를 훌륭하다고 생각함. 자만. self-conceit
じふ[慈父](명) 자부. 자애 깊은 부친. 인자한 아버지. ↔厳父(ゲンプ). an affectionate father
しぶ·い[渋い](형) ①떫다. ②(움직임이) 뻑뻑하다. 「一戸(ト); 뻑뻑한 문」 ③화려하지는 않으나 깊은 아취가 있다. 「一好(コノ)み; 은근한 멋을 좋아하는 것」 ④찌푸리다. 불평하다. 「一顔(カオ); 찌푸린 얼굴」 ⑤인색하다. 「財布(サイフ)が一; 구두쇠다」 파생 **— さ**(명). 1. astringent 2. rough
しぶいろ[渋色](명) 감물과 같은 갈색. tan
しふう[士風](명) 무사(武士)의 기풍(気風). 선비의 기풍. knight manners
しふう[詩風](명) 시풍. 시의 기풍. a poetical style
しぶうちわ[渋団扇]一ウチハ(명) 감물을 들인 갈색의 큰 부채. a tanned round fan
シフォン[프 chiffon](명) 시폰. 매우 얇고 매끄러운 직물. **— ベルベット**[chiffon velvet](명) 시폰벨벳. 보풀이 얕은 상질(上質)의 빌로오도. 「tanned paper
しぶがみ[渋紙](명) 겹으로 붙여 감물을 칠한 종이. ↗
しぶかわ[渋皮]一カハ(명) 수목이나 과일의 속 껍질. 「一がむける; 얼굴이 말쑥해지다. 사물에 익숙해지다」 astringent skin
しぶき[飛沫·繁吹き](명) 비말. ①물보라. ②물방울. 물보라 침. 1. a spray
しふく[至福](명) 지복. 그 위에 더없는 행복. 가장 행복한 것. supreme bliss
しふく[私服](명) 사복. ①일반 사람이 입는 의복. 평복. ↔官服(カンプク). ②사복을 입은 순경, 형사. 1. private clothes
しふく[私腹](명) 사복. ①자기의 배. ②자기의 이익이나 재산. 「一をこやす; 공적 지위나 직권을 이용하여 사리(私利)를 취하다」 2. one's interest and property
しふく[紙幅](명) ①종이의 폭. ②지면(紙面)의 분량. 종이의 매수(枚数). 「一に制限(セイゲン)がある; 종이 매수에 제한이 있다」 1. width of paper
しふく[雌伏](명·자サ) 장래를 기대하며 타인에게 굴종함. 「一三年(サンネン); 허송 세월 3년」 ↔雄飛(ユウヒ). remaining inactive
しぶ·く[繁吹く](자 4) ①(바람이) 몹시 불다. 비바람이 휘몰아치다. ②물보라 치다. 물방울이 튀다. 1. blow hard 2. be sprayed
じふく[時服](명) ①철에 맞는 옷. ②왕조(王朝) 시대에 봄가을 또는 여름, 겨울철에 조정에서 신하들에게 하사하던 옷. 1. clothes suitable for climate
じぶく·る(자 4)〈속〉 ①비뚤어져서 골을 내다. ②억지 이론을 꾸미다. 2. chop logic
じぶくろ[地袋](명) 어긋나게 단 선반의 하부(下部) 등에 만든 문이 달린 작은 장. ↔天袋(テンブクロ). a cupboard on the floor
ジプシー[gipsy·gypsy](명) 집시. ①유럽 각지를 떠돌아 다니며 음악과 춤으로 생활하는 민족. ②방랑 생활을 하는 사람. 보헤미안.
しぶしぶ[渋渋](부) 싫은 것을 억지로. 마지못해. 「一承知(ショウチ)する; 마지못해 승낙하다」 reluctantly
しぶぞめ[渋染め](명) ①감물을 들임. ②감물 빛깔을 들임. 또는 그것. 2. dyeing into tan
しぶちゃ[渋茶](명) 떫은 맛이 있는 차. 하급품(下級品)의 차. coarse tea
しぶつ[死物](명) 사물. ①생명이 없는 물건. ②아무 소용 없는 것. 1. a dead thing
しぶつ[私物](명) 사물. 개인의 물건. ↔官物(カンブツ). a private property
じぶつ[事物](명) 사물. 일과 물건. things
じぶつ[持仏](명)〈불〉 수호불(守護仏)로서 신앙하는 불상(仏像). an image of Buddha enshrined at home. **— どう**[持仏堂](명) 조상의 위패나 수호불을 모신 당.
しぶつら[渋面](명)〈속〉 ①불만스러운 얼굴 모양. 거북한 얼굴. 찌푸린 얼굴. ②갈색의 얼굴. 1. a frown
ジフテリア[diphtheria](명)〈의〉 디프테리아. 법정(法定) 전염병의 하나. 디프테리아균에 의하여 목, 코의 점막이 침범되어 음식을 잘 못 먹음. 특히 어린이들에게 많음.
しぶと·い(형)〈속〉 ①완고하다. 고집이 세다. ②어려움을 참는 데 강하다. 파생 **— さ**(명). 1. obstinate
しぶぬり[渋塗り](명) 감물을 들임. 또는 들인 것.
しぶみ[渋味](명) ①떫은 맛. ②수수한 맛. ③텁텁한

빛깔. 1. astringency 3. a dull colour

しぶり[仕振り](명) 하는 모양. 방법. the manner of doing

しぶりばら[渋り腹](명)〈의〉 설사의 한 가지. 나올 듯 하면서 대변이 안 나오는 증세(症勢). loose vowels with a griping pain

しぶ·る[渋る](자 4) ①원활치 않다. 잘되지 않다.「筆(フデ)が—; 글이 잘 안 써지다」②지체되다. 막히다. ③마음이 내키지 않는 기미를 보이다. 주저하는 기미를 보이다. [出(ダ)し—; 내기 싫어하는 기미를 보이다」④나올 듯하면서 대변이 안 나오다. 1. squeak 3. be unwilling

しぶろく[四分六](명) 4분과 6분의 비율.「—で, こちらが有利(ユウリ)だ; 4대 6으로 이쪽이 유리하다」

しふん[私憤](명) 사분. 개인적인 분노. ↔公憤(コウフン). personal spite

しふん[脂粉](명) ①지분. 연지와 분. ②화장. 1. rouge and powder

しぶん[士分](명) 무사의 신분. knighthood

しぶん[死文](명) 사문. (법령 등의) 실제로 적용이 되지 않는 문장. a dead letter

しぶん[斯文](명) 사문. 이 도의(道義). 이 학문. 사도(斯道). 특히 유교를 말함. this sentence

しぶん[詩文](명) 시문. 시와 문장. 문학. prose and poetry

じふん[自刎](명·자サ) 자문. 자기 스스로 자기의 목을 자름. 자경(自剄). beheading oneself

じふん[自噴](명·자サ) 자분. (온천 등이) 저절로 물을 내뿜음. self-gushing

じぶん[自分](명) 자기. 자신.「ご—; (그) 자신」self. **—がって**[自分勝手](형동ダ) 자기 멋대로. **—じしん**[自分自身](명) 자기 자신. 자기를 강하게 하는 말.「—で反省(ハンセイ)してみる; 자기 자신이 반성해 보다」

じぶん[時分](명) 때. 시간. 기회. time. **—どき**[時分時](명) 끼니때. 식사 때. 식사 시간.

じぶん[時文](명) 중국 현대의 문장. current Chinese

しぶんごれつ[四分五裂](연어·명·자サ) 사분 오열. 산산이 찢어지고 흐트러짐. disruption

しぶんしょ[私文書](명) 사문서. ①개인의 문서. 사서(私書). ②〈법〉 공무원 이외의 사람이 만든 문서. ↔公文書(コウブンショ). a private document

しべ[稭](명) ←藁稭(ワラシベ).

しべ[蕊·蘂](명)〈식〉 꽃술.「雄(オ)—; 수술」「雌(メ)—; 암술」 a stamen

しへい[私兵](명) 사병. 개인의 세력을 신장(伸張)하기 위해 양성한 병정. 개인의 부하 병정. ↔官兵(カンペイ). private soldiers

しへい[紙幣](명)〈경〉 지폐. 종이 돈. paper money

じへい[時弊](명) 당시의 폐해(弊害). 시대의 악습. the abuses of the age

じべた[地べた](명)〈속〉 지면(地面). 땅바닥. the surface of the earth

しべつ[死別](명·자サ) 사별. 한 쪽은 죽고 한 쪽은 살아 남아 이 세상에서 영원한 이별이 됨. ↔生別(セイベツ). separation by death

シベリア[Siberia·西比利亜](명)〈지〉 시베리아. 소련 영토. 아시아주의 북부 및 동부 일대에 걸쳐 있음.

しへん[四辺](명) 사변. ①근처. 근방. ②사방. 사면. ③4개의 변.「—形(ケイ); 네모꼴(사변형)」 1. neighbourhood 2. all sides

しへん[紙片](명) 지편. 종잇조각. a piece of paper

しへん[詩編·詩篇](명) 시편. ①시의 문장. ②시집. 1. a poetical sentence 2. a collection of poems

しべん[支弁·支辨](명·타サ) 지변. ①변통함. 주선함. 취급함. ②금전을 지불함. 2. payment

しべん[四弁·四辯](명)〈불〉 부처의 법(法), 의(義), 사(辞), 변(辯)의 네 가지 지혜 중 자유 자재한 말솜씨.

しべん[至便](명·형동ダ) 지편. 극히 편리함.「交通(コウツウ)—; 교통 지편」 most convenient

しべん[思弁·思辨](명·자サ) 사변. ①생각해서 분별함. ②〈철〉 순수한 사유(思惟)만으로 인식(認識)에 도달하려 함.「—的(テキ); 사변적」 1. discrimination

じへん[時変](명) ①시세(時世)의 변화. 그때의 변사(変事). ②시대의 변천. 1. an accident

じへん[事変](명) 사변. ①천재 지변(天災地変) 등 사람의 힘으로 피할 수 없는 일. ②경찰의 힘으로 막을 수 없는 정도의 소동으로 전쟁까지는 되지 않는 일. ③선전 포고(宣戦布告) 없는 전쟁 행위. 1. an accident 2. a disturbance

じべん[自弁·自辨](명·타サ) 자변. 자기가 쓴 비용을 자기가 냄. 자비(自費). paying for oneself

じへんすう[自変数](명)〈수〉 자변수. 함수(函数) 관계에 있어서, 어떤 범위 안의 임의(任意)의 수치(数値)를 취함으로써 다른 변수(変数)의 수치를 정하는 변수. 독립 변수. an independent variable

しほ[師保](명) 사보. 스승이 되어 가르치며 보육하는 일. 또는 그 사람. instruction

しほ[試補](명)〈법〉 시보. 관청에서 임관(任官)되기 전에 사무를 실지로 견습하는 일.「司法官(シホウカン)—; 사법관 시보」 a probationer

しぼ(명) 가죽이나 직물(織物) 등의 주름살. 구김살. rumples

しぼ[思慕](명·타サ) 사모. ①그리워함. ②우러러 받들고 마음으로 따름. 1. longing

じぼ[字母](명) 자모. ①철음(綴音)의 근본이 되는 글자. ②활자의 모형(母型). 2. a matrix

じぼ[慈母](명) 자모. 애정 깊은 어머니. 인자한 어머니. ↔厳父(ゲンプ). a loving mother

しほう[四方](명) 사방. ①동서남북의 네 방위. ②제국(諸国). 천하. ③주위. 둘레.「—一里(イチリ); 사방 십리」④사각(四角). 1. four sides 2. the whole country

しほう[仕法](명) ①방법. 수단. ②〈경〉 증권의 거래 방법. 1. a way of doing

しほう[司法](명) 사법. ①법률을 다루는 일. ②〈법〉 국가가 법률에 의거하여 법률 관계를 처리하고, 또

법죄자를 처벌하는 일. ↔立法(リッポウ), 行政(ギョウセイ). the judicature. **—かん**[司法官](명) 사법관. 사법 사무를 취급하는 공무원. 재판관. **—けん**[司法権](명)〈법〉 사법권. 사법을 행하는 국가의 통치권. **—さいばん**[司法裁判](명)〈법〉 사법 재판. 민사, 형사의 재판.

しほう[至宝](명) 지보. 가장 귀중한 보물, 보배.「わが社(シャ)の—だ; 우리 회사의 보배다」 a most valued treasure

しほう[私法](명)〈법〉 사법. 국민 상호간의 권리, 의무를 정한 법률. 예: 민법, 상법(商法), 등. ↔公法(コウホウ). private law

しほう[私報](명) 사보. ①개인적 통신. ②남 몰래 하는 통지. ③관보(官報), 국보(局報) 이외의 전보. 1. a personal notice 2. a secret imformation

しほう[詩法](명) 시법. 시를 짓는 법. 시작법(詩作法). versification

しぼう[子房](명)〈식〉 자방. 씨방. 수정(受精)된 뒤 익으면 열매가 됨. an ovary

しぼう[四望](명·타サ) ①사방의 전망(展望). ②사방을 바라봄.

しぼう[死亡](명·자サ) 사망. 죽음.「—届(トド)け; 사망계(사망 신고)」 death. **—りつ**[死亡率](명) 사망률. 사망자 수와 생존자 수와의 비율.

しぼう[志望](명·타サ) 지망. 뜻을 품음. 희망.「—者(シャ); 지망자」 wish

しぼう[脂肪](명)〈이〉 지방. 영양소의 한 가지. 동식물로부터 얻는 기름. 굳기름.「—分(ブン); 지방분」 fat

じほう[寺宝](명) 절의 보물.

じほう[時報](명) 시보. ①그때그때의 알림.「文部(モンブ)—; 문교부 시보」 ②시각을 알리는 일.「正午(ショウゴ)の—; 정오의 시보」 1. current news

じぼう[自暴](명) 자포. 자기 행동을 보잘 것 없게 여기고 마구 취하는 것. desperation. **—じき**[自暴自棄](형동ダ) 자포 자기. 실망 등으로 언행을 함부로 하여 자신을 돌보지 않는 모양.

しぼうしゃ[四望車](명·형동ダ) 사방에 발을 드리운 소가 끄는 가마의 한 가지.

しほうじん[私法人](명)〈법〉 사법인. 사법(私法)에 의해서 인격을 부여받은 권리의 주체(主体). ↔公法人(コウホウジン). private corporation

しぼち[新発意](명)〈불〉 ⇨しんぼち.

しぼつ[死没·死歿](명·자サ) 사몰. 죽음. 사망. death

しぼ·む[萎む·凋む](자 4) 생기가 없어져 줄어들다. 시들다. wither

しぼり[絞り·搾り](명) ①짜 내는 것.「—滓(カス); 짜 낸 찌꺼기」「—出(ダ)す; 짜 내다」 ②←絞り染め. ③꽃잎의 빛깔이 얼룩이 진 것. ④〔사진에서〕 렌즈에 붙어서 빛이 들어 오는 양을 조절하는 장치. 조리개. 1. wringing 3. variegation 4. an iris. **—あ·げる**[絞り上げる](타하 1) ①완전히 짜다. ②괴로운 소리를 지르다. **—ぞめ**[絞り染め](명) 교염. 무늬를 실로 묶어 그곳만이 하얗게 남게 하는 염색법. 홀치기염.

しぼ·る[絞る·搾る](타 4) ①양끝을 잡고 세게 비틀다. 수분을 짜다.「油(アブラ)を—; 기름을 짜다」 ②한쪽으로 치우다.「幕(マク)を—; 막을 한쪽으로 치우다」 ③범위를 작게 하다.「問題(モンダイ)を—; 문제를 좁히다」 ④라디오 등의 소리를 낮추다. ⑤천을 옭아매어 흰 무늬가 생기게 하는 염색 방법을 쓰다. 홀치기염을 하다. ⑥많이 내다.「たもとを—; 몹시 울다」 ⑦노력해서 내다. 애써 내다.「声(コエ)を—; 목소리를 짜 내다」 ⑧무리로 내게 하다. 억지로 내게 하다.「税金(ゼイキン)を—; 세금을 무리하게 거두어 들이다」 ⑨못 살게 들볶다.「油(アブラ)を—; 못살게 굴다」 1. wring 5. dye in skein

しほん[資本](명) 자본. ①사업 기본이 되는 돈. 밑천. ②주주(株主)가 낸 기금(基金).「—金(キン); 자본금」 capital. **—か**[資本家](명)〈경〉 자본가. ①자본을 제공하는 사람. ②갖고 있는 자본을 사업에 사용해서 이익을 얻는 사람. **—しゅぎ**[資本主義](명)〈경〉 자본주의. 자본이 경제상의 중심 세력이 되어 생산이 이루어지는 사회 제도.

しま[島](명) ①〈지〉 섬. ②정원의 연못 속에 만든 산(山). ③주위에 제한(際限)이 있는 곳. ④〈속〉 토지. 1. an island 2. a miniature island

しま[縞](명) ①염색한 실로 가로나 세로로 줄이 지게 짠 무늬. 또는 그런 무늬의 직물.「—織物(オリモノ); 줄무늬가 있는 직물」 ②줄무늬. 1. striped cloth

しま[四魔](명)〈불〉 사마. 사람의 목숨을 해치고 사람의 선행(善行)을 방해하는 네 가지의 마귀.

しま[死魔](명) 죽음의 신. 죽음이라는 마물. death

しま[志摩](명)〈지〉 옛 지방 이름. 현재의 미에현(三重県) 시마 반도(志摩半島).

しま[揣摩](명·타サ) 사정을 헤아림. conjecture

しまあい[縞合]—アヒ(명) (직물의) 줄무늬의 색조(色調). striped colours

しまい[終い·仕舞い]—マヒ(명) ①끝. 끝냄.「お—; 끝」 ②뒤처리. 뒤정리. ③쉼. 휴지(休止). 1. end

しまい[仕舞]—マヒ(명) 〔노오가쿠(能楽)에서〕 반주(伴奏)나 정식 복장 없이 추는 약식의 춤.

しまい[姉妹](명) 자매. ①손위 누이와 손아래 누이. 여자끼리의 언니와 아우. ②같은 계통이며 많은 유사점(類似点)을 가진 두 개의 것.「—会社(カイシャ); 자매 회사」 1. an elder sister and a younger sister

—じまい —マヒ(조어) 〔"…ずじまい"의 형태로〕 끝내는 것.「見(ミ)ず—; 보지 못하고 말다」

じまい[地米](명) 그 지방에서 나는 쌀. home produced rice

しま·う[終う·仕舞う]—マフ Ⅰ(자 4) 끝나다. Ⅱ(타 4) ①끝내다.「店(ミセ)を—; 가게를 닫다」 ②치워 버리다. 안에 넣다. ③그만두다. Ⅲ(보동·4) ①끝까지 하다. 하는 것이 끝나다.「見(ミ)て—; 보아 버리다」 ②우연히 일어나다.「落(オ)として—; 떨어뜨리다」 Ⅱ 1. finish

じま·う ヂマフ(보동·4)〈속〉 …해 버리다.「読(ヨ)ん—; 읽어 버리다」

しまうま[縞馬](명)〈동〉 얼룩말. 아프리카에 사는 말. 흰 색과 검은 색의 줄무늬가 있음. a zebra
じまえ[自前]—マへ(명) ①비용을 전부 자기가 내는 것. ②기생이 독립해서 영업하는 것. 또는 그 기생. 1. paying all expenses
しまおくそく[揣摩臆測](연어·명·타サ) ⇨あてずいりょう.
しまか[縞蚊](명)〈동〉 ⇨やぶか.
しまがくれ[島隠れ](명·자サ) 섬 그늘에 숨음. 「—行(ユ)く白帆(シラホ)のかげ; 섬 그늘로 사라지는 흰 돛단배의 그림자」 disappearing behind an island
しまかげ[島影](명) 섬의 모습. 「—をみとめる; 섬이 보이다」 an island
しまがら[縞柄](명) 옷감의 줄무늬 모양이나 배합. a striped pattern
じまく[字幕](명) 자막. 〔영화에서〕 배역, 표제, 설명문구 등을 문차로 화면에 비춰 낸 것. a title
しまぐに[島国](명) 섬나라. 「—根性(コンジョウ); 섬나라 사람의 근성(좁은 소견)」 an island country
しまし[暫し](명·부)〈고〉 잠깐. 잠시.
しましくも[暫しくも](연어·부)〈고〉 잠시도.
しまじま[島島](명) 많은 섬. many islands
しまぞめ[縞染め](명) 흰 바탕에 줄무늬를 넣은 직물(織物). striped white cloth
しまだまげ[島田髷](명) 옛날에 주로 미혼 여인이 틀어 올리던 일본식 머리 모양. 현대는 재래식 결혼식을 올릴 때 신부가 함.
しまだい[島台](명) 봉래산(蓬萊山)을 본따 만든 장식물. 결혼식 장식 등에 씀. a miniature Atlantis
しまつ[始末](명·타サ) 시말. ①처음과 끝. ②(결과로서의) 사정. 형편. 「この—です; 이런 형편입니다」 ③정리. 뒤처리. 「—をつける; 뒤처리를 하다」 ④절약. 검약. 1. beginning and ending 2. circumstances. **—しょ**[始末書](명) 시말서. 잘못하여 일을 저지른 사람이 사과하기 위해 그 전말을 자세히 적은 문서. **—や**[始末屋](명) 검약(倹約)한 사람. 절약가.

〔島台〕

しまった(연어·감) 실패했을 때의 감탄사. 아차! ↔しめた. Heavens!
しまづたい[島伝い]—ヅタヒ(명·자サ) 섬에서 섬으로 옮겨 감. 섬을 따라 감.
しまながし[島流し](명·타サ) 죄인을 먼 섬으로 귀양 보냄. 유형(流刑). banishment
しまね[島根](명)〈고〉 ①섬. ②섬나라. 「やまと—; 일본」 ③〈지〉 츄우코쿠(中国) 지방 서북부의 현. 현청 소재지는 마쯔에(松江).
しまばらのらん[島原の乱](명)〈역〉 1637년 큐우슈우(九州)의 시마바라(島原)에서 일어난 반란. 막부(幕府)의 기독교 금지와 봉건 체재(体裁) 강화에 반항한 농민들이 16세의 아마쿠사(天草)를 두목으로 대규모적 반란을 일으켰으나 실패. 이후 막부의 농민 통제와 쇄국 정책은 더욱 강화되었음.
しまびと[島人](명) ①섬에 살고 있는 사람. 섬 사람. ②섬을 지키는 사람. 1. an islander
じまま[自儘](명·형동ダ) ⇨わがまま.
しまめ[縞目](명) 줄무늬의 색과 색의 경계. border between striped colours
しまめぐり[島巡り·島廻り](명) ①섬의 둘레를 돎. ②이섬 저섬을 순유(巡遊)함. ③〈동〉 백로(白鷺)의 한 가지로 백로보다 좀 큰 새. 중백로(中白鷺). 1. going round an island
しまもの[縞物](명) 줄무늬가 있는 직물. stripes textile
しまもよう[縞模様](명) 줄무늬의 모양. stripe pattern
しまもり[島守り](명) 섬을 지키는 사람. 섬지기. an island-guard
しまやぶり[島破り](명) 섬에 유배(流配)된 사람이 그 섬을 빠져 나가는 일. escape from banishment in an island
しまやま[島山](명) ①섬에 있는 산. ②산 모양이 되어 있는 섬. ③정원의 연못 속에 만든 산. 1. hills on islands
しまらく[暫](부)〈고〉 ⇨しばらく.
しまり[締まり](명) ①긴장. ②매듭. ③취체. 감독. ④근신. ⑤단정. ⑥단속. 문단속. ⑦절약. 1. tightness 6. locking. **—や**[締まり屋](명) 절약가. 검약가(倹約家).
しま·る[締まる](자 4) ①긴장되다. ②단단히 매어지다. 「ひもが—; 끈이 단단히 매어지다」 ③절약되다. ④닫히다. ⑤착실해지다. ⑥시세가 오를 듯하다. ↔ゆるむ. 1. be tight 2. be bound tigthly
しまろ[縞絽](명) 줄무늬가 들어 있는 사(紗). striped gauze
しまわ[島回](명)〈고〉 섬의 주위 둘레.
じまわり[地回り]—マハリ(명) ①근방에 있는 사람. 도시 가까이 사는 사람. ②쌀, 술 등이 가까운 시골에서 도시로 회송되어 오는 일. ③이웃 마을을 돌아다니며 파는 상인. ④〈속〉 번화가를 배회하는 부랑배. 2. transport from the neighbouring districts
じまん[自慢](명·타サ) 자만. 자기가 자기 일을 자랑함. self-praise. **—たらし·い**[自慢たらしい](형) 아주 뽐내는 것 같다.
しまんろくせんにち[四万六千日](명)〈불〉 관세음보살(観世音菩薩)의 공양일(供養日). 즉 7월 10일. 이날에 참례하면 4만 6천 일간 참례한 것과 같은 공덕이 있다고 함.
しみ[凍み](명)〈고〉 어는 것. 얼음.
しみ[衣魚·紙魚](명)〈동〉 반대좀. 옷이나 책을 갉아먹는 곤충. a moth
しみ[染み](명) ①뱀. 물듦. ②배어서 더러워진 자국. 얼룩. 「—がつく; 얼룩이 지다」 ③살갗 등에 나타나는 갈색 얼룩점. 2. getting dirty
しみ[詩味](명) 시의 흥취. 시의 맛.
じみ[地味](명·형동ダ) 검소함. 표나지 않고 질소(質素)함. ↔派手(ハデ). plainness
じみ[滋味](명) ①좋은 맛. ②자양(滋養)이 있는 음식물. 1. deliciousness 2. nourishing food

シミーズ[프 chemise](명) ⇨シュミーズ.
しみい·る[染み入る](자 4) 스며 들다. 배어 들다. soak
しみこ·む[染み込む](자 4) 깊이 스며 들다. 배어 들어가다. soak
しみじみ[染み染み](부·자サ) 마음에 깊이 생각하고 느끼는 모양. 곰곰이. 「一思(オモ)い出(ダ)す; 곰곰이 회상하다」 heartily
しみず[清水]―ミヅ(명) 맑은 물. clear water
じみち[地道](명·형동ダ) 착실함. 화려하지 않음. 실질적임. 「一な研究(ケンキュウ); 착실한 연구」 steadiness
しみつ·く[染み付く](자 4) 깊이 물들다. be dyed in
しみったれ(명·형동ダ)〈속〉 ①인색(吝嗇)함. 또는 그런 사람. 노랑이. 구두쇠. ②소심함. 용렬(庸劣)함. 또는 그런 사람. 겁장이. 동 しみったれる(자하 1) 1. miserliness 2. timidity
しみで·る[染み出る](자하 1) 배어서 겉으로 나오다. ooze
しみとお·る[染み透る]―トホル(자 4) ①깊이 배어 들어 가다. ②마음에 깊이 느끼다. 1. soak 2. penetrate
しみぬき[染み抜き](명·타サ) 옷에 얼룩이 진 것을 없앰. removing of blots
しみみに(부)〈고〉 ①빈번하게. 줄곧. ②나뭇가지 등이 무성한 모양.
しみゃく[支脈](명) 지맥. 갈라져 나온 산맥(山脈). 또는 엽맥(葉脈). an offset
しみゃく[死脈](명) 사맥. ①죽음이 가까운 약한 맥박. ②광물이 나오지 않게 된 광맥. 1. fatal pulse
しみょう[至妙](형동ダ) 지묘. 지극히 묘한 모양.「一な芸(ゲイ); 매우 묘한 재주」 very skilful
し·みる[染みる](자상 1) ①물들다. ②젖다. 배다. ③깊이 느끼다. 「身(ミ)に一; 몸에 스미다」 ④감염(感染)하다. 옮다. ⑤친밀하게 되다. ⑥피부에 들어와 아픔을 느끼다. 1. be stained 2. soak into 3. pierce
し·みる[凍みる](자상 1) 얼다. freeze
―じ·みる[染みる](조어·상 1) …같아 보이다. 「きちがい一; 미친 사람 같아 보이다」
しみわた·る[染み渡る](자 4) 배어서 퍼지다.「心(ココロ)に一わびしさ; 마음속에 스며 드는 쓸쓸함」
しみん[士民](명) ①무사와 일반인. ②사족(士族)과 평민. 1. warriors and commoners
しみん[市民](명) 시민. ①시의 주민. ②국정(国政)에 참여할 권리가 있는 국민. 공민(公民). ③부르조아의 역어(訳語). 「一社会(シャカイ); 시민 사회」 1. townsmen 2. a citizen. **―けん**[市民権](명)〈법〉 시민권. 시민으로서의 권리.
しみん[四民](명) 사민. ①사(士), 농(農), 공(工), 상(商)의 네 계급. ②인민. 민중. 1. the four classes
しみん[嗜眠](명)〈의〉 기면. 중한 병이나 높은 열이 있을 때, 의식(意識)이 혼탁(混濁)하여 수면 상태로 들어 가는 일. 「一性脳炎(セイノウエン); 기면성 뇌염」 lethargy
し·む[染む](자 4) ⇨しみる.
し·む(조동·하 2형) ⇨しめる(조동).
じむ[寺務](명) 절의 사무. 또는 그 사무를 보는 중. affairs of a temple
じむ[時務](명) ①그때그때의 일. ②그때그때의 정무(政務). 2. current affairs of state
じむ[事務](명) 사무. 취급하는 업무. 직무(職務).「一をとる; 사무를 보다」 business. **―か**[事務家](명) 사무가. 사무를 담당하는 사람.
ジム[gym](명) 짐. ①체육관. ②체조. ③권투 도장.
じむいん[事務員](명) 사무원. a clerk
じむかん[事務官](명) 사무관. 행정 사무를 담당하는 관리. ↔技官(ギカン). an administrative official
しむけ[仕向け](명) ①(사람에 대한) 취급(取扱). 대우(待遇). ②상품 등을 주문한 집이나 단골집으로 보내는 일. 1. treatment
しむ·ける[仕向ける](타하 1) ①사람에게 대해서 행하다. 시키다. …하도록 하다. ②상품 등을 저쪽에 보내다. 명 仕向け. 1. treat
じむし[地虫](명)〈동〉 ①땅이나 땅속에 사는 벌레의 총칭. ②풍뎅이의 유충. 땅속에서 농작물, 나무의 뿌리를 갉아 먹음. a grub
じむしょ[事務所](명) 사무소. 단체,회사 등의 사무를 보는 곳. an office
じむてき[事務的](형동ダ) 사무적. ①사무에 관한 모양. 「一な立場(タチバ); 사무적인 입장」 ②감정을 섞지 않고 일 본위로 처리하는 모양.「一な考(カンガ)え); 사무적인 생각」 1. businesslike
ジムナジアム[gymnasium](명) 김나지움. 체육관.
しめ[標·注連](명) ①나무를 세우거나 새끼를 매어서 하는 표지. 표적. ②출입을 금하는 일. ③⇨しめなわ. 1. a mark 2. prohibition of coming in and out
しめ[締め·〆](명) ①조름. ②합계(合計). ③반지(半紙) 열 다발(2,000 매). ④편지 봉투를 봉하고서 하는 "〆" 표. 1. tying 2. the sum total
しめい[氏名](명) 씨명. 성명. a full name
しめい[市名](명) 시의 이름. a name of the city
しめい[死命](명) 사명. 죽음과 생명. 생사가 달린 일. 「一を制(セイ)する; 상대방의 생사나 운명을 좌우하는 힘을 가지다」 life or death
しめい[使命](명) 사명. ①사자(使者)로서 받은 명령. ②맡은 임무. 「人間(ニンゲン)の一; 인간의 사명」 1. a mission 2. a duty
しめい[指名](명·타サ) 지명. 사람의 이름을 지정함. 「一を受(ウ)ける; 지명을 받다」 nomination. **―てはい**[指名手配](연어·명·타サ) 지명 수배. 범인(犯人) 등의 이름을 지적하고 잡도록 수배함.
しめい[詩名](명) 시명. 시인으로서의 명성(名声). fame as a poet
しめい[師命](명) 스승의 명령. an order of a master
じめい[自明](명·형동ダ) 자명. 스스로 명백함. 「一な話(ハナシ); 자명한 이야기」 self-evidence
じめいしょう[自鳴鐘](명) 자명종. 때가 되면 몇 점을 쳐서 그 시를 알리는 시계. 예: 괘종(掛鐘), 좌종(坐鐘) 등. an alarmclock

しめお[締め緒]ーヲ(명) 물건을 묶기 위한 끈. string
しめかざり[注連飾り](명) 금줄을 친 장식. sacred festoons
しめかす[搾め滓](명) 기름을 짠 깨의 찌꺼기. 깻묵. oil cake
しめがね[締め金](명) 띠, 끈, 혁대 등을 매기 위하여 한쪽 끝에 단 쇠붙이. a buckle
しめぎ[搾め木](명) 기름을 짜기 위한 나무로 만든 도구. 기름틀. an oil press
しめきり[締切·〆切](명) 결말(結末)을 지음. 끝마침. 마감. closing
しめき·る[締め切る](타 4) ①단단히 닫다. ②결말을 짓다. 마지막으로 하다. 마감하다. 「申(モウ)し込(コ)みを一; 신청을 마감하다」 명 しめきり. 1. tighten
しめくく·る[締め括る](타 4) ①꽉 묶다. ②취체하다. 단속하다. ③결말을 짓다. 「話(ハナシ)を一; 이야기의 결말을 짓다」 명 締め括り. 1. bind strictly 2. superintend
しめこみ[締め込み](명) 씨름할 때 차는 들보.
しめころ·す[締め殺す](타 4) 목을 졸라 죽이다. strangle
しめし[示し](명) ①나타내 보임. 계시(啓示). 「神(カミ)のお一; 신의 계시」 ②타이름. 훈계. 본보기. 「一がつかない; 좋은 본보기가 되지 않다」 1. indication. **— あわ·せる**[示し合わせる]ーアハセル(타하 1) ①미리 의논하다. ②서로 신호해서 알리다.
しめじ[湿地·占地](명)〈식〉 무더기버섯. 송이과에 속하는 백다색(白茶色)의 작은 버섯. 식용. a champignon
しめ·す[示す](타 4) ①보이다. ②(보여서) 알리다. 가리키다. 「八時(ハチジ)を一; 여덟 시를 가리키다」 ③나타내다. 「反応(ハンノウ)を一; 반응을 나타내다」 1. show
しめ·す[湿す](타 4) ①적시다. 눅이다. ②불을 끄다. 1. wet 2. put out
しめすへん[示偏](명) 한자 부수(部首)의 하나. 보일시변. "神, 祖"등의 "ネ" 부분.
しめた(연어·감)〈속〉 생각한 대로 되어 기뻐할 때 하는 말. 됐어! ↔しまった. Capital!
しめだか[締め高·〆高](명) 합계한 액수. 총액. the sum
しめだ·す[締め出す](타 4) ①문을 닫고 사람을 안에 들어 오지 못하게 하다. 문 밖에 쫓아 내다. ②한패에 끼지 못하도록 하다. 따돌리다. 명 締め出し. 1. shut out 2. shut the door on a person
しめだし[締め出し](명·타サ) ①문을 닫아 사람을 들어오지 못하게 함. 쫓아 냄. ②따돌림. 1. shutting out
しめつ[死滅](명·자サ) 사멸. 죽어서 없어짐. extinction
じめつ[自滅](명·자サ) 자멸. ①절로 망함. ②제 탓으로 자신이 망함. 1. natural decay 2. self-destruction
じめつ·く(자 4)〈속〉 습기 차다. 질척거리다. be damp
しめつ·ける[締め付ける](타하 1) 심하게 조르다. 엄하게 단속하다. squeeze
しめっぽ·い(형)〈속〉 ①축축하다. ②음울하다. 1. wet 2. gloomy

しめて[締めて·〆めて](부) 모두 합해서. 전부가. in all
しめなわ[注連縄]ーナハ(명) 부정(不浄)을 막기 위해 친 줄. 금줄. 인줄. sacred straw festoons
〔注連縄〕
しめの[標野](명)〈고〉 옛날, 황실 또는 귀인(貴人)의 소유지로 다른 사람의 출입을 금했던 땅.
しめやか(형동ダ) ①조용한 모양. ②적막한 모양. 쓸쓸한 모양. 「一な通夜(ツヤ); 적막한 밤샘」 ③차분히 이야기하는 모양. ④비 따위가 차분히 내리는 모양. 4. soft
しめり[湿り](명) ①젖음. ②습기. ③비가 옴. 「いいおー; 알맞게 온 비」 ④불이 꺼짐. 1. dampness 2. moisture. **— け**[湿り気](명) 습기. 물기. **— ごえ**[湿り声](명) 눈물에 젖은 목소리. **— ばん**[湿り半](명) 진화(鎮火)되었을 때 알리는 종.
し·める[占める](타하 1) ①차지하다. 영유(領有)하다. ②독점하다. ③뜻한 바대로 되어 흡족해하다. 「味(アジ)を一; 재미가 들리다」 1. occupy 2. monopolize
しめ·る[湿る](자 4) ①습기 차다. ②진화(鎮火)되다. ③조용해지다. 잠잠해지다. ④우울해지다. 1. moisten
し·める[締める](타하 1) ①죄다. ②매다. 「おびを一; 띠를 매다」 ③[閉める] 닫다. 단속하다. ④취체하다. ⑤(쥐어) 짜다. ⑥합계하다. ⑦엄하게 다스리다. ⑧[絞める] (목을) 조르다. ⑨〈속〉 (닭 등의 목을) 비틀어 죽이다. ⑩절약하다. ⑪죽이다. 1. tighten 2. tie
し·める(조동·하 1) ①다른 것에 동작을 하게 하는 뜻을 나타내는 말. 「人(ヒト)をしていわ一; 사람으로 하여금 말하게 하다」 ②〔"しめられる, しめたもう"의 형태로〕 높은 존경의 뜻을 나타내는 말. 「手(テ)をとらしめたもう; 손을 잡으시다」 1. let
しめん[四面](명) 사면. ①네 개의 면. 「一体(タイ); 사면체」 ②사방의 면. ③제4면. 제4페이지. ④둘레. 사방. 주위. ⑤(건물의) 길이와 폭이 같음. 1. four sides. **— そか**[四面楚歌](연어) 사면 초가. 적에 완전히 포위되어 고립됨.
しめん[死面](명) 죽은 얼굴. a death-mask
しめん[紙面](명) 지면. ①종이의 표면. 지상(紙上). ②서면(書面). 1. paper 2. a letter
じめん[字面](명) ①한자(漢字)의 구성(構成) 상태. ②글자의 모양. 활자의 모양. 1. the look of words
じめん[地面](명) 지면. ①땅 위. ②땅의 표면. 1. the ground 2. the surface of the earth. **— し**[地面師](명) 남의 땅을 팔아 먹는 사기군.
ジメンション[dimension](명) ⇨ディメンション.
しも[下](명) ①밑. 아래. ↔上(カミ). ②허리 부분부터 그 아래. ③부하. 신하. 고용인. ④신분이 낮은 사람. ⑤촌. 시골. ⑥와카(和歌)의 아래 구절. ⑦대소변. 1. the lower part 3. a subject
しも[霜](명) ①서리. ②흰머리. 1. frost 2. grey hair
しも(수조) 의미를 강하게 할 때 쓰는 말. 「だれ一; 누구나 (다)」
しもいちだんかつよう[下一段活用](명) 〔문법에서〕 어

미가 "え"단에서 변화하는 동사의 활용. 예: "越(コ)える"의 활용.

しもう[刺毛](명)〈생〉(해당화, 쐐기풀 등의) 줄기에 있는 가시. bristles

しもうた[仕舞うた]シマウタ(감) 실패했을 때 하는 말. 큰일인데. 야단 났군. Heavens!

しもうど[下人](명)〈고〉 하인. 종. 「a manservant

しもおとこ[下男]―ヲトコ(명) 남자 하인. ⤴

しもがか·る[下掛かる](자 4) 이야기가 음란하게 되다. 이야기가 천해지다. talk indecency

しもがこい[霜囲い]―ガコヒ(명·타サ) ⇨しもよけ.

しもかぜ[霜風](명) 서리 위를 부는 차고 매운 바람. 서릿바람. a cold wind blowing over frost

しもがれ[霜枯れ](명·자サ) ①초목이 서리를 맞아 시듦. ②겨울철의 삭막한 경치. ③←霜枯れ時. 1. frost-withering 2. a dreary scene. **—どき**[霜枯れ時](명) ①초목이 서리를 맞아 시드는 철. ②시장 경기가 나쁜 시기.

しもが·れる[霜枯れる](자하 1) 초목이 서리를 맞아 시들다. be nipped by frost

しもき[下期](명) 1년을 2기로 나눈 후반기(後半期). 하반기. 「一の決算(ケッサン); 하반기의 결산」 ↔上期(カミキ). the latter half of the year

しもく[指目](명) 지목. 지적. pointing

しもく[撞木](명) ⇨しゅもく.

じもく[耳目](명) 이목. ①귀와 눈. ②듣는 것과 보는 것. 시청(視聴). 견문(見聞). ③많은 사람들의 주의. 「一をひく; 이목을 끌다」 ④웃사람의 뜻을 받아들여 보고 들은 바를 고하여 보좌함. 또는 그 사람. ⑤무가(武家) 시대 위법(違法)을 감찰하던 무사. 1. ears and eyes 2. seeing and hearing

じもく[除目](명) 헤이안(平安) 시대에 대신(大臣) 이외의 관리를 임명하던 의식. 봄, 가을 두 번 있었음.

しもくずれ[霜崩れ]―クヅレ(명) 서릿발이 녹아 부서짐. breaking of frost

しもぐもり[霜曇り](명) 서리가 내리기 전에 하늘이 흐려지는 일.

しもごえ[下肥え](명) 사람의 똥과 오줌을 비료로 한 것. human manure

しもざ[下座](명) 지위가 낮은 좌석. 말석(末席). ↔上座(カミザ). a lower seat

しもじも[下下](명) 백성. 하민(下民). 범민(凡民) the common people

しもじょちゅう[下女中](명) 부엌 기타의 잡일을 하는 하녀. a kitchen maid

しもだ[下田](명)〈지〉 시즈오카현(静岡県) 이즈(伊豆) 반도 동남단에 있는 항구로 일본 최초의 개항지(開港地).

しもたや[しもた屋](명) ①상점가(商店街) 안에 있는 주택. 장사를 안하는 집. ②장사를 그만둔 집. 1. a residential house

しもだらい[下盥]―ダラヒ(명) 몸의 하부에 입는 옷을 빨 때 쓰는 양은 자배기.

しもづかえ[下仕え](명) 옛날 귀족의 집에서 잡일을 하던 신분이 낮은 여자.

しもつかた[下つ方](명) ⇨しもじも.

しもつき[霜月](명) 음력 11월의 다른 이름.

しもつけ[下野](명)〈지〉 옛 지방 이름. 현재의 토치기현(栃木県).

しもつやみ[下つ闇](명)〈고〉 음력 하순의 어두운 밤.

しもて[下手](명) ①아래 편. ②하류. ③〔연극에서〕(관람석에서 보아서) 무대의 왼쪽. ↔上手(カミテ). 1. down-wards

しもと[笞](명) 죄인을 신문할 때 쓰는 몽둥이. 태장(笞杖). a scourge

しもと[楉](명) ①〈고〉 어린(가느다란) 나뭇가지. ②무성한 나뭇가지. 2. thick branches

じもと[地元](명) ①본거(本拠). 소재지(所在地). ②자기가 살고 있는 곳. 1. a base 2. a local place

しもどけ[霜解け·霜融け](명) 서릿발이 햇볕에 녹는 것. thawing

しもにだんかつよう[下二段活用](명)〔문법에서〕고어(古語)의 어미가 "う, え"의 2단에서 변화하는 동사의 활용. 예: "越(コ)ゆ"의 활용.

じもの[地物](명) 그 지방에서 생산되는 것. 토산물(土産物). local products

しものく[下の句](명) 와카(和歌)의 제4, 제5의 구(句). ↔上(カミ)の句.

しもばしら[霜柱](명) 서릿발. frost columns

しもはんき[下半期](명) 하반기. 한 해를 둘로 나눈 그 나중의 시기. ↔上半期(カミハンキ). the latter half of the year

しもびと[下人](명) 하인. ①사내종. 계집종. ②⇨じげ(地下). 1. a servant

しもぶくれ[下脹れ](명) ①밑이 부풀음. ②뺨에서 밑이 불룩함. 또는 그런 얼굴.

しもふさ[下総](명)〈지〉 옛 지방 이름. 현재의 치바(千葉), 이바라기(茨城) 두 현의 일부.

しもふり[霜降り](명) ①서리가 내림. ②(직물 등의 무늬가) 서리가 내린 것같이 군데군데 희끗희끗함. ③살짝 데친 생선회. 1. falling of frost

しもべ[下部·僕](명) 하인. 종. a servant

しもやけ[霜焼け](명)〈의〉 추위 때문에 손, 발, 귀 등에 일어나는 동상. a chilblain

しもやしき[下屋敷](명) ①에도(江戸) 시대 영주(領主) 등의 교외에 있는 별장(저택). ②교외 등에 있는 별장. ↔上(カミ)屋敷. 2. a suburb residence

しもよ[霜夜](명) 서리가 내린 추운 밤. a frosty night

しもよけ[霜除け](명) 초목이 서리에 맞지 않도록 짚으로 덮는 일. protection against frost

しもん[死門](명)〈고〉 사거(死去). 임종(臨終).

しもん[指紋](명) 지문. 손가락 끝마디 안쪽에 있는 피부의 주름. 또는 그것이 어떤 물건에 남긴 흔적. 「一の検出(ケンシュツ); 지문 검출」 a fingerprint

しもん[試問](명·자サ) 시문. 시험하기 위해 물음. 「口頭(コウトウ)一; 구두 시문」 a question

しもん[諮問](명·자サ) 자문. 물음. 의논함.「一機関(キカン); 자문 기관」 inquiry
じもん[自門](명) ①자기의 일족(一族). 일문(一門). ②자기가 속해 있는 종파. 1. one's family
じもん[地紋](명) 직물(織物) 바탕에 짜 내거나 염색한 무늬. a pattern
じもん[寺門](명) 절의 문. a gate of a temple
じもん[自問](명·자サ) 자문. 자신에게 물음. questioning oneself. **—じとう**[自問自答](연어·자サ) 자문자답. 스스로에게 묻고 답함.
—しゃ[車](조어) 차.「三輪(サンリン)—; 삼륜차」
—しゃ[舎](조어) 건물.「寄宿(キシュク)—; 기숙사」
—しゃ[者](조어) …을 하는 사람.「賛成(サンセイ)—; 찬성자」
しゃ[社](명) ①사당. 신사(神社). ②회사.「自分(ジブン)の—; 자기(저의) 회사」 1. a shrine 2. a company
しゃ[舎](명) 기숙사. a dormitory
しゃ[射](명) ①활쏘기. 궁술(弓術). ②사격(射擊). 1. archery 2. firing
しゃ[紗](명) 사. 얇고 성기게 짠 견직물. silk gauze
しゃ[斜](명) 경사. 비스듬함.「—に構(カマ)える; 무기를 비스듬히 들어 겨누다. 딱딱한 태도를 취하다」 slant
しや[視野](명) 시야. ①그 장소에서 보이는 범위.「—がひらける; 눈앞이 탁 트이다」②지식이나 사려(思慮)가 미치는 범위.「—が広(ヒロ)い; 시야가 넓다」 1. a visual field 2. a mental vision
じゃ ヂャ Ⅰ(접)〈속〉〔"では"의 음변화〕그러면.「—, さようなら; 그럼 안녕」Ⅱ(수조)〈속〉…면. …서는.「そんなことーだめだ; 그래선 못써」 Ⅰ then
じゃ ヂャ(조동·특수형)〈속〉〔"である"의 준말〕…다.「そうー; 그렇다」
じゃ[邪](명) ①악한 것. 부정. ②열병(熱病). 감기. ③사람의 몸을 해치는 기운. 사기(邪気). 1. injustice
じゃ[蛇](명) 배암. 큰 배암. a snake
じや[時夜](명) 밤에 닭이 시각을 알리는 일. crowing at night
じゃあく[邪悪](명·형동ダ) 사악. 간사하고 악독함. 또는 그런 사람. wickedness
しゃあしゃあ(부) ①넉살이 좋아 부끄러움을 모르고 무슨 일에나 태연한 모양. 뻔뻔스럽게. ②물이 힘차게 뿜어 나오는 모양. 1. shamelessly
ジャージ(ー)[jersey](명) 저어지. 가는 털실로 세밀하게 메리야스같이 짠 두꺼운 옷감. 부드러워서 부인의 원피이스 등에 사용함.
しゃあつかい[車扱]—アツカヒ(명) 철도 등에서 화차(貨車) 1량(輛)을 단위로 하는 취급 방식.
ジャーナリスティック[journalistic](형동ダ) 저어널리스틱. 신문, 잡지, 라디오 등에 관한 특유한 모양. 또는 그 시대의 유행을 좇는 모양.
ジャーナリスト[journalist](명) 저어널리스트. (신문, 잡지, 라디오 등의) 기자. 집필자.
ジャーナリズム[journalism](명) 저어널리즘. ①(신문, 잡지, 라디오 등의) 사업(계). ②신문, 잡지, 라디오.
ジャーナル[journal](명) 저어널. 정기 간행물. (신문, 잡지 이름에 사용함)「朝日(アサヒ)—; 아사히저어널」
シャープ[sharp] 샤아프. Ⅰ(형동ダ) ①날카로운 모양. 잘 드는 모양. ②예민한 모양. Ⅱ(명)〈악〉반음 높은 기호. 영음(嬰音) 기호.「#」↔フラット. **—ペンシル**[sharp pencil](명) 에버샤아프펜슬의 준말. 축(軸)을 돌리면 알이 나와서 쓰게 되어 있는 연필.
シャーベット[sherbet](명) 셔어벗. 과즙에 설탕을 넣어 얼린 얼음 과자.「メロンー; 멜론 셔어벗」
ジャーマン[German](명) 저어먼. 도이치인. 도이처어.
しゃい[謝意](명) 사의. ①감사하는 뜻. ②사과(謝過)하는 뜻.「—を表(ヒョウ)する; 사의를 표하다」 1.thanks 2. apology
ジャイアント[giant](명) 자이언트. ①거인. ②위인.
ジャイロ(명)①←ジャイロコンパス. ②←ジャイロスコープ. **—コンパス**[gyrocompass](명) 자이로컴퍼스. 윤전나침의(輪転羅針儀). 지구 자기(地球磁気)와는 관계없는 나침(羅針). 선박 등에 쓰임. **—スコープ**[gyroscope](명) 자이로스코우프. 회전의(回転儀). 윤전의(輪転儀). 지구 자전의 증명, 어뢰의 종타(縦舵), 조정 장치, 배의 동요 감소 등에 응용.
しゃいん[社印](명) 사인. 회사의 공식적 도장. an official seal of a company
しゃいん[社員](명) 사원. ①〈법〉사단 법인(社団法人)을 조직하는 사람. ②회사에 근무하는 사람. 1. a partner 2. a clerk
じゃいん[邪淫](명) 사음. ①바르지 못하고 음란한 것. ②남녀간의 부정한 정사(情事). 2. adultery
しゃうん[社運](명) 사운. 회사의 운명. a fortune of a company
しゃえい[舎営](명) 사영. 건물 안에서 자고 쉬는 일. ↔野営(ヤエイ). quartering
しゃえい[斜影](명) 사영. 비스듬히 비치는 그림자. a slanting shadow
しゃえい[射影](명) 사영. 물체가 그림자를 비치는 일. 또는 그 그림자. 투영(投影). casting a shadow
しゃおう[沙翁](명) 사옹. 셰익스피어. Shakespeare
しゃおん[謝恩](명·자サ) 사은. 은혜를 감사함.「—会(カイ); 사은회」 expression of gratitude
しゃか[釈迦](명)〈불〉석가. 석가 모니. Sakya
しゃが(명)〈식〉개사간. 붓꽃과에 속하는 다년초. 5, 6월에 보랏빛 꽃이 핌. 향기가 좋음. an iris
しゃが[車駕](명) ①어가(御駕). ②천자(天子)의 높임말. ③탈것. 1. an Imperial carriage
ジャガ(명) ⇨ジャガいも.
ジャガー[jaguar](명)〈동〉재규어. 고양이과에 속하는 표범 비슷한 맹수(猛獣). 나무에 잘 오르고 물에도 들어 감. 원숭이, 조류, 물고기 등을 잡아 먹음.
しゃかい[社会](명) 사회. ①공동 생활의 집단.「—生活(セイカツ); 사회 생활」②동료. ③온 세상. 1. a society 2. a party. **—いしき**[社会意識](명) 사회 의식. 사회를 구성하는 사람들의 의식. 집단 의식. **—うん**

どう[社会運動](명) 사회 운동. ①사회 문제에 관한 운동. ②사회주의의 사회를 실현하려고 하는 행동. **─か**[社会科](명) 사회과. 일반 사회 학과. **─かがく**[社会科学](명) 사회 과학. ①사회의 여러 가지 현상을 연구하는 학과. ②마르크스주의. **─きじ**[社会記事](명) 사회 기사. 삼면 기사(三面記事). **─きょういく**[社会教育](명) 사회 교육. 일반 사회인에게 사회인으로서 필요한 교육을 베푸는 조직적인 활동. **─げき**[社会劇](명) 사회극. 사회 문제를 소재로 한 극. **─じぎょう**[社会事業](명) 사회 사업. 생활에 곤란한 사람을 도와 주고 직업을 알선해 주며, 사회를 살기 좋게 하는 일. **─しゅぎ**[社会主義](명) 사회주의. 자본주의의 사회를 합리적으로 개혁하고, 독재를 막고 근로 계급을 위해 민주적인 사회를 실현하려고 하는 주의. **─じん**[社会人](명) 사회인. 사회에 사는 한 사람으로서의 개인. **─せい**[社会性](명) 사회성. ①사회 일에 넓게 관심을 가진 성격. ②사회 일반에 널리 통하는 성질. **─せいさく**[社会政策](명) 사회 정책. 노동 문제, 실업 문제 등의 사회 문제를 해결하기 위한 정책. **─てき**[社会的](형동ダ) 사회적. 사회에 관계가 있는 모양. **─ふくし**[社会福祉](연어·명) 사회 복지. 사회의 전체 사람들, 특히 불우한 사람들의 행복. 「─事業(ジギョウ); 사회 복지 사업」 **─ほけん**[社会保険](연어·명) 사회 보험. 노무자, 급여 생활자 등을 재해(災害)에서 보호하기 위한 보험. 예 : 건강 보험 등. **─ほしょう**[社会保障](명)〈법〉사회 보장. 가난의 원인이 되는 병, 상처, 노령 등의 불안을 사회에서 제거하기 위하여 돈이나 물품을 국민에게 주는 제도. **─みんしゅしゅぎ**[社会民主主義](명) 사회 민주주의. ①사회주의. ②공산주의. ③의회 민주주의를 통하여 사회주의를 실현하려고 하는 주의. **─めん**[社会面](명) 사회면. 신문의 사회 기사가 실려 있는 면. **─もんだい**[社会問題](명) 사회 문제. 사회 제도의 모순이나 결점으로부터 생기는 문제.

しゃかい[遮戒](명)〈불〉차계. 승려를 위해서 특별히 정한 계율. commandments for Buddhist priests

しゃがい[社外](명) 사외. 회사의 바깥. ↔社内(シャナイ). 1. outside the company

しゃがい[車外](명) 차 밖. ↔車内(シャナイ). outside the car

ジャガいも(명)〈식〉감자. a potato

しゃかく[社格](명) 신사(神社)의 등급. the shrine grade

しゃかく[射角](명) 사각. 탄환의 사선(射線)과 수평선이 만드는 각(角). an angle of fire

しゃかく[斜角](명)〈수〉사각. 예각(鋭角), 둔각(鈍角)과 같이 직각(直角)이나 평각(平角)이 아닌 각. an oblique angle

じゃかご[蛇籠](명) 대나 철사로 원통형(円筒形) 그물을 떠서 그 속에 돌을 넣은 것. 물을 흐르지 못하게 하거나 내의 둑을 튼튼히 하는 데 씀. a gabion

ジャガタラ[포 Jacatra](명) ①자카르타(Jakarta)의 옛 이름. ②자바도(島).

しゃかにょらい[釈迦如来](명)〈불〉석가 여래. 석가 모니의 높임말. Sakya

しゃが·む(자 4)〈속〉허리를 구부리다. 웅크리다. crouch

しゃかむに(ぶつ)[釈迦牟尼(仏)](명)〈불〉석가 모니불. 불교의 가르침을 세운 사람. 석가. 석존(釈尊). Sakya-muni

ジャカルタ[Jakarta](명)〈지〉자카르타. 자바도(島) 서북안(岸)에 있는 항도(港都). 인도네시아의 수도.

しゃがれごえ[嗄声]─ゴエ(명) 쉰 목소리. a hoarse voice

しゃが·れる[嗄れる](자하 1) ⇨しわがれる.

しゃかん[左官](명)〔"さかん"의 음의 변화〕미장이. 「─屋(ヤ); 미장이」 a plasterer

しゃかん[舎監](명) 사감. 기숙사의 감독. a dormitory inspector

しゃがん[砂岩](명)〈광〉⇨さがん.

しゃがん[斜眼](명) ①사시(斜視). 사팔뜨기. ②곁눈. 1. a squint 2. a side glance

しゃがん[赭顔](명) 붉은 얼굴. a ruddy face

じゃかん[蛇管](명) ①고무나 천으로 만든 긴 관(管). 호오스. ②증기(蒸気)를 통하는 나선형의 구부러진 관. 1. a hose

しゃき[社旗](명) 사기. 회사(会社)의 표지(標識)를 나타낸 기. a house-flag

しゃぎ[謝儀](명) 감사의 뜻을 표시하는 예의. 또는 예물. courtesy of gratitude

じゃき[邪気](명) ①신체를 해치고 병을 일으키는 나쁜 외기(外気). ②감기. ③독기(毒気). 1. noxious gas

しゃきゅう[砂丘](명) ⇨さきゅう.

しゃぎょ[射御](명) 사어. 궁술(弓術)과 마술. 활쏘기와 말타기. archery and equitation

しゃきょう[写経](명·자サ) 사경. 경문을 베낌. 또는 베낀 경문. hand-copying of the holy sutra

しゃぎょう[社業](명) 사업. 회사의 사업. the company's business

じゃきょう[邪教](명) 사교. 부정한 종교. 해가 되는 종교. a heretical religion

じゃきょく[邪曲](명) 사곡. 요사스러움. 성행(性行)이 올바르지 못함. 부정(不正). wickedness

しゃきょり[射距離](명) 사정(射程) 거리. 탄환이 도달하는 거리. a range

しゃぎり(명)〔카부키(歌舞伎)에서〕폐막을 알리는 북, 징, 피리 등의 소리.

しゃきん[砂金](명)〈광〉⇨さきん.

しゃきん[謝金](명) 사례금. 사례의 돈. a fee

しゃく[勺](명) ①작. 양(量)의 단위. 1홉(合)의 10분의 1. 약 0.018 *l*. ②토지 면적의 단위. 1평의 100분의 1. 약 $0.033m^2$.

しゃく[尺](명) ①척. 길이의 단위. 1치(寸)의 10배. 약 30.3 *cm*. ②길이. 「─をはかる; 길이를 재다」 ③자. 「─を当(ア)てる; 자로 재다」 2. length

しゃく[杓](명) ⇨ひしゃく.

しゃく[笏](명) 홀. 속대(束帯)할 때 오른손에 갖는 길

이 1자 2치, 폭 2치의 얇은 판. a sceptre

しゃく[酌](명) 술을 잔에 따름. 또는 그 사람. 「お―する; 술을 따르다」 serving wine

しゃく[釈](명) ①글 뜻의 해석. 풀이. ②〈불〉 옛날 승려들이 일반적으로 썼던 성(姓). 예 : 釈瓢斎(석표재). ③〔진종(真宗)에서〕계명(戒名) 위에 붙이는 말. 1. interpretation

しゃく[錫](명) ①석장(錫杖). 「―をひく; 행각(行脚)하다」 ②〈광〉 ⇨すず.

しゃく[爵](명) 작. ①(중국 고대의) 제후(諸侯)의 세습적 계급. ②귀족 계급. ③중국에서 제기(祭器)로 썼다는 참새 모양의 잔.

しゃく[癪](명) ①복통, 위경련 등 심한 통증. ②화증. 울화. 「―にさわる; 화가 나다」 1. spasm 2. irritability

しやく[試薬](명)〈이〉 시약. 〔화학 분석에서〕 어떤 물질을 끄집어 내기 위해 사용하는 약품. a reagent

じゃく[弱](명) ①약함. 약한 것. 「―をもって強(キョウ)に当(ア)たる; 약자가 강자에게 덤비다」 ②〈수〉 단수(端数)를 올렸을 때 쓰는 말. ↔強(キョウ). ③나이가 어림. 유소(幼少). 1. weakness 2. a little less than

じゃく[寂](명) ①조용한 모양. 적적한 모양. 「―として; 매우 고요하여」 ②중이 죽음. 「入(ニュウ)―; 입적」 1. quietness 2. the death of a priest

じやく[持薬](명) 항상 먹는 약. one's usual medicine

しゃくい[爵位](명) 작위. ①벼슬과 지위. 관작(官爵)과 위계(位階). ②작의 계급. 작호(爵号). 1. peerage

しゃく・う[杓う]シャクフ(타 4)〈속〉 (액체를) 뜨다. 「水(ミズ)を―; 물을 뜨다」 ladle

じゃくおん[弱音](명) 약음. ①약한 소리. ②소리를 약하게 함. 「―器(キ); 약음기」 1. a weak sound

しゃくがんじゅしん[釈眼儒心](명) 석안 유심. 석가의 눈과 공자의 마음. 자비심이 깊음. mercifulness

しゃくぎ[釈義](명) 석의. 뜻을 밝힘. a commentary

しゃくごう[爵号](명) 작(爵)의 칭호. titles of peerage

しゃくさい[借債](명) 부채. a debt

しゃくざい[借財](명) 차금(借金). 빚. a loan

じゃくさん[弱酸](명)〈이〉 약산. 산성(酸性)이 약한 산. a weak acid

しゃくし[杓子](명) 국자. 주걱. a ladle. **―がい**[杓子貝]―ガヒ(명)〈동〉 ⇨いたやがい. **― じょうぎ**[杓子定木・杓子定規](명・형동ダ) ①바르지 못한 자. 어떤 일정한 기준으로 모든 것을 측정하려는 사고 방식. ②공식주의. **―な**[杓子菜](명)〈식〉 큰 배추의 일종. 잎이 크고 국자 모양이며 식용함.

しゃくし[釈氏](명)〈불〉 석씨. ①석존(釈尊) 재속시(在俗時)의 성. ②불가(仏家). 중. 1. Sakya

じゃくし[弱志](명) 약지. 약한 의지. a weak will

じゃくし[弱視](명)〈의〉 약시. ①(안경으로도 바로 잡지 못하는) 약한 시력(視力). ②태어날 때부터의 약한 시력. 1. a weak sight

じゃくしつ[弱質](명) 약질. 약한 성질. 약한 체질(体質). a weak nature

しゃくじめ[尺〆](명) 척관법(尺貫法)에 의한 목재(木材)의 용적의 단위. 한 자각의 12자 길이. 약 0.3392 m^2.

じゃくしゃ[弱者](명) 약자. 힘과 세력이 약한 사람. ↔強者(キョウシャ). the weak

しゃくしゃく[綽綽](형동タルト) 침착하고 초조하지 않은 모양. 「余裕(ヨユウ)―; 여유 작작」 composed

じゃくじゃく[寂寂](형동タルト) 적적. ①쓸쓸한 모양. ②아무 것도 생각하지 않는 모양. 「空空(クウクウ)―; 공공 적적」 1. lonesome 2. serene of mind

じゃくしゅ[弱主](명) 나이 어린 주군. a young lord

しやくしょ[市役所](명) 시의 사무를 취급하는 관청. 시청. a municipal office

しゃくじょう[錫杖](명) ①〈불〉 석장. 중이나 슈겐자(修験者)가 가지고 다니는 지팡이. 지팡이 끝에 큰 고리가 있고 그 고리에 여러 개의 작은 고리가 달려 흔들면 소리가 남. ⇨:しゅげんじゃ. ②사이몬카타리(祭文語り)가 흔들어 울려서 가락을 조절(調節)하는 지팡이. 1. a priest's staff

〔錫杖〕

じゃくしょう[弱小](명・형동ダ) 약소. ①약하고 작음. 「―国家(コッカ); 약소 국가」 ②나이가 어림. 연소(年少). 1. puniness 2. youth

じゃくじょう[寂静](명) ①조용함. 정적. ②〈불〉 번뇌를 벗어난 열반(涅槃)의 경지. 1. quietness

じゃくしん[弱震](명)〈지〉 약진. 집이 흔들리고 문짝이 울리는 정도의 약한 지진. a weak shock

しゃく・する[釈する](타サ) 해석하다. 설명하다. 풀이하다. interpret

じゃく・する[寂する](자サ) 중이 죽다. 입적(入寂)하다. die

しゃくすん[尺寸](명) ①약간. ②약간의 토지. ③약간의 공로. 2. a tiny piece of land

しゃくせん[借銭](명) 부채(負債). 빚. a debt

しゃくぜん[釈然](형동タルト) 석연. 의심이 풀리는 모양. 「―としない; 석연치 않다」 quite satisfied

しゃくぜん[綽然](형동タリ) 유유한 모양. 여유 있는 모양. free and easy

じゃくそつ[弱卒](명) 약졸. 약한 병졸. 「勇将(ユウショウ)のもとに―なし; 용장 밑엔 약한 병졸이 없다」 a cowardly soldier

しゃくそん[釈尊](명)〈불〉 석존. 석가 모니의 높임말. Sakya

じゃくたい[弱体](명) 약체. ①약한 체질. ②약한 모양. 약한 체제. 「―化(カ); 약체화」 1. a weak body

しゃくち[借地](명・자타サ) 차지. 토지를 세냄. 또는 그 토지. 「―権(ケン); 차지권」 leasing land

じゃぐち[蛇口](명) ①수도 꼭지. 수도 고동. ②배암 아가리처럼 된 꽃꽂이 용구. ③배암 모양으로 만든 금속 장식물(装飾物). 1. a faucet

〔蛇口①〕

じゃくてき[弱敵](명) 강하지 않은 적. 약한 적. 「―たりとも あなどらず; 약한 적이라도 깔보지 않다」 ↔強

敵(キョウテキ). a weak enemy
じゃくてん[弱点](명) 약점. ①약한 점. ②결점. 불완전한 점. 부족한 곳. 2. a weak point
じゃくでん[弱電](명) 가정에서 쓰는 정도의 약한 전류. ↔強電(キョウデン). weak current
しゃくど[尺度](명) 척도. ①자. ②길이. ③물건을 재는 표준. 「優劣(ユウレツ)をきめる—; 우열을 정하는 표준」 1. a measure 2. length
しゃくどう[赤銅](명) 적동. 구리에 금과 은을 6대3의 비율로 섞은 금속. an alloy of copper and gold
しゃくとく[尺牘](명) 편지. 서한(書翰). a letter
しゃくとり[酌取り](명) 술을 따름. 또는 그 사람. serving at table with wine
しゃくとり(むし)[尺取り(虫)](명)〈동〉자벌레. 작고 털이 없는 곤충. 몸은 나뭇가지 모양이며 몸을 굴신(屈伸)하면서 감. 척확(尺蠖). a looper
しゃくなげ[石南花](명)〈식〉석남화. 높은 산에 자라는 작은 상록 활엽수. 여름에 홍자색(紅紫色)의 복숭아꽃 같은 꽃이 핌. a rhododendron
じゃくにくきょうしょく[弱肉強食](연어·명) 약육 강식. 약자가 강자에게 먹히거나 정복됨. The weak become the victim of the strong.
じやくにん[地役人](명) 그 지방의 관리. an official of the district
しゃくねつ[灼熱](명·자타サ) 작열. ①새빨갛게 불에 닮. 「—した鉄(テツ); 새빨갛게 단 쇠」 ②타는 듯이 뜨거움. 백열(白熱). incandescence
じゃくねん[若年·弱年](명) ①젊음. 청년(青年). ②나이가 어려서 미숙함. 또는 그런 사람. ↔老年(ロウネン). 1. youth
じゃくねん[寂念](명) 속념(俗念)을 없앤 고요한 마음. calm mind
じゃくねん[寂然](형동タルト) 조용한 모양. quietly
じゃくはい[弱輩·若輩](명) ①젊은이들. 청년들. ②미숙한 자. 1. a young fellow
しゃくはち[尺八](명) 대로 만든 길이 1자 8치 정도의 피리(笛). 앞에 4개, 뒤에 1개의 구멍이 있고 세워서 붊. 적(笛)의 한 가지. a bamboo-flute
しゃくふ[酌婦](명) 작부. 연회석이나 요리집에서 손님을 접대하고 술을 따라 주는 여자. a waitress
しゃくぶく[折伏](명·타サ)〈불〉①악인(悪人), 악법(悪法)을 때려 부숴서 굴복시킴. ②적을 굴복시킴. 1. crushing of evil
じゃくへい[弱兵](명) 약병. 약한 병졸. ↔強兵(キョウヘイ). a weak soldier
しゃくほう[釈放](명·타サ)〈법〉석방. 구속을 풀어서 자유롭게 함. 「身柄(ミガラ)を—する; 신병을 석방하다」 liberation
しゃくほん[借本](명) 책을 빎 또는 그 책. borrowing books
しゃくま[借間](명) 남의 방을 빎 또는 그 방. 세방. a rented room
しゃぐま[赤熊](명) ①붉게 물들인 백곰의 털. 또는 그와 비슷한 머리털. ②고수머리로 만든 다리.
しゃくまい[借米](명) 쌀을 꿈. 또는 꾼 쌀. borrowing rice
じゃくまく[寂寞](형동タルト) ⇨せきばく.
しゃく·む(자 4)〈속〉가운데가 움푹 패다. become hollow
しゃくめい[釈明](명·타サ) 석명. 사정을 해명함. 「—を求(モト)めたい; 해명을 듣고 싶다」 vindication
じゃくめつ[寂滅](명·자サ) 적멸. ①〈불〉번뇌의 경지를 벗어남. ②죽음. 1. Nirvana 2. death. **—いらく**[寂滅為楽](연어·명)〈불〉번뇌의 경지를 벗어나서 비로소 참된 희열을 맛볼 수 있다는 말.
しゃくもち[癪持ち](명) 항상 적(癪)을 앓고 있음. 또는 그 사람. being of chronic spasm
しゃくもん[借問](명·자サ) 차문. 물어 봄. asking
しゃくもん[釈門](명) 석문. 불문(仏門)에 들어 간 사람. 불가(仏家). 중. a Buddhist priest
しゃくや[借家](명) 차가. 세내어 사는 집. 셋집. a rented house
しゃくやく[芍薬](명)〈식〉작약. 5월경 모란 비슷한 희고 붉은 큰 꽃이 핌. 뿌리는 약용. a peony
じゃくやく[雀躍](명·자サ) 작약. 좋아서 춤을 추며 기뻐함. dancing for joy
しゃくよう[借用](명·타サ) 차용. 빌어 씀. 꾸어 씀. borrowing
じゃくら[雀羅](명) 새그물. 「門前(モンゼン)—を張(ハ)る; 손님이 전혀 오지 않다」 a sparrow net
しゃくらん[借覧](명·타サ) 빌어 봄. loan for a look
しゃくりあ·げる[しゃくり上げる](자하 1) 흑흑 흐느껴 울다. sob hiccupingly
しゃくりなき[しゃくり泣き](명·자サ) ⇨すすりなき.
しゃくりょう[借料](명) 빌어 쓴 값. 세(貰). hire
しゃくりょう[酌量](명·타サ) ①참작함. ②짐작해서 동정함. 「情状(ジョウジョウ)—; 정상을 헤아려 동정하다」 consideration
しゃく·る(자 4)〈속〉①딸꾹질하다. ②⇨しゃくりあげる. hiccup
しゃく·る[杓る](타 4) ①가운데를 움푹 파내다. ②(액체를) 떠내다. 뜨다. 「水(ミズ)を—; 물을 뜨다」 ③뜨는 듯이 조용히 들어 올리다. ④선동하다. 부추기다. 1. gouge
じゃくれい[弱齢](명) 젊은 나이. 약관(弱冠). youth
しゃく·れる(자하 1) 가운데가 움푹 패다. 「ほほが—; 볼이 움푹 패다」 gouge
しゃくろく[爵祿](명) 작록. 작위(爵位)와 봉록(俸祿). peerage and fief
しゃけ[鮭](명)〈속〉〈동〉⇨さけ.
しゃけ[社家](명) 대대로 신관(神官)을 잇는 집안.
しゃけい[舎兄](명) 사형. 자기 형을 겸사로 일컫는 말. ↔舎弟(シャテイ). my elder brother
しゃけい[斜頸](명)〈의〉사경. 목이 비뚜러지는 병. wryneck
じゃけい[邪計](명) 사계. 사악(邪悪)한 계책(計策). an intrigue
しゃげき[射撃](명·자타サ) 사격. 목표에 맞도록 총

이나 활을 쏨. shooting
しゃけつ[瀉血](명·자サ)〈의〉 사혈. 정맥에서 피를 뽑아 냄. 고혈압, 뇌일혈(脳溢血), 각기 충심(脚気衝心) 등의 치료로 행함. depletion
ジャケツ(명) 〔자켓(jacket)의 변화〕 ①양복 위에 입는 짧은 상의의 총칭. 자켓. ②털실로 짠 웃도리.
ジャケット[jacket](명) 자켓. ①짧은 상의의 총칭. 대개 모직물(毛織物)임. ②책의 커버. ③레코오드(축음기판)의 포장지.
しゃけん[車券](명) 〔자전거 경기에서〕 우승이 예상되는 선수에게 걸기 위해 사는 표. a bicycle-race ticket
しゃけん[車検](명) 차량 검사. inspection of a vehicle
じゃけん[邪見](명) 사견. 옳지 못한 견해. a wrong view
じゃけん[邪険·邪慳](형동ダ) 매정한 모양. 몰인정한 모양. 「一な人(ヒト); 몰인정한 사람」 cruelty
しゃこ[車庫](명) 차고. 차를 넣어 두는 건물. a car-shed
しゃこ[蝦蛄](명)〈동〉 갯가재. 새우 비슷한 절족 동물(節足動物). 연안(沿岸)의 진흙 속에 삶. 식용 또는 낚싯밥으로 씀. a squill
しゃこ[鷓鴣](명)〈동〉 자고. 꿩과에 속하는 새. 메추라기보다 좀 큼. 맛이 좋은 엽조(猟鳥)로 유명. a partridge
じゃこ[雑魚](명) ⇨ざこ.
しゃこう[社交](명) 사교. ①(사람들과의) 교제를 하는 것. ②세상 사람들과의 접촉. 사회상의 교제. 「一性(セイ); 사교성」 2. social intercourse. **—かい**[社交界](명) 사교계. 유명한 사람들이 교제를 하는 사회. **—ダンス**[社交dance](명) 사교춤. 사교 댄스. 사교적으로 하는 댄스. **—てき**[社交的](형동ダ) 사교적. 사교에 관한 모양. 밖에서 다른 사람과 능숙하게 교제하는 모양.
しゃこう[車行](명) ①차가 앞으로 감. ②차를 타고 감. 1. proceeding of a car
しゃこう[射光](명·자サ) 빛을 발함. radiation
しゃこう[射幸·射倖](명) 사행. 우연으로 이익이나 행복을 얻으려고 하는 것. 요행을 노림. 「一心(シン)をあおる; 사행심을 불러 일으키다」 speculation
しゃこう[斜光](명) 사광. 비스듬히 비치는 광선. oblique light
しゃこう[斜坑](명) 사갱. 비스듬히 판 갱도(坑道). an oblique drift
しゃこう[斜巷](명) 유곽. 유흥가(遊興街). 유곽 지대(遊廓地帯). a gay quarter
しゃこう[斜高](명)〈수〉 사고. 원추(円錐)의 정점에서 밑면 위의 한 점에 이르는 직선의 길이. slant height
しゃこう[遮光](명·타サ) 차광. 빛을 가림. 「一板(バン); 차광판(셔터)」 covering the light
しゃこう[藉口](명·자サ) 구실을 만들어서 말함. 핑계 댐. pretence
しゃごう[社号](명) 사호. 신사(神社), 회사 등의 칭호. the name of shrine
じゃこう[邪行](명·자サ) ①사행. 나쁜 행동. 간악한 행위. ②비스듬히 감. 1. a vicious conduct
じゃこう[蛇行](명·자サ) ⇨だこう.
じゃこう[麝香](명) 사향. 사향노루 수컷의 배꼽과 불두덩을 싸고 있는 향낭(香嚢)을 말린 향료. musk
しゃこうしょくぶつ[射光植物](명)〈식〉 사광 식물. 스스로 빛을 내는 것이 아니라 빛을 반사하여 특수한 빛을 내는 식물.
しゃこく[社告](명·자サ) 사고. 회사, 신문사 등의 고지(告知). announcement
しゃさい[社祭](명) 사제. 토지신(土地神)에게 지내는 제사. a festival
しゃさい[社債](명)〈경〉 사채. 주식 회사(株式会社)가 모집하는 회사의 채무(債務). ↔公債(コウサイ), 国債(コクサイ). a debenture
しゃざい[謝罪](명·자サ) 사죄. 죄를 사과함. apology
しゃざい[瀉剤](명) 사제. 설사를 시키는 약. 하제(下剤). a purgative
しゃさつ[射殺](명·타サ) 사살. (총으로) 쏘아 죽임. shooting to death
しゃさん[社参](명·자サ) 신사(神社)에 참배함. a visit to a shrine
しゃし[斜視](명) 사시. ①곁눈질로 흘기어 보는 것. ②사팔뜨기. 1. a side glance
しゃし[奢侈](명) 사치. 지나친 치레. luxury
しゃじ[匙](명)〈속〉 ⇨さじ.
しゃじ[写字](명) 글자를 베끼는 일. copying
しゃじ[社寺](명) 신사(神社)와 절. shrines and temples
しゃじ[謝辞](명) ①감사를 표하는 인사말. ②사죄(謝罪)의 말. 1. an address of thanks
シャシー[chassis](명) 샤시. ①차대(車臺). ②라디오 같은 것의 세트를 꾸미는 대.
しゃじく[車軸](명) 차축. 바퀴의 굴대. 「一を流(ナガ)す; 비가 억수같이 내리는 모양」 an axle
しゃじつ[写実](명·타サ) 사실. 사물을 실제로 있는 그대로 그려 냄. realism
しゃじつ[斜日](명) 사일. 저녁 해. 서쪽으로 기울어진 해. the setting sun
じゃじゃうま[じゃじゃ馬](명)〈속〉 ①난폭한 말. ②남편 등의 말을 들으려고 하지 않는 여자. 1. a vicious horse
しゃしゃらくらく[洒洒落落](형동タルト) 성질이나 거동이 깨끗하여 아무 것에도 거리낌이 없는 모양. 집착이 없는 모양. 매우 쇄락한 모양. nonchalant
しゃしゅ[社主](명) 사주. 회사의 소유자. 회사의 우두머리. the proprietor of a firm
しゃしゅ[射手](명) 사수. ①활을 쏘는 사람. ②탄환을 발사하는 사람. 1. an archer 2. a shooter
じゃしゅう[邪宗](명) ①사회에 해를 끼치는 종지(宗旨). 또는 종교. 사교(邪教). ②에도(江戸) 시대의 기독교. 1. a heretical religion
じゃしゅうもん[邪宗門](명) ⇨じゃしゅう②.
しゃしゅつ[射出](명·자타サ) 사출. ①탄환을 쏨. ②〈군〉 비행기를 캐터펄트(射出機)에서 쏨. ③사방 팔방으로 힘차게 나감. 1. shooting 2. catapulting
しゃじゅつ[射術](명) 활을 쏘는 기술. 궁술. archery

しゃしょう[社章](명) 사장. 회사나 결사(結社)의 기장(記章). the badge of a company

しゃしょう[車掌](명) 차장. (기차, 전차, 버스 등의) 차내 사무, 발차 신호 등을 하는 승무원. a guard

しゃしょう[捨象](명·타サ)〈철〉 사상. 현상의 특성 및 공통성 이외의 요소를 버림. withdrawn image

しゃしょう[斜照](명) 지는 해. 저녁 해. the setting sun

しゃじょう[写場](명) 사장. 사진관. 사진을 찍는 장소. a photographic studio

しゃじょう[車上](명) 차의 위. 차의 안. on a car

しゃじょう[射場](명) 사격하는 장소. archery ground

しゃじょう[謝状](명) ①감사의 편지. 감사장. ②사과의 편지. 1. a letter of thanks

しゃしょく[社稷](명) 사직. ①토지의 신(神)과 오곡(五穀)의 신. ②국가. 조정(朝廷). 2. the state

しゃしん[写真](명) 사진. ①사진기로 물체의 형상을 찍는 일. 또는 찍은 것. ②〈속〉 영화. 1. a photograph. **—き**[写真機](명) 사진기. 사진을 찍는 기계.

しゃしん[捨身](명)〈불〉 사신. 수행(修行) 또는 보은(報恩)을 위하여 목숨을 버리는 일. **—じょうどう**[捨身成道](연어·명)〈불〉 사신 성도. 신명(身命)을 버리고 성불(成仏)하여 불도를 체득하는 것.

じゃしん[邪心](명) 사심. 사악(邪悪)한 마음. 부정한 마음. a wicked heart

じゃしん[邪神](명) 사신. 재앙을 내리는 요사스러운 귀신. a false god

じゃしん[蛇身](명) 배암의 몸. 배암 같은 몸.

ジャズ[jazz](명) 〈악〉 재즈. 1914년경 미국에서 흑인의 음악을 원천으로 하여 발달한 독특한 무도(舞蹈) 음악. 매우 경쾌한 리듬을 가짐.

じゃすい[邪推](명·타サ) 일부러 나쁘게 헤아려 생각함. 그릇된 추측. a groundless suspicion

ジャスト[just](부) 저스트. 정확히. 꼭. 「九時(クジ)—だ; 9시 정각이다」

ジャスミン[jasmine](명)〈식〉 재스민. 목서과의 상록수. 초여름에 하얗고 냄새가 좋은 꽃이 핌. 향수의 원료.

しゃ·する[謝する] Ⅰ(자サ) ①작별하다. ②떠나다. Ⅱ(타サ) ①사과하다. 「無礼(ブレイ)を—; 무례함을 사과하다」 ②거절하다. 「申(モウ)し出(デ)を—; 부탁을 거절(拒絶)하다」 ③사례를 표하다. 「好意(コウイ)を—; 호의에 대하여 사의(謝意)를 표하다」 Ⅰ 1. part with Ⅱ 1. apologize for

しゃぜ[社是](명) 사시. 회사가 좋다고 생각해서 결정한 방침. the company policy

しゃせい[写生](명·타サ) 사생. 회화나 문장으로 상태, 경치 등을 있는 그대로 그려 냄. 「—画(ガ); 사생화」 sketching

しゃせい[射精](명·자サ) 사정. 정액(精液)을 사출(射出)함. ejaculation

しゃせいご[写声語](명) 사물의 소리나 음성을 흉내낸 말. 탕탕, 멍멍 등. 의성어. an onomatopoeia

しゃせつ[社説](명) 사설. 신문, 잡지 등에 그 사의 의견으로서 실은 논설. a leader

しゃぜつ[謝絶](명·타サ) 사절. 사퇴하고 거절함. 「面会(メンカイ)—; 면회 사절」 refusal

じゃせつ[邪説](명) 사설. 나쁘거나 이단적(異端的)인 주장 또는 학설(学説). a heretical doctrine

—しゃせん[車線](조어) 하나의 길을 나란히 통과할 수 있는 자동차의 수를 나타내는 말. 「二(ニ)—道路(ドウロ); 2 대의 차가 나란히 달릴 수 있는 도로」

しゃせん[社船](명) 회사에 소속된 배. 특히 일본 우선 회사(日本郵船会社), 오오사카 상선 회사(大阪商船会社)가 가지고 있는 배. ↔社外船(シャガイセン).

しゃせん[社線](명) 민간 회사에서 경영하는 철도선. ↔国鉄線(コクテツセン). a private company line

しゃせん[斜線](명) 사선. ①비스듬히 그은 금. ②직선이나 평면에 수직이 아닌 선. an oblique line

しゃぜんそう[車前草](명)〈식〉 ⇨おおばこ.

しゃそう[社僧](명) 신사(神社)에 있으면서 불도를 닦은 중.

しゃそう[社葬](명) 사장. 회사 비용으로 하는 장례(葬礼). a company funeral

しゃそう[車窓](명) 차창. 기차, 전차 등의 창문(窓門). a car-window

しゃそく[社則](명) 사칙. 회사의 규칙. the company regulations

しゃたい[車体](명) 차체. 차의 승객이나 짐을 싣는 부분. the body of a car

しゃだい[車台](명) ①차의 차체(車体)를 받치는 찻바퀴에 연속하는 철제(鉄製)의 테. ②차량(車輛)의 수(数). 1. a chassis

じゃたい[蛇体](명) 배암 모양. the form of serpent

しゃたく[社宅](명) 사택. 회사에서 사원을 위해 세운 주택. a company's house

しゃだつ[洒脱](형동ダ) 소탈하여 속된 기분이 없는 모양. 소탈. unworldly

しゃだん[社団](명)〈법〉 사단. ①공동 목적으로 만든 단체. ↔財団(ザイダン). ②←社団法人. 1. a corporation. **—ほうじん**[社団法人](명)〈법〉 사단 법인. 공동의 목적을 가진 단체를 기초로 해서 조직된 사단. 공익(公益) 법인과 영리(営利) 법인이 있음.

しゃだん[遮断](명·타サ) 차단. 가로 막음. 「交通(コウツウ)を—する; 교통을 차단하다」 interception. **—き**[遮断機](명) 차단기. 건널목에 장치하여 열차나 전차가 통과할 때에 사람, 자동차 등이 건너지 못하게 하는 장치.

しゃち[鯱](명) ①머리는 호랑이, 몸은 물고기의 형상을 하고 있다는 상상상(想像上)의 생물. ②용마루 양쪽 끝에 장식해 놓은, 머리는 호랑이, 몸은 물고기 모양의 장식. ③〈동〉 입이 짧은 돌고래. 상반신은 검고 하반신은 흼. 3. a grampus

〔鯱②〕

じゃち[邪知·邪智](명) 나쁜 지혜. craft

しゃちこば·る(자 4) ①위엄이 있는 체하다. ②태도가 굳어지다. 긴장하다. 2. become stiff

しゃちば·る[鯱張る](자 4) ⇨しゃちほこばる.

しゃちほこ[鯱](명) ⇨しゃち(鯱)②. **─だち**[鯱立ち](명) ①물구나무 서기. ②있는 힘을 다하는 것. 「─をしても及(オヨ)ばない; 있는 힘을 다해도 미치지 않는다」 **─ば·る**[鯱張る](자 4) ①위엄 있는 체하다. ②긴장하다. 태도가 굳어지다.

しゃちゅう[社中](명) 사중. ①사내(社内). ②사(社)의 동료. 동문(同門)의 동료. 1. in a company

しゃちゅう[車中](명) 차중. 차 안. 차내. 「─談(ダン); 차중담」 in a car

しゃちょう[社長](명) 사장. ①사단(社団)의 우두머리. ②회사의 우두머리. 1. the head of a corporation 2. the president

しゃつ(대)〈고·속〉 그놈. 저놈.

シャツ[shirt](명) 샤쓰. ①서양식 속옷. ②와이샤쓰.

しゃっか[借家](명) 차가. 빌어 든 집. 셋집. a rented house

しゃっか[釈家](명) ①절. ②중. 1. a temple 2. a priest

じゃっか[弱化](명·자타サ) 약화. 점점 약해짐. ↔強化(キョウカ). weakening

ジャッカル[jackal](명)〈동〉 재칼. 개과의 동물로서 모양은 승냥이와 여우의 중간형이며, 초식 동물을 잡아 먹음.

しゃっかん[借款](명) 차관. 나라와 나라 사이의 자금의 대차(貸借). a loan

じゃっかん[若干](명·부) 약간. 얼마 안됨. 조금만. 얼마쯤. some

じゃっかん[弱冠](명) 약관. ① 20 세. ②젊은 나이. 젊은이. 1. twenty years of age

しゃっかんほう[尺貫法](명) 척관법. 길이는 척(尺), 무게는 관(貫), 체적은 승(升)을 기본 단위로 한 도량형법.

じゃっき[惹起](명·타サ) 야기. 끌어 일으킴. 「問題(モンダイ)を─する; 문제를 일으키다」 bringing about

ジャッキ[jack](명) 잭. 기중기의 한 가지. 적은 힘으로 비교적 무거운 물건을 서서히 올리는 장치.

〔ジャッキ〕

じゃっきゅう[若朽](명) 젊은 주제에 쓸모가 없는 일. 또는 그 사람. ↔老朽(ロウキュウ). a hobbledehoy

しゃっきょう[釈教](명) 석가의 가르침. 불교. Buddhism

しゃっきり(부·자サ)〈속〉 굳어져서 움직이지 않는 모양. 딱딱하게. tightly

しゃっきん[借金](명·자サ) 차금. ①돈을 꿈. ②빚. 부채. 「─取(ト)り; 빚장이」 1. borrowing 2. a debt

ジャック[jack](명) 잭. ①젊은 사람. ②수병(水兵). ③〔트럼프에서〕 병사가 그려져 있는 카아드. ④플럭을 삽입하여 전기를 접속시키는 장치. 「放送用(ホウソウヨウ)マイク─; 방송용 잭」 **─ナイフ**[jack-knife](명) 재크나이프. 해군, 선원들이 쓰는 칼.

しゃっくり[吃逆](명·자サ)〈생〉 딸꾹질. hiccough

ジャッグル[juggle](명·타サ) 저글. 〔야구에서〕 공을 꽉 잡지 못하여 글러브 안에서 튀기는 일.

しゃっけ[釈家](명)〈불〉 석가. ①불도를 닦는 사람. 불가(仏家). ②경론(経論)의 뜻을 해석하는 사람. 1. a Buddhist priest

しゃっこう[釈講](명·타サ) 뜻을 해석해서 얘기함. 강석(講釈). explanation

じゃっこう[寂光](명) ①조용하고 쓸쓸한 빛. ②〈불〉 적광. 완성한 진리와 이것을 깨닫기 위한 지혜의 빛. ③←寂光(浄)土. 1. lambent light. **─(じょう)ど**[寂光(浄)土](명)〈불〉 적광 정토. 적광토. 부처가 있는 번뇌 없는 땅.

じゃっこく[弱国](명) 약국. 약한 나라. ↔強国(キョウコク). a lesser power

しゃっこつ[尺骨](명)〈생〉 척골. 전박(前膊)에 있는 두 뼈의 안쪽 뼈 the ulna

ジャッジ[judge](명·타サ) 저지. ①재판관. ②심판원. 심판. 판정.

シャッター[shutter](명) 셔터. ①덧문. 겉창. ②사진기의 부속 기구의 하나. 건판이나 필름에 적당한 광선을 비치게 하기 위하여 렌즈의 뚜껑을 재빨리 여닫는 장치. 「─を切(キ)る; 셔터를 누르다」

しゃっちょこだち[しゃっちょこ立ち](명·자サ)〈속〉 ⇨しゃちほこだち.

しゃっちょこば·る[しゃっちょこ張る](자 4)〈속〉 ⇨しゃちほこばる.

しゃっつら(명) 〔"しゃつら"의 변화〕 얼굴을 욕하여 일컫는 말. 상판대기. 낯짝.

シャット[shut](명·타サ) 셔트. 닫음. ↔オープン. **─アウト**[shut out](명·타サ) 셔트아웃. ①내쫓기. 차단. ②공장 폐쇄. ③〔야구에서〕 상대편에게 한 점도 주지 않고 패배시킴. 영패전(零敗戦). 제로게임.

ジャップ[Jap](명)〈속〉 잽. 미국 사람이 일본 사람을 경멸하여 부르는 말.

シャッポ[프 chapeau](명) 샤포. 모자. 「─をぬぐ; 항복하다」

しゃてい[舎弟](명) 사제. ①자기 아우를 겸사로 일컫는 말. ②〈속〉 한패의 아랫사람. 1. my younger brother

しゃてい[射程](명)〈군〉 사정. 탄환(弾丸)이 미치는 거리. 「─距離(キョリ); 사정 거리」 a shooting range

しゃてき[射的](명) ①총으로 표적을 쏨. ②(공기총으로) 표적을 겨냥해서 쏘는 놀이. 1. target practice

しゃでん[社殿](명) 신을 모신 곳. 신사(神社). a shrine

しゃど[砂土](명) 사토. 12.5 % 이하의 점토(粘土)가 들어 있는 토양. 그 성질이 매우 거칠어서 수분 및 양분을 흡수하고 유지하는 힘이 적음. sandy soil

しゃど[赭土](명)〈광〉 산화철(酸化鉄)을 함유하는 적갈색(赤褐色)의 흙. red clay

しゃとう[社頭](명) 신사(神社)의 부근. the front of a shrine

しゃどう[車道](명) 차도. 차마(車馬)가 통행하는 길. ↔人道(ジンドウ). a carriageway

じゃどう[邪道](명) 사도. ①부정한 길. ②사교(邪

教). 1. evil courses
シャトー[프 château](명) 샤토. ①성(城). 궁전. ②저택. 관(館).
じゃどく[蛇毒](명) 배암이 지니고 있는 독. snake-poison
しゃない[社内](명) 사내. ①신사의 안. ②회사의 안. ↔社外(シャガイ). 1. in a shrine 2. in a firm
しゃない[車内](명) 차내. 차의 안. ↔車外(シャガイ). in a car
しゃなりしゃなり(부·자サ)〈속〉 하느작거리며 사뿐사뿐 걷는 모양. 「ーとあゆみ出(デ)る; 하느작거리며 사뿐사뿐 걸어 나오다」
しゃにくさい[謝肉祭](명)〈종〉 사육제. 유럽의 기독교 국가에서 예수를 추앙하여 술과 고기를 끊고 수도하는 사순제(四旬祭)가 시작되기 전의 3일. 카아니발. the carnival
しゃにち[社日](명) 춘분(春分), 추분(秋分)에 제일 가까운 무일(戊日).
しゃにむに[遮二無二](부) 함부로. 무턱대고. recklessly
しゃにん[社人](명) 신관(神官). the guardian of a shrine
じゃねい[邪佞](명) 간사하게 남에게 아첨함. 또는 그 사람. dishonest flattery
じゃねん[邪念](명) 사념. ①요사스런 생각. ②불순한 생각. 「ーを去(サ)る; 사념을 없애다」 ③잡념(雑念). 1. 2. an evil mind
じゃのめ[蛇の目](명) ①굵은 고리(輪) 모양. ②←蛇の目がさ. 1. a bull's eye. **ーがさ**[蛇の目がさ](명) 곤색 바탕에 흰빛의 굵은 줄이 둘린 우산.
しゃば[車馬](명) ①거마. 차와 말. 구루마와 말. ②마차를 끄는 말. 1. horses and vehicles
しゃば[娑婆](명)〈불〉 사바. ①속세(俗世). 인간 세계. 사바 세계. ②(감옥 속에서) 외부의 자유로운 세상을 칭하는 말. 1. this world
しゃばけ[娑婆気](명) 속세에 집착하는 마음.
ジャパニーズ[Japanese](명) 재퍼니이즈. 일본. 일본인. 일본어.
しゃばふさげ[娑婆塞げ](명)〈속〉 이 세상에 살아 있을 뿐 아무 쓸모가 없고 거추장스럽기만 함. 또는 그런 사람.
じゃばら[蛇腹](명) ①사진기의 주름 상자. 「カメラのー; 카메라의 주름 상자」 ②처마나 벽에 수평으로 내민 것. 차양. 1. bellows 2. a cornice
しゃはん[這般] Ⅰ(대) 이것들. 그런. 그러한. 「ーの事情(ジジョウ); 그런 사정」 Ⅱ(부) 이번. 금번. Ⅰ these Ⅱ lately
ジャパン[Japan](명) 재팬. 일본. 「メードインー; 일제(日製)」
しゃひ[社費](명) ①신사의 비용. ②사비. 회사(会社)의 비용. 1. the shrine's expenses
しゃひ[舎費](명) 사비. 기숙사를 유지하기 위하여 기숙인이 분담하는 공동의 비용. boarding expenses
じゃひ[邪飛](명) 〔야구에서〕 선외구(線外球). foul
じゃびせん[蛇皮線](명)〈악〉 류우큐우(琉球) 지방의 독특한 악기로서, 배암 가죽으로 만든 악기. 모양은 샤미센(三味線)과 비슷함.
しゃふ[車夫](명) 차부. 수레를 끄는 사람. 인력거군. 구루마군. a rickshaw-man
しゃふつ[煮沸](명·타サ) 끓임. 끓게 함. 「ー消毒(ショウドク); 끓여서 살균하는 소독」 boiling
シャフト[shaft](명) 샤아프트. ①긴 손잡이. ②축. 회전축(回転軸). 심봉(心棒). ③세로로 된 갱도(坑道).
しゃぶりつ·く(자 4)〈속〉 입에 물고 놓지 않다. 달라붙어 떨어지지 않다.
しゃぶ·る(타 4)〈속〉 핥다. 빨다. suck
しゃへい[遮蔽](명·타サ) 차폐. 가려 덮음. 「ー幕(マク); 가리는 막」 cover
しゃべ·る[喋る](자 4)〈속〉 ①말하다. 이야기하다. ②수다 떨다. ③지껄이다. 1. talk 2. chatter
シャベル[shovel](명) 셔블. 흙이나 모래 등을 파 헤치는 데 쓰는 도구. 삽.
しゃへん[斜辺](명) 사변. ①경사진 변(辺). ②〈수〉 직각 삼각형의 직각에 대하는 제일 긴 변. 1. an oblique side 2. the hypotenuse
しゃぼう[砂防](명) 사방. 토사(土砂)의 붕괴를 방지하는 일. sand arrestation
じゃほう[邪法](명) ①그릇된 가르침. 올바르지 않은 길. ②마법(魔法). 1. heretical doctrine
シャボテン[스 sapoten](명) ⇨サボテン.
しゃほん[写本](명) 사본. 베껴 옮긴 책이나 서류. 베껴 쓴 것. a manuscript
シャボン[포 sabão](명) 샤봉. 비누. **ーだま**[sabão玉](명) 비누 거품. 비누 방울.
じゃま[邪魔](명·타サ·형동ダ) ①〈불〉 사마. 진리를 깨닫는 데 방해가 되는 것. ②수행(修行)에 장해가 되는 악마. ③방해. 「ー者(モノ); 방해자」 3. an obstacle
ジャマイカ[Jamaica](명)〈지〉 자마이카. 서인도 제도 중의 한 섬. 1655년 이래 영국 식민지였다가 영연방국으로 독립. 수도는 킹스턴(Kingston).
じゃまだて[邪魔立て](명·타サ) 일부러 방해함. 「いらぬーを するな; 공연한 방해를 하지 말라」
じゃまっけ[邪魔っ気](형동ダ)〈속〉 방해로 느끼는 모양. obstructive
しゃみ[沙弥](명)〈불〉 사미. 수행이 미숙한 중. an acolyte
しゃみ(せん)[三味(線)](명) 일본 음악에 사용하는 세 개의 줄이 있는 현악기. a three-stringed guitar
しゃむ[社務](명) 사무. ①신사(神社)의 일. ②회사의 일. 2. the business of a company

〔三味線〕

シャム[Siam·暹羅](명)〈지〉 샴. 타일란드의 옛 이름.
ジャム[jam](명) 잼. 과실을 삶아 즙을 내거나 짜서 설탕을 넣고 약한 불에 조린 식품. 딸기, 사과, 배 등을 재료로 함.
しゃむしょ[社務所](명) 신사의 사무를 취급하는 곳. a shrine office

ジャム(セッション)[jam (session)](명) 잼(세션). 재즈 연주 중에 즉흥적으로 곡(曲)을 변주(変奏)하는 일.

しゃめい[社名](명) 사명. 회사의 이름. the name of a company

しゃめい[社命](명) 사명. 회사의 명령. an order of the company

しゃめん[赦免](명·타サ) 사면. 죄를 용서함. pardon

しゃめん[斜面](명) 사면. 기울어진 면. slope

シャモ[軍鶏](명)〈동〉 닭의 한 가지. 호리호리하나 뼈대가 세어 싸움을 잘하여 투계용(闘鶏用)으로 기름. 원산지는 샴. a cochin

しゃもじ[杓文字](명) 주걱. a rice scoop

しゃもつ[謝物](명) 사례의 선물. 예물. a reward

しゃもん[沙門](명)〈불〉 사문. 중. 출가(出家)한 사람. a Buddhist priest

しゃもん[借問](명·자サ) 시험 삼아 물어 봄. asking

しゃもん[斜文](명) 사선으로 된 무늬. 사선 무늬. 빗금 무늬. a twill

しゃもん[蛇紋](명) 사문. 배암 껍질 모양과 비슷한 무늬. pattern of snakeskin

しゃゆう[社友](명) 사우. ①사원이 아니면서 그 회사에 관계하는 사람. ②같은 회사에 근무하고 있는 친구. ③전에 그 회사에 근무했던 사람. 1. a friend of a firm

しゃよう[社用](명) 사용. ①신사(神社)의 용무. ②회사의 용무. 1. shrine's business

しゃよう[斜陽](명) 사양. ①석양. ②〈속〉 몰락. 영락(零落). 「—貴族(キゾク); 몰락 귀족」 1. the setting sun

じゃよく[邪欲](명) 사욕. ①부정한 욕망. ②음란한 정욕. 1. a wicked desire 2. a wanton desire

しゃら[沙羅](명) ①〈식〉 사라수. 용뇌향과(龍脳香科)의 상록 교목. 여름에 담황색의 꽃이 핌. ②〈불〉 사라쌍수(沙羅双樹)의 준말. 1. a sal-tree

しゃらく[洒落](명·형동ダ) 쇄락. 기상이 시원스럽고 작은 일에 구애되지 않음. frank

しゃらくさ·い[洒落臭い](형)〈속〉 건방지다. 주제넘다. impertinent

じゃらじゃら(부·자サ)〈속〉 ①동전(銅銭) 등을 맞부딪쳐서 내는 소리. 잘랑잘랑. ②천하게 요염한 모양. 「—した女(オンナ); 천하게 요염한 여자」 ③단정치 못한 모양. ④뻔쩍뻔쩍하고 천한 모양. 1. jingle

じゃら·す(타 4)〈속〉 ①(짐승을) 장난하게 하다. ②재롱부리게 하다. play with

しゃらそうじゅ[沙羅双樹](명)〈불〉 사라 쌍수. 석가가 죽었을 때 사방에 두 그루씩 줄지어 났다고 전해지는 사라수. a couple of sal-trees

しゃり[舎利](명) 사리. ①부처의 유골. ②화장한 후에 남은 뼈. ③〈농〉 다 자란 뒤 고치를 짓지 않고 하얗고 딱딱하게 되어서 죽은 누에. 백강잠(白殭蚕). ④쌀알. 1. Buddha's ashes 3. a dead silkworm

しゃり[射利](명) 이익을 노리는 것. 사행(射倖). 「—心(シン); 이익만을 노리는 마음」 moneymaking

じゃり[砂利](명) ①자갈. ②〈속〉 아이. 1. pebbles

しゃりき[車力](명) 차부. 구루마군. a cart-man

しゃりべつ[舎利別](명)〈의〉 사리별. 〔이란어 sharbat에서 온 말〕 당밀(糖密)에 주석산, 구연산 등으로 산미를 가하고 향료와 색소를 넣어 착색한 음료. syrup

—しゃりゅう[者流](조어) …하는 동아리. …하는 무리. 「俳諧(ハイカイ)—; 하이카이 작가들」

しゃりょう[車両·車輛](명) 차량. 차. cars

しゃりん[車輪](명) 차륜. 수레 바퀴. 찻바퀴. a wheel

しゃ·る(조동 4 형) 하시다. 「行(イ)か—; 가시다」 let

シャルマン[프 charmant](형동ダ) 샤르망. ①귀여운 모양. ②매혹적. ③즐거운 모양.

しゃれ[洒落](명) ①사치. 멋. 「—者(モノ); 멋장이」 ②재치 있는 모양. ③좌석의 흥을 돋우는 재치 있는 말. 재담. 1. preening oneself

しゃれい[謝礼](명) 사례. ①고마운 뜻을 나타내는 예물. ③감사의 인사. 1. a reward

しゃれき[社歴](명) 회사의 역사. ↘

しゃれき[砂礫](명) ⇨されき. ⌊the history of company

しゃれこうべ[曝れ首·髑髏](명) ⇨されこうべ.

しゃ·れる[洒落る](자하 1) ①멋을 내다. 사치 부리다. ②재치 있는 짓을 하다. ③영리한 체하다. ④재담을 (잘)하다. 1. dress stylishly

じゃ·れる[戯れる](자하 1) (짐승이) 재롱 부리다. 장난하다. play with

じゃれん[邪恋](명) 사련. 도리에 어긋난 사랑. 떳떳하지 못한 연애. a wicked love

じゃろん[邪論](명) 사론. 그르고 사악한 주장이나 이론. a wicked opinion

シャワー[shower](명) 샤우어. ①소나기. 소낙비. ②←シャワーバス. **—バス**[shower bath](명) 샤우어 바아드. 높은 곳에서 낮은 곳으로 물을 뿜어 뿌리는 장치. 또는 그 밑에서 하는 목욕.

ジャワ[Java](명)〈지〉 자바. 동인도 제도(東印度諸島)중의 한 섬. 인도네시아 공화국의 주도(主島).

シャン(명·형동ダ) 〔쇠엔(도 schön)의 변화〕 ①아름다운 모양. ②미인. ↔ウンシャン.

ジャンク[중 junk·戎克](명) 정크. 연해(沿海)나 하천에서 승객 또는 화물을 운송하는 특수한 중국의 돛배.

〔ジャンク〕

ジャングル[jungle](명) 정글. 밀림. 특히 열대 지방의 원시림. **—ジム**[jungle gym](명) 정글짐. 아동용의 운동구. 둥근 나무나 철봉을 종횡으로 조합하여 만들었음. 아이들이 올라 갔다 내려 갔다하며 놂.

じゃんけん[じゃん拳](명·자サ) 가위바위보.

じゃんこ(명)〈속〉 마마 자국. 얽은 자국. a pit

しゃん·す(조동·특수형) 가벼운 존경의 뜻을 나타내는 말. 「書(カ)か—; 쓰시다」

シャンソン[프 chanson](명) 샹송. 불란서의 대중적인 노래.

シャンツェ[도 Schanze](명) 샨쩨. 〔스키이에서〕 점프대. 도약대(跳躍臺).

シャンデリア[프 chandelier](명) 샹들리에. 샨데리아. 천장에 매어 다는 여러 개의 가지가 달린 촛대나 등불 대.

しゃんと(부·자サ)〈속〉 자세(姿勢)를 단정하게. 말쑥하게. neatly

ジャンパ(ー)[jumper](명) 점퍼. ①수병들이 입는 품이 넓은 자켓. ②남자의 운동용 웃옷. 또는 직공의 작업복. ③←ジャンパ(ー)スカート. **―スカート**[일 jumper skirt](명) 점퍼스커어트. 블라우스 위에 입는 웃도리와 스커어트가 붙은 부인복.

シャンハイ[上海](명)〈지〉 상해. 중국 강소성(江蘇省) 양자강(揚子江) 하구(河口)에 있는 중국 최대의 도시.

シャンパン[프 champagne·三鞭酒](명) 샴페인. 프랑스 동북 지방에 있는 샹파뉴주(州)에서 나는 술. 탄산가스를 함유한 흰 포도주로 상쾌한 향미가 있음.

シャンピニオン[프 champignon](명)〈식〉 ⇨マッシュルーム.

ジャンプ[jump](명·자サ) 점프. ①뜀. 도약(跳躍). 비약(飛躍). ②도약 경기. 주고도(높이뛰기), 봉고도(장대높이뛰기), 삼단도(삼단뛰기) 등이 있음. ③물가가 몹시 오름.

シャンプー[shampoo](명) 샘푸우. 머리를 감을 때에 쓰는 가루. 세발제(洗髮劑).

シャンペン[프 champagne·三鞭酒](명) ⇨シャンパン.

ジャンボリー[jamboree](명) 잼버리. ①술 먹고 노래 부르며 떠들썩하게 노는 소동. 축제(祝祭)의 소동. ②보이스카우트의 대회. 흔히 캠핑, 작업, 경기 등을 행함.

ジャンル[프 genre](명) 장르. ①부류. 종류. ②예술의 부문. 시, 소설, 극 등의 구별. ③양식. 틀. ④풍속화.

―しゅ[手](조어) …하는 사람. 「らっぱ―; 나팔수」

―しゅ[首](접미) 한시(漢詩)나 시가(詩歌)를 세는 말. 「歌(ウタ)―(イッ)―; 노래(와카) 한 수」

―しゅ[酒](조어) 술. 「ぶどう―; 포도주」

―しゅ[株](접미) 초목을 세는 말. 그루.

―しゅ[衆](조어) 많은 사람을 나타내는 가벼운 높임말. 「だんな―; 여러 어르신네들」

―しゅ[種](조어) 종류. 「甲(コウ)―; 갑종」

しゅ[主](명) ①주인. ↔客(キャク). ②군주(君主). ③수령. 으뜸가는 자. ④요점. 중심. ⑤귀중한 것. ↔従(ジュウ). ⑥동작을 일으키는 사람. ⑦〈종〉〔그리스도교에서〕 그리스도. 주. 1. one's master 2. one's lord

しゅ[朱](명) ①주홍. ②붉은 색 안료(顔料). ③주묵(朱墨). ④⇨しゅ(朱·銖). 1. cinnabar

しゅ[朱·銖](명) ①돈 이름. 1 냥의 16분의 1. ②이율(利率)의 이름. 1 할의 10분의 1.

しゅ[種](명) ①종류. 「この―の; 이 종류의」 ②종자(種子). ③〈생〉 종. 생물 분류의 기본 단위. 서로 닮은 개체(個体)의 한 무리(群)의 이름. 1. a kind 2. a seed

しゆ[脂油](명) 지방유(脂肪油). 보통 온도에서 액체로 변할 수 있는 기름.

じゅ―[従](조어) 〔벼슬 계급에서〕 정(正) 다음에 위치하는 등급. 「―四位(シイ); 종4위」

―じゅ[樹](조어) 나무. 수목. 「街路(ガイロ)―; 가로수」

じゅ[寿](명) ①나이. 연령. 「八十(ヤソジ)の―; 수 80」 ③오래 삶. 장수(長寿). 1. age

じゅ[頌](명)〈불〉 ⇨げ(偈).

じゅ[綬](명) ①관인(官印)의 끈. ②예전에 예복의 가슴에 맨 띠. ③훈장, 포장(褒章)의 끈. 3. a ribbon

じゅ[儒](명) ①유생(儒生). ②유학(儒学). 유교(儒教). 1. a Confucianist

しゅい[主位](명) 주된 지위. 「―に立(タ)つ; 주요한 지위에 서다」 the head position

しゅい[主意](명) 주의. ①중요한 뜻. 주된 생각. 주안(主眼). ②주군(主君)의 마음. ③의지(意志)를 주로 하는 일. 「―説(セツ); 주의주의(主意主義)」 1. the main meaning 3. voluntarism

しゅい[首位](명) 수위. 제일의 지위. 제1위. the first place

しゅい[趣意](명) 취의. 어떤 것을 하려고 하는 마음. 취지(趣旨). 「―書(ショ); 취지서」 an opinion

しゅいろ[朱色](명) 주홍색. cinnabar

しゅいん[手淫](명) 수음. 손이나 다른 물건으로 생식기를 자극하여 성적 쾌감을 얻는 짓. 용두질. onanism

しゅいん[主因](명) 주인. 주된 원인. 「―判明(ハンメイ); 주요 원인 판명」 the principal cause

しゅいん[朱印](명) 주인. ①주홍색 도장. ②⇨ごしゅいん(御朱印). 1. a red seal. **―せん**[朱印船](명) ⇨ごしゅいんせん(御朱印船).

しゅいん[酒淫](명) 술과 여색(女色). 주색(酒色). drinking and romance

じゅいん[樹陰](명) 나무 그늘. the shade of a tree

しゅう―[終](조어) 맨 끝. 「―列車(レッシャ); 막차」

―しゅう[囚](조어) 죄수. 「死刑(シケイ)―; 사형수」

―しゅう[州·洲](조어)〈지〉 지구상의 대륙. 주. 「アジア―; 아시아주」

―しゅう[周](조어) 돎. 돌아 감. 「三(サン)―; 3 주」

―しゅう[臭](조어) ①냄새. 「腐敗(フハイ)―; 썩은 냄새」 ②…같은 느낌. 티. 「学生(ガクセイ)―; 학생 티」

―しゅう[衆](조어) 사람들. 무리. 「お子供(コドモ)―; 여러 어린이들」

しゅう[主](명) 주인. 주군(主君). 「―につかえる; 주인(주군)을 섬기다」 one's master

しゅう[州](명) ①옛 지방 행정 구획의 하나. 고을. ②옛날 중국 행정 구획의 호칭. ③외국의 행정 구획의 호칭. 3. a province

しゅう[宗](명) ①종문(宗門). 종지(宗旨). 「わが―; 우리 종문」 ②종파(宗派). 1. a religion

しゅう[秀](명) 뛰어난 것. 또는 그 사람. excellence

しゅう[周](명)〈역〉 주. B.C. 1,000년경 중국의 무왕(武王)이 세운 나라. B.C. 256년 진(秦) 나라에 멸망.

しゅう[週](명) 주. 이레를 한 단위로 해서 나눈 것. 1주간. 「次(ツギ)の―; 다음주」 a week

しゅう[衆](명) ①많은 사람. 「―に先(サキ)んじる; 많은 사람에 앞서다. 여러 사람보다 뛰어나다」 ②무리. 「若(ワカ)―; 젊은이들」 ③사람 수가 많은 것.

「一をたのむ; (자기편이) 많음을 믿다」 1. multitude 3. a large number

しゅう[集](명) 시가(詩歌), 문장 등을 모은 책.「金言(キンゲン)一; 금언집」 a collection

しゅう[醜](명) ①추. 보기 싫음. 보기 싫은 사람. ②부끄러운 일. 창피. ③조화가 되지 않은 것. ↔美(ビ). 1. ugliness 2. shame

しゆう[市有](명) 시유. 시의 소유. city ownership

しゆう[市邑](명) 시읍. 작은 도시. 소도시. a city

しゆう[死友](명) 사우. 죽어도 배반하지 않을 정도의 친한 친구. one's most faithful friend

しゆう[私有](명·타サ) 사유. 개인 소유.「一財産(ザイサン); 사유 재산」 private possession

しゆう[師友](명) 사우. ①스승과 벗. ②스승으로 삼을 만한 벗. 1. one's master and friends

しゆう[詩友](명) 시우. 시를 같이 짓거나 공부하는 벗.「一の詩集(シシュウ); 시우의 시집」 a poetical friend

しゆう[雌雄](명) 자웅. ①암컷과 수컷. ②우열(優劣). 승부.「一を決(ケッ)する; 자웅을 겨루다(승부를 내다)」 1. male and female

じゅうー[重](조어) ①무거운.「一火器(カキ); 중화기」②심한 모양.「一労働(ロウドウ); 중노동」③〈이〉 ㉠산(酸)의 1분자 속에 그 산이 갖는 원소의 원자를 둘 이상 포함한 것. 예: 중크로움산. ㉡산성염(酸性塩). 예: 중탄산 소오다.

じゅうー[従](조어) ⇨じゅ(従).

ー**じゅう**[中](조어) ①…가운데서 남김 없이. 모두.「世界(セカイ)一で; 온 세상에서」 ②…동안(계속해서). 내내.「一日(イチニチ)一; 하루 종일」

ー**じゅう**[重](접미) 겹친 것의 수. 겹.「五(ゴ)一; 다섯 겹」「五(ゴ)一の塔(トウ); 오중탑」 -fold

ー**じゅう**[獣](조어) 짐승.「肉食(ニクショク)一; 육식동물」「一慾(ヨク); 수욕(짐승 같은 욕망. 육욕)」

じゅう[戎](명) ①병기(兵器). ②병사(兵士). ③전쟁. ④〔옛 중국에서〕서방의 오랑캐. 1. arms 2. a warrior

じゅう[中](명) 사이. 때.「この一; 이때(요사이)」

じゅう[住](명) ①삶. 거주(居住).「深川(フカガワ)の一; 후카가와 거주」②(사는) 집.「衣食(イショク)一; 의식주」 1. living 2. a dwelling

じゅう[柔](명) 연함. 부드러움. 약자(弱者).「一よく剛(ゴウ)を制(セイ)す; 부드러움이 도리어 억셈을 누르다」↔剛(ゴウ). weakness

じゅう[重](명) 〔お一〕 ⇨じゅばこ(重箱).

じゅう[従](명) 주된 것에 딸려 있는 것. 종속되어 있는 것. ↔主(シュ). subordination

じゅう[銃](명) 소총. 총기(銃器). gun

じゅう[十·拾](수) 십. 열. 10. ten

ジュー[Jew](명) 주우. ①유태인. ②무자비한 고리 대금업자.

じゆう[自由](명·형동ダ) 자유. ①생각한 대로 함.「一放任(ホウニン); 자유 방임」②제한을 받지 않음. 방해되지 않는 활동.「一行動(コウドウ); 자유 행동」③방종. 1. voluntariness. **ーいし**[自由意志](명) 자유의지. 남의 구속을 받지 않고 자기 뜻대로 하려는 마음. **ーが**[自由画](명) 자유화. 그릴 것을 지정하지 않고 그리는 사람의 의사에 따라 자유로 그리는 그림. **ーがた**[自由形](명) 자유형. 〔수영에서〕 자유로운 수영법. **ーぎょう**[自由業](명) 자유업. 시간에 제한받지 않고 독립해서 경영하는 직업. 예: 변호사, 의사 등. **ーけい**[自由刑](명) 〈법〉 자유형. 범죄자의 자유를 제한하는 형벌. 예: 징역, 금고, 구류 등. **ーけっこん**[自由結婚](명) 자유 결혼. 주위의 제재 없이 본인들의 뜻에 따라 자유로 하는 결혼. **ーけん**[自由権](명)〈법〉 자유권. 개인의 자유에 맡겨 국가 권력의 간섭을 받지 않는 사항을 내용으로 하는 권리. **ーこう**[自由港](명) 자유항. 관세가 없고 외국 선박이 자유로 출입하는 항구 예: 홍콩. **ーさいりょう**[自由裁量](명) 자유 재량. ①자유로운 입장에서 재단(裁断)함. ②〔재판에서〕 해당 법규가 없을 때 자유로 재단함. **ーし**[自由市](명)〈지〉 자유시. 〔중세 유럽에서〕 국가의 주권으로부터 독립해 있던 도시. 자유 도시. **ーし**[自由詩](명) 자유시. 내용이나 형식에 있어서 제한을 받지 않는 자유로운 시. **ーじざい**[自由自在](명·형동ダ) 자유 자재. 구속이나 제한이 없이 생각한 대로 행동함. **ーしゅぎ**[自由主義](명) 자유주의. ①개인의 자유를 중히 여기는 주의. ②국가가 개인의 사회적 활동에 제한을 가하지 않는 주의.

じゆう[事由](명) 사유. 일의 까닭. 이유(理由)와 사정(事情).「一のいかんにかかわらず; 이유 여하를 막론하고」 a reason

しゅうあく[醜悪](형동ダ) 추악. 추해서 보기 싫은 모양. ugly

じゅうあく[十悪](명)〈불〉 십악. 열 가지의 악한 일.

じゅうあつ[重圧](명) 중압. ①강한 압력. ②강한 힘으로 압박하는 일. 1. strong pressure

しゅうい[囚衣](명) 수의. 죄수가 교도소에서 입는 옷. a prison uniform

しゅうい[周囲](명) 주위. ①둘레. 주변. ②몸의 주위. 환경.「一の事情(ジジョウ); 주위의 사정」 1. the circumference

しゅうい[拾遺](명) ①떨어뜨린 물건을 집음. ②빠진 것을 메움. ③시종(侍従). 1. gleaning

しゅうい[秋意](명) 가을의 맛. 가을의 운치. an autumnal aspect

しゅうい[衆意](명) 중의. 대중의 뜻.「一にもとづいて行(オコ)なう; 중의에 따라 행하다」 public opinion

じゅうい[戎衣](명) 융의. 전쟁에 나갈 때의 복장. 군복(軍服). 융복(戎服). a military uniform

じゅうい[戎夷](명) 융이. 만족(蛮族). 오랑캐. (옛날 중국에서 둘레의 이민족을 부르던 말) a barbarian

じゅうい[重囲](명) 몇 겹으로 둘러 쌈. 겹겹의 포위.「敵(テキ)の一; 적의 겹겹의 포위」 a close siege

じゅうい[獣医](명) 수의. 가축의 병을 진찰, 치료하는 의사. a veterinary surgeon

じゅういちがつ[十一月](명) 11월. November
じゅういちめん かんぜおん[十一面観世音](명)〈불〉십일면 관세음. 본얼굴 외에 열 가지 얼굴을 가진 관세음. the Eleven-faced Goddess of Mercy
しゅういつ[秀逸](명·형동ダ) ①다른 것보다 우수함. ②가장 우수한 작품. 일품(逸品). 1. superexcellence
じゅういつ[充溢](명·자サ) 충일. 가득 차서 넘침. overflow
しゅういん[秋陰](명) 가을 하늘의 흐림. a cloudy autumnal sky
しゅういん[衆院](명) 중의원(衆議院)의 준말.
じゅういん[充員](명·자サ) 충원. 인원을 보충함. 또는 그 인원. the reserves
しゅうう[秋雨](명) 추우. 가을비. an autumn rain
しゅうう[驟雨](명) 취우. 소나기. a shower
しゅううん[舟運](명) 배로 하는 수송(輸送). transportation by ships
しゅうえい[秀英](명) 수재(秀才). a genius
しゅうえき[囚役](명) 수인(囚人)의 고역(苦役). 죄수의 복역. prisoner's labour
しゅうえき[収益](명) 수익. 수입이 된 이익. 이익. profits
しゅうえき[就役](명·자サ) ①취역. 노동, 부역, 병역 등 역무(役務)에 종사함. ②〈군〉 만들어진 군함이 임무를 다하기 위해 나아감. 1. going into commission
じゅうえき[汁液](명) 즙액. 즙. juice
じゅうえき[獣疫](명) 가축의 유행병. a cattle plague
しゅうえん[周縁](명) 주위. 가장자리. circumference
しゅうえん[終演](명·자サ) 상연(上演)이 끝남. ↔開演(カイエン). the end of performance
しゅうえん[終焉](명) ①종언. 임종. 최후. 「一の地(チ); 임종을 고한 땅」 ②노후(老後)의 생활. 1. last moments
しゅうえん[衆怨](명) 중원. 많은 사람의 원망. public hatred
じゅうえん[重縁](명) 친척이나 인척간의 혼인. an intermarriage
しゅうお[羞悪](명·타サ) 수오. 나쁜 일을 부끄러워함. shame
しゅうおう[週央](명)〈경〉 1주일의 중간. the middle of a week
じゅうおう[縦横](명) 종횡. ①가로와 세로. ②동서와 남북. 사방. ③마음대로. 「一の活躍(カツヤク); 마음대로의 활약」 1. length and breadth 2. all directions.
―むじん[縦横無尽](연어·명) 종횡 무진. 자유 자재로 거침이 없음. 「一にあばれる; 종횡 무진으로 날뛰다」
しゅうおもい[主思い]―オモヒ(명) 주인을 위하여 생각함. 또는 그 사람. faithfulness to one's master
じゅうおん[重恩](명) 겹친 은혜. 무거운 은덕.
しゅうか[秀歌](명) 뛰어난 와카(和歌).
しゅうか[臭化](명)〈이〉 취화. 어떤 물질이 취소와 화합함. 「一物(ブツ); 취화물(취소와의 화합물)」
しゅうか[衆寡](명) 중과. 다수와 소수. 「一敵(テキ)せず; 중과 부적(소수의 사람으로 많은 사람을 당하지 못함)」 odds
しゅうか[集荷](명·타サ) 집하. 하물을 모음. 또는 모은 것. collection of loads
しゅうか[集貨](명·타サ) 집화. 화물이나 상품(商品)을 모음. 또는 모은 것. gathering goods
じゅうか[住家](명) 사는 집. 주택. a dwelling
じゅうか[重科](명) 중죄(重罪). 중형(重刑). felony
じゅうか[銃火](명) 총화. ①사격 때 총부리에서 번쩍이는 불. ②총기의 사격. 「一をあびせる; 총탄을 퍼붓다」 1. rifle-fire 2. firing
じゅうか[銃架](명) 총가. 총을 걸어 놓는 받침. 총대(銃臺). a rifle-stand
しゅうかい[州界](명) 주계. 주의 경계. the border
しゅうかい[周回](명) 주위. 둘레. the circumference
しゅうかい[集会](명·자サ) 집회. 모임. 「一所(ジョ); 집회소」「一, 結社(ケッシャ)の自由(ジユウ); 집회, 결사의 자유」 a meeting
しゅうかい[集塊](명) 모여서 된 덩어리. a mass
しゅうかい[醜怪](명·형동ダ) 얼굴이 보기 흉함. 추하고 괴이함. ugliness
しゅうかいどう[秋海棠](명)〈식〉 추해당. 높이 60 *cm* 가량의 다년초. 잎은 크고 물기가 많으며 가을에 담홍색 꽃이 핌. a begonia
しゅうかく[収穫](명·타サ) 수확. ①곡식을 거둬 들임. 추수. 「一物(ブツ); 수확물」 ②무엇을 해서 얻은 물건. 「狩(カ)りの一; 사냥해 잡은 것」 ③좋은 결과. 「旅行(リョコウ)の一; 여행의 성과」 1. harvest
しゅうかく[臭覚](명)〈심〉 후각. 냄새를 맡는 감각. the sense of smell
しゅうがく[修学](명·자サ) 수학. 학문을 닦음. study.
―りょこう[修学旅行](명) 수학 여행. 실지 연구나 견학을 위해 교원이 학생들을 메리고 가는 여행.
しゅうがく[就学](명·자サ) 취학. ①스승에게 학문을 배움. ②국민 학교에 들어 가서 교육을 받음. 「一児童(ジドウ); 취학 아동」 1 studying under a teacher
じゅうがつ[十月](명) 10월. October
じゅうかつだい[重且つ大](연어) 중차대. 무겁고 큰 모양. 중대한 모양. 「責任(セキニン)が一だ; 책임이 중차대하다」 important
しゅうかん[収監](명·타サ) 수감. 감옥에 수용함. confinement
しゅうかん[秋官](명) ①중국 주(周) 나라 때 소송, 형벌을 맡았던 관리. ②사법관(司法官). 2. a judicial official
しゅうかん[終巻](명) 제일 마지막 권. the last volume
しゅうかん[習慣](명) 습관. ①풍습. ②버릇. ③관례(慣例). 1. a custom 2. a habit
しゅうかん[週刊](명) 주간. 1주 1회의 간행물. 「一誌(シ); 주간지」 weekly publication
しゅうかん[週間](명) 주간. ①(특별한 행사가 있는) 7일간. 「読書(ドクショ)一; 독서 주간」 ②일요일부터 월요일까지의 7일간. 2. a week
じゅうかん[重患](명) 중환. ①중한 병. ②중한 환자. 1. a severe illness

じゅうかん[縦貫](명·자サ) 종관. 세로 꿰뚫음. 남북으로 관통함. running through
じゅうがん[銃丸](명) 소총의 탄환. 총알. a bullet
じゅうがん[銃眼](명)〈군〉 총안. 적을 보고 쏘기 위해서 벽이나 성벽 등에 뚫어 놓은 총구멍. a loophole
—しゅうき[周忌](조어) 주기. 해마다 돌아 오는 죽은 날. 「三(サン)—; 3주기」
しゅうき[州旗](명) (아메리카 등의) 주를 대표하는 기. a State flag
しゅうき[宗規](명) 종규. 종교상의 규약. religious regulations
しゅうき[周期·週期](명) 주기. ①한 바퀴 도는 시기. ②〈이〉 똑같은 변화를 한 번 반복하는 데 걸리는 시간. 「振(フ)り子(コ)の—; 흔들이(振子)의 주기」 1. a period 2. a cycle. **—りつ**[周期律](명)〈이〉 주기율. 원소를 원자량의 순으로 늘어놓을 때 성질이 비슷한 원소가 규칙적으로 나오는 일.
しゅうき[秋気](명) ①가을 기후. ②가을 공기. ③가을 경치. 1. a sign of autumn
しゅうき[秋季](명) 추계. 가을철. 「—体育大会(タイイクタイカイ); 추계 체육 대회」 autumn
しゅうき[秋期](명) 추기. 가을 기간. autumn
しゅうき[臭気](명) 취기. 나쁜 냄새. 악취. an offensive smell
しゅうき[終期](명) 종기. ①끝날 때. 끝나는 시기. ②〈법〉 법률 행위의 효력이 소멸하는 시기. 1. the termination
しゅうぎ[宗義](명)〈불〉 종의. 종파의 근본이 되는 교의(教義). a sectarian doctrine
しゅうぎ[祝儀](명) ①축의. 축하의 의식(儀式). ②축하 선물. ③기생 등에게 주는 팁. 1. a celebration 2. a congratulatory gift
しゅうぎ[集議](명) 모여서 의논하거나 평의하는 일. 회의(会議). a meeting
しゅうぎ[衆議](명) 중의. 여러 사람의 의론. 중론. 「——決(イッケツ); 여럿의 의견이 한 가지로 결정됨」 a general consultation. **—いん**[衆議院](명)〈법〉 중의원. 하원(下院). ↔参議院(サンギイン).
じゅうき[什器](명) 집기. 일상 쓰는 가구. 집물(什物). a utensil
じゅうき[重機](명) 중기관총(重機関銃)의 준말. 명중률이 높고, 오랫동안 연속 사격을 할 수 있음.
じゅうき[銃器](명) 총기. 소총, 권총 등의 무기. small arms
しゅうきく[蹴鞠](명) 마당에서 가죽 공을 차는 놀이.
しゅうきゅう[週休](명) 주휴. 1주간에 한 번의 휴일. 「—制(セイ); 1주 1휴 제도」 a weekly holiday
しゅうきゅう[週給](명) 주급. 1주간마다 주는 급료. weekly pay
しゅうきゅう[蹴球](명) 축구. ①가죽으로 만든 공을 차서 승부를 가리는 경기. ②아식 축구. ③아식 축구, 럭비를 합해서 일컫는 말. 1. football
じゅうきょ[住居](명) 주거. 사는 집. a dwelling
しゅうきょう[州境](명) 주경. 주의 경계. the border
しゅうきょう[宗教](명)〈종〉 종교. 신불(神仏) 등 인간을 초월한 절대적인 것을 신앙해서 그에 의해 안정, 안락, 행복 등을 얻고자 하는 일. a religion. **—かいかく**[宗教改革](명)〈종〉 종교 개혁. 루터가 1517년 구교 교회(旧教教会)의 개혁을 주창하여 신교(新教)가 독립하게 된 종교 운동. 「the charm of autumn
しゅうきょう[秋興](명) 추흥. 가을의 흥취. ⤴
しゅうぎょう[修業](명·자サ) 수업. 학술이나 예술을 배워 익힘. 「—証書(ショウショ); 수업 증서」 study
しゅうぎょう[終業](명·자サ) 종업. (하루의) 업무를 끝냄. ↔始業(シギョウ). completion of work
しゅうぎょう[就業](명·자サ) 취업. 업무에 종사함. 업무에 착수함. commencement of work
しゅうぎょう[醜業](명) 추잡한 직업. 천한 직업. a shameful calling
じゅうぎょう[従業](명) 종업. 업무에 종사함. 「—員(イン); 종업원」 work in service
しゅうきょく[終曲](명)〈악〉 ⇨フィナーレ.
しゅうきょく[終局](명·자サ) 종국. ①〔바둑에서〕 두기를 끝냄. ②사건의 낙착(落着). 결말(結末). 2. a conclusion
しゅうきょく[終極](명) 종극. 맨 뒤끝. 궁극(窮極). finality
しゅうきょく[褶曲](명)〈지〉 습곡. 지층이 횡압력(横圧力)으로 인하여 주름 잡힌 현상. folding. **—さんみゃく**[褶曲山脈](명)〈지〉 습곡 산맥. 습곡으로 생긴 산맥.
しゅうきょくせい[周極星](명)〈천〉 주극성. 극(極)의 둘레를 도는 별. 지평선 아래로 떨어지는 일이 없음. a circumpolar star
しゅうぎょとう[集魚燈](명) 집어등. 물고기를 많이 잡기 위해서 밤에 해상(海上)을 비춰서 물고기를 유인하는 등불. lights for gathering fish
しゅうきん[集金](명·자サ) 집금. 돈을 거두어 모음. 또는 그 돈. 수금(収金). collection of money
しゅうぎん[秀吟](명) 훌륭한 시가(詩歌). an excellent poem
じゅうきんぞく[重金属](명)〈광〉 중금속. 비중이 5보다 큰 금속. 예: 금, 철, 은 등. ↔軽金属(ケイキンゾク). a heavy metal
しゅうく[秀句](명) ①훌륭한 하이쿠(俳句). ②동음(同音)을 이용한 우스운 말. 2. a wisecrack
しゅうぐ[衆愚](명) 중우. 많은 어리석은 사람들. the vulgar many
じゅうく[重苦](명) 무거운 고통. 참을 수 없는 괴로움. unbearable suffering
ジュークボックス[juke box](명) 주크복스. 돈을 넣으면 지정한 곡이 나오는 자동식 축음기.
じゅうくみ[従組](명) 종업원 조합(従業員組合)의 준말.
シュークリーム[←프 chou à la crème](명) 슈우크리임. 얇게 구운 겉껍질 속에 크리임을 넣어서 싼 쇼오트케이크의 한 가지.

じゅうぐん[従軍](명·자サ) 종군. 군대를 따라서 전지(戰地)로 감. 「—記者(キシャ); 종군 기자」 following the army

しゅうけい[秋景](명) 추경. 가을 경치. 추색(秋色). autumnal scenery

しゅうけい[集計](명·타サ) 집계. 모아서 합계함. 「投票(トウヒョウ)の—; 투표의 집계」 total

じゅうけい[重刑](명) 중형. 무거운 형벌. a severe punishment

じゅうけい[重慶](명)〈지〉 중경. 중국 사천성(四川省) 가릉강(嘉陵江)과 양자강의 합류점에 있으며, 제2차 대전 중에는 중국 정부가 이곳에 천도해 있었음.

じゅうけい[従兄](명) 종형. 사촌 형. ↔従弟(ジュウテイ). an elder cousin

じゅうけい[銃刑](명) 총살형. execution by shooting

じゅうけいてい[従兄弟](명) 종형제. 사촌 형제. a cousin

しゅうげき[襲撃](명·타サ) 습격. 갑작스레 적을 침. 「敵(テキ)を—する; 적을 습격하다」 an attack

じゅうげき[銃撃](명·타サ) 총격. 소총 등으로 사격(射撃)함. rifle-shooting

しゅうけつ[終結](명·자サ) ①종결. 끝막음. ②〈수〉 가설(仮説)로부터 추리해서 나온 결론. 1. settlement

しゅうけつ[集結](명·자타サ) 집결. 한곳으로 모음. 또는 모임. collection

しゅうげつ[秋月](명) 추월. ①가을밤의 달. ②가을. 1. an autumnal moon

じゅうけつ[充血](명·자サ)〈의〉 충혈. 신체의 어떤 부분에 혈액이 과도하게 모임. 「—した目(メ); 충혈된 눈」 congestion

じゅうけつきゅうちゅう[住血吸虫](명)〈동〉 주혈 흡충. 편충류(扁虫類)에 속하는 흡충의 하나. 사람이나 동물의 혈관 속에 기생함. a schistosome

しゅうけん[集権](명) 집권. 권력을 한곳으로 모음. 「中央(チュウオウ)—; 중앙 집권」 centralization of power

しゅうげん[祝言](명) ①축언. 축하의 말. 축사. ②경사. 혼례. 1. congratulations

しゅうげん[衆言](명) 중언. 많은 사람들의 말. public opinion

じゅうけん[銃剣](명) 총검. ①총과 칼. 총칼. ②〈군〉 소총 끝에 꽂는 짧은 칼. ③ 무기(武器). 1. a rifle and a sword

じゅうげん[重言](명) ①같은 뜻의 말이 겹친 숙어. ②같은 글자가 겹친 숙어(熟語). 예: 悠悠. 1. saying again the same words

じゅうご[銃後](명) (전장의) 후방. 전쟁터가 아닌 후방. 또는 후방의 국민. behind the gun

しゅうこう[舟行](명·자サ) ①배를 타고 감. ②뱃놀이. 1. sailing 2. boating

しゅうこう[舟航](명·자サ) 배로 항행(航行)함. 항해(航海). a voyage

しゅうこう[周航](명·자サ) 주항. 항해하며 두루 돌아 다님. sailing round

しゅうこう[秋郊](명) 가을의 교외. 가을의 야외. the fields of autumn

しゅうこう[修好·修交](명·자サ) 수호. 수교. ①친교를 맺음. ②나라와 나라가 사이 좋게 교제함. 「—条約(ジョウヤク); 수호 조약」 2. friendly relations between nations

しゅうこう[集光](명·자サ) 집광. 광선을 한곳으로 모음. gathering the rays of right

しゅうこう[就航](명·자サ) 취항. (완성된 기선, 항공기 등을) 처음으로 운행함. commission

しゅうこう[衆口](명) 중구. 뭇입. 많은 사람의 입이나 말. mouth of the multitude

しゅうこう[醜行](명) 추행. 추한 행동. 부끄러운 행동. scandal

しゅうごう[秋毫](명) 추호. 가을에 털을 갈아 가늘게 새로 난 짐승의 털. 그 털끝같이 매우 작음의 비유. 사소. 「—の欠点(ケッテン)も許(ユル)さない; 털끝만한 결점도 용서하지 않는다」 slight

しゅうごう[習合](명·타サ) 서로 다른 학설, 교리(教理)를 절충함.

しゅうごう[集合](명·자타サ) 집합. 한곳으로 모음. 한곳에 모임. 「—場(ジョウ); 집합 장소」 gathering

じゅうこう[銃口](명) 총구. 총부리. 「—を向(ム)けて金(カネ)をうばう; 총구를 겨누고 돈을 빼앗다」 the muzzle of a rifle

じゅうこう[重厚](형동ダ) 중후. 위엄이 있고 침착한 모양. 「—な態度(タイド); 위엄 있고 침착한 태도」 ponderous

じゅうごう[重合](명·자サ)〈이〉 중합. 두 개 이상의 분자(分子)가 결합하여 큰 분자량(分子量)의 화합물이 됨. polymerisation

じゅうこうぎょう[重工業](명) 중공업. 생산재(生産材)를 생산하는 공업. 예: 기계 제조 공업. ↔軽工業(ケイコウギョウ). heavy industry

じゅうこく[重刻](명·타サ) 재판(再版). 중판(重版). 중간(重刊). reprint

じゅうこく[縦谷](명)〈지〉 종곡. 산맥의 주축(主軸)과 평행하는 골짜기. ↔横谷(オウコク). a longitudinal valley

じゅうごや[十五夜](명) ①음력 15일의 밤. ②음력 8월 15일 밤. 1. a full moon night

しゅうごろし[主殺し](명) 주인, 주군(主君)을 죽이는 일. 또는 그 사람. the murder of one's master

じゅうこん[重婚](명·자サ)〈법〉 중혼. 배우자(配偶者)가 있는 자가 다른 사람과 결혼함. bigamy

しゅうさ[収差](명)〈이〉 수차. 렌즈의 영상이 확실히 비치지 않는 일. aberration

じゅうざ[銃座](명)〈군〉 총좌. 쏘기 쉽게 하기 위해서 소총을 놓는 곳. 또는 대(臺).

しゅうさい[秀才](명) 수재. 재능과 학문이 뛰어난 사람. a genius

じゅうざい[重罪](명) 중죄. 중한 죄. felony

じゅうざかな[重肴](명) 찬합에 담은 요리.

しゅうさく[秀作](명) 수작. 우수한 작품. 「俳句(ハイ

ク)の一; 우수한 하이쿠」 an excellent work

しゅうさく[習作](명·타サ) 습작. 연습 삼아 작품을 만듦. a study

しゅうさつ[集札](명) (기차 등의) 가위로 찍거나 하여 검사한 표를 모으는 일. 「一係(ガカリ); 집찰계」

じゅうさつ[重刷](명·타サ) 중쇄. 더 늘여서 인쇄함. 또는 그 인쇄물. 증쇄(增刷). an additional printing

じゅうさつ[重殺](명·타サ) 중살. 〔야구에서〕 두 사람의 러너(走者)를 거듭 아우트시키는 일. 병살(併殺). a double play

じゅうさつ[銃殺](명·타サ) 총살. 소총으로 쏘아 죽임. shooting to death

しゅうさん[秋蚕](명) 추잠. 가을에 치는 누에. an autumn silkworm

しゅうさん[衆参](명) 중의원과 참의원. 「一両院(リョウイン); 중의원과 참의원의 양원」

しゅうさん[集散](명·자타サ) 집산. ①모임과 흩임 「離合(リゴウ)一; 이합 집산」 ②모음과 흩음. 「農産物(ノウサンブツ)の一地(チ); 농산물의 집산지」 gathering and distribution

しゅうさん[蓚酸](명)〈이〉 수산. 유기산(有機酸)의 하나. 무색(無色), 유독(有毒)의 결정(結晶). oxalic acid

しゅうさんかじょ[聚繖花序](명)〈식〉 취산 화서. 유한화서(有限花序)의 하나. 주축(主軸)의 꼭대기에 한 개의 꽃이 먼저 피고 점차 아래쪽으로 피어 내려 가는 꽃차례. cyme

しゅうさんしゅぎ[集産主義](명)〈경〉 집산주의. 토지, 공장, 철도, 광산 등의 생산 수단을 국유화(国有化)해서 생산, 분배, 소비를 통제할 것을 주장하는 주의. collectivism

じゆうざんまい[自由三昧](명) 자유 삼매. 제 마음 내키는 대로 방종하는 모양. 제 멋대로의 행동. wantonness

じゅうさんや[十三夜](명) ①음력 13일 밤. ②음력 9월 13일 밤. 또는 그 달. 1. the thirteenth night

しゅうし[収支](명) 수지. 수입과 지출. incomings and outgoings

しゅうし[宗旨](명) 종지. ①종문(宗門)의 취지. ②종문. ③종교의 교의. ④방면. 부문(部門). 「一を変(カ)えて法律(ホウリツ)をやる; (전공) 부문을 바꿔서 법률을 공부함」 1. a doctrine

しゅうし[秋思](명) 가을철에 느끼는 여러 가지 (쓸쓸한) 생각. autumnal melancholy

しゅうし[修士](명) 신제 대학의 대학원에 2년 이상 재학하고 논문 심사에 합격한 자가 받는 학위 이름. 한국의 석사(碩士)에 해당. ↔学士(ガクシ), 博士(ハクシ). Master

しゅうし[修史](명) 수사. 역사 편수(編修). compilation of a history

しゅうし[終止](명·자サ) 종지. 끝냄. 마지막. termination. **―けい**[終止形](명) 종지형. 〔문법에서〕 활용어의 활용형 제3단. 주로 글의 끝에 쓰임. 예: 行(イ)く. **―ふ**[終止符](명) 종지부. ①문장을 끝맺는 부호. 피리어드. 「.」 ②일의 끝. 「一を打(ウ)つ; 종지부를 찍다」

しゅうし[終始](부·자サ) 종시. ①처음과 끝. ②처음부터 끝까지. 늘. ③처음부터 끝까지 변하지 않고 한결같음. 「低調(テイチョウ)な試合(シアイ)に一した; 처음부터 끝까지 활기가 없는 시합이었다」 1. the beginning and the end. **―いっかん**[終始一貫](연어·명·부·자サ) 종시 일관. 처음부터 끝까지 관철하여 변하지 않음.

しゅうじ[修辞](명) 수사. 말, 글을 효과적으로 써서 적절히 표현하는 일. 「一学(ガク); 수사학」 rhetorical flourish

しゅうじ[習字](명) 습자. 붓이나 펜으로 글씨 쓰는 법을 익히는 일. 「ペン一; 펜 습자」 penmanship

じゅうし[重視](명·타サ) 중시. 중하게 봄. 중요하다고 여김. 중요시. 「結果(ケッカ)を一する; 결과를 중시하다」 taking a serious view of

じゅうし[従士](명) 시종하는 무사(武士). an attendant

じゅうし[従姉](명) (손위) 사촌 누이. a female and elder cousin

じゅうし[獣脂](명) 수지. 짐승에서 얻는 기름. grease

じゅうじ[十字](명) ①십자. "十"자 모양. 「一を切(キ)る; 성호를 긋다」 ②←十字路. ③←十字架. 1. a cross **―か**[十字火](명) 좌우에서 교차(交叉)하여 쏘아대는 총포화. **―か**[十字架](명) 십자가. ①죄인을 달아 매는 "十"자형의 기둥. ②〈종〉 기독교도가 위하는 "十"자 모양의 표. 예수가 못박혀 죽은 기념이며 존경, 명예, 희생, 속죄, 고난의 표상(表象)으로서 예배의 대상, 그밖의 장식에도 많이 쓰임. **―ぐん**[十字軍](명)〈역〉 십자군. 12세기를 전후하여 유럽 각지의 기독교도가 예루살렘 성지를 빼앗기 위해서 일으킨 원정군(遠征軍). **―ろ**[十字路](명) 십자로. 네거리.

じゅうじ[住持](명)〈불〉 주지. 한 절의 으뜸가는 중. the chief priest

じゅうじ[従事](명·자サ) 종사. 계획에 따라서 그 일만을 함. 「農業(ノウギョウ)に一する; 농업에 종사하다」 engaging in

しゅうじかん[集治監](명)〈법〉 예전에 도형(徒刑), 유형(流刑), 종신 징역 등의 죄수를 가두던 곳. a convict prison

じゅうしちもじ[十七文字](명) ⇨はいく(俳句).

しゅうじつ[秋日](명) ①가을날. ②가을철. 1. an autumnal day

しゅうじつ[終日](명·부) 종일. 하루 종일. 아침부터 밤까지. all day long

しゅうじつ[週日](명) 주일. ①1주일. 7일. ②일요(토요)일 이외의 날. 2. a weekday

じゅうじつ[充実](명·자サ) 충실. ①가득 참. ②내용이 풍부하고 확실함. 「一した講演(コウエン); 내용이 충실한 강연」 repletion

じゅうしまつ[十姉妹](명)〈동〉 십자매. 참새목에 속하는 작은 새. 빛깔은 흰. 부화와 육추(育雛)를 잘하여 다른 새의 부화용으로 쓰임. a lovebird

しゅうしゃ[舟車](명) 배와 수레. a ship and a car
しゅうしゃ[終車](명) 종차. 그날의 마지막 차. 막차. the last car
じゅうしゃ[従者](명) 데리고 다니는 사람. an attendant
しゅうしゃく[襲爵](명·자サ) 습작. 죽은 부조(父祖)의 작위를 이어 받음. 승습(承襲). succession to the title
じゅうじゃく[柔弱](명) ⇨にゅうじゃく.
しゅうじゃく[執着·執著](명·자サ) 집착. 마음에 새겨 두고 잊지 않음. 마음이 끌려 단념키 어려움. attachment
しゅうしゅ[袖手](명·자サ) 수수. ①팔짱을 낌. ②어떤 일에 나서지 않고 버려 둠. **―ぼうかん**[袖手傍観](명) 수수 방관. 팔짱을 끼고 보고만 있는 것. 나서지 않고 내버려 둠.
しゅうじゅ[収受](명·타サ) 수수. 받아서 거둠. receipt
しゅうしゅう[収拾·拾収](명·타サ) ①수습. 정돈하여 안정되게 함. 「事態(ジタイ)を―する; 사태를 수습하다」 ②(남이 흘린 것 등을) 주움. 1. control
しゅうしゅう[収集·蒐集](명·타サ) 수집. (취미로) 모아 들임. 「切手(キッテ)の―; 우표 수집」 collection
しゅうしゅう[拾集](명) 주워 모음. gahtering
しゅうしゅう[啾啾](부) 훌쩍훌쩍 우는 모양. 「鬼哭(キコク)―; 슬피 우는 귀신의 곡성」 sobbingly
しゅうじゅう[主従](명) 주종. 주인과 종. master and servant
じゅうじゅう[重重](명·부) ①여러 겹으로 겹치는 모양. ②거듭거듭. 「―の不届(フトド)き; 거듭되는 실책이나 잘못」 2. repeatedly
しゅうしゅく[収縮](명·자타サ) 수축. 오그라짐. 부피가 줄어듦. 「筋肉(キンニク)の―; 근육의 수축」 contraction
しゅうじゅく[習熟](명·자サ) ①배워 익혀 능숙하게 됨. ②익숙해서 습관이 됨. 1. mastery 2. practice
じゅうしゅつ[重出](명·자サ) 중복해서 나옴. 두 번 이상 나옴. being cited again
じゅうじゅつ[柔術](명) ⇨じゅうどう(柔道).
じゅうじゅん[柔順](형동ダ) 유순. 성질이 부드럽고 온순한 모양. gentle
じゅうじゅん[従順](형동ダ) 순순히 좇는 모양. 순종하는 모양. obedient
しゅうしょ[週初](명) 주초. 1주간의 처음. the beginning of a week
しゅうじょ[醜女](명) 추녀. 못난 여자. an ugly woman
じゅうしょ[住所](명) 주소. ①살고 있는 곳. ②〈법〉 생활의 본거지. ↔居所(キョショ). 1. one's dwelling
しゅうしょう[周章](명·자サ) 당황해서 허둥지둥함. 「―狼狽(ロウバイ); 당황해서 어쩔 줄 모름」 dismay
しゅうしょう[秋宵](명) 가을 저녁. 가을밤. an autumn evening
しゅうしょう[就床](명·자サ) 잠자리에 듦. 잠을 잠. 취침. ↔起床(キショウ). going to bed
しゅうしょう[愁傷](명·자サ) ①심히 딱한 일. (사람이 죽었을 때 하는 말) 「ご―さま; 참 안됐읍니다」 ②몹시 슬퍼함. 2. sorrow
しゅうじょう[醜状](명) 보기 싫은 모양. 추태(醜態). 「―をさらけだす; 추태를 드러내다」 a disgraceful state of things
じゅうしょう[重症](명) 중증. 중한 병. 중환(重患). a serious illness
じゅうしょう[重唱](명·타サ) 중창. 합창의 한 가지. 둘 이상의 성부(声部)를 한 사람이 한 성부씩 맡아 동시에 노래함. part singing
じゅうしょう[重傷](명) 중상. 심한 상처. 「―を負(オ)う; 중상을 입다」 a serious wound
じゅうしょう[銃床](명) 총상. 소총의 몸. 총대. a gunstock
じゅうしょう[銃傷](명) 총상. 총 맞은 상처. a bullet wound
じゅうしょうしゅぎ[重商主義](명)〈경〉 중상주의. 상공업(商工業)을 중시하고 무역을 성하게 해서 외화(外貨)를 획득하고자 하는 경제 정책. ↔重農(ジュウノウ)主義. mercantilism
しゅうしょく[秋色](명) 추색. 가을 경치. autumnal scenery
しゅうしょく[修飾](명·타サ) 수식. ①장식. 꾸밈. ②〔문법에서〕 어떤 어구(語句) 앞에 붙어서 나타내려고 하는 의미를 더 자세히 나타냄. 「―語(ゴ); 수식어」 1. decoration 2. modification
しゅうしょく[就職](명·자サ) 취직. 일터를 얻음. 「―戦線(センセン); 취직 전선」 finding employment. **―なん**[就職難](명) 취직난. 취직의 어려움.
しゅうしょく[愁色](명) 근심 어린 얼굴. 근심스러운 기색. a worried look
しゅうしょく[襲職](명·자サ) 습직. 직무(職務)를 이어 맡음. succession to an office
しゅうじょく[就褥](명·자サ) ①잠자리에 듦. 취침. ②병으로 자리에 누움. 2. be ill in bed
じゅうしょく[住職](명) 절의 우두머리. 주지(住持). the chief priest
じゅうしょく[重職](명) 중직. 중한 직책. 중요한 직위(職位). a responsible post
しゅうじょし[終助詞](명) 〔문법에서〕 문장이나 구 끝에 사용하는 조사. 문어(文語)에는 "か, かし, かな" 등, 구어(口語)에는 "な, よ" 등. 감동 조사.
しゅうしん[修身](명) 수신. ①행실을 바르게 가지는 일. ②예전의 중학교 교과목의 하나. 덕성을 함양하고 도덕의 실천 지도를 그 내용으로 하였음. 1. moral training
しゅうしん[執心](명·자サ) 집심. 깊이 마음에 지님. 집착(執着). 「ご―だね; 악착 같네그려」 devotion
しゅうしん[終身](명) 종신. 일생 동안. 「―保険(ホケン); 종신 보험」 all through one's life
しゅうしん[終審](명)〈법〉 종심. ①최고 법원의 심리. 최종심. ②최후의 심리(審理). 1. the final trial 2. the final inquiry
しゅうしん[就寝](명·자サ) 취침. 잠을 잠. 잠자리에

들어 감. going to bed
しゅうじん[囚人](명) 수인. 옥에 갇힌 사람. 죄수. a prisoner
しゅうじん[衆人](명) 중인. 많은 사람들. the people
じゅうしん[重心](명)〈이〉 중심. 물체의 각 부분에 작용하는 중력(重力)이 한곳에 모이는 점. the centre of gravity
じゅうしん[重臣](명) 중신. 중직에 있는 신하. 신분이 높은 신하. a chief retainer
じゅうしん[銃身](명) 총신. 소총(小銃)에 탄환을 넣어서 발사하는 부분. 총열. a gunbarrel
じゅうしん[獣心](명) 수심. 짐승 같은 마음. 도의(道義)를 모르는 사납고 모진 마음. a brutal heart
じゅうしん[獣身](명) 목 아래가 짐승의 모양을 한 것.
じゅうじん[縦陣](명) 종진. 〔전함(戦艦) 등이〕 세로로 일직선으로 늘어서 있는 진(陣). a column
シューズ[shoes](명) 슈우즈. 구두. 신. 「レーシー; 우화(雨靴)」
ジュース[deuce](명) 듀우스. 〔정구 등에서〕 승부가 결정되기 직전에 동점이 되는 일. **— アゲン**[deuce again](연어) 듀우스어게인. 다시 듀우스가 되는 일.
ジュース[juice](명) 주우스. 즙. 액(液). 「オレンジー; 오렌지주우스」
しゅうすい[秋水](명) ①가을철의 맑은 시냇물. ②잘 간 칼. 「三尺(サンジャク)の—; 석 자 길이의 잘 간 칼」 1. clear water in autumn
じゅうすい[重水](명)〈이〉 중수. 중수소(重水素)를 함유하고 있는 물. 기호는 D_2O. heavy water
じゅうすいそ[重水素](명)〈이〉 중수소. 보통 수소보다 중성자(中性子)가 하나 많아서 무거운 수소. 기호는 H_2. heavy hydrogen
じゅうすう—[十数](조어) 열 몇. 10~16의 수. 「—人(ニン); 십 오륙 명」
しゅうすじ[主筋]—スヂ(명) 주인에 해당하는 핏줄기(혈통).
しゅう·する[修する](타サ) ①학습(学習)하다. 연구하다. ②정돈하다. ③장식(装飾)하다. 1. study 2. put in order
じゅう·する[住する](자サ) 살다. live
しゅうせい[秋声](명) 가을 바람 소리. the sound of an autumnal wind
しゅうせい[修正](명·타サ) 수정. 의견(意見), 문안(文案) 등을 바로 잡아 고침. 「—案(アン); 수정안」 amendment
しゅうせい[修整](명·타サ) 수정. 사진의 원판(原板) 등을 다시 손질함. 「—液(エキ); 수정액」 adjustment
しゅうせい[終生·終世](명·부) 종생. 나서 죽을 때까지. 한평생. 일생. all one's life
しゅうせい[習性](명) 습성. ①습관과 성질. ②습관이 된 성질. 버릇. 1. habit and nature
しゅうせい[集成](명·타サ) 집성. 모아서 완성함. 집대성(集大成). aggregation
しゅうせい[衆星](명) 많은 별들. innumerable stars
しゅうせい[醜声](명) 추성. 추잡한 소문. 추문(醜聞). scandal
しゅうぜい[収税](명·타サ) 수세. 세금을 받아 들임. tax-collection. **—り**[収税吏](명) 수세리. 수세 사무를 보는 관리.
じゅうせい[銃声](명) 총성. 총소리. a gun-report
じゅうせい[獣性](명) 수성. ①짐승들의 성질. ②인간이 가진 동물적인 성질. 1. animality 2. brutality
じゅうぜい[重税](명) 중세. 부담이 무거운 세금. 과중한 세금. heavy tax
しゅうせき[集積](명·자타サ) 집적. 모여 쌓임. 모아 쌓음. pile
しゅうせき[就籍](명)〈법〉 취적. 호적에 없던 사람이 입적(入籍)하는 일. entering in the census register
じゅうせき[重責](명) 중책. 무거운 책임. 「会長(カイチョウ)の—; 회장의 중책」 great responsibility
しゅうせつ[衆説](명) 중설. 뭇사람의 설. 많은 사람의 의견. 다수의 의견. the public opinion
しゅうぜつ[秀絶](명) 수절. 썩 뛰어나고 훌륭한 것. superexcellence
しゅうせん[周旋](명·자타サ) 주선. ①일이 잘되도록 이리저리 힘을 써서 변통해 줌. 알선. ②〈법〉 제삼국이 외부에서 분쟁 당사국간의 교섭을 원조함. 1. mediation
しゅうせん[秋扇](명) ①가을이 되어서 필요 없게 된 부채. ②시절이 지나서 필요 없게 된 것. 2. an unseasonable thing
しゅうせん[終戦](명) 종전. 전쟁이 끝남. the end of the war
しゅうせん[鞦韆](명) 추천. 그네. a swing
しゅうぜん[修繕](명·타サ) 수선. (낡은 것을) 손보아 고침. 수리. repair
しゅうぜん[愁然](형동タルト) 수연. 근심스러운 모양. 수심에 찬 모양. sorrowfully
じゅうせん[縦線](명) 종선. 세로줄. ↔横線(オウセン). a vertical line
じゅうぜん[十全](명·형동ダ) ①완전함. 만전(万全). ②안전함. 1. perfection 2. safety
じゅうぜん[十善](명)〈불〉 십선. ①열 가지 악(十悪)을 범하지 않는 일. ②전세(前世)에 열 가지 선을 행한 과보(果報)로 현세에 받는다는 천자의 지위. **—のきみ**[十善の君](연어·명) 천황을 존경하여 일컫는 말. 십선지군(十善之君).
じゅうぜん[従前](명·부) 종전. 이전. 「—の方法(ホウホウ); 종전의 방법」 before
しゅうそ[宗祖](명)〈불〉 종조. 한 종파를 창설한 사람.
しゅうそ[臭素](명)〈이〉 취소. 비금속 원소 중에서 상온(常温)에서 액체를 이룩하는 유일한 물질. 자극성 있는 냄새를 지님. 적갈색이며 휘발성이 매우 강함. 유독하나 의약, 사진, 염료 등에 쓰임. 기호는 Br. bromine. **—し**[臭素紙](명)〈이〉 취소지. 취화은(臭化銀)을 주로 한 젤라틴 유제(乳剤)를 발라 만드는 사진 인화지(印画紙)의 한 가지. 브로마이드지.

しゅうそ[愁訴](명·자サ) 애처롭게 호소함. 탄원(歎願). petition

しゅうそう[秋霜](명) 추상. ①가을의 찬 서리. ②엄한 형벌의 비유. ③번쩍이는 예리한 칼. 1. autumn frost 2. severity. **—れつじつ**[秋霜烈日](연어) 추상 열일. (가을의 찬 서리나 뜨거운 햇빛같이) 형벌, 권위 등이 엄하고 권위가 있음.

しゅうそう[衆僧](명) 중승. 많은 중. monks

しゅうぞう[収蔵](명·타サ) 수장. 거두어서 깊이 간직함. collection

しゅうぞう[修造](명·타サ) 고쳐 만듦. 수리. repair

じゅうそう[住僧](명) 주승. 주지(住持). the chief priest

じゅうそう[重奏](명·타サ)〈악〉 중주. 둘 이상의 성부(声部)를, 한 사람이 하나씩의 성부를 맡아, 동시에 악기로 연주함. 「四(シ)—; 사중주」

じゅうそう[重曹](명)〈이〉 ⇨じゅうたんさんソーダ.

じゅうそう[銃創](명) 총창. 총알에 맞은 상처. 총상(銃傷). a gunshot wound

じゅうそう[銃槍](명) 끝에 칼을 꽂은 총. 총검(銃剣). a bayonet

じゅうそう[縦走](명·자サ) ①세로로 달림. ②종주. 〔등산에서〕 산등성이를 타고 걸음. 1. traversing 2. mountain range traversing

しゅうそく[収束](명·타サ) 수속. ①모아서 묶음. ②거둬 들여 결말을 지음. 1. gather and bundle

しゅうそく[終息·終熄](명·자サ) 종식. 완전히 끝남. 종지(終止). end

しゅうぞく[習俗](명) 습속. 관습. 풍습. 관례(慣例). customs

じゅうそく[充足](명·자타サ) 충족. ①일정한 분량에 참. 또는 채움. ②충분. 「欲望(ヨクボウ)を—する; 욕망을 충족시키다」 1. sufficiency

じゅうぞく[従属](명·자サ) 종속. 지배를 받고 좇음. 「—的地位(テキチイ); 종속적 지위」 subordination

じゅうそつ[従卒](명) 종졸. ①딸린 병졸. ②장교에 전속(専属)되어 일을 돌보아 주는 병졸. 1. a following soldier

じゅうだ[柔懦](명·형동ダ) 나약하고 겁이 많음. effeminacy

しゅうたい[醜態·醜体](명) 추태. ①추한 꼴. ②추잡한 행동. 2. disgraceful conduct

じゅうたい[重態·重体](명) 중태. 병이 위중한 모양. a serious condition

じゅうたい[渋滞](명·자サ) 일이 막히어 잘 나가지 못함. 지체. 정체(停滞). 「事務(ジム)が—する; 사무가 지체되다」 delay

じゅうたい[銃隊](명) 소총을 지닌 병정으로 조직한 대(隊). a rifle squad

じゅうたい[縦隊](명) 종대. 세로로 줄진 대열. ↔横隊(オウタイ). a column

じゅうだい[十代](명) 십대. ①열(번째의) 세대(世代). ②〔티인에이즈(teen-age)의 역어(訳語)〕 10세 또는 13세부터 19세까지의 소년, 소녀 시대. 또는 그 또래의 사람들. 「—の少女(ショウジョ); 십대의 소녀」 ③10에서 19까지. 1. the tenth generation

じゅうだい[重代](명) 선조로부터 대대로 전해 내려오는 것. 「—の宝物(タカラモノ); 대대로 전해 오는 보물」 successive generations

じゅうだい[重大](형동ダ) 중대. ①비상한 모양. 「—な危機(キキ); 중대한 위기」 ②중요한 모양. 「—な役割(ヤクワリ); 중요한 역할」 1. serious

しゅうたいせい[集大成](명·타サ) 집대성. 여러 가지를 많이 모아 크게 이룸. 「従来(ジュウライ)の研究(ケンキュウ)を—する; 종래의 연구를 집대성하다」 compilation

じゅうたく[住宅](명) 주택. 사는 집. a house. **—なん**[住宅難](명) 주택난. 주택이 없어서 곤란한 상태. 주택 얻기가 어려운 상태. 「deprivation

しゅうだつ[収奪](명·타サ) 수탈. 억지로 빼앗음. ↗

しゅうたん[愁嘆·愁歎](명·자サ) 한탄하며 슬퍼함. 슬피 한숨 지음. 「—場(バ); 〔연극에서〕 슬피 한탄하는 연기를 하는 장면」 lament

しゅうだん[集団](명) 집단. 모인 단체. 무리. 「—生活(セイカツ); 집단 생활」 a group

じゅうたん[絨毯·絨氈](명) 융단. 꽃무늬를 넣어 짠 모직물의 한 가지. 마룻바닥 등의 깔개로 씀. a carpet

じゅうたん[獣炭](명) 수탄. 짐승의 뼈, 가죽 등을 건류하여 얻은 탄화질(炭火質)의 물질. 탈색하는 데 쓰임. 골탄(骨炭), 혈탄(血炭) 등의 종류가 있음. animal charcoal

じゅうだん[銃弾](명) 총탄. 총알. a bullet

じゅうだん[縦断](명·자サ) 종단. ①세로로 끊음. 길이로 가름. 「大陸(タイリク)を—する; 대륙을 세로로 또는 남북으로 질러 가다」 ②남북(南北)의 방향으로 끊음. ↔横断(オウダン). 2. cutting longitudinally

じゅうたんさんソーダ[重炭酸曹達](명)〈이〉 중탄산 소오다. 밀가루에 섞어서 부풀어 오르게 하는 하얀 가루. 의학, 공업용으로 쓰임. 산성 탄산 나트륨. sodium bicarbonate

しゅうち[周知](명·타サ) 주지. 널리 모두 앎. 여러 사람이 두루 앎. 「—の事実(ジジツ); 주지의 사실」 common knowledge

しゅうち[羞恥](명) 수치. 부끄러움. 「—心(シン); 수치심(부끄러운 마음)」 shyness

しゅうち[衆知](명·타サ) 중지. 많은 사람이 앎. 「—の事実(ジジツ); 많은 사람이 아는 사실」 a popular knowledge

しゅうち[衆知·衆智](명) 중지. 많은 사람의 지혜. 「—をあつめて; 여러 사람의 지혜를 모아서」 wisdom of the many

しゅうちく[修築](명·타サ) 수축. 헐어진 데를 고쳐 쌓음. repair

しゅうちゃく[祝着](명) 기뻐 축하함. congratulation

しゅうちゃく[終着](명) 종착. 맨 끝에 닿는 곳. 종점. 「—駅(エキ); 종착역」 ↔始発(シハツ). terminal

しゅうちゃく[執着·執著](명·자サ) 집착. 마음에 새

겨 두고 단념치 않음. deep attachment

しゅうちゅう[集中](명·자타サ) 집중. 한곳으로 모음. 또는 모임.「注意(チュウイ)を一する; 주의를 집중하다」 focusing

しゅうちゅう[集注](명·타サ) 집주. ①한군데로 모아 쏟음. ②많은 주석(注釈)을 모은 것. 1. concentration 2. a variorum edition

じゅうちゅう はっく[十中八九](연어·부) ⇨じっちゅうはっく.

しゅうちょう[州庁](명) 주청. 주의 사무를 취급하는 관청. the provincial office

しゅうちょう[酋長](명) 추장. 야만족의 우두머리. 추령(酋領). a chief

しゅうちょう[繡帳](명) 수장. 수를 놓은 장막. an embroidered curtain

しゅうちん[袖珍](명) ①수진. 소매나 품속에 넣어 가지고 다닐 수 있을 만큼 작은 책. 수진본.「一版(バン); 포켓판」·②소형의 물건. 1. a handbook

じゅうちん[重鎮](명) 중진. ①무거운 서진(書鎮). ②중요한 지위를 차지하는 사람. 1. mainstay

じゅうついほう[重追放](명) 에도(江戸) 시대에 집과 전답을 몰수하고 추방하던 형벌의 한 가지. 곧 죄를 범한 곳, 살던 지방, 에도(江戸), 쿄오토(京都) 근처에 오는 것을 금하였음.

じゅうづめ[重詰め](명) 요리 등을 찬합에 넣음. 또는 그 요리. food packed in a box

しゅうづら[主面](명) 주인인 체하는 얼굴.

しゅうてい[舟艇](명) 주정. 작은 배. 보우트.「上陸用(ジョウリクヨウ)一; 상륙용 보우트」 a boat

しゅうてい[修訂](명·타サ) 수정. 서적 등의 잘못을 고침. revision

じゅうてい[重訂](명·타サ) 중정. 서적 등의 두 번째 정정. re-correction

じゅうてい[従弟](명) 종제. 남자 사촌 동생. ↔従兄(ジュウケイ). a younger cousin

しゅうてき[衆敵](명) 중적. 수많은 적. numerous enemies

じゅうてき[獣的](형동ダ) 짐승 같은 모양.「一な欲望(ヨクボウ); 짐승 같은 욕망」 brutal

しゅうてん[秋天](명) 가을 하늘. the autumn sky

しゅうてん[終点](명) 종점. ①맨 끝이 되는 곳. ②기차, 전차, 버스 등의 마지막 도착점. 종착점(終着点). ↔起点(キテン). 1. the last point 2. the terminal station

しゅうでん[終電](명) ←終電車. **一しゃ**[終電車](명) 그날의 마지막 전차. 막차.

じゅうてん[充填](명·타サ) 충전. 가득 채움. filling up

じゅうてん[重点](명) 중점. ①중요한 점. ②〈이〉 지렛대로 움직이려는 물체의 무게가 직접 작용하는 점. 1. important points 2. a weight point. **一てき**[重点的](형동ダ) 중점적. 힘을 분산시키지 않고 중요한 한 점에 집중시키는 모양.

じゅうてん[縦転](명·자サ) ①앞뒤(前後)로 회전함. ②세로로 구름. 2. turning lengthways

じゅうでん[充電](명·타サ) 충전. 축전지(蓄電池)에 전기를 채움. charging

しゅうと[姑]シウト(명) 〔←しゅうとめ〕 시어머니. a mother-in-law. **一ご**[姑御](명) 시어머니 또는 장모의 높임말.

しゅうと[舅]シウト(명) 시아버지. 또는 장인. 「a father-in-law

しゅうと[囚徒](명) 감옥에 갇히어 있는 죄수. 수인(囚人). a prisoner

しゅうと[宗徒](명)〈불〉 종도. 신도(信徒). 신자(信者). a believer

しゅうと[衆徒](명) 많은 중의 무리. a flock of monks

シュート[shoot] Ⅰ(명·자타サ) 슈우트. ①발사(発射)함. 투척(投擲)함. ②〔축구, 농구 등에서〕 고울을 향해 공을 던지거나 참. ③〔영화 촬영에서〕 촬영을 개시함. Ⅱ(명·타サ) ①발사함. 사격함. ②차 넣음.

じゅうど[重土](명) 중토. ①〈이〉 산화 바륨. ②〈농〉 너무 차져서 농사 짓기에 마땅치 않은 땅. 1. baryta 2. clayey soil. **一すい**[重土水](명)〈이〉 중토수. 물에 녹인 산화 바륨. 수산화(水酸化) 바륨.

しゅうとう[周到](명·형동ダ) 주도. 주의가 빈틈 없이 두루 미침.「用意(ヨウイ)一; 용의 주도」 carefulness

しゅうとう[秋冬](명) 가을과 겨울. autumn and winter

しゅうどう[修道](명·자サ) 수도. 종교의 도를 수행함.「一尼(ニ); 수도하는 여승」 cultivating one's morality. **一いん**[修道院](명)〈종〉 수도원. 일정한 규율 밑에서 금욕적인 공동 생활을 하면서 수행을 쌓는 기독교의 수사(修士)나 수녀(修女)의 단체. 또는 그 승원(僧院).

しゅうどう[就働](명·자サ) 노동에 종사함. 취로(就労). employment

じゅうとう[充当](명·타サ) 충당. 메워 씀. 채움. 보충. appropriation

じゅうとう[重盗](명) 중도. 〔야구에서〕 두 러너(走者)가 동시에 하는 도루(盗塁). a double steal

じゅうどう[柔道](명) 유도. 맨손으로 상대를 치고 넘기고 던지고 하여 몸을 단련하는 일본 고유 무술의 한 가지.

しゅうとく[拾得](명·타サ) 습득. 주워서 얻음. 얻음. 주움. picking up

しゅうとく[修得](명·타サ) 수득. 배워 익혀 체득함. acquisition

しゅうとく[習得](명·타サ) 습득. 배워서 터득함. learning

しゅうとめ[姑]シウトー(명) 시어머니. 또는 장모. a mother-in-law

しゅうどり[主取り](명) 새로운 주인에게 고용되어 봉사하는 것. entering the service of a master

じゅうなん[柔軟](형동ダ) 유연. 부드럽고 연한 모양.「一体操(タイソウ); 유연 체조」 pliable

じゅうにおん[十二音](명)〈악〉 십이음. 반음계(半音階)를 구성하는 열 두 음.「一的技法(テキギホウ); 12 음적 기법」

じゅうにがつ[十二月](명) 12월. 섣달. December
じゅうにきゅう[十二宮](명)〈천〉 12궁. 춘분점(春分点)을 기점(起点)으로 해서 황도(黃道)를 12로 나눈 성좌(星座). signs of the zodiac
じゅうにく[獣肉](명) 수육. 짐승의 고기. meat
じゅうにし[十二支](명) 12지. 열두 개의 지지(地支). 또는 그에 따라 부르는 동물의 이름〔쥐(子), 소(丑), 범(寅), 토끼(卯), 용(辰), 뱀(巳), 말(午), 염소(未), 원숭이(申), 닭(酉), 개(戌), 돼지(亥)〕. the twelve horary signs
じゅうにしちょう[十二指腸](명)〈생〉 십이지장. 위(胃)의 유문(幽門)에서 소장(小腸)에 이르는 부분. the duodenum
じゅうにひとえ[十二単]―ヒトヘ(명) 옛날 여관(女官)들의 정장(正装)의 속칭. a ceremonial dress of a court lady
じゅうにぶん[十二分](명·형동ダ) 십이분. 충분하고도 남음. 십분(十分)을 강조한 말. 「一の成果(セイカ); 십이분의 성과」 more than enough
しゅうにゅう[収入](명) 수입. ①일이나 사업을 해서 들어 오는 돈. ②소득(所得). ↔支出(シシュツ). 2. income. **―いんし**[収入印紙](명) 수입 인지. 국고 수입이 되는 조세, 수수료 등의 징수를 위하여 국가가 발행하는 우표 같은 일종의 증표(証票).
じゅうにりつ[十二律](명)〈악〉 옛날 중국 및 일본에서 사용하던 12개의 음정(音程). 1옥타아브를 12로 나눈 것. the twelve-tone system
しゅうにん[就任](명·자サ) 취임. 맡은 임무에 나아가 일을 봄. inauguration
じゅうにん[住人](명) 살고 있는 사람. 거주자. an inhabitant
じゅうにん[重任] 중임. Ⅰ(명) 중대한 임무. Ⅱ(명·타サ) 임기가 끝나고 또 그 직무를 맡음. 재차 그 임무를 맡음. 1. an important duty 2. re-appointment
じゅうにんといろ[十人十色](연어·명) 십인 십색. 사람이 좋아하는 것이나 생각하는 바가 저마다 다르다는 말. 가지각색. 각인 각색(各人各色). So many men, so many minds.
じゅうにんなみ[十人並み](명·형동ダ) 용모나 재간이 보통임. 딴 사람과 별로 다름이 없음. 「一の器量(キリョウ); 보통의 용모나 재간」 mediocrity
じゅうね(명)〈식〉 ⇨えごま.
しゅうねく[執念く](부) 집념이 강한 모양.
―しゅうねん[周年](조어) 주년. …째의 해. …로 돌아 오는 해. 만1년. 「十(ジッ)―; 10 주년」
しゅうねん[執念](명) 집념. ①깊이 마음에 새겨 움직이지 않는 일념(一念). 집착하는 마음. ②지닌 생각을 고집하는 것. 1. tenacious attachment. **―ぶかい**[執念深い](형) 고집이 세다. 집념이 강하다.
しゅうねん[終年](명) ①1년 중. ②한평생. 1. all the year round 2. one's whole life
じゅうねん[十念](명)〈불〉 십념. ①아미타불의 명호(名号)를 열 번 불러 기도하는 일. ②〔정토종(浄土宗)에서〕 나무아미타불 6자의 명호(名号)를 신자(信者)에게 주어 부처와 인연을 맺게 하는 일.
じゅうねんいちじつ[十年一日](연어·명) 10년을 하루같이. 장기간 똑같은 것을 반복하고 있는 일. 「一のごとく, 同(オナ)じ仕事(シゴト)を続(ツヅ)ける; 10년을 하루같이 똑같은 일을 계속하다」
しゅうのう[収納](명·타サ) 수납. 받아 거둬 들임. receipt
じゅうのう[十能](명) 부삽. a fire shovel 〔十能〕
じゅうのうしゅぎ[重農主義](명)〈경〉 중농주의. 18세기 중엽 프랑스에서 일어난 농업 중시(重視)의 경제 사상. ↔重商(ジュウショウ)主義. physiocracy
じゅうのしま[十の島](연·명)〈속〉〔"あほ"를 파자(破字)하면 "十のしま"로 되므로〕 바보. 천치.
しゅうは[周波](명)〈이〉 주파. 물체의 진동이나 파동의 주기(週期) 운동수. 「一数(スウ); 주파수」 a cycle
しゅうは[宗派](명) 종파. ①종문(宗門)의 분파(分派). ②(예술 등의) 유파(流派). 1. a sect
しゅうは[秋波](명) 추파. ①가을철의 맑은 물결. ②은근한 정을 나타내는 눈짓. 색정(色情)어린 눈짓. 「一を送(オク)る; 추파를 던지다」 ③미인(美人)의 시원한 눈매. 2. wink
シューバ[러 shuba](명) 슈바. 털외투.
じゅうは[銃把](명) 총파. 총상(銃床)의 일부로 사격할 때 오른손으로 쥐는 곳. the grip
じゅうは[縦波](명)〈이〉 종파. 파동(波動)이 나가는 방향과 매체(媒体) 각부의 진동 방향이 일치하는 파(波). a longitudinal wave
しゅうはい[集配](명·타サ) 집배. (우편물 등을) 한군데로 모아서 배달함. 「一人(ニン); 집배인」 collection and delivery
しゅうばい[収買](명·타サ) 사들임. buying
しゅうばく[就縛](명·자サ) 잡혀서 묶임. being arrested
じゅうばく[重爆](명) 중폭격기의 준말.
じゅうばこ[重箱](명) 먹을 것을 넣는 그릇. 같은 그릇을 여러 겹으로 겹치게 되어 있음. 찬합. 「一のすみを楊枝(ヨウジ)でほじくる; 자잘한 일에까지 잔소리를 하다」 a tier of boxes. **―よみ**[重箱読み](명) 한자(漢字)의 두 자로 되어 있는 숙어에서, 위를 음(音)으로, 아래를 훈(訓)으로 읽는 법. 예: "重箱(ジュウバコ), 自腹(ジバラ)" 등.
じゅうはちばん[十八番](명) ①배우 이치카와가(市川家)에 전해 내려 오는 신구(新旧) 각 18번의 자랑할 만한 쿄오겐(狂言). ②십팔번. 장기(長技). 「手品(テジナ)が彼(カレ)の一だ; 요술이 그의 장기다」 2. one's hobby
しゅうはつ[終発](명) 마지막 발차. ↔始発(シハツ). the last departure of car
しゅうばつ[秀抜](형동ダ) 뛰어나게 우수한 모양. 「一な成績(セイセキ); 뛰어나게 우수한 성적」 excellent
じゅうばつ[重罰](명) 중벌. 무거운 처벌. 엄벌. a severe punishment

じゅうはっぱん[十八般](명) ①〔중국에서〕18 가지의 무예.「武芸(ブゲイ)—; 무예 18 종」②무예 전반(全般). 모든 무예. 1. eighteen military arts

しゅうばん[終盤](명) 종반. ①〔장기, 바둑에서〕승부의 끝판. 또는 끝판에 이름. ②선거 운동에서의 끝판.「—戦(セン); 종반전」↔序盤(ジョバン). 1. the final stage of a game

しゅうばん[週番](명) 주번. 주간마다 교체해서 하는 당번 근무. 또는 그 사람. weekly duty

じゅうはん[重犯](명) 중범. ①중한 범죄. ②재차 저지르는 범죄. 1. a felony 2. repetition of crimes

じゅうはん[重版](명·타サ) 중판. ①판을 거듭함. 또는 그 출판물. 재판(再版). ②남의 출판물을 몰래 출판함. 또는 그 출판물. 위판(偽版). 1. a second impression 2. literary piracy

じゅうはん[従犯](명)〈법〉종범. 정범(正犯)을 방조(幇助)한 사람. an accessory

じゅうばんぎり[十番切り](명) 열 사람을 베어 넘기는 것.

しゅうび[愁眉](명) 수미. 근심에 잠겨 찌푸린 눈썹. 걱정스러운 기색.「—をひらく; 안심하다」 the knitted eyebrows

じゅうひ[柔皮](명) 부드럽고 연한 가죽. leather

じゅうひ[従婢](명) 여종. 하녀. a maidservant

じゅうひ[獣皮](명) 수피. 짐승 가죽. a hide

じゅうび[柔媚](명·형동ダ) 부드럽고 아리따움. charming

じゅうび[銃尾](명) 총신의 뒷부분. the breech of a rifle

しゅうひょう[週評](명) 주평. 1 주간에 일어난 일의 비평. weekly review

しゅうひょう[衆評](명) 중평. 뭇사람의 비평. public opinion

じゅうびょう[重病](명) 중병. 목숨이 위태할 정도로 몹시 앓는 병. 중한 병. a serious disease

しゅうふ[醜婦](명) 추부. 못생긴 부인. 추한 부인. an ugly woman

シューブ[도 Schub](명)〈의〉슈우브. 한번 회복된 폐결핵이 갑자기 나빠지는 일.「—を起(オ)こす; 폐결핵이 재발하다」

しゅうふう[宗風](명) 종풍. ①종파(宗派)의 풍습. ②예도(芸道)의 한 유파(流派)의 풍습이나 격식. 1. customs of a sect

しゅうふう[秋風](명) 가을 바람. the autumn wind

しゅうふく[修復](명·타サ) 파손된 것을 다시 고침. repair

じゅうふく[重複](명·자サ) ⇨ちょうふく.

しゅうぶん[秋分](명)〈천〉추분. 24 절기의 하나. 양력 9월 20일경에 들고 주야의 길이가 같음. the autumnal equinox. ——**のひ**[秋分の日](연어·명) 9월 23일경. 선조나 죽은 사람을 추모하는 날.

しゅうぶん[醜聞·臭聞](명) 추문. 좋지 못한 소문. 불명예스러운 평판. a scandal

じゅうぶん[充分·十分](형동ダ·부) 충분. 부족한 것이 없는 모양.「—食(タ)べる; 실컷 먹다」 enough

じゅうへい[従兵](명) 따라 다니며 심부름하는 병졸. a servant soldier

しゅうへき[周壁](명) 주위의 벽. a surrounding wall

しゅうへき[習癖](명) 습관. 버릇. a habit

しゅうへき[褶襞](명) 습벽. 겹쳐 주름이 잡혀 있는 일. 또는 그 주름. a fold

しゅうへん[周辺](명) 주변. 둘레. environs

じゅうべん[重弁·重瓣](명)〈생〉중판. 수술이 꽃잎으로 변하여 꽃잎의 수가 늘어서 여러 겹으로 겹쳐진 꽃잎. 복판(複瓣). double flowering

しゅうほ[修補](명·타サ) 수보. 허름한 데를 고치고 덜 갖춘 데를 기움. 보수(補修). repair

しゅうほ[襲歩](명) 기병이 습격할 때 내는 말의 최대 속도의 보도(歩度). gallop

じゅうぼいん[重母音](명) 중모음. 서로 다른 모음이 두 개 또는 그 이상 겹친 것. 복(複)모음. 예: "あい, いえ" 등. a diphthong

しゅうほう[宗法](명)〈불〉종법. 종문(宗門)의 법규(法規). laws of a sect

しゅうほう[週報](명) 주보. ①1 주간마다 발행하는 신문이나 잡지. ②1주일에 한 번씩 작성하여 올리는 보고. 1. a weekly 2. a weekly report

しゅうほう[衆芳](명) 여러 가지 많은 꽃. various flowers

しゅうほう[衆峰](명) 많은 봉우리. peaks

しゅうぼう[衆望](명) 중망. ①여러 사람으로부터 받는 신망.「—をになう; 중망을 한 몸에 지니다」②인망이 높은 것. 1. popular hopes

じゅうほう[什宝](명) 보물로서 소중히 여기는 기물(器物). a treasure

じゅうほう[重宝](명) 중보. 중요한 보물. a treasure of great value

じゅうほう[重砲](명)〈군〉중포. 구경(口径)이 크고 포신(砲身)이 긴 대포. a heavy gun

じゅうほう[銃砲](명) 총포. 소총과 대포. guns

じゅうぼく[従僕](명) 종복. 사내종. a servant

シューマイ[중 焼売](명) 닭고기나 돼지 고기와 야채를 다져 밀가루 반죽을 얇게 밀어 싸서 만두 모양으로 찐 중국 요리.

じゅうまい[従妹](명) 종매. 사촌 누이 동생. a younger female cousin

しゅうまく[終幕](명·자サ) 종막. ①최후의 막이나 장면. ②끝을 알리는 막. 1. the final scene

しゅうまつ[終末](명) 종말. 끝. end

しゅうまつ[週末](명) 주말. 1 주일의 끝.「—旅行(リョコウ); 주말 여행」 the week end

じゅうまん[充満](명·자サ) 충만. 가득 참. filling

じゅうまんおくど[十万億土](명)〈불〉십만 억토. ①이승에서 극락 정토(極楽浄土)로 가는 사이에 있다고 하는 불토(仏土)의 총칭. ②극락 정토. 2. paradise

しゅうみ[臭味](명) 썩은 냄새. an offensive smell

しゅうみつ[周密](명·형동ダ) 주밀. 자세하여 허술한 곳이 없음. 두루 미침. 면밀.「—な調査(チョウサ); 면밀한 조사」 careful

しゅうみん[州民](명) 주민. 주의 백성.
しゅうみん[衆民](명) 중민. 많은 백성. many people
しゅうみん[就眠](명·자サ) 취면. 잠을 잠.「一時間(ジカン); 잠자는 시간」 going to bed
しゅうみん[愁眠](명) 수심에 잠겨 깜박깜박 조는 것. 근심하면서 잠. a troubled sleep
じゅうみん[住民](명) 주민. 그곳에 사는 백성.「一投票(トウヒョウ); 주민 투표」 an inhabitant. **—ぜい**[住民税](명)〈법〉소득세 등을 기준으로 해서 부과되는 주민의 각종 세의 총칭. **—とうろく**[住民登録](명)〈법〉주민 등록. 지방 자치 단체의 사무소에 주민으로서 살고 있는 것을 기록하는 일.
しゅうむ[宗務](명) 종교에 관한 사무. religious affairs
しゅうめい[主命](명) ⇨しゅめい.
しゅうめい[醜名·臭名](명) 추명. 좋지 못한 평판. 부끄러운 소문.「一がひろがる; 좋지 않은 평판이 퍼지다」 a scandal
しゅうめい[襲名](명·자サ) 예명(芸名) 등을 계승함.「一披露(ヒロウ); 예명을 계승한 피로」 succession to another's name
じゅうめん[渋面](명) 불만스러운 얼굴. 찡그린 얼굴. a grimace
じゅうもう[絨毛](명)〈생〉융모. ①소장(小腸), 특히 십이지장 및 공장(空腸)에 난 많은 점막(粘膜)의 돌기(突起). 융털 돌기. ②식물의 꽃잎, 잎 등에 있는 작고 가는 털. a villus
しゅうもく[衆目](명) 뭇사람의 눈. 중인(衆人)의 관찰(観察).「一をあつめる; 뭇사람의 시선을 모으다」 many eyes
じゅうもく[十目](명) 열 사람의 눈. 많은 사람의 눈.「一の見(ミ)るところ; 많은 사람이 보는 바」⇨:十指(ジッシ). all eyes
しゅうもち[主持ち](명) 주인을 섬기는 신분. 또는 그 사람. an employee
じゅうもつ[什物](명) 집물. ①평상시에 사용하는 기구나 도구. ②(절의) 보물. 1. furniture 2. a treasure
しゅうもん[宗門](명) 종문. 종지(宗旨). 종파. a creed. **—あらため**[宗門改め](명)〈역〉에도 막부(江戸幕府)가 기독교도 압박을 위하여 행한 신앙 조사.
しゅうもん[愁悶](명) 근심하고 괴로와함. trouble
じゅうもんじ[十文字](명) ①"十"자 모양. ②가로 세로 교차된 모양. 1. a cross 2. crosswise
しゅうや[秋夜](명) 추야. 가을밤. an autumn night
しゅうや[終夜](명·부) 밤새도록. all night
しゅうやく[集約](명·타サ) 집약. 한데 모아서 요약함. collect in concise form. **—のうぎょう**[集約農業](명)〈농〉집약 농업. 좁은 토지에 많은 자본과 노력을 들여 효과적으로 농사를 짓는 일.
じゅうやく[十薬](명)〈식〉⇨どくだみ(蕺草).
じゅうやく[重役](명) 중역. ①은행, 회사 등의 취체역이나 감사역 같은 중요한 역원. ②책임이 무거운 역할. 1. a director 2. a responsible position
じゅうやく[重訳](명·타サ) 중역. 한 번 번역된 말이나 글을 다시 다른 말이나 글로 거듭 번역함. 이중 번역. retranslation
じゅうや(ねんぶつ)[十夜(念仏)](명)〈불〉〔정토종(浄土宗)에서〕음력 10월 6일부터 15일까지 10일간 매일 밤 염불하는 법요(法要). ten-nights' prayer
じゅうゆ[重油](명)〈이〉중유. 원유에서 가솔린, 경유를 뺀 뒤에 얻어지는 기름. ↔軽油(ケイユ). heavy oil
しゅうゆう[舟遊](명·자サ) 뱃놀이. boating
しゅうゆう[周遊](명·자サ) 주유. 여러 곳을 두루 돌아 다님. touring round
しゅうよう[収用](명·타サ) 수용. ①받아 들여서 씀. ②〈법〉공용을 위해서 특정한 것을 강제로 징수하여 씀.「土地(トチ)一; 토지 수용」 2. expropriation
しゅうよう[収容](명·타サ) 수용. ①일정한 곳에 받아들여 관리함. ②안에 넣어 관리함. 1. accomodation
しゅうよう[主用](명) 주인의 일. 주군(主君)의 일.
しゅうよう[秋陽](명) 추양. 가을의 태양. 가을볕. the autumn sun
しゅうよう[修養](명·타サ) 수양. 학문을 닦고 덕성을 기름. cultivation
しゅうよう[襲用](명·타サ) 습용. 전대로 그냥 눌러 씀. adoption
じゅうよう[充用](명) 충용. 부족한 곳에 채워서 씀. appropriation
じゅうよう[重用](명·타サ) 중용. 중요한 자리에 채용함. promotion to a responsible post
じゅうよう[重要](명·형동ダ) 중요. 긴요. importance. **—し**[重要視](명·타サ) 중요시. 중요하다고 봄.
じゅうよく[獣欲](명) 동물적인 욕망. 육욕(肉慾). bestiality
しゅうらい[襲来](명·자サ) 쳐들어 옴. 세차게 밀어닥침. 내습.「台風(タイフウ)の一; 태풍 내습」 a raid
じゅうらい[従来](명·부) 종래. 여지껏. 본래부터. 원래. hitherto
しゅうらく[集落·聚落](명) 취락. 집 등이 한군데로 모여 있는 곳. 마을. a village
しゅうらん[収攬](명·타サ) 수람. 거두어 모아 잡아 당김.「人心(ジンシン)を一する; 인심을 수람하다」 grasping
じゅうらん[縦覧](명·타サ) 마음대로 보고 구경함. general inspection
しゅうり[修理](명·타サ) 수리. 고침. 수선.「家(イエ)の一; 집 수리」 repair
しゅうりつ[州立](명) 주립. 주의 설립. state institution
しゅうりゅう[周流](명·자サ) ①둘러 흐름. ②두루 돌아 다님. 주유(周遊). 1. circulation 2. touring round
しゅうりょ[囚虜](명) 갇혀 있음. 또는 그 사람. captivity
じゅうりょ[住侶](명) 절에 있는 중. 주승(住僧). a priest
しゅうりょう[収量](명) 수량. 수확의 분량.「段(タン)当(ア)たり一; 단당 수확량」 a yield
しゅうりょう[秋涼](명) ①가을의 서늘한 바람. ②음력 8월. 1. a cool autumn wind

しゅうりょう[修了](명·타サ) 수료. 일정한 학업(学業)을 끝까지 마침. 「一証書(ショウショ); 수료 증서」 finishing of a course
しゅうりょう[終了](명·자타サ) 종료. 일을 끝마침. 끝냄. 끝. an end
しゅうりょう[終漁](명·자サ) 그해의 고기잡이가 끝남. end of the year's fishing
じゅうりょう[十両](명) ①열(10) 냥. ②씨름군 계급의 하나. 대전표(対戦表) 제2단의 상위(上位)에 있는 계급.
じゅうりょう[重量](명) 중량. ①무게. ②물체가 인력(引力)에 끌리는 정도. 1. weight. **―あげ**[重量挙げ](명) 역기(力技). 역도(力道).
じゅうりょう[銃猟](명) 총렵. 총으로 새나 짐승을 잡는 일. 총사냥. shooting
じゅうりょうぜい[従量税](명)〈법〉 종량세. 수량을 표준으로 해서 부과하는 세금. a specific tax
しゅうりょく[衆力](명) 중력. 뭇사람의 힘. 대중의 힘. the force of mass
じゅうりょく[重力](명)〈이〉 중력. 지구가 물체를 끌어당기는 힘. 인력(引力). gravity
しゅうりん[秋霖](명) 추림. 가을에 계속되는 장마. 가을 장마. autumn drizzle
じゅうりん[蹂躙](명·타サ) 유린. ①짓밟음. ②폭력으로 남의 권리를 침해함. 「人権(ジンケン)―; 인권 유린」 1. trampling
シュールー[프 sur](조어) 쉬르. 초(超). …을 넘은. **―レアリスム**[프 surréalisme](명) 쉬르레알리슴. 초현실주의.
しゅうるい[醜類](명) 더러운 무리. 나쁜 패. corrupt elements
じゅうるい[獣類](명) 수류. 인류를 제외한 포유 동물의 총칭. 짐승. animals
しゅうれい[秋冷](명) 가을의 쌀쌀한 기후. 「一の候(コウ); 쌀쌀한 가을철」 cool autumn weather
しゅうれい[秀麗](형동ダ) 수려. 뛰어나게 아름다운 모양. graceful
じゅうれつ[縦列](명) 종렬. 세로 열을 지어 섬. a file
しゅうれっしゃ[終列車](명) 그날의 마지막 열차. the last train
しゅうれん[収斂](명·자타サ) ①수렴. 오그라듦. 오그림. 수축(収縮). ②거둬 들임. 수확(収穫). 1. contracting 2. harvesting
しゅうれん[修練·修錬](명·타サ) 수련. 마음과 몸을 닦아서 단련함. training
しゅうれん[習練](명·타サ) 잘 연습함. 연습해서 익숙해짐. practising and learning
しゅうろう[就労](명·자サ) 노동 일을 함. 일을 착수함. engaging oneself in business
じゅうろうどう[重労働](명) 중노동. 육체적인 노력을 요하는 노동. ↔軽労働(ケイロウドウ). hard labour
しゅうろく[収録](명·타サ) ①수록. 수집(収集)하여 기록함. ②〔라디오에서〕 스튜디오 이외에서 녹음함. 1. collection
しゅうろく[週録](명) 1 주간의 기록. a week's records
しゅうろく[集録](명·타サ) 모아서 기록함. compilation
じゅうろく[重禄](명) 많고 후한 녹봉(祿俸). 많은 봉급(俸給). a high stipend
じゅうろくミリ[十六 mm](명) 십육 밀리. 나비 16 *mm* 의 소형 필름. 또는 그 영화. a sixteen millimetre film
じゅうろくらかん[十六羅漢](명)〈불〉 십육 나한. 부처님의 명령으로 영구히 불법을 지킨다고 하는 16인의 나한. the Sixteen Disciples of Buddha
しゅうろん[宗論](명) 종교상의 논쟁(論争). a religious dispute
しゅうろん[衆論](명) 중론. 많은 사람의 의론이나 의견. 중의(衆議). people's opinion
しゅうわい[収賄](명·타サ) 수회. 뇌물을 받음. 「一罪(ザイ); 수회죄」 ↔贈賄(ゾウワイ). accepting a bribe
じゅうわり[十割](명) 10 할. ①1 할의 10 배. ②전부. 2. all
しゅえい[守衛](명) 수위. 경비하는 사람. a guard
しゅえい[輸贏](명) 이기는 것과 지는 것; 승부(勝負). victory or defeat
じゅえい[樹影](명) 나무 그림자. the shadow of a tree
じゅえき[受益](명·자サ) 수익. 이익을 받음. 「一者(シャ); 수익자」 receiving profits
しゅえん[主演](명·자サ) 주연. 주역(主役)이 되어서 연기(演技)함. playing the leading part
しゅえん[酒宴](명) 주연. 술잔치. a banquet
しゅおうしょく[酒黄色](명) 술 빛과 같은 노란 색.
しゅおん[主音](명)〈악〉 주음. 음계(音階)의 제 1음. 음조(音調)의 기초가 되는 음. keynote
しゅおん[主恩](명) 주군(主君)이나 주인의 은혜. the benevolence of one's lord or master
しゅか[主家](명) 주인 집. one's master's family
しゅか[首夏](명) 초여름. early summer
しゅか[酒家](명) 술군. 호주가(豪酒家). a heavy drinker
しゅが[主我](명) 주아. ①〈철〉 주관적인 자기. ②전적으로 자기의 이해를 생각해서 행동함. 1. ego 2. egoism
しゅが[珠芽](명)〈식〉 주아. 변태적인 액아(腋芽)의 하나. 줄기에 상당하는 부분에 양분을 저장하여 다육질(多肉質)의 작은 덩어리가 되어 쉽게 모체(母体)에서 땅으로 떨어져 나와 발아(発芽)하여 새 개체를 이룸. 육아(肉芽). a bulbil
じゅか[樹下](명) 수하. 나무 아래. 나무 밑. under a tree
じゅか[儒家](명) 유학자(儒学者). 또는 유학자의 집안. a Confucianist
しゅかい[首魁](명) 수괴. ①선구(先駆). 우두머리. ②장본인. 수령. 두목. 2. the ringleader
しゅがい[酒害](명) 술의 알코홀 성분으로부터 받는 해독. the ill effects of drinking
じゅかい[受戒](명·자サ)〈불〉 수계. 계율을 받음. receiving commandments
じゅかい[授戒](명·자サ)〈불〉 수계. 계율을 줌. giving commandments

じゅかい[樹海](명) 수해. 넓게 수풀이 펼쳐 있어서 위에서 내려다 보면 바다같이 보이는 곳. a sea of foliage
しゅかく[主客](명) 주객. ①주인과 손님. ②주체(主体)와 객체. ③중요한 것과 그렇지 않은 것.「一転倒(テントウ); 주객 전도」④〔문법에서〕주어(主語)와 객어(客語). 1. host and guest 2. 4. subject and object
しゅかく[主格](명) 주격. ①〔문법에서〕주어를 표시하는 격(格). ②주체(主体). 1. the subjective case
しゅかく[酒客](명) 주객. 술꾼. a drinker
じゅがく[儒学](명) 유학. 유교를 연구하는 학문. 중국의 전통적인 학문. Confucianism
しゅかん[手簡·手翰](명) 편지. 서한. a letter
しゅかん[主幹](명) ①주간. 어떤 일을 주관하여 맡아서 처리하는 일. 또는 그 사람. ②주임.「編集(ヘンシュウ)一; 편집 주간」 a chief
しゅかん[主管](명·타サ) ①지배인. 주임(主任). ②주관. 어떤 일을 주가 되어 관리함. 1. a manager 2. management
しゅかん[主観](명) 주관. ①대상을 인식, 사유(思惟)한다는 뜻. 곧 인식 작용 및 정의(情意) 작용의 주체로 대상을 의식하는 자아(自我).「自然(シゼン)は一を離(ハナ)れて存在(ソンザイ)する; 자연은 주관을 떠나서 존재한다」②자기의 생각.「一を捨(ス)てる; 주관을 버리다」↔客観(キャッカン). 1. subjectivity. **―せい**[主観性](명) 주관성. 주관적인 일. 주관적인 성질. ↔客観性(キャッカンセイ). **―てき**[主観的](형동ダ) 주관적. ①자기를 기본으로 하는 모양. ②자기 방식대로 생각하는 모양. ↔客観的.
しゅかん[首巻](명) 첫권. 첫째 권. the first volume
しゅがん[主眼](명) 주안. 중요한 점. 중요한 목적. 요점.「訓育(クンイク)に一をおく; 훈육에 주안을 두다」 the point
じゅかん[儒官](명) 유관. 유학(儒学)을 가르치는 관리. a teacher in Confucianism
じゅかん[樹間](명) 나무와 나무 사이. between trees
じゅかん[樹幹](명) 나무 줄기. a trunk
しゅき[手記](명) 수기. 체험을 손수 적는 일. 또는 그 기록.「獄中(ゴクチュウ)一; 옥중 수기」 a note
しゅき[酒気](명) 주기. ①술 냄새. 술기운.「一をおびる; 주기를 띠다」②취기(酔気). 1. the smell of wine
しゅき[酒器](명) 주기. 술 그릇. 「handicraft
しゅぎ[手技](명) 손을 놀려 하는 기술. 손재주. ↗
しゅぎ[主義](명) 주의. 언제나 지니고 있는 일정한 주장.「一主張(シュチョウ)をつらぬく; 주의 주장을 관철하다」 an ism
しゅきゃく[主客](명) ⇨しゅかく.
しゅきゅう[守旧](명) 낡은 습관을 지키는 일. 보수(保守).「一的(テキ); 보수적」 conservatism
しゅきゅう[首級](명) 수급. 싸움터에서 베어 얻은 적군의 목. a decapitated head
しゅぎゅう[種牛](명)〈농〉⇨たねうし. 「having a ration
じゅきゅう[受給](명·타サ) 수급. 배급 등을 받음. ↗
じゅきゅう[需給](명)〈경〉수급. 수요(需要)와 공급(供給). demand and supply
じゅぎょ[入御](명) 임금, 중전(中殿) 등이 궁전에 들어 가는 것. ↔出御(シュツギョ).
しゅきょう[酒狂](명) 주광. 술에 취해 심하게 주정을 부리는 일. 주란(酒乱). drunken frenzy
しゅきょう[酒興](명) 주흥. 술을 마실 때의 흥취.「一をそえる; 주흥을 돋우다」 conviviality
しゅぎょう[修行](명·자サ) 수행. ①〈불〉㉠불도를 닦음. ㉡순례하며 도를 닦음. ②무예, 예술을 연마하기 위하여 각지(各地)로 돌아 다님. ④행실을 닦음. 1. ascetic exercises
しゅぎょう[修業](명·자サ) 수업. 학문이나 기술을 배우고 닦음. study
じゅきょう[誦経](명)〈불〉송경. 소리를 내어 경문을 읽음. recitation of scriptures
じゅきょう[儒教](명) 유교. 공자(孔子)를 창시자(創始者)로 하며 인(仁)을 근본으로 하는 정치, 도덕의 가르침. Confucianism
じゅぎょう[授業](명·자サ) 수업. 학업, 기술 등을 가르침.「一時間(ジカン); 수업 시간」 teaching
しゅぎょうじゃ[修行者](명) 수행자. ①도를 닦는 사람. ②무술(武術)을 닦는 사람. 2. a knight-errant
しゅぎょく[珠玉](명) 주옥. ①구슬. ②아름다운 것. 고귀한 것.「一編(ヘン); 주옥편」1. a jewel 2. a gem
しゅきん[手巾](명) 수건. 손수건. a handkerchief
しゅく[祝](명) 축하.「一入学(ニュウガク); 축입학(입학을 축하함)」 congratulation
しゅく[宿](명) ①유숙(留宿). 숙박(宿泊). ②여관. 여인숙. ③역참(駅站). 원(院). ④성좌(星座).「二十八一; 28수」 1. lodging 4. a constellation
しゅく[粛](명) ⇨しゅくとして.
じゅく[塾](명) ①개인이 직업적으로 학예, 기예 등을 가르치는 곳. 글방. 사숙(私塾). ②케이오오 의숙(慶応義塾)의 약칭. 1. a private school
しゅくあ[宿痾](명) 숙아. 오래 된 병. 오랫동안 낫지 않는 병. 지병(持病).「一の心臓病(シンゾウビョウ); 오래 된 심장병」 a chronic disease
しゅくあく[宿悪](명) 숙악. ①이전에 저지른 악행. 구악(旧悪). ②오래 전부터의 악(悪). one's old sins
しゅくい[祝意](명) 축의. 축하의 뜻.「一を述(ノ)べる; 축하의 뜻을 말하다」 congratulation
しゅくい[宿意](명) ①늘 가지고 있는 의견. ②오랫동안 마음에 품은 원한(怨恨). 1. a cherished opinion 2. a long-harboured grudge
じゅくいん[塾員](명) 숙(塾)이라고 불리는 곳에 있는 사람. 또는 그곳에서 일하는 사람.
しゅぐう[殊遇](명) 특별한 대우. special favour
しゅくうん[宿運](명) 숙운. 운명. 숙명. destiny
しゅくえい[宿営](명·자サ) ①군영(軍営)에 머무름. 또는 그 곳. ②숙영. 병사 밖에서 숙박함. 1. billeting
しゅくえい[宿衛](명·타サ) 숙위. 숙직하면서 호위함. 또는 그 사람. a night guard

しゅくえき[宿駅](명) 옛날 나그네를 유숙시키며 또 하물(荷物) 운반에 필요한 인마(人馬)를 댈 수 있는 설비를 한 곳. 역참(駅站). a post town
しゅくえん[祝宴](명) 축연. 축하연. 축하 잔치. a feast
しゅくえん[宿怨](명) 숙원. 오래 전부터의 원한. an old grudge
しゅくえん[宿縁](명)〈불〉 숙연. 전생의 인연. fate
しゅくおくり[宿送り](명·타サ) ⇨しゅくつぎ(宿継ぎ).
しゅくか[祝歌](명) 축가. 축하의 노래. 「結婚(ケッコン)—; 결혼 축가」 a festive song
しゅくが[祝賀](명·타サ) 축하. 경축함. 「—式(シキ); 축하식」 celebration
しゅくがく[宿学](명) 이전부터 명성이 높은 학자.
しゅくがく[粛学](명·자サ) 학교(学校)를 숙정(粛正)함. purging a school
しゅくかご[宿駕籠](명) 역참(駅站)에 비치된 가마. a stage palanquin
しゅくがん[宿願](명) 숙원. 이전부터의 소원. a cherished wish
じゅくぎ[熟議](명·타サ) 숙의. 충분히 신중하게 의논함. deliberation
しゅくけい[粛啓](명) 숙계. 편지에 쓰는 인사말. 근계(謹啓).
しゅくげん[縮減](명·타サ) 덜고 줄여 작게 함. 감축(減縮). reduction
じゅくご[熟語](명) ①두 개 이상의 한자(漢字)가 합하여 된 말. 예: 문학(文学). ②숙어. 두 개 이상의 단어가 하나로 합하여 굳어진 말. ③새로 만들어지는 말에 대해서 보통 사용되는 복합어. a phrase
しゅくごう[宿業](명)〈불〉 숙업. 전세(前世)의 응보(応報). retribution
しゅくこん[宿恨](명) 숙한. 오래 전부터 품어 온 원한(怨恨). an old grudge
しゅくこん[宿根](명) 숙근. ①〈불〉 전세에서 이미 정해진 기근(機根). ②〈식〉 가을에 지상경(地上茎)은 말라 죽고 땅속줄기(地下茎)만 남았다가 이듬해 봄에 다시 움이 돋는 풀뿌리. 2. a perenial root
しゅくさい[祝祭](명) 축제. 축하하는 잔치. a fete. **—じつ**[祝祭日](명) 축제일. ①축일과 제일. ②국민의 축일.
しゅくざい[宿罪](명)〈불〉 숙죄. 전세에 범한 죄.
しゅくさつ[縮刷](명·타サ) 축쇄. 판을 작게 줄여 인쇄함. 「—版(バン); 축쇄판」 printing in reduced size
じゅくさん[熟蚕](명) 숙잠. 다 자라서 고치를 지으려고 하는 누에. a grown-up silkworm
しゅくし[夙志](명) 일찌기 품었던 뜻. 오래 전부터의 희망. intention
しゅくし[祝詞](명) ①신에게 기원하는 말. ②축하의 뜻을 나타내는 말. 축사(祝辞). 2. congratulations
しゅくし[宿志](명) 숙지. 전부터 갖고 있는 뜻이나 소망. a long-cherished desire
しゅくじ[祝辞](명) 축사. 축하의 뜻을 나타내는 말. greetings
じゅくし[熟思](명·타サ) 숙사. 충분히 생각함. 숙고(熟考). deliberation
じゅくし[熟柿](명) 잘 익은 감. a mellowed persimmon. **—くさ·い**[熟柿臭い](형) 술을 마셔 숨결에서 홍시(紅柿) 냄새가 나다.
じゅくし[熟視](명·타サ) 숙시. 자세히 봄. 찬찬히 봄. 응시(凝視). staring intently
じゅくじ[熟字](명) 한자(漢字)의 숙어(熟語). a Chinese compound word
しゅくじつ[祝日](명) 축일. 경사스러운 날. 축하하는 날. a festival
しゅくしゃ[宿舎](명) 숙사. ①숙소. 여관. ②기숙사. 1. lodgings
しゅくしゃ[縮写](명·타サ) 축사. 원형을 줄여 작게 베끼거나 찍음. a reduced copy
じゅくしゃ[塾舎](명) 숙사. 숙(塾)의 생도(生徒)가 기숙하는 집. a private school boarding house
しゅくしゃく[縮尺](명·타サ) 축척. 지도, 설계도 등을 실물보다 줄여 그림. 또는 축도를 그릴 때 그 축소 시키는 비례의 척도(尺度). 「—図(ズ); 축척도」 ↔現尺(ゲンシャク). a reduced scale
しゅくしゅ[祝酒](명) 축하로 마시는 술.
しゅくしゅ[宿主](명)〈동〉 ⇨やどぬし.
しゅくしゅく[粛粛](형동タルト) 숙숙. ①조용한 모양. ②잘 정돈된 모양. ③엄숙한 모양. ④겸손하여 존경하는 모양. 1. in hushed silence
しゅくしょ[宿所](명) 숙소. 머물러 묵는 곳. lodgings
しゅくじょ[淑女](명) 숙녀. 교양과 예의와 품격을 갖춘 점잖은 여자. 덕행(徳行)을 가진 부인. ↔紳士(シンシ). a lady
しゅくしょう[祝勝](명) 승리를 축하함. 「—会(カイ); 승리 축하회」 celebration of a victory
しゅくしょう[宿将](명) 늙고 공로가 많은 장군. a veteran general
しゅくしょう[縮小](명·자타サ) 축소. 줄여서 작게 함. 줄여서 작게 됨. ↔拡大(カクダイ). reduction. **—きんこう**[縮小均衡](연어·명)〈경〉 축소 균형. 경제의 규모를 줄여서 수입과 지출의 균형을 맞추는 일.
しゅくしん[粛慎](명)〈역〉 숙신. 상고 시대 만주 북부 연해주(沿海州)에 살았던 퉁구스족. 여진, 말갈의 전신임.
しゅく·す[祝す](타 4) 축하하다. 경축하다. congratulate
しゅく·す[宿す](자 4) 유숙하다. 머무르다. lodge
しゅくず[縮図](명) 축도. 원형을 줄여서 작게 한 그림. 「社会(シャカイ)の—; 사회의 축도」 a reduced drawing
じゅく·す[熟す](자 4) ①(잘) 익다. ②정돈되다. ③적당한 때가 되다. 「機(キ)が—; 기회가 무르익다」 ④충분한 정도가 되다. ⑤능숙하게 되다. 1. ripen 2. be arranged
じゅくすい[熟睡](명·자サ) 깊이 잠듦. sound sleep
しゅくせ[宿世](명)〈불〉 전세(前世). one's previous life
しゅくせい[粛正](명·타サ) 숙정. 엄중하게 부정을 제

거함.「綱紀(コウキ)—; 강기 숙정」 regulation

しゅくせい[粛清](명·타サ) 숙청. 엄중히 다스리어 불순 분자를 몰아 냄. purge

じゅくせい[塾生](명) 숙생. 사숙(私塾)에 있는 학생. a private school student

じゅくせい[熟成](명) 숙성. 익어서 충분하게 이루어지는 일. ripening

しゅくせつ[祝節](명) 경축일(慶祝日). a fete day

しゅくぜん[宿善](명)〈불〉 숙선. 전세(前世)에서 행한 선행(善行). one's good deeds in one's previous life

しゅくぜん[粛然](형동タルト) 숙연. ①엄숙한 모양.「—としてえりを正(タダ)す; 숙연히 옷깃을 바로 하다」②정숙(静粛)한 모양. 1. solemn

しゅくだい[宿題](명) 숙제. ①미리 제출해 두는 문제.「学校(ガッコウ)の—; 학교의 숙제」②후에 해결해야 할 문제. 1. home work

じゅくたつ[熟達](명·자サ) 숙달. 손에 익숙해져서 잘하게 됨. 통달. becoming skilful

じゅくだん[熟談](명·자サ) 숙담. ①이야기를 주고 받으며 자세히 상의(相議)함. ②잘 이야기해서 타협을 지음. 1. due consultation

じゅくち[熟地](명) 잘 알고 있는 지방. a familiar place

じゅくち[熟知](명·타サ) 숙지. 잘 앎. knowing well

しゅくちょく[宿直](명·자サ) 숙직. 관청, 회사 등에서 교대로 유숙하며 지킴.「—室(シツ); 숙직실」 night duty

しゅくつぎ[宿継ぎ·宿次ぎ](명·자サ) 역참(駅站)에서 역참으로 차례로 송달함. stage relay

しゅくてき[宿敵](명) 숙적. 오래 된 적. an old enemy

しゅくてん[祝典](명) 축전. 축하 의식. a celebration

しゅくでん[祝電](명) 축전. 축하 전보. a telegraphic message of congratulations

じゅくでん[熟田](명) 해마다 농사를 짓는 논. a well-tilled rice field

じゅくと[熟図](명) 깊이 생각해서 계획하는 일. 숙고(熟考). deliberation

しゅくとう[祝禱](명·자サ)〈종〉 ①신에게 기도함. ②축도. 목사가 신도의 복을 비는 기도. 축복 기도. 1. prayer 2. benediction

しゅくとう[粛党](명·자サ) 숙당. 정당 등을 바로 잡음. 당내(党内)의 불순 분자를 몰아 냄. regulating a party

じゅくとう[塾頭](명) 사숙(私塾)의 우두머리. the head teacher of a private school

しゅくとく[宿徳](명) 숙덕. ①덕이 높은 노인. ②〈불〉 전세(前世)에서 쌓은 복덕(福徳). 1. an old man of virtue

しゅくとく[淑徳](명) 숙덕. 고상하고 정숙한 여자의 미덕(美徳). feminine virtue

じゅくどく[熟読](명·타サ) 숙독. 충분히 읽고서 음미(吟味)함.「—玩味(ガンミ)する; 자세히 읽어 음미하다」 careful reading

しゅくとして[粛として](부) ①삼가. 엄숙(厳粛)히. ②조용히. 1. solemnly 2. in hushed silence

しゅくば[宿場](명) 옛날 관리나 나그네를 유숙시키며 또 하물 운반에 필요한 인마(人馬)를 비치했던 곳. 역참(駅站). a stage

しゅくはい[祝杯·祝盃](명) 축배. 축하의 술잔.「—をあげる; 축배를 들다」 a toast

しゅくはく[宿泊](명·자サ) 숙박. 유숙함.「—料(リョウ); 숙박료」 lodging

しゅくばく[菽麦](명) 숙맥. 콩과 보리.「—を弁(ベン)ぜず; 콩과 보리도 구별하지 못하다 (바보를 말함)」 beans and barley

しゅくはずれ[宿外れ](명) 역참(駅站) 또는 역참이 있는 거리의 변두리. the verge of a post town

じゅくばた[熟畑](명) 잘 경작한 밭. a well-tilled farm

しゅくはん[縮版](명) 축판. 축쇄판(縮刷版). 축소판(縮小版). printing in reduced size

じゅくばん[熟蕃](명) 개화(開化)된 야만족. ↔生蕃(セイバン). semi-civilized aborigines

じゅくひ[熟否](명) 성숙한 것과 미숙한 것.

しゅくふ[叔父](명) 부모의 남동생. ↔叔母(シュクボ). an uncle

しゅくふく[祝福](명·타サ) 축복. ①앞날의 행복을 빎.「前途(ゼント)を—する; 전도를 축복하다」②축하함.「卒業(ソツギョウ)を—する; 졸업을 축하하다」③신의 은총을 빎. 은총에 의한 행복. blessing

しゅくへい[宿弊](명) 숙폐. ①예부터의 폐해. ②나쁜 풍습. 1. a deep-rooted evil

しゅくべん[宿便](명)〈의〉 장(腸) 속에 오래 머무른 똥(便).

しゅくぼ[叔母](명) 부모의 여동생. ↔叔父(シュクフ). an aunt

しゅくほう[祝砲](명) 축포. 축하하는 뜻을 나타내기 위하여 쏘는 공포. 예포(礼砲). a salute of guns

しゅくぼう[宿坊](명) 참예(参詣)하는 사람들이 묵는 절의 숙박소(宿泊所). visitors' lodgings

しゅくぼう[宿望](명) 숙망. ①오랫동안의 소원. 숙원(宿願). ②오래 전부터의 명망(名望). 1. a long-cherished hope

じゅくみん[熟眠](명·자サ) 숙면. 깊이 잠듦. 또는 그 잠. sound sleep

しゅくめい[宿命](명) 숙명. 전세(前世)부터 정해진 팔자. 운명.「—的(テキ); 숙명적」 destiny

しゅくや[夙夜](명) 아침 일찍부터 밤늦게까지. day and night

しゅくやくにん[宿役人](명) 역참(駅站)을 관리하고 관원(官員)이나 여행자를 위하여 인마(人馬)를 차비하던 관리. 원주(院主). a post town officer

しゅくゆう[祝融](명) ①여름의 신(神). ②불의 신. ③화재(火災). 2. the god of fire

じゅくらん[熟覧](명·타サ) 숙람. 자세히 살펴 봄. careful inspection

じゅくりょ[熟慮](명·타サ) 숙려. 깊이 생각함. mature consideration. **—だんこう**[熟慮断行](연어·자

サ) 충분히 생각하고 용감하게 실행함.
しゅくりょう[宿料](명) 숙박료. a lodging charge
じゅくれん[熟練](명·자サ) 숙련. 매우 능숙함. skill. **—こう**[熟練工](명) 숙련공. 기술에 숙련한 직공.
しゅくろう[宿老](명) ①경험을 많이 쌓은 올린 노인. ②에도(江戸) 시대의 고관(高官). 1. a veteran
しゅくわり[宿割り](명·자サ) 숙소 할당. quartering
しゅくん[主君](명) 주군. 임금. 주인. one's lord
しゅくん[殊勲](명) 수훈. 뛰어난 공훈. a distinguished service
しゅけい[主計](명) ①회계.「一官(カン); 회계관」②경리계(経理係). 1. accounts
しゅげい[手芸](명) 수예. 자수, 편물, 인형 등 주로 손재주에 의한 가정 공예.「一品(ヒン); 수예품」 handicraft
しゅげい[種芸](명) 농작물의 이식(移植). planting
じゅけい[受刑](명·자サ) 수형. 형벌을 받음.「一者(シャ); 수형자」 being under sentence
しゅけん[主権](명)〈법〉주권. 국가가 갖는 최고, 독립의 통치 권력. 국가의 통치권. sovereignty. **—ざいみん**[主権在民](연어·명) 주권 재민. 주권이 국민에게 있는 것.
しゅげん[修験](명)〈불〉①←修験者. ②←修験道. **—じゃ**[修験者](명)〈불〉슈겐도(修験道)의 도를 닦는 사람. **—どう**[修験道](명)〈불〉밀교(密教)의 한 파. 주법(呪法)을 닦고 영험(霊験)을 언어 산속에서 수도(修道)함. 엔노 오즈노(役小角)가 시조(始祖).
じゅけん[受検](명·타サ) 수검. 검사(検査), 검열 등을 받음. submitting to inspection
じゅけん[受験](명·자サ) 수험. 시험을 봄. undergoing an examination
じゅけん[授権](명·타サ)〈법〉수권. 일정한 권리를 특정한 사람에게 수여함.「一資本(シホン); 수권 자본」
しゅご[主語](명) 주어. 〔문법에서〕한 문장의 주체(主体)가 되는 말. 임자말. 예:"雨が降る"의 "雨が". ↔述語(ジュツゴ). a subject
しゅご[守護](명·타サ) 수호. ①지킴. ①카마쿠라(鎌倉), 무로마치(室町) 시대에 지방관(地方官)에 속하여 군사, 형벌 등의 일을 맡았던 직명(職名). 1. guard
しゅこう[手工](명) 수공. ①손으로 하는 공예.「一芸(ゲイ); 수공예」②학과(学課)로서의 공작(工作)의 전 이름. 1. manual arts
しゅこう[手交](명·타サ) 수교. 손으로 전함.「抗議文(コウギブン)を一する; 항의문을 수교하다」 handing over
しゅこう[首肯](명·자타サ) 수긍. 고개를 끄덕임. 동의(同意). assent
しゅこう[酒肴](명) 주효. 술과 안주.「一料(リョウ); 술값」 drink and food
しゅこう[趣向](명·자サ) ①취지. 뜻. ②구조(構造). 고안(考案) 2. a design
しゅごう[酒豪](명) 주호. 술이 센 사람. a heavy drinker
じゅこう[受講](명·자サ) 수강. 강습을 받음.「一者(シャ); 수강자」 attending a lecture
しゅこうぎょう[手工業](명) 수공업. 간단한 도구를 사용하여 주로 인력에 의하여 상품을 생산하는 규모가 작은 가내 공업(家内工業). handicraft
しゅごしょく[守護職](명) ⇨しゅご(守護)②.
しゅごじん[守護神](명) 수호신. ①지켜 주는 신. ②마스코트. 1. a guardian deity
ジュゴン[dugong·儒艮](명)〈동〉듀우공. 열대 해양에 살며 바닷말(海藻) 등을 먹고 사는 포유 동물. 인어(人魚). 해마(海馬). 해상(海象). 「a chief investigator
しゅさ[主査](명) 조사 주임(調査主任). ↗
しゅざ[首座](명) ①수석. 상석(上席). ②수석이 될 자격을 가진 사람. ③〈불〉⇨しゅそ. 1. the top seat
しゅさい[主祭](명) 제사를 주관하는 사람. 제주(祭主). a chief priest
しゅさい[主宰](명·자타サ) 주재. 사람들 위에 서서 일체를 통할함. 또는 그 사람. supervision
しゅさい[主催](명·자타サ) 주최. 주창하여 개최함. 어떠한 행사나 회합을 주창하여 개최함.「大会(タイカイ)の一者(シャ); 대회의 주최자」 sponsorship
しゅざい[主剤](명)〈의〉주제. 조제할 때 주가 되는 약제(薬剤). the principal agent
しゅざい[取材](명·자サ) 취재. 기사(記事)의 재료나 제목을 얻음.「一活動(カツドウ); 취재 활동」 collecting data
しゅざい[首罪](명) ①목이 잘릴 죄. ②주범(主犯). 1. beheading 2. the principal offender
しゅさつ[手札](명) ①명함. ②편지. 1. a card 2. a letter
しゅざん[珠算](명) 주산. 주판을 써서 하는 계산. calculation on the abacus
じゅさん[授産](명·자サ) 무직자(無職者)나 가난한 사람에게 일을 주어 생활의 길을 열어 줌.「一所(ジョ); 수산소」 giving employment
しゅし[主旨](명) 주지. 중요한 뜻. 근본 취지.「立案(リッアン)の一; 입안의 근본 취지」 a purport
しゅし[種子](명) ①〈식〉종자. 씨앗. ②근원. 1. a seed
しゅし[趣旨](명) 취지. ①근본이 되는 종요로운 뜻. 취의(趣意).「この会(カイ)の一; 이 회의 취지」②문장이나 이야기에서 말하려고 하는 뜻. 1. purpose
しゅじ[主治](명) 주치. 주가 되어서 치료를 담당함. 「一医(イ); 주치의」 being in charge
しゅじ[主辞](명) 주사. 주제(主題)의 개념을 나타내는 말. 주개념. 주어(主語). the subject
しゅじ[主事](명) 주사. ①주가 되어 사무를 취급함. 또는 그 사람이나 그 직(職). ②관청, 학교 등에서 그 장(長)의 명령으로 한 부문을 주관하는 사람. 주임(主任). 1. a manager
じゅし[樹枝](명) 나뭇가지 a branch
じゅし[樹脂](명) 수지. ①〈식〉나무의 진. ②합성 수지(合成樹脂).「一加工(カコウ); 천연 섬유에 합성 수지를 씌워 가공하는 일」 1. resin
じゅし[豎子](명) ①아이. 동자(童子). ②사람을 경멸해

서 부르는 말. 저놈. 1. a child 2 that fellow

じゅし[孺子](명) ①아이. 동자(童子). ②젊은 사람을 경멸해서 부르는 말. 풋나기. 1. a child 2. a greenhorn

しゅじく[主軸](명) 주축. 중심이 되는 축. the principal axis

じゅしこうたく[樹脂光沢](명) 수지 광택. 누른 빛의 수지를 칠한 듯한 광물(鉱物)의 광택. resinous lustre

しゅしゃ[手写](명·타サ) 수사. 손으로 베껴 씀. 손수 베껴 씀. copying

しゅしゃ[取捨](명·타サ) 취사. ①취함과 버림. ②골라 잡음. 선택. 「一選択(センタク); 취사 선택」 1. adoption and rejection

じゅしゃ[儒者](명) 유자. 유학을 연구하는 사람. 유학자. a Confucianist

しゅじゃく[朱雀](명) 주작. 사신(四神)의 하나. 남방의 신.

じゅしゃく[授爵](명·자サ) 작위를 줌. ennoblement

しゅじゅ[手授](명) 손으로 건네줌. 수교(手交). handing over

〔朱雀〕

しゅじゅ[侏儒](명) 난장이. 소인(小人). a dwarf

しゅじゅ[種種](부·형동ダ) 여러 가지. 가지가지. 「一雑多(ザッタ)な; 여러 가지의 잡다한」 various

じゅじゅ[授受](명·타サ) 수수. 주고 받음. 거래. 「金銭(キンセン)の一; 금전 거래」 giving and receiving

しゅじゅう[主従](명) 주종. 주인과 종. employer and employee

しゅじゅそう[種種相](명) 여러 가지 모양. 「社会生活(シャカイセイカツ)の一; 사회 생활의 이모저모」 various phases

しゅじゅつ[手術](명·타サ)〈의〉 수술. 환부를 째거나 절단해서 치료하는 일. 「一台(ダイ); 수술대」 an operation

じゅじゅつ[呪術](명) 주술. ①마법. ②주문. 2. a spell

しゅしょ[手書](명) ①손수 씀. 친필. ②자필의 편지. 친서(親書). 1. one's own handwriting

しゅしょ[朱書](명·타サ) 주서. 주묵(朱墨)으로 글씨를 씀. 또는 쓴 글씨. rubrication

じゅしょ[儒書](명) 유서. 유학(儒学)의 경서. 예: 사서 오경(四書五経) 등. a Confucian book

しゅしょう[手抄](명) 손수 추려 씀. 또는 추려 쓴 것. extraction by oneself

しゅしょう[主唱](명·자타サ) 주창. 앞장 서서 부르짖음. advocacy

しゅしょう[主将](명) 주장. ①군대의 총대장. ②티임의 통솔자. 1. the commander-in-chief 2. the captain

しゅしょう[首相](명) 수상. 내각(内閣)의 우두머리. the premier

しゅしょう[首将](명) 수장. 여러 장수를 지휘하는 총대장(総大将). 주장(主将). the commander-in-chief

しゅしょう[首唱](명·자타サ) 수창. 맨 먼저 부르짖음. 부르짖기 시작함. taking the lead

しゅしょう[殊勝](형동ダ) ①〈불〉 가장 뛰어난 모양. ②감심(感心)되는 모양. 갸륵한 모양. 「一な心(ココロ)がけ; 기특한 마음씨」 2. admirable

しゅじょう[主上](명) 임금. the Emperor

しゅじょう[主情](명) 주정. 정을 주로 함. ↔主知(シュチ). emotionalism. ――**しゅぎ**[主情主義](명)〈철〉 주정주의. 인간 정신을 미적, 감정적으로 해석하여 그 가치를 강조하는 주의. 감상주의(感傷主義).

しゅじょう[衆生](명)〈불〉 중생. 일체의 생물. 온 인류. all creatures

じゅしょう[受賞](명·자サ) 수상. 상장, 상품, 상금 등을 받음. recieving a prize

じゅしょう[授賞](명·자サ) 수상. 상장, 상품, 상금 등을 줌. awarding a prize

じゅじょう[樹上](명) 수상. 나무 위. upon a tree

しゅしょく[手燭](명) ⇨てしょく.

しゅしょく[主食](명) 주식. 주가 되는 식료품. 예: 밥, 빵 등. 「一費(ヒ); 주식비」 ↔副食(フクショク). staple food

しゅしょく[酒色](명) 주색. 술과 계집. 「一にふける; 주색에 빠지다」 wine and woman

しゅしょく[酒食](명) 술과 음식(식사). wine and food

しゅしん[主神](명) ①주신. 제단(祭壇)에 모신 중에서 주가 되는 신. ②신관(神官). 1. the chief god

しゅしん[主審](명) 주심. ①으뜸되는 심사원. ②〔야구에서〕 구심(球審). ↔線審(センシン), 塁審(ルイシン). 1. the chief umpire

しゅしん[朱唇·朱脣](명) 주순. 빨간 입술. 연지를 바른 입술. 단순(丹脣). red lips

しゅじん[主人](명) 주인. ①임자. ②자기가 모시고 있는 사람. ③아내가 남에게 남편을 일컫는 말. 2. one's master. ――**こう**[主人公](명) 주인공. ①주인에 대한 높임말. ②사건, 문학 작품, 영화 등의 중심 인물.

じゅしん[受信](명·타サ) 수신. ①다른 곳에서 발신한 무선 전신이나 전화를 받음. 「一機(キ); 수신기」 ②다른 곳에서 온 전보, 우편물 등을 받음. ↔送信(ソウシン). 1. receiving a wireless

じゅしん[受診](명·자サ)〈의〉 수진. 진찰을 받음. having a medical examination

しゅす[繻子](명) 겉에 날실이나 씨실을 도드라지게 짠, 광이 있고 부드러운 느낌을 주는 비단. satin

じゅず[数珠](명)〈불〉 수주. 불교도가 염불할 때 수효를 세는 기구. 염주. a rosary

じゅすい[入水](명·자サ) 강이나 바다 등에 뛰어 듦. 투신(投身). throwing oneself into the water

じゅずだま[数珠玉](명) ①실에 꿰어 염주로 하는 구슬. ②〈식〉 염주. 포아풀과에 속하는 다년초. 염주 대용으로 쓰는 딱딱한 열매를 맺음. 1. beads 2. Job's tears

じゅずつなぎ[数珠繋ぎ](명) ①많은 것을 염주알과 같이 끈에 꿤. ②많은 사람을 쭉 연결해서 묶음. 1. tying in a row

しゅずみ[朱墨](명) 주묵. 주서(朱書)에 사용되는 붉

은 빛깔의 먹. a cinnabar stick

しゅ·する[修する](타サ)〈불〉 행하다. do

じゅ·する[誦する](타サ)〈불〉 읽다. 읊다. recite

しゅせい[守成](명·타サ) 창업(創業)을 이어 받아 그 기초를 더욱 견고히 함. maintaining

しゅせい[守勢](명) 수세. 막아서 지키는 형세. 또는 그 군세(軍勢). 「一に立(タ)つ; 수세에 서다」 ↔攻勢(コウセイ). the defensive

しゅせい[酒精](명)〈이〉 ⇨アルコール①.

しゅぜい[酒税](명)〈법〉 주세. 주류에 부과(賦課)하는 소비세. the liquor tax

じゅせい[受精](명·자サ)〈생〉 수정. ①남성의 정자(精子)와 여성의 난자(卵子)가 결합하는 일. ②수분(受粉). 가루받이. 1. fertilization

じゅせい[授精](명·자サ)〈생〉 수정. 인공으로 정자(精子)를 난자(卵子)와 결합시키는 일. 「人工(ジンコウ)一; 인공 수정」 artificial fertilization

じゅせい[儒生](명) 유생. ①유자(儒者). ②유학을 닦는 학생. 유학생(儒学生). 1. a Confucianist

しゅせいぶん[主成分](명) 주성분. 주가 되는 성분. the chief ingredient

しゅせき[手跡·手蹟](명) 손 글씨. 필적. handwriting

しゅせき[主席](명) 주석. ①한 자리의 우두머리. ②정부의 우두머리. 1. the head

しゅせき[首席](명) 수석. 맨 윗자리. 으뜸가는 등급. 「クラスの一; 반의 수석」 ↔次席(ジセキ), 末席(マッセキ). the top seat

しゅせき[酒石](명)〈이〉 주석. 포도주 제조 때 발효가 진척되어 알코올이 증가하면 산성의 주석산 칼륨이 침전하여 생성되는 침전물. crude tartar. ―**さん**[酒石酸](명)〈이〉 주석산. 포도 등의 신맛의 성분이 되어 있는 유기산(有機酸). 화학 실험, 청량 음료수 등에 씀.

しゅせき[酒席](명) 주석. 술 좌석. 술자리. a banquet

しゅせん[主戦](명) 주전. ①싸우기를 주장함. 「一論(ロン); 주전론」 ②주력이 되어 싸움. 「一投手(トウシュ); 주전 투수」 1. advocacy of war

しゅせん[守戦](명·타サ) 수전. 적이 공격하는 것을 지키면서 싸움. 방어전(防禦戦).

しゅせん[酒仙](명) 주선. 유달리 술을 좋아하는 사람. 주호(酒豪). a heavy drinker

しゅぜん[鬚髯](명) 수염. 콧수염과 턱수염. beard and mustache

じゅぜん[受禅](명·자サ) 수선. 왕위를 이어 즉위(即位)함. succession to the throne

しゅせんど[守銭奴](명) 수전노. 인색한 사람을 낮추어 일컫는 말. a miser

しゅそ[首座](명)〈불〉 수좌. 선종(禅宗)의 승려로서 가장 높은 계급.

じゅそ[呪咀·呪詛](명·타サ) 저주. 남이 못되게 되기를 빌고 바람. a curse

じゅそ[受訴](명·자サ)〈법〉 소송을 수리(受理)함. acceptance of a suit

しゅぞう[酒造](명) 주조. 술을 만드는 일. 양조(醸造). brewing

じゅぞう[寿像](명) 살아 있는 동안에 만들어 두는 상(像). a statue of a living person

じゅぞう[受像](명·타サ) 수상. 영상 전파(映像電波)나 영상 광선(光線)을 받아서 상(像)을 비침. 「一機(キ); 수상기」 ↔送像(ソウゾウ). televising

じゅぞう[受贈](명·타サ) 선물을 받음. 「一図書(トショ); 기증받은 도서」 receiving a present

しゅそく[手足](명) 수족. ①손과 발. 손발. 몸. 「一を措(オ)く所(トコロ)なし; 안심하고 몸둘 곳이 없다. 할 바를 모르다」 ②마음대로 부릴 수 있는 부하. 1. hand and foot

しゅそく[首足](명) 머리와 발. 「一ところを異(コト)にする; (몸이) 두 동강 나다(목을 잘리다)」 head and foot

しゅぞく[種族](명) 종족. ①똑같은 조상에서 내려 와 공통된 말, 풍속, 습관 등을 가지는 사람의 집단. ②똑같은 부류에 속하는 것. 1. a tribe 2. a genus

しゅぞく[種属](명) ①같은 종류. 같은 무리. ②같은 조상으로부터 나온 무리. 1. a kind 2. a species

しゅそりょうたん[首鼠両端](연어) 수서 양단. 머뭇거리며 진퇴, 거취를 결정 짓지 못하고 관망하는 상태. 「一を持(ジ)する; 사태를 관망하다. 기회주의적인 태도를 취하다」

しゅたい[主体](명) 주체. ①남에게 의사나 행위를 미치게 하는 것. 「一性(セイ); 주체성」 ↔客体(キャクタイ). ②사물의 중심이 되는 것. 1. the subject

しゅだい[主題](명) 주제. ①주가 되는 제목. ②중심이 되는 사상 내용. ③악곡의 중심이 되는 선율. 테에마. 1. the main subject. ―**か**[主題歌](명) 주제가. 영화, 연극 등의 주제와 밀접한 관계가 있는 가요.

しゅだい[首題](명) 공문(公文) 등의 첫머리에 쓰는 제목. 「一の件(ケン)につき; 머리의 건에 대하여」 the opening phrase

じゅたい[受胎](명·자サ) 수태. 잉태. 임신. fecundation

じゅたい[樹帯](명) 수대. 산록(山麓)을 둘러 싸고 비슷한 높이의 나무가 띠처럼 서 있는 곳. a belt of trees

じゅだい[入内](명·자サ) 황후나 후궁으로 책립(冊立)되어 정식으로 궐내(闕内)에 들어 감. entering into the court

しゅたく[手沢](명) 수택. 오래 갖고 있는 동안에 물건에 묻는 손때. 「一本(ホン); 수택본(손때 묻은 책)」 lustre

じゅたく[受託](명·타サ) 수탁. ①위탁을 받음. 부탁을 받음. ②떠맡음. ③신탁(信託)을 받음. 1. being entrusted with

じゅだく[受諾](명·타サ) 수락. 요구를 받아 들임. 승낙. 「申(モウ)し出(デ)を一する; 제의를 수락하다」 acceptance

しゅだら[首陀羅](명) 수다라. 인도의 사성(四姓) 중 최하의 계급. Sudra

しゅたる[主たる](연체) 주가 되는. 중요한. 「一問題(モンダイ); 주가 되는 문제」 principal
しゅだん[手段](명) 수단. 방법. 방편. a means
しゅち[主知](명) 이성(理性)이나 지성(知性)을 주로 하는 일. ↔主情(シュジョウ). intellectual. **—しゅぎ**[主知主義](명)〈철〉 주지주의. 인간 정신에서 지성, 이성 등을 중요시하는 주의.
しゅち[趣致](명) 흥치. 운치(韻致). flavour
しゅちく[種畜](명) 종축. 우량 품종을 얻기 위한 가축. 예: 종마(種馬), 종우(種牛) 등. breeding stock
しゅちにくりん[酒池肉林](연어·명) 주지 육림. 〔술이 못을 이루고, 고기가 숲을 이루었다는 뜻으로〕 굉장히 사치한 술잔치의 비유. a sumptuous banquet
しゅちゅう[手中](명) 수중. 손아귀. 「一に帰(キ)する; 수중에 들어 오다」 in the hands
じゅちゅう[受注·受註](명·타サ) 주문을 받음. ↔発注(ハッチュウ). accepting an order
しゅちょ[主著](명) 주저. 주요 저서. important works
しゅちょう[主張](명·타サ) 주장. ①주가 되어 행함. 주재(主宰). ②자기의 의사를 굽히지 않음. ③늘 부르짖는 설(說). 지론(持論). 2. assertion 3. one's opinion
しゅちょう[主調](명)〈악〉 주조. 악곡의 기본이 되는 주요한 가락. 기조(基調). the keynote
しゅちょう[主潮](명) 주조. 주가 되는 조류(潮流)나 사조(思潮). the main current
しゅちょう[首長·主長](명) 수장. ①두목. 우두머리. ②지방 자치 단체의 우두머리. 1. the chief
しゅちょう[腫脹](명·자サ)〈의〉 종창. 염증이나 종양(腫瘍) 등으로 부어 오름. swelling
しゅちん[朱珍·繻珍](명) 무늬를 넣어 짠 수자직(繻子織). figured satin
しゅつ—[出](조어) …에서 (빠져) 나옴. …에서 벗어남. 「一埃及記(エジプトキ); 출애굽기」
しゅつ[出](명) ①나감. 내놓음. ②출석(出席). ③무슨 집안, 고장, 신분, 사람으로부터 태어난 것. 출신(出身). ④물리침. ⑤섬김. 2. attendance
じゅつ[述](명) 말함. 말하여 나타냄. mention
じゅつ[術](명) ①재주. 기예. ②꾀. ③수단. 방법. ④마법. 「一を使(ツカ)う; 마법을 쓰다」 1. an art 4. magic
しゅつえん[出捐](명·타サ) 돈이나 물건 등을 기부함. contribution
しゅつえん[出演](명·자サ) 출연. 연극, 영화, 연설, 곡예 등에 나가서 함. performance
しゅっか[出火](명·자サ) 불을 냄. 화재를 일으킴. outbreaking of fire
しゅっか[出荷](명·타サ) 출하. ①하물을 발송함. ②상품을 시장에 내놓음. 1. shipping 2. consignment
しゅつが[出芽](명·자サ) 출아. 식물의 싹이 나옴. 발아(発芽). sprouting
しゅっかい[出会](명·자サ) 우연히 서로 만남. an encounter
じゅっかい[述懐](명·자サ) 술회. 가슴속에 품은 생각을 이야기함. relating one's thoughts
しゅっかく[出格](명) 예외의 격식. 파격(破格). 「一の; 파격적인」 unconventionality
しゅっかん[出棺](명·자サ) 출관. 장례식 때 출상(出喪)하기 위하여 관을 집 밖으로 내어 모심. starting of a funeral procession
しゅつがん[出願](명·자타サ) 출원. 청원(請願)함. 신청함. making an application
しゅつぎょ[出漁](명·자サ) ⇨しゅつりょう.
しゅつぎょ[出御](명·자サ) 출어. 제왕(帝王)이 내전(内殿)에서 외전으로 납심. appearing of the Emperor
しゅっきょう[出京](명·자サ) ①수도에서 시골로 내려감. ②시골에서 수도로 옴. ③토오쿄오로 감. 상경(上京). 1. leaving the capital 2. coming up to town
しゅっきょう[出郷](명·자サ) 출향. 고향을 떠남. leaving one's home
しゅっきん[出金](명·자サ) 출금. ①돈을 냄. ②지출한 돈. ↔入金(ニュウキン). 1. paying
しゅっきん[出勤](명·자サ) 출근. 근무하러 나감. going to the office
しゅつぐん[出群](명) 여럿 가운데서 훨씬 뛰어남. 발군(抜群). 출중(出衆). eminence
しゅっけ[出家](명·자サ) 출가. ①자기 집을 떠남. ②〈불〉 ㉠불문(仏門)에 들어 감. ㉡중. 2.ㄱ. becoming a bonze
じゅっけい[術計](명) 술책. 계책. a design
しゅつげき[出撃](명·자サ) 출격. 성(城)이나 진지(陣地)에서 나와 공격함. sally
しゅっけつ[出欠](명) 출결. 출석과 결석. attendance and absence
しゅっけつ[出血](명·자サ) 출혈. ①피가 혈관 밖으로 흘러 나옴. ②희생. 손해(損害). 「一サービス; 희생적인 봉사」 1. bleeding 2. casualties
しゅっけん[出県](명) 현(県)의 중심지(현청)에 감.
しゅつげん[出現](명·자サ) 출현. 나타남. appearing
しゅっこ[出庫](명·자타サ) ①출고. 창고에서 물건을 꺼냄. ②전차, 자동차 등이 차고(車庫)에서 나옴. 1. taking goods out of the warehouse
じゅつご[述語](명) 술어. 〔문법에서〕 주어에 관해서 진술하는 말. 풀이말. ↔主語(シュゴ). the predicate
じゅつご[術語](명) 술어. 학문이나 기술에 사용되는 전문어. a technical term
しゅっこう[出向](명·자サ) ①나감. ②관청의 명령을 받아 어느 곳으로 감. ③적(籍)을 원래대로 둔 채 다른 관청이나 회사에 근무함. 1. proceeding to
しゅっこう[出校](명·자サ) ①학교에 나감. 등교. 「先生(センセイ)の一日(ビ); 선생이 학교에 나오는 날」 ②학교에서 나옴. 1. going to school
しゅっこう[出港](명·자サ) 출항. 배가 항구를 떠남. ↔入港(ニュウコウ). leaving port
しゅっこう[出航](명·자サ) 출항. 배가 항해를 떠남. starting on a voyage
しゅっこう[出講](명·자サ) 출강. 다른 데에 가서 강의함. 강의에 나감. giving lectures

じゅっこう[熟考](명·타サ) 숙고. 깊이 생각함. consideration

しゅっこく[出国](명·자サ) 출국. 그 나라를 떠남. ↔入国(ニュウコク). leaving one's country

しゅつごく[出獄](명·자サ) 출옥. 석방되어 교도소에서 나옴. leaving prison

じゅっさく[述作](명·타サ) 저술(著述)함. 저작(著作). writing

じゅっさく[術策](명) 술책. 계략. 「―を弄(ロウ)する; 술책을 부리다」 an artifice

しゅっさつ[出札](명·자サ) 출찰. 차표, 배표 등을 팖. issuing a ticket

しゅっさん[出産](명·자타サ) 출산. 어린 아이가 태어남. 아이를 낳음. giving birth

しゅつざん[出山](명·자サ) 출산. 산에서 나옴. 은자(隠者)가 산에서 나와 마을에 내려 옴. leaving the mountain

しゅっし[出仕](명·자サ) 출사. 벼슬을 하여 관계(官界)에 나아감. 일하러 감. serving

しゅっし[出資](명·자サ) 출자. ①자금을 냄. ②〈경〉공동 사업에 투자(投資)함. 2. investment

しゅつじ[出自](명) 출처(出処). 나온 곳. 태생. a source

しゅっしゃ[出社](명·자サ) 출사. 회사에 출근함. ↔退社(タイシャ). going to office

じゅっしゃ[術者](명) 수술 등을 행하는 사람.

しゅっしょ[出処](명) 출처. ①관직에 있는 일과 민간에 있는 일. 출사(出仕)와 재야(在野). ②사물이 나온 근거. 2. origin

しゅっしょ[出所](명·자サ) ①나온 곳. 출처(出処). ②(형기가 끝나 교도소 등을) 나옴. 출옥(出獄). ↔入所(ニュウショ). ③소(所)라고 불리는 곳에 감. 2. release from prison

しゅっしょう[出生](명·자サ) 출생. 태어남. birth

しゅつじょう[出場](명·자サ) 출장. (연기, 경기 등을 하기 위하여) 그곳으로 나감. ↔欠場(ケツジョウ). appearance

しゅっしょく[出色](명) 다른 것에 비하여 훨씬 우수함. 「―の作品(サクヒン); 한층 우수한 작품」 prominence

しゅっしん[出身](명·자サ) 출신. 무슨 지방, 학교, 사회, 계급, 직업 등에서 나온 신분. 「大学(ダイガク)―; 대학 출신」 comming from

しゅつじん[出陣](명·자サ) 출진. 싸움터로 나감. departure for the front

しゅっすい[出水](명·자サ) 큰물이 남. 홍수. a flood

じゅっすう[術数](명) 술수. 꾀. 계략. 계책. 「権謀(ケンボウ)―; 권모 술수」 a stratagem

しゅっせ[出世](명·자サ) 출세. ①〈불〉 ㉠⇨しゅっせけん. ㉡중. ②태어남. ③세상에 널리 알려질 수 있는 좋은 지위에 오름. 3. success in life. **―うお**[出世魚](명)〈동〉 출세어. 성장함에 따라 이름이 바뀌는 물고기. 예: 숭어 등. **―さく**[出世作](명) 출세작. 작가가 세상에 알려지게 된 맨 처음의 작품.

しゅっせい[出生](명·자サ) ⇨しゅっしょう.

しゅっせい[出征](명·자サ) 출정. ①군대에 참가하여 전지(戦地)로 감. ②정벌군(征伐軍)에 참가해서 감. 1. departure for the front

しゅっせい[出精](명·자サ) 힘을 내서 일함. diligence

しゅっせき[出席](명·자サ) 출석. 어떤 자리에 나감. ↔欠席(ケッセキ). attendance

しゅっせけん[出世間](명)〈불〉 출세간. ①속세를 벗어나 중이 되는 일. ②미혹(迷惑)의 세계를 떠남. 1. entering priesthood 2. transcendence

しゅっせん[出船](명) ①배가 항구에서 나감. ②출항하는 배. 1. sailing out 2. an outgoing ship

しゅっそう[出走](명·자サ) ①있던 곳을 떠나 달아남. 출분(出奔). ②달리기 시작함. ③경주(競走) 등에 참가함. 「―する馬(ウマ); 경마에 참가하는 말」 1. running out 2. start

しゅったい[出来](명·자サ) 사건이 일어남. 「一大事(イチダイジ)の―; 일대 사건의 발생」 happening

しゅつだい[出題](명) 출제. ①시나 노래의 제목을 냄. ②(시험등의) 문제를 냄. 「―範囲(ハンイ); 출제 범위」 2. giving a question

しゅったつ[出立](명·자サ) 여행을 떠남. 출발. departure

しゅったん[出炭](명·자サ) ①석탄을 파냄. 채탄(採炭). 「―量(リョウ); 석탄 채굴량」 ②숯을 생산함. 1. mine coal

じゅっちゅう[術中](명) 계략(計略), 술책의 속. 「敵(テキ)の―におちいる; 적의 계략에 빠지다」 trick

しゅっちょう[出張](명·자サ) 출장. ①직장에서 어떤 임무를 띠고 외출함. ②공무 때문에 임시로 어떤 곳에 파견됨. a business trip

しゅっちょう[出超](명) 수출 초과(輸出超過)의 준말. ↔入超(ニュウチョウ). 「exhibition

しゅっちん[出陳](명·타サ) 출품(出品)해서 진열함. ⤴

しゅってい[出廷](명·자サ) 출정. 법정에 나감. appearance in court

しゅってん[出典](명) 출전. 고사(故事)나 인용어(引用語) 등의 출처가 되는 책. the source

しゅっと[出途](명) ①출발. 여행을 떠남. ②경비, 비용의 용도(用途). 1. departure 2. expenses

しゅつど[出土](명·자サ)〈역〉 출토. 옛 유물이 땅속에서 나오는 일. 「―品(ヒン); 출토품」 excavation

しゅっとう[出投](명·자サ) 〔야구에서〕 피처(投手)로 나가는 일. 등판(登板). taking the mound

しゅっとう[出頭](명·자サ) ①출두. 일정한 장소에 몸소 나감. ②다른 것보다 뛰어남. 1. attendance

しゅつどう[出動](명·자サ) 출동. 나가기 위하여, 또는 나가서 행동함. marching

しゅっとうし[出投資](명)〈경〉 출자와 투자. contribution and investment

じゅつな·い[術無い](형) ①할 수가 없다. 방법이 없다. ②고생스럽다. 곤란하다. 괴롭다. 파생 **―が·る**(자 4). 1. at one's wits' end

しゅつにゅう[出入](명·자サ) 출입. 나가고 들어 옴. coming in and going out

しゅつば[出馬](명·자サ) 출마. ①말을 타고 어떤 장소로 나감. ②스스로 현장으로 감. ③선거 등에 입후보함. 1. going on horseback 3. running for election

しゅっぱつ[出発](명·자サ) 출발. 떠남. departure **―てん**[出発点](명) 출발점. ①떠나는 곳. ②시작. 최초. 「sailing out

しゅっぱん[出帆](명·자サ) 출범. 배가 항구를 떠남. ↗

しゅっぱん[出版](명·타サ) 출판. 서적이나 그림 등을 인쇄해서 세상에 내놓음. 「―社(シャ); 출판사」 publication. **―ぶつ**[出版物](명) 출판물. 출판된 책이나 그림.

しゅっぴ[出費](명·자サ) 출비. 비용이 지출됨. 또는 그 비용. 「―がかさむ; 출비가 많아지다」 expenses

しゅっぴん[出品](명·자타サ) 출품. 작품을 냄. exhibition

じゅつぶ[述部](명) 술부. 〔문법에서〕 문장을 구성하는데 있어 주부(主部)를 설명하는 부분. 술어(述語)와 수식어(修飾語)로 이루어짐. ↔主部(シュブ). the predicate

しゅっぷ[出府](명) ①시골에서 도시로 나가는 일. ②예전에 에도(江戸)로 가던 것. 1. coming up to the capital

しゅっぺい[出兵](명·자サ) 출병. 군대를 어떤 곳에 보냄. despatching troops

じゅっぺい[恤兵](명·자サ) 휼병. 금품(金品)을 보내어 출정(出征) 병사를 위로함. relief of soldiers

しゅつぼつ[出没](명·자サ) 출몰. 나타났다 숨었다함. 「あやしい人(ヒト)かげが―する; 수상한 사람 그림자가 얼른거리다」 appearing and disappearing

しゅっぽん[出奔](명·자サ) 출분. 도망 쳐 행방을 감춤. flight

しゅつもん[出門](명·자サ) 출문. 문을 나감. 외출. ↔入門(ニュウモン). going out

しゅつらい[出来](명·자サ) ①일이 다 됨. 성취(成就). 「三月末(サンガツマツ)―の予定(ヨテイ); 3월 말에 완성될 예정」 ②⇨しゅったい. 1. accomplishment

しゅつらん[出藍](명) 출람. 제자가 선생보다 더 훌륭한 일. 「―のほまれ; 선생보다 뛰어난 제자라는 명예」 excelling one's teacher

しゅつり[出離](명·타サ)〈불〉 출리. 세상의 번거로움과 관계를 끊음. seclusion

しゅつりょう[出猟](명·자サ) 출렵. 사냥하러 나감. going out hunting

しゅつりょう[出漁](명·자サ) 출어. 고기를 잡으러 나감. going out fishing

しゅつりょく[出力](명) 출력. 전기, 기계, 발동기 등이 내는 힘. the output

しゅつるい[出塁](명·자サ) 〔야구에서〕 안타, 사구(四球) 등으로 일루(一塁)에 진출함. abroad

しゅつろ[出廬](명·자サ) 은퇴(隠退)했던 사람이 다시 세상에 나와 활동함. coming back to one's former society

しゅつろう[出牢](명) 죄수가 석방되어 감옥에서 나옴. 출감(出監). discharge from prison

シュティール[도 Stil](명) 스틸. ①양식(様式). 스타일. ②문체(文体).

シュテムボーゲン[도 Stemm-bogen](명) 쉬템보오겐. 〔스키이에서〕 타면서 몸을 흔들지 않고 회전하는 일. 제동 회전(制動回転).

じゅでん[受電](명·자サ) 전보(電報) 또는 전신(電信)을 받음. receiving a telegram

しゅと[主都](명) 주된 도시. 대도시. a metropolis

しゅと[首途](명) 길을 떠남. 출발. start

しゅと[首都](명) 수도. 그 나라의 정치의 중심지. 수부(首府). a capital

しゅと[衆徒](명) ①옛날에 큰 절에 초청되어 절 안에 머물게 했던 많은 승려. ②많은 중. 승병(僧兵). ③대중(大衆). 3. the masses

しゅとう[手套](명) 장갑. 「―を脱(ダッ)す; 솜씨를 나타내다」 a glove

しゅとう[種痘](명·자サ)〈의〉 종두. 우두를 놓아서 천연두에 대한 면역력(免疫力)을 기르는 일. vaccination

しゅどう[手動](명) 수동. 손으로 움직여 작용시킴. 「―式(シキ); 수동식」 ↔電動(デンドウ). hand-operating

しゅどう[主動](명) 주동. 스스로 동작을 일으킴. 「―的(テキ); 주동적」 motivity

しゅどう[主導](명) 주도. 주가 되어 지도하는 일. 「―権(ケン); 주도권」 taking the lead

しゅどう[衆道](명) 남색(男色). 비역. sodomy

じゅどう[受動](명) 수동. 상대방의 동작을 받음. ↔能動(ノウドウ). passiveness. **―たい**[受動態](명) 수동태. 〔문법에서〕 주어가 동작의 대상이 되어 그 작용을 받을 때의 동사의 꼴. **―てき**[受動的](형동ダ) 수동적. 수동인 모양. ↔能動的(ノウドウテキ).

じゅどう[儒道](명) 유도. ①유교(儒教)의 도덕. ②유교와 도교(道教). 1. Confucianism

しゅとく[取得](명·타サ) 취득. 자기 것으로 함. 손에 넣음. acquisition

しゅどく[酒毒](명) 주독. 알코홀 중독. alcoholic poisoning

しゅとして[主として](부) 주로. 오로지. chiefly

じゅなん[受難](명·자サ) 수난. 고난을 받음. sufferings

ジュニア(ー)[junior](명) 주우니어. 연소자. 후진자. 하급생. ↔シニア(ー).

しゅにく[朱肉](명) 인주(印朱). vermilion inkpad

じゅにゅう[授乳](명·자サ) 수유. 아기에게 젖을 먹임. lactation

しゅにん[主任](명) 주임. 그 사무를 주관하는 사람. a person in charge

じゅにん[受任](명·자サ) 수임. 임무나 위임(委任)을 받음. acceptance of an appointment

しゅぬり[朱塗り](명) 주홍색으로 칠함. 또는 칠한 것. 「―の門(モン); 붉게 칠한 대문 (귀족의 저택)」 vermilion lacquer

しゅのう[首脳·主脳](명) 수뇌. 중심이 되는 사람. 「―

会談(カイダン); 수뇌 회담」 brains. ─ぶ[首脳部·主脳部](명) 수뇌부. 회사나 단체 등에서 가장 중요한 지위에 있는 사람들.
じゅのう[受納](명·타サ) 수납. 받아 들임. acceptance
しゅば[種馬](명)〈농〉 종마. 씨말 a stud horse
しゅはい[酒杯·酒盃](명) 술잔. a wine cup
じゅはい[受配](명·타サ) 수배. 배급을 탐. receiving rations
じゅばく[呪縛](명·타サ) 주문(呪文)의 힘으로 움직이지 못하게 함. spellbinding
しゅはん[主犯](명)〈법〉 ⇨せいはん(正犯).
しゅはん[首班](명) 수반. ①제1위. 수석. ②내각(内閣)의 수석. 1. the head 2. the prime minister
ジュバン[포 gibão·襦袢](명) ①일본옷의 웃도리에 입는 속옷. ②샤쓰.
しゅひ[種皮](명) 종피. 씨의 껍데기. seed coat
しゅび[守備](명·타サ) 수비. 지킴. 방비. defense
しゅび[首尾](명) 수미. ①처음과 끝. 시종(始終). 「─一貫(イッカン); 시종 일관」 ②어떤 일의 처음부터 끝까지. 전말. 「─を語(カタ)る; 일의 전말을 얘기하다」 ③형편. 결과. 「─よく; 형편 좋게(안성 마춤으로)」 1. beginning and end
じゅひ[樹皮](명) 수피. 나무 껍질. bark
ジュピター[Jupiter](명) 주피터. 로마 신화에 나오는 최고의 신. 하늘을 지배함. 그리이스 신화의 제우스에 해당함.
しゅひつ[主筆](명) 주필. 〔신문사, 잡지사에서〕 기자의 수석으로 사설(社説) 등의 중요 기사의 집필을 담당하는 사람. the editor-in-chief
しゅひつ[朱筆](명) 주필. 주묵(朱墨)으로 써 넣거나 정정하기 위해 사용하는 붓. a vermilion-brush
しゅひつ[執筆](명)〈고〉 ①글씨를 쓰는 사람. 기록하는 사람. 서기(書記). ②와카(和歌), 하이쿠(俳句)의 발표회에서의 기록계. 1. a copyist
しゅびょう[種苗](명) 종묘. 씨와 모종. seed and seedling
じゅひょう[樹氷](명) ①산의 나무가 눈에 덮여서 눈사람처럼 보이는 일. ②빙점(氷点) 이하로 냉각된 안개가 지상의 물체 특히 나뭇가지에 응결한 얇은 얼음이 꽃같이 아름답게 보이는 것. 2. silver thaw
しゅびよく[首尾よく](부) 형편 좋게. 안성 마춤으로. successfully
しゅひん[主賓](명) 주빈. ①주인과 손님. 주객(主客). ②주되는 손님. 2. the guest of honour
しゅびん[溲瓶](명) 요강. a chamber pot
じゅひん[需品](명) 생활 필수품. necessities
しゅふ[主婦](명) 주부. 한 집안의 여자 주인. a housewife
しゅふ[首府](명) 수부. 한 나라의 중앙 정부의 소재지로 원수(元首)가 있는 곳. 수도. a capital
じゅふ[呪符](명) 부적. a charm
シュプール[도 Spur](명) 쉬푸르. ①발자취(足跡). ②스키이를 타고 간 자국.
じゅぶつ[呪物](명)〈종〉 주물. 미개인 사이에서 주력(呪力)이나 영검이 있다고 해서, 이를 갖거나 가지고 다니는 사람은 비호(庇護)를 받는다고 생각하여 신성시(神聖視)하는 물건. a fetish
じゅぶつ[儒仏](명) 유불. 유교와 불교. Confucianism and Buddhism
シュプレヒコール[도 Sprechchor](명)〈악〉 쉬프레히코르. 고대 그리이스 극의 합창을 본떠서 음악 합창의 형식으로 하는 대사(臺辞)의 합창 낭독. 집단적 낭송(集団的朗誦).
しゅぶん[主文](명) 주문. ①문장 속의 중요한 부분. ②〈법〉(판결문 중에서) 형을 선고하는 부분. 1. the principal clause
じゅふん[受粉](명·자サ)〈생〉 수분. 꽃식물(顕花植物)에서 수꽃술의 꽃가루가 암꽃술의 주두(柱頭)에 붙는 현상. 가루받이. pollination
シュプング[도 Schwung](명) 쉬붕. 〔스키이에서〕 회전운동(廻転運動)을 할 때 몸을 좌우로 흔드는 일.
しゅへい[手兵](명) 자기가 인솔하고 있는 병사. one's men
しゅへい[守兵](명) 수병. (성이나 진지 등을) 지키는 병사. guards
しゅへき[酒癖](명) 주벽. 술에 취했을 때의 (나쁜) 버릇. vicious drinking
しゅべつ[種別](명·타サ) 종별. 종류에 의한 구별. classification
しゅほ[酒保](명) 주보. ①〈군〉 병영 안의 매점. P.X. ②〔중국에서〕 술집 고용인. 1. a canteen
しゅほ[酒舗](명) 술을 파는 가게. 술집. a wineshop
しゅぼ[酒母](명) 주모. 술밑. 효모(酵母). yeast
しゅほう[手法](명) 수법. 방법. 솜씨. 「表現(ヒョウゲン)の─; 표현 방법」 a technique
しゅほう[主法](명)〈법〉 주법. 권리 의무의 내용 및 실질을 규정하는 법률. 민법, 상법, 형법 등. ↔従法(ジュウホウ), 助法(ジョホウ). main laws
しゅほう[主砲](명)〈군〉 주포. 어떤 군함의 대포 중에서 제일 크고 위력이 강한 대포. the main battery
しゅほう[主峰·主峯](명) 주봉. 어떤 산맥 중에서 제일 높은 봉우리. the highest peak
しゅぼう[首謀](명) 수모. 주장이 되어 어떤 일을 모의함. 「─者(シャ); 주모자」 taking the lead
じゅほう[呪法](명) 주법. 주문을 외는 법식. 주술(呪術). incantation
じゅぼくどう[入木道](명) 서도(書道). calligraphy
しゅみ[須彌](명) 수미산(須彌山)의 약칭.
しゅみ[趣味](명) 취미. ①정취(情趣)를 이해하고 감상할 수 있는 힘. ②전문(專門) 이외에 좋아서 하는 일. 「カメラの─; 카메라의 취미」 taste
シュミーズ[프 chemise](명) 시미이즈. 부인복의 속옷의 한 가지. 속치마.
しゅみせん[須彌山](명)〈불〉 수미산. 세계의 한가운데에 높이 솟아 있다고 하는 산.
しゅみだん[須彌壇](명)〈불〉 수미단. 절 중앙에 설비

한, 불상을 안치하는 단. 불좌(仏座). a Buddhist-image stand
シュミネ[프 cheminée](명) 셔미네. 벽난로. 맨틀피이스.
しゅみゃく[主脈](명) 주맥. ①주요한 산맥이나 광맥. ②주요한 계통. 1. the main range
じゅみょう[寿命](명) 수명. 생명. 「—がちぢまる; 감수(減寿)하다」 man's span of life
しゅむ[主務](명) 주무. 행정 사무를 주관(主管)함. 또는 그 사람. 「—大臣(ダイジン); 주무 장관」 2. charge
しゅむしゅとう[占守島](명)〈지〉 쿠우릴 열도(千島列島) 동북 끝에 있는 섬. 현재는 소련령. Simushir
しゅめい[主命](명) 주인 또는 임금의 명령. one's lord's command
じゅめい[受命](명·자サ) 수명. ①명령을 받음. ②천명(天命)을 받아 천자(天子)가 됨. 1. commission
しゅもく[種目](명) 종목. 종류에 의해 나눈 항목. 종류 이름. 「競技(キョウギ)—; 경기 종목」 an item
しゅもく[撞木](명) 당목. 절에서 종이나 징을 치는 "T"자 모양의 나무 막대. 「—杖(ヅエ); 머리가 "T"자 모양인 지팡이」 a hammer
じゅもく[樹木](명) 수목. 서 있는 나무. a tree
しゅもくざめ[撞木鮫](명)〈동〉 귀상어. 머리가 양쪽으로 귀와 같이 "T"자 모양으로 내밀고,태생(胎生)함. a hammerhead
しゅもつ[腫物](명)〈의〉 부스럼. 종기. 헌데. a tumour
しゅもん[朱門](명) ①붉게 칠한 문. ②귀인의 저택. 1. a vermilion gate
じゅもん[呪文](명) 주문. 음양가(陰陽家)나 주술가(呪術家)가 술법(術法)을 행할 때 외는 글이나 문구. a spell
じゅもん[儒門](명) 유생의 집안. a Confucianist family
しゅやく[主役](명) 주역. 주요한 역할. 주인공의 역할. 「—を演(エン)じる; 주역을 맡아 하다」 the leading part
しゅやく[主薬](명)〈의〉 주약. 처방약이나 조제(調剤)에서 가장 효력이 있는 주요 성분이 되는 약물(薬物). the principal agent
しゅゆ[須臾](명) 수유. 잠깐 동안. 잠시. a moment
じゅよ[授与](명·타サ) 수여. (증서, 상장 등을) 줌. 「卒業証書(ソツギョウショウショ)の—; 졸업 증서의 수여」 awarding
しゅよう[主用](명) ①임금이나 주인의 일. ②중요한 일. 1. one's master's business
しゅよう[主要](형동ダ) 주요. ①중요한 모양. ②주가 되며 요긴한 모양. 「—な問題(モンダイ); 주요한 문제」 important
しゅよう[須要](명·형동ダ) 필요한 모양. 필수(必須). necessity
しゅよう[腫瘍](명)〈의〉 종양. 몸에 생기는 이상한 종기. 예 : 암(癌), 육종(肉腫) 등. a tumour
じゅよう[受用](명·타サ) ①받아 들임. ②(미술 등의) 감상(鑑賞). 1. acceptance
じゅよう[受容](명·타サ) 수용. 받아 들임. recipiency
じゅよう[需要](명) 수요. ①필요해서 구하고자 함. 소용(所用). ↔供給(キョウキュウ). ②〈경〉 지불 수단을 가진 재화 구매(購買)의 욕망. 1. a demand
じゅよう[樹葉](명) 수엽. 나뭇잎. leaves
しゅよく[主翼](명) 주익. 비행기 동체(胴体)의 중앙부에서 좌우로 뻗은 날개. the main planes
しゅら[修羅](명)〈불〉 ⇨あしゅら.
シュラーフザック[도 Schlafsack](명) 쉴라아프삭. 등산 용구로 주머니같이 만든 침구(寝具). 침낭(寝嚢).
じゅらく[入洛](명·자サ) 수도(首都)인 쿄오토(京都)에 들어 감.
しゅらどう[修羅道](명) ①〈불〉 수라도. 육도(六道)의 하나. 아수라가 사는 곳. ②격심한 싸움터. 2. the scene of fierce fighting
しゅらのもうしゅう[修羅の妄執](연어·명) 원망(怨望). 질투. 전쟁, 투쟁의 원한. resentment
しゅらば[修羅場](명) 수라장. ①〈불〉 아수라왕(阿修羅王)이 제석천(帝釈天)과 싸운 마당. ②전란이나 투쟁으로 비참한 광경이 된 장소. ③연극이나 군담(軍談) 등에서 처절한 전투 장면. 2. the scene of bloodshed
ジュラルミン[duralumin](명)〈이〉 듀랄루민. 알루미늄에 동(銅) 3.5~4.5%, 망간 0.5~1.0%, 마그네슘 0.5~1.0%를 가하여 만든 가벼운 합금. 비행기, 자동차 재료로 널리 씀.
しゅらん[朱欄](명) 붉은 칠을 한 난간. a vermilion rail
しゅらん[酒乱](명) 주란. 술에 취하면 난폭한 짓을 하는 버릇. 주광(酒狂). drunken frenzy
しゅらん[種卵](명)〈농〉 종란. 새끼를 깨기 위해서 쓰는 알. an egg for incubation
しゅり[手裏](명) 손안. 수중(手中). in one's hand
じゅり[受理](명·타サ) 수리. 받아 들임. 「辞表(ジヒョウ)を—する; 사표를 수리하다」 acceptance
しゅりけん[手裏劍](명) 수리검. 손에 가지고 있다가 적에게 던지는 작은 칼. a dirk
じゅりつ[樹立](명·자타サ) 수립. 세움. establishment
しゅりゅう[主流](명) 주류. ①강의 주가 되는 큰 흐름. ②사상(思想), 기예(技芸) 등의 주가 되는 유파(流派). 1. the main current 2. the main school
しゅりゅうだん[手留弾·手榴弾](명)〈군〉 수류탄. 손으로 던지는 소형의 폭탄. a hand grenade
しゅりょう[狩猟](명·자サ) 수렵. 총이나 그물로 야생의 짐승이나 새를 잡음. 사냥. hunting
しゅりょう[首領](명) 수령. 한 당파나 무리의 우두머리. a leader
しゅりょう[酒量](명) 주량. 술을 마시는 양. 술을 마실 수 있는 양. one's drinking capacity
じゅりょう[受領](명·타サ) ①받아 들임. 영수. 「—証(ショウ); 영수증」 ②태수(太守). 방백(方伯). 옛날의 지방 장관. 1. receipt
しゅりょく[主力](명) 주력. 주가 되는 힘. 중심이 되는 세력. 「—をそそぐ; 주력을 기울이다」 the main force
じゅりょく[呪力](명) 주력. 미개인 사이에서 주술(呪術) 및 종교의 기초를 이루는 초자연적이며 비인

격적인 힘의 관념. 주술(呪術)의 힘. 저주의 힘. the power of a curse
じゅりん[儒林](명) 유림. 유도(儒道)를 닦는 학자들. 유학자들의 무리. the circle of Confucianists
じゅりん[樹林](명) 수림. 수풀. a forest
しゅるい[酒類](명) 주류. 술의 종류. 술이나 그와 유사한 음료의 총칭. liquors
しゅるい[種類](명) 종류. 사물의 부분을 나누는 갈래. 비슷한 부류. 「—別(べツ); 종류별」 a kind
じゅれい[樹齢](명) 수령. 나무의 나이. the age of a tree
しゅれん[手練](명) 수련. 익숙하여 훌륭해진 솜씨. 「—のはやわざ; 숙련된 날쌘 솜씨」 dexterity
しゅろ[棕櫚](명)〈식〉 종려나무. 야자과의 상록 교목. 열매는 중국 요리에 씀. a hemp palm. **—ちく**[棕櫚竹](명)〈식〉 종려죽. 야자나무과에 속하는 상록 관목. 관상용.
しゅろう[酒楼](명) 술집. 요리집. a restaurant
しゅろう[鐘楼](명) ⇨しょうろう.
じゅろうじん[寿老人](명) 일곱 복신(福神)의 하나. 흰 수염에 머리가 길고, 지팡이와 부채를 들고 사슴을 데리고 있음. the God of Longevity
じゅわき[受話器](명) 수화기. 전화기의 상대방 이야기를 듣는 장치. a receiver
しゅわん[手腕](명) 수완. ①손과 팔. ②솜씨. 수단. 「—家(カ); 수완가」 2. skill
しゅん—[峻](조어) 심한. 「—下剤(ゲザイ); 강한 설사약」 ↔緩(カン).
しゅん[旬](명) ①생선이나 야채 등의 가장 맛이 좋을 때. 「—のもの; 제철인 야채나 생선」 ②좋은 시기. 1. season 2. a chance
しゅん[舜](명)〈역〉 순. 고대 중국의 성천자(聖天子). 「堯(ギョウ)—; 요순」 ⇨:堯(ギョウ).
じゅん—[準·准](조어) ①준함. 비길 만한 것. 「—会員(カイイン); 준회원」 ②하나 앞의 단계를 나타내는 말. 「—決勝(ケッショウ); 준결승」
—じゅん[巡](조어) 둘레. 바퀴. 「—(イチ)—; 한 바퀴」
—じゅん[旬](조어) 한 달을 셋으로 나눈 열흘 동안. 「初(ショ)—; 초순」
じゅん[巡](명) 돌림. 순회. 「杯(サカズキ)の—; 술잔 돌림」 a round
じゅん[順](명) ①순서. 차례. 「アルファベット—; 알파벳 순」 ②거역하지 않고 좇음. 1. order
じゅん[醇](명·형동ダ) ①다른 것이 섞이지 않은 좋은 술. ②순수함. ③인정이 많음. 3. humane
じゅん[純](형동ダ) ①섞임이 없는 모양. ②순진한 모양. 「—な人(ヒト); 순진한 사람」 1. pure 2. natural
じゅんあい[純愛](명) 순애. 순수한 사랑. pure love
じゅんい[准尉](명)〈군〉 준위. 육군 군인의 계급. 장교와 하사관의 사이. a warrant officer
じゅんい[順位](명) 순위. 순번. 차례. ranking
じゅんいく[馴育](명·타サ) 순육. 길들여서 기름. domestication
しゅんいつ[俊逸](명) 준일. 재주가 뛰어남. 또는 그 사람. brilliant talent
じゅんいつ[純一](형동ダ) 순일. ①섞임이 없는 모양. ②거짓이나 꾸밈이 없는 모양. ③외곬인 모양. 1.pure
しゅんう[春雨](명) 춘우. 봄비. a spring rain
しゅんえい[俊英](명) 뛰어나고 빼어남. 또는 그런 사람. superiority
じゅんえき[純益](명)〈경〉 순익. 순 이익. 이익의 총액에서 경비를 뺀 나머지 이익. net profit
じゅんえつ[巡閲](명·타サ) 순열. 돌아 다니며 검열함. a tour of inspection
じゅんえん[巡演](명·타サ) 순연. 순회하며 상연하거나 공연함. a tour of performance
じゅんえん[順延](명·타サ) 순연. 차례로 기일을 연기함. 「雨天(ウテン)—; 우천 순연」 postponement
しゅんおう[春鶯](명) 춘앵. 봄에 우는 꾀꼬리. a spring nightingale
じゅんおう[順応](명·자サ) ⇨じゅんのう.
しゅんおうてん[春鶯囀](명) 춘앵전. 넷 또는 여섯이 춤을 추는 당악(唐楽).
じゅんおくり[順送り](명·타サ) 순서대로 차례차례 다음으로 보냄. passing on
しゅんが[春画](명) 춘화. 남녀가 성교(性交)하는 모양을 그린 그림. an obscene picture
じゅんか[純化·醇化](명·타サ) 순화. ①불순한 것을 없애 버림. 순수하게 함. ②속된 성질이 없게 함. ③복잡한 것을 단순하게 함. 1. purification
じゅんか[順化·馴化](명) 순화. (기후, 풍토 등에) 차차 적응되는 일. acclimatization
じゅんかい[巡回](명·자サ) 순회. ①두루 돌아 다님. 「—裁判(サイバン); 순회 재판」 ②돌아 다니며 둘러봄. 1. a tour
しゅんかしゅうげつ[春花秋月](명) 춘화 추월. 봄의 꽃과 가을의 달. 자연의 아름다운 경치. the natural beauty
しゅんかしゅうとう[春夏秋冬](연어·명)춘하추동. 봄, 여름, 가을, 겨울의 사철. the four seasons
じゅんかつ[潤滑](명) 윤활. 습윤하여 매끄러움. 기계 등의 접촉면의 마찰을 적게 하는 일. 「—油(ユ); 윤활유」 lubrication
しゅんかん[春寒](명) 춘한. 봄 추위. lingering cold in spring
しゅんかん[瞬間](명) 순간. 눈 깜박하는 사이. 순식간. a moment
じゅんかん[旬刊](명) 순간. 10일마다 간행하는 것. 또는 그 간행물. being published every ten days
じゅんかん[旬間](명) (특별히 정한) 10일간. 「交通安全(コウツウアンゼン)—; 교통 안전 순간」 a period of ten days
じゅんかん[循環](명·자サ) 순환. 쉬지 않고 연해 돎. circulation. **—き**[循環器](명)〈생〉 순환기. 혈액을 순환시켜서 섭취한 영양분, 산소 등을 몸의 온갖 조직에 운반하고, 또 노폐물을 몸의 각부로부터 모아서 배설하기 위하여 운반하는 관(管) 모양의 기관. ── **しょうすう**[循環小数](명)〈수〉 순환 소수. 무한 소수(無限小数)의 하나. 소수점 이하 어떤 자리의 수가 한없이 반복되는 소수.

しゅんき[春季](명) 춘계. 봄철. 「━体育大会(タイイクタイカイ); 춘계 체육 대회」 the spring season

しゅんき[春期](명) 춘기. 봄의 기간. springtime

しゅんき[春機](명) 춘기. 남녀간의 정욕. 색정(色情). sexual passion. ── **はつどうき**[春機発動期](명) 춘기 발동기. 색정이 나타나는 나이. 대개 14세~18세경.

しゅんぎく[春菊](명)〈식〉 쑥갓. 엉거시과에 속하는 1~2년초. 식용. 〈학명〉 Chrysanthemum coronarium

じゅんぎゃく[順逆](명) 순역. ①도리에 맞는 것과 어긋나는 것. ②좇는 것과 배반하는 것. 1. right and wrong

じゅんきゅう[準急](명) 준급. 급행 다음으로 빠른 여객 열차. 준급행. a local express

しゅんきょ[峻拒](명) 준거. 준엄(峻厳)하게 거부함. a flat refusal

じゅんきょ[準拠](명·자サ) 준거. ①표준을 삼아 좇음. ②표준. 1. conformity

しゅんぎょう[春暁](명) 봄날의 새벽. daybreak in spring

じゅんきょう[殉教](명·자サ) 순교. 믿는 종교를 위해 목숨을 버림. martyrdom

じゅんきょう[順境](명) 순경. 만사가 순조롭게 되는 경우. ↔逆境(ギャッキョウ). favourable circumstances

じゅんぎょう[巡業](명·자サ) 순업. 각지를 흥행하며 돌아 다님. 「地方(チホウ)━; 지방 순회 흥행」 a provincial tour of a strolling company

じゅんきん[純金](명) 순금. 다른 것이 섞이지 않은 순수한 금. pure gold

じゅんぎん[純銀](명) 순은. 다른 것이 섞이지 않은 순수한 은. pure silver

じゅんぐり[順繰り](명) 순서를 좇음. 차례대로 함. 「━に答(コタ)える; 차례대로 대답하다」 doing in order

しゅんけい[春景](명) 춘경. 춘색(春色). 봄의 경치. a spring scene

じゅんけい[巡警](명) 순경. ①돌아 다니며 경계함. ②〔중국, 한국의〕 경찰관의 맨 아래 계급.

じゅんけい[純系](명)〈생〉 순계. 대대로 같은 유전 형질(遺伝形質)을 가진 것끼리만 생식(生殖)을 계속해 온 계통. pure line

じゅんけい[純計](명) 예산의 계산에 있어서 세입(歳入), 세출 중 A회계의 세출이 B회계의 세입이 되는 것과 같은 중복되는 분(分)을 제한 순수한 총계. the clear total

しゅんけつ[俊傑](명) 준걸. 뛰어난 사람. a great man

しゅんげつ[春月](명) 춘월. ①봄 밤의 으스름 달. ②봄철. 1. a hazy vernal moon

じゅんけつ[純血](명) 순혈. ①순수한 혈통. 「━種(シュ); 순종」 ②순수한 피. 1. thoroughbred 2. pure blood

じゅんけつ[純潔](명·형동ダ) 순결. (마음이나 몸이) 더럽혀지지 않은 모양. 「━な人(ヒト); 순결한 사람」 purity. ── **きょういく**[純潔教育](명) 순결 교육. 청소년에게 올바른 성(性) 지식을 주어 심신의 순결을 지키기 위한 교육.

じゅんげつ[旬月](명) 순월. ①열흘이나 한 달. ②짧은 날짜. ③열 달. 1. ten days or a month

じゅんげつ[閏月](명) 윤월. 음력에서 같은 달이 두 번 겹치는 달. 윤달. an intercalary month

しゅんけん[峻険·峻嶮](명·형동ダ) 준험. (산 등이) 험함. 험준. steepness

しゅんげん[峻厳](명·형동ダ) 준엄. 지극히 엄격한 모양. 「━な宣告(センコク); 준엄한 선고」 strictness

じゅんけん[巡見](명·타サ) 순견. 돌아 다니며 봄. 보면서 돌아 다님. a patrol

じゅんけん[巡検](명·타サ) 순검. 돌아 다니며 검사함. 순찰. a round of inspection

じゅんけん[純絹](명) ⇨しょうけん(正絹).

じゅんこ[醇乎](형동タリ) 순수한 모양. sheer

しゅんこう[春光](명) 춘광. ①봄의 햇볕. ②봄날의 경치. 춘색(春色). 2. a spring scene

しゅんこう[春郊](명) 춘교. 봄철의 들. vernal fields

しゅんこう[春耕](명)〈농〉 춘경. 봄에 하는 경작. spring farming

しゅんこう[竣工·竣功](명·자サ) 준공. 공사가 완성됨. 완공(完工). completion

しゅんごう[俊豪](명) 준호. 썩 뛰어난 사람. 준걸(俊傑). a great man

じゅんこう[巡行](명·자サ) 순행. 여행을 하며 두루 돌아 다님. a patrol

じゅんこう[巡幸](명·자サ) 천황이 여기저기 두루 돌아 다님. an Imperial tour

じゅんこう[巡航](명·자サ) 순항. 여기저기를 항해하여 다님. a cruise. ── **そくど**[巡航速度](명) 순항 속도. 배, 항공기 등이 연료를 가장 절약할 수 있는 속도.

じゅんこう[順行](명·자サ) 순행. ①차례를 따라 감. ②〈천〉 태양에서 보아 천체(天体)가 지구와 같은 방향으로 나아가는 운동. 1. going in order

じゅんこく[純黒](명·형동ダ) 순흑색. deep black

じゅんこく[殉国](명) 순국. 나라를 위하여 목숨을 버림. dying for one's country

じゅんさ[巡査](명)〈법〉 순사. 순경. 「━部長(ブチョウ); 순사 부장(경위)」 a policeman

しゅんさい[俊才·駿才](명) 준재. 뛰어난 재능. 뛰어난 재능을 가진 사람. a genius

じゅんさい[蓴菜](명)〈식〉 순채. 수련과에 속하는 다년생 수초. 어린 잎은 식용. a water shield

じゅんさつ[巡察](명·자サ) 순찰. 돌아 다니며 경계하고 조사함. 순시(巡視). a round of inspection

じゅんざや[順鞘](명)〈경〉 두 개의 가격이나 이율의 차이가 순조롭고 타당(妥当)한 관계에 있음. ↔逆鞘(ギャクザヤ).

しゅんさん[春蚕](명) 춘잠. 봄누에. spring silkworms
しゅんじ[瞬時](명·부) 순시. 눈 깜짝하는 사이. 순간(瞬間). a moment
じゅんし[巡視](명·타サ) 순시. 돌아 다니며 봄.「一船(セン); 순시선」 a patrol
じゅんし[殉死](명·자サ) 순사. 주인의 뒤를 따라 죽음. self-immolation
じゅんじ[順次](부) 순차. 차례. 돌아 오는 차례. in order
しゅんじつ[春日](명) 춘일. 봄날.「一遅遅(チチ); 봄날이 길고 화창한 모양」 a spring day
じゅんじつ[旬日](명) 순일. 10일간. a period of ten days
じゅんしゃく[巡錫](명·자サ)〈불〉순석. 중이 두루 돌아 다니며 사람들을 교화하는 일. a preaching tour
じゅんしゅ[順守·遵守](명·타サ) 준수. 복종하여 지킴.「法規(ホウキ)を一する; 법규를 준수하다」observance
しゅんしゅう[俊秀](명) 준수. 재주나 풍채가 아주 빼어남. 또는 그런 사람. a genius
しゅんしゅう[春愁](명) 춘수. 봄날의 시름. 봄철에 일어나는 뒤숭숭한 근심. spring gloominess
しゅんじゅう[春秋](명) 춘추. ①봄과 가을. ②1개년. ③연령. 연세. ④장래.「一に富(ト)む; 나이가 젊어 앞길이 창창하다」⑤오경(五経)의 하나. 중국 노(魯) 나라의 국사(国史)를 공자(孔子)가 가필(加筆)한 것. ⑥←春秋時代. 1. spring and autumn 2. a year. **―じだい**[春秋時代](명)〈역〉춘추 시대. 중국 주(周) 나라가 동쪽으로 옮긴(東遷) 770년 뒤 약 3백년 간, 제후(諸侯)가 서로 심하게 싸운 시대. **―のひっぽう**[春秋の筆法](연어·명) 춘추 필법. 간접적인 원인을 직접적인 원인으로 표현하는 필법. 비판의 태도가 썩 엄정함을 일컫는 말.
しゅんじゅん[逡巡](명·자サ) 망설임. 뒷걸음침. 머뭇거림.「躊躇(チュウチョ)一する; 주저하고 머뭇거리다」 hesitation
じゅんじゅんけっしょう[準準決勝](명) 준준 결승.
じゅんじゅん[順順](명) 순서를 좇음. 차례를 따름.「一に; 차례차례로」 succession
じゅんじゅん[諄諄](형동タルト) 잘 알 수 있게 자세히 되풀이해서 말하는 모양.「一として説(ト)く; 차근차근 알아 듣도록 말하다」 repeatedly
じゅんじょ[順序](명) 순서. 차례. order
しゅんしょう[春宵](명) 봄 밤.「一一刻(イッコク)値(アタイ)千金(センキン); 봄 밤의 한 시각은 천금의 값이 있다」 a spring evening
しゅんじょう[春情](명) 춘정. ①봄의 경치. 춘색(春色). ②색정(色情). 1. a spring scene 2. sexual sense
じゅんしょう[准将](명)〈군〉준장. 대령(대좌) 바로 위의 계급.
じゅんじょう[純情](명·형동ダ) 순정. 순진한 마음. a pure heart
じゅんじょう[準縄](명) 준승. ①수준기(水準器)와 먹줄. ②(준거하고 표준이 되는) 규칙(規則). 1. a level and inked string 2. a standard
しゅんしょく[春色](명) 춘색. 봄의 경치. a spring scene
じゅんしょく[純色](명) 순색. 잡색이 섞이지 않은 하나만의 순수한 빛깔. a pure colour
じゅんしょく[殉職](명·자サ) 순직. 직무를 위해 죽음. dying at one's post of duty
じゅんしょく[潤色](명·타サ) 윤색. ①윤이 나도록 표면을 손질하고 꾸밈. ②(재료를) 재미 있게 각색(脚色)함. embellishment
じゅん·じる[殉じる](자상 1) ①죽은 사람의 뒤를 따라 죽다.「主君(シュクン)に一; 주군의 뒤를 따라 죽다」②희생적으로 하다. ③자기의 생명을 던지다.「仕事(シゴト)に一; 순직하다」 1. follow to the grave 2. sacrifice oneself
じゅん·じる[準じる·准じる](자상 1) ①비교하다. 흉내내다. ②본보기로 하다. 2. apply correspondingly
じゅんしん[純真](명·형동ダ) 순진. 마음이 꾸밈이 없고 참됨. naivety
じゅんすい[純水](명) 순수. 불순물이 섞이지 않은 순수한 물. pure water
じゅんすい[純粋](명·형동ダ) 순수. ①조금도 섞임이 없음. ②순전. ③사념(邪念)이나 사욕(私慾)이 없음. 1. purity 3. innocence. **―りせい**[純粋理性]〈철〉순수 이성. 경험 또는 인식을 가능하게 하는 선천적 인식 능력. ↔実践(ジッセン)理性.
しゅんせい[竣成](명) 건축물 등이 다 이룩됨. 낙성(落成). 준공(竣工). 완성. completion
じゅんせい[純正](명·형동ダ) 순정. ①순수하고 올바른 모양. ②오로지 학리(学理) 연구만을 추구(追求)하는 모양. 1. pure
じゅんせい[順正](명·형동ダ) 순정. 도리를 좇아 올바름. 차례가 바름. reasonableness
しゅんせつ[春雪](명) 춘설. 봄눈. spring snow
しゅんせつ[浚渫](명·타サ) 준설. 물 밑의 토사(土砂)나 암석을 파내는 일.「一船(セン); 준설선」dredging
じゅんぜん[純然](형동タルト) 순연. ①순수한 모양. ②본디 그대로인 모양. 1. pure 2. perfect
じゅんぞう[純増](명)〈경〉순증. 순수한 증가. 순증가. a net increase
しゅんそく[俊足](명) 문하(門下)의 수재(秀才). a genius
しゅんそく[俊足·駿足](명) ①잘 달리는 말. 준마(駿馬). ②걸음이 빠름. 1. a swift horse
しゅんそく[瞬息](명) 순식간. 순간. a moment
じゅんそく[準則](명) 준칙. 표준이 되거나 준거가 되는 규칙. a standard
じゅんたく[潤沢](명·형동ダ) 윤택. ①광택. ②풍부. ③이익. ④혜택. 은혜. ⑤아취(雅趣). 2. abundance 3. profit
しゅんだん[春暖](명) 춘난. 봄날의 따뜻함.「一の候(コウ); 따뜻한 봄철」 warm spring weather
じゅんち[馴致](명·타サ) 순치. ①길들임. ②차차 목적하는 상태에 가까와지게 함. 1. taming
じゅんちょう[順調](명·형동ダ) 순조. 일이 술술 진행됨. a favourable condition

じゅんちょう[順潮](명·형동ダ) 순조. ①조류(潮流)의 흐름을 좇음. ②순조(順調)로움. 1. a favourable tide
じゅんちょく[順直](명·형동ダ) 온순하고 정직함. meek and submissive
しゅんでい[春泥](명) 봄철의 진창. 봄비 등에 의해 생긴 진창. a slushy road of spring
じゅんてん[順転](명)〈천〉 순전. 저기압 통과 전후의 상태로서, 바람이 올바른 방향(북반구에서는 오른쪽으로, 남반구에서는 왼쪽)으로 옮겨지는 일.
じゅんど[純度](명) 순도. 품질의 순수한 정도. purity
しゅんとう[春燈](명) 봄 밤의 등불. a lantern in a spring night
しゅんどう[蠢動](명·자サ) 준동. ①벌레가 꿈틀거림. ②보잘 것 없는 사람들이 소동을 일으킴. 미미(微微)한 잔적(残敵)들이 행동함. 1. wriggling
じゅんとう[順当](명·형동ダ) 순당. 순서가 올바름. 도리상 당연함. 마땅히 그리 되었어야 할 일. 「一な結果(ケッカ); 당연한 결과」 proper
じゅんなん[殉難](명·자サ) 순난. 재난이나 국난을 위하여 목숨을 버림. martyrdom
じゅんに[順に](부) 순서를 따라서. 차례로. in order
じゅんねん[閏年](명) 윤년. 태음력에서는 윤달, 태양력에서는 윤일이 든 해. a leap year
じゅんのう[順応](명·자サ) 순응. ①순순히 잘 따름. ②환경에 잘 적응함. 「環境(カンキョウ)に一する; 환경에 순응하다」 2. adaptation
しゅんば[俊馬·駿馬](명) 준마. 우수한 말. a swift horse
じゅんぱい[巡拝](명·자サ) 여러 절이나 신사(神社)를 두루 돌아 다니며 참배함. a pilgrimage
じゅんぱく[純白](명·형동ダ) 순백. 아주 흰 모양. 새하얀 모양. snow white
しゅんばつ[俊抜](명) 준수하고 빼어남. eminence
じゅんばん[順番](명) 순번. 차례로 교대하여 어떤 일을 함. 또는 그 차례. turn
しゅんぴ[春肥](명)〈농〉 춘비. 봄에 주는 비료. spring fertilizer
じゅんび[純美](명) 섞인 것 없이 깨끗하고 아름다움. 순수한 아름다움. absolute beauty
じゅんび[準備](명·타サ) 준비. 채비. preparations
じゅんぴつ[潤筆](명) 윤필. (붓을 적신다는 뜻으로) 글씨를 쓰거나 그림을 그림. writing
しゅんびん[俊敏](명·형동ダ) 준민. 머리가 좋고 날렵함. 「一をもって鳴(ナ)る; 머리가 좋고 날렵한 것으로 알려지다」 cleverness
しゅんぷ[春婦](명) 매춘부. 창녀(娼女). a prostitute
しゅんぷう[春風](명) 춘풍. 봄바람. 「一駘蕩(タイトウ); 봄 경치가 화창한 모양」 a spring wind
じゅんぷう[順風](명) 순풍. 배가 가는 쪽으로 부는 바람. 순한 바람. 「一に帆(ホ)をあげる; 순풍에 돛을 달다. 일이 순조롭게 되다」 a favourable wind
じゅんぷう[醇風](명) 순풍. 인정이 두터운 풍속. a good custom
しゅんぷく[春服](명) 춘복. 봄옷. spring wear
しゅんぶん[春分](명) 춘분. 24절기의 하나. 낮과 밤의 길이가 같은 날. 3월 20,21일에 듦. ↔秋分(シュウブン). the vernal equinox. —**のひ**[春分の日](연어·명) 일본 국민 명절의 하나. 3월 21일경. 조상이나 죽은 사람을 추모하여 제사를 지냄.
じゅんぶん[純分](명) 금화, 은화 또는 지금(地金)에 들어 있는 금, 은의 함유량(含有量). fineness
じゅんぶんがく[純文学](명) 순문학. ①문학 중에서도 특히 순수하게 문학 사상을 표현하는 것. 시나 노래, 희곡, 소설 등. ②통속적이 아닌 문학. pure literature
しゅんべつ[峻別](명·타サ) 준별. 매우 엄격하게 구별함. strict classification
しゅんぼう[春望](명) 봄의 전망(展望). 봄의 경치. a spring scene
しゅんぼう[俊髦](명) 재덕(才徳)이 뛰어난 사람. a man of wide knowledge and high virtue
しゅんぽう[峻峰·峻峯](명) 준봉. 높고 험한 산봉우리. a high and steep peak
しゅんぽう[皴法](명) 〔산수 화법(山水画法)에서〕 산, 벼랑, 바위 등의 굴곡된 모양을 그리는 법.
じゅんぽう[旬報](명) 순보. ①10일마다 하는 보고. ②순간(旬刊) 잡지. 1. a ten-day report
じゅんぽう[順法·遵法](명) 준법. 법을 지킴. 법을 따름. 「一精神(セイシン); 준법 정신」 law abiding. —**とうそう**[遵法闘争](명) 준법 투쟁. 노동 조합 투쟁 방법의 하나. 법률에 저촉되지 않는 수단으로 생산 기타 업무에 지장을 가져오게 하는 합법적인 투쟁 방식.
じゅんぽう[順奉·遵奉](명·타サ) 준봉. 관례나 명령을 좇아서 받듦. observance
じゅんぼく[醇朴·純朴·淳朴](명·형동ダ) 순박. 순진하고 꾸밈이 없음. 「一な農民(ノウミン); 순박한 농민」 simplicity
しゅんぽん[春本](명) 남녀가 성교하는 광경을 그린 책. an obscene book
しゅんまい[俊邁](명·형동ダ) 준매. 재주와 슬기가 뛰어남. 또는 그 사람. talented
しゅんみん[春眠](명) 춘면. 봄밤의 잠. 곤한 봄밤의 잠. 「一暁(アカツキ)をおぼえず; 봄 밤은 짧고 또 잠이 잘 오기 때문에 날이 새는 것도 모른다」 sleeping in spring night
しゅんむ[春夢](명) 춘몽. ①봄 밤의 꿈. ②덧없는 인생을 비유한 말. 1. dream of spring night
しゅんめ[俊馬·駿馬](명) ⇨しゅんば.
じゅんめん[純綿](명) 순면. 순전히 면사만으로 짠 직물. pure cotton
じゅんもう[純毛](명) 순모. 아무 것도 섞이지 아니한 순수한 털실. 또는 그것으로 짠 모직물(毛織物). pure wool
しゅんや[春夜](명) 춘야. 봄 밤. a spring night
じゅんゆう[巡遊](명·자サ) 순유. 여기저기 돌아 다니며 놂. a tour

じゅんよ[旬余](명) 순여. 열흘 남짓한 동안. 십여 일. more than ten days

しゅんよう[春陽](명) 춘양. 봄날. 봄철. 봄볕. a spring day

じゅんよう[準用](명·타サ) 준용. 표준으로서 적용함. application

じゅんよう[遵用](명·타サ) 준용. 좇아 씀. observance

じゅんようかん[巡洋艦](명)〈군〉 순양함. 속력이 빠르고 오래 항해할 수 있는 큰 군함. a cruiser

じゅんようし[順養子](명)〈법〉 ①동생이 형의 양자가 됨. 또는 그 사람. ②형의 양자가 된 아우가 형의 아들을 자기 후사(後嗣)로 삼는 일. 1. a younger brother adopted as the son

じゅんら[巡邏](명·자サ) 순라. 순찰하며 돌아 다님. 또는 그 사람. 「一兵(ヘイ); 순찰병」 a patrol

しゅんらい[春雷](명) 춘뢰. 봄날의 우뢰. a spring thunder

しゅんらん[春蘭](명)〈식〉 보춘화. 난초과에 속하는 다년초. 봄에 황록색 꽃이 핌. 꽃잎은 소금에 절였다가 차를 끓일 때 넣음. 〈학명〉 Cynbidium virescens

じゅんらん[巡覧](명·자サ) 순람. 사방으로 돌아 다니며 봄. a tour

じゅんり[純利](명) 순리. 순이익. net profit

じゅんり[純理](명) 순리. 순수한 논리. 또는 학리(学理). scientific principle

じゅんり[循吏](명) 도리를 좇아 직무에 충실한 선량한 관리. a good official

じゅんりゅう[順流](명) 순류. ①순로(順路)를 따라 흐름. ②흐름을 따라 내려 감. flowing with the stream

じゅんりょう[純良](명·형동ダ) 순량. 잡것이 섞이지 않고 좋은 모양. 순수하고 좋은 모양. 「一なバター; 고급 버터」 pure and good

じゅんりょう[純量](명) 순량. 총량(総量)에서 포장물, 용기(容器) 등을 뺀 순수한 무게. a net weight

じゅんりょう[淳良](명·형동ダ) 순량. 꾸밈이 없고 선량함. plain and good

じゅんりょう[順良](명·형동ダ) 순량. 성질이 유순하고 착함. good and obedient

しゅんれい[峻嶺](명) 준령. 험하고 높은 산봉우리. a steep ridge

じゅんれい[巡礼·順礼](명·자サ) 순례. 여러 성지(聖地)를 두루 참배함. 또는 그 사람. a pilgrimage

じゅんれき[巡歴](명·자サ) 순력. 여러 곳으로 돌아 다님. an itinerancy

しゅんれつ[峻烈](명·형동ダ) 준열. 준엄하고 격렬함. 「一な批判(ヒハン); 준열한 비판」 serverity

じゅんれつ[順列](명) ①〈수〉 순열. 몇 개의 수를 들어 순서를 따라 배열하는 방법. ②순서. 서열. 1. permutation 2. order

しゅんろ[峻路](명) 준로. 험한 길. a steep road

じゅんろ[順路](명) 순로. 순서가 잘되어 있는 경로. 장해가 없는 길. 옳은 길. the usual route

じゅんろく[馴鹿](명)〈동〉 ⇨トナカイ.

しょ一[初](조어) 처음. 최초. 「一対面(タイメン); 첫 대면」

しょ一[諸](조어) 여러 가지. 몇 개의. 「一問題(モンダイ); 여러 가지 문제」

一しょ[初](조어) …의 처음. 「明治(メイジ)一; 메이지 시대의 초기」

一しょ[所](조어) 곳. 「事務(ジム)一; 사무소」

一しょ[書](조어) ①책(本). 「新刊(シンカン)一; 신간 서적」 ②문서. 서류. 「申告(シンコク)一; 신고서」

しょ[書](명) ①문자. ②서도(書道). 「一をよくする; 글씨를 잘 쓰다」 ③책. ④문서나 편지. 「一を送(オク)る; 편지를 보내다」 2. calligraphy 3. a book

しょ[署](명) ①관청. 「分(ブン)一; 분서」 ②이름을 씀. 「一名(メイ); 서명」 ③경찰서의 준말. 2. signature

しょ[緒](명) 실마리. 처음. 시작. 「一につく; 일이 진전되기 시작되다. 일이 잘되어 갈 듯한 가망(可望)이 서다」 the beginning

しよ[賜与](명·타サ) 하사(下賜)함. bestowal

じょ一[女](조어) 여자의. 여자인. 「一店員(テンイン); 여점원」

じょ一[助](조어) 보조. 「一監督(カントク); 조감독」

一じょ[女](접미) 여자의 이름 밑에 붙이는 말.

一じょ[所](조어)(명) …하는 곳. 「研究(ケンキュウ)一; 연구소」

じょ[序](명) ①순서. ②서문. ③실마리. 단서(端緒). 「一の口(クチ); 단서」 ④〔연극 등에서〕 첫 막. 1. order 2. a preface

じょ[恕](명) 배려(配慮). 동정(同情). sympathy

じよ[自余·爾余](명) 이밖의 것. 그외의 것. the rest

じよ[時余](명) 1시간 남짓한 동안. above an hour

しょあく[諸悪](명) 제악. 온갖 악. 온갖 악한 행동. various crimes and bad conducts

しょい[所為](명) 소위. ①행위. 소행. ②때문. 까닭. 1. behaviour

じょい[女医](명) 여의. 여의사. a woman doctor

じょい[叙位](명·자サ) 서위. 관위를 내려 줌. 위계(位階)를 내려 줌. 「一叙勲(ジョクン); 관위와 훈등을 내림」 conferment of a rank

しょいあげ[背負い上げ]ショヒー(명) 일본 여자 옷에서 띠, 매듭 등이 흘러 내리지 않게 매는 가는 끈. a sash bustle

しょいこ[背負い子]ショヒー(명) 짐, 묶은 장작 등을 지는 지게 같은 것.

しょいこ·む[背負い込む]ショヒー(타 4)〈속〉 싫은 책임을 맡다. 부담하다. 「やっかいな役(ヤク)を一; 귀찮은 일을 맡다」 encumber oneself with

しょいちねん[初一念](명) 처음 생각. 초지(初志). 「一をつらぬく; 초지를 관철하다」 one's original intention

〔背負い子〕

しょいなげ[背負い投げ]ショヒー(명) ①〔유도에서〕 상대의 손을 잡고 등으로 업듯이 허리를 굽혀 동댕이치는 수. ②위급할 때에 배반당하는 일. 「一を食(ク)

う; 믿고 있다가 위급할 때 배반당하다」 2. betrayng one's trust

しょいん[所員](명) 소원. 연구소, 사무소 등에 근무하는 사람. a staff

しょいん[書院](명) 서원. ①서재. ②객실. ③서점(書店) 이름에 붙이는 말. 1. a study 2. a drawing room. **—づくり**[書院造り](명) 일본 건축법의 한 가지. 토코노마(床の間), 현관, 영창, 다다미(畳) 등이 있는 일본 집의 가장 흔한 구조. 카마쿠라(鎌倉) 시대 이후 발달.

しょいん[署員](명) 서원. 경찰서, 세무서 등에 근무하는 관리. an official

しょいん[諸員](명) 많은 역원(役員). many executives

しょ・う[背負う]ショフ(타 4) ①등에 업다. 짊어 지다. 「荷物(ニモツ)を—;짐을 짊어 지다」 ②(귀찮은 것을) 맡다. 「借金(シャッキン)を—; 빚을 지다」 1. carry on one's back

しょう—[小](조어) 작은. 「—劇場(ゲキジョウ); 소극장」 ↔大(ダイ).

しょう—[少](조어) 적은. 「—人数(ニンズウ); 적은 인원수」 ↔多(タ).

しょう—[正](조어) ①바른. 꼭. 「—五時(ゴジ); 정각 다섯 시」 ②같은 위계(位階) 가운데서 종(従) 위에 위치하는 품계. 「—三位(サンミ); 정삼위」 ↔従(ジュウ).

—しょう[床](접미) 병원 등에서 환자의 침대를 세는 말. 「五(ゴ)—; 침대 다섯 대」

—しょう[性](조어) …의 성질. 「あぶら—; 지방성」

—しょう[相](조어) 대신(大臣). 장관. 「運輸(ウンユ)—; 운수상(교통부 장관)」

—しょう[症](조어) 병의 증세. 「不妊(フニン)—; 불임증」

—しょう[唱](조어) 합창. 「五重(ゴジュウ)—; 오중창」

—しょう[章](조어) 기장(記章). 「菊花(キッカ)—; 국화 기장」

—しょう[勝](조어) 승리. 이김. 「三(サン)—二敗(ニハイ); 3승 2패」

—しょう[傷](조어) 상처. 「擦過(サッカ)—; 찰과상」

しょう[小](명) ①작음. 작은 것. ②가늚. 또는 가는 것. ③아이. 「大十円(ダイジュウエン), —五円(ゴエン); 어른 10원, 아이 5원」 ④작은 달. (음력에서는 29일, 양력에서는 30일 또는 28일의 달) ⑤⇨わきざし(脇差し). ↔大(ダイ). 1. smallness 4. an even month

しょう[升](명) 용적의 단위. 1말의 10분의 1되. 약 1.8*l*.

しょう[正](명) ①올바름. 틀림이 없음. 꾸밈이 없음. ②옛날 각 관청의 장(長). ③진짜. 1. rightness

しょう[生](명) 생명. 목숨. 「この世(ヨ)に—を受(ウ)ける: 이 세상에 태어나다」 life

しょう[抄・鈔](명) 초. ①뽑아서 적음. 발췌(抜萃). ②주석(注釈). 주석서. 1. an extract 2. an annotated edition

しょう[妾] Ⅰ(명) 첩. ①몸종. ②첩. Ⅱ(대) 부인이 남편에게 자기를 겸사로 일컫는 말. Ⅰ 1. a lady's maid

しょう[性](명) ①성질. 천성. 「—が わるい; 성질이 나쁘다」 ②마음 가짐. 「—をすえる; 마음을 단단히 가지다」 ③오행(五行)을 사람의 생년월일에 배당한 것. 「水(ミズ)の—; 수성」 ④남녀의 구별. ⑤타고 난 체질(体質). 1. nature

しょう[省](명) 성. ①(중국의) 최상급의 행정 구획(区画). ②옛 내각의 중앙 관청. ③현대 내각의 각 중앙 관청. 부(部). 1. a province 3. a ministry

しょう[荘](명) 장원(荘園). ⇨:そう(荘). a manor

しょう[将](명) 군대의 지휘관. 대장. 장군. a commander

しょう[称](명) 부르는 이름. 명칭. 칭호. 「…の—をあたえる; …의 칭호를 주다」 a name

しょう[商](명) 상. ①장사. 상업. 「雑貨(ザッカ)—; 잡화상」 ②상인. 장사아치. 장수. ③〈수〉 어떤 수를 다른 수로 나눈 값. ↔積(セキ). ④상학부(商学部)의 준말. ⑤상업 고등 학교. 1. trade 3. the quotient

しょう[章](명) ①문장을 몇 부분으로 크게 나눈 것. 단락. 문단. ②조항(条項). ③시가나 문장. ④표지. 기장(記章). 1. a chapter

しょう[娼](명) 유녀(遊女). 창녀. a prostitute

しょう[笙](명)〈악〉 관악기(管楽器)의 한 가지. 여러 가지 길이의 대통을 "U"자 모양으로 배열하여 입으로 부는 악기. 생황(笙簧). a pan pipe

〔笙〕

しょう[証・證](명) ①표지. 증거. 「—を得(ウ)る; 증거를 얻다」 ②증명. 증명서. 「領収(リョウシュウ)—; 영수증」 1. proof 2. a certificate

しょう[詔](명) 조서(詔書). 조칙(詔勅). an Imperial rescript

しょう[鉦](명)〈악〉 놋쇠로 전이 없는 대야같이 만든 타악기의 한 가지. 징. a gong

しょう[頌](명) 송. ①군주(君主)의 미덕(美徳), 성공을 칭송하는 시. ②공덕을 칭송하는 글. 2. a eulogy

しょう[衝](명) ①중요한 곳. 요소(要所). 중심(中心). 「交通(コウツウ)の—; 교통상의 요지」 ②통로(通路). 길. 1. a focus

しょう[賞](명) 상. 포상(褒賞). 「—にはいる; 입상(入賞)하다」 a prize

しょう[簫](명)〈악〉 소. 중국 고대의 관악기(管楽器). 길고 짧은 대나무통을 늘어놓은 것.

しよう[子葉](명)〈식〉 자엽. 식물의 씨 속에 있는 배(胚)의 일부를 이루는 특수한 잎. a seed leaf

しよう[止揚](명・타サ)〈철〉 지양. 충돌하는 두 개의 개념을 한층 높은 단계로 조화, 통일하는 일. dialectic transcendence

しよう[仕様](명) 방법. 수단. a method. **—がき**[仕様書き](명) ①방법의 순서를 쓴 문서. ②주문품의 내용, 도면(図面)을 적은 서류. **—がない**[仕様が無い](연어・형) ①방법이 없다. 할 수 없다. 「この病気(ビョウキ)は どうにも—; 이 병은 어떻게 고칠 방법이 없다」 ②취급하기 어렵다. 처치하기 곤란하다. 「なまけ者(モノ)で—; 게으름뱅이어서 난처하다」

しよう[史要](명) 사요. 역사의 요점만을 골라 쓴 것. 「文学(ブンガク)—; 문학 사요」 an outline history

しよう[至要](명·형동ダ) 지극히 중요함. vital importance

しよう[私用](명) 사용. ①공용물을 사사로이 사용함. ②사사로운 소용. 또는 그 용무. ↔公用(コウヨウ). 2. private business

しよう[枝葉](명) 지엽. 가지와 잎.「—末節(マッセツ); 지엽 말절(하찮은 일)」 branches and leaves

しよう[使用](명·타サ) 사용. 씀.「—者(シャ); 사용자」use. **—かち**[使用価値](명)〈경〉 사용 가치. 인간의 욕망을 충족시켜 주는 물건의 유용성(有用性). **—にん**[使用人](명) 사용인.〔은행, 회사 등에서〕사용되는 직원. ↔使用者(ショウシャ). **—りょう**[使用料](명) 사용료. 사용하는 데 대하여 내는 요금.

しよう[姿容](명) 모습. 모양. 용자. appearance

しよう[試用](명·타サ) 시용. 시험으로 써 봄. trial

しよう[飼養](명·타サ) 사양. 짐승을 먹여 기름. rearing

じょう—[上](조어) ①상등의. 고급의.「—菓子(ガシ); 고급 과자」②좋은.「—きげん; 좋은 기분」③위의.「—半身(ハンシン); 상반신」

じょう—[定](조어) ①정해진. 언제나의.「—宿(ヤド); 단골 여관. 단골 하숙」②정기(定期)의.「—郵便(ユウビン); 정기 우편」

じょう—[常](조어) 항상. 언제나의.「—やとい; 장기 고용인」

—じょう[丈](접미) 카부키(歌舞伎) 배우의 예명(芸名) 밑에 붙이는 경칭.

—じょう[上](조어) ①…에 관한.「政治(セイジ)—; 정치상」②…의 점에서.「捜査(ソウサ)—; 수사상」③…의 위.「富士山(フジサン)—; 후지산 위」

—じょう[条](접미) 띠(帯), 내(川) 등 긴 것을 세는 말.

—じょう[状](조어) …의 모양.「うろこ—; 비늘 모양」②편지.「案内(アンナイ)—; 안내장」③(질문 하는) 문서(文書).「公開(コウカイ)—; 공개장」

—じょう[帖](접미) ①막(幕)을 두 장씩 세는 말. ②병풍을 세는 말. ③종이를 스무 장씩, 김을 열 장씩 세는 말. ④접어서 만든 책이나 수첩 등을 세는 말.

—じょう[城](조어) 성.「白鷺(シラサギ)—; 시라사기성」

—じょう[乗]Ⅰ(접미) 차의 수를 세는 말. Ⅱ(조어) 같은 수를 곱하는 회수.「三(サン)—する; 3승하다」

—じょう[場](조어) 장. 곳. 장소.「直売(チョクバイ)—; 직매장」

—じょう[畳·帖](접미) 돗자리(다다미)를 세는 말.

—じょう[錠](접미) 정. 알약의 알맹이를 세는 말.

—じょう[嬢]Ⅰ(접미) 미혼 여인의 이름 밑에 붙이는 말. 양.「正子(マサコ)—; 마사코 양」Ⅱ(조어) 특히 여자인 것을 표시하는 말.「令(レイ)—; 영양」

じょう[丈](명) 장. ①길이의 단위. 1자(尺)의 10배. 약 3.03 *m*. ②길이. 키. 2. length

じょう[上](명) ①위. ②상등(上等). 훌륭함.「—米(マイ); 상등미」③책의 상권(上巻). 1. the upper part

じょう[冗](명) 낭비. 쓸 데 없는 것.「—をはぶく; 낭비를 줄이다」 futility

じょう[丞](명) 옛 관청에서 위로부터 세째 번 지위.

じょう[杖](명) ①지팡이. ②장형(杖刑). 1. a stick

じょう[条]Ⅰ(명) ①줄기. 줄거리. 순서. ②조항 ③가지. 잔가지. Ⅱ(접조) ①…에 대해서. 고로.「御通知(ゴツウチ)つかまつりそうろう—; 통지해 드린 바」②…하지만.「冬(フユ)とはいう—; 겨울이라고는 하지만」 Ⅰ1. a stripe 2. an article Ⅱ1. as the fact is that...

じょう[状](명) 편지. 문서.「この—持参(ジサン)の者(モノ)に; 이 편지를 가지고 간 사람에게」 a letter

じょう[情](명) ①느껴서 움직이는 마음. 감정. 기분.「懐旧(カイキュウ)の—; 회구의 정」②생각. 사념(思念). ③성심. 성의. ④사정. 사실.「—を知(シ)ってかくまう; 사정을 알고서 숨기다」⑤정취(情趣). ⑥애정(愛情). 1. feeling 4. circumstances

じょう[場](명) 곳. 장소.「—に満(ミ)ちる拍手(ハクシュ); 만장의 박수」 a ground

じょう[錠·鎖](명) 자물쇠. 빗장. a lock

じょう[嬢·娘](명) ①처녀. 결혼하지 않은 여자. 색시. 아가씨. ②여자 아이. 1. a young lady 2. a girl

じよう[自用](명) 자용. 자기의 씀씀이. private use

じよう[次葉](명) (서류 등의) 다음 페이지. the next page

じよう[時様](명) 그 시대의 유행. the latest fashion

じよう[滋養](명) 자양. 몸의 영양이 되는 것. nourishment. **—かんちょう**[滋養灌腸](명)〈의〉 자양 관장. 자양액을 항문으로 주입하여 대장벽에서 영양을 흡수시키는 일.

しょうあい[性合]—アヒ(명) ①성질. ②궁합이 맞음. 1. nature

しょうあい[鍾愛](명·타サ) 몹시 사랑함. 총애(寵愛). deep love

じょうあい[情合]—アヒ(명) 인정의 정도. the heart

じょうあい[情愛](명) 정애. 인정. 애정. affection

しょうあく[掌握](명·타サ) 장악. 손아귀에 넣음. 내 것으로 만듦. 뜻대로 지배함.「部下(ブカ)を—する; 부하를 손아귀에 넣다」「政権(セイケン)を—する; 정권을 잡다」 grasp

しょうアジア[小亜細亜](명)〈지〉 소아시아. 아시아의 서부. 흑해와 지중해 사이에 있는 반도형의 지역.

しょうあん[小庵](명) 작은 암자. a small hermitage

しょうあん[硝安](명)〈이〉 초산(硝酸) 암모늄의 준말.

しょうい[小異](명·자サ) 조금 다름.「大同(ダイドウ)—; 대동 소이」 minor differences

しょうい[少尉](명)〈군〉 소위. 장교 계급의 맨 아래. a second lieutenant

しょうい[傷痍](명) 상이. 상처. 부상.「—軍人(グンジン); 상이 군인」 a wound

しょうい[焼夷](명) 소이. 태워 버림. burning up. **—だん**[焼夷弾](명)〈군〉 고열(高熱)을 내며 타는 약품을 넣은 탄환이나 폭탄.

じょうい[上衣](명) 상의. 웃옷. 저고리. a coat

じょうい[上位](명) 상위. 높은 자리. ↔下位(カイ). a higher rank

じょうい[上意](명) 상의. 임금(웃사람)의 뜻.「—下達

(カタッ); 상의 하달」 Emperor's wishes

じょうい[常衣](명) 상의. 일상복. 평복(平服). an everyday clothes

じょうい[情意](명) 정의. 감정과 의지(意志). 마음씨. sentiment. **—とうごう**[情意投合](연어·자サ) 서로 간에 정의가 통함.

じょうい[旋意](명) 분부의 취지나 요지(要旨). purport

じょうい[攘夷](명) 양이. (에도 시대 말에) 외적(外敵)을 물리치고 배척하던 일. the exclusion of foreigners

じょうい[譲位](명·자サ) 양위. 임금이 그 자리를 물려 줌. abdication

じょういき[浄域](명) 절의 경내. 영지(霊地). 성지(聖地). the sacred ground

しょういん[小引](명) 짧은 서문. a short introduction

しょういん[小飲](명) 작은 술잔치. a small feast

しょういん[松韻](명) 바람이 소나무를 스치는 소리. 송뢰(松籟). 송풍(松風). wind among pine trees

しょういん[承引](명·타サ) 승낙. consent

しょういん[省印](명) 내각 각 성(省)의 인장. a seal of a ministry

しょういん[省員](명) 내각 각 성(省)의 직원. an official of a ministry

しょういん[証印](명·자サ) 증인. 증명으로 찍은 도장. an evidential seal

しょういん[勝因](명) 승인. 이긴 원인. ↔敗因(ハイイン). the cause of victory

じょういん[上院](명)〈법〉 상원. 양원 제도의 국회에서 하원 외의 또 하나의 의원. 참의원에 해당. ↔下院(カイン). the Upper House

じょういん[冗員·剰員](명) 용원. 소용 없는 인원. a supernumerary

じょういん[乗員](명) 승무원. men on car service

じょういん[畳韻](명) 첩운. 똑같은 운(韻)을 반복하는 것. 반복된 운(韻). repeated rhymes

しょうう[小雨](명) 작은 비. 조금 오는 비.「—決行(ケッコウ); 비가 조금 오면 상관 않고 행함」 a light rain

じょううち[常打ち](명·자サ) 일정한 곳에서 흥행함. a regular performance

しょううちゅう[小宇宙](명)〈철〉 소우주. 우주 속에 있으면서 그 모습을 대표하고 있는 소규모의 우주. 특히 인간, 또는 인간의 영혼을 말함. a microcosm

しょううん[商運](명) 상운. 장사의 운.「—に恵(メグ)まれる; 장사 운이 트이다」 the business luck

しょううん[祥雲](명) 상운. 상서로운 구름. 서운(瑞雲). auspicious clouds

しょううん[勝運](명) 승운. 이길 운수.「—を逃(ノガ)す; 승운을 놓치다」 chance of victory

じょうえ[浄衣](명) ①흰옷. ②옛날의 사냥 옷 모양의 흰 제복(祭服). ②중이 입는 흰옷. 1. white clothes

しょうえい[省営](명) 성(省)의 경영. government management

しょうえい[照影](명) 사진. 초상(肖像). a portrait

じょうえい[上映](명·타サ) 상영. 영화를 영사(映写)하여 사람들에게 보임. screening

しょうえき[小駅](명) ①작은 역참(駅站). ②작은 정거장. 1. a small post town 2. a small station

しょうえき[漿液](명) 장액. ①즙. 국. ②장막(臟膜)에서 나오는 맑은 액체. 1. juice 2. serosity

しょうえき[瘴疫](명) 장역. (산천의 나쁜 기운을 쏘여 생기는) 유행성 열병. an epidemic

しょうえん[小宴](명) 소연. 작은 연회. a small feast

しょうえん[小園](명) 작은 정원. a small garden

しょうえん[招宴](명) 초연. 연회에 초대하는 일. invitation to a feast

しょうえん[荘園](명) 장원. ①씨족(氏族)의 우두머리의 별장의 전원(田園). ②중고(中古) 이래 귀족이나 사원(寺院)이 사유(私有)했던 토지. 2. a manor

しょうえん[消炎](명)〈의〉 소염. 염증을 없앰. counteraction to inflammation

しょうえん[硝煙](명) 초연. 화약의 연기. powder smoke. **—だんう**[硝煙弾雨](연어·명) 초연 탄우. 화약 연기가 가득 차고 탄환이 빗발치듯 날아 오는 일. (전쟁터의 광경)

じょうえん[上演](명·타サ) 상연. 연극을 무대에서 실연(実演)함. presentation of a play

じょうえん[上縁](명) 위의 가장자리. 위의 테. an upper edge

じょうえん[情炎](명) 정염. 불꽃처럼 타오르는 정욕. 격렬한 욕정. lust

しょうおう[照応](명·자サ) 조응. ①두 개의 물건이 서로 대응함. ②문장의 문구가 서로 잘 맞음.「首尾(シュビ)—; 앞과 뒤가 잘 맞음」 correspondence

しょうおく[小屋](명) 소옥. 작은 집. a small house

しょうおん[消音](명) 소음. 내연 기관(内燃機関)의 폭음이나 기계의 소리를 내지 않도록 하는 일. arresting of sound

じょうおん[常温](명) 상온. ①보통 온도. ②1년 중의 평균 온도. 1. normal temperature

しょうか[上下](명) ①위아래. ②통치자와 백성.

しょうか[小過](명) 작은 허물. 작은 과실. ↔大過(タイカ). a minor fault

しょうか[小花](명) 작은 꽃. a small flower

しょうか[昇華](명·자サ)〈이〉 승화. 고체(固体)에서 직접 기체(気体)로 변화하는 현상. sublimation

しょうか[消化](명·타サ) 소화. ①〈생〉 먹은 음식물을 흡수할 수 있는 액체로 만들고, 세포에 의하여 이용될 수 있는 단순한 형태로 변화시키는 과정.「—のわるい食(タ)べ物(モノ); 소화가 잘 안되는 음식물」②읽거나 들은 것을 완전히 자기 지식으로 함. 1. digestion 2. comprehension. **—き**[消化器](명)〈생〉 소화기. 음식물을 씹고 소화, 흡수를 하는 기관. 입, 목, 식도, 위, 창자 등.

しょうか[消火](명·자타サ) 소화. 불을 끔. fire extinguishing. **—せん**[消火栓](명) 소화전. 불을 끄는 데 사용하는 수도(水道)의 급수전(給水栓). 화재가 일어났을 때 호오스를 이 마개에 끼워서 물이 뿜어 나오게 함.
しょうか[消夏·銷夏](명) 소하. 더위를 덜어 잊게 함. 「一法(ホウ); 더위를 덜어 잊게 하는 법」 summering
しょうか[将家](명) 무장(武将)의 가문. 무가(武家). 「勝敗(ショウハイ)は一の常(ツネ); 승패는 병가(兵家)의 상사」 a general's lineage
しょうか[唱歌](명) 창가. 노래를 부름. 또는 그 노래. singing a song
しょうか[商科](명) 상과. ①상업에 관한 학과. ②상학부(商学部). 1. commercial course
しょうか[商家](명) 상가. 장사하는 집. a mercantile house
しょうか[娼家](명) 창가. 청루(青楼). 유곽. a brothel
しょうか[証歌](명) ①증거가 되는 노래. ②근거 있는 노래. 1. a song of evidence
しょうか[頌歌](명) 송가. 덕이나 공적을 칭송하는 노래. an anthem
しょうか[漿果](명)〈식〉 장과. 살과 수분이 많은 과실. a berry
しょうが[小我](명)〈불〉 소아. 사바 세계에 태어난 자아(自我). 육체의 나. selfish ego
しょうが[生姜·生薑](명)〈식〉 생강. 생. a ginger
じょうか[上下](명) 상하. ①위아래. ②상원과 하원. 「一両院(リョウイン); 상하 양원」 1. above and below
じょうか[城下](명) 성하. ①성벽 아래. 성 있는 근처. ②←城下町. 1. the outside of a castle. **—のちかい**[城下の盟い](연어·명) 적에게 수도(首都)까지 침입당하여 하는 강화(講和)의 약속. **—まち**[城下町](명) 영주의 거성(居城)을 중심으로 발달한 도시.
じょうか[浄化](명·타サ) 정화. 깨끗하게 함. purification
じょうか[浄火](명) 정화. 신성한 불. a sacred fire
じょうか[情火](명) 정화. 불꽃처럼 일어나는 욕정(慾情). passion
じょうか[情歌](명) ①사랑의 정을 읊은 노래. 연가(恋歌). ②⇨どどいつ. 1. a love song
しょうかい[小会](명) 작은 모임. 소집회(小集会). a small meeting
しょうかい[哨戒](명·자サ)〈군〉 초계. 적의 습격을 경계함. 경계. 「一艇(テイ); 초계정」 patrol
しょうかい[商会](명) 상회. ①상업상의 조합. ②상점에 붙이는 이름. 1. a trade association
しょうかい[商界](명) 상계. 상업의 사회. 상업계(商業界). the commercial world
しょうかい[紹介](명·타サ) 소개. 두 사람 사이에서 일이 잘되게 함. 또는 잘 알도록 관계를 맺어 줌. introduction
しょうかい[照会](명·타サ) 조회. 서면으로 물어 봄. 「手紙(テガミ)で一する; 편지로 조회하다」 inquiry
しょうかい[詳解](명·타サ) 상해. 상세하게 풀이함. 자세한 해석. a detailed explanation
しょうがい[小害](명) 얼마 되지 않는 손해. 작은 피해. little harm
しょうがい[生害](명·자サ) 자살. 자결(自決). suicide
しょうがい[生涯](명·부) 생애. ①한평생. 종생(終生). 평생. 「一忘(ワス)れられない; 평생 잊을 수 없다」 ②일생(一生) 중의 어느 한 시기. 「公(コウ)—; 공적인 생애」 1. all one's life 2. in one's lifetime
しょうがい[渉外](명) 섭외. 외부와 교섭하거나 연락하는 일. 「一部(ブ); 섭외부」 public relations
しょうがい[傷害](명·타サ) 상해. 상처를 내어 해를 입힘. 「一事件(ジケン); 상해 사건」 injury. **—ほけん**[傷害保険](명)〈경〉 상해 보험. 몸에 상처를 입었을 때 약속한 금액의 지불을 받는 보험.
しょうがい[障害·障礙·障碍](명) 장해. 장애. ①거치적거려 방해가 되는 것. ②장애물. ③←障碍競走. 1. 2. an obstacle **—きょうそう**[障碍競走](명) 장애경주. ①〔경마(競馬)에서〕 중도(中途)에 장애물을 놓고 이를 넘게 되어 있는 경기. ②허어들 경기.
じょうかい[浄界](명) 정계. ①정결한 지역. 즉 절, 영지(霊地) 등의 경내. ②〈불〉 정토(浄土). 1. holy confines
じょうかい[常会](명) 상회. (국회 등의) 정기 회의. a regular meeting
じょうかい[情懐](명) 정회. 생각하는 마음. 정서와 회포(懐抱). one's feelings
じょうがい[城外](명) 성외. 성문 밖. 성밖. the outside of a castle
じょうがい[場外](명) 장외. 장소 밖. 회장(会場) 밖. the outside of a place
しょうかいは[小会派](명) 인원수가 적은 단체나 당파. the minor parties
しょうかく[昇格](명·자サ) 승격. 격식(格式)이 올라감. 「大学(ダイガク)に一する; 대학으로 승격하다」 promotion in status
しょうがく[小学](명) 소학. ①한자(漢字)에 관한 연구. ②소학교의 준말. 2. a primary school. **—せい**[小学生](명) 소학생. 소학교(국민 학교)에 적을 둔 아동.
しょうがく[小額](명) 소액. 액면이 작은 돈.
しょうがく[少額](명) 소액. 적은 금액. 적은 액수. a small sum
しょうがく[正覚](명)〈불〉 정각. 올바른 깨달음. 망혹(妄惑)을 단멸(断滅)한 여래(如来)의 참되고 바른 각지(覚知). divine enlightenment. **—ぼう**[正覚坊](명) ①〈동〉 바다거북. 몸은 1*m* 가량이며 암록색에 암황색 반점이 있음. 푸른거북. ②〈속〉 모주망태.
しょうがく[商学](명) 상학. 상업에 관한 학문. 「一士(シ); 상학사」 commercial sciences
しょうがく[奨学](명) 장학. 학문을 장려함. 「一資金(シキン); 장학 자금」 encouragement of learning
じょうかく[乗客](명) ⇨じょうきゃく.
じょうかく[城閣](명) 성각. 성의 망루(望楼). a watch tower of a castle
じょうかく[城郭·城廓](명) 성곽. ①성. ②성벽. 성의 범위. 「心(ココロ)に一をもうける; 마음속에 성을 쌓다」 1. a castle

じょうがく[上顎](명) 상악. 위턱. the upper jaw
しょうかち[消渇](명)〈고·의〉 ①소갈. 갈증을 느끼고 소변이 잘 안 나오는 병. ②부인의 임질(淋疾).
しょうがつ[正月](명) ①정월. 1월. 설. ②기쁘고 즐거운 경우.「舌(シタ)の一; 혀의 설날(맛 있는 음식을 마음껏 먹음의 비유)」 1. January
しょうがっこう[小学校](명) 소학교. 국민 학교. a primary school
じょうがっこつ[上顎骨](명)〈생〉 상악골. 두개골 상악부를 이루는 한 쌍의 뼈. an upper jawbone
しょうかぶ[正株](명)〈경〉 ⇨じつかぶ(実株).
しょうかん[小官] Ⅰ(명) 지위가 낮은 관리. 하급 관리. Ⅱ(대) 관리가 자기를 겸사로 일컫는 말. Ⅰ a minor official
しょうかん[小寒](명) 소한. 24절기의 하나. 양력 1월 5,6일에 듦. the period of lesser cold
しょうかん[少閑](명) 소한. 얼마 안되는 짧은 여가(餘暇). a short leisure
しょうかん[召喚](명·타サ)〈법〉 소환. 관청이 특정의 개인을 일정한 장소에 출두하게 함. a summons
しょうかん[召還](명·타サ) 소환. 일을 마치기 전에 불러 돌아 오게 함. recall
しょうかん[昇官](명·자타サ) 승관. 관리의 등급이 올라 감. promotion
しょうかん[招喚](명·자サ) 초환. 불러서 돌아 오게 함. invitation
しょうかん[消閑](명) 소한. 한가한 여가를 메우는 일. 파한(破閑). 파적(破寂). killing of time
しょうかん[将官](명)〈군〉 대장, 중장, 소장을 통틀어 일컫는 말. 장군. generals and admirals
しょうかん[商館](명) 상관. 외국 상인의 영업소. a foreign mercantile house
しょうかん[傷寒](명) 심한 열병(熱病). 티푸스 등.
しょうかん[償還](명·타サ) 상환. 꾼 돈이나 공채(公債) 등을 돌려 줌. repayment
しょうがん[賞翫·賞玩](명·타サ) ①올려 추킴. ②즐겨 구경함. ③존중함. 2. 3. appreciation
じょうかん[上官](명) 상관. 윗자리에 있는 관리. a higher officer
じょうかん[上燗](명) 술이 알맞게 데워지는 것. nice heating of wine
じょうかん[上澣](명) 상한. 상순(上旬). the first decade of a month
じょうかん[冗官](명) 용관. 필요 없는 관직. 중요하지 않은 벼슬아치. a supernumerary official
じょうかん[乗艦](명·자サ) 승함. 군함에 탐. 또는 타고 있는 군함. joining one's ship
じょうかん[情感](명) 정감. ①느낌. 정조(情調).「ほのぼのとした一; 포근하게 스며 드는 정감」 ②감정. feeling
しょうかんしゅう[商慣習](명) 상관습. 상사(商事)에 관한 관습으로 법으로서의 효과를 갖지 않는 것. 상계의 관습. 상인의 관습. a commercial practice
しょうかんぜおん[聖観世音](명)〈불〉 성관세음. 일반적으로 일컬어지는 관세음 보살의 칭호. 성관음.
しょうかんのん[聖観音](명)〈불〉 ⇨しょうかんぜおん.
しょうき[小器](명) 소기. ①작은 그릇. ②도량이 좁은 사람. 1. a small vessel
しょうき[正気](명·형동ダ) 정기. ①마음이 확고함. ②본정신. 제 정신. ↔狂気(キョキ). 2. sanity
しょうき[匠気](명) 좋은 평판을 얻고자 하는 마음.
しょうき[将器](명) 장군이 될 인재. 장수가 될 만한 기량(器量). capacity for generalship
しょうき[商機](명) 상기. 상업상의 기회. 또는 기략(機略). a business opportunity
しょうき[勝機](명) 이길 기회. the opportunity of victory
しょうき[詳記](명·타サ) 상기. 자세히 기록함. minute description
しょうき[瘴気](명) 열병(熱病)을 일으키는 땅의 독기(毒気). miasma
しょうき[鍾馗](명) 역신(疫神)을 쫓아 낸다는 신(神). Devil-Destroyer
しょうぎ[床几·床机](명) 뒤에 기대는 것이 없는 접는 의자. 승창. a stool
しょうぎ[省議](명) 내각 각 성(省)의 회의. a departmental council
しょうぎ[将棋](명) ①장기. ②장기의 말. 1. chess. **— だおし**[将棋倒し]ーダフシ(명) 한쪽 끝에서부터 차례로 겹쳐 넘어지는 일.

〔床几〕

しょうぎ[娼妓](명) 창기. 공인된 매춘부. a prostitute
しょうぎ[商議](명) 협의(協議). 협상(協商). conference. **— いん**[商議員](명) 연구소, 재단 법인, 거래소 등의 자문 기관. 중요 의안(議案)의 결의에 참가함.
しょうぎ[勝義](명) 말(言)이 지니는 본질적 의미. 또는 용법(用法).「一における; 말이 지니는 본질적 의미에 있어서」 outstanding meaning
じょうき[上気](명·자サ) 상기. 흥분함.「一した顔(カオ); 상기한 얼굴」 being flushed
じょうき[上記](명) 상기. 가로 쓴 글에서 위쪽에 기록된 글을 가리키는 말. the above-mentioned
じょうき[条規](명) 조규. 조문(条文) 규정. stipulation
じょうき[浄机·浄几](명) 티끌 하나 없는 깨끗한 책상.「明窓(メイソウ)一; 깨끗한 서재」 a clean desk
じょうき[乗機](명) 타는 비행기. 타고 있는 비행기. one's plane
じょうき[常軌](명) 상궤. 떳떳하고 바른 길. 상도.「一を逸(イッ)する; 상궤를 벗어나다」 a normal course
じょうき[蒸気](명) 증기. ①〈이〉 액체가 증발해서 된 기체. ②수증기. 김. ③증기선(蒸気船)의 준말. 1. vapour 2. steam
じょうき[縄規](명) ①먹줄과 콤파스. ②규칙. 2. rules
じょうぎ[定規](명) ①자. ②사물의 규준(規準). 1. a ruler 2. a standard
じょうぎ[情義](명) 정의. 인정과 의리. humanity and duty

じょうぎ[情宜·情誼](명) 정의. ①인정상의 의리. 정의(情義). ②친밀감. 1. friendship 2. friendly feeling
じょうきげん[上機嫌](명·형동ダ) 매우 기분이 좋음. good spirits
しょうきゃく[正客](명) 주된 손님. 주객(主客). 정빈(正賓). a guest of honour
しょうきゃく[消却·銷却](명·타サ) 소각. ①지워 없앰. ②돌려 줌. 상환(償還). 1. erasure
しょうきゃく[焼却](명·타サ) 소각. 태워 없앰. throwing into the fire
しょうきゃく[償却](명·타サ) 상각. 빚 따위를 깨끗이 갚음. 변제(辨済). 상환(償還). 「買(か)い入(い)れ—; 채권(債券)이나 사채(社債)를 시가로 사들여 부채를 갚음. 매입 소각」 redemption
じょうきゃく[上客](명) ①상객. 윗자리에 모실 손님. ②단골 손님. 1. a guest of honour
じょうきゃく[乗客](명) 승객. 자동차, 배, 기차, 비행기 등에 탄 사람. a passenger
しょうきゅう[小休](명·타サ) 잠깐 동안 쉼. a short halt
しょうきゅう[昇級](명·자サ) 승급. 등급(等級)이 올라 감. promotion
しょうきゅう[昇給](명·자サ) 승급. 급료(給料)가 올라 감. an increase in pay
じょうきゅう[上級](명) 상급. 웃등급. 「—学校(がっこう); 상급 학교」↔下級(かきゅう). a higher grade
しょうきょ[消去](명·타サ) 지워 없앰. elimination
しょうきょう[商況](명)〈경〉 상황. 상업상의 형편. business conditions
しょうぎょう[商業](명)〈경〉 상업. 상품 매매로 생산과 소비를 연락하고 이익을 취하는 영업. commerce
しょうぎょう[聖教](명)〈불〉 부처의 가르침. 불전(仏典). 경문(経文). Buddhist scriptures
じょうきょう[上京](명·자サ) 상경. 수도(首都)로 올라 감. coming up to the capital
じょうきょう[状況·情況](명) 상황. 정황. 일이 되어 가는 모양이나 형편. state
じょうきょう[常況](명) 평상시(平常時)의 형편. an ordinary state
じょうぎょうざんまい[常行三昧](명)〈불〉 상행 삼매. ①7일 또는 60일 동안을 식사, 통변(通便) 외에는 불당 안을 계속 거닐면서 일념으로 염불을 외는 일. ②오로지 아미타불(阿彌陀仏)을 믿고 그 이름을 외는 일.
しょうきょく[小曲](명) 소곡. 간단한 악곡. a short piece
しょうきょく[消極](명) 소극. 세상 일에 관심이 적어 모든 일을 마지못해 하는 것. ↔積極(せっきょく). negativity. **—てき**[消極的](형동ダ) 소극적. 무슨 일이나 마지못해 하는 모양.
じょうきょく[浄曲](명) ⇨じょうるり.
しょうきん[正金](명) ①금화(金貨)나 은화(銀貨). ②현금. 1. specie 2. cash
しょうきん[渉禽](명)〈동〉 섭금. 부리, 목, 다리가 긴 물가에 사는 물새. 예 : 백로, 황새 등. a wading bird
しょうきん[奨金](명) 장려를 위해서 주는 돈. 장려금. a bounty
しょうきん[賞金](명) 상금. 상으로 주는 돈. a prize
しょうきん[償金](명) 배상으로 지불하는 돈. 배상금. an indemnity
じょうきん[常勤](명·자サ) 매일 정해진 시간을 근무함. working full-time
しょうく[章句](명) 장구. 문장의 장과 구. the chapter and verse
じょうく[冗句](명) 용구. 쓸 데 없는 구절. 중요하지 않은 구절. a redundant passage
じょうぐ[乗具](명) 승구. 승마용(乗馬用) 기구. riding equipments
じょうくう[上空](명) 상공. ①하늘. ②하늘 위. 1. the sky
しょうくうとう[照空燈](명) 조공등. 빛을 반사경(反射鏡)을 사용해서 평행 광선(平行光線)으로 만들어 야간에 비행 중인 항공기를 찾거나 다른 것을 비추는 장치. 탐조등(探照燈). a searchlight
じょうぐぼだい[上求菩提](명)〈불〉 상구 보리. 보리 지혜를 구하여 닦는 일. ↔下化衆生(げけしゅじょう).
しょうぐん[将軍](명) 장군. ①전군(全軍)을 지휘 통솔하는 무관(武官). ②출정군(出征軍)의 총대장. ③군대의 장관(将官). ④〈고〉 ⇨せいいだいしょうぐん(征夷大将軍). 1. a commander. **—け**[将軍家](명) 장군. 특히 아이누족을 정벌하러 갔던 장군의 가문. **—せんげ**[将軍宣下](명)〈고〉 무가 시대(武家時代)에 천황이 아이누족 정벌의 장군을 임명하던 일. 또는 그 임명식.
しょうげ[障礙·障碍](명) ⇨しょうがい.
じょうげ[上下](명·자サ) 상하. ①위아래. ②올라 감과 내려 옴. 「鉄道(てつどう)の—線(せん); 철도의 지방과 수도와의 왕복선」③오름과 내림. 「エレベーターが—する; 승강기가 오르내리다」④상의(上衣)와 하의의 한 벌. ↔三(み)つぞろい. ⑤높은 사람과 낮은 사람. ⑥상권(上巻)과 하권. ⑦변동. 1. up and down. **—どう**[上下動](명) 상하동. 수직으로 흔들리는 진동. ↔水平動(すいへいどう).
しょうけい[小計](명) 소계. 일부분의 합계. total
しょうけい[小径](명·타サ) 소경. 작은 길. 좁은 길. 소로(小路). a lane
しょうけい[小景](명) 약간 좋은 경치. fine scenery
しょうけい[小憩·少憩](명·자サ) 잠간 쉼. a rest
しょうけい[上卿](명) ①썩 높은 공경(公卿). ②영주의 장원(荘園)을 다스리는 관청의 장관. 1. a senior court noble
しょうけい[捷径](명) 첩경. ①가까운 길. 지름길. 빠른 길. ②어떤 일에 이르기 쉬운 방법. a short cut
しょうけい[捷勁](명) 빠르고 강함. swift and strong
しょうけい[勝景](명) 승경. 아름답고 좋은 경치. a fine view
しょうけい[象形](명) 상형. ①사물의 모양을 본뜸.

②한자(漢字) 육서(六書)의 하나. 사물의 형상을 본떠 만든 한자. 예: "山,月,川" 등. 1. representation. ── も(ん)じ[象形文字](명) 상형 문자. 표의(表意) 문자의 하나. 사물의 모양을 본떠 만든 글자. 한 글자가 한 단어를 이룸. 예: 이집트의 고대 문자 등.

しょうけい[憧憬](명) 동경. 못내 그리워하고 생각하는 것. aspiration

じょうけい[上啓](명) ①상계. 말씀을 올림. ②옛날에 황태자, 황후, 황태후에게 각 부서(部署)의 기록을 제출했던 일.

じょうけい[上掲](명·자サ) 상게. 위에 듦. 위에 걺. 「─の図表(ズヒョウ); 위에 든 도표(위에 건 도표)」 above-mentioned

じょうけい[杖刑](명) 장형. 오형(五刑)의 하나. 죄인을 곤장으로 때리는 형벌. flogging

じょうけい[情景·状景](명) 정경. 사물의 모양. 정상(情状). 장면. 「涙(ナミダ)ぐましい─; 눈물겨운 장면」 a sight

じょうけい[場景](명) 그 자리의 광경. a scene

しょうげき[笑劇](명) 소극. 익살과 웃음거리를 주로 하여 관중을 웃기는 연극. a farce

しょうげき[衝撃](명) 충격. ①돌연한 타격. ②격렬한 감정의 동요. ③〈이〉 갑자기 물체에 주어진 힘. 1. impingement 2. a shock

しょうけつ[猖獗](명·자サ) 창궐. 좋지 못한 세력이나 병이 일어나서 걷잡을 수 없는 힘으로 퍼져 나감. rampancy

じょうけつ[浄潔](명) 정결. 맑고 깨끗한 것. 결백한 것. integrity

しょうけん[正絹](명) 정견. 섞임이 없는 순수한 비단. 순견(純絹). 본견(本絹). pure silk

しょうけん[商権](명) 상권. 상업상의 권리. commercial power

しょうけん[証券](명) 증권. ①수표(手票). ②〈경〉 주권(株券), 공채(公債), 사채(社債) 등의 총칭. 유가증권. 2. securities. ── **とりひきじょ**[証券取引所](명)〈경〉 증권 거래소.

しょうげん[証言](명·타サ) 증언. ①사실을 증명하는 말. ②증인의 진술(陳述). 1. verbal evidence

しょうげん[象限](명)〈수〉 상한. ①좌표축(座標軸)에서 나누어진 평면의 네 부분. ②원을 4등분한 것의 하나. 4분원(四分円). quadrant

しょうげん[詳言](명·타サ) 상언. 자세한 말. 상세히 말함. expatiation

じょうけん[上繭](명) 기계 제사(製絲)의 원료가 되는 질이 좋은 누에고치. a cocoon

じょうけん[条件](명) 조건. ①어떤 일을 규정한 사항. 약속한 사항. ②〈법〉 법률 행위의 효력이 발생하는 데 필요한 사항. 「売買(バイバイ)─; 매매 조건」 1. terms. ── **とうそう**[条件闘争](명) 조건 투쟁. 조건을 내세워 그것을 만족시키기 위해서 하는 투쟁. ── **はんしゃ**[条件反射](명)〈생〉 조건 반사. 동물이 환경에 적응(適応)하기 위하여 후천적으로 획득하는 반사 작용.

じょうげん[上弦](명)〈천〉 상현. 음력 7~8일에 나타나는 반달. 또는 그 무렵. ↔下弦(カゲン). the first quarter

じょうげん[上限](명) 상한. ①위쪽의 한계. ②시대의 낡은 쪽의 한계. ↔下限(カゲン). 1. the upper limit

しょうこ[小鼓](명)〈악〉 소고. ①작은 북. ②중국에서 명조(明朝) 이후에 사용되었던 북의 한 가지. 1. a small hand drum

しょうこ[尚古](명) 상고. ①옛날의 사상이나 문화를 숭상하는 일. 「─思想(シソウ); 옛날을 숭상하는 사상」 ②옛날. 고대(古代). 1. classicalism

しょうこ[称呼](명) 칭호. 부르는 이름. appellation

しょうこ[商賈](명) 장사아치. 상인. a merchant

しょうこ[証拠](명) 증거. 증명할 수 있는 근거. 「─品(ヒン); 증거품」 evidence. ── **だてる**[証拠立てる](타하 1) 증명하다. 증거를 들다.

しょうこ[鉦鼓](명) 아악(雅楽)이나 염불에 사용하는 접시 모양의 쇠붙이로 만든 타악기. 매달든지 손으로 들고 침. a gong

しょうこ[鐘鼓](명) 종고. 종과 북. a bell and a drum

〔鉦鼓〕

しょうご[正午](명) 정오. 낮 12시. noon

しょうご[証悟](명·자サ)〈불〉 증오. (도를 닦아) 깨달음. spiritual awakening

じょうこ[上古](명) 상고. 오랜 옛날. ancient times

じょうご[上戸](명) 술을 많이 마시는 일. 또는 그런 사람. 술군. 주호(酒豪). 「笑(ワラ)い─; 술이 취하면 잘 웃는 사람」 ↔下戸(ゲコ). a drinker

じょうご[冗語·剰語](명) 용어. 쓸 데 없는 말. a redundant word

じょうご[畳語](명) 첩어. 같은 단어를 겹친 복합어(複合語). 예: "泣く泣く, ぴいぴい" 등. a repetitive word

じょうご[漏斗](명) 누두. 술, 기름 등을 병에 넣을 때 사용하는 기구. 깔때기. a funnel

しょうこう[小考](명·자サ) 소고. 조금 생각함. 체계가 확립되지 않은 고찰(考察).

しょうこう[小康](명) 소강. 병이나 세상의 형편이 조금 안정됨. 「─状態(ジョウタイ); 소강 상태」 a lull

しょうこう[昇汞](명)〈이〉 승홍. 염소(塩素)와 수은과의 화합물. 방부제, 살균제로 씀. 염화 수은. 「─水(スイ); 승홍수」 corrosive sublimate

しょうこう[昇降](명·자サ) 승강. 올라 감과 내려 옴. 오르내림. 「─口(グチ); 승강구」 going up and down. ── **き**[昇降機](명) 승강기. 엘리베이터.

しょうこう[消光](명·자サ) 하는 일 없이 날을 보냄. 허송 세월. 소일(消日). passing time

しょうこう[消耗](명·자타サ) ⇨しょうもう.

しょうこう[症候](명)〈의〉 증후. 증세. symptoms

しょうこう[将校](명) 장교. 소위(小尉) 이상의 군인. an officer

しょうこう[照校](명·타サ) 대조해 보아 맞나 안 맞나를 검토하여 바로 고침. collation

しょうこう[商工](명) 상공. ①상인과 직공. ②상업과 공업. 1. merchants and workmen. **—かいぎしょ**[商工会議所](명) 상공 회의소. 도시의 상공업자가 모여서 만든 단체. 상공업의 발전, 업자의 협력 등을 목적으로 함. **—ぎょう**[商工業](명) 상공업. 상업과 공업.
しょうこう[商高](명) 상고. 상업 고등 학교의 준말.
しょうこう[商港](명) 상항. 상선(商船)이 드나들고 물자가 집산(集散)하는 항구. a commercial port
しょうこう[焼香](명·자サ) 부처나 죽은 사람의 영전에 향을 피움. 분향(焚香). incense-burning
しょうごう[承合](명) 문의하여 앎. inquiry
しょうごう[称号](명) 칭호. 부르는 이름. a title
しょうごう[商号](명)〈법〉 상호. 상인이 영업상 자기를 나타내기 위하여 사용하는 칭호. a trade name
しょうごう[照合](명·타サ) 조합. 서로 맞추어 봄. 대조 비교함. comparison
じょうこう[上皇](명) 상황. 자리를 물려주고 퇴위(退位)한 천황(天皇)의 높임말. an ex-Emperor
じょうこう[条項](명) 조항. 개조(箇条). an article
じょうこう[乗降](명·자サ) 승강. (기차, 전차 등 탈 것에) 타고 내림. getting on and off
じょうこう[情交](명) 정교. ①친밀한 교제. ②남녀간의 성교(性交). 1. intimacy 2. a liaison
じょうごう[定業](명)〈불〉 정업. 전생에서부터 약속된 일. 정해진 운명. fixed fate
じょうごう[乗号](명) 곱셈의 부호.「×」 a sign of multiplication
しょうこうい[商行為](명)〈법〉 상행위. 영리를 목적으로 물품을 매매, 교환, 중개, 임대(賃貸) 등을 행하는 일. a business transaction
しょうこうねつ[猩紅熱](명)〈의〉 성홍열. 아이들에게 많은 급성 전염병. 피부(皮膚)에 붉은 발진(発疹)이 생김. scarlet fever
しょうこく[小国](명) 소국. 작은 나라. ↔大国(タイコク). a small country
しょうこく[生国](명)태어난 고장. one's native country
しょうこく[相国](명) ①재상(宰相). ②옛날 대신(大臣)의 칭호. 1. a prime minister
じょうこく[上告](명·자サ) 상고. ①위에 신립함. ②〈법〉(제2심의) 판결에 불만이 있을 때 최고 법원에 최후의 심리(審理)를 요청함. 1. a petition 2. an appeal. **—しん**[上告審](명)〈법〉 상고심. 상고한 소송 사건을 심판하는 것. 또는 그 법원. 제 3심.
じょうこく[上刻](명) 옛날 1시간(현재의 2시간)을 셋으로 나눈 처음 시각. the first third of an hour
しょうこくみん[少国民](명) 소국민. 다음 시대의 주인공이 될 소년 소녀. the younger generation
しょうこと[為う事]セウー(명) 할 수단. 할 일.「—なしに; 할 수 없이」 a way
じょうごや[定小屋](명) 상설 흥행장(興行場). a theater
しょうこり[性懲り](명) 진정으로 뉘우치고 진저리를 내는 것.「—もなく; 진저리(싫증)도 안 내고」 contrition
じょうごわ[情強]—ゴハ(명·형동ダ) 고집을 부림. 고집이 셈. stubbornness
しょうこん[性根](명) 근기(根気). 끈기. perseverance
しょうこん[招魂](명) 초혼. 죽은 사람의 영혼을 부르는 것.「—祭(サイ); 초혼제」 invocation of the spirits of the dead
しょうこん[商魂](명) 상혼. 장사를 잘하려고 하는 마음가짐.「—がたくましい; 상혼이 왕성하다」 a commercial spirit
しょうこん[傷痕](명) 상흔. 상처의 흔적. a scar
しょうごん[荘厳](명·타サ·형동ダ)〈불〉 ⇨そうごん.
じょうこん[上根](명) 상근. ①기근(機根)이 남보다 뛰어난 사람. ②성질이 좋음. ↔下根(ゲコン). superiority
じょうこん[条痕](명) 조흔. ①줄친 자국. ②〈광〉 애벌 구운 자기(瓷器)에 광물을 문질렀을 때 나는 줄의 자국. 광물 감정에 널리 쓰임. 2. streak
しょうさ[小差](명) 소차. 작은 차이. a slight difference
しょうさ[少佐](명)〈군〉 소좌. 장교 계급의 하나. 소령(少領)에 해당. a major
しょうさ[勝差](명)〔주로 프로 야구에서〕 시합에서 이긴 회수(回数)의 차(差). the score
しょうさ[照査](명·타サ) 대조하여 조사함. 대조(対照). examination by reference
しょうさ[証左](명) ①증거. ②증인. 1. evidence
しょうざ[正座](명) 주가 되는 손님(主賓)이 앉는 정면의 좌석. the seat of honor
じょうざ[上座](명) 상좌. 윗자리.「—にすえる; 윗자리에 앉히다」 ↔下座(ゲザ). a top seat
じょうざ[定者](명)〈불〉 대법회(大法会) 때 불상(仏像) 등의 둘레를 도는 의식의 행렬 선두에 서서 향로를 들고 가는 중.
じょうざ[常座](명) 노오(能) 무대에 등장하는 연기자가 우선 서는 지정된 위치.
しょうさい[小才](명) 소재. 잔재주. smartness
しょうさい[商才](명) 상재. 장사의 재능. business ability
しょうさい[詳細](명·형동ダ) 상세. 자상하고 세밀함.「—な報告(ホウコク); 상세한 보고」 details
じょうさい[定斎](명) 여름철의 여러 가지 병에 효능이 있다고 하는 한방약(漢方薬)의 하나. 오오사카(大阪)의 약종상(薬種商) 죠오사이(定斎)가 만들었으므로 이런 이름이 붙었음.
じょうさい[城西](명) ⇨じょうせい.
じょうさい[城塞](명) 성새. 성채(城砦). a fortress
じょうざい[浄罪](명)〈종〉 정죄. 죄를 깨끗이 씻는 일. purgation
じょうざい[浄財](명) 정재. 사원(寺院), 자선(慈善), 등을 위하여 기부하는 돈. offerings of money
じょうざい[錠剤](명)〈의〉 정제. 알약. a tablet
しょうさく[小策](명) 소책. 잔꾀. 얕은 계략(計略). a petty trick
しょうさく[蕭索](형동タリ) 소삭. 적막한 모양. 쓸쓸

한 모양. lonely

じょうさく[上作](명) ①썩 잘 만듦. 썩 잘된 것. ② 풍작. 풍년. 1. a masterpiece 2. a good crop

じょうさく[上策](명) 상책. 가장 좋은 방책. ↔下策(ゲサク). a good plan

じょうさく[城柵](명) 성책. 성에 둘러 친 울타리. 성채(城砦). breastworks

じょうさく[縄索](명) 가는 줄과 굵은 줄. a rope

じょうさし[状差し](명) 편지나 문서 등을 꽂아 두는 것. 편지 꽂이. a letter rack

しょうさつ[小冊](명) 소책. 작은 책. 작은 책자. ↔大冊(タイサツ). a leaflet

しょうさつ[笑殺](명·타サ) ①크게 웃음. ②웃고 상대로 하지 않음. 일소에 붙임. 2. laughing away

しょうさつ[詳察](명·타サ) 상찰. 상세히 관찰함. 자세히 살핌. a survey

しょうさつ[蕭殺](명·형동タルト) ①매우 적막함. ② 가을 바람이 초목을 마르고 시들게 함. 2. withering

しょうさっし[小冊子](명) 소책자. 팜플렛. a leaflet

じょうさま[上様](명) 〔계산서, 영수증 등에서〕 상대방 이름 대신에 쓰는 말. 귀하.

しょうさん[消散](명·자타サ) 소산. 흩어져 사라짐. 사라져 없어짐. dissipation

しょうさん[称賛·賞賛](명·타サ) 칭찬. 상찬. praise

しょうさん[勝算](명) 승산. 이길 가망.「一のない試合(シアイ); 이길 가망이 없는 시합」 prospects of victory

しょうさん[硝酸](명)〈이〉 초산. 냄새가 독한 무색 발연성(無色発煙性) 액체. 폭약, 산화제(酸化剤) 등에 쓰임. 질산(窒酸). nitric acid. **―アンモニウム**[硝酸 ammonium](명)〈이〉 초산 암모늄. 무색의 결정(結晶), 또는 분말. 질산 암모늄. **―カリ**[硝酸加里](명)〈이〉 초산 가리. 무색의 결정(結晶). 화약, 비료, 방부제 등에 쓰임. 질산 칼륨.

じょうさん[蒸散](명·자サ)〈식〉 증산. 식물체내의 수분(水分)이 수증기가 되어 발산함. transpiration

じょうざん[乗算](명)〈수〉곱셈. 곱하기. multiplication

じょうざんのだせい[常山の蛇勢](연어·명) 군진(軍陣), 문장 등에서 전후가 서로 호응(呼応)하고 있는 일. simultaneity

しょうし[小子] Ⅰ(명) ①아이. ②제자. 문하인(門下人). Ⅱ(대) 소자. 자기를 겸사로 일컫는 말. Ⅰ 1. a child 2. a follower

しょうし[小史](명) 소사. ①간단하게 쓴 역사. ②아호(雅号)에 붙여 쓰는 말. ③서기(書記). 1. a short history

しょうし[小誌](명) ①조그마한 잡지. ②이 잡지. 1. a small magazine

しょうし[生死](명) 생사. ①삶과 죽음. ②〈불〉⇨しょうじ. 1. life and death

しょうし[抄紙](명) 종이를 뜨는 일. paper making

しょうし[尚歯](명) 노인을 공경하는 일. 경로(敬老).「一会(カイ); 경로회」 respect for the old

しょうし[将士](명) 장사. 장교와 사병. 장병(将兵). 장졸(将卒). officers and men

しょうし[笑止](명·형동ダ) ①딱함. ②우스움.「一千万(センバン); 우습기 짝이 없음」 1. pitifulness

しょうし[証紙](명) 증지. (금액이 이미 지불된 것 등을) 증명하기 위해 붙여 놓는 종이. a certificate stamp

しょうし[頌詞](명) 송사. 공덕을 칭송하는 말. a eulogy

しょうし[頌詩](명) 송시. 칭송하는 시. an ode

しょうし[嘗試](명) 시험하여 봄. a trial

しょうし[賞詞](명) 칭찬하는 말. a eulogy

しょうし[焼死](명·자サ) 소사. 타 죽음. death by fire

しょうじ[小字](명) 소자. 작은 글자. 잔 글씨. a small character

しょうじ[小事](명) 소사. 작은 일.「一に拘泥(コウデイ)しない; 작은 일에 구애하지 않다」 a trifle

しょうじ[少時](명) ①소시. 어렸을 때. ②잠깐 동안. 얼마 동안. 1. one's childhood

しょうじ[生死](명)〈불〉 생사. 태어나서부터 죽을 때까지의 괴로움. 생(生), 노(老), 병(病), 사(死). the four pains

しょうじ[尚侍](명) 궁녀 중에서 가장 지위가 높은 사람. a maid of honour

しょうじ[商事](명)〈법〉 상사. 상업 행위에 관한 일. business affairs. **―がいしゃ**[商事会社](명)〈경〉 상사 회사. 상행위를 업무로 하는 영리 사단 법인(営利社団法人). 주식 회사, 합자 회사 등.

しょうじ[頌辞](명) 송사. 공덕을 칭송하는 말. a eulogy

しょうじ[障子](명) 미닫이.「一紙(ガミ); 미닫이에 바르는 종이」 a sliding door

しょうじ[精進](명)〈고〉 ⇨しょうじん.

しょうじ[賞辞](명) 칭찬하는 말. a eulogy

じょうし[上巳](명) 일본의 다섯 명절(節句)의 하나. 음력 3월 3일. the Doll's Festival

じょうし[上司](명) 상사. 상급 관청. 또는 상급 관리.「一の命令(メイレイ); 상사의 명령」the higher officials

じょうし[上使](명) 옛날 에도(江戸) 막부(幕府)에서 각 영주(領主)에게 파견했던 사자(使者).

じょうし[上肢](명)〈생〉 상지. 몸뚱이의 위에 있는 부분. 두 팔. the upper limbs

じょうし[上梓](명·타サ) 상재. 인쇄에 부침. 책을 출판함. publication

じょうし[城市](명) 성시. 성이 있는 시가. a castle town

じょうし[城址·城趾](명) 성지. 성터. the ruins of a castle

じょうし[娘子](명) 낭자. ①처녀. 소녀. ②부인. 1. a maid 2. a woman. **―ぐん**[娘子軍](명) 낭자군. ①여자로 조직된 군대. ②부녀자의 무리. 또는 단체.

じょうし[情史](명) 정사. 연애에 대해서 쓴 문장이나 책. a romance

じょうし[情死](명·자サ) 정사. 서로 애타게 사랑하는 남녀가 이 세상에서 사랑을 이루지 못하여 함께 죽음. a love suicide

じょうじ[常事](명) 상사. ①정해진 일. ②늘 있는 일. 1. a fixed affair 2. an ordinary affair

じょうじ[常時](명·부) 상시. 언제나. 항상. 늘. ordinary times

じょうじ[情事](명) 정사. 남녀간의 애정(愛情)에 관한 일. a love-affair

じょうじ[畳字](명) ①같은 자를 되풀이해서 쓸 때 글자 대신 사용하는 부호.「ゝ」「ゞ」「々」②숙어(熟語). 1. a repeating sign

しょうじい·れる[請じ入れる](타하 1) 방안으로 인도해 들이다. 청해 들이다. usher in

しょうじき[正直](명·형동ダ) 정직. 바르고 곧음. 거짓이 없음. honesty

じょうしき[常識](명) 상식. 건전한 사회인이 공통으로 지니는 보통의 관념.「一はずれ; 상식을 벗어남」 common sense. **—てき**[常識的](형동ダ) 상식적. 누구나 알 수 있는.「一解釈(カイシャク); 상식적 해석」

じょうしき[諍識](명) 남과 싸우려는 마음. 투쟁심(闘争心). strife consciousness

じょうじき[浄食]〈불〉 정식. 불공이나 정성을 들일 때 먹는 채식(菜食)으로 된 식사. maigre food

じょうしきまく[定式幕](명) 카부키(歌舞伎) 무대에서 쓰여지는 막(幕)으로, 세로로 세 가지 색의 줄무늬가 들어 있는 것.

じょうしたい[上肢帯](명)〈생〉 상지대. 상지를 버티는 골빼. 견갑골(肩甲骨), 쇄골(鎖骨), 오탁골(烏啄骨) 등으로 이루어짐. the shoulder-girdle

しょうしつ[消失](명·자サ) 소실. 사라져 없어짐. 사라져 잃어 버림. disappearance

しょうしつ[焼失](명·자타サ) 소실. 타서 없어짐. 태워서 없앰. destruction by fire

しょうしつ[詳悉](명) 상실. 극히 상세한 것. details

しょうじつ[消日](명) 소일. 날을 보내는 것. 세월을 보내는 것. passing a day

じょうしつ[上質](명) 상질. 우수한 질. good quality

じょうじつ[常日](명) 보통 날. 평일. an ordinary day

じょうじつ[情実](명) 정실. ①공적(公的) 일을 처리함에 사사로운 정(情)이 얽히는 것.「一にとらわれる; 정실에 사로잡히다」②실제의 사정. 1. personal consideration

しょうしみん[小市民](명) 소시민. 중산 계급(中産階級). petit bourgeois

しょうしゃ[小社](명) ①작은 사당. ②작은 회사. ③자기의, 혹은 자기가 다니는 회사를 겸사로 일컫는 말. 1. a small shrine

しょうしゃ[抄写](명·자サ) 일부분을 뽑아서 베낌. 발췌(抜萃)하여 베낌. an excerpt

しょうしゃ[商社](명) 상사. 상사 회사(商事会社).「外国(ガイコク)一; 외국 상사」 a company

しょうしゃ[哨舎](명) 보초가 대기하는 작은 건물. 초소(哨所). a sentry box

しょうしゃ[照射](명·자타サ) 조사. 햇볕이 강하게 쬠. 광선을 보내어 비춤. shining

しょうしゃ[廠舎](명) 사방에 울타리가 없는 건물. 가옥(仮屋). a barrack

しょうしゃ[勝者](명) 승자. 이긴 사람. ↔敗者(ハイシャ). a winner

しょうしゃ[傷者](명) 부상자. the injured

しょうしゃ[瀟灑·瀟洒](형동ダ·형동タルト) 산뜻한 모양. 맵시 있는 모양. 깨끗한 모양. chic

しょうじゃ[精舎](명)〈불〉 정사. 절. 사원(寺院). a temple

じょうしゃ[乗車](명·자サ) ①승차. 차에 오름. ②타는 차. ↔下車(ゲシャ). 1. taking a car. **—けん**[乗車券](명) 승차권. 기차, 전차 등을 타는 표. 차표.

じょうしゃ[浄写](명·타サ) 정사. 깨끗이 베낌. 정서(浄書). 청서(清書). a fair copy

しょうしゃく[小酌](명) ①작은 술자리. ②술을 조금 마시는 것. 1. a little banquet

しょうしゃく[照尺](명) 조척. 총의 가늠자. a backsight

しょうしゃく[焼灼](명·타サ)〈의〉 전기, 약품 등으로 환부(患部)를 태워서 파괴(破壊)함. cauterization

じょうしゃく[丈尺](명) ①길이. 키. ②길이가 한 자 되는 자. 1. length

じょうじゃっこうど[常寂光土](명)〈불〉 ⇨じゃっこう(じょう)ど.

しょうじゃひっすい[盛者必衰](연어·명)〈불〉 성자 필쇠. 세력이 성한 자도 반드시 쇠할 때가 있다는 말. Prosperity is followed by decay.

しょうじゃひつめつ[生者必滅](연어·명)〈불〉 생자 필멸. 살아 있는 자는 반드시 죽음. Man is mortal.

しょうじゅ[摂受](명)〈불〉 섭수. ①중생(衆生)을 귀의(帰依)시키는 일. ②부처가 자비심으로 중생을 받아들여 구(救)하는 일. 1. conversion 2. salvation

しょうじゅ[聖衆](명)〈불〉 ①성자(聖者)의 무리. ②성중. 정토(浄土)의 여러 보살들. 1. saints

じょうしゅ[上酒](명) 질이 좋은 술. 고급주. good wine

じょうしゅ[城主](명) 성주. 성의 주인. the lord of a castle

じょうしゅ[情趣](명) 정취. 풍정(風情). 흥취(興趣). 아취(雅趣). sentiment. **—てき**[情趣的](형동ダ) 정취적. 정취가 있는 모양.

じょうしゅ[醸酒](명) 양주. 술을 빚어 만듦. 또는 그 술. brewing

じょうじゅ[成就](명·자타サ) 성취. 이룸. 목적을 달성함. accomplishment

しょうしゅう[召集](명·타サ) 소집. ①불러서 모음. ②〈법〉 조칙(詔勅)에 의해서 국회 의원을 불러 모음. 1. mobilization 2. convocation

しょうしゅう[招集](명·타サ) 초집. 회의 등을 열기 위해 사람을 초청해서 모음. assemblage

しょうじゅう[小銃](명) 소총. 총. a rifle

じょうしゅう[常習](명) 상습. 일상의 습관. a regular practice. **—はん**[常習犯](명)〈법〉 상습범. 범죄를 상습으로 하는 사람.

じょうじゅう[常住](명) 상주. ①〈불〉 멸망하거나 변하지 않고 영구히 존재하는 것. ②항상. 언제나. ③늘 살고있음. 1. eternity. **—ざが**[常住坐臥](명·부) 앉으나 서나. 언제나.「一忘(ワス)れぬこと; 앉으나 서나 잊을 수 없는 일」
しょうしゅかん[小主観](명) 자기 하나의 취미나 작은 감정. a small ego
しょうしゅつ[抄出](명·타サ) 다른 책에서 뽑아 내어 씀. extraction
しょうじゅつ[詳述](명·타サ) 상술. 자세히 이야기하거나 기술(記述)함. expatiation
じょうじゅつ[上述](명·타サ) 상술. 위에 말함. 「一のとおり; 위에 말한 바와 같이」 above-mentioned
じょうしゅび[上首尾](명) 잘되는 것. 좋은 결말. 「万事(バンジ)一に行(イ)った; 만사가 다 잘되었다」↔不首尾(フシュビ). success
しょうしゅん[小春](명) 음력 10월.
しょうしゅん[頌春](명) 〔새봄을 칭송하는 뜻에서〕 새해의 인사말.
しょうじゅん[照準](명·자サ) 조준. ①대조해 보는 표준. ②〈군〉 탄환이 들어 맞게 가늠을 정함. 1. standard 2. aiming
じょうじゅん[上旬](명) 상순. 한 달의 처음 10일간. the first ten days of a month
しょうしょ[小暑](명) 소서. 24절기의 하나. 양력 7월 7,8일에 듦. the period of lesser heat
しょうしょ[抄書](명) 초서. ①발췌(抜萃)해서 쓴 글. ②발췌한 책. 초본(抄本). 1. an excerpt 2. an extract
しょうしょ[尚書](명) ①서경(書経)의 옛 이름. ②장관(長官). 2. a lord
しょうしょ[詔書](명) 조서. 칙어(勅語)가 적혀 있는 문서. an Imperial rescript
しょうしょ[証書](명) 증서. 사실의 증명이 되는 문서. 증명서. a bond
しょうじょ[小序](명) 간단한 서문. a short preface
しょうじょ[少女](명) 소녀. 나이 어린 처녀. ↔少年(ショウネン). a girl. ―**だん**[少女団](명) 소녀단. 사회 봉사를 목적으로 하는 소녀의 수양 단체. 거얼스카우트. ↔少年団.
しょうじょ[昇叙·陞叙](명·자サ) 승서. 높은 벼슬로 올려 줌. promotion
じょうしょ[上書](명·자サ) 상서. 군주(君主)에게 상소(上疎)하여 의견을 폄. 또는 그 문서. 상주(上奏). a memorial
じょうしょ[情緒](명) ⇨じょうちょ.
じょうしょ[浄書](명·타サ) 정서. 깨끗이 쓰거나 베낌. 청서(清書). a fair copy
じょうじょ[乗除](명·타サ)〈수〉 승제. 곱하기와 나누기. 곱셈과 나눗셈. multiplication and division
しょうしょう[小照](명) ①작은 초상화나 사진. ②자기 초상을 겸사로 일컫는 말. 1. a small portrait
しょうしょう[少将](명)〈군〉 소장. 군인 계급의 하나. 중장의 하나 밑 계급. a major general
しょうしょう[悄悄](형동タルト) 초초. 기운을 잃고 위축된 모양. dejected
しょうしょう[蕭蕭](형동タルト) 소소. ①쓸쓸히 바람이 부는 모양. ②쓸쓸한 모양. 1. sobbing
しょうしょう[少少·小小](부) 약간. 조금. a little
しょうじょう[小乗](명)〈불〉 소승. 소극적이고 형식적인 비근(卑近)한 불교의 가르침. ↔大乗(ダイジョウ).
しょうじょう[症状](명)〈의〉 증상. 병이나 상처의 상태. 「肺病(ハイビョウ)の一を呈(テイ)する; 폐병의 증상을 보이다」 symptoms
しょうじょう[商状](명) 상업의 상황(状況). 상황(商況). the commercial condition
しょうじょう[清浄](명·형동ダ) 청정. ①맑고 깨끗함. 더럽거나 속되지 아니함. ②〈불〉 번뇌, 사욕(私慾) 등이 없이 깨끗함. 1. purity
しょうじょう[掌上](명) 손바닥 위. on the palm
しょうじょう[猩猩](명) ①상상상(想像上)의 동물. 술을 잘 마신다고 함. ②〈동〉 성성이. 유인원과(類人猿科)에 속하는 짐승. 얼굴에 긴 털이 있고 앞다리가 길. ③술부대. 술보. 1. a Chinese Bacchus 2. an orang-outang. ―**ひ**[猩猩緋](명) 검은 빛을 띤 진홍색.
しょうじょう[賞状](명) 상장. 칭찬하는 뜻으로 주는 증서. an honourable certificate
しょうじょう[霄壌](명) 소양. 하늘과 땅. 천지(天地). 「一の差(サ); 천지의 차」 heaven and earth
しょうじょう[蕭条](형동タルト) 매우 고요한 모양. 아주 쓸쓸한 모양. lonely
じょうしょう[上声](명) 상성. 한자 사성(四声)의 하나. 처음이 낮고 나중이 차차 높으며 가장 높을 때 그치는 소리. the upper tone
じょうしょう[上昇](명·자サ) 상승. 올라 감. 「一線(セン)をたどる; 계속 올라 가다」 rising
じょうしょう[丞相](명) 승상. 옛날 중국에서 천자를 도와 나라 일을 맡아 보던 대신. 재상(宰相). the prime minister
じょうしょう[条章](명) 여러 조목으로 된 문장. itemized sentences
じょうしょう[城将](명) ①성을 지키는 장수. ②성주(城主). 2. the lord of a castle
じょうしょう[常勝](명) 상승. 언제나 이기는 것. 「一将軍(ショウグン); 상승 장군」 invincibility
じょうしょう[縄床](명)〈고〉 노끈으로 만든 의자. 선종(禅宗)의 중들이 쓰는 하찮은 의자. 승창.
じょうじょう[上上](명·형동ダ) 더할 나위 없이 좋음. 가장 좋음. 「結果(ケッカ)は一; 결과는 더할 나위 없이 좋다」 the best. ―**きち**[上上吉](명) ①대길(大吉). ②더할 나위 없이 좋음.
じょうじょう[上乗](명·형동ダ) ①최고의 것. 매우 좋음. ②〈불〉 최상의 교법(教法). 1. the best
じょうじょう[上場](명·타サ) ①〈경〉 상장. 어떤 물건이나 주(株)를 시장의 매매 대상으로 하기 위하여 거래소에 등록하는 일. 「一株(カブ); 상장주」 ②상연(上演)함. 1. listing 2. presentation
じょうじょう[条条](명·부) 하나하나의 조목(条目). every item
じょうじょう[常情](명) 상정. 사람에게 공통적으로 있는 보통 인정. common feelings
じょうじょう[情状](명) 정상. 실제의 상태. 되어 있

는 상태. 사정(事情). circumstances. **— しゃくりょう**[情状酌量] (연어·명·자サ)〈법〉 정상 작량. 판결에 즈음해서 여러 가지 사정을 고려하여 형벌을 가볍게 함. 정상 참작. 「—の余地(ョチ)あり; 정상을 참작할 여지가 있다」

じょうじょう[嫋嫋](형동タルト) ①간들간들. 하늘하늘. ②(바람이) 산들산들 부는 모양. ③음성이나 울림이 가늘고 길게 계속되는 모양. 「余韻(ョイン)—; 여운이 가늘고 길게 남음」 1. pliable

じょうしょうぐん[上将軍](명) 전군(全軍)의 대장. 으뜸이 되는 장군. a commanding general

しょうじょうせぜ[生生世世](명·부) 몇 번이든지 죽고 다시 태어나고 하는 것. 언제까지나. 영겁(永劫). forevermore

しょうじょうごう[正定業](명)〈불〉 정정업. 〔정토교(浄土教)에서〕 아미타불(阿彌陀仏)의 본원(本願)으로 틀림 없는 정토 왕생(浄土往生)을 결정하는 행업(行業).

しょうしょく[小食·少食](명) 소식. 조금 먹는 것. ↔大食(タイショク). light eating

しょうしょく[小職](대) 관직에 있는 사람이 자기를 겸사로 일컫는 말.

じょうしょく[常食](명·타サ) 상식. ①주식(主食)으로 언제나 먹는 음식. ②정해진 식사. 1. daily food

しょう·じる[生じる] Ⅰ(자상 1) ①돋아 나다. ②일어나다. 생기다. ③태어나다. Ⅱ(타상 1) ①자라다. 키우다. ②일으키다. ③낳다. 생기게 하다. Ⅰ 1. grow 2. happen Ⅱ 2. give rise to

しょう·じる[招じる·請じる](타상 1) 부르다. 초대하다. 초청하다. invite

じょう·じる[乗じる] Ⅰ(자상 1) ①타다. ②(약점을 잡아서) 이용하다. 「すきに—; 틈을 타다」 Ⅱ(타상 1)〈수〉 곱하다. Ⅰ 1. mount Ⅱ multiply

しょうしるい[鞘翅類](명)〈동〉 초시류. 딱정벌레 무리. 갑충류(甲虫類). a coleopteron

しょうしん[小心](명·형동ダ) 소심. ①겸손함. 조심성이 있음. ② 소견이 좁음. 겁장이. 「—者(モノ); 소심한 사람(겁장이)」 1. cautiousness

しょうしん[小身](명) 낮은 신분. 또는 그 사람. 「—の武士(ブシ); 신분이 낮은 무사」 a humble position

しょうしん[正真](명) 참. 진실. 「—正銘(ショウメイ)の; 참되고 거짓 없는(진짜)」 truth

しょうしん[昇進](명·자サ) 승진. 지위가 높아짐. 승급(昇給). 「課長(カチョウ)に—する; 과장으로 승진하다」 promotion

しょうしん[焦心](명·자サ) 초심. 마음을 태움. being impatient

しょうしん[傷心·傷神](명·자サ) 상심. 마음이 아픔. 마음을 상함. heartbreak

しょうしん[衝心](명)〈의〉 각기(脚気)가 심장(心臟)을 침범해서 심장 마비를 일으키는 일. 각기 충심(脚気衝心). heart failure from beriberi

しょうじん[小人](명) 소인. ①소견(所見)이 좁고 수양이 모자라는 사람. ↔君子(クンシ). ②신분이 낮은 사람. ③키가 작은 사람. ④어린이. ⑤젊은이. 1. a narrow-minded person

しょうじん[生身·正身](명) ①육신(肉身). 알몸. ②진짜. 1. a living body 2. a real thing

しょうじん[消尽](명·타サ) 소진. 소모(消耗)되어 없어짐. consuming away

しょうじん[焼尽](명·자타サ) 소진. 남김 없이 타 버림. 완전히 태움. burning completely

しょうじん[傷人](명) 남에게 상처를 입히는 일. 상해(傷害). 「強盗(ゴウトウ)—; 강도 상해」 injury

しょうじん[精進](명·자サ) 정진. ①〈불〉 ㉠착한 행실을 함. ㉡몸을 깨끗이 하고 마음을 가다듬음. ㉢육식을 피하고 채식(菜食)을 함. ②정신을 쏟아 노력함. 1. ㄱ. doing good deeds ㄴ. purification. **— あげ**[精進揚げ](명) 채소 튀김. **— おち**[精進落ち](명) 정진 기간을 끝내고 정상적인 식사로 되돌아가는 것. **— けっさい**[精進潔斎](명·자サ) 며칠 동안 음식을 삼가고 몸을 깨끗이 하며 부정(不浄)을 피함.

じょうしん[上申](명·자サ) 상신. 상부 관청이나 상관에게 말씀을 올림. report

じょうしん[上進](명·자サ) ①물건 값 등이 올라 감. ②향상(向上)함. 1. rising 2. an advance

じょうじん[常人](명) 상인. 보통 사람. 일반 사람. 평민(平民). an ordinary person

しょうず[小豆](명)〈식〉 ⇨あずき.

じょうず[上手](명·형동ダ) ①하는 일이 능숙함. 또는 그런 사람. ↔下手(ヘタ). ②말솜씨가 좋음. 또는 그런 사람. 「お—をいう; 듣기 좋은 빈말을 하다」 ③〔바둑, 장기에서〕 7단의 솜씨를 지닌 사람. 1. skilfulness 2. flattery. **— ごかし**[上手倒](명) 말솜씨가 좋아 겉은 남을 위하는 체하면서 실은 자기 이익을 꾀함. 또는 그런 사람.

じょうず[上図](명) 위의 그림. the diagram shown above

しょうすい[小水](명) 소변. 오줌. urine

しょうすい[将帥](명) 장수. 군대를 지휘, 통솔하는 장군. a commander

しょうすい[憔悴](명·자サ) 초췌. 근심, 걱정으로 몸이 여위고 약해짐. 까칠해짐. haggardness

しょうずい[祥瑞](명) 상서. 경사스럽고 길한 징조. 길조(吉兆). a good omen

じょうすい[上水](명) ①상수도(上水道)의 준말. ②맑은 물. 2. clean water

じょうすい[浄水](명) 정수. ①깨끗한 물. 물을 깨끗이 하는 일. 「—装置(ソウチ); 물을 깨끗이 하기 위한 장치」 ②손을 씻는 물. 1. clean water. **— ち**[浄水池](명) 정수지. 음료수로 쓰일 깨끗한 물을 넣어 두는 못.

しょうすいちょう[渉水鳥](명)〈동〉 ⇨しょうきん(渉禽).

じょうすいどう[上水道](명) 상수도. 음료, 공업, 소화 용수(消火用水)를 파이프로 끌어서 공급하는 설비. ↔下(ゲ)水道. a water-service

しょうすう[小数](명)〈수〉 소수. 절대치(絶対値)가 1보다 작은 수.「ー点(テン); 소수점」 a decimal
しょうすう[少数](명) 소수. 수가 적은 것. 약간. a small number
じょうすう[常数](명) 상수. ①〈이〉 각 물질의 특유한 수치(数値). 예 : 굴절률(屈折率). ②〈수〉 어떤 조건 밑에서 변하지 않는 일정한 수치. ③정해진 운명. 숙명. 2. a constant
じょうすう[乗数](명)〈수〉 승수. 어떤 수에다 곱하는 수. a multiplier
しょう·する[抄する·鈔する](타サ) ①뽑아 쓰다. ②한 문헌(文献)에서 뽑아서 다른 문헌에 싣다. 1. extract
しょう·する[称する](타サ) ①칭하다. 일컫다. ②칭찬하다. 기리다. 1. call 2. praise
しょう·する[証する] Ⅰ(자サ) 깨닫다. Ⅱ(타サ) 증명하다. 밝히다. Ⅱ prove
しょう·する[頌する](타サ) 공훈(功勲)을 칭송하다. 기리다. celebrate
しょう·する[誦する](타サ) 소리 내어 읽다.「念仏(ネンブツ)をー; 염불을 소리 내어 읽다」 recite
しょう·する[賞する](타サ) 칭찬하다. praise
しょうせい[小成](명) 소성. 작은 성공.「ーに安(ヤス)んじるな; 작은 성공에 만족하지 말라」 small success
しょうせい[招請](명·타サ) 초청. 불러 청함. 청하여 부름. invitation
しょうせい[笑声](명) 소성. 웃음 소리. laughter
しょうせい[将星](명) 장성. 장군. a general
しょうせい[勝勢](명) 승세. 이길 듯한 형세. 이길 기세(気勢). the prospects of victory
しょうせい[照星](명) 조성. (총의) 가늠쇠. a foresight
しょうせい[鐘声](명) 종성. 종소리. the pealing of a bell
しょうせい[小生](대) 소생. 자기를 겸사로 일컫는 말.
じょうせい[上世](명) 먼 옛날. 상고(上古). ancient times
じょうせい[上声](명) ⇨じょうしょう(上声).
じょうせい[上製](명) 고급으로 만드는 일. 또는 그 물건. superior make
じょうせい[城西](명) 성의 서쪽 지구(地区). ↔城東(ジョウトウ). the west of a castle
じょうせい[情勢·状勢](명) 정세. 되어 가는 모양. 형편. 상황(状況). the situation
じょうせい[醸成](명·타サ) 양성. ①술이나 간장 등을 빚어 만듦. ②만들어 냄. 조성(造成).「不安(フアン)をーする; 불안을 조성하다」 1. brewing
しょうせき[硝石](명)〈이〉 ⇨しょうさんカリ.
しょうせき[証跡](명) 증적. 증거가 되는 자취. evidence
じょうせき[上席](명) 상석. ①윗자리. 상좌. ②윗등급. 1. a top seat
じょうせき[定石](명) 정석. ①〔바둑에서〕 돌을 공수(攻守)할 때 최선이라고 정해져 있는 방식으로 놓는 법. 정해진 법. ②정해진 방법.「ーどおりに行(オコ)なう; 격식대로 행하다」 2. a formula
じょうせき[定席](명) ①정석. 정해진 자리. 지정석(指定席). ②⇨よせ(寄席). 1. a reserved seat
じょうせき[定跡](명)〔장기에서〕 지금까지의 연구에 따라 가장 좋다고 정해진 수.
しょうせつ[小説](명) 소설. 작자의 구상에 따라 주로 산문 형식으로 사물을 그린 이야기. ↔詩(シ), 戯曲(ギキョク). a novel. **ーか**[小説家](명) 소설가. 소설을 쓰는 사람.
しょうせつ[小雪](명) 소설. 24절기의 하나. 양력 11월 22, 3일에 듦.
しょうせつ[小節](명) 소절. ①보잘 것 없는 절조(節操). ②〈악〉 소절. 악곡(楽曲) 중에서 종선(縦線)으로 구분한 악보의 한 부분. ③작은 마디. 1. slight fidelity
しょうせつ[章節](명) 긴 논문 등의 장(章)이나 절(節)의 구분. chapter and section
しょうせつ[詳説](명·타サ) 상설. 자세히 설명함. 자세한 설명. a detailed explanation
じょうせつ[常設](명·타サ) 상설. 언제나 설치해 둠. establish permanently. **ーかん**[常設館](명) 상설관. 영화, 연극의 상영, 상연을 위해서 상설한 건물.
じょうぜつ[饒舌](명·형동ダ) 요설. 수다스러움. 잔소리군. garrulity
しょうせっかい[消石灰](명)〈이〉 소석회. 생석회(生石灰)에 물을 부어서 만든 흰 분말. 비료, 화학 공업 등에 쓰임. 수산화 칼슘. slaked lime
しょうせっこう[焼石膏](명)〈이〉 소석고. 석고 가루에 열을 가하여 물기를 반 이상 뺀 것. 백묵 등의 원료, 조각의 재료로 씀. plaster of Paris
しょうせん[抄繊](명) 종이 섬유(繊維)를 직물(織物)의 원료로 한 것. paper cloth
しょうせん[省線](명) 국철선(国鉄線), 국전(国電)의 옛 칭호. a government railway
しょうせん[商船](명) 상선. 상업용으로 항행(航行)하는 배. a merchant ship
しょうせん[商戦](명) 상업상의 경쟁. commercial war
しょうぜん[小善](명) 소선. 작은 선행(善行). a slight good deed
しょうぜん[承前](명) 승전. 앞의 글을 이어 받음. continued
しょうぜん[悄然·消然](형동タルト) 초연. 의기를 잃어서 기운이 없는 모양. 실망(失望)하여 축 늘어진 모양. dejected
しょうぜん[悚然·竦然](형동タリ) 송연. 두려워서 옹송그림. horrified
しょうぜん[蕭然](형동タリ) 소연. 매우 쓸쓸한 모양. desolate
じょうせん[上船](명·자サ) 배에 오름. 승선(乗船). embarkation
じょうせん[定先·常先](명) 〔바둑에서〕 언제나 선(先)이 됨. 흑(黒)을 가짐.
じょうせん[乗船](명·자サ) ①승선. 배에 오름. ↔下船(ゲセン). ②올라 탄 배. 1. embarkation
しょうせんせかい[小千世界](명)〈불〉 소천 세계. 수미

산(須彌山)을 중심으로 한 해, 달, 사대주(四大州), 육욕천(六慾天)의 범천(梵天). 욕계(慾界)로 이루어진 일세계(一世界)를 천 개 합한 세계.

しょうせんきょく[小選挙区](명) 소선거구. 한 선거구로부터 한 사람의 의원을 선출하는 작은 선거구. ↔大(ダイ)選挙区. a small electoral district

しょうぜんてい[小前提](명) 소전제. 〔삼단 논법(三段論法)에서〕 소개념(小概念)을 가진 전제. a minor premise

しょうそ[勝訴](명·자サ) 승소. 소송에 이김. ↔敗訴(ハイソ). winning a suit

じょうそ[上訴](명·자サ) 상소. ①상부에 호소함. ②〈법〉 판결에 대하여 불복(不服)을 신립(申立)하는 일. 공소(控訴), 상고(上告), 항고(抗告)를 포함함. 1. an appeal

しょうそう[少壮](명·형동ダ) 소장. 젊고 혈기 왕성함. 젊음. youthful

しょうそう[尚早](명) 상조. 아직 이름. 때가 안되었음.「時機(ジキ)—; 시기 상조」 prematurity

しょうそう[焦燥·焦躁](명·자サ) 초조. 마음을 졸임. 애를 태움. impatience

しょうぞう[肖像](명) 초상. 사람의 얼굴이나 모습을 그리거나 사진을 찍은 것. a portrait. **—が**[肖像画](명) 초상화. 초상을 그린 그림.

しょうぞう[尚蔵](명·타サ) 주의해서 보관함. 조심스럽게 간직함. careful preservation

じょうそう[上奏](명·타サ) 상주. 임금에게 어떤 일에 대한 의견이나 사실을 사룀. reporting to the Throne

じょうそう[上層](명) ①상층. 위쪽의 층. ②윗계급.「—階級(カイキュウ); 상류 계급」 1. the upper layer 2. the upper classes

じょうそう[情操](명) 정조. 예술, 종교 등을 맛보고 느낄 수 있는, 정서(情緒)보다 높고 복잡한 감정.「—教育(キョウイク); 정조 교육」 sentiment

じょうぞう[醸造](명·타サ) 양조. 발효(醱酵) 작용을 응용하여 술이나 된장을 만듦. brewing

しょうそういん[正倉院](명) 나라(奈良) 토오다이사(東大寺) 대불전(大仏殿)에 있는 나라 시대의 건축물. 많은 미술 공예품이 간직되어 있음.

しょうそく[消息](명) 소식. ①글월. ②방문(訪問). ③편지. ④사정. 형편. 1. correspondence. **—し**[消息子](명) ①〈의〉 소식자. 요도(尿道), 방광(膀胱) 등을 넓히고 진찰하는 데 쓰는 막대 모양의 기구. 존데. ②귀이개. **—すじ**[消息筋]—スヂ(명) 그 방면의 사정을 잘 알고있는 사람. **—つう**[消息通](명) 소식통. 각 방면, 특히 정치, 외교 정세에 밝은 사람.

しょうぞく[小賊](명) 소적. 작은 도둑. 좀도둑. a filcher

しょうぞく[装束](명) ①옷차림. ②의관(衣冠), 예복 등 옛 귀인들의 복장. ③의복. 옷. 1. dressing

じょうぞく[上蔟](명·자サ)〈농〉 상족. 누에를 발이나 섶에 올림. spinning of cocoons

しょうそつ[将卒](명) 장졸. 장교와 병졸. 장병(将兵). officers and men

しょうそん[焼損](명·자타サ) 불타서 못 쓰게 됨. 불에 태워 못 쓰게 만듦.「変圧器(ヘンアツキ)の—; 변압기가 불에 타서 못 쓰게 됨」 burning down

しょうたい[小隊](명) 소대. ①〈군〉 군대 편제상(編制上)의 작은 단위. 중대(中隊) 아래, 분대(分隊) 위. ②적은 사람들의 모임. 1. a platoon 2. a small group

しょうたい[正体](명) 정체. ①참다운 모습.「—をあらわす; 정체를 나타내다」②정기(正気). 본정신.「—もなく眠(ネム)る; 정신 없이 자다」 1. the true form

しょうたい[招待](명·타サ) 초대. 불러서 대접함.「—券(ケン); 초대권」 invitation

しょうだい[昭代](명) 평안한 세상. 잘 다스려지는 세상. 태평 세월(太平歳月). peaceful times

しょうだい[商大](명) 상과 대학의 준말.

しょうだい[掌大](명) ①손바닥만한 넓이. ②장소, 물건이 작은 것의 비유. 1. the extent of a palm

じょうたい[上体](명) 상체. 몸의 윗부분.「—をまげる; 상체를 굽히다」 the upper part of the body

じょうたい[上腿](명) 상퇴. 하지(下肢)의 위쪽, 골반(骨盤)에서 무릎까지. the thigh

じょうたい[状態·情態](명) 상태. 모양. 형편.「健康(ケンコウ)—; 건강 상태」 a condition

じょうたい[常体·常態](명) 상태. 보통 때의 모양이나 형편. a normal condition

じょうだい[上代](명) 상대. 옛날. 고대(古代). ancient times

じょうだい[城代](명) ①옛날, 성주(城主)를 대신하여 성을 지키던 사람. ②에도(江戸) 시대에 성을 가진 영주(領主)가 다른 일로 성을 비웠을 때 대신 성을 지키며 정치를 맡았던 중신(重臣). 1. the deputy governor of a castle

しょうたく[妾宅](명) 첩이 사는 집. 첩의 집. a mistress's house

しょうたく[沼沢](명) 소택. 늪과 못. bogs

しょうだく[承諾](명·타サ) 승낙. 받아 들임. 들어 줌.「申(モウ)し出(デ)を—する; 신청을 승낙하다」consent

じょうたつ[上達](명·자サ) ①상달. 학예나 기술이 향상됨. ②웃사람에게 말이나 글로 알게 함. 아룀. 상주(上奏). 1. advancement

じょうだま[上玉](명) ①고급품. 극상품(極上品). ②〈속〉 미인. 1. best articles

しょうたん[小胆](형동ダ) 소담. 담력(胆力)이 적은 모양. 소심한 모양. ↔大胆(ダイタン). timid

しょうだん[昇段](명·자サ) 승단. 〔무예, 기예 등에서〕 단수가 올라 감. promotion

しょうだん[商談](명·자サ) 상담. 상업이나 거래에 관해 의논함. 장사 애기. a negotiation

じょうたん[上端](명) 상단. 위 끝. 위의 가장자리. ↔下端(カタン). the upper end

じょうだん[上段](명) ①윗단. 높은 단. ↔下段(ゲダン). ②윗자리. 상좌(上座). ③방바닥을 한 단 높게 한

곳. ④무기(武器)를 높이 들어 겨눔. 「一の構(カマ)え; 무기를 높이 들어 적을 겨누는 자세」 1. the upper row 2. the top seat

じょうだん[冗談](명) 농으로 하는 말. 농담. 「一をとばす; 마구 농담을 하다」 a joke

じょうだん[常談](명) ①보통 하는 이야기. ②쓸 데 없는 이야기. 농담. 1. a commonplace talk 2. a joke

しょうち[小知·小智](명) 얕은 재능. 보잘 것 없는 재주. shallow wisdom

しょうち[召致](명·타サ) 불러서 오게 함. 소환(召喚). summons

しょうち[招致](명·타サ) 초치. 불러서 오게 함. 초청(招請). invitation

しょうち[承知](명·타サ) ①알아 들음. ②들어 줌. 동의(同意). 승낙(承諾). ③알고 있음. ④용서. 2. consent. **—のすけ**[承知之助](명)〈속〉 알고 있다는 것을 사람의 이름에 비유해서 하는 말. 「おっと合点(ガッテン)—だ; 응, 알았다. 그렇게 하지」

しょうち[勝地](명) 승지. 경치가 좋은 곳. 명승지(名勝地). a beauty spot

じょうち[上地](명) ①좋은 땅. ②토지의 상납(上納). 또는 그 토지. 1. good land 2. consecration of land

じょうち[常置](명·타サ) 상치. 언제나 설비, 설치하여 둠. permanent maintenance

じょうち[情致](명) 정을 돋우는 아름다운 흥취. 정취(情趣). artistic effect

じょうち[情痴](명) 색욕(色慾)에 빠져서 이성을 잃어버리는 일. 치정. love foolery

しょうちくばい[松竹梅](명) 송죽매. 소나무, 대나무, 매화. pine, bamboo and plum

しょうちゅう[掌中](명) 장중. 손바닥 안. 수중(手中). 「一に収(オサ)める; 손아귀에 넣다」 in one's hands. **—のたま**[掌中の玉·掌中の珠](연어·명) ①가장 귀하게 여기는 옥. ②가장 사랑하는 아이.

しょうちゅう[焼酎](명) 소주. ardent spirits

じょうちゅう[条虫·條虫](명)〈동〉 조충. 기생충의 한 가지. 납작하고 많은 마디로 되어 있음. 촌충(寸虫). a tapeworm

じょうちゅう[城中](명) 성중. 성안. 성내. ↔城外(ジョウガイ). the inside of a castle

じょうちゅう[常駐](명·자サ) 상주. 언제나 주둔(駐屯)하고 있음. permanent residence

じょうちゅう[静注](명)〈의〉 정맥 주사(静脈注射)의 준말.

じょうちゅう[蟯虫](명)〈동〉 ⇨ぎょうちゅう.

じょうちょ[情緒](명) 정서. ①희로애락(喜怒哀楽)의 복잡한 감정. ②사물에 부딪쳐서 일어나는 온갖 감정. 「—ゆたかな; 정서가 풍부한」 ③⇨じょうちょう(情調). 1. emotion

しょうちょう[小腸](명)〈생〉 소장. 위와 대장(大腸) 사이에 있는 소화기. 십이지장, 공장(空腸), 회장(回腸)으로 되어 있음. 작은 창자. small intestines

しょうちょう[消長](명·자サ) 소장. 번영(繁栄)함과 쇠퇴(衰退)함. 흥망 성쇠. rise and fall

しょうちょう[象徴](명·타サ) 상징. ①본디 독립된 뜻을 가진 것이 다른 새로운 뜻을 지님. 또는 지니는 그것. ②대표하는 표지. a symbol. **—し**[象徴詩](명) 상징시. 암시적(暗示的), 음악적인 내용을 가진 시. **—てき**[象徴的](형동ダ) 상징적. 상징을 나타내는 모양.

しょうちょう[鍾寵](명·타サ) 유달리 사랑함. 총애(寵愛). patronage

じょうちょう[上長](명) ①나이를 더 먹은 사람. 연상(年上). ②손윗사람. 상사(上司). 1. an elder

じょうちょう[冗長](형동ダ) 쓸 데 없이 길고 지리한 모양. tedious

じょうちょう[情調](명) 정조. ①기분. 취미. ②〈심〉 감각에 따라 일어나는 감정. 「異国(イコク)—; 이국 정조」 1. a mood

じょうちょう[場長](명) 장이라고 불리는 곳의 우두머리. 「工(コウ)—; 공장장」 a master

しょうちょく[詔勅](명) 조칙. 조서(詔書) 또는 칙서(勅書). an Imperial rescript

じょうちょく[常直](명·자サ) 상직. 계속해서 하는 숙직. continuous night duty

しょうちん[消沈·銷沈](명·자サ) 소침. 사라져 없어짐. 쇠퇴. 「意気(イキ)—する; 의기 소침하다」 dejection

しょうつき[祥月](명) 작고(作故)한 사람의 죽은 달. the month of a person's death. **—めいにち**[祥月命日](명) 고인(故人)이 죽은 월일(月日)과 같은 월일. 기진(忌辰). 기일(忌日).

じょうっぱり[情っ張り](명·형동ダ) 고집을 부림. 고집장이. obstinacy

じょうづめ[常詰め](명) 언제나 일정한 장소에 대기함. 또는 그런 사람.

しょうてい[小亭](명) 소정. 작은 정자. a small arbour

しょうてい[少弟·小弟] Ⅰ(명) ①나이 어린 동생. ②자기 동생을 겸사로 일컫는 말. Ⅱ(대) 자기를 겸사로 일컫는 말. ↔大兄(タイケイ). Ⅰ 1. one's little brother

しょうてい[章程](명) 조목으로 나누어 정한 규정이나 법규. 또는 규정의 개조서(個条書). provisions

じょうてい[上帝](명) 상제. ①천상(天上)의 신. 천제(天帝). ②〈종〉 우주상의 절대 유일(絶対唯一)한 신. 여호와. 1. God in heaven

じょうてい[上程](명·타サ) 상정. 회의 일정(会議日程)에 올림. 의안을 회의에 내어 놓음. bringing up for discussion

しょうてき[小敵·少敵](명) 소적. ①수가 적은 적. ②약한 적. 1. a small enemy

じょうでき[上出来](명·형동ダ) 훌륭한 성과. 결과가 매우 좋음. good performance

じょうてもの[上手物](명) 정교(精巧)하게 만든 품질이 좋은 물건. ↔下手物(ゲテモノ). high-class ware

しょうてん[小店](명) ①작은 가게. ②자기 가게를 겸사로 일컫는 말. 1. a small shop

しょうてん[小篆](명) 소전. 한자(漢字)의 한 체(体).

대전(大篆)을 간략하게 변형하여 만든 글씨체.

しょうてん[昇天](명·자サ) 승천. ①하늘에 오름. ②〈종〉〔기독교에서〕 신자의 죽음. ③죽음. 2. ascension

しょうてん[商店](명) 상점. 물건을 파는 집. 가게. 「一街(ガイ); 상가」 a shop

しょうてん[焦点](명) 초점. ①〈이〉 반사, 굴절(屈折)한 광선이 모이는 점. ②여러 사람의 주의나 행동이 한곳으로 집중되는 점. a focus. ── **きょり**[焦点距離](명)〈이〉 초점 거리. 렌즈 중심에서 초점까지의 거리.

しょうてん[衝天](명) 충천. 하늘을 찌를 듯이 기세(気勢)가 왕성(旺盛)한 것. 「意気(イキ)─; 의기 충천」 high spirit

しょうてん[賞典](명) ①상으로 주는 물건. ②상여(賞与)에 관한 규정. 1. a prize

しょうでん[小伝](명) 소전. 간단한 전기(伝記). a biographical sketch

しょうでん[召電](명) 부르기 위해 치는 전보. 부르는 전보. summons by wire

しょうでん[招電](명) 사람을 초대하는 전보. invitation by wire

しょうでん[承伝](명) 승전. 이어 받아서 전함. succession

しょうでん[昇殿](명·자サ) ①옛날 궁중의 정전(正殿)에 오름이 허가됨. ②신사(神社)의 신체(神体)가 있는 곳까지 들어 감. 1. admission into the Emperor's Court

しょうでん[省電](명) 국전(国電)의 옛 칭호.

しょうでん[詳伝](명) 상전. 자세한 전기(伝記). a detailed biography

じょうてん[上天](명·자サ) ①하늘. ②상제(上帝). ③승천(昇天)함. 1. the sky

じょうでん[上田](명) 상전. 좋은 논. good rice-field

しょうてんち[小天地](명) 소천지. 좁은 사회. 좁은 세계. a small world

しょうてんいん[小店員](명) 어린 점원. a younger clerk

じょうてんき[上天気](명) 맑게 갠 날씨. 좋은 날씨. fair weather

しょうと[兄人]セウト(명)〈고〉 여자의 남자 형제. 오빠, 남동생.

しょうと[省都](명) 〔중국에서〕 그 성(省)의 수도. the capital of a province

しょうど[焦土](명) 초토. ①불에 타서 검어진 땅. ②건물이 모두 타서 폐허가 된 곳. 1. scorched earth

しょうど[照度](명)〈이〉 조도. 일정한 넓이의 표면이 단위 시간에 받은 빛의 양. the intensity of illumination

じょうと[譲渡](명·타サ) 양도. 재산, 권리 등을 넘겨 줌. 주어 버림. transfer

じょうど[浄土](명)〈불〉 정토. ①보살이 산다는 맑고 깨끗한 땅. ②극락 정토(極楽浄土). 1. pure land. ── **へんそう**[浄土変相](명)〈불〉 정토 변상. 정토에 살고 있는 여러 부처들의 모습을 그린 그림.

じょうど[壌土](명) 양토. ①땅. 토지. ②〈농〉 경작에 적당한 토양. 2. loamy soil

しょうとう[小刀](명) 소도. ①허리에 차는 작은 칼. ↔大刀(ダイトウ). ②작은 칼. 1. a short sword

しょうとう[小党](명) 소당. 인원이 적은 당파나 정당. 작은 당. 「一乱立(ランリツ)する; 작은 정당이 난립하다」 a small party

しょうとう[小盗](명) 작은 도둑. 좀도둑. a filcher

しょうとう[松濤](명) 소나무에 부는 바람 소리를 파도 소리에 비유한 말. 송풍(松風). 송뢰(松籟).

しょうとう[昇騰](명) ①위로 오름. 상승(上昇). ②물가가 오르는 일. rising

しょうとう[消燈](명·자サ) 소등. 등불을 끔. ↔点燈(テントウ). putting out light

しょうとう[傷悼](명) ①사람의 죽음을 깊이 슬퍼하는 것. 애도(哀悼). ②상도. 마음이 아프도록 슬퍼하는 것. 통도(痛悼). 2. grief

しょうとう[檣頭](명) 장두. 돛대 꼭대기. a masthead

しょうどう[称道](명·타サ) 부르짖어 말함. a calling

しょうどう[唱道](명·타サ) ⇨しょうどう(唱導)②.

しょうどう[唱導](명·타サ) 창도. ①솔선하여 부르짖음. ②경문(経文) 등을 선창(先唱)함. ③앞서서 남을 이끎. 3. leading

しょうどう[商道](명) 상업의 길. 상도덕. business line

しょうどう[聖道](명)〈불〉 ①성도. 성자(聖者)가 되는 길. 불도. ②천태종(天台宗)과 진언종(真言宗). ③절에서 특별한 제례나 기념일 등의 행사 때 아름답게 단장하고 행렬에 서는 아이. 1. Buddhist doctrines

しょうどう[衝動](명)〈심〉 충동. ①불쾌, 욕구 불만(欲求不満)의 감정을 만족시키기 위하여 무의식적으로 일으키는 행동. 돌발적이고 무의식적인 행동. ②마음에 강한 자극을 주어 움직이는 것. 「一にかられる; 충동에 사로잡히다」 1. an impulse

しょうどう[聳動](명·자サ) 무서워 움직임. 놀라서 움직임. a shock

じょうとう[上棟](명) 집을 지을 때에 기둥에 보를 얹고 그 위에 마룻대를 올리는 일. 상량. 「一式(シキ); 상량식」 completing the framework

じょうとう[上等](명·형동ダ) 상등. ①윗등급. ②뛰어나게 훌륭함. 1. the first class 2. fine quality

じょうとう[常套](명) 상투. 예사로 늘 하는 투. 「一手段(シュダン); 상투 수단」 commonplaceness

じょうとう[常燈](명) ①신불(神仏) 앞에 늘 켜 두는 등불. ②밤새 켜 두는 가로등. 2. an all-night light

じょうとう[城東](명) 성동. 성의 동쪽. ↔城西(ジョウセイ). the east of a castle

じょうとう[城頭](명) 성 위. 성상(城上). on a castle

じょうどう[成道](명·자サ)〈불〉 성도. 도를 깨달음. 오도(悟道). attainment of Buddhahood

じょうどう[常道](명) 상도. ①일정하여 변하지 않는 떳떳한 길. 「学問(ガクモン)の─; 학문의 상도」 ②흔한 방법. ③늘 지켜야 할 사람의 길. 3. a regular way

じょうとうしょうがく[成等正覚](명)〈불〉 성등 정각. 미혹(迷惑)을 떠나 깨달음을 열어 정각(正覚)을 이루는 일. spiritual awakening

じょうとき[常斎](명)〈불〉 때를 정해서 중에게 식사를 주는 일. 또는 그 식사. serving food to a priest
しょうとく[生得](명) 나면서부터 가지고 있는 것. 타고 난 것. 천성(天性). nature
しょうとく[頌徳](명) 송덕. 덕을 칭송(称頌)함. eulogy. **—ひ**[頌徳碑](명) 송덕비. 공덕을 칭송(称頌)하기 위하여 세운 비. **—ひょう**[頌徳表](명) 공덕을 칭송한 문서.
しょうどく[消毒](명·타サ)〈의〉 소독. 세균, 병균 등을 죽임. 「日光(ニッコウ)—; 일광 소독」 disinfection
じょうとくい[上得意](명) 물건을 많이 팔아 주는 단골 손님. 좋은 단골 손님. a generous customer
じょうとくい[常得意](명) 단골 손님. a customer
しょうとつ[衝突](명·자サ) 충돌. ①서로 맞부딪침. ②처지, 의견 등이 맞지 않음. 서로 맞지 않아 다툼. 「意見(イケン)の—; 의견 충돌」 1. collision 2. conflict
しょうとりひき[商取り引き](명) 상업상의 거래 행위(去来行為). a commercial transaction
しょうどん[焼鈍](명·타サ)〈이〉 가열한 금속을 천천히 식혀 무르게 하는 일. annealing
じょうない[城内](명) 성내. 성중(城中). 성안. ↔城外(ジョウガイ). the inside of a castle
じょうない[場内](명) 장내. 장소의 안. ↔場外(ジョウガイ). the inside of a place
しょうなき[生無き](연어) 생명이 없는. lifeless
しょうなごん[少納言](명)〈고〉 다죠오칸(太政官)의 3등관(三等官). 소사(小事) 상주(上奏), 관인(官印) 관리 등을 맡았음.
じょうなし[情無し](명) 무정함. 또는 그 사람. heartlessness
しょうなん[小難·少難](명) 작은 재난. slight difficulty
しょうなん[湘南](명)〈지〉 ①상남. 중국 상강(湘江)의 남쪽. ②카나가와현(神奈川県)의 해안 지대.
じょうなん[城南](명) 성남. 성의 남쪽. ↔城北(ジョウホク). the south of a castle
しょうに[小児](명) 소아. 어린이. an infant. **—か**[小児科](명)〈의〉 소아과. 어린이 병을 맡아 보는 병원. **—びょう**[小児病](명) 소아병. ①〈의〉 어린이에게만 걸리는 병. 예: 백일해. ②생각이 얕고 극단적인 견해나 행동. **—まひ**[小児麻痺](명)〈의〉 소아마비. 뇌, 척추 등의 병이 원인이 되어 주로 젖먹이나 어린이에게 생기는 손발의 마비.
しょうに[少弐](명) 다자이후(太宰府)의 차관(次官).
しょうにち[正日](명)〈불〉 ①죽은 지 49일이 되는 날. ②1 주기(一周忌)가 되는 날. ③제사날. 제일(祭日). 3. the anniversary of one's death
しょうにゅう[鍾乳](명)〈광〉 ←鍾乳石. **—せき**[鍾乳石](명)〈광〉 종유석. 탄산 석회가 물에 녹아 종유동(鍾乳洞) 속에서 고드름처럼 달려 있는 것. **—どう**[鍾乳洞](명)〈광〉 종유동. 석회암이 지하수 등에 침식되어 이루어진 동굴.
しょうにん[小人](명)〈불〉 소인. 소년 소녀. 어린이. ↔大人(ダイニン). a child
しょうにん[上人](명)〈불〉 상인. ①지식과 덕망이 높은 불제자(仏弟子). ②중의 높임말. 1. a holy priest
しょうにん[昇任·陞任](명·자타サ) 승임. 지위가 높아짐. 승급. promotion
しょうにん[承認](명·타サ) 승인. ①들어 줌. 동의(同意). ②정당한 일로 인정함. 2. approval
しょうにん[商人](명) 상인. 장사를 직업으로 하는 사람. a merchant
しょうにん[証人](명) 증인. ①증거로 서는 사람. ②〈법〉 법원에 불려 나가 자기가 보고 들은 사실을 진술(陳述)하는 사람. ③보증인. 1. a witness
しょうにん[聖人](명)〈불〉 성인. ①지혜와 자비심이 깊은 사람. ②덕망이 높은 스님. 1. a saint
じょうにん[常任](명·자サ) 상임. 늘 임무를 맡아 봄. 「—理事(リジ); 상임 이사」 standing
しょうね[性根](명) 마음씨. 근성. nature. **—だま**[性根玉](명)〈속〉 성미. 근성. 소갈머리.
しょうねつ[焦熱](명)〈불〉 초열. 팔대 지옥(八大地獄)의 하나. 활활 타는 불속에 던져지는 고생. 초열 지옥. the burning hell
じょうねつ[情熱](명) 정열. 불타는 감정. 솟구치는 감정. 「—家(カ); 정열가」 passion. **—てき**[情熱的](형동ダ) 정열적. 감정이 솟구치는 모양. 「—な歌(ウタ); 정열적인 노래」
しょうねん[少年](명) 소년. 나이 어린 남자. 10~18세 가량의 사내 아이. 「—犯罪(ハンザイ); 소년 범죄」 ↔少女(ショウジョ). a boy. **—いん**[少年院](명) 소년원. 범죄한 소년, 소녀를 수용하여 교화(教化)하는 기관. **—だん**[少年団](명) 소년단. 소년의 수양 단체. 사회에 봉사하여 착한 공민이 되는 것을 목적으로 함. 보이스카우트. ↔少女団(ショウジョダン).
しょうねん[正念](명) 정념. ①〈불〉 불도를 마음에 새겨 잊지 않음. ②〈불〉 흩어지지 않는 신앙심. ③〈불〉 열심히 염불함. ④바른 정신. 본심. 4. right mind
しょうねん[生年](명) 생년. 태어난 해. 연령. 나이. age
じょうねん[情念](명) 정념. ①(참기 어려운) 사랑의 감정. ②감정에 따라 생기는 생각. 2. sentiment
しょうねんば[正念場](명) 〔카부키(歌舞伎) 등에서〕 가장 중요한 장면.
しょうのう[小農](명) 소농. ①농사를 조금 짓는 농사군. ②소규모의 자작농. 2. a small farmer
しょうのう[小脳](명)〈생〉 소뇌. 큰골(大脳) 아래 있으며, 몸의 운동이나 평형을 맡아 봄. 작은골. the cerebellum
しょうのう[笑納](명·타サ) 소납. 남에게 선물을 할 때에 겸사로 하는 말. (웃으며 받아 들이라는 뜻). 「ご—下(クダ)さい; (변변치 못한 물건이나) 웃고 받아 주십시오」
しょうのう[樟脳](명)〈이〉 장뇌. 장나무의 뿌리, 잎, 줄기에 들어 있는 성분. 냄새가 좋으며, 셀룰로이드, 방부제 등을 만드는 데 쓰임. camphor
じょうのう[上納](명·타サ) ①상납. 정부에 바침. ②연공(年貢). 공물(貢物). 1. payment

しょうのこと[箏](명)〈악〉 쟁. 13 줄로 된 가야금과 비슷한 현악기(絃楽器).

しょうのつき[小の月](명) ⇨しょう(小)④. ↔大(ダイ)の月.

しょうのふえ[笙の笛](명) ⇨しょう(笙).

しょうは[小派](명) 소파. 작은 인원수의 당파. a small faction

しょうは[小破](명·자타サ) 소파. 약간 파손됨. ↔大破(タイハ). slight damage

しょうは[翔破](명·타サ) (새, 항공기 등이) 거뜬히 비행을 마침. 「三千(サンゼン)キロを一する; 3천 킬로를 거뜬히 날다」 flying

じょうば[乗馬](명) ①승마. 말을 타는 일. 기마(騎馬). ②타는 말. 1. riding

しょうはい[勝敗](명) 승패. 이기고 짐. 승부(勝負). victory or defeat

しょうはい[賞杯·賞盃](명) 상배. 상으로 주는 잔. 컵. a trophy

しょうはい[賞牌](명) 상패. 상으로 주는 기장(記章)이나 패. a medal

しょうばい[商売](명·자サ) ①장사. 「一屋(ヤ); 가게」 ②영업. ③직업. ④기생, 작부(酌婦) 등의 직업. ⑤〈속〉 전문(専門). 1. trade 4. a gay trade **—かたぎ**[商売気質](명) 상인 특유(特有)의 사고 방식이나 성질. **—がたき**[商売敵](명) 상업상의 경쟁자. **—がら**[商売柄](명) ①장사의 종류(種類). ②장사로 인해서 얻어진 성질이나 습성. **—ぎ**[商売気](명) ①언제나 금전상의 이익을 노리는 기질. ②직업 의식. 「一を出(ダ)す; 직업 의식을 나타내다」

しょうはく[松柏](명) 송백. ①〈식〉 소나무와 잣나무. ②지조나 절개가 굳은 것. 「一の操(ミサオ); 송백 같은 절개」 2. fidelity. **—か**[松柏科](명)〈식〉 송백과 겉씨식물(裸子植物)의 한 가지. 거의가 상록수임. 예: 소나무, 삼목, 전나무 등.

しょうはく[商博](명) 상학 박사 (商学博士)의 준말.

じょうはく[上白](명) ①상등미(上等米). ②고급 백설탕. 1. first-class rice

じょうはく[上膊](명)〈생〉 상박. 어깨에서 팔꿈치까지의 사이. 상완(上腕). the upper arm

じょうばこ[状箱](명) 편지를 넣어 두는 상자. 편지함(函). a message-case

しょうばつ[賞罰](명) 상벌. 상과 벌. rewards and penalties

じょうはつ[蒸発](명·자サ) ①〈이〉 증발. 액체가 표면에서 기체로 변하여 위로 올라 가는 일. ②〈속〉 (사람이) 사라져 없어짐. 1. evaporation

じょうはり[浄玻璃](명) ①흐림이 없는 맑은 파리. ②←浄玻璃の鏡. 1. crystal. **—のかがみ**[浄玻璃の鏡](명)〈불〉 흐림이 없이 맑은 정파리의 거울. 지옥의 염마청(閻魔庁)에 걸려 있어 그곳에 온 사람의 생존시의 여러 행실을 비추어 낸다고 함.

しょうはん[小藩](명) 영토가 작은 영주. ↔大藩(タイハン).

しょうばん[相伴](명·자サ) ①남을 위하여 동무해 줌. ②손님의 상대가 되어 함께 대접을 받음. 또는 대접을 받은 사람. ③다른 사람과 함께 어울려 이익을 얻음. 2. participation

じょうはん[上半](명) 상반. 위의 절반. 「一部(ブ); 상반부」 ↔下半(カハン). the upper half

じょうばん[上番](명) ①관청에 출근하는 것. 당직하는 것. ②제1번. 1. attendance 2. the first

じょうばん[定盤](명) 금속의 가공면(加工面)이 고른가 고르지 않은가를 검사하는 데 쓰이는 평평한 쇠판. a surface plate

じょうばん[城番](명) ①옛날 성내(城内)에 머물러 근무하면서 경호를 맡았던 병사. ②에도(江戸) 시대에 오오사카성(大阪城) 등을 수호하던 병사. 1. a guard of a castle

じょうはんしん[上半身](명) 상반신. 허리로부터 윗부분. ↔下(カ)半身. the upper half of one's body

しょうひ[消費](명·자타サ) 소비. ①써서 없앰. 「米(コメ)の一量(リョウ); 쌀의 소비량」 ②물품을 생산하지 않고 먹거나 써서 없앰. consumption. **—くみあい**[消費組合](명)〈경〉 소비 조합. 구매(購買) 조합의 하나. 여러 일용품을 생산자나 도매상에게서 공동으로 싸게 사서 조합원에게 분배하는 조직. **—ざい**[消費財](명)〈경〉 소비재. 사용하면 없어지는 물품. ↔生産財(セイサンザイ). **—ぜい**[消費税](명)〈경〉 소비세. 물품의 소비에 부과하는 세금.

しょうび[称美](명·타サ) 칭찬함. praise

しょうび[焦眉](명) 초미. 눈썹에 불이 붙는 것과 같이 위험이 바로 눈앞에 다가 오는 것. 대단히 위급함. urgency. **—のきゅう**[焦眉の急](연어·명) 심히 위급한 것.

しょうび[賞美](명·타サ) 상미. 칭찬함. praise

しょうび[薔薇](명)〈식〉 장미. a rose. **—しん**[薔薇疹](명)〈의〉 장미진. 콩알만한 크기의 붉은 반점(斑点). 전염병, 중독증에 걸렸을 때 피부에 나타남.

じょうひ[上皮](명)〈생〉 상피. 외면을 둘러 싼 가죽. the epithelium

じょうひ[冗費](명) 용비. ①헛된 비용. ②낭비. 허비(虚費). 1. wasteful expenses

じょうび[状日](명) 편지가 도착하는 날.

じょうび[常備](명·타サ) 상비. 언제나 갖추어 둠. 「一薬(ヤク); 상비약」 standing equipment

しょうひつ[省筆](명·자サ) ①어구(語句)를 생략함. ②자획(字画)을 생략함. 1. abridgement of a sentence

しょうひょう[商標](명) 상표. 영업주, 제조자가 자기의 상품임을 나타내기 위해서 상품에 붙이는 표. 「登録(トウロク)一; 등록 상표」 a trademark

しょうひょう[証票](명) 증표. 증명의 표. a voucher

しょうひょう[証憑](명) 증빙. 증명의 근거. 증거. evidence

しょうびょう[傷病](명) 상처가 나거나 앓는 일. being wounded or sick. **—へい**[傷病兵](명)〈군〉 상병병. 다치고 병든 군인.

じょうひょう[上表](명) 상표. ①황제에게 올리는 문서나 의견서. 상소(上疏). 상서(上書). ②위에 든 표. 1. presenting a memorial to the Throne
しょうひん[小品](명) 소품. ①←小品文. ②그림, 조각 등의 간단한 작품. ③작은 물건. 2. a short piece. **—ぶん**[小品文](명) 소품문. 간단한 일을 짧게 그려 낸 글.
しょうひん[商品](명)〈경〉상품. 상업 거래의 대상이 되는 물품. goods. **—きって**[商品切手](명)〈경〉상품권. **—けん**[商品券](명)〈경〉상품권. 표면에 적혀 있는 금액에 해당하는 물품과 교환할 것을 전제로 하여 상점에서 발행하는 유가 증권.
しょうひん[賞品](명) 상품. 상으로 주는 물품. a prize
じょうひん[上品](명·형동ダ) ①천하지 않고 고상함. 또는 그러한 것. ②상품. 썩 잘 만들어짐. 또는 그 물건. 1. elegance
しょうふ[正麩](명) 밀가루에 포함된 녹말. 「—糊(ノリ); 밀가루 풀」 wheat-starch
しょうふ[生麩](명) ⇨なまふ.
しょうふ[娼婦](명) 창부. 창녀(娼女). 유녀(遊女). 「a prostitute
しょうぶ[尚武](명) 상무. 무예를 숭상함. 「—の気風(キフウ); 무예를 숭상하는 기풍」 warlike spirit
しょうぶ[勝負](명·자サ) ①승부. 이기고 짐. 승패. 「—なし; 무승부」 ②이기고 짐을 결정함. 1. victory or defeat. **—ごと**[勝負事](명) ①승부를 겨루는 시합. 내기. ②노름.
しょうぶ[菖蒲](명)〈식〉창포. 물가에 나는 다년초. 잎이 가늘고 길며 냄새가 좋음. 「—湯(ユ); 창포탕 (5월 5일, 창포 잎과 뿌리를 넣어서 끓인 목욕물)」 a calamus
じょうふ[丈夫](명) 장부. 훌륭하고 씩씩한 남자. a man
じょうふ[上布](명) 정제(精製)한 고급 마직물(麻織物). superior hempen cloth
じょうふ[定府](명) 에도(江戸) 시대 다이묘오(大名)와 그 부하들이 에도에서 근무하기 위하여 일정한 기간을 정해 놓고 에도에 정주(定住)하던 일.
じょうふ[城府](명) 성부. ①도회(都会). ②도회의 한복판. 1. a town
じょうふ[情夫](명)〈속〉정부. 떳떳하지 못한 관계에 있는 남자 애인. 유부녀가 몰래 통하는 남자. a lover
じょうふ[情婦](명)〈속〉정부. 떳떳하지 못한 관계에 있는 여자 애인. 몰래 통하는 여자. a mistress
じょうぶ[上部](명) 상부. 윗부분. ↔下部(カブ). the upper part
じょうぶ[丈夫](형동ダ) ①건강하고 튼튼한 모양. ②단단한 모양. 다부진 모양. 견고(堅固)한 모양. 「—な箱(ハコ); 튼튼한 상자」 1. healthy
しょうふう[正風](명) ①〔하이쿠(俳句)에서〕 바쇼오(芭蕉)의 하이쿠 양식. ②바른 체재나 양식. 2. the right style
しょうふう[松風](명) 송풍. 솔숲을 스치는 바람. 송뢰(松籟). wind blowing among the pines
しょうふう[蕉風](명) ⇨しょうふう(正風)①.
しょうふく[妾腹](명) 첩을 어머니로 하는 것. 첩의 배에서 난 자녀. 첩의 자식. 「—の子(コ); 첩자(서자)」 being born of a concubine
しょうふく[承服·承伏](명·타サ) 승복. 응낙하여 좇음. 알아서 좇음. submission
しょうふく[慴伏·懾伏](명) 습복. 두려워 엎드림. 황송하여 엎드림. crouching
じょうふく[浄福](명·형동ダ)〈불〉정복. 불교를 믿음으로써 얻을 수 있는 깨끗한 행복.
じょうふく[常服](명) 상복. 평상시의 의복. 보통 때 입는 옷. everyday clothes
じょうぶくろ[状袋](명) 봉투. an envelope
しょうふだ[正札](명) ①정찰. 정당한 값을 적어서 상품에 붙인 표. 정가표. 「—付(ツ)き; 정찰제」 ②에누리가 없는 것. a price list
じょうぶつ[成仏](명·자サ)〈불〉성불. 모든 번뇌(煩惱)에서 떠나(죽어서) 부처가 됨. entering Nirvana
しょうぶぶん[小部分](명) 소부분. 작은 부분. a small part
しょうぶん[小文](명) ①짤막한 글. ②자기의 글을 겸사로 일컫는 말. 1. a short piece
しょうぶん[性分](명) 성분. 타고 난 성품. 천성(天性). nature
じょうぶん[上文](명) 상문. 위에 적은 글. 앞의 문장. 전문(前文). a foregoing paragraph
じょうぶん[上聞](명·자サ) 상문. ①군주(君主)의 귀에 들어 감. 「—に達(タッ)する; 군주께서 아시다」 ②천황에게 사룀. 1. Imperial hearing
じょうぶん[冗文](명) 용문. 쓸 데 없는 말. 쓸 데 없는 문구. a redundancy
じょうぶん[条文](명) 조문. 조약, 법률 등의 개조(箇条)를 적은 글. provisions
じょうふんべつ[上分別](명) 아주 훌륭한 생각. 가장 좋은 분별. ↔無(ム)分別. the best idea
しょうへい[招聘](명·타サ) 초빙. 예를 다하여 불러 맞아 들임. invitation
しょうへい[将兵](명) 장병. 장교와 병사. 장졸. officers and men
しょうへい[哨兵](명) 초병. 순초(巡哨)하는 병정. 보초병(歩哨兵). a sentry
しょうへい[傷兵](명) 상병. 전쟁터에서 다친 병사. 부상병(負傷兵). a wounded soldier
じょうへい[城兵](명) 성병. 성을 지키는 병사. defenders of a castle
じょうへい[情弊](명) 정폐. 정실(情実)에서 생기는 폐해(弊害). the evil effects of favouritism
しょうへき[障壁](명) 장벽. ①장소를 가로 막는 벽. ②방해가 되는 것. 1. a wall 2. a barrier
じょうへき[城壁](명) 성벽. 성의 벽. a castle-wall
じょうべき[乗冪](명)〈수〉⇨べき.
しょうべつ[小別](명·타サ) 소별. 작게 나눔. 작게 구분함. 소분(小分). subdivision
しょうへん[小片](명) 소편. 작은 조각. a bit

しょうへん[小変](명) 작은 사변(事変). a small trouble
しょうへん[小編·小篇](명) 소편. 짤막한 문학 작품. 단편(短篇). a short piece
しょうへん[掌編·掌篇](명) 장편. 아주 짧은 문학 작품. 콩트. a conte
しょうべん[小便](명)〈생〉 ①소변. 오줌. ②〈속〉 도중에서 약속을 깨뜨리는 일. 1. urine
じょうへん[上編·上篇](명) 상편. 두 편이나 세 편으로 된 책 등의 첫째 편(編). 또는 첫 권. the first part of a book
しょうほ[商舗](명) 상점. 가게. 점포. a store
しょうぼ[召募](명·타サ) 명령을 내려 불러 모음. 소집. levy
じょうほ[譲歩](명·자サ) 양보. ①사양하여 남에게 미루어 줌. ②자기의 주장을 굽힘. 2. concession
しょうほう[商法](명) 상법. ①장사하는 법. 장사의 길. ②〈법〉 상업 활동이나 상무(商務)에 관계된 법규(法規). 2. the commercial code
しょうほう[勝報·捷報](명) 승리의 통지. 싸움에 이긴 보고(報告). news of a victory
しょうほう[詳報](명) 상보. 자세한 소식. a detailed report
しょうぼう[正法](명)〈불〉 정법. ①옳은 길. 바른 도리. ②올바른 불교가 행해지는 시기. 곧 석가 입멸(入滅) 후 500년 동안. 1. the right way
しょうぼう[消防](명·타サ) ①소방. 불을 끔. 불을 예방, 경계함. 「一車(シャ); 소방차」 ②불 끄는 일을 업으로 하는 사람. 소방수. 1. fire fighting
しょうぼう[焼亡](명·자サ) 소망. 불타 없어짐. 소실(焼失). destruction by fire
じょうほう[上方](명) 상방. 위쪽. ↔下方(カホウ). the upper part
じょうほう[定法](명) 정법. 정해진 법. an established rule
じょうほう[常法](명) 상법. 정해져 있어서 변하지 않는 법. 일정한 규칙. a fixed law
じょうほう[乗法](명)〈수〉 승법. 곱셈. 곱하기. 승산(乗算). multiplication
じょうほう[情報](명) 정보. 사정이나 정황(情況)에 대한 보고. information
じょうほく[城北](명) 성북. 성의 북쪽. ↔城南(ジョウナン). the north of a castle
じょうぼく[上木](명·타サ) 책을 인쇄하여 발행함. 발간. 출판. publication
じょうぼく[縄墨](명) ①먹줄. ②규칙. 2. regulations
じょうほくめん[上北面](명) 상황(上皇)의 궁전을 경비하는 무사로, 승전(昇殿)을 허락받은 4위, 5위의 무사.
しょうほん[正本](명) 정본. ①원본(原本). ②연극의 각본(脚本). ③조오루리(浄瑠璃) 등의 생략이 없는 완전한 책. 1. the original 2. the text of a play
しょうほん[抄本·鈔本](명) 초본. ①발췌하여 쓴 책. ②원본의 일부를 베껴 낸 문서. 「戸籍(コセキ) 一; 호적 초본」 ↔謄本(トウホン). 2. an abstract
しょうほん[証本](명) 증거가 될 책. a testimony-book
しょうま[消磨](명·자타サ) 소마. 닳아 없어짐. 닳게 하여 없앰. abrasion
しょうまい[正米](명)〈경〉 ①실제로 거래되는 쌀. ②현재 있는 쌀. 1. spot rice
じょうまい[上米](명) 상미. 좋은 쌀. first class rice
じょうまえ[錠前]―マヘ(명) ⇨じょう(錠).
しょうまきょう[照魔鏡](명) ①마귀의 본성(本性)을 비추어 낸다는 거울. ②숨어 있는 정체(正体)를 밝혀 내는 것. 1. a magic mirror
しょうまん[小満](명) 소만. 24절기의 하나. 양력 5월 21일경에 듦.
じょうまん[冗漫](명·형동ダ) 장황함. 지리하게 길고 매듭이 없음. 지리함. prolixity
しょうみ[正味](명) 정미. ①쓸모 없는 부분을 제외한 알맹이. 주요한 부분. ②포장물(包装物)을 뺀 속에 든 알맹이만의 무게. 「一百(ヒャク)グラム; 정미 100 g」 ③진짜. 1. net amount
しょうみ[賞味](명·타サ) 상미. 상미(賞美)해 가면서 맛봄. 칭찬하며 맛봄. appreciation
じょうみ[上巳](명) ⇨じょうし.
じょうみ[情味](명) ①맛. 정취(情趣). ②인정미(人情味). 1. spice 2. warm heart
しょうみつ[詳密](명·형동ダ) 상밀. 자세하고 꼼꼼함. 세밀(細密). minuteness
じょうみゃく[静脈](명)〈생〉 정맥. 살갗 겉으로 퍼렇게 드러나 보이는 핏줄. 탄산 가스가 많은 피를 심장으로 옮김. 「一注射(チュウシャ); 정맥 주사」 ↔動脈(ドウミャク). a vein
しょうみょう[小名](명) ①카마쿠라(鎌倉), 무로마치(室町) 시대 영토가 다이묘오(大名)보다 작은 영주(領主). ②에도(江戸) 시대 1만석(一万石) 이하의 영주. ↔大名(ダイミョウ). a minor feudal lord
しょうみょう[声明](명)〈불〉 ①성명. 옛 인도의 문자, 음운(音韻), 어법(語法) 등에 관한 학문. ②⇨ぼんばい. 1. the classical Indian philology
しょうみょう[称名·唱名](명)〈불〉 부처의 이름을 외는 일.
じょうみょう[定命](명)〈불〉 정명. 전세(前世)로부터의 인과로 이미 정해진 수명. the destined duration of life
じょうみょう[常命](명) 상명. 사람의 보통(일반적인) 수명. 비업(非業)이 아닌 수명. the normal length of life
しょうみん[小民](명) 서민. 평민. the common people
じょうみん[常民](명) 상민. 일반 국민. 보통 사람. 평민. 「一文化(ブンカ); 평민 문화」 the people
しょうむ[省務](명) 각 성(省)의 사무. departmental affairs
しょうむ[商務](명) 상무. 상업상의 사무. commercial affairs
じょうむ[乗務](명·자サ) 승무. 교통 기관에 타고 다니며 운전을 하거나 사무를 봄. 또는 그 사람. 「一

員(イン); 승무원」 the work of carmen
じょうむ[常務](명) ←常務取締役. **—とりしまりやく**[常務取締役](명)〈경〉 상무 취체역. 주식 회사의 일상 업무를 행하며 감독하는 직책. 또는 그 사람. 상무.
しょうめ[正目](명) 총량에서 포장물, 용기(容器) 등의 양을 뺀 순수한 양. 정미(正味). a net weight
じょうめ[乗馬](명) ⇨じょうば.
しょうめい[正銘](명) 참된 것. 거짓이 없는 것. 「正真(ショウシン)—; 에누리 없는 진짜」 genuineness
しょうめい[証明](명·타サ) 증명. 거짓이 없고 참됨을 이론이나 서류로써 명백히 함. 「—書(ショ); 증명서」 proof
しょうめい[照明](명·타サ) 조명. ①불을 비춰 밝게 함. ②무대 효과를 높이기 위하여 쓰는 광선(光線). 1. illumination 2. lighting. **—だん**[照明弾](명) 조명탄. 공중에서 작렬하여 강한 빛을 발사하는 장치의 발광탄(発光弾). 야간의 적정(敵情)을 살피거나 비행기의 착륙을 유도하는 데 씀.
しょうめつ[生滅](명·자サ) 생멸. 생겨남과 죽음. 생사(生死). birth and death
しょうめつ[消滅](명·자타サ) 소멸. ①사라져 없어짐. ②꺼서 없앰. 멸망시킴. 1. extinction
しょうめつ[焼滅](명·자타サ) 소멸. 타서 없어짐. 태워 없앰. destruction by fire
しょうめん[正面](명) 정면. ①꼭 마주 보이는 편. 「—衝突(ショウトツ); 정면 충돌」 ②건축물의 표면. 1. the front
じょうめん[上面](명) 상면. 윗면. 위쪽의 표면. ↔下面(カメン). the surface
しょうめんこんごう[青面金剛](명)〈불〉 청면 금강. 제석천(帝釈天)의 제자. 팔이 여섯이며 몸이 청색임.
しょうもう[消耗](명·자타サ) 소모. ①써서 없앰. 또는 써서 없어짐. ②체력(体力), 정신력을 다 써 버림. 1. consumption. **—ねつ**[消耗熱](명)〈의〉 소모열. 체온이 하루에 한 번 이상 오르내려 체중이 줄어드는 열병. **—ひん**[消耗品](명) 소모품. 쓸 적마다 닳아 없어지는 물품. 예: 연필, 종이 등.
しょうもう[焼亡](명·자타サ) ⇨しょうぼう.
じょうもく[条目](명) 조목. ①조항(条項). ②규칙서(規則書). 1. stipulations 2. regulations
しょうもの[抄物·鈔物](명) 초한 것. 베낀 것. 발췌한 것. an extract
じょうもの[上物](명) 고급품. ↔裾物(スソモノ). choice goods
しょうもん[声聞](명)〈불〉 성문. 부처의 설법(説法)을 듣고 사제(四諦)의 이치를 깨달아서 아라한(阿羅漢)이 된 불제자(仏弟子).
しょうもん[証文](명) 증거가 되는 문서. 증서(証書). 「—の出(ダ)しおくれ; 소 잃고 외양간 고치기」a bond
しょうもん[照門](명) 조문. 소총의 사격 조준 장치. the notch of the backsight
しょうもん[蕉門](명) 마쯔오 바쇼오(松尾芭蕉)의 문하생.
じょうもん[定紋](명) 가문(家門)에 따라 정해진 상징적인 표지(標識). 가문을 표시하는 문장(紋章). 가문(家紋). a family crest
じょうもん[城門](명) 성문. 성의 출입구. a castle-gate
じょうもん[縄文](명)〈역〉 새끼줄 무늬. 「—土器(ドキ); 새끼줄 무늬를 새긴 토기」
しょうや[庄屋](명) 에도(江戸) 시대 마을 사람 중에서 임명되어 그 마을의 정사(政事)를 맡아 보던 사람. a village headman
しょうやきょく[小夜曲](명)〈악〉 ⇨セレナーデ.
しょうやく[抄訳](명·타サ) 초역. 원문의 한 부분을 빼 내어 간단하게 번역함. ↔全訳(ゼンヤク). an abridged translation
しょうやく[硝薬](명) 초약. 화약. gun-powder
じょうやく[条約](명)〈법〉 조약. 국가간에 맺는 국제상의 권리와 의무를 정하는 약속 문서. 「—の締結(テイケツ); 조약 체결」 a treaty
じょうやど[上宿](명) 고급의 여관. a first class inn
じょうやど[常宿·定宿](명) ①단골 여관. ②단골 찻집. 단골 요정(料亭). 1. one's regular inn
じょうやとう[常夜灯](명) 밤새도록 켜 놓는 등불. a lamp kept burning all night
しょうゆ[醤油](명) 장유. 간장. soy
しょうゆう[小勇](명) 소용. 작은 일에 날뛰는 용맹. 쓸모 없는 용기. brute courage
じょうゆう[城邑](명) 성읍. 성(城)으로 둘러 싸인 고을. 성이 있는 고을. a castle town
しょうゆうせい[小遊星](명)〈천〉 ⇨しょうわくせい(小惑星).
しょうよ[賞与](명·타サ) 상여. ①돈이나 물품을 주어 칭찬함. ②일정한 봉급 이외에 지불하는 돈. 보우너스. 1. a prize
じょうよ[丈余](명) 장여(丈餘). 한 길 남짓한 것. 열 자가 넘는 것. over ten feet
じょうよ[剰余](명) 잉여(剰餘). 나머지. a surplus
じょうよ[譲与](명·타サ) 양여. 자기의 소유를 남에게 넘겨 줌. transfer
しょうよう[小用](명) 소변. 오줌. urine
しょうよう[称揚·賞揚](명·타サ) 칭찬하여 추어 올림. 찬양. 「業績(ギョウセキ)を—する; 업적을 찬양하다」 admiration
しょうよう[商用](명) 상용. ①상업상의 용무. 「—で旅行(リョコウ)する; 상용으로 여행하다」 ②상업에 쓰는 것. 1. commercial business
しょうよう[逍遥](명·자サ) ①소요. 슬슬 거닐어 돌아다님. 산보(散歩). 산책(散策). ②속사(俗事)를 떠나 즐김. 1. a ramble
しょうよう[賞用](명·타サ) 칭찬하며 씀. praise and utilization
しょうよう[慫慂](명·타サ) 종용. 타일러서 하도록 권함. suggestion
しょうよう[従容](형동タルト) 종용. 여유 있고 침착

한 모양. 「一たる態度(タイド); 여유 있고 침착한 태도」 composed

じょうよう[乗用](명·타サ) 승용. 타는 데 씀. 타고 다님. 「一車(シャ); 승용차」 for riding

じょうよう[常用](명·타サ) ①상용. 언제나 씀. ②계속해서 씀. 1. daily use

じょうよう[常傭](명·타サ) 상용. 항상 고용하고 있음. regular employ

しょうよく[少欲](명) 소욕. 욕심이 적음. 적은 욕심. 과욕(寡慾). disinterestedness

じょうよく[情欲](명) 정욕. ①〈불〉 탐내는 마음. 욕심. ②연정(恋情). ③색정(色情). 3. passion

しょうらい[招来](명·타サ) 초래. 불러 옴. invitation

しょうらい[松籟](명) 송뢰. 솔숲을 스쳐 부는 바람. 송풍(松風). a wind among the pines

しょうらい[将来] Ⅰ(명·타サ) 가져옴. Ⅱ(명·부) 장래. 앞날. 미래. Ⅰ bringing about. **—せい**[将来性](명) 장래성. 장차 발전할 수 있는 가능성. 「事業(ジギョウ)の一; 사업의 장래성」

しょうらい[請来](명·타サ)〈불〉 불상(仏像), 경전(経典)을 타국에서 가져 옴.

じょうらく[上洛](명) ①수도(首都)로 올라 감. ②교오토(京都)로 올라 감. 1. going up to the capital

しょうらん[笑覧](명·타サ) 소람. 〔웃으며 본다는 뜻에서〕 자기 것을 남에게 보아 달라고 공손히 부탁하는 말.

しょうらん[照覧](명·타サ) 조람. ①자세히 봄. 밝게 비추어 봄. ②하느님이나 부처가 굽어 봄. 「神神(カミガミ)も一あれ; 여러 신이여, 굽어 살피소서」 1. clear sight

しょうらん[詳覧](명·타サ) 상람. 자세히 봄. minute inspection

じょうらん[上覧](명·타サ) 상람. 웃사람 곧 천자, 귀인 등이 보심. Imperial inspection

じょうらん[擾乱](명·자サ) 소란. 어지러움. 어수선하고 시끄러움. disturbance

しょうり[小吏](명) 소리. 지위가 낮은 관리. 아전(衙前). a petty official

しょうり[小利](명) 소리. 작은 이익. ↔大利(ダイリ). a small profit

しょうり[勝利·捷利](명) 승리. 다투거나 싸워서 이김. 「一者(シャ); 승리자」 ↔敗北(ハイボク). victory

しょうり[掌理](명·타サ) 장리. 맡아서 처리함. management

じょうり[条理](명) 조리. 일을 하여 나가는 도리. 사물의 도리. 「ことの一をわきまえる; 일의 조리를 분별하다」 reason

じょうり[常理](명) 보통의 도리. an ordinary reason

じょうり[情理](명) 정리. 인정과 도리. 「一をつくして説(ト)く; 모든 사정과 이치를 들어 설명하다」 reason and feeling

じょうり[場裏·場裡](명) 장소의 안. 「競争(キョウソウ)一; 경쟁하는 마당」 an arena

じょうりく[上陸](명·자サ) 상륙. 배에서 뭍으로 오름. landing

しょうりつ[勝率](명) 승률. 시합이나 승부에서 이기는 확률. percentage of wins to defeats

しょうりつ[聳立](명·자サ) 용립. 우뚝 솟음. towering high

しょうりゃく[省略](명·타サ) 생략. 간단하게 덜어서 줄임. 뺌. omission

しょうりゃく[商略](명) 상략. 상업상의 책략(策略). 장사하는 꾀. a business policy

じょうりゃく[上略](명·타サ) 상략. 앞 또는 위의 문장을 생략함. omission of the preceding part

しょうりゅう[小流](명) 작은 흐름. 작은 내. a brook

じょうりゅう[上流](명) 상류. ①강의 위쪽. ②상층 계급. 「一社会(シャカイ); 상류 사회」 1. the upper stream

じょうりゅう[蒸留·蒸溜](명·타サ)〈이〉 증류. 액체를 끓여서 얻은 증기를 다시 식혀서 액체로 만듦. distillation

しょうりょ[焦慮](명·자サ) 초려. 애를 태움. 초사(焦思). impatience

しょうりょう[少量](명) ①소량. 적은 분량. ②도량(度量)이 좁음. 1. a small quantity

しょうりょう[承領](명·타サ) ①동의(同意)함. ②받아들임. 1. consent 2. receipt

しょうりょう[将領](명) 장군. 수령(首領). a commander

しょうりょう[商量](명·타サ) 상량. 헤아려 생각함. 짐작함. consideration

しょうりょう[渉獵](명·타サ) ①섭렵. 여러 가지 책을 널리 읽음. ②널리 찾아 다님. 1. reading extensively

しょうりょう[精霊](명)〈불〉 정령. 죽은 사람의 혼. the spirits of the dead. **—ながし**[精霊流し](명) 우란분회(盂蘭盆会)에서 7월 13일에 맞이한 죽은 사람의 혼을 15일 저녁이나 16일 새벽에 강이나 바다에 띄우는 행사. **—ばった**[精霊蝗](명)〈동〉 방아깨비. 메뚜기과의 곤충.

じょうりょく[常緑](명)〈식〉 상록. 사철 푸른 잎이 시들지 않는 것. being evergreen. **—じゅ**[常緑樹](명) 상록수. 늘푸른나무. 예: 소나무, 삼목(杉木) 등. ↔落葉樹(ラクヨウジュ).

しょうりん[照臨](명·자サ) 조림. ①높은 곳에서 아래로 비침. ②군림(君臨)하여 다스림. ③신불(神仏)이 하늘에서 인간을 내려다 봄. ④귀인(貴人)의 내방(来訪)을 높이어 일컫는 말. 1. shining 2. reign

しょうるい[生類](명) 생물. living things

じょうるい[城塁](명) 성. 성곽(城郭). 성채(城砦). a fort

じょうるり[浄瑠璃](명) ①요오쿄쿠(謡曲)에서 발생한 것으로, 악기에 맞추어서 하는 에도(江戸) 시대의 민중극(民衆劇). 또는 그 대본. ②⇨ぎだゆうぶし(義太夫節).

しょうれい[省令](명)〈법〉 각부 장관이 내는 행정상의 명령. a Ministerial ordinance

しょうれい[奨励](명·타サ) 장려. 좋은 일에 힘쓰도록 권하여 북돋우어 줌. encouragement

しょうれい[瘴癘](명)〈의〉장려. 기후, 풍토가 달라 발생하는 전염성 열병. 예: 말라리아 등. a contagious fever

じょうれい[上例](명) 상례. 앞에 든 예(例). 위에 든 예. the above instance

じょうれい[条例](명) 조례. ①성문화(成文化)한 법령. ②〈법〉지방 자치 단체에서 발포한 법규. ③조합, 회사 등의 정관(定款). 1. rules 2. an ordinance

じょうれい[定例](명) 정례. 정해 놓은 예(例). 일정한 예. a usual practice

じょうれい[常例](명) 상례. 늘 있는 예(例). 보통의 예. a custom

じょうれん[常連·定連](명) ①언제나 함께 어울리는 패. ②흥행장(興行場)이나 음식점에 늘 드나드는 손님. 단골 손님. 1. regular partners

しょうろ[松露](명)〈식〉송로. 바닷가에 나는 작고 둥근 버섯. 갓과 자루의 구별이 없음. 식용함. a truffle

しょうろ[捷路](명) 가까운 길. 지름길. 첩경(捷徑). a short cut

じょうろ[女郎](명) ⇨じょろう.

じょうろ[如雨露](명) 〔ジャーロ(포 jarro)의 변화〕조로. 초목 등에 물을 주는 데 쓰는 기구.

しょうろう[娼楼](명) 창루. 유곽. a brothel

じょうろう[檣楼](명) 장루. 배의 돛대 위에 설치된 대(臺). 망루(望楼), 포좌(砲座) 등으로 사용함. a top

しょうろう[鐘楼](명) 종루. 종을 매달아 놓은 누각(楼閣). a belfry

じょうろう[上臈](명) ①연공(年功)을 쌓고 지위가 높은 사람. ↔下臈(ゲロウ). ② 2위, 3위쯤 되는 여관(女官). ③신분이 높은 부인. 2. a court lady

じょうろう[城楼](명) 성루. 성문 위에 세운 높은 망루(望楼). a watch tower of a castle

しょうろく[少禄](명) 적은 봉록(俸禄). a small fief

しょうろく[抄録](명·타サ) 초록. 뽑아서(추려서) 기록함. 발췌하여 씀. excerption

しょうろく[詳録](명·타サ) 상록. 자세히 기록함. 또는 그 기록. a detailed record

しょうろく[摂籙](명) 옛날 섭정(摂政)의 다른 이름.

じょうろく[丈六](명) ①〈불〉키가 16 척 되는 부처의 좌상(坐像). ②〈방〉책상 다리를 하고 앉음. 2. sitting cross-legged

しょうろん[詳論](명·타サ) 상론. 자세히 논함. 자세한 의논. full treatment

しょうわ[小話](명) 짤막한 이야기. a little story

しょうわ[昭和](명) 서기 1926년 12월 25일 이후의 일본 연호(年号).

しょうわ[笑話](명) 소화. ①우스운 이야기. ②웃으면서 하는 이야기. 1. a funny story

しょうわ[唱和](명·자サ) ①창화. 한쪽에서 부르고 다른 쪽에서 화답함. ②상대편의 시, 노래에 맞추어 자기도 시나 노래를 지음. 1. joining in chorus

じょうわ[情話](명) 정화. ①사랑 이야기. ②남녀간의 정다운 이야기. 1. lovers' talk

しょうわくせい[小惑星](명)〈천〉소혹성. 대개 화성(火星)과 목성(木星) 사이에 있으며, 태양의 둘레를 도는 작은 유성(遊星). an asteroid

しょうわる[性悪](명·형동ダ) 성질이 나쁨. 또는 그런 사람. an evil disposition

しょえん[初演](명·타サ) 초연. 처음으로 연주하거나 상연함. the first performance

しょえん[所縁](명) 인연이 있음. 연고. connection

じょえん[助演](명·타サ) 조연. 주역(主役)을 도와 출연(出演)함. 또는 그 사람. supporting performance

ショー[show](명) 쇼우. ①보이는 일. ②구경거리. ③전람회. 전시회.「ファッションー; 패션쇼우」④영화의 상연.「ナイトー; 나이트쇼우」

じょおう[女王](명) 여왕. ①여성 군주. ②옛날 공주(公主)가 아닌 여자 황족. ↔内親王(ナイシンノウ). ③옛날 천황에서부터 3 대 이하의 여자 황족. 1. a queen. **―ばち**[女王蜂](명)〈동〉여왕벌. 여러 벌들의 중심이 되어 알을 낳는 벌.

ショーウインドー[show window](명) 쇼우윈도우. 진열창(陳列窓).

ジョーカー[joker](명) 조우커. ①어릿광대. ②트럼프의 으뜸 패.

しょおく[書屋](명) 공부방. 서재(書斎). a study

ジョーク[joke](명) 조우크. 농담.

ショーケース[show case](명) 쇼우케이스. 진열하는 선반.

ジョーゼット[프 georgette](명) 조오젯. 꼬아서 꼬불꼬불한 실로 짠 엷고 올록볼록한 비단 또는 면직물. 여름철의 여자 옷에 많이 쓰임.

ショーツ[shorts](명) 쇼오츠. 운동용의 짧은 팬츠.

ショート[short] Ⅰ(명) 쇼오트. ①짧음. 부족. ②〔쇼오트스톱(short stop)의 준말〕(야구에서의) 유격수(遊撃手). Ⅱ(명·자サ)〔쇼오트서어킷(short circuit)의 준말〕전류가 너무 세어 퓨우즈가 됨. 단락(短絡). **―ケーキ**[shortcake](명) 쇼오트케이크. 카스텔라 비슷하게 구운 것의 사이에나 위에 크리임 또는 과실을 얹은 과자.

ショートニング[shortening](명) 쇼오트닝. 케이크 등을 만들 때 쓰는 지방.

ショーハイ[중 小孩](명) 어린이. a child

ショービニスム[프 chauvinisme](명) 쇼오비니슴. 극단적인 애국주의. 국수주의(国粋主義). 배타주의(排他主義).

ショーマン[showman](명) 쇼우맨. ①쇼우에 나오는 남자 배우. ②그때그때 효과를 나타내고자 노리는 사람.

ショール[shawl](명) 쇼올. 주로 부인이 외출할 때 장식으로 어깨에 걸치는 목도리.

ショールーム [showroom](명) 쇼우루움. 상품 진열실.

しょか[初夏](명) 초하. ①초여름. ②양력 5월. ↔晩夏(バンカ). 1. early summer

しょか[書架](명) 서가. 책꽂이. a book shelf

しょか[書家](명) 서가. 서도의 전문가. 글씨를 잘 쓰는 사람. 서도가(書道家). a calligrapher

しょか[諸家](명) 제가. ①한 파(派)를 이루고 있는 여

러 사람. ②많은 집. 1. various scholars

しょが[書画](명) 서화. 글씨와 그림. writings and paintings

じょか[序歌](명) 서가. ①서사(序詞)를 붙인 노래. ② 서문(序文)에 대신하는 노래.

しょかい[初回](명) 첫 회(回). 제1회. the first time

しょかい[初会](명) ①처음으로 만남. 첫 면회. ②첫 회합. 1. the first interview

しょかい[所懐](명) 소회. 마음에 품어 생각하는 일. 생각. one's opinions

しょがい[所外](명) 사무소 등 소(所)라고 불리는 곳의 바깥이나 그 이외(以外). outside the office

しょがい[書外](명) 서면(書面)에 쓰여진 이외의 사정. circumstances other than expressed in the letter

しょがい[署外](명) 경찰서 등 서(署)라고 불리는 곳의 바깥이나 그 이외(以外). outside the policestation

じょかい[女戒](명) 여계. 여색(女色)을 조심하고 삼가라는 훈계. lessons against sensuality

じょかい[女誡](명) 여계. 여자의 생활, 처신 등에 관한 계율. moral lessons for women

じょがい[除外](명·타サ) 제외. 범위, 규정에서 빼어냄. exclusion. **—れい**[除外例](명) 예외(例外).

しょがかり[諸掛かり](명) 여러 가지 비용. sundry expenses

しょがく[初学](명) 초학. 처음으로 배움.「一者(シャ); 초학자」 beginning of learning

じょがくせい[女学生](명) 여학생. a schoolgirl

しょかつ[所轄](명·타サ) 소할. 맡은 바. 관할.「一税務署(ゼイムショ); 관할 세무서」 jurisdiction

じょがっこう[女学校](명) 여학교. 여자를 교육시키는 학교. a girls' school

しょかん[初刊](명) 초간. 첫 간행(刊行). 초판(初版).「一本(ボン); 초간본」 the first publication

しょかん[初巻](명) 초권. 첫 권. the first volume

しょかん[初感](명)〈의〉어떤 병에 처음으로 감염(感染)되는 일. 초감염. the first infection

しょかん[所感](명) 소감. 마음에 느끼는 일. 감상(感想).「年頭(ネントウ)の一; 연두 소감」 one's impressions

しょかん[所管](명·타サ) 소관. 관리의 범위. jurisdiction. **—ちょう**[所管庁](명) 사무를 관리하는 관청.

しょかん[書巻](명) 서적. 책. a book

しょかん[書簡·書翰](명) 서한. 편지. a letter. **—せん**[書簡箋·書翰箋](명) 편지 쓰는 종이. 편지지.

しょかん[諸巻](명) 여러 권. various volumes

しょがん[所願](명) 소원. 바라는 바.「一成就(ジョウジュ)をいのる; 소원 성취를 빌다」 a wish

じょかん[女官](명) 여관. 궁중에서 일하는 여자 관리. a court lady

しょき[初期](명) 초기. 처음의 시기. 시작하여 얼마 안된 시기. the beginning

しょき[所期](명·타サ) 소기. 기대함. 예기(豫期).「一の目的(モクテキ); 소기의 목적」 expectation

しょき[書紀](명) ①역사를 기록한 책. ②니혼쇼키(日本書紀)의 준말.

しょき[書記](명) 서기. ①글을 씀. 기록. ②기록계(記録係). ③문서의 작성, 부속(附属) 사무 등을 담당하는 직원. 3. a clerk

しょき[庶幾](명·타サ) 간절히 바람. desire

しょき[暑気](명) 서기. 여름 더위. 더운 기운. ↔寒気(カンキ). the heat

しょきあたり[暑気中り](명) 더위를 먹음. 더위로 인해서 병이 드는 일. heat stroke

しょきびどう[初期微動](명) 초기 미동. 지진(地震)이 시작될 때에 생기는 약한 진동(震動). a slight shock of the beginning

しょきゅう[初級](명) 초급. 최저 등급. the lowest class

しょきゅう[初給](명) 초급. 취직해서 처음 받는 급료(給料). a starting salary

じょきゅう[女給](명) 여급. 유흥장, 음식점 등에서 손님을 접대하는 여자. a waitress

じょきゅう[叙級](명·타サ) 관리에게 급(級)을 수여(授与)함. 또는 수여한 등급(等級). investiture

じょきょ[除去](명·타サ) 제거. 제하여 없앰. removal

しょきょう[書狂](명) 서광. 단순히 취미로 좋은 또는 희귀한 책은 모두 사 모으는 사람. 서적광(書籍狂). bibliomania

しょきょう[書経](명) 서경. 오경(五経)의 하나. 옛날 중국의 정치를 기록한 책.

しょぎょう[所業·所行](명) 소행. 행위(行為). an act

しょぎょう[諸行](명)〈불〉제행. ①우주에 있는 일체의 것. ②착한 행실을 닦는 일. 2. all ascetic practices. **—むじょう**[諸行無常](연어)〈불〉제행 무상. 우주 일체의 현상은 항상 변천하여 한 모양으로 머물러 있지 아니한다는 말.

じょきょうじゅ[助教授](명) 조교수. 교수와 함께 강의, 연구하는 대학교의 직원. 교수의 아래, 강사의 위. an assistant professor

じょきょうゆ[助教諭](명) 준교사(準教師). 정교사보다 1급 아래 교원. an assistant teacher

じょきょく[序曲](명) ①〈악〉서곡. 오페라가 상연되기 직전의 음악. ②〈악〉연주회에서 처음 나오는 악곡. ③일의 시초. 1. an overture

—しょく[色](조어) ①색채(色彩).「天然(テンネン)一;천연색」②모양. 상태.「地方(チホウ)一;지방색」

—しょく[職](조어) 직업인. 직공.「たたみ一; 다다미 직공」

しょく[食](명) ①먹는 일.「衣(イ)一住(ジュウ); 의식주」②식사. ③음식물. ④녹(祿). 녹미(禄米). ⑤〈천〉한 천체(天体)가 다른 천체에 가리어 안 보이게 되는 일.「日(ニッ)一; 일식」1. eating 3. food 5. an eclipse

しょく[蜀](명) ①〈역〉촉. 중국 삼국 시대의 한 나라. ②〈지〉중국의 사천성(四川省). 파촉(巴蜀).

しょく[蝕](명)〈천〉⇨しょく(食)⑤.

しょく[燭](명) ①등불. ②촉광(燭光). 1. a light

しょく[職](명) ①맡아 보는 사무. ②일. 직업. ③(손

으로 하는 간단한) 기술. 「手(テ)に—がある; 직업적 기술이 있다」 1. duties 2. an occupation
しょく[初句](명) 첫 구. 첫 구절. the first verse
しよく[私欲](명) 사욕. 자기만이 이익을 얻으려는 욕심. 「私利(シリ)—; 사리 사욕」 self-interest
しよく[嗜欲](명) 즐기고 좋아함. a desire
じよく[耳翼](명) ⇨みみたぶ.
しょくあたり[食中り](명·자サ) 식중독(食中毒). 식체(食滞). food-poisoning
しょくあん[職安](명) 공공 직업 안정소(公共職業安定所)의 준말. 「one's post
しょくいき[職域](명) 직역. 직무를 맡은 곳. 직장. ↗
しょくいん[職印](명) 직인. 관직을 표시하는 인장(印章). an official seal
しょくいん[職員](명) 직원. 〔관청, 학교, 회사 등에서〕 직책을 가지고 일하는 사람. a staff-member. **—ろく**[職員録](명) 직원록. 직원 명부.
しょぐう[処遇](명·타サ) 처우. 조처(措処)하여 대우(待遇)함. treatment
しょくえん[食塩](명)〈이〉 식염. 먹는 소금. table salt
しょくおや[職親](명) 직장을 구하는 신체 장애자(障碍者)들을 부모를 대신하여 돌보아 주며 직업 지도를 하는 사람.
しょくがい[食害·蝕害](명·타サ)〈농〉 식해. 해충이 농작물의 잎이나 줄기를 먹어 버리는 일. spoiling by eating away
しょくぎ[職蟻](명)〈동〉 일개미. 집을 짓고 먹이를 저장하는 개미. 생식 기능이 없음. a worker ant
しょくぎょう[職業](명) 직업. ①언제나 하는 일. ②생활비를 벌기 위해서 하는 일. 「—婦人(フジン); 직업 여성」 an occupation. **—あんていしょ**[職業安定所](명) 직업 안정소. 직업의 소개, 지도 등의 사무를 맡아 보는 곳. **—いしき**[職業意識](명) 직업 의식. 여러 직업에 따라 몸에 지니게 되는 특유한 생각이나 마음 가짐. **—てき**[職業的](형동ダ) 직업적. 직업에 관한 모양.
しょくけ[食気](명) 식욕(食欲). appetite
しょくげん[食言](명·자サ) 식언. 약속을 지키지 않음. 거짓말함. breaking one's promise
しょくげん[嘱言](명·타サ) ①전언(伝言). 전갈. ②뒷일을 위촉(委嘱)함. 1. a message
しょくご[食後](명) 식후. 식사 후. after a meal
しょくざい[贖罪](명·자サ) 속죄. ①금전이나 물품을 내고 죄를 용서받음. ②〈종〉 〔기독교에서〕 그리스도가 인류를 대신하여 십자가에 못박혀 인류의 죄를 용서받은 일. 1. atonement
しょくさん[殖産](명) 식산. 산업을 일으키는 것. 「—銀行(ギンコウ); 식산 은행」 increase of production
しょくし[食思](명)〈의〉 입맛. 식욕. 「—不振(フシン); 식욕 부진」 appetite
しょくし[食指](명) 식지. 집게 손가락. 「—を動(ウゴ)かす; 물건에 탐을 내다」 the forefinger
しょくじ[食事](명·자サ) 식사. 밥을 먹음. a meal
しょくじ[食餌](명)〈의〉 식이. 먹을 것. 음식물. 「—療法(リョウホウ); 식이 요법」 diet
しょくじ[植字](명·자サ) 식자. 〔인쇄에서〕 원고대로 활자를 꽂음. 「—工(コウ); 식자공」 typesetting
しょくしゅ[触手](명) 촉수. ①〈동〉 막대 모양으로 뾰족하게 솟아 있어 촉각(触覚)을 느끼고 먹이를 잡기도 하는 기관. 더듬이. ②손을 댐. 「—を伸(ノ)ばす; 손을 뻗치다」 1. a tentacle
しょくしゅ[職種](명) 직종. 직업의 종류. a type of occupation
しょくじゅ[植樹](명·자サ) 식수. 나무를 심음. 또는 심은 나무. 식목. plantation
しょくじょ[織女](명) 직녀. ①베 짜는 여자. ②직녀성(織女星). 1. a weaving girl 2. Vega
しょくしょう[食傷](명·자サ) ①식상. 식체. ②너무 먹어 싫어짐. ③싫증이 남. 약비남. 1. food-poisoning
しょくしょう[職掌](명) 직장. 맡은 직무. duties
しょくしん[触診](명·타サ)〈의〉 촉진. 손으로 더듬어서 하는 진찰(診察). palpation
しょくじん[食尽·食甚](명)〈천〉 식심. 〔일식, 월식에서〕 해나 달이 가장 많이 가리어질 때. the maximum obscuration
しょくじんしゅ[食人種](명) 식인종. 사람을 잡아 먹는 야만 인종(野蛮人種). a cannibal race
しょくず[食酢](명) 식초. 조미료로 쓰이는 초. vinegar
しょく·する[食する] Ⅰ(자サ) ①먹다. ②생활을 영위하다. Ⅱ(타サ) ①먹다. ②[蝕する] 천체(天体)가 다른 천체를 가려서 안 보이게 하다. Ⅰ1. take a meal Ⅱ2. eclipse
しょく·する[属する·嘱する](자타サ) ①(희망을) 걸다. 부탁하다. 의뢰하다. ②속하다. 1. expect 2. belong
じょくせ[濁世](명)〈불〉 탁세. 썩은 세상. 속세(俗世). 말세(末世). this corrupt world
しょくせい[食青](명) 식료품에 물을 들이기 위하여 쓰는 파란 가루. blue powder
しょくせい[職制](명) 직제. 직업 분담상(分担上)의 제도. the organization of an office
しょくせき[職責](명) 직책. 직무상(職務上)의 책임. official duty
しょくせつ[触接](명·자サ) ①만짐. 닿음. ②접촉(接触). contact
しょくぜん[食前](명) 식전. 식사 전. ↔食後(ショクゴ). before a meal
しょくぜん[食膳](명) 밥상. a table
じょくそう[褥瘡](명)〈의〉 욕창. 오랫동안 병상에 누워 몸이 쇠약해졌을 때, 압박을 받기 쉬운 곳에 생기는 부스럼. a bedsore
しょくたい[食滞](명·자サ)〈의〉 식체. 먹은 음식물이 잘 소화되지 않는 병. 먹은 것이 체함. indigestion
しょくだい[燭台](명) 촉대. 촛불을 꽂는 대. 촛대. a candlestick
しょくたく[食卓](명) 식탁. 식사를 하는 탁자. a dining-table

しょくたく[嘱託·属託](명·타サ) 촉탁. ①일을 맡김. ②임시로 어떤 일을 맡김. 또는 그 사람. 1. commission. **—さつじん**[嘱託殺人](명·타サ) 촉탁 살인. 남에게 부탁하여 사람을 죽이게 함. 청부 살인.

しょくち[初口](명) 처음. 시작. the beginning

しょくち[諸口](명) ①여러 가지 구좌(口座)나 항목. ②〈경〉〔부기(簿記)에서〕 두 개 이상의 계산 과목. 1. sundries

じょくち[辱知](명) 〔자기와의 교제가 그 사람에게는 욕이 된다는 뜻으로〕 상대에 대하여 자기를 겸사로 일컫는 말. 욕교(辱交). acquaintance

しょくちゅうしょくぶつ[食虫植物](명)〈식〉 식충 식물. 곤충 그 밖의 작은 동물을 잡아 그 영양분을 섭취(攝取)하는 식물. 벌레잡이식물. 예: 네펜데스, 파리지옥풀 등. a carnivore

しょくちゅうどく[食中毒](명·자サ) 식중독. 음식물에 중독됨. food-poisoning

しょくちょう[職長](명) 직공의 우두머리. a foreman

しょくつう[食通](명) 식통. 음식물에 대해서 널리 잘 아는 것. 또는 그 사람. an authority on diet

しょくど[埴土](명)〈농〉 치토. 60 % 이상의 점토(粘土)를 포함하고 있는 흙. 몹시 차져 경작에 적합하지 않음. clayey soils

しょくどう[食堂](명) 식당. ①식사하는 방. (주로 양식의) ②여러 가지 요리를 만들어 파는 음식점. 1. a dining room

しょくどう[食道](명)〈생〉 식도. 목구멍에서 위까지 연결되어 음식물을 통하게 하는 관. 「一癌(ガン); 식도암」 the gullet

しょくどうらく[食道楽](명) 식도락. ①먹는 것을 즐기는 일. ②맛 있는 것, 진귀한 것을 고루 먹는 것을 도락으로 하는 일. 또는 그 사람. 2. epicurism

しょくにく[食肉](명) 식육. ①짐승 고기를 먹음. 육식. ②식용으로 하는 고기. 1. flesh-eating 2. meat. **— しょくぶつ**[食肉植物](명)〈식〉 ⇨ しょくちゅうしょくぶつ(食虫植物).

しょくにん[職人](명) 직인. ①손으로 그릇이나 기구를 만드는 것을 직업으로 하는 사람. 「一かたぎ; 직인 기질 (직인 공통의 특별한 기질)」 ②직공. 1. a craftsman. **—みょうり**[職人冥利](명) 직인이기 때문에 신불(神仏)로부터 받는 이익.

しょくのう[職能](명) 직능. ①직무상의 능력. ②직업에 따라 다른 능력. ③〔문법에서〕 단어가 문장 속에서 하는 역할. 주어(主語), 술어(述語), 수식어(修飾語) 등이 되는 일. 1. vocational ability

しょくば[職場](명) 직장. ①일터. 작업장. ②근무처(勤務処). one's place of work

しょくばい[触媒](명)〈이〉 촉매. 그 자체는 아무런 화학적 변화를 받지 않고 화학 반응(反応)의 속도를 빨리 또는 느리게 하는 물질. a catalyst

しょくはつ[触発](명·타サ) 촉발. 물체에 닿아 발동(発動)함. 「…に一されて; …에 촉발되어」 contact-detonation

しょくパン[食麵麭](명) 식빵. ①주식이 되는 빵. ↔ 菓子(カシ)パン. ②주식으로 하는 것 중에서도 특히 밑이 사각형인 틀에 넣어서 구운 빵. 1. bread

しょくひ[食費](명) 식비. 식사 비용. food cost

しょくひ[植皮](명·자타サ)〈의〉 식피. 피부의 겉가죽을 도려 내어 몸의 다른 부분에 옮김. grafting

しょくひん[食品](명) 식품. 음식물. 「一衛生(エイセイ); 식품 위생」 foodstuffs

しょくふ[織布](명) 짜 낸 피륙. woven cloth

しょくふ[織婦](명) 베 짜는 여자. a woman weaver

しょくふく[職服](명) ①직무상의 제복(制服). ②작업복. 1. an official uniform 2. work clothes

しょくぶつ[植物](명)〈생〉 식물. 한곳에 붙박여 공기, 흙, 물로부터 양분을 취하여 사는 생물. 「一界(カイ); 식물계」 ↔動物(ドウブツ). a plant. **—えん**[植物園](명)〈생〉 식물원. 연구, 지식의 보급을 위해서 여러 가지 식물을 모아 재배하는 곳. **—しんけい**[植物神経](명)〈생〉 ⇨こうかんしんけい(交感神経). **—せい**[植物性](명) 식물성. 식물체가 지닌 특수한 성질. ↔動物性(ドウブツセイ).

しょくぶん[食分](명)〈천〉 식분. 일식(日蝕)이나 월식 때 해나 달이 이지러진 정도. a phase of an eclipse

しょくぶん[職分](명) 직분. ①직무상의 본분(本分). ②본분. 「一をはたす; 본분을 다하다」 1. the duties of an office

しょくべに[食紅](명) 식료품(食料品)에 물을 들이는 빨간 가루. red powder

しょくほう[職蜂](명)〈동〉 일벌. 집을 짓거나 꿀을 치는 일을 하는 벌. a worker bee

しょくぼう[嘱望·属望](명·자サ) 촉망. 잘되기를 바라고 기대함. expectation

しょくみ[食味](명) 식미. 먹었을 때의 맛. taste

しょくみん[植民·殖民](명·자サ) 식민. 외국의 새로운 토지에 이주하여 경제적으로 개척(開拓)함. 또는 그 사람. colonization. **—ち**[植民地](명) 식민지. ①이주자(移住者)가 경제적으로 개척한 외국의 지역. ②새로이 속령(属領)이 된 외국의 지역.

しょくむ[職務](명) 직무. 맡아 하는 사무. 직책. 「一質問(シツモン); 직무 질문(경관이 직무상 행하는 질문)」 duties

しょくめい[職名](명) 직명. 직무, 직업의 이름. the name of an occupation

しょくもう[植毛](명)〈의〉 식모. (몸의 털이 없는 곳에) 털을 심는 일. 「一術(ジュツ); 식모술」 planting of hair

しょくもく[属目·矚目](명·자サ) 촉목. 눈여겨 봄. 주의해 봄. attention

しょくもたれ[食靠れ](명·자サ) 먹은 음식이 잘 소화되지 않음. 또는 그러한 느낌. 식체(食滯). indigestion

しょくもつ[食物](명) 식물. 음식물. food

しょくやすみ[食休み](명·자サ) 식후에 휴식함. a short recess after a meal

しょくゆ[食油](명) 식유. 식용 기름. cooking oil
しょくよう[食用](명) 식용. 음식물로 쓰이는 일. 「―になる; 식용이 되다」 for food
しょくよう[食養](명) ①음식물로 몸을 튼튼히 하는 일. 식보(食補). ②적당한 음식으로 병을 고치는 일. 1. taking nourishments 2. a dietary treatment
しょくよく[食欲](명) 식욕. 음식을 먹고 싶은 욕망. 식사(食思). appetite
しょくりょう[食料](명) 식료. ①음식의 재료. ②음식 값. 1. food. **―ひん**[食料品](명) 식료품. 음식의 재료가 되는 물품. 육류(肉類), 야채류(野菜類), 과실류(果実類) 등.
しょくりょう[食糧](명) 식량. 먹을 것. 주로 주식(主食)을 가리키는 말. provisions. **―ねんど**[食糧年度](명)〈농〉식량 연도. 식량 농산물의 수확의 기준으로 정한 연도. 한국, 일본에서는 쌀을 기준으로 잡아 11월 1일부터 이듬해 10월 31일까지의 1년 동안을 미곡 연도라고 하는데, 구미 각국에서는 밀을 주로 하여 7월부터 이듬해 6월까지로 정하고 있음.
しょくりょうほう[食療法](명) 식료법. 음식물의 품질, 성분, 분량 등을 조절하여 병을 고치는 방법. 식이 요법. a dietary treatment
しょくりん[植林](명·자サ) 식림. 나무를 심어 삼림(森林)을 만듦. afforestation
じょくれい[縟礼](명) 욕례. 번거로운 예의. 「繁文(ハンブン)―; 번거롭고 까다로운 규칙이나 예문」 formalities
しょくれき[職歴](명) 직력. 직무상의 경력. 직장의 경력. business experience
しょくろく[食禄](명) 식록. 봉록(俸禄). rice allowance
しょくん[諸君] Ⅰ(명) 제군. 여러분. Ⅱ(대) 여러 사람에 대한 높임말. 여러분. gentlemen
しょぐん[諸軍](명) 제군. 모든 군대. many armies
じょくん[叙勲](명·자サ) 서훈. 훈등(勲等)과 훈장을 수여(授与)함. conferment of a decoration
しょけ[所化](명) ①〈불〉승려(僧侶)의 제자. ②도깨비. 1. a priestling
しょけい[処刑](명·타サ) 처형. 형벌을 과함. 형벌에 처함. punishment
しょけい[初経](명)〈생〉초경. 초조(初潮). 첫 월경. menarche
しょけい[書契](명) ①글자로 어떤 일을 적어 두는 일. ②글자. 1. writing
しょけい[書痙](명)〈의〉서경. 직업적으로 잔글씨를 많이 쓰는 사람이 글씨를 과도하게 쓴 탓으로 생기는 신경증(神経症). 글씨를 쓰려고 하면 손가락에 마비, 경련을 일으켜 글씨를 못 쓰게 됨. the writer's cramp
しょけい[諸兄] Ⅰ(명) 여러 형. 많은 형. Ⅱ(대) 여러 남자에 대한 높임말. Ⅱ you respectable gentlemen
しょげい[諸芸](명) 제예. 여러 가지 예도(芸道). 여러 가지 기예(技芸). accomplishments
じょけい[女系](명) 여계. 어머니 쪽의 계통(系統). 모계(母系). the female line
じょけい[叙景](명·자サ) 서경. 경치를 시나 문장 등으로 나타냄. a scenery sketch
しょげかえ·る[悄気返る]―カヘル(자 4)〈속〉깊이 낙심하다. 깊이 실망하다. be utterly disheartened
しょげこ·む[悄気込む](자 4)〈속〉몹시 낙심하다. 몹시 실망(失望)하다. be utterly disheartened
しょけつ[処決](명·타サ) 처결. ①처분하거나 결정함. ②각오함. 1. settlement
じょけつ[女傑](명) 여걸. 여자 호걸. an Amazon
しょ·げる[悄気る](자하 1)〈속〉실망, 실패하여 기운이 없어지다. 기가 죽다. be disheartened
しょけん[初見](명·자サ) 초견. 처음으로 봄. 처음으로 만남. 초면(初面). the first meeting
しょけん[所見](명) 소견. ①보는 바. ②의견. 생각. 1. one's view 2. one's opinion
しょけん[書見](명·자サ) 책을 봄. 독서. reading
しょけん[諸賢](대) 제현. 여러 사람에 대한 높임말. 제언(諸彦). gentlemen
しょげん[諸彦](명) 제언. 여러 사람에 대한 높임말. 제현(諸賢). gentlemen
しょげん[緒言](명) 서언. 머리말. a preface
じょけん[女権](명) 여권. 여성의 권리. 특히 정치, 사회상의 권리. 「―拡張(カクチョウ); 여권 신장(伸張)」 women's rights
じょげん[序言](명) 서언. 머리말. a foreword
じょげん[助言](명·자サ) 조언. 옆에서 자기 생각을 말하여 상대방을 도와 줌. advice
しょこ[書庫](명) 서고. 책을 넣어 두는 창고. a book-room
じょご[助語](명) ①조언(助言). ②〔문법에서〕조사, 조동사의 총칭. 1. advice 2. auxiliary words
しょこう[初更](명) 초경. 오경(五更)의 제1경. 오후 7시에서 9시 사이. early night
しょこう[初校](명) 초교. 제 1 회의 교정(校正). 최초의 교정. the first proof
しょこう[諸公] 제공. Ⅰ(명) 정사(政事)를 맡아 보는 장관들. Ⅱ(대) 제군. 여러분. 「国会議員(コッカイギイン)―; 국회 의원 여러분」 Ⅰ cabinet ministers
しょこう[諸侯](명) 제후. 봉건 시대에 영토를 가지고 영내의 인민을 지배하는 권력이 있던 사람. 영주. 다이묘오(大名), 쇼오묘오(小名). feudal lords
しょこう[諸港](명) 여러 항구. various ports
しょこう[曙光·初光](명) 서광. ①동틀 때 비치는 빛. ②캄캄한 속에 희미하게 나타나기 시작하는 빛. ③눈에 보이기 시작하는 엷은 희망. 「解決(カイケツ)の―; 해결의 서광」 1. dawn 2. 3. prospects
しょごう[初号](명) ①(정기 간행물의) 첫 권. 제1호. ②초호. 가장 큰 활자의 호수(号数). 「―活字(カッジ); 초호 활자」 2. No. 1 (42 point) type
しょごう[諸豪](명) 많은 호걸. many great men
じょこう[女工](명) 여공. 여자 직공. ↔男工(ダンコウ). a factory girl

じょこう[女高](명) 여고. 여자 고등 학교의 준말.
じょこう[徐行](명·자サ) 서행. 차 등이 천천히 달림. 천천히 감. going slowly
しょこく[諸国](명) 제국. 여러 나라. various countries
ショコラ[프 chocolat](명) ⇨チョコレート.
しょこん[初婚](명) 초혼. 첫 결혼. ↔再婚(サイコン). one's first marriage
じょごん[助言](명·자サ) ⇨じょげん.
しょさ[所作](명) ①행동. 소행(所行). ②몸가짐. 태도(態度). ③춤. 1. behaviour
しょさい[処裁](명) ①결정. 질정(質正). ②처치. 처리(処理). 재결(裁決). 1. decision 2. disposal
しょさい[所載](명) (인쇄물에) 기사가 실려 있음. 게재(掲載)됨 being carried in a publication
しょさい[書斎](명) 서재. 독서, 연구 등을 하는 개인의 방. a study
しょさい[書債](명) 밀린 편지의 답장이나 청탁받은 휘호(揮毫). 「一を果(ハ)たす; 서채를 없애다」
しょざい[所在](명·자サ) 소재. ①있음. ②있는 곳. 「一地(チ); 소재지」 ③이곳 저곳. 곳곳. 「一の敵(テキ)を平(タイ)らげ; 곳곳의 적을 평정하고」 2. the site. **—な·い**[所在無い](형) 할 일이 없어 심심하다.
じょさい[如才](명) 빈틈. 허수룩한 곳. 허점(虚点). an omission. **—な·い**[如才無い](형) ①빈틈이 없다. ②사귐성이 있다.
じょさい[助祭](명) 〔가톨릭교에서〕 사제(司祭)의 다음 계급. 부제(副祭). a deacon
じょさいや[定斎屋](명) 약을 한쌍의 큰 약 상자에 넣어 메고 서랍의 고리를 요란하게 절그렁거리면서 돌아 다니는 행상인. a drug-pedlar
しょさく[諸作](명) 여러 작품. various works
しょさごと[所作事](명) ①춤. ②춤을 섞은 쿄오겐(狂言). 무용극(舞踊劇). 1. a dance
しょさつ[初刷](명) 첫 인쇄. 초판(初版). the first edition
しょさつ[書札](명) 서찰. 편지. a letter
しょさつ[書冊](명) 서책. 서적. 책. a book
しょさん[所産](명) 소산. 생산한 것. 만들어 낸 것. 「研究(ケンキュウ)の一; 연구의 소산」 a product
しょさん[初産](명) ⇨ういざん. 「1. many mountains
しょざん[諸山](명) ①여러 산. ②여러 절(寺). ⤴
じょさん[助産](명·타サ) 조산. 출산(出産)을 돕고 산모(産母)나 산아(産児)의 시중을 듦. midwifery. **—ぷ**[助産婦](명) 조산원. 산파.
じょさん[除算](명·타サ)〈의〉 나눗셈. 나누기. division
しょし[初志](명) 초지. 처음 세운 뜻. 「一貫徹(カンテツ); 초지 관철」 one's original intention
しょし[所司](명)〈역〉 ①카마쿠라(鎌倉) 시대에 무사를 지배, 감독하던 관청의 차관(次官). ②무로마치(室町) 시대 무사를 지배, 감독하던 관청의 장관.
しょし[所思](명) 생각하는 바. 생각. one's thought
しょし[書誌](명) 서지. ①서적. ②특정(特定)한 사람이나 제목(題目)에 대한 문헌(文献)의 목록. ③서적의 외관(外観), 내용, 성립 등의 특징. 「一学(ガク); 서지학」 bibliography
しょし[書肆](명) 서사. 서점. a bookshop
しょし[庶子](명) 서자. ①첩의 자식. ②〈법〉 아버지가 자기 자식으로 인정한 사생아(私生児). 1. a child by a concubine
しょし[諸子] 제자. Ⅰ(명) 〔중국에서〕 공자, 맹자 이외의 학설을 세워 일가(一家)를 이룬 사람. 또는 그의 저서(著書)나 학설. Ⅱ(대) 동년배(同年輩)나 그 아랫사람에 대한 높임말. 여러분. 제군. Ⅰ sages Ⅱ you
しょし[諸氏](대) 제씨. 여러 사람에 대한 높임말. 여러분. 제군. you
しょし[諸姉](대) 여러 여자에 대한 높임말. 숙녀 여러분. ladies
しょじ[所持](명·타サ) 소지. 몸에 지님. 가지고 있음. 「一品(ヒン); 소지품」 possession
しょじ[書字](명) 글씨를 씀. 「一能力(ノウリョク); 글씨를 쓰는 능력」 writing
しょじ[諸事](명) 제사. 여러 가지 일. various affairs
じょし[女子](명) 여자. ①계집애. 처녀. ②여인. 여성. 「一大(ダイ); 여자 대학」 1. a girl 2. a female
じょし[女史](명) 여사. ①교양 있는 여성. ②이름 있는 여성이나 여류 예술가 등의 이름 밑에 붙는 높임말. 2. Miss, Mrs.
じょし[助士](명) 일을 돕는 사람. 조수(助手). 「機関(キカン)一; 기관 조수」 an assistant
じょし[助詞](명) 조사. 〔문법에서〕 체언(体言)이나 부사 구실을 하는 용언(用言) 밑에 붙어서, 그 말과 다른 말과의 관계를 나타내거나, 또는 그 말을 도와 주거나 하는 품사. an auxiliary word
じょし[序詞](명) 서사. ①서문(序文). 머리말. ②〔와카(和歌)에서〕 수식어(修飾語)처럼 어구(語句) 위에 붙이는 구. 1: a preface
じょし[序詩](명) 서시. 책의 첫머리에 서문 대신 쓴 시(詩). a prologue
じょじ[女児](명) 여아. 여자 아이. 계집애. a girl
じょじ[助字](명) 〔한문(漢文)에서〕 다른 말에 붙어서 그 말을 보조하는 글자. 예:也, 乎, 矣, 於, 焉 등.
じょじ[助辞](명) ①조사 조사(助詞)와 조동사의 총칭. ②⇨じょじ(助字).
じょじ[序次](명) 서차. 순서. 차례. order
じょじ[叙事](명) 서사. 사건, 사실을 있는 그대로 기술(記述)하는 일. 「一的(テキ); 서사적」 ↔叙情(ジョジョウ). description
しょしき[書式](명) 서식. 증서(証書), 원서(願書) 등을 쓰는 양식. a form
しょしき[諸式](명) ①여러 가지 물건. ②물가(物価). 「一があがる; 물가가 오르다」 2. prices
じょじし[叙事詩](명) 서사시. 국민적, 민족적 집단의 역사적 사건이나 신화, 전설상 영웅의 사적을 장시(長詩)로 꾸며 객관적으로 읊은 시. ↔叙情詩(ジョジョウシ). an epic poem
しょしちにち[初七日](명) ⇨しょなのか.

しょしひゃっか[諸子百家](명)〈철〉 제자 백가. 중국의 춘추 전국(春秋戦国) 시대의 여러 학파. all philosophical schools in ancient China
しょしゃ[書写](명·타サ) 서사. 써서 베낌. copying
しょしゃ[諸車](명) 제차. 여러 차량이나 탈것. 「一通行止(ツウコウド)め; 제차 통행 금지」 vehicles
しょじゃく[書籍](명) ⇨しょせき.
じょしゃく[叙爵](명·자サ) 서작. ①옛날, 처음으로 종5위(従五位) 이하의 계급을 받던 일. ②작위(爵位)를 받는 일. 2. conferment of a peerage
しょしゅ[諸種](명) 제종. 여러 종류. 「一の問題(モンダイ); 여러 문제」 various kinds
じょしゅ[助手](명) 조수. ①연구나 일을 돕는 사람. ②대학의 직위(職位). 강사의 아랫자리. 1. an assistant
しょしゅう[初秋](명) 초추. ①초가을. ②양력 9월. ↔晩秋(バンシュウ). 1. early autumn
しょしゅう[所収](명) 거둬 들이는 것. acceptance
しょしゅう[諸宗](명)〈불〉 제종. 여러 가지 종파(宗派). 많은 종파. various sects
じょしゅう[女囚](명) 여수. 여자 죄수. ↔男囚(ダンシュウ). a female prisoner
しょしゅつ[初出](명·자サ) 초출. 처음으로 나오거나 나타남. the first appearance
しょしゅつ[所出](명) 소출. ①태어나는 것. 출생. ②나온 곳. 출처. 「一を明(アキ)らかにする; 출처를 밝히다」 2. source
しょしゅつ[庶出](명) 서출. 본처 이외의 여자에게서 태어난 사람. 서자(庶子). illegitimate birth
じょじゅつ[叙述](명·타サ) 서술. 차례를 따라 조리 있게 말하거나 씀. description
しょしゅん[初春](명) 초춘. ①첫봄. 이른봄. ↔晩春(バンシュン). ②음력 정월. 1. early spring
しょじゅん[初旬](명) 초순. 1개월의 처음의 10일간. 상순(上旬). the first ten days of a month
しょしょ[処暑](명) 처서. 24절기의 하나. 양력 8월 23,4일경에 듦.
しょしょ[所所·処処](명·부) 곳곳. here and there
しょしょ[諸所·諸処](명) 여러 곳. 여기저기. 이곳 저곳. 이쪽저쪽. many places
しょじょ[処女](명) 처녀. ①미혼 여성. 순결한 여자. ②처음. 제1회. 「一演説(エンゼツ); 처녀 연설」 1. a virgin 2. maiden
しょしょう[書証](명)〈법〉 서증. 문서를 가지고 하는 재판상의 증거 방법. a documentary evidence
しょしょう[諸将](명) 제장. 여러 장군. many generals
しょじょう[書状](명) 서장. 편지. 서한. a letter
しょじょう[諸嬢](명) 여러 젊은, 미혼(未婚) 여성의 높임말. ladies
じょしょう[女将](명) 음식점, 여관 등의 여주인(女主人). a landlady
じょしょう[序章](명) 서장. 서론(序論)에 해당하는 장(章). an introductory chapter
じょじょう[如上](명) 여상. 위와 같은 것. 상술(上述). 「一の成果(セイカ)にもとづき; 위와 같은 성과를 바탕으로 해서」 above-mentioned
じょじょう[叙上](명) 위에 말한 것. 상술(上述). 「一の事実(ジジツ); 위에 말한 사실」 above-mentioned
じょじょう[叙情·抒情](명·자サ) 서정. 자기의 감정을 펴냄. ↔叙事(ジョジ). description of feelings. —**し**[叙情詩](명) 서정시. 자기의 감정을 운율적(韻律的)으로 나타낸 시. ↔叙事詩.
じょじょうふ[女丈夫](명) 여장부. 남자 못지 않게 헌걸차고 씩씩한 여자. a brave woman
じょしょく[女色](명) 여색. ①여성의 매력. ②여자와의 육체적(肉体的) 관계. 정사(情事). ③여자의 모습이나 얼굴 모양. 1. feminine charms
しょじょち[処女地](명) 처녀지. 이제까지 개간(開墾)한 일이 없는 땅. virgin soil
じょじょに[徐徐に](부) ①서서히. 천천히. ②차차. 1. slowly
しょしん[初心](명·형동ダ) 초심. ①처음 먹은 마음. 「一忘(ワス)るべからず; 초지를 잊지 말라」 ②초학(初学). 미숙(未熟). 「一者(シャ); 초심자」 1. one's original intention
しょしん[初診](명) 초진. 첫 진찰. 최초의 진찰. the first medical examination
しょしん[初審](명)〈법〉 초심. 제1심. 제1회의 재판. the first hearing
しょしん[所信](명) 소신. 믿음. 믿는 바. 「一を述(ノ)べる; 소신을 말하다」 one's conviction
しょしん[書信](명) 서신. 편지. a letter
しょしん[諸臣](명) 제신. 여러 신하. many retainers
じょしん[女神](명) 여신. 여자 신(神). a goddess
じょすう[除数](명)〈수〉 제수. 나눗셈에서 어떤 수를 나누는 수. a divisor
じょすうし[序数詞](명) 서수사. 〔문법에서〕순서를 나타내는 수사. 예: 첫째, 둘째 등. an ordinal number
じょすうし[助数詞](명) 〔문법에서〕 수를 나타내는 말 밑에 붙어서, 수와 물건의 종류를 함께 나타내는 말. 예: "1매(一枚), 2대(二臺)"의 "매,대" 등.
しょ·する[処する] Ⅰ(자サ) 처하다. 경우에 알맞는 행동을 하다. 「世(ヨ)に一道(ミチ); 처세하는 길」 Ⅱ(타サ) ①훌륭히 다루다. 「身(ミ)を一; 처신하다」 ②처리하다. 처결하다. 「死刑(シケイ)に一; 사형에 처하다」 Ⅰ behave Ⅱ 2. manage
しょ·する[書する](타サ) 쓰다. write
しょ·する[署する](타サ) 서명(署名)하다. sign
じょ·する[序する](타サ) 서문(序文)을 쓰다. write a preface to
じょ·する[叙する·敍する](타サ) 작위(爵位)나 훈등(勲等), 훈장 등을 주다. confer
じょ·する[除する](타サ)〈수〉 나누다. divide
じょ·する[恕する](타サ) 용서하다. forgive
しょせい[処世](명) 처세. 세상을 살아 가는 것. 「一術(ジュツ); 처세술」 conduct in life
しょせい[初生](명·자サ) 초생. ①처음 생김. ②처음

태어남. 1. being produced for the first time. ―じ[初生児](명)〈의〉 초생아. 태어난지 1,2 주일 이내의 아기. 신생아(新生児).

しょせい[所生](명) ①자기를 낳은 친부모. ②소생. 자기가 낳은 자식. ③출생지. 2. one's children

しょせい[書生](명) 서생. ①학생. ②남의 집안일을 돌보아 주며 공부하는 사람. 2. a student dependent

しょせい[書聖](명) 서성. 서도(書道)의 명인(名人). a master calligrapher

しょせい[諸政·庶政](명) 서정. 여러 방면의 정치. 각 방면의 정사(政事). various political affairs

しょせい[諸生](명) 제생. 여러 제자, 문하생(門下生). 많은 문인(門人). many pupils

じょせい[女生](명) 여자 생도. a schoolgirl

じょせい[女声](명) 여성. 〔성악에서〕 여자의 목청. 「―合唱(ガッショウ); 여성 합창」↔男声(ダンセイ). a woman's voice

じょせい[女性](명) 여성. ①여자의 성질. ②여자. 부인. 「―ホルモン; 여성 호르몬」↔男性(ダンセイ). 1. female character. ―てき[女性的](형동ダ) 여성적. ①여자다운 모양. 여자 같은 모양. ②연약(軟弱)한 모양. ↔男性的.

じょせい[女婿·女壻](명) 여서. 딸의 남편. 사위. the husband of one's daughter

じょせい[助成](명·타サ) 조성. 연구나 사업을 도와서 이루게 함. 「―金(キン); 조성금」 furtherance

じょせい[助勢](명·자サ) 힘을 보탬. 조력. support

じょせいと[女生徒](명) 여생도. 여자 생도. ↔男生徒(ダンセイト). a schoolgirl

しょせき[書籍](명) 서적. 도서. 책. a book

しょせき[庶績](명) 온갖 공적(功績).

じょせき[除籍](명·타サ) 제적. 적을 뺌. 명부, 호적 등에서 이름을 뺌. removal from the register

しょせつ[所説](명) 소설. 말하는 바. 설명하는 바. a statement

しょせつ[諸説](명) 제설. 여러 가지 설(説). 「―紛紛(フンプン); 여러 가지 설이 분분함」 various opinions

じょせつ[序説](명) 서설. 본론에 들어 가기 전의 전제문(前提文). 서론(序論). an introduction

じょせつ[叙説](명·타サ) 서설. ①차례로 문장으로 설명함. ②서설(序説). 1. explanation

じょせつ[除雪](명·자サ) 제설. 쌓인 눈을 치움. 「―作業(サギョウ); 제설 작업」 snow-removing

じょせつ[絮説](명·자サ) 서설. 장황하게 설명함. 너절하게 쓸 데 없이 길게 말함. expatiation

しょせん[緒戦·初戦](명)〈군〉 서전. 첫 싸움. the beginning of a war

しょせん[所詮](부) 결국. 필경. 마침내. after all

じょせん[女専](명) 여자 전문 학교(女子専門学校)의 준말.

しょそう[所相](명) ⇨うけみ③.

しょそう[所葬](명) 소장. 사무소의 비용으로 거행하는 장례식(葬礼式).

しょそう[書窓](명) ①서재(書斎)의 창. ②서재. 2. a study

しょそう[諸相](명) 여러 가지 모양, 모습. various phases

しょぞう[所蔵](명·타サ) 소장. 갖고 있음. 보관하여 둠. 「―者(シャ); 소장하고 있는 사람」 possession

じょそう[女装](명·자サ) 여장. ①남자가 여자로 변장함. ②여자의 복장. ↔男装(ダンソウ). 1. disguising oneself as a woman

じょそう[助走](명) 〔넓이뛰기 등에서〕 도약(跳躍)판까지 달리는 것. running before a jump

じょそう[助奏](명·자サ)〈악〉 조주. 〔반주 이외의〕 보조 연주(補助演奏). an obbligato

じょそう[序奏](명·자サ)〈악〉 서주. 다음 악곡(楽曲)을 도입(導入)하는 준비로서의 전주(前奏). 「―曲(キョク); 전주곡」 an introduction

じょそう[除草](명·타サ) 제초. 잡초(雑草)를 뽑아 버림. weeding

しょそく[初速](명)〈이〉 초속. 운동을 일으켰을 때의 처음 속도. initial velocity

しょぞく[所属](명·자サ) 소속. 어떠한 기관이나 단체에 딸림. 또는 그 사람이나 물건. one's position

しょぞん[所存](명) 생각하고 있는 것. one's opinion

じょそんだんぴ[女尊男卑](연어·명) 여존 남비. 여성의 사회적 지위가 남성보다 높음. ↔男尊女卑(ダンソンジョヒ). respect for woman at the expense of man

しょた[諸他](명) 여러 가지 다른 것. many others

しょた[諸多](명) 여러 가지 많은 것. many things

しょたい[所帯·世帯](명) ①재산. ②한 가정의 살림. 「―道具(ドウグ); 세간」 ③한집안. 「何(ナン)―も同居(ドウキョ)する; 몇 세대나 함께 살다」 2. a household. ―じ·みる[所帯染みる](자상 1) 살림군이 되다. 살림의 노고가 몸에 배다. ―もち[所帯持ち](명) 가정을 가진 사람. 가정을 꾸미고 사는 사람. ―やつれ[所帯窶れ](명·자サ) 가정을 꾸려 가는 수고 때문에 수척해짐. 살림에 쪼들림.

しょたい[書体](명) 서체. ①한자의 여러 가지 필체(筆体). ②서풍(書風). 1. a style of penmanship

しょたい[諸隊](명) 제대. 많은 부대. many corps

しょだい[初代](명) 초대. 한 계통의 첫 대(代). 또는 그 사람. the founder

じょたい[女体](명) 여자의 몸. a woman's body

じょたい[除隊](명·자サ)〈군〉 제대. 군에 복무하던 군인이 그 임무에서 물러남. ↔入隊(ニュウタイ). discharge from military service

じょだい[女大](명) 여대. 여자 대학(女子大学)의 준말.

しょたいめん[初対面](명) 초대면. 처음으로 대면함. 첫 대면. the first meeting

しょだち[初太刀](명) 처음으로 내리치는 칼. the first blow of a sword

しょだな[書棚](명) ①책장. ②책꽂이. 2. a bookshelf

しょだん[処断](명·타サ) 처단. 결단하여 처리함. 재결(裁決). judgement

しょだん[初段](명) 초단. ①첫째 단(段). ②〔무술, 바둑, 장기 등에서〕 실력의 기준을 나타내는 최초의

단. 또는 그 사람. 1. the first step

じょたん[助炭](명) 나무로 틀을 만들어 종이를 발라 화로 위에 씌워서 불기가 오래 가게 하는 것.

しょち[処置](명·타サ) ①처치. 처리. 배려(配慮). ②〈의〉 치료(治療). 1. disposal

しょち[書痴](명) 서치. 글 읽기에만 정신을 쏟고 세상 일을 돌보지 않는 사람. 서적광(書籍狂). a bibliomaniac

しょちゅう[書中](명) 책 속. 편지 속. in a book

しょちゅう[暑中](명) 서중. ①여름의 더운 때. ②여름의 가장 더운 입추(立秋) 전의 18일간. 1. the hot season. ── **きゅうか**[暑中休暇](명) 〔학교 등의〕 여름 방학. 하계 휴가.

じょちゅう[女中](명) ①부인. 「おー; 부인」 ②귀인(貴人)의 시중을 드는 여자. ③하녀. 식모. 1. a woman

じょちゅうぎく[除虫菊](명)〈식〉 제충국. 엉거시과에 속하는 다년초. 마아거리이트 비슷하며, 희거나 빨간 꽃이 핌. 모기향의 원료. a vermifuge chrysanthemum

しょちょう[初潮](명)〈생〉 초조. 처음 나오는 월경. 초경(初経). menarche

しょちょう[所長](명) 소장. 사무소 등 소(所)라고 불리는 곳의 제일 웃사람. the head of an office

しょちょう[署長](명) 서장. 경찰서, 세무서 등의 제일 웃사람. the head of a government office

じょちょう[助長](명·타サ) 조장. 생장(生長), 발전, 진보 등을 이룩하기 위하여 힘을 보탬. fostering the development of

しょっかい[職階](명) 직무상의 계급. 「一制(セイ); 직계제」 a position

しょっかく[食客](명) 식객. ①남의 집에 기식(寄食)하며 문객(門客) 노릇을 하는 사람. ②⇨いそうろう(居候). 1. a dependant

しょっかく[触角](명)〈생〉 촉각. 곤충 등의 머리 앞에 붙은 수염 같은 것. 촉각(触覚)을 맡아 봄. 더듬이. an antenna

しょっかく[触覚](명)〈생〉 촉각. 손발이나 피부에 물체가 닿았을 때 일어나는 감각. tactile sense

しょっかん[食間](명)〈의〉 식간. 식사와 식사의 사이. ↔食後(ショクゴ), 食前(ショクゼン). between meals

しょっかん[触感](명) 촉감. ①촉각(触覚). ②닿았을 때의 느낌. 2. tactile sensation

しょっき[食器](명) 식기. 식사에 쓰이는 기구. 「一棚(ダナ); 찬장」 tableware

しょっき[織機](명) 직기. (씨와 날을 걸어) 피륙을 짜는 기계. a weaving machine

ジョッキ(명) 〔조끼(jug)의 변한 말〕 백주 등을 따라 마시는 손잡이가 있는 큰 유리잔.

ジョッキー[jockey](명) 조키. 기수(騎手).

しょっきゅう[職給](명) 직급. 직무에 대해 지급하는 급료(給料). wages attached to a post

しょっきり[初っ切り](명) ①흥행(興行)의 씨름 대회에서 제일 먼저 행하는, 3회 승부(三番勝負)의 씨름. ②일의 시작. 1. the first game 2. the beginning

ショッキング[shocking](형동ダ) 쇼킹. 놀라운 모양. 충격적.

ショック[도 Schock](명) 속. ①〈의〉 외상(外傷)을 입었거나 수술을 하였을 때 갑자기 맥박이 약하고 빨라지며 무표정, 피부 창백, 혈압 강하 등의 증상을 일으키는 일. 충격. 「一死(シ); 쇽사(충격사)」 ②충동. 동요(動揺).

しょづくえ[書机]ーヅクエ(명) 앉아서 글을 읽는 다리가 짧은 책상.

しょっけん[食券](명) 식권. 식사를 하기 위해서 돈을 내고 사는 표. a meal ticket

しょっけん[職権](명) 직권. 관직의 권한. 「一濫用(ランヨウ); 직권 남용」 official authority

しょっこう[燭光](명)〈이〉 촉광. 광도(光度)의 단위. candle-power

しょっこう[職工](명) 직공. ①직인(職人). ②공장에서 일하는 노동자. 2. a workman

しょっこう[織工](명) 직공. 직물 제조에 종사하는 노동자. 직물공(織物工). a weaver

しょっこうのにしき[蜀江の錦] (명) ①옛날, 중국 촉(蜀) 나라에서 산출된 정교한 무늬가 있는 비단. ②쿄오토(京都) 니시진(西陣)에서 만들어 내는 무늬가 있는 비단.

しょっちゅう[初中終](부)〈속〉 언제나. 늘. always

しょってる[背負ってる](연어)〈속〉 잘난 척하다. 뽐내다. 우쭐거리다. be self-conceited

ショット[shot](명) 쇼트. ①발사. ②사격(射撃). ③〔정구에서〕 친 보울. ④〔영화에서〕 한 장면의 촬영. ⑤포환 던지기. 투포환(投砲丸).

しょっぱ・い(형)〈속〉 ①짜다. ②인색하다. 깍정이다. ③괴롭다. 고통스럽다. 1. salty 2. stingy

しょっぱな[初っ端](명)〈속〉 맨 먼저. 처음. 최초. the beginning

しょっぴ・く(타4)〈속〉 ⇨しょびく.

ショッピング[shopping](명) 쇼핑. 물건을 삼. 또는 살 것, 산 것.

ショップ[shop](명) 숍. ①가게. 상점. ②공장. 일터.

しょて[初手](명)〈속〉 처음. 최초. the beginning

しょて[諸手](명) ⇨しょたい(諸隊).

しょてい[所定](명) 소정. 정한 바. 「一の料金(リョウキン); 정해진 요금」 fixed

じょてい[女帝](명) 여제. 여자 황제. a queen regnant

しょてん[所天](명) 받들어 모시는 사람. 백성으로서는 왕, 자식으로서는 부모, 아내로서는 남편을 이름.

しょてん[書店](명) 서점. 책방. a bookshop

しょてん[書展](명) 서도 전람회(書道展覧会)의 준말.

しょてん[諸点](명) 여러 가지 점. various points

しょでん[初伝](명) 학문, 예능 등의 가장 하급의 전수(伝授). 초보가 되는 가르침. the first instruction

しょでん[初電](명) ①첫 전차. ②최초의 전보. 1. the first car 2. the first telegram

しょでん[所伝](명) 소전. 말이나 문서로 전해 내려오는 것. a tradition

じょてんいん[女店員](명) 여점원. 상점에서 물건을 파는 여자 점원. a saleswoman
しょど[初度](명) 초도. ①첫회. 첫번. ②생일(生日). 1. the first time 2. one's birthday
しょとう[初冬](명) 초동. ①초겨울. ②음력 10월. ↔晩冬(バントウ). 1. early winter
しょとう[初等](명) 초등. 최초의 등급. 「一読本(トクホン); 초등 독본」 first steps. **── きょういく**[初等教育](명) 초등 교육. 국민 학교 교육.
しょとう[初頭](명) 초두. 일의 첫머리. 처음. 「本年(ホンネン)一; 금년 처음」 the beginning
しょとう[蔗糖](명) 자당. 사탕수수, 감자(甘蔗) 등으로 만든 설탕. cane-sugar
しょとう[諸島](명) 제도. 여러 섬들. many islands
しょどう[所動](명) 남으로부터 움직임을 받음. 피동(被動). 수동(受動). the passivity
しょどう[書道](명) 서도. 글씨를 쓰는 예술의 길. 글씨를 바르게 쓰는 법. calligraphy
しょどう[諸道](명) ①여러 가지 예도(芸道). ②여러 방면. ③만사(万事). 여러 가지 일. 1. accomplishments 2. various fields
じょどうし[助動詞](명) 조동사. 〔문법에서〕 활용어(活用語)의 하나. 주로 용언(用言)에 붙어 서술(叙述)의 뜻을 보조하는 말. an auxiliary verb
しょとうすう[諸等数](명)〈수〉 제등수. 여러 가지 단위의 명칭으로 표시되는 명수(名数). 예: 1되 3홉, 1시간 20분 등. 복명수(複名数) a compound number
しょとく[所得](명) 소득. ①손에 들어 오는 것. ②수입. 이익. ③〈경〉 수입에서 필요한 경비를 빼낸 나머지 금액. 1. gains 2. an income. **── ぜい**[所得税](명)〈법〉 소득세. 1년 동안의 소득을 표준으로 하여 일정한 비율로 과(課)해지는 직접 국세(直接国税).
しょない[所内](명) 소내. 사무소 등 소(所)라고 불리는 곳의 안. the inside of an office
しょない[署内](명) 서내. 경찰서, 세무서 등 서(署)라고 불리는 곳의 안. the inside of a police station
しょなのか[初七日](명)〈불〉 죽은 날로부터 7일째. 「一の法事(ホウジ); 죽은 후 초이레의 법회(法会)」
じょなん[女難](명) 여난. 남자가 여자 때문에 받는 재난(災難). trouble with women
じょにだん[序二段](명) 씨름 계급의 하나. 맨 아래에서 하나 윗 계급.
しょにち[初日](명) ①초일. 흥행 등의 첫날. 첫째날. ②〔씨름에서〕 늘 지던 씨름군이 처음으로 이김. 「一を出(ダ)す; 처음으로 이기다」 1. the first day
しょにん[初任](명) 초임. 첫 임관(任官). the first appointment. **── きゅう**[初任給](명) 초임급. 초임되어 받는 급료.
しょにん[諸人](명) 여러 사람. all people
じょにん[叙任](명·타サ) 서임. 직위(職位)를 주고 관직에 임명함. appointment
しょねつ[暑熱](명) 서열. 여름의 더위. the heat
しょねん[初年](명) 초년. 첫해. 제 1년. the first year. **── へい**[初年兵](명)〈군〉 초년병. 입대한지 1년 이내의 병사.
しょねん[初念](명) 초념. 처음 먹은 생각. 초지. ↗「one's cherished desire
じょのくち[序の口](명) ①시작. 발단(発端). ②씨름 계급의 하나. 최하위(最下位). 1. the beginning
しょは[諸派](명) 여러 파. various parties
しょば(명)〈속〉 장소. 「一代(ダイ); 장소 사용료(텃세)」 the place
しょはい[初配](명)〈경〉 최초의 배당. the first dividend
じょはきゅう[序破急](연어) ①노오가쿠(能楽) 등을 구성하는 초(初), 중(中), 종(終)의 3부분. ②〈속〉 처음과 중간과 끝. 2. the beginning, the middle, and the end
しょはつ[初発](명) ①처음. 시작. 「天地(テンチ)一; 천지 개벽」 ②시발(始発). 1. the beginning 2. the first car
しょばつ[処罰](명·타サ) 처벌. 형벌에 처함. punishment
じょばつ[除伐](명) 불필요한 수목을 베어 버림.
しょはん[初犯](명) 초범. 범죄를 처음 저지름. 또는 그 사람. the first offence
しょはん[初版](명) 초판. 서적의 첫판. 제1판. the first edition
しょはん[諸般](명) 제반. 여러 가지. 「一の事情(ジジョウ); 여러 가지 사정」 various
じょばん[序盤](명) ①〔장기에서〕 시작한지 얼마 안 되는 판국. ②첫단계. 「選挙(センキョ)の一戦(セン); 선거의 초반전」 ↔中盤(チュウバン), 終盤(シュウバン).
しょひ[諸費](명) 여러 가지 비용. various expenses
しょび·く(타 4)〈속〉 ①강제로 끌다. 세게 당기다. ②경찰서로 연행(連行)하다. 2. take by force to
しょひつ[初筆](명) 초필. 처음으로 씀. the first writing
じょひつ[助筆](명·자サ) 남의 문장을 손보아 고침. 가필(加筆). revision
しょひょう[書評](명) 서평. 책의 내용을 비평(批評)한 문장. a book review
しょびょう[諸病](명) 여러 가지 병. various diseases
じょびらき[序開き](명) 시작. 발단(発端). the opening
しょふ[諸父](명) 백부(伯父), 숙부(叔父)의 총칭.
しょふう[書風](명) 서풍. 문자의 체재(体裁). 서체(書体). 글씨체. a style of penmanship
しょふく[書幅](명) 서폭. 글자가 쓰여져 있는 족자. a scroll of writings
じょふく[除服](명·자サ) 제복. 상복을 벗음. 복입는 기간이 끝남. 탈상(脱喪). taking off a mourning dress
しょぶつ[諸仏](명) 제불. 여러 부처. 여러 보살.
しょぶつ[諸物·庶物](명) 여러 가지 물건. various things
しょぶん[処分](명·타サ) 처분. ①처리하여 다룸. ②〈법〉 벌을 줌. 행정이나 사법 기관이 특정 사건에 대하여 법규에 따라 그 법률상의 효과를 나타나게 함. 「行政(ギョウセイ)一; 행정 처분」 1. management
じょぶん[序文](명) 서문. 머리말. a preface
しょへき[書癖](명) ①책을 좋아하는 성벽. ②글씨를

쓸 때의 버릇. 1. partiality for books

ショベル[shovel](명) ⇨シャベル.

しょへん[初編·初篇](명) 초편. 최초의 1편. 제1편. 첫권. the first volume

しょほ[初歩](명) 초보. 첫단계. 첫걸음. first steps

しょほう[処方](명·타サ)〈의〉 처방. 환자에게 지어 주는 약재(薬材)를 배합하는 방법. a prescription. **—せん**[処方箋](명) 처방전. 의사의 처방을 기록한 종이. 약방문.

しょほう[書法](명) 서법. 글자나 문장을 쓰는 법.

しょほう[諸方](명) 여기저기. 이곳 저곳. everywhere

しょほう[諸法](명)〈불〉 제법. 우주의 일체 현상(一切現象). 만유(万有). 만법(万法). the universe

しょぼう[書房](명) ①서재. ②책방 이름에 붙여 쓰는 말. ③서점(書店). 책방. 1. a study

じょほう[叙法](명) 서술하는 방법. 서술법(叙述法). narration

じょほう[除法](명)〈수〉 제법. 나눗셈. ↔乗法(ジョウホウ). division

しょぼしょぼ(부) ①비가 부슬부슬 내리는 모양. ②비 등에 젖는 모양. ③눈을 뜰 수가 없어 떴다 감았다 하는 모양. ④힘이 빠져 기운이 없는 모양. ⑤등불이 꺼져 가고 있는 모양. ⑥머리털이나 수염이 드문드문 난 모양. 1. drizzling 2. wet

しょぼた·れる(자하 1) ①함빡 젖다. ②늙어 빠지다. 노쇠해지다. 1. be wet to the skin

しょぼぬ·れる[しょぼ濡れる](자하 1) 축축히 젖다. be dripping wet

じょぼん[序品](명)〈불〉 서품. 경전(經典)의 내용을 미리 추려 나타낸 개론(概論)과 비슷한 부분. a prologue

じょまく[序幕](명) 서막. ①(연극 등의) 첫막. 1 막. ②시작. 1. the first act

じょまく[除幕](명) 제막. 동상(銅像), 기념비의 건립이 끝나 그 위에 덮었던 막을 내리는 일. 「一式(シキ); 제막식」 unveiling

しょみん[庶民](명) 서민. 일반 사람. 대중(大衆). the masses. **—ぎんこう**[庶民銀行](명) 서민 은행. ①중소 상공업자를 상대로 금융 업무를 행하는 기관. 신용 조합 등. ②〈속〉 전당포.

しょむ[処務](명) 사무의 처리. management of affairs

しょむ[庶務](명) 서무. 여러 가지 사무. 「一課(カ); 서무과」 general affairs

しょめい[書名](명) 서명. 책 이름. the name of a book

しょめい[署名](명·자サ) 서명. 자기 이름을 씀. 또는 써 놓은 자기 이름. 사인. 「一捺印(ナツイン); 서명날인」 a signature

じょめい[助命](명·자サ) 조명. 목숨을 구해 줌. 구명(救命). sparing one's life

じょめい[除名](명·타サ) 제명. ①명부에서 이름을 뺌. ②정당이나 단체에서 탈퇴(脱退)시킴. 1. striking off a name

しょめん[書面](명) 서면. ①편지. 문면(文面). ②문서(文書). 1. a letter

じょも[除喪](명) 제상. 상기(喪期)를 마치거나 복상(服喪)을 도중에서 그만두어 상복(喪服)을 벗는 일. closing the period of mourning

しょもう[所望](명·타サ) 소망. 바라는 바. 소원. desire

しょもく[書目](명) ①서적 이름. ②서적의 목록. 2. a catalogue of books

しょもつ[書物](명) 책. 서적. a book

しょや[初夜](명) 초야. ①옛날은 밤중에서 새벽까지. ②초저녁에서 한밤중까지. ③신혼 부부가 처음으로 잠자리를 함께하는 밤. 첫날밤. 3. the bridal night

じょや[除夜](명) 제야. 섣달 그믐날 밤. 「一の鐘(カネ); 제야의 종」 New Year's Eve

しょやく[初訳](명·타サ) 초역. 처음으로 번역함. the first translation

じょやく[助役](명) 조역. ①주임(主任)을 돕는 직책. 또는 그 사람. ②역장(駅長)의 사무를 돕는 직책. 또는 그 사람. assistance

しょゆう[所由](명) ①근거. 의거(依拠). ②지방의 낮은 관리. 1. source 2. a local petty official

しょゆう[所有](명·타サ) 소유. 자기의 것으로 가짐. 「土地(トチ)の一者(シャ); 토지의 소유자」 possession. **—けん**[所有権](명)〈법〉 소유권. 물건의 사용, 수익(収益), 처분(処分) 등을 할 수 있는 권리.

しょゆう[諸友](명) 여러 벗. many friends

じょゆう[女優](명) 여우. 여자 배우. ↔男優(ダンユウ). an actress

しょよ[所与](명) 주어진 것. 부여된 바. 「一の条件(ジョウケン); 주어진 조건」 being given

しょよう[所用](명) 소용. ①쓸 데. 쓰이는 바. ②쓸 일. ③볼일. 1. business 2. need

しょよう[所要](명) 소요. 필요한 일. 「一の経費(ケイヒ); 필요한 경비」 need

しょり[処理](명·타サ) 처리. 다룸. 「事務(ジム)の一; 사무 처리」 management

しょりゅう[諸流](명) 여러 유파(流派). various schools

じょりゅう[女流](명) 여류. 여성. 「一作家(サッカ); 여류 작가」 a woman

しょりょう[所領](명) 영유(領有)하는 토지. 영지(領地). a territory

じょりょく[助力](명·자サ) 조력. 힘을 보탬. help

しょりん[書林](명) ①많은 책. ②서점. 2. a bookshop

じょりんもく[如輪木·如鱗木](명) 물고기 비늘 모양의 나뭇결. 예: 느티나무의 나뭇결.

しょるい[書類](명) 서류. 문서. papers

ショルダー[shoulder](명) 쇼울더. ①어깨. 「一バック; 어깨에 메고 다니는 가방」 ②양복의 어깨 부분.

じょれつ[序列](명) 서열. ①줄지어 섬 ②차례. 순서. 1. forming a line

じょれん[如簾](명) 음식이나 식기를 덮어 놓는 발.

じょろ[如露](명) ⇨じょうろ.

しょろう[初老](명) 초로. 40 세. the age of forty years

しょろう[所労](명) 병(病). 우환(憂患). illness

じょろう[女郎](명) ①여자. 부인. ②창녀. 유녀(遊

女). ③〈고〉 여장부. 1. a woman 2. a prostitute. **——ぐも**[女郎蜘蛛](명)〈동〉 무당거미. 호랑거미과의 절족(節足) 동물. 몸에 얼룩덜룩한 무늬가 있음.

しょろん[所論](명) 소론. 논(論)하는 일. 논하는 바. 「彼(カレ)の一は疑(ウタガ)わしい; 그의 논하는 바는 의심스럽다」 one's opinion

しょろん[緒論](명) 서론. 본론의 실마리가 되는 논설(論説). an introduction

じょろん[序論](명) 서론. 서문(序文)으로 쓴 논설. 머리말로서의 논설. an introduction

しょわけ[諸訳](명) ①여러 가지 복잡한 사정. ②자잘한 조목. 1. intricacies

ジョンブル[John Bull](명) 존불. 영국 사람의 별명. 전형적인 영국인.

しょんぼり(부·자サ)〈속〉 ①기운 없는 모양. ②쓸쓸한 모양. 1. dejectedly

しら—[白](조어) ①흰. 「一百合(ユリ); 흰 백합」 ②인공을 가하지 않은. 「一木造(キヅク)り: 칠하지 않은 나무로 만든」

しら[白](명) 진실. 바른 마음. 정직. 「一を きる; (알면서도) 모르는 척하다」 1. truth

しら(감조) 불확실한 것을 추측해서 말하는 종조사(終助詞). 「来(ク)るか一; 올까 몰라」

しらあえ[白和え]—アヘ(명) 흰깨와 두부를 으깨어서 야채, 고기 등을 무친 음식. white-dressed dish

しらあや[白綾](명) 백릉. 흰 능직물(綾織物). white figured silk

しらあわ[白泡](명) 흰 거품. white bubbles

じらい[地雷](명)〈군〉 지뢰. 땅에 묻어 적을 무찌르고 구축물(構築物)을 파괴하기 위한 폭약. a ground mine

じらい[自来·爾来](부) 이래(以来). 이후(以後). since

しらいと[白糸](명) ①흰 실. ② 생사(生糸). ③폭포의 다른 이름. ④국수의 다른 이름. 2. raw silk

しらうお[白魚]—ウヲ(명)〈동〉 뱅어. 작고 가느다란 물고기. 몸은 반투명(半透明)이며 맛이 좋음. 「一のような手(テ); (뱅어처럼) 희고 가느다란 고운 손」 a whitebait

しらうめ[白梅](명) 백매. 흰 꽃이 피는 매화. a plum tree with white blossoms

しらが[白髪·白毛](명) ①백발. 색소(色素)가 없어져서 희게 된 머리털. ②혼례(婚礼)의 선물로 쓰이는 삼(麻). 1. grey hair. **——ぞめ**[白髪染め](명) 백발을 검게 물들이는 일. 또는 그 약.

しらかし[白樫](명)〈식〉 가시나무. 너도밤나무과에 속하는 낙엽 상록 교목. 봄에 황갈색 꽃이 핌. a white oak

しらかば[白樺](명)〈식〉 자작나무. 고원, 추운 지방에 많은 낙엽 교목. 껍질은 희고 잘 벗겨짐. a white birch

しらかみ[白紙](명) 백지. ①흰 종이. ②아무 것도 적혀 있지 않은 종이. 1. white paper

しらかゆ[白粥](명) 흰죽. cleaned rice gruel

しらかわよふね[白河夜船]シラカハ—(연어·명) 깊이 잠들어 아무 것도 모름. being in dreamland

しらき[白木](명) 색을 칠하지 않은 목재. plain wood

しらぎ[新羅](명)〈역〉 신라. 도읍은 경주(慶州).

しらぎく[白菊](명)〈식〉 백국. 꽃이 흰 국화. 흰 국화. a white chrysanthemum

しらきづくり[白木造り·素木造り](명) 색칠을 하지 않은 나무로 만드는 것. 또는 그 건물. a plain-wood building

しらきちょうめん[白几帳面](형동ダ)〈속〉 몹시 꼼꼼한 모양. 몹시 규칙 바른 모양.

しらく[刺胳](명·타サ)〈의〉 정맥(静脈)을 끊어 피를 흐르게 함. phlebotomy

しら·く[白く](자하 2)〈고〉 ①하얗게 되다. ②흥이 깨지다. 어색하게 되다. ③사이가 나빠지다. ④불리하게 되다.

しらくび[白首](명) ①목에 분칠을 한 천한 여자. 사창(私娼). ②백발의 목. 1. a prostitute

しらくも[白雲](명) ①백운. 흰 구름. ②[白癬]〈의〉 백선. 어린이의 머리 피부에 생기는 전염성 피부병. 1. white clouds

しら·ける[白ける](자하 1) ①희게 되다. ②흥(興)이 깨지다. 어색하게 되다. 「座(ザ)が一; 좌흥(座興)이 깨지다」 ③질 듯해지다. 1. become white 2. be spoiled

しら·げる[精げる](타하 1) ①(현미를) 쓿다. ②정제(精製)하다. 1. polish

しらこ[白子](명) ①〈동〉 백자. (물고기 수컷 등의 뱃속에 있는) 이리. ②〈의〉 ⇨しろこ.

しらこばと[白子鳩](명)〈동〉 산비둘기. 몸이 작고 포도색(葡萄色)이며 목에 검은 테두리가 있음. 인가 근처에 삶. a turtle dove

しらさぎ[白鷺](명)〈동〉 백로. 몸이 작고 흰 물새. 연못, 논, 강가에서 삶. an egret

しらさや[白鞘](명) 깎아서 색칠하지 않은 흰 나무로 만든 칼집. 대개 후박나무로 만듦. a plain-wood scabbard

しらじ[白地](명) ①모양을 만들어 놓고 아직 굽지 않은 기와, 도기(陶器) 등. ②글자를 쓰거나 색칠을 하지 않은 종이나 천. ③〈속〉 세상사에 익숙하지 못한 것. 순진. ④⇨すりばち. 3. naivety

しらしめ·す[知し食す](타 4)〈고〉 ⇨しろしめす.

しらしめ(ゆ)[白絞め(油)](명) ①평지의 씨에서 얻은 기름을 정제(精製)하여 만든 담황색 기름. ②콩, 목화씨를 짜서 정제한 기름. 1. refined rape oil

しらしら[白白](부·자サ) 날이 밝는 모양. ⇨:しらじら. lighter and lighter. **——あけ**[白白明け](명) 날이 샐 무렵. 새벽녘.

しらじら[白白](부·자サ) ①⇨しらしら. ②⇨しらじらしい. **——し·い**[白白しい](형) ①희게 보이다. ②뻔한 것을 알면서도 모르는 척하다. ③흥(興)이 깨지다.

しらす[白子](명)〈동〉 부시리. 정갱이과에 속하는 바닷물고기. 「一乾(ボ)し; 부시리포」 〈학명〉 Seriola auresvittata

しらす[白州·白洲](명) ①흰 모래 주(州). ②흰 모래가

깔린 곳. 백사장. ③재판소. 법정(法廷). 3. the court

しら·す[知らす](타 4) ①〈고〉 알고 계시다. ②〈고〉 다스리시다. ③⇨しらせる.

しらず[知らず](연어) ①(어찌 될는지) 몰라. 「—彼(カレ)の運命(ウンメイ)やいかに; 어찌 알 것인가, 그의 운명을」 ②모르나. 「余人(ヨジン)は—; 다른 사람은 모르나」 **— がお**[知らず顔]—ガホ(명) 모르는 척하는 얼굴. 「親(オヤ)の苦労(クロウ)も—に; 부모의 고생도 모르는 척」 **— しらず**[不知不識](부) 부지불식간에. 저도 모르는 사이에.

じら·す[焦らす](타 4) 마음을 졸이게 하다. 애태우게 하다. fret

しらせ[知らせ](명) ①알림. 통지(通知). ②전조(前兆). 1. a report 2. an omen

しら·せる[知らせる](타하 1) ①알게 하다. ②알리다. 통지(通知)하다. 1. let know

しらたき[白滝](명) ①새하얗게 보이는 폭포. ②실처럼 가늘게 자른 곤약(蒟蒻). 1. a white waterfall

しらたま[白玉](명) ①백옥. 흰 옥. ②〈고〉 진주. ③찹쌀 가루와 멥쌀 가루를 섞어 반죽하여 만든 조그마한 경단. 1. a white ball

しらち[白血](명)〈의〉 질(膣)이나 자궁에서 백혈구가 많이 섞인 젖빛 염증성(炎症性) 삼출액(滲出液)이 분비되는 부인병. 백대하(白帯下). whites

しらちゃ[白茶](명) 엷은 갈색. 담갈색. light brown

しらつち[白土](명) 백토. ①빛깔이 흰 흙 ②도토(陶土). ③⇨しっくい. 1. white earth 2. kaolin

しらちゃ·ける[白茶ける](자하 1)〈속〉 퇴색하여 허옇게 되다. become light-brownish

しらっぱく·れる(자하 1)〈속〉 ⇨しらばくれる.

シラップ[syrup](명) ⇨シロップ.

しらつゆ[白露](명) 백로. (아침, 저녁에 내리는) 흰 이슬. 이슬. white dew

しらとり[白鳥](명) ①깃이 흰 새. ②〈동〉 백조. 1. a white bird 2. a swan

しらなみ[白波·白浪](명) ①희게 보이는 물결. ②〈고〉 도둑. 1. foaming waves

しらに[白煮](명) 소금만 넣어서 끓인 것. 백숙(白熟). salt seasoning

しらぬい[不知火]—ヒ(명) 여름 밤에 큐우슈우(九州)의 야쯔시로만(八代湾) 해상에서 보이는 불로서, 많은 불이 명멸(明滅)해 보임. a mysterious sea-fire

しらは[白刃](명) 칼집에서 뺀 칼. a naked sword

しらは[白羽](명) 화살에 달린 흰 깃. white feather. **— のや**[白羽の矢](연어·명) 특별히 지정함. 「—が立(タ)つ; 많은 것 중에서 특별히 뽑히다」

しらは[白歯](명) ①희고 아름다운 이. ②검게 물들이지 않은 이. 전의(転意)되어 미혼의 여자. 1. white teeth 2. an unmarried woman

しらはえ[白南風](명) ①매우(梅雨)가 갤 무렵부터 부는 남풍. ②6월경에 부는 남서풍.

しらはぎ[白萩](명)〈식〉 개싸리. 콩과에 속하는 다년초. 여름에 흰 꽃이 핌. a white-flowered bush clover

しらばく·れる(자하 1)〈속〉 알면서도 모르는 척하다. feign ignorance

しらはた[白旗](명) 백기. ①하얀 천의 기(旗). ②항복(降服)의 뜻을 표시하는 기. ③옛날 겐지(源氏)의 기. 1. 2. a white flag

しらはだ[白肌](명) ①희고 아름다운 살갗. ②〈고〉 ⇨しろなまず. 1. white skin

しらはに[白埴](명) 보드랍고 흰 점토(粘土). white clay

しらはり[白張り](명) ①풀을 세게 먹인 흰 사냥옷. 관리의 노복(奴僕) 등이 입었음. ②←白張り提燈. 1. white dress. **— ぢょうちん**[白張り提燈](명) (기름도 먹이지 않은) 흰 종이로 바른 초롱. 장례식에 씀.

しらひげ[白髭](명) 흰 콧수염. a grey moustache

しらびょうし[白拍子](명) ①헤이안조(平安朝) 말엽의 가무(歌舞). 또는 이 춤을 추는 유녀(遊女). ②무기(舞妓). 동기(童妓). 기생(妓生).

しらふ[素面](명) 술을 마시지 않았을 때. 또는 그때의 얼굴. being sober

シラフ(명) 〔쉴라아프삭(도 Schlafsack)의 준말〕 침낭(寝嚢).

ジラフ[giraffe](명)〈동〉 ⇨きりん(麒麟)②.

シラブル[syllable](명) 실러블. ①로마자로 쓴 말의 표기. ②음절(音節).

しらべ[調べ](명) ①조율(調律). ②음악의 연주. ③음조(音調). 음곡(音曲). 가락. 「琴(コト)の—; 거문고 가락」 ④조회(照会). 점검(点検). ⑤수사(捜査). 조사. ⑥연구. 1. tuning 2. playing. **— がわ**[調べ革](명) (동력을 전하기 위한) 가죽 벨트. 피대(皮帯).

しら·べる[調べる](타하 1) ①조율(調律)하다. ②음악을 연주하다. ③조회(照会)하다. 점검(点検)하다. ④문초(問招)하여 숙고(熟考)하다. ⑤찾다. ⑥연구하다. ⑦조사하다. 1. tune 6. 7. investigate

しらほ[白帆](명) 백범. 흰 돛. a white sail

しらまゆみ[白真弓](명) 칠하지 않은 멀구슬나무(栴檀)로 만든 활.

しらみ[虱](명)〈동〉 이. 동물의 털이나 살갗에 붙어서 피를 빨아 먹는 곤충. a louse. **— つぶし**[虱潰し](명) 이 잡듯이 모조리 잡거나 조사하는 것. 일을 세밀하고 빈틈 없이 하는 것.

しら·む[白む](자 4) ①희게 되다. ②밝아지다. ③흥이 깨지다. 1. become white

しらやき[白焼き](명·타サ) 물고기를 양념하지 않고 그대로 구움. 또는 구운 물고기. broiling without any seasoning

しらゆう[白木綿]—ユフ(명) 흰 무명. white cotton

しらゆき[白雪](명) 백설. 흰 눈. 눈. snow

しり[尻](명) ①〈생〉 엉덩이. 볼기. 「—が重(オモ)イ; 엉덩이가 무겁다」 ②뒤. ③끝. ④밑. ⑤여파(餘波). 「—を持(モ)ってくる; 여파를 가져오다(영향을 미치다)」 ⑥끝(終了). ⑦감추어 둔 일. 「—が割(ワ)れる; 숨긴 일이 폭로되다」 ⑧뒤처리. 뒤치닥거리. 「—ぬぐ

い; 뒤치닥거리하다」 1. the buttocks 2. the back
しり[私利](명) 사리. 자기만의 이익.「一私慾(ショク); 사리 사욕」 self-interest
一じり[尻](조어) 장부의 끝. 결산 결과.「帳(チョウ)一; 장부 총결산의 액면」
じり[自利](명) 자기 이익. one's own interests
じり[事理](명) 사리. 사물의 이치. reason
シリア[Syria](명)〈지〉 시리아. 지중해 동쪽 해안에 있는 나라. 수도는 다마스커스(Damascus).
しりあい[知り合い]ーアヒ(명) 사귀어서 아는 사람. 아는 사이. 친지(親知). an acquaintance
しりあ·う[知り合う]ーアフ(자 4) 서로 알다. know each other
しりあがり[尻上がり](명) ①뒤(끝)쪽으로 갈수록 점점 위로 올라 가는 것. ②어미(語尾)가 높아짐. ③뒷일이 잘됨.「一に調子(チョウシ)が出(デ)る; 끝판에 갈수록 능률이 오르다」 2. rising intonation
しりあし[尻足](명) 뒷발.「一をふむ; 머뭇거리다」 hind legs
しりあて[尻当て](명) 바지의 궁둥이가 닿는 부분에 대는 헝겊. seat-lining
シリーズ[series](명) 시어리이즈. ①연속. 계열(系列). 일조(一組). ②문고(文庫). 총서(叢書). ③체재나 내용 등이 공통된 일련(一連)의 영화.「名画(メイガ)一; 명화 시어리이즈」 ④〔야구에서〕 차례로 행하는 여러 시합.「ワールドー; 매년 가을에 열리는 전미국 프로 야구 선수권 대회」
しりうご·つ[後言つ](자 4)〈고〉 본인이 없는 곳에서 그 사람의 욕을 하다.
しりうま[尻馬](명) ①남이 탄 말 뒤에 타는 것. ②(덮어 놓고) 남의 뒤를 따라 하는 것. 함부로 남의 흉내를 내는 것.「一に乗(ノ)る; 이유도 없이 남이 하는 대로 따라 하다」 1. back-saddle riding
しりえ[後方]ーヘ(명) 후방. 뒤쪽 backward
しりお[尻尾]ーヲ(명) 꼬리. a tail
しりおし[尻押し](명·타サ) ①뒤에서 밂. ②후원(後援)함. 1. pushing from behind
じりおし[じり押し]ヂリー(명·타サ) ①서서히 조금씩 밂. ②끈기 있게 교섭함.
しりおも[尻重](명·형동ダ) 엉덩이가 무거움. 동작이 민활하지 못함. 또는 그런 사람. slow motion
しりがい[鞦](명) 껑거리끈. 밀치끈. a crupper
しりかくし[尻隠し](명) 자기 과실을 감추는 일. hiding one's mistakes
しりがき[鞦](명) ⇨しりがい.
しりからげ[尻からげ](명·자サ) 옷자락을 걷어 올려 허리끈에 끼움. tucking up one's skirts
しりがる[尻軽](형동ダ) ①동작이 민활한 모양. ②말이나 행동이 가벼운 모양. ③(여자에게) 바람기가 있는 모양. 3. wanton
じりき[自力](명) 자력. ①자기만의 힘. ②〈불〉 자기 힘으로 수행(修行)하여 성불(成仏)하는 일. ↔他力(タリキ). 1. one's own exertion. **—きょう**[自力教](명)〈불〉 자력교. 자력으로 수행하여 해탈하려는 교파(教派). **—もん**[自力門](명)〈불〉 자력문. 자기 힘으로 불과(仏果)를 얻으려고 하는 법문(法門).
じりき[地力](명) 자기 자신의 본래의 힘이나 능력.「一を発揮(ハッキ)する; 있는 힘을 발휘하다」 ability
しりきり[尻切り](명) ①끝이 잘라진 것. ②겨우 엉덩이 위까지 닿는 것. 1. a thing with a tail gone. **—ばんてん**[尻切り半纏](명) 엉덩이 위까지만 오는 짧고 간단한 웃도리.
しりきれ[尻切れ](명) ①끝이 잘라진 것. ②〔←尻切れ草履(ゾウリ)〕 뒤축이 해어진 짚신. 1. a thing with a tail gone. **—とんぼ**[尻切れ蜻蛉](명) ①오래 계속하지 못하고 중단함. 또는 그런 사람. ②도중에서 없어지거나 빈약해지는 것.「演説(エンゼツ)が一になる; 연설이 흐지부지되다」
しりくせ[尻癖](명) ①대소변을 가리지 못하는 버릇. ②〈속〉 음탕(淫蕩)한 버릇.「一がわるい; 난봉이 심하다」 1. passing water and faeces
しりげ[尻毛](명) 꼬리 털.「一を抜(ヌ)く; 멍청해 있는 사람을 갑자기 놀라게 하다」
しりこそば(ゆ)·い[尻躁い](형) ①엉덩이가 간질간질하다. ②낯간지럽다.
しりこだま[尻子玉](명) 옛날, 항문(肛門) 입구에 있다고 상상한 구슬.
しりごみ[後込み](명·자サ) ①후퇴(後退)함. 뒷걸음질함. ②망설임. 주저. 1. recoil 2. hesitation
しりご·む[後込む](자 4) ①후퇴(後退)하다. 뒷걸음치다. ②망설이다. 주저(躊躇)하다. 준순(逡巡)하다. 1. recoil 2. hesitate
シリコ(ー)ン[silicone](명) 실리코운. 규소(珪素)를 바탕으로 한 수지상(樹脂状)의 화합물. 수분을 물리치며 열에 강함.
しりさがり[尻下がり](명) ①뒤쪽이 점점 아래로 내려 가는 것. ②어미(語尾)가 낮아지는 것. ③뒷걸음질. 후퇴. 1. falling towards the end
しりすぼまり[尻窄まり](명) ①아가리가 넓고 밑이 좁은 것. ②처음에는 위세(威勢)가 당당하였다가 차차 약해지는 것. 용두 사미(龍頭蛇尾). 1. narrowing towards the end
しりぞ·く[退く](자 4) ①뒤로 물러서다. ②돌아 가다. ③(관직에서) 물러나다. ④겸손해지다. 3. resign
しりぞ·ける[退ける·斥ける](타하 1) ①물리치다. ②쫓아 내다. ③멀리하다. 귀찮아하다. ④(지위를) 내리다. ⑤거절하다. 2. drive back
じりだか[じり高]ヂリー(명)〈경〉 시세(時勢)가 차차 오르는 일. ↔じり安(ヤス). a rising tendency
しりだこ[尻胼胝](명) (원숭이 궁둥이의) 가죽이 두껍고 털이 없는 부분. the callous part of buttocks
しりつ[市立](명) 시립. 시의 설립. municipal establishment
しりつ[私立](명) 사립. 개인의 설립. private establishment
じりつ[自立](명·자サ) 자립. ①스스로의 힘으로 독립함. ②자주적(自主的)인 지위에 섬. 독립(独立)「劇

団(ゲキダン)を一させる; 극단을 자립시키다」 1. independence

じりつ[自律](명·자サ) 자율. 스스로 정한 규칙에 따름. autonomy. **— しんけい**[自律神経](명)〈생〉 자율 신경. 불수의근(不随意筋; 내장 등의 근육)의 운동이나 선(腺)의 분비(分泌)를 맡은 신경.

じりつ[而立](명) 이립. 30세. thirty years of age

じりつ[侍立](명·자サ) 시립. 귀인(貴人)의 옆에 섬. 어른을 모시고 섬. standing in attendance

しりつき[尻付き](명) ①엉덩이의 생김새나 모양. ②남의 지배하에 들어 감. 1. the shape of the buttocks

しりっぽ[尻っ方](명)〈속〉 ①엉덩이. 꼬리. ②끝. 가장자리. 1. the buttocks 2. the end

しりとり[尻取り](명) 앞 사람의 말끝을 받아 새로운 말을 차례로 말하며 노는 놀이. 말잇기 놀이. capping

しりぬ·く[知り抜く](타 4) 속속들이 잘 안다. 자세히 알다. 죄다 알다. know thoroughly

しりぬぐい[尻拭い]—ヌグヒ(명·자サ) ①밑을 씻음. ②남이 하던 일의 뒤치닥거리를 함. 2. repairing another's blunder

しりぬけ[尻抜け](명·자サ) ①보고 들은 것을 잘 잊음. ②실수. 부주의. ③매듭이 없고 엉성함. 3. slovenliness

しりはしょり[尻端折り](명·타サ) 옷자락을 걷어 올림.

しりびと[知り人](명) 지인. 아는 사람. an acquaintance

しりびれ[後鰭](명)〈생〉 꼬리 지느러미. an anal fin

じりひん[じり貧]ヂリー(명)〈속〉 점점 가난해지거나 빈약해지는 것. ↔どか貧. gradual decline

しりふり[尻振り](명) 엉덩이를 흔듦. shaking one's buttocks

しりめ[尻目·後目](명) 곁눈. 흘기는 눈.「人(ヒト)を一にかける; 남을 얕보다」 a side-glance

しりめつれつ[支離滅裂](연어·형동ダ) 지리 멸렬. 갈가리 찢어지고 갈라져 갈피를 잡을 수 없게 됨. inconsistent

しりもち[尻餅](명) 엉덩방아. 넘어져서 엉덩이를 땅에 부딪치는 일.「一をつく; 엉덩방아를 찧다」 falling on one's bottom

しりゃく[史略](명) 간추린 역사. an outline history

じりやす[じり安]ヂリー(명)〈경〉 물가 시세가 차차 내리는 일. ↔じり高(ダカ). sagging

しりゅう[支流](명) 지류. ①본류(本流)로 흘러 들어가는 작은 물줄기. 또는 본류에서 갈라지는 물줄기. 분류(分流). ②분파(分派). 1. a tributary 2. a branch

じりゅう[自流](명) 자기의 유파(流派). 자기류(自己流). one's school

じりゅう[時流](명) ①당시(当時)의 속인(俗人). ②그 시대의 흐름. 그 시대의 풍조(風潮). 당시의 유행, 경향(傾向).「一に乗(ノ)る; 시류를 타다」 2. the current of the times

しりゅうど[知人]シリウド(명) 지인. 친구. 벗. 친지. an acquaintance

しりょ[思慮](명) 사려. 생각.「一が深(フカ)い; 생각이 깊다」 prudence

しりょう[史料](명) 사료. 역사의 자료. 사재(史材). historical materials

しりょう[死霊](명) 사령. 죽은 사람의 영혼. 또는 원령(怨霊). ↔生(イ)き霊. a departed soul

しりょう[私領](명) 사령. 사유(私有)의 영지(領地). 자기의 영지. ↔公領(コウリョウ). a private territory

しりょう[思料·思量](명·타サ) 사료. 헤아려 생각함. 이것 저것 비교해서 생각함. consideration

しりょう[資料](명) 자료. 무슨 일을 하는 데 도움이 되는 재료.「研究(ケンキュウ)の一; 연구 자료」 data

しりょう[飼料](명)〈농〉 사료. 가축, 사조(飼鳥)의 먹이. fodder

じりょう[寺領](명) 사원의 영지(領地). a temple estate

しりょく[死力](명) 사력. 죽을 힘.「一をつくして; 죽을 힘을 다하여」 a desperate effort

しりょく[視力](명)〈생〉 시력. 물체의 형상을 보는 눈의 힘. eyesight

しりょく[資力](명) 자력. ①자산(資産)의 능력. 재력(財力). ② 근원이 되는 힘. 원동력 (原動力). 1. means

じりょく[磁力](명)〈이〉 자력. ①자기 작용(磁気作用)의 강도(強度). ②자장(磁場)의 강도. 1. magnetic force

しりん[四隣](명) 사린. ①사방의 이웃. ②이웃하여 있는 사방의 나라. ③전후 좌우. 주위.「一にとどろく; 사방에 떨치다」 3. neighbourhood

しりん[史林](명) 사림. 많은 사서(史書). 역사책. many books of history

しりん[詞林](명) 사림. ①시문(詩文)을 모은 책. ②문인들. ③사서(辞書). 1. a book of prose and poetry

じりん[字林](명) 한자를 모아 해석해 놓은 책. 자전(字典). 옥편(玉篇). a dictionary

じりん[辞林](명) 사림. 말을 모아 해석해 놓은 책. 사서(辞書). 사전(辞典). a dictionary

シリング[shilling·志](명) 실링. 영국 화폐의 단위. 1파운드의 20분의 1.

しりんしゃ[四輪車](명) 사륜거. 바퀴가 네 개 달린 수레. a four-wheeled carriage

シリンダー[cylinder](명) 실린더. 왕복 운동 기관의 주요 부분의 한 가지. 강철 또는 주철로 만든 속이 빈 원통상(円筒状)의 것. 기통(気筒).

しる[汁](명) 즙. ①물체 속에 든 액체. 또는 수분(水分). ②국물. 마시는 것. ③된장국. ④남의 덕택으로 얻는 이익.「うまい一を吸(ス)う; 남의 덕을 톡톡히 보다」 1. juice 2. soup

し·る[知る](타 4) ①알다. 이해하다. ②인정하다. 인식하다. ③분별하다. ④외다. 기억하다. ⑤관계하여 책임을 갖다.「おれの知(シ)ったことか; 내가 알게 뭐야」 ⑥경험하다. ⑦수득(修得)하다. 6. experience

シルエット[프 silhouette](명) 실루엣. ①윤곽만의 검은 화상(画像). ②그림자. ③그림만으로 된 영화, 사진, 도안.

シルク[silk](명) 실크. 비단. 견사(絹糸). 견포(絹布). **— ハット**[silk hat](명) 실크햇. 예식(礼式) 때에 쓰

는 운두가 높은 서양식 남자 모자.

しるけ·し[著けし](형ク) 현저하다. 눈에 띄다. notable

シルケット[silket](명) 실켓. 솜, 아교, 휜자질 등을 질은 가성(苛性) 소오다로 처리하여 명주실같이 윤(潤)을 낸 실. 인조 견사. 의견사(擬絹絲).

しるこ[汁粉](명) 단팥죽 속에 새알심을 넣은 음식. 단팥죽. red-bean soup with rice-cakes

しるし[印·標](명) ①마음에 새기는 일. 표적. ②신호. ③증거. ④목. 수급(首級). ⑤마음을 나타내는 것. 작은 뜻. 「お—; 마음을 표시하는 촌지(寸志)」 3. a proof 5. a token. **—ばかり**[印許り](명·부) 약간. 조금. 마음의 표시뿐. 「—のおくり物(モノ); 약소한 선물」 **—ばんてん**[印半纏](명) 소매나 등에 성명(姓名), 상호(商号) 등을 새긴, 간소한, 겉에 걸치는 웃옷.

しるし[首·首級](명) 수급. 사람의 머리. 「—をあげる; (전쟁터 등에서) 적의 목을 자르다」 a head

しるし[記](명) 적어서 표시하는 일. 기록. recording

しるし[徵](명) ①효과(効果). 효험. 「くすりの—; 약의 효험」 ②징조(徵兆). 1. effect 2. a sign

しる·し[著し](형ク) 현저하다. 똑똑하다. 「夜目(ヨメ)にも著く; 밤눈에도 뚜렷하게」 remarkable

—じるし[印](조어) 어떤 말 첫 부분에 붙여 빙 돌리거나 함축성 있게 뜻을 나타내는 말. 「まる—; 돈」

しる·す[印す](타 4) ①(눈으로 볼 수 있는 형태로) 표적(標的)을 남기다. ②마음에 새기다. 표지(標識)를 찍다. 2. mark

しる·す[記す](타 4) ①물체의 표면에 자국을 남기다. ②쓰다. 기록하다. ③기억하다. ④써서 나타내다. 저술하다. 2. write down 3. remember

しる·す[徵す](타 4) 징조를 보이다. 전조(前兆)를 나타내다. foretell

しる·す[標す](타 4) 표지(標識), 표적으로 하다. put a mark

シルバー[silver](명) 실버. ①은(銀). ②은빛. ③은 그릇.

ジルバ(명) 〔지터벅(jitterbug)을 잘못 일컫는 말〕지루바. 사교춤의 한 가지.

しるべ[導·標](명·타サ) ①길잡이. 「山(ヤマ)のぼりの—; 등산의 길잡이」 ②도표(道標). 1. guidance

しるべ[知る辺](명) ①아는 이. 친지(親知). ②소식(消息). 1. an acquaintance

しるもの[汁物](명) 국. 국물이 주가 되는 음식. soup

シルリング[shilling·志](명) ⇨シリング.

しれい[司令](명·타サ) 사령. 어느 구역이나 부서(部署)를 지휘, 감독함. 또는 그 사람. 「—官(カン); 사령관」 command

しれい[使令](명) 사령. 명령해서 부리는 일. directions

しれい[指令](명·타サ) 지령. ①지휘함. ②관청의 통지나 명령. 2. an order

じれい[事例](명) 사례. 전례가 되는 사실. 일의 실례(実例). an instance

じれい[時令](명) ① 1년 간의 정치(政治)나 의식(儀式)의 순서. 연중 행사(年中行事). ②시령. 시절(時節). 철. 절기(節気). 1. annual functions 2. a season

じれい[辞令](명) 사령. ①응대(応待)하는 말. 인사. 「外交(ガイコウ)—; 외교 사령」 ②사령장. 임명장(任命状). 1. compliments

ジレー[프 gilet](명) 질레. 저고리 밑에 입는 여자의 장식용 조끼.

しれごと[痴れ言](명) 바보 같은 말. 요령(要領)이 없는 말. nonsense

しれごと[痴れ事](명) 바보 같은 짓. 어리석은 일. a folly

じれこ·む[焦れ込む](자 4)〈속〉 마음을 졸이다. 속을 태우다. fret

しれつ[歯列](명)〈의〉 치열. 이가 나란히 나 있는 모양. 잇바디. 「—矯正(キョウセイ); 치열 교정」 a row of teeth

しれつ[熾烈](명·형동ダ) 치열. 세력이 불길같이 맹렬함. 격렬(激烈). furiousness

じれった·い(형)〈속〉 조급하다. 초조하다. 파생 **—が·る**(자 4) **—げ**(형동ダ) **—さ**(명). impatient

ジレッタント[프 dilettante](명) ⇨ディレッタント.

しれもの[痴れ者](명) ①어리석은 사람. 바보. 천치. ②취급, 처치가 곤란한 사람. 1. a fool

しれる[知れる](연어) 알고 있는 바. 「われらの—ごとく; 우리들이 알고 있는 바와 같이」

し·れる[知れる](자하 1) ①알려지다. ②알게 되다. 1. be known 2. understand

し·れる[痴れる](자하 1) 바보가 되다. 의식이나 감각이 희미해지다. 「酔(ヨ)い—; 술에 취하여 바보처럼 되다」 grow mentally weak

じ·れる[焦れる](자하 1) 불안하여 애가 타다. 초조해지다. fret

しれん[試練·試煉](명) 시련. 신앙(信仰), 결심의 정도를 시험하여 보는 일. 「—にたえる; 시련을 견디어 내다」 a test

ジレンマ[dilemma](명) 딜레마. ①갈 수도 물러설 수도 없게 되는 것. 진퇴 양난(進退両難). 「—におちいる; 딜레마에 빠지다」 ②⇨りょうとうろんぽう(両刀論法).

しろ[代](명) ①거리. 재료. ②대신(代身). ③대금(代金). 대가(代価). 「飲(ノ)み—; 술 값」 ④논. 밭. 「—搔(カ)き; 써레질」 1. materials 2. a substitute

しろ[白](명) ①흰 것. ↔黒(クロ). ②흰빛. ③흰옷. ④바둑의 흰 알. ↔黒(クロ). ⑤〔←白金(シロガネ)〕 은(銀). ⑥범죄의 혐의(嫌疑)가 없음. 또는 없어짐. 결백(潔白). 무죄(無罪). 1. white 6. innocence

しろ[城](명) 성. 적의 공격을 막기 위해서 흙이나 돌로 튼튼히 쌓아 올린 건축물. 「—を築(キズ)く; 성을 쌓다」 a castle

じろ[磁路](명)〈이〉 자로. 자기 회로(磁気回路)의 자기량(磁気量)이 이동하는 관(管) 모양의 공간(空間). a magnetic circuit

しろあと[城跡](명) 성적. 성터. 성지(城址). the ruins of a castle

しろあめ[白飴](명) 흰엿. white gluten
しろあり[白蟻](명)〈동〉 흰개미. 가옥(家屋)의 목재를 갉아 먹어 건물에 큰 해를 끼침. a white ant
しろあわ[白泡](명) ①입에서 나오는 흰 거품. ②흰 물거품. 1. a white foam
しろ·い[白い](형) 희다. 파생 **—さ**(명). white. **—め**[白い目](연어·명) 차가운 눈초리. 노려 보는 눈초리. 백안(白眼). **—もの**[白い物](연어·명) ①눈(雪). ②백발(白髮). 「white thread
しろいと[白糸](명) 백사. 염색하지 않은 흰 실. ↗
しろう[屍蠟](명) 시랍. 물속이나 습한 곳에서 오래된 시체가 밀(蠟)과 같은 지방(脂肪)으로 굳은 것. 시지(屍脂). adipocere
じろう[耳漏](명)〈의〉 이루. 귓구멍에서 고름이 나는 병. 허약한 아이들에게 많음. otorrhoea
じろう[痔瘻](명)〈의〉 치루. 치질의 한 가지. 항문(肛門) 둘레의 염증(炎症)으로 항문 언저리에 구멍이 뚫리는 병. anal fistula
しろうさぎ[素菟](명)〈고〉 몸에 털이 없는 토끼.
しろうと[素人](명) 소인. ①경험이 없는 사람. 미숙한 사람. 「—療法(リョウホウ); 비전문가적(非專門家的)인 요법」②직업이 아니라 취미로 하는 사람. ↔玄人(クロウト). ③(유녀, 창녀, 기생 등에 대하여) 보통의 여인. 1. an unexperienced person 2. an amateur. **—くさ·い**[素人臭い](형) 소인답다.
しろうま[白馬](명) ①백마. 털이 흰 말. 부루 말. ②〈속〉 탁주. 막걸리. 1. a white horse
しろうり[白瓜](명)〈식〉 월과(越瓜). 참외의 한 변종(變種)으로 엷은 녹색이며 보통 오이보다 큼. a white muskmelon
しろかき[代掻き](명)〈농〉 써레질. 모심기 전에 땅을 써레로 고르는 일. preparing the rice paddy
しろかげ[白鹿毛](명) 말의 털빛의 한 가지. 온몸이 엷은 갈색(褐色)이고 사지는 누른 빛이 도는 백색인 것. a fawn-coloured horse with yellowish limbs
しろがすり[白絣·白飛白](명) 흰 천에 검은 빛깔이나 감색 등의 비백(飛白) 같은 무늬를 넣은 천. white cloth with splashes
しろがね[白金·銀](명) ①은. ②은화(銀貨). ③은빛. ④서화(書画)에 쓰는 은니(銀泥). 1. silver
しろき[白酒](명)〈고〉 신에게 바치는 빛깔이 흰 술. ↔黒酒(クロキ). 「white cloth
しろきじ[白生地](명) 흰 천. 물들이지 않은 직물. ↗
しろぎつね[白狐](명)〈동〉 백호. ①북극여우의 다른 이름. ②북극여우 계통의 여우의 한 가지. 여름에는 회색 또는 갈색이지만 겨울에는 순백색으로 됨. 흰여우. 2. a white fox
しろくじちゅう[四六時中](명·부) ① 24시간. ②시종(始終). 언제나. 1. twenty-four hours 2. always
しろぎぬ[白衣](명) ①흰옷(白衣). 물들이지 않은 옷. ②불문에 들어 가지 않은 사람. 속인(俗人). ↔墨染衣(スミゾメギヌ). 1. white clothes
しろく[四緑](명) 구성(九星)의 하나. 목성(木星). 방위는 동남(東南).
しろくま[白熊](명)〈동〉 백곰. 북극 지방에 사는 큰 곰. 북극곰. 흰곰. a white bear
しろくろ[白黒](명·타サ) ①흑백. 백과 흑. ②옳고 그름. 시비(是非). 「—をきめる; 흑백을 가리다」 ③무죄와 유죄. 1. white and black 2. right and wrong
しろこ[白子](명) 태어날 때부터 온몸의 색소(色素)가 없는 사람. 또는 그런 짐승. albinism
しろこそで[白小袖](명) 소매가 작고 좁은 흰옷. a white wadded silk garment
しろごま[白胡麻](명)〈식〉 흰깨. (빛이 흰) 참깨. ↘
しろごめ[白米](명) ⇨はくまい. ⌊white sesame
しろざけ[白酒](명) 희고 걸쭉한 단 술. 3월 3일의 명절(名節)에 쓰임.
しろざとう[白砂糖](명) 백설탕. 흰 설탕. white sugar
しろじ[白地](명) ①흰 천. ②흰 바탕. 1. white cloth
しろしめ·す[知ろし食す](타4)〈고〉 ①아시다. 아시게 되다. ②다스리시다. 통치(統治)하시다.
しろしょうぞく[白装束](명) 흰옷차림. 특히 흉사(凶事)때 입음. a white attire
しろじろ[白白](부) 썩 흰 모양. 새하얗게. pure white
しろ·す[知ろす](타4)〈고〉 ⇨しらす.
しろずみ[白炭](명) 백탄. 석회(石灰) 등을 바른 화력이 가장 센 참숯. charcoal of superior quality
しろぜめ[城攻め](명·자サ) 성을 침. 공성(攻城). attacking the enemy's castle
しろたえ[白妙·白栲]—タヘ(명) ①흰 천. ②흰빛. 백색. 1. white cloth 2. white colour
しろたばいばい[白田売買](명)〈경〉 논에 눈이 덮여 있는데 이듬해 수확될 쌀의 매매를 계약하는 일.
シロップ[네 siroop](명) 시럽. 과일 즙에 설탕물을 넣어서 끓인 것.
しろっぽ·い[白っぽい](형) ①흰빛을 띠다. ②풋나기티가 나다. ↔黒(クロ)っぽい. 1. whitish 2. amateurish
しろつめくさ[白詰草](명)〈식〉 토끼풀. 콩과의 다년초. 여름에 흰 나비 모양의 꽃이 핌. Dutch clover
しろてぐみ[白手組](명) 에도(江戸) 시대 쿠로테조(黒手組)에 대항해서 조직된 악한(悪漢) 박멸 단체. ↔黒手組(クロテグミ).
しろながす(くじら)[白長須(鯨)]—(クヂラ)〈동〉 장수경(長鬚鯨). 가장 큰 고래 종류로서 길이 30*m*나 됨. 고기로는 기름을 짬. a sulfhur bottom
しろなまず[白癜]—ナマヅ(명)〈의〉 백전풍. 피부 색소가 부족해서 생기는 흰 반문(斑紋)이 생기는 피부병. 백납. vitiligo
しろね[白根](명) ①땅속에 묻힌 흰 야채의 뿌리나 줄기. ②〈식〉 쉽싸리. 꿀풀과의 다년초. 하얀 땅속줄기(地下茎)는 식용.
しろねずみ[白鼠](명) ①〈동〉 흰쥐. ②주인 집에 충성을 다한 공이 큰 고용인. 1. a white rat 2. a faithful old employee
しろねり[白練り](명) 희게 누인 비단. white glossed silk

しろバイ[白バイ](명) (경찰의) 희게 칠한 오오토바이.
しろば·む[白ばむ](자 4) ①흰빛을 띠다. ②날이 새다. 1. turn white 2. grow light
しろびかり[白光り](명·자サ) 희게 빛남. shining white
しろぶち[白斑](명) 백반. 흰 반점. white spots
しろぼし[白星](명) ①희고 둥근 표지. ②이긴 표지. ③이기는 것. ↔黒星(クロボシ). 3. victory
シロホン[xylophone](명)〈악〉실로폰. 타악기의 하나. 대(臺) 위에 딱딱한 나뭇조각을 배열하여, 그 길고 짧음, 두껍고 얇음에 따라 음계(音階)를 만들며, 두 개의 채로 때리거나 비벼서 소리를 냄. 목금(木琴).
〔シロホン〕
しろまめ[白豆](명)〈식〉흰콩. 콩의 한 가지. 꽃은 작고 콩깍지는 가운데가 잘록하며 콩도 작음. 간장, 된장, 두부 등의 원료.
しろみ[白身·白味](명) ①물건의 흰 부분. ②달걀의 흰자위. ↔黄身(キミ). ③고기나 생선의 흰 부분. 1. white part
しろみず[白水]ーミヅ(명) 쌀뜨물.
しろみそ[白味噌](명) 흰콩으로 만든 된장. 빛이 희고 맛이 닮. white bean-paste
しろみつ[白蜜](명) 꿀. 봉밀(蜂蜜), 청밀(清蜜). honey
しろむく[白無垢](명) 안팎이 모두 흰 옷. a pure-white dress
しろめ[白目](명)〈생〉백목. 눈알의 흰 부분. 흰자위. ↔黒目(クロメ). the white of the eye
しろめ[白鑞](명)〈이〉백랍. 납과 주석과의 합금(合金). 땜납. solder
しろもの[代物](명)〈속〉①물건. 상품. ②놈.「やっかいなー; 귀찮은 놈」③대금(代金). 1.an article 2.a fellow
しろれんが[白煉瓦](명) 내화(耐火) 벽돌. 백색 또는 황백색임. white brick
しろん[史論](명) 사론. 역사에 관한 논설(論説)이나 평론(評論). a historical essay
しろん[私論](명) 사론. 자기만의 생각으로 지어 낸 이론. a private essay
しろん[試論](명) 시론. 시험적으로 펴낸 논설(論說). a preliminary essay
しろん[詩論](명) 시론. 시에 관한 평론(評論)이나 이론. an essay on poetry
じろん[持論](명) 지론. 언제나 주장하는 이론. 지설(持説). one's pet theory
じろん[時論](명) 시론. ①시사에 관한 의론. ②당시의 세론(世論). 1. comments upon current questions
しわ[皺·皴](명) ①주름.「ーがよる; 주름이 잡히다」②잔물결. ③(재정 등의) 모순, 적자(赤字).「ーよせ; 재정 부족의 무리한 보충」 1. wrinkles
しわ[史話](명) 사화. 역사 이야기. a historical tale
しわ[詩話](명) 시화. 시에 관한 이야기. a talk on poetry
しわ·い[吝い·嗇い]シハイ(형) 인색하다. 다랍다. 단작스럽다. miserly
しわが·れる[嗄れる]シハガレル(자하 1) 목이 쉬다. 목청에 탈이 나서 소리가 잠기다. become hoarse
しわくちゃ[皺くちゃ](형동ダ) 주름이 잡혀 쪼글쪼글한 모양. crumpled
しわけ[仕分け](명·타サ) ①나눔. 구분. 구별. ②[仕訳]〈경〉〔부기(簿記)에서〕구좌(口座)를 만들어 대차(貸借)를 나누어 기입하는 일. 분개(分介). 国仕分ける(타하 1). 1. assortment 2. journalizing
しわざ[仕業](명) 행위. 행동. one's doings
しわす[師走]ーハス(명) 음력 12월의 다른 이름. —**びくに**[師走比丘尼](명) 영락(零落)하여 모양이 흉하게 된 비구니.
しわのばし[皺伸ばし]명·(자サ) ①주름을 폄. ②노인들의 기분 전환. 1. smoothing 2. diversion
しわばら[皺腹](명) ①주름진 배. ②노인의 배. 1. a wrinkled belly 2. an old man's belly
しわぶき[咳]シハー(명) 기침. a cough
しわぶ·く[咳く](자 4) ①기침하다. ②목소리(말소리)의 흉내를 내다. 1. cough 2. imitate the voice of
しわほう[指話法](명) 손가락으로 글자 모양을 만들어 말하는 방법. dactylology
しわほう[視話法](명) 발음할 때의 입술의 움직임과 혀의 모양을 그림으로 나타내어 발음을 배우는 방법. visible speech
しわ·む[皺む](자 4) 주름지다. become wrinkled
しわ·める[皺める](타하 1) 주름을 잡다. wrinkle
しわよせ[皺寄せ](명·타サ) (재정 등의) 모순을 다른 부문에 돌리거나 부담시킴. shifting the loss to
しわよ·る[皺寄る](자 4) 주름이 잡히다. 주름 지다. become wrinkled
じわり[地割り](명) 지면의 구획(区劃). 토지의 구분이나 할당(割当). allotment of land
しわ·る[撓る](자 4) 굽어지다. 휘어지다. bend
じわれ[地割れ](명·자サ) 땅이 꺼지거나 지진으로 틈이 생김.
しわんぼう[吝ん坊]シハンー(명) 구두쇠. 노랑이. a miser
しんー[深](조어) ①깊은.「ー呼吸(コキュウ); 심호흡」②짙은.「ー紅色(コウショク); 진홍색」
しんー[新](조어) 새로운.「ー勢力(セイリョク); 새로운 세력」 neo-
しんー[親](조어) 친한.「ー米(ベイ); 친미(親美)」
ーしん[心](조어) 마음. 정신.「愛国(アイコク)ー; 애국심」
ーしん[信](조어) 편지. 통신(通信).「第一(ダイイッ)ー; 제1신」
ーしん[疹](조어)〈의〉발진(発疹).「薔薇(ショウビ)ー; 장미진」
ーしん[審](조어)〈법〉심리(審理).「第一(ダイイッ)ー; 제1심」
ーしん[親](조어)〈법〉친족(親族).「尊属(ソンゾク)ー; 존속친」
しん[心](명) ①마음. 정신.「ーが つかれる; 정신이 피로하다」②심장(心臓). ③가슴. 심중(心中). ④중심. ⑤근본. ⑥⇨しん(芯). ⑦←しんうち(心打ち). 1. mind

しん[臣] Ⅰ(명) 신하(臣下). Ⅱ(대) 신하가 왕에게 자기를 낮추어서 일컫는 말. Ⅰa retainer

しん[辛](명) ①10간(干)의 여덟째. ②괴로움. 신고(辛苦).

しん[芯](명) ①물건의 한가운데. 또는 그곳에 있는 것. 심.「鉛筆(エンピツ)の一; 연필의 심」②가운데 있는 딱딱한 것.「一のあるご飯(ハン); 덜 무른 밥」③〈식〉가지 끝에 돋는 싹. 순.「一をつむ; 순을 자르다」 1. the centre

しん[信](명) ①믿음.「一をおく; 믿다」②신앙. ③충실(忠実). 1. 2. faith

しん[神](명) ①신.「技(ギ)一に入(イ)る; 기예가 신묘한 경지에 이르다」②←神道(シンドウ). 1. a god

しん[晋](명) ①〈역〉진. 중국의 옛 왕조(王朝). (265~420) 서진(西晋)과 동진(東晋)으로 나뉨. ②〈지〉중국의 산서성(山西省). 1. Tsin

しん[真](명) ①참됨. 진실.「一のやみ; 암흑」②진리.「一善美(ゼンビ); 진선미」 ③진짜. 참된 것.「一にせまる; 박진(迫真)하다」④해서(楷書).「一行(ギョウ)草(ソウ); 해서, 행서, 초서」 ⑤←真打(シンウ)ち.

しん[秦](명)〈역〉진. 중국 춘추 시대(春秋時代) 열국(列国)의 하나. (B. C. 221~206) Ch'in

しん[清](명)〈역〉청. 만주족이 중국에 세운 나라. (1616~1912) 명(明) 나라 후, 중화 민국 전. Ching

しん[紳](명)〔옛날 중국에서〕예복에 띠던 긴 띠.

しん[新](명) 새로움. 새로운 것.「一を好(コノ)む; 새것을 좋아하다」 newness

しん[寝](명) 잠자리.「一につく; 잠자리에 들다」a bed

しん[箴](명) ①잠언(箴言). ②좌우명(座右銘).「一とする; 좌우명으로 삼다」 1. an aphorism

しん[親](명) ①어버이. 부모. ②친척. 1. parents

しん[讖](명) 예언(豫言).「一を成(ナ)す; 예언하다」 a prophecy

一じん[人](조어) ①사람.「韓国(カンコク)一; 한국인」②일정한 직업이나 기능을 가진 사람.「経済(ケイザイ)一; 경제인」 ③원시 인류(原始人類).「北京(ペキン)一; 북경인」

一じん[神](조어) 신.「守護(シュゴ)一; 수호신」

一じん[尋·仭](접미) 길. 발.「千(セン)一の谷(タニ); 천 길의 깊은 골짜기」

じん[仁](명) 인. ①자애심(慈愛心)을 바탕으로 자기를 완성하고 국가를 다스리는 미덕(美德). ②자비. ③열매. 씨. ④사람.「この一; 이분」 1. virtue

じん[壬](명) 10간(干)의 아홉째.

じん[尽](명) 그믐. 월말(月末).「九月(クガツ)一; 9월 말」 the last day of a month

じん[陣](명) ①진. 적을 공격하거나 적의 공격을 막기 위해서 병사를 배치하는 일. 또는 배치한 곳. 진영(陣営).「一をしく; 진을 치다」②싸움. 전역(戦役).「夏(ナツ)の一; 여름 전투(夏季戦闘)」 1. battle formation 2. a war

じん[腎](명)〈생〉콩팥. 신장(腎臓). the kidney

ジン[gin](명) 진. 증류하여 만든 술의 한 가지. 옥수수, 보리, 호밀 등을 원료로 하고 노가주나무 열매를 넣어 향미(香味)를 돋운 양주.

しんあい[信愛](명·타サ) 신애. ①믿고 사랑함. ②신앙과 사랑. 1. credence

しんあい[親愛](명·자타サ·형동ダ) 친애. 친하고 사랑함.「一の友(トモ); 친애하는 벗」 affection

じんあい[仁愛](명) 인애. 어질고 남을 사랑하는 것. 어진 사랑. charity

じんあい[塵埃](명) 진애. ①먼지. 티끌. ②속계(俗界). 세속(世俗). 1. dust

しんあん[新案](명) 신안. 새로운 고안(考案).「一特許(トッキョ); 신안 특허」 a new idea

しんい[心意](명) 심의. 마음과 뜻. heart

しんい[神威](명) 신위. 신의 위력. God's authority

しんい[神異](명) 신이. 인간의 행위가 아닌 신기하고 이상한 것. a miracle

しんい[神意](명) 신의. 신의 뜻. 하느님의 뜻. God's will

しんい[真意](명) 진의. 참뜻. 참 마음. the real intention

しんい[深意](명) 심의. 깊은 뜻. a profound meaning

しんい[瞋恚](명) ⇨しんに.

じんい[人為](명) ①인위. 사람의 힘으로 되는 일. 사람이 한 것. ②꾸밈. 1. artificiality. **—てき**[人為的](형동ダ) 인위적. 사람의 힘으로 되는 모양. 인공적(人工的). **—とうた**[人為淘汰](명) 인위 도태. 동식물의 유전성, 변이성(変異性)을 응용하여 인위적으로 새로운 품종을 만드는 일. ↔自然(シゼン)淘汰.

じんい[人意](명) 인의. 사람의 뜻. 마음. 인심.

しんいき[神域](명) 신사(神社)의 구역 안. 신사의 경내(境内). sacred precincts

しんいき[震域](명) 진역. 지진의 진동을 느끼는 범위. the seismic area

しんいり[新入り](명·자サ) ①새로 한패에 낌. 또는 그 사람. 신참(新参). ②새로 교도소에 들어 감. 또는 그 사람. 1. new association

しんいん[神韻](명) 신운. 예술 작품이 풍기는 고상한 느낌.「一縹渺(ヒョウビョウ); 예술 작품의 향취(香趣)가 한없이 넓고 깊음」 superb grace

しんいん[真因](명) 진정한 원인. the true cause

しんいん[新院](명) 양위(譲位)를 하여 새로 상황(上皇)이 된 사람. the newly-cloistered Emperor

じんいん[人員](명) 인원. 사람 수. the number of persons

じんう[腎盂](명)〈생〉신우. 신장(腎臓) 속에, 나뭇가지처럼 갈라져 있는 빈 곳. 오줌을 모아 방광으로 보냄.「一炎(エン); 신우염」the pelvis of the kidney

しんうち[真打ち·心打ち](명)〔흥행장 등에서〕제일 나중에 출연하는 최상급(最上級)의 사람. a star performer

しんうん[進運](명) 진운. 나아져 가는 경향(傾向). 진보하는 기운(機運).「時代(ジダイ)の一; 시대의 진운」 progressive tendency

しんえい[真影](명) 진영. 주로 얼굴을 그린 화상.

또는 사진. 초상(肖像). a true image
しんえい[神裔](명) 신의 후예. 신의 자손. God's descendants
しんえい[新鋭](명·형동ダ) 신예. 새롭고 위세(威勢)가 날카로움. 또는 그 사람. new and powerful
しんえい[親衛](명) 친위. ①임금의 호위(護衛). ②가까이 따라 다니며 신변을 지켜 주는 일. 「一兵(へイ); 친위병」 1. Emperor's guards
じんえい[人影](명) 인영. 사람 그림자. the shadow of a person
じんえい[陣営](명) 진영. 진을 친 곳. 진. a camp
しんえつ[信越](명)〈지〉 옛날의 시나노(信濃), 에치고(越後)의 두 지방. 현재의 나가노(長野), 니이가타(新潟)의 두 현.
しんえつ[親閲](명·타サ) 친열. 신분이 높은 사람이 친히 검열함. a personal inspection
しんえん[心猿](명) 욕망을 누를 수 없음을 원숭이에 비유한 말. 「意馬(イバ)—; 억제할 수 없는 치열한 번뇌나 정욕」 carnal passions
しんえん[神苑](명) 신사(神社)의 경내에 있는 정원. a sacred garden
しんえん[深怨](명) 심원. 깊은 원한. deep grudge
しんえん[深淵](명) 심연. 깊은 못. 깊은 소(沼). an abyss
しんえん[深遠](명·형동ダ) 심원. 깊고 멂. 「一な教義(キョウギ); 심원한 교리」 profundity
じんえん[人煙](명) ①인가의 연기. 밥짓는 연기. ②인가(人家). 「一まれな; 인가가 적은」 1. smoke arising from kitchens
じんえん[腎炎](명)〈의〉 ⇨じんぞうえん(腎臓炎).
しんおう[深奥](명·형동ダ) 심오. ①깊고 오묘(奥妙)함. 「一なおもむき; 오묘한 풍취」 ②깊은 구석. 1. deepness
しんおう[震央](명) 진앙. 지진의 진원 기점(震源基点)이 되는 곳. 진원지(震源地). the seismic centre
じんおく[人屋](명) 주택. 인가. a human habitation
しんおん[心音](명)〈생〉 심음. 심장의 고동 소리. the sound of the heart
しんおん[唇音](명) 순음. 양입술 사이에서 나오는 소리. 입술 소리. 예: "ㅂ, ㅍ, ㅁ" 등. a labial
しんか[心火](명) 심화. 불같이 일어나는 감정. 마음속에 일어나는 울화. a burning heart
しんか[心窩](명)〈생〉 ⇨みずおち.
しんか[臣下](명) 신하. 임금을 섬기고 벼슬하는 사람. 신복(臣僕). 부하. a retainer
しんか[神火](명) 신화. ①이상한 불. ②신성한 불. 1. mysterious fire 2. sacred fire
しんか[神化](명·자타サ) 신화. ①기괴한 변화. ②(영혼 등이) 신이 됨. ③신의 덕화(徳化). 1. a mysterious change 2. deification
しんか[神歌](명) ①신의 덕(徳)을 칭송하는 노래. ②신 앞에서 연주하는 노래. 1. a hymn
しんか[真価](명) 진가. 참다운 가치. 「一を発揮(ハッキ)する; 진가를 발휘하다」 real worth
しんか[深化](명·자타サ) 심화. 깊어짐. 심각(深刻)해짐. deepening
しんか[進化](명·자サ) 진화. 점점 높이 발전되어 감. development. **—ろん**[進化論](명)〈생〉 진화론. 모든 생물은 하등(下等) 생물로부터 점점 발전해 왔다는 설. 영국의 생물학자 다아윈의 주장.
じんか[人家](명) 인가. 사람이 사는 집. a human habitation
シンガー[singer](명) 싱거. 가수. 성악가.
しんかい[神階](명) 조정에서 신에게 드리는 위계(位階). 신위(神位). ranks of shrines
しんかい[深海](명) 심해. ①깊은 바다. ②〈지〉 200 *m* 이상 깊은 바다. ↔浅海(センカイ). 1. a deep sea
しんかい[新開](명) ①교외(郊外) 등에 시가(市街)가 새로 된 곳. ②신개. 황무지를 새로 개간하는 일. 「一地(チ); 새로 개간한 땅」 1. a new town
しんがい[心外](명·형동ダ) 심외. 어처구니 없음. 천만 뜻밖. 의외. unexpectedness
しんがい[侵害](명·타サ) 침해. 부당한 방법으로 상대편의 권리나 이익을 해침. encroachment
しんがい[震駭](명·자サ) 진해. 깜짝 놀라 벌벌 떪. terror
じんかい[人海](명) 인해. 헤아릴 수 없이 많은 사람. 「一戦術(センジュツ); 인해 전술」 human waves
じんかい[人界](명) 인계. 사람이 사는 세계. 인간 세상. the human world
じんかい[塵芥](명) 진개. 먼지. 티끌. dust
じんかい[塵界](명) 진계. 티끌처럼 더러운 세상. 속계(俗界). 이 세상 this dusty world
じんがい[人外](명) ①인간으로서의 도리에 어긋나는 것. ②사람으로서의 대우를 받지 못하는 것. 푸대접. ③사람이 살지 않는 것. 1. inhumanity
じんがい[塵外](명) 진외. 속세(俗世)의 번거로움과 떨어져 있는 곳. Arcadia
じんがいきょう[人外境](명) 사람이 살지 않는 곳. an uninhabited place
しんがお[新顔]—ガホ(명) 낯선 사람. 새로 가입하거나 참가한 사람. ↔古顔(フルガオ). a new-comer
しんかき[真書](명) 해서(楷書)의 잔글씨를 쓰는 데 사용하는 가는 붓. a very slender brush
しんかく[神格](명) 신격. 신으로서의 자격. 신의 격식. 신의 지위. ranks of gods. **—か**[神格化](명·타サ) 신격화. 신이 아닌 것을 신처럼 숭배함.
しんがく[心学](명) ①에도(江戸) 시대에 유(儒), 불(仏), 신(神)을 통합하여 만든 실천 도덕(実践道徳)의 교리. ②마음을 수양하는 학문. 예: 정주학(程朱学), 양명학(陽明学) 등. 1. practical ethics
しんがく[神学](명)〈종〉 신학. 기독교의 교리, 사실, 실천 등에 관해서 연구하는 학문. theology
しんがく[進学](명·자サ) 진학. ①학문을 넓혀 나감. ②상급(上級) 학교로 올라 감. 1. studying hard
じんかく[人格](명) 인격. ①사람의 됨됨이. 인품(人

品).「一者(シャ); 인격자」②도덕적 행위의 주체로서의 개인. 독자적이고, 독립적이며, 존중받아야 할 개인.「一無視(ムシ); 인격 무시」③〈법〉법률상의 행위를 하는 주체(主体) 1. personal character. **—か**[人格化](명·타サ) 인격화. 인간이 아닌 것을 의사(意思)가 있는 인간으로 간주함.

じんがさ[陣笠](명) ①옛날 졸병들이 싸움터에서 투구 대신 쓰던 일종의 전투모. 전립(戦笠). 또는 그것을 쓴 병사. ②〈속〉졸병. 아랫사람. 평당원이나 평국회 의원.「一連(レン); 평당원, 평국회 의원들」 1. a soldier's camp-hat

〔陣笠〕

しんがた[新型·新形](명) 신형. 종래와는 다른 새로운 형식. a new style

しんがっこう[神学校](명)〈종〉신학교. 신학을 연구하고 전도인(伝道人)을 길러 내는 학교. a theological school

しんかな(づかい)[新仮名(遣い)]—(ヅカヒ)(명) ⇨げんだいかなづかい.

じんがね[陣鉦](명)〔옛날 진중(陣中)에서〕여러 가지 신호로 치던 종, 징, 북 등.

しんかぶ[新株](명)〈경〉신주. 증자(増資) 때 새로 발행하는 주식(株式). ↔旧株(キュウカブ). new shares

しんから[心から](부) 진정으로. 마음속으로부터. 충심으로. heartily

しんがら[新柄](명) 새로운 무늬나 양식. 지금까지 없었던 형태. a new pattern

しんがり[殿](명) ①군대의 대열에서 제일 뒤에 있는 부대. 후미(後尾). ②제일 뒤. 후방. 1. the rear unit

しんかん[心肝](명) ①심장(心臓)과 간장(肝臓). ②마음. 참마음.「一に徹(テッ)して; 마음속 깊이 사무쳐」 1. the heart and the liver

しんかん[信管](명)〈군〉신관. 작약(炸薬)에 점화하여 폭탄, 포탄 등을 터지게 하는 장치. a fuse

しんかん[神官](명) 신관. 신도(神道)나 신사(神社)에 종사하는 사람. 제주(祭主).

しんかん[宸翰](명) 신한. 천자가 친히 쓴 편지. an Imperial letter

しんかん[新刊](명·타サ) 신간. 새로 간행(刊行)함. 또는 그 책. new publication

しんかん[新患](명)〈의〉신환. 새로운 환자. a new case

しんかん[新館](명) 신관. 새로 세운 건물. a new building

しんかん[震撼](명·자타サ) ①울려 흔들림. 떨쳐 움직임. ②몹시 놀람. 1. shaking

しんかん[森閑·深閑](형동タルト) 아무 소리도 안 들리고 매우 고요한 모양. silent

しんがん[心眼](명) 심안. 관찰(観察), 식별(識別)하는 예리(鋭利)한 마음의 작용. the mind's eye

しんがん[心願](명) 심원. 마음속으로부터 깊이 바람. 소원. praying

しんがん[真贋](명) 진안. 진짜와 가짜. 진위(真偽).「一を見(ミ)わける; 진위를 판별하다」 genuineness and spuriousness

しんき[心悸·心気](명) 심계. 심장의 고동. pulsation. **—こうしん**[心悸昂進·心悸亢進](명)〈의〉심계 항진. 심장의 고동이 몹시 빠르고 세어지는 증상.

しんき[心機](명) 심기. 마음의 작용.「—一転(イッテン); 심기 일변」 a mental attitude

しんき[神器](명) 신기. 신에게서 받은 보물로서의 그릇이나 기구. the sacred treasures

しんき[神気](명) 신기. ①만물의 원소(元素). ②불가사의한 운기(雲気). ③기력(気力). ④거룩한 것. ⑤정신과 기상. 1. elements 4. divineness

しんき[神機](명) 신기. 신묘한 기능과 활동. 헤아릴 수 없는 계략. miraculous resources

しんき[新奇](명·형동ダ) 신기. 새롭고 기묘함. novelty

しんき[新規](명·형동ダ) 신규. ①새로운 규칙. ②새로이 고침.「一まき直(ナオ)し; 새로 다시 시작함」 1. a new rule

しんき[新禧](명) 신희.〔연하장에서〕신년을 축하하는 말.「恭賀(キョウガ)—; 근하 신년」 congratulations of a new year

しんき[辛気](형동ダ)〈방〉마음이 울적한 모양. tedious. **—くさ·い**[辛気臭い](형)〈방〉초조하다. 조급하다.

しんぎ[心木](명) ①심봉(心棒). 차축(車軸). ②어떤 물건의 중심이 되는 것. 요점. 핵심(核心). 1. an axis 2. a pivot

しんぎ[信義](명) 신의. 믿음과 의리. faith

しんぎ[真義](명) 진의. 참뜻. the true meaning

しんぎ[神技](명) 신기. 신의 조화. 신묘한 기술. superhuman skill

しんぎ[真偽·信偽](명) 진위. 참과 거짓.「一をみわける; 진위를 판별하다」 truth or falsehood

しんぎ[清規](명)〈불〉청규.〔선종(禅宗)에서〕일상 생활, 예의 범절 등을 정한 규칙.

しんぎ[審議](명·타サ) 심의. 자세하고 치밀하게 의논함.「一会(カイ); 심의회」 consideration

じんき[人気](명) ⇨にんき.

じんぎ[仁義](명) ①인의. 어진 것과 의로운 것. ②사람이 행해야 할 도덕. ③노름군, 불량배들의 특수한 인사법. 2. humanity

じんぎ[神祇](명) 신기. 하늘의 신과 땅의 신. deities of heaven and earth

じんぎ[神器](명) ⇨さんしゅのじんぎ(三種の神器).

しんぎく[新菊](명)〈식〉⇨しゅんぎく(春菊).

しんきじく[新機軸](명) 신기축. 새로운 계획, 고안, 방법.「一を出(ダ)す; 새로운 고안을 내다」 a new method

しんきゅう[進級](명·자サ) 진급. 등급 또는 학급이 오름. promotion

しんきゅう[深宮](명) 심궁. 깊은 궁전(宮殿). 깊은 궁중(宮中). a palace extending far back

しんきゅう[新旧](명) 신구. ①새것과 헌것. ②신력(新暦)과 구력(旧暦). 1. new and old

しんきゅう[審級](명)〈법〉심급. 소송 심리에 있어서 심판의 순서. 예:제1심, 제2심 등. the order of a trial

しんきゅう[親旧](명) ①친척과 오래 사귄 벗. ②오래

전부터 아는 사이. 2. an old acquaintance

しんきゅう[針灸·鍼灸](명) 침구. 침과 뜸. acupuncture and moxibustion

しんきょ[新居](명) ①새로 지은 주택. ②새로 이사한 주거. 1. one's new house

じんきょ[腎虚](명)〈의〉 신허. 정력 부족, 정액(精液) 결핍 등으로 일어나는 쇠약증.

しんきょう[心教](명)〈불〉선종(禅宗)의 다른 이름.

しんきょう[心境](명) 심경. (그때의) 기분. 「一の変化(ヘンカ); 심경의 변화」 mental state

しんきょう[信教](명) 신교. 종교를 믿음. 신앙. 「一の自由(ジユウ); 신앙의 자유」 religious belief

しんきょう[神橋](명) 신전(神殿)이나 신사 경내(境内)에 있는 다리. a sacred bridge

しんきょう[神鏡](명) ①세 신기(神器)의 한 가지. 야타노 카가미(八咫鏡). ②신전(神前)에 걸어 두는 거울. 2. a divine mirror

しんきょう[進境](명) 진보하는 상태. improvement

しんきょう[新教](명)〈종〉신교. 16세기경 종교 개혁의 결과 가톨릭교에 반항해서 일어난 기독교의 한 파. 루터파. ↔旧教(キュウキョウ). Protestantism

しんぎょう[心経](명)〈불〉반야 심경(般若心経)의 준말.

じんきょう[人境](명) 인경. 사람이 살고 있는 곳. an inhabited place

じんきょう[仁侠](명·형동ダ) 협기(侠気)가 있음. 약한자를 돕고 강한 자를 꺾음. chivalrous spirit

しんぎょうそう[真行草](명) 한자(漢字)의 글씨체. 해서(楷書), 행서(行書), 초서(草書) 등.

しんきょく[新曲](명) 신곡. 새로운 악곡. 새로운 가곡(歌曲). a new tune

しんきろう[蜃気楼](명)〈이〉신기루. 열(熱)이나 냉기(冷気)로 공기 중을 통하는 빛이 굴절하여, 멀리 떨어져 있는 물체나 풍경이 바로 옆에 있듯이 공중에 떠 보이는 현상. a mirage

しんきん[心筋](명)〈생〉심근. 심장의 벽을 구성하는 근육. 「一梗塞(コウソク); 심근 경색」 the heart muscle

しんきん[宸襟](명) 신금. 천자(天子)의 마음. Emperor's heart

しんきん[親近](명·자타サ) ①친근. 친숙하여 가까이 함. 「一感(カン); 친밀감」 ②곁. 측근(側近). 「一者(シャ); 측근자」 1. familiarity

しんぎん[呻吟](명·자サ) 신음. 병이나 고통으로 앓는 소리를 냄. 「病床(ビョウショウ)に一する; 병상에서 신음하다」 moaning

しんく[辛苦](명·자サ) 신고. 괴로와함. 고생(苦生)함. hardships

しんく[深紅·真紅](명) 심홍. 진홍. 짙은 빨간 색. crimson

しんぐ[寝具](명) 침구. 이불, 요, 베개 등. bedding

じんく[甚句](명) 일본식 가요(歌謡)의 한 가지. 대개 7·7·7·5의 구(句)임.

ジンク[zinc](명)〈이〉징크. 아연(亜鉛). 「一版(バン); 아연판」

しんくい[身口意](명)〈불〉신구의. 몸과 입과 마음. 행동과 언어와 정신. body, mouth and mind

しんくう[真空](명)〈이〉진공. 공기 등의 물질이 전혀 없는 공간(空間). a vacuum. **—かん**[真空管](명)〈이〉진공관. 진공의 유리관 속에 2개 이상의 전극(電極)을 넣은 것. 전파(電波)의 증폭(増幅), 변조(変調) 등에 쓰임. **—ポンプ**[真空 pump](명) 진공 펌프. 공기를 뽑아서 진공을 만드는 펌프.

しんぐう[新宮](명) 본래의 신궁(神宮)에서 신령(神霊)을 옮겨 모신 새로운 신사(神社). a new shrine

じんぐう[神宮](명) ①신궁. 신을 모신 궁. ②격식이 높은 신사(神社)의 칭호. 「明治(メイジ)一; 메이지 신궁」 ③이세(伊勢) 신궁. 1. a shrine

ジンクス[jinx](명) 징크스. 불길한 징조의 사람이나 물건. 나쁜 조건이 달린 사물.

しんくみ[信組](명) 신용 조합(信用組合)의 준말.

しんぐみ[新組](명) 새로 문선(文選), 식자(植字)해서 판을 짜는 일. new composition of printing types

シングル[single](명) 싱글. ①하나. 단일(単一). ②〈속〉독신(独身). 미혼자. ③〔야구에서〕1루(一塁)까지 갈 수 있는 안타(安打). ↔ロングヒット. ④〔정구, 탁구 등에서〕단식 시합. ⑤앞이 외줄 단추로 되고, 겹치는 섶이 좁은 남자 양복 저고리.

シンクロ(ナイズ)[synchronize](명·자타サ) 싱크로나이즈. ①다른 움직임에 맞추어서 함께 함. ②〔영화에서〕촬영과 녹음을 서로 다른 필름에 수록하였다가 뒤에 한 필름에 수록함. ③〔사진에서〕플래시 발광(発光)과 셔터를 누르는 동작을 동시에 함.

シンクロナイズドスイミング[synchronized swimming](명) 싱크로나이즈드 스위밍. 음악에 맞추어서 하는 수중(水中) 발레.

シンクロリーダー[synchro-reader](명) 싱크로리이더. 인쇄물이나 도면(図面)에 녹음한 것을 소리로 재생시키는 장치.

しんくん[神君](명) ①신군. 도가(道家)들이 모시는 신(神). ②에도(江戸) 시대 토쿠가와 이에야스(徳川家康)를 추존(追尊)한 이름. ③은덕이 큰 임금. ④공덕이 많은 조상. 3. a graceful ruler

しんぐん[進軍](명·자サ) 진군. 군대가 전진함. march

じんくん[人君](명) 인군. 군주(君主). 임금. a ruler

じんくん[仁君](명) 인군. 어진 군주. a benevolent ruler

しんけ[新家](명) ①새로 낸 집. 분가(分家). 별가(別家). ②케이쵸오(慶長) 이후 새로 일가(一家)를 이룬 공경(公卿)의 집안. 1. a branch family

しんけい[神経](명) ①신경. 몸의 구석구석까지 실같이 퍼져 있어 지각(知覚) 운동 등을 맡아 중추(中枢)와 말단(末端)을 연락하는 기관(器官). ②지각. 정신. ③과민(過敏)한 신경의 작용. 「一的(テキ); 신경 과민의」 1. nerves 2. perception. **—か**[神経家](명) 신경이 과민한 사람. 신경질인 사람. **—しつ**[神経質](명·형동ダ)〈심〉신경질. ①작은 일에도 잘 흥분되고 기분의 변화가 많으며 결단력이 약함. ②신경이 과민한 성질. **—しょう**[神経症](명) 신경증. 노이로

제. ―すいじゃく[神経衰弱](명)〈의〉 ①신경 쇠약. 신경이 약해져서 모든 자극에 예민해지는 증상. ②〈속〉 이상한 정신 상태. 노이로제. ―せん[神経戦](명) 신경전. 선전, 모략 등으로 적의 신경을 자극하여 지치게 하는 전법(戦法). ―つう[神経痛](명)〈의〉 신경통. 신경이 별안간 몹시 아파지는 병.

しんけい[晨鶏](명) 신계. 새벽에 우는 닭. a cock announcing the morn

じんけい[仁兄](명) 인형. 〔편지에서〕 동년배를 친근하게 부르는 말. dear friend

じんけい[仁恵](명) 인혜. 어질고 자비로움. charity

じんけい[陣形](명) 진형. ①전투할 때의 대형(隊形). ②바둑, 장기의 돌이나 말의 대형. 1. battle array

しんけいか[唇形科](명)〈식〉 순형과. 쌍자엽 식물에 속하는 한 과. 초본(草本)이 많고 관목도 있는데 온대, 열대에 많음. 꿀풀과. 예: 꿀풀, 골무꽃, 금란초 등. 〈학명〉Lamiaceae

しんけいかかん[唇形花冠](명)〈식〉 순형 화관. 합판(合瓣) 화관의 한 가지. 위에는 두 개의 화관이 윗입술을 이루고 아래는 세 개의 화관이 아랫입술을 이루는 화관. 광대수염, 소엽 등의 꿀풀과 식물이 이에 속함. a labiate corolla

しんげき[進撃](명·자サ) 진격. 나아가 적을 침. 공격하여 나아감. a charge

しんげき[新劇](명) 신극. 외국의 영향을 받은 근대적인 연극. 신파 연극. a new drama

しんけつ[心血](명) 심혈. 온 정신. 있는 대로의 힘. 「―をそそぐ; 심혈을 쏟다」 one's heart

しんげつ[新月](명) 신월. 초승달. the new moon

じんけつ[人血](명) 사람의 피. human blood

じんけつ[人傑](명) 인걸. 특별히 뛰어난 사람. a remarkable man

しんけん[真剣] Ⅰ(명) 실제로 쓰는 칼. 「―勝負(ショウブ); 진짜 칼로 싸워 승부를 가림(목숨을 건 승부)」↔木劍(ボッケン). Ⅱ(형동ダ) 진실한 모양. 파생 ―さ(명). Ⅰa real sword Ⅱ earnest

しんけん[神劍](명) 신검. ①신에게서 받은 칼. ②영묘하고 신비한 칼. ③세 신기(神器) 중의 한 가지. 쿠사나기노쯔루기(草薙劍). 1. a divine sword

しんけん[神権](명) 신권. 신으로부터 위임받은 신성한 권력. the divine right

しんけん[親権](명) 친권. 부모가 자식을 양육하고 보호하는 권리와 의무. paternal authority

しんげん[進言](명·타サ) 진언. 웃사람에게 의견(意見)을 말함. advice

しんげん[箴言](명) 잠언. 훈계하는 말. 교훈의 뜻을 지닌 간단한 어구. 격언(格言). an aphorism

しんげん[震源](명)〈지〉 진원. 지진이 발생한 곳. 「―地(チ); 진원지」 the seismic centre

しんげん[森厳](명·형동ダ) 삼엄. 질서가 정연하고 엄숙함. 장엄(荘厳). solemnity

じんけん[人絹](명) 인견. 천연 견사를 본떠서 인조섬유로 만든 명주실이나 비단. 인조견. rayon

じんけん[人権](명) 인권. 인간으로서 마땅히 가지는 권리. 「―蹂躙(ジュウリン); 인권 유린」human rights

じんけんひ[人件費](명) 인건비. 사람의 노동의 대가(代価)로 지불하는 경비. 예:급료, 수당 등. ↔物件費(ブッケンヒ). personal expenditure

しんげんぶくろ[信玄袋](명) 자루의 한 가지. 보통 헝겊으로 만들어 주둥이를 끈으로 묶도록 되어 있으며 딱딱한 바닥을 댄 휴대용 큰 자루.

しんこ[真箇](명) 진실. 정말. the truth

しんこ[新古](명) 새것과 헌것. 새 물건과 헌 물건. 신구(新旧). new and old

しんこ[新香](명) ⇨しんこう.

しんこ[新粉·糝粉](명) ①쌀가루. ②쌀가루로 만든 떡. ③쌀가루로 꽃, 새, 인물 등을 만든 것. 1. rice-flour

しんご[新語](명) 신어. ①새로운 말. 새로 사용되는 국어나 외래어. ②새로 만들어진 말. 1. a new word

じんご[人後](명) 남의 뒤. 남의 밑. 「―に落(オ)ちない; 남에게 뒤지지 않다」 behind others

じんご[人語](명) ①사람의 말. 「―を解(カイ)する鳥(トリ); 사람의 말을 알아 듣는 새」 ②사람의 말소리. 1. human speech

しんこう[侵攻](명·타サ) 침공. 쳐들어 감. an attack

しんこう[侵寇](명·타サ) 침구. 침범해서 노략(擄掠)질함. an invasion

しんこう[信仰](명·타サ) 신앙. 믿음. 하느님, 부처, 그 밖의 절대자(絶対者)를 숭배하고 귀의(帰依)함. 「―生活(セイカツ); 신앙 생활」 religious faith

しんこう[振興](명·자타サ) 진흥. 떨쳐 일으킴. 「学術(ガクジュツ)の―; 학술 진흥」 promotion

しんこう[深更](명) 심경. 한밤중. 심야. midnight

しんこう[深耕](명·타サ)〈농〉 심경. (땅을) 깊이 갊. deep ploughing

しんこう[深厚](명·형동ダ) 심후. 뜻이 깊고 두터움. 의미 심장. deepness

しんこう[進行](명·자타サ) 진행. 앞으로 나아감. 또는 나아가게 함. advance

しんこう[進攻](명·타サ) 진공. 나아가 침. 진격(進撃). an attack

しんこう[進貢](명·타サ) 진공. 조공(朝貢)을 바침. offering of a tribute

しんこう[進航](명·자サ) 진항. 배가 항해하여 나아감. 항진(航進). sailing

しんこう[進講](명·타サ) 진강. 임금이나 귀인 앞에 나아가 글을 강론함. a lecture before His Majesty

しんこう[新考](명) 신고. 새로운 생각. 새로운 고안(考案). 또는 고찰(考察). a new idea

しんこう[新香](명) ①새로 담근 야채 절임. ②야채 절임. 1. fresh pickles

しんこう[新稿](명) 신고. 새로운 원고. 새로 쓴 원고. a new manuscript

しんこう[新鉱](명) 신광. 새로 발견한 광산. 새로 개발된 광산. a newly-found mine

しんこう[新興](명) 신흥. 새로 일어남. 「―階級(カイ

キュウ); 신흥 계급」 rising
しんこう[新講](명) 신강. 새로운 강의. a new lecture
しんこう[親交](명) 친교. 친밀한 교제. 「一をむすぶ; 친교를 맺다」 intimacy
しんごう[信号](명·자サ) 신호. ①일정한 부호를 써서 떨어져 있는 사람들 사이에 의사를 통하게 하는 방법. ②〔철도, 도로 등에서〕 진행, 정지를 알리는 기계나 신호등. 「自動(ジドウ)一; 자동 신호」 a signal
しんごう[神号](명) 신의 명칭. 신의 칭호. titles given to Gods
じんこう[人工](명) 인공. 사람의 힘으로 하는 일. 또는 그것. artificiality. **—えいせい**[人工衛星](명) 인공 위성. 로켓의 힘으로 대기권(大気圏) 밖으로 발사되어 지구의 둘레를 도는 물체. **—えいよう**[人工栄養](명) 인공 영양. ①입으로 영양분을 섭취할 수 없는 환자에게 주사를 통해서 주는 포도당(葡萄糖) 등의 영양분. ②아기에게 어머니의 젖 이외에 우유 등을 먹여 기르는 것. ↔母乳(ボニュウ)栄養. **—こきゅう(ほう)**[人工呼吸(法)](명)〈의〉 인공 호흡(법). 기절 상태(気絶状態)에 있는 사람을 회복시키기 위하여 가슴을 손으로 눌러 숨쉬게 하는 방법. **—てき**[人工的](형동ダ) 인공적. 사람의 손으로 만들어 낸 모양. 인위적.
じんこう[人口](명) ①인구. 사람의 수. 「一調査(チョウサ); 인구 조사」 ②세상의 화제. 「一に膾炙(カイシャ)する; 여러 사람들의 입에 자주 오르내리다」 1. population 2. common talk
じんこう[沈香](명)〈식〉 침향. 팥꽃나무과에 속하는 상록 교목. 열대산(熱帯産)의 향목으로 수지(樹脂)는 진중(珍重)한 향료(香料)임. aloes wood
しんこきゅう[深呼吸](명·자サ) 심호흡. 폐 속에 공기가 되도록 많이 드나들게 하기 위한 호흡법. deep breathing
しんこく[申告](명·타サ) 신고. 국민의 법률상의 의무로서 일정한 사실을 관청에 (문서로) 알림. 「一書(ショ); 신고서」 report
しんこく[神国](명) ①신이 열어서 지켜 준다는 나라. 신의 나라. ②전에 일본을 일컫던 말. 1. a divine land
しんこく[清国](명) ⇨しん(清).
しんこく[深谷](명) 깊숙한 골짜기. a deep valley
しんこく[新穀](명) 신곡. 햇곡식. new rice crops
しんこく[親告](명·타サ) 친고. ①친히 알림. ②〈법〉 피해자가 스스로 고소함. 2. a personal complaint. **—ざい**[親告罪](명)〈법〉 친고죄. 피해자의 고소로 구성되는 범죄.
しんこく[深刻·深酷](형동ダ) 심각. 보통이 아닌 모양. 「一化(カ)する; 심각화하다」 serious
じんこつ[人骨](명) 인골. 사람의 뼈. human bones
じんこっき[人国記](명) ①여러 나라의 지리, 풍속, 인정 등을 기록한 책. ②각 지방별로 쓴 인물 평론.
シンコペーション[syncopation](명)〈악〉 싱코페이션, 강한 곳과 약한 곳을 바꾸어 노래하거나 연주하는 법. 절분법(切分法).
しんこん[心根](명) 심근. 마음속. 마음씨. the bottom of one's heart
しんこん[心魂·神魂](명) 심혼. 마음과 정신. 정신과 혼백. 「一をかたむける; 심혼을 기울이다」 one's soul
しんこん[身魂](명) 몸과 마음. 「一をなげうって; 몸과 마음을 다 바쳐」 body and soul
しんこん[新婚](명) 신혼. 갓 결혼한 것. 「一旅行(リョコウ); 신혼 여행」 a new marriage
しんごんしゅう[真言宗](명)〈불〉 진언종. 불교의 한 파. 쿠우카이(空海)가 중국에서 배운 불교의 교리를 토대로 하여 일으킨 종파.
しんごんひみつ[真言秘密](명)〈불〉 ⇨だらに(陀羅尼).
しんさ[審査](명·타サ) 심사. 조사하여 합격, 등급 등을 정함. 「資格(シカク)一; 자격 심사」 investigation
しんざ[神座](명) 신위(神位)가 있는 곳. the holy of holies
しんさい[神祭](명) 신도(神道) 의식에 따라 행하는 제사.
しんさい[親祭](명·자サ) 친제. 임금이나 귀인이 친히 신에게 제사 지냄. Imperial worship
しんさい[親裁](명·타サ) 친재. 임금이나 신분 높은 사람이 친히 재결(裁決)함. 「一を仰(アオ)ぐ; 친재를 삼가 바라다」 Imperial decision
しんさい[震災](명) 진재. 지진에 의한 재해(災害). an earthquake disaster
じんさい[人災](명) 사람의 부주의로 일어나는 재난(災難). ↔天災(テンサイ). disasters from human carelessness
じんざい[人才·人材](명) 인재. 유능한 인물. a man of talent
しんさく[振作](명·타サ) 진작. 떨치어 일으킴. 성하게 함. promotion
しんさく[神策](명) ①신책. 사람의 지혜로는 미치지 못하는 영묘한 술책. ②점을 치는 데 사용하는 비수리나무. 1. a miraculous trick
しんさく[新作](명·타サ) 신작. ①새로 만듦. ②새로운 작품. 1. new production 2. a new work
しんさつ[診察](명·타サ)〈의〉 진찰. 의사가 환자의 몸을 조사하여 병의 증세를 판단함. a medical examination
しんさん[心算](명) 심산. 계획. 작정. intention
しんさん[辛酸](명) 신산. 괴로움. 고초(苦楚). 「一をなめる; 심한 괴로움을 겪다」 hardships
しんさん[神山](명) ①신을 제사 지내는 산. ②신이나 신선이 산다는 산. ③영산(霊山). 2. a divine mountain
しんさん[神算](명) 신산. 아주 훌륭한 계략(計略). 「一鬼謀(キボウ); 훌륭한 계략과 귀신 같은 꾀」 an ingenious trick
しんざん[深山](명) 심산. 깊은 산. 「一幽谷(ユウコク); 심산 유곡」 mountain recesses
しんざん[新参](명) 신참. ①새로 온 사람. ↔古参(コサン). ②새로 동아리가 된 사람. 1. a novice
しんし[心志](명) 심지. 의지(意志). one's purpose
しんし[心思](명) 심사. 마음. 생각. one's heart

しんし[臣子](명) ①신자. 신하와 자손. ②신하. 1. retainers and descendants

しんし[伸子·簇](명) 직물(織物)의 폭을 활짝 펴서 오므라들지 않게 하는 기구. 최활. 「一針(バリ); 최」 a tenterhook

しんし[信士](명)〈불〉 ①속인(俗人)으로서 불문에 들어온 남자. 거사(居士). ②불식(仏式)에 의해 장사 지낸 남자의 계명(戒名) 밑에 붙이는 칭호. ↔信女(シンニョ).

しんし[参差](형동タリ) 참치. ①장단(長短)이 맞지 않은 모양. 가지런하지 못한 모양. 참치 부재(不斉). ②이것 저것 뒤섞인 모양. 1. uneven 2. intermixed

しんし[振子](명)〈이〉 진자. 일정한 주기(周期)로 일정한 점의 주위에서 진동(振動)을 계속하는 물체. 흔들이. a pendulum

しんし[真姿](명) 참 모습. true feature

しんし[真摯](명·형동ダ) 진지. 진실하고 열성적임. 착실. sincerity

しんし[唇歯](명) 순치. ①입술과 이. ②이해 관계가 밀접한 사이를 비유한 말. 「一輔車(ホシャ); 순치 보거(이해 관계가 매우 밀접해서 서로 돕지 않으면 안되는 사이)」 2. mutual dependence

しんし[進士](명) ①진사. 옛날 한국, 중국의 관리 등용 시험의 한 과목. 또는 급제자(及第者). ②〔옛날 일본에서〕 다이가쿠료(大学寮)의 출신자로서, 의전성(儀典省)의 등용 시험에 합격한 자.

しんし[進仕](명·자サ) 나아가 벼슬을 함. 관리가 됨. entering the government service

しんし[深思](명·타サ) 심사. 깊이 생각함. 깊은 생각. meditation

しんし[紳士](명) 신사. ①품위 있고 예의 바른 사람. ②상류 사회의 사람. ③예의 바른 남자를 높이어 부르는 말. ↔淑女(シュクジョ). a gentleman. —**きょうてい**[紳士協定](명) 신사 협정. ①비공식의 국제 협정. ②사적(私的)인 비밀 협정. —**てき**[紳士的](형동ダ) 신사적. 신사다운 모양. 사내답고 고상하며 예의가 바르고, 상대편의 입장을 존중하는 모양. —**ろく**[紳士録](명) 신사록. 지위, 재산이 있는 사람들의 이름, 주소 등을 쓴 책.

しんし[新史](명) ①새로운 역사. ②새롭게 쓴 역사. 1. a new history 2. a newly-written history

しんし[新誌](명) 새로 나오는 신문이나 잡지. a new newspaper or magazine

しんし[親子](명) ①어버이와 자식. ②〈법〉 가장 가까운 직계 혈족(直系血族). 1. parent and child

しんじ[心耳](명) ①말귀를 잘 알아 듣고 판단하는 날카로운 마음의 작용. ②〈생〉 심이. 심장 내부의 위쪽에 있는 좌우 2 개의 심방(心房). ↔心室(シンシツ). 1. hearing with one's heart

しんじ[心地·芯地](명) 띠나 옷깃 속에 넣는 빳빳한 천. 심. padding

しんじ[心事](명) 심사. 마음에 생각하는 일. 심중(心中). mind

しんじ[臣事](명·자サ) 신하로서 섬김. allegiance

しんじ[神事](명) 신을 모시는 일. a divine service

しんじ[神璽](명) ①일본 천황의 표지(標識)로서의 세 가지 신기(神器)의 총칭. ②천자의 도장. 옥새(玉璽). 1. Sacred Treasures

しんじ[新字](명) ①신자. 새로 만든 문자. ②교과서 등에서 새로 나오는 문자. 신출 문자(新出文字). 1. a new letter

じんし[人士](명) 인사. 교양(教養)과 지위가 있는 사람. a man of good breeding

じんじ[人事](명) 인사. ①사람이 하는 일. ②개인의 신분에 관한 일. 「一異動(イドウ); 인사 이동」 ③인간으로서의 행동. 1. human business 2. personal affairs. —**いん**[人事院](명) 인사원. 공무원의 인사 이동을 맡은 관청. —**ふせい**[人事不省](명)〈의〉 인사 불성. 혼수(昏睡) 상태에 빠져 의식 불명이 되는 일.

じんじ[仁慈](명) 인자. 어질고 자애로움. benevolence

しんじいけ[心字池](명) 전체가 마음심(心) 자 모양으로 만들어진 못.

しんしき[神式](명) 신도(神道)의 의식. ↔佛式(ブッシキ).

しんしき[新式](명·형동ダ) 신식. 형식(양식)이 새로움. ↔旧式(キュウシキ). a new style

シンジケート[syndicate](명)〈경〉 신디케이트. ①경쟁 방지, 이윤 증대 등을 위한 자본가의 합동(合同). ②국채(国債), 공사채(公私債), 주식(株式) 등의 모집, 판매를 맡은 금융 단체.

しんしつ[心室](명)〈생〉 심실. 심장 내부의 하반부(下半部). ↔心耳(シンジ). the ventricle of the heart

しんしつ[寝室](명) 침실. 잠자는 방. a bedroom

しんじつ[信実](명) 신실. 충실(忠実). 성실. fidelity

しんじつ[真実](명·형동ダ) 진실. 참됨. the truth. —**み**[真実味](명) 진실미. 참다운 마음 가짐.

しんじつ[親昵](명·자サ) 친하게 지냄. 친숙(親熟). familiarity

じんじつ[人日](명) 다섯 명절의 하나. 1월 7일.

じんじつ[尽日](명) ①하루 종일. ②그믐. 「三月(サンガツ)一; 3월 그믐」 1. the whole day 2. the last day of the month

しんしゃ[深謝](명·타サ) 심사. ①깊이 감사함. ②공손하게 사과함. 1. heartfelt thanks 2. a sincere apology

しんしゃ[新車](명) 새로운 차. a new car

しんしゃ[親炙](명·자サ) 남과 친히 지내어 감화(感化)를 받음. a close acquaintance

しんじゃ[信者](명) 신자. 종교를 믿는 사람. 신도(信徒). a believer

じんしゃ[人車](명) ①인력거(人力車). ②손으로 밀어 레일 위를 달리는 4륜 대차(四輪臺車). 토공용(土工用)의 짐수레. 2. a truck

じんしゃ[仁者](명) 인자. ①어진 사람. ②자비심이 깊은 사람. 1. a man of virtue

じんじゃ[神社](명) 신사. 신을 모신 건물. a shrine

ジンジャー[ginger](명) 진저. 말린 생강. 「一ビスケッ

ト; 말린 생강을 넣어 만든 비스킷」 ―エール [ginger ale](명) 진저에일. 생강을 넣어 만든 시원한 음료수. 「a new interpretation

しんしゃく[新釈](명) 새로운 해석. ↗

しんしゃく[斟酌](명·타サ) ①짐작. 사정을 어림 처서 헤아림. ②적절하게 처리함. 1. allowance

じんしゃく[人爵](명) 사람이 정한 작위(爵位). ↔天爵(テンシャク). worldly honours

しんしゅ[神酒](명) 신에게 바치는 술. sacred wine

しんしゅ[進取](명) 진취. 스스로 앞장 서는 것.「一的気性(テキキショウ); 진취적인 기질」 enterprise

しんしゅ[新酒](명) 그해의 햅쌀로 빚은 술. new wine

しんしゅ[新種](명) 신종. 새로운 종류. 「一発見(ハッケン); 신종 발견」 a new kind

しんじゅ[真珠](명) 진주. 판새류(瓣鰓類) 조개 등의 속에서 생기는 둥글고 작은 구슬. 은색 광택이 나고 장식품으로 쓰임. a pearl. ―**がい**[真珠貝](명)〈동〉 ⇨あこやがい.

しんじゅ[神授](명) 신수. 신이 내려 주는 것. divine gift

しんじゅ[神樹](명) ①신령이 머무른다는 나무. ②신사의 경내(境内)에 있는 나무. 1. a divine tree

しんじゅ[親受](명) 친수. 친히 받음. recieving in person

しんじゅ[親授](명·타サ) 친수. 몸소 줌. 친히 수여(授与)함. personal investiture

じんしゅ[人主](명) 임금. 주군(主君). a lord

じんしゅ[人種](명) 인종. 체질, 체격, 언어, 풍속 등에 따라 분류한 인류의 종별. a race

じんじゅ[人寿](명) 사람의 목숨. 인간의 수명. 인명(人命). a man's span of life

じんじゅ[仁寿](명) 어질고 명이 긴 것. being benevolent and long-living

しんしゅう[神州](명) ①〔중국, 일본에서〕 자기 나라를 높이어 일컫는 말. ②신(神)이나 신선이 산다는 나라. 2. the land of gods

しんしゅう[真宗](명)〈불〉 정토 진종(浄土真宗)의 준말.

しんしゅう[深愁](명) 심수. 깊은 시름. deep sorrow

しんしゅう[新収](명·타サ) 새로 들여 옴.

しんしゅう[新秋](명) 신추. ①초가을. ②음력 7월. 1. the beginning of autumn

しんしゅう[新修](명·타サ) 신수. ①새로 수선함. ②새로 편수(編修)함. 2. new compilation

しんじゅう[心中](명·자サ) ①끝까지 신의를 지켜 줌. ②서로 사랑하는 남녀가 자기의 애정을 형태로 나타냄. ③사랑하는 남녀가 같이 자살함. 정사(情死). 1. remaining faithful 3. a lovers' suicide

しんじゅう[臣従](명·자サ) 신하(臣下)로서 좇음. 또는 그 사람. vassalage

しんしゅく[伸縮](명·자타サ) 신축. 늘이고 줄임. 늘고 줄음. 「一自在(ジザイ); 신축 자재」 expansion and contraction

しんしゅつ[侵出](명·자サ) 남의 세력 범위를 침입하여 세력을 넓힘. encroachment

しんしゅつ[浸出](명·타サ) 침출. 적시어 냄.

しんしゅつ[進出](명·자サ) 진출. ①앞으로 나아감. ②남보다 향상, 진보함. 1. advance

しんしゅつ[新出](명·자타サ) 신출. 새로 나옴. 「一漢字(カンジ); 새로 나온 한자」 new appearance

しんしゅつ[滲出](명·자サ) 삼출. 스며서 나옴. exudation. ―**せいたいしつ**[滲出性体質](명)〈의〉 삼출성 체질. 가벼운 자극으로 쉽사리 삼출성의 반응을 일으키는 체질. 어린 아이들에 많음.

しんじゅつ[心術](명) ①마음씨. 마음 가짐. ②심술. 〈철〉 행위의 동기(動機)를 결정하는 의사(意思)의 습관적 방향. 2. moral intention

しんじゅつ[針術·鍼術](명) 침술. 금속으로 만든 가느다란 침(針)을 환부(患部)에 놓아 병을 고치는 의술(医術). acupuncture

じんじゅつ[仁術](명) 인술. ①인덕(仁德)을 베푸는 방법. ②의술(医術). 2. medicine

しんしゅつきぼつ[神出鬼没](연어·명) 신출 귀몰. 귀신처럼 자유 자재로 나타났다 사라졌다하는 것. preternatural swiftness

しんじゅぶつ[神儒仏](명) 신도(神道), 유교(儒教), 불교(仏教). Shintoism, Confucianism and Buddhism

しんしゅん[新春](명) 신춘. 새봄. 신년. the New Year

しんじゅん[浸潤](명·자サ) 침윤. ①스며 듦. ②〈의〉 혈액 또는 임파액(淋巴液)에 의하여 조직에 운반된 새로운 물질이 가라앉아 몸에 이상을 일으키는 일. 「肺(ハイ)一; 폐침윤」 1. being wet 2. infiltration

しんしょ[心緒](명) 심서. 심회(心懷). 기분. mood

しんしょ[臣庶](명) 신하와 서민. 신민(臣民). subjects

しんしょ[信書](명) 신서. 편지. 서한(書翰). a letter

しんしょ[真書](명) ①진서. 서체(書体)의 하나. 해서(楷書). ②진실(真実)을 적은 서적.

しんしょ[新書](명) 신서. 신간 서적. 새로운 서적. new books. ―**ばん**[新書版](명) 신서판. 가벼운 읽을 거리를 수록한 작은 판의 책

しんしょ[親書](명) 친서. ①스스로 쓰는 일. ②스스로 쓴 편지. 친히 쓴 편지. 2. an autograph letter

しんしょ[親署](명·자サ) 친서. 친히 서명(署名)함. 또는 서명한 이름. autograph

しんじょ[神助](명) 신조. 신의 도움. 「天祐(テンユウ)一; 천우 신조」 divine grace

しんじょ[寝所](명) 침소. 잠자는 곳. 침실(寝室). a bedchamber

しんじょ[糝薯](명) 생선이나 고기를 다져, 거기에다 간 마를 섞어서 찐 음식.

じんしょ[陣所](명) 진을 친 곳. 진영(陣営). a camp

じんじょ[仁恕](명) 인서. ①인자하고 동정심이 많은 것. ②불쌍히 여겨 용서하는 일. 1. benevolence

しんしょう[心証](명) 심증. ①〈법〉 재판을 심리(審理)할 때에 얻은 재판관의 확신(確信). ②마음에 받는 인상(印象). 「一をよくする; 인상을 좋게 하다」 1. conviction 2. impression

しんしょう[心象](명) ⇨しんぞう.

しんしょう[身上](명) 신상. ①일신상(一身上)에 관한 일. ②몸이나 처신(処身)에 관한 형편. ③가치. 취할 점. 「まじめなところが一だ; 착실한 점이 취할 점이다」 1. one's affairs. **—もち**[身上持ち](명) ① 재산가. 부자. ②가정(家政) 방법.

しんしょう[身障](명) 신체 장애의 준말. 「一者(シャ); 불구자」

しんしょう[辛勝](명·자サ) 신승. 〔시합 등에서〕 겨우 이김. 간신히 이김. ↔楽勝(ラクショウ). winning by a narrow margin

しんしょう[真症](명)〈의〉 진증. 〔전염병 등에서〕 검사 결과 틀림 없다고 진단된 병. 진성(真性). ↔疑似症(ギジショウ). a genuine case

しんしょう[紳商](명) 신사다운 품위(品位)가 있는 대상인(大商人). a great merchant

しんじょう[心情](명) 심정. 마음. one's heart

しんじょう[身上](명) ⇨しんしょう.

しんじょう[信条](명) 신조. ①신앙의 개조(個条). ② 평소에 깊이 믿고 있는 일들. 「生活(セイカツ)の一; 생활 신조」 2. one's belief

しんじょう[真情](명) 진정. 참다운 마음. 참뜻. 「一を吐露(トロ)する; 진정을 토로하다」 true heart

しんじょう[進上](명·타サ) 진상. 바침. 올림. presentation

じんしょう[人証](명)〈법〉 인증. 증인, 감정인(鑑定人), 당사자 등의 증언에 의한 증거. testimony of a witness

じんじょう[尋常](형동ダ) ①심상. 보통인 모양. 당연한 모양. 「一な手段(シュダン); 보통 수단」 ②떳떳한 모양. 훌륭한 모양. 「一に勝負(ショウブ)しろ; 정정당당하게 승부를 겨루어라」 1. ordinary. **—いちよう**[尋常一様](형동ダ) 평소와 다름이 없는 모양. 예사로운 모양. 범상(凡常).

しんしょうひつばつ[信賞必罰](연어·명) 신상 필벌. 상벌(賞罰)을 엄중 정확하게 함. certainty of reward and punishment

しんしょうぼうだい[針小棒大](연어) 침소 봉대. (바늘 같이) 작은 일을 (막대처럼) 크게 과장해서 하는 말. 매우 과장함. exaggeration

しんしょく[侵食·侵蝕](명·타サ) 침식. ①조금씩 침범하여 먹음. ②⇨しんしょく(浸食). 1. erosion

しんしょく[神色](명) 신색. 얼굴빛. 안색. 표정. 「一自若(ジジャク); 태연한 안색」 countenance

しんしょく[神職](명) 신직. 신관(神官).

しんしょく[浸食·浸蝕](명·타サ) 침식. ①물이 스며들어 차차 부서짐. ②〈지〉 바람, 물 등의 힘으로 육지가 차차 깎이어 들어 가는 일. 「一作用(サヨウ); 침식 작용」 1. soaking and spoiling

しんしょく[寝食](명) 침식. 자고 먹는 일. 일상 생활. 「一を忘(ワス)れて勉強(ベンキョウ)する; 침식을 잊고 공부하다」 food and sleep

しん·じる[信じる](타상 1) ①믿다. ②귀의(帰依)하다. 신봉(信奉)하다. 1. believe 2. believe in

しん·じる[進じる](타상 1) ⇨しんぜる.

しんしん[心身·身心](명) 심신. 몸과 마음. mind and body

しんしん[心神](명) 마음. 정신. mind. **—そうしつ**[心神喪失](명)〈법〉 심신 상실. 정신 장해나 심한 취기(酔気) 등으로 자기 행위의 결과에 대하여 합리적으로 판단할 능력을 거의 잃는 일. 법률적 의지 행위(意志行為)의 책임을 전혀 질 수 없는 것.

しんしん[新進](명) 신진. ①새로 나옴. ②어떤 분야에 새로 진출한 사람. 신인(新人). 2. a new figure

しんしん[津津](형동タルト) 진진. 끊임 없이 넘쳐 나오는 모양. 「興味(キョウミ)一たるものがある; 흥미진진한 바가 있다」 full of

しんしん[深深](부) ①밤이 깊어 가는 모양. ②깊고 깊은 모양. 「一と; 매우 깊게」 1. far advanced

しんしん[森森](부) 삼삼. 나무가 울창한 모양. thickly

しんしん[搢紳·縉紳](명) ①속대(束帯)할 때에 홀(笏)을 띠에 꽂는 일. ②관위(官位), 신분이 높은 사람. 공경(公卿). 2. gentlefolks

しんしん[駸駸](부) ①말이 빨리 뛰는 모양. ②시간이 빨리 가는 모양. ③사물(事物)이 빨리 진척하는 모양. 1. galloping 2. passing away rapidly

しんじん[信心](명·타サ) ①신앙심. ②신불(神仏)에게 기원(祈願)함. 1. faith

しんじん[神人](명) 신인. ①신과 사람. 「一合一(ゴウイツ); 신인 합일」 ②신(神)처럼 만능(万能)인 사람. ③신같이 덕망이 높고 거룩한 사람. ④〈종〉 그리스도. ⑤신관(神官). 1. God and man

しんじん[真人](명) 진인. 도덕의 깊은 뜻을 깨달은 사람. a true man

しんじん[新人](명) 신인. ①새로 가입한 사람. ②신진(新進). ③새로운 사상을 가진 사람. 2. a new figure

じんしん[深甚](형동ダ) 심심. 매우 깊은 모양. 「一な(る)謝意(シャイ)を表(ヒョウ)する; 심심한 사의를 표하다」 profund

じんしん[人心](명) 인심. ①뭇사람들의 마음. 민중의 마음. ②부하의 마음. 「一を失(ウシナ)う; 인심(신망)을 잃다」 1. the public feeling

じんしん[人臣](명) 부하. 신하. 「一の身(ミ)として; 신하의 몸으로서」 a subject

じんしん[人身](명) 인신. ①사람의 몸. ②개인의 신분. 1. the human body 2. one's person. **—こうげき**[人身攻撃](연어·명) 인신 공격. 개인의 행동을 공격하는 일. **—ばいばい**[人身売買](연어·명) 인신 매매. 사람의 몸을 물건처럼 사고 파는 일.

じんしん[仁心](명) 인심. 어진 마음. 인자(仁慈)한 마음. benevolence

じんじん[仁人](명) 어진 사람. 인덕(仁德)이 있는 사람. a benevolent person

シンジング[singeing](명·자サ) 신징. 머리카락의 끝을 지짐.

じんじん ばしょり ヂンヂン一(명) 옷의 뒷자락을 약간 접어 띠 속으로 끼워 넣는 일.

しんすい[心酔](명·자サ) 심취. ①한 가지 일에 열중함. ②깊이 믿음. 1. fascination
しんすい[神水](명) ①신에게 바치는 물. ②(마시면) 신기한 효험이 있다는 물. 1. offering-water
しんすい[浸水](명·자サ) ①침수. 물에 잠김.「一家屋(カオク); 침수 가옥」②물이 스며 듦. 또는 스며든 물. 1. soaking
しんすい[深邃](명·형동ダ) 깊고 그윽함. 심오(深奥). 심원(深遠). profundity
しんすい[進水](명·자サ) 진수. 새로 만든 배를 물에 띄움.「一式(シキ); 진수식」 launching
しんすい[薪水](명) ①신수. 땔나무와 물. ②부엌일.「一の労(ロウ); 부엌일의 노고」 2. menial service
しんずい[心髄](명) 심수. ①중심에 있는 수(髄). ②중심. 중추(中枢). ③마음속. 1. the pith
しんずい[神髄·真髄](명) ①정신과 골수. ②사물의 참뜻. 정수(精髄).「仏教(ブッキョウ)の一; 불교의 참뜻」 2. the true meaning
じんすい[尽瘁](명·자サ) 힘을 다하여 애씀. 진력(尽力). devotion
じんずう[神通](명)〈불〉 신통. 불가사의(不可思議)한 힘을 가지고 모든 일에 자유 자재인 것. wonder. **—りき**[神通力](명) 신통력. 무엇이든 마음대로 할 수 있는 신기한 힘.
じんすけ[甚助](명) 다정하거나 질투가 많은성질. 또는 그런 사람. a man of loose morals
じん·する[陣する](타サ) 진을 치다. encamp
しんせい[心性](명) 심성. ①마음. 정신. ②태생. 천성(天性). 1. mind
しんせい[申請](명·타サ) 신청. 신고하여 청구함. application
しんせい[辰星](명) 신성. ①별. ②수성(水星)의 다른 이름. 1. a star 2. Mercury
しんせい[神性](명) 신성. ①신의 성질. ②마음. 정신(精神). 1. divinity 2. spirit
しんせい[神政](명) 신정. 신은 최고의 지배자이며, 지상의 위정자(為政者)는 신을 대신하여 나라를 다스린다는 원리(原理)에서 행하는 정치. theocracy
しんせい[神聖](명·형동ダ) 신성. 신과 같이 성스러움. holiness. **—かぞく**[神聖家族](명)〈종〉 신성 가족. 어린 그리스도와 어머니 마리아, 양부 요셉으로 이루어진 세 사람의 가족. 성가족(聖家族). **—ローマていこく**[神聖羅馬帝国](명)〈역〉 신성 로마 제국. 중부 유럽의 게르만 민족의 제국. (962～1806)
しんせい[真正](명·형동ダ) 진정. 참되고 바름. 거짓이 없음. genuineness
しんせい[真性](명) 진성. ①있는 그대로의 성질. 천성(天性). ②본체(本体). 실상(実相). ③〈의〉 검사 결과 의심할 여지가 없는 병. 유사성이 아닌 병.「一赤痢(セキリ); 진성 적리」↔仮性(カセイ). 2. substance
しんせい[新生](명·자サ) 신생. ①새로 태어남. ②새로운 생활을 시작함. ③새사람이 됨. 1. a new birth. **—じ**[新生児](명)〈의〉 ⇨しょせいじ(初生児).
しんせい[新声](명) 새로운 소리. a new voice
しんせい[新制](명) 신제. ①새로운 제도.「一高校(コウコウ); 신제 고등 학교」②새로운 체재(体裁). ↔旧制(キュウセイ). 1. a new system
しんせい[新政](명) 신정. 새로운 정치. a new administration
しんせい[新星](명) 신성. ①〈천〉 갑자기 나타나서 빛나는 항성(恒星). ②사회에 나와서 별안간 인기를 모은 사람. ③새로 나온 배우. a new star
しんせい[新製](명·타サ) 신제. 새로 만듦. 또는 그 물건. newly-made
しんせい[親政](명) 친정. 왕이 친히 하는 정치. direct Imperial rule
しんせい[親征](명) 친정. 임금이 친히 정벌(征伐)함. an Imperial expedition
じんせい[人世](명) 세상. 현세(現世). this world
じんせい[人生](명) 인생. ①세상 속에서의 인간의 생존(生存). ②사람이 살아 있는 동안. 1. human life. **—かん**[人生観](명)〈철〉 인생관. 인생의 가치, 목적에 대한 견해. **—こうろ**[人生航路](명) 인생 항로. 인생을 바닷길에 견주어 하는 말.「多難(タナン)な一に乗(ノ)りだす; 다난한 인생 항로에 나서다」
じんせい[人性](명) 인성. 인간 본래의 성질. human nature
じんせい[仁政](명) 인정. 어진 정치. benevolent rule
しんせいめん[新生面](명) 신생면. 새로운 방면.「一をひらく; 새로운 방면을 타개하다」 a new phase
しんせいだい[新生代](명)〈지〉 신생대. 지질 연대(地質年代) 중 현대를 포함한 가장 새로운 시대. 제3기와 제4기로 나눔. the Cenozoic era
しんせかい[新世界](명) 신세계. ①새로 발견된 국토. ②남북 아메리카. 신대륙. ↔旧(キュウ)世界. 2. the New World
しんせき[臣籍](명) 메이지 헌법하(明治憲法下)에서 신하의 신분. the status of a subject
しんせき[真跡·真蹟](명) 틀림 없이 그 사람이 쓴 것. 진짜 필적(筆跡). a facsimile
しんせき[晨夕](명) 신석. 아침과 저녁. 조석(朝夕). morning and evening
しんせき[親戚](명) 친척. 일가 친척. a relation
じんせき[人跡](명) 인적. 사람의 발자국. 사람이 왕래한 자취.「一まれな; 인적이 드문」 human traces
しんせつ[臣節](명) 신하로서의 절조(節操). loyalty
しんせつ[深雪](명) 심설. 깊이 쌓인 눈. deep snow
しんせつ[新設](명·타サ) 신설. 새로 설치함.「バス路線(ロセン)の一; 버스 노선의 신설」 new establishment
しんせつ[新雪](명) 새로 내린 눈. freshly fallen snow
しんせつ[新説](명) 신설. ①새로운 학설.「一を立(タ)てる; 새로운 학설을 세우다」②새로(처음) 듣는 얘기. 1. a new theory
しんせつ[親切·深切](명·형동ダ) 친절. 진정으로 남에게 도움이 되도록 힘씀. 인정이 많음.「一をつくす; 친절을 다하다」 kindness. **—ぎ**[親切気](명)

친절하고자 하는 마음. 「一を起(オ)こす; 친절하고자 하는 마음을 일으키다」

しんせっきじだい[新石器時代](명)〈역〉 신석기 시대. 석기 시대 중 문화가 발달한 최후의 시대. the Neolithic era

しん·ぜる[進ぜる](타하 1) 바치다. 진상하다.

しんせん[神仙](명) 신선. 신통력(神通力)을 가져 불로 불사(不老不死)한다는 선인(仙人). a demigod

しんせん[神占](명) 신에게 빌어서 제비를 뽑아 길흉을 예견(豫見)하고 의문을 푸는 일. divination

しんせん[神泉](명) 영묘(靈妙)한 샘. a holy spring

しんせん[神饌](명) 신찬. 신에게 바치는 음식물. an offering to a god

しんせん[深浅](명) 심천. ①깊이. 심도(深度). ②깊고 얕음. 짙고 엷음. 1. depth

しんせん[新船](명) 새로 만든 배. a newly-made ship

しんせん[新線](명) 새로 부설한 선로(線路). a new line

しんせん[新撰](명) 신찬. 새로 편집하거나 만듦. a new compilation

しんせん[新選](명) 신선. 새로 고름. 새로 선출함. a new selection

しんせん[新鮮](형동ダ) 신선. 새롭고 싱싱한 모양. 「一味(ミ); 신선미」 fresh

しんぜん[浸染](명·자타サ) 침염. ①차차 물이 듦. 감염(感染). ②차차 감화(感化)함. 또는 감화됨. ③염색법의 하나. 염료(染料)의 용액에 물들일 것을 넣어 염색하는 방법. 2. being gradually influenced

しんぜん[神前](명) 신전. 신의 앞. 「一結婚(ケッコン); 신전 결혼」 before God

しんぜん[親善](명) 친선. 서로 의좋게 함. amity

じんせん[人選](명·자サ) 인선. 적당한 인물을 골라 냄. the selection of a suitable person

じんぜん[荏苒](부) 임염. ①세월이 지지하게 가는 모양. ②사물이 점차적으로 변해 가는 모양. 1. procrastinatingly 2. transitionally

しんぜんび[真善美](명) 진선미. (인간의 이상을 간단하게 표현한 것) the true, the good and the beautiful

しんそ[神祖](명) ①아마테라스 오오미카미(天照大神)를 높이어 부르는 말. ②에도(江戸) 시대 토쿠가와 이에야스(徳川家康)를 높여 부르던 말.

しんそ[親疎](명) 친소. 친한 사람과 친하지 않은 사람. 친밀(親密)과 소원(疎遠). the familiar and the unfamiliar

しんソ[親ソ](명) 친소. 소련과 친하게 지내는 것. pro-Russian

しんぞ[新造](명) ①20세 전후의 처녀. ②젊은 아내. ③남의 아내의 높임말. ④갓 유녀(遊女)가 된 여자. 또는 유녀의 시중을 드는 여자. 1. a young unmarried woman

しんそう[真相](명) 진상. ①참모습. ②참다운 사정. 「事件(ジケン)の一; 사건의 진상」 2. the actual fact

しんそう[真草](명) 진초. 해서(楷書)와 초서(草書)의 두 가지 글씨체.

しんそう[真槍](명) 실전(實戦)에 사용하는 진짜 창(槍). a real spear

しんそう[神葬](명) 일본 고유의 종교인 신도(神道)에 의한 장례.

しんそう[深窓](명) 심창. 집안 깊숙이 있는 방. 「一に育(ソダ)つ; 귀염을 받으며 풍파를 모르고 자라다」 a sequestered room

しんそう[新粧](명) 신장. 새로운 화장. new dress

しんそう[新装](명) 신장. 새로운 복장. 새로운 치장. 「一成(ナ)ったビルディング; 신장한 빌딩」 new dressing

しんぞう[心像](명)〈심〉 심상. 기억, 상상 또는 외적(外的) 자극에 의해서 나타나는 직관적(直観的)인 표상(表象). an image

しんぞう[心臓](명) ①〈생〉 심장. 혈관 계통(血管系統)의 중심을 이루는 중요한 기관. 염통. 「一麻痺(マヒ); 심장 마비」 ②〈속〉 배짱. 뱃심. 1. the heart

しんぞう[新造](명·타サ) ①신조. 새로 만듦. 「一船(セン); 신조선」 ②⇨しんぞ. 1. new construction

じんぞう[人造](명) 인조. 사람의 손으로 만듦. 「一繊維(センイ); 인조 섬유」 artificiality

じんぞう[腎臓](명)〈생〉 신장. 오줌의 배설을 맡은 기관. 복강(腹腔) 뒷벽, 척추의 양쪽에 있음. 「一病(ビョウ); 신장병」 the kidney. ── **えん**[腎臓炎](명)〈의〉 신장염. 신장에 생기는 염증. 오줌에 흰자질(蛋白質)이 섞이며 혈압이 높아짐.

しんそく[神速](명·형동ダ) 신속. 몹시 빠름. 「一果敢(カカン); 신속 과감」 rapidity

しんぞく[真俗](명)〈불〉 진속. ①진제(真諦)와 속제(俗諦). ②불교의 가르침과 세속(世俗)의 가르침. ③중과 속인(俗人). 3. priests and laymen

しんぞく[親族](명) 친족. 일가. 친척. 「一会議(カイギ); 친족 회의」 a relative

じんそく[迅速](명·형동ダ) 신속. 날쌔고 빠름. 민속(敏速). quickness

しんそこ[心底·真底](명) 마음속. 「一から; 마음속으로부터」 one's inmost thoughts

しんそつ[真率](명·형동ダ) 진솔. 진실하고 꾸밈이 없음. 참되고 솔직함. simplicity

しんそつ[新卒](명) 새로 학교를 졸업한 사람. ↔旧卒(キュウソツ).

じんた(명) 적은 인원으로 구성된 취주(吹奏) 악대. 북, 클라리넷, 나팔 등으로 통속곡(通俗曲)을 연주하며 광고, 서어커스의 선전 등을 함. a small brass band

じんだ[糂粏](명) ①겨에 누룩, 소금을 넣은 것. 채소를 절이는 데 씀. ②⇨ぬかみそ.

しんたい[身体](명) 신체. 몸 「一検査(ケンサ); 신체 검사」 the body

しんたい[神体](명) 신체. 신을 상징하는 신성한 물체. 영체(霊体). the embodiment of a deity

しんたい[真諦](명)〈불〉 진제. ①2제(二諦)의 하나이며 진실 평등의 이치. ↔俗諦(ゾクタイ). ②성불(成仏)의

법. 불법(仏法). ③참된 도리. 3. truth

しんたい[進退](명·자サ) 진퇴. ①나아감과 물러남. ②행동 거지(行動挙止). ③직무상의 거취(去就). ④〔매매, 담판 등에서〕 기회를 엿보아 적절한 처리를 함. 1. advance and retreat. **──うかがい**[進退伺い]─ウカガヒ(명) 잘못을 저질렀을 때에 자신의 처치를 상관에게 묻는 일. 또는 그 문서. **──りょうなん**[進退両難](연어·명) 진퇴 양난. 나아가지도 못하고 물러서지도 못하게 된 어려운 처지. 진퇴 유곡(進退維谷). 「─におちいる; 진퇴 양난에 빠지다」

しんたい[新体](명) 신체. 새로운 체재(体裁). a new style. **──し**[新体詩](명) ①신체시. 새로운 체제, 형식, 내용으로 된 시. ②〔일본에서〕 메이지(明治) 초기에 서양시의 형식을 본받아 새로 지은 시.

しんだい[身代](명) 일신(一身)에 속한 재산. a fortune. **── かぎり**[身代限り](명·자サ) 파산(破産)함.

しんだい[深大](명·형동ダ) 심대. 깊고 큼. 「─なる影響(エイキョウ); 심대한 영향」 profound and large

しんだい[寝台](명) 침대. 「─車(シャ); 침대차」a bed

じんたい[人体](명) ①인체. 사람의 몸. ②인품. 1. the human body 2. personality

じんたい[靱帯](명)〈생〉 인대. 관절(関節)의 운동을 안전하게 하거나 제한(制限)하는 튼튼한 섬유 조직(繊維組織). a ligament

じんだい[人台](명) 양복의 디자인, 제작 또는 진열에 쓰는 인체(人体)의 동체(胴体) 모형. a lay figure

じんだい[神代](명) 신만이 살던 시대. 진무(神武) 천황이 즉위하기 이전. the age of gods. **──すぎ**[神代杉](명) 여러 해 동안 물이나 땅속에 묻혀 있던 삼목의 목재. 공예품, 장식품으로 씀.

じんだい[甚大](명·형동ダ) 심대. 몹시 큼. 다대(多大). 「─な影響(エイキョウ); 심대한 영향」 very great

じんだいこ[陣太鼓](명) 예전 진중(陣中)에서 병사의 진퇴를 지시하기 위해 치던 북. a war-drum

じんだいめいし[人代名詞](명) 〔문법에서〕 인대명사. 사람을 가리켜 말하는 대명사. 인칭 대명사. ↔指示(シジ)代名詞. a personal pronoun

〔陣太鼓〕

しんたいりく[新大陸](명) ①〈지〉 ⇨しんせかい(新世界)②. ②신대륙. 새로 개척되거나 개척될 대륙. 2. the New World

しんたく[信託](명·자サ)〈법〉 신탁. 일정한 목적에 따라 타인에게 재산의 관리, 처분 등을 맡김. 「─銀行(ギンコウ); 신탁 은행」 trust. **──とうち**[信託統治](명)〈법〉 신탁 통치. 국제 연합(国際聯合)의 신탁에 의한 통치.

しんたく[神託](명) 신탁. 신의 계시(啓示). 신이 사람을 매개자로 하여 그의 뜻을 나타내는 일. an oracle

しんたく[新宅](명) ①새로 지은 집. ②별가(別家). 분가(分家). 1. a new house 2. a branch family

しんたつ[申達](명·타サ) 하급 관청에 지령(指令)을 내림. notification

しんたつ[進達](명·타サ) 진달. 상급 관청으로부터의 영(令)을 받아 이행하고 계출(届出)함. 하급 관청의 상신(上申) 서류를 상급 관청에 전달함. transmission

シンタックス[syntax](명) 신택스. 구문론(構文論). 문장법(文章法). 문장론. 「battle formation

じんだて[陣立て](명) 군세(軍勢)의 정비, 배치. ↗

しんたん[心胆](명) 심담. 마음. 담(胆). 「─を寒(サム)からしめる; 간담을 서늘하게 하다」 heart

しんたん[震旦](명) 진단. 옛날 인도에서 중국을 일컫던 말. 중국을 치나스타나(China-sthana), 또는 치니스탄(Chinistan)이라 불렀던 데에 연유한다고 함. ↔天竺(テンジク). 「wood and charcoal

しんたん[薪炭](명) 신탄. 장작과 숯. 시탄(柴炭). ↗

しんだん[診断](명·타サ)〈의〉 진단. 진찰해서 병의 상태를 판단함. diagnosis

しんち[真知·真智](명)〈불〉 진지. 진리를 깨달아 얻은 참된 지혜. ↔俗智(ゾクチ). wisdom

しんち[神知·神智](명) 영묘한 지혜. divine wisdom

しんち[新知](명) ①새로운 사귐. 새로운 친구. ②새로 주어진 봉토(封土)나 녹(禄). 1. a new acquaintance

しんち[新地](명) ①새로 개간한 땅. 신개지(新開地). ②새로 얻은 영지. ③유곽. 1. a land newly laid out

じんち[人知·人智](명) 인지. 인간의 지혜. 사람의 슬기. human intellect

じんち[陣地](명) 진지. 진을 친 곳. an encampment

しんちく[新築](명·타サ) 신축. 새로 건축함. 또는 그 건물. a new building

じんちく[人畜](명) ①인축. 인간과 가축. 「─に被害(ヒガイ)を与(アタ)える; 인축에 해를 끼치다」 ②사람을 욕하여 일컫는 말. 1. men and beasts

しんちしき[新知識](명) 신지식. 진보(進歩)된 새로운 지식. advanced knowledge

しんちゃ[新茶](명) 그해에 나온 새싹을 따서 만든 차(茶). new tea

しんちゃく[新着](명·자サ) 신착. 새로 도착함. 「─図書(トショ); 새로 도착한 도서」 new arrival

しんちゅう[心中](명) 심중. 마음속. in the heart

しんちゅう[身中](명) 몸속. the inside of the body

しんちゅう[真鍮](명)〈이〉 진유. 구리와 아연(亜鉛)의 합금(合金). 빛은 황색. 놋쇠. brass

しんちゅう[神籌](명) 뛰어난 계책. an excellent scheme

しんちゅう[進駐](명·자サ) 진주. 외국 영토(領土) 안에 군대가 진군하여 머무름. occupation

しんちゅう[新注·新註](명) 신주. 새로운 주석. a new annotation

じんちゅう[尽忠](명) 진충. 충성을 다하는 것. 「─報国(ホウコク); 진충 보국」 loyalty

じんちゅう[陣中](명) 진중. ①진지(陣地)의 안. ②전쟁 중(戦争中). 1. in camp 2. in war

しんちょ[心緒](명) ⇨しんしょ(心緒).

しんちょ[新著](명) 신저. 새로운 저작. a new work

しんちょう[身長](명) 신장. 키. stature

しんちょう[伸長](명·자타サ) 신장. 길게 늘임. 길게

뻗어 남.「勢力(セイリョク)を一する; 세력을 뻗치다」 extension

しんちょう[深長](명·형동ダ) 심장. 뜻이 깊고 함축성이 있음.「意味(イミ)一; 의미 심장」 profoundness

しんちょう[伸張](명·자타サ) ①신장. 늘어나서 넓어짐. 확장(拡張). ②⇨しんちょう. 1. expansion

しんちょう[慎重](명·형동ダ) 신중. 삼가고 조심함. 주의 깊음. 조심성 있음. prudence

しんちょう[清朝](명) 청조. ①청(清) 나라 조정. ②←清朝活字. 1. the Ching Dynasty. **一かつじ**[清朝活字](명) 청조 활자. 인쇄 활자 자체(字体)의 한 가지. 명함, 청첩장 등에 많이 쓰임.

しんちょう[新調](명·타サ) 신조. ①새로 만듦. 또는 만든 것.「洋服(ヨウフク)を一する; 양복을 새로 마추다」 ②새로운 가락. 신곡(新曲). 1. newly-made

しんちょう[晨朝](명) ①신조. 이른 아침. 조조(早朝). ②〈불〉 ⇨じんじょう. 1. early morning

じんちょうげ[沈丁花](명)〈식〉 ⇨ちんちょうげ.

しんちょく[進捗](명·자サ) 진척(進陟). 일이 진행되어 감. progress

しんちん[深沈](형동タルト) ①밤이 깊어 가는 모양. ②깊고 그윽한 모양. 1. advancing

しんちんたいしゃ[新陳代謝](명·자サ) 신진 대사. ①낡은 것이 없어지고 그 대신 새로운 것이 생김. ②〈생〉 생물체가 생존, 활동 등에 필요한 물질을 몸 속에 흡수하고 불필요한 것을 몸 밖으로 내어 보냄. 1. replacement 2. metabolism

しんつう[心痛](명·자サ) 심통. ①걱정. 근심. ②가슴이 괴롭고 아픔. 1. anxiety

じんつう[陣痛](명)〈의〉 진통. 아기가 태어날 때의 복통(腹痛). pangs of labour

しんづけ[新漬](명) 새로 담근 일본식 김치. newly pickled vegetables

しんて[新手](명) 새로운 방법. 새 수법.「商売(ショウバイ)の一; 장사의 새로운 방법」 new means

しんてい[心底](명) 심중. 마음속. one's real intention

しんてい[真底](명) 맨 밑바닥. the very buttom

しんてい[進呈](명·타サ) 진정. 올림. 바침.「粗品(ソヒン)一; 조품 진정」 presentation

しんてい[新定](명·타サ) 새로 정함. newly-established

しんてい[新訂](명·타サ) 신정. 새로 정정(訂正)함. new revision

しんてい[新帝](명) 신제. 새로 즉위(即位)한 천자(天子). the new emperor

じんてい[人定](명·타サ)〈법〉 인정. 바로 그 사람이라는 것을 인정하는 일.「一尋問(ジンモン); 인정 심문(법정에 출석한 형사 피고인이 분명히 본인인가 아닌가를 확인하기 위한 심문)」

ジンテーゼ[도 Synthese](명)〈철〉 신테에제. 많은 것을 하나로 통일하는 일. 종합(総合). 통합(統合).

しんてき[心的](형동ダ) 심적. 마음에 관한 모양. 마음의.「一傾向(ケイコウ); 심적 경향」↔物的(ブッテキ). mental

しんてき[清笛](명)〈악〉 청악(清楽)에 사용하는 대로 만든 저(横笛). a Ching-flute

じんてき[人的](형동ダ) 인적. 사람에 관한 모양. 사람의.「一不足(フソク); 인적 부족(사람이 모자람)」↔物的(ブッテキ). human

シンデレラ[Cinderella](명) 신데렐라. 서양 동화에 나오는 여주인공의 이름. 계모에게 학대받아 모진 일에 쫓기다가, 뒤에 왕자와 결혼하여 행복하게 됨.

しんてん[伸展](명·자타サ) 신전. 늘이어 펼침. 또는 늘이어 펌. 확장. expansion

しんてん[神典](명) ①신에 관하여 쓴 문서. ②신도(神道)의 성전(聖典). 1. sacred classics

しんてん[進展](명·자サ) 진전. 진보하고 발전함. advancement

しんてん[進転](명·자타サ) 진전. 앞으로 나아가 옮김. 또는 옮기게 함. advancing and removing

しんてん[親展](명) 친전. 편지, 전보 등에서 적힌 수신인(受信人)이 직접 펴서 보는 일. 또는 그렇게 해 달라는 뜻을 표시하는 말. confidential

しんでん[神田](명) 신사(神社)에 부속된 논. a rice field belonging to a shrine

しんでん[神殿](명) 신전. 신을 모신 전물. a shrine

しんでん[新田](명) 새로 개간한 논. a new rice field

しんでん[寝殿](명) 침전. 옛날 천자가 거처하던 어전(御殿). 정전(正殿). the audience chamber. **一づくり**[寝殿造り](명) 헤이안(平安) 시대의 귀족 계급의 주택 건축 양식의 하나.

しんでん[親電](명) 국가 원수가 자기 이름으로 보내는 전보. an emperor's telegram

しんでんず[心電図](명)〈의〉 심전도. 심장의 고동을 전류(電流)로 바꾸어서 나타낸 곡선(曲線). 심장 진단에 쓰임. an electrocardiogram

しんてんどうち[震天動地](연어·명) 진천 동지. 천지를 진동케 하는 것. 큰 사건이 일어나는 모양. 경천동지(驚天動地).「一の大異変(ダイイヘン); 천지를 진동시키는 대이변」 world-shaking

しんと[信徒](명) 신도. 신자(信者). a believer

しんと[神都](명) ①신국(神国)의 수도. ②이세 신궁(伊勢神宮)이 있는 미에현(三重県) 이세시(伊勢市).

しんと[新都](명) 신도. 새로 정해진 수도(首都). the new capital

しんど[心土](명)〈농〉 심토. 표토(表土)의 하층에 있는 흙. subsoil

しんど[深度](명) 심도. 깊이의 정도. 깊이. depth

しんど[進度](명) 진도. 나아가는 정도. 진행 정도(進行程度). progress

しんど[震度](명)〈지〉 진도. 지진(地震)의 크기. 지진의 정도. seismic intensity

じんど[塵土](명) 진토. ①먼지와 흙. ②시시한 것. 하찮은 일. 1. dust and soil 2. a trifle

しんど·い(형)〈방〉〔"しんど"는 "辛労"의 변화〕 괴롭다. 지치다. 피로하다. tired

しんとう[心頭](명) 마음. 마음속.「怒(イカ)り一に発

(ハッ)する; 몹시 화를 내다」 one's heart
しんとう[神道](명)〈종〉 신도. 일본 민족의 전통적인 신앙. 조상, 신의 숭배를 지상(至上)으로 함.
しんとう[神燈](명) 신등. 신에게 바치는 등불. a sacred lantern
しんとう[振盪·震盪](명·자타サ) 진탕. 흔들리어 움직임. concussion
しんとう[新党](명) 신당. 새로운 정당. 새로운 당파(党派). a new political party
しんとう[浸透·滲透](명·자サ) 삼투. 침투. ①젖어 들어 감. 스며 젖어서 속속들이 뱀. ②(사상 등이) 차차 스며 듦. 「民主主義(ミンシュシュギ)が一する; 민주주의가 침투하다」 ③〈이〉 두 가지 액체가 반투성(半透性)의 막을 통하여 섞이는 현상. 1. saturation. **—あつ**[滲透圧](명)〈이〉 삼투압. 삼투 현상이 일어날 때에 반투벽(半透壁)이 받는 압력. 침투압.
しんとう[親等](명)〈법〉 친등. 친척 관계에서 촌수(寸数)의 멀고 가까운 등급. the degree of relationship
しんどう[神道](명) ⇨しんとう.
しんどう[神童](명) 신동. 재주와 슬기가 썩 뛰어난 아이. a prodigy
しんどう[振動](명·자타サ) 진동. ①흔들리어 움직임. ②〈이〉 물체가 일정한 거리를 왕복(往復)하는 운동. 1. swinging 2. oscillation
しんどう[新道](명) 새로 개척한 길. a new road
しんどう[震動](명·자타サ) 진동. 흔들리어 움직임. 또는 흔들어 움직임. vibration
じんとう[陣頭](명) 진두. 전투 대열(戦闘隊列)의 앞장. 「一指揮(シキ); 진두 지휘」the head of an army
じんどう[人道](명) 인도. ①사람이 지켜야 할 도리나 길. ②사람이 통행하는 길. 보도(歩道). ↔車道(シャドウ). 1. humanity. **—てき**[人道的](형동ダ) 인도적. 인도에 입각한 모양.
じんどう[仁道](명) 인도. 인(仁)의 길. benevolence
じんとうぜい[人頭税](명) 인두세. 국민 한 사람 한 사람에게 부과(賦課)하는 세금. a poll tax
しんとく[神徳](명) 신덕. 신의 공덕. divine attributes
しんどく[真読](명)〈불〉 불경을 생략(省略)하지 않고 전부 읽는 일. thorough reading
しんどく[慎独](명) 신독. 홀로 있을 때에도 도덕에 어그러짐이 없도록 삼감. 남 안 보는 데서도 근신함.
じんとく[人徳](명) 인덕. 사람이 갖추고 있는 덕. one's inherent virtue
じんとく[仁徳](명) 인덕. 어진 덕. grace
じんどり[陣取](명) ①진을 빼앗는 일. ②아이들의 유희의 한 가지. 진 빼앗기 놀이. 1. encamping
じんど·る[陣取る](자 4) ①진을 치다. ②장소를 점령하다. 1. encamp 2. occupy
シンナー[thinner](명)〈이〉 딘너. 용매(溶媒)의 한 가지. 페인트에 섞어서 색을 엷게 하거나 의복의 얼룩을 빼는 데 씀.
しんない[心内](명) 마음속. 내심(内心). in the heart
しんない[新内] 〔←新内節(ブシ)〕 에도(江戸) 시대 말기에 발단한 죠우루리(浄瑠璃)의 한 가지.
しんなり(부·자サ)〈속〉 나긋나긋한 모양. 부드러운 모양. pliably
じんなん[靭軟](명) 강(強)하면서도 부드러운 것. strong and soft
しんに[瞋恚](명)〈불〉 진에. 자기 의사에 어그러진데 대한 노여움. 분노. indignation
しんに[真に](연어·부) 진실로. 참으로. 「一痛快(ツウカイ)だ; 참으로 통쾌하다」 truly
じんにく[人肉](명) 인육. 사람의 고기. human flesh
しんにち[親日](명) 친일. 일본과 친한 것. 「一家(カ); 친일파」 pro-Japanese
しんにゅう[之繞](명) 한자 부수(部首)의 하나. 책받침. "進, 送"등의 "辶" 부분.
しんにゅう[侵入](명·자サ) 침입. 침범(侵犯)하여 들어 감. invasion
しんにゅう[浸入](명·자サ) 침입. 물 등이 스며 듦. percolation
しんにゅう[進入](명·자サ) 진입. 나아가 안으로 들어 감. entry
しんにゅう[新入](명) 신입. 새로 들어 가는 일. 「一生(セイ); 신입생」 new
しんにゅう[滲入](명·자サ) 삼입. 물 같은 것이 스며들어 감. permeation
じんにゅう[人乳](명)〈의〉 인유. 사람의 젖. human milk
しんにょ[信女](명)〈불〉 신녀. ①속인(俗人)으로 불문에 들어 간 부인. ②불식(仏式)에 의해 장사 지낸 부인(婦人)의 계명(戒名) 밑에 붙이는 칭호. ↔信士(シンシ).
しんにょ[真如](명)〈불〉 진여. 만물의 본체(本体)로서 영구히 변하지 않는 무차별(無差別), 평등의 진리(真理). ↔仮相(ケソウ). an eternal truth
しんにょ[神女](명) 여신. 천녀(天女). a goddess
しんにょう[之繞](명) ⇨しんにゅう.
じんにょう[人尿](명) 사람의 오줌. human urine
しんにん[信任](명·타サ) 신임. 믿고 맡김. 「一投票(トウヒョウ); 신임 투표」 confidence. **—じょう**[信任状](명) 신임장. 해외에 파견하는 외교 사절의 정당한 자격을 증명하는 문서.
しんにん[新任](명·타サ) 신임. 새로 임명됨. 또는 그 사람. ↔旧任(キュウニン). new appointment
しんにん[親任](명·타サ) 친임. 임금이 친히 임명함. 또는 그 사람. Emperor's personal appointment
しんねりむっつり(부·자サ)〈속〉 마음속에는 여러 생각이 있으나 입 밖에 내지 않는 모양. 또는 그러한 성격. sullen
しんねん[信念](명) 신념. 굳게 믿어 의심하지 않는 마음. 믿음. 「必勝(ヒッショウ)の一; 필승의 신념」 conviction
しんねん[新年](명) 신년. 새해. a new year
しんのう[心嚢](명)〈생〉 심낭. 심장과 이에서 뻗어 나간 대혈관(大血管)의 기부(基部)를 싼 막성(膜性)의 주머니. the pericardium

しんのう[進納](명·타サ) 진납. 나아가 바침. dedication
しんのう[親王](명) 친왕. 일정한 범위의 남자 황족의 호칭.「一殿下(デンカ); 친왕 전하」↔内親王(ナイシンノウ). an Imperial prince
じんのう[人皇](명) 진무(神武) 천황 이후의 천황. 카미요(神代)와 구별하여 하는 말. an emperor
しんのぞう[心の臓](명)〈고〉 심장.
しんのやみ[真の闇](연어) 아주 캄캄한 것. 암흑(暗黒). utter darkness
しんぱ[新派](명) 신파. ①새로운 유파(流派). ②메이지(明治) 시대 중엽 이후 카부키(歌舞伎)에 대항하여 일어난 현대극. 1. a new school
シンパ(명) 심퍼다이저의 준말.
じんば[人馬](명) 인마. 사람과 말.「一一体(イッタイ); 인마 일체」 a man and a horse
しんぱい[心配](명·자타サ·형동ダ) 걱정. 근심. care
しんぱい[神拝](명·자サ) 신사 참배. visiting shrine
しんぱい[親拝](명·타サ) 임금이 친히 예배함.
じんばおり[陣羽織](명) 옛날 진중(陣中)에서 갑옷 위에 걸쳐 입던 겉옷. a coat worn over the armour

〔陣羽織〕

シンパサイザー[sympathizer](명) 심퍼다이저. ①공명자(共鳴者). ②(공산주의 운동의) 동조자(同調者). 후원자.
しんばしら[真柱·心柱](명) 탑(塔) 등의 중심이 되는 기둥. the central pillar
しんばつ[神罰](명) 신벌. 신이 내리는 벌. divine punishment
しんぱつ[進発](명·자サ)〈군〉 진발. 군대의 출발. 부대의 나아감.
しんばり(ぼう)[心張り(棒)](명) 창문이 꼭 닫히도록 가로 지르는 나무. 빗장.「一を支(カ)う; 빗장을 지르다」 a bar
シンバル(ズ)[cymbals](명)〈악〉 심벌즈. 타악기의 한 가지. 한 쌍의 오목한 금속(金属) 원반(円盤)을 부딪쳐서 소리를 냄.
しんばん[新盤](명) 새로 나온 축음기판. a new disk

〔シンバル(ズ)〕

しんぱん[審判](명·타サ) ⇨しんぱん.
しんぱん[侵犯](명·타サ) 침범. 다른 나라의 영토나 권리 등을 범함. encroachment
しんぱん[新版](명) 신판. ①새로운 출판. 신간(新刊). ②판이나 체재(体裁)를 새롭게 한 것.「改訳(カイヤク)—; 개역 신판」 1. a new book
しんぱん[審判](명·타サ) 심판. ①사건을 심리(審理), 판단함. ②〔경기에서〕 승부(勝負), 순위(順位) 등을 정함.「一官(カン); 심판관」 1. trial
しんぱん[親藩](명) 무가 시대(武家時代)에 막부 장군(幕府将軍) 집안과 근친 관계에 있던 영주(領主).
しんび[審美](명) 심미. 아름다운 것과 추한 것을 가리는 일.「一眼(ガン); 심미안」 appreciation of the beautiful. ——**てき**[審美的](형동ダ) ⇨びてき(美的).

しんぴ[真皮](명)〈생〉 진피. 피부의 안팎 두 겹으로 된 내층(内層). 가장 심부(深部)에 지방 조직이 있고, 사람의 것은 탄력(弾力) 섬유가 풍부한 결체(結締) 조직으로 이루어져 있음. the true skin
しんぴ[真否](명) 진부. 사실인지 아닌지의 여부(与否). true or false
しんぴ[神秘](명·형동ダ) 신비. 인간의 지혜로써는 헤아릴 수 없음. 또는 그러한 일.「一的(テキ); 신비적」 mystery
じんぴ[靭皮](명)〈생〉 인피. 외피(外皮) 안쪽에 있는 부드러운 내피(内皮). bast
しんぴつ[真筆](명) 진필. 그 사람 자신이 쓴 글씨. ↔偽筆(ギヒツ). an autograph
しんぴつ[宸筆](명) 신필. 임금의 필적(筆蹟). the Emperor's autograph
しんぴつ[親筆](명) 친필. 신분 높은 사람이 친히 쓴 필적(筆跡). 자필(自筆). an autograph
しんぴょう[神妙](명·형동ダ) ⇨しんみょう.
しんぴょう[神廟](명) 신묘. ①신령을 모시는 곳. ②이세시(伊勢市)의 코오다이 신궁(皇大神宮).
しんぴょう[信憑](명·자サ) 신빙. 믿고 의거함. 신뢰.「一性(セイ); 신빙성」 reliance
しんぴん[神品](명) 신품. 매우 숭고한 품위. 썩 뛰어난 작품. excellent quality
しんぴん[新品](명) 신품. 새로운 물품. a new article
じんぴん[人品](명) ①인품. 사람의 됨됨이. 인격. ②모습. 풍채.「一いやしからぬ紳士(シンシ); 풍채가 천하지 않은 신사」 1. personality
しんぶ[深部](명) 심부. 깊은 부분.「肺(ハイ)の一; 폐의 깊은 부분」
しんぷ[神父](명) 신부. 가톨릭교의 사교자(司教者). ↗a priest
しんぷ[神符](명) 신부. 신사(神社) 등에서 발행하여 신도(信徒)에게 나누어 주는 적부(籍符). an amulet
しんぷ[新婦](명) 신부. 새색시. ↔新郎(シンロウ). a bride
しんぷ[新譜](명) 신보. 새로운 악보(楽譜). 또는 그 레코오드. a new tune
しんぷ[親父](명) 친부. 친아버지.「ご一; 아버님」 a father
しんぷう[新風](명) 신풍. ①신선한 바람. ②새로운 방법, 기풍, 풍조(風潮).「学界(ガッカイ)に一を送(オク)る; 학계에 새 기풍(気風)을 보내다」 2. a new style
じんぷう[陣風](명) 갑자기 세게 부는 바람. a gale
シンフォニー[symphony](명)〈악〉 심포니. 교향악(交響楽). 교향곡, 교향시 등 관현악을 위하여 만든 음악의 총칭. 대규모의 관현악 조직에 의하여 연주됨.
シンフォニック[symphonic](형동ダ) 심포닉. 교향악(交響楽)의.「一ジャズ; 심포닉 재즈」
しんぷく[心服](명·자サ) 심복. 충심(衷心)으로 복종함. 심열 성복(心悦誠服). honest submission
しんぷく[臣服](명·자サ) 신복. 신하(臣下)가 되어 복종함. vassalage
しんぷく[信服](명·자サ) 믿고 복종함. being convinced

しんぷく[振幅](명)〈이〉 진폭. 정지(停止)하고 있는 위치에서 잰 진동(振動)의 폭. 「振(フ)り子(コ)の一; 흔들이의 진폭」 amplitude

しんぷく[震幅](명)〈지〉 진폭. 지진계(地震計)에 나타난 지진의 폭. the amplitude of an earthquake

しんぶつ[神仏](명) 신불. ①신과 부처. ②신도(神道)와 불도(仏道). 1. deities and Buddha

じんぶつ[人物](명) 인물. ①사람. ②사람의 됨됨이. ③쓸모가 있는 사람. ④〔미술에서〕 사람의 모습. ↔静物(セイブツ). 1. a person 3. a man of talent

シンプル[simple](형동ダ) 심플. ①꾸밈이 없는 모양. 소박(素朴)한 모양. ②단순한 모양. 간단한 모양.

しんぶん[新聞](명) 신문. 사회의 새로운 사건을 빨리 알리는 정기 간행물. 「一売(ウ)り子(コ); 신문 팔이」 a newspaper. **—し**[新聞紙](명) 신문지. ①신문. ②신문의 종이. **—じれい**[新聞辞令](명) 신문 사령. 신문에 날 뿐 실현(実現)되지 않는 인사 발령(人事発令).

じんぶん[人文](명) 인문. 인류의 문화. 「一地理(チリ); 인문 지리」 culture. **—かがく**[人文科学](명) 인문 과학. 인류 문화에 관한 광범위한 학문. 예: 역사학, 언어학 등. ↔自然(シゼン)科学, 社会(シャカイ)科学. **—しゅぎ**[人文主義](명) 인문주의. 르네상스 시대의 중세적 사상에 반대하여 인간적 문화 건설을 주장하는 주의.

じんぷん[人糞](명) 인분. 사람의 대변. 똥. human faeces. **—にょう**[人糞尿](명)〈농〉 인분뇨. 사람의 오줌과 똥.

しんぶんすう[真分数](명)〈수〉 진분수. 분자(分子)가 분모보다 작은 분수. ↔仮分数(カブンスウ), 帯分数(タイブンスウ). a proper faction

しんぺい[新兵](명) 신병. 새로 군에 입대한 자. ↔古兵(コヘイ). a raw recruit

しんぺい[親兵](명) 친병. ①자기의 호위(護衛)를 위해 거느리는 병정. ②군주(君主)를 지키는 병정. 근위병(近衛兵). 2. the Imperial bodyguard

じんべい[甚平](명) 주로 여름에 입는 극히 간단한 소매 없는 덧옷의 한 가지.

しんぺき[深碧](명) 암청색(暗青色). dark blue

しんぺん[身辺](명) 신변. 몸의 주위. 「一の警戒(ケイカイ); 신변 경계」 about one's body

しんぺん[神変](명) 신변. 인지(人知)로 헤아릴 수 없는 영묘(霊妙)한 변화. a miracle

しんぺん[新編](명) 신편. 새로 엮는 일. 새로운 편집(編輯). 또는 새로 편집한 책. a new edition

しんぽ[進歩](명·자サ) 진보. 발달하여 나아짐. ↔退歩(タイホ). advancement. **—てき**[進歩的](형동ダ) 진보적. ①진보하는 모양. ②사회의 불합리(不合理)한 점을 고쳐 나가고자 하는 사상을 가진 모양.

しんぼう[心房](명)〈생〉 심방. 심장 내부의 상반부(上半部). 혈액을 정맥으로부터 받아서 심실(心室)로 보내는 곳. the auricles of the heart

しんぼう[心棒](명) ①수레 바퀴의 축(軸)이 되는 막대. 굴대. 축. ②활동의 중심. 1. the axle 2. the centre

しんぼう[辛抱](명·자サ) ①참고 견딤. ②힘써 버팀. 1. patience 2. staying long. **—づよ·い**[辛抱強い](형) 참을성이 많다.

しんぼう[信望](명) 신망. 신용과 인망. 「一の厚(アツ)い人(ヒト); 신망이 두터운 사람」 popularity

しんぼう[神謀](명) 보통 사람으로는 생각해 낼 수 없는 신묘한 계책. a divine plan

しんぼう[深謀](명) 심모. 깊은 지략(智略). 심원한 책모(策謀). a deeply laid plan

しんぽう[心法](명) 심법. 마음을 수련(修鍊)하는 방법. mental exercises

しんぽう[信奉](명·타サ) 신봉. 굳게 믿어 소중히 여김. 믿고 받듦. belief

しんぽう[神宝](명) ①신성한 보물. ②신사(神社)의 보물. 1. a sacred treasure

しんぽう[新法](명) 신법. ①새로운 법령. ②새로운 방법. 1. a new law 2. a new method

しんぽう[新報](명) 신보. 새로운 소식. (신문 등의 이름에 붙임) a news

じんぼう[人望](명) 인망. 사람들의 존경. 신망. 「一のある人(ヒト); 인망이 있는 사람」 popularity

しんぼく[臣僕](명) 신복. 신하(臣下). servants

しんぼく[神木](명) 신사(神社) 경내(境内)에 서 있는 나무. a divine tree

しんぼく[親睦](명·자サ) 친목. 친하고 의가 좋음. 친선. 「一会(カイ); 친목회」 friendliness

シンポジウム[symposium](명) 심포지움. 같은 문제에 관한 의견의 발표회. 논문집.

しんぼち[新発意](명)〈불〉 도심(道心)을 일으켜 출가(出家)한지 얼마 안되는 사람. a neophyte

じんぼつ[陣没·陣歿](명·자サ) 진몰. 전쟁터에서 죽음. 전사(戦死). 전몰(戦没). death in battle

しんぼとけ[新仏](명)〈불〉 새로 성불(成仏)한 사람. 죽은지 얼마 안되는 사람. one newly dead

シンホニー[symphony](명)〈악〉 ⇨シンフォニー.

シンボリズム[symbolism](명) 심벌리즘. 상징주의(象徴主義).

シンボル[symbol](명) 심벌. ①상징(象徵). ②부호(符号). 기호(記号).

しんぽん[新本](명) 신본. ①신간(新刊) 서적. ②새 책. 1. a newly-published book

じんぽんしゅぎ[人本主義](명) 인본주의. ①〈철〉 인간과 그 생활을 중심으로 하고 진리, 지식을 실리(実利)의 입장에서 보는 일종의 실용주의(実用主義). ②⇨じんぶんしゅぎ. 1. humanism

じんま[蕁麻](명)〈식〉 ⇨いらくさ.

しんまい[神米](명) 신에게 바치는 쌀. sacred rice

しんまい[新米](명) ①햅쌀. ↔古米(コマイ). ②신참(新参). 풋나기. 1. new rice 2. a novice

しんまい[新前](명) ⇨しんまえ.

しんまえ[新前]—マヘ(명) 신참(新参). 풋나기. a novice

じんまく[陣幕](명) 진영(陣営) 둘레에 친 막. a camp curtain

じんましん[蕁麻疹](명)〈의〉 급성 피부병의 한 가지. 피부에 붉거나 청백의 부스럼이 돋고, 몹시 가려움. 두드러기. nettle rash
しんまゆ[新繭](명) 햇고치. new cocoons
しんマルサスしゅぎ[新 Malthus 主義](명) 신맬더스주의. 인구 조절(人口調節), 사회악(社会悪)의 방지를 위해서 피임(避妊)할 것을 주장하는 주의. Neo-Malthusianism
しんみ[新味](명) 신미. 새 맛. 새로운 맛. 새로운 풍취(風趣). a fresh taste
しんみ[親身](명·형동ダ) ①육친(肉親). 근친(近親). 「—になって考(カンガ)える; 육친과 같은 마음으로 생각하다」 ②친절. 2. kindness
しんみせ[新店](명) 새 상점. a new shop
しんみち[新道·新路](명) 새로 개척한 길. a new road
しんみつ[親密](명·형동ダ) 친밀. 친근하고 사이가 좋음. ↔疎遠(ソエン). intimacy
しんみょう[神妙](형동ダ) 신묘. 신기하고 영묘(霊妙)한 모양. mystical
じんみらい(ざい)[尽未来(際)](부)〈불〉 시간이 이어지는 한. 영원(永遠)히. eternally
しんみり(부·자サ) 고요히. 차분히. 곰곰이. quietly
しんみん[臣民](명) 신민. ①왕의 신하인 백성. ②〈법〉 군주국(君主国)의 국민. 2. subjects
じんみん[人民](명) 인민. 사회를 이루고 있는 백성. the people
じんむ[塵霧](명) 진무. 짙은 연무(煙霧). dust haze
しんめ[神馬](명) 신사(神社)에 바치는 말. a sacred horse
しんめ[新芽](명) 새싹. 「—の季節(キセツ); 새싹이 트는 계절」 a sprout
しんめい[心命](명) 마음과 생명. heart and life
しんめい[神明](명) 신명. 하느님. 신. 「—に誓(チカ)って; 신에 맹세코」 a god
しんめい[身命](명) 신명. 몸과 생명. 「—をなげうって; 목숨을 바쳐」 one's life
じんめい[人名](명) 인명. 사람의 이름. a person's name
じんめい[人命](명) 인명. 사람의 목숨. 「—救助(キュウジョ); 인명 구조」 a human life
シンメトリー[symmetry](명) 시메트리. ①균형(均衡) 잡혀 있는 것. 균형미. ②좌우의 꼴이 같은 것. 대칭(対称). 좌우 상칭(左右相称).
じんめん[人面](명) 인면. 사람의 얼굴. a human face. **—じゅうしん**[人面獣心](연어·명) 인면 수심. 얼굴 모양은 사람이나 마음은 짐승 같은 것. 잔인(残忍)한 사람을 가리키는 말. **—そ**[人面疽](명)〈의〉 인면창. 사람의 얼굴 모양을 한 악성 부스럼. 무릎, 팔, 손목 등에 남.
しんめんもく[真面目](명) 진면목. 본래의 상태나 모양. the true character
しんモス[新 mus](명) 머슬린과 비슷한 외관(外観)과 유연성(柔軟性)을 지닌 면직물(綿織物). cotton muslin
しんもつ[進物](명) 진상하는 물건. 선물. a gift
しんもって[神以て](연어)〈고〉 신에 맹세코.
しんもん[審問](명·타サ) 심문. 사실을 밝히기 위하여 물음. an inquiry
じんもん[人文](명) ⇨じんぶん.
じんもん[陣門](명) 진문. 진영(陣営)의 문. 군문(軍門). a camp gate
じんもん[尋問·訊問](명·타サ) 심문. 캐물어 조사함. 「不審(フシン)—; 불심 검문」 an oral examination
しんや[深夜](명) 심야. 깊은 밤. midnight
しんや[新家](명) ⇨しんたく(新宅).
じんや[陣屋](명) ①병사(兵士)의 영소(営所). ②영토가 작은 영주(領主)들의 처소. ③숙직 병사의 처소. ④옛날 지방 관리의 처소. 1. an encampment
しんやく[新約](명) 신약. ①새로운 약속. 새로운 계약. ②←新約聖書. ↔旧約(キュウヤク). 2. New Testament. **—せいしょ**[新約聖書](명)〈종〉 신약 성서. 기독교 성전(聖典)의 하나. 그리스도를 통한 하나님의 계시(啓示)가 적혀 있음.
しんやく[新訳](명·타サ) 신역. 새로 번역함. 새로운 번역. a new translation
しんやく[新薬](명) 신약. 새로 제조된 약. 새로운 약. a new remedy
しんやま[新山](명) 새로 목재나 광물(鉱物)을 채취(採取)하는 산. a mountain newly developed
しんゆ[新湯](명) 데운 뒤 아직 사람이 들어 가지 않은 목욕물. newly warmed bath water
しんゆう[心友](명) 심우. 서로 마음속을 터놓고 지내는 벗. one's bosom friend
しんゆう[真勇](명) 참된 용기.
しんゆう[深憂](명·타サ) 깊이 근심함. 깊은 근심. 깊은 걱정. a great trouble
しんゆう[親友](명) 친우. 친한 벗. an intimate friend
しんよ[神輿](명) ⇨みこし.
しんよう[信用](명·타サ) 신용. ①믿고 따름. 「君(キミ)のことばを—する; 너의 말을 믿는다」 ②틀림 없다고 믿음. 「—があつい; 신용이 두텁다」 ③〈경〉 ←信用取り引き. 1. belief. **—きんこ**[信用金庫](명)〈경〉 신용 금고. 조합 조직의 금융 기관. 조합원에게 대출함. **—じょう**[信用状](명)〈경〉 신용장. 은행이 특정한 사람에 대하여, 일정한 금액의 어음을 발행할 권리를 보증하는 문서. **—とりひき**[信用取り引き](명)〈경〉 대금을 나중에 주고 받는 거래. 신용 거래.
じんよう[陣容](명) 진용. ①진을 친 모양. 「—をととのえる; 진용을 정비하다」 ②회사, 단체 등의 멤버. 「—を一新(イッシン)する; 진용을 일신하다」 1. batlle array 2. members
しんようじゅ[針葉樹](명)〈식〉 침엽수. 소나무, 삼목(杉木)처럼 잎이 바늘같이 뾰족한 상록수(常緑樹). ↔広葉樹(コウヨウジュ). a needle-leaf tree
しんらい[信頼](명·타サ) 신뢰. 믿고 의지함. 「—感(カン); 신뢰감」 reliance
しんらい[神来](명) 영감(霊感). inspiration

しんらい[新来](명) 새로 옴. newcoming
じんらい[迅雷](명) 심한 우뢰. 「疾風(シップウ)一の勢(イキオイ); 질풍 신뢰의 기세」 a thunderclap
しんらつ[辛辣](명·형동ダ) 신랄. ①맛이 몹시 매움. ②수단이나 처사가 매우 가혹하고 통렬(痛烈)함. 「一な批評(ヒヒョウ); 신랄한 비평」 1. bitterness
しんらばんしょう[森羅万象](연어·명) 삼라 만상. 우주 속의 일체의 것. the universe
しんり[心理](명) 심리. 마음의 움직임. 「子供(コドモ)の一; 아동 심리」 a mental state
しんり[心裏](명) 심리. 심중. 마음속. one's mind
しんり[真理](명) 진리. 모든 사람들이 옳다고 인정하는 사실. 또는 법칙. 「一の探求(タンキュウ); 진리 탐구」 truth
しんり[審理](명·타サ) 심리. 소송(訴訟) 사건에 관한 일체를 조사함. trial
しんりき[心力](명) ⇨しんりょく.
しんりき[信力](명) 신앙의 힘. the power of faith
じんりきしゃ[人力車](명) 인력거. 사람을 태우고 사람이 끄는 2륜차. a rickshaw
しんりそうしゅぎ[新理想主義](명) 신이상주의. 퇴폐적인 경향이 강했던 자연주의의 반동으로서, 정신적 분야의 개척을 꾀하여 일어난 이상주의적 문예 사조(文芸思潮). 신낭만주의, 상징주의, 신비주의 등이 이에 속함. neo-idealism

〔人力車〕

しんりゃく[侵略](명·타サ) 침략. 침입하여 토지를 빼앗음. 「一戦争(センソウ); 침략 전쟁」 aggression
しんりゃく[進略](명·타サ) 진략. 쳐들어 가서 (토지를) 약탈함. aggression
しんりゅう[新柳](명) 새싹이 돋은 봄의 버드나무. a willow tree with young buds
しんりょ[心慮](명) 심려. 마음속으로 생각하는 것. 마음속의 근심. thought
しんりょ[神慮](명) 신의 마음. the divine will
しんりょ[深慮](명) 심려. 깊은 생각. thoughtfulness
しんりょう[神領](명) 신사(神社)의 영지(領地).
しんりょう[診療](명·타サ) 진료. 병자를 진찰, 치료함. 「一所(ショ); 진료소」 medical examination and treatment
しんりょう[新涼](명) 신량. 초가을의 서늘한 기운. the cool of early autumn
しんりょく[心力](명) 심력. 마음의 활동력(活動力). 마음의 힘. mental faculty
しんりょく[深緑](명) 심록. 짙은 녹색. deep green
しんりょく[新緑](명) 신록. 초여름의 초목(草木)의 새 잎의 푸른 빛. fresh verdure
じんりょく[人力](명) 인력. 사람의 힘. human power
じんりょく[尽力](명·자サ) 진력. 있는 힘을 다함. 갈력(竭力). endeavour
しんりん[森林](명) 삼림. 나무가 많이 우거져 있는 곳. a forest
しんりん[親臨](명·자サ) 친림. 임금이 (몸소 어느 곳에) 임(臨)함. an Imperial visit
じんりん[人倫](명) 인륜. ①사람이 지켜야 할 도리(道理). ②사람과 사람과의 질서, 관계. 「夫婦(フウフ)は一の始(ハジ)めである; 부부는 인륜의 시작이다」 ③인류(人類). 1. humanity 3. human beings
しんるい[進塁](명·자サ) 진루. 〔야구에서〕 다음 베이스로 나아감. advancing
しんるい[親類](명) 친척. 집안. 「一づきあい; 친척 간의 정의」 a relative
じんるい[人類](명) 인류. 인간을 동물, 생물, 그밖의 것과 구별하여 하는 말. mankind
しんれい[心霊](명) 심령. ①혼. 영혼(霊魂). ②현대 과학으로는 설명할 수 없는 신비하고 불가사의한 심적 현상의 총칭. 1. soul
しんれい[神霊](명) 신령. ①신의 영혼. ②혼(魂). 영혼(霊魂). ③영묘(霊妙)한 신의 공덕(功徳). 1. a divine spirit
しんれい[振鈴](명) 방울이나 종을 흔드는 일. 또는 그 종소리. ringing a bell
しんれい[浸礼](명)〈종〉 침례. 전신을 물에 적시어 죄를 깨끗이 씻는 의식(儀式). 세례(洗礼)의 한 가지. immersion. **—きょうかい**[浸礼教会](명)〈종〉 침례 교회. 침례를 중시(重視)하는 기독교의 한 파.
しんれい[新令](명) 새로 제정한 법령. a new regulation
しんれい[新例](명) 새로운 예. a new example
しんれき[新暦](명) 신력. 태양력(太陽暦). ↔旧暦(キュウレキ). the solar calendar
じんれつ[陣列](명) 진열. 진(陣)의 배열(配列). 군대(軍隊)를 배치한 열(列). 배열. disposition of troops
しんろ[針路](명) 침로. ①배의 나아갈 길. ②방향. 1. a course of a ship
しんろ[進路](명) 진로. 나아갈 길. a route
しんろう[心労](명·자サ) 심로. ①배려(配慮). ②정신상(마음)의 피로. 1. care 2. mental exhaustion
しんろう[辛労](명·자サ) 고생. 신고(辛苦). hardships
しんろう[新郎](명) 신랑. 새로 결혼한 남자. ↔新婦(シンプ). a bridegroom
じんろう[塵労](명) 진로. ①속세의 번잡한 노고. ②〈불〉 ⇨ぼんのう(煩悩). 1. worries of this world
しんろく[神鹿](명) 신사(神社)의 경내(境内) 등에서 기르며 소중히 여기는 사슴.
じんろく[甚六](명)〈속〉 바보. 멍청이. 「総領(ソウリョウ)の一; 멍청이 맏이(맏이는 동생들보다 온순하거나 총명하지 못하다는 말)」 a simpleton
しんろん[新論](명) 신론. 새로운 이론. a new theory
しんわ[神話](명) 신화. 유사(有史) 이전부터 전해 내려 오는 신을 중심으로 하는 설화나 전설. a myth
しんわ[親和](명·자サ) 친화. ①친하여 화합함. 사이좋게 함. 「一力(リョク); 친화력」 ②〈이〉 종류가 다른 물질이 서로 화합(化合)하는 일. 1. friendship 2. chemical affinity

す

す—[素](조어) ①꾸미지 않은 그대로의.「—顔(ガオ); 화장하지 않은 얼굴」②아무 것도 갖지 않은.「—手(デ); 맨손」③초라한.「—浪人(ロウニン); 초라한 낭인(방랑 생활을 하는 무사)」
す—[数](조어) 수. 몇.「—万(マン); 수만」
す[州·洲](명)〈지〉 주. 흙이나 모래가 수중(水中)에 퇴적(堆積)하여 수면에 나타난 땅. a bar
す[巣](명) ①둥지. 보금자리.「鳥(トリ)の—; 새둥주리」②소굴(巣窟).「どろぼうの—; 도둑의 소굴」③거미가 거미줄을 친 곳.「くもの—; 거미집」 1. a nest 2. a den
す[酢·醋](명) 신맛이 나는 투명한 액체. 조미료로 쓰임. 식초. vinegar
す[鬆](명) 무우나 우엉 등의 속에 생기는 아주 조그만 구멍. 바람 든 구멍. a pore
す[簾](명) 대나무 등으로 엮은 발. a rattan blind
す[馬尾](명) 말꼬리의 털을 세공물(細工物)로 쓸 때의 이름. 말총. horsehair
す[為](자타サ) ⇨する(為る).
す(조동·하 2형) ⇨せる.
ず(조동·サ형) ①"とす"의 변화. …하려고 하다.「見(ミ)んー; 보려고 하다」②"す(為)"의 변화. …하다.「安(ヤス)んー; 안심하다」
ず(조동·특수형) ⇨ぬ.
ず[図](명) ①지도. ②그림. ③〈수〉면(面), 점, 선 등으로 이루어진 도형(図形). ④생각한 바. 뜻한 바.「計画(ケイカク)が—にあたる; 계획이 뜻대로 들어 맞다」⑤보통이 아닌 뜻을 나타내는 말.「—太(ブト)い; 배짱이 세다(대담하다)」⑥형편. 형세(形勢).「—に乗(ノ)る; 형세에 편승하다(뜻대로 되어 우쭐하다)」 1. a map 3. a diagram
ず[頭](명) 머리.「—が高(タカ)い; 거만하다」the head
す あえ[酢韲](명) 음식을 초로 맛들이는 일. 또는 그 음식. dressing with vinegar
す あし[素足](명) 맨발. a bare foot
す あぶら(ソース)[酢油 (sauce)](명) ⇨フレンチドレッシング.
す あわせ[素袷]—アハセ(명) 속옷을 입지 않고 입은 겹옷.
ず あん[図案](명) 도안. 미술, 공예 작품 등의 색채, 무늬의 배치 등을 그린 것. a design
—すい[水](조어) ①물.「地下(チカ)—; 지하수」②강(江) 이름에 붙이는 말.「漢(カン)—; 한수」
—すい[錘](접미) 제사 공장(製糸工場)에서 물레의 가락(方錘)의 수를 세는 말. 추.「一万(イチマン)—; 1만 추」
す·い[酸い](형) 시큼하다. 시다. sour
すい[水](명) ①수요일의 준말. ②〈방〉(빛깔이 없는) 얼음물. 빙수. 2. shaved ice
すい[粋]Ⅰ(명) ①섞인 것이 없이 순수한 것. ②여럿 중에서 가장 뛰어난 것.「—をあつめる; 정수를 모으다」Ⅱ(형동ダ) 세상의 일, 인정, 화류계, 연예계 등에 능통한 모양. Ⅰ1. purity Ⅱdelicate
ずい[隋](명)〈역〉 수. 중국의 남북조(南北朝)의 다음, 당(唐) 나라 앞에 있었던 나라. (581～618) Sui
ずい[瑞](명)〈지〉 ①스위스(瑞西)의 약칭. ②스웨덴(瑞典)의 약칭.
ずい[蕊](명)〈식〉 술. 수술과 암술. pistils or stamens
ずい[髄](명) ①〈동〉 뼈 속에 있는 노랗고 부드러운 부분. 골수(骨髄). ②〈식〉 줄기나 뿌리의 중심에 있는 부드러운 부분. 심(心). 고갱이. ③중심. 요소(要所). ④고등 동물의 중추 신경이 있는 곳.「脊(セキ)—; 척수」⑤깊은 뜻. 오의(奥義). 1. the marrow 2. the pith 3. an important point
すい あ·げる[吸い上げる]スヒー(타하 1) 빨아 올리다. suck up
すい あつ[水圧](명)〈이〉 수압. 물의 압력. water pressure. **—き**[水圧機](명) 수압기. 수압을 이용해서 물건을 밀어 올리거나 압축하는 기계.
すい い[水位](명)〈지〉 수위. 강, 호수, 바다 등의 수면(水面)의 높이. water level
すい い[推移](명·자サ) 추이. 일이나 형편이 변하여 옮김.「時代(ジダイ)の—; 시대의 추이」 change
ずい い[随意](명) 수의. ①마음대로 하는 것. 생각대로 하는 것.「どうぞ, ご—に; 아무쪼록 마음대로」②속박이나 제한이 없는 것. 1. voluntary 2. free. **—きん**[随意筋](명)〈생〉 수의근. 뜻대로 움직일 수 있는 힘살. ↔不随意筋(フズイキン). 「waters↘
すい いき[水域](명) 수역. 바다나 강 등의 어느 범위.
ずい いち[随一](명) ①(여럿 가운데서) 제일. 첫째. ②〈고〉 많은 것 중의 하나. 1. the most outstanding
スイート[sweet](명·형동ダ) 스위이트. ①맛이 담. ②사랑스러움. ③즐거움. 유쾌함. **—ハート**[sweet heart](명) 스위이트하아트. 애인. 연인. **—ホーム**[sweet home](명) 스위이트 호움. 즐거운 가정. **—ポテト**[sweet potato](명)〈식〉 스위이트퍼테이토. 고구마. **—メロン**[sweet melon](명)〈식〉 스위이트멜론. 노랑참외. 「an attendant
ずい いん[随員](명) 따라 다니는 사람. 수행원. ↗
すい うん[水運](명) 수운. 수로(水路)에 의한 운송(運送).「—の便(ベン); 배편 (수운의 편의)」↔陸運(リクウン). water transportation

すいうん[衰運](명) 쇠운. 쇠퇴하는 운명. ↔盛運(セイウン). declining fortune
ずいうん[瑞雲](명) 서운. 상서(祥瑞)로운 구름. auspicious clouds
すいえい[水泳](명·자サ) 수영. 헤엄침.「一着(ギ); 수영복」 swimming
すいえき[膵液](명)〈생〉 췌액. 췌장(膵臓)에서 분비(分泌)하는 소화액. 담즙(胆汁)과 함께 흰자질, 굳기름 등을 소화시킴. pancreatic juice
すいえん[水鉛](명)〈광〉 ⇨モリブデン.
すいえん[水煙](명) 수연. ①물보라. ②〈불〉 탑(塔)의 구륜(九輪) 윗부분의 불꽃 모양의 장식. ⇨:くりん.
すいえん[炊煙](명) 밥짓는 연기. kitchen smoke
すいえん[垂涎](명·자サ) 수연. ①군침을 흘림. ②몹시 탐냄. 1. watering at the mouth 2. covetting
ずいえん[随縁](명)〈불〉 부처와 인연이 맺어지는 일. 인연에 의해서 어떤 일이 생기는 것.
すいおん[水温](명) 수온. 물의 온도. water temperature
すいか[水火](명) 수화. ①물과 불. ②홍수와 화재. ③물에 빠지고 불에 타는 괴로움. ④사이가 나쁜 것. 1. water and fire 3. terrible torture. **—もじせず**[水火も辞せず](연어) 물불을 가리지 않다. **—をふむ**[水火を踏む](연어) 몹시 괴로운 지경에 빠지다. 위험한 일을 무릅쓰다.
すいか[水瓜·西瓜](명)〈식〉 수박. a watermelon
すいか[水禍](명) 수화. ①수재(水災). ②물에 빠져 죽는 일. 익사(溺死). 1. a flood disaster
すいか[垂下](명·자타サ) 늘어짐. 늘어뜨림. pendency
すいか[酔歌](명) 술이 취하여 노래를 부르는 일. 또는 그 노래. drunken singing
すいか[誰何](명·자サ) 수하. 보초병 등이 "누구야" 하고 검문하는 일. challenge
すいがい[水害](명) 수해. 홍수로 인한 재해(災害). a flood disaster
すいがい[透垣](명)〔"すきがき"의 음편(音便)〕 널빤지나 대나무로 사이를 띄어 친 울타리.
すいかく[酔客](명) 취객. 술 취한 사람. a drunkard
すいかしんとう[垂加神道](명)〈종〉 일본 고유의 민족 종교. 신도(神道)의 한 파.
すいかずら[忍冬](명)〈식〉 인동덩굴. 인동과에 속하는 덩굴진 낙엽 활엽 관목. 잎은 차의 대용으로도 쓰고 줄기와 함께 한약재로도 씀. a honeysuckle
すいがら[吸い殻]スヒー(명) ①피우다 남은 담배 꼬투리. 꽁초. ②맛 있는 부분을 빨아 먹은 나머지 찌꺼기. 1. a cigarette-end 2. lees
すいかん[水干](명) ①풀을 먹이지 않고 널빤지에 펴서 말린 비단. ②옛날 사냥할 때 입던 옷의 한 가지.
〔水干②〕
すいかん[水管](명) 수관. ①물을 필요한 장소로 통하여 흐르게 하는 관. ②〈생〉 연체 동물(軟体動物) 중 복족류(腹足類)나 부족류(斧足類)의 호흡구(呼吸口) 부분이 외투막(外套膜)의 일부가 변하여 대롱 모양으로 된 기관. 1. a water pipe
すいかん[酔漢](명) 취한. 술 취한 사람. 취객(酔客). a drunken fellow
すいがん[酔眼](명) 취안. 술에 취하여 몽롱한 눈. drunken eyes
すいがん[酔顔](명) 취안. 술 취한 얼굴. a drunken face
ずいかん[随感](명) 수감. 마음에 느껴지는 그대로의 생각. 수상(随想). occasional impressions
すいき[水気](명) ①물기. ②물보라. 수증기. ③〈의〉 ⇨すいしゅ(水腫). 1. moisture
ずいき[芋苗·芋茎](명) 토란 줄기. 식용함. a stem of the taro
ずいき[瑞気](명) 서기. 상서로운 기운. auspicious signs
ずいき[随喜](명·자サ) 기쁘게 귀의(帰依)함. 마음속으로부터 고맙게 생각함.「一の涙(ナミダ)を こぼす; 너무 고마와서 눈물을 흘리다」
すいきゅう[水球](명) 수구. 수상 경기(水上競技)의 하나. 두 패로 나뉘어 헤엄치면서 상대편의 고울에 공을 집어 넣는 경기. water polo
すいぎゅう[水牛](명)〈동〉 수우. 물소. a buffalo
すいきょ[推挙·吹挙](명·타サ) 추거. 사람을 윗지위로 천거함. 추천(推薦). recommendation
すいぎょ[水魚](명) 수어. 물과 물고기. fish and water. **—のまじわり**[水魚の交わり]—マジハリ(연어·명) 수어지교. 물과 물고기같이 밀접하고 사이가 좋은 교제.
すいきょう[水郷](명) ⇨すいごう.
すいきょう[酔狂](명·형동ダ) ①술 주정함. ②⇨ものずき. 1. drunken frenzy
すいぎょく[翠玉](명)〈광〉 취옥. 비취. emerald
すいきん[水金](명)〈이〉 수금. 도자기에 금빛을 나타내기 위한 물감. liquid gold
すいきん[水禽](명)〈동〉 수금. 물에서 사는 새. 물새. a water bird
すいぎん[水銀](명)〈이〉 수은. 은백색. 계기(計器) 눈금의 표시, 아말감 등에 쓰임. 기호는 Hg.「一寒暖計(カンダンケイ); 수은 한란계」 mercury. **—ざい**[水銀剤](명)〈의〉 수은제. 수은의 살균력을 응용한 약제의 총칭. 수은 연고 등. **—とう**[水銀燈](명)〈이〉 수은등. 전극(電極)을 넣은 진공 유리관 속에 수은 전기를 넣고 전압을 걸 때 발생하는 수은 증기의 강렬한 빛을 이용한 전등.
すいくち[吸い口]スヒー(명) ①입에 물고 빠는 곳. ⇨:キセル. ②궐련을 끼워 빠는 것. 물부리. ③국 등에 곁들여 향기를 더해 주는 것. 1. a mouthpiece
すいくん[垂訓](명) 수훈. 후세에 전하는 교훈. 가르쳐 깨우치는 일. instruction
すいぐん[水軍](명) 수군. 해군(海軍). the navy
すいけい[水系](명)〈지〉 수계. 강이나 호수를 중심으로 물이 모여 흐르는 계통. a water-system
すいけい[推計](명·타サ) 추계. ①추정하여 계산함. ②추측과 계획. 1. estimation. **—がく**[推計学](명)〈수〉 추계학. 전체의 일부분을 표본(標本)으로 골라 그것에 의해 전체를 추정하는 수학.

すいけん[水圏](명)〈지〉 수권. 지구상에서 해양, 하천, 호수, 빙하(氷河) 등 수면이 차지하는 지역(地域). the hydrosphere

すいげん[水源](명) 수원. 물의 근원. 「一地(チ); 수원지」 the source of a river

ずいけん[瑞験](명) 서험. 기쁜 표적. 고마운 영험(霊験). 상서로운 조짐. an auspicious sign

すいこう[水耕](명)〈농〉 수경. 필요한 양분을 물에 용해시켜 식물을 배양하는 일. 「一法(ホウ); 수경법」 hydroponics

すいこう[推考](명) 추고. 추리하여 생각함. inference

すいこう[推敲](명·타サ) 추고. 문장의 자구(字句)를 여러 번 생각하여 고침. 퇴고. polish

すいこう[遂行](명·타サ) 수행. 계획한 대로 해냄. accomplishment

すいごう[水郷](명) 수향. 강가나 바닷가에 있는 촌락(村落). a riverside village

ずいこう[瑞光](명) 서광. 상서(祥瑞)로운 빛. an auspicious light

ずいこう[随行](명·자サ) 수행. 따라 감. 또는 따라가는 사람. attendance

すいこ·む[吸い込む]スヒー(타 4) 빨아 들이다. 명 吸い込み. inhale

すいさい[水彩](명) 수채. 물에 풀어서 쓰는 그림 물감. 또는 그것으로 그린 그림. 「一画(ガ); 수채화」 ↔油彩(ユサイ). a water colour painting

すいさい[水際](명) 물가. the beach

すいさつ[推察](명·타サ) 추찰. 미루어 살핌. 미루어 헤아림. conjecture

すいさん[水産](명) 수산. 강, 바다, 호수, 늪 등의 물속에서 나는 산물. 수산물. aquatic products. **—ぎょう**[水産業](명) 수산업. 수산물의 어획(魚獲), 양식(養殖), 제조(製造) 등을 하는 사업의 총칭. **—ぶつ**[水産物](명) 수산물. 물속에서 생산되는 산물.

すいさん[炊爨](명·자サ) 밥을 지음. 취사. boiling rice

すいさん[推参](명·자サ·형동ダ) ①청하지도 않은데 스스로 방문함. ②무례(無礼)함. 주제넘음. 1. visiting 2. impudence

すいさん[推算](명·타サ) 추산. 짐작으로 셈함. calculation

すいざん[衰残](명) 쇠잔. 쇠하여 겨우 살아 있는 것. 「一の身(ミ); 겨우 살아 가는 몸」 emaciation

すいさんかぶつ[水酸化物](명)〈이〉 수산화물. 수산기(水酸基)를 함유한 무기 화합물의 총칭. a hydroxide

すいさんき[水酸基](명)〈이〉 수산기. 수소와 산소가 한 원자량으로 된 원자단. 기호는 OH. hydroxyl group

すいし[水死](명·자サ) 수사. 물에 빠져 죽음. 익사(溺死). drowning

すいし[出師](명) 출사. 군대를 출동시키는 일. 출병(出兵). the dispatch of troops

すいし[水試](명) 수산 시험소(水産試験所)의 준말.

すいし[垂死](명) 죽어 가는 것. 빈사(瀕死). a dying condition

すいじ[炊事](명·자サ) 취사. 밥을 지음. 부엌일. 「一当番(トウバン); 취사 당번」 cooking

すいじ[垂示](명·타サ) 가르쳐 보임. 훈시(訓示). instruction

ずいじ[随時](부) 수시. ①때에 따라서. 때때로. ②언제라도. 1. on occasion 2. at any time

すいしつ[水質](명) 수질. 음료수의 품질이나 성분. the quality of water

ずいしつ[髄質](명)〈생〉 수질. 실질성 기관(實質性器管)의 내부를 차지하는 조직. 뇌의 백질(白質) 같은 것. ↔皮質(ヒシツ). marrow

すいしのひょう[出師表](명) 출사표. 중국 촉한(蜀漢)의 제갈 양(諸葛亮)이 출정할 때 전후(前後) 두 번 임금에게 바친 글. 충성의 정이 넘쳐 있음.

すいしゃ[水車](명) 수차. 수력으로 회전시키는 물레바퀴. 물레방아, 관개용(灌漑用) 등. a water wheel

すいしゃ[水瀉](명)〈의〉 심하고 묽은 설사. watery diarrhoea

すいじゃく[垂迹](명·자サ)〈불〉 부처가 중생 제도(衆生済度)를 위하여 이 세상에 여러 가지 모양으로 나타남.

すいじゃく[衰弱](명·자サ) 쇠약. 쇠하여 약해짐. 「神経(シンケイ)一; 신경 쇠약」 weakness

すいしゅ[水腫](명)〈의〉 수종. 신체의 조직 간격이나 체강(体腔) 안에 임파액(淋巴液), 장액(漿液)이 많이 괴어 몸이 붓는 병. edema

ずいじゅう[随従](명·자サ) 수종. 따라 다니며 시중드는 일. 또는 그 사람. following

すいじゅん[水準](명) 수준. ①지형, 건물 등의 높낮이, 수평 등을 측정하는 일. 또는 그 기계. 수평. 수준기(水準器). ②사물의 표준. 정도. 1. water level 2. a standard. **—ぎ**[水準儀](명)〈이〉 수준의. 수준기를 장치한 망원경.

ずいじゅん[随順](명·자サ) 남의 뜻에 순종함. following

すいしょ[水書](명·자타サ) 헤엄치면서 글씨나 그림을 그림. writing while swimming

ずいしょ[随所·随処](명) 가는 곳마다. 어디서라도. 도처(到処). 「一に; 도처에」 everywhere

すいしょう[水晶](명)〈광〉 수정. 석영(石英)의 한 가지. 도장, 장신구(装身具), 광학 기계(光学機械) 등에 쓰임. crystal. **—たい**[水晶体](명)〈생〉 수정체. 안구(眼球)의 동공(瞳孔) 뒤에 있는 볼록 렌즈 모양의 투명체. 광선을 굴절(屈折)시킴.

すいしょう[推奨](명·타サ) 추장. 추천(推薦)하여 장려(奨励)함. recommendation

すいしょう[推賞·推称](명·타サ) 좋다고 칭찬함. 칭찬하여 남에게 권함. admiration

すいじょう[水上](명) 수상. ①물 위. 수면(水面). ②물가. ↔陸上(リクジョウ). 1. the surface of the water

ずいしょう[瑞祥](명) 상서로운 징조(徵兆). an auspicious sign

すいじょうかじょ[穂状花序](명)〈생〉 수상 화서. 한 개의 긴 꽃대(花軸)에 꽃꼭지(花梗)가 없는 작은 양성화

(両性花)가 촘촘히 이삭 모양으로 피는 꽃차례. a spike

すいじょうき[水蒸気](명)〈이〉 수증기. 물이 증발하여 기체가 된 것. 김. steam

すいしょく[水色](명) 물빛. 물의 경치. water colour

すいしょく[水食·水蝕](명·타사)〈지〉 수식(水蝕). 물이 흐르는 작용으로 말미암아 지표가 침식되는 현상. 「一作用(サヨウ); 수식 작용」 erosion

すいしょく[翠色](명) 녹색. verdure

すいじりょうほう[水治療法](명)〈의〉 수치 요법. 물, 증기의 온도와 자극을 이용하는 요법. hydrotherapy

すいしん[水深](명) 수심. 물의 깊이.「一を測(ハカ)る; 수심을 재다」 the depth of water

すいしん[推進](명·타사) 추진. 밀어 나아가게 함.「計画(ケイカク)を一する; 계획을 추진하다」 propulsion. **—き**[推進器](명) 추진기. 원동기(原動機)에 의해 회전하여 배를 나아가게 하는 기계.

すいじん[水神](명) 수신. ①물을 다스리는 신. ②불을 꺼 주는 신. ③수난(水難)에서 지켜 주는 신. 1. the god of water

すいじん[粋人](명) 풍류를 즐기고 풍류를 아는 사람. 풍류인. a man of the world

ずいじん[随身](명·자사) ①모시고 감. 또는 그 사람. ②옛날, 귀인(貴人)의 외출시에 수행(随行)하던 무관(武官). 1. attendance

スイス[프 Suisse·瑞西](명)〈지〉 스위스. 중부 유럽의 산과 호수가 많은 영세 중립국. 수도는 베른(Bern).

すい·する[推する](타사) 짐작하다. 추측하다. guess

すいせい[水生](명) 수생. 물속에서 자라는 것.「一植物(ショクブツ); 수생 식물」 growth in the water

すいせい[水声](명) 수성. 물소리. 물이 흐르는 소리. the sound of flowing water

すいせい[水性](명) 물에 풀어서 쓰는 것.「一ペイント; 수성 페인트」

すいせい[水星](명)〈천〉 수성. 태양계 제1의 혹성(惑星). 태양에서 가장 가까운 거리에 있고 약 3개월에 한 번 태양을 돎. Mercury

すいせい[水棲](명) 수서. 물속에서 사는 것.「一動物(ドウブツ); 수서 동물」 living in the water

すいせい[水勢](명) 수세. 흐르는 물의 힘. the force of water

すいせい[衰世](명) 쇠퇴한 세상이나 시대. ↔盛世(セイセイ). a degenerated world

すいせい[衰勢](명) 쇠퇴한 세력. declining tendency

すいせい[彗星](명)〈천〉 혜성. 빛나는 긴 꼬리를 끌고 태양을 초점(焦点)으로 가늘고 긴 궤도(軌道)를 도는 별. a comet

すいせいガス[水性 gas](명)〈이〉 수성 가스. 백열(白熱)한 석탄에 수증기를 통하여 얻은 수소와 일산화 탄소의 혼합 기체. water gas

すいせいがん[水成岩](명)〈지〉 수성암. 암석(岩石)의 조각이 물속에 가라앉아 쌓여서 된 암석. 성층암(成層岩). an aqueous rock

すいせいむし[酔生夢死](연어·명·자사) 취생 몽사. 아무 것도 하지 않고 세월을 헛되이 보냄. dreaming one's life away

すいせん[水仙](명)〈식〉 수선. 줄기는 길고 이른봄 백색, 황색의 꽃이 핌. a daffodil

すいせん[水洗](명·타사) 수세. 물로 씻음. 물로 씻어 버림.「一便所(ベンジョ); 수세식 변소」 washing

すいせん[水線](명) 선박의 흘수선(吃水線). a water line

すいせん[垂線](명)〈수〉 수선. 하나의 직선이나 평면에 수직으로 마주치는 직선. a perpendicular line

すいせん[推薦·推選](명·타사) 추천. 좋다고 남에게 권함. 천거함.「参考書(サンコウショ)を一する; 참고서를 추천하다」 recommendation

すいぜん[垂涎](명·자사) ⇨すいえん.

すいせんのう[酔仙翁](명)〈식〉 우단동자꽃. 너도개미자리과에 속하는 다년초. 줄기엔 솜 같은 것이 덮여 있음. a rose campion

すいそ[水素](명)〈이〉 수소. 빛과 냄새와 맛이 전혀 없는 가벼운 기체 원소. 기호는 H. hydrogen. **—ばくだん**[水素爆弾](명)〈이〉 수소 폭탄. 수소의 원자핵이 모여 헬륨의 원자핵을 만들 때의 에네르기를 폭탄에 이용한 것. 수폭(水爆).

すいそう[水草](명) 수초. ①물과 풀. ②물속, 물가에서 자라는 풀. 물풀. 1. water and grass 2. a water plant

すいそう[水葬](명) 수장. 죽은 사람을 물속에 넣어 장사 지내는 일. burial at sea

すいそう[水槽](명) 수조. 물을 담아 두는 큰 통. 물탱크. a cistern

すいそう[吹奏](명·타사) 취주. 악기를 불어서 연주함. blowing. **—がく**[吹奏楽](명)〈악〉 취주악. 관악기를 중심으로 이루어진 악곡(楽曲).

すいぞう[膵臓](명)〈생〉 췌장. 소화선(消化腺)의 하나. 위(胃)의 뒤에 있으며 췌액을 분비함. the pancreas

ずいそう[瑞相](명) 서상. ①상서로운 징조. ②조짐. 전조(前兆). ③복스러운 인상(人相). 1. an auspicious sign 2. an omen

ずいそう[随想](명) 수상. 생각한 대로 하는 것. 또는 생각한 대로 쓴 문장. 수감(随感). occasional thoughts

すいそく[推測](명·타사) 추측. 미루어 헤아림. guess

すいぞく[水族](명) 수족. 물속에 사는 동물. aquatic animals. **—かん**[水族館](명) 수족관. 물속에 사는 동물을 길러 사람들에게 보이는 시설.

すいそん[水村](명) 강가의 마을. a riverside village

すいそん[水損](명) 수재(水災)로 인한 손해. 수해(水害). loss by flood-disaster

すいたい[衰退·衰頽](명·자사) 쇠퇴. 쇠하여 퇴폐함. 쇠퇴하여 못 쓰게 됨. decline

すいたい[推戴](명·타사) 추대. ①떠받듦. ②회장(会長), 대표자 등으로 추천함. 1. receiving reverently

すいたい[酔態](명) 취태. 술 취한 모양. drunkenness

すいたい[翠黛](명) 취대. ①녹색 눈썹 연필이나 먹. ②녹색 아련한 산색(山色). 1. a green eyebrow pencil

すいたく[水沢](명) 늪. 못. a swamp

すいだし[吸い出し]スヒー(명) ①빨아 내는 일. ②고

름이나 근을 빨아 내는 고약. 1. sucking out
すいだま[吸い玉]スヒー(명)〈의〉 종(鐘) 모양을 한 유리 기구에 고무 공을 단 것. 충혈(充血)을 일으켜 독소를 빨아 냄. 흡각(吸角). 흡종(吸鐘). a cupping-glass
すいだん[推断](명·타サ) 추단. 미루어 판단하여 단정을 내림. inference
すいち[推知](명) 추측하여 아는 것. conjecture
すいちゅう[水中](명) 수중. 물속. underwater
すいちゅう[水柱](명) 물 기둥. 기둥처럼 솟는 물. a column of water
すいちょう[水鳥](명) 물새. 수금(水禽). a waterfowl
すいちょう[推重](명·타サ) 추앙하여 존중함. esteem
ずいちょう[瑞兆](명) 서조. 상서(祥瑞)로운 징조. 서상(瑞相). an auspicious sign
すいちょう こうけい[翠帳紅閨](명) 녹색의 장막과 분홍빛 침실. 귀부인의 침실. a lady's boudoir
すいちょく[垂直](명·형동ダ) 수직. ①반듯하게 드리움. ②〈수〉 직선과 직선, 직선과 평면, 평면과 평면이 90도로 닿아 직각을 이룬 상태. 1. hanging down strightly
すいつ·く[吸い付く]スヒー(자 4) 빨 듯이 달라붙다. 달라붙어 떨어지지 않다. 흡착(吸着)하다. stick to
すいつけ タバコ[吸い付け煙草]スヒッケー(명) (대통에 담아) 불을 붙여 주는 담배. a lighted pipe
すいつ·ける[吸い付ける]スヒー(타하 1) ①빨아서 붙이다. ②담배를 빨아 불을 붙이다. ③늘 빨다. 2. light
スイッチ[switch](명) 스위치. ①전철기(転轍機). 포인트. ②〈이〉 전기 회로(電気回路)의 개폐기(開閉器).
すいっちょ(명)〈동〉 베짱이. 여치과에 속하는 곤충.
すいづつ[吸い筒]スヒー(명) 옛날, 술이나 물을 넣어 가지고 다니던 수통같이 생긴 것. 수통. 빨병. an old-time canteen
すいてい[水底](명) 수저. 물밑. 「一線(セン); 물밑에 부설한 전신 전화선」 the bottom of the water
すいてい[推定](명·타サ) 추정. ①추측하여 판정(判定)함. ②〈법〉 반대할 증거가 없는 한 그것을 옳다고 가정함. 1. inference
すいてき[水滴](명) ①물방울. ②연적(硯滴). 1. a drop of water
すいてん[水天](명) 수천. ①물과 하늘. ②서방(西方)을 수호하는 물의 신(神). 1. sky and sea 2. Water-God.
—いっぺき[水天一碧](명) 잘 개어서 수면과 하늘이 그 경계를 알 수 없을이만큼 한가지로 푸른 것. 수천 일색(水天一色). **—ほうふつ**[水天彷彿](명) 수천 방불. 바다 멀리 수면과 하늘이 맞닿아서 경계를 구분할 수 없는 것. 「a paddy field
すいでん[水田](명) 수전. 논. 무논. 수답(水畓). ⤴
すいてんぐう[水天宮](명) 토오쿄오(東京)에 있는 신사(神社)의 이름. 물의 수호신(守護神)을 모셨음.
ずいと(부)〈속〉 갑자기 움직이는 모양. 「一寄(ヨ)って; 갑자기 다가 서서」 suddenly
すいとう[水痘](명)〈의〉 수두. 작은 마마. chicken pox
すいとう[水筒](명) 수통. 빨병. a canteen
すいとう[水稲](명)〈농〉 수도. 논에 물을 대어 심는 벼. ↔陸稲(リクトウ). a waterfield rice-plant
すいとう[出納](명·타サ) 출납. 내어 줌과 받아 들임. 「金銭(キンセン)の一; 금전 출납」 taking in and out
すいどう[水道](명) 수도. ①〈지〉 바다나 큰 호수가 서로 접근하여 있는 육지 사이에 끼여서 좁게 된 부분. 해협(海峡). ②물이 통해 가는 길. 수로(水路). ③음료수를 보내는 설비. 상수도(上水道). 1. a channel 3. water supply
ずいどう[隧道](명) ⇨トンネル.
ずいとくじ[随徳寺](명) 나중 일은 생각지 않고 거리낌 없이 도망 치는 것. 자취를 감추는 것. 「一をきめこむ; 자취를 감춰 버리다」 taking refuge
スイート ピー[sweet pea](명)〈식〉 스위이트 피이. 콩과에 속하는 1년초. 잔털이 나고 잎은 우상 복엽(羽状複葉). 나비 모양의 아름다운 꽃이 핌.
すいとりがみ[吸取紙](명) 잉크, 먹물 등으로 쓴 것이 번지거나 묻어 나지 않도록 마르기 전에 그 위를 눌러서 빨아 들이는 종이. 압지(押紙). blotting paper
すいと·る[吸い取る]スヒー(타 4) ①빨아 들이다. 빨아 내다. ②후무리어 가지다. ③강제로 빼앗다. 1. suck out 3. squeeze
すいとん[水団](명) 밀가루를 반죽하여 국물에 적당한 크기로 뜯어 넣어 끓인 음식. 수제비. dumplings in soup
すいなん[水難](명) 수난. ①홍수로 인한 재난. ②해상(수상)에서 받는 모든 재해. 1. a damage by flood
すいねん[衰年](명) 노쇠해 가는 나이. 노년. an old age
すいのう[水嚢](명) ①밑바닥을 말총이나 대, 또는 가느다란 철사로 엮은 체. 식품을 건져 물을 빼는 데 씀. ②수낭. 휴대용의 포대(布袋)로 만든 물주머니. a filter
ずいのう[髄脳](명) 경서(経書)나 와카(和歌) 등의 난구(難句)를 해석한 책.
すいのみ[吸い飲み·吸い呑み]スヒー(명) 병자가 누운 채 물이나 물약을 마실 때 사용하는 그릇. a feeding cup
すいば[水馬](명) 마술(馬術)의 하나. 말을 타고 물을 건너거나 물속에서 헤엄치게 하는 일. riding a horse across a river
すいば[酸い葉](명)〈식〉 수영. 마디풀과에 속하는 다년초. 어린 잎과 줄기는 식용하나 많이 먹으면 해로움. 뿌리는 피부병의 약재로 쓰임. a sorrel
すいばいか[水媒花](명)〈식〉 수매화. 수생(水生)의 꽃식물(顕花植物)로서 물의 매개로 꽃가루받이(受粉)를 하는 꽃. hydrophilous flowers
すいばく[水爆](명) 수폭. 수소 폭탄(水素爆弾)의 준말.
すいはん[水飯](명) ①쪄서 말린 밥(乾飯)을 냉수에 만 음식. ②물에 만 밥.
すいはん[垂範](명·자サ) 수범. 몸소 착한 일을 하여 모든 사람의 모범이 되게 함. 「率先(ソッセン)一; 솔선 수범」 setting an example
すいばん[水盤](명) 수반. 사기나 쇠붙이로 바닥이

평평하고 넓으며 운두가 낮게 만든 그릇. 꽃꽂이 등에 쓰임. a basin

すいばん[推輓](명·타サ) ①뒤에서 밀고 앞에서 끎. ②천거(薦挙)함. 1. pushing and dragging a car 2. recommendation

ずいはん[随伴](명·자サ) 수반. ①모시어 따름. ②어떤 사물에 따름. 부수(附随). 1. accompanying

すいはんきゅう[水半球](명)〈지〉 수반구. 프랑스의 르와르 강구(江口)와 뉴우지일란드의 안티포즈 제도를 각각 극으로 하여 지구를 2분(分)할 때의 남반구. ↔陸(リク)半球. the water hemisphere

すいひ[水肥](명)〈농〉 수비. 액체로 된 비료. 예: 인분(人糞), 오줌 등. liquid manure

°**すいび**[衰微](명·자サ) 쇠미. 기운이 쇠퇴(衰頽)하여 미약함. decline

すいび[翠微](명) ①산허리. ②먼 산이 푸르스름하게 보이는 모양. ③산의 안개. 산기(山気). 1. the mountain's breast

すいひつ[水筆](명) 붓털 전체에 먹물을 묻혀 쓰는 무심필(無心筆).

ずいひつ[随筆](명) 수필. 생각이나 보고 들은 것을 붓 가는 대로 자유롭게 쓴 문장. an essay

ずいひょう[随兵](명) ①수행하는 병사. ②옛날, 장군이 나갈 때 호위하던 병사. 1. a soldier servant

すいふ[水夫](명) 수부. 뱃사람. 하급 선원. a boatman

すいふ[水府](명)〈지〉 바다 밑에 있다는 도시.

すいふ[炊夫](명) 밥짓는 남자. a kitchen man

すいふ[炊婦](명) 밥짓는 여자. a kitchen maid

すいふく[推服](명·타サ) 공경하여 복종함. respect

すいふくべ[吸瓢](명) ⇨すいだま.

すいふろ[水風呂](명) ⇨すえふろ.

すいぶん[水分](명) 수분. 물질이나 물건에 포함되어 있는 물의 양이나 비율. 물기. moisture

ずいぶん[随分](부·형동ダ) ①몹시. 아주. 퍽. ②짓궂은 것을 나무라는 말. 심한 모양. 「まあ,一ね; 어머나, 너무 하네요」 1. fairly

すいへい[水平](명·형동ダ) 수평. 물의 표면같이 평평함. 「一面(メン); 수평면」 horizontalness. **一せん**[水平線](명) 수평선. ①수평면에 평행하는 직선. ②수준(水準). **一どう**[水平動](명)〈이〉 수평동. 지진 때 땅이 수평으로 움직이는 진동. ↔上下動(ジョウゲドウ). **一めん**[水平面](명)〈이〉 수평면. 정지된 물의 표면. 수직선과 직각이 되는 평면.

すいへい[水兵](명)〈군〉 수병. 해군의 병사. 「一服(フク); 수병복」 a sailor

すいへん[水辺](명) 수변. 물가. 「一の鳥(トリ); 술의 은어(隠語)」 the waterside

すいほ[酔歩](명) 술에 취하여 걷는 걸음걸이. 비틀걸음. a reeling gait

すいほう[水泡](명) 수포. ①물거품. ②헛된 결과의 비유. 덧없음. 「一に帰(キ)す; 수포로 돌아 가다」 1. a bubble 2. nothing

すいほう(しん)[水疱(疹)](명)〈의〉 수포진. 피부에 물집이 생기는 증상. a blister

すいぼう[水防](명) 수해(水害)의 방지나 예방. 「一工事(コウジ); 사방 공사」 flood defence

すいぼう[衰亡](명·자サ) 쇠망. 쇠퇴하여 망함. decay

すいぼく(が)[水墨(画)](명) 수묵화. 먹으로 그린 그림. a painting in black and white

すいま[水魔](명) 수마. 수해(水害)를 마에 비유해서 일컫는 말. flood

すいま[睡魔](명) 수마. 못 견디게 오는 졸음을 마력(魔力)에 비유하여 일컫는 말. drowsiness

すいまつ[水沫](명) ①물거품. 수포(水泡). ②물보라. 1. a bubble

すいみつ[水密](명)〈이〉 수밀. 수조(水槽), 관(管) 등이 수압(水圧)에 견디는 힘. watertight

すいみつ(とう)[水蜜(桃)](명)〈식〉 수밀도. 복숭아의 한 가지. 물기가 많고 맛이 닮. a peach

すいみゃく[水脈](명) 수맥. ①물길. 뱃길. ②땅속을 흐르는 지하수의 줄기. 1. a waterway 2. a water-vein

すいみん[睡眠](명·자サ) 수면. 잠을 잠. 「一剤(ザイ); 수면제」 sleep

ずいむし[螟虫](명)〈동〉 명충나방. 벼 등의 엽초(葉鞘)와 줄기를 갉아 먹는 큰 해충임. a pearl-moth

すいめい[水明](명) 수명. 물이 맑은 것. 「山紫(サンシ)一; 산자 수명」 clear water

すいめい[吹鳴](명·타サ) 취명. 불어서 울림. blowing

すいめつ[衰滅](명·자サ) 쇠멸. 쇠퇴(衰頽)하여 멸망함. extinction

すいめん[水面](명) 수면. 물의 표면. 물 위. the surface of the water

すいもの[吸い物]スヒー(명) 생선, 고기, 채소 등을 넣고 끓인 맑은 장국. soup

すいもん[水門](명) 수문. 저수지(貯水池)나 수로(水路)에 설치하여 수량을 조절하는 문. a sluice

すいやく[水薬](명)〈의〉 물약. a liquid medicine

すいよ[酔余](명) 술에 취한 뒤. 술에 취한 나머지. 「一のたわむれ; 술 취한 나머지 하는 희롱」 intoxication

すいよ[睡余](명) 잠을 자고 난 뒤. after one's sleep

すいよう[水溶](명) 수용. 물에 풀리는 것. 「一液(エキ); 수용액」 liquid solution

すいよう[水曜](명) 수요일. Wednesday

すいよう[衰容](명) 쇠약(衰弱)한 모습. 몹시 마른 얼굴 모양. declined appearance

すいようえき[水様液](명) ①물같이 투명하고 빛깔이 없는 액체. ②〈생〉 안구(眼球) 속의 각막(角膜)과 수정체, 홍채(紅彩)와의 사이를 채우고 있는 무색 투명한 액체. 2. the aqueous humour

すいよく[水浴](명·자サ) 물에 미역을 감음. swimming

すいよせる[吸い寄せる]スヒー(타하 1) 빨아 당기다.

すいらい[水雷](명)〈군〉 수뢰. 물속에서 폭발시켜 배를 침몰케 하는 병기(兵器). a mine

すいらん[翠巒](명) 푸른 산. verdant mountains

すいり[水利](명) 수리. ①수상 운송(水上運送)의 편리. ②물의 이용. 물을 음료수로 하거나 관개(灌漑)

용으로 쓰는 일. 1. water-transport
すいり[推理](명·타サ) 추리. 사리를 미루어서 생각함.「一小説(ショウセツ); 추리 소설」 inference
すいり[酢煎](명) 어육(魚肉) 등을 삶을 때 초를 쳐서 비린내를 없앤 것. fish boiled with vinegar
ずいり[図入り](명) 그림이 들어 있는 것. illustration
すいりきがく[水力学](명) 수력학. 액체 특히 물의 역학적(力学的) 성질을 공학상의 응용을 목적으로 연구하는 학문. hydraulics
すいりく[水陸](명) 수륙. 물과 뭍. 바다와 육지.「一両用(リョウヨウ); 수륙 양용」 water and land
すいりゅう[水流](명) 수류. 물의 흐름. a stream
すいりゅう[垂柳](명) 수양버들. a weeping willow
すいりゅう[翠柳](명) 푸른 버들. verdant willows
すいりょう[水量](명) 수량. 물의 분량. the quantity of water
すいりょう[推量](명·타サ) 추량. 추측함. conjecture
すいりょく[水力](명) 수력. ①물의 힘. ②〈이〉 높은 곳에서 낮은 곳으로 떨어지는 물의 에네르기.「一発電(ハツデン); 수력 발전」 1. the force of water
すいりょく[推力](명)〈이〉 추력. 비행기 등이 날 때 기체를 앞으로 미는 힘. impellent force
すいりょく[翠緑](명) 취록. 녹색.「一の山(ヤマ); 푸른 산」 green colour
すいれい[水冷](명) 물로써 식히는 일. ↔空冷(クウレイ). cooling by water
すいれん[水練](명) ①헤엄을 잘 치는 사람. ②수영(水泳) 연습. 1. a good swimmer
すいれん[睡蓮](명)〈식〉 수련. 연꽃 비슷하나 조금 작고, 꽃은 아침에 피었다가 밤에 오므라짐. a water lily
すいろ[水路](명) 수로. ①물이 흐르는 통로(通路). ②항로(航路). 뱃길. ③푸울에서 경기자가 헤엄쳐 나가도록 정해 놓은 길. 1. a drain 2. a watercourse
すいろん[推論](명·타サ) 추론. 추리(推理)하여 논함. reasoning
すいわ[水和](명)〈농〉 수화. 물을 섞는 것. 물이 섞여 있는 것. mixture of water
スイング[swing](명·타サ) 스윙. ①흔듦. ②〔권투에서〕 팔을 크게 흔들어 침. ③〔야구에서〕 배트를 수평으로 흔듦. ④〔스키이에서〕 회전(回転), 또는 정지(停止) 기술의 하나. ⑤〈악〉 재즈 형식의 하나.
すう—[数](조어) 수. 몇.「一回(カイ); 몇 번」
す·う[吸う]スフ(타 4) ①들이마시다. 빨아 들이다. ②끌어 들이다. 끌어 당기다. ③흡수하다. 1. inhale 2. attract
すう[数](명) ①양(量)의 많고 적은 것. ②일정량(一定量). ③수학. ④추이(推移).「自然(シゼン)の一; 자연의 추이」 ⑤운명. 1. a number 3. mathematics
スー[프 sou](명) 수. 프랑스의 화폐 단위.
スウィス[Suisse](명)〈지〉 ⇨スイス.
スウェーター[sweater](명) ⇨セーター.
スウェーデン[Sweden](명)〈지〉 ⇨スエーデン.
すうかい[数回](명) 수회. 몇 번. several times
すうがく[数学](명) 수학. 수(数), 양(量) 및 공간의 도형(図形)에 대해서 연구하는 학문.「一的(テキ); 수학적」 mathematics
すうき[枢機](명) 추기. ①귀중한 곳. 또는 일. ②중요한 정무(政務). 1. an important point. **—きょう**[枢機卿](명)〈종〉 추기경. 로마 교황(教皇)의 최고 고문. 교황을 선거하는 권한을 가짐.
すうき[数奇](명·형동ダ) 불행함. 운명이 기구(崎嶇)함. varied fortunes
すうけい[崇敬](명·타サ) 숭경. 우러러 존경함. reverence
すうこ[数個·数箇](명) 여러 개. 몇 개. several
すうこう[崇高](명·형동ダ) 숭고. 뜻이 드높고 존엄함.「一な行(オコ)ない; 숭고한 행위」 sublimity
すうこう[数行](명) 수행. 5,6 줄. 몇 줄. several lines
すうこう[趨向](명) 추향. 되어 가는 형세(形勢)에 쏠려서 따라 가는 것. 경향(傾向). 동향. tendency
すうこうせい[趨光性](명)〈생〉 추광성. 식물이 태양을 향하거나 벌레가 등불에 모이는 것과 같이 빛을 따르는 성질. phototaxis
すうこく[数刻](명) 몇 시간. several hours
すうし[数詞](명) 수사. 수량(数量), 순서를 세는 말. 예:한 개, 두 권 등. numerals
すうじ[数字](명) 수자. ①수를 나타내는 글자. ②아라비아 수자. ③수량(数量). ④셈. 수치(数値).「一にあかるい; 셈에 밝다」 1. numerals
すうじ[数次](명) ⇨すうかい(数回).
すうしき[数式](명)〈수〉 수식. 수나 양을 나타내는 수자. 또는 문자(文字)를 계산 기호로 연결한 식.
すうじく[枢軸](명) 추축. ①사물의 가장 중요한 부분. ②권력, 정치의 중심. 1. an axis
すうじょう[芻蕘](명) 추요. 풀을 깎는 사람과 나무를 베는 사람. 곧 신분이 낮은 미천한 사람. a humble person
すうすう(부·자サ) ①콧김이 센 모양. ②바람이 틈새기로 들어 오는 모양. ③일이 순조롭게 되어 가는 모양. 1. sibilant
ずうずう(부·자サ) ①코를 훌쩍거리는 모양. ②콧소리(鼻声). **—べん**[ずうずう弁](명) 〔일본 동북(東北) 지방의 방언으로서〕 콧소리가 나는 발음.
ずうずうし·い[図図しい](형) 뻔뻔스럽다. 파생 **—さ**(명). impudent
すうせい[数声](명) 여러 번 소리를 내는 것. 또는 그 소리. several voices
すうせい[趨勢](명) 추세. 세상 일이 되어 가는 형편. 동향(動向). tendency
すうた[数多](명) 수다. 수효가 많은 것. 다수. many
すうたい[素謡](명) 반주나 춤 없이 읊는 노래.
ずうたい[図体](명)〈속〉 덩치. 몸뚱이.「大(オオ)きな一; 큰 몸뚱이」 a body
スーダン[Sudan](명)〈지〉 수단. 이집트 남쪽에 있는 공화국. 수도는 카르투움(Khartoum).
すうち[数値](명)〈수〉 수치. ①〔대수(代数)에서〕 식(式)

가운데 있는 글자에서 대표되는 수. ②수식(数式)을 계산하여 나온 수. 2. numerial value

ずうち[頭打ち](명)〈경〉 ⇨あたまうち.

すうちせい[趨地性](명)〈생〉 추지성. 생물의 중력(重力) 자극에 대한 추성(趨性). 식물의 뿌리가 땅속으로 파고 들어 감은 이 성질에 의한 것임. geotropism

すうちゃく[数着](명) ①〔바둑에서〕 몇 번 바둑돌을 놓는 일. ②몇 벌의 의복. 2. several suits of clothes

すうでんせい[趨電性](명)〈생〉 추전성. 생물의 전류 자극에 대한 추성(趨性). galvanotropism

スーツ[suit](명) 슈우트. ①의복. 양복. ②남자 양복 한 벌. 부인복의 웃옷과 스커어트의 한 벌. **—ケース**[suitcase](명) 슈우트케이스. 여행용 가방. 양복을 넣는 가방.

すうとう[数等](부) 월등(越等). 훨씬. 「—まさる; 훨씬 낫다」 by far

すうにん[数人](명) 몇 사람. 수명. several persons

すうねつせい[趨熱性](명)〈생〉 추열성. 생물의 열(熱) 자극에 대한 추성(趨性). 추온성(趨温性). thermotaxis

すうねん[数年](명) 수년. 5, 6년. 몇 년. several years

スーパー[super](조어) 슈우퍼. 고등(高等)한. 우수한. 특제(特製). 초(超). 「—受信機(ジュシンキ); 슈우퍼 수신기」 **—マーケット**[super market](명) 슈우퍼 마아켓. 미국의 식료품계에 발달한 연쇄 시장. 판매원이 없고 대금은 계산대에서 지불되는 형식임. **—マン**[superman](명) 슈우퍼맨. 초인(超人).

スーパー(インポーズ) [superimpose](명·타サ) 슈우퍼임포우즈. 〔영화에서〕 위에 겹친다는 뜻으로 영화 자막을 화면에 밀착시킴.

すうはい[崇拝](명·타サ) 숭배. ①우러러 공경함. ②신불(神仏)에 귀의(帰依)하여 신앙(信仰)함. 1. respect

すうはん[数犯](명) 여러 번 범죄를 저지르는 일. 수회의 범죄. several offences

すうみついん[枢密院](명) 추밀원. 중요한 국정(国政)에 대해서 천황이 의견을 구하는 기관. 지금은 폐지되었음. the Privy Council

スープ[soup](명) 수우프. 고기, 야채 등을 끓여 낸 즙에 간을 맞춘 것. 서양 요리에서 맨 처음에 나오는 국물.

スーベニア[souvenir](명) 수우버니어. ①추억의 물건. 기념품. ②관광지(観光地)에서의 기념품.

ズーム[zoom](명) 주움. 렌즈를 움직이면 거기에 따라서 초점이 맞는 일. 「—レンズ; 주움 렌즈」

すうもく[数目](명) ①물품의 종류. ②수의 색인(索引). ③바둑돌 몇 개. 1. several kinds of articles

すうよう[枢要](명·형동ダ) 사물의 중심이 되어 귀중함. 요점(要点). gist

すうり[数理](명) 수리. ①수학 이론(数学理論). ②계산 방법. 1. a mathematical principle

すうりょう[数量](명) 수량. 수와 양. 분량(分量). number and quantity

すうれつ[数列](명) 수열. ①〈수〉 수(数)의 열(列). ②몇 줄. 1. progression

すえ[末]スヱ(명) ①끝. 가. 「議論(ギロン)の—; 의론 끝에」 ↔元(モト). ②와카(和歌)의 하구(下句). ③장래. 후(後). ④자손. ⑤막내동이. 「—は男(オトコ)です; 막내는 사내 아이입니다」 ⑥〈불〉 말세(末世). 「世(ヨ)も—だ; 세상도 말세야」 ⑦중요하지 않은 부분. 1. the end 3. the future 4. descendants

ずえ[図会](명) 그림을 모은 것. 「名所(メイショ)—; 명소 그림책」 pictures

スエーター[sweater](명) ⇨セーター.

スエーデン[Sweden·瑞典](명)〈지〉 스웨덴. 유럽 서북부 스칸디나비아 반도 동반(東半)의 왕국. 수도는 스톡홀름(Stockholm).

スエード[프 suède](명) 수에드. ① 안이 부드러운 털로 된 직물. ②새끼 양의 속 가죽.

すえおき[据え置き]スヱー(명) ①〈경〉 연금(年金), 저금, 채권(債券) 등을 일정한 기간 그냥 두는 것. 거치. ②놓아 두는 것. 그냥 두는 것. 2. leaving

すえお·く[据え置く]スヱー(타 4) ①놓다. ②그대로 놓아 두다. 1. set

すえおそろし·い[末恐ろしい]スヱー(형) 미래가 두렵다. 장래가 염려되다. ominous

すえこ[末子](명) ⇨すえっこ.

すえざ[末座](명) ⇨まつざ.

すえしじゅう[末始終]スヱー(명·부) 두고두고 쭉. 언제까지나. forever

スエズうんが[Suez 運河](명)〈지〉 수에즈 운하. 이집트의 동북부에 있고, 지중해와 홍해(紅海)를 잇는 운하.

すえずえ[末末]スヱズヱ(명·부) ①후세. 장래. ②자손. ③신분이 천한 사람. 1. the future

すえぜん[据え膳]スヱー(명) ①사람 앞에 상을 차려 놓는 일. 또는 그 상. ②사물을 갖추어 권하는 일. 1. a meal set before a person

すえたのもし·い[末頼もしい]スヱー(형) 장래가 믿음직하다. 장래가 유망하다. promising

すえつかた[末つ方]スヱー(명) ①끝쪽. 끝 부분. 「秋(アキ)の—; 늦가을」 ②하순(下旬). 「五月(サツキ)の—; 5월 하순」 1. the last part

すえつ·ける[据え付ける]スヱー(타하 1) 움직이지 않도록 놓다. 고정시키다. 명 すえ付け. fix

すえっこ[末っ子]スヱー(명) 막내. 막내동이. the youngest child

すえのよ[末の世]スヱー(연어·명) ①후세(後世). 「—長(ナガ)く; 후세까지 오래도록」 ②불법(仏法)이 쇠퇴하여 타락한 세상. 말세. 1. the future world 2. a degenerate age

すえひろ[末広]スヱー(명) ①부채. 「—形(ガタ); 부채꼴」 ②←末広がり. ③⇨ちゅうけい(中啓). 1. a fan. **—がり**[末広がり](명) ①점차로 끝쪽이 퍼지는 것. 점차 번창하는 것. 「家運(カウン)は—; 가운은 점차 번창하다」

すえふろ[据え風呂]スヱー(명) 아궁이를 달아 직접 물을 데워 그곳에서 목욕을 하는 목욕통. a portable bathtub

すえもの[陶物](명) 도기(陶器). earthen wares
す·える[据える]スエル(타하 1) ①움직이지 않도록 놓다. 고정시키다.「目(メ)を—; 주시(注視)하다」②침착하게 하다.「度胸(ドキョウ)を—; 마음을 단단히 먹다」③뜸을 뜨다. ④도장을 찍다. 1. fix 3. apply
す·える[饐える](자하 1) 음식물이 상하여 시큼한 냄새가 나다. 쉬다.「ごはんが—; 밥이 쉬다」turn sour
すおう[周防](명)〈지〉 옛 지방 이름. 현재의 야마구치현(山口県)의 일부.
すおう[素袍·素襖]—アヲ(명) ①무로마치(室町) 시대의 무사(武士)의 일상복(日常服). 후에 예복이 되었음.
すおう[蘇芳](명) ①〈식〉 다목. 콩과에 속하는 작은 상록 교목. 심재(心材)는 염료로 씀. ②다목나무를 삶은 물감. 검은 빛을 띤 홍색임. 1. a Judas tree
〔素袍〕
すおどり[素踊り]—ヲドリ(명) 의상(衣裳)이나 가발(仮髪)을 쓰지 않고 추는 춤.
ずおも[頭重](명) ①머리가 무거움. 두통(頭痛). ②남에게 쉽사리 머리를 숙이지 않는 것. ③〈경〉 시세가 오를 것 같은데 쉬 오르지 않는 일. 또는 그 때문에 시세가 좀 내릴 기미가 보이는 것. 형 頭重い. 1. headache
すが—[菅](조어)〈식〉 ⇨すげ.
ずが[図画](명) 도화. ①그림과 도안. ②그림을 그림. 또는 그린 그림. 2. a picture
スカート[scout](명) ⇨スカウト.
スカート[skirt](명) 스커어트. 양장의 치마.
スカーフ[scarf](명) 스카아프. 목도리.
スカ(ー)ル[scull](명) 스컬. 경쾌한 경기용의 작은 배.
スカイ[sky](명) 스카이. 하늘. 천공(天空).「—ブルー; 하늘색」**— スクレーパー**[skyscraper](명) 마천루(摩天楼). **— ライン**[skyline](명) 스카이라인. ①지평선. ②산, 건물 등이 하늘을 금긋는 윤곽.
〔スカール〕
ずかい[図解](명·타サ) 도해. ①글의 설명을 보충하기 위하여 그림이나 도표를 끼어 넣어서 설명함. 또는 그런 글이나 책. ②그림이나 도표로 설명함. an explanation by diagrams
ずがい[頭蓋](명)〈생〉 두개. 두뇌를 둘러 싼 뼈. the cranium. **— こつ**[頭蓋骨](명)〈생〉 두개골. 척추 동물의 머리를 이루는 뼈의 총칭.
スカウト[scout](명·타サ) 스카우트. ①유망한 선수, 예능인(芸能人) 등을 좋은 조건으로 물색하고 찾아냄. 또는 찾아 내는 사람. ②거얼스카우트, 보이스카우트의 준말.
すがお[素顔]—ガホ(명) ①화장하지 않은 얼굴. 분장하지 않은 얼굴. ②술 취하지 않은 얼굴. ③있는 그대로의 상태. 1. an unpainted face 2. sober face
すががき[清掻·菅掻](명) ①오른손으로 거문고의 줄을 타는 것. ②샤미센(三味線)의 첫째 줄과 둘째 줄을 함께 타는 것.
すがき[素描](명) 소묘. 색칠하지 않은 그림. 데상. rough drawing
すがごも[菅薦](명) 사초(莎草)로 엮은 거적.
すが·く[巣がく](자 4) (거미가) 줄을 치다. spin
すかさず[透かさず](연어·부) 틈을 주지 않고 곧. at once
すかし[透かし](명) ①비쳐 보이는 것. 투명한 것. ②빈틈이 있는 곳. 2. a crevice
すか·す[透かす](타 4) ①투명하게 하다. ②사이나 틈을 만들다. ③솎다. 성기게 하다. ④경계심을 풀게 하다. ⑤줄이다. ⑥맑게 하다. ⑦〈속〉 소리를 내지 않고 방귀를 뀌다. 5. decrease
すか·す[賺す](타 4) ①속이다. ②달래다. 위로하다. 1. coax 2. soothe
すがすが[清清](부·자サ) 상쾌하여 기분이 좋은 모양. refreshingly. **—し·い**[清清しい](형) 상쾌하다. 파생 **—しげ**(형동ダ) **—しさ**(명). 「unhesitatingly
ずかずかヅカヅカ(부) 서슴지 않고 나아가는 모양.
すがた[姿](명) ①모습. ②옷차림. 풍채. ③모양. ④형세(形勢). 1. one's figure 4. condition. **—み**[姿見](명) 전신을 비쳐 보는 큰 거울. 체경(体鏡).
すがたり[素語り](명) 샤미센(三味線)의 반주 없이 죠오루리(浄瑠璃)를 이야기하는 것.
スカッシュ[squash](명) 스쿼시. 과일 즙에 설탕을 넣고 소오다수 등을 탄 음료수.「レモン—; 레몬 스쿼시」
すがめ[眇](명) ①사팔뜨기. 사시(斜視). ②애꾸눈. 1. a cross-eye 2. a one-eyed man
すが·める[眇める](타하 1) 한쪽 눈을 가늘게 뜨고 보다. 자 すがむ(4). squint
すがやか[清やか](형동ダ) 상쾌하여 기분이 좋은 모양.「—な朝(アサ); 상쾌한 아침」 refreshing
—すがら(조어) ①…의 끝까지 쭉.「夜(ヨ)も—; 밤새도록」②그대로.「身(ミ)—; 몸째로」③…하면서. …하는 김에.「道(ミチ)—; 가는 김에」
—ずからヅカラ(조어) …에 의해서. …으로.「手(テ)—植(ウ)える; 손수 심다」「身(ミ)—; 몸소」「a design
ずがら[図柄](명) 직물 등의 도안(図案)의 모양.
スカラップ[scallop](명) 스칼럽. ①가리비 조개의 껍데기. ②소맷부리나 옷자락 같은 데에 장식으로 수놓는 부채꼴이나 물결 모양으로 연속한 가장자리. ③조개 껍데기나 그와 비슷한 모양의 납비에 담은 서양 요리.
すがる[螺蠃](명)〈동〉 ①⇨じがばち. ②⇨あぶ. ③〈고〉 사슴.
すが·る(자 4) 끼이다. 꽂아지다. inlay
すが·る[縋る](자 4) ①몸을 기대다. ②매어 달리다. 달라붙다. 1. rely on 2. cling to
すが·れる[闌れる·嬴れる](자하 1) (풀 등이) 한창때를 지나 쇠퇴하여 가다. fade
ずかん[図鑑](명) 도감. 사진이나 그림으로 사물을 알기 쉽게 설명한 책.「動物(ドウブツ)—; 동물 도감」 a picture book
スカンク[skunk](명)〈동〉 스컹크. 족제비 비슷하며 양

옆에 흰 줄이 있고, 위험을 당하면 고약한 냄새를 피움.

スカンジナビア[Scandinavia](명)〈지〉 스칸디나비아. 유럽 북부에 있는 반도. 서쪽엔 대서양, 동쪽엔 보올트해가 있음.

ずかんそくねつ[頭寒足熱](연어·명) 머리는 차게 하고 발을 따뜻하게 하는 건강법. keeping one's head cool and one's feet warm

すかんぴん[素寒貧](명·형동ダ)〈속〉 몹시 가난함. 또는 그 사람. penury

すかんぽ[酸模](명)〈식〉 ⇨すいば(酸い葉).

すき[好き](명·형동ダ) ①(이성적인 판단과는 달리) 마음이 그리로 쏠림. 좋아함. ②일을 벌여 하기를 좋아하는 것. 호사(好事). ③호색(好色). 2. liking

すき[透き·空き·隙](명) ①사이. 틈. ②휴가. ③해야 할 기회. 빈틈. 「一のないかまえ; 빈틈 없는 수비 태세(守備態勢)」 1. a crevice 2. leave

すき[犂](명) 쟁기. a plough

すき[漉き](명) 종이를 뜨는 일. manufacturing paper

すき[寿喜·鋤](명) ⇨すきやき(寿喜焼き).

すき[鋤](명) 삽. 가래. a spade

すき[数寄](명) ①풍류를 좋아하는 것. ②다도(茶道)를 좋아하는 것. ③⇨すうき(数奇). ④호사(好事). 호사가(好事家). 1. elegant pursuits

—すぎ[過ぎ](조어) ①지나감.「三時(サンジ)—に; 3시 지나서」 ②도(度)에 지나침. 「食(ク)い—; 과식」

〔鋤〕

すぎ[杉·椙](명)〈식〉 삼목(杉木). 소나무과의 상록 교목(常緑喬木). a Japan cedar

ずきヅキ(명)〈속〉 (도망 중의 죄인에 대한) 경찰의 수배(手配).「一がまわる;수배되다」 search instruction

スキー[ski](명) 스키이. ①눈 위를 잘 미끄러지게 만든 목제의 기다란 기구. ②스키이를 신고 눈 위를 미끄러지는 운동.

すきあぶら[梳油](명) 머리를 빗을 때에 쓰는 고체의 기름. pomade

スキーイング[skiing](명) 스키잉. 스키이를 타는 것.

すぎいた[杉板](명) 삼목나무 판자. a cedar board

スキーヤー[skier](명) 스키어. 스키이를 타는 사람.

すきいれ[漉き入れ](명) 종이를 뜰 때 문자나 무늬 등을 넣는 것.또는 그 종이.「一紙(ガミ); 글씨나 무늬를 넣은 종이」 watermarking

すきいろ[透き色](명) 피륙을 햇빛에 비쳐 보았을 때의 색깔의 고른 정도.

すきうつし[透き写し](명·타サ) ⇨しきうつし.

すきおこ·す[鋤き起す](타 4) 가래로 흙을 파 일구다. spade

すきおり[透き織り](명) 비쳐 보이도록 성기게 짠 직물(織物). transparent cloth

すぎおり[杉折り](명) 삼목나무를 얇게 깎아 만든 상자. 과자, 요리 등을 넣는 데 씀.

すきがえし[漉き返し](명) 휴지를 녹여 다시 만든 종이. 재생지(再生紙). remanufactured paper

すきかえ·す[漉き返す](타 4) 휴지를 녹여 다시 새 종이로 만들다. remanufacture paper

すきかえ·す[鋤き返す](타 4) 가래나 괭이로 땅을 일구다. 파엎다. plough

すきがき[透き垣](명) ⇨すいがい.

すきかって[好き勝手](형동ダ) 자기 형편에만 좋게 하는 모양. 자기 멋대로인 모양. 「一なことばかりいう; 자기에게 좋을 대로만 말하다」 selfish

すききらい[好き嫌い]—キラヒ(명) ①좋아하는 것과 싫어하는 것. ②(음식 등을) 가리는 것. 「食(タ)べ物(モノ)の—; 음식 가림」 1. liking and disliking

すきぐし[梳き櫛](명) 참빗. a fine-toothed comb

すぎごけ[杉苔](명)〈식〉 이끼의 한 가지. 습지에 군생(群生)하며 빛깔은 황갈색임. hair moss

すきごころ[好き心](명) ①호기심. ②색(色)을 좋아하는 마음. 1. curiosity 2. lasciviousness

すぎこしのいわい[逾越節]—イハヒ(명)〈종〉 ①유월절. 유태 민족이 이집트를 빠져 나온 기념의 축제일. ②부활제(復活祭). 1. the Passover

すきごと[好き事](명) ①호기(好奇). 호사(好事). ②색(色)을 좋아 하는 것. 호색(好色). 1. curiosity

すきこのみ[好き好み](명) 좋아하는 것. 기호(嗜好). liking

すきこの·む[好き好む](타 4) 특별히 좋아하다. 「好(ス)き好(コノ)んで苦労(クロウ)する者(モノ)はない; 좋아서 고생할 사람은 없다」 love

すぎさ·る[過ぎ去る](자 4) 지나가 버리다. 「過(ス)ぎ去(サ)ったむかし; 지나간 옛날」 pass away

すきしゃ[好き者·数寄者](명) ①신기한 것을 좋아하는 사람. 호사가(好事家). ②풍류인. ③다도(茶道)를 즐기는 사람. ④호색가. 1. a dilettante 2. a man of refined taste

すきずき[好き好き](명) 사람에 따라 기호나 취미가 다른 일. taste

ずきずきヅキヅキ(부·자サ) 쿡쿡 쑤시며 아픈. painful

すきずき·し(형シク)〈고〉 ①호기심이 많다. ②호색적.

すきたわ·む[好き撓む](자 4)〈고〉 색을 좋아하여 남에게 잘 넘어가다.

すきっぱら[空きっ腹](명)〈속〉 공복(空腹). 배고픈 것. 시장한 것. an empty stomach

スキップ[skip](명·자サ) 스킵. 번갈아 한쪽 발로 껑충껑충 뛰어 감.

すぎど[杉戸](명) 삼목나무로 만든 문. 「a cedar-board door

すきとお·る[透き通る·透き徹る]—トホル(자 4) ①트이다. 트여 보이다. ②똑똑히 보이다. ③투명하여 티가 없다. 1. be transparent

すぎな[杉菜](명)〈식〉 쇠뜨기. 속새과에 속하는 다년생 양치류(羊歯類). 필두채(筆頭菜). a water-horsetail

すぎない[過ぎない](연어) 지나지 않다. 「口実(コウジツ)に—; 구실에 지나지 않다」 mere

すきなべ[寿喜鍋·鋤鍋](명) 전골 남비.

すぎばし[杉箸](명) 삼목나무로 만든 젓가락. cedar chopsticks

すきはら[空き腹](명) 고픈 배. 공복. an empty stomach
すぎはら[杉原](명) 삼목나무가 무성한 벌. a cedar field
すきぶすき[好き不好き](연어·명) 좋은 것과 싫은 것. ⇨: すききらい. likes and dislikes
すきほうだい[好き放題](명·형동ダ) 좋아하는 일을 하고 싶은 대로 마음껏 함. just as one likes
すきま[透き間·隙間](명) ①사이. ②틈. 여가. ③빈틈. 결함. 1. a crevice 2. spare time 3. carelessness. **—かぜ**[透き間風](명) 틈으로 들어 오는 바람.
すきみ[透き見](명) 들여다 보는 일. peeping through
スキムミルク[skim milk](명) 스킴 밀크. 탈지 분유(脱脂粉乳).
すぎむら[杉叢](명) 삼목나무 숲. a cedar forest
すきもの[好き者](명) ①호기심이 많은 사람. 호사가(好事家). ②호색가(好色家). 1. a dilettante 2. a lecherous person
すきや[透き綾](명) 〔←すきあや〕 바탕이 얇은 비단.
すきや[数寄屋](명) 다도(茶道)를 하기 위해 지은 다실(茶室). a tea ceremony arbour
すきやき[寿喜焼き·鋤焼き](명) 조류, 짐승 등의 고기에 두부, 채소를 남비에 넣어 끓이면서 먹는 요리. 전골.
スキャンダル[scandal](명) 스캔들. ①듣기 거북한 소문. 추문(醜聞). ②보기 흉한 행동이나 사건. 의옥(疑獄).
すぎゆ·く[過ぎ行く](자 4) 지나가다. 시간이 흘러 가다. 경과하다. pass by
ずきょう[誦経](명) 불경을 외는 일. sutra-chanting
すぎょうざ[修行者](명)〈불〉 ⇨しゅぎょうじゃ.
す·ぎる[過ぎる] Ⅰ(자상 1) ①지나다. ②옮아 가다. ③더 낫다. 과분(過分)하다. 「私(ワタクシ)には過ぎた嫁(ヨメ)だ; 내겐 과분한 아내다」 ④한도를 넘다. 지나치다. 「冗談(ジョウダン)が—; 농담이 지나치다」 Ⅱ(보동·상 1) 도를 넘다. 「いい—; 지나치게 말하다」 Ⅰ 1. pass 3. surpass Ⅱ exceed
すぎわい—ハヒ(명) 생활하기 위한 직업. 생업(生業). livelihood
すぎわら[杉原](명) ⇨すぎはら.
スキン[skin](명) 스킨. 살갗. 피부. 「—ローション; 스킨 로우션」
ずきん[頭巾](명) 두건. 천으로 만들어 머리에 쓰는 것. a hood
す·く[好く](타 4) ①좋아하다. 즐기다. ②풍류를 즐기다. 다정하다. 1. like
す·く[剝く](타 4) 얇게 썰다. slice off
す·く[梳く](타 4) 머리를 빗다. comb
す·く[透く](자 4) ①틈이 벌어지다. ②드문드문해지다. ③들여다 보이다. ④한가해지다. ⑤비다. 「電車(デンシャ)の中(ナカ)が—; 전차 안이 비다」 1. open 2. be thinned 4. be free
す·く[結く](타 4) 실로 그물을 짜다. make a net
す·く[漉く·抄く](타 4) 종이나 김을 뜨다. 「海苔(ノリ)を—; 김을 뜨다」 make
す·く[鋤く](타 4) 가래로 땅을 일구다. plough
すぐ[直ぐ] Ⅰ(명·형동ダ) ①똑바름. ②정직함. Ⅱ(부) 곧. 바로. 즉각. 즉시. Ⅱ at once
—ずく[尽く]ヅク(조어) …만으로. …을 발휘하여. …에 따라서. 「力(チカラ)—힘만으로」
ずく[銑]ヅク(명) ⇨ずくてつ.
ずく[木菟]ヅク(명)〈동〉 ⇨みみずく.
すくい[救い]スクヒ(명) 구하는 일. 돕는 일. help. **—ぬし**[救い主](명) ①구해 준 사람. ②〈종〉 구세주(救世主).
すくいあみ[掬い網](명) 삼각형, 원형(円形) 등의 대나무 또는 철사 테에 주머니 같은 그물을 매어 달고 자루를 단 고기를 뜨는 작은 그물. 산대. a scoop net
すくいなげ[掬い投げ](명) 〔씨름에서〕 겨드랑이에 손을 넣어 움켜 올리듯하며 넘어뜨리는 수. tripping up
スクイズ(プレー) [squeeze (play)](명) 스퀴이즈 플레이. 〔야구에서〕 3루(塁)의 러너(走者)를 배터(打者)의 번트(軟打)로 생환(生還)시키는 공격법.
すく·う[抄う·掬う]スクフ(타 4) ①떠내다. ②밑에서 위로 움켜 올리다. 1. ladle
すく·う[救う]スクフ(타 4) ①힘을 주어 도와 주다. 구제하다. ②베풀다. 주다. ③죄를 벗게 하다. 1. help 3. redeem
すく·う[巣くう]—クフ(자 4) 둥우리를 짓다. 깃들이다. nest
スクーター[scooter](명) 스쿠우터. ①한쪽 발을 올려 놓고 땅 위에서 미끄름 타는 스케이트. ②소형(小型) 오오토바이의 한 가지. 모우터스쿠우터.
スクーナー[schooner](명) 스쿠우너. 돛대가 둘 이상인 중소형(中小型)의 범선(帆船).
スクープ[scoop](명·타サ) 스쿠우프. ①특종 기사. ②⇨スコップ.
スクーリング[schooling](명) 스쿠울링. 〔통신 교육(通信教育)에서 학생을 위한〕 면접 수업(面接授業).
スクール[school](명) 스쿠울. ①학교. 「クッキング—; 요리 학교」 ②학파(学派). **—フィギュア**[school figure](명) 스쿠울 피겨. 〔스케이트에서〕 기본적인 형(型)의 활주법(滑走法).
スクエア(ダンス)[square(dance)](명) 스퀘어 댄스. 여덟 사람이 4각을 이루면서 추는 단체적인 댄스.
すぐき[酸茎](명) 순무(蕪菁)를 시큼하게 절인 식품.
すぐさま[直ぐ様](부) 곧. 즉각. at once
すぐ·す[過ぐす](타 4) ⇨すごす.
すくすく(부) ①곧고 높다랗게 나 있는 모양. ②기운차게 성장하는 모양. 무럭무럭. 1. smoothly
すくせ[宿世](명)〈불〉 숙세: ①전세(前世). ②전생부터의 인연(因縁). 1. one's previous life
ずくてつ[銑鉄]ヅク—(명) 선철. 무쇠. pig iron
すぐと[直ぐと](부)〈속〉 곧. 바로. at once
すくな·い[少ない·尠ない](형) 적다. 많지 않다. 파생 **—げ**(형동ダ) **—さ**(명). few
すくなからず[少なからず](연어·부) ①많이. ②매우. 크게. 몹시. 적지않이. 「—おどろいた; 적지않이 놀랐다」 1. much 2. very

すくなく(と)も[少なく(と)も](부) 적어도. at least
すぐに[直ぐに](부) 곧. 즉각. at once
ずくにゅう[木菟入]ヅクー(명) 뚱뚱한 대머리의 사람.
すくね[宿禰](명)〈고〉 사성(賜姓)의 하나.
すくま·る[竦まる](자 4)〈속〉 ⇨すくむ.
すくみあが·る[竦み上がる](자 4) 지지러지다. cower
すく·む[竦む](자 4) ①지지러져 움직이지 않다. ②움츠리다. 1. crouch 2. cower
—ずくめ[尽くめ]ヅクメ(조어) 그것만으로 이루어짐. 또는 그것만을 사용함. 「規則(キソク)—; 규칙투성이」「黒(クロ)—の服装(フクソウ); 흑색만의 옷차림」
すく·める[竦める](타하 1) 지지러지게 하다. quail
すくも(명)〈고·광〉 ⇨でいたん.
すくよか[健よか](형동ダ) ①무럭무럭 자라는 모양. ②튼튼한 모양. 건강한 모양. 1. quick-growing
スクラップ[scrap](명) 스크랩. ①〔신문, 잡지 등에서〕 오려 낸 조각. ②쇳조각. ③←スクラップブック. **—ブック**[scrapbook](명) 스크랩북. (신문, 잡지 등에서) 오려 낸 것을 붙이는 책.
スクラム[scrum](명) 스크럼. ①〔럭비에서〕 양편의 선수가 어깨를 맞대고 그 사이로 굴려 넣는 공을 자기편 쪽으로 빼내어 돌리는 일. ②여럿이 팔을 짝 끼고 뭉치는 일. 「—を組(ク)む; 스크럼을 짜다」
すぐり(명)〈식〉 구즈베리와 비슷한 식물. 열매는 기다랗고 먹을 수 있음.
スクリ(ー)ン[screen](명) 스크리인. ①병풍. 장막. ②영사막(映写幕). 은막(銀幕). ③사진 제판술(製版術)에서 망판(網版) 같은 것을 제판하는 데 쓰는, 위에 검은 교차선을 그어 그물 눈 모양으로 만든 유리판.
スクリプター[scripter](명) 스크립터. 영화 촬영 현장에서 진행을 기록하는 기록계.
スクリプト[script](명) 스크립트. 영화, 연극, 방송 등에 쓰는 원고나 대본. 「—ライタ; 스크립트 라이터」
スクリュー[screw](명) 스크루우. ①나선(螺旋). 나사. ②(배의) 추진기(推進器).
すぐ·る(타 4) 골라 뽑다. 골라 갖다. pick out
すぐ·れる[勝れる·優れる](자하 1) 보통보다 뛰어나다. 우수하다. surpass
—すけ[助](조어)〈속〉 ①사람. 「飲(ノ)み—; 술군」 ②물건을 사람으로 보고 하는 말. 「円(エン)—; 돈님」
すけ[助](명) 도움. 가세(加勢). help
すけ[次官·亮·助·佐·介](명) 옛날 관청에서 장관 다음의 지위. 또는 그 사람. an assistant
すけ[出家](명)〈고〉 ⇨しゅっけ.
すげ[菅](명)〈식〉 사초류(莎草類)의 총칭. a sedge
ずけ(명) ①다랑어 초밥. ②초밥에 쓰는 기름기가 적고 빨간 다랑어 살.
ずけい[図形]ヅー(명) 도형. ①그림의 형상. ②그림으로 그린 모양. ③〈수〉 면, 선, 점 등의 집합. 1. a figure
スケーター[skater](명) 스케이터. 스케이팅을 하는 사람.
スケーティング[skating](명) 스케이팅. 스케이트를 신고 얼음 위를 지치는 일.
スケート[skate](명) 스케이트. ①구두 바닥에 대어 얼음 위를 지치는 쇠로 된 운동구(運動具). 또는 그 구두를 신고 얼음 위를 지치는 일. ②로울러 스케이트.
スケール[scale](명) 스케일. ①〈악〉 음계(音階). ②치수. 척도(尺度). ③강철로 만든 권척(巻尺). 줄자 ④크기. 규모. 「—が大(オオ)きい; 규모가 크다」
すげか·える[すげ替える]—カヘル(타하 1) 바꾸어 달다. 갈아 붙이다. 「げたの鼻緒(ハナオ)を—; 왜나막신의 끈을 갈다」 replace
すげがさ[菅笠](명) 띠로 만든 삿갓. a sedge-hat
スケジュール[schedule](명) 스케주울. ①일람표. ②시간표. ③일정(日程). 예정.
ずけずけヅケヅケ(부)〈속〉 사양하지 않고 함부로 말하는 모양. unreservedly
すけそうだら[助宗鱈](명)〈동〉 명태(明太). a pollack
すけだち[助け太刀](명·자サ) ①목숨을 건 싸움이나 원수 갚음에서 조력(助力)해 줌. 또는 그 사람. ②〈속〉 도움. 1. assistance
スケッチ[sketch](명·타サ) 스케치. ①약기(略記). 소품(小品). 단편. ②사생화(写生画). ③〈악〉 소곡(小曲). **—ブック**[sketchbook](명) 스케치북. 사생첩.
すげな·い[素気無い](형) 냉정하다. 박정(薄情)하다. cold
すけべい[助平](명·형동ダ)〈속〉 호색가(好色家). a lecherous person
すげ·む(자 4)〈고〉 늙어서 이가 빠지다. 합죽하다.
す·ける[助ける](타하 1)〈속〉 돕다. help
す·ける[透ける](자하 1) 투명해지다. 비쳐 보이다. 「かきねから透(ス)けて見(ミ)える; 울타리에서 들여다 보이다」 be transparent
す·げる[揷げる](타하 1) ①끼우다. 「ひしゃくの柄(エ)を—; 국자 자루를 끼우다」 ②달다. 「げたの鼻緒(ハナオ)を—; 왜나막신의 끈을 달다」 1. put in
スケルツォ[이 scherzo](명)〈악〉 스케르쪼. 밝고 가벼운 해학곡(諧謔曲). 리듬의 빠른 곡.
スケルトン[skeleton](명) 스켈톤. ①해골(骸骨). ②가스 스토우브 등의 튜우브.
スコア[score](명) 스코어. ①경기의 득점. 또는 득점표. ②〈악〉 총보(総譜). 보표(譜表). **—ボー(ル)ド**[scoreboard](명) 스코어보오드. 득점 계산판.
すご·い[凄い](형) ①무섭다. 굉장하다. 「—うなり声(ゴエ); 굉장한 포효성(咆哮声)」 ②〈속〉 멋지다. 「—腕前(ウデマエ); 멋진 솜씨」 ③〈속〉 지독하다. 「—けちんぼ; 지독한 구두쇠」 1. dismal 2. wonderful
ずこう[図工](명) 도화(図画)와 공작(工作). drawing and handicraft
スコール[squall](명) 스코올. 남양 지방 특유의 소나기.
すご·く(타 4) 긴 것을 손에 움켜 쥐고 당기다. 「槍(ヤリ)を—; 창을 움켜 쥐고 당기다」 seize
すこし[少し·些し](부) 조금. 약간. a little. **—く**[少しく](부) 조금. **—も**[少しも](부) 조금도.
すご·し[凄し](형)〈고〉 무섭다. 처참하다.
すご·す[過ごす]|(타 4) ①지내다. ②보내다. ③살다.

「その日(ヒ)を—; 그날을 지내다」 ④분수나 정도를 넘다. 「酒(サケ)を—; 과음하다」 Ⅱ(보동·4) 내버려 두다. 「見(ミ)—; 간과(看過)하다」
Ⅰ 2. spend 4. go beyond Ⅱ leave

すごすご[悄悄](부) 실망하거나 흥이 깨져 힘없이 물러가는 모양. 「—引(ヒ)きさがる; 맥없이 물러가다」 dejectedly

スコッチ[Scotch](명) 스코치. ①스코틀란드에서 생산되는 위스키. ②사문직(斜紋織)으로 짠 옷감.

スコットランド[Scotland·蘇格蘭](명)〈지〉 스코틀란드. 영국 본토의 북부.

スコップ[네 schop](명) 스콥. ①원예(園芸) 등에 사용하는 한쪽 손에 들고 땅을 파는 자루가 짧은 삽. ②삽.

すこぶる[頗る](부) ①〈고〉상당히. 꽤. 제법. ②몹시. 매우. 2. very. **—つき**[頗る付き](명) 몹시 우수한 것. 아주 좋은 것. 「—の美人(ビジン); 대단한 미인」

すごみ[凄味](명) 무서운 것. 처참한 것. grimness

すご·む[凄む](자 4)〈속〉 상대방에게 위협하는 듯한 무서운 모양을 보이다. threaten with violence

すごもり[巣籠もり](명) ①둥지에 들어 박히는 일. ②곤충 등이 땅속에 들어 가 동면하는 일. 1. nesting

すごも·る[巣籠もる](자 4) ①둥지 속에 틀어 박히다. ②곤충 등이 땅속에 들어 가 동면하다. 1. nest

すこやか[健やか](형동ダ) 건강하고 원기 왕성(旺盛)한 모양. healthy

スコラてつがく[Schola 哲学](명)〈철〉 스콜라 철학. 기독교의 교의(教義)를 조직, 전개한 중세의 철학. 번쇄 철학(煩瑣哲学). Scholasticism

すごろく[双六](명) 쌍륙. ①종이 위에서 하나의 주사위를 굴려 빨리 지정한 곳까지 가는 놀이. ②나무판 위에서 두 개의 주사위를 굴려 적의 진지로 들어가는 놀이. 1. game with a die

すこん[数献](명)〈고〉 몇 잔의 술.

スコンク[skunk](명) 스컹크. 〔야구 등에서〕 영점으로 패하는 일. 형편 없이 패하는 일. 영패(零敗). 셔트아웃.

すさ[苆·寸莎](명) 벽을 바르는 흙에 섞는 짚 토막.

ずさ[従者](명)〈고〉 종자. 따라 가는 사람.

すざく[朱雀](명) ⇨しゅじゃく.

すさのおのみこと[素戔嗚尊](명) 일본 신화에 나오는 남성 신(神). 행동이 매우 거칠었다 함.

すさび[遊び](명) 마음 내키는 대로 하는 것. 위안 거리. 소일 거리. 「老(オ)いの—; 늙그막의 소일 거리」 pastime

すさ·ぶ[荒ぶ](자 4) ⇨すさむ.

すさまじ·い[凄まじい](형) ①재미 없다. ②굉장하다. ③무섭다. 파생 **—げ**(형동ダ) **—さ**(명).
1. uninteresting 2. extreme

すさ·む[荒む](자 4) ①격렬(激烈)해지다. ②사나와지다. ③탐닉(耽溺)하다. ④(윤기가 없어져) 거칠어지다. 「すさんだ世相(セソウ); 거친 세상」
1. become fierce 2. grow wild

すさ·る[退る](자 4) 물러가다. 뒤로 물러서다. go back

ずさん[杜撰](명·형동ダ) 두찬. ①저술의 근거가 명확하지 않음. ②날림. 거칠고 소홀함. 「—な計画(ケイカク); 조잡한 계획」 2. carelessness

すし[寿司·鮨·鮓](명) ①생선회. ②식초와 소금으로 간을 한 밥에 생선이나 야채를 섞은 것을 주먹밥 위에 얹은 것. 초밥. 1. vinegared fish

—すじ[筋]スヂ(접미) 가늘고 긴 것을 세는 말. 오리.

すじ[筋]スヂ(명) ①근육의 섬유. ②혈관. ③가늘고 긴 것. ④이야기나 논문의 줄거리. 「小説(ショウセツ)の—; 소설의 줄거리」 ⑤혈통. 「源氏(ゲンジ)の—をひく; 겐지의 혈통을 이어 받다」 ⑥소질. 「—がいい; 소질이 좋다」 ⑦(이야기 등의) 전후의 분명한 관계. ⑧계획. 트릭. ⑨길. 「街道(カイドウ)—; 가도(길)」 ⑩방면. 「たしかな—; 확실한 방면」 ⑪(수속 절차상) 반드시 경유해야 할 곳. ⑫〈동〉 논길. ⑬근거. 취지. 「改善(カイゼン)の—; 개선의 취지」 ⑭〔←筋かまぼこ〕 생선의 살과 껍질을 섞은 가마보꼬.
1. a sinew 2. a vein 4. a plot 10. a source

ずし[図示](명·타サ) 도시. 그림으로 그려 보임. illustration

〔厨子②〕

ずし[厨子](명) ①책 같은 것을 넣는 문이 두 개인 작은 궤(櫃). ②불상(仏像)을 모시는 장. 감실(龕室). ③옛날 음식물, 그릇 등을 넣어 두던 문이 양쪽으로 열리게 단 선반. 2. a miniature temple

すじあい[筋合い]スヂー(명) ①조리(条理). 「話(ハナシ)の—が立(タ)たない; 이야기의 조리가 서지 않는다」 ②통하는 관계. 「たのめる—ではない; 부탁할 만한 관계가 못된다」 1. a reason

すじかい[筋交い·筋違い]スヂカヒ(명) ①비스듬히 교차하는 것. ②건물 등을 튼튼하게 하기 위해 기둥 사이에 비스듬히 교차시킨 재목. 1. obliquity

すじがき[筋書き]スヂー(명) ①사실의 줄거리를 적은 것. ②연극, 영화 내용의 줄거리를 적은 것. ③생각한 계획. 「—どおり事(コト)がはこぶ; 꾸며 놓은 계획 대로 일이 진행되다」 1. an outline 2. a synopsis

すじがね[筋金]スヂー(명) 물건에 끼운 쇠붙이. 철근. 「—入(イ)り; 철근을 넣어 튼튼하게 되어 있는 것」 metal reinforcement

ずしき[図式](명) 도식. ①그림의 형식. ②사물의 관계를 설명하기 위해 고안된 그림. ③〈철〉 개념의 관계를 명시(明示)하는 부호. 1. the way of mapping

すじこ[筋子]スヂー(명) 소금에 절인 연어알. salmon roe

すじだて[筋立て]スヂー(명) 이야기의 줄거리를 꾸미는 방법. 대강의 줄거리. a plot

すじちがい[筋違い]スヂチガヒ(명·형동ダ) ①비스듬히 교차(交叉)함. ②도리에 어긋남. ③수속을 잘못 밟음. ④방면이 다름. ⑤근육의 경련으로 생기는 아픔. ⑥잘못 헤아림. 1. obliqueness 2. illogicality

すしづめ[鮨詰め](명) 많은 사람이나 물건이 빈틈 없이 꽉 차 있는 일. 「—電車(デンシャ); 초만원 전차」 a packed audience

ずして(연어) ①(동사에 붙어)…않고.「戦(タタカ)わー勝(カ)つ;싸우지 않고 이기다」②(형용사에 붙어)…않아서.「久(ヒサ)しからー;멀지 않아서」

すじば·る[筋張る]スヂー(자 4) ①줄이나 혈관이 많이 있거나 붙거지다. ②말투나 태도가 딱딱하다. 2. become stiff

すじぼね[筋骨]スヂー(명) ①근육과 뼈. ②연골(軟骨). 1. bones and sinews

すじみち[筋道]スヂー(명) ①사리(事理). 조리(条理).「ーが通(トオ)らない; 조리가 맞지 않는다」②수속. 순서. 2. order

すじむかい[筋向かい]スヂムカヒ(명) 비스듬히 마주봄.「ーの家(イエ); 건너편 마주 보이는 집」 diagonal opposition

すじむこう[筋向こう](명) ⇨すじむかい.

すじめ[筋目]スヂー(명) ①선과 선이 갈라지거나 교차되는 곳. ②사리(事理). 조리. ③혈통. 1. a fold

すしめし[鮨飯](명) 초밥을 만들기 위해 초, 소금으로 간을 맞춘 밥. vinegared boiled rice

すしや[鮨屋](명) 초밥을 만들어 파는 사람. 또는 그 집.

すじょう[素性·素姓](명) ①혈통. 가문.「ーの正(タダ)しい家(イエ); 혈통이 좋은 집」②태생. 성장 과정(成長過程).「ーを洗(アラ)う; 태생을 조사하다」③본성. 천성. 1. lineage

ずじょう[図上](명) 지도나 도면의 위. on a map

ずじょう[頭上](명) 두상. 머리 위. overhead

すじりもじり(명·부·자サ) ①몸을 비비 꼼. ②성질이 비뚤어져 상대를 곤란하게 함. ③갈짓자로 걸어 감. 1. wriggling

すじ·る[捩る](타 4)〈고〉 몸을 비끄다. 비틀다.

すす[煤](명) ①그을음. 유연(油煙). ②연기나 먼지가 섞인 검은 것. ③←煤色(ススイロ). 1. lamp-soot

すず[鈴](명) 방울. a bell

すず[錫](명)〈이〉 석. ①놋쇠. ②주석(朱錫). 금속 원소의 하나. 은백색 광택을 지니고 녹슬지 않는 금속. 기호는 Sn. tin

ず·す[誦す](타サ)〈고〉 소리를 내어 읽다.

ずず[数珠](명)〈불〉 염불할 때 쓰는 도구. 염주(念珠). a Buddhist rosary

すすいろ[煤色](명) 노랑 빛을 띤 엷은 검정색. yellowish black

すずかけ[鈴掛け·篠懸け](명) ①슈겐도(修験道)를 닦는 사람이 옷 위에 입는 베옷. ②〈식〉←すずかけの木. **—のき**[篠懸けの木](명)〈식〉 플라타너스.

ずずかけばと[数珠掛け鳩](명)〈동〉 ⇨やまばと.

すずかぜ[涼風·凉風](명) 시원한 바람. a cool breeze

すすき[薄·芒](명)〈식〉 참억새. 포와풀과에 속하는 다년초. a pampas grass

すすぎ[濯ぎ](명) ①헹구는 일. ②발을 씻는 (더운) 물. 1. washing. **—せんたく**[濯ぎ洗濯](명) 빨래를 함. 세탁.

すずき[鱸](명)〈동〉 농어. a sea bass

すす·ぐ[漱ぐ](타 4) 양치질하다. gargle

すす·ぐ[濯ぐ](타 4) ①헹구다. 빨다. ②깨끗하게 하다. ③오명(汚名), 누명 등을 벗다. 1. wash

すす·ける[煤ける](자하 1) ①그을다.「すすけた煙突(エントツ); 그은 굴뚝」②더러워지다. 1. become sooty

すずこ(명) ⇨すじこ.

すずし[生絹](명) 생사로 짠 비단. raw silk fabric

すずし·い[涼しい·凉しい](형) ①시원하다. ②상쾌하다. ③시원스럽다. 맑다.「ーひとみ; 맑은 눈동자」 1. cool 2. refreshing. **—かお**[涼しい顔]ーカホ(연어) ①상쾌한 얼굴. ②아무렇지도 않은 얼굴. 뻔뻔스러운 얼굴. 파생 **—げ**(형동ダ) **—さ**(명).

すずしろ[清白·蘿蔔](명)〈식〉 무우. a radish

すすたけ[煤竹](명) ①재목(材木)으로 쓰는, 그을려 검붉은 빛이 된 대나무. ②그을음을 터는 대나무.

ずずだま[数珠玉](명) ①염주 알. ②〈식〉⇨じゅずだま. 1. beads

ずずつなぎ[数珠繋ぎ](명) ①염주 알을 실로 꿴 것같이 잇달아 이어 놓은 것. ②죄수를 잇달아 맨 것. 1. tying in a row

すすど·し(형ク)〈고〉 날쌔다. 날카롭다. 교활하다.

すずな[菘](명)〈식〉 순무. 겨자과에 속하는 1~2년초. a Chinese rape

すずなり[鈴生り](명) 과일 등이 주렁주렁 달리는 것. being in clusters

すすはき[煤掃き](명·자サ) ⇨すすはらい.

すすはらい[煤払い]ーハラヒ(명·자サ) 집안의 그을음과 먼지를 터는 대청소. house-cleaning

すすほこり[煤埃](명) 그을음이 낀 먼지.

すすみ[進み](명) ①나아가는 것. ②진도(進度). 1. advancement

すずみ[涼み·凉み](명) 시원하게 하는 일. 납량(納涼). cooling oneself

すす·む[進む](자 4) ①나아가다. ↔しりぞく. ②진보되다.「文化(ブンカ)の進(スス)んだ国(クニ); 문화가 진보한 나라」③(기운 등이) 강해지다.「食欲(ショクヨク)がー; 식욕이 나다」④스스로 할 마음이 나다.「気(キ)がー; 마음이 내키다」⑤지위나 솜씨가 좋아지다. ⑥진척되다.「仕事(シゴト)がー; 일이 진척되다」 1. advance 2. progress

すず·む[涼む·凉む](자 4) 시원한 바람을 쐬다. cool oneself

すずむし[鈴虫](명)〈동〉 방울벌레. 귀뚜라미과에 속하는 곤충. 가을에 수컷은 곱게 방울 소리를 내며 욺.

すずめ[雀](명) ①〈동〉 참새. ②잘 지껄이는 사람. 1. a sparrow. **—いろ**[雀色](명) 붉은 색을 띤 다갈색. **—ずし**[雀鮨](명) 붕어나 도미 새끼의 뱃속에 밥을 넣은 초밥. 모양이 참새와 비슷함. **—のなみだ**[雀の涙](연어·명) 극히 적은 양. 아주 조금.「ーほどの月給(ゲッキュウ); 쥐꼬리만한 월급」**—ばち**[雀蜂](명)〈동〉 말벌. **—やき**[雀焼き](명) 붕어에 간장을 발라서 구운 것.

すす·める[進める](타하 1) ①앞으로 보내다. 나가게 하다. ②올리다. ③아랫사람을 끌어 올려 좋은 자

리로 보내다. ④받들다. 바치다. ⑤진척(進陟)시키다. 1. 5. advance

すす·める[勧める·奨める](타하 1) 권하다.「出席(シュッセキ)を—; 출석을 권하다」 名 すすめ. counsel

すす·める[薦める](타하 1) 추천하다. 천거(薦挙)하다. recommend

すずやか[涼やか·凉やか](형동ダ) ①시원한 모양. ②맑고 상쾌한 모양. 1. cool

すずらん[鈴蘭](명)〈식〉 은방울꽃. 초여름에 하얀 방울 모양의 향기 짙은 꽃이 핌. a lily-of-the-valley

すずり[硯](명) 벼루. an ink-slab. **—ぶた**[硯蓋](명) ①벼루 뚜껑. ②권배(勧杯)할 때 내놓는 술안주를 담는 뚜껑 모양의 쟁반. 또는 그것에 담은 요리. ⇨:くちとり(口取り)②.

すすりあ·げる[啜り上げる](자하 1) ①콧물을 들이마시다. 훌쩍거리다. ②흐느끼다. 1. sniff 2. sob

すすりな·く[啜り泣く](자 4) 흐느껴 울다. 名 啜り泣き. sob

すす·る[啜る](타 4) ①입으로 빨아 마시다. ②콧물을 훌쩍 들이마시다. 1. sip

すずろ[漫](형동ナリ)〈고〉 ①특별한 까닭 없이 마음이 끌리는 모양. ②뜻밖인 모양. ③엉거주춤하는 모양. ④공연(空然)히 하는 모양. ⑤뜻대로 안되어 괴로운 모양.

すずろ·ぐ[漫ぐ](자 4)〈고〉 ①어쩐지 마음이 설레다. ②까닭 없이 부끄러워하다. 「of one's own will

すすんで[進んで](연어·부) 자진하여. 적극적으로. ↗

ずせつ[図説](명·타サ) 도설. 그림이나 도표(図表)로 설명함. explanation by diagrams

すそ[裾](명) ①옷단. 옷자락. ②산기슭. ③강의 하류(下流). ④아래. 끝(末). ⑤목덜미에 가까운 머리털. 1. the skirt 2. the foot 3. the lower courses of a river

すそうら[裾裏](명) 단 안에 대는 천. the hem line at the bottom of clothes

すそがり[裾刈り](명) 목덜미에 난 머리털을 깎는 일.

すそご[裾濃](명) 아래로 갈수록 진하게 한 염색. gradually deeper coloured toward the skirt

すその[裾野](명)〈지〉 화산(火山) 기슭의 완만하게 경사 진 들판. the skirts

すそまわし[裾回し]—マハシ(명) 옷단의 안쪽에 대는 천. hem line at the bottom of clothes

すそみじか[裾短か](명·형동ダ) 자락을 짧게 함.

すそもの[裾物](명) 좋지 않은 물건. ↔上物(ジョウモノ). the lower goods

すそもよう[裾模様](명) 옷의 아랫부분에 넣은 무늬. 아랫자락에 무늬가 있는 옷. a skirt design

すそよけ[裾除け](명) 일본식 속치마 위에 겹쳐 입는 속옷. an under-petticoat

すそわけ[裾分け](명·타サ) 받은 물건 또는 이익 중에서 조금씩 나누어 줌. share

すそわた[裾綿](명) 의복의 아랫자락에만 솜을 넣어 만드는 것. 또는 그 옷이나 솜. cotton padding in the skirts

ずだ[頭陀](명)〈불〉 두타. ①불도(仏道)의 수행(修行). ②(수도하는) 승려(僧侶). 1. ascetic practices

スター[star](명) 스타아. ①별. ②화려한 존재. 인기가 있는 사람. 「野球界(ヤキュウカイ)の—; 야구계의 총아(寵児)」 ③인기 배우.

スターター[starter](명) 스타아터. ①경주(競走), 기차 등의 출발을 신호하는 사람. ②시동기(始動機). 기동기(起動機).

スターティング[starting](명) 스타아팅. ①출발. 「—ポイント; 출발점」 ②선발(先発). 「—メンバ; 선발 멤버」

スタート[start](명·자サ) 스타아트. ①출발함. 「—ライン; 출발선(出発線)」 ②출발의 신호. ③시작. 「新制度(シンセイド)が—する; 새로운 제도가 시작되다」

スターリング[sterling](명)〈경〉 스터얼링. 영국의 순은(純銀)의 정화(正貨). 파운드. 「—地域(チイキ); 스터얼링 지역」 「a theme for drawing figures

ずだい[図題](명) 회화(絵画)의 주제(主題). ↗

スタイリスト[stylist](명) 스타일리스트. ①(예술상의) 양식주의자(様式主義者). ②양식이나 형태를 중시하는 사람. 멋장이.

スタイル[style](명) 스타일. ①문체(文体). ②양식(様式). ③풍채. 태도. ④옷 모양. 「—ブック; 새롭고 유행되는 복장(服装) 그림을 모은 책」

スタウト[stout](명) 스타우트. 독한 흑맥주.

すだ·く(자 4) ①떼 지어 모이다. 꾀다. ②(벌레 등이) 울다. 「草(クサ)むらに—虫(ムシ)の声(コエ); 풀숲에서 우는 벌레 소리」 1. swarm 2. chirp

すだこ[酢蛸](명) 삶아서 잘게 썰어 초를 친 문어 요리.

すたこら(부)〈속〉 급히 가는 모양. 허둥지둥. hurriedly

スタジアム[stadium](명) 스타디움. ①(대규모의) 운동경기장. ②야구장.

スタジオ[studio](명) 스튜디오. ①(예술가의) 작업장. ②촬영소. ③방송, 녹음을 위한 설비를 가진 방.

ずたずた[寸寸]ヅタヅタ(부) 조각조각으로 되는 모양. 산산 조각. to pieces

すだち[巣立ち](명·자サ) ①새끼가 자라서 둥지를 떠나 감. ②부모 슬하나 학교를 떠나 사회로 나감. ③산부(産婦)가 자리에서 일어남. 1. leaving the nest 2. starting in life

すだ·つ[巣立つ](자 4) ①둥지를 떠나다. ②사회로 나가다. ③산욕(産褥)에서 일어나다. 他 巣立てる(하 1). 1. leave the nest

スタッカート[이 staccato](명)〈악〉 스타카토. 소리를 짧게 끊어 노래하거나 연주하는 일. 또는 그 부호(符号). 단주(断奏). 단음(断音). ↔レガート.

スタッフ[staff](명) 스타아프. ①간부. 직원. ↔ライン. ②진용(陣容). 멤버. 「編集(ヘンシュウ)—; 편집(編輯) 진용」 ③〔영화, 연극 등에서〕 배우 이외의 연출, 조명 등을 담당하는 사람. 제작진(製作陣).

スタッフ[stuff](명) 스터프. ①재료. 원료. ②〔서양 요리에서〕 조류나 물고기의 내장을 빼고 순대처럼 여러 가지 음식물을 넣은 요리.

ずだぶくろ[頭陀袋](명) 중(僧)이 물건을 넣어 목에 다 거는 자루. 동냥 자루. a priest's scrip

すだま[魑魅](명)〈고〉이매. 산림(山林)이나 나무, 돌의 정령(精霊)이라고 하는 괴물. 산령(山霊).

スタミナ[stamina](명) 스태미너. 정력(精力). 내구력(耐久力). 근기(根気).

すたり[廃り](명) ⇨すたれ.

すた・る[廃る](자 4) ⇨すたれる.

すたれ[廃れ](명) 쓸모 없게 되는 일. 또는 그 물건. a disused thing. **——もの**[廃れ物](명) 폐물. ①소용이 없게 된 물건. ②상대나 문제가 되지 않는 것. 유행되지 않는 낡은 것.

すだれ[簾](명) 발. a bamboo-blind

すた・れる[廃れる](자하 1) ①필요 없게 되다. 쓰이지 않게 되다. ②사물이 쇠퇴하다. ③유행하지 않게 되다. 1. fall into disuse 3. go out of fashion

スタンス[stance](명) 스탠스. 〔야구, 골프 등에서〕공을 칠 때의 발의 위치나 폭.

スタンダード[standard](명・형동ダ) 스탠더드 표준. 표준적.

スタンディング[standing](명) 스탠딩. ①〔야구에서〕잔루(残塁). ②〔경기 등에서〕서는 일. 「—ジャンプ; 스탠딩 점프」

スタンド[stand](명) 스탠드. ①판매장(販売場). 서서 파는 곳. ②(야구장 등의) 계단식 관람석. ③대(台). ④전기 스탠드의 준말. **——プレー**[stand play](명) 스탠드플레이. ①구경꾼에게 박수를 치게 하기 위한 동작. ②자기 존재를 나타내기 위한 과장된 동작이나 태도.

スタンプ[stamp](명) 스탬프. ①소인(消印). 도장(図章). ②명소(名所), 고적(古蹟) 등의 기념 도장. ③우표(郵票). 인지(印紙). **——インキ**[stamp-ink](명) 스탬프잉크. 고무 도장 등을 찍는 데 쓰는 짙은 잉크.

ずちな・し[術無し](형ク)〈고〉어떻게 할 수가 없다.

スチーム[steam](명) 스티임. ①김. 증기(蒸気). ②증기 난방 장치(煖房装置).

スチール[steal](명・타サ) 스티일. ①훔침. ②〔야구에서〕도루(盗塁).

スチール[steel](명) 스티일. ①강철. ②강철로 만든 기구(器具). 무기(武器).

スチ(ー)ル[still](명) 스틸. 영화 속의 한 장면을 인화지(印画紙)에 확대 인화한 사진.

スチュー[stew](명) ⇨シチュー.

スチュワーデス[stewardess](명) 스튜어디스. 여객기 안에서 승객에게 서어비스하는 여자. 에어거얼.

すちょうにん[素町人](명) 신분이 낮은 평민. 옛날에 무사(武士)가 평민을 욕하여 부른 말.

スチロール[styrol](명) 스티롤. 합성 수지(合成樹脂)의 한 가지. 전기 절연체(絶縁体), 가정 용품 등에 쓰임. 「—樹脂(ジュシ); 스티롤 수지」

すっ—[素っ](조어) 있는 그대로. 「—ぱだか; 알몸뚱이」

—ずつ[宛]ヅツ(접미) ①같은 수를 나누는 뜻을 나타내는 말. …씩. 「五枚(ゴマイ)—; 5 장씩」 ②같은 분량을 되풀이하는 뜻을 나타내는 말.

ずつう[頭痛](명) 두통. ①머리가 아픈 것. ②근심. 걱정. 「—のたね; 걱정 거리」 1. a headache 2. trouble

スツール[stool](명) 스투울. 조그마한 의자(椅子).

すっかり Ⅰ(명) 절품(切品). 매진(売尽). 「—になる; 절품되다」 Ⅱ(부) 완전히. 모두. 죄다. 「—売(ウ)り切(キ)れる; 매진되다」 Ⅰ absence of stock Ⅱ entirely

すっきり(부・자サ) ①상쾌한 모양. ②〈방〉완전히. 몽땅. 1. clearly

ズック[네 doek](명) 즈크. 삼, 목면으로 두껍게 짠 직물. 또는 그 직물로 만든 운동화나 천막(天幕).

すづけ[酢漬け](명) 식초에 담그는 일. 또는 그 식품. pickling

すっこ・む(자 4)〈속〉물러나다. retire

すったもんだ[擦った揉んだ](명・부・자サ)〈속〉아주 시끄럽고 귀찮음. 갈등. 분규. 옥신각신. a row

すってんてん(명)〈속〉한 푼도 가진 것(저축)이 없는 것. 무일푼. pennilessness

ずっと(부) ①훨씬. ②거침 없이. ②쭉 계속하여. 1. by far (the best of all)

すっとんきょう[素っ頓狂](형동ダ)〈속〉매우 엉뚱하고 경솔한 모양. 「—な顔(カオ); 얼빠진 얼굴」 harum-scarum

すっぱ・い[酸っぱい](형) 시큼하다. 파생 **——が・る**(타 4) **——さ**(명). sour

すっぱだか[素っ裸](명) 알몸뚱이. stark nakedness

すっぱぬ・く[素っ破抜く](타 4)〈속〉비밀이나 사생활(私生活)을 들추어 내다. 폭로하다. 명 素っ破抜き. disclose

すっぽか・す(타 4)〈속〉①내버려 두다. 소홀히 하다. ②약속을 어기다. 1. neglect 2. break one's promise

すっぽん(명)〈동〉자라. 얕은 바다나 하천(河川)에 사는 거북 비슷한 동물. a snapping-turtle

すで[素手](명) 아무 것도 갖지 않은 손. 맨손. 도수(徒手). 공권(空拳). an empty hand

ずて(연어) …않고. 「見(ミ)—; 보지 않고」

ステアリン[stearin](명) 스테아린. 글리세린이 함유하는 3 개의 수산기(水酸基) 중의 수소를 스테아린 산기(酸基)로 치환(置換)한 구조를 갖는 흰 가루. 지방의 성분을 이룸.

すていし[捨て石](명) ①정원의 군데군데에 놓는 돌. ②물의 힘을 약하게 하기 위해 물속에 던져 넣는 돌. ③〔바둑에서〕죽을 줄 알면서도 책략으로 놓는 돌. ④당장은 헛되나 후일의 이익을 보고 하는 투자. 1. an ornamental garden stone 2. a rubble mound

すてうり[捨て売り](명・타サ) 손해를 각오하고 싸게 팖. 투매(投売). a sacrifice sale

ステーキ[steak](명) 스테이크. 〔서양 요리에서〕구운 고기. 「ビーフ—; 비이프스테이크」

ステージ[stage](명) 스테이지. 무대. **——ダンス**[stage dance](명) 스테이지댄스. 관객에게 보이기 위해 무대에서 추는 춤.

ステーション[station](명) 스테이션. 역(駅). 정거장.

ステートメント[statement](명) 스테이트먼트. 성명(声明). 성명서.
ステープル ファイバー[staple fibre](명) 스테이플파이버. 인조 섬유를 짧게 잘라 적당히 곱슬곱슬하게 한 인조 견사. 또는 그 섬유로 짠 옷감이나 실. 모직물의 대용으로 씀.
ステーンドグラス[stained glass](명) 스테인드글라스. 무늬나 그림을 그린 판(板)유리.
すておく[捨て置く](타 4) 내버려 두다. leave alone
すておぶね[捨て小舟]ーヲブネ(명) ①버려진 쪽배. ②의지할 데 없는 외로운 몸. 1. a deserted boat
すてがね[捨て金](명) ①헛된 돈. ②버린 셈치고 내는 돈. 1. wasted money
すてき[素敵·素適](형동ダ) ①특별히 우수한 모양. 근사한 모양. ②매우 많은 모양. 1. splendid
すてご[捨て子](명) 버려진 아이. 기아(棄児). abandoning a child
すてぜりふ[捨て台詞](명) ①연기자(演技者)가 무대에서 임의로 그 장면에 알맞게 하는 말. ②떠나면서 내뱉는 심한 말. 2. a parting remark
ステッキ[stick](명) 스틱. ①지팡이. ②문선(文選)한 활자를 넣어 두는 상자.
ステッチ[stitch](명·자サ) 스티치. 바늘로 뜨고, 짜고, 꿰매는 자수(刺繡)의 모든 방법.

〔ステッチ〕

ステップ[step](명) 스텝. ①계단. ②보조. ③〔댄스에서〕 동작의 단위가 되는 발과 몸의 움직임. ④(기차, 버스 등의) 승강구의 발판.
ステップ[steppe](명) 스텝. 시베리아 서남부, 중앙 아시아 등의 나무가 자라지 않는 초원 지대(草原地帯).
すててこ(명) ①팬츠를 조금 길게 한 것 같은 즈봉 속에 입는 일본식 속옷. ②←すててこ踊. **―おどり**[すててこ踊](명) 코를 움켜 쥐어 버리는 시늉을 하면서 추는 우습광스러운 춤.
すてどころ[捨て所](명) ①버리는 곳. ②버리는 시기(時期). 1. a place to lay down
すでに[既に·已に](부) ①먼저. 이전에. ②이미. 벌써. 1. previously 2. already. **―して**[既にして](접) 그러는 사이에. 그러는 동안에.
すてね[捨て値](명) 버리는 것 같은 싼값. a sacrifice
すてばち[捨て鉢](명·형동ダ) 자포 자기(自暴自棄)함. despair
すてばち[捨て撥](명) 샤미센(三味線)을 탈 때 정해진 곡 앞뒤에 가락으로 넣기 위해 타는 일.
すてぶち[捨て扶持](명) 버리는 셈치고 주는 쌀이나 금품(金品). a retaining allowance
すてみ[捨て身](명) 자기 몸을 돌보지 않고 열심히 힘쓰는 일. 목숨을 거는 일. 「―の戦法(センポウ); 필사(必死)의 전법」 self-abandonment
す·てる[捨てる·棄てる](타하 1) ①방치하다. ②내버리다. 「紙(カミ)くずを―; 휴지를 버리다」 ③단념하다. ④정을 끊다. 「友(トモ)を―; 친구를 버리다」 ⑤잃다. 제거하다. 1. leave…behind
ステレオ[stereo](명) 스테레오. ①←ステレオタイプ. ②입체 음향 장치. ↔モノラル. **―カメラ**[stereo camera](명) 스테레오카메라. 입체 사진기. **―タイプ**[stereotype](명) 스테레오 타이프. 연판(鉛版).
ステロ[stereo](명) 스테로. 스테레오타이프, 스테레오판(版)의 준말.
ステン カラー[stand collar](명) 스탠드칼라. 와이샤쓰의 칼라 같은 부인복의 칼라.
ステンドグラス[stained glass](명)⇨ステーンドグラス.
ステンレス[stainless](명) 스테인레스. 녹슬지 않는 강철. 크로움강. 스테인레스스티일.
スト(명) 스트라이크의 준말.
ストア[store](명) 스토어. 가게. 상점. 판매점.
ストア てつがく[Stoa 哲学](명) 스토아 철학. 스토아 학파의 철학.
すどおし[素通し]ードホシ(명) ①도수가 없는 안경. ②맞은 편이 훤히 보이는 것. ③전구(電球)의 유리가 투명한 것. 1. plain glasses
ストーブ[stove](명) 스토우브. 난로(煖炉). **―リーグ**[stove league](명) 스토우브 리이그. ①스토우브 주위에 둘러 앉아 하는 야구 이야기. ②프로 야구 시이즌이 아닌 때의 명선수(名選手)의 쟁탈.
ストーム[storm](명) 스토옴. ①폭풍. 폭풍우. ②동란(動乱). ③학생이 집단으로 기세를 올리는 일. 밤에 기숙사 안이나 거리를 떠들며 돌아 다니는 일.
すどおり[素通り]ードホリ(명·자サ) 들르지 않고 그냥 지나감. passing through without stopping
ストーリー[story](명) 스토오리. ①이야기. 소설. ②이야기의 줄거리.
ストール[stole](명) 스토울. 부인용의 긴 쇼울.
ストッキング[stocking](명) 스토킹. 목이 긴 양말.
ストック[stock](명) 스톡. ①주식(株式). 공채(公債). ②재고품(在庫品). ③저장물. ④수우프용의 고기 등을 삶은 국물.
ストック[도 Stock](명) 쉬톡. 스톡. 스키이의 막대기. 두 손에 쥐고 밀고 나아감.
ストックホルム[Stockholm](명)〈지〉 스톡홀름. 스웨덴의 남동부 보울트 해안에 있는 스웨덴의 수도.
ストップ[stop](명·자타サ) 스톱. ①정지(停止)함. ②정지 신호.
ストマイ(명)〈의〉 ⇨ストレプトマイシン.
すどまり[素泊まり](명) 잠만 자고 식사는 하지 않는 숙박. lodging without board
ずとも(연어) …않아도. …더라도. 「知(シ)らー; 모르더라도」
ストやぶり[ー破り](명·자サ) 스트라이크의 약속을 어기는 행동을 취함. 또는 그 사람.
ストライキ[strike](명·자サ) 스트라이크. ①노동자, 학생 등이 자기 요구를 관철할 수단으로 일이나 학교를 쉼. 동맹 파업. 동맹 휴학. ②⇨ストライク.
ストライク[strike](명) 스트라이크. 〔야구에서〕 피처(投手)가 던진 공이 본루(本塁)에 서 있는 배터(打者)의 어깨와 무릎 사이를 통과하는 일. 또는 헛 치

듣지, 파울, 팁, 파울선 밖으로 나간 배트 등을 말하기도 함. ↔ボール.
ストライプ[stripe](명) 스트라이프. 줄무늬.
ストラックアウト[struck out](명) 스트럭아우트. 〔야구에서〕 삼진(三振)으로 아우트되는 일.
ずどり[図取り](명·타サ) 사물의 모양을 그림으로 그림. sketching
ストリート[street](명) 스트리이트. 시가(市街). 거리.
ストリキニーネ[네 strychnine](명)〈이〉 스트리키닌. 취어초과(醉魚草科) 식물의 줄기, 껍질, 씨 등에 함유되어 있는 알칼로이드. 백색 결정성(結晶性)의 쓴 맛이 있는 유독물(有毒物). 신경 자극제.
ストリッパー[stripper](명) 스트리퍼. 스트립쇼우에 출연하는 여자.
ストリップ(ショー)[strip (show)](명) 스트립(쇼우). 여자가 옷을 차례차례로 벗으며 추는 춤.
ストリング[string](명) 스트링. ①실. 끈. ②현악기(弦楽器)의 줄. ③현악기의 연주자.
ストレート[straight](명) 스트레이트. ①곧장. 일직선. ②〔야구에서〕 직구(直球). ③〔정구, 배구 등에서〕 계속해서 이기는 일. ④〔권투에서〕 팔을 똑바로 뻗쳐 치는 일. ⑤물을 타지 않은 순수한 술.
ストレス[stress](명) 스트레스. ①〈의〉 몸에 해가 있는 육체적, 정신적인 여러 가지 자극. ②강한 악센트. ↔ピッチ.
ストレッチ[stretch](명) 스트레치. ①직선 코오스.「ホームー;〔경마에서〕 결승점까지의 마지막 직선 코오스」②보우트의 한 번 저어 나아가는 거리.
ストレプトマイシン[streptomycin](명)〈의〉 스트렙토마이신. 항생 물질로 장질부사, 이질, 결핵 등에 유효.
ストロー[straw](명) 스트로오. ①밀대. 밀짚. ②음료수를 빨아 마시는 데 쓰이는 가는 관(管). 밀대나 종이로 만듦. 빨대.
ストローク[stroke](명·타サ) 스트로우크. ①침. 타격(打擊). ②〔보우트에서〕 한 번 젓기. ③〔보우트에서〕 일정한 시간 내의 노 젓기 회수 및 조정(調整). ④〔수영에서〕 손발로 물을 한 번 저음.
ストロフルス[라 strophulus](명)〈의〉 스트로풀루스. 첫여름에 발생하는 소아에 특유한 홍역 같은 피부병.
ストロベリー[strawberry](명) 스트로오버리. 양딸기. 가공한 식품으로서의 딸기.
ストロンチウム[strontium](명)〈이〉 스트론튬. 은백색의 금속 원소. 빨간 불꽃을 만드는 데 쓰임. 기호는 Sr.
すな[砂·沙](명) 모래. sand
すなあそび[砂遊び](명) 모래 장난. 어린 아이가 모래를 가지고 노는 일. playing with sand
すなえ[砂絵](명) 땅바닥에 모래를 조금씩 떨구어 그린 그림. a sand picture
すなお[素直]ーナホ(형동ダ) ①있는 그대로의 모양. ②유순하여 거역(拒逆)하지 않는 모양. ③마음이 바른 모양. 2. obedient 3. honest
すながき[砂書き](명·자サ) 모래로 글자를 쓰거나 그림을 그림. writing with sand
すなかぶり[砂被り](명) 〔씨름판에서〕 링 바로 옆의 관람석.
すなけむり[砂煙](명) 모래가 바람에 날려 연기처럼 보이는 것. clouds of dust
すなご[砂子](명) ①모래. ②금은 가루를 모래처럼 뿌린 것. 1. sand
すなじ[砂地](명) 모래가 많은 땅. sandy land
すなち[砂地](명) ⇨すなじ.
スナック[snack](명) 스낵. 경식사(軽食事). **——バー**[snack bar](명) 스낵바아. 간단히 먹고 마시고 할 수 있는 식당. 경식당(軽食堂).
スナップ[snap](명) 스냅. ①요철(凹凸) 한쌍으로 된 작은 단추. 프레스 단추. 스냅파아스너. ②스냅 사진.「ーショット; 빨리 찍는 사진」
すなどけい[砂時計](명) 모래 시계. a sand-glass
すなどり[漁](명) ①고기잡이하는 일. 고기잡이. ②어부. 1. fishing
すなど·る[漁る](타4) 물고기나 조개를 잡다. fish

〔砂時計〕

すなば[砂場](명) 사장. ①철봉 밑 같은 데에 모래를 넣은 놀이터. ②모래가 많은 땅. 모래사장. 1. a sand-box
すなはま[砂浜](명) 모래가 깔린 바닷가나 강변. 모래펄. 모래톱. a sandy beach
すなはら[砂原](명) ①모래 벌판. ②사막. 1. a sandy plain
すなぶくろ[砂袋·砂嚢] ①모래 주머니. ②〈동〉 ⇨さのう(砂嚢). 1. a sandbag
すなぶね[砂船](명) 강의 모래를 파내는 배.
すなぶろ[砂風呂](명) 〔온천지 등에서〕 뜨거운 모래로 전신을 찜질하는 설비가 되어 있는 통이나 방. 모래 찜질. a sand-bath
すなぼこり[砂埃](명) 모래가 먼지같이 일어나는 것. 사진(砂塵). dust
すなやま[砂山](명) 모래 산. 사구(砂丘). a sand-hill
すなわち[乃ち·則ち]スナハチ(접) 그래서. 그리고. so
すなわち[即ち]スナハチ(부) ①〈고〉 즉각. 곧. ②말할 나위도 없이. 바꿔 말하면. ③그러할 때는. 2. namely
すに[酢煮](명·타サ) 초를 넣고 끓임. boiling with vinegar
ずぬ·ける[図抜ける·頭抜ける](자하1) 두드러지게 우수하다. 큰 차가 나다. tower high above the rest
すね[臑](명) 무릎에서 발목까지의 다리의 앞부분. 정강이.「ーに疵持(キズモ)つ身(ミ); 마음속에 꺼림칙한 일이 있어 떳떳하지 못한 몸」 the shin
すねあて[臑当て](명) 정강이를 보호하기 위해 둘러싸는 도구. 정강이 받이. 경갑(脛甲). greaves
スネークウッド[snakewood](명) 스네이크우드. 뽕나무과에 속하며, 남미(南美) 원산으로 배암 같은 무늬가 있음. 지팡이로 씀.
すねかじり[臑嚙り](명) 독립하지 못하고 부형(父兄)

에게서 학자금이나 생활비를 받는 것. 또는 그런 사람.「親(オヤ)の—; 부모 덕에 먹고 사는 사람」↗ ⌊sponging on

すね はぎ[臑脛](명) ⇨むこうずね.

すね もの[拗ね者](명) ①성격이 비꼬인 사람. ②세상을 거역하는 사람. 염세가(厭世家). 1. a peevish fellow

す·ねる[拗ねる](자하 1) 마음이 비꼬이다. 역정 내다.「すねてばかりいる子供(コドモ); 늘 앵돌아져 있는 아이」 sulk

ず のう[図囊](명)〈군〉지도 등을 넣는 가죽으로 만든 상자 모양의 가방.

ず のう[頭脳](명) 두뇌. ①머릿골. 뇌수(脳髄). ②판단력. 지력(智力). 머리.「明晰(メイセキ)な—; 명석한 두뇌」③수령(首領). 두목. 1. brains 2. intelligence 3. a head

すの こ[簀の子](명) ①대로 발이나 거적처럼 엮은 것. 대발. ②가느다란 널빤지를 틈이 있게 나란히 댄 것. 툇마루나 시멘트 바닥의 복도 등에 깖.

すの もの[酢の物](명) 회(膾)나 채소를 식초에 무친 요리. a vinegared dish

ずば(연어) …않으면. …않는다면.「見(ミ)—なるまい; 보지 않으면 안될 것이다」

スパーク[spark](명·자サ) 스파아크. 불꽃. 불꽃이 튐. 섬광(閃光).

スパート[spurt](명·자サ) 스퍼어트.〔경주(競走) 등에서〕전속력을 냄. 역주(力走).「ラスト—; 최후의 역주, 역조(力漕), 역투(力闘)」

スパイ[spy](명·타サ) 스파이. 간첩. 밀정(密偵).

スパイク[spike](명·자サ) 스파이크. ①구두 밑창에 박는 징. ②스파이크로 상처를 냄. ③「—シューズ; 구두창에 스파이크를 박은 경기용 구두」

スパイス[spice](명) 스파이스. 향료(香料).

スパゲッティ[이 spaghetti](명) 스파게티. 국수의 한 가지. 가늘고 구멍이 없는 마카로니.

すばこ[巣箱](명) 새가 둥지를 짓거나 산란(産卵)하도록 만든 상자. 둥우리 상자. a nest box

すばし(っ)こ·い(형) 재빠르다. 민첩하다. 파생 —さ(명). nimble

すはだ[素膚·素肌](명) ①화장을 하지 않은 피부. ②알몸뚱이. ③속옷을 입지 않고 직접 의복을 입는 일. 1. bare skin 3. with no underwears on

すはだか[素裸](명) 알몸뚱이. 아무 것도 입지 않은 몸. stark nakedness

すはだし[素跣](명) 맨발. bare foot

スパッツ[spats](명) 스패츠. 단화(短靴) 위에 치는 짧은 각반.

スパナ(—)[spanner](명) 스패너. 너트, 볼트 등의 머리를 조르는 공구(工具).

〔スパナー〕

すばなし[素話](명) ①과자, 차 등을 먹지 않으며 이야기만 하는 것. ②반주 없는 만담.

すばなれ[巣離れ](명·자サ) ⇨すだち(巣立ち).

スパニッシュ[Spanish](명) 스패니시. ①스페인 사람. ②스페인어. ③스페인식(式).

ずば ぬ·ける[ずば抜ける](자하 1) 뛰어나게 우수하다.「ずばぬけた成績(セイセキ); 뛰어난 성적」 tower high above the rest

すはま[州浜·洲浜](명) ①굴곡이 심한 사주(砂洲)가 있는 바닷가. ②←州浜台 1.sandbank. **—だい**[州浜台](명) 사주 모양의 윤곽이 있는 대(臺). 이에 장식물이나 안주를 놓아 잔치 때의 장식물로 씀.

〔州浜台〕

すばや·い[素早い](형) 재빠르다. 날래다. 파생 **—さ**(명). quick

すばらし·い[素晴らしい](형) 훌륭하다. 근사하다. 멋있다. 파생 **—げ**(형동ダ) **—さ**(명). splendid

ずばり(부) ①칼로 힘차게 자르는 모양. ②힘차게 급소(急所)를 찔러 말하는 모양. 2. most frankly

すばる[昴](명) 28수(宿)의 하나. 묘성(昴星). Pleiades

スパルタ きょういく[Sparta 教育](명) 스파르타 교육. 고대 스파르타에서 행해진 극히 엄격한 교육. ｢a plate

ずはん[図版](명) 도판. 본문 가운데 인쇄된 그림. ↗

スパン レーヨン[spun rayon](명) 스펀레용. 인조 섬유(人造纖維). 스테이플파이버.

スピーカー[speaker](명) 스피이커. 확성기(拡声器).

スピーチ[speech](명) 스피이치. 이야기. 연설.

スピーディー[speedy](형동ダ) 스피이디. 날랜 모양.

スピード[speed](명) 스피이드. 속력. 속도.

すびつ[炭櫃](명) ①방바닥을 파서 만든 난로. ②나무로 만든 둥근 화로. 1. a hearth 2. a brazier

スピッツ[spitz](명) 스피츠. 애완용(愛玩用) 개의 한 가지. 조그맣고 털이 희며 입이 뾰죽함.

ずひょう[図表](명) 도표. 수량에 대한 법칙, 관계 등을 직선, 곡선으로 나타낸 것. 그림표. a diagram

スピリチュアル[spiritual](명) 스피리튜얼. ①영적(霊的). 정신적. ②흑인 영가(黒人霊歌).

スピリット[spirit](명) 스피릿. ①영혼. 심령(心霊). ②정신.

スピロヘータ[라 spirochaeta](명)〈식〉스피로헤타. 가늘고 길며 나선상(螺旋状)으로 꼬인 미생물군(微生物群)의 일반적인 총칭.

スピン[spin](명) 스핀. ①(실 등을) 잣는 일. ②선회(旋回). ③(비행기 등의) 나선식 강하(螺旋式降下).

スピンドル[spindle](명) 스핀들. ①주축(主軸). ②기계유(機械油)의 한 가지. 스핀들유(油).

スフ(명) 스프.〔스테이플파이버(staple fibre)의 준말〕인조 섬유(人造纖維). 지금은 레용이라고 함.

す·ぶ[統ぶ](타하 2)〈고〉①하나로 모아 묶다. 요약하다. ②지배하다. 통치하다.

ずふ[図譜](명) 도보. 그림으로 그린 것을 모은 책. 화보(画譜). a collection of charts

ずぶヅブ(부) 완전히. 아주.「—のしろうと; 완전한 날짜(素人)」 wholly

スフィンクス[Sphinx](명) 스핑크스. ①고대 이집트, 아시리아 등지에서 만들어진 얼굴은 사람의 모양이고 몸뚱이는 사자 같은 괴물의 석상(石像). ②[s—]

〔스핑크스가 지나가는 사람에게 수수께끼를 던졌다는 그리이스 신화에서〕 수수께끼. 의문(疑問).
スプール[spool](명) 스푸울. 카메라의 필름을 감는 틀.
スプール[도 Spur](명) ⇨シュプール.
スプーン[spoon](명) 스푸운. 숟가락.
ずぶと·い[図太い](형)〈속〉 몹시 뻔뻔스럽다. 방자하다. 대담하다. 파생 **—さ**(명). audacious
ずぶぬれ[ずぶ濡れ](명)〈속〉 흠뻑 젖는 것. dripping-wet
スプラッシュ[splash](명) 스플래시. 물, 흙탕물 등을 튀기는 것. 물방울이 날아 흩어지는 것.
スプリング[spring](명) 스프링. ①샘. ②봄. ③청춘. ④용수철. ⑤도약(跳躍). ⑥←スプリングコート. ⑦〈속〉 춘화(春画). **—コート**[spring coat](명) 스프링코우트. 봄, 가을에 입는 얇은 외투. **—ボールド**[springboard](명) 스프링보오드. 도약판(跳躍板).
スプリンター[sprinter](명) 스프린터. 단거리 선수.
スプリント[sprint](명·자サ) 스프린트. 단거리 경주(短距離競走).
スプレー[spray](명) 스프레이. 분무기(噴霧器).
すべ[術](명) 방법. 수단. 길. 「取(ト)り返(カエ)す—もない; 돌이킬 수도 없다」 a means
スペア[spare](명) 스페어. 예비. 예비품. 여분(餘分).
スペイン[Spain·西班牙](명)〈지〉 스페인. 유럽 서남부에 있는 공화국. 수도는 마드리드(Madrid).
スペース[space](명) 스페이스. ①시간. ②공간. ③여지(餘地). ④지면(紙面). ⑤여백(餘白). 「—がない; 여백이 없다」 ⑥간격. 자간(字間). 행간(行間). 「—をつめて書(カ)く; 행간을 좁혀서 쓰다」
スペード[spade](명) 스페이드. ①가래. 삽. ②트럼프 패의 하나. 검은 빛이며, 심장(心臟)을 거꾸로 하여 자루를 붙인 것 같은 그림이 있음.
すべからく[須らく](부) 당연히. 반드시. 「—奮起(フンキ)すべきだ; 마땅히 분기해야 한다」 by all means
スペキュレーション[speculation](명) 스페큘레이션. ①사색(思索). 명상(瞑想). ②투기(投機). 「control
すべくく·る[統べ括る](타 4) 단속하다. 통할하다. ↗
スペクタクル[spectacle](명) 스펙터클. ①〔영화, 연극에서〕 장대(壯大), 호화(豪華)로운 장면. ②구경거리.
スペクトル[프 spectre](명)〈이〉 스펙트르. 빛이 프리즘을 통과할 때에 생기는 색의 배열. 스펙트럼.
ずべこう[ずべ公](명)〈속〉 불량 소녀(不良少女). a delinquent girl
スペシャル[special](명) 스페셜. ①특수. 특별. ②임시. 임시 열차. 호외(号外). ③특제. 「—ランチ; 특제 런치」
すべすべ(부·자サ·형동ダ)〈속〉미끈미끈한 모양. sleekly
スベタ[네·스 espada](명)〈속〉〔본래 가루다에서 사용한 말〕 보기 싫은 여자. 미운 여자.
すべっこ·い[滑っこい](형) 미끈미끈하다 sleek
すべて[凡て·総べて] Ⅰ(명) 전체. 전부. Ⅱ(부) 한결같이. 통틀어. Ⅰall
すべらかし[垂髮](명) 전체의 머리털을 정수리로 올려 묶고 그 끝은 아래로 늘어뜨리는 머리.
すべらぎ[皇](명)〈고〉 황제. 임금.
すべら·す[滑らす](타 4) 미끄러지게 하다. let slip
すべり[滑り·辷り](명) 미끄러짐. sliding. **—こ·む**[滑り込む](자 4) ①미끄러져 들어 가다. 남 몰래 들어 가다. ②겨우 시간에 대다. 명 滑り込み. **—だい**[滑り台](명) 미끄름대. **—だし**[滑り出し](명) 시작. 출발.
スペリング[spelling](명) 스펠링. 유럽어(語)의 철자(綴字). 철자법. 스펠.
す·べる[統べる·総べる](타하 1) ①하나로 모으다. 요약하다. ②지배하다. 통치하다. 1. summarize
すべ·る[滑る·辷る](자 4) ①활주(滑走)하다. ②조금씩 움직이다. ③미끄러지다. ④〈속〉 불합격하다. 낙제하다. ⑤무의식중에 입을 놀리다. 1. slide 4. fail
スペル[spell](명) 스펠. 철자(綴字). 스펠링.
ずべ·る(자 4)〈속〉 게으름 부리다. 꾀 피우다. be idle
スポイト[네 spuit](명) 스포이트. 잉크, 액즙(液汁) 등을 옮겨 넣을 때에 쓰는 고무 주머니가 달린 유리관(管). 액즙 주입기(液汁注入器).
スポイル[spoil](명·타サ) 스포일. 해치거나 상하게 함. 나쁘게 하거나 못쓰게 함.
ずほう[修法](명·자サ)〈불〉 수법. 불법(仏法)의 기도(祈禱)를 행함.
スポーク[spoke](명) 스포우크. 바퀴살.
すぼ·し[窄し](형ク)〈고〉 ①오므라져서 좁다. ②초라하다.
スポークスマン[spokesman](명) 스포우크스맨. 대변인(代辯人).
スポーツ[sports](명) 스포오츠. 운동 경기. 호외 유희(戶外遊戲). 「—マン; 스포오츠맨」 **—マンシップ**[sportsmanship](명) 스포오츠맨십. 스포오츠맨에 어울리는 행동이나 정신. 운동 정신.
スポーティー[sporty](명·형동ダ) 스포오티. 활동적임. 경쾌함. 「—な服装(フクソウ); 경쾌한 복장」 ↔ドレッシー. 「drying in the shade↘
すぼし[素乾し](명·타サ) 그늘에서 말림. 음건(陰乾).
ずぼし[図星](명)〈속〉 ①생각한 요점(要点). 급소(急所). ②핵심(核心). 「—をさされる; 핵심을 찔리다」 1. one's design
スポット[spot](명) 스포트. ①지점(地点). ②라디오 방송 등의 프로 사이에 끼우는 짧은 방송. 「—ニュース; 스포트 뉴우스」 **—ライト**[spotlight](명) 스포트라이트. 일부분을 특별히 밝게 비추는 국부 조명.
すぼま·る[窄まる](자 4) ⇨すぼむ.
すぼ·む[窄む](자 4) ①차츰 좁아지다. ②쇠퇴하다. 시들다. ③오므라지다. 타 すぼめる(하 1). 1. become narrow
ずぼら(명·형동ダ)〈속〉 단정치 못함. 게으름. 「—な性格(セイカク); 게으르고 산만한 성격」 slovenly
ズボン[프 jupon](명) 즈봉. 양복바지.
スポンサー[sponsor](명) 스폰서어. ①광고주(広告主). ②돈을 대는 사람. 패트런.
スポンジ[sponge](명) 스펀지. ①해면(海綿). ②해면 같은 고무로 만든 때 벗기는 수세미. ③야구용의 고무공. 연구(軟球). 스펀지보올. **―ケーキ**[sponge cake](명) 스펀지케이크. 해면상(海綿状)으로 된 양과자(洋菓子).
すま[須磨](명)〈지〉 코오베(神戸) 서부의 해안 지대.
スマート[smart](형동ダ) 스마아트. ①몸가짐이 단정하고 말쑥한 모양. ②스타일이 좋고 아름다운 모양.
すまい[住まい]スマヒ(명·자サ) 자리 잡고 삶. 또는 사는 집. 주거(住居). a dwelling
すまい[相撲](명)〈고〉 ⇨すもう.
すま·う[住まう]スマフ(자 4) 살다. 살고 있다. live
すま·う[争う](자 4)〈고〉 ①다투다. 맞서다. ②거절하다. 사퇴하다. ③씨름하다.
すまき[簀巻き](명) ①대발로 감는 일. ②옛날, 사람을 대발로 싸서 물속에 던져 넣던 사형(私刑).
すまし[清まし](명)〈고〉 옛날의 하급 궁녀(宮女). 변소 소제 등의 일을 했음.
すまし[澄まし](명) ①깨끗하게 하는 것. 맑게 하는 것. ②술잔을 씻는 물. ③…체하는 것. 1. washing clear.
―じる[澄まし汁](명) 맑은 장국.
すまじき(연어) 해서는 안되는. 할 짓이 아닌. 「―ものは宮仕(ミヤヅカ)え; 할 짓이 아닌 것은 궁중(宮中)에서 봉사하는 일」
すま·す[清ます](타 4) 씻어서 깨끗이 하다. cleanse
すま·す[済ます](타 4) ①끝내다. 「儀式(ギシキ)を―; 의식을 끝내다」 ②빚을 갚다. ③끝마치다. 때우다. 「なしで―; 없이 때우다」 1. finish 2. pay back
すま·す[澄ます] Ⅰ(자 4) 정색하다. …체하다. 「すまし屋(ヤ); 진지한 체 꾸미는 사람(새침데기)」 Ⅱ(타 4) ①탁한 것을 제거하다. 맑게 하다. 「水(ミズ)を―; 물을 맑게 하다」 ②진정(鎮静)시키다. 조용하게 하다. 「耳(ミミ)を―; 조용히 하여 귀를 기울이다」 Ⅲ(보동·4) 완전히 …체하다. 「おとなに成(ナ)り―; 완전히 어른이 된 체하다」 Ⅰ put on airs Ⅱ 1. clarify
スマック[smack](명) 스맥. ①향미(香味). ②여러 가지 맛을 내어 네모지게 굳힌 아이스크리임. 아이스스맥.
スマッシュ[smash](명·자サ) 스매시. 〔정구, 배구 등에서〕 상대방 코오트에 급각도로 공을 내려 침.
スマッシング[smashing](명·자サ) 스매싱. 스매시함.
スマトラ[Sumatra](명)〈지〉 수마트라. 인도네시아에 있는 커다란 섬.
すまない[済まない](연어·형) 미안하다. 「君(キミ)には―が; 자네에겐 미안하지만」 regrettable
すみ[角·隅](명) 구석. 귀퉁이. 모퉁이. 「部屋(ヘヤ)の―; 방구석」 a corner
すみ[炭](명) 숯. charcoal
すみ[済み](명) 끝나는 것. finished
すみ[墨](명) ①먹. 먹물. 검은 잉크. ②먹물을 들이는 일. ③먹줄. ④오징어, 문어 등의 먹물. 1. Chinese-ink
すみ[酸味](명) 신맛. sour taste
―ずみ[済み](조어) 이미 끝난 일. 「試験(シケン)―; 시험 필(畢)」
すみあら·す[住み荒らす](타 4) (집, 방 등을) 살아서 거칠고 낡게 하다. leave in bad repair
すみいと[墨糸](명) 먹물을 묻힌 줄. 먹줄. an inked string
すみいろ[墨色](명) 검은 빛. 먹같이 새까만 빛깔. the colour of Indianink
すみうち[墨打](명) 먹줄을 치는 일.
すみえ[墨絵](명) 먹으로 그린 그림. 묵화. a Chinese-ink picture
すみか[住み家·住み処](명) 거처. 사는 집이나 곳. a dwelling
すみか·える[住み替える](타하 1) 사는 곳을 옮기다. 이사하다. 명 住み替え. change one's dwelling
すみがき[墨書き](명) 묵화. (채색하기 전의) 먹으로만 그림을 그리는 것. 또는 그 그림.
すみがま[炭竈](명) 숯을 굽는 가마. a charcoal kiln
すみき·る[澄み切る](자 4) ①아주 맑아지다. 「空(ソラ)が―; 하늘이 아주 맑아지다」 ②마음이 확 트이다. 「心(ココロ)が―; 마음이 맑게 트이다」 2. become refresh
すみこみ[住み込み](명·자サ) 고용주의 집에서 먹고 자며 일함. ↔通勤(ツウキン). 동 住み込む(자 4). living in
すみごろも[墨衣](명) 검게 물들인 중옷. 먹장삼. 승복(僧服). a black robe
すみずみ[隅隅](명) 구석구석. 모든 곳. every nook and corner
すみそ[酢味噌](명) 채소, 생선, 조개 등을 조리할 때 쓰는 식초를 섞은 된장. vinegared bean paste
すみぞめ[墨染め](명) ①검게 물들이는 일. ②검은 승복(僧服). ③잿빛의 상복(喪服). 1. dyeing black 2. black robe
すみだわら[炭俵](명) 숯섬. charcoal sack
すみつき[墨付き](명) ①붓에 먹이 묻는 상태. ②필적(筆跡). ③←おすみつき. 2. handwriting
すみつぎ[墨継ぎ](명) 붓에 다시 한 번 먹을 묻혀 글 쓰기나 줄긋기를 계속하는 것.
すみつ·く[住み着く](자 4) ①살다. 정착하다. ②부부 사이가 안정되다. 1. settle 2. settle in married life
すみっこ[隅っこ](명)〈속〉 구석. a corner
すみつぼ[墨壺](명) ①먹물을 넣어 두는 병. ②(목수가 먹줄 치는) 먹통. 1. an ink-pot 2. a carpenter's ink-pot
〔墨壺②〕
すみてまえ[炭手前]―テマヘ(명) 〔다도(茶道)에서〕 숯불을 다루는 격식이나 예의. the formality of replenishing a fire
すみとり[炭取り](명) 숯을 갈라 넣어 두는 바구니. a charcoal-scuttle
すみながし[墨流し](명) 먹물이나 안료(顔料)를 수면(水面)에 떨어뜨려 퍼지게 하여 그것을 종이나 천에 염색하는 일.
すみな·す[住み成す](자 4) 살아서 거처로 삼다.
すみな·れる[住み慣れる·住み馴れる](자하 1) 살아서 그 집이나 토지에 익숙해지다. get used to live

すみなわ[墨縄]ーナハ(명) 나무, 돌 등의 표면에 줄을 긋는 도구. 먹통과 먹줄.
すみのたもと[墨の袂](명) 검은 승복의 소매.
すみび[炭火](명) 숯불. charcoal fire
すみぶくろ[墨袋](명) (오징어의) 먹통. sepia
すみやか[速やか](명·형동ダ) 빠름. rapid
すみやき[炭焼き](명) ①숯을 굽는 일. 또는 그 사람. 「一小屋(ゴヤ); 숯 굽는 오두막」 ②석쇠를 놓고 숯불에 굽는 일. 1. charcoal-burning
すみれ[菫](명)〈식〉 제비꽃. a violet. **—いろ**[菫色](명) 제비꽃 빛깔. 짙은 보랏빛.
すみわた·る[住み渡る](자 4)〈고〉 오랫동안 줄곧 살다.
すみわた·る[澄み渡る](자 4) 전면(全面)이 모두 맑다. 또는 맑아지다. be perfectly clear
す·む[住む](자 4) ①거처하다. ②살다. 깃들이다. ③남자가 여자 집에 다니면서 동서(同棲)하다. 1. dwell 2. build a nest
す·む[済む](자 4) ①끝나다. 마치다. 「用(ヨウ)が一; 용무가 끝나다」 ②자라다. 때우다. 「百円(ヒャクエン)で一; 백 원으로 자라다」 ③만족되다. 좋다고 인정받다. 「それで一と思(オモ)うか; 그것으로 됐다고 생각하느냐」 1. get settled
す·む[澄む](자 4) ①맑아지다. 「心(ココロ)が一; 마음이 가라앉다」 ②명백해지다. ③음색(音色)이 맑다. 1. become clear 2. be serene
スムース[smooth](형동ダ) 스무우드. ①미끄러운 모양. 원활(円滑)한 모양. ②유창(流暢)하고 거침이 없는 모양. 「事(コト)が一にはこぶ; 일이 순조롭게 되어 가다」
すむやけ·し[速けし](형ク)〈고〉 빠르다.
すめがみ[皇神](명)〈고〉 ①황제의 선조 및 역대의 황제. ②일반 신(神)들의 높임말.
すめみおや[皇御祖](명)〈고〉 황제의 조상. 황조(皇祖).
すめみま[皇孫](명)〈고〉 ①황제의 자손. 또는 그 손자. ②아마테라스오오미카미(天照大神)의 자손. 또는 그 손자. 즉 니니기노미코토(瓊瓊杵尊).
すめら一[皇](접두)〈고〉 천황(天皇)이나 그의 조상에 관한 말에 붙이는 높임말. 「一御国(ミクニ); 황국(皇国)」
すめらぎ[皇](명)〈고〉 천하를 다스리는 황제.
すめらみこと[天皇](명)〈고〉 ⇨すめらぎ.
すめろぎ[皇](명)〈고〉 ⇨すめらぎ.
すめん[素面](명) ①가면을 쓰지 않은 얼굴. 맨 얼굴. ②술을 먹지 않은 얼굴. 2. a sober face
ずめん[図面](명) 도면. a plan
すもう[相撲·角力]スマフ(명) 씨름. **—とり**[相撲取り](명) 씨름군.
スモーキング[smoking](명) 스모우킹. 담배를 피우는 일. 끽연(喫煙). 「一ルーム; 끽연실」
すもじ[酢文字](명) 초밥의 궁중어(宮中語).
スモック[smock](명) 스목. ①수예(手芸)의 한 가지. ②작업복.
スモッグ[smog](명) 스모. 연기 섞인 안개. 연무(煙霧).
すもどり[素戻り](명) 볼일을 보지 않고 돌아오는 것.
すもも[李](명)〈식〉 자도나무. 또는 그 열매. a plum
ずもん[誦文](명)〈고〉 주문을 외는 일.
ずや(연어) …않느냐. 「聞(キ)か一春(ハル)のおとずれを; 듣지 않느냐 봄 소식을」
すやき[素焼き](명) 도기(陶器)에 유약(釉薬)을 바르지 않고 약한 불에 굽는 일. 또는 그렇게 구운 도기. 질그릇. 토기(土器). unglazed pottery
すやり[素槍](명) ①창날이 곧은 창. ②뽑은 창. 1. a straight-head spear
すら(수조) …조차도. …까지도. 「けもの一恩(オン)を知(シ)る; 짐승조차도 은혜를 안다」 even
スラー[slur](명)〈악〉 슬러. 악보의 음을 부드럽게 계속해서 노래하거나 연주하라는 표지. 연음부(連音符).
スライス[slice](명) 슬라이스. 얇게 자르는 일. 또는 그 얇은 조각. 「一ハム; 슬라이스 햄」
スライダー[slider](명) 슬라이더. 〔야구에서〕 배터(打者) 가까이 와서 미끄러지듯 가볍게 커어브하는 공.
スライディング[sliding](명·자サ) 슬라이딩. ①활주(滑走)함. ②〔야구에서〕 미끄러지면서 베이스를 밟음.
スライド[slide](명·자サ) 슬라이드. ①미끄러짐. 미끄러지게 함. ②〔야구에서〕 미끄러지면서 베이스를 밟음. ③환등판(幻燈板). ④〔슬라이드루울(slide rule)의 준말〕 계산척(計算尺).
ずらか·る(자 4)〈속〉 도망 치다. run away
ずら·す(타 4) ①미끄러지게 하다. ②움직이다. 변경하다. 「予定(ヨテイ)を一; 예정을 변경하다」 1. slide
すらすら(부) 부드럽게 진행하는 모양. 줄줄. 술술. smoothly
スラッガー[slugger](명) 슬러거. 〔야구에서〕 강타자(強打者). 맹타자(猛打者). 장타자(長打者).
スラックス[slacks](명) 슬랙스. 부인용 즈봉.
スラブ[Slav](명) 슬라브. 유럽의 동부, 북부에 사는 민족. 러시아인은 그 대표.
スラム[slum](명) 슬럼. 가난한 사람이 모여 사는 구획. 빈민가(貧民街). 「一街(ガイ); 빈민가」
すらり(부) ①몸매가 호리호리하고 맵시가 좋은 모양. ② 막힘이 없는 모양. 「一と事(コト)がはこぶ; 일이 시원하게 진행되다」 1. slenderly 2. smoothly
ずらり(부)〈속〉 많이 나란히 선 모양. 죽. in a row
スラローム[slalom](명) 슬랄롬. 〔스키이에서〕 사형(蛇形)을 그리면서 좌우로 회전하는 활강(滑降). 회전경기(回転競技).
ずらん(연어)〈고〉 …할 것이다. …하겠지. ("ん" 밑에 붙어 강조의 뜻만을 나타내는 경우도 많음) 「行(ユ)かん一; 갈 것이다(가겠지)」
スラング[slang](명) 슬랭. ①은어(隠語). ②속어(俗語).
スランプ[slump](명) 슬럼프. ①일시적으로 오는 권태나 의기 소침(意気銷沈). 「一におちいる; 슬럼프에 빠지다」 ②〈경〉 폭락(暴落).
すり[刷り](명) 인쇄하는 일. 또는 인쇄된 상태. printing
すり[修理](명)〈고〉 수리. 고장 난 데나 허름한 데를 손보아 고침.

すり[掏摸](명) 소매치기. a pickpocket
ずり(명) ①파서 갱(坑) 밖으로 실어 내는 흙. ②버린 광재(鉱滓). 2. slag
ずり あが·る[摩り上がる](자 4) 조금씩 기어 올라 가다. rise little by little
すり あし[摺り足](명) 발을 땅에 질질 끌며 걷는 걸음. walking with dragging feet
スリー[three](명) 드리이. ①셋. 세 개. 「—シーズン; 3계절」 ②〔야구에서〕 드리이보올. 「ツー—; 투우드리이」 **—ウエー**[three way](명) 드리이웨이. ①세 가지로 쓸 수 있는것. 「—受信機(ジュシンキ); 세 가지로 쓸 수 있는 수신기」 ②소리를 세 부분으로 나누어 담당하는 것. 「—スピーカー; 드리이스피이커」 **—クォーター**[three quarter](명) 드리이쿠오오터. 〔럭비에서〕 스탠드 오프의 뒤에 자리하는 네 사람. 드리이쿠오오터백. **—ラン**[three run](명) 드리이런. 〔야구에서〕 배터(打者)를 더한 세 사람의 러너(走者). 또는 이에 의한 득점.
スリーブ[sleeve](명) 슬리이브. 소매.
スリ(ー)マー[slimmer](명) 슬리머. 꼭 끼는 부인용 속옷.
すり いも[擂芋](명) 마를 갈아서 간을 맞춘 것. ground yam
すり うす[磨臼](명) 맷돌. a millstone
すり え[摺り餌]—エ(명) 새 등에 주는 잘게 탄 모이(飼料). ground food
すり か·える[摩り替える]—カヘル(타하 1) 몰래 바꾸다. 살짝 바꾸다. 「中味(ナカミ)を—; 알맹이를 몰래 바꾸다」 substitute secretly
すり がね[擦鉦](명) 맞부딪뜨려 울리게 하는 징. 바라.
すり ガラス[磨り硝子](명) 젖빛 유리. frosted glass
すり きず[擦り傷·擦り疵](명) 찰상(擦傷). 스쳐서 생긴 상처. a scratch
すり きり[摺り切り](명) ①마찰하여 자름. ②평평하게 하고 여분(餘分)을 버림. ↔山盛(ヤマモ)り. 1. cutting by rubbing
すり き·る[摩り切る](타 4) ①마찰시켜 자르다. ②돈을 다 쓰다. 1. cut by rubbing
すり き·れる[擦り切れる](자하 1) 닳아서 끊어지다. wear out
すり くだ·く[磨り砕く](타 4) 갈아서 잘게 빻다. grind
すりこ ぎ[擂り粉木](명) 절굿공이. a wodden pestle
すりこ·む[摺り込む] Ⅰ(자 4) 아첨하다. Ⅱ(타 4) ①갈아서 섞다. ②(고약 등을) 문질러 살에 배게 하다. Ⅰ flatter
ずり さがる[摩り下がる](자 4) 미끄러지듯 내려 가다. 주저앉아 내려 가다. slip down
すり だし[刷出し](명) ①인쇄하기 시작하는 것. ②인쇄하여 세상에 내놓는 것. 1. beginning to print
すり つ·ける[摩り付ける](타하 1) 발라 붙이다. 문지르다. rub (something) against
すり つ·ける[摺り付ける](타하 1) 갈아서 빛깔을 내다. paint by rubbing
スリッパ(ー)[slipper](명) 슬리퍼. 실내에서 신는 서양식 신. 발끝만 꿰고 뒤축이 없음.
スリップ[slip](명·자サ) 슬립. ①미끄러짐. 「車(クルマ)が—する; 차가 미끄러지다」 ②부인들이 양장할 때 입는 속옷의 한 가지.
すり つぶ·す[磨り潰す](타 4) ①갈아서 잘게 빻다. 갈아서 부수다. ②재산을 탕진하다. 1. grind
すり ぬか[磨糠](명) 왕겨. chaffs
すり ぬ·ける[摺り抜ける](자하 1) ①사람들 틈을 빠져 나가다. ②도망 치다. 1. pass through
すり ばち[擂り鉢](명) 약연(薬碾) 등과 같이 음식물을 갈 때 쓰는 그릇. 안쪽에 세로 잔금이 있음. an earthenware mortar
すり ばん[擦り半](명) 〔←すり半鐘(バンショウ)〕 불났을 때 계속해 종을 울리는 일. 또는 그 종소리. a rapid-stroke fire-alarm
すり ひざ[磨り膝](명) 무릎 걸음으로 나아가는 것. advancing on one's knees
すり へら·す[磨り減らす](타 4) ①마찰하여 닳게 하다. 「くつの底(ソコ)を—; 구두창을 질질 끌어 닳게 하다」 ②많이 사용하여 약하게 만들다. 자 すり減る(4). wear away
すり ほん[刷り本](명) 인쇄한 책. ↔写本(シャホン). a printed book
すり み[擂り身](명) 다져 간 생선 살. ground fish-meat
すり む·く[擦り剝く·摺り剝く](타 4) 마찰하여 껍질을 벗기다. scrape
すり む·ける[擦り剝ける](자하 1) 스쳐서 껍질이 벗어지다. be grazed
すりもの[刷り物](명) 인쇄물. printed matter
すりゃ(접) 그렇다면. then
ずりょう[受領](명) ①받아 들이는 일. ②옛날의 관직명. 지방 장관. 1. acceptance
すり よ·る[擦り寄る](자 4) ①스칠 정도로 다가 가다. 또는 다가 오다. ②앉은 걸음으로 다가 가다. 또는 다가 오다. 타 すり寄せる(하 1). 1. draw near
スリラー[thriller](명) 드릴러. 드릴을 주제(主題)로 한 작품(作品).
スリリング[thrilling](형동ダ) 드릴링. 드릴이 있는 모양. 전율적(戦慄的).
スリル[thrill](명) 드릴. 간담이 서늘하거나 아슬아슬한 느낌. 전율(戦慄). 「—満点(マンテン); 드릴 만점」
す·る[刷る·摺る](타 4) ①눌러 문질러 무늬를 내다. ②인쇄하다. 2. print
す·る[剃る](타 4) ⇨そる.
する[為る] Ⅰ(자サ) ①(느낌이) 일다. 나타나다. 「音(オト)が—; 소리가 나다」 ②상태가 되다. 「ぞっと—; 소름이 쭉 끼치다」 ③(시간이) 경과하다. 「三日(ミッカ)も—と; 사흘이 지나면」 ④값이 …하다. 「百円(ヒャクエン)—; 백 원 하다」 ⑤정하다. 선택하다. 「ぼくは, おしるこに—; 나는 단팥죽으로 하겠다」 ⑥〔"うと—"의 형태로〕 조금만 더하면…하는 상태가 되다. 「雨(アメ)が 降(フ)ろうとしている; 비가 오려고 하고 있다」 Ⅱ(타サ) ①행하다. 「勉強(ベンキョウ)を

—; 공부를 하다」 ②어떤 상태가 되게 하다.「粉(コナ)に—; 가루로 만들다」↔なる. ③역할을 맡다. 「子(コ)もりを—; 아이를 보다」 ④〔"うと—"의 형태로〕 조금만 더하면 어떤 상태가 되게 하다.「出(デ)かけようと—; 출발하려 하다」 ⑤생각하다. 보이게 하다.「必要(ヒツヨウ)とされている; 필요하다고 생각되고 있다」] 1. be felt ‖ 1. do

す·る[摩る·擦る](타 4) ①갈다. 「墨(スミ)を—; 먹을 갈다」 ②몹시 마찰시키다. 「マッチを—; 성냥을 긋다」 ③짓이기다. 으깨다. 「みそを—; 된장을 갈다」 ④닦다. ⑤〈속〉 죄다 없애다. 「財産(ザイサン)を—; 재산을 없애다」 ⑥「ごまを—; 아첨하다」 1. 2. rub

す·る[掏摸る](타 4) 소매치기하다. pick

ずる(명) 교활한 것. 게으른 것. 횡포한 것. 또는 그런 사람. foxiness

ず·る[摩る](자 4) ①벗어나다. ②미끄러져 움직이다. ③늘어져 처지다. ④무릎 걸음으로 나아가다. 1. slip off 2. slide 3. slip down 4. crawl along

ずる·い(형) 자기 이익을 위하여 남을 속이며 용하게 요리조리 피하다. 교활하다. 파생 **— さ**(명). sly

するが[駿河](명)〈지〉 옛 지방 이름. 현재의 시즈오카현(静岡県)의 일부.

ずる·ける(狡ける)(자하 1) 게으름 피우다. 피를 부리다. shirk one's duty

するすみ(명)〈고〉 의지할 곳 없이 몸 하나뿐인 것. 무일물인 몸.

ずるずる(부·자サ) ①질질 끄는 모양. ②미끄러지는 모양. ③일이 매듭지어지지 않고 끌며 그대로 있는 모양. 1.2.slippery. **— べったり**(연어·명)⇨ずるずる③.

スルタン[sultan](명) ⇨サルタン.

ズルチン[도 Dulzin](명)〈이〉 둘찐. 벤젠을 원료로 한 설탕 대용품.

すると(접) ①그러면. 그래서. ②그렇다면. 「1. thereupon 2. then

するど·い[鋭い](형) ①날카롭다. ②잘 들다. ③격렬하다.「—攻撃(コウゲキ); 격렬한 공격」 ④예민하다. 파생 **— さ**(명). 2. sharp 3. violent

ズルファミン[도 Sulfamin](명)〈의〉 ⇨ズルフォン(アミド).

ズルフォン(アミド)[도 Sulfon(amid)](명)〈의〉 설폰아미드. 1935년 도이치에서 발견된 임질(淋疾) 등 화농성(化膿性) 질환에 잘 듣는 약. 설퍼제(剤). 설퍼마인.

するめ[鯣](명) 말린 오징어. dried cuttle-fish

ずれ(명) ①차이. 간격. ②엇갈리는 것. 착오. 「感覚(カンカク)に—がある; 감각에 착오가 있다」 2. aberration

スレート[slate](명) 슬레이트. ①진흙이 굳어진 얇은 판(板). 지붕을 덮는 데 쓰임. ②석반(石盤). ③석면(石綿)에 시멘트를 섞어 만든 단단한 평상판(平状板).

すれからし[擦れ枯らし](명) ①여러 가지 경우를 겪어 사람이 교활해짐. 또는 그런 사람. 닳고 닳은 사람. ②죄다 시듦. ③저금(貯金) 등이 죄다 없어짐. 1. craftiness

すれすれ「擦れ擦れ](형동ダ) ①거의 닿을 정도로 가까운 모양. ②겨우 시간에 대는 모양. ③서로 다투는 모양. 1. close

すれちが·う[擦れ違う]—チガフ(자 4) 엇갈리다. 명 すれ違い. pass by each other

すれっからし[擦れっ枯らし](명) ⇨すれからし②.

すれば(접) 그렇게 하면. 그렇다면.

す·れる[摩れる·擦れる](자하 1) ①살짝 지나치다. ②스치다. 마찰되다. ③여러 가지 경험을 쌓아 약아지다. 1. get grazed

す·れる[磨れる](자하 1) ①닳다. ②본래의 모양이 없어지다. be worn

ず·れる[摩れる](자하 1) ①미끄러져 기준(基準)의 위치에서 벗어나다. ②무릎 걸음으로 나아가다. 1. slip off

ずろう[杜漏](명·형동ダ) 소홀하고 누락(漏落)됨이 많음. carelessness

すろうにん[素浪人](명) ①가난한 낭인(浪人). ②낭인을 욕하는 말.

スロー[slow](명·형동ダ) 슬로우. ①늦음. 느림. 「—モーション; 슬로우 모우션」 ②완만(緩慢)함. ↔クイック.

スローガン[slogan](명) 슬로우건. 표어(標語). 모토.

ズロース[drawers](명) 드로우어스. 부인용의 팬츠.

スロープ[slope](명) 슬로우프. 비탈. 사면(斜面). 경사지(傾斜地).

ずろく[図録](명) 도록. 그림이 실린 기록이나 책.

スロット[slot](명) 슬롯. 비행기의 주익(主翼) 뒤에 붙여 안정을 잡게 하는 조그마한 날개.

スロットル[throttle](명)〈이〉 드로틀. 통로의 면적을 여러 가지로 변화시킴으로써 흐르는 유체(流体)를 제한하는 판(瓣). 절기판(節気瓣).

すわ—ハ(감) 돌연한 사건에 놀라서 내는 소리. 이크! 저런! Good God!

すわえ[楚]スハヱ(명)〈고〉 ①나무 줄기나 뿌리에서 가늘고 곧게 돋아 난 가지. ②회초리. 태장(笞杖).

すわこそ スハー(감) "すわ"의 센말.

すわや スハー(감) "すわ"의 센말.

すわり[座り·坐り](명) ①앉는 것. ②안정. 침착. 「—のいい 椅子(イス); 포근한 의자」 1. sitting. **— こ·む**[座り込む](자 4) ①끼어 앉다. ②집안에 틀어 박혀 앉아 있다. ③(목적을 달성하기 위해) 눌어 앉다. 명 すわり込み. **— だこ**[座り胼胝](명) 늘 앉아 있기 때문에 발등에 생긴 못.

すわ·る[座る·坐る](자 4) ①앉다. ②자리 잡다. ③움직이지 않다. ④안주(安住)하다. ⑤도장이 찍히다. ⑥좌초(坐礁)하다. 1. sit 2. take seat

スワン[네 zwaan·영 swan](명)〈동〉 스완. 백조(白鳥).

すん[寸](명) ①길이의 단위. 치. 한 자(尺)의 10분의 1. 약 3.03 *cm*. ②〈속〉 길이. 치수. 2. length

すんいん[寸陰](명) 촌음. 아주 짧은 시간. a moment

すんか[寸暇](명) 촌가. 아주 짧은 여가. a moment's leisure

ずんぐり(부·자サ) 뚱뚱하고 키가 작은 모양. short

and thick. **—むっくり**(부·자サ) 키가 작고 뚱뚱한 모양. 「a short interval」

すんげき[寸隙](명) 촌극. 작은 틈. 아주 짧은 시간.

すんげき[寸劇](명) 촌극. 좌흥(座興)을 위하여 하는 짧은 극. 짧은 희극. a short comedy

すんげん[寸言](명) 짤막한 말. 경구(警句). an aphorism

すんごう[寸毫](명) 아주 적은 것. 근소(僅少). a bit

すんこく[寸刻](명) 촌각. 아주 짧은 시각. a moment

すんし[寸志](명) 촌지. ①하찮은 뜻. ②대단치 않은 선물. 2. a small present

すんじ[寸時](명) 촌시. 아주 짧은 시간. a moment

すんしゃく[寸尺](명) ①치수와 자수. ②짧은 길이. 2. short length

すんしょ[寸書](명) ①짧은 편지. ②자기 편지를 겸사로 일컫는 말. 1. a short letter

すんしん[寸心](명) ①하찮은 뜻. 촌지(寸志). ②자기 뜻을 겸사로 일컫는 말. 1. little token of mind

ずん·ず[誦んず](타サ)〈고〉 읽다. 소리 내어 읽다. 읊다.

すんずん[寸寸](부) 조각조각. 산산조각. to pieces

すんぜん[寸前](명) 바로 앞. 직전(直前). just before

すんぜんしゃくま[寸善尺魔](연어) 좋은 일은 얼마 안되고 나쁜 일만 많다는 말.

すんたいしゃくしん[寸退尺進](연어·명) 조금 물러나고 많이 나아가는 것. 일보 후퇴 이보 전진.

すんたらず[寸足らず](명) ①치수가 모자라는 것. ②보통보다 뒤떨어지는 것. ③보통키보다 작은 것. 또는 그런 사람. 2. being inferior

すんだん[寸断](명·타サ) 촌단. 토막토막 끊음. cutting in pieces

すんちょ[寸楮](명) 촌저. 간단한 편지. 자기의 짧은 편지. a short letter

すんづまり[寸詰まり](명·형동ダ) 치수가 부족함. a contraction

すんてつ[寸鉄](명) ①작고 날카로운 쇠붙이나 무기. 「身(ミ)に—も帯(オ)びず; 몸에 아무 무기도 갖지 않고」 ②경구(警句). 1. a small weapon 2. an epigram

すんでの·ことに(ところで)(연어·부) 아슬아슬한 고비에서. 자칫 잘못했었다면. almost

すんど[寸土](명) 촌토. 약간의 땅. an inch of land

ずんと(부)〈속〉 훨씬. 상당히. far

ずんどう(형동ダ)〈속〉 뚱뚱하여 보기 흉한 모양. stumpy

ずんなが·る[順流る](자하 2)〈고〉 ①술잔이 차례로 돌아 가다. ②차례로 노래 부르다.

すんなり(부·자サ) 날씬하고 미끈한 모양. slim

すんびょう[寸秒](명) 아주 짧은 시간. a moment

すんびょう[寸描](명) 짧은 묘사(描写). 「人物(ジンブツ)—; 인물 소묘(素描)」 a sketch

すんぴょう[寸評](명·타サ) 촌평. 짧게 비평함. 짧은 비평. a short review

すんぷ[駿府](명)〈지〉 에도(江戸) 시대 시즈오카(静岡)를 부르던 이름.

すんぶん[寸分](부) 극히 작게. 조금도. 「兄(アニ)と—たがわぬ顔(カオ); 형과 조금도 틀리지 않는 얼굴」 a bit

ずんべらぼう(형동ダ)〈속〉 게으르고 부실(不実)한 사람.

すんぽう[寸法](명) ①길이. 치수. ②순서. 방법. ③계획. 1. measure 3. a plan

すんよ[寸余](명) 촌여. 한 치 남짓한 것.

すんわ[寸話](명) 짧은 이야기. 짧은 담화(談話). a short conversation

せ

—せ[世](조어) 살아 있는 기간. 대(代).

せ[兄·夫](명)〈고〉 여자가 남자를 정답게 부르는 말.

せ[背·脊](명) ①등. ↔腹(ハラ). ②뒤. 「山(ヤマ)を—にする; 산을 뒤로 두다」 ③등성이. 「山(ヤマ)の—; 산등성이」 ④서 있는 것의 높이. 키. 1. the back 2. the back side

せ[畝](명) 묘. 토지 면적의 단위. 단(段)의 10분의 1. 30평.

せ[瀬](명) ①여울. 급류(急流). ②장소. 입장. 「立(タ)つ—がない; 체면이 서지 않는다」 ③기회. 「浮(ウ)かぶ—がない; 출세할(나아질) 기회가 없다」 1. rapids 3. a chance

セ〜 ⇨シェ〜 예: セード⇨シェード, セパード⇨シェパード.

ぜ(감조)〈속〉 남자가 친근감을 가지고 주의를 촉구하는 말. 말끝에 붙여 그 뜻을 강조함. 「ある—; 있어, 야」

ぜ[是](명) 옳다고 인정한 것. 「その考(カンガ)えを—とする; 그 생각을 옳다고 생각하다」 ↔非(ヒ). approval

せい—[正](조어) ①정식(正式)의. 「—級長(キュウチョウ); 정급장」 ↔副(フク). ②모양이 정돈된. 똑바른. 「—三角形(サンカクケイ); 정삼각형」

せい—[生](조어) 날것의. 「—石灰(セッカイ); 생석회」

せい—[西](조어) 서쪽의. 「—半球(ハンキュウ); 서반구」

せい—[青](조어) 푸른. 푸른 빛을 띤. 「—灰色(カイショク); 청회색」

せい—[聖](조어) ①임금에 관계되는 말에 붙이는 높임말. 「—慮(リョ); 성려」 ②〔기독교 등에서〕 성자(聖者)나 신성한 것에 붙이는 말. 「—家族(カゾク); 성가족」

せい—[製](조어) 만드는. 「—パン; 제빵」

—せい[井](조어) 우물. 「石油(セキユ)—; 유정(油井)」

—せい[世](조어) 대대로 전해 내려 오는 선후 대수(先後代数)를 나타내는 말. 대(代). 「ロックフェラー三

(サン)—; 록펠러 3세」
—せい[生](조어) ①…기간 생장한. 「三十年(サンジュウネン)—のすぎ; 30년 된 삼목(杉木)」 ②사람. 「研究(ケンキュウ)—; 연구생」 ③생도(生徒). 학생. 「一年生(イチネンセイ); 1년생」
—せい[性](조어) 성질. 「安全(アンゼン)—; 안전성」
—せい[制](조어) 제도. 「停年(テイネン)—; 정년제」
—せい[星](조어) 별. 「北極(ホッキョク)—; 북극성」
—せい[政](조어) 정치. 정치의 형식. 「共和(キョウワ)—; 공화 정치」
—せい[製](조어) …로, …에서 만듦. 또는 만든 것. 「アメリカ—; 미제(美製)」「革(カワ)—; 가죽으로 만든 것」
せい[背·脊](명) ①키. 신장(身長). ②높이. 「木(キ)の—; 나무의 높이」 1. stature
せい[正](명) ①바른 것. 옳은 것. 또는 그런 사람. ↔邪(ジャ). ②표준. ↔閏(ジュン). ③주임(主任). 「検事(ケンジ)—; 검사정」 ④주(主)가 되는 것. ↔副(フク). ⑤서적(書籍)의 정편(正編). ↔続(ゾク). ⑥〈이·수〉 정호(正号). ↔負(フ). 1. right 4. the original 6. plus
せい[生] Ⅰ(명) 생명. 목숨. 삶. 「この世(ヨ)に—をうける; 이 세상에 태어나다」 Ⅱ(대) 자신을 낮추어 일컫는 말. 「小(ショウ)—; 소생」 Ⅰ life
せい[西](명) 스페인(西班牙)의 약칭.
せい[制](명) 제도(制度). a system
せい[姓](명) ①〈고〉 옛날의 성(姓). ②성. 「—は高田(タカダ), 名(ナ)は正雄(マサオ); 성은 타카다, 이름은 마사오」 2. a family name
せい[性](명) ①성질. 천성(天性). 「習(ナラ)い—となる; 습관이 천성이 되다」 ②남녀, 자웅의 구별. 「—別(ベツ); 성별」 ③성욕. ④〔서양 문법에서〕 대명사, 관사(冠詞) 등을 남성, 여성, 중성으로 나누는 일. 1. nature 2. 3. sex
せい[清](명) ①깨끗한 것. 맑은 것. ②깨끗하게 하는 것. 1. pureness
せい[聖](명) ①성인(聖人). ②고금에 볼 수 없을 만큼 뛰어난 사람. 「詩(シ)—; 시성」 ③신성. 1. a saint
せい[勢](명) ①세력. 힘. ②군세. 군대. 「敵(テキ)の—; 적의 군대」 2. military force
せい[精](명) ①섞인 것이 없는 것. 순수. ②정령(精霊). 「水(ミズ)の—; 수정(水精)」 ③정력. 원기. 근기. 「—を出(ダ)す; 부지런히 하다」 ④⇨エキス. ⑤정밀(精密). 정통(精通). 1. purity 2. a spirit
せい[静](명) 조용한 것. 「—中動(チュウドウ); 정중동」 ↔動(ドウ). silence
せい[所為](명) ①행하는 것. 한 일. 소행. 「人(ヒト)の—にする; 남의 소행으로 여기다」 ②원인. 때문. 탓. 「年(トシ)の—だ; 나이 탓이다」 2. reason
ぜい[税](명) 세금. a tax
ぜい[勢](명) ⇨せい②.
ぜい[筮](명) ①점(占). 점을 치는 일. ②점치는 데 쓰는 물건. 산가지. 1. divination
ぜい[贅](명) ①사치. 낭비. 「—をつくす; 사치를 다하다」 ②여분. 필요 없는 것. 「—言(ゲン); 필요 없는 말(췌언)」 ③방자(放恣). 1. extravagance
せいあ[井蛙](명) 정와. ①우물 안 개구리. ②견문(見聞)이 좁은 사람. 1. a frog in the well
せいあい[性愛](명) 성애. 남녀의 애욕. sexual love
せいあく[性悪](명) 성악. 사람의 본성은 악하다는 주장. 「—説(セツ); 성악설」 ↔性善(セイゼン). the fact that human nature is evil
せいあつ[制圧](명·타サ) 제압. 누름. 힘으로 눌러 통제(統制)함. suppression
せいあん[成案](명) 성안. 안을 작성함. 작성된 계획이나 생각. a definite idea
せいい[西夷](명) 서이. ①서쪽의 야만인. 서융(西戎). ②유럽인을 얕잡아 일컫는 말. 1. Western barbarians
せいい[勢威](명) 기세와 위엄. 왕성(旺盛)한 기세. 위세(威勢). authority and prestige
せいい[誠意](명) 성의. 정성. 「—をつくす; 성의를 다하다」 sincerity
せいいき[西域](명)〈역〉 서역. 중국 서쪽, 즉 신강성(新疆省)을 중심으로 중앙 아시아, 인도, 동유럽 등을 일컫는 말.
せいいき[声域](명)〈악〉 성역. 사람이 노래를 부를 수 있는 음역(音域). a register
せいいき[聖域](명) 성역. ①성인(聖人)의 경지. ②신성한 지역. 1.the position of a saint 2. sacred precincts
せいいく[生育·成育](명·자타サ) 생육. ①자람. 「稲(イネ)の—; 벼의 생장」 ②(낳아서) 기름. 2. bringing up
せいいたいしょうぐん[征夷大将軍](명)〈역〉 ①아이누족을 치기 위해 파견된 장군. ②막부(幕府)의 수령(首領)으로 정권을 잡은 사람. 장군.
せいいっぱい[精一杯](명·부) 힘껏. 「—努力(ドリョク)する; 힘껏 노력하다」 with all one's might
せいいん[正員](명) 정원. 정당한 자격이 있는 사람. a regular member
せいいん[成因](명) 성인. 이루어지는 원인. the origin
せいいん[成員](명) 성원. 단체를 구성(構成)하는 사람. a member
せいいん[声韻](명) 언어의 외형을 구성하는 음과 운의 배합. 음운(音韻). a voice and a sound
せいう[晴雨](명) 청우. 갬과 흐림. fair or rainy weather. —けい[晴雨計](명)〈이〉 청우계. 기압의 고저에 의해 청우를 판단(判断)하는 기계. 기압계. 바로미터.
せいうん[星雲](명)〈천〉 성운. 희미하게 구름같이 빛나 보이는 별 무리. a nebula
せいうん[盛運](명) 성운. 번성하는 운. ↔衰運(スイウン). prosperity
せいうんのこころざし[青雲の志](연어·명) 청운의 뜻. 입신 출세를 바라는 마음. an ambition
せいえい[清栄](명) ①깨끗하게 번영하는 것. ②〔편지에서〕 상대의 번영을 기리는 인사말. 2. health and prosperity
せいえい[精鋭](명·형동ダ) 정예. 아주 날쌔고 용맹스러움. 또는 그 사람. being highly spirited

せいえき[精液](명) 정액. ①순수한 액. ②남자나 동물의 수컷의 생식기에서 분비되는 액체. 2. semen
せいえん[声援](명·타サ) 성원. 소리 쳐서 사기를 북돋우어 줌. 뒤를 밀어 응원함. encouragement
せいえん[清宴](명) 청연. 풍아(風雅)한 잔치. an elegant banquet
せいえん[盛宴](명) 성연. 성대한 잔치. a grand banquet
せいえん[製塩](명) 제염. 소금을 만드는 일. salt manufacture
せいえん[清婉·清艶](명·형동ダ) 청염. 맑고 요염한 아리따움. 품위 있게 아름다움. pure and charming
せいえん[凄艶](형동ダ) 놀랄 정도로 요염(妖艶)한 모양. weird beautiful
せいおう[西欧](명) 서구. ①서유럽. ②서양. 「一文化(ブンカ); 서구 문화」 1. Western Europe
せいおうぼ[西王母](명) 서왕모. 중국 상대(上代)의 상상상(想像上)의 여자. 장수(長寿)를 가져다 준다고 함.
せいおん[正音](명) ①올바른 글자의 음(字音). ②올바른 음악. 1. the correct pronunciation of a word
せいおん[声音](명) 성음. ①목소리. ②성악. 음악. 1. vocal sound
せいおん[清音](명) 청음. ①탁음(濁音)이나 반탁음의 부호를 붙이지 않은 음절. ↔濁音(ダクオン). ②무성음(無声音). 2. a voiceless sound
せいおん[静穏](명·형동ダ) 정온. 조용하고 온화(穏和)함. peacefulness
せいおん[聖恩](명) 성은. 임금의 은덕. Imperial favour
せいか[正価](명) 정가. 정당한 값. net price
せいか[正貨](명)〈경〉 정화. 그 자신 실질적인 가치를 갖는 금은(金銀)의 화폐. 본위 화폐(本位貨幣). specie
せいか[正課](명) 정과. 정규의 과업(課業). the regular curriculum
せいか[生花](명) ①꽃꽂이. ②생화. 살아 있는 자연의 꽃. ③꽃꽂이 형식의 하나. 일정한 형식을 존중(尊重)함. 1. flower arrangement
せいか[生家](명) 생가. 태어난 집. the house of one's birth
せいか[成果](명) 성과. 일의 이루어진 결과. a result
せいか[声価](명) 성가. 세상의 좋은 평판. 명성(名声). 「一が高(タカ)まる; 명성이 높아지다」 fame
せいか[青果](명) 청과. 야채와 과일. 「一市場(シジョウ); 청과 시장」 vegetables and fruits
せいか[斉家](명) 제가. 집안을 잘 다스리는 것. household management
せいか[勢家](명) 세가. 권세(権勢) 있는 집. 세도가(勢道家). a powerful family
せいか[盛夏](명) 성하. 여름의 가장 더운 때. midsummer
せいか[聖火](명) 성화. ①신성한 불. ②국제 올림픽 대회에서 회의 표지(標識)로 태우는 신성한 불. 1. sacred fire 2. the sacred torch
せいか[聖歌](명) 성가. 종교의 노래. 찬송가. 「一隊(タイ); 성가대」 a hymn
せいか[精華](명) 정화. ①가장 뛰어난 것. 정수(精粋). ②뛰어나고 화려한 것. 광채(光彩). 1. genuineness 2. the glory
せいか[製菓](명) 제과. 과자를 만듦. confectionery
せいか[製靴](명) 제화. 구두를 지음. shoemaking
せいか[請暇](명) 청가. 휴가(休暇)를 청하는 일. application for leave
せいか[臍下](명) 배꼽 아래. under the navel
せいが[青蛾](명) 청아. ①푸르게 그린 눈썹. ②미인의 다른 이름. 2. a beauty
せいが[清雅](형동ダ) 청아. 맑고 우아한 모양. elegant
せいかい[正解](명·타サ) 정해. 옳게 해석함. 또는 그 해답(解答). a correct interpretation
せいかい[政界](명) 정계. 정치의 사회. the political world
せいかい[盛会](명) 성대한 모임. a successful meeting
せいかい[精解](명·타サ) 정해. 자세히 해석함. a minute interpretation
せいかいけん[制海権](명) 제해권. 군함, 항공기 등으로 해상(海上)을 지배하는 힘. 해상권. command of the sea
せいかがく[生化学](명)〈이〉 생화학. 생물을 만들고 있는 물질이나 생물의 생활 현상 등을 화학적으로 연구하는 학문. 생물 화학. biochemistry
せいかく[正格](명) ①바른 격식. ②〔문법에서〕 동사의 활용이 규칙 바른 것. 「一活用(カツヨウ); 정격 활용」 ↔変格(ヘンカク). 1. a right rule
せいかく[性格](명) 성격. ①사람, 사물이 갖는 독특한 마음의 경향. 「おとなしい一; 온순한 성격」 ②그것만이 갖는 성질. 「問題(モンダイ)の一がちがう; 문제의 성질이 다르다」 1. personality 2. character
せいかく[政客](명) 정객. 정치에 관계하는 사람. a politician
せいかく[製革](명·자サ) 제혁. 동물의 가죽을 가공하여 유용한 가죽으로 만듦. tanning
せいかく[正確](형동ダ) 정확. 바르고 확실한 모양. correct
せいかく[精確](형동ダ) 정확. 자세하고 확실한 모양. accurate
せいがく[声楽](명) 성악. 사람의 목소리에 의한 음악. 노래. ↔器楽(キガク). vocal music
ぜいがく[税額](명) 세액. 세금의 액수. the amount of a tax
せいがく[聖楽](명)〈악〉 종교 음악. sacred music
せいかぞく[聖家族](명)〈종〉 성가족. 신성(神聖)한 가족. Holy Family
せいかつ[生活](명·자サ) 생활. ①이 세상에 살아 활동함. 「一環境(カンキョウ); 생활 환경」 ②먹고 살 만한 수입이 있어 살아 나감. 「一能力(ノウリョク); 생활 능력」 1. living. **—きょうどうくみあい**[生活協同組合]—クミアヒ(명) 생활 협동 조합. 생산과 소비를 연결시켜 조합원에게 물건을 싸게 나누어 주기 위한 조합. **—なん**[生活難](명) 생활난. 물건 값이 오르거나 수입이 줄어 생활하기가 곤란한 것. **—はんのう**[生活反応](명) 생활 반응. 사람이 살아 있음으로써 나타나는 반응. **—ひ**[生活費](명) 생활비. 생활에 필요한 비용. **—ほご**[生活保護](명) 생활 보호. 생활이 어려운 사람에게 국가가 주는 보호. **—ようしき**[生活様式](명) 생활 양식. 일상 생활의 방식.

せいがっか[声楽家](명) 성악가. 성악을 직업으로 하는 사람. a vocalist

せいかっこう[背格好](명) 키와 몸뚱이의 모양. 모습. 「—が似(ニ)ている; 모습이 닮았다」 stature

せいか(ぶつ)[青果(物)](명) 청과물. 야채와 과일. fruits and vegetables

せいかん[生還](명·자サ) 생환. ①살아서 돌아 옴. ②〔야구에서〕러너(走者)가 본루(本塁)로 돌아 옴. 1. returning alive 2. a home-in

せいかん[性感](명)〈의〉성감. 성교(性交) 때의 감각(感覚). sexual feeling

せいかん[清閑](명·형동ダ) 청한. ①청아하고 조용함. ②남의 한가함에 대한 높임말. 1. quietness

せいかん[盛観](명) 성관. 성대한 구경거리. 굉장한 모양. a grand sight

せいかん[静観](명·타サ) 정관. 조용히 관찰함. 「事態(ジタイ)を—する; 사태를 정관하다」 contemplation

せいかん[精悍](형동ダ) 정한. 동작이 날카롭고 용감한 모양. 정력적. 「—な顔(カオ)つき; 씩씩하고 날카로운 얼굴」 intrepid

せいがん[正眼·青眼](명) 〔검도(剣道)에서〕적의 눈 높이에 칼끝이 가도록 겨누는 일. 중단(中段). the posture of "aiming at the eye"

せいがん[西岸](명) 서안. 서쪽 해안. the western bank

せいがん[青眼](명) 청안. 착한 마음으로 남을 맞이할 때 반가움을 나타낸 눈. ↔白眼(ハクガン). a look of cordial welcome

せいがん[晴眼](명) 잘 보이는 눈. sharp eyes

せいがん[誓願](명) 서원. 맹세를 걸고 원(願)을 이루기를 신불(神仏)에게 기원하는 일. an oath

せいがん[請願](명·타サ) ①청원. 청하고 원함. ②서류를 내어 상사(上司)나 관청 등에 부탁함. 「—書(ショ); 청원서」 a petition

ぜいかん[税関](명)〈법〉세관. 비행장, 항만(港湾), 국경 지대에서 여객의 소지품이나 수출입 화물에 대하여 검사, 허가, 관세의 부과 및 검역(検疫) 사무를 맡아 보는 곳. a customhouse

せいき[世紀](명) 세기. ①서양에서 100년을 1기로 한 연대 구분. ②이 세기 최대의 것. 「—の祭典(サイテン); 세기 최대의 제전」③연대. 시대. ④현대. 현세기. 1. a century

せいき[生気](명) 생기. 싱싱한 기력(気力). liveliness

せいき[生起](명·자サ) 생기. 사건이나 상태가 일어남. 발생. occurrence

せいき[正気](명) 정기. ①지공(至公), 지대(至大), 지정(至正)한 천지의 원기(元気). ②바른 기풍. ③생명의 원기. 1. right spirits

せいき[西紀](명) 서기. 서력 기원. the Christian Era

せいき[性器](명)〈의〉성기. 생식기(生殖器). the sexual organs

せいき[清規](명) 깨끗한 규칙. 회(会)의 규칙 등을 기리어 일컫는 말.

せいき[精気](명) 정기. ①만물의 원기. ②정신과 기력. ③정신. 혼. ④심신의 기력. 1. energy

せいき[盛期](명) 왕성한 시기. the height of prosperity

せいき[正規](형동ダ) 정규. 규약이 일정한 모양. 규칙적. 정식적. 「—の手順(テジュン); 정규의 절차」 a regular

せいぎ[正義](명) 정의. 부정을 물리치는 바른 도리(道理). justice

せいぎ[盛儀](명) 성의. 성대한 의식. a grand ceremony

せいぎ[精義](명) 정의. 자세한 의의(意義). 또는 그것을 쓴 책. a full commentary

ぜいき[税期](명) 세기. 납세, 징세의 시기. time for payment and collection of taxes

せいきゅう[性急](명·형동ダ) 성급. 성질이 팔팔하고 조급함. impatience

せいきゅう[制球](명·자サ) 〔야구에서〕투구(投球)를 조절함. control

せいきゅう[請求](명·타サ) 청구. 달라고 요청함. a demand

せいきょ[逝去](명·자サ) 서거. 죽음의 높임말.

せいきょ[盛挙](명) 성거. 장하고 큰 거사(挙事). 장거(壮挙). grand project

せいぎょ[生魚](명) ①산 물고기. ②생선. 신선한 생선. 1. a live fish 2. a fresh fish

せいぎょ[成魚](명)〈동〉성어. 충분히 자란 물고기. ↔稚魚(チギョ). a grown-up fish

せいぎょ[制御·制禦](명·타サ) 제어. ①통제함. 「欲望(ヨクボウ)を—する; 욕망을 제어하다」 ②뜻대로 함. 지배. 「自動(ジドウ)—装置(ソウチ); 자동 제어 장치」 1. control

せいきょう[生協](명) 생활 협동 조합(生活協同組合)의 약칭.

せいきょう[政教](명) 정교. 정치와 종교. 「—一致(イッチ); 정교 일치」 politics and religion

せいきょう[政況](명) 정황. 정계의 상황(状況). political conditions

せいきょう[聖教](명) 성교. ①성인(聖人)의 가르침. ②공자(孔子)의 가르침. 유교(儒教). ③기독교. 1. a sage's teachings

せいきょう[清興](명) 청흥. 우아(優雅)한 즐거움. 고상한 흥취. an elegant amusement

せいきょう[盛況](명) 성황. 성대한 상황. prosperity

せいきょう[精強](형동ダ) 정강. 올차고 센 모양. 정력이 있고 강한 모양. 「—の軍隊(グンタイ); 정강한 군대」 exellent and strong

せいぎょう[世業](명) 세업. 대대로 물려 내려 오는

직업. one's hereditary business
せいぎょう[生業](명) 생업. 먹고 살기 위한 직업. 「一資金(シキン); 생업 자금」 an occupation
せいぎょう[正業](명) 정업. 정당한 직업이나 생업(生業). an honest occupation
せいぎょう[成業](명·자サ) 성업. 학업이나 사업을 이룸. 「一の見込(ミコ)みなし; 성업할 가망이 없다」 the completion of one's work
せいぎょう[盛業](명) 성업. 성대한 사업. 성대하게 사업을 하는 것. 「一中(チュウ)の店(ミセ); 성업중인 가게」 a prosperous enterprise
せいぎょう[聖業](명) 성업. ①신성한 사업. ②왕업(王業). 2. kingcraft
せいきょういく[性教育](명) 성교육. 성에 대한 올바른 지식을 가르치기 위한 교육. sex education
せいきょうかい[正教会](명)〈종〉 정교회. 유럽 동부에 유포(流布)된 가톨릭 교회. 동방 교회(東方教会). the Orthodox Church
せいきょうと[清教徒](명)〈종〉 청교도. 16세기 후반에 일어난 신교도의 일파. a Puritan
せいぎょき[盛漁期](명) 성어기. 어업(漁業)이 한창인 시기. the fishery season
せいきょく[政局](명) 정국. 정계의 형편. 정치의 국면(局面). the political situation
せいぎょく[青玉](명)〈광〉 청옥. 투명(透明)한 청색 강옥(鋼玉). sapphire
せいきん[精勤](명·자サ) 정근. 쉬지 않고 부지런히 힘씀. diligence
ぜいきん[税金](명) 세금. 세(税)로 바치는 돈. a tax
せいきんは[星菫派](명) 메이지(明治) 시대, 별이나 제비꽃에 칭탁(称託)해서 연애를 노래한 낭만파 시인들.
せいく[成句](명) 성구. ①두 낱말 이상으로 이루어진 관용구(慣用句). ②예전부터 내려 오는 속담. 예: 고생 끝에 낙이 있다. 1. a phrase 2. a set phrase
せいく[聖句](명) 성구. ①신성한 말씀. ②성서 속의 문구. 1. a sacred expression
せいくうけん[制空権](명) 제공권. 항공기로 하늘을 지배하는 힘. command of the skies
せいくらべ[背比べ](명·자サ) ⇨たけくらべ.
せいくん[正訓](명) 정훈. 올바르게 읽는 법.
せいくん[請訓](명·자サ) 정부에 훈령(訓令)을 청함. application for instructions
せいけい[生計](명) 생계. 살아 나갈 방도. 살림. 「一費(ヒ); 생계비」 livelihood
せいけい[西経](명)〈지〉 서경. 영국 그리니치 천문대를 통과하는 경선(経線)을 0도로 하고, 거기서부터 서쪽을 잰 경도(経度). 180도까지 있음. ↔東経(トウケイ). west longitude
せいけい[正系](명) 올바른 계통. a legitimate line
せいけい[成形](명·타サ) 성형. ①형체를 이룸. ②〈의〉 흉곽 성형술(胸廓成形術)의 준말. 1. formation
せいけい[成型](명·자타サ) 틀에 넣어 프레스로 눌러 물건을 만듦. pressing
せいけい[政経](명) 정경 정치, 경제의 준말. politics and economics
せいけい[整形](명·타サ) 정형. 모양을 가지런히 함. 모양을 바르게 고침. 「一手術(シュジュツ); 정형 수술」 a plastic operation. **―げか**[整形外科](명)〈의〉 정형외과. 기형(奇形)을 예방, 치료하는 외과.
せいけつ[清潔](명·형동ダ) 청결. 깨끗함. 「一な感(カン)じ; 깨끗한 느낌」 cleanliness
せいけん[生絹](명) 생견. 생사로 짠 김. a fabric of raw silk
せいけん[政見](명) 정견. 정치에 대한 의견. one's political view
せいけん[政権](명) 정권. 정치상의 권력. 정치를 행하는 권력. political power
せいけん[聖賢](명) 성현. 성인과 현인(賢人). 「一の教(オシ)え; 성현의 가르침」 the sages
せいげん[正弦](명)〈수〉 정현. 삼각 함수의 하나. 직각형의 한 예각(鋭角)의 대변(対辺)과 사변(斜辺)과의 비를 그 각에 대하여 일컫는 말. sine
せいげん[西諺](명) 서양의 격언. a Western proverb
せいげん[制限](명·타サ) 제한. 정해진 한계. 한계를 정함. 「人数(ニンズウ)を一する; 인원을 제한하다」 limitation. **― かんじ**[制限漢字](명) ①상용 한자(常用漢字). ②상용 한자 이외의 한자.
せいげん[誓言](명·자サ) 서언. 맹세의 말. an oath
ぜいげん[税源](명) 세원. 세금을 징수하는 원천(源泉)이 되는 것. a source of taxation
ぜいげん[贅言](명·자サ) 췌언. 필요 없는 말을 함. 「一を要(ヨウ)しない; 더 여러 말할 필요가 없다」 redundant words
せいご(명)〈동〉 농어 새끼. a young bass
せいご[正誤](명·타サ) 정오. ①그릇된 것을 고침. 정정(訂正). 「一表(ヒョウ); 정오표」 ②옳음과 그름. 1. rectification
せいご[生後](명) 생후. 태어난 뒤. 「一二(ニ)か月(ゲツ); 생후 2개월」 after one's birth
せいご[成語](명) 성어. ①전시대(前時代)의 사람이 만든 말. ②옛부터의 숙어(熟語). 1. a set phrase
せいご[勢語](명) 이세 모노가타리(伊勢物語)의 약칭.
ぜいご(명)〈동〉 전광어의 양쪽 배에 있는 가시같이 단단한 비늘.
ぜいご[贅語](명) 필요 없는 말. redundant words
せいこう[正鵠](명) 정곡. 과녁의 한가운데가 되는 검은 점. 급소(急所). 요점. 「一を射(イ)る; 핵심을 찌르다」 the bull's-eye
せいこう[生硬](명·형동ダ) 생경. ①세상 사정에 통하지 않고 융통성이 없음. ②세련되지 않고 딱딱함. 익숙하지 않음. 「一な訳文(ヤクブン); 딱딱하고 서투른 번역」 2. crudeness
せいこう[正攻](명) 모략 등을 쓰지 않고 당당히 하는 공격. 정면 공격. a frontal attack
せいこう[性交](명) 성교. 남녀가 서로 육체적으로 관계하는 일. 성행위. 방사(房事). sexual intercourse

せい こう[西郊](명) 서교. 서쪽 교외. a western field
せい こう[清光](명) 청광. 맑은 빛. clear light
せい こう[成功](명·자サ) 성공. ①목적을 이룸. ②사업을 성취하여 사회에 상당한 지위를 차지함. 1. accomplishment 2. success
せい こう[清香](명) 상쾌한 냄새. 좋은 향기. fragrance
せい こう[性行](명) 성행. 성질과 행실. character and conduct
せい こう[精鋼](명) 정강. 정제한 강철. steel
せい こう[性向](명) 성향. 성질. 성질의 경향. inclination
せい こう[政綱](명) 정강. 정치의 강령. a political principle
せい こう[製鋼](명·자サ) 제강. 강철을 만듦. steel manufactured
せい こう[精巧](형동ダ) 정교. 세공(細工)이 섬세하고 잘된 모양. elaborate
せい ごう[整合](명·자타サ) ①정합. 꼭 맞음. 또는 맞춤. ②이론에 모순이 없음. 1. adjustment
せいこう うどく[晴耕雨読](연어·명·자サ) 청경 우독. 갠 날엔 밭을 갈고 비 오는 날엔 독서함.
せい こうかい[聖公会](명)〈종〉 성공회. 기독교 신교의 한 파. 영국 국교의 전통과 조직을 같이하는 교회. the Anglican Church
せいこう とうてい[西高東低](명)〈천〉 서고 동저. 서쪽 기압은 높고 동쪽 기압은 낮은 것. ↔東高西低(トウコウセイテイ).
せい こく[正鵠](명) ⇨せいこう. 「bonesetting
せい こつ[整骨](명) 정골. 뼈를 맞추는 일. 접골. ⤴
ぜい こみ[税込み](명) 세금이 포함된 것. 「一一万円(イチマンエン); 세금을 포함하여 1만원」↔税引(ゼイビ)き. including tax
せい こん[成婚](명·자サ) 성혼. 혼인이 이루어짐. a marriage
せい こん[精根](명) ①심신의 원기. 근기. ②정력과 근기. 「一を使(ツカ)いはたす; 정력과 근기를 온통 써 버리다」 1. vitality
せい こん[精魂](명) 정혼. 정령(精霊). 영혼. the soul
せい さ[精査](명·타サ) 정사. 자세히 조사함. 정밀 검사. a careful examination
せい ざ[正座·正坐](명·자サ) 정좌. 예의 바르게 앉음. 무릎을 꿇고 바로 앉음. sitting straight
せい ざ[星座](명)〈천〉 성좌. 위치를 살피기 위하여 갈라 놓은 여러 성군(星群)의 구역. a constellation
せい ざ[静座·静坐](명·자サ) 정좌. ①조용히 앉음. ②마음을 가라앉히고 단정히 앉음. 1. quiet sitting 2. meditation
せい さい[生彩](명) 생채. 생생한 모양. 발랄(潑剌)한 생기. 활기. brilliance
せい さい[正妻](명) 정처. 정실(正室). 본처. a lawful wife
せい さい[制裁](명·타サ) 제재. 도덕, 규칙 등을 어긴 자에게 가하는 벌. punishment
せい さい[精彩](명) ①발랄한 모양. ②아름다운 광택. 빛나는 광채. 1. liveliness
せい さい[聖祭](명) 성제. 천주교의 제례 의식. Catholic festivals
せい さい[精細](형동ダ) 정밀하고 자세한 모양. minute
せい ざい[製材](명·자サ) 제재. 재목을 만듦. 「一所(ショ); 제재소」 lumbering
せい ざい[製剤](명) 약을 조제하여 만드는 일. 제약(製薬). medicine manufacture
せい さく[制作](명·타サ) 제작. ①정하여 만듦. 제정. ②(예술품 등을) 만듦. 2. working
せい さく[政策](명) 정책. ①정치상의 방침과 그것을 실천하기 위한 방책. ②책략. 1. a policy
せい さく[製作](명·타サ) 제작. 재료를 가지고 물건을 만듦. production
せい さつ[精察](명·타サ) 정찰. 자세히 살펴 봄. minute observation
せい さつ[生殺](명·타サ) 생살. 살림과 죽임. life and death. **—よだつ**[生殺与奪](연어·명) 생살 여탈. 살리고 죽이고, 주고 빼앗는 것. 「一の権(ケン)をにぎる; 생살 여탈의 권리를 쥐다」
せい さつ[制札](명) 해서는 안될 일을 조목조목 들어 써서 길에 세운 패목(牌木). a notice board
せい さつ[省察](명·타サ) 성찰. 반성하여 생각함. 스스로 자신을 돌아 보아 시비(是非)를 가림. reflection
せいさつ[精察](명) 자세히 관찰함. minute observation
せい さん[正餐](명) 정찬. 정식 메뉴의 요리. dinner
せい さん[生産](명·타サ) 생산. ①생활 수단이 되는 산업. ②〈경〉 인류가 자연물을 가공하여 생활에 소용이 되게 물건을 만듦. 「一高(ダカ); 생산고」↔消費(ショウヒ). 1. an occupation 2. production. **—ざい**[生産財](명)〈경〉 생산재. 생산 수단으로 사용되는 것. ↔消費財. **—せい**[生産性](명)〈경〉 생산성. 생산의 능률. **—てき**[生産的](형동ダ) 생산적. 직접 생산을 수반(随伴)하거나 관계를 맺는 모양.
せい さん[成算](명) 성산. 이룩할 가능성. confidence of success
せい さん[青酸](명)〈이〉 청산. 독이 있고 휘발(揮発)하기 쉬운 무색(無色), 산성의 액체. cyanic acid. **—カリ**[青酸加里](명)〈이〉 청산 칼리. 하얀 바늘 모양의 결정체(結晶体). 심한 독이 있음. 시안화 칼륨.
せい さん[清算](명·타サ) 청산. ①계산하여 수입과 지출 관계를 분명히 함. ②〈법〉 ㉠서로의 채권(債権), 채무(債務)를 셈하여 깨끗이 정리하는 일. ㉡회사, 조합 등이 해산(解散) 후에 하는 재산의 처분. ③과거의 일을 깨끗이 씻어 버림. 1. exact calculation 2.3. liquidation
せい さん[聖餐](명)〈종〉 성찬. 성찬식의 식사. the Holy Communion. **—しき**[聖餐式](명)〈종〉 성찬식. 기독교에서 그리스도가 십자가에 못박혀 죽은 전날을 기념하여 행하는 의식.
せい さん[精算](명·타サ) 정산. 정밀히 계산함. 「運賃(ウンチン)の一; 운임(차비, 운송료)의 계산」 accurate calculation

せいさん[凄惨](명·형동ダ) 처참. 참혹함. ghastliness
せいさん[製産](명·타サ) 만들어 냄. production
せいざん[生残](명·자サ) 살아 남음. 「一者(シャ); 살아 남은 사람」 survival
せいざん[青山](명) 청산. ①나무가 무성한 푸른 산. ②뼈를 묻는 곳. 무덤. 「人間(ニンゲン)いたるところ一あり; 인간 도처 유청산(人間到処有青山)」 1. a green mountain 2. the sod
せいし[世嗣·世子](명) 세자. 신분이 높은 분의 적자(嫡子). an heir apparent
せいし[正史](명) 정사. ①정확한 역사. 국가에서 편찬한 역사책. ②기전체(紀伝体)에 의한 역대 중국의 역사. 1. an authentic history
せいし[正使](명) 정사. 수석 사신(首席使臣). ↔副使(フクシ). the chief delegate
せいし[正視](명·타サ) 정시. 똑바로 봄. 「一できない; 똑바로 볼 수 없다」 looking straight
せいし[生死](명) 생사. ①삶과 죽음. 「一のせとぎわ; 생사의 기로(岐路)」 ②출생과 사망. 1. life and death
せいし[制止](명·타サ) 제지. 하려고 하는 일을 말려서 하지 못하게 함. restraint
せいし[姓氏](명) 성씨. 성의 높임말. a family name
せいし[青史](명) 청사. 역사(歴史). 역사책. 역사의 기록(記録). history
せいし[西詩](명) 서양 시(詩). European poems
せいし[整枝](명·자サ)〈농〉 정지. 과수 등의 불필요한 가지를 잘라 발육, 결실을 돕는 일. pruning
せいし[聖旨](명) 성지. 임금의 뜻. an Imperial wish
せいし[精子](명)〈생〉 정자. 남성의 생식 세포. 정충(精虫). a spermatozoon
せいし[製糸](명) 제사. 고치 또는 솜 등으로 실을 만듦. silk-reeling
せいし[製紙](명) 제지. 종이를 만듦. paper manufacture
せいし[誓紙](명) 맹세의 말을 적은 종이. a written oath
せいし[誓詞](명) 서사. 맹세의 말. an oath
せいし[静止](명·자サ) 정지. 머물러 움직이지 아니함. rest
せいし[静思](명·자サ) 정사. 조용히 생각함. meditation
せいじ[盛時](명) 성시. ①혈기가 왕성한 시기. ②국운이 홍성한 때. 2. a prosperous age
せいじ[正字](명) 정자. ①바르게 쓴 글씨. ②점이나 획 등을 빼거나 바꾸지 않고 쓴 글자. ↔略字(リャクジ), 俗字(ゾクジ), 誤字(ゴジ). 2. characters of correct stroke
せいじ[青磁·青瓷](명) 청자. 철분을 함유한 청록색 또는 담황색 유약(釉薬)을 발라 구운 고급 자기. celadon porcelain
せいじ[盛事](명) 성사. ①성대한 일. 장한 일. ②성대한 식전(式典). 1. a prosperous enterprise
せいじ[政治](명) 정치. 사회를 살기 좋게 하기 위해 나라나 지방의 커다란 방침을 정하고 실행하는 일. government. ―か[政治家](명) 정치가. ①정치를 하는 사람. ②〈속〉 정치적 수완이 있는 사람. ③〈속〉 책략(策略)을 꾸미는 사람. ―けっしゃ[政治結社](명)〈법〉 정치 결사. 정치에 영향을 주기 위한 결사. ―てき[政治的](형동ダ) 정치적. ①정치에 관한 모양. 「一手腕(シュワン); 정치적 수완」 ②이론만으로 정하지 않고 현실적인 타협 조치를 모색하는 모양. 「一解決(カイケツ); 정치적 해결」
せいじ[政事](명) 정사. 정치상의 사무. political affairs
せいしき[正式](명·형동ダ) 정식. 옳은 방식. 「一の手続(テツヅ)き; 정식 수속」 formality
せいしき[整式](명)〈수〉 정식. 식 속에 분수를 포함하지 않은 유리식(有理式). an intergral expression
せいしき[制式](명) 정해진 양식(様式)이나 규정. a determinded form
せいしつ[正室](명) 정실. 본처(本妻). a legal wife
せいしつ[声質](명) 목소리의 질. quality of a voice
せいしつ[性質](명) 성질. ①마음의 본바탕. 「あきやすい一; 싫증을 잘 내는 성질」 ②사물이 본래부터 가지고 있는 특성. 「折(オ)れやすい一; 꺾이기 쉬운 성질」 2. nature
せいじつ[誠実](명·형동ダ) 성실. 착실. sincerity
せいじつ[聖日](명) ①성스러운 날. ②〈종〉 주일(主日). 1. a holy day
せいし(ぼさつ)[勢至(菩薩)](명)〈불〉 세지 보살. 아미타불(阿彌陀仏)의 오른 쪽에 있는 보존처(補尊処). 지혜(智慧)를 대표함. 대세지보살(大勢至菩薩).
せいしゃ[生者](명) 생자. 살아 있는 것. 또는 살아 있는 사람. ↔死者(シシャ). 「一必滅(ヒッメツ); 생자필멸(살아 있는 것은 반드시 죽음)」 a living person
せいじゃ[生者](명) ⇨せいしゃ.
せいじゃ[正邪](명) 정사. ①바른 일과 옳지 못한 일. ②정기(正気)와 사기(邪気). 1. right and wrong
せいじゃ[聖者](명) 성자. ①〈종〉 기독교에서 순교자(殉教者)나 위대한 신도를 기리어 일컫는 말. ②위대한 신앙인. ③성인(聖人). 1. a saint
せいじゃく[静寂](명·형동ダ) 정적. 아주 고요하여 괴괴함. silence
ぜいじゃく[脆弱](명·형동ダ) 취약. 무르고 약함. frailty
せいじゃひっすい[盛者必衰](연어) 성자 필쇠. 세력이 강했던 자나 홍성했던 자는 반드시 쇠퇴함.
せいしゅ[清酒](명) 청주. 맑은 술. ↔濁酒(ダクシュ).
せいじゅ[聖寿](명) 성수. 군주(君主)의 수명(寿命). the Emperor's age
せいしゅう[清秋](명) 청추. ①맑은 가을. ②음력 8월의 다른 이름. 1. refleshing autumn
せいじゅう[製絨](명) 제융. 모직물을 만듦. wool-weaving
ぜいしゅう[税収](명) 징세(徴税)의 수입. tax yields
せいしゅく[星宿](명) 성수. 온갖 성좌의 별들. a constellation
せいしゅく[静粛](명·형동ダ) 정숙. 고요하고 엄숙함. quietness
せいじゅく[成熟](명·자サ) 성숙. ①잘 익음. ②심신

이 성장함. ③일 등에 숙련(熟練)됨. 1. ripeness
せいしゅつ[正出](명)〈법〉 정실(正室)의 소생. 적출(嫡出). 적자(嫡子). legitimacy
せいしゅん[青春](명) 청춘. ①젊은 시절. ②봄. 1. youth
せいじゅん[正閏](명) ①평년과 윤년. ②정통과 정통이 아닌 계통. 2. legitimate and illegitimate lineages
せいじゅん[清純](형동ダ) 청순. 순수하며 맑고 깨끗한 모양. 깨끗하고 순박한 모양. pure
せいしょ[誓書](명) 서약서. a written oath
せいしょ[清書](명·자타サ) 청서. 정서(浄書). a fair copy
せいしょ[正書](명) 정서. 글씨를 흘려 쓰지 않고 또박또박 똑똑히 쓰는 것. 해서(楷書). the square style
せいしょ[盛暑](명) 한창 더운 때. 성하(盛夏). midsummer
せいしょ[聖書](명) 성서. ①성전(聖典). ②〈종〉 기독교의 경전. 성경. 2. the Bible
せいじょ[整除](명·타サ)〈수〉 정제. 한 정수(整数)를 다른 정수로 나눌 때 나머지가 없이 나뉨. divisibility
せいしょう[制勝](명·자サ) 제승. 승리함. winning the day
せいしょう[青松](명) 청송. 푸른 소나무. 「白砂(ハクシャ)—; 백사장과 푸른 소나무」 green pines
せいしょう[星章](명) 성장. 별 모양으로 된 표지나 기장(記章). a star badge
せいしょう[政商](명) 정상. 정치가와 결탁하고 있는 상인. a business man with political affiliations
せいしょう[清祥](명) 〔서한문(書翰文)에서〕 상대방의 건강과 행복을 기리는 말. living well
せいしょう[清勝](명) 〔서한문(書翰文)에서〕 건승(健勝)의 높임말.
せいしょう[斉唱](명·타サ)〈악〉 제창. 여러 사람이 같은 선율로 함께 노래함. ↔独唱(ドクショウ). unison
せいじょう[正常](명·형동ダ) 정상. 바르고 보통임. normality
せいじょう[性状](명) ①성질과 상태. ②성정(性情). 1. nature and condition
せいじょう[性情](명) 성정. 타고 난 성질. 천성(天性). nature
せいじょう[政情](명) 정정. 정계의 형세. 정치의 상태. political conditions
せいじょう[清浄](명·형동ダ) 청정. 맑고 깨끗함. purity
せいじょう[聖上](명) 성상. 현재 임금의 높임말. 주상(主上). 「—陛下(ヘイカ); 성상 폐하」 the Emperor
せいじょううえ[正条植え]—ウエ(명)〈농〉 정조식. 모를 낼 때 줄을 바르게 하여 똑바로 심는 일.
せいじょうき[星条旗](명) 성조기. 미합중국의 국기. the Stars and Stripes
せいしょうねん[青少年](명) 청소년. 청년과 소년. 12세에서 25세가량의 남녀. young people
せいしょく[生色](명) 싱싱한 모양. 「—をとりもどす; 생기(生気)를 되찾다」 a lively look
せいしょく[生食](명·타サ) 생식. 날것으로 먹음. eating raw
せいしょく[生殖](명·자サ) 생식. 낳아서 불림. 「—機能(キノウ); 생식 기능」 generation
せいしょく[声色](명) 목소리와 얼굴빛. voice and countenance
せいしょく[青色](명) 청색. 푸른 빛깔. blue
せいしょく[聖職](명) 성직. ①신성한 직업. ②〈종〉 기독교의 교직(教職). 1. a sacred occupation
せいしょく[製織](명) 직물을 만듦. textile manufacture
せいしょっき[生殖器](명)〈생〉 생식기. ①생물이 유성(有性) 생식을 하기 위한 기관(器官). ②성기(性器). 1. the genital organs
せいしょほう[正書法](명) 정서법. 말을 바르게 표기하는 법. 바른 철자법. 정자법(正字法). orthography
せいしん[成心](명) 어떤 입장에 사로잡힌 견해(見解). 선입관(先入観). 선입감(先入感). 「—をもって臨(ノゾ)む; 선입관을 가지고 임하다」 prejudice
せいしん[誠信](명) 성신. ①성실. 진정. ②진심에서 우러나온 신앙. 1. sincerity
せいしん[西進](명·자サ) 서진. 서쪽을 향해 나아감. going westward
せいしん[星辰](명) 성신. 별. 「日月(ジッゲツ)—; 일월 성신」 stars
せいしん[誠心](명) 성심. 정성스러운 마음. 성의. 「—誠意(セイイ); 성심 성의」 sincerity
せいしん[精神](명) 정신. ①인간의 마음. 「—異常(イジョウ); 정신 이상」 ②기력. 의기(意気). 「——到(イットウ)何事(ナニゴト)か成(ナ)らざらん; 정성 들여 열심히 하면 무슨 일인들 못하랴」 ③영혼. ↔肉体(ニクタイ). ④물질을 초월하여 신비한 작용을 하는 것. ⑤근본 의의(根本意義). 「憲法(ケンポウ)の—; 헌법의 근본 의의」 1.2. mind 3.4. spirit. **—えいせい**[精神衛生](명)〈심·의〉 정신 위생. 정신병, 욕구 불만, 정신적 갈등을 예방하고 환경에 적응시키기 위한 심리적인 방법. **—てき**[精神的](형동ダ) 정신적. 정신에 관한 모양. ↔物質的(ブッシツテキ). **—ねんれい**[精神年齢](명)〈심〉 정신 연령. 정신의 발달을 나타내기 위해 정한 연령. 지능 검사의 결과를 출생 후의 연월(年月)로 나누어 정함. **—はくじゃく**[精神薄弱](명·형동ダ)〈심〉 정신 박약. 정신의 능력이 발달하지 못한 저급한 상태. 백치(白痴) 또는 이에 유사한 단계를 가리킴. **—びょう**[精神病](명)〈의〉 정신병. 정신 상태가 이상해지는 병. **—ぶんか**[精神文化](명) 정신 문화. 사상, 학술, 예술, 종교 등 정신 방면의 문화. **—ぶんせき**[精神分析](명) 정신 분석. 정신 상태를 분석하여 의식적으로 억눌린 본능적인 욕망을 찾아 내는 방법. **—ぶんれつしょう**[精神分裂症](명)〈의〉 정신 분열증. 청년기부터 차차 바보가 되는 정신병. **—ろうどう**[精神労働](명) 정신 노동. 주로 두뇌를 쓰는 노동.
せいしん[生新](명·형동ダ) 생신. 싱싱하고 새로운 것. 산뜻하고 새로운 모양. fresh
せいしん[清新](명·형동ダ) 청신. 깨끗하고 새로운 것. 싱싱한 모양. fresh

せいじん[西人](명) 서양 사람. a Westerner
せいじん[成人](명·자サ) 성인. 어른. 「一教育(キョウイク); 성인 교육」 an adult. **—のひ**[成人の日](연어·명) 축일(祝日)의 하나. 만 20세가 된 사람을 축하하고 격려해 주는 날. 1월 15일.
せいじん[聖人](명) 성인. 지덕(智徳)이 크게 뛰어나 길이 존숭(尊崇) 받을 만한 인물. 성자(聖者). a saint
せいず[星図](명)〈천〉 성도. 항성(恒星)의 위치를 도시(図示)한 그림. a star chart
せいず[製図](명·타サ) 제도. 기구를 사용하여 도면을 그림. drawing
せいすい[清水](명) 청수. 맑은 물. clear water
せいすい[盛衰](명) 성쇠. 성함과 쇠퇴함. rise and fall
せいすい[静水](명) 정수. 고요히 움직이지 않는 물. still water
せいすい[精粋](명) 정수. ①깨끗하고 순수함. ②가장 중요한 요점. 진수(真髄). 1. purity 2. the essence
せいずい[精髄](명) 정수. 사물의 중심이 되는 가장 중요한 것. 진가(真価). 정신. the essence
せいすう[正数](명)〈수〉 정수. 0보다 큰 수. ↔負数(フスウ). a positive number
せいすう[整数](명)〈수〉 정수. 하나 또는 그것에 하나씩 순차(順次)로 가하여 이루어지는 자연수(自然数). an integral number
せい·する[制する](타サ) ①정하다. 제정하다. ②누르다. 억제하다. ③조절하다. 절제(節制)하다. ④단속하다. 지배하다. 제어(制御)하다. 1. establish 2. restrain 3. moderate 4. control
せい·する[征する](타サ) ①정벌(征伐)하다. ②징세(徵税)하다. 1. conquest 2. collect taxes
せい·する[製する](타サ) 만들다. make
せいせい[精製](명·타サ) 정제. ①공들여 만듦. ②조제품(粗製品)을 다시 손질함. 「一品(ヒン); 정제품」 1. careful making
せいせい[生成](명·자サ) 생성. 생겨 남. 이루어짐. 나서 자람. formation
せいせい[青青](명·부) 싱싱하게 푸릇푸릇한 것. blue
せいせい[済済](형동タルト) ⇨さいさい.
せいせい[整斉](형동タリ) 정제. 정돈되어 가지런한 모양. orderly
せいせい[生生](부·자サ) 생생. ①싱싱한 모양. ②활동하여 그치지 않는 모양. 1. lively 2. actively
せいせい[清清](부·자サ) ①매우 맑은 모양. ②시원한 모양. refreshingly
せいぜい[精精](부) ①되도록. 애써서. ②크게 잡아서. 기껏해서. 1. to the utmost
ぜいせい[税政](명) 세정. 세무 행정(税務行政). tax administration
ぜいせい[税制](명) 세세. 조세 제도. a taxation system
ぜいせい[噬臍](명) 〔배꼽을 물려고 해도 입이 미치지 못한다는 뜻에서〕 몹시 후회하는 것. 뉘우치는 것. bitter repentance
せいせいかかん[整斉花冠](명)〈식〉 정제 화관. 각 화판의 모양과 크기가 같고 규칙 바르게 방사상(放射状)으로 배열된 화관. a regular corolla
せいせいどうどう[正正堂堂](형동タリ) 정정 당당. 태도가 떳떳하고 훌륭한 모양. fair and square
せいせき[成績](명) 성적. 성과(成果). result
せいせき[聖跡·聖蹟](명) 성적. 종교상의 사적(史蹟)이나 유적. a sacred place of historical interest
せいせつ[聖節](명) 성절. 임금의 탄생일. the Emperor's birthday
せいぜつ[凄絶](형동ダ) 처절. 매우 무섭거나 참혹한 모양. ghastly
せいせっかい[生石灰](명)〈이〉 생석회. 석회암을 구워 하얀 덩어리로 만든 것. 시멘트, 소독제, 탈수제(脱水剤), 건조제(乾燥剤) 등으로 씀. 산화 칼슘. limestone
せいせん[生鮮](명) 싱싱하고 새로운 것. 「一食料品(ショクリョウヒン); 신선한 식료품」 freshness
せいせん[政戦](명) ①정전. 정치상의 싸움. 정쟁(政争). ②정치와 전쟁. 1. a political campaign
せいせん[征戦](명) 정전. 공격하여 싸움. 나아가 싸우는 일. an expedition
せいせん[聖戦](명) 성전. ①신성한 목적을 위해 싸우는 일. ②입학 시험. 1. a holy war
せいせん[精選](명·타サ) 정선. 정밀하게 잘 골라 뽑음. careful selection
せいぜん[生前](명) 생전. 살아 있을 때. 「一のおもかげ; 살아 있었을 때의 모습」 lifetime
せいぜん[性善](명) 성선. 사람의 본성은 선하다는 주장. 「一説(セツ); 성선설」 ↔性悪(セイアク).
せいぜん[整然·井然](형동タルト) 정연. 질서 바른 모양. 정돈이 잘된 모양. orderly
せいぜん[西漸](명·자サ) 서점. 서쪽으로 점점 이동함. a western drive
せいそ[精粗](명) 정조. 정밀한 것과 거친 것. minuteness and roughness
せいそ[清楚·清楚](형동ダ) 청초. 맑고 산뜻한 모양. neat
せいそ[世祖](명) 그 계통의 조상. an ancestor
せいそう[正装](명·자サ) 정장. 정식의 복장. ↔略装(リャクソウ). full uniform
せいそう[生草](명) ①살아 있는 풀. ②베어서 아직 마르지 않은 풀. 생풀. 1. growing grass 2. green grass
せいそう[成層](명) 성층. 겹쳐서 층을 이루는 일. stratification. **—がん**[成層岩](명)〈광〉 성층암. 점점 쌓이고 겹쳐서 층을 이룬 암석. **—けん**[成層圏](명)〈지〉 성층권. 대기 상층에서 기온이 대체로 일정한 어떤 고도(高度) 이상의 고공(高空). 해상(海上) 10 *km* 전후에서 시작됨. ↔対流圏(タイリュウケン).
せいそう[政争](명) 정쟁. 정치 싸움. a political strife
せいそう[星霜](명) 성상. 세월. 해. 「幾(イク)—; 몇 개 성상」 years
せいそう[清掃](명·타サ) 청소. 깨끗이 소제함. cleaning
せいそう[盛粧](명·자サ) 성장. 훌륭한 화장. 짙은 화장. an elaborate make-up

せいそう[盛装](명·자サ) 성장. 훌륭한 옷차림. 아름답게 옷을 차려 입음. 「一の花嫁(ハナヨメ); 성장한 신부」 full dress
せいそう[清爽](형동ダ) 청상. 맑고 산뜻한 모양. refreshing
せいそう[悽愴](형동ダ) 처창. ①몹시 애처롭고 구슬픈 모양. ②처참한 모양. 1. miserable
せいぞう[聖像](명) 성인, 임금의 화상이나 초상. an image of an emperor or saint
せいぞう[製造](명·타サ) 제조. ①만듦. ②〈경〉 약간 가공된 원료에 더 손질하여 상품으로 만듦. 「一元(モト); 제조원」 manufacture
せいそく[正則](명·형동ダ) 정칙. 바른 법칙. 규칙에 맞음. a regular rule
せいそく[生息·棲息](명·자サ) 서식. ①삶. 살아 있음. ②살고 있음. 2. inhabitation
せいぞく[正続](명) 정편(正篇)과 속편(続篇).
せいぞろい[勢揃い]一ゾロヒ(명·자サ) ①군세(軍勢)가 갖추어짐. ②모두 한곳에 모임. 1. an array
せいぞん[生存](명·자サ) 생존. 살아 있음. 끝까지 살아 남음. existence. **—きょうそう**[生存競争](명) 생존 경쟁. 생물이 서로 살려고 하는 경쟁. **—けん**[生存権](명) 생존권. 인간으로서의 생활을 영위하는 권리.
せいたい[生体](명) 생체. ①생물체. ②살아 있는 몸. ↔死体(シタイ). 2. a living body
せいたい[生態](명) 생태. ①생물이 생활하는 상태. ②생물과 환경과의 관계. 「学生(ガクセイ)の一; 학생의 생태」 1. mode of life 2. ecology
せいたい[声帯](명)〈생〉 성대. 후두의 중앙부에 있는 발성 기관. the vocal chords. **—もしゃ**[声帯模写](명·자サ) 성대 모사. 어떤 음색(音色)을 흉내냄.
せいたい[青黛](명) ①짙은 청색. 검푸른 색. ②파란 빛깔의 눈썹 그리는 연필. 1. dark blue
せいたい[政体](명) 정체. ①정치 조직. 정치의 양식. ②국가의 주권이 운용되는 형식 및 방법. 1. the system of government
せいたい[聖体](명) 성체. ①천황의 몸. 옥체(玉体). ②〔기독교에서〕 그리스도의 몸. 1. a sacred body
せいたい[静態](명) 정지해 있는 상태. ↔動態(ドウタイ). stationariness
せいたい[臍帯](명)〈생〉 제대. 탯줄. an umbilical cord
せいだい[正大](명·형동ダ) 정대. ①바르고 옳아서 사사로움이 없음. 「公明(コウメイ)一; 공명 정대」 ②중정(中正)하고 웅대함. 1. squareness
せいだい[盛大](형동ダ) 성대. 성하고 큰 모양. grand
せいだい[盛代](명) 성대. 국운(国運)이 왕성한 시대. a prosperous age
せいだい[聖代](명) 성대. 덕이 높은 임금이 다스리는 시대. 성세(聖世). a glorious reign
せいたか[背高](명·형동ダ) 키가 큼. 또는 그 사람. a tall person
せいたく[請託](명·자サ) 청탁. 사정을 이야기하고 특별히 부탁함. solicitation
せいだく[清濁](명) 청탁. ①맑은 것과 흐린 것. 「一あわせ飲(ノ)む; 도량이 넓어 누구라도 받아 들이다」 ②청음과 탁음(濁音). ③정(正)과 사(邪). 악인(悪人)과 착한 사람. 1. purity and impurity
ぜいたく[贅沢](명·형동ダ) ①사치. ②돈을 많이 들임. 「一なたてもの; 사치스런 건물」 extravagance
せいたけ[背丈](명) 키. 신장(身長). stature
せいだ·す[精出す](타 4) 힘을 다하여 부지런히 일하다. 「仕事(シゴト)に一; 일을 부지런히 하다」 exert oneself
せいためんたい[正多面体](명)〈수〉 정다면체. 모든 면이 정다각형이고 모든 입체각이 다 같아 각각 정점에 모이는 능선의 수효가 같은 다면체. a regular polyhedron
せいたん[生誕](명·자サ) 생탄. 태어남. 탄생. birth
せいたん[西端](명) 서단. 서쪽 끝. ↔東端(トウタン). the western end
せいたん[製炭](명) 제탄. 숯을 구움. 탄을 만듦. charcoal making
せいだん[政談](명) 정담. 정치 이야기. a discourse on politics
せいだん[星団](명)〈천〉 성단. 항성(恒星)이 모인 집단(集団). a star cluster
せいだん[清談](명) 청담. 명리(名利)를 떠난 청아한 이야기. chats on unworldly topics
せいだん[聖断](명) 성단. 임금의 판단. 성재(聖裁). an Imperial decision
せいだん[聖壇](명)〈종〉 성단. 신을 모신 단. an altar
せいたんきょく[聖譚曲](명)〈악〉 ⇨オラトリオ.
せいたんさい[聖誕祭](명)〈종〉 ⇨クリスマス.
せいち[生地](명) ①출생한 곳. 출생지. ②생소(生疎)한 곳. 1. one's birthplace
せいち[聖地](명) 성지. 신성한 토지. 영지(霊地). a sacred place
せいち[整地](명·자サ) 정지. ①〈농〉 농작물이 잘되게 경지(耕地)를 부드럽고 고르게 잘 정리함. ②토지를 평평하게 고름. 2. ground levelling
せいち[精緻](명·형동ダ) 정치. 정교하고 치밀한 모양. exquisiteness
ぜいちく[筮竹](명) 서죽. 산가지. divining rods

〔筮竹〕

せいちゃ[製茶](명) 차를 만드는 일. tea manufacture
せいちゅう[正中](명) 정중. 한가운데. 한복판. middle
せいちゅう[成虫](명)〈동〉 성충. 성숙한 곤충. ↔幼虫(ヨウチュウ). an imago
せいちゅう[制肘·掣肘](명·타サ) 옆에서 간섭하여 자유로이 행동할 수 없게 함. 제약. restriction
せいちゅう[誠忠](명) 성충. 진정으로 우러나는 충성.
せいちゅう[精虫](명)〈생〉 ⇨せいし(精子).
せいちょう[正庁](명) 관청 등의 주되는 건물. a hall

せいちょう[正調](명) 정조. 바른 곡조. the orthodox tune
せいちょう[生長](명·자サ) 생장. 나서 자람. 초목(草木) 등이 자람. growth
せいちょう[成長](명·자サ) 성장. ①자라서 성숙함. ②생장(生長)함. 1. maturity. **—せん**[成長線](명)〈생〉성장선. 연체 동물(軟体動物)의 패각(貝殼)의 표면에 보이는 많은 선조(線条).
せいちょう[成鳥](명)〈동〉성조. 충분히 자란 새. 「a grown-up bird
せいちょう[声調](명) 성조. 목소리의 가락. a tone of voice
せいちょう[性徵](명)〈생〉성징. 남녀의 성적 특징(特徵). sexual characteristics
せいちょう[政庁](명) 정청. 정무(政務)를 맡아 보는 관청. a government office
せいちょう[政調](명) 정무 조사(政務調査)의 준말.
せいちょう[清朝](명) 청조 활자(清朝活字)의 준말. 자획의 굵기가 고름. 청조체. 예: 解明.
せいちょう[清聴](명·타サ) 들음의 높임말. 들으시다. 「ご—を感謝(カンシャ)します; 들어 주심을 감사합니다」 listening
せいちょう[静聴](명·타サ) 정청. 조용히 들음. listening quietly
せいちょう[整腸](명) 정장. 장의 활동을 고르게 하는 일. 창자가 제대로 기능을 발휘하게 하는 일.
せいちょう[整調](명·자サ) 보우트의 뒤쪽에 앉아 노를 젓는 사람의 박자를 맞춰 주는 사람. 정조수(整調手). a strokesman
せいちょう[清澄](형동ダ) 맑고 깨끗한 모양. 「—な空気(クウキ); 맑고 깨끗한 공기」 lucid
せいつう[精通](명·자サ) 정통. 사물에 밝고 자세함. having a thorough knowledge
せいてい[制定](명·타サ) 제정. 규정을 만들어서 정함. enactment
せいてき[政敵](명) 정적. 정치상의 경쟁 상대. 정치상의 적. a political opponent
せいてき[清適](명·자サ) 심신이 상쾌하고 편안함. 편지에서 상대방에게 쓰는 말. safety
せいてき[静的](형동ダ) 정적. 조용하여 괴괴한 모양. static
せいてき[性的](형동ダ) 성적. 성에 관계되는 모양. sexual
せいてつ[西哲](명) ①서양의 철인(哲人). ②서양 철학의 준말. 1. a Western philosopher
せいてつ[聖哲](명) 성철. 지덕(知徳)이 매우 높고 사리에 밝은 사람. 곧 성인과 철인. a sage
せいてつ[製鉄](명) 제철. 철광으로 선철(銑鉄)을 만드는 일. iron manufacture
せいてん[青天](명) 청천. 푸른 하늘. the blue sky. **—のへきれき**[青天の霹靂](연어·명) 청천 벽력. 돌연한 변동이나 타격. **—はくじつ**[青天白日](연어·명) 청천 백일. ①갠 하늘의 빛나는 해. ②뒤가 깨끗하여 세상에 꺼릴 것이 없는 것. ③무죄가 명백해짐.
せいてん[盛典](명) 성전. 성대한 의식(儀式). a grand ceremony
せいてん[晴天](명) 청천. 갠 하늘. ↔雨天(ウテン), 曇天(ドンテン). fine weather
せいてん[聖典](명) 성전. 신성한 서적. 성인이 쓴 고귀한 책. the sacred books
せいでん[正殿](명) ①정전. 왕이 임어(臨御)하여 조회(朝会)를 행하는 궁전. ②신사(神社)의 본전(本殿). 1. the presence-chamber
せいでんき[静電気](명)〈이〉정전기. 마찰에 의해 생겨 그곳에서 옮겨 가지 않는 전기. ↔動(ドウ)電気. static electricity
せいでんき[正電気](명)〈이〉⇨ようでんき(陽電気).
せいてんし[聖天子](명) 성천자. 성덕(聖徳)이 높은 천자. a virtuous emperor
せいでんほう[井田法](명) 정전법. 고대 중국의 토지 제도. 토지를 우물 정(井)자 모양으로 9 등분하여 여덟 집에서 한 구역씩을 경작하고 중앙의 것을 공동 경작하여 국가에 조세로 바쳤었음.
せいと[生徒](명) 생도. ①학교에서 교육을 받는 사람. 피교육자. ②중학교, 고등 학교에 다니며 교육을 받는 사람. ↔学生(ガクセイ), 児童(ジドウ). a pupil
せいと[征途](명) 전쟁이나 시합을 하러 가는 여행길. an expedition
せいと[聖徒](명) ①〈종〉성도. 기독교 신자의 높임말. ②예수의 제자. 1. a Christian
せいど[西土](명) 서쪽 나라. 서양. a western country
せいど[制度](명) 제도. 제정된 법규. 「選挙(センキョ)—; 선거 제도」 a system
せいど[精度](명) 정밀한 정도. 정밀도(精密度). the degree of precision
せいとう[正当](명·형동ダ) 정당. 바르고 옳음. justness. **—ぼうえい**[正当防衛](명)〈법〉정당 방위. 급박(急迫)하고 부당한 침해(侵害)에 대해 자기 또는 타인의 권리를 방위하기 위해 부득이 행하는 행위.
せいとう[正答](명·자サ) 정답. 옳게 답함. 바른 답. a right answer
せいとう[正統](명·형동ダ) 정통. ①계통이 바름. 정당한 혈통. ②시조(始祖)의 학설이 충실히 전해 내려옴. 「—派(ハ); 정통파」 1. orthodoxy
せいとう[青鞜](명) ①푸른 빛깔의 양말. ②여류 문학자. 부인 해방을 주장하는 여자. 1. blue stockings. **—は**[青鞜派](명) ① 18세기 이후 영국에서 일어난 부인 참정 운동(参政運動)의 한 파. ②여류 문학자.
せいとう[征討](명·타サ) 정토. 정벌(征伐). subjugation
せいとう[政党](명) 정당. 정치상의 주의가 같은 사람끼리 맺은 당파. 「民主(ミンシュ)—; 민주 정당」 a political party. **—せいじ**[政党政治](명) 정당 정치. 정당 내각에 의해 행해지는 정치.
せいとう[精糖](명) 정당. 조당(粗糖)을 희게 정제한 것. ↔粗糖(ソトウ). refined sugar
せいとう[製陶](명) 제도. 도자기를 만듦. pottery manufacture

せいとう[製糖](명·자サ) 제당 설탕을 만듦. sugar manufacture
せいどう[正道](명) 정도. 바른 길. 옳고 바른 도리(道理). 정로(正路). righteousness
せいどう[生動](명·자サ) 생동. 생기 있게 움직임. 글씨, 그림이 싱싱하여 움직일 것 같음. lifelikeness
せいどう[制動](명·타サ) 제동. 운동을 그치게 하거나 속력을 떨어뜨림. 「一機(キ); 제동기」 braking
せいどう[青銅](명)〈이〉 청동. 구리와 주석의 합금. bronze
せいどう[政道](명) 정도. 정치의 길. administration
せいどう[聖堂](명) 성당. ①공자(孔子)를 모신 당(堂). ②〈종〉〔기독교에서〕 교회당. 1. a temple of Confucius
せいとく[生得](명) ①나면서부터 가진 것. 타고난 것. ②산 채로 잡음. 생금(生禽). 1. nature
せいとく[盛徳](명) 성덕. 크고 훌륭한 덕. 왕성한 명망(名望). illustrious virtues
せいとく[聖徳](명) 성덕. ①천자(天子)의 덕. ②가장 뛰어난 지덕(知徳). 1. Imperial virtues
せいどく[西独](명)〈지〉 서독. 서부 도이치. ↔東独(トウドク). Western Germany
せいどく[精読](명·타サ) 정독. 자세히 읽음. intensive reading
せいとん[整頓](명·자타サ) 정돈. 가지런히 정리하여 바로 잡음. putting in order
せいどん[晴曇](명) 청담. 갠 것과 흐린 것. fine or cloudy weather
せいなる[聖なる](명) ⇨せい(聖).
せいなん[西南](명) 서남. 서쪽과 남쪽. 서남간. ↔東北(トウホク). southwest
せいなんせい[西南西](명) 서남서. 서쪽과 남서(南西)쪽과의 중간 방위. the westsouth-by-west
せいにく[精肉](명) 정육. 기름기나 뼈를 발라 낸 살코기. fresh meat
せいにく[生肉](명) 생육. 날고기. fresh meat
ぜいにく[贅肉](명) 여분(餘分)의 살. 군살. 「一がつく; 군살이 찌다」 superfluous flesh
せいねん[生年](명) 생년. ①낳은 해. 태어난 해. ②연령. 나이. 1. the year of birth
せいねん[成年](명) 성년. 사람의 심신이 충분히 발달하여 성인으로 인정되는 연령. 만 20세 이상. 어른. ↔未成年(ミセイネン). full age
せいねん[青年](명) 청년. 나이가 젊은 남자나 여자. 젊은이. ↔少年(ショウネン), 壮年(ソウネン). a youth
せいねん[盛年](명) 성년. 한창의 젊은 나이. 「一重(カサ)ねて来(キ)たらず; 한창때는 다시 오지 않는다」 the prime of life
せいねんがっぴ[生年月日](명) 생년월일. 출생한 해와 달과 날. the date of one's birth
せいのう[性能](명) 성능. 기계 등의 성질과 능력. 「一のいい自動車(ジドウシャ); 성능이 좋은 자동차」 quality and ability
せいのう[精農](명) 일 잘하는 농민. a diligent farmer
せいは[制覇](명·자サ) 제패. ①패권을 잡음. ②〈속〉 경기 등에서 우승함. 1. domination
せいは[政派](명) 정당 등의 내부의 당파. a political faction
せいば[征馬](명) ①여행길에 타는 말. ②종군(從軍)하는 말. 1. a traveller's horse
せいはい[成敗](명) 성패. 성공과 실패. success or failure
せいばい[成敗](명·타サ) ①다스림. 재결(裁決)함. 재단(裁断). ②처벌함. ③형벌로서 베어 죽임. 「一者(モノ); 사형에 처할 사람」 1. judgement
せいはく[精白](명·타サ) 쌀 등을 쓿어 희게 함. 또는 그 쌀. 1. polishing
せいはく[精薄](명) 정신 박약(精神薄弱)의 준말.
せいばく[精麦](명) 정맥. 깨끗이 쓿은 보리쌀. polished barley
せいはつ[整髪](명·자サ) 정발. 이발(理髪). hairdressing
せいばつ[征伐](명·타サ) 정벌. 악인이나 복종하지 않는 자를 군대로써 침. subjugation
せいはん[正犯](명)〈법〉 정범. 범죄 행위를 실행한 자. 주범(主犯). a principal offender
せいはん[製板](명·자サ) 통나무를 켜서 판자를 만듦. plank making
せいはん[製版](명·자サ) 제판. 인쇄판(印刷版)을 만듦. 또는 만드는 일. plate making
せいはんごう[正反合](연어·명)〈철〉 정반합. 도이치의 철학자 헤에겔의 변증법의 중심 개념. 하나의 판단과 이에 모순되는 다른 판단이 한층 높은 종합적 판단에 통합되는 과정. thesis-antithesis-synthesis
せいはんたい[正反対](명·형동ダ) 정반대. 전적으로 반대가 됨. direct opposition
せいひ[正妃](명) 황제나 왕 등의 정처(正妻).
せいひ[正否](명) 정부. 바른 것과 바르지 못한 것. 옳고 그른 것. 「事(コト)の一を弁別(ベンベツ)する; 일의 옳고 그름을 가리다」 right or wrong
せいひ[成否](명) 성부. 성공과 실패. 성불성(成不成). success or failure
せいび[整備](명·자타サ) 정비. ①정돈하여 갖춤. ②기계를 검사하여 언제라도 동작할 수 있게 준비함. 「飛行機(ヒコウキ)を一する; 비행기를 정비하다」 1. complete equipment
ぜいびき[税引き](명) 세금을 뺀 것. ↔税込(ゼイコ)み. deduction of tax
せいひつ[静謐](명·형동ダ) 정밀. (세상이) 고요하고 편안함. peacefulness
せいひょう[青票](명) 〔국회에서〕 반대 투표를 하기 위한 푸른 패. ↔白票(ハクヒョウ). a blue vote
せいひょう[製氷](명·자サ) 제빙. 얼음을 만듦. ice manufacture
せいびょう[性病](명) 성병. 남녀의 불결한 성교(性交)로 생기는 병. 화류병(花柳病). venereal diseases
せいびょう[聖廟](명) 성묘. 공자를 모신 사당. 문묘

(文廟). 근궁(芹宮). a temple of Confucius

せいひれい[正比例](명·자サ)〈수〉 정비례. 두 양(量)이 서로 관계하여 같은 비율로 늘고 줆. ↔反比例(ハンピレイ). direct proportion

せいひん[正賓](명) 정빈. 주가 되는 손님. 주빈(主賓). a guest of honour

せいひん[清貧](명) 청빈. 결백하고 가난한 것.「―にあまんじる; 청빈에 만족하다」 honest poverty

せいひん[製品](명) 제품. 만든 물건. manufactured goods

せいふ[正負](명)〈수〉 ①정수와 부수. ②정호(正号)와 부호(負号). 1. positive and negative

せいふ[政府](명) 정부. ①행정(行政)을 행하는 국가 기관. ②내각(内閣). 1. the government 2. a cabinet

せいぶ[声部](명)〈악〉 성부. ①성악곡의 성악 부분. ②합창, 혹은 기악곡에서 개개의 선율. 1. voice part. **―きごう**[声部記号](명)〈악〉 ⇨おんぶきごう.

せいぶ[西部](명) 서부. ①서쪽 부분. ②특히 미합중국의 태평양 연안 지방.「―劇(ゲキ); 서부극」 1. the western part 2. the West

せいふう[西風](명) 서풍. 서쪽에서 불어 오는 바람. the west wind

せいふう[清風](명) 청풍. ①맑고 시원한 바람. ②청신(清新)한 분위기나 기풍(気風).「―を吹(フ)きいれる; 청신한 기풍을 불어 넣다」 1. a refreshing breeze

せいふく[正副](명) 정부. 정과 부. 주장되는 으뜸과 그 버금. principal and assistant

せいふく[制服](명) 제복. 어떤 집단에 소속되는 사람이 입는 색깔과 모양이 정해진 양복. a uniform

せいふく[征服](명·타サ) 정복. 힘이 강한 자가 상대를 정벌하여 자기에게 좇게 함.「山(ヤマ)を―する; 산을 정복하다(산꼭대기까지 올라 가다)」 conquest

せいふく[清福](명) 청복. ①청아한 행복. ②정신상의 행복. ③〔편지에서〕 당신의 행복. 1. 2. happiness

せいふく[整復](명·타サ)〈의〉 정상적인 상태로 돌림. 골절(骨折), 탈구(脱臼) 등을 고침. 접골(接骨).「―術(ジュツ); 접골술」 reduction

せいぶつ[生物](명) 생물. 생명을 갖고 생장하고 움직이는 것. 동식물. ↔無生物(ムセイブツ). a living thing. **―かがく**[生物化学](명) 생물 화학. 생물체를 구성하는 물질이나 생물체의 기능에 대해 화학적으로 연구하는 학문. 생화학. **―がく**[生物学](명) 생물학. 생물의 일반적 현상을 연구하는 학문.

せいぶつ[静物](명) 정물. ①정지한 채 움직이지 않는 것. 그림의 제재(題材)로서 인물, 동물 외의 정지해 있는것. ②정물화(静物画). 1. an inanimate thing

ぜいぶつ[贅物](명) 필요 없는 것. 사치한 것. a superfluous thing

せいふん[製粉](명·자サ) 제분. 가루를 만듦.「―機(キ); 제분기」 milling

せいぶん[正文](명) 정문. 조약, 계약의 문장 가운데에서 해석의 기준이 되는 문장. ↔副文(フクブン). the text

せいぶん[成分](명) 성분. ①물질을 이루고 있는 원소(元素). ②전체를 이루는 부분.「文章(ブンショウ)の―; 문장의 성분」 1. an ingredient

せいぶん[成文](명) 성문. ①문장으로 써서 나타내는 일. ②조문으로 쓴 것.「―化(カ); 성문화」 1. a written document. **―ほう**[成文法](명)〈법〉 성문법. 문서로 공포된 법률. ↔不文法(フブンホウ).

せいへい[精兵](명) 정병. 우수하고 강한 군대. picked men

せいへき[性癖](명) 성벽. 버릇. a habit

せいべつ[聖別](명)〈종〉〔기독교에서〕 성신에게 바칠 물건을 신성히 다루기 위하여 보통 것과 구별하는 일. sanctification

せいべつ[生別](명·자サ) 생별. 생이별함. ↔死別(シベツ). a lifelong separation

せいべつ[性別](명) 성별. 남성과 여성의 구별. 암수의 구별. sex distinction

せいへん[政変](명) 정변. ①정치상의 큰 변동. ②내각이 바뀌는 일. 1. a political change

せいほ[生保](명) 생명 보험(生命保険)의 준말.

せいぼ[生母](명) 생모. 낳아 준 어머니. 친어머니. ↔養母(ヨウボ). one's real mother

せいぼ[聖母](명) 성모. ①성인의 어머니. ②〈종〉 그리스도의 어머니. 마리아. 2. the Holy Mother

せいぼ[歳暮](명) ①세모. 한 해의 마지막 때. 연말. ②연말의 선물. 세의(歳儀). 1. the end of the year

せいほう[西方](명) 서방. 서쪽 지방. the westward

せいほう[製法](명) 제법. 제조하는 방법. 물건을 만드는 법. a method of manufacture

せいぼう[声望](명) 성망. ①명성과 인망(人望). ②세상의 좋은 평판. reputation

せいぼう[制帽](명) 제모. 어떤 집단에 소속된 사람이 쓰는 빛깔과 모양이 정해진 모자. a regulation cap

せいぼう[製帽](명) 제모. 모자를 만듦. hat manufacture

ぜいほう[税法](명) 세법. 조세(租税)의 부과나 징수에 관한 법규. the taxation law

せいほうけい[正方形](명)〈수〉 정방형. 정사각형. a square

せいほく[西北](명) 서북. 서쪽과 북쪽과의 중간 방위. the northwest

せいぼく[清穆](명) 깨끗하고 화기가 차 있음. peace and harmony

せいほくせい[西北西](명) 서북서. 서쪽과 북서쪽과의 중간 방위. the north-west-by-west

せいホルモン[性 hormone](명) 성호르몬. 동물의 생식소에서 나오는 내분비물. 남녀, 암수의 체제상(体制上)의 차이 발현(発現)에 필요한 것.

せいほん[正本](명) ①〈법〉 정본. 원본과 똑같은 효과를 갖는 문서. ②전사(転写)하거나 베낀 것의 원본(原本). ↔副本(フクホン). 2. the original

せいほん[製本](명·타サ) 제본. 인쇄물을 실이나 철사로 매고 겉장을 붙여 책으로 만듦. bookbinding

せいまい[精米](명) 정미. 기계 등으로 벼를 찧어 흰

쌀로 만드는 일. 또는 그 쌀. 정백미(精白米). rice cleaning

せいみつ[精密](명·형동ダ) 정밀. ①아주 정확하고 자세함.「一な検査(ケンサ); 정밀한 검사」②오차(誤差)가 아주 작음. 1. precision

せいみょう[精妙](명·형동ダ) 정묘. 정밀(精密)하고 오묘함. subtleness

せいむ[世務](명) 세무. 세상을 살아 나가는 데 해야 할 온갖 일. 세상사(世上事). worldly affairs

せいむ[政務](명) 정무. 정치상의 사무. 행정 사무. government business. **—じかん**[政務次官](명)〈법〉 정무 차관. 장관을 도와 정치상의 사무를 보고, 국회와 교섭하는 차관.

ぜいむ[税務](명) 세무. 모든 조세(租税)의 부과, 징수에 관한 행정 사무. taxation affairs

せいめい[生命](명) 생명. ①목숨. 수명. ②사물을 유지하는 원동력.「一力(リョク); 생명력」③사물의 중요한 점. ④생명 보험의 준말. 1. 2. life. **—せん**[生命線](명) 생명선. ①사느냐 죽느냐의 경계선으로 절대로 지켜야 할 긴요한 곳. ②손금 중에서 생명과 관계가 있다고 하는 금. **—ほけん**[生命保険](명)〈경〉 생명 보험. 피보험자가 죽거나 일정한 햇수가 지나면 보험금을 지불할 것을 약속하는 보험.

せいめい[清明](명) 청명. ①날씨가 아주 밝음. ②24절기의 하나. 양력 4월 5, 6일에 듦. ③세상이 잘 다스려짐. 1. cleanliness and clearness

せいめい[盛名](명) 성명. 떨치는 이름. 훌륭한 명성. fame

せいめい[声名](명) 명성. 평판. fame

せいめい[声明](명·자サ) 성명. 공공연하게 말하여 의사를 밝힘.「政府(セイフ)の一; 정부 성명」a statement

せいめい[姓名](명) 성명. 성과 이름. a full name

せいめん[製麺](명) 제면. 국수를 만듦. noodle-making

せいもく[井目](명) ①바둑판에 표시된 9개의 흑점(黒点). ②바둑을 둘 때 수가 낮은 편이 미리 9점을 놓는 일. 2. a handicap of nine principal points

ぜいもく[税目](명) 세목. 조세(租税)의 종목. items of taxation

せいもん[正門](명) 정문. 정면의 문. the front gate

せいもん[声門](명)〈생〉 성문. 후두(喉頭)에 있어서 양쪽 성대 사이에 있는 좁은 간격. 이 사이로 숨을 쉼. the glottis

せいもん[誓文](명) 서약문. a written oath. **—ばらい**[誓文払い]—バラヒ(명) 10월 20일에 관서(関西) 지방에서 행해지는 직물류(織物類)의 염가 대매출.

せいや[征野](명) 싸움터. a battlefield

せいや[星夜](명) 성야. 별빛이 밝은 밤. a starlight night

せいや[清夜](명) 청야. 맑게 갠 밤. a clear night

せいや[晴夜](명) 맑게 갠 밤. a clear night

せいや[静夜](명) 정야. 고요한 밤. a quiet night

せいや[聖夜](명) 성야. 거룩한 밤. 크리스마스 전날 밤. the Christmas Eve

せいやく[成約](명·자サ)〈경〉 성약. 계약이 성립됨. conclusion of a contract

せいやく[制約](명·타サ) 제약. 규칙을 만들어 활동을 통제함. conditions

せいやく[製薬](명) 제약. 약을 만드는 일.「一師(シ); 제약사」 pharmacy

せいやく[誓約](명·타サ) 서약. 맹세하고 약속함.

せいゆ[声喩](명) 목소리나 울음 소리 등을 그대로 말로 흉내내는 일. imitation of various sound

せいゆ[聖油](명)〈종〉 성유. 가톨릭교에서 세례 때에 쓰는 신성한 향유. chrism

せいゆ[精油](명) 정유. ①식물에서 얻을 수 있는 기름 같은 상태의 향료(香料). 향수의 원료. ②석유를 정제(精製)함. 또는 정제한 석유. 1. essential oil 2. refined oil

せいゆ[製油](명) 제유. 기름을 만듦. oil manufacture

せいゆう[西遊](명·자サ) 서유. 서쪽이나 서양(西洋)으로 여행함. travelling on the west

せいゆう[声優](명) 성우. 방송극에 출연하는 배우. a radio actor

せいゆう[清遊](명·자サ) 청유. 풍류적인 놀이. a pleasure excursion

せいよ[声誉](명) 좋은 평판. 명예. reputation

せいよう[西洋](명) 서양. 구미(欧美) 여러 나라를 말함. the West. **—し**[西洋紙](명) ⇨ようし(洋紙). **—じん**[西洋人](명) 서양인. 서양 사람.

せいよう[整容](명) 정용. 자세나 차림을 바로 함. 모양을 가다듬음. dressing

せいよう[静養](명·자サ) 정양. 몸과 마음을 편안하게 하여 피로나 병을 요양함. rest

せいよく[制欲·制慾](명·자サ) 욕망을 억제함. control of passions

せいよく[性欲·性慾](명) 성욕. 남녀간이나 암수(雌雄)간의 성적 욕망. sexual desire

せいらい[生来](명·부) 생래. ①세상에 태어난 이래. ②천성. 본래의 성질. 1. from one's birth

せいらん[晴嵐](명) ①푸른 산기(山気). ②밝은 날의 안개. ③⇨あおあらし. 2. mist on a fine day

せいらん[清覧](명) "見(ミ)る(보다)"의 높임말.

せいり[生理](명) ①생리. 생물의 생명 현상. 생활 기능. ②여성의 월경.「一休暇(キュウカ); 생리로 인한 휴가」1. physiology. **—がく**[生理学](명) 생리학. 생물, 특히 인체의 생활 기능 등에 대해 연구하는 학문. **—てき**[生理的](형동ダ) 생리적. 몸의 정상적인 기능에 관한 모양. **—てきしょくえんすい**[生理的食塩水](명)〈의〉 생리적 식염수. 세포액, 체액(体液), 혈액 등과 동등한 삼투압(滲透圧)을 가진 식염수.

せいり[整理](명·타サ) 정리. ①정돈하여 바로 잡음. ②불필요한 것을 없애고 기구를 바로잡음.「人員(ジンイン)一; 인원 정리」 1. arrangement 2. adjustment

ぜいり[税吏](명) 세리. 세금 받는 관리. a tax collector

せいりがく[性理学](명)〈철〉 성리학. 중국 송(宋) 나라 때 유학의 한 계통으로, 성명(性命)과 이기(理気)의

관계를 논한 유교 철학. the study of human nature
せい りつ[成立](명·자サ) 성립. 사물이 이루어짐. completion
ぜい りつ[税率](명) 세율. 세금을 부과하는 비율. 과세율. tax rates
せい りゃく[政略](명) 정략. ①정치상의 책략(策略). ②권모 술수(權謀術數). 모사(謀事). 「一結婚(ケッコン); 정략 결혼」 1. a political game
せい りゅう[清流](명) 청류. 맑은 물의 흐름. a clear stream
せい りゅう[整流](명·타サ)〈이〉 정류. 전기에서 교류(交流)를 직류(直流)로 바꾸는 일. rectification. **―かん**[整流管](명) 정류관. 정류하기 위해 쓰이는 진공관. 정류 진공관.
せいりゅう とう[青竜刀](명) 청룡도. 옛날 중국 무기의 하나. 칼자루에 청룡의 장식이 있고 끝쪽으로 갈수록 도신(刀身)이 더 넓어졌음. 청룡 언월도(青竜偃月刀). a Chinese broad sword
せい りょう[声量](명) 성량. 사람의 음성의 양. volume of one's voice
せい りょう[清涼](형동ダ) 청량. 맑고 서늘한 모양. 상쾌하고 시원한 모양. cool. **― いんりょうすい**[清涼飲料水](명) 청량 음료수. 탄산 가스가 있는 시원한 음료수. **― ざい**[清涼剤](명) 청량제. ①기분을 상쾌하게 하기 위해 복용하는 약. ②사람들의 마음을 상쾌하게 만드는 것.
せい りょく[勢力](명) 세력. ①권세의 힘. 위력. 「一圏(ケン); 세력권」②〈이〉에너르기. 힘. 1. power 2. energy. **― はんい**[勢力範囲](명) 세력 범위. ①세력이 미치는 구역. ②자기 나라 영토 외의 지역에서 타국의 세력 침입을 배제하고 정치상, 경제상의 우열권을 지니는 구역.
せい りょく[精力](명) 정력. 심신의 활동력. 「一的(テキ); 정력적」 vigour. **― ぜつりん**[精力絶倫](연어·명·형동ダ) 정력 절륜. 정력이 뛰어나 피로를 모름.
せい るい[声涙](명) 우는 소리와 눈물. voice and tears
せい れい[生霊](명) ①인류. 생민(生民). 「百万(ヒャクマン)の一; 백만 생령」②영혼. 1. mankind
せい れい[政令](명)〈법〉 정령. 내각에서 정하여 반포하는 명령. 정치상의 명령. a government ordinance
せい れい[聖霊](명) 성령. ①신성한 영혼. ②〈종〉〔기독교에서〕 그리스도를 통하여 사람에 깃들여 정신 활동을 일으키게 한다는 하나님의 영혼. 2. the Holy Spirit
せい れい[制令](명) 제령. 제도와 법령. an institution
せい れい[精励](명·자サ) 정려. 힘을 다하여 부지런히 일함. diligence
せい れい[精霊](명) 정령. 죽은 사람의 혼백. the soul
せい れい[清麗](명·형동ダ) 맑고 고움. pureness
せい れき[西暦](명) ⇨せいき(西紀).
せい れつ[整列](명·자타サ) 정렬. 바르게 줄지어 섬. standing in regular order
せい れつ[凄烈](형동ダ) 처절하고 격렬한 모양. ghastliness
せい れつ[聖列](명)〈종〉 성자(聖者)의 열(列). Saints
せい れつ[清冽](형동ダ) 청렬. 물이 맑고 찬 모양. 「一な流(ナガ)れ; 청렬한 흐름」 clear and cool
せい れん[清廉](명 형동ダ) 청렴. 성품이 고결하고 탐욕이 없음. 「一潔白(ケッパク)な人(ヒト); 청렴 결백한 사람」 integrity
せい れん[精練](명·타サ) 정련. 섬유에서 잡물(雜物)을 제거함. glossing
せい れん[精練·精錬](명·타サ) 정련. 잘 손질해서 좋게 만듦.
せい れん[精錬](명·타サ) 정련. 광석이나 그밖의 것에서 금속을 빼내어 정제(精製)함. smelting
せい ろう[青楼](명) 청루. 기생집. 유곽(遊廓). a brothel
せい ろう[蒸籠](명) 찜통. 시루. a steamer
せい ろう[清朗](명·형동ダ) 밝고 명랑함. pure and cheerful

〔蒸籠〕

せい ろう[晴朗](명·형동ダ) 청랑. 날씨가 맑고 상쾌함. 「天気(テンキ)―; 날씨가 맑고 상쾌함」 clear and fine
ぜい ろく[贅六](명) 쿄오토(京都)나 오오사카(大阪) 사람을 조롱하여 부르는 말.
せい ろん[正論](명) 정론. 정당한 주장. 이치에 합당한 주장. a sound argument
せい ろん[政論](명) 정론. 정치에 관한 담론. 정담(政談). political arguments
セイロン[Ceylon·錫蘭](명)〈지〉 실론. 인도 남쪽의 실론섬에 있는 공화국. 수도는 콜럼보우(Colombo). 「一茶(チャ); 실론차」
ゼウス[Zeus](명) 제우스. 그리이스 신화에 나오는 최고의 신. 천공(天空)을 지배하고 만물의 창조자라고 함.
せうと[兄人](명)〈고〉 ⇨しょうと.
セージ[sage](명) 세이지. 서양 요리의 향료로 쓰이는 샐비어의 잎.
セータ(ー)[sweater](명) 스웨터. 털실로 두툼하게 짠 자켓.
セーフ[safe](명) 세이프. 〔야구에서〕 러너(走者)가 아우트를 면하는 일. 곧 안전히 베이스까지 가는 일.
セーブ[save](명·타サ) 세이브. ①도움. 구조(救助). ②절약. 저축.
セーフティー[safety](명) 세이프티. 안전. 무사. **― バント**[safety bunt](명) 세이프티번트. 〔야구에서〕 배터(打者)가 자기 자신이 1루까지 살아 나아가기 위해 행하는 번트.
セーブル[sable](명) 세이블. 검은 담비. 또는 그 모피(毛皮).
セーム がわ[chamois 革]―ガハ(명) 세에므 가죽. 양, 사슴 등의 부드러운 가죽.
セーラ[sailor](명) 세일러. ①뱃사람. 선원(船員). 항해자(航海者). ②수병(水兵). **― ふく**[sailor 服](명) 세일러복. 수병복(水兵服). 또는 그 모양을 본뜬 아동복이나 여학생복. **― パンツ**[sailor pants](명) 세

일러 팬츠. 수병복같이 바지 통의 아랫부분이 썩 넓은 즈봉.

セール[sale](명) 세일. 판매. 매출. 경매(競売).

セールス[sales](명) 세일즈. 판매. 「一プロモーション; 판매 촉진」 **— マン**[salesman](명) 세일즈맨. 점원. 판매원. 외교 판매원.

せおいなげ[背負い投げ]セオヒー(명) ⇨しょいなげ.

せお·う[背負う]ーオフ(타 4) 등에 짊어 지다. 업다. 「荷(ニ)を一; 짐을 짊어 지다」 shoulder

セオリー[theory](명) 디어리. ①이론. 학설. ②가정(仮定)의 설. 억설(臆説).

せかい[世界](명) 세계. ①〈철〉 우주. ②〈이〉 관찰(観察)되는 일체의 구역. ③〈불〉 중생이 사는 곳. ④지구 전체. 사해(四海). ⑤모든 나라. ⑥세상. ⑦범위. 구역. 「学問(ガクモン)の一; 학문의 세계」 1. the universe 6. the world. **— かん**[世界観](명) 세계관. ①〈철〉 세계의 본질, 가치에 대한 해석. ②인생관. 우주관. **— ぎんこう**[世界銀行](명)〈경〉 세계 은행. 전재국(戦災国)의 부흥과 후진국 개발을 위해 세계 여러 나라가 출자한 국제적인 금융 기관. 본부는 와싱턴에 있음. 국제 부흥 개발 은행. **— こっか**[世界国家](명) 세계 국가. 세계의 모든 나라를 전부 하나로 하고, 인류 전체를 그 국민으로 한다는 이상적인 국가. **— し**[世界史](명) 세계사. 세계 전체의 역사를 통일된 하나의 역사로 본 것. 세계의 역사. **— せいふ**[世界政府](명) 세계 정부. 세계가 한 국가를 형성하였을 때의 그 정부. **— ぞう**[世界像](명)〈철〉 세계상. 세계에 대한 통일적 지식의 전체. 인간의 지식을 통해서 본 세계의 실체. **— たいせん**[世界大戦](명)〈역〉 세계 대전. ①1914년 7월부터 만 4년에 걸쳐 계속된 대전쟁. 거의 전세계의 나라가 참가했음. 제1차 세계 대전. ②1939년에서 1945년까지 계속된 대전쟁. 제 2차 세계 대전. **— てき**[世界的](형동ダ) 세계적. ①전세계에 관계가 있는 모양. ②전세계에 알려진 모양.

せがき[施餓鬼](명)〈불〉 아무 연고자가 없는 죽은 사람에 대한 공양(供養). a mass for the dead

せか·す[急かす](타 4) ⇨せかせる. 「make hurry

せか·せる[急かせる](타하 1) 서둘게 하다. 재촉하다. ↗

せかっこう[背格好](명) 키의 크기나 몸매. stature

ぜがひでも[是が非でも](연어·부) "ぜひ(꼭)"의 센말.

せが·む(타 4) 억지로 부탁하다. 조르다. importune

せがれ[倅·悴](명) 자기 아들을 겸사로 일컫는 말. 남의 아들을 나쁘게 일컫는 말.

せがわ[背皮·背革]ーガハ(명) 양서(洋書)의 등에 붙이는 가죽. a leather-back

セカンド[second](명) 세컨드. ①둘째. 제 2. ②〔야구에서〕 2루(二塁). 세컨드베이스. ③초(秒). ④〔권투에서〕 선수의 보조자. ⑤〈속〉 첩(妾). **— ハンド**[second hand](명) 세컨드핸드. ①시계의 초침. ②중고품. **— ベース**[second base](명) 세컨드베이스. 〔야구에서〕 2루(二塁). **— ラン**[second run](명) 세컨드런. ①재개봉(再開封). 재봉절(再封切). ②이류 극장. ↔ファーストラン.

せき一[赤](조어) 붉은 색을 띤. 「一紫色(シショク); 적자색」

一せき[石](조어) ①돌. 「人造(ジンゾウ)一; 인조석」 ②시계 등의 축(軸)을 받치는 루우비 등을 세는 말. 「十七(ジュウシチ)一; 17석」 ③전기 제품 가운데의 트랜지스터 등을 세는 말. 「八(ハッ)一; 8석」

一せき[隻](접미) ①한 쌍 중의 한편 쪽을 세는 말. ②배, 물고기, 새, 활 등을 세는 말.

せき(명)〈속〉 여지(餘地). 여유(餘裕). 「考(カンガ)える一はない; 생각할 여지는 없다」 room

せき[咳](명) 기침. a cough

せき[持·塞](명) 〔바둑에서〕 서로 공위(攻囲)하여 먼저 돌을 놓는 쪽이 불리하기 때문에 어느 쪽의 집으로도 단정할 수 없는 것.

せき[堰](명) 둑. 제언(堤堰). a dam

せき[責](명) ①꾸짖는 것. 책망. ②책임. 1. blame

せき[関](명) ①간막이. ②관문(関門). ③←関取(セキト)り. ④←関の山(ヤマ). 2. a barrier

せき[席](명) ①자리. 「男女七歳(ダンジョシチサイ)にして一を同(オナ)じうせず; 남녀 7세 부동석」 ②앉는 곳. 좌석. 「一の定(サダ)まるのを待(マ)って; 앉는 자리가 정해지기를 기다려서(모두가 착석하기를 기다려서)」 ③회, 식 등의 장소. 회장(会場). 「宴会(エンカイ)の一へ出(デ)る; 연회석에 나가다」 1.2. a seat

せき[積](명) ①지면의 평수. ②〈수〉 적. 둘 이상의 수 또는 식(式)을 곱하여 얻은 값. ③쌓여서 모인 수량. 2. the product

せき[籍](명) ①호적. 이름을 기록한 장부. ②단체의 일원으로 이름을 넣음. ③책. 서적. 1. the register

一ぜき[関](접미) 씨름군의 이름에 덧붙이는 높임말. 「若乃花(ワカノハナ)一; 와카노하나제키」

せきあえず[塞き敢えず]ーアヘズ(연어) 막으려고 해도 막을 수 없이. 「あふるる涙(ナミダ)一; 쏟아지는 눈물을 막을 길 없이」

せきあく[積悪](명) 적악. 거듭되는 죄악. 죄악을 쌓는 것. ↔積善(セキゼン). accumulated vice

せきあ·げる[咳き上げる](자하 1) ①흐느껴 울다. ②몹시 기침을 하다. 숨이 막히며 기침을 하다. 1. sob

せきあ·げる[塞き上げる](타하 1) 물줄기를 막아 물이 괴게 하다. dam

せきい[赤緯](명)〈천〉 적위. 천구상(天球上)에 별의 위치를 나타내기 위하여 적도를 기준으로 하여 설정한 좌표. declination

せきいり[席入り](명·자サ) 〔다도(茶道)에서〕 자리로 들어 가는 격식. entering a tea-ceremoney room

せきい·る[咳き入る](자 4) 계속해서 몹시 기침을 하다. cough painfully

せきいん[石印](명) ①돌에 새긴 인장(印章). ②돌에 글자를 새겨 인쇄하는 것. 1. a stone-seal

せきうん[積雲](명)〈천〉 적운. 갠 하늘에 낮게 뜨는 뭉실뭉실한 구름. 뭉게구름. a cumulus

せきえい[石英](명)〈광〉 석영. 규소(硅素)와 산소의 화

합물. 도자기, 유리의 원료. 마노(瑪瑙), 수정도 석영의 한 가지. quartz
せきえい[隻影](명) 척영. 단 하나의 그림자. 고영(孤影). a single shadow
せきえん[積怨](명) 적원. 오랫동안 쌓이고 쌓인 원한. accumulated grudge
せきが[席画](명) 석화. 집회의 자리에서 즉석에서 그림을 그리는 일. 또는 그 그림. an impromptu drawing
せきがい一[赤外](조어)〈이〉 적외선의. 적외선을 이용한. 「一写真(シャシン); 적외선을 이용한 사진」 **一せん**[赤外線](명)〈이〉 적외선. 파장이 적색 가시 광선(赤色可視光線)보다 길고, 열 작용이 큰 전자파(電磁波). 눈에는 보이지 않음. 의료, 건조(乾燥), 사진에 이용함. 열선(熱線).
せきがき[席書き](명·자サ) 어떤 집회 석상에서 글씨를 쓰거나 그림을 그림. 또는 그 서화(書画). writing or drawing impromptu
せきがく[碩学](명) 석학. 대학자. 대가(大家). a great scholar
せきがし[席貸し](명·자サ) 요금을 받고 식사, 회합 등의 장소를 빌려 줌. 또는 그것을 업으로 하는 사람. letting a room on hire
せきかっしょく[赤褐色](명) ⇨せっかっしょく.
せきがはら[関が原](명) 승패, 운명이 결정되는 중대한 싸움. 또는 그런 경우. a showdown
せきがん[隻眼](명) 척안. ①한쪽 눈. 애꾸눈. ↔双眼(ソウガン). ②상당한 견식(見識). 1. one eye
せきぐん[赤軍](명) 적군. ①소련의 정규군. ②공산군. the Red Army
せきご[隻語](명) ①아주 적은 말. ②불완전한 말.
せきこ·む[急き込む](자 4) 초조히 서두르다. 「せき込(コ)んで話(ハナ)す; 조급하게 얘기하다」 be in haste
せきこ·む[咳き込む](자 4) 숨이 막힐 듯이 몹시 기침을 하다. cough painfully
せきさい[積載](명·타サ) 적재. 물건을 쌓아 실음. 「一量(リョウ); 적재량」 loading
せきざい[石材](명) 석재. 건축, 조각의 재료로 하는 돌. building stone
せきさく[脊索](명)〈생〉 척색. 척수(脊髄)의 아래를 세로 벋는 연골로 된 막대기 모양의 물질. notochord. **一どうぶつ**[脊索動物](명)〈동〉 척색 동물. 일생 동안 척색을 지니는 동물.
せきさん[積算](명·타サ)〈수〉 적산. 점차 붇는 수를 차례로 더하여 계산함. aggregation
せきし[赤子](명) 적자. ①갓난아기. ②〔임금이 백성을 "갓난아이"로 여겨 사랑한다는 뜻으로〕 국민. 백성. 1. a baby
せきじ[関路](명) 관문(関門)으로 통하는 길. road leading to a barrier
せきじ[昔時](명) 옛적. 왕년(往年). former days
せきじ[席次](명) 석차. ①자리의 순서. ②학교의 성적 순위. 2. standing
せきしつ[石室](명) 석실. 돌로 만든 방. a ston-room
せきじつ[昔日](명) 석일. 옛날. old days
せきしゅ[赤手](명) 적수. 맨손. 빈손. a bare hand
せきしゅ[隻手](명) 척수. 한쪽 팔. 한쪽 손. ↔双手(ソウシュ). one hand
せきじゅ[碩儒](명) 석유. ①학식이 많은 선비. ②이름 난 유학자. 거유(巨儒). 1. a great scholar
せきじゅうじ[赤十字](명) 적십자. ①흰 바탕에 붉은 "十" 자를 그린 기장(記章). ②적십자사(赤十字社)의 준말. 1. a red cross on a white ground
せきしゅつ[析出](명·타サ)〈이〉 석출. 화합물을 분석하여 물질을 분리해 냄. eduction
せきしゅん[惜春](명) 석춘. 가는 봄을 애석히 여김. regretting the passing spring
せきじゅん[席順](명) 석순. 좌석, 성적 등의 차례. the seating order
せきしょ[関所](명) 요새(要塞)나 국경 지대에 설치하여 통행인을 감시하던 곳. 관문(関門). a barrier
せきじょう[席上](명·부) 석상. ①좌석. 좌상(座上). ②여러 사람이 모인 자리. ③그곳. 그자리. 1. on the seat 2. at the meeting
せきしょく[赤色](명) 적색. ①붉은 빛깔. ②공산주의. 「一革命(カクメイ); 공산주의 혁명」 1. red 2. communism
せきしん[赤心](명) 적심. 참되고 정성스러운 마음. 진심(真心). 단심(丹心). the true heart
せきずい[脊髄](명)〈생〉 척수. 척주(脊柱)의 관(管) 안에 들어 있는 끈 모양의 기관. 등골. the spinal cord
せきせい[赤誠](명) 적성. 참된 마음에서 우러나오는 정성. 단성(丹誠). the true heart
せきせいいんこ[脊黄青鸚哥](명)〈동〉 사랑잉꼬. 앵무새과에 속하는 새. the budgereegah
せきせき[寂寂](형동タリ) 적적. 외롭고 쓸쓸한 모양. 조용하여 괴괴한 모양. solitary
せきせつ[積雪](명) 적설. 쌓인 눈. snow laid upon the ground
せきぜん[積善](명) 적선. 선행(善行)을 쌓음. accumulated good deeds
せきぜん[寂然](형동タルト) 적연. 조용하고 쓸쓸한 모양. solitary
せきぞう[石造](명) 석조. 돌로 만듦. 또는 만든 것. stone-built
せきぞう[石像](명) 석상. 돌로 만든 상. a stone statue
せきぞく[石鏃](명)〈역〉 석촉. 돌살촉. a flint arrowhead
せきだ[雪駄](명) ⇨せった. 「the charge for a room
せきだい[席代](명) 좌석을 빌린 대금. 자리 값. ⤴
せきだい[席題](명) 시가(詩歌)를 짓는 모임에서 그 자리에서 내는 제목. 즉제(即題). ↔兼題(ケンダイ). an impromptu subject
せきた·てる[急き立てる](타하 1) 재촉하다. 독촉하다. hurry up
せきたん[石炭](명)〈광〉 석탄. 태고 때의 식물질(植物質)이 땅속에 묻혀 차차 분해하여 생긴 연료. 탄소를 많이 포함함. coal. **一ガス**[石炭瓦斯](명)〈이〉

석탄 가스. 석탄을 건류했을 때 생기는 가스. 연료, 등화용(燈火用)으로 씀. **―さん**[石炭酸](명)〈이〉석탄산. 독특한 냄새가 있는 유독성의 덩어리. 방부제(防腐劑), 소독제로 씀.

せきち[尺地](명) 척지. 퍽 좁은 땅. 근소한 토지. 촌토(寸土). an inch of land

せきち[瘠地](명) 척지. 몹시 메마른 땅. barren soil

せきちく[石竹](명)〈식〉석죽. 너도개미자리과에 속하는 다년초. 패랭이꽃. a China pink

せきちつ[石窒](명)〈농〉석회 질소(石灰窒素)의 준말.

せきちゅう[石柱](명) 석주. 돌기둥. a stone pillar

せきちゅう[脊柱](명)〈생〉척주. 등뼈. the spine

せきちん[赤沈](명)〈의〉적침. 적혈구 침강(赤血球沈降)의 준말.

せきつい[脊椎](명) 척추. ①척주(脊柱)를 이루는 많은 뼈. ②척주(脊柱). the vertebra. **―カリエス**[脊椎 caries](명)〈의〉척추 카리에스. 척추가 결핵균에 의해 침범되는 병.

せきてい[席亭](명) ⇨よせ(寄席).

せきてっこう[赤鉄鉱](명)〈광〉적철광. 육방 정계(六方晶系)에 속하는 광석. 제철하는 데 필요함. hematite

せきと[赤都](명) 적도. 공산주의 국가의 수도. the capital of a communist country

せきとう[石塔](명) 석탑. ①돌탑. ②묘석(墓石). 비석(碑石). 1. a stone pagoda

せきどう[赤道](명)〈지〉적도. ①천구상(天球上)의 상상선(想像線)으로, 지구의 적도면과 천구와의 교선(交線). ②지구의 남북 양극을 2등분하는 선. the equator. **―さい**[赤道祭](명) 적도제. 배가 적도를 지날 때 올리는 제사.

せきどうこう[赤銅鉱](명)〈광〉적동광. 적동을 함유한 광석. 질이 무르고 빛이 검붉으며 광택이 있음. cuprite

せきとく[碩徳](명) 덕이 높은 사람. a virtuous man

せきとく[尺牘](명) 척독. 편지. a letter

せきとして[寂として](부) 매우 조용하고 쓸쓸한 모양. 「一声(コエ)なく; 괴괴하여 아무 소리도 없이」 hushed and still

せきとめこ[堰止湖](명) 언지호. 큰 산이나 토사(土砂)의 붕괴 또는 화산의 폭발로 인하여 냇물이 막혀서 된 호수. 언색호(堰塞湖). a dammed lake

せきと·める[塞き止める](타하1) 흐름을 막다. 막아서 그치게 하다. 「川(カワ)の流(ナガ)れを―; 강물을 막아 흐르지 못하게 하다」 dam up

せきとり[関取](명) ①씨름군의 장(長). ②씨름군의 높임말. ③그 부류에서 가장 우수한 것.

せきにん[責任](명) 책임. ①자기가 맡은 임무. ②〈법〉자기가 한 일에서 생기는 손실이나 제재(制裁)를 자기가 맡는 것. 「―を負(オ)う; 책임을 지다」 1. duty. **―かん**[責任感](명) 책임감. 책임을 중히 여기는 마음. **―しゃ**[責任者](명) 책임자. 책임을 지는 사람.

せきねつ[赤熱](명·타サ) 적열. 물체가 빨갛게 닮. red head

せきねん[昔年](명·부) 옛날. 왕년(往年). former years

せきねん[積年](명) 적년. 여러 해. 쌓인 세월. 다년(多年). many years

せきのと[関の戸](명) 관문(関門). the gate of a barrier

せきのやま[関の山](명) 최대 한도. 고작 할 수 있는 일. 「そこまで行(ユ)くのが―だ; 거기까지 가는 것이 고작이다」 all one can do

せきはい[惜敗](명·자サ) 석패. 아깝게 짐. a regrettable defeat

せきばく[寂寞](명·형동タルト) 적막. 쓸쓸하고 고요함. loneliness

せきばらい[咳払い]―バラヒ(명·자サ) 일부러 크게 기침을 함. 헛기침함. clearing the throat

せきはん[赤飯](명) 찹쌀에 붉은 팥을 섞어 지은 밥. 팥밥. 축하할 때에 먹음. rice boiled together with red beans

せきばん[石版](명) 석판. ①인쇄 원판(印刷原版)의 한 가지. 특수한 돌에 유성(油性) 잉크로 그려 갈아 만듦. 석판석. ②석판 인쇄(石版印刷). 1. lithography. **―が**[石版画](명) 석판화. 석판으로 인쇄한 그림.

せきばん[石盤](명) 석반. 석반석(石盤石)을 얇게 깎아 그 위에 석필(石筆)로 글씨나 그림을 그릴 수 있도록 만든 판(板). a slate

せきひ[石碑](명) 석비. ①돌로 만든 비. ②묘석(墓石). 2. a tombstone

せきひつ[石筆](명) 석필. ①옛날, 검거나 붉은 빛 점토를 단단하게 해서 백묵 모양으로 만들어 글씨를 쓰던 것. ②석랍(石蠟) 같은 것을 백묵 모양으로 만들어 석판에 글씨, 그림을 그리는 데 쓰는 것. 2. a slate pencil

せきひん[赤貧](명) 적빈. 몹시 가난한 것. 「―洗(アラ)うがごとし; 가난하기 짝이 없다」 extreme poverty

せきふ[石斧](명)〈역〉석부. 옛날에 무기나 경작(耕作) 등에 썼음. 돌도끼. a stoneax

せきぶつ[石仏](명) 석불. 돌부처. a stone image of Buddha

せきぶん[積分](명·타サ)〈수〉적분. 주어진 함수를 미분의 역함수(逆函数)로 고치는 계산법. integral calculus

せきへい[積弊](명) 적폐. 오랫동안 쌓인 폐단. a deep-rooted evil

せきべつ[惜別](명) 석별. 이별을 섭섭히 여기는 일. 서로 헤어짐을 아쉬워함. a regret at parting

せきぼく[石墨](명)〈광〉석묵. 순수한 탄소로 되어 있는 육방 정계(六方晶系)의 판상 결정(板状結晶). 연필의 심 등을 만듦. 흑연(黒鉛). black lead

せきまつ[席末](명) 좌석의 끝. 말석(末席). 「―をけがす; 말석을 더럽히다(자기가 참석함을 겸사로 일컫는 말)」 the lowest seat

せきむ[責務](명) 책무. 책임과 의무. responsibility and duty

せきめん[石綿](명) ⇨いしわた.

せきめん[赤面](명·자サ) 적면. 부끄러워 얼굴을 붉힘. 「―の至(イタ)り; 부끄럽기 짝이 없음」 blush

せきもり[関守り](명) 관문(関門)를 지키는 사람. 관

문지기. a barrier-keeper
せきもん[石門](명) 석문. ①돌로 만든 문. ②천연(天然)으로 문과 같이 된 암석. 1. a stone-gate
せきや[関屋](명) 관문지기가 머무르는 집. a barrier guard's lodge
せきゆ[石油](명)〈광〉 석유. 천연으로 지하에서 나는 타기 쉬운 액체. petroleum. **—エーテル**[石油 ether](명)〈이〉 석유 에테르. 석유성 휘발유의 하나. 용제(溶剤), 향료 채취 등에 쓰임. **—こんろ**[石油焜炉](명) 석유 풍로. 석유를 연료로 하는 풍로. **—にゅうざい**[石油乳剤](명) 석유 유제. 석유에 비누와 물을 가하여 젖빛으로 만든 약제. 소독제, 식물의 구충제로 쓰임. **—ベンジン**[石油 benzine](명)〈이〉 석유 벤진. 석유성 휘발유의 하나. 공업, 연료, 얼룩을 빼는 데 쓰임. 벤진.
せきよう[夕陽](명) 석양. 저녁해. the setting sun
せぎょう[施行](명·타サ) 승려나 빈민(貧民)들을 동정하여 물건을 줌. almsgiving
せきら(ら)[赤裸(裸)](명·형동ダ) 적나라. 아무 숨김 없이 드러냄. 노골(露骨)적임. 솔직함. frankness
せきらんうん[積乱雲](명) 적란운. 적운(積雲)이 뭉실뭉실하게 하늘의 한쪽을 덮은 것처럼 된 구름. 소나비 구름. a cumulo-nimbus
せきり[赤痢](명)〈의〉 적리. 급성 전염병인 이질의 한 가지. 심한 설사와 함께 끈적끈적한 혈변(血便)이 나옴. dysentery
せきりゅう[石榴](명)〈식〉 ⇨ざくろ.
せきりょう[席料](명) 자리 값. 좌석이나 회장(会場)을 빌어 쓰는 요금. the charge for a room
せきりょう[脊梁](명) ⇨ せぼね. 「lonely
せきりょう[寂寥](형동タルト) 적요. 쓸쓸한 모양.↗
せきりょく[斥力](명)〈이〉 척력. 같은 종류의 전기나 자기(磁気)를 가진 두 물체가 서로 물리치려는 힘. ↔引力(インリョク). repulsive force
せきりん[赤燐](명)〈이〉 적린. 황린(黄燐)을 섭씨 260 도 정도로 건류(乾溜)하여 얻은 적갈색의 가루로 된 인(燐). red phosphorus
せき·る[瀬切る](타 4) 물을 가로 막다. dam up
せきれい[鶺鴒](명)〈동〉 할미새. 물가에 사는 작은 새. a wagtail
せきろう[石蠟](명)〈이〉 석랍. 원유(原油)에 포함된 성분. 양초 원료. 광을 내고 크레용을 만드는 데 씀. paraffin
せきわき[関脇](명) 씨름꾼 계급의 하나. 대전표(対戦表)의 제 3 위에 이름이 오르는 씨름군.
せきわん[隻腕](명) 한쪽 팔. one arm
せぎん[世銀](명)〈경〉 세계 은행(世界銀行)의 준말.
せ·く[急く](자타 4) 재촉하다. 서두르다. 조급히 굴다. hurry
せ·く[咳く](자 4) 기침하다. cough
せ·く[塞く·堰く](타 4) 가로 막다. dam up
せぐくま·る[跼る](자 4) 몸을 앞으로 굽히다. 웅크리다. stoop

セクシー[sexy](형동ダ) 섹시. 성적(性的) 매력이 있는 모양. 「—ガール; 성적 매력이 있는 여자」
セクショナリズム[sectionalism](명) 섹셔널리즘. 한 부분에만 편중하고 배타적으로 흐르는 경향. 분파주의. 파벌주의.
セクション[section](명) 섹션. ①조각. 단편. ②부분. 구획. ③문장, 규약 등의 절(節), 항(項). ④신문, 잡지 등의 난(欄), 면(面). 「ホーム—; 가정란」 ⑤관청, 회사 등의 과(課)나 부(部). ⑥군대의 분대(分隊). **—ペーパ**[section paper](명). 섹션페이퍼. 방안지(方眼紙).
セクト[sect](명) 섹트. ①분파. 당파. 종파. 파벌. 「—主義(シュギ); 분파주의」 ②사상적, 정치적으로 신념, 사상을 같이하는 사람의 집단.
せぐりあ·げる(자하 1) ⇨しゃくりあげる.
せぐろいわし[背黒鰯](명)〈동〉 멸치. an anchovy
せけん[世間](명) ①자기 이외의 사람이 구성하는 사회. 세상. ②자기 이외의 사람. ③자기의 활동 범위. 「—がせまい; 활동 범위가 좁다」 1. the public. **—ずれ**[世間擦れ](명·자サ) 실사회에서 고생을 해서 약삭빠르게 됨. **—てい**[世間体](명) 세상에 대한 체면. 세인에 대한 면목. **—てき**[世間的](형동ダ) ①세상에서 일반적인 모양. ②세속적. **—なみ**[世間並み](명·형동ダ) 보통. 일반.
ぜげん[女衒](명) 매춘(売春)의 중개를 하는 사람. 뚜쟁이. a pander
せこ[兄子·夫子](명)〈고〉 여인이 남편, 오빠, 남동생 등을 정답게 부르는 말.
せこ[世故](명) 세속적인 일. 세간의 습관, 풍속 등의 여러 가지 일. 처세하기 위한 실제적인 지혜. 「—にたける; 세상 일에 능숙함」 worldly affairs
せこ[勢子](명) 몰잇군. a beater
ぜご(명) ⇨ぜいご.
せこう[施工](명·타サ) ⇨しこう.
セコハン(명)〈속〉 ⇨セコンドハンド.
セコンド[second](명) ⇨セカンド. 「worldly wisdom
せさい[世才](명) 세속적인 일을 다루는 재간. ↗
せ·し[狭し](형ク)〈고〉 좁다.
せし[セ氏](명)〈이〉 ⇨せっし(摂氏).
せじ[世辞](명) 겉치레의 인사. 알랑거리는 말. 「お—を使(ツカ)う; 알랑거리는 말을 하다」 flattery
セシウム[caesium](명)〈이〉 세슘. 알칼리 금속 원소의 하나. 은백색이고 질이 연함. 기호는 Cs.
せし·める(타하 1)〈속〉 ①이룩하다. ②착복하다. 훔치다. 가로채다. 2. embezzle
せじもの[世辞者](명) 알랑거리기를 잘하는 사람. 아첨군. a flatterer
せしゅ[施主](명)〈불〉 시주. 공양하는 사람. a donor
せしゅう[世襲](명·타サ) 세습. 자자손손 물려받음. 대대로 전해 받음. transmission by heredity
せじょう[世上](명·부) 세상. 세간(世間). the world
せじょう[世情](명) 세정. 세태와 인정. 세상의 물정. 세상 인심. the affairs of the world

せじん[世人](명) 세인. 세상 사람. people
ゼスイット[Jesuit](명)〈종〉 ⇨ジェスイットは.
せすじ[背筋]ースヂ(명) ①등골. 「ーが寒(サム)くなる; 등골이 오싹해지다」 ②저고리의 등솔기. 1. the line of the backbone
ゼスチャー[gesture](명) 제스처. ①몸짓. 손짓. ②의사 표시. 태도. ③성실성이 없는 형식뿐인 태도. 공허한 선전 행위.
せぜ[世世](명) 대대. 영원. forever
ぜせい[是正](명·타サ) 시정. 틀린 것을 바로잡음. correction
せせく·る(자 4)〈속〉 ⇨せせる.
せせこまし·い(형)〈속〉 비좁다. 성질이 잘고 도량이 좁다. narrow
セセッション[secession](명) 시세션. 건축, 미술, 공예 등의 한 양식. 장식이 적고 직선적임.
ぜぜひひしゅぎ[是是非非主義](명) 시시비비주의. 좋은 것을 좋다고 하고 나쁜 것을 나쁘다고 하는 공평 무사주의. a free and unbiased policy
せせらぎ[細流](명) 얕게 흐르는 냇물. 또는 그 소리. 「ーの音(オト); 졸졸 흐르는 냇물 소리」 a murmur of a stream
せせらわら·う[冷ら笑う·嘲ら笑う]ーワラフ(타 4) 조소하다. 비웃다. laugh mockingly
せせ·る[拵る](타 4) ①희롱하다. 농하다. ②손으로 더듬어서 찾다. ③약점을 폭로하다. 3. disclose
せそう[世相](명) 세상. 세상 모양. 세태(世態). social conditions
せぞく[世俗](명) 세속. ①세상 풍속. ②세상. 1. worldly customs. **ーてき**[世俗的](형동ダ) 세속적. 세상에 흔한 모양. 속스러운 모양.
せそん[世尊](명)〈불〉 세존. 불타(仏陀)의 높임말. 석가 세존(釈迦世尊). Buddha
せたい[世帯](명) ⇨しょたい.
せたい[世態](명) 세태. 세상 형편. social conditions
せだい[世代](명) 세대. 대(代). 연대(年代)의 층. 「若(ワカ)いー; 젊은 세대」 a generation
せたけ[背丈](명) 신장(身長). 키. 「ーがのびる; 키가 커지다」 height
セダン[sedan](명) 세단. 자동차 형(型)의 하나. 보통의 승용차(乗用車).
せち[切](형동ナリ)〈고〉 ①절박하여 여유가 없는 모양. ②마음에 충격을 받는 모양. ③충실한 모양.
せち[世知·世智](명) 세상 일을 처리하는 재능. 처세의 지혜. worldly wisdom
せちえ[節会](명) 옛날 조정(朝廷)에서 명절 등에 행한 연회. a court banquet
せちがら·い[世知辛い·世智辛い](형) ①세상이 각박해 살기 힘들다. 「ー時世(トキヨ); 각박한 세상」 ②타산적이고 빡빡하다. 「ーやつ; 빡빡한 놈」 1. hard to live
せちに[切に](부)〈고〉 간절히.
せちにち[節日](명) 명절. an annual festival
せつ[切](형동ナリ) ①간절한 모양. 절실한 모양. ②절박한 모양. ③급한 모양. ⇨:切(セツ)に. 2. urgent
せつ[拙] Ⅰ(명·형동ナリ) 서투름. Ⅱ(대)〈속〉 자기 자신을 겸사로 일컫는 말. Ⅰ unskilfulness
せつ[節](명) 절. ①기후가 변하는 때. 계절. ②때. 기회. 「そのーは; 그때에는」 ③작은 구분. 세분(細分). ④정도. 알맞는 것. ⑤정절(貞節). 절개. 「ーをまげる; 절개를 꺾다」 ⑥〔문법에서〕 주어와 술어를 갖추었으나 독립적으로 쓰이지 않고 문장의 일부분이 된 것. ⑦마디. ⑧음곡. ⑨명절이나 명절 잔치. 1. a season 2. time
せつ[説](명) ①의견. 주장. 「ーをまげない; 주장을 굽히지 않다」 ②학설. ③소문. ④설명. 해석. 1. an opinion 2. a theory
せつ[癤](명)〈의〉 피부에 화농균이 들어 가 생기는 악성 종기. 절양(癤瘍). a furuncle
ぜつ[絶](명) 절구(絶句)의 준말.
せつあく[拙悪](형동ダ) 서투르고 나쁜 모양. awkward
ぜついき[絶域](명) 멀리 떨어진 곳(외국). a distant area
せつえい[拙詠](명) ①서투른 시나 노래. ②자기의 시나 노래를 겸사로 일컫는 말. 1. unskilful poems
せつえい[設営](명·타サ) ①설립하여 운영함. ②어떤 일을 하기 위한 시설, 건물 등을 미리 준비함. 「基地(キチ)のー; 기지 시설의 준비」 ③〈속〉 회, 조합 등의 준비를 함. 1.construction
せつえん[雪冤](명·자サ) 설원. 원한을 풂. exculpation
せつえん[節煙](명·자サ) 담배를 피는 양을 적당히 줄임. temperance in smoking
ぜつえん[絶遠](명) 아주 먼 것. very far
ぜつえん[絶縁](명·자サ) 절연. ①인연을 끊음. ②〈이〉 전류가 통하지 않게 함. 2. insulation. **ーたい**[絶縁体](명)〈이〉 절연체. 전기가 통하지 않는 물체.
ぜつおん[舌音](명) 설음. 혓소리. a lingual sound
せっか[石火](명) 석화. ①돌이 부딪쳐서 나는 불. ②재빠른 동작. 1. flint fire
せっか[赤化](명·자타サ) 적화. ①빨갛게 됨. ②공산주의화함. 1. turning red
せっか[雪花](명) 설화. 눈송이. falling snow
せっか[赤禍](명) 적화. 공산주의로 인한 화(禍). the Red peril
ぜっか[舌禍](명) 설화. ①말을 잘못함으로써 입는 화. ②연설, 강연 같은 것의 내용이 법에 저촉되어 받는 재앙. 1. an unfortunate slip of the tongue
ぜっか[絶佳](형동ダ) 아주 아름답고 좋은 모양. 「風景(フウケイ)ー; 풍경이 썩 아름다움」 superb
せっかい[石塊](명) 석괴. 돌덩이. a stone
せっかい[雪塊](명) 설괴. 눈덩이. a lump of snow
せっかい[切開](명·타サ) 절개. 째서 벌림. 「ー手術(シュジュツ); 절개 수술」 cutting open
せっかい[石灰](명)〈이〉 석회. ①생석회. ②소석회(消石灰). ③탄산 칼슘. 1.2. lime. **ーがん**[石灰岩](명)〈광〉 석회암. 대개 탄산 석회를 주성분으로 하는 수성암(水成岩). **ーせき**[石灰石](명)〈광〉 석회석. 석회암. 횟돌. **ーちっそ**[石灰窒素](명)〈이〉 석회 질소. 탄화

칼슘을 섭씨 1,000 도로 가열한 다음 질소 가스를 통하여 유리 질소를 고정시켜 얻는 칼슘. **―にゅう**[石灰乳](명)〈이〉 석회유. 소석회를 10 배의 물에 녹인 하얀 액체. 알칼리성을 나타냄.

せつがい[殺害](명·타サ) ⇨さつがい.

せつがい[雪害](명) 설해. 강설(降雪)로 말미암아 받는 피해. damage by snow

ぜっかい[絶海](명) 절해. 육지에서 멀리 떨어진 바다. 「―の孤島(コトウ);절해 고도」 the farthest seas

せっかく[折角](부) ①일부러. 「―行(イ)ったのに; 모처럼 갔는데」 ②잘. 애써. 1. purposely

せっかしき[接架式](명) 도서관에서 열람자에게 서가(書架)를 공개하여 자유로이 책을 빼내서 볼 수 있게 하는 제도. 개가식(開架式).

せっかち[急勝](명·형동ダ) 성미가 급함. 또는 그런 사람. 「―な性質(セイシツ); 조급한 성질」 hasty temper

せっかっしょく[赤褐色](명) 적갈색. 붉은 빛을 띤 갈색. reddish brown

せっかん[石棺](명)〈역〉 석관. 돌로 만든 관(棺). a stone coffin

せっかん[折檻](명·타サ) ①엄하게 책망함. ②체벌(体罰)을 줌. 2. chastisement

せっかん[摂関](명) 섭정과 관백(関白). 「―政治(セイジ); 섭정과 관백이 하는 정치」

せっかん[積寒](명) 적설 한랭(積雪寒冷)의 준말. 「―地帯(チタイ); 눈이 쌓인 추운 지대」

せつがん[切願](명·타サ) 간절히 바람. entreaty

ぜつがん[舌癌](명)〈의〉 설암. 혀에 생기는 암. cancer on the tongue

せつがんきょう[接眼鏡](명)〈이〉 접안경. 현미경, 망원경 등에서 눈을 대는 곳의 렌즈. an eye lens

せっき[石器](명) 석기. 돌로 만든 그릇. a stone implement. **―じだい**[石器時代](명)〈역〉 석기 시대. 돌로 연장을 만들어 쓰던 시대.

せっき[赤旗](명) ①붉은 기. ②위험을 알리는 기. ③혁명파, 과격파의 기. a red flag

せっき[節気](명) 절기. 기후의 변하는 때. 또는 이를 나타낸 날. 예 : 입춘, 경칩 등. change of season

せっき[節季](명) ①연말. 음력 12월 말. ②우란분(盂蘭盆)과 12월. 1. the year-end

せつぎ[節義](명) 절의. 절개와 의리. honour

せつぎ[拙技](명) 졸기. 서투른 재주. poor skill

ぜつぎ[絶技](명) 절기. 썩 뛰어난 재주. 매우 훌륭한 기예. excellent performance

せっきゃく[隻脚](명) 한쪽 다리. ↔双脚(ソウキャク). one leg

せっきゃく[接客](명·자サ) 접객. 손님을 접대함. 「―業(ギョウ); 접객업」 service

せっきょう[説教](명·자リ) 설교. ①〈종〉 종문(宗門)의 가르침을 들려 줌. ②의견, 충고(忠告) 등을 함. 타이름. 1. preaching

せっきょう[説経](명·자サ)〈불〉 설경. 경전을 풀어 중생(衆生)을 화도(化導)함. exposition of the sutras

ぜっきょう[絶叫](명·자サ) 절규. 힘을 다하여 부르짖음. 크게 소리침. crying out

せっきょく[積極](명) 적극. 능동적으로 활동하는 것. 자진하여 힘을 내어 하는 것. the positive. **―てき**[積極的](형동ダ) 적극적. 능동적. 「―に発言(ハツゲン)する; 적극적으로 발언하다」 ↔消極的(ショウキョクテキ).

せっきん[接近](명·자サ) 접근. ①가까이 옴. 다가 옴. 「台風(タイフウ)が―する; 태풍이 가까이 오다」 ②차(差)가 적음. 「実力(ジツリョク)が―する; 실력 차가 적다」 ③가까이함. 교제함. 1. approach

せっく[節句·節供](명) 단오 등의 명절. an annual festival. **―ばたらき**[節句働き](명) 모두 쉬는 명절에 일부러 바쁜 듯이 일하는 것. 「なまけ者(モノ)の―;게으름뱅이 명절에 일하다」 「urge」

せつ·く[責付く](타 4)〈속〉 재촉하다. 서둘러 하게 하다.

ぜっく[絶句] Ⅰ(명) 절구. 기승 전결(起承転結)의 네 구(句)로 이루어지는 한시(漢詩)의 한 체. Ⅱ(명·자サ) 이야기 도중에 말이 막힘. Ⅰ a Chinese quatrain Ⅱ breaking in one's speech

せっくつ[石窟](명) 석굴. 바위에 뚫린 굴. a cavern

セックス[sex](명) 섹스. ①성(性). ②성욕.

せっけ[摂家](명) 섭정(摂政), 관백(関白)으로 임명될 만한 명문(名門). top-rank noble families

ぜっけ[絶家](명·자サ) 핏줄이 끊어져 상속인이 없어짐. 또는 그 집. an heirless family

せっけい[石逕](명) 석경. 돌이 많은 좁은 길. a stony path

せっけい[赤経](명)〈천〉 적경. 천구상(天球上)의 한 정점(頂点)을 통하는 경선(経線)과 춘분점(春分点)을 통하는 경선이 하늘의 극(極)에서 이루는 각도. ↔赤緯(セキイ). right ascension

せっけい[設計](명·타サ) 설계. 토목 공사, 기계 제작 등의 계획. 「―図(ズ); 설계도」 a design

せっけい[雪景](명) 설경. 눈 경치. a snow-scene

せっけい[雪渓](명) 여름이 되어도 눈이 남아 있는 높은 산골짜기. a snowy ravine

ぜっけい[絶景](명) 절경. 썩 아름다운 경치. a superb view

せっけいもんじ[楔形文字](명) 설형 문자. 고대 페르샤 등에서 쓰던 쐐기 모양의 글자. 쐐기 문자. cuneiform characters

せつげっか[雪月花](명) ①눈과 달과 꽃. ②사철의 좋은 경치. 1. the snow, the moon and the flowers

せっけっきゅう[赤血球](명)〈생〉 적혈구. 혈액을 붉게 보이게 하고 양분의 공급, 노폐물(老廃物)의 배제 등의 역할을 하는 피톨. 붉은 피톨. a red blood corpuscle **―ちんこうそくど**[赤血球沈降速度](명)〈의〉 적혈구 침강 속도. 응고를 억제한 피에서 적혈구가 가라앉는 속도.

せっけん[石鹸](명)〈이〉 비누. soap

せっけん[席巻](명·타サ) 석권. 돗자리를 말아 감 듯이 세차게 차례로 침략함. sweeping

せっけん[接見](명·자サ) 접견. 높은 사람이 공적(公的)으로 사람을 맞아 들여 만남. reception
せっけん[節倹](명·타サ) 절검. 절약하여 검소하게 함. 검약(倹約). economy
せつげん[切言](명·타サ) 간절히 말함. 절실히 충고(忠告)함. kind advice
せつげん[雪原](명) 설원. ①눈이 쌓인 넓은 곳. ②빙원(氷原). 1. a snow field 2. an ice field
せつげん[節減](명·타サ) 절감. 절약하여 줄임.「電力(デンリョク)の—; 절전(節電)」 reduction
ゼッケン[zechin](명) 제킨. (운동 선수 등이) 가슴이나 등에 붙이는, 번호를 쓴 헝겊.
ぜつご[絶後](명)①다시는 똑같은 일이 없는 것. ↔空前(クウゼン). ②숨이 진 뒤.「—によみがえる; 죽었다 살아 나다」 1. no more
〔ゼッケン〕
せっこう[石工](명) 석공. 석수장이. a mason
せっこう[石膏](명)〈광〉 석고. 수성암이나 점토층(粘土層) 속에 층을 이루고 있는 흰 결정물. 시멘트, 백묵, 조각 재료 등에 쓰임. gypsum
せっこう[斥候](명·타サ)〈군〉 척후. 적의 동정을 탐지함. 또는 그 사람. scouting
せっこう[拙稿](명) 졸고. ①서투른 원고. ②자기원고의 낮춤말. 1. a poor manuscript
せつごう[接合](명·자타サ) 접합. 이어서 합침. 서로 이음. joining
ぜっこう[絶交](명·자サ) 절교. 교제를 끊음.「—を宣言(センゲン); 절교 선언」 breach of friendship
ぜっこう[絶好](명) 절호. 썩 좋은 것.「—のチャンス; 절호의 기회」 capital
せっこく[石刻](명) 석각. 돌에 새기는 일. stone-carving
せつごせん[摂護腺](명)〈생〉 섭호선. 남성 생식기의 뒷부분에 있어 요도를 둘러 싸고 있는 선(腺) 모양의 장기(臓器). 전립선(前立腺). the prostate gland
せっこつ[接骨](명) 접골. 부러지거나 어그러진 뼈를 이어 맞춤. bonesetting
せっこ·む[急っ込む](자 4)〈속〉 ⇨せきこむ.
ぜっこん[舌根](명) 설근. 혀 뿌리. the tongue-root
せっさ[切磋](명·자サ) 절차. ①구슬, 뼈, 뿔, 돌 등을 갈고 다듬음. ②부지런히 학문이나 지덕(知徳)을 닦음. 1. polishing 2. training. **—たくま**[切磋琢磨](명·자サ) 절차 탁마. ①옥이나 돌 등을 갈고 쪼고 다듬음. ②친구들이 서로 격려해서 열심히 지덕을 닦음.
せっさく[切削](명·타サ) (금속을) 자르고 깎음.「—工具(コウグ); 절삭 공구」 cutting
せっさく[拙作](명) 졸작. ①서투른 작품. ②자기 작품을 겸사로 일컫는 말. 1. a poor work
せっさく[拙策](명) 졸책. 서투른 책략. a poor policy
せつざん[雪山](명) 설산. 사철 눈이 녹지 않는 높은 산. 1. a snow-covered mountain
ぜっさん[絶賛·絶讃](명·타サ) 절찬. 절대적으로 칭찬함. 극찬(極讃)함.「—を博(ハク)する; 절찬을 받다」 extolment
せっし[切歯](명·자サ) 절치. ①이를 악뭄. 분하여 이를 갊. ②매우 분해 함. 1. gnashing one's teeth. **—やくわん**[切歯扼腕](연어·명·자サ) 절치 액완. 이를 갈며 팔을 걷어 붙이며 분해 하다.
せっし[摂氏](명) 섭씨. 섭씨 온도계. 또는 그 눈금. ↔華氏(カシ). Celsius. **—かんだんけい**[摂氏寒暖計](명)〈이〉 섭씨 한란계. 1742년 스웨덴의 천문학자 셀시우스가 발명한 온도계. 물이 어는 점을 0도, 끓는 점을 100도로 함. 섭씨 온도계.
せつじ[接辞](명) 접두어, 접미어. a prefix and a suffix
せっしつ[雪質](명) 눈의 질(質). the quality of snow
せつじつ[切実](명·형동ダ) 절실. ①진심임. 간절함. ②실제에 적절함. ③긴요함. 통절함.「—な問題(モンダイ); 절실한 문제」 1. truth 2. pertinence
せつじつ[節日](명) ⇨せちにち.
せっしゃ[接写](명·타サ) 가까이 가서 찍음.
せっしゃ[拙者](대) 졸자. 자기를 겸사로 일컫는 말.
せっしゅ[拙守](명·자サ)〔야구에서〕서투른 수비.
せっしゅ[截取](명·타サ) 절취. 잘라 냄. cutting off
せっしゅ[窃取](명·타サ) 절취. 물건을 몰래 훔치어 가짐. stealing
せっしゅ[接種](명·타サ)〈의〉 접종. 병원균, 독소(毒素)를 이식(移植)해서 체내에 항체(抗体)를 만듦.「予防(ヨボウ)—; 예방 접종」 inoculation
せっしゅ[摂取](명·타サ) 섭취. (영양물을) 체내에 빨아 들임.「栄養(エイヨウ)の—; 영양 섭취」 taking
せっしゅ[節酒](명·자サ) 절주. 주량을 적당히 줄임. 절음(節飲). temperance
せつじゅ[接受](명·타サ) 접수. 받아들임. receipt
せっしゅう[接収](명·타サ) 접수. ①받아서 거둠. ②권력 기관이 그의 필요에 따라 국민의 소유물을 일방적으로 수용함. 징발(徴発).「土地(トチ)の—; 토지의 접수」 1. receipt
せつじょ[切除](명·타サ)〈의〉 절제. 잘라 냄.「肺葉(ハイヨウ)を—する; 폐엽을 잘라 내다」 cutting off
せっしょう[折衝](명·자サ) 절충. 외교상(外交上)의 교섭. negotiation
せっしょう[殺生] Ⅰ(명·자サ)〈불〉 살생. 짐승이나 사람을 죽임. Ⅱ(형동ダ) 모질게 괴롭히는 모양. 잔인한 모양. Ⅰ killing Ⅱ brutality. **—きんだん**[殺生禁断](연어·명) 살생 금단. 새, 짐승, 물고기 등의 수렵(狩猟)을 금하는 일.
せっしょう[摂政](명) 섭정. 임금을 대신하여 정치를 하는 일. 또는 그 관직이나 사람. regency
せつじょう[雪上](명) 설상. 눈 위. on the snow
ぜっしょう[絶唱](명) 절창. 아주 우수한 시가(詩歌). a superb song
ぜっしょう[絶勝](명) 절승. ①아주 뛰어난 것. ②경치가 매우 좋은 것. 1. excellence
ぜつじょうかかん[舌状花冠](명)〈법〉 설상 화관. 국화등과 같이 온 화판이 서로 결합되어 하부는 관상(管

状)을, 위는 혀꼴을 이룬 화관. a ligulate corolla

せっしょく[接触](명·자サ) 접촉. ①맞붙어서 닿음. ②교섭함. 교제함. 「友人同士(ユウジンドウシ)の—; 친구끼리의 접촉」 1. touch. **—はんのう**[接触反応](명)〈이〉 접촉 반응. 촉매(触媒)에 의하여 반응 속도가 변화되는 화학 반응.

せっしょく[節食](명·자サ) 절식. 식사의 양을 적당히 줄임. eating moderately

せつじょく[雪辱](명·자サ) 설욕. 부끄러움을 씻음. 「—戦(セン); 설욕전」 vindication of one's honour

ぜっしょく[絶食](명·자サ) 절식. 식사를 하지 않음. 굶음. 단식(断食). fasting

せっすい[節水](명·자サ) 절수. 물을 절약함. economization of water

せっ·する[接する] Ⅰ(자サ) ①만나다. 「機会(キカイ)に—; 기회를 만나다」 ②교제하다. 응대하다. 「人(ヒト)に—; 사람과 교제하다」 ③계속되다. 이어지다. 「隣家(リンカ)に接した空地(アキチ); 옆집에 이어진 빈터」 ④다가 가다. 닿다. Ⅱ(타サ) ①잇다. ②겹쳐 놓다. 붙이다. ③가까이하다. Ⅰ1. meet

せっ·する[節する](타サ) 제한하다. 알맞게 조절하다. 삼가다. 절약하다. 「酒(サケ)を—; 절주하다」 be moderate

ぜっ·する[絶する] Ⅰ(자サ) ①끊기다. 없어지다. ②넘다. 뛰어나다. 「古今(ココン)に—; 고금에 뛰어나다」 Ⅱ(타サ) 끊다. Ⅰ1. be extinguished Ⅱ cut off

せっせい[摂生](명·자サ) ⇨ようじょう(養生).

せっせい[節制](명·자サ) 절제. ①알맞게 조절함. ②욕망을 적절히 억제함. temperance

ぜっせい[絶世](명) 절세. ①세상과 교제를 끊는 것. ②아주 뛰어나서 당대에 견줄 만한 것이 없는 것. 「—の美人(ビジン); 절세 미인」 1. ceasing

せつせつ[切切](형동タルト) ①매우 감정이 복받치는 모양. ②간절한 모양. 2. intimate

せっせと(부)〈속〉 쉬지 않고 빨리 하는 모양. 부지런히 하는 모양. diligently

せっせん[拙戦](명·자サ) 졸렬하게 싸우거나 시합(試合)함. a clumsy war

せっせん[折線](명)〈수〉 절선. 여러 가지 길이와 방향을 가진 선분(線分)을 순차로 접속(接続)하여 얻어지는 선. 꺾은금. a broken line

せっせん[雪線](명)〈지〉 설선. 높은 산에서 사철 눈이 녹지 않는 부분과 녹는 부분과의 경계선. a snow line

せっせん[接戦](명) 접전. ①서로 어울려져 싸우는 일. ②아슬아슬한 승부. 어슷비슷한 승부. 1. a severe local struggle

せっせん[接線·切線](명)〈수〉 접선. 곡면상의 한 점에 닿으나 그 곡면과 교차되지 않는 직선. a tangent

せつぜん[截然](형동タルト) ①절연. 베어 끊기는 모양. ②구별이 명백한 모양. 2. distinct

ぜっせん[舌戦](명) 설전. 말다툼. 언쟁. a verbal contest

せっそう[節奏](명) 절주. 음의 강약 관계가 주기적으로 되풀이되는 것. rhythm

せっそう[節操](명) 절조. 절개와 지조. 굳게 지키는 지조. 「—がない; 지조가 없다」 chastity

せっそう[拙僧](대) 중이 자신을 겸사로 일컫는 말.

せっそく[拙速](명·형동ダ) 졸속. 서투르지만 일이 빠름. 아무렇게나 빨리 해 치움. ↔巧遅(コウチ). rough and ready

せつぞく[接続](명·자타サ) 접속. 이음. 이어 줌. joining. **—し**[接続詞](명) 접속사. 단어와 단어, 구절과 구절 사이를 접속하는 말. 이음씨.

ぜっそく[絶息](명·자サ) 숨이 끊어짐. 죽음. death

せっそくどうぶつ[節足動物](명)〈동〉 절족 동물. 일반적으로 몸이 작고 발에 관절이 있는 무척추 동물의 총칭. an arthropod

せった[雪踏·雪駄](명) 눈이 올 때 신는 신발. 짚신 바닥에 가죽을 대고 철판(鉄板)을 붙였음. leather-soled sandals

セッター[setter](명)〈동〉 세터. 개의 한 품종. 영국 원산으로 후각(嗅覚)이 예민하여 사냥개로 많이 씀.

せったい[接待](명·타サ) 접대. ①응접함. 「客(キャク)の—; 손님 접대」 ②대접함. 향응함. 1. reception

せつだい[設題](명·자サ) 생각하고 해결 짓게끔 문제나 제목을 미리 만듦. 또는 그 문제나 제목. establishing a proposition or a title

ぜったい[舌苔](명)〈의〉 설태. 열병, 소화기병, 위중한 질병으로 말미암아 혀의 거죽에 생기는 이끼 모양의 물질. fur on the tongue

ぜったい[絶対·絶待](명) 절대. ①상대될 만한 것이 없는 것. ↔相対(ソウタイ). ②조금도 제한이나 구속을 붙일 수 없는 것. 「—安静(アンセイ); 절대 안정」 ③아무런 제약도 받지 않는 것. ④모든 것을 초월하는 것. 「—の境地(キョウチ); 절대의 경지」 ⑤〈철〉 우주의 종극 원리(終極原理). 1. absoluteness 2. unconditionalness. **—おんど**[絶対温度](명)〈이〉 절대 온도. 섭씨 273.15 도를 0도로 한 온도. **—しゃ**[絶対者](명)〈철〉 절대자. 어떤 것에도 의존하지 않고 어떤 것에도 제약받지 않는 존재. 예: 신(神). **—しゅぎ**[絶対主義](명)〈철〉 절대주의. ①객관적, 절대적인 기준이 있는 것을 인정하는 주의. ②절대적인 권력을 마음대로 쓰는 행정 방법. 예: 파시즘. **—ち**[絶対値](명)〈수〉 절대치. 실수(実数)일 경우 수의 정(正), 부(負)의 부호를 떼어 버린 수. **—てき**[絶対的](형동ダ) 절대적. 절대의 상태에 있는 모양. **—りょう**[絶対量](명) 절대량. 다른 것의 다소(多少)에 관계하지 않는 양(量). 「—の不足(フソク); 절대량의 부족」 「a brief note

ぜつだい[舌代](명) 설대. 말 대신 글로 쓴 것. ↗

ぜつだい[絶大](명·형동ダ) 절대. 아주 월등하게 큼. 「—な援助(エンジョ); 막대한 원조」 greatest

ぜったいぜつめい[絶体絶命](명·형동ダ) 절체 절명. 아무리 하여도 면할 수 없게 궁박함. 절망적임. desperate situation

せったく[拙宅](명) 자기 집을 겸사로 일컫는 말. my house

せつだん[切断·截断](명·타サ) 절단. 자름. cutting
ぜったん[舌端](명) 혀끝. 「一火(ヒ)を吐(ハ)く; 열변(熱辯)이 불을 토하는 것 같다」 the tip of the tongue
せっち[接地](명·자サ) ①지면에 접함. ②(이) ⇨アース. 1. grounding
せっち[設置](명·타サ) 설치. 베풀어 둠. 만듦. 「事務所(ジムショ)を一する; 사무소를 설치하다」 establishment
せっちゃく[接着] Ⅰ(명·자サ) 접착. 달라붙음. Ⅱ(명·타サ) 맞붙임. 「一剤(ザイ); 접착제」 Ⅱ joining together
せっちゅう[折中·折衷](명·타サ) 절충. 상반되는 것이나 다른 것을 적절하게 조화시킴. 「一案(アン); 절충안」 blending
せっちゅう[雪中](명) 눈 속. 눈이 내리는 가운데. 「一行軍(コウグン); 눈 속의 행군」 in the snow
せっちょ[拙著](명) 졸저. 자기의 저서를 겸사로 일컫는 말.
ぜっちょう[絶頂](명) 절정. ①맨 꼭대기. ②정점(頂点). 최고(最高). 「人気(ニンキ)の一; 인기의 절정」 1. the summit
せっちん[雪隠](명) 변소. a lavatory. **—だいく**[雪隠大工](명)〈속〉 서투른 목수. **—づめ**[雪隠詰め](명) ①〔장기에서〕 궁(宮)을 구석에 몰아 넣고 공격하는 일. ②궁지(窮地)에 몰아 넣는 일.
せっつ[摂津](명)〈지〉 옛 지명. 현재 오오사카부(大阪府)와 효오고현(兵庫県)의 일부.
せってい[設定](명·타サ) 설정. 정하여 만듦. 「規則(キソク)を一する; 규칙을 설정하다」 establishment
せってん[接点·切点](명) ①접촉하는 점. ②〔사진에서〕 카메라의 플래시를 접속하는 곳. 1. a point of contact
せつでん[節電](명·자サ) 절전. 전기의 사용을 절약함. economy in power consumption
ぜってん[絶巓](명) 산의 맨 꼭대기. 산정. the summit
セット[set](명·타サ) 세트. ①도구, 가구 같은 것의 한벌. ②라디오의 청취 장치. 수신기. ③연극의 무대 장치. ④영화의 연기를 행하는 장소로서 촬영용으로 꾸며진 여러 장치. ⑤한 시합 중의 한 승부. ⑥파마를 한 다음에 이따금 머리의 모양을 매만져 고침. 또는 이에 쓰이는 도구. ⑦빈틈 없이 준비함.
せつど[節度](명) 절도. ①법도(法度). 알맞는 정도. ②지휘. 명령. ③가락. 박자. 1. rule 2. order
せっとう[窃盗](명) 절도. 남의 것을 몰래 훔치는 일. 또는 그 사람. 「一犯(ハン); 절도범」 a thief
せっとう[節刀](명) 옛날 장군(将軍)이 출정할 때 천황이 내려 주던 칼.
ぜっとう[絶島](명) 절도. 육지에서 멀리 떨어져 있는 외딴 섬. 고도(孤島). an isolated island
ぜっとう[舌頭](명) 혀끝. the tip of the tongue
ぜっとう[絶倒](명·자サ) 몸을 가누지 못할 만큼 웃음. 「抱腹(ホウフク)一; 포복 절도」 side-splitting
せっとうご[接頭語](명) 접두어. 어떤 말 위에 붙어서 그 뜻을 강조하거나, 어떤 의미를 보태어 주는 말. ↔接尾語(セツビゴ). a prefix
せつどし[節度使](명)〈역〉 절도사. 옛날 중국에서 변경(辺境)의 군정(軍政), 민정(民政)을 맡아 다스리던 벼슬.
せっとく[説得](명·타サ) 설득. 이야기하여 납득시킴. 설복(説伏). 「一力(リョク); 설득력」 persuasion
せつな[刹那](명)〈불〉 찰나. 매우 짧은 시간. 순간. ↔劫(コウ). an instant
せつな·い[切ない](형) 마음이 괴롭거나 또는 무엇을 하고 싶어서 참을 수가 없다. 절절(切切)하다. 「一思(オモ)い; 절절한 생각」 파생 **—げ**(형동ダ) **—さ**(명). distressing
せつなる[切なる](형동ナリ) ⇨せつ(切).
せつに[切に](부) ①간절히. 절실히. ②매우 열심히. 애오라지. ③되풀이하여. 거듭. 2. earnestly
せつねん[切念](명·타サ) 통절(痛切)히 생각함. an earnest desire
せっぱ[切羽](명) 도검(刀劍)의 날밑 양쪽에 댄 금속. **—つま·る**[切羽詰まる](자 4) 매우 절박하게 되다. 다급해지다. 앞뒤가 꽉 막히다.
せっぱ[説破](명·타サ) 설파. 설복(説服)함. refutation
せっぱく[切迫](명·자サ) 절박. ①시기나 기한이 아주 가까이 닥침. ②여유가 없어짐. 「事態(ジタイ)が一する; 사태가 절박하다」 pressure
せっぱく[雪白](명) 설백. ①눈처럼 새하얀 것. 순백(純白). ②행동이 결백함. 1. snow-white
せっぱん[接伴](명·타サ) 손님을 접대함. 또는 그 사람. reception
せっぱん[折半](명·타サ) 절반. 반으로 나눔. 「費用(ヒヨウ)を一する; 비용을 절반씩 나누다」 halving
ぜっぱん[絶版](명·자타サ) 절판. 원판을 없애고 출판을 그만둠. 원판이 없어짐. being out of print
せつび[設備](명·타サ) 설비. 만들어서 갖춤. 또는 그것. 시설(施設). 「一の よい学校(ガッコウ); 시설이 좋은 학교」 equipment
ぜつび[絶美](명·형동ダ) 절미. 더없이 아름다움 superb beauty
せつびご[接尾語](명) 접미어. 어떤 말 끝에 붙어서 그 뜻을 강조하거나 어떤 의미를 보태어 주는 말. ↔接頭語(セットウゴ). a suffix
せっぴつ[拙筆](명) 졸필. 자기의 필적을 겸사로 일컫는 말.
ぜっぴつ[絶筆](명) 절필. ①죽기 전에 마지막으로 쓴 필적(筆跡). ②붓을 놓고 다시는 쓰지 않음. 1. one's last writing
せっぴょう[雪氷](명) 설빙. 눈과 얼음. snow and ice
ぜっぴん[絶品](명) 절품. 아주 뛰어나게 좋은 물건. 일품(逸品). a unique article
せっぷ[節婦](명) 절부. 절개가 굳은 부인. 지조가 곧은 여자. a virtuous woman
せっぷく[切腹](명·자サ) ①배를 갈라 죽음. 할복 자살(割腹自殺). ②에도(江戸) 시대 무사(武士)에 과(課)한 사형(死刑). 1. disemboweling oneself
せっぷく[説伏](명·타サ) 설복. 알아 듣도록 말하여

수긍하게 함. 설득(説得). persuasion
せつぶん[拙文](명) 졸문. 자기 문장을 겸사로 일컫는 말.
せつぶん[節分](명) ①기후가 변하는 때. ②입춘 전날. 1. the parting of the seasons
せっぷん[接吻](명·자サ) 접문. 입맞춤. a kiss
ぜっぺき[絶壁](명) 절벽. 깎아 세운 듯한 벼랑. a precipice
せっぺん[切片](명) 조각. 단편(断片). a fragment
せっぺん[雪片](명) 설편. 눈송이. a snowflake
せつぼう[切望](명·타サ) 절망. 간절히 바람. 「帰国(キコク)を一する; 귀국을 간절히 바람」an earnest desire
せっぽう[説法](명·자サ) 설법. ①〈불〉불법을 풀어 밝힘. 불교의 교의를 들려 줌. 설교(説教). ②⇨せっきょう②. 1. preaching
ぜつぼう[絶望](명·자サ) 절망. 희망이 끊어짐. 희망을 버리고 체념함. 「一的(テキ); 절망적」 despair
ぜっぽう[舌鋒](명) 설봉. 서슬이 선 말. 날카로운 변설(辯説). 혀끝. 「一するどく; 말투도 날카롭게」 an incisive tongue
せつまい[節米](명·자サ) 절미. 쌀을 절약함. rice saving
ぜつみょう[絶妙](형동ダ) 절묘. 아주 오묘한 모양. 「一なわざ; 절묘한 재주」 miraculous
ぜつむ[絶無](명) 절무. 전혀 없는 것. nothing
せつめい[説明](명·타サ) 설명. 사물의 내용, 이유, 뜻 같은 것을 알도록 일러 줌. 「内容(ナイヨウ)の一; 내용 설명」 explanation
ぜつめい[絶命](명·자サ) 절명. 목숨(생명)이 끊어짐. 죽음. death
ぜつめつ[絶滅](명·자타サ) 절멸. 멸망(滅亡)해서 아주 없어짐. 전멸(全滅). 「細菌(サイキン)の一; 세균의 절멸」 extinction
せつめん[雪面](명) 눈의 표면. the surface of snow
せつもう[雪盲](명)〈의〉설맹. 쌓인 눈의 반사, 특히 강한 자외선의 자극으로 일어나는 눈의 염증. 설안염(雪眼炎). snow blindness
せつもん[設問](명·자サ) 설문. 문제를 냄. 또는 그 문제. questioning
せつやく[節約](명·타サ) 절약. 비용을 줄임. thrift
せつゆ[説諭](명·타サ) 설유. 말로 타이름. 이야기해 가르침. admonition
せつよう[節用](명) 절용. ①절약하여 쓰는 일. ②〔←節用集(セツヨウシュウ)〕 옛날의 간략하고 실용적인 사전. 1. economy
せつよう[切要](형동ダ) 절요. 매우 긴요한 모양. urgent
せつり[節理](명) ①결. ②조리. 도리. ③〈지〉화성암이 냉각할 때 생긴 규칙적인 금. 1. grain 2. reason
せつり[摂理](명) ①〈종〉섭리. 〔기독교에서〕 신 또는 정령이 인간의 이익을 염려하면서 세상의 모든 것을 다스리는 일. ②대신하여 처리하는 것. 대리(代理). ③통치(統治). 다스리는 것. 1. Providence
せつりつ[設立](명·타サ) 설립. (회사나 기관을) 만들어 세움. 설치(設置). 「会社(カイシャ)一; 회사 설립」 establishment
ぜつりん[絶倫](형동ダ) 절륜. 뛰어나게 우수한 모양. 「精力(セイリョク)一; 정력 절륜」 peerless
セツル(メント)[settlement](명) 세틀먼트. 빈민 지구에 살면서 그들의 생활 향상을 꾀하는 운동이나 그 기관.
せつれい[雪嶺](명) 설령. 눈이 쌓인 산봉우리. a snow-capped mountain
せつれつ[拙劣](형동ダ) 졸렬. 용렬하고 잔졸함. 몹시 서투름. 「一な文章(ブンショウ); 졸렬한 문장」 clumsy
せつろん[切論](명·타サ) 열심히 논함. 열렬히 논함. earnest discussion
せつろん[拙論](명) 졸론. 자기의 논설을 겸사로 일컫는 말.
せつわ[説話](명) 설화. ①이야기. ②신화, 전설 등을 줄거리로 한, 사실과는 좀 먼 옛 이야기. 1. a tale
せと[瀬戸](명) ①좁은 해협(海峡). ②승패가 판가름되는 곳. ③⇨せともの(瀬戸物). 1. a strait
せど[背戸](명) 뒷문. the back gate
せどう[世道](명) 이 세상에서 지켜야 할 도의(道義). 「一人心(ジンシン); 도의와 인심」 public morality
せどうか[旋頭歌](명) 일본의 와카(和歌) 형식의 하나. 상구(上旬)와 하구(下旬)가 모두 5·7·7의 3구로 된 것.
せとぎわ[瀬戸際]ーギハ(명) ①작은 해협과 바다와의 경계가 되는 곳. ②일의 잘되고 못됨이 갈라지는 곳. 위기. 「勝負(ショウブ)の一; 이기느냐 지느냐의 판가름」 1. entrance to a strait
せどぐち[背戸口](명) 뒤쪽의 출입구. 뒷문. the back entrance
せとないかい[瀬戸内海](명)〈지〉혼슈우(本州), 시코쿠(四国), 큐우슈우(九州)에 둘러 싸인 긴 내해(内海).
せとひき[瀬戸引](명) 철제(鉄製)의 기물(器物)에 법랑(琺瑯)을 입히는 일. 또는 입힌 것. enamelled
せともの[瀬戸物](명) 도자기. 사기 그릇. earthenware
せとやき[瀬戸焼](명) 아이치현(愛知県) 세토시(瀬戸市)를 중심으로 생산되는 도자기.
せどり[競取り](명) 동업자(同業者) 간에서 의뢰 받은 물품을 매매하고 구전(口銭)을 받는 일. 또는 그 사람. commission sale
せな[背·夫](명)〈고〉여성이 자기 남편이나 오빠를 정답게 부르는 말.
せなか[背中](명) ①등의 중앙. ②등뒤. 뒤쪽. ③동물의 배의 반대쪽. 1. the middle of the back. —**あわせ**[背中合わせ]ーアハセ(연어) ①두 사람이 돌아서서 등과 등을 마주 대는 것. ②사이가 나쁨.
せに[狭に](부)〈고〉비좁게. 좁을 정도로.
ぜに[銭](명) ①금속으로 만든 돈. ②〈속〉화폐(貨幣). 돈. 1. a coin 2. money
ぜにあおい[銭葵](명)〈식〉전규. 아욱과에 속하는 월년초. 당아욱. 〈학명〉Malva sylvestris
ぜにうら[銭占](명) 돈을 던져서 치는 점. one's fortune-telling by tossing a coin

ぜにがた[銭形](명) ①돈의 모양. ②돈 모양으로 오린 종이. 신에게 바침. 1. a coin shape
ぜにかね[銭金](명) 금전. 돈. 화폐. money
ぜにがめ[銭瓶](명) 돈을 저축하는 항아리.
ぜにがめ[銭亀](명)〈동〉 남생이의 새끼. 아이들이 가지고 놂. 수귀(水亀). 석귀(石亀). a spotted turtle
ぜにこ[銭こ](명)〈방·속〉 돈. money
ぜにごけ[銭苔](명)〈식〉 우산이끼. 응달에 자라며 얄따랗고 푸름. a liverwort
ぜにざ[銭座](명) 에도(江戸) 시대 막부(幕府)의 관리하에 돈을 주조(鋳造)하던 관청.
ぜにさし[銭差](명) 돈을 꿰는 끈.
セニョリータ[ス señorita](명) 세녀리이타. 아가씨. 양(嬢).
ぜにん[是認](명·타サ) 시인. ①좋다고 인정함. 승인함. 「相手(アイテ)の行動(コウドウ)を一する; 상대의 행동을 승인하다」 ②그렇다고 인정함. 「報道(ホウドウ)を一する; 보도를 시인하다」 ↔否認(ヒニン). approval
せぬい[背縫]ーヌヒ(명·타サ) 옷의 등솔기를 꿰맴. 또는 등솔기. back-seaming
ゼネスト(명)〔← general strike〕 제네스트. 모든 산업, 공장의 노동자가 일제히 일을 쉬는 것. 총동맹 파업(総同盟罷業).
ゼネレーション[generation](명) 제너레이션. ①발생. ②세대(世代). 세대의 사람들. 「一のちがい; 세대차」
せのきみ[背の君·夫の君](명) 남성 특히 남편을 경애(敬愛)하여 부르는 말. 낭군(郎君).
せのび[背伸び](명·자サ) ①(발돋움하여) 키를 높임. ②자기의 힘 이상의 일을 하려고 함. 1. standing on tiptoe
せば(연어) ①…한다면. 「しかりとー; 그렇다면」 ②…했더라면. 「つもらざりー; 쌓이지 않았더라면」
セパード[shepherd](명)〈동〉 세퍼드. 서양 개의 한 품종. 프랑스 알사스 지방의 원산으로 늑대와 비슷함. 퍽 영리하고 충실 용감하며 후각(嗅覚)이 예민함. 경찰견, 군용견으로 씀.
せば·し[狭し](형ク)〈고〉 ⇨せまい.
せばま·る[狭まる](자 4) 좁아지다. become narrow
せば·める[狭める](타하 1) 좁히다. narrow
セパレーツ[separates](명) 세퍼레이츠. ①한 세트의 도구를 자유로이 맞추어 쓸 수 있게 만든 것. ②원피이스같이 보이나 실은 상하로 나뉘어져 있는 옷. ③위아래를 달리하는 복장의 짜임새. 스웨터와 슬랙스 같은 것.
セパレート(コース)[separate (course)](명) 세퍼레이트(코오스). 각자에게 구분된 주로(走路). 400 *m* 이내의 경주에서는 각자의 주로를 구분함.
せばんごう[背番号](명) 운동 선수의 옷의 등에 써 있는 번호. the number on the back of a player
せひ[施肥](명·타サ)〈농〉 시비. 비료를 줌. fertilization
ぜひ[是非] Ⅰ(명·타サ) 시비. 옳고 그름. 또는 이를 따짐. 「一におよばぬ; 부득이하다」 Ⅱ(부) ①아무쪼록. 부디. ②반드시. 꼭. 자기가 상대방이 하기를 바라는 뜻. Ⅰ right and wrong Ⅱ 1. please
セピア[sepia](명) 세피아. ①암갈색. ②암갈색 유기성의 안료. 오징어 먹통의 액체를 말려 알칼리액에 녹여 희염산으로 침전시켜서 만듦. 수채화에 씀.
ぜひとも[是非とも](부) ⇨ぜひ(是非) Ⅱ ②.
ぜひない[是非無い](형) 별도리 없다. 부득이하다. ⤵ unavoidable
ぜひに[是非に](부) ⇨ぜひ(是非) Ⅱ ②.
ぜひ(も)ない[是非(も)無い](연어·형) 부득이하다. 어찌할 수 없다. 「皆(ミナ)が反対(ハンタイ)するならー; 모두가 반대한다면 어찌 할 수 없다」 unavoidable
せひょう[世評](명) 세평. 세상의 평판. public opinion
せびらき[背開き](명) 물고기를 등줄기에서 두 쪽으로 베어 가르는 것. cutting up along a dorsal fin
せび·る(타 4) 조르다. 강요하다. 「小(コ)づかいをー; 용돈을 달라고 조르다」 tease for a thing
せびれ[背鰭](명)〈생〉 등지느러미. a dorsal fin
せびろ[背広](명)〔시빌클로오즈(civil clothes)에서 온 말〕 신사가 평시에 입는 양복. 보통 저고리, 조끼, 바지로 이루어짐. a sack coat
せぶし[背節](명) 등 살로 만든 가다랭이 포. a dried back of bonito
せぶみ[瀬踏み](명·자サ) ①강을 건너기 전에 깊이를 잼. ②일을 하기 전에 우선 시험해 봄. 1. wading to test the depth
ゼブラ[zebra](명)〈동〉 제브라. 얼룩말.
セブン[seven](명) 세븐. ①일곱. 7. 「ラッキーー; 러키세븐」 ②〔럭비에서〕 스크럼을 일곱 사람이 짜는 일. ↔エート.
せぼね[背骨·脊骨]〈생〉(명) 척골. 등뼈. the backbone
せま·い[狭い](형) ①좁다. 「一庭(ニワ); 좁은 뜰」 ②빈자리가 적다. 「就職口(シュウショクグチ)がー; 취직자리가 적다」 ③트여 있지 않다. 「視野(シャ)がー; 시야가 좁다」 ④미치지 않다. 한정되어 있다. ⑤도량이 좁다. 「心(ココロ)の一人(ヒト); 마음이 좁은 사람」 ⑥옹색하다. 여유가 없다. ↔広(ヒロ)い. 파생 **—げ**(형동ダ) **— さ**(명). 1. narrow
せまい[施米](명·자サ) 쌀을 시주함. 또는 공양미(供養米). giving rice in charity
せまきもん[狭き門](명) ①수행(修行)이나 신앙 등의 어려운 것. 난관. ②입학이나 취직 등의 어려운 관문(関門). 2. the barrier of an entrance examination
せまくるし·い[狭苦しい](형) 좁아서 답답하다. 파생 **—げ**(형동ダ) **— さ**(명). narrow and close
せまし(연어) ①하자. 또는 할까. ②하면 좋겠지. 또는 좋을까. 「いかにー; 어지하면 좋을까」 ⇨:まし.
せま·る[迫る·逼る] Ⅰ(자 4) ①좁아지다. ②가까와지다. 다가오다. 「夏休(ナツヤス)みがー; 여름 방학이 다가오다」 ③오므라들다. ④고생하다. 괴로와하다. 갑갑하다. ⑤가난해지다. Ⅱ(타 4) 강요하다. 「返答(ヘントウ)をー; 대답을 강요하다」 Ⅰ 1. become narrow 5. be hard up
セミー[semi](접두) 세미. 반(半). 2분의 1. 「ードキ

ュメンタリ; 반기록적 작품(영화)」
せみ[蟬](명) ①〈동〉 매미. ②물건을 끌어 올리는 작은 도르래. 활차(滑車). 1. a cicada
せみくじら[脊美鯨]―クヂラ(명)〈동〉 큰고래. 고래 중에서 제일 큼. 수염, 가죽, 고기를 이용함. a right whale
せみごろも[蟬衣](명) ①매미 날개. ②매미 날개처럼 얇은 옷. 1. an ala of a cicada
セミコロン[semicolon](명) 세미콜론. 가로 쓰는 글이나 구문(欧文)의 구두점의 한 가지. ";"
せみしぐれ[蟬時雨](명) 한바탕 울어대고 그치는 많은 매미 소리. noisy singing of cicadas
セミナー[seminar](명) 세미나아. ①⇨セミナール. ②연구과. ③연습(演習).
セミ(ナール)[도 Seminar](명) 제미나아르. 대학의 연구 그루우프.
せみのはづき[蟬の羽月](명) 음력 6월의 다른 이름.
セミばん[semi 判](명) 사진의 규격. 4.5 *cm*×6 *cm* 의 판.
セミプロ(フェッショナル)[semiprofessional](명) 세미프로페셔널. ①본직을 가지고 있으면서 다른 직업에 종사(従事)하는 사람. ②반직업 선수. 준전문가(準専門家).
せむし[傴僂](명)〈의〉 구루. 등뼈가 구부러져 활과 같이 되는 병 또는 그 사람. 곱사등이. 꼽추. rickets
せめ[責め](명) ①꾸짖는 일. 책망. ②책임. 임무. 근무. 「―を負(オ)う; 책임을 지다」 1. blame
せめあ·う[責め合う]―アフ(자 4) 서로 비난하다. reproach each other
せめあぐ·む[攻め倦む](자 4) 공격하는 데 지치다. be tired of attack
せめい·る[攻め入る](자 4) 공격해 들어 가다. 쳐들어 가다. penetrate into
せめうま[責め馬](명) 말을 잘 길들이는 일. 또는 잘 길들인 말. breaking in a horse
せめおと·す[攻め落とす](타 4) ①공격해서 함락시키다. 공락하다. ②〈속〉 설복하다. 1. take by assault
せめか·ける[攻め懸ける](타하 1) 공격해 덤벼들다. 쳐들어 가다. close in upon
せめく[責め苦](명) 죄를 책망하여 괴롭히는 것. 형벌. 「地獄(ジゴク)の―; 지옥의 심한 형벌」 torments
せめ·ぐ[鬩ぐ](자 4) ①(부자 형제 등) 집안끼리 싸우다. 「兄弟(ケイテイ)相(アイ)―; 형제가 서로 싸우다」 ②서로 다투다. 2. quarrel
せめぐ[攻め具](명) 적을 공격하는 도구. weapons of attack
せめぐ[責め具](명) 고문(拷問)하는 도구. instruments of torture
せめくち[攻め口](명) 공격 방법. 「a place to attack
せめぐち[攻め口](명) 공격하러 들어 가는 곳. ↗
せめこ·む[攻め込む](자 4) 공격해 들어 가다. invade
せめさいな·む[責め苛む](타 4) 가책(苛責)하다. 가혹하게 책망하여 괴롭히다. maltreat
せめだいこ[攻め太鼓](명) 옛날에 공격할 때 군호로 치던 북. a war-drum
セメダイン[cemedine](명) 세메다인. (나무나 대를 붙이는) 접합제(接合劑). 「attack severely
せめた·てる[攻め立てる](타하 1) 심하게 공격하다. ↗
せめた·てる[責め立てる](타하 1) 가혹하게 재촉하다. 또는 책망하다. 「早(ハヤ)く返答(ヘントウ)せよと―; 빨리 대답하라고 심하게 독촉하다」 torture severely
せめつ·ける[責め付ける](타하 1) 몹시 꾸짖다. 또는 괴롭히다. blame severely
せめて(부) ①〈고〉 억지로. ②〈고〉 퍽. 몹시. ③부득이하면. 적어도. 「一声(コエ)だけでも聞(キ)きたい; 적어도 목소리만이라도 듣고 싶다」 3. if inevitable. ―**は**(부) ⇨せめて. ―**も**(부) "せめて"의 센말.
せめどうぐ[攻め道具](명) ⇨せめぐ(攻め具).
せめどうぐ[責め道具](명) ⇨せめぐ(責め具).
せめぬ·く[攻め抜く](타 4) ①공격하여 적의 성을 함락시키다. ②끝까지 공격하다. 1. attack and seize
せめぬ·く[責め抜く](타 4) 끝까지 책망(責望)하거나 괴롭히다. torture persistently
せめのぼ·る[攻め上る](자하 1) 수도(首都)를 향해 공격해 가다. march on the capital
せめよ·せる[攻め寄せる](자하 1) 가까이까지 공격하여 다가 들다. close in
せめよ·る[攻め寄る](자 4) ⇨せめよせる.
せ·める[攻める](타하 1) ①공격하다. ②싸움을 걸다. 1. attack
せ·める[責める](타하 1) ①애를 쓰다. 조르다. 비난하다. 꾸짖다. 「人(ヒト)の失敗(シッパイ)を―; 남의 실패를 비난하다」 ②괴롭히다. ③말을 길들이다. ↘
セメン(명) 시멘트, 세멘시나의 준말. ⌊1. importune
セメンえん[semen 円](명)〈의〉 세멘원. 산토닌. 빨간 환약으로 된 회충 구제약.
セメンシナ[라 semencinae](명)〈식〉 세멘시나. 엉거시과에 속하는 다년초. 줄기의 밑 부분은 목질이고 잎은 두꺼움. 꽃은 시나꽃이라고 하며, 산토닌의 함유량이 많아 회충 구제약으로 씀.
セメント[cement](명) 시멘트. 토목 건축 재료로서 사용하는 접합제(接合劑).
せもつ[施物](명) 베풀어 주는 물건. 구호해 주는 물건. alms
せやく[施薬](명) 시약. 베풀어 주는 약. 구호해 주는 약. medicine dispensed free
せよ[施与](명·타サ) 시여. 베풀어 줌. 남에게 물건을 거저 줌. giving in charity
ゼラチン[gelatine](명) 젤라틴. 아교를 정제(精製)하여 무색 투명(無色透明)하게 한 것. 식용, 약용, 공업용으로 씀.
ゼラニウム[geranium](명)〈식〉 제라늄. 쥐소니풀과에 속하는 다년생 원예 식물의 총칭. 적색, 백색, 자색 등의 오판화(五瓣花)가 핌.
せり[芹](명)〈식〉 미나리. parsley
せり[競り](명) ①경쟁. ②경매(競売). 1. competition
せり[糶り](명) 행상(行商). peddling

せり(연어·ラ) 동작의 완료(完了)를 나타내는 말. …했다. 「終了(シュウリョウ)―; 종료했다」
せり あ·う[競り合う]―アフ(자 4) 경합하다. 서로 지지 않으려고 몹시 경쟁하다. 명 競り合い. compete
せり あ·げる[迫り上げる](타하 1) 차차로 밀어 올리다. 자 せり上がる(4). push up
せり あ·げる[競り上げる](타하 1) 경쟁하여 값을 비싸게 올리다. bid up
ゼリー[jelly](명) 젤리. 과일즙에 설탕, 젤라틴 등을 끓인 다음 식혀 만든 과자.
せり いち[競り市](명) 경매 시장. an auction-market
セリウム[cerium](명)〈이〉 세륨. 철 비슷한 금속 원소. 라이터돌로 씀. 기호는 Ce.
せり うり[競り売り](명·타サ) 경매. 값을 제일 많이 부르는 사람에게 팖. ↔せり買(ガ)い. auction
せり うり[糶売](명·타サ) 물건을 가지고 다니며 팖. 또는 그 사람. 행상(行商). 행상인. peddler
せり おと·す[競り落とす](타 4) 경매에서 물건을 사다. 낙찰(落札)시키다. make a successful bid
せり だし[迫り出し](명) 무대(舞臺)에 구멍을 뚫고 배우나 대도구(大道具)를 위로 밀어 내는 일. 또는 그런 장치. pushing
せり だ·す[迫り出す](타 4) ①구멍을 통하여 위로 밀어 내다. ②몸을 앞으로 내밀다. 1. push out
せりばいばい[競売買](명)〈경〉 경매매. 거래 가격을 경쟁시켜 매매 계약을 하는 행위. auction
せりふ[台詞·台白·科白](명) ①대사. 배우가 무대에서 연극중에 하는 말. ②주장(主張). ③틀에 박힌 말. 1. the speech. **― まわし**[台詞回し]―マハシ(명) 대사의 표현 방법.
せり もち[迫り持ち](명) 기둥 등의 위를 궁형(弓形)이나 반월형(半月形)으로 하여 그 아래를 공간(空間)으로 만드는 방법. an arch
せ りょう[施療](명·타サ) 시료. 무료로 환자를 치료하는 일. free medical treatment
せ·る[競る](타 4) ①다투다. 경쟁하다. ②경쟁해서 가격을 올리다. 1. compete
せる(조동·하 1형) ①어떤 동작을 시키는 의미를 나타내는 말. 「入場(ニュウジョウ)さ―; 입장시키다」 ②〔밑에 "られる"를 붙여서〕 높은 존경의 뜻을 나타내는 말. 「取(ト)らせられた; (손에) 잡으셨다」
セル[serge](명) 사아지. 원래는 견모 교직(絹毛交織)의 옷감. 근래에는 소모사(梳毛糸)로 짬.
セルフ コッキング[self-cocking](명) 셀프콕킹. 〔사진에서〕 필름을 감으면 셔터가 자동적으로 걸리는 것.
セルフ サービス[self-service](명) 셀프서어비스. 식당이나 상점 같은 데서 손님이 마음대로 필요한 만큼 상품이나 음식을 선택한 다음 카운터에서 일괄하여 대금을 청산하는 자급식(自給式) 판매 방법.
セルフ タイマ[self-timer](명) 셀프타이머. 사진기의 셔터를 일정한 시간을 두고 자동적으로 끊는 장치.
セルリアン[cerulean](명) 시룰리언. 하늘빛.
セルロイド[celluloid](명) 셀룰로이드. 질산 섬유소에 장뇌(樟脳)를 섞어 압착(圧搾)하여 만든 반투명의 물질. 장난감, 필름, 문방구, 장신구 등에 쓰임.
セルローズ[cellulose](명)〈이〉 셀룰로우스. 식물 세포막(細胞膜)의 주성분(主成分). 섬유소(纖維素).
セレクション[selection](명·타サ) 셀렉션. 선택함.
セレクト[select](명·타サ) 셀렉트. 추려 냄. 발탁(拔擢).
セレナーデ[도 Serenade](명)〈악〉 세레나아데. ①저녁에 애인의 창 밑에서 노래하거나 연주하는 음악. ②18세기에 시작된 기악 형식. 주로 관악, 현악, 소관현악을 위하여 작곡되며 구성이, 간소한 몇 악장을 이은 것임. 소야곡(小夜曲).
セレモニー[ceremony](명) 세리머니. 의식(儀式).
せ ろ[世路](명) 처세하는 길. the path of life
セロ[cello](명)〈악〉 ①⇨チェロ. ②⇨セロハン.
ゼロ[프 zero](명) 제로. ①영(零). 영점. ②전혀 가치가 없는 것. 「あの人(ヒト)の人格(ジンカク)は―だ; 저 사람의 인격은 영점이다」
セロテープ[Cellotape](명) 셀로테이프. 셀로판으로 만든 테이프. 물건을 붙이는 데 씀.
ゼロはい[zero 敗](명·자サ) 경기에서 한 점도 얻지 못하고 패함. 영패(零敗). whitewash
セロハン[cellophane](명) 셀로판. 비스코우스로 만든 무색 투명한 종이 같은 물건. 포장지 등에 씀. 셀로판지(紙).
セロヤン[celloyarn](명) 셀로야안. 셀로판 조각을 꼰 끈. 수예용 또는 꽃바구니 등을 만드는 데 쓰임.
セロリー[celery](명)〈식〉 셀러리. 미나리과에 속하는 2년생 초본. 키는 80 *cm* 정도. 향기와 감미가 있어서 재배하여 식용함.
せ ろん[世論](명) 세론. 어떤 개인이나 사회에 대한 사회 대중의 공통된 의견. 여론. 「―調査(チョウサ); 여론 조사」 public opinion
せ わ[世話](명·타サ) ①세속적(世俗的)인 것. ② 돌보아줌. 주선. ③성가신 일. ④세상 소문. ⑤속담. 속어(俗語). ⑥대사(臺詞)의 한 가지. 1. popularity
せわ きょうげん[世話狂言](명) 그 시대의 대중의 생활을 소재(素材)로 한 연극. ↔時代(ジダイ)狂言. a realistic drama
せわし·い[忙しい]セハー(형) ①바쁘다. 틈이 없다. ②마음이 조급하다. 「時間(ジカン)がなくて―; 시간이 없어서 마음이 조급하다」 파생 **―が·る**(자 4) **―げ**(형동ダ) **― さ**(명). 1. busy
せわし な·い[忙しない]セハシー(형) 마음이 바쁘다. 조급하다. busy
せわ にょうぼう[世話女房](명) 살림을 잘하는 아내. 남편의 시중을 잘 드는 아내. a good housewife
せわ ば[世話場](명) 〔카부키(歌舞伎) 등에서〕 서민의 일상 생활을 나타내는 세속적 장면.
せわ もの[世話物](명) 〔연극 등에서〕 당대의 세속을 기초로 서민 사회에서 취재한 것. ↔時代物(ジダイモノ). a realistic drama
せわ やき[世話焼き](명) 남의 일을 잘 봐 주는 사람. an officious person

せわやく[世話役](명) 돌보아 주는 사람. a manager
せわり[背割り](명) ①(생선의) 등을 베어 가르는 일. ②의복의 등솔기의 하부를 꿰매지 않고 그냥 두는 것. 1. the back partly unsewn
せん—[先](조어) 먼저의. 「—月(ゲツ); 전달(지난 달)」
せん—[鮮](조어) 선명한. 「—緑色(リョクショク); 선명한 녹색」
—せん[泉](조어) 온천. 「アルカリー; 알칼리 온천」
—せん[船](조어) 배. 기선. 「引(ヒ)き揚(ア)げー; 귀환선(帰還船)」
—せん[戦](조어) ①전쟁. 「持久(ジキュウ)—; 지구전」 ②시합. 「定期(テイキ)—; 정기 시합」 ③경쟁. 「経済(ケイザイ)—; 경제적인 경쟁」 ④선거 운동. 「府議(フギ)—; 부의회 의원 선거전」
—せん[箋](조어) 종이. 편지지. 「書簡(ショカン)—; 편지지」
—せん[選](조어) 뽑음. 뽑은 것. 「名作(メイサク)—; 명작선」
せん[仙](명) ①선인(仙人). ②어떤 일에 아주 뛰어난 사람. 「詩(シ)—; 시선」 1. a mountain wizard
せん[先](명) ①앞. 「—を越(コ)す; 앞지르다」 ②이전. 「—に; 이전에」 ③선조(先祖). ④⇨せんばん(先番). 1. the front 2. former times
せん[専](명) 전공(専攻)의 준말. 「国文学(コクブンガク)—; 국문학 전공」
せん[栓](명) ①마개. ②병마개. a cork
せん[腺](명)〈생〉 선. 생물체의 분비나 배설을 하는 기관. 「リンパー; 임파선」 a gland
せん[詮](명) ①결국(結局). ②보람. 「—もないこと; 할 보람도 없는 일. 어쩔 수 없는 일」 ③할 방법. 수단. 1. after all
せん[銭·戔](명) 전. 돈의 단위. 1원의 100분의 1.
せん[撰](명) 저술(著述). 저작. writing a book
せん[線](명) 선. ①금. 줄. ②(철도의) 선로. ③광선(光線). ④전선(電線). 「動力(ドウリョク)—; 동력선」 1. a line 4. a wire
せん[磚·塼](명) 전. 흙으로 네모지게 만들어 구운 벽돌의 한 가지. 여러 가지 모양과 무늬를 새김.
せん[選](명) 뽑는 것. 「—にはいる; 뽑히다」 selection
せん[繊](명) 가는 것. fine
せん[千·仟·阡](수) 천. 100의 10배. a thousand
ぜん—[全](조어) ①모든. 「—国民(コクミン); 모든 국민」 ②전체. 「—日本(ニッポン); 전일본」
ぜん—[前](조어) 전. ①앞의. 「—校長(コウチョウ); 전교장」 ②이전(以前). 「—近代的(キンダイテキ); 전근대적」 ③기원 전(紀元前). 「—十世紀(ジッセイキ); 기원전 10세기」
—ぜん[前](조어) …의 앞. 「紀元(キゲン)—; 기원전」
—ぜん[然](접미) …같이 …인 듯이. 「学生(ガクセイ)—として; 학생인 척하고」
—ぜん[膳](접미) ①밥 담은 그릇 수를 세는 말. 「ごはん三(サン)—; 밥 세 공기」 ②젓가락을 세는 말. 「はし二(ニ)—; 젓가락 두 매」
ぜん[前] Ⅰ(명) (시간이나 위치에서) 앞. 전. Ⅱ(부) 앞에. 전에. 「—述(ノ)べたとおり; 전에 말한 대로」 Ⅰ former times Ⅱ formerly
ぜん[善](명) 선. ①좋음. 또는 좋은 것. ②올바른 것. 착한 것. 또는 그런 사람. ③도덕의 이상(理想). ↔悪(アク). 1. good
ぜん[漸](명) ①서서히 더하여 나아가는 것. 「—を追(オ)って; 점차적으로」 ②전조. 실마리. 1. gradual
ぜん[禅](명)〈불〉 선. ①마음을 정결히 하여 진리를 탐구(探求)하는 것. ②선종(禅宗)의 준말. ③좌선(坐禅)의 준말. 1. religious meditation
ぜん[膳](명) ①밥상. 「お—; 밥상」 ②갖춰진 식사. 1. a small dining table
ぜんあく[善悪](명) 선악. 좋은 것과 나쁜 것. 착한 일과 악한 일. 「—をわきまえる; 선악을 구별하다」 good and evil
せんい[船医](명) 선의. 배에서 근무하는 의사. a ship's doctor
せんい[戦意](명) 전의. 싸움하려는 마음. 「—を失(ウシナ)う; 전의를 잃다」 a fighting spirit
せんい[繊維](명) 섬유. ①〈생〉 (생물체의 몸을 이루는) 가늘고 긴 실 같은 물질. ②직물의 원료가 되는 것. 「—製品(セイヒン); 섬유 제품」 fibre. **—そ**[繊維素](명) 섬유소. 식물의 세포막 및 섬유의 주요 성분. 대부분의 식물에 있고 동물에는 극소수의 바닷물고기만 있음.
ぜんい[善意](명) 선의. ①착한 마음. 호의(好意). ②좋은 뜻. ↔悪意(アクイ). ③〈법〉 어떤 사실을 모르고 행하는 일. 「—の第三者(ダイサンシャ); 선의의 제삼자」 1. good intention
せんいき[戦域](명) 전투 지역. a combat area
ぜんいき[全域](명) 전역. ①전체의 지역. ②전체의 영역(領域). 「自然科学(シゼンカガク)の—; 자연 과학의 전역」 1. the whole area
せんいつ[専一](명·형동ダ) ①오로지 그 일에만 열중함. ②제일(第一)로 여김. 「ご自愛(ジアイ)—に; 몸조심을 제일로 하시기를」 1. devotion
せんいつ[選一](명) 그중에서 하나만 선택함. 「二者(ニシャ)—; 양자 택일」 choosing one out of the two
ぜんいつ[全一](형동ダ) 완전하고 통일성 있는 모양. perfect
せんいん[船員](명) 선원. 배의 승무원(乗務員). the crew
ぜんいん[全員](명) 전원. 모든 인원. all the members
ぜんいん[全院](명) 그 원(院)의 전체. the whole house. **—いいんかい**[全院委員会](명)〈법〉 전원 위원회. 〔국회에서〕 의원 전원으로 구성된 위원회.
せんうん[戦雲](명) 전운. 전쟁이 벌어지려는 살기 띤 형세. war clouds
せんえい[尖鋭·先鋭](형동ダ) 첨예. ①날카롭고 뾰족한 모양. ②급진적인 모양. 1. pointed. **—か**[尖鋭化](명·자サ) 첨예화. 급진적으로 됨.
せんえい[船影](명) 배의 모습. the sign of a ship

ぜんえい[前衛](명) 전위. ①전방의 호위. ②전위대. ③〔정구, 배구 등에서〕 자기 진의 전방에 위치하여 주로 공격을 하는 선수. ④사회 운동이나 그밖의 운동에서 제일 선동적인 분자(分子). ⑤예술 등의 방식이 새로운 것. 아방가르드. 1. a forward guard 3. a forward

せんえき[染液](명) 염액. 액체 물감. liquid for dyeing

せんえき[戦役](명) 전역. 전쟁. 싸움. a war

せんえつ[僭越](명·형동ダ) 참월. 분수에 넘게 함부로 함. 또는 그런 태도. 참람(僭濫). presumption

せんえん[遷延](명·자サ) 천연. 질질 끎. 시일을 끎. 지연(遅延). delay

せんおう[先王](명) 선왕. ①전대의 임금. ②옛날의 성왕(聖王). 1. the late king

せんおう[専横](명·형동ダ) 전횡. 제멋대로 횡포를 부림. despotism

ぜんおう[全欧](명) 유럽 전체. whole Europe

せんおく[千億](명) 천억. ①1억의 천 배. ②대단히 많은 수. 1. a hundred thousand million

せんおん[顫音](명)〈악〉 ⇨トリル.

ぜんおん[全音](명)〈악〉 전음. 한 옥타아브의 음계 중에서 두 개의 반음을 포함하는 음정. 장이도(長二度)에 상당함. ↔半音(ハンオン). a whole tone

せんか[泉下](명) 황천. 저승. the underworld

せんか[専科](명) 어느 전문 분야만을 배우는 과. ↔本科(ホンカ). a special course

せんか[船価](명) 선가. 배값. 또는 배의 건조비(建造費). the cost of a ship

せんか[船架](명) 선가. 배를 수선하기 위하여 땅위로 끌어 올리는 설비. a slipway

せんか[戦火](명) 전화. 전쟁. 또는 그에 의한 화재. 병화(兵火). war fire

せんか[戦果](명) 전과. 전투 또는 경기의 성과. 「―があがる; 전과가 오르다」 war results

せんか[戦渦](명) 전쟁의 소용돌이. 전쟁의 와중. the maelstrom of war

せんか[戦禍](명) 전화. 전쟁에 의한 재난. the evils of war

せんか[選果](명·자サ)〈농〉 선과. 과일을 분류하여 고름. selection of fruits

せんか[選科](명) 선과. 정해진 학과 중 일부만을 선택하여 배우는 학과. an elective course

せんか[選歌](명·타サ) 선가. 시가(詩歌)를 가려 뽑음. 또는 그 시가. a selected poem

せんが[線画](명) ①선만으로 그린 그림. 백묘(白描). ②선만으로써 그린 그림을 촬영한 영화. 만화는 그 하나임. 1. line drawing

ぜんか[全科](명) 전과. ①전부의 학과. ②〈속〉 전과 참고서(全科参考書)의 준말. 1. the whole course

ぜんか[禅家](명) ⇨ぜんけ.

ぜんか[全家](명·부) 온 집안. the whole family

ぜんか[全課](명·부) 전부의 과목. 그 과(課) 전체. the whole subject

ぜんか[善果](명)〈불〉 선과. 좋은 과보(果報). 선행의 보답. good results

ぜんか[前科](명)〈법〉 전과. 이전에 형벌을 받은 일이 있는 것. 「―者(モノ); 전과자」 a previous conviction

せんかい[仙界](명) 선계. 선인이 사는 세계. 선경(仙境). a fairyland

せんかい[浅海](명) 천해. ①얕은 바다. ②〈지〉 해안에서 비교적 가까운, 깊이 200 *m* 까지의 바다. ↔深海(シンカイ). 1. a shallow sea

せんかい[旋回](명·자타サ) 선회. 빙글빙글 돎. 또는 돌게 함. revolution

せんがい[船外](명) 선외. 배의 바깥. ↔船内(センナイ). overboard

せんがい[選外](명) 선외. 선(選)에 들지 못함. 「―佳作(カサク); 선외 가작」 being left out of selection

せんがい[線外](명) 선외. 선의 바깥쪽. ↔線内(センナイ). outside of a line

ぜんかい[全会](명) 회 전체(会全体). 「――致(イッチ); 전회 일치」 the whole assembly

ぜんかい[全快](명·자サ) 전쾌. 병이 완전히 나음. 완쾌(完快). complete recovery

ぜんかい[全壊](명·자サ) 전괴. 전부 파괴됨. 전파(全破). complete destruction

ぜんかい[全開](명·자타サ) 전부 엶. wide-open

ぜんかい[全潰](명·자サ) 완전히 부서짐. complete destruction

ぜんかい[前回](명) 전회. 지난번. 먼젓번. the last time

せんがき[線描き](명) 물건 모양을 선으로 나타내는 일본화(日本画)의 화법(画法). line drawing

せんかく[仙客](명) ①선인(仙人). ②학(鶴). 1. a hermit

せんかく[先覚](명) 선각. ①남보다 먼저 도리를 깨닫는 일. 또는 그 사람. 「―者(シャ); 선각자」 ②학문, 견식이 있는 선배. 선진(先進). 1. a leading spirit

せんがく[先学](명) 선학. 학문의 선배. a senior

せんがく[浅学](명) 천학. 학문이 깊지 못한 것. 학문이 미숙한 것. superficial learning

ぜんがく[全学](명) 그 대학 전체. the whole educational institution

ぜんがく[全額](명) 전액. 전부의 금액. the sum total

ぜんがく[前額](명) 이마. 앞이마. the forehead

ぜんがく[禅学](명)〈불〉 선학. 선종(禅宗)의 교의를 연구하는 학문.

ぜんがくれん[全学連](명) 전일본 학생 자치회 총연합(全日本学生自治会総連合)의 약칭.

せんか(し)[仙花(紙)·泉貨(紙)](명) 선화지. ①닥나무로 만든 두껍고 질기며 빛이 희지 아니한 종이. 봉지나 포장지로 쓰임. ②낡은 종이를 녹여 만든 질이 좋지 못한 양지(洋紙). 2. thin rough paper

せんかた[詮方·為ん方](명) 할 방법. 수단. a method.
―ない[詮方無い](형) 어떻게 할 방법이 없다.

せんかん[専管](명·타サ) 전관. ①오로지 그 일만을 관리함. ②전혀 그 관할에 속함. 전속 관할(專属管轄). exclusive jurisdiction

せんかん[潜函](명) 잠함. 토목 건축의 기초 공사를 할 때에 압착(圧搾) 공기를 보내어 지하수가 솟아 나오는 것을 막으면서 그 속에서 작업을 할 수 있게 만든 함. a caisson
せんかん[潜艦](명)〈군〉 잠함. 잠수함의 준말.
せんかん[戦艦](명)〈군〉 전함. 우수한 전투력을 갖고 해상 병력의 중심이 되는 군함. 전투함. a battleship
せんかん[潺湲](형동タルト) ①물이 흐르는 소리. 또는 물이 흐르는 모양. ②눈물이 흐르는 모양. 1. murmuring
せんがん[洗眼](명·자サ)〈의〉 세안. 물이나 약으로 눈을 씻어 더러운 것을 없앰. 「一薬(ヤク); 세안약」 eyewashing
せんがん[洗顔](명·자サ) 세안. 얼굴을 씻음. 세수. washing one's face
ぜんかん[全巻](명) 전권. ①모든 권. ②그 권 전부. the whole volume
ぜんかん[全館](명) 전관. ①모든 관. ②그 관(館) 전체.
ぜんかん[前官](명) 그만두기 전의 관직(官職). one's former post
ぜんかん[善感](명·자サ)〈의〉 선감. ①종두 같은 것이 잘 감염됨. ↔不善感(フゼンカン). ②잘 감동함. 1. an effectual vaccination
ぜんがん[前癌](명)〈의〉 암이 될 징조가 있는 것.
せんかん(い)[選管(委)](명) 선거 관리 위원회의 준말.
せんき[疝気](명)〈의〉 산기. 심한 발작성의 배나 허리 등의 통증(痛症). 산증. lumbago. **―すじ**[疝気筋]―スヂ(명)〈속〉 ①산증을 일으키는 근육. ②올바르지 못한 계통. 방계(傍系).
せんき[戦記](명) 전기. 전쟁, 시합 등의 기록. a record of war
せんき[戦機](명) 전기. 전쟁이 일어나려는 기운. 싸움할 기회. the time for battle
せんぎ[先議](명·타サ) 먼저 심의(審議)함. 「一権(ケン); 선의권」 prior consideration
せんぎ[詮議](명·타サ) 전의. ①평의(評議)하여 사물(事物)을 밝힘. ②범죄, 죄인 등을 수색함. 1. discussion 2. inquiry
せんぎ[戦技](명) 전기. 싸우는 기술. a craft for battle
ぜんき[全期](명) 전기. ①모든 기간. ②그 기간 전체. the whole term
ぜんき[全機](명) ①전부의 기계. ②전부의 비행기. 「一無事帰還(ブジキカン); 전 비행기가 무사히 돌아옴」 1. the whole engine
ぜんき[前記](명·자サ) 전기. 앞에 기록함. 또는 그 기록. aforementioned
ぜんき[前期](명) 전기. 한 기간의 전반(前半). ↔後期(コウキ). the previous term
せんきゃく[先客](명) 선객. 먼저 온 손님. 「一がある; 선객이 있다」 a preceding visitor
せんきゃく[船客](명) 선객. 배에 탄 손님. a passenger
せんきゃくばんらい[千客万来](연어·명·자サ) 천객 만래. 많은 손님이 번갈아 찾아 옴. drawing a lot of customers
せんきゅう[仙宮](명) 선궁. 신선이 산다고 하는 궁전. the home of a mountain wizard
せんきゅう[選球](명·자サ) 선구. 〔야구에서〕 배터(打者)가 보올과 스트라이크를 고름. the batting eye
せんきょ[占居](명·자타サ) 점거. 어떤 장소를 차지하고 있음. 점유(占有). occupation
せんきょ[占拠](명·타サ) 점거. 어떤 장소를 점유하여 남을 접근하지 못하게 함. occupation
せんきょ[船渠](명) ⇨ドック.
せんきょ[選挙](명·타サ) 선거. 많은 사람 가운데서 적당한 사람을 대표로 뽑아 냄. 「一権(ケン); 선거권」 election. **―うんどう**[選挙運動](명) 선거 운동. 특정한 후보자를 당선시킬 목적으로 주선, 권유 및 그밖의 운동을 하는 일. **―く**[選挙区](명)〈법〉 선거구. 의원(議員)을 선출하는 단위로서 전국을 지역적으로 구분한 것. **―けん**[選挙権](명)〈법〉 선거권. 선거에 참가하여 투표할 수 있는 권리. **―こうほう**[選挙公報](명) 선거 공보. 의원 입후보자의 정견(政見)을 모아 유권자에게 무료로 나누어 주는 공보.
せんぎょ[鮮魚](명) 신선한. 생선. fresh fish
せんきょう[仙境·仙郷](명) 선경. 선향. 신선이 산다는 곳. a fairyland
せんきょう[宣教](명·자サ) 선교. 종교를 선전하여 전도함. preaching. **―し**[宣教師](명)〈종〉 선교사. ①종교를 널리 전도하는 사람. ②〔기독교에서〕 외국 전도에 종사하는 사람.
せんきょう[船橋](명) 선교. ①배다리. ②배의 상갑판 중앙부 전방에 있어 항해중 선장이 항해, 운용, 통신 등을 지휘하는 곳. 1. a pantoon 2. a bridge
せんきょう[戦況](명) 전황. 전쟁의 상황. the war situation
せんぎょう[賤業](명) 천업. 천한 직업. a mean occupation
せんぎょう[専業](명) 전업. 전문적인 직업. a special occupation
せんきょく[戦局](명) 전국. 전쟁의 형세. the aspect of the war
せんきょく[選曲](명·타サ) 선곡. 음곡을 고름.
ぜんきょく[全曲](명·부) 전곡. 곡의 전체. the whole melody
ぜんきょく[全局](명·부) 전국. ①전체의 국면. ②바둑, 장기 등의 대국(対局)의 전체. 1. the whole aspect
ぜんきょく[前局](명) 전번의 대국(対局).
せんぎり[繊切り·線切り·千切り](명) 무우 등을 가늘게 씲. 채칩. small slices
せんきん[千金](명) 천금. ①천냥(千両). ②많은 돈. ③매우 큰 가치. 2. a large sum of money
せんきん[千斤](명) 천근. 무게가 썩 무거운 것. great weight
ぜんきん[前金](명) 물건을 받기 전에 먼저 그 대금을 치루는 것. 선금. payment in advance
せんく[先駆](명·자サ) 선구. ①말을 타고 행렬의 선

도(先導)를 함. 또는 그 말탄 사람. ②남보다 앞서 서 무슨 일을 하는 사람. 선구자. 2. advancement

せんく[選句](명·자サ) ①좋은 하이쿠(俳句)를 뽑음. ②뽑아 낸 하이쿠.

せんぐ[船具](명) 선구. 선박에 쓰이는 기구. ⤴ 「rigging tackles

ぜんく[全句](명) ①앞뒤가 완비한 구(句). ②구(句)의 전체. 1. a complete verse

ぜんく[前駆](명·자サ) ⇨せんく(先駆)①.

せんぐう[遷宮](명·타サ)〈종〉 신사(神社)를 고쳐 지을 때 신령을 옮기는 일. 또는 그 의식. the removal of a shrine

せんくち[先口](명) ①처음의 순번(順番). ②먼저 신청하는 것. 선약(先約). 2. a previous engagement

せんくん[戦勲](명) 전훈. 전쟁의 공적. 전공(戦功). military merit

せんくん[先君](명) 선군. ①선왕(先王). ②죽은 아버지. 선고(先考). ③조상. 부조(父祖). 1. the late lord

ぜんぐん[全軍](명) 전군. 군대의 전원. the whole army

せんぐんばんば[千軍万馬](연어·명) 천군 만마. ①많은 병사와 군마. 「一の間(カン); 전쟁터」 ②여러 차례 전장에 나가서 경험이 많은 것. 무엇이나 경험이 풍부한 것. 1. many soldiers and military horses

せんげ[宣下](명·타サ) ①선지(宣旨)가 내림. ②임시로 관직에 임명됨. 1. an Imperial proclamation

せんげ[遷化](명·자サ)〈불〉 천화. 덕이 높은 중 또는 은자(隠者)의 죽음. demise

ぜんけ[禅家](명)〈불〉 선가. ①참선하는 중이나 선승(禅僧). ②참선하는 집. 선사(禅寺). ③선종(禅宗).

せんけい[扇形](명) 선형. 부채꼴. a fan shape

せんけい[船型](명) 선형. ①배의 모양. ②배의 외형을 나타내기 위한 모형. a boat shape

せんけい[線形](명) 선형. 선 모양. 선과 같이 가늘고 긴 모양. a line shape

ぜんけい[全形](명) ①전체의 형상. ②완전한 형상. 1. the whole form

ぜんけい[全景](명) 전경. 전체의 경치. a complete view

B
A C
〔扇形〕

ぜんけい[前掲](명·타サ) 앞에 듦. 앞에 말함. above-mentioned

ぜんけい[前景](명) 전경. ①앞의 경치. ②그림, 사진 등에서 사람, 물건 앞에 있는 경치. 1. the foreground

せんけつ[先決](명·타サ) 선결. 먼저 해결함. 「一問題(モンダイ); 선결 문제」 a prior decision

せんけつ[専決](명·타サ) 전결. 한 사람의 생각으로 결정하여 처리함. arbitrary decision

せんけつ[潜血](명)〈의〉 잠혈. 육안으로는 보이지 않으나 화학 검사에 의하여 나타나는 극히 적은 출혈. 잠출혈(潜出血). 「一反応(ハンノウ); 잠혈 반응」

せんけつ[鮮血](명) 선혈. 생생한 피. 금방 흘러 나온 붉은 피. fresh blood

せんげつ[先月](명) 지난 달. 전달. ↔来月(ライゲツ).

ぜんげつ[前月](명) ①지난달. ②전달. 2. last month

せんけん[先見](명·타サ) 선견. 일에 앞서 미리 알아차림. 「一の明(メイ); 선견지명(先見之明)」. foresight

せんけん[先遣](명)〈군〉 선견. 먼저 파견하는 일. 「一部隊(ブタイ); 선견 부대」 sending forward

せんけん[浅見](명) 천견. 얕은 소견. a shallow view

せんけん[専権](명) 전권. 마음대로 권력을 휘두르는 일. arbitrary power

せんけん[先賢](명) 선현. 옛 현인(賢人). 선철(先哲). ancient sages

せんけん[嬋娟](형동タリ) 선연. 자태(姿態)가 곱고 아름다움. charming

せんげん[千言](명) 많은 말. many words. ―**ばんご**[千言万語](연어·명) 수없이 많은 말. 「一をついやす; 수없이 많은 말을 하다」

せんげん[宣言](명·타サ) 선언. ①널리 펴서 말함. ②의견을 공포함. 1. statement

ぜんけん[前件](명) 전건. 앞서 말한 사항이나 개조(箇条). the above-mentioned article

ぜんけん[前賢](명) 옛 현인(賢人). 선현(先賢). 선철(先哲). an ancient sage

ぜんけん[全県](명) 현(県) 전체. the whole prefecture

ぜんけん[全権](명) 전권. ①모든 권한. 완전한 권력. ②위임된 일을 처리할 일체의 권한. 1. full powers. ―**いいん**[全権委員](명) 전권 위원. 전권의 위임장을 가지고 국가를 대표해서 파견되는 위원. ―**こうし**[全権公使](명)〈법〉 전권 공사. 제 2 급의 외교 사절. 명예와 석차는 대사의 다음. 특명 전권 공사. ―**たいし**[全権大使](명)〈법〉 전권 대사. 제 1 급의 외교 사절. 공사에 우선(優先)함. 특명 전권 대사.

ぜんげん[前言](명·타サ) 전언. ①전에 한 말. ②그 전 사람이 한 말. 1. one's previous remarks

ぜんげん[漸減](명·타サ) 점감. 점점 줆. ↔漸増(ゼンゾウ). gradual decrease

せんけんてき[先験的](형동ダ)〈철〉 선험적. 경험에 앞서서 인식(認識)한다는 뜻. transcendental

せんこ[千古](명) 천고. 아주 오랜 옛날. 매우 오랜 것. 「一のなぞ; 옛날부터 풀지 못하는 수수께끼」 remote antiquity. ―**ふえき**[千古不易](연어·명) 영원히 변치 않는 것. 만고 불역(万古不易).

せんこ[戦鼓](명) 전고. 전장에서 사용하는 북.

せんご[先後](명·자サ) 선후. 앞뒤. 전후(前後). before and behind

せんご[戦後](명) 전후. 전쟁이 끝난 뒤. ↔戦前(センゼン). after the war

せんご[譫語](명) 잠꼬대. 헛소리. talking in delirium

ぜんこ[全戸](명) ①모든 집. ②온 집안. 1. all the houses

ぜんこ[前古](명) 전고. 옛날. 옛적. old days. ―**みぞう**[前古未曾有](연어·명) ⇨ここんみぞう(古今未曾有).

—ぜんご[前後](접미) …쯤. …정도. 조사(助詞)처럼 쓰임. 「十人(ジュウニン)一; 열 사람 정도」

ぜんご[前後](명·자サ) 전후. ①앞뒤. 선후. ②바로 뒤따름. ③순서가 거꾸로 됨. 「話(ハナシ)が一した

が; 말이 뒤바뀌었으나」 ④차례. 1. the front and the back. ―ふかく[前後不覚](연어·명) 정신이나 의식이 없는 것. 「―に眠(ネム)る; 정신 없이 자다」

ぜん ご[善後](명) 선후. 훗날을 위하여 잘 처리하는 일. 뒤처리를 잘하는 일. good disposal for future. ―さく[善後策](명) 선후책. 뒷갈망을 잘하려는 계책.

せん こう[先行](명·자サ) 선행. ①앞서 감. ②앞서 행함. antecedence

せん こう[先考](명) 선고. 죽은 아버지. the deceased father

せん こう[先攻](명·자サ) 선공. 〔야구에서〕 먼저 공격함. ↔先守(センシュ). batting first

せん こう[専行](명) 전행. ①전단(専断)하여 행함. ②제 멋대로 함.

せん こう[専攻](명·타サ) 전공. 전문으로 연구함. 「文学(ブンガク)を―する; 문학을 전공하다」 special study

せん こう[浅紅](명) 엷은 홍색. 연분홍빛. light red

せん こう[閃光](명) 섬광. ①번쩍이는 빛. ②순간적으로 비치는 광선. 2. a flash. ―でんきゅう[閃光電球](명) 섬광 전구. 섬광을 발하는 사진 촬영용의 전구.

せん こう[穿孔](명·자サ) 천공. 구멍을 뚫음. 또는 뚫린 구멍. boring

せん こう[銓衡](명) ①저울. 계량기. ②전형. 심사(審査). 1. a balance

せん こう[遷幸](명·자サ) 임금이 다른 지방으로 행차(行次)함. an Imperial visit

せん こう[戦功](명) 전공. 전쟁에 대한 공적(功績). military merit

せん こう[線香](명) 선향. 향가루를 반죽하여 가늘고 길게 만든 것. 만수향(万寿香). an incense-stick. ―はなび[線香花火](명) ① 지승(紙繩)에 화약을 비벼 넣은 것. 아이들이 불꽃놀이에 씀. ②〈속〉 처음에는 열렬하나 곧 식어지는 성질.

せん こう[選考·詮衡·銓考](명·타サ) 인물의 됨됨이나 재능을 시험하여 뽑음. 전형. 「―会議(カイギ); 전형 회의」 selection

せん こう[選鉱](명·자サ)〈광〉 선광. 파낸 광석을 무용(無用)한 것과 유용(有用)한 것으로 가려 냄. concentration of ores

せん こう[潜行](명·자サ) 잠행. ①숨어서 몰래 감. ②잠수(潜水)하여 감. ③남 몰래 행함. 1. travelling in disguise 2. navigation under water. ―うんどう[潜行運動](명) 잠행 운동. 비밀리에 하는 운동. 지하 운동.

せん こう[潜航](명·자サ) 잠항. ①물속에 잠수하여 항해함. ②몰래 항해함. 1. navigation under water

せん こう[鮮紅](명) 선홍. 선명한 홍색. scarlet

せん こう[繊巧](명·형동ダ) 섬교. 섬세하고 교묘함. 「―な工芸品(コウゲイヒン); 섬교한 공예품」 delicacy

せん ごう[船号](명) 선호. 배의 이름. a ship's name

せん ごう[先号](명) ⇨ぜんごう(前号).

ぜん こう[全校](명·부) 전교. 학교 전체. the whole school

ぜん こう[前項](명) 전항. ①앞에 적혀 있는 사항. ②〈수〉 둘 이상의 항 중 앞의 항. 1. the preceding article

ぜん こう[善行](명) 선행. 착하고 어진 행실. 「―賞(ショウ); 선행상」 a good conduct

ぜん ごう[前号](명) 전호. (간행물 등의) 앞의 호(号). the preceding number

ぜん ごう[善業](명)〈불〉 선업. 좋은 과보를 받을 수 있는 착한 행실. a deed of charity

せん こうせい[旋光性](명)〈이〉 선광성. 직선 편광(直線偏光)이 어떤 물질을 통과할 때 편광면이 회전되는 성질. 회전 방향에 따라 좌선성(左旋性)과 우선성(右旋性)으로 구별됨. rotatory polarization

ぜんこう どうぶつ[前肛動物](명)〈동〉 전항 동물. 무척추 동물의 하나. 입 언저리에 많은 촉수(触手)가 발달하고, 항문은 앞쪽 입 부근에 있음. Molluscoidea

ぜん こう れん[全購連](명) 전국 구매 조합 연합회(全国購買組合連合会)의 약칭.

せん こく[先刻](명·부) 조금 전. 아까. some time ago

せん こく[宣告](명·타サ) 선고. ①공표하여 널리 알림. ②〈법〉 형사 소송법상 공판정에서 재판장이 판결을 알림. 1. declaration

せん ごく[戦国](명) 전국. ①영웅이 여기저기에서 일어나 서로 싸우던 시대. ②〈역〉 ←戦国時代. ―じだい[戦国時代](명)〈역〉 전국 시대. ①〔중국에서〕 춘추 시대(春秋時代)에 이어 진시황(秦始皇)이 천하를 통일하기까지의 시대. (B. C. 403～221) ②〔일본에서〕 아시카가 막부(足利幕府) 말기부터 토요토미히데요시(豊臣秀吉)가 국내를 통일하기까지의 전란의 시대. (1467～1590)

ぜん こく[全国](명) 전국. 온 나라. 국내 전체. 「―的(テキ); 전국적」 the whole country

せんごく さく[戦国策](명) 전국책. 중국 한대(漢代)의 역사책. 여러 사람의 손으로 이루어진 것을 전한(前漢)의 유향(劉向)이 집록(集録)한 것.

せんごく どおし[千石篵](명)〈농〉 곡물에 섞인 티, 겨 등을 제거하는 농구(農具). 풍구. a winnower

せんごく ぶね[千石船](명) 쌀 천 섬을 실을 정도의 큰 배. a large junk

せん こつ[仙骨·薦骨](명)〈생〉 선골. 천골. ①신선의 골격. 비범한 골상(骨相). ②척주의 하단부, 곧 허리에 있는 2등변 삼각형의 뼈. 1. an unworldly figure

ぜん こん[善根](명)〈불〉 선근. ①좋은 과보(果報)를 초래할 만한 선인(善因). ②여러 가지 선을 낳는 근본. 1. a deed of charity

せん ざ[遷座](명·타サ) 신체(神体)나 불상(仏像) 또는 천자(天子)의 자리를 다른 장소로 옮김. transfer of a deity-seat

ぜん ざ[前座](명) 〔만담, 야담 등에서〕 가장 우수한 연기자보다 앞서 출연함. 또는 그 사람. a minor performer

せん さい[先妻](명) 선처. 전처. one's former wife

せん さい[浅才](명) 천박한 재주. 얕은 재주. poor talent

せんさい[戦災](명) 전재. 전쟁에 의한 재화.「一孤児(コジ); 전재 고아」 war damage
せんさい[繊細](명·형동ダ) 섬세. ①가냘프고 아름다움. ②세밀하고 미묘(微妙)함.「一な感情(カンジョウ); 섬세한 감정」 1. delicacy
せんざい[千載·千歳](명) 천재. ①천 년. ②긴 세월. 1. a thousand years. **—いちぐう**[千載一遇](연어·명) 천재 일우. 좀처럼 만나기 어려운 기회.
せんざい[前栽](명)〈고〉①앞뜰에 심는 화초. ②화초를 심은 뜰. ③←前栽物. **—せんざいもの**[前栽物](명) 야채(野菜). 푸성귀.
せんざい[洗剤](명) 세제. 의류, 야채, 식기 등을 깨끗하게 하기 위해 물에 타서 쓰는 약제. chemicals used in washing woolen fabric
せんざい[煎剤](명) 전제. 달여서 먹는 약. a decoction
せんざい[潜在](명·자サ) 잠재. 속에 숨어 있음. 속에 잠겨 있음. 내재(内在).「一的(テキ); 잠재적」 latency. **—いしき**[潜在意識](명)〈심〉잠재 의식. 의식으로 느끼지 못하는 관념이나 행동.
ぜんさい[前菜](명) 정식(正式) 서양 요리에서 수우프 전에 나오는 간단한 요리. hors d'oeuvre
ぜんざい[善哉](명) ①단팥죽. ②좋다고 칭찬하거나 축복할 때 쓰는 말. 2. Well done!
せんさく[穿鑿](명·타サ) ①구멍을 뚫음. ②사소한 일까지 알려고 파고 듦. ③억지로 이치에 닿지 않는 말을 함. 2. inquiry
せんさく[詮索](명·타サ) 물어서 찾음. 탐색함. search
ぜんさく[前作](명) 전작. 이전의 작품. 1. the previous work
センサス[census](명) 센서스. 인구 조사.
ぜんさつ[禅刹](명) 선찰. 선종(禅宗)의 절. 선사(禅寺).
せんさばんべつ[千差万別](연어·명) 천차 만별. 온갖 사물에 차이가 있고 구별이 있는 것. infinite variety
ぜんざん[全山](명) 산 전체. the whole mountain
せんざんこう[穿山甲](명)〈동〉천산갑. 주로 밤에 나와 개미를 포식함.〈학명〉Manis pentadactyla pentadactyla
せんし[先史](명) 선사. 문헌 이전의 역사. 유사 이전.「一時代(ジダイ); 선사 시대」 the prehistoric age
せんし[先師](명) 선사. ①죽은 스승. ②전대(前代)의 현인(賢人). 선현(先賢). 1. the late instructor
せんし[戦士](명) 전사. ①전쟁에 참가하는 병사. ②최전선에서 활약하는 사람. 1. a soldier
せんし[戦史](명) 전사. 전쟁 역사. a military history
せんし[戦死](명·자サ) 전사. 싸움터에서 싸우다가 죽음. death in battle
せんし[選士](명) 뽑힌 사람. a representative
せんし[穿刺](명·자サ)〈의〉천자. 몸의 일부에 속이 빈 가는 침을 찔러 넣어 체내의 액체를 뽑아 냄. 늑막염 등의 물을 빼는 데 행함. puncture
せんじ[煎じ](명) 달이는 일.「一薬(グスリ); 탕약(湯薬)」decoction. **—つ·める**[煎じ詰める](타하 1) ①바짝 달이다. ②끝까지 논하거나 생각함.
せんじ[宣旨](명) 선지. ①천황의 말을 전하는 일. ②천황의 말을 다죠오칸(太政官)에게 전하는 공문서. 1. an Imperial command
せんじ[戦時](명) 전시. 전쟁을 하고 있는 때. 전쟁중. ↔平時(ヘイジ) war time
ぜんし[全市](명) 전시. 시 전체. the whole city
ぜんし[全紙](명) 전지. ①지면(紙面) 전체. ②온장의 종이. ③모든 신문. 1. the whole surface of a sheet of paper
ぜんし[前史](명) ①전반(前半)의 역사. ②…이전의 역사. ③선사(先史). 3. the prehistoric age
ぜんし[前肢](명)〈생〉전지. 앞다리. ↔後肢(コウシ). the fore limbs
ぜんし[前歯](명)〈생〉전치. 앞니. a front tooth
ぜんじ[全治](명·자サ) ⇨ぜんち. 「1. a good thing
ぜんじ[善事](명) ①좋은 행위. ②경사스러운 일. ⤴
ぜんじ[前司](명) 전의 지방 장관.
ぜんじ[禅師](명)〈불〉선사. ①선(禅)에 통달한 스승. ②지덕이 높은 중. 특히 선승에게 조정에서 내린 칭호. 2. Reverend
ぜんじ[漸次](부) 점차. 점점. 차차. gradually
せんじだ·す[煎じ出す](타 4) (약 등을) 달여서 어떤 성분 등을 뽑아 내다. extract by boiling
せんじちゃ[煎じ茶](명) 달인 차. boiled tea
せんしつ[船室](명) 선실. 배 속에 설치된 방. a cabin
せんじつ[先日](명·부) ①지난 날. ②일전(日前). the other day
ぜんしつ[前失](명) 이전의 실수. 과거의 실패. the previous mistake
ぜんしつ[禅室](명)〈불〉선실. ①좌선(坐禅)하는 방. 선방(禅房). ②승려의 높임말. ③중이 된 귀인(貴人)의 높임말. 1. a room for religious meditation
ぜんじつ[全日](명) 하루 종일. the whole day. **—せい**[全日制](명) 학교 수업 방법의 하나. 낮에 수업을 함. ↔定時制(テイジセイ).
ぜんじつ[前日](명) 전일. 전날. the day before
せんじつ·める[詮じ詰める](타하 1) 끝까지 논(論)하다. 궁극까지 논하다. boil down
せんじつ·める[煎じ詰める](타하 1) 바짝 달이다. boil down
せんしばんこう[千思万考](연어·명·타サ) 천사 만고. 천 가지 만 가지 생각. 여러 가지로 생각함. deliberation
せんしばんこう[千紫万紅](명) 천자 만홍. 울긋불긋한 여러 가지 빛깔. resplendency of floral display
せんしばんたい[千姿万態](연어·명) 천자 만태. 여러 가지 맵시와 모양. 온갖 자태. an endless variety of forms
センシブル[sensible](형동ダ) 센시블. ①예민한 모양. 민감한 모양. ②지각이 있는 모양.
せんじもん[千字文](명) 천자문. 각각 다른 한자 천자를 사언 고시체(四言古詩体)로 엮은 한문책.
せんしゃ[船車](명) 선거. 배와 수레. a ship and a vehicle

せんしゃ[戦車](명)〈군〉 전차. ①전쟁에 쓰이는 차. ②무장, 장갑(装甲)한 차체에 무한 궤도(無限軌道)를 갖춘 공격 병기. 1. a vehicle for war 2. a tank
せんしゃ[撰者](명) 찬자. 책이나 문장을 쓴 사람. 저자(著者). a writer
せんしゃ[選者](명) 선자. 뽑는 사람. a selector
ぜんしゃ[前車](명) 앞 차. ↔後車(コウシャ). a preceding vehicle
ぜんしゃ[前者](명) 전자. 앞의 것. ↔後者(コウシャ). the former
せんしゃく[浅酌](명·자サ) 가볍게 술을 마심. drinking lightly. **—ていしょう**[浅酌低唱](연어·명·자サ) 약간 술을 마시며 조용히 읊으며 즐김.
せんじゃく[繊弱](형동ダ) 섬약. 매우 가냘프고 약한 모양. delicate
ぜんしゃく[前借](명·타サ) 전차. 뒤에 받을 돈을 기일 전에 미리 빌어 씀. borrowing in advance
せんじゃまいり[千社参り]—マヰリ(명) 천의 신사(神社)를 참배하고 기도 드리는 일. 또는 그 사람. pilgrimage to one thousand shrines
せんしゅ[先守](명·자サ) 〔야구에서〕 먼저 수비(守備)함. ↔先攻(センコウ). fielding first
せんしゅ[占守](명·타サ) 점유하여 지킴. occupation
せんしゅ[僭主](명) 참주. 군주(君主)의 이름을 참칭(僭称)하는 사람. 폭력으로 군주의 자리를 빼앗은 사람. a usurper of the throne
せんしゅ[先取](명·타サ) 선취. 남보다 먼저 가짐. taking first
せんしゅ[船主](명) 선주. 배의 주인. a shipowner
せんしゅ[船首](명) 선수. 배의 앞 부분. 이물. ↔船尾(センビ). the bow
せんしゅ[腺腫](명)〈의〉 선종. 선상피 세포(腺上皮細胞)가 증식하여 생기는 종기. 흔히 위장과 자궁의 점막에 생김. the adenoma
せんしゅ[選手](명) 선수. 시합에 나가는 사람. a player. **—けん**[選手権](명) 선수권. 제일 우수한 선수로서의 자격. 「世界(セカイ)—; 세계 선수권」
せんしゅ[繊手](명) 섬수. 미인 등의 날씬하고 아름다운 손. 섬섬 옥수(纖纖玉手). a slender hand
せんじゅ[千手](명)〈불〉 ←千手観音. **—かんのん**[千手観音](명)〈불〉 ①천수 관음. 관음 보살이 과거세(過去世)에 있어서 모든 중생(衆生)을 구제하기 위하여 천의 손과 눈을 얻으려고 빌어서 이루어진 몸. ②〈속〉 이(虱).
センシュアル[sensual](형동ダ) 센슈얼. ①감각적. ②육감적. ③육욕적(肉慾的).
せんしゅう[千秋](명) 천추. 썩 오랜 세월. 먼 미래. 천 년. 「一日(イチニチ)—の思(オモ)い; 하루가 천 년 같은 느낌(몹시 기다림)」 a thousand years. **—らく**[千秋楽](명) ①흥행의 마지막 날. ②사물의 종료(終了).
せんしゅう[先週](명) 선주. 지난 주. 전주(前週). ↔来週(ライシュウ). last week
せんしゅう[先蹴](명·자サ) 〔축구에서〕 먼저 차는 것. the kickoff
せんしゅう[撰修](명·타サ) 찬수. 글을 짓고 엮음. 편수함. compilation
せんしゅう[専修](명·타サ) 전수. 오직 한 가지 일만을 닦음. 「法律(ホウリツ)を—する; 법률을 전수하다」 specialization
せんしゅう[選集·撰集](명) 선집. ①한 사람 또는 여러 사람의 전 작품(全作品) 가운데서 몇 가지를 골라 뽑아서 모은 책. ②시가(詩歌)나 문장 등을 모아 엮은 책. 1. a selection
せんじゅう[先住](명·자サ) 선주. ①먼저 삶. 「—民族(ミンゾク); 선주 민족」 ②전의 주지(住持). 1. residing earlier than
せんじゅう[専従](명·자サ) 오로지 어떤 일에만 종사함. full-time service
せんじゅう[煎汁](명) 달인 국물. boiled juice
ぜんしゅう[全州](명) 주 전체. the whole province
ぜんしゅう[全集](명) 전집. ①어떤 사람의 저작의 전부. ②같은 종류나 같은 시대의 저작을 모아서 출판한 책. 1. one's complete works 2. a complete collection
ぜんしゅう[前週](명) 전주. 지난 주. last week
ぜんしゅう[禅宗](명)〈불〉 선종. 불교의 한 파. 어려운 불경에 의하지 않고, 이심 전심(以心伝心)의 묘법으로 참선(参禅)에 의한 대오(大悟), 성불(成仏)을 목적으로 함.
せんじゅうしょう[撰集抄](명) 카마쿠라(鎌倉) 시대 초기의 설화집. 승려, 문인의 일화, 전설 등을 모은 것으로 불교 사상이 농후함.
せんしゅつ[選出](명·타サ) 선출. 뽑아 냄. 「委員(イイン)の—; 위원의 선출」 election
せんじゅつ[仙術](명) 선술. 신선이 행하는 술법. supernatural art
せんじゅつ[先述](명·자サ) 선술. 앞에 말함. 전술(前述). above-mentioned
せんじゅつ[戦術](명) 전술. 전쟁, 시합 등에서 이기기 위한 수단과 작전. tactics
せんじゅつ[撰述](명·타サ) 찬술. 글을 지음. writing
ぜんじゅつ[前述](명·자サ) 전술. 앞에 말함. 선술(先述). 「—のとおり; 전술한 대로」 ↔後述(コウジュツ).
せんしゅとっけん[先取特権](명)〈법〉 선취 특권. 채무자의 총재산이나 특정 재산으로부터 다른 채권자에 앞서 변제(辨済)받을 수 있는 물권(物権). the right of priority
せんしゅん[浅春](명) 천춘. 이른 봄. early spring
せんしょ[選書](명) 많은 중에서 뽑은 책. a selected book
せんじょ[芟除](명·타サ) ①삼제. (잡초 등을) 베어 버림. 무질러 없앰. ②나쁜 자를 제거함. 1. weeding
せんじょ[仙女](명) 선녀. ①여자 신선. ②여자 마법사(魔法使). 1. a fairy
せんじょ[剪除](명·타サ) 베어서 없애 버림. mowing away

ぜんしょ[善書](명) 선서. ①글씨를 썩 잘 씀. 또는 그 사람. ②좋은 책. 양서(良書). 1. calligraphy
ぜんしょ[全書](명) 전서. ①어떤 학설이나 어떤 사람의 저작을 모아 한 질(帙)로 만든 책. ②어떤 한 종류의 것을 총망라한 서적. 1. a complete collection
ぜんしょ[善処](명·자サ) 선처. 잘 처리함. 좋도록 처리함. acting with prudence
せんしょう[先蹤](명) 선인(先人)이 남긴 자취. 전례(前例). a former example
せんしょう[先勝](명·자サ) 선승. 먼저 이김. winning the first game
せんしょう[僭称](명·타サ) 참칭. ①자기 신분에 넘치는 칭호를 자칭(自称)함. ②외람되게 스스로 제왕이라고 일컬음. 1. arrogation
せんしょう[戦勝·戦捷](명·자サ) 전승. 전쟁에 이김. a victory
せんしょう[戦傷](명·자サ) 전상. 전쟁에서 부상함. a war wound. **——し**[戦傷死](명·자サ) 전쟁에서 받은 상처 때문에 죽음.
せんしょう[選奨](명·타サ) 좋은 것을 뽑아 장려함. encouragement
せんしょう[鮮少·尠少](명·형동ダ) 썩 적음. 근소(僅少). scanty
せんじょう[洗滌·洗浄](명·타サ) 세척. (물로) 씻어서 깨끗하게 함. washing
せんじょう[船上](명) 선상. 배 위. on a ship
せんじょう[線上](명) 선상. 금이나 줄의 위. on a line
せんじょう[線条](명) 줄. 선. a line
せんじょう[扇情·煽情](명·자サ) 선정. 정욕을 북돋우어 일으킴. instigation
せんじょう[戦場](명) 전장. 전투하는 곳. a battlefield
せんじょう[僭上](명·형동ダ) 자기 신분에 넘치는 외람된 행동을 마음대로 함. presumption
ぜんしょう[全章](명) 전장. ①모든 장(章). ②그 장(章)의 전체. the whole chapter
ぜんしょう[全勝](명·자サ) 전승. 한 번도 지지 않고 모두다 이김. winning a complete victory
ぜんしょう[全焼](명·자타サ) 전소. 죄다 타 버림. total destruction by fire
ぜんしょう[前哨](명)〈군〉전초. ①군대가 쉬거나 주둔할 때에 경계하기 위하여 앞에 배치하는 부대. 「一戦(セン); 전초전」 ②전초의 군대 사이에서 일어나는 전투. ③본격적인 활동에 앞서 행하는 시초적 활동. 1. an outpost
ぜんしょう[前生](명) 전생. 이 세상에 나오기 이전에 태어났던 세상. 전세(前世). a previous existence
ぜんしょう[前章](명) 전장. 앞 장(章). ↔後章(コウショウ). the preceding chapter
ぜんじょう[前条](명) 전조. 앞 조항. 전항(前項). the preceding clause
ぜんじょう[禅譲](명) 선양. ①옛날 중국에서 임금이 왕위를 덕망 있는 자에게 물려 주던 일. ②천황의 자리를 돌려 줌. 2. abdication of the throne
ぜんじょう[禅定](명)〈불〉선정. ①좌선(坐禅)하여 정신을 통일하고 망아(忘我)의 경지(境地)에 들어 가는 일. ②산에 들어 가 수행하는 일. 1. silent meditation and abstraction of thought
せんじょうち[扇状地](명)〈지〉선상지. 산에서 들로 흘러 나오는 강의 출구에서 낮은 땅을 향하여 부채꼴로 퍼진 지형. an alluvial fan
ぜんしょうとう[前照燈](명) ⇨ヘッドライト.
せんしょく[染色](명·자サ) 염색. ①빛깔을 물들임. ②물들인 빛깔. 1. dyeing. **——たい**[染色体](명)〈생〉염색체. 세포 분열할 때 생기는 끈 모양의 물체. 유전 물질을 함유함.
せんしょく[染織](명·자サ) 염직. ①피륙에 물을 들임. ②염색과 직조(織造). 2. dyeing and weaving
ぜんしょく[前職](명) 전직. 이전의 직업. one's former occupation
せん·じる[煎じる](타상 1) 달이다. decoct
せんしん[先進](명) 선진. 진보(進歩)가 남보다 앞섬. 또는 그 사람. 「一国(コク); 선진국」 ↔後進(コウシン). advancement
せんしん[潜心](명·자サ) 골똘히 생각함. meditation
せんしん[専心](명·자サ) 전심. 전적으로 한 일에만 마음을 열중함. 몰두함. 「一努力(ドリョク)する; 전심 노력하다」 undivided attention
せんしん[線審](명) 선심. 〔정구, 야구, 축구, 배구 등에서〕선에 관한 규칙의 위반을 맡아 보는 보조 심판원. 선심판. a linesman
せんじん[千尋·千仭](명) 천심. 천인. 매우 깊은 (높은) 것. 천 길. bottomlessness
せんじん[先人](명) 선인. ①옛사람. ②죽은 선친이나 망부(亡夫)를 일컫는 말. 1. predecessors
せんじん[先陣](명) ①본진 앞에 자리 잡거나 앞장서서 나아가는 군사의 진. ②앞질러 일에 손을 댐. 1. the battle line
せんじん[戦陣](명) 전진. ①전쟁의 진영(陣営). ②전장(戦場). 1. battle formation
せんじん[戦塵](명) 전진. ①싸움터에서 일어나는 풍진(風塵). ②전쟁터의 시끄러움. 1. dust of the battlefield
ぜんしん[全身](명) 전신. 몸 전체. 온몸. one's whole body. **——ぜんれい**[全身全霊](연어·명) 몸과 혼의 전체.
ぜんしん[前信](명) 전신. 전에 보낸 편지. one's previous letter
ぜんしん[前審](명)〈법〉전심. 전번의 심리(審理). the previous trial
ぜんしん[前身](명) 전신. ①〈불〉이 세상에 나기 전의 몸. 전세(前世)의 몸. ②이전의 신분. 1. one's previous life
ぜんしん[善心](명) 선심. ①착한 마음. ②남을 구제하는 마음. ③〈불〉보리심(菩提心). 1. one's good heart
ぜんしん[前進](명·자サ) 전진. 앞으로 나아감. ↔後退(コウタイ). advancement
ぜんしん[善神](명)〈불〉선신. 복을 주는 신. 정법(正法)을 지키는 신. a benevolent god

ぜんしん[漸進](명·자サ) 점진. 순서를 따라서 점차로 나아감. ↔急進(キュウシン). gradual progress
ぜんじん[全人](명) 지식, 감정, 의지가 잘 조화된 완전한 사람. the man of the whole personality
ぜんじん[前人](명) 이전 사람. 과거의 사람. 앞사람. a predecessor. **—みとう**[前人未到](명) 전인 미도. 지금까지 아무도 도달하지 못한 것. **—みとう**[前人未踏](명) 전인 미답. 지금까지 아무도 발을 들여 놓지 못한 것. 일찌기 아무도 답파(踏破)한 적이 없는 것.
せんしんばんく[千辛万苦](연어·명·자サ) 천신 만고. 온갖 신고. indescribable hardships
せんす[扇子](명) 접는 부채. a fan
センス[sense](명) 센스. ①감각. 지각. ②사려. 분별. ③사물의 미묘한 느낌. 또는 감정을 깨닫는 능력. 「—のある人(ヒト); 센스가 있는 사람」
せんず[為んず](연어) 하려고 하다. be about to
せんすい[泉水](명) 뜰에 만든 연못. a miniature pond
せんすい[浅水](명) 얕은 물. shallow water
せんすい[潜水](명·자サ) 잠수. 물속에 잠김. diving. **—かん**[潜水艦](명)〈군〉 잠수함. 물속으로 잠행(潜行)하며 적에게 접근해서 어뢰 공격 또는 통상 파괴, 원거리 정찰 등의 임무를 수행하는 함정. **—ぼかん**[潜水母艦](명)〈군〉 잠수 모함. 잠수함에 연료, 식량 등을 공급하며, 함원(艦員)의 휴양소를 설비하고 잠수함대의 기함이 되어 이를 유도하는 임무를 띤 군함.
ぜんすう[全数](명) 전수. 수량(数量)의 전체. the whole number
せんすじ[千筋](명) 가느다란, 세로 줄 무늬. 또는 그런 무늬의 직물. narrow vertical stripes
せんすべ[為ん術·詮術](연어·명) 하여야 할 수단, 방법. a means
せん·する[僭する](타サ) 신분을 넘어서 웃사람을 무시하다. 외람히 굴다. arrogate
せん·する[宣する](타サ) 말하다. 선언하다. 선포하다. 「戦(タタカ)いを—; 전쟁을 선포하다」 declare
せんする[撰する](타サ) 편찬하다. 저술하다. compose
せんずるところ[詮ずる所](연어·부) 요는. 결국. 요컨대. in short
ぜんせ[前世](명)〈불〉 전세. 이 세상에 태어나기 전의 세상. 전생(前生). a former existence
せんせい[先生] Ⅰ(명) 선생. ①먼저 태어난 사람. ②학예가 남보다 뛰어난 사람의 높임말. ③교사(教師). ④(조금 경멸하는 말로서의) 사람. 「この—; 이 사람」 Ⅱ(대) ①스승에 대한 높임말. ②교사, 의사, 예술가 등의 높임말. ③타인을 얕잡아 부르는 말. 작자. 「—おこりやがった; 작자, 화가 났어」 Ⅰ3. a teacher Ⅱ3. the chap
せんせい[専政](명) 전제 정치(専制政治)의 준말.
せんせい[宣誓](명·타サ) 선서. 맡은 일에 대하여 성실할 것을 맹세함. 「—式(シキ); 선서식」 a vow
せんせい[専制](명·형동ダ) 전제. 마음대로 일을 처리함. absolutism. **—くんしゅ**[専制君主](명) 전제군주. 전제 정체의 군주. **—せいじ**[専制政治](명) 전제 정치. 국가 주권의 운용(運用)이 국민의 의사와는 전혀 관계 없이 집권자 일개인의 생각으로 이루어지는 정치. ↔立憲(リッケン)政治. **—せいたい**[専制政体](명) 전제 정체. 군주 등이 전제 정치를 행하는 정치 체제.
せんせい[戦勢](명) 전세. 전쟁, 시합 등의 승부의 형세(形勢). the situation of a war
ぜんせい[全盛](명) 전성. 한창 왕성한 것. the height of prosperity
せんぜい[占筮](명·타サ) 산가지로 점침. divination
せんぜい[蟬蛻](명) ①매미의 허물. ②헌것을 버리고 새것을 취하는 일. ③초연(超然)하게 속세를 빠져나가는 일. 1. the castoff shell of a cicada
ぜんせい[前世](명) 전세. ①옛날. 전대(前代). ②〈불〉 ⇨ぜんせ. 1. the former generation
ぜんせい[善政](명) 선정. 올바른 정치. ↔悪政(アクセイ). good government
せんせいじゅつ[占星術](명) 점성술. 별의 운행(運行), 광도(光度) 등에 의해 국사(国事)의 성쇠(盛衰), 인사(人事)의 길흉, 싸움의 승패, 천변 지이(天変地異) 등을 점치는 술법. astrology
せんせいりょく[潜勢力](명) 숨어 있어 표면에 나타나지 않는 세력. 잠재 세력. potential energy
センセーショナル[sensational](형동ダ) 센세이셔널. ①감동적. 선정적(煽情的). ②평판이 아주 자자한 모양.
センセーション[sensation](명) 센세이션. ①느낌. 감각. ②흥분. 선정(煽情). ③굉장한 평판. 선풍적인 인기. 「一大(イチダイ)—をまきおこす; 일대 선풍적 인기를 불러 일으키다」
ぜんせかい[前世界](명)〈역〉 전세계. 이 세계가 성립되기 전의 세계. 유사(有史) 이전의 세계. a prehistoric age
せんせき[泉石](명) 천석. ①(정원의) 연못과 돌. ②연못과 돌로 이루어진 경치. 1. miniature ponds and garden rocks
せんせき[船籍](명) 선적. 배의 소속(지). 또는 선박 원부(船舶原簿)에 등록된 것. the nationality of a ship
せんせき[戦跡](명) 전적. 전쟁의 자취. vestiges of war
せんせき[戦績](명) 전적. 대전(対戦)해서 얻은 실적. a military record
ぜんせつ[前説](명) 전설. ①옛사람이 남겨 놓은 말. ②앞에서 논한 논설. ↔後説(コウセツ). 1. a predecessor's opinion
ぜんせつ[前節](명) 앞의 절(節). 앞의 마디. the foregoing paragraph
せんせん—[先先](조어) 앞의 앞. 전전(前前). 「—月(ゲツ); 전전달」
せんせん[閃閃](형동タリ) 섬섬. 번득이는 모양. 번쩍이는 모양. flashing
せんせん[宣戦](명·자サ) 선전. 전쟁 개시를 적에게 통지함. 「—布告(フコク); 선전 포고」 a declaration of war
せんせん[潺潺](형동タリ) 잔잔. 얕은 물이 졸졸 흐르

는 모양이나 그 소리. rustling
せんせん[戦線](명) 전선. ①전투 중의 지역. 전장(戦場). ②사업 경영의 범위.「―を縮少(シュクショウ)する; 사업 범위를 축소하다」 1. the battle line
せんせん[先占](명·타サ) 선점. ①남보다 앞서서 차지함. ②〈법〉 소유자가 없는 동산(動産)이나 토지를 점유함. 1. prior occupation
せんぜん[戦前](명) 전전. ①전쟁 이전. ②제 2 차 세계 대전 이전. ↔戦後(センゴ). 1. prewar days
ぜんせん[全線](명) ①모든 전선(戦線). ②철도 등의 모든 노선(路線).「―開通(カイツウ); 전선 개통」 1. all battles lines
ぜんせん[前線](명) 전선. ①적과 대치해 있는 진지. 제일선(第一線). ②전체의 맨 선두에 서서 활동하는 일. ③〈천〉 진행하는 기압(気圧)의 맨 앞.「寒冷(カンレイ)―; 한랭 전선」 1. the war front
ぜんせん[善戦](명·자サ) 선전. 잘 싸움. fighting well
ぜんぜん―[前前](조어) 전전. 앞의 앞.「―日(ジツ); 전전날」
ぜんぜん[全然](부) ①전연. 전혀. (부정의 뜻으로)「―知(シ)らない; 전연 모른다」 ②〈속〉 (부정의 뜻이 없이) 몹시. 썩.「―大(オオ)きい; 썩 크다」 1. entirely
せんせんきょうきょう[戦戦兢兢·戦戦恐恐](형동タルト) 전전 긍긍. ①매우 두려워 조심하는 모양. ②무서워 떠는 모양. 2. with fear and trembling
せんそ[践祚](명·자サ) 천조. 임금이 죽은 뒤 황태자가 곧 임금의 자리에 오름. accession to the throne
せんぞ[先祖](명) 선조. ①한 가계(家系)의 웃 조상. 핏줄을 이어 받은 먼 대의 조상. ②그 가문의 대대의 가장이 되었던 사람들. 1. an ancestor. ―**がえり**[先祖返り]―ガヘリ(명)〈생〉 조상의 모습이나 체질이 후손(특히 손자의 대)에게 나타나는 일. 격세 유전(隔世遺伝).
せんそう[船窓](명) 선창. 배의 창문. a porthole
せんそう[船装](명·자サ) 항해할 수 있도록 배의 준비를 함.
せんそう[船艙·船倉](명) 선창. 배의 상갑판(上甲板) 밑에 있는 화물(貨物)을 쌓아 두는 곳. the hold
せんそう[戦争](명·자サ) 전쟁. ①싸움. ②병력에 의한 국가 상호간, 또는 국가와 교전 단체간의 투쟁 행위. 1. a fight 2. a war. ―**はんざいにん**[戦争犯罪人](명) 전쟁 범죄인. 전쟁 범죄를 범한 사람. 전범(戦犯). ―**ぶんがく**[戦争文学](명) 전쟁 문학. 전쟁을 제재(題材)로 한 문학.
ぜんそう[前奏](명)〈악〉 전주. 악곡의 처음, 또는 가극 등의 막을 열기 전에 연주하는 악곡. an overture. ―**きょく**[前奏曲](명) 전주곡. ①〈악〉 ㉠가극의 서곡. ㉡연곡(連曲)의 형식을 취하는 악곡의 서곡. ㉢독립하여 작곡되는, 형식이 자유로운 소기악곡(小器楽曲). ②어떤 일의 시작.「事件(ジケン)の―; 사건의 시작」
ぜんそう[禅僧](명)〈불〉 선승. 선종의 중.
ぜんぞう[漸増](명·자サ) 점증. 점점 증가함. ↔漸減(ゼンゲン). gradual increase. ―**ほう**[漸増法](명) 점증법. 수사법(修辞法)의 한 가지. 어구를 점점 겹쳐 써서 점차 문장의 뜻을 강화시켜 독자의 느낌을 절정으로 이끄는 수법.
せんそく[栓塞](명)〈의〉 전색. 혈전(血栓) 때문에 혈관이 막히는 일. embolus
せんそく[船側](명) 선측. 배의 측면. the ship's side
せんそく[洗足](명·자サ) 세족. 발을 씻음. 또는 씻는 물. washing feet
せんぞく[専属](명·자サ) 전속. 오직 한 곳에만 속함. 또는 그 사람.「―歌手(カシュ); 전속 가수」 being attached to
ぜんそく[喘息](명)〈의〉 천식. 심한 기침이 나서 발작적으로 호흡이 곤란해지는 병. asthma
ぜんそくりょく[全速力](명) 전속력. 낼 수 있는 한의 속력. full speed
ぜんそん[全損](명) ①전부의 손실. ②〈법〉 해상 보험의 피보험물(被保険物)이 전부 없어짐. 1. a total loss
ぜんそん[全村](명) 온 마을. the whole village
センター[center](명) 센터. ①중앙. 중심. 중심되는 건물.「スポーツ―; 스포오츠 센터」 ②〔배구에서〕 전위, 중위, 후위의 각기 중앙에 선 사람. ③〔야구에서〕 센터피일더의 준말.
せんたい[蘚苔](명)〈식〉 선태. 이끼. mosses. ―**しょくぶつ**[蘚苔植物](명)〈식〉 선태 식물. 음습(陰湿)한 곳에 뭉쳐서 사는 은화(隠花) 식물의 한 가지. 줄기, 가지의 구별이 없고, 기근(気根)으로 양분을 흡수함.
せんたい[船体](명) 선체. 기선, 비행선의 중요한 부분. 또는 그 형체(形体). the hull
せんたい[船隊](명) ①배의 한 무리. 선단(船団). ②수군(水軍). 해군. 1. a fleet of ships
せんたい[戦隊](명)〈군〉 전대. 2 척 이상의 군함으로 편성된 부대. a squadron
せんだい[先代](명) 선대. ①조상의 세대. ②부모의 세대. ③예능인 등의 앞대의 사람. 1. the predecessor
せんだい[先帝](명) 선제. 선대(先代)의 황제. the late Emperor
せんだい[船台](명) 배를 전조(建造)시킬 때에 선체를 올려 놓는 대(臺). a gridiron
ぜんたい[全体] Ⅰ(명) 전체. ①몸 전부. 전신. ②전부. 총체(総体). Ⅱ(부) ①원래. ②도대체. Ⅰ1. the whole body Ⅱ1. from the first. ―**しゅぎ**[全体主義](명) 전체주의. 개인보다 사회, 집단, 국가가 중요하다는 것을 강조하는 주의. ↔個人(コジン)主義.
ぜんたい[全隊](명) 부대 전부. 전부대. the whole troop
ぜんだい[全代](명) 전국 대표자(全国代表者)의 준말.
ぜんだい[前代](명) 전대. 지나간 시대. 전세(前世). former ages. ―**みもん**[前代未聞](연어·명) 전대미문. 아직까지 들은 적이 없는 것.
せんたく[洗濯](명·타サ) 세탁. 빨래함. washing
せんたく[選択](명·타サ) 선택. 가려 뽑음.「―課目(カモク); 선택 과목」 selection. ―**ほう**[選択法](명) 선택법. 학력 검사 형식의 하나. 몇 개의 답을 제시하고 옳은 것을 고르게 하는 방법. 선다형(選多型).

ぜんだく[然諾](명) 찬성함. 승낙. approval
せんだつ[蟬脱](명) ⇨せんぜい.
せんだつ[先達](명) ①선배. ②안내인. 1. a superior
せんだって[先達て](부) 앞서. 일전에. the other day
ぜんだて[膳立て](명) ①상을 차리는 일. 식사의 준비. ②미리 준비함. 2. preparations
ぜんだま[善玉](명) ①에도(江戸) 시대 그림 소설책의 사람 얼굴에 "善"자를 써서 선인(善人)을 나타낸 것. ②착한 사람. ↔悪玉(アクダマ). 2. a good man
せんたん[仙丹](명) 선단. 먹으면 장생 불사(長生不死)하고 신선이 된다는 선약(仙薬). the elixir of life
せんたん[先端](명) 선단. ①끝. ②선두. ③최전선. 2. the head. **—てき**[先端的](형동ダ) 유행 등의 선두에 서는 모양.
せんたん[尖端](명) 첨단. ①뾰족한 끝. ②시대, 유행의 선두. 최전선. 톱. 1. the point. **—てき**[尖端的](형동ダ) 첨단적. 사물의 유행 등에 맨 앞장을 서는 모양.
せんたん[戦端](명) 전단. 싸움을 하게 된 단서. 싸움의 시작. 「—をひらく; 싸움을 시작하다」 hostilities
せんたん[選炭](명·자サ) 선탄. 질이 나쁜 석탄을 가려 내고 좋은 석탄을 추리는 일. coal dressing
せんだん[専断·擅断](명·형동ダ) 전단. 자기 멋대로 결정해 처리함. arbitrariness
せんだん[栴檀·楝](명)〈식〉 ①전단. 멀구슬나무. 껍질과 열매는 구충제(駆虫剤)로 씀. ②⇨びゃくだん. 1. a bead-tree
せんだん[船団](명) 선단. 배의 집단. a fleet of vessels
ぜんだん[全段](명) 전단. 모든 단(段). all paragraphs
ぜんだん[前段](명) 전단. 앞의 단(段). the foregoing paragraph
せんだんまき[千段巻き](명) ①창의 자루를 삼으로 칭칭 감는 것. ②활에 등(籐)을 감는 법의 하나.
せんち[戦地](명) 전지. ①싸움터. ②출정지(出征地). 1. the front
センチ Ⅰ(명) ←センチメートル. Ⅱ(형동ダ) 센티멘털의 준말. **—メートル**[프 centimetre·糎](명) 센티미터. 1m의 100분의 1. 기호는 cm.
ぜんち[全治](명·자サ) 전치. 병, 상처가 완전히 나음. 완치. a complete cure
ぜんち[全知·全智](명) 전지. 완전한 지혜. omniscience. **—ぜんのう**[全知全能](연어·명) 전지 전능. 완전 무결한 지능. 어떠한 사물이라도 잘 알고 행할 수 있는 신불(神仏)의 지능.
ぜんちし[前置詞](명) 전치사. 〔서양 문법에서〕 명사나 대명사 앞에 놓아 형용사구, 부사구를 만드는 말. 예: 영어의 in, on 등. a preposition
ぜんちしき[善知識·善智識](명)〈불〉 선지식. 사람을 불도(仏道)로 교화(教化), 선도(善導)하는 고승(高僧). a Buddhist priest of high virtue
センチメンタリスト[sentimentalist](명) 센티멘털리스트. 감상적인 사람. 다정 다감한 사람.
センチメンタリズム[sentimentalism](명) 센티멘털리즘. 쉽게 감동하고 지나치게 감정에 흐르거나 빠지는 태도. 감상주의.
センチメンタル[sentimental](형동ダ) 센티멘털. 다감(多感)한 모양. 감정적인. 감상적인. 「—な歌(ウタ); 감상적인 노래」
センチメント[sentiment](명) 센티멘트. ①정(情). 마음. ②세련된 감정.
せんちゃ[煎茶](명) 차를 달이는 일. 또는 그 차.
せんちゃく[先着](명·자サ) 선착. 먼저 도착함. the first arrival
せんちゅう[船中](명) 배(船) 안. the interior of a ship
せんちゅう[戦中](명) 전쟁 중. 전쟁을 하는 동안. ↔戦前(センゼン), 戦後(センゴ). during a war
ぜんちゅうかい[全中会](명)⇨ちゅうぜんかい(中全会).
せんちゅうるい[線虫類](명)〈동〉 선충류. 선형 동물(線形動物)에 속하는 한 강(綱). 대부분의 기생충이 이에 속함. Nematoda
センチュリ[century](명) 센추리. 100년간. 세기(世紀).
ぜんちょ[前著](명) 전의 저서. one's former work
せんちょう[船長](명) ①선장. 배의 우두머리. ②선체(船体)의 길이. 1. a captain
せんちょう[尖頂](명) 뾰족한 꼭대기. a spire
ぜんちょう[全町](명) 쵸오(町) 전체. 온 마을.
ぜんちょう[全長](명) 전장. 전체의 길이. the total length
ぜんちょう[前兆](명) 전조. 징조. 조짐. a sign
せんつう[疝痛](명)〈의〉 산통. 심한 발작성의 간헐적 복통(間歇的腹痛). colic
ぜんつう[全通](명·자サ) 전선(全線)의 개통. opening of the whole line
せんて[先手](명) 선수. ①선손. 남보다 먼저 손을 쓰는 것. ②이쪽에서 먼저 상대를 누르는 작전. 「—をうつ; 선수를 쓰다」 ③〔바둑, 장기에서〕 먼저 공격을 개시하는 사람. ↔後手(コウテ). 1. forestalling
せんてい[筌蹄](명) ①통발과 덫(올가미). ②목적을 달성하기 위한 수단. ③초보적인 지도(指導). 안내. 1. a weir and a snare
せんてい[先帝](명) 선제. 선대의 천자(天子). the late Emperor
せんてい[剪定](명·타サ) 전정. 미관상 또는 개화(開花), 결실을 좋게 하기 위해 나무의 가지를 침. 정지(整枝). trimming
せんてい[船底](명) 선저. 배밑. the ship's bottom
せんてい[選定](명·타サ) 선정. 골라 정함. selection
ぜんてい[全逓](명) 전 체신 노동 조합(全逓信労動組合)의 약칭.
ぜんてい[前庭](명) 전정. 앞뜰. the front garden
ぜんてい[前提](명) 전제. ①어떤 사물을 논할 때 맨 먼저 내세우는 기본되는 것. ②〔논리학에서〕 추리할 때, 결론의 기초가 되는 판단. 1. an introduction
せんでき[洗滌](명·타サ) ⇨せんじょう.
ぜんてき[全的](형동ダ) 전적. 완전한 모양. 전부 그러한 모양. complete

せんてつ[先哲](명) 선철. 옛날의 현철(賢哲). 선현(先賢). ancient sages
せんてつ[銑鉄](명) 선철. 무쇠. pig iron
ぜんてつ[前哲](명) 전철. 전대(前代)의 현인(賢人). ancient sages
ぜんてつ[前轍](명) 전철. ①앞에 지나간 수레의 바퀴 자국. ②이전 사람의 그릇된 일이나 행동의 자취. 「一をふむ; 전철을 밟다(전의 실패를 되풀이하다)」 1. ruts of a preceding cart
ぜんでら[禅寺](명) 선사. 선종의 절.
せんてん[先天](명) 선천. 나기 전부터 몸에 갖추어져 있는 것. innate quality. **—てき**[先天的](형동ダ)〈철〉선천적. 태어날 때부터 가지고 있는 모양. ↔後天的(コウテンテキ).
せんてん[旋転](명·자타サ) 선전. 뱅뱅 돎. rotation
せんでん[宣伝](명·타サ) 선전. 어떤 사물이나 사상, 주의(主義) 등을 많은 사람에게 알려 이해와 공명(共鳴)을 구함. propaganda
ぜんてん[全店](명) 가게 전체. 온 가게. all shops
ぜんでん[前電](명) 전에 친 전보. one's last telegram
センテンス[sentence](명) 센텐스. 글월. 문장.
せんと[遷都](명·자サ) 천도. 도읍을 옮김. the transfer of the capital
セント[cent·仙](명) 센트. 미국 돈의 단위. 1달러의 100분의 1.
せんど[先途](명) ①앞길. 전도(前途). ②성패(成敗) 또는 승부를 짓는 중요한 고비. 「ここを一と戦(タタカ)う; 죽자하고(중요한 고비로 보고) 분투하다」 1. one's destination
せんど[鮮度](명) 신선한 정도. 선명한 정도. freshness
せんど[繊度](명) 섬도. 생사, 인견사 등의 실의 굵기의 비(比)를 나타내는 말. denier
せんど[先度](부) 전번. 앞서. the other day
ぜんと[全都](명) 도시 전체. the whole city
ぜんと[前途](명) 전도. 앞길. 장래. 「一を祝福(シュクフク)する; 앞길을 축복하다」 the future
ぜんど[全土](명) 전토. 토지 전체. 국토의 전체. 전국. the whole country
せんとう[仙洞](명) ①선동. 신선이 산다는 산골. ②상황(上皇). 또는 상황이 사는 곳. 1. the dwelling of a mountain wizard
せんとう[先登](명) 선등. ①맨 먼저 나아가는 일. 앞장 섬. ②먼저 오름. 2. the foremost in the van
せんとう[先頭](명) 선두. 제일 앞. 맨 앞. 「一に立(タ)つ; 선두에 서다」 the head
せんとう[尖塔](명) 첨탑. 뾰족한 탑. a steeple
せんとう[銭湯·洗湯](명) 공중 목욕탕. a public bath
せんとう[戦闘·戦斗](명·자サ) 전투. ①싸움. ②병력을 써서 적을 무찌름 1. fighting
せんどう[先導](명·타サ) 선도. 앞에 서서 인도함. 앞장 서서 안내함. guidance
せんどう[扇動·煽動](명·타サ) 선동. ①남을 꼬드기어 부추김. ②군중의 감정을 꼬드기고 부채질하여 어떤 일을 일으키게 함. 1. instigation 2. agitation
せんどう[船頭](명) ①선장. ②뱃사공. 2. a boatman
ぜんとう[全島](명) 섬 전체. the whole island
ぜんとう[前頭](명)〈생〉머리의 앞 부분. 이마. ↔後頭(コウトウ). the forehead
ぜんとう[漸騰](명·자サ) 점등. 시세, 물가가 점점 올라 감. ↔漸落(ゼンラク). a gradual rise
ぜんどう[全道](명) 홋카이도오(北海道) 지방 전체.
ぜんどう[善導](명·타サ) 선도. 올바르고 좋은 길로 인도함. proper guidance
ぜんどう[禅堂](명)〈불〉선당. ①참선하는 당(堂). ②선종(禅宗)의 승당(僧堂).
ぜんどう[蠕動](명·자サ) 연동. ①움직임. 운동함. ②〈생〉소화 때에 일어나는 위장의 운동. 2. peristalsis
せんとく[先徳](명) 선덕. 조상의 덕. virtue of predecessors
ぜんとく[善徳](명)〈불〉선덕. 선행(善行)의 덕. a virtue
セントラル[central](명) 센트럴. 중심. 중앙. 「一劇場(ゲキジョウ); 중앙 극장」
ゼントルマン[gentleman](명) 젠틀맨. 신사. ↔レディー.
せんない[船内](명) 선내. 배 안. ↔船外(センガイ). the interior of a ship
せんない[線内](명) 선내. 선의 안쪽. ↔線外(センガイ). the inside of a line
せんな·い[詮無い](형) 도리 없다. 어쩔 수 없다. inevitable
せんなり[千生り](명) 조롱조롱 열리는 일. 또는 그렇게 열린 것. 「一びょうたん; 조롱조롱 열리는 호리병박」 clustering
ぜんなん[善男](명)〈불〉선남. 불법에 귀의(帰依)한 남자. 「一善女(ゼンニョ); 선남 선녀」 a pious man
せんに[先に](부) 이전에. before
ぜんに[禅尼](명)〈불〉불문에 들어 간 여자.
せんにく[繊肉](명) ⇨ヒレ.
せんにく[鮮肉](명) 신선한 고기. fresh meat
せんにち[千日](명) 천일. ①천 날. ②여러 날. 2. many days
せんにちこう[千日紅](명)〈식〉천일홍. 비유과에 속하는 1년초. 7월부터 10월경까지 계속 꽃이 핌. 천일초(千日草). a globe amaranth
せんにちて[千日手](명) 〔장기에서〕 같은 수가 반복되어 승부가 나지 않는 수. 비김수. thousand-day-repetitive moves
せんにちもうで[千日詣](명) ①천일 동안 계속해서 신사(神社)나 사원(寺院)에 참배하는 일. ②하루의 참배가 천 날의 참배만큼 가치가 있다는 날. 즉 음력 7월 10일에 관세음(観世音)에 참배하는 일.
せんにゅう[先入](명) 선입. ①이미 마음속에 박힌 것. ②애초에 배워서 된 것. **—かん**[先入観](명) 선입관. 미리부터 마음에 박혀 있는 고정적인 관념 및 견해. 「一にとらわれる; 선입관에 사로잡히다」 **—しゅ**[先入主](명) 선입주. 선입관. 「一となる; 선입관 때문에 잘 이해하지 못하게 되다」

せんにゅう[潜入](명·자サ) 잠입. ①남 몰래 들어 감. ②물속에 잠겨 들어 감. 1. smuggling oneself into

ぜんにゅう[全乳](명) 전유. 지방을 빼지 않은 우유. 짜 낸 그대로의 우유. whole milk

せんにょ[仙女](명) 선녀. 여자 신선(神仙). a fairy

せんにん[仙人](명) 선인. 인간계를 떠나 산속에 살며 도법을 닦고 신통력(神通力)을 갖는다는 도가(道家)의 상상(想像)적인 이상 인물. a mountain wizard

せんにん[先任](명·자サ) 선임. 먼저 그 임무를 맡음. 또는 그 사람. seniority

せんにん[専任](명) 전임. 오로지 어떤 한 일만을 맡는 것. 「—講師(コウシ); 전임 강사」 full-time service

せんにん[選任](명·타サ) 선임. 뽑아서 임명함. nomination

ぜんにん[前任](명) 전임. ①이전에 맡고 있던 임무. ②전에 임무를 맡고 있던 사람. 1. one's former post

ぜんにん[善人](명) 선인. 선량한 사람. 착한 사람. ↔悪人(アクニン). a good man

せんにんそう[仙人草](명)〈식〉 참으아리. 미나리아재비과에 속하는 다년생 만초(蔓草). 열매는 독이 있고 약재로 쓰임. a traveller's joy

せんにんりき[千人力](명) 천 사람의 힘. 또는 그를 얻은 듯이 마음 든든한 것. thousand men's power

せんぬき[栓抜き](명) 병마개를 빼는 일. 또는 그것을 빼는 기구. 마개 뽑이. a corkscrew

せんねつ[潜熱](명) 잠열. ①내부에 숨어 있어 외부에 나타나지 않는 열. ②〈이〉 물질이 융해 또는 기화(気化)할 때 소비되는 열. 2. latent heat

せんねん[先年](명·부) 지나간 해. 왕년. past years

せんねん[千年](명) 천년. 오랜 세월. 1. a thousand years

せんねん[専念](명·자サ) 전념. 한 가지 일에만 열중(熱中)함. being devoted

ぜんねん[前年](명) 전년. ①작년. ②지나간 해. 거년(去年). 1. the previous year

せんのう[先王](명) 선왕. ①선대의 임금. 선군(先君). ②고대의 성왕(聖王). 1. the late king

せんのう[洗脳](명) 세뇌. 사상을 개조하는 일. brainwashing

ぜんのう[全納](명·타サ) 전납. 전액(全額)을 바침. payment in full

ぜんのう[全能](명) 전능. 무슨 일이나 다 할 수 있는 것. 완전한 지능. omnipotence

ぜんのう[前納](명·타サ) 전납. 기한 전에 미리 바침. 예납(豫納). payment in advance

ぜんば[前場](명)〈경〉 전장. 증권 거래소에서 오전에 행하는 입회(立会). ↔後場(ゴバ). the morning session

ぜんぱ[全波](명) 모든 파장(波長)의 전파. all wave

せんばい[専売](명) 전매. ①어떤 물건을 독차지하여 파는 일. ②국가가 행정상의 목적으로 특정 재화의 생산 판매를 독점하는 일. 「たばこは政府(セイフ)の—だ; 담배는 정부의 전매다」 2. monopoly. **—とっきょ**[専売特許](명)〈법〉 ⇨とっきょ.

せんぱい[先輩](명) 선배. ①나이가 많은 사람. ②같은 학교나 근무처에 먼저 들어 간 사람. ③같은 학교를 먼저 졸업한 사람. ↔後輩(コウハイ). 1. an elder 2. a superior

せんぱい[戦敗](명) 전패. 전쟁에 짐. 패전. ↔戦勝(センショウ). a defeat in a war

ぜんぱい[全敗](명·자サ) 전패. 완전히 짐. 완패(完敗). ↔全勝(ゼンショウ). a complete defeat

ぜんぱい[全廃](명·타サ) 전폐. 아주 없애 버림. 전부 없애 버림. abolishing altogether

せんぱく[浅薄](명·형동ダ) 천박. 깊이가 없는 모양. 「—な考(カンガ)え; 얕은 생각」 superficiality

せんぱく[船舶](명) 선박. 배. a vessel

ぜんぱく[前膊](명)〈법〉 전박. 팔꿈치의 앞 부분. 전완(前腕). the forearm. **—こつ**[前膊骨](명)〈생〉 전박골. 전박을 이루는 뼈. 상완골(上腕骨)과 수골(手骨)을 연결하는 뼈로서 척골(尺骨)과 요골(橈骨)로 이루어짐. 전완골(前腕骨).

せんばつ[選抜](명·타サ) 선발. 많은 속에서 골라 뽑아 냄. 「—試験(シケン); 선발 시험」 selection

せんぱつ[先発](명·자타サ) 선발. ①먼저 출발함. ②〔야구에서〕 최초로 나옴. 「—投手(トウシュ); 선발 투수」 1. starting in advance

せんぱつ[染髪](명·자サ) 염발. 머리털을 염색함. dyeing of hair

せんぱつ[洗髪](명·자サ) 세발. 머리를 감음. shampoo

せんばづる[千羽鶴](명) ①종이로 학 모양을 많이 접어서 매어 단 것. ②많은 학을 그린 무늬.

ぜんばらい[全払い]—バラヒ(명·타サ) 전불. 돈을 다 지불함. payment in full

ぜんばらい[前払い]—バラヒ(명·타サ) 미리 돈을 지불함. 선불. payment in advance

せんばん[千万](명) 천만. ①수량이 많은 것. ②여러 가지 상태. ③이 이상 더 없는 모양. 2. variety

せんばん[線番](명) 선번. 철사, 전선(電線)의 굵기를 표시하는 번호. size-number

せんばん[先晩](명) 지난밤. 어젯밤. the last night

せんばん[先番](명) ①먼저 해야 할 차례. ②〔바둑, 장기에서〕 먼저 두는 것. 1. the preceding turn

せんばん[旋盤](명) 선반. 각종 금속 재료를 회전 운동시켜서 깎거나 파내거나 하는 데 쓰는 금속 공작 기계. a lathe

せんぱん[戦犯](명) 전범. 전쟁 범죄인의 준말.

せんぱん[先般](부) 전번에. 일전에. the other day

ぜんはん[前半](명) 전반. 앞의 절반. ↔後半(コウハン). the first half. **—き**[前半期](명) 전반기. 일기(一期)를 둘로 나눈 앞의 반기(半期). **—せい**[前半生](명) 전반생. 인생의 앞의 절반. 대개 35, 36세 이전.

ぜんはんしゃ[全反射](명)〈이〉 전반사. 광선이 밴 투명체에서 성긴 투명체로 나올 때에 투사각이 임계각(臨界角)보다 크면 굴절되지 않고 온통 다 반사되는 현상. total reflection

ぜんぱん[全般](명) 전반. 여러 가지 것의 전부. 모두. 「一にわたって; 모든 점에 걸쳐서」 the whole
ぜんぱん[前半](명) 전반. 앞의 절반. the first half
せんび[船尾](명) 선미. 배의 뒷부분. 고물. ↔船首(センシュ). the stern
せんび[戦備](명) 전비. 전쟁 준비. war preparations
せんぴ[先非](명) 선비. 이전의 과실. 전비(前非). one's past error
せんぴ[戦費](명) 전비. 전쟁 비용. war expenditure
ぜんび[全備](명) 충분히 장비하는 것. 완전히 갖추는 것. complete equipment
ぜんび[善美](명·형동ダ) ①선과 미. ②착하고 아름다움. ③설비(設備) 등이 훌륭함. 1. the good and the beautiful
ぜんぴ[前非](명) 전비. 과거의 잘못. 「一を後悔(コウカイ)する; 전비를 뉘우치다」 one's past error
せんぴつ[染筆](명·자サ) 붓을 적셔 그림을 그리거나 글씨를 씀. writing
せんぴゃく[千百](명) 몇 백. 몇 천. 많은 수. many
せんびょう[線病·腺病](명)〈의〉 선병 삼출성(滲出性) 성질이나 임파성(淋巴性) 체질의 어린 아이에게서 흔히 보는 결핵균에 의한 전신의 병. scrofula. **一しつ**[線病質](명)〈의〉 선병질. 몸이 약하고 가슴이 납작한 빈혈질의 약한 체질.
せんびょう[線描](명) 물건의 모양을 선만으로 그리는 일. 또는 그런 그림. line drawing
せんぴょう[選評](명·타サ) 선평. ①골라서 비평함. ②뽑은 사람이 하는 비평. 1. selection and criticism
ぜんぴょう[全豹](명) ①표범 가죽 전체의 무늬. ②전체의 모양, 상태. 「一斑(イッパン)をもって一を推(オ)す; 일부로써 전체를 짐작하다」 ↔一斑(イッパン). 2. the whole
ぜんぴょう[前表](명) ①앞에 표시한 표(表). ②전조(前兆). 1. the foregoing table
せんびょうし[戦病死](명·자サ)〈군〉 전병사. 전쟁에 나가 병으로 죽음. death from a disease contracted at the front
せんびん[先便](명) 먼젓번의 편지. one's last letter
せんびん[船便](명) 선편. 배편. by ship
ぜんびん[前便](명) 먼젓번의 편지. one's last letter
せんぶ[先負](명) 〔음양도(陰陽道)에서〕 급한 일이나 송사(訟事) 등에 나쁘다고 하여 피하는 날.
せんぶ[宣撫](명·타サ) 선무. 지방이나 점령지의 주민에게 정부나 본국의 본의를 이해시켜 민심을 안정시킴. placation
ぜんぶ[全部](명·부) 전부. 모두. all
ぜんぶ[前部](명) 앞의 부분. the fore part
ぜんぶ[膳部](명) ①상에 올리는 요리. ②←膳部人. 1. meal. **一にん**[膳部人](명) 요리인. 숙수(熟手).
せんぷ[先夫](명) 선부. 전남편. one's former husband
せんぷ[宣布](명·타サ) 선포. ①세상에 널리 알림. ②널리 미치게 함. 1. proclamation
ぜんぷ[前夫](명) 전부. 전남편. one's former husband

せんぷう[旋風](명) 선풍. ①회오리바람. ②사회에 돌발적으로 큰 동요를 일으키는 사건. 1. a cyclone
せんぷうき[扇風機](명) 선풍기. (모우터로) 바람을 일으키는 기계. an electric fan
せんぷく[船幅](명) 배의 폭. the width of a ship
せんぷく[船腹](명) 선복. 배의 허리. 배의 내부. 배의 짐을 쌓는 곳. bottoms
せんぷく[潜伏](명·자サ) 잠복. ①몰래 숨어 엎드림. ②〈의〉 감염(感染)되어 있으나 병증이 겉으로 나타나지 않음. 1. hiding 2. incubation
ぜんぷく[全幅](명) 전폭. ①나비의 전부. 온 나비. ②있는 대로 전부. 모든. 「一の信頼(シンライ); 전폭적인 신뢰」 2. all
せんぶり[千振り](명)〈식〉 자주쓴풀. 용담과에 속하는 다년초. 하얀 꽃이 피고 쓴 맛이 강하며 위장약으로 씀. a bitter-stem
せんぶん[撰文](명·자サ) 찬문. 글을 지음. composition
せんぶん[選分](명·타サ) 가려서 나눔. classifying
せんぶん[線分](명)〈수〉 선분. 직선상의 두 점 사이의 한정된 부분. a segment of a line
ぜんぶん[全文](명) 전문. 문장의 전체. a whole sentence
ぜんぶん[前文](명) 전문. ①앞에 적은 문장. ②〔편지 등에서〕 인사나 문안 등, 서두(序頭)에 쓰는 글. 1. the above sentence
せんぶんひ[千分比](명) 천분비. 천에 대한 비례. 천분율(千分率). permillage
せんべい[煎餅](명) 보릿가루, 밀가루, 쌀가루 등을 반죽하여 얇게 펴서 구운 과자. a cracknel. **一ぶとん**[煎餅蒲団](명) 얇고 보잘 것 없는 이불.
せんぺい[尖兵](명)〈군〉 첨병. 행군 부대(行軍部隊)의 선두에 서서 수색의 임무를 맡은 소부대. a vanguard
ぜんべい[全米](명) ①미국 전체. ②남북 아메리카주 전체. 1. Pan American
せんべつ[選別](명·타サ) 가려서 나눔. classifying
せんぺき[鮮碧](명) 선명한 청색. bright blue
せんべつ[餞別](명·자サ) 전별. 헤어져 가는 사람에게 보내는 돈이나 선물. 또는 그것을 줌. a farewell gift
せんべん[先鞭](명) 선편. 남보다 먼저 착수하는 것. 선착편(先着鞭). the initiative
ぜんぺん[全編·全篇](명) 전편. 시문(詩文) 한 편의 전체. 어느 한 서적의 전체. the whole volume
ぜんぺん[前編](명) 전편. 둘 또는 세 편으로 나누인 책 중의 앞의 편. ↔後編(コウヘン). the first volume
せんぺんいちりつ[千編一律](연어·명) 천편 일률. ①여러 시문의 구조가 변화 없이 비슷비슷한 것. ②많은 사물이 색다른 바 없이 모두 비슷한 것. monotony
せんぺんばんか[千変万化](연어·명·자サ) 천변 만화. 한없는 변화. 변화가 무궁함. 「一の計略(ケイリャク); 변화 무쌍한 계략」 innumerable changes
せんぼう[羨望](명·타サ) 선망. 부러워하여 몹시 바람. 「一の的(マト); 선망의 대상」 envy
せんぽう[先方](명) ①상대편. ②앞쪽. 1. the other party

せんぽう[先鋒](명) 선봉. 앞장 서는 일. 선두. the van
せんぽう[旋法](명)〈악〉 선법. 악곡의 선율을 구성할 때 음계 속에 음을 배열하는 방법.
せんぽう[戦法](명) 전법. ①전투의 방법. ②경기, 시합 등을 행하는 방법. 2. tactics
ぜんぼう[全貌](명) 전모. 전체의 모양.「事件(ジケン)の—; 사건의 전모」 the whole aspect
ぜんぽう[前方](명) ①전방. 앞쪽. ②앞쪽이 네모진 것. ⇨: ぜんぽうこうえんふん. ↔後方(コウホウ). 1. the front
ぜんぽう こうえん ふん[前方後円墳](명)〈역〉 고분(古墳)의 한 형식으로 앞은 모가 나고 뒤가 둥근 무덤.
せんぼう きょう[潜望鏡](명)〈군〉 잠망경. 잠수함이 잠수중 바다 위의 정찰 등에 사용하는 광학 병기(光学兵器). 프리즘을 사용한 망원경. a periscope

〔潜望鏡〕

せんぼうちょう[線膨脹](명)〈이〉 선팽창. 고체에 열을 가하면 그 길이가 늘어나는 현상. linear expansion
せんぼく[占卜](명) 점(占). divination
せんぼつ[潜没](명·자サ) 잠몰. ①물속에 잠김. ②잠수함이 필요에 따라 급속히 잠망경과 함께 잠항(潜航)함. 2. nevigation under water
せんぼつ[戦没·戦歿](명·자サ) 전몰. 싸움터에서 싸우다가 죽음. 전사(戦死). death in battle
ぜんぽん[善本](명) 내용, 교정(校正), 제본(製本)이 훌륭한 책. an authentic book
せんぼんしめじ[千本湿地](명)〈식〉 ⇨しめじ.
せん まい[洗米](명) ①깨끗이 씻은 쌀. ②⇨せんまい(饌米). 1. cleansed rice
せん まい[饌米](명) 신전(神前)에 바치기 위해 깨끗이 씻은 쌀. cleansed rice offering to the gods
ぜん まい[薇](명)〈식〉 고비. 고등 은화 식물(高等隠花植物)의 하나로 어린 잎과 줄기는 식용, 뿌리는 약용. a flowering fern
ぜん まい[発条](명) 소용돌이 모양의 탄력이 있는 용수철. 태엽. a spring. **—ばかり**[発条秤](명) 용수철 저울. 용수철의 신축(伸縮)에 의해서 달게 되어 있는 저울.
せんまいづけ[千枚漬](명) 순무를 얇게 썰어 소금, 술, 식초, 설탕 등을 섞은 것에 담근 왜김치의 한 가지. 순무 김치. sliced-radish pickle
せんまい どおし[千枚通し]—ドホシ(명) 여러 겹의 종이를 뚫는 송곳의 한 가지. a bodkin
せんまいばり[千枚張り](명) 여러 장을 겹쳐 붙여서 두껍게 하는 일. 또는 그 종이.
せん まん[千万](명·부) 천만. ①천의 만 배. ②매우 많은 수. 1. ten million. **—むりょう**[千万無量](연어·명) ①수없이 많은 것. ②헤아릴 수 없는 것.
ぜん み[禅味](명) 선미. 선(禅)의 특색. 또는 아취(雅趣). 탈속(脱俗)하여 담담한 풍미(風味).
せん みつ(や)[千三(屋)](명) ①토지의 판매나 돈놀이의 주선을 업으로 하는 것. 또는 그 사람. 중개인(仲介人). 거간군. 복덕방. ②거짓말장이. 허풍장이. 1. a broker
せん みょう[宣命](명) ①칙명(勅命). ②순수한 일본 글로 쓰여진 조칙(詔勅)의 총칭.
せん みん[選民](명) 선민. 타민족을 인도하도록 신에게 택함을 받은 백성.「—思想(シソウ); 선민 사상(유태 민족이 가지고 있는 사상)」the chosen people
せん みん[賤民](명) 천민. 비천한 백성. 최하층 계급의 신분. the lowly
せん む[専務](명) 전무. ①전문적으로 맡아 보는 사무. ②←専務取締役. 1. special duty. **—とりしまりやく**[専務取締役](명) 전무 취체역. 사장과 부사장을 보좌하여 회사의 모든 일을 도맡아 보는 사람.
ぜん めい[喘鳴](명)〈의〉 호흡할 때 목에서 가르랑거리는 것. 또는 그 소리. stridor
せん めい[鮮明](명·형동ダ·타サ) 선명. ①산뜻하고 똑똑한 모양. ②⇨せんめい(闡明). 1. vividness
せん めい[闡明](명·타サ) 천명. 드러내어 밝힘. making clear
せん めつ[殲滅](명·타サ) 섬멸. 남김 없이 멸망(滅亡)시킴. annihilation
ぜん めつ[全滅](명·자타サ) 전멸. 완전히 멸망시킴. 또는 멸망함. total destruction
せん めん[洗面](명·자サ) 세면. 얼굴을 씻음.「—道具(ドウグ); 세면 도구」 washing one's face. **—き**[洗面器](명) 세수 대야.
せん めん[扇面](명) ①부채의 바탕이 되는 종이. 부채의 표면(表面). ②부채. 2. a fan
ぜん めん[全面](명) 전면. 모든 면. 전체의 면. the whole surface. **—てき**[全面的](형동ダ) 전면적. ①전면에 걸친 상태. ②전부.
ぜん めん[前面](명) 전면. 앞면. 앞쪽 the front
せん もう[旋毛](명) ①돌돌 말린 털. ②선모. (머리의) 가마. whirl-hair. **—ちゅう**[旋毛虫](명) 선모충. 회충과 비슷한 원형 동물. 몸빛은 담황백색. 가축(家畜)의 창자에 기생(寄生)함.
せん もう[戦盲](명) 전쟁으로 인하여 눈이 머는 것. 또는 그 사람. a war blindman
せん もう[繊毛](명) 섬모. ①가는 털. ②〈생〉 생물체의 세포 거죽에 수없이 많이 난 가는 털과 같은 물질. 1. thin hair. **—ちゅう**[繊毛虫](명)〈동〉 섬모충. 섬모류에 속하는 원생 동물(原生動物)의 총칭.
せん もん[専門](명) 전문. 오로지 한 가지 일이나 학과(学科)만을 연구 담당하는 것. 또는 그 학과나 일. a speciality. **—か**[専門家](명) 전문가. 오로지 어떤 특정한 부문을 연구하며 그 부문에 통달한 사람.
ぜん もん[前門](명) 전문. 앞으로 난 문. 앞문. ↔後門(コウモン). the front gate
ぜん もん[禅門](명)〈불〉 선문. ①선종(禅宗)의 종문(宗門). ②불문에 들어 간 남자. 2. a priest
ぜん もんどう[禅問答](명) 선문답. ①〔선종(禅宗)에서〕

진리 탐구를 위하여 행하는 문답. ②서로의 마음에는 통하여도 남은 알기 어려운 문답.
せんや[先夜](명) 선야. 전날 밤. 전야. the other night
せんや[戦野](명) 싸움터. 전장(戦場). a battlefield
ぜんや[全夜](명) 온밤. 하룻밤의 전부. (어떤 기간의) 모든 밤. the whole night
ぜんや[全野](명) 모든 분야. 전체.「社会学(シャカイガク)の一; 사회학의 전분야」 all the departments
ぜんや[前夜](명) 전야. ①어젯밤. ②전날 밤. 1. the last night
せんやく[仙薬](명) 선약. ①먹으면 죽지 않고 늙지 않는다는 약. 불로 불사(不老不死)의 약. ②썩 잘 듣는 약. 1. the elixir of life
せんやく[先約](명·자サ) 선약. 먼저 약속함. 또는 그 약속.「一がある; 선약이 있다」a previous appointment
せんやく[煎薬](명) 탕약. 달여 먹는 약. 탕제(湯剤). a medical decoction
ぜんやく[全訳](명·타サ) 전역. 원문 전부를 번역함. 완역(完訳). ↔抄訳(ショウヤク). a complete translation
ぜんやく[前約](명) 전약. 이전의 약속. 선약. a previous appointment
ぜんゆ[全癒](명·자サ) 완전히 나음. 쾌유(快癒). 완쾌(完快). complete recovery
せんゆう[占有](명·타サ) 점유. 자기의 소유로 함. occupation
せんゆう[専有](명·타サ) 전유. 혼자서 소유함. 독점(独占). exclusive possession
せんゆう[戦友](명) 전우. 같은 부대에 소속해 있으면서 생활과 전투를 같이 하는 동료. a fellow-soldier
ぜんゆう[全優](명) 학과의 성적이 전부 우(優)인 것.
せんよう[占用](명·타サ) 전용(専用)함. exclusive use
せんよう[宣揚](명·타サ) 선양. 드러내어 널리 떨치게 함.「国威(コクイ)の一; 국위 선양」 enhancement
せんよう[専用](명·타サ) 전용. ①전적으로 그것만 씀. ②독차지하여 씀.「社長(シャチョウ)の一車(シャ); 사장 전용차」 exclusive use
ぜんよう[全容](명) 전체의 내용. 전체의 모양. the whole aspect
ぜんよう[善用](명·타サ) 선용. 적절하게 잘 이용하여 씀. a good use
ぜんら[全裸](명) 완전히 벗는 것. 발가숭이. 알몸. nudity
ぜんらく[漸落](명·자サ) 점락. 시세나 물가가 점점 떨어짐. ↔漸騰(ゼントウ). a gradual fall of prices
せんらん[戦乱](명) 전란. 전쟁으로 인한 혼란. wars
せんり[千里](명) 천리. 몹시 먼 거리. far distant. **―がん**[千里眼](명) 천리안. ①먼 데서 일어난 일을 직각적으로 감지(感知)하는 능력. ②남의 마음을 알아 내는 능력. 또는 그런 사람.
せんり[戦利](명) ①전쟁의 승리. ②싸워 얻은 것이나 이익.「一品(ヒン); 전리품(전쟁에서 빼앗아 얻은 물건)」
せんりつ[旋律](명)〈악〉 선율. 음악 형식의 가장 중요한 요소의 하나. 서로 다른 높이와 길이의 몇 개의 악음이 규칙적으로 연속되는 음의 흐름. melody
せんりつ[戦慄](명·자サ) 전율. 두려워서 몸이 벌벌 떨림. shudder
ぜんりつせん[前立腺](명)〈생〉 전립선. 남성 생식기의 뒷부분에 있어 요도를 둘러 싸고 있는 선(腺) 모양의 장기(臓器). 여기서 나오는 분비액은 정자(精子)의 운동을 활발하게 하는 작용을 함. the prostate gland
せんりどうふう[千里同風](명) 천리 동풍. 〔천리까지 같은 바람이 분다는 뜻에서〕 태평 세월을 일컬음. Peace reigns over the land.
せんりのこま[千里の駒](명) ①천리마. 하루에 천리를 달린다는 매우 훌륭한 말. ②우수한 재능을 가진 젊은이. 1. a fleet steed
せんりゃく[戦略](명) 전략. ①전쟁, 시합의 방법이나 계책. ②정치, 사회 운동에 있어서의 투쟁의 전반적 방침. 1. strategy
ぜんりゃく[前略](명) 전략. ①앞 부분의 생략. ②〔서한문(書翰文)에서〕 앞의 부분을 생략한다는 뜻으로 쓰는 말. 관략(冠略). 1. omission of the preface
せんりゅう[川柳](명) 5·7·5의 구(句)로 되어 있는 풍자(諷刺), 익살을 주로 한 짧은 시.
せんりゅう[潜流](명) ⇨あんりゅう(暗流).
せんりょ[千慮](명) 여러 가지로 생각하는 것. worrying. **―のいっしつ**[千慮の一失](연어) ①지혜로운 사람도 때로는 실수함. ②뜻밖의 실수.
せんりょ[浅慮](명) 천려. 얕은 생각. imprudence
せんりょう[千両](명) 천 냥. ①한 냥의 천 배. ②매우 큰 가치. **―やくしゃ**[千両役者](명) ①격식이 높고 연기가 뛰어난 배우. ②한 무리 중에서 능력이 남보다 뛰어난 사람.
せんりょう[占領](명·타サ) 점령. ①일정한 장소를 차지함. ②군사상 일정한 토지를 병력으로 점유(占有)함. occupation
せんりょう[染料](명) 염료. 염색에 쓰이는 재료 또는 원료. 물감. dyes
せんりょう[選良](명) 선량. ①뛰어난 인물을 선출하는 일. 또는 선출된 인재(人材). ②국회 의원의 다른 이름. 1. a choice
ぜんりょう[全量](명) 전량. 전체의 중량. 전체의 용량. the whole quantity
ぜんりょう[善良](명·형동ダ) 선량. 착하고 어짊. good
せんりょく[浅緑](명) 엷은 녹색. light green
せんりょく[戦力](명) 전력. 전쟁 수행의 능력. war potential
ぜんりょく[全力](명) 전력. 모든 힘. 온 힘.「一をつくす; 전력을 다하다」 all one's power
せんりょくがん[閃緑岩](명)〈광〉 섬록암. 심성암(深成岩)의 한 가지. 사장석(斜長石), 각섬석(角閃石)을 주성분으로 하고 그밖에 석영(石英), 운모(雲母), 휘석(輝石) 등이 들어 있음. diorite
せんりん[線輪](명)〈이〉 ⇨コイル. 「a fore wheel
ぜんりん[前輪](명) 차의 앞바퀴. ↔後輪(コウリン). ╯

ぜんりん[善隣](명) 선린. 이웃이나 이웃 나라와 사이 좋게 지내는 일. 사이 좋은 이웃이나 이웃 나라.「一のよしみ; 이웃간의 우호(友好)」neighbourly friendship
ぜんりん[禅林](명)〈불〉 선림. 선종(禅宗)의 사원.
せんるい[蘚類](명)〈식〉 선류. 선태 식물(蘚苔植物)에 속하는 한 강(綱). 실 같은 원사체(原絲体)를 이룸. 유성 세대(有性世代)의 것은 줄기와 잎이 구별됨. moss
せんれい[先例](명) 선례. ①앞서 있은 예. 전례.「一がある; 전례가 있다」②전부터의 습관. 관례(慣例).「一にならう; 관례에 따르다」③장래를 위한 예.「一をひらく; 전례를 만들다」 1. a precedent
せんれい[洗礼](명) 세례. ①〈종〉 기독교에 귀의하는 사람의 머리에 물을 뿌리는 의식.「一を受(ウ)ける; 세례를 받다」②머리부터 물을 뒤집어 쓰는 일. ③시련(試練). ④꼭 필요한 경험. 1. baptism
せんれい[船齢](명) 선령. 배의 나이. 배가 진수(進水)한 때로부터의 햇수. a ship's age
せんれい[鮮麗](형동ダ) 선려. 깨끗하고 아름다운 모양. resplendent beauty
ぜんれい[全霊](명) 온 심령(心霊).「全身(ゼンシン)一を打(ウ)ちこむ; 전신 전령을 쏟아 넣다」 the whole soul
ぜんれい[前例](명) 전례. ①선례(先例). ②앞에 든 예(例). 1. a previous instance
せんれき[戦歴](명) 전력. 전쟁이나 시합의 경력. a war career
ぜんれき[前歴](명) 전력. 이전의 경력. one's past record
せんれつ[戦列](명) 전열. 전쟁에 참가하는 부대의 대열. a line of battle
せんれつ[鮮烈](명·형동ダ) 빛깔 등이 매우 선명함. violent
ぜんれつ[前列](명) 전열. 앞 줄. 앞의 대열. ↔後列(コウレツ). the front rank
せんれん[洗練·洗煉](명·타サ) 세련. ①인품이나 취미를 닦아 고상하게 함.「一された趣味(シュミ); 고상하게 닦여진 취미」②시문(詩文)이나 사상을 다듬어 훌륭하게 함. 1. moral training
せんろ[線路](명) 선로. ①노선(路線).「バス一; 버스 노선」②(철도의) 궤도(軌道). a line
ぜんれん[前連·前聯](명) 전련. ①한시(漢詩)의 율(律)의 대구(対句)를 이루는 제3구와 제4구. ②두 절(節)로 나눈 신체시(新体詩)에서 앞의 절.
ぜんろう(かいぎ)[全労(会議)](명) 전일본 노동 조합 회의(全日本労働組合会議)의 약칭.
せんろく[選録](명·타サ) 선록. 선택하여 실음. 또는 기록함. anthologization
せんろっぽん[千六本](명) 〔"せんろふ(繊蘿蔔)"의 변화〕 무우를 가늘게 채친 것. 무우채.
ぜんわ[禅話](명) 선화. 선학(禅學)에 관한 강화(講話).
ぜんわん[前腕](명) 전완. 팔꿈치로부터 앞의 부분. 전박(前膊). the forearm

そ

そ[十]〈고〉 십. 열.
そ[衣](명)〈고〉 옷. 의복.
そ[其·夫](대)〈고〉 그것. 그 일.「一は; 그것은」
そ(감조)〈고〉 ①…인가. …는가.「誰(タレ)一; 누구인가」②〔"な…そ"의 형태로〕 금지를 나타내는 말.「春(ハル)な忘(ワス)れ一; 봄을 잊지 말지어다」
そ[素](명) ①흰 것. 흰빛. ②근원. 시초(始初). ③성질. 성품. 1. white 3. nature
そ[祖](명) ①조부. ②선조.「医学(イガク)の一; 의학의 시조」③개조(開祖).「日蓮宗(ニチレンシュウ)の一; 니치렌종의 개조」④시작. 근원. 2. an ancestor
そ[租](명) ①조세(租税). ②전조(田租). 1. taxes
そ[楚](명)〈역〉 초. ①중국 양자강(揚子江) 중류 지방에 있던 나라. (B.C. 704~222) ②수양제(隋煬帝) 13년에 임자홍(林子弘)이 강남에 세운 나라. (617~622) ③오대 십국(五代十国)의 하나로, 마은(馬殷)이 호남(湖南)에 세운 나라. (907~951)
そ[蘇](명)〈지〉 ①소련. ②(중국의) 강소성(江蘇省). ③키소강(木曾川). 1. U.S.S.R.
そ[粗·麁](형동ナリ) ①상세하지 않은 모양. ②정밀하지 못한 모양. 2. coarse
そ[疎·疏](형동ナリ) ①드문드문한 모양. ②친밀하지 않은 모양. ③등한한 모양. 부주의한 모양. 1. sparse
ソ(명) ①〈지〉 소비에트 연방. 소련. ②[이 sol]〈악〉 솔. 장음계(長音階)의 다섯째 음. 사(G)음의 이탈리아 음명(音名). 1. U.S.S.R.
ぞ Ⅰ(감조) ①〈고〉 질문의 기분을 나타내는 말.「何事(ナニゴト)一; 무슨 일이야」②(남자들이) 주의를 환기시키는 기분을 나타내는 말.「行(ユ)く一; 갈 테야」Ⅱ(수조) ①특히 어떤 일을 강조하는 기분을 나타내는 말.「これ一まさしく; 이것이야말로(바로)」②〔의문사에 붙어서〕…가.「どう一; 어떤가」「何(ナン)一ないか; 뭔가 없는가」
そあく[粗悪](형동ダ) 조악. 거칠고 좋지 않은 모양.「一な製品(セイヒン); 좋지 못한 제품」 crude
そい[粗衣](명) 보잘 것 없는 옷.「一粗食(ソショク); 보잘 것 없는 옷과 변변치 못한 음식」coarse clothing
—ぞい[沿い·添い]ゾヒ(조어) …에 따라서.「線路(センロ)一の家(イエ); 철길을 따라 있는 집」
そいつ(대)〈속〉 그것. 그놈. that fellow

そい と·げる[添い遂げる]ソヒー(자하 1) ①반대를 물리치고 부부가 되다. ②부부가 되어 일생을 지내다. 2. be faithful to each other until death

そい ね[添い寝]ソヒー(명·자サ) (어린 아이 등을) 곁에 끼고 누워 잠. sleeping with

そい ぶし[添い臥し]ソヒー(명·자サ) 곁에 누워 잠. lying with

そ いん[素因](명) 소인. ①처음부터 갖추어진 원인. ②〈의〉 병이 나기 쉬운 소질. 1. a primary cause

そ いん[疎音](명) 오랫동안 소식을 보내지 않는 것. long silence

そ いん[訴因](명) 소송의 원인. a count

そ いんすう[素因数](명)〈수〉 소인수. 소수(素数)로 이루어진 인수(因数). a prime factor

そう―[蒼](조어) 짙은 청색(青色)의.

そう―[総](조어) 모든. 전체의. 「―取(ト)り締(シ)まり; 총단속」「―支配人(シハイニン); 총지배인」

―そう[双](접미) 한쌍의 것을 세는 말.

―そう[荘](접미) 별장, 아파아트 등의 이름 밑에 붙이는 말. 「青雲(セイウン)―; 청운장」

―そう[奏](조어) 합주(合奏). 「五重(ゴジュウ)―; 오중주」

―そう[葬](조어) 장사 지내는 일. 장례. 초상. 「社会(シャカイ)―; 사회장」

―そう[槽](조어) (액체가 들어 있는) 통. 「恒温(コウオン)―; 액체 온도를 일정하게 보존하는 통」

―そう[艘](접미) 조그만 배를 세는 말.

そ·う[沿う]ソフ(자 4) 떨어지지 않고 잇닿다. 따라가다. 「街道(カイドウ)に―松並木(マツナミキ); 가도를 따라 잇닿는 소나무의 가로수」 go along

そ·う[副う]ソフ(자 4) 맞다. 적합하다. 「目的(モクテキ)に―; 목적에 들어 맞다」 suit

そ·う[添う]ソフ(자 4) ①첨가하다. 갖추어지다. 증가하다. 더하다. 「おもむきが―; 흥취가 따르다」 ②알맞다. 적응하다. 「目的(モクテキ)に―; 목적에 적응하다」 ③부부가 되다. ④곁에 따르다. 他 添わせる(하 1). 1. add 2. suit

そう[然]サウ Ⅰ(부) 그와 같이. 그처럼. 「―する; 그렇게 하다」 Ⅱ(감) 그렇다. 그러나. Ⅰ such

そう[双](명) 쌍. 두 개가 갖추어진 것. 양쪽. 「―の手(テ); 양손」 a pair

そう[早](명) 와세다 대학(早稲田大学)의 준말.

そう[宋](명)〈역〉 송. 중국의 옛 왕조. (960～1279) 원(元) 나라의 앞. 북송과 남송으로 나누어짐.

そう[宗](명) ①근원. 「―とする; 근원으로 삼다」 ②선조(先祖). 1. the origin

そう[相](명) ①모양. 모습. ②인상(人相). ③⇨:そうだ. 1. appearance

そう[草](명) ①풀. ②초고(草稿). ③초서(草書). 1. grass 3. the script style

そう[送](명) 송료(送料). 「―六円(ロクエン); 송료 6원」 postage

そう[証·證](명)〈고〉 증거.

そう[装](명) ①꾸미는 일. 「―を新(アラ)たにして; 새롭게 꾸며(新装)」 ②장정(装幀). ③⇨:れんそう(連装). 1. dress 2. binding

そう[想](명) ①생각. ②문학, 예술 등의 내용. 구상. 「―を練(ネ)る; 구상하다」 1. a thought 2. an idea

そう[僧](명)〈불〉 승. 중. a priest

そう[箏](명)〈악〉 쟁. 거문고와 비슷한 13현(弦)의 현악기. a thirteen-stringed lyre

〔箏〕

そう[層](명) 층. ①겹친 것. 「―を成(ナ)す; 층을 이루다」 ②지층(地層). ③사회의 계급. 「中堅(チュウケン)―; 중견층」 1. a layer 3. social strata

そう[壮](형동ナリ) 힘차고 용감한 모양. 「志(ココロザシ)を―とする; 뜻을 장하게 여기다」 vigorous

そう[左右](명) ①좌우. 왼쪽과 오른쪽. ②모양. 상태. ③소식. 뉴우스. 「吉(キッ)―; 희소식」 2. appearance

―ぞう[造](조어) …로 만든 것. 「コンクリート―; 콘크리이트로 만든 것」

ぞう[族](명)〈고〉 일족(一族). 일문(一門). 친족(親族).

ぞう[象](명)〈동〉 코끼리. 문치(門歯)는 상아(象牙)라고 하여 기구, 세공 등에 쓰임. an elephant

ぞう[像](명) 상. ①모습. 「理想(リソウ)―; 이상적인 모습」 ②모양을 흉내 내어 만들거나 그린 것. 조각. 화상(画像). ③〈이〉 빛의 반사, 굴절의 결과 비치는 물체의 모양. 「―をむすぶ; 상을 맺다」 3. an image

ぞう[増](명) 더하는 것. 증가. 「五万円(ゴマンエン)の―; 5만 원 증가」 ↔減(ゲン). addition

ぞう[雑](명) 잡. 분류상 뚜렷한 항목을 세우기 어려운 것. a miscellany

ぞう[蔵·藏](명) ①간직하는 일. 소장(所蔵). 「―書(ショ); 장서」 ②비장(秘蔵). 1. one's possession

ぞう[贈](명) ①기증(寄贈). ②(죽은 뒤에) 보내는 일. 「―正五位(ショウゴイ); 정5위를 추증(追贈)함」 1. a presentation

そう あい[相愛](명·자サ) 서로 사랑함. 「―の仲(ナカ); 서로 사랑하는 사이」 mutual love

ぞう あく[増悪](명)〈의〉 병세가 점점 더하는 것. taking a turn for the worse

そう あげ[総揚げ](명) 술집에서 접대부 등을 있는 대로 전부 불러 놓고 노는 일.

そう あたり[総当たり](명) 전원과 시합하는 일. 「―制(セイ); 리이그전」

そう あん[草案](명) 초안. 처음 쓴 원고(原稿)나 문안(文案). a draft

そう あん[草庵](명) 초암. 풀로 이은 암자. 변변치 못한 집. a hermitage

そう あん[創案](명·타サ) 창안. 최초로 생각해 냄. 발명(発明). an original idea

そう あん[僧庵](명) 승암. 중이 사는 암자. a monastery

そう い[相違](명·자サ) 상위. 서로 틀림. 「―点(テン); 상위점」「―ない; 틀림 없음」 difference

そう い[創意](명) 창의. 새로운 생각. 「―工夫(クフウ); 창의 연구」 originality

そう い[創痍](명) 창이. ①흉터. 상처. 「満身(マンシン)

一; 만신 창이」②손해. 1. a wound

そうい[僧衣](명) 승의. 중의 옷. 승복(僧服). a clerical robe

そうい[僧位](명) 승위. 중의 위계(位階). clerical rank

そうい[総意](명) 총의. 전체의 의사(意思). consensus of opinion

ぞうい[贈位](명·자サ) 증위. 생전의 공적에 대해서 사람이 죽은 후에 관위(官位)를 내림. 추증(追贈). conferment of a posthumous court rank

そういう サウイフ(연체) 그러한. 「一話(ハナシ); 그러한 이야기」 such

そういっそう[層一層](부) 한층 더. 더욱더. 점점 더. more and more

そういん[僧院](명) 승원. ①사원(寺院). 절. ②수도원(修道院). 1. a temple

そういん[総員](명) 총원. 모든 인원. 전체의 인원. 전원(全員). all the members

ぞういん[増員](명·자サ) 증원. 인원을 늘림. ↔減員(ゲンイン). increase of the staff

そううつびょう[躁鬱病](명)〈의〉 조울병. 흥분한 상태와 우울한 상태가 교대교대로 나타나는 정신병. depressive psychosis

そううん[層雲](명)〈천〉 층운. 지상에서 가장 가까운 곳에 수평층(水平層)을 이루며 나타나는 구름. 안개구름. a stratus

ぞうえい[造営](명·타サ) 조영. 궁전, 사원 등을 지음. 「皇居(コウキョ)の一; 궁전을 짓는 것」 building

ぞうえき[増益](명·자타サ) 증익. ①증가함. ②이익이 늘어남. ↔減益(ゲンエキ). 1. increase

そうえん[桑園](명) 상원. 뽕나무밭. 상전(桑田). a mulberry-farm

そうえん[蒼鉛](명)〈이〉 창연. 금속 원소의 한 가지. 약간 붉은 빛을 띠고 자석(磁石)을 반발하는 힘이 있으며, 결정질은 극히 무르고 때때로 유리(遊離)함. 방부제, 안료(顔料) 등에 씀. 기호는 Bi. bismuth

ぞうえん[造園](명) 조원. 정원, 공원, 동물원 등을 만드는 일. laying out

ぞうえん[増援](명·타サ) 증원. 인원(人員)이나 금품(金品)을 증가하여 도움. reinforcement

ぞうお[憎悪](명·타サ) 증오. 미워함. 「一の念(ネン); 증오감」 hatred

そうおう[相応](명·자サ·형동ダ) 상응. 균형을 이룸. 적합함. 「身分(ミブン)一; 신분에 알맞음」 suitability

そうおく[草屋](명) 초옥. 초가집. a thatched house

そうおん[宋音](명) 송(宋) 나라 이후의 중국어 발음이 일본에 전해진 것. 당음(唐音). 예: "行燈"의 "行(アン), 燈(ドン)".

そうおん[相恩](명) (영주의 집으로부터) 대대로 은혜를 입음. 「三代(サンダイ)一; 3대째 입고 있는 은혜」 favour received through generations

そうおん[騒音·噪音](명) 소음. ①시끄러운 소리. ②〈이〉 진동이 불규칙한 소리. ↔楽音(ガクオン). 1. noise

そうか[僧家](명) ①승려. 중. ②사원. 절. 1. a priest

そうが[爪牙](명) ①손톱과 송곳니. 「一をみがく; 손톱과 이를 갈다(벼르다)」 ②믿을 수 있는 부하. 1. claws and tusks

そうが[草画](명) 간단히 그린 묵화. a sketch drawing

そうが[装画](명) 장정(装幀)의 그림. a binding picture

そうが[挿画](명) 삽화. 책, 신문 등에 삽입하여 내용, 기사 등에 관계가 있게 한 그림. an illustration

ぞうか[造化](명) ①조물주. 창조주(創造主). ②우주(宇宙). 천지. 1. the Creator

ぞうか[造花](명) 조화. 만든 꽃. 가화(仮花). ↔生花(セイカ). an artificial flower

ぞうか[増加](명·자타サ) 증가. 더 늘어 많아짐. 또는 많게 함. 「人口(ジンコウ)の一; 인구의 증가」 increase

ぞうか[雑歌](명) 와카(和歌) 분류상의 한 가지. 춘, 하, 추, 동이라든가 만가(挽歌), 연가(恋歌) 등의 부류에 들어 가지 않는 와카. 또는 그러한 노래를 모은 부류(部類).

そうかい[掃海](명)〈군〉 소해. 바닷속의 기뢰(機雷)를 없애는 일. 「一艇(テイ); 소해정」 sweeping of the sea

そうかい[僧階](명) 승계. 중의 계급. clerical rank

そうかい[滄海·蒼海](명) 창해. 푸른 바다. the blue sea

そうかい[総会](명) 총회. ①단체 등에서 의사를 결정하기 위하여 전원이 모이는 회합. ②관계자 전부의 모임. a general meeting

そうかい[壮快](형동ダ) 장쾌. 장하고 상쾌한 모양. grand

そうかい[爽快](형동ダ) 상쾌. 기분이 시원하고 유쾌한 모양. refreshing

そうがい[窓外](명) 창외. 창밖. out of the window

そうがい[霜害](명)〈농〉 상해. 서리로 인해 받는 손해. damage by frost

そうがかり[総掛かり](명) ①전원이 일에 당하는 것. ②총공격. 1. all together

そうかく[総画](명) 총획. 한자(漢字) 한 글자의 전부의 획수. 「一索引(サクイン); 총획 색인」 all strokes

そうかく[騒客](명) 소객. 풍류를 즐기는 사람. 시가(詩歌), 하이쿠(俳句), 문장 등을 지어 풍류(風流)를 즐기는 사람. 소인(騒人). a man of literary taste

そうがく[宋学](명) 송학. 중국 송대(宋代)를 대표하며, 훈고(訓詁) 대신 사색을 중시한 유학(儒学).

そうがく[奏楽](명·자サ) 주악. 음악을 연주함. 또는 연주하는 음악. playing

そうがく[相学](명) 상학. 인상(人相), 수상(手相) 등으로 사람의 성질, 운명을 판단하는 학문. physiognomy

そうがく[総額](명) 총액. 전체의 액. 전액. 「支出(シシュツ)の一; 지출 총액」 the total amount

ぞうがく[増額](명·타サ) 증액. 액수를 증가함. 「資金(シキン)の一; 자금 증액」 increase

そうかつ[総括](명·타サ) 총괄. 전체를 하나로 뭉침. generalization

そうかつ[総轄](명·타サ) 총할. 전체를 통틀어 다스림. 총람(総攬). 총괄. 「事務(ジム)を一する; 사무를

총할하다」 superintendence
そうがな[草仮名](명) 한자(漢字)의 초서체를 다시 약해서 만든 카나(仮名)의 역할을 하는 문자.
そうかのいぬ[喪家の狗](연어·명) ①상가집 개. ②힘이 없고 쇠약해져 있는 모양. 1. a homeless dog 2. gauntness
そうかん[壮観](명) 장관. 굉장하고 볼 만한 광경(光景). a grand sight
そうかん[相姦](명·자サ) 상간. 남녀가 불의의 사통(私通)을 함. mutual liaison
そうかん[相関](명·자サ) 상관. 서로 관계함. 「一関係(カンケイ); 상관 관계」 correlation
そうかん[送還](명·타サ) 송환. 되돌려 보냄. 「捕虜(ホリョ)の一; 포로 송환」 sending back
そうかん[創刊](명·타サ) 창간. (신문, 잡지 등을) 처음으로 간행함.「一号(ゴウ); 창간호」the first edition
そうかん[僧官](명) 승관. 승려의 관직명. 승직(僧職). 승정(僧正), 승도(僧都), 율사(律師)로 나뉨.
そうかん[総監](명) 총감. 전체를 단속하고 감독하는 관직(官職). 「警視(ケイシ)一; 경시 총감」 an inspector general
そうがん[双眼](명) 쌍안. 양쪽 눈. both eyes. ― **きょう**[双眼鏡](명) 쌍안경. 두 눈에 대고 보는 망원경.
ぞうかん[造艦](명·자サ) 조함. 군함을 설계(設計)해서 만듦. naval construction
ぞうかん[増刊](명·타サ) 증간. 정기(定期) 이외로 간행함. 또는 간행한 것. an extra number
ぞうがん[象眼·象嵌](명·타サ) 상감. ①금속면에 무늬를 새겨서 금은 등을 박음. 또는 박은 것. ②연판(鉛版)의 일부분을 도려 내어 고침. 1. inlaid work
ぞうがんこうぶつ[造岩鉱物](명)〈광〉 조암 광물. 암석(岩石)을 만드는 광물. 석영(石英), 장석(長石), 운모(雲母), 휘석(輝石) 등. rock-forming minerals
そうき[早期](명) 조기. 빠른 시기. 일이 아직 충분히 일어나지 않은 때. 「一診断(シンダン); 조기 진단」 an early stage
そうき[送気](명) 송기. 공기를 보내는 일. 「一管(カン); 송기관」 air supply
そうき[想起](명·타サ) 상기. 지난 일을 다시 생각해 냄. remembrance
そうぎ[争議](명) 쟁의. ①서로 자기 의견을 주장하고 다툼. ②노동 쟁의(労動争議)의 준말. 1. a dispute
そうぎ[葬儀](명) 장의. 죽은 사람을 장사 지내는 의식. 장례식. a funeral. ― **しゃ**[葬儀社](명) 장의사. 장의를 취급하는 곳.
ぞうき[造機](명) 기관(機関), 기계의 제조. engineering
ぞうき[雑木](명) 잡목. 건축, 가구로 사용할 수 없는 여러 가지 나무. 숯이나 장작으로 사용하는 나무. 「一林(バヤシ); 잡목숲」 miscellaneous wood
ぞうき[臓器](명)〈의〉 장기. 내장의 여러 기관. 내장 기관. the viscera
そうきゃく[双脚](명) 쌍각. 두 다리. both legs
そうきゅう[早急](명·형동ダ) 조급. 매우 급함. 늦지 않고 이르며 느즈러지지 않고 급함. great hurry
そうきゅう[送球](명·자サ) 송구. ①〔야구에서〕 공을 던져 보냄. ②〔축구에서〕 같은 편끼리 공을 주고 받음. ③⇨:ハンドボール. 1. 2. passing
そうきゅう[蒼穹](명) 창궁. 맑게 갠 푸른 하늘. 창공(蒼空). the blue sky
ぞうきゅう[増給](명·자サ) 증급. 봉급이 오름. ↔減給(ゲンキュウ). pay increase
そうきゅうきん[双球菌](명)〈의〉 쌍구균. 둥근 세균이 두 개씩 붙어서 고치와 같은 모양을 하고 있는 균. 예: 폐렴균, 임균(淋菌) 등. a diplococcus
そうきょ[壮挙](명) 장거. 규모가 큰 계획의 실행. a grand scheme
そうきょう[躁狂](명) ①미쳐서 날뛰는 것. ②〈의〉 발작적으로 흥분하고 말이 많아지며 동작이 난폭(乱暴)해지는 정신병. 1. fury 2. mania
そうぎょう[早暁](명) 첫새벽. dawn
そうぎょう[創業](명·자サ) 창업. 사업을 시작함. initiation
そうぎょう[僧形](명) 중의 모습. ↔俗形(ゾクギョウ). priestly attire
そうぎょう[操業](명·자サ) 조업. 〔공장 등에서〕 기계 같은 것을 움직이며 작업을 함. 「一短縮(タンシュク); 조업 단축」 work
ぞうきょう[増強](명·타サ) 증강. 더 늘여 강화함. 「兵力(ヘイリョク)の一; 병력 증강」 reinforcement
そうきょういく[早教育](명) 아이들을 보통보다 일찍 교육시키는 일. early education
そうきょく[箏曲](명) 거문고를 위한 악곡. 거문고로 연주한 음곡.
そうきょくせん[双曲線](명)〈수〉 쌍곡선. (평면 위에서) 두 개의 정점(頂点)에서의 거리의 차가 일정하게 되는 점을 연결한 선. a hyperbola

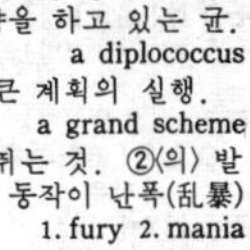

y P F' F x
〔双曲線〕

そうぎり[総桐](명) 전체가 오동나무 재목으로 되어 있는 것. 「一のたんす; 오동나무로 만든 장롱」 all-paulownia-wood
そうきん[走禽](명) 주금. 날 힘은 없으나 다리가 발달하여 잘 달리는 새. a cursorial bird
そうきん[送金](명·자サ) 송금. 돈을 보냄. remittance
ぞうきん[雑巾](명) 방이나 마룻바닥을 닦는 천. 걸레. 「一掛(が)け; 걸레질」 a ploor-cloth
そうく[走狗](명) 주구. ①사냥할 때 부리는 개. ②앞잡이. 「帝国主義(テイコクシュギ)の一; 제국주의의 앞잡이」 1. a hound 2. a cat's paw
そうく[痩軀](명) 척구. 여윈 몸. a lean figure
そうぐ[僧供](명) 중에게 공양하는 일. 중에게 주는 금품(金品). a present for a priest
そうぐ[葬具·喪具](명) 장구. 장례식(葬礼式)에 쓰는 도구. a funeral outfit
そうぐ[装具](명) 장구. ①〈군〉 무장할 때 몸에 붙이는 기구. 예: 탄대(弾帯), 대검(帯劍) 등. ②몸을 꾸미고

단장하는 데 쓰는 기구. 1. equipments
そう くう[蒼空](명) 창공. 푸른 하늘. the bule sky
そう ぐう[遭遇](명·자サ) 조우. 우연히 만남. 해후(邂逅). an encounter
そう ぐくり[総括り](명) 총괄. 여러 가지를 한데 모아 뭉침. 개괄(概括). 요약. summarization
そう くずれ[総崩れ](명) ①전부가 깨어지고 망그러지는 것. ②완전히 패배당하는 일. 2. a rout
そう くつ[巣窟](명) 소굴. 나쁜 놈들이 사는 곳. a den
そう け[宗家](명) 종가. 큰집. 본가. the head-house
そう け[僧家](명) ①중. 승려. ②승가. 승려의 집. 1. a priest
ぞう げ[象牙](명) 상아. 코끼리의 앞니. ivory. **—のとう**[象牙の塔](연어·명) 상아탑. 학자들의 연구실. 대학의 연구실.
そう けい[早計](명) 조계. 아직 적당한 시기에 이르지 못한 계획. a premature scheme
そう けい[早慶](명) 와세다(早稲田) 대학과 케이오오(慶応) 대학. 「一戦(セン); 와세다 대학과 케이오오 대학의 시합」
そう けい[総計](명) 총계. 전부의 합계. the total
そう げい[送迎](명·타サ) 송영. 보내고 맞이함. welcome and send-off
ぞう けい[造形·造型](명·타サ) 조형. ①예술 작품으로서의 형체를 만듦. ②도화, 공작을 통틀어서 일컫는 말. 1. formation. **—びじゅつ**[造形美術](명) 조형미술. 그림, 조각, 장식품, 건축 등을 통틀어 일컫는 말.
ぞう けい[造詣](명) 조예. 학문, 기술에 관한 지식이 깊고 뛰어난 것. 학식. 「文学(ブンガク)の一が深(フカ)い; 문학에 조예가 깊다」 attainments
そうけ だ·つ[総毛立つ·寒気立つ](자 4) 소름이 끼치다. 「おそろしさに一; 무서워 소름이 끼치다」 shudder
ぞう けつ[造血](명·자サ)〈의〉 조혈. 피를 만들어 냄. 「一剤(ザイ); 조혈제」 hematosis
ぞう けつ[増血](명·자サ)〈의〉 증혈. 피가 많아짐. blood making
ぞう けつ[増結](명·타サ) 증결. 차량(車輛)을 증가해서 연결함. adding cars to a train
そう けん[双肩](명) 쌍견. 양어깨. 「一にかかる; 쌍견에 달려 있다」 one's shoulders
そう けん[送検](명·타サ)〈법〉 송검. 범죄자나 용의자를 검찰청에 보냄. 송청(送庁). 「書類(ショルイ)一; 서류를 검찰청에 보냄」 sending to the procurator's office
そう けん[創見](명) 창견. (전에 없었던) 새로운 생각이나 의견. invention
そう けん[創建](명·타サ) 창건. 새로 세움. 처음 세움. 창립(創立). foundation
そう けん[想見](명·타サ) 생각해 봄. consideration
そう けん[総見](명·타サ) 연극 등을 단체 전원이 구경함. a large playgoing party
そう けん[壮健](형동ダ) 장건. 건강한 모양. 튼튼한 모양. healthy
そう げん[草原](명) 초원. ①풀밭. ②⇨ステップ. 1. grassland
ぞう げん[造言](명·자サ) 조언. 말을 꾸며 냄. 또는 꾸며낸 말. a groundless report
ぞう げん[増減](명·자타サ) 증감. 증가함과 줄어듦. increase and decrease
ぞう げん[雑言](명·자サ) ⇨ぞうごん.
そう こ[倉庫](명) 창고. 물건을 간수해 두는 건물. 곳집. a warehouse
そう こ[操觚](명) 붓을 들어 글을 짓는 일. 문필(文筆)에 종사하는 일. 「一家(カ); 문필가」 journalism
そう ご[壮語](명·자サ) 뽐내는 말. 흰소리. loud-mouthed boasting
そう ご[相互](명) 상호. ①서로. 「一関係(カンケイ); 상호 관계」 ②교대교대. 1. mutual. **—がいしゃ**[相互会社](명)〈경〉 상호 회사. 사원 상호의 편의를 꾀하는 것을 목적으로 하는 회사. **—ぎんこう**[相互銀行](명) 무진(無尽) 업무를 주로 하는 은행.
ぞう ご[造語](명·자サ) 조어. ①지금까지 있었던 말을 합쳐서 새로운 복합어를 만듦. 「一力(リョク); 조어력」 ②새로 만든 말. 예: 전쟁 범죄인, 사회과(社会科) 등. 2. a coined word
そう こう[然う斯う]サウカウ(부·자サ) 이것 저것. 이럭저럭. 그러저럭. 「一するうちに; 이럭저럭하는 동안에」 this and that
そう こう[壮行](명) 장행. 출정(出征)이나 운동 선수의 원정(遠征) 등의 출발을 성대히 축복하는 일. 「一会(カイ); 장행회」 farewell
そう こう[走行](명) 주행. (차가) 달리는 것. 「一距離(キョリ); 달리는 거리」 running
そう こう[草冠](명) 한자 부수(部首)의 하나. 초두. "花, 草" 등의 "艹" 부분.
そう こう[送行](명) 보내는 것. 「一会(カイ); 환송회」 sending off
そう こう[奏功](명·자サ) 주공. ①수행(遂行)함. ②주효(奏効)함. 2. efficaciousness
そう こう[奏効·奏效](명·자サ) 주효. 효과를 나타냄. 「注射(チュウシャ)が一する; 주사가 효과를 나타내다」 efficaciousness
そう こう[草稿](명) 초고. 초안(草案). 원고. a draft
そう こう[装甲](명) 장갑. ①투구, 갑옷으로 몸치장을 하는 일. ②선체, 차체에 강철판을 대는 일. 「一車(シャ); 장갑차」 1. armour
そう こう[艙口](명) 창구. 함선(艦船)의 화물창(貨物艙)에 실은 화물을 내리고 올리기 위하여 상갑판(上甲板)에 설치한 방형(方形)의 개구(開口). a hatch
そう こう[操行](명) 조행. 행동. 품행. behaviour
そう こう[糟糠](명) 조강. ①지게미와 겨. ②악식(悪食). 2. a poor meal. **—のつま**[糟糠の妻](연어·명) 조강지처. 가난 속에서 함께 고생을 한 아내.
そう こう[霜降](명) 상강. 24절기의 하나. 10월 23, 4일에 듦.
そう こう[倉皇·蒼惶](부) 창황. 분주하게. 당황해서. 「一として; 당황해서」 confusedly

そう ごう[相好](명) 얼굴 표정.「―をくずす; 기쁜 얼굴로 웃다」 countenance

そう ごう[総合·綜合](명·타サ) 종합. 종합. 크게 하나로 간추림. ↔分析(ブンセキ). generalization. **―だいがく**[総合大学·綜合大学](명) 종합 대학. 몇 개의 단과 대학이 모여 이루어진 대학교. ↔単科(タンカ)大学. **―てき**[総合的·綜合的](형동ダ) 종합적. 종합적. 따로따로 떨어진 것을 한데 모아 합하는 모양.「―な観察(カンサツ); 종합적인 관찰」

そう こうげき[総攻撃](명·타サ) 총공격. 전군(全軍)이 한꺼번에 공격함. a general attack

そう こく[相克·相剋](명·자サ) 상극. ①오행(木, 金, 土, 火, 水)이 순차적으로 상대방에게 이김. 곧 우주간에 요소(要素)가 서로 견제(牽制)하여 만물이 운행(運行)하는 일. ↔相生(ソウショウ). ②서로 이기고 지고 하여 다툼. 2. fighting against each other

ぞう こく[造石](명)〈경〉술, 간장 등의 생산고.「―税(ゼイ); 술, 간장 등의 생산에 부과하는 세금」

ぞう こく[増石](명·자サ) 술, 간장 등의 생산고가 증가함. ↔減石(ゲンコク).

そう こん[早婚](명·자サ) 조혼. 일찍 결혼함. ↔晩婚(バンコン). an early marriage

そう こん[草根](명) 초근. 풀 뿌리. a root of grass. **―もくひ**[草根木皮](연어·명) 초근 목피. 한약에서 약으로 사용하는 풀 뿌리와 나무 껍질.

そう こん[創痕](명) 창흔. 상처. 흉터. a scar

そう ごん[荘厳](명·형동ダ) 장엄. 웅장하고 엄숙함. grandeur

ぞう ごん[雑言](명) 여러 가지 나쁜 욕.「悪口(アッコウ)―; 욕지거리」 abusive language

そう さ[走査](명·타サ)〈이〉주사. (텔레비전으로) 보내려는 상(像)을 선(線)으로 나누어 그 선의 밝고 어두운 것을 전기의 강약(強弱)의 형태로 고쳐서 순차적으로 보내는 일.「―線(セン); 주사선」 scanning

そう さ[捜査](명·타サ) 수사. ①〈법〉법인(犯人)을 찾아 범죄 사실을 조사함. ②찾아 다니며 조사함. 1. investigation

そう さ[操作](명·타サ) ①움직이게 함. 작용시킴.「器械(キカイ)を―する; 기계를 조작하다」②조작함. 얼러 맞춤. 처리. 1. operation

ぞう さ[造作·雑作](명) ①손이 가고 귀찮은 일. 힘드는 것. ②대접을 받는 것. 1. a trouble. **―な·い**[造作無い](형) 문제 없다. 손쉽다. 어렵지 않다.

そう さい[相殺](명·타サ) 상쇄. ①셈을 서로 비김. ②〈법〉대립하는 채무(債務)의 대당액(対当額)에 대해 차인 감정(差引勘定)을 해서 쌍방에 채권(債権)을 소멸시키는 일. a setoff

そう さい[葬祭](명) 장례와 제사.「冠婚(カンコン)―; 관혼 상제(喪祭)」 a funeral and a festival

そう さい[総裁](명) 총재. 단체의 우두머리.「党(トウ)の―; 당의 총재」 a governor

そう ざい[総菜·惣菜](명) 반찬. 부식물.「―料理(リョウリ); 가정에서 먹는 보통의 요리」 daily dishes

そう さく[捜索](명·타サ) 수색. ①더듬어서 찾음. 조사. ②〈법〉검사, 사법 경찰 등이 물건, 법인의 발견을 위해 강제적으로 신체, 물건, 가택(家宅) 등을 탐사(探査)함. search

そう さく[創作](명·타サ) 창작. ①처음으로 만듦. ②자기 사상에 의하여 작품을 만듦. 또는 만든 그 작품. ③소설.「―家(カ); 소설가」 1. creation

ぞう さく[造作](명·타サ) 조작. ①만듦. 만든 것. ②방안의 장식. ③용모(容貌). ④구조(構造). 1. making

そう さつ[相殺](명·타サ) ⇨そうさい(相殺).

ぞう さつ[増刷](명·타サ) 증쇄. 추가(追加)해서 더 인쇄함. additional printing

そう ざん[早産](명) 조산. 달이 덜 차서 낳는 것.「―児(ジ); 조산아」 premature birth

ぞう さん[増産](명·타サ) 증산. 산출고를 증가시킴. 더 많이 생산함.「食糧(ショクリョウ)―; 식량 증산」↔減産(ゲンサン). an expansion of production

そう し[壮士](명) 장사. ①혈기 왕성한 남자. ②남의 부탁을 받고 힘을 미끼로 협박 또는 담판(談判)을 일삼는 사람. 1. a bravo

そう し[相思](명) 상사. 서로 연모(恋慕)하는 것.「―相愛(ソウアイ); 상사 상애」 mutual love

そう し[荘子](명) 장자. ①중국 주(周) 나라의 학자. 노자(老子)의 뒤를 이어 그 설을 발전시킴. ②장자가 남긴 책 이름.

そう し[草紙·草子·双紙](명) ①맨 책. 책자. ②그림을 그려 넣은 소설. ③습자 용지. ④연습에 사용되는 것. 1. a book

そう し[創始](명·타サ) 창시. 처음 시작함.「―者(シャ); 창시자」 creation

そう し[繰糸·操糸](명·자サ) ①[기계에서] 실을 감음. ②누에고치에서 명주실을 뽑음. 1. winding thread

そう じ[草字](명) 초자. 초서체(草書体)의 글씨.

そう じ[相似](명·자サ) 상사. 서로 닮음.「―形(ケイ); 닮은꼴」 resemblance

そう じ[掃除](명·타サ) 소제. ①먼지를 털어 냄.「へやの―; 방 소제」②변소의 변을 퍼냄.「―屋(ヤ); 청소부(清掃夫)」 1. sweeping

ぞう し[曹司](명) ①옛날의 관리, 여관(女官) 등의 방. ②가독(家督) 상속을 하지 않은 귀공자. 2. a cadet

ぞう し[増資](명·자サ)〈경〉증자. 자본을 증가시킴. 자본이 증가함. ↔減資(ゲンシ). an increase of capital

ぞう し[雑仕](명) 옛날, 궁중에서 잡일을 맡아 보던 여자. 하녀. a maid

そう しき[相識](명) 상식. 서로 면식(面識)이 있는 것. 서로 친분이 있는 것. intimacy

そう しき[葬式](명) 장례식. a funeral service

ぞう しき[雑色](명) 옛날, 관청의 잡일을 맡아 보던 직업. 또는 그 사람.

そう しつ[喪失](명·타サ) 상실. 잃어 버림.「自信(ジシン)を―する; 자신을 잃다」 loss

そう して[然して]サウー(부·접) ①그리하여. 그래서. ②그렇게 하여. 1. and 2. in that way

そうじて[総じて](부) ①대개. 대체로. ②원래.「一独逸人(ドイッジン)は勤勉(キンベン)だ;대체로 도이치 사람은 근면하다」 1. generally
ぞうじ てんぱい[造次顛沛](연어·명) 조차 전패. 잠시. 잠깐 동안. a moment
そうじまい[総仕舞い]ーシマヒ(명·타サ) ①모두 팔아버림. ②전부 사 버림. ③끝내는 모두 버림. 1. a sellout
そうじみ[正身]サウジミ(명)〈고〉 본인(本人). 당사자.
そうじめ[総締め](명) 전체를 모은 계산. 총계. the total
そうしゃ[壮者](명) 장자. 혈기 왕성한 젊은이.「一をしのぐ活躍(カツヤク); 젊은이를 능가하는 활약」 a man in his prime
そうしゃ[走者](명) 주자. ①달리는 사람. ②〔야구에서〕 러너. a runner
そうしゃ[相者](명) 상자. 상(相)을 보는 사람. 관상가(観相家). a physiognomist
そうしゃ[掃射](명·타サ) 소사. (기관총을) 좌우 상하로 휘두르며 마구 쏘아 댐. sweeping fire
そうしゃ[操車](명·자サ) 조차. 〔철도에서〕 차량을 다룸.「一場(ジョウ); 조차장」 marshalling
ぞうしゃ[増車](명·자타サ) 증차. 차량 수를 늘림. ↔減車(ゲンシャ). an increase of cars
そうしゅ[双手](명) 쌍수. 양손.「一をあげて賛成(サンセイ)する; 쌍수를 들어 찬성하다(대찬성)」 ↔隻手(セキシュ). both hands
そうしゅ[宗主](명) 종주. ①근본. 근원. ②대본(大本)으로 받들어 모시는 것. ③두목. 수령(首領). 1. the root
そうしゅ[漕手](명) 배의 노 젓는 사람. a rower
そうしゅ[操守](명) 조수. 수절(守節)해서 변하지 않는 것. 절조(節操). constancy
そうじゅ[宋儒](명) 송유. 송(宋) 나라의 유자(儒者). 정자(程子), 주자(朱子) 등.
そうじゅ[送受](명·타サ) 송수. 송신과 수신.「電話(デンワ)の一器(キ); 전화의 송수신기」 transmission and reception
ぞうしゅ[造酒](명) 술을 빚어 만듦. 주조(酒造). 양조(醸造). brewing
そうしゅう[早秋](명) 조추. 초가을. early autumn
そうしゅう[爽秋](명) 상추. 상쾌한 가을.「一の候(コウ); 상쾌한 가을철」 crisp autumn
そうしゅう[総収](명) 총수입. 전체의 수입. all income
そうじゅう[操縦](명·타サ) 조종. 자기 생각대로 기계나 사람을 움직임. control
ぞうしゅう[増収](명·자サ) 증수. 수입이 늚. 또는 증가한 수입. ↔減収(ゲンシュウ). an additional increase
そうじゅう せつ[双十節](명) 쌍십절. 중국의 건국 기념일. 10월 10일. (1911년의 혁명 기념일과 1912년의 정부 수립 기념일) the Double Tenth Festival
そうじゅく[早熟](명·형동ダ) 조숙. ①일찍 숙달(熟達)함. ②나이에 비교하여 심신(心身)이 빨리 발달함. 조성(早成). 1. early maturity
そうしゅつ[早出](명·자サ) 조출. 아침 일찍 또는 정각보다 이른 시간에 나옴. early attendance
そうじゅつ[槍術](명) 창술. 창 쓰는 법. spear exercise
ぞうしゅつ[造出](명·타サ) 조출. 만들어 냄. making
そうしゅん[早春](명) 조춘. 이른봄. 초봄. ↔晩春(バンシュン). early spring
そうしょ[双書·総書·叢書](명) 총서. 같은 종류(부분)의 사항에 관하여 계속해서 출판하는 책. a series
そうしょ[草書](명) 초서. 서체(書体)의 하나. 행서(行書)의 점획(点画)을 더 줄여서 흘려 쓴 글씨. the cursive style
ぞうしょ[蔵書](명) 장서. ①가지고 있는 책. ②많은 책을 가지고 있는 일.「一家(カ); 장서가」 1. one's library
そうしょう[宗匠](명) 종장. 시가(詩歌), 다도(茶道) 등의 사장(師匠). a master
そうしょう[相生](명·자サ) 상생. 오행(五行)의 운행(運行)에 의해 금(金)에서는 물(水), 물에서는 나무(木), 나무에서는 불(火), 불에서는 흙(土), 흙에서는 금(金)이 나옴을 이름. ↔相剋(ソウコク).
そうしょう[相承](명) 상승. 서로 차례차례로 이어 받아 전하는 것. transmission
そうしょう[相称](명) 상칭. 균형이 잡혀 있는 것.「左右(サユウ)一; 좌우 상칭」 symmetry
そうしょう[創傷](명) 창상. 상처. an incised wound
そうしょう[総称](명·타サ) 총칭. 같은 종류의 것을 통틀어서 일컬음. a general term
そうじょう[奏上](명·타サ) 주상. (임금에게) 아룀. a report to the Throne
そうじょう[相乗](명·타サ)〈수〉 상승. 두 개 이상의 수를 곱함.「一効果(コウカ); 상승 효과」 multiplication
そうじょう[葬場](명) 장례식을 하는 장소. 장의장(葬儀場). funeral hall
そうじょう[僧正](명)〈불〉 승정. 대승정(大僧正)의 다음 계급. a bishop
そうじょう[層状](명) 층상. 층층으로 되어 있는 상태. 층을 이룬 모양. stratiform
そうじょう[総状](명) (장식용)술 같은 모양. racemose.
― かじょ[総状花序](명)〈생〉 총상 화서. 무한 화서(無限花序)의 한 가지. 긴 꽃대(花軸)에 꽃꼭지(花梗)가 있는 여러 개의 꽃이 어긋나게 붙어서 밑에서부터 피기 시작하여 끝까지 미치어 핌.
そうじょう[騒擾](명·자サ) 소요. 여러 사람이 떠들썩하게 들고 일어남. 분란(紛乱). a disturbance
ぞうしょう[蔵相](명) 장상. 대장상. 재무부 장관에 해당. the Finance Minister
そうしよう しょくぶつ[双子葉植物](명)〈식〉 쌍자엽 식물. 속씨 식물(被子植物)의 하나로 배(胚)에 두 개의 떡잎(子葉)이 있는 식물. 쌍떡잎 식물. ↔単子葉(タンシヨウ)植物. the Dicotyledons
そうじょうのじん[宋襄の仁](연어·명) 송양지인. 〔중국 송(宋) 나라 양공(襄公)의 고사(故事)에서〕 필요 없는 동정. 지나친 인정(人情). mistaken benevolence
ぞうじょう まん[増上慢](명)〈불〉 아직 불도(仏道)를 충

분히 깨닫지도 못했는데 깨달은 것처럼 생각하고 뽐내는 일.

そうしょく[草食](명·자サ) 초식. 풀을 먹이로 함.「一動物(ドウブツ); 초식 동물」 feeding on grass

そうしょく[装飾](명·타サ) 장식. 꾸며 장치함.「一品(ヒン); 장식품」 ornament

そうしょく[僧職](명) 승직. 중으로서의 직무. 승관(僧官). priesthood

ぞうしょく[増殖](명·자타サ) 증식. 늚. 증가시킴.「資産(シサン)の一; 자산 증식」 multiplication

そうしるい[双翅類](명)〈동〉 쌍시류. 유시류(有翅類)에 속하는 곤충의 한 목(目). 발달된 한 쌍의 날개와 큰 복안(複眼)이 있고, 보통 세 개의 단안(単眼)이 있음. 예: 파리, 모기 등.

そうしん[送信](명·타サ) 송신. 〔무선 방송에서〕 통신을 보냄.「一機(キ); 송신기」 ↔受信(ジュシン). transmission

そうしん[喪心·喪神](명·자サ) 상심. 정신을 잃음. 상신. 실신(失神).「一状態(ジョウタイ); 실신 상태」 absent-mindedness

そうしん[痩身](명) 여윈 몸. 수구(痩軀). a lean figure

そうしん[総身](명) 전신. 온 몸. the whole body

そうじん[騒人](명) 시인(詩人). 문인(文人). 풍류인(風流人). a man of letters

ぞうしん[増進](명·자타サ) 증진. 증가해서 나아감. 늘려 나감.「体力(タイリョク)一; 체력 증진」 promotion

そうしんぐ[装身具](명) 장신구. 장식하기 위해 몸에 붙이는 것. 액세서리. personal ornaments

そうず[挿図](명) 본문 사이에 넣은 그림. 삽화. a cut

そうず[僧都](명)〈불〉 승도. 승직(僧職)의 하나. 승정(僧正)의 다음 계급. a sub-bishop

そうすい[送水](명·자サ) 송수. 수도(水道)를 통해 물을 보냄. water supply

そうすい[総帥](명) 총수. 전군(全軍)을 지휘하는 사람. 최고 지휘관. the commander in chief

ぞうすい[増水](명·자サ) 증수. 물이 증가함. ↔減水(ゲンスイ). the rise of a river

ぞうすい[雑炊](명) 채소를 썰어 넣어 끓인 죽. porridge of rice and vegetables

そうすう[総数](명) 총수. 전체의 수. the total

ぞうすう[増嵩](명·자サ) 분량, 부피, 수, 금액 등이 늚. increase

そう·する[相する](타サ) ①일의 모양, 상태를 보고 판단하다. ②인상(人相), 가상(家相) 등을 보고 길흉을 점치다. 1. conjecture

そう·する[草する](타サ) 초고(草稿)를 쓰다. 문장을 기초(起草)하다. draft

そう·する[奏する](타サ) ①임금에게 말씀을 올리다. ②음악을 연주하다.「音楽(オンガク)を一; 음악을 연주하다」 ③이루다. 성취하다. 1. report to the Throne

ぞう·する[蔵する](타サ) 간수해서 가지다. keep

そうせい[早世](명·자サ) 조세. 젊은 나이로 죽음. 요절(夭折). 조사(早死). an early death

そうせい[奏請](명·타サ) 주청. 임금에게 말씀을 올려 결정을 바람. petitioning the Emperor

そうせい[創世](명) 창세. 세상의 시작. the creation of the world. **一き**[創世記](명)〈종〉 창세기. 구약 성서의 제1권. 천지 창조의 이야기로부터 요셉의 죽음까지 쓰여 있음.

そうせい[創製](명·타サ) 창제. 물건을 최초로 만들어 냄. invention

そうせい[蒼生](명) 창생. 국민(国民). 백성. the people

そうせい[叢生](명·자サ) 총생. 풀이나 나무가 무더기로 더부룩하게 남. fasciculation

そうぜい[総勢](명) 전체의 군세(軍勢). 전군(全軍). the whole force

ぞうせい[造成](명·타サ) 조성. 만들어 이룸.「山林(サンリン)の一; 산림 조성」 completion

ぞうせい[増勢](명) 증세. 증가하는 세력. increase in power

ぞうぜい[増税](명·자サ) 증세. 세금액을 증가함. ↔減税(ゲンゼイ). increase of taxation

そうせいじ[双生児](명) ⇨ふたご(二子).

そうせいじ[早生児](명) ⇨そうざんじ.

そうせき[送籍](명·자サ)〈법〉 송적. 결혼하거나 양자(養子)를 간 후 호적을 상대방 집의 호적으로 옮김. a transfer of domicile

そうせき[僧籍](명) 승적. 중으로서의 적. priesthood

そうせきうん[層積雲](명)〈천〉 층적운. 하층운(下層雲)의 한 가지. 새까맣게 층을 이루어 하늘을 덮는 구름. 우천(雨天) 전후에 많음. roll cumulus

そうせつ[創設](명·타サ) 창설. 처음으로 만듦.「大学(ダイガク)を一する; 대학을 창설하다」 establishment

そうせつ[総説](명·타サ) 총설. 전체에 걸쳐 설명함. 총론(総論). a general statement

そうせつ[霜雪](명) ①서리와 눈. ②머리털, 수염 등이 희끗희끗한 모양.「頭(アタマ)に一を置(オ)く; 머리털이 세어지다」 1. frost and snow

そうぜつ[壮絶](형동ダ) 장절. 지극히 용맹스럽고 장대(壮大)한 모양. sublime

ぞうせつ[増設](명·타サ) 증설. 더 베풂. an increase

そうぜん[窓前](명) 창전. 창 앞. 창가. before the window

そうぜん[蒼然](형동タルト) 창연. ①색이 파란 모양. ②어두컴컴한 모양. ③낡은 모양.「古色(コショク)一; 고색 창연」 1. verdant

そうぜん[騒然](형동タルト) 소연. 시끄러운 모양. 떠들썩하고 수선한 모양.「場内(ジョウナイ)一; 장내가 소연함」 noisy

ぞうせん[造船](명·자サ) 조선. 배를 설계해서 만듦. shipbuilding

そうせんきょ[総選挙](명) 총선거. 국회 의원 전원을 선거하는 일. a general election

そうそ[曽祖](명) ⇨そうそふ(曽祖父).

そうそう サウサウ(부) 그렇게 언제까지든지. 그렇게 자주. such

そう そう[早早](명·부) ①서두르는 모양. ②…하자 곧.「帰(カエ)る—; 돌아 오자마자 곧」 2. immediately
そう そう[草草·匆匆](명·부) 총총. ①조략(粗略). ②바쁨. ③면밀치 못함. ④편지 끝에 쓰는 말. 2. busily
そう そう[草創](명) 초창. 처음. 시작.「事業(ジギョウ)の—時代(ジダイ); 사업의 초창기」 the beginning
そう そう[送葬](명) ⇨そうそう(葬送).
そう そう[忽忽](명) 총총. 매우 바쁜 것. 아주 분주한 것.「烏兎(ウト)—; 덧없이 빠른 세월」 busily
そう そう[葬送](명) 장송. 송장을 장지(葬地)로 보내는 일.「—行進曲(コウシンキョク); 장송곡」 attendance at a funeral
そう そう[淙淙](형동タルト) 물이 흐르는 모양. gurgling
そう そう[蒼蒼](형동タルト) 창창. ①파릇파릇한 모양. 초목 등이 자라는 모양. ②머리가 희끗희끗해지는 모양. 1. verdant
そう そう[層層](형동タリ) 층층. 여러 층으로 겹겹이 쌓인 모양. lying one upon another
そう そう[錚錚](형동タルト) 쟁쟁. 뛰어난 모양. 훌륭한 모양.「—たる連中(レンチュウ); 쟁쟁한 면면(面面)」 prominent
そう ぞう[創造](명·타サ) 창조. 처음으로 만듦. 새로 만들어 냄.「新文化(シンブンカ)の—; 신문화 창조」 creation
そう ぞう[想像](명·타サ) 상상. 마음속으로 미루어 생각함. fancy
ぞう そう[増送](명·타サ) 더 보냄. sending more than enough
そうぞうし·い[騒騒しい](형) 시끄럽다. 요란스럽다. 파생 **—げ**(형동ダ) **—さ**(명). noisy
そうそう の へん[滄桑の変]サウサウ―(명) 창상지변. 대해(大海)가 변하여 뽕밭이 되는 일. 즉 세사(世事)의 변천이 덧없이 심함을 비유한 말. 상전 벽해(桑田碧海). sudden transitions in the world
そう そく[相即](명·자サ) 하나로 합쳐 있어서 구별되지 않음. close relation
そう そく[総則](명) 총칙. 전체에 공통되는 법칙. general rules
そう ぞく[宗族](명) 종족. 본가(本家)와 분가(分家)의 전체. 일족(一族). 일문. a group of related families
そう ぞく[相続](명·타サ) 상속. ①받아 계승함. ②〈법〉 가독(家督), 또는 유산을 받아 계승함. 1. succession
そう ぞく[装束](명)〈고〉 ⇨しょうぞく.
そう ぞく[僧俗](명) 승속. 승려(僧侶)와 속인(俗人). the clergy and laity
そう そつ[走卒](명) 주졸. 이리저리 뛰어 다니며 심부름을 하는 하인. a footman
そう そつ[倉卒·怱卒](명) 창졸. 급작스러움.「—の間(カン); 창졸지간」 hurry
そう そふ[曾祖父](명) 증조부. 부모의 할아버지. a great-grandfather
そう そぼ[曾祖母](명) 증조모. 부모의 할머니. a great-grandmother
そう そん[曾孫](명) 증손. 손자의 아들.
そう だ[操舵](명·자サ) 조타. 키를 잡음. steering
そう·だ サウダ(조동·형동ダ형) ①〔동사, 형용사, 형용동사의 종지형에 붙어서〕 남에게서 들었다는 것을 나타내는 말. 듣기에 …라고 한다. …라는 이야기다.「おもしろい—; 재미 있다고 한다」 ②〔동사의 연용형(連用形)과 형용사, 형용 동사의 어간에 붙어서〕 추측되는 경향이나 사실을 나타내는 말.「あり—; 있을 듯하다」
そう たい[早退](명·자サ) 조퇴. 학교나 직장에서 정한 시간보다 일찍 나감. earlier leaving
そう たい[相対](명) 상대. ①서로 관계가 있는 일. ②다른 것과 떨어져서 생각할 수 없는 일. ↔絶対(ゼッタイ). 1. relativity. **—せい りろん**[相対性理論](명)〈이〉 상대성 이론. 아인쉬타인이 주장한 이론. 공간과 시간과는 별개의 것이 아니고, 서로 연결되어서 4차원(四次元)의 세계를 구성한다는 설. **—てき**[相対的](형동ダ) 상대적. 다른 것과의 비교에서 그것을 생각할 수가 있는 모양.「—に見(ミ)る; 상대적으로 보다」
そう たい[草体](명) 초체. 초서체(草書体).
そう たい[僧体](명) 중의 모습. the form of a priest
そう たい[総体] Ⅰ(명) 총체. 전체. Ⅱ(부) ①남김 없이. 전부. ②원래. Ⅰ whole Ⅱ 1. entirely
そう だい[早大](명) 와세다 대학(早稲田大学)의 준말.
そう だい[総代](명) 총대. 같은 관계의 사람들을 대표하는 사람. 전체의 대표.「卒業生(ソツギョウセイ)—; 졸업생 대표」 a representative
そう だい[壮大](명·형동ダ) 장대. 규모가 커서 훌륭한 모양.「—な ながめ; 웅장한 조망(眺望)」 grandeur
ぞう だい[増大](명·자타サ) 증대. 증가하여 커짐.「需要(ジュヨウ)の—; 수요 증대」 increase
そう だか[総高](명) 총고. 총액. the sum total
そう だち[総立ち](명·자サ) 모든 사람이 일어섬. standing up simultaneously
そう たつ[送達](명·타サ) 송달. 보내 줌. delivery
そう だつ[争奪](명·타サ) 쟁탈. 다투어 빼앗음.「—戦(セン); 쟁탈전」 a scramble
そう たん[送炭](명·자サ) 석탄을 보냄. sending a coals
そう たん[操短](명·자サ) 조업 단축(操業短縮)의 준말.
そう だん[相談](명·타サ) 상담. 상의함. 의논함.「—相手(アイテ); 의논 상대자」 consultation
そう だん[装弾](명·자サ) 장탄. 총포(銃砲)에 탄환을 잼. charging
そう だん[僧団](명)〈불〉 승단. (특별한 수업을 위한) 중의 단체. a group of priests
ぞう たん[増反](명·자サ)〈농〉 경작 면적(耕作面積)을 늘림. ↔減反(ゲンタン). increasing cultivated field
ぞう たん[増炭](명)〈경〉 증탄. 석탄 생산량을 늘리는 일. ↔減炭(ゲンタン). increasing the production of coal
そう ち[送致](명·타サ) 송치. ①보내어 닿게 함. ②〈법〉 일건 서류(一件書類), 피고인(被告人) 등을 다른 데로 보냄. sending

そうち[装置](명·타サ) 장치. ①차려서 꾸밈. 간단한 기계 설비. 「非常(ヒジョウ)ベルの—; 비상 벨 장치」 ②무대 장치의 준말. 1. providing
ぞうち[増置](명·타サ) 더 많이 만들어 둠. an increase
ぞうちく[増築](명·타サ) 증축. 건물을 더 지음. extension
そうちゃく[早着](명) 정한 시각보다 일찍 도착하는 것. arriving earlier than the fixed time
ぞうちゅう[増注·増註](명) 원주석(原注釈)에 새로 주석을 첨가하는 일. 또는 그 주석. adding annotation to the former one
そうちょう[早朝](명·부) 조조. 이른 아침. early morning
そうちょう[宋朝](명) ①중국 송(宋) 나라 조정. ②활자 자체(字体)의 한 가지. 송조체(宋朝体).
そうちょう[曹長](명)〈군〉 조장. (육군) 하사관 계급 중 가장 높은 계급. 한국의 상사(上士)에 해당. a sergeant major
そうちょう[総長](명) 총장. ①전체를 관리하는 장. 「事務(ジム)—; 사무 총장」 ②종합 대학의 장. a president
そうちょう[荘重](명·형동ダ) 장중. 엄숙하고 묵직한 모양. 「—な声(コエ); 장중한 목소리」 solemnity
ぞうちょう[増長](명·자サ) ①차차 심해짐. ②늘어서 더 자람. 증대(増大)함. ③뽐내며 교만하게 굶. 2. enlargement
ぞうちょう[増徴](명·타サ)〈법〉 증징. 이제까지보다 더 많이 징수함. additional levy
そうで[総出](명) 전원이 나서는 것. 총출동. 「一家(イッカ)—で; 온 가족이 총출동하여」 full force
そうてい[壮丁](명) 장정. ①성년(成年)에 달한 남자. ②징병 적령자(徴兵適齢者)인 남자. 2. a conscript
そうてい[送呈](명·타サ) 사람에게 물건을 선사함. 증정(贈呈). presentation
そうてい[装丁·装釘·装幀](명·타サ) 장정. ①책을 매고 표지를 붙임. ②책의 표지, 배문자(背文字), 케이스, 제본에 이르기까지 책의 조화미를 꾸미는 기술. 1. bookbinding
そうてい[想定](명·타サ) 상정. 생각해서 판정(判定)함. supposition
そうてい[漕艇](명) 조정. 보우트를 젓는 일. rowing
ぞうてい[贈呈](명·타サ) 증정. 사람에게 물건을 보냄. 진정(進呈). presentation
そうてん[早天](명) 새벽 하늘. 이른 아침. dawn
そうてん[争点](명) 쟁점. 다툼의 중심이 되는 점. point at issue
そうてん[装塡](명·타サ) 장전. 채워 넣음. 「弾丸(ダンガン)を—する; 탄환을 장전하다」 「フイルムを—する; 필름을 끼워 넣다」 filling
そうてん[蒼天](명) 창천. ①푸른 하늘. 창공(蒼空). 창궁(蒼穹). ②사천(四天)의 하나인, 봄 하늘. ③상제(上帝). 천제(天帝). 1. a blue sky
そうてん[総点](명) 총점. 득점의 총계. the total of marks
そうてん[霜天](명) 상천. 서리가 내린 아침. 또는 그 하늘. a frosty morning
そうでん[相伝](명·타サ) 상전. 대대로 계승함. 「父子(フシ)—; 부자 상전(대대로 전함)」 inheritance
そうでん[送電](명·자サ) 송전. 전류(電流)를 보냄. 배전(配電). 「—線(セン); 송전 선」 transmission of electricity
そうでん[桑田](명) 상전. 뽕밭. 「—変(ヘン)じて滄海(ソウカイ)となる; 뽕밭이 변하여 푸른 바다가 되다(상전 벽해)」 a mulberry field
そうと[壮図](명) 장도. 규모가 큰 계획. 「南極探険(ナンキョクタンケン)の—; 남극 탐험의 웅대한 계획」 a daring enterprise
そうと[壮途](명) 장도. 중대한 사명을 띠고 떠나는 출발(出発). 「—につく; 장도에 오르다」 a grand departure
そうと[僧徒](명)〈불〉 승도. 중들. priests
そうとう[双頭](명) ①쌍두. 두 개의 머리. 「—の鷲(ワシ); 머리가 둘 돋친 독수리」 ②지배자가 둘이 있는 일. 1. double-headed
そうとう[争闘](명·자サ) 쟁투. 다툼. 싸움. a struggle
そうとう[相当] I (명·자타サ) ①상당. 들어 맞음. 해당. ②균형이 잡힘. ③같음. II (부·형동ダ) 상당히 정도가 심한 모양. 「—な被害(ヒガイ); 상당한 피해」 I 1. correspondence
そうとう[掃討·掃蕩](명·타サ) 소탕. 무력으로 나쁜 놈들을 쳐 없애 버림. 「残敵(ザンテキ)を—する; 잔적을 소탕하다」 sweeping
そうとう[想到](명·자サ) 생각이 미침. thinking of
そうとう[総統](명) 총통. 전체를 지휘, 통솔하는 직위. 「大(ダイ)—; 대총통」 a president
そうどう[相同](명) 상동. ①서로 같은 것. ②〈생〉 생물의 기관(器官)이 외관상의 상위(相違)는 있으나 본래의 기관 원형(原型)은 동일한 것. 예: 물고기의 부레와 사람의 폐. 2. homology
そうどう[草堂](명) 초당. ①초가집. ②자기 집을 낮추어 일컫는 말. 1. a thatched house
そうどう[僧堂](명)〈불〉 승당. ①중이 좌선(座禅)하며 거처하는 집. ②승원(僧院). 1. a Buddhist monastery
そうどう[騒動](명·자サ) 소동. ①떠들어 댐. ②사변이나 사건. 난리. 「米(コメ)—; 쌀 소동」 ③다툼. 분쟁(紛争). 「お家(イエ)—; 영주(領主) 등의 집안 싸움」 1. agitation
ぞうとう[贈答](명·타サ) 증답. 선물을 주고 받음. 「—品(ヒン); 선사품」 exchange of presents
そうどういん[総動員](명·타サ) 총동원. 전원(全員)을 동원함. general mobilization
そうとうしゅう[曹洞宗](명)〈불〉 조동종. 선종(禅宗)의 한 파(派).
そうどうめい[総同盟](명) 일본 노동 조합 총동맹(日本労動組合総同盟)의 약칭.
そうどうめいひぎょう[総同盟罷業](명) ⇨ゼネスト.
そうとく[総督](명) 총독. ①부하를 거느리고 지휘, 감

독하는 일. 또는 그 직책. ②〈법〉 관할 구역 내의 모든 정무, 군무를 통할(統轄)하는 관직. ③식민지를 통할하던 관직. 1. governing
そう どく[瘡毒](명)〈의〉 ⇨ばいどく.
そう ど·く[騒動く](자 4)〈고〉 떠들어대다. 소동을 벌이다.
そうとする[壮とする](연어) 장하게 생각함. 훌륭하다고 여김. 「その志(ココロザシ)を—; 그 뜻을 장하게 여기다」
そう トンすう[総 ton 数](명) 총톤수. ①톤수의 합계. ②선박의 총적재량(総積載量)을 톤으로 표시한 것. 1. total tonnage 2. gross tonnage
そう な·し[双無し](형 ク)〈고〉 유례(類例)가 없다. 무쌍(無双)하다.
そう な·し[左右無し](형 ク)〈고〉 ①주저하지 않다. 경솔하다. ②어떤 것이라고 결정하지 않다.
そう なめ[総嘗め](명·타サ) ①전원을 이김. ②하나하나로부터 전체에 미침. 1. a clean sweep
そう なん[遭難](명·자サ) 조난. 산이나 바다에서 생명의 위험에 부딪침. meeting with disaster
そう に[僧尼](명)〈불〉 승니. 남자 중과 여승. monks and nuns
ぞう に[雑煮](명) 채소, 육류 등을 넣어 끓인 국에 떡을 썰어 넣은 일본식 떡국. 정월 음식. 「—を祝(イワ)う; 떡국을 먹고 설날을 축하하다」 rice-cakes boiled with vegetables
そう にゅう[装入](명·타サ) (속에) 넣음. 「フィルムを—する; 필름을 넣다」 set in
そう にゅう[挿入](명·타サ) 삽입. 속에 끼워 넣음. insertion
そう にょう[走繞](명) 한자 부수(部首)의 하나. 달아날주변. "越, 趣" 등의 "走" 부분.
そう にん[相人](명)〈고〉 ⇨そうしゃ(相者).
ぞう にん[雑人](명) 잡인. 신분(身分)이 낮은 사람. 미천한 사람. a humble man
そう ねん[早年](명) 조년. 젊은 나이 youth
そう ねん[壮年](명) 장년. 원기가 왕성(旺盛)한 한창 나이. 또는 그 사람. 30대에서 40대까지의 나이. a man in the prime of life
そう ねん[想念](명) 상념. 생각. 사념(思念). a notion
そう は[争覇](명·자サ) 쟁패. ①우승을 겨룸. ②지배자의 지위를 다툼. 1. contending for championship
そう は[走破](명·자サ) 주파. 끝까지 달림. 「十(ジッ)キロメートルを—した; 10 *km* 를 주파했다」 running the whole distance
そう は[掻爬](명·타サ)〈의〉 소파. 조직(組織)을 긁어 내는 일. 인공 유산(人工流産) 등에 행함. cutting
そう ば[相場](명)〈경〉 ①시세(時勢), 시가(市価). ②〔증권 거래소에서〕 현물(現物)을 가지지 않고 시세 변동을 이용하여 행해지는 거래. 「—がきまっている; 시세가 정해져 있다」 1. the market price
ぞう は[増派](명·타サ) 증파. 인원을 증가하여 파견함. additional despatch
—そう ばい[層倍](조어) 배(倍). 「九(キュウ)—; 9 배」
そう はい[送配](명·타サ) 송배. 보내서 분배(分配)함. delivery
ぞう はい[増配](명·타サ) 증배. 배당, 배급량을 늘림. ↔減配(ゲンパイ). increasing of ration
そう はく[糟粕](명) ①(술의) 지게미. ②영양이나 맛이 없는 찌꺼기. 「他人(タニン)の—をなめる; 남이 한 일을 흉내 내다」 dregs
そう はく[蒼白](형동ダ) 창백. ①새파란 모양. ②얼굴이 해쓱한 모양. 「顔面(ガンメン)—になる; 얼굴이 창백해지다」 1. whitish blue
そう はつ[双発](명) 쌍발. 두 개의 발동기. 또는 그것을 단 비행기. bimotored
そう はつ[早発](명·자サ) 조발. 정시보다 빨리 발차함. early starting
そう はつ[総髪](명) 머리털을 길러 뒤에서 하나로 묶은 머리. full head of hair knotted at the crown
〔総髪〕
ぞう はつ[増発](명·타サ) 증발. ①발차의 회수를 늘림. ②정한 수효보다 더 내보냄. 1. operation an extra train
そう ばな[総花](명) ①〔술집에서〕 종업원 전원에게 나누어 주는 팁. ②관계자 전부에게 고루 이익을 주는 것. 「—政策(セイサク); 모든 사람에게 이익을 주어 즐겁게 하는 정책」 1. all-round tips
そう ばん[早晩](부) 조만. 조만간. 언제인가는. 「—実現(ジツゲン)しよう; 조만간에 실현되리라」 sooner or later
ぞう はん[蔵版](명·타サ) 장판. 소장(所蔵)하고 있는 판목(版木). 또는 그것으로 찍은 책. 판목을 소장하고 있음. printing blocks at hand
そう ひ[草扉](명) 풀로 엮은 문. 곧 보잘 것 없는 허술한 오두막집. a wretched house
そう び[壮美](명) ①장대하고 아름다운 것. ②숭고한 아름다움. 1. sublime beauty 2. noble beauty
そう び[装備](명·타サ)〈군〉 장비. 무기, 부속품 등을 장치함. 무장. equipment
そう び[薔薇](명)〈식〉 장미. 장미꽃. a rose
ぞう ひ[象皮](명) 코끼리 가죽. the skin of an elephant
ぞう び[増備](명·타サ) 설비를 늘림. increasing of equipment
ぞうひびょう[象皮病](명)〈의〉 상피병. 열대 지방에 많은 병. 피부가 두꺼워지고 다리, 음낭 등이 부어 오름. 필라리아병. elephantiasis
そう ひょう[総評](명) 총평. ①통틀은 전체의 비평. ②일본 노동 조합 총평의회(日本労動組合総評議会)의 준말. 1. a general review
そう びょう[宗廟](명) 종묘. 역대 제왕의 위패(位牌)를 모신 사당. an ancestral mausoleum
ぞう ひょう[雑兵](명) ①신분이 낮은 병졸. 졸병. ②〈속〉 지위가 낮은 부하. 1. common soldiers
そう ふ[送付](명·타サ) 송부. 부쳐 보냄. sending
そう ふ[総譜](명)〈악〉 총보. 연주하는 모든 악기의 악

보를 동시에 볼 수 있게끔 상하로 연결된 (지휘자용의) 악보. a score
ぞうふ[臓腑](명)〈생〉 장부. 오장 육부(五臓六腑). 창자. 내장. entrails
そうふう[送風](명·자サ) 송풍. 바람을 일으켜 보냄. 「一機(キ); 송풍기」 ventilation
そうふく[双幅](명) 쌍폭. 한 쌍의 족자(簇子).
そうふく[僧服](명) 승복. 중이 입는 옷. a clerical robe
ぞうふく[増幅](명·타サ)〈이〉 증폭. 라디오 등에서 전류의 진폭(振幅)을 강하게 하여 잘 들리도록 하는 일. amplification
ぞうぶつ[造物](명) 조물. ①천지간의 모든 것. 삼라만상(森羅万象). ②조물주. 창조주. 2. the Creator
ぞうぶつ[贓物](명) 장물. 절도, 강도, 소매치기 등에 의하여 부당하게 얻어진 물건. stolen goods
そうへい[僧兵](명) 승병. 중으로 조직된 군대. 승군(僧軍). a monk soldier
ぞうへい[造兵](명) 조병. 병기(兵器)를 만드는 일. 「一廠(ショウ); 조병창」 arms-manufacture
ぞうへい[造幣](명) 조폐. 화폐를 만드는 일. 「一局(キョク); 조폐국(조폐공사)」 coinage
ぞうへい[増兵](명·자サ) 증병. 병사의 수를 늘림. 병원(兵員)을 증가함. reinforcement
そうへき[双璧](명) 쌍벽. ①한 쌍의 옥. ②서로 어금지금하게 뛰어난 한 쌍의 물건. 또는 그러한 사람. 2. the two greatest authorities
そうべつ[送別](명·자サ) 송별. 보내고 헤어짐. 「一会(カイ); 송별회」 send-off
そうべつ[総別](부) 전체. 통틀어서. whole
ぞうほ[増補](명·타サ) 증보. 증가해서 보충함. 「改訂(カイテイ)一; 개정 증보」 enlargement
そうほう[双方](명) 쌍방. 양쪽. both sides
そうほう[走法](명) 주법. 달리는 법. a form of running
そうほう[奏法](명) 주법. 연주 방법. 「ハーモニカの一; 하아모니카 연주법」 technique of playing
そうぼう[双眸](명) 쌍모. 양쪽 눈동자. 두 눈. 양안(両眼). both eyes
そうぼう[忽忙](명·형동ダ) 총망. 매우 바쁨. 「一の間(カン); 총망간」 busyness
そうぼう[相貌](명) 얼굴 모습. 얼굴 생김새. features
そうぼう[想望](명·타サ) ①마음속으로 바람. 마음속으로 기다림. ②마음속으로 사모함. 2. yearning
そうぼう[僧坊·僧房](명)〈불〉 승방. 중이 평상시 살고 있는 곳. a monastery
そうぼう[蒼氓](명) 창맹. 백성. 인민. 창생(蒼生). the people
そうぼう[蒼茫](형동タルト) 창망. 넓고 멀어서 아득한 모양. vast
ぞうほう[増俸](명·자サ) 증봉. 봉급이 오름. ↔減俸(ゲンポウ). increase of salary
ぞうほう[蔵鋒](명) ①〔서도(書道)에서〕 기필(起筆)할 때 붓끝의 흔적이 나타나지 않도록 쓰는 필법(筆法). ↔露鋒(ロホウ). ②가지고 있는 재기(才気)를 나타내지 않는 일. 2. covering one's talent
ぞうぼく[雑木](명) ⇨ぞうき.
そうほん[草本](명)〈식〉 초본. 줄기가 나무처럼 단단해지지 않는 식물. 풀. 「一年生(イチネンセイ)一; 1년생 초본」 herbs
そうほん[送本](명·자サ) 책을 보냄. sending books
ぞうほん[造本](명·타サ) 책을 만듦. making a book
ぞうほん[蔵本](명) 장서(蔵書). one's books
そうほんざん[総本山](명)〈불〉 총본산. 한 종파(宗派)의 각 본산(本山)을 통할(統轄)하는 절. 총본사(総本寺). the general head-temple
そうまい[草昧](명) 미개(未開). 원시. primitiveness
そうまくり[総捲り](명·타サ) ①전부 말아 올림. ②전부 비평함. ③전부 기재(記載)함. 3. all recording
そうまとう[走馬燈](명) ⇨まわりどうろう.
そうみ[総身](명) 온 몸. 전신. 「大男(オオオトコ), 一に知恵(チエ)が回(マワ)りかね; 덩지만 크고 피가 없는 사나이를 일컫는 말」 the whole body
そうむ[双務](명)〈법〉 쌍무. 계약의 당사자인 양쪽이 서로 의무를 부담하는 일. 「一契約(ケイヤク); 쌍무계약」 bilateral
そうむ[総務](명) 총무. 전체의 사무를 총괄하는 것. 또는 그 사람. a manager
ぞうむし[象虫](명)〈동〉 바구미. 바구미과에 속하는 곤충의 총칭. 갑충류(甲虫類)로서 머리가 코끼리 코와 같이 길게 나와 있음. a bill-bug
そうめい[滄溟](명) 창명. 큰 바다. 대양. an ocean
そうめい[聡明](형동ダ) 총명. 재주가 있는 모양. 똑똑한. 영명(英明)한. sagacious
そうめいきょく[奏鳴曲](명)〈악〉 ⇨ソナタ.
そうめつ[掃滅](명·타サ) 소멸. 송두리째 없애 버림. 쓸어서 깨끗이 없앰. extermination
そうめん[素麺·索麪](명) 〔"さくめん"의 음편(音便)〕 밀가루를 반죽하여 얇게 늘여 가늘게 썰거나 기계로 눌러서 말린 식품. 국수. vermicelli
そうめん[創面](명) 상처의 표면. the surface of a wound
そうもう[草莽](명) 초망. ①초야(草野). ②민간. 재야(在野). 「一の臣(シン); 초망지신(벼슬을 아니하고 초야에 묻혀 사는 평민)」 2. the people
そうもく[草木](명) 초목. 풀과 나무. 식물. 「山川(サンセン)一; 산천 초목」 grass and trees
ぞうもつ[臓物](명) (생선, 새, 소, 돼지 등의) 창자. 내장. entrails
そうもよう[総模様](명) 의복 전체에 무늬가 있는 것. with figures all over
そうもん[相聞](명) 와카(和歌) 분류의 하나. 사랑을 읊은 것. 연가(恋歌). a love song
そうもん[奏聞](명·자サ) 임금에게 말씀을 올림. 주달(奏達). 주품(奏稟). a report to the Throne
そうもん[桑門](명)〈불〉 상문. 승려. 출가(出家). 사문(沙門). priesthood
そうもん[僧門](명) 중. 중의 집. 승려의 신분. 「一に

はいる; 속진(俗塵)을 떠나 중이 되다」 priesthood
そう もん[総門](명) 바깥 대문. 대궐이나 공해(公廨) 외곽(外郭)에 있는 정문(正門). a front-gate
そう やく[装薬](명)〈군〉 장약. 탄환을 발사하기 위해 약실(薬室)에 화약을 재는 일. 또는 그 화약. charge
そう ゆう[曾遊](명·자サ) 이전에 한 번 가서 논 일이 있음.「一の地(チ); 일찌기 한번 가 본 일이 있는 곳」 a former visit
ぞう よ[贈与](명·타サ) 증여. 물건을 선물로 줌. 증유(贈遺). presentation
そう よう[掻痒](명) 소양. 가려운 데를 긁는 것.「隔靴(カッカ)一; 격화 소양(신위로 발을 긁는다는 뜻으로 성에 차지 않거나 일에 철저하지 못함의 비유)」 scratching where one itches
そう よう[蒼蠅](명) ①〈동〉 쉬파리. ②보잘 것 없는 사람. ③중상하는 사람. 모략군. 1. a bluebottle
ぞう よう[雑用](명) ①자질구레한 일. ②자질구레한 비용. 1. miscellaneous business
そう よく[双翼](명) 쌍익. ①양날개. ②좌우로 전개(展開)한 군사. 1. both wings
そう らん[争乱](명) 다투고 싸워 사회가 혼란한 것.「戦国時代(センゴクジダイ)の一; 전국 시대의 쟁란」 confusion
そう らん[奏覧](명·타サ) 상주(上奏)하여 임금에게 보임. presenting for Imperial inspection
そう らん[総覧·綜覧](명·타サ) 총람. ①죄다 봄. ②관계가 있는 것들을 보기 쉽게 한데 모은 책. 2. a general survey
そう らん[総攬](명·타サ) 총람. 사무를 통할(統轄)함. 한 손에 휘어 잡음.「人心(ジンシン)を一する; 인심을 휘어 잡다」 superintendence
そう らん[騒乱](명) 소란. 소동. a disturbance
そう り[総理](명) 총리. ①전체를 통할(統轄)하며 관리하는 일. 또는 그 사람. ②←総理大臣. 1. general control. ── **だいじん**[総理大臣](명) 내각 총리 대신. 한국의 국무 총리에 해당함.
ぞう り[草履](명) 짚으로 만든 신. 짚신. straw sandals. ── **とり**[草履取り](명) 옛날 무가(武家)에서 주인을 섬기면서 주인의 신을 들고 따라 다니던 하인.
そう りつ[創立](명·타サ) 창립. 처음으로 세움. establishment
ぞうり むし[草履虫](명)〈동〉 짚신벌레. 민물이 괸 곳에 살며 모양은 짚신 비슷함. 생물학(生物学)의 실험에 많이 쓰임. a paramecium
そう りょ[僧侶](명) 승려. 중. 사문(沙門). a monk
そう りょう[送料](명) 송료. 물건을 우편 등으로 보내는 경우의 요금. postage
そう りょう[爽涼](명·형동ダ) 상량. 상쾌하고 선선함. refreshing
そう りょう[総量](명) 총량. 전체의 분량. 전체의 중량. the total amount
そう りょう[総領](명) 총령. ①모든 것을 죄다 거느리는 일. 또는 그 사람. ②장남. 또는 장녀.「一息子(ムスコ); 장남」 2. the eldest son
ぞう りょう[増量](명·자サ) 증량. 양이 늚. ↔減量(ゲンリョウ). an increase in quantity
そう りょうじ[総領事](명)〈법〉 총영사. 가장 상급(上級)의 영사. a consul-general
そう りょく[走力](명)주력. 달리는 힘. running capacity
そう りょく[総力](명) 총력. ①전력.「一を あげる; 총력을 기울이다」②국가, 전체의 힘.「一を結集(ケッシュウ)して; 총력을 집결하여」 whole strength
そう りん[相輪](명)〈불〉 상륜. 불탑(仏塔) 꼭대기의 수연(水煙) 바로 밑에 있는 청동으로 만든 아홉 층의 원륜(円輪). ⇨: くりん(九輪). a 9 ringed spire on the top of a pagoda
そう りん[僧林](명) 승려들이 모여 살며 수학(修学)하는 큰 절. a Buddhist monastery
そう りん[叢林](명)〈불〉 선종(禅宗)의 큰 절.
ぞう りん[造林](명)〈농〉 조림. 나무를 심어 숲을 만드는 일. afforestation
そう るい[走塁](명·자サ) 주루. 〔야구에서〕 러너(走者)가 다음 누(塁)로 달림. base running
そう るい[藻類](명)〈식〉 조류. 바닷말(海藻) 또는 습지(湿地)에 생기는 하등 민꽃식물(下等隠花植物)을 통틀어 일컫는 말. seaweeds
そう れい[壮齢](명) 장령. 장년(壮年). manhood
そう れい[葬礼](명) 장례. 장사(葬事). a funeral
そう れい[壮麗](형동ダ) 장려. 훌륭하고 아름다운 모양. splendour
そう れつ[葬列](명) 장례식 행렬. a funeral procession
そう れつ[壮烈](형동ダ) 장렬. 보통 사람으로는 할 수 없는 용감하고 열렬한 모양.「一な最期(サイゴ); 장렬한 죽음」 heroic
そう ろ[走路](명) 주로. ①경기자가 달리는 길. ②도망쳐 달아나는 길. 도로(逃路). 1. a course
そうろ·う[候う]サフラフ Ⅰ(자 4) ①(분부를 대령하며) 곁에서 기다리다. ②"ある, いる"의 높임말. 계시다. Ⅱ(보동·4) 정중한 마음을 나타내는 높임말.「参(マイ)り一; 가겠나이다」── **ぶん**[候文](명) 문장의 끝을 "そうろう(候)"로 끝맺는 문어체(文語体)의 편지글.「願(ネガ)いあげ一; 바라나이다」
そう ろう[早老](명) 조로. 나이에 비하여 빨리 늙는 것. 겉늙음. early decrepitude
そう ろう[早漏](명)〈의〉 조루. 성교(性交)할 때 정액이 너무 빨리 나오는 일. premature ejaculation
そう ろう[蹌踉](형동タルト) 다리가 비틀거리는 모양.「一として; 비틀거리며」 tottering
そう ろん[争論](명·자サ) 쟁론. 말로 다툼. 논쟁. 언쟁(言争). a dispute
そう ろん[総論](명) 총론. 전체를 총괄(総括)한 개론. 또는 그 문장. ↔各論(カクロン). general remarks
そう わ[送話](명·자サ) 송화. 전화 등으로 상대방에게 말을 보냄.「一器(キ); 송화기」↔受話(ジュワ). transmission
そう わ[挿話](명) 삽화. 사이에 끼는 이야기. 짧은 토

막 이야기. an episode
そうわ[総和](명·타サ) 총화. 전체를 합하여 모은 수. 총계(総計). the sum total
そうわ[叢話](명) 총화. 이야기를 모은 것. a collection of talks
ぞうわい[贈賄](명·자サ) 증회. 뇌물을 보냄. ↔収賄(シュウワイ). bribery
そえ[添え]ソヘ(명) ①곁들이는 것. 부속시키는 것. 첨부. 첨가. ②보좌(補佐). 1. addition
そえうま[副馬]ソヘー(명) 〔마차 등에서〕 주(主)되는 말 옆에 딸려서 마차를 끌게 하는 말.
そえがき[添え書き]ソヘー(명·자サ) ①곁들여 써 넣음. 또는 그 글. ②추신(追伸). 추계(追啓). 1. a note
そえき[添え木]ソヘー(명) 받침대. 받침 나무. a splice piece
そえじょう[添え状]ソヘー(명) 사람 또는 물건을 보낼 때 그 취지를 적은 편지. an accompanying letter
そえぢ[添え乳]ソヘー(명·자サ) 젖먹이를 옆에 끼고 누워 젖을 먹임. suckling a child in bed
そえてがみ[添え手紙]ソヘー(명) ⇨そえじょう.
そえばしら[添え柱]ソヘー(명) 덧붙여서 세우는 기둥. an accompanying post
そえもの[添え物]ソヘー(명) ①곁들인 물건. ②경품(景品). ③반찬. 1. an addition
そ·える[添える]ソヘル(타하 1) ①더하다. 증가하다. 「おもむきを—; 취향(趣向)을 더하다」 ②따르게 하다. 붙이다. ③옆에 있게 하다. ④비교하다. 자 添わる(4). 1. add
そえん[疎遠](명·형동ダ) 소원. 정분이 성기어 친하지 않고 멀어지게 됨. ↔親密(シンミツ). estrangement
ソーク ワクチン[도 Salk Vakzin](명)〈의〉 소오크 왁찐. 소아 마비 예방약.
ソーシャル—[social](조어) ⇨ソシアル.
ソース[sauce](명) 소오스. 서양 요리에 쳐서 먹는 조미료.
ソース[source](명) 소오스. 근원. 출처(出処). 「ニュウスの—; 뉴우스의 출처」
ソーセージ[sausage](명) 소시지. 소나 돼지 창자에 여러 가지 재료를 다져 넣어 만든 식품. 순대.
ソーダ[네 soda·曹達](명)〈이〉 소오다. 중조(重曹)를 열해서 만든 하얀 가루. 유리, 비누를 만들고 세탁에 씀. **— クラッカー**[soda cracker](명) 소오다크래커. 중조를 넣어 하얗고 짠맛이 있게 구운 비스킷. **—すい**[soda 水](명) 소오다수. 물에 탄산(炭酸)을 섞어 맛을 낸 차가운 음료수.
ソーファ[sofa](명) ⇨ソファ(ー).
ソープレス[soapless](명) 소우플레스. 비눗기가 없는 것. 「—ソープ; 비눗기가 없는 중성의 합성 세제」
ゾーン[zone](명) 조운. 지대. 지역. 「デ杯戦(ハイセン)東洋(トウヨウ)—; 데이비스컵 동양 지역 선수권 대회」
そか[粗菓](명) 손님에게 권하는 과자를 겸사로 일컫는 말. refreshments
そかい[租界](명) 조계. 어떤 나라가 다른 나라로부터 빌린 거류지(居留地). 공동 조계와 전관(専管) 조계가 있음. a settlement
そかい[素懐](명) 소회. 평상시의 소원. 「往生(オウジョウ)の—をとげる; 이 세상을 떠나 정토(浄土)에 태어나는 소원을 풀다」 one's cherished hope
そかい[疎開](명·자타サ) 소개. ①밀집해 있는 것의 사이를 넓힘. ②공습(空襲) 등에 대비해서 도시의 주민들을 지방으로 이동시킴. 1. dispersion
そがい[阻害·阻碍](명·타サ) 저해. 방해함. 「発育(ハッイク)を—する; 발육을 저해하다」 obstruction
そがい[背向](명)ソガヒ〈고〉 뒤쪽. 후방. 배면(背面).
そがい[疎外](명·타サ) 소외. 소홀히 다루고 가까이 하지 않음. 소척(疎斥). estrangement
そかく[疎隔](명·타サ) 막힘. 또는 막음. estrangement
そかく[組閣](명·자サ) 조각. 내각을 조직함. 「—本部(ホンブ); 조각 본부」 formation of a Cabinet
ぞかし(연어) 참말로 …이다. 「多(オオ)きもの—; 많은 것이다」
そがん[訴願](명·자サ)〈법〉 소원. 위법, 부당한 행정 처분의 취소나 변경을 행정 관청에 청구함. a petition
そぎいた[枌板](명) 나무를 얇게 켜서 만든 판자. 지붕 등을 이는 데 씀. thin chips of wood
そぎだけ[殺ぎ竹](명) 끝을 뾰족하게 깎은 대나무. a sharp-pointed bamboo-stick
そきた·つ[退き立つ](자 4)〈고〉 멀리 물러서다.
そきゅう[遡及](명·자サ) 소급. 과거(過去)로 거슬러 올라 감. retracing the past
そぎょう[祖業](명) 조업. 조상이 시작한 사업. 집안 대대(代代)의 사업. 세업(世業). 「—を継(ツ)ぐ; 세업을 잇다」 an ancestral work
—そく[束](접미) ①나무, 대 등 묶은 것을 세는 말. 다발. ②벼 10 묶음(단)을 일컫는 말. ③반지(半紙) 10 첩(帖; 200 장)을 일컫는 말. ④화살 길이의 단위. 엄지 손가락을 뺀 네 손가락의 폭(幅). ⑤백. 100.
—そく[足](접미) ①(신는 것의) 한벌. 켤레. 「くつ下(シタ)二(ニ)—; 양말 두 켤레」 ②두 발을 모으고 뛰는 동작을 세는 말. 「一(イッ)—飛(ト)び; 한번 껑충 뜀」
—そく[則](접미) 항목이나 개조(箇条)를 세는 말. 「五(ゴ)—; 5 칙」
—そく[側](조어) 쪽. 「左(サ)—通行(ツウコウ); 좌측(左側) 통행」
そく[足](명)〈속〉 짐승의 발. a foot
そく[即](접) 즉. 동격(同格)을 나타내는 말. 곧. 「色(シキ)—是空(ゼクウ); 색즉 시공」 namely
そく[息](명) 아들. 자식. 사내 아이. a son
そ·く[退く]〈고〉 Ⅰ(자 4) 떨어져 가다. 헤어지다. 물러나다. Ⅱ(타하 2) 멀리하다. 떨어지게 하다.
そ·ぐ[殺ぐ·削ぐ](타 4) ①줄이다. 꺾다. 「気勢(キセイ)を—; 기세를 꺾다」 ②얇게 깎다. ③뾰족하게 하다. ④끝을 깎아 내다. 1. diminish
—ぞく[族](조어) 같은 생각이나 행동을 하는 사람들. 「ビート—; 비이트족」
ぞく[俗](명·형동ダ) ①관습. 풍습. 「東国(トウゴク)の

一; 동쪽 지방의 풍습」 ②사회에서 흔히 행해짐. 「一なことば; 속된 말」 ③출가(出家)하지 않은 사람. ↔僧(ソウ). 1. customs

ぞく[属](명) ①부하. ②친척. ③동류(同類). ④〈생〉 속. 생물 분류 단위의 하나. 과(科)와 종(種)의 중간. 1. a follower 2. relatives

ぞく[賊](명) 적. ①도둑. ②반역자. 모반인. 1. a thief

ぞく[続](명) 계속. 속편(続編). ↔正(セイ). a sequel

ぞくあく[俗悪](명·형동ダ) 속되고 나쁨. 「一な小説(ショウセツ); 속되고 나쁜 소설」 vulgarity

そくあつ[側圧](명)〈이〉 측압. 유체(流体)가 용기(容器)나 물체 내부의 측면에 작용하는 압력. lateral pressure

そくい[即位](명·자サ) 즉위. 군주가 왕위에 오름.「一式(シキ); 즉위식」 accession to the throne

そくい[続飯]ーヒ(명) 밥알을 으깬 것. 밥풀. rice paste

そくいん[惻隠](명) 측은. 딱하고 가엾게 여기는 것. 「一の情(ジョウ); 측은한 정」 compassion

そぐ·う[適う]ソグフ(자4) 잘 맞다. 알맞다. be suitable

ぞくうけ[俗受け](명·자サ) 세간의 평판, 소문. 통속적인 것. popularity

そくえい[即詠](명·타サ) 즉석에서 시, 노래 등을 지어 읊음. 즉음(即吟). composing extempore

ぞくえい[続映](명·타サ) 속영. 계속해서 상영(上映)함. 연속 상영. continued run of film

そくえん[測鉛](명) 측연. 끈 끝에 납(鉛)을 달아 물속에 던져 넣어 깊이를 재는 기구. a plumb

ぞくえん[俗縁](명)〈불〉 속연. (승려의) 혈연상(血縁上) 친척 관계. worldly connections

ぞくえん[続演](명·타サ) 속연. 계속해서 공연함. 연속 상연. continued run of show

そくおう[即応](명·자サ) 즉응. (정세에) 곧잘 맞추어 응함. 적응(適応).「時代(ジダイ)に一する; 시대에 적응하다」 adaptation

そくおん[促音](명) 이어진 소리로, 막히는 것 같은 느낌을 주는 소리. "っ"로 나타냄. 예: あっさり, あっぱれ, もっぱら. an assimilated sound

そくおんびん[促音便](명) 음편(音便)의 하나. 동사의 연용형(連用形) 어미 "ち, ひ, り"가 "た, て" 등에 이어질 때 촉음(促音)이 되는 변화. 예: 勝(カ)ちた→勝(カ)った, 切(キ)りて→切(キ)って. an assimilated sound contraction

そくが[側臥](명) 옆으로 누움. 모로 누움. lying on one's side

ぞくが[俗画](명) 속화. 통속적인 그림. popular picture

ぞくがく[俗学](명) 속학. 통속적인 학문. popular learning

ぞくがく[俗楽](명) ①일반인들 사이에서 행해지는 음악. 삼현악(三弦楽), 속요(俗謡) 등. ↔ 雅楽(ガガク). ②저속한 음악. 1. popular music 2. inferior music

ぞくがら[続柄](명) "つづきがら"의 잘못

ぞくがん[俗眼](명) 속안. 속인의 눈. 속인의 관찰. 저급(低級)한 식견. a common view

そくぎん[即吟](명·타サ) 즉음. 즉석에서 노래, 시 등을 지어 읊음. 즉영(即詠). improvisation

ぞくぐん[賊軍](명) 적군. 반란군. an insurgent army

ぞくけ[俗気](명) 속인(俗人)이 보통 갖는 기분. 또는 그 사고 방식. 「一が出(デ)る; 속된 마음이 생기다」 vulgarity

そくげん[塞源](명·자サ) 색원. 근원을 아주 막아 버림. stopping a source

ぞくげん[俗言](명) 속언. ①속된 말. 속어. ②세상의 소문. 1. vulgarism 2. a rumour

ぞくげん[俗諺](명) 속언. 세상의 속담. 이언(俚諺). a popular proverb

ぞくご[俗語](명) 속어. ①세상에서 널리 사용되고 있는 품위 없는 말. 속언. ②구어(口語). 1. vulgarism

そくざ[即座](명) 즉좌. 그자리. 즉석. 「一に答(コタ)える; 묻자마자 곧 대답하다」 immediately

そくさい[息災](명) 무사한 것. 재앙을 막는 것. 「無病(ムビョウ)一; 병 없이 잘 지냄」 safeguard against accidents. **── えんめい**[息災延命](명) 편안히 오래 사는 것.

ぞくさい[俗才](명) 속재. 처세를 잘하는 재능. 세재(世才). worldly wisdom

ぞくさい[続載](명·타サ) 계속해서 실음. 연재(連載). serial publication

そくさん[測算](명·타サ) 측산. 헤아려서 셈함. measurement

そくさん[速算](명·타サ) 속산. (주판으로) 빨리 계산함. 「一表(ヒョウ); 속산표」 rapid calculation

ぞくさんへんど[粟散辺土](명) 조의 알맹이를 뿌린 것처럼 멀리 떨어진 자질구레한 땅. 먼 곳에 있는 소국(小国). small outlying countries

そくし[即死](명·자サ) 즉사. 그자리에서 곧 죽음. instantaneous death

そくじ[仄字](명) 측자. 사성(四声) 가운데 상성(上声), 거성(去声), 입성(入声)에 속하는 한자(漢字).

そくじ[即時] ‖(명) 즉시. 짧은 시간. ‖(부) 그자리에서. 즉각. ‖a short time ‖immediately

そくじ[即事](명) ①눈앞의 일. ②사실에 기초를 두는 것. 1. an affair which happens under one's eyes

ぞくじ[俗字](명) 속자. 보통 세상에서 흔히 통용되는 글자. ↔正字(セイジ). the popular form

ぞくじ[俗耳](명) 세상 사람들의 귀.「一に入(イ)りやすい; 세상 사람들에게 알려지기 쉽다」 vulgar ears

ぞくじ[俗事](명) 속사. 사회 생활상의 이런 일 저런 일. 속세(俗世)의 잡일. earthly affairs

そくしつ[側室](명) 측실. 신분이 높은 사람의 첩. 귀인(貴人)의 첩. a concubine

そくじつ[即日](명·부) 즉일. 그날(바로). 「一実施(ジッシ)する; 그날로 실시하다」 the same day

そくじつ[即実](명) 사실에 근거를 둔 것. 「一的(テキ); 사실에서 근거한」 based on a fact

そくしゃ[速写](명·타サ) 속사. 빨리 적음. 빨리 사생(写生)함. a snapshot

そくしゃ[速射](명·타サ) 속사. 빨리 연속적으로 발

사함.「一砲(ホウ); 속사포」 quick firing
ぞくじゅ[俗儒](명) 속유. 견식이 좁고 비속(卑俗)한 학자. 속된 유생(儒生). a pedant
そくしゅう[束脩](명) ①포개어 묶은 포(脯). ②입문생(入門生)이 선생을 처음 찾아 뵐 때 가지고 가는 예물. ③성인(成人)이 되어 의관(衣冠)을 갖추는 일. 2. entrance-fee
ぞくしゅう[俗臭](명) 속취. 세속적인 냄새.「一をおびた小説(ショウセツ); 세속적인 냄새를 풍기는 소설」 vulgar taste
ぞくしゅう[俗習](명) 속습. 세속적인 풍습. convention
ぞくしゅつ[続出](명·자타サ) 속출. 연이어 나옴.「故障(コショウ)の一; 연이은 고장」 successive occurrence
そくじょ[息女](명) ①여식. 딸. ②남의 딸.「ご一; 따님」 1. a daughter
ぞくしょ[俗書](명) 속서. 많은 사람에게 읽히는 속된 책. a vulgar book
そくじょう[速醸](명·타サ) 짧은 시간에 술 등을 빚음.「一しょうゆ; 속성 간장」
ぞくしょう[俗称](명) 속칭. ①세상에서 널리 불려지는 호칭(呼称). ②출가(出家) 전의 중의 이름. 속명(俗名). 1. a popular name
ぞくしょう[賊将](명) 적장. 도적 떼나 반도(叛徒)의 대장. the leader of an insurgent army
そくしん[促進](명·타サ) 촉진. 재촉하여 빨리 나아가게 함.「計画(ケイカク)を一する; 계획을 촉진하다」 hastening
そくしん[測深](명) 바다 깊이나 바닷속의 지질 등을 재는 일.「一器(キ); 측심기」 sounding
ぞくしん[俗信](명) 세상에 널리 행해지는 미신적인 신앙. a popular belief
ぞくしん[賊臣](명) 적신. 임금을 배반하는 신하. a traitor
ぞくしん[続進](명·자サ) ①계속해서 나아감. ②시세가 오름. 1. advance
ぞくじん[俗人](명) 속인. ①돈, 명예 등에 구애되는 사람. ②출가(出家)하지 않은 사람. ③풍류(風流)를 모르는 사람. 3. a worldling
ぞくじん[俗塵](명) 속진. 속세의 티끌. 세상의 번거로운 일. worldly affairs
ぞくじんしゅぎ[属人主義](명)〈법〉 속인주의. 사람은 어디 있더라도 본국의 법률에 의해 지배되어야 한다는 주의. ↔属地(ゾクチ)主義. the personal principle
そくしんじょうぶつ[即身成仏](연어·명)〈불〉 즉신 성불. 살아 있는 몸으로 부처가 되는 것. 자신불(自身仏).
そく·する[即する](자サ) 근거하다. 꼭 들어 맞다.「実情(ジッジョウ)に一; 실정에 꼭 맞는」 be based on
そく·する[則する](타サ) 모범이나 규율로 삼다. 본받다. model
ぞく·する[属する](자サ) ①부속하다. 소속하다. 딸리다. ②그 종류나 범위에 들다. ③따르다. 부하(部下)가 되다. ④단체의 일원이 되다.「学会(ガッカイ)に一; 학회에 속하다」 1. appertain to 2. belong to
ぞく·する[賊する](타サ) ①손해를 끼치다. 해치다. ②죽이다. 1. injure 2. kill
そくせい[仄声](명) 측성. 한자의 발음 가운데 상성(上声), 거성(去声), 입성(入声)의 총칭. ↔平声(ヒョウショウ). 「completion on the spot
そくせい[即製](명) 즉제. 바로 그자리에서 만듦. ↗
そくせい[促成](명·타サ) 촉성. 재촉하여 빨리 이루어지게 함. promotion of growth. ── **さいばい**[促成栽培](명·타サ)〈농〉 촉성 재배. 온실, 온상 등 시설을 갖추고 과수, 야채 등의 발육을 촉성하는 재배법.
そくせい[速成](명·자타サ) 속성. 빨리 이룸. 속히 됨.「一教育(キョウイク); 속성 교육」 rapid completion
ぞくせい[俗世](명) 속세. 속인의 세상. the world
ぞくせい[俗姓](명) 속성. (승려의) 출가(出家)하기 전의 성. a priest's secular surname
ぞくせい[族生·簇生](명·자サ) 족생. 풀숲 등의 떨기가 더부룩하게 남. 총생(叢生). 군생(群生). gregarious growth
ぞくせい[族制](명) 가족, 씨족 등의 제도. a mass organization of families and tribes
ぞくせい[続生](명·자サ) 계속해서 발생함. 잇따라서 생김. successive occurrence
ぞくせい[属性](명) 속성. 그 물건 자체가 갖추고 있는 성질. 예 : 색깔, 모양, 크기 등. an attribute
そくせき[足跡](명) 족적. 발자취.「一を印(イン)する; 발자취를 남기다」 a footprint
そくせき[即席](명) 즉석. ①그자리. 즉좌(即座). ②그자리에서 만드는 것.「一料理(リョウリ); 즉석 요리」③임시 변통. 2. extempore
ぞくせけん[俗世間](명) 속세간. 세간(世間). 세상. the world
ぞくせつ[俗説](명) 속설. 확실한 근거도 없이 세상에 널리 퍼져 있는 설, 의견. 세속인의 설. a common saying
そくせん[側線](명) 측선. ①열차 운전에 늘 쓰이는 선로 이외의 선로. ②〈생〉 주로 양서류(両棲類), 물고기의 몸 양옆에 한 줄로 나란히 뻗은 선. 수류(水流), 수압(水圧) 등을 알아 내는 감각 기관(感覚器官)임. 2. a lateral line
ぞくせん[賊船](명) 도둑(海賊)의 배. a pirate ship
そくせんそっけつ[即戦即決](연어·명·자サ) 전쟁에서 승부를 단박에 정함. a win-the-war-quick campaign
ぞくそう[俗僧](명) 속승. 명리(名利)에 사로잡힌 비속(卑俗)한 중. a vulgar priest
そくそく[側側](부) 몸, 마음에 스며 들어 느끼는 모양.
そくそく[惻惻](부) ①불쌍히 여기는 모양. 측은히 여기는 모양. ②슬퍼 가슴 아파하는 모양. pitiably
ぞくぞく(부·자サ) 몸에 스며 들어 느끼는 모양. 추위를 느끼는 모양.「せなかが一する; 등이 오싹오싹하다」 thrillingly
ぞくぞく[続続](부) 속속. 계속하는 상태.「一と申(モウ)しこむ; 잇따라 신청하다」 successively

そくたい[束帯](명) 속대. 옛날 귀인(貴人)들의 정식 복장. 「衣冠(イカン)—; 의관 속대」 an ancient ceremonial court dress

そくだい[即題](명) 즉제. 즉석에서 내놓아 시가(詩歌)를 짓게 하는 제목. ↔兼題(ケンダイ). a subject for improvisation

ぞくたい[俗体](명) ①중이 아닌 속인의 모습. ②속된 모양. 1. lay style

ぞくたい[俗諦](명)〈불〉 속제. 속세의 실상(実状)에 따라서 알기 쉽게 설명한 진리. 자타(自他)의 차별이 있는 현실 생활에 관한 진리. ↔真諦(シンタイ).

そくたつ[速達](명) 속달. ①속히 다다르는 것. ②속달 우편의 준말. 1. express delivery

そくだん[即断](명·타サ) 즉단. 그자리에서 결단(決断)함. decision on the spot

そくだん[速断](명·타サ) 속단. 속히 결단함. 잘 생각하지 않고 앞질러 판단함. a hasty conclusion

ぞくだん[俗談](명) 속담. 속사(俗事)에 관한 이야기. 속설(俗説). a small talk

そくち[測地](명·자サ) 측지. 토지를 측량함. 땅을 잼. land survey

ぞくちしゅぎ[属地主義](명)〈법〉 속지주의. 어떤 일정한 영토내에 있는 것이면 여하한 사람이든 물건이든 그 영토의 법률에 따라야 한다는 주의. ↔属人(ゾクジン)主義. the territorial principle

ぞくちょう[俗調](명) 속조. 속세에서 행해지는 가락. 평범한 가락. popular tone

ぞくちょう[族長](명) 족장. ①일족(一族)의 우두머리. ②가장(家長). 1. the tribal head

そくつう[足痛](명) 발의 아픔. a footsore

ぞくっぽ·い[俗っぽい](형)〈속〉 아주 속돼 보이다. 품위가 없어 보이다. 파생 **— さ**(명). vulgar

そくてい[測定](명·타サ) 측정. ①헤아려서 정함. ②어떤 단위를 기준으로 하여 잼. 2. measurement

ぞくでん[俗伝](명) 속전. 세상에 널리 전해 내려 오고 있는 이야기. 전설. a popular tradition

そくど[速度](명) 속도. 빠른 정도. speed

そくど[測度](명)〈수·이〉 측도. ①도수(度数)를 헤아리는 것. ②어떤 양을 그와 같은 종류의 양을 단위로 하여 나타낸 수. 1. measurement

ぞくと[賊徒](명) 적도. ①도둑의 무리. ②역적의 무리. 1. a gang of robbers

そくとう[即答](명·자サ) 즉답. 즉시 대답함. 그자리에서 대답함. a reply on the spot

そくとう[速答](명·자サ) 속답. 속히 대답함. 또는 그 대답. a prompt reply

ぞくとう[属島](명) 속도. 어떤 나라나 큰 섬에 딸린 섬.

ぞくとう[賊党](명) 도둑의 무리. 적도(賊徒). a gang of robbers

ぞくとう[続騰](명·자サ)〈경〉 속등. 물가, 시세가 계속 오름. ↔続落(ゾクラク). a continued advance

ぞくに[俗に](부) 세간에서 (흔히). 「—いう; 세간에서 흔히 말하는」 commonly

そくねつ[足熱](명) 발을 따뜻하게 하는 일. 「頭寒(ズカン)—; 머리는 차게 하고 발은 덥게 함」 warm feet

ぞくねん[俗念](명) 속념. 세상에 얽매인 속된 생각. 「—が生(ショウ)じる; 속된 마음이 생기다」 worldly thoughts

そくのう[即納](명·타サ) 즉납. 그자리에서 곧 납부(納付)함. immediate payment

そくはい[足背](명) 발등. the instep

そくばい[即売](명·타サ) 즉매. 그자리에서 곧 팖. 「—展(テン); 즉매하는 전람회」 stock sale

ぞくはい[俗輩](명) 속배. 속된 무리. small fry

そくばく[若干](부) ⇨そこばく.

そくばく[束縛](명·타サ) 속박. 자유를 빼앗음. 제한함. 「行動(コウドウ)を—する; 행동을 속박하다」 confinement

そくはつ[束髪](명) 속발. ①머리털을 묶는 일. ②틀어 올린 서양식 머리 모양. 1. bundling one's hair

ぞくはつ[続発](명·자サ) 속발. 계속적으로 일어남. 연발(連発). 「事故(ジコ)の—; 사고의 연발」 successive occurrence

ぞくばなれ[俗離れ](명·자サ) 속세의 번거로움을 떠남. unworldliness

そくび[素首·素頸](명) 목의 낮춤말. 모가지. that damned head

ぞくひ[賊匪](명) 적비. 적도(賊徒). 비적(匪賊). bandits

そくひつ[速筆](명) 속필. 글씨를 빨리 쓰는 것. fast writing

ぞくひつ[俗筆](명) 속필. 품위가 없는 필적(筆跡). 비속한 필적. 속서(俗書). undignified handwriting

そくぶ[足部](명)〈생〉 족부. 발에서부터 발목까지의 부분. the foot

ぞくぶつ[俗物](명) ⇨ぞくじん(俗人)①.

そくぶん[側聞·仄聞](명·타サ) 측문. 풍문에 들음. 희미하게 (얼핏) 얻어 들음. 「—するところによれば; 들리는 바에 의하면」 learn by hearsay

ぞくぶん[俗文](명) 속문. ①속어를 사용한 글. 통속적인 문장. ②서한체(書翰体). 1. colloquial style

ぞくへい[賊兵](명) 적병. 도적, 반도의 병졸. rebels

そくへき[側壁](명) 측벽. 측면의 벽. a side-wall

ぞくへん[続編·続篇](명) 속편. 전편(前編) 또는 본편(本編)에 딸린 편. 후편(後編). a sequel

そくほ[速歩](명) 속보. ①빠른 걸음. ② 1시간에 5 *km* 속도로 행진하는 보행. 1. a quick pace 2. a fast step

そくほう[速報](명·타サ) 속보. 빨리 알림. 「選挙(センキョ)—; 선거 속보」 a prompt report

ぞくほう[続報](명·타サ) 속보. 계속해서 알림. 또는 그 보도(報道). a continued report

そくみょう[即妙](명) 임기 응변(臨機応変)의 기지(機知). 「当意(トウイ)—; 즉석(即席)의 기지」 ready wit

ぞくみょう[俗名](명) 속명. ①세상에서의 통칭(通称). ②〈불〉 (중의) 출가(出家)하기 전의 이름. 2. one's name as a layman

ぞくむ[俗務](명) 속무. 속용(俗用). worldly affairs

ぞくめい[俗名] 속명. ①본명(本名), 학명(学名) 외에 통속적으로 흔히 부르는 이름. ②통속적인 명성(名声). 1. a popular name 2. commonplace fame
ぞくめい[賊名](명) 적명. 반도(도둑)로서의 이름. 「—がたかい; 도둑으로서 악명이 높다」the name of rebel
そくめん[側面](명) 측면. ①좌우의 표면. 옆면. ②정면이 아닌 쪽. 옆쪽. 「—観(カン); 측면으로부터의 관찰」 1. the flank
そくや[即夜](부) 즉야. 그날 밤. 「—帰郷(キキョウ)した; 그날 밤으로 귀향했다」 the very night
ぞくよう[俗用](명) 속용. 속세의 여러 가지 일. 속사(俗事). worldly affairs
ぞくよう[俗謡](명) ①사이바라(催馬楽), 이마요오(今様), 하우타(端唄), 코우타(小唄) 등의 속칭. 속곡(俗曲). ②속요. 저속한 유행가. 2. a popular song
ぞくらく[続落](명·자サ)〈경〉 속락. 물가 시세가 계속해서 내림. ↔続騰(ゾクトウ). continued fall
ぞくり[俗吏](명) ①속무(俗務)에 종사하는 관리. ②비천(卑賤)한 관리. ③관리를 경멸하여 부르는 말. 1. a government official engaged in worldly affairs
ぞくりゅう[俗流](명) 속류. 속된 무리. 속배(俗輩). the common run of men
ぞくりゅう[粟粒](명) ①조의 낟알. ②매우 작은 것. 1. a millet grain. **—けっかく**[粟粒結核](명)〈의〉 속립 결핵. 많은 결핵균이 피의 흐름에 따라 몸 각 부분의 장기(臓器)에 운반되어, 그곳에 무수한 조의 낟알만한 크기의 결핵 결절(結節)을 만드는 무서운 질환.
そくりょう[測量](명·타サ) 측량. 토지의 위치, 면적, 거리, 고저(高低) 등을 잼. survey
ぞくりょう[属領](명) 속령. 부속한 영지(領地). 「イギリスの—; 영국의 속령」 a territory annexed to
ぞくりょう[属僚](명) 속료. 남에 딸려 일하는 관리. 속리(属吏). 하료(下僚). subordinates
そくりょく[速力](명) 속력. 빠르기. speed
ソクレット[socklet](명) 소클렛. (아이들이 신는) 조그만 양말.
そくろう[足労](명) 발을 옮기는 수고. 걷는 것. 「ご—ねがいます; 오시기(가시기)를 바랍니다」 walking
ぞくろん[俗論](명) 속론. (학문적이 아닌) 통속적인 의론. public debate
そぐわない ソグハー(연어·형) 맞지 않다. 어울리지 않다. 적합하지 않다. unfit
そけい[素馨](명)〈식〉 ⇨ジャスミン.
そけい[粗景](명) 보잘 것 없는 경품(景品). 좋지 않은 물건(粗品). a trifling premium
そけいぶ[鼠蹊部](명)〈생〉 서혜부. 불두덩 옆에 오목하게 된 곳. 아랫배의 양쪽 아래 측면과 허벅다리와의 사이. the inguinal region
そげき[狙撃](명·타サ) 저격. 겨누어서 쏨. 「—兵(ヘイ); 저격병」 shooting
ソケット[socket](명) 소켓. 전기 기구의 하나. 전구를 끼워 전류를 잇는 데 씀.
そ·げる[殺げる·削げる](자하 1) ①깎이다. 닳다. ②깎을 수가 있다. 1. wear
そけん[素絹](명) ①생견사로 짠 명주. 생명주. ②〈불〉 생명주로 만든 승복(僧服). 1. coarse silk
そけん[訴件](명) 소송 사건(訴訟事件)의 준말.
そけん[訴権](명)〈법〉 소권. 재판소에 소송을 제기할 권리. the right of action
そげん[遡源·溯源](명) 소원. ①수원(水源)으로 거슬러 올라 가는 것. ②근원(根源)을 거슬러 올라 가 연구하는 일. 2. retracing
そこ[底](명) ①밑바닥. 「井戸(イド)の—; 우물 밑바닥」 ②깊은 속. ③겉에 나타내지 않는 마음속. 「—を割(ワ)って話(ハナ)す; 속을 탁 터놓고 이야기하다」 ④실력. ⑤궁극(窮極). 1. the bottom 2. the depth
そこ[其処](대) ①상대방의 옆을 가리키는 말. 거기. ②그 점. 그것. 「—があいつのおもしろいところだ; 그것이 바로 그 녀석의 재미 나는 점이다」 ③너. 그대. 1. there 3. you
そご[祖語](명) 조어. 같은 계통의 말의 조상에 해당하는 말. 예 : 라틴어는 이탈리아어의 조어임. a parent language
そご[齟齬](명·자サ) 어긋남. 맞지 않음. discrepancy
そこい[底意](명) 저의. 본심. one's inmost thoughts
そこいじ[底意地](명) 마음속에 지니고 있는 기질. 근성. the bottom of one's heart
そこいじ(が)わるい[底意地(が)悪い](연어·형) 심보가(근성이) 고약하다. ill-natured
そこいら[其処いら](대)〈속〉 그 근방. 그 근처. about there
そこいれ[底入れ](명)〈경〉 시세가 가장 싸지는 것. touching bottom
そこう[祖考](명) 죽은 할아버지와 죽은 아버지. the late grandfather and the late father
そこう[素行](명) 소행. 평소의 행동. 품행. 「—がわるい; 소행이 나쁘다」 conduct
そこう[粗肴](명) 변변치 않은 요리. 손님에게 권하는 생선 요리 등을 겸사로 일컫는 말. 「粗酒(ソシュ)—; 변변치 못한 주효(酒肴)」 「going up a stream
そこう[遡江](명·자サ) 강을 거슬러 올라 감. ⤴
そこう[遡行](명·자サ) 소행. 배를 타고 강을 거슬러 올라 감. sailing up against a stream
そこう[遡航](명·자サ) 소항. 배로 강을 거슬러 올라 감. sailing up against a river
そごう[疎剛](명·형동ダ) 거칠고 딱딱하거나 억셈. rough and hard
そこうお[底魚](명) 바다 밑에 사는 고기. 예: 가자미.
そこうしょう[鼠咬症](명)〈의〉 서교증. 쥐에 물린 뒤 약 20일 후에 생기는 전염병. rat-poison disease
そこかしこ[其処彼処](대) 이곳 저곳. 여기저기. 「林(ハヤシ)の中(ナカ)の—に; 숲속 여기저기에」 here and there
そこきみ(が)わるい[底気味(が)悪い](연어·형) 어쩐지 (마음속으로) 겁이 나다. ominous

そこく[祖国](명) 조국. ①조상 때부터 살고 있던 자기 나라. ②본국. 모국. 1. the fatherland

そこそこ(부) ①거의 그 정도의 상태를 나타내는 말. 될까말까. 될락말락. 「百円(ヒャクエン)—の; 백 원이 될락말락한」 ②바쁘거나 하여 대강대강 해 치우는 모양. 대충대충. 「話(ハナシ)も—に出(デ)かける; 얘기를 대강대강한 채 총총히 나가 버리다」 2. hurriedly

そこぢから[底力](명) 저력. 속에 숨어 있는 강한 힘. 밑힘. energy

そこつ[疎忽·粗忽](명·형동ダ) 소홀. ①경솔함. 「—者(モノ); 경솔한 자」 ②(부주의로 저지른) 실수. 과실(過失). 1. carelessness

そこづみ[底積み](명) 밑에 실은 짐. 바닥짐. goods stowed in the bottom

そこな[其処な](연체) 거기에 있는. 「—やつ; 거기 있는 놈」

そこな·う[損う·傷う]ソコナフ(타 4) ①깨뜨리다. 상처를 내다. 「人(ヒト)のからだを—; 사람의 몸을 다치게 하다」 ②실패하다. 「やり—; 실패하다」 ③건강, 기분 등을 상하게 하다. 「きげんを—; 기분을 나쁘게 하다」 ④괴롭히다. 학대하다. 1. injure 2. fail

そこなし[底無し](명) ①바닥이 없는 것. 「—の茶筒(チャヅッ); 바닥이 빠진 차통」 ②끝이 없는 것. 「—のばか; 형편 없는 바보」 1. bottomlessness

そこに[底荷](명) 저하. 배의 흘수(吃水), 균형을 유지하기 위하여 배 바닥에 싣는 모래, 돌, 물, 무거운 짐 등. 바닥짐. ballast

そこぬけ[底抜け](명) ①밑바닥이 빠지고 없는 것. ②(맺힌 데가 없는) 얼빠진 사람. ③한량(限量)이 없는 것. 「—騒(サワ)ぎ; 술좌석에서 난잡하게 떠들고 노는 것」 ④모주군. 「—上戸(ジョウゴ); 모주망태」 1. bottomlessness 2. a loose person

そこね[底値](명) 가장 싼 값. 최저 가격(最低価格). the bottom price

そこ·ねる[損ねる](타하 1) 상하게 하다. 해치다. 「きげんを—; 기분을 상하게 하다」 injure

そこのけ[其処退け](명) 전문가가 따르지 못할 정도로 훌륭한 것. 아무도 당하지 못할 정도. 「先生(センセイ)—の上達(ジョウタツ); 선생을 능가할 정도의 숙달」 far exceeding

そこはかとなく(부) 이렇다 할 이유도 없이. with nothing particularly definite

そこばく[若干](부) 약간. 얼마큼. 「—の不安(フアン); 약간의 불안」 some

そこひ[底翳](명)〈의〉 동공(瞳孔)도 검고, 밖으로 보기에는 아무 지장이 없으나 안구(眼球) 속에 고장이 있어 보지 못하는 병. 흑내장(黒内障). amaurosis

そこびえ[底冷え](명·자サ) 몸 속까지 추위가 스며듦. 「—のする朝(アサ); 몹시 추운 아침」 be chilled to the core

そこびかり[底光り](명·자サ) 깊은 속에서 빛이 남. 깊은 맛이 있는 빛. lurking lustre

そこびき(あみ)[底引き(網)](명) 끝이 오므라진 자루 같은 큰 그물. 저예망(底曳網). 트로올망(網). 「—漁業(ギョギョウ); 저예망 어업」 a trawlnet

〔底引き網〕

そこまめ[底豆·底肉刺](명) 발바닥에 생기는 물집. a blister on the sole

そこもと[其処許](대) ①그곳. ②당신. 1. that place 2. you

そこら[其処ら](대) ①그 근방. 「—あたり; 그 근처」 ②그 정도. 1. about there

そこら(부)〈고〉 ①많이. ②대단히. 매우.

そこらくに(부)〈고〉 많이. 매우.

そさい[阻塞](명·타サ) 조색. 방해해서 가로 막음. 「—気球(キキュウ); 조색 기구 (방공 기구)」 hindrance

そさい[蔬菜](명) 소채. 채소. 야채. vegetables

そざい[素材](명) 소재. ①(작품 등의) 근본이 되는 재료. ②소질. 1. material

そざい[礎材](명) 초재. 토대(기초)가 되는 재료. a sill

そざつ[粗雑](명·형동ダ) 조잡. 거칠고 잡스러워 품위가 없음. 거칠고 엉성함. coarseness

そさん[粗餐](명) 조찬. 조악(粗悪)한 식사. 손님에게 식사를 권할 때 겸사로 하는 말. 1. a plain dinner

そし[阻止](명·타サ) 눌러 막음. 저지. obstruction

そし[祖師](명)〈불〉 조사. ①한 종파를 개창(開創)한 고승(高僧). ②〔니치렌종(日蓮宗)에서〕 니치렌(日蓮). 1. the founder of a sect

そし[素志](명) 소지. 평소의 뜻. 숙망(宿望). 초지(初志). one's original intention

そし[疎食·疏食] 소사. ①좋지 않은 음식. ②잘 찧어지지 않은 쌀. 1. coarse food 2. half-polished rice

—そじ[十路]—ヂ(조어) 10년을 단위로 해서 해를 세는 말. 「なな—; 70세」

そじ[素地](명) ①옷감. ②토대. 기초. 바탕. 2. ground

そじ[措辞](명) 조사. 〔시가, 문장 등에서〕 문자나 말을 늘어놓는 방법. wording

ソシアル—[social](조어) 소우셜. ①사회적. ②사교적. **—ダンス**[social dance](명) 소우셜댄스. 사교춤. **—ダンピング**[social dumping](명) 소우셜덤핑. 생산비를 싸게 해서 상품을 외국 시장에 싸게 파는 것.

そしき[組織](명·타サ) 조직. ①질서를 세워 하나의 통일체를 꾸밈. 「会社(カイシャ)の—; 회사 조직」 ②〈생〉 모양, 크기가 같으며 작용이 비슷한 세포의 집단. 1. constitution. **—てき**[組織的](형동ダ) 조직적. 일정한 질서가 있는 모양. **—ろうどうしゃ**[組織労働者](명) 조직 노동자. 노동 조합 등에 가입하여 투쟁 조직을 갖는 노동자.

そしつ[素質](명) 소질. ①본래 갖추어 있는 성질. 「科学者(カガクシャ)としての—がある; 과학자로서의 소질이 있다」 ②장래 발전의 기인(基因)이 되는 성질. 1. nature

そして(접) 그리하여. 그래서. 그리고. and then

そしな[粗品](명) 조품. ①하찮은 물품. ②남에게 물

전을 선사할 때 쓰는 겸사의 말. 1. a trifling present

そしゃく[咀嚼](명·타サ) 저작. ①음식을 입에 넣고 씹음. ②곰곰이 생각해서 뜻을 이해함. 1. chewing

そしゃく[租借](명·타サ)〈법〉 조차. 한 나라가 다른 나라 영토 안에 지역을 빌려 일정 기간 그곳을 다스림. 「一地(チ); 조차지」 lease

そしゅ[粗酒](명) ①질이 낮은 술. 나쁜 술. ②손님에게 권하는 술을 겸사로 일컫는 말. 1. wine of bad quality

そしゅう[楚囚](명) ①초(楚) 나라에 붙잡힌 사람. ②포로(捕虜). 2. a prisoner

そじゅつ[祖述](명·타サ) 조술. 전에 발표된 설에 근거를 두고 부족한 것을 더 보충함. commentation

そしょう[訴訟](명·자サ) 소송. ①고소함. 고발함. ②〈법〉 재판을 청구함. 1. a lawsuit 2. a litigation

そじょう[俎上](명) 조상. 도마 위. 「一にのせる; 문제로 삼다」 on the dressing-board

そじょう[訴状](명)〈법〉 소장. 소송을 시작하는 문서. 법원에 소송을 제기하는 문서. a written complaint

そしょく[粗食](명) 조식. 변변찮은 음식. ↔美食(ビショク). coarse food

そしらぬ[素知らぬ](연체) 알면서도 모르는 체하는 모양. 「一顔(カオ); 알면서도 모르는 체하는 거동(挙動)」 pretend not to know

そしり[謗り·譏り](명) 비난. 욕. 헐뜯어 말하는 것. slander

そし·る[謗る·譏る](타 4) 나쁘게 말하다. 헐뜯다. 욕하다. 「人(ヒト)を一; 사람을 비방하다」 slander

そしん[祖神](명) 조신. 선조를 신으로 받들어 모신 것. a deified ancestor

そすい[疎水·疏水](명) 소수. 땅을 파 헤쳐서 만든 수로(水路). 「一運河(ウンガ); 파서 만든 운하」 drainage

そすう[素数](명)〈수〉 소수. 그 수 자신 및 1 이외의 수로서는 나누어지지 않는 정수(整数). 예 : 2, 3, 5, 7 등. a prime number

そせい[粗製](명) 조제. 아무렇게나 엉성하게 만드는 일. crude manufacture. **—らんぞう**[粗製濫造](연어·명·자サ) 조제품을 마구 만듦.

そせい[組成](명·타サ) 조성. 얽구어 만듦. composition

そせい[蘇生](명·자타サ) 소생. 되살아 남. revival

そぜい[租税](명)〈법〉 조세. 세금. a tax

そせき[礎石](명) ①초석. 기초가 되는 돌. 주춧돌. ②기초. 토대. 1. a foundation stone

そせん[祖先](명) 조선. 조상. 선조. 「一崇拝(スウハイ); 조상 숭배」 an ancestor

そそ[楚楚](형동タルト) 초초. 맑고 귀여운 모양. graceful

そそう[阻喪·沮喪](명·자サ) 저상. 기운을 잃음. 「意気(イキ)が一する; 의기가 저상되다」 dejection

そそう[祖宗](명) 조종. ①선조 대대의 군주(君主). ②시조(始祖)와 중흥(中興)의 조(祖). 1. forefathers

そそう[粗相](명·자サ) ①⇨そこつ②. ②대소변 등을 쌈. 「犬(イヌ)が一する; 개가 오줌을 싸다」

そぞう[塑像](명) 소상. 찰흙, 유토(油土) 등으로 만든 상(像). a plaster image

そそぎ[注ぎ](명) ①(물) 따르기. ②비말(飛沫). 1. pouring 2. a splash

そそ·ぐ[注ぐ·灌ぐ] Ⅰ(자 4) ①흘러 들어 가다. ②흘러 떨어지다. ③(비가) 내리다. Ⅱ(타 4) ①쏟다. 부어 주다. 뿌리다. 「頭(アタマ)から水(ミズ)を一; 머리 위로부터 물을 마구 퍼부어 주다」 ②물을 그릇 속에 따르다. ③한군데 모으다. 경주(傾注)하다. 「視線(シセン)を一; 시선을 집중하다」 Ⅰ1. flow in Ⅱ1. pour

そそ·ぐ[雪ぐ·濯ぐ](타 4) ①물로 씻다. 깨끗이 하다. ②설욕(雪辱)하다. wash

そぞく[鼠賊](명) 서적. 좀도둑. a sneak thief

そそくさ(부·자サ) 당황하여 침착하지 못한 모양. 총총히. 「一と立(タ)ち去(サ)る; 총총히 떠나다」 hastily

そそけだ·つ(자 4) ①머리카락이 흐트러지다. ②털이 오싹 일어서다. 1. be dishevelled

そそ·ける(자하 1) (머리카락 등이) ①헝클어지다. ②곤두서다. 1. be dishevelled

そそっかし·い(형) ①침착성이 없이 서두르다. ②소홀하다. 부주의하다. 파생 **—さ**(명). 1. hasty 2. careless

そそのか·す[唆かす](타 4) 교사(教唆)하다. 달콤한 말로 상대방의 마음을 끌다. 꾀다. instigate

そそめ·く(자 4)〈고〉 웅성웅성하다. 떠들썩하다.

そそりた·つ[そそり立つ](자 4) 높이 우뚝 솟다. tower

そそ·る(타 4) ①흔들어 움직이다. ②조롱하다. ③(식욕, 흥미 등을) 일으키다. ④마음을 들뜨게하다. 3. tempt 4. excite

そそ·る[峙る·聳る](자 4) 높이 솟다. tower

そぞろ[漫ろ](부·형동ダ) ①어쩐지(마음이 내키는 상태). ②본의 아닌. 「一言(ゴト); 무심코 하는 말」 involuntary. **—あるき**[漫ろ歩き](명) 만보(漫歩). 산책. **—ごころ**[漫ろ心](명) 무심한 마음. 지향 없는 마음. **—に**[漫ろに](부) 〔"そぞろ"의 연용형〕 무심히. 이유 없이. 뜻 없이.

そぞろ·く(자 4)〈고〉 ⇨すずろぐ.

そだ[粗朶](명) 베어 낸 나뭇가지. faggot

そだい[粗大](형동ダ) 조대. 거칠고 큰 모양. 거칠고 굵다란 모양. rough

そだち[育ち](명) ①자라는 것. 성장. ②본바탕. 신원(身元). 1. growing up

そだ·つ[育つ](자 4) (아이, 어린 동식물이) 자라다. 성장하다. grow

そだて[育て](명) 기르는 것. 키우는 것. 「一の親(オヤ); 길러 준 어버이」 bringing up. **—あ·げる**[育て上げる](타하 1) 길러서 성장시키다. 「一人前(ヒトリマエ)に一; 성인으로 성장시키다」

そだ·てる[育てる](타하 1) ①자라게 하다. 양육시키다. ②가르쳐서 성인이 되게 하다. 교육하다. 1. bring up 2. breed

そち[其方](대) ①그쪽. 그곳. 저기. 「一こち; 여기 저기」 ②너. (아랫사람에게 씀) 1. there 2. you

そち[帥](명) ⇨そつ.

そち[素地](명) 소지. 바탕.「文化発達(ブンカハッタツ)の—; 문화 발달의 소지」 ground
そち[措置](명·타サ) 조치. 처치함.「特別(トクベツ)の—をとる; 특별 조치를 취하다」 taking a measure
そちこち[其方此方](대·부) ①여기저기. 여러 곳. ②대충. 이럭저럭. 1. here and there 2. almost
そちゃ[粗茶](명) ①좋지 못한 차. ②손님에게 차를 권할 때 겸사로 일컫는 말. 1. coarse tea
そちら[其方ら](대) 그쪽. 그곳. there
そつ(명) ①비용. ②실수. ③쓸 데 없는 소비. 낭비.「—がない; 낭비가 없다」 2. a fault
そつ[卒](명) ①하급 병사. 병졸. ②졸업.「高校(コウコウ)—; 고교 졸업」 1. a common soldier
そつ[帥](명) 옛날, 다자이부(太宰府)의 장관. a governor
そつい[訴追](명·타サ)〈법〉소추. 기소(起訴)함. legal action
そつう[疎通·疏通](명·자サ) 소통. 생각하고 있는 것이 충분히 이해됨.「意志(イシ)の—を欠(カ)く; 의사소통이 안되다」 mutual understanding
そっか[足下] Ⅰ(명) ①발 아래. ②편지 받을 사람 이름 밑에 쓰는 존칭어. Ⅱ(대) 당신. 자네. (동등의 사람에게 씀) Ⅰ 1. under one's feet Ⅱ you
ぞっか[俗化](명·자サ) 속화. 속되게 됨. vulgarizing
ぞっか[俗歌](명) 속가. 세상에 유행하는 가요. 속요(俗謡). a popular song
ぞっかい[俗界](명) 속계. 속세(俗世). the world
ぞっかい[俗解](명) 통속적인 해석. popular interpretation
ぞっかい[続開](명·타サ) 속개. 계속 엶. resumption
ぞっかく[俗客](명) 속객. 풍류를 이해하지 못하는 손님. 속된 손님. a vulgar guest
ぞっかん[俗間](명) 속간. 세속(世俗). 사회. the world
ぞっかん[続刊](명·타サ) 속간. 계속해서 발행함. continue publication
ぞっかん[属官](명) ①속리(属吏). ②전에 관청에 속했던 판임 문관(判任文官). 1. a subordinate official
そっき[速記](명·타サ) 속기. ①빨리 씀. ②속기술로 씀.「—録(ロク); 속기록」③이야기하는 대로 기호(記号)를 사용해서 빨리 필기하는 기술. 속기술. 2. writing shorthand 3. stenography
そっき[測器](명) 기상 관측기(気象観測器). meteorological observatory instruments
ぞっき(명) 팔다 남은 신간서(新刊書)를 싸게 파는 일.「—本(ボン); 덤핑 책」 dumping
ぞっき[俗気](명) ⇨ぞくけ.
そっきゅう[速球](명) 속구. 〔야구에서〕 빠른 공. speed ball
そっきゅう[速急](형동ダ) 아주 빠른 모양. 매우 급한 모양. urgent
そっきょ[卒去](명·자サ) ①죽음. ②옛날, 벼슬이 4위(四位), 5위(五位) 되는 사람의 죽음. 서거(逝去). passing away
そっきょう[即興](명) 즉흥. ①그자리의 흥취. 좌흥. ②그자리의 흥취에 따라 시, 노래를 지어 부르는 것.「—曲(キョク); 즉흥곡」 1. extempore amusement.
—しじん[即興詩人](명) 즉흥 시인. 흥에 따라 즉석에서 시를 읊는 시인.
そつぎょう[卒業](명·자サ) 졸업. ①소정의 학업을 마침.「—論文(ロンブン); 졸업 논문」↔入学(ニュウガク). ②충분히 습득해서 마침.「スキーは—だ; 스키이는 졸업일세」③일을 끝마침. 1. graduation
そっきょぎ[測距儀](명) 측거의. 거리의 측정(測定)에 사용하는 광학(光学) 기계. a range finder
ぞっきょく[俗曲](명) 속곡. 시속(時俗)의 노래 곡조. a popular song
そっきん[即金](명) 즉금. 즉석에서 지불하는 돈. 즉전(即銭). immediate payment
そっきん[側近](명) 측근. 신분이 높은 사람 곁에 가까이 있는 것. 또는 그 사람. close attendance
ソックス[sock(s)](명) 속스. 짧은 양말.
そっくび[素っ首](명)〈속〉목의 낮춤말. 모가지.
そっくり(부·자サ) ①그대로.「参考書(サンコウショ)を—うつす; 참고서를 그대로 베끼다」②남김 없이. 모조리.「—食(タ)べてしまう; 모조리 먹어 치우다」③꼭 닮은 모양.「先生(センセイ)に—だ; 선생님을 꼭 닮다」④새로운 대로의 상태.「まだ—しています; 아직도 새것 그대로입니다」 1. just as it is 2. wholly
そっくりかえ·る[反っくり返る]—カヘル(자 4)〈속〉⇨そりかえる.
そっけ[素っ気](명) 재미. 아양. 애교.「味(アジ)も—もない; 아무런 흥취도 없고 무미 건조하다」
ぞっけ[俗気](명) ⇨ぞくけ.
そっけつ[即決](명·타サ) 즉결. ①즉석에서 결정함. ②〈법〉변론(辯論)이 끝난 후 곧 판결을 선고(宣告)함. 1. a prompt decision 2. a summary trial
そっけつ[速決](명·타サ) 속결. 빨리 결정함. a hasty conclusion
そっけつのかん[則闕の官](명) 다조오 대신(太政大臣)의 다른 이름.
そっけな·い[素っ気ない](형) 무뚝뚝하다. 무정하다. 매정하다. curt
そっこう[即功·即効](명) 즉효. 바로 효과가 있는 것. immediate effect
そっこう[即行](명·타サ) 즉행. 그자리에서 행함. 즉시 행함. acting promptly
そっこう[速攻](명·타サ) 속공. 빠른 속도로 공격함. 빨리 공격함. a swift attack
そっこう[速効](명) 속효. 빠른 효과.「—肥料(ヒリョウ); 효과가 빠른 비료」 immediate effect
ぞっこう[続行](명·타サ) 속행. 어떤 일을 계속해서 행함. carrying on
ぞっこう[続稿](명) 속고. 앞 원고에 계속되는 원고. the sequence
そっこうじょ[測候所](명) 측후소. 기상을 관측하여 예보, 경보를 내는 곳. a meteorological station
そっこく[即刻](부) 즉각. 곧. 즉시. at once
ぞっこく[属国](명) 속국. 다른 나라의 지배를 받고

있는 나라. a dependency
ぞっこつ[俗骨](명) 속골. 천한 기질(氣質). ↔仙骨(センコツ). vulgarity
そっこん[即今](명) 현재. 바로 지금. 당장. now
ぞっこん(부)〈속〉 마음속으로부터. 온전히. 「—ほれこむ; 홀딱 반하다」 deeply
そつじ[卒爾](부) ①돌연히. ②경솔하게. 당돌하게. 「—ながら; 당돌하나마」 2. abruptly
そっ·する[卒する](자 4) "しゅっする(죽다)"의 높임말.
そっせん[率先](명·자사·부) 솔선. 앞장 섬. 「—(して)実行(ジッコウ)する; 솔선 실행하다」 taking the lead
そつぜん[卒然·率然](부) ①경솔하게. ②돌연히. 「—と; 돌연히」 1. abruptly
そっち[其方](대) ①조금 떨어진 쪽을 가리키는 말. 그곳. 그쪽. ②너. 그대. 1. there. **—のけ**[其方退け](명) 따돌리는 것. 제외.
そっちゅう[卒中](명)〈의〉 졸중. 뇌출혈, 뇌혈전(脳血栓)으로 갑자기 쓰러지는 병. apoplexy
そっちょく[率直·卒直](형동ダ) 솔직. 정직한. 꾸밈이 없는. 「—な態度(タイド); 솔직한 태도」 being candid
そっと[率土](명) 솔토. 바다에 이르는 땅의 끝. 온 나라의 지경(地境) 안. 국토의 끝. 「—の浜(ヒン); 국토 끝에 있는 해변」 the corner of the earth
そっと(부) ①조용히. ②살금살금. 살짝. 남 모르게. 「—覗(ノゾ)く; 남 몰래 살짝 들여다 보다」 1. gently
ぞっと(부·자사) ①소름이 오싹 끼치는 상태. 「おそろしくて—する; 무서워서 오싹 소름이 끼치다」 ②갑작스레 냉기(冷気)가 몸에 스며 들어 떨리는 것 같은 느낌. 「—身(ミ)にしむ夜風(ヨカゼ): 오싹 몸에 스며드는 밤바람」 1. shudder
そっとう[卒倒](명·자사) 졸도. 돌연 의식을 잃고 쓰러짐. swoon
そっぱ[反っ歯](명) 앞으로 뛰어 나온 이. 뻐드렁니. projecting teeth
ソップ[네 sop](명) ⇨スープ.
そっぽ(う)(명)〈속〉 바깥쪽. 다른 쪽. 「—を向(ム)く; 외면하다(모르는 체하다)」 the other direction
そで[袖](명) ①소매. ②배래기. ③어깨에서 팔에 걸쳐진 갑옷의 일부. ④(무대의 윙, 책상의 옆 서랍처럼) 양쪽이나 옆에 달려 있는 것. 1. a sleeve 5. a wing
そてい[措定](명·타사) 조정. 대상으로서 정함. fixing
ソテー[프 sauté](명) 소테. 버터로 부친 고기를 소오스로 조린 것. 「ポークー; 포오크 소테」
そでうら[袖裏](명) 소매 안 또는 그 천. a sleeve-lining
そでがき[袖垣](명) 다른 것에 곁들여서 낮게 두른 울타리. a low fence
そでがき[袖書き](명) ①옛날, 공문서(公文書)에 주무자(主務者)가 행(行)을 낮추어 첨가해 쓴 문구. ②편지의 추신(追伸). 2. an addition
そでがた[袖型](명) ①소매의 모양. ②웃소매의 본. 1. style of sleeve
そでがらみ[袖搦み](명) 소매 잘구리. 기다란 막대기 끝에 가시가 돋친 구부정한 쇠꼬챙이를 몇 개 단 무기. 소매에 휘감아 넘어뜨림. 〔袖搦み〕
そでぐち[袖口](명) 소맷부리. 소매의 손목을 덮는 부분. the sleeve band
そでごい[袖乞い]—ゴヒ(명·자사) 구걸함. 동냥함. 「—をする; 구걸하다」 begging
そでした[袖下](명) 소매의 밑 부분.
そでしょう[袖章](명) 웃소매에 다는 기장(記章). stripes
そでたけ[袖丈](명) 소매 길이. the length of a sleeve
そでだたみ[袖畳み](명) 옷 솔기를 안으로 가게 접어서 양소매를 합치고 이를 다시 접어 개는 법.
そてつ[蘇鉄](명)〈식〉 소철. 화분에 심는 상록수의 한 가지. 줄기는 굵고 그 표면은 그물 눈과 같으며, 새의 깃털 같은 커다랗고 단단한 잎이 사방으로 뻗음. a cycad
そでつけ[袖付け](명) 소매가 웃 몸에 붙는 부분. an armhole
そでなし[袖無し](명) 소매가 없는 옷. a sleeveless coat
そでのした[袖の下](명) 〔소매 밑에서 몰래 준다는 뜻에서〕 뇌물. 「—を使(ツカ)う; 뇌물을 주다」 a bribe
そでびょうぶ[袖屏風](명) 소매로 얼굴을 가리는 것을 병풍에 비유한 말.
そでやま[袖山](명) 소매 위쪽 부분.
そと[外](명) ①바깥. ↔内(ウチ). ②겉에 나타난 부분. 외면. 「不満(フマン)を—へあらわす; 불만을 겉에 나타내다」 ③건물의 밖. 문밖. 옥외. 「—は寒(サム)い; 바깥은 춥다」 ④외부. 2. the exterior
そと(부) 조용히. 살그머니. 살짝. softly
そとあるき[外歩き](명) 외출. 출타(出他). going out
そとう[粗糖](명) 색깔을 빼지(정제하지) 않은 설탕. ↔精糖(セイトウ). raw sugar
そどう[粗銅](명) 정제하지 않은 구리. blister copper
そとうみ[外海](명) 외해. 육지 밖을 싸고 있는 큰 바다. 외양(外洋). ↔内海(ウチウミ). the open sea
そとおもて[外表](명) 천의 거죽을 밖으로 하고 접는 것. ↔中表(ナカオモテ).
そとがけ[外掛け](명) 〔씨름에서〕 서로 맞붙은 채로 상대방 다리에 자기 다리를 밖으로 걸어서 넘어뜨리는 수. 바깥 낚시걸이.
そとがこい[外囲い](명) 바깥 울타리. the outer fence
そとがまえ[外構え]—ガマヘ(명) 외부 구조. 「家(イエ)の—; 집의 외부 구조」 outward structure
そとがわ[外側]—ガハ(명) 바깥. 외면. 겉면. ↔内側(ウチガワ). the outside
そとぎらい[外嫌い](명) 외출을 싫어하고 집안에만 들어 박혀 있는 일. 또는 그런사람. an unsociable person
そどく[素読](명·타사) 뜻은 생각하지 않고 글자만 읽음. reading off without comments
そどく[鼠毒](명)〈의〉 ⇨そこうしょう.
そとづら[外面](명)〈속〉 외면. ①표면. ②타인과 응대할 때의 태도. ↔内面(ウチヅラ). 1. the exterior
そとで[外出](명·자사) 외출. 출타(出他). going out
そとのり[外法](명) (상자, 되, 말 등의) 표면의 가로, 세로, 높이의 치수. the outside measurement
そとば[卒塔婆·率塔婆](명)〈불〉 ①사리(舍利)를 안치

(安置)하고 공양(供養)하기 위하여 세우는 탑. ②공양하기 위하여 무덤 뒤에 세우는 끝이 뾰족한 판자.
そとぼり[外濠](명) 외호. 성(城) 바깥 둘레의 호(濠). the outer moat
そと まご[外孫](명) 외손. 딸이 낳은 아이. ↔内孫(ウチマゴ). a child of one's daughter
そと また[外股](명) 발끝을 바깥쪽으로 벌린 것. 「一にあるく; 팔자 걸음을 걷다」〔卒塔婆②〕 ↔内股(ウチマタ).
そと まわり[外回り·外廻り]一マハリ(명) ①집의 둘레. 집 주위. ②외근(外勤). ③외부와의 교섭, 교제. ④동심원(同心円)의 바깥 원을 도는 것. ↔内(ウチ)回り. 1. the circumference 2. outside work
そと み[外見](명) 외견. 밖에서 본 모양. 외관(外観). outward appearance
そと も[背面](명)〈고〉 ①외측(外側). ②배후(背後).
そと わ[外輪](명) 발끝을 밖으로 벌리고 걷는 것. walking with the toes turned out
そなえ[供え]ソナヘ(명) ①제물로 바치는 것. ②제물. 1. offering. ── **もの**[供え物](명) 제물. 신불(神仏)에게 바치는 것. 공물(供物).
そなえ[備え]ソナヘ(명) ①준비. 「一あれば, 憂(ウレ)いなし; 미리 준비해 놓으면 근심이 없다」 ②방어. 경계(警戒). 「一をかためる; 방비를 굳게 하다」③대열. 대오 편제(隊伍編制). 1. preparation 2. defence. ── **つ·ける**[備え付ける](타하 1) 설치하다. 준비해 두다. 비치하다. 명 備え付け.
そな·える[供える]ソナヘル(타하 1) ①신불(神仏)에게 바치다. ②필요에 응하여 물품을 대어 주다. 1. offer 2. make fit
そな·える[備える]ソナヘル(타하 1) ①미리 준비해 두다. 「颱風(タイフウ)に一; 태풍에 대비하다」 ②정비해 두다. 「鉛筆(エンピツ)と紙(カミ)を一; 연필과 종이를 마련해 두다」③몸에 지니다. 1. prepare 3. possess
そなた[其方](대) ①그쪽. ②너. 그대. 1. there 2. you
ソナタ[이 sonata](명)〈악〉 소나타. 보통, 관련된 4악장으로 이루어진 기악의 독주곡. 주명곡(奏鳴曲).
ソナチネ[이 sonatine](명)〈악〉 소나티네. 소나타의 간단한 형식.
そなれ まつ[磯馴れ松](명) 가지, 줄기가 해안의 지면에 낮게 늘어져 자라는 소나무. wind-distorted pine trees on the seashore
そなわ·る[備わる·具わる]ソナハル(자 4) ①갖추어지다. 「内容形式(ナイヨウケイシキ)が一; 내용과 형식이 갖추어지다」②원래 몸에 지니다. ③준비가 되어 있다. ④참가하다. 끼다. 1. be equipped 2. be possessed
そ にん[訴人](명·자サ) 고소한 사람. 고소인. a suitor
ソネット[sonnet](명) 소네트. 14행 시(詩). 13세기 이탈리아에서 성행하였음.
そねみ[嫉み](명) 질투. 시기(猜忌). jealousy
そね·む[嫉む](타 4) 질투하다. 샘내다. be jealous of
その[園·苑](명) ①채소, 꽃을 심는 한 구획의 지면. ②장소. 「学(マナ)びの一; 배움터(학교)」 1. a garden
その[其の](연체) ①조금 떨어져 있는 것을 가리키는 말. 「一本(ホン); 그 책」 ②바로 앞에 나왔던 것을 가리키는 말. 「一問題(モンダイ); 그 문제」 1. that
その う[園生]一フ(명)〈고〉 ⇨その.
その うえ[其の上](연어·부) 그 위에. 더구나. 게다가. 또. moreover
その うち[其の内](부) 멀지 않아. 불원간. 일간. 「一うかがいます; 멀지 않아 찾아 뵙겠읍니다」 soon
その かみ[其の上](명·부) ①그 당시. ②그 옛날. 1. then
その ぎ[其の儀](연어·명) 그 일. 그런 까닭. 「一ばかりはまかりならぬ; 그 일만은 안되겠다」 the matter
その くせ[其の癖](연어·접) 그런데도. 그럼에도 불구하고. and yet
その ご[其の後](연어·부) 그뒤. 이후(以後). after that
その じつ[其の実](연어·부) 사실은. 실은. in fact
その すじ[其の筋]一スヂ(연어·명) ①어떤 일을 맡아서 단속하는 관청. 당국(当局). ②그 방면. 그 방면의 사람. ③경찰. 「一のお達(タッ)し; 경찰 지시(指示)」 1. the authorities
その せつ[其の節](연어·부) 그 무렵. 그때. 그 당시. 「一はおせわになりました; 그때는 신세를 많이 졌읍니다」 then
その た[其の他](연어·명) 기타. 그밖에. the others
その て[其の手](연어·명) 그 수단. 그 계략. 「一は食(ク)わない; 그 수에는 안 넘어 간다」 that game
その でん[其の伝](연어·명)〈속〉 그 방법. that way
その ば[其の場](연어·명) 어떤 일이 있었던 장소. 그 장소. 그자리. 그 장면. 「一限(カギ)り; 그때뿐」 the place
その はず[其の筈](연어·명) 그래야만 할 일. 당연한 것. 「それも一; 그것도 그럴 것이」 just right
そのひ かせぎ[其の日稼ぎ](명) ①일정한 직업이 없이 매일 장소를 바꾸며 품팔이하는 일. 날품팔이. ②그날 벌어서 그날 먹는 일. 하루살이. 2. a hand-to-mouth life
そのひ ぐらし[其の日暮らし](연어·명) ①그날의 수입으로 그날을 살아 가는 것. 하루살이. 「一の生活(セイカツ); 하루살이의 생활」 ②희망 없이 살아 가는 생활 태도. 1. a hand-to-mouth life
その へん[其の辺](연어·명) ①그 근처. 그 근방. 「一の家(イエ); 그 근방의 집」 ②그와 같은 것. 「一の事情(ジジョウ); 그와 같은 사정」 1. about there
その ほう[其の方](연어·대) ①그 방향. ②그 방면의 일. ③(다른 것과 비교해서) 그쪽. ④손아랫사람에게 사용하는 대명사. 너. 1. that way
その まま[其の儘](연어·부) 그전대로. 지금까지와 마찬가지로. 그대로. as it is
その みち[其の道](연어·명) ①그 방면. 「一の大家(タイカ); 그 방면의 권위자」 ②〈속〉 색욕(色慾)의 방면. 1. the field 2. love affairs
その むかし[其の昔](연어·명) 그 옛날. former years
その もと[其の許](대) ⇨そこもと.

その もの[其の物](연어·대) ①특히 그와 같은 것. 바로 그것. ②윗말의 의미를 강하게 하는 말. 「熱心(ネッシン)ーだ; 열심 바로 그것이다」 1. the very thing

そ は[粗葉](명) ①질이 나쁜 담배. ②상대방에게 담배를 권할 때 겸사로 일컫는 말.

そば[岨](명) ①비탈. ②절벽. 2. a precipice

そば[側·傍](명) ①곁. 옆. ②「しかるーから; 꾸중하자마자 곧 이어서」 1. side

そば[稜](명) 모퉁이. 모서리. a corner

そば[蕎麦](명)〈식〉 메밀. 마디풀과에 속하는 1년초. 열매는 가루를 내어 국수, 묵 등을 만듦. buckwheat

そ はい[鼠輩](명) 서배. (쥐새끼같이) 하찮은 인간.

そば がき[蕎麦掻き](명) 메밀 가루를 뜨거운 물로 되게 반죽한 것. 메밀 범벅. buckwheat dough

そば かす[雀斑](명) 주근깨. freckles

そば かす[蕎麦滓](명) ①메밀 껍질. ②⇨そばかす(雀斑).

そば がら[蕎麦殻](명) 메밀 껍질. 베갯속 등에 넣음. buckwheat chaff

そば きり[蕎麦切り](명) 메밀 국수. buckwheat noodles

そば ざま[側方](명)〈고〉 옆 쪽.

そば そば·し[稜稜し](형シク)〈고〉 ①남의 일 보듯, 하다. 서먹서먹하다. ②세련되어 있지 않다. 모가 나다.

そば だ·つ[峙つ](자 4) (산이) 높이 솟다. tower

そば だ·てる[欹てる](타하 1) 귀 등을 쫑긋 세우다. 기울이다. 「耳(ミミ)をー; 귀를 귀울이다」 prick up

そば づえ[側杖·傍杖]ーヅヱ(명) 싸움하는 옆에 있다가 뜻밖의 재난을 당하는 것. 「ーを食(ク)う; 옆에 있다가 뜻밖의 봉변을 당하다」 a by-blow

そば づかえ[側仕え]ーヅカへ(명·자サ) 〔おー〕 신분이 높은 사람 가까이에서 시중을 듦. 또는 그 사람. close attendance

そば つき[側付](명)〈고〉 옆에서 본 모습. 힐끗 본 모습.

そば ねり[蕎麦練り](명) ⇨そばがき.

そば みち[岨道](명) 가파른 길. a steep pass

そば·む[側む]〈고〉 Ⅰ(자 4) ①기울어지다. 치우치다. ②원망하다. Ⅱ(타하 2) ①한쪽으로 몰다. ②멀리하다.

そば め[側目](명)〈고〉 측목. 옆에서 보는 것. 또는 그 보이는 모양.

そば め[側妻·妾](명) 첩. 소실. a mistress

そば·める[側める](타하 1) 옆으로 향하다. 얼굴을 돌리다. 돌아 앉다. cast aside

そば やく[側役](명) 옆에서 시중 드는 역(役). 근시(近侍). a personal attendant

そば ゆ[蕎麦湯](명) ①메밀 가루를 더운 물에 푼 것. ②국수를 삶아 낸 더운 물.

そ はん[粗飯](명) ①좋지 못한 식사. ②손님에게 식사를 권할 때 겸사로 일컫는 말. 1. a poor meal

ソビエ(ッ)ト れんぽう[Soviet 連邦](명) 소비에트 연방. 러시아 혁명으로 1917년 탄생. 수도는 모스크바(Moskva).

そび·える[聳える](자하 1) 우뚝 솟다. 높이 솟아 오르다. 「山(ヤマ)がー; 산이 우뚝 솟아 있다」 tower

そびやか·す[聳やかす](타 4) 높이다. 세우다. 「肩(カタ)をー; 어깨를 으쓱하고 으시대다」 raise

そびょう[祖廟](명) 조묘. 조상의 영혼을 모신 묘(廟). an ancestral mausoleum

そびょう[素描](명·타サ) 소묘. ①데상. 선화(線画). ②대강 그림. a sketch

そびょう[粗描](명·타サ) 조잡하게 묘사(描写)함. a rough sketch

そびら[背](명)〈고〉 등.

そび·れる(자하 1) 기회를 놓치다. 「いいー; (망설이다가) 말할 기회를 잃다」 miss a chance

そひん[粗品](명) 조품. ①보잘 것 없는 물건. ②상대방에게 물건을 선사할 때의 겸사말. 2. a humble present

そ ふ[祖父](명) 조부. 할아버지. ↔祖母(ソボ). a grandfather

そ ふ[粗布](명) 조포. ①거칠고 질이 나쁜 피륙. ②⇨そふく. 1. coarse cloth

ソファ(ー)[sofa](명) 소파. 기다란 안락 의자.

そ ふく[粗服](명) 좋지 못한 옷. 「ーをまとう; 좋지 못한 옷을 걸치다」 plain dress

ソフト[soft](명·형동ダ) 소프트. ①부드러움. 「ードリンク; 알코홀분이 없는 음료」 ②펠트로 만든 보드라운 모자. ③←ソフトアイスクリーム. **ー(アイス)クリーム**[soft (ice) cream](명) 소프트 아이스크리임. **ーボール**[soft ball](명) 소프트보올. 야구 보올보다 부드러운 큰 보올로 하는 스포오츠. 한 티임이 10명.

そ ふぼ[祖父母](명) 조부모. 할아버지와 할머니. grandparents

ソフホーズ[러 sovkhoz](명) 소프호오즈. 소련의 국영 농장(国営農場).

ソプラノ[이 soprano](명)〈악〉 소프라노. (여자 목청의) 최고음부(音部). 「ー歌手(カシュ); 소프라노 가수」

そ ぶり[素振り](명) 거동(挙動). 눈치. 모양. 「不満(フマン)のー; 불만스러운 눈치」 look

そ ぼ[祖母](명) 조모. 할머니. ↔祖父(ソフ). a grandmother

そ ほう[素封](명) 관직, 영지 등은 없으나 재산이 많은 사람. 재산가. 부자. 「ー家(カ); 관직, 영지 등은 없으나 재산 많은 집이나 사람」 a wealthy man

そ ほう[粗放·疎放](형동ダ) 조방. 거칠고 뱃힌 데가 없는 모양. 꼼꼼하지 않은 모양. careless

そ ぼう[粗暴](형동ダ) 조포. 거칠고 난폭한 모양. 「ーな性質(セイシツ); 거친 성격」 rough

ソホーズ[러 sovkhoz](명) ⇨ソフホーズ.

そ ぼく[素朴·素樸](형동ダ) 소박. ①사람의 손이 가지 않은 상태. 꾸밈이 없는 상태. ②거짓이 없고 생긴 그대로인 모양. 「ーな住民(ジュウミン); 소박한 주민」 1. simplicity

そ ぼく[粗樸](형동ダ) 거칠고 꾸밈이 없는 모양. plain

そぼ·つ(자 4)〈고〉 (비에) 젖다. 「ぬれー; 흠뻑 젖다」

そぼ ぬ·れる[そぼ濡れる](자하 1) 함빡 젖다. get dripping

そぼ ふ·る[そぼ降る](자 4) (비가) 부슬부슬 내리다. drizzle

そぼ·る[戯る](자하 2)〈고〉 희롱하다. 장난 치다.

そぼろ(명.) 삶은 생선을 으깨서 양념을 한 식품.
そほん[粗笨](형동ダ) 세밀하게 신경을 쓰지 않은 모양. 조잡함. 「一な計画(ケイカク); 조잡한 계획」
そま[杣](명) ①←そまやま. ②←そまぎ. ③←そまびと.
そまぎ[杣木](명) 재목을 얻기 위해 심은 나무. 또는 그 재목. timber
そまごや[杣小屋](명) 나뭇군이 사는 오두막집. 초부(樵夫)의 초라한 집. a woodman's hut
そまつ[粗末](형동ダ) ①공을 들이지 않은 모양. 소홀함. 「お一な考(カンガ)え; 경솔한 생각」 ②품질이나 만듦이 좋지 못한 모양. 조잡함. 1. rough 2. coarse
そまびと[杣人](명) 산에서 나무 베는 것을 직업으로 하는 사람. 나뭇군. 초부(樵夫). a woodman
そまやま[杣山](명) 재목을 쓰기 위해 나무를 심은 산. a timber forest
そま·る[染まる](자 4) ①물들다. ②감염되다. 「悪(アク)に一; 악에 감염되다」 1. dye 2. be imbued
そまん[疎慢·粗慢](명·형동ダ) 소만. 일에 게으르고 등한함. negligence
そみつ[粗密](명) 조밀. 거친 것과 촘촘한 것. 조잡함과 정밀함. coarseness and fineness
そみつは[疎密波](명)〈이〉 소밀파. 매질(媒質)의 진동의 방향이 파동 방향과 일치하는 파동. 음파(音波) 등이 이에 속함. the wave of condensation and expansion
そみんしょうらい[蘇民将来](명) ①역병(疫病)을 막는 신(神). ②복덕(福徳)을 비는 부적의 하나.
そ·む[染む](자 4) 물들다. 배어 들다. dye
そむ·く[背く](자 4) ①뒤를 향하다. 등을 돌리다. 등지다. 「春(ハル)に一; 봄을 등지다」 ②어기다. 「約束(ヤクソク)に一; 약속을 어기다」 ③배반하다. 「親(オヤ)に一; 어버이를 배반하다」 1. turn back
そむ·ける[背ける](타하 1) ①뒤로 향하다. 「顔(カオ)を一; 외면하다」 ②배반하다. 1. turn away
そめ[染め](명) ①염색하는 것. ②물들인 색. 1. dyeing 「being dyed」
一ぞめ[初め](조어) (1년의)…의 시작. 「書(カ)き一; 그해의 첫 (붓)글씨 쓰기」
そめあがり[染め上がり](명) 염색된 것. 염색한 결과.
そめいろ[染色](명) 염색. 물들인 색깔. dyed colour
そめいろ[蘇迷廬](명)〈불〉 우주의 중심에 존재한다고 하는 극히 크고 높은 산. 수미산(須彌山).
そめかえ[染め替え·染め更え]ーカヘ(명) 한번 염색했던 것을 딴 색으로 다시 염색하는 일. redyeing
そめかえ·す[染め返す]ーカヘス(타 4) 색이 바래진 것을 다시 염색하다. 명 染め返し. redye
そめがすり[染飛白·染絣](명) 비백(飛白) 무늬를 물들인 무명 옷감. cotton cloth with dyed patterns
そめがた[染形](명) 물들인 무늬. 또는 그 원형. 염색하는 본. a dyed pattern
そめがみ[染紙](명)〈고〉 불교의 경전. 불경(仏経).
そめがわ[染革](명) 색, 무늬가 들어 있는 가죽. 염색한 가죽. dyed leather
ぞめき[騒き](명) 들떠서 떠들어대는 것. gay frolic
ぞめ·く[騒く](자 4)〈속〉 들떠서 떠들다. make merry
そめこ[染め粉](명) 가루로 된 염료. dyestuff
そめだ·す[染め出す](타 4) 물들여서 빛깔, 무늬 등을 나타내다. dye patterns in cloth
そめつけ[染め付け](명·타サ) ①물들임. ②남색(藍色) 무늬를 물들인 천. 또는 소매. ③남색 무늬를 넣어 구운 자기(磁器). 1. dyeing
そめなおし[染め直し](명·타サ) 염색을 다시 함. 다시 물들임. 퇴색된 것을 다시 염색함. redyeing
そめな·す[染め做す](타 4) 물들여서 같은 색깔로 하다. dye
そめぬ·く[染め抜く](타 4) ①충분히 물들이다. ②무늬 부분만 바탕 빛깔로 남기고 염색하다. 1. dye thoroughly
そめもの[染め物](명) ①천 등을 염색하는 것. 염색. ②염색물. 무색 옷감. 1. dyeing
そめもよう[染め模様](명) 염색한 무늬. a dyed pattern
一そ·める[初める](조어·하 1) 시작하다. 「想(オモ)い一; 사모하기 시작하다」
そ·める[染める](타하 1) ①물들이다. 염색하다. 「布(ヌノ)を一; 천을 염색하다」 ②물감 등을 칠하다. ③깊이 생각하다. 「心(ココロ)を一; 마음을 기울이다」 1. dye
そめわけ[染め分け](명·타サ) ①각각 딴색으로 물들임. ②꽃잎을 딴 색으로 염색함. 1. dyeing in different colours
そめわ·ける[染め分ける](타하 1) 두 가지 이상의 색으로 나누어 염색하다. dye in various colours
そめんき[梳綿機](명) 소면기. 면방적(綿紡績) 기계의 한 가지. 개면기(開綿機), 타면기(打綿機)로 대강 탄 솜, 곧 연면(筵綿)을 다시 가는 바늘의 작용으로 불순한 것이나 짧은 털을 철저히 없애고, 그 솜을 가지런히 해서 조면(繰綿)으로 만들어 실을 빼내는 기계. a carding machine
そも[抑](접) 도대체. 대관절. 「一何事(ナニゴト)ぞ; 도대체 무슨 일이냐」 on earth
そもう[梳毛](명) 소모. 양털 등을 나란히 평행으로 늘어놓는 것. 또는 그렇게 한 털. 「一糸(シ): 소모사」 carding
そもさん[什麼生](부)〈불〉 어떤가. 어떻게. Well?
そもじ[其文字](명) 그대. 당신. (여자들이 동료나 아랫사람에 대하여 쓰는 말) you
そもそも[抑も·抑抑] Ⅰ(명) 시작. 당초. 시초. 「小説家(ショウセツカ)になった一は; 소설가가 된 시초는」 Ⅱ(접) ①도대체. ⇨: そも(抑). 「一自由(ジユウ)とは; 도대체 자유란 것은」 ②혹은. Ⅰ the beginning Ⅱ 2. or
そや[初夜](명)〈고〉 ①저녁부터 밤중까지. ②〈불〉 초저녁에 행하는 독경(読経). 「an arrow」
そや[征矢·征箭](명) 옛날 싸움터에서 사용했던 화살.
そや[粗野](명·형동ダ) 거칠고 품위가 없음. 「一な性質(セイシツ); 거칠고 비천(卑賤)한 성질」 coarseness
ぞや(연어·감조) ①지시(指示)의 "ぞ"에 감탄의 "や"를 붙인 말. …이로다. 「大将軍(タイショウグン)一: 대장군이로다」 ②지시의 "ぞ"에 의문의 "や"를 붙인 말. …인가. 「いつ一; 언제인가」

そやつ[其奴](대) 그놈. that fellow
そよ(부) 조용히 바람이 부는 모양. 또는 그 소리. 어떤 것이 조용히 움직이는 모양. 또는 그 소리. gently
そよう[素養](명) 소양. (평소에 기른) 학문, 기술 등의 실력이나 교양.「音楽(オンガク)の—がある; 음악의 소양이 있다」 an elementary knowledge
そよかぜ[微風](명) 미풍. 솔솔 부는 바람. 조용히 부는 바람. 산들바람. a gentle breeze
そよ·ぐ[戦ぐ](자 4) 가만가만 (조용히) 흔들리다 (움직이다). 명 そよぎ. 타 そよがす(4). stir
そよそよ(부·자サ) 바람이 산들산들 부는 모양. gently
そよとのかぜ[そよとの風](연어·명) 산들바람.「—もない; 바람기조차 없다」 a gentle breeze
そよふ·く[そよ吹く](자 4) 바람이 산들산들 불다. blow gently
そよめ·く(자 4)〈고〉 ①살랑살랑 소리가 나다. 또는 살랑살랑 흔들리다. ②떠들썩한 소리가 나다.
そら[空·虚](명) ①손이 닿지 않는 먼 공간. 허공. 하늘. ②일기. 날씨. ③방향.「故郷(コキョウ)の—; 고향 있는 쪽」④〈고〉 들떠 있는 것.「心(ココロ)も—に; 마음도 들떠서」⑤기분.「生(イ)きた—はない; (공포심 등으로) 산 기분이 아니다」⑥근거가 없는 것. ⑦보람이 없는 것.「—喜(ヨロコ)び; 헛된 기쁨」⑧거짓.「—いびき; 거짓 코골음」⑨〈속〉 꾀병. ⑩도중. 1. the sky 2. weather
そら I(접)〈속〉 그것은.「—おどろいた; 그건 놀랐는데」II(감) "それ"의 사투리. 지시해서 주의를 재촉하는 말.「—電車(デンシャ)が来(キ)た; 야! 전차가 왔다」 I it II there
そらあい[空合]—アヒ(명) ①하늘 모양. 구름의 상태. 날씨.「くもった—; 흐린 날씨」②되어 가는 형편. 1. weather 2. the turn of affairs
そらいろ[空色](명) ①하늘 모양. 날씨. ②연한 푸른색. 하늘색. 1. weather 2. sky blue
そらうそぶ·く[空嘯く](자 4) ①하늘을 쳐다보고 중얼거리다. ②시치미를 떼다. 2. feign ignorance
そらおそろし·い[空恐ろしい](형) ①어쩐지 무섭다. ②매우 무섭다. 파생 — さ(명). have a vague fear
そらおぼえ[空覚え](명) ①외는 것. 암기(暗記). ②희미한 기억. 1. learning by heart 2. faint memory
そらぎき[空聞き](명) 귀담아 듣지 않는 것. 흘려 듣는 것. taking no notice of
そらごと[空言](명) 헛소리. 거짓말. a lie
そらざま[空方](명) 하늘 쪽. toward the sky
そら·す[反らす](타 4) 뒤로 젖히다.「せなかを—; 등을 뒤로 젖히다」 warp
そら·す[逸らす](타 4) ①겨냥을 벗어나다. 놓치다. ②기분을 상하다. ③옆으로 빗나가게 하다. 1. miss 2. offend
そらぞらし·い[空空しい](형) 알면서 모르는 체하다. 파생 — げ(형동ダ) — さ(명). feigned
そらだきもの[空薫物](명)〈고〉 (어디서인지 모르게 보이지 않는 곳에서 피우는) 향(香).
そらだのみ[空頼み](명·타サ) 믿을 수 없는 기대. 헛기대. a vain hope
そらで[空手](명) 신경통 등으로 손이 아픈 것.
そらで[空で](연어) 메모나 수첩 등이 없이 기억에만 의해서.「—いえる; 암기로 말할 수 있다」
そらどけ[空解け](명) 띠, 끈 등이 저절로 풀어지는 것. loosening of itself
そらとぼ·ける[空惚ける](자하 1) 시치미를 떼다. 모른 체하다. feign ignorance
そらなき[空泣き](명·자サ) 우는 체함. 거짓 울음. crying a false cry
そらなみだ[空涙](명) 거짓 눈물. false tears
そらに[空似](명) 핏줄이 섞이지 않았는데도 얼굴이 매우 닮은 것.「他人(タニン)の—; 타인인 데도 얼굴이 매우 닮다」 the accidental resemblance
そらね[空音](명) ①아무도 켜지 않는데도 저절로 울려 오는 악기의 소리. 흉내 소리. ②〈속〉 거짓말. 거짓.「—をはく; 거짓말을 하다」 2. a lie
そらね[空寝](명·자サ) 자는 체함. 자는 시늉을 함. 거짓 잠을 잠. a feigned asleep
そらねんぶつ[空念仏](명·자サ) 공념불. 신앙심은 없으면서 입으로만 염불을 욈.
そらのなごり[空の名残り](연어·명)〈고〉 덧없이, 헛되이 지나간 세월의 자취.
そらはずかし·い[空恥ずかしい](형) 어쩐지 부끄럽다. 파생 — さ(명). feel ashamed somehow or other
そらまめ[空豆·蚕豆](명)〈식〉 잠두. 3~4월에 흑자색 반점을 가진 백색 꽃이 핌. 누에콩. broad bean
そらみみ[空耳](명) ①잘못 듣는 것. ②짐짓 못 들은 체함. 1. mishearing 2. feigned deafness
そらめ[空目](명) ①잘못 보는 것. ②보지 않는 체하는 것. ③칩떠 보는 것. 3. upturned eyes
そらもよう[空模様](명) ①날씨. 하늘의 상태. ②사물의 되어 가는 상태. 형세. 1. the look of the sky
そらゆめ[空夢](명) ①그렇게 되지 않은 꿈. 헛된 꿈. ②꾸며 낸 꿈. 2. a feigned dream
そらわらい[空笑い]—ワラヒ(명) 꾸민 웃음. 거짓 웃음. 헛웃음. a feigned laugh
そらよろこび[空喜び](명) ①어쩐지 그저 즐겁기만 한 것. ②예상이 어긋나 기쁘다가 만 것. 헛기쁨. 1. feeling somehow rejoiced
そらん·じる[諳んじる·誦んじる](타상 1) 암기하다. 외다. learn by heart
そらん·ずる[諳んずる·誦んずる](타サ) ⇨そらんじる.
そり[反り](명) ①젖히는 것. 젖힌 상태. 뒤로 굽은 모양. ②기질. 기풍.「—が合(ア)わない; 기질이 맞지 않다」③칼의 굽은 상태. 2. temper
そり[橇](명) 썰매. a sleigh
そり[剃刀](명)〈속〉 ⇨かみそり.
そりかえ·る[反り返る]—カヘル(자 4) 뒤로 젖히다. 뒤로 (심하게) 굽어지다. warp
ソリスト[soloist](명)〈악〉 솔리스트. 독창자. 독주자.
そりはし[反り橋](명) 한복판이 아아치형으로 된 다

리. an arch bridge
そりみ[反り身](명) 몸을 약간 뒤로 젖히는 것.「―になる; 몸을 뒤로 젖히다」 throwing back one's head
そりゃく[粗略·疎略](명·형동ダ) 조략. 소략. 소홀하고 간략함. carelessness
そりゅうし[素粒子](명)〈이〉 소립자. 물질을 만들고 있는 기초가 되는 조그마한 입자. 양자(陽子), 중성자(中性子), 중간자(中間子) 등. an elemental particle
そりん[疎林](명) 소림. 나무가 듬성듬성 서 있는 숲. a sparse wood
そ·る[反る](자 4) 젖혀지다. 바깥쪽이나 등 쪽으로 굽어지다.「本(ホン)の表紙(ヒョウシ)が―; 책의 표지가 바깥쪽으로 말리다」 bend backward
そ·る[剃る](타 4) 면도질하다. shave
ゾルレン[도 Sollen](명)〈철〉 졸렌. 마땅히 그래야 할 것. 당위(当為). 도덕적 의무. ↔ザイン.
それ[某](대) 사물을 막연히 가리키는 말. 어느. 어떤.「―の年(トシ); 어느 해」 certain
それ[其れ](대) ①자기가 있는 곳에서 좀 떨어져 있는 물건, 사람 등을 가리키는 말. 그. 그것. ②이야기 중 바로 앞에 나온 것을 가리키는 말. 그것.「―はこまります; 그건 곤란합니다」 ③그곳. ④그때. 1. that
それ[夫れ](접) 문장의 허두에 사용하는 말. 대저.「―孔子(コウシ)は聖人(セイジン)にして; 대저 공자는 성인으로서」
ソレイユ[프 soleil](명) 솔레이유. 태양. 해.
それかあらぬか(연어) (앞에 말한 사항을 가리켜) 그것 때문인지 어떤지는 잘 모르지만. may be
それがし[某](대) ①이름이 확실치 않은 사람, 일, 물건의 대명사. 모. ②나. 저. 본인. 1. certain 2. I
それから(접) 그다음에. 그리하여. 그리고. and then
それきり[其れ限り](연어) 그것뿐. 그것만. 그뿐. no more than that
それくらい[其れ位](연어·부) 그 정도. 그만큼. that much
それしき[其れ式](연어·명) 그 정도.「―のこと; 그까짓것」 that much
それしゃ[其れ者](명)〈속〉 ①능숙한 사람. 전문가. ②기생(妓生). 1. an expert. **―あがり**[其れ者上がり](연어·명) 기생 출신으로 남의 아내가 되어 살림을 하는 여자.
それそうおう[其れ相応](연어·명) 그것에 알맞는 일. 그것에 적합한 일. fitness
それぞれ[其れ其れ·夫れ夫れ](명·부) 제각기. 제가끔. 각기. 각각. each
それだけ[其れ丈](연어·부) ①그만큼. 그 정도. ②다른 것은 여하간, 그것에 한하여. ③그것뿐. 그것만. 1. that much 2. that alone
それだま[逸れ丸](명) 빗나간 총알. 유탄(流弾). a stray bullet
それっきり[其れっ切り](부) 그것뿐. 그것만. only that
それとなく(연어·부) 슬그머니. 슬며시. 슬쩍.「―知(シ)らせる; 슬며시 알려 주다」 indirectly
それと(は)なしに(연어·부) ⇨それとなく.
それとも(연어·접) 혹은. 또는. or
それなり(연어·명·부) 그대로. 그냥. 그렇게.「―行(イ)ってしまった; 그냥 가 버렸다」 as it is. **―けり**(연어·명)〈속〉 그대로. 그냥. 그것뿐.「―になる; 그것으로 그만이었다(끝나 버렸다)」
それなればこそ(접) 그러므로. 그러한 까닭에. so
それほど[其れ程](연어·부) 그 정도. 그렇게. 그만큼. so much
それや[逸矢](명) 빗나간 화살. 유시(流矢).
それゆえ[其れ故]―ユヱ(연어·접) 그러므로. 그런 까닭에. therefore
そ·れる[逸れる](자하 1) ①빗나가다. 다른 쪽으로 가다. ②겨냥에 맞지 않고 빗나가다. ③ 정상에서 벗어나다. ④도망 가다. 달아나다. 1. go astray
ソれん[ソ連·ソ聯·蘇聯](명)〈지〉 ⇨ソビエ(ッ)トれんぽう.
そろ[候](조동·특수형) ⇨そうろう.
ソロ[이 solo](명) 솔로. 독창. 독주. 독연(独演).
そろい[揃い]ソロヒ(명) ①가지런한 것. ②갖추어진 것. 갖추어지는 일. 1. uniformity
―ぞろい[揃い]ゾロヒ(조어) 갖추어져 있는 것. 모여 있는 것. …만 있는 것.「力作(リキサク)―; 역작만 있는」
そろ·う[揃う]ソロフ(자 4) ①일치하다.「足並(アシナ)みが―; 보조가 일치하다」 ②갖추어지다. 정리되다.「条件(ジョウケン)が―; 조건이 갖추어지다」 ③죄다 모이다. 1. be uniform 2. be complete
そろう[疎漏·粗漏](명·형동ダ) 소루. 하는 것이 엉성하여 실수가 있음. 소홀. carelessness
そろ·える[揃える]ソロヘル(타하 1) ①같게 하다. 일치하게 하다. ②정리하다. 갖추다.「条件(ジョウケン)を―; 조건을 갖추다」 ③열을 짓게 하다. 정돈하다. 1. make equal 2. arrange
そろそろ(부) ①조용히. 슬슬.「―あるく; 슬슬 걷다」 ②뒤를 이어. 차례차례. ③조금 있다가. 곧.「―来(ク)るころだ; 거의 올 때가 되었다」 1. slowly
ぞろぞろ(부) ①여럿이 계속해서 가는 상태. 연방. ②옷자락을 길게 늘이고 가는 일. 질질. 1. in succession
ぞろっぺ(え)(명)〈속〉 경솔한 행동을 하는 사람. 머리가 치밀하지 못한 사람.
そろばん[算盤·十露盤](명) ①주판. ②(손익의) 계산. 1. an abacus 2. calculation. **―ずく**[算盤尽く]―ヅク(명) 무엇이든 손익을 따져서 하는 것. 주판을 따지는 것. **―だか·い**[算盤高い](형) ①타산적이다. ②금전 계산이 너무 치밀하여 인색하다.
ぞろり(부) ①한 뭉치로 모인 상태. 잇닿아 있는 모양. 주렁주렁. ②사람의 눈을 끌 정도로 좋은 옷을 입고 있는 모양. 질질 끄는 모양.「―と着込(キコ)む; 화려하게 차려 입다」 2. flashily dressed
そわ[岨](명) 절벽. 벼랑. a precipice
そわ·せる[添わせる]ソハセル(타하 1) ①짝을 지어 주다. ②부부가 되게 하다. 1. mate 2. marry
そわそわソハソハ(부·자サ) 침착하지 못한 상태. 안절

부절 못하는 상태. be fidgety
そわつ·く(자 4) 안절부절 못하다. fidget
そわ·る[添わる]ソハル(자 4) 붇다. 많아지다. 증가하다. increase
—そん[尊](조어)〈불〉 존경해서 하는 말. 「地蔵(ジゾウ)—; 지장 보살(地蔵菩薩)」
そん[村](명) ①마을. ②〈법〉 가장 하급(下級)의 지방 자치 단체. 한국의 면에 해당. a village
そん[孫](명) ①손자. ②자손. 2. descendants
そん[損](명·자サ·형동ダ) 손해. ↔得(トク). loss
そんい[尊意](명) 존의. 상대방 의향(意向)의 높임말. 존견(尊見). 귀의(貴意). 귀견. your opinion
ぞんい[存意](명) 생각하는 바. 희망. 뜻. intention
そんえい[村営](명) 마을에서 경영하는 것. village administration
そんえい[尊影](명) 타인의 사진, 초상 등의 높임말.
そんえい[尊詠](명) 존영. 남이 읊은 시나 노래의 높임말. 귀영(貴詠).
そんえき[損益](명) 손익. ①손실과 이익. ②재산의 증감(増減). 1. loss and gain
そんか[尊家](명) 존가. 타인의 집의 높임말. 귀가(貴家). 「ご—; 귀택(貴宅)」 「the village assembly
そんかい[村会](명)〈법〉 손(면)의회(村議会). ↗
そんかい[損壊](명·자타サ) 손괴. 상하게 하거나 부숴 버림. 파괴. damage
そんがい[損害](명·자サ) 손해. ①손상(損傷). ②이익을 잃어 버림. 손실(損失). 1. damage. **—ほけん**[損害保険](명) 손해 보험. 우연한 사고로 생긴 손해를 보충하기 위한 보험.
ぞんがい[存外](부·형동ダ) 예상 외로. 뜻밖에. 의외(意外). unexpected
そんがん[尊顔](명) 존안. 귀인(貴人), 상대방 얼굴의 높임말. your face
そんき[損気](명) 손해. 손해를 봄. 「短気(タンキ)は—; 성급하게 굴면 (언제나) 손해」 disadvantage
そんぎ[村議](명) 손(면) 의회 의원(村議会議員). a member of a village assembly
そんぎかい[村議会](명) 손(면)의 일을 상의, 결정하는 의회. a village assembly
そんきん[損金](명)〈경〉 손해 본 돈. pecuniary loss
ソング[song](명) 송. 노래. 「ヒット—; 히트송」
そんけい[尊兄](대) 존형. 남자끼리 부를 때 쓰는 높임말. 귀형(貴兄). 대형(大兄). you
そんけい[尊敬](명·타サ) 존경. 높이어 공경함. respect
そんげん[尊厳](명·형동ダ) 존엄. 거룩함. 높고 엄숙함. dignity
そんご[孫呉](명) 손오. 병법가(兵法家)인 손자(孫子)와 오자(呉子). 「—の兵法(ヘイホウ); 손자와 오자의 병법」
そんこう[尊公](대) 존공. 귀공(貴公). you
そんこう[損耗](명) ⇨そんもう. 「an honorary title
そんごう[尊号](명) 존호. 존경해서 부르는 이름. ↗
そんさい[村債](명) 마을의 채무(債務). village debt
そんざい[存在](명·자サ) 존재. ①있음. 「神(カミ)の—; 신의 존재」 ②사람이 살아 있음. 또는 어떤 작용을 가진 사람. existence
ぞんざい(형동ダ) ①일을 소홀히 한 모양. 조략(粗略)한 모양. ②난폭한 모양. 「—なことば; 조포(粗暴)한 말」 1. careless
そんさつ[尊札](명) 존찰. 남의 편지에 대한 높임말.
そんし[尊師](명) 스승에 대한 높임말. teacher
そんじ[損じ](명) 손해. 손상(損傷). damage
ぞんじ[存じ](명) 생각하는 것. 알고 있는 것. being aware. **—あ·げる**[存じ上げる](타하 1) "知る(알다), 思う(생각하다)"를 겸사로 일컫는 말. **—がけな·い**[存じ掛け無い](형) 뜻하지 않다. **—よ·る**[存じ寄る](타 4) "思いつく(생각이 미치다), 気がつく(깨닫다)"를 겸사로 일컫는 말. 명 存じ寄り.
ぞんじ[存知](명) 알고 있는 것. 「ご—のとおり; 알고 계시는 바와 같이」 being aware
そんしつ[損失](명·자サ) 손실. 손해를 봄. damage
そんしゃ[村社](명) 마을을 지키는 신을 모시는 신사(神社). a village shrine
そんじゃ[尊者](명) 존자. ①손윗사람. ②〈불〉 학문과 덕이 높은 중을 존경해서 하는 말. 1. an elder
そんじゅく[村塾](명) 마을 사람들을 교육시키는 개인의 학교(서당). a village school
そんしょ[尊書](명) 존서. 상대방 편지의 높임말. your letter
そんしょ[損所](명) 손해를 입은 부분. a damaged part
そんしょう[尊称](명·자サ) 존칭. 존경해서 부름. 또는 그 이름. 경칭(敬称). a title of honour
そんしょう[損傷](명·자サ) 손상. 다침. damage
そんじょう[尊攘](명) 천황(天皇)을 받들고 외국인을 배척하는 사상(思想).
ぞんじょう[存生](명·자サ) 살고 있음. being alive
そんしょく[遜色](명) 손색. ①겸손하는 빛. ②못 미치는(떨어지는) 상태. 「…とくらべて—がない; …와 비교해서 손색이 없다」 1. condescension
ぞんじより[存じ寄り](명) 의견. 생각. one's opinion
そんじょそこら(명)〈속〉 그 근방. 그 근처. 「—には見(ミ)られない; 그 근방에서는 볼 수 없다」 about there
そん·じる[損じる] Ⅰ(자상 1) ①손상하다. ②줄다. ③없어지다. Ⅱ(타상 1) ①부수다. 다치다. ②줄이다. ③잃다. Ⅲ(보동·상 1) 실패하다. 손해 보다. Ⅰ 1. be damaged Ⅱ 3. lose Ⅲ fail
ぞん·じる[存じる](자상 1) ①"思う(생각하다)"의 겸사말. 「…と存(ゾン)じます; …라고 생각합니다」 ②"知る(알다)"의 겸사말.
そんしん[尊信](명·타サ) 받들어(존경해서) 믿음. having respect and confidence
そんすう[尊崇](명·타サ) 존경하고 숭배함. reverence
そん·する[存する] Ⅰ(자サ) ①있다. ②오래 살다. 「この世(ヨ)に—; 이 세상에 살고 있다」 ③남다. 「おもかげが—; (옛) 모습이 남아 있다」 Ⅱ(타サ) ①간직하다. 「意義(イギ)を—; 뜻을 간직하다」 ②남기다. 「お

もかげを—; (옛) 모습을 남기다」 ‖1. be ‖1. keep
そん·ずる[損ずる](자타サ) ⇨そんじる.
ぞん·ずる[存する](타サ) ⇨ぞんじる.
そんせい[村政](명) 손(면) 행정. village administration
そんせい[村勢](명) 손(면)의 (경제적인) 상태.
そんぜい[村税](명) 손(면)의 세금. a village tax
そんぜん[尊前](명) 존전. 신(神)이나 신분이 높은 사람의 앞. 존경하는 사람의 앞. presence
そんそ[樽俎](명) 준조. ①술을 담는 준(樽)과 고기를 괴어 놓는 조(俎). ②외교적인 연회(宴会).「一折衝(セッショウ); 국제간의 외교 절충」1. wine and meat
そんそう[村荘](명) 마을의 별장. a villa
そんぞう[尊像](명) 존상. 신분이 높은 사람의 상을 존경해서 일컫는 말.
そんぞく[存続](명·자サ) 존속. 오래 존재함. 계속해서 존재함. 「むかしから—する習慣(シュウカン); 옛날부터 있어 온 습관」 continuation
そんぞく[尊属](명)〈법〉존속. 손위 혈족. an ascendant.
—しん[尊属親](명)〈법〉존속친. 부모와 동등 이상의 관계에 있는 친족. 존속.
そんたい[尊体](명) 존체. ①상대방의 몸의 높임말. ②초상, 불상 등의 높임말. 2. a sacred image
そんだい[尊大](명·형동ダ) 존대. 거만함. 건방짐. 「—にふるまう; 거만하게 행동하다」 haughtiness
そんだい[尊台](대)〔손윗사람에 대해서〕당신. 귀하(貴下). you
そんたく[忖度](명·타サ) 촌탁. 미루어 헤아림. 추측. guess
そんたく[尊宅](명) 남의 집의 높임말. 귀택(貴宅). your house
そんち[存置](명·타サ) 존치. 그대로 남겨 둠. 「現在(ゲンザイ)の制度(セイド)を—する; 현재의 제도를 그냥 두다」 maintaining
ぞんち[存知](명) 알고 있는 것. being aware
そんちょう[村長](명) 손(면)의 우두머리. 한국의 면장에 해당. a village headman
そんちょう[尊長](명) 존장. 손윗사람. one's superiors
そんちょう[尊重](명·타サ) 존중. 높이고 중히 여김. 「他人(タニン)の意見(イケン)を—する; 타인의 의견을 존중하다」 respect
ゾンデ[도 Sonde](명) 존데. ①〈의〉⇨カテーテル. ②←ラジオゾンデ.
そんどう[村道](명) ①마을의 길. ②손(면)의 비용으로 만들어 관리하는 도로. 2. a village road
そんどう[村童](명) 촌동. 촌에 사는 아이. a village boy
そんどう[尊堂](명) 존당. ①상대방의 높임말. 당신. ②상대방의 집의 높임말. 2. your house
そんとく[損得](명) 손득. 손실과 이득. 「—だけを考(カンガ)える; 손득만을 생각하다」 loss and gain
そんな(연체) 그러한. 그런. 그와 같은. 「—ことはない; 그런 일은 없다」 such. **—こんな**(연어·명) 이것 저것. 이러저러. 여차여차. 「—で; 이러저러해서」
そんない[村内](명) 손(면)내. 마을 안. in a village
ぞんねん[存念](명) 존념. 생각. 염려. one's opinion
そんのう[尊皇·尊王](명) 천황을 존경함. 천황 중심으로 생각하는 것. reverence for the Emperor
そんぱい[存廃](명) 존폐. 보존과 폐지. maintenance and abolition
そんぴ[存否](명) 존부. ①보존하는 것과 보존하지 않는 것. ②있는지 없는지의 여부. ③생사 여부(生死与否). 2. existence
そんぴ[村費](명) 손(면)의 비용. village expenses
そんぴ[尊卑](명) 존비. 신분의 높음과 낮음. 「貴賤(キセン)—; 귀천 존비」 high and low
そんぷ[尊父](명) 존부. 상대방 아버지의 높임말. 「ご—; 춘부장」 your father
そんぷうし[村夫子](명) ①시골 글방의 스승. ②학식이 좁고 고루한 사람. 「—然(ゼン)とした人(ヒト); 촌학자티가 나는 사람」 1. a country scholar
ぞんぶん[存分](부) 마음대로. 「—に働(ハタラ)く; 마음껏 일(활동)하다」 to one's heart's content
そんぽ[損保](명)〈경〉손해 보험(損害保険)의 준말.
そんぼう[存亡](명) 존망. 남는 것과 멸망하는 것. 남느냐 망하느냐의 여부. 「危急(キキュウ)—のとき; 위급 존망의 때」 life or death
そんみん[村民](명) 주민. 마을 사람. villagers
そんめい[村名](명) 마을 이름. the name of a village
そんめい[尊名](명) 존명. 상대방 이름의 높임말. 「ご—; 존함」 your name
そんめい[尊命](명) 상대방 명령의 높임말. your order
ぞんめい[存命](명·자サ) 존명. 목숨을 붙여 살고 있음. 생존(生存). being alive
そんもう[損亡·損亡](명) 손실(損失). loss
そんもう[損耗](명·자타サ) 손모. 줄어듦. 줄임. 「体力(タイリョク)の—; 체력 손모」 losing
そんゆう[村有](명) 손(면) 소유. 「—地(チ); 손(면)의 소유지」 village ownership
そんよう[尊容](명) 상대방 모습의 높임말. your countenance
そんらい[尊来](명) 상대방의 내방(来訪). your visit
そんらく[村落](명) 촌락. 마을. a village
そんらん[尊覧](명) 존람. 상대방이 보는 것을 존경해서 하는 말. 고람(高覧). 「—に供(キョウ)する; 보시도록 내어 놓다」 your inspection
そんり[村吏](명) 손(면)의 관리. a village official
そんりつ[存立](명·자サ) 존립. ①살아 감. ②유지해 나감. 「会(カイ)の—; 회의 존립」 1. exsistence 2. support
そんりつ[村立](명) 손(면)에서 세우는 것. village establishment
そんりょ[尊慮](명) 상대방의 생각. your consideration
そんりょう[損料](명) 옷, 기구 등을 빌어 쓴 경우의 차용료(借用料). hire
そんれい[尊霊](명) 존령. 영혼의 높임말.
そんろう[尊老](명) 노인에 대한 높임말.
そんわ[尊話](명) 상대방의 말에 대한 높임말.

た

た―(접두) 동사, 형용사에 붙여서 뜻을 강조하는 말. 「―やすい; 아주 쉽다」

た―[他](조어) 다른. 그밖의. 「―区(ク); 다른 구」

た―[多](조어) 많은. 여러. 대개의. 「―方面(ホウメン); 다방면」 ↔少(ショウ).

た[田](명) 논. 답(畓). ↔畑(ハタケ). a rice field

た[他](명) ①기타. 별도. 다른 일. ②다른 사람. 남. 「―にたのむ; 다른 사람에게 부탁하다」 ③다른 것. 「―は別(ベツ)として; 다른 것은 차치하고」 ④다른 곳. ⑤이심(二心). 딴마음. 1. another

た[誰](대)〈고〉 누구. 「―が; 누구의」「―ぞ; 누구냐」

た(조동·특수형) ①과거의 사실을 나타내는 말. 「来(キ)た; 왔다」 ②완료된 결과가 현재에도 계속되고 있는 것을 나타내는 말. 「月(ツキ)が出(デ)―; 달이 떴다」 ③현재의 상태를 나타내는 말. 「やせ―顔(カオ); 여윈 얼굴」 ④강한 단언, 결심, 회상 등을 나타내는 말. 「よし, 買(カ)っ―; 좋아, 샀다」 ⑤〈속〉명령을 나타내는 말. 「どい―, どい―; 비켜라 비켜」

だ―[駄](조어) 시시한. 값 싼. 「―菓子(ガシ); 싸구려 과자」

―**だ**[打](조어) 〔야구에서〕 안타(安打). 히트. 「決定(ケッテイ)―; 결정타」

だ[打](명) 〔야구에서〕 ①타격(打擊). 「投(トウ)―の両面(リョウメン); 투구와 타격의 두 방면」 ②〔←打数(ダスウ)〕 친 수. 1. batting

だ(조동·특수형) ①단정하는 기분을 나타내는 말. 「あれは山(ヤマ)―; 저것은 산이다」 ②전후 관계를 잘 알 수 있는 술어의 내용을 생략하고 하는 말. 「ぼくはパン―; 나는 빵이다(나는 빵을 먹겠다)」

たあい[他愛](명) ⇨たわい.

ダーク[dark](명) 다아크. ①어둠. 암흑(暗黒). ②무지(無知). ③비밀. ④밥. ―**チェンジ**[dark change](명) 다아크체인지. 〔영화, 연극 등에서〕 암전(暗転). ―**ホース**[dark horse](명) 다아크 호오스. ①〔경마에서〕실력을 헤아리기 곤란한 말. ②유력하다고 생각되는 경쟁 상대. 「政界(セイカイ)の―; 정계의 다아크호오스」

ダース[打](명) 〔다즌(dozen)의 변화〕 타. ① 12개. 열 둘. ② 12개를 한 묶음으로 하여 세는 말.

ダーツ[darts](명) 다아트. 〔양재에서〕 몸에 꼭 맞도록 꿰맨 부분.

ターバン[turban](명) 터어반. ①인도 사람이나 회교도 등이 머리에 둘둘 감는 머리 수건. ②터어반같이 만든 부인용 모자. 또는 머리 장식.

〔ターバン①〕

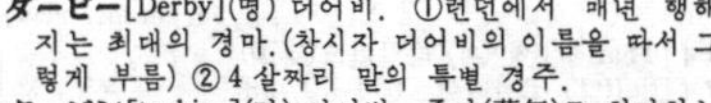

ダービー[Derby](명) 더어비. ①런던에서 매년 행해지는 최대의 경마. (창시자 더어비의 이름을 따서 그렇게 부름) ② 4살짜리 말의 특별 경주.

タービン[turbine](명) 터어빈. 증기(蒸気)로 회전하는 원동기(原動機).

ターボ―[turbo](조어)〈이〉 터어보. 터어빈. 터어빈식. 「―ジェット; 터어빈 제트」 ―**プロップ**[turboprop](명) 터어보프롭. 제트 엔진의 한 가지. 터어빈식 프로펠러 추진 기관과 분사(噴射) 추진 기관을 조합한 것.

ターミナル[terminal](명) 터어미널. ①철도의 종점. ②전극(電極). ③전지(電池) 등의 전류가 드나드는 곳에 붙인 금속.

タール[tar](명) 타르. ①석탄, 나무를 건류(乾溜)할 때 생기는 갈색 또는 흑색의 끈적끈적한 액체. ②코올타르의 준말.

ターレット[turret](명) 터릿. ①〈속〉 터릿 선반(旋盤). 포탑(砲塔)선반. ②촬영기의 몇 개의 렌즈를 붙인 부분.

ターン[turn](명·자サ) 터언. ①회전. ②진로를 바꿈. ③〔수영에서〕 계속 헤엄치기 위하여 푸울의 한쪽 끝의 벽에서 오던 방향을 바꾸어 꺾는 일. ―**テーブル**[turntable](명) 터언테이블. 축음기의 레코오드 회전반. ―**パイク**[turnpike](명) 터언파이크. 유료 도로(有料道路).

たい―[対](조어) …에 대한. 「―米(ベイ); 미국에 대한」

―**たい**[体](접미) 신불(神仏)의 상을 세는 말.

―**たい**[帯](조어) 지대(地帯). 「地震(ジシン)―; 지진대」

―**たい**[袋](접미) 자루에 들어 있는 것을 세는 말. 포대.

―**たい**[態](조어) 모습. 상태. 「百人百(ヒャクニンヒャッ)―; 백인 백태」

たい[対](명) 시합이나 승부의 순서나 점수, 수의 대조를 나타내는 말. 「五(ゴ)―三(サン); 5 대 3」 to

たい[鯛]タヒ(명)〈동〉 도미. 깊은 바다에 사는 중형(中形)의 물고기. 맛이 좋음. a sea-bream

た・い[度い](조동·형형) 희망을 나타내는 말. 「聞(キ)き―; 듣고 싶다」 파생 ―**が・る**(자4) ―**げ**(형동ダ) ―**さ**(명).

たい[体](명) ①몸. 「―をかわす; 몸을 (돌려) 피하다」 ②(정리된) 모양이나 형태. 「―を成(ナ)す; (어떤) 형태를 이루다」 ③모습. 상태. 양식. 「草書(ソウショ)―; 초서체」 ④본체(本体). 본질(本質). 실체(実体). 1. the body 2. a shape

たい[苔](명) ①이끼. ②〈의〉 열병으로 인해 혓바닥에 생기는 백태(白苔) 모양의 것. 설태(舌苔). 1. moss 2. fur

たい[胎](명) ①〈생〉 자궁(子宮). ②태아(胎児). ③일의

징조. ④〔도가(道家)에서〕 인신(人身)이 깃들이는 체기(体気)의 근원. ⑤〈불〉 태장계(胎蔵界)의 준말. 1. the womb 2. an embryo

たい[隊](명) 대. ①병사들로 이루어진 한 무리. ②정렬(整列)한 한 무리. 1. a unit 2. a party

たい[他意](명) 타의. ①다른 특별한 생각. 다른 뜻. 「—はない; 다른 뜻은 없다」 ②딴마음. 이심(二心). 1. another idea

タイ[Thai·泰](명)〈지〉 타일란드(泰国)의 약칭.

タイ[tie](명) ①넥타이. ②동등. 대등. 「—スコア; 동점」

だい—[大](조어) ①큰. 「—建築(ケンチク); 대건축」 ②매우. 대단한. 「—暴落(ボウラク); 대폭락」 ③뛰어난. 「—人物(ジンブツ); 뛰어난 인물」 ↔小(ショウ).

だい—[第](접두) 순서를 나타내는 말. 「—一番(イチバン); 제 1 번」

—だい[大](조어) ①…의 크기. 「卵(タマゴ)—; 계란만한 크기」 ②대학. 「東(トウ)—; 토오쿄오(東京) 대학」

—だい[代](조어) ①시대. 세대. 「一九六〇年(センキュウヒャクロクジュウネン)—; 1960년대」 ②연령의 범위. 「二十(ニジュウ)—; 20대」

—だい[台](접미) ①연령, 값의 범위. 「百円(ヒャクエン)—; 백원대」 ②차, 기계 등을 세는 말.

だい[大](명) ①큰 것. ②많은 것. ③큰 달(양력으로 31일, 음력으로 30일인 달). 1. largeness 2. much 3. an odd month

だい[代](명) ①집이나 왕위를 맡고 있는 동안. 「—が変(カ)わる; 대가 바뀌다」 ②대신하는 사람. ③값. 「お—; 값」 1. a generation 2. a proxy

だい[台](명) ①물건을 얹는 편평한 것. 받침대. ②편평하고 약간 높은 땅. ③단(壇). 「査閲(サエツ)—; 사열대」 ④보통보다 높이 지은 건축물. 「気象(キショウ)—; 기상대」 ⑤←台木(ダイギ). ⑥←台じり. ⑦←番台(バンダイ). 1. 3. a stand

だい[題](명) ①내용, 주제 등을 간단히 나타내는 짧은 말. 표제. 제목. ②문제. 1. a subject 2. a question

だいあく[大悪](명) 대단히 나쁜 행동. atrocity

ダイアジン[diazine](명)〈의〉 다이아진. 설폰아미드제(剤)의 한 가지. 폐렴(肺炎) 등에 잘 들음. 설파제.

たいあたり[体当り](명·자サ) ①자기의 몸을 힘껏 상대방에게 부딪침. ②전력을 다하여 일함. 1. a body crash 2. a direct body attack

たいあつ[耐圧](명) 내압. 압력에 견디는 것. 「—力(リョク); 내압력」 pressure proof

タイアップ[tie up](명·자サ) 타이업. 제휴(提携). 협동.

ダイアリー[diary](명) 다이어리. 일기. 일기장.

ダイアル[dial](명·자타サ) 다이얼. ①해시계. ②계기(計器), 전화, 라디오의 문자판이나 눈금. ③자동전화의 문자판에 붙어 있는 회전 장치.

ダイアローグ[dialogue](명) 다이알로그. 대화. 회화.

たいあん[大安](명) 〔←大安日(ニチ)〕 음양도(陰陽道)에서 여행, 결혼 등 만사에 길하다는 날. the luckiest day

たいあん[対案](명) 대안. 상대방의 안(案)에 대하여 내는 안. a counter proposal

たいあん[泰安](명) 태안. 태평하고 안락함. peace

だいあん[代案](명) 대안. 대신 내는 안. an alternative plan

たいい[大尉](명)〈군〉 대위. 장교 계급의 하나. 중위(中尉)의 위. a captain

たいい[大意](명) 대의. 대강의 뜻. 대체적인 내용. an outline

たいい[体位](명) 체위. ①체격, 건강, 운동 등의 능력을 통틀어 일컫는 말. 「—の向上(コウジョウ); 체위 향상」 ②몸의 위치. 자세. 1. a physical standard 2. a posture

たいい[退位](명·자サ) 퇴위. ①제왕(帝王)이 자리에서 물러남. ②관위(官位)를 사퇴함. 1. abdication

だいい[題意](명) 제의. 제(題)의 의미. 문제의 뜻. the meaning of a question

たいいく[体育](명) 체육. 건강한 몸을 만들기 위한 교육. 또는 그것을 가르치는 학과. 「—館(カン); 체육관」 ↔知育(チイク), 徳育(トクイク). physical culture

だいいち[第一] Ⅰ(명) 제일. ①맨 처음. 최초. 「—印象(インショウ); 첫인상」 ②뛰어난 것. 「—の学者(ガクシャ); 첫째 가는 학자」 ③가장 중요한 것. 「健康(ケンコウ)が—だ; 건강이 제일이다」 Ⅱ(부) ①가장. ②먼저. 우선. Ⅰ 1. the first Ⅱ 2. above all. **—ぎ**[第一義](명) ①가장 중요한 것. ②근본적인 뜻. 「—的(テキ)には; 근본적으로는」 **—じせかいたいせん**[第一次世界大戦](명)〈역〉 제1차 세계 대전. 1914년에서 1918년까지 도이치가 영국, 프랑스, 러시아, 미국, 일본 등과 싸운 큰 전쟁. **—にんしゃ**[第一人者](명) 제1인자. (그 방면에서) 가장 뛰어난 사람. **—にんしょう**[第一人称](명) 제1인칭. 〔문법에서〕 말하는 이가 자기를 일컬을 때 쓰는 인칭. **—りゅう**[第一流](명) 제일류. 일류. 「—の作家(サッカ); 일류 작가」

だいいっせん[第一線](명) 제일선. 가장 앞의 전선. 가장 앞에 나가서 일하는 입장. 최전선. 「—で活躍(カツヤク)する; 제일선에서 활약하다」 the first line

たいいほう[対位法](명)〈악〉 대위법. 다른 선율을 동시에 들리게 하는 작곡법. counterpoint

たいいん[大隠](명) 대은. 세속을 벗어나 속사(俗事)에 전연 구애되지 않는 은자(隠者). 철저히 깨달은 은자. 「—は市(シ)に隠(カク)る; 대은은 오히려 시중에 숨어 있다」 a great hermit

たいいん[太陰](명) 태음. 달. ↔太陽(タイヨウ). the moon. **—れき**[太陰暦](명) 태음력. 음력. 구력. ↔太陽暦.

たいいん[退院](명·자サ) 퇴원. ①병자가 나아서 병원을 나감. ↔入院(ニュウイン). ②의원이 국회에서 퇴근함. ↔登院(トウイン). 1. leaving hospital

たいいん[隊員](명) 대원. 대의 성원(成員). a member

だいいん[代印](명·자サ) 다른 사람 대신 도장을 찍음. signing by proxy

たいう[大雨](명) 큰비. a heavy rainfall

たいうん[頽運](명) 기울어져 가는 운. declining fortune
たいえい[対英](명) 대영. 영국에 대한 것. toward Great Britain
たいえい[退嬰](명) 퇴영. 뒤로 물러나서 가만히 있음. 꽁무니를 뺌. 「一的(テキ); 퇴영적」↔進取(シンシュ). conservatism
だいえい[題詠](명) 주어진 제목에 따라 노래나 시를 읊는 것. 또는 그 시가(詩歌). composing a poem under a given theme
たいえき[体液](명)〈생〉 체액. 몸에 있는 모든 액체. 예: 피, 임파액, 뇌척수막액 등. humours
たいえき[退役](명·자サ) 퇴역. 현역에서 물러남. 「一軍人(グンジン); 퇴역 군인」 retirement from service
だいえん[大円](명) 대원. ①큰 원. ②〈수〉 어떤 구(球)를 그 중심을 통하는 평면으로 자른 단면(断面)의 원. 1. a big circle 2. a great circle
だいえんきょうち[大円鏡智](명)〈불〉 대원 경지. 사지(四智)의 하나. 둥근 거울에 만물의 그림자가 비치듯이 세상 만법(万法)을 비치는 지혜.
たいおう[対応](명·자サ) 대응. ①마주 봄. ②균형을 이룸. ③상대방이나 상황에 따라 대처함. 3. opposition
たいおう[滞欧](명·자サ) 체구. 유럽에 체재함. staying in Europe
だいおう[大王](명) 대왕. 왕의 높임말. 「フレデリック一; 프리이드리히 대왕」 the king
だいおう[大黄](명)〈식〉 대황. 마디풀과에 속하는 다년초. 뿌리는 약으로 씀. rhubarb
だいおうじょう[大往生](명·자サ) 마음의 혼란 없이 편안히 죽음. 「一をとげる; 고뇌(苦悩)함이 없이 편안히 죽다」 a peaceful death
たいおん[体温](명) 체온. 몸의 온도. temperature. ―**けい**[体温計](명) 체온계. 체온을 재는 기구.
だいおん[大恩](명) 대은. 큰 은혜. great obligations
だいおんじょう[大音声](명) 큰 목소리. a loud voice
たいか[大火](명) 대화. 큰불. a big fire
たいか[大家](명) 대가. ①큰집. ②그 방면에서 특히 뛰어난 사람. 「書道(ショドウ)の一; 서도의 대가」 1. a great house 2. an authority
たいか[大過](명) 대과. 큰 과실. 「一なくつとめる; 대과 없이 근무하다」 a serious error
たいか[大廈](명) 대하. 큰 건물. 「一高楼(コウロウ); 큰 집과 높은 누각」 a large building
たいか[対価](명)〈법〉 대가. 재산, 노력(労力)을 제공하거나 이용시킬 경우에 보수로 받는 재산상의 이익. 보수. an equivalent
たいか[対華](명) 대화. 중화민국에 대한 것. 「一政策(セイサク); 대화 정책」 toward China
たいか[耐火](명) 내화. 불이나 열에 견디는 것. 「一煉瓦(レンガ); 내화 벽돌」 fireproof
たいか[退化](명·자サ) 퇴화. ①진보하고 있던 것이 진보 이전의 상태로 되돌아감. ②〈생〉 사용하지 않는 기관이 쇠퇴하거나 없어짐. ↔進化(シンカ). 1. retrogression 2. devolution
たいか[滞貨](명·자サ) 체화. 물건이 팔리지 않고 남음. 또는 그 물건. stockpiles of goods
たいが[大我](명) 대아. ①〈불〉 일체의 집착을 떠난 가장 넓은 마음의 경지. ②〈철〉 우주의 절대 유일의 진리. 2. the substance of the universe
たいが[大河](명) 대하. 큰 강. a large river
だいか[代価](명) 대가. 값. a price
だいか[台下](명) ①대(臺)의 아래. ②귀인(貴人)의 높임말. 1. under the stand
だいか[題下](명) 제하. 제목에 따름. 「…の一で; …의 제목으로」 under the title
だいが[題画](명) 시문(詩文)을 곁들인 그림. 시화(詩画). the legend over a picture
タイガー[tiger](명) 타이거. 호랑이.
たいかい[大会](명) 대회. 여러 사람이 모여서 하는 회. 성대한 회합. a great meeting
たいかい[大海](명) 대해. 큰 바다. an ocean
たいかい[退会](명·자サ) 퇴회. 회에서 탈퇴함. ↔入会(ニュウカイ). withdrawal from membership
たいがい[大概] Ⅰ(명) 대개. 대강. 대략. 「作法(サホウ)の一; 예법의 대강」 Ⅱ(부) 대개. 대체로. Ⅰ an outline Ⅱ generally
たいがい[体外](명) 체외. 몸의 바깥. ↔体内(タイナイ). the exterior of the body
たいがい[対外](명) 대외. 외부나 외국에 대한 것. 「一的(テキ); 대외적」↔対内(タイナイ). foreign
だいがい[大害](명) 대해. 큰 손해. 큰 재해. great harm
だいがえ[代替え]―ガヘ(명·타サ)〈속〉 ⇨だいたい.
たいかく[体格](명) 체격. 몸의 외관적 형상의 전체. 「一がいい; 체격이 좋다」 physical build
たいがく[退学](명·자サ) 퇴학. 학생이 학교에서 적을 뺌. 퇴교. leaving school
だいかく[台閣](명) 대각. ①높은 누각. ②내각(内閣). 「一に列(レッ)する; 장관이 되다」 1. a tall building
だいがく[大学](명) 대학. ①고등 학교 위의 학교. 「一生(セイ); 대학생」 ②사서(四書)의 하나. 정치 도덕을 주로 한 도덕의 이론을 쓴 책. 1. a university. ―**いん**[大学院](명) 대학원. 대학 졸업생이 다시 더 깊은 연구를 하는 곳.
たいかくせん[対角線](명)〈수〉 대각선. 다각형의 이웃하지 않는 두 개의 정점(頂点)을 맺는 직선. 맞모금. a diagonal line
だいかぐら[代神楽·太神楽](명) 일본의 독특한 잡예(雑芸)의 한 가지. 사자춤, 공 놀리기, 쟁반 돌리기 등의 곡예(曲芸)를 함. a street performance
ダイカスト[←die casting](명) 다이카스팅, 녹인 금속을 거푸집에 넣어 만든 주물(鑄物).
だいかつ[大喝](명·자サ) 대갈. ①큰 소리로 꾸짖음. ②큰 목소리. 「一一声(イッセイ); 대갈 일성」 1. a scolding in a thundering voice
たいかのかいしん[大化の改新](명)〈역〉 645년에 나카노 오오에노황자(中大兄皇子)가 소가씨(蘇我氏)를 멸망시키고 새로운 정치를 시작한 것.

たいかん[大官](명) 대관. 관직이 높은 사람. 고관(高官). a high official
たいかん[大旱](명) 대한. 큰 가물음. a great drought
たいかん[大患](명) 대환. ①큰 근심. ②무거운 병. 중병. 1. great troubles
たいかん[大観](명·타サ) 대관. ①넓게 전체를 봄. ②넓고 큰 경치. 1. a general view
たいかん[大鑑](명) 대감. 여러 가지 사항을 한꺼번에 전부 볼 수 있도록 한 권의 책에 모은 것.
たいかん[体感](명) 체감. 몸에 느끼는 느낌. 「一温度(オンド); 체감 온도」 bodily sensation
たいかん[耐寒](명) 내한. 추위에 견딤. 「一訓練(クンレン); 내한 훈련」 coldproof
たいかん[退官](명·자サ) 퇴관. 관직에서 물러남. ↔任官(ニンカン). retirement from office
たいかん[戴冠](명·자サ) 대관. 유럽의 제왕이 즉위할 때 왕관(王冠)을 머리에 씀. 「一式(シキ); 대관식」 coronation
たいがん[大願](명) 대원. 큰 소원. 「一成就(ジョウジュ); 소원 성취」 ambition
たいがん[台顔](명) 상대방얼굴의 높임말. 존안(尊顔).
たいがん[対岸](명) 대안. 건너편 강가. 「一の火災(カサイ); 대안의 화재. 자기와는 관계 없는 일」 the other side of a river
たいがん[対顔](명·자サ) 서로 얼굴을 마주 대함. 대면(対面). a meeting
たいがん[対癌](명) 대암. 암에 대한 치료, 예방 등의 연구. 「一協会(キョウカイ); 대암 협회」 study for cancer
だいかん[大寒](명) 대한. 24절기의 하나. 양력 1월 20일경에 듦. the coldest season
だいかん[代官](명) ①어떤 관직의 대리. ②옛날의 군주(君主), 영주(領主) 등의 대리로 다스리던 사람. 2. a deputy magistrate
たいき[大気](명)〈지〉 대기. 지구를 둘러 싼 공기의 전체. the atmosphere
たいき[大器](명) 대기. ①큰 그릇. ②뛰어난 재능이나 수완을 가진 사람. 1. a large vessel 2. a great talent. **一ばんせい**[大器晩成](연어·명·자サ) 대기 만성. 뛰어난 재능을 가진 사람은 늦게 완성된다는 말. 큰 인물은 늦게 성공한다는 뜻.
たいき[待機](명·자サ) 대기. 기회가 오기를 기다림. 준비를 갖추고 기다림. waiting for a chance
たいぎ[大義](명) ①대의. 바른 도리. ②←大義名分. 1. the great duty. **一めいぶん**[大義名分](명) 대의 명분. ①신하로서 반드시 지켜야 할 일. ②행동의 기준이 되는 도리.
たいぎ[大儀] Ⅰ(명) 대의. 중대한 의식. Ⅱ(형동ダ) ①수고로운 모양. 「一であった; 수고했다」 ②귀찮은 모양. 「起(オ)きるのが一だ; 일어나는 것이 귀찮다」 Ⅰ an important ceremony Ⅱ 2. tiresome
たいぎ[体技](명) 체기. 권투나 유도(柔道) 등의 육체적 경기. physical exercises
だいぎ[代議](명·타サ) 대의. ①다른 사람을 대표해서 상의함. ②〈법〉 선출된 의원이 국민을 대표해서 정치를 상의함. 「一制(セイ); 대의제」 2. parliamentary government. **一し**[代議士](명) 대의사. 국민으로부터 선출되어 국민을 대표해서 국회를 조직하는 사람. 국회 의원의 속칭.
だいぎ[台木](명) ①대목. 삽목(挿木)할 때 바탕이 되는 나무. 접본(接本). ②물건을 얹어 놓는 바탕이 되는 나무. 대(臺). 1. a stock
だいきち[大吉](명) 대길. 크게 길한 것. 「一は凶(キョウ)にかえる; 지나치게 길한 것은 도리어 흉(凶)에 가깝다」 ↔大凶(ダイキョウ). excellent luck
たいきゃく[退却](명·자サ) 퇴각. 져서 후퇴함. retreat
たいぎゃく[大逆](명) 대역. 인륜을 벗어난 흉악한 죄. 임금, 어버이 등을 죽이는 일 따위. 「一罪(ザイ); 대역죄」 high treason
たいきゅう[対級](명) 학급끼리 대항하는 것. 학급 대항. 「一試合(シアイ); 학급 대항 시합」 interclass
たいきゅう[耐久](명) 내구. 오래 견디는 것. 「一力(リョク); 내구력」 durability
たいきゅう[待球](명) 〔야구에서〕 치기 좋은 보올을 기다리는 것. 「一主義(シュギ); 함부로 치지 않고 좋은 투구(投球)를 기다려 치는 주의」
だいきゅう[大弓](명) 대궁. 보통의 활. 길이 2.25m ↔半弓(ハンキュウ). a bow
だいきゅう[代休](명) 휴일에 근무한 사람에게 주는 보상 휴가. a compensatory holiday
たいきょ[大挙](명·자サ) 대거. ①큰 계획. ②많은 사람이 한꺼번에 가거나 일함. 「一して押(オ)しよせる; 떼 지어 몰려 오다」 1. a great enterprise
たいきょ[太虚](명) 태허. ①하늘. 허공. ②우주의 근본. ③사욕(私慾)이 없고 탁 트인 심경. 1. the sky
たいきょ[退去](명·자サ) 퇴거. 물러감. leaving
たいきょう[大饗](명) ①성대한 향연. 성찬(盛饌). ②옛날 궁중에서 베풀었던 대향연. 1. a splendid banquet
たいきょう[体協](명) 체육 협회(体育協会)의 준말.
たいきょう[対共](명) 대공. 공산주의에 대한 것. 「一政策(セイサク); 대공 정책」 toward communism
たいきょう[退京](명·자サ) 퇴경. 수도를 떠남. 이경(離京). leaving from the capital
たいきょう[胎教](명) 태교. 임신하고 있을 때, 태아에게 좋은 감화(感化)를 주도록 임신부가 언행을 바르게 갖는 일. prenatal training
たいきょう[滞京](명·자サ) 체경. 수도에 머무름. 「一中(チュウ); 체경 중」 staying in the capital
たいぎょう[大業](명) 대업. 큰 사업. a great enterprise
たいぎょう[怠業](명) 태업. 노동 쟁의(労動争議) 때의 전술의 하나. 노동자가 단결하여 고의(故意)로 노동 능률을 저하시키고 일을 늦추는 일. sabotage
だいきょう[大凶](명) 대흉. 크게 흉함. ↔大吉(ダイキチ). a black omen
だいきょうかん[大叫喚](명) ①큰 소리로 부르짖음. ②〈불〉 대규환 지옥(大叫喚地獄)의 준말. 1. big outcries

だいきょうじ[大経師](명) 족자 등을 만드는 사람. 표구사(表具師). a paper hanger
たいきょく[大曲](명) 규모가 큰 악곡. a long piece
たいきょく[大局](명) 대국. 전체의 사정. 전체적인 국면. 「―からの判断(ハンダン); 대국적인 판단」 the general situation
たいきょく[対局](명·자サ) 대국. 바둑, 장기를 둠.
たいきょく[対極](명) 반대의 극. the opposite pole
たいきん[大金](명) 대금. 많은 돈. a great deal of money
たいきん[退勤](명·타サ) 퇴근. 근무가 끝나고 직장에서 나옴. ↔出勤(シュッキン). leaving office
だいきん[代金](명) 대금. 물건 값. 「―引換(ヒキカエ); 대금 인환」 the price
たいく[体軀](명) 체구. 몸. 체격. the body
たいぐ[大愚](명) 대우. 매우 어리석음. 또는 그런 사람. a great fool
だいく[大工](명) 목수(木手). a carpenter
だいく[題句](명) ①제목을 주어 만든 구(句). ②제목으로 쓴 구. 1. an epigraph 2. a prefatory motto
たいくう[対空](명) 대공. 공중에 대한 것. 「―射撃(シャゲキ); 대공 사격」 ↔対地(タイチ). anti-air
たいくう[滞空](명·자サ) 체공. 오랜시간 공중에 머무름. 하늘을 남. 「―時間(ジカン); 체공 시간」 staying in the air
たいぐう[待遇](명·타サ) 대우. ①대접함. 취급함. ②직장에서의 고용 조건. 「―改善(カイゼン); 대우 개선」 1. treatment
だいくげいじゅつ[第九芸術](명) 제9예술. 영화를 제8예술이라고 부르는 데 대하여 그뒤에 생긴 새로운 예술이라는 뜻으로 토오키 영화를 말함.
たいくつ[退屈](명·자サ·형동ダ) ①(할 일이 없어) 심심함. ②싫증이 남. 「長(ナガ)い話(ハナシ)に―する; 긴 이야기에 싫증이 나다」 2. being tired of
たいくばり[体配り](명) 몸의 자세. a posture
たいぐん[大軍](명) 대군. 많은 군대. a large force
たいぐん[大群](명) 대군. 많은 무리. a large crowd
たいけ[大家](명) ①부자집. 「ごー; 부자집」 ②신분이 높은 집. 1. a rich family 2. a distinguished family
たいげ[帯下](명)〈의〉 ⇨こしけ.
たいけい[大系](명) 대계. 체계적으로 모은 작품. 논문의 전집. 「生物学(セイブツガク)―; 생물학 대계」
たいけい[大計](명) 대계. 큰 계획. 「百年(ヒャクネン)の―; 백년 대계」 a long-range plan
たいけい[大慶](명) 큰 경사. 「―の至(イタ)りにぞんじます; 큰 경사로소이다」 great happiness
たいけい[体刑](명)〈법〉 체형. ①신체에 직접 가하는 형벌. ②⇨じゆうけい(自由刑). 1. corporal punishment
たいけい[体形·体型](명) 체형. ①몸의 형체. ②모양. 형체. 형태. 1. a figure
たいけい[体系](명) 체계. ①부분을 통일한 조직. ②일정한 생각으로 모순이 없도록 조직된 이론이나 사상의 전체. 「学問(ガクモン)―; 학문 체계」 1. a system.
―てき[体系的](형동ダ) 체계적. 체계가 갖추어진 모양. 「―な研究(ケンキュウ); 체계적인 연구」
たいけい[隊形](명) 대형. 대(종대, 횡대)의 모양. 「―をととのえる; 대형을 정제(整齊)하다」 formation
たいけい[大兄](대) 대형. 나이가 위인 친구를 존경해서 부르는 말. ↔小弟(ショウテイ).
だいけい[台形](명)〈수〉 상대하는 두 개의 변이 평행한 도형. 사다리꼴. a trapezoid
たいけつ[対決](명·자サ) 대결. ①양쪽을 놓고 심리(審理)함. ②맞서서 승부를 가림. 1. confrontation
だいけつ[代決](명·타サ) 대결. 대리로 결재함. sanction by proxy
たいけん[大圏](명)〈지〉 대권. 지구의 중심을 통하는 면이 지구와 교차하여 이루는 원. 「―航路(コウロ); 대권 항로」 a great circle. **―コース**[大圏 course](명) 대권 코오스. 대권에 연(沿)한 항로. 지구상의 두 지점 사이의 가장 짧은 항로.

〔大圏〕

たいけん[大権](명) 전에 천황(天皇)이 나라의 원수로서 국토와 국민을 통치한 권한. the supreme power
たいけん[大賢](명) 대현. 뛰어난 현인(賢人). 「―は大愚(タイグ)に似(ニ)たり; 대현은 얼핏 보기에 큰 바보처럼 보인다」 a great sage
たいけん[大憲](명) ①훌륭한 헌장(憲章). ②헌법의 높임말. 1. a great statute
たいけん[体検](명) 신체 검사(身体検査)의 준말.
たいけん[体験](명·타サ) 체험. 몸소 해본 경험. 「―者(シャ); 체험자」 experience
たいけん[帯剣](명·자サ) 대검. 칼을 허리에 참. 또는 그 칼. a sword at one's side
たいげん[大言](명·자サ) 대언. 큰소리 침. bombast. **―そうご**[大言壮語](연어·명자·サ) 실력 이상으로 떠들며 큰소리 침. 호언 장담.
たいげん[体言](명) 체언. 〔문법에서〕 개념을 나타내며, 활용하지 않고 주어가 될 수 있는 말. 명사, 대명사, 수사 등. ↔用言(ヨウゲン). the substantives
たいげん[体現](명·타サ) 체현. 구체적으로 나타냄. embodiment
だいげん[代言](명·자サ) ①남을 대신해서 변론(辯論)함. ②변호사의 구칭. 1. pleading by proxy
だいげん[題言](명) ①책의 머리말. ②서화(書画), 비문(碑文) 등의 위에 쓰는 말. 제사(題辞). 1. a preface 2. an epigraph
だいけんしょう[大憲章](명) ⇨マグナカルタ.
たいこ[大呼](명·자サ) 큰 소리로 부름. a loud cry
たいこ[太古](명) 태고. 아주 먼 옛날. ancient times
たいこ[太鼓](명) ①〈악〉 북. ②←太鼓持ち. 1. a drum. **―いしゃ**[太鼓医者](명) 남의 비위만 잘 맞추는 의사. **―ばし**[太鼓橋](명) 한복판이 불룩하게 솟은 다리. **―ばら**[太鼓腹](명) 둥글게 튀어 나온 배. **―ばん**[太鼓判](명) 큰 도장. 「―を押(オ)す; 절대로 틀림 없다는 보증을 하다」 **―もち**[太鼓持ち·幇間]

(명) ①주석(酒席)에서 손님의 비위를 맞추면서 분위기를 흥겹게 하는 것을 업으로 하는 남자. ②남의 비위를 잘 맞추는 남자.

たいご[大悟](명·자サ) 대오. 크게 깨달음. spiritual awakening. **—てってい**[大悟徹底](연어·명·자サ)〈불〉대오 철저. 깊은 진리에 도달함.

たいご[対語](명) 대어. 서로 뜻이 대립하는 말. 예: 유(有)와 무(無). an antonym

たいご[隊伍](명) 대오. 군대의 항오(行伍).「—を整(トトノ)える; 대오를 정제(整齊)하다」 the ranks

たいご[醍醐](명)〈고〉우유로 만든 진하고 달콤한 식품. **—み**[醍醐味](명) ①〈불〉여래(如来)의 진실, 최상의 가르침. ②훌륭한 맛. 재미. 묘미.「—をあじわう; 묘미를 맛보다」

たいこう[大公](명)〔유럽에서〕①군주(君主)의 일족인 남자. ②조그만 나라의 군주(君主).「モナコー; 모나코 왕」 2. a duke

たいこう[大功](명) 대공. 큰 공로.「—を立(タ)てる; 큰 공을 세우다」 a great merit

たいこう[大孝](명) 대효. 뛰어난 효행. 또는 그 사람. filial piety

たいこう[大幸](명) 대행. 큰 행복. great happiness

たいこう[大効](명) 대효. 큰 효험. great effect

たいこう[大綱](명) 대강. 요점. 대요.「—を示(シメ)す; 대강을 보이다」 fundamental principles

たいこう[太公](명) ①할아버지의 높임말. ②아버지의 높임말. 1. grandfather

たいこう[太后](명) ①황태후. ②태황 태후(太皇太后). 1. an empress dowager 2. a grand empress dowager

たいこう[太閤](명) ①관백(関白)의 아버지인 전 관백의 높임말. ②토요토미 히데요시(豊臣秀吉).

たいこう[対抗](명·자サ) 대항. 서로 경쟁함. rivalry

たいこう[対校](명·타サ) ①학교끼리 대항함.「—試合(シアイ); 학교 대항 시합」②대조해서 교정함. 1. interschool

たいこう[体腔](명)〈생〉체강. 몸 속의 내장이 든 곳. the coelom

たいこう[退行](명·자サ)〈의〉기관(器官)이 쓸모 없게 됨. 퇴화(退化). retrogression

たいこう[退校](명·자サ) ①하학(下學). ↔登校(トウコウ). ②퇴학. 퇴교. 2. withdrawal from school

たいごう[大剛](명) 대강. 뛰어나게 강함. 또는 그런 사람. intrepidity

たいごう[大豪](명) 대호. 뛰어난 호걸. a great hero

だいこう[乃公](대) 자기를 가리키는 말. 나. 본인. I

だいこう[代行](명·자サ) 대행. 본인을 대신해서 행동함.「議長(ギチョウ)の職(ショク)を—する; 의장직을 대행하다」 acting for another

だいこう[代香](명·자サ) 대리로 분향(焚香)함. 또는 그 사람. burning incences by proxy

だいこう[代講](명·자サ) 대강. 본인을 대신하여 강의나 강연을 함. 또는 그 사람. a vicarious lecture

だいごう[題号](명) 제호. 책 등의 제목. the title

たいこうし[大公使](명) 대공사. 대사와 공사. ambassadors and ministers

たいこうしょく[退紅色·褪紅色](명) 연분홍색. 담홍색(淡紅色). pink

たいこうたいこう[太皇太后](명) 태황 태후. 선선대(先先代)의 천황의 황후. a grand empress dowager

たいこうぼう[太公望](명) ①〈역〉태공망. 주(周) 나라 문왕(文王), 무왕(武王)을 도와서 중국을 통일한 사람. 여상(呂尚). ②〈속〉낚싯군. 2. an angler

たいこく[大国](명) 대국. ①국토가 넓은 나라. ②강대한 나라. 1. a large country

タイこく[Thai·泰国](명)〈지〉타일란드. 태국. 인도지나 반도의 중부를 차지한 입헌 왕국. 수도는 방콕(Bangkok).

たいごく[大獄](명) 대옥. 중대한 범죄 사건. 또는 그런 사건으로 많은 죄인을 옥에 넣는 일. a mass execution

だいこく[大黒](명) ①←大黒天. ②〈속〉중의 아내. **—てん**[大黒天](명) ①〈불〉삼보(三宝)를 지키고 음식을 베푸는 신. ②일본 민간 신앙에서 복을 나누어 준다는 신. **—ばしら**[大黒柱](명) ①집의 중앙에 있는 굵은 기둥. ②한 집이나 단체의 중심이 되는 사람.

だいごくでん[大極殿](명) 천황이 정무(政務)를 보고 하정(賀正), 즉위(即位) 등의 대례(大礼)를 행하던 정전(正殿). the Council Hall in the Imperial Palace

だいごれつ[第五列](명) 제오열. 적군, 적국에 숨어 들어가 우군의 군사 행동을 돕는 조직. 또는 그 사람. the fifth column

だいこん[大根](명) ①〈식〉무우. ②(연극이) 서투름.「—役者(ヤクシャ); 서투른 배우」 1. a radish. **—おろし**[大根卸し](명) ①무우를 강판에 간 것. ②강판.

たいさ[大佐](명)〈군〉대좌. 장교 계급의 하나. 대령. a colonel

たいさ[大差](명) 대차. 큰 차이.「—ない; 대차 없다」 a great difference

たいざ[対座·対坐](명·자サ) 대좌. 마주 앉음.「客(キャク)と—する; 손님과 마주 앉다」 sitting opposite

たいざ[退座](명·자サ) 좌석이나 극단(劇団)에서 물러나옴. leaving one's seat

だいざ[台座](명) 물건을 얹어 놓는 대. a stand

たいさい[大才](명) 대재. 큰 재주가 있는 사람. a brilliant talent

たいさい[大祭](명) ①성대한 제전. ②천황이 손수 주관(主管)하는 제사. 1. a grand festival

たいざい[滞在](명·자サ) 체재. 오래 머무름. stay

だいざい[大罪](명) 대죄. 큰 죄. a serious crime

だいざい[題材](명) 제재. 문예 작품의 제목. 내용이 되는 재료. a theme

たいさいぼう[体細胞](명)〈생〉체세포. 생물체를 구성하고 생활 작용을 영위하는 모든 세포. 생식 세포와 구별하기 위한 명칭. a somatic cell

たいさく[大作](명) 대작. ①뛰어난 작품. 걸작. ②대규모의 작품. 1. a masterpiece

たいさく[対策](명) 대책. 상대방이나 사건에 대하여

취하는 방책.「一を立(タ)てる; 대책을 세우다」 a counterplan

だいさく[代作](명·타サ) 대작. 본인을 대신하여 만듦. 또는 그 작품. ghostwriting

たいさつ[大冊](명) 큰 책. 부피가 큰 책. a thick book

たいさん[耐酸](명) 내산. 산에 견디는 것.「一性(セイ); 내산성」 acid-proof

たいさん[退散](명·자サ) 퇴산. ①모였던 사람들이 이리저리 흩어짐. ②흩어져서 달아남. 2. dispersion

たいざん[大山](명) 대산. 큰 산. a great mountain

たいざん[泰山](명) 태산. ①〈지〉 중국 산동성에 있는 유명한 산. ②높고 큰 산.「一鳴動(メイドウ)してねずみ一(イッ)びき; 태산 명동 서일필(泰山鳴動鼠一匹)」 2. a great, high mountain

だいさん[代参](명·자サ) 본인을 대신하여 참배하거나 참석함. 또는 그 사람. a vicarious visit to a temple

だいさん[第三](명) 제삼. ①세 번째. ②양방(両方) 이외의 것. 1. the third. **―かいきゅう**[第三階級](명) 제삼 계급. 프랑스 혁명 당시 지배 계급에 대항한 부르조아 및 노동자 계급. **―ごく**[第三国](명) 제삼국. 그 일에 관계하고 있지 않는 나라. **―ごくじん**[第三国人](명) ①(관계국 사람 이외의) 외국인. ②일본에 있는 한국인. 중국인. **―しゃ**[第三者](명) 제삼자. 그 일에 관계가 없는 사람. 타인.「一の意見(イケン); 제삼자의 의견」 **―にんしょう**[第三人称](명) 제삼인칭. 〔문법에서〕 자기와 상대방 이외의 사람이나 일을 가리키는 말. 일본 문법에서는 타칭(他称)이라고도 함.

だいさんき[第三紀](명)〈지〉 제삼기. 지질 시대 중 신세대(新世代)의 전반(前半) 시대. the Tertiary period. **―そう**[第三紀層](명)〈지〉 제삼기층. 제삼기에 형성된 지층.

たいさんぼく[泰山木·洋玉蘭](명)〈식〉 태산목. 양옥란. 목련과의 상록 교목. 관상용으로 정원에 재배되며 5~6월경에 짙은 향기가 나는 희고 큰 꽃이 핌. an evergreen magnolia

たいし[大死](명) (훌륭하게) 죽음.「一一番(イチバン); 한번 죽었다고 생각하고 힘껏 노력하는 것」 worthy death

たいし[大志](명) 대지. 큰 뜻.「一を抱(イダ)く; 큰 뜻을 품다」 an ambition

たいし[大使](명)〈법〉 특명 전권 대사(特命全権大使)의 약칭. **―かん**[大使館](명)〈법〉 대사관. 대사가 주재국(駐在国)에서 사무를 보는 곳.

たいし[太子](명) 태자. ①황태자. ②쇼오토쿠 태자(聖徳太子).「一堂(ドウ); 쇼오토쿠 태자의 상(像)을 모신 당」 1. the Crown Prince

たいじ[対峙](명·자サ) 대치. ①(산이) 마주 서서 높이 솟아 있음. ②노려 보고 대립함. 대립.「両雄相(リョウユウアイ)一する; 양웅이 서로 대립하다」 2. confronting each other

たいじ[胎児](명)〈의〉 태아. 뱃속에 든 아이. an embryo

たいじ[退治](명·타サ) 퇴치. 없앰. 멸망시킴. 토벌.「わるものの一; 악당(悪党)의 퇴치」 subjugation

たいじ[帯磁](명·자サ)〈이〉 대자. 자기 감응(磁気感応)에 의하여 물체가 자성(磁性)을 띠는 일. being magnetized

だいし[大姉](명)〈불〉 여자의 계명(戒名)에 붙이는 말. ↔居士(コジ). the late mistress

だいし[大師](명)〈불〉 대사. ①부처. 보살. ②덕이 높은 승려(僧侶). ③조정에서 덕이 높은 승려에게 내려준 칭호. ④코오보오 대사(弘法大師).「一様(サマ); 코오보오 대사님」 1. Buddha

だいし[台紙](명) 대지. 그림, 사진 등을 붙이는 두꺼운 종이. pasteboard

だいし[台詞](명) 대사. 연극할 때 배우가 하는 말. lines spoken on the stage

だいし[題詞](명) ⇨だいじ(題辞).

だいし[題詩](명) 제시. ①어떤 제목에 따라 읊은 시. ②제목으로서 권두(巻頭)에 쓰는 시. 1. an epigraph

だいじ[大寺](명) 큰 절. a large temple

だいじ[大事] Ⅰ(명·형동ダ) 대사. ①중대한 일. 큰일.「国家(コッカ)の一; 국가의 대사」 ②큰 사업.「一をなしとげる; 큰 사업을 성취하다」 Ⅱ(형동ダ) ①소중히 하는 모양.「からだを一にする; 몸을 조심하다」 ②중요한 모양.「一な用件(ヨウケン); 중요한 용건」 Ⅰ 1. a serious matter Ⅱ important. **―ない**[大事無い](형) ①지장 없다. ②걱정 없다. ③괜찮다.

だいじ[大慈](명)〈불〉 ⇨だいじだいひ.

だいじ[題字](명) 제자. 권두(巻頭)에 제목을 쓴 문자. the title letters

だいじ[題辞](명) 권두(巻頭)나 그림, 비석 등의 위에 쓰는 말. a prefatory motto

ダイジェスト[digest](명·타サ) 다이제스트. 요약함. 요약한 것.「一版(バン); 요약판」

だいしかいきゅう[第四階級](명) 제4 계급. 카알라일의 계급 분류에 의한 네째 계급. 무산 계급. the proletariat

だいしき[第四紀](명)〈지〉 제 4 기. 지질 시대의 신세대(新世代) 후반(後半)의 시대. the Quaternary period

だいしきょう[大司教](명)〈종〉 대사교. 〔가톨릭교에서〕 교회를 지배하는 가장 계급이 높은 승직(僧職). an archbishop

だいしぜん[大自然](명) 대자연. 위대한 자연. Mighty Nature

たいした[大した](연체) ①굉장한.「一人間(ニンゲン); 굉장한 사람」②특히 말할 정도의.「一雨(アメ)でもない; 대단한 비도 아니다」 great

だいじだいひ[大慈大悲](명)〈불〉 대자 대비. 크고 그지없는 자비.「一の菩薩(ボサツ); 대자 대비의 보살」 great mercy and compassion

たいしつ[対質](명·자サ)〈법〉 대질. 쌍방을 맞대면시켜 진술시킴. confrontation

たいしつ[体質](명) 체질. ①몸의 성질. ②몸의 형태나 작용에 관한 특징. constitution

たいしつ[耐湿](명) 내습. 습기에 견디는 일. wet-proof

たいして[大して](부) 그다지. 별로. 크게.「一重要(ジュウヨウ)ではない; 그다지 중요하지는 않다」very
たいしゃ[大社](명) ①유명한 신사(神社). ②일등 격식의 신사. ③이즈모 대사(出雲大社)의 약칭. 1. a great shrine
たいしゃ[大赦](명)〈법〉대사. 은사(恩赦)의 하나. 일반사면(一般赦免). 특사. an amnesty
たいしゃ[代赭](명) 갈색을 띤 오렌지색. burnt sienna
たいしゃ[代謝](명·자サ) 대사. 새로운 것과 낡은 것과를 교체함. 신진 대사. metabolism. **—きのう**[代謝機能](명)〈생〉대사 기능. 세포 중의 원형질이 노폐물을 내놓고 영양을 섭취하는 작용.
たいしゃ[退社](명·자サ) 퇴사. ①회사를 그만둠. ↔入社(ニュウシャ). ②회사에서 퇴근함. ↔出社(シュッシャ). 1. retirement from a firm
だいじゃ[大蛇](명) 대사. 큰 배암. 구렁이. an anaconda
たいしゃく[貸借](명·타サ) 대차. ①꾸어 줌과 꾸어 옴. ②〈경〉장부에서 대변(貸辺)과 차변(借辺). 또는 그 분개(分介).「一対照表(タイショウヒョウ); 대차 대조표」1. loan 2. debit and credit
たいしゃく(てん)[帝釈(天)](명)〈불〉제석천. 불법을 수호하는 천상(天上) 세계의 왕. Sakra devanam Indra
たいしゃづくり[大社造り](명) 가장 오래 된 신사 건축 양식. 이즈모 대사(出雲大社)의 본전(本殿)은 그 대표적인 것임.
だいしゃりん[大車輪](명) 대차륜. ①큰 수레 바퀴. ②열심히 하는 것.「一で活動(カッドウ)する; 열심히 활약하다」③기계 체조의 하나. 철봉을 두 손으로 잡고 크게 회전하는 것. 1. a large wheel
たいしゅ[大酒](명) 대주. 많은 술. 많이 마시는 술.「一家(カ); 대주가」heavy drinking
たいしゅ[太守](명) 태수. ①한 봉토(封土) 이상을 가진 영주. ②(친왕의 직할지로 되어 있던) 카즈사(上総), 히타치(常陸), 코오즈케(上野)의 장관. ③〔옛날 중국에서〕군(郡)의 지방 장관. ⌈a great scholar
たいじゅ[大儒](명) 대유. 유교의 대학자. 큰 선비.⤴
たいじゅ[大樹](명) ①큰 나무. ②장군. 1. a big tree
だいしゅ[代守](명)〔야구에서〕어떤 선수 대신 수비를 담당하는 일. 또는 그 선수.
たいしゅう[大衆](명) 대중. 세상 사람들. 민중.「一向(ム)き; 대중 상대의 것」the general public. **—か**[大衆化](명·자サ) 대중화. 대중 사이에 널리 행하여짐.「一したスポーツ; 대중화한 스포오츠」**—てき**[大衆的](형동ダ) 대중적. 대중에게 받아 들여지는 모양.「一な読(ヨ)み物(モノ); 대중적인 읽을 거리」**—ぶんがく**[大衆文学](명) 대중 문학. 일반 대중을 대상으로 하여 쓴 문학. 통속 문학(通俗文学).
たいしゅう[体臭](명) 체취. 몸의 냄새. body odour
たいじゅう[体重](명) 체중. 몸무게. weight
だいじゅう[台十](명)〔←台十能(ノウ)〕밑에 받침을 댄 숯불을 담아 나르는 도구.

〔台十〕

たいしゅつ[退出](명·자サ) 퇴출. (군주 등 높은 사람 앞에서) 물러나서 나감.「御前(ゴゼン)を一する; 어전을 물러나다」leaving
たいじゅんかん[体循環](명)〈생〉체순환. 심장의 좌심실(左心室)에서 대동맥으로 흐르는 피가 전신을 거쳐 돈 뒤, 대정맥을 통하여 우심방(右心房)으로 돌아 오는 순환 계통. 대순환(大循環). systematic circulation
たいしょ[大暑](명) 대서. ① 24절기의 하나. 7월 23일경에 듦. ②극심한 더위. 2. severe heat
たいしょ[太初](명) 태초. 천지가 열린 맨 처음. the beginning of the world
たいしょ[対処](명·자サ) 대처. 어떤 일에 대하여 적절한 처리를 함.「事件(ジケン)に一する; 사건에 대처하다」disposal
たいしょ[対蹠](명·자サ) 대척. 정반대의 위치에 섬. 또는 그 상태. be antipodal to. **—てき**[対蹠的](형동ダ) 대척적. 정반대인 모양. 대조적.「一な立場(タチバ); 대척적인 입장」
だいしょ[代書](명·타サ) 대서. ①대필함. ②관청에 내는 서류를 본인을 대신해서 쓰는 것을 직업으로 하는 사람.「一人(ニン); 대서인」1. writing for another
だいしょ[代署](명·자サ) 본인 대신 서명함. sign for another
だいじょ[大序](명) 연극의 서막. the opening act
たいしょう[大正](명) 일본의 1912～26년간의 연호.
たいしょう[大笑](명·자サ) 대소. 크게 웃음. 큰웃음.「呵呵(カカ)一する; 가가 대소하다」loud laughter
たいしょう[大将] Ⅰ(명) 대장. ①근위(近衛) 관청의 장관. ②전군(全軍)의 지휘자. ③〈군〉장교 계급의 맨 위. ④두목. ⑤가장(家長). Ⅱ(대)〈속〉①저치. 저놈. ②너.] 2. a commander
たいしょう[大勝·大捷](명·자サ) 대승. 크게 이김.「一を博(ハク)する; 크게 이기다」a great victory
たいしょう[大詔](명) 조서(詔書). an Imperial rescript
たいしょう[対称](명) 대칭. ①맞섬. 균형을 이룸. ②제2인칭. ③〈수〉2개의 점이나 선 또는 도형이 완전히 맞선 위치에 있는 것.「一軸(ジク); 대칭축」1. balance 2. the second person. **—めん**[対称面](명)〈수〉대칭면. 어떤 평면을 기준으로 하여 도형(図形)의 좌우가 대칭인 때 그 기준이 되는 평면.
たいしょう[対象](명) 대상. 보거나 생각하거나 하는 동작의 상대. the object
たいしょう[対照](명·타サ) 대조. ①비교해 봄. 맞추어 봄.「二(フタ)つの本(ホン)を一する; 두 권의 책을 대조하다」②서로 맞대어 견주어 봄. 대비(対比). 1. comparison 2. contrast. **—てき**[対照的](형동ダ) 대조적. ①맞추어 보는 모양. ②둘의 차이가 확실한 모양.
たいしょう[隊商](명) 대상. 대오(隊伍)를 짜서 왕래하는 상인의 단체. a caravan
たいじょう[退城](명·자サ) 퇴성. 성에서 물러나옴. leaving from a castle

たいじょう[退場](명·자サ) 퇴장. ①그 장소에서 물러나옴. ↔登場(トウジョウ). ②회장에서 나옴. ↔入場(ニュウジョウ). leaving

だいしょう[大小](명) 대소. ①큰 것과 작은 것. ②(전에 무사가 함께 차던) 큰 칼과 작은 칼. ③큰북과 작은북. 1. great and small sizes

だいしょう[大賞](명) 대상. 가장 우수한 자에게 주는 상. a big prize

だいしょう[代将](명)〔미국 등에서〕대령과 소장과의 중간 계급. 준장(准将).

だいしょう[代償](명) 대상. ①본인을 대신해서 보상하는 일. ②끼친 손해의 대가를 지불하는 일. 변상. 1. compensation on behalf of another

だいじょう[大乗](명)〈불〉대승. 인간 전체의 번뇌를 구하기 위하여 깊은 진리를 가르치는 불법. ↔小乗(ショウジョウ). Mahayana. **— きょう**[大乗教](명)〈불〉대승교. 대승의 교법(教法)을 설교(説教)하는 교문(教門). 대승 불교(大乗仏教). **— てき**[大乗的](형동ダ) 대승적. ①〈불〉대승의 정신에 입각한 모양. ②개인적인 감정이나 눈앞의 사항에 구애되지 않는 모양. 대국적.「—見地(ケンチ); 대승적 견지」

だいしょうき[大祥忌](명) 사람이 죽은 뒤 3년째 되는 날 행하는 제사. 3주기(三週忌). 대상.

たいしょうすう[帯小数](명)〈수〉대소수. 정수를 가진 소수. 예: 5.12, 1.78 등. a mixed decimal

だいじょうだん[大上段](명)〔검도에서〕칼을 머리 위로 높이 쳐드는 자세. the posture of "holding-the-sword-overhead"

たいしょうてき[対症的](형동ダ) ①환자의 나타나는 증상에 따라 치료하는 모양. ②근본적인 해결을 안 하고 미봉책(彌縫策)을 쓰는 모양.「—療法(リョウホウ); 대증적 요법」 1. allopathic

だいじょうふ[大丈夫](명) 대장부. 씩씩한 사내. 훌륭한 남자. a man

だいじょうぶ[大丈夫](명·형동ダ) ①염려 없음. ②확실함.「—成功(セイコウ)する; 틀림 없이 성공한다」 1. safe

だいしょうべん[大小便](명) 대소변. 대변과 소변. urine and faeces

だいじょうみゃく[大静脈](명)〈생〉대정맥. 다수의 소정맥이 합쳐서 심장으로 들어 가는 주요한 정맥. the vena cava

たいしょうりょうほう[対症療法](명)〈의〉대증 요법. 증상에 따라 치료하는 치료법. 예: 고열에 대해서 해열제를 쓰는 것 등. allopathic treatment

たいしょく[大食](명·자サ) 대식. 많이 먹음.「—漢(カン); 대식가」 gluttony

たいしょく[体色](명) 체색. 생물(生物)의 몸의 빛깔. the colour of the body

たいしょく[耐食·耐蝕](명) 부식(腐蝕)에 견딤.「—性(セイ); 내식성」 corrosion resistance

たいしょく[退色·褪色](명·자サ) 퇴색. 색이 바램. fading

たいしょく[退職](명·자サ) 퇴직. 현직을 물러남.「—金(キン);퇴직금」retirement from office. **— ねんきん**[退職年金](명) 퇴직 연금. 공무원, 회사원 등이 퇴직한 후에 매년 받는 돈.

だいしらず[題知らず] 와카(和歌)의 제목이나 읽혀진 내력 등이 명확하지 않음. the subject unknown

だいじり[台尻](명) 총의 개머리판. the butt

たい·じる[退治る](타상 1) 물리치다. 멸망시키다. 퇴치하다. wipe out

たいしん[大身](명) 신분이 높은 사람. ↔小身(ショウシン). a man of rank

たいしん[大震](명) 대진. 큰 지진. a severe earthquake

たいしん[対審](명·타サ)〈법〉대심. 원고, 피고를 법정에서 입회시켜 심리함. a trial

たいしん[耐震](명) 내진. 지진에 견딤.「—建築(ケンチク); 내진 건축」 earthquake-proof

たいじん[大人](명) 대인. ①어른. 「—十円(ジュウエン), 小人五円(ショウジンゴエン); 어른은 10원, 아이는 5원」②덕(徳)이 높은 사람. ↔小人(ショウジン). 1. an adult

たいじん[対人](명) 대인. 사람을 대하는 일.「—関係(カンケイ); 대인 관계」 personal

たいじん[対陣](명·자サ) 대진. 마주 진을 침. the confrontation of armies

たいじん[退陣](명·자サ) 퇴진. ①군대를 뒤로 물림. 퇴각. ②진지에서 떠남. ③지위에서 물러남. 인퇴(引退). 1. retreat

たいじん[滞陣](명·자サ) 체진. 계속해서 진을 치고 있음. encampment

だいしん[代診](명·타サ) 대진. 의사의 대신으로 진찰함. 또는 그 사람. a doctor's assistant

だいじん[大尽](명) ①부호. 부자. ②주사 청루(酒肆青楼)에서 화려하게 노는 사람.「—遊(アソ)び; 호유(豪遊)」 1. a magnate

だいじん[大臣](명) 대신. 정치상의 일을 담당하는 각부 장관. 국무 장관(国務長官). a minister of state

だいしんいん[大審院](명) 대심원. 최고 재판소. 대법원. the Supreme Court

だいじんぐう[大神宮](명) 이세 신궁(伊勢神宮).

だいしんさい[大震災](명) ①큰 지진에 의한 재해. ②1923년 9월 1일에 있었던 칸토오(関東) 대진재. 1. a great earthquake disaster

だいす[台子](명)〔다도(茶道)에서〕차를 끓이는 데 쓰는, 네 기둥 아래 위에 판자를 댄 것.

ダイス[dice](명) 다이스. ①주사위. ②몇 사람이 주사위 2~5개를 가지고 승부를 겨루는 노름.

ダイス[dies](명) 다이스. 암나사의 일부가 칼날로 된 것으로서 수나사를 만드는 공구(工具).

だいず[大豆](명)〈식〉대두. 콩. a soya bean. **— あぶら**[大豆油](명) 대두유. 콩기름.「dead drunkenness

たいすい[大酔](명·자サ) 대취. 매우 취함. ⤴

たいすい[耐水](명) 내수. 물에 견딤. 물에 젖어도 습기가 배어 들지 않음. waterproof

たいすう[対数](명)〈수〉 대수. a를 1 이외의 정(正)의 수로 하고 N=a^n 했을 때, n은 a를 저(底)로 하는 N의 대수라 함. a logarithm
だいすう[台数](명) 대수. 차량의 수.「貨車(カシャ)の製作(セイサク)—; 화차 제작 대수」
だいすう[代数](명) 대수. ①세대(世代)의 수. ②〈수〉 ←代数学. **—がく**[代数学](명)〈수〉 대수학. 수 대신에 문자를 사용해서 계산의 법칙이나 문제의 해결법을 연구하는 수학.
だいすき[大好き](형동ダ) 매우 좋아하는 모양. 「very fond of ⤴
タイスコア[tie score](명) 타이스코어. 〔운동에서〕 동점(同点). 무승부.
たい·する[対する](자サ) ①대하다. 마주 보다.「相(アイ)—; 서로 마주 대하다」②대항하다.「敵(テキ)に—; 적에 대항하다」③짝이 되다. 1. confront 2. oppose
たい·する[体する](타サ) 마음에 새겨 지키다.「師(シ)の教(オシ)えを—; 스승의 가르침을 마음에 새겨 지키다」 bear in mind
たい·する[帯する](타サ) 띠다. 차다. 몸에 지니다. wear
だい·する[題する](타サ) ①제목을 붙이다. ②제자(題字)를 쓰다. title
たいせい[大成](명·자サ) 대성. ①(학문, 인물 등이) 크게 이루어짐. ②관계하는 항목, 자료 등을 많이 모아 만든 것.「万葉集(マンヨウシュウ)—; 만요오슈우 전집」 1. completion
たいせい[大声](명) 대성. 큰 소리. a loud voice. **—しっこ**[大声疾呼](연어·명·자サ) 대성 질호. 큰 소리로 황급히 부름.
たいせい[大政](명) 천하(天下)의 정치. government. **—ほうかん**[大政奉還](명)〈역〉 1867년 10월 에도 막부(江戸幕府)의 15대 장군 토쿠가와 요시노부(徳川慶喜)가 정권을 천황에게 돌려 준 일. 이로써 막부 정치가 끝남.
たいせい[大勢](명) 대세. ①전체의 형세.「世界(セカイ)の—; 세계의 대세」②세상이 되어 가는 상태. 1. the general situation
たいせい[大聖](명) 대성. 매우 덕이 높은 성인. a great sage
たいせい[体制](명) 체제. ①모양. 모습. ②독립된 여러 부분이 하나의 통합된 전체를 이루고 있는 것. ③구조.「受(ウ)け入(イ)れ—; 수입 체제」 1. structure 2. a system
たいせい[体勢](명) 몸가짐. 자세. an attitude
たいせい[対生](명·자サ)〈식〉 대생. 잎이나 가지가 각 마디마다 두 개씩 마주 붙어 남. 예: 아카시아, 백일홍 등. growing in opposition
たいせい[耐性](명)〈의〉 내성. 병원균(病原菌)이 약제(薬剤)에 견디어 사는 저항성.「—ができる; 내성이 생기다」
たいせい[胎生](명)〈동〉 태생. 새끼가 모체(母体)에 태어나는 것.「—動物(ドウブツ); 태생 동물」 ↔卵生(ランセイ). viviparity
たいせい[退勢·頽勢](명) 퇴세. 세력이 쇠해지는 일. 쇠약해진 세력. a downward tendency
たいせい[泰西](명) 태서. 서양.「—名画(メイガ); 서양 명화」↔泰東(タイトウ). the West
たいせい[態勢](명) 태세. 준비가 되어 있어 언제든지 무엇이나 할 수 있는 자세나 상태.「—をととのえる; 태세를 갖추다」 a situation
たいぜい[大勢](명) 대세. 많은 사람. 다수.「—をひきいる; 많은 사람을 거느리다」 a crowd of people
たいせいよう[大西洋](명) 대서양. 유럽과 아프리카와 남북 아메리카의 사이에 있는 대양(大洋). the Atlantic Ocean
たいせき[大石](명) ①큰 돌. ②〔바둑에서〕 넓은 집과 연결되는 중요한 돌. 1. a big stone
たいせき[体積](명)〈수〉 체적. 입체의 크기. 부피. cubic volume
たいせき[対席](명·자サ) 대석. ①자리를 마주 봄. 또는 마주 앉은 자리. ②쌍방(双方)이 동시에 같은 장소에 출석함. 1. opposite seats 2. attending together
たいせき[退席](명·자サ) 퇴석. 자리에서 물러남. leaving one's seat
たいせき[堆石](명)〈지〉 퇴석. 돌, 모래, 흙 등이 빙하(氷河)에 의하여 운반되어 쌓인 것. moraine
たいせき[堆積](명·자타サ) 퇴적. ①높다랗게 쌓아 올림. ②흙이나 모래 등이 높이 쌓임. 1. accumulation
たいせきてん[対蹠点](명) 대척점. 지구 표면상의 한 지점에 대하여 그 반대측의 지점. the antipode
たいせつ[大切](명·형동ダ) 중요함. 귀중.「健康(ケンコウ)が—だ; 건강이 중요하다」 importantce
たいせつ[大雪](명) 대설. ①심하게 오는 눈. 많이 쌓인 눈. ②24절기의 하나. 양력 12월 7일경에 듦. 1. a heavy snow
たいせつ[大節](명) ①큰 절의(節義). 대의(大義). ②중대한 사건. 큰일. 1. a lofty cause 2. an important event
たいせつ[体節](명)〈생〉 체절. 동물체(動物体)가 몇 개의 마디(節)로 이루어져 있을 때 그 하나의 마디. a metamere
たいせん[大船](명) 대선. 큰 배. a big ship
たいせん[大戦](명) 대전. ①큰 싸움. ②세계 대전. 1. a great war 2. the World War
たいせん[対戦](명·자サ) 대전. 서로 대항해서 싸움이나 시합을 함. waging war
たいぜん[大全](명) 대전. ①완전히 갖추어진 것. ②그것과 관계가 있는 저작(著作)을 전부 모은 책. 전집(全集). 1. completion 2. a collection
たいぜん[泰然](형동タルト) 태연. 침착하여 동요되지 않는 모양.「—自若(ジジャク); 태연 자약」 self-possessed
だいせん[題簽](명) 책의 이름을 써서 표지에 붙이는 종잇조각.
たいせんしゃほう[対戦車砲](명) 대전차포. 주로 전차(戦車)의 사격을 목적으로 하는 포(砲)의 한 가지. an anti-tank gun
だいぜんしょく[大膳職](명) 옛날 궁중의 식사를 취

급하던 관청. the Bureau of Imperial Cuisine
だいぜんてい[大前提](명) 대전제. ①〔삼단 논법(三段論法)에서〕 근본이 되는 제 1의 전제. ②근본이 되는 큰 조건. 1. the major premise
たいそ[太祖](명) 태조. 한국, 중국 왕조(王朝)의 초대(初代) 제왕(帝王). the first emperor of the dynasty
たいそう[大宗](명) 대종. ①종가(宗家). ②대본(大本). 주체(主体). 「輸出(ユシュツ)の―; 수출의 대본」 1. a head family 2. the foundation
たいそう[大喪](명) 천황(天皇)의 상사(喪事). an Imperial mourning
たいそう[大層](부·형동ダ) 매우. 굉장히. 대단히. very. **―らし·い**[大層らしい](형)〈속〉 허풍을 떨다. 대단하다.
たいそう[太宗](명) 태종. 한국, 중국 왕조(王朝)의 선조 가운데서 그 공덕(功徳)이 태조(太祖)에 다음 가는 임금. a great imperial ancestor
たいそう[体操](명) 체조. ①건강을 위하여 규칙 바르게 몸과 손발을 움직이는 운동 기술. ②체육(体育). 1. gymnastics
たいぞう[退蔵](명·타サ) 퇴장. 이용하지 않고 간직해 둠. 「―物資(ブッシ); 퇴장 물자」 hoarding. **―かへい**[退蔵貨幣](명) 퇴장 화폐. 운용(運用)하지 않고 그냥 둔 화폐.
だいそう[代走](명·자サ) 대주. 〔야구에서〕 러너(走者)가 교대하는 일. 또는 교대한 사람. a pinch runner
だいそう[代僧](명) 대승. 대리 승려(僧侶).
だいぞうきょう[大蔵経](명)〈불〉 대장경. 불교의 경전(経典)의 전부를 포함해서 부르는 말. 일체경(一切経). 장경(蔵経). the complete collection of Buddhist Sutras
だいそうじょう[大僧正](명)〈불〉 승려의 최고 계급. an archbishop
たいそく[大息](명·자サ) 한숨. 한숨을 쉼. a long breath
たいそく[体側](명) 몸의 측면. a side of the body
だいぞく[大賊](명) 대적. 매우 나쁜 큰 도둑. a notorious robber
だいそれた[大それた](연체) 아주 도리에 벗어난. 아주 건방진. 괘씸한. inordinate
だいそん[大損](명) 큰 손해. 큰 손실. a heavy loss
たいだ[怠惰](명·형동ダ) 태타. 게으르고 태만함. idleness
だいだ[代打](명·타サ) 대타. 〔야구에서〕 어떤 배터(打者) 대신에 침. 또는 그 사람. a pinch hitter
だいたい[大体](명·부) 대체. ①대략. 대강. ②도대체. 도시. 본시. 「―あの男(オトコ)はふまじめだ; 도시 저 사나이는 성실하지 못하다」 1. an outline
だいたい[大隊](명)〈군〉 대대. 군대 편성상의 한 단위. 2~4 개 중대로 편성됨. a battalion
だいたい[大腿](명) 대퇴. 넓적다리. 「―骨(コツ); 대퇴골」 the thigh
だいたい[代替](명·타サ) 대체. 다른 것과 바꿈. 「―品(ヒン); 대체품」 substitution
だいだい[橙](명)〈식〉 광귤나무. 운향과에 속하는 상록 활엽 관목. a bitter orange. **―いろ**[橙色](명) 오렌지색. 귤색.
だいだい[代代](명·부) 대대. 대대로. 「先祖(センゾ)―; 선조 대대」 from generation to generation
だいだいかぐら[太太神楽](명) 이세 신궁(伊勢神宮)에서 참배자가 봉납(奉納)하는 무악(舞楽).
たいだい·し[怠怠し](형シク)〈고〉 ①소홀하다. ②경솔하다. 태만하다. 당치도 않다. 있을 수 없다.
だいだいてき[大大的](형동ダ) 대대적. 거창한 모양. 대규모적. 「―に報道(ホウドウ)する; 대대적으로 보도하다」 great
だいだいり[大内裏](명) 옛날의 나라(奈良)나 헤이안쿄오(平安京)의 황거(皇居). the Emperor's Palace
だいたすう[大多数](명) 대다수. ①매우 많은 수. ②대부분. a large majority
たいだん[対談](명·자サ) 대담. 마주 앉아 이야기함. a dialogue
たいだん[退団](명·자サ) 단체에서 물러남. ↔入団(ニュウダン). withdrawal from the party
だいたん[大胆](명·형동ダ) 대담. ①겁내지 않음. ↔小胆(ショウタン). ②뻔뻔스러움. 1. boldness. **―ふてき**[大胆不敵](명·형동ダ) 아주 대담함.
だいだんえん[大団円](명) 대단원. 끝남. 대미(大尾). 종말. 「―を告(ツ)げる; 끝맺다」 grand finale
たいち[対地](명) 대지. 공중에서 지상을 대하는 것. 「空(クウ)―; 공대지」 anti-earth
たいち[対置](명·타サ) 대치. 마주 놓음. contraposition
だいち[大地](명) 대지. 매우 넓은 땅. 대륙(大陸). the earth
だいち[大智](명) 대지. 지극히 뛰어난 지혜(知慧). supreme wisdom
だいち[代地](명) 대지. 대신의 토지. 대토(代土). a substitute land
だいち[代置](명·타サ) 대치. 대신 놓음. 바꾸어 놓음. replacement
だいち[台地](명) 대지. 주위보다도 높아져 있는 넓고 평평한 토지. a plateau
たいちゅう[体中](명) 체중. 몸속. 체내(体内). the interior of the body
たいちょ[大著](명) 대저. 큰 저술. 훌륭한 저술. a great work
たいちょう[体長](명) 체장. 몸의 길이. length
たいちょう[退庁](명·자サ) 퇴청. 관청에서 퇴근함. ↔登庁(トウチョウ). leaving office
たいちょう[退潮](명) 퇴조. ①썰물. ②세력 등이 약해짐. 「勢力(セイリョク)―のきざし; 세력이 약해지는 징조」 1. ebb tide
たいちょう[隊長](명) 대장. 한 대의 우두머리. a commander
だいちょう[大腸](명)〈생〉 대장. 소화 기관의 하나. 소장 끝에서 항문까지의 창자. 큰창자. the large

intestine. **──カタル**[大腸 catarrh](명)〈의〉 대장카타르. 대장의 카타르성 염증. 아랫배가 아프고 설사가 남. **──きん**[大腸菌](명)〈의〉 대장균. 사람이나 그밖의 포유 동물의 창자 속에 있는 균.

だいちょう[台帳](명) 대장. ①상점 등의 원장(元帳). ②기초가 되는 장부. 「配給(ハイキュウ)─; 배급 대장」③ 연극의 각본(脚本). 1. an account book 2. the original register

たいちょうかく[対頂角](명)〈수〉 대정각. 두 직선이 서로 교차해서 생기는 네 각 중에 마주 보는 두 각. vertically opposite angles

タイツ[tights](명) 타이츠. 몸에 꼭 달라붙는 옷.

だいつう[大通](명)〈속〉 대통. 여러 가지 사정이나 노는 방면에 매우 상세함. 또는 그런 방면을 잘 아는 사람. conversance

たいてい[大帝](명) 대제. 위대한 제왕. a great emperor

たいてい[大抵](명·부) 대저. ①대개. ②보통. 「─ではない; 보통이 아니다」 1. mostly

たいてい[退廷](명·자サ) 퇴정. 조정이나 법정에서 물러나옴. ↔入廷(ニュウテイ). leaving the court

たいてき[大敵](명) 대적. ①많은 적. ②강한 적. 「油断(ユダン)─; 방심은 금물」 1. a great number of enemy

たいてき[対敵](명) 대적. 적에 대항함. 「─行動(コウドウ); 대적 행동」 hostility

たいてん[大典](명) 대전. ①중대한 법전(法典). ②즉위(即位)의 의식. 1. a canon

たいてん[対点](명)〈수〉 대점. 원(円)이나 구(球)의 직경의 양끝에 있으며 상대(相対)하고 있는 한 쌍의 점. opposite points

たいてん[退転](명) 퇴전. ①바뀌어 나빠짐. 「不(フ)─の決意(ケツイ); 불굴의 결의」 ②몰락해서 옮기는 일. ③〈불〉 수행(修行)을 게을리 하여 하위(下位)로 떨어지는 것. 1. retrogression

たいでん[帯電](명·자サ)〈이〉 대전. 물체가 전기를 띰. electrification

だいてん[大篆](명) 대전. 한자 자체(字体)의 한 가지. 소전(小篆)의 근본이 됨.

たいと[泰斗](명) 태두. 태산 북두(泰山北斗)의 준말. 존경을 받는 사람. 권위자(権威者). 대가(大家). an authority

タイト[tight](명·형동ダ) 타이트. ①팽팽함. 몸에 맞음. 「─スカート; 타이트스커어트」 ②←タイトスクラム. **──スクラム**[tight scrum](명) 타이트스크럼. 〔럭비에서〕 양편의 포오워드가 짜는 스크럼. 세트스크럼.

たいど[大度](명) 대도. 큰 도량. 마음이 넓은 것. 「寛仁(カンジン)─; 관인 대도」 magnanimity

たいど[態度](명) 태도. ①몸가짐. ②행동하는 모양. 1. bearing

たいとう[大盗](명) 대도. 큰 도둑. an arrant robber

たいとう[台頭·擡頭](명·자サ) 대두. ①머리를 쳐듦. ②세력을 증가함. 「新人(シンジン)の─; 신인의 대두」 ③〔문장(文章)에서〕 다음 행(行)을 한 자 이상 올려씀. 1. raising one's head

たいとう[対当](명) ①대립(対立). ②상당(相当). 균형(均衡). ③〈수〉 ⇨どうち(同値). ④대당. 〔형식 논리학(形式論理学)에서〕 주사(主辞)와 빈사(賓辞)는 서로 같고 질과 양은 서로 다른 두 명제(命題)의 진위(真偽)의 관계. 1. 4. opposition 2. equivalence

たいとう[対等](명·형동ダ) 대등. 서로 차이, 우열이 없고 동등함. 「─のつきあい; 대등한 교제」 equality

たいとう[泰東](명) 동양. ↔泰西(タイセイ). the Orient

たいとう[帯刀](명·자サ) 대도. 허리에 칼을 참. 또는 그 칼. side arms. **──ごめん**[帯刀御免](명) 에도(江戸) 시대에 무사 이외의 평민이나 농민 중 특별히 칼을 차는 것을 허용한 것.

たいとう[駘蕩](형동タルト) 태탕. 봄의 경치가 화창한 모양. 「春風(シュンプウ)─; 춘풍 태탕」 genial

たいとう[頽唐](명) 무너져 쇠퇴함. decadence

たいどう[胎動](명·자サ) 태동. ①〈생〉 모태(母胎) 속에서의 태아의 운동. ②무슨 일이 생기려는 기운이 싹틈. 전조(前兆). 1. quickening

たいどう[帯同](명·타サ) 대동. 함께 데리고 감. 동반(同伴). 수반(随伴). accompaniment

だいとう[大刀](명) 대도. 큰 칼. 긴 칼. ↔小刀(ショウトウ). a long sword

だいどう[大同](명·자サ) 대동. ①대체로 같음. ②많은 것이 합동함. 1. general similarity. **──しょうい**[大同小異](연어·명) 대동 소이. 대체로 같음. **──だんけつ**[大同団結](연어·명·자サ) 대동 단결. 많은 당파, 단체가 조그마한 의견 차이를 버리고 단결함.

だいどう[大道](명) 대도. ①큰길. ②길. 「─商人(ショウニン); 노점상(露店商)」 ③사람이 행해야 할 도리. 1. a highway 3. a great principle

だいどうみゃく[大動脈](명)〈생〉 대동맥. 심장의 좌심실(左心室)에서 나오는 가장 굵은 동맥. the main artery

だいとうりょう[大統領](명) 대통령. 민주 국가의 원수(元首). President

たいとく[体得](명·자サ) 체득. 완전히 이해하여 몸에 배게 함. comprehension

たいどく[胎毒](명) 태독. 태아(胎児)가 뱃속에서 받은 선천성(先天性) 매독(梅毒)이나 세균에 의하여 생기는 어린이의 습진(湿疹). congenital syphilis

だいとく[大徳](명) 대덕. ①〈불〉 ㉠부처. ㉡덕이 높은 중. ②부자(富者). 1.㉡. a priest of eminent virtue

だいどく[代読](명·타サ) 대독. 본인을 대신하여 읽음. 「祝辞(シュクジ)を─する; 축사를 대독하다」 reading by proxy

だいとこ[大徳](명)〈고〉 ⇨だいとく.

だいどころ[台所](명) 음식 요리를 하는 곳. 부엌. 「a kitchen」

タイトル[title](명) 타이틀. ①표제. 제목. ②(책의) 안겉장. 속표지. 「─ページ; 속 표지」 ③칭호. 직함. ④자막(字幕). **──マッチ**[title match](명) 타이틀매치. 선수권을 다투는 시합. 「ノン─; 선수권을 다투지 않는 시합」

たいない[体内](명) 체내. 몸의 안. ↔体外(タイガイ). the interior of the body
たいない[対内](명) 대내. 내부나 국내에 대한 것. 「一的(テキ); 대내적」 ↔対外(タイガイ). domestic
たいない[胎内](명) 태내. 어머니 뱃속. the interior of the womb
だいなごん[大納言](명) 다죠오칸(太政官)의 차관(次官). ↔中納言(チュウナゴン), 少納言(ショウナゴン). a chief councillor of state
だいなし[台無し](명·형동ダ) 아주 망그러짐. 엉망이 됨. 소용 없게 됨. spoilt
ダイナマイト[dynamite](명)〈이〉 다이너마이트. 니트로글리세린을 규조토(硅藻土)에 흡수시켜 굳힌 폭약.
ダイナミック[dynamic](형동ダ) 다이내믹. ①힘찬 모양. 동적(動的). 활동적. 「一な人(ヒト); 활동적인 사람」 ②역학적(力学的).
ダイナモ[dynamo](명)〈이〉 다이너모우. 발전기. **―メーター**[dynamometer](명)〈이〉 다이너모우미터. 전압(電圧), 전력(電力), 전류(電流)를 재는 계기(計器).
だいなん[大難](명) 대난. 큰 재난. a great calamity
だいに[大弐](명) 다자이후(太宰府)의 차관(次官).
だいに[第二](명) 제이. 둘째. the second. **―かいしゃ**[第二会社](명)〈경〉 1946년에 공포, 시행된 전시보상(戦時補償)의 종결로 경영이 곤란하게 된 회사의 자재와 설비를 이용하여 설립한 회사. **―ぎ**[第二義](명) 제이의. 이차적인 것. 근본적으로 중요하지 않은 것. 또는 그러한 뜻. 「一的(テキ)な 問題(モンダイ); 이차적인 문제」 **―じ**[第二次](명) 제이차 「一的(テキ); 이차적」 **―じせかいたいせん**[第二次世界大戦](명)〈역〉 제2차 세계 대전. 1939년에서 1945년까지 도이치, 이탈리아, 일본 등이 영국, 프랑스, 미국, 소련 등과 싸운 큰 전쟁. **―にんしょう**[第二人称](명) 제 2인칭. 상대방을 가리키는 말. 대칭(対称).
たいにち[対日](명) 대일. ①일본에 대한 것.「一援助(エンジョ); 대일 원조」 ②일본을 상대로 하는 것. toward Japan
たいにち[滞日](명·자サ) 체일. 일본에 머무름. staying in Japan
だいにち[代日](명) (일요일) 대신의 날. 「一休暇(キュウカ); 일요일 대신 주는 휴가」
だいにちにょらい[大日如来](명)〈불〉 대일 여래. 진언밀교(眞言密教)의 본존(本尊). 비로자나불(毘盧遮那佛). 「a great task
たいにん[大任](명) 대임. 큰 임무. 중임(重任). ⤴
たいにん[体認](명·타サ) 체험(体験)해서 확실히 마음에 새김. realization
たいにん[退任](명·자サ) 퇴임. 임무에서 물러남. ↔就任(シュウニン). retirement
だいにん[大人](명) 대인. 어른. ↔小人(ショウニン). an adult
だいにん[代人](명) 대신 하는 사람. 대리인(代理人). a proxy
だいにん[代任](명·타サ) 대임. 대신 일을 처리함. 또는 그 사람. agency
ダイニング[dining](명) 다이닝. 식사. 「一ルーム; 식당」「一キチン; 식당을 겸한 부엌」
だいねつ[大熱](명) 고열(高熱). a high fever
だいねんぶつ[大念仏](명) 대염불. 많은 사람이나 승려가 모여 큰 소리로 염불을 외는 일.
だいの[大の](연체) ①큰. 「一男(オトコ); 큰 사나이」 ②매우.「一好物(コウブツ); 아주 좋아하는 것」 great
たいのう[滞納·怠納](명·타サ) 체납. 기한이 지났는데도 세금 등의 납부금을 내지 않음. 「一者(シャ); 체납자」 non-payment
だいのう[大脳](명)〈생〉 대뇌. 두개골 중의 대부분을 차지하고 정신 작용을 영위하는 중요한 기관. 큰골. the cerebrum. **―ひしつ**[大脳皮質](명)〈생〉 대뇌 피질. 대뇌의 표면을 이루는 회백질의 부분. 주로 신경 세포로 형성되고, 중추로서 작용함.
だいのう[大農](명) 대농. ①기계를 사용하여 대규모로 행하는 농업. ②농사를 많이 짓는 농가. 대농가. 호농(豪農). 2. a rich farmer
だいのう[代納](명·타サ) 대납. 대신 납부함. payment by proxy
だいのつき[大の月](명) 양력 31일, 음력 30일인 달. 큰달. ⇨:だい(大)③. ↔小(ショウ)の月.
だいのむし[大の虫](연어·명)〈속〉 큰 것. 중요한 것. 「小(ショウ)の 虫(ムシ)を殺(コロ)して一を生(イ)かす; 소를 죽이고 대를 살리다」 the greater
たいのや[対の屋](명) 〔신덴즈쿠리(寝殿造り)에서〕 본채의 좌우 또는 뒤에 세운 딴채의 건물.
たいは[大破](명·자타サ) 대파. 심하게 파괴됨. 크게 깨짐. serious damage
だいば[台場](명) 에도(江戸) 시대 말에 해변에 비치한 포대(砲臺). 「お一; 포대」 a battery
たいはい[大杯·大盃](명) 대배. 큰 잔. a large cup
たいはい[大敗](명·자サ) 대패. 크게 짐. ↔大勝(タイショウ). a heavy defeat
たいはい[大旆](명) ①천황(天皇), 장군(将軍)의 기(旗). ②당당한 주장. 2. a standard
たいはい[退廃·頽廃](명·자サ) 퇴폐. ①쇠퇴하여 황폐함. ②기풍이 불건전하게 됨. 「一した空気(クウキ); 퇴폐한 공기」 1. ruin 2. decadence. **―てき**[退廃的](형동ダ) 퇴폐적. 건전하지 못한 모양.「一な音楽(オンガク); 퇴폐적인 음악」 「a platform scale
だいばかり[台秤](명) 대칭. 앉은뱅이 저울. ⤴
たいはく[大白](명) 큰 술잔. a large cup
たいはく[太白](명) ①〈천〉 ←太白星. ②정제(精製)한 흰 설탕. ③굵은 견사(絹糸). ④희고 딱딱한 엿. ⑤고구마의 한 품종. 2. refined sugar 3. a thick silk thread. **―せい**[太白星](명)〈천〉 금성(金星).
だいはち(ぐるま)[大八(車)](명) 두세 사람이 끄는 커다란 짐 수레. a large cart
だいはちげいじゅつ[第八芸術](명) 제 8예술. 영화.
たいばつ[体罰](명) 체벌. 몸에 고통을 주는 형벌. 체

형(体刑). corporal punishment
だいはつ[大発](명) 대형 발동기정(大型発動機艇)의 준말.
だいばつ[題跋](명) ⇨ばつぶん.
たいはん[大半](명·부) 대반. ①반 이상. 태반. ②대개. 거의 대부분. 1. the greater part
たいはん[大藩](명) 넓은 영지를 소유한 영주. ↔小藩(ショウハン). big clans
たいばん[胎盤](명)〈생〉 태반. 모체(母体) 안의 태아가 들어 있는 곳. the placenta
だいばん[台盤](명) 옛날에 궁중이나 귀족의 집 등에서 식기(食器), 음식물을 얹어 놓던, 다리가 넷 달린 장방형의 주칠(朱漆)한 상. **—どころ**[台盤所](명) ①소반을 놓아 두는 곳. ②음식물을 요리하는 곳. 부엌. ③귀인(貴人)의 아내.
だいばんじゃく[大盤石](명) 대반석. ①커다랗고 편평한 돌. ②묵직하고 흔들리지 않는 상태. 1. a large stone
たいひ[対比](명·타サ) 대비. ①비교함. ②대조함. 1. comparison
たいひ[待避](명·타サ) 대피. 위험 따위를 피해서 지나가기를 기다림. taking shelter
たいひ[退避](명·타サ) 물러가서 피함. taking refuge
たいひ[堆肥](명)〈농〉 퇴비. 풀, 짚 등을 쌓아서 썩힌 비료. a compost
たいひ[貸費](명) 비용을 빌려 줌. a loan
たいび[大尾](명) 대미. 맨 끝. 최후. 종국(終局). the end
だいひ[大悲](명)〈불〉 대비. ①중생의 고통을 구제하는 부처의 큰 자비(慈悲). ②대비 보살의 준말. 관세음 보살. 1. great compassion
だいひき[代引き](명) ①증권 단기 거래에서 인도주(引渡株)가 많을 때에 증권 회사가 대신 인수하는 일. ②대금 인환 우편. 2. cash on delivery post
タイピスト[typist](명) 타이피스트. 타이프라이터를 직업적으로 치는 사람.
だいひつ[代筆](명·자サ) 대필. 본인을 대신해서 씀. 또는 대서(代書)한 글씨. writing for another
たいびょう[大病](명·자サ) 대병. 중병. 중환. a serious illness
たいびょう[大廟](명) ①대묘. 군주(君主)의 조상의 위패를 모신 사당. 영묘(靈廟). 종묘. ②이세 신궁(伊勢神宮)의 높임말. 1. a mausoleum of the sovereign's ancestors
だいひょう[大兵](명) 덩치가 큰 것(사람). 「一肥満(ヒマン); 덩지가 크고 뚱뚱한 사람」 big stature
だいひょう[代表](명·타サ) 대표. 단체나 다수를 대신해서 의사(意思)나 성질을 나타냄. 또는 그 사람. 「一者(シャ); 대표자」 representation. **—てき**[代表的](형동ダ) 대표적. 전체를 대표하는 모양.
だいひん[代品](명) 대품. 대신하는 물건. a substitute
ダイビング[diving](명·자サ) 다이빙. ①〔수영에서〕 뛰어 들기. ②비행기의 급강하(急降下).
たいふ[大夫](명) ①대부. 옛날 한국, 중국 등에서 보통 관리보다 한층 위의 직위. ②5위의 관직의 통칭. ③영주의 으뜸되는 신하.
たいぶ[大部](명) ①책 수나 페이지 수가 많은 것. 「一の著書(チョショ); 큰 저서」 ②대부분. 1. a set of many volumes
タイプ[type](명·타サ) 타이프. ①형(型). ②공통의 특성. 유형(類型). 전형(典型). ③타이프라이터. 또는 타이프라이터로 침. **—ライター**[typewriter](명) 타이프라이터. 손가락으로 키이를 눌러 글자를 찍는 기계. 타자기(打字機).
だいふ[乃父](명) 타인의 아버지란 뜻. 지금은 전의(転意)되어 단순히 아버지를 가리킴. one's father
だいぶ[大分](부) 상당히. 제법. 대개. considerably
ダイブ[dive](명·자サ) ⇨ダイビング.
たいふう[大風](명) 대풍. 큰 바람. a gale
たいふう[台風·颱風](명)〈지〉 태풍. 남양의 해상에서 발생해서 늦은 여름 한국, 일본 등을 휩쓰는 열대성 저기압. 심한 비바람을 수반함. a typhoon. **—のめ**[台風の目](명)〈천〉 태풍의 중심 가까이에 생기는 바람이 없는 밝은 지점. 태풍안(颱風眼).
だいふく[大福](명) 대복. ①돈 많고 다복한 것. 큰 행복. ②←大福餅. 1. greatly rich and lucky. **—ちょう**[大福帳](명) 상점의 원장(元帳). **—もち**[大福餅](명) 팥소가 든 둥글넓적한 떡.
だいぶつ[大仏](명) 대불. 큰 불상. 「奈良(ナラ)の一; 나라의 큰 불상」 a huge statue of Buddha. **—かいげん**[大仏開眼](명)〈불〉 대불 개안. 불상(仏像)이 완성되었을 때 하는 의식.
だいぶつ[代物](명) 대물. 대신되는 물건. 「一弁済(ベンサイ); 대물 변제」 a substitute
だいぶぶん[大部分](명·부) 대부분. 대개. 거의. the greater part
だいぶん[大分](부) 제법. 상당히. considerably
たいぶんすう[帯分数](명)〈수〉 대분수. 정수(整数)가 붙은 분수. a mixed number
たいへい[大兵](명) 대병. 대군(大軍). a large force
たいへい[太平·泰平](명·형동ダ). 태평. 세상이 조용하게 안정됨. peace. **—らく**[太平楽](명)〈속〉 ①아악(雅楽)의 곡명(曲名). ②엉터리고 태평스러운 말. 「一をならべる; 멋대로 지껄여대다」
たいへいよう[太平洋](명)〈지〉 태평양. 아시아, 아메리카, 오스트레일리아의 사이에 있는 세계에서 가장 넓은 바다. the Pacific Ocean. **—せんそう**[太平洋戦争](명)〈역〉 태평양 전쟁. 일본과 미국, 영국 등의 사이에 일어났던 전쟁. 제 2차 세계 대전의 일부. (1941년 12월 8일～45년 8월 15일)
たいべい[対米](명) 대미. 미국에 대한 것. 「一輸出(ユシュツ); 대미 수출」 toward America
たいべつ[大別](명·타サ) 대별. 크게 나눔. a broad classification
たいへん[大変] Ⅰ(명) 대변. 큰 변. 큰 사건. Ⅱ(형동ダ) ①놀라운 모양. ②비상한 모양. Ⅲ(부) 대단히. 매우. Ⅰ1. a serious happening Ⅱ2. great Ⅲvery

たいへん[対辺](명)〈수〉 대변. 상대하는 변. the opposite side

たいべん[胎便](명)〈의〉 태변. 갓난 아이가 태어난 직후에 먹은 것 없이 배설한 똥. 배내똥. meconium

だいへん[代返](명·타サ) 출석(出席)을 부를 때 결석한 학생에 대신하여 대답함. answer the roll call for another

だいべん[大便](명) 대변. 똥. faeces

だいべん[代弁·代辦](명·타サ) 대변. ①본인을 대신해서 변상함. ②사무를 대신 봄. 1. payment by proxy

だいべん[代弁·代辯](명·타サ) 대변. 본인을 대신해서 의견을 말함. speaking by proxy

たいほ[退歩](명·자サ) 퇴보. ①뒷걸음침. ②퇴화함. ↔進歩(シンポ). 1. backing 2. retrogression

たいほ[逮捕](명·타サ) 체포. (죄인 등을) 붙잡음. 「―状(ジョウ); 체포장」 arrest

たいほう[大方](명) ①세상 물정이나 학문 또는 도량이 넓은 사람. ②대체. 개요. 「―の教(オシ)えを乞(コ)う; 대체적인 가르침을 바라다」 2. an outline

たいほう[大法](명) 대법. 중요한 법률. 「国(クニ)の―; 나라의 중요한 법률」 the law of the land

たいほう[大砲](명) 대포. 화약의 힘으로 포탄을 멀리 내쏘는 큰 화기. a gun

たいぼう[大望](명) ⇨たいもう.

たいぼう[耐乏](명) 내핍. 물건이 결핍된 것을 참고 견딤. 「―生活(セイカツ); 내핍 생활」 austerity

たいぼう[待望](명·타サ) 대망. 기다리고 바람. longing

たいぼう あみ[大謀網](명) 자루 모양의 큰 어망(漁網). 다랑어, 방어, 정어리 등을 잡는 데 쓰임. a fixed pound net

たいほく[台北](명)〈지〉 대북. 자유 중국의 수도. 대만 북부에 있으며 문화, 경제의 중심지.

たいぼく[大木](명) 대목. 큰 나무. a gigantic tree

だいぼさつ[大菩薩](명)〈불〉 대보살. ①아주 뛰어난 보살. ②보살의 높임말.

たいほん[大本](명) 대본. 근본. the great foundation

だいほん[台本](명) 대본. 연극, 영화의 각본. 시나리오. a playbook

だいほんえい[大本営](명) 대본영. 전시(戦時)에 일본 천황 밑에 두었던 최고의 통수부(統帥部). the Imperial headquarters

だいほんざん[大本山](명)〈불〉 대본산. ①총본산. ②총본산의 아래에 있어서 다른 절을 다스리는 본산.

たいま[大麻](명) ①이세 신궁(伊勢神宮)이나 기타의 신사(神社)에서 나누어 주는 종이 부적(符籍). 「―暦(レキ); 매년 신궁에서 전국에 나누어 주는 달력」 ②〈식〉 대마. 삼. 2. hemp

たいま[対馬](명) 맞장기. 맞수. equal terms

タイマー[timer](명) 타이머. ①경기할 때 시간을 재는 사람. ②시간을 재는 기계. 스톱워치.

たいまい[大枚](명)〈속〉 많은 금액. 「―五万円(ゴマンエン); 5만원의 대금」 a large sum

たいまい[玳瑁·瑇瑁](명)〈동〉 대모. 바다 거북의 한 가지. 등 껍데기에는 황색과 흑색의 얼룩이 있으며 세공(細工)의 재료가 됨. a hawk's bill

たいまつ[松明](명) 송진이 많은 소나무, 대, 갈대 따위를 다발로 묶어서 불을 붙인 것. 등화용 횃불. a torch

たいまん[怠慢](명·형동ダ) 태만. 게으름. negligence

たいみそ[鯛味噌](명) 익힌 도미의 살을 된장에 섞은 음식. bean paste containing bream meat

〔松明〕

だいみゃく[代脈](명) 대맥. 대진(代診). 또는 대진하는 사람. a doctor's assistant

だいみょう[大名](명) ①넓은 영토를 가진 무사(武士). ②에도(江戸) 시대에 연봉(年俸) 만석(万石) 이상의 무가(武家). 「―行列(ギョウレツ); 제후의 공식으로 행차하는 행렬」 2. a feudal lord. ― **りょこう**[大名旅行](명)〈속〉 고급 관리나 의원(議員) 등의 호화로운 여행.

だいみょうじん[大明神](명) 신의 이름 아래 붙이는 칭호.

タイミング[timing](명) 타이밍. 때를 맞추어 행동하는 것. 「―が合(ア)わない; 시기가 맞지 않는다」

タイム[thyme](명) 다임. 향미료의 하나. 유럽 원산의 백리향(百里香)을 가루로 만들어 사용함.

タイム[time](명) 타임. ①시간. ②시합, 경기 등의 일시 중지. 「―を要求(ヨウキュウ)する; 타임을 요구하다」 ― **アップ**[time up](명·자サ) 타임업. 소정의 시간이 끝남. ― **キーパー**[time keeper](명) 타임키이퍼. 〔경기 등에서〕 시간을 재는 사람. ― **スイッチ**[time-switch](명) 타임스위치. 일정한 시간이 지나면 자동적으로 전류가 흐르거나 끊어지게 한 장치. ― **レコーダー**[time recorder](명) 타임레코오더. 카아드를 끼우면 출근, 퇴근 등의 시각이 자동적으로 기입되는 기계. 시간 등록기.

だいむ[代務](명) 남을 대신해서 사무를 봄. procuration

タイムズ[Times](명) 타임즈. 신문. 시보(時報). 「ニューヨーク―; 뉴우요오크타임즈」

タイムリー[timely](형동ダ) 타임리. 시기가 마침 좋은 모양. 「―なくわだて; 시기에 알맞는 계획」 ― **ヒット**[timely hit](명) 타임리히트. 〔야구에서〕 득점이 될 만한 때 치는 안타(安打). 적시(適時) 안타.

たいめ[対面](명)〈고〉 면회(面会).

たいめい[大命](명) 임금의 명령. an Imperial command

たいめい[待命](명·자サ) 대명. ①명령을 기다림. ②관리 등이 관직은 가졌으나 직무가 없음. 대기(待期). 1. awaiting orders

だいめい[題名](명) 제명. 표제 이름. 제목. the title

だいめいし[代名詞](명) 대명사. 〔문법에서〕 명사를 대신해서 사물을 가리키는 말. 예: 너, 그 등. a pronoun

たいめん[対面](명·자サ) 대면. ①사람을 만남. 면회. ②마주 봄. 「―交通(コウツウ); 사람은 우측, 차는 좌측을 통행하는 교통」 1. an interview

たいめん[体面](명) 체면. 「―を傷(キズ)つける; 체면을

손상하다」 honour

たいもう[大望](명) 대망. 큰 소원. an ambition

だいもく[題目](명) 제목. ①표제(表題). ②문제. ③개조(箇条). ④〈불〉〔니치렌종(日蓮宗)에서〕 나무 묘법 연화경(南無妙法蓮華経)의 7자. 「おーを唱(トナ)える; 나무 묘법 연화경의 7자를 외다」 1. a title

だいもつ[代物](명) ①대금(代金). 대가(代價). ②돈의 다른 이름. 1. charge 2. money

だいもん[大門](명) 대문. 큰 문. 정문(正門). the gate

だいもん[大紋](명) ①커다란 가문(家紋). ②커다란 가문을 염색해 넣은 늘어뜨린 발이나 커어튼. 또는 예복. a large pattern

だいもんじ[大文字](명) ①대문자. 크고 굵은 문자. ②뛰어난 문장. 1. a big letter

たいや[逮夜](명)〈불〉 기일(忌日)의 전야(前夜). the eve of the anniversary of one's death

タイヤ[tyre·tire](명) 타이어. 차량(車輛)의 고무 바퀴.

ダイヤ[dia](명) 다이아. ①다이아몬드의 준말. ②다이어그램의 준말. 「列車(レッシャ)ーの改正(カイセイ); 열차 시간의 개정」

たいやく[大厄](명) ①큰 재난. ②큰 액년(厄年). 남자는 42세, 여자는 33세. 1. a great calamity

たいやく[大役](명) 대역. 중요한 역할. 중대한 임무(任務). an important task

たいやく[大約](부) 대략. 대강. a summary

たいやく[対訳](명·타サ) 대역. 원문과 그것을 번역한 문장을 비교할 수 있도록 함. 또는 그렇게 한 것. a translation side by side with the original

だいやく[代役](명·자サ) 대역. 〔연극 등에서〕 대신 출연함. 또는 그 역. substitution

ダイヤグラム[diagram](명) 다이어그램. 열차의 운행(運行) 시간표.

ダイヤモンド[diamond](명) 다이아몬드. ①〈광〉 금강석. ②〔트럼프에서〕 빨간 능형(菱形)의 무늬가 든 카아드. ③〔야구에서〕 내야(内野). 「great courage

たいゆう[大勇](명) 대용. 큰 용기. 참된 용기. ↗

だいゆうせい[大遊星](명)〈천〉 대유성. 목성, 토성, 천왕성(天王星), 해왕성(海王星), 명왕성(冥王星)의 4개의 큰 유성. 대혹성(大惑星). ↔小遊星(ショウユウセイ). a major planet

たいよ[貸与](명·타サ) 대여. 빌려 줌. lending

たいよう[大洋](명) 대양. ①큰 바다. ②〈지〉 대륙을 둘러 싼 대해. the ocean. **—しゅう**[大洋州](명) 대양주. 6대주의 하나. 오스트레일리아 대륙과 부근의 섬으로 이루어짐. 오세아니아.

たいよう[大要](명·부) 대요. ①대체적인 요점. ②개요. 「計画(ケイカク)のー; 계획의 대요」 1. a gist

たいよう[太陽](명)〈천〉 태양. 해. ↔太陰(タイイン). the sun. **—けい**[太陽系](명)〈천〉 태양계. 태양을 중심으로 하는 천체의 계통. **—れき**[太陽暦](명)〈지〉 태양력. 지구가 태양의 주위를 한 바퀴 도는 시간을 약 365일로 하여 정한 달력. ↔太陰暦(タイインレキ).

たいよう[態様](명) 모양. 상태. 형태. 형편. mode

たいよう[耐用](명) 내용. 기계 등이 사용에 견디는 일. 「一年数; 내용 연수」

だいよう[代用](명·타サ) 대용. 대신 씀. 「一品(ヒン); 대용품」 substitution. **—しょく**[代用食](명) 대용식. 쌀 대신 먹는 주식. 예: 빵, 국수 등.

たいよく[大欲](명) 대욕. 큰 욕망. 「ーは無欲(ムヨク)に似(ニ)たり; ①욕심이 너무 크면 욕심이 없는 것처럼 보인다」 ②욕심이 과하면 손해 본다. avarice

たいら[平ら]タヒラ(명·형동ダ) ①평평함. ②산간의 평지. ③책상 다리로 앉음. 「どうぞおーに; 편히 앉으십시오」 1. flatness 3. sitting in an easy posture. **—か**[平らか](형동ダ) ①평평한 모양. ②똑바른 모양. ③평온한 모양. ④만족한 모양. ⑤무사한 모양.

たいら·ぐ[平らぐ]タヒラグ(자4) ①평정되다. ②다 먹어 버리다. 1. be suppressed

たいら·げる[平らげる]タヒラゲル(타하1) ①다스리다. 평정하다. 「敵(テキ)をー; 적을 평정하다」 ②몽땅 먹어 버리다. 2. eat up

たいらん[大乱](명) 대란. 큰 소란. a serious disturbance

たいらん[台覧](명) 보다의 높임말. 귀인(貴人), 황족(皇族)의 경우에 씀. inspection

タイラント[tyrant](명) 타이런트. ①전제 정치의 군주. 참주(僭主). ②폭군(暴君). 「big profits

たいり[大利](명) 대리. 큰 이익. ↔小利(ショウリ) ↗

だいり[内裏](명) ①옛날 천황의 어전(御殿). 황거(皇居). 금리(禁裏). ②←内裏雛. 1. the Imperial Palace. **—びな**[内裏雛](명) 천황, 황후의 모습을 본떠서 만든 남녀 한 쌍의 인형(人形).

だいり[代理](명·자サ) 대리. 본인을 대신함. 또는 그 사람. 「一人(ニン); 대리인」 agency

だいりき[大力](명) 매우 센 힘. 큰 힘. 「一無双(ムソウ); 겨룰 사람이 없을 정도로 굉장히 힘이 셈」 great strength

たいりく[大陸](명) 대륙. ①지구상의 광대한 육지. ②유럽. ③만주, 중국. 1. a continent. **—だな**[大陸棚](명)〈지〉 ⇨りくだな. **—てき**[大陸的](형동ダ) 대륙적. 대륙의 특유한 모양. **—てききこう**[大陸的気候](명)〈지〉 대륙적 기후. 대륙에 특유한 기후. 한서(寒暑)의 차가 심하고 건조함. 대륙성 기후.

だいりせき[大理石](명)〈광〉 대리석. 석회암의 질이 변해서 다시 결정(結晶)한 흰 돌. 어떤 것은 여러 가지 색과 무늬가 있음. 건축, 조각 등에 씀. marble

たいりつ[対立](명·자サ) 대립. ①맞서 있음. ②서로 반대의 입장에 섬. opposition

たいりゃく[大略](부) 대략. 거의. 대개. almost

だいりゃく[大略](명) 큰 계략(計略). 웅대(雄大)한 계획. a great plan

たいりゅう[対流](명)〈이〉 대류. 열을 가했을 때 액체나 기체가 순환하는 운동. convection. **—けん**[対流圏](명)〈천〉 대류권. 지상에서 약 10 *km* 까지의 공기가 대류(対流)하고 있는 범위. ↔成層圏(セイソウケン).

たいりゅう[滞留](명·자サ) 체류. ①오래 머물러 있음. 체재(滞在). ②일의 진척(進陟)이 안됨. 정체(停

滞). 지체(遅滞). 1. staying

たいりょう[大量](명) 대량. ①도량이 넓은 것. ②양이 많은 것. 「—生産(セイサン); 대량 생산」 1. magnanimity

たいりょう[大猟](명) 대렵. 새나 짐승 등이 많이 잡힌 사냥. a large bag

たいりょう[大漁](명) 대어. 물고기가 많이 잡히는 일. a good catch

たいりょう[体量](명) 몸무게. 체중. body-weight

たいりょう[退寮](명·자サ) 합숙소, 기숙사 등에서 나옴. leaving from a dormitory

たいりょく[体力](명) 체력. ①몸의 힘. 「—の増進(ゾウシン); 체력 증진」 ②신체의 작업 능력과 저항력. 1. bodily force

たいりん[大輪](명) 커다란 꽃송이. ↔小輪(ショウリン). a large flower

たいりん[台臨](명·자サ) 황후(皇后), 황족(皇族)의 임석(臨席). a visit by the Empress

タイル[tile](명) 타일. 바닥이나 벽에 붙이기 위하여 흙이나 돌가루를 조그마한 조각으로 구운 것.

たいるい[苔類](명)〈식〉 태류. 선태(蘚苔) 식물에 속하는 한 아문(亜門). 엽록소가 있어 탄소 동화 작용을 함. the liverworts

たいれい[大礼](명) 대례. ①중대한 의식. 예: 관, 혼, 상, 제(冠婚喪祭) 등. 「—服(フク); 대례복」 ②즉위(即位)의 의식. 대전(大典). 1. important ceremonies

たいれい[頽齢](명) 노령(老齢). old age

タイレコード[tie record](명) 타이 레코오드. 〔경기에서〕 같은 기록. 동점.

たいれつ[隊列](명) 대열. 대를 지어 선 행렬. file

たいろ[退路](명) 퇴로. 달아나는 길. 도망길. the path of retreat

たいろう[大老](명) 에도 막부(江戸幕府)에서 행정상 최고 지위의 관직.

たいろう[大牢](명) ①훌륭한 음식. 「—の珍味(チンミ); 훌륭한 음식의 좋은 맛」 ②옛날 중국 천자(天子)가 사직(社稷)에 제사 지낼 때 바친 소, 양, 돼지 등. 1. elegant food

だいろっかん[第六感](명) 제 6 감. 오관(五官) 이외의 감각. the sixth sense

たいろん[対論](명·자サ) 대론. 서로 맞서는 의론(議論). discussion

たいわ[対話](명·자サ) 대화. 서로 얘기함. 대담(対談). 회화(会話). conversation

だいわくせい[大惑星](명)〈천〉 ⇨だいゆうせい.

たいわん[台湾](명)〈지〉 대만. 자유 중국의 정부가 있는 섬. Formosa

たいん[多淫](명·형동ダ) 다음. 음사(淫事)가 지나침. lustfulness

ダイン[dyne](명)〈이〉 다인. 힘의 단위. 질량 1*g*의 물체에 작용해서 매초 1*cm*의 가속도(加速度)를 만들어내는 힘.

たう[多雨](명)〈농〉 다우. 많은 비. 「高温(コウオン)—; 기온이 높고 비가 많음」 much rainfall

たうえ[田植え]—ウヱ(명·자サ) 모심기. 모내기. rice-transplantation

たうち[田打ち](명)〈농〉 이른 봄에 논을 갈아 엎는 일. ploughing

ダウへいきん[Dow 平均](명)〈경〉 다우 평균. 다우 존스 산식 평균 주가(Dow Jones 算式平均株価). 권리가 떨어지리라는 예상에 따라 값이 떨어지는 것을 수정해서 계산한 주가의 평균. the Dow Jones averages

だうま[駄馬](명) ①짐 싣는 말. ②시시한 말. 2. a hack

だうん[朶雲](명) 상대방 편지의 높임말.

タウン[town](명) 타운. 마을. 읍. 도시. 「—ウエア; 외출복」

ダウン[down](명·자타サ) 다운. ①아래. ②수도에서 지방으로 내려 가는 열차. ③늘어뜨림. ↔アップ. ④〔권투에서〕 쓰러짐.

たえ[妙]タヘ(명·형동ナリ) 인간이 한 것으로는 생각되지 않을 만큼 솜씨가 좋음. 묘함. 「—なる楽(ガク)の音(ネ); 신묘한 음악 소리」 marvellous

たえ[栲]タヘ(명)〈고〉 ①형겊. ②나무껍질로 짠 옷감.

たえい・る[絶え入る](자 4) 숨이 끊어지다. 죽다. expire

たえがた・い[堪え難い]タヘ—(형) 참기 어렵다. 매우 괴롭다. 「—苦痛(クツウ); 참기 어려운 고통」 파생 —**げ**(형동) —**さ**(명). unbearable

だえき[唾液](명)〈생〉 타액. 침. 소화를 돕는 작용이 있음. saliva —**せん**[唾液腺](명)〈생〉 타액선. 포유동물의 입속에 있는 침을 내는 분비선(分泌腺).

たえざる[絶えざる](연어) 계속하는. 끊임 없는. 부단한. 「—研究(ケンキュウ); 끊임 없는 연구」 constant

たえしの・ぶ[堪え忍ぶ]タヘ—(자 4) 괴로운 것을 참다. 견디다. tolerate

たえず[絶えず](부) 항상. 늘. 언제나. 부단히. always

たえだえ[絶え絶え](형동ダ) 숨이 곧 끊어질 듯한 모양. 「息(イキ)も—に; 숨이 끊어질 듯이」 faintly

たえて[絶えて](부) ①조금도. 전혀. ②뛰어나게. 유달리. 1. never once

たえは・てる[絶え果てる](자하 1) ①완전히 끊어지다. 아주 없어지다. ②숨이 끊어지다. 죽다. 1. be extinguished 2. expire

たえなる[妙なる]タヘ—(형동ナリ) ⇨:たえ.

たえま[絶え間](명) 끊어진 사이. 「雲(クモ)の—; 구름 사이」 an interval

た・える[耐える・堪える]タヘル(자하 1) ①참다. 견디다. ②지지 않고 버티다. 「風雪(フウセツ)に—; 눈바람에 견디다」 ③충분한 능력, 소질이 있다. 감당할 수 있다. 「負担(フタン)に—; 부담을 감당할 수 있다」 ④…할 만한 가치가 있다. 「読(ヨ)むにたえない; (시시해서) 도저히 읽을 수가 없다」 1. endure 3. can hold out

た・える[絶える](자하 1) ①끊어지다. 도중에 잘리다. ②없어지다. 망하다. ③죽다. ④멀리 떨어지다. ⑤멎다. ⑥왕래나 관계가 없어지다. 1. discontiue 3. die

だえん[楕円・橢円](명) ⇨ちょうえん(長円).

たえんきさん[多塩基酸](명)〈이〉 다염기산. 염기(塩気)와 중화하여 금속으로 치환(置換)할 수 있는 수소를 2개 이상 가진 산(酸). polybasic acid

たお·す[倒す]タフス(타 4) ①넘어뜨리다. ②굴리다. ③멸망시키다. ④뒤집다. ⑤누이다. ⑥손해를 끼치다. 1. throw down 2. roll

たお·す[殪す]タフス(타 4) 죽이다. 죽게 하다. kill

たおやか タヲー(형동ダ)〈고〉 ①우아한 모양. ②우미(優美)한 모양. 「1. a graceful woman 2. a woman↘

たおやめ[手弱女]タヲヤー(명) ①우아한 여자. ②여자.

たお·る[手折る]ーヲル(타 4) ①손으로 꺾다. 「枝(エダ)を—; 가지를 꺾다」 ②손에 잡다. ③아내 또는 첩으로 삼다. 1. pluck

タオル[towel](명) 타월. 서양식의 두꺼운 천. 수건. 「—のねまき; 타월지의 잠옷」

たお·れる[仆れる]タフレル(자하 1) ①병이나 부상으로 활동을 할 수 없게 되다. ②죽다. 2. die

たお·れる[倒れる]タフレル(자하 1) ①넘어지다. 쓰러지다. ②자다. 눕다. ③뒤엎어지다. 뒤집히다. ④파산하다. 1. fall

たか—[高](조어) 높은. 「—げた; 굽 높은 왜나막신」

たか[高](명) ①높은 것. ②수. 수량. ③수확의 분량. ④봉록(俸禄). ⑤한도. 정도. 「—が知(シ)れている; 정도가 알려져 있다 (뻔하다)」 1. being high 2. quantity

たか[鷹](명)〈동〉 매. 사나운 새의 한 가지. a hawk

たか[多寡](명) 다과. 많고 적음. 다소(多少). many or few, much or little

たが[箍](명) 나무통의 주위에 두른 대나무나 금속의 테. 통테. 「—がゆるむ; 테가 느슨해지다. 나이를 먹거나, 긴장이 풀려 능력이 둔해지다」 a hoop

たが[誰が](연어) ①누가. 「—なせるわざ; 누가 한 짓」 ②누구의. 「—ために; 누구를 위하여」 1. who 2. whose

〔箍〕

—だか[高](조어) ①수량. 「生産(セイサン)—; 생산고」 ②금액. 「売(ウ)りあげ—; 매상고」

だが(접) 그렇기는 하지만. 그러나. but

たかあがり[高上がり](명) ①높은 곳에 오르는 일. ②상좌에 앉는 일. ③예상보다 값이 많이 치이는 일. 1. going up

たかあし[高足](명) ①발을 높이 들고 걷는 걸음. ②다리가 긴 것. ③(소반 등의) 다리가 긴 것. ④죽마(竹馬). ⑤〔연극에서〕 높이 만든 이중(二重) 무대. 2. long legs 3. a tall service tray

たかあしがに[高足蟹](명)〈동〉 긴발게. 가장 큰 게. 수놈의 집게발을 좌우로 펼치면 5*m*에 달하는 것도 있음. a giant spider-crab

たか·い[高い](형) ①높다. 「背(セ)が—; 키가 크다」 ↔低(ヒク)い. ②(등급이) 위에 있다. 「位(クライ)が—; 지위가 높다」 ③능력 등이 뛰어나다. 「目(メ)が—; 감식안(鑑識眼)이 높다」 ④눈금의 수자가 많다. 「温度(オンド)が—; 온도가 높다」 ⑤널리 퍼지다. 「評判(ヒョウバン)が—; 평판이 높다」 ⑥우수하다. 「香(カオ)りが—; 향기가 높다」 ⑦심하다. 세다. 「熱(ネツ)が—; 열이 높다」 ⑧(값이) 비싸다. [파생] **—さ**(명). 1. tall 2. high 8. dear

たかい[他界](명·자サ) 타계. ①다른 세계. ②죽음. 1. the other world 2. death

たがい[互い]タガヒ(명) ⇨おたがい. **—せん**[互い先](명) 호선. 〔바둑, 장기에서〕 교대로 선수(先手)가 되는 일. 맞바둑. **—ちがい**[互い違い]ーチガヒ(명) 양쪽에서 엇갈리는 것. 교대로 들어 가고 나가고 하는 것. **—に**[互いに](부) ①서로 교대로. ②양쪽 모두. 서로가.

だかい[打開](명·타サ) 타개. ①베거나 쳐서 여는 일. ②해결의 방도를 찾아 냄. 「危機(キキ)の—; 위기의 타개」 2. solution

たかいびき[高鼾](명) (마음을 푹 놓고) 크게 코를 고는 일. a loud snore

たがいめ[違い目]タガヒー(명)〈고〉 ①어긋남. ②실패.

たが·う[違う]タガフ(자 4) ①다르다. 일치하지 않다. 어긋나다. ②기준(規準)에서 벗어나다. 1. differ 2. be against

たが·える[違える]タガヘル(타하 1) ①어기다. 바꿔다. 「約束(ヤクソク)を—; 약속을 어기다」 ②배반하다. [자] たがう(4). 1. dislocate

たかが[高が](연체) 많아 봤자. 많다고 해도. 겨우. 기껏. 「—課長(カチョウ)ぐらいだろう; 기껏해야 과장 정도겠지」 merely

たかがり[鷹狩り](명) 매사냥. 길들인 매로 꿩 등을 잡는 사냥. hawking

たかく[他覚](명)〈의〉 (증상이) 타인에게도 알 수 있는 것. objective symptoms

たかく[多角](명) 다각. ①모가 많은 것. 「—形(ケイ); 다각형」 ②다방면. 「—的(テキ); 다각적」 1. many angles. **—けいえい**[多角経営](명) 다각 경영. 여러 종류의 사업을 병행해서 행하는 일.

たがく[多額](명·형동ダ) 다액. 많은 금액. 액수가 많은 것. a large sum

たかぐもり[高曇り](명) 하늘에 구름이 높게 끼는 일. overcast with high clouds

たかげた[高下駄](명) 굽이 높은 왜나막신. a clog with high supports

たかさご[高砂](명) ①요오쿄쿠(謡曲)의 하나. 노송(老松)의 정(精)이 노부부(老夫婦)로 화신하여 탈을 쓰고 갈퀴를 손에 들고 나타났다는 얘기를 노래한 것. ②〈지〉 대만(臺湾)의 옛 이름.

だがし[駄菓子](명) 하급(下級) 과자. cheap sweets

たかしお[高潮]ーシホ(명) 태풍, 해중(海中)의 화산 폭발 등으로 육상(陸上)에까지 밀어 닥치는 높은 파도. a tidal wave

たかしまだ[高島田](명) 일본 재래의 여자들의 머리 모양의 한 가지. 높게 올린 시마다마게(島田髷).

たかじゅふん[他花受粉](명)〈생〉 타화 수분. 다른 꽃에서 꽃가루를 받아 열매를 맺는 일. ↔自花(ジカ)受粉. cross-fertilization

たかじょう[鷹匠](명) 매를 다루는 사람. 매를 기르는 사람. a hawker

たかし·る[高知る](타 4)〈고〉 ①통치하시다. ②훌륭하게 세우시다.

たかせぶね[高瀬舟](명) 강에 띄우는 배의 한 가지. 밑이 낮고 평평하며 큼. a flat boat

たかぞら[高空](명) 고공. 높은 지대. high up in the air

たかだい[高台](명) 고대. 높고 평평한 땅. an eminence

たかだか[高高](부) ①높게. 높다랗게. 높이. 「—とだきあげる; 높이 안아 올리다」 ②겨우. 기껏. 「—百円(ヒャクエン)ぐらいの品(シナ); 기껏해야 백 원 정도의 물건」 1. aloft 2. at most

たかちょうし[高調子](명) ①높은 가락. 목소리 등의 가락이 높은 것. ②〈경〉 시세의 오를 기세. ↔安調子(ヤスチョウシ). 1. high pitch 2. rising rate

だかつ[蛇蠍](명) 사갈. ①배암과 전갈. ②지극히 싫어하는 것. 1. a serpent and a scorpion

たかつき[高坏](명)〈고〉 음식물을 담을 때 쓰는 발이 달린 그릇.

だがっき[打楽器](명)〈악〉 타악기. 쳐서 소리를 내는 악기. a percussion instrument

〔高坏〕

たかっけい[多角形](명)〈수〉다각형. 3개 이상의 각을 가진 도형(図形). polygon

たかてこて[高手小手](명) 양손을 뒤로 돌려 엄중히 묶는 일. tightly bounding

たかどの[高殿](명) 높고 큰 전각(殿閣). 고층(高層)의 높다란 집. a stately mansion

たかとび[高飛び·高跳び](명·자サ) ①하늘 높이 낢. ②〔육상 경기에서〕 높이 뛰기. ③〈속〉 멀리 도망 침. 「犯人(ハンニン)が—する; 범인이 멀리 달아나다」 1. a high leap 2. a high jump 3. run away

たかどま[高土間](명) 〔구식 카부키(歌舞伎) 극장에서〕 약간 높게 만든 관람석. the upper parterre

たかな·る[高鳴る](자 4) 크게 울리다. 「胸(ムネ)が—; 가슴이 두근거리다」 ring high

たかね[高音](명) 고음. ①높은 소리. ②샤미센(三味線)의 합주(合奏)에서 고음과 저음(低音)을 서로 교차시킨 것. 1. a hightone

たかね[高値](명) 비싼 값. 고가(高価). ↔安値(ヤスネ). a high price

たかね[高嶺](명) 고령. 높은 산봉우리. 「—の月(ツキ); 높은 산 위에 걸린 달」 a high peak. **—のはな**[高嶺の花](연어·명) 높은 산의 꽃. 그냥 두고만 볼 뿐 손에 넣을 수 없는 것의 비유.

たがね[鏨·鏨](명) 철판 등 쇠붙이를 자르는 데 쓰는 강철로 만든 끌. a graver

たが·ねる[綰ねる](타하 1) 모아서 하나로 뭉치다. 다발을 만들다. bind

たかの[鷹野](명) ⇨たかがり(鷹狩り).

たかのぞみ[高望み](명) 지나친 소원. 분수나 역량 이상의 소원. an excessive hope

たかのは[鷹の羽](명) ①매의 꼬리깃. ②매의 꼬리깃 모양의 가문(家紋)의 하나. ③엇비슷이 굵은 줄을 넣어 구운 가마보꼬. ④〈동〉 아홉동가리. 다동가리과의 바닷물고기. 삼각형을 하고 있으며 흑갈색의 무늬가 있음. 식용. 1. a hawk's feather

たかばなし[高話](명) 큰소리로 얘기를 함. a loud talk

たかはりぢょうちん[高張り提灯](명) 땅에 세운 장대 등의 끝에 높다랗게 매단 큰 초롱. a large paper lantern

たかひく[高低](명) 고저. ①높음과 낮음. ②울룩불룩한 것. 1. high and low

たかびしゃ[高飛車](명·형동ダ) 위압적임. 고자세(高姿勢). 「—に出(デ)る; 고자세로 나오다」 high-handedness

〔高張り提灯〕

たかふだ[高札](명) ⇨こうさつ①.

たかぶ·る[高ぶる](자 4) ①높아지다. 앙양(昂揚)되다. ②뻐기다. 뽐내다. 「おごり—; 교만하고 뽐내다」 1. be highly strung

たかまがはら[高天が原](명) ⇨たかまのはら.

たかまきえ[高蒔き絵](명) 옻을 칠한 곳에 금은박(金銀箔)으로 무늬를 돋아나게 한 그림. embossed gilt lacquer

たかまくら[高枕](명) ①높은 베개. ②안심하고 자는 것. 1. a high pillow

たかまのはら[高天の原](명) ①일본 신화에 나오는 신들이 살던 곳. 아마테라스오오미카미(天照大神)가 지배했다고 함. ②〔신도(神道)에서〕 영혼이 영주(永住)하는 하늘.

たかま·る[高まる](자 4) ①높아지다. 올라가다. 떠오르다. ②진척되다. 1. rise 2. exasperate

たかみ[高み](명) ①높은 곳. 「—の見物(ケンブツ); 높은 곳에서 편히 보는 구경」 ②옆에서 구경만 하고 관여하지 않는 것. 방관(傍観). ↔低(ヒク)み. 1. height

たかみくら[高御座](명) ①중고(中古) 이래 궁전의 중앙에 꾸민 천황(天皇)의 자리. 옥좌(玉座). ②왕위(王位). 1. the throne

たかむら[竹叢·篁](명) 대나무 숲. a bamboo grove

たかめ[高目](명·형동ダ) 높다고 생각되는 정도. ↔安目(ヤスメ). somewhat high

たか·める[高める](타하 1) 높이다. ↔低(ヒク)める. 자 高まる(4). raise

たかもも[高股](명) 허벅다리의 위쪽. the groin

たがやさん[鉄刀木](명)〈식〉 철도목. 콩과에 속하는 교목. 인도 원산. 잎은 좁고 길며 8~15 cm 정도. 순백의 사판화(四瓣花)가 핌. an Indian ironwood

たがや·す[耕す](타 4) (논이나 밭을) 갈다. till

たかようじ[高楊枝](명) 식후에 유유히 이를 쑤시는 일. 「武士(ブシ)は食(ク)わねど—; 무사(武士)는 굶어도 남 보기에는 먹은 것처럼 보인다는 것. 무사의 청빈(清貧)함을 가리키는 말」 a full stomach

たから[宝](명) ①보배. 「—の山(ヤマ); 보물의 산더미」 ②돈. 1. a treasure. **—がい**[宝貝]—ガヒ(명)〈동〉 별보배고둥. 연체 동물(軟体動物) 복족류(腹足類)의 하

나. 난형(卵形)으로서 모양이 아름다와 옛날에는 돈으로 썼음. **―くじ**[宝籤](명) 복권(福券). **―ぶね**[宝船](명) 보물선. **―もの**[宝物](명) 보물. 보배.

たからか[高らか](형동ダ) (목소리 등을) 높다랗게 내는 모양. 「声(コエ)―に; 소리 높이」 loud

たかり[集り](명)〈속〉 ①떼. 무리. ②협박함. 금품을 빼앗음. 또는 그 사람. 1. a crowd

たか·る[集る](자 4) ①모여 들다. 몰려 들다. 뒤끓다. 「はえが―; 파리가 모여 들다」 ②〈속〉 돈이나 물건을 내놓으라고 협박하다. 1. gather

たが·る[度がる](조동·4 형) …하고 싶어하다. 「読(ヨ)み―; 읽고 싶어하다」 want to

たかわらい[高笑い]―ワラヒ(명·자サ) 높은 소리로 웃음. 홍소(哄笑). a loud laugh

たかん[多感](형동ダ) 다감. 어떤 일에 느끼기 쉬운 모양. 감각이 날카로운 모양. 「多情(タジョウ)―; 다정 다감」 sensibility

だかん[兌換](명·타サ)〈경〉 태환. 지폐를 정화(正貨)와 바꿈. conversion. **―けん**[兌換券](명) ⇨だかんしへい. **―しへい**[兌換紙幣](명) 태환 지폐. 중앙 은행이 정화(正貨)와 바꾸는 것을 약속해서 발행하는 지폐.

たかんしょう[多汗症](명)〈의〉 다한증. 전신 또는 국부(局部)의 피부에서 땀이 지나치게 많이 나오는 증상. excessive sweating

たき[滝](명) ①폭포. ②〈고〉 급류(急流). 1. a waterfall

たき[多岐](명·형동ダ) ①길의 갈래가 많음. ②다방면. 「複雑(フクザツ)―な問題(モンダイ); 복잡 다단한 문제」 1. the many branches of a road

たぎ[多義](명·형동ダ) 다의. 많은 뜻을 가짐. diverse meanings

だき[唾棄](명·타サ) 타기. ①침을 뱉음. ②싫어하거나 더러워함. 경멸. 「―すべき人物(ジンブツ); 경멸할 인물」 1. spitting

だき[舵機](명) 타기. 배의 키. 조타기(操舵機). a helm

だき[惰気](명) 타기. 게으른 마음. 「―満満(マンマン); 게으른 마음이 가득함」 inactivity

だきあ·う[抱き合う]―アフ(자 4) 서로 끌어 안다. embrace each other

たきあが·る[炊き上がる](자 4) 밥이 다 되다. 「ごはんが―; 밥이 다 되다」 他 炊き上げる(하 1).

たきあわせ[炊き合わせ]―アハセ(명) 생선과 야채를 따로 요리하여 함께 담은 음식.

だきあわせ[抱き合わせ]―アハセ(명·타サ) 잘 팔리지 않는 물건을 잘 팔리는 물건에 얹어서 파는 것. 動 抱き合わせる(타하 1). a combination sale

たきおとし[焚き落とし](명) 나무가 다 탄 뒤에 남은 불. 장작불. embers

だきかか·える[抱き抱える]―カカヘル(타하 1) 안다. 끌어안다. embrace in one's arms

たきがわ[滝川](명) 계곡의 급류(急流). 격류(激流). rapids

だきかご[抱き籠](명) 여름 밤에 시원하게 자기 위하여 껴안고 자는 대바구니. 죽부인(竹夫人). 「firewood

たきぎ[薪](명) 땔나무. 장작. 「―こり; 나뭇군」 ↗

たきぐち[焚き口](명) 아궁이. a fuel hole

たきぐち[滝口](명) ①폭포수가 떨어지기 시작하는 곳. ②옛날 궁성을 지키던 무사(武士). 1. the top of a waterfall

だきこ·む[抱き込む](타 4) ①품속에 껴안다. ②바짝 껴안다. ③자기 편에 끌어 넣다. 名 抱き込み. 3. bring over a person to one's side

たぎし[舵](명)〈고〉 키.

タキシード[tuxedo](명) 턱시이도우. 밤에 입는 약식(略式) 남자용 예복(礼服). 연미복(燕尾服)의 대용(代用)으로 입음.

たきじま[滝縞](명) 처음에는 굵었다가 차차 가늘어지는 평행의 줄무늬.

たきし·める[焚き染める](타하 1) 향을 피워 (옷 같은 곳에) 향기를 스며 들게 하다. incense

だきし·める[抱き緊める·抱き締める](타하 1) 꼭 껴안다. embrace

だきすく·める[抱き竦める](타하 1) 꼼짝 못하게 꼭 껴안다. hug

たきだし[炊き出し·焚き出し](명·자サ) (비상시에) 밥을 지어 많은 사람에게 먹이는 일. distribution of boiled rice

たぎ·つ[滾つ](자 4)〈고〉 ⇨たぎる.

だきつ·く[抱き着く](자 4) 안다. 달려가 안다. 달라붙다. cling to

たきつけ[焚き付け](명) 불쏘시개. kindling wood

たきつ·ける[焚き付ける](타하 1) ①불을 붙이다. 불을 때다. 「ふろを―; 목욕물을 데우다」 ②선동(煽動)하다. 꼬드기다. 1. make a fire 2. stir up

たきつせ[滝津瀬](명) 폭포. 급류(急流). a waterfall

たきつぼ[滝壺](명) 폭포수가 떨어져 흘러 들어 가는 못. the basin of a waterfall

たきのぼり[滝登り](명) 폭포를 거슬러 올라 감. 「鯉(コヒ)の―; 잉어가 폭포를 거슬러 올라 감」 climbing a waterfall

たきのみ[滝飲み](명·타 4) 술 등을 단숨에 쭉 마시는 일. drinking at a gulp

たきび[焚き火](명) ①모닥불. ②화톳불. ③어화(漁火) 등의 횃불. ④부엌에 때는 불. 1. a watch fire

たきぶえ[炊き殖え](명·자 4) (삶거나 해서) 양이 불어남. 「米(コメ)が―する; (밥한) 쌀이 불어나다」

たきぼうよう[多岐亡羊](명) ①다기 망양. 학문의 길이 너무 다방면이어서 진리를 얻기 어려움. ②방침(方針)이 너무 많아 갈피를 못 잡음.

たきもの[焚き物](명) 땔감. 연료(燃料). fuel

たきもの[薫き物](명) ①향. ②향을 피움. 1. incense

だきゅう[打球](명) 타구. 〔야구에서〕 공을 치는 일. 또는 친 공. batting

だきゅう[打毬](명) ①공을 때림. ②옛날 말을 타고 두 티임으로 나누어 공을 굴려 자기 구멍 속에 넣던 경기.
たきょう[他郷](명) 타향. 다른 고장. a stramge land
たぎょう[他行](명·자サ) 외출함. 출타. going out
だきょう[妥協](명·자サ) 타협. 양쪽이 절충해서 매듭을 지음. 「一案(アン); 타협안」 compromise
たぎ·る[滾る](자 4) ①솟아 나다. ②끓어 오르다. 「湯(ユ)が一; 물이 끓다」 田 たぎらす(4). 2. seethe
だきん[打琴](명)〈악〉 타금. 중국 악기의 하나. 줄을 채로 쳐서 연주함. 「1. boil rice
た·く[炊く](타 4) ①(밥 등을) 짓다. ②〈방〉 삶다. ⤴
た·く[焚く](타 4) ①태우다. ②지피다. ③향을 피우다. 1. burn
たく[宅](명) ①집. 주거(住居). 「お一; 귀댁」 ②자기의 집. ③아내가 남에게 자기 남편을 말할 때 쓰는 말. 주인. 1. a house
たく[卓](명) 책상. 테이블. 탁자. 「一を たたいて; 탁자를 치며」 a table
タク(명) 택시의 준말.
だく[跑](명) 말(馬)의 구보(駈歩). trotting
だく[抱く](타 4) ①껴안다. ②마음 속에 품다. 1. embrace 2. cherish
だく[諾](명) ①응답. ②승낙. 긍정(肯定). 1. consent
だく[濁](명) ①탁함. 흐림. ②더러움. 추함. ③부정(不正). ④혼란. 혼탁. ⑤탁음(濁音)의 준말. 1. muddiness 2. dirtiness
だく[駄句](명) 서투른 하이쿠(俳句). 졸렬한 구.
ダグアウト[dugout](명) 더그아우트. 〔야구에서〕 경기장 안의, 선수들이 앉아서 기다리는 좌석.
だくあし[跑足](명) ⇨だく(跑).
たくあつかい[宅扱い]ーアツカヒ(명) 철도 소하물을 보내는 사람 집에서부터 받는 사람 집까지 배달해 주는 것. delivery at the house
たくあん[沢庵](명) 무우를 말려서 소금을 섞은 겨 속에 담근 것. 다꾸앙. 왜무우짠지. pickled radish
たぐい[類い]タグヒ(명) ①같은 정도의 것. 비교될 만한 것. 유례. 「一なき; 유례가 없는」 ②같은 종류. 동류. 「よたものの一; 깡패 족속」 2. class
だくい[諾唯](명) 타인의 말에 대한 응답(応答). a reply
だくい[諾意](명) 승낙하는 의사. an intention to consent
たくいつ[択一](명) 택일. 두 개 이상의 것 중에서 하나를 고르는 것. 「一法問題(ホウモンダイ); 택일법 문제」 「二者(ニシャ)一; 양자 택일」 an alternative
たぐ·う[類う·比う]タグフ Ⅰ(자 4)〈고〉 ①나란히 서다. ②같이 가다. 동반하다. ③필적(匹敵)하다. Ⅱ(타하 2) ①나란히 하다. ②같이 가게 하다. ③비교하다.
たくえつ[卓越](명·자サ) 탁월. 다른 것보다 훨씬 뛰어남. excellence
たぐ·える[類える]タグヘル(타하 1) 나란히 놓고 비교하다. compare with
だくおん[濁音](명) 탁음. ①흐린 소리. ②일본의 카나(仮名)에 점을 찍어 탁음을 나타내는 음. 예: だ, ざ, ば. ↔清音(セイオン).
たくけい[磔刑](명) 책형. 옛날 기둥에 결박하여 세우고 창으로 찔러 죽이던 형벌. crucifixion
たくげん[託言](명) 탁언. ①구실(口実). ②전언(伝言). 1. a pretence 2. a message
たぐさ[田草](명) 논에 자라는 잡초(雑草). weeds in rice-fields
たくさい[卓才](명) 탁재. 뛰어난 재능(才能). 또는 그런 사람. excellent ability
たくさつ[磔殺](명·타サ) 책살. 기둥에 결박하여 세우고 창으로 찔러 죽임. crucifixion
たくさん[沢山](명·부·형동ダ) ①많음. ②충분. 만족. 「もう一だ; 이제 그만 충분하다」 1. plenty 2. enough
たくし[卓子](명) 탁자. 책상. a table
たくじ[託児](명) 탁아. 어버이가 외출 또는 노동하고 있는 동안 아이를 맡아서 보살펴 주는 일. 「一所(ショ); 탁아소」 nursing
たくしあ·げる(타하 1) (줄 등을) 양손으로 번갈아 당겨 올리다. tuck up
タクシー[taxi](명) 택시. ↔ハイヤー.
たくしき[卓識](명) 탁식. 뛰어난 견식. 탁견(卓見). clear-sightedness
たくしこ·む(타 4) ①끌어 당겨 손에 넣다. ②옷을 허리띠 안으로 접어 넣다. 1. haul in
だくしゅ[濁酒](명) 탁주. 막걸리. ⇨:どぶろく.
たくしゅつ[卓出](명·자サ) 탁출. 남보다 훨씬 뛰어남. 걸출(傑出). excellence
たくしょ[謫所](명) 적소. 유배(流配)된 곳. 유배지(流配地). a place of exile
たくしょう[託生·托生](명) 탁생. ①〈불〉 전세(前世)의 인연으로 중생이 모태(母胎)에 몸을 붙임. ②남에게 의지하여 사는 사람. 「一蓮(イチレン)一; 일련 탁생」 2. throw in one's lot with
たくじょう[卓上](명) 탁상. 탁자 위. 「一演説(エンゼツ); 탁상 연설(테이블스피이치)」 on the table
たくしょく[拓殖](명·자サ) 척식. (외지에) 토지를 개척하여 사람이 삶. 개척과 식민(植民). colonization
たくしん[宅診](명)〈의〉 택진. 의사가 자택이나 자기 병원에서 하는 진찰. ↔往診(オウシン). office consultation
だくすい[濁水](명) 탁수. 흐린 물. muddy water
たく·する[託する·托する](타サ) ①맡기다. 의뢰하다. 「人(ヒト)に一; 사람에게 맡기다」 ②핑계 삼다. 「多忙(タボウ)に一; 바쁨을 핑계 삼다」 1. entrust
たく·する[磔する](타サ) 기둥에 결박하여 세우고 창으로 찔러 죽이다. 책살하다. crucify
たく·する[謫する](타サ) ①비난하다. ②귀양 보내다. 유배(流配)하다. 1. blame 2. exile
だく·する[諾する](타サ) 승낙하다. 떠맡다. consent to
だくせ[濁世](명)〈불〉 탁세. ①흐린 세상. 혼탁한 세상. ②이 세상. 현세. 1. a corrupt world 2. this world
だくせい[濁世](명) ⇨だくせ.
だくせい[濁声](명) 탁성. 흐린 소리. a hoarse voice
たくせつ[卓説](명) 탁설. 뛰어난 설. 「名論(メイロン)一; 훌륭한 이론과 뛰어난 설」 an excellent opinion

たくぜつ[卓絶](명·자サ) 탁절. 매우 뛰어남. excellence
たくせん[託宣](명) 탁선. 신의 말. 신탁(神託). an oracle
たくぜん[卓然](형동タルト) 탁연. 높이 뛰어난 모양. pre-eminent
たくそう[託送](명·타サ) 탁송. (짐 등을) 철도나 사람 편에 맡겨 보냄. consignment
だくだく[諾諾](부) 낙낙. 남의 말에 그냥 따르는 모양. 「一と引(ヒ)き受(ウ)ける; 별말 없이 떠맡다」 quite willingly
たくち[宅地](명) 택지. 집의 대지. 주택을 세우기 위한 땅. residential land
だくてん[濁点](명) 탁점. 탁음을 나타내는 부호. 예: "ざ, ご"의「゛」
タクト[tact](명)〈악〉 택트. 지휘봉(指揮棒).
たくぬの[栲布](명)〈고〉 닥나무 등의 섬유로 짠 천.
たくはつ[托鉢](명·자サ)〈불〉 탁발. 중이 바리때를 들고 집집에 다니며 동냥하는 일. 「一僧(ソウ); 탁발승」 religious mendicancy
たくばつ[卓抜](형동ダ) 탁발. 훨씬 뛰어나 있는 상태. 「一な技術(ギジュツ); 뛰어난 기술」 excellence
だくひ[諾否](명) 낙부. 승낙함과 거절함. 「一を問(ト)う; 승낙 여부를 묻다」 yes or no
たくふ[卓布](명) 식탁이나 책상 위에 덮어 씌우는 천. 책상보. 식탁보. a tablecloth
たくほん[拓本](명) 탁본. 비석(碑石) 등의 글자나 그림을 찍어 낸 것. a folio of rubbed copies
たくま[琢磨](명·타サ) 탁마. ①갈고 닦음. ②학문, 도덕, 기능을 연마함. 「切磋(セッサ)一; 절차 탁마」 1. polish
たくまし·い[逞しい](형) ①건장하다. 늠름하다. ②씩씩하다. 왕성하다. 「一気力(キリョク); 씩씩한 기력」 파생 **―げ**(형동ダ) **― さ**(명). 1. stout
たくましゅう·する[逞しゅうする] タクマシウスル(타サ) ①멋대로 하다. 「想像(ソウゾウ)を一; 제 멋대로 상상하다」 ②세력을 떨치다. 1. be rampant
たぐま·る(자 4)〈속〉 주름살져서 우글쭈글해지다. 구겨지다. 「きものが一; 옷이 구겨지다」 be crumpled
たくみ[工み·匠](명) ①(목재 기구를 만드는) 직인(職人). ②목공. 목수 2. a carpenter
たくみ[巧み] Ⅰ(명) ①궁리. 계획. 취향(趣向). ②수단. 기술. Ⅱ(형동ダ) 교묘한 모양. 솜씨 좋은 모양. 「一に賣(ウ)りつける; 교묘하게 팔아 넘기다」 Ⅰ 1. a plan Ⅱ skilful
たくみりょう[内匠寮](명) ①예전 궁중(宮中)의 수리 및 기물(器物) 등의 일을 취급하던 관청. ②예전 토목 건축 일을 관장하던 기관.
たく·む[巧む](타 4) ①궁리하다. 고안(考案)하다. ②꾸미다. 기획(企画)하다. 1. devise
たくよう[托葉](명)〈식〉 탁엽. 보통 잎의 잎꼭지(葉梗) 밑에 붙은 두 개의 작은 잎. a pair of stipules
たくら·ぶ(타하 2)〈고〉〔"た"는 접두어〕 비교하다. 견주다.
たくらみ[企み](명) (나쁜) 꾀. 음모. a plan
たくら·む[企む](타 4) 기도(企図)하다. 꾀하다. design
だくらん[濁乱](명·자サ) 탁란. 사회나 정치가 흐리고 어지러움. muddy confusion
たぐりこ·む[手繰り込む](타 4) 잡아 당겨 손에 넣다. haul in
たくりつ[卓立](명·자サ) 우뚝 솟아 있음. towering
だくりゅう[濁流](명) 탁류. 흐린 물의 흐름. a muddy stream
たく·る(타 4) ①빼앗다. 탈취(奪取)하다. 잡아 채다. ②걷어 올리다. 1. snatch
たぐ·る[手操る](타 4) 양손으로 번갈아 가며 당기다. 「糸(イト)を一; 실을 끌어 당기다」 haul in
だく·る[駄句る](자 4)〈속〉 시시한 하이쿠(俳句)를 짓다.
たく·れる(자하 1)〈속〉 우글쭈글 주름이 잡히다. 「着物(キモノ)が一; 옷이 구겨지다」 become wrinkled
だくろう[濁浪](명) 탁랑. 흐린 물의 파도. 「一に呑(ノ)まれる; 탁랑에 삼켜지다」 muddy waves
たくろん[卓論](명) 탁론. 뛰어난 이론. 「一を吐(ハ)く; 탁론을 말하다」 an excellent argument
たくわえ[貯え·蓄え] タクハヘ(명) ①저축. 저장. ②저금. 예금. 1. storing
たくわ·える[貯える·蓄える] タクハヘル(타하 1) ①저축하다. 모아 두다. ②갖추어 놓다. 1. store
たくわん[沢庵](명) ⇨たくあん.
たけ[丈](명) ①높이. 키. 신장. 「身(ミ)の一; 신장(키)」 ②길이. 「きものの一; 옷의 길이」 ③있는 것 모두. 모조리. 「思(オモ)いの一を打(ウ)ち明(ア)ける; 생각을 모조리 털어 놓다」 1. height
たけ[竹](명) ①〈식〉 대나무. ②피리 등 대나무로 만든 관악기. 1. a bamboo
たけ[岳·嶽](명) 높은 산. a high mountain
たけ[茸](명)〈식〉 버섯. 「一狩(ガリ); 버섯 따기」 a mushroom
たけ[他家](명) 타가. 다른 집(집안). another family
たげ[度げ](조동·형동ダ형) …하고 싶은 모양. 「やり一な顔(カオ)つき; 하고 싶은 듯한 얼굴」 want to
だけ[丈](수조) ①한정을 나타내는 말. …만. 「君(キミ)一は; 너만은」 ②한도를 나타내는 말. …만. …뿐. 「これ一は確(タシ)かだ; 이것만은 확실하다」「それ一だ; 그것뿐이다」 ③한정된 분량을 나타내는 말. …만. 「三日(ミッカ)一; 3일만」 ④정도를 나타내는 말. …까지. 「行(ユ)ける一は行(ユ)く; 가는 데까지는 간다」 ⑤비례하는 뜻을 나타내는 말. …만큼. 「書(カ)けば書く一; 쓰면 쓰는 것 만큼」 1. only
たげい[多芸](명·형동ダ) 다예. 재주가 많음. 「一多才(タサイ); 다재 다능」 versatility
たけうま[竹馬](명) 죽마. ①대막대를 사타구니에 끼워 올라 타고 말을 타는 듯한 기분을 내는 어린이들의 놀이. 또는 그 대. ②두 개의 대나무에 발걸이를 달아 그 위에 올라 서서 걷는 놀이 도구. 2. stilts
たけお[猛夫](명)〈고〉 사납고 용맹스러운 남자.
たけがき[竹垣](명) 대나무 울타리. a bamboo fence
たけがり[茸狩り](명·자サ) 버섯 따기. mushroom-gathering

たけ かんむり[竹冠](명) 한자 부수(部首)의 하나. 대죽부. "管, 筆" 등의 "⺮" 부분.
だげき[打撃](명) 타격. ①때림. 침. ②부숨. ③손해. ④충격. 「一を受(ウ)ける; 충격을 받다」 ⑤〔야구에서〕 공을 치는 일. 1. striking 5. batting
たけ くらべ[丈比べ](명·자サ) (아이들이) 서로 키를 비교함. 키 자랑. comparison of stature
たけ ざいく[竹細工](명) 죽세공. 대나무를 재료로 해서 만드는 세공. 또는 그 물건. bamboo working
たけ ざお[竹竿](명) 대나무 장대. a bamboo-pole
たけ·し[猛し](형ク)〈고〉 ①힘이 세고 사납다. 용맹스럽다. ②배짱이 세다. ③세력이 왕성하다.
たけ しま[竹島](명)〈지〉 한국 독도(独島)의 일본 호칭.
たけ す[竹簀](명) 대로 발같이 엮은 것. a bamboo hurdle
たけだけ し·い[猛猛しい](형) ①사납다. 매우 용맹스럽다. ②뻔뻔스럽다. 배짱이 세다. 「ぬすびと一; 도둑놈이 도리어 뻔뻔스럽고 횡포함을 욕하는 말」 1. ferocious
た けつ[多血](명) 다혈. ①피가 많은 것. ②쉬 감격하는 것. 「一漢(カン); 다혈질인 사나이」 1. full of blood. **— しつ**[多血質](명)〈심〉 다혈질. 쾌활하나 격정적(激情的)이고 인내력이 부족한 기질.
だけつ[妥結](명·자サ) 타결. 서로 절충해서 이야기를 끝맺음. 「交渉(コウショウ)が一した; 교섭이 타결되었다」 an agreement
たけなわ[酣わ·闌わ]タケナハ(명·형동ダ) ①한창. 절정(絶頂). ②한창때를 넘어선 무렵. 1. the height
たけ の かわ[竹の皮]一カハ(명) ①대나무 줄기의 외피(外皮). 대나무 껍질. ②죽순(竹筍)을 둘러 싸고 있는 비늘 모양의 껍질. 죽순 껍질. a bamboo-sheath
たけ の こ[竹の子·筍](명) ①죽순(竹筍). 대나무의 새싹. ②←たけのこ医者. ③〈속〉 가지고 있는 물건을 팔아서 그것으로 살아 가는 일. 「一生活(セイカツ); 갖고 있는 물건을 팔아 연명하는 생활」 1. a bamboo shoot. **— いしゃ**[竹の子医者·筍医者](명)〈속〉 경험이 적고 아주 서투른 의사.
たけ の そのう[竹の園生](명)一ソノフ ①대나무가 무성한 곳. 대밭. ②황족의 딴 이름. 중국의 고사(故事)에서 나온 말. 1. a bamboo thicket 2. the Imperial family
たけ·ぶ[哮ぶ·誥ぶ](자 4)〈고〉 거칠게 부르다. 무서운 모양으로 부르짖다.
たけ べら[竹箆](명) 대나무 주걱. a bamboo spatula
たけ ぼうき[竹帚·竹箒](명) 대나무 가지로 만든 비. a bamboo broom
たけ みつ[竹光](명) ①대나무로 만든 칼. 죽도(竹刀). ②들지 않는 칼. 1. a bamboo sword
たけ やぶ[竹籔](명) 대나무가 무성한 곳. 대나무 숲. 대숲. a bamboo grove
たけ やま[茸山](명) 버섯이 많은 산. a mountain abundant in mushrooms
たけ やらい[竹矢来](명) 대나무를 가로 세로 엮어 만든 울타리. a bamboo palisade
たけ やり[竹槍](명) 죽창. 대나무 끝을 뾰족하게 깎아서 만든 창. 대창. a bamboo spear
たけりた·つ[哮り立つ](자 4) ①사납게 울부짖다. 포효(咆哮)하다. 흥분하여 떠들썩하게 고함 지르다. ②굉장한 세력을 나타내다. 2. become furious
た·ける[長ける·闌ける](자하 1) ①뛰어나다. 충분하게 되다. 「わざに一; 기술에 뛰어나다」 ②한창때가 되다. ③한창때를 넘어서다. 1. rise high
たけ·る[哮る](자 4) 부르짖다. 포효(咆哮)하다. 고함지르다. 「ほえ一; 세차게 포효하다」 shout
たけ·る[猛る](자 4) 난폭해지다. 용감해지다. rage
た けん[他見](명·타サ) 타견. 타인이 봄. 타인에게 보임. 「一を禁(キン)じる; 타인이 보는 것을 금하다」 publicity
た けん[他県](명) 타현. 다른 현. another prefecture
た げん[多元](명) 다원. 많은 근원(根元). 「一放送(ホウソウ); 다원 방송. 많은 방송국을 연결해서 종합적인 방송을 하는 일」 pluralism. **— てき**[多元的](형동ダ) 다원적. 많은 근원적인 입장이 있는 모양. **— ろん**[多元論](명)〈철〉 다원론. 많은 근원적(根元的)인 성립(成立)의 실재(実在), 또는 원리를 인정하고 이에 의해서 세계가 이루어진 것을 설명하려 하는 입장. ↔一元論(イチゲンロン).
た げん[多言](명·자サ) 다언. 말이 많음. 잔소리. 여러 말. 「一を要(ヨウ)しない; 여러 말이 필요 없다」 many words
たこ[凧](명) 연. 가느다란 대나무살에 종이를 바르고 실을 달아 하늘에 띄우는 노리개. a kite
たこ[蛸·章魚](명) ①〈동〉 문어. 바다에 사는 여덟 개의 다리를 가진 동물. 몸이 물렁물렁하고 다리에 흡반(吸盤)이 있음. ②땅을 굳히거나 말뚝을 박을 때 사용하는 도구. 달구. 1. an octopus
たこ[胼胝](명) 피부가 굳어 딱딱해진 것. 못. 「耳(ミミ)に一ができる; 귀에 못이 박히다(싫증이 날 정도로 몇 번이고 같은 말을 들음의 비유)」 a callosity
た ご[田子](명)〈고〉 논을 경작하는 사람. 농사군.
た ご[担桶](명) ①물 따위를 넣어 두는 통. ②거름통. 1. a wooden pail 2. a night soil pail
た こう[他校](명) 타교. 다른 학교. another school
た こう[多幸](명·형동ダ) 다행. 행복이 많음. 「ご一を祈(イノ)る; 다복하시기를 빕니다」 great happiness
だ こう[蛇行](명·자サ) 사행. 꾸불꾸불 구부러져 감. 「一川(セン); 사행천」 meandering
たこう しき[多項式](명)〈수〉 다항식. "+" 또는 "−"로 몇 개의 단항식(単項式)을 이어 놓은 정식(整式). a polynomial expression
たこ かいしゃ[蛸会社](명) 이익이 없는 데도 주(株)의 이익 배당을 하는 회사.
た こく[他国](명) 타국. 다른 나라. a foreign country
たご さく[田吾作](명)〈속〉 농부. 시골뜨기. 촌놈. a bumpkin
たごし[手輿·腰輿](명) 두 사람이 앞뒤에서, 손이 허리 부근까지 오도록 하여 들고 가는 가마.
たこ つぼ[蛸壺](명) 문어를 잡는 항아리. 바닷속에

넣어 두면 문어가 그 속에 들어 감. an octopus-pot

たこ つり[蛸釣り](명) ①문어를 낚음. ②창 밖에서 대막대기로 방안의 물건을 낚아 훔쳐 가는 일. 1. catching an octopus

たごと[他事](명) ⇨たじ.

たこにゅうどう[蛸入道](명)〈속〉①〈동〉⇨たこ(蛸). ②중대가리. 2. an octopus head

たこの き[蛸木·栄蘭](명)〈식〉 폰다누스. 폰다누스과의 열대성 상록 교목. 키가 9*m* 내외에 이르며 줄기의 하부에서 많은 기근(気根)을 냄. 잎은 좁고 길며 끝이 뾰족하고 가지 끝에 총생(叢生)함. 여름에 노란 꽃이 피며 사람 머리만한 열매를 맺음. an octopus tree

たこ はい(とう)[蛸配(当)](명·자サ)〈경〉 이익이 없는 데도 주(株)의 이익 배당을 함.

た こん[多恨](명) 다한. 한이 많음. 「多情(タジョウ)—; 다정 다한」 many regrets

た ごん[他言](명타サ) 타언. 타인에게 이야기함. telling to others

—た さ[度さ](접미) …하고 싶은 마음. 「こわいもの見(ミ)—; 무서운 것을 보고 싶어하는 마음」

た さい[多才](명) 다재. 재능이 많음. versatile talents

た さい[多彩](명·형동ダ) 다채. ①색채가 많음. 아름다움. ②화려한 여러 가지. 「—な行事(ギョウジ); 다채로운 행사」 1. being colourful

た ざい[多罪](명) 다죄. 죄가 많음. 실례한 데 대하여 사과를 할 때 쓰는 말. 「暴言(ボウゲン)—; 폭언을 해서 실례(했읍니다)」 much guilty

だざい の そつ[太宰帥](명) 다자이후(太宰府)의 장관(長官).

だざい ふ[太宰府](명) 옛날 치쿠젠(筑前) 지방에 설치한 관청. 큐우슈우(九州), 쯔시마(対馬) 지방을 지배하고 외교 국방을 담당했음.

たさいほ(ぼ)う しょくぶつ[多細胞植物](명) 다세포 식물. 세포가 많이 모여 한 개체(個体)를 만들고 있는 식물. multicellular plants

たさいほ(ぼ)う どうぶつ[多細胞動物](명) 다세포 동물. 세포가 많이 모여 한 개체(個体)를 만들고 있는 동물. multicellular animals

た さく[多作](명·타サ) 다작. 작품을 많이 제작함. 「—で有名(ユウメイ)な作家(サッカ); 다작으로 유명한 작가」 prolificacy

だ さく[駄作](명) 변변치 못한 작품. 졸작(拙作). 우작(愚作). a poor work

た さつ[他殺](명) 타살. 타인에게 죽음을 당하는 일. 「—体(タイ); 타살체」 ↔自殺(ジサツ). murder

た さん[多産](명) 다산. 많이 낳는 것. 「—系(ケイ); 다산계」 fecundity

だ さん[打算](명·타サ) 타산. 이기적인 계산. 「—的(テキ); 타산적」 calculation

たざん の いし[他山の石](연어·명) 타산지석. 하찮은 일이나 언행이라도 자기의 수양이나 일 처리의 참고가 되는 것. an object lesson

たし[足し](명) 더하는 것. 보충. 보탬. 「療養費(リョウヨウヒ)の—にする; 요양비에 보태다」 supplement

た·し[度し](조동·형ク형) …하고 싶다. 「よみ—; 읽고 싶다」 want to

たし[他市](명) 타시. 다른 시. 다른 도시. other city

たし[他紙](명) 타지. 다른 신문. other papers

たし[他誌](명) 타지. 다른 잡지. other magazines

たし[多士](명) 많은 인재(人材). 「—済済(セイセイ); 다사 제제」 may men of parts

たし[多子](명) 아이들이 많은 것. 「—家庭(カテイ); 아이들이 많은 가정」 many children

たじ[他事](명) 타사. 다른 일. 관계 없는 일. 「—ながら; 관계 없는 일이오나(편지 등에서 자기 일을 말할 때 흔히 씀)」 other things

たじ[多事](명) 다사. ①할 일이 많아 바쁨. 「—多端(タタン); 다사 다단」 ②사건이 많아서 세상이 소란한 것. 1. pressure of business

だし[出し](명) ①내는 것. ②단오날에 세우는 장대 위의 장식품. ③←出汁(ダシジル). ④이용되는 것. 방편. 「人(ヒト)を—に使(ツカ)う; 사람을 방편으로 이용하다」 1. taking out 4. a tool

だし[山車](명) 축제(祝祭) 때 쓰는 장식한 수레. a float

だし いれ[出し入れ](명·타サ) 내놓는 것과 들여 놓는 것. 나가는 것과 들어 오는 것. 출납(出納). taking in and out

だし おき[出し置き](명) 김치 등을 항아리에서 꺼내어 오래 두는 것. taking in

だし おし·む[出し惜しむ]—ヲシム(타 4) 내놓기를 아까와하다. 명 出し惜しみ. be unwilling to give

たしか[確か·慥か] Ⅰ(형동ダ) ①확실한 모양. ②틀림없는 모양. Ⅱ(부) 아마. 다분히. 틀림 없이. 「死(シ)んだのは—だ; 죽은 것은 틀림 없다」 Ⅰ 1. firm 2. certain Ⅱ probably. **—に**[確かに·慥かに](부) ⇨たしか Ⅱ.

たしか·める[確かめる](타하 1) 확인하다. confirm

だし がら[出し殻](명) ①삶아서 그 물이나 빛깔을 우려 낸 후의 찌꺼기. ②차를 달인 후에 남은 찌꺼기. 1. grounds

たしき[多識](명) 다식. 많은 것을 알고 있음. 또는 그 사람. 박식(博識). a man of wide knowledge

だし こ(ん)ぶ[出し昆布](명) 삶아서 그 물을 우려 내는 다시마. seaweed used for stock

たし ざん[足し算](명) 덧셈. 가산(加算). addition

だし しぶ·る[出し渋る](타 4) 내놓기를 꺼려하다. grudge to give away

だし じゃこ[出し雑魚](명)〈방〉(멸치같이) 삶아서 국물을 우려 내는 데 쓰는 잔 물고기. small fish used for stock

だし じる[出し汁](명) 다시마, 가다랭이포, 멸치 등을 삶아서 우려 낸 국물. broth

たし せいせい[多士済済](연어·형동タルト) 다사 제제. 뛰어난 사람들이 많은 모양. a galaxy of intellect

たし だか[足し高](명) 부족분(不足分)을 채우는 금액. a supplementary amount of money

たじ たじ(부·자サ) ①비틀거리는 모양. ②(상대에게

압도되어 겁을 내는 모양. 난처해서 쩔쩔 매는 모양. 「―となる; 난처해서 쩔쩔 매다」 1. staggeringly

たじたたん[多事多端](명·형동ダ) 다사 다단. 일이 많아서 매우 바쁨. eventfulness

たしつ[他室](명) 타실. 다른 방. other rooms

たしつ[多湿](명·형동ダ) 다습. 습기가 많음. 「高温(コウオン)―; 고온 다습」 humidity

たじつ[他日](명·부) 타일. 언젠가. 훗날. some day

たしなみ[嗜み](명) ①즐기는 것. 기호(嗜好). ②마음가짐. ③삼감. 조심함. 「―を忘(ワス)れた態度(タイド); 조심성이 없는 태도(예의 바르지 못하고 경솔한 태도)」 1. taste 3. mental habits

たしな·む[嗜む](타 4) ①즐기다. 취미를 붙이다. ②삼가다. 조심하다. 「ちと, たしなみなさい; 좀 조심해요(왜 그리 경솔하게 구느냐)」 1. like

たしな·める[窘める](타하 1) ①주의를 주다. 질책(叱責)하다. 「無礼(ブレイ)を―; 무례를 꾸짖다」 ②〈고〉 괴롭히다. warn

だしぬ·く[出し抜く](타 4) 틈을 타서 또는 속여서 남보다 먼저 하다(앞지르다). forestall

だしぬけ[出し抜け](명·형동ダ) 돌연(突然). 갑자기. suddenness

たじま[但馬](명)〈지〉 옛 지방 이름. 현재의 효오고현(兵庫県)의 일부.

たしまえ[足し前]―マヘ(명) 보충하는 데 쓰이는 분량이나 금액. 보충액. 「いくらの―をだせばいいかね; 얼마의 보충액을 내면 되나」 a supplement

だしもの[出し物·演し物](명) 상연물(上演物). 레퍼터리. plays

たしゃ[他社](명) 타사. ①다른 회사. ②다른 신사(神社). 1. another company

たしゃ[多謝](명·자サ) 다사. ①매우 고맙다는 사례의 말. ②대단히 미안하다고 하는 사과의 말. 「乱筆(ランピツ)―; 난필 다사」 1. many thanks

だしゃ[打者](명) 타자. 〔야구에서〕 공격하는 자. 공을 치는 사람. a batter

だじゃく[惰弱·懦弱](명·형동ダ) 나약. ①게으르고 약함. ②겁이 많음. 소극적임. 2. effeminacy

だじゃれ[駄洒落](명) 서투른 재담(才談). a poor joke

たしゅ[多種](명) 다종. 많은 종류. many kinds

たしゅ[多趣](명) 풍부한 취미. tastefulness

だしゅ[舵手](명) 타수. 배의 키를 잡는 사람. 키잡이. a steersman

たしゅう[他宗](명) 타종. 다른 종지(宗旨). other sects

たしゅう[多衆](명) 다중. 많은 사람들. 대중(大衆). the masses

たじゅう[多重](명) 여러 겹. many folds

たしゅたよう[多種多様](연어·형동ダ) 다종 다양. 여러 가지 모양. 다채로운 모양. great variety

たしゅつ[他出](명·자サ) 외출함. 출타. 「―中(チュウ); 출타 중」 going out

たしゅみ[多趣味](명·형동ダ) 다취미. 취미가 많음. 「―な人(ヒト); 여러 가지 취미를 가진 사람」 ↔没(ボッ)趣味. many-sided interest

だじゅん[打順](명) 타순. 〔야구에서〕 배터(打者)가 공을 치는 순번. batting order

たしょ[他所](명) 다른 곳. 타처(他処). another place

たしょ[他書](명) 타서. 다른 책. another book

たしょう[他生](명)〈불〉 타생. ①다른 원인으로 태어나는 것. ②전생(前生). 내생(来生). 2. a previous state of existence. **―のえん**[他生の縁](연어·명)〈불〉 전생(前生)에서 맺어진 인연.

たしょう[他称](명) 타칭. 제 3 인칭. the third person

たしょう[多少] Ⅰ(명) 다소. 많음과 적음. 수량의 정도. 「―にかかわらず; 다소에 불구하고」. Ⅱ(부) 조금. 약간. Ⅰ many or few Ⅱ a few a little

たしょう[多生](명)〈불〉 다생. 차례차례로 생기는 헤아릴 수 없이 많은 여러 세상. 또는 몇 번이고 생을 바꾸어 태어나는 일. metempsychosis

たしょう[多祥](명)〈불〉 다상. 많은 행복. 「ご―をいのる; 다복을 빈다」 being auspicious

たしょう[多照](명)〈농〉 다조. 해가 비치는 시간이 많은 것. 「高温(コウオン)―; 고온 다조」

たじょう[多情](명·형동ダ) 다정. ①정이 많음. ②변덕이나 바람기가 많음. 2. fickleness. **―たこん**[多情多恨](연어·형동ダ) 다정 다한. 애틋한 정도 많으나 한스러움도 많은 모양. **―ぶっしん**[多情仏心](연어·명) 다정 불심. 변덕스러우나 박정한 일은 할 수 없는 성질. 애정이 많고 다감한 마음.

だじょうかん[太政官](명) ①옛날에 각 성(省)을 다스리고 정치를 맡아 보던 최고 관청. 의정부(議政府). ②메이지(明治) 2 년에서 18 년까지 있었던 최고 관청. 지금의 내각(内閣).

だじょうだいじん[太政大臣](명) 다죠오칸(太政官)의 장관. 영의정(領議政)에 해당.

だじょうてんのう[太上天皇](명) 천황(天皇)이 양위(譲位)한 뒤의 높임말. 상황(上皇). an ex-emperor

たしょく[多色](명) 다색. 많은 색. 「―印刷(インサツ); 다색 인쇄」 various colours

たしょく[多食](명·타サ) 다식. 많이 먹음. gluttony

たじろ·ぐ(자 4) ①(상대에게) 질리다. (힘이 모자라) 쩔쩔 매다. ②비틀거리다. 1. shrink back

たしん[他心](명) ①다른 생각. ②두 마음. 1. another idea 2. secret purpose

だしん[打診](명·타サ) 타진. ①〈의〉 손 등으로 두드려 그 소리로써 진찰함. 「―器(キ); 타진기」 ②(상태를) 알아 봄. 1. tapping

だじん[打陣](명) 타진. 〔야구에서〕 배터(打者)의 진용. batting order

たしんきょう[多神教](명)〈종〉 다신교. 많은 신을 숭배하는 종교. ↔一神教(イッシンキョウ). polytheism

た·す[足す](타 4) 더하다. 보태다. 「―(イチ)に―を―; 하나에 하나를 더하다」 add

たず[田鶴]―ヅ(명)〈동〉 학의 다른 이름. a crane

だ·す[出す] Ⅰ(타 4) ①안에서 밖으로 내다. 내어 놓다. ↔入(イ)れる. ②나타내다. ③밖으로 나타내다.

발(発)하다. 「声(コエ)を一; 소리를 내다」 Ⅱ(보동 4) 시작하다. 「あるき一; 걷기 시작하다」 ↷
だ·す[堕す](자 4) ⇨だする. ⌊ Ⅰ 1. put out 2. expose
たすう[多数] Ⅰ(명) 다수. 수가 많음. 또는 그것(사람). Ⅱ(부) 많이. Ⅰ 1. a multitude. **―けつ**[多数決](명) 다수결. 많은 사람의 의견에 따라 결정함.
だすう[打数](명) 타수. 〔야구에서〕 배터(打者)가 공을 친 회수. 희타(犠打)나 사구(死球) 등은 포함되지 않음. ...times at bat
たすか·る[助かる](자 4) ①구제되다. ②위급을 면하다. ③노력, 수고가 덜리다. 2. escape from danger
たすき[襷](명) ①등에 "×"자 모양으로 교차시켜 양소매를 걷어 매는 끈. ②견대(肩帯). 멜빵. ③"×"자 모양으로 교차시킨 끈이나 무늬. ④"戈"자의 제 3 획인 "ノ". 1. a cord used for tucking up the sleeves. **―がけ**[襷掛け](명·타サ) ①견대를 함. 소매를 걷어 붙이고 열심히 일함. ②비스듬히 교차시킴.
たずき[方便]タヅキ(명)〈고〉 ①방편. 수단. ②연줄. ③의지(依支).
たすけ[助け](명) 도움. 가세(加勢). 구원. 구조. helping. **―ぶね**[助け船](명) ①조난(遭難)한 배나 사람을 구조하는 배. 구조선. ②가세(加勢).
たす·ける[助ける](타하 1) ①돕다. 가세(加勢)하다. ②구원하다. 구조하다. 1. help 2. save
たずさ·える[携える]タヅサヘル(타하 1) ①휴대하다. 손에 지니다. ②같이 데리고 가다. 거느리다. 「秘書(ヒショ)を一; 비서를 대동(帯同)하다」 1. have in hand
たずさわ·る[携わる]タヅサハル(자 4) ①동반(同伴)하다. 서로 손을 잡다. ②관계하다. 종사하다. 「教育(キョウイク)に一; 교육에 종사하다」 2. be concerned in
ダスター[duster](명) 더스터. ①더스터코우트. 먼지를 방지하기 위한 짧은 코우트. ②먼지, 쓰레기를 넣어서 버리는 장치. ③가루를 뿌리는 기구. 산분기(散粉器).
ダスト シュート[dust shoot](명) 더스트슈우트. 건물 속에서 먼지를 버리는 굴뚝 같은 모양의 구멍.
たずね あわ·せる[尋ね合わせる]タヅネアハセル(타하1) 물어 보다. 문의하다. 조회(照会)하다. ask
たずね びと[尋ね人](명) 심인. 찾는 사람. a person sought for
たずね もの[尋ね物](명) 찾는 물건. a thing sought for
たず·ねる[尋ねる]タヅネル(타하 1) ①찾다. 「人(ヒト)を一; 사람을 찾다」 ②뒤를 밟다. ③방문하다. 「人(ヒト)の家(イエ)を一; 남의 집을 방문하다」 ④묻다. 질문하다. 따져 묻다. ⑤알아 보다. 「本質(ホンシツ)を一; 본질을 알아 보다」 1. look for 2. pursue
だ·する[堕する](자サ) 떨어지다. 빠지다. 「安易(アンイ)な考(カンガエ)に一; 안이한 생각에 빠지다」 descend
たせい[多声](명)〈악〉 둘 이상의 다른 선율을 동시에 연주하는 악곡. 다성부 음악. a polyphony
たぜい[多勢](명) 다세. 많은 사람. 「一に無勢(ブゼイ); 중과 부적(衆寡不敵)」 a great number
だせい[惰性] 타성. ①〈이〉 관성(慣性). ②여태까지의 추세나 습관. 1. inertia. **―てき**[惰性的](형동ダ) 타성적. 타성에 맡기는 모양.
だせき[打席](명) 타석. 〔야구에서〕 배터복스.
たせつ[他説](명) 타설. 다른 학설. 다른 주장. 다른 의견. another opinion
たせん[他薦](명·타サ) 남이 추천함. ↔自薦(ジセン). recommendation
だせん[打線](명) 타선. 〔야구에서〕 배터(打者)의 진용. 「強力(キョウリョク)な一; 강력한 타선」 batting order
だせん[唾腺](명)〈생〉 타선. 침을 분비(分泌)하는 샘(腺). 침샘. 타액선. the salivary glands
たそ[誰そ] Ⅰ(감)〈고〉 누구냐. 「一, 門(カド)をたたくは; 문을 두드리는 이는 누구뇨」 Ⅱ(대) 누구.
だそう[惰走](명·자サ) 타주. 타성(惰性)으로 계속 달림. continuing to run by inertia
たそがれ[黄昏](명) 황혼. 저녁때. "誰(タ)そ彼(カレ); 저 사람은 누구냐" 곧 어두워서 사람을 잘 분간하지 못한다는 뜻에서 온 말. ↔かわたれ(どき). twilight
だそく[蛇足](명) 사족. 쓸 데 없는 것. superfluity
たそく るい[多足類](명)〈동〉 다족류. 절족 동물(節足動物) 중에서 지네, 노래기, 그리마류의 총칭. 동체부(胴体部)는 많은 환절(環節)로 이루어져 있으며 그 하나하나에 1~2 쌍(双)의 발이 있음. the Myriapoda
たそん[他村](명) 타촌. 다른 마을. another village
たた[多多](부) 다다(수가 많은 것). 매우 많이. 「一ある; 매우 많이 있다」 「一ますます善(ヨ)し; 많을수록 좋다」 a great many
ただ[只](명) 거저. 공것. 무료. free
ただ[直](명)〈고〉 ①직접(直接). ②바름. 곧음. ③허무(虚無). ④보통. ⌈ Ⅰ uselessness Ⅱ uselessly
ただ[徒] Ⅰ(명) 헛된 것. Ⅱ(부) 헛되이. 쓸 데 없이. ↗
ただ[唯] Ⅰ(명) 보통. 「一の人(ヒト); 보통 사람」 Ⅱ(부) ①이것만. ②오직. 오로지. ③겨우. Ⅱ 1. nothing but
だだ[駄駄](명) 응석. 떼. 「一をこねる; (어린이가) 떼를 쓰다」 peevishness
ただい[多大](형동ダ) 다대. 매우 많은 모양. 「一なる成果(セイカ); 다대한 성과」 a great deal
だたい[堕胎](명·자サ)〈의〉 타태. 태아를 지움. abortion
ただいま[只今] Ⅰ(부) ①방금. ②지금 곧. Ⅱ(감) 밖에서 돌아 왔을 때의 인사말. Ⅰ 1. now Ⅱ Hullo!
ただうど[直人](명)〈고〉 ⇨ただびと. ⌈a eulogy
たたえ ごと[称言·称辞](명) 칭송하는 말. 찬사(讃辞). ↗
たた·える[称える]タタヘル(타하 1) 칭찬하다. 기리다. praise
たた·える[湛える]タタヘル(자하 1) ①가득 차다. ②감정이나 웃음 등을 얼굴에 가득히 나타내다. 1. fill
たたかい[戦い]タタカヒ(명) ①싸움. ②전쟁. ③승부. 시합. 투쟁. 1. fighting 2. a battle
たたか·う[戦う]タタカフ(자 4) ①싸우다. ②전쟁하다. ③승부를 겨루다. 1. combat
たたき[叩き·敲き](명) ①두들김. 때림. 구타. ②옛날 죄인의 몸을 회초리나 곤장으로 때리는 형벌. 태형(笞刑). ③다진 고기. 「鳥(トリ)の一; 다진 새고기」

1. striking. **—あがり**[叩き上り](명) 하벌 등이 없이 실력으로 노력하여 직위 등이 높이 올라간 사람. **—あ·げる**[叩き上げる](자하 1) 쳐서 만들어 내다. 노력하여 기술을 쌓다. **—うり**[叩き売り](명) 길가에서 싸구려로 파는 일. **—おこ·す**[叩き起す](타 4) 두드려 깨우다. **—だいく**[叩き大工](명) 서투른 목수. **—つ·ける**[叩き付ける](타하 1) ①때려 누이다. 세게 두들기다. ②세게 던지다.

たたき[三和土](명) 부엌, 목욕탕 등의 흙으로 된 바닥을 석회 등으로 단단하게 다진 것. concrete floor

たた·く[叩く·敲く](타 4) ①(계속해서) 두들기다. 때리다. ②두들겨 소리를 내다. ③묻다.「意見(イケン)を—; 의견을 묻다」④비난하다. ⑤값을 매우 싸게 하다. 값을 깎다. 1. strike in succession 2. beat

ただごと[徒言](명) 평범한 말. 보람 없는 말. plain words

ただごと[徒事·只事](명)〔뜻을 부정할 때 씀〕보통일.「—ではない; 보통일이 아니다」 an ordinary thing

ただ さえ[唯さえ]—サへ(연어·부) 그렇지 않아도. 더구나. in addition to

たたざま[縦方](형동ナリ)〈고〉①세운 모양. 세로. ②일직선(一直線)인 모양. 똑바로.

ただし[但し](접) 단. ①혹은. 그렇지 않으면. ②예외나 조건을 말할 때에 쓰는 말.「——(ヒト)つだけだ;단, 하나뿐이다」1. or. **—がき**[但し書き](명). 단서. 본문에 붙여 예외, 조건 등을 나타낸 문장. **—は**[但しは](접) 그렇지 않으면. 혹은.

ただし·い[正しい](형) ①바르다. 옳다. 곧다. ②정돈되어 있다. ③도리에 맞다. ④맞다. 파생 **—さ**(명). 1. straight

ただ·す[正す](타 4) ①바로잡다. ②고치다.「えりを—; 옷깃을 여미다」③밝히다. 1. 2. correct

ただ·す[糺す·質す](타 4) 따져 묻다. 취조하다. query

たたずまい[佇まい]タタズマヒ(명) 멈춰 서 있음. 또는 그런 모양.「雲(クモ)の—; 구름이 멈춰 서 있는 모양」 1. standing still

たたず·む[佇む](자 4) 멈춰 서 있다.「町(マチ)かどに—; 길 모퉁이에 서 있다」 stand still

ただちに[直ちに](부) ①즉시. 곧. ②직접. 1. at once

だだっこ[駄駄っ児](명) 떼를 쓰는 아이. 떼장이. an unmanageable child

だだっぴろ·い[徒っ広い](형)〈속〉터무니 없이 넓다.

ただでさえ[唯でさえ]—サへ(연어·부) 보통일지라도. 그렇지 않아도.「—やかましいのに; 그렇지 않아도 시끄러운데」 even it is as natural

ただなか[直中](명) ①한복판. ②한창때. 1. the middle 2. in the height of

ただならぬ[啻ならぬ](연체) 보통이 아닌.「犬猿(ケンエン)も—仲(ナカ); 개와 원숭이 이상으로 나쁜 사이」 unusual

ただに[直に](부)〈고〉①곧. 당장에. ②직접으로. ③똑바르게. ④그대로.

ただに[徒に](부)〈고〉쓸 데 없이. 헛되이.

ただに[啻に](부) 홀로. 단지. 그냥. not only but

ただのり[只乗り](명·자サ) 공짜로 탐. stealing a ride

ただびと[徒人·直人](명) ①보통 사람. 범인(凡人). ②(천황에 대해) 신하(臣下). ③관위(官位)가 낮은 사람. ④중이 아닌 사람. 속인(俗人). 1. an ordinary man 2. subjects

たたみ[畳](명) ①접은 것. ②자리. 멍석. 깔개. ③속에 짚을 넣은 돗자리. 다다미. ④나막신, 짚신 등의 얇은 깔개. 1. folding 2. a straw-mat. **—いわし**[畳鰯](명) 정어리를 익혀서 김(海苔) 모양으로 떠서 말린 식품. **—おもて**[畳表](명) 다다미 겉에 붙이는 자리. **—がえ**[畳替え]—ガヘ(명) 다다미 겉의 자리를 바꾸는 일. **—か·ける**[畳み掛ける](자하 1) 계속적으로 하다. **—こ·む**[畳み込む](타 4) ①접어서 속에 넣다. ②마음속에 새겨 두다. **—すいれん**[畳水練](명) ①방바닥 위에서 하는 헤엄 연습. ②실제로는 쓸모 없는 이론이나 지식.

たた·む[畳む](타 4) ①쌓아 올리다. ②접어서 겹치다. ③움츠리다. ④정리하다. ⑤영업을 그만두다.「店(ミセ)を—; 가게를 그만두다」⑥숨겨서 나타나지 않게 하다.「胸(ムネ)に—; 가슴에 간직하다」⑦〈속〉죽이다. 자 たたまる(4). 1. pile up 2. fold

ただもどり[只戻り](명·자サ) 그대로 헛되이 돌아 옴. coming back without result

ただもの[只者·徒者] 보통 사람. 범인(凡人).「—ではない; 보통 사람이 아니다」 an ordinary person

ただよ·う[漂う]タダヨフ(자 4) ①떠돌다. ②방황(彷徨)하다. ③감돌다.「なごやかな ふんい気(キ)が—; 화목한 분위기가 감돌다」타 漂わす(4). 1. float

たたら[蹈鞴](명) 발로 밟는 커다란 풀무. 골풀무. 1. foot-bellows

たたり[祟り](명) 앙갚음을 받는 것. 신불(神仏)이나 원령(怨霊)이 주는 재앙. a curse. **—め**[祟り目](명) 재앙을 받는 때.「弱(ヨワ)り目(メ)に—; 불운에 불운이 겹침」

たた·る[祟る](자 4) 앙갚음을 받다. 신이나 부처 또는 원령이 화를 주다. bring a curse on

ただれ[爛れ](명) 진무르는 것. a sore. **—め**[爛れ目](명) 진무른 눈. ⌈be sore

ただ·れる[爛れる](자하 1) 피부나 살이 진무르다. ↗

たたん[他端](명) 다른 쪽 끝. 한쪽 끝. another side

たたん[多端](명·형동ダ) 다단. ①사건이 많이 일어나는 것. ②바쁜 것.「多事(タジ)—; 다사 다단」 1. many events

たち—[立ち](접두) 두드러지거나 보통이 아닌 기분을 가볍게 나타내는 말.「—まさる; 더 뛰어나다」

—たち[達](접미) (인간, 동물 등의) 복수(複数)를 나타내는 말. …들.「子供(コドモ)—; 아이들」

たち[質](명) 질. ①타고난 성질. 천성. 소질. ②품질(品質). 1. nature

たち[館](명) ①신분이 높은 사람의 숙사(宿舎). 저택(邸宅). ②신분이 높은 사람의 집. ③조그마한 성. 1. a residence of a noble person

たち[太刀](명) ①〈고〉 허리에 차는 큰 칼. 긴 칼. ②의장(儀仗)이나 전쟁에 쓰는 칼. 2. a long sword
たち あい[立ち会い·立ち合い]—アヒ(명·자サ) 입회. ①한자리에 참석함. ②입회인(立会人)의 준말. ③〈경〉 거래소에 모여 매매 거래를 함. ④(씨름이 시작되어) 벌떡 일어섬. 시합함. 1. presence 3. session. —**えんぜつ**[立ち会い演説](명) 양쪽 사람이 같은 장소에서 교대로 하는 연설. —**にん**[立ち会い人](명) 입회인. 뒷날의 증거를 위해서 그 자리에 입회하는 사람.
たち あ·う[立ち会う·立ち合う]—アフ(자 4) ①서로 일어서다. ②그 자리에 입회하다. ③겨루하다. 승부를 겨루다. 1. stand up
たち あおい[立葵·蜀葵](명)〈속〉 촉규. 아욱과에 속하는 다년초. 6~8월에 적색, 백색, 자색 등의 접시 모양의 크고 납작한 꽃이 핌. 접시꽃. a hollyhock
たち あかし[立ち明かし](명)〈고〉 세워 두는 횃불.
たち あがり[立ち上がり](명) ①일어서는 것. ②(씨름에서) 맞붙으려고 몸을 일으키는 일. 1. standing up
たち あが·る[立ち上がる](자 4) ①일어서다. ②위로 서다. ③동작을 시작하다. 곤란한 상태에서 벗어나다. 1. stand up
たち い[立ち居·起ち居]—ヰ(명) 서는 것과 앉는 것. 동작. movement. —**ふるまい**[立ち居振舞]—フルマヒ(명) 기거 동작. 행동 거지(行動挙止).
たち いた[裁ち板](명) 재단대. a cutting-board
たち いた·る[立ち至る](자 4) (중대한 사태에) 이르다. 「決裂(ケツレツ)の事態(ジタイ)に—; 결렬 사태에 이르다」 come to
たち い·る[立ち入る](자 4) ①안으로 들어 가다. ②깊이 들어 가다. ③(깊이) 관계하다. ④간섭하다. 명 立ち入り. 1. enter 4. interfere
たち うお[太刀魚]—ウヲ(명)〈동〉 갈치. 칼처럼 기다란 바닷물고기. 빛깔은 은백색. 식용. a scabbard fish
たち うち[太刀打ち](명·자サ) ①칼싸움. ②승부를 겨룸. 경쟁함. 「—ができない; 맞서 싸울 수가 없다」 2. a contest
たち うり[立ち売り](명·타サ) 역의 구내나 길가에 서서 물건을 파는 일. 또는 그 사람. standing peddling
たち うり[裁売り](명·타サ) 필요한 만큼 잘라서 파는 일. selling by pieces
たち おうじょう[立ち往生](명·자サ) ①선 채로 죽음. ②일 등이 막혀 움직이지 못하게 됨. ③도중에서 막혀 더 갈 수 없게 됨. 1. standing death
たち おく·れる[立ち後れる](자하 1) ①뒤따라 일어서다. 늦게 서다. ②남보다 뒤늦게 일을 착수하다. ③뒤떨어지다. 명 立ちおくれ. 1. be slow in rising
たち およぎ[立ち泳ぎ](명·자サ) 입영. 몸을 세우고 헤엄치는 일. 선헤엄. treading water
たち かえり[立ち返り]—カヘリ(명·부)〈고〉 ①곧 되돌아옴. ②뒤이어 바로 곧.
たち かえ·る[立ち返る]—カヘル(자 4) 되돌아오다. 돌아 오다. return
たち かか·る[立ち掛かる](자 4) ①일어서려고 하다. ②덤비다. 1. be about to rise
たち かぜ[太刀風](명) 칼을 휘두를 때 이는 바람. a swish of a sword
たち から[田租](명)〈고〉 전지(田地) 등에 부과하는 조세(租税).
たち がれ[立ち枯れ](명·자サ) 초목이 선 채로 말라 죽음. blight
たち が·れる[立ち枯れる](자하 1) 초목이 선 채로 말라 죽다. stand dead
たち かわり[立代り]—カハリ(명) 교대(交代). 「入(イ)れ代(カワ)り—; 교대 교대로(계속하여)」 taking turns
たち き[立ち木](명) 입목. 마당이나 산에 서 있는 나무. 벌채(伐採)하기 전의 나무. a growing tree
たち ぎえ[立ち消え](명·자サ) ①불이 타다 말고 꺼짐. ②일이 도중에서(슬며시) 중지되어 버림. 동 立ち消える(자하 1). 1. going out
たち ぎき[立ち聞き](명·타サ) 엿들음. 동 立ち聞く (타 4). overhearing
たち き·る[断ち切る·断ち截る](타 4) ①베다. 자르다. 끊다. ②관계를 끊다. 1. cut off
たち ぎれ[裁ち布](명) 재단한 천. 마른 옷감. cut cloth for sewing
たち ぐい[立ち食い]—グヒ(명·타サ) 서서 먹음. eating while standing
たち ぐされ[立ち腐れ](명) (건물 등이) 선 채 썩음. 황폐한 채로 있음. falling into decay
たち ぐらみ[立ち眩み](명·자サ) 일어섰을 때 현기증이 일어남. giddiness
たち げ[立ち毛](명)〈농〉 자라고 있는 농작물. crops
たち こ·む[立ち込む·立ち籠む](자 4)〈고〉 ①(사람, 마차 등이) 많이 들어 차다. ②(안개나 연기 등이) 가득 차다.
たち こ·める[立ち込める·立ち籠める](자하 1) (연기, 안개 등이) 자욱히 끼다. 자욱히 퍼지다. hang over
たち さき[太刀先](명) ①칼끝. ②칼을 휘두르는 기세. ③논란(論難)하는 설봉(舌鋒). 「—するどく; 날카로운 기세로(논란하다)」 1. the tip of the sword
たち さばき[太刀捌き](명) 칼 쓰는 솜씨. wielding the sword
たち さ·る[立ち去る](자 4) 떠나 가다. 사라지다. leave
たち さわ·ぐ[立ち騒ぐ](자 4) ①서서 떠들다. ②왁자지껄하게 떠들다. 1. stand and shout
たち すがた[立ち姿](명) ①서 있는 모습. ②춤추는 모습. 1. standing pose
たち すく·む[立ち竦む](자 4) 선 채 꼼짝 못하게 되다. 「おそろしさに—; 무서워서 꼼짝달싹 못하다」 be petrified
たち すじ[太刀筋]—スヂ(명) 칼을 쓰는 솜씨. wielding the sword
たち そ·う[立ち添う]—ソフ(자 4) 바싹 다가 서다. stand close to
たち たかとび[立ち高飛·立ち高跳](명) 제자리 높이 뛰

기. 제자리에 서서 하는 높이 뛰기. standing high jump

たちつく·す[立ち尽くす](자 4) 끝까지 계속 서다. remain standing throughout

たちづめ[立ち詰め](명) 계속 서 있는 것. keep standing

たちどころに[立ち所に](부) 그 자리에서 당장. 즉시. 「痛(イタ)みが—とまる; 아픔이 당장 멎다」 at once

たちどま·る[立ち止まる](자 4) 멈추어 서다. stop

たちとり[太刀取り](명) ①할복 자살(割腹自殺)할 때 시중을 들어 주는 사람. ②옛날 형장(刑場)에서 사형수의 목을 자르던 사람. 2. a head cutter

たちなお·る[立ち直る]—ナホル(자 4) ①원래 상태로 되돌아 가다. ②다시 서다. 명 立ち直り. 1. get restored

たちながし[立ち流し](명) 선 채로 사용하는 다리가 달린 개숫대. 설겆이대.

たちなら·す[立ち均らす](타 4)〈고〉 땅을 밟아 고르게 하다.

たちなら·す[立ち馴す](타 4)〈고〉 길들이다. 따르도록 하다. 친숙해지게 하다.

たちなら·ぶ[立ち並ぶ](자 4) 나란히 서다. 어깨를 나란히 하고 서다. 줄을 서다. stand in a row

たちの·く[立ち退く](자 4) 살던 곳에서 물러나다. 이사 가다. 철퇴(撤退)하다. 명 立ちのき. leave

たちのぼ·る[立ち上る](자 4) 위로(공중으로) 올라 가다. rise in the air

たちば[立場](명) 입장. ①설 장소. ②있는 위치. 「苦(クル)しい—; 괴로운 입장」 ③견지(見地). 관점(觀点). ④태도. 2. a situation

たちはき[帯刀](명) 옛날 동궁(東宮)을 시종(侍從)하여 칼을 차고 호위(護衛)에 임했던 사람.

たちはだか·る[立ちはだかる](자 4) ①다리를 벌리고 막아 서다. ②서서 가로 막다. 「道(ミチ)に—; 길을 막아 서다」 block one's way

たちはたら·く[立ち働く](자 4) ①서서 일하다. ②여러 가지로 열심히 일하다. work

たちばな[橘](명)〈식〉 귤의 일종. a mandarin orange

たちばなし[立ち話](명·자サ) 선 채 이야기를 함. 또는 그 이야기. a chat while standing

たちはばとび[立ち幅飛び·立ち幅跳び](명) 제자리 넓이 뛰기. (달려 와서 뛰지 않고) 그 자리에 서서 뛰는 넓이 뛰기. a standing broad jump

たちばん[立ち番](명·자サ) 서서 지킴. 또는 그 사람. watch

たちふさが·る[立ち塞がる](자 4) 서서 가로 막다. stand in one's way

たちふるまい[立ち振舞]—フルマヒ(명) ①동작. 기거동작(起居動作). ②⇨たちぶるまい. 1. behaviour

たちぶるまい[立ち振舞]—ブルマヒ(명) 여행을 떠날 때의 연회. one's departure

たちまさ·る[立ち勝る](자 4) 더 뛰어나다. 더 낫다. surpass

たちまち[忽ち](부) 갑자기. 곧. 금방. suddenly

たちまちのつき[立待ちの月](명) 음력 17일 밤의 달. 밖에 나가 잠깐 서서 기다리고 있으면 떠오른다고 하여 이름 붙여진 말. the seventeen-day-old moon

たちまよ·う[立ち迷う]—マヨフ(자 4) 연기나 안개 등이 떠돌아 다니다. hang in the air

たちまわり[立ち回り]—マハリ(명·자サ) ①돌아 다님. 분주히 돌아 다님. 「—先(サキ); (여기저기) 들를 곳. 돌아 다니는 곳」 ②〔연극에서〕 난투 장면. ③싸움. 난투. 1. pacing about 3. a scuffle

たちまわ·る[立ち回る]—マハル(자 4) ①돌아 다니다. ②여러사람 사이를 돌아 다니며 자기에게 유리하도록 하다. ③(도망 다니다가) 들르다. 1. pace about

たちみ[立ち見](명·타サ) 선 채로 봄. 또는 그 장소. standing and seeing

たちむか·う[立ち向かう]—ムカフ(자 4) ①마주 서다. 당면(当面)하다. ②대항하다. 1. face 2. oppose

たちもち[太ち持ち](명) ①주군(主君)의 옆에서 칼을 받들고 있는 소년. ②〔씨름에서〕 요코즈나(横綱)가 씨름판에 입장하는 의식을 할 때 뒤에서 칼을 들고 따르는 씨룸군. 1. a sword bearer

たちもとお·る[徘徊る]—モトホル(자 4)〈고〉 배회하다. 이리저리 거닐다. 목적 없이 돌아 다니다.

たちもど·る[立ち戻る](자 4) 되돌아오다. return

たちもの[断ち物](명) 신불에 소원을 걸고 어떤 음식을 먹지 않음. 또는 그 음식. voluntary abstention

たちもの[裁ち物](명) 옷감이나 종이 등을 재단하는 일. 마름질. cutting

たちやく[立ち役](명) 연극의 상대역. (착한 사람으로 분장한) 남자 주인공. a leading role

たちやすら·う[立ち休らう]—ラフ(자 4)〈고〉 ①우두커니 서다. ②우물쭈물하다.

たちゆ·く[立ち行く](자 4) ①출발하다. 가다. ②(세월이) 지나가다. ③살아 가다. 1. start

たちょう[他町](명) 다른 읍. other town

だちょう[駝鳥](명)〈동〉 타조. 아프리카나 아라비아의 사막에 사는 새. 새 중에서 가장 크고 긴 다리로 잘 달리나 날지는 못함. 깃털은 장식에 씀. an ostrich

たちよ·る[立ち寄る](자4) ①가까이 가다. 가까이 서다. ②(도중에) 들르다. ③의지하다. 1. draw near

たちわか·れる[立ち別れる](자하 1) 헤어져 가다. 헤어지다. part from

たちわざ[立ち業](명) 〔유도에서〕 서서 상대방을 넘어뜨리는 수. ↔寝(ネ)わざ. a standing throw

たちわた·る[立ち渡る](자 4) 널리 미치다. prevail

たちわ·る[断ち割る](타 4) 쪼개다. 잘라 가르다. 베어 쪼개다. cut apart

だちん[駄賃](명) ①물건의 운임. ②보내어 준 데 대한 사례로 주는 돈. ③(아이들의) 심부름 값. 팁. 「お—; 심부름 삯」 1. freightage

たちんぼう[立ちん坊](명) ①선 채 가만히 있음. ②길가에 서 있다가 수레의 뒤를 밀어 주거나 하여 돈을 받는 사람. 2. a coolie

たつ[辰](명) ① 12지(支)의 다섯째. 용(龍). ②옛 시

각 이름. 진시. 오전 7시부터 9시까지. ③방위 이름. 동남동. 3. south-east by east
たつ[龍·竜](명) ⇨りゅう(龍).
た·つ[立つ](자 4) ①일어서다. ②세로로 똑바르게 되다. ③세워지다. (집이) 지어지다. ④(털이) 빳빳하게 서다. ⑤(파도, 연기가) 올라 가다. ⑥(새가) 날다. ⑦멈춰 서 있다. ⑧(이름이) 나타나다. ⑨잘 보이다.「人目(ヒトメ)に一; 사람의 눈에 띄다」⑩(파도나 바람이) 일다. ⑪(일이) 정해지다.「予定(ヨテイ)が一; 예정이 정해지다」⑫(장날이) 시작되다. (장이) 서다. ⑬(가시가) 박히다. ⑭(문이) 닫히다. ⑮입장이 튼튼하다. ⑯(과녁에) 꽂히다. ⑰지위를 차지하다.「人(ヒト)の上(ウエ)に一; 사람의 위에 서다」⑱유용하다.「役(ヤク)に一; 유용하다」⑲지나다. 경과하다.「月日(ツキヒ)が一; 세월이 흐르다」⑳출발하다.「アメリカへ一; 미국으로 떠나다」㉑나오다. 퇴거(退去)하다. ㉒(봄이나 설날이) 오다. ㉓(기름이) 다하다. 없어지다. ㉔(안개가) 끼다. ㉕(물이) 끓다. ㉖(소리가) 잘 울리다. ㉗면목을 살리다. ㉘(숯이) 다 타 버리다. ㉙잘하다.「筆(フデ)が一; 글(문장)을 잘 쓰다」㉚(기분이) 날카로와지다.「神経(シンケイ)が一; 신경이 날카로와지다」㉛(힘을 내어) 행동을 시작하다.「正義(セイギ)のために一; 정의를 위하여 일어서다」 1. stand up 10. run high 30. be excited
た·つ[建つ](자 4) ⇨たつ(立つ)③.
た·つ[裁つ](타 4) 천, 종이 등을 자르다. 마르다. cut off
た·つ[絶つ·断つ](타 4) ①끊다.「親子(オヤコ)の縁(エン)を一; 어버이와 자식간의 인연을 끊다」②그만두다.「酒(サケ)を一; 술을 끊다」③없애다.「音信(インシン)を一; 소식을 끊다」④교제를 끊다. 1. break up 2. give up
一だつ(접미·4형) …띤. …기가 있는.「紫(ムラサキ)一; 보랏빛을 띤」
たつい[達意](명) 달의. 뜻을 충분히 나타내는 것.「一の文(ブン); 뜻이 잘 나타난 글」 intelligibility
だつい[脱衣](명·자サ) 탈의. 옷을 벗음.「一場(ジョウ); 탈의장」 taking off one's clothes
だっか[脱化](명·자サ) 탈화. ①모양이나 형식이 변함. ②어떤 것을 기준으로 형식을 변화시킴. 1. transformation 2. adaptation
だっかい[脱会](명·자サ) 회에서 탈퇴함.「一届(トドケ); 탈회계」 withdrawal from membership
だっかい[奪回](명·타サ) 탈회. 다시 빼앗음. recovery
たっかん[達観](명·타サ) 달관. ①널리 전체의 정세를 바라봄. ②눈앞의 조그마한 일에 구애되지 않고 중요한 점을 깨달음.「人生(ジンセイ)を一する; 인생을 달관하다」 1. taking a long view
だっかん[脱艦](명) 군함에서 빠져 나오는 것.
だっかん[奪還](명·타サ) 탈환. 다시 빼앗음. recapture
たづき[方便](명)〈고〉⇨たずき.
だっきゃく[脱却](명·타サ) 탈각. ①버림. ②빠져 나옴.「旧体制(キュウタイセイ)からの一; 구체제로부터의 탈각」 1. casting off
たっきゅう[卓球](명) 탁구. 핑퐁. table tennis
だっきゅう[脱臼](명·자サ)〈의〉탈구. 뼈의 관절이 빠짐. dislocation
たっきょ[謫居](명·자サ) 적거. 귀양살이함. exile
だっきょ[脱去](명·자サ) 탈거. ①벗어 버림. 벗어남. 벗겨서 달아남. ②탈출(脱出)함. 도망 침. 1. casting off 2. stealing out of
ダッキング[ducking](명) 더킹.〔권투에서〕상대방의 공격을 피해서 몸을 아래로 굽히는 일.
ダッグアウト[dug out](명) 더그 아우트. 야구장의 선수석 벤치(bench).
タック[tuck](명) 턱. 천을 접어 박은 주름.
タッグ[tag](명) 태그.〔프로레슬링 등에서〕선수의 2인조.「一チーム; 2인조 티임」
たづくり[田作り](명) ①논을 경작(耕作)하는 일. ②⇨ごまめ. 1. tilling paddyfields
タックル[tackle](명·자サ) 태클.〔럭비에서〕공을 가지고 달리는 적에게 달라붙어 활동을 억제하는 일.
たっけい[磔刑](명) 책형. 기둥에 결박하여 세우고 창으로 찔러 죽이는 형벌. crucifixion
たっけん[卓見](명) 탁견. 뛰어난 의견이나 식견(識見). a fine idea
たっけん[達見](명) 달견. 전체나 장래를 충분히 내다보는 의견. 달식(達識). clear-sightedness
だつご[脱誤](명·자サ) 탈오. 잘못하여 빠뜨림. 틀림. omissions and errors
だっこう[脱肛](명·자サ)〈의〉탈항. 직장(直腸)의 점막(粘膜)이 항문 밖으로 빠져 나옴. proctocele
だっこう[脱稿](명·타サ) 탈고. 원고를 다 씀. completion of writing
だっこく[脱穀](명·자サ)〈농〉탈곡. 곡물의 알맹이를 줄기에서 떨어 냄.「一機(キ); 탈곡기」 threshing
だつごく[脱獄](명·자サ) 탈옥. 감방이나 형무소에서 빠져 나옴.「一囚(シュウ); 탈옥수」 prison-breaking
だっさん[脱酸](명·자サ)〈이〉탈산. 화합물 속의 산소를 빼냄. deoxidization
たっし[達し·達示](명·자サ) ①관청에서 국민에게 통달함. 또는 그 문서. 시달. ②훈령(訓令). 1. a government notification
だっし[脱脂](명·자サ) 탈지. 지방(脂肪)을 빼 버림 removal of fat. **一にゅう**[脱脂乳](명)〈의〉탈지유. 지방분을 빼낸 우유. 주로 병자에게 먹임. **一めん**[脱脂綿](명)〈의〉탈지면. 지방분을 빼 버리고 소독한 솜.
だつじ[脱字](명) 탈자. 빠진 글자. a missing word
たっしき[達識](명) 달식. 달견. great insight
たっしゃ[達者](명·형동ダ) ①달인(達人). ②건장. 건강.「では, お一で; 그럼 몸 성히 계십시오」③눈, 입; 발 등의 작용이 뛰어나 있는 상태. 능숙(能熟). ④〈속〉빈틈 없음.「一な奴(ヤツ); 빈틈 없는 놈」 1. a skilful person 2. good health
だっしゅ[奪取](명·타サ) 탈취. 빼앗음. capture
ダッシ(ュ)[dash](명) 대시. ①돌진. 돌격. ②횡선(横

線). "-" ③수학에서 사용하는 "'"의 기호. ④ 단거리의 질주. ⑤〔권투에서〕 상대방을 계속적으로 맹렬히 때리는 일.

だっしゅう[脱臭](명·자サ)〈이〉 탈취. 냄새를 빼 버림. 「一剤(ザイ); 탈취제」 deodorization

だっしゅつ[脱出](명·자サ) 탈출. 빠져 나옴. escape

だっしょく[脱色](명·자サ)〈이〉 탈색. 염색한 색이나 본래의 색을 빼 버림. decolourization

たつじん[達人](명) 달인. ①학술. 기예에 뛰어난 사람. ②인생을 달관한 사람. 1. an expert 2. a master mind

だっすい[脱水](명·자サ) 탈수. 수분을 빼 버림. 「一機(キ); 탈수기」 removal of moisture

たっする[達する] Ⅰ(자サ) ①이르다. 미치다. 다다르다. ②능통하다. ③널리 미치다. ④관위(官位)가 오르다. Ⅱ(타サ) ①이르게 하다. ②관철하다. ③널리 알리다. Ⅰ 1. reach Ⅱ 2. penetrate

だっ·する[脱する] Ⅰ(자サ) ①벗다. 벗어지다. ②면하다. 벗어나다. 「難(ナン)を一; 난을 면하다」 ③빠지다. Ⅱ(타サ) ①풀다. 해방하다. ②빠뜨리다. ③새게 하다. Ⅰ 1. steal out Ⅱ 3. drop

たつせ[立つ瀬](연어·명) 입장. 설 곳. 「一がない; 입장이 난처하다」 position

たっせい[達成](명·타サ) 달성. 이룩함. 성취함. 「目的(モクテキ)の一; 목적의 달성」 achievement

だつぜい[脱税](명·자サ) 탈세. 부정한 방법으로 납세, 과세를 피함. 세금 포탈(税金逋脱). 「一行為(コウイ); 탈세 행위」 tax-dodging

だっせん[脱船](명·자サ) 탈선. 선박에서 이탈함. desertion from a ship

だっせん[脱線](명·자サ) 탈선. ①전차, 기차 등의 바퀴가 선로를 벗어남. ②옆길로 벗어남. 「話(ハナシ)が一する; 이야기가 옆길로 벗어나다」 ③도를 지나침. 정도에 어긋남. 「一行為(コウイ); 탈선 행위」 1. derailment

だっそ[脱疽](명)〈의〉 탈저. 조직(組織)의 일부분이 생활력을 잃고 죽는 일. gangrene

だっそう[脱走](명·자サ) 탈주. 빠져 나와 도망함. escape

だつぞく[脱俗](명·자サ) 탈속. ①세속을 떠남. ②세속적인 것을 벗어남. 2. unworldliness

たった[唯](부) 다만. 단지. 겨우. 오직. only. **—いま**[唯今](부) 방금. 지금 막.

だったい[脱退](명·자サ) 탈퇴. (가입하고 있던 단체나 회에서) 물러나옴. 「国際連盟(コクサイレンメイ)を一する; 국제 연맹을 탈퇴하다」 secession

だったい[脱胎·奪胎](명·타サ) 탈태. 남이 지은 시문(詩文)의 취의(趣意)를 취하여 형식만을 바꾸어 자작(自作)처럼 꾸밈. 환골 탈태(換骨奪胎). adaptation

たつたひめ[龍田姫·立田姫](명) 가을의 여신. ↔佐保姫(サオヒメ). the Goddess of Autumn

だったん[韃靼](명) 달단. 원래 몽고족으로 후에 중앙 아시아에 분포하는 터어키계 민족을 가리킴. a Tartar

タッチ[touch](명·자サ) 터치. ①닿음. ②피아노 건반을 치는 방법. ③붓이나 끌 같은 것의 사용법. 또는 사용한 상태나 느낌. **—アウト**[touch out](명·타サ) 터치 아우트. 〔야구에서〕 수비측이 러너(走者)의 몸에 공을 대어 아우트시킴. **—ダウン**[touch down](명·자サ) 터치 다운. 〔럭비에서〕 보올을 적의 고울 안에 넣고 땅에 대어 득점하는 일.

たっちゅう[塔頭](명)〈불〉 ①〔선종에서〕 조사(祖師) 등의 탑이 있는 곳. 또는 그곳에 사는 중. ②본사(本寺)의 경내에 있는 조그마한 절. 2. an attached temple

だっちょう[脱腸](명·자サ)〈의〉 탈장. 창자의 일부가 복벽의 찢어진 틈을 통하여 빠져 나옴. hernia

タッチング[tatting](명) 태팅. 서양식 수예(手藝)의 한 가지. 옷의 장식이나 책상보 등에 쓰임.

たっつけ[裁っ着け](명) 가랑이를 무릎에서 끈으로 묶어 하부를 행전을 친 것처럼 한 바지. 여행할 때에 많이 입음.

たって[達って](부) 꼭. 아무쪼록. 무리하게. 억지로. 「一の願(ネガ)い; 무리하게 하는 청」 urgently

たって(접조)〈속〉 ①…라 하더라도. 「大(オオ)きいっ一; 크다 하더라도」 ②…할지라도. …하려 하여도. 「いくら見(ミ)一むだだ; 아무리 보더라도 소용 없다」

だって Ⅰ(접) 그렇더라도. 그러나. Ⅱ(접조) …라도. …일지라도. 「だれ一笑(ワラ)うよ; 누구라도 웃지」 Ⅰ but Ⅱ even

だっと[脱兎](명) ①달아나는 토끼. ②빠름을 비유한 말. 「一のごとくにげる; 달아나는 토끼처럼 빨리 도망 치다」 1. a fleeing hare

たっと·い[尊い·貴い](형) (품위, 지위, 가치가) 높다. 존귀하다. 파생 **—さ**(명). precious

たつどう[達道](명) 동서 고금(東西古今)을 통하여 행해야 할 바른 도리. a great principle

だっとう[脱党](명·자サ) 탈당. 당을 탈퇴함. ↔入党(ニュウトウ). secession

たっと·ぶ[尊ぶ·貴ぶ](타 4) 존중(尊重)히 여기다. 존경하다. respect

たづな[手綱](명) 고삐. 말고삐. reins

たつのおとしご[竜の落とし子](명)〈동〉 해마(海馬). 바다에 사는 용과 비슷한 작은 물고기. a sea horse

だっぱん[脱藩](명·자サ) 전에 무사(武士)가 자기가 속했던 영지(領地)를 뛰쳐 나와 낭인(浪人)이 됨. desertion from a clan

だっぴ[脱皮](명·자サ) 탈피. ①〈동〉 곤충, 파충류 등이 낡은 껍질을 벗음. ②낡은 틀에서 빠져 나와 진보함. 1. ecdysis

たっぴつ[達筆](명·형동ダ) 달필. ①글씨를 잘 씀. 또는 그 글씨. ②힘차게 씀. 힘차게 쓴 글씨. 1. skilful hand

タップ[tap](명) 탭. ①암나사를 만드는 공구(工具). 1번 탭은 구멍을 뚫고, 2번 탭은 나사의 길을 만들고 3번 탭으로 완성시킴. ②수도 꼭지 등의 물을 나오게 하는 꼭지. ③전기를 당기기 위한 꽂이. ④←タップダンス. **—ダンス**[tap dance](명) 탭댄

ス. 바닥에 쇠붙이를 낸 구두로 마룻바닥을 치며 추는 춤.

たっぷり(부·자サ) ①넘칠 정도로 많은 모양. 충분히 있는 모양. ②여유가 충분한 모양. plentiful

たつぶん[達文](명) 뜻이 잘 통하는 문장. 능숙한 문장. a clearly-written composition

だつぶん[脱文](명) 탈문. 빠진 글귀. a missing passage

だっぷん[脱糞](명·자サ) 탈분. 대변을 봄. evacuation

たつべん[達弁](명) 달변. 거침 없이 술술하는 말. 능변(能辯). eloquence

だつぼう[脱帽](명·자サ) 탈모. 모자를 벗음. taking off one's hat

だっぽう[脱法](명) 탈법. 법(法)을 교묘히 어기거나 벗어나는 것. evasion of law

たつまき[竜巻き](명)〈천〉 국부적인 저기압으로 말미암아 물이나 모래 등이 말려 올라 가는 현상. 맹렬한 회오리바람. a waterspout, a windspout

たつみ[巽·辰巳](명) ①방위 이름. 동남. ②에도(江戸) 시대에 있었던 후카가와(深川)의 유곽(遊郭). 「一芸者(ゲイシャ); 후카가와의 기생」 1. southeast

だつもう[脱毛](명·자타サ)〈의〉 탈모. 털이 빠짐. 필요 없는 털을 뺌. 「一剤(ザイ); 탈모제」 depilation

だつらく[脱落](명·자サ) 탈락. ①빠짐. 「一したページ; 빠진 페이지」 ②낙오(落伍)함. falling off

だつりゃく[奪略·奪掠](명·타サ) 탈략. 폭력으로 빼앗음. pillage

だつりょく[脱力](명)〈의〉 탈력. 몸의 힘이 빠짐. 「一感(カン); 탈력감」 weakening

だつろう[脱牢](명·자サ) 감옥에서 탈출함. 탈옥. prison-breaking

だつろう[脱漏](명·자サ) 탈루. 빠져서 샘. omission

たて一[立て](조어) ①제 1위의. 「一役者(ヤクシャ); 중심이 되는 주요 배우」 ②세우는. 「一看板(カンバン); 세우는 간판」

一たて(조어) 계속 지는 것. 연패(連敗). 「三(サン)一を食(ク)う; 3연패하다」

一たて[立て](조어) 어떤 동작이 갓 끝난 것. 「取(ト)り一のくだもの; 갓 딴 과실」

たて[盾·楯](명) 적의 칼, 창, 화살 등을 막는 무기. 방패. 「一に取(ト)る; 구실로 삼다(트집 거리로 삼다)」 shield

〔盾〕

たて[館](명) ⇨たち(館).

たて[縦·竪](명) ①위에서 아래로의 방향. 또는 길이. 세로. 「一に書(カ)く; 세로로 쓰다」 ②제 위치에 놓았을 때의 상하의 길이. ③앞에서 뒤로의 방향, 또는 길이. 「一にならぶ; 세로로 나란히 서다」 ↔横(ヨコ). 1. vertical direction

たて[立て·殺陣](명) 〔연극에서〕 살인, 체포 등의 난투하는 장면. a fighting scene

たで[蓼](명)〈식〉 여뀌. 줄기에 마디가 있고, 줄기와 잎이 매움. 향신료(香辛料)로 씀. a smartweed

一だて[立て](조어) ①특별히 함. 고의로 함. 「とがめ一する; 필요 이상으로 힐책(詰責)하다」 ②우마차에 매는 소나 말의 수. 「二頭(ニトウ)一; 2두 마차(우차)」 ③배에 딸린 노(艪)의 수. ④항목(項目)을 세는 말.

一だて[建て](조어) 건물의 양식. 「平家(ヒラヤ)一; 단층집」

だて[伊達](명·형동ダ) ①위세(威勢)가 좋은 것을 자랑해 보임. ②사치스럽게 맵시를 냄. 허영을 부림. 1. gallantry

たてあなじゅうきょ[縦穴住居·竪穴住居](명) 수혈 주거. 밑으로 판 구멍 위에 지붕을 덮고 사는 집. 주로 신석기 시대에 살던 집. 움집. a shaft residence

たてあみ[建て網·立て網](명) 고기 떼들이 지나는 곳에 쳐 두는 그물. a seine

たていた[立て板](명) 세워서 걸쳐 놓은 판자. 「一に水(ミズ); 술술 거침 없이 이야기함의 비유」 a standing board

たていと[縦糸·経糸](명) (직물의) 날실. warp

たてうり[建て売り](명·타サ) 집을 지어서 팖. 「一住宅(ジュウタク); 집장수가 지어서 파는 집」

たてえぼし[立烏帽子](명) 옛날 관(冠)의 한 가지. 처음에는 깁(絹)으로 만들었으나 나중에는 종이에 옻칠을 하여 만든 중앙을 접지 않은 것. a nobleman's high headdress

たてかえ[立て替]一カヘ(명) 입체. 남을 대신하여 임시로 금품을 내는 일. paying for another

たてか·える[立て替える]一カヘル(타하 1) 일시적으로 대신 돈을 지불하다. 입체하다. pay for another

たてか·ける[立て掛ける](타하 1) 세워서 기대어 놓다. set against

たてかぶ[建て株](명)〈경〉 건주. 거래소에서 거래되는 주식. 「一会社(カイシャ); 그 회사의 주(株)가 거래소에서 거래되는 회사」 listed stocks

たてがみ[鬣](명) 말, 사자 등의 목 뒤에 난 털. 갈기. a mane

たてぎょく[建て玉](명)〈경〉〔거래소에서〕 주식, 쌀 등의 매매의 약정(約定)을 한 것. an article sold at the exchange

たてき·る[立て切る·閉て切る](타 4) ①칸을 막다. ②닫아 버리다. 잠그다. 「戸(ト)を一; 문을 잠가 버리다」 ③끝까지 세워 두다. 관철하다. 1. partition

たてぐ[建具](명) 미닫이, 문 등과 같이 보통 집의 간막이에 달아 여닫는 물건. 「一屋(ヤ); 문 따위를 짜는 목공소나 목수」 fittings

たてこう[立て坑·縦坑·竪坑](명) 세로로 된 갱도(坑道). ↔横坑(ヨココウ). a shaft

たてごと[竪琴](명)〈악〉 ⇨ハープ.

たてこ·む[立て込む](자 4) ①붐비다. 「仕事(シゴト)が一; 일이 붐비다」 ②집 등이 빽빽히 서다. be crowded

たてこ·める[立て込める](자하 1) (연기, 안개 등이) 자욱히 끼다. hang over

たてこも·る[立て籠もる](자 4) ①문을 꼭 닫고 방안에 틀어 박히다. ②성 안에 몰려 성을 지키다. 농성(籠城)하다. 1. shut oneself up in one's room

たてし[立て師·殺陣師](명) 배우에게 살인이나 난투(乱闘)의 연기(演技)를 가르치는 사람. a teacher of stage fighting
たてじとみ[立蔀](명) 격자창같이 만든, 간막이나 가리개로 쓰는 것. a trelliswork screen
だてすがた[伊達姿](명) 멋있게 차려 입은 모습. smart attire
たてつ·く[楯突く](자 4) 반항하다. 대항하다.「先輩(センパイ)に—; 선배에게 반항하다」 oppose
たてつけ[立て付け·建て付け](명) ①문의 여닫이의 상태.「—のわるい戸(ト);여닫이가 나쁜 문」②계속적으로 하는 것. 1. fitting
たてつ·ける[立て付ける](타하 1) ①문이나 미닫이 등을 잘 맞게(여닫이가 잘 되게) 달다. ②계속적으로 하다. 1. make a door fit well
たてつづけ[立て続け](명) 계속적인 것. succession
たてつぼ[立坪](명) 흙, 모래 등의 6척 입방(立方).
たてつぼ[建て坪](명) 건평. 건물이 차지한 토지의 면적. a building area
たてとお·す[立て通す]—トホス(타 4) ①끝까지 세워 두다. ②관철하다.「主義(シュギ)を—; 주의를 관철하다」 1. keep to the last
たてなお·す[立て直す]—ナホス(타 4) ①다시 세우다. ②고쳐 세우다. 조직의 불비 등을 고쳐 좋게 꾸미다.「計画(ケイカク)を—; 계획을 다시 짜다」 2. re-erect
たてなお·す[建て直す]—ナホス(타 4) ①낡은 집을 부수고 새로 짓다. 개축(改築)하다. ②재건하다. 1. rebuild
たてぬき[経緯](명) 베짜는 날실과 씨실. 가로와 세로. warp and woof
たてね[建て値](명)〈경〉 ⇨たてねだん.
たてねだん[建値段](명)〈경〉 ①〔상거래에서〕 매매(賣買)의 표준이 되는 가격. ②은행이 표준으로 공표한 환시세(換時勢). 1. official quotations
たてば[立て場·建て場](명) ①옛날, 가도(街道)에서 교군군 등이 작대기로 가마를 버티고 휴식하던 곳. ②넝마주이에게서 넝마를 사는 고물상.
たてはき[帯刀](명) ⇨たちはき.
たてひき[立て引き·達引き](명·자サ) ①호기(豪気)를 부려 금품을 대신 냄. ②(의리, 체면 등을 위하여) 서로 고집부림.「恋(コイ)の—; 사랑의 고집 싸움」2. rivalry
たてひざ[立て膝](명) 한쪽 무릎을 세우고 앉는 것. drawing up one's knee
たてふだ[立て札](명) 널리 알리기 위하여 써 붙인 패목. a notice board
たてまえ[立て前·建て前]—マヘ(명) ①상량(上樑). ②주의(主義). 방침(方針). 2. a principle
たてまえ[点前]—マヘ(명) 가루 차를 달이는 법식이나 솜씨. etiquette of preparation of tea
だてまき[伊達巻き](명) ①부인들이 사용하는 폭이 좁은 속띠. 띠 밑에 맴. ②계란을 두껍게 둘둘 말아 붙인 음식. 1. an under-sash
たてまし[建て増し](명·타サ) 덧붙여서 지음. 증축(増築). enlarging a house
たてまつりもの[奉り物](명)〈고〉 바치는 물품. 공물(貢物). 진상물(進上物).
たてまつ·る[奉る] Ⅰ(타 4) ①바치다. ②〈고〉 입히거나 태워 드리다. ③입으시다. 잡수시다. ④받들다.「社長(シャチョウ)として—; 사장으로서 받들다」Ⅱ(보동 4) 겸손한 마음을 나타내는 말. …드리나이다.「たのみ—; 부탁 드리나이다」 Ⅰ 1. offer
たてむすび[縦結び](명) 맨 고리가 상하로 되게 매는 법. 또는 그렇게 맨 띠나 끈. knotting lengthwise
たてもの[建物](명) 건물. 사람이 기거하거나 물건을 넣어 두기 위하여 세운 것. 건축물. a building
たてやく[立て役](명) ①연극의 주역. ②〔카부키(歌舞伎)에서〕 남자 역. ③←立て役者. 1. the leading actor.
——しゃ[立て役者](명) ①중심이 되는 중요한 배우. ②중심이 되는 인물.
—だてら(접미) 신분에 어울리지 않는 것을 나타내는 말.「女(オンナ)—に; 여자답지 않게」
た·てる[立てる] Ⅰ(타하 1) ①(세로로) 세우다.「棒(ボウ)を—; 막대기를 세우다」②일으키다. ③(집을) 짓다. ④(주의하여) 듣다.「聞(キ)き耳(ミミ)を—; 귀를 (바짝) 기울이다」⑤(칼날을) 세우다. ⑥(연기를) 피우다. ⑦[点てる] (가루차를) 타다. ⑧(이름을) 나타내다. ⑨왕성하게 하다. ⑩정하다.「予定(ヨテイ)を—; 예정을 세우다」⑪(장이) 서다. ⑫꿰뚫다. ⑬[閉てる](문을) 닫다. ⑭(어떤 지위에) 앉히다. ⑮당하게 하다. ⑯사용하다. ⑰통과시키다. ⑱출발시키다. ⑲되거시키다. ⑳(뿔이나 발톱을) 드러내다. ㉑(물을) 끓이다. ㉒(목소리를) 내다. ㉓(체면을) 세우다.「顔(カオ)を—; 체면을 세우다」㉔(편지를) 내다. ㉕몸에 붙이다.「しらみを—; 이가 끼게 하다」㉖(성을)내다.「腹(ハラ)を—; 성을 내다」Ⅱ(보동·하 1) 자주 하다.「書(カ)き—; 써대다」 Ⅰ 1. raise 3. build 6. put off
た·てる[建てる](타하 1) ①건축하다. (건물을) 짓다. ②시작하다. 일으키다. 1. build
た·でる(타하 1) 부스럼 등을 찜질하다. foment
たてん[他店](명) 타점. 다른 상점. other shop
だてん[打点](명) 〔야구에서〕 안타 등에 의하여 득점한 점수.「打数(ダスウ) 五(ゴ), 一四(ヨン); 타수 5, 타점 4」 run batted in
だでん[打電](명·자サ) 타전. 전보를 침. sending a telegram
たどう[他動](명) 타동. 다른 것으로부터 동작하는 것.「—的(テキ); 타동적」↔自動(ジドウ). transitivity.
——し[他動詞](명) 타동사. 〔문법에서〕 타동의 뜻을 나타내는 동사.
だとう[打倒](명·타サ) 타도. 쳐서 넘어뜨림. overthrow
だとう[妥当](명·자サ·형동ダ) 타당. 잘 들어 맞음. 적당함.「—性(セイ); 타당성」 propriety
たとうかい[多島海](명)〈지〉 다도해. 지중해의 동쪽 보올칸 반도와 아시아와의 사이에 있는 바다. 에게해(海). the Ægean Sea

たとうがみ[畳紙]タタウー(명) ①옛날에 품속에 넣고 다니던 휴지. ②일본 옷 등을 간수할 때 싸는 포장지. 1. paper carried in pocket
たとえ[譬え·喩え]タトヘ(명) 비유. 비유해서 하는 이야기. 예(例)를 들어 하는 이야기. similitude
たとえ[仮令·縦令]タトヘ(부) 가령. 설사. 비록. even if
たとえば[例えば]タトヘー(부) 예를 들면. 예컨대. for example
たと·える[譬える·喩える]タトヘル(타하 1) ①어떤 일을 예로 들다. ②어떤 일에 비유하여 말하다.「花(ハナ)を雪(ユキ)に一; 꽃을 눈에 비유하다」 2. compare to
たどき[方便](명)〈고〉 ⇨たずき.
たどく[多読](명·타サ) 다독. 많이 읽음.「一主義(シュギ); 다독주의」 wide reading
たとしえな·し[譬へ無し]タトシヘー(형 ク)〈고〉 비길 바 없다.
たとする[多とする](연어) ①뛰어났다고 인정하다.「努力(ドリョク)を一; 노력이 컸음을 인정하다」②고맙다고 생각하다.「好意(コウイ)を一; 호의를 고맙게 여기다」 2. thank
たどたどし·い[辿辿しい](형) 기우뚱거리는 모양. 또렷하지 못한 모양.「一足(アシ)どり; 위태로운 걸음걸이」 파생 **―げ**(형동ダ) **―さ**(명). unsteady
たどりつ·く[辿り着く](자 4) 길을 물어 찾아서 겨우 도착하다. grope one's way to
たど·る[辿る](타 4) ①더듬다. ②찾아 가다. ③궁리하여 생각하다. ④애매하여 할 바를 모르다. 머뭇거리다. 1. research 2. trace
たどん[炭団](명) ①숯 가루를 뭉친 연료(燃料). ②〈속〉 승부(勝負)에 진 것. 실패. (○은 이긴 것, ●은 진 것으로 표시하는 데서 온 말) 1. a charcoal-ball 2. a failure
たな[店](명) ①가게.「お一; 가게(상점)」 ②상가(商家). ③세로 빌려 주는 집. 셋집.「一借(ガ)り; 셋집을 비는 것」 1. a shop
たな[棚](명) ①판자를 옆으로 달아 물건을 얹는 곳. 선반.「一に あげる; 선반에 얹다 (모르는 척하고 문제 삼지 않다)」 ②어족(魚族)의 유영층(游泳層). ③골짜기의 계단처럼 된 부분. 1. a shelf
たなあげ[棚上げ](명·타サ) 문제 삼는 것을 그만두고 보류해 둠. shelving
たなうけ[店請け](명·자サ) 차가인(借家人)의 보증을 섬. 또는 그 보증인. security for a tenant
たなうら[手裏](명)〈고〉 ⇨たなごころ.
たなおろし[店卸し](명·타サ) ①〔상가에서〕 재고품(在庫品)의 수와 값을 조사함. 재고 조사. ②타인의 과실과 결점을 하나하나 들어 따지는 일. 1. stocktaking
たながし[店貸し](명) 집을 세 주는 것. renting a house
たなぐもり[棚曇り](명)〈고〉 구름이 길게 뻗치는 것.
たなこ[店子](명) 집을 빌어 든 사람. a tenant
たなご(명)〈동〉 납자루. 잉어과에 속하는 민물고기. 긴 산란관(産卵管)이 있어 민물조개 속에 산란함. 〈학명〉 Acheilognathus intermedia
たなごころ[掌](명) 손바닥. the palm
たなざらえ[棚浚え]ーザラヘ(명) 정리하기 위하여 상점의 상품을 전부 내어 싸게 파는 것. clearance sale
たなざらし[店晒し](명) 팔리지 않고 가게에 언제까지나 남아 있음. 또는 그 상품. becoming shopworn
たなし·る(자 4)〈고〉 충분히 알다. 모조리 다 알다.
たなすえ[手末](명)〈고〉 손끝. 손가락 끝.「一の調(ミツギ); 옛날 여자가 짠 무명이나 명주(明紬)로 바치던 공물(貢物)」
たなちん[店賃](명) 집세. a rent
たなばた[棚機·七夕](명) ①베틀. ②〔←棚機姫(ヒメ)〕 직녀(織女). ③←たなばた祭り. 1. a loom. **―まつり**[棚機祭り·七夕祭り](명) 칠석날 밤에 행하는 직녀성의 축제(祝祭).
たなび·く[棚引く](자 4) 구름, 연기, 안개 같은 것이 가로로 기다랗게 끼다. hang over
たなひじ[手肱]ーヒヂ(명)〈고〉 팔꿈치.
たなぼた[棚牡丹](명)〈속〉(선반에서 떡이 떨어지듯이) 생각하지도 않던 행운이 찾아 오는 일. a godsend
たなまた[手股](명)〈고〉 손가락과 손가락 사이.
たなもの[店者](명) 점원(店員)의 우두머리, 그 대리, 또는 심부름군. shopwalkers
たなれ[手馴](명)〈고〉 손에 잘 익은 것.
たなん[多難](명·형동ダ) 다난. 곤란이 많음.「前途(ゼント)一; 전도 다난」 full of troubles
たに[谷](명) ①산골짜기. ②파도처럼 물결치는 것의 움푹 낮은 곳. ↔山(ヤマ). 1. a valley
だに[壁蝨](명) ①〈동〉 진드기. 가축의 피부에 붙어서 피를 빨아 먹음. ②늘어붙어 좀처럼 떨어지지 않는 불량배.「まちの一; 거리에 눌러 붙어 남을 괴롭히는 불량배」 1. a tick
だに(수조) 대수롭지 않은 일을 들어 중요한 일을 넌지시 알리는 말. …까지도. …조차.「星一(ホシヒト)つ一見(ミ)えず; 별 하나조차 보이지 않는다(매우 깜깜하다)」
たにあい[谷間]ーアヒ(명) 골짜기. 골짜기 사이. a gorge
たにく[多肉](명·형동ダ)〈식〉 다육. (과실 등의) 살이 많음. fleshiness. **―か**[多肉果](명)〈생〉 다육과. 과피(果皮)에 싸인 부드럽고 즙(汁)이 많은 살의 부분을 가지며 익은 후에도 마르지 않고 장과(漿果)가 되는 열매.
たにぐく[谷蟇](명)〈고〉 두꺼비.
たにし[田螺](명)〈동〉 우렁이. a mud-snail
たにそこ[谷底](명) 골짜기 밑바닥. the bottom of a valley
たにふところ[谷懐](명) 산에 둘러 싸인 골짜기.
たにま[谷間](명) 골짜기. a gorge
たにまのひめゆり[谷間の姫百合](명) 은방울꽃을 우아하게 부르는 이름. the lily of the valley
たにわたり[谷渡り](명) ①골짜기에서 골짜기로 건너감. ②골짜기에 초목이 퍼져 나있는 것. ③꾀꼬리 등이 골짜기를 여기저기 날아 다니면서 우는 일. 1. going from valley to valley

たにん[他人](명) 타인. ①혈연 관계가 없는 사람. 남. ②관계가 없는 사람. ③자기 이외의 사람. 1. an unrelated person 2. outsiders. **―ぎょうぎ**[他人行儀](명·형·동ダ) 서로 모르는 남처럼 서먹서먹한 행동.

たにんず[多人数](명) 많은 사람. 다수인(多数人). a great many people

たぬき[狸](명) ①〈동〉 너구리. ②속이는 사람. 약은 사람. 「―じじい; 교활한 할아범」 ③←たぬき寝入り. 1. a badger. **―ねいり**[狸寝入り](명·자サ) 자는 체함.

たね[種](명) ①씨. 종자. ②〈속〉 정자(精子). ③동식물이 발생하는 근원. ④혈통. ⑤발단. 원인. 「争(アラソ)いの―; 싸움의 원인」 ⑥재료. 내용. 「―をあかす; 내용을 밝히다」 ⑦국거리. ⑧아이. 「―をやどす; 아이를 배다」「一粒(ヒトツブ)だね; 하나밖에 없는 자식」 1. a seed 6. a subject

たねあかし[種明かし](명·자サ) 요술(妖術) 등의 술법을 밝혀서 알려 줌. exposure of a trick

たねあぶら[種油](명) 유채(油菜) 씨에서 짠 기름. rape-seed oil

たねいた[種板](명) 〔사진에서〕 촬영에 사용하는 유리, 또는 셀룰로이드 판. 사진 원판(原板). a negative

たねうし[種牛](명)〈농〉 종우. 좋은 씨를 받기 위한 수소. a bull

たねうま[種馬](명)〈농〉 종마. 좋은 씨를 받기 위한 수말. a stallion

たねおろし[種下ろし](명·자サ)〈농〉 씨 뿌리기. sowing

たねがしま[種子が島](명) 에도(江戸) 시대의 소총. 화승총(火縄銃).

たねがみ[種紙](명) 누에 나방에게 알을 쓸게 하는 종이. 잠란지(蚕卵紙). a silkworm egg-card

たねがわり[種変わり]―ガハリ(명) ①어머니는 같으나 아버지가 다른 것. 씨가 다른 것. ②식물의 변종(変種). 2. a variety

たねぎれ[種切れ](명·자サ) 씨나 재료가 떨어짐. exhaustion of seeds or materials

たねちがい[種違い]―チガヒ(명) ⇨たねがわり①.

たねつけ[種付け](명·자サ) 교미(交尾)시킴. mating

たねとり[種取り](명) 기사(記事)의 재료를 찾아 돌아다니는 일. 또는 그 사람. newsgathering

たねほん[種本](명) 저작이나 강의의 기초로 하는 타인의 저서. a source book

たねまき[種蒔き](명·자サ) ①씨를 뿌림. ②볍씨를 모판에 뿌림. 1. sowing

たねもの[種物](명) ①초목의 씨. ②튀김, 고기 등을 넣은 국수. ③팥 등을 넣은 빙수. 1. seeds

たねもみ[種籾](명)〈농〉 씨로 뿌리기 위하여 고른 벼. 볍씨. seed-rice

たねん[他年](명) 장래. 후년. 다른 해. future years

たねん[他念](명) 타념. 다른 생각. 여념(餘念). 「―ない; 여념이 없다」 distraction

たねん[多年](명·부) 다년. 오랜 세월. 「―の経験(ケイケン); 다년간의 경험」 many years. **―せい**[多年生](명)〈식〉 다년생. 식물체(植物体)의 전부, 또는 땅 밑에 있는 부분이 3년 이상 살아 있는 것. **―そう**[多年草](명)〈식〉 다년초. 줄기나 잎은 말라도 뿌리는 죽지 않고 다음해에 발아(発芽)하여 자라는 풀. 다년생 초본.

たのう[多能](명·형동ダ) 다능. 여러 가지로 능함. 「多芸(タゲイ)―; 다예 다능」 versatility

たのうだひと[頼うだ人](연어·명) 자기 생활을 의지하는 사람. 주인. the master

たのし·い[楽しい](형) ①즐겁다. 「―家庭(カテイ); 즐거운 가정」 파생 **―が·る**(자 4) **―げ**(형동ダ) **―さ**(명). pleasant

たのしみ[楽しみ](명) ①즐거움. 쾌락. ②마음을 위로하는 것. 오락. ③희망. 기대. 1. pleasure

たのし·む[楽しむ](자타 4) 즐기다. 좋아하다. 「映画(エイガ)を―; 영화를 즐기다」 enjoy

たのみ[頼み](명) ①부탁. 의지. ②신뢰(信頼). 1. request. **―こ·む**[頼み込む](타 4) 잘 부탁하다. **―すくな·い**[頼み少ない](형) 의지하기 곤란하다. 마음이 놓이지 않다. 파생 **―すくなげ**(형동ダ).

たの·む[頼む](타 4) ①부탁하다. 의뢰하다. 「返事(ヘンジ)を―; 답장을 부탁하다」 ②의지하다. 힘으로 삼다. 신뢰(信頼)하다. 「柱(ハシラ)と―父親(チチオヤ); 기둥처럼 의지하는 아버지」 1. request

たのも[田の面](명) 논의 표면. the surface of a rice-field

たのもう[頼もう]タノマー(감) 옛날 무사(武士)가 남의 집이나 도장(道場)에 갔을 때 현관에 서서 안내를 청할 때 부르던 말. Hello, there!

たのもし[頼母子](명) 계의 한 가지. 서로 돈을 내어 돈의 융통을 꾀하는 조합. 무진(無尽). a mutual financing association

たのもし·い[頼もしい](형) 믿음직스럽다. 의지할 만하다. 파생 **―が·る**(자 4) **―げ**(형동ダ) **―さ**(명).

たは[他派](명) 타파. 다른 파. the other party

たば[束](명) 한 뭉치로 만든 것. 다발. a bundle

だは[打破](명·타サ) 타파. 관례(慣例) 따위를 깨뜨려 버림. 「古(フル)い習慣(シュウカン)を―する; 낡은 습관을 타파하다」 breaking

だば[駄馬](명) ①짐을 싣는 말. 짐말. ②나쁜 말. 시시한 말. 1. a pack-horse

たばい[多売](명·자サ) 다매. 많이 팖. 「薄利(ハクリ)―; 박리 다매」 a large turnover

たばかり[謀り](명) ①꾀하는 것. 궁리하는 것. ②상담. 모의. ③속이는 것. 속임수. 1. contemplation

たばか·る[謀る](타 4) ①음흉한 모의를 하다. ②속이다. ③꾀하다. 궁리하다. 1. contrive

タバコ[포 tabaco·煙草](명) 타바코. 담배. **―ぼん**[煙草盆](명) 담뱃서랍. 담배합.

たばさ·む[手挾む](타 4) ①손에 집어 들다. ②겨드랑이에 끼다. 1. carry in one's hand

たばし·る[迸る](자 4)〈고〉 마구 흩날리다. 「あられ―; 눈보라치다(작은 우박이 마구 쏟아지다)」

たば·す[賜す](타하 2)〈고〉 ⇨たもう.
たはた[田畑·田畠](명) 논과 밭. fields
たはつ[多発](명) 다발. ①많이 발생하는 것.「一性神経炎(セイシンケイエン); 다발성 신경염」②〔비행기에서〕3개 이상의 발동기.
たばね[束ね](명) ①다발. ②전체를 통틀어 다스리는 것.「一家(イッカ)の一; 집안의 통할(統轄)」 1. a bundle.
—がみ[束ね髪](명) 속발. 묶은 머리. 땋은 머리.
たば·ねる[束ねる](타하 1) ①다발로 만들다. ②하나로 묶다. ③전체를 통틀어 관리하다. 1. bundle 3. control
たび[度](명) ①때. ②그때마다.「見(ミ)る一に; 볼 때마다」③회수(回数).「一かさなる…; 여러 번 거듭되는…」 1. time 3. repetition
たび[旅](명·자サ) 여행. a travel
たび[足袋](명) 일본식 버선. Japanese socks
だび[荼毗](명)〈불〉 다비. 화장(火葬).「一に付(フ)す; 화장하다」 cremation
たびあきゅうど[旅商人]—アキウド(명) 각지를 돌아 다니며 장사를 하는 사람. 행상인(行商人). a peddler
たびあるき[旅歩き](명·자サ) 도보 여행(徒歩旅行). travelling
たびうど[旅人](명) 나그네. 여행자. a traveller
タピオカ[tapioca](명) 타피오카. 식용 녹말. 남미 원산인 카사아버라는 식물 뿌리에서 취한 녹말.
たびかさなる[度重なる](연어) 몇 번이고 계속 일어나다. 여러 번 거듭되다.「一事故(ジコ); 거듭되는 사고」 repeated
たびかせぎ[旅稼ぎ](명·자サ) 고향을 떠나서 벌이를 함. itinerant work
たびがらす[旅烏](명) ①여행에 익숙해진 사람. ②일생을 방랑으로 보내는 사람. ③다른 고장에서 온 사람. 2. a wanderer 3. a stranger
たびげいにん[旅芸人](명) 유랑(流浪)하는 연예인(演芸人). an itinerant player
たびこうぎょう[旅興行](명) 지방을 돌아 다니며 하는 흥행(興行). a show on tour
たびごころ[旅心](명) 여심. ①여행하는 사람이 고향을 그리워하며 외롭고 쓸쓸하게 느끼는 마음. 여수(旅愁). ②여행하고 싶은 마음. 1. loneliness on a journey
たびごと[度毎](명·부) 매번. 그때마다. every time
たびごろも[旅衣](명) 여행복. travelling clothes
たびさき[旅先](명) 여행하는 곳. 행선지(行先地). a destination
たびじ[旅路]—ヂ(명) 여로. ①여행길. ②여행의 도중(途中). 1. a journey course
たびじたく[旅支度](명) ①여행 준비. ②여행 중의 복장. 나그네 차림. 1. preparations for a journey
たびしょ[旅所](명) 축제(祝祭) 때 신(神)을 모신 가마를 잠시 멈춰 두는 곳. the resting place of a portable shrine
たびそう[旅僧](명) 여행중인 중. 행각승(行脚僧). a priest on a journey
たびだち[旅立ち](명·자サ) 여행을 떠남. departure
たびだ·つ[旅立つ](자 4) 여행을 떠나다. 여로(旅路)에 오르다. go on a journey
たびたび[度度](부) 자주. 여러 번. often
たひつ[他筆](명) 타필. 타인이 쓴 글씨. ↔自筆(ジヒツ). another's handwriting
たびにっき[旅日記](명) 여행 일기. a travel diary
たびにん[旅人](명) 협객(俠客), 무사, 행상인 등 각지를 돌아 다니는 사람. a wanderer
たびね[旅寝](명·자サ) 여행 중의 숙박. 객지(客地) 잠. passing a night on one's journey
たびのそら[旅の空](연어·명) 객지, 여행길에서 바라보는 하늘. 1. a strange land
たびはだし[足袋跣](명) 버선발로 걷는 것. feet in socks
たびびと[旅人](명) 나그네. 여객. a traveller
たびまくら[旅枕](명) ①여행 중 각지에서 숙박(宿泊)하는 것. ②객지 잠. sleeping away from home
たびまわり[旅回り]—マハリ(명) 여행을 하면서 사방을 돌아 다니는 일. touring
たびもの[旅物](명)〈경〉 기차로 수송되는 어채류(魚菜類). freight
たびやくしゃ[旅役者](명) 각지(各地)를 순회(巡廻)하며 흥행하는 연예인(演芸人). a travelling player
たびょう[多病](명·형동ダ) 다병. 병이 많음. 잘 앓음.「才子(サイシ)一; 재주 있는 사람이 병을 잘 앓는 것」 delicate health
たひん[他品](명) 다른 물건. other things
タフ[tough](형동ダ) 터프. 튼튼한 모양. 완강한 모양. 불사신(不死身)인 모양.
たぶ[他部](명) 타부. 다른 부. 다른 부서. other part
た·ぶ[食ぶ](타 4)〈고〉 ①먹다. ②마시다.
た·ぶ[給ぶ](조동)〈고〉 ⇨たもう.
た·ぶ[賜ぶ](타 4)〈고〉 ⇨たもう.
だふ[懦夫](명) 겁장이. 비겁한 사람. a coward
タブー[taboo](명) 터부우. ①〈종〉 신성한 것이라 해서 금지되어 있는 것. 금기(禁忌). ②말해서는 안되는 사항.
たぶさ[髻](명) 상투.
たふさぎ[犢鼻褌](명)〈고〉 속에 입는 짧은 팬츠.
タフタ[taffeta](명) 태피터. 광택이 있는 얇은 견직물. 부인복이나 리본 같은 것을 만듦.
だぶだぶ(부·자サ) ①의복이 커서 헐렁헐렁한 모양. ②너무 살이 쪄서 디룩디룩하는 모양. 1. baggily
たぶね[田舟](명) 논 속에 띄워서 흙이나 벼 등을 운반하는 낮고 얕은 배. a small flat-bottomed boat
たぶらか·す[誑かす](타 4) 속이다. 명 たぶらかし. cheat
ダブリューシー[WC](명) 더블유 시이. (공중)변소. 화장실(化粧室). water closet
ダブル[double·W](명) 더블. ①이중. 두 겹. ②2배. ③〔더블 브레스트(double breast)의 준말〕 앞깃이 깊고 단추는 두 줄인 양복 저고리. ↔シングル. ④←ダブルス. **—ス**[doubles](명) 더블즈. 〔정구 등에

서] 둘씩 조를 짜서 행하는 시합. 복시합. ↔シングルス. ―スチール[double steal] 더블 스티일. 〔야구에서〕 두 러너(走者)가 동시에 도루(盜壘)하는 것. ―はば[double 幅](명) 더블폭. 싱글 폭의 2배. 약 1.47 *m*(58인치). ―プレー[double play](명) 더블 플레이. 〔야구에서〕 병살(併殺). 두 러너를 한꺼번에 아우트시키는 것. ↔トリプルプレー. ―ヘッダー[double-header](명) 더블 헤더. 〔야구에서〕 같은 티임끼리 같은 날에 시합을 두 번 하는 것. ―ベッド[double bed](명) 더블 베드. 두 사람이 같이 잘 수 있는 넓은 침대.

ダブ·る(자 4)〈속〉 이중이 되다. 겹쳐지다. 「予定(ヨテイ)が―; 예정이 겹쳐지다」 be doubled

タブル ドート[프 table d'hôte](명) 타불 도오트. 정식(定食). ↔アラカルト.

タブレット[tablet](명) 타블렛. ①정제(錠剤). ②(단선 철도에서) 역장이 운전수에게 주는 고리가 붙은 통행표.

タブロイド[tabloid](명) 타블로이드. 신문지의 2분의 1페이지에 해당하는 크기. 「―版(バン); 타블로이드판」

タブロー[프 tableau](명) 타블로. 회화(絵画) 작품. 그림.

〔タブレット②〕

たぶん[他聞](명·자サ) 남이 들음. 「―をはばかる; 남이 듣는 것을 꺼리다」 reaching others' ears

たぶん[多分] Ⅰ(명) 수가 많은 것. Ⅱ(부) ①대개. ②아마. Ⅰ a great number Ⅱ 1. mostly

たぶん[多聞](명) 다문. 들은 것이 많아 잘 앎. 박식(博識). much information

だぶん[駄文](명) 신통치 못한 문장. poor writing

たべかけ[食べ掛け](명) 먹다가 중도에서 그치는 것. 또는 그 음식. eating half

たべかす[食べ滓](명) 먹다 남은 음식. 먹다 남은 찌꺼기. left-over food

たべごろ[食べ頃](명) 먹기에 가장 알맞는 때. 「みかんの―; 귤 철」 good time for eating

タペストリー[tapestry](명) 태피스트리. 소모사 등으로 풍경(風景) 같은 것을 짠 장식용 직물(織物).

たべずぎらい[食べず嫌い]―ギラヒ(명·형동ダ) 먹어 보지도 않고, 또는 이유도 없이 싫어함. 또는 그런 사람. disliking without tasting

たべもの[食べ物](명) 음식물. food

たべよごし[食べ汚し](명) 먹으면서 흘려 놓은 것. 동 食べ汚す(타 4). scattering

たべる[食べる](타하 1) ①먹다. ②〈속〉 생활하다. 「食(タ)べていけない; 먹고 살 수가 없다」 ③술을 마시다. 1. eat 2. live

だべ·る[駄弁る](자 4)〈속〉 쓸 데 없는 잡담을 하다. chatter

たべん[多弁](명·형동ダ) 다변. 말이 많음. 다언(多言). talkativeness

だべん[駄弁](명)〈속〉 쓸 데 없는 잡담. an idle-talk

たへんけい[多辺形](명)〈수〉 다변형. 세개 이상의 직선으로 둘러 싸여 이루어진 평면형. 다각형. a polygon

たぼ[髱](명) ①일본식 머리의 뒤쪽으로 나온 부분. ②〈속〉 부인. 여자. 「酌(シャク)は―; 술 따르는 것은 여자라야」 1. back-hair

だほ[拿捕](명·타サ) 나포. 외국, 적국의 배 등을 잡음. capture

〔髱①〕

たほう[他方](명·부) 타방. ①다른 방향. ②다른 면에서. 「―, こうも考(カンガ)えられる; 한편, 이렇게도 생각할 수 있다」 1. another side

たほう[他邦](명) 다른 나라. 외국. a foreign country

たほう[多方](명) 다방. ①많은 방면. ②많은 방법. ③많은 나라. 1. many quarters

たぼう[多忙](명·형동ダ) 다망. 바쁨. 「―をきわめる; 눈코 뜰 사이 없이 바쁨」 pressure of business

たぼう[多望](명·형동ダ) 다망. 장래의 희망이 많음. 유망. 「前途(ゼント)―; 전도 유망」 great promise

だぼう[打棒](명) 타봉. 〔야구에서〕 배트로 공을 치는 것. 타격. batting

たほうめん[多方面](명·형동ダ) 다방면. 많은 방면. 여러 방면. many-sided

だぼく[打撲](명·타サ) 타박. 때림. 두들김. 「―傷(ショウ); 타박상」 a stroke

だぼはぜ[だぼ鯊](명)〈동〉 검정망둑. 민물과 기수(汽水)에 사는 물고기.

だぼら[駄法螺](명)〈속〉 그럴 듯한 거짓말. 엉터리의 말. 허풍. 「―を吹(フ)く; 허풍을 떨다」 a big talk

だほん[駄本](명) 시시한 책. a worthless book

たま[玉·球·珠](명) 옥. ①보석. 구슬. ②진주. ③아름다운 것을 칭찬할 때 쓰는 말. ④보울. 둥근 것. 공. ⑤탄환(弾丸). ⑥국수의 한 덩어리. ⑦달걀. 「―丼(ドン); 계란 덮밥」 ⑧전구(電球). ⑨어떤 계획의 수단. ⑩〈속〉 (아름다운) 여자. ⑪〔←きんたま〕 불알. 「―付(ツ)き牛(ウシ); 거세하지 않은 소」 1. a gem

たま[偶·稀](명) 좀처럼 없는 것. 드문 것. 「ほんの―のことだ; 아주 드문 일이다」 rareness

たま[魂·霊](명) 혼. 영혼. 정신. soul

だま(명) 밀가루 등을 개었을 때에 생기는 덩어리. 「―になる; 덩어리지다」 lump

たまあ·う[魂合う]―アフ(자 4)〈고〉 마음이 잘 맞다. 기분이 맞다.

たまい[田舞]―マヒ(명) 상고 때 춤의 하나. 농민 사이에서 일어나 궁중에서 의식화되었음.

たまいし[玉石](명) 흙담 등에 사용하는 둥근 돌. a boulder

たま·う[賜う]タマフ(타 4) (손위 사람이) 주시다. 내려주시다. 「おほめのことばを―; 웃사람이 찬사(讃辞)를 내리시다」 deign to give

だまえ[給え]タマヘ(조) 가벼운 경의(敬意)를 포함시켜 명령을 나타내는 종조사(終助詞). you will please

たまおくり[魂送り·霊送り](명·타サ)〈불〉 백중날 혼령을 돌려 보내는 불사(佛事). ↔たま迎(ムカ)え. sending off the spirits of the dead

たまがき[玉垣](명) 신사(神社)의 주위에 두른 울타리. the fence of a shrine

だまか·す[騙かす](타 4)〈속〉 속이다. cheat

たまかずら[玉鬘]ーカヅラ(명) ①구슬을 끈에 꿰어 머리에 단 장식. ②다리(添髮). ③부처 앞에 장엄하게 꾸미는 꽃다발. 화만(華鬘). 2. false hair

たまき[環](명)〈고〉 환. 고리 같은 옥. 반지.

たまぎ·る[魂消る](자 4) 놀라다. 혼나다. be astonished

たまぐし[玉串](명) ①비쭈기(榊)나무 가지에 무명이나 종이를 붙여 신전(神前)에 바치는 것. ②비쭈기나무의 다른 이름.

たまくら[手枕](명) 팔을 베개로 삼는 것. 팔베개. one's arm for a pillow

たま·げる[魂消る](자하 1)〈속〉 깜짝 놀라다. 혼나다. be astonished

〔玉串①〕

たまご[卵·玉子](명) ①알. ②달걀. 「一焼(ヤ)き; 달걀 부침」 ③일의 시초. ④수업중의 견습생. 「学者(ガクシャ)の一; 장차 학자가 될 사람」 ⑤←卵色. 1. 2. an egg 3. the source. **—いろ**[卵色](명) 계란색. 계란의 노른 빛깔. **—とじ**[卵綴じ]ートヂ(명) 국거메기 등에 계란을 풀어 얹어 엉기게 한 것.

たまさか[偶さか](부) ①오래 만나지 못한 사람을 뜻밖에 만나는 모양. 우연히. ②가끔. 이따금. 드물게. 1. accidentally 2. rarely

たまざし[球尺](명) 렌즈 등의 구면(球面)의 곡률 반경(曲率半径)이나 얇은 판의 두께를 측정(測定)하는 기구. a spherometer

たまざん[玉算·珠算](명) 주산. 수판셈. calculation on the abacus

たましい[魂·霊]タマシヒ(명) ①생물의 육체에 깃들여 정신 작용을 영위하고 생명을 보존한다고 생각되는 것. 영혼. ②기력. 정신. 1. soul 2. spirit

だましうち[騙し討ち](명·타サ) 속여서 침. 마음을 놓게 해 놓고 그 틈을 타서 공격함. a surprise attack

たましき[玉敷](명) 옥(玉)을 깐 것처럼 아름다움. 또는 그런 곳. **—のにわ**[玉敷の庭]ーニハ(명) ①옥을 깐 것처럼 아름다운 뜰. ②궁중(宮中)의 뜰.

だましこ·む[騙し込む](타 4) 감쪽같이 속이다. deceive

たましだ[玉歯朶](명)〈식〉 단발고사리. 고사리과(科)에 속하는 다년생 초본. 관상용으로 재배함.

たまじゃり[玉砂利](명) 굵은 자갈. pebbles

たましろ[霊代](명)〈고〉 죽은 사람의 혼(魂) 대신 모시는 것.

だま·す[騙す](타 4) ①속이다. ②(아이들의 마음을) 달래다. 1. cheat

ダマスクス[Damascus](명)〈지〉 다마스커스. 시리아 공화국의 수도.

たまずさ[玉章]ーヅサ(명) 편지. a letter

たまたま[偶偶](부) ①가끔. 드물게. ②우연히. 1. rarely 2. accidentally

たまだれ[玉垂](명) 구슬로 장식한 발. 주렴(珠簾).

たまつき[玉突き·球撞き](명·자サ) 대(臺) 위에서 상아제(象牙製)의 공을 쳐 맞추어서 승부를 겨루는 실내 경기. 당구(撞球). billiards

たまつくり[玉造り](명) 옥(玉)을 갈고 다듬는 일. 또는 그 일을 하는 사람. a ball polisher

たまつばき[玉椿](명)〈식〉 동백나무의 미칭(美称). a camellia

たまてばこ[玉手箱](명) ①옛날 우라시마 타로오(浦島太郎)가 용궁(龍宮)에서 가져왔다는 조그마한 상자. ②물건을 소중(所重)히 간수해 두는 조그마한 상자. 2. a treasure casket

たまな[玉菜·球菜](명)〈식〉 양배추. a cabbage

たまなし[玉無し](명) 소유물이나 재산이 송두리째 못 쓰게 되어 버리는 것. spoiling

たまに[偶に](부) 드물게. 가끔. 때때로. rarely

たまねぎ[玉葱](명)〈식〉 양파. an onion

たまの[玉の](연어) ①구슬 같은. 구슬 모양의. 「一汗(アセ); 구슬 같은 땀방울」 ②옥으로 만든. 「一さかずき; 옥으로 만든 술잔」 ③아름다운. 「一かんばせ; 아름다운 얼굴」 ④거룩한. 존귀한. 「一み声(コエ); 존귀한 말씀」 ⑤맑은. 깨끗한. 「一泉(イズミ); 옥같이 맑은 샘」 3. beautiful 4. noble

たまのお[玉の緒]ーヲ(명)〈고〉 ①옥을 꿴 끈. ②생명(生命).

たまのこし[玉の輿](연어·명) 귀인이 타는 훌륭한 가마. 「一に乗(ノ)る; 귀인이나 부자에게 시집 가서 갑자기 훌륭해짐」 a nobleman's palanquin

たまのり[玉乗り·球乗り](명) 커다란 공 위에 올라 서서 발로 공을 굴리는 곡예(曲芸). 또는 그 사람. 공타기. walking on a ball

たまははき[玉帚](명) ①옛날 정월 첫 자일(子日)에 잠실(蚕室)을 청소하는 데 쓰던 비. ②사물을 떨어 버리는 물건. ③술의 다른 이름.

たまぶさ[玉総](명) 끝을 공처럼 둥글게 뭉친 술. a round tuft

たまへん[玉偏](명) 한자 부수(部首)의 하나. 구슬옥변. "理, 球"의 "𤣩" 부분.

たまぼこ[玉鉾](명)〈고〉 훌륭한 창.

たままつり[魂祭り·霊祭り](명) 죽은 사람의 영혼을 제사 지내는 의식. a Mass for the dead

たまみず[玉水]ーミヅ(명)〈고〉 ①물. 폭포. ②낙숫물.

たまむかえ[魂迎え·霊迎え]ームカヘ(명·자サ)〈불〉 죽은 사람의 영혼을 집에 맞이하는 의식. ↔たま送(オク)り. welcoming the spirits of the dead

たまむし[玉虫](명)〈동〉 비단벌레. 노랑색과 녹색의 알록달록한 갑충(甲蟲). **—いろ**[玉虫色](명) 광선(光線)의 비춤에 따라 녹색이나 자주색으로 보이는 빛깔.

たまむすび[魂結び](명)〈고〉 육신을 떠나 떠도는 영혼을 가라앉히는 것. 진혼(鎮魂).

たまも[玉藻](명)〈고〉 말(藻)의 미칭.

たまもく[玉目](명) 와상(渦状)을 이룬 아름다운 나뭇결. 느티나무 등에 많음. a pretty grain of wood

たまもの[賜物·賜](명) ①윗사람으로부터 받은 물건. ②(좋은) 보람. 덕택. 「努力(ドリョク)の一; 노력한 보

람」 1. a gift
たまや[霊屋](명) 영혼(霊魂)을 모신 사당. 영묘(霊廟). a mausoleum
たまゆら[玉響](부)〈고〉 ①아련하게. 은은하게. ②잠시(暫時).
たまよけ[玉除け·弾除け](명) 탄환을 막거나 피하는 것. 또는 그 물건. protection against bullets
たまらない[堪らない](연어) 견딜 수 없다. 참을 수 없다. intolerable
たまり[溜まり](명) ①괴는 것. 괴어 있는 곳. ②대기실. 「記者(キシャ)の—; 기자 대기실」 ③된장에서 흐른 액체. ④←溜り醬油. 1. a pool 2. a waiting room. **— じょうゆ**[溜まり醬油] 간장의 한 가지. 콩만으로 만든 간장.
たまりか·ねる[堪り兼ねる](자하 1) 참을 수 없게 되다. 견딜 수 없게 되다. cannot contain oneself
だまりこく·る[黙りこくる](자 4) 끝내 말이 없다. remain silent
だまりこ·む[黙り込む](자 4) 끝내 말 없이 잠잠히 있다. remain silent
たま·る[堪る](자 4) 참다. 견디다. endure
たま·る[溜まる](자 4) ①괴어서 모이다. 괴다. ②남다. ③저축이 늘다. 1. accumulate
だま·る[黙る](자 4) 말을 안하다. close one's lips
たまわりもの[賜わり物](명) 웃사람으로부터 받은 물품. 하사품(下賜品). a gift
たまわ·る[賜わる]タマハル(타 4) ①웃사람에게서 받다. ②주시다. 하사(下賜)하시다. 2. deign to give
たみ[民](명) 국민. 백성. the people
たみぐさ[民草](명) 백성. 국민. the people
だみごえ[濁声](명) ①표준어와 다른 말소리. ②탁한 목소리. 1. a provincial accent 2. a hoarse voice
だみん[惰眠](명) ①게으르게 자는 일. 「—をむさぼる; 게으름을 부려 하는 일 없이 허송 세월하다」 ②아무 것도 하지 않고 게으름을 부림. ⤵
だ·む[回む](자상 2)〈고〉 돌다. ⌊1. an idle slumber
ダム[dam](명) 댐. ①막은 물. ②둑. 제방.
たむけ[手向け](명) ①신불(神仏)에게 바치는 것. ②전별(餞別)하는 것. 1. offering. **— ぐさ**[手向け草](명) ①신불에게 바치는 물건. ②전별하는 물품.
たむ·ける[手向ける](타하 1) 신불(神仏)에게 바치다. ②전별(餞別)하다. 1. offer
ダムサイト[dam site](명) 댐사이트. 댐의 용지(用地).
たむし[田虫](명)〈의〉 백선(白癬)의 속칭. 붉은 원을 그리며 퍼져 나가고 매우 가려움. 버짐. a ringworm
たむろ[屯](명·자サ) ①사람이 모임. 또는 그 장소. ②군인들이 모임. 또는 그 진영(陣営). 1. gathering
ため[為] Ⅰ(명) ①까닭. 이유. 원인. 목적. 「行(イ)ったーだ; 갔기 때문이다」 ②위함. 도움. ③이익. 「—になる; 도움이 되다」 ④…를 위해서. 「君(キミ)の—には, いいねえさんだ; 너를 위해서는 좋은 누님이다」 Ⅱ(접조) 원인, 이유, 목적을 나타내는 말. Ⅰ 1. because of 3. benefit
ため[溜め](명) ①모아 둠. 또는 모아 두는 곳. ②쓰레기나 똥을 버리는 곳. 1. heaping
だめ[駄目](명·형동ダ) ①〔바둑에서〕 공배(空排). 「—を押(オ)す; 다짐을 두다」 ②쓸모 없게 됨. 「くつが—になる; 신이 떨어져 못 신게 되다」 ③보람이 없음. 「行(イ)っても—だ; 가도 소용 없다」 ④희망이 없음. 「もう—だ; 이젠 틀렸다(희망이 없다)」 ⑤안됨. 불가(不可). 「行(イ)っては—だ; 가서는 안된다」 ⑥〔연극에서〕 연출상의 주의. 2. uselessness
ためいき[溜め息](명·타サ) 실망, 걱정으로 크게 쉬는 숨. 한숨. a sigh
ためいけ[溜め池](명) 밭물이나 논물을 모아 두는 못. 웅덩이. a reservoir
ためおけ[溜め桶]—ヲケ(명) ①거름을 모아 두는 통. ②대소변을 퍼 나르는 통. 거름통. 2. a manure-tub
だめおし[駄目押し](명) ①다짐을 두는 일. ②〔야구에서〕 승패가 거의 정해진 무렵에 다시 더 득점하는 것. 「—の二点(ニテン); 여분의 두 점」 1. making sure
ためこ·む[溜め込む](타 4) 모아서 저축하다. save up
ためし[例し](명) ①모범. 또는 모범이 되는 책. ②예. 선례(先例). 실례(実例). 1. an example 2. a precedent
ためし[試し](명) 시도. 시험. a test. **— ぎり**[試し斬り](명) 옛날 칼의 성능을 시험해 보기 위하여 사람을 실지로 베어 보는 일. **— ざん**[試し算](명)〈수〉 검산(検算). **— に**[試しに](부) 시험적으로. 시험 삼아. 「—やってみる; 시험 삼아 해보다(테스트해 보다)」
ため·す[試す](타 4) 조사해 보다. 시험해 보다. test
ためすじ[為筋]—スヂ(명) 도움이 되는 길. 도와 주는 사람. a patron
だめだし[駄目出し](명) (연출상의) 주의를 주는 것. advice
ためつすがめつ[矯めつ眇めつ](연어·부) 자세히 보는 모양. 이리 보고 저리 보고. see from various quarters
ために[為に] Ⅰ(접) 때문에. 그런 까닭에. Ⅱ(접조) 원인, 이유, 목적을 나타내는 말. 「行(イ)った—; 갔기 때문에」 Ⅰ for that reason
ためぬり[溜め塗り](명) 검붉은 옻칠. 옛날 황족(皇族)의 탈것에 칠했던 빛깔. dark-red lacquer
ためら·う[躊躇う]タメラフ(자 4) 결심이 되지 않아 주저하다. 망설이다. 「うちあけるのを—; (마음속을) 털어 놓는 것을 망설이다」 명ためらい. hesitate
ためら·う[矯う]—ラフ(타 4)〈고〉 쉬게 하다. 마음을 안정시키다.
た·める[溜める](타하 1) ①모으다. 저축하다. ②(물을) 막아 괴게 하다. ③머물게 하다. ④남겨 두다. 「用(ヨウ)を—; 일을 남겨 두다」 1. save
た·める[矯める](타하 1) 고치다. 틀리거나 굽은 것을 바로 잡다. 광정(匡正)하다. straighten
ためん[他面](명·부) 타면. ①다른 평면(平面). 다른 방면. ②다른 방면에서 보는 것. 「—, こうも考(カンガ)えられる; 한편, 이렇게도 생각된다」 1. the other face

ためん[多面](명) 다면. 여러 면. 여러 방면. many quarters
たも(명) ←たもあみ.
たも[給も](감조)〈고〉〔←たもれ〕…주오. 주시오.「行(イ)ってー; 가 주시오」
だも(수조)〈고〉〔←だにも〕…조차. …까지도.
たもあみ[たも網](명) 사둘. 뜰채. a landing net
たも·う[給う]タマフ Ⅰ(조동·4형) 타인의 동작에 붙이는 높임말. …하시다. …하옵시다.「めぐみー; 베풀어 주시다」Ⅱ(조동·하2형)〈고〉자기의 동작에 붙여 어조(語調)를 강하게 하는 높임말. …드리다. …올리다.
〔たも網〕
たもう[多毛](명) 털이 많은 것. hairiness
たも·う[賜う]タマフ(타4) 주다의 높임말. 주시다. 하사(下賜)하시다. deign to give
たもうさく[多毛作](명)〈농〉다모작. 같은 밭이나 논에서 1년에 3회 이상 작물을 재배하는 일. multiple cropping
たも·つ[保つ] Ⅰ(자4) 오래 계속되다. 지탱하다. 견디다. Ⅱ(타4) ①가지다. 보존하다. ②오랫동안 유지하다. ③오랫동안 견디다. ④지키다.「立場(タチバ)をー; 입장을 지키다」 Ⅰ keep Ⅱ 1. maintain
たもと[袂](명) ①소맷자락. 일본옷의 자루처럼 늘어진 소맷자락.「ーをわかつ; 메별(袂別)하다」②소매. ③기슭.「山(ヤマ)のー; 산기슭」④옆.「橋(ハシ)のー; 다리 옆」 2. the sleeve 3. the foot
だもの[駄物](명) 시시한 물건. trash
たもり[田守](명)〈고〉논을 지킴. 또는 그 사람.
たも·る[給もる](타4) 해 주시다.「行(イ)ってたもれ; 가 주시오」
たもん[他門](명) ①다른 종파(宗派). ②다른 종문(宗門). ③남의 집안. 1. another sect
たや·す[絶やす](타4) 끊어지게 하다. 끊다. 없애다. exterminate
たもんてん[多聞天](명)〈불〉다문천. 사천왕(四天王)의 하나. 북방의 수호신(守護神).
たやす·い[容易い](형) 손쉽다. 용이하다. 어렵지 않다. 문제 없다. 파생 **ーげ**(형동ダ) **ーさ**(명). easy
たゆう[大輔]タイフ(명) 예전 성(省)의 차관(次官).
たゆう[大夫·太夫]タイフ(명) ①옛날 5위(位) 관직(官職)의 통칭. ②교오겐(狂言)이나 여러 가지 연예(演芸)를 하는 사람. ③유녀(遊女) 계급에서 제일 가는 사람. **ーもと**[大夫元](명) 연예 흥행인(興行人).
たゆ·し[懈し·弛し](형ク)〈고〉①피곤하여 원기가 없다. 나른하다. ②활발하지 못하다. 둔하다.
たゆた·うタユタフ(자4) ①흔들거리다. ②주저하다. 1. sway
たゆと·う(자4) ⇨たゆたう.
たゆみ[弛み](명) 마음이 풀어지는 것. 방심(放心).「ーなくつとめる; 한결같이 근무하다(성실히 근무하다)」 relaxation
たゆ·む[弛む](자4) ①방심하다. 마음 놓다. 마음이 해이해지다. ②느슨해지다. 1. flag

たよう[他用](명) ①다른 일. 다른 용건(用件). ②타인의 사용. 1. another business
たよう[多用](명·형동ダ) 일이 많음. 용건(用件)이 많음. busy
たよう[多様](명·형동ダ) 다양. 여러 가지 모양.「ー性(セイ); 다양성」 variety
たよく[多欲·多慾](명·형동ダ) 다욕. 욕심이 많음. avaricious
たより[便り·頼り](명·자サ) ①의지하는 곳이나 사람.「ーとする人(ヒト); 믿고 의지하는 사람」②좋은 기회. ③편리.「ーあしき国(クニ); 불편한 나라」④소식. ⑤편지.「長(ナガ)い間(アイダ)ーがない; 오랫동안 편지가 없다」 1. reliance 2. opportunity 3. convenience. **ーな·い**[頼り無い](형) 믿음직하지 못하다. 불안하다. rely upon
たよ·る[頼る](자4) 의지하다. 의뢰하다. 믿다.
たら(감조) ①〔←といったら〕뜻을 강하게 나타내는 말. …는데.「いやだっー!; 싫다는데!」②…하는 것이 어떠냐?「お出(デ)かけになっー?; 떠나시는 것이 어떻습니까?」
たら[楤](명)〈식〉⇨たらのき.
たら[鱈](명)〈동〉대구. 주로 북쪽의 깊은 바다에서 잡히는 고기. 비늘이 잘고 배가 큼. a codfish
ダラー[dollar·弗](명) 달러. 불. 미국의 화폐 단위.
たらい[盥]タラヒ(명) 대야. a washbasin. **ーまわし**[盥回し]ーマハシ(명·타サ) ①발로 대야 같은 통을 돌리는 곡예. ②차례차례로 돌림. ③〈속〉정당이 교대로 정권을 수수(授受)하는 일.
ダライラマ[Dalai Lama·達賴喇嘛](명) 달라이라마. 티베트의 원수(元首)이며 라마교의 교주(教主).
たらか·す[誑かす](타4) 속이다. 달래다. 꾀다. cajole
だらかん[だら幹](명)〈속〉〔←だらけた幹部(カンブ)〕트릿한 간부. 타락한 간부. a corrupt leader
だらく[堕落](명·자サ) 타락. ①〈불〉신앙심을 잃어버림. ②품행이 나빠짐. ③몰락함. 1. apostasy
ーだらけ(접미) ①투성이(잔뜩 묻음).「血(チ)ー; 피투성이」②많은 것.「きずー; 상처 투성이」
だら·ける(자하1) ①해이해지다. 불규칙하게 되다.「生活(セイカツ)がー; 생활이 해이하고 불규칙해지다」②게을러지다. 1. loosen
たらこ[鱈子](명) 대구알 젓. cod roe
だらし(명) 야무짐. 단정함. tightness. **ーな·い**[だらし無い](형) 단정하지 못하다. 야무진 데가 없다.
ーたらし·い(접미·형형) …한 느낌이 들다.「長(ナガ)ー話(ハナシ); 길게 느껴지는 이야기(길고 진력나는 이야기)」
たらしこ·む[誑し込む](타4)〈속〉완전히 속이다. deceive
たら·す[垂らす](타4) ①늘어뜨리다. ②흘리다.「水(ミズ)をー; 물을 흘리다(떨구다)」 1. hang down
たら·す[誑す](타4)〈속〉속이다. cheat
ーたらず[足らず](조어) …에 약간 모자라는 수.「十人(ジュウニン)ーで; 10명 미만으로」
たらたら(부) ①방울져 떨어지는 모양. ②달갑지 않은 말을 길게 늘어놓는 모양. 「不平(フヘイ)一だ; 불평을 길게 늘어놓다」
だらだら(부·자サ) ①"たらたら"의 센말. ②경사(傾斜)가 완만하게 뻗쳐 있는 모양. ③진력나게 길게 끄는 모양. 2. slope gently
たらちね[垂乳根](명)〈고〉 ①부모. 어버이. ②어머니.
タラップ[네 trap](명) 트랩. 배나 비행기에 오르내리기 위하여 단 사다리.
だらに[陀羅尼](명)〈불〉 다라니. 번역하지 않고 음(音)대로 읽는 범문(梵文). 진언 비밀(真言秘密).
たらのき[楤の木](명)〈식〉 두릅나무. 두릅나무과에 속하는 낙엽 관목. 잎은 식용. 〈학명〉Alaria elata
たらばがに[鱈場蟹](명)〈동〉 왕게. 북해에서 많이 잡히는 게. 통조림을 만듦.
たらふく[鱈腹](부)〈속〉 배불리. 배가 터지도록. 「一食(タベ)た; 배가 터지도록 먹었다」 heartily
たらぼ[楤穂](명) 두릅나무의 새싹. 식용.
だらり(부) ①힘없이 늘어진 모양. ②해이(解弛)한 모양. 1. dangling
たらわぬ[足らわぬ]タラハヌ(연어) 불충분한. 모자라는. 「一くらし; 넉넉하지 못한 살림」 not enough
タランテラ[이 tarantella](명)〈악〉 타란텔라. 이탈리아 나폴리의 무도곡(舞踏曲). 속도가 빠름.
一たり[人](접미) 사람을 세는 말. 「よっ一; 4명」
た·り Ⅰ(조동·ラ형) ①(명사에 붙어 "…로서 존재한다"는 뜻을 나타내는 말. 「人(ヒト)たるもの; 사람인 자」 「上級生(ジョウキュウセイ)たるものが; 상급생이란 자가」 ②(동사에 붙어) ㉠…다. 「立(タ)ち一; 일어섰다」 ㉡명령을 나타내는 말. 「どい一どい一; 비켜라, 비켜」 Ⅱ(접조) ①나열하여 서술할 때 쓰는 말. 「煮(ニ)一焼(ヤ)い一; 삶고 굽고」 ②예를 들 때 사용하는 말. 「花(ハナ)を折(オ)っ一してはいけない; 꽃을 꺾든지 해서는 안된다」
ダリア[dahlia](명)〈식〉 다알리아. 엉거시과에 속하는 다년초. 멕시코우 원산. 관상용으로 재배함.
たりき[他力](명) 타력. ①타인의 도움. ②〈불〉 부처님의 힘. ↔自力(ジリキ). ③←他力本願. 1. help from without. **一ほんがん**[他力本願](명) ①〈불〉 부처님의 도움으로 성불(成仏)하는 일. ②타인에 의지해서 성사(成事)하는 일.
たりつ[他律](명) 타율. 남의 명령이나 규칙에 따르는 일. 「一的(テキ); 타율적」 ↔自律(ジリツ). heteronomy
だりつ[打率](명) 타율. 〔야구에서〕 타수(打数)와 안타(安打)와의 비율. 타격률(打撃率). batting average
たりとも(연어·수조) …일지라도. …라고 하더라도. 「一円(イチエン)一; 1 원일지라도」 even if
たりほ[垂り穂](명) (벼 등의) 익어서 고개 숙인 이삭. a drooping ear
たりゅう[他流](명) 타류. 다른 유파. 「一試合(ジアイ); 다른 유파와의 시합」 the different schools
たりょう[他領](명) 타령. 다른 사람의 영지(領地). another's province
たりょう[多量](명) 다량. 많은 양. a large quantity
たりょく[多力](명·형동ダ) 다력. ①힘이 세거나 많음. ②능력이 충분히 있음. 1. mighty
だりょく[打力](명) 타력. 〔야구에서〕 타격(打撃)하는 힘. batting power
だりょく[惰力](명) 타력. 타성(惰性)의 힘. 습관의 힘. inertia
た·りる[足りる](자상 1) ①족하다. 충분하다. ②안심하다. ③만족하다. ④가치가 있다. 1. be enough
たる[樽](명) 술, 간장 등을 넣어 두는 큰 통. a cask
た·る[足る](자 4)〈방〉 ⇨たりる.
たる(조동) "たり①"의 연체형. …이다. 「議員(ギイン)一ことは; 의원이라는 것은」
ダル[dull](형동ダ) 덜. ①둔한 모양. ②싫증나는 모양. 「一ゲーム; 맥 빠진 게임」 「languid
だる·い[怠い](형) 피로해서 힘이 없다. 나른하다. ↗
たるがき[樽柿](명) 빈 술통에 넣어서 떫은 맛을 뺀 감.
タルカン[talcum](명) 털컴. 활석(滑石). 백분(白粉). 「一パウダー; 활석분(가루 땀띠약)」
たるき[垂る木·椎](명) 서까래. ⇨: けた(桁). a rafter
タルク[talc](명) ⇨タルカン.
たるぬき[樽抜き](명) ①통의 뚜껑을 빼는 것. ②술통에 넣어 떫은 맛을 빼는 일. 또는 그 감. ↘
たるひ[垂氷](명)〈고〉 ⇨つらら(氷柱). ⌊1. uncasking
だるま[達磨](명) 달마. ①〈불〉 중국 선종(禅宗)의 개조(開祖). ②달마가 좌선(坐禅)을 하고 있는 상을 본떠 만든 노리개. 오뚝이. ③술통처럼 배가 부르고 짤막하게 둥근 것. 「一ストーブ; 배가 불룩한 둥근 스토우브」 ④〈속〉 매춘부. 1. Dharma
たるみ[弛み](명) 느슨해지는 것. 해이(解弛). slackening
たるみ[垂水](명) 떨어지는 물. 폭포. a waterfall
たる·む[弛む](자 4) 느슨해지다. 이완(弛緩)되다. 「目(メ)の皮(カワ)が一; 눈이 감기다(졸리다)」 1. slacken
たれ[垂れ](명) ①늘어뜨리는 것. ②가마에 늘어뜨린 발. ③조리할 때 쓰는 조미한 국물. ④속대(束帯)에서 떠 뒤에 늘어뜨린 부분. 1. hanging
たれ[誰](대) 누구. 「一が; 누가」 who
たれ(조동) "たり①"의 명령형. …되어라. …이어라. 「よき教師(キョウシ)一; 좋은 교사가 되라」
だれ(명) 긴장이 풀리는 것. 해이(解弛). slacking
だれ[誰](대) ①누구. ②어떤 사람. 아무개. 1. who 2. somebody
たれがし[誰某](대) 누구. 모(某). 아무개.
たれがみ[垂れ髪](명) (소녀 등의) 늘어뜨린 머리. a flowing lock
だれかれ[誰彼](대) 이 사람 저 사람. everybody. **一なしに**[誰彼無しに](연어·부) 너나 할 것 없이. 누구든지. 모두 다.
たれぎぬ[垂れ絹](명) 장막(帳幕). a curtain
だれぎみ[怠気味·惰気味](명·형동ダ) ①좀 나른하거나 맥이 빠지는 듯한 상태. 긴장이 풀리는 듯한 상태. ②〈경〉 시세가 내릴 경향이 있는 것. 1. flagging
たれこ·む[垂れ籠む](자하 2)〈고〉 발이나 장막을 치고

그 안에 틀어 박히다.

たれこ·める[垂れ籠める](자하 1) ①장막이나 발을 치고 들어 앉아 있다. ②(구름이) 낮게 깔려 있다. 1. keep indoors

たれさが·る[垂れ下がる](자 4) 밑으로 늘어지다. 드리워지다. hang down

だれしも[誰しも](연어·부) "だれも(누구나)"를 강조한 말. 누구든지. 누구라도. anybody

だれしらぬ[誰知らぬ](연어) 아무도 모르는. 「一者(モノ)がない; 누구나 모르는 사람이 없다」

だれそれ[誰某](대) 특히 누구라고 명확히 말하지 않는 말. 어떤 사람. 어느 누구. 모(某). someone

だれだれ[誰誰](대) 누구와 누구. 누구누구.

タレットせんばん[turret 旋盤](명) 터릿 선반. 회전시키며 여러 가지 가공을 계속적으로 할 수 있도록 되어 있는 선반.

たれながし[垂れ流し](명·타サ) 병적으로 대소변을 무의식 중에 흘리는 일. 他 たれ流す(4). proctoparalysis

たれぬの[垂布](명)〈고〉 상점의 추녀 끝에 드리운 막.

たれびと[誰人](대) 누구. 어떤 사람. who

だれひとり[誰一人](연어) 누구 하나. 한 사람도. 「一知(シ)らない者(モノ)はない; 누구 하나 모르는 사람이 없다」 none of the people

だれもかも[誰も彼も](대) 모든 사람. 누구나. everybody

たれり[足れり](연어) 족하다. 충분하다. 「一とする; 만족해 하다」 be enough

た·れる[放れる](타하 1) (대변, 방귀 등을) 배출하다. relieve

た·れる[垂れる] Ⅰ(자하 1) ①드리우다. 아래로 늘어뜨리다. ②(물방울이) 떨어지다. 듣다. Ⅱ(타하 1) ①매달다. ②드리우다. ③후세에 남기다. 「文名(ブンメイ)を一; 문명을 남기다」 ④나타내다. 보여 주다. 「教訓(キョウクン)を一; 교훈을 주다」 ⑤〈속〉 대소변을 보다. Ⅰ 1. hang Ⅱ 4. show

だれる(자하 1) ①긴장이 풀리다. ②싫증이 나다. 1. grow listless

タレント[talent](명) 탤런트. ①재능, 또는 재능을 가진 사람. ②재능이 있는 라디오, 텔레비의 출연자.

たろう[太郎](명) ①〈고〉 장남(長男). ②가장 큰 것. 가장 뛰어난 것. ③최초의 것. 「一月(ヅキ); 정월」
—かじゃ[太郎冠者](명) 〔쿄오겐(狂言)에서〕 가장 오래 전부터 있는 하인.

タワー[tower](명) 타워. 탑. 「東京(トウキョウ)一; 토오쿄오 탑」

たわいな·い(형) ①분별 없다. (이야기 등의) 매듭이 없다. ②제 정신이 없다. 「たわいなく寝(ネ)こむ; 정신 없이 잠들다」 ③반응이 없다. 1. nonsensical

たわけ[戯け·白痴]タハケ(명) ①장난. 희롱. ②바보. 백치. 2. a fool

たわ·ける[戯ける]タハケル(자하 1) ①놀리다. 희롱하다. ②음란한 언행을 하다. 1. play the fool

たわごと[戯言]タハー(명) 농담. 실없은 소리. 조롱(嘲弄)하는 말. a silly talk

たわし[束子]タハシ(명) 부엌에서 그릇을 씻을 때 쓰는 물건. 솔솔. a scrubbing brush

たわに[撓に](부)〈고〉 휘어질 때까지. 휘어질 정도로.

たわ·む[撓む](자 4) ①굽다. 휘어지다. ②늘어지다. 약해지다. 마음이 꺾이다. 1. bend

たわむれ[戯れ]タハムレ(명) ①희롱. 교태. ②농담. ③유희. 놀이. 2. a joke 3. a play

たわむ·れる[戯れる]タハムレル(자하 1) ①놀리다. 시시덕거리다. ②웃기다. ③놀다. ④장난 치다. 1. 2. joke

たわ·める[撓める](타하 1) 구부리다. 휘게 하다. bend

たわやか(형동ダ) ⇨たおやか.

たわやす·し[容易し]タハー(형ク)〈고〉 쉽다. 용이하다.

たわやめ[手弱女](명)〈고〉 ⇨たおやめ.

たわら[俵]タハラ(명) 짚이나 갈대 같은 것으로 만들어 쌀이나 숯 같은 것을 넣는 섬. a straw-bag

タワリシチ[러 tovarishch](명) 타바리시치. 동료(同僚). 동지(同志).

たわれめ[戯れ女]タハレー(명) ①유녀(遊女). ②바람둥이 여자. 1. a prostitute

たわ·る[戯る]タハル(자하 2) ①장난하다. ②음란한 짓을 하다. ③희롱하다. 1. play 2. 3. dally with

たわれごと[戯言]タハレー(명)〈고〉 희롱하는 말. 농담.

たわわ(형동ダ) 휘어질 정도의 상태. 「枝(エダ)も一に; 가지가 휘어질 정도로」 heavily

たわわざ[戯業]タハー(명)〈고〉 ①희롱하는 짓. 장난질. ②어리석은 짓.

たん—[単](조어) 단일(単一)의. 홑. 「一細胞(サイホウ); 단세포」

たん—[淡](조어) 엷은. 「一黒色(コクショク); 담흑색」

たん—[短](조어) 짧은. 「一時間(ジカン); 단시간」

—たん[丹](조어) 환약의 이름에 붙이는 말. 「仁(ジン)一; 인단」

—たん[端](조어) 끝. 「東北(トウホク)一; 동북단」

たん[丹](명) ①적색(赤色). ②진사(辰砂). ③〈이〉 연단(鉛丹)의 준말. ④정련(精錬)한 약. ⑤단심(丹心). 1. red 2. cinnabar

たん[反·段](명) ①거리의 단위. 약 10.9 m. ②토지 면적의 단위. 약 992 m^2. ③피륙의 길이의 단위. 약 10.6 m.

たん[炭](명)〈속〉 ①목탄. 숯. ②석탄. 「無煙(ムエン)一; 무연탄」 1. charcoal 2. coal

たん[単](명) ①〔정구 등에서〕 단식(単式). ↔複(フク). ②〔경마 등에서〕 단승(単勝). 단승식(単勝式). ↔連(レン). 1. single

たん[胆](명) 담. ①간(肝). ②용기. 「一斗(ト)の如(ゴト)し; 담력이 굉장히 크다」 1. the liver 2. courage

たん[短](명) 부족. 결점. 「一を補(オギナ)う; 부족을 보충하다」 a weak point

たん[痰](명)〈의〉 담. 목, 기관(気管)에서 나오는 끈끈한 액체. 가래. phlegm

たん[嘆·歎](명) ①한탄. 「一を発(ハッ)する; 한탄하다」 ②성. 분노(憤怒). ③감탄. ④칭찬. 찬양. 1. regrets

たん[端](명) 끝. 가. 가장자리. 실마리. 「—をひらく; 시작이 되다」 origin
タシ[tongue](명) 텅. (소 등의) 혀. 또는 혀의 살.
—だん[団](조어) 일단. 단체. 「使節(シセツ)—; 사절단」
—だん[弾](조어) 탄알. 총알. 「毒(ドク)ガス—; 독가스탄」
—だん[談](조어) 이야기. 담화. 「車中(シャチュウ)—; 차중담」 「1. a man 2. a son
だん[男](명) ①남자. ②아들. ③남작(男爵)의 준말. ↗
だん[段](명) ①계단. ②겹쳐진 것. 「二(ニ)—組(グミ); 2단조」 ③좋고 나쁨, 높고 낮음 등의 정도. 단계. 「—がちがう; 비교가 안되다」 「知(シ)っている—ではない; 알고 있다고만 할 정도가 아니다」 ④구획. 단락(段落). 「文章(ブンショウ)の—; 문장의 단락」 ⑤조각. ⑥조목. 점. …관한 일. 「この—お願(ネガ)い…; 이 점 부탁…」 ⑦때. 경우. 「書(カ)く—になると; 쓸 때가 되면」 ⑧보통 이상의 기술을 갖는 사람들의 등급. 「柔道三(ジュウドウサン)—; 유도 3단」 1. a step 3. a grade 5. a division
だん[断](명) ①끊는 것. 단행. 「—の一字(イチジ)有(ア)るのみ; 단이란 한 자가 있을 뿐(단행할 뿐)」 ②판단. 결단. 「—をくだす; 결단을 내리다」 1. cutting
だん[暖·煖](명) 따뜻한 것. 「—を採(ト)る; 몸을 따뜻하게 하다」 warmth
だん[談](명) 이야기. 담화. 「—終(オ)わって; 이야기가 끝나서」 talk
だん[壇](명) 단. ①흙을 쌓아 올려 만든 제단(祭壇). ②높다랗게 만든 장소. ③특수한 사회. 「文(ブン)—; 문단」 1. an altar 2. a platform
ダン(명) 〔다운(down)의 변화〕〔야구에서〕 아웃. 「ノウー; 노우다운」
たんあたり[反当たり·段当たり](연어·부) 단당(段当). 「—二石(ニコク)の産出(サンシュツ); 단당 2섬의 산출」
だんあつ[弾圧](명·타サ) 탄압. 권력, 무력으로 억압함. oppression
だんあん[断案](명) 단안. ①판단. 단정. ②결심. 결정. 1. decision
たんい[単位](명) 단위. ①계산의 기준이 되는 것. ②전체를 형성하는 기초가 되는 것. 「文(ブン)の—; 문장의 단위」 1. a standard 2. a unit
だんい[段位](명) 단위. 단의 위급(位級). 「柔道(ジュウドウ)の—; 유도의 단위」 a grade
だんい[暖衣·煖衣](명) 옷을 따스하게 입는 일. 또는 따스한 옷. wearing clothes to warm oneself. **—ほうしょく**[暖衣飽食](명) 난의 포식. 따듯한 옷을 입고 배부르게 먹음.
たんいつ[単一](명·형동ダ) 단일. ①그것뿐임. 「—な成分(セイブン); 단일한 성분」 ②복잡하지 않음. 간단함. ③하나. 1. singleness 2. simplicity. **—くみあい**[単一組合]—クミアヒ(명) 각 산업(産業)의 각자의 직장을 단위로 한 노동 조합. 「a member
だんいん[団員](명) 단원. 단(団)에 들어 있는 사람. ↗

だんう[弾雨](명) 탄우. 비오듯 퍼붓는 탄환. a shower of bullets
だんえん[団円](명) ①둥근 것. ②집안이 화목함. 단란. ③끝. 종말. 1. roundness
だんうん[断雲](명) 조각 구름. scattered clouds
だんおち[檀越](명)〈고·불〉 ⇨だんな①.
たんおん[単音](명) 단음. ①단위가 되는 음. ②〈악〉 화성(和声)이 아닌 독립한 선율만을 내는 소리. ③〈이〉 단순음(単純音). ↔複音(フクオン). 2. monotony
たんおん[短音](명) 단음. 짧게 울리는 소리. ↔長音(チョウオン). a short sound
たんおんかい[短音階](명)〈악〉 단음계. 주음(主音)과 제3음(第三音)과의 사이가 단3도(短三度)가 되는 음계. "라, 시, 도, 레, 미, 파, 솔, 라"의 계명으로 표시됨. ↔長音階(チョオンカイ). the minor scale
たんか[丹花](명) 붉은 빛깔의 꽃. 「—の唇(クチビル); 미인의 빨간 입술」 a red flower
たんか[担架](명) 담가. 부상자, 환자를 실어 나르는 것. 들것. a stretcher
たんか[担荷](명·타サ) 멤. 짐. 또는 그 짐. carrying a pack on one's shoulder
たんか[炭化](명·자サ)〈이〉 탄화. 성질이 변해서 탄소가 됨. carbonization. **—カルシウム**[炭化 calcium](명) ⇨カーバイド.
たんか[炭価](명) 탄가. 석탄의 가격. coal price
たんか[単価](명) 단가. 단위 가격. a unit price
たんか[単科](명) 단과. 〔대학에서〕 하나만의 학부. 「—大学(ダイガク); 단과 대학」 a college
たんか[啖呵](명) ①기세를 올려 퍼붓는 말. 「—を切(キ)る; 기세를 올려 말을 퍼붓다」 ②〔로오쿄쿠(浪曲)에서〕 회화(会話)를 가리키는 말. 1. caustic words
たんか[短歌](명) 와카(和歌)의 한 체. 5·7·5·7·7의 5구(句)로 이루어지는 시. ↔長歌(チョウカ).
たんか[譚歌](명)〈악〉 담가. ①설화(説話)에 작곡을 붙인 가곡. ②설화에 의한 교성곡(交声曲).
だんか[団歌](명) 단가. 어떤 단체의 정신을 나타낸, 단원들이 부르는 노래. a party-song
だんか[壇家·檀家](명)〈불〉 단가. 사원(寺院)에 시주(施主)하는 사람의 집. a supporter's house
タンカー[tanker](명) 탱커. 석유 등의 기름을 운반하는 배. 유조선(油槽船).

〔タンカー〕

たんかい[坦懐](명) 탄회. 아무 거리낌도 없는 마음. 「虚心(キョシン)—; 허심탄회」 open-heartedness
だんかい[段階](명) 단계. ①등급. ②순서. ③계단(階段). 1. a class
だんがい[断崖](명) 단애. 절벽. 「—絶壁(ゼッペキ); 깎아지른 듯한 낭떠러지」 a precipice
だんがい[弾劾](명·타サ) 탄핵. 비행(非行)을 조사하여 그 책임을 추궁함. 「—裁判所(サイバンショ); 탄핵 재판소」 accusation

タンガニーカ こ[Tanganyika 湖](명) 탕가니카호. 아프리카 동남부 탕가니카 지방 서쪽 끝에 있는 좁고 긴 호수.

たん から[炭殻](명)〈속〉 석탄 찌꺼기. 석탄이 타고 남은 찌꺼기. cinders

たん カル[炭カル](명) 〔←炭化(タンカ)カルシウム〕 탄화 칼슘. 탄화 석회(石灰). 카아바이드.

たん がん[単眼](명)〈생〉 단안. 절족 동물, 곤충류, 거미류 등에서 볼 수 있는 간단한 구조의 소형 시각기(視覚器). ↔複眼(フクガン). a stemma

たん がん[嘆願·歎願](명·자サ) 탄원. 사정을 말하고 도와 주기를 간절히 바람. entreaty

だん かん[断簡](명) 단간. 조각조각이 난 편지나 문서. 「一零墨(レイボク); 편지나 문서 조각」 fragmentary documents

だん がん[弾丸](명) 탄환. ①총알. ②활로써 튕겨서 새를 잡던 탄알. ③나는 듯이 빨리 가는 것의 비유. 1. a bullet

だん がん[断岸](명) 단안. 깍아 세운 듯한 벼랑.

たん き[単記](명) 단기. ①하나하나 따로 씀. ②←単記投票. 1. single entry. **— とうひょう**[単記投票](명)〈법〉 단기 투표. 한 장의 선거 용지에 한 사람만 쓰는 투표.

たん き[単機](명) 단기. ①자기의 비행기 한 대만인 것. ②한 대의 비행기. 2. a plane

たん き[単騎](명) ①단기. 혼자서만 말을 타고 가는 것. ②일기(一騎). 1. a solitary ride

たん き[短気](명·형동ダ) 성미가 급함. quick temper

たん き[短期](명) 단기. 짧은 기간. ↔長期(チョウキ). a short term. **— だいがく**[短期大学](명) 단기 대학. 2년으로 끝나는 대학.

だん き[暖気](명) 난기. 따뜻한 기후. 따뜻한 공기. warm weather

だん ぎ[談義](명·자サ) ①도리를 말함. ②〈불〉 불법의 뜻을 설명함. 설법(説法). ③꾸지람. 훈계. 2. a sermon

だん ぎ[談議](명) 서로 이야기함. 의논. consultation

たん きゅう[単級](명) 단급. 한 학교의 아동 전부를 한 학급으로 편성한 것. 「一学校(ガッコウ); 학급이 하나뿐인 학교」 a single class

たん きゅう[探求](명·타サ) 탐구. 더듬어 구함. 「人生(ジンセイ)の意義(イギ)を一する; 생활의 의의를 탐구하다」 quest

たん きゅう[探究](명·타サ) 탐구. 찾아서 밝힘. 「真理(シンリ)の一; 진리 탐구」 researches

だん きゅう[段丘](명)〈지〉 단구. 물에 운반된 토사가 계단같이 쌓인 것. a terrace

だん きょう[団協](명) 단체 협약(団体協約)의 준말.

だん きょう[断橋](명) 단교. 끊어진 다리. a broken bridge

たん きょり[短距離](명) 단거리. 짧은 거리. ↔長距離(チョウキョリ). a short distance

だん きん[断金](명) 두터운 우의. 「一の交(マジ)わり; 매우 두터운 교분」 intimate friendship

だん きん[弾琴](명) 탄금. 거문고를 탐. playing a Japanese harp

たん く[短軀](명) 단구. 키가 작은 몸. short stature

タンク[tank](명) 탱크. ①물, 가스, 기름 등을 넣어 두는 큰 통. ②〈군〉 전차(戦車).

タングステン[tungsten](명)〈이〉 텅스텐. 금속 원소의 하나. 극히 단단하고 전구, 진공관 등을 만들 때 씀. 볼프람강(wolfram 鋼). 기호는 W.

たん ぐつ[短靴](명) 단화. 발목까지만 오는 운두가 얕은 구두. ↔長靴(ナガグツ). shoes

ダンケ[도 danke](감) 당케. 고맙다. 감사하다.

たん けい[短径](명)〈수〉 단경. 타원의 중심을 통하여 장경(長径)에 수직되게 그은 가장 짧은 직경. the minor axis

たん けい[短檠](명) 옛날의 낮은 등경(燈檠) 걸이.

たん けい[端渓](명) 단계. 중국 광동성(広東省) 중부에 있는 계곡. 부근에서 질이 좋은 벼룻돌이 남.

たん げい[端倪](명·타サ) 단예. ①산꼭대기와 해변가. ②시작과 끝. ③미루어 앎. 추측. 「一すべからざるなりゆき; 예측할 수 없는 형세」 3. conjecture

だん けい[男系](명) 남계. 남자의 계통. the male line

だん けつ[団結](명·자サ) 단결. 많은 사람이 서로 마음을 합침. 「一権(ケン); 단결권(노동자가 그들의 노동 조건을 유지, 개선하기 위하여 단결할 수 있는 권리)」 unity

ダンケルク[Dunkerque](명)〈지〉 덩케르크. 프랑스 북동부 벨기에 국경 가까이에 있는 도우버 해협에 면한 항구 도시.

たん けん[探検·探険](명·자サ) 탐험. ①실지로 조사해 봄. ②위험을 무릅쓰고 조사함. 1. research 2. exploration

たん けん[短見](명) 좁은 소견. a narrow view

たん けん[短剣](명) 단검. ①(시계의) 짧은 바늘. 단침(短針). ②단도. 2. a short sword

たん げん[単元](명) 단원. ①그것만으로써 하나로 뭉쳐진 실체. ②교재(教材)의 단위가 되는 한 묶음의 재료나 제목. 「一学習(ガクシュウ); 단원 학습」 a unit

たん げん[端厳](형동ダ) 단정하고 엄숙한 모양. solemn and serene

だん げん[断言](명·자サ) 단언. 확실히 잘라 말함. affirmation

だん げん[断弦·断絃](명) 단현. ①현악기(弦楽器)의 줄이 끊어짐. 또는 끊어진 줄. ②아내를 잃음. 「一の悲(カナ)しみ; 상처(喪妻)한 슬픔」 1. snapping of a string

たん こ[炭庫](명) 탄고. 석탄 창고. a coal cellar

たん こ[淡湖](명)〈지〉 담호. 담수호. ↔鹹湖(カンコ). a fresh-water lake

たん ご[丹後](명)〈지〉 옛 지방 이름. 현재의 쿄오토부(京都府) 북부.

たん ご[単語](명) 단어. 하나의 말. 낱말. a word

たん ご[端午](명) 단오. 음력 5월 5일의 명절. 「一の節句(セック); 단오절」 the Boys' Festival

タンゴ[스 tango](명)〈악〉 탱고. 아르헨티나에서 시작한 4분의 2박자의 댄스곡. 또는 그 춤.

だんこ[断固·断乎](부·형동タルト) 단호. 용감히 하는 모양. 단연(断然). 「—たる決意(ケツイ); 단호한 결의」 resolute
だんご[団子](명) 고물 등을 묻힌 동그랗고 조그만 떡. 경단. a dumpling
たんこう[丹紅](명) 홍색. brilliant red
たんこう[炭坑](명) 탄갱. 석탄을 파내는 구덩이. a coal-mine
たんこう[炭鉱](명) 탄광. 석탄을 파내는 광산. a mine of coal
たんこう[鍛工](명) 금속을 단련하는 일. 또는 그 사람. 대장장이. a hammerman
たんこう[鍛鋼](명) 단강. 프레스 등으로 단조(鍛造)한 강철. tempered steel
たんこう[探鉱](명) 탐광. 광상(鉱床)이나 석탄, 석유층을 탐사하는 것. prospecting
だんこう[団交](명·자サ) 단체 교섭(団体交渉)의 준말.
だんこう[男工](명) 남공. 남자 직공. ↔女工(ジョコウ). a male operative
たんこう[単行](명·자サ) 단행. 한 가지 일에 관하여 시행함. **—ほう**[単行法](명)〈법〉 단행법. 특수한 사항에 관하여 특별히 제정되어 있는 법률. **—ぼん**[単行本](명) 단행본. 잡지, 전집 등의 형식이 아니고 그것 하나만 간행된 책.
だんこう[断交](명·자サ) 단교. ①교제를 끊음. 절교. ②국교를 단절함. 1. break of relations
だんこう[断行](명·타サ) 단행. 결단성 있게 행함. 결단을 내리고 실행함. decisive action
だんこう[断郊](명·자サ) 교외나 들판을 횡단함. 「—競走(キョウソウ); 야외 횡단 경주」 cross-country
だんごう[談合](명·자サ) 담합. 상의함. conference. **—ずく**[談合尽く]—ヅク(명) 상의해서 결정 짓는 일.
たんこうしき[単項式](명)〈수〉 단항식. 플러스, 마이너스를 포함하지 않는 정식. 단 하나의 상수(常数)나 변수(変数)로 된 식. a monomial expression
たんこうしょく[淡紅色](명) 담홍색. 엷은 홍색. pink
だんごく[暖国](명) 난국. 기후가 따뜻한 나라. a warm country
たんこぶ(명)〈속〉 혹. 「目(メ)の上(ウエ)の—; 눈위의 혹(자기의 활동에 방해가 되는 손윗사람)」 a wen
たんごん[端厳](형동ダ)〈불〉 단정하고 엄숙한 모양. solemnity
だんこん[男根](명) 남근. 남자의 생식기. 음경(陰茎). the penis
だんこん[弾痕](명) 탄흔. 대포 등의 탄환에 맞은 흔적. 「城壁(ジョウヘキ)の—; 성벽의 탄흔」 a bullet mark
たんさ[探査](명·타サ) 탐사. 찾아서 조사함. inquiry
たんざ[端座](명·자サ) 단좌. 예절 바르게 단정히 앉음. 정좌(正座). sitting upright
ダンサー[dancer](명) 댄서. ①댄스호올에서 손님과 춤을 추는 직업 여성. ②무용을 직업으로 하는 사람.
たんさい[淡彩](명) 담채. 연한 채색. light colouring
たんさい[短才](명) ①단재. 재주가 없음. ②자기 재주를 겸사로 일컫는 말. 1. little ability
だんさい[断裁](명·타サ) 종이 등을 자름. 재단. 「—機(キ); 단재기(재단기)」 cutting
だんざい[断罪](명·자サ) 단죄. ①범죄를 처단(処断)함. ②참형(斬刑). 1. conviction
たんさいぼう[単細胞](명)〈동〉 단세포. 단 하나의 세포. 「—動物(ドウブツ); 단세포 동물」 unicellular
たんさく[単作](명)〈농〉 단작. 1년에 1회만 곡물을 재배하는 것. 일모작(一毛作). 「—地帯(チタイ); 단작 지대」 a single crop
たんさく[探索](명·타サ) 탐색. 실상(実相)을 더듬어 찾음. search
たんざく[短冊·短尺](명) ①와카(和歌), 그림 등을 그리는 조붓하고 기다란 종이. ②〔←短冊形(ガタ)〕 글을 쓰거나 물건을 매는 데 쓰는 조붓한 종이.
たんさつ[探察](명·타サ) 찾아 살핌. search
たんさん[炭酸](명)〈이〉 탄산. 탄산 가스를 물에 풀었을 때 생기는 산. carbonic acid. **—ガス**[炭酸瓦斯](명)〈이〉 탄산가스. 숯 등이 완전히 탈 때, 또는 동물의 호흡 등에 의하여 생기는 무색의 타지 않는 가스. **—カルシウム**[炭酸 culcium](명)〈이〉 탄산칼슘. 석회석, 뼈, 조개 껍데기 등의 주성분. 태워서 비료로 씀. **—し**[炭酸紙](명) 탄산지. 복사지. 카아본페이퍼. **—すい**[炭酸水](명) 탄산수. 탄산을 포함하는 음료수.
たんさん[単産](명) 산업별 단일 조합(産業別単一組合)의 약칭.
たんざん[炭山](명) 탄산. 석탄이 나는 산. a coal mine
たんさんど[短三度](명)〈악〉 제1음과 제3음과의 사이가 1전음(全音)에다 1반음(半音)을 보탠 길이의 음정(音程). the minor third
たんし[単子](명)〈철〉 단자. 만유(万有)를 조직하는 단일 불가분(不可分)의 독립 자유의 개체(個体). 라이프니쯔는 여기에 비공간적(非空間的), 정신적 성질을 부여했음. a monad
たんし[短紙](명)〈고〉 편지의 낮춤말.
たんし[短資](명) 단기 대부 자금(短期貸付資金)의 준말.
たんし[短詩](명) 단시. 짧은 시. a short poem
たんし[端子](명) ⇨ターミナル③.
たんし[譚詩](명) 담시. 설화(説話)로 된 시. 이야기체로 된 시. 서사시(叙事詩). a narrative poem
だんし[男子](명) 남자. ①사내 아이. ②사나이. ③대장부. ↔女子(ジョシ). 1. a boy 2. a man
だんし[檀紙](명) 품질이 좋은 일본 종이의 한 가지.
だんじ[男児](명) 남아. ①사내 아이. ②대장부. ↔女児(ジョジ). 1. a boy
たんしあい[単試合]—シアヒ(명) 단시합. 〔정구에서〕 쌍방이 혼자씩 싸우는 시합. 단식. ↔複試合(フクシアイ). a singles
たんじかん[短時間](명·부) 단시간. 짧은 시간. ↔長時間(チョウジカン). a short time

たんしき[単式](명) 단식. ①단순한 형식. ②단일 형식. 「一簿記(ボキ); 단식 부기」 ↔複式(フクシキ). 1. a simple method

だんじき[断食](명·자サ) 단식. 어느 기간 동안 음식을 먹지 않음. 절식(絶食). fasting

たんじじつ[短時日](명) 단시일. 짧은 시일. 얼마 안 되는 일수(日類). a short time

タンシチュー[tongue stew](명) 텅스튜우. 소 등의 혀의 찜 요리.

たんしつ[炭質](명) 탄질. 석탄의 품질. the quality of charcoal

たんじつ[短日](명) 단일. 낮의 짧은 해. 겨울의 짧은 해. short daytime

たんじつげつ[短日月](명) 짧은 날짜. 짧은 세월. a short time

だんじて[断じて](부) ①결코. ②반드시. 어떻게 해서라도. 1. never

たんしゃ[炭車](명) 탄차. 석탄을 운반하는 차. a coal-waggon

たんしゃ[単車](명) 오오토바이, 스쿠우터 등을 통틀어 일컫는 말.

たんしゃ[単舎](명) ⇨たんシャリベツ.

たんじゃく[短尺](명) ⇨たんざく(短冊·短尺).

だんしゃく[男爵](명) 남작. 예전 귀족의 제5위(第五位). a baron

たんシャリベツ[単舎利別](명) 흰 설탕을 증류수에 용해시킨 무색, 무취의 액체. 교미 교취약(矯味矯臭薬)으로 씀. simple syrup

たんしゅ[炭種](명) 탄종. 석탄의 종류. the kinds of coal

だんしゅ[断酒](명·자サ) 단주. 술을 끊음. temperance

だんしゅ[断種](명·자サ)〈의〉 단종. 거세(去勢)나 수란관(輸卵管)의 절단에 의하여 생식 능력(生殖能力)을 잃게 함. castration

たんしゅう[反収](명) 1단당(段当)의 수확.

たんじゅう[胆汁](명)〈생〉 담즙. 간장에서 나오는 쓴 소화액. bile. **—しつ**[胆汁質](명)〈심〉 담즙질. 기질(気質)의 하나. 감정의 반응은 늦으나 침착성이 있고 인내력이 강함.

たんじゅう[短銃](명) 단총. 권총. a pistol

だんしゅう[男囚](명) 남수. 남자 죄수. ↔女囚(ジョシュウ). a male prisoner

たんしゅく[短縮](명·자타サ) 단축. 짧게 줄임. shortening

たんしゅん[探春](명) 탐춘. 봄 경치를 찾아 교외(郊外)로 나감. spring amusement

たんじゅん[単純](명·형동ダ) 단순. ①섞인 것이 없음. ②복잡하지 않음. ③유치함. 「一な考(カンガ)え; 단순한 생각」 1. purity. **—か**[単純化](명·자타サ) 단순화. 단순하게 됨. **—へいきん**[単純平均](명)〈경〉 단순 평균. 그날의 주가(株価)의 평균. 단순 평균 주가. ↔ダウ平均.

たんしょ[探書](명) 책을 찾아 구함. 「一欄(ラン); 탐서란」 searching for books

たんしょ[短所](명) 모자라는 곳. 단점. 결점. ↔長所(チョウショ). a weak point

たんしょ[端緒·端初](명) 단서. 실마리. a beginning

だんじょ[男女](명) 남녀. 남자와 여자. 「一関係(カンケイ); 남녀 관계」 man and woman. **—どうけん**[男女同権](연어·명) 남녀 동권. 남녀 동등권.

たんしょう[単勝](명) 〔경마에서〕 일착만 맞추는 것. ↔連勝(レンショウ).

たんしょう[嘆賞·嘆称](명·타サ) 탄상. 감탄하여 칭찬함. admiration

たんしょう[探勝](명·자サ) 탐승. 경치 좋은 곳을 찾아 다님. sightseeing

たんしょう[短小](명·형동ダ) 단소. 짧고 작음. 체구(体軀)가 작음. shortness, littleness

たんしょう[短章](명) 단장. 짧은 시나 글. a short prose

たんしょう[嘆傷·歎傷](명·자サ) 탄상. 탄식하여 마음이 상함. lamentation

たんじょう[誕生](명·자サ) 탄생. ①태어남. 「一日(ビ); 생일」 ②태어나서 첫번째 생일. 돌날. 1. birth

だんしょう[男娼](명) 남창. 남색(男色)을 파는 것을 업으로 하는 남자. 비역. a professional sodomite

だんしょう[断章](명) 단장. 시나 글의 단편(断片). a literary fragment

だんしょう[談笑](명·자サ) 담소. 명랑하게 웃으며 이야기함. a friendly talk

だんじょう[壇上](명) 단상. 단의 위. on the platform

たんしようしょくぶつ[単子葉植物](명)〈식〉 단자엽 식물. 배(胚)가 단 하나의 떡잎을 갖춘 식물. 외떡잎 식물. a monocotyledonous plant

たんしょうとう[探照燈](명) 탐조등. 조사(照射)나 원거리 발광 신호로 쓰는 전등. a searchlight

たんしょく[単色](명) 단색. ①한 가지의 색. ②원색(原色). 1. a single hue

だんしょく[男色](명) 남색. 남자의 동성애. 계간(鶏姦). 비역. ↔女色(ジョショク). sodomy

だんしょく[暖色](명) 난색. 따뜻한 색. 따뜻하게 느껴지는 색. 예 : 빨강, 노랑 등. ↔寒色(カンショク). a warm colour

だんじり[楽車·山車](명) 축제 때 끌고 다니는 수레.

たん·じる[嘆じる·歎じる](자상 1) ①한탄하다. ②성내다. ③감탄하다. 1. grieve

だん·じる[断じる](타상 1) ①결정하다. 단행하다. ②재판하다. 죄를 따지다. 「理非(リヒ)を一; 옳고 그름을 결정하다」 1. determine

だん·じる[弾じる](타상 1) 켜다. 타다. 「琴(コト)を一; 거문고를 타다」 play

だん·じる[談じる](자상 1) ①이야기하다. ②상의하다. ③담판하다. ④담론하다. 1. talk 2. consult

たんしん[丹心](명) 단심. 속에서 우러나오는 정성스러운 마음. sincerity

たんしん[単身](명) 단신. 자기 혼잣몸. 홑몸. 「一敵地(テキチ)に乗(ノ)り込(コ)む; 단신 적지로 들어 가다」 single-handedness

たんしん[短信](명) 단신. 짤막한 편지. 간략하게 쓴 편지. a brief message
たんしん[短針](명) 단침. 시계의 짧은 바늘. 시침(時針). ↔長針(チョウシン). the short hand
たんしん[誕辰](명) 탄신. 생일. one's birthday
たんじん[炭塵](명)〈광〉 탄진. (탄갱 속에 떠돌아 다니는) 석탄 가루. coal dust
ダンシング[dancing](명) 댄싱. 춤을 춤. 무용(舞踊). 춤. 「―チーム; 댄싱티임(춤추는 티임)」
たんす[箪笥](명) 서랍이나 문이 달려 있는 장롱. a chest of drawers
ダンス[dance](명·자サ) 댄스. 춤. 「―パーティ; 댄스파아티」 **―ホール**[dance hall](명) 댄스호올. ①요금을 받고 춤을 추게 하는 곳. ②춤추는 장소.
たんすい[炭水](명) 탄수. ①석탄과 물. ②〈이〉 탄소와 수소. 1. coal and water. **―かぶつ**[炭水化物](명)〈이〉 탄수화물. 영양소의 하나. 탄소, 산소, 수소의 화합물. 녹말, 당류, 셀룰로우스(纖維素)를 통틀어 일컫는 말. 함수탄소(含水炭素).
たんすい[淡水](명) 담수. 염분을 포함하지 않은 물. 단물. 민물. 「―魚(ギョ); 담수어」 fresh water
だんすい[断水](명·자타サ) 단수. ①수도의 물이 끊어짐. 또는 그 물을 끊음. ②물의 흐름이 끊어짐. 또는 그 흐름을 끊음. 2. stopping of a flow
たんすう[単数](명) 단수. 〔문법에서〕 하나, 한 사람을 나타내는 말과 그에 따른 어형상의 구별. ↔複数(フクスウ). the singular number
たん·ずる[嘆ずる·歎ずる](자サ) ⇨たんじる.
だん·ずる[断ずる](타サ) ⇨だんじる.
だん·ずる[弾ずる](타サ) ⇨だんじる.
だん·ずる[談ずる](자サ) ⇨だんじる.
たんせい[丹青](명) 단청. ①그림 물감. 채색(彩色). ②그림. 2. a picture
たんせい[丹誠](명·자サ) 단성. ①충실하게 일을 함. ②진심(真心). 1. exertion
たんせい[丹精](명·자サ) 단정. 거짓이 없는 참된 정성. 「―して作(ツク)ったばら; 정성 들여 가꾼 장미」 exertion
たんせい[単性](명)〈생〉 단성. 생물이 암(雌), 수(雄) 중의 어느 한 생식 기관만을 가지고 있는 일. unisexuality. **―か**[単性花](명)〈식〉 단성화. 한 꽃 중에 수술 또는 암술만을 갖춘 꽃. **―せいしょく**[単性生殖](명)〈생〉 단성 생식. 암컷과 수컷과의 교배 없이 행하여지는 생식.
たんせい[嘆声·歎声](명) 탄성. 감탄해서 내는 소리. a sigh of admiration
たんせい[端正](명·형동ダ) 단정. 정돈되어 있음. 바름. 「―な容姿(ヨウシ); 단정한 모습」 correctitude
たんせい[端整](형동ダ) 단정. 바르게 정리되어 있는 모양. being correct and orderly
たんぜい[担税](명)〈법〉 담세. 조세를 부담함. 「―力(リョク); 담세력」 bearing tax
だんせい[男声](명) 남성. 남자의 목소리. 「―合唱(ガッショウ); 남성 합창」 ↔女声(ジョセイ). a male voice
だんせい[男性](명) 남성. ①남자. ②남자의 성질. ↔女性(ジョセイ). 1. a man. **―てき**[男性的](형동ダ) 남성적. 남자다운 모양. ↔女性的(ジョセイテキ).
だんせい[弾性](명)〈이〉 탄성. 밖에서 가해진 힘이 사라졌을 때 원래 상태로 돌아 가려는 성질. 튀는 성질. 「―体(タイ); 탄성체」 elasticity
たんせき[旦夕](명) ①아침 저녁. 조석. ②시기가 절박한 상태. 목전(目前). 경각(頃刻). 「命(メイ)―にせまる; 생명이 경각에 달리다」 ③일상(日常). 늘. 1. morning and evening
たんせき[胆石](명)〈의〉 담석. 담즙의 성분이 담낭(胆嚢)에서 굳어진 것. 「―症(ショウ); 담석증」 a gallstone
たんせき[痰咳](명) 담해. ①가래와 기침. ②가래가 나오는 기침. 1. phlegm and coughing
だんせつ[断截](명·타サ) 단절. 베어 끊음. 절단. cutting
だんぜつ[断絶](명·자타サ) 단절. 끊음. 끊어짐. 「国交(コッコウ)の―; 국교의 단절」 extinction
たんせん[単線](명) 단선. 철도가 한 선로뿐인 것. ↔複線(フクセン). a single line
たんぜん[丹前](명) 솜을 둔 두루마기 같은 방한복(防寒服). 잠옷이 되기도 함.
たんぜん[端然](부·형동タルト) 단연. 단정하고 바른 모양. correctly
だんせん[断線](명·자サ) 단선. ①선이 끊어짐. ②전선(電線), 선로(線路) 등이 통하지 않음. 1. disconnection
だんぜん[断然](부·형동タルト) 단연. ①무릅쓰고 하는 모양. 결연(決然). ②용감히 하는 모양. 단호(断乎). ③현격히 다른 모양. 「―よい; 단연 좋다」 1. 2. decidedly
タンゼント[tangent](명)〈수〉 탄젠트. 직각 삼각형의 높이 대(对) 저변(底辺)의 비(比). 정접(正接).
たんそ[炭素](명)〈이〉 탄소. 가장 중요한 원소의 하나. 유리(遊離)되어 금강석, 석묵, 석탄 등이 되고, 화합해서는 여러 가지 유기물을 만듦. 기호는 C. carbon
たんそ[炭疽](명)〈의〉 탄저. 가축, 특히 양이나 소, 말 등 초식 동물에 발생하는 전염병. anteax
たんそう[炭層](명) 탄층. 석탄이 있는 층. a coal bed
たんぞう[鍛造](명·타サ) 단조. 금속을 가열하여 두드려 필요한 형체로 만듦. 「―機械(キカイ); 단조 기계」 2. forging
だんそう[男装](명·자サ) 남장. 여자가 남자의 복장으로 차림. 「―の麗人(レイジン); 남장 미인」 ↔女装(ジョソウ). disguising oneself as a man
だんそう[断層](명)〈지〉 단층. 지각(地殼)이 강한 횡압력(横圧力)을 받아 지층(地層)이 갈라지고, 이에 따라 지반(地盤)이 함몰(陥没) 또는 융기(隆起)하는 현상. 또는 이같이 하여 생긴 지층의 어긋남. a fault. **―かいがん**[断層海岸](명)〈지〉 단층 해안. 단층에 의하여 이루어진 해안. **―さつえい**[断層撮影](명) 단층 촬영. 단면 촬영(断面撮影). **―さんち**[断層山地](명)〈지〉 단층 산지. 단층에 의하여 생긴 산지. **―じしん**[断層地震](명)〈지〉 단층 지진. 인접(隣接)한 두 지괴(地塊)가 반대 방향으로 움직여, 그 사이에 단층이 생기게 하는 지진. ―めん[断層面](명)〈지〉 단층면. 단층으로 말미암아 어그러진 암층(岩層)이 서로 닿는 면. 「performance
だんそう[弾奏](명·타サ) 탄주. 현악기를 켬. ↗
たんそく[嘆息·歎息](명·자サ) 탄식. 한숨을 쉼. a sigh
だんぞく[断続](명·자サ) 단속. 끊어졌다 이어졌다 함. 「―的(テキ); 단속적」 intermittence
たんそ(びょう)[炭疽(病)](명)〈의〉 ⇨ひだっそ(脾脱疽).
だんそんじょひ[男尊女卑](연어·명) 남존 여비. 지위, 권력 등의 점에서 남자를 우대하고 여자를 천대하는 것. ↔女尊男卑(ジョソンダンピ). predominance of man over woman
たんだ[単打](명·자サ)〔야구에서〕⇨シングルヒット.
たんだ[短打](명) 단타.〔야구에서〕보울을 짧게, 확실히 치는 타격.「―戦法(センポウ); 단타 전법」chopping
たんたい[単体](명)〈이〉 단체. 단일 원소(元素)로 된 물질. 예: 산소, 수소 등. ↔化合物(カゴウブツ). a simple substance
たんだい[探題](명) ①시가(詩歌) 짓기 모임에서 제목을 제비로 뽑아 정하는 일. ②카마쿠라(鎌倉), 무로마치(室町) 시대에 중요한 지방의 정치, 국방 등을 맡았던 요직. 1. lottery for poetic theme
たんだい[短大](명) 단기 대학(短期大学)의 준말.
だんたい[団体](명) 단체. 어떤 목적을 위한 사람의 집단. 「―生活(セイカツ); 단체 생활」 a party. ―こうしょう[団体交渉](명) 단체 교섭. 노동 조합의 대표자가 사용자나 사용자의 단체와 교섭하는 것.
だんたい[暖帯](명)〈지〉 난대. 열대와 온대의 중간에 걸쳐 있어 그 기후가 따뜻한 지대. 평균 온도 섭씨 13～20도 가량임. the subtropics
だんだら[段だら](명) 여러 가지 다른 색으로 가로로 얼룩덜룩하게 염색하거나 짠 직물. parallel-striped pattern
たんたん[坦坦](형동タルト) 탄탄. 도로 같은 것이 평평한 모양. level
たんたん[耽耽](형동タルト) 탐탐. ①날카롭게 노려보는 모양. ②야심을 가지고 노리는 모양.「虎視(コシ)―; 호시 탐탐」 watching for an opportunity
たんたん[淡淡](형동タルト) 담담. ①담백(淡白)한 모양. 산뜻한 모양. ②미련이 없는 모양. 1. plain
だんだん[団団](명·부) ①둥근 모양. ②이슬이 많이 모여 있는 모양. 1. round
だんだん[段段] Ⅰ(명) ①계단. ②하나하나의 일. 조목(条目). Ⅱ(부) 순서를 따라서. 차차. Ⅰ1. stairs Ⅱgradually
だんだんこ[断断固·断断乎](형동タルト) 단호(断乎)를 강조하는 말. decidedly
たんち[探知](명·타サ) 탐지. 조사해서 앎. 「電波(デンパ)―機(キ); 전파 탐지기」 detection
だんち[団地](명) 단지. 집단(근대적) 주택이 많이 있는 지역. 「―族(ゾク); 아파아트에 사는 사람들」
だんち[暖地](명) 난지. 따뜻한 곳. a warm place
だんちがい[段違い]―チガヒ(명) 매우 거리가 먼 것. 차이가 심한 것. 현격한 차이. a big difference
たんちゃ[磚茶](명) 전차. 홍차나 녹차 가루를 엷은 판 모양으로 눌러서 뭉쳐 만든 중국 차. brick tea
だんちゃく[弾着](명)〈군〉 탄착. 총포의 탄환이 맞거나 도달함. 또는 도달하는 곳. impact
たんちょ[端緒](명) ⇨たんしょ.
たんちょう[丹頂](명) ①꼭대기가 붉은 것. 이마가 붉은 것. ②〈동〉 ←丹頂鶴. 1. a red top. ―づる[丹頂鶴](명)〈동〉 백두루미. 가장 대표적인 학. 머리 위가 붉음.
たんちょう[単調](명·형동ダ) 단조. 단순하고 변화가 적음.「―を避(サ)ける; 단조로움을 피하다」monotony
たんちょう[短調](명)〈악〉 단조. 단음계(短音階)에 의한 가락. ↔長調(チョウチョウ). a minor
だんちょう[団長](명) 단장. 단의 우두머리. a commandant
だんちょう[断腸](명) 단장. 창자가 끊어지는 듯한 괴로움이나 슬픔. 「―の悲(カナ)しみ; 단장의 슬픔」 heartbreak
だんつう[段通·毯子](명) 솜, 삼, 양털 등으로 만든 깔개로 사용하는 두꺼운 직물(織物). a cotton carpet
だんつく(명)〈속〉 주인(主人)의 낮춤말.
たんつば[痰唾](명) 가래와 침. 가래침. spittle
たんつぼ[痰壺](명) 가래를 뱉는 그릇. 타구. a spittoon
たんてい[探偵](명·타サ) 탐정. 비밀리에 어떠한 사정(事情)이나 범죄(犯罪)를 조사함. 또는 그 사람. a detective
たんてい[短艇·端艇](명) 단정. 조그만 배. a boat
だんてい[断定](명·타サ) 단정. 확실한 판단을 함. 「―を下(オロ)す; 단정을 내리다」 conclusion
ダンディー[dandy](명·형동ダ) 댄디. 멋장이. 멋장이 남자. 「―ボーイ; 멋장이 남자」
たんてき[端的·単的](형동ダ) 단적. ①명백한 모양. 확실한 모양. ②목전(目前). 곧. 「―なききめ; 즉각적인 효과」 ③솔직(率直). 요점(要点). 「―にいう; 솔직히 말하다」 1. distinct
たんでき[耽溺](명·자サ) 탐닉. (술, 여자 등에) 정신없이 빠짐. indulgence
たんてつ[鍛鉄](명) 단철. 불순물을 제거하고 잘 단련한 쇠. 연철(錬鉄). tempering iron
たんでん[丹田](명) 아랫배. 배꼽 아래. the abdomen
たんでん[炭田](명) 탄전. 탄층(炭層)이 많아 채탄(採炭)할 수 있는 지역. a coal field
たんと(부)〈속〉 많이. 듬뿍이. enough
たんと[炭都](명) 석탄을 캐는 까닭에 번영하는 도시.
だんと[壇徒·檀徒](명)〈불〉 단도. 단가(壇家)의 사람들. supporters
たんとう[反当](명)〈농〉 단당(段当). 1단(300평)에 대하여. 「―収量(シュウリョウ); 단당 수확량」
たんとう[担当](명·타サ) 담당. 맡아 함. charge
たんとう[短刀](명) 단도. 짧은 칼. a dagger
だんとう[弾頭](명)〈군〉 탄두. 포탄, 유도탄(誘導弾) 등의 끝 부분의 폭발하는 곳. a war head

だんとう[暖冬](명) 난동. 따뜻한 겨울. 「一異変(イヘン); 난동 이변(겨울에 따뜻한 날씨가 계속되는 것)」 a mild winter

だんどう[弾道](명)〈군〉 탄도. 발사된 탄환이 공중을 날 때 그리는 곡선. a trajectory. **—だん**[弾道弾](명) ⇨ミサイル.

だんとうだい[断頭台](명) 단두대. 죄인의 목을 자르는 대. a guillotine

たんとうちょくにゅう[単刀直入](연어·명) 단도 직입. 서론(序論)을 빼고 직접 본론(本論)으로 들어 가는 것. straightforwardness

たんどく[丹毒](명)〈의〉 단독. 연쇄상 구균(連鎖状球菌)이 상처로부터 들어 가 생기는 급성 또는 화농성(化膿性) 전염병. erysipelas

たんどく[単独](명) 단독. ①혼자. 「一行動(コウドウ); 단독 행동」 ②단 하나. 1. singleness

たんどく[耽読](명·타サ) 탐독. 열중해서 읽음. 정신 없이 읽음. be absorbed in reading

だんどり[段取り](명) ①마음 가짐. 마음의 준비. ②순서. 차례. 준비. 「建築(ケンチク)の一; 건축 공사의 준비」 ③수단. 1. anticipation

だんな[旦那·壇那·檀那](명) ①〈불〉 단나. 시주(施主). ②주인. ③남편. ④첩이나 정부의 남편. ⑤상점의 단골. ⑥손윗사람에게 쓰는 높임말. 2. a master 6. sir. **—げい**[旦那芸](명) 돈 있는 남자 등이 심심풀이로 배우는 예능(芸能). **—でら**[旦那寺](명) 선조 대대로 공양(供養)하고 장례, 혼례 등을 정해 놓고 하는 절.

たんなる[単なる](연체) 단순한. 단지. mere

たんに[単に](부) 그냥. 단순히. 단지. merely

たんにん[担任](명·타サ) 담임. 맡아 함. 맡은 사람. 「クラス一; 학급 담임」 charge

タンニン[네 tannin·単寧](명)〈이〉 타닌. 오배자(五倍子) 속에 많이 있는 노란 가루. 맛이 떫음. 잉크, 염료 등의 원료.

だんねつ[断熱](명·자サ)〈이〉 단열. 열을 통하지 못하게 차단함. adiabatic

たんねん[丹念](명·형동ダ) 단념 정성과 공을 들여서 함. 성심(誠心). assiduity

だんねん[断念](명·타サ) 단념. 생각을 아주 끊어 버림. 체념(諦念). abandonment

たんのう[胆嚢](명)〈생〉 담낭. 담즙(胆汁)을 일시 모아 두는 주머니. 쓸개. the gall

たんのう[堪能] Ⅰ(형동ダ) 학예(学芸)에 뛰어난 모양. 숙달된 모양. Ⅱ(자サ) 〔"足(タ)んぬ"의 변화〕 만족하다. Ⅰ skilful Ⅱ be satisfied

たんば[丹波](명)〈지〉 옛 지방 이름. 현재 교오토부(京都府)와 효오고현(兵庫県)의 일부.

たんぱ[短波](명) 단파. 파장(波長)이 짧은 전파. 「一受信機(ジュシンキ); 단파 수신기」 ↔中波(チュウハ), 長波(チョウハ). a short wave

たんはい[炭肺](명)〈의〉 탄폐. 탄소의 가루를 빨아 들이기 때문에 일어나는 만성의 호흡기병. 탄갱(炭坑) 노동자에 많음.

たんばい[探梅](명·자サ) 탐매. 매화꽃을 찾아서 관상함.

たんぱく[淡白·淡泊](명·형동ダ) 담백. ①담담함. ②미련이 없음. ③맛이나 취향(趣向)이 없음. 1. simplicity

たんぱく[蛋白](명) 단백. 계란의 흰자위처럼 단백질로 이루어진 것. albumen. **—しつ**[蛋白質](명)〈이〉 단백질. 영양소의 하나. 질소 등을 포함하고 동물의 몸의 주요 성분이 되어 있는 화합물(化合物). 흰자질. **—せき**[蛋白石](명)〈광〉 단백석. 석영(石英)과 같은 질의 반투명 또는 불투명한 광석. 오팔.

だんばしご[段梯子](명) ①폭이 넓은 디딤판을 단 사닥다리. ②사닥다리. stairs

たんぱつ[単発](명) 단발. ①발동기의 하나. 「一機(キ); 단발기」 ②한 발씩 발사하는 것. 「一銃(ジュウ); 단발총」 ↔連発(レンパツ). ③하나의 방송국에서만 방송하는 것. 「大阪(オオサカ)一; 오오사카의 단독 방송」 1. a single engine

だんぱつ[断髪](명·자サ) 단발. ①머리를 자름. ②짧게 자른 부인의 머리 모양. 1. cutting one's hair

タンバリン[tambourine](명)〈악〉 탬버린. 한 장의 가죽으로 만든 북. 한 손에 들고 흔들면 둘레에 달린 방울이 울림.

〔タンバリン〕

だんぱん[談判](명·자サ) 담판. ①사건을 해결하기 위하여 서로 상의함. ②따짐. 1. talks

たんび[耽美](명) 탐미. 아름다움을 찬미하고 즐김. 「一主義(シュギ); 탐미주의」 aestheticism

たんぴょう[短評](명) 단평. 짧은 비평. 간단한 비평. a short comment

だんびら[段平](명)〈속〉 ①나비가 넓은 것. ②도신(刀身)이 넓은 칼. 2. a broadsword

たんぴれい[単比例](명·자サ)〈수〉 단비례. 단순한 비례 관계. ↔複比例(フクヒレイ). simple proportion

ダンピング[dumping](명·타サ) 덤핑. ①이익을 생각하지 않고 상품을 투매(投売)함. ②〈경〉 무역 판로를 넓히기 위하여 외국 시장에 상품을 원가 이하로 싸게 파는 일.

—たんぶ[反歩·段歩](접미) 단보. 논이나 밭을 단(段)으로 세는 말. 「五(ゴ)一; 5단보(1,500평)」

ダンプ[dump](명·자サ) 덤프. 차체(車体)를 기울이거나 밑바닥을 열거나 하여 싣고 있는 것을 부리는 장치. 「一トラック; 덤프 트럭」

タンブール[프 tambour](명) 탐부울. ①큰북. ②자수(刺繡)할 때 사용하는 동그란 수틀.

たんぷく[単複](명) ①단순(単純)과 복잡(複雑). ②단수와 복수. ③〔정구에서〕 단식(単式)과 복식(複式). 1. simplicity and complexity 3. singles and doubles

だんぶくろ[段袋](명) ①자루. ②〈속〉 통이 넓은 양복 바지. 1. a canvas bag

タンブラー[tumbler](명) 텀블러. 밑바닥이 편편하고 큰 컵.

タンブリン[도 Tanburin](명)〈악〉 ⇨タンバリン.
タンブリン(グ)[tumbling](명) 텀블링. 수명(数名)이 손을 잡거나, 어깨에 올라 타거나 하여 여러 가지 모양을 만드는 체조.
たん ぶん[単文](명) 단문. ①간단한 글. ②〔문법에서〕 주어와 술어가 각기 하나씩 있는 글. ↔重文(ジュウブン), 複文(フクブン). 1. a brief sentence
たん ぶん[探聞](명·타サ) 탐문. 찾아서 물음. 수소문함.「―するところによれば; 탐문한 바에 의하면」 detection
たん ぶん[短文](명) 단문. 짧은 글. ↔長文(チョウブン). a short sentence
たんぺい きゅう[短兵急](연어·명·형동ダ) ①도검(刀剣)과 같은 짧은 병기로 급히 적에게 대들어 싸움. ②성급하게. 갑자기.「―な要求(ヨウキュウ); 갑작스러운 요구」 2. sudden
たん ぺき[丹碧](명) 빨간 색과 파란 색. red and blue
たん べつ[反別·段別](명) ①논을 1단(段)마다 나누는 것. ②정(町). 단(段), 무(畝) 등의 단위로 재는 전답(田畓) 면적의 넓이. 2. area
ダン ベル[dumbbell](명) 덤벨. 아령(啞鈴).
たん べん[単弁·単瓣](명)〈생〉 단판. 외겹으로 된 꽃잎.「―花(カ); 단판화」 ↔重弁(ジュウベン). single-petaled
たん ぺん[短編·短篇](명) 단편. 짧은 문장. 소설이나 영화의 짧은 것. ↔長編(チョウヘン). a short piece
だん ぺん[断片](명) 단편. 조각. 토막.「―的(テキ); 단편적」 a fragment
だん ぺん[断編·断篇](명) 단편. 토막토막으로 된 문장. a fragmentary sentence
たん ぼ[田ん圃](명) 논이 있는 들판. 논. a rice-field
たん ぼ[旦暮](명) ①아침과 저녁. ②아침부터 저녁까지의 동안. 짧은 시간. 2. short time
たんぽ(명) 천, 가죽 등에 솜을 싸서 둥글게 만든 것. **―やり**[たんぽ槍](명) 창끝에 솜을 넣어 둥글게 덮어 씌운 창.
たん ぽ[担保](명)〈법〉 담보. 채권(債権)의 안전, 확실을 보증하기 위하여 채무자가 채권자에게 내놓는 물건. 저당(抵当).「家(イエ)を―に入(イ)れる; 집을 담보에 넣다」 a mortgage. **―ぶっけん**[担保物権](명) 담보 물권. 채무 이행(債務履行)의 확보를〔たんぽ槍〕 목적으로 하는 물권(物権).
たん ぼう[探訪](명·타サ) 탐방. 탐문하여 찾아 다님. 사건이나 상태를 알아 보기 위하여 찾아 감.「社会(シャカイ)―; 사회 탐방」 inquiry
だん ぼう[暖房·煖房](명) 난방. 방안을 따뜻하게 함. 또는 그러한 장치. ↔冷房(レイボウ). heating
だん ボール[段 board](명) 마분지 안쪽에 울룩불룩 골이 진 엷은 종이를 붙인 것. 포장용으로 씀.
たん ぽぽ[蒲公英](명)〈식〉 민들레. 엉거시과에 속하는 다년초. 봄에 노란 꽃이 피는데, 꽃이 지면 하얀 관모(冠毛)가 붙어 바람에 날려 퍼짐. a dandelion
タンポン[도 Tampon](명)〈의〉 탐폰. 약액을 적신 탈지면(脱脂綿), 또는 가아제. 면구(綿球).
たん ほんい[単本位](명) 단본위. 단일한 것을 본위로 하는 것. ↔複本位(フクホンイ). a single standard. **―せい**[単本位制](명) 단본위제. 단일한 금속을 본위 화폐로 하는 화폐 제도. ↔複本位制.
だん まく[弾幕](명) 탄막. 많은 탄환이 일시에 날아오고 터지는 상태를 탄환의 막(幕)으로 비유한 말. a barrage
たん まつ[端末](명) 실마리. 끝머리. an end
だん まつ(ま)[断末(魔)](명)〈불〉 단말마. ①죽을 때의 고통. ②죽을 때. 임종(臨終). 1. death agony
たんまり(부)〈속〉 담뿍. 많이.「ほうびを―もらう; 상을 담뿍 받다」 quite a lot
だんまり[黙り](명) ①가만히 있음. 무언(無言). 침묵. ②사전(事前)에 말이 없는 것. 무단(無断). ③〔연극에서〕 어둠 속에서 말 없는 격투. 1. silence
たん み[淡味](명) 산뜻한 맛. 담백한 맛. simple taste
たん めい[短命](명·형동ダ) 단명. 수명이 짧음.「―な動物(ドウブツ); 수명이 짧은 동물」 ↔長命(チョウメイ). a short life
だん めつ[断滅](명·자サ) 단멸. 단절(断絶)하여 멸망함. extinction
タンメン[중 湯麵](명) 기름에 볶은 야채를 수우프에 넣은 중국 국수.
だん めん[断面](명) 단면. ①자른 표면.「―図(ヅ); 단면도」 ②실제를 나타내는 일면(一面).「社会(シャカイ)の―; 사회의 단면」 1. a section **―さつえい**[断面撮影](명) 단면 촬영. 생체내(生体内)의 임의(任意)의 단면(断面)을 뢴트겐으로 촬영하는 일.
たん もう[短毛](명) 짧은 털.「―種(シュ); 단모종」 short fur
たん もの[反物](명) ①옷감. ②어른 옷 한벌씩 끊어서 파는 옷감. 1. woven materials
だん もの[段物](명) 〔조오루리(浄瑠璃) 등에서〕 몇 단으로 나뉘어서 연속되는 곡(曲)이나 이야기.
たん や[短夜](명) 짧은 여름 밤. a short summer night
たん や[鍛冶](명·타サ) 풀무를 놓고 시우쇠를 다루어 온갖 연장을 만듦. 대장일. forging
だん やく[弾薬](명) 탄약. 총포에 재는 탄환과 화약. ammunition
たん ゆう[胆勇](명) 담력(胆力)과 용기. 대담하고 용기가 있는 일. undaunted courage
だん ゆう[男優](명) 남우. 남자 배우. ↔女優(ジョユウ). an actor
だん よ[談余](명) 이야기하는 김. 이야기 끝. in the course of conversation
たん よう[単葉](명) 단엽. ①한 장의 엽편(葉片)으로 된 잎. 예: 벚나무, 배나무 등의 잎. ②날개가 좌우 한 장씩인 비행기.「―機(キ); 단엽기」 1. a single leaf
たん らく[短絡](명·자サ)〈이〉 전기 회로(電気回路)의 두 점 사이를 작은 저항으로 접촉하는 일. 또는 전기 회로의 절연이 망가져서 저항이 작은 회로를 형성하는 일. 쇼오트. a short circuit

だんらく[段落](명) 단락. ①문장 중의 큰 매듭. ②구획. 구별. 1. the end of a paragraph

たんらん[貪婪](명·형동ダ) 탐람. 재물이나 음식을 몹시 탐냄. 탐욕(貪慾). avarice

だんらん[団欒](명·자サ) 단란. ①친숙한 사람끼리의 즐거운 회합. ②둥글게 모여 앉아 즐김. 「一家(イッカ)一; 한 가족의 단란」 1. a happy circle

たんり[単利](명)〈경〉 단리. 원금에 대해서만 이자를 따지고 이자에 대한 이자는 계산하지 않는 것. ↔複利(フクリ). simple interest

だんり[談理](명) ①이론(理論)을 이야기하는 일. ②이론의 조리. 1. discussing a theory

たんりゃく[胆略](명) 대담하고 계략(計略)이 능한 것. courageous and resourceful

だんりゅう[暖流](명)〈지〉 난류. 적도 부근에서 온대(温帯)로 흐르는 온도가 높은 해류. ↔寒流(カンリュウ). a warm current

たんりょ[短慮](명) 단려. ①소견이 짧음. 또는 좁은 생각. ②경박(軽薄)한 생각. 2. rashness

たんりょく[胆力](단) 담력. 어떤 일에도 놀라지 않고 겁내지 않는 기력. 용기. pluck

たんりょく[淡緑](명) 담록. 연한 녹색. light green

だんりょく[弾力](명) 탄력. ①〈이〉 탄성체가 가해진 힘에 저항해서 원상태로 돌아 가려는 힘. 튀는 힘. 「一性(セイ); 탄력성」 ②압박을 벗어나려는 힘. ③자유로이 변화할 수 있는 힘. 1. elastic force

だんりんふう[談林風·檀林風](명) 〔하이쿠(俳句)에서〕 형식적인 고풍(古風)에 대해서 참신, 자유를 특색으로 하여 해학미(諧謔味)를 표현하려고 하던 경향. 전성기는 1673년~84년경.

たんれい[端麗](명·형동ダ) 단려. 행실이 단정하고 용모가 아름다움. 「一な容姿(ヨウシ); 단려한 용모와 자태」 gracefulness

たんれん[鍛練·鍛錬](명·타サ) 단련. ①쇠붙이를 불에 달구어 두드림. ②마음, 몸, 기능을 닦아서 기름. 수양을 쌓음. 「忍苦(ニンク)一; 괴로움을 참고 심신(心身)을 단련함」 1. temper

だんろ[暖炉·煖炉](명) 난로. a stove

たんろう[炭労](명) 일본 탄광 노동 조합의 약칭.

だんろん[談論](명·자サ) 담론. 이야기를 하고 의론함. 「一風発(フウハツ); 이야기나 의론이 왕성하게 나옴」 discourse

だんわ[談話](명·자サ) 담화. 이야기. 이야기함. a talk

だんわ[暖和](명) 날씨가 따뜻하고 온화함. a talk

ち

ち一[稚](조어) 갓난. 어린. 「一鮎(アユ); 새끼 은어」

一ち[池](조어) (만든) 못. 「貯水(チョスイ)一; 저수지」

一ち[値](조어) 값. 가치(価値). 수치(数値). 「平均(ヘイキン)一; 평균치」

ち[千] Ⅰ(명) 수가 많은 것. 종류가 많은 것. 「一たび; 여러 번」 Ⅱ〈수〉 천. 백의 10배. 「一万(ヨロズ); 천만」 Ⅰ thousands Ⅱ a thousand

ち[血](명) ①피. ②혈통. 핏줄. 「一のつながり; 혈연관계(血縁関係)」 ③혈관(血管). 혈맥. 1. blood

ち[乳](명) ①젖. 「一房(ブサ); 유방」 ②기(旗), 막(幕), 짚신 등의 끈을 꿰게 만들어진 조그만 고리. 1. the breasts

ち[地](명) ①땅. 흙. ↔天(テン). ②[illegible] 언덕. 「一対空(タイクウ); 지대공」 ③장소. 「一を占(シ)める; 장소를 차지하다」 ④아래. 아래쪽. 1. the earth

ち[治](명) ①잘 다스려짐. 「一にいて乱(ラン)を忘(ワス)れず; 평화시에 처하면서도 난리를 잊지 않다(대비하다)」 ②정치(政治). 1. peace 2. government

ち[知·智](명) ①슬기로움. 지혜. 지능. 「一·仁(ジン)·勇(ユウ); 지, 인, 용」 ②〈철〉 예지(叡智). 1. wisdom

ち[笞](명) ①회초리. 회초리로 때림. ②채찍으로 죄인을 때리는 형벌. 태형(笞刑). 1. a rod 2. whipping

ちあい[血合]一アヒ(명) 가다랭이, 방어 등 물고기 살의 거무스름한 부분. flesh of boody colour

チアノーゼ[도 Zyanose](명)〈의〉 찌아노오제. 손톱이나 입술 등 사지(四肢)의 말단 부분에 피가 맺혀 검푸르게 보이는 증세. 혈액 중의 탄소 결핍이 원인임.

ちあれ[血荒れ](명)〈고〉 태아가 낙태되어 임부(妊婦)의 몸이 더러워지는 일.

ちあん[治安](명) 치안. 국가, 사회가 잘 다스려져 편안한 상태. 「一の維持(イジ); 치안 유지」 the public peace

ちい[地衣](명)〈식〉 ①지의류(地衣類)에 속하는 식물의 총칭. 주로 바위나 나무에 엷게 끼는 이끼. 「一類(ルイ); 지의류」 the lichenes

ちい[地位](명) 지위. ①신분. 「大臣(ダイジン)の一; 장관의 지위」 ②앞뒤의 것에 대한 관계나 입장. 「文学史上(ブンガクシジョウ)の一; 문학사상의 지위」 ③지세(地勢). 1. a position

ちい[地異](명) 지이. 지상에 일어나는 이변(異変). 「天変(テンペン)一; 천변 지이」 extraordinary phenomena on earth

ちいおあき[千五百秋]チイホー(명)〈고〉 끝없는 세월.

ちいき[地域](명) 지역. 토지의 일정한 구역. 토지의 경계(境界). 「一社会(シャカイ); 지역 사회」 an area

ちいく[知育](명) 지육. 지능을 기르는 교육. ↔徳育(トクイク), 体育(タイイク). intellectual training

チーク[teak](명)〈식〉 티이크. 마편초과에 속하는 낙엽

교목. 버어마 지방의 원산. 목재(木材)는 단단하여 배나 가구를 만듦.

チーク[cheek](명) 치이크. 볼. 뺨. 「—ダンス; 남녀가 뺨을 맞대고 추는 춤」

ちいさ·い[小さい]チヒサイ(형) ①작다. 적다. 「損害(ソンガイ)が—; 손해가 적다」 ②어리다. 「—子供(コドモ)たち; 어린 아이들」 ③희미하다. 「—音(オト); 가냘픈 소리」 ↔大(オオ)きい. 파생 **—げ**(형동ダ) **—さ**(명). 2. young

ちいさがたな[小さ刀]チヒサー(명) 조그만 칼. 작은 칼.

ちいさな[小さな]チヒサー(연체) 조그만. 작은. small

ちいさやか[小さやか]チヒサー(형동ダ) 작은 모양.

チーズ[cheese](명) 치이즈. 우유를 굳혀서 발효(醱酵)시킨 식품. 건락(乾酪).

チータ(ー)[cheetah](명)〈동〉 치이타아. 고양이과에 속하는 아시아 남부나 아프리카산(産) 표범. 길들여서 영양(羚羊) 사냥에 씀.

チーフ[chief](명) 치이프. ①수령(首領). ②장관(長官).

チーム[team](명) 티임. 한편을 이룬 사람. 단체. 「野球(ヤキュウ)の—; 야구 티임」 **—ワーク**[teamwork](명) 티임워어크. ①(한 티임의) 공동 동작. 단체 행동. ②공동의 작업이나 연구.

ちいん[知音](명) 지음. ①친우. ②지기(知己). 아는 사람. 1. an intimate friend

ちうみ[血膿](명) 피가 섞인 고름. 피고름. bloody pus

ちえ[千重]—へ(명) 수많이 겹침. being piled up

ちえ[知恵·智慧](명) 지혜. 어떤 일을 알고 잘 처리하는 능력. 슬기. wisdom

チェア[chair](명) 체어. ①의자(椅子). ②지위(地位). ③강좌(講座).

チェアマン[chairman](명) 체어맨. 의장(議長). 회장. 사회자(司会者). 위원장.

ちぇえすと(감)〔카고시마(鹿児島)의 사투리〕 시나 연설 등을 듣고 또는 그 도중에 감격이나 격려의 뜻을 나타내어 지르는 소리. 옳소! 잘한다!

チェーン[chain·鎖](명) 체인. ①쇠사슬. 「自転車(ジテンシャ)の—; 양양이줄」 ②길이의 단위. 66 피이트. 약 20.12 *m*. ③(영화 등의) 흥행망(興行網). ④동계(同系)의 상점이나 극장. 「—薬局(ヤッキョク); 직계 약국」 **—ストア**[chain-store](명) 체인 스토어. 연쇄점(連鎖店).

ちえき(けん)[地役(権)](명)〈법〉 지역권. 타인의 토지를 자기의 편익(便益)을 위하여 이용하는 권리. easement

チェコ(スロバキア)[Czecho(slovakia)](명)〈지〉 체코슬로바키아. 제 1 차 세계 대전 후 성립한 중부 유럽의 공화국. 도이치, 폴란드 등에 둘러 싸여 있는 나라. 수도는 프라하(Praha).

チェス[chess](명) 체스. 서양 장기. 「a man of wisdom

ちえしゃ[知恵者](명) 지혜 있는 사람. ↗

チェック[check](명·자サ) 첵. ①수표. 「ギフト—; 기프트체크. 증답용(贈答用) 수표. 상표권」 ②인수증(引受証). 물표(物標). ③막음. 저지(阻止). ④검사, 대조의 표적으로 찍는 표. ⑤바둑판 무늬.

チェッコ(명)〈지〉 ⇨チェコ(スロバキア).

ちえねつ[知恵熱](명)〈의〉 유아의 유치(乳歯)가 나올 무렵에 나는 열. dentition fever

ちえのいた[知恵の板](명) 작은 판자 토막을 여러 가지 모양으로 짜 맞추는 장난감. a tangram

ちえのわ[知恵の輪](명) 여러 가지 모양의 금속(金属)으로 된 고리(輪)를 끼었다 뺐다 하며 노는 장난감. puzzle-rings

ちえば[知恵歯](명) 지치. 사랑니. a wisdom tooth

ちえぶくろ[知恵袋](명) ①지혜가 생기는 곳을 주머니에 비유한 말. 지혜 주머니. ②동료 중에 가장 지혜가 뛰어난 사람. 2. a man of wisdom

ちえまけ[知恵負け](명·자サ) 지혜가 너무 많아 도리어 실패함. 제 꾀에 넘어감. be deceived by one's own sagacity

チェリー[cherry](명)〈식〉 체리. ①버찌. ②벚나무.

チェリオ[cheerio](감) 처리오우. 헤어질 때의 인사나 건배(乾杯)할 때에 쓰는 말.

チェリスト[cellist](명) 첼리스트. 첼로의 연주자(演奏者).

チェレスタ[이 celesta](명)〈악〉 첼레스타. 피아노와 비슷한 건반이 있는 타악기. 강철로 만든 음판(音板)을 해머로 쳐서 소리를 냄.

チェロ[cello](명)〈악〉 첼로. 커다란 바이올린계(系)의 저음 현악기. 무릎 사이에 끼고 활로 켬.

ちえん[遅延](명·자サ) 지연. ①늦어짐. ②오래 걸림. delay

〔チェロ〕

チェンジ[change](명·자타サ) 체인지. ①교환함. 바꿈. ②변화함. ③변경함. ④〔야구에서〕 공격과 수비를 교대함. ⑤〔정구에서〕 코오트를 바꿈. **—オブペース**[change of pace](명) 체인지오브페이스. 〔야구에서〕 피처(投手)가 투구(投球)의 속도나 커어브를 여러 가지로 바꾸는 일.

チェンバロ[이 cembalo](명)〈악〉 쳄발로. 피아노의 원형이 된 악기. 하아프시코오드의 이탈리아명.

ちおん[地温](명) 지온. 토지의 온도. ↔気温(キオン), 水温(スイオン). underground temperature

ちか[地下](명) 지하. ①땅밑. 「—茎(ケイ); 땅속줄기(지하경)」 ②명도(冥途). 저승. ③사회 운동, 정치 운동에 있어서의 비합법적인 면. 「—にもぐる; 비밀(비합법적) 운동에 들어 가다」 1. underground

ちか[地価](명) 지가. 땅값. 토지의 매매 가격. land price

ちか[治下](명) 치하. 지배 아래. 통치 범위(統治範囲). under the rule

ちかい[誓い]チカヒ(명) ①맹세. 맹세의 말. 「一言(ゴト); 맹세의 말」 ②신불(神仏)에게 굳게 약속함. 「—を立(タ)てる; 신불에 맹세하다」 a promise

ちか·い[近い](형) ①가깝다. ②혈연이 가깝다. 「—親類(シンルイ); 가까운 친척」 ③친하다. ④닮다. 「性質(セイシツ)が—; 성질이 닮다」 ⑤근시(近視)다. 파생

—さ(명). 1. near 3. intimate
ちかい[地階](명) ①고층 건물의 지하실. ②서양 건축의 첫째 층. 1. a basement room
ちかい[知解](명) 앎. 깨달음. understanding
ちがい[違い]チガヒ(명) 틀림. 차이. difference. **—だな**[違い棚](명) 두 개의 판자를 아래위로 어긋나게 매어 단 선반. **—ない**[違いない](연어) 틀림 없다. 확실하다.「あるにー; 있음에 틀림 없다」 **—め**[違い目](명) 어긋난 곳. 엇갈린 곳.
ちがいほうけん[治外法權](명)〈법〉 ① 치외 법권. 외국 영토 안에서 그 나라의 재판권에 따르지 않는 권리. ②규정의 범위 밖. 1. extraterritoriality
ちか·う[誓う]チカフ(타 4) 맹세하다. 서약하다. swear
ちが·う[違う]チガフ(자 4) ①틀리다. 맞지 않다. ②위배하다. ③어긋나다. ④벗어나다. ⑤교차(交叉)하다. 1. disagree 5. cross
ちかうんどう[地下運動](명) 지하 운동. 비밀 결사의 비합법적인 잠행(潛行) 운동. underground movement
ちが·える[違える]チガヘル(타하 1) ①맞지 않게 하다. ②배반하게 하다. ③어긋나게 하다. ④빗나가게 하다. ⑤교차(交叉)시키다. 명 違え. 1. alter 5. cross
ちかおとり[近劣り](명)〈고〉 가까이 가서 보면 멀리서 보는 것보다 나쁘게 보이는 것. ↔近勝(-マサ)り.
ちかがい[地下街](명) 지하가. 지하도의 상점가(商店街). an underground market
ちがき[血書き](명) 혈서. 피로 문서 등을 씀. 또는 그 문서. writing in blood
ちかく[近く] Ⅰ(명) 가까운 곳.「一の家(イエ); 가까운 집」 Ⅱ(부) 근간(近間)에. 이제 곧. 머지 않아.「一行(オコ)なわれる会議(カイギ); 머지 않아 열리는 회의」 Ⅰ vicinity Ⅱ shortly
ちかく[地核](명)〈지〉 지핵. 지구의 중심. 지심(地心). the earth's nucleus
ちかく[地殼](명)〈지〉 지각. 지구의 바깥 부분. 지구의 외각(外殼). the earth's crust
ちかく[知覚](명·타サ) 지각. 감각에 의해서 알고 구별함.「一神経(シンケイ); 지각 신경」 perception
ちがく[地学](명) 지학. ①지리학. ②지구에 관한 자연 과학. 1. geography
ちかけい[地下茎](명)〈식〉 지하경. 땅속에 있는 식물의 줄기. 구경(球茎), 근경(根茎), 괴경(塊茎), 인경(鱗茎) 등이 있음. 땅속줄기. a rhizome
ちかごと[誓言](명)〈고〉 서언. 맹세의 말.
ちかごろ[近頃](명·부) ①요사이. 최근. ②매우.「一迷惑(メイワク)な話(ハナシ)だ; 매우 난처한 (귀찮은) 이야기다」 1. lately 2. awfully
ちかし·い[近しい](형) 친하다. intimate
ちかしげん[地下資源](명) 지하 자원. 땅속에 묻혀 있는 광물 등의 자원. underground resources
ちかしつ[地下室](명) 지하실. 지면보다 낮게 들인 방. 지계(地階). a basement room
ちかすい[地下水](명) 지하수. 땅속을 흐르는 물. subterranean water
ちがたな[血刀](명) 피묻은 칼. a blood-stained blade
ちかちか(부·자サ) ①가시 등에 찔려 아픈 모양. 따끔따끔. ②강한 빛 때문에 눈이 아픈 모양. 2. glittering
ちかぢか[近近](부) ①멀지 않아. 근간에. ②매우 가까이. 1. before long
ちかづき[近付き](명) ①가까와짐. 친해짐. 사귐.「お一になる; 사귀다」 ②지인(知人). 지기(知己). ③교제를 시작할 때의 인사.「お一になれて嬉(ウレ)しい; 사귀게 되어 기쁩니다」 1. acquaintanceship 2. an acquaintance
ちかづ·く[近付く](자 4) ①가까와지다. 접근하다. ↔遠(トオ)ざかる. ②교제하다. 친해지다. 타 近付ける(하 1). 1. get near
ちかって[誓って](부) 반드시. 꼭. 맹세코. surely
ちかてつ[地下鉄](명) 지하철. (큰 도시의) 땅속에 터널을 파고 만든 철도. an underground railway
ちかどう[地下道](명) 지하도. 지하에 만든 보도(步道). an underground passage
ちかま[近間](명) 가까운 곳. 이웃. neighbourhood
ちかまわり[近回り]ーマハリ(명·자サ) ①지름길로 감. ②가까운 곳. 이웃. ↔遠(トオ)回り. 1. taking a short cut
ちかみち[近道·近路](명) ①가까운 길. 지름길. ②빨리 하기 위한 수단. 첩경(捷徑).「成功(セイコウ)への一; 성공에의 첩경」 1. a short cut
ちかめ[近目·近眼](명) ①근시안. ②얕은 의견. 1. near-sightedness
ちがや[茅](명)〈식〉 띠. 포아풀과의 다년초.
ちかやか[近やか](형동ダ) 가까운 모양. near
ちかよ·る[近寄る](자 4) 가까이 가다. 다가 가다. 타 近寄せる(하 1). approach
ちから[力](명) ①힘. 동물의 몸속에 있어 자기도 움직이고 또 남이나 딴 것도 움직이는 근원이 되는 작용. ②〈이〉 물건의 상태를 변화시키는 원인. ③세력. ④작용. ⑤효력. 효험. ⑥수고. ⑦공훈. ⑧덕택. ⑨한도. ⑩학력. ⑪폭력. ⑫기력(気力). 1. strength 2. force. **—あし**[力足](명) 힘을 준 다리. **—いし**[力石](명) 들어서 힘을 시험하는 돌. 들돌. **—いっぱい**[力一杯](부) 있는 힘을 다하는 모양. 힘껏. **—おとし**[力落とし](명·자サ) 힘을 잃음. 낙심. **—くらべ**[力比べ·力競べ](명) 힘의 강약을 겨룸. **—こぶ**[力瘤](명) ①인체의 근육이 불룩 나온 부분. 알통. ②열심히 힘을 다하는 것.「一を入(イ)れる; 힘껏 노력하다」 **—しごと**[力仕事](명) 특히 힘이 드는 노동. **—ずく**[力尽く]ーヅク(명) ①힘을 다하는 것. ②힘으로 어떤 일을 마음대로 하는 것. **—ぞえ**[力添え]ーゾヘ(명·자サ) 도와 줌. 조력(助力). **—だのみ**[力頼み](명) 의지하는 것. **—づよ·い**[力強い](형) 마음 든든하다. **—なげ**[力無げ](형동ダ) 맥없는 모양. 힘없는. **—まかせ**[力任せ](형동ダ) ① 있는 힘을 다하는 모양. 힘껏.「一に投(ナ)げつける; 힘껏 던지다」 ②힘이 센 것을 기화로 난폭하게 구는 모양. **—まけ**[力負け](명·자サ) ①힘을 너무 들여서 도리어 짐. ②힘이 모자라짐. **—みず**[力水]—ミヅ(명) 씨름군이 씨름할 때 입에 머금어 힘을 내는 물. **—もち**[力餅](명) ①먹으면 힘이 난다고 하는 떡. ②산을 넘을 때 나그네가 가지고 가는 떡. **—もち**[力持ち](명) 힘이 셈. 또는 그 사람. **—わざ**[力業](명) ①힘이 드는 일. ②힘을 믿고 하는 재주.

ちから[税](명)〈고〉세. 나라에 바치는 공물(貢物). 연공(年貢).

ちかん[弛緩](명·자サ) ⇨しかん.

ちかん[痴漢](명) 치한. ①여자에게 음란한 짓을 하는 사람. ②어리석고 못난 사람. 바보. 1. an erotic man

ちかん[遅緩](명) 느림. 더딤. slowness

ちかん[置換](명·타サ) 치환. 바꾸어 놓음. replacement

ちき[地気](명) 지기. ①토양(土壌) 중의 공기. ②땅속의 증기. ③대지의 정기(精気). ④⇨アース②. 2. vapour in the earth

ちき[知己](명) 지기. ①서로 마음이 통하는 벗. 지우(知友). 「—の言(ゲン); 지기의 말」 ②아는 사람. 지인(知人). 1. an intimate friend

ちき[稚気·穉気](명) 어린애 같은 기분. 「—満満(マンマン); 어린애 같은 기분이 가득 참」 childishness

ちぎ[千木](명) 지붕 위의 양끝에 X자형으로 교차시킨 길다란 목재. crossbeams on the gable

ちぎ[杠·扛斤](명)〈고〉〔←ちぎばかり, ちきり〕 1 관 이상의 무거운 것을 다는 큰 대저울.

〔千木〕

ちぎ[地祇](명) 지기. 토지신(土地神). 사직(社稷). earthly deities

ちぎ[遅疑](명·자サ) 의심하고 미혹(迷惑)하여 우물쭈물함. hesitation

ちきゅう[地球](명)〈지〉지구. 인류가 살고 있는 둥근 천체. 태양계에서 제 3의 혹성(惑星). the earth. **—ぎ**[地球儀](명) 지구의. 지구의 모형. **—じき**[地球磁気](명)〈이〉지구 자기. 지구가 가진 자기(磁気). 자석이 남북을 가리키는 것은 이것 때문임. 지자기(地磁気).

ちきゅうせつ[地久節](명)〔일본에서〕황후(皇后)의 탄생일. the Empress's Birthday

ちぎょ[稚魚](명)〈동〉알에서 깨지 얼마 되지 않은 어린 물고기. a fry

ちきょう[地峡](명)〈지〉지협. 두 개의 육지를 연결하는 좁은 육지. 「パナマー; 파나마 지협」 an isthmus

ちぎょう[知行](명) ①지배(支配). ②영지(領地). 봉토(封土). ③봉록(俸禄). ④지행. 지식과 행실. 「—合一(ゴウイツ); 지행 합일」 1. government

ちきょうい[地教委](명) 지방 교육 위원회(地方教育委員会)의 약칭.

ちきょうだい[乳兄弟](명) 유형제. 같은 사람의 젖(乳母)으로 자라난 타인(他人).

ちぎょのわざわい[池魚の殃]—ワザワヒ(명) 뜻밖의 재난(災難). a disaster by a spreading fire

ちぎり[契り](명) ①언약. 약속. 계약. 「—をむすぶ; (부부의)인연을 맺다」 ②전세(前世)로부터의 약속. 숙연(宿縁). 1. a pledge 2. destiny

ちぎり(き)[乳切り(木)·千切り(木)](명) (한복판이 약간 가느다란) 막대기. 「棒(ボウ)—; 가운데가 가는 막대기」

—ちぎ·る(조어·4) 몹시 강조하는 말. 「ほめ—; 격찬하다」

ちぎ·る[契る](타 4) ①(장래를) 굳게 약속하다. ②부부로 통정(通情)하다. 1. pledge

ちぎ·る[千切る](타 4) ①잘게 찢다. ②비틀어 뜯다. 1. tear to pieces

ちぎれぐも[断れ雲](명) 조각조각 끊어진 구름. scattered clouds

ちぎれちぎれ[千切れ千切れ](명·부) 헝겊, 종이 등이 잘게 찢어져 조각조각으로 된 것. 조각조각. broken pieces

ちぎ·れる[千切れる](자하 1) ①조각조각 찢어지다. ②쥐어 뜯기다. 비틀려 뜯기다. 1. be torn off

チキン[chicken](명) 치킨. ①병아리. ②식용(食用)의 닭고기. 영계(嬰雞). 「—ライス; 치킨라이스 (밥에 닭고기를 넣은 서양 요리)」

ちぎん[地銀](명) 지방 은행(地方銀行)의 약칭.

—ちく[竹](조어) 대(竹). 「孟宗(モウソウ)—; 맹종죽(죽순대)」

ちく[地区](명) 지구. 토지의 구획. an area

ちく[馳駆](명·자サ) ①바삐 돌아 다님. ②뛰어 돌아다님. 2. running about

ちぐ[痴愚](명) 바보. 천치. stupidity

ちくいち[逐一](부) ①일일이 순서를 좇아서. ②상세하게. 「—報告(ホウコク)する; 상세하게 보고하다」 1. one by one

ちぐう[知遇](명) 융숭한 대우. 환대(歓待). 「—を得(ウ)る; 융숭한 대우를 받다」 favour

ちくおんき[蓄音機](명) 축음기. 레코오드에 녹음한 음파를 회전시켜 재생(再生)하는 장치. a gramophone

ちくけんぜい[畜犬税](명)〈법〉축견세. 개를 기르는 사람에게 부과하는 세금. a duty on dogs

ちくご[逐語](명) 단어 하나하나를 순서를 따라서 심의, 해석, 번역하는 일. 「—訳(ヤク); 축어역(직역)」 word by word

ちくご[筑後](명)〈지〉옛 지방 이름. 현재의 후쿠오카현(福岡県) 남부.

ちぐさ[千草](명) ①여러 가지 풀. 「庭(ニワ)の—; 정원의 갖가지 풀」. ②←千草色. 1. various herbs. **—いろ**[千草色](명) 황색을 띤 녹색. 유록색(柳緑色).

ちぐさ[千種](명) 여러 가지 종류. variety

ちくざい[蓄財](명·자サ) 축재. 돈을 모음. 재물을 쌓음. 금품(金品)을 저축함. accumulation of wealth

ちくさつ[畜殺](명) 가축 등을 죽이는 일. 도살(屠殺). slaughter

ちくさん[畜産](명) 축산. 가축을 이용하는 산업. 「—物(ブツ); 축산물」 stock raising

ちくじ[逐字](명) ⇨ちくご(逐語).

ちくじ[逐次](부) 순서를 따라. 순차(順次)로. 차례차례. one after another

ちくじつ[逐日](부) 하루하루. 날마다. 날을 좇아서. day by day

ちくしゃ[畜舎](명)〈농〉 축사. 가축을 기르는 건물. 닭장, 돼지 우리, 마구간 등. a stable

ちくしょう[畜生](명) ①〈불〉 축생. 짐승. 동물. ②사람답지 못한 사람을 욕할 때 쓰는 말. 1. dumb animals. **—どう**[畜生道](명)〈불〉 축생도. 살아 있는 동안 나쁜 짓을 한 까닭에 죽어서 짐승으로 태어나 괴로움을 받는 일. **—ばら**[畜生腹](명) 한 번에 두 명 이상의 아이를 낳는 것. 「keeping a concubine

ちくしょう[蓄妾](명·자サ) 축첩. 첩을 둠. ↗

ちくじょう[築城](명·자サ) 축성. ①성을 쌓음. ②〈군〉 전투에 필요한 참호나 성새(城塞)를 만듦. 1. construction of a castle

ちくじょう[逐条](부) 축조. 하나하나 조문을 따라서. 「一審議(シンギ); 축조 심의」 article by article

ちくせき[蓄積](명·타サ) 축적. 모아서 쌓아 둠. 「資本(シホン)を一する; 자본을 축적하다」 accumulation

ちくぜん[筑前](명)〈지〉 옛 지방 이름. 현재 후쿠오카현(福岡県) 북부. **—びわ**[筑前琵琶](명)〈악〉 현악기의 한 가지. 또는 그 가곡. 음조가 높고 변화가 풍부함.

ちくぞう[築造](명·타サ) 축조. 쌓아서 만듦. construction

ちくぞう[蓄蔵](명·타サ) 축장. 모아서 간수하여 둠. keeping in stock

ちくてい[築庭](명·타サ) 축정. 정원을 만듦. landscape gardening

ちくてい[築堤](명·자サ) 축제. 둑을 쌓음. 또는 그 둑. embankment

ちくでん[逐電](명·자サ) 달아나서 행방을 감춤. 출분(出奔). abscondence

ちくでん[蓄電](명)〈이〉 축전. 전기를 모아 둠. 「一装置(ソウチ); 축전 장치」 storage of electricity. **—き**[蓄電器](명)〈이〉 축전기. 전기의 도체에 많은 전기를 모아 두는 장치. 콘덴서. **—ち**[蓄電池](명)〈이〉 축전지. 전기를 화학 에네르기의 형태로 변화시켜 축적해 두었다가 필요에 따라 전기로 재생시켜 오랫동안 사용할 수 있는 장치. 전지(電池).

ちくとう[竹刀](명) ⇨しない.

ちくねん[逐年](부) 축년. 잇달은 해마다. 해를 따라서. year by year

ちくのうしょう[蓄膿症](명)〈의〉 축농증. 코 안에 고름이 생기는 병. empyema

ちくはく[竹帛](명) 책. 역사책. 「名(ナ)を一にたれる; 이름을 역사에 남기다」 history

ちぐはぐ(명·형동ダ) 짝, 조리 등이 맞지 않음. 짝짝이. 「一な話(ハナ)し; 조리가 맞지 않는 이야기」 odd

ちくはつ[蓄髪](명·타サ) ①축발. 깎은 머리털을 다시 기름. ②환속(還俗)함. 1. growing hair

ちくばのとも[竹馬の友](연어·명) 죽마지우(竹馬之友). 어릴적의 벗. 소꿉 동무. an old playmate

ちくび[乳首](명) ①젖꼭지. ②젖먹이에게 물리는 젖꼭지 모양의 고무 제품. 고무 젖꼭지. 2. a nipple

ちくべつ[地区別](명) 지구별. 토지의 구역에 따라 나눔. 「一の人口(ジンコウ); 지구별 인구」 by regions

ちくりょく[畜力](명)〈농〉 축력. 수레나 경작의 도구를 끄는 가축의 힘. working power of domestic animals

ちくりん[竹林](명) 죽림. 대나무 수풀. 대나무 밭. a bamboo grove

ちくるい[畜類](명) 축류. ①가축. ②짐승. 축생(畜生). 1. livestock

ちくろく[逐鹿](명·자サ) ①정권, 지위를 얻으려고 경쟁함. ②의원 선거(議員選挙)의 후보자가 되어 서로 격심한 경쟁을 벌임. 1. political competition

ちくわ[竹輪](명) 으깬 생선 살을 동그랗게 빚어 대나무 꼬챙이에 꿰어서 구운 것.

ちけい[地形](명) 지형. 강이나 토지의 모양. 지세(地勢). configuration of the ground. **—ず**[地形図](명)〈지〉 지형도. 토지의 고저(高低), 형태(形態), 수계(水系)의 배치 등을 명시(明示)한 축척도(縮尺図). **—そくりょう**[地形測量](명)〈지〉 지형 측량. 지표(地表)의 여러 지점의 위치, 기복(起伏)을 도시(図示)할 목적으로 행하는 측량.

ちけい[地警](명) 지방 경찰(地方警察)의 준말.

ちけい[笞刑](명) 태형. 옛날 채찍으로 죄인의 볼기를 치던 형벌. whipping

チケット[ticket](명) 티켓. ①표. 전표. 「一販売(ハンバイ); 전표 판매(제도)」 ②입장권. 식권(食券).

ちけむり[血煙](명) 피가 공중에 뿜어 연기처럼 보이는 것. a spray of blood

ちけん[地検](명) 지검. 지방 검찰청(地方検察庁)의 준말. 「1. knowledge

ちけん[知見](명) ①지식. 견식(見識). ②의견. ↗

ちけん[治験](명)〈의〉 치료의 효력이 있는 것. effective treatment

ちご[稚児](명) ①젖먹이. 유아(幼児). ②어린이. ③신사(神社)나 사원(寺院)의 축제 때 행렬에 고운 옷을 입고 참가하는 어린이들. 1. a baby 2. a child

チゴイネル[도 Zigeuner](명) ⇨ジプシー①.

ちこう[治効·治效](명) 치료의 효과. remedial value

ちこうごういつ[知行合一](명) 지행 합일. 지식과 행위는 본래 동일한 것이지 구별할 것이 아니라는 왕양명(王陽明)의 설. the unity of knowledge and action

ちごえ[地肥](명) 비료로 하는 소토(焼土) 따위.

ちごおい[稚児生]ーオヒ(명)〈고〉 젖먹이 때의 모습. 어렸을 때의 얼굴.

ちこく[遅刻](명·자サ) 지각. 정한 시각에 대지 못하고 늦음. lateness

ちこくへいてんか[治国平天下](연어·명) 치국 평천하. 나라를 잘 다스리고 온 천하를 평화롭게 함. statesmanship

ちこつ[恥骨](명)〈생〉 치골. 좌골(坐骨)의 앞쪽에 있어서 장골(腸骨), 좌골과 같이 골반을 에워 싼 뼈. 곧 생식기(生殖器) 바로 위에 있는 뼈. the pubis

ちごわ[稚児輪](명) 어린애의 머리 빗는 법의 하나. 머리를 좌우로 갈라 땋아 올려 양쪽에 고리 모양으로 만든 머리 모양.

〔稚児輪〕

ちさ[萵苣](명)〈식〉 ⇨ちしゃ.
ちさい[地裁](명) 지방 재판소(地方裁判所)의 준말.
ちさがり[乳下がり](명) 어깨에서 젖꼭지 까지의 치수.
ちさん[治山](명) 치산. 나무를 심거나 하여 산을 잘 간수하는 일. 「一治水(チスイ); 치산 치수」 forestry conservancy
ちさん[治産](명) 치산. ①살림살이를 다스리는 일. ②〈법〉 재산의 관리 처분. 「禁(キン)一者(シャ); 금치산자」 1. management of one's livelihood
ちさん[遅参](명·자サ) 지참. 시간에 늦게 옴. late attendance
ちさん[稚蚕](명) 누에의 유충(幼虫). a young silkworm
ちし[地史](명)〈지〉 지사. 지구의 발달, 변천에 관한 역사. geological history
ちし[地誌](명) ①지리책. ②〈지〉 각지(各地)의 지리적 현상을 개별적으로 연구하는 학문. 1. geographical description
ちし[知歯·智歯](명)〈의〉 지치. 사랑니. a wisdom tooth
ちし[致仕](명·자サ) 치사. 관직을 그만둠. 사직(辞職). resignation
ちし[致死](명) 치사. 죽게 함. 죽음에 이르게 함. 「過失(カシツ)一罪(ザイ); 과실 치사죄」 causing death
ちじ[知事](명) 지사. ①주가 되어 사무를 다스림. 또는 그 사람. ②도(都), 도(道), 부(府), 현(県)의 장(長). 1. administration 2. a governor
ちしお[血潮·血汐]ーシホ(명) (흘러 나오는) 피. blood
ちしがく[地史学](명)〈지〉 지사학. 지구의 생성(生成), 발달, 변천의 역사를 연구하는 학문. historical geology
ちしき[知識](명) 지식. ①알고 있는 사물. 또는 내용. ②사물에 관한 확실한 인식. 「一層(ソウ); 지식층」 1. knowledge 2. understanding. **――かいきゅう**[知識階級](명) 지식 계급. 사회의 중간(中間) 지위를 점하고 지적(知的)인 활동을 하는 계급. 인텔리겐차.
ちしき[智識](명) ①〈불〉 지식. 지와 덕이 뛰어난 중. 명승(名僧). ②지력(知力). 1. a learned priest
ちじき[地磁気](명)〈지〉 지자기. 지구 자체의 자기(磁気). 지구의 어떤 부분에서도 자침(磁針)이 남북을 가리키는 작용. terrestrial magnetism
ちじく[地軸](명) 지축. ①대지를 꿰뚫고 있다고 생각되는 축(軸). ②〈지〉 지구의 중심을 남북으로 뚫는 직선. 지구 자전의 회전축(回転軸). 2. the earth's axis
ちしつ[地質](명)〈지〉 지질. 지각(地殻)을 구성(構成)하는 흙, 암석(岩石), 지층(地層)의 성질과 상태. 「一学(ガク); 지질학」 geology
ちしつ[知悉](명·타サ) 지실. 자세히 앎. 상세히 앎. 정통(精通). complete knowledge
ちじつ[遅日](명) 낮이 긴 날. 봄날. a tardy spring day
ちしま[千島](명)〈지〉 홋카이도오(北海道)의 동북 끝에서 동북방에 드문드문 있는 섬들. 1945년 소련이 점령했음. 쿠우릴 열도(列島).
ちしゃ[知者·智者](명) 지자. 지혜가 있는 사람. 현명한 사람. 사리에 통달한 사람. a wise man
ちしゃ[治者](명) 치자. 통치자(統治者). 주권자. ↔被治者(ヒチシャ). a ruler
ちしゃ[萵苣](명)〈식〉 상치. 엉거시과의 1년, 또는 월년초.
ちしゃ[痴者](명) 치자. 어리석은 사람. 바보. a fool
ちじゅつ[知術·智術](명) 슬기로운 계책. a clever trick
ちしょう[池沼](명) 못과 늪. ponds
ちしょう[地象](명)〈지〉 지상. 지진, 화산 현상 및 기상(気象)에 밀접한 관련을 가지는 지면과 지중(地中)의 여러 현상. a terrestrial phenomenon
ちしょう[知将·智将](명) 지장. 지략(智略)이 뛰어난 장수. 전술이 능한 장수. a resourceful general
ちじょう[地上](명) 지상. 땅 위. on the ground. **――けん**[地上権](명)〈법〉 지상권. 건물 등을 세우기 위하여 타인의 토지를 사용하는 권리.
ちじょう[治定](명·자サ) ①잘 다스려서 안정시킴. ②결정되어 있음. 1. settlement
ちじょう[笞杖](명) 태장. ①회초리와 몽둥이. ②태형(笞刑)과 장형(杖刑). 1. whip and stick
ちじょう[痴情](명) 치정. 남녀간의 사랑에 생기는 온갖 어지러운 정(情). a foolish passion
ちじょく[恥辱](명) 치욕. 부끄러움. 수치. disgrace
ちしりょう[致死量](명)〈의〉 치사량. 먹으면 죽음에 이르는 약의 분량. a fatal dose
ちしる[血汁](명) 피. 흐르는 피.
ちしん[地心](명) 지심. ①지구의 중심. ②〈지〉 지각(地殻)에 쌓인 지구 내부의 고열부(高熱部). 1. the centre of the earth
ちじん[知人](명) 지인. 지기(知己). an acquaintance
ちじん[地神](명) 지신. 땅을 맡은 신령. 지기(地祇). earthly deities
ちじん[痴人·癡人](명) 치인. 바보. 천치. 「一の夢(ユメ); 어리석은 자의 꿈」 a fool
ちず[地図](명)〈지〉 지도. 지구 위의 육지, 강, 바다의 상태 등을 나타낸 평면도. a map
ちすい[治水](명·자サ) 치수. 수리(水利)를 좋게 하고 수해를 막음. 또는 그 일. 「一工事(コウジ); 치수 공사」 river improvement
ちすいかふうくう[地水火風空](명)〈불〉 지, 수, 화, 풍, 공. 모든 것이 이루어지는 오대 원소(五大元素).
ちすじ[血筋]ースヂ(명) ①핏줄. ②혈통. 「一は争(アラソ)われない; 혈통은 속일 수 없다」 ③혈통이 이어진 친족. 혈연(血縁). 2. descent
ち·する[治する] Ⅰ(자サ) 통치되다. 다스려지다. Ⅱ(타サ) ①통치하다. 다스리다. ②정돈하다. ③편안케 하다. ④(병 등을) 고치다. Ⅰ be governed Ⅱ 2. arrange 4. cure
ちせい[地勢](명) 지세. 땅의 형세. 지형(地形)의 기복

(起伏), 심천(深浅) 등의 상태. geographical features
ちせい[治世](명) 치세. ①태평 세대. ②다스리고 있는 동안. ③세상을 다스리는 것. 1. peaceful times
ちせい[知性](명) 지성. 지적 작용.(인식, 이해의) 능력. 「一美(ビ); 지성미」 intellect. **— てき**[知性的](형동ダ) 지성적. 지성이 있는 모양. 「一美人(ビジン); 지성적인 미인」
ちせき[地積](명) 지적. 토지의 면적. acreage
ちせき[地籍](명) 지적. 토지에 관한 여러 상황을 기재(記載)한 기록. 그 토지가 누구의 것인가 등을 기재하고 있는 것. 「一台帳(ダイチョウ); 지적 대장」
ちせき[治績](명) 치적. 정치의 실적(実績). a record of administration
ちせつ[稚拙](명·형동ダ) 치졸. 어려서 미숙하고 서투름. 「一な文章(ブンショウ); 서투른 문장」 immature
ちそ(명)〈속·식〉 ⇨しそ(紫蘇).
ちそ[地租](명)〈법〉 토지에서 나오는 수익(収益)에 대하여 할당한 직접세. a land tax
ちそう[地相](명) 지상. ①토지의 상태. 지형(地形). ②토지의 형세를 관찰하여 길흉(吉凶)을 감정하는 일. 1. geographical features
ちそう[地層](명)〈지〉 지층. 지각(地殻)을 형성하는 토사(土砂), 암석(岩石)의 층. 토지의 층. a stratum
ちそう[馳走](명·타サ) ①행동. ②(음식으로) 대접함. 「ごーさま; 잘 먹었읍니다」 ③음식. 2. a treat
ちそく[知足](명) 지족. 분수를 지켜 만족할 줄 앎. contentment
ちそく[遅速](명) 지속. 더딘 것과 빠른 것. speed
ちぞめ[血染め](명) 피로 물들임. being blood-stained
ちたい[地帯](명) 지대. 어떤 성질(상태)을 가지고 있는 한정된 지역. a zone
ちたい[遅滞](명·자サ) 지체. 늦어지고 정체됨. 「一なくとどけ出(デ)る; 지체 없이 제출하다」 delay
ちたい[痴態](명) 치태. 어리석은 상태(태도). 「一をさらけだす; 치태를 드러내다」 foolery
ちだい[地代](명) ⇨じだい.
ちたつ[遅達](명) 늦어진 배달(配達)이나 통달(通達). a delay in rationing
チタニウム[titanium](명)〈이〉 ⇨チタン.
ちたはんとう[知多半島](명)〈지〉 아이치현(愛知県) 서부의 반도.
ちたび[千度](명·부) 천번. 몇 번이고 되풀이하는 것. 여러번. a thousand times
ちだるま[血達磨](명) 전신에 피가 묻음. 피투성이. being covered with blood all over
チタン[도 Titan](명)〈이〉 티탄. 사철(砂鉄)에 포함된 금속 원소의 하나. 제트기용의 합금 제조 등에 사용함. 기호는 Ti. 티타늄.
ちち[父](명) ①아버지. ↔母(ハハ). ②〈종〉〔기독교에서〕 하나님 아버지. ③시조(始祖). 「進化論(シンカロン)の一; 진화론의 시조」 1. a father
ちち[乳](명) ①젖. 유즙(乳汁). 「お一; 젖」 ②젖통이. 유방(乳房). 1. milk
ちち[致知](명) 치지. ①알아서 깨닫는 지경에 이르는 것. ②〔주자학(朱子学)에서〕 사물의 오묘한 진리를 연구해서 통달하게 되는 것. 1. mastering
ちち[遅遅](형동タルト) 지지. 사물의 진도(進度)가 늦는 모양. slow
ちぢ[千千](명) 여러 가지. 여러 갈래. 「心(ココロ)は一に乱(ミダ)れる; 마음은 천 갈래 만 갈래로 흐트러지다」 various things
ちちうえ[父上]ーウヘ(명) 자기 아버지의 높임말. 아버님. ↔母上(ハハウエ). my father
ちちおや[父親](명) 부친. 아버지. ↔母親(ハハオヤ). a father
ちちかた[父方](명) 아버지의 혈통. 부계(父系). 「一の伯父(オジ); 큰아버지」 the father's side
ちぢか·む[縮かむ](자 4) 몸이 오그라들다. 움츠러지다. shrink
ちちぎみ[父君](명) 아버지의 높임말. 아버님. ↔母君(ハハギミ). my father
ちちくさ·い[乳臭い](형) ①젖내 나다. ②아직 어리다. 미숙하다. 유치하다. 1. smelling of milk
ちちくび[乳首](명) 젖꼭지. the teat
ちちく·る[乳繰る](자 4)〈속〉 남녀가 남 몰래 만나 희롱하다. have a love intrigue
ちぢく·れる[縮くれる](자하 1)〈속〉 ⇨ちぢれる.
ちちご[父御](명) 남의 아버지의 높임말. 엄친. 어르신네. 춘부장. ↔母御(ハハゴ).
ちぢこま·る[縮こまる](자 4) 몸이 오그라 들다. shrink
ちちばなれ[乳離れ](명·자サ) ⇨ちばなれ.
ちちはは[父母](명) 부모. 양친. parents
ちぢま·る[縮まる](자 4) 오그라들다. be contracted
ちぢみ[縮み](명) ①오그라듦. ②←縮み織り. 1. contraction. **— あが·る**[縮み上がる](자 4). ①완전히 오그라들다. ②무서워서 움츠리다. **— おり**[縮み織り](명) 바탕에 조그만 잔주름이 생기도록 짠 옷감. 또는 그렇게 짜는 법.
ちぢ·む[縮む](자 4) ①좁아지다. ②주름이 지다. ③오그라들다. 줄어지다. 1. shrink 2. wrinkle
ちぢ·める[縮める](타하 1) ①(사이를) 좁게 하다. ②주름을 잡다. ③오그라들게 하다. 움츠리다. 「首(クビ)を一; 목을 움츠리다」 1. contract
ちちゅう[地中](명) 지중. 땅속. 지하. underground. **— かい**[地中海](명)〈지〉 지중해. 유럽 남안(南岸) 아프리카의 북안(北岸), 아시아의 서안(西岸)에 끼인 바다.
ちちゅう[池中](명) 못 가운데. in the pond
ちちょう[弛張](명) ⇨しちょう.
ちぢら·す[縮らす](타 4) ①오그라뜨리다. 움츠리게 하다. ②곱슬곱슬하게 만들다. 2. curl
ちぢら·せる[縮らせる](타하 1) ⇨ちぢらす.
ちぢれ[縮れ](명) ⇨ちぢれる.
ちぢ·れる[縮れる](자하 1) ①주름이 져서 오그라지다. ②좁아지다. 명 縮れ. 1. shrink
ちちわくに[千千分くに](부)〈고〉 귀찮게. 시끄럽게.

ちつ[帙](명) 질. 책이 상하지 않도록 싸는 책갑(冊匣). 서질(書帙). a folding case for a book

ちつ[膣](명)〈생〉 질. 여자 생식기의 일부. 자궁에서 음문(陰門)에 이르는 근육(筋肉)의 관(管). the vagina

チッカー[ticker](명)〈경〉 티커. 시세(時勢)를 계속적으로 테이프에 기록하는 전신식(電信式)의 보고기(報告機). 주식 가격 표시기(株式価格表示器).

チッキ(명)〔첵(check)의 변화〕 물품을 맡기고 그 표적으로 받는 쪽지.

ちっきょ[蟄居](명·자サ) ①칩거. 집에 들어 앉아 외출을 하지 않음. ②에도(江戸) 시대 무사에게 내리던 형(刑). 출입을 금하고 방안에 근신시키던 일. 1. keeping the house

チック(명) 코즈메틱의 준말.

ちっこう[竹工](명) 대나무를 사용하는 공예(工芸). 죽세공(竹細工). bamboo work

ちっこう[築港](명·자サ) 축항. 항만(港灣)에 배가 정박할 수 있도록 필요한 설비를 함. harbour construction

ちっし[窒死](명·자サ) 질식하여 죽음. 질식사(窒息死). death from suffocation

ちつじょ[秩序](명) 질서. 사물의 바른 순서.「―だつ; 질서가 서다」 order

ちっそ[窒素](명)〈이〉 질소. 색, 맛, 냄새가 없는 기체 원소의 하나. 공기 중의 약 5분의 4를 차지하고 있으며, 화합해서 칠레 초석, 동식물체의 성분이 됨. 비료, 폭약을 만드는 데 씀. 기호는 N. nitrogen. **―ひりょう**[窒素肥料](명)〈농〉 질소 비료. 질소분이 많은 비료.

ちっそく[窒息](명·자サ) 질식. 숨이 막힘. 호흡이 막힘.「―状態(ジョウタイ); 질식 상태」 suffocation

ちつづき[血続き](명) 핏줄이 이어져 있음. 혈연(血縁). blood relation

ちっと(부)〈속〉 약간. 조금. a little. **―も**(부) ①조금도. ②잠시도. **―やそっと**(부)〈속〉 조금만으로써는. 여간해서는. 「―の事(コト)では驚(オドロ)かない; 웬만한 일로서는 놀라지 않는다」

チップ[tip](명) 팁. ①(여급, 하인 등에게) 사례로 주는 돈. 행하(行下). ②〔야구에서〕 피처(投手)가 던진 공이 배트를 스쳐 지나가는 일.

ちっぽけ(형동ダ)〈속〉 작은 모양. 사소(些少)한 모양. tiny

ちてい[池亭](명) 지정. 못 가에 있는 정자. an arbour by a pond

ちてい[地底](명) 지저. 땅(大地)의 밑바닥. the bowels of the earth

ちてき[知的](형동ダ) 지적. 지성이 풍부한 모양. 이지적인 모양. intellectual

ちてん[地点](명) 지점. 땅 위의 일정한 점. 위치. a spot

ちと(부)〈속〉 조금. 약간. a little

ちとう[地闘](명) 지방 투쟁 위원회(地方闘争委員会)의 약칭.

ちどう[治道](명) 나라를 다스리는 방법. statecraft

ちどうせつ[地動説](명)〈천〉 지동설. 지구가 태양의 주위를 돈다는 설. ↔天動説(テンドウセツ). the heliocentric theory

ちとく[知得](명·타サ) 지득. 깨달아 얻음. 깨달아 앎. comprehension

ちとく[知徳](명) 지덕. 지식과 도덕. 학식과 인격. knowledge and virtue

ちとすうじょう[雉兎芻蕘](명) 꿩, 토끼 등을 잡는 사냥군이나 나뭇군. 비천한 사람.

ちとせ[千歳](명) 천세. ①천 년. ②길고 긴 세월. 영원. 2. eternity. **―あめ**[千歳飴](명) 세 살, 다섯 살, 일곱 살 난 아이들을 위한 11월 15일의 축연(祝宴) 때 파는, 홍백색(紅白色)으로 물들인 막대 모양의 엿.

ちどめ[血止め](명) 상처에서 나오는 피를 멎게 하는 것. 또는 그 약(薬). 지혈(止血). a styptic

ちどり[千鳥](명) ①많은 새. ②〈동〉 물떼새. 물가에 사는 조그만 새. 떼를 지어 살며 지그자그 모양으로 걸음. 밤에는 맑은 소리로 욺. ③지그자그. ④←千鳥足. ⑤〔←千鳥掛(チドリガ)け〕 지그자그로 꿰매는 일. 2. a plover. **―あし**[千鳥足](명) 술이 취해 비틀거리는 걸음. 비틀걸음. 갈짓자 걸음. **―そう**[千鳥草](명)〈식〉 손바닥난초. 뿌리가 손바닥 모양임. **―ぬい**[千鳥縫]―ヌヒ(명) ⇨ちどりがけ. **―はふ**[千鳥破風](명) 삼각형의 박공(膊拱). 까치 박공.

〔千鳥掛け〕

ちどん[遅鈍](명·형동ダ) 지둔. 느리고 둔함. dullness

ちなまぐさ·い[血腥い](형) ①피비린내 나다. ②전쟁이 잦다. ③살벌(殺伐)하다. 파생 **―げ**(형동ダ) **―さ**(명). 1. reeking of blood

ちなみ[因み](명) 인연. 연분. affinity. **―に**[因みに](접) 덧붙여서. 그에 관련해서.

ちな·む[因む](자 4) 관계가 있다. 원인이 되다.「五十周年(ゴジッシュウネン)に―行事(ギョウジ); 50 주년에 연유(縁由)한 행사」 be connected with

ちにち[知日](명) 일본을 잘 이해하는 일. pro-Japanese

ちぬ·る[血塗る·衅る](자 4) ①희생(犠牲)이나 적의 피를 제기(祭器)에 발라 제사 지내다. ②피를 칠하다.「やいばに―; 칼에 피를 묻히다」 smear with blood

ちねつ[地熱](명)〈지〉 지열. 지구 내부의 열(熱). terrestrial heat

ちのあめ[血の雨](연어·명) 흘러 나오는 많은 피. 큰 유혈 사건. 「―を降(フ)らす; 피를 많이 흘리게 하다(사람을 일시에 많이 사상하다)」 bloodshed

ちのいけ[血の池](명)〈불〉 지옥에 있다고 하는 피가 괸 연못. Blood Pond

ちのう[知能·智能](명) 지능. 두뇌(지혜)의 작용. 정신의 능력. 지력(知力). intelligence. **―はん**[知能犯](명)〈법〉 지능범. 사기, 횡령, 위조(偽造) 등 지능을 이용하여 범하는 범죄. 또는 그 범인. ↔強力犯(ゴウリキハン).

ちのう[智嚢](명) 지낭. 지혜 주머니. 지혜가 풍부한 사람. brains

ちのうみ[血の海](연어·명) 피바다. 그 일대(一帯)에 흘러 퍼진 피. a sea of blood

ちのけ[血の気](연어·명) ①피가 통하는 상태. 핏기.

②왕성한 의기. 원기. 혈기.「一の多(オオ)い 青年(セイネン); 혈기 왕성한 청년」 2. vigour
ち の なみだ[血の涙](연어·명) ①피눈물. ②참을 수 없는 괴로움이나 슬픔의 눈물. 1. tears of blood
ちのみ ご[乳飲み子·乳呑み子](명) 젖먹이. 유아(幼児). a sucking child
ち の みち[血の道](연어·명) ①혈맥(血脈). ②〈의〉 부인병(婦人病). 1. blood vessels
ち の めぐり[血の巡り](연어·명) ①피의 순환. ②〈속〉 머리의 작용.「一のわるい人(ヒト); 머리가 둔한 사람」 1. circulation of the blood
ち の り[血糊](명). 끈적끈적한 피. slimy blood
ち の り[地の利](연어·명) 지세(地勢)의 편리나 이점(利点).「一を得(エ)る; 지리(地利)를 얻다」 a geographical advantage
ちば[千葉](명)〈지〉 칸토오 지방(関東地方)의 남동부에 있는 현(県). 또는 그 현의 현청 소재지.
ち はい[遅配](명·타サ) 지배. 배급, 배달 등이 늦음.「一欠配(ケッパイ); 배급, 배달이 늦거나 빠짐」 a delay in rationing
ちばし·る[血走る](자 4) ①피가 뿜어 나오다. ②눈에 피가 모여 빨갛게 되다. 충혈되다.「血走った目(メ); 충혈된 눈」 2. be bloodshot
ち はつ[薙髮](명·자サ) ⇨ていはつ.
ち ばなれ[乳離れ](명·자サ) 젖먹이가 자라서 젖을 먹지 않게 됨. 또는 그 시기(時期). 이유(離乳). 이유기(離乳期). 젖떼기. weaning
ち はらい[遅払い]ーハラヒ(명) 급여(給与)의 지불이 늦어지는 일. delayed payment of wages
ち はん[池畔](명) 못가. a pond-side
ち ばん[地番](명) 지번. 토지의 번호. a lot number
ち ひ[地皮](명)〈지〉 ⇨ちかく(地殼). 「a very small man
ちび(명)〈속〉 몸집이 작음. 또는 그런 사람. 꼬마. ↗
チビオン[tibione](명)〈의〉 티비온. 결핵 특효약의 하나. 황색의 쓴 결정.
ち びき[千引き](명) 천 사람이 끌 수 있을 정도로 무거움. 또는 그런 물건.「一の石(イシ); 무거운 돌」 movable only by a thousand persons
ちび ちび(부)〈속〉 조금씩.「一と酒(サケ)を飲(ノ)む; 술을 조금씩 마시다」 little by little
ちび ふで[禿筆](명) 독필. 끝이 거의 닳아 빠진 몽당붓. a worn-out brush
ち ひょう[地表](명) 지표. 지구(토지)의 표면. the surface of the earth
ち ひょう[地評](명) 지구 평의회(地区評議会)의 준말.
ちびりちびり(부) ⇨ちびちび.
ち·びる[禿びる](자상 1) 끝이 닳아 빠지다.「筆(フデ)が一; 붓끝이 닳아 빠지다」 wear out
ち ひろ[千尋](명) 천심. ①한 발의 천 배. 천 길. ②헤아릴 수 없는 깊이.「一の海底(カイテイ); 깊고 깊은 바닷속」 1. a thousand fathoms
ち ぶさ[乳房](명)〈생〉 유방. 젖을 내는 기관. 젖통이. the breasts
チフス[도 Typhus·窒扶斯](명)〈의〉 티푸스. 티푸스균의 침입에 의하여 일어나는 급성 전염병.「腸(チョウ)一; 장티푸스」
ち ぶつ[地物](명)〈군〉 지물. 적군과 교전할 때 지상(地上)에서 몸을 가리기에 알맞는 물체. natural features on the ground
ち ぶみ[血文](명) 혈문. 피로 쓴 문서. 혈서(血書). a writing in blood
ちぶりのかみ[地触りの神·道触りの神](명)〈고〉 육로(陸路)나 해로(海路)를 수호하는 신.
ち へい[治平](명) 치평. 세상이 잘 다스려져서 평온(平穩)한 것. peace and tranquillity
ち へい[地平](명) 지평. ①넓은 대지(大地)의 평면.「一のかなた; 지평선 너머」 ②어떤 지점에서 토지가 수평인 것. 2. ground level. ── **せん**[地平線](명)〈지〉 지평선. 넓은 지면과 하늘이 맞닿는 선.
チベット[Tibet·西蔵](명) 티베트. ①〈지〉 인도의 북쪽 고원 지대. 중심 도시는 라사(Lhassa). ②산속의 구석진 곳. 변방(辺方).「日本(ニホン)の一; 일본의 변두리」
ち へど[血反吐](명) 음독(飮毒)했을 때 위에서 토해 내는 피. bloody vomit
ち へん[地変](명) 지변. ①토지의 변동. ②지이(地異). 1. a geographical change
ち べん[知弁·智辯](명) 지변. ①재지(才知)와 변설(辯說). ②재치 있는 변설. 1. wit and eloquence
ち ほ[地歩](명) 지보. 지위. 입장. 지반(地盤). 발판.「一を占(シ)める; 지반을 잡다」 one's stand
ち ほう[地方](명) 지방. ①어느 방면의 땅. ②수도 이외의 곳. 시골. ③군인 이외의 민간. ④지방 자치 단체.「一税(ゼイ); 지방세」 1. a district 2. the provinces. ── **けんさつちょう**[地方検察庁](명)〈법〉 지방 검찰청. 지방 법원이 관할(管轄)하는 검찰 사항을 취급하는 관청. ── **こうきょうだんたい**[地方公共団体](명)〈법〉 ⇨ちほうだんたい(地方団体). ── **こうふきん**[地方交付金](명)〈경〉 지방 재정을 돕기 위하여 국가가 지방 단체에 주는 돈. ── **こうむいん**[地方公務員](명)〈법〉 지방 공무원. 지방 공공 단체의 사무를 취급하는 직원. 공리(公吏). ── **さい**[地方債](명)〈법〉 지방채. 지방 공공 단체가 그 재정상의 필요에서 기채(起債)하는 공채(公債). ── **ざいせい**[地方財政](명) 지방 재정. 지방 자치 단체의 재정. ── **さいばんしょ**[地方裁判所](명)〈법〉 지방 재판소. 지방 법원. ── **じ**[地方時](명)〈지〉 지방시. 관측지(観測地)의 자오선(子午線)을 기준으로 정한 시각. ── **じち**[地方自治](명) 지방 자치. 지방 자치체가 행하는 정치. ── **じむしょ**[地方事務所](명)〈법〉 지방 사무소. 지방 행정 기관. ── **しょく**[地方色](명) 지방색. 지방의 독특한 정조(情調).「一ゆたかな民芸品(ミンゲイヒン); 지방색이 풍부한 민예품」 ── **だんたい**[地方団体](명) 지방 단체. 지방 공공단체. 예 : 부(府), 현(県), 시(市), 구(區) 등. ── **ちょう**[地方庁](명) 지방청. 지방에 있는 국가의 행정 기관. ── **ちょうかん**[地方長官](명) 지방 장관. 지방

관청에서 제일 높은 지위에 있는 관리. 현지사(県知事) 등. **─ばん**[地方版](명) 지방판. 어느 지방에 관한 기사를 많이 실어 그 지방에 배부하는 신문. **─ぶんけん**[地方分権](명)〈법〉지방 분권. 중앙 정부가 각 지방에 자치권을 인정하는 것. ↔中央集権(チュウオウシュウケン).

ちほう[痴呆](명)〈의〉치매. 뇌장해(脳障害)로 인해 지능이 전혀 결여(欠如)되어 있는 상태. 또는 그런 사람. 백치. 천치. 「─症(ショウ); 치매증」 dementia

ちぼう[知謀·智謀](명) 지모. 계략(計略). 모략(謀略). 책략(策略). resources

ちまき[粽](명) 대나무 잎 등으로 싸서 찐 떡. 단오절(端午節)에 먹음.

ちまた[巷](명) ①갈림길. 기로(岐路). ②통로(通路). 가로(街路). ③고을. 마을. 항려(巷閭). ④장소. 곳. 「戦火(センカ)の─; 전쟁터」 1. a forking road

ちまつり[血祭り](명) ①싸움터로 나갈 때, 희생(犠牲)의 피를 바쳐 군신(軍神)에게 제사 지내는 일. ②싸움터로 나갈 때, 적의 포로나 스파이 등을 먼저 죽이는 일. 「─にあげる; 희생의 제물(祭物)로 바치다」 1. offering a sacrifice to the war god

ちまなこ[血眼](명) 혈안. ①핏발 선 눈. ②열중하여 정신 없이 돌아 다니는 모양. 1. bloodshot eyes

ちまみれ[血塗れ](명·형동ダ) 피투성이. blood-stained

ちまめ[血豆](명) 피가 섞인 물집. a blood-blister

ちまよ·う[血迷う]─マヨフ(자 4) ①매우 상기(上気)되다. ②흥분하여 이성을 잃다. 2. go mad

ちみ[地味](명) 토지의 생산력. 「─が肥(コ)えている; 땅이 기름지다」 the soil

ちみ[魑魅](명) 산속의 요정(妖精). 나무의 정령(精霊). monsters

ちみち[血道](명) 혈관. 혈맥(血脈). 「─をあげる; 여자나 도락 등에 열중하다」 blood vessels

〔魑魅〕

ちみつ[緻密](형동ダ) 치밀. ①섬세한 모양. 정교한. ②자세한 모양. 「─な研究(ケンキュウ); 치밀한 연구」 ③실수나 빈틈이 없는 모양. 면밀한. 「─な計画(ケイカク); 면밀한 계획」 1. fineness

ちみどろ[血みどろ](명·형동ダ) 피투성이가 됨. blood-stained

ちみもうりょう[魑魅魍魎](명) 여러 가지 요괴(妖怪)의 변화. 여러 가지 도깨비. ⇨: もうりょう(魍魎).

ちみゃく[地脈](명) 지맥. 지층이 연속된 맥락(脈絡). 토맥(土脈). a vein

ちみゃく[遅脈](명)〈의〉지맥. 맥학상(脈学上)의 부(浮), 침(沈), 지(遅), 삭(数)에서 지에 속하는 맥. 약한 맥. a slow pulse

チムニー[chimney](명) 침니. ①굴뚝. ②〔등산에서〕굴뚝처럼 세로 갈라진 암벽의 틈.

ちめ[血目·血眼](명) ⇨ちまなこ.

ちめい[地名](명) 지명. 땅 이름. 고장 이름. a place name

ちめい[知名](명·형동ダ) 지명. 이름이 알려져 있음. 「─の士(シ); 지명 인사」 ↔無名(ムメイ). well-known

ちめい[知命](명) 쉰 살. 50세. the age of fifty

ちめい[致命](명) 치명. ①죽게 됨. ②목숨을 바치는 일. 1. death. **─しょう**[致命傷](명) 치명상. 죽음의 원인이 되는 상처. **─てき**[致命的](형동ダ) 치명적. 생명에 관계되는 모양.

ちもく[地目](명)〈법〉지목. 토지의 종류를 나타내는 이름. 예: 전(田), 답(畓), 대지(垈地) 등. the classification of land

チモシー[timothy](명)〈식〉티모디. 포아풀과에 속하는 목초(牧草). 큰조아재비.

ちもり[地守](명) 토지를 지키는 사람. a guard of the land

ちもり[道守](명) ①길을 지키는 사람. ②길로 다니며 불법 행위를 경계하던 사람. ③적(敵)의 정세를 살피며 돌아 다니는 사람.

ちもん[地文](명)〈지〉지문. ①땅의 상태. ②←地文学. **─がく**[地文学](명)〈지〉지문학. 지구와 다른 천체의 관계, 지구 둘레의 기권(気圏), 수권(水圏) 및 지구상에 일어나는 모든 현상을 연구하는 학문. 예: 지학(地学), 기상학(気象学) 등.

ちゃ[茶](명) ①차. 기호품의 하나. 차나무의 어린 잎으로 만든 것. ②⇨せんちゃ(煎茶). ③가루 차를 끓이는 일. ④「─にする; 희롱하다」 1. tea

チャージ[charge](명·타サ) 차아지. ①〔럭비에서〕공을 가진 적을 몸으로 습격하는 일. 차아징. ②충전(充電)함. ③(호텔, 카바레 등의) 요금.

チャーシュー[중 叉焼](명) ⇨やきぶた.

チャーター[charter](명·타サ) 차아터. 용선(傭船). 또는 그 계약.

チャーチ[church](명) 처어치. 교회. 예배당.

チャート[chart](명) 차아트. ①지도, 해도(海図) 등의 도면(図面). ②일람표.

チャーハン[중 炒飯](명) 중국식 볶음밥.

チャーミング[charming](형동ダ) 차아밍. 매력 있는 모양. 매혹적인 모양.

チャーム[charm](명·타サ) 차암. ①마력(魔力). 매력(魅力). ②마음이 끌림. 마음이 어지러워짐.

チャイナ[china](명) 차이너. ①〔C─〕중화 민국. 중국. 「─タウン; 차이나 타운(중국인 거리)」 ②사기 그릇. 도자기.

チャイニーズ[Chinese](명) 차이니스. ①중국의. ②중국인. 중국어.

チャイム[chime](명) 차임. 5~12 개가 한 벌로 되어 있는 조율(調律)된 종(鐘). 「─ベル; 차임벨」

ちゃいれ[茶入れ](명) 차를 넣는 그릇. a tea-canister

ちゃいろ[茶色](명) 다색. 검은 색을 띤 적황색(赤黄色). 갈색(褐色). light brown

ちゃ·う チャフ(조동·4형)〈속〉〔←てしまう〕해 버리다. 버리다. 「行(イ)っ─; 가 버리다」

ちゃうけ[茶請け](명) 〔お─〕차를 마실 때에 먹는 과자. teacake

ちゃうす[茶臼](명) 찻잎을 빻는 돌절구. a tea-grinding hand-mill

ちゃえん[茶園](명) 다원. 차나무를 심는 밭.

チャオズ[중 餃子](명) 돼지 고기 만두.
ちゃか[茶菓](명) 다과. 차와 과자. tea and cakes
ちゃかい[茶会](명) 다회. 차를 마시는 모임. a tea party
ちゃがし[茶菓子](명) ⇨おちゃうけ(茶請).
ちゃか·す(타 4)〈속〉 ①농담이나 익살 등으로 남의 말을 혼란시키다. ②속이다. 1. mock
ちゃかっしょく[茶褐色](명) 다갈색. 검은 빛을 띤 갈색. dark brown
ちゃがま[茶釜](명) 〔다도(茶道)에서〕 물을 끓이는 솥. a teakettle
ちゃがゆ[茶粥](명) 차를 달인 물을 넣어서 끓인 죽. tea-gruel
ちゃがら[茶殻](명) 차를 달인 찌꺼기. used tea leaves
ちゃき[茶気](명) ①다도(茶道)의 마음 가짐. ②풍류적인 마음. 소탈한 기질. ③장난 기분. 1. a knowledge of the tea ceremony
ちゃき[茶器](명) 차기. 차도구(茶道具). tea-things
ちゃきちゃき(명)〈속〉 〔"ちゃくちゃく(嫡嫡)"의 변화〕 ①정통(正統). 순수. 적류(嫡流). 「一の江戸(エド)っ子(コ); 순수한 에도 본토박이」 ②한패 중에서 위세를 떨치는 사람. 1. genuineness
ちゃきん[茶巾](명) 차잔을 닦는 삼베 행주. a teacloth
ちゃく一[着](조어) …닿다. 도착하다. 「一米(ベイ); 착미(着美)」
一ちゃく[着](접미) ①옷, 도착의 순위를 세는 조수사(助数詞). ②〔바둑에서〕 돌을 놓는 회수. 「数(スウ)一; 몇 점」
ちゃく[着·著](명) 닿음. 도착. 「東京(トウキョウ)一; 토오쿄오 도착」 arrival
ちゃく[嫡](명) ①본처의 아들. 적자(嫡子). ②본처. ③정통(正統). 1. the heir 2. a legitimate wife
ちゃくい[着衣](명) 착의. 옷을 입는 일. 또는 입고 있는 옷. one's clothes
ちゃくい[着意](명·자サ) ①조심함. 주의. ②궁리함. 착상(着想). 2. conception
ちゃくえき[着駅](명) 〔철도에서〕 도착하는 역. ↔発駅(ハッエキ). 「一払(バラ)い; (짐이) 역에 도착된 후 운임(運賃)을 지불하는 것」 a destination station
ちゃくがん[着岸](명·자サ) 착안. 강가(해안)에 도착함.
ちゃくがん[着眼](명·자サ) 착안. 눈여겨 봄. 주목(주의)함. 「すぐれた一だ; 뛰어난 착안이다」 notice. **一てん**[着眼点](명) 착안점. 착안하는 점.
ちゃくざ[着座](명·자サ) 자리에 앉음. taking a seat
ちゃくさい[嫡妻](명) 본처(本妻). a legitimate wife
ちゃくし[嫡子](명) 적자. ①대를 이을 사람. 후계자. ②〈법〉 정식의 처가 낳은 아이. 적출자(嫡出子). ↔庶子(ショシ). 1. the heir
ちゃくじつ[着実](명·형동ダ) 착실. ①침착하고 충실함. ②침착하고 확실함. 「一な発展(ハッテン); 착실한 발전」 steadiness
ちゃくしゅ[着手](명·자サ) 착수. (일에) 손을 댐. 시작함. start
ちゃくしゅつ[嫡出](명) 적출. 정식의 처가 낳은 아이. 본처 소생(所生). 「一子(シ); 적출자」 legitimacy
ちゃくじゅん[着順](명) 착순. 도착한 순서. 도착순. 「一に列(レツ)を作(ツク)ってならぶ; 도착순으로 줄을 지어 서다」
ちゃくしょく[着色](명·자サ) 착색. 색칠을 함. 채색(彩色). colouring
ちゃくしん[着信](명·자サ) 착신. 통신(편지)이 도착함. 도착한 통신(편지). arrival of the post
ちゃくじん[着陣](명·자サ) 착진. 진지에 도착함.
ちゃくすい[着水](명·자サ) 착수. (수상 비행기가) 물위에 내림. ↔離水(リスイ). alighting on the water
ちゃく·する[着する] Ⅰ(자サ) ①도착하다. 닿다. ②달라붙다. ③집착(執着)하다. 열심이다. Ⅱ(타サ) ①입다. ②몸에 지니다. Ⅰ1. arrive Ⅱ1. wear
ちゃくせい[着生](명·자サ)〈식〉 착생. 다른 물건에 부착(付着)하여 생육함. 「一植物(ショクブツ); 착생 식물」 growing upon another plant
ちゃくせき[着席](명·자サ) 착석. 좌석에 앉음. taking a seat
ちゃくせん[着船](명·자サ) 배가 항구에 도착함. 배가 부두에 닿음. arrival of a ship
ちゃくそう[着想](명) 착상. 생각해 냄. a conception
ちゃくそん[嫡孫](명) 적손. 적자(嫡子)로부터 태어난 적자(嫡子). the inheriting grandson
ちゃくたい[着帯](명·자サ) 임신 5개월(五個月)이 되어 복대(腹帯)를 두름. 또는 그 식(式). wearing a maternity belt
ちゃくだん[着弾](명·자サ)〈군〉 착탄. 발사된 탄환이 도착함. 또는 그 탄환. 「一距離(キョリ); 착탄 거리」
ちゃくち[着地](명·자サ) 지면(地面)에 닿음. landing
ちゃくちゃく[着着](부) 착착. 순서를 따라 진척(進陟)되는 모양. steadily
ちゃくちゃく[嫡嫡](명) 적출자(嫡出子)가 이어 가는 일. 적류(嫡流). the direct line of descent
ちゃくでん[着電](명·자サ) 착전. 전신, 전보가 도착함. 또는 도착한 전신, 전보. a telegram recieved
ちゃくなん[嫡男](명) 적남. 적자(嫡子). the heir
ちゃくにん[着任](명·자サ) 착임. 임명된 장소에 부임(赴任)함. arrival at one's post
ちゃくはつ[着発](명) 착발. ①도착과 출발. ②〈군〉 지면에 닿는 순간에 폭발하는 일. 「一信管(シンカン); 착발 신관」 1. arrival and departure
ちゃくひつ[着筆](명) 붓을 댐. 글씨를 쓰기 시작함. beginning to write
ちゃくひょう[着氷](명·자サ)〈천〉 착빙. 날고 있는 비행기 등에 차가운 구름이 얼음이 되어 붙음. icing
ちゃくふく[着服](명·타サ) 착복. ①옷을 입음. 또는 입고 있는 옷. ②몸에 지님. ③살짝 훔쳐서 제 것으로 함. 「公金(コウキン)を一する; 공금을 착복하다」 1. clothing oneself
ちゃくぼ[嫡母](명) 적모. 아버지의 본처. a lawful wife of a bastard's father
ちゃくほん[着本](명·자サ) 책이 도착함.

ちゃくもく[着目](명·자サ) 착목. 눈여겨 봄. 착안(着眼). notice

ちゃくよう[着用](명·타サ) 착용. 옷을 입음. wearing

ちゃくりく[着陸](명·자サ) 착륙. 육지에 도착함. 땅에 내림.「飛行機(ヒコウキ)の—; 비행기의 착륙」↔離陸(リリク). landing

ちゃくりゅう[嫡流](명) 적류. ①본가(本家)의 계통.「源氏(ゲンジ)の—; 겐지(源氏)의 적류」②정통(正統)의 유파(流派). 1. the direct line of descent

チャコ(명)〔초오크(chalk)의 변화〕옷감을 마를 때 표지(標識)를 하기 위한 백묵 같은 것.

ちゃこし[茶漉](명) 차도구(茶道具)의 하나. 차를 거르는 눈이 촘촘한 쇠그물 조리. a tea-strainer

チャコール[charcoal](명) 차아코울. 숯. 또는 그 빛깔.「—グレー; 검은 빛 나는 회색」

ちゃさじ[茶匙](명) ①⇨ちゃしゃく. ②찻숟가락. 「2. a teaspoon

ちゃじ[茶事](명) 다도(茶道)에서의 여러 가지 일.

ちゃしつ[茶室](명) 다실. 다도(茶道)를 하는 방. ⇨:すきや(数奇屋). a tea-ceremony room

ちゃしぶ[茶渋](명) 차를 달일 때, 찻물에서 생기는 앙금. tea incrustations

ちゃしゃく[茶杓](명) ①가루 차를 떠내는 조그마한 숟가락. ②달인 찻물을 떠내는 국자. 1. a teaspoon

ちゃじん[茶人](명) ①다도(茶道)를 즐기는 사람. ②풍류인(風流人). 2. a man of refined taste

ちゃせき[茶席](명) ⇨ちゃしつ(茶室).

ちゃせん[茶筅](명) ①가루 차를 물에 넣어 푸는 도구. ②←茶筅髪. 1. a tea-whisk. **—がみ**[茶筅髪](명) 남자들의 머리 매는 법의 하나. 머리를 짧게 잘라 뒤에서 묶어 늘어뜨린 것.

ちゃそば[茶蕎麦](명) 메밀 가루에 차(茶) 가루를 섞어서 만든 메밀 국수. tea-buckwheat vermicelli

〔茶筅①〕

ちゃだい[茶代](명) ①찻집에서 쉬었을 때 지불하는 대금. ②여관에서 차를 가져왔을 때에 주는 팁. 2. a tip

ちゃたく[茶托](명) 차잔을 받치는 조그만 대(臺). a saucer

ちゃだち[茶断ち](명·자サ) 신불(神仏)에 기도 드리기 위해 일정한 기간 차를 마시지 않음.

ちゃだな[茶棚](명) 차도구(茶道具)를 얹어 놓는 선반. a shelf for a tea service

ちゃだんす[茶簞笥](명) 차잔이나 쟁반 같은 것을 넣어 두는 장. 차장(茶欌). a buffet

ちゃち(형동ダ)〈속〉값 싼 모양. 싸구려.「—な品物(シナモノ); 값 싼 물건」 flimsy

ちゃちゃ[茶茶](명) ①〈속〉(장난으로 하는) 방해.「—を入(イ)れる; 장난으로 방해하다」②〈방〉차(茶). 1. interruption

ちゃっか[着火](명·자サ) 착화. ①불을 붙이지 않아도 절로 탐. 발화(発火).「—点(テン); 발화점」②불이 붙음. 1. firing

ちゃっか[着荷](명·자サ) 짐이 도착함. arrival of goods

ちゃっかり(부·자サ)〈속〉빈틈 없는 모양. 뻔뻔스러운 모양. shrewdly

ちゃっかん[着艦](명·자サ)〈군〉착함. 비행기가 항공모함(航空母艦)의 갑판에 도착함. deck-landing

ちゃっきょう[着京](명·자サ) 토오쿄오(東京)나 쿄오토(京都)에 도착함.

ちゃっきん[着金](명·자サ) 착금. 돈이 도착함.

チャック[chuck](명) 척. ①공구(工具), 가공물 등을 끼우게 된 일종의 회전 바이스. ②지퍼.

ちゃづけ[茶漬け](명) 찻물에 만 밥. a meal of rice and tea mixed

ちゃっけん[着剣](명·자サ)〈군〉착검. 총 끝에 칼을 꽂음. fixing a bayonet

ちゃっこう[着工](명·자サ) 착공. 공사를 시작함. the commencement of construction work

チャップ(명)〔춉(chop)의 변화〕돼지, 양 등의 갈비. 또는 그 요리.「ポーク—; 포오크춉」

ちゃつぼ[茶壺](명) ①차를 넣어 두는 항아리. ②차를 넣어 두는 그릇. 1. a tea-jar 2. a tea caddy

ちゃつみ[茶摘み](명) 차나무의 잎(葉)을 따는 일. 또는 그 사람. tea-picking

ちゃてん[茶店](명) 다점. 차를 파는 가게. a tea-shop

ちゃどう[茶道](명) 다도. ①차를 끓이거나 마시는 예의 범절. ②옛날 다도(茶道)의 일을 맡아 보던 무가(武家)의 직명(職名). 머리를 깎았었음. ⇨:ちゃぼうず. 1. the tea ceremony

ちゃどうぐ[茶道具](명) 차도구. 차제구(茶諸具). 차기(茶器). tea-things

ちゃのま[茶の間](명) ①가족이 식사를 하는 방. 거실(居室). ②다도(茶道)를 하는 방. 1. a living-room

ちゃのみ[茶飲み](명) 차를 잘 마시는 일. 또는 그 사람.「—茶(チャ)わん; 차잔」tea-drinking. **—ともだち**[茶飲み友達](명) ①차를 마시며 세상 얘기를 하는 친한 친구. ②늙어서 맺어진 부부. **—ばなし**[茶飲み話](명) 차를 마시며 가벼운 기분으로 하는 세상 이야기. 잡담.

ちゃのゆ[茶の湯](명) 손님을 다실(茶室)에 초대하여 차를 끓여 권하고 마시는 예의 범절. 다도(茶道). the tea ceremony

ちゃばおり[茶羽織り](명) 허리까지 오는 부인들이 걸치는 짧은 웃옷.

ちゃばしら[茶柱](명) 차에 세로로 떠 있는 찻잎의 줄기. 길조(吉兆)로 여김. a tea-stalk in a cup of tea

ちゃばなし[茶話](명) 다화. 차를 마시면서 하는 이야기. tea-gossip

ちゃばら[茶腹](명) 차를 많이 마셔서 물배가 참.「—も一時(イットキ); 차를 마셔 한때의 공복(空腹)을 참을 수 있듯이, 아무리 하찮은 것이라도 잠시의 도움은 된다는 말」 a tea-stomach

ちゃばん[茶番](명) ①차를 달이는 사람. 차 시중을 드는 사람. ②〔←茶番狂言(キョウゲン)〕물건을 가지고 얘기, 몸짓으로 사람을 웃기는 좌흥(座興). ③속이 얕아서 빤히 들여다 보이는 것. 「一劇(ゲキ); 속이 들여다 보이는 연극(행동)」 1. a tea-server
ちゃびしゃく[茶柄杓](명) 차솥에서 차를 떠내는 국자. ⇨:ちゃしゃく②. a tea-ladle
ちゃびん[茶瓶](명) ①차를 달이는 솥. ②차도구(茶道具) 한벌을 넣어서 가지고 다니는 도구. ③주전자. 1. a tea-cauldron
チャプスイ[중 雜碎](명) 돼지 고기, 닭고기 등을 얇게 썰어 야채를 섞어 볶은 중국 요리. 잡탕.
ちゃぶだい[卓袱台](명) 다리가 낮은 밥상. 식탁. a low dining table
ちゃぶや[卓袱屋](명) 개항장(開港場) 등에 있는 주로 외인(하급 선원) 상대의 작은 요리점. a chophouse
チャペル[chapel](명) 채플. 예배당.
ちゃほ[茶舗](명) 차(재료)를 파는 가게. a tea-shop
チャボ[矮鶏](명)〈동〉〔인도지나의 옛 이름 참파(Champa)의 변화〕당닭. 평과에 속하는 조그만 닭. 다리는 짧고 꼬리가 깊. a Japanese bantam
ちゃぼうき[茶帚](명) 차를 달이는 화로 등을 터는 데 쓰는 깃털로 된 작은 비. a feather-brush
ちゃほうじ[茶焙](명) 엽차를 불에 볶는 데 쓰이는 도구. a tea-heater
ちゃぼうず[茶坊主](명) ①무가(武家)의 다도(茶道)를 맡아 보는 사람. ②권력이 있는 자에게 아첨하여 그를 등대고 세도 부리는 사람.
ちやほや(부·타サ) ①상대를 매우 소중히 귀엽게 다루는 모양. ②듣기 좋게 말하여 추어 올림. 2. flatteringly
ちゃぼん[茶盆](명) 차잔을 얹는 쟁반. a tea tray
ちゃみ[茶味](명) ①다도(茶道)의 취미나 멋. ②풍류적인 취미(趣味). 2. tastefulness
ちゃみせ[茶店](명) 다점. 차와 과자를 파는 가게. a tea-stall
ちゃめ[茶目](명·형동ダ) ①사람을 잘 웃기고 장난을 좋아함. 또는 그 사람. 「一坊主(ボウズ); 장난꾸러기」②갈색 눈. 1. playfulness
ちゃめし[茶飯](명) 찻물로 지은 밥. rice boiled in tea
ちゃや[茶屋](명) ①차(재료)를 파는 집. ②차나 과자를 파는 집. 다과점(茶菓店). ③요리집. 1. a tea-shop
ちゃやざけ[茶屋酒](명) 요리집에서 마시는 술.
ちゃらっぽこ(명)〈속〉엉터리.
ちゃらんぽらん(명) 번둥거리는 것. 들뜨고 부실한 언행. 「一(と)あそびくらす; 빈둥빈둥 놀며 지내다」
ちゃり[茶利](명) ①우스운 말이나 동작. 「一を入(イ)れる; 웃기다」 ②〔조오루리(浄瑠璃)에서〕우습광스러운 이야기. 1. a jest
ちゃりょう[茶寮](명) ①다방. ②다도(茶道)를 행하는 방. 1. a tearoom 2. a tea-ceremony room
チャルメラ[포 charamela·哨吶](명) 차르멜라. 나팔 비슷한 목관 악기(木管楽器). 구멍은 8개. 날라리.

〔チャルメラ〕

チャレンジ[challenge](명·타サ) 챌린즈. ①도전(挑戦). 「一ラウンド; 도전해서 싸우는 게임」②시합을 신청함.
ちゃわ[茶話](명) 차를 마시면서 주고 받는 이야기. tea-gossip
ちゃわん[茶碗](명) ①차를 따라 마시는 사기 그릇. 차잔. ②밥을 담아 먹는 그릇. 공기. 1. a teacup.
—むし[茶碗蒸し](명) 공기에 계란을 풀고 고기, 야채 같은 것을 섞어서 넣고 공기째로 밥 위나 또는 솥에 넣어 찐 것.
—ちゃん(접미) "さん"보다 더 다정한 호칭. 이름 밑에 붙여 부름. 「おばあ一; 할머니」
ちゃん[父](명)〈속〉〔하층 사회에서〕아버지. daddy
ちゃんこりょうり[爺こ料理](명) 씨름군들이 먹는 독특한 요리. 큰 남비에 굵직하게 토막 친 생선이나 채소 등을 넣어서 끓임.
チャンス[chance](명) 차안스. 기회. 시기(時機).
ちゃんちゃらおかし·い ーヲカシイ(형)〈속〉우습광스럽다. (조롱하는 말) laughable
ちゃんちゃん Ⅰ(명) ←ちゃんちゃんこ. Ⅱ(부) ①규칙 바르게 하는 모양. ②물건이 부딪치는 소리. Ⅱ 1. regularly. **—こ**(명) 아이들의 소매 없는 웃옷. **—ばらばら**(명)〈속〉칼싸움. 칼이 맞부딪치는 소리.
ちゃんと(부) ①규칙 바르게. 규칙적으로. 「一ならぶ; 바르게 정렬하다」②꼼꼼하게. 착실하게. 「しごとを一する; 일을 꼼꼼히 하다」③확실히. 「一しってるぞ; 확실하게 알고 있어」 1. regularly
チャンネル[channel](명)〈이〉채널. 라디오, 텔레비전 방송 등에 사용하는 폭(幅)을 가진 주파수(周波数)의 전파(電波). 「第九(ダイキュウ)一; 채널 9」
ちゃんばら(명)〈속〉칼싸움. 또는 칼이 맞부딪치는 소리. 「一映画(エイガ); 옛날 무사들이 칼싸움을 하는 장면이 주가되는 영화」 a sword battle
チャンピオン[champion](명) 챔피언. ①용사. ②선수. 또는 선수권을 가진 자. ③우승자.
チャンポン[중 攙烹](명) 짬뽕. ①여러 가지 재료를 같이 사용하는 것. 또는 그 요리. ②〈속〉섞는 것. 「一に使(ツカ)う; 섞어서 사용하다」
ちゆ[治癒](명·자サ) 치유. 병이 나음. 전치(全治). cure
ちゅう—[駐](조어) ①주재(駐在)하는. 「一日大使(ニチタイシ); 주일 대사」②주둔(駐屯)하는. 「一日軍(ニチグン); 주일군」
—ちゅう[中](조어) ①속. 「血液(ケツエキ)一; 핏속」②중. 하는 동안. 「営業(エイギョウ)一; 영업 중」③사이. 가운데. 「家畜(カチク)一で; 가축 가운데에서」④명중. 「十発五(ジッパツゴ)一; 10발 중 5발 명중」
—ちゅう[柱](조어) 기둥. 「避雷(ヒライ)一; 피뢰주」
ちゅう[誅](명) ①죄 있는 자를 벌하는 일. 형벌(刑罰). ②처벌. 사형. 1. punishment
ちゅう チフ(수조)〈고·방〉…라고 하는.
ちゅう[中](명) ①한복판. 한가운데. ②어느 쪽으로도 치우치지 않는 것. 중용(中庸). 「一を失(ウシナ)わず; 중용을 잃지 않다」③좋지도 나쁘지도 않은 것. 「一ぐらい; 중간 정도」④중학교(中学校)의 준말. ⑤〔야구에서〕중견수(中堅手)의 준말. ⑥중국(中国)의 준

말. 1. the centre 3. medium

ちゅう[忠](명) ①정직하고 표리(表裏)가 없는 것. 충실. ②충의(忠義). 1. faithfulness

ちゅう[宙](명) ①하늘. 공간(空間). 「—にうかぶ; 허공에 뜨다」 ②암기(暗記). 「—でいう; 외어 말하다」 1. the sky

ちゅう[注·註](명) 주. 본문을 설명하거나 해석하는 글. an annotation

ちゆう[知友](명) 지우. ① 깊이 사귄 친구. ②친구처럼 잘 아는 사람. 1. a bosom friend

ちゆう[知勇·智勇](명) 지용. 지혜와 용기. wisdom and valour

ちゅうい[中位](명) 중위. 중간 위치. 중간 지위. second rate

ちゅうい[中尉](명)〈군〉 중위. 장교 계급의 하나. 소위의 위, 대위의 아래. a lieutenant, sub-lieutement

ちゅうい[注意](명·자サ) 주의. ① 정신을 차림. 「—深(ブカ)い; 주의 깊다」 ②경계(警戒). 조심. ③충고(忠告). ④〈심〉 의식의 작용을 집중함. 1. 4. attention. **—じんぶつ**[注意人物](명) 주의 인물. 그에 대하여 조심하여야 하는 인물. 위험 인물.

ちゅういん[中陰](명)〈불〉 중음. ①중유(中有). ②사람이 죽어 49일 동안. 칠칠일(七七日). 2. a period of mourning lasting seven weeks

チュウインガム[chewing gum](명) 추우잉검. 껌.

ちゅうう[中有](명)〈불〉 중유. 사람이 죽어서 다시 태어날 때까지의 사이. 「—に迷(マヨ)う; 중유에서 헤매다」

ちゅうえい[中衛](명) 중위. ①중앙의 호위. ②〔배구 등에서〕 전위와 후위와의 사이에 있는 경기자. 1. the middle guard

ちゅうえい[虫癭](명)〈생〉 충영. 곤충의 기생(寄生)으로 이상 발육을 하여 혹처럼 된 식물체. 예:오배자(五倍子). a gall

ちゅうえい[駐英](명) 주영. 영국에 주재함. 「—大使(タイシ); 주영 대사」 residence in England

ちゅうおう[中央](명) 중앙. ①한복판. ②수도(首都). ③중요한 위치. 1. the centre. **—アジア**[中央 Asia](명)〈지〉 중앙 아시아. 유럽과 러시아의 동남부에 있는 지역. **—アメリカ**[中央 America](명)〈지〉 중앙 아메리카. 남북 아메리카 사이의 지역. **—おろしうりしじょう**[中央御売市場](명) 생산지에서 대량의 식료품(생선, 고기, 야채)을 모아 도매하는 공설 시장. **—かこうきゅう**[中央火口丘](명)〈지〉 중앙 화구구. 화산의 분화구 안에 작은 분화가 일어나 새로 생긴 작은 화산. **—ぎんこう**[中央銀行](명)〈경〉 중앙 은행. 한 나라의 화폐 금융의 중심을 이루는 특수 은행. **—しゅうけん**[中央集権](명) 중앙 집권. 정치상의 권력이 중앙 관청에 통일, 총합(総合)되는 일. ↔地方分権(チホウブンケン). **—ひょうじゅんじ**[中央標準時](명) 중앙 표준시. 한 지방에서 표준으로 하는 시간.

ちゅうおう[中欧](명)〈지〉 중구. 중부 유럽. 유럽의 중부. Central Europe

ちゅうおし[中押し](명) 〔바둑에서〕 승부가 명백한 경우 도중에서 그치는 일. 「—勝(ガ)ち; 기권승(棄権勝)」

ちゅうおん[中音](명) 중음. ①높지도 낮지도 않은 소리. ②〈악〉 남성에서의 테너, 여성에서의 알토. ↔高音(コウオン), 低音(テイオン). 2. tenor, alto

ちゅうか[中華](명) 중화. ①중국인이 자기 나라를 가장 훌륭하다고 자랑 삼아 일컫는 말. 중앙에 자리 잡은 문명국이라는 뜻. 「—思想(シソウ); 중국이 가장 중심적이고 훌륭한 나라라는 생각」 ②중국. ③중국 요리, 특히 중국식 국수. 3. Chinese dishes. **—そば**[中華蕎麦](명) 중국식 국수. **—なべ**[中華鍋](명) 운두가 얕고 바닥이 둥근 남비.

ちゅうか[仲夏](명) 중하. 음력 5월.

ちゅうかい[仲介](명·타サ) 중개. ①양쪽 사이에서 매개(媒介) 역할을 함. 「—者(シャ); 중개자」 ②〈법〉 ⇨きょちゅうちょうてい(居中調停). 1. intermediation

ちゅうかい[注解·註解](명·타サ) 주해. 주를 달아 해석함. annotation

ちゅうかい[衷懐](명) 충회. 속에서 우러나오는 참된 회포. 생각. thought

ちゅうかい[厨芥](명) 부엌에서 나오는 야채 따위의 쓰레기. garbage

ちゅうがい[中外](명) 중외. ①안팎. 내외. ②국내와 국외. 「—に宣言(センゲン)する; 중외에 선언하다」 1. within and without

ちゅうがい[虫害](명)〈농〉 충해. 해충으로 인한 피해. insect damage

ちゅうがえり[宙返り]ーガヘリ(명·자サ) ①공중에서 거꾸로 한 바퀴 돎. 공중 전회(空中転回). ②비행기가 공중에서 역전(逆転)함. 1. a somersault

ちゅうかく[中核](명) 중핵. 중심. 핵심. the core

ちゅうがく[中学](명) 중학. 중학교(中学校). 「—生(セイ); 중학생」

ちゅうがくねん[中学年](명) 중간 학년. 국민 학교의 3, 4학년 정도. ↔低学年(テイガクネン), 高学年(コウガクネン).

ちゅうがた[中形](명) 중형. ①대형과 소형의 중간 크기. ②중간 크기의 무늬를 염색한 여름 홑옷감. 1. a medium size

ちゅうがっこう[中学校](명) 중학교. 국민 학교의 교육을 기초로 하여 중등 보통 교육을 실시하는 학교. a lower secondary school

ちゅうかん[中間](명) 중간. ①두 개의 사이. 「—搾取(サクシュ); 중간 착취」 ②중간쯤. 「—色(ショク); 중간색」 ③도중. 「—発表(ハッピョウ); 중간 발표」 1. the middle. **—し**[中間子](명)〈이〉 중간자. 소립자(素粒子)의 하나. 질량이 양자(陽子)와 전자(電子)와의 중간이며, 전자의 약 2백 배. **—しゅくしゅ**[中間宿主](명)〈생〉 중간 숙주. 기생충이 최후의 숙주에 붙기 전에 기생하여 발육하는 생물. **—しょうせつ**[中間小説](명) 중간 소설. 순 문학과 대중 문학의 중간에 위치하는 소설. 특히 전후(戦後)의 풍속 소설. **—しょく**[中間色](명) 중간색. ①두 가지 색의 중간이 되는 색. 간색. ②원색 혼합에 의하여 생기는 막연한 빛. **—は**[中間波](명)〈이〉 중간파. 무선 전신에서 중파와 단파 중간의 파장(波長)을 갖는 전파. **—はんけつ**[中間判決](명)〈법〉 중간 판결. 종국(終局) 판결의 준비로서 심리(審理) 도중에 판결되는 일.

ちゅうかん[忠諫](명·자サ) 충간. 충성으로 간함. a loyal remonstrance

ちゅうかん[昼間](명) 주간. 낮. daytime

ちゅうき[中気](명) 반신, 전신의 불수. 팔 또는 다리가 마비되는 병. 중풍(中風). 「—病(ヤ)み; 중풍장이」 palsy

ちゅうき[中期](명) 중기. 중간 시기. ↔前期(ゼンキ), 後期(コウキ). the middle stage

ちゅうき[注記·註記](명·타サ) 주를 붙임. annotation

ちゅうぎ[忠義](명·형동ダ) 충의. 충성을 다해 신하로서의 임무를 다함. loyalty. **—だて**[忠義立て](명·자サ) 충성된 행동을 함.

ちゅうきゃく[注脚·註脚](명) 주각. 본문 사이나 본문 밑의 주석(注釈). footnotes

ちゅうきゅう[中級](명) 중급. 중간의 정도, 품질, 또는 등급. ↔初級(ショキュウ), 高級(コウキュウ). a middle class

ちゅうきゅう[誅求](명·자サ) 주구. 세금을 과도하게 물림. 「苛斂(カレン)—; 가렴 주구(세금이나 공물을 혹독하게 받아 가는 일)」 exaction

ちゅうきょう[中共](명) 중공. ①공산당 치하의 중국 본토. ②중국 공산당의 약칭.

ちゅうきょう[中京](명) 나고야시(名古屋市). 「—工業地帯(コウギョウチタイ); 나고야 공업 지대」

ちゅうきょり[中距離](명) 중거리. ①단거리와 장거리의 중간. ②〔육상 경기에서〕 400 *m* 에서 2,000 *m* 까지의 거리. 1. a middle distance. **—きょうそう**[中距離競走](명) 〔육상 경기에서〕 중거리 경주. 400 *m* 에서 2,000 *m* 까지의 경주.

ちゅうぎり[中限](명)〈경〉 중한. 매매 계약을 한 다음 달 월말에 인수(引受), 인도(引渡)하는 일.

ちゅうきん[中金](명)〈경〉 중앙 금고(中央金庫)의 약칭. 「商工(ショウコウ)—; 상공 중앙 금고」

ちゅうきん[忠勤](명) 충근. 충실히 근무하는 것. 「—をはげむ; 충실하게 근무에 힘쓰다」 faithful service

ちゅうきん[鋳金](명) 주금. 금속을 녹여서 주형(鋳型)에 넣어 그릇을 만드는 일. casting

ちゅうきんとう[中近東](명)〈지〉 중근동. 유럽에 가까운 동방의 여러 나라. 이란, 이라크 등.

ちゅうくう[中空](명) 중공. ①하늘. ②텅빈 것. 공허. 「—になっている; 텅 비어 있다」 2. hollowness

ちゅうぐう[中宮](명) ①황후 또는 황후의 궁전. ②황후와 같은 자격의 비(妃).

ちゅうぐらい[中位](명) 중위. 중간 정도. 가운데 위치. medium

ちゅうくんあいこく[忠君愛国](연어·명) 충군 애국. 임금에게 충성을 다하고 나라를 사랑함. loyalty and patriotism

ちゅうけい[中啓](명) 끝 쪽이 좀 벌어지게 살끝을 밖으로 약간 굽게 하여 접어도 끝 쪽이 벌어지게 만든 부채. a half-folding fan

〔中啓〕

ちゅうけい[中継](명·타サ) 중계. ①중간에서 이어 줌. ②다른 방송국의 방송이나 실황 방송을 방송국에서 받아서 방송함. 「—放送(ホウソウ); 중계 방송」 2. relay broadcasting

ちゅうけん[中堅](명) 중견. ①대장 직속의 부대. 중군(中軍). ②중심 되는 위치에 있는 사람. ③←中堅手. 1. the main body. **—しゅ**[中堅手](명) 중견수 〔야구에서〕 외야(外野)의 한가운데를 맡아서 지키는 선수. 센터피일더.

ちゅうけん[忠犬](명) 충견. 주인에게 충성스러운 개.

ちゅうげん[中元](명) ①중원. 음력 7월 15일. 백중(白中)날. ②중원에 보내는 선물. 2. a mid-year present

ちゅうげん[中原](명) 중원. ①넓은 들의 한복판. ②국내. ③경쟁장(競争場)의 속. 2. the interior. **—のしか**[中原の鹿](연어·명) 경쟁(競争)의 목적물.

ちゅうげん[中間](명) 〔←中間男(オトコ)〕 옛날 무가(武家)의 하인. 또는 그 하인 중의 우두머리. a lackey

ちゅうげん[忠言](명·자サ) 충언. 충고함. advice

ちゅうこ[中古](명) 중고. ①〈역〉 상고(上古)와 근고(近古)와의 중간 기간. ②〈경〉 중고품. 「—品(ヒン); 중고품」 1. the Middle Ages

ちゅうこう[中耕](명·타サ)〈농〉 중경. 농작물이 자라는 도중에 겉흙을 얕게 가는 일.

ちゅうこう[中興](명·자サ) 중흥. 쇠해졌다가 다시 번영함. 「—の祖(ソ); 중흥시킨 사람」 restoration

ちゅうこう[忠孝](명) 충효. 임금에게 충성하고, 부모에게 효도하는 일. 「—両全(リョウゼン); 충효 겸전(兼全)」 loyalty and filial piety

ちゅうこう[昼光](명)〈이〉 주광. 낮의 태양의 밝기. **—とう**[昼光燈](명) 주광등. 태양 광선과 비슷한 빛을 내는 전등.

ちゅうこう[鋳鋼](명) 주강. 정련(精錬) 뒤에 일정한 형태로 주조(鋳造)하여 열처리(熱処理)로 개량한 강철. 주물을 만들 수 있음. cast steel

ちゅうこく[忠告](명·자サ) 충고. 상대방을 위하여 의견을 말함. advice

ちゅうごく[中国](명) ①나라의 중앙부. ②〈지〉 산요오도(山陽道)와 산인도(山陰道). ③중국. 중화 민국. 3. China

ちゅうごし[中腰](명) 반쯤 일어난 자세. 엉거주춤한 모양. a half-rising posture

ちゅうこん[忠魂](명) 충혼. ①충성스러운 마음. ②충성을 다하고 죽은 사람의 영혼. 2. the loyal dead

ちゅうさ[中佐](명)〈군〉 중좌. 장교 계급의 하나. 중령. a lieutenant colonel, a commander

ちゅうざ[中座](명·자サ) 중도에서 자리를 떠남. leaving before the meeting is over

ちゅうさい[仲裁](명·타サ) 중재. ①다툼을 중간에서 화해(和解)시킴. 화해의 중개 역할. ②〈법〉 제삼자가

당사자의 다툼을 화해시킴. 1. arbitration
ちゅうざい[駐在](명·자サ) 주재. ①머무름.「日本(ニッポン)に一する商社員(ショウシャイン); 일본에 머무르는 상사원」②주재소. 또는 주재소의 순경. 1. stay. **—しょ**[駐在所](명) 주재소. 순경이 주재하는 곳. 지서.
ちゅうさぎ[中鷺](명)〈동〉 중백로. 온 몸이 순백색이나 후두부에 긴 털이 없음. 부리는 흑색이나 겨울에는 끝을 제외하고는 황색이 됨.
ちゅうさつ[誅殺](명·타サ) 주살. 죄인을 무찔러 죽임. punishing with death
ちゅうさつ[駐箚](명·자サ) 주차. 관리가 임지(任地)에 파견되어 머무름. 주재(駐在).「一大使(タイシ); 주차 대사」 residence
ちゅうさん[中産](명) 중산. 중등의 재산. **—かいきゅう**[中産階級](명) 중산 계급. 무산자와 유산자와의 사이에 있는 계급.
ちゅうさん[昼餐](명) 주찬. 점심. 오찬(午餐). lunch
ちゅうし[中支](명)〈지〉 중지. 중국의 중부 지방. 화중(華中).
ちゅうし[中止](명·타サ) 중지. 중도에서 그침. suspension
ちゅうし[忠士](명) 충사. 충성스러운 무사(武士). a faithful warrior
ちゅうし[注視](명·타サ) 주시. 주의해서 봄.「一の的(マト); 주시의 대상」 watching carefully
ちゅうじ[中耳](명)〈생〉 중이. 고막과 내이(内耳)의 중간.「一炎(エン); 중이염」↔内耳(ナイジ). the middle ear
ちゅうじき[中食·昼食](명) 중식. 점심. lunch
ちゅうじく[中軸](명) 중축. ①물건의 중앙을 꿰뚫는 축(軸). ②일의 중심이 되는 중요한 사항. 또는 그 인물. 1. the axis
ちゅうしつ[中執](명) 중앙 집행 위원(中央執行委員), 중앙 집행 위원회(中央執行委員会)의 약칭.
ちゅうじつ[忠実](명·형동ダ) ①충실. 마음이 곧고 성실함. ②있는 그대로 함.「一に写生(シャセイ)する; 있는 그대로 사생하다」 1. faithfulness
ちゅうしゃ[注射](명·타サ) 주사. 약액(薬液)을 주사기에 넣어 몸 속에 주입시킴. injection
ちゅうしゃ[駐車](명·자サ) 주차. 자동차 등을 세워 둠.「一禁止(キンシ); 주차 금지」 parking
ちゅうしゃく[注釈·註釈](명·타サ) 주석. 본문을 해석함. 주해(注解). annotation
ちゅうしゅう[中秋·仲秋](명) 중추. ①음력 8월의 다른 이름. ②음력 8월 15일 밤. 1. mid-autumn
ちゅうしゅつ[抽出](명·타サ) 추출. 뽑아 냄.「無作為(ムサクイ)一; 무작위(임의) 추출」 extraction
ちゅうしゅん[仲春](명) 중춘. 음력 2월. mid-spring
ちゅうじゅん[中旬](명) 중순. 달의 11일에서 20일까지의 10일간. the middle ten days of a month
ちゅうしょう—[中小](조어) 중소. 중 가량의 것과 조그만 것.「一工業(コウギョウ); 중소 공업」**—きぎょう**[中小企業](명)〈경〉 중소 기업. 종업원이 300명 이하의 기업.「一体(タイ); 중소 기업체」
ちゅうしょう[中称](명) 중칭. 〔문법에서〕 지시 대명사의 한 가지. 그리 멀지 않은 곳이나, 그런 데에 있는 사물을 가리키는 대명사. 중칭 대명사. 예: 그것, 거기, 그이 등. ↔近称(キンショウ), 遠称(エンショウ).
ちゅうしょう[中傷](명·타サ) 중상. 일부러(부당하게) 남의 일을 나쁘게 말하여 명예를 손상시킴. slander
ちゅうしょう[抽象](명·타サ) 추상. ①두 개 이상의 사물이나 개념을 비교해서 공통의 요소를 빼내어 일반적 개념을 이룩함. ②미리 속에서 일반적으로 생각함. ↔具体(グタイ). 1. abstraction. **—てき**[抽象的](형동ダ) 추상적. ①공통되는 속성을 빼내는 상태. ②구체적이 아니고 관념적(観念的)이거나 확실하지 않은 상태. ↔具体的. **—は**[抽象派](명) 추상파. 구상적(具象的)인 의미를 떠나 색(色), 선(線), 형(形)만의 결합 관계를 기하학적으로 추구한 그림이나 조각의 총칭. **—めいし**[抽象名詞](명) 추상 명사. 〔문법에서〕 추상적 개념(관념)을 나타내는 명사.
ちゅうじょう[中将](명) 중장. ①근위부(近衛府)의 차관(次官). ②〈군〉 장교 계급의 하나. 소장의 위, 대장의 아래. 2. a lieutenant-general, vice-admiral
ちゅうじょう[柱状](명) 주상. 기둥 모양. pillar-shaped
ちゅうじょう[衷情](명) 충정. ①진심. 성심. 충심. ②마음속.「一をうったえる; 충정을 호소하다」 1. one's true heart
ちゅうしょく[昼食·中食](명) 중식. 점심. lunch
ちゅうじろ[中白](명) (사탕, 된장 등의) 흰빛과 붉은 빛과의 중간 빛깔의 설탕이나 된장.
ちゅうしん[中心](명) 중심. ①한복판. ②마음속. ③매우 중요한 곳. ④물건이 모이는 곳.「一地(チ); 중심지」 1. the centre 2. one's heart. **—うんどう**[中心運動](명)〈이〉 중심 운동. 한 정점(定点)으로 향하는 힘만이 작용하는 경우의 물체의 평면 운동. **—しど**[中心示度](명)〈천〉 중심 시도. 태풍의 중심이 나타내는 기압의 정도. **—じんぶつ**[中心人物](명) 중심 인물. 어떤 사건의 중심이 되는 사람. 어떤 단체나 사회의 핵심(核心)이 되는 사람. **—せん**[中心線](명) 중심선. 원의 중심을 지나는 직선. **—てん**[中心点](명) 중심점. 중심에 해당하는 점.
ちゅうしん[中震](명)〈지〉 중진. 집이 심하게 흔들리고 기초가 약한 건물은 넘어질 정도의 지진. a severe earthquake
ちゅうしん[忠心](명) 충심. 충성심. loyalty
ちゅうしん[忠臣](명) 충신. 충성스러운 신하. a loyal retainer
ちゅうしん[忠信](명) 충신. 충성과 신의(信義). fidelity
ちゅうしん[注進](명·타サ) 사건이 일어난 것을 웃사람에게 보고함.「ご一; 웃사람에게 사건을 알리는 보고」 informing
ちゅうしん[衷心](명·부) 충심. 진심. 충정(衷情).「一より同情(ドウジョウ)する; 마음속으로부터 동정하다」 one's true heart

ちゅうすい[虫垂](명)〈생〉 충수. 충양 돌기(虫様突起)의 준말. **—えん**[虫垂炎](명)〈의〉 충수염. 충양 돌기염. 맹장염.

ちゅうすい[注水](명·자サ) 호오스 등으로 물을 주입(注入)함. watering

ちゅうすう[中樞](명) 중추. ①한복판. 중심. ②근본이 되는 것. 추축(枢軸). 「会社(カイシャ)の一; 회사의 중심 인물」 1. the centre. **—しんけい**[中枢神経](명)〈생〉 중추 신경. 신경 기관 중 신경 세포가 집합하여 있는 곳.

ちゅう·する[沖する·冲する](자サ) 높이 올라 가다. 「天(テン)に一原子雲(ゲンシグモ); 충천(冲天)하는 원자운」 rise high

ちゅう·する[注する·註する](타サ) ①쓰다. 기록하다. 기입하다. ②설명하다. 주석하다. 1. write

ちゅう·する[誅する](타サ) ①죄가 있는 자를 죽이다. ②공격하다. 치다. 1. punish with death

ちゅうせい[中世](명)〈역〉 중세. 고대와 근세와의 사이의 시대. the Middle Ages

ちゅうせい[中正](명·형동ダ) 중정. (사고 방식이) 어느 쪽에도 치우치지 않고 바름. fairness

ちゅうせい[中性](명) 중성. ①중간 성질. ②남성도 여성도 아닌 성질. ③〈이〉 산성도 알칼리성도 아닌 성질. 1.3. neutrality. **—か**[中性花](명)〈생〉 중성화. 한 꽃 중에 수술도 암술도 퇴화하여 없는 꽃. **—し**[中性子](명)〈이〉 중성자. 전기를 띠고 있지 않는 소립자. 원자핵을 부수는 데 이용됨. **—はんのう**[中性反応](명)〈이〉 중성 반응. 산성(酸性)이나 알칼리성을 나타내지 않는 반응.

ちゅうせい[忠誠](명) 충성. 진심. 「一をちかう; 충성을 맹세하다」 loyalty

ちゅうぜい[中背](명) 중키. 「中肉(チュウニク)一; 보통 몸집에 중 키」 middle height

ちゅうせいだい[中生代](명)〈지〉 중생대. 지질 시대의 한 구분. 고생대(古生代)의 다음, 신생대(新生代)의 전 시대. the Mesozoic Era

ちゅうせき[沖積](명) 충적. 흐르는 물에 의하여 쌓인 것. alluvium. **—せい**[沖積世](명)〈지〉 충적세. 지질 시대의 한 구분으로 신생대(新生代)의 가장 새로운 시대. **—そう**[沖積層](명)〈지〉 충적층. 충적세(沖積世)에 생성된 지층. 바닷가, 강가 등의 표층(表層). **—へいや**[沖積平野](명)〈지〉 충적 평야. 모래와 자갈 등이 퇴적하여 생긴 평야. 퇴적 평야(堆積平野).

ちゅうせき[柱石](명) 주석. ①기둥과 주춧돌. ②기둥이나 주춧돌과 같이 의지가 되는 중요한 사람. 1. a pillar and a foundation stone

ちゅうせき[疇昔](명) ①어제. 전날(前日). ②옛날. 1. yesterday 2. old days

ちゅうせつ[忠節](명) 충절. 충의의 절조. 「一をちかう; 충절을 맹세하다」 loyalty

ちゅうぜつ[中絶](명·자타サ) 중절. ①중도에서 그침. 중단. ②〈의〉 임신의 중단. 1. interruption

ちゅうせん[抽選·抽籤](명·자サ) 추첨. 심지를 뽑음. 제비를 뽑음. lottery

ちゅうそ[注疏·註疏](명) 자세하게 설명하는 것. 주해(注解). annotation

ちゅうぞう[鋳造](명·타サ) 주조. 금속을 녹여 거푸집에 부어 기구를 만듦. casting

ちゅうそつ[中卒](명) 중졸. 중학 졸업의 준말.

ちゅうたい[中退](명) 중퇴. 중도 퇴학(中途退学)의 준말.

ちゅうたい[中隊](명)〈군〉 중대. 군대를 편제(編制)하는 단위. 3내지 4소대로 이루어져 있음. a company

ちゅうたい[紐帯](명) 유대. ①허리띠와 끈. ②관계를 유지하고 있는 조건. 1. a cord and a belt 2. a band

ちゅうだち[中裁](명) 10~15세 정도의 아이들 옷을 재단하여 만드는 방법의 한 가지. 또는 그 옷. ↔大裁(オオダチ), 小裁(コダチ).

ちゅうだん[中段](명) 중단. ①한가운데 층. 중간의 단. ②상단보다 1단 낮게 만든 곳. ③〔검도에서〕 눈 높이로 칼끝을 겨누는 일. ↔上段(ジョウダン), 下段(ゲダン). 1. the middle step

ちゅうだん[中断](명·자타サ) 중단. 중도에서 끊음. 또는 끊김. 중간에서 중지함. interruption

ちゅうちょ[躊躇](명·자サ) 주저. 머뭇거림. hesitation

ちゅうちょう[注腸](명·자サ)〈의〉 주장. 약액(薬液) 등을 항문으로부터 장에 넣음. injection

ちゅうちょう[惆悵](명·타サ) 슬퍼하고 원망함. 슬퍼하고 가슴 아파함. moaning

ちゅうっぱら[中っ腹](명) 약간 성을 내는 것. 「一になる; 약간 성이 난 상태로 되다(약간 화가 나다)」

ちゅうてつ[鋳鉄](명) 주철. 선철(銑鉄). cast iron

ちゅうてん[中天](명) 중천. 하늘 한복판. 천심(天心). the zenith

ちゅうてん[中点](명)〈수〉 2등분하는 점. 「線分(センブン)の一; 선분의 중점」 the middle point

ちゅうてん[沖天·冲天](명) 충천. 하늘 높이 올라 가는 것. 높이 솟아 올라서 하늘을 찌를 듯한 것. 「一の勢(イキオイ); 충천하는 기세」 rising to heaven

ちゅうと[中途](명) 중도. 중간. 도중. 반. halfway. **—はんぱ**[中途半端](명·형동ダ) 반박에 되어 있지 않은 상태. 불완전. 불철저(不徹底). 「一な仕事(シゴト); 반쯤 하다 그만둔 일. 불철저한 일」

ちゅうとう[中冬](명) 중동. 음력 11월의 다른 이름.

ちゅうとう[中東](명)〈지〉 중동. 동부 아시아와 근동(近東)과의 사이에 있는 지방. 이란, 인도, 아프가니스탄 등. the Middle East

ちゅうとう[中等](명) 중등. ①상등과 하등과의 사이. ②고등과 초등과의 사이. 「一教育(キョウイク); 중등교육」 ↔高等(コウトウ), 初等(ショトウ). 1. mediocrity

ちゅうとう[中闘](명) 중앙 투쟁 위원회(中央闘争委員会)의 약칭.

ちゅうとう[柱棟](명) 주동. ①기둥과 용마루. ②중요한 인물. 주석(柱石). 1. a pillar and a ridge

ちゅうとう[柱頭](명) ①기둥 머리. ②〈생〉 주두. 꽃

가루(花粉)를 받는 암꽃술의 대가리. 암술 머리. 1. a capital 2. a stigma

ちゅう とう[偸盗](명) 투도. ①〈불〉 오계(五戒)의 하나. 남의 것을 몰래 가져가는 일. ②남의 물건을 몰래 훔치는 일. 또는 그 사람. 도둑. theft

ちゅう どう[中道](명) 중도. ①도로의 한복판. ②중간쯤. ③어느 쪽에도 치우치지 않는 길. 중용(中庸)의 길. 「一をあゆむ; 중도를 걷다」 3. the middle way

ちゅう どく[中毒](명·자サ)〈의〉 중독. 음식물이나 약물의 독성에 치어 기능 장해를 일으키는 일. poisoning

ちゅう どく[駐独](명) 주독. 독일에 주재함. 「一大使(タイシ); 주독 대사」 residence in Germany

ちゅう とん[駐屯](명·자サ)〈군〉 주둔. 군대가 어떤 지방에 오래 머물러 있음. 주류(駐留). stationing

チューナー[tuner](명) 튜우너. 라디오, 텔레비전 등의 수신기에 장치된 동조 장치(同調装置).

ちゅう なごん[中納言](명) 옛날 벼슬의 한 가지. 다죠오칸(太政官)의 차관.

ちゅう なん べい[中南米](명)〈지〉 중남미. 중앙 아메리카와 남아메리카를 함께 일컫는 말. Latin America

ちゅう にかい[中二階](명) 보통의 2층(二階)보다 낮게 만든 2층. 다락방. a mezzanine

ちゅう にく[中肉](명) 살이 알맞게 찐 것. 「一中背(チュウゼイ); 보통 몸집에 중키」 medium flesh

ちゅう にち[中日](명) ①〈불〉 춘분, 추분의 날. ②일정한 날수의 중간 날. ③중일. 중국과 일본. 「一外交(ガイコウ); 중일 외교」 1. the day of the equinox

ちゅう にち[駐日](명) 주일. 일본에 머무름. 「一大使(タイシ); 주일 대사」 residing in Japan

ちゅう にゅう[注入](명·타サ) 주입. 부어 넣음. 쏟아 넣음. injection

ちゅう にん[仲人](명) ①중재인(仲裁人). ②중개인. 거간군. 중매인(仲媒人). a mediator

ちゅう ねん[中年](명) 중년. 40세 가량의 나이. 40대의 나이. 「一男(オトコ); 중년 남자」 middle age

ちゅう のう[中脳](명)〈생〉 중뇌. 간뇌(間脳)와 소뇌 사이에 있는 뇌의 한 부분. 대뇌와 다른 부분을 연락하는 길의 구실을 함. the midbrain

ちゅう のう[中農](명) 중농. 중 정도의 농지를·가지고 일군도 부리며 자기도 직접 일하는 농업. 또는 그러한 농업을 하는 사람. a middle-class farmer

ちゅう のり[宙乗り](명·자サ) 몸을 공중에 매달고 곡예(曲芸)함. a mid-air stunt

ちゅう は[中波](명)〈이〉 중파. 전자파(電磁波)의 한 가지. 파장은 200 *m* 내지 3,000 *m* 정도. medium wave

ちゅう は[中破](명·자타サ) 중파. 반쯤 부서짐. 고치면 또 사용할 수 있을 정도의 파손(破損). ↔小破(ショウハ), 大破(タイハ).

チューバ[tuba](명)〈악〉 튜바. 큰 취주 악기의 한 가지. 낮은 음이 나오는 큰 나팔.

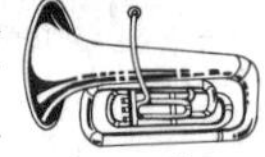
〔チューバ〕

ちゅうばい か[虫媒花](명)〈생〉 충매화. 곤충의 매개로 꽃가루를 다른 꽃의 주두(柱頭)로 전파하여 생식하는 꽃. an entomophilous flower

ちゅう ばつ[誅伐](명·타サ) 주벌. 죄 지은 사람을 침. a punitive expedition

ちゅう はば[中幅·中巾](명) 중폭. 직물(織物) 나비의 대폭과 소폭과의 중간. 45 *cm* 가량의 폭.

ちゅう はん[昼飯](명) ⇨ひるめし.

ちゅう ばん[中盤](명) 중반. 〔바둑, 장기 등에서〕 승부도중의 가장 격렬한 국면(局面). 「一戦(セン); 중반전」 ↔序盤(ジョバン), 終盤(シュウバン). the middle phase

ちゅう ひ[中飛](명) 중비. 〔야구에서〕 센터에 친 비구(飛球). a center fly

ちゅう ひつ[儔匹](명) 한통속. 동아리. a fellow

ちゅう ぶ[中部](명) 중부. 중앙 부분. the central part

チューブ[tube](명) 튜우브. ①관(管). 통. ②관악기. ③(런던의) 지하철. ④가스스토우브 등에 장치된, 석면(石綿)으로 그물처럼 만든 것. ⑤〔미국에서〕 진공관(真空管).

ちゅう ぶ(う)[中風](명) ①중풍. 뇌출혈 등에 의한 몸의 마비. ②감기. 1. palsy

ちゅう ふく[中腹](명) 산꼭대기와 산기슭의 중간. 산중턱. the mountain's breast

ちゅうぶ ちほう[中部地方](명)〈지〉 혼슈우(本州)의 중앙부에 위치한 지방. 기후(岐阜), 야마나시(山梨), 토야마(富山) 등의 아홉 현이 있음.

ちゅう ふつ[駐仏](명) 주불. 프랑스에 주재함. residing in France

ちゅう ぶらりん(형동ダ) ①어느 쪽도 아닌 공중에 매달린 모양. ②어중간한 모양. 1. hanging in the air

ちゅう ぶる[中古](명) 중고. 좀 헌것. 좀 오래 된 물건. 「一品(ヒン); 중고품」 second-hand goods

ちゅう へい[駐兵](명·자サ) 주병. 병사를 어느 지점에 머무르게 함. 또는 그 군대. stationing troops

ちゅう べい[中米](명)〈지〉 중미. 중앙 아메리카(中央 America)의 준말.

ちゅう べい[駐米](명) 주미. 미국에 주재(駐在)하는 일. 「一大使(タイシ); 주미 대사」 residing in the United States

ちゅう へん[中編](명) 중편. ①장편과 단편의 중간 분량의 작품. ②상편과 하편 사이의 가운데 편. 1. a medium-length story

ちゅう ぼう[厨房](명) 주방. 부엌. 요리실. a kitchen

ちゅう ぼく[忠僕](명) 충복. 충실한 머슴, 하인. a faithful servant

ちゅう ぼそ[中細](명) 털실 따위의 굵기가 중간 정도인 것. medium

ちゅう みつ[稠密](명·형동ダ) 조밀. 많이 모여 있음. 촘촘하고 빽빽함. 「人口(ジンコウ)一; 인구 조밀」 dense

ちゅう めつ[誅滅](명·타サ) 주멸. 죄가 있는 자를 쳐서 멸망시킴. 절멸(絶滅)시킴. extermination

ちゅう もく[注目](명·자타サ) 주목. 주의해서 바라봄. giving attention

ちゅうもん[中門](명) 중문. 대궐 같은 집의 바깥문과 본채의 중간에 있는 문. the middle gate

ちゅうもん[注文·註文](명·타サ) 주문. ①물품의 제작, 송부(送付) 등을 의뢰함. 마춤. ②희망. 조건. 「一をつける; 조건을 붙이다」 ③마추는 물건의 조건. 또는 증서. 1. order. **—ながれ**[注文流れ](명) 주문을 한 채로 물품을 찾아 가지 않는 일. 또는 그 물품.

ちゅうや[昼夜] 주야. Ⅰ(명) 낮과 밤. Ⅱ(부) 밤낮의 구별 없이. day and night. **—おび**[昼夜帯](명) 안과 겉을 다른 천으로 만든 띠. **—けんこう**[昼夜兼行](연어·명·자サ) 주야 겸행. 밤이나 낮이나 쉬지 않고 일을 함.

ちゅうゆ[注油](명·자サ) 주유. 기계 등에 기름을 침. 또는 따라 넣음. oiling

ちゅうゆう[忠勇](명·형동ダ) 충용. 충성스럽고 용맹함. loyalty and bravery

ちゅうよう[中庸](명·형동ダ) 중용. ①어느 쪽으로도 치우침이 없이 중정(中正)함. ②보통. ③사서(四書)의 하나. 1. the golden mean

ちゅうよう[中葉](명) 중엽. 중간쯤. 「明治(メイジ)の一; 메이지 중엽」 the middle

ちゅうようとっき[虫様突起](명)〈생〉 충양 돌기. 맹장 후벽(後壁) 하부에 있는 가느다란 돌기. 충수(虫垂)의 원래의 이름. 「一炎(エン); 충양 돌기염(맹장염)」 the vermiform appendix

ちゅうりく[誅戮](명·타サ) 주륙. 죄가 있는 자를 죽임. punishing with death

ちゅうりつ[中立](명·자サ) 중립. ①양쪽 어느 쪽에도 편들지 않음. ②국외 중립(局外中立)의 준말. 1. neutrality. **—こく**[中立国](명) 중립국. 전쟁에 참가하지 않는 국가. **—ちたい**[中立地帯](명) 중립 지대. 요새(要塞)의 건조(建造)나 군대의 주재(駐在)가 금지되어 있는 지대.

チューリップ[tulip](명)〈식〉 튜울립. 백합과에 속하는 다년생 화초. 울금향.

ちゅうりゃく[中略](명·타サ) 중략. 중간의 문구를 생략함. omitting

ちゅうりゅう[中流](명) 중류. ①강이나 내의 중간. 흐름의 한복판. ②중류 사회나 계급. 「一階級(カイキュウ); 중류 계급」 1. midstream 2. the middle class

ちゅうりゅう[駐留](명·자サ)〈군〉 주류. 군대가 한때 어떤 곳에 머무름. 「一軍(グン); 주류군」 stationing

ちゅうりょう[忠良](명·형동ダ) 충량. 충성스럽고 선량함. loyalty

ちゅうりょう[柱梁](명) 주량. ①기둥과 대들보. ②한 집안이나 나라의 중요한 인재(人材). 1. a pillar and a beam

ちゅうれい[忠霊](명) 충령. 충의를 위하여 생명을 바친 영령(英霊). 「一塔(トウ); 충혼탑(忠魂塔)」 spirits of the war-dead

ちゅうれつ[忠烈](명·형동ダ) 충렬. 매우 충성스러움. unswerving loyalty

ちゅうろう[中老](명) ①〔무가(武家)에서〕 카로오(家老)에 다음 가는 신하(臣下). ②〔무가에서〕 로오죠(老女)에 다음가는 시녀(侍女). ③나이 50세 정도 되는 사람. 3. the age of fifty years

ちゅうろう[柱廊](명) 주랑. 기둥이 늘어섰을 뿐 벽이 없는 낭하. a colonnade

ちゅうろうい[中労委](명) 중앙 노동 위원회(中央労働委員会)의 약칭. 쟁의(争議)의 조정이나 부당 노동 행위를 없애는 것을 행하는 기관.

ちゅうわ[中和](명·자타サ) 중화. ①알맞게 평온함. ②〈이〉 ㉠음양의 두 전기가 서로 합하여 그 성질을 잃음. ㉡산성 물질과 염기성(塩基性) 물질이 합하여 중성이 됨. ③이성(異性)의 물질이 서로 융합하여 각각 그 특징,또는 작용을 상실함. 1. neutrality

ちゅっちょく[黜陟](명·자サ) 출척. 공(功)이 없는 사람은 내쫓고, 공이 있는 사람은 계급을 올려 줌. the system of merit

チュニジア[Tunisia](명)〈지〉 튜니지아. 북아프리카의 북부 지중해에 임한 공화국. 수도는 튜우니스(Tunis).

チュニックコート[tunic coat](명) 튜우닉코우트. 허리 밑까지 내려와 벨트를 매게 된 부인용의 블라우스나 코우트.

ちょ[著](명) ①책을 쓰는 일. 저술(著述). ②저작물. 저서. 2. a work

ちょ[緒](명) ⇨しょ.

ちよ[千代](명) ①천년. ②영구(永久). 영원. 「一万代(ヨロズヨ); 천세 만세」 2. eternity

ちょいちょい(부)〈속〉 때때로. 가끔. now and then

ちょいと Ⅰ(부)〈속〉 ⇨ちょっと. Ⅱ(감)(주로 여인이) 남을 부르는 말. 이봐요.

ちょう—[長](조어) 긴. 「一年月(ネンゲツ); 긴 세월」

ちょう—[超](조어) 어떤 명사 앞에 붙어 훨씬 더 뛰어난 것을 나타내는 말. …을 지나는. …을 넘는. 월등(越等)한. 「一満員(マンイン); 초만원」

—ちょう[丁](접미) ①[張] 책장을 세는 말. 장. ②요리, 음식물을 세는 말. ③두부를 세는 말. 모.

—ちょう[庁](조어) ①관청. 관공서. ②어떤 관청의 이름 밑에 붙이는 말. 「水産(スイサン)一; 수산청」

—ちょう[挺](접미) ①먹(墨), 총, 양초 등 긴 것을 세는 말. 자루. ②인력거, 가마 등을 세는 말. 채.

—ちょう[鳥](조어) 새. 「保護(ホゴ)一; 보호조」

—ちょう[張](접미) ①거문고, 활 등을 세는 말. ②막(幕), 모기장 등을 세는 말. ③ ⇨ちょう(丁)①.

—ちょう[帳·帖](조어) 꿰매어 놓은 책. 첩. 장. 「写真(シャシン)一; 사진첩」「日記(ニッキ)一; 일기장」

—ちょう[貼](접미) 종이로 싼 약을 세는 말. 첩.

—ちょう[調](조어) ①가락. 「イ一; 다조」 ②자구(字句)의 운율(韻律). 「七五一; 7·5조」 ②시가(詩歌) 등의 경향(傾向).

ちょうテフ(수조) …이라고 하는.

ちょう[丁](명) 짝수(偶数). ↔半(ハン). an even number

ちょう[兆] Ⅰ(명) ①징조. ②수가 많은 것. Ⅱ(수) 조. 억(億)의 만 배. Ⅰ1. a sign Ⅱa billion

ちょう[疔](명)〈의〉 정. 얼굴, 머리, 궁둥이 등에 나는 악성(悪性)의 부스럼. 종기. 얼굴에 나는 것을 면정(面疔)이라 함. a furuncle

ちょう[町](명) ①시(市)나 구(区) 가운데의 이름을 붙인 한 구획.「有楽(ユウラク)—; 유우라쿠쵸오」②〈법〉 시(市)밑에 있는 지방 자치 단체의 하나. 한국의 동(洞), 읍(邑)에 해당. ③거리의 단위. 60간. 약 109 *m*. ④토지 면적의 단위. 10단(段). 2. a town

ちょう[長](명) ①우두머리. 두목.「人(ヒト)に—たる者(モノ); 남의 우두머리 되는 사람」②연장자(年長者).「—幼(ヨウ), 序(ジョ)あり; 장유 유서」③우수한 것.「一日(イチニチ)の—がある; 조금 낫다.」④장점(長点).「—をとる; 장점을 취하다」 1. the chief

ちょう[帳](명) ①휘장(揮帳). 방장(房帳). ②장부(帳簿). 1. a curtain 2. a book

ちょう[超](명) 지남. 초과.「二千円(ニセンエン)—; 2천 원 초과」 excess

ちょう[朝](명) ①아침. ②조정(朝廷).「—に仕(ツカ)える; 벼슬하다」③왕조(王朝). ④한 임금이 통치하는 기간. 어우(御宇). ⑤나라. 정부(政府). 1. morning 3. a dynasty

ちょう[腸](명)〈생〉 장. 소화기의 하나. 유문(幽門)에서 항문(肛門)까지의 가느다란 내장. 창자. the intestines

ちょう[徴](명) 징조.「衰退(スイタイ)の—; 쇠퇴의 징조」 a sign

ちょう[蝶](명)〈동〉 나비.「—よ花(ハナ)よとかわいがる; 나비야 꽃이야 하고 귀여워하다(아이들을 매우 귀여워하는 것의 비유)」 a butterfly

ちょう[聴·聽](명) (주의하여) 듣는 일. 소리를 듣는 힘. hearing

ちょう[寵](명) 특히 귀여워하는 것. 총애.「—をあつめる; 총애를 한 몸에 지니다」 favour

ちょう あい[帳合]—アヒ(명) ①장부를 대조하는 일. ②장부에 기입해서 손익을 계산하는 일. 1. checking

ちょう あい[重愛·寵愛](명·타サ) 총애. 특별히 사랑함. favour

ちょう あく[懲悪](명) 징악. 악한 사람을 징계(懲戒)하는 일. chastisement of evildoing

ちょう い[弔意](명) 조의. 죽은 이를 애도하는 마음. condolence

ちょう い[弔慰](명·타サ) 조위. 죽은 이를 조상(弔喪)하고 유족을 위문함. condolence

ちょう い[朝威](명) 조위. 조정(朝廷)의 위광(威光). 또는 그 위엄(威厳). the Imperial prestige

ちょう いん[庁員](명) 청원. 관청의 직원.

ちょう いん[調印](명·자サ) 조인. 도장을 찍음.「条約(ジョウヤク)—; 조약 조인」 signing

ちょう えい[町営](명) 쵸오(町)가 경영함. 또는 그것. town management

ちょう えき[懲役](명)〈법〉 징역. 자유형의 한 가지. 죄인을 형무소 안에 넣어 일정한 기간 동안 노역(労役)에 복무시키는 일. imprisonment

ちょう えつ[超越](명·자타サ) 초월. ①어떠한 한계나 표준을 넘음. ②초탈(超脱)하여 문제 삼지 않음.「苦(クル)しみを—する; 괴로움을 초월하다」③〈철〉 인식, 경험의 범위 밖에 존재함. 1. surpassing

ちょう えん[長円](명) 긴 원. 타원(楕円).「—形(ケイ); 타원형」 the ellipse

ちょう おん[長音](명) 장음. 길게 나는 소리. a prolonged sound. **—ぷ**[長音符](명)〈악〉 장음부. 장음을 표시하는 부호.

ちょう おん[朝恩](명) 조은. 조정(朝廷)의 은혜. the Imperial graces

ちょう おん[潮音](명) 바다의 파도 치는 소리. 해조음(海潮音). the sound of waves

ちょう おん[聴音](명·자サ)〈군〉 비행기나 잠수함 등의 소리를 듣고 그 위치를 아는 것.「—機(キ); 청음기」 hearing

ちょう おん[調音](명·자サ) 조음. 어떤 음을 내기 위하여 발음 기관이 필요한 위치를 취함. articulation

ちょう おんかい[長音階](명)〈악〉 장음계. 전음계의 한 가지. 세째와 네째 사이의 음정과 일곱째와 여덟째 사이의 음정은 반음(半音)이고, 그밖의 각 음의 사이는 전(全) 음정을 이루는 음계. ↔短音階(タンオンカイ). the major scale

ちょう おんそく[超音速](명)〈이〉 초음속. 소리의 속도보다 빠른 것. ⇨: おんそく(音速). supersonic speed

ちょう おんぱ[超音波](명)〈이〉 초음파. 진동 수가 매초 2만 사이클 이상의 음파. 귀에 들리지 않음. supersonic waves

ちょう か[弔歌](명) 조가. 죽은 사람을 애도하는 노래. a dirge

ちょう か[町家](명) ①거리의 집. ②상가(商家). 2. a tradesman's house

ちょう か[長歌](명·자サ) 장가. ①길게 노래함. ②구수(句数)가 많은 시가(詩歌). ③와카(和歌)의 한 형식. 5·7의 구를 반복하다가 맨 뒤는 7·7의 구(句)로 맺은 것. ↔短歌(タンカ).

ちょう か[釣果](명) 낚시질의 성과. 낚시로 잡은 것.

ちょう か[超過](명·자타サ) 초과. 정도를 지나침. 넘음.「豫算(ヨサン)—; 예산 초과」 excess

ちょう かい[町会](명)〈법〉 쵸오 의회(町議会). 한국의 읍(邑)의회에 해당. a town assembly

ちょう かい[朝会](명) 조회. 조례의 모임. 학교 등의 아침의 모임. a morning meeting

ちょう かい[潮解](명·자サ)〈이〉 조해. 고체가 대기 중의 습기를 흡수하여 용해함. deliquescence

ちょう かい[懲戒](명·타サ) 징계. 부당한 행위에 대하여 제재(制裁)를 가함.「—処分(ショブン); 징계 처분」 reprimand

ちょうかい きょう[跳開橋](명) 도개교. 배가 통과할 수 있도록 교체(橋体)의 한 부분이 들리게 된 다리. a bascule bridge

ちょうかいぼへん[朝改暮変](명) 조개 모변. 아침에 고치고 저녁에 또 바꿈. (정치에서) 자주 방침을 바꾸어 갈팡질팡하는 모양의 비유. 조령 모개(朝令暮改). inconsistent policy

ちょうかく[弔客](명) ⇨ちょうかく.
ちょうかく[頂角](명)〈수〉 정각. 삼각형의 밑변에 맞서는 각. a vertical angle
ちょうかく[聴覚](명)〈생〉 청각. 귀로 소리를 들을 때에 일어나는 감각. the sense of hearing
ちょうカタル[腸 catarrh](명)〈의〉 장카타르. 장의 점막(粘膜) 등에 일어나는 염증(炎症). 장염(腸炎). intestinal catarrh
ちょうかん[長官](명) 장관. ①관청의 사무를 맡아 보는 최고의 관직(官職). (대개 차관급 이상임) ②지방 장관의 준말. 지사(知事). 1. a governor
ちょうかん[鳥瞰·鳥観](명·타サ) 조감. 공중 또는 높은 곳에서 내려다 봄. taking a bird's-eye view. ──ず[鳥瞰図](명) 조감도. 위에서 내려다 본 상태의 지도. 또는 그러한 그림. ──てき[鳥瞰的](형동ダ) 내려다 보는 것 같은 모양.
ちょうかん[朝刊](명) 조간. 아침에 발행하는 신문. 아침 신문. ↔夕刊(ユウカン). a morning paper
ちょうき[弔旗](명) 조기. ①조의를 표하는 기. 반기(半旗). ②국가적인 장례식 때에 다는 검은 헝겊을 단 기. 1. a mourning flag
ちょうき[長期](명) 장기. 오랜 기간. 「一欠席(ケッセキ); 장기 결석」↔短期(タンキ). a long period
ちょうき[朝紀](명) 조정(朝廷)의 기강(紀綱).
ちょうき[聴器](명)〈생〉 청기. 청각 기관(聴覚器官). the auditory organ
ちょうき[寵姫](명) 총희. 마음에 드는 첩. 총애를 받는 여자. 애첩(愛妾). a favourite mistress
ちょうぎ[町議](명) 쵸오(町) 의회 의원의 준말.
ちょうぎ[朝儀](명) 조의. 조정(朝廷)의 의식. a Court ceremonial
ちょうぎ[朝議](명) 조의. 조정의 평의(評議). the Court Council
ちょうぎ[調義](명) ①잘되도록 꾀하는 일. 변통(変通). ②출진(出陣)하여 공격하는 것. 1. contrivance
ちょうきゃく[弔客](명) 조객. 조상(弔喪)하는 사람. a condoler
ちょうぎかい[町議会](명) (지방 단체로서의) 쵸오(町)의 일을 의결하는 모임. a town assembly
ちょうきゅう[長久](명) 장구. 길고 오램. 「武運(ブウン)一; 무운 장구」 permanence
ちょうきょ[聴許](명·타サ) 청허. 듣고 허락함. 들어줌. grant
ちょうぎょ[釣魚](명) 조어. 물고기를 낚음. 낚시질. fishing
ちょうきょう[調教](명·타サ) 조교. 말, 개 등을 훈련시킴. 「一師(シ); 짐승 훈련을 시키는 사람」 training
ちょうきょり[長距離](명) 장거리. 먼 거리. 「一電話(デンワ); 장거리 전화」 ↔短距離(タンキョリ). a long distance
ちょうきん[彫金](명) 조금. 끌로 금속에 조각을 함. metal-carving
ちょうく[長句](명) 장구. ①자수(字数)가 긴 구(句). ②렌가(連歌), 하이쿠(俳句)에서 7·7의 구. ↔短句(タンク). 1. a long phrase
ちょうく[長駆](명·자サ) 장구. ①멀리까지 말을 달림. ②멀리까지 추적(追跡)함. 2. a long chase
ちょうけい[長兄](명) 장형. 맏형. 큰형. ↔末弟(マッテイ). the eldest brother
ちょうけい[長径](명)〈수〉 장경. 타원에 있어서 가장 긴 직경. ↔短径(タンケイ). the major axis
ちょうけい かかん[蝶形花冠](명)〈생〉 접형 화관. 다섯 개의 화판(花瓣)으로 되어 모양이 나비 비슷한 꽃잎. 콩과 식물의 완두 등에서 볼 수 있음. a papilionaceous corolla
ちょうけし[帳消し](명·자타サ) ①장부에 기입한 금액을 말소(抹消)함. ②채무가 소멸함. ③서로 상쇄(相殺)하고 남음이 없음. 1. cancelling 2. cancellation
ちょうけん[長剣](명) 장검. 긴 칼. a long sword
ちょうけん[朝見](명) 천황을 뵘. 배알(拝謁). a levee
ちょうけん[朝憲](명) 조정의 법규. 국헌(国憲). 헌법. the constitution
ちょうけん[朝権](명) 조정의 권력. the Imperial power
ちょうげんじつしゅぎ[超現実主義](명) 초현실주의. 회화(絵画), 시가(詩歌) 등에서 초현실적인, 자유로운 공상이나 꿈을 그리려는 예술관. surrealism
ちょうこう[兆候·徴候](명) 징후. 일이 일어나는 조짐. 징조. a sign
ちょうこう[長江](명) 장강. ①긴 강. ②〈지〉 양자강(揚子江). 1. a long river 2. the Yangtze
ちょうこう[長考](명·자サ) 오래 생각함. a long consideration
ちょうこう[長講](명) 오랜 시간의 강연. 「一一席(イッセキ); 한바탕 길게 하는 연설」 a long lecture
ちょうこう[彫工](명) 조공. 조각을 업으로 하는 사람. 조각사(彫刻師). an engraver
ちょうこう[朝貢](명·자サ) 조공. 종주국(宗主国)에게 속국(属国)이 때 맞추어 예물(礼物)을 바침. bringing a tribute
ちょうこう[聴講](명·타サ) 청강. 강연, 강의 등을 들음. attending a lecture
ちょうごう[調号](명)〈악〉 조호. 악보의 처음, 음부기호의 다음에 표시하는 각조(各調)의 음계를 구성하는 영기호(嬰記号). 변기호(変記号). 조기호(調記号). a key signature
ちょうごう[調合](명·타サ) 조합. ①여러 가지 재료를 섞음. ②약(薬)을 지음. 조제(調剤). compounding
ちょうこうぜつ[長広舌](명) 장광설. 지루하게 오랫동안 지껄이는 일. 또는 그런 웅변. 「一をふるう; 장광설을 늘어놓다」 a glib tongue
ちょうこく[彫刻](명·자타サ) 조각. 글자, 그림, 물건의 모양을 나무 등에 새김. sculpture
ちょうこく[超克](명·자타サ) 초극. (곤란을) 극복함. overcoming
ちょうこじんしゅぎ[超個人主義](명) 초개인주의. 극단적인 개인주의. 개인의 자유를 절대의 권리로 주

장합. ultraindividualism

ちょうこつ[聴骨](명)〈생〉 청골. 중이(中耳) 가운데 있는 셋으로 된 작은 뼈. 고막의 진동을 내이(内耳)에 전달함. the tympanic bone

ちょうこっかしゅぎ[超国家主義](명) 초국가주의. 극단적인 국가주의. ultranationalism

ちょうこん[長恨](명) 장한. 오래 남을 원한.

ちょうこんか[長恨歌](명) 장한가. 당(唐) 나라의 시인 백 낙천(白楽天)이 지은 서사시(叙事詩). 현종(玄宗) 황제가 양귀비(楊貴妃)를 잃은 원한의 정을 읊은 것.

ちょうさ[調査](명·타サ) 조사. 사물의 내용을 자세히 살펴 봄. 「欠席者(ケッセキシャ)の—; 결석자 조사」 investigation

ちょうざ[長座](명·자サ) 그자리에 오래 있음. a long stay

ちょうざい[調剤](명·자サ)〈의〉 조제. 약을 지음. 조합(調合). dispensing

ちょうざい[聴罪](명)〈종〉 청죄. 죄의 고백을 듣는 일.

ちょうざめ[蝶鮫](명)〈동〉 철갑상어. 칼상어와 비슷하나 주둥이가 삐쭉 나와 있음. a sturgeon

ちょうさん[朝餐](명) 조찬. 아침밥. 조반. breakfast

ちょうさん[逃散](명·자サ) 에도(江戸) 시대에, 농민이 영주(領主)가 쌀을 공출(供出)하는 것에 반항하여 다른 영지(領地)로 도망 치던 일. fleeing

ちょうさんぼし[朝三暮四](연어·명) 조삼 모사. ①간사한 꾀로 남을 농락하는 일. ②눈앞의 차이만에 구애되어 그 결과가 같음을 모름의 비유. ③(넉넉지 못한) 생활. 1. imposture

ちょうさんりし[張三李四](연어·명) 장삼 이사. ①아무 데나 있는 보통의 사람들. ②이름도 알려지지 않은 사람들. Jack and Joe

ちょうし[弔詞](명) 조사. 죽은 이를 생각하여 조상(弔喪)하는 뜻을 나타낸 글. words of condolence

ちょうし[弔詩](명) 조시. 죽은 이를 조위(弔慰)하는 마음을 읊은 시. a condolatory poem

ちょうし[町史](명) 쵸오(町)의 역사. the history of a town

ちょうし[長子](명) 장자. 장남. 맏아들. ↔末子(マッシ). the eldest child

ちょうし[銚子](명) ①술을 담아서 잔에 따르는 금속으로 만든 국자 모양의 그릇. ②술병. 1. a wine-holder

〔銚子①〕

ちょうし[調子](명) ①곡조. 가락. 멜로디. ②어조(語調). ③모양. 상태. 경우. 「からだの—; 몸의 상태」 ④형세. 기세(気勢). 「—にのる; 어떤 분위기에 신이 나서 필요 이상의 언동을 하다」 1. a tune. —**もの**[調子者](명) 〔お—〕 ①경솔한 사람. ②분위기를 잘 맞추는 사람.

ちょうし[聴視](명·타サ) 청시. 보고 들음. 「—者(シャ); 시청자」 listening and seeing. —**かく**[聴視覚](명) 시청각. 시각과 청각. —**かくきょういく**[聴視覚教育](명) 시청각 교육. 영화, 환등(幻燈) 등 시각과 청각에 의한 교구(教具)로써 행하는 교육.

ちょうじ[丁子·丁香](명)〈식〉 정향나무. 도금양과에 속하는 상록 교목. 꽃봉우리로 향료(香料)를 짬. a clove. —**ゆ**[丁子油](명)〈식〉 정향유. 정향나무의 꽃망울 또는 열매에서 짠 기름.

ちょうじ[弔辞](명) 조사. 죽은 이를 슬퍼하고 조상(弔喪)의 뜻을 나타낸 글. a condolatory address

ちょうじ[寵児](명) 총아. ①귀염받는 아이. ②그 시대의 각광이나 인기를 받는 자. 「文壇(ブンダン)の—; 문단의 총아」 1. a favourite child

ちょうじく[長軸](명)〈수〉 ⇨ちょうけい(長径).

ちょうしぜん[超自然](명) 초자연. 자연의 도리로써는 설명할 수 없는 신기한 것. supernatural

ちょうじめ[帳締め](명·타サ) 장부에 기록한 금액의 계산을 끝냄. 「a Government office building

ちょうしゃ[庁舎](명) 청사. 관청의 건물 ↗

ちょうしゃ[長者](명) 장자. ①손윗사람. 나이가 위인 사람. ②신분이 높은 사람. ③덕(徳)이 있는 사람. 1. one's elder

ちょうしゃ[聴写](명·타サ) 들으면서 베낌.

ちょうじゃ[長者](명) 장자. ①부자. 부호. ②옛날의 원주(院主). ③유녀(遊女). 1. a millionaire

ちょうしゃく[長尺](명) 영화의 필름이 긴 것.

ちょうしゅ[聴取](명·타サ) 청취. 들음. 「ラジオの—料(リョウ); 라디오 청취료」 listening. —**しょ**[聴取書](명)〈법〉 청취서. 범죄 수사를 할 때 검사나 사법경찰관이 피의자 또는 관계인의 공술(供述)을 들어서 기록한 문서.

ちょうじゅ[長寿](명) 장수. 오래 사는 것. longevity

ちょうしゅう[長袖](명) ①긴 소매. 또는 그것이 달린 옷. ②긴 소매의 옷을 입은 사람. 승려, 공경(公卿) 등. 1. clothes with long sleeves

ちょうしゅう[徴収](명·타サ) 징수. 거둬 들임. 「税(ゼイ)の—; 세금 징수」 collection

ちょうしゅう[徴集](명·타サ) 징집. 사람들을 불러 모음. recruiting

ちょうしゅう[聴衆](명) 청중. 연설, 설법(説法), 연예 등을 듣는 사람. an audience

ちょうじゅう[弔銃](명) 조총. 군대에서 죽은 현역(現役) 군인을 조위(弔慰)하는 뜻으로 쏘는 총. a volley of rifles for the dead

ちょうじゅう[鳥銃](명) 조총. 새를 잡는 총. 새총. a fowling piece

ちょうじゅう[鳥獣](명) 조수. 새와 짐승. birds and beasts

ちょうしょ[長所](명) 특히 우수한 점. 장기(長技). 장점. ↔短所(タンショ). a merit

ちょうしょ[調書](명) 조서. 취조한 내용을 쓴 문서. a record of examination

ちょうじょ[長女](명) 장녀. 맏딸. the eldest daughter

ちょうしょう[長嘯](명·자サ) ①길게 부르짖음. 긴 포효(咆哮). ②길게 휘파람 붊. 1. a long howl

ちょうしょう[徴証](명) 표지. 증거. 증명. a token

ちょうしょう[嘲笑](명·타サ) 조소. 비웃음. scorn
ちょうじょう[長上](명) ①손윗사람. 연장자. ②웃사람. 1. one's senior
ちょうじょう[長城](명) 장성. ①길게 이어진 성. ②(중국의) 만리 장성. 1. a longwalled castle
ちょうじょう[重畳] Ⅰ(명·자타サ) 중첩. 여러 겹으로 쌓임. 「山岳(サンガク)—; 산악 중첩」 Ⅱ(형동ダ) 더할 수 없이 만족한 모양. 「それは—; 그것은 듣던 중 고마운 일」 Ⅰ being folded Ⅱ satisfactoriness
ちょうじょう[頂上](명) 정상. ①꼭대기. 절정. ②그 이상 더없는 것. 최상(最上). 「—会談(カイダン); 정상 회담」 1. the summit
ちょうしょうたっく[彫章琢句](명) 정교(精巧)하게 수식한 문장이나 문구(文句). an elaborated sentence
ちょうしょく[朝食](명) 조식. 아침밥. 조반. breakfast
ちょうじり[帳尻](명) ①기재된 장부의 제일 끝. ②결산의 결과. 1. the closing part of a balance sheet
ちょう·じる[長じる](자상 1) ①성장하다. ②우수하다. ③나이가 위다. 1. grow up 2. excel in
ちょうしん[長身](명) 장신. 큰 키. 키가 큰 사람. great stature
ちょうしん[長針](명) 장침. 시계의 긴 바늘. ↔短針(タンシン). the long hand
ちょうしん[朝臣](명) 조신. 조정의 신하. 정신(廷臣). a courtier
ちょうしん[調進](명·타サ) 주문에 따라 물건을 만들어서 바침. 조달(調達). preparation
ちょうしん[聴診](명·자サ)〈의〉 청진. 환자의 몸 안에서 일어나는 심장, 호흡, 정맥 등의 소리를 듣고 진찰함. auscultation
ちょうしん[寵臣](명) 총신. 마음에 드는 부하나 신하. 총애받는 신하. a favourite subject
ちょうじん[釣人](명) 낚싯군. an angler
ちょうじん[鳥人](명) 조인. (우수한) 비행가(飛行家). a birdman
ちょうじん[超人](명) 초인. 범인을 초월한 위대한 사람. 가장 완전한 사람. a superman. **—てき**[超人的](형동ダ) 초인적. 사람의 능력을 초월한 모양.
ちょうしんけい[聴神経](명)〈생〉 청신경. 청각을 맡은 신경. the auditory nerve
ちょうしんるこつ[彫心鏤骨] (연어·명·자サ) ⇨ちょうしんろうこつ.
ちょうしんろうこつ[彫心鏤骨](연어·명·자サ) ①가슴을 에고 뼈를 깎음. 몹시 고심함. ②매우 애를 써서 시문 등을 다듬음. 1. arduous elaboration
ちょうず[手水]テウヅ(명) 〔"てみず"의 변화〕 ①손을 씻는 물. 「—ばち(鉢); 손을 씻기 위하여 물을 담아 두는 돌로 만든 그릇」 ②세수. ③변소. 용변(用便). 「—場(バ); 변소」 1. washing water
ちょう·ず[調ず]テウヅ(타サ)〈고〉 ①취조(取調)하다. ②갖추다. 만들다. ③저주하다. 조복(調伏)하다. ④조롱하다.
ちょうすう[丁数](명) ①〈수〉 짝수. 우수(偶数). ②책의 지면(紙面)의 수. 1정(丁)은 책 2면(面), 즉 1장. 1. an even number 2. the number of leaves
ちょう·する[弔する](타サ) 조문하다. 조상(弔喪)하다. condole
ちょう·する[朝する](자サ) ①입궐(入闕)하다. 참내(参内)하다. ②조공(朝貢)을 바치다. ③(강이) 흘러 들어오다. 1. go to the Court
ちょう·する[徴する](타サ) ①불러 내다. ②증명하다. ③묻다. ④구(求)하다. 「意見(イケン)を—; 의견을 구하다」 ⑤징수(徴収)하다. ⑥…에 비추어 보다. 「経験(ケイケン)に徴して; 경험에 비추어」 1. call out 2. prove
ちょう·する[寵する](타サ) 귀여워하다. favour
ちょう·ずる[長ずる](자サ) ⇨ちょうじる.
ちょう·ずる[調ずる](타サ) ⇨ちょうず.
ちょうせい[町制](명) 자치 단체로서의 쵸오(町)의 제도. 「—をしく; 쵸오의 제도를 실시하다. 쵸오로 승격시키다」 town organization
ちょうせい[町政](명) 쵸오(町)의 자치 행정. town administration
ちょうせい[町勢](명) 쵸오(町)의 정세(情勢). 쵸오의 경제적인 사정.
ちょうせい[長生](명·자サ) 장생. 오래 삶. living long
ちょうせい[長逝](명·자サ) 죽음. 영면(永眠). death
ちょうせい[鳥声](명) 조성. 새소리. a chirp of a bird
ちょうせい[朝政](명) 조정(朝廷)의 정치. the Imperial government
ちょうせい[調製](명·타サ) 조제. 만듦. preparation
ちょうせい[調整](명·타サ) 조정. 바르게 맞춤. 「機械(キカイ)の—; 기계 조정」 adjustment
ちょうぜい[町税](명) 자치 단체로서의 쵸오(町)가 징수하는 세금. a town tax
ちょうぜい[徴税](명·자サ) 징세. 세금을 징수함. 「—額(ガク); 징세액」 collecting taxes. **—り**[徴税吏](명) 조세를 징수하는 세무서원.
ちょうせき[朝夕] Ⅰ(명) 조석. 아침과 저녁. Ⅱ(부) 평상시. 늘. Ⅰ morning and evening Ⅱ always
ちょうせき[長石](명)〈광〉 장석. 화성암(火成岩)의 주성분. 규산(珪酸), 알루미늄, 나트륨 등으로 되어 있음. feldspar
ちょうせき[潮汐](명) 조석. 조수의 간만. ebb and flow
ちょうせつ[調節](명·타サ) 조절. 알맞게 맞춤. 「機械(キカイ)を—する; 기계를 조절하다」 regulation
ちょうぜつ[超絶](명·자サ) 초절. ①다른 것보다 월등히 뛰어남. 「古今(ココン)に—した作品(サクヒン); 고금에 없었던 월등한 작품」 ②〈철〉 인식이나 경험의 밖에 있음. ③초월. 2. transcendence
ちょうせん[挑戦](명·자サ) 도전. 싸움을 걺. 「—的(テキ); 도전적」 defiance
ちょうせん[朝鮮](명)〈지〉 조선, 한국의 상고 때부터 써 내려 오던 이름. Korea. **—あさがお**[朝鮮朝顔]—ガホ(명)〈식〉 독말풀. 가지과에 속하는 1년초. 높이는 1~2m이고 자주빛임. 씨와 잎은 진통제,

최면제 등의 약재로 씀. **―あめ**[朝鮮飴](명) 물엿에 사탕, 찹쌀 가루 등을 섞어서 만든 과자의 한 가지. **―にんじん**[朝鮮人参](명)〈식〉 인삼. 오갈피나무과에 속하는 다년초. 높이 60 *cm* 내외이고, 뿌리꼴줄기(根茎)는 짧고 마디가 있으며 "人"자 모양임. 한방(漢方)에서 뿌리를 강장제의 약재로 진중(珍重)하며 널리 재배함. 삼.

ちょう せん[腸線](명) 고양이, 양(羊) 등의 창자로 만든 실. 수술 등에 사용함. a catgut

ちょう ぜん[超然](형동タルト) 초연. ①범위 밖으로 뛰어난 모양. ②속사(俗事)에 관계 않는 모양. 「金銭(キンセン)には―としている; 금전에는 초연하다」 1. standing aloof

ちょう そ[重祚](명·자サ) 다시 임금 자리에 오름. re-ascending the throne

ちょう そ[彫塑](명·자サ) 조소. ①조각과 소상(塑像). ②조각의 원형(原型)이 되는 소상을 점토(粘土)로 만듦. 2. making a clay model

ちょう そう[朝宗](명·자サ) 조종. ①많은 신하들이 천자(天子)를 뵘. ②많은 냇물이나 강물이 바다로 흐름.

ちょう ぞう[彫像](명) 조상. 조각한 상. a carved statue

ちょう そく[長足](명) 장족. 잽싸게 나아가는 걸음. great strides. **―のしんぽ**[長足の進歩](연어·명) 장족의 진보. 매우 빠르게 되어 가는 진보.

ちょう ぞく[超俗](명) 초속. 세상 일에 관계하지 않음. standing aloof from the world

ちょうそく き[調速機](명) 조속기. 원동기(原動機)의 회전 속도를 항상 일정하게 조정하는 장치. a speed governor

ちょう そん[町村](명) ①읍과 마을. ②자치 단체로서의 쵸오(町)와 손(村). 읍(邑)과 면(面). 「―長(チョウ); 읍면장(邑面長)」 1. towns and villages

ちょう だ[長打](명·자サ) 장타. 〔야구에서〕 2루타(二塁打) 이상의 안타(安打). a long hit

ちょう だ[長蛇](명) 장사. ①긴 배암. ②배암같이 긴 것. 1. a long serpent

ちょう だい[頂戴](명·타サ) ①"もらう(받다)"의 높임말. 「―物(モノ); 받은 물건」 ②〔"て(で)―"의 형태로〕 주십시오. 「読(ヨ)んで―; 읽어 주셔요」

ちょう だい[長大](형동ダ) 장대. ①길고 큰 모양. ②키가 크고 체구가 큰 모양. 1. huge

ちょう たいそく[長大息](명·자サ) 긴 한숨을 내쉬며 탄식함. 장탄식(長嘆息). a deep sigh

ちょう たく[彫琢](명·타サ) ①조탁. (보석 등을) 쪼아서 다듬음. ②문장을 다듬음. 1. carving and polishing

ちょう たつ[暢達](명·형동ダ) 창달. 글이나 글씨가 막힘이 없이 술술 쓰여진 모양. 거침 없이 발달함. fluency

ちょう たつ[調達](명·타サ) 조달. 자금, 물자 등을 대줌. supplying

ちょう だつ[超脱](명·자サ) 초탈. 속세(俗世)에서 벗어남. transcendence

ちょう たん[長短](명) 장단. ①긴 것과 짧은 것. ②남는 것과 부족한 것. ③장점과 단점. ④길이. 1. length

ちょう たん[長嘆·長歎](명·자サ) 장탄. 긴 한숨을 쉬고 탄식함. a long sigh

ちょう だんす[帳箪笥](명) 서류 따위를 넣는 소형(小型)의 장. a case for papers

ちょう たんぱ[超短波](명)〈이〉 초단파. 파장이 10 *m* 이하의 전자파(電磁波). 의료, 통신, 방향 탐지기 등에 이용됨. ultrashort waves

ちょう チフス[腸 Typhus](명)〈의〉 장티푸스. 티푸스균이 장에 침입하는 것에 의해 일어나는 급성 전염병. 장질부사. typhoid fever

ちょう ちゃく[打擲](명·타サ) 후려 때림. thrashing

ちょう ちょう[丁丁·打打](명) 칼싸움할 때 칼들이 서로 맞부딪치는 소리. clashing. **―はっし**[丁丁発止](명) 칼싸움할 때 칼들이 서로 맞부딪치는 소리.

ちょう ちょう[町長](명) 자치 단체인 쵸오(町)의 우두머리 한국의 읍장(邑長)에 해당. a town headman

ちょう ちょう[長調](명)〈악〉 장조. 장음계에 의한 곡조. ↔短調(タンチョウ). a major key

ちょう ちょう[蝶蝶](명)〈동〉 나비. a butterfly

ちょう ちょう[喋喋](부·자サ) 재잘거리는 소리. chattering

ちょう ちん[提燈·提灯](명) ①초롱. ②〈속〉 콧물 방울. 1. a lantern. **―もち**[提燈持ち](명·자サ) ①초롱을 들고 행렬 앞에 선 사람. ②타인의 선전이나, 앞잡이로 이용되는 사람.

ちょう つがい[蝶番い]―ツガヒ(명) ①경첩. 돌쩌귀처럼 창문이나 세간의 문짝을 다는 데 쓰는 것. ②물건의 관절을 연결시키는 것. 1. a hinge

ちょう つけ[帳付け](명·자サ) 장부에 기입함. keeping accounts

ちょう づけ[丁付け](명) 책 매수(枚数)나 페이지의 차례 등의 기입. paging

ちょう づめ[腸詰め](명) 순대. a sausage

ちょう づら[帳面](명) 장부에 기재(記載)된 수자의 상황. 「―を合(ア)わせる; 장부를 맞춰 보다」 accounts

ちょう てい[長堤](명) 긴 둑. a long embankment

ちょう てい[朝廷](명) 조정. 임금이 국가의 정사를 보살피는 곳. 「―につかえる; 조정에 나아가 벼슬하다」 the Imperial Court

ちょう てい[調停](명·타サ) 조정. 중간에서 원만히 수습함. 중재(仲裁). 「―委員(イイン); 조정 위원」 mediation. **―ほう**[調停法]―ハフ(명)〈법〉 조정법. 노동 쟁의(争議) 등 당사자간의 각종 분쟁을 법원 또는 제삼자의 조정에 의하여 해결을 꾀하기 위하여 만든 법률.

ちょうてい きょくほ[長汀曲浦](명) 길고 구불구불한 강변. 또는 만(湾). 길게 뻗친 해변. a long stretch of winding beach

ちょう てき[朝敵](명) 나라의 적. 조정의 적. the Emperor's enemy

ちょう てん[頂点](명) 정점. ①꼭대기. ②절정(絶頂). ③〈수〉 각을 이루고 있는 두 직선이 만나는 점. 또는

다면체(多面体)에서 둘 이상의 평면이 교차(交叉)되는 점. 1. the top

·**ちょうでん**[弔電](명) 조전. 조상(弔喪)의 뜻을 표시하는 전보. a condolatory telegram

ちょうと[長途](명) 장도. 먼 길. 「—の旅行(リョコウ); 먼 길의 여행」 a long way

ちょうと[丁と](부) 소리 내어 물건을 서로 부딪치는 모양. with a clash

ちょうど[調度](명) 일상 생활에 늘 쓰는 도구. 「—品(ヒン); 일상 생활 용품」 furniture

ちょうど[丁度](부) ①꼭. ②바로. 마침. ③우수리가 없이 꼭 맞게. 「—十二時(ジュウニジ); 정각 12시」 1. just

ちょうとう[長刀](명) 장도. 긴 칼. a long sword

ちょうとっきゅう[超特急](명) 초특급. ①특급보다도 빠른 열차. ②썩 빠른 것. 「—で仕(シ)あげる; 초특급으로 완성하다」 1. a superexpress train

ちょうな[手斧]テウナ(명) 큰 자귀. 목재를 다듬을 때 쓰는 도구. an adze

〔手斧〕

ちょうない[庁内](명) 청내. 관청의 안. in the office

ちょうない[町内](명) ①자치체(自治体)인 쵸오(町)의 안. 읍내(邑内). ②같은 읍내. 1. in the town

ちょうなん[長男](명) 장남. 장자. 큰아들. ↔次男(ジナン). the eldest son

ちょうにん[町人](명) 에도(江戸) 시대의 상인(商人). a tradesman

ちょうネクタイ[蝶 neck-tie](명) 나비 넥타이. 늘어뜨리지 않고 나비 모양으로 맺음. a bow tie

ちょうねんてん[腸捻転](명)〈의〉 장염전증. 큰창자의 "S"자 모양의 부분이나 창자의 일부가 뒤틀리는 증세. a twist in the intestines

ちょうは[長波](명)〈이〉 장파. 파장(波長)이 3,000 *m* 이상의 전자파(電磁波). ↔短波(タンパ). a long wave

ちょうば[町場](명) 역참(駅站)과 역참과의 사이. 「長(ナガ)—; 긴 역참 사이」

ちょうば[帳場](명) 장부를 기입하고 회계를 보는 곳. a counter

ちょうば[嘲罵](명·타サ) 비웃고 욕함. abuse

ちょうばいか[鳥媒花](명)〈생〉 조매화. 조류(鳥類)에 의하여 꽃가루(花粉)가 매개(媒介)되는 꽃. 예: 동백꽃. an ornithophilous flower

ちょうはつ[長髪](명) 장발. 머리를 길게 기르는 일. 길게 기른 머리털. long hair. **—ぞく**[長髪賊](명)〈역〉 장발적. 청(清) 나라 말기에 천주교도 홍수전(洪秀全)을 수령으로 한 반란군. 장발을 했기 때문에 이 이름이 붙었음.

ちょうはつ[挑発·挑撥](명·타サ) 도발. 집적거리어 일이 일어나게 함. inciting

ちょうはつ[徴発](명·타サ) 징발. ①타인으로부터 물품을 강제적으로 거둠. 「食料(ショクリョウ)—; 식료 징발」 ②노력(労力)을 동원할 목적으로 불러다 씀. 징용(徴用). requisition

ちょうはつ[調髪](명·자サ) 조발. ①머리를 땀. ②머리를 깎음. 「—師(シ); 이발사」 hairdressing

ちょうばつ[懲罰](명·타サ) 징벌. 죄를 징계하기 위하여 벌을 줌. punishing

ちょうはながた[蝶花形](명) 축제나 혼례 때에 쓰는, 나비 모양의 종이를 접는 법.

ちょうはん[丁半](명) ①주사위의 짝수와 홀수. ②주사위를 던져서 위쪽에 나타난 수가 짝수인가 홀수인가에 따라 승부를 겨루는 놀이. 1. odd and even numbers

ちょうび[掉尾](명) ①꼬리를 흔듦. ②최후에 와서 힘이 증가하는 것. ③최후. 1. waving the tail

ちょうびけい[長尾鶏](명)〈동〉 ⇨ながおどり.

ちょうひょう[徴憑](명) 징빙. ①표지(標識). 증거. ②〈법〉 사실을 증명할 만한 재료. 2. an indirect evidence

ちょうびるい[長尾類](명)〈동〉 장미류. 십각류(十脚類)에 속하는 한 아목(亜目). 새우, 소라게 등이 이에 속함.

ちょうびるい[長鼻類](명)〈동〉 장비류. 포유류에 속하는 한 목(目). 몸은 육지에 사는 동물 중 가장 큼. 예: 코끼리, 맘모스 등. 〈학명〉 Proboscidea

ちょうふ[貼付·張付](명·타サ) 첩부. 착 달라붙게 함. affixing

—ちょうぶ[町歩](접미) 정보. 전답(田畓)의 면적을 나타내는 말. 3천 평(坪).

ちょうふく[重複](명·자サ) 중복. 같은 사물을 몇 번이고 거듭함. 겹친 위에 또 겹침. 「語句(ゴク)が—する; 어구가 중복하다」 duplicating

ちょうぶく[調伏](명·타サ)〈불〉 조복. ①부처의 힘으로 원수나 마물(魔物)을 항복시킴. ② 저주하여 죽임. ③몸과 마음을 고르게 하여 모든 악행(悪行)을 제어(制禦)함. 1. laying

ちょうぶつ[長物](명) ①긴 물건. ②쓸 데 없는 것. 「無用(ムヨウ)の—; 쓸모 없는 군더더기」 1. a long thing

ちょうぶん[弔文](명) 조문. 고인의 생전의 업적을 기리고 그의 명복을 비는 글. 조사(弔詞). a condolatory address

ちょうぶん[長文](명) 장문. 긴 문장. ↔短文(タンブン). a long article

ちょうへい[徴兵](명·자サ) 징병. 병역 의무자를 징집(徴集)하여 병역에 복무시킴. recruiting. **—きひ**[徴兵忌避](명) 징병 기피. 징병 적령자(適齢者)가 병역을 면하려고 도망 쳐 숨거나 질병을 만드는 등의 일. 또는 그 죄. **—せいど**[徴兵制度](명) 징병 제도. 강제적으로 병역에 복무할 의무를 국민에게 부담시키는 제도. **—れい**[徴兵令](명)〈법〉 징병령. 모든 성년(成年) 남자에게 병역 의무를 부과하는 법령.

ちょうへいそく[腸閉塞](명)〈의〉 장폐색증. 장관(腸管)의 일부가 막히는 급성 증세. ileus

ちょうへき[腸壁](명)〈생〉 장벽. 장을 이루고 있는 근육 등의 안쪽. 1. the intestinal wall

ちょうへん[長編·長篇](명) 장편. 편(編)이나 장(章)이 긴 시가, 문장, 소설, 영화 등. a long poem. **—しょうせつ**[長編小説](명) 장편 소설. 취재한 범위가 광범하고 구상도 복잡하여 등장 인물이 많으며 양도 많은 소설. ↔中編(チュウヘン), 短編(タンペン).

ちょうべん[調弁](명·타サ) 출정(出征)한 병사(兵士)나 군마(軍馬)의 식량을 전지(戦地)에서 구하여 조달함.

ちょうぼ[帳簿](명) 장부. 금품의 수입과 지출을 기록하는 책. an account book

ちょうぼ[朝暮](명·부) 조모. 아침 저녁. 조석(朝夕). morning and evening

ちょうぼ[徵募](명·타サ) 징모. 불러 모음. 징집(徵集). recruiting

ちょうほう[弔砲](명) 조포. 죽은 이를 조위(弔慰)하는 뜻으로 쏘는 예포. a salute of minute-guns

ちょうほう[重宝](명) 중보. 귀중한 보물. a treasure

ちょうほう[重宝·調法] Ⅰ(명·형동ダ) 편리함. 쓸 데가 많음. Ⅱ(명·자타サ) 편리하게 씀. 「—している; 요긴하게 쓰고 있다」 Ⅰ convenience

ちょうほう[諜報](명) 첩보. 적의 형편을 정찰하여 보고하는 일. 비밀 정보. 「—機関(キカン); 첩보 기관」 intelligence

ちょうぼう[眺望](명·타サ) 조망. 멀리 바라봄. 전망. 「—がひらける; 조망이 넓어지다」 a view

ちょうほうけい[長方形](명)〈수〉 장방형. 길이가 폭보다 긴 사각형. ↔正方形(セイホウケイ). a rectangle

ちょうほん[張本](명) 장본. ①사건의 발단. 일의 근원. ②←張本人. 1. the root. **—にん**[張本人](명) 장본인. ①괴수. 두목. ②사건을 일으킨 주동자.

ちょうぼん[超凡](명·형동ダ) 초범. 보통을 초월함. 「—な技能(ギノウ); 뛰어난 기능」 uncommonness

ちょうまん[腸満](명)〈의〉 장만. 복강(腹腔) 속에 액체나 가스가 차서 배가 부풀어 오르는 증세. 대개는 복막염이나 간장 질환 등에 의하여 일어남. abdominal dropsy

ちょうみ[調味](명·자サ) 조미. 음식의 맛을 냄. seasoning. **—りょう**[調味料](명) 조미료. 음식 맛을 내기 위한 재료. 「化学(カガク)—; 화학 조미료」

ちょうみつ[稠密](형동ダ) 조밀. 촘촘하고 빽빽한 모양. 「人口(ジンコウ)—; 인구 조밀」 dense

ちょうみん[町民](명) 쵸오(町)에 사는 사람. a townsman

ちょうむすび[蝶結び](명) 나비 모양으로 끈을 매는 법. a butterfly-tie

—ちょうめ[丁目](접미) 같은 이름을 가진 거리의 구획. 가(街). 「銀座四(ギンザヨン)—; 긴자 4가(街)」

ちょうめい[町名](명) 쵸오(町)의 이름. the name of a street

ちょうめい[長命](명·형동ダ) 장명. 생명이 긺. 목숨이 긺. 장수(長寿). a long-life

ちょうめい[朝命](명) 조정의 명령. an Imperial command

ちょうめい[澄明](형동ダ) 티 하나 없이 맑고 밝은 모양. 「—な空(ソラ); 맑게 갠 하늘」 serenity

ちょうめん[帳面](명) 장부. a book. **—かた**[帳面方](명) ①장부를 기재(記載)하고 정리하는 계원(係員). ②에도 막부(江戸幕府)에서 모든 관청이나 영지(領地)의 장부를 검사하는 것을 맡았던 직. **—づら**[帳面面](명) 장부에 기재(記載)된 수자.

ちょうもう[長毛](명) 장모. 긴 털. long hair

ちょうもく[鳥目](명) ①〔お—〕 구멍이 뚫린 돈. ②돈. 2. money

ちょうもん[弔問](명·타サ) 조문. 상주된 사람을 조상(弔喪)하여 위문함. 「—客(キャク); 조문객」 a call of condolence

ちょうもん[聴問](명·자サ)〈법〉 ⇨ちょうもん(聴聞)②.

ちょうもん[聴聞](명·타サ) ①〈불〉 설법 등을 들음. ②〈법〉 행정 기관이 행정상의 행위를 함에 있어서 이해(利害) 관계자의 의견을 들음. 「—会(カイ); 공청회(公聴会)」 ③〈종〉 신자의 참회를 들음. 「—僧(ソウ); 고해 신부(告解神父)」 1. audition

ちょうもんのいっしん[頂門の一針](연어·명) 〔정수리에 침을 놓는다는 뜻으로〕 따끔한 충고. 또는 그런 충고를 주는 것. a piercing reproach

ちょうや[長夜](명) 장야. 긴 밤. 겨울 밤. 「—の夢(ユメ)をさます; 긴 밤의 꿈에서 깨어나다」 a long night

ちょうや[朝野](명) 조야. ①조정(정부)과 민간. ②천하. 전국. 1. the government and the people

ちょうやく[跳躍](명·자サ) 도약. ①뛰어 오름. ②〔육상 경기에서〕 ㉠높이뛰기. ㉡넓이뛰기. 1. a jump

ちょうやく[調薬](명·자サ)〈의〉 여러 가지 약품을 적절히 조합하여 한 가지 약을 만듦. 조제(調剤). preparation

ちょうゆう[町有](명) 쵸오(町)의 소유. 「—財産(ザイサン); 쵸오 소유의 재산」 town ownership

ちょうゆう[釣友](명) 낚시 친구. 「—会(カイ); 낚시회」 an angling companion

ちょうよう[長幼](명) 장유. ①어른과 어린이. 노소(老少). ②나이 많은 사람과 나이 적은 사람. 「—の序(ジョ); 장유의 차례」 young and old

ちょうよう[重陽](명) 중양. 음력 9월 9일의 명절. the Chrysanthemum Festival

ちょうよう[朝陽](명) ①조양. 아침 해. 아침 볕. ②산의 동쪽. 1. the rising sun 2. the eastern side of a mountain

ちょうよう[貼用](명·타サ)〈의〉 몸에 붙여 사용함.

ちょうよう[徵用](명·타サ) 징용. ①징발하여 씀. ②국가가 사람을 불러 내어 어느 기간 동안 업무에 종사시킴. 1. commandeering

ちょうらい[頂礼](명)〈불〉 정례. 이마를 땅에다 대고 가장 공경하는 뜻으로 하는 절. 인도 고대의 절로서 부처에 대한 최대의 경례(敬礼). worship

ちょうらい[朝来](부) 아침부터. from morning

ちょうらく[凋落](명·자サ) 조락. ①시들어 떨어짐. ②보잘 것 없는 신분으로 떨어짐. 영락(零落). ③쇠미

(衰微)해져서 죽음. 1. withering

ちょうり[調理](명·타サ) 조리. 요리함. 「一人(ニン); 조리사(요리사)」 cooking

ちょうりつ[町立](명) 초오(町)에서 세운 것. established by a town

ちょうりつ[調律](명·타サ)〈악〉조율. 악기의 음을 하나하나 표준음에 맞추어 고름. 「一師(シ); 조율사」 tuning

ちょうりゅう[潮流](명) 조류. ①〈지〉조석(潮汐) 때문에 일어나는 바닷물의 수평 운동. ②시세(時勢)의 경향, 형세(形勢). 1. a tide. **—けい**[潮流計](명) 조류계. 바닷속에 넣어 조류의 속도와 방향을 조사하는 기계.

ちょうりょう[跳梁](명·자サ) 도량. ①자유로이 뛰어다님. ②함부로 날뜀. 발호(跋扈). 「悪人(アクニン)が一する; 악인이 발호하다」 1. rampancy

ちょうりょく[張力](명) ①팽팽하여 서로 당기는 힘. ②〈이〉장력. 물체내의 임의(任意)의 면의 양측에서 서로 끌어 당기는 힘. 이 힘의 크기는 단위 면적에 작용하는 힘으로 나타냄. tensile force

ちょうりょく[聴力](명)〈생〉청력. 소리를 듣는 능력. audition

ちょうるい[鳥類](명)〈동〉조류. 새 무리. 날짐승. birds

ちょうれい[庁令](명)〈법〉청(庁)이라고 불리는 관청이 그 관할 구역 내에 발(発)하는 행정 명령. an office order

ちょうれい[朝礼](명) 조례. 일, 수업이 시작되기 전에 모두 모여서 하는 인사. 조회. a morning gathering

ちょうれいぼかい[朝令暮改](연어·명·자サ) 조령 모개. 명령이 자주 변하여 안정되지 않음. inconsistency of policy

ちょうれん[調練](명·타サ) 조련. ①병사를 훈련함. 연병(練兵). ②훈련이나 연습을 거듭함. 숙련(熟練). 1. military drill

ちょうろう[長老](명) 장로. ①나이 위인 사람. 선배. 「その道(ミチ)の一; 그 방면의 대선배」②〈불〉㉠덕이 높은 중. ㉡주지(住持). 선배인 중. ③〈종〉기독교 교회의 명예직. 1. an old person 3. presbyter

ちょうろう[嘲弄](명·타サ) 조롱. 비웃거나 깔보고 놀림. mockery

ちょうわ[調和](명·자サ) 조화. 잘 어울림. 「色(イロ)の一; 색의 조화」 harmony

ちょうわき[聴話器](명) 청화기. 귀가 잘 들리지 않는 사람이 청력(聴力)을 보강(補強)하기 위하여 귀에 대고 듣는 기구. 보청기(補聴器). an acousticon

チョーク[chalk](명) 초오크. 백묵. 분필.

ちよがみ[千代紙](명) 여러 가지 색 무늬를 인쇄한 종이. 접지(摺紙), 인형의 옷 등에 씀. paper with coloured figures

ちょき(명) (가위바위보의) 가위.

ちょき(ぶね)[猪牙(船)](명) 가늘고 긴 배. 강에서 사용함.

ちょきん[貯金](명·자サ) 저금. ①돈을 저축함. 또는 그 돈. ②우편 저금(郵便貯金)의 준말. 1. savings

ちょぎん[貯銀](명) 저축 은행(貯蓄銀行)의 약칭.

ちょく[直] Ⅰ(명) ①올바른 것. 곧은 것. 「曲(キョク)一; 곡직」②당직(当直). 숙직(宿直). ③직접. Ⅱ(형동ダ) ①솔직하거나 소탈한 모양. 「一な男(オトコ); 소탈(솔직)한 남자」②값 싸고 간편한 모양. 「一な店(ミセ); 값이 싸고 간편한 가게」 Ⅰ 1. uprightness Ⅱ 1. light-hearted

ちょく[勅·敕](명) 임금의 말씀. 조칙(詔勅). an Imperial order

ちょく[猪口](명) 사기 그릇으로 된 작은 술잔.

ちょくえい[直営](명·타サ) 직영. 직접 경영함. direct management

ちょくおう[直往](명·자サ) 똑바로 나아감. 직행(直行). 「一勇進(ユウシン); 똑바로 용감하게 나아감」

ちょくおん[直音](명) 〔언어에서〕 한 음절(音節)을 한 글자로 나타낼 수 있는 음. 요음(拗音)이나 촉음(促音)이 아닌 음. ⇨: ようおん(拗音), そくおん(促音).

ちょくがく[勅額](명) 임금이 친히 쓴 액자(額字).

ちょくげき[直撃](명)〈군〉직격. 폭탄 등이 바로 맞음. 「一弾(ダン); 직격탄」 a direct hit

ちょくげん[直言](명·타サ) 직언. 거리낌 없이 말함. 바른 소리. plain speaking

ちょくご[直後](명) 직후. 바로 뒤. ↔直前(チョクゼン). immediately after

ちょくご[勅語](명) 칙어. 임금의 말. an Imperial rescript

ちょくごう[勅号](명) 조정에서 덕이 높은 중에게 수여하는 칭호. a title given by the Emperor

ちょくさい[直裁](명·타サ) 직재. ①몸소 재결함. ②곧 재결함. 1. a personal decision

ちょくさい[直截](형동ダ) ⇨ちょくせつ.

ちょくし[直視](명·타サ) 직시. 똑바로 봄. 응시. looking a person in the face

ちょくし[勅旨](명) 칙지. 임금의 뜻. an Imperial wishes

ちょくし[勅使](명) 칙사. 임금의 사자(使者). an Imperial envoy

ちょくしゃ[直写](명·타サ) 직사. 있는 그대로 꾸밈없이 써서 묘사함. 「現実(ゲンジツ)を一する; 현실을 있는 그대로 묘사하다」 direct copy

ちょくしゃ[直射](명·타サ) 직사. ①광선을 정면으로 곧게 비춤. ②바로 대고 내 쏨. ③〈군〉얕은 탄도(弾道)를 이루도록 탄환을 발사함. 「一砲(ホウ); 직사포」 1. direct rays

ちょくしょ[勅書](명) 칙서. 천황의 뜻을 적은 공문서. an Imperial letter

ちょくじょ[直叙](명·타サ) 직서. 덧붙이거나 꾸미지 않고, 있는 그대로 서술함. plain statement

ちょくじょう[直上](명·자サ) 직상. ①바로 위. ②똑바로 올라 감. 1. right above

ちょくじょう[直情](명) 직정. 꾸밈이 없는 감정. 있는 그대로의 감정. a frank disposition. **—けいこう**

[直情径行](연어·명·형동ダ) 직정 경행. 마음 먹은 대로 꾸밈 없이 행동함.

ちょくじょう[勅諚](명) 천황의 조서(詔書). 칙명(勅命). an Imperial message

ちょくしるい[直翅類](명)〈동〉 직시류. 곤충강(昆虫綱)에 속하는 한 목(目). 메뚜기, 여치 등이 이에 속함. 〈학명〉 Orthoptera

ちょくしん[直進](명·자サ) ①주저하지 않고 나아감. ②똑바로 나아감. going straight on

ちょくぜい[直税](명)〈법〉 직세. 직접세(直接税)의 준말. ↔間税(カンゼイ).

ちょくせつ[直接](부·형동ダ) 직접. 중간에 매개(媒介)나 거리, 간격이 없이 바로 접한 모양. ↔間接(カンセツ). direct. **——こうどう**[直接行動](명·자サ) 직접 행동. 직접으로 행동함. **——ぜい**[直接税](명)〈법〉 직접세. 세금을 부담하는 자로부터 직접 징수하는 세금. ↔間接税. **——せんきょ**[直接選挙](명)〈법〉 직접 선거. 선거인이 직접 피선거인을 선거하는 일. ↔間接選挙. **——てき**[直接的](형동ダ) 직접적. 직접인 모양. ↔間接的. **——ほう**[直接法](명) 직접법. 〔문법에서〕 서술자(叙述者)가 긍정, 부정, 의문의 구별 없이 사실을 있는 그대로 쉽고 분명하게 서술하는 수사법(修辞法). 또는 동작을 있는 그대로 단언(断言)하는 어법(語法). ↔間接法.

ちょくせつ[直截](명·형동ダ) 직절. ①곧 재결함. ②직각적으로 판단함. ③간명(簡明)함. 1. a prompt decision 2. intuitive judgement

ちょくせん[直線](명) 직선. ①〈수〉 두 개의 점 사이의 제일 짧은 선. ②똑바른 선. a straight line. **——けい**[直線形](명)〈수〉 직선형. 셋 이상의 직선으로 에워싸인 도형. ↔曲線形(キョクセンケイ). **——び**[直線美](명) 직선미. 직선으로 이루어진 소박(素朴)하고 힘이 강한 아름다움. ↔曲線美.

ちょくせん[勅選·勅撰](명·타サ) 칙선. 칙명(勅命)으로 노래를 모아 책을 엮음. 「―集(シュウ); 칙선집」 compilation by Imperial command

ちょくぜん[直前](명) 직전. 바로 앞. ↔直後(チョクゴ). just before

ちょくそう[直送](명·타サ) 직송. 직접 상대방에게 보냄. forwarding directly

ちょくぞく[直属](명·자サ) 직속. 직접 종속(従属)함. 「文部省(モンブショウ)―の機関(キカン); 문교부 직속 기관」 being under direct control of

ちょくだい[勅題](명) 칙제. ①임금이 출제한 시가(詩歌)의 제목. ②임금이 친히 쓴 액자(額子). 1. the subject of the ode presented by the Emperor

ちょくちょう[直腸](명)〈생〉 직장. 창자의 가장 끝 부분. 대장의 끝에서 항문에 달린 곳까지의 부분. 곧은창자. the rectum

ちょくつう[直通](명·자サ) 직통. (기차나 차량을 바꿔 타지 않고) 바로 어떤 지점까지 통함. 「―電話(デンワ); 직통 전화」 through traffic

ちょくとう[直答](명·자サ) 직답. ①직접 대답함. ②곧 대답함. 그자리에서 대답함. 1. a direct answer

ちょくとう[勅答](명·자サ) ①임금의 대답. ②임금에 대한 대답. 1. a reply from the Throne

ちょくどく[直読](명·자サ) 한문 등을 훈독(訓読)하지 않고 전부 음독(音読)함.

ちょくな[直な] ⇨ちょく(直)Ⅱ.

ちょくはい[直配](명·타サ) 직배. 생산자에게서 직접 소비자에게 배급함.

ちょくばい[直売](명·타サ) 직매. 생산자가 직접 소비자에게 팖. 「産地(サンチ)―; 생산지에서의 직매」 direct sales

ちょくひ[直披](명) 편지 겉봉에 쓰는 말. 친전(親展). confidential

ちょくひつ[直筆](명·타サ) 직필. ①구애됨이 없이 사실 그대로 적음. ②붓을 꼿꼿이 잡고 글씨를 씀. 1. writing plainly on

ちょくほうたい[直方体](명)〈수〉 직방체. 장방형의 육면체. 직육면체. 벽돌, 성냥갑 같은 모양. ↔立方体(リッポウタイ). a rectangular parallelepiped

ちょくめい[勅命](명) 칙명. 임금의 명령. an Imperial order

ちょくめん[直面](명·자サ) 직면. 직접 대함. 「重大(ジュウダイ)な事態(ジタイ)に―する; 중대한 사태에 직면하다」 facing

ちょくやく[直訳](명·타サ) 직역. 원문(原文)대로 번역함. ↔意訳(イヤク). literal translation

ちょくゆ[直喩](명) 직유. 직접 두 개의 것을 비교해서 비유하는 것. 예: 산더미 같은 파도. ↔隠喩(インユ). a simile

ちょくゆしゅつ[直輸出](명·타サ) 직수출. 직접 수출함. direct export

ちょくゆにゅう[直輸入](명·타サ) 직수입. 직접 수입함. direct import

ちょくりつ[直立](명·자サ) 직립. ①똑바로 섬. 「―不動(フドウ)の姿勢(シセイ); 직립 부동의 자세」 ②높이 솟음. ③수직(垂直). 1. standing upright 3. perpendicularity

ちょくりゅう[直流](명·자サ) ①〈이〉 직류. 방향이 일정한 전류. ↔交流(コウリュウ). ②곧게 흐름. 1. direct current. **——き**[直流機](명)〈이〉 직류 발전기, 또는 직류 전동기(電動機)의 총칭.

ちょくれつ[直列](명·타サ) ①〈이〉 직렬. 전력을 세게 하기 위해서 전지 등의 양극과 음극을 순차로 연결시킴. 직렬 연결. ↔並列(ヘイレツ). ②직선으로 줄을 섬. 또는 그 줄. a series

전지 전지 전지

〔直列〕

ちょくろ[直路](명) 직로. 곧은 길. 직도(直道). a straight way

ちょげん[緒言](명) 서언. 머리말. an introduction

ちょげん[著減](명·자サ) 현저하게 줆. ↔著増(チョゾウ).

ちょこ[猪口](명) ⇨ちょく.

チョコ(명) 초콜렛의 준말.

ちょこざい[猪口才](명·형동ダ)〈속〉 약삭빠름. 건방짐. 주제넘음. saucy
ちょこちょこ(부·자サ) ①작은 것이 뛰거나 걷는 모양. 아장아장. 되똑되똑. 되똑거림. ②동작이 침착하지 못한 모양. 1. toddling
ちょこ(な)んと(부)〈속〉 몸을 움츠리고 가만히 있는 모양. 오도카니. alone
ちょこまか(부·자サ)〈속〉 거동이나 동작이 크지 못하고 침착하지 않은 모양. 달랑달랑. bustling
チョコレート[chocolate](명) 초콜렛. ①코코아 씨를 볶아 만든 가루. 더운 물에 타서 밀크, 설탕을 넣어 마시거나, 밀크, 버터, 설탕, 향료 등을 넣고 굳혀서 과자를 만듦. ②코코아. ③초콜렛 빛깔.
ちょさく[著作](명·자타サ) 저작. ①책을 씀. 또는 그 책. 저술. ②〈법〉 문예, 학술, 미술 등의 제작. 「一物(ブツ); 저작물」 1. writing. **—けん**[著作権](명) 저작권. 저작자가 자기가 저작한 것을 번역, 흥행(興行), 복제(複製)하는 권리.
ちょしゃ[著者](명) 저자. 저작한 사람. 작자. a writer
ちょじゅつ[著述](명·자타サ) 저술. 책을 지음. 또는 그 책. 「一業(ギョウ); 저술업」 a literary work
ちょしょ[著書](명) 저서. 저술(著述)한 책. a work
ちょすい[貯水](명·자サ) 저수. 물을 저장함. reservoir water. **—ち**[貯水池](명) 저수지. 물을 저장하는 못.
ちょせん[緒戦](명) 서전. 전쟁, 시합의 시초. 싸움의 발단(発端). the beginning of an action
ちょそう[貯槽](명) 액체, 기체 등을 저장하는 큰 통이나 탱크. a tank
ちょぞう[著増](명·자サ) 현저하게 늚. ↔著減(チョゲン).
ちょぞう[貯蔵](명·타サ) 저장. 물건을 모아 간수함. 「一量(リョウ); 저장량」 storage. **—こん**[貯蔵根](명)〈생〉 저장근. 주근(主根)이 양분을 많이 저장해 두어 비대해진 뿌리. 저장 뿌리. **—でんぷん**[貯蔵澱粉](명)〈생〉 저장 전분. 식물에 저장되어 있는 녹말. 동화(同化) 녹말보다 알이 큼.
ちょだい[著大](명·형동ダ) 현저하게 큼. 「一な効果(コウカ); 현저하게 큰 효과」 gigantic
ちょたん[貯炭](명) 저탄. 석탄을 저장하는 일. 또는 그 석탄. 「一場(バ); 저탄장」 a stock of coal
ちょちく[貯蓄](명·타サ) 저축. 절약하여 모아 한데 쌓아 둠. savings. **—ぎんこう**[貯蓄銀行](명) 저축은행. 일반 서민 계급의 영세 저금을 보관하고 저축을 장려하는 것을 주요한 목적으로 설립한 은행.
ちょっか[直下](명·자サ) 직하. ①바로 아래. 바로 밑. ②곧게(바로) 내려 감. 1. directly under
ちょっかい(명)〈속〉 ①고양이가 앞발로 끌어 당기는 일. 「一をかける; 이것 저것 시험적으로 해보다」 ②쓸 데 없는 간섭. 또는 참견. 「一を出(ダ)す; 쓸 데 없이 참견하다」 1. snatching
ちょっかく[直角](명)〈수〉 직각. 수평선과 수직선이 이루는 각. 90도. a right angle. **—さんかっけい**[直角三角形](명)〈수〉 직각 삼각형. 한 각이 직각인 삼각형.
ちょっかく[直覚](명·타サ) 직각. 대번에 깨달음. 직감(直感). intuition. **—てき**[直覚的](형동ダ) 직각적. 한번 보고 바로 깨닫는 모양.
ちょっかつ[直轄](명·타サ) 직할. 직접 관할(管轄)함. 「一学校(ガッコウ); 직할 학교」 direct control
ちょっかっこう[直滑降](명·자サ) 〔스키이에서〕 사면(斜面)을 똑바로 타고 내려 감. a Schuss
ちょっかん[直感](명·타サ) 직감. 설명이나 증명을 거치지 않고 곧 사물의 진상(真相)을 마음으로 느껴 앎. 직각(直覚). intuition
ちょっかん[直諫](명·타サ) 직간. 바른 말로 간함. 기탄 없이 충고함. personal admonition
ちょっかん[直観](명·타サ) 직관. 판단, 추리 등의 사유(思惟) 작용을 거치지 않고 대상을 직접 파악함. intuition. **—てき**[直観的](형동ダ) 직관적. ①잠깐 보고 아는 모양. ②실물을 보여 알게 하는 모양.
ちょっかん[勅勘](명) 임금의 책망. 「一をこうむる; 임금으로부터 책망을 받다」 the Emperor's reprimand
チョッキ[포 jaque](명) 조끼. 저고리나 양복, 와이샤쓰 위에 입는 소매가 없고 주머니가 달린 옷. 동의(胴衣).
ちょっきゅう[直球](명) 직구. 〔야구에서〕 피처(投手)가 배터(打者)에게 커어브 없이 똑바로 던지는 공. a straight ball
ちょっきょ[勅許](명) 칙허. 임금의 허가. Imperial sanction
ちょっくらちょっと(부)〈속〉 ①아주 조금. ②아주 간단하게.
ちょっけい[直系](명) 직계. ①〈법〉 한 사람을 중심으로 해서 직선적으로 계승하는 계통. ②직접의 계통. ↔傍系(ボウケイ). a direct line. **—いんぞく**[直系姻族](명) 직계 인족. 배우자(配偶者)의 직계 혈족. 또는 자기 직계 혈족의 배우자. **—けつぞく**[直系血族](명)〈법〉 직계 혈족. 직계 관계가 있는 혈족. 직계 존속(尊属)과 직계 비속(卑属)의 총칭. **—そんぞく**[直系尊属](명)〈법〉 직계 존속. 조상으로부터 직선적으로 계승하여 자기에게 이르는 사이의 혈족. 부모, 조부모, 증조부모 등. **—ひぞく**[直系卑属](명)〈법〉 직계 비속. 자기로부터 직선적으로 내려 가서 후예에 이르는 사이의 혈족. 아들딸, 손자, 증손 등.
ちょっけい[直径](명)〈수〉 직경. 지름. a diameter
ちょっけつ[直結](명·자サ) 직결. 직접 연결됨. direct connection
ちょっこう[直行](명·자サ) 직행. ①똑바로 감. ②생각한 대로 행함. ③바른 행동. 1. going through
ちょっこう[直交](명·자サ)〈수〉 직교. 두 직선, 또는 두 평면이 직각을 이루며 교차함. orthogonal
ちょっこう[直航](명·자サ) 직항. 도중에 기항(寄港)하지 않고 목적지로 바로 항행(航行)함. a direct voyage
ちょっと[一寸·鳥渡](부) ①잠깐. 잠시. ②조금. 약

간. ③손쉽게. 1. for a moment. **——み**[一寸見](명) 잠깐 봄. 잠깐 본 느낌. 「—はりっぱだが; 잠깐 보기에는 훌륭하지만」

ちょっぴり(부)〈속〉 조금. 약간. just a bit

チョップ[chop](명) 촙. ①갈비. ②〔정구에서〕 공을 깎아 치는 것. ③〔레슬링에서〕 베듯이 때리는 일.

ちょとつ[猪突](명·자サ) 저돌. 멧돼지처럼 앞뒤를 분별하지 않고 돌진함. 무모하게 일함. recklessness

ちょびひげ[ちょび髭](명)〈속〉 코밑에 조금 기른 수염. a small moustache

ちょぶん[著聞](명·자サ) 세상에 잘 알려짐. being well-known

ちょぼ(명) ①표지(標識)로 찍는 점. ②〔카부키(歌舞伎)에서〕 각본(脚本)의 설명문을 읊는 사람. 1. a dot

ちょぼく[貯木](명·자サ) 저목. 재목을 저장함. 쌓아 놓은 재목. timber

ちょぼくれ(명) 목탁을 장단으로 우습광스러운 속요(俗謡)를 부르며 동냥하는 중.

ちょま[苧麻](명)〈식〉 ⇨からむし.

ちょめい[著名](형동ダ) 저명. 유명한 모양. 「—な学者(ガクシャ); 유명한 학자」 being well-known

ちょめい[著明](명·형동ダ) 저명. 현저하게 드러남. 눈에 뜨임. 잘 알려짐. being outstanding

ちょりつ[佇立](명·자サ) 저립. 우두커니 섬. standing still

ちょりゅう[貯留·瀦溜](명·자타サ) 물 등이 괨. storage

ちょろ·い(형)〈속〉 ①작고 빠르다. ②(처사 등이) 무르다. ③쉽다. 용이하다. 3. easy

ちょろく[著録](명·타サ) (장부 등에) 기록함. 나타내어 적음.

ちよろず[千万]—ヨロヅ(명) 천만. 한없이 많은 것. 「numberless

ちょろまか·す(타4)〈속〉 ①눈을 속여 훔치다. ②속이다. 「会計(カイケイ)を—; 회계를 속이다」 1. filch

ちょろん[緒論](명) ⇨しょろん.

ちょん(부·명) ①물건을 자르는 모양. ②연극의 시작이나 끝을 알리는 딱다기 소리. 「—になる; 끝나다」 ③몸을 움츠리고 가만히 있는 모양. 오도카니. ④〈속〉 지혜가 좀 모자라는 모양. 또는 그런 사람. 「ばかでも—でも; 천치든지 바보든지」 ⑤표지로 찍은 점. 1. cutting 5. a dot

チョンガー[総角](명) 총각. 〔한국에서〕 독신 남자. 아직 결혼하지 않은 장성한 남자. a bachelor

ちょんぎ·る(타4) ①〈속〉 함부로 막 자르다. ②면직(免職)시키다. 「首(クビ)を—; 모가지를 자르다(파면시키다)」 1. cut off

ちょんのま(명)〈속〉 아주 짧은 시간. 잠깐 사이. for a little

ちょんまげ[丁髷](명) 상투. a topknot

〔丁髷〕

ちらか·す[散らかす](타4) 어지르다. 흩뜨리다. scatter

ちらか·る[散らかる](자4) 어질러지다. 흩어지다. disperse

ちらし[散らし](명) ①어질러 놓음. ②광고로 뿌리는 종잇조각. ③←散らしずし. ④놀이딱지를 흩뜨려 놓고 서로 집는 일. 2. a handbill. **——ずし**(명) 초, 소금으로 간을 맞춘 밥 위에 생선이나 채소 등을 놓은 음식.

ちら·す[散らす] Ⅰ(타4) ①(나뭇잎 등을) 흩뜨리다. ②나누다. 분배하다. ③말하여 퍼뜨리다. ④종기를 없애다. Ⅱ(보동·4) 동작이 거친 모양, 함부로 하는 모양을 나타내는 말. 난폭하게 …하다. 「投(ナ)げ—; 난폭하게 마구 던지다」 Ⅰ1. scatter

ちらちら(부·자サ) ①날아 떨어지는 모양. ②멀리서 깜박이는 모양. 명멸(明滅). 깜박깜박. 반짝반짝. 1. flying about 2. twinkling

ちらつ·く(자サ) ①반짝이다. 깜박거리다. ②(눈이) 조금씩 내리다. 1. flicker

ちらっと(부) 흘끗. 잠깐. 얼핏. for a little

ちらば·る[散らばる](자4) 어지럽게 흩어지다. scatter

ちらほら(부·자サ) 여기저기 조금씩 있는 모양. 드문드문 있는 모양. 「桜(サクラ)が—咲(サ)きはじめた; 벚꽃이 드문드문 피기 시작하였다」 sparsely

ちらり(부) ①⇨ちらちら. ②조금. 잠깐. 2. a moment. **——ほらり**(부) ⇨ちらほら.

ちらん[治乱](명) 잘 다스리는 세상과 어지러운 세상. war and peace

ちり(명) 남비 요리의 하나. 생선, 두부, 야채 등을 넣어 삶아서 초(醋)간장에 찍어 먹음. 「ふぐ—; 복남비」 fish stew served with vinegared soy

ちり[塵](명) ①먼지. 티끌. 쓰레기. ②더러운 것. 「—の世(ヨ); 더러운 세상(속세)」 ③더러움. 「都会(トカイ)の—を; 도회지의 더러움을」 ④가치 없는 것. ⑤속세(俗世). ⑥찌꺼기. 1. dust 4. a trifle

ちり[地利](명) 지리. ①지세(地勢)의 편리. ②토지에서 오는 이익. 1. a geographical advantage

ちり[地理](명) 지리. ①토지의 상태. ②〈지〉 지구상에서의 산천, 수륙, 기후, 생물, 인구, 도시, 산업, 교통, 정치 등의 상태. 2. geography. **——がく**[地理学](명) 지리학. 지구 표면에서 볼 수 있는 많은 현상들을 지리적인 관점에서 고찰, 연구하는 학문.

チリ[Chile·智利](명)〈지〉 칠레. 남아메리카 서남 해안의 공화국. 수도는 산티아고(Santiago).

ちりあくた[塵芥](명) ①쓰레기. 먼지. ②가치 없는 것. 1. rubbish

ちりがみ[塵紙](명) ①휴지. ②재생지 등의 질이 나쁜 종이. 1. toilet-paper

ちりけ[身柱](명) ①꼭뒤에 있는 뜸자리. 천주(天柱). ②어린 아이의 간기(肝気).

ちりし·く[散り敷く](자4) (꽃, 잎 등이) 흩어져 지면에 깔리다. lie scattered

チリしょうせき[Chili 硝石](명)〈광〉 칠레 초석. 남미 칠레 특산의 광물. 비료, 초산의 원료. Chile saltpetre

ちりぢり[散り散り](명) ①산산이 흩어지는 모양. ②헤어지는 모양. 「親子(オヤコ)きょうだいが—になる; 부모 형제가 유리 분산되다」 1. scatteringly

ちりっぱ[塵っ葉](명)〈속〉 "ちり(쓰레기)"의 센말. 먼지.

「――(ヒト)つおちていない; 먼지 하나 떨어져 있지 않다」 dust
ちりとり[塵取り](명) 쓰레받기. a dust-pan
ちりなべ[ちり鍋](명) ⇨ちり.
ちりのこ·る[散り残る](자 4) 지지 않고 남다.
ちりば·める[鏤める](타하 1) 아로새기다. 군데군데 끼우다. inlay
ちりぼ·う[散りぼう]―バフ(자 4)〈고〉 ①흩어지다. ②이산(離散)하다. 떨어져 흩어지다.
ちりめん[縮緬](명) 견직물의 한 가지. 바탕이 오글쪼글한 비단. crêpe. **――じゃこ**[縮緬雑魚](명)〈동〉 말린 뱅어포. **――じわ**[縮緬皺](명) 잔주름.
ちりゃく[知略·智略](명) 지략. 슬기로운 계략(計略). resources
ちりょ[知慮·智慮](명) 지려. ①지혜와 사려(思慮). ②훌륭한 생각. intellectuality
ちりょう[治療](명·타サ) 치료. 병을 고침. medical treatment
ちりょく[地力](명)〈농〉 지력. 토지의 생산력. fertility. **――ていげん**[地力逓減](명)〈농〉 지력 체감. 경작지의 생산력이 일정한 한도에 달하면 그 이상 자본이나 노동력을 더 들여도 그 비례대로 생산이 증가하지 않거나 순익(純益)이 주는 일.
ちりょく[知力·智力](명) ①지력. 지혜의 힘. ②재지(才智)와 용기. 1. intellectual power
ちりょさいかく[知慮才覚](명) 슬기를 짜고 재기(才気)를 부림. sagacity
ちりれんげ[散り蓮華](명) 작은 사기 숟가락. a china spoon
ち·る[散る](자 4) ①(꽃, 잎 등이) 떨어지다. ②산산이 흩어지다. 흩날리다. ③뒤섞이다. ④도망 가다. ⑤(마음이) 산란하다. ⑥번지다. 퍼지다. 「すみが―; 먹이 번지다」 ⑦종기 등이 (퍼져서) 없어지다. ⑧이리저리 흩어지다. 「群衆(グンシュウ)が―; 군중이 흩어지다」 2. disperse
ちれき[地歴](명) 지리와 역사. geography and history
ちろうい[地労委](명) 지방 노동 위원회(地方労働委員会)의 약칭.
ちろり[銚釐](명) 잿속에 묻어 술을 데우는 그릇. 금속으로 만들며, 통과 같이 되었음. a wine warmer
〔銚釐〕
ちわ[痴話](명) 치화. 남녀의 정담(情談). love-talk
ちわげんか[痴話喧嘩](명·자サ) 남녀간의 치정(痴情)에서 생기는 싸움. 치정 싸움. a lovers' quarrel
ちん―[珍](조어) 진귀한. 「―現象(ゲンショウ); 진귀한 현상(現象)」
―ちん[賃](조어) 임금(賃金). 보수(報酬). 「お使(ツカ)い―; 심부름 값」
ちん[狆](명)〈동〉 집에 기르는 일본개. 몸은 작고 털이 길며, 눈은 동그랗고 큼. 「―がくしゃみをしたよう; 우습고 보기 흉한 얼굴 모양」 a Japanese pug
ちん[亭](명) 정자. an arbour
ちん[珍](명·형동ダ) 진귀함. 진귀한 것. 「―とする; 진귀하게 여기다」 rarity
ちん[朕](대) 짐. 옛날 임금이 자기를 일컫던 말.
ちんあげ[賃上げ](명·자サ) 노임(労賃)을 올림. 임금 인상. 「―闘争(トウソウ); 임금 인상 투쟁」 ↔賃下(チンサ)げ. a wage increase
ちんあつ[鎮圧](명·타サ) 진압. 내려 눌러 진정시킴. 평정(平定). 「暴動(ボウドウ)を―する; 폭동을 진압하다」 repression
ちんうつ[沈鬱](형동ダ) 침울한 모양. 기분이 답답하고 좋지 않은 모양. 「―な顔色(カオイロ); 침울한 안색」 melancholy
ちんか[沈下](명·자サ) 침하. 가라앉아 내려 감. 「地盤(ジバン)の―; 지반이 내려 앉음」 subsidence
ちんか[珍果](명) 진과. 진귀한 과일. rare fruit
ちんか[珍菓](명) 진귀한 과자. rare sweets
ちんか[鎮火](명·자타サ) 진화. 불이 꺼짐. 불을 끔. extinguishment
ちんがい[鎮咳](명)〈의〉 진해. 기침을 진정시키는 일. a cough cure
ちんがし[賃貸し](명·타サ) 요금을 받고 빌려 줌. ↔賃借(チンガ)り. lease
ちんがり[賃借り](명·타サ) 요금을 내고 빌어 씀. hire
ちんき[沈毅](명·형동ダ) 침착하여 동요되지 않음. staidness
ちんき[珍奇](명·형동ダ) 진기. 색다르고 이상함. 「―な形(カタチ); 진기한 형태」 curiosity
チンキ[네 tinctuur·丁幾](명)〈의〉 정기. 약품을 알코올이나 에에테르에 담가서 용해시킨 액체. 「ヨード―; 옥도 정기」 tincture
ちんぎ[珍技](명) 진기한 연기. a novel performance
ちんきゃく[珍客](명) 진객. 진귀한 손님. a welcome guest
ちんきん[賃金](명) 임금. ①노동하여 받는 보수. 품삯. ②〈법〉 입대차(賃貸借)에 있어서 차용물 사용의 대가(貸価). 1. pay 2. rent
ちんぎん[沈吟](명·자サ) ①약간 소리 나게 입 속으로 읊음. ②깊이 생각함. 2. meditation
ちんぎん[賃銀·賃金](명) 임금. ①보수(報酬). 품삯. ②〈경〉 노동의 대가로 받는 돈. wages
ちんくしゃ[狆くしゃ](명)〈속〉 망측한 얼굴. 보기 흉한 얼굴을 욕하는 말. ugly
ちんけいざい[鎮痙剤](명)〈의〉 진경제. 경련을 진정시키는 약. an antispasmodic
ちんご[鎮護](명·타サ) 진호. 난리를 평정하고 지킴. 「国家(コッカ)を―する; 국가를 진호하다」 security and protection
ちんこう[沈降](명·자サ) 침강. 가라앉아 내려 감. sedimentation. **――かいがん**[沈降海岸](명)〈지〉 침강해안. 육지의 침강에 의하여 생긴 해안 지형. 침수해안.
ちんころ(명)〈속〉 ①⇨ちん(狆). ②강아지.

ちんこん[鎮魂](명·자サ) 진혼. (죽은 사람의) 혼을 진정시킴. repose of souls. **—きょく**[鎮魂曲](명)〈종〉 진혼곡. 〔기독교에서〕 죽은 사람의 영혼을 진정시키기 위하여 연주하는 음악. **—さい**[鎮魂祭](명)〈종〉 진혼제. 진혼하기 위하여 올리는 제사.

ちんざ[鎮座](명·자サ) 진좌. ①신령이 그자리에 임함. ②〈속〉 자리 잡고 앉음. 1. being enshrined

ちんさげ[賃下げ](명·자サ) 임금을 인하함. ↔賃上(チンアゲ)げ. a wage decrease

ちんし[沈子](명) 어망(漁網)에 다는 추. a weight

ちんし[沈思](명·자サ) 침사. 생각에 잠김. 깊이 생각함. meditation. **—もっこう**[沈思黙考](명·자サ) 침사 묵고. 말 없이 마음속으로 깊이 생각함.

ちんじ[椿事·珍事](명) 춘사. ①드문 일. 진기한 사건 ②의외의 사건이나 사고. 2. an unexpected thing

ちんしごと[賃仕事](명) 삯일. 품팔이. job work

ちんしゃ[陳謝](명·자サ) 진사. 용서를 빎. 사죄(謝罪). an apology

ちんしゃく[賃借](명·타サ) 임차. 요금을 내고 빌림. ↔賃貸(チンタイ). hire

ちんしゅ[珍種](명) 진종. 진귀한 품종. a rare kind

ちんじゅ[鎮守](명) 진수. ①병사를 두어 그곳을 진압하여 지킴. ②토지나 절을 지키는 신(神). 1. subdue

ちんじゅつ[陳述](명·타サ) 진술. ①입으로 말함. ②〈법〉 사실, 의사(意思) 등을 말로 발표함. ③〔문법에서〕 판단의 표현. 1. 2. a statement

ちんしょ[珍書](명) 진서. 진귀한 책. a rare book

ちんしょう[沈鐘](명) 침종. 물속에 가라앉아 있다고 하는 종. 「—伝説(デンセツ); 침종의 전설」

ちんじょう[陳情](명·타サ) 진정. 어떤 일의 실정을 진술하고 선처(善処)를 부탁함. 「国会(コッカイ)に—する; 국회에 진정하다」 an appeal

ちん·じる[陳じる](타상 1) ①말하다. ②주장하다. 1. state 2. assert

ちんすい[沈水](명) 침수. ①물에 잠김. ②침향(沈香)나무. 침향. 1. sinking 2. an agalloch

ちんすい[沈酔](명·자サ) 침취. 술이 몹시 취함. being dead-drunk

ちんせい[沈静](명·자サ) 침정. 마음 등이 가라앉고 조용해짐. tranquillity

ちんせい[鎮静](명·자타サ) 진정. ①가라앉아 조용해짐. ②가라앉혀 고요하게 함. 「—剤(ザイ); 진정제」 appeasement

ちんぜい[鎮西](명)·큐우슈우(九州) 지방의 옛 이름.

ちんせき[沈積](명·자サ) 가라앉아 쌓임. deposition

ちんせき[枕席](명) ①침석. 베개와 이부자리. 잠자리. ②침실(寝室). 「—に侍(ジ)する; 여자가 남자와 동침하다」 1. a bed

ちんせき[珍籍](명) 진귀한 책. 진서. a rare book

ちんせききぼく[珍石奇木](명) 진귀한 돌과 이상한 나무. a rare stone and a strange tree

ちんせつ[珍説](명) 진설. ①진기한 이야기. 진담(珍談). ②진기한 의견. 1. a funny story

ちんせん[沈船](명) 침선. 가라앉은 배. a sunken ship

ちんせん[沈潜](명·자サ) 침잠. ①물속에 가라앉아 숨음. ②깊이 생각하여 고찰함. 1. sinking

ちんせん[賃銭](명) 일을 한 값으로 받는 돈. 품삯. 임금. wages

ちんぞう[珍蔵](명·타サ) 진기하게 여겨 귀중하게 넣어 둠. treasuring up

ちんたい[沈滞](명·자サ) 침체. ①일이 잘 진전되지 아니함. 의기(意気)가 오르지 않음. 「—した空気(クウキ); 침체한 공기」 ②오래도록 벼슬이 오르지(昇進) 않음. 1. stagnation

ちんたい[賃貸](명·타サ) 임대. 요금을 받고 빌려 줌. ↔賃借(チンシャク). lease. **—かかく**[賃貸価格](명) 임대 가격. 대주(貸主)가 취득하는 임대료의 금액.

ちんだい[鎮台](명) ①옛날 어느 지방을 지키기 위해서 오래 거기에 머무르게 했던 군대. ②사단(師団)의 옛 이름. 1. a garrison

チンタオ[青島](명)〈지〉 청도. 중국 산동성(山東省) 동부 교주만(膠州湾)에 면한 도시.

ちんたいしゃく[賃貸借](명)〈법〉 임대차. 남에게 자기 물건을 사용하게 하고 그것에 대해 빌려 준 값을 받는 계약. lease

ちんだん[珍談](명) 진담. 진귀한 이야기. a funny story

ちんちくりん(명·형동ダ) 키가 작은 사람을 놀리는 말. 땅딸보. a dwarf

ちんちゃく[沈着] Ⅰ(명·자サ·형동ダ) 침착. 신중해서 당황하지 않음. 「—な行動(コウドウ); 침착한 행동」 Ⅱ(명·자サ) 가라앉음. 침전(沈澱). 「灰分(ハイブン)が—する; 회분이 가라앉다」 Ⅰ composure

ちんちょう[珍重](명·타サ) ①진중. 진귀하여 소중히 여김. ②경사로움. 1. prizing 2. a happy event

ちんちょう[珍鳥](명) 진기한 새. a rare bird

ちんちょう(げ)[沈丁(花)](명)〈식〉 서향나무. 정원에 심는 작은 상록수. 봄에 달콤한 냄새를 풍기는 하얀 꽃이 핌. a sweet-smelling daphne

ちんちん Ⅰ(명·자サ) ①〈속〉 질투. ②개가 앉은 채 몸을 똑바로 세우고 앞발을 들어 손짓하는 것처럼 움직임. ④〔어린이 말로〕 자지. Ⅱ(부) 주전자의 물이 소리를 내며 끓는 모양. Ⅰ 1. jealousy. **—かもかも**(연어·명·자サ)〈속〉 남녀가 매우 친숙한 모양. **—もがもが**(명·자サ) 한 발을 들고 한 발로만 뛰는 아이들 놀이. 앙감질 놀이.

ちんちん[沈沈](부) ①아주 고요한 모양. ②밤이 깊어 고요한 모양. 2. getting far advanced

ちんつう[鎮痛](명)〈의〉 진통. 아픈 것을 진정시키는 일. alleviation of pain. **—ざい**[鎮痛剤](명)〈의〉 진통제. 신경을 마비시켜 아픔을 진정시키는 약. 예: 모르핀, 안티피린 등.

ちんつう[沈痛](형동ダ) 침통. 슬픔에 잠겨 가슴 아파하는 모양. 「—な面持(オモモ)ち; 침통한 표정」 being sad

ちんてい[鎮定](명·타サ) 진정. 진압하여 평정(平定)함. suppression

ちんでき[沈溺](명·자サ) ①(물에) 빠짐. ②⇨たんでき. 1. drowning
ちんでん[沈殿·沈澱](명·자サ) 침전. 액체 속에 있는 잡된 것이 밑바닥에 가라앉음. 또는 가라앉은 것. 앙금. precipitation
ちんとう[枕頭](명) 베갯머리. bed-side
ちんとう[珍答](명) 진답. 이상한 대답. a strange answer
ちんとう[陳套](명·형동ダ) 시대에 뒤지고 낡음. 진부(陳腐). being old-fashioned
ちんどんや[ちんどん屋](명) 이상한 복장을 하고 악기(楽器)를 불면서 선전, 광고하는 사람. a ding-dong party for publicity
ちんにゅう[闖入](명·자サ) 틈입. 기회를 타서 불시에 들어 감. intrusion
ちんば[跛](명) ①절름발이. ②한쌍이 되어야 할 물건이 갖추어지지 않은 것. 1. lameness
チンパニー[이 timpani](명)〈악〉팀파니. 오케스트라에 쓰는, 구리로 만든 반구형(半球形)의 북.
チンパンジー[chimpanzee](명)〈동〉침팬지이. 유인원과(類人猿科)에 속하는 작은 원숭이. 영리하여 사람에게 잘 따름.

〔チンパニー〕

ちんぴ[陳皮](명) 진피. 귤 껍질을 말린 것. 건위(健胃), 발한(発汗)의 한방 약재(漢方薬材)로 씀. dried orange peel
ちんぴら(명)〈속〉①아이. ②불량 소년. 불량 소녀. 「一強盗(ゴウトウ); 소년 강도」 1. an urchin
ちんぴん[珍品](명) ①진품. 진귀한 물건. ②〔카부키(歌舞伎)에서〕연기(演技)의 실수. 1. a rare article
ちんぶ[鎮撫](명·타サ) 진무. 진정시켜 어루만짐. 진압(鎮圧). 「乱民(ランミン)を一する; 난민을 진압 하다」 pacification
ちんぷ[陳腐](명·형동ダ) 진부. 새로운 맛이 없음. 묵어서 썩음. 「一化(カ)する; 진부하게 되다」 commonplaceness
ちんぶつ[珍物](명) 진물. 진귀한 물건. a rare article
ちんぶん[珍聞](명) 진문. 이상한 이야기. 이상한 소문. an amusing story
ちんぷんかん(ぷん)(명·형동ダ)〈속〉(횡설 수설하여) 뜻을 모르는 말. 또는 그런 말을 하는 사람. jargon
ちんべん[陳弁](명·타サ) 사정을 말하여 변명함. explanation
ちんぼ(명)〔어린이 말로〕자지.
ちんぽう[珍宝](명) 진보. 진귀한 보물. a treasure
ちんぼつ[沈没](명·자サ) 침몰. ①(배 등이) 가라앉음. 물속에 잠김. ②고주 망태가 됨. 또는 유곽에서 잠. ③전당(典当) 잡힘. 1. sinking
ちんぽん[珍本](명) 진본. 진귀한 책. 「一をあさる; 진귀한 책을 찾아 다니다」 a rare book
ちんまり(부·자サ) 작으면서도 알차고 귀여운 모양.
ちんみ[珍味](명) 진미. 맛이 진귀함. 또는 그러한 맛. 「山海(サンカイ)の一; 산해 진미」 a dainty
ちんみょう[珍妙](명·형동ダ) 진묘. 진기하고도 묘함. 매우 이상함. queerness
ちんむるい[珍無類](형동ダ) 진무류. 더없이 진기(이상)한 모양. singularity
ちんめん[沈湎](명·자サ) 침면. 술에 빠짐. 사물에 마음을 빼앗김. indulgence
ちんもく[沈黙](명·자サ) 침묵. 말하지 않음. 「一を守(マモ)る; 침묵을 지키다」 silence
ちんもち[賃餅](명) 삯을 받고 쳐 주는 떡. rice-cake made at a charge
ちんもん[珍問](명) 이상한 질문. a ridiculous question
ちんゆう[沈勇](명) 침착하고 용기가 있는 것. cool courage
ちんゆう[珍優](명) 색다른 연기를 보여 주는 배우.
ちんりん[沈淪](명·자サ) 침륜. ①침몰함. ②몰락함. 「非運(ヒウン)に一する; 비운에 빠지다」 1. sinking
ちんれつ[陳列](명·타サ) 진열. 물품을 죽 벌이어 놓음. 「一室(シツ); 진열실」 exhibition
ちんろうどう[賃労働](명) 임금(賃金)을 받고 하는 노동. 임금 노동. wage labour
ちんわん[枕腕](명)〔서도(書道)에서〕왼손을 오른손 밑에 받치고 글씨를 쓰는 일.

つ

一つ(접미) 수사(数詞) 밑에 붙이는 말. 「ひと一; 하나」
つ[津](명)〈고〉배가 닿는 곳. 나루터.
つ Ⅰ(조동·하2형) ①과거의 결과가 계속되어 남아 있음을 나타내는 말. 「任(マカ)せ一; 맡겨 버렸다」 ②과거를 나타내는 말. 「ふりすて一; 뿌리쳤다」 Ⅱ(격조) …의. 「天(アマ)一神(カミ); 하늘의 신」 Ⅲ(접조) …도 하고 …도 하다. 「追(オ)い一追われ一; 쫓기도 하고 쫓기기도 하다」
ツアー[tour](명) 투어. ①관광 여행. ②간단한 여행.
ツアー(ル)[러 Tsar](명) 짜아르. 제정(帝政) 러시아의 황제.
つい一(접두)〔"つき"의 음편(音便)〕동사에 붙어서 뜻을 강조하며, "약간, 그대로, 돌연" 등의 뜻을 나타냄.
つい一[追](조어) 타인이 한 후에 뒤따라 함. 「一試験(シケン); 추가 시험」
一つい[対](접미) 둘로써 한쌍이 되는 물건. 「一(イ

ッ)一の男女(ダンジョ); 한쌍의 남녀」
つい[対](명) ①두 개로 한쌍이 되는 것. ②같은 재료나 무늬의 것을 갖춘 것. 「一の屏風(ビョウブ); 한쌍의 병풍」 1. a pair
つい[終]ツヒ(명) ①끝. ②최후. 「一のわかれ; 최후의 이별」 2. the last
つい(부) ①무의식중에. 정신 없이. ②바로. 「一きのうのこと; 바로 어젯일」 1. unexpectedly 2. just
ツイード[tweed](명) ⇨スコッチ②.
ついえ[費え] ツヒエ(명) ①비용. ②낭비. 1. expenses
つい·える[費える] ツヒエル(자하 1) ①줄다. ②헛되이 지나다. 낭비되다. 1. decrease
つい·える[潰える]ツヒエル(자하 1) 무너지다. 망그러지다. 전쟁에 져서 궤멸(潰滅)하다. collapse
ついおく[追憶](명·타サ) 추억. 옛일을 생각하여 그리워함. 「過(ス)ぎし日(ヒ)の一; 지난날의 추억」 recollection
ついか[追加](명·타サ) 추가. 뒤에 다시 더함. 「予算(ヨサン)の一; 예산의 추가」 an addition
ついかい[追懐](명·타サ) 지나간 일을 생각하여 그리워함. reminiscence
ついがき[築墻](명)〈고〉 ⇨ついじ(築地).
ついかん[追刊](명·타サ) 뒤에 계속해서 간행함. 또는 간행한 것. an additional publication
ついき[追記](명·타サ) 추기. 덧붙여 씀. a postscript
ついきゅう[追及](명·타サ) 따라 붙음. 뒤쫓아 감. overtaking
ついきゅう[追求](명·타サ) 추구. 어디까지나 뒤쫓아 구함. 「利潤(リジュン)の一; 이윤의 추구」 pursuit
ついきゅう[追究·追窮](명·타サ) 추구. 추궁. 근본을 캐어 알아 냄. 「真理(シンリ)の一; 진리의 추구」 thorough investigation
ついきゅう[追給](명·타サ) ①부족분을 추가로 더 줌. ②(월급 등을) 뒤에 더 줌. 또는 그 급료. 1. supplementary allowance
ついく[対句](명) 대구. 둘 이상의 구(句)를 대조적으로 내놓아 표현하는 수사적(修辞的) 기교. 예: 山紫に水清, 月に村雲. an antithesis
ついけい[追啓](명) 편지 등에서 글을 추가할 때 첫머리에 쓰는 말. 추신(追伸). postscript, P.S.
ついげき[追撃](명·타サ) 추격. 달아나는 적을 뒤쫓아 가며 침. a pursuit
ついご[対語](명) ⇨たいご.
ついこう[追考](명·타サ) 추고. 나중에 가서 이전의 일을 생각함. a supplement
ついこう[遂行](명·타サ) ⇨すいこう.
ついごう[追号](명) 사람이 죽은 뒤에 보내는 칭호(称号). 시호(諡号). a posthumous title
ついこつ[椎骨](명)〈생〉 추골. 척추골. a spondyl
ついし[追試](명) ①어떤 사람의 실험 결과를 그대로 해보는 것. ②추시. 추가 시험의 준말. 1. following the results of some person's experiment
ついし[墜死](명·자サ) 추사. 높은 곳에서 떨어져 죽음. 추락사(墜落死). death from a fall
ついじ[築地](명) 기둥을 세우고 널빤지로 심을 댄 위에 진흙을 발라 굳히고 기와를 올린 담. a roofed mud-wall

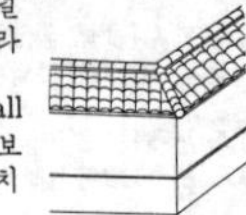
〔築地〕

ついしけん[追試験](명) 시험을 보지 않은 사람에게 뒤에 특별히 치르게 하는 시험. 추가 시험. a supplementary examination
ついしゅ[堆朱](명) 붉은 옻칠을 두껍게 하고 무늬를 새긴 것. 「following↘
ついじゅう[追従](명·자サ) 추종. 뒤를 따라서 좇음.
ついしょう[追従](명·자サ) 추종. 아첨함. 「お一をいう; 아첨의 말을 하다」 flattery
ついしん[追伸](명) 추신. 편지 등에서 본문이 끝난 뒤에 추가하여 말하려고 할 때 그 글 머리에 쓰는 말. postscript
つい·ず[序ず]ツイヅ(타하 2)〈고〉 ①차례를 세우다. 차례를 정하다. ②차례대로 놓다. 「following
ついずい[追随](명·자サ) 추수. 뒤를 따라서 좇음. ↗
ついせき[追跡](명·타サ) 추적. 뒤를 밟아 쫓음. chase
ついぜん[追善](명·타サ)〈불〉 ①죽은 사람의 명복을 빌기 위하여 착한 일을 함. ②죽은 사람의 명복을 빌고 그 기일(忌日) 같은 때에 불사(仏事)를 행하는 일. 「一供養(クョウ); 추선 공양」 2. praying for the dead
ついそ[追訴](명·타サ) 추소. 본소(本訴)에 추가하여 소송(訴訟)을 제기함. a supplementary suit
ついぞ[終ぞ]ツヒー(부) 여지껏 한번도. (부정의 뜻으로) 「一負(マ)けたことがない; 한 번도 져 본 일이 없다」 never
ついそう[追送](명·타サ) 추송. ①나중에 뒤쫓아서 물건을 보냄. ②배웅함. 1. sending a thing later
ついそう[追想](명·타サ) 추상. 지난 일을 생각함. recollection
ついぞう[追贈](명·타サ) 추증. 죽은 사람에게 관위(官位)나 시호(諡号) 등을 내림. the posthumous conferment of court rank
ついそうきょく[追走曲](명)〈악〉 최초의 주제가 조금 지나서 재현(再現) 반복되는 형식의 악곡.
ついたけ[衝丈](명) 일본옷을 만들 때 키에 꼭 맞게 만드는 일. the length of one's body
ついたち[朔](명) ①매달 초하루. ②그달의 초순. 1. the first day of a month
ついたて[衝立て](명) 방의 간을 막기 위해 세워 두는 판자로 만든 가구. 간막이. a screen
ついちょう[追弔](명·타サ) 살아 있었을 때를 추모하여 조상함. 추도(追悼). mourning
ついちょう[追徴](명·타サ)〈법〉 추징. 추가해서 거둬들임. 「一金(キン); 추징금」 additional collection
ついて[就いて](연어) ①…에 관해서. 대해서. ②…마다. 「ひとりに一五円(ゴエン);한 사람마다 5원」③따라서. 1. about. **一は**[就いては](접) ①그 일에 관해서. ②그렇기 때문에. 그런고로. 그래서.

ついで[序で](명) ①순서. 차례. ②적당한 때. 좋은 기회. (인편, 배편 등의) 좋은 편. 1. order 2. an opportunity. **―に**[序でに](부) ①적당한 때에. 좋은 기회에. ②함께. 겸하여. 하는 김에.

ついで[次いで·尋いで](접) ①잇따라서. ②잠시 후에. 1. after that

つい·てる(자하 1)〈속〉 운이 좋다.「きょうは―な; 오늘은 재수가 좋은데」

つい·でる[序でる](타하 1) 순서를 좇아 (말)하다.

ついと(부) ①별안간. 갑자기. ②재빨리. 휙.「―立(タ)って; 재빨리 일어서서」 1. suddenly 2. quickly

ついとう[追討](명·타サ) 뒤좇아 가서 반역자 등을 침. subjugation

ついとう[追悼](명·타サ) 추도. 죽은 사람을 생각하여 애도함.「―会(カイ); 추도회」 mourning

ついとつ[追突](명·자サ) (자동차 등이) 뒤에서 부딪침. a rear-end collision

ついな[追儺](명) ①옛날 음력 12월 그믐밤에 질병의 신을 내쫓기 위해서 베풀어졌던 행사. ②입춘 전날 밤 콩을 뿌려서 잡귀를 쫓는 행사.

ついに[遂に·終に]ツヒー(부) ①결국. 드디어. 끝내는. ②여태까지. 한번도. 끝까지(부정의 뜻으로). 1. at last 2. never

ついにん[追認](명·타サ) 추인. 과거로 거슬러 올라가서 사실을 인정함. confirmation

ついのう[追納](명·타サ) 추납. 부족한 것을 뒷날에 채워서 바침. supplementary payment

ついのけぶり[終の煙]ツヒー〈고〉 화장(火葬)하는 연기.

ついのすみか[終の住処]ツヒー〈고〉 최후의 거처(居処). 죽어서 머무를 곳. 무덤.

ついのわかれ[終の別れ]ツヒー〈고〉 최후의 이별. 사별(死別). 영결(永訣).

ついば·む[啄む](타 4) 새가 주둥이로 쪼아 먹다. pick

ついひ[追肥](명)〈농〉 추비. 파종 또는 이식한 뒤에 주는 거름. 보비(補肥). additional fertilizer

ついび[追尾](명·타サ) 추미. 뒤를 밟아 감. following

ついぶ[追捕](명·타サ)〈고〉 ①악인을 추격하여 체포함. ②몰수함. **―し**[追捕使](명) 헤이안(平安) 시대에 폭도, 반도(叛徒) 등을 진압하기 위하여 각지에 배치시켰던 관리.

ついふく[対幅](명) 대폭. 한쌍으로 된 서화(書画)의 족자. 대축(対軸). a pair of hanging pictures

ついふく[追福](명·타サ)〈불〉 죽은 사람의 명복을 빌기 위하여 착한 일을 함. 추선(追善). a mass for the dead

ついふくきょく[追復曲](명)〈악〉 둘 이상의 성부(声部)가 같은 선율을 어떤 간격을 두고 모방하는, 가장 엄격한 형식의 대위법적(対位法的) 악곡. 전칙곡(典則曲). a canon

ついぼ[追慕](명·타サ) 추모. 지나간 일 또는 죽은 사람을 생각하며 그리워함. cherishing one's memory

ついほう[追放](명·타サ) 추방. ①좇아 냄. ②적당하지 않은 자를 공직에서 제거함. 1. banishment

ついまつ[続松](명)〈고〉 ⇨たいまつ(松明).

ついや·す[費やす]ツヒヤス(타 4) ①써서 없애다. 소비하다. ②시간, 정력을 들이다.「努力(ドリョク)を―; 노력을 들이다」 ③낭비하다. spend

ついらく[墜落](명·자サ) 추락. 높은 곳에서 떨어짐. 낙하(落下). fall

ついり[梅雨入り](명)〈고〉 ①장마철에 접어 드는 것. ②장마철. 1. setting-in of the rainy season

ついろく[追録](명·타サ) 추록. 나중에 덧붙여 기록함. an addition

―つう[通](접미) 문서, 편지 등을 세는 말.「一(イッ)―の手紙(テガミ); 한 통의 편지」

―つう[痛](조어) 아픔.「神経(シンケイ)―; 신경통」

つう[通](명) ①신통력(神通力).「―を失(ウシ)なう; 신통력을 잃다」 ②어떠한 것에 대해 자세히 아는 것. 능통(能通). 정통(精通).「映画(エイガ)―; 영화통」 ③화류계의 사정에 자세한 것. 또는 그러한 사람. 2. an expert

ツー[two](명) 투우. ①둘. 두 개. ②〔야구에서〕 투우 스트라이크, 투우보올의 준말.

つういん[通院](명·자サ) (병원, 법원 등) 원(院)이라고 불리는 곳에 다님.

つういん[痛飲](명·타サ) 통음. 술을 많이 마심. heavy drinking

つういん[通韻](명) 통운. ①〔한시(漢詩)에서〕 둘 또는 그 이상의 운(韻)이 서로 통용되는 것. "東, 冬, 江"의 종성(終声)과 같은 것. ② 50음도(五十音図) 중 동단(同段)의 것이 서로 통용되는 것. 예: "けむり, けぶり"에 있어서의 "む"와 "ぶ". ↔通音(ツウオン). 2. consonant shift

つううん[通運](명) 통운. 운송을 전문으로 하는 일. 또는 그 일을 맡은 회사. 운수(運輸). transportation

つうおん[通音](명) ①소식을 통함. 통신. ② 50음도(五十音図)의 동행음(同行音)이 뜻이 바뀌지 않은 채 글자만 바뀐 것. 예: たけぼうき→たかぼうき. 1. correspondence

つうか[通貨](명) 통화. 한 나라 안에서 통용되는 화폐의 총칭. currency

つうか[通過](명·자サ) 통과. ①지나감. ②〔국회 등에서〕 의안(議案)이 가결됨. ③〔관청에서〕 민원 서류가 허가됨. 1. passing

つうかい[通解](명·타サ) 통해. 문장 전체를 해석함. 통석(通釈). thorough explanation

つうかい[痛快](명·형동ダ) 통쾌. 대단히 기분이 시원함. delightfulness

つうかく[痛覚](명)〈생〉 통각. 신체 내부 및 피부의 아픔을 느끼는 감각. a sense of pain

つうがく[通学](명·자サ) 통학. 자기 숙소에서 학교에 다님. attending school

つうが·る[通がる](자 4) ①…통인 척하다. 그 방면에 잘 아는 사람인 척하다. ②세상사에 이해가 많고 트인 사람인 양하다. 1. pretend to be well-informed

つうかん[通患](명) 통환. ①일반에 공통되는 걱정. ②어느 곳이나 또는 어느 사람이나 두루 가지고 있는 폐해(弊害). 1. a universal trouble

つうかん[通観](명·타サ) 통관. 전체를 바라봄. a general survey

つうかん[痛感](명·타サ) 통감. 마음에 사무치게 느낌. keen realization

つうき[通気](명) 통기. ①공기를 잘 통하게 함. 통풍(通風). ②〔갱내(坑内) 등에〕 공기를 공급함. 「―性(セイ); 통풍성」 ventilation

つうぎょう[通暁](명·자サ) 통효. ①환하게 앎. 「外国(ガイコク)の事情(ジジョウ)に―する; 외국 사정에 환하다」 ②밤을 샘. 철야(徹夜). 1. conversance

つうきん[通勤](명·자サ) 통근. 집에서 다니면서 근무함. 「―者(シャ); 통근자」 ↔住(ス)み込(コ)み. attending the office

つうく[痛苦](명) 아픔과 괴로움. 고통. pain

つうけい[通計](명·타サ) 통계. 전체의 계산. 총계(総計). the total

つうけい[通経](명)〈의〉 통경. ①처음으로 월경이 시작됨. ②때를 넘긴 월경을 나오게 함. 「―剤(ザイ); 통경제」

つうげき[痛撃](명·타サ) 통격. ①맹렬히 공격함. ②강한 타격(打撃)을 줌. 1. a severe attack

つうげん[痛言](명·타サ) 통언. 잘못을 통감(痛感)하게 직언(直言)함. 아주 심하게 말함. 1. a cutting advice

つうご[通語](명) 통어. ①일반적으로 통용되는 말. 통용어. ②통역(通訳). ③외국 사람과 서로 말이 통함. 1. a catchword 2. interpretation

つうこう[通行](명·자サ) 통행. ①지나 다님. 왕래. 「―税(ゼイ);통행세」 ②일반적으로 행해짐. 1. passage

つうこう[通好](명·자サ) 통호. 우호 관계를 맺음. 교제를 가짐. friendship

つうこう[通交](명) 통교. ①국교를 맺음. ②우호 관계를 맺음. 1. diplomatic relations

つうこう[通航](명·자サ) 통항. 배의 통행. navigation

つうこく[通告](명·타サ) 통고. 서면이나 말로 알림. 통지. notification

つうこく[痛哭](명·타サ) 통곡. 큰 소리로 슬피 욺. lamentation

つうこん[痛恨](명·타サ) 통한. 몹시 한스럽고 분하게 여김. 통분(痛憤). 「―事(ジ); 몹시 분한 일」 deep regret

つうさつ[通察](명·타サ) 통찰. 전체를 관찰함. general observation

つうさん[通産](명) 통상 산업성(通商産業省)의 약칭. 한국의 상공부에 해당. **―しょう**[通産相](명) 통상 산업 대신. 한국의 상공부 장관에 해당. **―しょう**[通産省](명) 통상 산업성의 약칭. **―だいじん**[通産大臣](명) 통상 산업 대신(通商産業大臣)의 약칭.

つうさん[通算](명·타サ) 통산. 모두 통합하여 계산함. 총계. summing up

つうし[通史](명) 통사. 고대에서 현대까지의 전체 역사. a history

つうじ[通じ](명) ①통하는 것. ②대소변, 특히 대변이 나옴. 통변(通便). ③남의 생각을 알아 차리는 일. 「―がはやい; 빨리 알아 차리다」 1. passing

つうじ[通事·通辞·通詞](명) ①통역. ②중간에서 말을 전함. 또는 그 사람. 1. interpretation

つうしき[通式](명) 통식. 일반의 방식. a general form

つうじつ[通日](명) 정월 초하루부터 계속해서 센 일수(日数).

つうじて[通じて](부) ①대체로. 통틀어: ②일반적으로. 2. generally

つうしゃく[通釈](명·타サ) 전체를 통하여 해석함. 통해(通解). thorough explanation

つうしょう[通称](명) 통칭. ①공통으로 불리는 이름. ②일반에 통용되는 이름. 속칭. 1. a popular name

つうしょう[通商](명·자サ) 통상. 외국과 교역(交易)하여 서로 상업을 영위함. commerce. **―さんぎょうしょう**[通商産業省](명) 통상 산업성. 일본 중앙 관청의 하나. 통상 무역 등을 취급하는 관청. 한국의 상공부에 해당. **―さんぎょうだいじん**[通商産業大臣](명)〈법〉 통상 산업 대신. 한국의 상공부 장관에 해당.

つうじょう[通常](명·부) 통상. 보통. ordinary

つう·じる[通じる] Ⅰ(자상 1) ①다니다. ②통하다. ③내통하다. 「スパイと―; 스파이와 내통하다」 ④연결되다. 「大阪(オオサカ)へ―道(ミチ); 오오사카로 통하는 길」 ⑤샅샅이 미치다. ⑥자세히 알다. ⑦대소변이 나오다. ⑧남녀가 밀통하다. ⑨같다. Ⅱ(타상 1) ①다니게 하다. ②통하게 하다. ③연결하다. ④미치게 하다. ⑤알리다. ⑥합산(合算)하다. Ⅰ 1. 2. pass Ⅱ 6. total

つうしん[通信](명·자サ) 통신. ①소식. ②우편, 전보 등으로 알림. 「―教育(キョウイク); 통신 교육」 1. correspondence. **―いん**[通信員](명) 통신원. 외지에 주재, 여행하면서 기사나 자료를 본사에 보내는 사람. **―きかん**[通信機関](명) 통신 기관. 우편, 전신, 전화 등 일체의 통신을 매개하는 기관의 통칭. **―しゃ**[通信社](명) 통신사. 뉴우스를 수집하여 신문사, 잡지사에 제공하는 것을 업으로 하는 회사. **―はんばい**[通信販売](명) 통신 판매. 광고, 통신 등에 의해서 각지의 고객을 상대로 행하는 판매. **―ぼ**[通信簿](명) 통신부. 학교에서 각 학생의 조행, 학업 성적, 건강 상태, 출석 상황 등을 기록하여 학부형에게 알리는 기록부. **―もう**[通信網](명) 통신망. 통신사나 신문사 등에서 내외 각지에 통신원을 파견하여 본사에 연락하는 조직이나 설비.

つうしん[痛心](명·자サ) 통심. 심히 상심(傷心)함. anxiety

つうじん[通人](명) 통인. ①어떤 일에 통달한 사람. ②세정에 통하고 속이 트인 사람. ③화류계 사정에 밝은 사람. 풍류객. 한량. 1. a well-informed person

つうすい[通水](명·자サ) 통수. 수로(水路)에 물이 흐르게 함.

ツーステップ[two-step](명) 투우스텝. 4분의 2 박자의 사교 댄스. 원무(円舞)의 한 가지로 폭스트롯의 기본을 이루는 스텝.

つう·ずる[通ずる](자타サ) ⇨つうじる.
つう せい[通性](명) 통성. 여럿에 공통되는 일반적인 성질. a common quality
つう せき[痛惜](명·타サ) 통석. 심히 애석히 여김. deep regret
つう せつ[通説](명) 통설. 가장 일반적인 학설. 「―をくつがえす; 통설을 뒤엎다」 ↔異説(イセツ). a popular view
つう せつ[痛切](명·형동ダ) 통절. ①뼈에 사무치게 느낌. 에는 듯한 괴로움. 「―に感(カン)じる; 뼈저리게 느끼다」 ②매우 간절함. ③매우 간곡함. 1. keen 2. very adequate
つう せん[通船](명·타サ) 통선. ①기선을 통과시킴. ②선박이 왕래함. 1. passing vessels
つう そく[通則](명) 통칙. 일반에 통용되는 규칙. general rules
つう ぞく[通俗](명·형동ダ) 통속. ①세상에 흔히 있음. ②누구나 알기 쉬움. 1. commonness. **―てき**[通俗的](형동ダ) 통속적. 누구나 다 잘 알고 있는 모양. 저속한 모양. 대중적(大衆的).
つう だ[痛打](명·타サ) ①〔야구에서〕 통쾌하게 침. 「―を浴(ア)びせる; 통타를 퍼붓다」 ②강타(強打). 1. hitting hard
つう たつ[通達](명·자サ) 통달. ①숙달해 있음. ②알림. 통고. 1. proficiency 2. notification
つう たん[痛嘆·痛歎](명·타サ) 통탄. 몹시 탄식함. deep lamentation
ツー ダン[two down](명) 투우다운. 〔야구에서〕 이사(二死). 투우아우트.
つう ち[通知](명·타サ) 통지. 알림. notification. **―ぼ**[通知簿](명) 통지부. 학교에서 학부형에게 생도의 성적, 조행 등을 알리는 서류. 통신부.
つう ちょう[通帳](명) 통장. 은행에 예금(預金)할 때, 배급 탈 때 등의 경우에 품명, 금액, 날짜 등을 기록하는 장부. a passbook
つう ちょう[通牒](명·타サ) 통첩. 서면으로 통지함. 통고. a note
つう てん[通添](명) 통신 첨삭(通信添削)의 준말. 우편 통신에 의하여 시나 문장 또는 답안 같은 것을 보태 쓰거나 깎고 하여 고침.
つう てん[痛点](명)〈생〉 통점. 피부의 표면에 점재(点在)하며 아픔을 느끼는 곳. a pain-spot
つう でん[通電](명·자타サ) 통전. 전류를 통하게 함.
つう とう[痛悼](명) 통도. 사람의 죽음을 몹시 슬퍼함. 상도(傷悼). mourning
ツー ト(ー)ン[two tone](명) 투우토운. 진하고 연한 두 가지의 색을 배합(配合)하는 것.
つうどく[通読](명·타サ) 통독. 처음부터 끝까지 내리 읽음. reading through
つう ねん[通年](명) 통년. ①1년간을 통해서 셈함. ②어떤 일을 1년간 계속하여 함. 1. the whole year
つう ねん[通念](명) 통념. 일반에 널리 통하는 개념. 「社会(シャカイ)の―; 사회의 통념」 a common idea
つう ば[痛罵](명·타サ) 통매. 몹시 꾸짖음. 욕하고 비난함. denunciation
つう ばく[痛爆](명·타サ) 심하게 폭격함. 맹폭. a severe bombardment
ツー ピース[two piece](명) 투우피이스. 〔부인 양복에서〕 저고리와 스커어트의 둘로 한벌이 되는 옷. ↔ワンピース.
つう ふう[通風](명·자サ) 통풍. ①바람을 통하게 함. ②방안의 공기를 갈아 넣음. ventilation
つう ふう[痛風](명)〈의〉 통풍. 관절이 붓고 아픈 요산성(尿酸性) 관절염. the gout
つう ふん[痛憤](명·타サ) 통분. 몹시 분하고 화가 남. 매우 분개함. indignation
つう ぶん[通分](명·타サ)〈수〉 통분. 분모(分母)가 다른 둘 이상의 분수(分数)나 분수식의 각 분모를 그 최소 공배수로 만들어 공통의 분모로 하는 일. reduction of fractions to a common denominator
つう へい[通弊](명) 통폐. 보통 많이 볼 수 있는 폐해(弊害). a common evil
つう べん[通弁](명·자サ) 통변. 언어가 다른 사람들 사이에서 말을 번역해 줌. 통역. an interpreter
つう ほう[通法](명) 통법. ①일반에 공통되는 법칙. ②〈수〉 둘 이상의 단위로 표시된 수량을 하나의 단위로 고치는 것. 1. a universal law
つう ほう[通報](명·타サ) 통보. 알림. 통지. a dispatch
つう ぼう[通謀](명·자サ) 통모. ①비밀히 서로 통하여 공모함. ②〈법〉 두 사람 이상이 공모하여 범죄 행위를 계획함. 1. conspiracy
つう ぼう[痛棒](명) ①〈불〉 통봉. 좌선(坐禅)할 때 스승이 마음의 안정을 얻지 못하는 사람을 징벌하는 데 쓰는 막대기. ②심하게 질책(叱責)하는 일. 1. a punishing stick 2. a bitter criticism
つう やく[通約](명·타サ)〈수〉 통약. 둘 또는 그 이상의 수에서 공통되는 인자(因子)를 같이 덜어 간단하게 함. commensuration
つう やく[通訳](명·자サ) 통역. 언어가 통하지 않는 사람 사이에서 양쪽의 언어를 번역하여 그 뜻을 통하여 줌. 또는 그 사람. interpretation
つう ゆう[通有](명) 통유. 공통으로 다 갖추고 있는 것. 「―性(セイ); 통유성」 commonness
つう よう[通用](명·자サ) 통용. ①일반에 두루 쓰임. 언제나 쓰임(常用). ②넘나들어 쓰임. 공용(共用). ③어느 기간 동안 사용할 수 있음. 「切符(キップ)の―期間(キカン); 차표의 통용 기간」 1. currency. **―もん**[通用門](명) 통용문. 평상시의 출입문.
つう よう[痛痒](명) 통양. ①아픈 것과 가려운 것. ②자기에게 직접 관련되는 이해 관계. 2. influence
つう らん[通覧](명·타サ) 통람. 전부를 봄. 대충 훑어봄. a general survey
ツー ラン[two run](명) 투우런. 〔야구에서〕 배터(打者)가 공을 쳐서 두 사람의 러너(走者)가 진루(進塁)하는 것. 또는 그로 인한 득점.
つう りき[通力](명)〈불〉 통력. 신불(神仏) 등이 가지고

있는, 만사에 못하는 일이 없다는 자유 자재의 신묘한 힘. 신통력(神通力). an occult power

ツーリスト[tourist](명) 투어리스트. 여행자. 관광객. 만유객(漫遊客). **—ビューロー**[tourist bureau](명) 투어리스트뷰어로우. 관광 안내소. 여행 상담소. 여행사.

つう れい[通例](명·부) 통례. ①일반적인 ·예(例). 상례(常例). ②보통. 1. a rule 2. commonly

つう れつ[痛烈](명·형동ダ) 통렬. 몹시 맵고 사나움. 맹렬(猛烈). severeness

つう ろ[通路](명) 통로. ①통행하는 길. ②왕래(往来). 1. a passage

つう ろん[痛論](명) 통론. ①사리에 통달(通達)한 이론. ②어느 사항의 전반에 걸쳐 설명한 이론. 「哲学(テツガク)—; 철학 통론」 ③세상에서 일반적으로 인정받는 이론. 2. an outline

つう ろん[痛論](명·타サ) 통론. 준엄하게 논하고 비판함. a vehement argument

つう わ[通話](명·자サ) 통화. 전화로 이야기함. 또는 그 이야기. 「—料(リョウ); 통화료(전화료)」 conversation by telephone

つえ[杖]ツヱ(명) ①지팡이. 「—をひく; 산책하다. 여행하다」 ②죄인을 다스리는 형구(刑具). 곤장. ③의지하는 것. 1. a stick 2. a rod

つえ はしら[杖柱]ツヱ—(명) 의지하는 것. 의지. 「—とたのむ人(ヒト); 기둥같이 의지하는 사람」 support

つか[束](명) ①네 손가락의 폭만한 길이. ②짧은 기둥. 동자 기둥. ③약간. 잠깐 사이. 「—のま; 잠시간」 1. a handbreadth

つか[柄](명) ①칼이나 활 등의 손잡이. 칼자루. ②붓대. 1. a hilt

つか[塚](명) 총. ①흙을 쌓아 올려서 만든 무덤. ②흙을 쌓아 올려서 표적으로 한 것. 흙 등의 무더기. 「貝(カイ)—; 조개 무지」 ③묘. 1. a mound

つが[栂](명)〈식〉 솔송나무. 전나무과에 속하는 상록 침엽(針葉) 교목. 울릉도 및 일본에 분포함. 목재는 건축 용재, 외피는 펄프, 내피는 타닌산 제조에 사용함. a hemlock-spruce

つか あな[塚穴](명) 시체를 묻는 구덩이. 묘혈(墓穴). a grave

つかい[使い·遣い]ツカヒ(명) ①씀. 사용. ②명령, 전갈을 전하는 것. 또는 전하기 위해 보내는 사자(使者). 1. use. **—あるき**[使い歩き](명) 심부름을 다니는 일. **—こな·す**[使いこなす](타 4) ①잘 이용하다. ②잘 다루다. **—こみ**[使い込み](명·타サ) ①회사, 주인 등의 돈을 횡령함. ②예정한 금액 이상으로 씀. **—さき**[使い先](명) 심부름 간 곳. **—て**[使い手](명) ①사용하는 사람. ②사용법이 익숙한 사람. ③금전을 함부로 쓰는 사람. **—で**[使いで](명) 사용할 분량(分量)이 충분한 것. 분한(分限). 「—のある せっけん; 분한이 있는 비누」 **—はしり**[使い走り](명·자サ) 여기저기를 다니며 심부름을 함. 또는 그 사람. **—ばん**[使い番](명) ①사자(使者). ②무사의 집에서 심부름을 하는 사람. ③전시에는 용전을 전하는 역할을 하고, 평상시에는 특사(特使)가 되고 시찰을 하는 역할을 맡았던 에도 막부(江戸幕府)의 관직. **—みず**[使い水]—ミヅ(명) 허드렛물. **—みち**[使い道](명) ①사용법. ②용도(用途). **—め**[使い女](명) 하녀(下女). **—もの**[使い物](명) 사용할 수 있는 것. 「—にならない; 쓸 수 없다」 **—もの**[遣い物](명) 선물. **—わけ**[使い分け](명·타サ) 성질, 조건, 목적 등을 분간하여 쓰는 일. 「言葉(コトバ)の—; 말의 적절한 사용」 타 使い分ける(타 4).

つがい ツガヒ(명)[番い] Ⅰ①짝을 맞추는 것. ②마디. 관절. 이은 곳. Ⅱ[番] ①(새 등의) 암컷과 수컷의 한쌍. 자웅(雌雄). ②부부. Ⅰ2. a joint Ⅱ1. a pair. **—め**[番い目](명) 관절. 마디.

つか いと[柄糸](명) 칼자루에 감는 (엮은) 끈.

つか·う[使う]ツカフ(타 4) ①부리다. ②사용하다. 쓰다. ③어떤 목적의 수단으로 행하다. 「わいろを—; 뇌물을 쓰다」 ④특정한 행위를 하다. 「弁当(ベントウ)を—; 도시락을 먹다」 1. employ 2. use

つが·う[番う]ツガフ(자 4) ①짝이 되다. ②교미(交尾)하다. 1. match

つかえ[仕え]ツカヘ(명) 섬김. 봉사(奉仕). 사관(仕官). service

つかえ[支え·痞え]ツカヘ(명) ①가슴이 막히고 괴로운 일. 울증(鬱症). ②지장. 고장(故障). 1. heavy pressure on one's chest

つかえ まつ·る[仕え奉る]ツカヘ—(자 4)〈고〉 "つかえる(섬기다)"의 높임말.

つか·える[支える·閊える]ツカヘル(자하 1) ①고장 나다. ②막히다. 「道(ミチ)が—; 길이 막히다」 ③정체(停滞)하다. ④물건 등이 사용중이다. 명 つかえ. 2. 3. be obstructed

つか·える[仕える]ツカヘル(자하 1) ①부하가 되어서 일하다. ②섬기다. serve

つか·える[使える]ツカヘル(자하 1) 부릴 수 있다. 쓸 수 있다. be useful

つか·える[痞える]ツカヘル(자하 1) (가슴이) 막히다. 「食(タ)べものが のどに—; 음식이 목에 걸리다」 feel a pressure on one's chest

つが·える[番える]ツガヘル(타하 1) ①짝 맞추다. ②화살을 활시위에 대다. ③약속하다. 1. joint 2. fix an arrow

つか がしら[柄頭](명) 칼자루 끝에 붙이는 쇠붙이. a pommel

つかさ[官·司](명) ①관청. ②직무. 관직. ③관리. ④제조원(製造元). 「御菓子(オンカシ)—; 과자 제조 본포(製造本舗)」 1. a government office

つかさ ど·る[司る](타 4) ①직무로서 행하다. 「事務(ジム)を—; 사무를 취급하다」 ②관리하다. 장악(掌握)하다. 1. take charge of

つかさ めし[司召](명)〈고〉 중고(中古) 시대 쿄오토(京都)의 관리를 새로 임명하던 연중 행사.

つか·す[尽かす](타 4) 다 없애버리다. 「あいそを—; 정

나미가 멀어지다」 use up
つかずはなれず[付かず離れず](연어) 관계가 멀지도 않고 가깝지도 않은 사이.「一の関係(カンケイ); 의가 좋지도 나쁘지도 않은 사이」
一つかた[つ方](조어) …쯤. …경.「末(スエ)一; 끝 쪽. 천한 사람들」
つか つか(부) 거침 없이 나아가는 모양. directly
つか なみ[束並](명)〈고〉농가 등에서 자리로 쓰는 멍석.
つかぬ こと[付かぬ事](연어·명) 관계 없는 일. 돌연한 일. an abrupt question
つか·ねる[束ねる](타하 1) ①다발로 묶다. ②팔짱 끼다.「手(テ)を一; 팔짱을 끼다(아무 것도 하지 않다)」 1. bundle
つか の ま[束の間](연어·명) 잠깐 사이. 근소한 사이.「一の命(イノチ); 초로 인생(草露人生)(짧은 한뉘)」 a moment
つか ぶくろ[柄袋](명) 칼자루에 씌우는 주머니.
つかま·える[摑まえる·捉まえる]ツカマヘル(타하 1) ①꽉 쥐다. ②붙잡다. seize
つかまつり そうろう[仕り候う]一サフラフ(연어) 하옵나이다. 하였사옵니다.
つかまつ·る[仕る] Ⅰ(자 4) "つかえる(섬기다)"의 높임말. Ⅱ(타 4) "おこなう(행하다), する(하다)"의 높임말. Ⅲ(보동 4) 겸사의 뜻을 나타내는 말.
つかま·る[摑まる·捉まる](자 4) ①잡히다. ②꽉 붙잡고 매달리다. 1. be caught
つかみ あ·う[摑み合う]一アフ(자 4) ①서로 붙잡다. ②서로 붙잡고 싸우다. 명 摑み合い. 1. grapple with each other
つかみ かか·る[摑み掛かる](자 4) 달려들어 붙잡다. grasp at
つかみだ·す[摑み出す](타 4) ①집어 내다. ②잡아 내다. 붙잡아서 밖으로 내어 밀다.「部屋(ヘヤ)から一ぞ; 방에서 끄집어 낼 테야」 1. take something out by handfuls
つかみ どころ[摑み所](명) 중요한 점.「一のない話(ハナシ); 요령 부득(要領不得)의 이야기」 a point
つかみ どり[摑み取り](명) ①움켜 잡음. ②욕심을 내어 잡음. ③거칠게 움켜 잡음. 1. grasping
つか·む[摑む](타 4) ①잡다. 잡아 쥐다. ②손에 넣다. 자기 것으로 하다.「幸運(コウウン)を一; 행운을 잡다」 ③파악하다. 이해하다.「要点(ヨウテン)を一; 요점을 파악하다」 1. grasp
つから·す[疲らす](타 4) 피로하게 하다. 지치게 하다. 동 疲らせる(타하 1). make tired
つか·る[漬かる](자 4) ①물에 잠기다. 적셔지다. ②절인 것(김치 등)이 잘 익다. 1. be submerged
つがるぬり[津軽塗り](명) 아오모리현(青森県) 히로사키시(弘前市) 근처에서 산출되는 칠기(漆器). 칠을 여러 번 하고 아름다운 반점과 무늬가 있음.
つかれ[疲れ](명) 피로. 피로한 것. fatigue
一づかれ[疲れ](조어) (…의) 피로.「旅行(リョコウ)一; 여독(旅毒)」
つか·れる[疲れる](자하 1) ①지치다. ②약해지다. 피폐(疲弊)하다. ③낡아지다. 1. be tired
つか·れる[憑かれる](자하 1) (귀신, 악령 등이) 들리다. be possessed by the evil spirit
つかわしめ[使わしめ]ツカハシメ(명) 신불(神仏)의 사자(使者)라고 일컬어지는 동물. 예: 여우.
つかわ·す[遣わす]ツカハス Ⅰ(타 4) ①보내다. ②파견하다. ③수여하다. Ⅱ(보동·4) …하여 주다. Ⅰ 1. send Ⅱ give
一つき[付き·附き](조어) ①모양.「顔(カオ)一; 얼굴 모양 (표정)」 ②붙어 있는 것. 또는 그 사람.「保証(ホショウ)一; 보증부」
つき[月](명) ①달. ②위성. ③달빛. ④1 년을 12 로 나눈 것의 하나. 달. 월. ⑤1 개월마다. ⑥임신 기간.「一たらずの子(コ); 달 수가 못 찬 아이」 ⑦월경(月経). 1. the moon 4. a month. **一 あかり**[月明かり](명) 달빛. 달빛으로 밝은 일.
つき[付き·附き](명) ①붙는 것. 부착(附着). ②부속(附属)하는 것. ③부축하는 사람. 간호원. ④붙임성.「一がわるい; 붙임성이 없다」 ⑤인화(引火). 발화(発火). 1. attaching
つき[尽き](명) 끝. 다 됨.「運(ウン)の一; 운이 다됨」 the end
つき[坏·杯](명)〈고〉 물건 특히 음식물을 담는 그릇.
つき[突き](명) ①찌르기. ②〔검도(剣道)에서〕 목 찌르기. a thrust
つき[槻](명)〈식〉 둥근잎느티나무. 느티나무의 변종(変種)으로, 재목은 기구재로 사용.
つき[調](명)〈고〉 공물(貢物). 연공(年貢).
つき[付き·附き·就き](접조) ①…에 관해서.「この点(テン)に一; 이 점에 관해서」 ②…때문에. ③마다. …에 대하여.
つぎ[次](명) ①버금. 다음. ②한 계단 낮은 지위. ③⇨つぎのま. ④역참. 원(院). 1. next
つぎ[継ぎ](명) ①계속. ②옷, 천 등을 기움. 또는 그 천. ③후계자(後継者). 1. succession
一づき[付き·附き](조어) (…에) 붙는 것.「大使館(タイシカン)一; 대사관부」
つき あい[付き合い·交際]一アヒ(명·자사) ①교제함. ②교제상의 의리. 1. association
つき あ·う[付き合う]一アフ(자 4) ①서로 달라붙다. ②교제하다. 사귀다. ③교제상 어떤 일을 함께 하다. 1. cling to each other 3. go with
つき あげど[突上げ戸](명) 들창. an overhung door
つぎ あし[継ぎ足](명) ①(기구 등의) 이은 다리. 의족(義足). ③디딤대. 발판. 1. added legs
つき あたり[突き当たり](명) ①충돌. 마주침. ②막다른 곳. 길이 막힌 곳. 1. collision
つき あた·る[突き当たる](자 4) ①맞부딪치다. ②길이 막히다. ③문제에 봉착하다. 1. collide
つき あ·てる[突き当てる](타하 1) ①부딪치게 하다. ②찾아 내다. 1. run a thing against
つき あわ·せる[突き合わせる]一アハセル(타하 1) ①맞

대다. ②대조하다. 「書類(ショルイ)を一; 서류를 대조하다」 ③두 사람을 불러서 대질시키다. 명 突き合わせ. 2. compare

つぎあわ·せる[継ぎ合わせる]ーアハセル(타하 1) ①이어서 하나로 하다. 접합(接合)하다. ②꿰매어 잇다. 1. join together

つぎいと[継ぎ糸](명) 꿰매는 실. thread for patching

つぎうま[継ぎ馬](명) 역마(駅馬). a post horse

つきおくれ[月遅れ·月後れ](명) ①그 달에 할 일을 다음달로 미룸. 또는 그 일. ②정기 간행물(定期刊行物)의 그달 이전의 호.「一の雑誌(ザッシ); 묵은 잡지」 1. of the previous month

つきかえ·す[突き返す]ーカヘス(타 4) ①도로 쳐 보내다. ②밀어 물리치다. ③받을 것을 거절하다. 도로 돌려 주다. 3. refuse to accept

つきかげ[月影](명) ①달빛. ②달빛으로 생긴 그림자. ③달의 모양. 1. the moonlight

つきがけ[月掛け](명) 다달이 부어 넣는 것. 또는 그 돈. 월부. monthly payment

つきがた[月形](명) ①반월형(半月形). ②〈수〉 구면(球面)의 같은 직경의 양단을 연결하는 두 개의 대원호(大円弧)로 이루어지는 도형. 2. a half circle

つきがわり[月代わり]ーガハリ(명) ①다음달이 되는 것. ②1 개월씩의 교체(交替). 「一の当番(トウバン); 1 개월씩 교체하는 당번」 「grafting

つぎき[接ぎ木](명·타サ) 접목. 나무를 접붙임. ↗

つきぎめ[月極め](명) 1 개월에 얼마라고 정한 계약. 「一購読料(コウドクリョウ); 월정 구독료」 the monthly contract

つききり[付き切り](명) 항상 옆에 붙어 있는 것. 「一で看病(カンビョウ)する; 꼭 붙어서 간호하다」 constant attendance

つきき·る[突き切る](타 4) ①⇨つっきる. ②완전히 찌르다. 2. finish thrusting

つぎきれ[継ぎ切れ·継ぎ布](명·자サ) 옷을 깁는 데 대는 천 조각. a patch

つきくさ[月草·鴨頭草](명)〈식〉 ①⇨つゆくさ. ②옛날 일본옷의 색의 배합. 겉은 엷은 남색, 안은 옥색.

つきげ[月毛·鴾毛](명) 약간 불그스레한 갈색(褐色). 또는 그러한 색의 말(馬). light cream-coloured

つきげやき[槻](명)〈식〉 ⇨つき.

つきごし[月越し](명·자サ) 그 달에서 다음달에 걸침.

つきごと[月毎](명) 매달. 다달이. each month

つぎこ·む[注ぎ込む](타 4) ①액체를 부어 넣다. ②어떤 일을 위하여 (비용을) 많이 들이다. 1. pour into

つきごろ[月頃](명) 요 몇 달 동안. 수개월 이래(以来). these past months

つぎざお[継ぎ竿]ーザヲ(명) 가지고 다니기에 편리하도록 몇 도막으로 끼워 맞출 수 있는 낚싯대. a jointed fishing rod

つぎざお[継ぎ棹]ーザヲ(명) 끼었다 뺐다 할 수 있는 샤미센(三味線)의 대.

つきさ·す[突き刺す](타 4) ①찔러 꿰뚫다. ②세차게 찌르다. 자 突き刺さる(4). 1. pierce

つぎざま[次様](명)〈고〉 ①열등(劣等)한 것. 나쁜 것. ②천한 것. 「reclaimed ground

つきじ[築地](명) 메워서 돋운 땅. 매립지(埋立地). ↗

つきしたが·う[付き従う]ーシタガフ(자 4) ①뒤따라 가다. ②시키는 대로 하다. ③부하가 되다. 1. follow

つきしろ[月代](명) ①달. ②⇨さかやき. 1. the moon

つきしろ[月白](명) 달이 뜨려고 할 때 하늘이 허옇게 보이는 일.

つきしろ·う(자 4)ツキシロフ〈고〉 서로 무릎 등을 부딪다. 서로 찌르다.

つき·す[尽す](자サ)〈고〉 (다 써서) 없어지다.

つきずえ[月末]ーズヱ(명) 월말. 그 달의 끝. the end of the month

つきずき·し(형シク)ーツキシ〈고〉 비슷하다. 적합하다. 어울리다.

つきせぬ[尽きせぬ](연어) 끝이 없는. 무한한. endless

つきそい[付き添い]ーソヒ(명·자サ) 곁에 따라 있음. 곁에서 시중함. 또는 그 사람. an attendant

つきそ·う[付き添う]ーソフ(자 4) 곁에서 시중 들다. 곁에 따라 있다. attend

つぎだい[継ぎ台·接ぎ台](명) ①접을 붙일 때 그 바탕이 되는 나무. 접본(接本). 대목(臺木). ②발판. 1. a stock

つきだし[突き出し](명) ①힘차게 내어 미는 일. ②음식점 등에서 처음에 나오는 가벼운 요리. 전채(前菜). ③처음으로 어떤 직업을 시작함. ④〔씨름에서〕 상대방의 가슴을 힘차게 밀어서 밖으로 떼미는 것. 2. hors d'oeuvre

つきだ·す[突き出す](타 4) ①밀어 내다. ②힘차게 내어 밀다. ③(나쁜 놈을) 경찰에 억지로 끌고 가다. 1. push out 2. force out

つぎた·す[継ぎ足す](타 4) 부족한 것을 보태 넣다. 이어서 길게 하다. add to

つぎた·てる[継ぎ立てる](타하 1) 역참(駅站)에서 인마(人馬)를 갈아 대다.

つきたらず[月足らず](명) 태아가 10 개월을 채우지 않고 출생하는 일. 또는 그 아이. 조산아(早産児). premature birth

つきづき[月月](명·부) 매달. 다달이. every month

つぎつぎ(に)[次次(に)](부) ①차례차례. 하나하나. ②계속하여. 잇달아. 1. one by one

つきつ·ける[突き付ける](타하 1) ①거칠게 눈앞에 들이대다. 「証拠(ショウコ)を一증거를 들이대다」 ②강요(強要)하다. 1. thrust a thing before

つきつ·める[突き詰める](타하 1) ①끝까지 깊이 생각하다. ②골똘하게 생각하다. 외곬으로 하다. 2. brood over

つぎて[継ぎ手·接ぎ手](명) ①이은 곳. 금속, 목재의 이은 부분. ②상속인. 1. a joint

つきで·る[突き出る](자 4) 길게 또는 높게 튀어 나오다. 「ひたいが一; 이마가 튀어 나오다」 jut out

つきとおす[突き通す]ートホス(타 4) 찔러 뚫다. 꿰뚫

다. pierce

つきとば·す[突き飛ばす](타 4) 난폭하게 밀어 젖히다. thrust away

つきと·める[突き止める](타하 1) ①찔러 죽이다. ②찔러 누이다. ③조사하여 확실히 알아 내다. 1. stab and kill 3. locate

つきなかば[月半ば](명) 중순. the middle of the month

つきな·し(형ク)〈고〉 ①가까이할 방법이 없다. 형편이 나쁘다. ②어울리지 않다.

つきなみ[月並み·月次](명·형동ダ) ①달마다. 매달. ②평범함. 진부(陳腐). 「一調(チョウ); 진부한 투」 1. every month 2. staleness

つぎに[次に](부) 다음에. 그리고. and

つきぬ·ける[突き抜ける](자하 1) ①꿰뚫고 빠져 나가다. ②통과하다. 㐀突き抜く(4). 1. penetrate

つきのかつら[月の桂](명) 달 속에 있다고 전해지는 계수나무. the great laurel tree in the moon

つきの·ける[突き除ける](타하 1) 거칠게 옆으로 밀어 젖히다. thrust aside

つきのしずく[月の雫](명) ①이슬. ②과자의 한 가지. 1. dew

つぎのま[次の間](명) ①주군(主君) 방의 다음 방. ②큰방 옆에 있는 작은 방. 부속실. 1. an antechamber

つきのみやこ[月の都](명) ①달 속에 있다고 전해지는 궁전. 월궁(月宮). ②제도(帝都)의 미칭(美称). 1. the palace in the moon

つきのもの[月の物](명)〈생〉 월경(月経). menses

つきのわ[月の輪](명) ①달. ②만월의 모양. ③흑곰의 턱밑에 있는 흰 털. ④〈불〉 가사(袈裟) 앞에 장식하는 둥근 고리. 1. the moon. ―**ぐま**[月の輪熊](명)〈동〉 ⇨くろくま.

つぎは[継ぎ歯](명) ①통나막신 등의 굽이 닳아졌을 때 그 굽을 이음. 또는 그 부분. ②이의 뿌리에 의치(義歯)를 이어 넘.

つぎは[継ぎ端](명) ⇨つぎほ②.

つぎはぎ[継ぎ接ぎ](명·자サ) (헝겊 등을) 잇거나 붙이거나 함. 또는 그 물건. full of patches

つきはじめ[月初め](명) 월초. 한 달의 처음. the beginning of the month

つきは·てる[尽き果てる](자하 1) 다 없어지다. be exhausted

つきばな[洟](명) 콧물. nasal mucus

つきはな·す[突き放す](타 4) ①힘차게 밀어서 떨어지게 하다. ②차 버리고 상대하지 않다. 관계를 끊다. 1. thrust off 2. refuse bluntly

つきばらい[月払い]―バラヒ(명) 월부. 다달이 지불하는 것. monthly payment

つきばん[月番](명) 한 달씩 번갈아 하는 당번. monthly duty

つきひ[月日](명) ①달과 해. ②세월. 시일. 「一がたつ; 시일이 지나다」 2. time

つきびと[付き人](명) 곁에서 시중 드는 사람. an attendant

つきべつ[月別](명) 월별. 달에 따라 나눈 구별. division according to months

つきべり[搗き減り·舂き減り](명·자サ) 쌀 등을 찧어서 분량이 주는 것. pounding loss

つきへん[月偏](명) 한자 부수(部首)의 하나. 달월변. "服, 朕"의 "⺝" 부분.

つぎほ[継ぎ穂·接ぎ穂](명) ①접붙이는 데 쓰는 묘목. ②이야기를 이을 기회나 거리. 「話(ハナシ)の一がない; 이야기를 이을 화제가 없다」 ③방편. 1. a graft

つきまいり[月参り]―マヰリ(명·자サ) 매월 신사(神社)에 참배함. a monthly visit

つきましては[就きましては](접) "ついては(…에 대해서는)"의 높임말.

つきまと·う[付き纏う]―マトフ(자 4) ①붙어 따라 다니다. ②귀찮게 따라 다니다. dangle after

つきまわり[月回り·月廻り]―マハリ(명) ①다달이 돌려 가며 맡는 당번. ②그달의 운수. 1. monthly duty

つきみ[月見](명) ①달구경. 관월(観月). ②우동이나 메밀 국수 등에 계란을 얹은 것. 1. viewing the moon. ―**そう**[月見草](명)〈식〉 달맞이꽃. 바늘꽃과에 속하는 2년초. 여름에 큼직한 하얀 꽃이 석양에 피었다가 다음날 아침 해가 돋은 후에 오므라짐.

つきめ[尽き目](명) 다할 때. 종말. 끝판. 「運(ウン)の一; 운의 끝장」 the end

つきめ[突き目](명) 눈을 찔려서 아픈 것. 「一をする; 눈을 찔리다」

つぎめ[継ぎ目](명) ①이은 곳. ②가독 상속(家督相続). 1. a joint 2. an heir

つきもうで[月詣で]―マウデ(명·자サ) ⇨つきまいり.

つきもど·す[突き戻す](타 4) ⇨つきかえす.

つきもの[付き物](명) ①그 물건에 반드시 부속되어 있어야 할 물건. 붙어 다니는 것. ②곁에 따라 붙어 있는 사람. 1. an accessory

つきもの[憑き物](명) 귀신, 도깨비 등이 붙는 일. 또는 붙은 그 귀신. 「一がつく; 귀신이 붙다」 a devil possessing a man

つぎもの[継ぎ物](명) ①잇는 것. 이은 것. ②의복이 해어진 것을 깁는 일. 또는 기워야 할 의복. 2. patchwork

つきやぶ·る[突き破る](타 4) ①찔러 부수다. 돌파하다. ②돌진해서 적을 격파하다. 1. pierce

つきやま[築き山](명) 정원 등에 만들어 놓은 작은 동산. a miniature hill

つきゆきはな[月雪花](명) 달과 눈과 꽃. 사철을 따라 달라지는 훌륭한 풍경. elegance

つきゆび[突き指](명·자サ) 손가락을 세게 부딪쳐 삠. sprain of a finger

つきよ[月夜](명) 월야. 달밤. a moonlight night. ―**がらす**[月夜烏](명) 교교(皎皎)한 달밤에 들떠 우는 까마귀.

つきよみ[月夜見·月読み](명)〈고〉 달의 다른 이름.

つ·きる[尽きる](자상 1) ①없어지다. 다 떨어지다. ②끝나다. ③극한(極限)에 이르다. 1. be exhausted

つきわり[月割り](명) ①달의 수대로 나누는 것. 월당(月当). ②월부(月賦). 1. division by the month

—つ·く(접미·4형) ①소리가 나다. ②동작을 하다. 「がたー; 덜거덕거리다」

つく[木菟](명)〈동〉 부엉이. 머리에 뿔 모양의 깃이 있음. a horned owl

つ·く[付く·附く·着く](자4) ①붙다. ②닿다. ③증가(増加)하다. ④같이 있게 하다. ⑤도달(到達)하다. ⑥자리를 차지하다. ⑦그 지위에 오르다. ⑧기록되다. ⑨한편이 되다. ⑩좇다. 복종하다. ⑪수행할 사람이 붙다. ⑫남다. ⑬따라 붙어서 배우다. 「先生(センセイ)にー; 선생에게 배우기로 하다」 ⑭더러워지다. 얼룩지다. 물들다. ⑮불이 붙다. ⑯감염하다. ⑰일을 시작하다. ⑱설비되다. ⑲관련되다. ⑳그 액수(값)에 달하다. ㉑보이다. ㉒눈치 있다. ㉓(철, 제정신이) 들다. ㉔길에 오르다. ㉕처리되다. 끝나다. ㉖(귀신 등이)들리다. ㉗뿌리를 내리다. 1. stick 2. touch 13. study under

つ·く[吐く](타4) ①숨을 내쉬다. ②말하다. 입밖에 내다.「うそをー; 거짓말을 하다」 ③토하다. 1. breathe

つ·く[尽く](자상2) ⇨つきる.

つ·く[突く·衝く](타4) ①찌르다. ②힘차게 들이대다. ③(지팡이를) 짚다. ④돌격하다. ⑤강하게 자극하다. ⑥무릅쓰다. ⑦겨누어서 찌르다. 「急所(キュウショ)をー; 급소를 찌르다」 1. thrust

つ·く[搗く·舂く](타4) 빻다. 찧다. 치다. 「もちをー; 떡을 치다」 pound

つ·く[漬く](자4) ①물에 잠기다. 침수되다. 「水(ミズ)にー; 물에 잠기다」 ②김치 등이 잘 익다. 맛이 들다. 1. soak

つ·く[築く](타4) 쌓다. 짓다. build

つ·く[憑く](자4) 신이 들리다. 「きつねがー; 여우가 들리다」 possess

つ·ぐ[次ぐ](자4) ①뒤를 잇다. 「昨年(サクネン)に次(ツ)いでことしも; 작년에 이어서 올해도」 ②바로 뒤에 붙다. 다음 가다. 「社長(シャチョウ)にー勢力(セイリョク); 사장 버금 가는 세력」 1. follow

つ·ぐ[告ぐ](자하2) ⇨つげる.

つ·ぐ[注ぐ](타4) 쏟다. 부어 넣다. 따르다. pour into

つ·ぐ[継ぐ](타4) ①이어 계속하다. ②상속하다. 계승하다. 「家(イエ)をー; 가독 상속(家督相続)을 하다」 ③보태다. ④해진 곳을 깁다. ⑤접목하다. 1. connect

—づ·く[付く·附く](조어·4) ①(…이) 붙다. 「元気(ゲンキ)ー; 기운이 나다」 ②〈속〉(…이) 되다. 「健康(ケンコウ)ー; 건강해지다」

つくいも[仏掌薯](명)〈식〉 ⇨つくねいも.

つくえ[机]ツクヱ(명) 책상. a table

つくし[土筆](명)〈식〉 토필. 뱀밥. 쇠뜨기 홀씨(胞子)의 줄기. a horsetail

つくし[筑紫](명)〈지〉 ①큐우슈우(九州)의 치쿠젠(筑前), 치쿠고(筑後)를 합한 이름. ②큐우슈우.

—づくし[尽くし](조어) 있는 대로 다 열거하는 것. 「魚(ウオ)ー; 물고기를 아는 대로 열거함」

つく·す[尽くす](타4) ①없어질 때까지 하다. ②있는 대로 다 쓰다. 「力(チカラ)をー; 힘을 다하다」 ③끝까지 하다. ④자세히 알다. 1. use up 2. exhaust

つくだ[佃](명) 영주가 직접 경영하는 장원. a field

つくだに[佃煮](명) 생선이나 조개, 바닷말(海草) 등에 간장, 조미료 등을 넣어 짙게 조린 것. preserved food boiled down in soy

つくづく[熟](부) ①곰곰이. 차분히. ②마음속으로부터. 「ーいやになる; 정말 싫어지다」 1. deeply

つくづくし[土筆](명)〈식〉 ⇨つくし.

つくつくぼうし(명)〈동〉 애매미. 매미과에 딸린 작은 매미. 〈학명〉 Meimuna opalifera

つぐない[償い]ツグナヒ(명) 보상. 보답. compensation

つぐな·う[償う]ツグナフ(타4) ①갚다. 변상하다. ②재물을 내고 책임이나 죄과를 면하다. 「出家(シュッケ)して罪(ツミ)をー; 불문에 들어 죄를 씻다」 1. compensate 2. atone for

つくねいも[仏掌薯](명)〈식〉 손바닥마. 참마의 변종. a Japanese yam

つく·ねる[捏ねる](타하1) 손으로 빚어 만들다. knead

つくねんと(부) ①멍하니 앉아 있는 모양. ②외로운 듯이 홀로 있는 모습. 우두커니. 1. absent-mindedly

つぐの·う[償う]ツグノフ(타4) ⇨つぐなう.

つくばい[蹲い]ツクバヒ(명) ①웅크림. 또는 웅크리고 앉는 것. ②다실(茶室) 뜰의 손을 씻는 나지막한 그릇. 또는 그 그릇이 있는 곳. 1. crouch

つくば·う[蹲う]ツクバフ(자4) 웅크리다. 웅크리고 앉다. crouch

つくばね[衝く羽根](명) 일본 여자들의 놀잇감의 하나. 배드민턴의 셔틀콕과 비슷함. a shuttlecock

つくばのみち[筑波の道](명)〈고〉 ①렌가(連歌)의 다른 이름. ②렌가를 배우는 방법이나 태도.

つくぼう[突く棒](명) "T"자 형으로 된 도구로서 토쿠가와(徳川) 시대에 죄인, 또는 행패 부리는 자 등을 잡는 데 쓴 도구.

〔突く棒〕

つぐみ[鶫](명)〈동〉 개똥지빠귀. 지빠귀과에 속하는 새. 티티새. 백설조. a dusky ouzel

つぐ·む[噤む](타4) 닫다. 말하지 않다. 입을 다물다. shut one's mouth

つくもがみ[九十九髪](명)〈고〉 노파의 백발.

つくよ[月夜](명)〈고〉 ①달. ②달밤.

つくよみ[月夜見·月読み](명)〈고〉 ⇨つきよみ.

つくら·う[繕う]ツクラフ(자4) ⇨つくろう.

つくり[作り·造り](명) ①만드는 것. 또는 제작품. 또는 제작자. ②만든 모양이나 정도. ③몸매. 몸집. ④화장. 몸차림. 차림새. 「はでなー; 화려한 몸단장」 ⑤생선회. ⑥가장(仮装). 거짓. 「一泣(ナ)き; 거짓 울음」 ⑦구조(構造). 1. making 4. make-up. ── **おや**[作り親](명) 수양 부모. ── **がお**[作り顔]ーガホ(명) 본디와 달리 꾸민 얼굴 모양. 분장한 얼굴. ── **かた**[作り方](명) ①만드는 방법. ②만든 양식. 구조. ── **ごえ**[作り声]ーゴヱ(명) 꾸며 내는 소리. ──

ごと[作り事](명) 조작한 일. **—ざかや**[造り酒屋](명) 직접 술을 만들어 파는 집. 양조장. **—だ·す**[作り出す](타 4) ①만들기 시작하다. ②만들어 내다. 생산하다. ③창조하다. 발명하다. **—た·てる**[作り立てる](타하 1) ①조작하다. ②화려하게 꾸미다. **—つけ**[作り付け](명) 떼어 낼 수 없게 벽등에 붙여서 만드는 것. 또는 그 물건. 붙박이. 동 作り付ける(타하 1). **—な**[作り名](명) 가명. **—な·す**[作り成す](타 4) 어떤 모양을 이루도록 만들다. **—ばなし**[作り話](명) 조작한 이야기. **—ひげ**[作り髭](명) ①인조 수염. ②먹으로 얼굴에 그린 수염. **—み**[作り身](명) ①저민 생선의 살. ②(생선) 회. **—みず**[作り水]—ミヅ(명) 끓였다가 식힌 물. **—もの**[作り物](명) ①농작물. ②노오(能)의 무대. ③위조품. 모조품. ④축제(祝祭) 때 인물, 풍경 등을 모작(模作)하여 보이는 것. ⑤노리개. **—わらい**[作り笑い]—ワラヒ(명) 억지 웃음.

つくり[旁](명) 방(旁). 한자의 오른쪽에 붙는 부분. 예 : "池, 作"의 "也, 乍" 부분. ↔偏(ヘン).

—づくり[作り·造り](조어) ①(…으로) 만들어진. 「粘土(ネンド)—の; 진흙으로 만들어진」 ②(…을) 만들다. 「菊(キク)—; 국화 재배」

つく·る[作る·造る](타 4) ①만들다. 제작하다. ②세우다. ③구성하다. ④설치하다. ⑤양성하다. ⑥저술하다. ⑦시 등을 짓다. ⑧장식하다. 단장하다. ⑨조작하여 말하다. ⑩거짓으로 꾸미다. ⑪본떠서 만들다. ⑫경작하다. ⑬요리하다. ⑭회를 치다. ⑮홰를 치다. 「にわとりが時(トキ)を—; 닭이 홰를 치다」 ⑯화장하다. 「顔(カオ)を—; 얼굴을 화장하다」 1. make 4. establish 12. till

つくろ·う[繕う]ツクロフ(타 4) ①수선하다. 고치다. ②정돈하다. 「身(ミ)なりを—; 몸차림을 바로 잡다」 ③꾸며 대다. 미봉하다. …척하다. ④준비하다. 명 繕い. 1. mend

—つけ[付け·附け](조어) 늘 …해 버릇한. 「買(カ)い—の店(ミセ); 단골 가게」

つけ[付け·附け](명) ①붙이는 것. ②계산서. 청구서. ③계제. 경우. ④외상 거래. 「—にしておいてくれ; (외상으로) 달아 두게」 2. a bill

つけ[付け·附け](접조) …에 관련해서. …의 때에도. 「雨(アメ)に—風(カゼ)に—; 비가 올 때나 바람이 불 때나」

つげ[告げ](명) ①알림. 통고. ②계시(啓示). 신탁(神託). 「神(カミ)のお—; 신의 계시」 1. information

つげ[黄楊·柘植](명)〈식〉회양목. 상록 활엽 관목으로 도장, 지팡이 및 조각 재료로 쓰고 가지와 잎은 약재로 씀. a box tree

—づけ[付け·附け](조어) ①붙이는 것. 「糊(ノリ)—の; 풀로 붙인」 ②서류 등의 작성 날짜의 뜻으로 날짜에 붙여 씀. 「五月一日(ゴガツツイタチ)—の新聞(シンブン); 5월 1일자 신문」

—づけ[漬け](조어) 절인 것. 담근 것. 「みそ—; 된장에 담근 것」

つけあい[付け合い]—アヒ(명) 렌가(連歌), 하이카이(俳諧) 등에서 서로 구(句)를 지어 다는 것.

つけあが·る[付け上がる](자 4) 관대함을 기화로 버릇없이 굴다. 기어 오르다. grow impudent

つけあわせ[付け合わせ]—アハセ(명) ①덧붙인 것. 붙인 것. ②주된 요리에 곁들인 (야채 등의) 요리. 동 付け合わせる(타하 1). 1. relish

つけい·る[付け入る](자 4) (기회 등을) 틈타다. 「人(ヒト)の弱(ヨワ)みに—; 남의 약점을 이용하다」 take advantage of

つけうま[付け馬](명) ⇨うま(馬)③.

つけおち[付け落ち](명) 기록해 두어야 할 것이 빠진 것 omission

つけおとし[付け落し](명) ⇨つけおち.

つけおび[付け帯](명) 옛날 무사 집안의 여인들이 여름 예복에 쓰던 띠.

つけがみ[付け髪](명) 다리. 가발(仮髪). a wig

つけがろう[付け家老](명) 옛날 영주(領主)를 감독하도록 딸려 보낸 관리.

つけぎ[付け木](명) 엷은 나뭇조각 끝에 유황(硫黄)을 발라 불을 옮겨 붙이는 데 쓰는 나무. a spill

つけく[付け句](명) 〔렌가(連歌), 하이카이(俳諧) 등에서〕전구(前句)에 붙여 읊는 구(句). the following verse

つけぐすり[付け薬](명) 피부에 바르거나 붙이는 약. 외용약(外用薬). an external remedy

つげぐち[告げ口](명·자サ) 일러 바침. 남의 비밀이나 잘못을 밀고함. talebearing

つけくわ·える[付け加える]—クハヘル(타하 1) 첨가(添加)하다. 덧붙이다. 자 付け加わる(4). add

つけげいき[付け景気](명) 실속 없는 외양만의 경기. borrowed prosperity

つけげんき[付け元気](명) 기운 있는 것처럼 가장하는 것. 허세(虚勢). a false show of courage

つけこ·む[付け込む](자 4) ①기회를 틈타서 하다. 허점을 이용하다. ②분류(分類)하지 않고 장부에 기입하다. ③기입하면 안되는 금액을 보태어 기입하다. 명 付け込み. 1. take advantage of

つけこ·む[漬け込む](자 4) 김치 등을 담가 넣다. get pickled

つけじょう[付け状](명) ①첨부한 편지. ②귀인(貴人)에게 편지를 낼 때 송구스러워서 그 측근자(側近者)의 이름 앞으로 쓰는 편지. 1. on accompanying letter

つけだし[付け出し](명) ①기입, 기록의 시작. 기필(起筆). ②청구서. 계산서. ③〔씨름에서〕 대전표(対戦表)에 처음으로 이름이 오르는 일. 2. a bill

つけた·す[付け足す](타 4) ①첨가하다. 덧붙이다. ②(그릇에 밥을) 좀 더 담다. 명 付け足し. 1. add

つけだ·す[付け出す](타 4) ①청구서를 써서 내밀다. ②말에 실어 보내다. 명 付け出し. 1. bill

つけたり[付けたり] Ⅰ(명) ①덤. 부록(附録). ②명목. 구실. Ⅱ(접) 그것에 덧붙여서. Ⅰ 2. an excuse

つけぢえ[付け知恵·附け智慧](명) 남에게 배운 꾀. 빌어 얻은 지혜. borrowed wisdom

つけ つけ(부)〈속〉서슴지 않고 밉살스럽게 말하는 모양. unreservedly
つけ どころ[付け所](명) 붙이는 곳. 「目(メ)の—; 착안점(着眼点)」 point
つけ とどけ[付け届け](명·타サ) 사례, 부탁 등을 위하여 선사함. 또는 그 금품. a present
つけ な[漬け菜](명) ①김치를 담그는, 또는 담근 채소류. ②〈식〉 ⇨あぶらな. 1. pickled greens
つけ ね[付け値](명) 사는 사람이 부르는 값. ↔言(イ)い値. the price offered
つけ ね[付け根](명) 물건이 붙어 있는 근본 부분. the joint
つけ ねら·う[付け狙う]—ネラフ(타 4) 늘 뒤좇아 다니며 노리다. prowl after
つけ び[付け火](명) 불을 놓음. 방화(放火). incendiarism
つけ ひげ[付け髭](명) 붙인 수염. 가짜로 단 수염. false moustache
つけ びと[付け人](명) ①곁에서 시중 드는 사람. ②감독하기 위하여 붙여 두는 사람. 1. an attendant
つけ ひも[付け紐](명) 아이들 의복의 허리에 달아 놓은 띠. 돌띠. a sash attached to a child's clothes
つけ ぶみ[付け文](명) 따라 가서 연문(恋文)을 건네줌. 또는 그 편지. a love letter
つけ まげ[付け髷](명) 상투, 또는 틀어 올린 머리 모양으로 만든 가발(仮髪). a false coiffure
つけ まわ·す[付け回す]—マハス(타 4) 어디까지나 뒤를 따라 다니다. follow a person about
つけ め[付け目](명) ①목적. 표적. ②틈탈 기회나 곳. 이용할 기회. 1. an aim 2. a chance
つけ もの[漬け物](명) 김치. 채소를 소금이나 겨, 된장 등에 담근 것. pickles
つけ やき[付け焼き](명) 간장 등을 발라 굽는 것. 또는 그 요리. broiling with soy
つけ やきば[付け焼き刃](명) ①남이 가르쳐 준 꾀. ②임시 변통을 위해 꾸밈. 「—の知識(チシキ); 필요에 따라 임시적으로 배운 지식」 1. borrowed wisdom
つ·ける[付ける·附ける·着ける] Ⅰ(타하 1) ①붙이다. 달다. ②닿게 하다. ③떨어지지 않게 하다. ④자취를 남기다. ⑤따르게 하다. ⑥쓰다. 기입하다. 「帳面(チョウメン)に—; 장부에 올리다」 ⑦따라서 배우게 하다. ⑧물이 옮게 하다. ⑨더하다. ⑩만들다. 짓다. ⑪뒤를 쫓다. ⑫가격을 정하다. ⑬착수시키다. ⑭임명하다. ⑮(자리에) 앉게 하다. ⑯등우리에 들어 앉게 하다. ⑰정신을 차리게 하다. ⑱불을 붙이다. ⑲매듭 짓다. ⑳곁에 있게 하다. ㉑바르다. ㉒등불을 켜다. ㉓착용하다. ㉔가면 등을 쓰다. ㉕따라 읽게 하다. Ⅱ(보동·하 1) 언제나 …해 버릇하다. 익숙하다. Ⅰ 1. stick 4. leave
つ·ける[漬ける](타하 1) ①담그다. 적시다. ②채소로 김치 등을 만들다. 2. pickle
つ·げる[告げる](타하 1) ①알리다. ②이야기하다. ③타이르다. ④일반에게 널리 알리다. ⑤분부하다. 1. inform 2. tell

—づ·ける[付ける·附ける](조어) ①붙이다. 「関係(カンケイ)—; 연관시키다」 ②부여(附與)하다.
つ ごう[都合] Ⅰ(명) ①절차. ②사정. 형편. 경우. 「—がわるい; 형편이 나쁘다(곤란하다)」 ③때. 기회. Ⅱ(명·자サ) 변통함. Ⅲ(부) 전체로. 모두 해서. 도합.
つこう まつ·る[仕うまつる]ツカフ—(자 4)〈고〉 ⇨つかまつる.
つごもり[晦](명) 음력 월말(月末). 그믐날. ⤴the last day of a month
つじ[辻](명) ①십자로. 네거리. ②길거리. 길가. 「—演説(エンゼツ); 가두 연설」 1. a crossroads
つじ うら[辻占](명) ①전에 네거리에서 지나는 사람의 무심코 하는 말을 듣고 길흉을 점친 일. ②종이 쪽지에 글을 적은 것을 뽑아서 길흉을 점치는 일. ③우연히 생긴 일을 장래의 길흉을 점치는 자료로 하는 일. 1. divination in the street
つじ かご[辻駕籠](명) 옛날 거리에서 기다렸다가 손님을 태우던 가마. a street palanquin
つじ かぜ[辻風](명)〈고〉 회오리바람. 선풍(旋風).
つじ がため[辻固め](명) 도로 경비를 위해서 네거리에 세운 초소. a guard at a crossing
つじ ぎみ[辻君](명) 옛날, 밤길에서 손님을 끌던 매춘부. a streetwalker
つじ ぎり[辻斬り](명·자サ) 옛날에 무사가 검술 수련을 위하여 밤에 길가에 숨어서 통행인을 칼로 벰. 또는 그 사람. street murder
つじ ごうとう[辻強盗](명) 노상 강도. a highway robber
つじ ずもう[辻相撲](명) ①길가에 임시로 장막을 설치하고 하는 흥행(興行) 씨름. 또는 그것을 업으로 삼는 사람. ②일반인들이 마을 광장 등에 모여서 하는 씨름.
つじ せっぽう[辻説法](명) 길가에서 왕래하는 사람에게 하는 설법. street preaching
つじ つま[辻褄](명) ①처음과 끝. 조리(条理). 「—があう; 이치에 맞다」 ②계산. 1. coherence
つじ どう[辻堂](명) 길가에 있는 조그마한 불당(仏堂). a wayside Buddhist shrine
つじばしゃ[辻馬車](명) 역마차. 합승 마차. a stage-coach
つじ ばん[辻番](명) 초소(哨所)에서 거리를 지킴. 또는 그 사람.
つじ ばんしょ[辻番所](명) 옛날의 초소(哨所). 에도(江戸) 시대에 에도 네거리 등에 마련한 경비소(警備所). a guard station
つじ ふだ[辻札](명) 금지 사항 등을 적어 네거리에 세운 패목(牌木). a wayside notice board
つしま[対島](명)〈지〉 대마도(対馬島). 큐우슈우(九州)와 한국 사이에 있는 섬. 나가사키현(長崎県)에 속함.
つじ まち[辻待ち](명·자サ) (가마군 등이) 길가에서 손님을 기다림. waiting for hire in the streets
つじ みせ[辻店](명) 노점(露店). a street-stall
つずし·る[嘰る]ツヅシル(타 4)〈고〉 ①조금씩 하다. 서서히 하다. 한 마디씩 노래 부르다. ②조금씩 먹다. 쉬엄쉬엄 먹다.

つた[蔦](명)〈식〉 담쟁이덩굴. 포도과에 속하는 낙엽 활엽 만목(蔓木). 관상용으로 심음. an ivy

つた[寸莎](명)〔"すさ"의 변화〕 벽을 바르는 흙에 섞는 짚토막이나 종이 등 벽이 트는 것을 막기 위하여 쓰는 것. 여물.

—づたい[伝い]ヅタヒ(조어) 따라서 감. 「海岸(カイガン)—に行(ユ)く; 해안을 따라서 가다」

つた·う[伝う]ツタフ(자 4) 어떤 것을 매개로, 또는 따라서 이동하다. 「屋根(ヤネ)を伝(ツタ)って行(ユ)く; 지붕을 타고 가다」 go along

つたえ[伝え]ツタヘ(명) ①전하는 것. ②전해 오는 말. 전설(伝説). ③전언(伝言). 1. 3. a message. **—き·く**[伝え聞く] Ⅰ(타 4) 소문으로 듣다. 전해 듣다. Ⅱ(부) 들은 바에 의하면. 듣건대.

つた·える[伝える]ツタヘル(타하 1) ①전하다. ②가르치다. 전수(伝授)하다. ③넘겨 주다. 물려 주다. ④듣고 알다. 2. impart 3. transmit

つたかずら[蔦蔓]—カヅラ(명) 덩굴 식물의 총칭. 만초(蔓草). creepers

つたな·い[拙い](형) ①서투르다. ②어리석다. 둔하다. ③운이 나쁘다. 「武運(ブウン)つたなく; 무운이 나빠서」 파생 **—さ**(명). 1. unskilful

つたもみじ[蔦紅葉]—モミヂ(명)〈식〉 가을에 빨갛게 물든 담쟁이덩굴와 잎. a scarlet-tinged ivy

つたわ·る[伝わる]ツタハル(자 4) ①전해 퍼지다. ②전해 내려 오다. 「家(イエ)に—たからもの; 집안에 대대로 전해 내려 오는 보물」 ③여러 사람에게 알려지다. 2. come down

つち[土](명) ①흙. ②「—がつく; 흙이 묻다(씨름해서 지다)」 ③지면(地面). 1. soil **—あそび**[土遊び](명·자サ) 흙장난. **—い**[土居](명) 토담. **—ぐら**[土蔵](명) ①흙벽으로 만든 광. ②움. 지하실. **—はらい**[土払い]—ハラヒ(명) 옛날 수레에 달았던 흙받이. **—ぼこり**[土埃](명) 흙먼지. **—やき**[土焼](명) 토기(土器).

つち[槌·鎚·椎](명) 망치. 나무 망치. 쇠망치. a hammer

つちいじり[土弄り]—イヂリ(명) ①흙을 주물럭거림. ②취미로서의 원예(園芸). 2. gardening

つちいっき[土一揆](명)〈역〉 무로마치(室町) 시대에 농민이 일으킨 폭동. a peasant's revolt

つちいっしょう かねいっしょう[土一升金一升](연어) 흙 한 되에 금 한 되. (땅값이 비쌈의 비유)

つちいろ[土色](명) 토색. 흙빛. earth colour

つちか·う[培う]—カフ(타 4) ①배양하다. ②뿌리에 흙을 덮어 초목을 가꾸다. 북돋우다. 2. cultivate

つちくさ·い[土臭い](형) ①흙내가 나다. ②시골 티가 나다. 파생 **—さ**(명). 1. earth-smelling

つちぐも[土蜘蛛](명) ①〈동〉 땅거미. 지주류(蜘蛛類)에 속하는 땅속 구멍에서 사는 거미의 한 가지. ②〈역〉 옛날 일본에 살고 있던 혈거(穴居) 민족의 이름. 1. a ground spider

つちくれ[土塊](명) ①토괴. 흙덩이. ②묘(墓). 1. a lump of earth 2. a grave

つちけいろ[土気色](명) 흙색. 「—の顔(カオ); 흙빛 얼굴」 earth colour

つちけむり[土煙](명) 흙이나 모래가 날려 연기처럼 보이는 것. a cloud of dust

つちつかず[土付かず](명) 〔씨름에서〕 전승(全勝)하는 것. a clean record

つちのえ[戊](명) 10간(十干)의 다섯 번째.

つちのと[己](명) 10간(十干)의 여섯 번째.

つちふまず[土踏まず](명) ①발바닥의 움푹 들어 간 곳. 장심(掌心). ②〈속〉 걷지 않고 주로 타고 다니는 일. 1. the plantar arch

つちへん[土偏](명) 한자 부수(部首)의 하나. 흙토변. "地,埋" 등의 "扌" 부분.

つちよせ[土寄せ](명·자サ)〈농〉 농작물의 뿌리에 흙을 북돋우어 줌. earthening up

つちろう[土牢](명) 지하 감옥. 지하실 감방. a dungeon

つっ—[突っ](접두) 동사 위에 붙어서 감정을 강하게 나타내는 말. 「—ぱしる; 막 달리다」

つつ[筒](명) ①속이 빈, 둥글고 긴 것. 관(管). 통. ②총신(銃身). 포신. ③소총. 대포. 「—音(オト); 총성. 포성」 ④우물 둘레를 둘러 쌓은 나무 또는 돌 등의 테두리. 우물틀. 1. a pipe 2. a gun barrel

つつ(접조) ①동작의 반복을 나타내는 말. …하면서. 「ふりかえり—; 뒤 돌아 보면서」 ②동작의 진행을 나타내는 말. …고 있다. 「せまり—ある; 다가 오고 있다」 ③두 가지 일을 동시에 행하는 것을 나타내는 말. 「思(オモ)い—あるく; 생각하면서 걷다」 ④…하고 있다. 「富士(フジ)の高嶺(タカネ)に雪(ユキ)は降(フ)り—; 후지산 높은 봉에 눈은 내리고 (있도다)」

つづ[十](명)〈수〉 ①십. 열. ②잘못 19로도 쓰임. 「—やはたち(二十)で; 열 아홉이나 스무 살에」 1. ten

つつい[筒井]—ヰ(명) 통같이 둥글게 판 우물. a round well. **—づつ**[筒井筒](명) 둥근 우물의 우물틀.

つつうらうら[津津浦浦](명) 방방 곡곡(坊坊曲曲). 「うわさが—にひろがる; 소문이 방방 곡곡에 퍼지다」 throughout the land

つつおと[筒音](명) 총소리. 포성. firing sound

つつが[恙](명) ①병. 질병. ②〈동〉 ←恙虫. 1. illness. **—な·い**[恙無い](형) 무고하다. 평안하다. 「海上(カイジョウ)つつがなく到着(トウチャク)した; 항해 도중 아무 사고 없이 무사히 도착했다」 **—むし**[恙虫](명)〈동〉 옴벌레. 아주 작으며 사람의 피를 빨아 먹음. 개선충(疥癬虫).

つっかい[突っ支い]—カヒ(명) 버팀목. 받침. 지주(支柱). 「—棒(ボウ); 버팀목」 a prop

つっかえ·す[突っ返す]—カヘス(타 4). ⇨つきかえす.

つっか·える(자하 1) (잘 통하지 않고) 걸리다. 「食(タ)べたものがのどに—; 먹은 것이 목에 걸리다」

つっかか·る[突っ掛かる](자 4) ①겨냥하여 찌르다. ②맞부딪치다. ③걸리다. ④덤벼들다. 1. thrust at

つっかけ·る[突っ掛ける](타하 1) ①신발을 아무렇게나 신다. ②세차게 덤비다. ③〔씨름에서〕 일어서서 수를 걸다. 2. force on

つづき[続き](명) 계속하는 것. 계속. continuance. **—がら**[続き柄](명) 친척, 혈족의 관계. **—もの**[続き物](명) 몇 회를 거듭하고 끝맺는 것. 연속 간행물. 연재물. 계속물.
つつぎり[筒切り](명·타サ) 관, 통같이 둥글고 긴 물건을 가로 자름. cutting in cylinders
つっき·る[突っ切る](타 4) ①꿰뚫다. ②돌파하다.「困難(コンナン)を—; 곤란을 돌파하다」③가로 지르다.「道(ミチ)を—; 길을 가로 지르다」 3. cross
つつ·く[つ突く](타 4) ①가볍게(여러 번) 찌르다. ②쿡쿡 찔러서 주의시키다. ③괴롭히다. ④젓가락으로 집어 먹다. ⑤쪼다. ⑥꼬드기다. 선동하다. ⑦찔러 캐 내다. 1. poke at 3. tease
つづ·く[続く](자 4) ①이어지다. 계속되다. ②따라 가다. ③쉴 새 없이 일어나다. 1. continue
つつぐち[筒口](명) ⇨つつさき.
つづけざま[続け様](명) 계속되는 모양. succession
つづ·ける[続ける](타하 1) 계속하다. 연결(連結)하다. continue
つっけんどん[突っ慳貪](형동ダ) 태도가 매우 날카롭고 냉담한 모양. 퉁명스러운 모양. blunt
つっこみ[突っ込み](명) ①돌입. ②깊이 파고 드는 것. ③관철하는 힘. ②〈속〉 전체.「—で買(カ)えば安(ヤス)い; 몰밀어 사면 싸다」 1. rush
つっこ·む[突っ込む] Ⅰ(자 4) ①약점을 (날카롭게) 찌르다. ②마구 들어 가다. ③돌진하다. ④깊은 곳까지 파헤치다. ⑤〈경〉 시세가 많이 내려 가다. Ⅱ(타 4) ①찔러 넣다. ②섞어 넣다. Ⅰ 3. rush Ⅱ 1. thrust in
つっころ·す[突っ殺す](타 4) 찔러 죽이다. stab to death
つっころば·す[突っ転ばす](타 4)〈속〉 세차게 밀어서 넘어뜨리다. thrust down
つつさき[筒先](명) ①원통 모양의 물건의 앞끝. ②총신(銃身), 포신(砲身)의 끝. ③소방용(消防用) 호오스의 끝. 또는 그것을 쥐는 사람. 2. the muzzle
つつざき[筒咲き](명) 화판(花瓣)이 대롱 모양으로 피는 것. 또는 그와 같은 꽃. 예 : 나팔꽃. a tubular flower
つっささ·る[突っ刺さる](자 4) 세게 찔리다. stick
つっさす[突っ刺す](타 4) 세게 찌르다. 꿰찌르다. pierce
つつじ[躑躅](명)〈식〉 철쭉. 진달래. an azalea
つつしみ[慎み·謹み](명) ①삼감. 근신(謹慎). ②조심. ③재계(斎戒). 1. prudence. **—ぶか·い**[慎み深い](형) 조심성이 많다.
つつし·む[慎む·謹む](타 4) ①삼가다. ②조심하다.「行(オコ)ないを—; 행동을 조심하다」③소중히 하다. ④부정(不浄)을 피하다. ⑤공경(恭敬)하다. ⇨ : つつしんで. 2. be careful
つづしろ·う[囓ろう]—ロフ(타 4)〈고〉 ⇨ つずしる.
つつしんで[謹んで](부) 삼가. 공손히. respectfully
つつそで[筒袖](명) 통소매. 또는 통소매 옷. a tight-sleeved clothes
つつだけ[筒竹](명) 가로 자른 대 토막. 대통. a bamboo cut like a tube
つった·つ[突っ立つ](자 4) ①곧게 서다. ②힘차게 서다. ③ 아무 것도 하지 않고, 우뚝 서다. 타突っ立てる(하 1). 1. stand straight
つっつ·く[突っ突く](타 4)〈속〉 ⇨つつく.
つつっと(부) (걸음걸이가) 미끄러지듯이 빨리. 쑥쑥. smoothly and quickly
つつっぽ[筒っぽ](명)〈속〉 ⇨つつそで.
つっと(부) ①급히. ②거침 없이 빨리 들어 가는 모양. ③멀리. 아득히. 1. suddenly
つつどり[筒鳥](명)〈동〉 벙어리뻐꾸기. 두견이과에 속하는 새.
つつぬけ[筒抜け](명) ①통 밑이 빠져 있는 것. ②이야기 내용이 그대로 다른 사람에게 전해짐. 1. bottomlessness
つっぱし·る[突っ走る](자 4)〈속〉 힘차게 빨리 달리다.「自動車(ジドウシャ)が—; 자동차가 힘차게 빨리 달리다」 run fast
つっぱな·す[突っ放す](타 4) ①갑자기 밀어 버리다. ②상대하지 않고 거절하다.「要求(ヨウキュウ)を—; 요구를 거절하다」 2. refuse
つっぱ·ねる[突っ撥ねる](타하 1) ①확 밀어 젖히다. ②가까이 오지 못하게 하다. ③거절하다. 1. thrust away
つっぱ·る[突っ張る](타 4) ①밀며 버티다. 지탱하다. 버티다. ②[씨름에서] 팔을 뻗쳐 손바닥으로 상대방을 세차게 밀다. ③(근육이) 땅기다. ④완강히 대항하다. ⑤고집을 세게 부리다. 명突っ張り. 1. prop 5. stand out
つっぷ·す[突っ伏す](자 4) 갑자기 콱 엎드리다. fall prostrate
つつまし·い[慎ましい](형) 조심성스럽다. 얌전하다. 파생 **—げ**(형동ダ) **—さ**(명). careful
つつましやか[慎ましやか](형동ダ) 조심성스러운 모양. 파생 **—さ**(명). prudent
つづまやか[約やか](형동ダ) ①검소한 모양.「—な生活(セイカツ); 간소한 생활」②조심스러운 모양. ③간편한 모양. 1. thrifty
つづま·る[約まる](자 4) ①작아지다. 줄어지다. ②짧아지다. ③간편해지다. ④죄어지다. 1. shrink
つつみ[包み](명) ①싸는 것. ②싼 물건. 보퉁이. 보따리. ③물건을 싸는 데 쓰이는 것. 2. a wrapper. **—かく·す**[包み隠す](타 4) ①싸서 보이지 않게 하다. ②비밀로 하고 알리지 않다. **—きん**[包み金](명) 종이에 싸서 상대방에게 어떤 인사의 표시로 주는 돈.
つつみ[堤](명) ①둑. 제방. ②저수지(貯水池). 1. a bank
つづみ[鼓](명) ①장구. ②북. 2. a drum
つつみちゅうなごんものがたり[堤中納言物語](명) 일본 최초의 단편 소설집. 작자는 미상이고 명랑, 풍자, 환상적인 내용

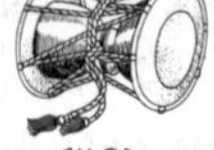
〔鼓①〕

으로 전 10편으로 되어 있음.
つつ·む[包む](타 4) ①싸다. 포장하다. ②둘러 싸다. 포위하다. ③비밀로 하다. 감추다. ④돈을 싸서 주다. ⇨:つつみきん. 1. wrap 2. surround
つつ·む[慎む](타 4)〈고〉 ①삼가다. ②조심하다.
つづ·める[約める](타하 1) ①축소(縮小)하다. ②간편하게 하다. 쉽게 하다. ③절약하다. 2. summarize
つつもたせ[美人局](명) 유부녀가 남편과 짠 후 다른 남자에게 몸을 바치고 그것을 구실로 삼아 그 남편이 금전을 갈취(喝取)하는 일. a badger game
つづら[葛](명)〈식〉 ①〈고〉 덩굴을 끈과 같이 이용할 수 있는 식물. 예: 등나무, 칡 등. ②칡. 2. an arrowroot. **—おり**[葛折り·九十九折り]—ヲリ(명) 꾸불꾸불한 산길.
つづら[葛籠](명) 칡덩굴, 또는 대오리나 노송나무 등으로 엮어서 상자같이 만든 것. 치롱. a clothes-box of bamboo
つづり[綴り](명) ①얽어 매어서 만든 것. ②글을 지음. 또는 지은 글. ③철자(綴字). 3. spelling. **—あわ·せる**[綴り合わせる]—アハセル(타하 1) 얽어서 하나로 만들다. **—かた**[綴り方](명) ①엮는 방법. ②작문(作文).
つづ·る[綴る](타 4) ①얽어 매다. (조각을) 어어 붙이다. ②글을 짓다.「文章(ブンショウ)を—; 글을 짓다」③알파벳으로 단어를 만들다. 1. bind together 2. compose
つづれ[綴れ](명) 이어 붙이고 기운 옷. 누더기. tatters. **—おり**[綴れ織り](명) 몇 가지 색실로 무늬를 짜넣은 직물.
って Ⅰ(격조) ①…이라고. 「来(ク)る—いったよ; 온다고 말했어」②"とて"의 변화. 「行(イ)った—むだだ; 가더라도 소용 없다」Ⅱ(감조)〈속〉①〔반어적(反語的)으로〕…한대.「だれが行(ユ)く—!; 누가 간대!」② 가벼운 의문을 나타내는 말.
つて[伝·伝手](명) ①편. 인편. 「—があるから, とどけてあげよう; 인편이 있으니까 전해 드리지」②연줄. 인연.「—を求(モト)めて就職(シュウショク)する; 연줄을 구하여 취직하다」 2. connections
つと[苞](명) ①짚으로 물건을 묶어서 싼 것. ②방문할 때 또는 귀가할 때 가지고 가는 선물. ⤵ ⌊1. a straw-wrapped package
つと[髱](명) ⇨たぼ.
つと(부) ①꼼짝하지 않고. 묵묵히. ②절실히. ③돌연히. 갑자기. 1. still
つど[都度](명) 그때마다. 늘. 매회(每回). 「その—; 그때마다」 every time
つどい[集い]ツドヒ(명) 모임. an assembly
つど·う[集う]ツドフ(자 4) 모이다. 모여 들다. assemble
つど·える[集える]ツドヘル(타하 1) 모으다. gather
つとに[夙に](부) ①아침 일찌기. ②훨씬 이전부터. ③어려서부터. 1. early in the morning
つとま·る[勤まる](자 4) 근무할 수 있다. 임무를 감당할 수 있다. be fit for
つとめ[務め·勤め](명) ①근무(勤務). ②임무(任務). 의무(義務). ③중이 매일 하는 수행. ④창녀로서의 직업. 2. duty 3. devotional service. **—ぐち**[勤め口](명) 근무하는 곳. 근무처. **—さき**[勤め先](명) 근무하고 있는 곳. 근무처. **—て**[勤めて·努めて](부) ①힘써서. 특히 주의해서. ②할 수 있는 한. ③억지로. 무리하게. **—むき**[勤め向き](명) 근무의 방면. 근무의 상태.
つとめて(명·부)〈고〉 ①그 다음날 아침. ②이른 아침.
つと·める[勤める·努める·務める·勉める](타하 1) ①열심히 하다. ②억지로 하다. ③봉직(奉職)하다. ④근무하다.「会社(カイシャ)に—; 회사에 근무하다」⑤상대방을 위해서 노력하다. ⑥불사(仏事)를 행하다. 1. work hard 3. 4. 6. serve
つな[綱](명) ①밧줄. ②의지할 만한 것. 「いのちの—; 명줄. 가장 믿고 의지하는 것」 1. a rope
ツナ[tuna](명)〈동〉 투우너. 다랑어. 고등어과에 속하는 외양성(外洋性) 회유어(回游魚). 겨울철에 맛이 좋음.
つながり[繫がり](명) ①연결. ②관계. ③끊을 수 없는 애정(愛情). 1. connection
つなが·る[繫がる](자 4) ①연결되다. ②얽매이다. ③걸리다. ④맺어지다. ⑤관계하다. ⑥매달리다. 「首(クビ)が—; 면직되지 않고 넘기다」 1. be connected
つなぎ[繫ぎ](명) ①연결. ②〈경〉 거래소에서 추가 증거금을 바치고 매매를 계속하는 일. 2. hedging
つなぐ[綱具](명) 색구(索具). 배에서 사용하는 로우프나 쇠사슬 같은 것의 총칭. rigging
つな·ぐ[繫ぐ](타 4) ①매다. 동여 매다. ②연결(連結)하다. 잇다. ③통화(通話)시키다. ④잡다. 체포(逮捕)하다. 1. tie 2. connect
つなそ[黄麻](명)〈식〉 황마. 삼의 한 가지로 인도 원산. jute
つなで[綱手](명) 배를 끄는 밧줄. a towline
つなひき[綱引き·綱曳き](명·자サ) ①물체에 줄을 매고 끎. ②줄다리기. 1. drawing by a rope
つなびらき[綱開き](명) 배가 고기잡이를 떠날 때 선령(船霊)에게 신주(神酒)를 올리고 무사히 돌아 오기를 빌던 의식(儀式).
つなみ[津波·海嘯](명)〈지〉 해소. 지진, 강풍(強風) 등으로 인해서 거대한 파도가 불시에 육지를 휩쓰는 일. 해일(海溢). a tidal wave
つなわたり[綱渡り](명·자サ) 줄타기. 줄타기함. ropedancing
つね[常](명) ①영구히 변치 않는 것. ②평생. 평소. ③보통. 당연한 것. 1. permanence
つねづね[常常](명·부) 평상시. 통상(通常). 언제나. 항상. 늘. always
つねなみ[常並](명) 보통. 일반. 당연지사. commonness
つねに[常に](부) ①언제나. 평소에. 늘. ②영구히. 1. always 2. forever
つね·る[抓る](타 4) 손톱, 손끝으로 세게 꼬집다. pinch
つの[角](명) ①뿔. 「牛(ウシ)の—; 쇠뿔」②물체의 머리 위나 표면에 삐죽 나온 것. ③질투. 새암. 「—をはやす; 아내가 질투하다」 1. 2. a horn

つのがき[角書き](명·타サ) 책이나 논문 등의 제목 위에 작게 두 줄로 갈라서 간단한 설명 등을 씀.

つのかくし[角隠し](명) 혼례 때 신부가 머리 장식으로 감는 흰 헝겊. the bride's hood

つのぐ·む[角ぐむ](자 4) 뿔이 돋아 나듯이 싹이 돋아 나오다.「葦(アシ)が—; 갈대 싹이 나오다」 sprout

つのだらい[角盥]—ダラヒ(명) 좌우에 두 손잡이가 있는 큰 대야. 대개는 표면에 옻칠을 해서 씀. a basin with hornlike handles

〔角隠し〕

つのだる[角樽](명) 축전(祝典)에 쓰는 술을 넣는, 두 개의 손잡이가 달린 술통. a two-handled keg

つのつき[角突き](명) ①뿔로 받음. ②매우 사이가 나빠 항상 충돌함. 1. horning 2. wrangling

つのつきあい[角突き合い]—ツキアヒ(명) 사이가 나빠서 자주 싸움함.

つのぶえ[角笛](명) 각적. 목동(牧童)이나 사냥꾼들이 부는 피리. a horn

つのみ[唾飲](명) 침을 삼킴. gulping saliva

つのめだ·つ[角目立つ](자 4) ①눈에 독기를 품다. ②모가 지다. ③흥분하여 싸우다. 3. have a clash of feelings with each other

つのや[角箭](명) 오늬를 뿔로 만든 화살.

つの·る[募る] Ⅰ(자 4) 점점 더해지다. 강렬(強烈)해지다.「感情(カンジョウ)が—; 감정이 더해지다」 Ⅱ(타 4) 널리 불러 모으다. 모집(募集)하다. Ⅰ grow violent Ⅱ raise

つば[唾](명)〈생〉 침. saliva

つば[鍔·鐔](명) ①칼자루와 칼날 사이에 있는 쇠테. 날밑. ②솥전. ③모자의 차양과 같이 나온 부분. 1. a sword guard

つばい[燕]ツバヒ(명)〈고〉 제비.

つばき[唾](명)〈생〉 ⇨つば.

つばき[椿](명)〈식〉 동백나무. 후피향나무과에 속하는 상록수. 열매로 기름을 짬. a camellia

つばぎわ[鍔際](명) ①날밑 근처. ②운명, 성패(成敗)의 갈림길. 위험한 고비. 1. the side of a sword guard

つば·く[唾吐く](자 4)〈고〉 침을 뱉다.

つばく·む(자 4)〈고〉 ①어긋나다. 엇갈리다. ②높낮이(高低)가 있다. 요철(凹凸)이 있다.

つばくら(め)[燕](명)〈동〉 ⇨つばめ.

つばくろ[燕](명)〈동〉 ⇨つばめ.

つばさ[翼](명) ①〈생〉 새 날개. ②비행기의 날개. ③좌우에 있으면서 도와 주는 일. 또는 그 사람. 우익(羽翼). 1.2. a wing

つばぜりあい[鍔迫り合い]—ゼリアヒ(명·자サ) ①칼을 날밑으로 받아 서로 밀어 댐. ②서로 심하게 경쟁함. ③심한 분규(紛糾). 말다툼. 1. pushing each other's sword-guard

つばな[茅花](명)〈식〉 띠꽃. 어린 화수(花穗)는 감미가 있어서 삘기라고 하여 아이들이 뽑아 먹음.

つばめ[燕](명) ①〈동〉 제비. ②젊은 정부(情夫).「若(ワカ)い—; 나이 위인 여자에게 사랑을 받고 있는 남자」 1. a swallow

つばもと[鍔元](명) 날밑이 있는 곳.

つばら[委曲·詳](명·형동ダ) ⇨つまびらか.

つぶ[粒](명) ①작고 둥근 것의 총칭. 알맹이. ②낟알의 하나하나. ③주판알. ④개개인. 하나하나.「—がそろっている; 하나하나 모두 우수하다」 1. 2. a grain 4. an individual

つぶぎん[粒銀](명) 옛날에 사용되었던 은돈. (에도 막부에서 주조한 콩 모양의 은화) a small silver coin

つぶさに[具さに](부) ①자세히. ②빠짐 없이. 2. fully

つぶし[潰し](명) 찌그러뜨리는 것.「—が利(キ)く; 다른 용도에도 사용할 수 있다」 crushing

つぶ·す[潰す](타 4) ①으깨다. ②찌그러뜨리다. ③못 쓰게 만들다. ④멸망시키다. ⑤닭을 죽이다. ⑥쇠를 녹이다. ⑦시간을 보내다. ⑧빈틈을 막다. ⑨취해 쓰러지도록 술을 먹이다. 2. crush 3. spoil

つぶぞろい[粒揃い]—ゾロヒ(명) 많은 물건이나 사람이 모두 뛰어나 나쁜 것이 없음. uniformly good

つぶだ·つ[粒立つ](자 4) ①거품이 일다. ②눈에 띄다. 현저(顕著)히 나타나다. 1. foam

つぶつぶ[粒粒] Ⅰ(명) 많은 알맹이. 또는 그 하나하나. Ⅱ(부·자サ) 알알이 솟아 오르는 모양. Ⅰ many grains Ⅱ granulating

つぶて[飛礫·礫](명) 잔돌을 던짐. 또는 그 잔돌. 팔매치는 돌. throwing a stone

つぶやき[呟き](명) 중얼댐. 군소리함. muttering

つぶや·く[呟く](자 4) 중얼대다. 군소리하다. grumble

つぶより[粒選り](명) 많은 가운데서 우수한 것을 고름. 또는 골라진 것. picked

つぶら[円ら](형동ダ) 둥근 모양.「—なひとみ; 둥근 눈동자」 round

つぶらか[円らか](형동ダ) 둥글게 부푼 모양. round

つぶり[頭](명) ⇨つむり.

つぶ·る[瞑る](타 4) ①닫다. 막다. ②죽다. ③눈을 감다.「目(メ)を—; 죽다. 보고도 못 본 체하다」 2. die

つぶ·れる[潰れる](자하 1) ①눌려 깨어지다. 짜부러지다. ②막히다. 덮이다. ③닳아 무디어지다.「のこぎりの歯(ハ)が—; 톱날이 닳아 무디어지다」 ④망하다.「店(ミセ)が—; 가게가 망하다」 ⑤퇴폐해지다. ⑥못 쓰게 되다. ⑦과음하여 녹아 떨어지다. ⑧목이 칼칼해서 소리가 잘안나오다. ⑨(눈이) 보이지 않게 되다. ⑩헛되이 지나가다.「時間(ジカン)が—; 시간이 허비되다」 1. be crushed 4. ruin

つべこべ(부) 이러쿵저러쿵 이유 등을 늘어놓는 모양.「—いうな; 여러 말 하지 말라」 volubly

ツベルクリン[도 Tuberkulin](명)〈의〉 투베르쿨린. 결핵균을 배양기(培養基)에 길러서 가열 살균하여 여과(濾過)한 투명 갈색의 주사액.「—反応(ハンノウ); 투베르쿨린 반응」

つぼ[坪](명) ①평. 토지 면적의 단위. 사방 6자. ②토사(土砂)의 체적의 단위. 6자 입방(立方).

つぼ[壺](명) ①단지. 항아리. ②보시기. 종지. ③구

덩이. ④뜸 자리. 경혈(経穴). ⑤생각한 바. 뜻한 바. ⑥급소. 요점(要点). 1. a jar

つぼあたり[坪当たり](연어·명) 평당(坪当).

—っぽ·い(접미·형형) ⇨—ぽい. 파생 **—さ**(명).

つぼがり[坪刈り](명)〈농〉 전체 수확의 분량을 추정하기 위해서 한 평(一坪)분의 벼를 베는 것.

つぼきりのつるぎ[壺切りの剣](명) 황태자에게 상전(相伝)하는 호신용 칼.

つぼくち[壺口](명) ①단지 아가리. ②단지 아가리처럼 오므라진 모양의 입. 1. the mouth of a pot

つぼざら[壺皿](명) ①⇨つぼ(壺). ②〔도박에서〕 던져진 주사위를 덮는 잔 같은 것.

つぼすう[坪数](명) 평수. 평을 단위로 해서 센 수.

つぼすみれ[壺菫](명)〈식〉 콩제비꽃. 제비꽃과에 속하는 다년초. 〈학명〉 Viola verecunda

つぼせんざい[壺前栽](명) 뜰 안에 관상용 식물을 심은 것. 중정(中庭). 안뜰. a courtyard

つぼそうぞく[壺装束](명) 중고 시대(中古時代)의 일본 부인들의 나들이옷.

つぼね[局](명) ①궁전 안의 따로따로 막은 방. 또는 그 방에 살고 있는 여관(女官). ②관청의 휴게실. 1. an apartment in the palace

つぼま·る(자 4) 꽃봉오리를 맺다. have buds

つぼみ[蕾み·莟み](명) ①꽃봉오리. ②아직 성인이 되지 않은 젊은이의 비유. 1. a bud

つぼ·む[蕾む](자 4) 꽃봉오리 지다. 꽃봉오리 맺다. have buds

つぼ·める(타하 1) 좁아 들게 하다. 오므리다. 자 つぼむ(4). become narrower

つぼやき[壺焼き](명·타サ) ①단지 모양의 그릇에 넣고 찜. ②조개의 살을 저며 야채를 섞고 도로 껍데기에 넣고 구운 요리. 2. a shellfish cooked in its own shell

つま(명)〈고〉 ①부부의 한쪽. 지아비. 지어미. ②회(膾) 등에 곁들이는 것.

つま[妻](명) ①남편 있는 여인. 아내. ②〈건〉 합각벽. ③측면. 1. a wife

つま[褄](명) ①의복의 아랫단 좌우 끝. ②섶 단.

つま[端](명) ①가장자리. 끝. ②실마리. 1. an end

つまいた[妻板](명)〈건〉 측면(側面)의 판자. a side-plank

つまいり[妻入り](명)〈건〉 건물의 측면에 출입구를 만들어 이를 정면으로 하는 건축 양식. ↔平入(ヒライ)り.

つまおと[爪音](명) ①거문고 뜯는 소리. ②말발굽 소리. 2. the clang of hoofs

つまお·る[端折る]—ヲル(타 4) 끝을 접다. turn the edge

つまがけ[爪掛](명) ⇨つまかわ.

つまかわ[爪皮·爪革]—カハ(명) 왜나막신 앞에 천 또는 가죽을 붙여서 진흙이나 물이 튀는 것을 막는 것. a toe-cover of a clog

〔爪革〕

つまぎ[爪木](명) 땔나무로 쓰려고 꺾은 나뭇가지. twigs for fuel

つまぐし[爪櫛](명) 살이 가늘고 촘촘한 빗. 참빗. a fine-tooth comb

つまぐ·る[爪繰る](타 4) (염주 등을) 손끝으로 세어 넘기다. finger

つまこ[妻子](명) 처자. 처와 자식. one's wife and children

つまごい[妻恋い]—ゴヒ(명) 아내를 그리워하는 것. love for one's mate

つまごうし[妻格子](명)〈건〉 박공(膊栱)에 있는 격자.

つまごと[妻琴](명) 거문고(琴).

つまごめ[妻隠](명)〈고〉 부부가 나들이를 하지 않고 틀어 박혀 사는 일.

つまさき[爪先](명) 발끝. a toe. **—あがり**[爪先上がり](명) ①점차 오르막이 되는 일. 또는 오르막. ②발끝을 위로 하여 올림. **—だ·つ**[爪先立つ](자 4) ①발끝으로 서다. 발돋움하다. ②겨우 참다.

つまさき[褄先](명) 옷의 아랫단 좌우 끝. the end of the skirt

つまさだめ[夫定め·妻定め](명) 자기 배필(配匹)을 정하는 일. taking a partner for life

つまさ·れる(자하 1) ①인정에 끌리다. ②동정심(同情心)이 일어나다. 1. be overcome by one's affection

つまし·い[倹しい](형) 검소하다. 검약하다. 「—くらし; 검소한 생활」 파생 **—さ**(명). thrifty

つましらべ[爪調べ](명) 거문고 등을 연주하기 직전에 조율(調律)하는 일. a preliminary playing with one's fingers

つまじろ[端白](명) 테가 흼. 또는 그러한 것. a white-edged article

つまずき[躓き]ツマヅキ(명) 발이 걸려서 넘어질 뻔하는 일. stumbling

つまず·く[躓く]ツマヅク(자 4) ①발이 걸려 넘어질 뻔하다. ②중도에 장애가 생기다. ③좌절(挫折)되다. 실패하다. 1. take a false step

つまだか[褄高](명) 의복의 아랫단 좌우 끝을 높이 올림. tucking up the hem of the skirt

つまだ·てる[爪立てる](자하 1) 발돋움하다. 자 つま立つ(4). stand on tiptoe

つまど[妻戸](명) 집 끝쪽에 있는, 양쪽으로 열리는 문. a doubledoors

つまどい[妻問]—ドヒ(명)〈고〉 ①연모하여 구애(求愛)함. 남자가 여자에게 구혼(求婚)함. ②남녀 간의 언약(言約).

つまど·る[褄取る](타 4) 의복의 아랫단을 손으로 잡다. tuck a skirt

〔妻戸〕

つまはじき[爪弾き](명·타サ) ①손끝으로 튀김. ②사람을 싫어하고 배척함. 「友(トモ)だちから—される; 친구로부터 미움받고 따돌림을 당하다」 ③업신여김(미움)을 받는 사람. 1. fillip

つまび·く[爪弾く](타 4) (현악기를) 뜯다. 타다. 명 つまびき. playing with one's fingers

つまびらか[詳らか·審らか](형동ダ) 자세한 모양. 소상(昭詳)한 모양. detailed

つまべに[爪紅](명) ①(여자의) 손톱에 칠하는 연지. ②봉선화의 다른 이름. 1. rouge for finger nails
つまみ[摘まみ·撮み](명) ①손끝으로 집는 것. ②집은 분량. ③쥔 부분. ④←摘み物. 1. a pinch. **―ぐい**[摘まみ食い]―グヒ(명·타サ) ①손끝으로 집어서 먹음. ②훔쳐서 먹음. **―だ·す**[摘まみ出す](타 4) ①집어 내다. ②아무렇게나 밖으로 집어 내다. ③한 패에서 쫓아 내다. **―な**[摘まみ菜](명) 솎아 낸 채소. **―もの**[摘まみ物](명) 양식 등에서 술안주로 내어 집어 먹게 하는 간단한 식품. 마른 안주.
つま·む[摘まむ·撮む](타 4) ①손끝으로 집다. ②요점을 뽑아 내다. ③집어 먹다. ④(여우 등이 사람을) 홀리다. 1. pick 2. summarize
つまようじ[爪楊枝](명) 이쑤시개. a toothpick
つまよ·る[爪縒る](타 4) 화살을 왼쪽 손가락 위에 놓고 그 성능을 시험하다.
つまらない(연어·형) ①재미 없다. ②가치가 없다. 시시하다. 1. uninteresting
つまらぬ(연체) ①흥미 없는. ②시시한. 2. valueless
つまり[詰まり] Ⅰ(명) ①막힘. ②끝. Ⅱ(부) ①결국. 필경. ②드디어. Ⅰ 2. the end Ⅱ 1. after all. **―は**[詰まりは](부) 결국에는. 드디어는.
つま·る[詰まる](자 4) ①막히다. 장애가 되다. ②궁하다. 「生活(セイカツ)が―; 생활이 궁하다」 ③끝이 되다. ④줄어들다. 「日(ヒ)が―; 해가 짧아지다」 ⑤꽉 차다. 1. be stopped up. **―ところ**[詰まる所](연어·부) 요컨대. 결국.
つみ[詰み](명) 장기에서 궁이 움직일 수 없게 되어 패하는 일. checkmate
つみ[罪](명·형동ダ) 죄. ①나쁜 일. 옳지 않은 행위. ②〈법〉 범죄. ③가혹한 짓. 무자비한 행위. 「―なことをいう; 가혹한 말을 하다」 1. a vice 2. a crime
つみあ·げる[積み上げる](타하 1) ①높이 올려 쌓다. ②다 쌓다. 1. heap up
つみいれ[摘み入れ](명) 생선살을 다져 동그랗게 뭉쳐서 국에 뜯어 넣어 끓인 것. 「consignment
つみおくり[積み送り](명) 물건을 (쌓아) 실어 보냄.⤴
つみかえ[積み替え]―カヘ(명) 옮겨 실음. 옮겨 쌓음. transshipment
つみかさ·ねる[積み重ねる](타하 1) 쌓아 올리다. 겹쳐 쌓다. 자 積み重なる(4). pile up
つみがない[罪が無い](연어) ①천진 난만(天真爛慢)하다. 「子供(コドモ)は―; 어린 아이는 천진 난만하다」 ②책임이 없다. 「かれには―; 그에게는 책임이 없다」 1. be naive
つみき[積み木](명) ①나무를 쌓는 것. 또는 쌓은 나무. ②나뭇 조각을 여러 가지 모양으로 쌓아 올리는 장난감. 집짓기. 1. piled timber
つみきん[積み金](명)〈경〉 적금. 돈을 모아 둠. 또는 그 돈. a reserve fund
つみくさ[摘み草](명) 나물을 캐는 일. 또는 캔 나물. gathering young herbs
つみごえ[堆み肥え](명)〈농〉 퇴비. 풀, 짚 등을 퇴적하여 썩인 비료. a compost
つみこ·む[積み込む](타 4) 배나 화차에 화물을 쌓아 넣다. load
つみ·する[罪する](타サ) ①죄를 추궁(追窮)하다. ②처벌하다. 1. charge 2. punish
つみだ·す[積み出す](타 4) 물건을 실어서 보내다. send off
つみた·てる[積み立てる](타하 1) 적립하다. 조금씩 모아서 점차 늘이다. 「おかねを―; 돈을 적립하다」 명 積み立て. put by
つみつくり[罪作り](명·형동ダ) 죄를 지음. 또는 그 사람. sinfulness
つみとが[罪科](명) 죄과. 죄악. an offence
つみな[摘菜](명) 싹이 터서 얼마 되지 않은 어린 나물을 솎는 일. 또는 그 나물. thinned out rapes
つみな·う[罪なう]―ナフ(타 4)〈고〉 벌을 주다. 처벌(処罰)하다.
つみに[積み荷](명) 배나 차에 싣는(실은) 짐. 적재하물(積載荷物). a load
つみびと[罪人](명) 죄인. 죄를 지은 사람. an offender
つみふか·い[罪深い](형) 죄가 무겁다. 죄가 많다.
つみほろぼし[罪滅ぼし](명·자サ) 죄 지은 것을 씻기 위하여 착한 일을 함. 속죄(贖罪). atonement for sins
つみれ[摘みれ](명) ⇨つみいれ.
つむ[錘·紡錘](명) 방추. 실을 감는 기계의 부속품. 물레 가락. a spindle
つ·む[詰む](자 4) ①막히다. ②〔장기에서〕 궁이 움직일 수 없게 되다. 1. be at a loss
つ·む[摘む](타 4) ①손끝이나 손톱으로 집어서 따다. ②(털 등을) 깎다. 1. pick
つ·む[積む] Ⅰ(자 4) ①쌓이다. ②겹치다. Ⅱ(타 4) ①쌓다. ②싣다. ③저축하다. 「おかねを―; 돈을 저축하다」 Ⅰ 1. accumulate Ⅱ 1. pile up
つむぎ[紬](명) 누에고치나 풀솜에서 뽑은 실로 짠 견직물. 명주. pongee. **―いと**[紬糸](명) 주사. 풀솜에서 뽑은 명주실.
つむ·ぐ[紡ぐ](타 4) 실을 자아 만들다. spin
つむじ[旋毛](명) ①(머리의) 가마. ②←旋風. 1. the whirl of hair on the head. **―かぜ**[旋風](명) 선풍. 회오리바람. **―まがり**[旋毛曲がり](명) 성질이 비뚤어짐. 또는 그런 사람.
つむり[頭](명) ①머리. 머리통. ②두뇌. 「―がいい; 두뇌가 좋다」 1. the head
つむ·る[瞑る](타 4)〈방〉 (눈을) 감다. ⇨: つぶる. shut the eyes
つめ[爪](명) ①손톱. 발톱. ②거문고 탈 때 손가락에 끼는 골무. ③갈고랑이. 1. a nail
つめ[詰め](명) ①채우는 일. 넣는 일. 또는 그에 쓰이는 것. ②가장자리. 끝. 「橋(ハシ)の―;다리 끝」 1. filling
―づめ[詰め](조어) ①채워서 속에 넣는 것. 들이. 「十個(ジッコ)―; 열개들이」 ②〔명사에 붙어서〕 그것만을 강요함. 그것만으로 하려 함. 「規則(キソク)―; 규

칙만을 내세움」③계속. 「立(タ)ち―; 계속 서 있음」 ④근무. 「支店(シテン)―; 지점 근무」

つめあと[爪痕](명) 손톱으로 할퀸 자국. 손톱 자국. a nail-mark

つめいん[爪印](명) ⇨ぼいん(拇印).

つめえり[詰め襟](명) (학생복처럼) 옷깃을 세운 것. 또는 그 옷. a close-buttoned jacket

つめか・ける[詰め掛ける](자하 1) ①그 장소에 꽉 찰 만큼 사람이 몰려 들다. ②가까이까지 다가 오다. 1. crowd 2. come close

つめがた[爪形](명) ①손톱 자국. ②손톱 모양. 1. a nail-mark

つめき・る[詰め切る] Ⅰ(자 4) 늘 대기하고 있다. Ⅱ(타 4) 꽉 채우다. 명 詰め切り. Ⅰ attend on constantly

つめくさ[爪草](명)〈식〉 개미자리. 너도개미과에 속하는 월년초. 길바닥 같은 곳에서 자람. a pearlwort

つめこみしゅぎ[詰め込み主義](명) 잘 이해시키는 것보다도 기억(記憶)과 암기(暗記)를 위주로 하는 교육 방식. the cramming system

つめこ・む[詰め込む] Ⅰ(자 4) 많은 것이 들어 차다. Ⅱ(타 4) ①많이 집어 넣다. ②많이 먹다. ③많은 것을 외게 하다. 주입(注入)하다. Ⅰ crowd into Ⅱ 2. tuck in

つめしょ[詰め所](명) ①여러 사람이 대기하는 곳. ②직원이 출근하는 곳. 1. a station

つめしょうぎ[詰め将棋](명) 외통 장군. 연속 장군을 불러 외통으로 몰아 대는 장기.

つめた・い[冷たい](형) ①차다. ②냉담하다. 매정하다. 「―態度(タイド); 냉정한 태도」 ③무기나 실력을 쓰지 않으면서도 날카로운 대립 관계에 있는 상태. 「―戦争(センソウ); 냉전」 파생 **―が・る**(자 4) **―さ**(명). 1. cold 2. unkind

つめばら[詰め腹](명) 남의 강권에 못 이겨 마지못해 할복(사직)함. 「―を切(キ)らせる; 억지로 사직(辞職)시키다」 a forced suicide

つめばん[爪判](명) ⇨つめいん.

つめばん[詰番](명) 당직. 당번. duty

つめびき[爪弾き](명・타サ) (거문고 등을) 손끝으로 탐. playing with one's fingers

つめびらき[詰め開き](명) 담판. 응대(応対).

つめみがき[爪磨き](명) 손톱을 갈고 닦는 일. 또는 그 도구. manicure

つめもの[詰め物](명) ①채운 것. 끼운 것. ②〔요리에서〕 야채, 물고기, 새 등의 내부에 다른 조리품(調理品)을 집어 넣은 요리. 2. a stuffed dish

つめよ・る[詰め寄る](자 4) ①다가 서다. ②강경하게 대들다. 2. press upon

つめ・る[抓る](타 4) ⇨つねる.

つ・める[詰める] Ⅰ(자하 1) ①대기(待期)하다. ②출근(出勤)하다. Ⅱ(타하 1) ①채워 넣다. ②궁지(窮地)에 몰아넣다. ③짧게 하다. ④막다. 「穴(アナ)を―; 구멍을 막다」 ⑤쉬지 않고 계속하다. ⑥아끼다. ⑦〔장기에서〕 궁이 둘러 싸여 꼼짝 못하게 하다. Ⅰ 2. attend Ⅱ 6. curtail

つもごり[晦](명) ⇨つごもり.

つもり[積もり](명) ①쌓인 것. ②끝 잔. 「お―にする; 주연(酒宴)을 파하다」 ③짐작. 견적. 예산. ④자기가 하려고 생각하고 있는 예정. 생각. 심중. 「行(ユ)く―だ; 갈 예정이다」 ⑤실제는 그렇지 않은데 그러한 것 같은 기분. 「―貯金(チョキン); …한 셈으로 치고 하는 저금」 3. an estimate

つも・る[積もる] Ⅰ(자 4) 쌓이다. 겹치다. Ⅱ(타 4) ①견적하다. 「大体(ダイタイ)の予算(ヨサン)を―; 대체적인 예산을 세우다」 ②생각하다. 예상하다. Ⅰ pile up Ⅱ 2. think

つや[艶](명) ①빛이 아름답게 빛남. 광택. ②〈속〉 남녀간의 정사(情事)에 관한 일. 애교(愛嬌). 교태. 1. gloss

つや[通夜](명・자サ)〈불〉 ①불당(仏堂)에서 밤을 새워 가며 기도함. ②죽은 사람의 옆에서 밤을 새워 지킴. 밤샘. 경야(経夜). 1. vigils 2. a wake

つやけし[艶消し](명・자サ) ①광택을 없앰. ②흥미나 매력을 상실함. ③불투명 유리. 1. frosting

つやごと[艶事](명) 염사. 정사(情事)에 관한 일. a love affair

つやだね[艶種](명) 정사(情事)에 관한 화제. an amour

つやつや(부) 〔부정어를 동반하여〕 전혀. 조금도. 도무지. at all

つやつや[艶艶] Ⅰ(부) 광택이 나는 모양. 반들반들. 자르르. Ⅱ(명)〈고〉 광택이 나는 아름다운 비단. Ⅰ brightly

つやつやし・い[艶艶しい](형) 윤이 나다. 「―かみの毛(ケ); 윤이 나는 머리털」 파생 **―さ**(명). bright

つやぶきん[艶布巾](명) 백랍(白蠟)으로 목기(木器)를 닦아 윤이 나게 하는 헝겊. 그릇 등을 닦아서 윤을 내는 걸레. a polishing-cloth

つやめ・く[艶めく](자 4) ①윤이 나다. ②교태가 느껴지다. 1. look glossy

つやもの[艶物](명) 〔조오루리(浄瑠璃) 등에서〕 정사(情事)를 소재로 한 것.

つややか[艶やか](형동ダ) 윤이 나고 아름다운 모양. 반들반들. 자르르. bright

つゆ[液・汁](명) ①즙. ②〔お―〕 국. 1. juice 2. soup

つゆ[露] Ⅰ(명) ①이슬. ②조금. 약간. ③기나 포장 등에 끈이 통하게 하는 고리. ④눈물. 「袖(ソデ)の―; 소매를 적신 눈물」 ⑤덧없음의 비유. 「―の命(イノチ); 덧없는 목숨」 Ⅱ(부) 조금도. 「―しらず; 조금도 모르고」 Ⅰ 1. dew Ⅱ not the slightest

つゆ[梅雨](명) 매우. ①매년 6월경의 장마. ②장마철. 「―時(ドキ); 장마철」 2. the rainy season

つ・ゆ[潰ゆ](자하 2)〈고〉 으끄러지다. 눌려 터지다.

つ・ゆ[熟ゆ](자하 2)〈고〉 무르익다. 익어 물크러지다.

つゆあけ[梅雨明け](명) 장마철이 끝남. 장마가 갬. passing of the rainy season

つゆいささか(も)[露聊か(も)](연어・부) 조금도. 전혀.

つゆくさ[露草](명)〈식〉 닭의장풀. 밭이나 길가에 나는 1년초. 식용, 약재에 씀. 달개비. a spiderwort

つゆけ・し[露けし](형ク)〈고〉 ①이슬을 머금다. ②습

기가 많다. ③눈물을 머금다. 파생 ―さ(명).

つゆじも[露霜](명) 얼어서 서리처럼 보이는 이슬.

つゆのいり[梅雨の入り](연어·명) 장마철에 듦. setting-in of the rainy season

つゆのま[露の間](연어·명) 잠시간. 잠깐.「―の命(イノチ); 짧은 한뉘. 초로 인생(草露人生)」 for an instant

つゆのやど[露の宿](명) 노숙. 한뎃잠. 한둔. camping

つゆばかり[露許り](명·부) 조금. 약간. slightly

つゆはらい[露払い]―ハラヒ(명·자サ) ①선도(先導)하여 길을 안내함. 또는 그 사람. ②최초로 연예(演芸), 강연 등을 함. 또는 그 사람. ③씨름이 시작될 때 요코즈나(横綱)의 앞에 서서 씨름터로 올라 가는 씨름군. 2. an introductory performance

つゆばれ[梅雨晴れ](명) ①장마가 끝나서 개는 일. ②장마철에 한때 개는 일. 1. fine weather after the rainy season

つゆほど[露程](부) 조금만. a little

つゆも[露も](부) 조금도. in the least

つよ·い[強い](형) ①세다. 강하다. ②단단하다. 튼튼하다. ③팽팽하다. ④의지가 굳다. ⑤심하다. 격렬하다. ↔弱(ヨワ)い. 파생 ―げ(형동ダ) ―さ(명). 1. strong 5. severe

つよが·る[強がる](자 4) 강한 것을 자랑하다. 강한 체하다. bluff

つよき[強気](명·형동ダ) ①마음이 강함. ②〈경〉 시세가 올라 간다고 예상함. 또는 그 사람. ↔弱気(ヨワキ). 1. strong mind

つよごし[強腰](명) ①배짱이 센 것. ②강경한 태도.「―で談判(ダンパン)する; 강경하게 담판하다」↔弱腰(ヨワゴシ). 2. a strong attitude

つよさ[強さ](명) 강한 정도. ↔弱(ヨワ)さ. strength

つよふくみ[強含み](명)〈경〉 시세가 올라 갈 듯한 기세. ↔弱含(ヨワフク)み. a bull market

つよみ[強み](명) 강한 것. 장점. ↔弱(ヨワ)み. one's strength

つよ·める[強める](타하 1) 강하게 하다. ↔弱(ヨワ)める. 명 強め. 자 強まる(4). strengthen

つら[面](명) ①표면. ②〈속〉 얼굴. 낯.「―を貸(カ)せ; (이자식아) 나 좀 보자(불량배 들이 싸움을 걸 때의 말)」 1. the surface 2. a face

つら[連·列](명)〈고〉 ①늘어선 줄. ②동료. 동류(同類). 일당.

―づら[面](조어)〈속〉 ①얼굴. 낯. 「馬(ウマ)―; 말상(긴 얼굴)」 ②모양. 「紳士(シンシ)―をする; 신사인 체하다」

つらあて[面当て](명) ①밉다고 생각하는 자에게 대하여 고의로 비꼬아 하는 말이나 동작. ②알아 들으라고 에둘러서 변죽 울리는 것. an indirect hit

つら·い[辛い](형) 고통스럽다. 괴롭다. 「―仕事(シゴト); 힘드는 일」 파생 ―が·る(자 4) ―さ(명). trying

つらがまえ[面構え]―ガマヘ(명) 얼굴의 생김새. 얼굴 모양. a look

つらだし[面出し](명·자サ)〈속〉 ⇨かおだし.

つらだましい[面魂]―ダマシヒ(명) 표정(表情)에 나타나 있는 강한 정신. a determined expression

つらつき[面付き](명) ⇨かおつき.

つらつら[熟熟](부) 신중하게. 곰곰. 여러 모로.「―考(カンガ)えるに; 곰곰 생각해 보건대」 attentively

つらつらつばき[列列椿](명)〈고〉 가지나 잎이 많은 동백나무.

つらな·る[連なる·列なる](자 4) ①일렬(一列)로 나란히 계속되다. ②회의 등에 출석하다.「会議(カイギ)に―; 회의에 출석하다」 1. range

つらにく·い[面憎い](형) 얼굴만 보아도 밉다. 밉살스럽다. 파생 ―げ(형동ダ) ―さ(명). disgusting

つらぬ·く[貫く](타 4) ①관통하다. 꿰뚫다. ②일관하다. ③관철하다.「こころざしを―; 뜻을 관철하다」 1. pierce 3. carry through

つらね[連ね](명) 〔카부키(歌舞伎) 등에서〕등장 인물이 자기를 소개하기 위해서 말하는 긴 대사(臺詞).

つら·ねる[連ねる·列ねる](타하 1) ①늘어놓다. ②많이 동반(同伴)하다. ③잇달다. ④합치다. 3. range

つらのかわ[面の皮]―カハ(연어·명) ①얼굴 가죽. 낯가죽. 낯짝. 「―があつい; 뻔뻔스럽다」 ②체면(体面). 「―を剝(ハ)ぐ; 창피를 톡톡히 주다」 1. the skin of a face

つらま·る[捉まる](자 4)〈속〉 ①붙잡히다. ②매달리다. 의지하다. 타 つらまえる(하 1). 1. be caught

つらみ(명) 고통. 신산(辛酸). hardship

つらよごし[面汚し](명) 체면을 잃는 일. 수치를 당하는 일. a shame

つらら[氷柱](명) 고드름. an icicle

つらら·く[列く](자 4)〈고〉 줄지어 늘어서다.

つられる[釣られる](연어·하 1) ①꾐에 빠지다. ②끌리다. 넘어 가다.「人(ヒト)の話(ハナシ)に―; 남의 이야기에 넘어 가다」 1. be lured

つり[釣り·吊り](명) ①낚시질. ②달아 매는 일. ③꾐. 유인(誘引). ④⇨つりせん. ⑤〔씨름에서〕 상대의 들보띠를 잡고 몸을 들어 올리는 것. 1. fishing

つりあい[釣り合い]―アヒ(명) ①어울림. 균형. ②〈이〉 두 개 이상의 힘이 물체에 작용하여 물체가 정지하고 있는 상태. 평형(平衡). 2. equilibrium

つりあ·う[釣り合う]―アフ(자 4) ①균형이 잡히다. 어울리다. ②상응하다. 적합하다. 1. balance

つりあ·げる[釣り上げる](타하 1) ①낚아 올리다. ②물고기를 낚아서 잡다. ③〈경〉 시세를 인위적(人為的)으로 올리다. 자 つり上がる(4). 2. fish up

つりいと[釣り糸](명) 낚싯줄. a fishing line

つりえさ[釣り餌](명) 낚싯밥. a bait for angling

つりかご[吊り籠](명) 기구(気球), 비행선 등의 밑에 매단 사람이 타는 곳. a gondola

つりかご[釣り籠](명) ①종다래끼. 어롱. 낚싯바구니. ②매다는 바구니. 2. a hanging basket

つりがね[釣り鐘](명) 인경. 달아 놓고 치는 큰 종.

a hanging bell. ―そう[釣り鐘草](명)〈식〉 잔대. 초롱꽃과에 속하는 다년초. 「a hanging kettle
つりかま[釣り釜](명) 매달아 놓고 쓰는 솥. ↗
つりかわ[釣り革]―カハ(명) 〔전차, 버스 등에서〕 몸을 가누기 위하여 잡는 가죽으로 만든 손잡이. a strap
つりぎ[釣り木](명) 선반이나 천장 등을 매다는 나무.
つりごうし[釣り格子](명) 들창. a bag lattice shutter
つりこ·む[釣り込む](타 4) ①자기편으로 끌어 들이다. ②꾀어 들이다. 1. decoy into
つりざお[釣り竿]―ザヲ(명) 낚싯대. a fishing rod
つりさが·る[釣り下がる](자 4) 매달리다. 걸리다. hang down
つりさ·げる[釣り下げる](타하 1) 걸다. 매달다. hang down
つりしのぶ[釣り忍ぶ](명) 여름에 넉줄고사리(忍草)를 여러 가지 모양으로 만들어 처마끝에 매다는 것. 선선한 기분이 나게 함. a hanging polypodium
つりせん[釣り銭](명) 거스름돈. change
つりだい[釣り台](명) 물건을 싣고 메어 나르는 대.
つりだし[釣り出し](명) ①낚아 냄. 꾀어 냄. ②씨름 수의 하나로 상대방을 들어서 씨름터 밖으로 내어 보내는 것. 1. temptation
つりだ·す[釣り出す](타 4) ①낚기 시작하다. ②낚아 내다. 꾀어 내다. 1. begin to fish
つりだな[釣り棚](명) 매단 선반. a hanging shelf
つりて[釣り手](명) ①낚싯군. ②모기장 등의 매다는 끈. ③⇨つりかわ. 1. an angler
つりてんぐ[釣り天狗](명) 낚시의 명수라고 스스로 자랑하는 사람.
つりてんじょう[釣り天井](명) 위에 달아 매 두었다가 필요할 때 떨어뜨려서 사람을 죽이게 하는 장치의 천장. a suspended ceiling
つりどうろう[釣り燈籠](명) ①(처마끝 등에) 매다는 등. ②〈속〉 첩. a hanging lantern
つりどこ[釣り床](명) ①매어 단 침상(寝床). ②달아맨 그물 침대. 2. a hammock
つりとだな[釣り戸棚](명) 매단 시렁.
つりどの[釣り殿](명) ①연못에 면해 지은 전각(殿閣). ②중고(中古) 시대 귀인 저택의 본채에 부속된 건물의 하나.
つりばし[釣り橋·吊り橋](명) 적교(吊橋). ①필요에 따라 매달았다 놓았다하는 다리. ②양쪽에서 밧줄이나 철선을 매고 거기에 통로를 달아 매어 걸어 놓은 다리. a suspension bridge
つりばしご[釣り梯子](명) 어떤 물체에 걸쳐서 쓰는 밧줄, 철사 등으로 만든 사닥다리. a hanging rope ladder
つりばり[釣り針](명) 낚시 바늘. 조구(釣鉤). a fish hook
つりぶね[吊り船](명) ⇨つりかご(吊り籠).
つりぶね[釣り船](명) ①작은 고기잡이배. 낚싯거루. ②배 모양이며 매달아 놓게 만든 꽃꽂이 그릇. 1. a fishing boat
つりぼり[釣り掘](명) 물고기를 길러서 사람들에게 요금을 받고 낚시질하게 하는 연못. a fishing pond
つりめ[吊り目·吊り眼](명) 눈초리가 위로 올라 간 눈. slant eyes
つりわ[吊り環](명) 밧줄 끝에 쇠고리를 매단 체조 용구. 링. a flying ring
つる[弦](명) 현. 활줄. 활시위. a bowstring
つる[鉉](명) ①남비나 주전자 등의 위에 건너 지른 손잡이. ②되의 정확성을 기하기 위하여 되 위에 대각선으로 쳐 놓은 철선(鉄線). 1. the handle
つる[蔓](명) ①〈식〉 덩굴. ②고구마와 고구마를 잇는 가느다란 수염 뿌리. ③광맥(鉱脈). ④인연(因縁). 계통. 1. a vine 3. a vein of ore
つる[鶴](명)〈동〉 학. 두루미. 「一の一声(ヒトコエ); 권력이 있는 사람의 한 마디 말(그 한 마디 말이 여러 사람의 말을 누른다는 뜻)」 a crane
つ·る[吊る] Ⅰ(자 4) ①당겨서 오므라 들다. ②치켜 올라 가다. Ⅱ(타 4) ①매어 달아 드리우다. 「かやを―; 모기장을 치다」 ②높이 건너 지르다. 달다. 「たなを―; 선반을 달다」 ③목을 매다. ④〔씨름에서〕 상대방을 들어 올리다. Ⅰ 2. turn up Ⅱ 1. hang
つ·る[釣る](타 4) ①낚다. ②꾀다. 가 つれる(하 1). 2. entice
つるうち[弦打ち](명) 옛날 병에 걸렸을 때 등에 활줄을 퉁겨서 그 소리로 마귀를 쫓던 일.
つるおと[弦音](명) 활을 쏠 때 나는 활시위 소리.
つるかめ[鶴亀](감) ①학과 거북. ②둘 다 장수(長寿)하는 탓으로 좋은 운을 비는 경우에 씀. 「ああ――; 제발 좋게 되기를!」 1. a crane and a tortoise
つるぎ[剣·劒](명) 검. 칼. 양쪽 날의 칼. a sword. ―たち[剣太刀](명)〈고〉 검. ―のやま[剣の山](연어·명)〈불〉 지옥에 있다고 전해지는 수많은 칼을 거꾸로 꽂아 이룩된 산.
つるくさ[蔓草](명)〈식〉 덩굴풀. a creeper
つるし[吊るし](명) ①달아 매는 것. 「―柿(ガキ); 곶감」 ②몸을 묶어서 매다는 것. 1. hanging. ―あげ[吊るし上げ](명) ①매닮. ②많은 사람이 어느 한 사람을 추궁하여 괴롭히는 것.
つる·す[吊るす](타 4) 달아 매다. hang
つるだち[蔓立ち](명)〈식〉 덩굴 식물. 덩굴. a vine
つるつる(부·자サ) 미끄러운 모양. 번들번들한 모양. 매끈매끈. smooth
つるどくだみ[蔓蕺薬](명)〈식〉 하수오(何首烏). 새박뿌리. 한약의 재료로 쓰임.
つる·な[蔓菜](명)〈식〉 번행초(蕃杏草). 해변에 나는 다년생 만초(蔓草). 〈학명〉 Pleuropterus multiqlorus
つるはぎ[鶴脛](명)〈고〉 ①학의 다리. ②바지가 짧아 정강이가 많이 보이는 모양.
つるはし[鶴嘴](명) 곡괭이. a pick
つるばみ[橡](명) ①〈식〉 도토리류의 총칭. ②도토리 껍질을 삶은 물로 물들인 색. 1. an acorn
つるべ[釣瓶](명) 두레박. a well-bucket. ―うち[釣瓶打ち](명) 계속적으로 총을 쏘아 대는 일. ―お

とし[釣瓶落とし](명) 빨리 수직으로 떨어지는 것을 비유한 말.
つるまき[弦巻](명) 예비로 활줄을 감아 놓은 도구.
つるまき[蔓巻](명) ①덩굴이 감김. 또는 그 덩굴. ②코일처럼 철사 등을 감은 것. 1. a vine 2. a helix
〔釣瓶〕
つる·む(자 4) 교미(交尾)하다. copulate
つるれいし[蔓茘枝](명)〈식〉 만려지. 박과에 속하는 1년생 만초(蔓草). 여주. 여지. a balsam pear
つれ[連れ](명) ①동행. 동무. 한패. ②노오(能) 등에서의 조연자(助演者). 1. a company
—づれ[連れ](조어) ①동행. 「子供(コドモ)—; 아이들을 데리고 있는 일」 ②…정도 밖에 안되는 것. 따위.
つれあい[連れ合い]—アヒ(명) ①함께 행동하는 사람. 동반자. ②부부가 서로 상대방을 일컫는 말. 배우자(配偶子). 1. a partner
つれあ·う[連れ合う]—アフ(자 4) ①동반하다. 같이 가다. ②부부가 되다. 1. be accompanied
つれこ[連れ子](명) 재가(再嫁)한 부인이 데리고 온 전부(前夫)의 자식. 의붓자식. a child brought by a second wife
つれこ·む[連れ込む](타 4) 데리고 들어 가다. 명 連れ込み. 1. take into
つれそ·う[連れ添う]—ソフ(자 4) 부부가 되다. become man and wife
つれだ·す[連れ出す](자 4) 데리고 밖으로 나가다. 꾀어 내다. take out
つれだ·つ[連れ立つ](자 4) 함께 가다. 동반해 가다. go with
つれづれ[徒然](명·형동ダ) ①아무 일이 없어서 심심함. ②쓸데 없는 생각에 잠김. 1. leisure hours
つれて[連れて] Ⅰ(연어)〔"に—"의 형태로〕 …에 따라서. Ⅱ(접) 그것과 함께. 그것에 따라서. Ⅰ as Ⅱ with
つれな·い(형) ①짝이 없어 외롭다. ②모르는 척하다. ③인정이 없다. 박정(薄情)하다. 파생 —げ(형동ダ) —さ(명). 3. cold
つれびき[連れ弾き](명·타サ)〈악〉 연탄(連弾). 〔일본 음악에서〕 현악기를 함께 연주하는 것. 합주. concert
つれゆ·く[連れ行く](타 4) 연행(連行)하다. 데려 가다. take with one
つ·れる[吊れる](자하 1) ①매어 달리다. ②위로 올라가다. ③한쪽으로 켕기다. 3. get cramp
つ·れる[釣れる](자하 1) ①낚시에 걸리다. ②낚을 수 있다. 1. be caught
つ·れる[連れる] Ⅰ(자하 1) ①따르다. ②함께 가다. Ⅱ(타하 1) 거느리다. 데리다. 「子供(コドモ)を—; 아이를 거느리다」 Ⅱ be attended by
つわ(ぶき)[石蕗·橐吾]ツハ(—)(명)〈식〉 말곰취. 엉거시과에 속하는 다년초. 난지(暖地)의 해변에 자생하며 약재로 씀. the Japanese silver leaf
つわもの[兵]ツハ—(명) ①병사. 군인. ②용사. 장사. ③무기. 병기. 「古(フル)—; 노병(老兵)」 1. a soldier
つわり[悪阻]ツハリ(명)〈의〉 악조. 임신 2, 3개월 만에 나타나는 구토증. 입덧. morning sickness
つん—(접두)〈속〉 의미, 감정을 강하게 하는 말.
ツングース[Tungoos·Tungus](명) 퉁구스. 동부 시베리아, 만주 등지에 분포하는 몽고계 인종. 대개 유목, 수렵 등을 생업으로 함.
つんけん(부·자サ)〈속〉 ⇨つんつん.
つんざ·く[擘く](타 4) ①세게 찢다. ②세게 꿰뚫다. 「やみを—銃声(ジュウセイ); 어둠을 뚫고 들려 오는 총소리」 2. pierce
つんだ·す[突ん出す](타 4)〈속〉힘차게 내밀다. thrust out
つんつるてん(명)〈속〉 의복이 짧은 모양. very short
つんつん(부·자サ) ①새침하고 애교가 없는 모양. ②(냄새가) 강하게 코를 찌르는 느낌. 1. be sullen
つんどく[積ん読](명)〈속〉 책을 쌓아 두기만 하고 읽지는 않는 일. keeping books without reading
ツンドラ[러 tundra](명)〈지〉 툰드라. 북극의 해안 지대에 있는 큰 벌판. 여름에 지표의 일부가 녹아서 습지(湿地)가 될 뿐 대부분 얼음에 덮여 있음. 동토대(凍土帯). 동원대(凍原帯).
つんのめ·る(자 4)〈속〉 "のめる"의 강한 말. 앞으로 고꾸라지다. 앞으로 넘어질 것같이 되다. 「前(マエ)へ—; 앞으로 고꾸라지다」 stumble
つんぼ[聾](명) 귀머거리. a deaf. —さじき[聾棧敷](명) ①〔연극에서〕 무대가 멀어서 대사가 잘 들리지 않는 관람석. ②여러 가지 깊은 사정을 알려 주지 않는 중요하지 못한 지위. 또는 그러한 입장.

て

て—[手] Ⅰ(접두) 어조(語調)를 강하게 하는 말. 「—きびしい; 준엄하다」 Ⅱ(조어) ①손의. 손이. 「—のろい; 손이 느리다」 ②손으로 하는. 「—編(ア)み; 손으로 짜는 것」 ③자기가 하는. 「—植(ウ)え; 손수 심은」 ④손에 가질 수 있는 정도의. 「—鏡(カガミ); 손거울」
—て[手](조어) ①화살 두 개를 한벌로 한 것. ②행하는 사람. 「売(ウ)り—파는 사람」 ③품종. 「おく—; 늦벼(晩稲)」 ④위치, 방향, 상태 등을 나타내는 말. 「山(ヤマ)の—; 산 쪽」
て[手](명) ①손. ②손목. 팔목. ③손바닥. ④손끝. ⑤식물의 덩굴이 감기게 해 놓은 막대기. ⑥모양. 「かぎの—; "ㄱ"자 모양」 ⑦손잡이. ⑧일손. 「—が

ない;일손이 없다」⑨수단. 방법.「奥(オク)の一;비법」⑩일. 행위.「人(ヒト)の一になる;사람의 손으로 이루어진」⑪솜씨.「一があがる;솜씨가 늘다」⑫필적.「この字(ジ)はあの人(ヒト)の一だ;이것은 그 사람의 필적이다」⑬⇨てま(手間). ⑭곡(曲). ⑮세력.「火(ヒ)の一;불길」⑯부하.「一の者(モノ);부하」⑰폐. 무리. ⑱방향.「右(ミギ)一に見(ミ)える家(イエ);오른쪽에 보이는 집」⑲갈라 맡은 방면.「二(フタ)一に分(ワ)かれる;두 갈래로 갈라지다」⑳종류.「この一のくつ下(シタ)は百円(ヒャクエン)です;이러한 종류의 양말은 백 원입니다」㉑상처.「一おい;상처를 입는 것」㉒관계.「一を切(キ)る;관계를 끊다」㉓세공(細工). 잔손질.「一がこむ;잔손질이 가다」㉔수고.「一を省(ハブ)く;수고를 덜다」㉕〔트럼프, 화투, 장기 등에서〕자기 손에 쥐고 있는 것. 화투장이나 말.
1. the hand 7. a handle 12. handwriting 20. kind

て Ⅰ(접조) ①한 가지 일을 끝마치고 다음으로 옮기는 것을 나타내는 말.「朝(アサ)起(オ)き一顔(カオ)を洗(アラ)う;아침에 일어나서 세수하다」②나열해서 하는 말.「おじいさんは山(ヤマ)へ行(イ)っ一おばあさんは川(カワ)へ行(イ)った;할아버지는 산에 가시고, 할머니는 강에 가셨다」③이유, 원인 등을 나타내는 말.…이기 때문에.「やかましく一ねられない;시끄러워서 잘 수가 없다」④…이면서.「知(シ)ってい一教(オシ)えない;알고 있으면서 가르쳐 주지 않는다」⑤보조 동사 "いる, くる, いく, やる, しまう" 등을 이끌어 주는 말.「咲(サ)い一いる;피어 있다」「食(タ)べ一しまう;먹어 버리다」⑥〔반종지(半終止)의 뜻으로〕의뢰, 질문, 고지(告知) 등을 나타내는 말.「ここにあっ一よ;여기에 있어(요)」⑦⇨って. Ⅱ(격조) ①"と(격조)①"과 같음.「なん一いった;뭐라고 했지」②〈속〉…라고 하는.「人間(ニンゲン)一ものは;인간이라고 하는 것은」Ⅲ(감조) ①〈속〉가벼운 감동을 나타내는 말.「うまいもんだ一;맛이 참 좋은데. 썩 잘하는데」②반어(反語)를 나타내는 말.「誰(ダレ)が行(イ)くっ一;누가 간다고(나는 안 간다)」

で(명) 담뿍 …한 느낌. 실속이 있음.「使(ツカ)い一がある;쓸 만하다. 분한이 있다」

で[出](명) ①나가는 것.「早(ハヤ)一;빨리 나감」②출신.「地方(チホウ)一;지방 출신」③산지(産地). 출신지.「一はどこだい?;(그 사람)출신지는 어디냐?」
2. origin

で Ⅰ(접) 그리고. 그래서. Ⅱ(격조) ①방법, 수단, 편의(便宜)를 나타내는 말.…을 사용해서.「舟(フネ)一行(ユ)く;배로 가다」②원인, 이유를 나타내는 말. …때문에.「試験(シケン)一いそがしい;시험 때문에 바쁘다」③상태를 나타내는 말.「ふたり一行(ユ)く;둘이서 가다」④(동작이 행해지는) 장소를 나타내는 말.「東京(トウキョウ)一就職(シュウショク)する;토오쿄오에서 취직하다」⑤시간, 기간, 연령을 나타내는 말.「三日(ミッカ)一仕上(シア)げる;3일 걸려 끝마치다」⑥기준, 금액을 나타내는 말.「千円(センエン)一買(カ)う;천 원으로 사다」⑦재료, 원료를 나타내는 말.「紙(カミ)一つくる;종이로 만들다」⑧…으로서.「外国人(ガイコクジン)一日本(ニッポン)にいる人(ヒト);외국인으로서 일본에 있는 사람」Ⅲ(접조) …않고.「行(ユ)かー;가지 않고」 Ⅰ then Ⅱ 1. with

てあい[手合]一アヒ(명) ①(한)패. ②종류. ②적당한 상대. ④시합(試合).
1. fellow

であい[出合い·出会い]一アヒ(명) ①만남. 마주침. 회합. ②밀회(密会). ③내, 계곡의 흐름이 만나는 곳. 합류점(合流点). 1. meeting. **—がしら**[出合い頭](명) 만나는 순간. 만나자마자.

であ·う[出合う·出会う]一アフ(자 4) ①동행이 되다. 만나다. ②밀회(密会)하다.
1. meet with

てあか[手垢](명) 손때. dirt from the hands

てあき[手明き](명) 손이 비어 있음. 일이 없음. 또는 그 사람.
leisure

てあし[手足](명) 수족. ①손발. ②밑에서 일하는 사람.「主人(シュジン)の一となって働(ハタラ)く;주인의 손발이 되어 일하다」
1. hands and feet

であし[出足](명) ①많은 사람의 외출의 정도.「展覧会(テンランカイ)の一が大変(タイヘン)よい;전람회는 성황이다(관람자가 매우 많다)」②발을 상대방 쪽으로 내는 것. ③출발이나 시작의 속도. ④〔씨름에서〕상대방을 공격하기 위해서 앞으로 나가는 속도. 1. turnout

てあそび[手遊び](명) ①손장난. 손으로 가지고 놂. ②장난감. 완구(玩具). ③도박. 2. a toy 3. gambling

てあたりしだい[手当たり次第](부) 닥치는 대로.
at random

てあつ·い[手厚い](형) ①친절하다. 정중하다. 융숭하다. ②저축(貯蓄)이 충분하다. 파생 **— さ**(명). warm

てあて[手当](명·타サ) ①준비함. ②급여. 수당.「期末(キマツ)一;기말 수당」③치료함. 조처함. ④체포함.
1. arrangements 2. an allowance

テアトル[프 théâtre](명) 테아아트르. 극장. 영화관.

てあぶり[手焙り](명) 손을 따뜻하게 하기 위한 작은 화로.
a hand-warmer

てあみ[手編み](명·타サ) 손으로 뜸. 또는 손으로 뜬 것.
knitting by hand

てあら[手荒](명·형동ダ) 행동이 거침.「一なことをするな;거친 짓을 하지 마라」
violence

てあらい[手洗い]一アラヒ(명) ①손을 씻는 일. ②손을 씻는 그릇. ③손을 씻는 물. ④변소. 1. hand-washing. **—ばち**[手洗い鉢](명) 세수 대야.

てあら·い[手荒い](형) 다루는 것이 거칠다. violent

である(연어·4) 지정(指定)의 뜻을 나타내는 말.…이다.

である·く[出歩く](자 4) (볼일이 있어서) 밖에 나가 다니다.
gad about

であれ(연어) …이라 해도. …이라 하더라도.「それが何(ナン)一;그것이 무엇이더라도」

てあわせ[手合わせ]一アハセ(명·자サ) ①상대가 되어 다툼. ②거래 계약(去来契約)을 맺음. ③담합(談合)함.
2. a deal

てい一[低](조어) 낮은.「一賃銀(チンギン);적은 임금」

てい一[定](조어) 정해진.「一額(ガク);정액」

—てい[廷](조어) 법정. 「予審(ヨシン)—; 예심정」
—てい[底](조어) 밑. 밑의 부분. 「海(カイ)—; 해저」
—てい[邸](조어) 저택. 가택. 「官(カン)—; 관저」
—てい[帝](조어) 황제. 조물주. 「天(テン)—; 천제」
—てい[亭](접미) ①요리집 등의 이름 밑에 붙이는 말. 「湖畔(コハン)—; 호반정」 ②만담가의 호(号)로써 붙이는 말.
てい[丁](명) ① 10간의 네째. ②사물의 제4위. 「甲(コウ), 乙(オツ), 丙(ヘイ)—; 갑, 을, 병, 정」 ③〈지〉 덴마아크(丁抹)의 약칭.
てい[体](명) ①모습. 모양. 「困惑(コンワク)の—; 난처한 모양」 ②태도. 「さあらぬ—で; 아무렇지도 않은 태도로」 ③체재(体裁). 2. an attitude
てい[呈](명) 드리는 것. 증정(贈呈). 「—目録(モクロク); 목록을 드림」 giving
てい[弟](명) 남동생. 「異母(イボ)—; 이복 동생」 a younger brother
てい[底](명) ①밑. 아래. ②정도. 「…する—の; …할 정도의」 ③〈수〉 밑변. 1. the bottom 3. the base
てい[貞](명) ①옳다고 믿는 바를 굳게 지키는 것. ②여자의 정조가 곧은 것. 1. fidelity 2. chastity
てい[艇](명) 작은 배. a boat
ていあつ[低圧](명) 저압. ①낮은 압력. ②〈이〉 낮은 전압(電圧). 1. low pressure
ていあつ[定圧](명) 일정한 압력. constant pressure
ディアナ[Diana](명) 다이아나. 로마 신화에 나오는 달, 수렵(狩獵), 처녀의 여신. 그리이스 신화의 아르테미스에 해당.
ディアレクティーク[도 Dialektik](명)〈철〉 ⇨べんしょうほう.
ていあん[提案](명·타サ) 제안. ①의안을 제출함. ②제출한 의안. a proposition
ティー[tea](명) 티이. ①차. 「—ルーム; 다방」 ②홍차(紅茶).
ティー[tee](명·자サ) 티이. 〔골프에서〕 공을 치기 시작할 때에 공을 올려 놓기 위해서 흙으로 약간 두드러지게 쌓아 올린 곳. 또는 거기에 올려 놓은 공을 침. 구좌(球座).
ていい[低位](명) 저위. 낮은 위치, 지위. a low position
ていい[定位](명·타サ) 정위. 위치를 정함. 정해진 위치. orientation
ていい[帝位](명) 제위. 제왕(帝王)의 자리. the Imperial Throne
ディージェー[DJ←disk jockey](명) 디이제이. 디스크 조키.
ティースプーン[tea-spoon](명) 티이스푸운. 차를 마실 때 쓰는 작은 숟가락. 찻숟가락.
ディーゼル(エンジン)[Diesel (engine)](명) 디이젤 엔진. 1897년 도이치의 디이젤이 발명한 내연 기관. 디이젤 기관.
ティーヴィーエー[TVA←Tennessee Valley Authority](명) 티이 비이 에이. 테네시 하역 개발 공사(河域開発公社). 1933년 테네시강 일대를 개발하기 위하여 설립된 미국 정부 직영 기업체.
ディーディーティ[DDT←dichloro-diphenyl-trichloroethane](명)〈의〉 디이디이티이. 강한 살충제. 무색, 무취의 고체. 알코홀에 잘 녹으며, 곤충이 이에 닿으면 신경 계통이 침범되어 죽어 버리나 고등 동물에게는 거의 해가 없음.
ティーパーティー[tea party](명) 티이파아티. 다과회(茶菓会).
ティービー[TV←television](명) 티이비이. 텔레비전의 준말.
ディーピーイー[DPE←developing, printing, enlarging](명) 디이피이이이. 사진의 현상과 밀착과 확대. 또는 그러한 일을 하는 가게.
ていいん[定員](명) 정원. 일정한 인원. the full number
ティーン[teen](명) 티인. 10대(의 소년 소녀). 「ハイ—; 대개 16 세부터 19 세까지」 **—エージャー**[teen-ager](명) 티인에이저. 10대의 소년 소녀. 13, 4 세부터 18, 9 세까지의 남녀.
ていえん[庭園](명) 정원. 뜰. 집안의 마당. a garden
ていおう[帝王](명) 제왕. 군주국의 원수. 황제. a sovereign. **—せっかい(じゅつ)**[帝王切開(術)](명)〈의〉 제왕 절개 수술. 난산 때 산부의 배를 갈라서 태아를 꺼내는 수술.
ディオニソス[Dionysos](명) 디오니소스. 그리이스 신화에 나오는 주신(酒神). 로마 신화의 바커스에 해당함.
ディオラマ[diorama](명) 디오라마. 작은 모형화(模型画)에 광선을 투사시켜, 이를 들여다 보는 사람으로 하여금 실감을 느끼게 하는 것. 투시화(透視画).
ていおん[低音](명) 저음. ①낮은 음. 낮은 음성. ②남성의 저음부(低音部). 베이스. ↔高音(コウオン). 1. low voice
ていおん[低温](명)〈이〉 저온. 낮은 온도. 「—殺菌(サッキン); 저온 살균」 ↔高温(コウオン). a low temperature
ていおん[定温](명)〈이〉 정온. 일정한 온도. a fixed temperature. **—どうぶつ**[定温動物](명)〈동〉 정온 동물. 바깥 온도에 관계 없이 항상 일정한 체온을 갖고 있는 동물. 온혈(温血) 동물의 새로운 이름. 예: 포유류(哺乳類), 조류(鳥類). ↔変温(ヘンオン)動物.
ていおん[綴音](명) 철음. 어떤 음과 다른 어떤 음이 겹쳐서 된 음. a syllable
ていか[低下](명·자サ) 저하. ①낮아짐. ②내려 감. 「実力(ジツリョク)が—する; 실력이 저하되다」 ↔向上(コウジョウ). fall
ていか[低価](명) 저가. 싼값. 헐값. 염가(廉価). ↔高価(コウカ). a low price
ていか[定価](명) 정가. 정한 가격. a fixed price
ていか[逓加](명·자サ) 차차 증가함. ↔逓減(テイゲン). successive increase
ていかい[低回·低徊](명·자サ) 저회. 머리를 숙이고 깊이 생각하며 천천히 왔다 갔다함. loitering
ていかい[停会](명·자타サ) 정회. ①회의를 일시 쉼. ②회의를 중지시킴. 2. suspension of a meeting

ていかく[底角](명)〈수〉 저각. 다각형 밑변의 양단 내각(両端内角). a base angle
ていがく[低額](명) 저액. 적은 금액.「一所得者(ショトクシャ); 저액 소득자」↔高額(コウガク). a low amount
ていがく[定額](명) 정액. 일정한 액수. 정해진 금액.「一預金(ヨキン); 정액 예금」 a fixed amount
ていがく[停学](명) 정학. 학교에서 특정 학생의 등교를 일시 금지시키는 일.「一処分(ショブン); 정학 처분」 suspension from school
ていがくねん[低学年](명) 저학년. 학교에서 아래 학년. 1, 2년생. ↔高学年(コウガクネン). low grades
でいかざん[泥火山](명)〈지〉 이화산. 땅속의 끓는 물과 수증기, 천연 가스의 발생으로 진흙이 뿜어져 원추형(円錐形)을 이룬 화산. 대만(臺湾)의 남부 지방에 많음. a mud volcano
ていかん[定款](명)〈법〉 정관. 회사, 공익 법인(公益法人), 협동 조합, 그밖에 일반적으로 사단 법인의 목적, 조직 및 그 업무집행에 관한 기본 규칙. 또는 그것을 기재(記載)한 문서. the articles of association
ていかん[諦観](명·타サ) 체관. ①충분히 봄. 샅샅이 살핌. ②단념함. 체시(諦視). 2. resignation
でいがん[泥岩](명)〈지〉 이암. 진흙이 건조하거나 압력에 의해서 단단해진 것. a mudstone
ていき[定期](명) 정기. ①일정한 기간. ②〈경〉 정기 예금의 준말. ③〈경〉 ←定期取り引き. ④←定期(乗車)券. 1. a fixed period. **—(じょうしゃ)けん**[定期(乗車)券](명) 정기 승차권. 일정한 기간 동안 사용할 수 있는 승차권. **—せん**[定期船](명) 정기선. 정기 항해를 하는 기선. **—とりひき**[定期取り引き](명)〈경〉 일정한 기한 후에 상품을 내주는 조건부로 하는 상거래. **—よきん**[定期預金](명)〈경〉 정기 예금. 은행에서 일정한 기한을 정하고 맡는 예금.
ていき[提起](명·타サ) 제기. ①내놓음. 제출.「問題(モンダイ)を一する; 문제를 제기하다」②(문제 등을) 일으킴. 1 bringing forward
ていぎ[定義](명·타サ) 정의. 한 개념의 의미를 명확히 밝힘. a definition
ていぎ[提議](명·타サ) 제의. 의안(議案)을 제출함. 또는 그 의안. a proposal
ていきあつ[低気圧](명) 저기압. ①〈천〉 등압선(等圧線)으로 둘러 싸인 부분으로 주위보다 낮은 기압. ②기분이 나쁨. ③형세가 평온치 않고 변동이 생기려는 상태. ↔高(コウ)気圧. 1. low atmospheric pressure
ていきゅう[低級](명·형동ダ) 저급. ①정도가 낮음.「一な趣味(シュミ); 저급한 취미」②낮은 등급. ↔高級(コウキュウ). 1. vulgar
ていきゅう[定休](명·자サ) 매달 정해진 휴일. 정기 휴일.「一日(ビ); 정기 휴일」 a regular holiday
ていきゅう[庭球](명) 정구. 운동 경기의 하나. 네트를 치고 고무공을 라켓으로 양쪽에서 네트를 넘겨 서로 치고 받고 함. tennis
ていきゅう[涕泣](명·자サ) 체읍. 눈물을 흘리면서 슬피 욺. weep
ていきょう[提供](명·타サ) 제공. 내놓음. 바침.「労力(ロウリョク)を一する; 노동력을 제공하다」an offer
ていぎょう[定業](명) 정업. 일정한 직업이나 업무. 정직(定職). a regular occupation
ていきん[庭訓](명) 가정의 교훈. 가정 교육. household precepts
ていきん[提琴](명)〈악〉 제금. 바이올린.「一家(カ); 바이올리니스트」 a violin
ていきんり[低金利](명) 저금리. 싼 이자. 저리(低利). low interest
ていくう[低空](명) 저공. 지면에서 가까운 하늘. 낮은 하늘.「一飛行(ヒコウ); 저공 비행」 a low sky
ディクテーション[dictation](명) 딕테이션. (영어의) 받아 쓰기.
ディクレッシェンド[이 decrescendo](명)〈악〉 데크레셴도. 점점 약하게.
ていけ[手活け](명·타サ) ①손수 꽃꽂이를 함. ②기생 등을 그만두게 하여 이를 아내나 첩으로 삼음. 1. arrangement by oneself
ていけい[定形](명) 정형. 일정한 모양. a fixed form
ていけい[定型](명) 정형. 일정한 틀(型).「一詩(シ); 정형시」 a type
ていけい[梯形](명)〈수〉 ⇨だいけい(台形).
ていけい[提携](명·자サ) 제휴. ①서로 손을 잡음. ②서로 도와 줌. 공동 목적을 위해서 단결함. 2. acting in concert with
ていけつ[貞潔](명·형동ダ) 정결. 정조가 곧고 행실이 결백함. chaste and pure
ていけつ[締結](명·타サ) 체결. ①얽어 맴. ②〈법〉 조약, 계약을 맺음.「条約(ジョウヤク)の一; 조약의 체결」 conclusion
ティケット[ticket](명) 티켓. 표. 입장권. 승차권.
ていけん[定見](명) 정견. 일정한 의견.「一がない; 정견이 없다」 a definite view
ていげん[定言](명) 조건 없이 확언하는 말. **—てきめいれい**[定言的命令](명) 정언적 명령. 인간에게 무조건 요구되는 도덕법. 단언적(断言的) 명령. ↔仮言的(カゲンテキ)命令.
ていげん[低減](명·자타サ) 저감. ①줄어짐. ②값이 싸짐. 또는 값을 싸게 함. reduction
ていげん[逓減](명·자타サ) 체감. 차차 줄어짐. ↔逓増(テイゾウ), 逓加(テイカ). successive diminution
ていげん[提言](명·타サ) 제언. 생각, 의견을 제출함. 또는 그 생각이나 의견. 제의(提議). a proposal
ていこ[艇庫](명) 보우트를 넣어 두는 창고. a boathouse
ていこう[抵抗](명·자サ) 저항. ①외부로부터의 힘이나 윗사람 등에 대항함.「一力(リョク); 저항력」②대항. 반항. 반응.「一がない; 반응이 없다」③〈이〉 힘의 작용에 대하여 그 방향과 반대 방향으로 작용하는 힘. ④도체(導体)가 전류를 통하지 않으려는 성질. 전기 저항. resistance. **—き**[抵抗器](명)〈이〉 저항기. 여러 가지 금속의 전기 저항력을 이용하여

전기 회로에 연결시켜 전류를 가감하는 장치.

ていごう[帝号](명) 제호. 황제의 칭호. the title of the Emperor

ていこく[定刻](명) 정각. 정한 시각. 예정된 시각. the appointed hour

ていこく[帝国](명) 제국. 황제가 다스리는 국가. an empire. **—しゅぎ**[帝国主義](명) 제국주의. ①국가의 영토나 권력을 가능한 한 확대하려는 주의. ②〈경〉 자본가가 자본이나 생산을 혼자 독점하려고 하는 주의.

ていさ[艇差](명) 〔보우트레이스에서〕 보우트와 보우트와의 거리.

ていざ[鼎坐](명·자サ) 정좌. 세 사람이 솥발 모양으로 서로 대하고 앉음. sitting in a triangle

でいさ[泥沙](명) 진흙과 모래. mud and sand

ていさい[体裁](명) 체재. ①형. 모양. ②외관(外観). ③생기거나 이루어진 형식. 됨됨이. 1. form. **—ぶる**[体裁振る](자 4) ①겉치레하다. ②거드름 피우다.

でいざい[泥剤](명)〈의〉 이제. 연고류(軟膏類)와 같이 끈적끈적한 액체 모양으로 만든 도포약(塗布薬). an electuary

ていさつ[偵察](명·타サ) 정찰. 몰래 적의 정세를 살펴 냄. scouting

ていし[底止](명·자サ) 다 끝나는 것. 「—するところを知(シ)らず; 그칠 줄을 모르다」 cessation

ていし[停止](명·자サ) 정지. ①중도에서 멈춤. 중지함. ②일시 멈추게 함. 1. interruption

ていし[諦視](명·타サ) 체시. ①체념하고 바라봄. 체관(諦観). ②응시. 주시. 「現実(ゲンジツ)を—する; 현실을 응시하다」 2. staring

ていじ[丁字](명) ←丁字形. **—けい**[丁字形](명) 정자형. "丁"자 모양. 당목형(撞木形). **—たい**[丁字帯](명)〈의〉 정자대. "丁"자 모양으로 매게 되어 있는 붕대. 머리, 음부 등을 맬 때 씀. **—ろ**[丁字路](명) 정자로. "丁"자 모양으로 된 도로. 삼거리.

ていじ[呈示](명·타サ) 정시. 꺼내 보임. presentation

ていじ[低次](명) 낮은 차원. 낮은 정도. 저차원. ↔高次(コウジ). low degree

ていじ[定時](명) 정시. ①일정한 시각. ②정기(定期). 「—総会(ソウカイ); 정기 총회」 1. regular time. **—せい**[定時制](명) 정시제. 특별한 시기나 시간, 곧 농한기나 조조(早朝), 야간 등을 이용하여 행하는 학습 과정. 「—高校(コウコウ); 정시제 고등학교(야간부 고등학교)」 ↔全日制(ゼンジツセイ).

ていじ[提示](명·타サ) 제시. 내보임. presentation

ていじ[逓次](명) 차례를 따르는 일. 순차. in order

ていしき[定式](명) 정식. 일정한 방식. 일정한 의식(儀式). an established form

ていしせい[低姿勢](명) 저자세. 열등하여 약한 태도. ↔高(コウ)姿勢. modest attitude

ていしつ[低湿](명·형동ダ) 저습. 토지가 낮고 습기가 많음. low and damp

ていしつ[低質](명·형동ダ) 저질. 품질이 나쁨. low quality

ていしつ[帝室](명) 제실. 황제의 집안. 황실(皇室). the Imperial House

ていじつ[定日] 정일. 일정한 날. 예정한 날. 지정한 날. the fixed day

ていじほう[綴字法](명) 철자법. 맞춤법. rules for spelling

ていしゃ[停車](명·자サ) 정거. 정차. 차를 세움. 차를 멈춤. stopping. **—じょう**[停車場](명) 정거장. 기차, 전차가 일시 멈추는 곳. 역.

ていしゅ[低首](명) 저수. 고개를 숙임. 저자세. drooping one's head

ていしゅ[亭主](명) ①주인. ②가장(家長). ③남편. 1. the master. **—かんぱく**[亭主関白](명)〈속〉 ①몹시 뻐기는 남편. ↔かかあ天下(デンカ). ②손님보다 주인이 더 고자세를 취하는 일.

ていしゅ[艇首](명) 정수. 배의 앞 부분. 이물.

ていじゅ[庭樹](명) 정수. 정원(庭園)에 심는 (심은)나무. 정원수. a garden-tree

ていしゅう[定収](명) 일정하게 들어 오는 수입. 정기적인 수입. regular-income

ていじゅう[定住](명·자サ) 정주. ①주소, 주거를 정함. ②정한 장소에 살고 있음. 1. settlement

ていしゅうは[低周波](명)〈이〉 저주파. 주파수가 비교적 적은 전파. ↔高(コウ)周波. low frequency

ていしゅく[貞淑](명·형동ダ) 정숙. (여자가) 품행이 바르고 얌전함. chaste and modest

ていしゅつ[呈出](명·타サ) ①나타냄. 드러냄. ②내놓음. 제출. 1. revealing 2. sending in

ていしゅつ[提出](명·타サ) 제출. 내놓음. presentation

ていしょ[低所](명) 저소. 낮은 곳. ↔高所(コウショ). a low place

ていじょ[貞女](명) 정녀. 정조가 굳은 부인. 정부(貞婦). a faithful wife

ていしょう[低唱](명·자サ) 저창. 낮은 소리로 노래부름. ↔高唱(コウショウ). humming

ていしょう[提唱](명·타サ) 제창. ①주의, 의의 등을 제시하여 주장함. ②〈불〉 경전, 어록(語録) 등을 들어 말함. ③〈불〉 〔선종(禅宗)에서〕 종사(宗師)가 법상(法床)에 올라 앉아 대중을 위하여 종지(宗旨)의 대강을 제시하여 설법함. 1. advocacy

ていじょう[呈上](명·타サ) 드림. 바침. 증정(贈呈). presentation

ていじょう[定常](명·형동ダ) 정상. 일정하여 변하지 않음. regularity. **—は**[定常波](명)〈이〉 정상파. 몇 개의 파동이 합성된 결과 그 파형(波形)이 매질(媒質) 가운데로 더 진행하지 못하고 일정한 장소에서 진동하는 파(波).

ていじょう[庭上](명) 정원의 표면. 정원 주위. in the garden

でいじょう[泥状](명) 이상. 진흙 덩어리와 같은 모양. being muddy

ていしょく[定食](명) 정식. ①식당, 요리집에서 일정한 메뉴에 의하여 내는 음식. ②때를 정하여 놓

고 먹는 음식. 2. a regular meal

ていしょく[定植](명·타サ)〈농〉 정식. 온상(温床)에서 속성 재배한 모종을 정한 밭에다 내어 심음. transplanting a nursery-sapling to a field

ていしょく[定職](명) 정해진 직업. 일정한 직업.「—をもたない; 일정한 직업을 갖지 않다」 a regular occupation

ていしょく[抵触·牴触](명·자サ) 저촉. ①규칙에 위반됨. ②서로 부딪침. 서로 모순됨. ③어느 사물에 닥뜨려 걸려 듦.「法規(ホウキ)に—する; 법규에 저촉되다」 2. conflict

ていしょく[停職](명·자サ) 정직. 공무원의 징계 처분의 한 가지. 일반직의 국가 공무원이 직원으로서의 신분을 지닌 채 일정한 기간 직무를 정지당함. suspension from office

ていしょくはんのう[呈色反応](명)〈이〉 정색 반응. 화학 변화의 결과 여러 가지 색이 나타나거나 변색(変色)하는 반응. colour reaction

ていしん[廷臣](명) 정신. 조정의 신하. a courtier

ていしん[挺身](명·자サ) 정신. ①열심히 노력함. ②스스로 앞으로 나아감. 2. volunteer

ていしん[挺進](명·자サ) 정진. 여러 사람보다 앞질러 나아감. going ahead of others

ていしん[艇身](명) 정신. 배의 길이. a boat's length

ていじん[梯陣](명) 사닥다리 모양으로 배치(配置)한 진(陣). an echelon

でいすい[泥水](명) 흙탕물. muddy water

でいすい[泥酔](명·자サ) 이취. 의식이 없을 정도로 몹시 취함. dead drunkenness

ディスインフレ(ーション)[disinflation](명)〈경〉 디스인플레이션. 인플레이션을 점진적(漸進的)으로 억제하는 정책.

ていすう[定数](명) 정수. ①정해진 수. ②정해진 운명. 1. a fixed number

ディスカッション[discussion](명·자타サ) 디스커션. 토의함. 토론함.

ディスク[영 disk·프 disque](명) 디스크. ①원반(圓盤). 원판(圓板). ②축음기의 레코오드. **—ジョッキー**[disk jockey](명) 디스크조키. 레코오드를 차례로 들려 주면서 간간이 짧은 화제를 곁들여서 삽입하는 방송 형식. 또는 그 아나운서.

ディステンパー[distemper](명) ⇨ジステンパー.

ディスプレー[display](명) 디스플레이. 진열(陳列). 전시(展示).

てい·する[呈する](타サ) ①드리다. ②보내다. ③나타내다.「奇観(キカン)を—; 기관을 나타내다」1. present

てい·する[訂する](타サ) ①고치다. 정정하다. ②정하다. 맺다. 1. correct

てい·する[挺する](타サ) 앞장 서서 나아가다. 내던지다.「身(ミ)を—; 몸을 내던지고 앞장 서다」 bravely volunteer

てい·する[締する](타サ) 교제(交際)를 맺다. 旧締す. contract

ていせい[低声](명) 저성. 낮은 소리. 저음. ↔高声(コウセイ). a low voice

ていせい[訂正](명·타サ) 정정. 틀린 것을 바로 잡음. 문자, 문장의 틀림을 바로 고침. correction

ていせい[帝政](명) 제정. 제왕의 정치. 제국주의의 정치. Imperial government

ていせい[鄭声](명) 야비하고 저속(低俗)한 노래. 속요(俗謡). a vulgar song

ていせいぶんせき[定性分析](명)〈이〉 정성 분석. 물질의 성분을 알아 내기 위한 화학 분석. 화학 반응, 물리적 성질을 이용하여 확인함. ↔定量(テイリョウ)分析. qualitative analysis

ていせき[定積](명)〈수〉 정적. ①일정한 면적. 일정한 체적(体積). ②일정한 승적(乗積). 1. fixed area

ていせつ[定説](명) 정설. 일반적으로 옳다고 인정되는 설(說). an established theory

ていせつ[貞節](명·형동ダ) 정절. ①정조가 곧음. ②(여자의) 곧은 절개. chastity

ていせん[汀線](명)〈지〉 정선. 해면과 육지의 경계선(境界線). a beach line

ていせん[停船](명·자サ) 정선. 배의 항행(航行)을 정지함. stoppage of a ship

ていせん[停戦](명·자サ) 정전. 교전 중(交戦中) 어떤 목적을 위하여 한때 서로 합의하여 전투 행위를 중지함. stoppage of hostilities

ていぜん[庭前](명) ⇨にわさき.

ていそ[提訴](명·자サ)〈법〉 제소. 소송을 제기함. instituting a suit

ていそう[貞操](명) 정조. ①여자의 곧은 행실. ②여자가 성(性)의 순결을 지키는 일. 1. fidelity

ていそう[逓送](명·타サ) 체송. ①차례차례로 보냄. ②역참(駅站)을 통하여 보냄. 1. conveyance

ていぞう[逓増](명·자サ) 체증. 차례차례로 늚. ↔逓減(テイゲン). gradual increase

ていそく[定則](명) 정칙. 일정한 규칙, 법칙. an established law

ていぞく[低俗](명·형동ダ) 저속. 품격이 낮고 속됨.「—な歌(ウタ); 저속한 노래」 vulgarity

ていそくすう[定足数](명)〈법〉 정족수. 합의체(合議体)가 의사를 진행시켜 의결을 하는 데에 필요로 하는 최소한의 인원수. a quorum

ていたい[停滞](명·자サ) 정체. ①그쳐서 지체함. 움직이지 않고 머물러 밀림.「会議(カイギ)が—する; 회의가 제자리 걸음을 하고 있다」②〈의〉 음식이 소화되지 않고 위에 머무름. 1. stagnation

ていた·い[手痛い](형) 심하다. 엄하다.「—打撃(ダゲキ); 심한 타격」 severe

ていだい[帝大](명) 제국 대학(帝国大学)의 준말.

ていだい[邸第](명) 저택. a residence

ていたく[邸宅](명) 저택. 규모가 큰 집. a residence

ていたらく[体たらく](명) (보기 흉한) 모양. 모습. 꼴. a state of things

ていだん[鼎談](명·자サ) 정담. 세 사람이 좌담함. ⇨: たいだん(対談). a three-man talk

でい たん[泥炭](명)〈광〉 이탄. 연대가 오래지 않아 충분히 탄화(炭化)되지 않은 채 땅속에 묻힌 석탄. 토탄(土炭). peat

てい ち[低地](명) 저지. 낮은 땅. ↔高地(コウチ). a low ground

てい ち[定置](명·타サ) 정치. 일정한 장소에 둠. fixation. **―あみ**[定置網](명) 정치망. 정해진 장소에 장치해 놓고 고기를 잡는 그물. **―ぎょぎょう**[定置漁業](명) 정치 어업. 고기를 잡는 도구를 일정한 수면에 장치해 놓고 행하는 어업.

てい ち[偵知](명·타サ) 정지. 정찰(偵察)하여 앎. 탐지(探知). detection

てい ちゃく[定着](명·자타サ) 정착. ①어떤 곳에 머물러 살며 떠나지 아니함. ②고착(固著)하여 쉬이 떨어지지 아니함. ③〔사진술에서〕 사진 건판 또는 필름을 노광(露光)시켜 현상을 마친 뒤에 감광되지 아니한 부분의 할로겐화은(銀)을 감광막(感光膜)에서 제거하는 일. 1. fixation

でい ちゅう[泥中](명) 진흙 속. in the mud. **―のはちす**[泥中の蓮](연어·명) 진흙 속에 핀 연꽃. 더러운 환경 속에서도 순결을 지키는 것의 비유.

てい ちょう[丁重·鄭重](명·형동ダ) 정중. 친절함. 친밀. 「―なあいさつ; 정중한 인사」 courtesy

てい ちょう[低調](명·형동ダ) 저조. ①가락이 낮음. ②활기가 없이 침체함. ③능률이 오르지 않음. 「―な会議(カイギ); 논의나 결의가 활발하지 않은 회의」 1. a low tone 3. inactive

てい ちょう[低潮](명)〈지〉 저조. 간조(干潮)가 극한에 이른 때. 해수면이 가장 얕은 상태. low tide

てい ちょう[艇長](명) 정장. 작은 배를 지휘하는 사람. a captain

てい っぱい[手一杯](형동ダ·부) 힘이 미치는 한. 힘껏. having one's hands full

てい てい[亭亭](형동タルト) 정정. 높고 곧게 솟아 있는 모양. 「―たる大樹(タイジュ); 우뚝 솟은 큰 나무」 lofty

てい てつ[蹄鉄](명) 제철. 말굽에 대는 쇳조각. 편자. a horseshoe

てい てん[定点](명) 정점. ①일정한 점. ②〈천〉 기상 관측을 하기 위하여 국제 조약에서 해양상(海洋上)에 정하여 놓은 지점. 북대서양에 10개소, 북태평양에 8개소가 있음. 1. a fixed point

てい でん[停電](명·자サ) 정전. 송전(送電)이 한때 중지됨. interruption of electric supply

てい でん[逓伝](명·타サ) 체전. ①차례로 전해 보냄. ②역참(駅站) 편에 보냄. 1. conveyance

てい と[帝都](명) 제도. 궁성(宮城)이나 황성(皇城)이 있는 도시. the Imperial city

てい ど[低度](명·형동ダ) 저도. 정도가 낮음. ↔高度(コウド). low degree

てい ど[程度](명) 정도. ①사물의 성질이나 값어치의 알맞은 한도. 「―が高(タカ)い; 정도가 높다」 ②기본이 되는 것과 비교할 때의 수준. 「さむいといっても―がある; 춥다고 해도 정도가 있다」 1. degree. **―もんだい**[程度問題](명) 정도 문제. 정도의 여하(如何)에 관한 문제.

でい ど[泥土](명) 이토. ①진흙. ②가치 없는 것. 1. mud

てい とう[低頭](명·자サ) 저두. 머리를 숙임. bowing

てい とう[抵当](명) 저당. 부채를 갚지 못할 경우에 대비해서 미리 맡기는 물건. 또는 권리. a security

てい とく[提督](명) 제독. 함대(艦隊)를 지휘하는 사람. 함대 사령관. an admiral

ていとくふう[貞徳風](명) 마쯔나가 테이토쿠(松永貞徳)를 비조(鼻祖)로 하는 하나의 하이쿠(俳句) 작풍.

てい とん[停頓](명·자サ) 정돈. 한때 그침. 침체하여 나아가지 않음. 정체(停滯). a deadlock

ディナー[dinner](명) 디너. ①정식 식사. 정찬(正餐). ②원래는 하루의 끼니 중에서 가장 잘 먹는 식사를 말함. ③오찬(午餐). ④만찬(晩餐).

てい ない[廷内](명) 정내. 법정 안. in the court

てい ない[邸内](명) 저택 안. premises

てい ない[庭内](명) 정내. 정원 안. in the garden

てい ねい[丁寧·叮嚀](명·형동ダ) ①친절함. 정중함. 공손함. 「―なことば; 공손한 말」 ②주의 깊음. 「―にしらべる; 주의 깊게 살피다(조심하다)」 ③귀중함. 중요함. 1. politeness

でい ねい[泥濘](명) 질퍽거리는 곳. 진창. mud

てい ねん[丁年](명) 정년. ①어른으로 인정받는 연령. 근래에는 만 20세를 말함. ②만 20세 이상의 남자. 성년(成年). 2. an adult

てい ねん[定年·停年](명) 정년. 공무원, 회사 직원의 퇴직(退職)을 법으로 정한 연령. the age limit

てい のう[低能](명·형동ダ) 저능. 지능이 보통보다 낮음. 또는 그 사람. 「―児(ジ); 저능아」 low intelligence

てい はく[停泊·碇泊](명·자サ) 정박. 배가 닻을 내리고 머무름. anchorage

てい はつ[剃髪](명·자サ) 체발. 길렀던 머리털을 바싹 깎음. 축발(祝髪). 치발(薙髪). shaving one's head

でい ばん がん[泥板岩](명)〈광〉 ⇨けつがん(頁岩).

ティピカル[typical](형동ダ) 티피컬. 전형적(典型的). 대표적.

てい ひょう[定評](명) 정평. ①세간에 널리 퍼져 이제 움직일 수 없게 된 평판. ②타당하다고 일반에게 인정된 비평. 「―のある人物(ジンブツ); 정평이 있는 인물」 reputation

てい びょう[帝廟](명) 제묘. 천자(天子)의 사당(祠堂). the Imperial mausoleum

てい ふ[貞婦](명) 정부. 정조가 곧은 부인. a virtuous woman

てい ぶ[底部](명) 저부. 아랫부분.

ティフィン[tiffin](명) 티핀. 정식보다도 약간 간단한 식사.

てい へん[底辺](명)〈수〉 저변. 삼각형의 정점(頂点)에 대하는 변(辺). 밑변. the base

てい ぼう[堤防](명) 제방. 홍수를 막기 위하여 흙으로 쌓은 둑. a bank

てい ぼく[低木](명)〈식〉 키가 3 *m* 내외의 목본(木本) 식

물로서, 주간(主幹)이 분명하지 아니하고 밑동에서 가지가 많이 나는 나무. 관목(灌木)의 새로운 이름. ↔高木(コウボク). a shrub

ていほん[定本](명) 정본. 표준이 되는 바른 책. an authentic book

ていまい[弟妹](명) 제매. 남동생과 여동생. younger brothers and sisters

ていめい[定命](명) 정명. 하늘이 정한 운명. 날 때부터 정해진 운명. 천명. fate

ていめい[低迷](명·자サ) 저미. ①낮게 떠돌아 다님. ②사기(士気)가 없고 활동이 약해짐. 1. hanging low

ていめい[締盟](명) 체맹. 동맹, 조약을 맺는 일. 체약(締約). conclusion of a treaty

ていめん[底面](명) 저면. 밑면. the base

ディメンション[dimension](명) 디멘션. ①넓이. 용적. ②차원(次元). 「一のちがい; 차원의 차이」

ていもん[貞門](명) 하이쿠(俳句)의 명인 마쯔나가 테이토쿠(松永貞徳)의 문인(門人)들을 말함.

ていや[丁夜](명) 정야. 오야(五夜)의 네째. 지금의 오전 1시부터 3시까지. 사경(四更).

ていやく[定訳](명) 표준이 되는 올바른 번역. standard translation

ていやく[締約](명·자サ) 체약. 약속, 조약을 맺음. conclusion

ていよう[提要](명) 제요. 요령을 제시함. 「生物学(セイブツガク)一; 생물학 제요」 a summary

ていよく[体良く](부) 보기 좋게. 체면을 깎지 않고. 「一ことわった; 잘 이야기해서 거절했다」 decently

ていらく[低落](명·자サ) 저락. 떨어짐. 낮아짐. 값이 떨어짐. fall

ていらず[手入らず](명) ①손이 안 간 것. 손이 간 일이 없는 것. ②힘들지 않는 일. ③미혼 처녀. 숫처녀. 1. untouched 3. a virgin

ディラタンシー[dilatancy](명)〈이〉 다일러턴시. 외부에서 힘이 작용했을 때 각 입자간(粒子間)의 간격이 벌어져 전체의 모양이 크게 되는 현상. 습한 모래 등에 일어남.

ティラナ[Tirana](명)〈지〉 티라나. 알바니아 공화국의 수도. 주민의 태반이 회교도임.

ていり[低利](명)〈경〉 저리. 낮은 이율. 싼 이자. ↔高利(コウリ). low interest

ていり[定理](명)〈수〉 정리. 공리(公理), 정의(定義)를 기초로 하여, 증명된 일정한 이론. 「ピタゴラスの一; 피타고라스의 정리」 a theorem

でいり[出入り](명·자サ) ①출입. 드나듦. 「一口(グチ); 출입구」 ②친숙하게 서로 다님. ③지출과 수입. ④알력(軋轢). ⑤싸움. ⑥소송(訴訟). 1. going in and out

ていりつ[低率](명·형동ダ) 저율. 어떤 표준보다 비율이 낮음. 「一税(ゼイ); 저율세」 ↔高率(コウリツ). a low rate

ていりつ[定立](명·타サ) 정립. ①하나의 판단이나 명제(命題)를 정해 내세움. ②증명되어야 할 주장. 명제. 2. thesis

ていりつ[定率](명) 정률. 일정한 비율. a fixed rate

ていりつ[鼎立](명·자サ) 정립. 세 사람, 또는 세 개의 세력이 서로 대립함. a triangular position

ていりゅう[底流](명·자サ) 저류. ①바닥의 흐름. ②표면에는 나타나지 않고 움직이고 있는 것. 또는 그 형세. 「海(ウミ)の一; 바다의 저류」 1. a bottom-current

ていりゅう[停留](명·자サ) 정류. 수레 등이 가다가 머무름. stopping. **—じょ**[停留所](명) 정류소. 정류장. 정거장.

ていりょう[定量](명) 정량. 일정한 분량. a fixed quantity. **—ぶんせき**[定量分析](명)〈이〉 정량 분석. 물질 성분의 분량을 측정하는 화학 분석. ↔定性(テイセイ)分析.

ていりょう[庭燎](명) 뜰에 피워 놓은 화톳불. a bonfire in the garden

ているい[涕涙](명) 체루. 눈물. tears

ていれ[手入れ](명·타サ) ①손질함. 「文章(ブンショウ)の一; 문장의 손질」 ②보존하기 위해 주의함. 「洋服(ヨウフク)の一; 양복의 손질」 ③〈속〉 검거함. 「暴力団(ボウリョクダン)の一; 폭력단의 검거」 1. repairing

ていれい[定例](명) 정례. ①일정한 사례(事例). ②상례(常例). 「一閣議(カクギ); 정례 각의」 1. an established usage

ディレクター[director](명) 디렉터. ①취체역(取締役). 이사(理事). ②감독. 연출자. ③악단의 지휘자.

ていれつ[低劣](명·형동ダ) 저열. 정도가 낮고 용렬함. 「一な趣味(シュミ); 저열한 취미」 inferiority

ていれつ[貞烈](명·형동ダ) 정렬. 정조를 굳게 지키고 행실이 바름. chastity

ディレッタンティズム[dilettantism](명) 딜레탕티즘. 향락적 문예 도락(享楽的文芸道楽). 취미 본위.

ディレッタント[dilettante](명) 딜레탕트. ①예술이나 학문을 취미로 애호하는 사람. ②정통한 지식을 가진 전문가가 아닌 호사가(好事家).

ていれん[低廉](명·형동ダ) 저렴. 물건 값이 쌈. cheapness

ていろん[定論](명) 정론. 결정된 의론. 정설(定説). an established theory

ティンパニー[이 timpani](명)〈악〉 ⇨チンパニー.

てうえ[手植え]―ウエ(명) 손수 심음. 「一の松(マツ); 손수 심은 소나무」 planting

てうす[手薄](명·형동ダ) ①갖고 있는 것이 적음. ②사람의 손이 모자람. 「警備(ケイビ)が一だ; 경비가 허술하다」 ③불충분함. 「この方面(ホウメン)は研究(ケンキュウ)が一だ; 이 방면은 연구가 불충분하다」 1. scanty

デウス[포 Deus](명)〈종〉 데우스. 천제(天帝). 신(神).

てうち[手打ち](명) ①맨손으로 때려 죽임. ②옛날 무사가 하급자나 쵸오닌(町人)을 자기 손수 베어 죽인 일. ③자기 손으로 쳐서 만든 것. 「一そば; 손으로 쳐서 만든 메밀 국수」 ④약속, 계약 등이 성립되어 치는 박수. 「一式(シキ); (약속, 계약 등의) 성립식」 1. striking dead with a bare fist

デー[day](명) 데이. ①날. 낮. 하루. ②시대. 시기. ③어떤 행사가 있는 날.

デージー[daisy](명)〈식〉 ⇨ひなぎく(雛菊).

テーゼ[도 These](명) 테에제. ①과제. 논제. ②명제. ③운동 방침. 강령(綱領).
データ[data](명) 데이터. ①추론(推論)의 기초가 되는 사실. ②(정리한) 자료. 재료.
デート[date] 데이트. Ⅰ(명) 날짜. 기일(期日). 연대(年代). Ⅱ(명·자サ) 이성 친구와 만날 약속을 함. 또는 그 날짜.
テープ[tape](명) 테이프. ①가늘고 길게 만든 종이나 헝겊의 오라기. ②결승점에 치는 끈. ③전선에 감아서 절연하는 데 쓰는 좁고 긴 종이나 헝겊. ④현자지(現字紙). ⑤권척(巻尺). ⑥녹음기의 녹음하는 데 쓰이는 가늘고 긴 필름. **—レコーダー**[tape recorder](명) 테이프 레코오더. 녹음 테이프에 녹음도 하고 이를 재생도 하는 기계.
テーブル[table](명) 테이블. ①서양식 탁자, 식탁의 총칭. ②식탁. ③표(表).「タイムー; 시간표」 **—クロ(ー)ス**[tablecloth](명) 테이블클로오드. 테이블 위를 덮는 보. **—スピーチ**[table speech](명) 테이블 스피이치. 탁상 연설. 회식 등의 석상에서 행하는 짧은 연설. **—スプーン**[table spoon](명) 테이블스푸운. (수우프용의) 큰 숟가락. **—センター**[table center](명) 테이블센터. 테이블의 한가운데에 두는 장식용의 헝겊이나 편물.
テーベー[T B](명) 티이비이. 결핵균의 침입에 의하여 생기는 폐의 질환. 폐결핵(肺結核).
テーマ[도 Thema](명) 테에마. ①문제. 제목. ②주제(主題).「小説(ショウセツ)のー; 소설의 주제」 ③근본 사상. ④〈악〉 악상(楽想).
テーラー[tailor](명) 테일러. ①재봉사. ②양복점.
テーラー システム[Taylor system](명) 테일러 시스템. 미국인 테일러씨가 고안한 공장 등의 과학적 관리 방법.
テーラード[tailored](명) 테일러어드. 남자 양복처럼 딱딱한 기분이 나고 꼭 맞게 지은 부인복.
テール[tael·両](명) 테일. ①중국의 중량 단위. 약 37g. ②중국의 구식 은화의 단위.
テール ライト[tail light](명) 테일 라이트. 열차, 자동차 등의 뒤에 있는 등. 테일램프. 미등(尾燈).
ておい[手負い]ーオヒ(명) 상처(傷処)를 입음. 부상을 입음.「ーの熊(クマ); 상처 입은 곰」 wounded
ておくれ[手後れ](명) 때를 놓치는 일. 뒤늦는 것. 실기(失機).「ーになる; 시기나 처치(処置), 치료 등이 뒤늦다」 being too late
でおく·れる[出遅れる](자하 1) 늦게 나서다. 움직이기 시작하는 것이 늦어지다.
ておけ[手桶]ーヲケ(명) 손잡이가 달린 통. a pail 〔手桶〕
ておし[手押し](명) 손으로 누름.「ーポンプ; 손으로 누르는 펌프」 pushing by hand
ておち[手落ち](명) 실수. 부주의(不注意). an omission
ておどり[手踊り]ーヲドリ(명) ①춤의 의상(衣裳)을 입지 않고 추는 간단한 춤. ②여럿이 같은 손짓으로 추는 춤. 2. a dance of many persons together
ておの[手斧]ーヲノ(명) 손도끼. 자귀. a hand axe
ておも·い[手重い](형) ①친절하게 취급하다. ②손쉽지 않다. 1. courteous 2. not easy
ており[手織り](명) 손으로 짬. 수직(手織). 손수 짬. 또는 그 직물. hand-woven
デカー[프 deca](조어) 데카. 열. 십. 10. 〔미터법에서〕 각단위의 위에 붙여 그 10배의 뜻을 표시하는 말.「ーメートル; 10 m」 기호는 D.
でか(명)〈속〉 형사(刑事). a police detective
てがい[手飼い](명) 손수 기름. 집에서 기름. fed by oneself
でか·い(형)〈속〉 크다. 방대(尨大)하다. big
でがいちょう[出開帳](명·자サ)〈불〉 절에 안치한 불상을 어떤 곳으로 가지고 가서 일반인에게 참배(参拜)하게 하는 일. ↔居開帳(イガイチョウ). exhibiting a Buddhist image at another place
てかがみ[手鏡](명) 손거울. a hand-mirror
てかがみ[手鑑](명) ①옛사람들의 필적을 모아 엮은 것. ②교본. 모범. 1. a copybook 2. a model
てがかり[手掛かり·手懸かり](명) ①손 붙일 곳. 손댈 곳. ②실마리. 인연. 시작. 기회. 2. a clue
でかか·る[出掛かる](자 4) 나가려고 하다. be about to go out
てかき[手書き](명) 필적(筆蹟)이 좋은 사람. 명필. 능서(能書). 능필(能筆). a good penman
てかぎ[手鉤](명) 생선, 쌀 가마 등을 찍어서 들어 올리는데 쓰는 갈고랑이. a hook
てかけ[妾](명) 첩. 소실. a concubine
でがけ[出掛け](명) 외출하려고 할 때. just when one is going out
てが·ける[手掛ける](타하 1) 직접 취급하다. 손수 다루다. handle
でか·ける[出掛ける](자하 1) ①외출하다. ②나가려고 하다. 1. go out
てかげん[手加減](명·자サ) ①손어림. ②사물을 적당히 처리함.「ーをくわえる; 형편을 참작(参酌)하여 처리하다」 1. hand measurement
てかご[手籠](명) 손 바구니. a hand basket
でかした[出来した](연어·감) "잘했다" 하고 칭찬하는 말.「よくぞー; 참 잘했다」
てかず[手数](명) ①수고. ②어떤 일에 힘을 쓰는 것. ③일부러 타인을 위하여 돌봐 주는 것. 1. pains
でか·す[出来す](타 4)〈속〉 ①(잘)되게 하다. ②만들다. 생기게 하다.「はれものをー; 부스럼이 생기게 하다」 ③성취(成就)하다. 2. make
てかせ[手械](명) 죄인 등의 행동을 구속하기 위하여 양쪽 손목에 걸쳐서 채우는 쇠로 만든 형구(刑具). 수갑. handcuffs
でかせぎ[出稼ぎ](명·자サ) 다른 곳이나 다른 나라에 가서 벌이함.「ーに行(ユ)く; 벌이를 하러 멀리 가다」 working in a strange place
てがた[手形](명) ①어음. ②증거가 될 문서. 1. a bill

2. a check. ―**わりびき**[手形割引](명)〈경〉어음 할인. 어음 소지인이 어음에 기재된 지불 기일 전에 돈을 쓰고자 할 때 은행에서 그 기일까지의 이자를 액면 금액에서 공제(控除)한 잔금을 지불하고 그 어음을 사들이는 일.

で かた[出方](명) ①조치하는 모양. 태도. 「相手(アイテ)の一; 상대자가 (어떤 일에 대하여) 취하는 태도」 ②극장 안의 안내인. 1. one's attitude

て がた·い[手堅い](형) ①굳다. 건실하여 위태로움이 없다. 「一方法(ホウホウ); 건실한 방법」 ②〈경〉 시세가 떨어질 염려가 없다. 파생 ―**さ**(명). 1. reliable

で がたり[出語り](명) 〔죠오루리(浄瑠璃)에서〕 사람이 무대에 나와서 이야기하는 일. reciting on the stage

デカダン[프 décadent](명·형동ダ) 데카당. ① 19세기 말기의 퇴폐적(頽廃的), 향락적(享楽的)인 문예 경향. 퇴폐파. ②퇴폐파(頽廃派)의 예술가. ③퇴폐적 생활을 하는 사람.

デカダンス[프 décadence](명) 데카당스. 데카당의 경향.

てか てか(부·자サ) 윤기 있게 번쩍이는 모양. shining

でか でか(부) 매우 크게.

て がみ[手紙](명) 편지. 서한. a letter

て がら[手柄](명) 공명(功名). 공적(功績). a merit. ―**がお**[手柄顔]ーガホ(명) 공을 세운 듯이 뽐내는 얼굴.

て がら[手絡](명) 댕기. 「赤(アカ)い一; 빨간 댕기」

でがらし[出涸らし](명) 너무 지나치게 끓여서 맛이 없어지는 일. washed-out

て がる[手軽](형동ダ) 손쉬운 모양. 간이(簡易)한 모양. easy

てがる·い[手軽い](형) 손쉽다. 간이(簡易)하다. easy

て がわり[手替り](명) ①일을 교대로 함. 또는 그 사람. ②체재가 다른 것. 1. a substitute 2. strangeness

デカン こうげん[Deccan 高原](명)〈지〉데칸 고원. 인도 반도부의 대부분을 차지하는 고원. 일반적으로 우량이 적으며 세계적인 면화 산지. the Deccan plateau

―てき(的)(접미) Ⅰ〔형동ダ형〕 ①…에 대해서의. …의. 「哲学(テツガク)一; 철학적」 ②…과 같은. …하는 것 같은. 「神(シン)一; 신이 하는 것 같은」 ③…했다. …하고 있다. 「合法(ゴウホウ)一; 합법적」 ④…같다. …답다. 「貴族(キゾク)一; 귀족적」 ⑤…에 적합하다. 알맞다. 「論理(ロンリ)一; 논리적」 ⑥…의 성질을 가지다. 「悲劇(ヒゲキ)一; 비극적」 Ⅱ〔명사형〕〈속〉사람 이름 등에 붙여서 친밀감을 표하는 말. 「どろ一; 도둑」

―てき[滴](접미) 물방울. 「一(イッ)一の水(ミズ); 한 방울의 물」 a drop

てき[敵](명) ①적. 원수. ②적수. 상대. 대항하는 자. ③전쟁, 시합, 경기의 상대편. ↔味方(ミカタ). 1. an enemy 2. a rival

テキ(명) 비이프 스테이크의 준말.

で き[出来](명) ①됨. ②해 놓은 결과, 성적. 「一がすばらしい; 성과가 썩 좋다」 ③결실. 「稲(イネ)の一がよい; 벼농사가 잘되다」 ④이미 되어 있는 것. ⑤〈경〉 매매. 거래. 「一高(ダカ); 거래액. 생산액. 수확량」 1. make 5. dealings

でき あい[出来合い]ーアヒ(명) 되어 있는 것. 기성품. 「一の洋服(ヨウフク); 기성복」 a ready-made article

でき あい[溺愛](명·타サ) 익애. 맹목적으로 사랑함. 함빡 빠져 심히 사랑함. dotage

でき あ·う[出来合う]ーアフ(자 4)〈속〉남녀가 밀통(密通)하다. become intimate

でき あがり[出来上がり](명) ①완전히 다 된 것. ②완성. 완성된 결과. 동 出来上がる(자 4). 1. completion

でき あき[出来秋](명) 벼가 익는 가을. autumn at harvest time

てき い[敵意](명) 적의. ①상대를 적으로 인정하는 마음. 적대시하는 마음. ②반항하려고 하는 마음. 적개심(敵愾心). enmity

でき うる[出来得る](연어·하 2) 할 수 있다. 「一かぎりの努力(ドリョク); 할 수 있는 한의 노력」

てき えい[敵営](명) 적의 진영. an enemy's camp

てき えい[敵影](명) 적의 그림자. 적의 모습. signs of the enemy

てき おう[適応](명·자サ) 적응. ①잘 들어 맞음. 「一症(ショウ); 적응증」 ②〈생〉 생물이 환경에 적합하도록 자신의 형태, 습성을 변화함. 2. adaptation

てき おん[適温](명) 적온. 알맞는 온도. 적당한 온도. suitable temperature

てき か[滴下](명·자타サ) 적하. 방울져서 떨어짐. dropping

てき か[摘果](명·자サ)〈농〉 적과. 좋은 과실을 얻기 위해 열매를 솎아 내는 일. thinning out

てき が[摘芽](명·타サ)〈농〉 적아. 농작물의 새싹 가운데 필요 이외의 것을 따 버림. 순 자르기. picking the superfluous buds

てきがいしん[敵慨心·敵愾心](명) 적개심. 적에 대한 의분과 성낸 마음. 적대심. a hostile feeling

てき がた[敵方](명) 적의 쪽. 적 편. the enemy's side

てき かん[敵艦](명) 적함. 적의 군함. an enemy ship

て きき[手利き](명) 솜씨가 뛰어남. 또는 그 사람. skilfulness

てき ぎ[適宜](부·형동ダ) 적의. ①때나 장소에 적당히 맞는 모양. 적당함. ②임의. 자유로운 모양. 「一判断(ハンダン)してください; 적당히 판단해 주십시오」 1. suitability

てき ぎょう[適業](명) 적합한 직업. a congenial job

てき ぎょく[敵玉](명) 〔장기에서〕 적의 장(将). 상대의 궁(宮). the enemy's king

でき ぐあい[出来具合·出来工合](명) 완성된 모양. 됨됨이. the result

てき ぐん[敵軍](명) 적군. 적의 군대. 적의 군세(軍勢). the enemy troops

てき げん[適言](명) 적언. (그 경우에) 가장 합당(合当)한 말. an apt remark

てき ごう[適合](명·자サ) 적합. 잘 들어 맞음. 알맞게 들어 맞음. agreement

てき こく[敵国](명) ⇨てっこく.

でき ごころ[出来心](명) 우연히 떠오른 나쁜 마음. 「一

のぬすみ; 순간적 충동으로 저지른 도둑질」 an evil impulse
できごと[出来事](명) ①뜻밖에 일어난 일. 우발사(偶発事). ②사건. 1. an accident
てきさい[適才](명) 적재. 어떤 일에 적합한 재능. competence
てきざい[適材](명) 적재. 어떤 일에 적당한 재능(才能)을 가진 사람. an right man. **─てきしょ**[適材適所](연어·명) 적재 적소. 마땅한 사람을 그 재능에 따라 마땅한 자리에 쓰는 일.
てきさく[適作](명)〈농〉 그 토지에 적합한 농작물. suitable crops for the place
テキサス[texas](명) 텍사스. 〔야구에서〕 내야수와 외야수와의 사이에 떨어져 그 어느 쪽에서도 받지 못하게 안타(安打)한 공. 텍사스리이거. 「─性(セイ)のヒット; 텍사스히트」
てきさん[敵産](명)〈군〉 적산. 적국의 재산. 「enemy property
てきし[敵視](명·타サ) 적시. 적으로 봄. 적대시(敵対視)함. hostility
てきじ[適時](명) 적시. 적당한 때. 꼭 알맞은 시기. 필요한 때. 「─安打(アンダ); 적시 안타」 timely
できし[溺死](명·자サ) 익사. 물에 빠져 죽음. 「─者(シャ); 익사자」 death by drowning
デキシー(ランド)[Dixie (land)](명)〈악〉 딕실란드. 재즈음악 형식의 하나. 즉흥적(即興的)인 연주를 주로 함.
てきしつ[敵失](명) 〔야구에서〕 상대 티임(수비군)의 실책(失策). an error of the rival team
てきしゃせいぞん[適者生存](연어·명)〈생〉 적자 생존. 생존 경쟁의 결과 외계의 환경에 가장 적합한 것만이 생존, 번영하고 적합치 않은 것은 도태되어 쇠퇴, 멸망하는 현상. survival of the fittest
てきしゅ[敵手](명) 적수. ①재주나 힘이 서로 맞서 상대되는 사람. 상대. ②원수. 1. a rival
てきしゅう[敵襲](명) 적습. 적의 습격. 「─を退(シリゾ)ける; 적의 습격을 물리치다」 an enemy attack
てきじゅう[適従](명·자サ) 복종함. 따름. following
てきしゅつ[剔出](명·타サ)〈의〉 척출. 도려 냄. 「眼球(ガンキュウ)を─する; 안구를 도려 내다」 extraction
てきしゅつ[摘出](명·타サ) 적출. ①집어 냄. 솎아 냄. ②들추어 냄. 1. picking out
てきしょ[適所](명) 적소. 적당한 지위. 적당한 자리. the right place
てきしょう[敵将](명) 적장. 적의 장군. 적의 사령. the enemy's general
てきじょう[敵状](명) 적의 상태. 적정(敵情). 「─をさぐる; 적정을 살피다」 enemy's movements
てきじょう[敵城](명) 적성. 적의 성. enemy's fortress
てきじょう[敵情](명) 적정. 적의 정세. the enemy's movements
てきしょく[適職](명) 적직. 그 사람에게 적당한 직업(職業). a congenial job
てきしん[摘心](명·자サ)〈농〉 적심. 성장이나 결실을 조절하기 위하여 수목이나 작물 줄기의 정아(頂芽)를 제거하는 일. picking up new buds
てきじん[敵陣](명) 적진. 적의 진영. an enemy's camp
てき·す[適す](자 4) ①맞다. 적합하다. ②마땅하다. 적당하다. ③들어 맞다. 1. fit
てきず[手傷·手創](명) 싸우다가 입은 상처. a wound
テキスト[text](명) 텍스트. ①삽화, 도해(図解) 등에 대한 인쇄 자구(字句). ②본문. ③원문. 원전(原典). ④교과서.
デキストリン[dextrin](명)〈이〉 덱스트린. 녹말을 효소나 산(酸)을 써서 분해할 때 최초로 생기는 물질. 호정(糊精).
てき·する[適する](자サ) 적합하다. 합당하다. 들어맞다. be adapted
てき·する[敵する](자サ) ①적대하다. ②맞서다. 대항하다. 「衆寡(シュウカ)敵(テキ)せず; 중과 부적」 1. turn against
てきせい[適正](명·형동ダ) 적정. 알맞고 바름. 「─な規模(キボ); 적정한 규모」 proper
てきせい[適性](명) 적성. 알맞은 성질. 「─検査(ケンサ); 적성 검사」 suitability
てきせい[敵性](명)〈법〉 적성. 적의 성질을 띤 것. 적국의 인간으로 보여지는 성질. enemy character
てきぜい[敵勢](명) 적세. ①적의 세력. ②적의 군세(軍勢). 1. enemy's power
てきせつ[適切](명·형동ダ) 적절. 꼭 알맞음. appropriateness
てきせん[敵船](명) 적선. 적의 배. an enemy ship
てきぜん[敵前](명) 적전. 적의 진지 앞. 「─上陸(ジョウリク); 적전 상륙」 in front of the enemy
できそこない[出来損い]─ソコナヒ(명) ①잘못된 것. ②성질, 능력 등이 대단히 떨어지는 것. 또는 그 사람. ③불구자. 병신. 1. a botch
てきたい[敵対](명·자サ) 적대. 적의를 가지고 대항함. 맞섬. antagonism
できだか[出来高](명) ①다 된 것의 총량. 총계. ②수확의 총량. ③〈경〉 거래된 총액. 3. dealings
てきだん[敵弾](명) 적탄. 적의 탄환. enemy's bullets
てきだんとう[擲弾筒](명)〈군〉 척탄통. 주로 수류탄, 독가스탄 등을 발사하기 위한 통.
てきち[適地](명)〈농〉 적지. 적당한 토지.
てきち[敵地](명) 적지. 적국의 땅. 적의 점령지. an enemy's land
てきちゅう[的中](명·자サ) 적중. 어김 없이 꼭 목표에 들어 맞음. hitting the mark
てきちゅう[適中](명·자サ) 적중. 과불급(過不及)이 없이 똑 알맞음. 바로 맞음. coming true
てきちゅう[敵中](명) 적중. 적의 속이나 가운데. in the middle of the enemy
てきてき[滴滴](부) 물방울이 떨어지는 모양. 뚝뚝. 방울방울. dripping
てきど[適度](명·형동ダ) 적당한 정도. proper degree
てきとう[適当](명·자サ·형동ダ) 적당. ①(사리에) 알맞음. ②똑 좋음. ③〈속〉 어름어름 해 버림. 「─にや

る; 좋도록 되는 대로 해 버리다」 1. suitability
てきにん[適任](명·형동ダ) 적임. 적당한 임무. 임무에 적합함. ↔不(フ)適任. fitness
できね[出来値](명)〈경〉〔시장에서〕 실제로 매매가 성립된 가격. 시세. sale price
てきはい[敵背](명) 적배. 적군의 뒤쪽. 적의 배후(背後). the back of the enemy
できばえ[出来映え](명) 다 완성된 모양. 훌륭하게 된 것. sucess
てきぱき(부·자サ) 민첩하게. 활발하게. 또렷또렷하게. 「―なことば; 또렷하고 활기 있는 말」 promptly
てきはつ[摘発](명·타サ) 적발. 들추어 냄. 「汚職事件(オショクジケン)の―; 독직(瀆職) 사건의 적발」 exposure
てきひ[適否](명) 적부. 어떤 표준이나 사물에 맞고 안 맞는 것. suitability
てきびし·い[手厳しい](형) 매우 엄하다. 엄중하다. 엄격하다. 준엄(峻厳)하다. 파생 ―さ(명). severe
てきひょう[適評](명) 적평. 적절한 비평. an appropriate comment
できぶつ[出来物](명) 훌륭한 인물. 뛰어난 인물. a great man
てきふてき[適不適](명) 적부적. 적합함과 적합하지 않음. suitability
てきへい[敵兵](명) 적병. 적군의 병사. an enemy soldier
てきほう[適法](명·형동ダ)〈법〉 적법. 법규에 맞음. 또는 알맞은 법규. 합법. ↔違法(イホウ). lawfulness
できぼつ[溺没](명·자サ) 익몰. 물에 빠져 속에 가라앉음. 침몰. drowning and sinking
てきほん(しゅぎ)[敵本(主義)](명) 〔←敵は本能寺(ホンノウジ)にあり〕 목적이 다른 데 있는 것처럼 보이다가 갑자기 본연의 목적으로 향하는 주의. an ulterior purpose
てきめん[覿面](명·형동ダ) 적면. 눈앞. 목전(目前). 눈앞에 나타남. 「効果(コウカ)―; 효과가 즉각 눈앞에 나타나다」 immediate
できもの[出来物](명) ⇨おでき①.
てきや[的屋](명) ⇨やし(野師).
てきやく[適役](명) 적역. 알맞은 배역(配役). 적절한 역(役). a fit post
てきやく[適訳](명) 적역. 적절한 번역. 또는 통역. a proper translation
てきやく[適薬](명) 적약. 그 병에 맞는 약. 특효약(特効薬). a specific
てきよう[摘要](명) 적요. 요점을 따서 적는 일. 또는 그 기록. a summary
てきよう[適用](명·타サ) 적용. ①알맞게 씀. ②맞추어 씀. 1. application
できょうじゅ[出教授](명·타サ) 상대편에게로 가서 가르침. 또는 그 사람.
できりゅう[出寄留](명) 타지(他地)에 기류(寄留)하는 일. temporary residence
てきりょう[適量](명) 적량. 적당한 양. a proper quantity
で·きる[出来る](자상 1) ①만들어지다. 「木(キ)でできている; 나무로 만들어졌다」 ②할 힘이 있다. 할 줄 안다. 「野球(ヤキュウ)が―; 야구를 할 줄 안다」 ③우수하다. 특별히 잘하다. 「英語(エイゴ)が―; 영어가 특히 우수하다」 ④학문, 재능 등이 뛰어나다. 「―人(ヒト)だ; 유능한 사람이다」 ⑤고생을 하여 사람의 됨됨이가 훌륭하다. 「出来(デキ)た人(ヒト)だ; 훌륭한 사람이다」 1. be made 3. do well
でき·る[出切る](자 4) 전부 나가다. 나가고 없다. 뒤가 끊어지다. be all out
てきるい[敵塁](명) 적루. 적의 보루. an enemy fortress
てぎれ[手切れ](명) ①손을 끊음. 관계를 끊음. 단절(断絶). ②관계를 끊는 표적으로 주는 돈. 1. rupture
でぎれ[出切れ](명) 헝겊 조각. cuttings
てきれい[適例](명) 적례. 적당한 예. 적절한 예. 「―をあげる; 적당한 예를 들다」 a good example
てきれい[適齢](명) 적령. 어떤 표준이나 규정(規定)에 알맞은 나이. 「結婚(ケッコン)―期(キ); 결혼 적령기」 suitable age
てぎれい[手綺麗](명·형동ダ) 솜씨가 고움. neat
てきろく[摘録](명·타サ) 적록. 대강의 요점을 빼어 기록함. 추려 기록함. gist
てぎわ[手際]―ギハ(명) ①솜씨. 솜씨가 좋은 것. 「―がいい; 솜씨가 좋다」 ②됨됨이. 됨됨이가 훌륭한 것. 1. skill
てきん[手金](명) 착수금. 계약금. a deposit
てく(명)〈속〉 걷는 일. walking
でく[木偶](명) ①나무로 만든 인형. ②인형. 1. a wooden figure
テクシー(명)〈속〉〔"タクシー"의 구조(口調)를 흉내 내어 재미 있게 만든 말〕 터벅터벅 걷는 것.
テグシガルパ[Tegucigalpa](명)〈지〉 테구시갈파. 중앙 아메리카 온두라스 공화국의 수도. 975 *m*의 고원에 있음.
てぐす[天蚕糸](명) 천잠사. 산누에의 고치에서 뽑은 실. 낚싯줄에 씀. 야잠사(野蚕糸). silkworm gut
テクスト[text](명) ⇨テキスト.
てぐすねひく(연어·4) ①손에 칠을 바르고 활을 잡음. ②충분히 (단단히) 준비하고 기다리다. 2. being on the watch for
てくせ[手癖](명) 손버릇. 훔치는 버릇. 도벽(盗癖). 「―がわるい; 손버릇이 나쁘다」 kleptomania
でくせ[出癖](명) 외출하는 버릇. 외출벽. a habit of going out
てくだ[手管](명) 남을 속이는 수완. 사람 호리는 재주. a coquettish ruse
てぐち[手口](명) 방법. 수단. 수법(手法) 「どろぼうの―; 도둑놈의 수법」 way of doing
でぐち[出口](명) 출구. 밖으로 나가는 문. 밖으로 나가는 통로. ↔入(イ)り口. an exit
てくてく(부) 뚜벅뚜벅 걷는 모양.
テクニカラー[technicolour](명) 테크니컬러. ①천연색. ②천연색 영화.

テクニカル[technical](형동ダ) 테크니컬. ①기술적. ②학술상의. ③전문적. 「**—**ターム; 학술어(전문어)」 **—ノックアウト**[technical knockout](명) 테크니컬 녹아우트. 〔권투에서〕 한 편의 부상, 심한 실력 차이로 도중에 심판이 승부를 정하는 일. 티이케이오우. **— パウル**[technical foul](명) 테크니컬파울. 〔농구에서〕 퍼어스널파울 이외의 파울.

テクニシャン[technician](명) 테크니션. ①전문가. 전문 기술가. ②기교가(技巧家).

テクニック[technic](명) 테크닉. ①술어. 전문어. ②⇨テクニック.

テクニック[technique](명) 테크닉. ①(예술의) 수법. ②(음악의) 기교. ③기술.

でくのぼう[木偶の坊](명) ①나무로 만든 인형. 인형. ②쓸모 없는 사람. 머리가 둔한 사람. 1. a puppet

てくばり[手配り](명·자サ) 수배. 분담하여 각각 준비에 착수함. disposition

てくび[手首·手頸](명) 손목. a wrist

てくらがり[手暗がり](명) 광선이 손에 가려서 어둡게 됨. 또는 그 곳. the shadow of one's own hand

てぐり[手繰り](명) ①손으로 자음. ②이 사람의 손에서 저 사람의 손으로 차례로 넘김. ③일 형편. ④←手繰り網. 2. handing. **—あみ**[手繰り網](명) 어망의 한 가지. 해저의 고기 떼를 포위하여 끌어 올리는 그물. 예인망(曳引網).

てく·る(자 4)〈속〉 터벅터벅 걷다. go on foot

てぐるま[手車](명) ①두 사람이 양손을 엇바꿔서 잡고 그 위에 아이 등을 태우는 것. 손가마. ②바퀴는 하나에 손잡이가 두개 달린 손수레. 일륜차. ③〈고〉 바퀴가 달린 사람이 끄는 가마. ④자가용의 인력거(人力車).

〔手車③〕

デクレ(ッ)センド[이 decrescendo](명)〈악〉 데크레센도. ①점점 약해지는 음(音). 또는 그 음절(音節). ②점점 약하게. 기호는 「>」↔クレ(ッ)センド.

でくわ·す[出交わす·出喰わす]—クハス(자 4) 우연히 만나다. 뜻밖에 만나다. 「途中(トチュウ)で人(ヒト)に—; 도중에서 우연히 사람을 만나다」 meet with

てけ[天気](명)〈고〉 ⇨てんき.

でげいこ[出稽古](명·자サ) 출장하여 가르침. 가서 교수함. giving lessons at a pupil's house

テケツ(명) 티켓의 사투리.

てこ[梃子](명) ①〈이〉 고정점(固定点)을 통하는 축(軸)의 주위를 자유로이 회전할 수 있는 막대기. 「—でも動(ウゴ)かない; 아무리 해도 움직이지 않다(꿈쩍도 않다)」 ②무거운 물건을 움직이는 데에 쓰는 막대기. 지레. 2. a lever

でこ[凸](명) 〔お—〕 ①튀어 나온 이마. 장구 머리. ②장난꾸러기. 1. beetle-bows

てこいれ[梃入れ](명·자サ) ①〈경〉 증권 시장의 가격 변동(특히 하락)을 인위적 수단으로 방지하는 일. ②일을 순조로이 하기 위해서 특별한 방법을 취하는 것. 특별 조치. 「政府(セイフ)の—; 정부의 특별 조치」 1. checking artificially the fluctuation of price

てごころ[手心](명) 손어림. 조절(調節). 「—をくわえる; 알맞게 하다」 discretion

でこさく[出小作](명)〈농〉 다른 마을에 가서 소작을 하는 일. 또는 그 사람. tenanting a farm in a strange village

てこず·る[手子摺る](자 4) 주체 못하다. 감당 못하다. 애타다. 처치 곤란하다. 「わがままに—; 방자함에 애타다」 have much trouble with

てごたえ[手答え·手応え]—ゴタヘ(명) ①물건을 쳤을 때 손에 오는 느낌. ②반응. 2. response

でこでこ(부) ①크게 부푼 모양. ②됨됨이가 좋지 못한 모양. 솜씨 없이 만들어진 모양. 1. swelling

てごと[手事](명) ①〈악〉 가사(歌詞)가 적은 현악곡. ②⇨あいのて. ③계획. 모사(謀事).

でこぼう[凸坊](명) ①머리가 큰 아이. 장구 머리. ②남자 아이. ③개구장이. 장난꾸러기. 1. a big-headed boy

でこぼこ[凸凹](명·자サ·형동ダ) 철요. 오목함과 볼록함. 요철. roughness

てごま[手駒](명) ①〔장기에서〕 적의 말을 잡아서 가지고 있는 것. 일본 장기에서는 이 말을 자기가 도로 쓰게 되어 있음. ②인원. 부하.

てこまい[手古舞]—マヒ(명) 신사(神社)의 축제 때 기생이 남장(男装)을 하고 손에 철봉을 쥔 채 노래 부르며 신을 모신 가마 앞을 가는 일.

てごめ[手込め](명) ①폭력으로 해를 가하는 일. ②강간(强姦). 1. violence

でこもの[出庫物](명) 넣어 둔 창고에서 꺼내어 싸게 파는 상품. 싸게 파는 재고품.

デコラ[decola](명) 데콜라. 특수한 종이에 합성 수지를 먹이고 멜라민 수지를 붙인 판(板).

デコレーション[decoration](명) 데커레이션. ①장식. 「—ケーキ; 데커레이션 케이크」 ②훈장(勳章).

てごろ[手頃](명·형동ダ) ①크기나 두께가 손으로 들기에 꼭 알맞음. ②자기의 힘에 알맞음. 또는 그 정도. 2. suitable

てごわ·い[手強い]—ゴハイ(형) 상대로서 강하다. 또는 벅차다. 파생 **—げ**(형동ダ) **— さ**(명). tough

デザート[dessert](명) 디저어트. 식사 후에 먹는 과자나 과일. **— コース**[dessert course](명) 디저어트코오스. ①서양 정식(定食)의 최후 과정. 다과 등을 먹고 마시며 테이블스피이치 등도 함. ②디저어트가 나오는 시간.

てざいく[手細工](명) 손으로 만드는 일. 수공. 「handiwork

デザイナー[designer](명) 디자이너. ①도안가. 의장가(意匠家). ②양복의 디자인을 생각하는 사람.

デザイン[design](명·자타サ) 디자인. ①설계도. ②도안. 의장(意匠).

でさか·る[出盛る](자 4) 쏟아져 나오다. 한창 나오다. 「みかんが—; 귤이 한창 나오다」 be produced abundantly

てさき[手先](명) ①손끝. ②앞잡이. 염탐군. 스파이.

「賊(ゾク)の一;적의 앞잡이」 ③바로 옆. ④⇨おかっぴき. 1. fingers

でさき[出先](명) 간 곳. 가 있는 곳. 행방(行方). one's destination. **— きかん**[出先機関](명) 중앙(본국)의 관청,회사 등에서 지방(외국)에 갖고 있는 지부 기관(支部機関).

でさく[出作](명) 에도(江戸) 시대에 타지방에 소유하고 있는 농작지에 가서 영농(営農)하던 일.

てさぐり[手探り](명·타サ) 손으로 더듬음. 「一でみつける; 손으로 더듬어 찾아 내다」 图手探る(타 4). groping

てさげ[手提げ](명) ①손에 드는 자루(袋)나 가방. ②(자루가 달린) 작은 통. 2. a small pail

てさばき[手捌き](명) ①손으로 다루는 것. 「たずなの一; 말고삐의 다룸」 ②〔씨름에서〕 손으로 상대방의 공격을 처리하는 것. 1. handling

てざわり[手触り]ーザハリ(명) 손에 닿은 감촉. 손의 촉감(触感). touch

でし[弟子](명) 제자. 가르침을 받는 사람. 문하인(門下人). a disciple

デシ[프 déci](명) 데시. (10분의 1) ①데시미터의 준말. ②데시리터의 준말. ③데시그램의 준말.

でしいり[弟子入り](명·자サ) 제자가 됨. 제자로 들어 감. entering as a pupil

てしお[手塩]ーシホ(명) ①주먹밥을 만들 때 손에 바르는 소금. ②돌봐 주는 일. 「小(チイ)さいときから一にかける;어릴 때부터 돌봐 주며 길러 내다」

てしお[天塩](명)〈지〉 옛 지방 이름. 홋카이도오(北海道)의 한 지방으로 현재의 카미카와(上川), 루모이(留萌)의 두 지청(支庁)이 관할하는 구역.

でしお[出潮]ーシホ(명) 달이 뜰 때의 밀물. the flood tide

てしおがわ[天塩川](명)〈지〉 홋카이도오(北海道) 북부에 흐르는 강. 일본에서 네 번째로 긴 강으로서 길이는 360 *km*.

てしか(연어) ①〔"て"+"しか"="き"의 이연형〕…하였었다. 「花(ハナ)こそ咲(サ)き一; 꽃이 피었었다」 ②〈고〉(…하고) 싶구나. 「見(ミ)ー; 보고 싶구나」

てしが(연어)〈고〉 ⇨てしか②. 「行(ユ)き一; 가고 싶다」 **— な**(연어)〈고〉 "てしが(…하였으면)"를 더 강하게 표현한 말. 「咲(サ)かせー; 피게 하였으면」

デシグラム[프 décigramme·瓰](명)〈수〉 데시그램. 1 *g* 의 10분의·1. 부호는 *d*.

てしごと[手仕事](명) 손으로 하는 일. handiwork

てした[手下](명) 부하(部下). 「どろぼうの一; 도둑의 졸개」 a follower

てじな[手品](명) ①요술. ②사람을 홀리는 수단. 2. a trickery

デシベル[decibel](명)〈이〉 데시벨. 소리의 강도를 표준음의 세기에 비교하여 재는 단위. 약호는 *db*.

てじまい[手仕舞]ージマヒ(명·자サ)〈경〉 〔거래소에서〕 다시 사들이거나 전매(転売) 등으로 그 거래를 끝냄. 청산(清算). 图手仕舞う(타 4). liquidation

デシメートル[프 décimetre·粉](명)〈수〉 데시미터. 1 *m* 의 10분의 1. 부호는 *dm*.

てじゃく[手酌](명·타サ) 자기 손으로 술을 따름. 자작(自酌). help oneself to wine

でしゃば·る(자 4)〈속〉 나서지 않아도 좋은데 나서다. 주제넘다. 명でしゃばり. be forward

てじゅん[手順](명·타サ) 준비함. 일의 차례를 정함. 절차(節次). process

てしょう[手性](명) 손으로 하는 일의 솜씨. 손재주. 「一がいい; 손재주가 좋다」 skill

てじょう[手錠·手鎖](명) ①수갑. ②에도(江戸) 시대 일정 기간 동안 수갑을 끼고 있게 하던 형벌. 1. a handcuff

てしょく[手燭](명) 들고 다닐 수 있게 손잡이가 달린 촛대. a portable candle-stick

てしょく[手職](명) 손끝을 움직이는 직업이나 기술(技術). a handicraft

〔手燭〕

デシリットル[프 décilitre·竕](명)〈수〉 데시리터. 1 *l* 의 10분의 1. 부호는 *dl*.

デシン[←crepe de Chine](명) 크레프 드 신. 가는 실로 짠 엷고 부드러운 고급 프랑스 비단.

で·す(조동·특수형) 단정(断定)의 "だ(…이다)"의 점잖은 말. 「そう一; 그렇습니다」

でずいらず[出ず入らず](명) ①드나듦이 없는 것. ②과부족이 없는 것. ③증감(増減)이 없는 것. 1. neither going out nor coming in

てすう[手数](명) ①시간과 수고가 드는 것. ②어떤 일을 위해서 일부러 하는 것. 2. procedures. **— りょう**[手数料](명) 수수료. 어떠한 일을 돌보아 준 데 대한 대가. 수고비.

てずから[手ずから]ーヅカラ(부) 자기 스스로. 자기의 손으로. 손수. personally

てすき[手透き·手隙](명) 일이 없이 있는 것. 여가(餘暇). 「お一のせつ; 한가한 때」 spare time

てすき[手漉き](명) 기계가 아니고 손으로 종이를 뜸. 또는 그 종이. hand-made paper

でずき[出好き](명) 외출을 좋아함. 또는 그런 사람. a gadabout

です·ぎる[出過ぎる](자상1) ①정도를 넘치다. ②주제넘다. 「出過(デス)ぎた行(オコ)ない; 주제넘은 행위」 1. protrude too much

デスク[desk](명) 데스크. ①책상. 「一プラン; 탁상 공론」 ②(신문사 편집국의) 취재 부장이나 편집 부장.

てすさび[手遊び](명) 심심풀이로 하는 일. 장난 삼아 하는 일. 「一の生(イ)け花(バナ); 심심풀이로 하는 꽃꽂이」 fingering

てすじ[手筋]ースヂ(명) ①손금. ②회화(絵画), 서예(書芸)를 잘하고 못하는 소질. 「一がいい; 소질이 있다」 ②〈경〉 파는 사람이나 사는 사람의 종류. ④수단. 방법. 1. the lines of the palm

テスター[tester](명) 테스터. ①시험관. 검사원(検査員). ②시험기. 시험 장치. ③라디오, 수신기 등 전

기 기구의 성능을 시험하는 소형 전류 전압계(電流電圧計).
でずっぱり[出ずっ張り]デヅッー(명)〈속〉 ⇨でづっぱり(出突っ張り).
テスト[test](명·타サ) 테스트. ①시험. 검사.「知能(チノウ)—; 지능 검사」②연습. ↔本番(ホンバン). — **ケース**[test case](명) 테스트케이스. 시험적인 예(例). 시험적으로 해본 사례(事例). — **パタ(ー)ン**[test pattern](명) 테스트 패터언. 텔레비전의 수상 상태를 시험 조정하기 위하여 정규 방송 전에 송상(送像)하는 도형.
デスペレート[desperate](형동ダ) 데스퍼릿. 절망적(絶望的). 필사적.
てずま[手妻]—ヅマ(명) ①손끝으로 하는 일. 수공. ②요술.「—つかい; 요술장이」 1. fingers work
デスマスク[death-mask](명) 데드마스크. 죽은 사람의 얼굴에서 직접 본을 떠서 만든 가면(仮面). 석고나 금속으로 만듦.
てすり[手摺り](명) 난간. a balustrade
てずり[手刷り](명) 손으로 기계를 움직여서 인쇄하는 일. hand-printing
てずれ[手擦れ](명·자サ) 손이 자주 스쳐서 닳거나 해어짐.
てせい[手製](명) 손수 만듦. hand-made
てぜい[手勢](명) 부하 병사. 부하의 군세(軍勢). a body of one's troops
デセール[프 dessert](명) 데세에르. ①디저어트. ②프랑스식 비스킷 비슷한 고급 과자.
てぜま[手狭](형동ダ) (장소가) 좁은 모양. narrow
でせん[出銭](명) 지출하는 돈. 소비금. expenditure
てそう[手相](명) ①수상. ②손금. 2.the lines of the palm
でぞめ[出初め](명) ①(새해에) 처음으로 나옴. ②〔←出初め式(シキ)〕 신년에 소방수가 모두 모여서 소방에 관한 종합 연습을 하는 일.「—式(シキ); 소방수의 시무식」 1. a debut
でそろ·う[出揃う]—ソロフ(자 4) 모두 나오다. 빠짐 없이 나오다. appear all together
てだい[手代](명) ①에도(江戸) 시대 잡무(雜務)를 보던 하급 관리. ②우두머리(主人)의 대리. ③상가(商家)의 점원. ④주인으로부터 어느 범위의 권리를 위임받고 있는 고용인. 4. a shop-assistant
てだし[手出し](명·자サ) ①상대에게 싸움을 걺. ②쓸데 없이 일에 관계함. 참견. 1. meddling
でだし[出出し](명) 일의 시작. 착수. the beginning
てだすけ[手助け](명·타サ) 도와 줌. 또는 그 사람. help
てだて[手立て·手段](명) 순서. 방법. 수단. a means
でたて[出立て](명) 이제 막 나온 것. having just appeared
でたとこしょうぶ[出たとこ勝負](연어·명)〈속〉〔도박(賭博)에서〕 그때그때의 형편으로 승부를 결정하는 것. leaving a matter to the circumstances
てだま[手玉](명) ①공기. ②손을 장식하는 구슬. ③마음대로 가지고 노는것.「—にとる; 마음대로 농락하다」 1. children's juggling balls
でたらめ[出鱈目](명·형동ダ) 엉터리. 근거가 없음. 함부로 함. random
てだれ[手足れ](명) 솜씨나 기술이 뛰어난 것. a master hand
てぢか[手近](형동ダ) 아주 가까운 모양. the vicinity
てちがい[手違い]—テガヒ(명) 엇갈림. 일의 순서 착오(錯誤). a hitch
てぢか·い[手近い](형) 가깝다. near by
てちょう[手帖·手帳](명) 수첩. 몸에 지니고 다니며 수시로 여러 가지 일을 적어 두는 작은 책. a pocketbook
—てつ[鉄](조어) 철도.「地下(チカ)—; 지하철」
てつ[鉄](명) ①〈이〉 철. 금속 원소의 하나. 기호는 Fe. 쇠붙이. ②단단한 것. 굳은 것.「—の意志(イシ); 철석 같은 의지」③철색(鉄色)의 준말. 1. iron
てつ[轍](명) ①수레 바퀴 자국. ②방법. 방식.「前(ゼン)—をふむ; 전철을 밟다」 2. steps
てつあれい[鉄啞鈴](명) 쇠로 만든 아령. an iron dumbbell
てつあん[鉄案](명) 움직일 수 없는 단안(断案). an immutable conclusion
てついた[鉄板](명) 철판. 쇠로 만든 넓은 판. an iron plate
てついで[手序で](명) 다른 일을 하는 김에. as opportunity serves
てついろ[鉄色](명) 철색. ①붉은 빛을 띤 검은 색. ②푸른 색을 띤 검은 색. 1. redish black
てつおなんど[鉄御納戸](명) 철색과 쥐색을 띤 남색. greenish iron-blue
てっか[鉄火] Ⅰ(명) ①철을 새빨갛게 달군 것. ②칼과 총. ③노름.「—場(ジョウ); 노름판」④생다랑어를 사용한 요리. Ⅱ(형동ダ) 성질이 과격한 모양.「—の姐御(アネゴ); 과격한 성질의 아줌마」Ⅰ1. red-hot iron Ⅱ termagancy. — **みそ**[鉄火味噌](명) 연근, 우엉, 콩볶은이 등을 참기름에 볶아 넣은 된장.
てっかい[撤回](명·타サ) 철회. 일단 제출했던 것을 도로 거둬 들임. withdrawal
てっかく[適格](명) 적격. 격에 맞음. 어떤 격식이나 자격에 합당함. ↔欠格(ケッカク).
てっかく[的確](형동ダ) 적확. 확실한 모양. 틀림 없는 모양.「—に要点(ヨウテン)をつく; 확실하게 요점을 찌르다」 exact
てっかく[適確](형동ダ) 적확. 적합하고 확실한 모양.
てつがく[哲学](명) 철학. ①〈철〉 인생, 세계의 근본원리를 추구하는 학문. ②경험을 쌓은 후에 얻어진(깨달은) 생각.「人生(ジンセイ)—; 인생 철학」 1. philosophy. — **てき**[哲学的](형동ダ) 철학적. 철학에 관한 모양. 철학의 입장에 서는 모양.
てつかず[手付かず](명) ①아직 손을 대지 않은 것. ②한 번도 사용하지 않은 것.
でっかち[でっ勝ち](명)〈속〉 머리가 다른 부분과 비교해서 큰 것.「頭(アタマ)—; 큰 머리」

てつかぶと[鉄兜](명) 전쟁, 공사 때 쓰는 쇠로 만든 모자. 철모. a steel helmet

てづかみ[手摑み](명) ①손으로 움켜 쥠. ②한줌. 1. taking with one's fingers

てっかん[鉄管](명) 철관. 쇠로 만든 관. an iron pipe

てっかん[鉄環](명) 쇠바퀴. a steel ring

てっかん[敵艦](명) 적함. 적의 군함. an enemy ship

てっき[鉄器](명) 철기. 쇠로 만든 기구(器具). ironware

てっき[鉄騎](명) ①철모를 쓴 기병(騎兵). ②용감한 기병. 「一百万(ヒャクマン); 용감한 기병 백만」 2. a brave cavalryman

てっき[摘記](명·타サ) 요점만 뽑아 기록함. 요점만 따서 적음. summarization

てっき[適期](명) 적기. 적당한 시기.

てっき[適帰](명·자サ) 감. 향하여 감. going

てっき[敵旗](명) 적기. 적의 기. an enemy flag

てっき[敵機](명) 적기. 적의 비행기. an enemy plane

てっき[敵騎](명) 적기. 적의 기병(騎兵). an enemy cavalryman

てつき[手付き](명) ①손의 모양. ②손을 냄. 착수(着手). ③부하. ④⇨てつけ②. 2. being touched

デッキ[deck](명) 덱. (기차,전차 등의) 승강구 발판.

デッキ[네 dek](명) 덱. (배의) 갑판(甲板).

てっきゃく[鉄脚](명) 철각. 건강한 다리. 쇠같이 굳세고 튼튼한 다리. strong legs

てっきょ[撤去](명·타サ) 철거. 걷어 치워 버림. 철회(撤回). withdrawal

てっきょう[鉄橋](명) 철교. 쇠로 만든 다리. an iron bridge

てっきり(부) 꼭. 필시. 틀림 없이. 반드시. (그렇다고 꼭 믿었는데 사실은 그렇지 않았을 때 사용함) surely

てっきん[鉄琴](명)〈악〉 철금. 관현악에 쓰이는 악기의 한 가지. 작은 강철의 쇳조각을 반음계 순으로 늘어놓고 채로 쳐서 소리를 냄. a glockenspiel

てっきん[鉄筋](명) 철근. ①콘크리이트 속에 심지로 박는 가늘고 긴 쇠막대. ②←鉄筋コンクリート. 1. an iron bar for ferroconcrete. **——コンクリート**[鉄筋混凝土](명) 철근 콘크리이트. 철근을 뼈대로 한 콘크리이트.

テックス[tex](명) 텍스. ①조잡(粗雜)한 펄프를 압축하여 만든 섬유판(纖維板). 건축 재료로 벽이나 천장에 쓰임. ②〔텍스처(texture)의 준말〕 직물. 옷감. 「ゴールデンー; 고울던텍스」

てづくり[手作り](명) ①손수 만듦. 또는 만든 것. ②손으로 만듦. 수제(手製). ③손으로 짠 직물. 2. hand-made

てつけ[手付け](명) ①〈경〉 계약을 실행하는 보증으로서 먼저 받아 두는 돈. 계약금. 착수금. 「一金(キン); 계약금」 ②⇨おてつき(御手付き)①. 1.earnest money

てっけつ[鉄血](명) 철혈. 병기(兵器)와 사람의 피. 병력(兵力). 「一宰相(サイショウ); 철혈 재상」 armaments

てっけつ[剔抉](명·타サ) 척결. 도려 냄. 후벼 냄. 오려 냄. scooping out

てっけん[鉄拳](명) 철권. 쇠뭉치같이 굳센 주먹. 완력(腕力). 「一制裁(セイサイ); 완력 제재」 a fist

てっこう[手っ甲](명) 팔목과 손 등을 싸는 두꺼운 천. 전투용 또는 노동용. mittens

〔手っ甲〕

てっこう[鉄工](명) 철공. 쇠를 다루는 공업(工業). 또는 그 일에 종사하는 사람. 「一所(ジョ); 철공소」 an ironwork

てっこう[鉄鉱](명)〈광〉 철광. 철을 함유한 광석. 철의 원료가 되는 광석. 자철광(磁鉄鉱). 적철광(赤鉄鉱) 등. iron ore

てっこう[鉄鋼](명) 철강. ①철과 강철. ②강철. 2. steel

てっこく[敵国](명) 적국. 전쟁 상대국. an enemy country

てっこつ[鉄骨](명) 건축물의 뼈대로 쓰는 철재(鉄材). 철근(鉄筋). a steel-frame

てっさ[鉄鎖](명) ①쇠사슬. ②심한 속박(束縛). 1. an iron chain

てつざい[鉄材](명) 철재. 철로 된 건축 등의 재료. iron

てつざい[鉄剤](명)〈의〉 철제. 철을 주성분으로 한 약. 보혈제(補血剤)로 씀. an iron preparation

てっさく[鉄柵](명) 철책. 철로 만든 울짱. an iron railing

てっさく[鉄索](명) 철색. ①굵은 철사로 꼬아서 만든 줄. ②가공 색도(架工索道). 1. a cable

てっさん[鉄傘](명) 철근으로 둥글게 만든 지붕. an iron dome

てつざん[鉄山](명) 철광을 캐 내는 산. an iron mine

デッサン[프 dessin](명) 데상. ①소묘(素描). 스케치. ②회화(絵画)의 기초가 되는 것. 「一がしっかりしている; 화법(画法)의 기초가 잘되어 있다」

てつじ[綴字](명·자サ) 철자. 자음과 모음을 맞추어 한 글자로 만듦. 「一法(ホウ); 철자법」 spelling

てっしゅう[撤収](명·자타サ) 철수. ①떼어 내어 치움. 거두어 들임. ②〈군〉 진지(陣地)를 거두고 물러남. 철퇴(撤退). 1. withdrawal

てっしょう[鉄漿](명) 철장. 무쇠를 물에 우려 낸 물. 철액수(鉄液水). tooth-dye

てっしょう[徹宵](명·부) 밤사이. 철야(徹夜). all night

てつじょうもう[鉄条網](명)〈군〉 철조망. 들어 오지 못하도록 철망을 둘러 친 울타리. 전류를 통하여 두기도 함. wire-entanglements

てっしん[鉄心](명) 철심. ①강철같이 굳은 정신. ②심지에 쇠를 넣은 것. ③코일 속에 넣은 연철(軟鉄)로 된 줄. 1. an iron mind

てつじん[哲人](명) 철인. ①철학자. ②높은 식견을 가진 도리에 통한 사람. 1. a philosopher

てつじん[鉄人](명) 철과 같이 건강한 사람. 불사신(不死身). a strong man

てっ·する[徹する](타サ) 꿰뚫다. 관통하다. 관철(貫徹)하다. 일관(一貫)하다. 「夜(ヨ)を一; 밤을 새우다」 penetrate

てっ·する[撤する](타サ) 철거(撤去)하다. remove

てっせい[鉄製](명) 철제. 쇠로 만든 것. an ironwork

てっせき[鉄石](명) 철석. ①쇠와 돌. ②마음이 단단하고 굳음.「一心(シン); 철석 같은 마음」 2. firm
てっせん[鉄泉](명)〈지〉 철천. 철분(탄산철, 황산철)을 많이 함유한 광천(鉱泉). a spring containing iron
てっせん[鉄扇](명) 살을 쇠로 만든 부채. an iron-ribbed fan
てっせん[鉄線](명) ①철선. 철사. ②〈식〉 위령선. 미나리아재비과의 낙엽 활엽 만목(蔓木). 관상용이며 뿌리는 한약재로 씀. 2. a clematis
てっせん[撤饌](명·자サ) 신전(神前)에 바쳤던 제물(祭物)을 제사가 끝난 뒤 철상(撤床)함. presenting an offering
てっそう[鉄窓](명) 철창. ①쇠로 만든 격자창(格子窓). ②형무소. 감옥. 1. an iron-grill window 2. a jail
てっそく[鉄則](명) 철칙. 변경하거나 어길 수 없는 엄중한 규칙. an iron rule
てったい[撤退](명·타サ)〈군〉 철퇴. 거두어 가지고 물러남. 철수. evacuation
てつだい[手伝い]—ッダヒ(명·타サ) ①도와 줌. 거들어 줌. 또는 그 사람. ②식모의 새로운 칭호. 1. a help
てつだ·う[手伝う]—ッダフ(타 4) 도와 주다. 조력하다. 거들어 주다. assist
でっち[丁稚](명) 공장, 상점 등에서 일하는 소년. 계시. 도제(徒弟). 견습생. an apprentice
でっちあ·げる(타하 1)〈속〉 없는 것을 있는 것같이 꾸미다. 날조(捏造)하다. 명 でっちあげ. frame up
てっちゅう[鉄柱](명) 철주. 쇠로 된 기둥. an iron pole
てっちょう[鉄腸](명) 철장. 강철같이 굳은 마음. 철심(鉄心). an iron will
でっちり[出っ尻](명)〈속〉 궁둥이가 유난히 나와 있음. 또는 그런 사람. projecting hips
てっつい[鉄槌](명) 철퇴. ①쇠망치. ②심한 처분. 심한 타격.「—を下(クダ)す; 철퇴를 내리다」 1. an iron hammer
てつづき[手続き](명) 수속. 일의 순서. 절차. procedure
でづっぱり[出突っ張り](명) 한 사람의 배우가 어느 작품에나 출연하는 일.
てってい[徹底](명·자サ) 철저. ①깊이 밑바닥까지 꿰뚫음. ②충분히 미침. ③크게 깨달음.「大悟(タイゴ)—する; 철저히(크게) 깨닫다」 1. penetration to the bottom. **—てき**[徹底的](형동ダ) 철저적. 철저한 모양.
てってい[鉄蹄](명) 철제. ①편자. ②준마(駿馬)의 말굽. 1. a horseshoe
てっとう[鉄塔](명) 철탑. 쇠로 만든 탑. 쇠로 만든 탑과 같은 기둥. the iron tower
てっとう[鉄桶](명) 철통. ①쇠로 만든 통. ②매우 견고하거나 빈틈 없는 것의 비유. 1. an iron pail
てつどう[鉄道](명) 철도. 철로. a railway. **—もう**[鉄道網](명) 철도망. 지상에 많은 철도가 부설되어 이들이 서로 그물같이 연락되어 있는 것.
てっとう てつび[徹頭徹尾](연어·부) 철두 철미. 처음부터 끝까지. 머리에서 꼬리까지 투철함. 시종 일관(始終一貫). thoroughly
デッド エンド[dead end](명) 데드엔드. 막다른 골목.
デッド ボール[dead ball](명) 데드보울. ①〔야구에서〕 피처(投手)의 투구(投球)가 배터(打者)의 몸에 닿는 일. 사구(死球). ②도지보울의 옛 이름.
てっとりばや·い[手っ取り早い](형) ①민첩(敏捷)하다. 날쌔다. ②시간이 걸리지 않다. 손쉽다. 파생 **—さ**(명). 1. quick
デッド ロック[deadlock](명) 데드록. ①막다른 목. 해결되기 어려운 상태. ②〈속〉 암초(暗礁).
てつのカーテン[鉄の curtain](연어·명) ①소련 세력 범위와 영미(英美) 세력 범위의 경계선. 철의 장막. (처어칠의 연설에서 나온 말) ②심한 방해물. 1. the Iron Curtain
てつのはい[鉄の肺](연어·명) 철폐. 진행성 소아 마비로 인하여 늑간근(肋間筋), 횡격막 등 호흡에 필요한 근육이 침범된 환자를 수용하는 인공 호흡 기계. iron lungs
でっぱ[出っ歯](명) 뻐드렁니. projecting teeth
てっぱい[撤廃](명·타サ) 철폐. 철거하여 폐지함.「統制(トウセイ)を—する; 통제를 철폐하다」 abolition
てっぱつ[鉄鉢](명) 철발. (중의) 쇠로 만든 바리때. an iron bowl
でっぱな[出っ端](명) ①(육지가 바다로) 쑥 들어 간 곳. ②막 출발하려고 하는 순간. 1. a projecting point
でっぱ·る[出っ張る](자 4) 쑥 내밀다. 돌출하다. project
てっぱん[鉄板·鉄鈑](명) 철판. 쇠로 만든 넓은 판. an iron board
てっぴ[鉄扉](명) 철비. 철로 만든 문짝. 철문. an iron door
てっぴつ[鉄筆](명) 철필. ①펜. ②끝이 뾰족한 등사판용의 펜. 1. a pen 2. a stylus
てつびん[鉄瓶](명) 쇠로 만든 주전자. an iron kettle
てっぷのきゅう[轍鮒の急](연어) 수레 바퀴 자국에 괸 물속에 들어 있는 붕어처럼 위급이 눈앞에 닥쳐 있다는 말. 학철 부어(涸轍鮒魚). a crisis like a carp in the rut
でっぷり(부·자サ) 뚱뚱한 모양. fat
てつぶん[鉄分](명) ①철분. 철의 성분. ②⇨かなけ(金気). 1. iron content
てっぷん[鉄粉](명) 철분. 쇠의 가루. iron powder
てっぺい[撤兵](명·자サ)〈군〉 철병. 주둔하였던 군대를 철수함. withdrawal
てっぺき[鉄壁](명) 철벽. ①철판으로 된 벽. ②아주 견고한 성벽. ③매우 견고한 수비.「—のそなえ; 철벽 같은 방비」 1. an iron wall
てっぺん[天辺](명) 꼭대기. 정상(頂上). the top
てっぺん[鉄片](명) 철편. 쇳조각. a piece of iron
てつぼう[鉄棒](명) 철봉. ①쇠로 길게 막대기 모양으로 만든 물건의 총칭. ②기계 체조 기구의 한 가지. 두 기둥에 쇠몽둥이를 걸친 기구로 고정식, 이동식, 적현식(吊懸式)의 세 가지가 있음. 2. a horizontal bar
てっぽう[鉄砲](명) ①소총, 대포의 총칭. ②화약의 힘으로 발사하며 휴대 운반이 가능한 무기. 특히 소총. ③목욕통(沐浴桶)에 달려 있는 불을 때는 금속제의 통(筒). ⇨: すえふろ. ④가위바위보의 하나. 주먹을 내미는 것. 바위. ⑤손에 힘을 주어 상대를 때림. ⑥〈속〉 복(河豚). ⑦가늘게 만 김밥. ⑧〈속〉 거짓말. 대포. 1. a gun 2. a rifle. **—かた**[鉄砲方](명) 에도 막부(江戸幕府)의 직명. 총포의 교육과 취급을 담당했음. **—だま**[鉄砲玉](명) ①탄환. ②〈속〉 간 채로 돌아 오지 않는 일. **—ぶろ**[鉄砲風呂](명) 불을 때는 금속의 통(筒)이 달린 목욕통. **—むし**[鉄砲虫](명)〈동〉 하늘소벌레의 유충. **—ゆり**[鉄砲百合](명)〈식〉 나팔나리. 백향나리. 하얀 꽃이 통처럼 핌.

てづま·る[手詰まる](자 4) ①〈경〉 (금전의 융통이) 어려워지다. ②난처해지다. 명 手詰まり. 2. have no means left

てつむじ[鉄無地](명) 무늬가 없는 철색(鉄色)의 직물. cloth of plain iron-blue

てづめ[手詰め](명) 지독하게 몰아 댐. 엄중하게 책망함. 「—の催促(サイソク); 지독한 재촉」pressing upon

てつめんぴ[鉄面皮](명·형동ダ) 철면피. 부끄러운 줄을 모르는 뻔뻔스러움. 또는 그런 사람. 후안 무치(厚顔無恥). a brazen face

てつもん[鉄門](명) 철문. 쇠로 만든 문. an iron gate

てつや[徹夜](명·자サ) 철야. 잠을 자지 않고 밤을 샘. all night

てづよ·い[手強い](형) 만만치 않다. strong

てつり[哲理](명) 철리. ①철학상의 이치. ②현묘(玄妙)한 이치. philosophy

てづり[手釣り](명·타サ) 낚싯줄을 손에 쥐고 낚시질을 함. hand line angling

てつりつ[迭立](명) 교대로 섬. alternate installation

てつりん[鉄輪](명) 철륜. ①쇠로 만든 바퀴. ②철도(鉄道)의 차륜(車輪). 기차. 1. an iron wheel

てづる[手蔓](명) ①도움이 되는 특별한 관계. 연줄. 연고. ②단서(端緒). 1. connections

てつろ[鉄路](명) 철로. ①철도 선로. ②철도. 1. a rail

てて[父](명)〈속〉 아버지. 「—おや; 부친」 a father

デテール[detail](명) 디테일. ①세부(細部). 세목(細目). ②세부 묘사.

ててなしご[父無し子](명) ①〈속〉 아버지를 모르는 아이. 사생아. ②아버지를 여윈 아이. 1. a bastard

ででむし(명)〈동〉 달팽이의 다른 이름. a snail

てどうぐ[手道具](명) 자질구레한 도구. 손 도구. personal effects

でどこ(ろ)[出所·出処](명) ①출처. ②출구. 1. a source

てとり[手取り](명) ①상대방을 잘 다룸. 또는 그 사람. ②〔씨름에서〕 기술이 뛰어난 사람. 1. a person skilful to manage others

てどり[手取り](명) ①실 등을 기계를 사용하지 않고 손으로 자음. ②세금 등을 공제하고 실제로 받는 나머지 금액. 1. spinning by hand

てどり[手捕り](명) 맨손으로 잡음. 「さかなを—にする; 물고기를 손으로 잡다」 catching with one's hands

テトロン[일 Tetoron](명) 테토론. 양모와 비슷한 합성섬유. 양복지로 씀.

テナー[tenor](명)〈악〉 테너. ①남성의 최고 음역(音域). ②테너 가수(歌手).

てないしょく[手内職](명·자サ) 손으로 하는 간단한 부업(副業). manual homework

てなおし[手直し]—ナホシ(명·타サ) 불완전한 곳을 고침. improvement

でなお·す[出直す]—ナホス(자 4) ①다시 나오다. 새로 나오다. ②처음부터 다시 하다. 1. come again

てなが[手長](명) ①손이 긺. ②훔치는 버릇이 있는 사람. 2. a kleptomaniac

てなぐさみ[手慰み](명) ①손장난. ②도박(賭博). 1. amusement

てなし[手無し](명) ①한 손이 없음. 또는 그런 사람. ②(옷의) 소매가 없는 것. ③방법이 없음. ④[手亡]〈농〉 덩굴이 없는 것. 「—いんげん; 덩굴이 없는 강남콩」 1. without a hand 4. without a vine

てなず·ける[手懐ける]—ナヅケル(타하 1) ①길들이다. ②부하로 삼다. 1. tame

てなべ[手鍋](명) 손잡이가 있는 남비. 「—さげても; 가난한 생활을 해도」 a pan

てなみ[手並み](명) 솜씨. 기술. 「お—拝見(ハイケン); 솜씨를 봅시다」 skill

てならい[手習い]—ナラヒ(명·자サ) ①습자. ②공부함. 수업(修業). 1. penmanship

てならし[手馴らし](명·타サ) 연습을 해서 손에 익숙하게 함. train

てな·れる[手慣れる·手馴れる](자하 1) ①익숙해지다. ②숙련하다. 명 手慣れ. 1. get used

デニール[denier](명) 데니이르. 생사(生糸)나 인견사(人絹糸)의 굵기, 곧 섬도(纖度)를 측정하는 데 쓰이는 국제 단위. 길이 450 *m*의 실이 0.05 *g*일 때 1데니이르라고 함.

テニス[tennis](명) 테니스. 정구(庭球). **—コート**[tennis court](명) 테니스코오트. 정구를 하는 장방형의 구획. 정구장.

てにてに[手に手に](연어·부) 손에손에. 각자의 손에. each

デニム[denim](명) 데님. 튼튼한 능직(綾織)의 면직물(綿織物). 보통 씨줄은 감색, 적색, 녹색이고 날줄은 백색임. 흔히 작업복으로 이용함.

てにもつ[手荷物](명) 수하물. ①여행시에 일상 용구정도만을 꾸린 간단한 짐. ② 여행시 출발역에서 도착역까지 위탁(委託)하는 짐. 2. a luggage

てに(を)は[弖爾(乎)波·天尓(遠)波](명) ①〔문법에서〕 조사(助詞)의 옛 이름. ②말씨.

てぬい[手縫い]—ヌヒ(명) 손으로 하는 바느질. 손바느질. hand-sewn

てぬかり[手抜かり](명) 빠뜨리는 일. 실수(失手). an oversight

てぬき[手抜き](명·자サ) 수속을 생략(省略)함. 수고를 덞. an omission

てぬぐい[手拭い]—ヌグヒ(명) 수건. a towel
てぬけ[手抜け](명) 실수. 빠뜨리는 일. 유루(遺漏). a fault
てぬる·い[手緩い](형) ①완만하다. 느리다. ②심하지 않다. 엄하지 않다. 1. slow
てのうち[手の内](명) ①손바닥. ②솜씨. ③권력의 범위. ④쥐는 것. ⑤거지에게 주는 것. ⑥(어떻게 하려고 생각하는) 마음속. 1. a palm
てのうら[手の裏](명) 손바닥. 「一をかえすように; 손바닥을 뒤집 듯이(이전과 전혀 반대의 태도를 취하는 것)」 a palm
テノール[도 Tenor](명)〈악〉 ⇨テナー.
てのこう[手の甲](명) 손등. ↔手の平(ヒラ). the back of the hand
てのひら[手の平·掌](명) 손바닥. a palm
デノミ(ネーション)[denomination](명) 디노미네이션. 화폐액의 칭호를 절하(切下)하는 일. 즉 백원을 1원이라고 부르게 하는 것.
てのもの[手の者](연어·명) 부하. a follower
ては(접조) ①바라지 않는 일을 가정하는 것을 나타내는 말. 「雨(アメ)が降(フ)っ一こまる; 비가 와서는 곤란하다」 ② …한 이상은. 「そうおだてられ一ことわれないね; 그렇게 치켜 세우면 거절할 수가 없군요」 ③몇 번이고 반복함을 나타내는 말. 「降(フ)っ一やみ, 降っ一やみ; 오다가는 그치고, 오다가는 그치고」
てば(연어)〈고〉 …해 버리면. 「行(ユ)き一; 가 버리면」
では[出端](명) ①나갈 때. 나갈 기회. ②〔연극, 노오가쿠(能楽) 등에서〕 연기자가 나올 때 하는 반주. 2. a music for an actor's appearance
では Ⅰ(접조) ①…하고는. 「飛(ト)ん一; 날고서는」 ②…다면. 「これ一こまる; 이렇다면 곤란하다(이래서는 곤란하다)」 ③…이어서는. …이면. 「雨天(ウテン)一できない; 비가 오면 못한다」 Ⅱ(접) 그러면. …이면. …이라면.
でば[出歯](명) 뻐드렁니. projecting teeth
デパート(メントストア)[department store](명) 디파아트먼트 스토어. 백화점.
てはい[手配](명·자サ) 수배. ①준비. 채비. ②범인을 잡으려고 수사망을 폄. 「指名(シメイ)一をする; 지명 수배를 하다」 1. arrangements
デはい[デ杯·デ盃](명) ⇨デビス カップ. 「一戦(セン); 데이비스컵 쟁탈전」
ではいり[出這入り]—ハヒリ(명·자サ) 드나듦. 출입. coming in and going out
でばかめ[出歯亀](명)〈속〉 호색적(好色的)이며 방종한 사나이. a lecher
てばこ[手箱](명) 자질구레한 일용품을 넣는 작은 상자. toilet-case
てばしこ·い[手ばしこい](형) 민첩(敏捷)하다. 재빠르다. 파생 —さ(명). nimble
てはじめ[手初め·手始め](명) ①시초. 시작. ②초보(初歩). 1. the start
ではじめ[出始め](명) 갓나온 것. the first appearance

てはず[手筈](명) 배치. 준비. 순서. arrangements
ではずれ[出外れ]—ハヅレ(명) 변두리. 교외(郊外). outskirts of a town
ではず·れる[出外れる]—ハヅレル(자하 1) 시내를 지나 변두리로 나가다. coming to the end of a place
てばた[手旗](명) 수기. ①손에 쥐는 작은 기. ②통신에 사용하는 적백(赤白)의 작은 기. 「一信号(シンゴウ); 수기 신호」 2. flag signalling
てばな[手鼻](명) 손으로 코를 푸는 일. 「一をかむ; 손으로 코를 풀다」 blowing the nose with one's fingers
ではな[出端](명) ①나오는 순간. ②나가려는 때. ③일의 시작. 「一をくじく; 시작하려는 말이나 일을 방해하다」 1. point of going out
でばな[出花](명) 갓달인 향기가 높은 차.
でばな[出鼻](명) ①(산 등의) 불룩 튀어 나온 곳. ②⇨ではな③. 1. a projecting part
てばなし[手放し](명) ①손을 뗌. 손대지 않고 그냥 내버려 둠. ②드러냄. 노골(露骨). 「一で泣(ナ)く; 드러내 놓고 울다」 ③무조건. 「一で喜(ヨロコ)ぶ; 그저 좋아하다」 1. letting go one's hold 2. leaving alone
てばな·す[手放す](타 4) ①손을 떼다. 손에 가지고 있던 것을 놓다. ②팔아 넘기다. ③(아이 등을) 먼 곳에 보내다. 1. relinquish
てばなれ[手離れ](명) ①유아가 성장해서 어머니 손에서 떠나는 일. ②다 만들어져서 손댈 필요가 없는 것. 2. finished completely
でば(ぼうちょう)[出刃(包丁)](명) 식칼. a kitchen-knife
てばや[手早·手速](형동ダ) 재빠른 모양. 민첩(敏捷)한 모양. quick
てばや·い[手早い·手速い](형) 재빠르다. 민첩(敏捷)하다. quick
ではら·う[出払う]—ハラフ(자 4) 다 나오다. 완전히 나오다. have nothing left
てば·る[手張る](자 4) 힘에 겹다. 힘에 넘치다. 「仕事(シゴト)が一; 일이 힘에 겹다」 be beyond one's power
でば·る[出張る](자 4) ①쑥 나오다. 튀어 나오다. ②출장하다. 2. take a business trip
でばん[出番](명) ①(근무, 무대 등에) 나갈 차례. ②퇴근할 차례. one's turn
てびか·える[手控える]—ビカヘル(타하 1) ①(잊지 않도록) 적어 두다. ②예비로 두어 두다. ③조심하다. 삼가다. 「口(クチ)を出(ダ)すのを一; 말하는 것을 삼가다」 명 手控え. 1. note
てびき[手引き](명·타サ) ①손으로 끌어 냄. ②손을 잡고 데리고 감. ③학문이나 예술의 초보를 가르침. 또는 그런 책. 「学習(ガクシュウ)の一; 학습의 초보 지도」 ④안내. 안내인. ⑤도움. 「先輩(センパイ)の一で; 선배의 인도로」 3. guidance 4. a guide
デビスカップ[Davis cup](명) 데이비스컵. 미국의 데이비스가 1900년에 세계 정구 선수권 대회의 우승 상배(優勝賞盃)로 기증한 은으로 만든 컵.
てひど·い[手酷い](형) ①난폭(乱暴)하다. ②가혹(苛酷)하다. 심하다. 1. rough

デビュ(ー)[프 début](명·자サ) 데뷔. ①처음으로 공공 석상에 나감. ②음악가, 배우 등의 첫 무대. 첫 출연. 첫 등장. ③처음 내는 작품.
てびょうし[手拍子](명) 손으로 치는 박자. beating time with the hands
てびろ·い[手広い](형) ①범위가 넓다. 광범위하다. 「手広(テビロ)く営業(エイギョウ)する; 광범위하게 영업하다」②장소가 넓다. 2. wide
てふ〈고〉 ⇨という.
でぶ(명)〈속〉 뚱뚱한 사람. 뚱뚱보. a fat person
てふうきん[手風琴](명)〈악〉 ⇨アコーディオン.
デフォルメ[프 déformer](명·타サ) 데포르메. 실제의 형태를 예술적으로 변형(変形)시킴. 예술적 변형.
てふき[手拭き](명) 수건. a towel
てぶくろ[手袋](명) ①장갑. ②활을 쏠 때 끼는 장갑. 1. gloves
でぶしょう[出無精·出不精](명·형동ダ) 밖에 나가는 것을 귀찮아함. 또는 그 사람. 외출을 싫어하는 성질. homekeeping
てぶそく[手不足](명·형동ダ) 사람 손이 부족함. 일손이 모자람. shortage of hands
てふだ[手札](명) 명찰. 명함. a card. **―ばん**[手札判](명) 〔사진에서〕 명함판. 세로 약 11 *cm*, 가로 약 8 *cm* 의 크기.
でふね[出船](명) 배가 떠나는 것. 또는 떠나는 배. ↔入(イ)り船. an outgoing ship
てぶら[手ぶら](명·형동ダ) 손에 아무 것도 없음. 빈손. 맨손. an empty hand
てぶり[手風](명)〈고〉 습관. 풍속. 「都(ミヤコ)の―; 도회의 풍속」 「1. movement of hand
てぶり[手振り](명) ①손짓. ②빈손. 맨손. ⤴
デフレ(ーション)[deflation](명)〈경〉 디플레이션. 통화 발행고(発行高)가 줄었기 때문에 물가가 내려 가는 일. 통화 수축(収縮). ↔インフレ(ーション).
てぶんこ[手文庫](명) 문갑(文匣). 손궤. a hand-box
でべそ[出臍](명) 불쑥 나온 배꼽. a protruding navel
テヘラン[Teheran](명)〈지〉 테헤란. 이란의 수도. 1,300 *m* 의 고지대에 있는 고도(古都).
てべんとう[手弁当](명) 자기가 도시락을 갖고 일하러 감. 「―であつまる; 각자 도시락을 갖고 모이다」 bring one's own lunch
てへん[手偏](명) 한자 부수(部首)의 하나. 손수변. "打, 提" 등의 "扌" 부분.
でほ[出穂](명)〈농〉 벼 이삭이 나옴. 「―がそろう; 이삭이 가지런하게 나오다」
デポー[depot](명) 데포우. 화물 창고.
てぼうき[手帚]―バウキ(명) 한 손으로 쓰는 자루가 짧은 비. a broom
でほうだい[出放題](명·형동ダ) ①나오는 대로 내버려 둠. ②입에서 나오는 대로 말함. 함부로 말함. 2. a random speech
てほどき[手解き](명·타サ) 초보(初歩)를 가르침. initiation
てほん[手本](명) ①자습서. ②모범. ③양식(様式). 표준. 2. a good example
てま[手間](명) ①소요 시간. ②수고. 노력. ③장색(匠色)의 일. ④←手間仕事(シゴト). ⑤←手間賃(チン). 3. a job
デマ(명) 〔데마고기(도 Demagogie)의 준말〕 데마. 사실과 반대되는 선동적인 선전. 전연 근거 없는 소문. 유언(流言). 「―をとばす; 낭설을 퍼뜨리다」
てまえ[手前]―マヘ Ⅰ(명) ①자기 앞. 내 앞. ②이쪽. ③타인의 앞쪽. ④솜씨. ⑤[点前]〔お―〕 다도(茶道)의 양식. 예절. ⑥타인에 대하는 체면. 「行(ユ)くといった―ことわれない; 가겠다고 말해 놓았으니 거절할 수 없다」 Ⅱ(대) ①자기를 겸사로 일컫는 말. 저. ②손아랫사람을 부를 때 쓰는 말. 너. ③〈속〉 나. Ⅰ 1. before me 2. this side Ⅱ 2. you. **―がって**[手前勝手](형동ダ) 자기 멋대로 하는 모양. 자기 마음대로 하는 모양. **―みそ**[手前味噌](명) 자기가 만든 것을 자기가 칭찬하는 일. 자화 자찬(自画自讃).
でまえ[出前]―マヘ(명) 요리 등을 주문한 사람의 집까지 나르는 일. 또는 그 사람이나 요리. delivery of dishes ordered. **―もち**[出前持ち](명) 요리집에서 요리 등을 손님집에 나르는 사람. 요리 배달부.
でまかせ[出任せ](명·형동ダ) 말이 입에서 나오는 대로 함. a random speech
てまき[手巻](명) (담배 등을) 손으로 마는 일. hand-rolling
てまくら[手枕](명) 팔베개. 팔베개를 하고 잠. sleeping with one's arm for a pillow
デマゴーグ[도 Demagog](명) 데마고그. 선동 정치가(煽動政治家). 자파(自派)를 위하여 민중을 선동하는 선동 연설가.
てまさぐり[手弄り](명) 손끝으로 더듬어 찾음. 손으로 장난함. groping
てましごと[手間仕事](명) 시간과 수고가 드는 일. 품삯을 받고 하는 일. a troublesome job
てまだい[手間代](명) ⇨てまちん(手間賃).
てまちん[手間賃](명) 임금. 품삯. 노임(労賃). wages
でまど[出窓](명) 출창. 바람벽 밖으로 쑥 내밀도록 만든 창. bow window
てまとり[手間取り](명) 품팔잇군. 피고용자(被雇用者). an employee
てまど·る[手間取る](자 4) 시간이 걸리다. 수고를 요하다. take plenty of time
てまね[手真似](명) 손으로 흉내 냄. 손짓. a gesture
てまねき[手招き](명·타サ) 손짓으로 부름. beckoning
てまひま[手間隙](명) 노력(労力)과 시간. 「―いらず; 노력도 시간도 안 들다」 labour and time
てまめ[手まめ·手忠實](형동ダ) 귀찮아하지 않고 일을 하는 모양. diligent
てまり[手鞠·手毬](명) ①손으로 가지고 노는 공. ②솜을 넣고 색실로 감은 공. 1. a hand-ball
でまる[出丸](명) 본성(本城)에서 갈라져 나와 구축한 성벽(城壁).

デマ·る(자 4)〈속〉 역선전을 하다. 모략(謀略)하다. 낭설을 퍼뜨리다. slander

てまわし[手回し·手廻し]ーマハシ(명) ①준비. ②수배(手配). 1. preparations

てまわり[手回り·手廻り]ーマハリ(명) ①몸 가까이. ②가까이 놓고 사용하는 물건. 2. personal effects

でまわ·る[出回る]ーマハル(자 4) 출회하다. 생산지에서. 시장에 나오다. appear on the market

てみじか[手短](명·형동ダ) 간략함. 간단함. 「一に話(ハナ)す; 간단히 이야기하다」 simplicity

てみず[手水](명) ①손을 씻는 물. ②손에 묻은 물. ③떡을 칠 때 떡에 바르는 물. 1. water for hand-washing

でみず[出水](명) 홍수(洪水). a flood

でみせ[出店](명) ①지점(支店). 분점(分店). ②노점(露店). 1. a branch

デミヌエンド[이 diminuendo](명)〈악〉 디미누엔도. 차차 약하게 연주하라는 뜻.

てみやげ[手土産](명) 손에 들고 가는 선물. 간단한 선물. a caller's present

デミンフォルム[Deminform ← Democratic Information Bureau](명) 데민포름. 민주 정보국. 노동계에 있어서의 공산주의 세력을 저지하기 위하여 마련한 민주주의적인 정보 기관. 코민포름에의 대항 기관으로 설립함.

て·む(조동)(연어)〈고〉 ①강한 의지를 나타내는 말. …하겠다. ②확실한 추측을 나타내는 말. 틀림 없이 …한 것이다. ③가능성의 추측을 나타내는 말. …할 수 있을 것이다. ④권유의 뜻을 나타내는 말. …해 주지 않겠는가. ⑤적당, 당연의 뜻을 나타내는 말. …하게 하는 것이 좋다. …하는 것이 당연하다.

てむかい[手向かい](명) (완력이나 무력으로) 반항함. 거역. resistance

てむか·う[手向かう]ームカフ(자 4) 거역하다. 반항하다. resist

でむかえ[出迎え]ームカヘ(명) 출영(出迎). 영접. 동出迎える(타하 1). meeting

でむ·く[出向く](자 4) 나가다. 나와서 그곳으로 가다. go to

でめ[出目](명) 툭 튀어 나온 눈. 또는 그런 사람. 퉁방울이. protruding eyes

でめきん[出目金](명)〈동〉 눈퉁금붕어. 눈이 툭 튀어 나온 금붕어의 한 가지. a pop-eyed goldfish

デメテル[Demeter](명) 데메테르. 그리이스 신화에 나오는 대지(大地)와 농업의 여신. 로마 신화의 케레스에 해당함.

でめん[出面](명) 날품팔이꾼. a day labourer

ても Ⅰ(감) 참으로. 「一よいながめじゃ; 참 좋은 경치로구나」 Ⅱ(접조) …지만. …라고는 해도. …이라고 해도. 「雨(アメ)が降(フ)っ一行(ユ)く; 비가 와도 간다」

でもー(접두)〈속〉 ①미숙한. ②가짜. 사이비(似而非). 「一学者(ガクシャ); 사이비 학자」

でも Ⅰ(수조) ①극단적인 예를 들어 다른 것도 그렇다는 것을 알게 하는 말. 「子供(コドモ)一できる; 어린 아이라도 할 수 있다」 ②통틀어서 하는 말. 「何(ナン)一知(シ)っている; 무엇이든지 알고 있다」 ③가볍게 예(例)로 들어 하는 말. 「映画(エイガ)一見(ミ)ようか; 영화라도 볼까」 ④확실한 마음이 결정되지 않음을 나타내는 말. 「巡査(ジュンサ)に一なろうか; 순사라도 될까」 ⑤(하다 못해) …만이라도. 「あの子(コ)一生(イ)きていたら; 그 아이만이라도 살아 있었더라면」 ⑥…이어도. …일지라도. 「雨天(ウテン)一決行(ケッコウ)する; 비가 와도 결행한다」 ⑦…않아도. 「書(カ)か一の記(キ); 쓰지 않아도 될 문장」 Ⅱ(접) 그래도. 그렇지만.

デモ(명) 데먼스트레이션의 준말. 「一隊(タイ); 데모대」

デモクラシー[democracy](명) 데모크라시. ①민주주의. ②민주 정치. ③민주 정체(政体).

デモクラチック[democratic](형동ダ) 데모크라틱. 민주주의적인 모양.

てもち[手持ち](명) ①취급. ②몸 가까이 갖고 있는 것. ③보존품. 재고(在庫). 「一の商品(ショウヒン); 재고품」 1. treatment. **―ぶさた**[手持ち無沙汰](명·형동ダ) 할 일이 없어서 따분함.

てもと[手元·手許](명) ①손 가까이. ②손어림. 손대중. 「一が狂(クル)う; 손어림이 틀리다」 ③〔←手元金〕 자기가 가지고 있는 돈. 1. near at hand

でもどり[出戻り](명) ①결혼 생활에 실패하고 친정으로 돌아 오는 것. 또는 그 여자. ②중도에서 돌아오는 것. 1. a divorced wife

てもなく[手も無く](부)〈속〉 간단히. 손쉽게. 「一だまされる; 손쉽게 속아 넘어가다」 easily

でもの[出物](명) ①헌데. 부스럼. ②팔 물건. ③〈속〉 방귀. 「一はれもの ところきらわず; 방귀나 부스럼은 때나 장소를 가리지 않는다」 1. an eruption

てもり[手盛り](명) ①손수 음식을 그릇에 담음. ②자기 좋을 대로 일을 꾸밈. 1. helping oneself

デモ·る(자 4)〈속〉 데모를 하다. ⇨:デモ. demonstrate

デモンストレーション[demonstration](명) 데먼스트레이션. 요구를 관철시키기 위하여 집단으로 위세를 표시하려고 하는 운동. 시위 운동. 데모.

てやり[手槍](명) 가늘고 짧은 창. 단창. a hand-spear

てやわらかに[手柔らか](부) 심하지 않게. (사정을 보면서 취급하는 모양) gently

デュエット[duet](명)〈악〉 듀우엣. ①이중주(二重奏). ②이중창(二重唱).

てよ(연어) 상대에게 부탁하는 말. 「これ見(ミ)一; 이것 봐 주세요」

でよう[出様](명) ①나오는 방법이나 모양. ②하는 법. 태도. 2. attitude

てら[寺](명) ①〈불〉 절. ②←寺銭(テラセン). ③←寺子屋(テラコヤ). 1. a temple

てらいり[寺入り](명·자サ) 서당에 들어 가는 것. admission to a private elementary school

てら·う[衒う]テラフ(타 4) 자기가 상당한 사람인 체하다. 자랑하다. 과시(誇示)하다. 명衒い. pretend

てらうけ[寺請](명) 에도 막부(江戸幕府) 시대 기독교 탄압을 위해서 마련한 제도. 혼인, 출생, 여행시에 기독교 신자가 아닌 것을 절에서 증명받게 한 것.

てらおとこ[寺男]ーヲトコ(명) 절에서 일하는 남자.

てらこ[寺子](명) 서당에 다니는 아이. a pupil of a private elementary school

てらこしょう[寺小姓](명) 절의 주지 곁에서 심부름하는 소년. a boy-servant of a Buddhist priest

テラコッタ[이 terra cotta](명) 테라코타. 점토(粘土)를 구워서 만든 도기(陶器)의 총칭.

てらこや[寺子屋](명) 에도(江戸) 시대, 아이들에게 독서와 습자를 가르치던 곳. 글방. 서당.

てらごや[寺小屋](명) ⇨てらこや.

てらざむらい[寺侍]ーザムラヒ(명) 격식이 높은 사원에 종사하는 무사(武士). a warrior of a Buddhist temple

てらしあわ·せる[照らし合わせる]ーアハセル(타하 1) ①양쪽을 비교하여 보다. 대조하다. 조회하다. ②양쪽에서 비추다. 1. compare

てら·す[照らす](타 4) ①빛을 비추다. ②비교하여 보다. ③분명히 알다. 1. shine upon

テラス[terrace](명) 테라스. ①집에 붙어 있는 노대(露臺). 단(壇). ②천연석으로 된 대지(臺地). 고대(高臺). 축대.

てらせん[寺銭](명)〔도박에서〕장소를 제공한 사람에게 판돈에 비례해서 내는 돈. the rent of a gambling house

デラックス[프 de luxe](명·형동ダ) 데럭스. 고급. 호화판(豪華版).

てらほうし[寺法師](명) 미이사(三井寺)의 승도(僧徒). 엔랴쿠사(延暦寺)의 승도를 야마호오시(山法師)라고 부르는 데 대한 명칭.

テラマイシン[terramycin](명)〈의〉 테라마이신. 항생물질(抗生物質)의 하나. 맛은 쓰고, 황색 결정성 무취의 분말(粉末)로 되어 있음. 폐렴, 이질, 티푸스, 트라코마 등에 유효함.

てらまいり[寺参り](명) 절에 가서 불공하는 일. visiting a temple for worshipping

てり[照り](명) ①비침. ②광택. 윤. 「ーを つける; 윤(광택)을 내다」③빛나는 것 ④갠 날씨. ⑤간장에 설탕 등을 넣어 조린 것. 생선구이에 바름. 2. lustre

てりあ·う[照り合う](자 4) ①서로 비치다. ②대응(対応)하다. 1. shine on each other 2. match

てりあめ[照り雨](명) 볕이 나 있는 날 잠깐 오다가 그치는 비. 여우비. a sudden rainfall with the sun shining

てりかえし[照り返し](명) ①반사. ②전등, 램프 뒤에 받쳐서 더 밝게 하는 반사경. 1. reflection 2. a reflector

てりかえ·す[照り返す](타 4) 광선을 반사하다. 투사된 광선을 반사시켜 보내다. reflect

てりかがや·く[照り輝く](자 4) 아름답게 비치다. 밝게 비치다. shine brilliantly

デリカシー[delicacy](명) 델리커시. ①섬세(繊細). 우미(優美). ②가냘픔. 연약.

デリケート[delicate](형동ダ) 델리킷. ①섬세(繊細)한 모양. 정교(精巧)한 모양. 「ーな構造(コウゾウ); 섬세한 구조」②미묘한 모양. 「ーな問題(モンダイ); 미묘한 문제」③예민한 모양. ④가냘픈 모양.

てりごまめ[照り鱓](명) 설에 먹는 요리의 하나. 멸치를 볶아서 설탕과 간장을 넣어 조미(調味)한 것.

てりこ·む[照り込む](자 4) ①볕이 강하게 쬐다. ②오래 가물다. 1. shine in 2. be a long drought

デリス[라 derris](명) 데리스. 농약 이름. 콩과에 속하는 작은 관목 데리스의 뿌리에서 채취함. 농업용, 가축용 살충제의 원료로 쓰임.

てりつ·ける[照り付ける](자하 1) 세게 비치다. 볕이 쨍쨍 내려 쬐다. blaze down upon

てりは·える[照り映える](자하 1) 빛을 받아 아름답게 빛나다. shine brilliantly

てりは(きょうげん)[照り葉(狂言)](명) ⇨てるはきょうげん.

てりはたた·く(자 4)〈고〉햇빛, 달빛이 쏟아지다. 햇빛, 달빛이 마구 내려 비치다.

てりふり[照り降り](명) ①청천(晴天)과 우천(雨天). ②평온(平穏)과 불온(不穏). 1. sunshine and rain 2. changing moods. **ーあめ**[照り降り雨](명) 볕이 나 있는 날 오다가 그쳤다가 하는 비.

テリヤ[terrier](명)〈동〉테리어. 애완용(愛玩用) 개의 한 종류. 몸이 작고 날쌔며 영리함.

てりやき[照り焼き](명) 생선에 양념장을 발라 구움. 또는 구운 것. fish broiled with soy

てりゅうだん[手榴弾](명)〈군〉수류탄. 손으로 던지는 소형의 폭탄. a hand grenade

てりょうり[手料理](명) 손수 만든 요리. a home-made dish

デリンジャーげんしょう[Dellinger 現象](명) 델린저 현상. 27일 또는 54일을 주기로 10분내지 수십 분 동안 급격하게 일어나는 단파(短波) 통신의 장해.

て·る[照る](자 4) 비치다. 빛나다. 빛을 내다. shine

で·る[出る](자하 1) ①안에서 밖으로 나가다. ↔はいる. ②(밖에) 나타나다. ③출석하다. 출근하다. ④출발하다. ⑤전진해 나아가다.「前(マエ)にー; 앞으로 나아가다」⑥솟다.「温泉(オンセン)がー; 온천물이 솟다」⑦일어나다.「欲(ヨク)がー; 욕심이 나다」⑧출판되다. ⑨(신문, 잡지 등에) 실리다. ⑩팔리다.「よくー本(ホン); 잘 나가는 책」⑪(후보로) 나서다. ⑫큰물(洪水)이 나다.「水(ミズ)がー; 큰물이 나다」⑬불이 나다.「火(ヒ)がー; 화재가 일어나다」⑭산물(産物)이 나다. ⑮넘어가다.「十年(ジュウネン)を出(デ)ないうちに; 10년을 넘기기 전에」 1. come out 2. appear

デルタ[delta](명)〈지〉델터. 삼각주(三角洲).

てるてるぼうず[照る照る坊主](명) 날씨가 개라고 기원할 때 추녀 끝 등에 매다는 종이로 만든 인형. a wishing doll for fine weather

でるところ[出る所](연어·명) 호소하여 재판을 받는 장소. 「ーへ出(デ)る; 재판을 내릴 곳에 가서 시비곡직을 가리다」 a court of justice

てるは きょうげん[照る葉狂言](명) 쿄오겐(狂言)과 카부키(歌舞伎)를 적당히 합성시켜서 하는 희극적 연예. 샤미센(三味線) 반주를 사용함.
テルペン[도 Terpene](명)〈이〉 테르펜. 식물계에 존재하는 휘발성유(揮発性油)에 포함된 탄화 수소.
テルミット[thermit](명)〈이〉 테르밋. 알루미늄 분말(粉末)과 철의 산화물을 혼합시킨 것. 고열을 발하며 소이탄(焼夷弾) 재료로 씀.
てれ かくし[照れ隠し](명) 부끄러움, 쑥스러움을 남앞에서 숨기는 것. concealing one's embarrassment
てれ くさ·い[照れ臭い](형) 조금 부끄럽다. 열없다. 파생 **―げ**(형동ダ) **―さ**(명). embarrassed
テレスコープ[telescope](명) 텔레스코우프. 망원경.
テレタイプ[teletype](명·타サ) 텔레타이프. 전신 인자기(電信印字機). 전신 인자기로 송신(送信)하는일.
でれ でれ(부·자サ)〈속〉 몸가짐이 단정(端正)하지 않은 모양. slovenly
テレビ(명) 텔레비. ①텔레비전의 준말. ②(텔레비전) 수상기(受像機).
テレビジョン[television](명) 텔레비전. 실경(実景)을 그대로 전파를 통해서 먼 곳으로 보내어 영사하는 장치.
テレビン[terebene](명)〈이〉 테레빈. 식물계에 있는 휘발성 기름에 포함된 탄소와 수소와의 화합물. 용제(溶剤), 뼁끼 제조에 씀.
テレホン[telephone](명) 텔레포운. 전화. 전화기. 「―サービス; 전화 서어비스」
テレマーク[도 Telemark](명) 텔레마아크. 〔스키이에서〕 회전법의 한 가지. 바깥쪽의 스키이를 앞으로 내놓으며 안쪽의 무릎을 굽히고 몸을 기울임.
て·れる[照れる](자하 1)〈속〉 열없어하다. 조금 부끄러워하다. feel awkward
てれん[手練](명) 사람을 속이는 수단. a trick
テロ(명) ①테러리스트의 준말. ②테러리즘의 준말.
テロリスト[terrorist](명) 테러리스트. ①폭력주의자. ②공포주의자. 공포 정치가.
テロリズム[terrorism](명) 테러리즘. ①공포 정치. ②폭력주의. ③폭력 행위.
テロル[러 terror](명) 테러. 공포.
でろれん さいもん[でろれん祭文](명) 남의 집 문전으로 돌아 다니며 불경이나 제문을 읽고 돈을 받는 사람. 또는 그 불경이나 제문.
でわ[出羽](명)〈지〉 옛 나라 이름. 토오산도(東山道) 여덟 지방 중의 하나로서 현재의 아키타(秋田), 야마가타(山形)의 두 현.
でわ きゅうりょう[出羽丘陵](명)〈지〉 오오우(奥羽) 지방의 일본 해안(日本海岸)에 연한 산맥. 토리우미산(鳥海山), 모리요시산(森吉山) 등의 화산이 있음.
て わけ[手分け](명·자サ) 일을 분배함. 분담. allotment
て わざ[手業](명) 손으로 하는 일. manual work
て わたし[手渡し](명·타サ) 직접 전함. 손수 전함. 동 手渡す(타 4). delivery
―てん[店](조어) 가게. 「洋品(ヨウヒン)―; 양품점」
―てん[点](접미) ①평점(評点)의 수. ②물방울을 세는 말. ③물건을 세는 말. 「衣類(イルイ)五(ゴ)―; 의류 5점」 ④옛날 시각을 나타내던 말.
―てん[展](조어) 전람회. 「個(コ)―; 개인전」
てん(연어·조동) ①꼭 하겠지. 「おぼし―; 꼭 생각할 것이다」 ②해 주었으면 좋겠다. 「行(ユ)き―; 가 주었으면 좋겠다」 ③해 버리자. 「とく, やり―; 빨리 하자」
てん[天](명) ①하늘. 가장 높은 곳에 있다고 생각되는 곳. ↔地(チ). ②〈천〉 천구(天球). ③천지의 모든 것을 지배하는 자. 천제(天帝). 신. ④아름답고 청아한 상상의 세계. ⑤자연의 진리. ⑥사람의 힘을 초월한 사태(事態). 「運(ウン)を―にまかせる; 운명을 하늘에 맡기다」 ⑦〈불〉 훌륭하고 거룩한 곳. ⑧〈책 페이지의〉윗부분. ⑨〔←てんぷら〕 튀김. 「えび―; 새우 튀김」 1. the sky 3. Heaven
てん[典](명) ①의식(儀式). 「華燭(カショク)の―; 화촉지전(결혼식)」 ②서적. 책. 1. a ceremony
てん[点](명) 점. ①조그마한 표지(標識). ②구두점(句読点). ③⇨かえりてん. ④반문(斑紋). 반점(斑点). ⑤얼룩. ⑥물방울. ⑦가리키는 곳. 부면(部面). ⑧수정(修正). 첨삭(添削). ⑨평점(評点). 점수. ⑩상처. ⑪뜸자리. ⑫〈수〉 위치만 있고 크기가 없는 것. ⑬스위치의 기호. 전등이 켜지는 것. ↔滅(メツ). ⑭〔←得(トク)点〕 득점(得点). 1. a dot 7. a point 9. marks
てん[転](명) (발음 등의) 변화. 변전(変転). change
てん[貂](명)〈동〉 담비. 족제비 비슷하나 조금 큼. 모피를 씀. 산달. a marten
てん[篆](명) 중국 고대 문자의 서체(書体)의 하나. 해서(楷書), 예서(隷書)의 시초.
テン[ten](명) 텐. 열. 십. 10.
―でん[殿](접미) ①계명(戒名) 밑에 붙여 부르는 높임말. ②큰 건물 밑에 붙여 쓰는 말.
―でん[電](조어) ①전차. 「終(シュウ)―; 마지막 전차(막차)」 ②전보. 「ウナ―; 지급 전보」
でん[伝](명) ①전함. 전해 받음. ②경서(経書) 등의 해석. ③전기(伝記). 「ニュートン―; 뉴우턴전」 ④〈속〉 방법. 「いつもの―で; 언제나의 방법으로」 1. transmission 3. a biography
でん あつ[電圧](명)〈이〉 전압. 전위차(電位差). voltage. **―けい**[電圧計](명)〈이〉 전압계. 전압을 재는 기구.
てん い[天位](명) 천위. 천황의 지위. 「―につく; 천황의 자리에 오르다」 the Imperial Throne
てん い[天意](명) 천의. ①천심(天心). 하늘의 뜻. ②자연의 도리. 자연의 섭리. 1. Providence
てん い[転位](명·자타サ) 전위. ①위치를 바꿈. ②〈의〉 암(癌) 등이 다른 장소로 옮김. 1. transposition
てん い[転移](명·자타サ) 전이. 옮김. 이전. removal
でん い[電位](명)〈이〉 전위. 어느 한 지점에서 전기 작용을 미칠 수 있는 에네르기의 양(量). electric potential. **―さ**[電位差](명)〈이〉 ⇨でんあつ.
てんい むほう[天衣無縫](연어·명·형동ダ) ①자연스러우며 완전 무결함. ②〈속〉 천진 난만함. 1. being natural and flawless

てんいん[店員](명) 점원. 상점에서 일하는 사람. a shop-assistant
でんう[殿宇](명) 전우. 어전(御殿). 전당. a palace
てんうん[天運](명) 천운. ①천체의 운행(運行). ②자연의 운명. 천명(天命). 1. movement of a heavenly body
てんえん[展延](명·자타サ) 펴서 넓힘. 펴져 넓어짐. extension
でんえん[田園](명) 전원. ①논과 밭. ②농촌. 시골. 교외(郊外). 「一風景(フウケイ); 시골 풍경」 1. fields and gardens
でんおう[田翁](명) 전옹. 늙은 농부. an old farmer
てんおん[天恩](명) 천은. ①하느님의 은혜. ②임금의 은덕. 1. heavenly blessings
てんおん[転音](명) 전음. ①변하여 달리 나는 음. ②두 가지 이상의 단어가 숙어로 될 때 변하는 음. 특히 모음(母音)의 변화를 말함. 예: "あめ(雨)+よ(夜)"가 "あまよ". 1. a change of sound
てんか[天下](명) 천하. ①하늘 아래의 온 세상. 세계. ②전국(全国). ③한 나라의 정권을 잡는 일. ④생각한 대로 행동함. ⑤막부의 장군. ⑥전국에서 유명한 것. 「一の代議士(ダイギシ); 당당한 국회 의원」 1. the world 4. having one's own way. **—いっぴん**[天下一品](연어·명) 천하 일품. 천하에 비교할 것이 없는 우수한 것. **—とり**[天下取り](명) 천하의 정권을 장악(掌握)하는 일. 또는 그 사람. **—はれて**[天下晴れて](연어·부) 세상에 거리낌이 없이. 공공연하게. **—わけめ**[天下分け目](연어·명) 승패를 판가름하는 중요한 때. 결정적인 순간.
てんか[点火](명·타サ) 점화. 불을 붙임. ignition
てんか[転化](명·자サ) 전화. 바뀌어서 변함. change
てんか[転科](명·자サ) 전과. 학생이 학교에서 자기 전공과를 바꿈. changing of one's course
てんか[転訛](명·자サ) 전와. 말의 소리가 달라짐. 또는 달라진 소리. corruption
てんか[転嫁](명·타サ) 전가. ①두 번째 시집을 감. 재가(再嫁). ②넘겨 씌움. 뒤집어 씌움. 「責任(セキニン)一; 책임 전가」 2. shifting blame on
てんか[添加](명·자타サ) 첨가. 덧붙임. addition
てんが[天河](명) 천하. 은하. 은하수. the Milky Way
てんが[典雅](명·형동ダ) 전아. 바르고 우아함. grace
でんか[伝家](명) 전가. 대대로 그 집에 전하여 내려오는 것. being hereditary. **—のほうとう**[伝家の宝刀](연어·명) ①대대로 전하여 내려 오는 귀중한 칼. ②지극히 필요한 경우 이외에는 함부로 사용하지 않는 것.
でんか[殿下] Ⅰ(명) 전하. ①궁전이나 전당(殿堂)의 밑. ②황족의 이름 밑에 붙여서 경의(敬意)를 나타내는 말. 「皇太子(コウタイシ)一; 황태자 전하」 Ⅱ(대) 황족을 높이어 일컫는 말.
でんか[電火](명) 전화. 번갯불. lightning flashes
でんか[電化](명·자타サ) 전화. 전기 기구나 전력을 이용함. 「家庭(カテイ)の一; 가정의 전화」 electrification
でんか[電荷](명)〈이〉 전하. 대전체(帯電体), 이온, 전자 등이 보유하고 있는 전기량. 물체가 띠고 있는 정전기(静電気)의 양. an electric charge
てんかい[天界](명) 천계. 천국. 천상 세계(天上世界). 「一の神秘(シンピ); 천계의 신비」 heavens
てんかい[展開](명·자타サ) 전개. ①발전시켜서 헤쳐 여는 것. 「学説(ガクセツ)を一する; 학설을 전개하다」 ②널리 보임. 「眼下(ガンカ)に一するけしき; 눈 아래 전개되는 경치」 ③〔체조에서〕 간격을 두고 넓히는 것. ④군인이 전투시에 적을 공격하기 위하여 흩어지는 것. 1. unfolding
てんかい[転回](명·자타サ) 전회. 방향이 바뀜. 방향을 바꿈. 회전. revolution
てんがい[天外](명) ①하늘의 바깥. ②썩 높거나 먼 곳. 「一へとびさる; 먼 곳으로 날아 가다」 1. beyond the heavens
てんがい[天涯](명) 천애. ①하늘가. 하늘의 끝. ②아주 멀리 떨어진 곳. 「一の孤児(コジ); 천애의 고아」 2. a distant land
てんがい[天蓋](명)〈불〉 ①천개. 불상(仏像), 관(棺)등의 위에 마련한 덮개. ②보화종(普化宗)의 유발승(有髪僧)이 쓰고 다니던 삿갓. 1. a canopy
てんがい[店外](명) 가게 밖. ↔店内(テンナイ).
でんかい[電界](명)〈이〉 ⇨でんじょう(電場).
でんかい[電解](명·타サ)〈이〉 전기 분해(電気分解)의 준말. **—しつ**[電解質](명)〈이〉 전해질. 수용액(水溶液)으로 했을 때 전리(電離)하여 이온을 생기게 하고 전류를 이끌 수 있는 물질. 예: 산(酸), 염기(塩基) 등.
てんかく[点画](명) 점획. 한자(漢字)를 이루는 글자의 점과 획. points and strokes
てんがく[転学](명·자サ) 전학. 학생이 다니던 학교를 퇴학하고 다른 학교로 옮김. changing a school
でんがく[田楽](명) ①모내기할 때 농민들을 고무(鼓舞)하기 위한 음악과 춤. 농악. ②농악에서 발달한 무악(舞楽). ③←田楽豆腐. ④←田楽焼き. **—ざし**[田楽刺し](명) 몇 개씩이고 꿰뚫는 것. **—どうふ**[田楽豆腐](명) 두부를 네모나게 썰어 꼬챙이에 꿰어 된장을 발라 구운 것. **—やき**[田楽焼き](명) 물고기, 야채 등을 꼬챙이에 꿰어 구워서 된장을 바른 것.
てんかふん[天花粉·天瓜粉](명) 쥐참외의 뿌리에서 얻은 흰 가루. 화장품의 원료로 쓰임. nursery powder
てんから[天から](부)〈속〉 처음부터. from the beginning
テンガロー(명) 바닥을 올려 텐트를 친 작은 집. 텐트와 방갈로를 합성시킨 것 같음.
でんかわ[電かわ]ーカハ(명) 전보환(電報換), 전신환(電信換)의 준말.
てんかん[天漢](명) 천한. 은하. 은하수. the Milky Way
てんかん[展観](명·타サ) 진열(陳列)하여 많은 사람에게 보임. exhibition
てんかん[転換](명·자타サ) 전환. 바꿈. 바뀜. 「政策(セイサク)の一; 정책 전환」 conversion
てんかん[癲癇](명)〈의〉 전간. 갑자기 경련을 일으켜

서 의식이 없어지는 발작적인 병. 간질(癎疾). 지랄병. epilepsy

てんがん[天眼](명) 천안. 신통력(神通力)이 있는 눈. clairvoyance. **—きょう**[天眼鏡](명) 관상장이가 보는 큰 돋보기.

てんがん[天顔](명) 천자의 얼굴. 용안(龍顔). the Emperor's countenance

てんがん[点眼](명·자サ)〈의〉 점안. 눈에 안약을 떨어뜨려 넣음. 「—薬(ヤク); 안약」 dropping lotion in one's eyes

てんき[天気](명) 전기. ①〈천〉 천공(天空)의 기상 상태. 「—予報(ヨホウ); 일기 예보」 ②날씨. ③갠 하늘. 좋은 날씨. 2. weather

てんき[天機](명) 천기. ①모든 조화를 꾸미는 하늘의 기밀. ②극비밀. ③임금의 기분. ④타고 난 성질. 천성(天性). 4. inborn character

てんき[転記](명·타サ) 전기. 기입한 것을 다른 장부 등에 옮겨 씀. posting

てんき[転帰](명)〈의〉 병의 결과. 「胃潰瘍(イカイヨウ)はしばしば死(シ)の—をとる; 위궤양은 흔히 죽음을 가져온다」 result of illness

てんき[転機](명) 전기. 전환의 기회. 전환점. 「—となる; 전환의 기회가 되다.」 a turning point

てんぎ[典儀](명) ①의전(儀典). 예식. ②옛날 즉위식 등의 큰 예식을 주재(主宰)한 쇼오나곤(少納言). 1. a ceremony

てんぎ[転義](명) 전의. 근본 뜻에서 바뀌어진 뜻. a figurative meaning

でんき[伝奇](명)전기. ①일사(逸事), 기담(奇談)의 총칭. ②전기(伝記)를 각색한 소설. 1. a romance

でんき[伝記](명) 전기. 개인의 일생을 서술(叙述)한 기록. a biography

でんき[電気](명) 전기. ①〈이〉물체에 전기 현상을 일으키는 원인. 에보나이트 막대를 헝겊으로 마찰했을 때 에보나이트 막대가 물체를 끌어 당기는 작용의 근원. ②전기의 힘으로 움직이는 것. 「—洗濯機(センタクキ); 전기 세탁기」 ③전등. 「—をつける; 전등을 켜다」 1. electricity. **—うお**[電気魚](명)〈동〉 특별한 전기를 방전하는 바닷물고기. 전기메기, 전기가오리 등. **—かいろ**[電気回路](명)〈이〉 전기 회로. 도체내의 전류 통로. **—かがく**[電気化学](명)〈이〉 전기 화학. 전지(電池), 전리(電離), 전해(電解) 등을 취급하는 화학의 한 부문. **—きかんしゃ**[電気機関車](명) 전기 기관차. 전력에 의해서 운전하는 기관차. **—じしゃく**[電気磁石](명)〈이〉 ⇨でんじしゃく. **—せき**[電気石](명)〈광〉 전기석. 붕소(硼素)를 포함하는 규산염(珪酸塩) 광물. 양쪽 끝이 다른 모양을 하고 있어서 이에 열을 가했다가 냉각시키면 양극에 다른 종류의 전기를 일으킴. 보석, 편광(偏光) 장치, 발진자(発振子) 등에 이용함. **—せん**[電気扇](명) 선풍기. **—ていこう**[電気抵抗](명)〈이〉 전기 저항. 도체에 전류가 흐르는 강도, 그 전류의 강도와 도체의 양단간에 있는 전압과의 비율로 나타내는데, 그 단위를 오옴(ohm)이라 함. **—どう**[電気銅](명) 전기동. 전기로 정련(精錬)해서 얻는 동. **—ぶんかい**[電気分解](명)〈이〉 전기분해. 전류를 통해서 물질을 분해하는 것. **—ほう**[電気砲](명) 전력으로 탄환을 발사하는 포(砲). **—よく**[電気浴](명)〈의〉 전기욕. 목욕물에 전류를 통하여 환자를 치료하는 방법. **—ろ**[電気炉](명) 전기로. 전열(電熱)을 이용하여 높은 온도로 금속을 녹이는 장치.

でんき[電機](명) 전력을 사용하여 운전하는 기계. 전기 기계. an electric machine

てんきぼ[点鬼簿](명) 점귀부. 절에 비치된 사망한 신자들의 명부. 과거장(過去帳). a death register

てんきゅう[天泣](명)〈천〉 천읍. 구름 한 점 없는 하늘에서 오는 비나 눈. raining without clouds

てんきゅう[天球](명)〈천〉 천구. 천공을 편의상, 지구상의 관측자를 중심으로 하는 구형으로 간주하는 것. the celestial sphere. **—ぎ**[天球儀](명)〈천〉 천구의. 구면(球面) 위에 천구에 보이는 성좌, 황도(黄道), 시권(時圏) 등을 기록한 것.

でんきゅう[電休](명) 송전(送電)이 잠시 중지되는 일. a stoppage of electric current

でんきゅう[電球](명) 전구. 전등. an electric bulb

てんきょ[典拠](명) 전거. 올바른 근거. 확실한 근거. authority

てんきょ[転居](명·자サ) 전거. 살고 있는 곳을 바꿈. 이전(移転). 이사(移徙). removal

てんぎょう[転業](명·자サ) 전업. 직업을 바꿈. 전직(転職). change of occupation

でんきょく[電極](명)〈이〉 전극. 진공관, 전지 등에서 전류가 드나들게 된 곳. 나가는 쪽을 양극, 들어가는 쪽을 음극이라고 하며, 전위(電位)의 고저로써 구별함. an electrode

てんきん[天金](명) 천금. 책의 도련을 친 윗머리에 금박(金箔)을 칠하는 것. a gilt top

てんきん[転勤](명·자サ) 전근. 근무처(勤務処)를 옮김. transference

てんく[転句](명) 전구. 한시(漢詩) 절구(絶句)의 세째 구. the third verse of a Chinese quatrain

てんぐ[天狗](명) ①심산(深山)에 살며, 얼굴이 빨갛고 코가 크고, 자유로이 하늘을 날아 다닌다고 생각되는 인간처럼 생긴 상상상(想像上)의 괴물. ②자기 자랑을 하는 사람. 「—話(バナシ); 자랑하는 얘기」 1. a long-nosed, winged goblin. **—はいかい**[天狗俳諧](명) 한 구(句)를 5자, 7자, 5자로 나누어 각 사람이 지은 것을 1구 17자로 맞추는 놀이.

てんくう[天空](명) 천공. ①무한히 열린 하늘. 공중. ②허공. 1. the sky. **—かいかつ**[天空海闊](연어·명) 천공 해활. (하늘과 바다가 탁 트인 것같이) 사람의 도량이 크고 넓음을 가리키는 말.

てんぐさ[天草](명)〈식〉 우뭇가사리. 홍조류(紅藻類)의 하나. 가지가 가늘고 여러 갈래로 갈라져 나옴. 우무의 원료. agar-agar

デングねつ[dengue 熱](명)〈의〉 뎅그열. 비루스에 기인

하는 전염성 질환. 모기에 의해서 전염됨.
でんぐりがえ·る―ガヘル(자 4) 뒤집히다. 他 でんぐりがえす(4). turn a somersault
でん ぐん[殿軍](명) 전군. 부대가 이동(특히 후퇴)할 때 제일 뒤를 지키는 군대. 후미(後尾)의 군대. the rear guard
てん けい[天刑](명) ①천형. 하늘이 내리신다는 형벌. 천벌. 「一病(ビョウ); 나병(癩病)」 ②하늘의 법칙. 자연의 법칙. 1. divine punishment
てん けい[天恵](명) 천혜. 하늘의 은혜. 신의 자비(慈悲). Heaven's blessing
てん けい[天啓](명) 천계. 하늘의 계시(啓示). 신의 계시. a divine revelation
てん けい[典型](명) 전형. 어떤 부류의 본질적 특색을 나타내는 본보기. 모범. a model. **―てき**[典型的](형동ダ) 전형적. 전형으로 보이는 모양. 「一な政治家(セイジカ); 전형적인 정치가」
てん けい[点景·添景](명) 점경. 풍경화에 다른 사물을 그려 넣어서 정취를 더하는 일. 「一物(ブツ); 점경물」 human interest in a picture
でん げき[電撃](명) 전격. ①전류를 몸에 받을 때 급격히 느끼는 충격. ②번개와 같이 빠르고 센 것. ③급격히 공격하는 것. 「一戦(セン); 전격전」 1. an electric shock
てん けつ[転結](명) 전결. 한시(漢詩)의 전구(転句)와 결구(結句). development and conclusion
てん けん[天険](명) 천험. 지세(地勢)가 천연적으로 험함. a natural stronghold
てん けん[天譴](명) 하늘의 노여움. 천벌(天罰). divine punishment
てん けん[点検](명·타サ) 점검. 일일이 조사함. 하나하나 검사함. inspection
てん げん[天元](명) 천원. ①바둑판 한가운데의 점. 또는 거기 놓은 바둑돌. 배꼽점. 어복점(於腹点). ②만물 생육의 근원. 2. the centre of the universe
でん けん[伝研](명) 전염병 연구소(伝染病研究所)의 약칭.
でん けん[電鍵](명)〈이〉 전건. 전류를 접속 또는 단절하는 장치. 전신기 용은 키이, 전기용은 스위치. a key
でん げん[電源](명) 전원. ①전기를 공급하는 원천(源泉). ②전력을 얻는 원천. 「一開発(カイハツ); 전원 개발」 1. sources of electricity
てん こ[典故](명) 전고. ①전례(典礼)와 고사(故事). ②전거(典拠)가 되는 고사. an authentic precedent
てん こ[点呼](명·타サ) 점호. 한 사람 한 사람의 이름을 부름. 「一をとる; 점호하다」 a roll call
てん ご[転語](명) 본래의 말에서 변화되어 생긴 말. 전와(転訛)된 말. a corruption
でん こ[電弧](명)〈이〉 전호. 기체 방전(気体放電)의 한 가지. 서로 맞선 두 개의 탄소봉(棒) 또는 금속봉 사이에 일어나는 방전. an electric spark
てん こう[天工](명) 천공. 하늘의 조화. 자연의 섭리. ↔人工(ジンコウ). work of Nature
てん こう[天光](명) 천광. 일광. 햇빛. 맑게 갠 하늘빛. sunlight
てん こう[天候](명) 천후. 날씨. 기후. the weather
てん こう[転向](명·자サ) 전향. ①방향을 바꿈. ②다른 사상으로 바꿈. 1. turn
てん こう[転校](명·자サ) 전교. 학교를 바꿈. 전학(転学). change of schools
でん こう[電工](명) 전공. 전기 공사를 하는 공원(工員). an electrician
でん こう[電光](명) 전광. ①번개. ②전등 불빛. 2. electric light. **―せっか**[電光石火](연어·명) 전광석화. ①아주 짧은 시간. ②매우 빠른 것. 매우 민첩한 것. 「一の早(ハヤ)わざ; 번개 같은 솜씨」 **―ニュース**[電光 news](명) 전광 뉴우스. 게시판, 접촉판(接触板), 문자 판대(文字板臺)의 세 부분으로 되어 있는 뉴우스를 알리기 위한 전기 조명 장치. 많은 전구를 명멸(明滅)시켜서 글자를 순차로 이동시켜 나타냄.
てん こく[篆刻](명·타サ) 전각. 나무나 돌, 또는 금옥(金玉) 등에 인장(印章)을 새김. 또는 새긴 글자. 인각(印刻). seal engraving
てん ごく[天国](명) 천국. 하늘 위에 있다고 하는 상상의 세계. Heaven
てん ごく[典獄](명) 전옥. 감옥의 사무를 관장(管掌)하고 부하 직원을 감독하는 직책의 이름. 형무소 소장의 옛 이름. the chief gaoler
でん ごん[伝言](명·자타サ) 전언. 말을 전함. 또는 그 말. a message
てん さ[点差](명) 점차. 〔시합 등에서〕 점수의 차. difference of marks
てん さい[天才](명) 천재. 선천적으로 타고 난 뛰어난 재주. a genius. **―てき**[天才的](형동ダ) 천재적. 천재와 같은 모양.
てん さい[天災](명) 천재. 자연의 변화로 일어나는 재앙. 큰 바람, 홍수, 지진 같은 것. ↔人災(ジンサイ). a natural calamity. **―ちへん**[天災地変](연어·명) 천재 지변. 폭풍, 지진 등 천지간(天地間)에 일어나는 재난이나 이변(異変).
てん さい[天際](명) 천제. 하늘 끝. 하늘가. the skyline
てん さい[甜菜](명)〈식〉 첨채. 사탕무우. 명아주과에 속하는 2년초. 뿌리로 당료(糖料) 및 사탕을 만듦. a beet. **―とう**[甜菜糖](명) 첨채당. 사탕무우로 만든 당류(糖類).
てん さい[転載](명·타サ) 전재. 똑같은 문장이나 그림을 다른 인쇄물에 실음. reprinting
てん ざい[点在](명·자サ) 점재. 점점이 있음. 띄엄띄엄 있음. 산재(散在)해 있음. 여기저기 흩어져 있음. being scattered
てん さく[添削](명·타サ) 첨삭. 시문(詩文) 등을 더하거나 깎거나 하여 고침. 증산(増刪). correction
てん さん[天蚕](명)〈동〉 ⇨てぐすさん.
てん さん[天産](명) ①자연히 생겨 남. ②←天産物. 1. natural production. **―ぶつ**[天産物](명) 천연 산물.

でんさん[電産](명) 일본 전기 산업 노동 조합의 약칭.
てんざん(じゅつ)[点竄(術)](명)〈수〉 일본에 발달한 고등 수학. 대수학(代数学)에 해당하는 산법(算法).
てんし[天子](명) 천자. ①하느님의 사자(使者)로서, 하늘을 대신하여 만민(万民)을 다스리는 사람. 곧 한 나라의 군주. ②천황. 주상(主上). 2. an emperor
てんし[天使](명) 천사. ①천계(天界)에서 인간계에 파견되어 신과 인간과의 중간에서 신의 뜻을 인간에게 전하고, 인간의 기원(祈願)을 신에게 전한다고 하는 사자. 「白衣(ビャクエ)の一; 백의의 천사(간호부)」 ②천자(天子)의 사자(使者). 칙사(勅使). 1. an angel
てんし[天資](명) 천자. 타고 난 기품. 천품(天稟). 천성(天性). endowment
てんし[天賜](명) 천사. ①하늘이 주심. 천부(天賦). ②천자로부터 받은 것. 은사(恩賜). 1. a heavenly gift
てんし[展翅](명·타サ)〈동〉 전시. (곤충 등의 표본을 만들 때) 날개를 폄. spreading the wings. **—ばん**[展翅板](명) 전시판. 표본이 되는 곤충의 날개를 펴는 데 쓰이는 판.
てんじ[典侍](명) ①⇨ないしのすけ. ②최고의 여관(女官). 2. a court lady of the first rank
てんじ[点字](명) 점자. 장님들이 더듬어 읽는 문자. 여섯 개의 점의 조합으로 이루어짐. raised letters

〔展翅板〕

てんじ[展示](명·타サ) 전시. ①펴서 보임. ②여러 가지 물건을 모아 벌여 놓고 보임. 2. exhibition
てんじ[篆字](명) 전자. 한자의 한 서체. 대전(大篆)과 소전(小篆)이 있음. a seal-charactor
でんし[電子](명)〈이〉 전자. 물질을 구성하는 가장 작은 대전 입자(帯電粒子). 「一音楽(オンガク); 전자 음악」 an electron. **—こうがく**[電子工学](명)〈이〉 전자 공학. 진공관 등을 통하고 있는 전자를 응용하는 기술의 학문. 라디오, 텔레비전, 전자 계산기 등에 응용함.
でんじ[田地](명) ⇨でんち.
でんじ[電磁](명)〈이〉 전자. 전자기. electro-magnetism. **—かんのう**[電磁感応](명)〈이〉 ←電磁誘導. **—き**[電磁気](명)〈이〉 전자기. ①전류에 의해서 일어나는 자기. ②전기와 자기. **—しゃく**[電磁石](명)〈이〉 전자석. 코일을 감은 연철(軟鉄)에 전류를 통하여 감응시켜 만든 자석. 초인종, 전신기 등에 씀. **—は**[電磁波](명)〈이〉 전자파. 전기적 원인에 의해서 일어나는 파동. 전파. **—ゆうどう**[電磁誘導](명)〈이〉 전자 유도. 전선이 자력선(磁力線)을 단절하거나 코일내(內)의 자력선 수에 변화를 가져왔을 때 전선 또는 코일내에 기전력(起電力)이 발생하는 현상.
てんしき[点式](명) 하이카이(俳諧)의 심사원이 구(句)의 우열을 가리는 채점 방법.
てんじく[天竺](명) ①〈지〉 천축. 인도의 옛 이름. ②←天竺木棉. 1. India. **—あおい**[天竺葵](명)〈식〉 천축규. 줄기와 잎에 거친 털이 빽빽이 나고, 6~8월에 적색, 담홍색, 백색 등의 5판화가 핌. 중국 원산으로 흔히 정원에 심음. 양아욱. **—ねずみ**[天竺鼠](명)〈동〉 기니아픽. **—もめん**[天竺木棉](명) 바탕이 두꺼운 목면. **—よう**[天竺様](명) 카마쿠라(鎌倉) 시대의 사원 건축 양식의 하나. 남송(南宋)에서 전해져 왔으며, 단순하고 웅대함. **—ろうにん**[天竺浪人](명) 주소 부정(住所不定)의 방랑인.
てんしつ[天質](명) 천질. 타고 난 성질. 천성(天性). 천품(天稟). natural disposition
てんじつ[天日](명) 태양. 해. the sun
てんじて[転じて](부) 방향을 바꾸어. 변하여. changing
てんしゃ[転写](명·타サ) 전사. 옮겨 베낌. transcription
てんじゃ[点者](명) 와카(和歌), 하이카이(俳諧), 렌가(連歌) 등을 비평하여 점수를 매기고, 그 우열(優劣)을 판정하는 사람. a marker
でんしゃ[田舎](명) 전사. 시골. 시골집. 전가(田家). a country house
でんしゃ[伝写](명·타サ) 전사. 서로 전하며 베낌. 「一の誤(アヤマ)り; 전사의 오류(誤謬)」 copying and handing down
でんしゃ[電車](명) 전차. 전기의 힘을 이용해서 레일 위를 달리는 차. 「一賃(チン); 전찻삯」 an electric car
でんしゃ[殿舎](명) 어전(御殿). 전각(殿閣). a palace
てんしゃく[天爵](명) 천작. 남에게 존경을 받을 만한 선천적인 덕행. ↔人徳(ジントク). natural nobility
てんしゃく[転借](명·타サ) 전차. 다시 빌어 옴. 재차 빌어 옴. ↔転貸(テンタイ). subtenancy
てんしゃにち[天赦日](명) 천사일. 〔음양도(陰陽道)에서〕 1년 중 가장 좋은 길일(吉日). the luckiest day in the year
てんしゅ[天主](명)〈종〉 천주. 〔기독교에서〕 신(神). the Lord of Heaven. **—きょう**[天主教](명)〈종〉 천주교. 구교(旧教). 가톨릭교. **—どう**[天主堂](명)〈종〉 가톨릭 교회의 건물. 성당(聖堂).
てんしゅ[天守](명)〔お一〕 ←天守閣. **—かく**[天守閣](명) 성(城)의 중심에 제일 높이 만든 망루(望楼).
てんしゅ[店主](명) 점주. 가게 주인. a shopkeeper
てんじゅ[天寿](명) 천수. 타고 난 수명. 천명(天命). 「一をまっとうする; 천수를 누리다」 natural term of existence
てんじゅ[天授](명) 천수. ①하늘에서 내려 줌. ②천성. 「一の才(サイ); 타고 난 재주」 1. endowment
でんじゅ[伝受](명·타サ) 전수. 전하여 받음. receipt
でんじゅ[伝授](명·타サ) 전수. 예도(芸道)의 오묘(奧妙)한 뜻을 전하여 줌. instruction
てんじゅう[転住](명·자サ) 전주. 이전함. 이사(移徙). removal
てんじゅう[填充](명·타サ) 전충. 빈 곳을 채워서 메움. 충전. filling up
でんしゅう[伝習](명·타サ) 전습. 학문이나 기술을 전해 배움.
てんしゅく[転宿](명·자サ) 전숙. 숙소를 옮김. a change of one's lodging

てんしゅつ[転出](명·자サ) 전출. 한곳에서 다른 곳으로 이주하여 감.「一証明書(ショウメイショ); 전출 증명서」 transfer

てんしょ[添書](명·자サ) ①사람이나 선물을 보낼 때 보낸 목적이나 취지를 써서 보내는 편지. ②소개장(紹介状). 1. an accompanying letter

てんしょ[篆書](명) 전서. 한자의 서체(書体). 대전(大篆)과 소전(小篆)이 있음.

てんじょ[天助](명) 천조. 하늘의 도움. 하늘이 도와서 보살핌. Heaven's help

でんしょ[伝書](명) 전서. ①대대로 전해진 서적. ②비법(秘法)을 쓴 서적. ③편지를 전하는 일.「一鳩(バト); 전서구」 2. a book of secrets

てんしょう[天象](명) 천상. ①천체(天体)의 현상. ②천공의 상태. 천기(天気). 1. a phenomenon of the celestial sphere

てんしょう[典章](명) 전장. 법. 법규. 규칙. a rule

てんじょう[天上](명·자サ) 천상. ①하늘 위. ②하늘에 올라 감. 2. going up to Heaven. **— てんげ**[天上天下](명) 천상 천하. 지상 세계와 하늘 위의 세계.「一唯我独尊(ユイガドクソン); 천상 천하 유아 독존」

てんじょう[天井](명) 천정. ①반자의 겉면. ②방 내부의 제일 윗부분. ②(경) 시세, 물가의 최고의 한도.「一知(シ)らず; 천정 부지」 1. a ceiling 2. the top

てんじょう[天壌](명) 천양. 하늘과 땅. 천지. heaven and earth. **—むきゅう**[天壌無窮](명) 천양 무궁. 하늘과 땅처럼 끝이 없이 계속됨.

てんじょう[転乗](명·자サ) 전승. 다른 탈것에 바꾸어 탐. transferring

てんじょう[殿上](명) ①궁중의 정전(正殿)내에 있는 여러 방 중의 하나. 전상에 오를 것이 허락된 사람이 유(留)하는 방. ②전상에 올라 가는 것이 허용되는 것. 2. permission to enter Emperor's Court. **—びと**[殿上人](명) 전상에 올라 가는 것이 허용되는 사람. 4위, 5위 이상의 사람 및 궁중의 잡일을 보던 사람. ↔地下(ジゲ).

てんじょう[纏繞](명·자サ) 전요. ①달라붙음. ②휘감김. 감기어 붙음. 2. coiling round

でんしょう[伝承](명·타サ) 전승. 전해 받음. 계통을 전하여 계승함.「民間(ミンカン)に一される伝説(デンセツ); 민간에 전승되는 전설」 transmission

でんしょう[伝唱](명·타サ) 전창. 전하여 부름. 불러 전함. tradition

でんじょう[電場](명)〈이〉 ⇨でんば.

てんしょう こうだいじんぐう[天照皇大神宮](명) ⇨こうだいじんぐう.

てんしょく[天職](명) 천직. ①하늘에서 받은 직업. ②타고 난 직분. a mission

てんしょく[転職](명·자サ) 전직. ①직업을 바꿈.「一者(シャ); 전직자」 ②직무(職務)를 바꿈. 1. change of employment

でんしょく[電飾](명) ⇨イルミネーション.

でんしょばと[伝書鳩](명)〈동〉 전서구. 통신에 이용하는 비둘기. a carrier-pigeon

てん·じる[転じる] Ⅰ(자상 1) ①옮다. 변하다. ②돌다. 순회하다. Ⅱ(타상 1) ①옮기다. 바꾸다. ②돌리다. 순회시키다. Ⅰ1. change Ⅱ2. turn

てんしん[天心](명) 천심. 하늘 한가운데. 하늘 한복판. the zenith

てんしん[天真](명·형동ダ) 천진. 자연 그대로의 마음씨. 타고 난 그대로 꾸밈이 없음.「一爛漫(ランマン); 천진 난만」 naivete

てんしん[天神](명) 천신. 하느님. God of Heaven

てんしん[点心](명) ①간식(間食). ②차에 곁들여 나오는 과자. 다과(茶菓). 1. a snack

てんしん[転身](명·자サ) 신분, 직업을 바꿈.「プロに一する; 프로로 전향하다」change of social position

てんしん[転進](명·자サ) 전진. 방향을 바꾸어서 다른 목적지로 나아감. transfer

てんじん[天人](명) 천인. 하늘과 사람.「一ともに許(ユル)さざる行(オコ)ない; 천인 공노(共怒)할 행위」 heaven and man

てんじん[天神](명) ①천신. 하늘에 있는 신. ②스가와라노 미치자네(菅原道真)를 모신 텐만궁(天満宮). 1. heavenly gods

でんしん[田紳](명) 시골 신사. a country gentleman

でんしん[電信](명) 전신. ①전기 작용에 의한 통신. ②전신기(電信機)를 사용해서 하는 통신. 1. electric communication

てんしんらんまん[天真爛漫](연어·명·형동ダ) 천진 난만. 아무런 꾸밈이 없이 마음이 언행에 그대로 나타남. 순진. simple and innocent

テンス[tense](명) 텐스. 〔문법에서〕 때. 시제(時制).

てんすい[天水](명) 천수. 빗물.「一桶(オケ); 빗물을 받는 통」**—ば**[天水場](명) 수리 시설(水利施設)이 안되어 빗물로만 경작(耕作)하는 논. rain-water

てんすい[点水](명) ①점수. 물을 방울방울 떨어뜨려 부음. ②⇨みずさし(水差). 1. filling with water

てんずい[天瑞](명) 천서. 하늘이 내리는 상서(祥瑞)로운 징조. an auspicious sign

てんすう[点数](명) 점수. ①득점(得点)한 수. 평점(評点)의 수. ②물건의 가지수. 1. marks

でんすけ[伝助](명)〈속〉 ①길가에서 행인들을 상대로 하는, 잘 맞지 않게 되어 있는 도박. ②소형(小形) 녹음기. 2. a portable tape recorder

てん·する[展する](자サ) ①자세히 보다. ②성묘(省墓)하다. 1. inspect 2. visit a grave

てん·ずる[点ずる](타サ) ①점을 찍다. ②차를 달이다. ③한 방울 한 방울 떨어 뜨리다.「目薬(メグスリ)を一; 안약을 넣다」 ④시문(詩文)을 정정(訂正), 비평하다. ⑤불을 붙이다. 점화(点火)하다. 1. mark 3. drop

てん·ずる[転ずる](자타サ) ⇨てんじる.

てんせい[天成](명) 천성. 날 때부터 되어 있는 것. 타고 난 것. 천성(天性).「一の音楽家(オンガクカ); 천성의 음악가」 1. nature

てんせい[天性](명) 천성. 타고 난 성품. 천자(天資).

「一の芸術家(ゲイジュツカ); 타고 난 예술가」 nature
てんせい[点睛](명) ⇨がりゅうてんせい(画竜点睛).
てんせい[展性](명)〈이〉 전성. 압력을 가해서 얇고 넓게 펼 수 있는 금속의 성질. malleability
てんせい[転生](명·자サ) 새로(다시) 태어남. regeneration
てんせい[転成](명·자サ) ①다른 것으로 완전히 변함. ②〔문법에서〕 한 품사가 다른 품사로 변함. 「品詞(ヒンシ)の一; 품사의 전성」 1. regeneration
でんせい[電請](명·타サ) 전청. (외교관, 사절 등이) 전보로 본국 정부의 훈령(訓令)을 요청함. asking instructions by telegram
でんせいかん[伝声管](명) 전성관. 비행기나 기선 속에서 서로 떨어진 곳으로 이야기를 전하기 위한 관(管). a voice tube
てんせき[典籍](명) 전적. 서적. 책. books
てんせき[転籍](명·자サ) 전적. 본적을 다른 곳으로 옮김. transfer of permanent domicile
てんせつ[点綴](명·타サ) ⇨てんてい.
でんせつ[伝説](명) 전설. 옛날부터 전하여 내려 오는 이야기. a tradition
てんせん[点線](명) 점선. 많은 점이 줄로 이어져서 이루어진 선. 점줄. ↔実線(ジッセン). a dotted line
てんせん[転戦](명·자サ) 전전. 이리저리 장소를 옮겨 가며 싸움. fighting in various places
てんぜん[恬然](명·형동タルト) 염연. 태연한 모양. 염아(恬雅). 「一として恥(ハ)じない; 태연하여 부끄러워하지 않다」 brazen
でんせん[伝染](명·자サ) 전염. ①옮아서 물이 듦. ②병원균이 다른 사람에게 옮아서 그 증세를 나타냄. infection. **─びょう**[伝染病](명)〈의〉 전염병. 전염성이 있는 질병.
でんせん[電閃](명) ①번갯불. ②칼날이 번쩍이는 모양. 1. lightning 2. the flash of a sword
でんせん[電線](명)〈이〉 전선. 전류를 통하게 하는 금속선(金属線). an electric wire
でんせんびょう[伝線病](명)〈속〉 전선병. 여자의 긴 양말이 세로 올이 풀리는 일. run
てんそ[天祖](명) 천황의 선조. the Imperial ancestor
てんぞ[典座](명)〈불〉 전좌. 〔선종(禅宗)에서〕 잿밥 등 잡일을 주재하는 중. a priest presiding over a meal
でんそ[田租](명) 전조. 경작지에 부과(賦課)하는 조세(租税). a farm tariff
てんそう[転送](명·타サ) 전송. 보내 온 것을 또 다른 곳으로 보냄. transmission
でんそう[伝奏](명·타サ) 전주. 전하여 아룀. 상주(上奏). reporting
でんそう[伝送](명·타サ) 전송. 전하여 보냄. 차례로 보냄. delivery
でんそう[電送](명·타サ) 전송. (전기를 이용해서) 문자, 그림, 사진 등을 먼 곳으로 보냄. electrical transmission
てんそく[天測](명·타サ)〈천〉 천측. 경위도(経緯度)를 알고자 천체를 관측함. astromomical observation
てんそく[典則](명) 전칙. 규칙. 규율. a rule
てんそく[店則](명) 점칙. 그 상점의 규칙. rules of a shop
てんそく[填塞](명·자타サ) 전색. 메어서 막힘. 또는 막음. filling up
てんそく[纒足](명) 전족. 〔중국에서〕 옛날 부인들이 발을 헝겊으로 감아 매어서 작게 하던 일. 또는 그 발. foot-binding as practised in China
てんぞく[転属](명·자サ)〈군〉 전속. 다른 관할(管轄)로 옮김. 소속을 바꿈. changing a position
てんそん[天孫](명) ①천신(天神)의 자손. ②아마테라스 오오미카미(天照大神)의 손자. 즉, 니니기노 미코토(瓊瓊杵尊). 1. the Sun-Goddess's offspring
てんたい[天体](명)〈천〉 천체. 우주간에 있는 온갖 물리적 물체. 항성(恒星), 성운(星雲), 성단(星団)을 비롯하여 혹성, 혜성 등의 총칭. 「一望遠鏡(ボウエンキョウ); 천체 망원경」 a celestial sphere
てんたい[転貸](명·타サ) 전대. 꾸어 온 것을 다시 남에게 꾸어 줌. ↔転借(テンシャク). sublease
てんだい[天台](명)〈불〉 ←天台宗. **─ざす**[天台座主](명)〈불〉 히에이산(比叡山)의 엔랴쿠사(延暦寺)에 총본부를 둔 천태종의 주장(主長). **─しゅう**[天台宗](명)〈불〉 천태종. 대승불교(大乗仏教)의 한 종파. 6세기경 중국에서 대성하여, 헤이안(平安) 초기 사이쵸오(最澄)에 의해서 일본에 전해진 후 조정의 보호하에 크게 융성했음.
てんだい[椽大](명) 연대. 서까래만한 크기. 「一の筆(フデ); 서까래만한 크기의 붓. 훌륭하고 당당한 문장」 as big as a rafter
てんたいしゃく[転貸借](명)〈법〉 전대차. 빌린 것을 남에게 다시 빌려 주는 일. subletting
てんたく[転宅](명·자サ) 주택을 옮김. 이사(移徙). 이전(移転). removal
でんたく[田宅](명) ①농지와 주택지. ②경작지와 주택. 1. farm and building land 2. farm and house
でんたつ[伝達](명·타サ) 전달. ①전해 알림. ②부하나 같은 패에게 전함. 1. communication
てんたん[恬澹·恬淡](형동ダ) 집착이 없는 모양. 깨끗하고 구애되지 않는 모양. 담백(淡白)한 모양. 「無欲(ムヨク)一; 욕심이 없고 깨끗한 모양」 disinterested
でんたん[伝単](명) 전단. 선전 삐라. a leaflet
でんたん[電探](명) 전파 탐지기(電波探知機)의 준말.
てんち[天地](명) 천지. ①하늘과 땅. ②우주. ③위와 아래. 1. heaven and earth. **─かいびゃく**[天地開闢](명) 천지 개벽. 천지가 처음으로 열리는 일. **─じん**[天地人](명) 천지인. ①삼재(三才)를 이루는 하늘과 땅과 사람. ②세상의 것을 셋으로 분류하는 방법. **─しんめい**[天地神明](명) 천지 신명. 천지에 있는 여러 신령. **─むよう**[天地無用](연어·명) 짐, 화물(貨物) 등을 거꾸로 해서는 안된다는 표시.
てんち[転地](명·자サ) 전지. 사는 곳을 옮김. 주소를 옮김. 「一療養(リョウヨウ); 전지 요양」 a change of air

でんち[田地](명) 전지. 논. rice-field
でんち[電池](명)〈이〉 전지. 화학적 작용에 의해서 전류를 일으키는 장치. a battery
でんちく[電蓄](명) 전축. 전기 축음기(電気蓄音機)의 준말.
てんちこんげんづくり[天地根元造り](명) 건축 양식의 하나. 장방형의 구멍을 파고 그 앞뒤에 통나무를 교차시켜 지붕을 임. 움집.
てんちゃ[点茶](명) ①가루차에 끓는 물을 부음. ②절에서 부처나 손님에게 차를 내는 것. 2. offering tea
てんちゃく[展着](명·타サ)〈농〉 전착. 농약 등을 뿌려서 골고루 잘 퍼지게 함. 「一剤(ザイ); 전착제」
てんちゃく[纏着](명·자サ) 전착. 감기어 붙음. 전요(纏繞). coiling round
てんちゅう[天誅](명) 천주. ①천벌. ②천벌로서 죽이는 것. 1. Heaven's punishment
てんちゅう[転注](명) 전주. 한자 육서(六書)의 하나. 어떤 글자의 뜻을 그 글자와 같은 부류(部類) 안에서 다른 뜻으로 전용(転用)하는 일. 자음(字音)을 바꾸는 것이 보통임.
でんちゅう[殿中](명) ①궁중. ②막부(幕府) 장군이 있는 곳. 1. inside a palace
でんちゅう[電柱](명) 전주. 전보대. 전신주. a telegraph pole
てんちょう[天頂](명) 천정. ①꼭대기. ②〈천〉 연직선(鉛直線)을 위로 연장하여 천구(天球)와 교차(交叉)시킨 점. 2. the zenith
てんちょう[天朝](명) 천조. 조정(朝廷)의 높임말. the Imperial Court
てんちょう[転調](명·자サ)〈악〉 전조. 악곡(楽曲)의 진행 중 계속해 오던 곡조를 다른 곡조로 바꾸어서 진행시킴. modulation
てんちょうせつ[天長節](명) 일본 천황의 탄생일의 옛 명칭. the Emperor's Birthday
てんで(부)〈속〉 ①〔아래에 부정(否定)이 붙어서〕 전연. ②〈속〉(부정 없이) 퍽. 상당히. 1. not at all
てんてい[天帝](명) 천제. ①하느님. 상제(上帝). 조물주(造物主). ②〈종〉 ⇨エホバ.
てんてい[点綴](명·타サ) 점철. 여기저기 흐트러진 점들을 서로 이음. 이것 저것을 꾸며 맞춤. connecting as with dots
でんてい[電停](명) 전차 정류소. a stop
てんてき[天敵](명)〈농〉 천적. 생물이 자연계에 갖는 천연의 적. a natural enemy
てんてき[点滴](명) 점적. 물방울. 「一石(イシ)をうがつ; 물방울이 돌을 뚫다」 drops
てんてこまい[天手古舞]ーマヒ(명·자サ) ①준비, 손님 응대 등으로 몹시 바쁨. ②기뻐 날뜀. 좋아 날뜀. 1. being very busy
てんてつ[点綴](명·타サ) ⇨てんてい.
でんてつ[電鉄](명) 전철. 전기 철도(電気鉄道)의 준말.
てんてつき[転轍器](명) 전철기. 철도 선로의 분기점에 붙여 차량을 다른 선으로 옮기는 장치. points

てんでに[手ん手に](부) ①손에 손에. ②저마다. 제각기. 각각. 2. individually
てんてん[点点] Ⅰ(명) 많은 점. Ⅱ(부) ①여기저기 하나씩 흩어져 있는 모양. 점점이. ②물방울이 똑똑 떨어지는 모양. Ⅱ 1. scattered here and there
てんてん[転転](명·자サ) 전전. ①차례차례로 옮겨 감. 「各地(カクチ)を一とする; 각지를 전전하다」 ②굴러가는 모양. 1. wandering
てんてん[輾転](명·자サ) 전전. ①반회전(半回転)함. ②누워서 이리저리 몸을 뒤척임. 2. tossing about in bed. **—はんそく**[輾転反側](연어·명·자サ) 전전반측. 누워서 이리저리 뒤척이며 잠을 못 이룸. 전전 불매(転転不寐).
てんでん[転電](명·타サ) 받은 전보나 전신을, 다시 전보나 전신으로 다른 곳으로 보냄. transmission of a telegram
でんでんだいこ[田田太鼓](명) 자루가 달린 작은 북의 좌우에 방울이 달린 것. a fancy drum
てんでんばらばら(형동ダ) ①각자 제 멋대로 흩어지거나 행동하는 모양. 「一に帰(カエ)る; 제각기 흩어져서 돌아 가다」 ② 흩어져 어지러운 모양. 1. everyone in his own way
〔田田太鼓〕
でんでんむし(명)〈동〉 ⇨かたつむり.
テント[tent](명) 텐트. 천막(天幕).
てんと[奠都](명·자サ) 전도. 어느 곳에 도읍을 정함. transfer of the capital
でんと[電鍍](명·타サ)〈이〉 전도. 전기 도금(鍍金). electric gilding
てんとう[天道](명) ①천지를 지배하는 신. 천제(天帝). ②태양. 해. ③천지 자연의 도리. 1. Providence
てんとう[店頭](명) 점두. 가게 앞. a shop-front
てんとう[点灯](명·타サ) 점등. 불을 켬. lighting
てんとう[点頭](명) 점두. 고개를 끄덕임. 수락. 승낙(承諾). a nod
てんとう[転倒·顚倒](명·자타サ) 전도. ①뒤집힘. ②위와 아래를 바꾸어서 거꾸로 함. ③당황함. 2. falling down
てんどう[天堂](명)〈불〉 천당. 극락. 천국(天国). the Palace of Heaven
てんどう[天道](명) 천도. 천지 자연의 도리. ②〈천〉 천체(天体)의 운행하는 길. ③〈불〉 욕(慾), 색(色), 무색계의 총칭. 1. the way of Heaven
でんとう[伝統](명) 전통. 계통(系統)을 받아 전함. 또는 이어 받은 계통. 「一を守(マモ)る; 전통을 지키다」 tradition
でんとう[伝灯](명)〈불〉 전등. 스승이 제자에게 불법(仏法)을 전수(伝授)하는 일. instruction of the Buddhist doctrine
でんとう[電灯](명) 전등. 전기불. an electric light
でんどう[伝動](명·타サ) 전동. 동력을 기계의 다른 부분에 전함. 「一装置(ソウチ); 전동 장치」 transmission of motive power

でんどう[伝道](명·타サ)〈종〉 전도. 교지(教旨)를 전하여 미신자(未信者)에게 신앙을 갖도록 함.「一師(シ); 전도사」 a mission
でんどう[伝導](명·타サ)〈이〉 전도. 열이나 전기가 물체의 한 부분으로부터 점차 다른 곳으로 옮아 감. 또는 그 현상.「一体(タイ); 전도체」 conduction
でんどう[殿堂](명) 전당. ①신불(神仏)을 모셔 놓은 집. ②크고 화려한 건물.「芸術(ゲイジュツ)の一; 예술의 전당」 1. a tabernacle
でんどう[電動](명)〈이〉 전동. 전류를 동력으로 하는 것. 전기로 움직이게 하는 것. electric power. **—き**[電動機](명)〈이〉 전동기. 전류에 의해서 회전을 일으키는 동력 기계. 모우터.
てんどうせつ[天動説](명)〈천〉 천동설. 지구가 우주의 중앙에 정지하고, 모든 천체가 지구를 중심으로 하여 돈다고 믿었던 설. ↔地動説(チドウセツ). the Ptolemaic theory
てんとうむし[天道虫·瓢虫](명)〈동〉 무당벌레. 몸이 둥근 갑충(甲虫)으로, 진딧물을 잡아 먹는 익충(益虫)임. a ladybird
てんどく[転読](명·타サ)〈불〉 전독. 자구를 생략하고 경문을 띄엄띄엄 읽음. ↔真読(シンドク). skipping
デントコーン[dent corn](명)〈농〉 덴트코온. 말의 사료로 쓰는 알이 굵은 옥수수.
てんとじ[天綴](명) 튀김 메밀 국수에 날계란을 풀어 덮은 것.
てんとして[恬として](부) 마음에 거리낌이 없는 모양. 태연하게.「一恥(ハ)じない; 태연하여 조금도 부끄러움이 없다」 nonchalantly
てんとり[点取り](명) ①점수를 땀. 득점의 수를 다툼. ②점수 따기. 1. competition for marks. **—むし**[点取り虫](명) 점수를 많이 따려고 공부하는 학생을 시기하여 일컫는 말.
てんどん[天丼](명) 튀김 덮밥. ┌inside a shop
てんない[店内](명) 점내. 가게 안. ↔店外(テンガイ). ┘
てんなんしょう[天南星](명)〈식〉 천남성. 산지나무 그늘에 자라는 다년초. 5월경 꽃이 피고 홍색, 구형의 열매를 맺음. 열매는 유독성이며 한약재로 쓰임.
てんにゅう[転入](명·자サ) 전입. ①전교(転校)해서 입학함. ②다른 고장에서 그곳에 와 삶. ↔転出(テンシュツ). 1. entering from another school
てんにょ[天女](명) ①선녀. 천인(天人). ②여신(女神). 2. a goddess
てんにん[天人](명)〈불〉 천인. 천상계(天上界)에 산다는 아름다운 여자. 선녀. a heavenly maiden
てんにん[転任](명·자サ) 전임. 다른 직무로 옮김. a change of post
てんにんか[天人花·桃金嬢](명)〈식〉 도금양. 관상용(観賞用) 상록 교목으로서 한 줄기에 담홍색 5판화가 1내지 3개 정도 핌. a myrtle
でんねつ[電熱](명) 전열. ①〈이〉 전류에 의해서 일어나는 열. ②←電熱器. 1. electric heat. **—き**[電熱器](명) 전열기. 저항선에 전류를 통하여 주울열(Joule熱)을 발생시켜 이것을 이용하는 기구.
てんねん[天然](명) 천연. ①사람의 힘을 가(加)하지 아니한 상태. 자연.「一色(ショク); 천연색」 ②본성. nature. **—ガス**[天然gas](명) 천연 가스. 땅속에서 솟아 나오는 기체 연료. 합성 수지 공업 등에 사용함. **—きねんぶつ**[天然記念物](명) 천연 기념물. 수가 적고 진귀하여 법률로써 보호하는 동물, 광물, 식물의 총칭. **—しょく**[天然色](명) 천연색. 만물이 지니고 있는 자연 그대로의 빛깔. **—しょくえいが**[天然色映画](명) 천연색 영화. 천연색에 가까운 색채를 그대로 스크리인에 영사하는 영화. 색채 영화. **—しょくしゃしん**[天然色写真](명) 천연색 사진. 자연의 모양, 색채 등을 동시에 촬영한 사진. **—せんい**[天然繊維](명) 천연 섬유. 자연에 존재하는 동물, 식물, 광물에서 직접 얻은 섬유. **—とう**[天然痘](명)〈의〉 천연두. 법정 급성 전염병(法定急性伝染病)의 하나. 고열이 나고 안면 등에 발진(発疹)을 일으켜 흉터를 남김. 두창(痘瘡). 호역(戸疫). 마마(媽媽).
てんのう[天王](명) 천왕. ①〈불〉 ㉠욕계(慾界)의 최하급의 신(神). ㉡〔←牛頭(ゴズ)天王〕 지옥의 옥졸(獄卒)의 하나로서 몸은 사람과 같고 머리는 소와 같다는 신. 우두 대왕. ②군주(君主). 2. the Emperor. **—ざん**[天王山](명) 승패가 정해지는 기회. **—せい**[天王星](명)〈천〉 천왕성. 태양계의 제7의 혹성(惑星).
てんのう[天皇](명) 천황. ①일본의 군주. ②어떤 세계에서 상당한 세력이 있는 사람. 1.the Emperor. **—きかんせつ**[天皇機関説](명)〈법〉 천황 기관설. 주권은 국가에 있으며, 국가 최고 기관인 천황이 주권을 행사한다는 설. **—せい**[天皇制](명) 천황을 군주로 하는 정치 제도. **—へいか**[天皇陛下](명) 천황 폐하. 현재의 천황을 높여 일컫는 말.
てんば[天馬](명) 천마. ①하늘을 난다고 하는 날개가 달린 말. ②뛰어난 준마(駿馬). 1. Pegasus
でんば[電場](명)〈이〉 전장. 대전체(帯電体)의 전기 작용이 존재하고 있는 곳. electric field
でんぱ[伝播](명·자サ) 전파. ①널리 전하여 퍼뜨림.「思想(シソウ)の一; 사상의 전파」 ②〈이〉 파동(波動)이 퍼져 감. 1. spread
でんぱ[電波](명)〈이〉 전파. 전자파(電磁波).「一に乗(ノ)る; 전파를 타다」 electric-magnetic wave. **—ぼうえんきょう**[電波望遠鏡](명)〈이〉 전파 망원경. 천체에서 오는 전파를 잡기 위한 수신기의 한 가지.
テンパー(명) 디스템퍼의 준말.
てんばい[転売](명·타サ) 전매. 샀던 물건을 도로 다른 곳에 팖. resale
てんぱい[顛沛](명) ①걸려 넘어짐. ②순간(瞬間). 1. stumbling down
テンパイ[중 聴牌](명·자サ) 〔마작에서〕 나머지 한 패(牌)로 오르게 되는 일. waiting for just one tile in mah-jong
でんぱいしつ[電媒質](명)〈이〉 전매질. 정전적(静電的) 유도 작용(誘導作用)을 하는 물질. 도체가 아닌 물

질은 모두 이에 속함. 유전체(誘電体). dielectrics
でんぱた[田畑](명) 논밭. 전답(田畓). fields
てんばつ[天罰](명) 천벌. 하늘이 내리는 벌. 「一覿面(テキメン); 천벌이 당장 눈앞에 내리다」 Heaven's judgement
でんぱつ[電髪](명) 전기로 머리털을 지지는 일. 또는 그 머리털. a permanent wave
てんパン[天 Pan·天板](명) 서양 요리를 만드는 데 사용하는 네모난 철판. a shallow pan
てんぱん[典範](명) 전범. 규율(規律). 규범(規範). an exemplar
てんぴ[天日](명) 태양의 빛(光熱). sunlight
てんぴ[天火](명) 서양 요리를 만드는 데 사용하는 기구. an oven
てんびき[天引き](명·타サ) ①지불해야 할 돈에서 미리 제함. 공제(控除). 「給料(キュウリョウ)から一する; 급료에서 공제하다」 ②대금(貸金)에서 계약 기간 중의 이자를 미리 떼어 냄. 1. a deduction in advance
てんびょう[点描](명·타サ) 점묘. ①그림을 그릴 때 점으로 모양을 그려 나타내는 방법. 인상주의 화법. ②(간단히) 부분을 묘사함. 1. pointillism
てんぴょう[天飈](명) 회오리바람. 선풍(旋風). a whirlwind
でんぴょう[伝票](명) 전표. 은행, 회사, 상점 등에서 금전의 출납, 또는 거래 내용 등을 간단히 기재(記載)하여 책임을 분명히 하는 표. a chit
てんぴょうじだい[天平時代](명)〈역〉 나라(奈良) 시대 후기(後期)의 한 시기. (710~794) 불교와 미술이 융성했음.
てんびん[天秤](명) ①천칭. 정확히 무게를 재는 저울의 한 가지. ②줄 하나에 두 개의 낚시를 단 것. ③두 개의 사물이 서로 같은 일. ④물건을 양쪽 끝에 걺. 「一にする; 양쪽에 걸다」 ⑤←天秤棒. 1. a balance. ―**ぼう**[天秤棒](명) 양쪽 끝에 짐을 걸어 메는 막대.
てんぴん[天稟](명) 천품. 타고 난 자질(資質). 천성. 천자(天資). natural talents
てんぷ[天賦](명) 천부. 천성. 천품. 「一の素質(ソシツ); 천부의 소질」 a natural gift
てんぷ[添付](명·타サ) 첨부. 더하여 붙임. 「領収書リョウシュウショ)を一する; 영수증을 첨부하다」 appending
てんぷ[貼付](명·타サ) ⇨ちょうふ.
テンプ[天府](명) 〔템퍼러처(temperature·気候)에서 온 말〕 시계의 부속품. 유사의 속도를 조절하는 장치.
でんぶ[田麩](명) 가다랭이포나 생선을 잘게 잘라서 양념장에 쳐서 조린 것. fish mashed and seasoned

〔天府〕

でんぶ[臀部](명) 둔부. 궁둥이. the rump
でんぷ[田夫](명) ①농부. ②시골 사람. 1. a farmer. ―**やじん**[田夫野人](명) 교양 없는 조야(粗野)한 사람.
てんぷく[転覆·顚覆](명·자타サ) 전복. ①뒤집혀 엎어짐. 「列車(レッシャ)の一; 열차의 전복」 ②멸망함. 또는 멸망시킴. 1. overturning
てんぶくろ[天袋](명) 천장 밑에 다는 문이 있는 선반. ↔地袋(チブクロ).
てんぶつ[天物](명) 천물. 자연적으로 산출되는 것. 천연 산물(天然産物). natural products
てんぷら[天麩羅](명) ①튀김. ②〈속〉 도금(鍍金). ③〈속〉 겉만 좋게 보이는 것. 1. fried food
てんぶん[天分](명) 천분. 하늘에서 받은 재능이나 성질. 또는 직분(職分). 천성. 「一にめぐまれる; 천품을 타고 나다」 natural endowments
てんぶん[天聞](명) 천황이 들음. 천황의 귀에 들어감. reaching the Emperor's ears
でんぶん[伝聞](명·자サ) 전문. 전하여 들음. hearsay
でんぶん[電文](명) 전문. 전보의 글귀. a telegraphic message
でんぷん[澱粉](명)〈이〉 전분. 식물체에 많이 포함된 하얀 가루와 같은 탄수화물. 녹말. starch
テンペラ[tempera](명) 템페라. 서양화의 한 가지. 안료(顔料)를 교질(膠質)이나 풀 같은 것에 섞어 만든 채료(彩料)로 그린 그림.
テンペラメント[temperament](명) 템퍼러멘트. 기질(気質). 성질. 성분(性分).
てんぺん[天辺](명) 천변. 높은 하늘. 하늘 끝. 하늘가. skyline
てんぺん[天変](명) 천변. 하늘에서 생기는 변동. 바람, 우뢰, 일식, 월식, 혜성(慧星) 등. extraordinary phenomena in heaven. ―**ちい**[天変地異](연어·명) 천변 지이. 천지 자연의 변동과 괴변(怪変). 천재(天災).
てんぺん[転変](명·자サ) 전변. 바뀌어 달라짐. change
てんぽ[天歩](명) 숙명. 운명. fate
てんぽ[店舗](명) 점포. 상점. 가게. a shop
てんぽ[転補](명·타サ) 전보. 다른 관직(官職)에 보임(補任)함. transfer
てんぽ[塡補](명·타サ) 전보. 부족한 것을 메워 채움. 결손(缺損)을 보충함. filling
テンポ[이 tempo](명) 템포. ①〈악〉 악곡의 속도. ②속도. 「一が早(ハヤ)い; 속도가 빠르다」
でんぽ[田畝](명) 논밭. 전답(田畓). fields
てんぼう[手ん棒](명) ①팔을 쓸 수 없음. 또는 그 사람. 팔이 없는 불구자(不具者). 2. an armless person
てんぼう[展望](명·타サ) 전망. 바라봄. 「一台(ダイ); 전망대」 a view. ―**しゃ**[展望車](명) 전망차. 열차의 후미(後尾)에 달아 연선(沿線)의 경치를 충분히 바라볼 수 있게 설비한 차량(車輛).
でんぽう[伝法](명·형동ダ) ①〈불〉 전법. 교법(教法)을 가르쳐 전함. ②여자의 남자다운 기상의 태도. ③언행이 난폭한 모양. 무뢰한(無頼漢). 1. instruction. ―**はだ**[伝法肌](명) ⇨いさみはだ.
でんぽう[電報](명·자サ) 전보. 전신 시설에 의해서 수발(受発)되는 통신. a telegram
てんぽうせん[天保銭](명) ①에도 막부(江戸幕府)가

텐포오(天保) 6년(1835)에 처음으로 만든 동전(銅銭). ②머리가 나쁜 사람, 지혜가 부족한 사람을 조롱하여 일컫는 말. 2. a simpleton

てんぼうりん[転法輪](명)〈불〉 전법륜. 석가가 성도(成道) 후 불법을 펴서 중생을 구제하는 일. salvation by Gautama

てんま[天魔](명)〈불〉 천마. 사마(四魔)의 하나. 정법(正法) 수행을 방해하며, 지혜와 선근(善根) 등을 상실하게 하는 악마. a devil

てんま[伝馬](명) ①카마쿠라(謙倉) 시대 이후의 역말(駅馬). ②헤이안(平安) 시대에 각 군(郡)에 놓아 두고 공용(公用)에 쓰던 말. ③←伝馬船. 1. a post horse. **—せん**[伝馬船](명) 짐을 나르는 조그만 배.

デンマーク[Denmark·丁抹](명)〈지〉 덴마아크. 유럽 서북부 유틀란드 반도와 셀란드, 퓐 등의 여러 섬으로 된 입헌 군주제 왕국. 수도는 코펜하겐(Copenhagen).

てんまく[天幕](명) 천막. 비바람이나 볕을 가리기 위하여 한데에 원추형 또는 지붕 모양으로 치게 된 서양식 장막(帳幕). a tent

てんまつ[顛末](명) 전말. 어떤 사건의 자초지종. 「事件(ジケン)の—; 사건의 전말」 details

てんまど[天窓](명) 천창. 지붕을 뚫어 만든 창. a scuttle

てんめい[天明](명) 새벽. 여명(黎明). dawn

てんめい[天命](명) 천명. ①타고 난 수명(寿命). ②하늘의 명령. ③천운(天運). 1. one's alloted measure of life

てんめい[店名](명) 점명. 가게 이름. 점포 이름. the name of a shop

でんめい[電命](명) 전명. 전보에 의한 명령. 전보 명령. an order by telegram

てんめいかいご[転迷開悟](명·자사)〈불〉 전미 개오. 번뇌의 미(迷)를 해탈(解脱)하여 열반(涅槃)의 경지에 이름. spiritual awakening

てんめつ[点滅](명·자타サ) 점멸. 등불을 켰다 껐다 함. 등불이 켜졌다 꺼졌다함. glimmering

てんめつ[殄滅](명·자타サ) 진멸. 멸망하여 없어짐. destruction

てんめん[転免](명·타サ) 전면. 전직과 면직. transfer and dismissal

てんめん[纏綿] Ⅰ(명·자サ) 전면. 휘감김. 달라붙음. 얽힘. Ⅱ(형동タルト) (남녀의) 애정이 깊어져 헤어지기 어려운 모양. 「情緒(ジョウチョ)—; 정서가 깊음」 Ⅰ entanglement Ⅱ clinging affection

てんもう[天網](명) 하늘의 그물. 하늘의 법망(法網). 「—恢恢(カイカイ)疎(ソ)にして漏(モ)らさず; 하늘의 법망은 크고 성긴 것 같지만, 악인을 빠짐 없이 잡는다(선악의 업보는 도저히 벗어날 수 없음의 비유)」 heaven's net

てんもく[天目](명) ①가루차를 마시는 공기 모양의 차잔. ②공기. 1. a tea-bowl. **—ざん**[天目山](명) 승부의 갈림길. 「今夜(コンヤ)が闘争(トウソウ)の—だ; 오늘 밤이 승패의 갈림길이다」

てんもん[天文](명) 천문. 천체의 현상. 「—学(ガク); 천문학」 heavenly phenomena. **—だい**[天文台](명) 천문대. 천문의 관측, 연구를 하는 곳.

てんや[店屋](명)〈속〉 ①상점. ②음식점. 1. a shop

でんや[田野](명) 전야. ①논밭. ②들. 들판. 1. fields

てんやく[典薬](명) 전약. 옛날 조정에서 의약을 맡아 보던 사람. a court physician

てんやく[点訳](명·타サ) 말이나 보통 문자를 점자로 고침.

てんやく[点薬](명·자サ)〈의〉 점약. 눈에 약을 넣음. 또는 그 약. 점안약. apply eye-lotion

てんやわんや(부·자サ)〈속〉 각자 소란을 피워 왁자지껄한 모양. 몹시 소란한 모양. topsyturvily

てんゆう[天祐·天佑](명) 천우. 하늘의 도움. 「—神助(シンジョ); 천우 신조」 special Providence

てんよ[天与](명) 천여. 하늘이 주는 것. 하늘의 선물. 천부(天賦). 「—の才能(サイノウ); 하늘이 준 재능(타고 난 재능)」 a godsend

てんよう[転用](명·타サ) 전용. 다른 데 옮겨 씀. 「予算(ヨサン)の—; 예산의 전용」 diversion

てんらい[天来](명) 천래. 하늘에서 내려 온 것. 하늘로부터 얻은 것. 「—の啓示(ケイジ); 하늘에서의 계시」 heavenly

てんらい[天籟](명) ①천뢰. 바람 소리. ②썩 잘된 시가. 1. the sound of winds 2. poetry of superb beauty

でんらい[伝来](명·자サ) 전래. ①대대로 전하여 내려옴. ②외국에서 전하여 들어 옴. 1. transmission

てんらく[転落·顛落](명·자サ) 전락. ①굴러 떨어짐. 「—死(シ); 전락사」 ②몰락(没落). ③타락. 1. downfall

てんらん[天覧](명) 임금이 보는 것. 천황의 시찰. 예람(叡覧). 어람(御覧). an inspection by the Emperor

てんらん[展覧](명·타サ) 전람. ①펴서 봄. ②여럿을 벌여 놓고 봄. 1. display. **—かい**[展覧会](명) 전람회. 서화(書画) 등을 진열하여 공개하는 모임.

でんらん[電纜](명)〈이〉 전람. 절연물(絶縁物)로 포장한 전선. 또는 그것을 여러 개 한데 묶은 것. 주로 땅속이나 물속으로 송전할 때 씀. a cable

てんり[天理](명) 천리. 천지 자연(天地自然)의 도리. a natural law

でんり[電離](명·자サ)〈이〉 전리. 기체 또는 액체의 분자 및 원자가, 전기를 띤 원자나 원자단(原子団)으로 되는 일. electrolytic dissociation

でんりゃく[電略](명) 전략. 전보 발신에 있어서 그 특수한 취급을 지정하기 위하여 전보 용지에 기입하는 약호. 전신 약호. a code address

でんりゅう[電流](명) 전류. 전기의 운동 현상. 전기의 흐름. an electric current

てんりゅうじぶね[天竜寺船](명)〈역〉 무로마치(室町) 시대 쿄오토(京都)의 텐류우사(天竜寺) 건립비와 운영 자금을 얻기 위해서 막부(幕府)에서 원(元) 나라에 파견했던 무역선.

てんりょう[天領](명) ①조정의 영토. 천황의 영지. ②토쿠가와 장군(徳川将軍)의 영토.

under the direct control of the Imperial Household

でんりょく[電力](명) 전력. ①전류에 의한 동력. ②전력 주식 회사의 약칭. 1. electric power

てんりん[天倫](명) ①천륜. 천지 자연의 도리. 천리(天理). ②형제. 골육(骨肉). 1. natural laws

てんれい[典礼](명) 전례. 일정한 의식. 예의(礼儀). a ceremony

てんれい[典例](명) 전례. 근거가 되는 선례(先例). 고실(故実). an exemplar

てんれい[典麗](명·형동ダ) 규칙 바르고 아름다움. 「花嫁(ハナヨメ)の一な姿(スガタ); 신부의 바르고 고운 모습」 graceful

でんれい[伝令](명) 전령. 명령을 전함. 또는 그 사람. message

でんれい[電令](명·자サ) 전보(電報)로 명령함. 또는 그 명령. 전보 명령. order by telegram

でんれい[電鈴](명)〈이〉 전령. 전류를 이용하여 종을 계속적으로 울리게 하는 신호 장치. 초인종(招人鐘). 벨. an electric bell

てんろ[転炉](명) 전로. 철이나 구리 등의 정련(精錬)에 사용하는 회전, 전도(転倒)가 가능한 용광로의 한 가지. 회전로(回転炉).

でんろ[電炉](명) 전기로(電気炉)의 준말.

でんろう[殿廊](명) 궁전, 전당(殿堂) 등의 낭하.

てんろき[転路器](명) 〔철도에서〕 선로를 바꾸어 주기 위해서 선로의 분기점에 장치해 놓은 기계. 전철기(転轍器). points

でんわ[電話](명·자サ) 전화. ①전화기로 이야기함. ②전화기의 준말. 「一番号(バンゴウ); 전화 번호」 1. telephone

と一[渡](조어) 바다를 건너 …에 감. 「一米(ベイ); 도미(渡美)」

と[戸](명) ①입구. ②건물의 출입하는 곳에 세워 놓고 여닫는 것. 문. 1. an entrance 2. a door

と[外](명)〈고〉 바깥. 「うち一; 안팎」

と[音](명)〈고〉 음. 음향. 울림.

と[門](명)〈고〉 ①물이 흘러 나가고 들어 오고 하는 곳. 해협(海峡). ②뱃길.

と[十](명)(수) 십. 열. ten

と Ⅰ(부) ①〈고〉 조금. 약간. 「一ありて; 조금 있다가」 ②이렇게. 저렇게. 「一行(ユ)きかく行き; 이렇게 가고 저렇게 가서」 Ⅱ(격조) ①말이나 생각의 내용을 인용할 때 쓰는 말. 「いやだ一いった; 싫다고 했다」 ②…라고 말하고. …인가 하고. 「何(ナン)だろう一あけてみると; 무엇인가 하고 열어 보니」 ③"という"를 생략한 말. …라고. 「何(ナン)だ一?; 무엇이라고」 ④부사를 만들 때 쓰는 말. 「さいわい一; 다행히도」 ⑤결과를 나타내는 말. 「学生(ガクセイ)一なる; 학생이 되다」 ⑥…으로. 「命(イノチ)の綱(ツナ)一たのむ; 생명선으로서 의지하다」 ⑦…와 같이. …처럼. 「花(ハナ)一散(チ)る; 꽃처럼 지다」 ⑧…와 함께. 「友人(ユウジン)一行(ユ)く; 친구와 함께 가다」 ⑨열거(列挙)할 때 쓰는 말. 「親(オヤ)一子(コ); 어버이와 자식」 ⑩〔두 개의 동사 사이에 넣어서〕 "…한 것은 모두"의 뜻을 나타내는 말. 「あり一あらゆる; 온갖」 Ⅲ(접조) ①가정(仮定)을 나타내는 말. 「来(ク)る一いいね; 오면 좋겠는데」 ②조건을 나타내는 말. 「酒(サケ)を飲(ノ)む一くだを巻(マ)く; 술만 마시면 형편이 없다」 ③…와 동시에. 「火事(カジ)と聞(キ)く一とびおきた; 불이야 하는 소리를 듣자마자 뛰어 일어났다」 ④…라해도. 「何(ナン)といおう一; 무어라 해도」 ⑤…하고자. 「舟乗(フナノ)りせん一月待(ツキマ)てば; 배를 타고자 달 뜨기를 기다리니」 ⑥〈고〉 …한다 해도 「絵(エ)にかく一筆(フデ)も及(オヨ)ばじ; 그림으로 그린다 해도 붓이 미치지 못하리라」 Ⅳ(접)「一, 突然(トツゼン)声(コエ)がして; …그러자, 별안간 말소리가 나며」 Ⅱ 9. and Ⅲ 3. as soon as

と[斗](명) 두. 부피(容積)의 단위. 1되의 10배. 말. 약 18*l*.

と[砥](명) 숫돌. 「坦坦(タンタン)一のごとき大道(ダイドウ); 탄탄 대로」 a whetstone

と[徒](명) 무리. 떼. 한패. 「忘恩(ボウオン)の一; 배은망덕한 무리」 a gang

と[途](명) 길. 「帰国(キコク)の一につく; 귀국의 길에 오르다」 a road

と[都](명) ①도시(都市). ②〔일본에서〕 시(市)의 위이며 부(府), 현(県)과 같은 자격을 갖는 자치 단체. 「東京(トウキョウ)一; 토오쿄오도」 ③대궐이 있는 곳. 수도(首都). 1. a metropolis

と[堵](명) 울타리. 담. 「一に安(ヤス)んず; 울타리 안에 편안히 살다」 a fence

ト(명)〈악〉 도. 장음계(長音階)의 다조(調)의 솔에 해당하는 음. G음.

ど一(접두)〈속〉 ①대단히. 아주. 「一えらい; 아주 훌륭한」 ②강조하는 말. 꼭. 「一まんなか; 꼭 한가운데」 ③저주하는 말. 「一めくら; 눈먼 병신」

一ど[土](조어) 흙. 「腐植(フショク)一; 부식토」

一ど[所](조어)〈고〉 곳. 장소. 「ふし一; 잠자는 곳」

一ど[度](접미) 회(回). 번. 「一(イチ)一; 1회(한 번)」

ど(접조) ⇨ども. 「働(ハタラ)け一働け一; 아무리 일을 해도」

ど[土](명) ①토요일의 준말. ②〈지〉 터어키(土耳其).

ど[度](명) ① 길이. 폭. 「一量衡(リョウコウ); 도량형」 ②자. 척도. 정도(程度). 「一をすごす; 정도를 넘다」 ③규준(規準). 「進退(シンタイ)一にかなふ; 진퇴가 규준에 맞다」 ④질서(秩序). 「一を失(ウシナ)う; 침착성을 잃다」 ⑤연간(年間). 「武帝(ブテイ)一; (한 나라) 무제 연간」 ⑥회수(回数). ⑦시대. ⑧〈수〉 각도의 단위. ⑨〈지〉 경도(経度), 위도(緯度)의 직각의 90분의 1. 단위. 지구 둘레의 360분의 1. 「北緯(ホクイ)三十(サンジュウ)一; 북위 30도」 ⑩〈이〉 온도의 단위. ⑪안경알의 도수(度数)를 나타내는 단위. 「一が進(スス)む; 도수가 높아지다」 1. length 2. a degree 4. composure

ド[이 do](명)〈악〉 도. ①장음계(長音階)의 첫째 음. ② 다(C)음의 이탈리아 음명(音名).

ドア[door](명) 도어. 문. 「一ボーイ; 문을 열고 닫고 하는 급사」

どあい[度合]ーアヒ(명) 어떤 범위 안에서 계량(計量)된 그 물건의 위치. 정도. 「強弱(キョウジャク)の一; 강약의 정도」 degree

ドアエンジン[door-engine](명) 도어엔진. 전차 등의 문을 압축 공기(圧縮空気)를 사용해서 자동적으로 여닫게 된 장치.

どあつ[土圧](명) 토압. 흙의 무게에 의한 압력. 「pressure of earth weight

とあみ[投網·唐網](명) 투망. 한쪽 끝에 벼리를 달고 물속에 던져 떠서 물고기를 잡는 그물. a casting-net

とある Ⅰ(연체) 어떤. 어느. 한. 「一店(ミセ)に立(タ)ち寄(ヨ)り; 한 가게에 들러서」 Ⅱ(연어) …라는 이야기다. …라고 쓰여 있다. 「万円(マンエン)一; 만 원이라는 이야기야」 Ⅰ a certain

とい[問い]トヒ(명) ①물음. 질문(質問). ②문제(問題). 1. question

とい[樋]トヒ(명) 지붕에 떨어지는 빗물을 받아서 땅으로 흐르게 하는 장치. 물받이. 홈통. a water-pipe

といあわ·せる[問い合わせる]トヒアハセル(타하 1) 물어서 확인하다. 조회(照会)하다. 명 問い合わせ. inquire

という[と言う]ーイフ(연어) ①…라고 일컫다. 불리다. 「東京(トウキョウ)一ところ; 토오쿄오라는 곳」 ②특히 꼬집어서 하는 말. 「これ一傑作(ケッサク)もない; 이렇다 할 걸작도 없다」 ③…라는 것은 모두. 「舟(フネ)一舟; 배라는 배(모든 배)」 ④…의 정도가 되다. 「何千(ナンセン)一人(ヒト); 몇 천 명이나 되는 사람」 ── **ことは**[と言うことは](연어·접) 그 뜻은. 결국. ── **と**[と言うと](연어) ①그 뜻은. 결국. ②…이면. …라면. 「日曜(ニチヨウ)一雨(アメ)が降(フ)る; 일요일이면 꼭 비가 온다」

といえば[と言えば]ーイヘバ(연어) ①말하자면. ②그 점에 관해서 말하자면. 「佐藤君(サトウクン)一, どうしているだろう; 사토오군은 참 어떻게 지내고 있을까」 1. so to speak

といかえ·す[問い返す]トヒー(타 4) 한번 물은 것을 다시 묻다. 되묻다. 반문하다. inquire again

といかける[問い掛ける]トヒー(타하 1) ①묻다. ②묻기 시작하다. 1. put a question to 2. begin to ask

といき[吐息](명·자サ) 한숨을 쉼. 탄식(嘆息). a sigh

といごえ[問い声]トヒー(명) 남에게 묻는 음성(音声).

といし[砥石](명) 숫돌. a whetstone

といた[戸板](명) 덧문을 널빤지 대신 운반용으로 사용할 때의 일컬음. a shutter

といただ·す[問い質す]トヒー(타 4) ①모르는 점을 물어 밝히다. ②따져 묻다. 1. inquire

トイツ[중 対子](명)〔마작에서〕 똑같은 두 장의 패.

どいつ(대) 어느 놈. 「どこの一; 어디의 어느 놈」 who. ── **こいつ**(대) 이놈 저놈. 「一の区別(クベツ)なく; 이놈 저놈의 구별 없이(누구누구할 것 없이)」

ドイツ[Deutsch(land)·独逸·独乙](명)〈지〉 도이치. 독일. 중앙 유럽의 공화국. 2차 대전 후 동서로 분할. 서부 도이치의 수도는 본(Bonn), 동부 도이치의 수도는 베를린(Berlin). 「一語(ゴ); 도이치어」

といつ·める[問い詰める]トヒー(타하 1) 끝까지 따져 묻다. 캐묻다. press for an answer

といまる[問丸]トヒー(명) ⇨とんや.

といや[問屋]トヒー(명) ⇨とんや.

トイレ(ット)[toilet](명) 토일릿. ①화장. 화장 도구. 화장실. ②〔미국에서〕 변소. 「一ペーパ; 휴지」

といわず[と言わず]ーイハズ(연어) ①…라 말할 것 없이. …라 하지 말고. 「あす一今(イマ)すぐ; 내일이라고 말지 말고 지금 곧」 ②"やら (…이며)"의 강조형. 「顔(カオ)一せなか一; 얼굴이며 등이며」 1. of course

とうー[当](접두) 이. 그. 현재의.

とうー[東](조어) 동. 동쪽. 「一半球(ハンキュウ); 동반구」

とうー[等](조어) 같은. 「一間隔(カンカク); 같은 간격」

とうー[橙](조어) 오렌지빛을 띤. 「一赤色(セキショク); 오렌지빛을 띤 빨강」

ー**とう**[刀](조어) 칼. 「日本(ニッポン)一; 일본도」

ー**とう**[党](조어) 무리. 정당(政党). 「自民(ジミン)一; 자민당」

ー**とう**[島](조어) 섬. 「無人(ムジン)一; 무인도」

ー**とう**[盗](조어) ①〔야구에서〕 도루(盗塁). 「二(ニ)一; 2루에의 도루」 ②도둑.

ー**とう**[筒](조어) 통. 둥글고 긴 동강으로 속이 빈 것. 「通信(ツウシン)一; 통신통」

ー**とう**[統](접미) 정치망(定置網)을 세는 말.

ー**とう**[湯](접미) 달여서 먹는 약. 탕약. 「葛根(カッコン)一; 갈근탕」

ー**とう**[等](접미) 순서, 등급을 나타내는 말. 「一(イッ)一; 1등」

ー**とう**[頭](접미) 네발 짐승의 수효를 세는 말. 두마리. 「牛(ウシ)五(ゴ)一; 소 다섯 마리」

ー**とう**[燈·灯](조어) ①등. 등불. 「室内(シツナイ)一; 실내등」 ②전등의 수효를 세는 말. 「五(ゴ)一; 5등」

ー**とう**[糖](조어) 설탕. 사탕. 「麦芽(バクガ)一; 맥아당」

と·う[問う]トフ(타 4) ①묻다. 질문하다. ②조사하다. 1. inquire 2. examine

と·う[訪う]トフ(타 4) 방문하다. call

とう[疾う](부) 빨리. 「一せよ; 빨리 하라」 quickly

とう[刀](명) 칼. a sword
とう[当](명) ①맞음. 당선. 「一確(カク); 당선 확정」② 도리(道理)에 맞는 것. ③〈경〉청산 거래(清算去来)에 있어서 그달 말에 수도(受渡)하기로 하는 약정 매매(約定売買). 2. right
とう[投](명) 〔야구에서〕 투수력(投手力). 「一打(ダ)の両面(リョウメン)に; 투타 양면에」 throwing
とう[東](명) ①토오쿄오 제국 대학(東京帝国大学)의 준말. ②토오쿄오의 준말. ③동쪽. 3. the east
とう[唐](명)〈역〉당 나라. 중국 수(隋) 나라 다음의 왕조. (618～907)
とう[党](명) ①무리. 떼. ②정당. 「一を組(ク)む; 정당을 조직하다」 1. a clique 2. a party
とう[塔](명) 탑. ①〈불〉 납골(納骨), 공양(供養)을 위해서, 또는 불적(仏跡), 영지(霊地)를 나타내기 위해서 세운 높은 건축물. ②흙 또는 돌로 쌓아 올려 그 속에 불사리(仏舎利)를 봉안(奉安)하게 만든 축조물. 탑파(塔婆). ③여러 층으로 높고 뾰족하게 세운 건축물. 1. a pagoda 3. a tower
とう[薹](명)〈식〉 장다리. 꽃 줄기(花茎). 「大根(ダイコン)の一; 무우 장다리」 a flowering stalk
とう[籐](명)〈식〉 등. 종려과에 속하는 만목(蔓木). 줄기로 의자, 바구니 등을 만듦. a rattan
とう[当](연체) 당. 이(此). 「一劇場(ゲキジョウ); 이 극장」 this
とう[等](수조) 따위. 등. 「飲(ノ)む, 歌(ウタ)う一の行為(コウイ)を禁(キン)じる; 술 마시고 노래 부르는 따위의 행위를 금함」 and so forth
どう一[同](조어) 같은. 「一時刻(ジコク); 같은 시각」
一どう[堂](접미) ①가호(家号), 점호(店号), 전물 이름밑에 붙이는 말. 「太極(タイキョク)一; 태극당」
一どう[動](조어)〈이〉 진동(震動). 「水平(スイヘイ)一; 수평 진동」
一どう[道](조어) 길. 도로. 「地下(チカ)一; 지하도」
どう(부) 어떤 모양으로. 어떻게. how
どう[同] Ⅰ(명) 앞과 같은 글자를 두 번 이상 되풀이 할 때에 쓰는 문자. 「木村一郎(キムライチロウ)一二郎(ジロウ); 키무라 이찌로오, 동(同) 지로오」 Ⅱ(연체) 그. 「一店(テン)では; 그 가게에서는」] the same
どう[胴](명) ①몸통. ②물건의 가운데 부분. ③검도(剣道)를 할 때에 몸통에 걸치는 것. ④검도에서 상대의 동체를 내리치는 일. 1. the trunk
どう[筒](명) 통. ①속이 빈 둥글고 긴 것. ②주사위를 넣고 흔드는 통. 또는 그것을 흔드는 사람. ③〔노름판에서〕 자리를 빌려 주고 돈을 받는 사람. 1. the pipe
どう[動](명) 움직임. 흔들림. 「静中(セイチュウ)一あり; 고요한 속에 움직임이 있다」↔静(セイ). motion
どう[堂](명) ①옛날 정무(政務), 또는 의식(儀式)을 행하던 정전(正殿). ②손님을 접대하는 방. ③신불(神仏)을 모신 집. ④여러 사람이 모여 드는 집. 「一に入(イ)る; 연구, 기술이 깊은 경지에 이르다」 1. a palace 4. a hall
どう[童](명) 아이. 아동(児童). 어린이. a child
どう[道](명) ①옛날 지방 구획(区画)의 하나. 쿄오토(京都)에서 통하는 도로를 바탕으로 나눔. ②도로. 길. ③홋카이도오(北海道)의 준말. 2. a road
どう[銅](명)〈이〉 동. 전연성(展延性)이 풍부한 붉고 윤나는 금속 원소. 전기 및 열의 양도체(良導体)로 씀. 구리. 기호는 Cu. copper
とうあ[東亜](명)〈지〉 동아. 동쪽 아시아. East Asia
どうあく[獰悪](형동ダ) 영악. 거칠고 나쁜 모양. 모질고 악착한 모양. villainous
どうあげ[胴上げ·胴揚げ](명·타サ) 여러 사람이 한 사람의 네 활개를 번쩍 들어 계속해서 올렸다 내렸다 하는 일. 축하(祝賀)의 정을 나타냄. 헹가래. tossing
とうあつ[等圧](명)〈천〉 등압. 기압(気圧)이 같은 것. 「一線(セン); 등압선」 the same atmosphere
とうあん[答案](명) 답안. 시험 문제의 해답. 또는 답안지. an examination paper
とうあん[偸安](명) 투안. 일시적으로 무사함에 마음 놓고 앞일을 생각하지 않음. snatching a moment of ease
どうあん[同案](명) 동안. ①같은 안(案). 같은 생각. ②바로 그 안(案). 1. the same plan
とうい[東夷](명) 동이. ①동쪽 오랑캐. ②중국 사람들이 그들의 동쪽에 있는 이민족(異民族)을 멸시하여 일컫던 말. 1. the eastern barbarians
とうい[当為](명)〈철〉 당위. 마땅히 그래야 할 것. 또는 마땅히 그렇게 해야 할 일이라고 결정하는 것. 졸렌. what should be
とうい[等位](명) 등위. ①등급. ②같은 계급. 같은 위치. 1. rank 2. the same rank
とうい[糖衣](명)〈의〉 당의. 겉에 씌운 사탕. 「一錠(ジョウ); 당의정」 sugar-coating
どうい[同位](명) 동위. 같은 위치. 같은 등급. the same position. **一かく**[同位角](명)〈수〉 동위각. 일직선이 두 직선과 교차할 때 각 직선의 같은 쪽에 있는 네 각. **一げんそ**[同位元素](명)〈이〉 동위 원소. 화학적 성질이 같고 원자량만이 틀리는 원소(元素). 아이소토우프.
どうい[同意](명·자サ) 동의. ①(상대방과) 같은 의견. 또는 그러한 의견이라는 것을 태도로 나타냄. ②같은 뜻. 「一語(ゴ); 동의어」 2. the same meaning
どうい[胴衣](명) 동의. 겉옷과 속옷 사이에 입는 방한용의 짧은 옷. a vest
とういす[籐椅子](명) 등의자. 등의 덩굴로 결어 만든 의자. a rattan-chair
とういそくみょう[当意即妙](연어·명) 그 경우에 꼭 맞는 날쌘 기지(機知). 「一のことば; 임기 응변의 말」 a ready wit
どういたしまして[如何致しまして](연어) 상대방의 말을 겸손하게 부정할 때 쓰는 말. 그럴 리가 없읍니다. 천만의 말씀. No, not at all.
とういつ[統一](명·타サ) 통일. 하나로 뭉침. unification. **一てき**[統一的](형동ダ) 통일적. 전체를 통일하는 입장에 서는 모양.

どういつ[同一](명·형동ダ) 동일. ①같음. ②평등. 무차별(無差別). 1. the same. **—し**[同一視](명·타サ) 동일시. 동일하게 봄. 평등하게 취급함. **—てつ**[同一轍](명) 같은 경로(經路). 같은 방법.「—をふむ; 같은 길을 밟다」

とういん[当院](명) 당원. 이 병원. this hospital

とういん[党員](명) 당원. 당에 소속한 사람. a party-member

とういん[登院](명·자サ) 등원. 의원(議員)이 의원(議院)에 출석함. attendance at the Diet

とういん[頭韻](명) 두운. 수사상(修辞上) 글귀의 첫머리 음(音)과 같은 음을 되풀이하여 넣어 짓는 일. 예: 奈良七重(ナラナナエ). ↔脚韻(キャクイン). alliteration

どういん[同韻](명) 동운. 운율(韻律)이 같은 것. 같은 운(韻). the same rhyme

どういん[動因](명) 직접적인 원인. 동기. a motive

どういん[動員](명·타サ) 동원. ①〈군〉 군대를 전시 체제(戦時体制)로 편성함. ②전시를 당하여 국내의 자원(資源), 공장 등을 정부 관리 밑에 둠. ③어떤 목적 밑에 사람이나 물건을 집중시키는 일.「學生(ガクセイ)を総(ソウ)—する; 학생을 총동원하다」 2. mobilization

どういん[導引](명·타サ) ①안내함. ②안마(按摩)함. 2. massage

とうインドかいしゃ[東印度会社](명)〈법〉동인도 회사. 17세기 초엽(初葉)에 영국, 프랑스, 네델란드 등이 동양에 대한 무역 경영을 위하여 동인도에 설립한 무역 독점 회사. the East India Company

とうう[凍雨](명) ①동우. 겨울에 내리는 찬 비. ②비가 올 때에 빙점(氷点) 이하의 한랭층(寒冷層)을 지나 얼어서 떨어지는 비. 1. a wintry rain

どうう[堂宇](명) ①당(堂)의 처마. ②당의 양식(様式)으로 세운 집. 1. the eaves of a temple

とううす[唐臼](명) 맷돌. a large mill

どううら[胴裏](명) 겹옷이나 솜옷의 몸통 부분에 대는 속 천.

とううちわ[唐団扇](명) ①중국식 부채. 당선(唐扇). ②옛날 군진(軍陣)에서 쓰던 지휘선(指揮扇). 1. a Chinese fan

とううん[東雲](명) 먼동이 틀 때. 새벽녘. dawn

とうえい[冬営](명) ①겨울의 진영(陣営). ②진을 치고 겨울을 나는 일. 또는 그 준비를 하는 것.

とうえい[投影](명·타サ) 투영. ①그림자를 비춤.「時代精神(ジダイセイシン)の—; 시대 정신의 투영」 ②〈수〉 물체를 어느 점에서 본 형상의 평면도(平面図). 1. a shadow 2. a projection

とうえい[倒影](명) 도영. 거꾸로 비친 그림자. a reflected image

とうえい[燈影](명) 등영. 등불의 그림자. 불빛. light

どうえい[道営](명) 홋카이도오(北海道)에서 경영(経営)하는 것.

とうおう[東欧](명) 동구. 동유럽. Eastern Europe

どうおう[堂奥](명) ①당(堂)의 깊숙한 곳. ②예술, 기술 등의 깊은 경지.「—に入(イ)る; (연구나 기술이) 깊은 경지에 이르다」 1. the interior of a temple 2. mysteries

どうおや[筒親](명) 노름판을 빌려 주고 판돈의 얼마를 먹는 사람. a keeper of a gambling place

とうおん[唐音](명) ①특히 송원(宋元) 이후에 일본에 전해진 한자음. 예: 普請(フシン). ②특히 에도(江戸) 시대에 전해진 중국어의 자음. 예: 上(ジャン).

とうおん[等温](명)〈이〉 등온. 같은 온도.「—線(セン); 등온선」 the same temperature

どうおん[同音](명) 동음. ①같은 자음(字音). ②같은 음정.「—語(ゴ); 동음어」 ③같은 목소리.「異口(イク)—に; 이구 동성으로」 1. the same sound

とうか[投下](명·타サ) 투하. 아래로 떨어뜨림. throwing down

とうか[桃花](명) 도화. 복숭아꽃. a peach-blossom. **—のせつ**[桃花の節](명) 음력 3월 3일의 명절.

とうか[陶化](명·타サ) 도화. 교화(敎化). 감화. culture

とうか[透過](명·자타サ) 투과. ①꿰뚫고 지나감. ②〈이〉 빛이나 방사성 물질이 물체 속을 뚫고 지나감. 또는 지나가게 함. 1. transparency 2. passing through

とうか[棹歌](명) 도가. 뱃노래. a boat song

とうか[登遐](명) 임금의 죽음. 승하(昇遐). demise

とうか[等価](명) 등가. 같은 가격. 같은 가치. the same price

とうか[踏歌](명) ①발을 구르면서 노래하고 춤을 춤. ②옛날 궁중에서 신년에 행하던 연중 행사의 하나. 악기에 맞춰서 한시 등을 읊으면서 대궐 안을 돌아다니던 일. 1. singing accompanied by foot-stamping

とうか[燈下](명) 등하. 등불 밑. by lamplight

とうか[燈火](명) 등화. 등불.「—管制(カンセイ); 등화 관제」 a light

とうか[糖化](명·자타サ)〈이〉 당화. 전분, 섬유소 등과 같은 다당류(多糖類)를 효소나 산의 작용에 의하여 가수 분해(加水分解)해서 단당류(単糖類) 또는 2당류(二糖類)로 변화시키는 반응. saccharification

とうか[闘歌](명) ⇨うたあわせ.

とうが[冬瓜](명)〈식〉 ⇨とうがん.

とうが[冬芽](명)〈생〉 동아. 여름, 가을에 생겨서 겨울을 넘기고 그 이듬해 봄에 자라는 싹. 겨울눈. winter buds

とうが[唐画](명) ①당(唐) 나라 시대의 그림. ②중국풍의 그림. 1. Tang pictures

とうが[唐鍬](명)〈농〉 "とうぐわ(곡괭이)"의 변한 말.

とうが[陶画](명) 도자기 위에 그린 그림. pictures on porcelain wares

とうが[凍餓](명·자サ) 동아. 입을 것과 먹을 것이 없어 춥고 배고픔. hunger and cold

どうか[同化](명·자타サ) 동화. ①〈생〉 생물이 외계에서 흡수한 것을 자기 몸의 성분으로 바꿈. 동화 작용(同化作用). ②완전히 자기 지식으로 만듦. ③남을 감화시켜 자기와 똑같이 만듦. 1. anabolism. —

さよう[同化作用](명) ⇨どうか(同化)①.
どうか[道家](명) 도가. 노자(老子), 장자(荘子)의 무위(無為)의 설(説)을 신봉(信奉)하는 사람들의 총칭. a Taoist
どうか[道歌](명) 도가. 정신 수양의 취지(趣旨)를 읊은 노래. a didactic poem
どうか[銅貨](명) 동화. 구리로 만든 돈. 동전(銅銭). a copper coin
どうか[導火](명) 도화. ①화약을 터지게 하는 불. 불씨. ②사건의 원인. 1. a fuse. ―せん[導火線](명) 도화선. ①화약이 터지도록 점화(点火)하는 심지. ②사건이 일어나게 하는 직접 원인.
どうか(부) ①아무쪼록. 제발.「一行(イ)って下(クダ)さい; 제발 가 주십시오」②어떤지.「それは一わからない; 그것은 어떤지 알 수 없다」③어떻게.「一なってしまいそうだ; 어떻게 되어 버릴 것 같다」1. please. ―こうか―カウカ(부) 이럭저럭해서. 겨우. ―する Ⅰ(자サ) 상태(状態)가 좋지 않아 보통 때와 달라지다. 이상해지다. Ⅱ(타サ) 방법을 생각하다. 처치하다.
どうが[童画](명) ①동화. 어린이의 그림. 아동화(児童画). ②어린이를 위해서 그린 그림. 1. a picture drawn by a child
とうかい[東海](명) 동해. ①동쪽 바다. ②일본. ③〈지〉←東海道. 1. the eastern sea. ―どう[東海道](명)〈지〉 옛날 토오쿄오(東京)에서 쿄오토(京都)까지의 해안 일대의 지방.
とうかい[倒壊·倒潰](명·자サ) 도괴. 무너짐. collapse
とうかい[韜晦](명·자サ) 도회. ①(재능 등을) 숨기어 감춤. ②자취를 감춤. 1. incognito
とうがい[当該](연체) 당해. ①그 계(係)의. 그 책임을 맡은.「一警察署(ケイサツショ); 당해 경찰서」②바로 그것.「一の事項(ジコウ); 그 사항」1. concerned
とうがい[凍害](명)〈농〉 동해. 추위나 서리로 인한 농작물의 피해. damage caused by cold and frost
とうがい[等外](명) 등외. 등급 순위(順位)에 들지 못하는 것. under the regular grades
とうがい[糖害](명)〈의〉 당분의 해. injury by sugar
どうかい[同会](명) 동회. 그 회(会). that meeting
どうがい[堂外](명) 당(堂) 밖. the outside of a hall
どうがい[道外](명) 홋카이도오(北海道)의 바깥. ↔道内(ドウナイ).
とうかく[倒閣](명·자サ) 도각. 반대파가 내각(内閣)을 넘어뜨림.「一運動(ウンドウ); 도각 운동」 overthrowing the cabinet
とうかく[統覚](명)〈철〉 통각. 온갖 경험에 있어서 인식, 사유하는 통일 과정의 총칭. apperception
とうかく[頭角](명) 두각. ①머리끝. ②우뚝 뛰어남.「一をあらわす; 두각을 나타내다」 1. the top of one's head
とうがく[唐楽](명) 당악. ①당대(唐代)의 음악. ②옛날 중국에서 전래한 아악(雅楽)의 총칭. 1. musics of the Tang era
どうかく[同格](명) 동격. ①같은 격식. ②〔문법에서〕 같은 격(格). 문장 속에서 다른 말과 동등한 입장에 있는 것. 예: "우리들 한국 사람"에서의 "우리들"과 "한국 사람". 1. the same rank
どうがく[同学](명) 동학. 한곳에서 같이 공부하는 일. 또는 그 사람. 동문(同門). a classmate
どうがく[同額](명) 동액. 같은 금액. 같은 액수. the same sum of money
どうがく[道学](명) 도학. ①심학(心学). ②도덕에 관한 학문.「一的(テキ); 도학적」③도교(道教) 1. moral philosophy 2. morality. ―しゃ[道学者](명) 도학자. ①도덕을 연구하는 사람. ②도덕을 지나치게 중히 여겨 인정(人情)의 실제(実際)를 가볍게 보는 사람.
とうかく こうほう[等角航法](명) 처음부터 끝까지 일정한 각도(角度)로 나아가는 항행법. ↔大圏(タイケン)航法.
とうかつ[統括](명·타サ) 통괄. 낱낱의 것을 한데 묶어서 잡음. 부분을 종합(綜合)함. generalization
とうかつ[統轄](명·타サ) 통할. (관청이) 여러 기관(機關)을 한데 묶어서 관할함. control
どうかつ[恫喝](명·타サ) 동갈. 을러대어 위협함. 공갈(恐喝). threat
どうかっしゃ[動滑車](명) 동활차. 축(軸)이 고정되어 있지 않고 이동할 수 있는 도르래. a movable pulley
どうがね[胴金](명) 동금. 칼자루나 창대의 가운데 부분에 끼는 둥근 고리쇠. a metal clasp
どうがめ[胴亀](명)〈동〉 ⇨すっぽん.
とうから[疾うから](부) 벌써부터. 전부터. for a long time
とうがらし[唐辛子](명)〈식〉 고추. 고춧가루. red pepper
とうかん[投函](명·자타サ) 투함. 우편물 등을 우체통에 넣음. posting
とうかん[凍寒](명) 동한. 얼어 붙을 듯한 심한 추위. freezing cold
とうかん[盗汗](명)〈의〉 도한. (밤에 잘 때 나는) 식은땀. night-sweats
とうかん[等閑](명) 등한. 소홀(疎忽).「一に付(フ)す; 등한히 하다」 negligence
とうかん[統監](명·타サ) 통감. 전체를 한데 묶어서 감독함. supervision
とうかん[燈管](명) 등화 관제(燈火管制)의 준말.
とうがん[冬瓜](명)〈식〉 동과. 동아. 박과에 속하는 1년생 만초(蔓草). 타원형의 과실이 열며 맛이 좋음. a white gourd-melon
とうがん[東岸](명) 동안. 동쪽 해안. 해안의 동쪽. the east coast
どうかん[同感](명·자サ) 동감. 같은 느낌. 똑같이 느껴 찬성하는 일. 공감(共感).「ぼくも一だ; 나도 동감이다」 sympathy
どうかん[動感](명) 움직이고 있는 듯한 느낌.「一にあふれた絵(エ); 생동감이 넘치는 그림」
どうかん[導管](명) 도관. ①물이나 가스를 이끄는 관(管). ②〈식〉 식물의 뿌리로 흡수한 수분과 양분을 줄기로 보내는 관상(管状)의 조직. 2. a conduit

どうがん[童顔](명) 동안. ①어린이의 얼굴. ②어린이 같은 얼굴. 2. a childish face
とうかんきこう[東関紀行](명) 카마쿠라(鎌倉) 시대의 기행 문학.
とうき[冬季](명) 동계. 겨울철. the winter season
とうき[冬期](명) 동기. 겨울의 기간. the winter time
とうき[投棄](명·타サ) 투기. 던져 버림. abandonment
とうき[投機](명) 투기. ①우연한 행운이나 횡재를 노리는 행위. ②〈경〉 물가 시세의 변동으로 생기는 차액(差額)을 얻기 위해 행하는 매매 거래. 「一的(テキ); 투기적」 speculation
とうき[党紀](명) 당기. 당의 기풍. party discipline
とうき[党規](명) 당규. 당의 규칙. party regulations
とうき[陶器](명) 도기. 흙이나 돌가루를 반죽하여 모형을 뜨고 유약(釉薬)을 칠해서 구운 그릇. 도자기(陶磁器). earthenware
とうき[登記](명·타サ)〈법〉 등기. 일정한 사항(事項)을 공식 장부(公式帳簿)에 기재하여 명확히 함. 「一所(ショ); 등기소」 registration. **―ぼ**[登記簿](명) 등기부. 등기소에 비치(備置)하여 등기하는 공식 장부.
とうき[騰貴](명·자サ)〈경〉 등귀. 물가가 오름. rise
とうぎ[討議](명·타サ) 토의. 일정한 문제에 관해서 서로 의견을 나눔. discussion
とうぎ[党議](명) 당의. 당의 의론. 당의 의견. party policy
とうぎ[闘技](명) 투기. 솜씨나 기술을 서로 겨루는 일. 경기. a match
どうき[同気](명) ①동기. 형제 자매. ②동지(同志). ③동류(同類). ④동포(同胞). 1. brothers and sisters
どうき[同期](명) 동기. ①같은 시기. ②(입학, 졸업의) 같은 연도(年度). 「一生(セイ); 동기생」 ③그 시기, 그 연도. 1. the same period
どうき[動気·動悸](명·자サ) ①동계. 심장의 고동이 보통 때보다 심하여 가슴이 두근거림. ②〈의〉 ⇨しんきこうしん(心悸亢進). 1. quick palpitation
どうき[動機](명) 동기. 행동을 일으키게 하는 직접적인 원인. 「犯罪(ハンザイ)の一; 범죄의 동기」 a motive
どうき[銅器](명) 동기. 구리로 만든 그릇. a copper utensil
どうぎ[同義](명) 동의. 같은 의의(意義). 동의(同意). 「一語(ゴ); 동의어」 the same meaning
どうぎ[胴着·胴衣](명) 동의. 저고리와 속옷 사이에 입는 짧은 동옷. a vest
どうぎ[動議](명) 동의. 의원이 의제(議題)를 임시로 제출하는 일. 임시로 내놓는 의제. 「緊急(キンキュウ)一の提出(テイシュツ); 긴급 동의안의 제출」 a motion
どうぎ[道義](명) 도의. 도덕상의 도리. 사람이 지켜야 할 길. 「一的(テキ); 도의적」 morality
どうぎ[道議](명) 홋카이도오 의회 의원(北海道議会議員)의 준말.
どうぎ[童戯](명) 아이들의 놀이. a children's play
とうきび[唐黍](명)〈식〉 ①⇨もろこし. ②⇨とうもろこし.
とうきゅう[投球](명·자サ) 투구. 〔야구에서〕 공을 던짐. 또는 그 공. pitching
とうきゅう[討究](명·타サ) 토구. ①충분히 연구함. ②서로 의론(議論)을 교환하며 연구함. investigation
とうきゅう[等級](명) 등급. 좋고 나쁜 것의 구분. 「一をつける; 등급을 매기다」 a class
とうぎゅう[闘牛](명) 투우. ①소끼리 싸우게 하는 경기. ②사람이 사나운 소와 싸우는 경기. 「一士(シ); 투우사」 2. a bull-fight
どうきゅう[同級](명) 동급. ①같은 학급. ②같은 등급. 「一生(セイ); 동급생」 1. the same class
どうきゅう[撞球](명) 당구. 실내 오락의 하나. billiards
とうきゅうばん[闘球盤](명) 유희 용구(遊戯用具)의 하나. 원반(円盤) 중앙에 구멍이 있어 손끝으로 공을 튀겨서 구멍에 넣는 놀이. cockamaroo
とうぎょ[統御](명·타サ) 통어. 통합하여 다스림. management
とうぎょ[闘魚](명)〈동〉 투어. 붕어와 비슷한 관상용 물고기. 더러운 물에 잘 견디는 성질이 있고 수컷은 투쟁성(闘争性)이 강함. 버들붕어. a fighting-fish
どうきょ[同居](명·자サ) 동거. 함께 삶. 둘 이상의 가족이 한집안에 삶. 「一人(ニン); 동거인」 living in the same house
とうきょう[東京](명)〈지〉 일본의 수도.
とうぎょう[糖業](명) 제당업(製糖業)의 준말.
どうきょう[同郷](명) 동향. 같은 고향. the same province
どうきょう[道教](명) 도교. 노자(老子)를 교조(教祖)로 하는 중국의 다신교(多神教). Taoism
どうぎょう[同行](명) ①동행. 함께 감. 또는 그 사람. ②같은 도를 닦는 수행자(修行者). 1. going together
どうぎょう[同業](명) 동업. 같은 직업이나 영업. 또는 그 사람. the same trade
どうぎょう[童形](명) 옛날 일본에서 관례(冠礼)를 하기 전의 소년의 모습. a child's figure
とうぎょうしゃ[当業者](명) 그 직업이나 사업에 종사하는 사람. that traders
とうきょうぶ[頭胸部](명)〈생〉 두흉부. ①두부(頭部)와 흉부(胸部). ②두부와 흉부가 들러붙어 유합(癒合)하여서 하나로 된 부분. 거미, 갑각류 등에서 볼 수 있음. 머리 가슴. 2. unification of head and chest
とうきょく[当局](명) 당국. ①바둑을 둠. 대국(対局). ②정무의 중요한 문제에 관련을 가진 사람. 또는 그 관청. ③담당 계원. 2. the authorities concerned
とうきょく[登極](명·자サ) 등극. 임금이 지위에 오름. 즉위(即位). accession to the throne
どうきょく[同局](명) ①그 국. ②같은 국. 1. that office
とうぎり[当限](명)〈경〉 당한. 주고 받는 기일이 그달 한(限)인 정기 거래. the current month delivery
どうぎり[胴切](명) 몸통을 가로 자르는 것. cutting the trunk
とうぎん[当今](명) 당대(当代)의 임금. the present Emperor

どうきん[同衾](명·자サ) 동금. 남녀가 함께 잠. 동침(同寢). sleeping together
とうく[投句](명·타サ) 하이쿠(俳句)를 투고(投稿)함. 또는 투고한 하이쿠.
どうぐ[道具](명) 도구. ①〈불〉 불도를 수행(修行)하기 위한 용구(用具). ②일에 쓰이는 용구. 「大工(ダイク)ー; 목수의 연장」 ③일반 기구. 「家財(カザイ)ー; 가재 도구」 ④무가(武家)의 창(槍). ⑤어떤 것에 속해 있는 것. 「顔(カオ)のー; 화장품」 ⑥남에게 이용당하는 사람. 3. furniture. **―かた**[道具方](명) 〔영화, 연극 등에서〕 필요한 도구를 취급하는 사람. **―だて**[道具立て](명) ①필요한 연장을 마련해 두는 일. ②여러 가지 준비. **―や**[道具屋](명) 헌 도구나 골동품(骨董品)을 매매하는 집. 또는 그 사람.
とうぐう[東宮](명) 동궁. ①황태자의 궁전. ② 황태자 세자(世子). 1. the palace of the Crown Prince
とうくつ[盜掘](명·타サ) 도굴. 남 몰래 무덤, 광물 등을 파냄. digging and stealing secretly
どうくつ[洞窟](명) 동굴. 깊고 넓은 굴. a cavern
とうぐわ[唐鍬]ーグハ(명)〈농〉 괭이. a hoe
〔唐鍬〕
どうくん[同君](명) 〔높임의 뜻으로〕 같은 분. 바로 그분. the same person
どうくん[同訓](명) 글자는 다르지만 훈(訓)이 같음. 예: "贈(オク)る"와 "送" 등. the same reading
とうけ[当家](명) 당가. 이 집. this family
とうげ[峠]タウゲ(명) ①산마루. 고개. ②위세(威勢)가 가장 떨칠 때. 세력이 가장 성할 때. 「ーを越(コ)す; 사물의 절정(絶頂)이 지나다(고비를 넘다)」 1. a ridge
どうけ[同家](명) ①같은 혈통. 동족. 같은 일가(一家). ②그 집. 1. the same clan
どうけ[道化](명) 말, 몸짓 등으로 남을 웃기는 것. 또는 그 사람. 광대. buffoonery
どうけ[道家](명) ⇨どうか.
とうけい[刀圭](명) 도규. ①약을 뜨는 작은 숟가락. ②외과. 의술. 의학. 「ー界(カイ); 의학계」 1. a spoon for medicines. **―か**[刀圭家](명) 의사.
とうけい[東経](명)〈지〉 동경. 영국의 그리니치 천문대를 통하는 경선(経線)을 0도로 하고 거기서 동쪽으로 잰 경도(経度). 180도까지 있음. ↔西経(セイケイ). the east longitude
とうけい[統計](명·타サ) 통계. ①한데 합쳐서 셈. ②같은 범위의 상태, 형세(形勢)를 많이 모은 수자(의 계산)에 의해서 나타냄. 또는 그것. 「人口(ジンコウ)のー; 인구 통계」 2. statistics. **―てき**[統計的](형동ダ) 통계적. 통계에 의한 모양.
とうけい[闘鶏](명) 투계. 닭과 닭을 싸움시켜 구경하는 일. 또는 이에 사용하는 닭. a cock-fight
とうげい[陶芸](명) 도자기의 예술. ceramic art
どうけい[同形](명) 동형. 같은 모양. the same size
どうけい[同系](명) 동계. 같은 계통. 「ー色(ショク); 같은 계통의 빛깔」 the same descent
どうけい[同型](명) 동형. 같은 틀. the same type
どうけい[同慶](명) 함께 기뻐함. 「ごーのいたりです; 참으로 기쁜 일입니다」 mutual congratulation
どうけい[道警](명) 홋카이도오(北海道) 경찰, 또는 경찰 본부의 준말.
どうけい[憧憬](명·자타サ) 동경. 이상(理想)으로 삼고 있는 것을 애틋하게 여김. 그리워함. aspiration
とうけつ[凍結](명·자타サ) 동결. ①얼어 붙음. ②〈경〉 자금이 회수되지 않게 됨. freezing
とうげつ[冬月](명) ①겨울철. 겨울. ②겨울 밤의 달. 1. winter 2. a winter moon
とうげつ[当月](명) 당월. 이달. this month
どうけつ[洞穴](명) 동혈. 동굴(洞窟). a cavern
どうげつ[同月](명) 동월. ①같은 달. ②그달. 1. the same month
どう·ける[道化る](자하 1) 광대짓을 하다. 익살을 부리며 놀다. jest
とうけん[刀剣](명) 도검. 칼. swords
とうけん[闘犬](명) 투견. 개끼리 싸움을 시키는 일. 또는 그 개. a dog-fight
とうげん[凍原](명)〈지〉 ⇨ツンドラ.
とうげん[桃源](명) 도원. 속세(俗世)를 떠난 훌륭한 별세계(別世界). 이상향(理想郷). 무릉(武陵) 도원. 「ー境(キョウ); 도원경」 a Utopia
どうけん[同県](명) ①같은 현. 「ーの友人(ユウジン); 같은 현의 벗」 ②그 현. 1. the same prefecture
どうけん[同権](명) 동권. 권리가 같은 것. 「男女(ダンジョ)ー; 남녀 동권」 equal right
どうけん[洞見](명·타サ) 환히 들여다 봄. 꿰뚫어 봄. insight
どうげん[同源](명) 같은 기원(起源). the same origin
とうげんしつ[糖原質](명)〈이〉 ⇨グリコーゲン.
とうご[倒語](명) 도어. 거꾸로 읽은 말. reading inversely
どうこ[銅壺](명) 구리나 쇠로 만든, 물을 끓이는 기구. a copper boiler
どうご[同語](명) ①같은 말. 「ーの反復(ハンプク); 같은 말의 반복」 ②그 말. 1. the same language
とうこう[刀工](명) 도공. 칼 만드는 사람. 대장장이. 1. a sword-maker
とうこう[投光](명)〈이〉 투광. 빛을 주상(柱狀)으로 모아서 비추는 일. 「ー機(キ); 투광기」
とうこう[投降](명·자サ) 투항. 항복함. 「ー兵(ヘイ); 투항병」 surrender
とうこう[投稿](명·자サ) 투고. ①원고를 신문사나 잡지사에 보냄. ②투서된 원고. contribution
とうこう[東郊](명) ①동쪽 교외. ②봄의 들. 1. the eastern suburbs
とうこう[透光](명) 투명한 빛. clear light
とうこう[陶工](명) 도공. 도자기를 만드는 사람. a potter
とうこう[登高](명·자サ) 높은 산에 오름. climbing up
とうこう[登校](명·자サ) 등교. (학생이) 학교에 감. ↔下校(ゲコウ). attending school

とうこう[燈光](명) 등불 빛. a light
とうごう[投合](명·자サ) 투합. 마음, 기분이 꼭 맞음. 「意気(イキ)ーして; 의기 투합하여」 agreement
とうごう[等号](명)〈수〉 등호. 양쪽의 수나 양(量)이 같은 것을 표시하는 기호. 이퀄. 「＝」↔不等号(フトウゴウ). the sign of equality
とうごう[統合](명·타サ) 통합. 하나로 합침. 「意見(イケン)のー; 의견의 통합」 unification
どうこう[どう斯う]ーカウ(부) 이러니저러니. 이러쿵저러쿵. 「ーいう; 이러쿵저러쿵 말하다」 this or that
どうこう[同校](명) 동교. ①같은 학교. ②그 학교. 1. the same school 2. that school
どうこう[同工·同巧](명) 만든 방법이나 솜씨가 같음.
ーいきょく[同工異曲](연어·명) 만든 방법은 같으나 취향(趣向)이 다른 것. the same style
どうこう[同好](명) 동호. 취미가 서로 같은 것. 「ー会(カイ); 동호회」 the same taste
どうこう[同行](명·자サ) 동행. 함께 감. 길동무. 길벗. 「ー者(シャ); 동행자」 a fellow-traveller
どうこう[動向](명) 동향. 움직임. 움직이는 방향. 「社会(シャカイ)のー; 사회의 동향」 a tendency
どうこう[銅鉱](명)〈광〉 동광. 구리가 포함된 광석. copper ore
どうこう[瞳孔](명)〈생〉 동공. 홍채(虹彩)에 둘러 싸여 있는 눈알 속의 작은 구멍. 눈동자. the pupil
どうごう[堂号](명) 당호. 당(堂)의 칭호. the name of a temple
どうこうき[投光器](명)〈이〉 투광기. 광선을 주상(柱状)으로 모아 전방(前方)을 비추는 장치. a floodlight projector
とうこうせいてい[東高西低](연어·명)〈천〉 동부의 기압이 높고 서부의 기압이 낮음.
とうこうせん[等高線](명)〈지〉 등고선. 〔지도에서〕 표준 해면(海面)으로부터의 높이가 같은 지점을 연결하여 놓은 선. a water-level curve
どうごおんせん[道後温泉](명)〈지〉 에히메현(愛媛県) 마쯔야마시(松山市)에 있는 온천.
とうごく[島国](명) ⇨しまぐに.
とうごく[当国](명) 이 나라. this country
とうごく[投獄](명·타サ) 투옥. 감옥에 가둠. imprisonment
とうごく[東国](명) ①동방의 나라. ②칸토오(関東)의 다른 이름. 1. an eastern country
どうこく[同国](명) 동국. ①같은 나라. ②그 나라. 1. the same native place
どうこく[慟哭](명·자サ) 통곡. 몹시 슬퍼서 소리 내어 욺. wailing
とうこつ[頭骨](명)〈생〉 두골. 머리뼈. a skull
とうこつ[橈骨](명)〈생〉 요골. 전박(前膊) 외부에 있는 차축(車軸) 모양의 뼈. a radius
とうごま[唐胡麻](명)〈식〉 아주까리. 대극과에 속하는 1년초. 열매는 기름을 짬. 피마자. 비마(蓖麻). a castor-oil plant
とうこん[刀痕](명) 도흔. 칼자국. a sword cut
とうこん[当今](명·부) 지금. 현재. 목하(目下). 「ーの時勢(ジセイ); 현재의 세상 형편」 the present time
とうこん[痘痕](명) 두흔. 천연두를 앓고 난 뒤 얽은 자국. 마마 자국. pockmarks
とうこん[闘魂](명) 투혼. 끝까지 투쟁하려는 기백(気魄). 투쟁 정신. 「不屈(フクツ)のー; 불굴의 투혼」 a fighting spirit
どうこん[同根](명) 동근. ①근본(根本)이 같음. ②자라난 뿌리가 같음. the same root
とうさ[等差](명)〈수〉 등차. 같은 차. equal difference.
ーきゅうすう[等差級数](명)〈수〉 등차 급수. 이웃한 두 항(項)의 차가 언제나 같은 급수.
とうさ[踏査](명·타サ) 답사. 그곳에 실지로 가서 보고 조사함. a survey
とうざ[当座](명) ①그자리. ②즉석. ③잠깐 동안. 당분간. 「ーの住(ス)まい; 당분간의 거처」 ④당좌 예금의 준말. 1. 2. on the spot. **ーしのぎ**[当座凌ぎ](연어·명) 임시 변통(臨時変通).
どうさ[動作](명) 동작. 움직임. 거동(挙動). action
どうさ[礬水](명) 반수. 명반(明礬)을 녹인 물에 아교를 섞은 것. 먹, 잉크, 채료(彩料)가 번지는 것을 막는 데 씀. a glaze of glue and alum
どうざ[同座](명·자サ) ①동일(同一) 연극 단체. ②같은 자리에 앉음. 동석(同席). 1. the same troupe
どうざ[動座](명·자サ) 귀인이 거처를 옮김. removal
とうさい[当歳](명) ①태어난 해. ②한 살. 1. the year of one's birth
とうさい[統裁](명·타サ) 통솔하여 다스림. leading and deciding
とうさい[登載](명·타サ) 등재. 쓰거나 인쇄해서 실림. 게재(掲載). registration
とうさい[搭載](명·타サ) 탑재. 비행기, 화차, 선박에 짐 따위를 실음. 적재(積載). loading
とうざい[東西](명) 동서. ①동쪽과 서쪽. ②방향. 「ーを見失(ミウシナ)う; 방향을 잃다」 ③떠드는 관중을 달래거나 말을 시작할 때 쓰는 말. 1. east and west.
ーとうざい[東西東西](명) ⇨とうざい③.
どうざい[同罪](명) 동죄. 같은 죄. 동일한 범죄. the same crime
とうさく[倒錯](명·자타サ) 도착. 거꾸로 됨. 또는 그렇게 함. inversion
とうさく[盗作](명·타サ) 도작. 남의 문장이나 디자인 등을 훔쳐서 씀. 표절(剽窃). plagiarism
どうさく[同作](명) 같은 사람의 작품. a work by the same person
とうさつ[透察](명·타サ) ⇨どうさつ(洞察).
どうさつ[洞察](명·타サ) 통찰. 꿰뚫어 봄. 「時勢(ジセイ)をーする; 세상 형편을 통찰하다」 insight
どうさや[同鞘](명)〈경〉 값의 차이가 없음. no difference in price
とうさん[倒産](명·자サ) 도산. 가산이 탕진됨. 파산(破産). bankruptcy

とう さん[逃散](명·자サ) ①도산. 도망침. ②무가(武家) 시대 다수의 백성이 타협하여 다른 지방으로 옮김. 1. fleeing
とう ざん[当山](명) 이 절(寺). this temple
とう ざん[唐桟](명) 감색(紺色) 천에다 빨강이나 엷은 노랑의 무늬를 세로로 넣은 무명 직물.
どう さん[動産](명)〈법〉 동산. 부동산(不動産) 이외의 재산. 예 : 현금, 상품 등. ↔不動産(フドウサン). a movable property
どう さん[道産](명) 홋카이도오산(北海道産). 또는 그 태생(胎生).
どう ざん[銅山](명) 동산. 구리를 파내는 산. a copper mine
とうさん さい[唐三彩](명) 당삼채. 잿물이 녹황백(緑黄白) 또는 녹황남(緑黄藍)의 세 가지 빛으로 된 당나라 때의 도자기.
とう し[当市](명) 당시. 이 시(市). this city
とう し[投資](명·자サ) 투자. ①자본을 들임. 출자(出資). 「一家(カ); 투자가」 ②〈경〉 원금의 보존과 그에 대한 일정한 이익을 획득할 목적으로 화폐 자본을 증권화(証券化)함. investment. **—しんたく**[投資信託](명)〈경〉 투자 신탁. 증권 회사가 일반 투자가로부터 투자의 신입을 받아 광범위하게 증권 투자를 행하고 이에 의하여 얻은 이자, 배당금, 매매 차액 등을 투자가에게 배당하는 제도.
とう し[凍死](명·자サ) 동사. 얼어 죽음. death from cold
とう し[唐紙](명) 당지. 중국식의 종이. Chinese paper
とう し[唐詩](명) 당시. ①한시(漢詩). ②중국 당(唐)나라 시대의 시. 1. a Chinese poem
とう し[盗視](명·타サ) 도시. 몰래 엿봄. 훔쳐 봄. stealing a glance
とう し[透視](명·타サ) 투시. ①꿰뚫어 봄. ②숨어 있는 것을 감각(感覚)의 힘으로 재빠르게 느껴 앎. ③〈의〉 신체 내부를 통한 뢴트겐선을 형광판(螢光板)에 대고 눈으로 볼 수 있도록 하여 신체 내부를 검사하는 일. 1. seeing through
とう し[悼詞](명) 도사. 사람의 죽음을 추도하는 글. 조사(弔辞). a funeral address
とう し[闘士](명) 투사. ①싸우는 병사. ②주의(主義)를 위해서 투쟁하는 사람. 1. a fighting soldier
とう し[闘志](명) 투지. 싸우고자 하는 의지(意志). 「一満満(マンマン); 투지 만만」 fighting spirit
とう し[闘詩](명) 시를 지어 그 우열(優劣)을 경쟁하는 것.
とう じ[刀自](명) ⇨とじ.
とう じ[冬至](명) 동지. 24절기의 하나. 태양이 적도(赤道)에서 북쪽으로 가장 멀리 떨어질 때. 북반구(北半球)에서는 1년 중에 낮 시간이 가장 짧을 때. 양력 12월 22, 23일에 듦. the winter solstice
とう じ[当寺](명) 이 절. this temple
とう じ[当事](명) 직접 그 일에 관계하는 것. 「一者(シャ); 당사자」 being concerned in the matter
とう じ[当時](명·부) 당시. ①〈속〉 현재. 지금. ②그때. 그즈음. 1. now
とう じ[杜氏](명) 술을 양조하는 직인(職人)의 우두머리.
とう じ[悼辞](명) 사람의 죽음을 슬퍼하는 말. 또는 그 글. 조사(弔辞). a funeral address
とう じ[統治](명·타サ) 통치. 도맡아 다스림. rule
とう じ[湯治](명·자サ) 탕치. 온천에서 목욕하여 상처나 병을 고침. hot-spring cure
とう じ[答辞](명) 답사. ①대답하는 말. ②축사(祝辞), 식사(式辞)에 답하여 하는 말. 1. a reply
とう じ[蕩児](명) 탕아. 몸가짐이나 행실이 나쁜 사람. 방탕한 사내. a debauchee
—どう し[同士·同志](조어) 끼리. 「男(オトコ)—; 남자끼리」
どう し[同士·同志](명) 동지. 뜻이 같은 것. 또는 그 사람. 「一会(カイ); 동지회」 a company. **—うち**[同士打ち·同志討ち](명) 동지끼리 싸우는 일.
どう し[同市](명) 그 시(市). the city
どう し[同旨](명) 똑같은 취지. the same aim
どう し[同氏](명) 같은 사람. 그 사람. the same person
どう し[同師](명) 그 선생. the teacher
どう し[同視](명·타サ) 동시. 같은 것으로 봄. 동일시(同一視). putting in the same category
どう し[動詞](명) 동사. 〔문법에서〕 동작, 존재, 상태를 나타내는 말. 일정한 활용법이 있음. a verb
どう し[道士](명) 도사. 도를 닦는 사람. a moralist
どう し[童詩](명) 동시. ①어린이가 짓는 시. ②어린이를 위해서 지은 시. 1. children's poems
どう し[導師](명)〈불〉 도사. 주로 법회(法会), 장례(葬礼)를 맡아 하는 승려(僧侶). an officiating priest
どう し[瞳子](명) 동자. 눈동자. the pupil
どう じ[同次](명)〈수〉 동차. 다항식(多項式)의 각 항의 차수(次数)가 어떤 문자에 대해서 같은 일. homogeneous
どう じ[同事](명) 같은 일. the same matter
どう じ[同時](명) 동시. ①같은 때. ②같은 시대. 동시대. 1. the same time. **—に**[同時に] Ⅰ(연어) ①동시에. 한꺼번에. 「三人(サンニン)が—出発(シュッパツ)する; 세 사람이 한꺼번에 떠나다」 ②마침 그때에. 「死(シ)ぬと—; 죽음과 동시에」 ③…함과 아울러. 「品質良好(ヒンシツリョウコウ)であると—安価(アンカ)だ; 품질이 좋고 아울러 값도 싸다」 Ⅱ(접) 그와 함께.
どう じ[童子](명) 동자. 어린이. 아동. a child
とう しき[等式](명)〈수〉 등식. 두 개의 식(式) 또는 수(数)를 등호(等号)로 맺은 것. an equality
とう じき[陶磁器](명) 도자기. 질그릇, 오지 그릇, 사기 그릇의 총칭. chinaware
とう じさ[唐萵苣](명)〈식〉 근대. 명아주과에 속하는 2년생 채소. 줄기와 잎을 식용함. a red beet
とうじ せい[等時性](명)〈이〉 등시성. 똑같은 주기(週期)로 항상 진동하는 성질(性質). 예 : 시계 추의 진동 등. isochronism
とう しつ[等質](명) 등질. ①같은 성분. 같은 성질.

②균질(均質). 1. the same quality
とうしつ[糖質](명)〈의〉당분(糖分)이 들어 있는 물질. 전분질(澱粉質). sugariness quality
とうじつ[当日](명·부) 당일. 그날. 「試験(シケン)—; 시험 당일」 that day
どうしつ[同室](명·자サ) 동실. 같은 방. 같은 방에 있음. 또는 그 사람. the same room
どうしつ[同質](명) 동질. 같은 성분. 같은 성질. the same quality
どうじつ[同日](명·부) 동일. ①같은 날.「—の談(ダン)でない; 같은 표준으로는 생각할 수 없다(큰 차가 있어 비교할 수 없다)」②그날. 1. the same day
どうして Ⅰ(부) ①어떤 방법으로. 어떻게 해서. 「—くらすか; 어떻게 지내느냐」 ②어째서. 「—こないのだ; 왜 안 오느냐」③강한 감동의 심정으로 덧붙여 하는 말. 「—たいしたもんですよ; 웬걸요, 굉장합니다」Ⅱ(감) 상대방의 말을 강하게 부정할 때 쓰는 말. 겹쳐서 쓸 때가 많음. 「—,—,ちがいますよ; 무슨 말씀을, 아닙니다」Ⅰ 1. how 2. why. —**も**(부) ①무슨 일이 있어도. 꼭. 「—やりとげる; 무슨 일이 있어도 꼭 완수한다」②아무리 해도. 어떤 방법으로 해도. 「—できない; 아무리 해도 할 수 없다」
とうしみ[燈心](명) 등잔 심지. a wick. —**とんぼ**[燈心蜻蛉](명)〈동〉실잠자리.
どうじめ[胴締め](명) 허리를 졸라 맴. 또는 졸라 매는 띠. a belt
とうしゃ[当社](명) 당사. ①이 신사(神社). ②이 회사. 1. this shrine 2. this company
とうしゃ[投射](명·타サ) 투사. ①던져 쏨. ②〈이〉빛을 어떤 물체에 댐. 2. projection
とうしゃ[透写](명·타サ) 투사. 그림이나 글씨를 다른 얇은 종이 밑에 받쳐 놓고 그대로 그리거나 씀. tracing
とうしゃ[謄写](명·타サ) 등사. 써서 베낌. copy. —**ばん**[謄写版](명) 등사판. 같은 문서를 많이 등사할 수 있는 간편한 인쇄기.
どうしゃ[同車](명·자サ) 같은 차에 탐. 「友人(ユウジン)と—する; 친구와 같은 차에 타다」riding together
どうしゃ[同社](명) ①같은 신사(神社). 같은 회사(会社). ②그 신사. 그 회사. 2. the shrine
どうしゃ[同舎](명) 같은 숙사. 또는 같은 숙사의 사람. the same dormitory
どうしゃ[堂舎](명) 큰 집과 작은 집. a big house and a little house
どうしゃ[道者](명) ①순례(巡礼). ②도인(道人). ③〈불〉불도(仏道)를 수업한 사람. 또는 수업하는 사람. 1. a pilgrim 2. a moralist
どうしゃ[導者](명) 안내자(案内者). a guide
どうじゃく[瞠若](형동タリ) 당약. 놀라거나 괴이쩍게 여겨서 눈을 크게 뜨고 보는 모양. 당연(瞠然). open one's eyes wide
とうしゅ[当主](명) 현재의 호주(戸主). the present head of the family
とうしゅ[投手](명) 투수. 〔야구에서〕피처. 배터(打者)에게 공을 던지는 사람. a pitcher
とうしゅ[党首](명) 당수. 당의 우두머리. a party leader
とうしゅ[頭首](명) ①머리와 목. ②우두머리. 수령(首領).「—と あおぐ; 수령으로 우러러 반듦」2. a leader
どうしゅ[同種](명) 동종. 같은 종류. ↔異種(イシュ). the same kind
とうしゅう[答酬](명·자サ) ①남의 물음에 말로 대답함. ②편지 답장 맨 앞에 쓰는 말. 1. a reply
とうしゅう[踏襲](명·타サ) 답습. 선인의 행적을 그대로 따라 행함. 「以前(イゼン)の方法(ホウホウ)を—する; 이전의 방법을 그대로 따라 행하다」following
とうじゅう[当住](명) 현재의 주지(住持). the present chief priest
どうしゅう[同舟](명) 동주. 같은 배에 탐. 또는 그 사람. 「呉越(ゴエツ)—; 오월 동주」 riding together in the same boat
どうしゅう[同州](명) ①같은 주. ②그 주. 1. same state
どうしゅう[同宗](명) 동종. ①같은 종교나 종파(宗派). ②그 종파(宗派). 1. the same religion or sect
どうしゅう[同臭](명) ①같은 냄새. ②같은 취미를 가진 친구. 1. the same smell
どうしゅう[銅臭](명) 동취. 동전 냄새. 금전에 인색한 사람을 욕하여 하는 말. a mammonist
とうしゅく[投宿](명·자サ) 투숙. 여관에 듦. lodging
どうしゅく[同宿](명·자サ) 동숙. 같은 하숙에 듦. 또는 그 사람. lodging together
どうしゅつ[導出](명·타サ) 이끌어 냄. 어떤 전제(前提), 이론(理論)에서 결론을 논리적으로 이끌어 냄. inducement
どうじゅつ[道術](명) 도술. 도교(道教)의 방술(方術). learning of Taoism
とうしょ[当初](명·부) 당초. 처음. 최초. 「—の計画(ケイカク); 당초의 계획」 the beginning
とうしょ[当所·当処](명) ①이곳. 여기. ②소(所)라고 불리는 기관이나 시설의 자칭(自称). 1. here
とうしょ[当署](명) 이 경찰서. this police-station
とうしょ[投書](명·자サ) 투서. 자기 의견을 쓴 것을 어떤 기관에 부침. 또는 그것. an anonymous notice
とうしょ[島嶼](명) 도서. 섬. 섬들. islands
とうしょ[答書](명) 답서. 답장 편지. an answer
とうしょ[頭書](명·타サ) 두서. ①서류의 제일 첫머리에 씀. 「—の通(トオ)り; 첫머리에 쓴 것과 같이」②서류의 앞 난(欄)에 씀. a superscription
どうしょ[同署](명) 그 서(署). that office
どうしょ[同所](명) ①같은 곳. ②그곳. 거기. ③그 사무소. 1. the same place
どうしょ[同書](명) 동서. ①같은 책. ②그 책. 1. the same book
どうじょ[同女](명) 그 여자. the woman
どうじょ[童女](명) 동녀. 계집아이. a girl
とうしょう[刀匠](명) 도장. 칼을 만드는 대장간. 또는 대장장이. 도공(刀工). a swordsmith

とうしょう[刀傷](명) 도상. 칼로 인한 상처. a sword cut
とうしょう[凍傷](명)〈의〉 동상. 심한 추위로 피부가 얼어서 상하는 일. frostbite
とうしょう[闘将](명) 투장. ①싸우는 장군. ②뛰어난 재능을 가진 일군. 강력한 활동가. 1. a leader combatant 2. a powerful fighter
とうじょう[東上](명·자サ) 서부 지방에서 토오쿄오(東京)로 감. ↔西下(サイカ). going up to Tokyo
とうじょう[凍上](명·자サ)〈지〉 동상. 흙이 얼어서 땅이 들뜸. swelling up by frost
とうじょう[党情](명) 당정. 당의 사정. 당내의 정세. the circumstances of a party
とうじょう[登場](명·자サ) 등장. ①무대에 나아감. 출연.「一人物(ジンブツ); 등장 인물」②세상에 나타남.「新製品(シンセイヒン)が一する; 새로운 제품이 등장하다」↔退場(タイジョウ). 1. entrance
とうじょう[搭乗](명·자サ) 탑승. 올라 탐. get on
どうしょう[同省](명) 그 성(省). that department
どうしょう[同章](명) 그 장(章). that chapter
どうじょう[同上](명) 동상. 위에 쓴 사항과 같음. 또는 그것을 나타내는 말. ditto
どうじょう[同条](명) 그 조(条). that item
どうじょう[同乗](명·자サ) 동승. 함께 탐. 합승. riding together
どうじょう[同情](명·자サ) 동정. 남의 불행을 가엾게 여김. 또는 그러한 마음.「一的(テキ); 동정적」 sympathy
どうじょう[同嬢](명) 그 아가씨. the same lady
どうじょう[堂上](명) ①당(堂)의 위. ②정전(正殿)에 오를 수 있는 조정의 귀족들. ③공경(公卿). 2. a courtier
どうじょう[道場](명) ①〈불〉 도량. 불도를 닦는 곳. ②도장. 무예를 닦는 곳. 1. Buddhist seminary
とうじょうか[筒状花](명)〈생〉 통상화. 꽃잎이 달라붙어 대통과 같은 모양으로 되어 끝만 겨우 째진 작은 꽃. 관상화(管状花). a tubular flower
とうじょうか[頭状花](명)〈생〉 두상화. 꽃대(花軸) 끝에 많은 꽃이 뭉쳐서 두상(頭状)을 이룬 꽃. a capitate flower
とうじょうかじょ[頭状花序](명)〈생〉 두상 화서. 무한화서(無限花序)의 하나. 꽃대(花軸)의 끝이 편평(扁平)하거나 공 모양을 이루고, 여러 개의 꽃이 붙어서 두상(頭状)을 이루며 하부(下部)는 총포(総苞)에 싸여서 겉으로 보기에는 한 송이의 꽃과 같음. capitulum
とうしょく[当職] Ⅰ(명) 이 직무(職務). Ⅱ(대) (이 직무에 봉사하고 있는) 나. 자기 자신. Ⅰ this duty
とうしょく[橙色](명) 등색. 오렌지색. orange
とうしょく[燈燭](명) 등촉. 등불. a lamp
どうしょく[同色](명) 동색. 같은 색.「一系統(ケイトウ); 동색 계통」 the same colour
どうしょく[同職](명) 동직. 같은 직무(職務). 같은 직업(職業). the same occupation
どうしょくぶつ[動植物](명) 동식물. 동물과 식물. animals and plants
とう·じる[投じる] Ⅰ(자상 1) ①기회를 타다. 편승(便乗)하다.「機(キ)に一; 기회에 편승하다」②한 무리에 들어 가다.「山賊(サンゾク)に一; 산적 무리에 끼다」③향하여 가다. ④묵다. ⑤맞다.「時流(ジリュウ)に一; 시류에 맞다」⑥항복하다.「敵軍(テキグン)に一; 적군에 항복하다」 Ⅱ(타상 1) ①던지다. ②보내다. ③넣다.「獄(ゴク)に一; 감옥에 넣다」④내던지다. 포기하다.「筆(フデ)を一; 붓을 내던지다」⑤지불(支払)하다. 치르다.「大金(ダイキン)を一; 많은 돈을 치르다」⑥대다. 투입하다.「資金(シキン)を一; 투자하다」 Ⅰ 1. take advantage of Ⅱ 1. throw
どう·じる[同じる](자상 1) ①동의하다. 찬성하다. ②아첨하다. 1. agree 2. fawn upon
どう·じる[動じる](자상 1) ①가슴이 두근거리다. ②당황하다. ③아찔해서 앞이 잘 안 보이다. 현기증이 나다. 어지럽다. 1. feel uneasy 2. be perturbed
とうしろ[藤四郎](명)〈속〉 "しろうと(素人)"라는 말을 거꾸로 한 은어(隠語).
—とうしん[頭身](조어) 머리의 길이와 신장(身長)과의 비율.「八(ハッ)一; 팔등신(몸의 균형이 잡힌 미인의 표준형)」
とうしん[刀身](명) 도신. 칼의 몸. a sword-blade
とうしん[投身](명·자サ) 투신. 물에 몸을 던짐.「一自殺(ジサツ); 투신 자살」 drowning oneself
とうしん[投信](명·타サ)〈경〉 투자 신탁(投資信託)의 준말.
とうしん[東進](명·자サ) 동진. 동쪽으로 진출함. an eastward advance
とうしん[盗心](명) 도심. 물건을 훔치고자 하는 마음. a propensity for theft
とうしん[答申](명·자サ) 답신. 웃사람의 질문에 대답함.「一書(ショ); 답신서」 a report
とうしん[答信](명) 답신. 답장의 편지. an answer
とうしん[等身](명) 등신. 신장과 같은 높이.「一仏(ブツ); 등신불(사람의 키만한 부처)」 life-size
とうしん[等親](명) ⇨しんとう(親等).
とうしん[燈心](명) 등심. 종이나 실 등을 꼬아 등잔기름에 적셔 불을 켜게 된 물건. 심지. a lamp wick
とうしん[闘心](명) 투심. 싸우려는 마음. 투지(闘志). fighting spirit
とうしん[蕩心](명) ①방탕(放蕩)한 마음. ②주색(酒色) 등에 빠지는 일. 1. debauchery
とうじん[刀刃](명) 도인. 칼날. the blade of a sword
とうじん[党人](명) ①한 패의 사람. ②당파에 소속한 사람. ③정당(政党)에 속한 사람. 당원. 1. a party-man
とうじん[島人](명) 도인. 섬에 사는 사람. 섬 사람. an islander
とうじん[唐人](명) ①당인. 중국인. ②이국인(異国人). 외국인.「一船(ブネ); 외국 배」 1. Chinese
とうじん[蕩尽](명·타サ) 탕진. 다 써서 없앰.「財産(ザイサン)を一する; 재산을 탕진하다」 squander

どうしん[同心](명·자サ) 동심. ①같은 마음. ②마음을 같이함. ③무가(武家)에서 가장 하급의 병사. ④에도(江戸) 막부에 봉사하던 하급 수사관. ⑤〈수〉 중심을 같게 함. 1. the same mind 5. concentricity. **—えん**[同心円](명)〈수〉 동심원. 같은 중심을 가진 원(円).

どうしん[童心](명) 동심. 어린이의 마음. 어린이와 같은 순진한 마음. child's mind

どうしん[道心](명) 도심. ①도덕심. ②〈불〉 불도를 믿는 마음. ③〈불〉 15세가 넘어서 불문(仏門)에 들어간 사람. 1. moral sense 2. faith

どうじん[同人](명) 동인. ①같은 마음을 가진 사람. 동지(同志). 「—雑誌(ザッシ); 동인지」 ②동일한 사람. 그 사람. 1. a coterie

どうじん[同仁](명) 동인. 널리 평등하게 사랑하는 일. impartial benevolence

どうじん[道人](명) 도인. ①〈불〉 출가(出家). ②도사(道士). ③속세를 버린 사람. 2. a Taoist 3. a hermit

とうしんせん[等深線](명)〈지〉 등심선. 〔지도에서〕 바다의 깊이가 같은 것을 점(点)으로 연결한 곡선. an isobathyic line

とうじんぼう[東尋坊](명)〈지〉 후쿠이현(福井県) 북부에 있는 명승지. 해녀(海女)로 유명.

とうすい[陶酔](명·자サ) 도취. ①기분 좋게 취함. ②온 정성을 쏟음. 1. intoxication

とうすい[透水](명)〈지〉 투수. 물이 스며 드는 일. water percolation

とうすい[統帥](명·타サ) 통수. 군대를 통솔함. 「—権(ケン); 통수권」 supreme command

どうすい[導水](명·자サ) 물을 이끌어 흐르게 함. 「—管(カン); 도수관」 water induction

とうすう[頭数](명) 두수. ①머릿수. ②동물의 수(数). 「飼育(シイク)—; 사육 두수」 head

どうすう[同数](명) 동수. 같은 수. the same number

とうすみ[燈心](명)〈동〉 ⇨とうしみとんぼ.

とう·する[党する](자サ) ①한패가 되다. ②아첨하다. ③한쪽으로 치우치다. 1. form a party 2. flatter

とう·ずる[投ずる](타サ) ①던지다. ②던져 넣다. ③투자하다. ④편승(便乗)하다. ⑤머무르다. 1. throw 2. plunge 3. invest

どう·ずる[同ずる](자サ) 찬성하다. 동의하다. agree

どう·ずる[動ずる](자サ) 마음이 움직이다. 두근거리다. 당황하다. be moved

どうすん[同寸](명) 같은 치수. same measure

とうぜ[党是](명) 당시. 당의 근본 방침. party policies

どうせ(부) 아무리 해도. 하여간(何如間). 아뭏든. 「—だめだ; 아뭏든 틀렸어」 anyway

とうせい[当世](명) 당세. 현세. 현대. the present time

とうせい[東征](명·자サ) 동정. 동쪽 나라를 정벌함. the eastern expedition

とうせい[唐制](명) 당(唐) 나라 시대의 제도(制度). Tang institutions

とうせい[党勢](명) 당세. 당의 세력. party influence

とうせい[陶製](명) 도토(陶土)로 구워 만든 물건. 도자기(陶磁器) 제품. porcelain

とうせい[統制](명·타サ) 통제. 일정한 목적에 따라 여러 부분으로 나누어진 것을 통일하여 제어(制御)함. 「—経済(ケイザイ); 통제 경제」 control

とうせい[搗精](명·타サ) 도정. 현미(玄米)를 찧거나 쓿어서 등겨를 내어 희고 깨끗하게 만듦. polishing

とうせい[頭声](명) 두성. 주로 두부(頭部), 비부(鼻部)에서 공명(共鳴)시켜 내는 비교적 고음(高音)에 속하는 소리. ↔胸声(キョウセイ).

とうせい[濤声](명) 파도 소리. the roars of waves

とうせい[騰勢](명)〈경〉 등세. 물가(物価)가 오르는 경향. an upward trend

どうせい[同性](명) 동성. 같은 수컷이나 같은 암컷끼리의 성(性). 성이 같은 것. ↔異性(イセイ). the same sex. **—あい**[同性愛](명) 동성애. 동성끼리 하는 연애.

どうせい[同姓](명) 동성. 같은 성(姓). 「—同名(ドウメイ); 동성 동명」 the same surname

どうせい[同棲](명·자サ) 동서. 남녀가 같이 삶. 동거(同居). living together

どうせい[動静](명) 동정. ①움직임과 고요함. ②움직임. 상태. 소식. 「学界(ガッカイ)の—; 학계의 동정」 1. repose and movement

どうせい[道政](명) 홋카이도오(北海道)의 정치.

どうせい[銅製](명) 동제. 구리로 만듦. 또는 만든 것. 「—の槍(ヤリ); 구리로 만든 창」 made of copper

どうぜい[同勢](명) 동세. 함께 가는 사람들. 「—十人(ジュウニン); 일행 10명」 a party

どうぜい[道税](명) 홋카이도오(北海道)에서 할당하여 징수하는 세금.

とうせき[投石](명·자サ) 투석. 돌을 던짐. throwing a stone

とうせき[党籍](명) 당적. 당원의 적. the party register

とうせき[透析](명)〈이〉 투석. 황산지(黄酸紙), 방광막(膀胱膜), 콜로디온막 등이 교질(膠質) 입자를 통하지 않고 보통의 분자 및 이온을 통과시키는 성질을 이용하여 교질 용액을 정제하는 처치. dialysis

とうせき[悼惜](명·타サ) 도석. 죽은 사람을 애석하게 여겨 슬퍼함. lamentation

どうせき[同席](명·자サ) 동석. ①같은 자리. ②자리를 같이함. 2. sitting in company

とうせつ[当節](명) 현재. 현금(現今). nowadays

どうせつ[同説](명) 동설. ①같은 설. ②그 학설. 1. the same opinion

とうせん[当千](명) 당천. 한 사람의 힘이 천 사람만큼 강한 것. 「一騎(イッキ)—; 일기 당천」 a match for a thousand

とうせん[当選](명·자サ) 당선. 선거에 뽑힘. 「選挙(センキョ)に—する; 선거에 당선되다」 ↔落選(ラクセン). election

とうせん[当籤](명·자サ) 당첨. 제비에 뽑힘. 「—者(シャ); 당첨자」 prize winning

とうせん[東遷](명·자サ) 동천. 동쪽으로 옮김. removal to the east

とうせん[盗泉](명) 도천. ①중국 산동성(山東省) 사수현(泗水県)에 있는 샘. 공자(孔子)는 그 이름이 싫어 마시지 않았다고 함. ②불의(不義).

とうせん[登仙](명·자サ) 등선. ①하늘에 올라 선인(仙人)이 됨. 「羽化(ウカ)—; 우화 등선」 ②귀인의 죽음. 1. flying up into the sky

とうぜん[当然](명·형동ダ·부) 당연. 마땅히 그러함. 「—の結果(ケッカ); 당연한 결과」 natural

とうぜん[投前](명) 〔야구에서〕 피처(投手)의 앞. before a pitcher

とうぜん[東漸](명·자サ) 동점. 점점 동쪽으로 옮김. eastward advance

とうぜん[陶然](형동タルト) 도연. 기분 좋게 얼근히 취한 모양. intoxicated

どうせん[同船](명·자サ) 동선. ①같은 배에 탐. 또는 그 사람. ②같은 배. 그 배. 1. taking the same ship

どうせん[銅線](명) 동선. 구리 철사. a copper wire

どうせん[銅銭](명) 동전. 동화(銅貨). a copper coin

どうせん[導線](명) 도선. 전기의 양극(両極)을 이어 전기 전도에 쓰는 철사. a leading wire

どうぜん[同前](명) 동전. 먼젓 것과 같음. 먼저와 같음. ditto

どうぜん[同然](명) 한가지. 같은 모양. 「かみくず—な; 휴지쪽과 같은」 similar

とうせんかろ[冬扇夏炉](연어·명) 동선 하로. 〔겨울철의 부채와 여름철의 화로란 뜻으로〕 계절(季節)에 맞지 않는 쓸 데 없는 것. 「—のたぐい; 쓸 데 없는 것들」 things out of season

どうぞ(부) ①제발. 청컨대. ②아뭏든. 어떻든지. 1. please 2. anyhow

とうそう[逃走](명·자サ) 도주. 빠져 달아남. 도망 침. flight

とうそう[党争](명) 당쟁. 당파 싸움. a party strife

とうそう[党葬](명) 당장. 당의 이름으로 하는 장의(葬儀). a party funeral

とうそう[凍瘡](명)〈의〉 동창. 국소성 동상(局所性凍傷). a frostbite

とうそう[痘瘡](명)〈의〉 두창. 바이러스에 의해서 생기는 급성 전염병. 높은 열과 발진(発疹)이 생기며 곰보가 됨. 천연두(天然痘). smallpox

とうそう[闘争](명·자サ) 투쟁. ①싸움. ②노임(労賃)의 인상, 감원(減員) 반대 등의 명분을 내걸고 노동조합이 고용주와 맞서 다툼. 노동 쟁의. a strife

どうそう[同窓](명) 동창. ①한 학교에서 공부하는 것. 또는 그 사람. ②한(같은)학교를 졸업하는 것. 「—会(カイ); 동창회」 1. a classmate

どうぞう[銅像](명) 동상. 구리로 만든 초상(肖像). a bronze statue

とうそうはちだいか[唐宋八大家](명) 당송 팔대가. 중국의 당(唐), 송(宋) 시대에 유명한 8인의 문학자.

とうそく[党則](명) 당칙. 정당의 규칙. party rules

とうそく[等速](명) 등속. 일정시(一定時)의 속도가 같은 것. uniform velocity

とうぞく[盗賊](명) 도적. 도둑. a robber

どうぞく[同族](명) 동족. 같은 핏줄기로 이어진 겨레나 일족(一族). the same race

どうぞく[同属](명) 같은 종류. the same kind

どうぞく[道俗](명) 도속. 중(僧)과 속인(俗人). a priest and a layman

とうそくるい[頭足類](명)〈동〉 두족류. 연체 동물에 속하는 한 강(綱). 몸은 좌우쪽이 서로 대칭(対称)이며 머리, 몸통, 발의 세 부분으로 구분되는데 발이 두부(頭部)에 달린 것이 특징. 예: 오징어, 낙지 등. Cephalopoda

どうそじん[道祖神](명) 길을 지키는 신(神). the travellers' guardian deity

どうそたい[同素体](명)〈이〉 동소체. 동일 원소로 되어 있으나 그 성질이 전혀 다른 물체. allotropy

とうそつ[統率](명·타サ) 통솔. 통합하여 이끎. command

とうそん[当村](명) 이 마을. this village

どうそん[同村](명) 동촌. ①같은 마을. ②그 마을. 1. the same village

とうた[淘汰](명·타サ) 도태. ①씻어 깨끗이 함. ②좋은 것을 취하고 나쁜 것을 버림. 취사(取捨). ③〈생〉 생물 중에서 환경에 적응(適応)하지 못하는 것이 사멸(死滅)하는 자연의 법칙. 1. washing out 3. natural selection

とうたい[当体](명)〈불〉 당체. 직접으로 그 본체(本体)를 가리켜서 하는 말. true form

とうだい[当代](명·부) 당대. ①당세(当世). 현대. ②지금의 주인. ③그 세상. 1. the present age

とうだい[東大](명) 토오쿄오 대학(東京大学)의 약칭.

とうだい[燈台](명) 등대. ①등잔을 올려 놓는 대(臺). 등잔 걸이. 「—下(モト)暗(クラ)し; 등잔 밑이 어둡다」 ②촉대(燭臺). ③밝은 불빛을 내어 배의 항로(航路)를 알려 주어 항해를 안전하게 하는 설비. 항구, 갑(岬)에 설치함. 3. a lighthouse. —**もり**[燈台守り](명) 등대지기.

どうたい[同体](명) 동체. ①같은 몸. ②같은 모양. 1. the same body

〔燈台①〕

どうたい[胴体](명) 동체. 몸통. the trunk

どうたい[道諦](명)〈불〉 도제. 4제(四諦)의 하나. 대오(大悟)에 이르는 수단과 방법. the way of spiritual awakening

どうたい[動態](명) 동태. 활동하는 상태. 「—調査(チョウサ); 동태 조사」 movement

どうたい[童体](명) 어린이의 몸. a child's figure

どうたい[導体](명)〈이〉 도체. 열,전기를 전하는 물체. 양도체(良導体). a medium

どうだい[同大](명) ①같은 크기. ②그 대학. 동대학(同大学). 1. the same size

とうだいじ[東大寺](명) 일본 화엄종(華厳宗)의 총본산. 나라시(奈良市)에 있음.

どうたく[銅鐸](명) 청동으로 만든 종 모양의 것. 고대인이 악기로 썼음.

とう たつ[到達](명·자サ) 도달. 정한 곳에 다다름. 도착.「結論(ケツロン)に一する; 결론에 도달하다」 arrival

とう たん[東端](명) 동단. 동쪽 끝. the eastern edge

とう だん[登壇](명·자サ) 등단. 단(壇)에 오름. ↔降壇(コウダン). going on a platform

〔銅鐸〕

どう だん[同断](형동ダ) 같은 모양. 전과 같은 모양.「これと一である; 이것과 같다」 ditto

どう だん[道断](명) 도단. 당치도 않은 것. outrageousness

どうだん つつじ[満天星](명)〈식〉 벌석남. 석남과의 낙엽 관목. 관상용(観賞用).

とう ち[当地](명) 당지. 이 땅. 이 지방. this place

とう ち[倒置](명·자サ) 도치. 거꾸로 놓임. 위치가 뒤바뀜.「一法(ホウ); 도치법」 turning upside down

とう ち[島地](명) 섬. 섬나라. an island

とう ち[統治](명·타サ) 통치. ①다스림. ②주권자(主権者)가 국토, 국민을 다스림. 1. rule

どう ち[同地](명) ①같은 땅. ②그 땅. 1. the same place

どう ち[同値](명) 동치 같은 값. the same price

とう ちゃく[到着](명·자サ) 도착. 어느 장소에 다다름. 도달. arrival

どう ちゃく[同着](명) 동시에 결승점에 다다름. arrival at the same time

どう ちゃく[撞着](명·자サ) 당착. ①부딪침. ②일치(一致)하지 않음. 전후가 맞지 않음. 모순(矛盾)됨.「自家(ジカ)一; 자가 당착」 1. confliction

とう ちゅう[頭注·頭註](명) 두주. 본문(本文)의 위에 붙이는 주석(註釋). ↔脚注(キャクチュウ). head notes

どう ちゅう[道中](명) ①여행의 도중. ②창녀(娼女), 기생들이 고운 옷을 입고 유곽(遊廓) 안을 거니는 일. 1. on one's way. **—き**[道中記](명) ①여행 안내기(案内記). ②여행기. **—ざし**[道中差](명) 여행할 때 차는 칼. **—すごろく**[道中双六](명) 토오카이도(東海道)의 그림을 그려 놓고 하는 쌍륙(双六).

とう ちょう[当庁](명) 이 관청. this office

とう ちょう[当町](명) 이 읍(邑). this town

とう ちょう[盗聴](명·타サ) 도청. 본인 몰래 숨어서 들음.「電話(デンワ)の一; 전화의 도청」 tapping

とう ちょう[登庁](명·자サ) 등청. 관청에 출근함. ↔退庁(タイチョウ). attendance at office

とう ちょう[登頂](명) 등정. 정상(頂上)에 오르는 일. climbing the top

とう ちょう[頭頂](명) 머리의 맨 꼭대기. the vertex. **—こつ**[頭頂骨](명)〈생〉 두정골. 두개골의 한 부분. 두개(頭蓋)의 중심에 있는 좌우 한 쌍의 편평하고 모가 난 뼈.

どう ちょう[同調](명·자サ) 동조. ①같은 가락. ②남의 의견, 행동 등에 보조를 맞춤.「一者(シャ); 동조자」 1. the same tune

どう ちょう[道庁](명)〈법〉 도청. 도(道)의 사무를 맡아보는 관청. government office

どうちょう とせつ[道聴塗説](명) 도청 도설. 길거리에 퍼져 돌아 다니는 뜬 소문.

とう ちょく[当直](명·자サ) 당직. 숙직, 일직 등의 임무를 수행함. 또는 그 사람. being on duty

とう ちりめん[唐縮緬](명) ⇨メリンス.

とう ちん[陶枕](명) 도침. 도자기(陶磁器)로 만든 베개. 주로 여름에 씀. a porcelain pillow

とう つう[疼痛](명)〈의〉 동통. 쑤시고 아픈 것. pain

とう つう[頭痛](명)〈의〉 ⇨ずつう.

どう づき[胴突き](명) ①(집을 짓기 전에) 땅을 고르는 일. 달구질. ②땅을 고르는 데 쓰는 연장. 달굿대.

どう で(부) 여하튼. 어차피. either way. **—も**(부)〈속〉 암만 해도.

とう てい[到底](부) 도저히. 아무리 하여도. 끝끝내.「一できない; 도저히 할 수 없다」 at all

どう てい[童貞](명) 동정. ①순결을 지켜, 이성과 관계를 맺지 않는 것. 또는 그런 남자. ↔処女(ショジョ). ②〈종〉〔가톨릭교에서〕 수녀. 1. chastity

どう てい[道程](명) 도정. ①길의 이수(里数). 노정(路程). ②여행의 경로. 여정(旅程). ③어떤 일의 과정(過程). 2. journey

とう てき[投擲](명·타サ) 투척. 던짐. throwing

どう てき[動的](형동ダ) 동적. 활동적인 모양. 언제나 움직이고 있는 모양. ↔静的(セイテキ). active

とう てつ[透徹](명·자サ) 투철. 조리(条理)가 정연(整然)하여 막힐 곳이 없음.「一した理論(リロン); 투철한 이론」 penetration

とう てん[当店](명) 이 상점.「一じまんの料理(リョウリ); 이 음식점이 자랑하는 요리」 this shop

とう てん[東天](명) ①동천. 동쪽 하늘. ②새벽녘. 1. eastern sky. **—こう**[東天紅](명) ①새벽에 우는 닭 소리. ②〈동〉 닭의 한 품종으로서 7, 8초에서 20초나 우는 닭. ③날이 밝음.

とう てん[読点](명) 문장이 끊어지는 곳에 찍는 점. "," ⇨: くてん(句点). a comma

とう でん[盗電](명·자サ) 도전. 전기를 몰래 씀. stealing of the electric current

とう でん[答電](명·자サ) 답전. 회답 전보. answering by telegram

どう てん[同店](명) ①그 가게. ②같은 가게. 1. that shop

どう てん[同点](명) 동점. 같은 점수. a tie

どう でんき[動電気](명)〈이〉 동전기. 유동(流動)하고 있는 전기. ↔静(セイ)電気. current electricity

どう でんりょく[動電力](명)〈이〉 동전력. 전류(電流)를 일으키는 작용. power of electric generation

とう と[東都](명) ①동쪽의 도읍. ②토오쿄오(東京).

とう ど[凍土](명) 동토. 얼어 붙은 땅. frozen soil

とう ど[唐土](명) ①중국을 일컫는 말. ②당(唐) 나라. 1. China

とう ど[陶土](명) 도토. 도자기의 원료가 되는 양질

(良質)의 점토(粘土). potter's clay
とうと·い[尊い·貴い]タフトイ(형) 귀하다. 높다. 거룩하다. 파생 **—さ**(명). noble
とう とう[等等](연어) 등등. "등"을 겹쳐 써서 많은 상태를 나타내는 말. etc.
とう とう[丁丁](형동タリ) 나무 찍는 소리. ringing
とう とう[滔滔](형동タルト) ①물이 줄기차게 퍼져 흐르는 모양.「—たる大河(タイガ); 도도한 대하」②말을 물 흐르듯 거침 없이 하는 모양. ③한결같은 모양.「—たる人情(ニンジョウ); 한결같은 인정」 1. rushing 2. fluent
とう とう[蕩蕩](형동タルト) ①넓고 큰 모양. ②온화한 모양. ③법이 지켜지지 않고 어지러운 모양. 1. vast
とう とう[鼕鼕](형동タルト) ①북 소리. 둥둥. ②파도 소리. 1. drumming
とう とう[到頭](부) 드디어. 결국. at last
とう どう[当道](명) ①이 길(道). ②자기가 배우는 방면. ②〔한방(漢方)에서〕 내과(内科). ③맹인의 관위(官位)를 관장하고 그 직업을 보호하는 제도. 1. this line
とう どう[東道](명) ①동쪽의 길. ②주인이 되어 손님을 안내하는 것. 또는 그 주인. 1. eastern way
どう とう[同党](명) 동당. ①같은 당파(党派). ②그 당(党). ③동족(同族). 일족(一族). 1. the same party
どう とう[同等](명) 동등. 같은 등급. 같은 수준.「—の資格(シカク); 동등한 자격」 equality
どう とう[堂塔](명) 당탑. 절의 당(堂)과 탑. temple buildings
どう とう[道統](명) 도통. ①유학(儒学)의 전통. ②도(道)를 전하는 계통. tradition of learning
どう どう[同道](명·자サ) 함께 감. 동행. going with
どう どう[堂堂](형동タルト) 당당. ①훌륭한 모양.「—と行進(コウシン)する; 당당히 행진하다」②감추지 않고 하는 모양.「白昼(ハクチュウ)—と; 대낮에 당당히」 1. dignified. **—めぐり**[堂堂巡り·堂堂回り](명·자サ) ①소원을 이루게 해 달라고 기도 드리며 절(寺)이나 신사(神社)의 둘레를 빙빙 돎. ②손에 손을 맞잡고 둥근 원을 그리며 도는 놀이. ③〔의회에서〕의원들이 차례차례로 투표함. ④같은 곳을 빙빙 돎.「議論(ギロン)の—; 의론이 일치되지 않고 같은 말이 되풀이됨」
とうどう ばつい[党同伐異](연어·명) 동지를 돕고 반대자를 공격하는 일. partisanship
とう どく[東独](명)〈지〉 동독. 동부 독일. ↔西独(セイドク) ⇨:ドイツ. Eastern Gemany
どう とく[道徳](명) 도덕. ①사회 생활을 향상시키기 위해서 지켜야 할 일들. ②인생에 대한 생각이나 행실의 표준. 인륜(人倫).「—観念(カンネン); 도덕 관념」③노자(老子)가 설파(説破)한 염담 허무(恬淡虚無)의 학(学). 1. 2. morality. **—てき**[道徳的](형동ダ) 도덕적. ①도덕에 관한 모양. ②도덕에 어긋남이 없는 모양.
とう とつ[唐突](명·형동ダ) 별안간. 돌연.「—な話(ハナシ); 갑작스러운 이야기」 sudden
とうと·ぶ[尊ぶ·貴ぶ]タフトブ(타 4) 존경하다. respect
とうと·む[尊む]タフトム(타 4) ⇨とうとぶ.
とう どり[頭取](명) 두취. ①우두머리가 되는 사람. ②(은행 등의) 대표자. ③극장 등에서 분장실의 일체를 감독하는 사람. 1. the head 2. the president
どう とり[筒取り·胴取り](명) 노름판에서 장소를 빌려주고 수입고에 따라서 자릿세를 받는 일. 또는 그 사람. an owner of a gambling-house
とう な[唐菜](명)〈식〉 당배추. 토오쿄오(東京) 부근에서 나는 대표적인 야채. Chinese rape
とう ない[党内](명) 당내. 당(党)의 내부. the inside of a party
どう ない[堂内](명) 당내. 당(堂)의 안. the interior of a temple
どう ない[道内](명) 홋카이도오(北海道)의 안.
どう なか[胴中](명) ①몸통의 중간. ②한가운데. 1. the torso 2. middle
とう なす[唐茄子](명)〈식〉 ⇨かぼちゃ.
とう なん[東南](명) 동남. ①동쪽과 남쪽. ②동쪽과 남쪽의 중간 방위(方位). 동남간. 2. southeast
とう なん[盗難](명) 도난. 도둑 맞는 재난. burglary
とう なんとう[東南東](명) 동남동. 동쪽과 동남쪽과의 중간 방위. southeast by east
とう に[疾うに](부) 벌써. 이미. long ago
どう にか(부) 이럭저럭.「—こうにか; 이럭저럭해서」 somehow
どう にも(부) 아무리 해도.「—ならない; 아무리 해도 되지 않는다」 in any way
とう にゅう[投入](명·타サ) 투입. 던져 넣음. throwing in
とう にゅう[豆乳](명) 두유. 두부를 만들 때 간 콩에 물을 붓고 끓인 희고 걸쭉한 액체. 우유나 젖의 대용으로 사용함. 콩국. bean juice
どう にゅう[導入](명·타サ) 도입. 이끌어 들임. introduction
とう にょう[糖尿](명)〈의〉 당뇨. 포도당이 많이 섞인 병적인 오줌. **—びょう**[糖尿病](명)〈의〉 당뇨병. 당뇨가 계속해서 나오는 만성의 병.
とう にん[当人](명) 그 사람. 본인(本人).「—の意思(イシ); 본인의 의사」 the person concerned
どう にん[同人](명) 동인. ①같은 사람. ②그 사람. ③동지.「—雑誌(ザッシ); 동인지」 1. the same person
どう ぬき[胴抜き](명) 몸통 부분을 다른 천으로 만든 내의(속옷). a short pied slip
とうねつびょう[稲熱病](명)〈농〉 ⇨いもちびょう.
とう ねん[当年](명) 당년. 올해. 금년. this year
どう ねん[同年](명) 동년. ①같은 해. 그해. ②같은 나이(年齢). 동갑. 1. the same year
どう ねん[道念](명) ①도의심. ②사람으로서 올바르게 살아 가는 길을 찾는 마음. 1. moral sense
とう の[当の](연체) 바로 거기에 해당되는.「—本人(ホンニン); 바로 그 장본인」 in question
どうの こうの[どうの斯うの]—カウノ(연어·부) 이러쿵

저러쿵. 이러니저러니. 「いまさら―といってもしようがない; 이제 와서 이러니저러니해도 소용 없다」 something or other

どうのま[胴の間](명) ①선박의 중앙 선실(船室). ②배의 나비. 1. the centre cabin

とうは[党派](명) 당파. ①당의 분파(分派). 한패. ②동지(同志). 1. a party

とうは[踏破](명·타サ) 답파. 험한 길이나 먼 길을 끝까지 걸어 나감. travelling over

とうば[塔婆](명)〈불〉 탑파. ①탑. ②⇨:そとば. ③묘(墓). 1. a pagoda

どうは[同派](명) 동파. ①같은 당파(党派). ②그 당파. 1. the same party

どうは[道破](명·타サ) 끝까지 다 말함. 딱 잘라 말함. 설파(説破). declaration

どうはい[同輩](명) 동배. 같은 또래의 친구. 동아리. ↔先輩(センパイ), 後輩(コウハイ). a colleague

どうはい[銅牌](명) 동패. 구리로 만든 상패. 동(銅)메달. a copper medal

とうばく[倒幕](명·자サ) 막부(幕府)를 넘어뜨림.

とうばく[討幕](명·자サ) 막부(幕府)를 침.

どうはち[銅鈸](명)〈불〉 동발. ①근행(勤行)할 때 치는 구리로 만든 방울. ②〈악〉 ⇨:どうばつ. 1. a coffer ring

とうはち(けん)[藤八(拳)](명) ⇨きつねけん.

とうはつ[頭髪](명) 두발. 머리털. hair

とうばつ[党閥](명) 당벌. 같은 당파의 사람들이 단결하여 자기 파의 이익을 꾀하고 타당(他党)을 배척하는 일. a clique

とうばつ[討伐](명·타サ) 토벌. 군사를 동원하여 죄 있는 자를 침. 「―隊(タイ); 토벌대」 subjugation

とうばつ[盗伐](명·타サ) 도벌. 산의 나무를 몰래 벰. 도작(盗斫). secret felling of trees

どうばつ[銅鈸](명)〈악〉 동발. 타악기(打楽器) 중의 자바라(啫哱囉), 제금, 향발(響鈸) 등의 총칭. a copper instrument of percussion

とうはん[盗犯](명)〈법〉 도둑질을 한 범죄. 절도, 강도 등. larceny

とうはん[登攀](명·자サ) 등반. 산이나 높은 곳에 오름. climbing up

とうばん[当番](명) 당번. 차례가 됨. 또는 그 사람. 「そうじ―; 소제 당번」 being on duty

とうばん[登板](명·자サ) 등판. 〔야구에서〕 피처(投手)가 마운드(投手板)에 섬. taking the plate

どうはん[同伴](명·자サ) 동반. 데리고 함께 다님. 길을 같이 감. 대동(帯同). 「夫婦(フウフ)―; 부부 동반」 accompanying

どうはん[同班](명) 동반. 같은 반. the same group

どうはん[同藩](명) 같은 영주(領主)에 속하는 것. the same clan

どうばん[同番](명) 동번. 같은 번호. the same number

どうばん[銅板](명) 동판. 구리로 만든 판. 구리 판.

どうばん[銅版](명) 동판. 구리 판에다 그림이나 문자를 새긴 인쇄용 원판. a copper plate

どうばん[銅盤](명) 동반. 구리 쟁반. a copper tub

とうひ[当否](명) ①맞음과 맞지 않음. 적부(適否). ②도리에 맞음과 맞지 않음. 1.propriety 2.right or wrong

とうひ[党費](명) 당비. ①당(党)의 비용. ②당원(党員)이 부담하는 비용. 1. party expenditure

とうひ[逃避](명·자サ) 도피. 도망 쳐 피함. 빠져 나감. 「現実(ゲンジツ)からの―; 현실 도피」 escape

とうひ[討匪](명) 토비. 비적(匪賊)의 무리를 치는 일. suppression of bandits

とうび[掉尾](명) 도미. ①꼬리를 흔듦. ②끝판에 더욱 기세를 올림. 「―の勇(ユウ)をふるう; 최후의 힘을 다함」 ③문장 끝이 한층 힘참. 2. making a final effort

とうひきゅうすう[等比級数](명)〈수〉 등비 급수. 이웃한 두 항(項)의 비(比)가 언제나 같은 급수(級数). 기하 급수(幾何級数). geometrical progression

どうひだり[同左](명) 왼쪽의 것과 같음. 좌동(左同). ↔同右(ドウミギ).

とうひつ[刀筆](명) 도필. ①중국에서 종이가 발명되기 전에 대나무에 문자를 새기던 칼. ②문서의 기록. 또는 그 기록을 맡은 관원. 2. a record

どうひつ[同筆](명) 같은 사람의 필적. the same hand

とうひょう[投票](명·자サ) 투표. 선거 또는 채결(採決)할 때 후보자의 이름, 찬부 등을 써서 일정한 장소에 넣음. 「―函(カン); 투표함」 voting

とうびょう[投錨](명·자サ) 투묘. 배의 닻을 내림. 정박(碇泊). 입항(入港). anchoring

とうびょう[痘苗](명)〈의〉 두묘. 종두(種痘)에 쓰이는 병독(病毒). 천연두(天然痘)의 병원체를 소의 복벽(腹壁)에 접종(接種)하여 얻는 왁찐. vaccine

とうびょう[闘病](명·자サ) 투병. 병과 싸움. 「―生活(セイカツ); 투병 생활」 struggle against disease

どうひょう[同表](명) 동표. ①같은 표(表). ②그 표. 1. the same list

どうひょう[道標](명) 도표. 길잡이. 길 가는 사람의 편의를 위하여 방향, 이수(里数) 등을 돌, 나무 같은 데 표서하여 길 가에 세워 둔 것. 이정표(里程表). a guide-post

どうびょう[同病](명) 같은 병. 같은 병을 앓는 사람. 「―あいあわれむ; 동병 상련(同病相憐)」 the same disease

とうひん[盗品](명) 훔친 물건. 장물(贓物). stolen articles

どうひん[同品](명) ①그 상품. ②같은 물품. 1. that goods

とうふ[豆腐](명) 두부. 물에 담가 두었던 콩을 갈아서 그 즙(汁)을 끓여서 굳힌, 희고 부드러운 식품. 흰자질이 풍부함. 「―にかすがい; 두부에 꺾쇠 박는 것처럼 아무 효과도 없다는 뜻」 beancurd. **―がら**[豆腐滓](명) 두부가 될 물을 짜 내고 남은 찌끼. 비지.

とうぶ[東武](명)〈지〉 ①무사시(武蔵)의 동쪽 ②에도(江戸)의 다른 이름.

とうぶ[東部](명) 동부. 동쪽 부분. the eastern part
とうぶ[頭部](명) 두부. 머리 부분. the head
とう·ぶ[食ぶ]タウブ(타하 2)〈고〉 먹다. 마시다.
どうぶ[同部](명) 동부. ①같은 부분(部分). ②그 부분. 1. the same part
どうぶ[胴部](명) 동부. 몸통 부분. the trunk
とうふう[東風](명) 동풍. ①동쪽에서 부는 바람. 샛바람. ↔西風(セイフウ). ②봄바람. 1. the east wind
とうふう[党風](명) 당의 기풍. the morale of a party
とうふう[唐風](명) 당풍. 중국식. the Chinese way
どうふう[同風](명) 같은 풍습. the same manners
どうふう[同封](명·타サ) 동봉. 편지 속에 같이 넣음. 「写真(シャシン)を一する; 사진을 동봉하다」 enclosure
とうふく[当腹](명) 지금의 본처가 낳은 아이. a child born of the present wife
とうふく[倒伏](명·자サ)〈농〉 (벼 등이) 쓰러짐. falling down
どうふく[同腹](명) ①동복. 한 어머니에서 태어난 형제 자매. ②같은 생각. 같은 마음. 1. uterine
どうふく[道服](명) ①도복. 도사(道士)가 입는 의복. ②약식(略式) 법의(法衣). 1. Taoist's dress
どうぶく[胴服](명) ①하오리(羽織)의 옛 이름. ②양복 조끼. 2. a waistcoat
とうぶつ[唐物](명) 중국이나 그 밖의 외국에서 들어온 물품. foreign goods
どうぶつ[動物](명) 동물. ①생물 중에서 자유롭게 움직이며 유기물을 섭취해서 사는 생물. ②인간 이외의 것. 특히 짐승을 말함. 「一性食品(セイショクヒン); 동물성 식품」 1. an animal. **一えん**[動物園](명) 동물원. 여러 가지 동물을 사육(飼育)하며 여러 사람에게 보이는 곳. **一かい**[動物界](명) 동물계. 자연계 중 동물의 범위. **一がく**[動物学](명)〈식〉 동물학. 동물에 관해서 연구하는 자연 과학의 일부분. **一しつ**[動物質](명) 동물질. ①동물의 몸을 이루는 물질. ②동물성 음식. 예: 고기, 생선 등. **一じっけん**[動物実験](명)〈의〉 동물 실험. 의학상 연구를 위해 살아 있는 동물을 사용하는 실험. **一せい**[動物性](명) 동물성. 동물체 특유(特有)의 성질(性質). **一せんい**[動物繊維](명) 동물 섬유. 동물의 몸에서 뽑은 섬유. 예: 양모, 견사 등. **一たい**[動物体](명) 동물체. 동물의 몸. **一てき**[動物的](형동ダ) 동물적. 짐승의 성질을 갖는 모양. ↔人間的(ニンゲンテキ).
どうふぼ[同父母](명) 형제 자매의 부모가 같은 것. 한부모. a full brother or sister
どうぶるい[胴震い]ーブルヒ(명·자サ) 추위나 무서움 때문에 온 몸이 떨림. trembling
とうぶん[当分](명·부) 가까운 시일까지. 잠시. 「一の間(アイダ); 당분간」 for the time being
とうぶん[等分](명·타サ) 등분. ①동일하게 나눔. ②같은 분량(分量). 1. dividing equally
とうぶん[糖分](명) 당분. 설탕의 성분(成分). sugar
どうぶん[同文](명) ①같은 글자. 「一のくに; 쓰는 글자가 같은 나라」 ②같은 문장. 2. the same sentence
とうへい[党弊](명) 당파의 폐해. evils of party system
とうへき[盗癖](명) 도벽. 물건을 훔치는 버릇. a thieving habit
とうへん[等辺](명)〈수〉 등변. 다변형(多辺形)에 있어서 대응변(対応辺)의 길이가 같음. 또는 길이가 같은 변. equal homologous sides
とうべん[答弁](명·자サ) 답변. 질문에 답함. a reply
とうへんぼく[唐変木](명)〈속〉 얼빠진 놈. 바보. a stupid
とうぼ[登簿](명) 관공서 등의 공식 장부에 등록하는 일. registering
どうぼ[同母](명) 어머니가 같은 것. 「一兄(ケイ); 친형」 uterine
とうほう[当方](명) 당방. 이쪽. 여기. 우리 쪽. ↔先方(センポウ). our part
とうほう[投法](명) 투법. 〔야구에서〕 공을 던지는 법. the way of throwing
とうほう[東方](명) 동방. 동쪽. 동쪽 방위. 「一教会(キョウカイ); 희랍 교회」 the east
とうぼう[逃亡](명·자サ) 도망. ①피하여 달아남. ②쫓기어 달아남. 1. flight
どうほう[同法](명) ①같은 방법. ②그 방법. 1. the same way
どうほう[同胞](명) 동포. ①같은 형제. ②같은 민족. 동일한 국민. 겨레. 1. brothers
どうぼう[同朋](명) ①친구. ②무가(武家)의 직명(職名). 전중의 잡일을 맡아 보던 사람. 1. a friend
どうぼう[同房](명) ①같은 방. ②같은 감방. 「一の囚人(シュウジン); 같은 감방의 죄수」 1. the same room
とうほく[東北](명) ①동북. 동쪽과 북쪽. ②동쪽과 북쪽의 사이. 동북방. ③〈지〉 오오우(奥羽) 지방. 「一弁(ベン); 오오우 지방의 사투리」 ④만주(満洲). 1. north-east
とうぼく[唐木](명) ⇨からき.
とうぼく[唐墨](명) 당묵. 중국에서 만든 먹. a Chinese ink-stick
とうぼく[倒木](명) 쓰러진 나무. a fallen tree
どうぼく[童僕](명) 동복. 사내 아이 종. a boy
とうほくとう[東北東](명) 동북동. 동쪽과 북동쪽의 중간 방위. east-northeast
とうほん[唐本](명) 중국에서 전해 온 책. books imported from China
とうほん[謄本](명) 등본. 원본을 등사한 문서. 부본(副本). 「戸籍(コセキ)一; 호적 등본」 a certified copy
とうほんせいそう[東奔西走](연어·명·자サ) 동분 서주. 이곳 저곳으로 바쁘게 뛰어 다니며 활동함. bestirring oneself
どうまき[胴巻き](명) 돈을 넣어 허리에 차는 자루 모양의 띠. 전대(纏帯). a sack-belt
どうまごえ[胴間声]ーゴヱ(명)〈속〉 유달리 굵고 거친 목소리. a vulgar thick voice
どうまる[胴丸](명) 몸통에 대는 간편

〔胴丸〕

한 갑옷의 하나. 통처럼 둥글게 되어 있음. a round armour

とう まる[唐丸](명)〈동〉 당닭. 닭의 한 가지. 몸이 크고 잘 울며 소리에 억양(抑揚)이 있음. 애완용.

とう まるかご[唐丸籠](명) 에도(江戸) 시대, 중죄인(重罪人)을 태워 호송하던 우리 같이 만든 보교(步轎).

どう まわり[胴回り]ーマハリ(명) 몸통 둘레. 동위(胴囲). girth

とう み[唐箕](명)〈농〉 곡물로부터 쭉정이, 겨 등을 제거하는 농구(農具). 풍구(風具). a winnower

どう みぎ[同右](명) 오른쪽과 같음. 오른쪽 것과 같음. 우동(右同). ↔同左(ドウヒダリ).

とう みつ[糖蜜](명) 당밀. ①설탕을 만들 때 당액(糖液)을 증발(蒸発)시키고 남은 액체. ②설탕을 끓인 액체. 1. molasses

どう みゃく[動脈](명) 동맥. ①〈생〉 피를 심장으로부터 몸의 각 부분으로 옮기는 혈관. 「ー硬化症(コウカショウ); 동맥 경화증」 ↔静脈(ジョウミャク). ②중요한 길. 중요한 줄기. 「国鉄(コクテツ)のー; 국철의 동맥」 1. an artery

とう みょう[燈明](명) 신불(神仏)에게 올리는 등불. a sacred light. **ーだい**[燈明台](명) ①등불을 올려놓는 대(臺). ②⇨とうだい(燈台)③.

どう みょう[同苗](명) 같은 성(姓). the same surname

どうみょうじ[道明寺](명) 찹쌀을 쪄서 말린 식품. dried boiled-rice

とう みん[冬眠](명·자サ)〈동〉 동면. 동물이 활동을 멈추고 겨울 동안 땅이나 구멍 속에서 수면(睡眠) 상태로 있는 현상. hibernation

とう みん[島民](명) 도민. 섬 사람. an islander

どう みん[道民](명) 홋카이도오(北海道)의 주민.

とう む[党務](명) 당무. 정당의 사무. 당파의 사무. party affairs

とう め[専女](명)〈고〉 ①늙은 여자. ②여우(狐)의 다른 이름. 「a party name

とう めい[党名](명) 당명. 정당, 당파의 이름. ↗

とう めい[唐名](명) 당명. 중국에서 쓰이는 명칭(名称). a corresponding Chinese name

とう めい[透明](명·형동ダ) 투명. ①흐리지 않고 속까지 환히 트여 밝음. 「ーな水(ミズ); 맑은 물」 ②〈이〉 물체가 광선을 통과시킴. transparence

どう めい[同名](명) 동명. 같은 이름. the same name. **ーいじん**[同名異人](명) 동명 이인. 이름은 같으나 사람이 다름. 또는 그런 사람.

どう めい[同盟](명·자サ) 동맹. 공동의 목적을 위해서 행동을 같이 하기로 약속함. alliance. **ーじょうやく**[同盟条約](명) 동맹 조약. 일정한 경우에 서로 (무력) 원조를 한다는 의무를 약속하는 국제간의 조약. **ーひぎょう**[同盟罷業](명) ⇨ストライキ.

どう めいし[動名詞](명) 동명사. 〔문법에서〕 동사와 명사의 기능을 겸한 품사. a gerund

とう めつ[討滅](명·타サ) 토멸. 쳐서 멸망시킴. extermination

とう めん[当面](명·자サ) 당면. 일이 바로 눈앞에 당함. 「ーの問題(モンダイ); 당면한 문제」 pressing

とう めん[東面](명·자サ) 동면. ①동쪽으로 면함. ②동쪽. 1. facing the east

どう も(부) ①아무리 해도. 「ーよく わからない; 아무리 해도 잘 모르겠다」 ②매우. 「ーありがとう; 매우 고맙다」 ③어딘지. 왜 그런지. 「ー変(ヘン)だ; 어딘지 이상하다」 1. by any means 2. quite 3. somehow

どう もう[童蒙](명) 동몽. 어려서 사물의 도리를 모르는 일. 어린 아이. a naughty child

どう もう[獰猛](명·형동ダ) 영맹. 거칠고 사나움. ferocity

とう もく[頭目](명) 두목. 우두머리. 수령(首領). a chief

どう もく[瞠目](명·자サ) 당목. (감동해서) 눈을 크게 뜨고 봄. 당시(瞠視). opening one's eyes wide

どう もと[胴元·筒元](명) ⇨どうおや(筒親).

どう もり[堂守り](명) 당(堂)을 지키는 사람. 당지기. 당직(堂直). a temple-keeper

とう もろこし[玉蜀黍](명)〈식〉 옥수수. an Indian corn

とう もん[稲門](명) 와세다(早稲田) 대학의 다른 이름.

どう もん[同門](명) 동문. ①같은 학교 또는 같은 선생에게 배우는 일. 또는 그 사람들. ②같은 문중(門中), 종파(宗派). 또는 그 사람. 1. a fellow-pupil

どう もん[洞門](명) 동굴의 문. a tunnel

とう や[当夜](명·부) ①그날 밤. ②이 밤. 1. that night

とう や[陶冶](명·타サ) 도야. 재능이나 성격을 닦아서 기름. cultivation

どう や[同夜](명·부) ①같은 날 밤. ②그 밤. 1. the same night

とう やく[投薬](명·자サ)〈의〉 투약. 병에 맞는 약을 줌. prescription

とう やく[湯薬](명) 탕약. 달여 먹는 한약(漢薬). 탕제(湯剤). decoction

どう やく[同役](명) 같은 직무. 또는 그 사람. 동료(同僚). the same service

どう やら(부) ①겨우. 간신히. ②어쩐지. 1. barely. **ーこうやら**[どうやら斯うやら]ーカウヤラ(연어·부) 이럭저럭. 겨우.

とう ゆ[桐油](명) ①동유. 오동나무 열매로 짠 건성유(乾性油). ②동유로 결은 종이. 동유지(桐油紙). 1. tung oil

とう ゆ[燈油](명) 등유. ①등잔 기름. ②석유의 원유(原油)를 증류(蒸留)할 때 휘발유분(分)의 다음으로 나오는 기름. 1. lamp-oil

どう ゆう[同友](명) 뜻이 같은 벗. friends of the same mind

どう ゆう[同憂](명) 무슨 일에 대해서 자기와 마찬가지로 걱정하는 것. 또는 그 사람. 「ーの士(シ); 동우지사(同憂之士)」 being concerned together

とう ゆうし[投融資](명)〈경〉 투융자. 투자와 융자. 「財政(ザイセイ)ー; 재정 투자와 융자」 investment and financing

とう よ[投与](명·타サ)〈의〉 투여. 약을 환자에게 줌. 투

약(投薬). prescription
とうよ[党与](명) 한패. 도당(徒党). a colleague
とうよう[当用](명) 눈앞의 일. 당면한 일.「一日記; 당용 일기」present business. **—かんじ**[当用漢字](명) 당용 한자. 상용(常用) 한자로서 일본 정부가 쇼오와(昭和) 21년에 제정(制定)한 1850자의 한자.
とうよう[東洋](명) 동양. 아시아주의 동남부 지방. 한국, 일본, 중국, 필리핀, 인도 등. ↔西洋(セイヨウ). the East
とうよう[盗用](명·타サ) 도용. 훔쳐 씀. peculation
とうよう[登用·登庸](명·타サ) 등용. 사람을 좋은 지위에 올려서 씀.「人材(ジンザイ)を—する; 인재를 등용하다」 appointment
とうよう[燈用](명) 등용. 등에 사용함. for lighting
どうよう[同様](명·형동ダ) 같음. 같은 모양.「ただ—の安値(ヤスネ)で; 거저나 다를 바 없는 헐값으로」 similarity
どうよう[動揺](명·자타サ) 동요. ①흔들려서 움직임. ②어수선함. ③불안(不安).「心(ココロ)の—; 마음의 동요」 1. tremble
どうよう[童謡](명) 동요. ①어린이가 부르는 노래. ②어린이를 위한 노래. 1. a children's song
どうよく[胴欲](명·형동ダ) 욕심이 많고 인정이 없음. 또는 그런 사람. avarice
とうらい[当来](명)〈불〉 미래. 내세(来世). future
とうらい[到来](명·자サ) 도래. ①시기가 옴.「時節(ジセツ)—; 시기 도래」 ②보낸 선물이 도착함. 1. arrival of a chance. **—もの**[到来物](명) 선물로 받은 것. 얻은 것. 「success or defeat at the polls
とうらく[当落](명) 당락. 당선(当選)과 낙선(落選). ↗
とうらく[騰落](명·자サ)〈경〉 등락. 물가의 오름과 내림. rise and fall
どうらく[道楽](명) 도락. ①본직(本職)이 아닌 다른 일에 빠져서 즐김. ②나쁜 일, 주색(酒色), 도박 등에 빠짐. 방탕(放蕩). 1. pastime
どうらん[胴乱](명) 식물 채집에 쓰이는 아연판(亜鉛板)에 뼁끼칠을 한 채집통. a satchel
どうらん[動乱](명·자サ) 동란. ①세상이 떠들썩하고 어지러움. 소란(騒乱). ②전쟁. 1. cataclysm

〔胴乱〕

とうらんけい[倒卵形](명) 도란형. 달걀을 거꾸로 세운 것 같은 모양. an obovoid form
とうり[党利](명) 당리. 당의 이익. party interests
とうり[桃李](명) 도리. ①복숭아와 오얏. ②자기가 천거(薦挙)한 인재(人材). 시험관(試験官)이 채용한 문하생. 1. a peach and a damson
どうり[道理](명) 도리. ①사람이 마땅히 행해야 할 바른 길. ②사물의 바른 이치. reason. **—で**[道理で](부) 그 때문에. 과연.
とうりつ[倒立](명·자타サ) 도립. 거꾸로 섬. 물구나무 서기. standing on one's head
どうりつ[同率](명) 동률. 같은 비율. the same ratio
どうりつ[道立](명) 홋카이도오(北海道)에서 세운 것.
とうりゃく[党略](명) 당략. 당의 입장에서 쓰는 책략(策略). a party policy
とうりゅう[当流](명) ①그 유파. ②당세풍(当世風). 1. that fashion
とうりゅう[逗留](명·자サ) 두류. 머물러서 잠시 유숙함. 체재(滞在). stay
どうりゅう[同流](명·자サ) ①같이 흐름. 또는 그것. ②합류(合流). ③같은 유파. ④그 유파. 1. the same stream 3. the same school
とうりゅうもん[登龍門](명) 등용문. 그곳을 통과하면 반드시 출세한다는 관문(関門).「文壇(ブンダン)の—; 문단의 등용문」 the door to eminence
とうりょう[当量](명)〈이〉 당량. 수소(水素) 1원자량(原子量)이나 산소(酸素) 8원자량과 직접 또는 간접으로 화합하는 다른 원소의 양. 화학(化学) 당량. equivalence
とうりょう[投了](명·자サ) 〔바둑이나 장기에서〕 승부(勝負)가 남. 한 편이 진 것을 자인(自認)하고 승부를 끝내는 것. finishing
とうりょう[棟梁](명) ①동량(棟樑). 마룻대와 들보. ②목수(木手)의 우두머리. ③한 나라를 버티는 중임(重任)을 맡은 사람. 1. a beam and a pillar
とうりょう[等量](명) 등량. 같은 양. 비등한 분량. equivalence
とうりょう[統領](명) 수령(首領). 두목. 우두머리. a leader
とうりょう[頭領](명) 두령. 두목. 우두머리. a chief
どうりょう[同量](명) 동량. 같은 분량.「—の薬(クスリ); 같은 분량의 약」 equal quantity
どうりょう[同僚](명) 동료. 동지. 친구. a colleague
とうりょく[投力](명) 투력. 〔야구에서〕 공을 던지는 힘. 공을 던지는 능력. throwing power
どうりょく[動力](명) 동력. 기계를 움직이는 힘. 원동력(原動力). motive power
とうりん[登臨](명·자サ) 등림. ①높은 곳에 올라 아래를 내려다 봄. ②왕위(王位)에 올라 나라를 다스림. 1. mount a height and survey
どうりん[動輪·働輪](명) 동륜. (기관차 등에서) 동력을 받아 회전(回転)을 일으키고 차체를 달리게 하는 수레 바퀴. a wheel
とうるい[党類](명) 같은 패. 도당(徒党). a group
とうるい[盗塁](명·자サ) 도루. 〔야구에서〕 러너(走者)가 기회를 엿보아 재빨리 다음 누(塁)로 뛰어 가는 일. stealing a base
とうるい[糖類](명)〈이〉 당류. 잘 녹고 단 맛이 있는 탄수화물(炭水化物). 단당류(単糖類), 2당류, 다(多)당류로 구분함. saccharoid
どうるい[同類](명) 동류. ①같은 종류. ②한 무리. 1. the same kind. **—こう**[同類項](명) ①〈수〉 동류항. 부호(符号)와 계수(系数)만이 서로 다른 수개의 항(項). ②〈속〉 같은 동아리. 한패.
どうれ(감) 무가(武家) 시대 방문자(訪問者)가 문전에서 부르는 것에 대한 대답. oh!
とうれい[答礼](명·자サ) 답례. 상대방의 예에 대해서 답함. 반례(返礼). returning a salute
どうれい[同齢](명) 동령. 같은 나이. 동갑. 동년(同年). the same age
どうれつ[同列](명) 동렬. ①같은 줄. ②같은 지위. 「―に論(ロン)じることはできない; 같은 것으로 보고 논할 수는 없다」 ③같은 동지. ④그 줄. 1. the same line 2. the same rank
どうれん[道連](명) 홋카이도오 연합회(北海道連合会)의 약칭.
とうろ[当路](명) ①요로(要路)에 있는 것. ②책임 있는 지위에 있는 것. 또는 그 사람. the authorities
どうろ[道路](명) 도로. 인마(人馬)나 차가 다니는 길. a road
とうろう[登楼](명·자サ) 등루. ①다락에 오름. ②창루(娼楼)에 놀러 감. 1. going up a tower
とうろう[燈籠](명) 등롱. 돌, 나무, 금속으로 둥글게 만들어 그 안에 불을 켜게 만든 것. a hanging lantern. **―ながし**[燈籠流し](명) 우란분재(盂蘭盆斎)의 끝날에 수많은 작은 등롱에 불을 켜서 강이나 바닷물에 띄우는 일.
とうろう[蟷螂](명)〈동〉 당랑. 버마재비. 사마귀. a mantis. **―のおの**[蟷螂の斧]―ヲノ(연어·명) 당랑지부. 자기 힘으로서는 도저히 당할 수 없는 적과 맞서거나 또는 맞서기를 기도(企図)하는 일. 당랑거철(蟷螂拒轍).
とうろく[登録](명·타サ) 등록. 공식 장부(公式帳簿)에 올림. 「住民(ジュウミン)―; 주민 등록」 registration. **―しょうひょう**[登録商標](명)〈법〉 등록 상표. 등록을 마치고 권리를 얻어 타인의 사용을 허용하지 않는 상표.
とうろん[討論](명·자サ) 토론. 의론(議論)을 벌임. 「―会(カイ); 토론회」 discussion
どうろん[同論](명) 동론. 같은 의론이나 이론. the same argument
どうわ[童話](명) 동화. 어린이를 위해서 지어 낸 이야기. a nursery tale
どうわ[道話](명) 심학(心学) 이야기. a moral discourse
とうわく[当惑](명·자サ) 당혹. 일을 당하여 어찌할 바를 몰라 갈팡질팡하며 난처해함. annoyance
どうわすれ[胴忘れ](명·자サ) ⇨どわすれ.
とえい[都営](명) 토오쿄오도(東京都)에서 경영하는 것. 「―バス; 도영 버스」 metropolitan management
とえい[渡英](명·자サ) 도영. (바다를 건너) 영국으로 감. going to England
どえら·い[ど偉い](형)〈속〉 굉장하다. 엉뚱하다. 「―事件(ジケン); 굉장한 사건」
とお[十]トヲ〈수〉 ①십. 열. ②열 살. 1. ten
トー[toe](명) 토우. 발끝. 「―シューズ; 토우슈우즈(댄스할 때 신는 신)」
とおあさ[遠浅]トホ―(명) 물가에서 먼 곳까지 물이 얕음. 또는 그런 곳. a shoaling beach
とおあるき[遠歩き]トホ―(명·자サ) 먼 길 걷기. walking for a long distance
とお·い[遠い]トホイ(형) ①멀다. 「―将来(ショウライ); 먼 장래」 ②소원(疎遠)하다. ③친하지 않다. 「―親類(シンルイ)よりちかくの他人(タニン); 먼 친척보다 가까운 이웃(이웃 사촌)」 ④속이 깊숙하다. 「―おもんぱかり; 장래나 여러 모를 고려한 깊은 배려」 ⑤성질, 내용이 전연 닮지 않다. 「秀才(シュウサイ)というには―; 수재라기에는 멀다」 1. distant 3. not intimate
とおう[渡欧](명·자サ) (바다 건너) 유럽에 감. going to Europe
とおえん[遠縁]トホ―(명) 먼 혈연(血縁). 먼 친척. a distant relation
とおか[十日]トヲ―(명) 십일. ①1일의 10배인 일수. ②달의 10번째 날. 1. ten days. **―のきく**[十日の菊](연어·명) 때를 놓치어 쓸모가 없어진 것의 비유.
とおからず[遠からず]トホカラー Ⅰ(연어) 가깝다. 비슷하다. 「当(ア)たらずといえども―; 딱 들어 맞지 않았다 해도 대체로 맞았다」 Ⅱ(부) 가까운 날에. 멀지 않아. Ⅱ before long
トーキー[talkie](명) 토오키. 화면에 따라 음악, 대사 등이 들리는 영화. 발성 영화. ↔サイレント.
とおく[遠く]トホク(명) 먼 곳. 「―へ行(イ)く―; 먼 곳에 가다」 a remote place
とおさ[遠さ]トホ―(명) 먼 것. 먼 정도. distance
とおざか·る[遠ざかる·遠去かる]トホ―(자 4) ①멀리 멀어지다. 멀어지다. ②교제가 드물어지다. 「親類(シンルイ)どうしが―; 친척끼리 소원(疎遠)해지다」↔近付(チカヅ)く. 他 遠ざける(하 1). 1. go away from
とおし[通し]トホシ(명) ①안내. 「お―する; 안내하다」 ②처음부터 끝까지 이어짐. 「―番号(バンゴウ); 일련(一連) 번호」 ③〔요리점에서〕 손님이 주문한 요리를 내기 전에 우선 내놓는 간단한 음식물. **―うま**[通し馬](명) 출발지에서 목적지까지 다른 말과 바꿔 타지 않고 끝까지 타고 가는 말. **―ぎっぷ**[通し切符](명) 출발지에서 목적지까지 사용할 수 있는 차표. **―きょうげん**[通し狂言](명) 서막(序幕)에서 끝까지 쉬지 않고 하는 일본의 옛 희극.
―どおし[通し]ドホシ(조어) 계속해서 하는 뜻을 나타내는 말. 「書(カ)き―; 계속해 쓰는 것」
とおじろ·し[遠白し]トホ―(형 ク)〈고〉 위대하다. 웅대(雄大)하다.
とお·す[通す]トホス Ⅰ(타 4) ①통하게 하다. ⇨:とおる. ②그치지 않고 (쉬지 않고) 계속하다. 「―週間(イッシュウカン)降(フ)り―; 1주일 동안이나 계속해서 내리다」 ③보내다. 지내다. 「独身(ドクシン)で―; 독신으로 지내다」 ④사이에 두다. 사이에 넣다. 「人(ヒト)を通してたのむ; 사람을 사이에 넣어 부탁하다」 ⑤「目(メ)を―; 서류, 책 등을 대충 훑어 보다」 Ⅱ(보동·4) 끝까지 계속해서 하다. 「やり―; 계속해서 하다」 Ⅰ 1. pass through
トースター[toaster](명) 토우스터. 전열을 이용해서 토우스트용 빵을 굽는 기구.

トースト[toast](명) 토우스트. 얇게 자른 빵을 구워 버터, 잼 등을 바른 것.
とおせんぼう[通せん坊]トホセンー(명) ①두 팔을 벌려 길을 막고 사람의 통행을 방해하는 일. 또는 그런 놀이. ②통행 금지. 2. the suspension of traffic
トータル[total](명·타サ) 토우틀. ①합계. 총액(総額). 「得点(トクテン)の—; 총득점」 ②합계함.
トーダンス[toe dance](명) 토우댄스. 〔발레에서〕 발끝으로 서서 추는 춤.
トーチ[torch](명) 토오치. ①햇불. 「—ランプ; 토오치 램프」 ②회중 전등.
トーチカ[러 tochka](명)〈군〉 토오치카. 진지(陣地)에 여기저기 만들어 놓은 작고 튼튼한 요새(要塞).
とおっぱしり[遠っ走り]トホッー(명·자サ)〈속〉 멀리로 가는 것. taking a trip
とおつおや[遠つ祖]トホー(명)〈고〉 선조. 옛 선조.
とおで[遠出]トホー(명·자サ) ①멀리 나감. ②멀리 여행함. a trip
トーテム[totem](명) 토템. 〔미개 사회에서〕 그 부족(部族)과 특별히 가까운 관계가 있다고 소중(所重)히 여기는 동식물이나 자연물의 꼴을 딴 표지.
とおとうみ[遠江]トホー(명)〈지〉 옛 지방 이름. 현재 시즈오카현(静岡県)의 일부.
ドーナ(ッ)ツ[doughnut](명) 도우넛. 밀가루를 반죽해서 둥근 고리 모양으로 만들어 기름에 튀긴 과자.
トーナメント[tournament](명) 토오너먼트. 운동이나 오락 경기에서 회수를 거듭할 때마다 진 사람이 물러나고 최후의 두 사람, 또는 두 패끼리만 승부를 결정하는 일.
とおなり[遠鳴り]トホー(명) 먼 곳까지 울려 퍼짐. 또는 그 소리. 「潮(シオ)の—; 멀리서 들리는 파도 소리」 a distant roar
とおね[遠音]トホー(명) 멀리서 들리는 소리. a distant sound
とおの·く[遠退く]トホー(자 4) ①멀리 물러서다. 「争(アラソ)いから—; 싸움에서 멀리 물러서다」 ②사이를 두다. 1. become far off
とおの·ける[遠退ける]トホー(타하 1) 멀리하다. 멀리 떨어지게 하다. keep clear of
とおのり[遠乗り]トホー(명) 말이나 차를 타고 멀리 놀러 가는 것. a long ride
とおび[遠火]トホー(명) ①멀리서 때는 불. ②요리할 때 화기(火気)를 멀리하는 것. 1. a fire at a distance
とおぼえ[遠吠え]トホー(명·자サ) ①멀리서 짖는 소리. ②밤에 개 등이 길게 계속해 짖음. 또는 그 소리. 1. a distant howling
とおまき[遠巻き]トホー(명) 멀리서 둘러 쌈. 「—にして見物(ケンブツ)する; 멀리 둘러 서서 구경하다」 surrounding at a distance
とおまわし[遠回し]トホマハシ(명) ①멀리 돌아 가게 함. ②노골적(露骨的)으로 하지 않고 간접적으로 함. 에둘러 말함. 「—に非難(ヒナン)する; 간접적으로 비난하다」 1. a detour 2. a roundabout expression
とおまわり[遠回り]トホマハリ(명·자サ) ①먼 길로 돌아 감. 우회(迂廻). ②솜씨가 서툴러 일이 쉽게 되지 않음. 수고가 많이 듦. 1. a detour
とおみ[遠見]トホー(명) ①먼 곳에서 봄. 먼 곳을 봄. ②먼 곳에서 하는 정찰(偵察). 1. a distant view
とおみち[遠道]トホー(명) ①먼 길을 걸음. ②먼 길의 이수(里数). 1. going for a long distance
ドーム[dome](명) 도움. ①둥근 천정. ②둥근 지붕.
とおめ[遠目]トホー(명) ①먼 곳에서 봄. 「—にも, すぐわかった; 먼 곳에서 보아도 곧 알아 차렸다」 ②원시안(遠視眼). 1. seeing from a distance
とおめがね[遠眼鏡]トホー(명) 먼 곳에 있는 것을 똑똑히 보기 위한 안경. 망원경(望遠鏡). a telescope
とおや[遠矢]トホー(명) 활을 멀리 쏨. flight-shooting
とおやま[遠山]トホー(명) 원산. 멀리 보이는 산. 먼 산. a remote mountain
とおやまざと[遠山里](명)トホー 수도(首都)에서 멀리 떨어진 산촌. 산동(山洞). a remote mountain village
ドーラン[도 Dohran](명) 도오란. 주로 배우들이 무대 화장을 할 때 많이 쓰는 유성(油性)의 분. 도이치의 도오란 회사제가 많이 쓰인 데서 유래(由来)함. 「—化粧(ゲショウ); 도오란 화장」
—とおり[通り]トホリ(접미) 쌍(双). 조(組). 종류. 「ふた—; 두 종류」
とおり[通り]トホリ(명) ①통하는 것. ⇨:通る. ②(점포가 있는) 큰길. 도로. ③명판(評判). 「先生(センセイ)に—がいい; 선생에게 평이 좋다」 ④…와 같은 상태. 「いう—にする; 말한 대로 하다」 2. a road 3. reputation. **—あめ**[通り雨](명) 지나가는 비. 잠간 오다가 그치는 비. **—いっぺん**[通り一遍](명·형동ダ) ①지나 가다 슬쩍 한 번. ②진정이 아니고 겉으로만 하는 모양. 피상(皮相). 「—の あいさつ; 겉 인사」 **—がかり**[通り掛かり](명) ①마침 지나가는 참. ②지나가는 길. 다른 곳으로 가는 도중. **—かか·る**[通り掛かる](자 4) 가는 도중에 지나가게 되다. **—がけ**[通り掛け](명) 지나는 길. **—こ·す**[通り越す](타 4) 지나가다. 지나치다. **—ことば**[通り語](명) 일반에게 널리 사용되는 말. **—すがり**[通りすがり](명) 지나는 김에. **—そうば**[通り相場](명) 〔사회에서〕 별로 변동이 없는 일반적인 물가 시세. **—な**[通り名](명) 세상 일반에 통하고 있는 이름. **—ぬけ**[通り抜け](명) ①골목 등을 빠져 나감. ②빠져 나갈 수 있는 길. **—ま**[通り魔](명) 지나가는 사람에게 해를 끼치는 마물(魔物). 또는 나쁜 놈.
—どおり[通り-]ドホリ(접미) ①가로(街路)의 이름 밑에 붙이어 쓰는 말. 「千代田(チヨダ)—; 치요다 통」 ②정도. (얼마)쯤. 「八分(ハチブ)—完成(カンセイ); 8할쯤 완성」 ③모양. 상태. 「もと—; 원상태(元状態)」 ④…에 따라. …대로. 「予想(ヨソウ)—; 예상대로」
とお·る[通る]トホル(자 4) ①구석, 가운데, 반대쪽까지 닿다. 「筋(スジ)が—; 사리(事理)에 닿다」 ②뚫고 나가다. 관철(貫徹)하다. 뚫리다. 「穴(アナ)が—; 구멍이 뚫리다」 ③지나가다. 「町(マチ)を—; 거리를 지나가다」④좁은 곳이나 난관(難関)을 통과하다.「議案(ギアン)が—; 의안이 통과되다」⑤오고 가다. 왕래(往来)하다.「人(ヒト)が—; 사람이 왕래하다」⑥통용(通用)되다. 통하다.「変(カワ)り者(モノ)で—; 괴짜로 통하다」⑦인정받다.「僕(ボク)の主張(シュチョウ)が—; 나의 주장이 인정받다」⑧알다. 이해되다.「意味(イミ)が—; 의미가 통하다」⑨(손이) 방으로 들어 가다.「応接室(オウセツシツ)へ—; 응접실로 들어가다」⑩닿다.「その話(ハナシ)は校長(コウチョウ)に通っていない; 그 얘기는 교장에게 전달되지 않았다」⑪설비가 되어 움직이다.「電話(デンワ)が—;전화가 통하다」 2. pierce 8. be understood

とお·る[透る]トホル(自 4) ①끝에서 끝까지 닿다. ②환히 비쳐 보이다. 2. be transparent

トーン[tone](명) 토운. ①소리. 음조(音調). 음색(音色). ②〈악〉 일정한 높이의 악음(楽音). ③색조(色調).

トおんきごう[ト音記号](명)〈악〉 고음부(高音符) 기호. 5선(五線)의 제 2 선이 "G"의 음계(音階)가 됨을 나타냄. the G clef

とか(수조) ①예(例)를 들 때 쓰는 말. …라든가. …라거나.「一(イチ)—二(ニ)—いう数(スウ); 1이라든가 2라든가 하는 수」 ②결정되지 않은 것을 나타내는 말.「何(ナン)—してみよう; 어떻게 해보자」③들은 말이 사실인지 아닌지 분명치 않음을 나타내는 말. …다든가.「もう行(イ)った—; 벌써 갔다든가」

とか[都下](명) 도하. ①수도(首都) 안. ②토오쿄오도(東京都) 안. ③토오쿄오도(東京都)의 23구(区)를 제외한 외각(外廓) 지구. 1. in the capital

とか[渡河](명·자サ)〈군〉 강을 건넘. 도강(渡江). crossing the river

とが[咎](명) ①잘못. 과오(過誤). ②죄(罪). 1. a fault

とが[栂](명)〈식〉 ⇨つが.

とが[都雅](명·형동ダ) 고상(高尚)한 모양. 품위 있는 모양. elegance

とかい[都会](명) 도회. 도시. 도회지.「—人(ジン); 도회지 사람(도회인)」 a city

とかい[渡海](명·자サ) 도해. 배로 바다를 건넘. 항해(航海). crossing the sea

とがい[都外](명) ①도회지 밖. ②토오쿄오도(東京都) 이외(의 지역). out of a city

どかい[土芥](명) ①흙과 먼지. ②가치가 없는 것. 하찮은 것. 1. clod and rubbish

どかい[土塊(명) 토괴. 흙덩어리. a clod

どがい[度外](명·타サ) 도외. ①범위 밖. ②마음에 두지 않음. 1. beyond the circle. **—し**[度外観](명) 도외시. 안중(眼中)에 두지 않음. 무시(無視).「利益(リエキ)を—する; 이익을 도외시하다」.

とかき[斗掻き](명) 말에 곡식을 담고 그 위를 밀어서 고르게 하는 막대. 평미레. 평목(平木). a strickle

トがき[ト書き](명) 영화, 연극 용의 각본(脚本)에서 배우의 동작을 지정(指定)하는 주의서(注意書). stage directions

とかく[兎角](부·자サ) ①이것 저것. 이러저러.「—するうちに; 이러저러 (이것 저것) 하는 사이에」②자칫하면「—すると; 자칫하면」 ③아뭏든. 하옇든. 1. one thing or another

とかげ[蜥蜴](명)〈동〉 도마뱀. 풀밭 등에 서식하며 곤충, 지렁이 등을 잡아 먹음. a lizard

とか·す[梳かす](타 4) (빗으로 머리를) 빗다. comb

とか·す[溶かす](타 4) 녹이다. 액화(液化)시키다. 고형물(固形物)을 액상(液状)으로 만들다. melt

とか·す[解かす·融かす](타 4) 얼음, 눈 등을 녹이다. melt

とか·す[熔かす·鎔かす](타 4) 금속을 녹이다. melt

どかた[土方](명) 토목(土木) 공사에 종사하는 노동자. 토역군. a navvy

どかどか(부·자サ) ①많은 사람이 밀어 닥치는 거친 발소리. ②일이 한꺼번에 밀어 닥치는 모양.

とがとが·し(형シク)〈고〉 모가 나다.

とがにん[咎人](명) 죄인(罪人). a criminal

どかひん[どか貧](명)〈속〉 갑자기 가난해지는 것. ↔じり貧.

とがま[利鎌](명) 잘 드는 낫 a sharp sickle

どがま[土釜](명) 흙으로 만든 솥. an earthen pot

どがま[土竈·土窯](명) 숯가마의 한 가지. 출입구 이외의 삼면을 흙으로 만들고 목재가 탄화(炭化)한 뒤에 밀폐(密閉)하여 불을 끄게 된 장치의 것. a charcoal furnace

とがめ[咎め](명) ①잘못을 따짐. 문책(問責). 타박. ②죄. ③헐뜯음. ④재난(災難). 1. blame. **—だて**[咎め立て](명·타サ) 지나치게 문책함. 심하게 헐뜯음.

とが·める[咎める](타하 1) ①타박주다. 견책(譴責)하다. ②의심하다. ③종기(腫気) 등을 건드려 덧나게 하다. ④다쳐서 아프다. 1. blame

とがらか·す[尖らかす](타 4) 뾰족하게 하다.⇨:とがる.

とがり[尖り](명) 뾰족함. 뾰족한 끝. a tip. **—がお**[尖り顔]—ガホ(명) 화가 나서 입끝이 뾰족하게 내민 얼굴.

とが·る[尖る](자 4) 날카롭게 가늘어지다. 뾰족해지다. ②과민(過敏)해지다. 예민(鋭敏)해지다.「神経(シンケイ)が—; 신경이 날카로와지다」 get sharp

どかん[土管](명) 토관. 찰흙으로 구워 만든 둥근 관(管). an earthen pipe

とき[時](명) ①때. 시간. ↔所(トコロ). ②일주야(一昼夜)의 구분. 시각(時刻). ③연대(年代). 시대(時代). ④그 당시.「—の帝(ミカド); 그 당시의 황제」 ⑤경(頃). 즈음. ⑥계절. ⑦좋은 기회. ⑧시세(時勢). ⑨현재.「—の人(ヒト); 현재 사회에서 화젯거리가 되고 있는 사람」⑩정해진 시각. ⑪〔문법에서〕 동사 조동사에서의 과거, 현재, 미래 등의 구별. 텐스. 시제(時制). ⑫닭이 알리는 시각.「—をつくる; 닭이 (울어) 새벽을 알리다」 1. time 6. a season

とき[斎](명)〈불〉 중의 식사(食事). a meal

とき[鴇](명)〈동〉 따오기. 온몸이 희고 검은 부리는 밑으로 굽었음. 따옥따옥하고 욺. 주로(朱鷺). a Japanese crested ibis

とき[鬨](명) 싸움터에서 병사들의 사기(士気)를 돋우는 합성(喊声). a battle cry
とき[十寸](명) 말(馬)의 키가 5척(尺)인 것.
とぎ[伽](명) 〔お一〕 ①비위를 맞추며 지리함을 위로하는 일. 말벗. ②간호(看護). 간호하는 사람. ③귀인(貴人)의 침실에서 시중을 드는 일. 또는 그 사람. 1. entertainment 2. nursing
とぎ[研ぎ](명) 칼 등을 가는 일. 또는 간 정도. 「一の悪(ワル)い剃刀(カミソリ); 잘 갈리지 않은 면도칼」 whetting
とぎ[都議](명) 도의회 의원(都議会議員)의 준말.
一どき[時](조어) ①계절. 철. 「花見(ハナミ)一; 꽃철」 ②시각(時刻). 「六(ムツ)一; 오전 또는 오후 여섯시」 ③시기(時機). 기회.
どき[土器](명) 토기. 진흙으로 만들어 잿물을 올리지 않고 구운 그릇. an earthen vesel
どき[怒気](명) 노기. 화가 난 마음. 화가 난 얼굴.
ときあか·す[説き明かす](타 4) 설명하여 밝히다. 알아 듣게 이야기하다. explain
ときあらい[解き洗い](명) 옷 등의 솔기를 뜯어서 빠는 일. fulling
ときいろ[鴇色·時色](명) 따오기의 날개 빛깔. 연분홍. safrano pink
ときおこ·す[説き起こす](자 4) (…부터) 설명을 시작하다.
ときおよ·ぶ[説き及ぶ](자 4) 언급하다. 「自分(ジブン)の将来(ショウライ)に一; 자기 장래에 언급하다」 touch on
ときおり[時折]一ヲリ(부) 때때로. 가끔. sometimes
とぎかい[都議会](명) 토오쿄오도 의회(東京都議会)의 준말.
ときがし[時貸し](명) 잠깐 빌려 주는 일. credit
ときかた[解き方](명) ①〈수〉 답을 내는 법. 증명하는 방법. 문제를 푸는 법. ②(의복의 솔기를) 뜯는 방법. ③설명하는 방법. 1. how to solve
とぎかわ[研革](명) 칼을 가는 데 쓰는 가죽. 혁지(革砥). a strop
ときかか·せる[説き聞かせる](타하 1) 설명하다. 타이르다. explain
ときぎぬ[解き衣](명) 솔기를 죄다 뜯어 놓은 옷. unsewed clothes
ときぐし[解き櫛](명) 빗살이 굵은 빗. 얼레빗. a rough-toothed comb
とき·じ[時じ](형シク)〈고〉 ①철에 맞지 않다. ②시절에 구애되지 않다. 항상 있다. 「a polisher of swords
とぎし[研ぎ師](명) 칼 등을 가는 사람. ↗
ときしも[時しも](부) 마침 그때. 때마침. just at that time
とぎすま·す[研ぎ澄ます](타 4) ①충분히 갈다. 잘 갈다. ②거울 등을 맑게 닦다. 1. sharpen to the last point 2. polish well
とぎだし[研ぎ出し](명) 인조석(人造石) 등의 표면을 갈아 광택, 무늬 등을 내는 것. the gem-specked surface
とぎたて[研ぎ立て](명) 갈아서 얼마 되지 않은 것. fresh-sharpened
ときたま[時偶](부) 때때로. 가끔. 이따금. at long intervals
どぎつ·い(형) 느낌이 몹시 강렬하다. 「一色(イロ); 강렬한 느낌의 빛깔」 [파생] **一さ**(명). strong
ときつかぜ[時津風](명)〈고〉 ①만조(満潮) 때에 부는 바람. ②마침 좋을 때에 부는 바람.
ときつ·ける[説き付ける](타하 1) 잘 타일러서 따르게 하다. 설복하다. persuade
ときどき[時時] Ⅰ(명) 그때그때. 「一のつごう次第(シダイ)で; 그때그때의 사정에 따라」 Ⅱ(부) 때때로. Ⅰ each occasion Ⅱ sometimes
どきどき(부·자サ) ①몹시 빛나는 모양. ②가슴이 두근거리는 모양. ③아찔아찔한 모양. 2. pit-pat
ときとして[時として](부) 때로는. on some occasion
ときなし[時無し](명) ①일정한 때를 정하지 않음. 항상. 언제든지. ②〈식〉←時無し大根. 1. always. **一だいこん**[時無し大根](명)〈식〉 사철무우. 뿌리는 가늘고 길며 휜데 사철 재배됨.
ときならぬ[時ならぬ](연체) ①때아닌. ②뜻밖의. 「一政変(セイヘン); 뜻밖의 정변」 2. sudden
ときに[時に] Ⅰ(부) ①그때에. ②때때로. 가끔. Ⅱ(접) 그런데. 딴 이야기지만. Ⅰ 1. at that time Ⅱ by the bye. **一は**[時には](연어·부) 때로는.
ときのうじがみ[時の氏神] 一ウヂガミ(연어·명) 가장 알맞은 때에 나타나 싸움이나 논쟁을 뜯어 말리는 사람. .a becoming mediator
ときのうん[時の運](연어·명) 시운. 그때그때의 운. 「勝敗(ショウハイ)は一; 승패는 그때의 운」 time and tide
ときのきねんび[時の記念日](연어·명) 텐치 천황(天智天皇) 10년, 물시계를 만들어 쓴 것을 기념하는 날. 매년 6월 10일.
ときのこえ[鬨の声]一コヱ(연어·명) ⇨とき(鬨).
ときのひと[時の人](명) ①그 시대의 사람. ②평판이 좋은 사람. 때를 만나 영화를 누리는 사람. 1. a person at the time
ときのま[時の間](명) 잠시. 짧은 시간. 「一のいのち; 짧은 인생(초로 인생)」 a moment
ときはな·す[解き放す·解き離す](타 4) 풀어서 자유롭게 하다. 해방시키다. emancipate
ときふ·せる[説き伏せる](타하 1) 설복(説服)하다. 타일러서 따르게 하다. argue down
ときまい[斎米](명) 재미. 승려(僧侶)에게 보시(布施)로 주는 쌀. rice for meal
どぎまぎ(부·자サ) 허둥지둥하며 당황하는 모양. 어리둥절한 모양. lose one's head
とぎみず[研ぎ水](명) ①칼 등을 가는 데 쓰는 물. ②쌀뜨물. 1. whetting water
ときめ·く(자 4) 흥분하여 가슴이 두근거리다. [명] ときめき. [타] ときめかす(4). palpitate
ときめ·く[時めく](자 4) 시세(時勢)를 만나 번영(繁栄)

하다. enjoy great prosperity
どぎも[度胆·度肝](명) ①간(肝). ②담력(膽力). 정신. 도량(度量). 「一を抜(ヌ)く; 몹시 놀라게 하다」 1. the liver 2. courage
ときもの[解き物](명·자サ) 옷의 솔기를 뜯음. 또는 그 옷. unsewing
とぎもの[研ぎ物](명) 칼 등을 갊. 또는 그 칼. whetting
とぎゅう[斗牛](명) 두우. 북두성(北斗星)과 견우성(牽牛星). the Plough and Altair
とぎゅう[屠牛](명) 도우. 소를 죽임. 도살(屠殺). slaughtering cattle
どきゅうかん[弩級艦](명) 노급함. 1906년 영국 해군에서 건조한 드레드노오트호(号) 형(型)의 전함(戦艦). 30*cm* 포 10문을 갖추었음.
ドキュメンタリー[documentary](명) 도큐멘터리. 실제로 있었던 사건을 취급한 영화. 기록 영화. 「一映画(エイガ); 도큐멘터리 영화」
ドキュメント[document](명) 도큐먼트. 기록. 문서.
ときよ[時世](명) 시대. 그 시대의 풍조(風潮). the times
とぎょ[渡御](명·자サ) 임금의 행차(行次).
どきょう[度胸](명) 두려워하지 않는 기력. 담력(膽力). 배짱. 「一だめし; 담력 떠보기」 courage
どきょう[読経](명·자サ)〈불〉 독경. 소리 내어 경을 읽음. sutra-chanting
ときょうそう[徒競走](명) 뜀박질. 경주. a race
とぎれ[跡切れ](명) ①왕래가 끊어짐. ②중단(中断). 1. a break
とぎれとぎれ[跡切れ跡切れ](명·부·형동ダ) 띄엄띄엄 이어지는 모양. intermittence
とぎ·れる[跡切れる](자하 1) ①사람의 왕래가 끊어지다. ②도중에서 끊어지다. 「話(ハナシ)が一; 이야기가 도중에서 끊어지다」 1. stop
ときわ[常磐]トキハ(명)〈고〉 언제나 변하지 않는 것. **一ぎ**[常磐木](명) 늘푸른나무. 상록수(常緑樹).
ときわ·ける[説き分ける](타하 1) ①잘 알아 듣게 말하다. ②구별해서 설명하다. explain
ときわず[常磐津]トキハヅ(명) 죠오루리(浄瑠璃)의 한 유파(流派).
ときん[渡金·鍍金](명·자サ) ⇨めっき.
ときん[頭巾·兜巾](명)〈불〉 수도승(修道僧)이 머리에 쓰는 헝겊으로 만든 조그만 모자. ⇨:しゅげんじゃ. a small black hood
と·く[梳く](타 4) 머리를 빗다. comb
と·く[溶く](타 4) ①액체에 섞어서 녹이다. ②(깬 달걀을) 풀다. 1. dissolve
と·く[解く](타 4) ①(짠 것이나 맨 것을) 풀다. 「帯(オビ)を一; 띠를 풀다」 ↔結(ムス)ぶ. ②늦추다. 「緊張(キンチョウ)を一; 긴장을 풀다」 ③해제(解除)하다. 그만두다. 「禁令(キンレイ)を一; 금령을 해제하다」 ④벗다. 「着物(キモノ)を一; 옷을 벗다」 ⑤(쌓인 감정을) 없애다. 풀다. 「怒(イカ)りを一; 노여움을 풀다」 ⑥(문제, 수수께끼 등의) 답을 내다. ⑦풀어 놓다. 「旅装(リョソウ)を一; 여장을 풀다」 ⑧(관직에서) 물러나게 하다. 「任(ニン)を一; 해임하다」 1. untie 6. solve 8. relieve
と·く[熔く·鎔く](타 4) 녹이다. melt
と·く[説く](타 4) ①(도리, 학문 등을) 열심히 설명하여 알게 하다. 「道徳(ドウトク)を一; 도덕에 관해서 설명하다」 ②입 밖에 내어 말하다. 글로 써서 나타내다. ③설유하다. 타이르다. 1. explain
とく[疾く](부) 빨리. 급히. 「一参(マイ)れ; 빨리 오라. 빨리 가라」 rapidly
とく[特](명) 특별. speciality
とく[得](명·자サ·형동ダ) ①이익. ↔損(ソン). ②편리. 「一な方(ホウ); 편리한 쪽」 1. profit
とく[徳](명) 덕. ①마음이 바르고 행실이 인도(人道)에 어긋남이 없는 일. 「一を積(ツ)む; 덕을 쌓다」 ②훌륭한 행실과 마음. 미덕. ③남을 마음속으로부터 따르게 하는 인격. 「力(チカラ)の人(ヒト), 一の人; 힘이 있는 자와 덕이 있는 자」 ④남에게 호감(好感)을 주는 원만한 성격. 「あの人(ヒト)には一がある; 저 사람에게겐 덕이 있다」 ⑤덕택으로 얻는 이익. 「読書(ドクショ)の一; 독서의 덕」 1. 2. virtue
と·ぐ[研ぐ·磨ぐ](타 4) ①갈아서 윤을 내다. ②갈아서 날카롭게 하다. ③물로 씻다. 「米(コメ)を一; 쌀을 씻다」 명 とぎ. 1. polish 2. whet 3. wash
ど·く[退く](자 4) 물러나다. quit
どく[毒](명) 독. ①건강이나 생명에 해로운 성분. ②독약. ③재난. 「一にも薬(クスリ)にもならぬ; 해(害)도 이익도 되지 않는다」 1. harm 2. poison
どく[独](명)〈지〉 도이치(独逸)의 준말.
どくあたり[毒中たり](명·자サ)〈의〉 음식물에 중독됨. 식중독. poisoning
とくい[得意](명·형동ダ) ①성공하여 만족하게 여김. ↔失意(シツイ). ②교만함. 자만(自慢)함. 「一顔(ガオ); 교만스러운 얼굴」 ③가장 뛰어남. ④단골 손님. 1. satisfaction 4. a patron **一さき**[得意先](명) 단골로 해주는 상대(손님). 평시에 거래가 있는 상대. 「一をふやす; 단골손님을 늘리다」 **一まんめん**[得意満面](연어·명) 득의 만면. 자랑스러운 표정이 얼굴 가득히 넘쳐 있는 모양.
とくい[特異](명·형동ダ)특이. ①다른 것과 틀림. 「一体質(タイシツ); 특이 체질」 ②뛰어남. 1. singularity 2. superiority
とくいく[徳育](명) 덕육. 도덕적인 능력을 양성하며 길러 내는 교육. ↔体育(タイイク), 知育(チイク). moral education
とくいんがい[特飲街](명) 접대부(接待婦)가 있는 음식점이 늘어선 거리.
どぐう[土偶](명) 토우. 흙으로 만든 인형. a clay figure
どくえい[独泳](명·자サ) 혼자서 헤엄침. a sole swim
どくえき[毒液](명) 독액. 독이 있는 액체(液体). poisonous liquid
どくえん[独演](명·자サ) 독연. 홀로 출연함. a sole performance

どくおう[独往](명·자サ) ①혼자서 감. ②자력(自力)으로 함. 1. going one's own way

どくが[毒牙](명) 독아. ①물 때에 독액(毒液)을 분비하는이빨. 독니. ②악랄(悪辣)한 수단. 독수(毒手)「一にかかる; 독수에 걸리다」 1. a fang

どくがい[毒害](명·타サ) 독해. 독을 먹여서 죽임. 독살(毒殺). killing by poison

とくがく[督学](명) 독학. 학사(学事)를 감독함. 또는 그 사람. school inspection

とくがく[篤学](명·형동ダ) 독학. 학문에 충실함. 학문에 열중함. 「一の士(シ); 독학의 선비」 devotion to one's studies

どくがく[独学](명·자サ) 독학. 선생이나 학교에 의지하지 않고 자력(自力)으로 공부함. self-teaching

どくガス[毒瓦斯](명)〈군〉 독가스. 사람이나 짐승에게 해를 끼치는 가스. poison-gas

とくがわばくふ[徳川幕府](명)〈역〉 ⇨えどばくふ.

どくがん[独眼](명) 애꾸눈. 척안(隻眼). one eye. ── **りゅう**[独眼龍](명) ①애꾸눈의 영웅. ②다테 마사무네(伊達正宗)의 다른 이름.

とくぎ[特技](명) 특기. 특별한 기능. 「一を持(モ)つ; 특기를 갖다」 special ability

とくぎ[徳義](명) 덕의. 도덕상의 의무. morality. ── **しん**[徳義心](명) 덕의심. 덕의를 중히 여기는 마음.

どくぎょ[毒魚](명) 독어. 독이 있는 물고기. a poisonous fish

とくぎょう[得業](명) 학문, 기예 등의 일정한 과정(課程)을 마침. finishing the course

どくぎん[独吟](명·자サ) 독음. ①홀로 읊음. ②홀로 짓는 렌가(連歌)나 하이카이(俳諧). 1. a vocal solo

どくぐち[毒口](명) 독설. 욕설. a foul tongue

どくけ[毒気](명) 독기. ①독의 성분. 해가 되는 성분. 「一に当(ア)たる; 독에 중독되다」 ②독살스러운 기색. 악의(悪意). 사심(邪心). 1. poisonous quality

どくけし[毒消し](명) ①독의 작용을 없애는 일. 해독(解毒). ②해독제(剤). 1. counteraction

どくげん[毒言](명) 독언. 타인의 명예를 손상하는 말. 독설. a stinging tongue

どくご[独語](명·자サ) 독어. ①혼잣말. ②도이치말. 1. talking to oneself

どくご[読後](명) 독후. 책을 읽은 뒤. 「一感(カン); 독후감」 after reading a book

とくさ[木賊·砥草](명)〈식〉 목적. 다년생의 숙근초(宿根草). 잎이 없고 줄기는 막대 같으며 속이 비어 있음. 물건을 닦는 데 씀. 속새. a scouring rush

どくざ[独座](명·자サ) 독좌. 혼자서 앉아 있음. sitting alone

とくざい[贖罪](명·자サ) ⇨しょくざい.

どくさい[独裁](명·자サ) 독재. ①모든 일을 자기만의 판단으로 정함. ②위정자(為政者)가 자기의 판단만으로 정치를 함. 「一政治(セイジ); 독재 정치」 1. absolutism

とくさく[得策](명·형동ダ) 득책. 유리한 책략(策略). a good policy

どくさく[独作](명) 독작. 어떤 말을 도이치어로 번역하는 일. 도이치어로 쓴 작문(作文). German composition

どくさつ[毒殺](명·타サ) 독살. 독약을 써서 죽임. poisoning

とくさん[特産](명) 특산. 독특한 산물. 「一物(ブツ); 특산물」 a special product

とくし[特旨](명) 특지. 특별한 왕지(王旨). 특교(特教). 특명(特命). special consideration

とくし[特使](명) 특사. 특별한 사자(使者). a special envoy

とくし[篤志](명·형동ダ) 독지. 두텁고 친절한 뜻이나 마음. 돈독한 뜻. 「一家(カ); 독지가」 benevolence

どくし[毒死](명·자サ) 독사. 독약에 의하여 죽음. 중독(中毒)되어 죽음. death from poison

どくし[読史](명) 독사. 역사책을 읽음. reading a history book

どくじ[独自](명·형동ダ) 독자. ①저 혼자. ②독특. 「一性(セイ); 독자성」 2. orginality

どくじ[読字](명) 글, 특히 한자(漢字)를 읽음. 「一力(リョク); 글을 읽는 능력」 reading a character

とくしつ[特質](명) 특질. 특수한 성질. a characteristic

とくしつ[得失](명) 득실. 이익(利益)과 손실(損失). 이해(利害). advantages and disadvantages

とくじつ[篤実](명·형동ダ) 독실. 정직하고 친절함. 성실하고 돈독함. sincerity

とくしま[徳島](명)〈지〉 시코쿠(四国) 동부의 현. 또는 그 현의 현청 소재지.

とくしゃ[特写](명·자サ) 특별히 사진으로 찍음. 「本誌(ホンシ)一; 본지 특사」 special photographing

とくしゃ[特車](명) (일본 자위대에서 사용하는) 전차(戦車). a tank

とくしゃ[特赦](명·타サ)〈법〉 특사. 특정한 죄수에게 내리는 형의 집행 면제. 은사(恩赦). an amnesty

どくしゃ[読者](명) 독자. (신문, 잡지, 단행본 등을) 읽는 사람. 「一通信(ツウシン); 독자 통신」 a reader

どくじゃ[毒蛇](명) 독사. 물 때 이빨에서 독을 내는 배암. 살무사, 코브라 등. a venomous snake

どくしゃく[独酌](명·자サ) ①혼자서 술을 마심. ②자작(自酌). 1. self-service

とくしゅ[特殊](명·형동ダ) 특수. ①보통이 아님. 특별. 「一性(セイ); 특수성」↔普遍(フヘン). ②(신체, 정신이) 보통과 다름. 「一児童(ジドウ); 특수 아동」 1. speciality. ── **ぎんこう**[特殊銀行](명) 특수 은행. 국가가 금융상 틀별한 임무를 수행할 목적으로 설립한 은행. ── **こう**[特殊鋼](명) 특수강. 니켈이나 크로뮴 등을 가미한 강한 합금(合金).

とくしゅ[特種](명·형동ダ) 특종. 특별한 종류. a special kind

とくじゅ[特需](명)〈경〉 특수 수요(特殊需要)의 준말. 특별한 분야의 수요(需要). 「一産業(サンギョウ); 특수 수요 산업」 special procurements

どくしゅ[毒手](명) 독수. ①사람을 죽이려는 수단.

②악랄(悪辣)한 수단. 「—にかかる; 독수에 걸리다」 1. a murderous hand
どくしゅ[毒酒](명) 독주. 독을 넣은 술. poisoned wine
どくじゅ[読誦](명·타サ) 독송. 소리 내어 경문(経文)을 읽음. 독경(読経). sutra-chanting
とくしゅう[特集·特輯](명·타サ) 특집. 특별히 편집함. 또는 그것. 「—号(ゴウ); 특집호」 a special edition
どくしゅう[独修](명·타サ) 자기 혼자서 수득(修得)함. 독학(独学). 독습(独習). self-learning
どくしゅう[独習](명·타サ) 독습. 자기 혼자서 공부함. 자습. 독수(独修). 「—書(ショ); 자습서」 self-teaching
とくしゅつ[特出](명·타サ) 특출. ①특별히 냄. ②특별히 뛰어남. 2. prominence
どくしょ[読書](명·자サ) 독서. ①책을 읽음. ②소리 내어 읽음. 1. reading
とくしょう[特小](명) 특히 작은 것. ↔特大(トクダイ). extra-small
とくしょう[特賞](명) 특상. 특별히 주는 상품, 상금, 상장. a special reward
とくじょう[特上](명) 특상. 뛰어나게 훌륭한 것. the finest
どくしょう[独唱](명·자サ) 독창. 혼자서 노래 부름. 솔로. ↔合唱(ガッショウ). a vocal solo
どくしょう[読誦](명·타サ) 독송. 소리 내어 읽음. reading aloud
とくしょく[特色](명) 특색. 다른 것과는 달리 뛰어난 점. 「—づける; 특색 지우다」 a specific character
とくしょく[瀆職](명·자サ) 독직. 직책을 더럽힘. 오직(汚職). corruption
とくしん[特進](명·자サ) 특진. 특별히 진급함. 「二階級(ニカイキュウ)—; 2 계급 특진」 a special promotion of rank
とくしん[特審](명) 일본 법무성 특별 심사국(공산주의에 대항하는 기관)의 약칭.
とくしん[得心](명·자サ) 납득함. 이해. full consent. **—ずく**[得心尽く]—ヅク(명) 서로 납득한 뒤에 행하는 일.
とくしん[篤信](명·형동ダ) 독신. 믿음이 두터움. 신앙심이 깊음. devotion
とくしん[瀆神](명)〈종〉 독신. 신을 모독(冒瀆)함. 「—的(テキ)な考(カンガ)え; 독신적인 생각」 profanity
とくじん[徳人](명) 덕인. 덕을 갖춘 사람. 덕이 높은 사람. a man of virtue
どくしん[独身](명) 독신. 결혼하지 않은 사람. 홀몸. 「—者(シャ); 독신자」 a single life
どくじん[独人](명) 도이치 사람. a German
どくじん[毒刃](명) 독인. 위해(危害)를 끼치는 칼. the dagger of an assassin
どくしんじゅつ[読心術](명) 독심술. 직관(直観)에 의해서 남의 생각을 느껴 아는 술법. mind reading
どくしんじゅつ[読唇術](명) 입술의 움직임을 보고 말을 판단하는 술법. lip-reading

どくじんとう[独参湯](명) ①기절(気絶)한 사람을 깨우는 데 특효가 있다는 탕약(湯薬). ②반드시 성공할 것으로 생각되는 수단.
どくず[読図](명·자サ) 지도(도면)를 보고 내용을 이해함. reading a map
どくすい[毒水](명) 독수. 독기가 있는 물. poisonous water
とくすき[特漉](명) 특별히 잘 뜬 종이. specially manufactured paper
とく·する[得する](자サ) 벌다. 이익을 얻다. ↔損(ソン)する. profit
とく·する[督する](타 4) ①통솔하다. ②감독하다. ③재촉하다. ④힐책하다. 1. lead 2. superintend
どく·する[毒する](타サ) 해치다. 「社会(シャカイ)を—; 사회를 해치다」 poison
とくせい[特性](명) 특성. 특별한 성격. 특질(特質). a special quality
とくせい[特製](명) 특제. 특별히 만드는 일. 또는 그 물건. special make
とくせい[徳性](명) 덕성. ①도덕심. 「—を養(ヤシナ)う; 덕성을 기르다」 ②본성(本性). 1. moral character
とくせい[徳政](명) ①덕으로 다스리는 정치. ②옛날 무사(武士)나 막부(幕府)의 재정을 구하기 위해서 모든 부채(負債), 매매 등의 계약의 파기를 선언했던 정령(政令). 1. benevolent administration
とくせい[瀆聖](명) 신의 신성(神聖)함을 모독함. 신성한 곳에 함부로 드나들거나 더럽힘. desecration
どくせい[毒性](명) 독성. 독이 있는 성질. virulence
とくせつ[特設](명·타サ) 특설. 특별히 설치함. 「売店(バイテン)を—する; 매점을 특설하다」 special establishment
どくぜつ[毒舌](명) 독설. ①신랄(辛辣)한 비꼼. ②심한 욕설. 1. cynicism 2. abuse
どくぜり[毒芹](명)〈식〉 독미나리. 관상용 다년초로 심한 독이 있음. a water hemlock
とくせん[特撰](명·타サ) ①특별히 공들여 만듦. ②특선(特選). 「—品(ヒン); 특선품」 1. special manufacture
とくせん[特選](명·타サ) 특선. ①특별히 골라 냄. ②특별히 골라 낸 것. 1. special selection
とくせん[督戦](명·자サ) 독전. ①부하를 격려하여 싸우게 함. ②뒤에서 싸우는 것을 감독함. 「—隊(タイ); 독전대」 1. urge the soldiers
どくせん[独占](명·타サ) 독점. ①혼자 차지함. ②〈경〉 시장을 지배하여 이익을 독차지함. 2. monopoly. **—てき**[独占的](형동ダ) 독점적. 독점하는 모양.
どくせん[毒腺](명)〈생〉 독선. 독소(毒素)를 내는 기관(器官). a poison gland
どくぜん[独善](명) 독선. ①자기만을 이롭게 하는 일. ②자기만 옳다고 생각하는 일. 「—的(テキ); 독선적」 self-importance
とくそ[砥糞](명) 숫돌에 물건을 갈 때 생기는 것.
どくそ[毒素](명) 독소. ①독의 원소. ②〈이〉 고기, 흰자질 등이 썩었을 때 나오는 유독성 화합물. 1. toxin

とくそう[得喪](명) 득상. 얻음과 잃음. 득실(得失). acquisition and loss
とくそう[徳操](명) 변함 없는 굳은 절조. morality
どくそう[毒草](명) 독초. 독이 있는 풀. a poisonous herb
どくそう[独走](명·자サ) 독주. ①혼자서 달림. 「一コース; 독주 코오스」 ②(남은 아랑곳 없이) 혼자서만 활동함. 1. running alone
どくそう[独奏](명·타サ) 독주. 혼자서 연주함. 「バイオリン一; 바이올린 독주」 ↔合奏(ガッソウ). a solo
どくそう[独創](명·타サ) 독창. 모방하지 않고 자기 혼자의 힘으로 생각해 내거나 처음으로 만들어 냄. 「一性(セイ); 독창성」 originality. **—てき**[独創的](형동ダ) 독창적. 독창의 능력이 있는 모양. 「一な作品(サクヒン); 독창적인 작품」
どくそう[独漕](명·자サ) 〔배타기 경주에서〕 혼자서 노를 저음. rowing alone
とくそく[督促](명·타サ) 독촉. 재촉함. 「税金(ゼイキン)の一状(ジョウ); 세금 독촉장」 pressing
ドクター[doctor](명) 독터. ①선생. 박사. 「一コース; 박사 과정」 ②의학 박사. ③의사.
とくたい[特待](명·타サ) 특대. 특별히 대우함. 특별한 대우. 「一生(セイ); 특대생」 special treatment
とくだい[特大](명) 특대. 특별히 큰 것. ↔特小(トクショウ). outsize
とくたく[徳沢](명) 덕택. 덕분. grace
どくたけ[毒茸](명) 독버섯. a poisonous mushroom
とくだね[特種](명) 특종. 신문 기사 중에서 다른 신문사가 전혀 모르고 있는 특별한 기사 재료. a scoop
どくだみ[蕺草](명)〈식〉 삼백초(三白草). 잎은 고구마 잎과 비슷하며 냄새가 나쁨. 이뇨(利尿), 구충(駆蟲)의 약재로 씀. 즙채(蕺菜). 〈학명〉Houttuynia cordata
とくだん[特段](명) 특별. 「一の措置(ソチ); 특별한 조치」 speciality
どくだん[独断](명·타サ) 독단. ①자기만의 생각으로 정함. ②충분히 생각하지 않고 판단함. 1. arbitrary decision 2. dogma. **—せんこう**[独断専行](명·자サ) 자기 마음대로 함.
どくだん[独弾](명)〈악〉 혼자서 피아노를 침. 피아노 독주. ↔連弾(レンダン). a piano solo
どくだんじょう[独壇場](명) 자기만이 활동하는 곳. 독무대(独舞臺).
とぐち[戸口](명) 집의 출입구. an entrance
どくち[毒血](명) 독혈. 병독(病毒)이 섞인 피. poisonous blood
とくちょう[特長](명) 특히 뛰어난 장점. a strong point
とくちょう[特徴](명) 특징. 유난히 눈에 띄는 것. 특색(特色). a characteristic
どくづ·く[毒突く](자 4) 독설(毒舌)을 퍼붓다. 심하게 욕하다. abuse
とくてい[特定](명·타サ) 특정. ①특별히 지정함. 「一の人(ヒト); 특정인」 ②특별히 정해져 있음. 「一の目(メ)じるし; 특정한 표지」 ↔不(フ)特定. specially fixed. **—きょく**[特定局](명) 〔일본에서〕 전에 민간인이 운영하던 우체국. 3등 우체국의 조직을 국영(国営)으로 한 것.
とくてん[特典](명) 특전. 특별한 취급. 은전(恩典). 「会員(カイイン)の一; 회원의 특전」 a special favour
とくてん[得点](명) 득점. 얻은 점수. a score
とくでん[特電](명) 특별 전보(特別電報)의 준말. 그 신문사의 독특한 전보 통신. a special telegram
とくと[篤と](부) 차분히. 잘. 신중히. 「一考(カンガ)えよう; 신중히 생각하자」 carefully
とくど[得度](명·자サ)〈불〉 불문(仏門)에 들어 가 중이 됨. entrance into the Buddhist priesthood
とくとう[禿頭](명) 독두. 대머리. a bald head. **—びょう**[禿頭病](명)〈의〉 독두병. 머리털이 차차 빠져 대머리가 되는 병.
とくとう[特等](명) 특등. 특별한 등급. 최고급. 「a special grade
とくどう[得道](명·자サ)〈불〉 득도. 불도를 깨침. 오도(悟道). attainment of salvation
とくとく(부) 아가리가 좁은 용기(容器)에서 물이 흘러 나오는 모양. 콸콸. 괄괄. in a rush
とくとく[疾く疾く](부) 급히. 서둘러. quickly
とくとく[得得](형동タルト) 자랑스러운 모양. 득의양양한 모양. 「一として話(ハナ)す; 자랑스럽게 이야기하다」 proud
どくとく[独特·独得](형동ダ) 독특. 혼자 지니고 있는 모양. 「一な性質(セイシツ); 독특한 성질」 peculiarity
どくどく(부) 물이나 피 등의 액체가 철철 넘쳐 흐르는 모양. gurglingly
どくどくし·い[毒毒しい](형) ①독살스럽다. 독기가 있어 보이다. ②밉살스럽다. 「一口(クチ)をきく; 밉살스러운 말을 하다」 ③(색이) 너무 짙어 보기 흉하다. 「一口紅(クチベニ); 너무 짙어 보기 흉한 입술 연지」 파생 **—げ**(형동ダ) **—さ**(명). 1. poisonous
とくとする[徳とする](연어) 덕으로 삼다. 고맙게 여기다.
ドクトリン[doctrine](명) 독트린. ①주의(主義). 학설(学説). ②교의(教義).
ドクトル[도 Doktor](명) ⇨ドクター.
とくに[特に](부) 특히. especially
とくにん[特認](명·타サ) 특별 승인(特別承認)의 준말. special approval
どくねん[毒念](명) 남을 해치려는 나쁜 생각. 독기를 품은 생각. malice
とくのう[篤農](명) 독농. 독실(篤実)한 농사군. 「一家(カ); 독농가」 a devoted farmer
とくは[特派](명·타サ) 특파. 특별히 파견함. 「一員(イン); 특파원」 special despatch
どくは[読破](명·타サ) 독파. 완전히 읽음. reading through
とくはい[特配](명·타サ) 특배. ①특별히 배당함. ②특별 배급. 「一品(ヒン); 특배품」 1. extra dividend
とくばい[特売](명·타サ) 특매. 특별히 싸게 팖. 「一品(ヒン); 특매품」 a special sale

どくはく[独白](명·자サ) 독백. ①혼자 하는 말. 혼잣말. ②〔연극에서〕 배우가 상대자 없이 혼자 말하는 대사(臺詞). 2. a monologue
とくはつ[特発](명·자타サ) ①특별히 발차(発車)시킴. ②특별히 발행(発行)함. 2. extra issue
とくひつ[禿筆](명) ①끝이 닳아 없어진 붓. ②자기의 문장을 겸사로 일컫는 말. 1. a stumped pen
とくひつ[特筆](명·타サ) 특필. 특별히 취급하여 씀. special mention. **—たいしょ**[特筆大書](연어·명·타サ) 특필 대서. 〔신문 등에서〕 특별히 눈에 띄게 함. 대서 특필.
どくひつ[毒筆](명) 독필. 악의(悪意)로 남을 해치려고 글을 씀. 또는 그 문장. a malicious sentence
とくひょう[得票](명·타サ) 득표. 얻은 표. 「—数(スウ); 득표수」 votes obtained
どくふ[毒婦](명) 독부. 악독한 여자. a vamp
どくぶ[独舞](명·자サ) 독무. 혼자 춤을 춤.
どくぶつ[毒物](명) 독물. 독이 있는 약물(薬物). poison
とくぶと[特太](명·형동ダ) 특별히 굵음. 또는 그것. ↔特細(トクボソ). thick
とくぶん[得分](명) ①얻은 몫. ②이익(利益). 1. share
どくぶん[独文](명) 독문. ①도이치어의 문장. ②도이치 문학. 1. a German sentence
とくべつ[特別](명·형동ダ) 특별. 보통과는 다름. 「—の処置(ショチ); 특별한 처치」 particularity
どくへび[毒蛇](명) ⇨どくじゃ.
とくほう[特報](명·타サ) 특보. 특별히 통지함. 또는 보고함. 「選挙(センキョ)—; 선거 특보」 a flash
とくぼう[特紡](명)특수 방적(特殊紡績)의 준말.
とくぼう[徳望](명) 덕망. 덕이 높고 인망이 있는 것. high moral repute
どくぼう[独房](명) 독방. ①형을 받은 죄수를 혼자 가두어 두는 방. ②혼자 쓰는 방. 1. a solitary cell
とくぼそ[特細](명·형동ダ) 유난히 가늚. 또는 그것. ↔特太(トクブト). special thinness
とくほん[読本](명) 독본. ①국민 학교에서 쓰던 국어 교과서의 옛 이름. 국어 독본. ②어학 교과서. ③일반인을 위한 입문서(入門書). 「政治(セイジ)—; 정치 독본」 2. a reader 3. a primer
ドグマ[dogma](명) 도그머. ①교리(教理). 교의(教義). ②독단(独断).
どくみ[毒味·毒見](명·타サ) ①음식물에 독이 있나 없나를 조사함. ②맛을 봄. 1. poison tasting
とくむ[特務](명) 특무. 특별한 임무. a special duty. **—きかん**[特務機関](명) 특무 기관. 전에 군부에서 정보를 얻기 위해 설치했던 기관.
どくむし[毒虫](명) 독충. 독이 있는 벌레. a poisonous insect
とくめい[特命](명) 특명. ①특별한 명령. ②특별한 임명(任命). 「—全権公使(ゼンケンコウシ); 특명 전권 공사」 1. a special order
とくめい[匿名](명) 익명. 본명을 숨기고 다른 이름을 쓰는 것. 이름을 감춤. 「—希望(キボウ); 익명을 바람」 anonymity
とくめん[特免](명·타サ) 특면. ①특별히 면제함. ②특별히 용서함. 1. special exemption
とくもく[徳目](명) 도(道)나 덕(徳)의 하나하나를 분류한 이름. kinds of morality
どくや[毒矢](명) 독시. 독을 바른 화살. a poisoned arrow
とくやく[特約](명·자サ) 특약. 특별한 조건을 붙여 계약함. 「—店(テン); 특약점」 a special contract
どくやく[毒薬](명) 독약. 독이 들어 있는 약. a poisonous drug
とくゆう[特有](명·형동ダ) 특유. 그것만이 특별히 가지고 있음. peculiarity
とくよう[徳用](명·형동ダ) 덕용. 써서 이익이 많음. 쓸모가 많음. 「—品(ヒン); 덕용품」 economy
どくよけ[毒除け](명) 중독을 예방함. 또는 예방하는 것. protection against poisoning
どぐら[土倉](명) 카마쿠라(鎌倉) 시대의 전당포. a pawnshop
とくり[徳利](명) ①가늘고 길며 아가리가 좁은 술을 넣는 그릇. 술병. ②〈속〉(술병은 물에 잘 잠기기 때문에) 헤엄을 못 치는 사람. 1. a bottle
とくりつ[特立](명·자サ) ①독립(独立)함. ②뛰어남. 1. independence
どくりつ[独立](명·자サ) 독립. ①혼자서 섬. ②남의 간섭을 받거나 힘을 빌지 않고 자기 힘으로 행동하고 생활함. 「—国家(コッカ); 독립 국가」 1. standing alone. **—かおく**[独立家屋](명) 독립 가옥. 따로 떨어져 있는 집. **—さいさんせい**[独立採算制](명)〈경〉 독립 채산제. 남의 협력을 받지 않고 독립으로 기업하여 채산을 맞게 하는 경영법. **—じそん**[独立自尊](연어·명) 독립 자존. 독립하여 자신의 존엄성(尊厳性)을 유지함. **—ぜい**[独立税](명) 독립세. 지방 자치 단체가 국가로부터 독립해서 부과하는 조세. **—どっこう**[独立独行](명) 독립 독행. 남을 의지하지 않고 독자적으로 행동하는 것. **—どっぽ**[独立独歩](명) 독립 독보. ①독립하여 자기 뜻대로 함. ②뚜렷한 특색이 있어 다른 것과 동등하게 취급할 수 없음.
どくりゅう[毒龍](명) 독이 있는 용. a venomous dragon
どくりょう[読了](명·타サ) 다 읽음. finish reading
どくりょく[独力](명) 독력. 자기 혼자의 힘. one's own effort
とぐるま[戸車](명) 호차. 문의 아래위에 붙여서 자유롭게 여닫게 하는 작은 쇠바퀴. a roller
とくれい[特例](명) 특례. 특별한 예. a special example
とくれい[督励](명·타サ) 독려. 감독하며 격려함. encouragement
とくれん[得恋](명) 연애에 성공함. ↔失恋(シツレン).
とぐろ(명) 배암이 긴 몸을 밧줄을 감듯 서리는 일. 또는 그렇게 한 것. coiling
どくろ[髑髏](명) 촉루. 죽은 사람의 두골(頭骨)이 풍우(風雨)에 씻기어 노출(露出)된 것. 해골. a skull

どくわ[独和](명) ①도이치와 일본. ②도이치어와 일본어. 1. Deutschland and Japan
とげ[刺·棘](명) ①식물의 잎이나 줄기에 돋는 짧고 뾰족한 것. 가시. ②피부나 목에 박히는 작고 뾰족한 것. ③바늘처럼 뾰족한 물고기의 지느러미. ④감정을 자극하는 것. 「一のあることば; 가시가 돋친 말」 1. a spine
とけ あ·う[解け合う]一アフ(자 4) ①서로 마음을 풀고 아주 친해지다. ②쌍방(双方)의 양해 밑에 해약(解約)하다. 명 解け合い. 1. compromise
と けい[徒刑](명) ①징역(懲役). ②〈법〉 옛날 중죄인(重罪人)을 섬으로 보내어 일을 시키던 형벌(刑罰). 1. penal servitude
と けい[時計·土圭](명) 시계. 태엽의 탄력(弾力)이나 전기 등으로 시간을 재는 기계. a clock. **—だい**[時計台](명) 시계탑.
とげ うお[棘魚](명)〈동〉 큰가시고기류의 총칭. 등과 복부에 날카로운 가시가 있음. a stickleback
どげ ざ[土下座](명·자サ) 옛날, 무릎을 꿇고 머리를 땅에 대고 인사 드리던 일. sitting down on the ground
とげ だ·つ[刺立つ](자 4) ①가시가 돋다. ②모가 나다. 1. run a thorn into
と けつ[吐血](명·자サ) 토혈. (소화기에서) 피를 토함. ↔喀血(カッケツ). spitting of blood
とげっぽう[吐月峰](명) 대나무로 만든 재떨이. a bomboo ash-pot
とげとげ し·い[刺刺しい](형) 가시가 있는 듯하다. 「一ことば; 가시 돋친 말」 파생 **—げ**(형동ダ) **—さ**(명). stinging
とげ ぬき[刺抜き](명) 가시를 뽑음. 족집게. a forceps
と·ける[溶ける](자하 1) 녹다. 액체 속에 다른 물질이 섞여 퍼지다. dissolve
と·ける[解ける](자하 1) 풀리다. 풀어지다. get untied
と·ける[解ける·融ける](자하 1) (눈이나 얼음이) 녹다. 불화(不和)나 노기(怒気) 등의 감정이 풀리다. melt
と·ける[鎔ける·熔ける](자하 1)(금속 등이) 녹다. melt
と·げる[遂げる](타하 1) 이루다. 수행하다. 「目的(モクテキ)を一; 목적을 이루다」 accomplish
ど·ける[退ける](타하 1) 없애다. 제거하다. 물리치다. 「道(ミチ)の石(イシ)を一; 길가의 돌을 치우다」 get rid of
と けん[杜鵑](명)〈동〉 ⇨ほととぎす.
ど けん[土建](명) 토건. 토목 건축(土木建築)의 준말. 「一業者(ギョウシャ); 토건 업자」
—とこ[所](조어) 곳. 「二(フタ)一; 두 곳」
とこ[床](명) ①잠자리. ②마루. ③다다미의 심(心). ④강의 밑바닥. ⑤묘판(苗板). ⑥이발소. 「一屋(ヤ); 이발소」 1. a bed 2. a floor
とこ[所](명) ①곳. ②점(点). 「そういう一が変(ヘン)だ; 그러한 점이 이상하다」 ③정도. 「百円(ヒャクエン)が一; 백 원 정도」 1. a place
—どこ[床](접미) 이발소 등의 이름 밑에 붙이어 쓰는 말.
どこ[何処](대) 어디. 어느 곳. where
ど ご[土語](명) 그 지방의 본토박이가 쓰는 말. 「アフリカー; 아프리카 토어」 a native tongue
とこ あげ[床上げ](명·자サ) 큰 병을 치르거나 출산(出産)한 뒤에 몸이 회복되어서 이부자리를 걷어 치움. recovery from illness
とこ いり[床入り](명·자サ) ①잠자리로 들어 감. ②신혼 부부의 첫 동침(同寝). 첫날밤. 1. going to bed
と こう—カウ(부) ⇨とかく.
と こう[左右](부) 이것 저것. this or that
と こう[渡航](명·자サ) 도항. 배를 타고 바다를 건너감. 도해(渡海). 항해(航海). a voyage
ど こう[土工](명) 토목 공사. 또는 그런 일을 하는 사람. a navvy
ど こう[土侯](명) 토후. 그 땅의 영주(領主). a lord. **—こく**[土侯国](명) 토후국. 영국의 보호를 받던 인도 내의 작은 전제 왕국(専制王国).
ど こう[土寇](명) ⇨つちいっき. 「a powerful family
ど ごう[土豪](명) 토호. 그 지방의 호족(豪族).
ど ごう[怒号](명·자サ) 노호. 노하여 외침. a roar
とこ おとめ[常少女](명)〈고〉 항상 변함 없이 젊은 여자.
とこ かざり[床飾り](명) 토코노마(床の間)를 꾸미는 일. an alcove ornament
とこ がまち[床框](명) 토코노마(床の間) 앞의 장식 가로대(横木). an alcove frame
とこ さかずき[床杯·床盃]一サカヅキ(명) 혼례(婚礼)를 치른 날 밤에 신혼 부부(新婚夫婦)가 잠자리에서 서로 주고받는 술잔.
とこし(な)え[永え·常し(な)え·長し(な)え]トコシ(ナ)ヘ(명) 변함이 없는 것. 영원. 「一に; 영원히」 forever
とこ じらみ[床虱](명)〈동〉 ⇨なんきんむし.
とこ ずれ[床擦れ](명·자サ)〈의〉 ⇨じょくそう(褥瘡).
とこ だたみ[床畳](명) 토코노마(床の間)에 까는 다다미. a mat
どこ と なく[何処と無く](부) 어딘지 모르게. 왜 그런지. 「一似(ニ)ている; 어딘지 모르게 닮았다」 somehow
とことわ[常]一トハ(명) 영구. 영원. 「一のいのち; 영원한 생명」 eternity
とこ とん(명)〈속〉 막다른 곳. 최후. 끝. 「一まで; 끝까지」 the end
とこ なつ[常夏](명) 상하. ①겨울이 없고 언제나 여름 같은 것. 「一の島(シマ) ハワイ; 상하의 섬 하와이」 ②〈식〉 ⇨なでしこ. 1. everlasting summer
とこの ま[床の間](명) 방바닥을 한층 높게 하고 정면의 벽에는 그림이나 족자를 걸고 바닥에는 꽃꽂이 등을 놓게 된 곳. 일본 집에서 보통 객실(客室)에다 만듦. an alcove
とこばしら[床柱](명) 토코노마(床の間)의 장식 기둥. 좋은 재목을 사용함. an alcove-post
とこ ばなれ[床離れ](명·자サ) ①잠자리에서 일어남. ②병이 나아서 자리에서 일어남. 1. getting out of bed
とこ ばらい[床払い]一バラヒ(명·자サ) ⇨とこあげ.

とこはる[常春](명) 상춘. 겨울이 없고 언제나 봄 같은 것. everlasting spring
とこみせ[床店](명) 상품만 팔고 살림은 하지 않는 작은 가게. 노점(露店). a stall
とこや[床屋](명) 이발소. a barber's shop
とこやま[床山](명) 배우나 씨름군들의 머리를 손질해 주는 사람. a hair-dresser
とこやみ[常闇](명)〈고〉 ①영원한 어두움. ②세상이 어지러움. 「一の世(ヨ); 난세(乱世)」
どこやら[何処やら](부) ①뭔지 모르게. ②어딘지 1. somehow 2. somewhere
とこよ[常世](명)〈고〉 ①영원히 변하지 않는 것. ②←常世の国. **―のくに**[常世の国](연어·명)〈고〉 ①멀리 떨어진 나라. ②불로 불사(不老不死)의 나라. 불로장생국(不老長生国). 선향(仙郷). ③저승. 황천(黄泉).
―ところ[所] Ⅰ(접미) 신분이 높은 사람의 수를 세는 말. 「皇子(ミコ)たち二(フタ)―; 왕자 두 분」 Ⅱ(조어) 장소를 세는 말. 군데. 「三(ミ)―; 세 군데」
ところ[所·処] Ⅰ(명) ①한정(限定)해서 생각한 넓이. ②장소. 개소(個所). ③살고 있는 곳. 「一番地(バンチ); 집 주소」 ④위치. 지위. ⑤향토(郷土). 「―ことば; 사투리」 ⑥때. 경우. 「出(デ)かけようとしている―; 떠나려고 하던 때」 ⑦점(点). 「詩人(シジン)らしい―がある; 시인다운 점이 있다」 ⑧조(条). 부분. ⑨한(限). 「私(ワタクシ)の知(シ)る―では; 내가 아는 한에 있어서는」 ⑩직후나 직전의 상태를 나타냄. 「今来(イマキ)た―だ; 지금 막 왔다」 ⑪단순히 연용형(連用形)을 만드는 말. 「早(ハヤ)い―たのむ; 빨리 부탁한다」 ⑫…바가 되다. 「ねたむ―となった; 시기하는 바가 되었다」 ⑬의미(意味)를 잇는 말. 「ここに述(ノ)べられている―の考(カンガ)えは; 여기에 서술되어 있는 바의 생각은」 Ⅱ(접조) 위를 받아서 아래로 계속하는 말. 그러나. 그렇지만. Ⅰ 2. a place 3. an address 4. a position 6. time. **―えがお**[所得顔]―ガホ(명) 자랑스러운 얼굴. 잘난 척하는 얼굴. **―がき**[所書き](명) 주소를 씀. 또는 그 주소. **―がら**[所柄](명) 토지의 성질. 장소. 「―をわきまえぬことば; 장소를 가리지 못한 말」 **―きらわず**[所嫌わず]―キラハズ(연어·부) 어디건 가리지 않고. **―どころ**[所所](명·부) 여기저기. 곳곳. 군데군데.
ところ[野老](명)〈식〉 도꼬로마. 마과에 속하는 다년생 만초(蔓草). 줄기는 식용. 왕마.
―どころ[所](조어) ①…해야 할 곳. 「聞(キ)き―; 들어야 할 곳. 들을 만한 곳」 ②많이 나는 곳. 생산지. 「米(コメ)―; 쌀의 생산지」
どころ[所](수조) 어림이 전혀 달라진 것을 나타냄. 「出(デ)かける―ではない; 떠나는 게 다 뭐야」
ところお·く[所置く](자 4)〈고〉 ①자리를 양보하다. ②사양하다. 체면을 차리다.
ところが[所が] Ⅰ(접) 그런데. Ⅱ(접조) ①조건을 나타내는 말. 「買(カ)って行(イ)った―喜(ヨロコ)ばれた; 사 가지고 갔더니 좋아하더라」 ②⇨ところでⅡ. 「急(イソ)いだ―だめだ; 급히 서둘러 본댔자 소용없다」 Ⅰ therefore
ところせ·し[所狭し](형ク)〈고〉 ①비좁다. ②불편하다. ③과장하다. ④취급하기 어렵다. ⑤당당하다.
ところせま·い[所狭い](형) 장소가 좁다. narrow
ところで[所で] Ⅰ(접) 갑자기 말을 바꿀 때 씀. 그런데. 그건 그렇다 해 두고. Ⅱ(접조) 비록 …해도. 「損(ソン)をした―たいしたことはない; 비록 손해를 보았다 해도 대수롭지 않다」 Ⅰ well Ⅱ even if
ところてん[心太](명) 우뭇가사리를 삶아서 굳혀 만든 투명한 식품. 초를 쳐서 먹음. 우무. 「―式(シキ); 뒤에서 밀려 자연히 앞으로 나아가는 일」 **―ぐさ**[心太草](명)〈식〉 ⇨てんぐさ. gelidium jelly
とさ[土佐](명)〈지〉 옛 지방 이름. 현재 코오치현(高知県)의 일부. 개(犬)의 산지(産地)로 유명.
とさ(감조)…라는 이야기야. …라는 거야. 「あった―; 있었다는 거야」
とざい[吐剤](명)〈의〉 토제. 먹은 음식을 토하게 하는 약. 예: 담반(膽礬), 토근(吐根) 등. an emetic
とさいぬ[土佐犬](명)〈동〉 몸집이 크고 사나운 토사 원산(土佐原産)의 개. 일본 개와 서양 개와의 잡종.
とさえ[土佐絵](명) 토사파(土佐派)의 그림.
どざえもん[土左衛門](명)〈속〉 물에 빠져 죽은 사람. 익사자(溺死者). a drowned person
とさか[鶏冠](명)〈동〉 계관. 닭 등의 머리 위에 달린 관(冠) 모양의 빨간 살 조각. 볏. a cockscomb
どさくさ(명·자サ) 혼란. 혼잡. 「―に紛(マギ)れて; 혼잡한 틈을 타서」 confusion
とざ·す[閉ざす·鎖す](타 4) ①(문을) 닫다. 잠그다. ②다니지 못하게 하다. 「道(ミチ)を―; 길을 막다」 ③좁은 곳에 넣다. 1. lock up
とさつ[屠殺](명·타サ) 도살. ①마구 죽임. 도륙(屠戮). ②짐승을 잡아 죽임. 「―場(ジョウ); 도살장」 2. slaughter
とさつ[塗擦](명·타サ) 도찰. 문질러 바름. 「―剤(ザイ); 도찰제」 embrocation
とざま[外様](명) ①무가(武家) 시대의 막부 장군(将軍)의 일문(一門). 또는 정통파(正統派)가 아닌 영주(領主)나 무사들. ②출신이 전통(正統)이 아닌 사람. 방계(傍系).
とざまこうざま ―カウザマ(부)〈고〉 이것 저것. 이러쿵저러쿵. 여러 가지로.
どさまわり[どさ回り]―マハリ(명) ①일정한 장소가 없는 유랑 극단(流浪劇団)이나 서어커스단. ②번화한 곳을 돌아 다니는 불량배. 1. a touring theatrical company
とさわん[土佐湾](명)〈지〉 코오치현(高知県) 남부에 있는 만(湾).
とざん[登山](명·자サ) 등산. 산에 오름. mountain-climbing
どさん[土産](명) ①토산. 그 지방의 산물. ②선물. 1. a native product
どさんこ[道産子](명)〈방〉 홋카이도오(北海道)에서 태어난 사람. 또는 동물.
とし[年·歳](명) ①〔태양력에서〕 시간의 단위. 지구가 태양의 둘레를 한 번 도는 데 걸리는 시간. 연. 해. ②시각의 구분.「出発(シュッパツ)の一; 출발의 해」③연령(年齢). ④생년(生年). ⑤시대. 세대(世代). ⑥세월. 광음(光陰). ⑦곡식의 성장. ⑧매년. 해마다. ⑨연호(年号). ⑩나이의 정도. ⑪1년의 끝날. 섣달 그믐날. 1. a year 3. age 8. every year

とし(연어·조사) "と"를 강조한 말.「待(マ)つ一聞(キ)かば; 기다린다고 들었더라면」

とし[杜詩](명) 두시. 당(唐)나라 두보(杜甫)의 시(詩).

とし[徒死](명·자サ) 도사. 무익(無益)한 죽음. 개죽음. a useless death

とし[都市](명) 도시. 도회지. towns and cities

とじ[綴](명) 철. 문서, 신문 등을 여러 장 한데 모아 꿰맨 것. binding

とじ[刀自](명) ①가사(家事)를 맡아 보는 여자. ②하급의 여관(女官). ③늙은 여자의 높임말. ④나이 많은 타인의 어머니의 높임말. 자당(慈堂). 1. a mistress

とじ[徒事](명) 소용이 없는 일. 허사.「一に終(オワ)る; 소득 없이 끝나다」 vainness

とじ[徒爾](부) 헛되이. 쓸 데 없이. 장난으로. in vain

とじ[途次](명·부) 길 가는 도중. on one's way

どし[同士](명) 동료(同僚). 반려(伴侶). 동지(同志). a pal

どじドヂ(명)〈속〉실수. 실책. 헛일.「一をふむ; 헛일을 하다(실패하다)」 a blunder

とじいと[綴糸](명) 문서, 신문 등을 꿰매는 실. 철끈. a binding thread

としうえ[年上]一ウへ(명) 연상. 나이가 많음. 또는 그 사람. ↔年下(トシシタ). older

どしうち[同士討ち](명) 동지끼리의 싸움. 집안 싸움. 내홍(内訌).

としおとこ[年男]一ヲトコ(명) 신년(新年)의 의식 등을 맡아 행하는 남자.

としがい[年甲斐]一ガヒ(명) 나이 먹은 보람. 먹은 나이에 알맞는 행동이나 분별력의 깊이. 나잇값.「一もない; 나이를 헛 먹다 (나잇값을 못하다)」 becoming for one's age

としかさ[年嵩](명·형동ダ) ①나이가 많은 사람. 연장(年長). ②노년(老年). 1. older

どしがたい[度し難い](연어·형) 구(救)할 수 없다. 도리를 이해시킬 수 없다. beyond redemption

としかっこう[年格好](명) 보아서 짐작한 나이. 연령(年齢)의 정도.「二十(ハタチ)ぐらいの一; 스무살쯤 되어 보이는 나이」 1. age

とじがね[綴じ金]トヂ一(명) 금속으로 만든 문서나 책을 철하는 데 쓰는 것. a binding strip

とじきみ[戸閾](명)〈고〉①⇨しきみ. ②수레 등의 앞뒤에 가로 댄 나무.

としけいかく[都市計画](명) 도시 계획. 도시의 교통, 도로, 주택 등의 개량 계획. city planning

としご[年子](명) 같은 어머니에서 태어난 한 살 터울의 형제 자매. 연년생(年年生). children born in consecutive years

としごいのまつり[祈年祭](명) 연초에 풍년과 국가의 안녕을 위해 기도하는 제사. 음력 2월 4일에 행함. praying service for good crop

としこし[年越し](명·자サ) ①묵은 해에서 새해로 옮아 감. ②섣달 그믐날 밤. 2. New Year's Eve

としこっか[都市国家](명) 도시 국가. 도시 그 자체가 정치적으로 독립하여 하나의 국가를 이루고 있는 공동체. 예 : 고대의 아테네. a city state

としごと[年毎](명·부) 해마다. 매년(毎年). every year

とじこみ[綴込](명) 철하는 일. 또는 철한 것. a file

とじこ·む[綴じ込む]トヂ一(타 4) ①철하다. ②뒤에 덧붙여서 철하다. 명 とじ込み. file

とじこ·める[閉じ込める]トヂ一(타하 1) 문을 닫고 나오지 못하게 안에 가두다. confine

とじこも·る[閉じ籠もる]トヂ一(자 4) 문을 닫고 집안에 틀어 박히다. confine oneself to

とじごよみ[綴じ暦](명) 몇 장의 종이를 철한 달력. a bound calendar

としごろ[年頃] Ⅰ(명) ①여러 해가 지남. 수년. ②연령의 정도. ③결혼할 수 있는 연령. 당혼(当婚).「一の女(オンナ); 혼기(婚期)를 맞은 여자」Ⅱ(부) 옛부터. Ⅰ 3. a marriageable age Ⅱ for years

としした[年下](명) 나이가 적은 것. 또는 그 사람. ↔年上(トシウエ). younger

とじしろ[綴じ代]トヂ一(명) 철하기 위해서 남겨 놓은 종이 등의 끝 부분. the edge of paper for file

としだま[年玉](명) ⇨おとしだま.

どしつ[土質](명) 토질. 흙의 성질.「一改良(カイリョウ); 토질 개량」 nature of soil

としつき[年月](명) ①해(年)와 달(月). ②세월. 광음(光陰). 1. years and months

として(연어·격조) ①…의 자격으로.「学生(ガクセイ)一待遇(タイグウ)する; 학생으로서 대우하다」②…라 해 두고. …라 치고.「それは それ一; 그것은 그렇다고 해 두고」③예외(例外) 없이 모두 같다는 뜻을 나타냄.「一(ヒト)つ一満足(マンゾク)なのがない; 하나도 만족할 만한 것이 없다」④…라 생각하고.「渡(ワタ)ろう一; 건너 가려고 생각하고」 1. as

としとく[歳徳](명) ←歳徳神. **—じん**[歳徳神](명) 음양가(陰陽家)에서 정월(正月)에 제사 지내는 신(神). 언제나 길방(吉方)에 있다는 신(神). 세덕.

としどし[年年](명·부) 연년. 매년. 해마다. every year

どしどし(부) ①쾅쾅거리며 걷는 소리. ②간단 없이 활기 있게 계속되는 모양.「仕事(シゴト)を一やる; 일을 쉴 새 없이 하다」③재빠르게 일을 착착 진행하는 모양. 1. trampingly 2. briskly 3. steadily

としとり[年取り](명) ①나이를 먹음. 나이가 많아짐. ②제야(除夜)에 행하는 의식(儀式). 1. becoming older

としと·る[年取る](자 4) 나이를 먹다. 늙다. grow old

としなみ[年波](명) 나이를 먹어 이마에 주름이 잡히는 일. age

としのいち[年の市·歳の市](연어·명) 연말에, 정월에 쓸 물건을 파는 시장. 대목장. the year-end fair

としのうち[年の内](연어·명) ①금년 안. ②1년내. 1. before the end of the year
としのくれ[年の暮](연어·명) 한 해의 끝. 연말(年末). 세모(歳暮). year-end
としのこう[年の功](연어·명) 연공. 나이를 먹어 경험을 많이 쌓음. 또는 그 덕. long experience
としのころ[年の頃](연어·명) 대강의 나이. 「一は五十(ゴジュウ); 나이는 50세 가량」
としのせ[年の瀬](명) 연모(年暮). 세모. 연말. year-end
としのは[年の端](연어·명) ⇨としは.
としは[年端](명) 햇수. 연령의 정도. 「一の行(ユ)かぬ少年(ショウネン); 나이가 차지 않은 소년」 age
としばえ[年延](명) 나이 먹은 정도. age
とじぶた[綴蓋](명) 망그러진 것을 수선(修繕)한 뚜껑. a mended lid
としま[年増](명) 나이를 좀 먹은 부인. 30대 가량의 부인. a middle-aged woman
とじまり[戸締まり](명·자サ) 문을 닫아 잠금. 문단속. fastening doors
としまわり[年回り]ーマハリ(명) ①연령에 따른 길흉(吉凶). ②연령의 정도. 1. the luck attending one's age
とじめ[綴め]トヂー(명) ①끝. 종결(終結). ②임종(臨終). 1. the finish 2. one's end
とじめ[綴じ目]トヂー(명) 철한 곳. a seam
としゃ[吐瀉](명·자サ)〈의〉 토사. 토하고 설사함. 「一物(ブツ); 토사물」 vomitting and diarrhoea
どしゃ[土砂](명) 토사. 흙과 모래. soil and sand
どしゃぶり[土砂降り](명) 비가 억수같이 퍼부음. 또는 그 비. a heavy rain
としゅ[斗酒](명) 두주. 한 말의 술. 많은 술. 말술. 「一も辞(ジ)せず; 두주 불사(말술도 사양하지 않는다)」 kegs of wine
としゅ[徒手](명) 도수. ①빈손. 맨손. 적수(赤手). ②자본이나 지위 등이 없음. 1. empty-handed
としゅくうけん[徒手空拳](연어·명) 도수 공권. 맨주먹. 「一で敵(テキ)に立(タ)ち向(ム)かう; 맨주먹으로 적에 대항하다」 empty handed
としゅたいそう[徒手体操](명) 도수 체조. 기구 등을 사용하지 않는 체조. 맨손 체조. ↔器機(キカイ)体操. free gymnastics
としょ[図書](명) 도서. 책. 「一室(シッ); 도서실」 a book
としょ[屠所](명) 가축을 잡아서 처리하는 곳. 도살장. 「一の羊(ヒツジ); 도살장의 양(죽음이 목전에 있는 것)」 a slaughter-house
としょう[徒渉·渡渉](명·자サ) 도섭. 물을 걸어서 건넘. wading
とじょう[途上](명) 도상. ①길 위. ②도중(途中). 2. on one's way
とじょう[登城](명·자サ) ①성내(城内)로 들어 감. ②막부(幕府)에 출근함. 1. attendance at the castle
とじょう[登場](명) ⇨とうじょう.
とじょう[都城](명) 도시에 있는 성곽(城郭). 도읍(都邑)을 둘러 싼 성곽. 성시(城市). a castle town
とじょう[屠場](명) 도장. 소, 돼지 등을 도살하는 곳. 도살장. a slaughter-house
どじょう[土壌](명) 토양. ①흙. ②농작물이 성장하는 토지. 1. earth 2. soil
どじょう[泥鰌](명)〈동〉 미꾸라지. 기름종개과에 속하는 민물고기. 수염이 있으며 흙바닥 속에 삶. a loach. **—ひげ**[泥鰌髭](명) 성긴 수염. 또는 수염이 성긴 사람.
としょうじ[戸障子](명) 문과 미닫이. doors and paper screens
どしょうぼね[土性骨](명)〈속〉 타고 난 성질. 천성(天性). 근성(根性). one's inborn nature
としょかん[図書館](명) 도서관. 책자, 자료, 필름 등을 모아서 비치해 두고, 여러 사람에게 보여 주거나 빌려 주는 곳. a library
としょく[徒食](명·자サ) 도식. 놀고 지냄. 하는 일 없이 지냄. 무위 도식(無爲徒食). idle life
としょのひつじ[屠所の羊](연어·명) 도살장으로 끌려가는 양. 죽음이 눈앞에 당도한 사람. 기운을 잃고 맥이 빠진 사람. ⇨:としょ(屠所). a discouraged person
としより[年寄り](명) ①노인. ②무가(武家)의 노신(老臣). ③에도(江戸)시대 마을 주민의 우두머리. ④(씨름 등의) 상담역(相談役). 1. an old person 4. an adviser
としよ·る[年寄る](자 4) 나이를 먹다. 늙다. become old
としよわ[年弱](명·형동ダ) ⇨としわか.
と·じる[閉じる]トヂル Ⅰ(자상 1) ①합쳐지다. 닫히다. 「目(メ)が一; 눈이 감기다」 ②끝이 되다. 「会(カイ)が一; 회가 끝나다」 ③틈이 막히다. Ⅱ(타상 1) ①합쳐서) 닫다. 「本(ホン)を一; 책을 덮다」 ②끝내다. (마치다. 「会(カイ)を一; 회를 마치다」 ③틈을 없애다. Ⅰ 1. close Ⅱ 2. shut
と·じる[綴じる]トヂル(타상 1) 철하다. file
としわか[年若](명·형동ダ) 젊음. 나이가 어린 사람. 약년(弱年). 젊은이. a youngman
としわすれ[年忘れ](명) 그해의 노고를 잊는 일. 또는 그것을 잊기 위해서 연말에 베푸는 연회. 망년회(忘年会). a year-end party
としん[兎唇](명) 토순. 윗입술이 선천적으로 찢어진 입. 또는 그런 사람. 언청이. a harelip
としん[都心](명) 도심. 도시의 중심 지대. 「一部(ブ); 도심부」 the centre of a city
とじん[都人](명) 도회지에 사는 사람. 도회인. a city dweller
とじん[都塵](명) 도시의 번잡하고 더러운 모양. 「一をさけて郊外(コウガイ)に遊(アソ)ぶ; 도시의 번거로움을 피해서 교외에서 놀다」
どじん[土人](명) 토인. ①그 땅에서 태어나 줄곧 거기서 생활하는 사람. 토착인(土着人). ②원시적 생활을 하는 그 땅의 인종. 미개인(未開人). 1. a native
とじんし[都人士](명) 도회 사람. 도시인. a citizen
と·す[賭す](타 4) ①걸다. 「運(ウン)を一; 운을 걸다」

②내던지다. 「身(ミ)を一; 몸을 내던지다」 1. bet
トス[toss](명) 토스. ①〔야구 등에서〕 가까운 곳에 있는 자기편에게 밑으로 가볍게 공을 던져 보내는 일. ②〔배구에서〕 적진으로 공을 강하게 내리치기 위하여 공을 위로 솟게 하는 일. ③동전을 위로 던져서 나타난 면에 따라 일을 정하는 것. ④⇨トスバッティング.
どす(명)〈속〉 단도(短刀). 비수(匕首). a dagger
どすう[度数](명) 도수. ①(나타나는) 회수. ②온도나 각도 등을 나타내는 수. 1. times 2. degrees
どすぐろ·い[どす黒い](형) 거무죽죽하다. 거무튀튀하다. dusky
トスバッティング[toss batting](명·자サ) 토스배팅. 〔야구에서〕 공을 가볍게 던져 타격 연습을 함.
とする(연어) ①마침 …하려고 하는 상태가 되다. 「行(イ)こう一; 마침 가려고 하다」 ②…라고 생각하다. …라고 판단하다. ③…라고 가정하다. 「ここにひとりの男(オトコ)がいる一; 여기에 한 남자가 있다고 가정하자」 1. be going to
と·する[賭する](타サ) ①내기하다. 걸다. ②희생하다. 내버리다. 1. bet 2. risk
ど·する[度する](타サ)〈불〉 구하다. 제도(済度)하다. 「度(ド)しがたいやつだ; 구하기 힘든 놈이다」 redeem
一とせ[年·歳](조어) 해를 세는 말. 「いく一; 몇 해」
とせい[都制](명) (자치 단체로서의) 토오쿄오도(東京都)의 제도. the metropolitan government
とせい[都政](명) 토오쿄오도(東京都)의 행정. the metropolitan administration
とせい[渡世](명) ①도세. 세상을 살아 나감. 생업(生業). ②「一人(ニン); 노름군」 1. a living
とぜい[都税](명)〈법〉 토오쿄오도(東京都)에서 할당(割当)하여 받는 세금. the metropolitan rates
どせい[土星](명)〈천〉 토성. 태양계 중에서 여섯 번째의 혹성(惑星). 목성(木星) 바깥쪽에 있으며 둘레에 10개의 위성(衛星)이 있음. Saturn
どせい[土製](명) 토제. 흙으로 만듦. 또는 그 물건. earthen products
どせい[怒声](명) 노성. 성난 목소리. a roar
どせき[土石](명) 토석. 흙과 돌. soil and stone
とぜつ[途絶·杜絶](명·자サ) 두절. 도중(途中)에서 막히어 끊김. 「連絡(レンラク)が一する; 연락이 두절되다」 stoppage
とせん[渡船](명) 나룻배. 나루를 건너 다니는 배. a ferryboat. **一ば**[渡船場](명) 도선장. 나루터.
とぜん[徒然](명·형동ダ) 심심함. 할 일이 없는 모양. leisure
とせんきょう[渡線橋](명) 철도 선로(線路) 위를 건너 질러 가설(架設)한 다리. 과선교(跨線橋). a railway bridge
とそ[屠蘇](명) ①도소산(屠蘇散)의 준말. ②정초에 마시는 도소산을 넣은 약주. 1년의 사기(邪気)를 없애고 오래 산다 함. 2. spiced wine
とそう[塗装](명·자サ) 도장. 도료(塗料)를 칠하거나 발라서 치장함. 「一工事(コウジ); 도장 공사」 coating with paint
どそう[土葬](명·타サ) 토장. 시체를 태우지 않고 흙속에 묻음. interment
どぞう[土蔵](명) 둘레를 흙으로 바른 광. a store-house
どそく[土足](명) 토족. ①신발을 신은 채로의 발. 「一厳禁(ゲンキン); 토족 엄금」 ②맨발. 1. feet with one's shoes on
どぞく[土俗](명) 토속. 그 고장 고유(固有)의 풍속. local customs
どぞく[土賊](명) 토적. 그 고장의 폭민(暴民). local bandits
とそさん[屠蘇散](명) 도소산. 한약의 한 가지. 산초(山椒). 방풍(防風), 육계피(肉桂皮) 등 7가지의 성분을 골고루 섞어 만듦. 정초에 술에 넣어 마심. 도소.
とそつてん[兜率天](명)〈불〉 도솔천. 욕계(欲界)의 육욕천(六欲天)의 네째번의 하늘.
どだい[土台] Ⅰ(명) 토대. ①목조 건물의 제일 밑의 돌이나 콘크리이트 위에 얹어서 기둥을 받치게 하는 나무. ②다리를 받치는 흙이나 돌로 만든 것. ③토대. 기본. 기초. 「仕事(シゴト)の一; 일의 기초」 Ⅱ(부) 본래. 원래. 「一私(ワタクシ)は気(キ)が小(チイ)さい; 나는 본래 마음이 약하다」 Ⅰ 2. a foundation-stone Ⅱ originally
とだ·える[跡絶える](자하 1) ①왕래가 끊어지다. ②도중에서 끊어지다. 「たよりが一; 소식이 끊어지다」
どたぐつ[どた靴](명)〈속〉 걸을 때 큰 소리가 나는 모양 없는 신. worn-out shoes
とだな[戸棚](명) 3면을 널빤지로 두르고 안에 선반을 달아 물건을 넣어 두는 것. 예: 찬장(饌欌), 벽장(壁欌) 등. a cupboard
どたばた(부) ①폭행(暴行)을 하거나 격투(格闘)할 때 떠들썩한 소리가 나는 모양. ②거친 발소리를 내는 모양. noisily
とたん[途端](명) 마침 그때. 찰나(刹那). 「横(ヨコ)を向(ム)いた一; 옆으로 향한 찰나」 at that moment. **一に**[途端に](부) (그때) 갑자기.
とたん[塗炭](명) 도탄. ①진구렁에 빠지고 불에 탐. ②말할 수 없는 고생. 「一の苦(クル)しみ; 형용할 수 없는 고생」 2. extreme distress
トタン(명)〔토타나가 (포 tutanaga; 亜鉛)의 변화〕 도당. 철판에 아연(亜鉛)을 도금(鍍金)한 것. 양철. 「一屋根(ヤネ); 양철 지붕」
どたんば[土壇場](명) ①목을 베는 형장(刑場). ②최후의 경우. 막다른 곳. 「一に追(オ)いこまれる; 막다른 곳에 몰리다」 1. a scaffold 2. the last moment
とち[栃·橡](명)〈식〉 ⇨とちのき.
とち[土地](명) 토지. ①땅. 대지(大地). ②인간 생활을 영위(営為)하는 지면(地面). 「一売買(バイバイ); 토지 매매」 ③곳. 장소. ④그곳. 고장. 「一の者(モノ); 그 고장 사람」 ⑤영토. 1. soil 2. a land
一どち(접미)〈고〉 동지, 동아리라는 뜻을 나타내는 말. 「友(トモ)一; 동지」

どち(명)〈고〉 동지. 같은 패. 동아리.

どち[何方](대) 어느 쪽. where

とちがら[土地柄](명) ①그 고장의 풍습. ②그 고장의 형편, 상태. 1. nature of the locality

とちぎ[栃木](명)〈지〉 칸토오 지방(関東地方) 북부의 현. 현청 소재지는 우쯔노미야(宇都宮).

とちじ[都知事](명) 도지사. 도(都)의 장관.

とちしゅうよう[土地収用](명)〈법〉 토지 수용. 국가가 공공 사업에 필요한 토지 소유권을 법률에 의해 징수하는 것. expropriation of land

とちだいちょう[土地台帳](명) 토지 대장. 토지의 소재지, 번호, 지목(地目), 등급, 면적, 표준 가격, 과세액, 소유자의 주소, 성명 등을 적은 토지에 관한 장부. a terrier

とちっこ[土地っ子](명)〈속〉 본토박이. a native

とちのき[栃の木·橡の木](명)〈식〉 칠엽수(七葉樹). 열매에서 녹말을 얻어 떡 등을 해 먹음. a horse-chestnut

とちめんぼう[栃麵棒](명)〈속〉 ①밀방망이. ②〈속〉 당황하여 서두름. 2. great hurry

どちゃく[土着](명·자サ) 토착. 그 고장에 자리 잡고 삶. native

とちゅう[途中](명) ①도중. 길을 가고 있을 때. ②왕래(往来)하는 중도(中途). ③중도. 「仕事(シゴト)の—; 일하는 도중」 1. on the road

どちゅう[土中](명) 흙속. under the ground.

とちょう[徒長](명·자サ)〈농〉 도장. 농작물의 줄기나 잎이 쓸 데 없이 자라기만 함. growing in vain

とちょう[都庁](명) 토오쿄도(東京都)의 사무를 보는 관청. the Metropolitan Government

どちょう[度牒](명)〈불〉 도첩. 새로 중이 되었을 때 나라에서 주는 허가증. a certificate of Nirvana

どちょう[怒張](명·자サ)〈의〉 혈관(血管)이 부풀어 오름. swelling up

どちら(대) ①어느 방향(方向). 어느 쪽. 「—かというと; 어느 쪽인가 하면」 ②어느 것. 1. where 2. which

とち·る(자 4)〈속〉 ①배우가 대사(臺詞)를 잘못 읽거나 연기를 잘못하다. ②실언(失言)하거나 실수하다. blunder

とっ—[取っ](접두) 동사 따위의 위에 붙이어 기분을 강조하는 말. 「—つかまえる; 꽉 붙들다」

とつ[凸](명) 볼록한 모양. 철면(凸面). convexity

とつ[咄](감) ①부르는 소리. ②혀를 차는 소리. ③놀라고 이상하여 지르는 소리. 1. Hallo 2. tut!

とつおいつ(연어·부·자サ)〔"とりつおきつ"의 음편(音便)〕갈피를 못 잡고 갈팡질팡하는 모양. irresolutely

とつおう[凸凹](명) 철요. 볼록함과 오목함. 요철(凹凸). unevenness

とっか[特価](명) 특가. 특별히 정한 (싼) 값. 「—品(ヒン); 특가품」 reduced price

とっか[徳化](명·타サ) 덕화. 덕으로 감화시킴. 또는 그 감화. moral influence

どっか(대) 어디에. 「—へ行(イ)きたい; 어디로 가고 싶다」 where

どっか[読過](명·타サ) 읽어 냄. 다 읽음. 독파(読破). reading through

トッカータ[toccata](명)〈악〉 토카아타. 전주곡(前奏曲)의 한 가지. 화려, 급속한 연출을 주안(主眼)으로 하여 피아노, 오르간 등의 유건(有鍵) 악기를 위하여 씌어진 전주곡.

どっかい[読会](명)〈법〉 독회. 의회(議会)에서 중요한 법안을 심의하는 단계. 「第一(ダイイチ)—; 제 1 독회」 a reading

どっかい[読解](명·타サ) 독해. 문장을 읽고 그 뜻을 이해함. 「—力(リョク); 독해력」 construction

とっかかり[取っ掛かり](명)〔"とりかかり"의 음편(音便)〕손잡을 곳. 단서(端緒). 「—がない; 단서(端緒)를 잡을 수 없다」 통 取っ掛かる(타 4).

とっかく[凸角](명) ①돌출부. ②〈수〉 철각. 2 직각(二直角)보다 작은 각. ↔凹角(オウカク). 1. a projection

とっかく[突角](명) ①솟아 나온 각(角). ②유별난 특징(特徵). 1. a salient angle

とっかてん[特火点](명)〈군〉 특화점. 특별히 공고(鞏固)하게 구축한 화점(火点). 토오치카. a pill-box

どっかり(부) ①무거운 물건을 놓는 모양. 「—おろす; 쾅하고 내려 놓다」 ②피로하다(귀찮다)는 듯이 자리에 앉는 모양. 「—あぐらをかく; 털썩 책상다리로 앉다」 ③한꺼번에 큰 변화가 생기는 모양. 「—穴(アナ)があく; 구멍이 펑 뚫리다」 1. with a thud

とっかわトッカハ(부)〈속〉 바쁜 모양. 당황해서 서두르는 모양. great hurry

とっかん[吶喊](명·자サ) 함성(喊声)을 지르며 적진으로 공격해 들어 감. simultaneous shout

とっかん[突貫](명·자타サ) ①꿰뚫음. ②돌진(突進)함. ③벼락으로 완성시킴. 「—工事(コウジ); 벼락 공사」 ④⇨: とっかん(吶喊). 1. piercing through

とっき[突起·凸起](명·자サ) 돌기. ①높이 솟아 오름. 또는 솟아 오른 것. ②갑자기 우뚝 솟음. ③어떤 형체(形体)에서 뾰족하게 튀어 나온 부분. 1. swelling 3. a projection

とっき[特記](명·타サ) 특기. 특별히 기록함. 특필(特筆). a special mention

どっき[毒気](명) 독기. ①독이 있는 공기(기운). ②악의(悪意). 1. poisonous air

どづき[土突き](명·자サ) 건물을 세우기 전에 땅을 다짐. 달구질. ramming

とっきゅう[特急](명) 특급. ①특별히 서둘러 하는 것. ②특별 급행 열차의 준말. 1. great haste

とっきゅう[特級](명) 특급. 1 급보다 높은 급수. 또는 등급. 「—酒(シュ); 특급주」 special grade

とっきょ[特許](명·타サ) 특허. ①특히 허가함. ②〈법〉 ㉠특허권(特許権)을 줌. ㉡←特許権. 1. special permission. **—けん**[特許権](명)〈법〉 특허권. 공업상의 발명자가 자기만이 사용할 수 있는 특권. 전매 특허(専売特許).

どっきょ[独居](명·자サ) 혼자 삶. 또는 그 집. solitude

どっきょう[読経](명·자サ) ⇨どきょう.

どっきん[独禁](명)〈경〉 독점 금지(独占禁止)의 준말. 「一法(ホウ); 독금법」

とっく[疾っく](명) 훨씬 전. 일찌기. 「一に; 벌써」「一のむかし; 아주 옛날」 before long time

とつ·ぐ[嫁ぐ](자 4) 시집 가다. 출가(出嫁)하다. marry

ドック[네 dok](명) 독. 배를 수리하거나 만드는 데 쓰는 시설. 선거(船渠). 「人間(ニンゲン)一; 인간 독」

とっくと(부) 신중히. 주의를 기울여서. thoroughly

とっくに[疾っくに](부) 이미. 벌써. already

とつくに[外つ国](명) 외국. 다른 나라. foreign countries

とっくみあい[取っ組み合い]ークミアヒ(명·자サ) 맞붙음. 「一のけんか; 맞붙어 하는 싸움」 동 取っ組み合う(자 4). a grapple

とっく·む[取っ組む](자 4) 맞붙다. grapple

とっくり(부) 충분히. 잘. 「一考(カンガ)える; 충분히 생각하다」 thoroughly

とっくり[徳利](명) ⇨とくり.

とっけい[特恵](명) 특혜. 특별한 은혜. preferential. **—こくたいぐう**[特恵国待遇](명)〈경〉 특혜국 대우. 타국으로부터 무역, 통상(通商), 관세(関税) 등에 특별히 유리한 대접을 받는 일.

とつげき[突撃](명·자サ) 돌격. 돌진하여 공격을 가함. 특히 칼을 휘두르며 적진에 돌입하는 것. a charge

とっけん[特権](명) 특권. 특별한 권리. 「一階級(カイキュウ); 특권 계급」 a special right

とつげん[訥言](명) 눌언. 더듬거리는 말. stammering words

どっけん[独見](명) 자기 혼자만의 의견. one's own opinion

とっこ[独鈷](명)〈불〉 독고. 연꽃의 꽃잎을 조각한 금강저(金剛杵)의 하나. 양끝이 뾰족한 철 또는 동제(銅製)로 된 불구(仏具). a pointed pole 〔独鈷〕

どっこ[独鈷](명)〈불〉 ⇨とっこ.

どっこい(감) ①힘들여 물건을 들 때 내는 소리. ②상대방의 행동을 가로 막을 때 지르는 소리. 1. hey-ho! **—しょ**(감) ①이영차 이영차. ②앉을 때 내는 소리. **—どっこい**(형동ダ)〈속〉 세력이 비슷하여 거의 차이가 없는 모양.

とっこう[特攻](명)〈군〉 특공. 특별 공격. 자살적인 공격. 「一隊(タイ); 특공대」 a special attack

とっこう[特効·特効](명) 특효. 특별한 효력. special efficacy. **—やく**[特効薬](명)〈의〉 특효약. 그 병(상처)에 특히 잘 듣는 약. 「かぜの一; 감기의 특효약」

とっこう[特高](명) 특별 고등 경찰(特別高等警察)의 약칭.

とっこう[徳行](명) 덕행. 덕스러운 행동. 도의에 맞는 행실. virtuous conduct

とっこう[篤行](명) 독행. 인정이 두터운 행실. 「一者(シャ); 독행자」 good deeds

とっこう[篤厚](명) 독후. 인정이 두터운 것. kindness

どっこう[独行](명) 독행. 자기 자신의 힘으로 행하는 일. self-reliance

どっこうせん[独航船](명) 물고기를 잡아서 모선(母船)으로 보내는 중형(中型) 어선. a catcher-boat

とっこつ[突兀](형동タリ) 돌올. 울퉁불퉁한 모양. 높이 솟아 우뚝한 모양. 「奇岩(キガン)一; 기암 돌올」 rugged

とっさ[咄嗟](명) 순간. 눈 깜짝할 동안. 찰나(刹那). 「一の間(マ); 눈깜짝할 사이」 a moment

どっさり(부) ①수가 많은 모양. 담뿍. ②무거운 것이 떨어지는 모양. 1. much 2. heavily

ドッジボール[dodge ball](명) 도지보올. 두 편으로 나누어 공을 서로 던져 상대방의 몸에 맞히는 놀이.

とっしゅつ[突出](명·자サ) 돌출. ①툭 튀어 나옴. ②쑥 내밀어 있음. projection

とつじょ[突如](부) 갑자기. 별안간. 돌연. suddenly

どっしり(부·자サ) ①무거운 모양. 「一した本(ホン); 묵직한 책」 ②침착한 모양. 「一した態度(タイド); 무게 있고 침착한 태도」 1. heavily

とっしん[突進](명·자サ) 돌진. 거침 없이 힘차게 앞으로 나아감. a rush

とつぜん[突然](부) 돌연히. 갑자기. suddenly. **—へんい**[突然変異](명)〈생〉 돌연 변이. 유전자(遺伝子)가 갑자기 변하여 새로운 성질이 유전하는 일.

とったり(명) ①범인을 잡는 관리(官吏). ②〔카부키(歌舞伎)에서〕 사람을 잡는 역할을 맡은 배우. ③〔씨름에서〕 두 손으로 상대방의 한쪽 팔을 잡아 채서 넘기는 수. 「a tip

とったん[突端](명) 쑥 솟은 끝. 돌출한 것의 끝. ↗

どっち[何方](대) 어느 쪽. 어느 방향. where. **—みち**[何方道](부) 어찌하였든. 어찌 되었든. 하옇든.

ドッチボール(명) ⇨ドッジボール.

とっち·める[取っ締める](타하 1)〈속〉 ①약점을 들어서 누르다. 몰아치다. 혼내다. ②심하게 꾸짖다. 1. drive into a corner 2. scold

とっつかま·える[取っ掴まえる]ーツカマヘル (타하 1)〈속〉 붙잡다. 붙들다. cacth

とっつかま·る[取っ掴まる](자 4)〈속〉 붙잡히다. 붙들리다. be caught

とっつき[取っ付き](명)〈속〉 ①최초(最初). 제일 앞. ②첫인상. 「一が悪(ワル)い; 첫인상이 나쁘다」 1. the beginning 2. the first impression

とっつ·く[取っ付く](자 4)〈속〉 ①들러붙다. 달라붙다. ②착수하다. 1. cling

とって[取っ手·把っ手](명) 기구의 손잡이. a handle

とって[取って](연어) ①나이를 세는 말. 「一十八才(ジュウハッサイ); 방년(芳年) 18세」 ②…을 중심으로 생각하면. 「私(ワタクシ)に——大事(イチダイジ)だ; 나에게 있어서 하나의 중대사(重大事)다」

とってい[突堤](명) 해안에서 바닷속으로 쑥 내민 제방(堤防). a jetty

とっておき[取って置き](명) 특별히 소중하게 간직하여 두는 일. 또는 그 물건. 「一の品物(シナモノ); 소중히 간직한 물건」 a treasure

とってかえ·す[取って返す]ーカヘス(자 4) 도중에서 되돌아오다. hurry back

とってつける[取って付ける](연어) (억지로) 갖다 붙이다. 부자연한 언행 등을 하다. 「取って付けたようなおせじ; 억지로 하는 공치사」 be artificial

とってん[凸点](명) 볼록 나온 부분. a projection

どっと(부) 갑자기. 일시에 많이. 돌연. suddenly

とっとき[取っとき](명) ⇨とっておき.

とつとつ[咄咄](부) ①혀차는 소리. 쯧쯧. ②경탄하는 소리. ③이상히 여기는 소리. ④꾸짖는 소리. 1. tut! **―かいじ**[咄咄怪事](명) 아주 해괴한 (괘씸한) 사건.

とつとつ[訥訥·吶吶](형동タルト) 말을 더듬는 모양. 「ーとして語(カタ)る; 더듬더듬 말하다」 stammering

とっとと(부)〈속〉 빨리. 속히. 「ー出(デ)て行(イ)け; 냉큼 나가라」 quickly

とっとり[鳥取](명)〈지〉 추우고쿠(中国) 지방 동북부의 현(県). 또는 그 현의 현청 소재지.

とつにゅう[突入](명·자サ) 돌입. 막 뛰어 듦. 갑자기 뛰어 듦. 세차게 뛰어 듦. 「ストにーする; 파업에 돌입하다」 rushing in

とっぱ[突破](명·타サ) 돌파. ①무찔러 깨뜨림. 뚫어 깨뜨림. 「かこみをーする; 포위망을 뚫다」 ②일정한 수나 양을 초과함. 「一億(イチオク)をーする; 1억을 넘다」 1. breaking through

トッパー[topper](명) 토퍼. 여자들이 입는 가볍고도 느릿한 반 코우트.

とっぱし[突端](명) 튀어 나온 끝. a tip

とっぱずれ[突外れ]ーパツレ(명)〈속〉 떨어진 맨 끝. 「村(ムラ)のーの森(モリ); 마을 끝에 있는 숲」 the end

とっぱつ[突発](명·자サ) 돌발. 갑자기 일어남. outbreak

とっぱな[突端](명)〈속〉 ①튀어 나온 끝. ②시초. 1. a tip

とっぱん[凸版](명) 철판. 잉크를 묻히어 인쇄하는 부분이 볼록하게 튀어 나온 인쇄판. ↔凹版(オウハン). anastatic printing

とっぴ[突飛](형동ダ) 보통과는 아주 다른 모양. 엉뚱한 모양. 「ーな行動(コウドウ); 엉뚱한 행동」 eccentric

とっぴょうし[突拍子](명) 엉뚱한 것. 보통과 크게 다른 것. 「ーもない声(コエ); 괴상한 목소리」 eccentricity

トップ[top](명) 톱. ①정상(頂上). ②선두(先頭). 수위(首位). 「ーニュース; 톱 뉴우스」 ③〈경〉 최고 간부(最高幹部). ④이물(船首). ⑤팽이. ⑥양털 따위의 섬유(纖維)의 묶음. **―コート**[topcoat](명) 톱코우트. 여자의 짧은 코우트. **―マネ(ー)ジメント**[top management](명)〈경〉 토프매니지먼트. (회사 따위의) 최고 간부. 또는 그에 의한 경영(経営).

とっぷう[突風](명) 돌풍. ①갑자기 불어 오는 바람. ②갑자기 세게 불다가 곧 그치는 바람. 1. a gust of wind

とっぷり(부) 날이 완전히 저문 모양. completely

どっぷり(부) 물이나 먹물에 담뿍 적시는 모양. soak

ドッペ·る[도 Doppel](자 4) 학교에서 낙제(落第)하다.

とつべん[訥弁](명) 눌변. 더듬으며 하는 말. 말솜씨가 서투른 것. slowness of speech

とっぺん[突変](명) 돌변. 갑자기 변함. a sudden change

どっぽ[独歩](명·자サ) 독보. ①혼자 걸음. ②독립하여 행함. ③비교할 것이 없을 만큼 뛰어남. 무비(無比). 「古今(ココン)ー; 고금 독보」 1. going alone

どっぽう[独法](명) 도이치법, 도이치 법학의 준말.

とつめんきょう[凸面鏡](명)〈이〉 볼록하게 올라 온 면(面)을 쓰는 거울. 볼록 거울. ↔凹(オウ)面鏡. a convex mirror

とつレンズ[凸 lens](명)〈이〉 가운데가 볼록한 렌즈. 볼록렌즈. ↔凹(オウ)レンズ. a convex lens

とて(접조) ①…고 해서. ②…라고 생각하고. ③…하려고. ④…이어서. …때문에. 「なれぬこととーしくじった; 익숙하지 못하기 때문에 실패했다」 ⑤…했다 해도. 「来(コ)いといったー; 오라고 했다 해도」 1. saying 2. with a view to

どて[土手](명) ①제방(堤防). ②물고기의 살을 크게 벤 덩어리. 1. a bank

とてい[徒弟](명) ①문인(門人). 제자(弟子). 제시. ②나이 어린 점원(店員). 1. a pupil

とてつ[途轍](명) 도리(道理). 이치(理致). 「ーもない; 당치도 않다」 reason

どてっぱら[土手っ腹](명)〈속〉 배. 복부. the belly

とても[迚も](부) ①아무리 해도. 도저히. 「ーできない; 아무리 해도 할 수 없다」 ②매우. 대단히. 1. cannot possibly. **―のことに**[迚もの事に](연어) 오히려. 차라리.

どてら[縕袍](명) 길고 소매가 넓으며 솜을 두껍게 놓은 일본옷. a padded dressing-gown

とてん[渡天](명·자サ) 인도에 감. going to India

とでん[都電](명) 토오쿄오도(東京都)에서 경영하는 전차. a metropolitan street-car

とと[父](명) 아버지. a father

とと[魚](명) 물고기. a fish

とど[椴](명)〈식〉 ⇨とどまつ.

とど[鯔](명)〈동〉 숭어. 성장한 숭어. a grown grey mullet

とど(부) "とどのつまり(결국)"의 준말.

どど[呶呶](명·자サ) 투덜투덜 말함. 되풀이하며 여러 말을 하는 것. 시끄럽게 떠들어댐. dwelling upon

どど[度度](명) 때때로. 가끔. often

どどいつ[都都逸](명) 속요(俗謡)의 한 가지. 7·7·7·5의 구어조(口語調) 형식.

ととう[徒党](명) 도당. 무리. 패. 「ーをくむ; 패를 짜다」 a band

ととう[渡唐](명·자サ) 중국으로 감. going to China

ととう[渡島](명·자サ) (배를 타고) 섬으로 건너 감. going to an island

とどう[都道](명) ①토오쿄오도(東京都)에서 만들어 유지하는 도로. ②토오쿄오도와 홋카이도오(北海道). **―ふけん**[都道府県](명) 일본 전국 행정 구역의 총칭.

とどう[渡道](명·자サ) 홋카이도오(北海道)로 건너 감.
どとう[怒濤](명) 노도. 성난 파도. 격랑(激浪). 「―さか巻(マ)く大海(タイカイ); 성난 파도가 노호(怒號)하는 큰 바다」 raging billows
ととく[都督](명) ①총대장(総大将). ②장관(長官). 1. a general commander
とど·く[届く](자 4) 닿다. 이르다. 미치다. 「年(トシ)が六十(ロクジュウ)に―; 나이가 60에 이르다」 reach
とどく[渡独](명) (바다 건너) 도이치로 감. going to Deutschland
とどく[蠹毒](명·타サ) ①벌레가 먹어 해를 끼침. ②해독(害毒)을 끼침. 1. venom
とどけ[届け](명) ①계출(届出). ②계출하는 서류. 계출서(届出書). 1. report. **―さき**[届け先](명) 물품을 보내야 할 곳. **―で**[届け出](명) 계출하는 일. **―·でる**[届け出る](타하 1) 관청이나 경찰에 가서 신고(申告)하다.
とど·ける[届ける](타하 1) ①보내다. 닿게 하다. ②상사(上司)나 관청에 신고하다. 2. report
とどこおり[滞り]トドコホリ(명) 머물러 있음. 걸림. 얽힘. hindrance
とどこお·る[滞る]トドコホル(자 4) ①막히다. 침체하다. 머무르다. ②정한 기한(期限)이 지나도 바치지 못하다. 「税金(ゼイキン)が―; 세금이 밀리다」 명 滞り. 1. stagnate 2. be overdue
ととの·う[整う·調う]トトノフ(자 4) ①고르다. 가지런해지다. 정돈, 정비되다. ②구비(具備)되다. ③성공하다. ④이루어지다. 정해지다. 1. be adjusted
ととの·える[整える·調える]トトノヘル(타하 1) ①가지런히 하다. 갖추다. ②미리 준비하다. ③맞추다. 고르게 하다. ④사다. ⑤다스리다. 정돈하다. ⑥정하다. 1. adjust 4. get
とどのつまり(명·부) 결국. finally
とどまつ[椴松](명)〈식〉 일본개분비. 전나무과에 속하는 상록수. 재목은 제지(製紙)에 쓰임. a white fir
とどま·る[止まる·留まる](자 4) ①멎다. 묵다. ②뒤에 남다. 1. stay
とどめ[止め](명) ①멎음. 묵음. ②(살인하고 나서 살아 날까 염려하여 다시 한 번) 급소를 찌름. 「―をさす; 상대방의 급소를 찔러서 꼼짝 못하게 함」 ③최종 결정. 「花(ハナ)は吉野(ヨシノ)に―をさす; (뭐니 뭐니해도) 꽃구경은 요시노(吉野) 지방이 제일 훌륭하다」 1. stoppage. **―あえず**[止め敢えず]―アヘズ(연어) 멈출 수 없다. 「流(ナガ)れる涙(ナミダ)―; 흐르는 눈물을 멈출 길 없이」
どどめ[土留め](명) 흙의 무너짐을 막는 것.
とど·める[止める·留める](타하 1) 멎게 하다. stop
とどろ(부) 울리는 모양. 「――と; 으르렁으르렁」 roaring
とどろか·す[轟かす](타 4) ①울리게 하다. 「爆音(バクオン)を―; 폭음을 울리다」 ②널리 들리게 하다. 떨치다. 이름 내다. 「勇名(ユウメイ)を―; 용명을 떨치다」 ③고동(鼓動)을 심하게 하다. 「胸(ムネ)を―; 가슴을 두근거리게 하다」 1. roar 2. announce
とどろ·く[轟く](자 4) ①울리다. 「かみなりが―; 천둥이 울리다」 ②널리 들리다. 알려지다. 「勇名(ユウメイ)が―; 용명이 널리 알려지다」 ③고동(鼓動)이 심해지다. 「胸(ムネ)が―; 가슴이 두근거리다」 1. roar
ドナウがわ[Danau 川](명)〈지〉 도나우강. 구라파에서 둘째로 긴 강. 다뉴브강.
とない[都内](명) 토오쿄오도(東京都)의 안.
となえ[唱え](명) 창. 읊음. advocacy
となえ[称](명) ①부름. ②칭호(称号). 1. call 2. a name
とな·える[称える]トナヘル(타하 1) 일컫다. 부르다. call
とな·える[唱える]トナヘル(타하 1) ①앞장서서 부르짖다. 주창(主唱)하다. 「新(アタラ)しい主張(シュチョウ)を―; 새로운 주장을 부르짖다」 ②(가락을 붙여) 외다. 「九九(クク)を―; 구구를 외다」 ③하기 시작하다. ④주장하다. ⑤읽다. ⑥소리 높여 부르다. ⑦널리 알리다. 1. advocate 4. insist
トナカイ[아이누 tonakkai·馴鹿](명)〈동〉 토나카이. 순록(馴鹿). 한대(寒帯) 지방에 사는 사슴의 한 품종. 뿔이 길며 썰매를 끎. a reindeer
どなた[何方](대) ①〈고〉 어느 쪽. ②"だれ(누구)"의 높임말. 「―様(サマ); 어느 분」
どなべ[土鍋](명) 흙을 이겨 구워서 만든 남비. 질남비. an earthen pot
となり[隣·鄰](명) ①이웃. ②나란히 이어진 집. 이웃사람. ③접근한 지역, 분야. 2. a next-door house. **―あわせ**[隣合わせ]―アハセ(명) 서로 이웃이 됨. **―ぐみ**[隣組](명) 〔일본에서〕 전에 서로 이웃한 집을 몇 호씩 모아 꾸민 조직. 우리 나라의 국민반. **―づきあい**[隣付合](명) 이웃과의 교제.
となりあう[隣り合う]―アフ(자 4) 서로 이웃하다. 서로 이웃이 되다.
どなりこ·む[呶鳴り込む·怒鳴り込む](자 4) (화가 나거나, 불평이 있어) 고함 치며 들어 가다. 「駅長室(エキチョウシツ)へ―; 역장실에 고함 치며 들어 가다」 storm into in a rage
とな·る[隣る·鄰る](자 4) ①(집이) 나란히 이어지다. ②경계가 서로 접(接)하다. adjoin
どな·る[呶鳴る·怒鳴る](자 4) ①큰 소리로 부르다. 소리치다. ②소리 높여 꾸짖다. 1. shout
となん[斗南](명) 두남. 북두칠성 이남. 천하. 「―の一人(イチニン); 천하 제 1의 인물」 the whole land
となんのつばさ[図南の翼](명) 도남의 날개. 남쪽을 향하여 벌리려는 붕(鵬)새의 날개. 어떤 큰일을 계획함의 비유. an ambitious undertaking
とにかく[兎に角](부) 하영든. 「―行(イ)ってみよう; 하영든 가 보자」 anyhow
とにち[渡日](명·자サ) 도일. 일본으로 감.
トニック[tonic](명) 토닉. ①강장제(強壮剤). 「ヘアー; 두발용(頭髮用)의 양모제(養毛剤)」 ②〈악〉 주조음(主調音).
とにもかくにも[兎にも角にも](부) 하영든간에. 어쨌든간에. anyway

とにゅう[吐乳](명·자サ)〈의〉 토유. 아기가 먹은 젖을 토함. vomitting mother's milk
とねり[舎人](명) ①천황(天皇)이나 황족을 가까이 모시고 시중 들던 관리. ②달구지(牛車)의 소를 먹이는 사람. ③말고삐를 잡는 사람. 1. a valet 2. an ostler
とねりこ[秦皮·梣](명)〈식〉 물푸레나무. 목서과(木犀科)에 속하는 낙엽 활엽 교목. 수피(樹皮)는 약재로 씀. 목재는 기구용. an ash-tree
との[殿] Ⅰ(명) ①신분이 높은 사람이 사는 큰집. 궁전. ②귀인(貴人), 주군(主君), 남자들의 높임말. Ⅱ(대) 주군의 높임말. Ⅰ 1. a palace Ⅱ my master
—どの[殿](접미) 남의 성이나 이름 아래에 붙여 쓰는 높임말.
どの[何の](연체) 어느. 어느 것의. which
とのい[宿直]—ヰ(명) ①숙직. 궁중(宮中), 관청에서 밤에 묵으며 이를 지킴. 또는 그 사람. ②천자의 침전을 돌보는 사람. 1. night-watch. **—どころ**[宿直所](명) 옛날 고관들이 궁중에서 숙직하던 곳. **—もうし**[宿直奏](명) 옛날 궁중에서 숙직한 사람이 정각에 그 이름을 여쭈던 일.
どのう[土嚢](명) 흙을 채워 담은 포대(布袋). 모래 주머니. 「—を積(ツ)む; 흙포대를 쌓다」 a sand-bag
とのがた[殿方](명) (여성이) 남성을 높여 일컫는 말. gentlemen
とのこ[砥の粉](명) 황토(黃土)를 구워 빻은 가루. 칼 닦이, 기둥 같은 것의 착색(着色)에 씀.
とのご[殿御](명) ①남편. 주인님. ②애인. 연인(恋人). 1. a husband 2. a lover
とのごも·る[殿隠る](자 4)〈고〉 ①"잠자다"의 높임말. 주무시다. ②임금이 돌아 가시다. 붕어(崩御)하다.
とのさま[殿様](명) ①신분이 높은 사람의 높임말. ②영주(領主). a lord. **—がえる**[殿様蛙]—ガヘル(명)〈동〉 참개구리. 길이 약 4 *cm* 이며 녹색 바탕에 갈색줄이나 무늬가 있음. 비가 올 때면 몹시 울어댐.
とのばら[殿原](명) ①신분이 높은 사람. ②여러 남자. ③남자의 높임말. 1. lords
どのみち[何の道](부) 하여튼. 어쨌든. anyway
とのも[外の面](명) 집 밖. 옥외(屋外). the outdoors
とのものつかさ[主殿寮](명) 옛날 궁중에서 정원(庭園)의 소제, 등화(燈火), 불때는 일 등을 맡던 관직(官職).
とのもりょう[主殿寮](명) 옛날 궁중에서 정원(庭園)의 청소, 등화, 불때는 일 등을 맡았던 관청.
どのよう[何の様](형동ダ) 어떤 모양. how
とば[賭場](명) 노름판. 「—荒(ア)らし; 노름판 털기」 a gambling den
どば[怒罵](명) 노매. 화가 나서 욕하고 꾸짖음. a curse
どば[駑馬](명) 느린 말(馬). a jade
トパーズ[네 topass]〈광〉(명) 토우패즈. 보석의 한 가지. 황옥(黃玉).
とはい[徒輩](명) 도배. 패. 동아리. 무리. fellows
どはい[奴輩](대) 남을 욕으로 부르는 말. (못된) 놈들. those chaps
とはいうものの[とは言うものの]—イフモノノ(연어·접) …라 해도. …라고는 하지만. however
とはいえ[とは言え]—イヘ(연어·접) …라 하더라도. 그렇기는 하나. 그렇지만. though
とばえ[鳥羽絵](명) 선화풍(線画風)으로 그린 재미 있는 묵화(墨画). 희화(戯画). a cartoon
とばかり(부)〈고〉 ①잠깐. 잠시. 「—あって; 잠깐 뒤에」 ②그것만.
とばく[賭博](명) 도박. 돈이나 물건을 걸고 승부를 다투는 일. 노름. gambling
とばくち(명)〈속〉 입구(入口). an entrance
どばし[土橋](명) 위에 흙을 덮은 다리. 흙다리. an earthen bridge
とばしり(명)[迸り] ①날아 흩어지는 물방울. 비말(飛沫). ②휩쓸려 드는 일. 연루(連累). ③옆에 있다가 억울하게 화(禍)를 당하는 일. 1. a splash
とばし·る(자 4) ⇨とびちる.
とば·す[飛ばす](타 4) ①날리다. ②(깃발 등을) 펄럭이게 하다. ③흩어지게 하다. ④달리게 하다. 「馬(ウマ)を—; 말을 달리다」 ⑤쏘다. 「矢(ヤ)を—; 활을 쏘다」 ⑥나누다. ⑦중간을 빼어 놓고 가다. 「飛(ト)ばして読(ヨ)む; 빼놓고 읽다」 ⑧떠밀다. ⑨(활기 있게) 말하다. 「冗談(ジョウダン)を—; 농담을 지껄여대다」 1. blow away 2. let fly 3. scatter
どはずれ[度外れ]—ハヅレ(명) 한도(限度)를 넘음. 정상을 벗어나다. 동 度はずれる(자하 1). excessive
どはつ[怒髪](명) 노발. 노해서 곤두서는 머리털. 「—天(テン)を衝(ツ)く; 노한 머리털이 하늘을 찌르다(몹시 노한 모양)」 anger-bristled hair
とばっちり(명)〈속〉 ⇨とばしり.
どばと[土鳩](명)〈동〉 집비둘기. a house-pigeon
とばり[帳·帷](명) 방안에 치는 장막. 커어튼. 「夜(ヨル)の—; 밤의 장막」 a curtain
とはん[登攀](명·자サ) ⇨とうはん.
とばん[塗板](명) 백묵(白墨)으로 쓰기 위해 검정 혹은 녹색을 칠한 판. 흑판. a blackboard
とひ[徒費](명·타サ) 헛된 비용. 낭비(浪費). waste
とひ[渡比](명) 필리핀으로 감. going over to the Philippines
とひ[都鄙](명) 서울과 시골. town and country
とび[鳶](명) ①〈동〉 소리개. 공중을 빙빙 돌며 쥐나 어패(魚貝) 등을 잡아 먹음. ②←とび色(イロ). ③←とび口(グチ). ④←とび職(ショク). 1. a kite
どひ[土匪](명) (토착민으로) 떼를 지어 촌락을 습격하여 물품을 강탈하는 도둑. 비적(匪賊). bandits
どひ[奴婢](명) 노비. 사내종과 계집종의 총칭. servants
とびあがり[飛び上がり](명) ①뛰어 오름. ②천한 지위에서 출세(出世)함. 「—者(モノ); 천한 지위에서 출세한 사람」 ③엉뚱한 언동(言動). 1. jumping up
とびあが·る[飛び上がる](자 4) ①높이 날아 오르다. ②뛰어 오르다. ③순서(順序)를 밟지 않고 오르다. 1. fly up
とびある·く[飛び歩く](자 4) 여기저기 바쁘게 뛰어 다

니다. gad about

とびいし[飛び石](명) 조금씩 간격을 두고 놓아 그 위를 밟고 건너 가는 돌. 징검돌. stepping stones

とびいた[飛び板](명) ⇨スプリングボールド.

とびいり[飛び入り](명·자サ) ①다른 곳에서 뛰어 들어 섞임. ②(예정에 없는 자가) 갑자기 끼어 듦. 또는 그 사람. 2. adventituous participation

とびいろ[鳶色](명) 다갈색(茶褐色). reddish brown

とびうお[飛び魚]—ウヲ(명)〈동〉 날치. 바다에 사는 작은 물고기. 가슴에 달린 지느러미로 공중을 낢. 식용. 비어(飛魚). a flying-fish

とびおき·る[飛び起きる](자상 1) 힘있게 벌떡 일어나다. leap to one's feet

とびおり[飛び降り](명) 뛰어 내림. jumping off

とびお·りる[飛び降りる·飛び下りる](자상 1) ①높은 곳에서 뛰어 내리다. ②차가 멎기 전에 내리다. ↔飛び乗(ノ)る. 명 飛び降り. 1. leap down from

とびか·う[飛び交う]—カフ(자 4) 서로 어울려 이곳 저곳을 날다. 어지럽게 엇갈려 날다. fly about

とびかか·る[飛び掛かる](자 4) 뛰어 들다. 힘차게 덤벼 들다. leap upon

とびかけ·る[飛び翔る](자 4) 공중을 날아 가다. fly

とびきり[飛び切り](명·부) ①펄쩍 뛰면서 적을 베는 것. 「一の術(ジュツ); 펄쩍 뛰면서 적을 베는 무술」 ②제일 훌륭한 것. 최상. 「一上等(ジョウトウ)の品物(シナモノ); 가장 훌륭한 물건」 1. a flying cut

とびぐち[鳶口](명) 나무막대기 끝에 쇠꼬챙이를 단 소방 용구(消防用具). 쇠갈고리. a fire-hook

〔鳶口〕

とびくら[飛競](명) 도약 경기(跳躍競技). a jumping match

とびこ·える[飛び越える](타하 1) 뛰어 넘다. leap over

とびこ·す[飛び越す](타 4) ①뛰어 넘다. ②순서를 빼놓고 나아가다. 거르고 오르다. 1. jump over

とびこみ[飛び込み](명) ①뛰어 듦. ②물 속으로 뛰어 드는 기술. 다이빙. 2. diving. **—じさつ**[飛び込み自殺](명) 달려 가는 차나 물속에 몸을 던져 죽는 자살 방법. 투신 자살. **—だい**[飛び込み台](명) 〔수영에서〕 펌판이 달린 높은 대. 물속으로 뛰어 드는 데 씀. 다이빙대.

とびこ·む[飛び込む](자 4) ①뛰어 들어 가다. ②자진해서 사건에 관련(関聯)하다. ③갑자기 들어 가다. 1. plunge in

とびしょうぎ[飛び将棋](명) 아이들이 하는 장기 놀이의 한 가지. leaping chess

とびしょく[鳶職](명) ①건축물의 기초 공사 또는 비계 매기 등의 높은 데서 일을 하는 일군. ②옛날의 소방부(消防夫). 1. an assistant builder

とびすごろく[飛び双六](명) 주사위의 끗수에 따라서 앞으로 나아가는 일.

とびだい[飛び台](명) ①⇨とびこみだい. ②〈경〉 사이에 영(零)이 붙는 값. 예: 30원 8전. 504원 등.

とびだ·す[飛び出す](자 4) 뛰어 나가다. jump out

とびた·つ[飛び立つ](자 4) ⇨とびあがる①②.

とびち[飛び地](명) 멀리 떨어진 영토(領土). a detached territory

とびちが·う[飛び違う]—チガフ(타 4) ①서로 좌우(左右)로 뛰다. 뒤얽혀 이리 저리 날다. ②멀리 떨어지다. 몹시 차이가 나다. 1. run right and left

とびち·る[飛び散る](자 4) 날아(뛰어) 흩어지다. 「しぶきが—; 물방울이 날아(뛰어) 흩어지다」 scatter

とびつ·く[飛び付く](자 4) ①달려 들다. 덤비다. 「ねこが—; 고양이가 달려 들다」 ②기꺼이 관계하다. 「うまい話(ハナシ)に—な; 감언(甘言)에 속지 말라」 ③〈경〉 시세가 좋을 때 서둘러 사다.

トピック[topic](명) 토픽. 화제(話題).

とび·でる[飛び出る](자하 1) ⇨とびだす.

とびどうぐ[飛び道具](명) 멀리서 적을 공격하는 무기. 예: 활, 소총 등. a missile

とびとび[飛び飛び](부) ①여기저기에 흩어지는 모양. ②여기저기에 간격을 두고 있는 모양. 1. scattering here and there

とびにんそく[鳶人足](명) ⇨とびのもの.

とびの·く[飛び退く](자 4) 별안간 물러서다. 뛰어서 물러서다. jump back

とびのふえ[鳶の笛](명) 소방수가 부는 경적(警笛). a fireman's alarm-whistle

とびのもの[鳶の者](명) ①소방수. ②⇨:とびしょく. 1. a fireman

とびの·る[飛び乗る](자 4) ①뛰어 올라 재빨리 타다. ②달리는 차에 뛰어 오르다. ↔飛び降(オ)りる. 명 飛び乗り. 1. jump on

とびばこ[飛び箱·跳び箱](명) 기계 체조 용구의 하나. 찬합처럼 여러 층으로 포개 놓을 수 있는 상자 모양의 나무틀. 멀리서 뛰어 와서 손을 짚거나 그냥 뛰어 넘음. 뜀틀.

とびはな·れる[飛び離れる](자하 1) ①쑥 빠져 나가다. ②멀리 떨어지다. 현격(懸隔)하다. ③차이가 많다. ④몹시 변하다. 2. be far apart 3. differ greatly

とびひ[飛び火](명·자サ) ①흩어져 튀는 불똥. ②불꽃이 튀어 번지는 화재. ③의외의 곳으로 사건이 퍼져 감. ④〈의〉 어린이 얼굴에 잘 생기는 급성 피부염. 전염성이 강함. 농포진(膿疱疹). 4. pemphigus

とびまわ·る[飛び回る]—マハル(자 4) ①날아 다니다. ②바쁘게 뛰어 다니다. 떠돌아 다니다. 2. skip about

どびゃくしょう[土百姓](명)〈속〉 농부의 낮춤말. a peasant

どひょう[土俵](명) ①안에 흙을 넣은 가마니. ②씨름을 하기 위해서 둘레를 흙을 넣은 가마니로 둘러 쌓은 곳. 「—際(ギワ); 씨름판의 둘레를 흙 가마니로 두른 경계(境界)」 1. an earth bag. **—いり**[土俵入り](명·자サ) 씨름군들이 찬란한 띠를 두르고 나란히 씨름판 위에 오름. 또는 그 의식(儀式).

どびょうし[銅拍子](명) ⇨どうばつ(銅鈸).

とびら[扉](명) ①안팎으로 열리는 문짝. ②(책의)겉장의 다음 페이지. 안겉장. 속표지. 잡지의 본문(本

文) 앞의 제 1 페이지.　1. a door 2. a title page

とびわた·る[飛び渡る](자 4) 뛰어 건너다. jump over

どびん[土瓶](명) 물을 끓이거나 차(茶)를 넣는 데 쓰는 도기(陶器). an earthen teapot

と ふ[塗布](명·타サ) 도포. 칠함. 「—剤(ザイ); 도포제」 application

と·ぶ[飛ぶ](자 4) ①공중에 떠서 날다. ②비행기로 여행하다. ③[跳ぶ] 뛰다. 「のみが—; 벼룩이 뛰다」 ④흩어지다. 「しずくが—; 물방울이 튀다」 ⑤빨리 뛰다. 「とんでかえる; 뛰어서 돌아 가다」 ⑥사이를 두다. 「百(ヒャク)とんで五円(ゴエン); 백 건너 5원 (105원)」 ⑦퍼지다. 「うわさが—; 소문이 퍼지다」 ⑧도피하다. 「外国(ガイコク)へ—; 외국으로 도피하다」 1. fly 3. jump 4. scatter 5. run fast

と·ぶ[跳ぶ](자 4) ①뛰어 오르다. ②뛰어 넘다. 1. jump

どぶ[溝](명) 더러운 물이 흐르는 시궁창. a ditch

どぶいた[溝板](명) 하수도를 덮는 판자. a board cover of a ditch

と ふく[屠腹](명·자サ) 배를 가름. 할복(割腹). disembowelment

と ぶくろ[戸袋](명) 덧문을 모아서 간수해 두는 곳. a shutter-boxing

と ふつ[渡仏](명·자サ) 도불. 프랑스로 건너 감. going over to France

とぶとり[飛ぶ鳥](명) 하늘을 나는 새. a flying bird

どぶどろ[溝泥](명) 시궁창에 쌓인 진흙. muck

どぶねずみ[溝鼠](명)〈동〉 시궁쥐. 하수도의 흙탕물에서 사는 쥐의 한 가지. 등이 약간 붉음. a water-rat

とぶひ[飛ぶ火·烽](명) 옛날에 사건 발생을 알리기 위한 신호의 연기나 불. 봉화와 비슷한 것.

とぶらい[弔い]トブラヒ(명) ①조상(弔喪). ②추선(追善). ③장례식. 3. a funeral

とぶらい[訪い]トブラヒ(명) 방문. a visit

とぶら·う[弔う]トブラフ(타 4) ⇨とむらう.

とぶら·う[訪う]トブラフ(타 4) ①안부(安否)를 묻다. ②방문하다. 1. inquire after a person

トブラルコ[tobralco](명) 토브랄코. 무늬를 찍은 무명. 부인과 어린이의 옷감으로 씀.

とふろう[都府楼](명) 옛날 큐우슈우 다자이부(九州太宰府) 청사(庁舎).

どぶろく[濁醪](명)〈속〉 독한 탁주(濁酒). raw wine

と べい[渡米](명·자サ) 도미(渡美). 미국으로 건너 감. going over to America

ど べい[土塀](명) 흙으로 만든 담. 토담. a mud-wall

ど へき[土壁](명) 토벽. 종이를 바르지 아니한 벽. a mud-coated wall

と ほ[徒歩](명·자サ) 도보. 걸어서 감. going on food

と ほう[途方](명) ①수단. 방법. 「—に暮(ク)れる; 어떻게 해야 할지 아주 난처해지다」 ②조리(条理). 도리(道理). 「—も ない計劃(ケイカク); 당치도 않은 계획」 1. means

ど ぼく[土木](명) 토목. 목재, 철재, 석재 등을 사용하여 건물, 도로, 항만 시설 등을 이루는 공사. 「—工事(コウジ); 토목 공사」 civil engineering works

ど ぼく[奴僕](명) 노복. 사내종. a manservant

とぼけ[恍け](명) ①멍청함. 멍함. ②시치미를 뗌. 모르는 척함. ③우습고 멍청한 짓. pretension

とぼ·ける[恍ける](자하 1) ①멍해 있다. 멍청해 있다. 정신이 흐려지다. ②시치미를 떼다. 모르는 척하다. ③우습고 멍청한 짓을 하다. pretend ignorance

とぼし[燈](명) ①등. ②등유(燈油). 1. a lamp

とぼし·い[乏しい](형) 부족하다. 「米(コメ)が—; 쌀이 부족하다」 파생 **—さ**(명). scanty

とぼ·す[点す](타 4) 불을 켜다. light

とぼそ[枢·樞](명) ①문. ②문장부를 끼워 문의 회전을 쉽게 하는 것. 문둔테. 1. a door 2. a pivot

とぼとぼ(부) 터벅터벅. totteringly

とぼ·る[点る](자 4) ⇨ともる.

とぼん(부)〈속〉 (혼자서) 멍하니 있는 모양. vacantly

とま[苫](명) 부들이나 띠 등으로 거적처럼 엮어서 비, 이슬을 막기 위한 것. 뜸. a rush mat

ど ま[土間](명) ①(집안에) 마루가 없어 맨발로 다니는 곳. 봉당. ②〔옛날 극장에서〕 무대 정면에 위치한 관람석. 1. the unfloored part

と まえ[戸前]—マヘ(명) 광의 입구. 광문이 있는 곳. the warehouse door

と ます[斗枡](명) 한 말들이 말. 말(斗). 「make rich

とま·す[富ます](타 4) 부하게 하다. 넉넉하게 하다. ↗

と まつ[塗抹](명·타サ) ①칠함. ②칠하여 지워 버림. 1. daubing 2. painting out

トマト[tomato](명)〈식〉 토마토. 가지과에 속하는 1년생 또는 다년생 초본. **—ケチャップ**[tomato ketchup](명) 토마토 케첩. 토마토를 조려서 소오스처럼 만든 것.

と まど·う[戸惑う·途惑う]—マドフ(자 4) ①밤에 잠을 깼을 때, 방향을 알 수 없게 되다. ②허둥대다. 명 戸惑い. 1. be bewildered

とまぶき[苫葺](명) 초가 지붕. 뜸으로 인 지붕. rush-thatching

とまぶね[苫舟](명) 뜸을 씌운 배. a rush-roofed boat

〔苫舟〕

とまや[苫屋](명) 뜸으로 인 집. a rush-thatched cottage

とまら[枢·樞](명) 널문짝 한 쪽 끝의 아래위로 상투같이 내밀어 문둔테 구멍에 끼우게 된 것. 문장부. a pivot

とまり[泊まり](명) ①기항(寄航). ②밖에서 숙박함. 「こんやは—だ; 오늘 밤은 외박이다」 ③숙직. ④여관. 1. anchorage 2. lodging. **—がけ**[泊まり掛け](명) 다른 곳에서 숙박할 예정으로 집을 나오는 일.

とまり[留まり·止まり](명) ①그침. ②끝. 종말. 1. a stop. **—ぎ**[止まり木](명) ①(새장이나 닭장 속의) 홰. ②걸터앉아서 붙잡는 가로대(横木).

とまりこ·む[泊まり込む](자 4) 들어 가서 숙박하다. 「友人(ユウジン)の 家(イエ)に—; 친구 집에 투숙하다」 stay overnight

とま·る[泊まる](자 4) ①정박(碇泊)하다. ②묵다. 숙박하다. ③숙직하다. 1. lie at anchor
とま·る[留まる·止まる·停まる](자 4) ①멈추다.「時計(トケイ)が―; 시계가 서다」②일하지 아니하다. ③나오지 않다.「血(チ)が―; 피가 멎다」④그치다.「笑(ワラ)いが―; 웃음이 그치다」⑤(감각에)남다.「目(メ)に―; 눈에 띄다」⑥(높은 곳에서) 움직이지 않다.「お高(タカ)く―; 잘난 척하다」1. stop 4. cease
とまれ[兎まれ](부) 어쨌든. 어떠하든. anyhow
どまんじゅう[土饅頭](명) 토만두. 흙을 둥글게 쌓아 올린 무덤. a grave mound
とみ[富](명) 부. ①모은 재화(財貨). ②재산의 정도. ③부유한 것. 1. 2. a fortune
とみくじ[富籤](명) 에도(江戸) 시대에 유행한 도박의 한 가지. 제비를 뽑아 맞은 사람에게 규정한 상금을 주었음. 추첨(抽籤). a lottery
とみこうみ[左見右見](연어·명·자サ) 저쪽을 보았다가 이쪽을 보았다가 하는 모양. 두리번 거리는 모양. observing from all directions
とみに[頓に](부) 갑자기. 급히. suddenly
ドミニカ[Dominica](명)〈지〉 도미니카. 서인도 제도(西印度諸島)에 있는 공화국. 수도는 슈다드 트루히요(Ciudad Trujillo).
ドミニコは[Dominico 派](명) 도미니고파. 13세기 초 성(聖)도미니코가 시작한 교파. Dominican order
ドミノ[domino](명) 도미노. ①가장 무도(仮装舞踏)에 쓰는 복면 두건(覆面頭巾). ② 18세기경 이탈리아에서 발명된 서양 골패(骨牌)의 한 가지. ③각사탕(角砂糖). 「the Metropolitan citizens
とみん[都民](명) 토오쿄오도(東京都)의 시민. ↗
どみん[土民](명) 그 고장의 주민. 토착민(土着民). natives
と·む[富む](자 4) ①재산을 많이 모으다. ②풍부하게 가지다. 「海産物(カイサンブツ)に―; 해산물이 풍부하다」 1. grow rich
と·む[尋む](타하 2)〈고〉 방문하다. 찾아 구하다.
とむね[と胸](명) 가슴. 마음.「―をつかれる; 충격을 받다(몹시 놀라다)」 heart
とむらい[弔い]トムラヒ(명) ①사람의 죽음을 슬퍼함. 조상함. ②추선(追善). ③장례식(葬禮式). 1. condolence.
―がっせん[弔い合戦](명) 죽은 사람의 원수를 갚기 위한 싸움.
とむら·う[弔う]トムラフ(타 4) ①죽음을 슬퍼하다. 조상하다. ②추선(追善)하다. 1. condole
とめ[留め·止め](명) ①멈추는 것. ②끝. 1. stoppage
とめお·く[留め置く](타 4) ①멈추게 하다. 붙들어 두다. ②보내지 않다. 보관해 두다. ③기록하다. ④끝맺다. 명 留め置き. 1. detain
とめおけ[留め桶]―ヲケ(명) 목욕탕에서 쓰는 통. an oval tub
とめおとこ[留め男]―ヲトコ(명)〔싸움판에서〕화해시키는 남자. a man who gets between two combatants
とめがね[留め金·止め金](명) 연결용 금속 기구. 쇠고리. 걸쇠. a clasp
とめく[止め句](명)〔와카(和歌), 하이쿠(俳句) 등에서〕꺼려 피하는 구(句). 금구(禁句).
ドメスティック[domestic](형동ダ) 더메스틱. ①가정적(家庭的). ②국내적(国内的).
とめそで[留め袖](명) 일본 여자들의 보통 길이의 옷소매. 또는 그옷.↔ふり袖. 「an attempt to dissuade
とめだて[留め立て](명·타サ) 말림. 제지(制止). ↗
とめど[留め処·止め処](명) 그쳐야 할 곳. 한도(限度). 마지막.「―がない; 끝이 없다」 termination
とめばり[留め針](명) (임시로) 꽂아 두는 핀. a pin
とめやま[留め山](명) 수렵(狩猟)이나 벌목이 금지된 산. a preserved mountain
とめゆ[留め湯](명) ①한번 목욕한 물을 버리지 않고 다음날 다시 씀. ②자기만이 사용하는 목욕탕. ③목욕값을 한 달치씩 미리 주고 아무 때고 가서 목욕하는 일. 1. taking the bath used on the previous day
とめゆ·く[尋め行く](자 4)〈고〉 방문하다. 찾아가다.
と·める[泊める](타하 1) ①배를 기항(寄港)시키다. ②사람을(자기 집에)묵게 하다. 숙박시키다.「生徒(セイト)たちを宿屋(ヤドヤ)に―; 학생들을 여관에 묵게 하다」 1. moor 2. accommodate
と·める[留める·止める·停める](타하 1) ①가지 못하게 하다. ②붙들다. ③멈추게 하다. ④주의시키다. ⑤남게 하다. 남기다. ⑥새 등을 앉게 하다. 1. 2. detain 5. leave
とも―[共](조어) ①함께.「―かせぎ; 맞벌이」②동질의.「―裏(ウラ); (의복의) 겉과 같은 안감」
とも[友](명) 친구. 벗. a friend
とも[伴·侶](명) 길동무. 한패. a travelling companion
とも[供](명) 보조자. 시종인(侍従人). an attendant
とも[鞆](명) 활을 쏠 때 왼팔에 매는 가죽으로 둥글게 만든 도구. a shoulder piece
〔鞆〕
とも[艫](명) 선미(船尾). 고물. ↔へさき. the stern
とも Ⅰ(수조) ①모두. 함께.「三人(サンニン)―みな; 세 사람 모두」②…와 같이. …를 포함하여.「送料(ソウリョウ)―百円(ヒャクエン); 송료까지 모두 백 원」③대강의 정도를 나타내는 말.「おそく―; 늦어도」Ⅱ(접조) 비록 …할지라도.「何(ナン)といおう―; 무어라 말할지라도」Ⅲ(감조) 강하게 단언(断言)함을 나타내는 말. 「行(イ)く―; 가고말고」Ⅳ(연어) 격조사(格助詞) "と"를 강조한 말.「うん―すん―いわない; 달다 쓰다 말이 없다」
―ども[共](접미) ①많은 수를 나타내는 말. 들.「私(ワタクシ)―; 우리들」②겸손의 뜻을 나타내는 말.「てまえ―では; 저희로서는」
ども[吃](명)〈속〉 ⇨どもり.
ども(접조) ①하나. 하지만.「天気晴朗(テンキセイロウ)なれ―波高(ナミタカ)し; 날씨는 청명하나 파도가 높다」②⇨とも. Ⅱ「見(ミ)れ―見えず; 보아도 보이지 않다」

ともあれ(연어) 어쨌든. 「—けっこうなことだ; 어쨌든 좋은 일이다」 anyhow
ともうら[共裏](명) 겉과 같은 천의 안감. the same-coloured lining
ともえ[巴](명) ①활을 쏠 때 왼팔에 끼는 둥근 가죽 도구에 그린 무늬. ②물이 소용돌이 쳐 바깥쪽으로 도는 모양. ③둥글게 돌아 가는 모양. 2. a huge comma
ともえり[共襟](명) 옷과 같은천으로 단 깃. the same-coloured neckband
ともがき[友垣](명) 벗. 동무들. friends
ともかく[兎も角](부) 어쨌든. at any rate. **—も**[兎も角も](부) 어쨌든간에.
ともがしら[供頭](명) 종자(従者)를 다스리는 직위. 또는 그 직위에 있는 사람. the head attendant
ともかせぎ[共稼ぎ](명·자サ) 부부가 함께 벌어서 생활함. 맞벌이. working together for a living
ともがら[輩](명) 동지. 한패. fellows
ともぎれ[共切れ](명) 같은 천의 옷감. the same cloth
ともぐい[共食い]—グヒ(명·자サ) ①같은 패끼리 서로 해침. ②서로 이익을 얻어서 생활함. 1. devouring one another
ともし[燈し](명) ←燈し火. **—び**[燈し火](명) ①등불. ②횃불.
とも·し[乏し](형シク) ①〈고〉 귀하다. ②〈고〉 부럽다. ③부족하다. 파생 **—さ**(명). 3. wanting
ともじ[共地](명) 동질 동색(同質同色)의 옷감. 같은 천. the same cloth
ともしらが[共白髪](명) 부부가 백발이 되도록 함께 오래 삶. 해로(偕老). living together to an old age
とも·す[点す·燈す](타 4) 불을 켜다. 「ろうそくを—; 양초에 불을 켜다」 light
ともすると(부) 자칫하면. apt to
ともぞろい[供揃い]—ゾロヒ(명) 종자(従者)가 모두 모이는 것. line-up of attendants
ともぞろえ[供揃え]—ゾロヘ(명) 종자(従者)를 모으는 일. line-up of attendants
ともだおれ[共倒れ]—ダフレ(명·자サ) 쌍방이 함께 넘어짐. 양쪽이 모두 망함. falling together
ともだち[友達](명) 친구. 벗. 동무. a companion
ともちどり[友千鳥](명) 모여 있는 물떼새. flocking plovers
ともづな[纜](명) 배를 붙잡아 매는 밧줄. a hawser
ともづり[友釣り](명) 실에 매단, 산 은어를 물속에 넣어 다른 은어들을 모여 들게 한 후 낚시질하는 방법. angling by decoy
ともども[共共](부) 모두. 함께. together
ともない(연어) 〔←とうもない〕 ①하고 싶지도 않다. 「はなれ—; 떨어지고 싶지도 않다」 ②…하려는 것도 아니다. 아무 생각 없이 …하다. 「行(ユ)くともなく行(イ)った; 별로 갈 생각도 없이 갔다」
ともな·う[伴う]—ナフ Ⅰ(자 4) 따르다. 「台風(タイフウ)に— 被害(ヒガイ); 태풍에 따른 피해」 Ⅱ(타 4) 데리고 가다. 동반(同伴)하다. 곁에 있게 하다. 「子(コ)を—; 아이를 데리고 가다」 Ⅰ be accompanied Ⅱ take
ともなり[共鳴り](명)〈이〉 ⇨きょうめい①.
ともに[共に](부) ①서로. 하나가 되어. ②…과 함께. 또한. 「よろこびであると—名誉(メイヨ)でもある; 기쁨인 동시에 또한 명예이기도 하다」 1. both 2. together
ともね[共寝](명·자サ) 잠자리를 함께 함. 동침(同寝). 동금(同衾). sharing the bed
ともばら[供腹](명) ⇨おいばら.
ともびき[友引き](명) 〔음양학(陰陽学)에서〕 일을 함에 있어 승패가 없다고 하는 날. 장례식에는 부적당하다고 하는 날. an unlucky day
ともびと[供人](명) 종자(従者). 수행원. an attendant
ともぶた[共蓋](명) 그릇과 뚜껑이 같은 재료로 되어 있는 것.
ともまち[供待ち](명·자サ) ①종자(従者)의 휴식처. ②주인과 함께 방문한 종자가 그 집 문앞에서 기다림. 또는 그곳. 1. a waiting-room for visitors' attendants
ともまわり[供回り]—マハリ(명) 따라 가는 사람들. 종자(従者). a train of attendants
どもり[吃り](명) 말을 더듬거림. 말더듬이. stammering
どもり[土盛り](명·타サ) 공사 등에서 흙을 쌓아 올림.
どもり[度盛り](명·자サ) 온도계(温度計), 계량기(計量器) 등의 눈금. graduation
とも·る[点る](자 4) 불이 켜지다. be lighted
ども·る[吃る](자 4) 말을 더듬거리다. stammer
とや[塒·鳥屋](명) ①새 둥우리. 새집. ②새가 털을 가는 일. 또는 그 시기. 「つるの—; 학의 털갈이」 ③유랑 연예인(流浪演芸人)이 노자(路資)가 없어 여인숙에 박혀 있는 일. 1. a coop
どや(명)〈속〉 "やど"를 거꾸로 한 말. 여관. 여인숙. an inn
とやかく[兎や角](부) 이것저것. 이러쿵저러쿵. 「—いうな; 이러쿵저러쿵 말하지 말라」 this and that
どやき[土焼き](명) ⇨すやき.
とやこう—カウ(부) ⇨とやかく.
どや·す(타 4)〈속〉 ①때리다. ②소리치다. 큰 소리로 욕하다. 1. drub 2. storm at
とやま[外山](명) 변두리의 산. an outer mountain
とやま[富山](명)〈지〉 혼슈우(本州) 중부 지방 북부 연안의 현. 또는 그 현의 현청 소재지.
とゆう[都有](명) 토오쿄오도(東京都)의 소유(所有). Metropolitan ownership
とゆう[都邑](명) 도읍. ①번화가(繁華街). ②도회(都会)와 마을. 1. a town 2. towns and villages
とよあしはら[豊葦原](명)〈고〉 일본의 옛 이름.
とよう[渡洋](명·자サ) 바다를 건너 감. 「—作戦(サクセン); 도양 작전」 transoceanic
どよう[土用](명) 입춘(立春), 입하(立夏), 입추(立秋), 입동(立冬) 전의 18일간. 특히 입하 및 입추 전의 18일간. **—なみ**[土用波·土用浪](명) 입하 전 18일 동안에 바람이 없는 데도 높이 이는 물결. **—ぼし**[土用干し](명) 옷이나 책을 볕에 말려 충해(虫害)를 막는 것.
どよう[土曜](명) 토요일의 준말

とよさか のぼ·る[豊栄登る](자 4)〈고〉 아침 해가 힘차고 아름답게 솟아 오르다.

とよ のあかり[豊の明り](명)〈고〉 ①술에 취하여 얼굴이 붉어짐. ②향연(饗宴). 연회(宴会). ③천황이 새로 난 곡식을 먹고 군신(群臣)에게도 나누어 주는 의식.

とよはた ぐも[豊旗雲](명)〈고〉 기가 나부끼는 것같이 길게 뻗친 아름다운 구름.

どよみ(명) 소리의 울림.　resounding

とよむ(자 4) ⇨どよむ.

どよ·む[響む](자 4) ①소리가 울리다. 또는 울려 퍼지다. ②떠들다.　1. resound

どよめき(명) 힘차게 울림.　resounding

どよめ·く(자 4) 우렁차게 울리다.　stir

どよも·す(타 4) 소리가 울리게 하다.　resound

とら[虎](명) ①〈동〉 범. 호랑이. ②〈속〉 주정뱅이. 「―になる; 몹시 취하다」　1. a tiger

とら[寅](명) ① 12지(支)의 세째. 호랑이. ②옛 시각 이름. 인시. 오전 3시에서 5시까지. ③방위 이름. 동북동.　3. northeast-east

どら(명)〈속〉 방탕자(放蕩者). 「―息子(ムスコ); 탕아(蕩児)」　a debauchee

どら(감) 자아. 어서. 어디.　now

ど ら[銅鑼](명) 동라. 청동(青銅)으로 만든 원형의 타악기(打楽器). 불사(仏事)때나 배가 떠날 때 침. 징.　a gong

〔銅鑼〕

と らい[渡来](명·자サ) (외국에서) 건너 옴. 「南蛮(ナンバン)―の品(シナ); 남방국(南方国)에서 실어 온 물건」　importation

トライ[try] (명·자サ) 트라이. 〔럭비에서〕 적의 고울라인의 안쪽 지면에 보올을 닿게 함.

ドライ[dry](형동ダ) 드라이. ①말라 있음. ②알코홀의 농도가 짙음. 「―ジン; 드라이진」 ③재미 없는 모양. 무미 건조. ④〈속〉 의리나 인정에 구애됨이 없는 극히 현실적인 사고 방식. ↔ウエット. **―アイス**[dry ice](명) 드라이아이스. 탄산 가스를 냉각 압축하여 고체로 만든 것. 섭씨 영하 79도. **―クリーニング**[dry cleaning](명) 드라이클리이닝. 물 대신 벤진 등으로 하는 세탁. 클리이닝. 드라이. **―ミルク**[dry milk](명) 드라이밀크. 분유(粉乳).

トライアングル[triangle](명) 트라이앵글. ①삼각형. ②〈악〉 강철봉(鋼鉄棒)을 정삼각형으로 구부려 만든 타악기(打楽器). 금속봉으로 두드려 소리를 냄.

〔トライアングル②〕

ドライバー[driver](명) 드라이버. 나사 돌리개.

ドライブ[drive](명·자サ) 드라이브. ①자동차를 운전함. ②차를 운전하여 또는 달리게 하여 즐김. 장거리 운전. 「―ウェー; 드라이브 웨이」 ③〔골프, 정구 등에서〕 공을 세게 회전하도록 치는 일.

ドライヤー[drier](명) 드라이어. 건조기(乾燥器).

とら·える[捕える·捉える]トラヘル(타하 1) ①꽉 쥐다. 「なわの はしを―; 새끼 끝을 꽉 쥐다」 ②붙잡다. ③비밀을 포착(捕捉)하다.　1. take hold of 2. grasp

とら がり[虎刈り](명) 머리 털을 호랑이 털 무늬처럼 깎는 법.　an unevenly cropped head

トラクター[tractor](명) 트랙터. 트레일러에 물건을 싣고 끌어 나를 수 있게 장치된 특수 자동차. 농, 공업의 작업에 사용하는 견인차(牽引車).

とらげ[虎毛](명) 호랑이 등(背)의 털과 같이 황갈색이며 검정 굵은 줄이 있는 것. 범의 털. tiger's stripes

どら ごえ[どら声]―ゴエ(명) 굵고 탁한 목소리.　a gruff voice

トラコーマ[trachoma](명)〈의〉 ⇨トラホーム.

ドラゴン[dragon](명) 드래건. 용(龍).

トラス[truss](명) 트러스. 여러 개의 부재(部材)로 짜 맞추어 지붕이나 교량 등에 도리로서 쓰이는 특수한 모양의 가구(架構).

トラスト[trust](명)〈경〉 트러스트. 자본의 합동, 경영 관리의 공동, 시장의 독점 등을 목적으로 하는 기업가(企業家)의 합동. 독립적 기업 합동.

とら·せる[取らせる](타하 1) ①받아 들이게 하다. 받게 하다. 가지게 하다. ②(웃사람이 아랫사람에게) 주다. 「ほうびを―; 상(賞)을 주다」 1. force to accept

トラック[track](명) 트랙. ①길. 「サウンド―; 영화 필름에 녹음을 한 부분(音溝)」 ②경주로(競走路). ↔フィルド. ③동물의 발자국.

トラック[truck](명) 트럭. ①기차의 무개 화차(無蓋貨車). ②화물 자동차. ③⇨トロッコ.

ドラッグストア[drugstore](명) 드러그스토어. 약품, 차(茶), 식사, 책 등을 주로 취급하는 간이 백화점(簡易百貨店).

とら つぐみ[虎鶫](명)〈동〉 호랑지빠귀. 호랑티티. 지빠귀과에 속하는 새. 날개에 반달 모양의 무늬가 있음.

トラップ[trap](명) 트랩. ①⇨タラップ. ②일정량의 액체가 늘 괴어 있어 하수도에서 올라 오는 나쁜 가스를 막는 장치. ③증기의 배출을 막는 장치.

とら ねこ[虎猫](명) 호랑이 색깔의 고양이.　a tabby cat

どら ねこ[どら猫](명)〈속〉 ①늙어서 능청맞은 고양이. ②도둑 고양이.　2. a stray cat

〔トラップ②〕

とら の い[虎の威](명) 권세가의 위력. 「―を借(カ)るきつね; 범의 위력에 편승한 여우(남의 권세를 빌어 위세 부림을 비유하는 말)」　might

とら の こ[虎の子](명) 무척 아껴서 곁에서 떠나지 못하게 하는 것.　one's treasure

とら の まき[虎の巻](명) ①옛날의 병서(兵書). 특별한 사람 이외는 보이지 않았음. ②강의(講義) 등의 기초 자료가 되는 책. ③〈속〉 교과서의 자습서.　1. secrets of military tactics

とら ひげ[虎髭](명) 억세어 보이는 뻣뻣한 수염.　a bristly moustache

トラピスト[Trappists](명)〈종〉 트라피스트. 수도원(修道院)의 한 파. 침묵, 기도, 정진(精進), 노역(労役)으

로 수업(修業)함.

とらふ[虎斑](명) 호랑이 털의 무늬. 노랑 바탕에 굵고 검은 줄이 있는 것. tiger's stripes

トラファルガルのたたかい[Trafalgarの戦い](명) 트라팔가르의 싸움. 나폴레옹 전쟁 중, 1805년 10월, 스페인의 트라팔가르 앞 바다에서 넬슨 제독이 프랑스, 스페인의 연합 함대를 무찌른 해전. the battle of Trafalgar

トラブル[trouble](명) 트러블. ①근심. 곤란. ②동란. ③애씀. ④분쟁(紛争). 문제.

トラホーム[도 Trachom](명)〈의〉 트라호옴. 전염성의 만성 결막염(慢性結膜炎). 트라코마.

ドラマ[drama](명) 드라마. ①연극. 극. 「ホームー; 호움 드라마」 ②희곡(戯曲).

ドラマー[drummer](명)〈악〉 드러머. 〔서양 음악에서〕 북을 치는 사람.

ドラマチック[dramatic](형동ダ) 드라마틱. 극적(劇的). 연극적.

ドラマツルギー[도 Dramaturgie](명) 드라마투르기. 작극술(作劇術). 연극론. 각본 작법(脚本作法).

ドラム[drum](명) 드럼. ①짧은 금속 원통의 양쪽에 가죽을 메우고 두드려 소리 내는 타악기(打楽器)의 한 가지. 북. ②북 모양. **—かん**[drum 罐](명) 액체를 넣는 금속제의 용기. 드럼통.

どらむすこ[どら息子](명)〈속〉 밤낮 놀며 집에는 돌아오지 않는 건달 자식. 탕아(蕩児). a prodigal son

どらやき[銅鑼焼き](명) 밀가루를 묽게 반죽하여 소를 넣고 징처럼 둥글넓적하게 구운 과자. a bean-jam pancake

とらわれ[囚われ]トラハレ(명) 사로잡힘. 포로. 「—の身(ミ); 포로 신세」 captivity

とらわ·れる[囚われる]トラハレル(자하 1) ①사로잡히다. ②자유를 구속당하다. 1. be caught

トランキライザー[tranquilizer](명)〈의〉 트랑퀼라이저. 진정제(鎮静剤).

トランク[trunk](명) 트렁크. ①여행용의 큰 가방. ②자동차 뒤에 있는 짐을 싣는 곳.

トランジスタ(ー)[transister](명) 트랜지스터. ①게르마늄을 써서 전류의 진폭(振幅)을 세게 하는 일. ②트랜지스터라디오의 준말.

トランシット[transit](명) 트란싯. 각도를 정확하게 재는 측량 기계.

トランス[trans](명) 〔트랜스포오머(transformer)의 준말〕 트랜스. 변압기(変圧器). **—レス**[transless](명) 트랜슬레스. 변압기가 필요 없는 것.

トランスヒマラヤさんみゃく[Transhimalaya 山脈](명)〈지〉 트랜스히말라야 산맥. 히말라야산맥과 티베트 고원 사이에 있는 산맥.

トランスヨルダン[Transjordan](명)〈지〉 ⇨ヨルダン.

トランプ[trump·切り札](명) 트럼프. 13매씩 4벌의 패(札)와 조우커로 된 놀이 딱지의 한 가지.

トランペット[trumpet](명)〈악〉 트럼펫. 관현악에 쓰이는 금관 악기의 한 가지.

〔トランペット〕

とり—[取り](접두) 뜻을 강조하는 데 쓰임. 「—乱(ミダ)す; 흩뜨려서 어지럽히다」

とり[酉](명) ①12지(支)의 열째. 닭. ②옛 시각 이름. 유시. 오후 5시에서 7시까지. ③방위 이름. 서쪽. 3. the west

とり[取り](명) ①잡는 것. ②〈속〉 연예 단원(演芸団員) 중에서 마지막에 출연하는 가장 뛰어난 사람. ③〈속〉 연예에서 마지막에 하는 인기 프로. 1. holding 2. a head-liner

とり[鳥](명) ①〈동〉 새. ②[鶏] 닭. 「—肉(ニク); 닭고기」 ③〈속〉 ⇨かも②. 1. birds

どり(명)〈속〉 새의 허파나 기낭(気嚢).

とりあい[取り合い]—アヒ(명·타サ) ①서로 빼앗기. ②서로 다투어 가짐. ③다툼. 분쟁(紛争). 2. a scramble

とりあ·う[取り合う]—アフ(타 4) ①서로 빼앗다. ②서로 다투어 갖다. 다투다. ③상대하다. 받아 들이다. 「笑(ワラ)って取(ト)り合(ア)わない; 웃기만 하고 상대하지 않다」 1. take each other

とりあえず[取り敢えず]—アヘズ(부) ①(가질 것을) 충분히 갖지도 않고. 가질 사이도 없이. 무엇보다도. 「取(ト)るものも—かけつけた; 가질 것도 못 다 갖고 성급히 뛰어 갔(왔)다」 ②우선. 「—これだけやろう; 우선 이것만 주마」 1. first of all

とりあげばば[取り上げ婆](명)〈속〉 산파. 조산원(助産員). a maternity nurse

とりあ·げる[取り上げる·採り上げる](타하 1) ①손으로 집어 들다. ②신청을 받아 들이다. 채용하다. 「告訴(コクソ)を—; 고소를 수리함」 ③남의 것을 강제로 빼앗다. 몰수하다. 「ノートを—; 공책을 빼앗다」 ④징발하다. ⑤탈취하다. ⑥징수하다. ⑦(조산원이) 해산(解産)을 돕다. ⑧셈하다. ⑨취급하다. 다루다. 「問題(モンダイ)として—; 문제로서 취급하다」 1. pick up 3. confiscate

とりあつかい[取り扱い]—アツカヒ(명) ①취급. ②대우(待遇). ③사무 등의 처리. 2. a treatment

とりあつか·う[取り扱う]—アツカフ(타 4) ①취급하다. 처리하다. ②움직이거나 사용하다. ③대우하다. 1. deal with

とりあつ·める[取り集める](타하 1) 모으다. gather

とりあみ[鳥網](명) 조망. 새 그물. a fowler's net

とりあわせ[鶏合わせ]—アハセ(명) 수탉을 서로 싸우게 하는 놀이. 투계(闘鶏). a cock-fight

とりあわ·せる[取り合わせる]—アハセル(타하 1) ①적당히 배합하다. ②모으다. 모집하다. 1. assort

とりい[鳥居]—ヰ(명) 신사(神社)의 문. 开 모양의 문.

とりいそ·ぐ[取り急ぐ](자 4) "急ぐ(서두르다)"의 센말. 급히 서두르다. hurry

とりい·る[取り入る](자 4) 아첨하여 마음에 들게 하려고 애쓰다. get into favour with

とりいれ[取り入れ](명) 물건을 거두어 들이는 일. 수확. 「秋(アキ)の—; 추수」 taking in

とりい·れる[取り入れる](타하 1) ①거두어 들이다.

②농작물을 거두어 들이다. 「豆(マメ)を一; 콩을 거두어 들이다」 ③채용하다. 1. take in

とり うち[鳥打ち](명) ①소총으로 새를 잡음. ②운두가 없는 동글납작하고 간편한 모자. 1. shooting 2. a hunting cap

トリウム[도 Thorium](명)〈이〉 토륨. 방사성 원소의 한 가지. 원자력에 쓰임. 기호는 Th.

とり え[取り柄](명) 취할 점. 뛰어난 점. 장점. 「一がない; 취할 점이 없다」 a merit

トリエステ[Trieste](명)〈지〉 트리에스트. 이탈리아와 유고슬라비아의 국경 지대에 있는 항구 및 주변의 지역.

トリエンナーレ[이 triennale](명) 트리엔날레. 3년마다 행하는 행사. 「一展(テン); 3년마다 여는 전람회」 ↔ビエンナーレ.

トリオ[이 trio](명) 트리오. ①〈악〉 3중창. 3중주. ②중간부(中間部). ③3인조. ④3부작.

とり おい[鳥追い]一オヒ(명) ①〔농가에서〕 1월 15일에 논밭을 해치는 새, 짐승을 쫓는 행사. ②정월에 남의 집 문앞에 서서 샤미센(三味線)을 타며 노래를 불러서 동냥을 하던 여자. 1. the bird-scaring rite

〔鳥追い②〕

とり お·く[取り置く](타 4) ①넣어 두다. ②남겨 두다. 1. store

とり おこな·う[執り行なう]一オコナフ(타 4) ①처리하다. ②집행하다. 「卒業式(ソツギョウシキ)を一; 졸업식을 거행하다」 1. treat 2. execute

とり おさ·える[取り押える·取り抑える]一オサヘル(타하 1) ①붙잡아 놓다. ②붙잡다. 「犯人(ハンニン)を一; 범인을 붙잡다」 2. arrest

とり おどし[鳥威し](명)〈농〉 허수아비처럼 농작물을 해치는 새들을 쫓기 위한 것. a scarecrow

とり おと·す[取り落とす](타 4) ①손에서 떨어뜨리다. ②놓치다. 잃어 버리다. 「えものを一; 사냥군들이 목적물을 놓치다」 ③빠뜨리다. 1. let fall

とり かえし[取り返し]一カヘシ(명) 돌이킴. 찾음. 「一がつかない; 다시 돌이킬 수가 없게 되다」 getting back

とり かえ·す[取り返す]一カヘス(타 4) ①다시 원상(原状)대로 되게 하다. 회복하다. ②다시 한번 자기 손에 넣다. 1. recover 2. get back

とり か·える[取り替える]一カヘル(타하 1) ①바꾸다. ②교환하다. 명 取り替え. 1. change

とり かか·る[取り掛かる](자 4) ①착수하다. 시작하다. 「仕事(シゴト)に一; 일을 시작하다」 ②기대다. 의지하다. 1. begin 2. entreat

とり かご[鳥籠](명) 조롱. 새장. 2. bird cage

とり かこ·む[取り囲む](타 4) 둘러 싸다. surround

とり かじ[取り舵]一カヂ(명) ①배의 방향을 왼편으로 돌게 할 때의 키. ②좌현(左舷). ↔おもかじ. 2. the portside

とり かた[捕り方](명) 죄인을 잡는 방법. 또는 잡는 그 사람. how to arrest

とり かたづ·ける[取り片付ける](타하 1) 치우다. 정돈하다. 명 取り片付け. put in order

とり かぶと[鳥兜](명) ①〈식〉 바꽃. 성탄꽃과에 속하는 다년초. 한약으로 씀. ②옛날 무악(舞楽)을 할 때 악사들이 쓴 벙거지. 1. an aconite

とり かわ·す[取り交わす]一カハス(타 4) 주고 받다. 교환하다. exchange

とり き[取木](명)〈농〉 취목. 가지를 휘어서 그냥 땅에 묻고 뿌리가 내리게 한 뒤에 그 가지를 잘라 묘목을 만드는 방법. layering

とり きめ[取り決め·取り極め](명) 결정. 또는 결정한 내용. 「一た内容(ナイヨウ); 결정한 내용」 decision

とり き·める[取り決める·取り極める](타하 1) (서로 이야기하여) 정하다. 질정(質定)하다. decide

とり ぐ·す[取り具す](타サ)〈고〉 다 갖추다.

とり くず·す[取り崩す]一クヅス(타 4) 헐어서 무너뜨리다. 명 取りくずし. pull down

とり くち[取り口](명) 〔씨름에서〕서로 맞잡는 방법.

とり くみ(명) Ⅰ[取り組み] ①서로 맞잡음. ②격투. Ⅱ[取組] 〔씨름에서〕 대전표(対戦表). Ⅱ a program

とり く·む[取り組む](자 4) ①짝을 짜다. ②다투다. 서로 맞붙다. ③씨름을 하다. 2. grapple with

とり けし[取り消し](명·타サ) 취소. ①지워서 없앰. ②말하거나 쓴 것을 말살함. 「発言(ハツゲン)の一を求(モト)める; 발언의 취소를 요구하다」 1. erasion

とり け·す[取り消す](타 4) (먼저 말했거나 행동한 것을) 취소하다. 그치다. 소멸시키다. cancel

とり こ[虜·擒](명) ①(전쟁에서의) 포로. ②어떤 일에 정신이 팔려 헤어나지 못하는 사람의 비유. 「恋(コイ)の一になる; 사랑의 포로가 되다」 1. a prisoner 2. a captive

とり こ[取り粉](명) 떡이 서로 붙지 않게 하기 위해 뿌리는 쌀가루. rice meal

とりこし ぐろう[取り越し苦労](명·자サ) 미리 앞날의 일을 생각하여 쓸 데 없이 근심함. 기우(杞憂). needless worry for the future

とり こ·す[取り越す](타 4) 앞 당기다. 일정한 기일을 앞당겨 행사 등을 치르다. do before the time

トリコット[tricot](명) 트리코. 털실, 나일론 등으로 짜서 털을 세운 직물.

トリコマイシン[trichomycin](명)〈의〉 트리코마이신. 항생 물질(抗生物質)의 하나. 무좀에 유효함.

とり こみ[取り込み](명) ①수확(収穫). ②번잡(煩雜). ③바쁨. 2. confusion. **—— さぎ**[取り込み詐欺](명) 값을 치르지 않고 물건을 자기 것으로 만드는 사기(詐欺).

とり こ·む[取り込む] Ⅰ(자 4) 붐비다. 바쁘게 하다. 혼란해지다. Ⅱ(타 4) ①거두어 넣다. 「せんたくものを一; 빨래를 거두어 들이다」 ②제 손에 들어 오게 하다. ③끼어 넣다. Ⅰ be confused Ⅱ 1. take in

とり こめ·る[取り籠める](타하 1) ①가두다. 감금하다. ②둘러 싸다. 1. confine

とりごや[鳥小屋](명) 닭장. 계사(鷄舍). a hen-house
とりころ·す[取り殺す](타 4) 원귀(寃鬼)가 붙어서 죽게 하다. haunt a person to death
とりこわ·す[取り壞す·取り毀す]—コハス(타 4) (건물을) 부숴 헐어 버리다. 파괴하다. 명 取りこわし. demolish
とりざかな[取肴](명) 한 그릇에 담아 놓고 손님이 각자 집어 먹는 술안주. food in a common bowl
とりさ·げる[取り下げる](타하 1) ①낸 것을 되찾다. 「辞表(ジヒョウ)を—; 사표를 되찾다」 ②의사 표시한 것을 취소하다. 취하하다. 명 取り下げ. 1. withdraw
とりさし[鳥刺し](명) 막대 끝에 끈끈이를 발라 새를 잡음. 또는 그 사람. a bird-catcher
とりざた[取り沙汰](명·자サ) 항간(巷間)의 평판(評判)이나 소문. 「いろいろに—される; 여러 가지로 소문이 자자하다」 a rumour
とりさば·く[取り捌く](타 4) ①(손으로) 다루다. 처리하다. ②중재(仲裁)하다. 재판하다. ③팔아 치우다. 「たくさんの品物(シナモノ)を—; 많은 물건들을 팔아치우다」 1. manage
とりさ·る[取り去る](타 4) 없애다. 제거(除去)하다. 「痛(イタ)みを—; 아픔을 없애다」 1. take away
とりしき·る[取り仕切る](타 4) 맡아서 취급하다. manage all by oneself
とりしず·める[取り鎮める]—シヅメル(타하 1) (난동을) 진정시키다. 가라앉히다. 진압하다. repress
とりしまり[取り締まり](명) ①단속. 단속하는 사람. ②←取締役. 1. control. **—やく**[取締役](명) 취체역. 주식 회사를 대표하고 업무를 집행하는 사람.
とりしま·る[取り締まる](타 4) (엄하게) 감독하다. 단속하다. 「生徒(セイト)を—; 학생을 감독하다」 direct
とりしら·べる[取り調べる](타하 1) (사건 등을) 조사하다. 취조하다. 「容疑者(ヨウギシャ)を—; 용의자를 취조하다」 명 取り調べ. investigate
とりすが·る[取り縋る](자 4) 붙들고 늘어지다. 달라붙다. 매어 달리다. cling to
とりす·てる[取り捨てる](타하 1) 버리다. abandon
とりすま·す[取り澄ます](자 4) ⇨すます.
とりそろ·える[取り揃える]—ソロヘル(타하 1) 모아서 갖추다. complete
とりだか[取り高](명) ①수입액(收入額). ②몫. ③수확고(収穫高). ④봉급 액수. 1. an income
とりだ·す[取り出す](타 4) ①꺼내다. 「ポケットからさいふを—; 호주머니에서 지갑을 꺼내다」 ②많은 것 가운데서 뽑아 내다. 1. take out
とりたて[取り立て](명) ①특별 취급. ②징수(徵収). 「税金(ゼイキン)の—; 세금 징수」 ③발탁. 「お—; 좋은 직책에 등용함」 ④갓 거둬 들인 것. 햇것. 「—のくだもの; 갓 따 온 과실」 2. collection 3. promotion
とりた·てる[取り立てる](타하 1) ①특히 어떤 점을 들다. 「取りたてて いうほどのこともない; 특별히 집어내어 이야기할 만한 것도 없다」 ②두둔하다. ③징수하다. 「税(ゼイ)を—; 세금을 징수하다」 ④(사람을) 등용(登用)하다. 발탁(抜擢)하다. 「課長(カチョウ)に—; 과장으로 등용하다」 ⑤장만하다. 3. collect 4. promote
とりちが·える[取り違える]—チガヘル(타하 1) ①실수하여 다른 것을 가지거나 집다. ②잘못 이해하다. 「意味(イミ)を—; 뜻을 잘못 알다」 1. take the wrong one
とりちら·す[取り散らす](타 4) 흩뜨리다. 너절하게 하다. 「へやの中(ナカ)を—; 방안을 어지르다」 scatter about
とりつ[都立](명) 토오쿄오도(東京都) 설립의 준말. 「—高等学校(コウトウガッコウ); 도립 고등 학교」
とりつぎ[取り次ぎ](명) 중개역(仲介役). an agent
トリック[trick](명) 트릭. ①계략(計略). 책략(策略). ②불가능한 현상을 영화에 나타내는 기술.
とりつ·く[取り付く](자 4) ①의지하다. 붙들고 늘어지다. 「—しまがない; 의지할 곳이 없다. 말 붙여 볼 수도 없다」 ②하기 시작하다. ③달려 들다. ④달라붙다. ⑤단서(端緖)를 잡다. ⑥직업을 얻다. ⑦귀신이 들리다. 「ゆうれいが—; 유령이 들리다」 명 取り付き. 1. rely upon 2. commence
とりつ·ぐ[取り次ぐ](타 4) ①중간에서 전하다. ②손님이 옴을 주인에게 알리다. ③상관에게 하급자의 뜻을 중간에서 전하다. ④한쪽에서 받은 물건을 다른 쪽에 보내다. ⑤남에게 들은 것을 그대로 자기 의견인 양 늘어놓다. 「本(ホン)を—; 책의 내용을 자신의 견해인 양 늘어놓다」 1. transmit
とりつくろ·う[取り繕う]—ツクロフ(타 4) ①고치다. 수선하다. ②임시 조치로 그 자리만을 좋도록 꾸리다. ③차리다. 꾸미다. 1. mend
とりつけ[取り付け](명) ①기구나 기계를 다른 물건에 장치함. 「電気器具(デンキキグ)の—; 전기 기구의 장치」 ②정한 가게에서 늘 사들임. ③〈경〉 신용을 잃은 은행에 예금 환불(還払) 청구자가 몰려 옴. 1. installation 3. a run on a bank
とりつ·ける[取り付ける](타하 1) ①기구나 기계를 다른 것에 장치하다. ②자기에게로 거둬 들이다. ③성립(成立)시키다. ④언제나 해서 익숙해지다. 1. instal
ドリップ[drip](명) 드립. 코오피 가루에 더운 물을 부어 걸러서 만드는 코오피. 「—式(シキ); 드립식 코오피 만드는 법」
トリッペル[도 Tripper](명)〈의〉 트리페르. 임질(淋疾).
とりつ·める[取り詰める](타하 1) ①바싹 다가 오다. 엄하게 따지다. ②끝날 때가 되다. ③토하다. 상기(上気)하다. 1. torture
とりて[取り手](명) ①가진 사람. 훔친 사람. ②〔가루다 놀이에서〕 딱지를 찾아 집는 사람. ↔読(ヨ)み手. ③〈경〉 약속 어음. 1. a holder
とりて[捕り手](명) 죄인을 잡아 들이는 사람. 포리(捕吏). a thief catcher
とりで[砦](명) 성(城) 밖에 지은 작은 요새(要塞). 성채(城砦). a fort
とりてき[取り的](명) 최하급의 씨름군. 씨름군의 시중을 드는 하급 씨름군.

とりどく[取り得](명) 취(取)한 만큼 이득이 됨. gain

とりどころ[取り所](명) 취할 점. 장점. a merit

とりとめ[取り留め](명) ①단단히 붙드는 것. 꼭 붙잡는 것. ②뭉뚱그림. 요점(要点). 「一のない話(ハナシ); 요령을 잡을 수 없는 이야기」 1. firm hold

とりと·める[取り留める](타하 1) ①단단히 붙들다. 꼭 붙잡다. ②똑똑히 인정하다. 확인하다. ③뭉뚱그리다. ④멈추다. 만류하다. 1. firm hold 2. ascertain

とりどり[取り取り](형동ダ) 각자 생각하는 대로. 여러가지. 가지가지. 「色(イロ)一; 각가지 빛깔」 various

とりなし[取り成し·執り成し](명) ①다른 것으로 바꾸는 일. ②좋도록 하는 것. ③취급. ④원만하게 하는 일. 중재. 4. mediation

とりな·す[取り成す·執り成す](타 4) ①다른 것으로 바꾸다. ②좋도록 하다. ③취급하다. ④중재하다. 주선하다. 1. make into

とりなわ[捕り縄]一ナハ(명) 죄인을 묶는 줄. 오라. 포승(捕縄). a rope for binding criminals

とりにが·す[取り逃がす](타 4) 잡을 듯하다가 놓치다. 「えものを一; 잡으려던 목적물을 놓치다」 fail to catch

とりのあと[鳥の跡](명) ①새 발자국. ②문자(文字). 글자. 2. a letter

とりのいち[酉の市](명) 오오토리 신사(鷲神社)의 잔칫날(11월 중의 유일(酉日)에 복덕을 긁어 모으라는 뜻에서) 갈퀴 등을 파는 장(市).

とりのきむじん[取り退き無尽](명) 당첨(当籤)이 되면 납입금(納入金)을 내지 않아도 되는 서민 금융(庶民金融).

とりの·ける[取り除ける](타하 1) ①제거(除去)하다. 떼어 버리다. ②따로 남겨 두다. 1. remove

とりのこ[鳥の子](명) ①달걀. ②병아리. ③←鳥の子紙. ④←鳥の子餅. 1. an egg. **―がみ**[鳥の子紙](명) 안피(雁皮)나무 껍질과 닥나무 껍질을 섞어서 만든 질이 좋은 종이. 담황색임. **―もち**[鳥の子餅](명) 달걀 모양을 한 홍백색 떡.

とりのこし[取り残し](명·타サ) ①따지 않고 남겨 둠. 또는 그 물건. ②뒤에 남겨 둠. 2. leaving behind

とりのぼ·せる[取り上せる](자하 1) 흥분하다. 상기(上気)하다. lose one's head

とりばい[取り灰]一バヒ(명) 아궁이에서 긁어 낸 재. ashes gathered from a stove

とりはから·う[取り計らう]一ハカラフ(타 4) ⇨はからう.

とりはず·す[取り外す]一ハヅス(타 4) ①떼어 내다. ②기회 등을 놓치다. ③실수하여 방귀를 뀌거나 오줌을 싸다. 명 取りはずし. 1. dismantle

とりはだ[鳥膚·鳥肌](명) ①춥거나 몹시 놀랐을 때에 피부에 좁쌀 같은 것이 돋아 나는 것. 소름. ②상어 같이 거친 피부. 1. goose-flesh 2. fish-skin

とりはな·す[取り離す](타 4) ①떼어 내다. ②입수(入手)한 것을 놓아 버리다. ③⇨とりはずす③. 1. let go

とりはら·う[取り払う]一ハラフ(타 4) 걷어 치우다. 죄다 치워 버리다. 철거(撤去)하다. 「かきねを一; 울타리를 죄다 뜯어 버리다」 demolish

とりひき[取り引き](명·자サ) 돈과 물건을 서로 주고 받음. 거래. 매매(売買). a transaction. **―じょ**[取引所](명)〈경〉 상품이나 유가 증권(有価証券)을 대량으로 매매하는 시장. 거래소.

とりひし·ぐ[取り拉ぐ](타 4) ⇨ひしぐ.

とりひろ·げる[取り広げる](타하 1) ①장소를 넓히다. ②늘어놓다. 「商品(ショウヒン)を一; 상품을 늘어놓다」 1. widen

トリプシン[도 Trypsin](명)〈생〉 트립신. 췌액(膵液)에 포함되어 있는 흰자질 분해 효소의 한 가지.

とりふだ[取り札](명)〔가루다에서〕 집는 쪽의 딱지. ↔読(ヨ)み札. second-line cards

トリプル[triple](명) 트리플. 〔야구에서〕 3중살(三重殺). 「一プレー; 연달아 세 사람이 아우트됨」

ドリブル[dribble](명·타サ) 드리블. ①〔럭비, 축구에서〕 보올을 발로 가볍게 차면서 몰고 가는 것. ②〔농구에서〕 보올을 손으로 땅에 튀기며 나아가는 것. ③〔배구에서〕 잇달아 두 번 이상 보올에 몸의 일부분이 닿는 것. ④〔당구에서〕 당구대의 포켓에 당구 알을 굴려 넣는 것.

トリプレット[triplet](명)〈악〉 트리플렛. 3연음부(三連音符).

とりぶん[取り分](명) 자기가 차지할 분량. 몫. one's share

とりべやま[鳥辺山](명)〈지〉 교오토(京都) 부근에 있는 한 지구(地区). 옛날 화장장이 있던 곳.

とりほうだい[取り放題](명) 얼마든지 마음대로 차지함. 얼마든지 차지할 수 있음. 갖는 대로 내버려 둠. taking as much as one pleases

トリポリ[Tripoli](명)〈지〉 트리폴리. 리비아 연합 왕국의 수도로 지중해에 연한 중요한 항구 도시.

とりまえ[取り前]一マヘ(명) ⇨とりぶん.

とりまかな·う[取り賄う]一マカナフ(타 4) ⇨まかなう.

とりまき[取り巻き](명) ①둘러 싸는 일. ②권세가(権勢家)에 아첨하여 그 둘레에 모여 드는 것. 또는 그런 사람들. 1. surrounding

とりまぎ·れる[取り紛れる](자하 1) ①섞갈리다. 헛갈리다. ②바쁜 일에 정신이 팔리다. 1. be confused

とりま·く[取り巻く](타 4) 둘러 싸다. surround

とりま·ぜる[取り混ぜる](타하 1) 한데 섞다. mix

とりまと·める[取り纏める](타하 1) ⇨まとめる.

とりまわし[取り回し]一マハシ(명) ①일의 처리. ②사람 다루는 방법. 1. management of affairs

とりまわ·す[取り回す]一マハス(타 4) ①처리하다. ②둘러 싸다. ③판별하여 다른 데로 돌리다. 사람을 다루다. 1. manage

とりみだ·す[取り乱す](타 4) ①어지르다. ②이성을 잃어 보기 흉한 모습을 하다. 「取り乱した姿(スガタ); 보기 흉한 모습. 미친 듯한 모습」 ③보기 흉하게 행동하다. 「突然(トツゼン)の事件(ジケン)で一; 갑작스런 사건으로 비정상적으로 하다」 1. put in disorder

トリミング[trimming](명) 트리밍. ①〔사진에서〕화면의 불필요한 부분을 제거하고 구도(構図)를 조정하는 일. ②양복 가장자리를 장식하는 부속품.

とり むす·ぶ[取り結ぶ](타 4) ①(약속 등을) 단단히 하다. ②거간하다. 중개하다. ③아첨하여 남의 기분을 돋이키다. 1. conclude

とり め[鳥目](명)〈의〉 낮에는 보이나 밤에는 보이지 않는 눈병. 야맹증(夜盲症). 밤소경. night blindness

とり もち[取り持ち](명·타サ) ①손에 잡아 쥠. ②떠맡음. ③중개(仲介)함. 쌍방이 좋도록 하는 것. ④적당히 대우함. 3. mediation

とり もち[鳥黐](명) 작은 새나 곤충을 잡기 위한 끈끈이. 감탕나무의 껍질로 만듦. birdlime

とり も·つ[取り持つ](타 4) ①손에 잡아 쥐다. ②중매하다. 중개(仲介)하다. 「争議(ソウギ)を—; 쟁의를 중재하다」③대우하다. ④천거(薦挙)하다. 알선하다. 「地位(チイ)があがるように—; 승진하도록 주선하다」 1. hold 2. mediate

とり もど·す[取り戻す](타 4) 되찾다. take back

とりも なおさず[取りも直さず]—ナホサズ(연어·부) 그대로. 곧. 즉. 결국. 바꿔 말하면. in other words

とり もの[捕り物](명) 죄인을 잡는 일. 「—帳(チョウ); (옛날의) 죄인에 관한 기록」 arrest

とり や[鳥屋](명) ①사조(飼鳥)를 파는 가게. ②새고기를 팔거나 요리하여 먹게 하는 곳. 또는 그 사람. 2. a poulterer

とり や·める[取り止める](타하 1) 예정했던 것을 그만두다. 「会議(カイギ)を—; 예정했던 회의를 그만두다」 명 取り止め. stop

とり やり[取り遣り](명·타サ) ⇨やりとり.

どりゅう[土竜](명) ①좋은 말. 잘 달리는 훌륭한 말. 용마(龍馬). ②〈동〉 두더지. 1. a fine horse 2. a mole

とりょう[塗料](명) 도료. 물건 표면에 칠하는(색칠하는) 진한 물감. 페인트. paints

どりょう[土量](명) 흙의 분량(分量). mud-volume

どりょう[度量](명) 도량. ①길이와 부피. ②자와 되. ③남을 잘 받아 들이는 관대한 성질. 「—がせまい; 도량이 좁다」 1. length and capacity. — **こう**[度量衡](명) 도량형. ①길이, 부피, 무게. ②자, 되, 저울. 「—器(キ); 도량형기」

どりょく[努力](명·자サ) 노력. 힘을 기울임. 힘을 들여 애를 씀. effort

とり よせ[鳥寄せ](명) 새를 잡기 위하여 미끼 등을 놓고 가까이 오게 하는 것. bird call

とり よ·せる[取り寄せる](타하 1) ①보내 오게 하다. 「見本(ミホン)を—; 견본을 보내 오게 하다」②가지고 오게 하다. 「料理(リョウリ)を—; 요리를 가져 오게 하다」 1. order from

とり よろ·う[取り具う]—ヨロフ(자 4)〈고〉 갖추어지다.

トリル[trill](명)〈악〉 트릴. ①떨리는 소리. 전음(顫音). ②떨리는 듯한 소리.

ドリル[drill](명) 드릴. ①회전시켜 구멍을 뚫는 송곳. 나사 송곳. ②착암기(鑿岩機). ③(되풀이해서 하는) 연습. 「漢字(カンジ)の—; 한자 연습」

とり わけ[取り分け] Ⅰ(명) ①갈라 놓는 것. ②〔씨름에서〕무승부(無勝負). Ⅱ(부) 더우기. 특히. Ⅰ 1. division 2. a draw Ⅱ above all. — **て**[取り分けて](부) 특히. 각별하게.

とり わ·ける[取り分ける](타하 1) ①구별 짓다. ②나누어 구별하다. ③음식 등을 다른 그릇에 나누어 갖다. 1. 2. divide

トリンケン[도 trinken](명·자サ) 트링켄. 술을 마심.

と·る[取る] Ⅰ(타 4) ①쥐다. 가지다. 취하다. 잡다. 「手(テ)に—; 손에 쥐다」②빼앗다. 「おかねを—; 돈을 빼앗다」③없애다. 빼다. 「しみを—; 얼룩을 빼다」④쓰다. 「弓矢(ユミヤ)を—; 화살을 쓰다」⑤지키다. 「かたく自説(ジセツ)を—; 굳게 자기 주장을 고집하다」⑥따다. 「きのこを—; 버섯을 따다」⑦받다. 「賄賂(ワイロ)を—; 뇌물을 받다」⑧나누다. 「火(ヒ)を—; 불씨를 나누다」⑨얻다. 「満点(マンテン)を—; 만점을 받다」⑩차지하다. 「天下(テンカ)を—; 나라를 차지하다」⑪만들어 내다. 「型(カタ)を—; 형(型)을 만들어 내다」「酒(サケ)から酢(ス)を—; 술에서 식초를 만들어 내다」⑫저장하다. 「たねを—; 씨앗을 받아 두다」⑬(밥을) 먹다. ⑭해석하다. 「わるく—; 나쁘게 해석하다」⑮달래다. 「きげんを—; 기분을 맞추다」⑯부르다. 「あんまを—; 안마사를 부르다」⑰맞아 들이다. 「嫁(ヨメ)を—; 장가 들다」⑱사들이다. 구입하다. 「店(ミセ)から—; 가게에서 사들이다」⑲가져오게 하다. 「品物(シナモノ)を—; 물건을 가져 오게 하다」⑳끌어 들이다. 「光線(コウセン)を—; 빛이 들게 하다」㉑정하다. 「宿(ヤド)を—; 숙소를 정하다」㉒손으로 심다. 「さなえ—; 모종을 심다」㉓벗다. 「帽子(ボウシ)を—; 모자를 벗다」㉔(시간이) 걸리다. ㉕미리 준비하다. 「へやを—; 방을 미리 준비하다」㉖맞게 치다. 「拍子(ヒョウシ)を—; 장단을 맞추다」㉗죽이다. 「打(ウ)ち—; 쏘아 죽이다. 때려 죽이다」㉘세다. 「数(カズ)を—; 수를 세다」Ⅱ(보동·4) …하여 제것으로 하다. 「買(カ)い—; 사들여 제것으로 하다」Ⅰ 1. take 3. take away 15. soothe 27. kill

と·る[取る·捕る](타 4) 잡다. 「さかなを—; 물고기를 잡다」 catch

と·る[取る·採る](타 4) ①택하다. 「態度(タイド)を—; 태도를 취하다」②채용하다. 「卒業生(ソツギョウセイ)を—; 졸업생을 채용하다」③채택하다. 2. employ

と·る[取る·執る](타 4) 집행하다. 하다. 보다. 「事務(ジム)を—; 사무를 보다」 do

と·る[取る·撮る](타 4) (사진을) 찍다. 박다. take

ドル[dollar·弗](명) 달러. ①미국 화폐 단위. ②돈.

どるい きんぞく[土類金属](명)〈이〉 토류 금속. 원소 주기율표 가운데 제3족(第三族)의 금속 원소. 예: 알루미늄, 스칸듐 등. earth metals

ドル かい[弗買い]—カヒ(명) ①달러로 표시된 미국의 화폐나 유가 증권(有価証券) 등을 사들이는 일. ②달러상(商). 1. dollar purchase

トルコ[포 Turco·土耳古·土耳其](명)〈지〉 터어키. 아시

아와 유럽에 걸쳐 위치한 공화국. 수도는 안카라(Ankara). ―だま[土耳古玉](명)〈광〉 터어키옥. 남색(藍色) 등의 결정(結晶)되지 않는 광물. ―ぶろ[土耳古風呂](명) 터어키탕. (오락 시설이 있는) 증기 목욕탕(蒸気沐浴湯). ―ぼうし[土耳古帽子](명) 터어키 모자. 터어키인이 머리에 쓰는 통(筒) 모양의 모자.

トルソ(ー)[이 torso](명) 토르소. (머리나 손발이 없는) 몸통뿐인 조상(彫像).

ドルばこ[弗箱](명) ①금고. ②돈을 벌게 해 주는 사람. ③자금을 대주는 사람. 1. a money box 〔土耳古帽子〕

トルヒヨ[Trujillo](명)〈지〉 트루히요. 도미니카 공화국의 수도. 슈다드트루히요.

ドルメン[dolmen](명)〈역〉 돌멘. 큰 바위로 만든 무덤의 한 가지. 거석 분묘(巨石墳墓). 고인돌.

どれ[何れ] Ⅰ(대) ①어느 쪽. 어느 것. ②누구. Ⅱ(감) ①생각이 났을 때 하는 말. ②이상하게 여기거나 다시 재촉할 때 하는 말. Ⅰ 1. which Ⅱ now

どれい[奴隷](명) 노예. ①머슴. 하인(下人). ②남의 지배 밑에서 권리와 자유가 없이 매매의 대상이 되는 사람. 종. ③자유를 속박당하고 남에게 부림을 받는 사람. 「権力者(ケンリョクシャ)の―となる; 권력자의 노예가 되다」 1. a servant 2. 3. a slave

トレー[tray](명) 트레이. 쟁반.

トレーシング ペーパー[tracing paper](명) 트레이싱페이퍼. 복사용(複写用)의 얇은 종이. 투사지(透写紙).

トレース[trace](명·타サ) 트레이스. ①그림. ②도면(図面)을 그림. 도형(図形). ③복사(複寫)함.

トレード[trade](명·타サ) 트레이드. ①상거래. 무역. ②〔프로 야구에서〕 선수가 적(籍)을 다른 티임에 옮김. 이적(移籍). ―マーク[trade mark](명) 트레이드마아크. 등록 상표(登録商標).

トレーナー[trainer](명) 트레이너. 연습의 지도자. 마술경기, 경마말(競馬馬) 등의 훈련을 시키는 사람.

トレーニング[training](명·자サ) 트레이닝. 연습. 훈련. 「―パンツ; 연습용 팬츠」

トレーラ(ー)[trailer](명) 트레일러. 동력 장치(動力装置)가 있는 차에 끌려 가는, 동력 장치가 없는 부속차(附属車).

どれきせい[土瀝青](명)〈광〉 토역청. 도로 포장 등에 씀. asphalt

ドレス[dress](명) 드레스. ①의복. ②예복(礼服). ③부인복(婦人服). ―メーカー[dress maker](명) 드레스메이커. 부인복, 아동복을 만드는 재봉사(裁縫師).

ドレスデン[Dresden](명)〈지〉 드레스덴. 동도이치 남부 색스니 지방의 문화 도시.

とれつ[堵列](명·자サ) 도열. 죽 늘어섬. a line

ドレッシー[dressy](명·형동ダ) 드레시. 부인복 부속품의 선이나 형(型)이나 생김새가 우미하고 연함. ↔スポーティー.

ドレッシング[dressing](명) 드레싱. ①복장(服装). ②장식(装飾). ③소오스의 한 가지. 프랑스식 소오스.

トレパン(명) 트레이닝팬츠의 준말.

ドレフュスじけん[Dreyfus 事件](명) 드레퓌스 사건. 1894년 프랑스 참모 본부에 일어난 매국(売国)의 혹 사건.

どれほど[何れ程](부) 어느 정도. 얼마나. how much

ドレメ(명) 드레스메이커의 준말.

トレモロ[이 tremolo](명)〈악〉 트레몰로. 1음(一音), 2음(二音) 또는 몇 개의 음을 빨리 반복하는 주법(奏法). 장식적(装飾的)으로 떨게 한 음. 진음(震音).

と·れる[取れる](자하 1) ①잡을 수 있다. 취할 수 있다. ②해석되다. 「そのことばは皮肉(ヒニク)とも―; 그 말은 빈정대는 것으로도 해석된다」 ③떨어지다. 빠지다. 「かさの柄(エ)が―; 우산 자루가 빠지다」 1. be caught

とれん[都連](명) 토오쿄오도 조합 연합회(東京都組合連合会)의 약칭.

トレンチ(コート)[trench (coat)](명) 트렌치코우트. 허리띠가 달린 방수용 외투. 참호용(塹壕用)으로 씀.

とろ(명) ①⇨とろろ. ②다랑어의 기름기가 많은 살. ↔ずけ. 2. oily tuna meat

とろ[瀞](명) 강물의 흐름이 고요함. 또는 그곳. a pool in a river

と·ろ[吐露](명·타サ) 토로. (자기 의견을) 송두리째 털어 놓음. 「真情(シンジョウ)を―する; 진정을 털어 놓다」 utterance

とろ[登呂](명)〈지〉 시즈오카시(静岡市) 남쪽 약 2 *km* 에 있는 야요이식(弥生式) 문화 시대의 농촌과 논의 유적(遺跡).

トロ(명) ⇨トロッコ.

どろ[泥](명) ①진흙탕. 「―を吐(ハ)く; 나쁜 짓을 자백하다」 ②〈속〉 도둑. 「こそ―; 좀도둑」 1. mud

どろあし[泥足](명) ①진흙탕이 묻은 발. ②화류계 신세. 1. a muddy foot

トロイカ[러 troika](명) 트로이카. 러시아의 삼두 마차(三頭馬車).

トロイデ[도 Tholoide](명)〈지〉 톨로이데. 산의 꼭대기가 종 모양으로 되고 암장(岩漿)은 산성암을 이룬 화산. 종상 화산(鐘状火山).

とろう[徒労](명) 도로. 헛되이 수고하는 것. 「―に終(オワ)る; 헛수고로 끝나다」 vain effort

どろうみ[泥海](명) 흙탕물이 떠도는 바다. a muddy sea

どろえのぐ[泥絵の具](명) 호분(胡粉)을 섞은 진흙같이 생긴 그림 물감. distemper

ドローイング[drawing](명) 드로오잉. 제도(製図).

トローチ[troche](명)〈의〉 트로우치. 설탕과 약을 섞어서 만든 정제(錠剤).

トロール[trawl](명) 트로올. ①저인(底引). 「―あみ; 저인망(底引網)」 ②트로올망(網)의 준말. ―ぎょぎょう[trawl 漁業](명) 트로올 어업. 트로올망으로 물고기를 잡는 어업. ―せん[trawl 船](명) 트로올선. 트로올망으로 물고기를 잡는 어선.

ドロ(ー)ン ワーク[drawn work](명) 드로온워어크. 천

의 올을 뽑아 낸 자리에 여러 가지 무늬를 넣은 것. 손수건, 식탁보 등에 씀.
とろか·す[蕩かす](타 4) ①넋을 잃게 하다. 황홀하게 하다.「心(ココロ)を—ようなメロディー; 마음을 황홀하게 하는 멜로디」②금속을 녹이다. 1. fascinate 2. melt
どろがめ[泥亀](명)〈동〉⇨すっぽん.
どろくさ·い[泥臭い](형) 흙내가 나다. 촌티가 나다. 파생 —さ(명). rustic
とろ·ける[蕩ける](자하 1) ①마음의 긴장이 풀리다. 이성을 잃다. ②녹아서 액체가 되다. 1. be fascinated
どろじあい[泥試合]—ジアヒ(명·자サ) 서로 상대의 비밀, 약점을 폭로하며 추잡하게 다툼. 서로 죄를 뒤집어 씌움. mud-flinging
どろた[泥田](명) 수렁 논. muddy rice-fields
トロッコ[truck](명) 트럭. 손으로 밀어 선로(線路) 위를 달리게 하는 운반차. 토목 공사에 씀.
トロット[trot](명) 트롯. ①〔마술(馬術)에서〕 속보(速歩). ②〈악〉 ⇨フォックストロット.
ドロップ[drop](명·자サ) 드롭. ①물방울. ②낙하(落下). ③서양식 작은 사탕. 드롭스. ④〔야구에서〕 배터(打者) 가까이에서 갑자기 낮게 떨어지는 공.
とろとろ(부·자サ) ①고체가 녹아서 유동체가 된 모양. ②조용히 타는 모양. ③약한 불로 익히는 모양. ④졸리운 모양. ⑤느린 모양. ⑥콧물이 떨어지는 모양. 1. melt 2. burn quietly
どろどろ(부·자サ) ①진흙같이 되어 있는 모양. ②멀리서 나는 대포나 우뢰 소리. 우르르. ③〔연극에서〕 유령 등이 나오는 장면에서 치는 북소리. 1. like jelly
どろなわ[泥縄]—ナハ(명) 〔도둑을 본 다음에 새끼를 꼰다는 뜻으로〕 일을 당한 다음에 대책을 강구하는 것. 뒤늦음. 소 잃고 외양간 고치기.
locking the stable-door after the horse has been stolen
どろぬま[泥沼](명) ①진흙탕이 많은 늪. 수렁. ②벗어나려 해도 벗어날 수 없는 나쁜 환경.「—にはまる; 수렁(헤어날 수 없는 곤경)에 빠지다」1. a bog
どろのき[白楊](명)〈식〉 백양. 버들과에 속하는 낙엽 활엽 교목. 목재는 성냥 개비를 만듦. a white ash
とろび[とろ火](명) 화력이 약한 불. a slow fire
トロフィー[trophy](명) 트로피. 우승자에게 주어지는 컵이나 상패(賞牌). 우승배(優勝盃).
どろぼう[泥棒·泥坊](명·타サ) 남의 것을 훔침. 또는 그 사람. 도둑. a thief
どろみず[泥水]—ミヅ(명) ①흙탕물. ②화류계 신세.「—稼業(カギョウ); 화류계 생활」 1. muddy water
どろみち[泥道](명) 흙탕길. a muddy road
どろやなぎ[白楊](명)〈식〉 ⇨どろのき.
どろよけ[泥除け](명) 찻바퀴 바깥쪽에 달아서 흙탕물이 튀는 것을 막는 것. 흙받기. a splasher
とろり(부) ①잠깐 선잠을 자는 모양. 어리마리. ②수분이 적어서 끈적거리는 모양. 1. drop into a doze
どろり(부) 끈적끈적한 모양. 진흙처럼 된 모양. like jelly
トロリー[trolley](명) 트롤리. ①⇨トロッコ. ②(전차 등의) 가공선(架空線)에 접하여 전기를 통하게 하는 바퀴. 촉륜(触輪).「—バス; 궤도(軌道)를 필요로 하지 않고 트롤리로 달리는 버스(전차)」
とろろ[薯蕷](명) ←薯蕷汁. **—いも**[薯蕷芋](명)〈식〉마. **—こ(ん)ぶ**[とろろ昆布](명)〈식〉 ①갈조류(褐藻類)의 바닷말(海藻). ②다시마를 실같이 가늘게 썰어서 만든 식품. **—じる**[薯蕷汁](명) 마를 갈아서 된장 등을 섞은 요리.
とろん(부) (술이나 잠에 취해서) 안광(眼光)이 몽롱한 모양. 흐리멍덩한 모양. dull
どろん(명·부·자サ) 갑자기 자취를 감추는 모양.「—をきめる; 행방을 감추다」 melting away
ドロンゲーム[drawn game](명) 드로온게임. 무승부 시합(無勝負試合).
どろんこ[泥んこ](명)〈속〉 흙투성이. mud-covered
トロント[Toronto](명)〈지〉 터론토. 캐나다 온테리오우 주(州)의 수도.
トロンボーン[trombone](명)〈악〉 트롬본. 긴 "U" 자형의 관을 맞추어 만든 금관 악기.
〔トロンボーン〕
とわトハ(명) 영원.「—の眠(ネム)り; 영원한 잠」eternity
とわずがたり[問わず語り]トハズ—(명) 묻지도 않는데 이야기하는 것. 또는 부주의로 말하여 버리는 것. a voluntary remark
どわすれ[度忘れ](명·자サ) 깜박 잊어 버려 좀처럼 생각에 떠오르지 않음. a slip of memory
とわに[常に·永久に]トハニ(부) 영구히. 항상 변하지 않는 모양. everlastingly
とん[豚](명) ①돼지. ②돼지 고기.「—カツ; 포오크카틀렛」 1. a pig 2. pork
トン[네 ton·噸·瓲](명) 톤. ①무게의 단위. 기호는 *t*. ② 1,000 *kg*. ③영국의 2,240 파운드. ④미국의 2,000 파운드. ⑤부피(容積)의 단위. 100 입방 피이트.
—どん(접미) 〔"どの(殿)"의 음편(音便)〕 하인이나 손아랫 사람의 이름에 붙여 쓰는 말.
どん Ⅰ(명) 정오를 알리는 대포 소리. 오정포(午正砲). Ⅱ(부) 탄환을 발사하는 소리. Ⅰ the noon
どん[鈍](명·형동ダ) 미련함. 둔함. dull
とんえい[屯営](명·자サ) 병사들이 진을 침. 진영(陣営). 병영. a military camp
どんか[鈍化](명·자サ) 둔화. 둔해짐. becoming dull
どんかく[鈍角](명)〈수〉 둔각. 90 도보다 크고 180 도보다 작은 각. ↔鋭角(エイカク). an obtuse angle. **—さんかくけい**[鈍角三角形](명)〈수〉 둔각 삼각형. 하나의 내각(内角)이 둔각(鈍角)인 삼각형. ↔鋭角(エイカク) 三角形.
とんがらか·る[尖らかる](자 4)〈속〉 ①뾰족해지다. ②토라지다. 앵돌아지다. 타 とんがらかす. 1. get sharp
とんが·る[尖る](자 4)〈속〉 ⇨とがる.
ドンがわ[Don 川](명)〈지〉 돈강. 러시아 동남부에 있는 큰 강.
どんかん[貪官](명) 탐관. 욕심이 많은 관리.「—汚吏(オリ); 탐관 오리」 a greedy official

どんかん[鈍感](명·형동ダ) 둔감. 감각이 둔함. ↔敏感(ビンカン). insensibility
どんき[鈍器](명) 잘 들지 않는 칼. an obtuse weapon
とんきょう[頓狂](명·형동ダ) 갑자기 엉뚱한 짓을 함. 또는 그 사람. 당황하며 바보짓을 함. 「一な声(コエ); 괴상하고 얼빠진 소리」 freakishness
どんぐり[団栗](명)〈식〉 도토리. 떡갈나무 열매. 「一のせいくらべ; 도토리의 키 견주기(우열이 없음의 비유)」 an acorn. **— まなこ**[団栗眼](명) 크고 둥글며 또렷한 눈.
とんご[頓悟](명·자サ)〈불〉 돈오. 갑자기 도(道)를 깨달음. ↔漸悟(ゼンゴ). sudden spiritual awakening
どんこ(명)〈동〉 동사리. 곁치과의 민물고기. 맛이 좋음.
どんこう[鈍行](명)〈속〉 보통 열차. ↔急行(キュウコウ). a slow train
とんコレラ[豚虎列剌](명)〈농〉 돈콜레라. 돼지에 발생하는 급성 전염병.
どんこん[鈍根](명) 재치가 없는 것. 둔한 것. ↔利根(リコン). slow wit
とんざ[頓挫](명·자サ) ①기세 등이 중도에서 꺾임. 중단. 좌절. 「事業(ジギョウ)が一する; 사업이 중단되다」 ②문장의 기세가 갑자기 변함. 1. standstill
とんさい[頓才](명) 약삭빠른 재능. 재치. wit
どんさい[鈍才](명) 둔재. 둔한 재지(才智). stupidity
とんし[豚脂](명) 돼지의 지방 조직(脂肪組織)에서 얻은 굳기름. lard
とんし[頓死](명·자サ) 돈사. 갑자기 죽음. 급사(急死). sudden death
とんじ[豚児](명) 돈아. ①어리석고 철이 없는 아이. ②자기 아이의 낮춤말. 1. a foolish child
とんじ[遁辞](명) 둔사. 관계나 책임을 회피하려고 억지로 꾸며서 하는 말. an excuse
とんしゃ[豚舎](명)〈농〉 돈사. 돼지를 기르는 우리. 돼지 우리. a pigsty
とんじゃく[頓着](명·자サ) ⇨とんちゃく.
とんしゅ[頓首](명·자サ) 머리가 땅에 닿도록 절한다는 뜻으로 편지 끝에 쓰는 높임말. 돈수 재배(頓首再拝). Sincerely yours
どんじゅう[鈍重](명·형동ダ) 둔중. 성질이나 동작이 둔하고 느림. 「東北人(トウホクジン)は一だといわれる; 동북 지방 사람은 둔하고 느리다는 평을 받는다」 dullness
どんしゅうのうお[呑舟の魚]ーウヲ(연어·명) ①놀라운 포획물(捕獲物). ②큰 인물. ③큰 도둑. 1. a great fish 2. a great man
とんしょ[屯所](명) ①여럿이 모이는 곳. 진치는 곳. ②경찰서의 옛 이름. 1. quarters 2. a police station
とんしょうぼだい[頓証菩提](연어·명)〈불〉 돈증 보리. ①〔불교에서〕 홀연히 도(道)를 깨달음. ②불전(仏前)에서 망자(亡者)의 명복을 비는 말.
どんしょく[貪食](명·자サ) 탐식. 탐내어 먹음. voracity
どんじり(명)〈속〉 제일 끝. 최후. the tail end
どんす[緞子](명) 생사나 연사(練糸)로 두껍게 짠 광택 있고 무늬가 있는 비단. satin damask
どん·する[鈍する](자サ) 둔해지다. 멍청해지다. 「貧(ヒン)すればー; 가난하면 둔해지다」 become thick-headed
とんせい[遁世](명·자サ) 둔세. ①불문(仏門)에 들어감. ②속세(俗世)를 버림. 2. renouncing the world
トンぜい[噸税](명)〈법〉 돈세. 톤수에 대해서 부과하는 관세(関税). tonnage due
どんぜい[呑噬](명·타サ) 서로 물어 뜯으며 싸움. mastication
とんそう[遁走](명·자サ) 둔주. 뛰어 달아남. 도주(逃走). fleeing. **— きょく**[遁走曲](명)〈악〉 ⇨フーガ.
どんぞこ[どん底](명) ①맨 밑바닥. ②가장 깊은 곳. 또는 가장 나쁜 곳. 「一の生活(セイカツ); (아주) 비참한 생활」 1. the bottom
とんだ(연체) 뜻하지 않은. 당치 않은. 「一目(メ)にあう; 뜻하지 않았던 변을 당함」 surprising
ドンタク(명) 〔존다그(네 zondag)의 변화〕 ①일요일. ②휴일(休日). 1. Sunday
とんち[頓智](명) 그자리에서 즉각 떠오르는 지혜. 기지(機智). 재치. ready wit
とんちき[頓痴気](명)〈속〉 얼간이. an ass
とんちゃく[頓着](명·자サ) 관심을 가짐. 염려. care
どんちゃんさわぎ[どんちゃん騒ぎ](명·자サ) 〔요리집에서〕 술을 마시고 노래하며 크게 떠듦. an orgy
どんちょう[緞帳](명) ①무늬가 있는 두꺼운 막(幕). ②말아서 오르내리게 하는 막. 1. a thick curtain. **— しばい**[緞帳芝居]ーシバヰ(명) 하등(下等) 연극. **— やくしゃ**[緞帳役者](명) 하등 연극의 배우(俳優).
とんちんかん[頓珍漢](명·형동ダ)〈속〉 ①모순된 짓을 함. 또는 그 사람. ②영문을 알 수 없음. 1. irrelevance
どんつう[鈍痛](명) 둔통. 무지근히 아픔. a dull pain
どんつく[鈍突](명) 질이 낮은 무명 솜옷. low-class wadded cotton clothes
どんづまり[どん詰まり](명)〈속〉 종말(終末). 최후(最後). the end
とんでもない(연어·형) ①생각하지도 않은. 뜻밖의. ②있어서는 안될. 바람직하지 못한. 1. unexpected
とんでん[屯田](명) 둔전. 옛날에 병정을 국경 가까운 곳에 모아 병사(兵事)와 농사 일을 시키던 제도. 「一兵(ヘイ); 둔전병」 「cloudy weather」
どんてん[曇天](명) 담천. 흐린 날씨. ↔晴天(セイテン).
どんでんがえし[どんでん返し]ーガヘシ(명) 정반대로 뒤집음. 또는 그 장치. reversing
とんと(부)〈속〉 ①조금도. ②전혀. 2. entirely
どんと[呑吐](명·타サ) ①마시는 것과 토하는 것. ②마셨다 토했다 함. drinking and disgorging
どんど[爆竹](명) ⇨さぎちょう(左義長).
どんとう[鈍刀](명) 날이 무딘 칼. a blunt blade
とんとん Ⅰ(명) ①손해도 이익도 없는 것. 「一だ; 손득(損得)이 없음」 ②←とんとんぶき. Ⅱ(부) 가볍게 두드리는 소리. Ⅰ 1. the same Ⅱ a tap. **— びょうし**[とんとん拍子](명) 갑자기 나아감. 제대로 잘되어 감.

「仕事(シゴト)が一にはこぶ; 일이 제대로 잘되어 가다」 **—ぶき**[とんとん葺き](명) 얇게 깎은 나뭇조각으로 간단하게 지붕을 이는 것. 또는 그 지붕.

どんどん(부·자サ) ①강하게 두드리는 소리. ②북을 계속해서 치는 소리. 둥둥. ③대포, 화포(花砲) 등을 쏘아서 나는 소리. 쾅쾅. ④힘차게 계속되는 모양. ⑤거침 없이 진행하는 모양. 1. tat-tat-tat

どんな(연체) 어떠한. 「一に; 어떻게」 what

とんにく[豚肉](명) 돈육. 돼지 고기. pork

トンネル[tunnel·隧道](명·타サ) 터널. ①굴. ②〈속〉〔야구에서〕 수비 야수(守備野手)가 두 다리 사이로 공을 놓치는 일. ③받아 들인 물건이나 주문(注文)을 그대로 다른 사람에게 돌려서 차액(差額)만큼의 이득을 봄.

とんび[鳶](명) ①〈동〉 소리개. ②〈속〉 지나치면서 남의 것을 훔치는 좀도둑. ③일본옷 위에 덮쳐 입는, 소매가 넓은 남자용 외투. 1. a kite

ドンファン[Don Juan](명) 돈화안. ①스페인의 전설적 인물. 호색한(好色漢)으로 유명. ②엽색가(猟色家). 호색한.

とんぷく[頓服](명·타サ)〈의〉 돈복. 단번에 먹음. 또는 그 약. a draught of medicine

どんぶつ[鈍物](명) 머리가 둔한 사람. 미련한 사람. 바보. 멍청이. a dunce

どんぶり(부) 물건이 물속에 떨어지는 소리. 풍덩. with a splash

どんぶり[丼](명) ①←丼鉢. ②휴지(休紙) 등을 넣어두는 큰 주머니. ③앞치마 앞에 만들어 단 주머니. **—ばち**[丼鉢](명) 깊고 두꺼운 사발 모양의 도기(陶器).

とんぼ[蜻蛉·蜻蜓](명)〈동〉 잠자리. 「一をきる; 공중회전을 하다」 1. a dragon-fly. **—がえり**[蜻蛉返り] ―ガヘリ(명·자サ) 공중 회전을 함.

どんま[鈍麻](명·자サ)〈의〉 둔해져서 무감각해짐. paralysis

どんま[鈍磨](명·자サ) 닳아서 무디어짐. defacement

とんま[頓馬](명·형동ダ) 얼빠짐. 바보. an ass

ドンマイ[←don't mind](연어·감) 염려하지 말라. 괜찮아.

とんや[問屋](명) 도매상(都売商). 「一がおろさない; 뜻대로 되지 않는다」 a wholesale store

どんよう[嫩葉](명) 눈엽. 새로 나온 곱고 연한 잎. 새잎. young leaves

どんよく[貪欲·貪慾](명·형동ダ) 탐욕. 욕심이 지나치게 많음. avarice

どんより(부·자サ) 날씨가 흐리고 어둠침침한 모양. dim

どんらん[貪婪](명·형동ダ) 탐람. 욕심이 대단함. 재물을 탐냄. avarice

どんり[貪吏](명) 탐리. 욕심이 많은 관리. 탐관 오리(貪官汚吏). an avaricious official

どんわん[鈍腕](명·형동ダ) 둔한 솜씨. ↔敏腕(ビンワン). dullness

な

な[名](명) ①이름. ②성(姓)을 뺀 이름. ↔姓(セイ), 名字(ミョウジ). ③성명(姓名). ④표면에 내세우는 이름. 명분. 「平和(ヘイワ)の一の下(モト)に; 평화의 명분 아래」 ⑤명성. 「一をあげる; 명성을 떨치다」 ⑥좋은 소문. 「その一も高(タカ)い; 그 이름도 높다」 ⑦구실. 「救済(キュウサイ)を一として; 구제를 구실삼아」 1. a name 5. reputation 7. a pretext

な[菜](명) 잎을 먹는 야채. 잎채소. 푸성귀. 「お一; 푸성귀」 vegetables

な Ⅰ(감) 강조와 감동을 표시하는 말. 「一, いいだろう; 응, 좋겠지」 Ⅱ(감조) ①금지를 나타내는 말. 「泣(ナ)く一; 울지 말라」 ②감동을 나타내는 독백. 「移(ウツ)りにけり一; 옮겼구나」 ③〔"なあ"와 같음〕 「うれしい一; 기쁘구나!」 ④명령을 나타내는 말. 「早(ハヤ)く行(ユ)き一; 빨리 가거라」 ⑤〈고〉 유인하는 기분을 나타내는 말. 「いざ行(ユ)か一; 자 가자」 Ⅲ(수조)〈고〉 "そ"와 함께 써서 금지의 뜻을 나타내는 말. 「一行(ユ)き(そ); 가지 말라」

な(격조)〔←なる〕 …이 있는. …의. 「ここ一無礼者(ブレイモノ); 이 무례한 놈」 「そこ一奴(ヤツ); 거 그놈」

な[汝](대)〈고〉 너. 그대.

な[魚](명)〈고〉 물고기.

なあて[名宛て](명)〔편지 등에서〕 지정한 상대방의 이름. 수신인(受信人)의 주소 성명. an address

ない—[内](조어) ①안쪽의. 「一出血(シュッケツ); 내출혈」 ②표면화되지 않은. 내밀한. 「一認可(ニンカ); 내적인 인가」

—ない[内](조어) 안. 내부(内部). 「区域(クイキ)一; 구역내」

ない[地震] ナヰ(명)〈고〉 지진. 「一ふる; 지진이 일어나다」

な·い[無い](형) ①없다. ②[亡い] 죽다. 「あの人(ヒト)も今(イマ)は一; 그 사람도 이젠 죽고 없다」 ③〔"たら"가 붙어〕 그밖엔 없다. 「おもしろいったら一; 최고로 재미 있다」 ④형용사, 형용 동사에 붙어서 부정을 나타내는 말. 「静(シズ)かでは一; 조용하지는 않다」 「そうでも一; 그렇지도 않다」 파생 **—げ**(형동ダ) **—さ**(명). 1. not present

な·い(조동·형형) 동사에 붙어서 부정을 나타내는 말. 「聞(キ)か一; 듣지 않다」

ナイアガラのたき[Niagaraの滝](명)〈지〉 나이애가라

폭포. 북미 나이애가라에 흐르는 세계 최대의 폭포. the Niagara Falls

ないい[内意](명) 내의. 마음속의 생각. one's intention

ナイーブ[naive](형동ダ) 나이브. 천진 난만한 모양. 소박한 모양.

ないいん[内因](명) 내인. 내부에 있는 원인. 「国際紛争(コクサイフンソウ)の—; 국제 분쟁의 내인」↔外因(ガイイン). an internal cause

ないいん[内院](명) ①신사(神社) 내부의 한 구역. ②〈불〉 도솔천(兜率天)의 내부, 곧 미륵 보살의 처소. 내원궁(内院宮). 「a private audience

ないえつ[内謁](명·자타サ) 내밀히 알현(謁見)함. ⤴

ないえつ[内閲](명·타サ) 내밀(内密)히 열람하거나 검열함. a private inspection

ないえん[内苑](명) 내원. 신사나 궁중의 정원. ↔外苑(ガイエン). the inner garden of the Imperial Palace

ないえん[内縁](명) 내연. 비공식적인 부부 관계. 「—のつま; 내연의 아내」 a marriage of consent

ないおう[内応](명·자サ) 내응. 몰래 적과 통함. 내통(内通). 배반. betraying

ないか[内科](명)〈의〉 내과. 내장에 관한 의학. ↔外科(ゲカ). internal medicine

ないかい[内界](명) 내계. ①내부의 세계. 마음속의 세계. ②〈철〉 의식(意識)의 내면적 작용. ↔外界(ガイカイ). 1. the inner world

ないかい[内海](명)〈지〉 내해. 뭍의 안쪽에 있는 바다. 뭍에 들어 가 있는 바다. ↔外海(ガイカイ). an inland sea

—ないがい[内外](접미) 내외. 쯤. 전후. 안팎. (조사처럼 씀) 「百人(ヒャクニン)—; 백 명 내외」

ないがい[内外](명) 내외. ①안팎. ②국내(国内)와 국외(国外). 1. inside and outside. **—じん**[内外人](명) ①그 나라 사람과 외국인. ②그 단체의 소속인과 외부 사람.

ないかく[内角](명) 내각. ①안쪽의 각. ②〔야구에서〕 본루(本塁)를 둘로 나누어 배터(打者)가 서 있는 쪽. ↔外角(ガイカク). 2. in-corner

ないかく[内郭](명) 내곽. 안쪽 테두리. ↔外郭(ガイカク). a retrenchment

ないかく[内閣](명)〈법〉 내각. 국무 대신이 조직하는 합의제(合議制)의 최고 관청. 정부. a cabinet. **—かんぼうちょうかん**[内閣官房長官](명)〈법〉 내각 관방장관. 내각 총리 대신을 보좌하는 장관. **—そうりだいじん**[内閣総理大臣](명)〈법〉 내각 총리 대신. 내각의 장으로 행정 각 부를 통할하는 국무 대신. 총리. 수상(首相).

ないがしろ[蔑ろ](형동ダ) 경멸하는 모양. 무시하는 모양. 「親(オヤ)を—にする; 부모를 깔보다」 ignoring

ないかてい[内火艇](명)〈군〉 내화정. 내연 기관(内燃機関)으로 움직이는 작은 배. a steam launch

ないかひ[内果皮](명)〈생〉 내과피. 열매 속에서 바로 씨를 싸고 있는 껍질. ↔外果皮(ガイカヒ). endocarp

ないかん[内患](명) 내환. 내부의 근심. 나라 안의 걱정. 내우(内憂). ↔外患(ガイカン). domestic troubles

ないかん[内観](명·타サ) 내관. ①〈심〉 자기가 자기 심리 상태를 관찰함. 내성(内省). ②〈불〉 마음을 가라앉혀 내심(内心)을 관찰함. 1. introspection

ないがん[内含](명·타サ) 내부에 포함하여 가짐. implication

ないき[内規](명) 내규. 부내의 규정. private rules

ないぎ[内儀](명) ①〔상인(商人), 직인(職人)의 계급에서〕 아내. ②남의 아내의 높임말. 「お—; 주인 마님」 ③내밀(内密)한 일. 1. a tradesman's wife

ないぎ[内議](명) 내의. 내밀(内密)한 평의(評議). 은밀한 모의. a secret consultation

ないきょく[内局](명) ①〈법〉 내국. 중앙 관청에서 직접 대신, 차관의 감독을 받는 국. ↔外局(ガイキョク). ②〈불〉〔정토진종(浄土真宗)의 총본산(総本山)에서〕 절의 사무를 보는 최고의 조직. 1. an intra-ministrial bureau

ないきん[内勤](명·자サ) 내근. 실내(室内)에서 근무함. ↔外勤(ガイキン). indoor service

ないぐ[内供](명)〈불〉 ⇨ないぐぶ.

ないくう[内宮](명) 이세(伊勢)의 코오다이 신궁(皇大神宮). 아마테라스 오오미카미(天照大神)를 모셨음. ↔外宮(ゲクウ).

ないぐぶ[内供奉](명)〈불〉 궁중내에서 봉사(奉仕)하던 승직(僧職). 지덕이 겸비한 10명의 중을 뽑아서 임금의 건강을 빌었음.

ないげ[内外](명) 내외. ①안과 밖. 안팎. ②모든 것. 모든 일. ③〈불〉 내전(内典)과 외전(外典). 1. the interior and exterior

ないけん[内見](명·타サ) 내밀히 봄. 내람(内覧). viewing privately

ないけん[内検](명·타サ) 은밀히 취조함. 은밀히 조사함. a private inspection

ないげんかん[内玄関](명) 가족들이 사용하는 현관. a side door

ないこう[内向](명)〈심〉 내향. 자기 아는 세계에 파묻히기 잘하는 것. 「—性(セイ); 내향성」 ↔外向(ガイコウ). introversion

ないこう[内攻](명·자サ)〈의〉 내공. 병독(病毒)이 내부를 침범하여 몸에 해를 끼침. retrocession

ないこう[内項](명)〈수〉 내항. 네 개의 항이 있는 비례식의 안쪽 두 개의 항. 예 : A:B=C:D일 때의 B와 C. internal terms

ないごうがいじゅう[内剛外柔](연어·명) 내강 외유. 마음속은 단단하나 밖의 태도는 부드러운 것. ↔内柔外剛(ナイジュウガイゴウ).

ないこく[内国](명) 내국. 나라 안. 국내. home

ないこくみん[内国民](명) 내국민. 한 나라 안의 국민. 내국인.

ないさ[内査](명) 내사. 비밀히 조사함. 내막적으로 조사함. a private inquiry

ないさい[内妻](명) 내처. 내연(内縁)의 처. a common-law wife

ないさい[内済](명·자サ) 겉으로 떠벌리지 않고 내밀

히 처리함. settling privately

ないざい[内在](명·자サ) 내재. 내부에 존재함. ↔外在(ガイザイ). immanence

ないし[乃至](접) 내지. ①…부터 …까지. 「定員(テイイン)は 一名(イチメイ)—二名(ニメイ); 정원은 한 사람내지 두 사람」②또는. 혹은. 1. from...to. **—は**[乃至は](접) 또는. 혹은.

ないし[内侍](명) 옛날, 나이시노 쯔카사(内侍の司)에 속했던 여관(女官). a maid of honour. **—どころ**[内侍所](명) ①⇨かしこどころ. ②⇨やたのかがみ(八咫の鏡). **—のかみ**[内侍尚侍](명) 나이시노 쯔카사의 우두머리. **—のすけ**[内侍典侍](명) 궁녀의 우두머리 다음의 벼슬. **—のつかさ**[内侍司](명) 옛날, 후궁(後宮)의 사무를 맡아 보던 관청.

ないじ[内示](명·타サ) 내시. 내밀(内密)히 표시함. 내밀히 드러냄. unofficial announcement

ないじ[内耳](명)〈생〉내이. 고막의 속 부분. 고막이 진동을 신경에 전하는 곳. ↔中耳(チュウジ). the internal ear

ナイジェリア[Nigeria](명)〈지〉나이지리아. 아프리카 서부의 공화국. 수도는 라고스(Lagos).

ないしつ[内室](명) 내실. 영부인(令夫人). one's wife

ないじつ[内実](명) ①내부의 실정(実情). ②실제(実際). 1. the real state of affairs

ないしゃく[内借](명·타サ) ①남 몰래 얻은 빚. ②가불(仮払). 1. a private debt

ないじゅ[内需](명)〈경〉국내의 수요. domestic demand

ないじゅうがいごう[内柔外剛](연어·명) 내유 외강. 마음은 약질(弱質)이나 밖에 나타난 태도는 강함. ↔内剛外柔(ナイゴウガイジュウ).

ないしゅうげん[内祝言](명) 내밀히 올리는 결혼식. 집안끼리의 잔치. a private wedding

ないしゅっけつ[内出血](명·자サ)〈의〉내출혈. 몸(身體) 안에서의 출혈. internal haemorrhage

ないしょ[内所·内緒·内証](명) ①비밀. 내밀. 「—事(ゴト); 내밀한 일」②집안. 가내(家内). ③살림 형편. 가계(家計). 「—が苦(クル)しい; 가계가 어렵다」④아내. 첩. ⑤유곽의 주인방. 1. a secret

ないじょ[内助](명·자サ) 내조. 처가 남편을 도움. 「—の功(コウ); 내조의 공」↔外助(ガイジョ). the wife's aid

ないしょう[内証](명) ⇨ないしょ.

ないじょう[内情](명) 내정. 내부의 사정. internal conditions

ないしょく[内職](명·자サ) 내직. ①본직 이외의 돈벌이. 부업. ②주부가 가계(家計)를 돕기 위해 하는 일. 1. a side job

ないしん[内心](명·부) 내심. 마음속. 심중. 「—びくびくする; 마음속으로 두려워하다」 one's mind

ないしん[内申](명·자サ) 내신. 〔인사 문제 등에서〕 내밀히 문서를 냄. 또는 그 문서. 「—書(ショ); 내신서」 an unofficial letter

ないしん[内診](명·타サ)〈의〉내진. ①부인의 생식기(生殖器) 속을 진찰함. ②의사가 자기 병원에서 진찰함. 택진(宅診). 1. endoscopy

ないじん[内陣](명) 신사에서 신체(神体)를 모셔 둔 곳. 절에서 본존(本尊)을 모셔 둔 곳. a sanctuary

ないしんのう[内親王](명) 황녀(皇女). a princess of the blood

ナイス[nice](명) 나이스. 훌륭함. 좋음. 근사함.

ないせい[内政](명) 내정. 국내의 정치. 「—干渉(カンショウ); 내정 간섭」 internal affairs

ないせい[内省](명·타サ) 내성. ①스스로 마음속으로 반성함. ② ⇨:ないかん(内観). 1. reflection

ないせつ[内接·内切](명·자サ)〈수〉내접. ①다각형의 각 정점(頂点)이 다른 다각형의 각 변과 접해 있는 일. ②원(円) 등의 둘레가 다각형의 각 변과 접해 있는 일. 또는 다각형의 각 정점이 원(円) 등의 둘레 위에 있는 일. ③곡선형 또는 곡면체(曲面体)끼리 서로 접할 때, 그 하나가 완전히 다른 것의 내부에 있을 경우. ↔外接(ガイセツ). 1. being inscribed

ないせん[内戦](명) 내전. 국내(国内)의 전쟁. 내란(内乱). a civil war

ないせん[内線](명) 내선. ①안쪽의 선. ②구내(構内)의 전화선. ↔外線(ガイセン). 1. an interior line. **—さくせん**[内線作戦](명)〈군〉내선 작전. 적에게 포위 당하는 형세에서의 작전.

ないそう[内争](명) 집안 싸움. 내분(内紛). an internal strife

ないそう[内奏](명·자サ) 내주. 임금에게 내밀히 상주(上奏)함. reporting to the Emperor privately

ないぞう[内蔵](명·타サ) 내장. 안에 가지고 있음.

ないぞう[内臓](명) 내장. 가슴, 뱃속의 모든 기관(器官). internal organs

ないそく[内側](명) 내측. 안쪽. ↔外側(ガイソク). the inside

ないぞく[内属](명·자サ) 내속. 내면에 부속한 것. inherence

ないそん[内孫](명) 친손자. ↔外孫(ガイソン). one's grandchild

ナイター[일 niter](명) 나이터. 〔야구에서〕 야간 시합.

ないだい[内題](명) 내제. 책의 안겉장이나 본문 첫머리 등에 쓴 제목. ↔外題(ゲダイ).

ないだいじん[内大臣](명) 좌대신(左大臣), 우대신(右大臣)에 버금 가는 벼슬.

ないだく[内諾](명·타サ) 내락. 내밀히 승낙함. consenting privately

ないたつ[内達](명·타サ) 내밀히 통달(通達)함. noticing unofficially

ないたん[内探](명·타サ) 내탐. 내밀히 탐색함. 내정(内偵). a private inquiry

ないだん[内談](명·자サ) 내담. ①내밀히 이야기함. 밀담(密談). ②내밀히 의논함. 1. a secret talk

ないち[内地](명) 내지. ①(식민지에 대하여) 본국, 본토. ②내륙(内陸). ③국내. 2. inland

ないち[内治](명) 내치. 국내의 정치. internal administration

ナイチンゲール[nightingale](명)〈동〉나이팅게일. 지빠귀과에 속하는 작은 새. 찌꼬리와 비슷하며 밤에 아름다운 소리로 욺. 밥뻐꾀리.
ないつう[内通](명·자サ) 내통. 내밀히 적과 통함. communicating secretly with enemy
ないてい[内廷](명) 내정. 궁정 내부. 「一費(ヒ); 천황 일가의 생활비」 the Imperial Court
ないてい[内定](명·자サ) 내정. 내밀히 정함. 「人事(ジンジ)の一; 인사의 내정」 deciding unofficially
ないてい[内庭](명) 내정. 안뜰. 안마당. a courtyard
ないてい[内偵](명·타サ) 내밀히 탐색함. scouting
ないてき[内的](형동ダ) 내적. ①내부에 관한 모양. ②마음속에 관한 모양. ↔外的(ガイテキ). 1. interior
ないてん[内典](명)〈불〉내전. 불교의 경전. ↔外典(ゲテン). the Buddhist scriptures
ナイト[knight](명) 나이트. ①(중세의) 기사(騎士). ②영국에서 서어(sir)의 칭호를 받은 사람.
ナイト[night](명) 나이트. 밤. 야간. 「一ショー; 나이트쇼우」 **—キャップ**[nightcap](명) 나이트캡. ①잠잘 때 쓰는 모자. ②잘 때 마시는 술. **—グラス**[night glass](명) 나이트글라스. 밤에 사용하는 망원경. **—クラブ**[night club](명) 나이트클럽. 밤에 영업하는 사교(社交) 오락장.
ないどきん[内帑金](명) 내탕금. 임금의 용돈. the Imperial Privy Purse
ないない[内内](명·부) 내밀히. 몰래. privacy
ないねん[内燃](명)〈이〉내연. 연료가 기통 내부에서 타는 것. 「一式(シキ); 내연식」 internal combustion. **—きかん**[内燃機関](명) 내연 기관. 열기관(熱機関)의 한 가지. 연료를 기통 속에 넣고 연소시켜서 생긴 가스의 팽창력으로 피스톤을 움직이게 하는 원동기의 총칭.
ないひ[内皮](명) 내피. ①속껍질. ②〈식〉식물 조직의 피층(皮層)과 중심주(中心柱) 사이의 한 줄의 세포층(細胞層). ↔外皮(ガイヒ). 1. the inner skin
ナイフ[knife](명) 나이프. 서양식의 조그만 칼.
ないぶ[内部](명) 내부. ①안 부분. 안쪽. 「たてものの一; 건물의 내부」 ②내적인 일. 내용적. 「会社(カイシャ)の一の事情(ジジョウ); 회사의 내부 사정」 ↔外部(ガイブ). 1. the interior
ないふく[内服](명·타サ)〈의〉내복. 약을 먹음. 먹는 약. 「一薬(ヤク); 내복약」 ↔外用(ガイヨウ). internal use
ないふく[内福](명·형동ダ) 표면은 그렇지 않으나 실은 유복함. being better off than one appears to be
ないふん[内紛](명) 내분. 내부의 분규. an internal trouble
ないぶん[内分](명) 내밀(内密). 「一に願(ネガ)います; 비밀을 지켜 주십시오」 secrecy
ないぶん[内聞](명·타サ) 비밀히 들음. learning privately
ないぶんぴ[内分泌](명)〈생〉내분비. 동물의 몸 안의 어떤 기관(器官)이 호르몬을 직접 혈액 안에 분비하는 일. internal secretion
ないへき[内壁](명) 내벽. 안쪽 벽. 안벽. ↔外壁(ガイヘキ). the inner wall
ないほう[内方](명) 내방. 안쪽. ↔外方(ガイホウ). inward
ないほう[内包](명)〈철〉내포. 한 관념에 포함된 속성(属性). 예컨대 생물의 내포에는 동물, 식물이 포함됨. ↔外延(ガイエン). connotation
ないほう[内報](명·타サ) 내보. 몰래 알림. 비밀 보고. secret imformation
ないほんそく[内翻足](명)〈의〉발끝이 안쪽으로 몹시 굽은 기형(畸形). 안짱다리. varus
ないまく[内幕](명) ⇨うちまく.
ないみつ[内密](명·형동ダ) 내밀. 비밀. secrecy
ないむ[内務](명) 내무. ①국내의 정무(政務). ②내무 행정. 경찰, 토목, 위생, 지방 행정 등의 사무. 「一省(ショウ); 내무성」 ③〈군〉실내에서의 일. 「一班(ハン); 내무반」 1. home affairs
ないめい[内命](명·타サ) 내명. 내밀히 명령함. a secret order
ないめん[内面](명) 내면. ①안쪽. 내부(内部). ↔外面(ガイメン). ②정신, 심리 방면. 「一的(テキ); 내면적」 2. mind
ないものねだり[無い物ねだり](연어·명·자サ) 없는 것을 조르거나 탐냄. 「一をする子供(コドモ); 없는 것을 달라고 조르는 아이」 asking for an unobtainable
ないや[内野](명) 내야. 〔야구에서〕 1루, 2루, 3루, 본루 사이를 연결하는 직선 범위 안. ↔外野(ガイヤ). the infield. **—しゅ**[内野手](명) 내야수. 1, 2, 3루수(三塁手)와 유격수(遊撃手). 인피일더. ↔外野手(ガイヤシュ). ｢a private contract
ないやく[内約](명·자サ) 내약. 내밀히 약속함. ⤴
ないゆう[内憂](명) 내우. ①단체 등의 내부의 근심. ②국내의 근심. 「一外患(ガイカン); 내우 외환」 a domestic troubles
ないゆうせい[内遊星](명)〈천〉⇨ないわくせい.
ないよう[内用](명) 내용. ①집안의 볼일. ②내복(内服). 2. internal application
ないよう[内容](명) 내용. 내부의 실질. 알맹이. 「話(ハナシ)の一; 이야기의 내용」 substance
ないらん[内乱](명) 내란. ①국내의 반란, 소란(騒乱). ②〈법〉국가 조직의 근본을 교란(攪乱)하려는 폭동. 「一罪(ザイ); 내란죄」 1. domestic disturbances
ないらん[内覧](명·타サ) 내람. 남 몰래 봄. 비밀히 봄. a private inspection
ないりく[内陸](명) 내륙. 육지의 안쪽. 「一気候(キコウ); 내륙 기후」 an inland
ないりん[内輪](명) 안쪽의 바퀴, 테. an inside wheel
ナイルがわ[Nile 川]ーガハ(명)〈지〉나일강. 세계에서 세째로 긴 강. 아프리카의 동쪽, 탕가니카 지방의 서쪽 산지로부터 시작하여 지중해로 흐름.
ナイロン[nylon](명) 나일론. 석탄, 물, 공기를 원료로 한 합성 수지(合成樹脂)에서 만든 인조 섬유.
ないわくせい[内惑星](명)〈천〉내혹성. 돌아 가는 궤도가 지구 궤도의 안쪽에 있는 유성. 예: 수성, 금성 등. ↔外惑星(ガイワクセイ). an interior planet
ナイン[nine](명) 나인. ①아홉. 9. ②9 사람의 티임.

야구 티임.「東大(トウダイ)―; 토오다이 야구 티임」
な·う[綯う]ナフ(타 4) 꼬다.「なわを―; 새끼를 꼬다」
なう(감)〈고〉 ⇨もし. [twist↗
なうて(명) 유명. 저명(著名).「―の大(オオ)ぬすびと; 이름 난 큰 도둑」 notorious
なえ[苗]ナヘ(명) 모종. 모. a young shoot
なえぎ[苗木]ナヘ―(명) 묘목. 옮겨 심기 전의 어린 나무. a sapling
なえどこ[苗床]ナヘ―(명)〈농〉 묘상. 못자리. a nursery
なえば·む[萎む](자 4)〈고〉 맥이 빠져 나른해지다. 기력이 없어 시들다.
な·える[萎える](자하 1) ①시들다. ②힘이 빠지다. ③풀기가 죽어 옷 등이 후줄근해지다. 1. wither
なお[直]ナホ(명·형동ナリ)〈고〉 ①곧음. ②평범. 보통. ③아무 일도 안함.
なお[猶お·尚お]ナホ Ⅰ(부) ①그대로. ②역시. 아직. ③다시. 그 위에. 더구나. ④마치. 흡사. Ⅱ(접) 다시 첨가하자면. 더 말하자면. Ⅰ4. just like Ⅱ more
なおかつ[尚お且つ]ナホ―(연어·부) 그리고. 또. and
なおさら[尚お更]ナホ―(부) 더욱. 한층. still more
なおざり[等閑]ナホ―(명·형동ダ) 등한. 되는 대로.「―にする; 등한히 하다」 neglect
なおし[直し]ナホシ(명) ①고침. 또는 고친 것. ②신발 수선업. 또는 그 사람. ③⇨いろなおし(色直し). ④←直し酒. 1. correction. ―**ざけ**[直し酒](명) 나쁜 술을 가공하여 보통 술과 같은 향미(香味)를 갖게 한 것.
なお·し[直し]ナホシ(형ク) ①곧다. ②평평하다. ③순하다. 1. straight
なおし[直衣](명) ⇨のおし.
なお·す[直す]ナホス Ⅰ(타 4) ①바로 잡다. 바르게 하다. ②고치다. 수선하다. ③개량하다. ④제대로 하다.「きげんを―; 기분을 돌리다」 ⑤첨삭(添削)하다.「文章(ブンショウ)を―; 문장을 고치다」 ⑥[治す] 치료하다.「病気(ビョウキ)を―; 병을 치료하다」 ⑦바른 자리에 있게 하다. Ⅱ(보동 4) 다시 한번 하다.「読(ヨ)み―; 다시 읽다」 Ⅰ1. correct Ⅱdo over again
なおなお[猶お猶お·尚お尚お]ナホナホ(부) ①아직도. ②점점. ③덧붙여. 1. yet 2. still more. ―**がき**[尚お尚お書き](명) 추신(追伸).
なおなおし[直直し]ナホナホ―(형シク)〈고〉 보통이다. 평범하다.
なおびと[直人]ナホ―(명)〈고〉 문벌이 보통인 사람. 평민(平民).
なおまた[尚お又]ナホ―(연어·부) 그리고. 또.「―, これには…; 또 이것에는…」 moreover
なおも[尚おも]ナホ―(연어·부) 더 첨가해서. 더욱더.「―いいつのる; 더욱더 말에 열을 띠다」 additionally
なおもって[尚お以て]ナホ―(연어) 더욱. 더구나. still more
なおや[名親](명) 생후 7일째 아버지 대신 이름을 지어 주는 사람. a godparent
なおらい[直会い]ナホラヒ(명) 신불(神仏)에게 바친 제물(祭物)을 나누어 먹는 연회.
なお·る[直る]ナホル(자 4) ①바르게 되다. ②보수(補修)되다. 고쳐지다. ③새로와지다. ④원상으로 복귀하다.「きげんが―; 기분이 다시 좋아지다」 ⑤첨삭(添削)당하다.「文章(ブンショウ)が―; 문장이 고쳐지다」 ⑥[治る] 병이 완쾌되다. ⑦임시적인 위치에서 바른 위치에 서다.「妾(メカケ)が本妻(ホンサイ)に―; 첩이 본처가 되다」 ⑧죽다. 명 直り. 1. be corrected 2. be repaired
なおれ[名折れ]―ヲレ(명) 명예를 상함. 불명예. 오명(汚名). discredit
なか[中](명) ①가운데. 안.「さくの―; 울타리 안」 ②속.「体(カラダ)の―; 몸 속」 ↔外(ソト). ③중앙. 한가운데. ④사이. ⑤3형제 중의 둘째. 중형. ⑥중등(中等). ⑦중간. ⑧〈속〉 요시와라(吉原)의 유곽. 1. the inside 3. the middle
なか[仲](명) 사이. 정의(情誼).「―がいい; 사이(의)가 좋다」 relations
なが―[長](조어) 긴.「―思案(シアン); 오랜 생각」「―わずらい; 오랜 병」
なが[汝が](연어)〈고〉 ①네가.「―鳴(ナ)けば; 네가 울면」 ②너의.「―心(ココロ); 네 마음」
ながあめ[長雨](명) 오래 계속해서 오는 비. 장마. 장림(長霖). a long rain
なかい[仲居]―ヰ(명) 〔요리집 등에서〕 손님 접대를 하는 여자. 접대부(接待婦). a waitress
ながい[長居]―ヰ(명·자サ) 오래 머무름. staying for a long
なが·い[長い](형) ①길다.「―糸(イト); 긴 실」 ②키가 크다. ③멀다.「―将来(ショウライ); 먼 장래」 ④오래다.「―時間(ジカン); 오랜 시간(장시간)」 파생 ―さ(명). 1. long
ながいき[長生き](명·자サ) 오래 삶. 목숨이 김. 장수(長寿).「―の秘訣(ヒケツ); 장수의 비결」 living long
ながいす[長椅子](명) 장의자. a sofa
ながいも[長薯](명)〈식〉 ⇨やまのいも.
なかいり[中入り](명·자サ) 씨름, 연극 등의 흥행물(興行物)의 중간 휴식. a recess
ながうた[長唄](명) 샤미센(三味線), 피리 등을 반주로 하는 길고 우아하며 품위 있는 노래.
ながうた[長歌](명) ⇨ちょうか.
なかうり[中売り](명) 흥행장 안에서 과자나 음료(飲料)를 팔며 다니는 일. 또는 그 사람.
ながえ[轅](명) 우차, 마차 앞에 길게 뻗친 막대기. 그 끝에 멍에가 달려 있음. 채. a thill
ながえ[長柄](명) ①긴 자루. 또는 긴 자루가 달린 도구. ②자루가 긴 술국자. 1. a long handle
ながおい[長追]―オヒ(명·타サ) 멀리까지 쫓아 감. a long chase
ながおどり[長尾鶏](명)〈동〉 장미계. 꿩과에 속하는 닭의 한 품종. 꼬리가 매우 길며 고기는 맛이 없음. 애완용(愛玩用). 긴꼬리닭. a long-taild cock
なかおもて[中表](명) 옷감 등을 거죽이 안쪽으로 들어 가게 접는(개키는) 일. ↔外表(ソトオモテ).

なか おれ[中折れ]ーヲレ(명) ①가운데가 꺾이거나 우묵함. ②〔←中折れ帽子(ボウシ)〕 중절모. 2. a soft hat

なか がい[仲買い]ーガヒ(명·타サ) 물품 매매를 중개함. 거간. 「一人(ニン); 중매인」 brokerage

なか がき[中垣](명) 중간에 있는 울타리. a partition fence

なが かみ[天一神](명) 음양가(陰陽家)가 모시는 신(神). 늘 팔방(八方)에 운행하여 흉한 방위(方位)를 막아 이를 지킨다고 함.

なか ぎり[中限](명)〈경〉 ⇨ちゅうぎり.

なか がわ[那珂川]ーガハ(명)〈지〉 칸토오 지방(関東地方) 북동부에 있는 강 이름.

なが ぐつ[長靴](명) 장화. 목이 무릎까지 올라 오는 긴 가죽신이나 고무신. high boots

なか くぼ[中凹](명) 가운데가 움푹 팬 것. being hollow in the middle

なか ご[中子](명) ①중심. 내부. ②외(瓜) 종류의 속. ③칼의 칼자루에 들어 간 부분. 슴베. ④찬합 등의 가운데 것. 1. the centre

なが ごと[長言](명) 길게 하는 말. 긴 이야기. a long talk

なか ごろ[中頃](명) ①중간쯤 되는 시기. 「三月(サンガツ)の一; 3월 중순경」 ②중간쯤 되는 곳. 「坂(サカ)の一; 고개 중턱」 1. about the middle

なが さ[長さ](명) ①길이. ②입체, 평면의 제일 긴 거리. ③〈수〉 두 점 사이의 거리. 1. length

なが ざ[長座](명·자サ) 오래 머무름. 오래 앉아 있음. a long stay

なが さき[長崎](명)〈지〉 큐우슈우(九州) 서북부의 현. 또는 그 현의 현청 소재지.

なか される[泣かされる](연어·하 1) ①몹시 학대받다. 괴로움을 당하다.「悪友(アクユウ)の ために一;나쁜 벗 때문에 괴로움을 당하다」②몹시 감격되다. 「一話(ハナシ)だね; 눈물겨운 이야기로군」 2. be startled

なか し[仲仕](명) 하물(荷物) 운반인. a heaver

ながし[流し](명) ①흘림. ②부엌이나 우물가에 만들어 놓은, 물건을 씻는 곳. ③〔목욕탕에서〕 목욕통 밖의 몸을 씻는 곳. ④〔목욕탕에서〕 사람을 시켜 때를 밂. ⑤밤에 안마사 등이 손님을 찾아 돌아 다님. ⑥(택시 등이) 손님을 찾아 돌아 다님. 2. a sink 6. cruising. **― あみ**[流し網](명) 수류(水流)를 횡단하여 그물을 쳐서 고기를 잡는 방법. 유망(流網). 「一漁船(ギョセン); 유망 어선」**― いた**[流し板](명) ①우물가나 설겆이대에 깐 판자. ②목욕탕에서 몸을 씻는 곳에 깐 판자. **―ばこ**[流し箱](명) 한천(寒天)을 넣어 굳히는 상자. **― め**[流し目](명) 곁눈질. 「一に見(ミ)る; 곁눈질로 보다」**― もと**[流し元](명) 설겆이대가 있는 곳.

なか しお[中潮]ーシホ(명) 대조(大潮)와 소조(小潮)의 중간 조수. 간만의 차가 중간(中間) 정도의 조수.

なが しお[長潮]ーシホ(명) 간만의 차가 제일 작을 때의 조수. 소조(小潮). the neap tide

なか じきり[中仕切り](명) 방안의 간막이. a partition

ながし こ·む[流し込む](타 4) 따라 넣다. 흘려 넣다. pour into

なか じま[中島](명) 하천(河川)이나 호소(湖沼) 등의 가운데에 있는 섬. an islet

なが ジュバン[長襦袢](명) (여자의 속에 입는) 긴 속옷. a long under-garment

なが じり[長尻](명) 남의 집에 오래 머물러 있는 것. 무거운 궁둥이. a long stay

なか す[中洲·中州](명) 하천 가운데의 사주(砂洲). a bar

なか·す[泣かす](타 4) 울리다.

なが·す[流す](타 4) ①흐르게 하다. ②표류시키다. ③똑똑 떨어지게 하다. ④벌로서 먼 곳에 보내다. 유배(流配)시키다.「島(シマ)に一; 섬에 유배시키다」⑤소문을 퍼뜨리다. 「ニュースを一; 뉴우스를 퍼뜨리다」 ⑥전당물의 소유권을 잃다. 「質(シチ)に入(イ)れたものを一; 유질(流質)시키다」 ⑦마음에 남겨 두지 않다.「聞(キ)き一; 한 귀로 듣고 한 귀로 흘려 버리다」⑧〔목욕탕에서〕 때를 밀다. ⑨(밤에 안마사 등이) 손님을 찾아 다니다. ⑩(택시가) 손님을 찾아 돌아 다니다. ⑪음악을 낮게 울리게 하다. ⑫무효로 하다. 「会(カイ)を一; 유회시키다」 ⑬〔마작에서〕 비기게 하다. 1. let flow 2. set afloat 10. cruise

ながす くじら[長須鯨]ークヂラ(명)〈동〉 장수경. 가장 보편적인 고래. 신장은 20～30 *m*. 등은 회색, 배는 희고, 고기는 식용하며 수염은 공예품에 쓰임. 큰고래. a razorback

―なかせ[泣かせ](접미) 몹시 괴롭히는. 「親(オヤ)一のいたずらっ子(コ); 부모를 괴롭히는 장난꾸러기」

なかせん どう[中仙道](명) 쿄오토(京都)에서 토오산도(東山道)를 거쳐 에도(江戸)에 이르는 가도(街道).

なが そで[長袖](명) ①긴 소매. ②옛날 무사에 대해서 공경(公卿), 승려, 의사 등 긴 소매의 옷을 입은 사람들을 일컫는 말. 「一の身(ミ); 긴 소매 옷을 입은(문관, 의사, 중 등의) 신분」 1. long sleeves

なか ぞら[中空](명) ①중천(中天). ②어중간. ③소홀. 1. mid-air

なか ぞり[中剃](명) 머리의 중앙만을 밂.

なか だか[中高](명) 가운데가 높음. a camber

なか たがい[仲違い]ータガヒ(명·자サ) 사이가 나빠짐. discord

なか だち[仲立ち](명·자サ) 중개. 거간함. 매개(媒介). intermediation

なが たらし·い[長たらしい](형) 너무 길다. 싫증이 나도록 길다. 파생 **― さ**(명). long and tedious

なか だるみ[中弛み](명·자サ) ①중간이 풀림. 중간이 느슨해짐. ②중도에서 해이해짐. 1. slackening in the middle

なが だんぎ[長談義](명·자サ) 길고 긴 이야기. a long and tedious talk

なかつかさしょう[中務省](명) 옛날 천황 측근의 일, 조칙 등을 맡아 보던 관청.

なか つぎ[中次ぎ·中継ぎ](명·자サ) 중계. ①사이에서 이어 줌. ②중도에서 이어 줌. 「一貿易(ボウエキ); 중

계 무역」③가루차를 담아 두는 그릇.(뚜껑과 몸통이 반씩 마주친다고 해서 일컫는 말) 1. agency
ながつき[長月](명) 음력 9월.
ながっちり[長っ尻](명) "ながじり"의 변화.
ながつづき[長続き](명·자サ) 오래 계속됨. 영속(永続). permanency
なかつよ[中つ世](명) 중세(中世). the Middle Ages
なかて[中手](명) ①〈농〉㉠올벼도 늦벼도 아닌 중올벼. 중도(中稲). ㉡만물 다음에 나오는 야채. ↔早稲(ワセ), 奥手(オクテ). ②〔바둑에서〕 돌을 적의 집안에 놓는 일. 치중. 1. mid-season crop
ながて[長手](명) ①〈고〉 먼 길. ②긴 쪽. 2. the longer one
ながと[長門](명)〈지〉 옛 지방 이름. 현재의 야마구치현(山口県) 서북부.
なかなおり[仲直り]—ナホリ(명·자サ) ①원한(怨恨)이 풀리고 사이가 좋아짐. 화해(和解). ②오래 된 병이 도중에 조금 나아짐. 1. reconciliation
なかなか[中中]Ⅰ(부) ①〈고〉 공연히. 안될 것을 구태여. 억지로. ②도리어. ③많이. 꽤.「—むずかしい; 꽤 어렵다」④〔부정의 뜻으로〕 쉽사리.「—降参(コウサン)しない; 쉽사리 항복 안한다」⑤아무리 해도. 아무래도.「—できない; 아무리 해도 안된다」Ⅱ(감)〈방〉 그렇지. 그렇고말고. Ⅰ2. on the contrary Ⅱyes
ながなが[長長](부) (시간이나 물건의 길이가) 굉장히 길게 느껴지는 모양. 길게.「—と横(ヨコ)になる; 길게 눕다」lengthily. —**し·い**[長長しい](형) 몹시 길다.
ながなき[長鳴き·長泣き](명·자サ) 오랫동안 욺. crying long. —**どり**[長鳴鳥](명) 닭의 다른 이름.
なかに[中に](부) 많은 중에. among
なかには[中には](부) 많은 중에는. among
なかにも[中にも](부) 그중에서도. among them all
なかにわ[中庭]—ニハ(명) 중정. 건물과 건물 사이에 있는 뜰. 안마당. a courtyard
なかぬり[中塗り](명·타サ) 바닥칠 다음에 하는 칠. a second coating
なかね[中値](명)〈경〉 비싼 값과 싼값 사이의 중간 값. 또는 파는 값과 사는 값 사이의 중간 값. the middle price
ながねん[長年·永年](명) 긴 세월. many years
ながの[長野](명)〈지〉 혼슈우(本州) 중부의 현. 또는 그 현의 현청 소재지.
ながの[長の](연체) 긴. 영구한.「—いとま; 오랜 이별」 long
なかのくち[中の口](명) 현관과 부엌 사이에 있는 출입구. 「the middle room
なかのま[中の間](명) 집 중앙에 있는 방. ⤴
なかば[半ば](명) ①절반. 반쯤.「—不安(フアン)な気持(キモ)ちで; 좀 불안한 기분으로」②중앙. ③중간. 한창일 때.「劇(ゲキ)の—; 연극 도중」 1. a half 2. the centre
ながばかま[長袴](명) 뒤로 질질 끄는 긴 일본식 바지.
なかばたらき[仲働き](명) 안방과 부엌의 잡역을 맡아 보는 여자. a parlour-maid
ながばなし[長話](명·자サ) 긴 이야기. a long talk
なかび[中日](명) 흥행 기간의 꼭 중간 되는 날.「夏場所(ナツバショ)の—; 매년 5월에 열리는 큰 씨름판의 중간 날」 「concavity
なかひく[中低](명·형동ダ) 가운데가 낮거나 얕음. ⤴
ながび·く[長引く](자 4) 오래 끌다.「話(ハナシ)が—; 이야기가 오래 끌다」 be prolonged
ながびつ[長櫃](명) 옷 등을 넣는 긴 궤. a long chest
ながひばち[長火鉢](명) 장방형의 화로. 서랍이 있으며 거실 등에 둠. an oblong brazier
なかほど[中程](명) 가운데쯤. 중간. middle
なかま[仲間](명) 한패. 한무리. 동아리.「—入(イ)り; 한패가 되다」 a companion
ながまき[長巻](명) 옛날 전장에서 사용한 길이 3자(尺) 정도의 칼의 한 가지. 칼자루에서 날밑까지 흰 천을 감았음.
なかまく[中幕](명)〔카부키(歌舞伎)에서〕첫째 막과 두 번째 막의 사이에 하는 1막짜리 막간극. an interact
ながま·る[長まる](자 4) 몸을 길게 뻗쳐 눕다. stretch oneself
なかみ[中身·中味](명) ①속에 든 것. 알맹이.「箱(ハコ)の—; 상자 속에 든 것」②내용.「文章(ブンショウ)の—; 문장 내용」 contents
なかみせ[仲見世](명) 절 등의 경내에 있는 가게. 매점(売店).「浅草(アサクサ)の—; 아사쿠사 절의 경내 매점」
ながみち[長道](명) 먼 길. a long way
なが·む[詠む](타하 2)〈고〉 소리를 길게 빼서 시가(詩歌) 등을 읊다. 읊조리다.
ながむし[長虫](명)〈동〉 배암. a snake
なかむかし[中昔](명) 중고(中古). the Middle Ages
ながめ[眺め](명) ①봄. ②바라봄. ③바라본 경치. 전망(展望).「—がいい; 전망이 좋다」1. staring at. —**い·る**[眺め入る](타 4) 열심히 오랫동안 바라보다.
ながめ[長目](명·형동ダ) 약간 긺.「髪(カミ)を—に刈(カ)る; 머리를 약간 길게 깎다」 rather long
ながめ[長雨](명)〈고〉 오래 오는 비. 장마.
なが·める[長める](타하 1) 길게 하다. prolong
なが·める[眺める](타하 1) ①계속해서 보다. ②전망하다. 바라보다.「あたりを—; 주위를 바라보다」 1. gaze at
ながもち[長持ち](명·자サ) ①오래 씀. ②옷, 도구 등을 넣어 두는 뚜껑이 있는 장방형의 궤. 1. lasting long
ながものがたり[長物語](명·자サ) 긴 이야기. 긴 옛날 이야기. a long story
ながや[長屋](명) ①지붕 마루를 길게 지은 집. ②한 지붕 마루에 여러 가구가 살게 지은 집. 2. a tenement-house. —**もん**[長屋門](명) 에도(江戸) 시대, 제후의 저택 등에서 양쪽에 길게 행랑방이 있는 대문.
なかやすみ[中休み](명·자サ) ①중간 휴식. ②극장 등에서 막간의 휴식. 1. a rest
ながやみ[長病み](명·자サ) 장병. 오랫동안 앓고 있음.

긴병. a protracted illness
なが ゆ[長湯](명·자サ) 오랫동안 목욕함. spending a long time in a bath
なか ゆび[中指](명) 중지. 가운뎃손가락. 장지. the middle finger
なか よし[仲良し·仲好し](명) 사이가 좋은 것. 친한 사람. intimate terms
なから[半](명) 반. 절반. half
ながら(접조) ①…한 채로. …하면서부터.「生(ウ)まれ—の盲(メクラ); 나면서부터의 장님」②…함과 동시에.「あるき—話(ハナ)す; 걸으며 이야기하다」③그렇긴 하나.「ほそぼそ—; 몹시 가늘기는 하나」④언제나와 같이.「いつも—話(ハナシ)がうまい; 언제나처럼 이야기를 잘한다」⑤더불어. 함께.「文武二(ブンブフタ)つ—; 문무를 함께」 1. as it is 2. while
なか らい[仲らい]—ラヒ(명) 서로의 사귐. 사이. terms
ながら·える[長らえる·永らえる]ナガラヘル(자하 1) 오래 살다. (오래) 생존(生存)하다.「心(ココロ)ならずもこの世(ヨ)に—; 본의는 아니나마 이 세상에 오래 살다」 live long
ながら がわ[長良川]—ガハ(명)〈지〉기후현(岐阜県)에 있는 강의 이름.
なが らく[長らく](부) 오랫동안. 오래. for a long time
なかり せば[無かりせば](연어) 없다면. 없었더라면.「彼(カレ)—; 그가 없었더라면」
—なが·る(접미·4 형) …없는 것 같은 모양을 보이다.「たより—;의지할 데가 없어하다(불안해하다)」
なかれ[莫れ·勿れ](조) 금지(禁止)의 뜻을 나타내는 말. 마라. 말라.「見(ミ)る—;보지 말라」
—ながれ[流れ](접미) 기(旗) 같은 것을 세는 말.
ながれ[流れ](명) ①흐름. ②흐르는 물. 내.「澄(ス)んだ—; 맑은 내」③귀인(貴人)이 마시다 남은 술. 또는 그 술잔.「お—頂戴(チョウダイ); 퇴주잔을 주셔요」④혈통.「名門(メイモン)の—を引(ヒ)いている; 명문의 혈통을 이어 받고 있다」⑤유파. ⑥지붕의 경사. ⑦유산(流産). ⑧〔お—〕중지(中止). 그만둠. 1. flowing 2. a stream. **— ある·く**[流れ歩く](자 4) 방황하다. **— い·る**[流れ入る](자 4) 흘러 들어 가다. **— さぎょう**[流れ作業](명) 벨트에 놓여 돌아 오는 재료를 각자가 차례로 분담 작업을 하여 완수하는 방법. **— だま**[流れ弾](명) 유탄. 빗나간 총알. **— づくり**[流れ造り](명) 앞지붕이 뒷지붕보다 길게 뻗어 내린 지붕. **— ぼし**[流れ星](명) 유성. 별똥별. **— や**[流れ矢](명) 빗나간 화살.
なが·れる[流れる](자하 1) ①흐르다. ②흘러 떨어지다. 뚝뚝 떨어지다.「血(チ)が—; 피가 흘러 떨어지다」③떠내려가다.「橋(ハシ)が—; 다리가 떠내려가다」④빗나가다.「右(ミギ)に—; 오른편으로 빗나가다」⑤이동하다.「ときが—; 시간이 흘러 가다」⑥퍼지다. 새다.「情報(ジョウホウ)が—; 정보가 새다」⑦유랑하다. 떠돌다. ⑧쏠리다. ⑨처음에서 끝으로 계속되다. ⑩전당물이 기한이 지나다. 유질(流質)되다. ⑪유산(流産)하다. ⑫중지하다.「運動会(ウンドウカイ)が—; 운동회가 중지되다」⑬(모임, 시합 등이) 중지되다. 1. flow 4. lapse 6. spread
なが わきざし[長脇差し](명) 긴 칼. 긴 요도(腰刀). 긴 요도를 차고 다니던 노름군. a long sword
なが わずらい[長煩い]—ワヅラヒ(명·자サ) 오랜 병. 숙환(宿患). a long illness
なか わた[中綿](명) 이불이나 옷에 두는 솜. wadding
なかん ずく[就中]—ヅク(부) 그중에서도. 특히. especially
なき[泣き](명) ①우는 것. 한탄하는 것.「—の涙(ナミダ); 매우 슬피 울다」②탄원(歎願).「—を入(イ)れる; 애걸하다. 증권 거래에서 폭등 또는 폭락의 경우, 매매한 한 쪽에서 적당한 조건으로 해약해 줄 것을 부탁하다」 1. crying
なき[無き·亡き]〔"なし"의 연체형〕①없는. ②살아 있지 않는.「—者(モノ)にする; 죽이다」
なぎ[凪ぎ](명) 바람이 자고 파도가 잔잔해지는 일. 잔풍한 바다.「夕(ユウ)—; 잔잔한 저녁녘의 바다(뭍 바람과 바닷바람이 교체하는 시기에 생기는 현상. 아침에도 있음)」 calmness
なぎ[梛](명)〈식〉죽백나무. 따뜻한 산지(山地)에 자생하며 높이는 20 *m* 정도까지 자람. 초여름에 담황색 꽃이 핌. 목재는 치밀하고 단단하여 건축용, 가구용이 됨.
なき あか·す[泣き明かす](타 4) 밤을 울어 새우다. 「weep the night out
なき あと[亡き後](명) 죽은 뒤. after a person's death
なき い·る[泣き入る](자 4) 정신 없이 울다. 몹시 울다. weep bitterly
なき おとし[泣き落とし](명) 울어서 상대방을 자기 뜻대로 하게 하여 목적을 달성함.「—戦術(センジュツ); 눈물 전술」 obtaining consent by force of tears
なき がお[泣き顔]—ガホ(명) 우는 얼굴. 울 듯한 얼굴. 울상. a crying face
なき かず[亡き数](연어·명) 죽은 사람의 무리.「—に入(イ)る; 죽은 사람의 무리에 끼다(죽다)」 the dead
なき がら[亡骸](명) 시체. a corpse
なき くず·れる[泣き崩れる]—クヅレル(자하 1) 울어서 자세가 흩어지다. 체면을 차리지 않고 통곡(痛哭)하다. burst into tears
なき くら·す[泣き暮す](타 4) 울며 세월을 보내다. live in tears
なき ごえ[泣き声]—ゴヱ(명) ①울 것 같은 목소리. ②울음 소리. 1. a tearful voice
なき ごえ[鳴き声]—ゴヱ(명) 새, 짐승, 벌레 등의 울음 소리. a chirp
なき ごと[泣き言](명) ①울며 하는 말. ②탄식하며 하는 말.「—をならべる; 우는 소리를 늘어놓다」 1. a complaint
なき こ·む[泣き込む](자 4) ①울며 달려들다. ②울 듯이 간청하다. 읍소(泣訴)하다. 2. implore tearfully
なぎさ[渚汀](명) 물가. 해안. a beach
なき さけ·ぶ[泣き叫ぶ](자 4) 울부짖다. cry
なきしき·る[鳴き頻る](자 4) 새 등이 울어대다. 계속

지저귀다. go on chirping

なきしず·む[泣き沈む]ーシヅム(자 4) 매우 슬퍼 정신 없이 울다. 너무 슬퍼 힘없이 울다. abandon oneself to tears

なきじゃく·る[泣き噦る](자 4) 흐느껴 울다. 오랫동안 훌쩍이다. sob

なきじょうご[泣き上戸](명) ①술이 취하면 우는 버릇. 또는 그 사람. ②잘 우는 사람. 1. maudlinism

なきすが·る[泣き縋る](자 4) 울며 달라붙다. 울며 매달리다. entreat tearfully

なぎたお·す[薙ぎ倒す]ータフス(자 4) 옆으로 쳐서(베어서) 쓰러뜨리다. mow down

なきたま[亡き魂·亡き霊](연어·명) 망령. 죽은 사람의 혼(魂). a departed soul

なきつ·く[泣き付く](자 4) ①울며 달라붙다. ②몹시 난처하여 울며 부탁하다. 1. implore

なき(っ)つら[泣き(っ)面](명) 우는 얼굴. 「ーに蜂(ハチ); 엎친 데 덮치기」 a crying face

なきどころ[泣き所](명) ①그곳을 다치면 아파서 울게 되는 몸의 부분. ②약점. 2. a weak point

なぎなた[長刀·薙刀](명) 긴 자루 끝에 뒤로 젖혀진 넓은 날을 붙인 옛날의 무기.

なきに(しも)あらず[無きに(しも)非ず](연어) 없지도 않다. 「望(ノゾ)みー; 희망이 없지도 않다」 There may possibly be...

なきぬ·れる[泣き濡れる](자하 1) 울어서 눈물에 젖다. be tear-stained

なきね[泣き寝](명) 울면서 잠. 울다가 잠. 「ーの夢(ユメ);울며 잠들어서 꾸는 꿈」 weeping oneself into sleep

なきねいり[泣き寝入り](명) ①울다 잠듦. ②매우 억울하나 할 수 없이 단념함. 1. weeping oneself into sleep

なきのなみだ[泣きの涙](연어·명) ①우는 것. 눈물을 흘림. ②대단히 괴로움. 애절. 「ーで別(ワカ)れる; 애절하게 작별하다」 1. in tears

なぎはら·う[薙ぎ払う]ーハラフ(타 4) 쳐 버리다. 세게 옆으로 치다(베다). mow away

なきはら·す[泣き腫らす](타 4) 몹시 울어서 눈이 붓다. have one's eyes swollen from weeping

なきひと[亡き人](명) 죽은 사람. 고인. the deceased

なきふ·す[泣き伏す](자 4) 울며 앞으로 쓰러지다. 엎드려 울다. throw oneself down crying

なぎふ·せる[薙ぎ伏せる](타하 1) ⇨なぎたおす.

なきまね[泣き真似](명·자サ) 우는 흉내를 냄. 거짓으로 욺. pretending to weep

なきみそ[泣き味噌](명)〈속〉 잘 욺. 또는 그런 사람, 아이. 우지. a cry-baby

なきむし[泣き虫](명) 우지.

なきむし[鳴き虫](명) (가을에 고운 목소리로) 우는 벌레. a singing insect

なきもの[無き者·亡き者](명) 죽은 사람. 고인(故人). a dead person

なぎょう へんかく かつよう[な行変格活用](명) 〔문법에서〕 문어 동사(文語動詞)의 변격 활용의 하나. "な, に, ぬ, ぬる, ぬれ, ね"로 활용함. 예: し(死)ぬ, い(往)ぬ 등.

なきより[泣き寄り](명) 궂은일(슬픈일)에 모여 서로 위로하고 협력함. 「親(シン)はー; 친척은 궂은일에 슬퍼서 모인다」 getting together for comfort

なきりぼうちょう[菜切り包丁](명) 야채를 써는 날이 얇고 넓적한 부엌칼. a kitchen knife

なきわかれ[泣き別れ](명·자サ) 울며 헤어짐. parting in tears

なきわらい[泣き笑い]ーワラヒ(명·자サ) 울다가 웃음. laughing while weeping

な·く[泣く](자 4) ①울다. ②〈속〉 손해를 각오하고 참다. 「千円(センエン)で泣(ナ)いてください; 천 원으로 참아 주세요」 1. sob

な·く[鳴く·啼く](자 4) (새, 짐승, 벌레 등이) 울다. chirp

な·ぐ[凪ぐ](자 4) 바람이 자고 파도가 잔잔해지다. 「海(ウミ)がー; 바다가 잔잔해지다」 calm down

な·ぐ[和ぐ](자 4) 평온해지다. 진정되다. subside

な·ぐ[薙ぐ](타 4) 옆으로 베어 쓰러뜨리다. 「草(クサ)をー; 풀을 옆으로 쳐서 베다」 mow

なぐさみ[慰み](명) ①기분 전환. ②위로. 위안. ③즐거움. ④가지고 놂. 또는 가지고 노는 것. 1. amusement. **ーもの**[慰み者](명) 일시적인 위안거리로 농락당하는 사람. **ーもの**[慰み物](명) 위안 하는 물건. 오락물.

なぐさ·む[慰む] Ⅰ(자 4) ①기분이 좋아지다. ②즐겨 놀다. Ⅱ(타 4) ①가지고 놀며 즐기다. ②농락하며 즐기다. Ⅰ1. be diverted

なぐさめ[慰め](명) 울적한 마음을 즐겁게 해줌. 위로. 위안. comfort. **ーがお**[慰め顔]ーガホ(명) 위로하는 듯한 얼굴.

なぐさ·める[慰める](타하 1) ①위로하다. 어루만지다. 어르다. 「不幸(フコウ)な人(ヒト)をー; 불행한 사람을 위로하다」 ②수고 등을 위로하다. 「労(ロウ)をー;수고를 위로하다」 1. comfort

なく·す[亡くす](타 4) 잃다. 죽다. 죽이다. 「子供(コドモ)をー; 아이를 잃다」 lose

なく·す[無くす](타 4) 잃다. 없애다. 「本(ホン)をー; 책을 분실하다」 lose

なく·する[亡くする](타サ) ⇨なくす.

なく·する[無くする](타サ) ⇨なくす.

なくなく[泣く泣く](부) 울면서. 울며불며. 「ー帰(カエ)る; 울며불며 돌아 가다」 tearfully

なくな·す[亡くなす](타 4) ⇨なくす.

なくな·す[無くなす](타 4) ⇨なくす.

なくな·る[亡くなる](자 4) ①멸망하다. ②죽다. 2. die

なくな·る[無くなる](자 4) 없어지다. 잃다. 「荷物(ニモツ)がー; 짐이 없어지다」 be lost

なくもがな[無くもがな](연어) 차라리 없는 게 나은. 「ーの付録(フロク); 있으나마나한 부록」 unnecessary

なぐら(명) 〔낚시에서〕 폭풍의 여파(餘波). traces of a storm

なぐり[擲り·殴り](명) ①때림. 구타(殴打). ②손질을 생략하다. 일을 엉성하게 하다. 1. hitting. **—がき**[擲り書き](명) 난필. 갈겨 씀. **—こみ**[擲り込み·殴り込み](명) 남의 집에 작당하여 난입하는 것.

なぐ·る[擲る·殴る·擈る](타 4) (주먹으로) 때리다. beat

なげ[投げ](명) ①던짐. ②〔씨름에서〕 상대방의 몸을 던져 쓰러뜨리는 수. 던지기. ③시합을 포기함. ④(거래소에서의) 투매품(投売品). ⇨: 投げる④. 1. throwing

なげ[無気](형동ダ) 없는 듯한 모양. 「あたりに人(ヒト)も一なふるまい; 방약 무인(傍若無人)한 행동」 unlikely

なげ いれ[投げ入れ](명) 꽃꽂이의 한 형식. 자연 그대로를 존중하여 화병에 던져 넣은 것같이 꽂음. free-style flower arrangement

なげ う·つ[擲つ·拋つ](타 4) ①내던지다. ②던져 버리다. 포기하다. 1. throw away

なげ うり[投げ売り](명·자타サ) 투매. 손해를 각오하고 막 싸게 팔아 버림. a sacrifice sale

なげ か·ける[投げ掛ける](타하 1) ①던지다. ②던져걸다. 던져 걸치다. 1. throw at

なげかわし·い[嘆かわしい]ナゲカハシイ(형)한탄스럽다. 한심하다. 파생 **—げ**(형동ダ) **—さ**(명). deplorable

なげき[嘆き·歎き](명) ①한탄. 탄식. ②걱정하여 슬퍼함. ③성냄. 1. deploring. **—あか·す**[嘆き明かす](타 4) 한탄으로 밤을 새우다. **—じに**[嘆き死に](명·자サ) 한탄 때문에 죽음. 한탄하며 죽음.

なげ キッス[投げ kiss](명·자サ) 자기 입술에 손을 대었다가 상대방에게 던지는 시늉을 하는 키스. blowing a kiss to a person

なげ·く[嘆く·歎く](자 4) ①한숨 쉬다. ②근심하며 슬퍼하다. ③성내다. ④애원하다. 1. sigh

なげ くび[投げ首](명) 머리를 푹 숙이고 생각함. 「思案(シアン)一; 여러 가지로 생각하노라고 머리를 숙임」 dropping one's head

なげ こ·む[投げ込む](타 4) 던져 넣다. throw in

なげし[長押](명) 기둥과 기둥 사이에 가로 질러 벽에 걸치는 재목. 중인방(中引枋). 중방. an entablature

なげ しまだ[投げ島田](명) 일본 고유의 머리 모양의 하나. 뒤꼭지를 쳐지게 빗은 시마다마게(島田髷).

なげ す·てる[投げ捨てる](타하 1) 내버려 두다. 던져버리다. throw away

なげ だ·す[投げ出す](타 4) ①팽개치다. ②일을 중도에서 그만두고 남에게 맡기다. 1. throw out

なげ つ·ける[投げ付ける](타하 1) 던지다. throw at

なげ とば·す[投げ飛ばす](타 4) 홱 던지다. 힘차게 던지다. throw away

なけ なし[無けなし](명) 거의 없는 것. 몹시 적은 것. 「一の おかね; 적은 돈」 what little one has

なげ ぶし[投げ節](명) 에도(江戸) 시대에 유행한 속요의 한 가지. 샤미센(三味線)에 맞춰 불렀음.

なげ もの[投げ物](명)〈경〉 막 싸게 파는 물건. 투매품(投売品). sacrifice goods

なげ やり[投げ槍](명) ①적에게 던지는 창. ②멀리 던지기를 겨루는 경기. 투창. 1. a lance

なげ やり[投げ遣り](명·형동ダ) 내버려 둠. 방임(放任). 아무렇게나 함. 「仕事(シゴト)を一にする; 일을 방임하다」 neglect

な·げる[投げる](타하 1) ①던지다. 「ボールを一; 공을 던지다」 ②「身(ミ)を一; 투신(投身)하다」 ③포기하다. 「試験(シケン)を一; 시험을 포기하다」 ④〈경〉 시세가 떨어질 것 같아 손해를 각오하고 싸게 팖. 투매(投売). 1. throw 3. give up

な こ[名子](명) 중세 이후 주인집에 대대로 속해 있으면서 노력을 제공하던 농노(農奴).

なければ ならない(연어) ①…지 않으면 안된다. 「注意(チュウイ)し一; 주의하지 않으면 안된다」 ②"である(이다)"의 센말. 「これもまた当然(トウゼン)のことで一; 이것도 또한 당연한 일이다」 1. have to

なこうど[仲人]ナカウド(명) 남녀의 인연을 맺어 주는 사람. 중매인. 매파. 월하 빙인(月下氷人). 「一口(グチ); 중매인의 말(흔히 믿을 수 없음)」 a go-between

なご·し[和し](형ク)〈고〉 평온하다. 조용하다.

なごし のはらえ[夏越の祓](명) 매년 음력 6월 말일에 각 신사(神社)에서 행하는 액막이 행사.

なこそ[勿来]〈고〉 오지 말라. 오면 안된다.

なご·む[和む](자 4) 온화해지다. 부드러워지다.「気(キ)が一; 기분이 온화해지다」 soften

なごや[名古屋](명)〈지〉 일본 6대 도시의 하나. 중부지방의 교통, 상공업의 중심지.

なごや おび[名古屋帯](명) 몸에 매는 부분을 둥뒤에서 매는 부분의 반폭 넓이로 만든 띠.

なご やか[和やか](형동ダ) ①화합하여 원만한 모양. 「一な家庭(カテイ); 화목한 가정」 ②부드러운 모양. 온화한 모양. 「一な人(ヒト)がら; 온화한 인품」 1. harmonious

なごり[名残り](명) ①섭섭한 정. ②이별. 결별(訣別). 「お一公演(コウエン); 작별 공연(公演)」 ④나머지. ⑤지나간 후에도 그 영향이 남아 있는 것. 「台風(タイフウ)の一; 태풍의 영향」 ⑥자손. ⑦〔렌가(連歌)에서〕 마지막 절. 2. parting 5. remaining influences. **—おし·い**[名残り惜しい]—ヲシイ(형) 미련이 있어 이별이 섭섭하다. 파생 **—おしが·る**(자 4) **—おしげ**(형동ダ) **—おしさ**(명). **—の つき**[名残りの月](연어·명) ①하늘에 남은 달. 잔월(残月). ② 9월 13일 밤의 달.

なごり[余波](명) 여파. ①바람 분 뒤의 아직 가라앉지 않은 파도. ②파도가 물러간 뒤에 물가에 남는 해수(海水). 1. lingering waves

な ごん[納言](명) 다이나곤(大納言), 츄우나곤(中納言), 쇼오나곤(小納言)의 총칭.

—な さ(접미) …하지 않음. 「足(タ)り一; 부족함」

な さ[無さ](명) 없는 것. 「いくじの一; 비겁함」 nothing

なさけ[情け](명) ①사물을 느끼고 이해하는 마음. 정. 「一知(シ)らず; 몰인정한 사람」 ②자애로운 마음. ③사랑하는 마음. 연정(恋情). ④풍류(風流)로운 마음. 아쥐 있는 마음. 1. heart. ── **な·い**[情け無い](형) ①인정이 없다. 무정하다. ②풍류가 없다. ③한심하다. 「一成績(セイセキ); 한심한 성적」 ── **ぶか·い**[情け深い](형) 인정이 많다. 다정 다감하다. 파생 ── **ぶかさ**(명). ── **ようしゃ**[情け容赦](명) 인정과 관용. 「一もなく; 인정 사정 없이」 「naming

な ざし[名指し](명·타サ) 이름을 지정함. 지명(指名). ↗

な ざ·す[名指す](타 4) 지명하다. call by name

なさ そう[無さそう](형동ダ) 없는 것 같은 모양. unlikely

なさぬ なか[生さぬ仲](연어·명) 친부모, 친자식이 아닌 사이. 계부모와 의붓자식과의 사이. no blood relation

なさ·る[為さる](타 4) "為す(하다)"의 높임말. 하시다.

なし[梨](명) 배. 배나무의 열매. a pear

なし[無し](명) 없음. 「欠席者(ケッセキシャ)一; 결석자 없음」 nothing

なじ かは(부) ①어째선지. 「一知(シ)らねど; 왜 그런지 몰라도」 ②왜. why

なし くずし[済し崩し]ークヅシ(명) ①빚을 조금씩 갚아 감. ②일을 조금씩 해 치움. 1. paying by instalments

なし じ[梨子地](명) 표면을 배의 표피(表皮)와 비슷하게 만든 것.

なし と·げる[成し遂げる·為し遂げる](타하 1) 이룩하다. 성취하다. 완수하다. accomplish

なし の つぶて[梨の礫](연어·명) 편지를 내도 답장이 없는 일. 무소식. 〔"梨(ナシ)"와 "無(ナ)し"와 동음인 고로〕「何回(ナンカイ)も手紙(テガミ)を出(ダ)したが一に終(オワ)った; 몇 번이나 편지를 냈어도 대답은 끝내 없었다」 no tidings

な じみ[馴染み](명) ①낯익음. 단골. 친숙한 사람. ②친한 사이. 2. intimacy

な じ·む[馴染む](자 4) ①낯을 익혀 친해지다. 「友人(ユウジン)として一; 친구로서 친해지다」 ②하나로 융합되다. 「せっけんが水(ミズ)に一; 비누가 물에 잘 풀리다」 ③단골 손님이 되다. 1. become familiar with

ナショナリズム[nationalism](명) 내셔널리즘. 국가주의.

ナショナルリーグ[National League](명) 내셔널 리이그. 미국 직업 야구에 속하는 큰 리이그의 하나.

なじ·る[詰る](타 4) 힐문(詰問)하다. 문책하다. 「違約(イヤク)を一; 위약을 힐책하다」 censure

一なす(접미) …와 같은. …과 흡사한. 「山(ヤマ)一大波(オオナミ); 산더미 같은 큰 파도」

なす[茄子](명)〈식〉 가지. 가지과의 1년초. 야채의 한 가지. 열매는 식용함. an eggplant

な·す[生す](타 4) 낳다. 「子(コ)までなした仲(ナカ); 아이까지 낳은 사이」 bear

な·す[成す](타 4) ①만들다. 짓다. 이룩하다. 「産(サン)を一; 재산을 이룩하다」 ②다하다. 완수하다. ③마치다. 1. make

な·す[作す](타 4) ①일으키다. ②격려하다. 1. arouse

な·す[為す](타 4) ①행하다. 「努力(ドリョク)を一; 노력하다」 ②만들다. 마련하다. 「財(ザイ)を一; 재산을 마련하다」 ③변하게 하다. 「白露(シラツユ)を玉(タマ)に一長月(ナガヅキ); 이슬을 구슬로 변하게 하는 9월(음력)」 1. do 2. make

な·す[済す](타 4)〈방〉 갚다. 마치다. pay back

ナス(명)〈속〉 보우너스의 준말.

なす こん[茄子紺](명) 가지 빛깔과 같은 짙은 감색(紺色). dusky purple

なずそ·う ナヅサフ(자 4)〈고〉 ①물에 몸을 잠그다. ②낯익어 친해지다.

なずな[薺]ナヅナ(명)〈식〉 냉이. 겨자과에 속하는 월년초. 어린 잎은 국을 끓여 먹음. a shepherd's purse

なすび[茄子](명)〈식〉 ⇨なす.

なず·む[泥む]ナヅム(자 4) ①지체되다. 머뎌지다. 잘 나아가지 못하다. ②걸리다. 구속되다. 구애되다. 「暮(ク)れ一; 더디 저물다」 1. be retarded

なずら·える[準える]ナズラヘル(자하 1) ⇨なぞらえる.

なすり つ·ける[擦り付ける](타하 1) ①문질러 붙이다. 발라 붙이다. ②책임이나 죄를 남에게 씌우다. 전가(転嫁)하다. 2. put upon

なす·る[擦る](타 4) ①바르다. 문지르다. ②(죄, 책임 등을 남에게) 씌우다. 「罪(ツミ)を一; 죄를 씌우다」 1. rub on

なずろ·う[準う]ナズラフ(자 4·타하 2)〈고〉 ⇨なぞらう.

なせ(명)〈고〉 남자를 친절히 부르는 말. 당신. 내 낭군. 내 임.

なぜ[何故](부) 왜. 어째서. why

なぜ か[何故か](부) 무슨 이유인지. 왜 그런지. somehow

なぜ ならば[何故ならば](접) 왜냐하면. 그 이유는. 왜 그러냐 하면. because

なせ る[成せる](연어) …이 한. …이 만든. 「天(テン)の一わざ; 하늘이 하신 일」 made

な…そ(연어) 금지를 표시하는 말. 하지 마라. 「な来(コ)そ; 오지 마라」「な鳴(ナ)きそ; 울지 마라」

なぞ[謎](명) ①수수께끼. ②빙 둘러서 하는 말. 에둘러 하는 말. ③뜻이나 정체가 알기 어려운 것. 「一の女(オンナ); 정체 불명의 여인」 2. a hint

なぞ Ⅰ(부) 무슨 까닭에. 왜. Ⅱ(수조) …등. Ⅰ why Ⅱ etc.

なぞえ[傾斜]ナゾヘ(명) 경사. 비스듬히 한쪽으로 기울어짐.

なぞ なぞ[謎謎](명) 수수께끼. a riddle

なぞら·う[準う]ナゾラフ〈고〉 Ⅰ(자 4·하 2) 비겨지다. 견주어지다. Ⅱ(타하 2) 비교하다.

なぞら·える[準える]ナゾラヘル(타하 1) ①비교하다. ②닮게 하다. 비슷하게 하다. 1. compare with

なぞ·る(타 4) 글씨, 그림, 도형 등을 투사(透写)하다. trace

なた[鉈](명) 날이 두껍고 넓은 연장. a hatchet

なだ[灘](명) 육지에서 먼 파도가 센 바다. 「玄海(ゲンカイ)一; 현해탄」 a high sea

な だい[名代](명) 고명(高名). 유명. 「一の学者(ガクシャ); 고명한 학자」 fame

な だい[名題](명) ①명목(名目). ②각본, 죠오루리(浄瑠璃)의 제목. ③←名題看板. ④←名題役者. 1. a title. ── **かんばん**[名題看板](명) 연극 간판. ── **や**

くしゃ[名題役者](명) 뛰어난 배우.

なだか·い[名高い](형) 유명하다. 고명하다. famous

なだたる[名だたる](연체) 유명한. famous

なたね[菜種](명) 평지의 씨(種子).「—油(アブラ); 평지의 씨로 짠 기름」 rapeseed

なたまめ[鉈豆](명)〈식〉 작두콩. 1년생 만초로 껍질이 크고 구부러져 있음. a horse-bean. **—ギセル**[鉈豆煙管](명) 작두콩 꼬투리 모양으로 생긴 담뱃대.

なだ·める[宥める](타하 1) ①위로하다. 달래다. ②벌을 완화하다. ③좋게 하다. 중재(仲裁). 1. calm down

なだらか(형동ダ) ①온화한 모양. ②경사(傾斜)가 가파르지 않은 모양. 1. smooth

なだれ(명) ①[頽れ] 기울. 경사. ②[雪崩れ] 눈사태. 2. a snowslip. **—こ·む**[なだれ込む](자 4) 많은 사람이 쏟아져 들어 오다.「会場(カイジョウ)に—; 회장에 많은 사람들이 갑자기 몰려 들다」

なだ·れる(자하 1) ①[頽れる] 비스듬히 기울다. ②[雪崩れる] 눈사태가 나다. 흙모래 사태가 나다. 1. incline

ナチ[도 Nazi](명) 나찌. ①국가 사회주의의 도이치 노동당의 당원. ② ⇨: ナチス①.

ナチス[도 Nazis](명) 나찌스. ①국가 사회주의 당원. 도이치 노동당의 준말. 1919년 히틀러가 만들었음. 지금은 없음. ②⇨: ナチ①.

ナチズム[도 Nazism](명) 나찌즘. 나찌스주의. 우익적 전체주의(右翼的全体主義).

なちのたき[那智の滝](명)〈지〉 와카야마현(和歌山県) 남부의 나치강(那智川)에 있는 폭포.

ナチュラリズム[naturalism](명) 내추럴리즘. 자연주의.

ナチュラル[natural](명·형동ダ) 내추럴. ①자연 그대로임. ②〈악〉 샤아프, 플랫으로 변한 음을 원음으로 돌리는 기호. 본위(本位) 기호.「♮」

なつ[夏](명) 여름. summer

なついん[捺印](명·자サ) 날인. 도장을 찍음. seal

なつかし·い[懐かしい](형) ①옛일이 그립다. ②오래간만에 만나 기쁘다.「おなつかしゅうございます; 오래간만입니다(반갑습니다)」 파생 **—が·る** (자 4) **—げ**(형동ダ) **—さ**(명).

なつかし·む[懐かしむ](타 4) 그리워하다. yearn after

なつがれ[夏枯れ](명) 여름이 되어 영업(営業)이 잘 안 되는 일. summer inactivity

なつぎ[夏着](명) 여름옷. ↔冬着(フユギ). summer clothing

なつ·く[懐く](자 4) ①따르다.「子供(コドモ)がよく—; 아이가 잘 따르다」 ②사모하여 따르다. 1. become familiar

なつくさ[夏草](명) 여름에 무성한 풀. summer grass

ナックル[knuckle](명) 너클. 손가락 마디. **—ボール**[knuckle ball](명) 너클보올. 〔야구에서〕 손가락 끝을 공 표면에 세워서 던지는 보올.

なつげ[夏毛](명) ①여름에 짐승에 나는 털. ↔冬毛(フユゲ). ②한 여름이 지난 다음 노란 색에 흰 반점이 들기 시작한 사슴의 털. 모피(毛皮)나 붓털로 씀. 1. summer hair

なづけ[菜漬](명) 야채의 소금절이. salted vegetables

なづけ[名付け](명) 이름을 지음. 명명(命名). naming. **—おや**[名付け親](명) 친부모 대신에 이름을 지어 준 사람.

なつけ·る[懐ける](타하 1) 길들이다. 따르게 하다. win over

なづけ·る[名付ける](타하 1) ①이름을 짓다. 명명(命名)하다. ②말하다. 부르다. 1. christen

なつご[夏仔](명) 여름에 태어난 동물의 새끼. ↔冬仔(フユゴ).

なつこだち[夏木立ち](명) 여름의 무성한 나무 숲. a grove in summer

なつごろも[夏衣](명) 여름옷. summer clothing

なつさく[夏作](명)〈농〉 여름의 작물(作物). ↔冬作(フユサク). summer crops

なつじこく[夏時刻](명) 여름 시간. 서머타임. daylight saving time

なっしょ[納所](명)〈불〉 ①〔선종(禅宗)에서〕 돈이나 쌀의 수납(収納)을 맡은 사람. ②절의 잡무를 맡아 하는 중.

ナッシング[nothing](명) 나딩. ①없음. ②제로(zero).「ワン—; 완 스트라이크 노우 보올」

なつぜみ[夏蟬](명)〈동〉 여름 매미. summer cicadas

なっせん[捺染](명·타サ) 날염. 헝겊에 형지(型紙) 즉 무늬를 새긴 얇은 본을 대고 풀을 섞은 염료로 발라서 물들임. textile printing

なつぞら[夏空](명) 여름 하늘. the summer sky

なつだいこん[夏大根](명)〈식〉 여름무우. a summer radish

ナッツ[nut](명) 너트. 밤, 도토리, 호도 같은 굳은 껍질의 열매. 견과(堅果).

ナット[nut](명) 너트. 볼트에 끼워 돌려서 물건을 움직이지 않도록 죄는 금속 제품.

〔ナット〕

なっとう[納豆](명) 삶은 콩을 발효한 식품. fermented soybeans

なっとく[納得](명·타サ) 납득. 이해함.「—が行(ユ)く; 이해가 간다」 consent

なつどなり[夏隣](명) 여름에 가까움. 여름에 가까운 계절. being nearly summer

なつの[夏野](명) 여름의 들판. a field in summer

なつば[夏場](명) 여름철.「—の商売(ショウバイ); 여름철 장사」 the summer season

なっぱ[菜っ葉](명) 푸성귀의 잎. greens. **—ふく**[菜っ葉服](명) 푸른 색의 노동복.

なつばおり[夏羽織](명) 여름에 옷 위에 걸쳐 입는 얇은 천의 두루마기 비슷한 홑옷.

なつばしょ[夏場所](명) ①여름에 번창하는 장소. ②매년 5월에 흥행하는 큰 씨름판. 1. a popular summer resort

なつばて[夏ばて](명) ⇨なつまけ(夏負け).

なつまけ[夏負け](명·자サ) 더위 때문에 몸이 약해짐. 여름을 탐. succumbing to summer heat

なつみかん[夏蜜柑](명)〈식〉 여름밀감. 초여름에 나며 크고 몹시 심. a Chinese citron

なつみち[夏道](명)〔등산에서〕 적설기(積雪期)이외의 시기에 등산하는 길.

なつむき[夏向き](명) 여름철에 적합한 것. fit for summer

なつめ[棗](명) ①대추. 대추 나무의 열매. ②가루차를 담는 그릇의 한 가지. 대추 모양으로 생겼음. 1. a jujube

〔棗②〕

なつもの[夏物](명) 여름옷. ↔冬物(フユモノ). summer clothing

なつやすみ[夏休み](명) 여름 휴가. 여름 방학. a summer vacation

なつやせ[夏痩せ](명·자サ) 더위 때문에 여윔. loss of weight in summer

なつやま[夏山](명) 여름에 오르는 산. ↔冬山(フユヤマ).

なでがた[撫で肩](명) 처진 어깨. sloping shoulders

なでぎり[撫で斬り](명·타サ) ①눌러 벰. ②많은 사람을 모조리 베어 버림. 2. mowing down

なでしこ[撫でし子](명)〈식〉 패랭이꽃. 너도개미자리과에 속하는 다년초. 가을에 분홍색 꽃이 핌. 꽃은 약재로 씀. a pink

なでつ·ける[撫で付ける](타하 1) ①부드럽게 만져 붙이다. 쓰다듬어 붙게 하다. ②머리를 긁어 올려 매만지다. ③머리털을 뒤로 빗어 내리다. 3. comb down

な·でる[撫でる](타하 1) ①어루만지다. 쓸어 주다. 쓰다듬다. ②위로하다. 무마하다. 「民(タミ)を—; 백성을 무마하다」 1. stroke

など(부) 왜. 어찌하여. 무엇 때문에. why

など[等·抔](수조) 등. ①예로 들 때 쓰는 말. 따위. 등속. 「草(クサ)や木(キ)—を; 초목 등을」 ②그밖에도 있으나 중요한 것만을 들어서 말할 때 쓰는 말. 「死(シ)ぬ—といっている; 죽는다는 등 말하고 있다」 ③단정(斷定)을 부드럽게 하는 말. 같은 것. 「あまいもの—は おきらいですか; 단것 같은 건 안 좋아하십니까」 ④부정을 강조하는 말. 따위. 「うそ—つきません; 거짓말 따윈 안합니다」 ⑤가볍게 볼 때의 말. 같은 건. 「どうせぼく—は; 어차피 나 같은 건」

などか(부) 왜 …인가. 「—なからん; 왜 없을 것인가」

などころ[名所](명) ①성명과 주소. ②각 부분의 명칭. ③이름 난 곳. 명소. 1. name and address

などて(부) 무엇 때문에. 어째서. 왜. 「—か; 어찌해서」 why

なとり[名取り](명) ①음곡(音曲)이나 무용(舞踊)을 배우는 사람이 스승에게서 예명(芸名)을 허락받음. 또는 그 사람 ②유명함. 또는 그 사람. 1. being granted a professional name

ナトリウム[도 Natrium](명)〈이〉 나트륨. 금속 원소의 하나. 백색으로 부드러움. 기호는 Na.

なな—[七](조어) 일곱. 「—月(ツキ); 7개월」

なないろ[七色](명) ①일곱 가지 빛깔. ②일곱 가지. 1. seven colours. **—とうがらし**[七色唐辛子](명) 고추, 깨, 산초, 겨자, 평지, 삼씨, 진피(陳皮) 등을 갈아서 만든 양념.

ななえ[七重](명) ①일곱 겹. ②여러 겹. 「—のひざを八重(ヤエ)におる; 공손한 위에 더욱 공손히 부탁하다」 1. sevenfold

ななかまど[七竈](명)〈식〉 마가목. 능금나무과에 속하는 낙엽 활엽 교목. 지팡이 재료로 쓰임. a mountain ash

ななくさ[七草·七種](명) ①일곱 종류. 또는 일곱 종류의 풀. ②⇨はるのななくさ. ③⇨あきのななくさ. 1. seven herbs. **—がゆ**[七草粥](명) 음력 정월 7일에 봄의 일곱 가지 나물을 넣어서 쑨 죽.

ななこ[魚子·斜子](명) ①금속 표면 전체에 작은 좁쌀알 같은 것을 새긴 세공. ②〔←斜子織(ナナコオ)り〕 견직물의 한 가지. 발이 가늘며 어란(魚卵)같이 보이게 짠 비단. 1. metalware with rugged surface

ななころびやおき[七転び八起き](연어·명·자サ) 칠전팔기. 일곱 번 넘어져도 여덟 번째 일어나서 분투 노력함. 불요 불굴(不撓不屈). an undaunted struggle with adverse circumstances

ななし[名無し](명) 무명. 이름이 없음. 하찮음. namelessness. **—のごんべえ**[名無しの権兵衛](명)〈속〉 이름을 모르는(없는) 사람. 하찮은 사람.

ななじゅう[七十](수) 칠십. 일흔. 70. seventy

ななそ[七十](수) 일흔. seventy. **—じ**[七十路]—ヂ(명) ①일흔. ②70년. 70세.

ななつ[七つ] Ⅰ(명) 옛날의 시각 이름. 지금의 오전 또는 오후 4시. Ⅱ(수) ①일곱. 7. 「—の海(ウミ); 온 세계의 바다」 ②일곱 살. 일곱. Ⅰ four o'clock Ⅱ 1. seven. **—さがり**[七つ下がり](명) ①오후 4시를 지난 시각. ②퇴색한 옷. **—どうぐ**[七つ道具](명) 언제나 몸에 지니고 다니는 여러 가지 도구.

ななとこがり[七所借り](명) 사방에서 돈을 꾸어 들이는 것. calling for loans

なななのか[七七日](명) 49일. 사람이 죽은지 49일째 되는 날. the forty-ninth day

ななひかり[七光](명) 주군이나 어버이의 힘이 널리 미침. 부모나 주군의 여덕을 봄. 「親(オヤ)の光(ヒカリ)は—; 오래오래 비치는 어버이의 여광(餘光)」 parental influences

ななふしぎ[七不思議](명) 일곱 가지의 불가사의한 현상(現象). seven wonders

ななまがり[七曲り](명) 꼬불꼬불한 길이나 고개. tortuosity

ななめ[斜め](명) ①경사. 비낌. 기욺. ②모로 됨. 비스듬함. ③해가 한낮을 지남. 해가 기욺. ④평온하지 않음. 「ごきげん—だ; 기분이 좋지 않다」 1. inclination. **—ならず**[斜めならず](연어) 보통이 아니다. 대단하다. 꽤.

なに[何] Ⅰ(대) ①무엇. ②그것. 그 사람. 「—を取(ト)ってくれ; 그걸 달라」 Ⅱ(부) ①모르는 것을 질문할 때 씀. 어째서. ②(어미를 올리고) 되물을 때 씀. ③부정을 나타냄. 아니. 뭘. 「—, かまうもんか; 뭘 괜찮아」 Ⅰ 1. what Ⅱ 2. why

なにおう[名に負う]―ォフ(연어·연체) ①그 이름대로인. ②유명한. 2. famous
なにか[何か] Ⅰ(대) 정해져 있지 않은 것을 가리키는 말. 뭔가. 「―食(タ)べたい; 뭔가 먹고 싶다」 Ⅱ(부) 어째선지. Ⅰ anything Ⅱ somehow. ―**しら**[何か知ら](부) 무엇인지 모르나. 왜 그런지. ―**なしに**[何か無しに](연어·부) 공연히. 어쩐지.
なにか[何彼](대) 이것 저것. 「―のことはあとまわしにして; 이것 저것 다 제쳐 놓고」 this and that. ―**と**[何彼と](부) 이것 저것. 여러 가지. 「―不自由(フジユウ)が多(オオ)い; 여러 가지 부자유가 많다」
なにが[何が](부) 무엇이. 「―愉快(ユカイ)なものか; 무엇이 유쾌해(조금도 유쾌하지 않다)」 what. ―**さて**[何がさて](부) 말할 것도 없이. 어쨌든. ―**なしに**[何が無しに](연어·부) 공연히. 어쩐지. 「―悲(カナ)しい; 어쩐지 슬프다」
なにがし[某](대) ①모. 사람, 물건, 수량을 모를 때 쓰는 말. 「―という男(オトコ); 모라는 사나이」 ②저. 1. certain
なにがな[何がな](부)〈고〉 ①무엇인가를. ②무엇이든.
なにかは[何かは](부) 반어(反語)로 씀. 어째서 …할 것인가. 「―苦(クル)しかるべき; 어째서 괴로울 것인가」
なにからなにまで[何から何まで](연어·부) 이것 저것 모두. 죄다. all
なにくそ[何糞](감)〈속〉 흥분하거나 성이 나서 하는 말. 뭐야. 제기랄. 뭘 이쯤야. Dash it!
なにくれ[何呉] Ⅰ(대) 누구. 아무개. Ⅱ(부) 여러 가지. 이것 저것. Ⅰ who Ⅱ this and that. ―**となく**[何呉と無く](연어·부) 여러 가지로. 이것 저것.
なにくわぬ[何食わぬ]―クハヌ(연어) 아무 것도 모르는. 시치미를 뗀. 「―顔(カオ); 시치미를 뗀 얼굴」 unconcerned
なにげな·い[何気無い](형) 아무 생각 없다. 태연하다. 아무렇지도 않은 듯하다. unconcerned
なにごころない[何心無い](연어·형) 아무런 생각도 없다. 별다른 생각이 없다. 무심하다. 그저 그렇다. unintentionally
なにごと[何事](명) ①어떤 일. 무슨 일. ②모든 일. ③어찌 된 일. 2. everything
なにさま[何様] Ⅰ(부) 참으로. 정말. 과연. Ⅱ(명) 뭐라는 분. 어떤 이. Ⅰ indeed
なにしおう[名にし負う]―オフ(연어·연체) 유명한. 「―富士(フジ)の山(ヤマ); 유명한 후지산」 famous
なにしに[何しに](부) ①무엇 하러. ②무엇 때문에. 1. for what purpose
なにしろ[何しろ](부) 어쨌든. 여하튼. 「―暑(アツ)いので; 어쨌든 더우므로」 anyhow
なにすれぞ[何為れぞ]〈고〉(부) 어째서. 왜. 어찌하여.
なにせ[何せ](부) 아무래도. 여하튼. anyway
なにせんに[何せんに](연어)〈고〉 무엇 할 것인가. 무슨 필요가 있을 것인가. 「こがねも玉(タマ)も―; 황금이고 구슬이고 무엇에 쓰랴」
なにとぞ[何卒](부) ①어떻게 해서든. ②모쪼록. 1. by any means
なにとて[何迚](부) 왜. 어째서. 무엇 때문에. why
なにとなく[何と無く](부) ⇨なんとなく.
なになに[何何] Ⅰ(대) 모르는 것을 늘어놓을 때 씀. 무엇과 무엇. Ⅱ(감) 뭐야? 무슨 일이야?. Ⅰ and what not Ⅱ what?
なにはさておき[何は扠置き](연어·부) 다른 일은 제쳐 놓고라도. 우선. 먼저. 어쨌든. first of all
なにはともあれ[何は兎もあれ](연어·부) 다른 일은 어떻든간에. 여하튼. 「―嬉(ウレ)しい; 여하튼 기쁘다」 at any rate
なにびと[何人](명) 어떤 사람. some one
なにひとつ[何一つ](연어·명) 아무 것도. 하나도. 「―ない; 아무 것도 없다」
なにぶん[何分](부) ①다소간. 얼마간. ②모쪼록. 「―よろしくお願(ネガ)いします; 모쪼록 잘 부탁 드립니다」 ②뭐라 해도. 아무래도. 여하간에. 「―予算(ヨサン)がないので; 아무래도 예산이 없어서」
なにぼう[何某](대) 어떤 사람. 모(某)라는 이름의 사람. 모씨(某氏). who
なにほど[何程](부) 어느 만큼. 얼마쯤. how much
なにも[何も](부) ①무엇이나. 모두. 「暑(アツ)さも―忘(ワス)れて; 더위고 뭐고 다 잊고」 ②일부러. 특별히. 「―行(ユ)く必要(ヒツヨウ)はない; 일부러 갈 필요는 없다」 1. anything. ―**かも**[何も彼も](연어) 모두. 죄다. 「―さらけ出(ダ)す; 모두 폭로하다」
なにもの[何者](명) 어떤 사람. 누구. who
なにもの[何物](명) 어떤 물건. 무엇. what
なにやかや[何や彼や](연어·부) 여러 가지. 이것 저것. 「―でだいぶおかねを使(ツカ)った; 이런 일 저런 일로 꽤 돈을 썼다」 one thing or another
なにやつ[何奴](명) 어떤 녀석. 어떤 놈. who
なにやら[何やら](부) 무엇인지. 무엇인가. what
なにゆえ[何故]―ユヱ(부) 왜. 어째서. why
なにより[何より](명·부) 무엇보다도 가장 좋은 것. 제일. 「それは―でした; 그것은 무엇보다 다행이었읍니다」 more than anything
なにら[何等](대·부)〈고〉 ⇨なんら.
なにわぶし[浪花節]ナニハ―(명) 샤미센(三味線)의 반주로 곡조를 붙여 노래하다가 이야기하다가하는, 노래의 한 가지. 내용은 무용담, 인정담 등 여러 가지임.
なにをか[何をか](연어) 무엇을 …하리오. 「―いわんや; 무엇을 말하리오(아무 말도 할 게 없다)」
なぬか[七日](명) ⇨なのか.
なぬし[名主](명) 에도(江戸) 시대에 막부(幕府) 직할지의 최하직. a village headman
なのか[七日](명) ①이레. 7일. ②1주간. ③사람이 죽은 뒤의 이레째 되는 날. 2. seven days. ―**しょうがつ**[七日正月](명) 정월 초이레.
なのはな[菜の花](명)〈식〉 평지꽃. 봄에 노랗게 핌. rape-blossoms

なのめならず[斜めならず](연어) ⇨ななめならず.

な のり[名乗り](명·자サ)①자기 이름을 댐. 특히 무사(武士)가 싸움터에서 적에게 자기의 가계(家系)와 이름을 큰 소리로 외치는 것. 「一をあげる; 큰 소리로 자기 이름을 외치다」②옛날 무가(武家)에서 남자가 관례(冠礼)한 뒤에 붙이는 실명(実名). 2. one's real name

な の·る[名乗る](자 4) ①실명(実名)을 가지다. ②일컫다. 부르다. ③자기 성명을 대다. ④자기가 바로 그 본인임을 말하다. 4. introduce oneself as

なば(연어) ①…하면. 「花咲(ハナサ)き一; 꽃이 피면」②꼭 …한다면. 「心(ココロ)だにまことの道(ミチ)にかなわ一; 마음만 참다운 도리에 부합된다면」

ナパーム ばくだん[napalm 爆弾](명) 네이파암 폭탄. 유지 소이탄(油脂焼夷弾)의 한 가지.

なび·く[靡く](자 4) ①초목 등이 바람이나 물에 휩쓸려 쓰러지다. ②복종하다. 붙좇다. 1. bend 2. yield to

なびか·す[靡かす](타 4) ①쏠리게 하다. ②복종하게 하다. 붙좇게 하다. 1. make bend

な びろめ[名弘め](명) 예명(芸名) 등을 처음으로 세상에 알림. announcement of one's newly-assumed name

ナプキン[napkin](명) 냅킨. 식사 때 가슴이나 무릎에 덮는 수건.

ナフサ[도Naphtha](명)〈이〉 나프타. 휘발유.

な ふだ[名札](명) 명찰. 이름을 쓴 패. a name-plate

ナフタリン[도 Naphthalin](명) 나프탈린. 독특한 냄새가 나며, 방충제(防虫剤), 염료의 원료로 씀.

なぶり もの[嬲り物](명) ⇨なぐさみもの.

なぶ·る[嬲る](타 4) ①피롭히다. ②조롱하다. 희롱하다. 「おおぜいの中(ナカ)で一; 여러 사람 앞에서 조롱하다」③놀리다. 「ねこがねずみを一; 고양이가 쥐를 놀리다」④무시하다. 얕보다. 2. banter

なべ[鍋](명) 남비. a pot

なべじり[鍋尻](명) 남비 밑바닥의 불이 닿는 부분. 남비 밑. the undersurface of a pan

なべずみ[鍋墨](명) 남비나 솥 밑에 꺼멓게 묻은 그을음. kettle-soot

なべぞこ[鍋底](명) ①남비 속의 밑바닥. ②저조(低調)하고 나쁜 상태가 계속되는 일. 「一景気(ケイキ); 계속되는 불경기」 1. the bottom of a pan

なべ づる[鍋弦](명) 남비의 (활 모양의) 손잡이. the bail of a pan

なべ て[並べて](부) 모두. 몰밀어. 통틀어. all

なべに[並べに](부)〈고〉 그와 함께. 그와 더불어.

なべやき うどん[鍋焼き饂飩](명) 작은 토기(土器) 남비에 끓인 우동. scalloped macaroni

な へん[な変](명) ⇨なぎょうへんかくかつよう.

な へん[那辺·奈辺](대) 나변. 어디쯤. 어디. 「真意(シンイ)は一にあるかわからない; 진의가 나변에 있는지 모르겠다」 where

ナホトカ[Nakhotoka](명)〈지〉 나호토카. 소련 시베리아 남동부의 동해에 면한 항구.

なおびと[直人]ナホー(명)〈고〉 서민. 일반인.

ナポリ[Napoli](명)〈지〉 나폴리. 이탈리아 반도의 남부 나폴리만(湾)에 면한 도시.

なま[生](명·형동ダ) ①생물을 자연계에서 취(取)한 채로임. ②열을 가하거나 살균하지 않음. 날것. ③새로운 것. ④인공을 가하지 않음. 본래의 것. 「一の声(コエ); 원 목소리」 ⑤과일 등이 덜 익음. 선것. ⑥불충분함. 「一煮(ニ)え; 설익음」 ⑦경험이 적음. ⑧건방짐. 「一をいう; 건방진 소리를 하다」 ⑨〈속〉 현금. 「現(ゲン)一; 현금」 1. 2. rawness 3. newness

なま あくび[生欠伸](명) 선하품. 충분히 안 나오는 하품. a slight yawn

なま あげ[生揚げ](명) ①튀김이 불충분한 것. ②두부를 두껍게 썰어서 살짝 튀긴 것. 2. fried bean-curd

なま あたたか·い[生暖かい](형) 미지근하다. 「一風(カゼ); 미지근한 바람」 lukewarm

なま あたらし·い[生新しい](형) 아직 시간이 얼마 지나지 않아 새롭다. fresh

なま あん[生餡](명) 팥을 삶아서 껍질을 벗긴 것으로 아직 설탕을 안 넣은 것. bean-paste without sugar

なま いき[生意気](명·형동ダ) ①건방짐. 아는 체함. 또는 그런 사람. ②자기 위치나 나이를 생각하지 않고 주제넘게 나서는 사람. 1. pretending to know

なま うお[生魚](명) ①산 물고기. ②싱싱한 생선(生鮮). ③조리하지 않은 생선. 1. a live fish

な まえ[名前]一マヘ(명) 이름. 씨명(氏名). a name. 一**まけ**[名前負け](명·자サ) 이름만 훌륭하고 실지는 오히려 떨어짐. 명실 상부(名実相符)하지 못함.

なまがくもん[生学問](명) 서투른 학문. 옅은 학문. 미숙(未熟)한 학문. superficial learning

なまがし[生菓子](명) 생과자. ①단 팥소를 넣어 찐 과자류. ②크리임, 과일 등을 씌운 양과자. 1. pastry

なま かじり[生噛り](명·타サ) ①충분히 씹지 않음. ②수박 겉 핥기. 충분히 알지 못함. 「一の知識(チシキ); 충분치 못한 지식」 2. smattering

なま かべ[生壁](명) 바르고 나서 아직 마르지 않은 벽(壁). an undried wall

なま かわ[生皮]一カハ(명) ①날것대로의 껍질. ②잘 마르지 않은 가죽. 1. hides in the raw

なま がわき[生乾き](명) 충분히 마르지 않음. being half-dried

なま き[生木](명) 생목. 생나무. 「一を裂(サ)く; 의가 좋은 부부, 연인을 억지로 떨어지게 하다」 unseasoned wood

なま ぎき[生聞き](명) ①무책임하게 들음. ②제대로 듣지도 않고 아는 체함. 1. imperfect hearing

なま きず[生傷](명) 새 상처. a fresh wound

なま ぐさ[生臭·腥](명·형동ダ) 비린내. 성취(腥臭). fishy. 一**もの**[生臭物](명) 생선, 고기류. 비린 것.

なま ぐさ·い[生臭い·腥い](형) ①생고기(물고기) 냄새가 나다. 비리다. ②피비린내 나다. ③중의 행실이 나쁘다. [파생] 一**さ**(명). 2. bloody

なま くび[生首](명) 방금 자른 목. a freshly-severed head

なまくら[鈍ら](명·형동ダ) ①잘 안 듦. 무딤. 「一刀(ガタナ); 무딘 칼」 ②게으르고, 둔함. 또는 그런 사람. 1. a dull-edged tool
なまクリーム[生 cream](명) 우유에서 빼낸 지방분. 양과자 등을 만드는 데 씀.
なまけもの(명)〈동〉 나무늘보. 남미산(南米產)으로 원숭이를 닮았으며 동작이 매우 느리고 잘 때는 나무에 매달려 잠. a sloth
なまけもの[怠け者](명) 게으름장이. a lazy fellow
なま·ける[怠ける](자하 1) 할 일을 안하고 게으름을 피우다. be idle
なまこ[生子·海鼠](명) ①〈동〉 해삼. 바다에 사는 하등 동물. 식용함. ②거푸집에 부은 녹인 선철(銑鉄). ③←生子板. ④←生子餅. ⑤〔←生子形(ガタ)〕 반원통형(半円筒形). 1. a sea-slug. **—いた**[生子板](명) 물결 모양으로 골이 진 양철판. **—もち**[生子餅](명) 반원통형으로 썬 떡.
なまゴム[生護謨](명) 생고무. 고무나무에서 뺀 액체를 굳혀 만든 끈적끈적한 물질. raw rubber
なまごろし[生殺し](명) ①반죽음. ②엉거주춤하게 내버려 둠. 일 등을 불철저하게 함. 1. being half-killed
なまざかな[生魚](명) 생선. a raw fish
なまざむらい[生侍]ーザムラヒ(명) 애송이(풋나기) 무사.
なまし[鈍](명)〈이〉 강철, 유리 등을 달구었다가 천천히 식힘. annealing
なまじ[憖じ](부) ⇨なまじい.
なまじい[憖じい]ナマジヒ(부·형동ダ) ①무리하게. 억지로. ②쓸 데 없는 것을 공연히. ③하지 않아도 좋은 것을. 1. unreasonably
なまじっか[憖じっか](부·형동ダ) ①무리하게. 섣불리, 「一そんなことをいったばかりに; 섣불리 그런 말을 했기 때문에」 ②불필요한. 괜한. 「一なことをいうものではない; 괜한 소리를 하는 게 아니야」 2. unnecessary
なまじろ·い[生白い](형) ①희끄무레하다. 부유스름하다. ②(병적으로) 창백하다. 1. whitish
なます[膾·鱠](명) 생선회. vinegared chopped-fish
なま·す[焠す](타 4) 쇠를 담금질하여 단련하다. 벼리다. temper
なまず[癜]ナマヅ(명)〈의〉 실 같은 세균이 모여서 황갈색 등의 어루러기가 생기는 피부병. 어루러기. 전풍(癜風). vitiligo
なまず[鯰]ナマヅ(명)〈동〉 메기. 큰 것은 지진을 일으킨다고 전해 옴. a catfish. **—ひげ**[鯰髭](명) 가늘고 긴 수염. 또는 그런 수염을 기른 사람.
なまたまご[生卵](명) 날달걀. 생계란. a raw egg
なまち[生血](명) 생혈. 굳지 않은 피. fresh blood
なまちち[生乳](명) 생우유. 끓이지 아니한 우유. raw milk
なまっちろ·い[生っ白い](형) ⇨なまじろい.
なまつば[生唾](명) (자극을 받았을 때) 입안에 괴는 침. 군침. sour spittle
なまづめ[生爪](명) 생손톱. 손가락에 있는 손톱. 「一をはがす; 손톱을 빼다」 a raw nail
なまなか[生半](부·형동ダ) ①어중간한. 엉거주춤한. ②억지로. 섣불리. ③오히려. 도리어. 1. unfinished
なまなま[生生](부) ①퍽 미숙한 모양. 덜 익은. ②대단히 신선한 모양. 생생히. 싱싱하게. ③불충분한 모양. 1. immature. **—し·い**[生生しい](형) ①지금 곧 한 것 같다. 생생하다. 「一きずあと; 생생한 상처」「記憶(キオク)が一; 기억이 생생하다」 ②눈앞에서 보는 듯한 느낌이다. 방불하다. 「一描写(ビョウシャ); 생생한 묘사」 파생 **—しさ**(명).
なまにえ[生煮え](명) 덜 삶긴 것. being underdone
なまぬる·い[生温い](형) ①미적지근하다. 「一湯(ユ); 미적지근한 물」 ②굼뜨다. 완만하다. 「一動作(ドウサ); 완만한 동작」 ③미온적이다. 심하지 않다. 「一処置(ショチ); 미온적인 처리」 1. lukewarm
なまはんか[生半可](명·형동ダ) 충분치 않음. 어중간함. 「一な知識(チシキ); 불충분한 지식」 superficiality
なまはんじゃく[生半尺](명·형동ダ) ⇨なまはんか.
なまはんじゅく[生半熟](명·형동ダ) ①미숙함. ② ⇨なまはんか. 1. unripeness
なまビール[生 beer·生麦酒](명) 생맥주. 열을 가하거나 살균하지 않은 맥주. draught-beer
なまびょうほう[生兵法](명) 불충분한 병법. 서투른 무술. 서투른 지식. 「一は大(オオ)けがのもと; 서투른 지식은 큰 실수의 원인」 crude tactics
なまふ[生麩](명) 밀에서 녹말을 빼고 남은, 아직 마르지 않은 기울. wheat gluten
なまフイルム[生 film](명) 생필름. 아직 쓰지 않은 필름. raw film
なまぶし[生節](명) 반쯤 말린 가다랭이. a half-dried bonito
なまへんじ[生返事](명·자サ) 건성으로 대답함. 되는 대로 아무렇게나 대답함. a reluctant answer
なまぼし[生干し·生乾し](명·타サ) 충분히 말리지 않음. 또는 그런 것. half-dried
なままゆ[生繭](명) 생고치. 삶지 않은 고치. a raw cocoon
なまみ[生身](명) 산 몸뚱이. a living body
なまむぎじけん[生麦事件](명)〈역〉 1862년 요코하마(横浜) 근처의 나마무기(生麦)에서 일본인이 영국인을 살상(殺傷)한 사건.
なまめかし·い(형) ①아름답다. 우아하다. ②요염하다. ③정숙(貞淑)하다. 파생 **—げ**(형동ダ) **—さ**(명). 1. beautiful
なまめ·く(자 4) ①젊게 느껴지다. ②아름답게 느껴지다. 탐스럽게 느껴지다. ③요염해지다. ④고상하게 느껴지다. 1. 2. be fair
なまもの[生物](명) 날것. 조리하지 않은 생선류. 1. raw food
なまやけ[生焼け](명) 설구워진 것. being half-baked
なまやさし·い[生易しい](형) ①쉽다. ②간단하다. 손쉽다. 「一事業(ジギョウ)ではない; 쉬운 사업은 아

니다」[파생] ── さ(명). 1. easy

なまゆで[生茹で](명) 덜 삶은 것. being half-boiled

なまよい[生酔い]─ヨヒ(명) ①적당히 취함.「一本性(ホンショウ)たがわず; 적당히 취하면 제 정신을 잃지 않는다」②건주정. 건주정군. 1. being half-tipsy

なまり[訛り](명) 사투리. a dialect

なまり[鉛](명)〈이〉 납. 금속 원소의 하나. 기호는 Pb. lead. ── **ガラス**(명)〈이〉 납유리. 플린트 유리.

なまり(ぶし)[生り(節)](명) 가다랭이를 쪄서 설말린 것. a half-dried bonito

なま·る[訛る](자 4) (사투리로) 발음이 바르지 못하다. be corrupted

なま·る[鈍る](자 4) ①무뎌지다. ②마음이 흩어져 약해지다. ③논조(論調)가 약화되다. 2. be weakened

─なみ[並み](조어) ①마다.「のき─; 집집마다」②쯤. 정도(程度).「世間(セケン)─; 일반적」

なみ[並み](명) ①줄(列). ②같은 종류. ③보통(普通). 예사. 1. a row 3. average

なみ[波](명) ①〈지〉 파도. 물결. ②〈이〉 공기의 진동 현상. ③주름.「老(オイ)の─; 늙은이의 주름살」④굴곡. 얼룩. 불균형.「作品(サクヒン)に─がある; 작품이 고르지 못하다」⑤반복되는 변화. 차례로 밀어 닥치는 모양.「人(ヒト)の─; 인파」 1. a wave 2. a wave-motion

なみ[無み](연어)〈고〉 …이 없으므로.「術(スベ)を─; 할 수가 없어서」

なみあし[並み足](명) ①보통 발걸음. ②말의 걷는 속도에서 가장 느린 것. 1. a usual step

なみ·いる[並み居る]─ヰル(자상 1) (많은 사람이) 줄지어 앉다.「─重臣(ジュウシン)たち; 줄지어 있는 중신들」 stand in a row

なみうちぎわ[波打ち際]─ギハ(명) 물가에서 물결이 밀려 왔다 밀려 갔다하는 곳. a beach

なみう·つ[波打つ](자 4) ①파도 치다. ②파도와도 같이 기복(起伏)이 있다.「山(ヤマ)が─; 산이 물결처럼 이어지다」 1. wave

なみがしら[波頭](명) 파도의 제일 높은 곳. a wave-crest

なみかぜ[波風](명) ①파도와 바람. 풍파. ②바람이 불어 파도가 이는 것. ③분쟁. 분규. 1. waves and wind

なみき[並み木](명) 가로수. a avenue of trees

なみじ[波路]─ヂ(명) 뱃길. 수로. a ship's course

なみ·す[蔑す](타サ)〈고〉 ⇨なみする.

なみ·する[蔑する](타サ) 모멸하다. despise

なみせい[並み製](명) 중급품(中級品). ↔上製(ジョウセイ). ordinary make

なみだ[涙·泪](명·자サ) ①눈물. ②울음.「─に暮(ク)れる; 눈물로 지내다」③동정.「人(ヒト)の─にすがる; 남의 동정심에 매달리다」 1. tears. ── **あめ**[涙雨](명) ①하늘도 눈물 짓는 것같이 느끼지는 비. ②조금 오는 비. ── **きん**[涙金](명) 인연을 끊을 때 특별히 주는 돈. ── **ぐまし·い**[涙ぐましい](형) 눈물겹다.「─努力(ドリョク); 눈물겨운 노력」[파생] ── **ぐましさ**(명). ── **ぐ·む**[涙ぐむ](자 4) 눈물을 머금다. 눈물 짓다. ── **ごえ**[涙ごえ](명) 울먹한 소리. ──**·する**[涙する](자サ) 울다. 눈물을 흘리다. ── **ながら**[涙乍ら](연어) 눈물을 흘리면서. 울면서.「─に語(カタ)る; 울면서 이야기하다」── **もろ·い**[涙脆い](형) ①눈물을 잘 흘리다. ②쉽게 감동하다. [파생] ── **もろさ**(명).

なみたいてい[並み大抵](부) 보통. 흔한.「─の努力(ドリョク)ではない; 보통 노력이 아니다」 commonly

なみだ·つ[波立つ](자 4) 파도가 일다. 물결 치다. run high

なみとう[並み等](명) 보통 등급. the ordinary grade

なみなみ[並み並み](명) 보통. 예사.「─ならぬ; 보통이 아닌」 rordinary

なみなみ(부) 철철 넘칠 정도로 가득 찬 모양. overflowing

なみなみならぬ[並並ならぬ](연어) 보통이 아닌. uncommon

なみのはな[波の花](연어·명) ①파도가 바위 등에 부딪쳐 부서지는 곳. ②소금. 1. the crest of a wave

なみのほ[波の穂](연어·명) ⇨なみがしら.

なみのり[波乗り](명) 판자 같은 것을 이용해서 파도를 타고 해안에 이름. 파도를 탐. surf-riding

なみはず·れる[並み外れる]─ハヅレル(자하 1) 보통 이상이다. 유별 나다.「並(ナ)みはずれた体格(タイカク); 보통 이상으로 큰 체격(유별 난 체격)」 be out of the common

なみはば[並み幅](명) 피륙의 보통 폭. 약 34 cm. ↔広幅(ヒロハバ).

なみひととおり[並み一通り]─ヒトトホリ(연어·명·형동ダ) 보통. 흔함.「─の努力(ドリョク)ではない; 보통 노력은 아니다」 common

なみま[波間](명) ①파도와 파도 사이. ②파도가 일지 않는 사이. 1. among the waves

なみまくら[波枕](명) ①파도 소리가 베갯머리에 들려 오는 일. ②수로(水路) 여행. 항해.「行(ユ)く手(テ)さだめぬ─; 지향 없는 뱃길」 2. a sea voyage

なみよけ[波除け](명) ①파도를 막음. 파도를 막는 것. ②방파제(防波堤). 2. a breakwater

なむ(연어·조동·조)〈고〉 ⇨なん.

なむ[南無](감)〈불〉 나무. 부처나 보살에게 빌 때 먼저 부르는 말. 범어(梵語)로 귀명(帰命), 귀의(帰依)한다는 뜻. O Buddha!

なむあみだぶつ[南無阿彌陀仏](명)〈불〉 나무아미타불. 〔정토종(浄土宗), 진종(真宗)에서〕 염불(念仏) 소리. 아미타불에 귀의(帰依)한다는 뜻. May his soul rest in peace!

なむさん[南無三](감) ⇨なむさんぼう(南無三宝).

なむさんぼう[南無三宝] Ⅰ(명)〈불〉 불(仏), 법(法), 승(僧)의 삼보(三宝)에 귀의(帰依)하는 일. Ⅱ(감) 실수했거나 몹시 상기되었을 때 하는 말. 아차! Ⅰ immersion into Buddhism

なむみょうほうれんげきょう[南無妙法蓮華経](명)〈불〉

〔니치렌종(日蓮宗)에서〕 법화경(法華経)에 귀의(帰依)하는 뜻을 나타내는 말. ⇨: だいもく(題目).
なめくじ[蛞蝓]ークヂ(명)〈동〉 활유. 복족류(腹足類)에 속하는 동물로 달팽이 비슷하나 껍데기가 없음. 괄태충(括胎虫). 토와(土蝸). a slug
なめげ[無礼気](형동ダ) (태도 등이) 무례한 모양. ↘
なめ·し(형ク)〈고〉 실례 되다. 무례하다. ⌊impolite
なめしがわ[鞣し皮·鞣し革]ーガハ(명) 무두질한 가죽. 다룬 가죽. 숙피(熟皮). 유피(鞣皮). leather
なめ·す[鞣す](타 4) (가죽을) 무두질하다. 다루다. tan
なめず·る[舐めずる]ーヅル(타 4) (혀로) 입술을 핥다. lick the lips
なめみそ[嘗め味噌](명) 된장 속에 야채나 생선 등을 넣은 부식물. bean paste eaten as a sidedish
なめもの[嘗め物](명) 젓갈, 장아찌 등의 부식물.
なめらか[滑らか](형동ダ) ①미끄러운 모양. ②거침 없는 모양. 「ーに流(ナガ)れる; 거침 없이 흐르다」 smooth
なめ·る[滑める](자 4)〈고〉 미끄러지다. 반들반들해지다.
な·める[嘗める·舐める](타하 1) ①핥다. ②맛보다.「苦(クル)しみをー; 괴로움을 맛보다」 ③얕보다. 「人(ヒト)をー; 사람을 깔보다」 1. lick 2. taste
なも[南無](명)〈불·고〉 ⇨なむ.
なや[納屋](명) 헛간. 창고. a barn
なやまし·い[悩ましい](형) ①괴롭다. 고생스럽다. ② 기분이 언짢다. ③관능(官能)이 자극되다. 파생 ーが·る(자 4) ーげ(형동ダ) ーさ(명). 1. painful
なやま·す[悩ます](타 4) 괴롭히다. 「心(ココロ)をー; 마음을 괴롭히다」 annoy
なやみ[悩み](명) ①고민. 번민. 괴로움.「ーの たね; 번민의 씨」 ②병(病). 1. an affliction
なや·む[悩む](자 4) ①고민하다. ②괴로와하다. 앓다. 1. be afflicted
なやめる[悩める](연어) 고민하고 있는.「ーすがた; 고민하는 모습」 worried
な·ゆ[萎ゆ](자하 2)〈고〉 ①시들다. ②(의복 등이 풀이 죽거나 오래 입어) 후줄근해지다.
なよせ[名寄せ](명) 이름을 모은 것. a collection of names
なよたけ[弱竹](명) ①가냘픈 대. ②어린 대. 1. a flexible bamboo
なよなよ(부·자サ) 부드럽고 매우 약한 모양. 하늘하늘한 모양. feebly
なよびか(형동ナリ)〈고〉 부드러운 모양. ②우아한 모양. 풍류적인 모양. ⌈slender
なよやか(형동ダ) 연약한 모양. 하늘하늘한 모양. ↗
なよよか(형동ナリ)〈고〉 ⇨なよびか.
なら[楢](명)〈식〉 졸참나무. 너도밤나무과에 속하는 낙엽 활엽 교목. 목재는 신탄재(薪炭材), 수피(樹皮)는 염료로 씀. an oak
なら[奈良](명)〈지〉 킨키(近畿) 지방 중남부의 현. 또는 그 현의 현청 소재지. 일본 역사상, 나라 시대의 서울로서 고적이 많음.
なら Ⅰ(접)〈속〉 그러면. 그렇다면. 「ー, いいけど; 그렇다면 좋지만」 Ⅱ(수조) …이나. 「人物(ジンブツ)ー, 家(イエ)がらー; 인물이나 가문이나」 Ⅲ(형동) "だ(이다)"의 가정형(仮定形). Ⅳ(조동) "だ(이다)"의 가정형. Ⅰ if so
ならい[習い]ナラヒ(명) ①배움. 익힘. ②습관. 버릇. 「ー, 性(ショウ)となる; 습관이 성격같이 되어 버린다」 ③보통. 상태(常態). 「世(ヨ)のー; 세상에 흔히 있는 일」 1. learning
なら·う[倣う]ナラフ(타 4) 흉내 내다. 모방하다. 「前例(ゼンレイ)にー; 전례에 따르다」 imitate
なら·う[習う]ナラフ(타 4) ①복습(復習)하다. ②배우다. 1. practise
ならく[奈落](명) ①〈불〉 나락. 지옥. ②무대 밑에 만든 지하실. ③밑바닥. 1. hell. **—のそこ**[奈落の底](연어·명) ①지옥의 밑바닥. ②한없이 깊은 곳. ③두 번 다시 일어 설 수 없는 경우.
ならし[均し] Ⅰ(명) 고르게 함. Ⅱ(부) 평균. Ⅰ levelling
ならし(연어) 〔←なるらし〕 ①…일 것이다. ②"なり"의 부드러운 말씨.「名(ナ)づけけるー; 이름 지었다」
ならしめる(연어) …하게 하다. …시키다. 「人生(ジンセイ)を空虚(クウキョ)ー; 인생을 공허하게 하다」 let
なら·す[生らす](타 4) 열매 맺게 하다. 결실(結実)시키다. cause to bear
なら·す[均す](타 4) ①고르다. 「土(ツチ)をー; 흙을 고르다」 ②평균하다. 1. level 2. average
なら·す[慣らす·馴らす](타 4) ①(동물을) 길들이다. 「犬(イヌ)をー; 개를 길들이다」 ②익숙해지게 하다. 1. tame
なら·す[慣らす](타 4) 익숙해지게 하다. 습관이 되게 하다. accustom oneself to
なら·す[鳴らす](타 4) ①소리를 내다. 「鐘(カネ)をー; 종을 울리다」 ②널리 들리게 하다. ③소문을 떨치다. 「強豪(キョウゴウ)でー; 강호로 명성이 높다」 ④견책(譴責)하다. 「非(ヒ)をー; 잘못을 견책하다」 ⑤말하다. 「不平(フヘイ)をー; 불평을 말하다」 1. sound 5. complain
ならずして(연어) 되기 전에. 「一年(イチネン)ー; 1년이 못되어서」 before
ならずもの[破落戸](명) 파락호. 무뢰한(無頼漢). 불량배. a rogue
ナラタージュ[프 narratage](명) 나라타아즈. 〔영화 등에서〕 주인공이 과거를 회상하는 이야기 장면을 전개시키는 표현 방법.
ならちょう(じだい)[奈良朝(時代)](명)〈역〉 나라에 도읍했던 시대. (710~784)
ならづけ[奈良漬け](명) 일본 김치의 한 가지. 술지게미에 절인 야채. musk-melon pickled in wine-lees
ならで(연어) 〔←ならずて〕 ①…할 수 없어서. 「帰(カエ)ることもー; 돌아 갈 수도 없어서」 ②…이 아니고. 「君(キミ)ー; 자네가 아니고」 1. cannot
ならない(연어) ①안된다. 「しなければー; 하지 않으면 안된다」「見(ミ)てはー; 봐서는 안된다」 ②못한

다.「油断(ユダン)―; 방심 못한다」 1. must not

ならぬ(연어) ①…하면 안된다.「見(ミ)ては―; 보아선 안된다」②되지 않는다.「しようとしなければ何事(ナニゴト)も―; 하려고 하지 않으면 아무 것도 안된다」③…이 아닌.「買(カ)う客(キャク)―売(ウ)る客; 살 사람이 아닌 팔 사람」 1. should not

ならび[並び](명) ①늘어섬. ②열. 줄. ③동류(同類).「―のない品(シナ); 비교할 게 없는 물건」 2. a row.
―だいみょう[並び大名](명) ①〔카부키(歌舞伎)에서〕영주(領主) 차림으로 서서만 있는 배우. ②〔회의에서〕그자리에 있기만 하고 아무 말도 안하는 사람. **―な·い**[並び無い](형) 유례가 없다. **―に**[並びに](접) 및. 더불어.「アメリカ―イギリス; 미국 및 영국」

なら·ぶ[並ぶ](자 4) ①줄을 짓다. 잇닿아 있다.「店(ミセ)が―; 가게가 늘어서 있다」②같은 방향으로 여러 개가 연이어 있다.「線(セン)が―; 선이 병행(並行)해 있다」③견주어지다. 겨루다.「一者(モノ)のない強(ツヨ)さ; 겨룰 자가 없는 강함」④겸하다. 더불어 가지다.「才色(サイショク)並(ナラ)びそなわる; 재색이 겸비하다」⑤같은 정도가 되다. 1. stand in a line

ならべた·てる[並べ立てる](타하 1) 여러 말을 늘어놓다.「小言(コゴト)を―; 잔소리를 늘어놓다」enumerate

なら·べる[並べる](타하 1) ①한 줄로 늘어놓다. ②같은 방향으로 연이어 놓다. ③비교하다. ④자꾸 말하다. 명 並べ. 3. compare with

ならわし[習わし]ナラハシ(명) ①익힘. ②관례(慣例). 풍습(風習). 습관. 2. convention

ならわ·す[習わす]ナラハス(타 4) ①익게 하다.「呼(ヨ)び―; 불러 버릇이 되다(늘 불러 입에 익히다)」②배우게 하다. 1. accustom

ならわ·せる[習わせる]ナラハセル(타하 1) ①습관이 되게 하다. ②가르치다. 배우게 하다. 1. make accustomed to

ならん(연어) ①"なり"의 추량(推量). …이겠지. ②"なる"를 부드럽게 하는 말. …일 것 같은. …와 같은.「同(オナ)じ志(ココロザシ)―人(ヒト); 같은 뜻을 가진 듯한 사람」

―なり(접미) ①모양. 모습.「三日月(ミカヅキ)―に; 초승달 모양으로」②(거기에 어울리는) 정도. (그것을 좇는) 상태나 방법.「私(ワタクシ)―の解釈(カイシャク); 내 나름(나대로)의 해석」

なり[生り](명) 열림. 결실(結実).「くだものなどの―がいい; 과실 등의 결실이 좋다」 bearing of fruits

なり[成り](명) 됨됨이. 이루어짐. success

なり[形](명) ①모양. 형상. ②복장. 몸차림.「はでな―; 화려한 복장」③모습.「妙(ミョウ)な―; 묘한 모습」④…대로.「いう―になる; 말한 대로 되다」 1. shape

なり[鳴り](명) 울림. 또는 그 소리. sounding

な·り[也](조동·라형) ①단정, 설명의 말. …이다. ②…에 있는. …의.「大和(ヤマト)なる奈良(ナラ); 야마토에 있는 나라」③〔"なる"의 형태로〕…이라고 하는 이름의.「顔回(ガンカイ)なる者(モノ)ありき; 안회란 사람이 있었다」④〔동사 등의 종지형(終止形)에 붙어서〕㉠감동을 나타내는 말. …구나.「鹿(シカ)ぞ鳴(ナ)くなる; 사슴이 우는구나」㉡전문(伝聞), 추정을 나타내는 말. …모양이다. …라고 한다.「いたくさやげり―; 몹시 떠들고 있는 모양이다」

なり Ⅰ(접조) ①…하면 곧.「見(ミ)る―立(タ)ちあがって; 보자마자 일어서서」②…인 채로.「寝(ネ)た―; 누운 채로」Ⅱ(수조) 자유로이 하나를 택할 때 하는 말. …에라도.「山(ヤマ)へ―海(ウミ)へ―行(ユ)くがいい; 산에든 바다에든 가는 게 좋다」

なりあがり[成り上がり](명) 낮은 자리로부터 입신 출세함. 또는 그 사람. (약간 헐뜯어서 하는 말) 동 成り上がる(자 4). an upstart

なりあま·る[成り余る](자 4)〈고〉다 이루어지고도 남음이 있다.

なりい·ず[生り出ず]―イヅ(자하 2)〈고〉①태어나다. 성장하다. ②입신 출세하다. ③변화하다.

なりかか·る[成り掛かる](자 4) 되어 가다. 되려고 하다. be just about to be

なりかたち[形姿](명) 몸차림. 모습이나 모양. personal appearance

なりかぶら[鳴り鏑](명) ⇨かぶらや.

なりかわ·る[成り代わる]―カハル(자 4) 대신하다. 대리하다.「本人(ホンニン)に成(ナ)り代(カワ)ってあいさつします; 본인을 대신하여 인사 드립니다」act for

なりかわ·る[為り変る]―カハル(자 4) 변화하다. change

なりき[生り木](명) 과일이 열리는 나무. a fruit tree

なりき·る[成り切る](자 4) (오로지) 전부 그렇게 되다. be done

なりきん[成金](명) ①〔일본 장기에서〕어떤 말이 킨쇼오(金将) 자격을 얻는 일. ②갑자기 부자가 되는 것. 또는 그 사람. 벼락 부자. 2. becoming rich suddenly

なりさが·る[成り下がる](자 4) 조락(凋落)하다. 영락하다. be reduced to

なりすま·す[成り済ます](자 4) 완전히 …으로 되어 버리다. 완전히 …이 된 것같이 꾸미다.「坊主(ボウズ)に―; 완전히 중이 되어 버리다 (완전히 중인 척 하다)」 completely become

なりたち[成り立ち](명) ①성립. ②이룩된 과정. 1. formation

なりた·つ[成り立つ](자 4) ①성립하다.「会(カイ)が成(ナ)り立(タ)たない; 회가 성립되지 않다」②입신(立身)하다. 1. be formed

なりて[為り手](명) …될 사람.「だれも嫁(ヨメ)に―がない; 아무도 신부가 될 사람이 없다」a performer

なりどころ[業所](명)〈고〉별장(別荘).

なりどし[生り年](명) 과일이 잘되는 해. a fruitful year

なりと(も)(수조) ①든지.「どこへ―行(イ)ってしまえ; 어디든지 가 버려라」②최소 한도의 희망을 나타냄. …으로라도.「写真(シャシン)で―見(ミ)たいものだ; 사진으로라도 보고 싶다」 2. only

なりはず[鳴筈](명) 쏠 때 활고자가 높이 울리는 활. a sounding nock

なりは·てる[成り果てる](자하 1) (나쁘게) 되어 버리다.「こじきに—; 거지가 되어 버리다」be completed

なりひさご[生瓢](명) ⇨ひょうたん(瓢簞).

なりひび·く[鳴り響く](자 4) ①사방에 울려 퍼지다. ②명성이 널리 떨치다. 1. resound

なりふり[形振り](명) 차림. 용태.「—かまわず; 몸차림에 개의치 않고」personal appearance

なりもの[生物](명) ①논밭의 수확물. ②과일. 1. farm products

なりもの[鳴り物](명) ①악기. ②(연극의) 박자를 맞추거나 정서를 돋우기 위한 음악. 반주(伴奏). ③음곡. 1. musical instruments. **— いり**[鳴り物入り](명) ①〔연극 등에서〕 악기로 반주하여 박자를 맞추며 흥을 돋우는 일. ②굉장한 선전. 화려하고 야단스러운 선전.

なりゆき[成り行き](명) 되어 가는 모양. 과정. 경과(経過).「世(ヨ)の—; 세상이 되어 가는 형편」course

なりゆ·く[成り行く](자 4) 차차 진척하다. 차차 나아가다. result in

なりわい[生業]—ハヒ(명) ①경작하는 일. 농업. ②가업(家業). 생업. 직업. ③살림. 생활. 2. calling

なりわた·る[鳴り渡る](자 4) ①울려 퍼지다. ②소문이 널리 퍼지다.「文名(ブンメイ)が—; 문명이 널리 퍼지다」 1. resound

な·る[生る](자 4) 열리다. 익다.「柿(カキ)が—; 감이 열리다」타 ならす(4). bear fruit

な·る[成る] Ⅰ(자 4) ①성공하다.「世紀(セイキ)の偉業(イギョウ)ついに—; 세기의 위업 드디어 성취」②행차하시다. ③(전체가) 되어 있다.「二(フタ)つの条項(ジョウコウ)から—; 두 조항으로 되어 있다」④참을 수 있다.「逃(ニ)がして—ものか; 놓칠소냐」⑤지장없이 하다. 용인하다.「してはならない; 하면 안돼」⑥〔장기에서〕 어떤 말이 적진에 들어 가서 킨쇼오(金将)가 되다. Ⅱ(보동·4)〔"お…に—"의 형태로〕 존경을 표시함.「お読(ヨ)みに—; 읽으시다」 Ⅰ 1. succeed 3. be done

な·る[為る](자 4) ①다른 모양으로 바뀌다. 되나.「おとなに—; 어른이 되다」②(시각, 계절 등이) 오다.「五時(ゴジ)に—; 다섯 시가 되다」 1. become

な·る[鳴る](자 4) ①소리가 나다. 소리를 내다. ②들리다. 울리다. 울려 퍼지다. ③「腕(ウデ)が—; 팔이 근질근질하다(완력이나 솜씨를 보여 주고 싶어서 못견디다)」 1. sound

な·る[慣る·馴る](자하 2)〈고〉 ① ⇨なれる. ②몹시 친해지다. ③옷 등이 낡아지다. ④썩다.

なる〔"なり"의 연체형〕 ①…한.「偉大(イダイ)—; 위대한」②…에 있는.「大和(ヤマト)—奈良(ナラ); 야마토에 있는 나라」③…라는.「顔回(ガンカイ)—者(モノ); 안회란 자」

なるかみ[鳴る神](명) ⇨かみなり.

なるこ[鳴子](명) 논밭에 새를 쫓기 위해서 매단 장치. a bird-clapper

〔鳴子〕

なるたけ[成る丈](부) ⇨なるべく.

なるべく[成るべく·可成](부) 되도록이면. as...as possible

なるほど[成る程](부) 정말. 과연. 참으로.「—あなたの いうとおりだ; 과연 당신 말대로다」 really

なるみしぼり[鳴海絞り](명) 아이치현(愛知県) 나루미 지방에서 나는 무명에다 남색 홀치기염(絞染)을 한 것.

なるめり(조동)〈고〉〔"なり"의 연체형에 "めり"를 연결한 것〕 …인 것 같다. …인 양하다.

なれ[汝れ](대)〈고〉 너. 그대.

なれ[慣れ·馴れ](명) 습관. 익숙해짐.「場所(バショ)—; 장소에 익숙해짐」 habit

なれあい[馴れ合い]—アヒ(명) 서로 친함. (남녀가) 서로 친해짐. becoming intimate with

なれあ·う[馴れ合う]—アフ(자 4) ①서로 친해지다. ②어느 새 (남녀가) 한패가 되다. ③공모자(共謀者)가 되다. 1. become intimate with

ナレーション[narration](명) 나레이션. 화술(話術). 말하는 법.

ナレーター[narrator](명) 나레이터. 〔방송 등에서〕 이야기하는 사람.

なれそめ[馴れ初め](명) ①낯익기 시작함. ②남녀가 친해진 시초. 동 慣れ初める(자하 1). 2. the beginning of love

なれっこ[慣れっこ](명) 아주 익숙함.「—になる; 아주 익숙해지다」 familiarity

なれど(も) Ⅰ(접) 그러나. Ⅱ(연어) 하지만. …이지만.「花(ハナ)—; 꽃이지만」 Ⅰ but Ⅱ though

なれなれし·い[馴れ馴れしい](형) ①매우 정답다. 매우 친하다. ②친압(親狎)하다. 무례하다. 파생 **— げ**(형동ダ) **— さ**(명). 1. familiar

なれのはて[成れの果て](연어·명) 영락(零落)한 결과. 몰락한 모습.「貴族(キゾク)の—; 귀족의 말로」 the wreck of one's former self

なれむつ·ぶ[馴れ睦ぶ](자 4)〈고〉 낯익어 친해지다.

な·れる[狎れる](자하 1) ①지나치게 친해지다. 친압(親狎)하다. ②모멸(侮蔑)하여 깔보다. 1. get too familiar with

な·れる[馴れる](자하 1) ①친해져서 따르다.「ねこが家(イエ)に—; 고양이가 집에 길들다」②여러 번 경험해서 놀라지 않게 되다.「会社(カイシャ)の仕事(シゴト)にもなれた; 회사 일에도 익숙해졌다」 1. be intimate with

な·れる[慣れる] Ⅰ(자하 1)①습관화되다. 익숙해지다. ②숙련하다.「自動車(ジドウシャ)の運転(ウンテン)に—; 자동차 운전에 익숙해지다」Ⅱ(보동·하 1) 자주 …하다.「あるき—; 자주 걷다」1. become habituated to

な·れる[熟れる](자하1) ①잘 익다. ②간이 잘 배어 맛이 들다. 2. become seasoned

なわ[縄]ナハ(명) 새끼. 밧줄. a rope

なわじり[縄尻]ナハー(명) 새끼줄 끝. the edge of a rope
なわしろ[苗代]ナハー(명) 못자리. 「一田(タ); 못자리」 a rice nursery. **──みず**[苗代水]ーミヅ(명) 못자리 물.
なわすだれ[縄簾]ナハー(명) 새끼줄을 여러 가닥 늘어뜨린 것. 새끼줄 발. a rope-curtain
なわつき[縄付き]ナハー(명) 밧줄로 묶임. 또는 묶인 사람. 붙잡힌 죄인. 「家(イエ)から一を出(ダ)す不名誉(フメイヨ); 집에서 죄인을 내는 불명예」 a captured criminal
なわて[畷]ナハテ(명) 논길. 논두렁길. a footpath between rice-fields
なわとび[縄飛び]ナハー(명) 줄넘기. rope-skipping
なわぬけ[縄脱け]ナハー(명) 포박된 죄인이 도망 감. 또는 그 죄인. slipping one's bonds
なわのび[縄延び]ナハー(명·자サ) ①늘인 새끼줄의 길이. ②논밭의 실제 면적이 먼젓번에 잰 것보다 많음. 1. length of a rope
なわのれん[縄暖簾]ナハー(명) ①⇨なわすだれ. ②술집. 선술집. 2. a public house
なわばしご[縄梯子]ナハー(명) 줄로 맨 사닥다리. 줄사닥다리. a rope ladder
なわばり[縄張り]ナハー(명) ①새끼줄을 쳐서 경계를 정함. ②건축 예정지에 새끼줄을 쳐서 표시함. ③노름꾼 두목의 세력권(勢力圏). ④세력의 범위. 「他人(タニン)の一をおかす; 남의 세력권을 침범하다」 1. stretching a rope
なわめ[縄目]ナハー(명) ①새끼로 묶은 매듭. ②새끼줄로 묶임. 포박당함. 「一の恥(ハジ)を受(ウ)ける; 포박당하는 수치를 당하다」 1. a knot 2. arrest
なん一[何](조어) 몇. 「一人(ニン); 몇 사람」
なん一[南](조어) 남쪽의. 「一軍(グン); 남군」
なん一[難](조어) 곤란한. 어려운. 「一問題(モンダイ); 난문제」
一なん[難](조어) 곤란. 「資金(シキン)一; 자금난」
なん[軟](명) 부드러움. ↔硬(コウ). soft
なん[難](명) ①재난. 「一をまぬがれる; 재난을 면하다」 ②흠. 결점. 「一をいえば; 결점을 말하면」 ③곤란. 어려움. 「進(スス)んで一に当(ア)たる; 자진하여 어려움을 당하다」 1. a disaster 2. a defect
なん Ⅰ(연어·조동) 〔완료 "ぬ"의 미연형(未然形)+추정(推定)의 "ん"〕 ①…하고 말 것이다. 「行(ユ)き一; 가고 말 것이다」 ②…하기로 하자. 「帰(カエ)り一いざ; 자, 돌아 가자」 ③할 수 있을 것이다. Ⅱ(감조) 〔미연형에 붙어서〕 상대방에게 요구를 나타내는 말. 「行(ユ)か一; 가 주었으면 좋겠다」 Ⅲ(수조) ①다른 게 아니라 바로 그것이란 뜻으로 쓰이는 말. 「これ一都鳥(ミヤコドリ); 바로 이 검은 새다」 ②문장 끝에 붙여 위의 말을 강하게 나타내고 다음 말을 생략하는 말. 「無(ナ)くもがなと一; 없었으면 (좋겠는데)」
なんア[南ア](명) 남알프스의 준말.
なんア(れんぽう)[南ア(連邦)](명)〈지〉 남아 연방. 남아프리카 연방. 아프리카 남부에 있는 영국 자치령(自治領). 수도는 프리토우리아(Pretoria). the Union of South Africa
なんい[南緯](명)〈지〉 남위. 적도로부터 남쪽의 위도(緯度). ↔北緯(ホクイ). the south latitude
なんい[難易](명) 난이. 어려운 일과 쉬운 일. hardness and easiness
なんおう[南欧](명)〈지〉 남구. 유럽의 남부. 남유럽. ↔北欧(ホクオウ). Southern Europe
なんか[何か](부) 무엇인지. anything
なんか(수조)〈속〉 등. 「これ一; 이따위」 and so on
なんか[南下](명·자サ) 남하. 남쪽으로 진출함. ↔北上(ホクジョウ). advancing south
なんか[軟化](명·자타サ) 연화. ①(태도가) 부드러워짐. 완화. 「態度(タイド)が一する; 태도가 부드러워지다」 ②점잖아짐. ③〈경〉 시세가 내림. ↔硬化(コウカ). 1. relaxation
なんが[南画](명) 남화. 중국 그림의 한 파. 당(唐) 나라 왕유(王維)를 조상으로 하며, 주로 수묵(水墨)으로 산천 풍경을 그림. 문인화(文人画). 남종화(南宗画). ↔北画(ホクガ). the southern school of Chinese painting
なんかい[南海](명) 남해. ①남쪽 바다. ↔北海(ホッカイ). ②〈지〉←南海道. 1. the southern sea. **──どう**[南海道](명)〈지〉 예전 팔도(八道)의 하나. 현재의 시코쿠(四国)와 와카야마현(和歌山県)에 해당.
なんかい[難解](명·형동ダ) 난해. 알기 어려움. 이해하기 어려움. being hard to understand
なんかん[難関](명) 난관. ①통과하기 어려운 곳. ②일을 진척시키는 데 곤란한 점. 「事業(ジギョウ)の一; 사업의 난관」 1. a barrier 2. a deadlock
なんがん[南岸](명) 남안. 남쪽 해안. ↔北岸(ホクガン). the south shore
なんぎ[難儀](명·자サ·형동ダ) ①어려움. ②괴로와함. ③귀찮음. 1. difficulty 2. affliction
なんきつ[難詰](명·타サ) 비난하고 힐책함. reprimand
なんきゅう[軟球](명) 연구. ①연식 정구나 야구에 쓰이는 무른 고무공. ②스펀지 보올. ↔硬球(コウキュウ). 1. a soft ball
なんきゅう[難球](명) 난구. 〔야구에서〕 받거나 치기가 어려운 공. a batted ball which is hard to catch
なんきょう[難境](명) 난경. 어려운 경지. difficult conditions
なんぎょう[難行](명)〈불〉 난행. 몹시 괴로운 수행(修行). 「一苦行(クギョウ); 난행 고행」 penance. **──どう**[難行道](명)〈불〉 난행도. 제 힘으로 오래 수행하여 도를 깨닫는 방법.
なんきょく[南極](명) 남극. ①〈지〉 지축, 천구축의 남단. ②〈이〉 자석침의 남쪽. ↔北極(ホッキョク). 1. the South Pole. **──かい**[南極海](명)〈지〉 남극해. 남극권 내에 있는 해양의 총칭. 남빙양(南氷洋). **──せい**[南極星](명)〈천〉 남극성. 하늘의 남극에 가까운 별. 현재는 없음. 노인성(老人星).
なんきょく[難曲](명) 난곡. 연주하기 어려운 악곡. 어려운 곡. a difficult tune

なんきょく[難局](명) 난국. 처리하기 어려운 사건이나 형편.「一を打開(ダカイ)する; 난국을 타개하다」 a difficult situation
なんきん[南京](명) ①〈지〉 남경. 중국 강소성(江蘇省)의 도시. 중국이나 외국에서 건너 온 것. ②진귀한 것. 조그맣고 귀여운 것. **―じょう**[南京錠](명) 돈주머니 모양의 조그만 자물쇠. **―じょうやく**[南京条約](명)〈역〉 남경 조약. 아편 전쟁(阿片戦争)의 종결을 위하여 1842년 8월 남경에서 영국과 청국(清国) 사이에 맺어진 조약. **―だま**[南京玉](명) 장식용의 유리나 사기 구슬. **―まい**[南京米](명) 인도나 중국에서 수입한 쌀. 외국미(外國米). **―まめ**[南京豆](명)〈식〉 ⇨らっかせい. **―むし**[南京虫](명) ①〈동〉 빈대. ②〈속〉 부인용의 작은 팔뚝 시계. **―もめん**[南京木棉](명) 중국산 면직물의 한 가지. 황갈색의 굵은 면사(綿糸)로 짠 질긴 천.
なんきん[軟禁](명·타サ) 연금. 집에 가두고 외출을 안 시킴. informal confinement
なんく[難句](명) 난구. 어려운 문구. 이해하기 곤란한 구(句). difficult phrases
なんくせ[難癖](명) 비난할 점.「一を つける; 사소한 결점을 들어 비난하거나 싸움을 걸다」 a fault
なんくん[難訓](명) 한자의 어려운 훈(訓).
なんけん[難件](명) 난건. 처리하기 어려운 사건. a difficult matter
なんご[喃語](명·자サ) ①남녀가 의좋게 속살거림. ②재잘거림. 1. indulging in love-talk
なんご[難語](명) 난어. 알기 어려운 말.「一集(シュウ); 난어집」 difficult words
なんこう[南郊](명) 남교. 남쪽 교외. ↔北郊(ホッコウ). the southern suburbs
なんこう[軟膏](명)〈의〉 연고. 지방질, 글리세린 등을 넣어 만든 부드러운 고약. ↔硬膏(コウコウ). an ointment
なんこう[難行](명·자サ) ⇨なんこう(難航)②.
なんこう[難航](명·자サ) 난항. ①어려운 항해. ②회의 등이 잘 진척되지 않음. 난행. 1. a rough voyage
なんこうがい[軟口蓋](명)〈생〉 연구개. 입천장 구석으로 설근(舌根)과 마주 보이는 연한 부분. the soft palate
なんこうふらく[難攻不落](연어·명) 난공 불락. 공격이 어려워서 좀처럼 함락되지 않음.「一の城(シロ); 난공 불락의 성」 impregnability
なんこうほくてい[南高北低](명)〈천〉 남고 북저. (기압이) 남쪽이 높고 북쪽이 낮음.「一型(ガタ); 남고 북저형」 「southern countries↘
なんごく[南国](명) 남국. 남쪽 나라. ↔北国(ホッコク).
なんこつ[軟骨](명)〈생〉 연골. 연하고 탄력 있는 뼈. 물렁뼈. cartilage. **―ぎょるい**[軟骨魚類](명)〈동〉 연골 어류. 골격이 전부 물렁뼈인 원시적인 어류.
なんざん[南山](명) ①남산. 남쪽에 있는 산. ↔北嶺(ホクレイ). ②일본의 코오야산(高野山). 1. a southern mountain
なんざん[難産](명·자サ) 난산. ①어려운 해산. ②쉽사리 성립하지 않음.「内閣(ナイカク)が一で苦(クル)しむ; 조각(組閣)에 몹시 힘이 들다」 1. difficult delivery
なんし[南支](명)〈지〉 남지. 중국의 남쪽. 남지나. 화남(華南). ↔北支(ホクシ). South China
なんじ[汝·爾]ナンヂ(대) 너. 그대.「一みずからを知(シ)れ; 너 자신을 알라」 you
なんじ[何時](명) 몇 시. what time
なんじ[難字](명) 난자. 어려운 한자. a difficult Chinese character
なんじ[難治](명) ⇨なんち.
なんじ[難事](명) 난사. 어려운 일. a difficult thing
なんしき[軟式](명) 연식. 연한 재료를 쓰는 방식.「一野球(ヤキュウ); 연식 야구」 ↔硬式(コウシキ). soft
なんしつ[軟質](명) 부드러운 성질. soft quality
なんじゃく[軟弱](형동ダ) 연약. ①연하고 약한 모양. ②약해서 견디지 못하는 모양.「一な体質(タイシツ); 연약한 체질」 1. weak
なんしゅう[南宗](명)〈불〉 남종. 중국 강남(江南) 지방에서 행해진 선종(禅宗)의 한 파.
なんじゅう[難渋](명·자サ·형동ダ) 난삽. ①일이 순조롭게 진척되지 않음. ②거북함. 피로와함.「目(メ)が見(ミ)えなくて一する; 눈이 안 보여 피로와하다」 1. being distressed
なんしょ[難所](명) 험한 곳. 통행이 어려운 곳.「やっと一を通(トオ)りぬける一; 겨우 험한 곳을 빠져 나가다」 a rough spot
なんしょう[難症](명)〈의〉 난증. 고치기 어려운 증상. 낫기 힘드는 병. an incurable case
なんしょうが[南宗画](명) ⇨なんが(南画).
なんじょう[何じょう]ーヂフ(부)〈고〉 왜. 어찌하여.
なんしょく[男色](명) 남색. 남자끼리의 성행위. 계간(鶏姦). sodomy
なんしょく[難色](명) 난색. 난처하거나 어려운 듯한 얼굴빛. 난처한 기색.「一を示(シメ)す; 난색을 보이다」 disapproval
なんしん[南進](명·자サ) 남진. 남쪽으로 진출함. ↔北進(ホクシン). southward advance
なんず(연어) ①…해 버리려고 하다. ②꼭 …할 것이다.「打(ウ)たれ一; 반드시 맞을 것이다」
なんすい[軟水](명)〈이〉 연수. 석회질, 마그네슘을 포함하지 않은 물. 단물. ↔硬水(コウスイ). soft water
なん·ずる[難ずる](타サ) ①힐난하다. 나무라다. ②비방하다. 욕하다. 1. denounce
なんすれぞ[何為れぞ](부) 어째서. 왜. why
なんせい[南西](명) 남서. 남쪽과 서쪽 사이의 방위. southwest
なんせい[軟性](명) 연성. 부드러운 성질. ↔硬性(コウセイ). softness
なんせん[難船](명·자サ) 난선. ①폭풍우 등으로 배가 부서지거나 뒤집힘. 난파(難破). ②난파된 배. 난파선(難破船). 1. a shipwreck
なんせん[難戦](명·자サ) 난전. 괴로운 싸움이나 시

합(試合). a hard fight

ナンセンス[nonsense](명·형동ダ) 넌센스. 무의미함. 어리석고 가소로움.

なんせんほくば[南船北馬](연어·명·자サ) 남선 북마. 여기저기 쉴 새 없이 돌아 다님. constant travelling

なんぞ[何ぞ](부) ①어째서. 「一知(シ)らん; 어찌 알랴」 ②무엇인가. 뭐. 「一ないか; 뭐 없나」 1. why 2. anything

なんだ[軟打](명·자サ) 연타. 〔야구에서〕 배터(打者)가 배트를 공에 가볍게 대는 타격 방법. a bunt

なんだい[難題](명) 난제. ①시문(詩文)을 지을 때 짓기 어려운 제목. ②어려운 문제. ③무리한 말. 무리한 조건. 「一を吹(フ)っかける; 무리한 조건을 들이대다」 1. a difficult theme

なんたいどうぶつ[軟体動物](명)〈동〉 연체 동물. 뼈가 없는 연한 동물. 조가비나 딱지가 있는 수도 있음. 예 : 조개, 오징어 등. a mollusc

なんたる[何たる](연어) 어찌 된. 「一ことだ; 어찌 된 일이냐」 what

なんたん[南端](명) 남단. 남쪽 끝. ↔北端(ホクタン). the southern extremity

なんち[難治](명) 난치. 낫기 어려움. 「一の病(ヤマイ); 난치병」 incurability

なんちゅう[南中](명·자サ)〈천〉 남중. 천체가 자오선(子午線)을 통과하는 일. 이때 천체의 높이가 가장 높음. 「太陽(タイヨウ)の一; 태양의 남중」 southing

なんちゅう[難中](명) 어려운 가운데. 「一の難(ナン); 난중지난」 the hardest

なんちょう[南朝](명)〈역〉 남조. ①〔중국에서〕 수(隋)나라가 통일할 때까지 한족이 남쪽에 세운 왕조. (420~589) ②일본의 요시노조(吉野朝)의 이름. (1336~1392) ↔北朝(ホクチョウ). the Southern Dynasty

なんちょう[軟調](명·형동ダ) 연조. ①부드러운 가락. ②연한 정도. ③〈경〉 시세가 내려 갈 것 같은 기미. ↔硬調(コウチョウ). 1. softness

なんちょう[難聴](명) ①〈의〉 난청. 청력이 줄어서 듣기 어려움. ②잘 안 들림. 「一地域(チイキ); 잘 안 들리는 지역」 1. being hard of hearing

なんて[何て](부) 어찌 된. 「一ことだ; 어찌 된 일이냐」 what

なんて(수조) ①등. 「いやだ一いう; 싫다는 등 말하다」 ②의외의 뜻을 나타냄. 「あの人(ヒト)が政治家(セイジカ)だ一; 저 사람이 다 정치가라니」

なんで[何で](부) 무엇 때문에. 왜. why

なんてつ[軟鉄](명)〈광〉 연철. 탄소 함유량이 0.5 %보다 적은 쇠. wrought iron

なんでも[何でも](부) ①무엇이나. 모두. ②아무리 해도. 아무래도. ③분명하지는 않지만. 1. whatever.
―や[何でも屋](명) 무엇에나 관여하려는 사람. 무엇이나 하는 사람.

なんてん[南天](명) 남천. ①〈천〉 남쪽 하늘. ②〈식〉 남천촉(南天燭). 상록 관목. 뜰에 심으며 겨울에 빨간 열매가 열림. 남촉. 1. the southern sky 2. a nandin

なんてん[難点](명) ①난점. 어려운 점. 곤란한 점. ②결점. 단점. 1. a difficult point

なんと[何と] Ⅰ(감) ①어떤가. 어떠냐. 「さあ一; 자, 어떤가」 ②크게 놀라며 감탄하는 말. 「一, 一; 어쩌면, 어쩌면」 Ⅱ(부) ①뭐라고. ②어떻게. 어찌된. 「一したものだろう; 어떻게 된 일일까」 ③얼마나. 매우. 「一大(オオ)きな木(キ)だろう; 얼마나 큰 나무냐(굉장히 큰 나무다)」 Ⅱ 2. 3. how

なんと[南都](명) 남도. ①남쪽에 있는 도읍. ②나라(奈良)의 다른 이름. ③코오후쿠사(興福寺)의 다른 이름. ↔北嶺(ホクレイ). 1. the Southern City

なんど[等·抔](수조) ⇨など.

なんど[何度](명) 몇 번. how many times

なんど[納戸](명) 의복을 넣은 장이나 가재 도구를 넣어 두는 방. a back room

なんとう[南東](명) 남동. 동남쪽. southeast

なんとう[軟投](명) 연투. 〔야구에서〕 부드럽게 던지는 일. throwing gently

なんとか[何とか](부) 어떻게든. 여하튼. 「一してください; 어떻게든 해 주셔요」 somehow

なんどき[何時](명·부) ①몇 시. 「いま一だ; 지금 몇 시냐」 ②언제. 「いつ一でも; 언제, 어느 때나」 2. when

なんとなく[何と無く](부) 왠지 모르게. somehow

なんとなれば[何となれば](접) 왜냐하면. for

なんとも[何とも](부) ①정말. 아주. 「一閉口(ヘイコウ)した; 정말 손들었어」 ②무엇이라고도. 「一いえない; 뭐라 말할 수가 없다」 ③어떤지. 「それは一知(シ)れないよ; 그건 어떤지 모르겠다」

なんなく[難無く](부) 손쉽게. 쉽사리. 「一成功(セイコウ)した; 쉽게 성공했다」 easily

なんなら[何なら](부) ①일에 따라서는. 뭣하면. ②형편에 따라서는. if convenient

なんなりと(も)[何なりと(も)](연어·부) 무엇이라도. 무엇이든지. 「一いってください; 무엇이든지 말하여 주셔오」 anything

なんなん[喃喃](부·형동タルト) 재잘거리는 모양. 「喋喋(チョウチョウ)一; 계속하여 빠르게 재잘거리는 모양」 chatteringly

なんなんせい[南南西](명) 남남서. 남쪽과 남서 사이의 방위. south-southwest

なんなんとう[南南東](명) 남남동. 남쪽과 남동 사이의 방위. south-southeast

なんなんと·する[垂んとする](자サ) 되려고 하다. 거의 …에 이르다. 「終戦以来(シュウセンイライ) 二十年(ニジュウネン)に一; 종전한지 20년이 되려 하다」 be close upon

なんにも[何にも](부) ①아무 일도. 「それでは一ならない; 그래서는 아무 일도 안된다」 ②아무 것도. 「一知(シ)らない; 아무 것도 모른다」 2. nothing

なんにょ[男女](명) 남녀. 남자와 여자. man and woman

なんの[何の] Ⅰ(연체) ①무엇의. 얼마쯤의. ②무엇 때문에. Ⅱ(감) 부정하는 말. 뭘. 어찌하여. 「一で

きないことがあるものか; 어찌 못할 일이 있으랴」 1. what. **—かの(と)**[何の彼の(と)](연어) 이러니저러니. 이러쿵저러쿵. **—その**[何のその](연어) 아무 것도 아니다. 뭘, 그까짓 것쯤. 「病気(ビョウキ)も—; 병쯤 아무 것도 아니다」

なんば[難場](명) ①어려운 곳. 험한 곳. ②곤란한 경우. 1. a hard road 2. a difficult situation

なんぱ[軟派](명) 연파. ①연약한 의견을 가진 당파. ②연문학(軟文学)을 즐기는 사람. ③여성을 상대로 하는 불량배. ↔硬派(コウハ). 1. the moderate party

なんぱ[難破](명·자サ) 난파. 폭풍을 만나 배가 파괴되거나 뒤집힘. 「—船(セン); 난파선」 a shipwreck

ナンバー[number](명) 넘버. ①수. ②번호. 「—を打(ウ)つ; 번호를 매기다」 ③잡지 등의 호수(号数). ④제(第) …번(番). (약해서 No.라고 씀)

ナンバリング[numbering](명) ①←ナンバリングマシン. ②번호. **—マシン**[numbering machine](명) 넘버링머시인. 누를 때마다 수자(数字)가 하나씩 나와 찍히는 기계. 자동 번호기.

なんばん[南蛮](명) 남만. ①남방 사람. ②남쪽에서의 침략자. ③마닐라, 하와이 등 남양 지방의 사람들. ④서양서 온 문화나 기술. ⑤〈식〉고추, 옥수수. ⑥←南蛮煮. 1. southern barbarians. **—せん**[南蛮船](명) 옛날 남방에서온 외국배. **—てつ**[南蛮鉄](명) 외국에서 들여 온 강철. **—に**[南蛮煮](명) ①파와 고기나 생선 등을 같이 넣어 만든 요리. 「鴨(カモ)—; 오리 고기와 파를 넣은 요리」 ②고추를 넣은 요리.

なんぴと[何人](명) 〔"なにびと"의 음편(音便)〕 어떤 사람. 「—も; 어느 누구도」 whoever

なんびょう[難病](명) 난병. 낫기 어려운 병. an incurable disease

なんぴょうよう[南氷洋](명)〈지〉 남빙양. 남극해의 전 이름. the Antarctic Ocean

なんぶ[南部](명) 남부. ①남쪽 부분. ↔北部(ホクブ). ②〈지〉 이와테현(岩手県)의 모리오카시(盛岡市)를 중심으로 한 지방. 1. the southern part

なんぷう[南風](명) ①남풍. 남쪽에서 불어 오는 바람. ↔北風(ホクフウ). ②여름 바람. ③남쪽 세력. 「—競(キソ)わず; 남쪽 세력이 떨치지 못하다」 1. the south wind

なんぷう[軟風](명) 연풍. ①솔솔 부는 바람. 미풍(微風). ②바닷가에서 낮과 밤에 바다와 육지와의 온도 차이로 부는 육연풍(陸軟風), 해연풍(海軟風)을 함께 일컫는 말. ③연약한 기풍(気風). 1. a gentle breeze

なんぶつ[難物](명) 다루기 힘든 물건이나 사람. 처치 곤란한 것. 「あの人(ヒト)は—だ; 저이는 다루기 힘든 사람이다」 a hard nut to crack

なんぶん[難文](명) 난문. 어려운 글. a difficult sentence

なんぶんがく[軟文学](명) 연문학. 흥미 중심의 문학. 남녀의 연애 문제 등을 중심으로 한 문학 작품을 경멸해서 하는 말. light literature

なんべい[南米](명)〈지〉 남미(南美). 남아메리카주.

なんべん[軟便](명)〈의〉 무른 대변. a loose passage

なんべん[何遍](수·부) 몇 번. 몇 회. how many times

なんぼ[何ぼ](부)〈속〉 ①얼마쯤. 아무리. 「—なんでも; 아무리 그래도」 ②어떻게. 2. how

なんぼう(부)〈고〉 ⇨なんぼ.

なんぽう[南方](명) 남방. 남쪽. the south

なんぼく[南北](명) 남북. 남쪽과 북쪽. north and south. **—せんそう**[南北戦争](명)〈역〉 남북 전쟁. 노예 폐지 문제로 시작된 미국의 남북간의 내란. (1861～65) **—ちょう**[南北朝](명)〈역〉 남북조. ①〔중국에서〕 남북으로 대립한, 한(漢)민족과 아시아의 북방 민족 선비족(鮮卑族)과의 두 왕조. (439경～589) ②일본의 요시노조(吉野朝). (1336～92)

なんまいだ(명)〈불〉 ⇨なむあみだぶつ.

なんみん[難民](명) 난민. ①생활이 궁한 백성. 궁민(窮民). ②피난민. 1. the destitute 2. sufferers

なんめん[南面](명·자サ) ①남면. 남쪽으로 향함. ②왕위에 오름. ↔北面(ホクメン). 1. facing the south

なんもん[難問](명) 난문. 어려운 질문이나 문제. a difficult question

なんやく[難役](명) 난역. 어려운 역할. a hard role

なんよう[南洋](명)〈지〉 남양. 남양 군도, 말레이 군도 등의 총칭. ↔北洋(ホクヨウ). the South Sea Islands

なんら[何等] Ⅰ(대) 하등. 조금도. 아무것도. 「—の疑(ウタガ)いもない; 아무런 의심도 없다」 Ⅱ(부) 아무것도. 「—困(コマ)ることはない; 아무 것도 곤란할 것이 없다」 Ⅰin the least. **—か**[何等か](대·부) 어떠한. 「—の問題(モンダイ); 어떤 문제」

なんりょ[南呂](명) 음력 8월의 다른 이름.

なんろ[難路](명) 험한 길. 험로(険路). a rough road

に

-に[似](조어) …를 닮음. 「おとうさん—; 아버지를 닮음」

-に[尼](접미) 비구니(比丘尼)의 이름 밑에 붙이는 말. 「蓮月(レンゲツ)—; 렌게쯔 스님」

に[土](명)〈고〉 흙.

に[丹](명)〈고〉 ①붉은 빛의 흙. 주토(朱土). 적토(赤土). ②붉은 색. 적색(赤色).

に[荷](명) ①하물(荷物). 짐. ②부담. 책임. 임무. 「—が重(オモ)い; 책임이 무겁다」 ③귀찮음. 귀찮은것. 1. a burden 3. responsibility

に[煮](명) 삶음. 「ーがたりない; 덜 삶아지다」 boiling
に[瓊](명)〈고〉 옥. 붉은 옥.
にⅠ(격조) ①장소를 나타내는 말. 「ここーおく; 여기에 두다」 ②범위를 나타내는 말. 「ねこーもいろいろあって; 고양이에도 여러 가지가 있어」 ③능력, 자격을 가지고 있는 사람을 나타내는 말. 「わたくしーはできない; 내 힘으로는 못한다」 ④때, 경우(境遇), 점(点)을 나타내는 말. 「あるーはあるけれども; 있기는 있으나」「八時(ハチジ)ーはじめる; 여덟 시에 시작한다」 ⑤할당을 표시하는 말. 「十円(ジュウエン)ー三(ミッ)つ; 십 원에 셋」 ⑥동작, 작용이 미치는 곳을 나타내는 말. 「中(ナカ)ー入(イ)れる; 속에 넣다」 ⑦동작, 작용의 대상을 나타내는 말. 「あなたーあげます; 당신에게 드립니다」 ⑧방향을 나타내는 말. 「いなかー行(ユ)く; 시골로 가다」 ⑨변화, 결정의 결과를 나타내는 말. 「おとなーなる; 어른이 되다」 ⑩목적, 목적물을 나타내는 말. 「帯(オビ)ーは短(ミジカ)い; 띠로는 짧다」「つりー行(イ)く; 낚시질 가다」 ⑪원인, 수단을 나타내는 말. 「蚊(カ)ーくるしむ; 모기 때문에 괴로와하다」「汽車(キシャ)ーしよう; 기차로 하자」 ⑫비교의 표준이 되는 것을 나타내는 말. 「さるー似(ニ)ている; 원숭이를 닮았다」 ⑬주어(主語), 주격(主格)을 멀리 두고 경의를 표하는 말. 「天皇陛下(テンノウヘイカ)ーは; 천황 폐하께서는」 ⑭연용 수식어(連用修飾語)를 만드는 말. 「勉強(ベンキョウ)もせずー遊(アソ)んでばかりいる; 공부도 안하고 놀고만 있다」 ⑮대조, 열거 등을 나타내는 말. 「竹(タケ)ーすずめ; 대에 참새」 ⑯〔두 동사(動詞) 사이에 써서〕 계속해서 행해지는 것을 나타내는 말. 「泣(ナ)きー泣(ナ)いた; 울고 또 울었다」 ⑰…하려고 하나. 「いうーいわれぬ苦心(クシン); 말하려 해도 말할 수 없는 괴로움」 Ⅱ(접조)〈고〉 ①…하는데도. 「松(マツ)の雪(ユキ)だに消(キ)えなくー; 소나무의 눈조차 녹지 않고 있는데도」 ②…하니까. 「…というー, 人(ヒト)いよいよあざける; …라고 말하자 사람들이 더욱 조소한다」 ③…할 때에. …했더니. 「おぼ(思)しいずるー; 그 생각이 날 때에」 Ⅲ(형동) ①"だ"의 연용형(連用形). 「きれいーなる; 깨끗이 되다」 ②"なり"의 연용형. 「さびしげーなりゆく; 쓸쓸해져 가다」 Ⅳ(조동) "なり"의 연용형. 「人(ヒト)ーあらず; 사람이 아니다」
に[二·弐]Ⅰ(명) ①다음. 두 번째. 「ーの矢(ヤ); 두 번째 화살」 ②견줄 만한 것. ③샤미센(三味線)의 가운데 줄. Ⅱ(수) 둘. 그. Ⅰ1. the second
ニ(명)〈악〉 장음계(長音階)다조(調)의 레에 해당하는 음. D음. 「ー長調(チョウチョウ); D장조」
にあい[煮合い](명) 섞어서 끓이거나 조림. 또는 그렇게 한 음식.
にあ·う[似合う]ーアフ(자 4) 어울리다. 「洋服(ヨウフク)がー; 양복이 어울리다」 명 似合い. suit
にあがり[二上がり](명) 샤미센(三味線)의 조현법(調弦法)의 하나. 두 번째 줄의 음을 높임. raising the pitch of the second string
にあげ[荷揚げ](명) 배에 실은 짐을 육지에 푸는 일. 「ー人足(ニンソク); 하역 노무자」 landing
にあし[荷足](명) 배의 중량을 적당히 증가시키기 위해 배 밑바닥에 싣는 짐. 바닥짐. ballast
にあつかい[荷扱い]ーアツカヒ(명) 짐 다루기. 화물 취급. handling of freight
にあわし·い[似合わしい]ーアハシイ(형) 잘 어울리다. 어울려 보이다. 파생 ーげ (형동ダ) ーさ(명). suitable
にいがた[新潟](명)〈지〉 중부 지방 북동부의 바다에 연한 현. 또는 그 현의 현청 소재지.
にいづま[新妻]ニヒー(명) 결혼한지 얼마 되지 않는 아내. 새색시. a new wife
にいなめさい[新嘗祭](명) 11월 23일, 일본 천황이 햇곡식을 신에게 바치고 스스로 맛보는 행사. 추수 감사(秋収感謝)의 한 의식. the Harvest Festival
にいにいぜみ[にいにい蟬](명)〈동〉 ⇨なつぜみ.
にいばり[新治·新墾]ニヒー(명)〈고〉 새로 개간하는 일. 또는 그 토지.
にいぼん[新盆]ニヒー(명) 사람이 죽은 뒤 처음 돌아오는 우란분(盂蘭盆).
にいまくら[新枕]ニヒー(명) 결혼 초야의 동침. 「ーをかわす; 첫날밤을 지내다」 the bridal bed
にいむろ[新室](명)〈고〉 새로 지은 집.
にいよんディー[二四D←24 dichlophenooxi 酢酸](명)〈농〉 이사디이. 논의 잡초를 없애는 농약.
にいろ[丹色](명) 붉은 색. red
にいんせいど[二院制度](명) 이원 제도. 국회가 양원으로 된 제도. a two-chamber system
にうけ[荷受け](명) 보내 온 짐을 받아 들이는 일. receipt of goods
にうごき[荷動き](명) 거래에 따른 해상, 육상에서의 짐의 이동. movements of goods
にうま[荷馬](명) 짐 싣는 말. 짐말. a pack-horse
ニウム(명) ⇨アルミニウム.
にうり[煮売り](명) 음식물을 익혀 파는 일. keeping a chophouse
にえ[煮え](명) 삶거나 끓이거나 찜. 또는 그 정도. boiling
にえ[錵](명) 칼날에 운무(雲霧)처럼 나타나는 무늬. a watered pattern on a sword
にえ[贄]ニヘ(명)〈고〉 조정이나 신에게 바치는 토산(土産)의 생선이나 조류(鳥類) 등.
にえかえ·る[煮え返る](자 4) ①끓어 오르다. ②매우 화가 나다. 1. boil over
にえきらな·い[煮え切らない](형) (성격, 태도 등이) 애매하다. 분명하지 않다. 「ー性格(セイカク); 애매한 성격」 vague
にえ(くり)かえ·る[煮え(繰り)返る]ーカヘル(자 4) ①뒤끓다. 「湯(ユ)がー; 물이 마구 끓다」 ②심한 노기나 소동으로 평정(平静)을 잃다. 1. boil over
にえこぼ·れる[煮え溢れる](자하 1) 끓어 넘다. boil over
にえたぎ·る[煮え滾る](자 4) 끓어서 솟구치다. 뒤끓

다.「一湯(ユ); 마구 끓는 물」 seethe
にえ た·つ[煮え立つ](자 4) 끓어 오르다. boil briskly
にえ ゆ[煮え湯](명) 끓는 물. 열탕.「一をのまされる; 매우 분한 일을 당하다」 boiling water
に·える[煮える](자하 1) ①삶아지다. ②끓다. ③화나다.「心(ココロ)が一; 화가 나다」 1. be cooked
にお[鳰]ニホ(명)〈동〉 ⇨かいつむり.
におい[匂い]ニホヒ(명) ①냄새. ②아름다움. 윤택. 광택. ③향내. 향기.「一油(アブラ); 향유」④정취. 기운(気韻). ⑤기세. ⑥칼날에 나타나는 연기와 같은 무늬. ⑦차차로 엷게 한 색조. 1. smell. **—すみれ**[匂菫](명)〈식〉 향제비꽃. 유럽 원산. 관상용. **—ぶくろ**[匂袋](명) 향낭(香囊).
におい[臭い]ニホヒ(명) 좋지 못한 냄새. 취기(臭気). a bad smell
に おい[荷負い](명) 짐을 실음. 짐을 짐. 또는 그 사람.「一馬(ウマ); 짐을 싣는 말」bearing a burden. **— うま**[荷負馬](명) 짐말.
に おいて[に於いて](연어·격조) ⇨おいて(於いて).
におい やか[匂やか](형동ダ) ①향기로운 모양. ②아련히 떠오르는 색조가 아름다운 모양. 1. fragrant
にお·う[匂う]ニホフ(자 4) ①좋은 냄새가 나다. ②광채가 있어 아름답게 보이다. ③빛나다.「朝日(アサヒ)に一山桜花(ヤマザクラバナ); 아침 해에 빛나는 벚꽃」 1. be glossy 2. be brilliant
にお·う[臭う]ニホフ(자 4) 좋지 못한 냄새가 나다. stink
におう[仁王·二王](명)〈불〉 인왕. 불법을 지킨다는 두 신(神). 절의 문앞 양쪽에 그 상을 세움.「一門(モン); 인왕문」 the two Deva Kings. **— だち**[二王立ち·仁王立ち](명) 인왕상(像)처럼 기운차게 우뚝 서 있는 것.
におう[二応](명) 두 번.「一応(イチオウ)も一もたのんだ; 거듭 부탁했다」
に おくり[荷送り](명·자サ) 짐을 보냄. consignment
に おける[に於ける](연어) ⇨おける.
ニオベ[Niobe](명) 니오베. 그리이스 신화에 나오는 테에베 왕비.
におの うみ[鳰の海]ニホー(명)〈고〉 비와호(琵琶湖)의 다른 이름.
に おも[荷重](형동ダ) ①짐이 무거운 모양. ②책임이 무거운 모양. 1. burden
にお やか[匂やか]ニホー(형동ダ) ①향기로운 모양. 향긋한 모양. ②아름다운 모양. 1. sweet
におわ·せる[匂わせる]ニホハセル(타하 1) ①냄새 나게 하다. ②비치게 하다. 나타나게 하다.「辞退(ジタイ)の意向(イコウ)を一; 사퇴의 의향을 비치다」 1. scent
に かい[二階](명) ①2단으로 만든 감실(龕室). 또는 그 단. ②집의 2층.「一から目薬(メグスリ); 생각한 대로 되지 않고 효과가 없다」③2층집. 3. a two-storeyed house
にが·い[苦い](형) ①(맛이) 쓰다. ②싫다.「一思(オモ)い; 싫은 생각」 ③괴롭다.「一経験(ケイケン); 쓴 경험」 ④기분이 언짢다.「一顔(カオ); 언짢은 얼굴」 파생 **— さ**(명). 1. bitter
にが うり[苦瓜](명)〈식〉 고과, 박과에 속하는 1년생 만초. 여주.
に かえ·す[煮返す](타 4) 되끓이다. boil again
に がお(え)[似顔(絵)]ーガホ(ー)(명) 어떤 사람의 얼굴 모습과 비슷하게 그린 그림. 초상화. a portrait
にが き[苦木](명)〈식〉 소태나무. 과실은 쓴맛이 있어 위약(胃薬), 살충제, 회약 등으로 씀. 고목(枯木).
にが さ[苦さ](명) 괴로움. 맛이 씀. 또는 그 정도. bitterness
に がさ[荷嵩](명) 짐의 부피.「一になる; 짐의 부피가 많아지다」 bulk
にが しお[苦塩]ーシホ(명) ⇨にがり. 「1. let go
にが·す[逃がす](타 4) ①도피시키다. ②놓치다. ↗
に かた[煮方](명) 음식을 끓이는 법. how to cook
にが たけ[苦竹](명)〈식〉 ①왕대. ②해장죽. 대나무의 한 가지. 1. a long-jointed bamboo
にがつ[二月](명) 2월. 정월의 다음달. February
にがつ かくめい[二月革命](명)〈역〉 2월 혁명. 1848년 프랑스에서 일어난 혁명. the February revolution
に かつぎ[荷担ぎ](명) 짐을 등이나 어깨에 지거나 메는 일. shouldering luggage
にが つち[苦土](명) 풍화(風化)하지 않아 식물 생육(生育)에 적합하지 않은 땅. soil unsuitable for the growth of plants
にが て[苦手](명) ①대하기 어려운 상대방. ②잘 안 되는 일.「数学(スウガク)が一だ; 수학이 딱 질색이다」 1. an undesirable opponent
にが な[苦菜](명)〈식〉 씀바귀. 꽃상치과에 속하는 다년초. 뿌리, 줄기, 어린 잎은 식용.
にがにが し·い[苦苦しい](형) 몹시 싫다. 대단히 불쾌하다. 파생 **— げ**(형동ダ) **— さ**(명). unpleasant
にが み[苦味](명) ①쓴맛. ②찡그린 얼굴. 1. a bitter taste. **— ばし·る**[苦み走る](자 4) 용모가 남자답고 늠름하다.「苦み走ったいい男(オトコ); 시원스럽고 늠름한 호남」
にが むし[苦虫](명) ①쓴 벌레. (몹시 불쾌한 것의 비유)「一をかみつぶしたような顔(カオ); 대단히 못마땅한 얼굴」 ②불쾌한 언행을 하는 사람. 1. bitterness
にか めいが[二化螟蛾](명)〈동〉 이화명아. 한 해에 두 번 우화(羽化)하는 벼의 해충. a two-brooded rice-borer
にか めいちゅう[二化螟虫](명)〈농〉 이화 명충. 이화 명아의 유충.
に かよ·う[似通う]ーカヨフ(자 4) 서로 아주 닮다. 몹시 비슷하다. resemble closely
にが よもぎ[苦艾](명)〈식〉 향쑥. 엉거시과에 속하는 2년생 초본. 약용. a wormwood
ニカラグア[Nicaragua](명)〈지〉 니카라과. 중앙 아메리카에 있는 공화국. 수도는 마나과(Managua).
にがり[苦汁·苦塩](명) 소금이 습기 차서 녹아 내리는 쓴 물. 간수. bittern
にがり き·る[苦り切る](자 4) 대단히 불쾌한 얼굴을 하다. 매우 싫은 표정을 짓다. look disgusted

にかわ[膠]ニカハ(명) 짐승의 가죽, 뼈 등을 고아서 굳힌 물질. 아교(阿膠). glue

にがわせ[荷為替]ーガハセ(명)〈경〉 운송 중의 짐을 담보로 해서 발행하는 어음. a documentary bill

にがわらい[苦笑い]ーワラヒ(명·자サ) 고소. 쓴웃음을 지음. a forced smile

にがん[二眼](명) 두 개의 눈. 또는 렌즈.「ーレフ; 초점을 조절하는 렌즈와 사진을 찍기 위한 렌즈를 각각 따로 갖고 있는 카메라」 twin-lens

にき(연어·조동) …해 버렸다.「去(サ)りー; 가 버렸다」

にき[二季](명) ①1년 네 철 중의 두 철. ②우란분(盂蘭盆)과 연말(年末). 1. two seasons

にきさく[二期作](명) 2기작. 1년에 같은 땅에서 같은 작물을 두 번 수확하는 일. two-corp farming

にぎたえ[和栲]ータヘ(명)〈고〉 짜임새가 고운 천의 총칭.

にぎにぎ[握握](명) ①어린 아이가 손을 쥐었다 폈다 하는 것. 쥐엄쥐엄. ②주먹밥. (어린이 말) 1. clenching the fist following suit

にぎにぎし·い[賑賑しい](형) 매우 번화하다. 크게 번성하다. prosperous

にきび[面皰](명)〈의〉 여드름. a pimple

にぎみたま[和魂](명)〈고〉 유화(柔和)한 덕을 갖춘 신령(神霊). ↔あらみたま.

にぎやか[賑やか](형동ダ) ①번화한 모양.「ーな町(マチ); 번화한 거리」 ②시끄러운 모양.「外(ソト)がーだ; 밖이 떠들썩하다」 1. prosperous

にぎょう[二業](명) 요리집과 기생집의 영업.

にきょく[二極](명)〈이〉 2극. 전극(電極)이 둘 있는 것.「ー真空管(シンクウカン); 2극 진공관」 two poles

にぎり[握り](명) ①쥐는 일. ②쥐는 길이, 굵기, 양(量). ③쥐는 곳. 손잡이. 자루. ④활의 쥐는 부분. ⑤←握り鮨. ⑥←握り飯. 1. grasping. **ーこぶし**[握り拳](명) ①주먹. ②당수. **ーし·める**[握り締める](타하 1) ①꽉 쥐다. ②쥐고 놓지 않다. **ーずし**[握り鮨](명) 손으로 쥐어 만든 초밥. **ーつぶ·す**[握り潰す](타 4) ①꽉 쥐어 망그러뜨리다. ②가지고 있으면서 처리하지 않고 그대로 내버려 두다.「陳情(チンジョウ)をー; 진정을 묵살하다」 **ーぶと**[握り太](명) 쥐어 보고 굵다고 느끼는 것. **ーめし**[握り飯](명) 주먹밥. **ーや**[握り屋](명) 돈이 있으면서 안 쓰는 사람. 구두쇠.

にぎ·る[握る](타 4) ①손으로 쥐다. ②손에 받아 쥐다. ③자기 것으로 하다.「権力(ケンリョク)をー; 권력을 쥐다」 ④초밥, 주먹밥을 만들다. 1. clasp 3. take the power

にぎわい[賑わい]ニギハヒ(명) 흥청거리는 것. 번화. bustle

にぎわ·う[賑わう]ニギハフ(자 4) ①풍부해지다. ②번창하다. ③떠들썩하다. 1. be abundant 2. prosper

にぎわしい[賑わしい]ニギハシイ(형) 흥성(興盛)하다. 번화하다. 파생 **ーげ**(형동ダ) **ーさ**(명). bustling

にぎわ·す[賑わす]ニギハス(타 4) ①번창하게 하다. ②풍부하게 하다. 1. make prosperous

にく[肉](명) ①〈생〉 동물의 피하(皮下)에 있으며 근육을 형성하고 있는 조직의 한 가지. 고기. 살. ②새, 짐승의 몸에서 먹을 수 있는 근육. ③쇠고기. ④과일이나 잎의 부드럽고 물기 많은 부분. 과육(果肉).「ーの厚(アツ)い葉(ハ); 살이 두꺼운 잎」 ⑤몸뚱이. ⑥두께. ⑦육욕(肉慾). ⑧인주(印朱). 1. 4. flesh 2. meat

ーにく·い[難い·悪い](조어·형) 어렵다.「よみー; 읽기 어렵다」 파생 **ーが·る**(자 4) **ーげ**(형동ダ) **ーさ**(명).

にく·い[憎い](형) ①밉다. ②보기 흉하다. ③천(賤)하다. 파생 **ーが·る**(타 4) **ーげ**(형동ダ) **ーさ**(명). 1. hateful 2. ugly

にくいれ[肉入れ](명) 인주갑. 인주통. a seal-pad case

にくいろ[肉色](명) 육색. 황색을 띤 연분홍색. 살빛. flesh colour

にくエキス[肉エキス](명) 짐승 고기에 물을 붓고 끓여서 농축(濃縮)시킨 것. an extract of meat

にくが[肉芽](명) 육아. ①〈의〉 상처에서 나오는 새살. ②〈생〉 액아(腋芽)의 한 가지. 많은 양분을 갈무리하여 공 모양을 한 싹. 주아(珠芽). 1. granulation tissue

にくが·る[憎がる](타 4) 미워하다. hate

にくがん[肉眼](명) 육안. 사람의 눈.「ーでは見(ミ)えない; 육안으로는 안 보인다」 the naked eye

にくぎゅう[肉牛](명) 육우. 고기를 먹기 위해 기르는 소. beef cattle

にくきり[肉切](명) ①고기를 써는 일. ②고기를 써는 칼. 1. carving meat

にくげ[憎気](형동ダ) 미운 모양. hateful

にくさ[憎さ](명) 미움. 미운 정도. hatefulness. **ーげ**[憎さげ](형동ダ) 밉살스러운 모양.

にく·し[憎し](형ク)〈고〉 ①밉다. 보기 싫다. ②불쾌하다. ③무정하다. ④곤란하다. ⑤감동되다. 갸륵하다.「憎き兵(ツワモノ)かな; 갸륵한 병사인지고」

にくじき[肉食](명·자サ) 육식. 새, 짐승, 물고기 등을 먹음. a meat diet. **ーさいたい**[肉食妻帯](연어·명·자サ)〈불〉 중이 육식하며 아내를 거느림.

にくしつ[肉質](명) 육질. ①살이 많은 성질. ②고기의 품질. 1. fleshiness 2. the quality of meat

にくしみ[憎しみ](명) 밉다고 생각하는 일. 미운 마음. 미움. hate

にくしゅ[肉腫](명)〈의〉 육종. 몸에 생기는 종기의 한 가지. 종양(腫瘍). a sarcoma

にくじゅう[肉汁](명) 육즙. ①고기를 삶은 국물. 고기 국물. ②날고기에서 짜 낸 즙. ③고기를 구울 때 나오는 즙. 1. broth

にくジュバン[肉襦袢](명) ①살에 착 달라붙게 입는 속옷. ②살색 속옷. 1. tights

にくじょう[肉情](명) 육정. 육체에 관하여 느끼는 욕망. 성적 욕망. carnal desire

にくしょく[肉食](명·자サ) 육식. 동물의 고기를 먹음.「ー動物(ドウブツ); 육식 동물」 a meat diet

にくしん[肉親](명) 육친. 혈연이 가까운 사이. 부모 형제. blood relationship

にくすいかじょ[肉穂花序](명)〈식〉 육수 화서. 무한 화서(無限花序)의 한 가지. 수상 화서(穗状花序)와 비슷하며 꽃대(花軸)의 살이 많은 종류. 옥수수 등.
にくずく[肉豆蔻](명)〈식〉 육두구. 말래카산(產)의 상록 교목으로 높이 약 10 *m* 정도. 여름에 황색을 띤 흰 단성화(単性花)가 핌. 과실은 장과(漿果)이며 향기가 있어 조리용(調理用)으로 씀. a nutmeg apple
にくせい[肉声](명) 육성. 사람의 목소리. 마이크 등을 통하지 않은 소리. a natural voice
にくそう[憎相](형동ダ) 미운 모양. 밉상. hateful
にくたい[肉体](명) 육체. 몸. ↔精神(セイシン). the body. **―てき**[肉体的](형동ダ) 육체적. 육체에 관한 모양.「―にたえられない; 육체적으로 못 견디다」
にくたらし·い[憎たらしい](형) 퍽 미워 보이다. 아주 얄밉다. 파생 **―げ**(형동ダ) **―さ**(명). hateful
にくだん[肉弾](명) 육탄. 육체를 탄환으로 삼아 적진에 뛰어 드는 일. 돌격하는 육체.「―戦(セン); 육탄전」 a human bullet
にくち[肉池](명) ⇨にくいれ.
にくちゅう[肉柱](명)〈생〉 조가비가 두 개 있는 조개 등의 폐각근(閉殻筋). ⇨:かいばしら. adductor muscle
にくづき[肉月](명) 한자 부수(部首)의 하나. 고기육변. "胸, 背" 등의 "月" 부분. 원래는 "肉".
にくづき[肉付き](명) ①살집.「―が良(ヨ)い; 살집이 좋다」 ②살이 찐 정도. 1. fleshiness
にくづ·く[肉付く](자 4) 살찌다. put on flesh
にくづけ[肉付け](명·자타サ) ①살찌게 함. 두껍게 함. ②내용을 풍부하게 함. 1. thickening
にくてい[憎体](명·형동ダ) 매우 미움. hatefulness. **―らし·い**[憎体らしい](형) 매우 밉살스럽다.
にくてき[肉的](형동ダ) 육적. 육체상. 육체적. ↔霊的(レイテキ). bodily
にくなべ[肉鍋](명) ①고기 요리를 끓이는 데 쓰는 남비. ②쇠고기 등을 지지면서 먹는 요리. 전골. ⇨:ぎゅうなべ. a meat-pot
にくなん(ばん)[肉南(蛮)](명) 고기와 파를 넣어서 끓인 국수. noodles cooked with meat and onions
にくにくし·い[憎憎しい](형) 대단히 밉다. 파생 **―げ**(형동ダ) **―さ**(명). hateful
にくはく[肉薄·肉迫](명·자サ) 육박. ①몸을 던져 돌진함. ②접근해 따라 옴. ③몹시 다구쳐 물음. 2. closing in upon
にくひつ[肉筆](명) 육필. ①직접 쓴 글씨. 자필(自筆). ②인쇄가 아니고 직접 손으로 쓰거나 그린 서화(書画). an autograph
にくぶと[肉太](명·형동ダ) 글씨 획이 굵음.「―に書(カ)く; 획이 굵게 쓰다」 ↔肉細(ニクボソ). bold handwriting
にくふん[肉粉](명) 육분. 비료, 사료 등으로 쓰기 위해 생선을 건조하여 만든 가루. fish meal
にくへん[肉片](명) 고기 조각. a chop
にくぼそ[肉細](명·형동ダ) 글씨 획이 가늚. ↔肉太(ニクブト). slender writing
にくまれぐち[憎まれ口](명) 미움을 살 말.「―をたたく; 미움받을 말을 하다」 offensive language
にくまれっこ[憎まれっ子](명) 누구에게나 미움만 받는 아이. a bad boy
にくまれやく[憎まれ役](명) 미움만 받는 역할. 또는 그런 자리에 있는 사람. an ungracious role
にくまんじゅう[肉饅頭](명) 고기 만두. a meat-bun
にくみ[憎み](명) 미워하는 것. 증오. hatred
にくみ[肉味](명) 고기 맛. the taste of meat
にく·む[憎む](타 4) ①미워하다. 싫어하다. ②질투하다. ③적으로 여기다. 1. hate
にくや[肉屋](명) 고깃관. 푸주. a butchers shop
にくよう[肉用](명) 육용. 식육(食肉)으로 쓰는 것. using for meat
にくよく[肉欲·肉慾](명) 육욕. 육체의 욕정(欲情). lusts of the flesh
にぐら[荷鞍](명) 짐을 싣기 위한 말 안장. 길마. a packsaddle
にくらし·い[憎らしい](형) 얄밉다. 밉살스럽다. 파생 **―が·る**(자 4) **―げ**(형동ダ) **―さ**(명). hateful
にくりん[肉林](명) 육림. 연석(宴席) 같은 데에 고기를 많이 써서 호사한 모양. a gorgeous banquet
にくるい[肉類](명) 육류. 식용의 고기 종류. 주로 짐승의 고기를 말함. meat
にぐるま[荷車](명) 구루마. 짐수레. a waggon
ニグロ[negro](명) 니그로. 흑색 인종. 흑인.
ニクロム[nichrome](명)〈이〉 니크롬. 니켈과 크로움을 주로 한 합금(合金).「―線(セン); 니크롬선」
にぐん[二軍](명) ①예비군. ②〔프로 야구에서〕 예비 티임. ↔一軍(イチグン). 1. the first reserve
にげ[逃げ](명) 도망.「―をうつ; 도망 치다」 escape
にげあし[逃げ足](명) 도망 치는 발걸음. 도망 치는 속도. 달아나는 모양. flight
にげう·せる[逃げ失せる](자하 1) 도망 쳐 자취를 감추다. run away
にげお·ちる[逃げ落ちる](자상 1) 몰래 다른 지방으로 가다. 사람이 적은 곳으로 도망 가다. run away to a secret place
にげかくれ[逃げ隠れ](명·자サ) 도망하여 숨음. skulking about
にげぐち[逃げ口](명) ①도망 갈 구멍. ②도망 갈 수단. 1. a way of escape
にげこうじょう[逃げ口上](명) 구실. 핑계. an excuse
にげごし[逃げ腰](명) 도망 칠 것 같은 태도. 도망 치려는 태도. taking an evasive attitude
にげことば[逃げ言葉](명) ⇨にげこうじょう.
にげこ·む[逃げ込む](자 4) 도망 쳐 들어 가다. take refuge in
にげじたく[逃げ仕度](명) 도망 칠 준비. preparation for flight
にげだ·す[逃げ出す](타 4) ①도망 가다. ②도망 치기 시작하다. 1. run away
にげな·い[似気無い](형) 어울리지 않다.「―ふるま

い; 어울리지 않는 행동」 be unworthy of
にげ の·びる[逃げ延びる](자상 1) 붙잡히지 않고 멀리 도망 치다. 도망쳐 피하다. escape safely
にげ まど·う[逃げ惑う]—マドフ(자 4) 도망하려고 하나 방향을 잃어 갈팡질팡하다. run away helter-skelter
にげ まわ·る[逃げ回る]—マハル(자 4) 도망 쳐 여기저기 돌아 다니다. run about trying to escape
にげ みず[逃げ水]—ミヅ(명) 사막 등에 잘 일어나는 신기루(蜃気楼)의 한 가지. 멀리서 보면 물의 흐름같이 보이고 가까이 가면 또 멀어져 보이는 대기 현상(大気現象). a mirage-like stream
にげ みち[逃げ道·逃げ路](명) ①도망 갈 길. 혈로(血路). ②도망 갈 수단, 방법. 1. a retreat
にけむ(연어) ⇨にけん.
にけり(연어) …해 버렸다. …하였다.「咲(サ)き—; 피었다」 **— な**(연어) …해 버렸구나.「うつり—; 변천하고 말았구나」
に·げる[逃げる·迯げる](자하 1) ①도망 치다. ②위험이나 부자유에서 멀어지다. ③성가신 일 등을 피하다.「頼(タノ)んだら, 逃(ニ)げられた; 부탁했더니 피해 버렸어」④〔경기에서〕 쫓아 오지 못하게 하여 이기다. 1. escape 3. evade
にける かな(연어) …해 버렸구나.「遠(トオ)くも来(キ)—; 멀리도 와 버렸구나」
にけん(연어) …해 버렸겠지.「成(ナ)りー; 돼 버렸겠지」
にげん[二元](명) 이원. ①두 개의 근본이 되는 원리. ②〈수〉 두 개의 미지수(未知数).「—次方程式(イチジホウテイシキ); 2원 1차 방정식」②〔방송에서〕 두 방송국을 동시에 쓰는 일.「—放送(ホウソウ); 이원 방송」 1. duality. **— ろん**[二元論](명) 이원론. 서로 대립하는 두 개의 원리로부터 실재(実在)의 부분 또는 전체를 설명하는 주장.
にげん きん[二弦琴·二絃琴](명) 두 개의 줄이 있는 현악기(弦楽器)의 총칭. a two-stringed musical instrument
に こう[二更](명) 2경. 오후 10시부터 12시경. from about 10 p.m. to 12 p.m.
に こう[尼公](명) 여승(女僧)이 된, 신분이 높은 부인.
に ごう[二号](명)〈속〉 2호. ①두 번째. 두 번째의 것. ②첩. 1. No. 2 2. a mistress
にこげ[和毛](명) 솜털. 부드러운 털. down
に こごり[煮凝り·煮凍り](명) ①생선을 조린 국물이 엉겨 굳어진 것. ②상어, 넙치 등 교질(膠質)이 풍부한 물고기를 조려 굳힌 식품. congealed food
に ごしらえ[荷拵え]—ゴシラヘ(명·자サ) 짐을 쌈. 짐을 꾸림. packing
にご·す[濁す](타 4) ①흐리게 하다. ②(말을) 애매하게 하다.「ことばを—; 말끝을 흐리다」 1. make muddy
ニコ ちゅう[ニコ中](명) 니코틴 중독의 준말.
にこ つ·く(자 4) 방긋 웃다. smile
ニコチン[nicotine](명)〈이〉 니코틴. 담배 속에 포함된 무색 휘발성 액체의 알칼로이드. 심한 독이 있음. **— ちゅうどく**[nicotine 中毒](명) 니코틴 중독. 담배를 많이 피워서 일어나는 중독.
にこ にこ(명·부·자サ) ①미소(微笑) 짓는 모양. ②즐거운 모양.「—顔(ガオ); 싱글벙글 웃음 짓는 얼굴」 1. smilingly
にこ ぽん(명)〈속〉 싱글벙글하면서 상대방의 어깨를 툭 쳐서 친근미를 보이는 일. 또는 그런 사람.「—主義(シュギ); 회유(懐柔)주의」
に こみ[煮込み](명) ①충분히 끓이는 것. ②여러 가지 재료를 넣어 끓인 것. 1. boiling well. **— おでん**[煮込みおでん](명) ⇨おでん.
に こ·む[煮込む](타 4) ①여러 가지 재료를 넣어서 끓이다. ②충분히 끓이다. 1. cook together 2. boil well
にこ やか(형동ダ) ①싱글싱글하는 모양. ②인상 좋게 대하는 모양. 상냥한 모양.「—に応待(オウタイ)する; 상냥하게 응대하다」 1. smiling 2. genial looking
にこ よん[二個四](명)〈속〉 직업 안정소에 다니는 날품팔이 노무자. 하루 임금 240원에서 온 말. 240원의 은어(隠語). a day labourer
にごら·す[濁らす](타 4) ①흐리게 하다. ②분명치 않게 하다. 1. make muddy
にこり(부) 빙긋 웃는 모양.「—ともしない; 조금도 웃지 않는다」 smilingly
にごり[濁り](명) ①흐린 것. ②더러운 것.「世(ヨ)の—; 세상의 더러움」③번뇌(煩悩). ④말세(末世). ⑤사투리. ⑥분명치 않은 것. ⑦탁음(濁音) 부호. ⑧←濁り酒. 1. muddiness 2. impurity. **— え**[濁り江](명) 물이 흐린 개. **— ざけ**[濁り酒](명) 탁주. 막걸리. **— ごえ**[濁り声](명) 탁한 목소리. 걸걸한 목소리. **— ぶな**[濁り鮒](명) 장마철 물이 붇었을 때 잡은 붕어.
にご·る[濁る](자 4) ①투명하지 않다.「水(ミズ)が—; 물이 흐리다」②선명하지 않다.「色(イロ)が—; 색이 탁하다」③뒤섞이다. ④더러워지다. ⑤목소리가 깨끗하지 않게 되다. ⑥분명하지 않게 되다.「頭(アタマ)が—; 머리가 흐리멍덩하게 되다」⑦탁음(濁音)이 되다. 1. become cloudy
に ごろ[煮頃](명) 먹기 알맞게 끓은 것. being suitable for cooking
に ころばし[煮転ばし](명) 토란, 쇠귀나물 등을 국물이 없어질 때까지 바싹 볶은 것.
に ごん[二言](명) ①두 번 말함. 재언(再言). ②다시 고쳐 하는 말.「武士(ブシ)に—はない; 무사에 일구이언은 없다」 1. saying twice
に さい[二歳·二才](명) 두 살. 2세. two years old
に ざかな[煮魚](명) 조린 생선. ↔焼(ヤ)きざかな. boiled fish
に さばき[荷捌き](명·자サ) 짐을 처리, 판매함. disposal of goods
に ざまし[煮冷まし](명) 물이나 음식을 끓여서 식힌 것. cooling boiled food
に さん[二三](명) 이삼. 둘이나 셋. 소수(小数). two or three
に さんか—[二酸化](조어)〈이〉 이산화. 산소 2분자와

화합한. 「一炭素(タンソ); 이산화 탄소」

にし[西](명) ①서쪽. ↔東(ヒガシ). ②서풍. ③〈불〉 서방 극락 정토(西方極楽浄土)의 준말. 1. the west 2. the west wind

にし[螺](명)〈동〉 고둥, 소라 등 권패류(巻貝類)의 총칭. spiral shellfish

にし(연어) ①…한. 「散(チリ)一花(ハナ); 떨어진 꽃」 ②조사(助詞) "に"의 센말. 「旅(タビ)一あれば;여행중이니까」

にし[二死](명) 〔야구에서〕 투우아우트. 「two players out ↗

にじ[虹](명) 무지개. a rainbow

にじ[二次](명) 이차. ①두 번째. 부차(副次). 「一的(テキ)な問題(モンダイ); 부차적인 문제」 ②〈수〉 자승(自乗). 「一方程式(ホウテイシキ); 2차 방정식」 1. the second

にしあかり[西明かり](명) 해가 진 후 잠깐 서쪽 하늘이 훤한 것. 잔조(残照). the afterglow

にしインドしょとう[西印度諸島](명)〈지〉 서인도 제도. 중앙 아메리카 동쪽의 섬들. the West Indies

ニジェルがわ[Niger 江](명)〈지〉 니제르강. 아프리카 서부의 강.

にじかい[二次会](명) 이차회. ①연회(宴会)가 끝난 뒤에 다시 베푸는 연회. ②예정한 회합이 끝난 뒤 다시 여는 회합. 1. an after-feast

にしかぜ[西風](명) 서풍. 서쪽에서 부는 바람. ↔東風(ヒガシカゼ). the west wind

にしき[錦](명) ①여러 가지 금은 색실로 무늬를 놓아 짠 두꺼운 고급 비단. 「一を飾(カザる); 금의 환향(성공하여 귀향하다)」 ②색채, 무늬 등이 고운 것. 「もみじの一; 비단같이 고운 단풍」 1. brocade. **—え**[錦絵](명) 목판(木版)으로 인쇄한 다색(多色) 풍속화(風俗画). **—ぎ**[錦木](명)〈식〉 화살나무. 노박덩굴과에 속하는 낙엽 활엽 관목. **—のみはた**[錦の御旗](연어·명) ①해와 달을 금은으로 수놓거나 그린, 붉은 바탕의 비단으로 만든 기. 〔에도(江戸) 시대, 관군(官軍)의 표지(標識)로 사용 되었음.〕 ②훌륭한 구실. 명분(名分). **—へび**[錦蛇](명)〈동〉 금사. 열대산(産)의, 등에 무늬가 있고, 길이 10 m나 되는 큰 배암.

にじき[二食](명) 하루 두 끼만 식사를 하는 일. two meals a day

にしきた[西北](명) 서북. 서쪽과 북쪽 사이의 방위. the northwest

にじぐち[二字口](명) 〔씨름에서〕 씨름군이 씨름판에 올라 가는 곳.

にじげん[二次元](명) 이차원. 평면의 확대. ↔三次元(サンジゲン). the second dimension

にしゴート[西 Goths](명) 서고트. 게르만계(系)의 한 부족(部族). 처음에 도나우강, 남러시아 일대에 살다가 뒤에 로마, 갈리아, 이스파니아 지방을 정복하여 서고트 왕국을 세웠음. West Goths

にしじん(おり)[西陣(織り)](명) 쿄오토(京都)의 니시진(西陣)에서 만드는 정교(精巧)하고 화려한 비단.

にし·する[西する](자サ) 서쪽(西方)으로 가다. ↔東(ヒガシ)する. go west

にじっせいき[二十世紀](명) 20세기. 1901년부터 100년간. 현대(現代). the twentieth century

にして(연어·접조) …이면서. …으로서. 「人(ヒト)一人にあらず; 사람이면서 사람이 아니다」

にしのうち(がみ)[西の内(紙)](명) 일본 종이의 한 가지. 질긴 유지(油紙). 등롱(燈籠)에 쓰임.

にしはんきゅう[西半球](명)〈지〉 서반구. 지구의 서쪽 부분. 남북 아메리카, 태평양, 대서양의 대부분을 포함하는 반구. ↔東(トウ)半球. the Western Hemisphere

にしび[西日](명) 서쪽으로 기운 해. the setting sun

にじほうていしき[二次方程式](명)〈수〉 2차 방정식. 미지수(未知数)의 2승(二乗)까지를 포함한 방정식. a quadratic equation

にじます[虹鱒](명)〈동〉 옥새송어. a rainbow-trout

にじみ·でる[滲み出る](자하 1) 스며 나오다. 번져 나오다. 「あせが一; 땀이 스며 나오다」 ooze out

にしみなみ[西南](명) 서남. 서쪽과 남쪽 사이의 방위. the southwest

にじ·む[滲む](자 4) ①번지다. 「インクが一; 잉크가 번지다」 ②(눈물이) 눈에 괴다. ③(피, 땀이) 스며 나오다. 1. spread 2. Tears stand in one's eyes.

にしむき[西向き](명) 서향. 서쪽으로 향해 있는 것. facing west

にしめ[煮染め](명) (고기, 채소 등을) 간장에 조린 음식. fish and vegetables boiled hard with soy

にし·める[煮染める](타하 1) 음식물을 간장 맛이 들도록 조리다. boil hard

にしゃ[二者](명) 두 개의 사물. 양자(両者). two things

にしゃさんにゅう[二捨三入](명·타サ) 이사 삼입. 수자의 끝수의 1, 2 또는 6, 7을 0 또는 5로 내리며, 3, 4 또는 8, 9를 5 또는 10으로 올리는 계산법.

にしゃせんいつ[二者選一](명)〈철〉 둘 중의 하나를 선택하는 것. 양자 택일(両者択一). alternative

にじゅ[二竪](명) 병마(病魔). 병(病). a disease

にじゅう[二重](명) 이중. ①두 겹. 「一窓(マド); 이중창」 ②중복. 「一の苦(クル)しみ; 덮친 고민」 1. duplication. **—うつし**[二重写し](명) 〔영화 등에서〕 같은 건판 또는 필름에 두 가지를 함께 노출시키는 일. 이중 노출. **—かかく**[二重価格](명)〈경〉 이중 가격. 물가 통제 정책상 동일(同一) 상품에 대하여 두 가지 이상의 공정 가격을 매기는 일. **—かざん**[二重火山](명) 이중 화산. 복식 화산(複式火山). **—けつごう**[二重結合](명)〈이〉 이중 결합. 탄소, 질소, 산소, 유황 등의 두 원자가 원자가(原子価) 2를 갖고 결합하는 현상. **—こくせき**[二重国籍](명)〈법〉 이중 국적. 한 사람이 동시에 두 나라 국적을 가지고 있는 일. **—しょう**[二重唱](명)〈악〉 이중창. 두 사람이 두 개의 성음으로 하는 합창. **—じんかく**[二重人格](명) 이중 인격. ①〈심〉 의식의 통일 상태가 분열해서 한때 전연 딴 사람처럼 행동하는 일. ②이상적 생활을 구하면서 그와 반대의 현실 생활을 하는 인격. 상반되는 면을 가지고 있는 인격. **—せい**[二重星](명)〈천〉 이중성. 육안이나 도수 낮은 망원경으로는 분별할 수 없는 별들. **—せいかつ**[二重生活](명) 이중 생활. ①이상과 현실이 서로 모순되는 생활. ②한 사람이 직업과 풍속이 전혀 반대되는 성질의 두 가지 생활을 하는 일. **—そう**[二重奏](명)〈악〉 이중주. 두 개의 악기로 합주하는 것. 듀우엣. **—ていとう**[二重抵当](명)〈법〉 이중 저당. 동일한 부동산에 대하여 이중으로 저당권을 설정하는 일. **—ぶた**[二重蓋](명) 이중으로 만든 뚜껑. **—まわし**[二重回し·二重廻し](명) 일본옷 위에 입는 남자 외투.

にじゅう[二十]〈수〉 이십. 스물. 20. twenty

にじゅうごげん[二十五弦](명)〈악〉 25 개의 줄이 있는 중국 고대의 악기. a Chinese musical instrument with 25 strings

にじゅうしき[二十四気](명) 태양의 황도(黄道) 위의 위치에 따라 1년을 24절기로 나눈 것. 24절기. the twenty-four seasons in the old calendar

にじゅうしこう[二十四孝](명) 이십사효. 옛날 중국에서 유명했던 24명의 효자. the twenty-four paragons of filial piety

にじゅうしせっき[二十四節気](명) ⇨にじゅうしき.

にじゅうはっしゅく[二十八宿](명) 28수. 옛날 중국에서 황도(黄道)에 따라 28로 나눈 성좌(星座). twenty-eight solar stages along the zodiac

にじょう[二乗](명)〈수〉 자승(自乗). self-multiplication

にじょうき[二畳紀](명)〈지〉 이첩기. 고생대(古生代) 최후의 시대. the Permian Period

にじりぐち[躙り口](명) 다실(茶室)로 통하는 작은 문. 귀한 손님 이외의 출입문으로, 무릎 걸음으로 들어감. the small entrance of tea-arbour

にじりよ·る[躙り寄る](자 4) 무릎 걸음으로 다가 가다. 기어 가다. sidle up to

にしる[煮汁](명) 끓인 국물. 조린 국물. broth

にじ·る[躙る] Ⅰ(자 4) 무릎 걸음으로 나아가다. Ⅱ(타 4) 짓밟다. 유린하다. 「ふみ—; 짓밟다」 Ⅰedge forward

にしん[鯡·鰊](명)〈동〉 청어. 맛이 매우 좋음. a herring

にしローマていこく[西 Roma 帝国](명)〈역〉 서로마 제국. 395년 로마 제국이 동서로 분열한 때에 시작된 제국. the Western Roman Empire

にしん[二心·弐心](명) 이심. 두 마음. 딴마음. 「—を抱(イダ)く; 딴마음을 품다」 duplicity

にしん[二伸](명) ⇨ついしん(追伸).

にしん[二神](명) 두 신(神). two gods

にしん[二進](명·자サ) 〔야구에서〕 2루(塁)에 나감. **—ほう**[二進法](명) 이진법. 두 배마다 자리를 하나 늘리는 셈. 모든 수(数)를 0과 1을 가지고 나타내는 방법.

にしんとう[二親等](명)〈법〉 ⇨にとうしん(二等親).

ニス[仮漆](명) ⇨ワニス.

にせ[偽·贋](명) 위조. 가짜. 모조(模造). 「—物(モノ); 위조품」 an imitation

にせ[二世](명) 이세. 현세(現世)와 내세(来世). this and the next world

にせい[二世](명) 이세. ①두 번째로 어떤 지위에 오른 사람. 「ナポレオン—; 나폴레온 2세」 ②아들. 「—がうまれた; 아들을 낳았다」 ③미국에서 난 일본이민의 아이로 미국 시민권을 가진 사람. 1. a second-generation

にせえ[似せ絵](명) 비슷하게 닮은 그림. 보통 초상화(肖像画)를 일컬음. a portrait

にせがね[偽金·贋金](명) 가짜 돈. a counterfeit coin

にせくび[贋首](명) 그 사람의 목이라고 가장한 다른 사람의 목. a false head

にせさつ[偽札·贋札](명) 위조 지폐(偽造紙幣). a forged bank note

にせのちぎり[二世の契り](연어·명) (내세까지도 마음이 변치 않는다는) 부부의 약속.

にせもの[偽者·贋者](명) 본인같이 가장(仮装)한 본인이 아닌 사람. an imposter

にせもの[偽物·贋物](명) 가짜 물건. 위조물(偽造物). an imitation

に·せる[似せる](타하 1) ①닮도록 하다. ②흉내 내다. 모방하다. 2. imitate

にそう[尼僧](명) 여승. 비구니(比丘尼). 「—院(イン); 여승방」 a nun

にそく[二足](명) ①날짐승의 별명. ②신 두 켤레. **—のわらじ(をはく)** [二足の草鞋(を履く)]—ワラヂ(—)(연어·명)〈속〉 ①두 가지 직업. ②〔노름군이 포리(捕吏)를 겸한 것과 같이〕 양립될 수 없는 두 직업을 한 사람이 겸하는 일.

にそくさんもん[二束三文](연어·명) 수가 많아도 값이 싼 것. 하찮은 물건. being dirt-cheap

にぞめ[煮染](명) 삶아서 물들이는 일. boiling dyes

にだ[荷駄](명) 말로 나르는 짐. a horse load

にだい—[二大](조어) 이대. 두 가지 큰 것. 「—政党(セイトウ); 2대 정당」

にたき[煮焚き](명·자サ) 밥을 짓고 반찬을 만듦. 취사(炊事). cooking

にだし[煮出し](명) ①삶아 내는 것. ②←煮出し汁. 1. boiling down. **—じる**[煮出し汁](명) 가다랭이 가루, 다시마 등을 넣어 삶아 우려 낸 국물.

にだ·す[煮出す](타 4) 삶아서 맛을 내다. boil down

にた·つ[煮立つ](자 4) 끓어 오르다. 🈩煮立たす. boil up

にた·てる[煮立てる](타하 1) 펄펄 끓게 하다. 자꾸 삶다. boil

にたにた(부·자サ) 기분 나쁘게 히죽히죽 웃는 모양. grinningly

にたもの[似た者](명) ①서로 비슷한 것. ②우열(優劣)이 없는 것. 1. a person who resembles another 2. an equal

にたものふうふ[似た者夫婦](연어·명) ①부부는 서로가 성질, 취미 등이 닮게 된다는 말. ②성질이 비

슷한 부부. 1. Like marries like.
にたり(ぶね)[荷足り船](명) 강에서 짐을 운반하는 작은 배. a barge
にたり よったり[似たり寄ったり](연어·부) 아주 비슷해서 잘 구별하기 어려운 모양. 비슷비슷.「一の内容(ナイヨウ); 비슷비슷한 내용」 much the same
にだんめ[二段目](명) ①조오루리(浄瑠璃) 등의 구분된 판의 두 번째. ②둘째 단(段). ③씨름 계급의 하나. 대전표(対戦表)에서 제2단에 이름이 오르는 씨름군. 2. the top stair but one
一にち[日](접미) 날짜를 세는 말.「十五(ジュウゴ)一; 15일」
にち[日](명) ①일본.「韓一; 한일」 ②일요일의 준말. 1. Japan
にちえい どうめい[日英同盟](명)〈역〉 일영 동맹. 러시아의 동진(東進)을 견제하기 위하여 1902년에 일본과 영국 사이에 맺었던 동맹. the Anglo-Japanese Alliance
にち ぎん[日銀](명) 일본 은행의 준말.「一総裁(ソウサイ); 일본 은행 총재」
にち げん[日限](명) 기일. 기한한 날. 기한. a term
にち ご[日語](명) 일어. 일본말. Japanese
にち じ[日次](명) 날짜를 잡는 것. the date
にち じ[日時](명) 일시. 날과 시간. 시일(時日).「出発(シュッパツ)の一; 출발 날짜와 시간」 the time
にち じょう[日常](명) 일상. 늘.「一生活(セイカツ); 일상 생활」 everyday. **— さはん**[日常茶飯](연어·명) 늘 있는 일. 흔한 일.「一事(ジ); 항다반사」
にち じん[日人](명) 일인. 일본 사람. Japanese
にち だい[日大](명) 닛폰 대학(日本大学)의 준말.
にちどくい さんごくどうめい[日独伊三国同盟](명)〈역〉 1940년 일본, 도이치, 이탈리아 3국간에 맺었던 군사 동맹. the Tripartite Alliance
にち にち[日日](명·부) 매일. 나날이. everyday
にち ぶ[日舞](명) 일본춤. ↔洋舞(ヨウブ).
にち ぶん[日文](명) ①일본글. 일본 문학. ②일본 문학과(日本文学科)의 준말.
にちべい あんぜんほしょうじょうやく[日米安全保障条約](명) 일미 안전 보장 조약. 1951년 9월 샌프란시스코우에서 조인(調印)된 일본과 미국의 안전 보장 조약. the U.S.-Japan Security Pact
にち ぼつ[日没](명) 일몰. 해가 지는 것. ↔日出(ニッシュツ). sunset
にち や[日夜](명·부) ①낮과 밤. 주야. ②언제나. 늘.「一思(オモ)いなやむ; 언제나 생각하며 번민하다」 1. day and night 2. always
ニ ちょう[ニ調](명)〈악〉 "라"음을 제1음으로 하는 음계를 가진 곡. tone D
にち よう[日用](명) 일용. 매일 쓰는 일. 또는 그 물건. daily use. **— ひん**[日用品](명) 일용품. 날마다 쓰는 물건.
にち よう[日曜](명) 일요일.「一大工(ダイク); 휴일에 집에서 자신이 가구 등의 간단한 손질을 하는 것(사람)」 Sunday. **— がっこう**[日曜学校](명)〈종〉 일요학교. 주로 종교 교육을 위해 일요일에만 열리는 학교. 주일 학교.
にち りん[日輪](명) 일륜. 태양. the sun
にち ろく[日録](명) 일록. 날짜에 따라 적은 기록물. 일기(日記). a journal
にちろ せんそう[日露戦争](명)〈역〉 일로 전쟁. 1904년부터 이듬해에 걸쳐서 일본과 러시아 사이에 있었던 전쟁. 노일 전쟁. the Russo-Japanese War
に ついて[に就いて](연어·격조) ⇨ついて.
にっ か[日貨](명)〈경〉 일화. 일본에서의 수출품. 또는 수출된 일본제 상품. Japanese goods
にっ か[日課](명) 일과. 매일 정해진 일. a daily work
ニッカー(ズ)[knicker(s)](명) ←ニッカーボッカー(ズ) **— ボッカー(ズ)**[knickerbocker(s)](명) 니커보커즈. 무릎 아래서 졸라 매게 되어 있는 푸근한 반즈봉.
にっ かい[肉界](명)〈종〉 육계. 육체의 세계.
にっ かい[肉塊](명) 육괴. ①고깃덩이. ②몸. 신체. 1. a lump of meat
にっかじへん[日華事変](명)〈역〉 일화 사변. 1937년부터 1945년에 걸쳐서 일본과 중국 사이에 있었던 전쟁. 중일 전쟁(中日戦争). the Sino-Japanese Incident

〔ニッカーボッカー(ズ)〕

に つかわし·い[似つかわしい]ーツカハシイ(형) 어울리다. 적합하다. 파생 **—げ**(형동ダ) **— さ**(명). suitable
にっ かん[日刊](명) 일간. 매일 간행하는 것.「一新聞(シンブン); 일간 신문」 daily issue
にっ かん[肉感](명) 육감. ①육체의 감각. ②성욕의 실감. 1. personal sense
にっ き[日記](명) 일기. 일지(日誌).「一帳(チョウ); 일기장」 a diary
にっ きゅう[日給](명) 일급. 하루의 급료. daily wages
にっ きょう[日僑](명) 외국에 사는 일본인.
にっ きょうそ[日教組](명) 일본 교직원 조합의 준말.
にっ きん[日勤](명) ①일근. 매일의 출근. ②주간의 근무. ↔夜勤(ヤキン). 1. daily service
につ·く[似つく](자 4) ①아주 닮다. ②잘 어울리다. 잘 조화하다. 1. resemble 2. match well
ニック ネーム[nickname](명) 니크네임. 별명. 애칭.
に づくり[荷作り·荷造り](명·자サ) 짐을 발송할 수 있게 쌈. 짐을 꾸림. packing
に つけ[煮付け](명) 조림.「さかなの一; 생선 조림」 hard boiled food
にっ けい[日系](명) 일계. 일본인 계통. 일본 계통. Japanese
にっ けい[日計](명) 일계. 하루의 계산. 하루의 총계.「一表(ヒョウ); 일계표」 daily account
にっ けい[肉刑](명) 육체에 과(課)하는 형벌. 체형(体刑). corporal punishment
にっ けい[肉桂](명) 육계. 계수나무의 두꺼운 껍질. 기호품(嗜好品), 강장제로 씀. cinnamon

にっけいれん[日経連](명) 일본 경영자 단체 연맹(日本経営者団体連盟)의 약칭.

ニッケル[nickel](명)〈이〉 니켈. 금속 원소의 하나. 회백색으로 은과 비슷하며 자성(磁性)이 있음. 기호는 Ni.

につ·ける[煮付ける](타하 1) 조리다. boil hard

にっこう[日光](명) 일광. 태양 광선. 햇빛. 「—消毒(ショウドク); 일광 소독」 sunlight. **—よく**[日光浴](명·자サ)〈의〉 일광욕. 보건을 위해 일광을 몸에 쬐는 건강법(健康法).

にっこり(부·자サ) 소리를 내지 않고 웃는 모습. 생긋. 방긋. smilingly

にっさん[日参](명·자サ) ①매일 참배함. ②매일 목적을 가지고 어느 일정한 장소에 감. 1. visiting a temple daily

にっさん[日産](명)〈경〉 일산. 매일의 생산량. 매일의 산출고(産出高). a daily output

にっし[日子](명) 날짜. 일수(日数). the number of days

にっし[日誌](명) 일지. 일기. 「学級(ガッキュウ)—; 학급 일지」 a diary

にっしゃびょう[日射病](명)〈의〉 일사병. 직사 일광(直射日光)에 오래 쬐어 대뇌의 상해(傷害)로 넘어지는 병. sunstroke

にっしゅう[日収](명) 일수. 하루 수입. a daily income

にっしゅつ[日出](명) 일출. 해돋이. ↔日没(ニチボツ). sunrise

にっしょう[入声](명) 입성. 한자(漢字) 사성(四声)의 하나. 끝을 빨리 닫는 소리. k, t, p로 끝나는 소리.

にっしょう[日照](명)〈농〉 일조. 태양이 내리쬐는 일. 「—時間(ジカン); 일조 시간」 sunshine

にっしょうき[日章旗](명) 일장기. 일본의 국기(国旗). the sun-flag

にっしょく[日食·日蝕](명)〈천〉 일식. 달이 태양과 지구 사이에 끼어 태양을 가리는 현상. a solar eclipse

にっしん[日清](명) 일청. 일본과 청(清) 나라. **—せんそう**[日清戦争](명)〈역〉 일청 전쟁. 1894년부터 다음해에 걸쳐서 일본과 청(清) 나라 사이에 있었던 전쟁.

にっしん[日進](명) 일진. 날로 진보, 발전하는 일. rapid progress. **—げっぽ**[日進月歩](연어·명) 일진월보. 그치지 않고 계속 진보하는 일. 「—の科学(カガク); 일진 월보하는 과학」

にっしん[日新](명) 일신. 나날이 새롭게 되고 진보하는 것. daily improvement

にっすう[日数](명) 일수. 날짜 수. the number of days

にっせき[日夕](명·부) ⇨にちや(日夜).

にっせき[日赤](명) 일본 적십자사의 준말.

にっちもさっちも[二進も三進も](연어·부) 조금도 진보하지 못하는 모양. 이리도 저리도. 「—行(イ)かない; 꼼짝달싹도 못한다」 in a fix

にっちゅう[日中](명) ①정오(正午). ②주간(晝間). 낮. 1. noon 2. daytime

にっちょく[日直](명·자サ) 일직. ①매일의 당직(当直). ②주간 당직. ↔宿直(シュクチョク). 1. daily duty

にってい[日程](명) 일정. ①하루 일의 계획이나 정도. ②매일의 예정. 1. a day's programme 2. schedule

にってん[日展](명) 일본 미술 전람회의 준말.

にっと(부) 이를 드러내고 소리 내지 않고 싱긋 웃는 모양. 히죽이. with a grin

ニット[knit](명) 니트. 편물(編物). 「—スーツ; 편물 옷」

にっとう[入唐](명) 입당. 옛날 당(唐) 나라에 가는 것. going over to Tang

にっとう[日当](명) 일당. 하루의 품삯. 하루의 임금(賃金). daily allowance

にっとう[日東](명) 일본의 다른 이름.

にっぽう[日報](명) 일보. ①매일의 보고. ②매일 보도하는 신문. 1. a daily report 2. daily news

にっぽん[日本](명) 일본. Japan. **—アルプス**[日本Alps](명)〈지〉 일본 알프스. 일본 중부의 세로로 뻗은 산맥. **—ぎんこう**[日本銀行](명) 일본 중앙 은행. ↔市中(シチュウ)銀行. **—しき**[日本式](명) ①일본식. 일본풍. ②로마자 표기의 한 가지. "シ"를 "si", "ジ, ズ"를 "zi, zu", "ヂ, ヅ"를 "di, du", "フ"를 "hu"로 쓰는 것이 주요한 특색. ↔訓令式(クンレイシキ), 標準式(ヒョウジュンシキ). **—とう**[日本刀](명) 일본도. 일본 특유의 칼. **—のうえん**[日本脳炎](명)〈의〉 일본 뇌염. 비루스의 감염으로 유행하는 뇌염으로, 사망률이 높음. **—ばれ**[日本晴れ](명) ①구름 한 점 없는 밝은 날씨. ②의문이 확 풀리는 것.

につま·る[煮詰まる](자 4) 바짝 졸아들다. be boiled down

にづみ[荷積み](명·자サ) 짐을 쌓음. 또는 짐을 실음. loading

につ·める[煮詰める](타하 1) 바짝 조리다. 푹 끓이다. boil down

にて(격조) ⇨で.

にてひなる[似て非なる](연어) 비슷하긴 하나 다르다. 사이비. 「—ものだ; 비슷하나 다른 것이다」 false

にてもにつかない[似ても似つかない](연어) 외관(外觀)은 비슷하나 내용은 같지 않은. 전혀 닮지 않은. 「本(ホン)ものとは—にせもの; 진짜와는 전혀 닮지 않은 가짜」 have nothing in common

にと[二兎](명) 두 마리의 토끼. 「—を追(オ)う; 한꺼번에 두 가지 일을 노리다」 two hares

にと[二途](명) 두 갈래 길.

にど[二度](명·부) 두 번. 재차. 재벌. 「—咲(サ)き; 재차 핌」「—とふたたび; 두 번 다시」 two times

にとうしん[二等親](명) 자기 또는 배우자를 중심으로 세어서 두 번째 관계에 있는 사람. 예: 조부모, 형제, 손자 등. a relation of the second degree

にとうだて[二頭立て](명) 두 필의 말로 마차를 끌게 하는 것. 쌍두 마차(双頭馬車). being drawn by two horses

にとうへい[二等兵](명) 이등병. 전의 육군 병사의 제일 아래 계급. a second class private

にとうへんさんかくけい[二等辺三角形](명)〈수〉 이등변 삼각형. 두 변이 서로 같은 삼각형. an isosceles triangle

にとうりゅう[二刀流](명) ①양손에 칼을 쥐고 싸우는 검술의·방식. ②〈속〉 단것(과자류)도 술도 좋아하는 일. 1. a school of fencing with a sword in each hand

にど ざき[二度咲き](명) ⇨かえりざき.

にど さんど[二度三度](명) 재차 삼차. 가끔. 여러 번 중복하여. more than once

ニトログリセリン[nitroglycerin](명)〈이〉 니트로글리세린. 초산과 황산의 혼합액 중에 글리세린을 안개같이 불어 넣어서 만든 투명한 기름 모양의 액체. 강력한 폭발력을 가짐. 화약의 원료.

ニトロ セルローズ[nitrocellulose](명)〈이〉 니트로셀룰로우스. 셀룰로우스의 질산 에스테르. 면화약(綿火薬), 피록실린, 셀룰로이드 등의 제조 원료가 됨.

にな[蜷](명)〈동〉 다슬기. 패각(貝殻)은 흑갈색. 강, 연못에 흔하여 폐장 디스토마의 중간 숙주(宿主)로 유명. 와라(蝸螺).

にない おけ[担い桶](명) 물, 분뇨(糞尿) 등을 퍼 넣어 멜채로 메어 나르는 큰 통. a pail one carries on a pole

にない かご[担い籠](명) 어깨에 메는 바구니. a shoulder-basket

にない だいこ[担い太鼓]ニナヒー(명) 둘이서 메고 다니며 치는 북.

にな·う[担う]ニナフ(타 4) ①메다. 「天(テン)びん棒(ボウ)で―; 멜채로 어깨에 메다」 ②짊어 지다. ③담당하다. 책임을 맡다. 1. shoulder

に なく[二無く](부) 다시 없을 만큼. 비교할 바가 없을 만큼. uniquely

に なわ[荷縄]―ナハ(명) 짐을 묶는 새끼. 포장용 새끼. a rope for packing

ににぎのみこと[瓊瓊杵尊](명) 일본 신화에 나오는 신. 아마테라스 오오미카미(天照大神)의 손자. 황실의 조상으로 침. 천상(天上)에서 휴우가(日向)로 내려 왔다고 함.

ににろくじけん[二·二六事件](명)〈역〉 1936년 2월 26일에 청년 장교를 중심으로,천여 명의 병사(兵士)가 일으킨 반란(叛乱).

ににん さんきゃく[二人三脚](명) 이인 삼각. 둘이서 각각 오른발과 왼발을 묶고 뛰는 경기. a three-legged race

ににんしょう[二人称](명) ⇨だいににんしょう.

にぬき(たまご)[煮抜き(卵)](명) 삶은 달걀. a boild egg

にぬ·く[煮抜く](타 4) 푹 삶다. boil down

にぬし[荷主](명) 하주. 하물의 주인. a consignor

にぬり[丹塗り](명) 붉은 색을 칠함. 또는 그것을 칠한 것. being painted red

にねん せい[二年生](명) 2년생. ①〈식〉 두 해에 걸쳐 살고 죽는 풀. ②학교의 2학년생. 1. a biennial plant. **― そうほん**[二年生草本](명)〈식〉 2년생 초본. 당년에 발아(発芽)하여 겨울을 넘기고 그 이듬해 성장하여 개화 결실한 후 죽는 풀. 예 : 밀, 보리 등.

にねん そう[二年草](명)〈식〉 ⇨にねんせいそうほん.

にのあし[二の足](명) ①주저. 관망. 보류. 「―をふむ; 주저하다」 ②칼집 뒤쪽의 끈 고리. 1. hesitation

にの うで[二の腕](명) 어깨와 팔꿈치 사이. 상박(上膊). the upper arm

にの かわり[二の替わり]―カハリ(명) ①첫 흥행(興行) 다음의 상연. ②두 번째의 연극. 1. second series of presentation

にの く[二の句](명) 다음 말. 다음 구. 「―がつげない; 다음 말이 안 나온다」 another word

にの じ[二の字](명) ①"二"의 글자(모양). ②왜나막신의 자국. 2. marks of wooden clogs

にの ぜん[二の膳](명) 일본 정식(定食)에서 본상 다음에 내오는 상. a tray of side dishes

にの つぎ[二の次](명) 둘째 번. 그다음. 「―にする; 뒤로 돌리다」 the second

にの とり[二の酉](명) 11월의 둘째 유일(酉日)의 장날.

にの まい[二の舞]―マヒ(명) 같은 실패를 되풀이함. 「…の―を演(エン)じる; 전철(前轍)을 밟다」 repetition

にの まち[二の町](명)〈고〉 제2위. 제2류(第二流). 하찮은 것.

にの まる[二の丸](명) 성의 외곽(外郭). 본성(本城)의 둘레. a secondary citadel

にの や[二の矢](명) ①두 번째 쏜 화살. ②계속해서 두 번째 하는 일. 1. a second arrow

にはいず[二杯酢](명) 간장을 섞어 조미(調味)한 식초. vinegar and soy

にばしゃ[荷馬車](명) 짐을 실어 나르는 마차. 짐마차. a waggon

にはち[二八](명) 이팔. 16세. 이팔 청춘.

にばな[煮花](명) 막 끓인 차. 되끓이지 않은 첫번째의 차. the first infusion of tea

にばん[二番](명) 이번. ①두 번째. ②←二番抵当. 1. the second. **― かん**[二番館](명) 개봉관 다음의 영화관. 세컨드런. **― せんじ**[二番煎じ](명) ①두 번째 끓인 것. 재탕. ②되풀이하는 일. **― ていとう**[二番抵当](명) 이번 저당 이미 저당된 물건을 재차 저당하는 일. 이중 저당.

にばんめ もの[二番目物](명) 5막짜리 노우가쿠(能楽)에서 두 번째 상연하는 것.

にひ[二飛](명) 〔야구에서〕 2루(二塁)까지의 작은 플라이. a second-base fly

にび いろ[鈍色](명) ⇨にぶいろ.

にびき[荷引き](명·자サ) 짐을 생산지에서 가져옴. transportation of goods from the producing-centre

にびたし[煮浸し](명) 담수어를 구운 뒤에 간장이나 설탕 등을 넣고 무르게 조린 것. a stewed fish

にひゃく とおか[二百十日]―トヲカ(명) 입춘(立春)에서 210일째 되는 날. 9월 1일경. 이 무렵에 흔히 태풍이 불어 옴.

にひゃく はつか[二百二十日](명) 입춘(立春)에서 220일째 되는 날. 9월 10일경. 이 무렵에 한국, 일본에는 흔히 태풍이 불어 옴.

ニヒリスト[nihilist](명) 니힐리스트. 허무주의자(虚無主義者).

ニヒリズム[nihilism](명) 니힐리즘. 허무주의.

ニヒル[nihil](명·형동ダ) 니힐. ①허무(虛無). ②니힐리즘(허무주의)의 준말. ③니힐리스트(허무주의자)의 준말.
にぶ[二部](명) 이부. ①두 부분. ②제 2의 부분. 1. two parts 2. the second part
にぶ·い[鈍い](형) ①둔하다. 예리하지 않다. 약하다. 「感覚(カンカク)が—; 감각이 둔하다」 ②느리다. 「動作(ドウサ)が—; 동작이 뜨다」 파생 **—げ**(형동ダ)**—さ**(명). 1. dull 2. slow
にぶいろ[鈍色](명) 진한 쥐색. 예날 상복(喪服)의 빛깔. dark grey
ニフェ[nife](명)〈지〉 니페. 지구의 중심부를 이루고 있는 금속 핵(核).
にぶきょうじゅ[二部教授](명·자サ) 학교 수업을 하루 2회에 나누어 함. 또는 그런 교육 방법. 이부 수업. the double-shift school system
にふく·める[煮含める](타하 1) 음식물 속까지 양념맛이 스며 들어 가도록 서서히 끓이다. 명 煮含め. boil up slowly
にぶさく[二部作](명) 이부작. 두 부분으로 되어 있는 작품. a work of two part
にふだ[荷札](명) 짐에 붙여서 갈 곳을 써 놓은 패. 꼬리표. a tag
にぶね[荷船](명) 짐을 싣는 배. 화물선. a cargo boat
にぶ·る[鈍る](자 4) 둔해지다. 「腕(ウデ)が—; 솜씨가 둔해지다」 become dull
にぶん[二分](명·타サ) 2분. 둘로 나눔. 양분(両分). dividing in two
にべ(명) ①〈동〉 동갈민어. ②민어 부레로 만든 아교. 1. a sturgeon
にべもな·い(연어·형) 무뚝뚝하다. 냉담하다. 「にべもなくことわられた; 여지 없이 거절당했다」 brusque
にぼし[煮干し](명) 쪄서 말림. 또는 말린 것. 특히 멸치 등을 쪄서 말린 것. dried small sardines. **—こ**[煮干し粉](명) 작은 물고기를 삶아 말려 만든 가루.
にほん[日本](명) 일본. 「—ふう; 일본식」 Japan. **—が**[日本画](명) 일본화. 일본의 독특한 그림. 동양화 비슷함. ↔洋画(ヨウガ). **—さんけい**[日本三景](명)〈지〉 일본삼경. 아마노하시다테(天の橋立), 이츠쿠시마(厳島), 마쯔시마(松島)의 세 곳의 경치. **—し**[日本紙](명) 일본 종이. **—しゅ**[日本酒](명) 일본술. 정종. **—じゅうけつきゅうちゅう**[日本住血吸虫](명)〈동〉 일본 주혈 흡충. 문맥 혈관(門脈血管) 속에 사는 일본 특유의 흡충(吸虫). 중증(重症)을 나타냄. **—ふく**[日本服](명) 일본 재래의 의복. 일본옷. **—やっきょくほう**[日本薬局方](명)〈의〉 일본 약국방. 일본에서의 약품 제제의 일정한 표준을 법률적으로 규정한 것.
にほんざし[二本差し](명) ①〈속〉 (큰 칼과 작은 칼 두 개를 차고 있는) 무사(武士). ②〔씨름에서〕 두 손을 상대방 겨드랑이 밑에 넣는 수.
にほんぼう[二本棒](명)〈속〉 ①⇨にほんざし①. ②콧물을 흘리는 아이. ③얼간이. ④애처가(愛妻家)를 욕하여 일컫는 말. 2. a sniveller

にまいおち[二枚落ち](명) 〔장기에서〕 히샤(飛車), 카쿠(角)를 떼고 두는 것.
にまいがい[二枚貝]—ガヒ(명)〈동〉 두 개의 조가비를 가진 조개류. 쌍각류(双殻類). ↔巻(マ)き貝. a bivalve
にまいげり[二枚蹴り](명) 〔씨름에서〕 발바닥으로 상대방의 발을 바깥쪽으로부터 차서 넘어뜨리는 수.
にまいじた[二枚舌](명) ①거짓말을 함. ②전후 모순된 말을 함. 「—を使(ツカ)う; 모순된 말을 하다(거짓말하다)」 1. telling a lie 2. equivocation
にまいめ[二枚目](명) ①연극 광고 등에서 두 번째에 쓰인 배우. 미남역(美男役). ②미남자. 2. a handsome man
にまめ[煮豆](명) 콩자반. boiled beans
にもうさく[二毛作](명)〈농〉 이모작. 같은 토지에서 1년에 두 가지 작물을 수확하는 일. two crops a year
にもかかわらず[にも拘らず]—カカハラズ Ⅰ(연어) …인데도 불구하고. Ⅱ(접) 그런데도. Ⅰin spite of
にもつ[荷物](명) ①짐. ②부담이 되는 사물. 1. a load 2. a burden
にもの[煮物](명) 음식물을 끓여 만드는 일. 또는 그 음식물. cooking
にや(연어) …일까. 「まことに—; 참말일까」
にやき[煮焼](명) 끓이는 것과 굽는 것. 음식물을 만드는 일. cooking
にやく[荷役](명·자サ) 하역. 배에서 짐을 싣고 부림. loading and unloading
にゃくどう[若道](명) 남색(男色). 계간(鶏姦). 비역. sodomy
にや·ける[若気る](자하 1)〈속〉 남자가 여자처럼 모양을 내거나 생글거리며 교태(嬌態)를 부리다. be effeminate
にやっかい[荷厄介](명·형동ダ) ①짐이 무겁거나 부피가 커서 귀찮아짐. ②귀찮아서 싫어짐. 거추장스러워 벅찬 사물. 1. burdensome
にやにや(부·자サ) ①혼자서 웃고 있는 모양. ②상대방을 깔보아 웃는 모양. 1. chuckle to oneself
ニュアンス[프 nuance](명) 뉘앙스. ①말의 작은 뜻. ②색조. ③상태. 정도. ④미묘한 차이. ⑤음영(陰影).
—にゅう[乳](조어) 젖. 「脱脂(ダッシ)—; 탈지유」
ニュー[new](명) 뉴우. ①새것. 「—フェース; (영화 배우 등의) 신인」 ②최근.
にゅういん[入院](명·자サ) 입원. ①병을 치료하기 위하여 병원에 들어 감. 「—患者(カンジャ); 입원 환자」 ↔退院(タイイン). ②〈불〉 절에 들어 가 주지(住持)가 됨. 1. going to hospital
ニューイングランド[New England](명) 뉴우잉글란드. 아메리카 합중국 동북부의 여섯 주.
にゅうえい[入営](명·자サ)〈군〉 입영. 병영(兵営)에 들어 가 병사가 됨. entering barracks
にゅうえき[乳液](명) 유액. ①젖빛 액체. ②액상(液状)의 화장 크리임. 1. milky liquid
にゅうえん[入園](명·자サ) 동물원, 유치원 등 원(園)이라 불리는 곳에 들어 감. entering a garden

にゅうか[入花](명) 하이쿠(俳句)의 문장을 더하거나 깎거나 하여 고쳐 주고 받는 보수. 하이쿠의 첨삭료(添削料).

にゅうか[入荷](명·자サ) 입하. 상점에 상품이 들어옴. ↔出荷(シュッカ). a fresh supply of goods

にゅうか[乳化](명·자타サ) 유화. 젖과 같은 액체가 됨. emulsification. **──ざい**[乳化剤](명)〈이〉 유화제. 유화액의 제조를 쉽게 하고 변하지 않게 하기 위하여 넣는 약품.

にゅうか[乳価](명) 우유 값. a price of milk

にゅうか[乳菓](명) 유과. 우유를 넣어 만든 과자. candy

にゅうかい[入会](명·자サ) 입회. 회에 들어 감. 회원이 됨. ↔退会(タイカイ). entrance

にゅうかく[入閣](명·자サ) 입각. 내각(内閣)의 한 사람이 됨. 입대(入臺). entry into a Cabinet

にゅうがく[入学](명·자サ) 입학. 학교에 들어 가 학생이 됨. 처음으로 학교에 들어 감. 「一金(キン); 입학금」↔卒業(ソツギョウ). entrance into a school. **──しけん**[入学試験](명) 입학 시험. 입학 지원자 중에서 일정한 입학자를 뽑는 시험. **──なん**[入学難](명) 입학난. 지원자가 많아 희망 학교에 입학하기 힘든 일.

にゅうかん[入棺](명·타サ) 입관. 시체를 관에 넣음. putting into a coffin

にゅうがん[入眼](명) ⇨かいげん(開眼).

にゅうがん[乳癌](명)〈의〉 유암. 유선(乳腺)에 생기는 암. cancer of the breast

ニューギニア[New Guinea](명)〈지〉 뉴우기니아. 오스트레일리아 북쪽에 있는 세계 제2의 큰 섬.

にゅうぎゅう[乳牛](명)〈동〉 젖소. a milch cow

にゅうきょ[入居](명·자サ) 입거. 들어 가 삶. dwelling in

にゅうきょ[入渠](명·자サ) 입거. 배가 선거(船渠)에 들어 감. entering a dock

にゅうぎょ[入御](명·자サ) 입어. 임금이나 왕후 등이 편전(便殿)에 듦. the Emperor's withdrawal to the inner palace

にゅうぎょ[入漁](명·자サ) 입어. 남의 점유권내의 어장(漁場)에 들어 가 고기를 잡음.

にゅうきょう[入京](명·자サ) ①입경. 수도에 들어감. ②토오쿄오(東京), 쿄오토(京都)에 들어 감. 1. arrival in the capital

にゅうぎょう[乳業](명) 우유, 유제품(乳製品)을 만드는 사업. the occupation of processing dairy products

にゅうぎょけん[入漁権](명)〈법〉 입어권. 타인이 점유권을 갖고 있는 어장(漁場)에서 어업을 행하는 권리. the common of piscary

にゅうきん[入金](명·자サ) 입금. ①돈이 들어 옴. ↔出金(シュッキン). ②은행에 예금이나 부채를 갚기 위하여 돈을 들여 놓음. 1. receipt of money

にゅうこ[入庫](명·자타サ) 입고. 창고에 들어 감. 창고에 넣음. warehousing

にゅうこ[乳虎](명) 유호. 새끼를 낳아 젖을 먹이고 있는 기간 중의 암범. 성질이 가장 사나운 때라고 함. a fierce tigress at lactation

にゅうこう[入坑](명·자サ) 입갱. 갱도(坑道) 안에 들어 감. entry into a driftway

にゅうこう[入校](명·자サ) 입교. 학교에 들어 가 학생이 됨. 입학. entrance into a school

にゅうこう[入貢](명·자サ) 입공. 옛날, 외국 사절이 조공품(朝貢品)을 가지고 옴. presentation of tribute

にゅうこう[入港](명·자サ) 입항. 배가 항구 안에 들어 옴. arrival at a port

にゅうこう[入寇](명·자サ) 입구. 적군이 쳐들어 옴. an invasion

にゅうこう[乳香](명) 유향. 아라비아 남부 등에서 나는 유향수(乳香樹)의 진을 굳힌 것. 방부제나 약제로 씀. frankincense

にゅうこく[入国](명·자サ) 입국. ①영주가 그 영토에 들어 감. ②외국에서 그 나라에 들어 감. 「一手続(テツヅ)き; 입국 수속」↔出国(シュッコク). 1. entrance into one's territory

にゅうごく[入獄](명·자サ) 입옥. 감옥에 들어 감. ↔出獄(シュツゴク). imprisonment

にゅうこん[入魂](명) 어떤 물질이나 일에 정신을 주입(注入)하는 일. consecration

にゅうざい[乳剤](명)〈의〉 유제. 젤라틴, 아라비아 고무 등의 유화제가 들어 있는 유백색 약액(薬液). an emulsion

にゅうさつ[入札](명·자サ) 입찰. 청부(請負) 매매에 있어서 경쟁자에게 견적 가격(見積価格)을 써 내게 하는것. a tender

にゅうさん[乳酸](명)〈이〉 유산. 썩은 젖 속에서 생기는 산. 유당이나 포도당을 유산균으로 발효시켜서 만듦. lactic acid. **──きん**[乳酸菌](명)〈이〉 유산균. 당분을 유산화시키는 박테리아. **──はっこう**[乳酸発酵](명)〈이〉 유산 발효. 당류(糖類)가 유산균의 작용으로 유산으로 되는 발효 현상.

にゅうざん[入山](명·자サ) ①입산. 산에 들어 감. ②등산함. 2. mountain-climbing

にゅうし[入試](명) 입시. 입학 시험의 준말.

にゅうし[乳歯](명)〈생〉 유치. 생후 6개월경부터 나기 시작해서 10세 전후에 가는 이. 젖니. a milk tooth

にゅうじ[乳児](명)〈의〉 유아. 젖먹이. a baby. **──いん**[乳児院](명) 부모가 기를 수 없거나 고아인 젖먹이를 맡아 기르는 곳.

ニュージーランド[New Zealand](명)〈지〉 뉴우지일란드. 남태평양상(南太平洋上)에 있는 영연방(英聯邦)의 하나. 수도는 웰링턴(Wellington).

にゅうしち[入質](명·타サ) 전당 잡힘. pawning

にゅうしつ[入室](명·자サ) 입실. ①방에 들어 감. ②〈불〉〔선종(禅宗)에서〕 제자가 스승의 방에 들어 가 가르침을 받는 일. 1. entering a room

にゅうしつ[乳質](명) 유질. 젖의 성질. the quality of milk

にゅうしゃ[入社](명·자サ) 입사. 회사에 들어 감.

「—試験(シケン); 입사 시험」 entering a company
にゅうしゃ[入舎](명·자サ) 입사. 기숙사(寄宿舍) 등에 들어 감. entering a dormitory
にゅうじゃく[入寂](명·자サ)〈불〉 입적. 중이 죽음. 입멸(入滅). Nirvana
にゅうじゃく[柔弱](명·형동ダ) 유약. 성격이나 체질이 약함. effeminacy
にゅうしゅ[入手](명·타サ) 입수. 손에 넣음. receipt
にゅうしゅう[乳臭](명) ①유취. 젖내. ②역량(力量)이 미숙한 것. 1. smelling of milk. **—じ**[乳臭児](명) 젖내 나는 아이. 미숙한 사람.
にゅうじゅう[乳汁](명)〈의〉 유즙. 젖. milk
にゅうじゅく[入塾](명·자サ) 입숙. 사숙(私塾)에 들어 감. entering a private school
にゅうしょ[入所](명·자サ) 입소. 연구소, 훈련소 등 소(所)라 불리는 곳에 들어 감. entrance
にゅうしょう[入賞](명·자サ) 입상. 상을 탈 권내(圈内)에 들어 감. winning a prize
にゅうじょう[入定](명·자サ)〈불〉 입정. ①선정(禅定)에 들어 감. ②중이 죽음. 입적(入寂). ③수행하기 위하여 방 속에 들어 감. 1. calm contemplation
にゅうじょう[入城](명·자サ) 입성. ①성안에 들어 감. ②적의 성안에 들어 감. 1. entering a castle
にゅうじょう[入場](명·자サ) 입장. 회장에 들어 감. 「—券(ケン); 입장권」 ↔退場(タイジョウ). entrance
にゅうじょう[乳状](명) 유상. 젖같이 희고 뭉클뭉클한 상태. 「—クリーム; 유상 크리임」
にゅうしょく[入植](명·자サ) 식민지나 개간지에 들어 가 삶. immigration
にゅうしん[入信](명·자サ) 신앙의 길에 들어 감. entering a religious life
にゅうしん[入神](명) 입신. 기술이 뛰어나 신묘(神妙)한 경지에 이르는 일. 「—の技(ギ); 신묘한 재주」 divineness
ニュース[news](명) 뉴우스. ①소식. 알림. ②새로운 사건. ③신문 보도. **—ソース**[news source](명) 뉴우스 소오스. ①뉴우스의 근원. ②뉴우스 제공자. **—バリュ**[news value](명) 뉴우스밸류. 보도 가치.
にゅうせいひん[乳製品](명) 유제품. 우유를 가공한 제품. 버터, 밀크 등. dairy products
にゅうせき[入籍](명·자타サ) 입적. 호적에 넣음. 또는 호적에 들어 감. entry in the family register
にゅうせん[入船](명·자サ) 배가 항구에 들어 옴. 입항(入港). arrival at a port
にゅうせん[入選](명·자サ) 입선. 심사에 합격함. 선정(選定)에 듦. 「—作(サク); 입선작」 ↔落選(ラクセン). being accepted
にゅうせん[乳腺](명)〈생〉 유선. 유방 안에서 젖을 내는 선. 젖샘. a mammary gland. **—えん**[乳腺炎](명)〈의〉 유선염. 유선에 포도상 구균(葡萄状球菌) 등이 감염하여 생기는 염증. 심하면 화농되어 위험함. 젖알이.
にゅうたい[入隊](명·자サ) 입대. 군대에 들어 감. ↔除隊(ジョタイ). joining the army
にゅうだくえき[乳濁液](명)〈이〉 유탁액. 액체 입자(粒子)가 이것과 혼합하지 않는 다른 액체 속에 분산하여 유상(乳状)을 이룬 것. emulsion
にゅうだん[入団](명·자サ) 입단. 청, 소년단 등 단이라 불리는 곳에 들어 감. ↔退団(タイダン).
にゅうちょう[入朝](명·자サ) 입조. 외국에서 사절(使節) 등이 조정(朝廷)에 옴.
にゅうちょう[入超](명) 입초. 수입 초과. ↔出超(シュッチョウ). the excess of imports over exports
にゅうてい[入廷](명·자サ)〈법〉 입정. 피고, 관계자가 법정에 들어 감. ↔退廷(タイテイ). entrance into a courtroom
にゅうでん[入電](명·자サ) 입전. 전신, 전보 등이 들어 옴. 내전(来電). a telegram received
にゅうとう[入党](명·자サ) 입당. 당에 가입함. ↔脱党(ダットウ). joining a political party
にゅうとう[入湯](명·자サ) 입탕. ①입욕(入浴). ②온천에 들어 감. 1. taking a bath
にゅうとう[乳糖](명)〈이〉 유당. 포유 동물의 젖 속에 들어 있는 당분. milk sugar
にゅうどう[入道](명·자サ) ①〈불〉 불문(仏門)에 들어가 수행(修行)함. ②불문에 들어 간 3위(三位)이상의 사람. ③머리를 빡빡 깎은 사람. ④중대가리의 요괴(妖怪). 1. become a lay priest. **—ぐも**[入道雲](명) 여름에 흔히 보는 구름으로서 중대가리같이 보여 일컫는 말. 적란운(積乱雲).
ニュートロン[neutron](명)〈이〉 뉴우트론. 중성자(中性子).
にゅうないすずめ[入内雀](명)〈동〉 섬참새. 참새 비슷한 철새. 섬의 산야에 서식(棲息)하며 농작물을 해침. an oriole
にゅうねん[入念](명·형동ダ) 공을 들임. 꼼꼼함. 정성들임. 「—にしらべる; 꼼꼼히 조사하다」 elaboration
にゅうばい[入梅](명) 장마철에 들어 가는 일. the rainy season
にゅうばく[入幕](명·자サ) ①막(幕) 안으로 들어 감. ②막료(幕僚)가 되어 회의에 참가함. 1. entering inside a camp. **—のひん**[入幕の賓](명) ①특별 대우를 받는 손님. ②기밀(機密) 계획에 참여하는 손님.
にゅうはくしょく[乳白色](명) 유백색. 젖처럼 흰 빛. 젖빛. milky colour
にゅうはち[乳鉢](명)〈의〉 유발. 고형(固形)이나 결정체의 약을 갈아서 가루를 만드는 그릇. a mortar
にゅうひ[入費](명) 입비. 어떤 일에 드는 비용. expenses

〔乳鉢〕

にゅうふ[入夫](명)〈법〉 호주(戸主)인 여자와 결혼하여 그 남편이 되는 일. 또는 그 사람. marrying an heiress
にゅうふ[入府](명·자サ) ①수도(首都)에 들어 감. ②입국(入国)함. 1. arrival in the capital
にゅうぶ[入部](명·자サ) ① ⇨にゅうこく(入国)①. ②문예부(文芸部), 운동부 등 부(部)라고 불리는 곳에

들어 감.

ニューフェース[new face](명) 뉴우페이스. 연예계에 새로 등장한 스타아. 신인(新人).

にゅうぼう[乳棒](명) 유봉. 유발(乳鉢)에 약을 가는 막대. a pestle

にゅうまく[入幕](명·자サ)〔씨름에서〕씨름군이 승진해서 대전표(対戦表)의 제1단에 이름이 오름. 일류급 씨름군이 됨.

にゅうめつ[入滅](명·자サ)〈불〉①멸도(滅度)에 들어감. 열반(涅槃)에 이름. ②입멸. 중이 죽음. 입적(入寂). 1. entering nirvana

にゅうもん[入門](명·자サ) 입문. ①사원(寺院) 등의 문에 들어 감.「一証(ショウ); 입문증」↔出門(シュツモン). ②어떤 스승의 문제(門弟)가 됨. ③처음 배우는 사람을 위해 알기 쉽게 쓴 책. 입문서. 1. visiting a temple

にゅうよう[入用](명·형동ダ) ①필요함.「地図(チズ)が一になる; 지도가 필요해지다」②비용. 1. necessity

にゅうよう[乳用](명)〈농〉젖을 짜는 것을 목적으로 삼는 것.「一種(シュ); 유용종」 milking

にゅうようじ[乳幼児](명) 유유아. 유아(乳児)와 유아(幼児). 젖먹이와 어린이. infants

ニューヨーク[New York](명)〈지〉뉴우요오크. 아메리카 동북해안에 있는 세계 제일의 도시. 「bathing⤵

にゅうよく[入浴](명·자サ) 입욕. 목욕통에 들어 감.

にゅうらい[入来](명·자サ) 밖에서 들어 옴. a visit

にゅうらく[入洛](명·자サ) 쿄오토(京都)에 들어 옴.

にゅうらく[乳酪](명) ①유락. 버터. ②식용 크리임. 1. butter 2. edible cream

にゅうりょう[入寮](명·자サ) 요(寮)라고 불리는 곳에 들어 감. ↔退寮(タイリョウ). entering a dormitory

にゅうりょう[入漁](명·자サ) 어장(漁場)으로 들어 감. entering a fishing-ground

にゅうりょう[乳量](명) 유량. 젖의 분량. the amount of milk

ニュールック[new look](명) 뉴우룩. ①최신형(最新型). ②새로운 유행복.

にゅうろう[入牢](명·자サ) 입뢰. 감옥에 들어 감. 입옥(入獄). imprisonment

にゅうわ[柔和](형동ダ) 유화. 부드럽고 온화한 모양. gentle

にょい[如意](명) 여의. ①뜻대로 되는 것.「百事(ヒャクジ)一; 백사 여의(만사 형통)」②〈불〉중이 독경이나 설법할 때 손에 가지는 불구(仏具). 길이 한 자쯤으로 위쪽이 고사리 모양으로 되어 있음. 1. turning out as one wishes

〔如意②〕

にょいぼう[如意棒](명) 가지고 있으면 무엇이나 자기 뜻대로 된다는 막대.

にょいほうじゅ[如意宝珠](명)〈불〉여의 보주. 모든 소원을 이루게 해 준다는 신기한 구슬.

にょいりん(かんのん)[如意輪(観音)](명)〈불〉여의륜 관음. 여의 보주(如意宝珠)를 써서 중생에게 행복과 재산을 주는 관세음 보살. the Goddess of Mercy

にょいん[女院](명) 불문에 들어 간 황태후, 국모(国母)의 높임말. the Empress Dowager in pious life

にょう[尿](명)〈생〉오줌. 소변. urine

にょう[鐃](명)〈악〉요. 중국 타악기의 한 가지. 지름 30 *cm*쯤 되는 구리로 만든 두 개의 둥근 금속판에 손잡이가 달려 있어 두 손으로 마주 쳐서 소리를 냄. 바라. cymbals

にょう[二様](명·부) 두 가지. 두 종류.「一の解釈(カイシャク); 두 가지의 해석」 two ways

にょうい[尿意](명) 요의. 소변을 보고 싶은 느낌.「一をもよおす; 오줌이 마렵다」 having the urge to urinate

にょういん[女院](명) ⇨にょいん.

にょうご[女御](명) 중궁(中宮)에 버금 가는 후궁(後宮).

にょうさん[尿酸](명)〈이〉요산. 포유류(哺乳類)의 오줌 속에 있는 유기산(有機酸). uric acid

にょうしっきん[尿失禁](명)〈의〉요실금. 오줌이 무의식적으로 배출되는 상태. bed-wetting

にょうぜつ[饒舌](명) 요설. 잘 지껄이는 것. 다변(多辯). talkativeness

にょうそ[尿素](명)〈이〉요소. 오줌 속에 포함되는 단백질의 최후 생성물(生成物). 공업적으로는 암모니아에서 만듦. urea. ―**じゅし**[尿素樹脂](명)〈이〉요소 수지. 요소를 원료로 하는 합성 수지. 기구, 액세서리용.

にょうどう[尿道](명)〈생〉요도. 오줌을 방광(膀胱) 밖으로 내보내는 관(管). a urethra

にょうどくしょう[尿毒症](명)〈의〉요독증. 신장의 고장으로 오줌 속에 질소 성분이 충분히 배출되지 못해서 생기는 중독 증상. uremia

にょうはち[鐃鈸](명)〈불〉요발.〔불교에서〕법회 때에 쓰는 향동제(響銅製)의 악기. 본래 요(鐃), 발(鈸)의 두 악기였으나 지금은 합하여 한 악기로 되었음. 바라(婆囉). cymbals

〔鐃鈸〕

にょうぼう[女房](명) ①궁중의 관녀(官女). ②귀족의 시녀. ③처. 아내. 1. a court lady 3. a wife. ―**ことば**[女房詞](명) 옛날 궁중의 관녀들이 쓰던 특별한 말. 예: すし"를 すもじ"라고 한 것 등.

にょうりょう[尿量](명)〈의〉하루 또는 한 번에 누는 오줌의 양.

にょかん[女官](명) 여관. 궁중에서 일하는 여인. 궁녀(宮女). a court-lady

にょきにょき(부) 가늘고 긴 것이 갑자기 나타나거나 늘어나는 모양. one after another

にょくろうど[女蔵人](명) 옛날 잡일에 종사하던 궁녀. a lower court lady

にょごがしま[女護が島](명) ①여자만이 산다는 섬. ②〈지〉하치죠오도(八丈島)의 다른 이름. 1. an island of women

にょじつ[如実](명) 여실. 사실과 틀림이 없는 것. 「―にあらわれる; 여실히 나타나다」 reality
にょしょう[女性](명) 여성. 여자. 부인. a woman
にょぜ[如是](명) 여시. ①이와 같이. 여차(如此). ②사실대로. 있는 그대로. 2. as it is
にょぜがもん[如是我聞](연어)〈불〉 여시 아문. 〔나는 이와 같이 들었다는 뜻으로〕 불경의 첫머리에 나오는 말. Thus I hear.
にょたい[女体](명) 여체. 여성의 몸. ↔男体(ナンタイ). a woman's body
にょにん[女人](명) 여인. 여자. a woman. **― きんぜい**[女人禁制](연어·명) 여인 금제. 절 등에 여자가 들어 오는 것을 금하는 일. **― けっかい**[女人結界](명)〈불〉 여인 결계. 여인 금제의 지역.
によ·ぶ[呻吟ぶ](자 4)〈고〉 ①신음하다. ②안간힘을 써서 시가(詩歌) 등을 읊다.
にょほう[如法] Ⅰ(명) 여법. ①〈불〉 여래(如来)의 가르침대로 함. ②문자 그대로 함. Ⅱ(부) ①격식대로. ②물론. 참으로. 「―暗夜(アンヤ); 참으로 캄캄한 밤」 Ⅰ 1. faithfulness 2. literalness Ⅱ in due form
にょぼさつ[如菩薩](연어) 보살과 같음. 「外面(ゲメン)―; 외면이 보살 같음」 like Boddhi-sattva
にょぼん[女犯](명)〈불〉 여범. 중이 사음계(邪淫戒)를 범하는 일. 「―の罪(ツミ); 여범의 죄」
にょやしゃ[如夜叉](연어) 두억시니같이 무서움. 「内心(ナイシン)―; 내심은 두억시니 같음」 like a devil
にょらい[如来](명)〈불〉 여래. 불타의 높임말. Buddha
により[似寄り](명) 아주 닮은 것. resemblance
にょろにょろ(부·자サ) 배암, 장어와 같이 긴 것이 꾸불거리며 가는 모양. wriggling
にら[韮·韭](명)〈식〉 부추. 달래과에 속하는 다년초. 잎이 가늘고 길며 납작하고, 냄새가 강함. a leek
にらま·える[睨まえる]＝ニラマヘル(자하 1)〈속〉 노려 보다. 쏘아 보다. stare at
にらみ[睨み](명) ①노려 봄. ②다른 것을 누르는 위세. 「―をきかす; 위세로써 남을 제압하다」 1. a glare 2. having authority over. **― あわ·せる**[睨み合わせる]―アハセル(타하 1) 이것 저것 대조하여 생각해 보다. **― つ·ける**[睨み付ける](타하 1) 매섭게 쏘아 보다. 노려 보다.
にら·む[睨む](타 4) ①성난 눈으로 보다. 쏘아 보다. ②노려 보다. ③혐의를 걸다. 2. glare at
にりつはいはん[二律背反](명)〈철〉 이율 배반. 서로 모순되는 두 개의 명제(命題)가 동등한 권리로서 주장되는 것. antinomy
にりゅう[二流](명) 이류. ①두 유파. ②일류보다 약간 낮은 지위. 「―作家(サッカ); 이류 작가」 2. the second-class
にりゅうかたんそ[二硫化炭素](명)〈이〉 이황화 탄소. 유황과 탄소가 화합하여 생기는 무색의 액체. carbon bisulphide
にる[似る](자상 1) 서로 닮다. 비슷하다. resemble
にる[煮る](타상 1) 삶다. 끓이다. 조리다. boil
にるい[二塁](명) 2루. 〔야구에서〕 둘째 번 누(塁). the second base. **― しゅ**[二塁手](명) 2루수. 〔야구에서〕 2루를 지키는 사람. **― だ**[二塁打](명) 2루타. 〔야구에서〕 배터(打者)가 2루까지 갈 수 있게 친 안타(安打).
にれ[楡](명)〈식〉 느릅나무. 1. an elm-tree
にれん[二連](명) 같은 형식의 것이 두 번 또는 두 개 계속되는 일. 「―式(シキ); 이연식」 duplexity
にろくじちゅう[二六時中](명·부) 하루 종일. 늘. 밤낮. (옛날에 아침 저녁을 각각 여섯 시로 나누었던 데서 온 말) night and day
にわ[庭]＝ハ(명) ①마당. 뜰. ②정원. ③일하는 장소. ④조용한 바다. 1.precincts 2. a garden
にわいし[庭石]＝ハ―(명) ①마당에 놓은 징검돌. ②정원에 놓는 장식을 위한 돌. 2. a garden-stone
にわうめ[庭梅](명)〈식〉 산앵도나무. 앵도과에 속하는 낙엽 활엽 관목. a flowering almond
にわか[仁輪加](명) ⇨にわかきょうげん(俄か狂言).
にわか[俄か]＝ハカ(명·형동ダ) ①돌연. 갑자기. 「―雨(アメ); 소나기」 ②곧. ③←俄か狂言. 1. sudden. **― きょうげん**[俄か狂言](명) 좌흥(座興)을 위하여 하는 즉흥 연예(演芸). **― ぶげん**[俄か分限](명) 갑자기 부자가 되는 일. 벼락 부자. 졸부(猝富).
にわき[庭木]＝ハ―(명) 정원이나 뜰에 심은 나무. 정원수(庭園樹). a garden-tree
にわきど[庭木戸]＝ハ―(명) 뜰로 드나드는 문. a garden-wicket
にわくさ[庭草](명) 정원에 난 풀. garden weeds
にわぐち[庭口]＝ハ―(명) 뜰의 입구. an entrance of a garden
にわげた[庭下駄](명) 뜰에서 신는 왜나막신. garden clogs
にわさき[庭先]＝ハ―(명) 마당 앞쪽. 뜰의 앞 부분. in the garden
にわし[庭師]＝ハ―(명) 정원의 설계나 수목을 가꾸는 것으로 업을 삼는 사람. 정원사. a gardener
にわたずみ[行潦]＝ハタヅミ(명)〈고〉 땅 위에 괴어서 흐르는 빗물.
にわつくり[庭作り]＝ハ―(명) ⇨にわし.
にわづたい[庭伝い]＝ハヅタヒ(명) 뜰을 통해서 (옆집으로) 가는 것. from garden to garden
にわとこ[接骨木]＝ハ―(명)〈식〉 접골목. 인동과에 속하는 낙엽 활엽 관목. 5월에 황록색 꽃이 피고 9월에 붉은 열매를 맺음. 넓은잎딱총나무. 말오줌나무. a red-berried elder
にわとり[鶏·雞]＝ハトリ(명)〈동〉 닭. 대표적인 가금(家禽). a hen
にわも[庭面]＝ハ―(명) 뜰 위. 마당. on the garden
―にん[人] Ⅰ(접미) 사람 수를 세는 말. 「十五(ジュウゴ)―; 15명」 Ⅱ(조어) …하는 사람. 「苦労(クロウ)―; 고생하는 사람」
にん[人](명) 사람. 인품. 「―を見(ミ)て法(ホウ)を説(ト)く; 인품을 보고 설교를 하다」 character

にん[任](명) ①임무. ②임지(任地). ③임기. 1. a duty
にんい[任意](명·형동ダ) 임의. 생각대로. 마음대로. 「一の時間(ジカン); 자기 형편이 좋은 시간」 option. **—しゅっとう**[任意出頭](명·자サ)〈법〉 임의 출두. 피의자가 자진해서 출두함.
にんか[認可](명·타サ) 인가. ①인정하여 허락함. ②〈법〉 실행을 허가하는 행정 처분. 1. approval
にんかい[人界](명)〈불〉 인계. 인간 세계. 인간 사회(社会). human society
にんがい[人外](명) ①사람의 도리에 벗어난 것. ②인간 취급을 받지 못하는 것. 1. a brute of a man
にんかん[任官](명·자サ) 임관. 관직에 임명됨. ↔退官(タイカン). an appointment
にんき[人気](명) ①인기. 세간의 좋은 평판. 「一者(モノ); 인기 좋은 사람」 ②그 땅의 기풍. 「一のわるい土地(トチ); 기풍이 나쁜 지방」 1. popularity
にんき[任期](명) 임기. 직무에 있는 기간. 「一が切(キ)れる; 임기가 끝나다」 one's term of office
にんぎょ[人魚](명) 인어. 상반신은 여자이고 하반신은 물고기같이 생겼다는 상상상(想像上)의 동물. a mermaid
にんきょう[仁俠](명) ⇨じんきょう.
にんきょう[任俠](명·형동ダ) 임협. 남자답고 용감함. 협기(俠気)가 있음. chivalry
にんぎょう[人形](명) 인형. ①사람의 형상. ②사람의 모양을 흉내 내어 만든 장난감. 꼭둑각시. 「一芝居(シバイ); 인형극(꼭둑각시 놀음)」 1. a figure 2. a doll. **—じょうるり**[人形浄瑠璃](명) 죠오루리(浄瑠璃)에 맞추어서 하는 인형극. **—つかい**[人形遣い]ーツカヒ(명) 〔인형극에서〕 인형을 조종하는 사람.
にんく[忍苦](명·자サ) 인고. 괴로움을 참고 견딤. endurance
にんげん[人間](명) 인간. 사람. 「一ばなれ; 탈속(脱俗) 초인간(超人間)」 a human being. **—えいせいせん**[人間衛星船](명) 인간을 태우고 나는 인공 위성. **—せい**[人間性](명) 인간성. 인간의 본성. **—てき**[人間的](형동ダ) 인간적. 인간으로서의 정이 있는 모양. 인간다운. 「一な人(ヒト); 인간미가 있는 사람」 **—なみ**[人間並み](명·형동ダ) 보통 사람과 같은 상태. **—み**[人間味](명) 인간미. 인간적인 상태. 인정. 인간다운 온정.
にんごく[任国](명) ①예전, 지방 장관(地方長官)이 부임하는 지방. ②대사, 공사, 영사 등이 부임하는 나라. 1. a governor's new post of duty
にんさん[妊産](명)〈의〉 임산. 임신과 해산. 「一授乳時(ジュニュウジ); 임산 수유시」 pregnancy and delivery
にんさんばけしち[人三化七](명) 〔사람이 3할에 도깨비가 7할이란 뜻으로〕 사람다운 데가 거의 없게 괴이하게 생긴 사람.
にんさんぷ[妊産婦](명)〈의〉 임산부. 임부(妊婦)와 산부(産婦). pregnant and nursing mothers
にんしき[認識](명·타サ) 인식. ①인정하여 구별함. ②〈철〉 사물을 감지(感知)하고 식별하며 또 기억, 사고하는 작용의 총칭. 1. cognition 2. knowledge. **—ふそく**[認識不足](명) 인식 부족 어떤 사물에 대해서 정당히 인식하여 판단할 지식이 부족한 것. 충분하지 못한 인식.
にんじゅ[忍受](명·자サ) 참고 받음. submission
にんじゅう[忍従](명·자サ) 인종. 참고 견디어 복종함. self-surrender
にんじゅつ[忍術](명) 몸을 변장(変装)하거나 숨기며 행동을 남 몰래 하는 기술. 둔갑술(遁甲術).
にんしょ[任所](명) 임소. 부임하는 장소. the place of one's appointment
にんしょう[人称](명) 인칭. 〔문법에서〕 사람을 가리키는 대명사 중 나, 너, 그의 구별. 「第三(ダイサンー); 제3인칭」 person
にんしょう[認証](명·타サ) 인증. ①인정하여 증명함. ②〈법〉 천황이 내각이 한 일을 정식 수속을 밟았다고 인정함. 1. certification. **—かん**[認証官](명)〈법〉 천황이 인정하여 임명하는 국가 공무원. 국무 대신, 최고 재판소의 판사 등.
にんじょう[人長](명) 궁정의 신에 바치는 무악(舞楽)에서 춤추는 사람들의 우두머리.
にんじょう[人情](명) 인정. 사람이 본시 가지고 있는 애정(감정). humanity. **—ぼん**[人情本](명) 에도(江戸) 시대 말기에 남녀간의 애정이나 인정을 사실적으로 묘사한 소설. **—み**[人情味](명) 인정미. 인정의 맛. 「一を解(カイ)しない; 인정미를 모른다」
にんじょう[刃傷](명·타サ) 인상. 칼로 남을 다치게 함. bloodshed
にん·じる[任じる] Ⅰ(자상 1) 받아 들여 자기 일로 삼다. 「指導者(シドウシャ)をもってみずから一; 지도자로 자처하다」 Ⅱ(타상 1) ①직무에 임하게 하다. ②담당시키다. ③맡기다. Ⅱ assume
にんしん[妊娠](명·자サ) 임신. 아이를 뱀. 「一中絶法(チュウゼツホウ); 임신 중절법」 pregnancy
にんじん[人参](명)〈식〉. ①당근. 미나리과에 속하는 1~2년초. ②⇨ちょうせんにんじん. 1. a carrot
にんずう[人数](명) 인수. ①사람의 수. 인원수. ②많은 사람. 1. the number of persons 2. many people
にん·ずる[任ずる](자타サ) ⇨にんじる.
にんそう[人相](명) 인상. ①얼굴 모양. 「一書(ガ)き; 몽타아즈 (법인이나 실종자의 용모의 특징을 글이나 그림으로 나타낸 문서)」 ②관상(観相). 「一見(ミ); 관상장이」 1. looks 2. physiognomy
にんそく[人足](명) 짐을 나르는 노동자. 인부. a coolie
にんたい[忍耐](명·자타サ) 인내. 참고 견딤. 「一力(リョク); 인내력」 patience
にんち[任地](명) 임지. 임무를 행하기 위하여 부임하는 곳. one's post
にんち[認知](명·타サ) 인지. ①인정하여 앎. ②〈법〉 부모를 정확히 모르는 아이에 대해서 자기가 그 아이의 부모임을 인정하는 것. 1. recognition
にんちくしょう[人畜生](명) 짐승 같은 인간. 잔인무도한 인간. a brute of a man
にんちゅう[人中](명) 인중. ①많은 사람 가운데. ②

코밑과 윗입술 사이의 우묵한 곳. 1. in company

にんてい[人体](명) 인체. 인품. 「いやしからぬ—; 천하지 않은 인품」 personal appearance

にんてい[認定](명·타サ) 인정. 옳다고 믿고 정함. 「資格(シカク)の—; 자격의 인정」 recognition

にんとう[人頭](명) 인두. 사람의 수. the number of persons. **—ぜい**[人頭税](명) 인두세. 사람 수에 따라 부과하는 조세(租税).

にんどう[忍冬](명)〈식〉 ⇨すいかずら.

にんとく[人徳](명) ⇨じんとく.

にんにく[大蒜](명)〈식〉 마늘. garlic

にんにく[忍辱](명)〈불〉 인욕. 욕됨을 참고 견디어 마음을 움직이지 않는 일. 「慈悲(ジヒ)—; 자비 인욕」 forbearance

にんにん[人人](명·부) 사람들. 각자. each person

にんのう[人皇](명) 진무(神武) 천황 이후의 대대의 천황. 카미요(神代)와 구별하여 쓰임. an emperor

にんぴ[認否](명) 인정과 부정. 「罪状(ザイジョウ)—; 죄상의 인정과 부정」 approval or disapproval

にんぴにん[人非人](명) 인비인. 비인간적인 사람. a devil

ニンフ[nymph](명) 님프. 그리이스 신화에 나오는 여성의 정령(精靈)들. 자연물을 지배하며 언덕, 동굴, 샘, 수목 등에 있다고 함.

にんぷ[人夫](명) ⇨にんそく(人足).

にんぷ[妊婦](명) 임부. 임신한 부인. a pregnant woman

にんべつ[人別](명) ①각자에게 할당함. 각인별(各人別). ②호적(戸籍). 「—帳(チョウ); 호적부」 ③인구(人口). 1. allotting to each person

にんべん[人偏](명) 한자 부수(部首)의 하나. 사람인변. "仁, 体" 등의 "亻" 부분.

にんむ[任務](명) 임무. 맡은 사무. 또는 업무. duty

にんめい[任命](명·타サ) 임명. 직무를 맡김. 관직에 명함. appointment

にんめん[人面](명) 인면. 사람의 얼굴. a human face. **—じゅうしん**[人面獣心](연어·명) 인면 수심. 얼굴은 사람이나 그 마음은 짐승과 같다는 말.

にんめん[任免](명·타サ) 임면. 임관(任官)함과 면직함. 「—権(ケン); 임면권」 appointment and dismissal

にんよう[任用](명·타サ) 임용. ①직무를 맡겨 등용함. ②사무 촉탁(囑託) 등 본직이 아닌 사람을 본직으로 임명함. employment

にんよう[妊孕](명·자サ)〈의〉 임신함. 잉태. pregnancy

にんよう[認容](명·타サ) 인용. 인정하여 용납함. 용인(容認). acknowledgement

ぬ

ぬ[野](명)〈고〉 들.

ぬ[寝](자하 2)〈고〉 자다. 눕다.

ぬ(조동) Ⅰ〔ナ변형, 연용형에 붙어서〕 ①지난 동작, 작용의 결과가 아직까지 남아 있음을 나타내는 말. …하고 있다. …였다. 「夏(ナツ)は来(キ)—; 여름은 왔다」 ②〈고〉 동작의 완료를 나타내는 말. …해 버리다. ③〔"なん"의 형태로〕 희망을 나타내는 말. ⇨: んⅡ⑤. Ⅱ〈방〉〔특수형, 미연형에 붙어서〕 취소하는 말. …않은. …없는. 「まだ見(ミ)—国(クニ); 아직 보지 않은 나라」

ぬい[縫い]ヌヒ(명) ①꿰매는 것. ②꿰맨 곳. 솔기. ③자수(刺繡). 1. sewing 2. a seam

ヌイ[프 nouilles](명) ⇨ヌイユ.

ぬいあげ[縫い上げ]ヌヒー(명) (자랄 것에 대비하여 미리) 옷의 어깨와 허리를 징거 넣음. a tuck

ぬいいと[縫い糸]ヌヒー(명) 실. 재봉실. a sewing thread

ぬいぐるみ[縫い包み]ヌヒー(명) ①헝겊 속에 솜 등을 넣고 바느질한 것. ②〔연극에서〕 동물역이 입는 동물 모양의 옷. 1. being cotton-padded

ぬいこみ[縫い込み]ヌヒー(명) 꿰매어 안으로 넣는 일. 또는 그 부분. a tuck

ぬいしろ[縫い代]ヌヒー(명) 두 천을 꿰매어 합칠 때에 안으로 접어 넣는 부분. 시접. a margin to sew up

ぬいつけもん[縫付け紋]ヌヒー(명) 다른 헝겊에 그려서 의복에 꿰맨 가문(家紋). a crest sewn on

ぬいとり[縫い取り]ヌヒー(명·타サ) 천 위에 여러 가지 색실로 무늬를 수놓음. 또는 그 수. 자수(刺繡). embroidery

ぬいはく[縫い箔]ヌヒー(명) 금실, 은실로 하는 자수. embroidery

ぬいはり[縫い針]ヌヒー(명) 바느질. 재봉(裁縫). 「—がじょうずだ; 바느질을 잘한다」 a sewing

ぬいばり[縫い針]ヌヒー(명) 바느질에 쓰이는 바늘. a sewing needle

ぬいめ[縫い目]ヌヒー(명) 꿰맨 줄. 솔기. a seam

ぬいもの[縫い物]ヌヒー(명) ①꿰맨 것. 바느질 거리. 「—をする; 바느질을 하다」 ②자수(刺繡). 수놓은 것. 1. sewing 2. embroidery

ぬいもよう[縫い模様]ヌヒー(명) 수놓은 무늬. embroidered figures

ぬいもん[縫い紋]ヌヒー(명) 수놓은 가문(家紋). an embroidered crest

ヌイユ[프 nouilles](명) 누이유. 계란이 들어 있는 가느다란 국수.

ぬ・う[縫う]ヌフ(타 4) ①바느질하다. ②수놓다. ③사이를 빠져 나가다. 「ひとびとの間(アイダ)を—; 사람

들 사이를 누비고 지나가다」 1. sew
ヌード[nude](명) 누우드. 알몸. 나체(裸体). 나체화.
ヌートリア[nutria](명)〈동〉 누우트리아. 남아메리카산의 설치류(齧歯類)에 속하는 동물. 양서류(両棲類)며 쥐 비슷한데 토끼보다 큼. 고기 맛이 좋고 모피도 애용됨.
ヌードル[noodle](명) 누우들. 달걀과 밀가루로 만든 서양식 국수.
ヌーボー[프 nouveau](형동ダ) 누보. ①새로운 모양. ②요령을 잡을 수 없는 모양.
ぬえ[鵺·鵼](명) ①머리는 원숭이, 몸은 호랑이, 꼬리는 배암과 비슷하다고 일컬어지는 상상상(想像上)의 짐승. ②어느 쪽도 아닌 수상쩍은 것.「一的存在(テキソンザイ); 수상쩍은 존재」 1. a chimera
ぬか[糠](명) 겨. 쌀겨.「一に釘(クギ); 겨에 못박기(아무 반응이 없다는 말)」 rice-bran
ぬか[額](명) 이마. the forehead
ヌガー[프 nougat](명) 누가. 캔디와 비슷한 하얗고 물렁한 엿에 땅콩 등을 넣어 만든 서양식 엿.
ぬかあぶら[糠油](명) 쌀겨로 짠 기름. rice-bran oil
ぬかあめ[糠雨](명) 이슬비. 보슬비. a drizzle
ぬかえび[糠蝦](명)〈동〉 강하. 보리새우. a shrimp
ぬかくぎ[糠釘](명) ①아주 작은 못. ②겨에 못을 박듯이 아무 반응이 없는 것. 1. a tiny nail
ぬかご[零余子](명)〈식〉 ⇨むかご.
ぬか·す[抜かす](타 4) ①빠뜨리다. ②(사이를) 거르다. 뛰어 넘다.「一(イチ)ページを一; 한 페이지 거르다」③〈속〉 상대가 말하는 것을 경멸해서 하는 말. 씨부렁거리다. 주둥이를 놀리다.「何(ナニ)を一か; 뭣을 지껄이는 거야」 1. omit 2. skip over
ぬかず·く[額突く]一ヅク(자 4) ①머리를 땅에 대고 절을 하다. ②공손히 절을 하다. 1. bow
ぬかづけ[糠漬](명) ⇨ぬかみそづけ.
ぬかぶくろ[糠袋](명) 몸을 씻을 때 쓰는 겨를 넣은 주머니. a small rice-bran bag
ぬかぼし[糠星](명) 밤하늘에 보이는 많은 작은 별. numberless small stars
ぬかみそ[糠味噌](명) 겨에 소금을 섞은 것. 왜김치를 담는 데 씀. salt rice-bran paste for pickling. ── **づけ**[糠味噌漬け](명) 소금을 섞은 겨에 담은 왜김치.
ぬかよろこび[糠喜び](명·자サ) 보람 없는 기쁨. 헛된 기쁨. a premature joy
ぬからぬかお[抜からぬ顔]一カホ(연어·명) ①빈틈 없는 얼굴. ②실수를 하고도 아무 것도 모르는 척하는 얼굴. 1. an alert look
ぬかり[抜かり](명) 빠뜨리는 일. 실수.「一なく用意(ヨウイ)する; 빈틈 없이 준비하다」 a slip
ぬか·る(자 4) 길이 질퍽거리다. 길이 질다.「道(ミチ)が一; 길이 질퍽거리다」 be muddy and sticky
ぬか·る[抜かる](자 4) 방심(放心)하여 실수하다. 모르고 지나쳐 실수하다. make a slip
ぬかるみ[泥濘](명) 이녕. ①길이 흙탕이 되어 걷기 힘든 곳. 진창. ②헤어나려 해도 좀처럼 빠져 나올 수 없는 나쁜 환경. 1. a muddy place
ぬき[抜き](명) ①빼는 것. 없는 것. ②빼내고 비워 두는 것. 거름.「朝(アサ)めし一; 아침밥을 거름」 1. omission
ぬき[貫き](명) ①꿰뚫는 것. 관통. ②기둥과 기둥 사이에 가로 지른 가로대. ③엷고 좁은 각재(角材). 1. passing through
ぬき[緯](명) 옷감의 씨실.「たて一; 날실과 씨실」 the woof
ぬきあし[抜き足](명·자サ) 소리 없이 발을 뗌. 살금살금 걸음. stealthy steps. ── **さしあし**[抜き足差し足](연어·명·자サ) 소리가 안 나도록 살금살금 걸음. 또는 걷는 모양.「一でしのびこむ; 살금살금 걸어서 몰래 들어 가다」
ぬきあわ·せる[抜き合わせる]一アハセル(타하 1) 서로 칼을 빼고 맞서다. fight each with a drawn sword
ぬきいと[抜き糸](명) 헌옷을 뜯어 뽑아 낸 실. 실밥. a drawn thread
ぬきいと[緯糸](명) 직물의 가로 실. 씨실. the woof
ぬきうち[抜き打ち·抜き撃ち](명) ①칼을 뺌과 동시에 베는 일. ②예고 없이 갑자기 행하는 일.「議会(ギカイ)の一解散(カイサン); 의회의 갑작스러운 해산」 1. drawing a sword and striking at once
ぬきえもん[抜き衣紋](명) 깃을 뒤로 젖혀서 옷을 입는 것. the pulled-back collar of the garment
ぬきえり[抜き襟](명) ⇨ぬきえもん(抜き衣紋).
ぬきがき[抜き書き](명·타サ) 중요하고 필요한 부분만을 빼내어 씀. an extract
ぬきさし[抜き差し](명·타サ) ①빼냄과 꽂아 넣음. ②뺌과 더함.「一字(イチジ)の一もできない; 한 자의 첨삭(添削)도 안된다」③변통(変通). 처치.「一ならぬ; 어떻게도 할 방도가 없다」 1. taking out and putting in
ぬきし[抜き師](명) 소매치기. a pickpocket
ぬぎす·てる[脱ぎ捨てる](타하 1) 옷을 벗어서 그대로 두다. take off
ぬきずり[抜き刷り](명·타サ) 발췌해서 인쇄함.
ぬきぞめ[抜き染め](명·타サ) ⇨ばっせん.
ぬきだ·す[抜き出す](타 4) ①빼내다. ②골라 내다. 선출하다. 1. draw out 2. select
ぬきつ·れる[抜き連れる](타하 1) 많은 사람들이 한목에 칼을 빼어 들다. draw swords together
ぬきて[抜き手](명)〔수영에서〕양손을 번갈아 차례로 물을 끌어 당기며 헤엄치는 법. an overarm stroke
ぬきと·る[抜き取る](타 4) ①빼내다. ②수송품(輸送品) 속에 든 것을 빼내다. 1. pull out
ぬきに[抜き荷](명) 상품(商品) 중에서 몰래 훔쳐 파는 것. pilfered goods
ぬきはな·す[抜き放す](타 4) ⇨ぬきはなつ.
ぬきはな·つ[抜き放つ](타 4) 칼을 칼집에서 홱 힘차게 빼어 들다. unsheathe
ぬきほ[抜き穂](명) 벼, 보리 등의 품질 향상을 위해 채종용(採種用)으로 잘 여문 이삭을 뽑아 내는 것.

또는 그 이삭. well-ramified ears selected as seed-rice
ぬき ほだ[抜き穂田](명) 옛날 천황이 즉위한 후 첫번째로 선조에게 제사 지내는 데 천신(薦新)할 벼를 심던 논.
ぬき み[抜き身](명) 빼어 든 칼. a drawn sword
ぬき よみ[抜き読み](명·타 4) 어떤 부분만을 빼내어서 읽음. reading from a book
ぬき わた[抜き綿](명) 헌 이불이나 헌옷에서 빼낸 솜. drawn-out cotton
ぬきん·でる[抜きんでる·抽んでる·擢んでる](자하 1) 뛰어나게 우수하다.「才能(サイノウ)が—; 재능이 뛰어나게 우수하다」 excel
ぬ·く[抜く] Ⅰ(타 4) ①빼다.「刀(カタナ)を—; 칼을 빼다」②골라서 뽑아 내다. ③빼내다. 빼서 없애다.「しみを—; 얼룩을 빼내다」④훔치다. 소매치기하다.「財布(サイフ)を—; 돈지갑을 훔쳐 내다」⑤거르다. ⑥앞서다. ⑦공격해서 함락시키다. ⑧꽂혀 있는 것이나 가시 같은 것을 힘들여 뽑다.「刺(トゲ)を—; 가시를 뽑다」⑨속이다. Ⅱ(보동·4) 끝까지 하다.「やり—; 끝까지 해내다」②몹시 …하다. 다하다.「困(コマ)り—; 몹시 곤란하다」 Ⅰ 1. draw out 2. select
ぬ·く[貫く](타 4) 꿰뚫다. 관통하다. pierce
ぬ·ぐ[脱ぐ](타 4) 벗다. take off
ぬく·い[温い](형) 따뜻하다. warm
ぬぐい えん[拭い縁]ヌグヒー(명) 잘 닦아서 반질반질한 툇마루. a well-polished corridor
ぬぐ·う[拭う]ヌグフ(타 4) ①닦다.「手(テ)を—; 손을 닦다」②깨끗하게 하다.「恥(ハジ)を—; 설욕(雪辱)하다」 1. wipe out 2. cleanse
ぬくと·い[温とい](형)〈방〉 따뜻하다. 파생 **— さ**(명). warm
ぬく ぬく(부·자サ) ①따뜻한 모양. ②자유로운 모양. ③아무렇지도 않은 모양. 뻔뻔스러운 모양. 1. comfortably warm
ぬく ばい[温灰]—バヒ(명) 따뜻한 재. warm ashes
ぬくま·る[温まる](자 4) 따뜻해지다. 명 温まり. warm oneself
ぬくみ[温み](명) 따뜻한 기운. 온기(温気). warmth
ぬく·める[温める](타하 1) 따뜻하게 하다. warm
ぬくもり[温もり](명) 따뜻한 기. 온기(温気). a slight warmth
ぬくも·る[温もる](자 4) 따뜻해지다. warm oneself
ぬけ[抜け](명) ①빠짐. 떨어짐. ②지혜가 모자람. 또는 그런 사람. 1. an omission 2. spupidity
ぬけ あが·る[抜け上がる](자 4) ①높이 빠져 나오다. ②털이 난 곳이 벗겨지다. 1. excel in
ぬけ あな[抜け穴](명) ①빠질 구멍. ②빠져 나갈 구멍. ③새어 나갈 구멍. ④빠져 나갈 수단.「この法律(ホウリツ)には—がある; 이 법률에는 빠져 나갈 구멍이 있다(법률이 엉성하고 철저하지 못하다)」 1. a tunnel 2. a secret passage
ぬけ うら[抜け裏](명) 빠져 나갈 뒷길. a by-road
ぬけ がけ[抜け駆け·抜け駈け](명·자サ) 살짝 빠져 나와 앞서 달려 감. 남이 모르도록 재빨리 행함.「—の功名(コウミョウ); 약삭빠르게 앞질러 세운 공명」 stealing a march on
ぬけ がら[抜け殼·脱け殼](명) 탈각. ①(매미, 배암 등이 벗은) 껍질. 허물. ②정신을 잃고 멍하니 있는 사람. 1. a castoff skin
ぬけ げ[抜け毛](명)〈속〉 빠진 털. 빠진 머리털. fallen hair
ぬけ さく[抜け作](명)〈속〉 어리석은 사람. 우둔한 사람. 바보. a blockhead
ぬけ じ[抜け字](명) 빠진 글자. 탈자(脱字). an omitted word
ぬけ だ·す[抜け出す](자 4) ①빠져 나가다. 살짝 도망치다. ②빠지기 시작하다. 1. slip out of 2. begin to fall
ぬけ·でる[抜け出る](자하 1) ①빠져 나가다. 떨어져 나가다. ②우뚝 솟아 나다. ③뛰어나다. ④뛰쳐 나가다. 1. steal out 2. rise above
ぬけ に[抜け荷](명) 밀무역(密貿易)의 짐. smuggling
ぬけ ぬけ(부) ①살짝 도망 치는 모양. ②알면서 모르는 체하는 모양. 뻔뻔스러운 모양.「—とうそをいう; 뻔뻔스럽게 거짓말을 하다」 2. impudently
ぬけ まいり[抜け参り]—マヰリ(명·자サ) 옛날, 살짝 집을 빠져 나와 이세(伊勢) 신궁에 참배하던 일.
ぬけ みち[抜け道·抜け路](명·자サ) ①뒷길. 샛길. ②도망길. ③도망 칠 수단, 방법. 1. a by-street 2. a retreat
ぬけ め[抜け目](명) ①빠짐. 빈틈. ②실수. 실책(失策). ③방심(放心). 허술한 점.「—がない; 빈틈이 없다」 1. an omission 3. negligence
ぬ·ける[抜ける](자하 1) ①빠져 나가다.「列(レツ)を—; 열에서 빠져 나가다」②떨어지다. ③뛰어나다. ④빠지다.「名簿(メイボ)に—; 명부에 빠지다」⑤줄다. ⑥없어지다. ⑦달아나다. ⑧함락되다.「城(シロ)が—; 성이 함락되다」⑨통과하다. 지나다.「裏道(ウラミチ)を—; 뒷길을 지나다」⑩지혜가 모자라는 상태가 되다.「ぬけた男(オトコ); 어리석은 남자」⑪힘이 빠지다. 힘이 없어지다.「力(チカラ)が—; 맥이 풀리다(힘이 빠지다)」 1. fall off 3. excel in
ぬ·げる[脱げる](자하 1) ①벗겨지다. ②벗을 수 있다. 1. come off
ぬさ[幣](명) 신에게 빌 때 바치는 공물. ⇨: へいはく.
ぬし[主] Ⅰ(명) ①주인. ②가지고 있는 사람. 소유자. ③(이전부터) 그곳을 지배하는 사람이나 동물.「池(イケ)の—; 못의 주인」④훨씬 전부터 거기에 있는 사람. ⑤그 일을 한 사람.「手紙(テガミ)の—; 편지의 장본인」⑥남편. 정부. Ⅱ(대) ①〈속〉 경의를 나타낸 대칭(対称)의 대명사.「お—; 당신. 귀하」②여자가 친한 남자를 부르는 말.「—さん; 당신. 여보」 Ⅰ 1. one's master 2. an owner
ぬ し[塗師](명) 칠장이. 칠공(漆工). a lacquerer
ぬす(っ)と[盗人](명)〈속〉 ⇨ぬすびと.
ぬすびと[盗人](명) 남의 물건을 훔치는 사람. 도둑.「—にも三分(サンブ)の理(リ)あり; 도둑놈에게도 이유

는 있다(처녀가 아이를 낳아도 할 말은 있다)」a thief
ぬすびと はぎ[盗人萩](명)〈식〉 도둑놈의갈고리. 콩과에 속하는 다년초. 7~8월에 담홍색 꽃이 핌. 협과(莢果)는 표면에 잔 가시가 있어서 사람 옷에 붙어 다님. a tickseed
ぬすみ[盗み](명) 훔치는 것. 도둑질. theft. **―あし**[盗み足](명·자サ) 발소리가 나지 않게 살금살금 걸음. **―ぎき**[盗み聞き](명·타サ) 몰래 엿들음. 도청(盗聴). **―ぐい**[盗み食い]―グヒ(명·타サ) 훔쳐 먹음. **―ごころ**[盗み心](명) 도둑질하려는 마음. **―み**[盗み見](명·타サ) 몰래 엿봄. **―よみ**[盗み読み](명·타サ) 옆에서 슬쩍 읽음. 몰래 읽음.
ぬす·む[盗む](타 4) ①훔치다. ②숨기다. 비밀로 하다. 「人(ヒト)の目(メ)を―; 남의 눈을 속이다(남의 눈을 피하다)」 ③변통하다. 둘러 맞추다. 「暇(ヒマ)を―; 틈을 타다(짬을 이용하다)」 1. steal 2. do in secret
ぬた(명) 잘게 썬 생선, 야채 등을 초된장으로 무친 음식. a fish-salad
ぬたく·る Ⅰ(자 4) 괴로와 몸부림 치다. ⇨:のたくる. Ⅱ(타 4) ①서투른 글씨나 와카(和歌) 등을 써 갈기다. ②더덕더덕 칠하다. Ⅰ writhe in agony Ⅱ scrawl
ぬっと(부) ①갑자기 나타나거나 일어서는 모양. 쑥. 불쑥. ②사람에게 기분 나쁜 느낌을 주도록 우뚝 서 있는 모양. 1. suddenly
ぬて[鐸](명) ⇨ぬりて.
ぬの[布](명) ①직물(織物). 옷감. 천. ②삼, 칡 등의 섬유로 짠 직물. ③무명. 1. textile fabrics 2. cloth
ぬの こ[布子](명) 솜을 넣은 무명 옷. ↔小袖(コソデ). wadded cotton clothes
ぬのじ[布地](명) 옷감. 직물(織物). cloth
ぬのびき[布引き](명) 바래기 위하여 옷감을 팽팽히 펴서 너는 것. 「―の瀧(タキ); 옷감을 펴서 널어 놓은 것이 폭포처럼 보이는 것」 cloth-stretching
ぬのめ[布目](명) 옷감의 씨실과 날실이 엇갈려 나타나는 결. texture. **―がみ**[布目紙](명) 천 무늬를 넣어 만든 종이. **―ぬり**[布目塗り](명) 천 무늬가 나타나게 한 옻칠.
ぬばたま[射干玉](명)〈식〉 사간. 범부채의 열매. ⤴ a pitch-black fruit
ぬひ[奴婢](명) 노비. 사내종과 계집종. a servant
ぬべし(연어) ①…했으리라. 「さも覚(オボ)え―; 그렇게도 생각되었으리라」 ②…지리라. 「かくれなく知(シ)られ―; 숨김 없이 알려지리라」 ③반드시 …이리라. 「さもあり―; 반드시 그러리라」
ぬぼく[奴僕](명) 노복. 머슴. a manservant
ぬぼこ[瓊矛](명) 구슬로 장식한 세모창(矛). the God's halberd
ぬま[沼](명) 땅이 우묵하게 패어 늘 물이 괴어 있는 곳. 바닥은 수렁으로 되어 있음. 늪. a swamp
ぬまた[沼田](명) 수렁논. a marshy rice-field
ぬまち[沼地](명) 몹시 습하고 질척질척한 땅. a swampy place
ぬめ[絖](명) 바탕이 얇고 보드라운 깁. 그림을 그리거나 조화(造花) 재료 등에 쓰임. white satin
ぬめ[滑](명) ①무늬나 요철(凹凸)이 없는 매끄러운 면(面). ②흠이 없는 문지방. 1. a smooth surface
ぬめり[滑り](명) ①매끄러운 것. ②미끈미끈한 액체. 점액(粘液). 1. velvety smoothness 2. mucus
ぬめ·る(자 4) 미끈미끈하다. 반들반들하다. be slippery
ぬもり[野守](명)〈고〉 ⇨のもり.
ぬら くら(부·자サ) ①매끄러워 잡기 힘든 모양. ②태도가 애매한 모양. ③빈둥빈둥 노는 모양. 「―した生活(セイカツ); 빈둥거리는 생활」 1. slipperily
ぬら·す[濡らす](타 4) 적시다. 젖게 하다. wet
ぬらつ·く(자 4) 미끈미끈하다. be slippery
ぬら ぬら(부·자サ) ①미끄러워 잡기 힘든 모양. 미끈미끈한 모양. ②미끄러질 듯한 모양. 1. slipperily
ぬらり くらり(부·자サ) 미끈미끈. 미꾸라지처럼 잡기 힘드는 모양. 「―と いいぬけをいう; 요리조리 핑계를 대다」 slipperrily
ぬ らん(연어) ①…했으리라. 「人(ヒト)はねしずまり―; 남들은 잠들었으리라」 ②…해 버렸으리라. ③반드시 …이리라.
ぬり[塗り](명) ①칠하는 일. 칠한 상태. ②옻칠. 1. coating 2. lacqure. **―げた**[塗り下駄](명) 옻칠한 왜나막신. **―ばし**[塗り箸](명) 옻칠한 젓가락. **―ぼん**[塗り盆](명) 옻칠한 쟁반. **―もの**[塗り物](명) 옻칠한 그릇. 칠기(漆器). **―わん**[塗り椀](명) 옻칠한 공기.
ぬりあ·げる[塗り上げる](타하 1) 칠을 완성하다. 완전히 칠하다. finish painting
ぬり いた[塗り板](명) ①옻칠한 판자. ②칠판. 1. a lacquered board
ぬりかく·す[塗り隠す](타 4) ①글자 등을 칠하여 보이지 않게 하다. ②속여 숨기다. 1. paint out
ぬりぐすり[塗り薬](명) 피부에 바르는 약. 도포약(塗布薬). an ointment
ぬりごめ[塗り籠め](명) 두껍게 흙을 발라 토굴처럼 만든 방. a thick-walled room
ぬりし[塗り師](명) ⇨ぬし.
ぬりした[塗り下](명) 칠하는 바탕. the grounding
ぬりたて[塗り立て](명) 금시 칠한 것. 칠한 즉시. being freshly-painted
ぬりた·てる[塗り立てる](타하 1) ①예쁘게 칠하여 장식하다. ②마구 칠하다. ③짙은 화장을 하다. 1. paint nicely 3. thickly paint
ぬりつ·ける[塗り付ける](타하 1) ①(색을) 칠하다. ②(자기의 죄나 책임을 남에게) 덮어 씌우다. 1. smear
ぬりつぶ·す[塗り潰す](타 4) 빈틈 없이 모두 칠하다. paint out
ぬりて[鐸](명)〈고〉 긴 자루가 달려 있는 큰 방울.
ぬりやづくり[塗り屋造り](명) 외면을 흙으로 두껍게 바른 토담집. a go-down-type house
ぬ·る[塗る](타 4) ①칠하다. ②(죄, 책임 등을 남에게) 덮어 씌우다. ③짙은 화장을 하다. 1. paint 2. lay the blame on some other person
ぬる·い[温い](형) ①따뜻하다. 미지근하다. ②무디

다. 느리다. 완만하다. 1. lukewarm 2. dull
ぬるで[白膠木](명)〈식〉 붉나무. 옻나무과에 속하는 작은 낙엽 활엽 교목. 여름에 황백색 꽃이 피며 가을에 홍엽(紅葉)이 됨. 나뭇잎에 진디, 나무진디 등의 곤충이 기생하여 혹같이 되는 것을 오배자(五倍子)라 하여 약용, 염료 등에 씀. a sumac
ぬるぬる(부·자サ) 미끄러운 모양. 미끈미끈. 「手(テ)が一する; 손이 미끈미끈하다」 slipperily
ぬるび[緩火](명) 불길이 약한 불. a dull fire
ぬる(ま)ゆ[微温湯](명) 조금 따뜻한 물. 미지근한 물. tepid water
ぬるみ(명) ①미적지근한 정도. ②미지근한 물. ③천천히 흐르는 물결. 1. lukewarmness 2. tepid water
ぬる·む[温む](자 4) 미지근해지다. 「水(ミズ)が一; 물이 미지근해지다」 become tepid
ぬるり(부) 미끈미끈. slipperily
ぬれ[濡れ](명) ①젖는 것. ②남녀의 정교(情交). 정사(情事). 1. getting wet 2. lovemaking
ぬれいろ[濡れ色](명) 물에 젖은 것 같은 색. 젖은 것같이 윤나는 색. a glossy colour
ぬれえん[濡れ縁](명) 좁은 마루. 덧문 밖에 있어 눈비를 직접 맞는 툇마루. an open verandah
ぬれがみ[濡れ髪](명) 젖은 머리. newly-washed hair
ぬれぎぬ[濡れ衣](명) ①젖은 옷. ②무고한 죄. 「一を着(キ)せられる; 무고한 죄를 뒤쓰다」 1. wet clothes 2. a false charge
ぬれごと[濡れ事](명) ①〔연극에서〕 남녀의 정사(情事)에 관한 극. 「一師(シ); 정사 관계를 연기하는 배우」 ②정사(情事). a love affair
ぬれしょぼた·れる[濡れしょぼたれる](자하 1) ⇨ぬれそぼつ.
ぬれそぼ·つ[濡れそぼつ](자 4) 함빡 젖어서 물투성이가 되다. be thoroughly drenched
ぬれて[濡れ手](명) 물에 젖은 손. 「一で粟(アワ); 젖은 손으로 좁쌀을 만짐(쉽게 많은 이익을 얻음의 비유)」 a wet hand
ぬれど(연어) ①…했지만. ②…해 버리지만.
ぬれとお·る[濡れ透る]ートホル(자 4) 빗물이 옷 속으로 스며 들다. 몹시 젖다. be wet through
ぬれねずみ[濡れ鼠](명) 옷을 입은 채 온 몸이 함빡 젖은 것. 물에 빠진 새앙쥐. getting drenched to the skin
ぬれば[濡れ場](명) 남녀의 정사(情事)를 연출하는 장면. 연애 장면. a love scene
ぬれば(연어) ①…했으므로. ②…해 버리므로.
ぬればいろ[濡れ羽色](명) 물에 젖은 깃털처럼 윤기 있는 색. 「髪(カミ)はからすの一; 머리털은 까마귀의 젖은 깃털 같다(머리가 칠흑 같고 윤이 남을 일컬음)」
ぬればなし[濡話](명) 음탕한 이야기. 정사(情事)에 관한 이야기. a love story
ぬればば·む[濡ればむ](자 4) 젖어 보이다. look moistened
ぬれぶみ[濡文](명) 연애 편지. a love-letter
ぬれぼとけ[濡仏](명) 노천(露天)에 안치(安置)한 불상(仏像). an open air Buddhist image
ぬ·れる[濡れる](자하 1) 젖다. 적셔지다. get wet

ね

ね[子](명) 자. ① 12지(支)의 첫째. 쥐. ②옛 시각 이름. 자시. 밤 11시부터 오전 1시까지. ③방위 이름. 북쪽. 1. the sign of the rat 3. the north
ね[音](명) ①소리. 「ふえの一; 피리 소리」 ②우는 소리. 「一を泣(ナ)く; 소리를 내어 운다」「一を上(ア)げる; 죽는 소리를 하다. 항복하다」 1. a sound 2. a cry
ね[根](명) ①〈식〉 뿌리. ②근본. 시초. ③털이나 이가 난 뿌리. ④부스럼 속이 단단하게 되어 있는 부분. 근. 「一がふっきれる; 근이 빠지다」 ⑤맺힘. 「一に持(モ)つ; 원망스럽게 생각하여 언제까지나 잊지 않음」 ⑥본성. 근성(根性). 1. a root 2. the root
ね[値](명) 값. 「一が高(タカ)い; 값이 비싸다」 a price
ね[峰](명) 봉우리. a peak
ね[寝·寐](명) 자는 일. 잠. 「一が足(タ)りない; 잠이 모자라다」 sleep
ねⅠ(감조) ①부드럽게 상대방의 동의를 구하는 기분을 나타내는 말. …군요. 「いい天気(テンキ)です一; 좋은 날씨군요」 ②다짐을 받을 때에 쓰는 말. 「わかったー; 알아 들었지」 ③친밀함을 나타내는 말. ④말을 부드럽게 할 때 쓰는 말. 「君(キミ)はだめだー; 자네 틀렸군」 ⑤감탄사로 쓰는 말. 「それでー; 그래서 말이지」 ⑥〈고〉 명령, 희망을 나타내는 말. 「はや行(ユ)きー; 빨리 가게」 Ⅱ(감) ①말을 걸 때 쓰는 말. ②다짐할 때 쓰는 말. 응. 「一, わかった?; 응, 알았어?」 ③친밀감을 나타내는 말. Ⅰ 3. I say Ⅱ 2. see
ねあがり[根上がり](명) (소나무 등의) 뿌리가 땅 위에 나타나는 것. 「一の松(マツ); 뿌리가 땅 위에 나온 소나무」 roots above ground
ねあがり[値上がり](명·자サ) 값이 오름. ↔値下(ネサ)がり. a rise in price
ねあげ[値上げ](명·타サ) 값을 올림. 가격 인상. ↔値下(サ)げ. raising the price
ねあせ[寝汗](명) 잠자고 있는 동안에 나는 식은 땀. 도한(盗汗). night sweat
ねいかん[佞奸·佞姦](명·형동ダ) 마음이 비뚤어지고 교활함. 간녕(奸佞). 「一邪知(ジャチ); 마음이 더럽고

지혜가 간사함」 wicked and crafty

ねいき[寝息](명) 잠들고 있는 동안의 호흡(呼吸).「—を立(タ)てる; 잠든 숨소리를 내다」 the breathing of a sleeper

ねいけいじ[寧馨児](명) 〔영형(寧馨)은 진(晋), 송(宋) 때의 속어로 "이러한"이란 뜻〕 이렇게 훌륭한 아이. 신동(神童). 기린아(麒麟児). an infant prodigy

ねいじつ[寧日](명) 별일 없는 날. 무사한 날.「—なし; 편할 날이 없다」 a peaceful day

ねいしゃ[佞者](명) 말만 잘하고 마음씨가 바르지 않은 사람. a toadeater

ねいしん[佞臣](명) 영신. 아첨을 잘하고 간사한 신하. a crafty vassal

ねいじん[佞人](명) 영인. 아첨을 잘하고 간사한 사람. a toadeater

ねい·する[佞する](타サ) 아첨하다. flatter

ねいも[根芋](명) 토란의 잎꼭지(葉柄) 밑에 생기는 덩어리. 토란의 주아(珠芽). a taro

ねいもう[獰猛]—マウ(명·형동ダ) ⇨どうもう.

ねいべん[佞弁](명) 아부, 아첨의 말을 잘함. flattery

ねいりばな[寝入り端](명) 잠들고 얼마 되지 않은 무렵. in one's first sleep

ねい·る[寝入る](자 4) ①잠자리에 들다. ②잘 자다. ③활기(活気)가 없어지다. 1. fall asleep

ねいろ[音色](명)〈이〉 음색. 발음체(発音体)의 성질을 구별할 만한 독특한 소리의 성질. a tone colour

ねうち[値打ち](명) ①값어치. ②가치(価値).「千円(センエン)の—がある; 천 원의 값어치가 있다」③품위. 품격.「人間(ニンゲン)の—; 인간의 품격」④평가. 1. price 2. value 3. dignity

ねえさん[姉様](명) ①손위 누이, 언니의 높임말. ②시집갈 때가 된 처녀. ③여관, 요리집, 음식점 등에서 심부름하는 여자. ④선배인 기녀(妓女). 1. one's elder sister 2. Miss. —**かぶり**[姉様被り](명·타サ) ①머리를 수건으로 싸 가지고 뒤에서 매는 여자들의 수건 쓰는 법.

ネーブル[navel](명)〈식〉 네이블. 귤의 변종으로 맛이 좋고 씨가 없음. 네이블오렌지.

ネーム[name](명) 네임. ①이름. 칭호. ②←ネームプレート. —**バリュ**[name value](명) 네임밸류. 이름의 값어치. 이름의 권위.「—のある人(ヒト); 이름이 알려져 권위가 있는 사람」 —**プレート**[name plate](명) 네임 플레이트. 명찰. 표찰(標札).

ねえや[姉や](명)〈속〉 식모, 하녀를 아이들이 부를 때 쓰는 말.

ネール[nail](명) 네일. 손톱.「—ポリッシュ; 매니큐어」

ネオー[neo](접두) 네오. "새로운" 또는 "현대의"의 뜻을 나타내는 접두어. 신(新).「—ロマンチシズム; 신낭만주의」

ねおき[寝起き](명·자サ) ①잠이 깨어 일어남.「—がわるい; 아이들이 잠에서 깨어 났을 때 기분이 나빠 칭얼댐」 ②잠자는 것과 일어나는 것. ③매일의 생활. 1. waking 2. lying down and getting up

ねおし[寝押し](명·타サ) 즈봉, 스커어트 등을 요 밑에 깔고 자서 주름을 잡음. pressing under bed

ねおだに[根尾谷](명)〈지〉 일본 기후현(岐阜県) 서부에 있는 골짜기. 1891년의 네오 지진(根尾地震)으로 생긴 대단층(大断層)은 천연 기념물(天然記念物)로 지정되어 있음.

ねおび·る[寝おびる](자하 2)〈고〉 잠이 덜 깨어 멍하니 있다.

ネオン[neon](명)〈이〉 네온. 공기 중에 있는 희유(稀有) 기체 원소. 맛, 색, 냄새가 없음. 네온사인에 쓰임. 기호는 Ne. ②←ネオンサイン. —**サイン**[neon sign](명) 네온사인. 유리관에 저압의 네온, 헬륨 등을 넣고 방전해서 나타내는 표지. 광고, 간판 등에 쓰임.

ネガ(명) 네가티브의 준말. ↔ポジ.

ねがい[願い]ネガヒ(명) ①바라는 것. 소원.「—主(ヌシ); 바라는 사람」 ②원서(願書). 1. a wish 2. an application. —**あ·げる**[願い上げる](타하 1) 공손히 바라다.「つつしんで願い上げます; 삼가 바랍니다」 —**いで**[願い出で](명) 원을 제출함. 출원(出願). —**ごと**[願い事]ネガヒー(명) 원하는 일. —**さげ**[願い下げ](명) ①원서의 취하(取下). ②(희망한 것을) 그만둠. 동 願い下げる(타하 1). —**でる**[願い出る](타하 1) 출원하다. 명 願い出.

ねが·う[願う]ネガフ(타 4) ①신불(神仏)에게 소원하다. 또는 빌다.「神(カミ)や 仏(ホトケ)に—; 신불께 빌다」 ②공손히 부탁하다. ③관공서에 원서(願書)를 내다. 1. wish 3. present an application

ねがえり[寝返り]—ガヘリ(명·자サ) ①자다가 몸을 뒤침.「—を打(ウ)つ; 자면서 몸을 뒤치다」 ②자기편을 배반하고 적과 손을 잡음. ③약속을 깨뜨림. 자 寝返る(4). 1. turning on one's side in bed

ねがお[寝顔]—ガホ(명) 자고 있을 때의 얼굴. 잠자는 얼굴. one's sleeping face

ねがけ[根掛け](명) 여자가 머리를 틀 때 다는 장식품.

ねがさ[値嵩](명)〈경〉 값이 비싼 것.「—株(カブ); 값이 비싼 주(株)」 a price level

ねか·す[寝かす](타 4) ①재우다. ②누이다. ③잡아 두다. 묵히다.「商品(ショウヒン)を ひと冬(フユ)—; 상품을 한 겨울 동안 묵히다」 ④누룩 같은 것을 따뜻한 곳에 두어서 뜨게 하다. 1. put to sleep 2. lay down

ねか·せる[寝かせる](타하 1) 재우다. 자게 하다. 누이다. lay down

ねかた[根方](명) 뿌리. 뿌리 쪽.「松(マツ)の—; 소나무 뿌리」 the root

ねがため[根固め](명) 나무가 넘어지지 않게 뿌리 밑을 다지는 것. securing the root

ネガチブ[negative](명·형동ダ) 네가티브. ①부정적. ②소극적. ③사진의 원판(原版). 음화(陰画). ④음화용의 필름. ↔ポジチブ.

ねかぶ[根株](명)〈속〉 ⇨かぶ ①.

ねから[根から](부) ①근본으로부터. 애초부터. ②도무지.「—わからない; 도무지 알 수가 없다」 1. by nature

ねがわくは[願わくは]ネガハクー(부) 바라건대. 아무쪼록. I hope

ねがわし·い[願わしい]ネガハシイ(형) 바람직하다. 했으면 싶다. 「理解(リカイ)が—; 이해를 바라고 싶다」 desirable 파생 **— さ**(명).

ねがん[寝棺](명) 시체를 누인 채로 넣는 관. a coffin

ねぎ[葱](명)〈식〉 파. 백합과에 속하는 다년생 숙근초(宿根草). 잎, 뿌리는 식용. 야채로서 널리 재배됨. a stone-leek

ねぎ[禰宜](명) ①신관(神官)의 버금 자리. ②이세(伊勢) 신궁의 신관(神官).

ねぎごと[祈事](명)〈고〉 기원하는 일. 소원하는 일.

ねぎたな·い[寝汚ない·寝穢ない](형) 잠귀가 어둡다. 잠이 썩 많다.

ねぎぼうず[葱坊主](명) 파의 둥근 꽃. an onion head

ねぎま[葱鮪](명) 파와 다랑어를 함께 넣어 끓인 남비 요리. tunny and onion served boiling

ねぎら·う[犒う·労う]ネギラフ(타 4) 수고를 따뜻하게 위로하다. thank a person for his trouble

ねきり[根切り](명) ①뿌리를 자르는 일. ②〈동〉←根切り虫. 1. eradication. **—むし**[根切り虫](명)〈동〉 흙속에 살며, 농작물이나 묘목 등의 뿌리를 잘라 먹는 벌레.

ねぎ·る[値切る](타 4) 값을 깎다. beat down the price

ねぎわ[寝際]—ギハ(명) 막 자려고 할 때. just before going to bed

ね·ぐ[祈ぐ](타 4)〈고〉 빌다. 기도하다.

ネクタイ[necktie](명) 넥타이. 와이샤쓰의 칼라 위에 매는 장식용 끈. **—ピン**[necktie-pin](명) 넥타이핀. 타이핀.

ねくび[寝首](명) 자고 있는 사람의 모가지. 「—をかく; 자고 있는 사람의 목을 베다. 방심을 틈타 궁지에 빠뜨리다」 the head of a sleeping person

ねぐら[塒](명) ①(새의) 보금자리. ②(자기의) 집. 1. a roost

ネグリジェ[프 négligé](명) 네글리제. 원피이스 모양의 헐렁한 부인용의 잠옷.

ネグ·る(타 4) 무시하다. 경시하다. ⇨:ネグレクト.

ねぐるし·い[寝苦しい](형) 잠들기 힘들다. 잠들 수 없다. 「暑(アツ)くて—; 더워서 잠을 이룰 수 없다」 cannot sleep well 파생 **— さ**(명).

ネグレクト[neglect](명·타サ) 네글렉트. ①무시(無視)함. ②경시(軽視)함.

ねこ[猫](명) ①〈동〉 고양이. ②〈속〉 기생(妓生). ③흙으로 만든 손발을 녹이는 화로. 옆과 위에 구멍이 숭숭 뚫려 있음. ④⇨ねこぐるま(猫車). ⑤〈속〉 쥐약. 「—自殺(ジサツ); 쥐약을 먹고 자살함」 ⑥샤미센(三味線)의 다른 이름. ⑦본성(本性)을 숨기고 온순한 체함. 또는 그런 사람. 시치미를 뗌. 또는 그런 사람. 「—をかぶる; 본성을 숨기고 온순을 가장하다. 시치미를 떼다」 1. a cat 3. a clay footwarmer

ねこあし[猫足](명) ①고양이 다리처럼 생긴 책상 등의 다리. 짧고 아랫부분이 굽은 것. ②튼튼해서 좀처럼 넘어지지 않는 다리. 2. curved legs

ねこいた[猫板](명) 장방형 화로의 서랍 부분에 얹는 좁고 기다란 판자.

ねこいらず[猫要らず](명) 아비산(亜砒酸) 등을 주성분으로 한 쥐 잡는 약. 쥐약. rat-poison

ねこかぶり[猫被り](명) ①본성을 숨기고 얌전을 가장함. ②알고도 모르는 체함. 1. hiding one's claws

ねこかわいがり[猫可愛がり](명)〈속〉 함부로 귀여워함. 분별 없이 귀여워함. 익애(溺愛). doting on

ねこぎ[根扱ぎ](명) 뿌리째 뽑음. 「木(キ)を—にする; 나무를 뿌리째 뽑다」 uprooting

ねこぐるま[猫車](명) 흙을 운반하는 일륜차(一輪車). 흙과 모래 등을 운반하는 긴 자루가 달린 수레. a wheelbarrow

〔車猫〕

ねごこち[寝心地](명) 잘 때의 기분. 잠자리 기분. feel of the bed

ねござ[寝茣蓙](명) 깔고 자는 돗자리. a mat for sleeping on

ねこじた[猫舌](명)〈속〉 뜨거운 것을 마시거나 먹지 못하는 혀. 또는 그 사람. a tongue too sensitive to heat

ねこじゃらし[猫じゃらし](명)〈식〉 강아지풀. 포아풀과에 속하는 1년초. 높이 30～40 cm 정도. 들, 길가에 자생하며 여름에 조 이삭 같은 파란 꽃이 나옴. 개꼬리풀. a foxtail

ねこぜ[猫背](명) 고양이처럼 굽은 등. 또는 그런 사람. a stoop

ねこそぎ[根こそぎ](부) 전부. 몽땅. 「計画(ケイカク)が—だめになる; 계획이 모조리 틀어지다」 completely

ねごと[寝言](명) ①잠꼬대. ②조리가 서지 않는 말. 1. talking in sleep 2. nonsense

ねこなでごえ[猫撫で声]—ゴヱ(명) 본성을 숨긴 부드러운 목소리. 부드럽게 상대방의 비위를 맞추는 듯한 목소리. an insinuating voice

ねこのひたい[猫の額]—ヒタヒ(연어·명) 좁은 이마, 좁은 장소.

ねこばば[猫糞·猫婆](명) 흘린 물건을 주워서 슬쩍 자기 것으로 하는 일. 「—をきめこむ; 나쁜 짓을 하고도 모르는 체하다」 embezzlement

ねこぶ[根瘤](명) 근류. 소나무 등의 뿌리가 부풀어 올라 혹처럼 된 것. 뿌리혹. a knotty root

ねこみ[寝込み](명) 잠자고 있는 중. 한창 잠자고 있는 동안. 「—の犯人(ハンニン)をおそう; 한창 잠자고 있는 범인을 습격하다」 in sleep

ねこ·む[寝込む](자 4) ①푹 잠들다. ②병으로 자리에 눕다. 1. fall asleep

ねこやなぎ[猫柳](명)〈식〉 갯버들. 버들의 한 가지. 줄기는 곧고 봄에 하얀 털이 난 꽃이 핌. a sallow

ねごろ[値頃](명) 값의 정도. 합당한 값. a reasonable price

ねころ·ぶ[寝転ぶ](자 4) 옆으로 눕다. 워서누 딩굴다. lie down

ねさがり[値下がり](명·자サ) 값이 내림. ↔値上(ネア)

がり. a fall in price

ね さげ[値下げ](명·타サ) 값을 내림. 값을 깎음. 가격 인하. ↔値上(ネア)げ. a reduction in price

ね ざけ[寝酒](명) 잠들기 전에 마시는 술. a nightcap

ね ざさ[根笹](명)〈식〉 뿌리대. 들에 저절로 자라는 가느다란 대나무. a ground bamboo

ね ざし[根差](명) ①뿌리가 내림. ②혈통(血統). 1. taking root 2. birth

ね ざ·す[根差す](자 4) ①뿌리가 내리다. ②근원을 가지다. 기인(基因)하다. ③징조가 나타나다. 1. take root 2. originate

ね ざま[寝様](명) ①잠든 모습. ②잠들 즈음. 1. one's sleeping posture

ね ざめ[寝覚め](명) 잠이 깨는 것.「―がわるい; 잠에서 깨기 힘들다. 지난 일의 잘못을 생각하여 양심에 가책을 받다」 waking from sleep. **―づき**[寝覚め月](명) 음력 9월의 다른 이름.

ね ざや[値鞘](명)〈경〉〔거래소에서〕시세와 시세와의 차이. margin

ねじ[捻子·螺旋]ネヂ(명)〈이〉 나사. 물건을 죌 때에 사용하는 나선형의 홈이 있는 장치. 암나사와 수나사가 있음. a screw

ねじ あ·う[捩合う]ネヂアフ(자 4) ①맞틀다. 나사를 죄다. ②맞붙다. 격투하다. 1. wrench each other

ねじ あ·げる[捩じ上げる]ネヂー(타하 1) 위로 비틀어 올리다.「腕(ウデ)を―;팔을 비틀어 올리다」screw up

ねじ あやめ[捩菖蒲]ネヂー(명)〈식〉 타래붓꽃. 붓꽃과에 속하는 다년초. 높이 100 *cm* 내외. 여름에 자색, 홍자색의 아름다운 꽃이 핌.

ね じき[寝敷き](명·타サ) ⇨ねおし(寝押し).

ねじ きり[捻子切]ネヂー(명) 나사의 홈을 파는 것. thread-cutting

ねじ き·る[捩じ切る]ネヂー(타 4) 비틀어 끊다. twist off

ねじ くぎ[捻子釘]ネヂー(명) 끝 부분이 나사로 되어 있는 못. 나사못. a screw-nail

ねじ く·れる[拗くれる]ネヂー(자하 1) ①비틀어지다. 비꼬이다. ②마음이 비꼬이다. 1. be twisted

ねじ·ける[拗ける]ネヂケル(자하 1) ①비틀어지다. 비꼬이다. ②나쁜 쪽으로 비뚤어지다.「心(ココロ)が―; 마음이 비뚤어지다」 1. be twisted

ねじ こ·む[捩じ込む]ネヂー(타 4) ①비틀어 박다. ②억지로 넣다. ③실언, 실책을 들어 공격하다. 달려 가서 항의하다. 㐧 捩じ込める(하 1). 1. screw in 2. thrust into

ね しずま·る[寝静まる]―シヅマル(자 4) 모두 잠들어 조용해지다. fall asleep

ね しな[寝しな](명)〈방〉 잘 때 잘 즈음. just before going to bed

ねじ はちまき[捩じ鉢巻き]ネヂー(명) 수건을 비틀어서 머리를 동여 맨 것. a twisted towel worn around one's head

ねじ ふ·せる[捩じ伏せる]ネヂー(타하 1) 상대의 팔을 비틀어 누르다. twist down

ねじ まわし[捻子回し]ネヂマハシ(명) 나사를 비틀어 박거나 또는 빼는 도구. 나사 돌리개. a screwdriver

ねじ む·く[捩じ向く]ネヂー(자 4) 몸을 비틀어 그쪽을 향하다. twist one's body towards

ねじ む·ける[捩じ向ける]ネヂー(타하 1) 비틀어서 그 쪽으로 향하게 하다. twist towards

ね じめ[音締め](명) 거문고 등의 줄을 세게 감아서 소리를 조절하는 일. 음 조절. tuning

ね じめ[根締め](명) ①옮겨 심은 나무 뿌리에 흙을 덮어 다지는 일. ②〔꽃꽂이에서〕꽂은 꽃이 움직이지 않도록 하기 위하여 그 밑 끝 쪽에 꽂는 다른 꽃이나 풀. 또는 그 일. 1. pounding hard the ground around the root

ねじ やま[捻子山]ネヂー(명) 나사 주위의 줄이 돌아 나온 부분.

ね しょうべん[寝小便](명·자サ) 자고 있는 동안에 자기도 모르게 이부자리 속에서 오줌을 쌈. 야뇨증(夜尿症). bed-wetting

ねじ·る[捩る·拗る]ネヂル(타 4) 비틀다. 서로 반대 방향으로 돌리다. twist

ねじれ[捩れ]ネヂレ(명) ①비틀림. ②비틀려서 생긴 모양. 1. twisting

ねじ·れる[捩れる·拗れる]ネヂレル(자하 1) ①비틀어지다. ②나쁜 쪽으로 비뚤어지다.「心(ココロ)が―; 마음이 비뚤어지다」 1. be twisted

ね じろ[根城](명) ①근거로 하는 성. 아성(牙城). ②중요한 근거지. 1. a stronghold

ねず[鼠](명)〈속〉 ⇨ねずみ.

ねず[杜松](명)〈식〉 두송. 향나무과에 속하는 상록 침엽 교목. 높이 10 *m* 내외. 목재는 조각재 등에 쓰이며 과실은 식용, 약용, 향료용. 노간주나무. 노가자(老柯子). a juniper

ね す·ぎる[寝過ぎる](자상 1) ①시간이 지나도록 자다. ②너무 많이 자다. oversleep

ね すご·す[寝過ごす](자 4) 늦잠을 자다. 너무 자다. oversleep

ねず なき[鼠鳴き](명) ⇨ねずみなき.

ねず の ばん[寝ずの番](연어·명) 밤새도록 자지 않고 지키는 일. 또는 그 사람. 불침번(不寝番). vigil

ねずみ[鼠](명)〈동〉 ①쥐. ②←鼠色. 1. a rat. **―いらず**[鼠入らず](명) 쥐가 들어 가지 못하도록 한 찬장. **―いろ**[鼠色](명) 쥐색. 푸르스름하고 엷은 흑색. 회색. **―おとし**[鼠落し](명) 쥐덫. **―ざん**[鼠算](명) 쥐가 번식하듯이 급속히 늘어 가는 것에 대한 계산법. **―とり**[鼠捕り](명) ①쥐덫. ②쥐약. ③〈동〉 ⇨あおだいしょう. **―なき**[鼠鳴き](명) ①쥐가 우는 소리. ②입을 오므려 쥐 같은 소리를 내는 것.

ね·せる[寝せる](타하 1) 재우다. 잠들게 하다. send to sleep

ね ぞう[寝相](명) 잠자고 있을 때의 모습.「―が悪(ワル)い; 잠을 험하게 자다」 one's sleeping posture

ね そび·れる[寝そびれる](자하 1) 잠들려고 해도 잠이 잘 오지 않다. 잠을 놓치다. 명 寝そびれ. fail to go to sleep

ねそべ·る[寝そべる](자 4) 배를 방바닥에 대고 자다. 엎드려 자다. lie sprawled

ねた(명)〈속〉〔"たね"를 거꾸로 하는 말〕 ①씨. 재료. ②증거. ③밥. 1. material 2. proof

ねだ[根太](명) 마루청을 깔기 위하여 가로 지른 길고 튼튼한 나무. 마룻귀틀. ⇨:ぬき(貫)②. floor-joists

ねだい[寝台](명) 침대. a bedstead

ねだいた[根太板](명) 마루에 깐 널. 마루청. floor boards

ねたさ[妬さ](명) 질투하는 마음. 시기심. jealousy

ねたば[寝刃](명) 무디어진 칼날. 「—を合(ア)わせる; 칼을 갈다 (나쁜 일을 몰래 꾸미다)」 a dull blade

ねたまし·い[妬ましい](형) 부럽고도 밉다. 시새우다. 파생 **—が·る**(자 4) **—げ**(형동ダ) **—さ**(명). jealous

ねたみ[妬み](명) 질투. 새암. jealousy

ねた·む[妬む](타 4) ①새암하다. 시새우다. ②미워하다. 원망하다. 1. be jealous of

ねだやし[根絶やし](명) 근절. ①뿌리째 뽑음. 「雑草(ザッソウ)を—にする; 잡초를 뿌리째 뽑아 없애다」 ②없애 버림. 「悪党(アクトウ)を—にする; 악당을 모조리 없애다」 1. eradication

ねだり(명) 무리하게 바라는 것. 조름. 강요. teasing

ねだ·る(타 4) 조르다. 무리하게 부탁해서 얻으려 하다. tease for

ねだん[値段](명) 물건에 대하여 지불되어야 할 돈의 분량. 값. 대가(代価). price

ねちが·える[寝違える]—チガヘル(자하 1) 잠을 잘못 자서 몸의 일부에 통증(痛症)을 느끼다. 명 寝違え. have a wrick

ねつ[熱](명) ①〈이〉 열. 물체의 온도를 변화시키는 원인이 되는 것. ②높아진 체온. ③솟아 오르는 기운. 「—を入(イ)れる; 열중하다」 ④상기(上気)되는 일. ⑤뜨거운 것. ⑥기염(気焰). 「—を吐(ハ)く; 기염을 토하다」 ⑦열성. 「仕事(シゴト)に—がない; 일에 열성이 없다」 1. heat 2. fever

ねつあい[熱愛](명·타サ) 열애. 열렬히 사랑함. ardent love

ねつ·い(형) 짓궂다. 추근추근하다. importunate

ねつい[熱意](명) 열의. 열성. 열심. zeal

ねつ エネルギー[熱 Energie](명)〈이〉 열에너지. 열의 형태로 존재하는 에너지. thermal energy

ねつえん[熱演](명·자타サ) 열연. 열렬히 연출 또는 연기함. ardent performance

ねつかく はんのう[熱核反応](명)〈이〉 열핵 반응. 무서운 열을 내며 원자핵(原子核)이 분열, 또는 융합(融合)하는 일. 열원자핵 반응(熱原子核反応). thermonuclear reaction

ネッカチーフ[neckerchief](명) 네커치프. 장식 또는 보온용의 얇은 목도리. 스카아프.

ねっから[根っから](부)〈속〉 ⇨ねから.

ねつがん[熱願](명·타サ) 열원. 열렬히 소원함. 열심히 바람. an ardent desire

ねっき[熱気](명) 열기. ①뜨거운 공기. ②높은 온도나 체온. 고온(高温). ③솟구치는 힘. 흥분한 기분. ↔冷気(レイキ). 1. hot air 2. fever

ねつき[寝付き](명) 잠드는 것. 「—がよい; 잠이 빨리 들다」 going to sleep

ねつぎ[根継ぎ](명) 기둥 밑의 썩은 부분을 새 재목으로 가는 일. splicing

ねつきかん[熱機関](명)〈이〉 열기관. 열의 힘으로 움직이는 기관. 증기 기관. 내연 기관. a heat-engine

ねっきゅう[熱球](명)〔야구에서〕 속력이 빠른 보올. a hot-shot

ねっきょう[熱狂](명·자サ) 열광. 미친 듯이 열성적으로 날뜀. 미친 듯이 열중함. enthusiasm

ネック[neck](명) 넥. ①목. ②〔재봉에서〕 깃. 동정. 「—ライン; 양복의 목 둘레의 선」 ③애로(隘路). 「生産(セイサン)の—; 생산의 애로」 **—レ(ー)ス**[necklace](명) 네클리스. 목에 거는 장식품. 목걸이.

ねつ·く[寝付く](자 4) ①잠들다. ②병으로 눕다. 1. go to sleep

ねづ·く[根付く](자 4) 심은 나무에 뿌리가 내려 잘 자라다. 착근(着根)하다. strike root

ねつけ[根付け](명) ①담배 쌈지나 도장집 같은 것의 끈에 매달아 허리띠에 차는 것. 조승(釣繩). ②⇨こしぎんちゃく②. 1. an ornamental button for suspending a pouch

ねつけ[熱気](명) 열기. 체온이 높아지는 느낌. 열이 나는 기분. 「—がある; 열기가 있다」 feverishness

ねっけい[熱型](명)〈의〉 열형. 열이 오르내리는 여러 가지 형. a type of fever

ねっけつ[熱血](명) 열혈. ①뜨거운 피. ②솟아 오르는 힘. 열렬한 정신. 「—漢(カン); 정열적인 사나이」 1. hot blood

ねつげん[熱源](명) 열원. 열을 공급하는 근원. heat-source

ねっこ[根っ子](명)〈속〉 뿌리. a root

ねつこうりつ[熱効率](명)〈이〉 열효율. 기관에 공급된 열량(熱量)과 기관이 발생한 출력(出力)과의 비율. thermal efficiency

ねっさ[熱砂](명) 열사. 뜨거운 모래. hot sand

ねつさまし[熱冷まし](명) 높은 열을 식히는 약. 해열제(解熱剤). an antifebrile

ねっさん[熱賛·熱讃](명·타サ) 열렬히 칭찬함. 또는 칭찬하는 그 말. enthusiastic praise

ねっしゃびょう[熱射病](명)〈의〉 열사병. 온도가 높은 곳에서 체온의 발산이 곤란할 때 생기는 병. heatstroke

ねつじょう[熱情](명) 열정. ①열렬한 애정. ②열심. 1. ardent love 2. fervour. **—てき**[熱情的](형동ダ) 열정적. 열정이 있는 모양.

ねつしょり[熱処理](명)〈이〉 열처리. 금속을 고열로써 조작, 처리하는 일. heat treatment

ねっしん[熱心](명·형동ダ) 열심. 한 가지 일에 정신을 집중함. 정신을 쏟음. zeal

ねっ·する[熱する](자타サ) ①뜨겁게 하다. ②뜨거워지다. 들뜨다. 상기(上気)하다. ③열중하다. 「熱(ネッ)しやすく, さめやすい性質(セイシツ); 변덕스러운 성질」 1. become hot

ねっせい[熱性](명) 열성. ①흥분하기 쉬운 성질. ②〈의〉 높은 열을 내는 성질. 1. an excitable disposition

ねっせい[熱誠](명) 열성. 뜨거운 정성. 열정(熱情)이 넘치는 진심. 「一あふれる忠告(チュウコク); 열성이 넘치는 충고」 earnestness

ねっせん[熱戦](명) 열전. ①심한 싸움. ②무기를 사용하는 싸움. ↔冷戦(レイセン). 1. a hot contest

ねっせん[熱線](명) 열선. ①〈이〉 적외선(赤外線). ②뜨거운 광선. 1. thermic rays

ねつぞう[捏造](명·타サ) 날조. 없는 것을 있는 것처럼 거짓으로 만듦. 억지로 만듦. fabrication

ねったい[熱帯](명)〈지〉 열대. 적도를 중심으로 남위(南緯), 북위(北緯)가 각각 23도 반 이내의 지대. 지구상에서 가장 더움. the tropics. **—ぎょ**[熱帯魚](명) 열대어. 열대 지방에 사는 물고기의 총칭. **—しょくぶつ**[熱帯植物](명) 열대 식물. 열대 지방에서 나는 식물. **—りん**[熱帯林](명) 열대림. 열대 지방의 삼림(森林).

ねっち[熱地](명) 더위가 심한 고장. a hot region

ねっちゅう[熱中](명·자サ) 열중. 어떤 일에 정신을 쏟아 골몰함. 어떤 일에 마음을 집중함. enthusiasm

ねつっぽ·い[熱っぽい](형) ①열이 있는 듯하다. ②열중해 있는 듯하다. 1. feverish

ねってつ[熱鉄](명) 열에 녹은 철. 「一の涙(ナミダ); 뜨거운 눈물」 molten iron

ねつでんし[熱電子](명)〈이〉 열전자. 고온(高温)의 금속 물체에서 방출되는 전자. a thermo-electron

ねつでんつい[熱電対](명)〈이〉 열전대. 두 종류의 금속의 선을 고리 모양으로 연결하여 한쪽의 이음새를 열(熱)하면 전류가 일어나는 장치. 온도계에도 사용함. a thermocouple

ネット[net](명) 네트. ①그물. 그물처럼 생긴 것. ②(정구 등의) 코오트 중간에 치는 그물. ③정미(正味). ④부인들의 머리에 쓰는 그물. 헤어네트. ⑤←ネットワーク **—イン**[net in](명·자サ) 네트인. 〔정구, 탁구 등에서〕 보올이 네트에 닿아서 상대편 코오트에 들어 감. **—タッチ**[net touch](명·자サ) 네트터치. 〔배구, 정구 등에서〕 경기 중 몸이나 라켓이 네트에 닿음. **—プレー**[net play](명) 네트플레이. 〔정구 등에서〕 네트 앞에서의 직접 타구(打球). **—ボール**[net ball](명) 네트보올. 〔정구, 배구 등에서〕 서어브를 넣을 때 보올이 네트에 닿아서 상대편 코오트에 넘어가는 것. **—ワーク**[network](명) 네트워어크. ①그물 만드는 세공(細工). ②그물의 눈처럼 만든 조직. 특히 방송망(放送網) 같은 것.

ねつど[熱度](명) 열도. ①열의 정도. ②열심의 정도. 1. degree of heat 2. degree of enthusiasm

ねっとう[熱湯](명) 열탕. 뜨겁게 끓인 물. 끓는 물. 「一消毒(ショウドク); 열탕 소독」 boiling water

ねっとり(부·자サ) 끈적끈적한 모양. stickily

ねつびょう[熱病](명) 열병. 높은 열을 수반한 병. a fever

ねっぷう[熱風](명) 열풍. 뜨거운 바람. a hot wind

ねつべん[熱弁](명) 열변(熱辯). 열렬한 이야기. 「一をふるう; 열변을 토하다」 a fervent speech

ねつぼう[熱望](명·타サ) 열망. 열심히 바람. an ardent wish

ねつぼうちょう[熱膨脹](명)〈이〉 열팽창. 물질이 열에 따라 그 체적이 팽창하는 일. thermal expansion

ねづよ·い[根強い](형) 뿌리가 튼튼하다. 끈기가 있다. 파생 **—さ**(명). firmly-rooted

ねつようりょう[熱容量](명)〈이〉 열용량. 물체의 온도를 1도 높이는 데 요하는 열량. thermal capacity

ねつらい[熱雷](명)〈지〉 열뢰. 여름철에 지면의 과열에 의하여 생기는 상승 기류(上昇気流)가 원인이 되어 생기는 우뢰. a heat thunderstorm

ねつりょう[熱量](명)〈이〉 열량. 물질이 탈 때에 내는 열의 양. 단위는 칼로리. heat value. **—けい**[熱量計](명)〈이〉 열량계. 물체의 열량을 측정하고 비열(比熱), 잠열(潜熱) 등을 알아 내는 장치. 칼로리미터.

ねつるい[熱涙](명) 열루. 뜨거운 눈물. 감격의 눈물. hot tears

ねつれつ[熱烈](형동ダ) 열렬. 감정이 솟구쳐 정열적인 모양. 「一な恋愛(レンアイ); 열렬한 연애」 ardent

ねつろん[熱論](명·자サ) 열심히 이야기함. 열의(熱意) 있는 의론. a fiery argument

ねてもさめても[寝ても覚めても](연어·부) 자나 깨나. 늘. 항상. 「一考(カンガ)える; 자나 깨나 늘 생각하다」 waking or sleeping

ねどい[根問い]—ドヒ(명) 자세히 캐어 묻는 일. an inquisitive question

ねどうぐ[寝道具](명) 잠을 자는 데 쓰는 것. 침구. bedding

ねどこ[寝床](명) 잠자리. 침상(寝牀). a bed

ねどこ[寝所](명) 침소. 잠자는 곳. 침실. a bedroom

ねとぼ·ける[寝惚ける](자하1) 잠이 덜 깨어 어리둥절한 언동을 하다. be half-asleep

ねとまり[寝泊まり](명·자サ) 머물러 잠을 잠. 숙박(宿泊). 「寄宿舎(キシュクシャ)に一する; 기숙사에 기숙함」 lodging

ねとり[寝鳥](명) 자고 있는 새. 새집에서 자고 있는 새. birds at roost

ねと·る[寝取る](타4) 남의 남편이나 아내, 또는 정부와 정을 통하다. 남의 남편이나 아내를 빼앗다. 간통하다. steal another's lover

ねなし[根無し](명) ①뿌리가 없는 것. 「一草(グサ); 뿌리가 땅속에 내리지 않은 풀」 ②근거가 없는 것. ③의지할 곳이 없는 것. 1. baseless

ねなしかずら[根無し葛]—カヅラ(명)〈식〉 새삼. 토사(菟糸). 종자가 땅 위에서 발아(発芽)하면 줄기에 있는 흡반(吸盤)으로 딴 식물에 감겨 양분을 섭취하며 삶. 뿌리가 없음. a dodder

ねなし ごと[根無し言](명) 근거 없는 말. an unfounded report

ね の くに[根の国](명)〈고〉 죽은 후에 영혼이 간다는 나라. 황천(黃泉). 저승.

ね の ひ[子の日](명) ①12지(十二支)의 자(子)에 해당되는 날. ②←子の日の遊び **—のあそび**[子の日の遊び](명) 옛날 정월 첫 자일(子日)에 들에 나가 작은 소나무를 끌며 장수(長寿)를 축복하고 나물을 캐면서 놀던 일. **—のまつ**[子の日の松](명) 옛날 정월 첫 자일에 쓴 소나무.

ネバー マインド[never mind](연어·감) 네버마인드. 염려 마라. 걱정 마라.

ねば·い[粘い](형) ①끈적끈적하다. 차지다. ②재빠르지 못하다. 1. sticky 2. slow

ネパール[Nepal](명)〈지〉 네팔. 인도와 티베트의 중간에 있는 왕국. 수도는 카트만두(Katmandu).

ねばつ·く[粘つく](자 4) 진득진득 붙다. 차지다. be sticky

ねばっ こ·い[粘っこい](형) 진득진득하다. 끈적거리다. 파생 **— さ**(명). sticky

ねば つち[粘土](명) 점토. 찰흙. clay

ねば ならぬ(연어) …않으면 안된다. …야만 한다. 「行(ユ)か—; 가지 않으면 안된다」 have to

ねば ねば(명·부·자サ) 끈적끈적함. 추근추근함. stickily

ね はば[値幅·値巾](명) ①〈경〉 값의 차이. ②비싼 값과 싼 값의 차이. 1. a difference in price

ねばり[粘り](명) 찰기. 끈기. stickiness. **— け**[粘り気](명) 끈덕진 힘. 끈기 있는 성질. 찰기. **— づよ·い**[粘り強い](형) ①차지다. ②끈기 있다. ③부드럽고 강하다. 「—人(ヒト); 끈덕진 사람」 파생 **— づよさ**(명).

ね ばり[根張り](명) ①〈고〉 뿌리가 땅속에 퍼지는 일. ②제방 등이 아래쪽으로 갈수록 넓어지는 일.

ねば·る[粘る](자 4) ①부드럽고 잘 달라붙다. ②끈기 있게 견디어 버티다. 「最後(サイゴ)まで—; 최후까지 끈덕지게 버티다」 1. be sticky

ねばれ[寝腫れ](명·자サ)〈속〉 너무 자서 얼굴이 부석부석함. a face swelling due to oversleeping

ね はん[涅槃](명)〈불〉 열반. ①석가가 모든 번뇌를 벗고 죽은 일. 입멸(入滅). ②모든 번뇌를 벗어나 대오(大悟)의 경지에 이르는 일. ③죽음. 1. the death of Buddha. **—え**[涅槃会](명)〈불〉 열반회. 석가의 기일(忌日)에 행하는 법회(法会). 2월 15일.

ね びえ[寝冷え](명·자サ) 춥게 자서 감기나 설사 등 몸에 탈이 남. a chill caught in sleep

ね びき[値引き](명·타サ) 값을 깎음. reduction in price

ね びき[根引き](명·타サ) ①뿌리째 뽑음. ②기녀(妓女)를 몸값을 내고 빼냄. 1. uprooting

ねび まさ·る(자 4)〈고〉 ①나이보다 조숙해 보이다. ②자랄수록 나아지다(아름다와지다).

ねび·る(자하 2)〈고〉 나이를 먹다. 점잖아지다. 시들다.

ねぶ[合歓](명)〈식〉 ⇨ねむ.

ね·ぶ(자상 2)〈고〉 ①나이를 먹다. ②나이보다 젊다.

ね ぶか[根深](명)〈방·식〉 파의 다른 이름. a stone-leek

ね ぶか·い[根深い](형) ①뿌리 깊다. ②근거가 깊다. 파생 **— さ**(명). 1. deep-rooted 2. inveterate

ね ぶくろ[寝袋](명) 등산이나 군대에서 이불 대신에 그 속에 들어 가 자는 자루. 침낭. a sleeping bag

ね ぶと[根太](명)〈의〉 굶는 부스럼인 정종(疔腫)의 한 가지. 엉덩이 같은 데에 생겨 피부가 붉게 붓고 고름이 생겨 아픔. a boil

ね ぶみ[値踏み](명·타サ) 값을 매김. 평가(評価). appraisal

ねぶ·る(타 4)〈방〉 핥다. 혀끝으로 맛을 보다. lick

ネフローゼ[도 Nephrose](명)〈의〉 네프로제. 신장(腎臓)의 세뇨관(細尿管)의 병. 만성으로 빈혈이 되어 부어오름.

ね ぼう[寝坊](명·자サ·형동ダ) 아침 늦게까지 잠. 또는 그 사람. 잠꾸러기. oversleeping

ね ぼけ[寝惚け](명) 잠에 취한 것같이 멍한 것. 멍청한 것. 어리둥절한 것. being half-asleep. **— まなこ**[寝惚け眼](명) 잠에 취한 눈. 멍청한 눈.

ねぼ·ける[寝惚ける](자하 1) ①잠이 덜 깨어 어리둥절하다. ②잠은 깨었으나 아직 머리가 흐리멍덩하다. be half-asleep

ね ぼすけ[寝坊助](명)〈속〉 잠꾸러기. a sleepy head

ね ほり はほり[根掘り葉掘り](연어·부) 꼬치꼬치 캐어 묻는 모양. 남김 없이 상세히 알아 보는 모양. 「—問(ト)いただす; 꼬치꼬치 캐어 묻다」 inquisitively

ね ぼれ[値惚れ](명·자サ)〈경〉 값이 싸서 마음이 끌림. 싼 맛에 홀림. 「—の買(カ)い物(モノ); 싼 맛에 산 물건」

ね ま[寝間](명) 자는 방. 침실. a bedroom

ね まき[寝間着·寝巻き](명) 잠옷. 잘 때에 입는 옷. night clothes

ね まち の つき[寝待ちの月](명) 음력 19일 밤의 달. 자리에 들어서 기다리면 마침 떠오른다고 하는 데서 붙여진 이름.

ネマトーダ[Nematoda](명)〈동·농〉 네마토우다. 뿌리에 기생해서 농작물에 해를 주는 조그만 벌레. 선충류(線虫類).

ねま·る(자 4)〈고〉 ①앉다. ②엎드리다. ③눕다. ④자다.

ね まわり[根回り]—マハリ(명) 나무 뿌리의 둘레. the circumference of the root

ね みだれ がみ[寝乱れ髪](명) 자서 흐트러진 머리. dishevelled hair with sleeping

ね みみ[寝耳](명) 잠결에 어렴풋이 듣는 일. 「—に水(ミズ); 불의의 사건에 놀라는 모양」 hearing while one is asleep

ねむ[合歓](명)〈식〉 합환목(合歓木). 함수초과에 속하는 낙엽 활엽 교목. 산야에 자생하며 여름에 연분홍 꽃이 피고 밤에는 잎을 오므림. 자귀나무. a silk-tree

ねむ·い[眠い](형) 졸리다. 자고 싶다. 파생 **— が·る**(자 4) **— さ**(명). sleepy

ねむ け[眠気](명) 졸음. 잠이 오는 것. 「—がさす; 졸음이 오다」 sleepiness. **— ざまし**[眠気覚まし](명) 졸음을 깨게 하는 일. 또는 그 방법.

ねむた·い[眠たい](형) 졸리다. 자고 싶다. 파생 **―が·る**(자 4) **―げ**(형동ダ) **―さ**(명). sleepy

ねむら·す[眠らす](타 4) 재우다. put into sleep

ねむら·せる[眠らせる](타하 1) ①잠들게 하다. 재우다. ②〈속〉 죽이다. 1. put into sleep 2. kill

ねむり[眠り](명) 잠. 수면(睡眠). sleep. **―ぐさ**[眠り草](명)〈식〉 ⇨おじぎそう. **―ぐすり**[眠り薬](명) ①잠들게 하는 약. 수면제. ②마취제. **―こ·ける**[眠りこける](자하 1) 푹 잠들어 버리다. **―びょう**[眠り病](명)〈의〉 유행성 뇌염의 하나. 발열, 두통, 수면 상태가 계속되는 뇌의 전염병.

ねむ·る[眠る](자 4) ①잠들다. 자다. ②죽다. 「雪(ユキ)の下(シタ)に―友(トモ); 눈 밑에 고이 잠든 벗」 ③초목의 잎이 일시적으로 시들다. 1. sleep 2. die

ねむろ[根室](명)〈지〉 홋카이도오(北海道)에 있는 도시 이름. 네무로 지청(根室支庁)이 있음.

ねめつ·ける[睨め付ける](타하1) 눈을 흘기다. 노려보다. glare at

ねもと[根本](명) ①뿌리 밑. ②근본. 근원. 근저. 1. the root 2. the source

ねものがたり[寝物語](명) 잠자리에서 하는 이야기. a talk in bed

ねや[閨](명) 자는 방. 침실. a bedroom

ねゆき[根雪](명) 쌓여 굳어져 녹지 않는 눈. 「―になる; 쌓인 눈이 굳어지다」 packed snow

ねらい[狙い]ネラヒ(명) ①겨눔. ②겨누는 표적. 목적. 「この会(カイ)の―; 이 회의 목적」 1. aiming. **―うち**[狙い打ち·狙い撃ち](명·타サ) 겨누어 쏨. 저격. **―すま·す**[狙いすます](타 4) 신중하게 목표를 겨누다.

ねら·う[狙う]ネラフ(타 4) ①겨누다. ②빼앗으려 하다. 노리다. 「遺産(イサン)を―; 유산을 노리다」 1. aim

ねり[練り](명) ①짓이김. 반죽. ②⇨ねりぬき(練り貫). 1. kneading

ねり[練り·煉り](명) 쇠붙이를 불에 달구어 단련함. 「―が足(タ)りない; 덜 단련되다」 kneading on fire

ねり[練り·邌り](명) ①(행렬 등이) 조용히 나아가는 일. ②(줄을 지어) 돌아 다니는 것. 2.parading

ねりある·く[練り歩く](자 4) 천천히 보조를 맞추어 걸음. parade

ねりあわ·せる[練り合わせる]―アハセル(타하 1) 반죽하여 섞다. knead together

ねりあん[煉り餡](명) 삶은 팥을 짓이겨 설탕을 섞은 다음에 가열하여 갠 것.

ねりいと[練り糸](명) 연사. 비눗물이나 소오다 물에 담가서 부드럽게 만든 명주실. 희고 광택이 남. glossed silk-thread

ねりうに[練り雲丹](명) 날 섬게로 만든 식품. 섬게젓. paste of seasoned sea urchin

ねりおしろい[練り白粉](명) 액체의 분. 물분. paste-powder

ねりかた·める[練り固める·煉り固める](타하 1) 개어서 굳히다. harden by kneading

ねりかわ[煉り革]―カハ(명) 아교물에 넣어 두드려 굳힌 가죽. hardened leather

ねりぎぬ[練り絹](명) 누여서 부드럽게 만든 명주. 누인 명주. ↔すずし. glossed silk

ねりぐすり[練り薬](명) 연약. 개어서 만든 약. 꿀이나 물엿 같은 것으로 갠 약. an electuary

ねりこう[練り香](명) 가루를 개어 굳혀 만든 향. incense-paste

ねりせいひん[練り製品](명) 물고기를 다져서 개어 만든 식품. 예: 생선묵. fishpaste

ねりなお·す[練り直す]―ナホス(타 4) ①다시 반죽하다. ②다시 잘 생각하고 음미하다. 「原案(ゲンアン)を―; 원안을 다시 생각하고 음미하다」 1. knead again

ねりぬき[練り貫](명) 생사(生糸)를 날실, 누인 실을 씨실로 해서 짠 명주.

ねりはみがき[練り歯磨き](명) 가루를 개어서 만든 치약. toothpaste

ねりべい[練り塀](명) 흙과 기와로 쌓고 위를 기와로 인 담. 토담. a plaster-wall

ねりまだいこん[練馬大根](명) ①〈식〉 토오쿄오도(東京都) 네리마(練馬)에서 나는 무우. 굵고 긴 것이 특징임. ②〈속〉 여자의 굵은 다리. 2. legs like radishes

ねりもの[練り物·煉り物](명) ①반죽해서 굳힌 것. ②찰흙이나 도토(陶土)를 개어 만든 산호(珊瑚) 등의 모조품(模造品). ③팥고물을 으깨어 굳혀 만든 과자. 1. a paste 2. a fictile work

ねりもの[練り物·邌り物](명) 축제(祝祭) 때 줄을 지어 돌아 다니는 가마나 행렬. a parade

ねりゆ·く[練り行く·邌り行く](자 4) 행렬을 지어 서서히 걸어 가다. walk slowly

ねりようかん[練り羊羹](명) 붉은 팥을 삶아 거른 다음 우무, 밀가루에 설탕을 쳐서 반죽하여 찐 과자. 요오깡. 양갱병(羊羹餅). compressed bean jelly

ねる[寝る·寐る](자하 1) ①자다. ②눕다. ③병들어 눕다. ④상품이나 자금이 잠기다. 1. sleep

ね·る[練る·煉る](타 4) ①불에 얹어서 굳히다. 「あんを―; 삶은 팥을 가열하여 반죽하다」 ②반죽해서 진득진득하게 만들다. ③가죽을 무두질하다. 1. knead on fire

ね·る[練る](타 4) ①명주를 소오다 등에 담가서 부드럽게 만들다. ②시, 문장 등을 정성 들여 고치다. ③수양(修養)하다. 「精神(セイシン)を―; 정신을 수양하다」 ④여러 가지로 생각하여 좋게 하다. 「計画(ケイカク)を―; 계획을 여러 모로 생각하여 좋게 하다」 1. soften 2. polish

ね·る[練る·邌る](자 4) ①조용히 걷다. ②행렬을 지어 나아가다. 1. walk slowly

ね·る[錬る](타 4) ①금속을 달구어 두드리다. 벼리다. 단련하다. ②몸과 마음을 닦고 기르다. 수양을 쌓다. 1. temper 2. train

ネル(명) 플란넬의 준말.

ね·れる[練れる](자하 1) ①익숙해져서 잘하게 되다. 숙련되다. 「技術(ギジュツ)が―; 기술이 숙련되다」 ②경험, 수양이 원숙(円熟)해지다.「心(ココロ)が一; 마음이 단련되어 원숙해지다」 1. become experienced

ねわけ[根分け](명·타サ)〈농〉 뿌리를 갈라서 심음. 분근(分根). division of plants

ねわざ[寝業](명)〔유도에서〕 누워서 상대방을 이기는 수. ↔立(タ)ちわざ.

ねわす·れる[寝忘れる](자하 1) 잠을 지나치게 자다. 늦잠을 자다. oversleep oneself

ねわら[寝藁](명) (가축 등의) 잠자리에 까는 짚. litter

ねん[年](명) ①해. ②←年季(ネンキ). 1. a year

ねん[念](명) ①생각. ②주의. 조심.「一を押(オ)す; 재차 주의하다 (확인하다)」③소원. 1. thought 2. attention

ねんあき[年明き](명) 고용 기간이 끝남. 또는 그 고용인.

ねんいちねん[年一年](부) 해가 감에 따라. 한해 한해.「一と成長(セイチョウ)する; 해를 따라 성장하다」 year after year

ねんいり[念入り](형동ダ) 정성 들이는 모양. 공들이는 모양.「一に作(ツク)る; 공들여 만들다」 carefulness

ねんえき[粘液](명) 점액. 끈적끈적한 액체.「一便(ベン); 끈적끈적한 똥」 mucus. **—しつ**[粘液質](명)〈심〉 점액질. 기질(気質)의 한 가지. 자극에 대한 반응이 늦고 의지와 인내력이 강한 기질.

ねんおう[年央](명)〈경〉 1년의 중간. the middle of a year

ねんが[年賀](명) 연하. 신년 축하. 새해의 인사.「一電報(デンポウ); 연하 전보」 the New Year's congratulations. **—じょう**[年賀状](명) 연하장. 새해를 축하하는 편지나 엽서.

ねんかい[年会](명) 연회. 1년에 한 번 모이는 집회(集会). an annual convention

ねんがく[年額](명) 연액. 한 해 동안의 총계 액수. an annual sum

ねんがっぴ[年月日](명) 연월일. 해와 달과 날짜. a date

ねんが(ら)ねんじゅう[年が(ら)年中](연어·부) 연중(年中). ①그해 동안. 한 해 동안. ②시종(始終). 1. all the year round

ねんかん[年刊](명) 연간. 1년에 한 번씩 간행하는 것. 또는 그 간행물. annual publication

ねんかん[年間](명) 연간. 한 해 동안.「一収入(シュウニュウ); 1년간의 수입」 a year

ねんかん[年鑑](명) 연감. 1년간의 통계, 사건, 문화 등을 실어 한 해에 한 번씩 발행하는 책. a yearbook

ねんがん[念願](명·타サ) 염원. 바람. 소원. one's heart's desire

ねんき[年忌](명)〈불〉 해마다 돌아 오는 제사날. 회기(回忌). 기일(忌日). an anniversary of death

ねんき[年季](명) ①고용살이의 약속 기간.「一を入(イ)れる; 몇 년이고 같은 일을 해서 익숙해지다」② ←年季奉公. one's period of apprenticeship. **—あけ**[年季明け](명) ⇨ねんあき. **—ぼうこう**[年季奉公](명·자サ) 햇수를 정해서 고용살이를 함.

ねんき[年紀](명) 연기. ①해. 연대(年代). ②나이. 연령(年齢). 1. an era 2. years

ねんき[年期](명) 연기. 1년을 단위로 정한 기간. a term of years

ねんきゅう[年給](명) 연급. 1년을 단위로 해서 정한 급료. 연봉(年俸). an annual salary

ねんぎょ[年魚](명) ①은어의 다른 이름. (해마다 죽는다는 데서 일컬음) ②연어의 옛 이름.

ねんきん[年金](명) 연금. 해마다 지불하는 일정한 금액.「一がつく; 연금이 붙다」 an annuity

ねんきんるい[粘菌類](명)〈생〉 점균류. 위족 아문(偽足亜門) 근족충강(根足虫綱)의 원생 동물(原生動物). 원생 식물로도 생각됨. 점액상의 덩어리로 홀씨(胞子)를 만들고 아메에바 운동을 함. 형태는 복잡하며 종류가 많음. 변형균(変形菌). the Mycetozoa

ねんぐ[年貢](명) 연공. ①해마다 바치는 공물(貢物). ②해마다 할당하는 조세. ③소작료(小作料).「一の納時(オサメドキ); 나쁜 일을 하던 자가 드디어 잡혀 처벌을 받을 시기. 소작료(연공, 조세)를 바칠 시기」 1. an annual tribute 2. a land tax

ねんげつ[年月](명) 연월. 해와 달이 지나가는 것. 세월의 경과. 세월. years and months

ねんげん[年限](명) 연한. 정한 해의 기한. a term

ねんこう[年甲](명) 연갑. 연령. 나이. age

ねんこう[年功](명) 연공. ①여러 해의 공로. ②여러 해 동안 익힌 기술. 1. long service

ねんごう[年号](명) 연호. 임금이 즉위하는 해에 붙이는 칭호. the name of an era

ねんごろ[懇ろ](형동ダ) ①친절한 모양. ②공손한 모양. 정중한 모양.「一にあいさつする; 공손히 인사하다」③친한 모양. 친밀한 모양.「一になる; 친밀해지다」. 1. kind 3. intimate

ねんさ[年差](명)〈천〉 연차. 태양의 인력(引力) 때문에 달의 황경(黄経)이 약 1년을 주기(周期)로 변화하는 현상. 1. an annual variation

ねんざ[捻挫](명·타サ)〈의〉 염좌. 관절을 삠. 좌섬(挫閃). a sprain

ねんさい[燃犀](명·형동ダ) 어두운 곳을 밝게 비춤. 예민하게 알아 차림. intelligent

ねんさん[年産](명) 연산. 1년간의 생산고. a yearly output

ねんさん[年算](명) 연령. 나이. age

ねんし[年始](명) 연시. ①한 해의 처음. 연초. 연두(年頭). ↔年末(ネンマツ). ②연하(年賀).「一客(キャク); 새해 인사를 하러 온 손님」1. the begining of the year

ねんし[年歯](명) 연치. 연령. 나이. age

ねんし[撚糸](명) ①두 줄 이상의 단사(単糸)로 꼰 실. ②견사(絹糸)를 꼬는 것. 1. a thread 2. throwing

ねんじ[年次](명) 연차. ①해의 순서. ②매년.「一計画(ケイカク); 연차 계획」 annual

ねんじゅ[念珠](명)〈불〉 염주. 염불할 때 손으로 돌려 수효를 세는 기구. ⇨:じゅず. a rosary

ねんじゅ[念誦](명·타サ)〈불〉 염송. 마음속으로 부처를 생각하고 불경을 욈. 염불 송경(念仏誦経). Buddhist invocation

ねんしゅう[年収](명) 연수. 1년 수입. an annual income
ねんじゅう[年中](명·부) 연중. ①1년 동안. ②언제나. 항상. 「―いそがしい; 항상 바쁘다」 1. the whole year 2. always. **―ぎょうじ**[年中行事](명) 연중 행사. 매년 행해지는 일정한 행사.
ねんしゅつ[拈出·捻出](명·타サ) 염출. ①짜 냄. ②생각해 냄. 「名案(メイアン)を―する; 좋은 안을 짜 내다」 ③이리저리 융통하여 지불함. 「費用(ヒヨウ)を―する; 비용을 염출하다」 1. spueezing out 2. contriving
ねんしょ[年初](명) 연초. 새해 초승. the beginning of the year
ねんしょ[念書](명) ①〈법〉 나중의 증거물로 상대방에게 주는 문서. ②정성 들여 독서함. 2. perusal
ねんしょう[年少](명·형동ダ) 연소. 나이가 어림. 또는 그 사람. 「―者(シャ); 연소자」 youth
ねんしょう[燃焼](명·자サ) 연소. ① 탐. ②〈이〉 물질이 공기 중의 산소와 화합해서 열과 빛을 냄. 1. burning. **―ねつ**[燃焼熱](명)〈이〉 연소열. 물질이 연소할 때 생기는 열량(熱量). 보통 물질 1 g, 또는 1 몰(mol)의 연소열을 말함.
ねん·じる[念じる](타상 1) ①깊이 생각하다. ②마음 속으로 빌다. 「無事(ブジ)を―; 무사함을 빌다」 ③중얼거리다. 「お経(キョウ)を―; 염불을 외다」 1. have in mind
ねんず[念珠](명) ⇨ねんじゅ.
ねん·ず[念ず](타サ)〈고〉 ①참다. 견디다. ②생각하다.
ねんすう[年数](명) 연수. 햇수. the number of years
ねん·ずる[念ずる](타サ) ⇨ねんじる.
ねんせい[粘性](명)〈이〉 점성. 엿처럼 차지고 끈끈한 성질. viscosity
ねんたい[粘体](명)〈이〉 점체. 점성이 아주 많은 유체(流体). a viscous body
ねんだい[年代](명) 연대. ①지나간 시대. ②시대. 1. an era 2. an age. **―き**[年代記](명) 연대기. 연대순으로 사건을 쓴 기록.
ねんちゃく[粘着](명·자サ) 점착. 찰기 있게 붙음. adhesion. **―りょく**[粘着力](명)〈이〉 점착력. 이종(異種)의 분자가 서로 잡아 당기는 힘. 달라붙는 힘.
ねんちゅう[年中](명) 1년 동안. 「―行事(ギョウジ); 연중 행사」 ⇨: ねんじゅう. the whole year
ねんちゅう[粘稠](형동ダ) 점조. 찰기 있고 짙은 모양. viscous and dense
ねんちょう[年長](명·형동ダ) 연장. 나이가 위임. 연상(年上). 「―者(シャ); 연장자」 seniority
ねんてん[捻転](명·자타サ) 비틀어져서 방향이 달라짐. 또는 방향을 바꿈. 「腸(チョウ)―; 창자가 비틀리는 병증(病症)」 torsion
ねんど[年度](명) 연도. 사무상의 필요에 의하여 구분한 1년의 기간. 「―末(マツ); 연도말」 a year. **―がわり**[年度替り]―ガハリ(명) 연도가 바뀔 때.
ねんど[粘土](명)〈광〉 점토. 석영(石英), 장석(長石) 등이 풍화 작용으로 분해되어 생긴 찰흙. clay
ねんど[粘度](명) 점도. 차진 정도. viscosity
ねんとう[年頭](명) 연두. 해의 처음. 연초. 「―のあいさつ; 새해 인사」 the beginning of the year
ねんとう[念頭](명) 염두. 마음속. 머리 속. 생각. 「―にない; 염두에 없다」 mind
ねんない[年内](명) 연내. 그해 동안. within the year
ねんな·し[念無し](형ク)〈고〉 ①섭섭하다. 분하다. ②쉽다. 간이(簡易)하다. ③뜻밖이다.
ねんね(명·자サ) ①〔아이들 말로〕 잠을 잠. ②어린 아기. ③인형. 1. going to sleep 2. a baby
ねんねこ(명) ①〔아이들 말로〕 고양이. ②〔아이들 말로〕 자는 것. ③아이를 업을 때에 입는 두루마기 같은 것. 1. a cat 3. a nursery coat
ねんねん[年年](명·부) 연년. 해마다. 매년. every year. **―さいさい**[年年歳歳](명·부) 연년 세세. "매년"을 강조한 말.
ねんねん[念念](명·부) ①매우 짧은 시간. 찰나(刹那). 시시 각각. ②〈불〉 마음에 일어나는 여러 가지 생각. ③늘 생각하는 것. 1. every moment
ねんのう[念無う]―ナウ(연어·부) ①뜻밖에. 생각한 것보다. 「―早(ハヤ)かった; 생각한 것보다 빨랐다」 ②쉽사리. 1. unexpectedly
ねんのため[念の為](부) 한층 주의하기 위하여. 더욱 다짐하기 위하여. for caution's sake
ねんぱい[年配·年輩](명) 연배. ①비슷한 나이. 「同(オナ)じ―; 같은 연배」 ②상당한 나이. 중년. 「―の婦人(フジン); 중년 부인」 1. age 2. elderly age
ねんばらし[念晴らし](명) 의혹을 풂. 「―のために; 의혹을 풀기 위하여」 dispelling a person's doubts
ねんばんがん[粘板岩](명)〈광〉 점판암. 점토(粘土)가 석영(石英) 등과 섞여서 뭉쳐진 흑색의 수성암(水成岩). 비석, 슬레이트, 벼룻돌 등에 쓰임. clay slate
ねんびゃくねんじゅう[年百年中](연어·부) ⇨ねんがらねんじゅう.
ねんぴょう[年表](명) 연표. 역사상 중요한 사건을 연대순으로 쓴 표. 「国史(コクシ)―; 국사 연표」 a chronological table
ねんぷ[年賦](명) 연부. 금액을 매년 나누어서 지불하는 일. ↔月賦(ゲップ). an yearly instalment
ねんぷ[年譜](명) 연보. 특정한 사건이나 개인의 일생의 경력을 해를 따라 차례대로 쓴 기록. a chronological personal history
ねんぶつ[念仏](명·자サ)〈불〉 염불. 나무아미타불(南無阿彌陀仏)의 명호(名号)를 욈. Buddhist invocation. **―おうじょう**[念仏往生](명)〈불〉 염불 왕생. 열심히 염불하여 극락 정토(極楽浄土)에 태어나는 일. **―ざんまい**[念仏三昧](연어)〈불〉 염불 삼매. 염불에 열중하는 일. **―しゅう**[念仏宗](명)〈불〉 염불종. 아미타불의 구원을 믿고 그 불명(仏名)을 불러 극락 왕생을 비는 종문(宗門). 염불문(念仏門).
ねんべつ[年別](명) 연별. 해에 따른 구별. classification by year
ねんぽう[年俸](명) 연봉. 1년을 단위로 해서 정한 봉급. 연급(年給). an annual salary
ねんぽう[年報](명) 연보. 일정한 사항에 관한 1년간

의 보고(報告). 또는 그 보고서. an annual report

ねんまく[粘膜](명)〈생〉점막. 몸속 기관의 내면을 덮은 끈끈하고 부드러운 막. the mucous membrane

ねんまつ[年末](명) 연말. 세말(歲末). ↔年始(ネンシ). the year-end

ねんゆ[燃油](명) 연유. 연료로 쓰는 기름. fuel oil

ねんらい[年来](명·부) 연래. 수년 이래.「一ののぞみ; 수년래의 소원(숙망)」 for years

ねんり[年利](명)〈경〉연리. 1년의 이율. 1년의 이자. 연변(年辺). an annual interest

ねんりき[念力](명) 염력. 생각과 힘. 온정력, 온정신을 집중한 힘.「思(オモ)う一岩(イワ)をも通(トオ)す; 골똘한 일념은 바위도 뚫는다」 will power

ねんりょ[念慮](명) 생각. 상념(想念) idea

ねんりょう[燃料](명) 연료. 불을 때는 데 쓰이는 물질. 땔감. 예 : 장작, 숯, 석탄, 석유 등. fuel

ねんりりつ[年利率](명) 연이율. 1년의 이율. an annual interest rate

ねんりん[年輪](명) 연륜. ①〈식〉나무의 자른 면에 나타나는 둥근 모양의 테. 나이테. ②해가 지날수록 깊어 가는 경험이나 인간미 같은 것을 비유한 말.「心(ココロ)の一; 마음의 연륜」 1. an annual ring

ねんれい[年齢·年令](명) 연령. 태어나서 지금까지의 햇수. 나이. age

ねんれい[年礼](명) 새해의 축하 인사. 연하(年賀). the New Year's greetings

ねんれき[年歴](명) 연력. 오랜 세월의 내력. one's career

の

一の[幅](접미) 천의 나비를 세는 말. 경척(鯨尺)으로 9치(九寸; 약 34 *cm* 정도).「三(ミ)一; 세폭」

の[野](명) ①넓은 평지. 들.「あとは一なれ山(ヤマ)なれ; 나중은 어떻게 되든지 상관 없다」②야생(野生).「一うさぎ; 야생 토끼(산토끼)」 1. a field 2. wild

のⅠ(격조) ①소유, 소속의 관계를 나타내는 말. …의.「ぼく一本(ホン); 나의 책」②소재를 나타내는 말. …에 있는.「庭(ニワ)一さくら; 뜰에 있는 벚나무」③형상,성질을 나타내는 말. …의. …로 된.「皮(カワ)一かばん; 가죽 가방」④…에 관한. …에 있어서의.「京都(キョウト)一習慣(シュウカン); 쿄오토의 습관」⑤연체수식어(連体修飾語)를 만드는 말.「もうすこし一しんぼうだ; 조금만 더 참으면 된다」⑥종속절(従属節)의 주어(主語)를 나타내는 말.「友(トモ)だち一来(ク)る日(ヒ); 친구들이 오는 날」⑦"ようだ, ごとし"의 앞에 붙여 쓰는 말.「雪(ユキ)一ようなはだ; 눈같이(흰) 살결」⑧〈고〉…처럼. …과 같이.「黒髪(クロカミ)一乱(ミダ)れてけさはものをこそ思(オモ)え; 흩어진 검은 머리처럼 산란하여 오늘 아침은 유달리 생각에 사로잡히다」⑨사물. 사람.「大(オオ)きい一はないか; 큰 것은 없느냐」⑩일.「行(イ)く一をやめる; 가는 것을 중지하다」⑪"だ, です"에 붙여 단정을 나타내는 말.「行(イ)く一だ; 가는 것이다」⑫근거 있는 의문, 추정을 나타내는 말.「君(キミ)も行(イ)く一か; 자네도 가나」Ⅱ(수조) …라든가.「うまい一まずい一と; 맛 있다든가 맛 없다든가」Ⅲ(감조) 단정의 기분을 부드럽게 하는 아녀자의 말.「だめだった一; 안되었어요」「ある一よ; 있어요」 Ⅰ 1. of 2. in

ノアのはこぶね[Noahの箱船](명)〈종〉구약 성서에 나오는 노아와 그 가족이 타고 홍수를 면했다는 상자 모양의 큰 배. 노아의 방주(方舟). Noah's ark

のあそび[野遊び](명) 들놀이. a picnic

のあらし[野荒らし](명) ①들을 황폐하게 함. 또는 그런 사람이나 동물. ②농작물(農作物)을 경작지에서 훔침. 또는 그 사람. 1. damaging of fields

ノイズ[noise](명) 노이즈. 소리. 잡음.

のいばら[野茨](명)〈식〉⇨いばら.

のいばら[野薔薇](명)〈식〉⇨のばら.

ノイローゼ[도 Neurose](명) 노이로제. ①〈의〉불안 등이 원인이 되어 일어나는 몸이나 정신의 병. 신경증.「心臓(シンゾウ)一; 심장 노이로제」②크게 걱정하는 마음의 상태.

のう一[濃](조어) 짙은. 진한.「一褐色(カッショク); 짙은 갈색」

のう[喃]ナウ Ⅰ(감)〈방〉사람을 부를 때에 쓰는 말. Ⅱ(감조)〈방〉노인의 감탄하는 말씨.「暑(アツ)い一; 덥기도 하군」

のう[納](명) 받아 들이는 것. 납입(納入).「三洋商会(サンヨウショウカイ)一; 삼양 상회 납입」

のう[能](명) ①작용. 능력.「一ある鷹(タカ)はつめをかくす; 능력이 있는 매는 발톱을 숨긴다(실력자는 그것을 함부로 드러내지 않음의 비유)」②재주. 기능. ③효력. 효능. ④재주 있는 사람. ⑤할 수 있는 일.「一不能(フノウ); 가능과 불가능」⑥⇨のうがく(能楽). 1. working 2. ability

のう[悩](명) ①번뇌. ②병(病).「ご一; 병환(病患)」 1. trouble 2. a disease

のう[脳](명) 뇌. ①〈생〉(두개골 속에 있는 복잡한 정신 작용을 담당하는) 골. 뇌수(脳髄). ②머리(頭). 1. the brain

のう[農](명) ①농업. 농작. ②농부. 농민. ③농학부, 농업 고등 학교의 약칭. 1. agriculture 2. a farmer

のう[膿](명)〈의〉농. 고름. matter

のう[嚢](명) 주머니. 물건을 넣는 것. a pouch

のう いっけつ[脳溢血](명)〈의〉 뇌일혈. 뇌 내부의 출혈. 노인에게 많은 병. 뇌출혈. cerebral haemorrhage

のう え[納衣·衲衣](명)〈불〉 납의. 누더기를 이어 만든 법의(法衣).

のう えん[脳炎](명)〈의〉 뇌염. 뇌수에 염증이 생기어 일어나는 병의 총칭. 고열, 두통, 구토, 경련 등을 수반함. brain inflammation

のう えん[農園](명) 농원. 야채, 과수(果樹), 초화(草花) 등을 재배하는 곳. a plantation

のう えん[濃艶](명·형동ダ) 농염. 화사하고 아름다움. 요염(妖艶). charming

のう か[農科](명) 농과. ①농업에 관한 학과. ②농학부. 1. agriculture

のう か[農家](명) 농가. ①농사 짓는 집. ②농정(農政)을 연구, 설명하는 학파(学派). 1. a farmhouse

のう か[濃化](명·자타サ) 짙게 됨. 짙게 함. thickening

のう かい[納会](명) ①그해의 최후의 회합. ②〈경〉〔거래소에서〕 월말의 입회(立会). 또는 그날. 1. the last meeting of the year

のう かい[農会](명) 농회. 농업의 개량, 발달을 꾀하는 공공 단체. an agricultural association

のう がき[能書き](명) ①약의 효능을 쓴 쪽지. ②효능을 선전하는 문구. 「—をならべたてる; 효능 선전 문구를 늘어놓다」 1. a puff 2. boast

のう がく[能楽](명) 일본 고유의 가면 음악극. 반주에 맞추어 요오쿄쿠(謡曲)를 부르면서 탈을 쓰고 춤을 춤. **—し**[能楽師](명) 노오가쿠(能楽)를 하는 사람.

のう がく[農学](명) 농학. 농업의 원리, 기술을 연구하는 학문. the science of agriculture

のう かすいたい[脳下垂体](명)〈생〉 뇌하수체. 뇌의 밑에 있는 내분비선(内分泌腺)의 하나. 발육, 생식에 밀접한 관계가 있음. 「—ホルモン; 뇌하수체 호르몬」 a hypophysis

のう かん[納棺](명·타サ) 납관. 시체를 관에 넣음. 입관(入棺). placing in a coffin

のうかん き[農閑期](명) 농한기. 농사일이 한가한 때. ↔農繁期(ノウハンキ). the farmers' leisure season

のう き[納期](명) 납기. (돈이나 제품 등을) 바칠 기한. the appointed delivery day

のう き[農期](명) 농기. 농사철. the farming season

のう きぐ[農機具](명)〈농〉 농기구. 농사 짓는 데 쓰이는 기구. farming tools

のう きょう[農協](명) 농협. 농업 협동 조합의 준말.

のう きょう[膿胸](명)〈의〉 농흉. 늑막강(肋膜腔)에 고름이 생기는 병. pyothorax

のう ぎょう[農業](명) 농업. 땅을 이용하여 유용한 식물을 재배하고 가축을 먹이는 산업. 특히 경작(耕作)을 말함. 농경(農耕). farming. **—きょうどうくみあい**[農業協同組合](명) 농업 협동 조합. 농민의 협동 조직. 공동 구입, 생산, 판매를 함. **—てがた**[農業手形](명)〈경〉 농업 어음. 비료, 농구, 농약 등 농업 자재(農業資材) 구입 융자를 위하여 농업 협동 조합에서 발행하는 어음. **—ほけん**[農業保険](명) 농업 보험. 농작물의 재해에 의한 손실을 보상하는 손해 보험.

のう きょうげん[能狂言](명) ①노오가쿠(能楽)와 쿄오겐(狂言). ②노오가쿠의 사이사이에 행하는 쿄오겐.

のう きん[納金](명·자サ) 납금. ①돈을 바침. 또는 그 돈. ②바쳐야 할 돈. 1. payment

のう ぐ[農具](명) 농구. 농사에 쓰이는 기구. a farm implement

のう げい[農芸](명) 농예. 농업에 관한 기예(技芸). agricultural technology. **—かがく**[農芸化学](명) 농예 화학. 농업에 관한 화학적 문제를 연구하는 학문. 토양(土壌), 비료, 식물 생리, 농산 제조(農産製造) 등으로 나뉨.

のう こう[農工](명) 농공. ①농업과 공업. ②농부와 직공. ③농촌 공업. 1. agriculture and industry

のう こう[農高](명) 농고. 농업 고등 학교의 준말.

のう こう[農耕](명) 농경. 논밭을 갈아 농사를 짓는 일. 농작(農作). 농사. cultivation

のう こう[濃厚](형동ダ) 농후. ①짙은 모양. ②진한 모양. 「—な味(アジ); 진한 맛」 ③경향이 강해지는 모양. 「味方(ミカタ)の 勝利(ショウリ)が—となった; 우리 편이 이길 가망이 짙어졌다」 1. thick

のう こつ[納骨](명·타サ)〈불〉 납골. 화장한 유골을 통에 넣어 간수함. 유골을 납골당에 모심. 「—式(シキ); 납골식」 gathering the ashes. **—どう**[納骨堂](명) 납골당. 유골을 안치하는 곳.

のう こん[濃紺](명) 짙은 감색. dark blue

のう さい[能才](명) 일, 사업을 하기에 충분한 재능. 또는 재능 있는 사람. ability

のう さい[納采](명) 납채. 결혼식 전에 예물을 주고 받는 일. a betrothal present

のう さぎ[野兎](명)〈동〉 야토. 산토끼. a hare

のう さく[農作](명) 농작. 곡식, 채소 등을 재배하는 일. 농사(農事). cultivation of land. **—ぶつ**[農作物](명)〈농〉 농작물. 논밭에서 재배되는 작물.

のう さつ[脳殺](명·타サ) 뇌쇄. 애가 타도록 괴롭힘. 매혹시켜 괴롭힘. fascinating

のう さつ[納札](명) 절, 신사(神社)에 참배하고 기념, 기원(祈願)으로 바치는 패(牌). a votive card

のう さん[農産](명) 농산. ①←農産物. 「—加工(カコウ) 농산물 가공」 ②농업. 1. agricultural products. **—ぶつ**[農産物](명) 농산물. 농업에 의하여 생산된 물건.

のう さんそん[農山村](명) 농산촌. 농촌이나 산촌.

のう し[直衣](명) ⇨のおし.

のう し[農試](명) 농사 시험장(農事試験場)의 준말.

のう じ[能事](명) 능사. 해야 할 일. 「—終(オ)われりとする; 해야 할 일을 다 마쳤다고 만족해하다」 one's work

のう じ[農事](명) 농사. 농업에 관한 일. agriculture. **—しけんじょう**[農事試験場](명) 농사 시험장. 농업에 관한 여러 가지 일을 시험, 연구하는 공설 기관.

のう じ[農時](명) 농시. 농사철. the farming season

のうしゃ[能者](명) 재능이 있는 사람. 뛰어난 사람. a man of ability

のうしゃ[農舎](명) 농사. ①수확물을 처리하기 위한 옥사(屋舍). ②농가(農家). 1. a barn 2. a farmhouse

のうじゅ[納受](명·타サ) ①받아 들임. 수납. ②소원을 들어 줌. 1. acceptance 2. granting

のうじゅう[膿汁](명)〈의〉 농즙. 고름. matter

のうじゅうけつ[脳充血](명)〈의〉 뇌충혈. 뇌 혈관 속에 많은 피가 흘러 들어 가는 병. congestion of the brain

のうしゅく[濃縮](명·타サ) 농축. 바짝 졸여서 매우 짙게 함. 「―ジュース; 농축 주우스」 concentration

のうしゅっけつ[脳出血](명)〈의〉 ⇨のういっけつ.

のうしょ[能書](명) 능서. 글씨를 잘 쓰는 일. 또는 잘 쓰는 사람. 달필. 「―家(カ); 글씨에 능한 사람」「―筆(フデ)をえらばす; 글씨 잘 쓰는 사람은 붓을 가리지 않는다」 skillful penmanship

のうしょ[農書](명) 농서. 농업에 관한 책. a book on agriculture

のうしょう[脳症](명)〈의〉 병이 중하거나 높은 열로 인하여 의식 장해를 일으키는 병. brain fever

のうしょう[脳漿](명)〈생〉 뇌장. 뇌 속의 점액(粘液). 「―をしぼる; 온갖 지혜를 다 짜 내다」 the brains

のうしょう[農相](명) 농상. 농림 대신. 한국의 농림부 장관에 해당. the Minister of Agriculture

のうじょう[農場](명) 농장. 농업 경영을 함에 적당한 설비가 있는 일정한 장소. 농원(農園). a plantation

のうじょう[嚢状](명) 주머니 같은 모양. sac-shaped

のうしょうぞく[能装束](명) 노오가쿠(能楽)를 할 때 입는 복장.

のうしょく[濃色](명) 짙은 색. a dark colour

のうしんけい[脳神経](명)〈생〉 뇌신경. 감각, 운동을 맡는 신경. 골신경. a cranial nerve

のうしんとう[脳震盪](명)〈의〉 뇌진탕. 강한 충격을 받아 뇌가 심하게 흔들려 기능 장해를 일으키는 증상. concussion of the brain

のうずい[脳髄](명)〈생〉 뇌수. 뇌. 머릿골. the brain

のうすいしゅ[脳水腫](명)〈의〉 뇌수종. 뇌장(脳漿)이 많이 핌으로써 뇌가 압박되어 지능 활동을 침해당하는 병. hydrocephalus

のうせい[脳性](명)〈의〉 뇌에 관계가 있는 것. 「―小児痲痺(ショウニマヒ); 뇌성 소아 마비」 cerebral

のうせい[農政](명) 농정. 농업 행정. agricultural administration

のうぜい[納税](명·자サ) 납세. 세금을 납부함. 「―者(シャ); 납세자」 payment of taxes

のうせきずいまくえん[脳脊髄膜炎](명)〈의〉 뇌척수막염. 세균이 들어 가서 일어나는 뇌와 척수를 덮는 막(膜)의 염증. cerebro-spinal meningitis

のうせん[農専](명) 농업 전문 학교의 준말.

のうぜんかずら[凌霄花]―カヅラ(명)〈식〉 능소화. 정원에 심는 낙엽 활엽 만목. 여름에 적황색(赤黃色)의 꽃이 핌. a great trumpet-flower

のうぜんはれん[凌霄葉蓮·金蓮花](명)〈식〉 한련(旱蓮). 1년생 화초로 6~10월에 황, 적, 홍 등 여러 가지 빛깔의 5판화가 핌. a tropæolum

のうそ[嚢祖](명) 선조. 조상. an ancestor

のうそう[能相](명)〔문법에서〕 동사 형태의 한 가지. 동작이 다른 것에 미치는 것. 능동태. ↔所相(ショソウ). the active voice

のうそん[農村](명) 농촌. 농민이 생활하는 마을. a farm-village. ―**こうぎょう**[農村工業](명) 농촌 공업. 농촌에서 농산물을 가공하는 일. ―**もんだい**[農村問題](명) 농촌 문제. 농촌의 생활 상태, 생활 조건 및 그 개선, 개량에 관한 사회적 문제.

のうだい[農大](명) 농대. 농업 대학의 준말.

のうたん[濃淡](명) 농담. 짙은 것과 연한 것. 진함과 묽음. light and shade

のうち[農地](명) 농지. 농업에 사용하는 토지. farmland. ―**いいんかい**[農地委員会](명) 농지 위원회. 농지 개혁에 따라 농지를 사고 파는 일을 실제로 행하는 기관. ―**かいかく**[農地改革](명) 농지 개혁. 농촌에 있어서 토지의 공평한 분배를 목적으로 부재 지주(不在地主)의 토지를 소작인에게 분배하는 토지 제도의 개혁.

のうちゅう[脳中](명) 뇌중. 두뇌의 가운데. 머리 속. 뇌리. in one's brains

のうちゅう[嚢中](명) 낭중. ①주머니나 자루 속. ②돈지갑 속. 회중. 품속. 「―無一物(ムイチブツ); 주머니 속에 아무 것도 없다」 1. in the bag 2. the purse. ―**のきり**[嚢中の錐](연어·명) 낭중의 송곳. 재능이 있는 사람은 숨겨도 곧 뭇사람의 눈에 띄게 된다는 말.

のうちょう[農調](명) 농지 조정(農地調整)의 준말. 「―法(ホウ); 농지 조정법」

のうて[農手](명) 농업 어음(農業手形)의 준말.

のうてい[嚢底](명) ①주머니 밑바닥. ②지갑 바닥. 「―の知(チ); 있는 대로의 모든 지혜」 1. the bottom of a bag

のうてん[脳天](명) 뇌천. 두상(頭上). 정수리. the crown of the head

のうでんりゅう[脳電流](명)〈생〉 뇌의 신경 세포에서 나온 전류. 이 움직임을 오실로그래프로 그린 그림에 나타난 물결 모양의 금을 뇌파(脳波)라고 함. brain electricity

のうど[農奴](명) 농노. 중세 봉건 사회에서 각 영주의 토지에 얽매어 있던 농민. 노예보다 자유로왔으나 이전(移転)의 자유가 없었음. a serf

のうど[濃度](명) 농도. 용액의 일정한 용적 속에 녹아 들어 있는 물질의 비율. density

のうどう[能動](명) 능동. ①적극적으로 다른 것에 작용하는 일. ②작용. ↔受動(ジュドウ). 1. activeness ―**てき**[能動的](형동ダ) 능동적. 적극적으로 스스로 작용하는 모양. ↔受動的(ジュドウテキ).

のうなし[能無し](명) 쓸 모 없는 것. 또는 그런 사람. 지혜가 없는 것. 또는 그런 사람. 무능(無能). 무능한 사람. a good-for-nothing

のうにゅう[納入](명·타サ) 납입. (돈이나 제품 등을) 바침. 「手数料(テスウリョウ)の一; 수수료의 납입」 delivery
のうのう(부·자サ) ①유유한 모양. ②태평스러운 모양. 「一と遊(アソ)ぶ; 태평스럽게 놀다」 1. free from care 2. leisurely
のうは[脳波](명)〈생〉 뇌파. 대뇌(大脳)의 활동에 따라 뇌에서 흐르는 주기성(周期性)의 전류. a brain wave
のうはい[納盃·納杯](명·자サ) ①종배(終杯)함. ②술잔치를 마침. 1. the last cup 2. the end of a banquet
のうはく[農博](명) 농학 박사의 준말.
のうはん[農繁](명) 농번. 농사일이 바쁜 것. 「一休暇(キュウカ); 농번 휴가」 busy farming. **—き**[農繁期](명) 농번기. 농사일이 바쁜 시기. ↔農閑期(ノウカンキ).
のうひ[能否](명) 할 수 있음과 없음. 능력의 유무(有無). possibility or impossibility
のうび[濃尾](명)〈지〉 미노(美濃)와 오와리(尾張). **—へいや**[濃尾平野](명)〈지〉 아이치(愛知), 기후(岐阜) 두 현(県)에 걸친 평야.
のうひつ[能筆](명) 능필. 글씨를 잘 쓰는 것. 또는 그 사람. 달필. skillful penmanship
のうびょう[脳病](명)〈의〉 뇌병. 뇌에 관한 병의 총칭. a brain disease
のうひん[納品](명·자サ) 납품. 물건을 납입함. 또는 그 물건. delivery of goods
のうひんけつ[脳貧血](명)〈의〉 뇌빈혈. 출혈 등으로 뇌의 피가 적어져서 생기는 병. 심한 경우에는 졸도하여 인사 불성이 됨. cerebral anæmia
のうふ[納付](명·타サ) 납부. 납입함. delivery
のうふ[農夫](명) 농부. ①농민. ②농사일에 종사하는 품팔이군. 농군. 1. a farmer
のうふ[農婦](명) 농사에 종사하는 여자. a farmerette
のうぶたい[能舞台](명) 노오가쿠(能楽)를 상연하는 무대.
のうぶん[能文](명·형동ダ) 능문. 문장이 능숙함. 달문(達文). a skillful writing
のうへい[農兵](명) 농병. 농민을 모아 조직한 군대. 또는 그 병사. a agrarian troops
のうべん[能弁](명·형동ダ) 능변. 말재주가 능란함. 달변(達辯). eloquence
のうほ[農保](명) 농업 보험(農業保険)의 준말.
のうほう[農法](명) 농법. 농사 방법. agriculture
のうほうしん[膿疱疹](명)〈의〉 농포진. 급성 피부병의 한 가지. 화농균의 침입으로 농포(膿疱)가 산발(散發)하고 딱지가 앉는 부스럼. pemphigus
のうぼく[農牧](명) 농목. 경작(耕作)과 목축(牧畜). farming and cattle breeding
のうほん[納本](명·자サ) 납본. 다 된 출판물을 당국 등에 납부함. presentation of a specimen copy
のうほんしゅぎ[農本主義](명) 농본주의. 농업을 입국(立国)의 기본으로 삼는 주의. agriculturism
のうま[野馬](명) ①야생(野生)의 말. ②놓아 먹이는 말. 1. a wild horse
のうまく[脳膜](명)〈생〉 뇌막. 두개골 속에 있는 뇌를 싸는 막. meninges. **—えん**[脳膜炎](명)〈의〉 뇌막염. 세균이 뇌막에 들어 가서 생기는 염증.
のうみそ[脳味噌](명)〈속〉 뇌수(脳髄). brains
のうみつ[濃密](명·형동ダ) 농밀. 진하고 빽빽함. density
のうみん[農民](명) 농민. 농업으로 생활하는 사람. 농부. a peasant. **—げいじゅつ**[農民芸術](명) 농민 예술. 농민의 생활을 표현하는 예술. **—せんそう**[農民戦争](명)〈역〉 농민 전쟁. 봉건 시대 말기에 서구(西欧)에 일어난 농민의 봉건 영주에 대한 집단적 반항 운동. 특히 1524~25년 도이치에서 일어난 대농민 전쟁을 말함.
のうむ[農務](명) 농무. 농업에 대한 행정 사무. 농사일. agricultural affairs
のうむ[濃霧](명) 농무. 짙은 안개. a heavy fog
のうめん[能面](명) 노오가쿠(能楽)를 할 때 쓰는 탈(假面). a mask
のうやく[農薬](명)〈농〉 농약. 농업에 쓰이는 약품. 살균제, 살충제, 제초제(除草剤) 등. agricultural medicines
のうやくしゃ[能役者](명) 노오가쿠(能楽)를 하는 사람(배우). a player
のうよう[膿瘍](명)〈의〉 농양. 세균이 들어 가서 몸의 조직 속에 고름이 생기는 병. abscess
のうらん[脳乱](명·자サ) 괴로움으로 마음이 혼란함. worry
のうり[能吏](명) 능리. 유능한 관리. 사무를 잘 처리하는 관리. an able official
のうり[脳裏·脳裡](명) 뇌리. 머리 속. one's mind
のうりつ[能率](명) 능률. 일정한 시간에 일이 진척되는 비율. 「一的(テキ); 능률적」 efficiency
のうりょう[納涼](명·자サ) 납량. 더위를 피하여 서늘한 바람을 쐼. 「一大会(タイカイ); 납량 대회」 enjoying the evening cool
のうりょく[能力](명) 능력. ①일을 할 수 있는 힘. ②〈법〉 개인으로서의 권리를 완전히 행사할 수 있는 자격. 「無(ム)一者(シャ); 무능력자」 1. faculty 2. legal capacity
のうりょく[濃緑](명) 짙은 녹색. dark green
のうりん[農林](명) 농림. 농업과 임업. agriculture and forestry. **—しょう**[農林省](명)〈법〉 농림성. 농림 행정의 사무를 관리하는 중앙 관청. 한국의 농림부에 해당. **—だいじん**[農林大臣](명)〈법〉 농림 대신. 한국의 농림부 장관에 해당.
のうろうがん[膿漏眼](명)〈의〉 농루안. 임균(淋菌)이 눈에 들어 가서 일어나는 심한 결막염(結膜炎).
ノエル[프 Noël](명)〈종〉 노엘. ①크리스마스. ②크리스마스 축가(祝歌).
ノー—[no](조어) 노우. ①…없다. 「一ネクタイ; 넥타이를 매지 않음」 ②…하지 말라. 금지(禁止). 「一スモーキング; 금연(禁煙)」
ノー[no] 노우. Ⅰ(명) 아니라는 것. 부정(否定). 「イエ

スかーか; 가(可)냐 부(否)냐」 Ⅱ(감) 아니. 아니오.

ノーカウント[no count](명) 노우카운트. 〔경기에서〕 점수 계산에 넣지 않는 일.

ノーゲーム[no game](연어·명) 노우게임. 〔야구에서〕 승부가 없는 시합.

ノーコメント[no comment](연어) 노우코멘트. 언급할 일이 없음. 설명이 필요 없음. (주로 신문 기자 등의 질문에 대하여 언급을 회피할 때에 쓰이는 말)

のおし[直衣]ナホシ(명) 헤이안(平安) 시대에 귀족이 입던 남자 평복(平服). 포(袍)와 비슷함.

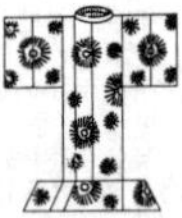

ノータイム[no time](연어·명) 노우타임. 〔야구 등에서〕 쉬고 있는 경기를 다시 시작할 때에 쓰는 심판의 선언 용어.

〔直衣〕

ノーダ(ウ)ン[no down](명) 노우다운. 〔야구에서〕 공격하는 편이 하나도 아웃되지 않음. 「ーフルベース; 무사 만루(無死満塁)」

ノータッチ[no touch](명) 노우터치. ①손을 대지 않음. ②관계하지 않음.

ノート[note](명·타サ) 노우트. ①잊지 않도록 써 둠. 각서(覚書). ②주해(注解). 주석. ③표기. 필기(筆記). ④←ノートブック. **ーブック**[note book](명) 노우트북. 공책. 잡기장. 수첩.

ノーブル[noble](명·형동ダ) 노우블. ①품위 있음. ②고상함. ③귀족(貴族). 양반.

ノープレー[no play](명) 노우플레이. 〔야구에서〕 경기를 하지 말라고 할 때 쓰는 말. 경기 중지.

ノーベルしょう[Nobel賞](명) 노오벨상. 스웨덴의 화학자 노오벨의 유언에 의하여 인류의 행복에 크게 공헌한 사람에게 수여하도록 설정된 상.

ノーマル[normal](형동ダ) 노오멀. 규칙적. 모범적. 정상적. 「ーな社会人(シャカイジン); 모범적 사회인」↔アブノマル.

ノーラン[no run](연어·명) 노우런. 〔야구에서〕 무득점(無得点). 「ノーヒットー; 무안타 무득점」

のがい[野飼い]ノガヒ(명) ①가축, 가금(家禽)을 방목(放牧)하는 일. ②버릇 없이 기르는 것. 1. pasturing

のかじ[野鍛冶](명) 야외에서 하는 대장일.

のが·す[逃す](타4) 놓치다. 달아나게 하다. let pass

のかぜ[野風](명) 들바람. 들에 부는 바람. a field wind

のがれことば[逃れ言葉](명) ⇨にげこうじょう.

のが·れる[逃れる](자하1) ①달아나다. ②면(免)하다. 「難(ナン)をー; 난을 면하다」 1. escape 2. get clear of

のき[軒](명) 지붕 끝. 처마. 「ーをつらねる; 처마를 잇대고 집이 많이 서 있다」 the eaves

のぎ[芒](명) ①〈식〉 벼나 보리 등의 까끄라기. ②목에 걸린 물고기의 가시. 1. the beard

のぎく[野菊](명)〈식〉 야국. 가을에 들과 산에 피는 국화. 연보랏빛 꽃이 핌. a wildcamomile

のきさき[軒先](명) 처마끝. the edge of the eaves

のきした[軒下](명) 처마밑. under the eaves

のきしのぶ[軒忍ぶ](명)〈식〉 다시마일엽초. 고사리과에 속하는 상록 양치(常緑羊歯) 식물. 바위나 나무줄기에 남. 와위(瓦葦).

ノギス(명) 〔노오니우스(도 Nonius)의 변화〕 물체의 두께, 구(球), 구멍의 직경 등을 재는 금속제의 자.

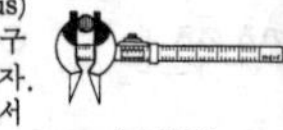

〔ノギス〕

のきたけ[軒丈·軒長](명) 땅에서 처마까지의 높이.

のきどい[軒樋]ードヒ(명) 처마끝에 달아서 빗물을 받아 내리는 물받이. 낙수받이. an eaves-gutter

のきなみ[軒並み](명) 처마가 나란히 있는 일. 집들이 줄지어 있는 것. a row of houses

のきならび[軒並び](명) 집이 나란히 줄지어 있음. 또는 그 집들. a row of houses

のきば[軒端](명) ①처마끝. ②처마에 가까운 곳. 1. the edge of the eaves 2. near the eaves

のぎへん[禾偏](명) 한자 부수(部首)의 하나. 벼화변. "稗, 秋"등의 "禾" 부분.

のきみせ[軒店](명) 길가에 면한 방을 개조한 간단한 가게.

の·く[退く·除く](자4) ①물러서다. 떠나다. ②탈퇴하다. 「会(カイ)をー; 회에서 탈퇴하다」 1. draw back

ノクターン[nocturne](명)〈악〉 녹터언. 밤의 서정적인 정서를 나타내는 악곡. 야상곡(夜想曲). 노투르노.

のけざまに[仰様に](부) 뒤로 자빠지는 모양. on one's back

のけぞ·る[仰け反る](자4) 뒤로 몸을 젖히다. bend oneself back

のけもの[除け物·除け者](명) ①예외의 것. ②동료나 친구들로부터 따돌림을 당하는 일. 또는 그 사람. 「ーにする; 따돌리다」 1. an exception 2. an outcast

の·ける[退ける] Ⅰ(타하1) 물러서게 하다. 비켜 서게 하다. Ⅱ(보동·하1) ①훌륭히 해 치우다. 「やってー; 해 치우다」 ②결단적으로 하다. 「いってー; 말해 치우다」 Ⅰ move aside

の·ける[除ける](타하1) 빼다. 제거하다. 「名簿(メイボ)から名(ナ)をー; 명부에서 이름을 빼다」 take off

のこ[鋸](명)〈속〉 ⇨のこぎり.

のご·う[拭う]ノゴフ(타4)〈고〉 닦다. 훔치다.

のこぎり[鋸](명) 톱. a saw. **ーくず**[鋸屑]ークヅ(명) 톱밥. **ーざめ**[鋸鮫](명)〈동〉 톱상어. 상어의 한 가지. 입이 삐죽 내밀어 톱처럼 생겼음. **ーば**[鋸歯](명) 톱니.

のこ·す[残す·遺す](타4) ①남게 하다. ②두고 가다. 「おき手紙(テガミ)をー; 편지를 써 두고 가다」 ③후세에 전하다. 「りっぱな作品(サクヒン)をー; 훌륭한 작품을 남기다」 ④〔씨름에서〕 씨름판 밖으로 밀려 나가지 않도록 하다. 1. leave over 3. leave behind

のこった[残った](연어) 〔씨름에서〕 심판이 하는 소리. 씨름판의 금까지는 아직 여지가 있다는 말.

のこのこ(부) 태연히 나아가는 모양. 아무렇지도 않은 듯이 천천히 걷는 모양. 어슬렁어슬렁. unconcernedly

のこらず[残らず](부) 모두. 전부. 남김 없이. entirely

のこり[残り](명) 나머지. 남은 것.「一なく; 남김 없이」 the remainder. **—おお·い**[残り多い]—オホイ(형) ①분하다. 서운하다. ②마음에 걸리다. **—おし·い**[残り惜しい]—ヲシイ(형) 분하다. 섭섭하다. 파생 **—おしげ**(형동ダ) **—おしさ**(명). **—か**[残り香](명)(죽거나 없어진 뒤에) 남은 향기. **—すくな**[残り少な](형동ダ) 얼마 남지 않은 모양.「夏休(ナツヤスミ)も一になった; 여름 방학도 얼마 남지 않았다」 **—な·く**[残り無く](부) 모두. 전부. **—び**[残り火](명) 타다 남은 불. **—もの**[残り物](명) 남은 물건. 여분.「一には福(フク)がある; 남에게 먼저 양보하면 오히려 복이 돌아 온다는 말」

のこ·る[残る](자 4) ①남다. ②뒤에 머무르다. ③새어 나가다. ④후세에 전하다. ⑤살아 남다. ⑥〔씨름에서〕 씨름판 밖으로 밀려 나가지 않게 되다. 2. be left 2. stay 4. be remembered

のこん[残ん](명)〔"のこり"의 변한 말〕 남은 것.「一の月(ツキ); 잔월」 remaining

のざき[荷前](명) 중고 시대, 연말에 각 지방에서 들어 온 공물(貢物)의 신곡(新穀)을 왕릉(王陵)과 외척(外戚)의 묘 앞에 바치던 일.

のさば·る(자 4) ①마음대로 행동하다. 제 멋대로 날뛰다.「不良(フリョウ)が一; 불량배들이 날뛰다」②반거(蟠踞)하다. 1. have everything one's own way

のざらし[野晒し](명) ①해골. 촉루(髑髏). ②들에 내버려 둠. 1. a skull 2. weather-beaten

のざわ[野沢](명) 낮고 습한 풀밭. a swamp

のし[熨·熨斗](명) ①다리미. ②축하용으로 쓰기 위해 얇게 저며 말린 전복. ③선물을 보낼 때 색종이를 육각형으로 접어서 그 속에 얇게 저며 말린 전복을 넣어 선물 위에 얹어 보내던 것. 근래에는 그 색종이만을 말함. 1. an iron

のじ[野路]—ヂ(명) 들길. a wild path

のしあが·る[伸し上がる](자 4) ①뻗어 오르다. 발돋움하여 몸을 뻗쳐 서다. ②지위가 올라 가다.「局長(キョクチョウ)に一; 국장이 되다」 1. stand on tiptoe

のしあ·げる[伸し上げる](타하 1) ①밀어 올리다. ②이루다. 성취하다. ③지위를 높이다. 2. accomplish

のしある·く[伸し歩く](자 4) ①성큼성큼 걷다. ②거만하게 걷다. 2. swagger about

のしあわび[熨斗鮑]—アハビ(명) 축하 선물 등에 쓰는 얇게 저며 말린 전복. a thin strip of dried sea-ear

のしうめ[熨斗梅](명) 과자의 한 가지. 익은 매실(梅実)을 밤새 통에 밀봉(密封)했다가 씨를 빼고 갈아서 헝겊으로 짠 후 설탕, 칡가루 등을 섞어서 불에 익혀 그릇에 담아 말린 것. plum jelly

のしかか·る[伸し掛かる](자 4) (위로부터) 덮치다.「上(ウエ)から一; 위로부터 덮치다」 bend over

のしめ[熨斗目](명) 옛날 무가(武家)의 예복용 직물. 씨실은 생사(生糸), 날실은 연사(練糸)로 짜서 허리 부분에만 무늬를 넣어 짰음. 「flattened rice-cake

のしもち[伸し餅](명) 납작하게 만든 떡. ↗

のじゅく[野宿](명·자サ) 야숙. 들에서 잠. 집 밖에서 밤을 지냄. camping-out

のじりこ[野尻湖](명)〈지〉 나가노현(長野県) 북부에 있는 호수. 호반(湖畔)은 피서지.

の·す[伸す] Ⅰ(자 4) ①뻗다. ②나아가다. ③발전하다. ④출세하다. Ⅱ(타 4) ①뻗치다. ②몹시 때리다. 때려 눕히다. Ⅰ1. stretch 3. expand

の·す[熨す](타 4) 열을 가하여 눌러 펴다. 다리다. iron out

のずえ[野末]—ズヱ(명) 들판의 가. 들판의 끝. 들가. the end of the field

ノスタルジア[nostalgia](명) 노스탤지어. 고향을 그리는 마음. 향수(郷愁).

ノズル[nozzle](명) 노즐. 유동체(流動体)를 분출시키는 장치.

の·せる[乗せる·載せる](타하 1) ①태우다. ②위에 놓다. ③계략을 걸다.「口車(クチグルマ)に一; 달콤한 말로 속이다」④가락에 맞추다. ⑤써 넣다. 싣다.「本(ホン)に一; 책에 싣다」⑥쌓아서 운반하다. 1. take on 2. place on 3. take in

のぞき[覗き·覘き](명) ①들여다 보는 것. 엿보는 것. ②←覘き眼鏡. 1. a peep. **—からくり**[覘き機関](명) ⇨のぞきめがね①. **—めがね**[覘き眼鏡](명) ①상자 속에 여러 장의 그림을 넣고 바꿔 가며 앞쪽의 렌즈로 들여다 보게 된 장치. 요지경(瑤池鏡). ②상자 밑바닥에 유리를 넣어 물속을 들여다 보면서 고기를 잡는 도구.

のぞ·く[除く](타 4) ①제거하다. ②없애다. ③죽이다. ④합치지 않다. 따로 하다. 1. take off 2. omit

のぞ·く[覗く·覘く](타 4) ①(좁은 틈으로) 들여다 보다. 살피다. 엿보다. ②조금 알다.「経済学(ケイザイガク)を一; 경제학을 조금 공부하다」③잠깐 들르다. 1. peep 2. have a smattering of

のそだち[野育ち](명) ①버릇 없이 되는 대로 자람. 또는 그 사람. ②들에 놓아 기름. 방목(放牧). 1. a man of nature 2. wild

のそのそ(부·자サ) 천천히 행동하는 모양. 꾸물거리는 모양. sluggishly

のぞまし·い[望ましい](형) 했으면 싶다. 좋을 듯하다. 바람직하다.「届(トド)け出(デ)ることが一; 계출해 주었으면 좋겠다」 파생 **—さ**(명). desirable

のぞみ[望み](명) ①내다봄. 둘러 봄. 조망(眺望). ②원하고 바람. 희망. ③인망(人望). ④전도(前途). 1. a view 2. a desire

のぞ·む[望む] Ⅰ(자 4) ①상대하다. 마주 앉다. Ⅱ(타 4) ①바라다. 희망하다.「出世(シュッセ)を一; 출세하기를 바라다」②주문하다. 원하다.「青年(セイネン)に一; 청년에게 바라다」 Ⅰ1. face each other Ⅱ1. wish. **—べくんば**[望むべくんば](연어) 바랄 수가 있다면. **—らくは**[望むらくは](부) 바라건대. 제발.

のぞ·む[臨む](자 4) ①(높은 곳에서) 내려다보다. ②향하다. 면하다.「海(ウミ)に臨んだ旅館(リョカン); 바다를 향한 여관」③출석하다. 임하다.「式場(シキジョウ)に一; 식장에 가다」④신분이 높은 사람이 낮은 사람에게로 가다. ⑤(어떤 경우에) 부딪치다. 「別(ワカ)れに—; 이별에 당면하다」 1. look down 2. front on

のだ[野田](명) 들판에 있는 논. ↔山田(ヤマダ). a rice-field in the plains

のだいこ[野太鼓](명) 서투른 북치기. 고수(鼓手)를 업신여겨 일컫는 말.

のたうちまわ·る—マハル(자 4) ⇨のたうつ.

のたう·つ(자 4) 몸부림 치다. 괴로와서 엎치락뒤치락하다. squirm

のたく·る(자 4) ⇨のたうつ.

のだち[野立ち](명) 신분이 높은 사람이 야외에서 수레를 멈추고 쉬는 일. 「お—所(ショ); 신분 높은 사람이 야외에서 쉬는 곳」 field review

のだち[野太刀](명) 예전에 야외로 산책 등을 나갈 때 허리에 차던 단도(短刀).

のだて[野立て](명) ⇨のだち.

のだて[野点て](명) 야외에서 가루차를 달이는 일.

のたま·う[宣う·曰う]ノタマフ(자 4)〈고〉"いう(말하다)"의 높임말. 말씀하시다.

のたまわく[宣わく·曰わく]ノタマハー(부)〈고〉 가라사대.

のたりのたり(부·자サ) (파도 등이) 천천히 출렁거리는 모양. 출렁출렁. like light waves

のたれじに[野垂れ死に](명·자サ) ①행려 병사(行旅病死). 객사(客死). ②아무런 일도 해 놓은 것 없이 죽음. 헛된 죽음. 1. dying by the roadside

のち[後] Ⅰ(명) ①장래. 미래. ②자손. ③죽은 뒤. 사후. Ⅱ(부) 뒤에. 후에. Ⅰ 1. the future 2. descendants

のちざん[後産](명) 후산. 출산(出産) 후 태(胎)를 낳는 일. after-birth

のちぞい[後添い]—ゾヒ(명) 후처(後妻). one's second wife

のちのち[後後](명·부) ①이후(以後). ②미래. 후세(後世). ③사후(死後). 1. after this 2. the future

のちのつき[後の月] ①내달. 다음달. ②윤달(閏月). ③음력 9월 13일 밤의 달. 1. the next month

のちのよ[後の世](명) ①장래. 미래. ②후세. 죽은 뒤의 세상. 내세(来世). the future

のちのわざ[後の業](명) 죽은 뒤의 장례(喪礼) 기타의 행사. the funeral and services after a person's death

のちほど[後程](부) 나중에. 뒤에. afterwards

ノッカー[knocker](명) 노커. ①현관문에 달린 문 두드리는 쇠. ②〔야구에서〕 수비(守備)의 연습을 위하여 공을 치는 사람.

〔ノッカ①〕

のっかか·る[乗っ掛かる](자 4)〈속〉 올라타다. ride

のづかさ[野阜](명)〈고〉 들판의 낮은 언덕.

のっか·る[乗っかる](자 4)〈속〉 타다. 「バスに—; 버스에 타다」 get on

ノッキング[knocking](명·자サ) 노킹. 가솔린 기관(機関)의 이상 폭발(異常爆発).

ノック[knock](명·타サ) 녹. ①문을 두드림. ②때림. 타격. ③〔야구에서〕 수비의 연습을 위하여 공을 침.

—アウト[knockout](명·타サ) 녹아우트. ①〔권투에서〕 상대방을 완전히 넘어뜨려 10초 안에 일어나지 못하게 하는 일. 케이오우. ②〔야구에서〕 적의 피처(投手)가 던지는 공을 맹타(猛打)하여 그 피처를 교체시킴. ③〔승부에서〕 상대방을 완전히 패배시킴.

—ダウン[knock down](명·타サ) 녹다운. 〔권투에서〕 선수가 시합 중 링 밖으로 나가거나, 로우프에 기대거나, 넘어짐.

のっけ(명) ①위를 향하는 것. ②〈속〉 최초. 「—から; 처음부터」 1. bending backward 2. the beginning

のっ·ける[乗っける](타하 1)〈속〉 태우다. 「バスに—; 버스에 태우다」 take on

のっそり(부·자サ) ①천천히 걷는 모양. ②멍하니 서 있는 모양. 1. in a hulking manner

のっと(부) 불쑥 일어나는 모양. suddenly

ノット[knot·節](명) 노트. ①해리(海里). 해상 거리의 단위. 약 1, 852 *m*. ②배의 속도의 단위. 한 시간에 1해리를 달리는 속도를 1노트라 함.

のっと·る[則る·法る](자 4) 법칙, 규범에 따르다. 본으로 삼아 따르다. 「故実(コジツ)に—; 고사(故事)에 따르다」 follow

のっと·る[乗っ取る](타 4) 쳐들어 가서 탈취하다. 빼앗다. take over

のっぴき[退っ引き](명) 피해 물러서는 일. 퇴각. retreat

—ならぬ[退っ引きならぬ](연어·연체) 물러설 수 없는. 어떻게 할 수 없는. 「—立場(タチバ); 물러설 수 없는 입장」

ノップ[knob](명) ⇨ノブ.

のっぺい[濃餅](명) 야채, 두부 등을 썰어 넣고 끓여 갈분(葛粉)을 푼 국.

のっぺらぼう(명·형동ダ) ①편편하고 매끄러움. 또는 그런 것. 「—な顔(カオ); 밋밋한 얼굴」 ②변화가 없고 무늬도 없음. 또는 그런 것. ③생각이 없음. 또는 그런 사람. 1. smoothness 2. flatness

のっぺり(부·자サ) ①얼굴이 미끈한 모양. 얼굴이 곱고 맺힌 데가 없는 모양. ②편편하고 넓게 퍼진 모양. 1. smooth 2. flat

のっぽ(명·형동ダ) 키가 큼. 키다리. a tall man

のづら[野面](명) ①들의 표면. ②다듬지 않은 자연 그대로의 돌의 표면. ③부끄러움을 모르는 사람. 철면피(鉄面皮). 1. a field 3. a brazen face

ので(접조) 이유를 나타내는 말. …므로. …때문에. 「雨(アメ)が降(フ)る—; 비가 오므로」 as

のでら[野寺](명) 들판에 있는 절. a temple in the field

のてん[野天](명) 지붕이 없는 곳. 노천(露天). 야외. 「—風呂(ブロ); 노천 목욕탕」 the open air

のと[能登](명)〈지〉 옛 지방 이름. 현재 이시카와현(石川県) 북쪽 노토 반도의 부분. **—はんとう**[能登半島](명)〈지〉 이시카와현 북쪽 동해에 돌출한 반도.

のど(형동ナリ)〈고〉 ①한적한. 유유한. ②안온 무사한.

のど[喉·咽](명) ①〈생〉 인후. 목구멍. 「—から手(テ)が

出(デ)る; 몹시 탐내는 모양」 ②목소리. 목청.「―がいい; 목소리가 좋다」 ③〔제본,인쇄에서〕 책의 철하는 부분. ↔小口(コグチ). 1. the throat 2. a voice

のどか[長閑か](형동ダ) ①안온한 모양. 한가한 모양.「―なけしき; 조용하고 한가로운 경치」 ②하늘이 맑고 화창한 모양. 파생 ― **さ**(명). 1. mild 2. calm

のどくび[喉頸](명) 후경. ①목의 앞부분. 목 언저리. ②목처럼 중요한 곳. 급소(急所). 1. the neck 2. the vital part

のどけ·し[長閑けし](형ク) 한가하다. 평온하다. 화창하다. 파생 ― **さ**(명). calm

のどじまん[喉自慢](명) 목소리 자랑. 노래 자랑. being proud of one's voice

のどっぷし[喉っ節](명) 목구멍의 성대(声帯)가 튀어나와 높아진 곳.

のどびこ[喉彦](명)〈생〉 ⇨けんようすい(懸壅垂).

のどぶえ[喉笛](명) 목의 기관(気管). 숨통.「―に食(ク)いつく; 숨통 근처를 물다」 the glottis

のどぼとけ[喉仏](명)〈생〉 성년 남자의 턱 아래 목의 중간쯤에 후두의 연골이 조금 돌출하여 나온 부분. 결후(結喉). the Adam's apple

のどま·る(자 4)〈고〉 고요해지다. 가라앉다.

のど·む(타하 2)〈고〉 ①가라앉히다. 고요하게 하다. ②늦추다. 사양하다.

のどもと[喉元](명) 목의 식도와 기관(気管)이 통하는 곳.「―過(ス)ぎれば熱(アツ)さを忘(ワス)れる; 뼈저린 피로움도 그때가 지나고 나면 곧 잊어 버린다는 말」 the throat

のどやか(형동ダ) 화창한 모양. 한적한 모양. calm

のどよ·う ―ヨフ(자 4)〈고〉 약하고 힘없는 소리를 내다.

のどわ[喉輪](명) ①목 언저리에 대는 갑옷의 부속품. ②〔씨름에서〕 손바닥을 상대방의 턱에 대고 미는 수.

のなか[野中](명) 들 복판. 들 가운데.「―の一本杉(イッポンスギ); 고독한 것의 비유」 in the field

のに(접조) ①앞의 말과 뜻이 반대되는 말을 연결하는 조사. …한데.「ある―ないという; 있는데 없다고 한다」 ②…하는 데. …하기 위해서.「本(ホン)を買(カ)う―おかねがかかる; 책을 사는 데 돈이 든다」 ③…텐데.「よせばよかった―; 그만뒀으면 좋았을 걸」 1. though

のねずみ[野鼠](명)〈동〉 들쥐. a wood-mouse

ののさま(명) 〔아이들의 말로〕 ①신(神). 부처. ②태양. ③달. 1. Buddha 2. the sun

ののし·る[罵る](자 4) ①〈고〉 큰 소리로 떠들다. ②욕을 퍼붓다. ③큰 소리로 꾸짖다. 2. abuse 3. scold

のみや[野宮](명)〈고〉 옛날, 왕녀가 사이구우(斎宮)나 사이인(斎院)이 될 때 1년간 살던 임시 궁전.

のばかま[野袴](명) 옛날 자락에 넓은 단을 댄 여행용 일본식 바지.

〔野袴〕

のば·す[延ばす·伸ばす](타 4) ①늘이다. 펴다. ②성하게 하다.「勢力(セイリョク)を―; 세력을 펴다」 ③물에 타서 묽게 하다. ④오래 끌다. 연기하다.「解決(カイケツ)を―; 해결을 오래 끌다」 ⑤〈속〉 넘어뜨리다. 1. lengthen

のばなし[野放し](명) ①새, 가축 등을 들에 내놓아 기르는 일. 방목(放牧). ②아이들을 제 멋대로 키우는 일. ③되는 대로 내버려 둠. 1. pasturing 2. letting loose to nature

のはら[野原](명) 들판. 집이 없는 넓은 평지. a field

のばら[野薔薇](명)〈식〉 찔레나무. 장미과에 속하며 희고 조그마한 한 겹의 꽃이 핌.

のび[延び·伸び](명) ①뻗음. ②길이. ③기지개.「―をする; 기지개를 켜다」 1. lengthening 2. length 3. stretching oneself

のび[野火](명) 야화. 봄에 산야의 마른 풀을 태우는 불. a grass fire

のびあが·る[延び上がる·伸び上がる](자 4) 몸을 펴다. 발돋움하다. stretch up

のびちぢみ[伸び縮み](명·자サ) 늚과 줆. 신축(伸縮). expansion and contraction

のびなや·む[伸び悩む](자 4) ①〈경〉 시세가 오르기 힘들다. ②좀처럼 늘어나지 않게 되다.「選挙(センキョ)の票(ヒョウ)が―; 선거의 표수가 좀처럼 늘어나지 않다」 1. be top-heavy

のびのび[伸び伸び](부·자サ) ①마음이 누긋한 모양. ②태평스럽게 쉬는 모양. 2. feeling at ease

のびのび[延び延び](부) 자꾸 늘어나는 모양. 쭉쭉 뻗는 모양. being prolonged

のびやか[延びやか·伸びやか](형동ダ) 태평스럽고 한가한 모양. feeling at ease

のびる[野蒜](명)〈식〉 야선. 백합과에 속하는 다년초. 달래. 산달래. a wild rocambole

の·びる[延びる·伸びる](자상 1) ①길어지다. 높아지다. (키가) 커지다.「手(テ)が―; 손이 뻗치다」 ②넓어지다. ③오래 끌다.「解決(カイケツ)が―; 해결이 늦어지다」 ④물에 녹다. ⑤성하게 되다.「勢力(セイリョク)が―; 세력이 커지다」 ⑥자라다. 성장하다. ⑦달아나다.「おち―; 도망 쳐 가다」 ⑧〈경〉 시세가 오르다. ⑨국수 등의 탄력이 없어지다. ⑩〈속〉 피로해서 쓰러져 움직일 수 없게 되다. ⑪죽다. 1. lengthen

ノブ[knob](명) 노브. 손잡이. 문고리. 문의 핸들.

のぶし[野伏](명) 산야(山野)에서 노숙(露宿)하며 수행(修行)하는 중. a mountain priest

のぶし[野武士](명) 들이나 산에 숨어 싸움에서 패한 무사(武士) 등의 무기를 빼앗는 토민(土民). 또는 무사의 집단. a soldier of fortune

のぶすま[野臥間·野衾](명)〈동〉 ⇨むささび.

のぶせり[野臥せり](명) ①⇨のぶし(野武士). ②산적(山賊). ③들이나 산에 사는 거지. 2. a bandit

のぶと·い[野太い](형)〈속〉 ①굵직하다. ②(목소리가) 굵다. 2. sonorous

のぶどう[野葡萄](명)〈식〉 개머루. 포도과에 속하는 낙엽 활엽 만목. 골짜기, 개울 가에 남. a wild grape

のぶれば[陳者](연어) 〔편지에서〕 말씀 드리자면.「拝

啓(ハイケイ)ー; 삼가 말씀 드리자면」 now
のべ[延べ](명) ①뻗치는 것. 늘이는 것. ②총계. 전부. 합계. 「ー日数(ニッスウ); 연일수」 1. expansion 2. the total
のべ[野辺](명) ①들. ②장송(葬送). 「ーの送(オクリ); 장례의 전송」 ③화장(火葬). 1. the field 2. a funeral
のべいた[延べ板](명) (금, 은 등의) 금속을 늘여서 얇은 판으로 만든 것.
のべがね[延べ金](명) ①두들겨서 편 금속. ②도검(刀劍). 1. sheet-metal 2. a sword
のべギセル[延べ煙管](명) 전체를 금속으로 만든 담뱃대. 「金(キン)のー; 금으로 만든 담뱃대」
のべざお[延べ竿]ーザヲ(명) 잇지 않은 긴 낚싯대.
のべざお[延べ棹](명) 잇지 않은 샤미센(三味線)의 자루.
のべじんいん[延べ人員](명) 연인원. 어떤 일을 하기 위하여 동원된 총인원수를 하루 한 사람의 비율로 계산한 것. the total number of workers
のべたら(부) 끊임 없이 계속하는 상태. sluggishly
のべつ(に)(부) 끊임 없이. 계속적으로. 연속해서. 「ーしゃべる; 끊임 없이 지껄이다」 ceaselessly
のべつぼ[延べ坪](명) 연평. 건물의 총평수. the total floor space
のべつまくなし[のべつ幕無し](연어) 끊임 없이. 계속적으로. 「ーにしゃべりたてる; 계속적으로 지껄여대다」 without intermission
のべにっすう[延べ日数](명) 연일수. 어떤 일에 소요된 일수(日数)를, 한 사람이 완성시킨 것으로 가정하여 날짜를 환산한 총일수. the total number of days
のべ(の)おくり[野辺(の)送り](연어·명)〈고〉 장송(葬送).
のべばらい[延べ払い](명)〈경〉 대금의 지불 시기를 연기함. deferred payment
の·べる[延べる·伸べる](타하 1) ①펴다. 기다랗게 늘이다. 「首(クビ)をー; 목을 길게 뽑다」 ②뒤로 미루다. 「日(ヒ)をー; 날짜를 뒤로 미루다」 ③펴다. 「ねどこをー; 이부자리를 펴다」 1. expand
の·べる[述べる·宣べる](타하 1) ①(순서를 따라) 말하다. 진술하다. ②책에 자기 설(説)을 서술하여 발표하다. 1. express 2. state
ノベル[novel](명) 노오벨. 소설. 장편 소설(長篇小説).
のぼ·う[延ぼう](타하 2)〈고〉 연기하다.
のぼ·う[述ぼう](타하 2)〈고〉 술회하다. 말하다.
のほうず[野放図](형동ダ) ①방자한 모양. ②한이 없는 모양. 1. arrogant
のぼ·す[上す](타 4)〈고〉 상기(上気)되다.
のぼせ[逆上せ](명) 머리가 충혈되어 열이 오르는 상태. 상기(上気). 흥분. a rush of blood to the head.
ーあが·る[逆上せ上がる](자 4) ①매우 상기하다. ②매우 열중하다.
のぼ·せる[上せる](타하 1) ①올리다. 「議題(ギダイ)にー; 의제에 올리다」 ②권하다. 들다. ③써서 실리다. ④지방에서 서울로 보내다. ⑤선동하다. ⑥거슬러 올라 가게 하다. 1. raise
のぼ·せる[逆上せる](자하 1) ①머리가 충혈되어 열이 오르다. 상기(上気)하다. ②열중하다. ③흥분해서 날뛰다. 1. have a rush of blood to the head
のほほん(부)〈속〉 아무 것도 하지 않고 태평스럽게 있는 모양. 무관심한 모양. nonchalantly
のぼり[上り·登り·昇り](명) ①올라 감. 「ー下(クダ)り; 올라 옴과 내려옴」 ②←上り坂. ③지방에서 서울로 감. ④←上り列車. 1. rise. **ーざか**[上り坂](명) 오르막. 올라 가는 고개. **ーつ·める**[上り詰める](자하 1) ①꼭대기까지 오르다. ②최고의 지위까지 가다. 「官位(カンイ)をー; 관위의 최고 지위까지 올라 가다」 **ーれっしゃ**[上り列車](명) 상행 열차. 수도 쪽으로 향해 가는 열차.
のぼり[幟](명) ①가늘고 긴 천을 장대에 매달아 세우는 것. ②⇨: こいのぼり. 1. a flag
のぼりべつ[登別](명)〈지〉 홋카이도오(北海道) 무로란(室蘭) 동북방 약 30 *km*, 시코쯔토오야(支笏洞爺) 국립 공원의 온천지. 홋카이도오 제일의 온천지로 경치가 좋음.
のぼ·る[上る·登る·昇る](자 4) ①올라 가다. 「川(カワ)をー; 강을 거슬러 올라 가다」 ②(수도 쪽으로) 가다. ③흥분하다. 상기(上気)하다. ④높아지다. ⑤(물가가) 오르다. 1. ascend
のまおい[野馬追い](명) 말 탄 무사가 야외에서 연습, 조련하는 일.
のま·す[飲ます](타 4) 마시게 하다. 「酒(サケ)をー; 술을 먹이다」 give a drink
のま·せる[飲ませる](타하 1) ①마시게 하다. ②맛이 있어 스스로 마시게 하다. 1. give a drink
のまれる[飲まれる](연어) ①삼켜지다. 「海(ウミ)にー; 바다에 침몰하다」 ②상대방이나 그때의 상태에 강압되어 지치다. 「会議(カイギ)にー; 회의에 지치다」 1. be swallowed up
のみ[呑](명) ①마시는 일. 삼키는 일. ②〈경〉 점원이 주문받은 손님의 계약금이나 수수료(手数料)를 착복하는 일. 1. drinking
のみ[蚤](명)〈동〉 벼룩. 사람이나 동물의 피를 빨아 먹는 적갈색의 작은 곤충. a flea
のみ[鑿](명) 목재나 석재(石材)의 구멍을 뚫거나 홈을 파는 연장. 끌. a chisel
のみ(수조) ①한정(限定)을 나타내는 말. …만이. …뿐. 「野山(ノヤマ)のさまー思(オモ)いやられて; 산야의 모습만 생각 나서」 ②강조하는 말. 「世(ヨ)の中(ナカ)はかくーならし; 세상이란 이와 같은 것인 모양이다」 ③끝장의 기분을 나타내는 말. 「進(スス)んで敵(テキ)を斬(キ)らんー; 나아가서 적을 벨 따름이다」 1. only
のみあか·す[飲み明かす](타 4) 술을 마시며 밤을 새우다. 밤새도록 마시다. drink a night away
のみか(연어·조) …뿐인가. …뿐만 아니라. as well as
のみくい[飲み食い]ークヒ(명·타サ) 마심과 먹음. 식음(食飲). eating and drinking
のみかくし[飲み隠し](명) 마시고도 마시지 않은척함.

のみぐすり[飲み薬](명) 마시는 약. 내복약(内服薬). an internal medicine
のみくだ·す[飲み下す](타 4) 마셔서 위(胃)로 내려 가게 하다. 삼키다. gulp down
のみくち[飲み口](명) ①마실 때의 혀의 감각. ②즐겨 술을 마심. 또는 그 사람. ③술잔 등의 입을 대는 부분. 1. taste 2. a drinker
のみぐち[飲み口](명) 통 속에 든 액체를 따르는 주둥이. a faucet
のみこみ[飲み込み](명) ①삼키는 일. ②납득. 이해. 「ーの わるい人(ヒト); 이해가 둔한 사람」 1. swallowing 2. uderstanding
のみこ·む[飲み込む](타 4) ①삼키다. ②납득하다. 이해하다. 1. swallow 2. understand
のみさし[飲みさし](명) 마시다 마는 것. 또는 마시다 남긴 것. heeltap
のみしろ[飲み代](명) 술값. drink money
のみすけ[飲み助](명)〈속〉 술군. 주객(酒客). a toper
のみたお·す[飲み倒す]ータフス(타 4) 술을 마시고 술값을 내지 않다. fail to pay for one's drink
のみち[野道](명) 들길. 들 가운데 있는 길. a wild path
のみつぶ·す[飲み潰す](타 4) ①술을 너무 마셔 재산을 탕진하다. ②술로 세월을 헛되게 보내다. 1. drink away one's fortune
のみつぶ·れる[飲み潰れる](자하 1) 매우 취해서 그 자리에 쓰러지다. 고주망태가 되다. be dead-drunk
のみて[飲み手](명) 술을 잘 마시는 사람. 술군. 술부대. a hard drinker
のみで[飲み出](명) 마실 술의 분량. 또는 그 분량이 많은 것. 「ーのある酒(サケ); 마시기에 족한 주량」
のみとり[蚤取り](명) ①벼룩 잡기. ②←蚤取り粉. 1. catching flea. **ーこ**[蚤取り粉](명) 세충국(除虫菊)의 꽃을 말려서 가루로 한 것. 빈대, 벼룩 등을 잡는 데 씀. **ーまなこ**[蚤取り眼](명) 어떤 작은 것이라도 자세히 주의 깊게 보는 눈. 「ーでさがす; 자세히 주의 깊게 찾다(샅샅이 뒤지다)」
のみならず(연어) …뿐만 아니라. as well as
ノミナル(レート)[nominal (rate)] Ⅰ(명) 노미널(레이트). ①명의상(名義上). 유명 무실(有名無實). ②〈경〉두 나라 화폐의 시세에서 생기는 환시세(換時勢). 명의상의 환시세. Ⅱ(형동ダ) 유명 무실한 모양. 명의상.
のみのいち[蚤の市](명)〈속〉 고물 시장(古物市場).
のみのふうふ[蚤の夫婦](연어·명)〈속〉 남편보다 아내가 더 큰 부부. a little man with a big wife
のみほ·す[飲み干す·飲み乾す](타 4) 남김 없이 다 마시다. drink up
のみまわし[飲み回し]ーマハシ(명·타サ) 한 그릇에 든 것을 여러 사람이 차례로 돌려 가며 마심. 동 飲み回す(타 4). passing round a cup
のみみず[飲み水]ーミヅ(명) 보통 마시는 물. 음료수(飲料水). drinking water
のみもの[飲み物](명) 마실 것. 음료(飲料). drinkables
のみや[飲み屋](명) ①술집. 주로 술을 파는 음식점. ②요리집. 1. a tavern 2. a restaurant
のみよけ[蚤除け](명) ①벼룩을 약으로 없애는 일. ②벼룩약. 1. killing fleas 2. insect powder
のみりょう[飲み料](명) ①음료. ②술값. 1. drinks
の·む[祈む](타 4)〈고〉 빌다. 청원(請願)하다.
の·む[飲む·呑む](타 4) ①마시다. 삼키다. ②빨아 들이다. 들이마시다. 「清濁(セイダク)あわせー; 청탁을 가리지 않고 받아 들이다」 ③받아 들이다. (마음에 들지는 않으나) 승낙하다. 「要求(ヨウキュウ)をー; 요구를 받아 들이다」 ④가볍게 보다. 안중(眼中)에 두지 않다. 「敵(テキ)をー; 적을 매우 얕보다」 ⑤숨겨 지니다. 「どすをー; 단도를 품다」 ⑥〈경〉 손님으로부터 받은 주문의 수수료(手数料) 등을 횡령하다. ⑦병합(併合)하다. 합치다. 田 飲ます(4). 1. drink 2. inhale
のめ·す(타 4) ①넘어뜨리다. 앞으로 넘어지게 하다. ②철저히 하다. 「しゃれー; 철저히 멋을 부리다」 1. let fall forward
のめのめ(부) 부끄러움을 모르고 태연한 모양. 뻔뻔스럽게. shamelessly
のめ·る(자 4) 앞으로 넘어지다. 앞으로 기울어지다. fall forward
のもせ[野面](명)〈고〉 들의 표면. 들판.
のもせ[野も狭](연어) 들 가득히.
のもり[野守](명)〈고〉 들을 지키는 사람.
ノモンハンじけん[Nomonhan 事件](명)〈역〉 노먼한 사건. 1939년 5월 만몽(滿蒙) 국경 노먼한에서 일어난 일소(日蘇) 양군의 국경 분쟁. 일본군이 대패하여 9월에 정전 협정(停戦協定) 성립. 국경은 대략 소련의 주장대로 정해졌음. the Nomonhan Incident
のやき[野焼き](명) 들에 불을 질러 잡초를 태워 다음 해의 비료로 삼는 일.
のやま[野山](명) 들과 산. hills and fields
のら[野良](명) ①들. ②논밭. 「ー帰(ガエ)り; 논밭에서 일하다 돌아 옴」 ③무위 도식(無爲徒食)하는 것. 또는 그런 사람. 1. a field 2. a farm
のらいぬ[野良犬](명) 주인이 없는 개. 들개. 야견(野犬). an ownerless dog
のらぎ[野良着](명) 들에서 일할 때 입는 옷. 농군의 작업복. a smock frock
のらくら(부·자サ) 게을리 놂. 빈둥거림. indolence
のらしごと[野良仕事](명) 논밭에 나가서 경작하는 일. 들일. farm work
のら·す[宣らす](타 4)〈고〉 "宣る"의 높임말. 말씀하시다.
のらねこ[野良猫](명) 도둑 고양이. a stray cat
のらむすこ[のら息子](명) ⇨どらむすこ.
のり[法·則](명) ①일정한 도리. ②가르침. ③규칙. ④모범(模範). ⑤〈불〉 불법(仏法). ⑥직경(直径). 지름. 1. a law 4. a model
のり[乗り](명) 분이 살갗에 잘 먹음. 살갗에 잘 붙음.
のり[生血](명) 생혈. 아직 마르지 않고 끈적끈적한 피. slimy blood

のり[糊](명) 풀. 전분질(澱粉質)의 것을 끓여서 찰기를 낸 것. 물건을 붙이는 데 씀. starch
のり[海苔](명)〈식〉 해태. ①김. 홍조류(紅藻類)에 속하는 바닷말(海藻). ②⇨:あさくさのり. 1. laver
のりあい[乗り合い]—アヒ(명) 배, 차에 여러 사람이 함께 타는 일. 합승. 「—馬車(バシャ) 합승 마차」↔貸(カ)し切(キ)り. riding together
のりあ·げる[乗り上げる]Ⅰ(타하 1) 달리던 차나 배가 장애물, 암초 위에 올라 가다. Ⅱ(자하 1) 배나 차가 장애물에 걸려 움직일 수 없게 되다. Ⅰ be stranded
のりあわ·せる[乗り合わせる]—アハセル(자하 1) 우연히 함께 타다. happen to ride in the same car with
のりい·れる[乗り入れる](타하 1) 탄 채로 들어 가다. 명 乗り入れ. drive into
のりうち[乗り打ち](명·자サ) (말, 가마 등에) 탄 채로 지나감. riding past
のりうつ·る[乗り移る](자 4) ①바꿔 타다. 갈아 타다. ②마음이 그쪽으로 기울다. 마음이 변하다. ③신(神)이 들리다. 1. change
のりおく·れる[乗り遅れる](자하 1) ①시간이 늦어 못 타다. 차를 놓치다. ②남보다 늦게 타다. 1. miss
のりおり[乗り降り](명·자サ) 차, 배 등 탈것에 타고 내림. getting on and off
のりかえ[乗り換え]—カヘ(명) ①갈아 탐. ②예비로 마련된 차. ③마음이 변하는 일. 1. a change 2. a reserve vehicle
のりか·える[乗り換える]—カヘル(타하 1) ①갈아 타다. ②바꾸다. ③주식(株式), 채권(債券) 등을 새것으로 바꾸다. 1. transfer 2. change
のりかか·る[乗り掛かる](자 4) ①타려고 하다. ②하기 시작하다. 「乗り掛かった船(フネ); 이미 올라 탄 배(이미 시작한 일은 쉽사리 손을 뗄 수 없음의 비유)」③올라 타서 몸을 기대다. 1. be about to get into
のりか·ける[乗り掛ける](타하 1) ①타려고 하다. ②탄 채로 얹히다. 좌초시키다. 2. run aground
のりき[乗り気](명·형동ダ) 내키는 마음. 마음이 내켜 일을 하려고 함. interest
のりき·る[乗り切る](자 4) ①탄 채로 넘다. ②탄 채로 지나가다. ③곤란을 무릅쓰고 나아가다. ④통과하다. 타고 넘어 가다. 1. ride across 2. ride through
のりくみ[乗り組み](명) ①같은 차에 함께 타는 일. 또는 그 사람. ②←乗組員. 1. joining a ship. ——**いん**[乗組員](명) 배나 차 등을 타고 일하는 사람. 승무원. 「be on board a vessel
のりく·む[乗り組む](자 4) 함께 타다. ⤴
のりくらだけ[乗鞍岳](명)〈지〉 나가노(長野)와 기후(岐阜) 두 현의 경계에 있는 일본 북알프스 남쪽 노리쿠라 화산맥(火山脈)의 주봉(主峰). 산정(山頂)에 코로나 관측소가 있음.
のりこ·える[乗り越える](자하 1) ①올라 탄 채로 넘다. ②나아가다. ③통과하다. 참고 지내다. 「苦(クル)しみを—; 괴로움을 견디어 내다」 1. get over
のりこ·す[乗り越す](타 4) ①타고 넘다. ②타고 목적지를 지나쳐 가다. ③꼭대기를 지나 저쪽으로 넘어가다. 명 乗り越し. 1. ride over 2. ride past
のりこみ[乗り込み](명) ①올라 타는 일. ②극단 등이 흥행지(興行地)에 도착하는 일. 1. going on board 2. arriving
のりこ·む[乗り込む](자 4) ①타고 들어 가다. ②여럿이 함께 타다. ③도착하다. 「目的地(モクテキチ)に—; 목적지에 도착하다」④(힘차게) 들어 가다. 1. drive into 2. share the same carriage with
のりしろ[糊代](명) 풀칠하기 위하여 남겨 두는 부분.
のりすご·す[乗り過ごす](타 4) 탄 채로 지나쳐 가다. ride past
のりす·てる[乗り捨てる](타하 1) 탈것에서 내려 그대로 버려 두다. leave
のり·する[糊する](자サ) 풀칠하다. 「口(クチ)を—; 입에 풀칠하다(겨우 살아 나가다)」 starch
のりぞめ[乗り初](명) 처음으로 타는 것. the first riding
のりだ·す[乗り出す](자 4) ①타고 나아가다. ②타기 시작하다. ③마음이 내켜 앞으로 나서다. 「ひざを—; 마음이 내켜 앞으로 다가 서다」 ④스스로 자진해서 관계하다. 「事業(ジギョウ)に—; 사업에 적극적으로 관계하다」 ⑤힘이 나기 시작하다. 제대로 되어 가다. 「油(アブラ)が—; 기름이 오르기 시작하다(무슨 일이 예정대로 잘되어 가다)」 1. ride out 2. begin to ride
のりづけ[糊付け](명·타サ) ①풀칠함. 또는 그 물건. ②세탁한 옷에 풀을 먹임. 1. starching 2. pasting
のりつ·ける[乗り付ける](자하 1) ①차를 타고 도착하다. ②타는 것에 익숙해지다. 「乗り付けた自転車(ジテンシャ); 타기에 익숙해진 자전거」 1. ride up to 2. get used to riding
のりて[乗り手](명) ①승객(乗客). ②말을 잘 타는 사람. 1. a passenger
のりと[祝詞](명) 축사. 신 앞에 고하여 비는 말. 축문(祝文).
のりと·る[乗り取る](타 4) ①공격하여 빼앗다. ②빼앗아 자기 것으로 하다. 1. capture 2. snatch away
のりにげ[乗り逃げ](명·자サ) ①남의 탈것을 타고 도망 침. ②차를 타고 요금을 내지 않고 도망 침. 1. stealing a ride 2. jumping the fare
のりのうみ[法の海](명)〈불〉 법해. 불법(仏法)의 넓고 깊음을 바다에 비유한 말.
のりのし[法の師](명)〈고〉 법사. 중.
のりのともしび[法の燈](명)〈불〉 ①불전에 바치는 등. ②불법(仏法). 불도(仏道). 2. Buddhism
のりのみち[法の道](명)〈불〉 법도. 불법 수행의 길. 불도(仏道). 불교. the teachings of Buddha
のりのむしろ[法の筵](명)〈불〉 ①불상을 배례(拝礼)하는 곳. ②불도의 설법 장소. 법당. the sanctuary
のりば[乗り場](명) 탈것을 타기 위한 곳. 정류장. ⤵
のりまき[海苔巻き](명) 김밥. ⌊a car-stop
のりまわ·す[乗り回す]—マハス(타 4) 탈것을 타고 돌아 다니다. ride about

のり もの[乗り物](명) 탈것. 전차, 기차, 자동차, 비행기, 배, 가마 등. a vehicle
の·る[宣る·告る](타 4)〈고〉 말하다. 고(告)하다.
の·る[乗る](자 4) ①타다. ②오르다. ③탈것을 이용하다. ④[載る](신문 등에) 실리다. ⑤기회를 타다. ⑥신이 나서 뽐내다.「図(ズ)に—; 신이 나서 우쭐거리다.」⑦세력이나 형세를 잘 이용하다.「好調(コウチョウ)の波(ナミ)に—; 호경기나 좋은 형편에 편승하다」⑧속다.「口車(クチグルマ)に—; 감언에 속다」⑨잉크 등이 잘 묻다. ⑩신지피다. 2. get on 4. appear
のる[罵る](타 4) 욕하다. 나쁜 말을 하다. abuse
のる[伸る](자 4) 늘어나서 길어지다. 늘어나서 앞이나 뒤로 굽다. lengthen
ノルウエー[Norway·諾威](명)〈지〉 노르웨이. 북유럽의 스칸디나비아 반도의 서부에 있는 왕국. 수도는 오슬로(Oslo).
のるか そるか[伸るか反るか](연어) 성공하느냐 실패하느냐. 건곤 일척(乾坤一擲).「—やってみよう; 성공하든 실패하든 해보자」 whether one succeeds or fails
ノルマ[러 norma](명) 노르마. ①기준. 표준. ②노동의 책임량.
ノルマル[프 normal](형동ダ) ⇨ノーマル.
ノルマン じん[Norman 人](명) 노르만인. 스칸디나비아 지방에 살던 게르만 민족의 하나.
ノルマンディー[Normandy](명)〈지〉 노르망디. 프랑스 서북부 세에느강 하류(下流)에서 영국 해협에 면한 지방. 2차 대전 때의 격전지(激戰地).
ノルム[프 Norme](명) 노르므. 법칙. 규범.
の れん[暖簾](명) ①헝겊으로 발처럼 친 막. 음식점, 상점의 처마끝이나 문에 치는 옥호(屋号)를 써 넣은 햇빛을 막는 막.「—に腕(ウデ)おし; 작용(作用)해도 반응이 없는 일」「—を分(ワ)ける; 오래 근무한 점원(店員)에게 같은 옥호로써 독립된 상점을 차려 주다」②(상점의) 신용. 명성. 「—にかかわる; 신용(명성)에 관계된다」③처마끝이나 문에 치는 막에 써 있는 옥호. ④방과 바깥 사이에 간막이로 친 막. 1. a shop-curtain
のろ[鈍](명) 우둔한 것. 멍청이. a booby
ノロ[한·獐](명)〈동〉 노루. 사슴과 비슷하며 수놈은 뿔이 세 가닥으로 돋아 있음. a roe deer
のろい[呪い·詛い]ノロヒ(명) 저주(咀呪)의 말. a curse
のろ·い[鈍い](형) ①동작이 느리다. ②어리석다. 머리가 우둔하다. ③여자에게 빠지기 쉽다. 1. slow 2. dense
のろ·う[呪う·詛う]ノロフ(타 4) ①원한이 있는 사람에게 불행이 닥쳐 오도록 빌다. 저주하다. ②미운 사람의 실패를 바라다. 1. curse 2. execrate
のろくさ(부·자サ) 몹시 느리다. 느릿느릿. slowly
のろ くさ·い[鈍臭い](형) 느려빠지다. slow
のろけ[惚気](명) ①애인이나 남편, 아내와의 정사(情事)를 자랑삼아 이야기하는 일. 또는 그런 이야기. ②색정에 빠지는 것. a love affair
のろ·ける[惚気る](자하 1) ①애인이나 남편, 아내와의 정사(情事)를 자랑삼아 이야기하다. ②색정(色情)에 빠지다. 1. talk about one's love affairs
のろし[狼煙·烽火](명) ①봉화. 옛날, 병란(兵乱) 등이 있을 때 신호로 올리던 불.「—をあげる; 봉화를 올리다」②낮에 올리는 화포(花砲). 1. a signal-fire.
— **もり**[狼煙守](명) 봉화를 지키는 사람. 봉화지기.
のろ のろ(부·자サ) 동작이 느린 모양. 느릿느릿. slowly
のろ のろ·し(형シク)〈고〉①저주스럽다. ②한(恨)스럽다.
のろ ま[鈍間](명) 동작이 느리고 머리가 둔한 것. 또는 그런 사람. 아둔패기. a dull fellow
のろまにんぎょう[野呂松人形](명) 에도(江戸) 시대에 있던 꼭두각시의 한 가지. 머리가 납작하고 얼굴은 청흑색이며 천한 모양으로 우습광스러운 쿄오겐(狂言)을 연출했음.
のろわし·い[呪わしい]ノロハシイ(형) 저주하고 싶다. 저주스럽다. 파생 **—げ**(형동ダ) **—さ**(명). damnable
の わき[野分き](명·자サ)〈고〉 가을에서 겨울에 걸쳐 세차게 부는 바람. **—だ·つ**[野分き立つ](자 4)〈고〉(겨울이 되어) 찬 바람이 일다.
ノン—[non](접두) 논. 없다, 아니다 등의 뜻을 나타내는 말.「—ストップ; 직행(直行)」
ノン[프 non](감) 논. 아니. 노우.
のんき[暢気·呑気](형동ダ) ①걱정이 없는 모양. 마음이 태평스러운 모양. ②성미가 느린 모양. ③무관심한 모양. care free
ノンセンス[nonsense](형동ダ) ⇨ナンセンス.
のん だくれ(명) ①매우 취함. 또는 그 사람. 고주 망태. ②대주가(大酒家). 술부대. 술보. 1. a drunkard 2. a heavy drinker
のん ど[咽·喉](명) ⇨のど.
ノントロッポ[이 non troppo](명)〈악〉 논트로포. 알맞게의 뜻. 도를 넘지 않게의 뜻.
のんのさま(명) 해, 달, 신불(神仏)을 일컫는 아이들의 말.
のんびり(부·자サ) 몸과 마음을 편히 쉬는 모양. 유유히. 태평스럽게. 여유 있게. 한가로이. leisurely
ノン フィクション[nonfiction](명) 논픽션.〔문학에서〕전연 허구(虛構)를 쓰지 않은 것. 또는 그런 작품. 기록 문학(記録文学) 등. ↔フィクション.
ノンブル[프 nombre](명) 농브르. ①번호. ②수자(数字). ③책. 잡지 등의 페이지 수자. ④페이지.
ノンプロ[←nonprofessional](명) 논프로. 직업적 선수가 아닌 것. 야구에 많이 쓰는 말.「—野球(ヤキュウ); 논프로 야구」
のん べえ[飲ん兵衛]—エ(명) 술군을 사람 이름에 비겨서 일컫는 말. 모주군. 호주가(好酒家). a drunkard
のんべんだらり(부) 하는 일 없이 멍청히 세월을 보내는 모양. 빈들빈들.「—と; 빈들빈들하고」 idly

は

—は[波](조어) ①파도. 파동. 「定常(テイジョウ)—; 정상파」 ②계속 되풀이하는 공격이나 작용. 「第二(ダイニ)—; 제2차 파상 공격」

は[刃](명) 날. 칼날. 물건을 베는 엷고 날카로운 부분. 「かみそりの—; 면도날」 a blade

は[羽](명) ①새나 비행기의 날개. ②화살에 단 새의 깃털. 궁깃. ③새, 닭 등을 셀 때 쓰는 말. 마리. 1. a wing

は[葉](명)〈식〉 잎. 식물 가지에 붙은 잎사귀. a leaf

は[歯](명) ①〈생〉 이. 이빨. ②기구, 기계의 가장자리에 나란히 가늘게 새겨진 톱니. 「くしの—; 빗살」 ③왜나막신의 굽. 1. 2. a tooth

は[端](명) ①끝. 가장자리. 「口(クチ)の—にのぼる; 사람들의 입에 오르다(화제 거리가 되다)」 ②차지 못한 수. 완전한 것이 못되는 것. 조각. 「—もの; 자투리(조각)」 1. an edge 2. a fraction

は Ⅰ(수조) ①두 개 이상의 사항을 비교해서 말할 때 쓰는 말. 「東京(トウキョウ)へ—行(イ)ったが浅草(アサクサ)—見(ミ)なかった; 토오쿄오에는 갔었으나 아사쿠사는 구경 안했다」 ②특히 하나를 들어서 말할 때에 쓰는 말. 「酒(サケ)—いただきません; 술은 마시지 않읍니다」 ③서술(叙述)의 제목을 나타내는 말. 「きょう—いいお天気(テンキ)だ; 오늘은 좋은 날씨다」 ④서술을 명확히 하고 강조하는 말. 「来(キ)て—いるが; 와 있기는 하나」 ⑤…중에서도. 「東京—神田(カンダ)の生(ウ)まれ; 토오쿄오 중에서도 칸다 태생」 Ⅱ(감조) ①〈고〉 가벼운 감동을 나타내는 말. 「有(ア)りける—; 있었던 것은」 ②⇨:わ(감조)①②.

は[把](명) ①손에 잡는 것. ②손잡이. ③다발. 묶음. 1. grasp 2. a handle

は[波](명) ①물결. 파동. ②〈지〉 페르샤(波斯)의 약칭. ③〈지〉 폴란드(波蘭)의 약칭. 1. a wave

は[派](명) ①파. 유파(流派). ②무리. 패. 「小数(ショウスウ)—; 소수파」 1. a sect 2. a party

は[破](명)〈악〉 아악(雅楽), 노오가쿠(能楽) 등의 악곡의 하나. ↔序(ジョ), 急(キュウ). breaking

は[覇](명) ①제후의 우두머리. 패자(覇者). ②우승. 우승한 사람. 「—を競(キソ)う; 우승을 다투다」 ③무력이나 술책을 써서 나라를 통일하는 일. 패업(覇業). 1. a chief 2. a winner

ハ(명)〈악〉 장음계의 다조(調)의 "도"에 해당하는 음. C음.

—ば[馬](조어) 경마에 나오는 말. 「出走(シュッソウ)—; 경마에 참가(参加)하는 말」

ば[場](명) ①곳. 장소. 「—をふさぐ; 장소를 차지하다」 ②경우. 그때(곳)의 분위기. 「その—にのぞんで; 그 경우에 임하여」 ③연극의 한 장면(場面). ④〈경〉 거래소의 입회장(立会場). 「—から買(カ)う; 입회장에서 사다」 ⑤일이 행해지는 곳. 「遊(アソ)び—; 놀이터」 ⑥힘이 작용하는 범위. 「磁(ジ)—; 자장(磁場)」 1. 5. a place 2. a case 3. a scene

ば(접조) ①문어(文語)에서는 미연형(未然形)에, 구어(口語)에서는 가정형(仮定形)에 붙어서 가정의 조건을 나타내는 말. …라면. …한다면. 「行(ユ)か—(文語); 간다면」「行(イ)け—(口語); 간다면」 ②문어의 이연형(已然形)에 붙어서 일반적인 명제의 조건구(条件句)를 나타내는 말. …면. 「命長(イノチナガ)けれ—恥多(ハジオオ)し; 오래 살면 욕된 일이 많다」 ③이유를 나타내는 말. …므로. …때문에. 「今(イマ)はなき人(ヒト)なれ—; 지금은 가고 없는 고인(故人)이므로」 ④열거(列挙)하는 말. 「山(ヤマ)もあれ—川(カワ)もある; 산도 있거니와 강도 있다」

—ぱ[端](접미)〔영어의 "per"에서 온 말〕씩. 「百円(ヒャクエン)—; 백 원씩」

バー[bar](명) 바아. ①막대기. ②가로대. ③서양식 술집.

ぱあ(명)〈속〉 ①바보. 「すこし—だよ; 좀 바보야」 ②주판을 놓다가 널어 버리는 일. 「—にする; 다 집어치우고 없던 것으로 하다」

パー[par](명) 파아. ①같은 가치. 등가(等価). ②〈경〉 ㉠액면(額面). 또는 발행(發行) 가격과 시세가 같은 것. 평가(平価). ㉡외국환의 평가(平価).

ばあい[場合]—アヒ(명) ①경우. 「欠席(ケッセキ)の—; 결석할 경우」 ②사정(事情). 형편. 「—に依(ヨ)っては; 사정에 따라서는」 1. an occasion 2. circumstances

パーキング[parking](명) 파아킹. 차를 세우는 것. 또는 세우는 곳. 주차(駐車). 주차장. 「—メーター; 주차하는 시간을 재는 계량기」

はあく[把握](명·타サ) 파악. ①손으로 잡아 쥠. ②내용, 사정 등을 이해함. 「よく大局(タイキョク)を—する; 대국적인 정세를 잘 이해하다」 1. grasp

パーク[park](명·자サ) 파아크. ①공원(公園). ②주차장. ③주차함.

バーゲン[bargain](명) 바아겐. 특별히 싸게 파는 물건. 「—セール; 염가 대매출(廉価大売出)」

パーゴラ[pergola](명) 퍼어걸러. 기둥을 세우고 목재를 종횡(縱横)으로 얽어 등 같은 덩굴지는 나무를 올리게 만든 것. 또는 그 밑의 길.

パーコレータ(—)[percolator](명) 퍼어콜레이터. ①여과 장치(濾過裝置)를 한 코오피 끓이는 기구. ②여과기.

パージ[purge](명·타サ) 퍼어지. 직무에서 추방함. 공직 추방(公職追放). 숙청(粛清).

バージン[virgin](명) 버어진. 처녀(處女).
バースデー[birthday](명) 버어드데이. 생일. 생신(生辰). 「ーケーキ; 생일 축하 케이크」
パーセンテージ[percentage](명) 퍼센티지. 백에 대한 비율. 백분율(百分率).
パーセント[per cent](명) 퍼센트. 전체를 백으로 했을 때의 비율. 기호는 %. 「二十五(ニジュウゴ)ー; 25퍼센트(2할 5부)」
パーソナリティー[personality](명) 퍼어서낼리티. 인격. 개성(個性).
バーター[barter](명) 바아터. 물물 교환에 의한 무역. 교환 무역(交換貿易). 「ー制(セイ); 바아터제」
ばあたり[場当たり](명) ①연극, 집회 석상에서 즉석(即席)의 기지(機智)로써 갈채를 받는 일. ②즉석에서 궁리해 냄. 임기 응변(臨機応変). 「ーの計画(ケイカク); 임기 응변의 계획」 1. a claptrap
パーツ[parts](명) 파아츠. 자동차, 미싱 등의 부속품.
パーティ[party](명) 파아티. ①당파(党派). ②〔등산(登山) 등에서〕 일행(一行). 한 무리. ③회합(会合). 「ダンスー; 댄스 파아티」
バーテン(ダー)[bartender](명) 바아텐더. 카페나 바아의 카운터에서 주문을 받고 술을 조합(調合)하거나 내는 사람.
ハート[heart](명) 하아트. ①마음. ②심장. ③빨간 심장 모양을 그린 트럼프의 패.
ハード[hard](명) 하아드. 엄격한 것. 「ートレーニング; 맹연습」 **ーボイルド**[hard-boiled](명) 하아드보일드. 사건이나 장면을 냉정하게 그리려고 하는 문학, 영화의 경향. **ーボード**[hard board](명) 하아드 보오드. 펄프에 접착제(接着剤)를 섞어서 판자 모양으로 눌러 굳힌 것.
バード[bird](명) 버어드. 새. 「ーウイク; 애조 주간(愛鳥週間)」
パート[part](명) 파아트. ①부분. ②역할. ③〈악〉 악기나 목소리로 담당하는 부분. **ータイマー**[part timer](명) 파아트 타이머. 종일이 아니고 일정한 시간만 삯을 받고 일하는 사람. **ータイム**[part-time](명) 파아트 타임. 하루 중 단시간(短時間) 근무하는 것. 또는 그 제도(制度).
パートナー[partner](명) 파아트너. ①짝. 동반자(同伴者). 춤이나 유희 등에서 둘이 한 짝이 되는 상대방. ②동료(同僚).
ハードル[hurdle](명) 허어들. ①장애물 경주에 있어서의 장애물. ②←ハードルレース. **ーレース**[hurdle race](명) 허어들 레이스. 장애물 경주.
バーナー[burner](명) 버어너. ①(가스, 석유 램프 등의) 불을 붙이는 곳. 심지. ②화학 실험 등에서 가스를 피우는 도구.
〔ハードル①〕
バーバー[barber](명) 바아버. 이발관.
バーバリ[burberry](명) 바아바리. 방수 가공(防水加工)을 한 천. 또는 그 천으로 만든 외투. 「ーコート; 바아바리 코우트」
バーバリズム[barbarism](명) 바아버리즘. 야만적인 방법. 만행(蛮行). 무례(無礼).
ハーフ[half](명) 하아프. ①반(半). ②←ハーフブラッド. ③←ハーフバック. **ータイム**[half time](명) 하아프 타임. 경기에서 전반과 후반 사이의 쉬는 시간. **ートーン**[half tone](명) 하아프 토운. ①〔사진 등에서〕 명암(明暗)의 중간 정도. ②〈악〉 반음(半音). **ーバック**[half back](명) 하아프 백. 〔축구에서〕 전위 뒤의 위치. 중위(中衛). **ーブラッド**[half blood](명) 하아프 블럿. 혼혈아(混血児). **ーメード**[half made](명) 하아프 메이드. 반기성품 양복. 가봉(仮縫)까지는 거의 다 되어 있어서 주문에 응하여 세부 치수를 맞추어 완성하는 옷.
ハープ[harp](명) 하아프. 활과 같은 모양의 틀에 금속 줄을 메운 악기. 두 손으로 줄을 퉁겨 연주함.
パーフェクト[perfect](명) 퍼어픽트. 완전. 「ーゲーム; 〔야구에서〕 득점, 진루(進塁)를 허용하지 않고 이긴 시합」
ハープシコード[harpsichord](명)〈악〉 ⇨クラブサン.
〔ハープ〕
バーベキュー[barbecue](명) 바아베큐우. 고기를 굽기 위하여 뜰에 만든 노(炉). 또는 그 노에서 만든 야외 요리. 불고기.
パーマ(ネント)[permanent](명) 〔퍼어머넨트 웨이브(permanent wave)의 준말〕 퍼어머넨트. 전기, 약품으로 머리털을 곱슬곱슬하게 지지는 일.
ハーモニー[harmony](명) 하아모니. ①조화. 일치(一致). 화합(和合). ②〈악〉 화성(和声).
ハーモニカ[harmonica](명) ⇨ハモニカ.
パーラー[parlor](명) 파알러. ①가게로서 사용하는 방. 매점, 다방 등. 「フルーツー; 과실을 주로 파는 다방」 ②여관, 요리점 등의 특별실. ③응접실. 담화실.
はあり[羽蟻](명)〈동〉 ①우의. 교미기(交尾期)에 날개가 돋은 개미. 날개미. ②흰개미. 1. a winged ant
バール[bar](명) 바아. ①⇨ミリバール. ②〔크로오바아(crowbar)의 준말〕 쇠지레.
パール[pearl](명) 퍼얼. 진주(真珠).
バーレスク[burlesque](명) 벌레스크. 품위가 얕고 우스운 짓을 섞어 넣은 춤이 많은 연극.
ハーレム[harem](명) ⇨ハレム.
バーレル[barrel](명) ⇨バレル.
はいー[排](조어) 물리치는 일. 배척(排斥). 「ー日(ニチ); 배일」 anti-
はいー[廃](조어) 쓸모가 없게 된. 「ー工場(コウジョウ); 쓸모가 없게 된 공장」
ハイー[high](조어) 하이. ①높은. 「ージャンプ; 높이뛰기」 ②고급의. 「ークラス; 고급」 ③주요한.
ーはい[杯·盃](조어) ①상품으로 주는 금속 컵. 「優勝(ユウショウ)ー; 우승컵」 ②술잔이나 국물, 차 등의 그릇 수를 세는 말. 잔. 그릇. 「五(ゴ)ー飲(ノ)む; 다섯 잔 마시다」
ーはい[敗](조어) 시합에 진 회수를 세는 말. 「ー勝二

(イッショウニ)―; 1승 2패」 ↔勝(ショウ).

―はい[牌](조어) ①(마작 등의) 패. 패목. 간판. ②메달. 「優勝(ユウショウ)―; 우승 메달」

はい[灰]ハヒ(명) ①타고 남은 분말(粉末) 같은 물질. 재. 「―になる; 불타서 없어지다(화장되어서 한줌의 재로 변하다)」 ②활기가 없는 것. ③값어치가 없는 것. 1. ash 3. an unworthy thing

はい[蠅]ハヒ(명)〈속〉〈동〉 ⇨はえ.

はい[鮠](명)〈동〉 ⇨はや.

はい[杯·盃](명) 술잔. 잔. 「―を挙(ア)げる; 술잔을 들다. 건배(乾杯)하다」 a cup

はい[拝·拜](명) ①절. 경례(敬礼). ②편지에서 자기 이름 밑에 써서 경의를 나타내는 말. 「山本(ヤマモト)―; 야마모토 올림」 1. worship 2. with my respects

はい[肺](명) ①〈생〉 폐. 허파. ②←肺病(ハイビョウ). ③(항공기 등의) 엔진. 「片(カタ)―飛行(ヒコウ); 한쪽 엔진만으로 하는 비행」 1. lungs

はい[胚](명)〈생〉 배. ①생물의 난세포가 수정(受精)하여 어지간히 자랄 때까지의 유생물(幼生物). ②씨속에 있는 발생 초기의 어린 식물. 배아(胚芽). 씨눈. 1. a foetus 2. an embryo

はい[敗](명) 지는 일. 패하는 일. 「―を取(ト)る; 패하다」 defeat

はい[輩](명) 동배(同輩). 동아리. 동류(同類). a fellow

―ばい[倍](접미) 배. 같은 수가 겹치는 도수를 나타내는 말. 「十(ジュウ)―; 10배」

ばい[枚](명) 옛날, 밤에 싸울 때 소리를 못 지르게 하기 위해 군사의 입에 물린 가는 나무 막대기. 하무. 「―をふくむ; 하무를 물다(침묵을 지키고 숨을 죽이다)」

ばい[倍](명) 두 곱. 두 배. double

バイ(명) 오오토바이의 준말. 「白(シロ)―; 흰 오오토바이」

パイ[중 牌](명) 마작(麻雀)의 패.

パイ[pie](명) 파이. 밀가루를 반죽하여 고기, 과실 등을 넣고 구운 과자. 예 : 애플파이, 치킨파이 등.

バイアス[bias](명) 바이어스. 비스듬히 자르거나 꿰맨 옷감의 금. 사선(斜線). 「―テープ; 바이어스 테이프」

はいあん[廃案](명) 폐안. 상정(上程), 가결되지 않게끔 된 의안. 폐기된 의안. a rejected bill

はいい[配意](명·자サ) 배의. 마음을 씀. 배려(配慮).

はいいろ[灰色]ハヒ―(명) 회색. ①잿빛. ②소속, 주의, 노선 등이 확실하지 않은 것. ③가치도 흥미도 없는 것. 음울한 것. 「―の人生(ジンセイ); 음울한 인생」 1. grey 2. an uncertain attitude

はいいん[敗因](명) 패인. 싸움에 지거나 일에 실패한 원인. ↔勝因(ショウイン). a cause of defeat

ばいいん[売淫](명·자サ) 매음. 매춘함. prostitution

はいう[沛雨](명) 억수로 쏟아지는 비. 줄기차게 내리는 비. 큰비. 대우(大雨). a heavy rain

ばいう[梅雨](명) 매우. 일본에서 6~7월경에 걸쳐 계속 내리는 비. 장마. rain in the wet season

はいえい[背泳](명) 배영. 위를 향해 누워서 치는 헤엄. 송장 헤엄. backstroke

はいえき[廃液](명) 폐액. 써서 소용이 없게 된 액체. 못 쓰게 된 용액(溶液). useless fluid

はいえそ[肺壊疽](명)〈의〉 폐 조직이 부패균의 침식으로 부패, 괴사(壊死)하는 병. lung-necrosis

はいえつ[拝謁](명·자サ) 배알. 웃어른께 뵘. 천황 등을 뵘. an audience

はいえん[肺炎](명)〈의〉 폐렴. 폐렴균의 침입으로 일어나는 폐장의 염증. pneumonia

はいえん[廃園](명) 폐원. ①황폐한 정원. ②정원이나 농원(農園)의 경영을 그만두는 일. 1. a ruined garden

ばいえん[梅園](명) 매원. 매화나무를 많이 심은 정원(庭園). a plum-garden

ばいえん[煤煙](명) 매연. ①그을음이 섞인 연기. ②석탄 연기. 1. soot and smoke

はいおく[廃屋](명) 폐옥. 황폐하고 거친 집. 사람이 살지 않는 집. a dilapidated house

はいおとし[灰落とし]ハヒ―(명) 재떨이. an ash tray

パイオニア[pioneer](명) 파이어니어. 선구자. 개척자.

バイオリニスト[violinist](명) 바이올리니스트. 바이올린을 켜는 것을 직업으로 하는 사람. 바이올린을 켜는 사람. 제금가(提琴家).

バイオリン[violin](명)〈악〉 바이올린.

バイオレット[violet](명) 바이올렛. ①〈식〉 오랑캐꽃. 제비꽃. ②보랏빛.

ばいおん[倍音](명)〈이〉 배음. 원음(原音)의 정수배(整数倍)의 진동수(振動数)를 가진 음. 조화 배수(調和倍数). an overtone

はいか[配下·輩下](명) 밑의 사람. 부하. followers

はいか[敗家](명) 패가. ①가산을 탕진해 없앤 집. 폐옥. ②패가 망신함. 또는 그 집. 1. ruining one's fortune

はいか[廃家](명·자サ) 폐가. ①황폐한 집. 사람이 살지 않는집. ②〈법〉 호주가 다른 집에 입적하기 위하여 일가(一家)를 폐하는 법률 행위. 또는 그 집. ③대가 끊김. 또는 그 집. 1. a dilapidated house

はいが[拝賀](명) 배하. ①축하의 말씀을 올리는 일. ②임금께 하례(賀礼)함. 조하(朝賀). 「新年(シンネン)―式(シキ); 신년 조하식」 1. congratulations

はいが[胚芽](명)〈식〉 배아. 씨 속에 있어서 잘 보이지 않는 싹. 씨눈. 「―米(マイ); 현미(玄米)」 an embryo bud

はいが[俳画](명) 하이카이(俳諧)의 취향(趣向)을 가진 간단한 그림.

ばいか[売価](명) 매가. 파는 값. the selling price

ばいか[倍加](명·자サ) 배가. ①두 곱이 됨. ②늘어남. 「元気(ゲンキ)が―する; 원기가 배가하다」

ばいか[梅花](명) 매화. 매화꽃. plum-blossoms

ばいか[買価](명) 매가. 사는 값. the buying price

ハイカー[hiker](명) 하이커. 하이킹하는 사람. 도보로 여행하는 사람.

はいかい[俳諧·誹諧](명) ①유모러스한 와카(和歌), 렌가(連歌)의 한 형식. ②⇨れんく. ③⇨はいく, ほっく. **―うた**[俳諧歌](명) 유모러스한 와카(和歌)의

한 형식. ―し[俳諧師](명) 하이카이(俳諧)를 짓는 사람. ―れんが[俳諧連歌](명) 무로마치(室町) 말기, 소오기(宗祇), 소오캉(宗鑑) 등이 시작한 유모어를 주로 한 렌가(連歌).

はいかい[徘徊](명·자サ) 배회. 이리저리 거닐어 다님. 목적 없이 거닐음. 「公園(コウエン)を―する; 공원을 배회하다」 loitering

はいかい[廃潰](명·자サ) 황폐하여 붕괴함. collapse

はいがい[拝外](명) 배외. 외국의 문물(文物), 사상(思想) 같은 것을 숭배하는 일. 「―思想(シソウ); 외국숭배 사상」 worshipping of foreigners

はいがい[排外](명) 배외. 외국인이나 외국의 문물, 사상 등을 배척(排斥)하는 일. 「―思想(シソウ); 외국배척 사상」 anti-foreign

ばいかい[売買い]―カヒ(명) ①매매. 사고 팔고 하는 것. ②〈경〉거래소의 시세를 정해야 할 경우에 거래원이 혼자서 동시에 매도인과 매수인이 되어 상쇄매매(相殺売買)를 하고 가격을 정하는 것. 「―をつける; 흥정 가격을 정하다」

ばいかい[媒介](명·타サ) 매개. 두 사이에 서서 어떤 일을 서로 맺어 주거나 전해 줌. 중개. mediation

はいかき[灰搔](명) ①화로 등의 재를 평평하게 고르는 금속제 도구. ②화재(火災) 뒤의 재를 치움. 또는 그 사람. 1. an ash-rake 2. cleaning up debris

はいかきょう[拝火教](명)〈종〉불을 신화(神化)하여 숭배하는 신앙의 총칭. 예: 바라문교, 조로아스터교 등.

はいがく[廃学](명·자サ) 폐학. 학업을 중도에 그만둠. discontinuation of one's studies

ばいがく[倍額](명) 배액. 두 배의 액수. double sum

はいかぐら[灰神楽]ハヒ―(명) 불기가 있는 재에 물을 쏟음으로써 일어나는 재의 연기. a cloud of ashes

はいかつりょう[肺活量](명)〈의〉폐활량. 폐가 공기를 흡수(吸収)한 최대량. 폐에 들어 갈 수 있는 공기량. 폐량(肺量). breathing capacity

ハイカラ[high collar](명·형동ダ) 하이칼라. ①서양식을 좋아함. 또는 그런 사람. ②멋을 부리거나 유행을 따름. 또는 그런 사람. ↔ばんカラ.

バイカルこ[Baikal 湖](명)〈지〉바이칼호. 시베리아 남동부에 있는 세계 최심(最深)의 호수. Lake Baikal

はいかん[拝観](명·타サ) 배관. 보물 등을 구경함. 삼가 봄. 배견(拝見). 「宝物殿(ホウモツデン)を―する; 보물전을 삼가 보다」 inspection

はいかん[背汗](명) 배한. 등에 식은 땀이 나는 것. (몹시 부끄러움의 비유) perspiring with shame

はいかん[肺肝](명) 폐간. ①폐장과 간장. ②마음속. 「―を披(ヒラ)く; 마음속을 털어 놓다」 1. lungs and liver

はいかん[肺患](명) 폐환. 폐병. 폐결핵. a lung-disease

はいかん[配管](명·자サ) 배관. 가스, 수도(水道)를 통하게 하기 위하여 관(管)을 묻음. burying pipes in the earth

はいかん[廃刊](명·자타サ) 폐간. 정기 간행물의 간행을 폐지함. discontinuance of a publication

はいかん[廃官](명·타サ) 폐관. 관직을 폐지함. 또는 폐지된 관직. abolition of an office

はいかん[廃艦](명·타サ) 폐함. 함적(艦籍)에서 없애 버린 군함. 낡아서 소용이 없게 된 군함. a ship out of commission

はいかん[稗官](명) 패관. ①옛날 민간의 일들을 탐지해서 왕에게 주상(奏上)하던 벼슬. ②낮은 관리. ③패관 소설(稗官小説).

はいがん[拝顔](명·자サ) 배안. 만남의 높임말. 만나뵘. 「―の栄(エイ); 만나 뵙는 영광」 an audience

ばいかん[陪観](명·타サ) 배관. (임금 등의) 귀인을 모시고 같이 구경함. seeing in one's superior's company

パイかん[パイ罐](명) 파인애플의 통조림.

はいき[拝跪](명·자サ) 배궤. 무릎을 꿇고 배례함. kneeling to pray

はいき[排気](명·자サ) 배기. ①내부의 공기를 빼냄. ②엔진 등에서 배출되는 증기나 가스. 1. exhaust. ―かん[排気管](명) 배기관. 증기 기관 등에서 그 작용이 끝난 증기를 외부에 배출하는 도관(導管).

はいき[廃棄](명·타サ) 폐기. 폐지하여 버림. disuse

はいきしゅ[肺気腫](명)〈의〉폐기종. 폐가 공기를 지나치게 빨아 들여 불룩해지는 병.

はいぎゃく[悖逆](명·자サ) 패역. 도리에 어긋남. 국법에 어그러지고 인륜에 어긋남. injustice

ばいきゃく[売却](명·타サ) 매각. 물건을 팔아 치움. sale

はいきゅう[配給](명·타サ) 배급. 물자를 분배하여 나누어 줌. 「―米(マイ); 배급 쌀」 distribution

はいきゅう[排球](명) ⇨バレーボール.

ばいきゅう[倍旧](명·자サ) 배구. 먼저보다 늚. 「―のお引(ヒ)き立(タ)て; 배전(倍前)의 성원」 redoubled

はいきょ[廃虚·廃墟](명) 폐허. 건물이나 성(城) 등의 황폐된 터. ruins

はいきょう[背教](명) 배교. ①종교의 교리(教理)에 배반되는 일. ②〈종〉기독교를 배반하고 다른 종교로 옮기거나 무종교자가 되는 일. 1. perversion

はいぎょう[廃業](명·자サ) 폐업. 영업을 폐지함. closing of one's business

はいぎょるい[肺魚類](명)〈동〉폐어류. 아가미 외에 부레에 의해 호흡을 하는 열대 담수어. breathing fish

はいきん[拝金](명) 배금. 돈을 극단(極端)으로 숭배하는 것. money-worship

ばいきん[黴菌](명)〈식〉세균. bacteria

ハイキング[hiking](명·자サ) 하이킹. 들이나 산을 도보로 여행하며 즐김. 「―コース; 하이킹 코오스」

はいきんりょく[背筋力](명)〈생〉배근력. 등에 있는 근육의 힘.

はいく[俳句](명) 하이쿠. 일본 고유의 짧은 시. 5·7·5의 17음절로 이루어짐. 하이카이(俳諧), 홋쿠(発句)라고도 함. a seventeen-syllabled poem

ハイク[hike](명) ⇨ハイキング.

はいぐ[拝具](명) 편지의 맨 끝에 쓰는 인사말. Respectfully yours

バイク[bike](명) 바이크. 발동기를 단 자전거.「モーター—; 발동기의 힘으로 달리는 자전거」

はいぐう[配偶](명) 배우. ①결합. 짝맞춤. ②배우자의 준말. 1. combination. —**し**[配偶子](명)〈생〉 원생 동물 등에서 둘의 소세포가 하나가 되어 새 개체를 만들 때 그 각 소세포의 칭호. —**しゃ**[配偶者](명) 배우자. 부부의 한쪽. 배필.

ハイクラス[high class](연어·명) 하이클라스. 고급(高級).「—の製品(セイヒン); 고급 제품」

はいぐん[敗軍](명) 패군. ①진 싸움. ②싸움에 진 군대.「—の将(ショウ); 싸움에 진 장수」 1. a lost battle 2. a defeated troop

はいけい[拝啓](명) 배계. "삼가 사뢰나이다"의 뜻으로 편지 첫머리에 쓰는 인사말. 근계(謹啓). Dear Sir

はいけい[背景](명) 배경. ①〔그림에서〕 초상화, 정물(静物) 등의 중요한 소재의 배후 부분(背後部分). ②무대 뒷벽에 그린 경치 또는 무대 장치. ③배후의 세력. 빽.「事件(ジケン)の—; 사건의 배후」 1. a background 2. a stage-setting

はいげき[排撃](명·타サ) 배격. ①배척하고 공격함. ②비난하여 물리침.「古(フル)い思想(シソウ)を—する; 낡은 사상을 배격하다」 1. repulse 2. denouncement

はいけっかく[肺結核](명)〈의〉 폐결핵. 결핵균이 침입하여 폐에 생기는 병. 폐병. tuberculosis

はいけつしょう[敗血症](명)〈의〉 패혈증. 혈액이나 임파관 중에 세균이 들어 가서 급성 염증(炎症)을 일으키는 병. blood-poisoning

はいけん[佩劍](명) 패검. 허리에 차는 칼. 대검(帯劍). a sword worn at one's loins

はいけん[拝見](명·타サ) 배견. 삼가 봄.「ちょっと—; 잠깐 보여 주십시오」 seeing

はいご[背後](명) 배후. 뒤. 뒤편. the back

はいご[廃語](명) 폐어. 쓰이지 않는 말. 사어(死語). an obsolete word

はいこう[廃坑](명) 폐갱. 폐기된 광갱(鉱坑)이나 탄갱(炭坑). a dead mine

はいこう[廃校](명·타サ) 폐교. 학교를 폐지함. 또는 그 학교. the abolition of a school

はいごう[配合](명·타サ) ①배합. 이것 저것을 섞어서 알맞게 함.「色(イロ)の—; 색의 배합」 ②〈의〉 배제(配剤). 조제. 1. combination 2. compounding

はいごう[俳号](명) 하이쿠(俳句)를 짓는 사람의 아호(雅号). a pseudonym

はいごう[廃合](명·타サ) 폐합. 폐지함과 합침. abolition and amalgamation

ばいこく[売国](명) 매국. 나라를 배반하는 일. betrayal of one's country. —**ど**[売国奴](명) 매국노. 나라를 배반하는 놈.

はいざい[配剤](명·타サ) 배제. ①〈의〉 약을 배합함. ②알맞게 배합함. 1. compounding 2. preparation

はいざい[廃材](명) 폐재. 소용 없게 된 재목. 쓸 수 없는 재목. scrap timbers

はいさつ[拝察](명·자サ) 배찰. 추찰(推察)의 높임말. 삼가 살핌. conjecture

はいざら[灰皿]ハヒー(명) 재떨이. an ash tray

はいざん[廃残·敗残](명) 폐잔. 못 쓰게 되어 남은 것. 병자, 불구자 등이 된 것. wrecked

はいざん[敗残](명) 패잔. 싸움에 지고 살아 남음. defeated

はいし[胚子](명)〈생〉 ⇨はい.

はいし[俳誌](명) 하이쿠(俳句)의 잡지.

はいし[配祀](명·타サ) 주신(主神) 이외에 이와 깊은 연고가 있는 신을 함께 모시는 일.

はいし[廃止](명·타サ) 폐지. 그만둠. 행하지 않음.「制度(セイド)の—; 제도의 폐지」 abolition

はいし[廃弛](명) 황폐해지고 해이해짐. 이완(弛緩)되는 일. becoming obsolescent and loose

はいし[稗史](명) 패사. 소설체의 역사. 이야기 모양으로 꾸며 쓴 역사의 기록. a historical fiction

はいじ[拝辞](명·타サ) 배사. 삼가 사퇴하거나 작별함. taking leave of

はいじ[廃寺](명) 폐사. 중들이 살고 있지 않는 절. 폐지해 버린 절. a ruined temple

はいじ[廃字](명) 폐자. 사용되지 않게 된 한자. a ruined Chinese character

はいジストマ[肺distoma](명)〈동〉 폐디스토마. 폐에 기생하는 평평한 기생충. 가재나 게 등에 기생하며 폐장 디스토마의 원인이 됨. lung-distoma

はいしつ[肺疾](명) 폐질. 폐병. a lung-disease

はいしつ[廃疾·癈疾](명) 폐질. ①고칠 수 없어 병신이 되는 병. ②불치의 병으로 병신이 된 것.「不具(フグ)—; 불구 폐질」 1. disablement 2. a cripple

ばいしつ[媒質](명)〈이〉 매질. 파동(波動)을 전하는 물질. 탄성파(弾性波)나 소리에 있어서 탄성체나 공기 등과 같은 것. a medium

はいじつせい[背日性](명)〈생〉 배일성. 식물체가 광선의 강도의 차에 자극되어 광선이 약한 쪽으로 향해 굴곡하는 성질. 배광성(背光性). ↔向日性(コウジツセイ). negative heliotropism

はいしゃ[拝謝](명·자サ) 배사. 삼가 감사나 사과의 뜻을 표(表)함. expressing one's thanks

はいしゃ[背斜](명)〈지〉 배사. 물결 모양의 습곡 지층(褶曲地層)의 봉우리진 곳. an anticline

はいしゃ[配車](명·자サ) 배차. 자동차, 기차 등을 할당함. operation of cars

はいしゃ[敗者](명) 패자. 진 사람. 패배자(敗北者). ↔勝者(ショウシャ). a defeated person

はいしゃ[廃車](명) 폐차. 낡아서 못 쓰게 된 차. 낡은 차. a useless car

はいしゃ[歯医者](명) 치과(歯科)를 전문으로 하는 의사. 치과 의사. a dentist

はいしゃく[拝借](명·타サ) 배차. 물건, 돈 등을 삼가 빌어 씀. borrowing

ばいしゃく[媒酌·媒妁](명·타サ) 결혼을 중매함. 또는 그 사람. 중매(仲媒). 중매인.「—人(ニン); 중매인」 a go-between

ハイジャンプ[high jump](명) 하이점프. 달려 와서 지

주(支柱) 위의 횡목을 뛰어 넘는 육상 경기의 한 가지. 주고도(走高跳).

はいしゅ[胚珠](명)〈생〉 배주. 고등 식물의 자방(子房) 속에 있어 종자가 되는 것. an ovule

はいじゅ[拝受](명·타サ) 배수. 삼가 받음. 배령(拝領). acceptance

ばいしゅう[買収](명·타サ) 매수. ①물건을 사들임. ②어떤 수단으로 남을 꾀어 제 편을 만듦.「反対派(ハンタイハ)を一する; 반대파를 매수하다」 1. purchase 2. bribery

ばいじゅう[陪従](명·자サ) 배종. 임금을 모시고 따라 감. 또는 그 사람. 배호(陪扈). attendance

はいしゅつ[排出](명·타サ) 배출. ①속에 있는 것을 밖으로 밀어 내보냄. ②배설(排泄). 1. discharge 2. excretion

はいしゅつ[輩出](명·자타サ) 배출. 인재(人材)가 계속하여 나옴.「人材(ジンザイ)を一する; 인재를 배출하다」 appearing one after another

はいしゅみ[俳趣味](명) 하이카이(俳諧)의 취향.

ばいしゅん[売春](명) ⇨ばいいん(売淫).

はいしょ[俳書](명) 하이쿠(俳句)에 관한 책.

はいしょ[配所](명) 배소. 죄인이 유배된 곳.「一の月(ツキ); 귀양 간 곳에서 바라보는 달」 a place of exile

はいじょ[排除](명·타サ) 배제. 물리쳐서 덜어 없앰. 제거. exclusion

はいじょ[廃除](명·타サ) 폐제. ①폐지하고 제거함. ②〈법〉 추정 가독(推定家督) 상속인 또는 추정 유산 상속인의 상속권을 소멸시킴. 1. abolition

ばいじょ[売女](명) ①매춘부. ②부정(不貞)한 여자를 욕하는 말. 화냥년. 1. a harlot 2. a strumpet

はいしょう[拝承](명·타サ) 배승. 삼가 받거나 들음. hearing

はいしょう[拝誦](명·타サ) 배송. 삼가 읊음. reading

はいしょう[敗将](명) 패장. ①싸움에 진 장군. ②사업에 실패한 사람. 1. a defeated general

はいしょう[廃娼](명) 폐창. 공창(公娼)을 폐지(廃止)하는 일. abolition of licensed prostitution

はいじょう[配乗](명·타サ) 배승. 승무원을 배치하여 타게 함.

ばいしょう[売笑](명) ⇨ばいいん(売淫).

ばいしょう[焙焼](명) 배소. ①불에 쬐어서 익히는 것. ②광석을 융해점(融解点) 이하에서 가열하여 그 화학적 조성(組成)을 변화시키는 야금상(冶金上)의 준비 조작(準備操作). 1. roasting

ばいしょう[賠償](명·타サ) 배상. 손해를 보상함.「一金(キン); 배상금」 compensation

ばいじょう[陪乗](명·자サ) 배승. 귀인(貴人)을 모시고 탐. 참승(驂乗). riding in attendance

はいじょうみゃく[肺静脈](명)〈생〉 폐정맥. 폐에서 가스 교환을 마친 동맥혈(動脈血)을 심장에 보내는 혈관(血管). a pulmonary vein

はいしょく[配色](명) 배색. 색의 배합(配合). 또는 배합한 색. colour combination

はいしょく[敗色](명) 패색. 질 것 같은 모양.「一が濃(コ)い; 패색이 짙다」 a sign of defeat

ばいしょく[売色](명) ⇨ばいいん(売淫).

ばいしょく[陪食](명·자サ) 배식. 귀인(貴人)을 모시고 식사함. dining in the company of one's superior

はいしん[拝診](명·타サ) 배진. 진찰의 높임말. 삼가 진찰함. examination

はいしん[背信](명) 배신. 신의(信義)를 배반하는 일.「一行為(コウイ); 배신 행위」 infidelity

はいしん[背進](명·자サ) 배진. 뒤쪽으로 나아감. a withdrawal

はいじん[俳人](명) 하이쿠(俳句)를 짓는 사람.

はいじん[配陣](명) 배진. 진을 치는 일. 진의 배치(配置). the line-up

はいじん[廃人·癈人](명) 폐인. ①몸이나 정신이 불구인 사람. ②쓸모 없게 된 사람. an invalid

ばいしん[陪臣](명) 배신. ①신하(臣下)를 시종(侍従)하는 사람. ②영주(領主)의 신하. 1. a retainer's vassal

ばいしん[陪審](명)〈법〉 배심. 형사 재판에 있어서 국민 중에서 선택된 배심원(陪審員)이 심판(審判)에 참가하는 일.「一員(イン); 배심원」 a trial by jury. ——**せいど**[陪審制度](명)〈법〉 배심 제도. 형사 재판에서 국민 중에서 배심원을 선택하여 이를 심판에 참여(参与)케 하는 제도.

はいしんじゅん[肺浸潤](명)〈의〉 폐침윤. 폐의 일부에 생긴 결핵이 차차 퍼져 가는 상태. infiltration of the lungs

はいすい[背水](명) 배수. ①냇물 등을 뒤로 하는 일. ②←背水の陣. ——**のじん**[背水の陣](연어·명) 배수의 진. ①물, 바다 등을 등지고 진(陣)을 쳤기 때문에 물러서면 죽게 되므로 필사의 각오로 최후의 결전을 하는 일. ②몰린 입장에서 최후의 힘을 다하는 일.

はいすい[配水](명·자サ) 배수. 물을 나누어 줌. 물을 댐.「一管(カン); 배수관」 distribution of water

はいすい[排水](명·자サ) 배수. ①안에 있는 물을 밖으로 뽑아 냄. ②물을 좌우로 밀어 젖힘. 1. draining 2. displacement. ——**トンすう**[排水噸数](명) 배수 톤수. 배의 배수량(排水量)을 톤수로 나타낸 것. ——**りょう**[排水量](명) 배수량. ①배가 정수(静水)에 떴을 때 배제(排除)한 물의 양. 보통 배제한 물의 양을 중량으로 환산해서 배의 중량, 크기를 나타냄. ②배제한 물의 양. 「useless water」

はいすい[廃水](명) 폐수. 버려진 물. 못 쓰게 된 물.

はいすう[拝趨](명·자サ) 삼가 달려 가 뵘. 공손히 추창(趨蹌)함. visiting

ばいすう[倍数](명) 배수. 갑절이 되는 수. a multiple. ——**たい**[倍数体](명)〈생〉 배수체. 염색체의 수가 보통것의 정수배(整数倍)로 불어난 생물체. ——**ひれいのほうそく**[倍数比例の法則](명)〈이〉 배수 비례의 법칙. 2원소로 된 화합물이 2종 이상 있을 때 1원소의 일정량과 화합하는 다른 원소량과의 사이에 정수비(整数比)의 관계가 성립한다는 법칙. 1803년 달톤이 발견.

ハイスクール[high school](명) 하이스쿠울. ①고등 학교. ②미국의 중고등 학교.

ハイスピード[high-speed](명) 하이스피이드. 빠른 속도. 고속도.

はいずみ[灰墨·掃墨](명) 그을음. 채유(菜油)나 참기름 같은 것을 태울 때 나는 그을음(油煙). 아교를 섞어 먹을 만듦. oil soot

はい·する[拝する](타サ) ①(머리를 숙이고 몸을 굽혀) 절하다. ②관직에 임명되다. ③고맙게 받다. ④삼가 보다. 1. bow 2. appoint

はい·する[配する](타サ) ①나눠 주다. 분배하다. ②짝맞추다. 「梅(ウメ)にうぐいすを—; 매화에 꾀꼬리를 곁들이다」③부부가 되다. ④귀양 보내다. 「遠島(エントウ)に—; 먼 섬에 귀양 보내다」 1. arrange 2. marry

はい·する[排する](타サ) ①물리치다. 배척하다. 밀어내다. 「反対派(ハンタイハ)を—; 반대파를 밀어 내다」②밀어 열다. ③배열(排列)하다. 늘어놓다.

はい·する[廃する] Ⅰ(자サ) 쓰이지지 않게 되다. Ⅱ(타サ) ①그 직위로부터 물러나게 하다. ②폐지하다. 「制度(セイド)を—; 제도를 폐지하다」 Ⅰ abolish Ⅱ 1. depose

ばい·する[倍する] Ⅰ(자サ) 갑절이 되다. Ⅱ(타サ) ①곱하다. ②증가시키다. Ⅰ double Ⅱ 2. increase

はいせい[俳聖](명) 고금에 뛰어난 하이쿠(俳句)의 명인(名人).

はいせい[敗勢](명) 패세. 질 기세. a sign of defeat

はいせい[排擠](명·타サ) 물리쳐 떨어뜨림. driving out

はいせき[排斥](명·타サ) 배척. ①밀어 내어 물리침. ②그 장소에서 쫓아 냄. 「—運動(ウンドウ); 배척 운동」 rejection

ばいせき[陪席](명·자サ) 배석. 귀인(貴人)을 모시고 자리를 같이함. attending with one's superior

はいせつ[排泄](명·타サ)〈생〉 배설. 동물이 영양분이 없어진 찌꺼기를 대소변으로 몸 밖에 배출함. 「—物(ブツ); 배설물」 excretion

はいぜつ[廃絶](명·자サ) 폐절. ①허물어져 없어짐. 쇠퇴하여 없어져 버림. ②상속자가 없어 대(代)가 끊어짐. 1. extinction

はいせん[杯洗·盃洗](명) 연회석에서 술잔을 씻는 그릇. a slop basin

はいせん[肺尖](명) 폐첨. ①〈생〉 폐의 위쪽 둥그스름한 끝. ②〈의〉 ←肺尖カタル. 1. the lung-apex. **—カタル**[肺尖加答児](명)〈의〉 폐첨 카타르. 폐결핵의 초기. 폐첨에 국한된 결핵성의 염증.

はいせん[配船](명·자サ) 배선. 배를 배치함. 할당을 할당하여 보냄. assignment of ships

はいせん[配線](명·자サ) 배선. ①전기를 사용하기 위하여 전선을 끌어 넣어 닮. 「—工事(コウジ); 배선 공사」②전기 기계의 각 부분을 전선으로 이음. 1. wiring 2. a wire connection

はいせん[敗戦](명·자サ) 패전. 싸움이나 경기(競技)에 짐. a defeat

はいせん[廃船](명) 폐선. ①낡아서 사용할 수 없게 된 배. ②선적(船籍)에서 없애 버린 배. a scrapped vessel

はいぜん[配膳](명·자サ) ①상을 차림. ②상을 손님 앞에 나누어 놓음. 1. putting food on the table

はいぜん[沛然](형동タルト) 패연. ①비가 억수로 쏟아지는 모양. ②물이 높은 곳에서 줄기차게 떨어지는 모양. ③성대(盛大)한 모양. 1. in torrents

ばいせん[媒染](명) 매염. 염료(染料)가 섬유에 물들지 않을 때 잘 들도록 약품을 쓰는 일. colour-fixing by means of a mordant. **—ざい**[媒染剤](명)〈이〉 매염제. 염색이 잘되게 하는 약품. 명반(明礬) 등.

はいそ[敗訴](명·자サ) 패소. 소송(訴訟)에 짐. ↔勝訴(ショウソ). losing one's suit

はいそう[拝送](명·타サ) 배송. 삼가 보냄. seeing off

はいそう[背走](명·자サ) 뒷걸음질로 달아남. running back while facing the front

はいそう[配送](명) 배송. 배달과 발송. 「—課(カ); 배송과」 delivery and dispatch

はいそう[敗走](명·자サ) 패주. 싸움에 져서 도망쳐 달아남. rout

はいぞう[肺臓](명)〈생〉 폐장. 폐. the lungs. **—ジストマ**[肺 distoma](명) 폐장 디스토마. ①흡충(吸虫)의 한 가지. ②〈의〉 폐장 디스토마 질환.

ばいぞう[倍増](명·자サ) 배증. 갑절로 늘어남. 배로 증가함. 배가(倍加). doubling

はいぞく[配属](명·타サ) 배속. 배당하여 부속시킴. 나누어 배치함. assignment

バイソン[bison](명)〈동〉 바이슨. 들소. 야우(野牛). 유럽산과 북미산이 있음.

はいた[歯痛](명) ⇨しつう.

はいた[排他](명) 배타. 남을 배척하는 일. 「—的(テキ); 배타적」 exclusion

ばいた[売女](명)〈속〉 ①매춘부(売春婦). 갈보. ②여자를 욕하는 말. 화냥년. 1. a prostitute

はいたい[佩帯](명) 몸에 두르는 일. 허리에 차는 일. 패용(佩用). wearing

はいたい[胚胎](명·자サ) 배태. ①아이나 새끼를 뱀. ②싹틈. 시작. 「以前(イゼン)から—していた問題(モンダイ); 이전부터 싹트고 있던 문제」 1. conception 2. origination

はいたい[敗退](명·자サ) 패퇴. 싸움이나 시합에 져서 물러감. retreat

はいたい[廃退·廃頽](명) 폐퇴. 쇠퇴(황폐)하여 무너짐. 퇴폐. 「—的(テキ); 퇴폐적」 ruin

ばいたい[媒体](명) 매체. ①매질(媒質)이 되는 물체. ②〈이〉 파동(波動)을 전하는 물질로 된 물체. a medium

ばいだい[倍大](명) 배대. 갑절의 크기. 「—号(ゴウ); 배대호」 twice as large as

はいたか[鷂](명)〈동〉 새매. 매과에 속하는 새. 옛날부터 매사냥에 썼음. a sparrow-hawk

はいたたき[蠅叩き](명) ⇨はえたたき.

はいたつ[配達](명·타サ) 배달. 운반해서 갖다 줌. 또는 그 사람. delivery

はいたん[配炭](명·자サ) 배탄. 석탄을 배급함. coal distribution
はいだん[俳談](명) ①하이쿠(俳句)에 관한 이야기. ②익살스러운 이야기. 2. a joke
はいだん[俳壇](명) 하이쿠(俳句)를 짓는 사람들의 사회(社会).
ばいたん[煤炭](명) 매탄. 〔중국에서〕 석탄.
はいち[背馳](명·자サ) 배치. 반대됨. contradiction
はいち[配置](명·타サ) 배치. ①할당하여 저마다의 자리에 둠. 「人員(ジンイン)の—; 인원 배치」 ②(의무, 책임 등을) 지움. 1. arrangement
ハイチ[Haiti](명)〈지〉 아이티. 서인도 제도(諸島), 이스파놀라도(島)의 서부를 점유하고 있는 흑인 공화국. 수도는 포오토우프링스(Port-au-Prince).
はいちせい[背地性](명)〈생〉 식물체(植物体)가 자라 감에 있어서 지구 인력의 자극을 받아 지구 중심과 반대 방향으로 뻗는 성질. 즉 위로 성장하는 성질. 지상경(地上茎)이 수직으로 자라는 성질 같은 것. negative geotropism
はいちゃく[廃嫡](명·타サ)〈법〉 폐적. ①적자(嫡子)로서의 신분을 폐지함. ②추정 상속인의 자격을 상실케 함. disinheritance
はいちゅう[排中](명) 배중. 이것도 저것도 아닌 중간을 배제하는 것. exclusion of the middle. **—りつ**[排中律](명)〈철〉 배중률. 사유(思惟) 법칙의 하나. 모순된 두 가지 이외의 중간에 있는 제 3자를 거부하는 원리. 배중 원리.
はいちょう[蠅帳]ハヒー(명) ⇨はえちょう.
はいちょう[拝聴](명·타サ) 배청. 삼가 들음. listening
はいちょう[敗兆](명) 패조. 패배의 징조(徵兆). signs of defeat
ばいちょう[陪聴](명·타サ) 배청. 귀인(貴人)을 모시고 들음. listening in attendance upon a superior
はいちょうきん[腓腸筋](명)〈생〉 비장근. 장딴지의 근육. 다리를 굽힐 때나 펼 때에 작용하는 힘살.
ハイツ[heights](명) 하이츠. ①고대(高臺), 고지(高地). ②높은 지대의 (집단) 주택.
はいつう[背痛](명) 배통. 등의 아픔. a pain in the back
はいつくば·う[這い蹲う]ハヒツクバフ(자 4) (납작) 엎드리다. grovel
はいてい[拝呈](명·타サ) 배정. ①물건을 보낼 때의 겸사말. 삼가 드림. 근정. ②배계(拝啓). 1. presentation
はいてい[廃帝](명) 폐제. 자리를 빼앗긴 황제. 쫓겨난 황제. a deposed emperor
ハイティーン[high teen](명) 하이 티인. 10대의 윗 나이(18~19세)의 소년 소녀. 고교생의 연배. ↔ローティーン.
はいてき[敗敵](명) 패적. 싸움에 진 적. 「a defeated enemy」
はい·でる[這い出る](자하 1) 기어 나오다. creep out
ハイデルベルク[Heidelberg](명)〈지〉 하이델벨그. 도이치 서남부, 라인강 지류(支流)에 있는 모시. 성지(城趾)와 역사 깊은 대학으로 유명.
はいでん[拝殿](명)〔신사(神社)에서〕배례(拝礼)를 행하기 위하여 세운 건물. 본전(本殿) 앞에 세움. a front shrine
はいでん[配電](명·자サ) 배전. 전류를 여러 곳으로 나눔. electric supply. **—ばん**[配電盤](명) 배전반. 배전 또는 배전 제어(制御)에 필요한 계기(計器) 기타를 대리석, 철, 에보나이트 등의 판에 장치한 반.
ばいてん[売店](명) 매점. 물건을 파는 가게. 특히 학교, 정거장, 병원 등에 설치된 가게. a stand
バイト(명) 아르바이트의 준말.
バイト[bite](명) 바이트. 공작 기계(工作機械)의 하나. 금속 등을 깎는 데 쓰는 연장. 「wearing swords」
はいとう[佩刀](명·자サ) 패도. 칼을 참. 또는 그 칼.
はいとう[配当](명·타サ) 배당. ①적당히 별러 나눔. 나누어 줌. ②〈경〉 주식 회사가 이익금을 주식에 할당하여 주주(株主)에게 분배함. 또는 그 금액. 이익배당. 1. apportionment 2. a dividend. **—おち**[配当落ち](명)〈경〉 배당금의 지불을 받는 권리를 가까운 장래에 행사할 수 없는 주권(株券).
はいとう[廃刀](명) 칼을 차는 것을 폐지하는 일. the abolition of sword wearing
はいどうみゃく[肺動脈](명)〈생〉 폐동맥. 심장에서 폐에 정맥혈을 보내는 혈관. the pulmonary artery
はいとく[背徳·悖徳](명) 배덕. 패덕. 도덕과 의리에 어긋나는 일. 「—者(シャ); 배덕자(패덕자)」 immorality
はいどく[拝読](명·타サ) 배독. 삼가 읽음. reading
ばいどく[梅毒·黴毒](명)〈의〉 매독. 성병의 한 가지. 스피로헤타팔리다라는 나선균(螺旋菌)의 침입에 의해 일어나는 악질적 만성 전염병. syphilis
はいとり[蠅取り] ⇨はえとり.
パイナップル[pineapple](명)〈식〉 파인애플. 열대산의 과실로 향기가 좋음. 모과수.
はいならし[灰均し]ハヒー(명) 화로나 노(炉)의 재를 평평하게 고르는 금속제의 도구. an ash-leveller
はいにち[排日](명) 배일. 일본 사람 또는 일본 제품을 배척하는 일. 반일(反日). anti-Japanese
はいにゅう[胚乳](명)〈식〉 배유. 씨앗 속에서 배(胚)를 싸고 있으며, 그 세포 속에 양분을 가지고 있어 씨앗이 발아(発芽)하여 배가 생장하는 데 필요한 양분을 공급하는 조직. 외배유(外胚乳)와 내배유의 두 가지가 있음. albumen
はいにょう[排尿](명·자サ)〈의〉 배뇨. 오줌을 눔. 소변(小便)을 배설(排泄)함. urination
はいにん[拝任](명) 배임. ①관직에 임명되는 일. ②임명 받음의 겸사말. appointment
はいにん[背任](명·자サ)〈법〉 배임. 어떤 임무를 배반함. misfeasance in office. **—ざい**[背任罪](명)〈법〉 배임죄 배임에 의해 이루어지는 죄.
ハイネック[high neck](명) 하이넥. 깃이 높은 부인복(婦人服). 또는 높은 것.
はいのう[背嚢](명) 배낭. 물건을 넣어서 등에 지도록 만든 방형(方形)의 주머니. a knapsack
はいはい[這這](명·자サ) ①(엎디어서) 김. ②음력 8월 1일에 선사하는 인형. (아이가 기는 모양을 만든

사기 인형임) 1. crawl 2. a doll

ばいばい[売買](명·타サ) 매매. ①팖과 삼. ②〈법〉 당사자의 한쪽이 상품을 상대방에게 주고 상대방은 그에 대하여 돈을 지불하는 계약. 1. buying and selling

バイバイ[bye-bye](명·감)〈속〉 빠이빠이. 작별의 인사말. 안녕.

ハイハードル[high hurdles](명) 하이허어들. 110 *m*의 거리에 높이 1.06 *m*, 폭 1 *m*의 장애물을 10개 놓고 차례로 뛰어 넘는 경기. 고장애(高障碍) 경기.

バイパス[by-pass](명) 바이패스. 보조 도로(補助道路). 측도(側道).

はいはん[背反·悖反](명·자サ) 배반. 어김. 거역(拒逆)함. 「命令(メイレイ)に—する; 명령에 거역하다」 being contrary to

はいばん[杯盤](명) 배반. 술잔과 쟁반. glasses and plates. **—ろうぜき**[杯盤狼藉](연어) 배반 낭자. 술잔치 뒤에 술잔, 접시 등이 흩어져 어지러운 모양.

はいばん[胚盤](명)〈생〉 배반. 알의 노른자위의 희게 보이는 원형질(原形質). 알눈. the germinal disk

はいはんちけん[廃藩置県](명) 메이지(明治) 시대 전국의 봉토(封土)를 폐지하고 군현(郡県)을 설치한 대개혁(大改革).

はいひ[拝披](명·자サ) 편지 등을 삼가 개봉함. ⤴opening a letter

はいび[拝眉](명·자サ) 삼가 만나 뵘. 배안(拝顔). interview

はいび[配備](명·타サ) 배비. 배치하여 설비함. allotment

ハイヒール[high heel](명) 하이히일. 뒷굽이 높은 여자용 구두. ↔ローヒール.

ハイビスカス[hibiscus](명)〈식〉 히비스커스. 부용(芙蓉) 비슷한 서양 화초.

はいびょう[肺病](명)〈의〉 폐병. 폐결핵. a lung-disease

はいひん[廃品](명) 폐품. 못 쓰게 된 물건. 폐물. scraps

ばいひん[売品](명) 매품. 파는 물건. an article on sale

はいふ[肺腑](명) 폐부. ①폐장. ②마음속. ③일의 요긴한 점. 급소(急所). 「—を衝(ツ)く; 급소를 찌르다」 ④친척. 1. the lungs 2. the botton of one's heart

はいふ[配布](명·타サ) 배포. 널리 나누어 주어 퍼뜨림. 널리 배부함. distribution

はいふ[配付](명·타サ) 배부. 나누어 줌. distribution

はいぶ[背部](명) 배부. 등 부분. 어떤 면(面)의 뒤쪽. the back

パイプ[pipe](명) 파이프. ①관악기. ②관(管). 도관(導管). 「ガスの—; 가스 도관」 ③서양식 담뱃대. ④권련을 넣어 피우는 도구. 시거렛호울더. **—オルガン**[pipe organ](명)〈악〉 파이프오르간. 동력으로 공기를 목관이나 금속관으로 보내어 키이를 눌러 소리를 내는 큰 악기.

ハイファイ[Hi Fi←high fidelity](명) 하이 파이. 고충실도(高忠實度)란 뜻. 라디오의 수신기나 녹음의 재생 장치에서 재생되는 음이 실제 음에 거의 가까운 것.

はいふう[俳風](명) 하이쿠(俳句)를 짓는 방법의 특색.

はいふき[灰吹き]ハヒー(명) 담뱃재를 터는 대나무로 만든 통. 재떨이. a bamboo ash-receptacle

はいふく[拝伏](명·자サ) 배복. 절하여 엎드림. 엎드려 절함. prostration before an altar

はいふく[拝復](명) 배복. 답장 편지에서 맨 앞에 쓰는 인사말. 삼가 회답을 올리나이다의 뜻. in reply to your letter

はいぶつ[廃物](명) 폐물. 못 쓰게 된 물건. 폐품. 「—利用(リヨウ); 폐물 이용」 useless articles

はいぶつきしゃく[排仏毁釈](연어·명) 불교를 배척하고 인정하지 않음. rejection of Buddhism

バイブル[Bible](명) 바이블. ①〈종〉 기독교의 경전(經典). 성서(聖書). 성경(聖経). ②가장 중요한 책의 비유. 「経営学(ケイエイガク)の—; 경영학의 바이블」

はいふるい[灰篩い]ハヒフルヒ(명) 재를 고르기 위해서 체질하는 도구. an ash-sieve

バイブレーション[vibration](명) 바이브레이션. 진동(震動). 떨리는 것. 마음의 동요.

バイプレーヤー[by-player](명) 바이플레이어. 조역(助役). 조연자(助演者).

ハイフン[hyphen](명) 하이픈. 말과 말을 연결하는 짧은 선. 「-」

はいぶん[灰分](명) ⇨かいぶん.

はいぶん[拝聞](명·타サ) 배문. 듣다의 높임말. 삼가 들음. 배청(拝聽).

はいぶん[俳文](명) 하이쿠(俳句)의 맛을 곁들인 문어문(文語文). 하이쿠가 섞여 있는 문장.

はいぶん[配分](명·타サ) 배분. 할당해서 분배(分配)함. 분배. 「利益(リエキ)の—; 이익 배분」 apportionment

ばいぶん[売文](명) 매문. 글을 파는 일. 글을 써서 원고료(原稿料)를 받는 일. 「—の徒(ト); 매문하는 무리」 literary hack work

はいへい[敗兵](명) 패병. 싸움에 진 병정. defeated soldiers

はいへい[廃兵](명) 폐병. 부상하여 불구(不具)가 된 병사(兵士). a disabled soldier

はいべん[排便](명·자サ)〈의〉 배변. 대변을 봄. excretion

ばいべん[買弁](명) 매판(買辦). ①〔중국에서〕 외국 무역의 중개 업자. 「—資本(シホン); 매판 자본」 ②외국 자본에 붙어 사리(私利)를 보는 일. 또는 그 사람. ③〈속〉 외국인의 앞잡이. 1. a comprador 2. a traitor

ハイポ[hypo](명) 〔하이포설파이트 오브 소오다(hyposulphite of soda)의 준말〕 차아황산(次亜黄酸) 소오다. 사진의 정착액(定着液)에 사용하는 무색(無色)이며 입자(粒子)로 된 약품.

はいほう[肺胞](명)〈생〉 폐포. 폐를 차지하고 있는 공기를 포함한 작은 주머니로서 실제로 호흡이 행해지는 곳. 허파 꽈리. an alveolus

はいほう[敗報](명) 패보. 싸움이나 시합에 졌다는 보고나 소식. news of defeat

はいぼう[敗亡](명·자サ) 패망. ①져서 도망함. ②패하여 죽음. 패하여 망함. 1. rout 2. death by defeat

ハイボール[highball](명) 하이보올. 위스키에 소오다수 또는 물을 넣고 얼음을 띄운 음료(飲料).

はいぼく[敗北](명·자サ) 패배. 싸움이나 시합에 지는 일. ↔勝利(ショウリ). defeat
ばいぼく[売卜](명) 매복. 돈을 받고 점을 쳐 주는 일. fortunetelling
はいほん[配本](명·자サ) 배본. 책을 배달함. 또는 배부함. 「一済(ズ)み; 배본필(畢)」 distribution of books
ばいまし[倍増し](명·타サ) 배증. 배로 늘어남. doubling
はいまつ[這い松]ハヒー(명)〈식〉 눈잣나무. 높은 산에 자라는 소나무의 한 가지. 가지나 줄기는 땅을 기어가듯 낮게 자람. 천리송(千里松). a creeping pine
はいまつわ·る[這い纏る]ハヒマツハル(자 4) 기어 휘감기다. creep around
はいみ[俳味](명) 하이카이(俳諧) 특유의 멋. 담담하면서 표일(飄逸)하고 익살이 있고 탈속적(脱俗的)인 취미나 멋.
はいめい[拝命](명·타サ) 배명. ①삼가 명령을 받음. ②관직에 임명됨. 「大使(タイシ)を一する; 대사에 임명되다」 1. receiving an order
はいめい[背盟](명·자サ) 배맹. 맹세(盟誓)를 저버림. 맹세를 어김. breaking one's pledge
はいめい[俳名](명) 하이쿠(俳句)를 짓는 사람의 본명 이외의 필명(筆名).
ばいめい[売名](명) 매명. 이름을 파는 일. 이익이나 명예욕으로 자기 이름을 널리 퍼뜨리는 것. 「一行為(コウイ); 매명 행위」 self-advertisement
バイメタル[bimetal](명)〈이〉 바이메탈. 열팽창도(熱膨脹度)가 다른 두 장의 금속판을 한데 붙인 것. 온도가 높아지면 팽창도의 차로 그 길이가 서로 달라져서 팽창도가 작은 금속 쪽으로 구부러지므로 이 이치를 이용하여 화재 보지기(火災報知器), 자동 온도 조절기 등을 만듦.
はいめつ[敗滅](명·자サ) 패멸. 져서 멸망함. 「敵軍(テキグン)は一した; 적군은 패멸했다」 ruin
はいめつ[廃滅](명·자サ) 폐멸. 퇴폐하여 멸망함. 아주 없어짐. ruin
はいめん[背面](명) 배면. 뒤쪽. 등쪽. the back
はいもん[肺門](명)〈생〉 폐문. 폐의 입구 부분(入口部分). 곧 기관지(気管支), 폐동맥, 폐정맥 등이 출입하는 부분. the pulmonary hilum. **—リンパせん**[肺門淋巴腺](명)〈생〉 폐문 임파선. ①폐문 부분에 있는 임파선. ②폐문 임파선염(炎).
ハイヤー[hire](명) 하이어. ①차고(車庫)에 있다가 손님의 부탁을 받으면 태워 주고 삯을 받는 대절 자동차. 전세차(専貫車). ②사용료. 손료(損料).
バイヤー[buyer](명) 바이어. 사는 사람. 구매인(購買人). 구매계(購買係).
はいやく[背約](명·자サ) 배약. 약속을 배반함. 위약(違約). breach of promise
はいやく[配役](명) 배역. 구실(역)을 배당(配当)하는 일. 역할(役割) 배당. 「その映画(エイガ)の一陣(ジン); 그 영화의 배역진」 the cast of a play
ばいやく[売約](명·자サ) 매약. 팔 약속을 함. 「一済(ズ)み; 팔기로 약속이 된 것」 a sale contract
ばいやく[売薬](명) 매약. 파는 약. 약을 파는 일. selling medicine
はいゆ[廃油](명) 폐유. 못 쓰게 된 기름. a useless oil
はいゆう[俳友](명) 서로가 하이쿠(俳句)를 짓는 관계로 알게 된 친구.
はいゆう[俳優](명) 배우. 영화, 연극 등에 출연하는 사람. a player
はいよ[敗余](명) 패여. 싸움에 진 뒤. after a defeat
はいよう[佩用](명·타サ) 패용. 훈장, 명패 등을 몸에 닮. wearing
はいよう[肺葉](명)〈생〉 폐엽. 폐를 형성하는 부분. 「一切除(セツジョ); 폐엽 절제」 lobes of the lungs
はいよう[胚葉](명)〈생〉 배엽. 동물 개체의 각종 기관, 조직의 기초가 되는 세포층. 내배엽(内胚葉), 중배엽, 외배엽으로 나뉨. a germ layer
ばいよう[培養](명·타サ) 배양. ①나무를 북돋아 기름. ②사람을 가르쳐 기름. ③미생물을 기르고 증식(増殖)시킴. cultivation
ハイライト[highlight](명) 하이라이트. ①그림, 사진에서 광선이 가장 강하고 밝은 부분. ②연극 등에서 가장 흥미가 있는 장면. 압권(圧巻).
はいらん[拝覧](명·타サ) 배람. 보는 것을 겸사로 일컫는 말. 삼가 봄. seeing
はいらん[悖乱](명·자サ) 이치에 어긋나며 도리에 맞지 않음. immorality
はいらん[排卵](명·자サ) 배란. 포유류(哺乳類)가 난소(卵巣)에서 난자(卵子)를 배출하는 일. ovulation
ハイランド[highlands](명) 하이란드. 산악 지대(山岳地帯). 고지(高地).
はいり[背理](명·자サ) 배리. 도리에 어긋남. 이치에 맞지 않음. irrationality
はいり[背離](명·자サ) 배리. 배반(背反)해서 갈라짐. estrangement
はいりぐち[這入り口]ハヒリー(명) 입구. an entrance
はいりこ·む[這入り込む]ハヒリー(자 4) 속으로 (깊이) 들어 가다. get into
はいりつ[排律](명) 배율. 한시(漢詩)의 한 체(体). 오언(五言), 칠언(七言)의 대구(対句)를 여섯 구 이상 배열한 율시(律詩).
はいりつ[廃立](명·타サ) 폐립. 신하가 군주의 지위를 빼앗고 다른 사람을 임금 자리에 세움. enthronement and dethronement
ばいりつ[倍率](명)〈이〉 배율. 망원경, 현미경 등을 통하여 눈에 보이는 상(像)의 크기와 실물의 크기와의 비율. magnification
はいりょ[配慮](명·타サ) 배려. 이리저리 마음을 씀. 근심하고 걱정함. consideration
はいりょう[拝領](명·타サ) 배령. 귀한 사람으로부터 물건을 받음. 받다의 겸사말. 배수(拝受). 「主君(シュクン)から一した刀(カタナ); 영주로부터 받자온 칼」 receiving
ばいりょう[倍量](명) 배량. 두 배의 분량. a multiple
ばいりん[梅林](명) 매림. 매화나무 숲. a plum-grove

はい·る[入る·這入る]ハヒル(자 4) ①들다. 들어 가다. 들어 오다. 섭어 들다. ②눈에 띄거나 귀에 들리다. ↔出(デ)る. 1. enter

はいる[配流](명·타サ) 죄인을 귀양 보냄. 유배. exile

ハイル[도 Heil](감) 하일. 만세(万歳).

パイル[pile](명) 파일. ①〈이〉 원자로(原子炉). ②말뚝. ③빌로오드나 타월 등의 천에 뛰어 나온 털이나 울퉁불퉁한 것. 「一織(オ)り; 울퉁불퉁하게 뛰어 나오게 짠 천」 「clog mending

はいれ[歯入れ](명) 왜나막신의 굽을 갈아 넣음. ↗

はいれい[拝礼](명·타サ) 배례. 머리를 숙여 절함. worship

はいれい[背戻](명·자サ) 배려. (명령, 법률, 규칙 등을) 배반하여 어김. disobedience

はいれつ[配列·排列](명·타サ) 배열. ①죽 벌여서 열을 지움. ②차례로 늘어놓음. 「項目(コウモク)の一を変(カ)える; 항목의 배열을 바꾸다」 arrangement. —**ほう**[配列法](명) 배열법. 학력 검사 형식의 하나. 문구의 배열을 바꾼 것을 바로 잡게 하는 방법.

はいろう[肺癆](명)〈의〉 폐로. 폐결핵(肺結核)의 옛 이름. 폐병. phthisis

パイロット[pilot](명) 파일럿. ①수로 안내인(水路案内人). ②비행기의 조종사. ③안내인. 지도자.

はいろん[俳論](명) 하이쿠(俳句)에 관한 이야기나 이론(理論).

はいわ[俳話](명) 하이쿠(俳句)에 관한 이야기.

パイン(명) 파인애플. 「一ジュース; 파인애플 주우스」

バインダー[binder](명) 바인더. ①서류, 잡지 등을 철하여 꽂는 표지(表紙). ②접합제(接合剤).

は·う[這う]ハフ(자 4) ①기다. ②엎디어 가다. ③붙들고 의지해서 가다. ④땅 위를 뻗어 가다. 1. creep 2. sprawl

ハウス[house](명) 하우스. 집. 주택. —**キーパー**[housekeeper](명) 하우스키이퍼. ①주부. ②가정부(家政婦). ③주택 관리인.

はうた[端唄](명) 샤미센(三味線)에 맞추어서 부르는 짧은 속요(俗謡).

パウダー[powder](명) 파우더. ①(화장용) 분(粉). ②가루. ③가루약(散薬). ④베이킹파우더의 준말.

はうちわ[羽団扇]—ウチハ(명) 새털로 만든 부채. 우선(羽扇). a feather fan

ばうて[場打て](명) 그 자리의 분위기에 기가 죽는 일. 「一がする; 그 자리의 분위기에 기가 죽다」 shyness

バウンド[bound](명·자サ) 바운드. (공 등이) 뜀. 「ワンー; 공이 한 번 뜀」

パウンド[pound](명) ⇨ポンド.

はえ[映え·栄え](명) ①번영. 빛이 나는 일. 광채(光彩). ②영광. 명예(名誉). 「一ある勝利(ショウリ); 영광스러운 승리」 1. brilliancy 2. glory

はえ[鮠](명)〈동〉 ⇨はや.

はえ[蠅]ハヘ(명)〈동〉 파리. 곤충의 한 가지. 음식에 모여 물고 전염병을 퍼뜨림. a fly

はえぎわ[生え際]—ギハ(명) 이마 같은 곳의 털이 난 언저리. the borders of the hair

はえたたき[蠅叩き]ハヘ—(명) 파리채. a flyflap

はえちょう[蠅帳]ハヘ—(명) 여름철에 통풍(通風)이 잘 되고 또한 파리가 붙지 않게 쇠그물을 씌워 놓은 찬장. wire-screened cupboard

はえとり[蠅取り]ハヘ—(명) ①파리를 잡는 일. ②파리를 잡는 기구나 약. 1. killing a fly

はえなわ[延縄]ハヘナハ(명) 어구(漁具)의 한 가지. 한 개의 굵은 줄에 낚시를 많이 매달아 물고기를 잡는 도구. a stretching rope

はえぬき[生え抜き](명) ①그 고장에서 태어나서 그 고장에서 성장한 것. ②그 직장에서 처음부터 줄곧 근무하고 있는 것. 1. native born

は·える[生える](자하 1) 돋아 나오다. 「草(クサ)が—; 풀이 나다」 grow

は·える[映える·栄える](자하 1) ①(반사하여) 빛나다. ②색 등이 화려하여 아름답게 보이다. ③번영하다. 번창하다. 1. glow 2. look attractive

パオ[중 包](명) 파오. 몽고인들의 조립식(組立式)으로 만든 만두(饅頭) 모양의 집.

はおう[覇王](명) 패왕. ①패자(覇者)와 왕자(王者). ②제후를 통일하여 천하를 다스리는 왕. 2. a king. —**じゅ**[覇王樹](명)〈식〉 패왕수. 사보텐의 다른 이름.

はおく[破屋](명) 파옥. 낡아서 허물어진 집. 퇴락(頽落)한 집. tumble-down house

はおと[羽音](명) ①날개 치는 소리. ②화살이 날아가는 소리. 1. flapping of wings

はおり[羽織](명) 옷 위에 입는 짧은 겉옷. a Japanese coat. —**はかま**[羽織袴](명) ①겉옷과 바지. ②일본 옷의 성장(正装). ③예식의 복장. 「put on

はお·る[羽織る](타 4) 옷 위에 겉옷을 걸쳐 입다. ↗

はか[果](명) ①일이 되어 가는 정도. 「一が行(ユ)く; 일이 잘 진척(進陟)되다」 ②겨냥. 짐작. 「一がつかない; 짐작할 수가 없다」 1. progress

はか[計](명) ①벼를 심거나 벨 때 땅 위의 한 구획. ②목표. 1. a division 2. an end

はか[墓](명) 묘. 무덤. a grave

はか[破瓜](명) 파과. ①파과지년. 16세의 여자. 사춘기. ②남자 64세. ③처녀막을 터뜨리는 일. 1. a girl of sixteen years

ばか[馬鹿·莫迦](명·형동ダ) ①어리석음. 바보. ②무익함. 터없음. 「一な話(ハナシ); 터없는 이야기」 ③도가 지나침. 「一騒(サワ)ぎ; 터없는 소란」 1. a fool

はかい[破戒](명)〈불〉 파계. 불법(仏法)을 깨뜨리고 죄를 범하는 일. 범계(犯戒). sinning against Buddha. —**むざん**[破戒無慚](연어·명)〈불〉 파계 무참. 계율을 깨뜨리고도 부끄럽게 여기지 않고 태연한 일.

はかい[破壊](명·자타サ) 파괴. 깨뜨리고 부숨. ↔建設(ケンセツ). destruction. —**てき**[破壊的](형동ダ) 파괴적. 깨뜨리고 부수는 모양. 「一意見(イケン); 파괴적 의견」 ↔建設的.

はがい[羽交い]—ガヒ(명) ①새(鳥) 좌우의 날개가 겹

쳐진 곳. ②날개. 1. a pinion 2. wings. **—じめ**[羽交い締め](명) 뒤에서 겨드랑이 밑으로 팔을 넣어 목덜미에서 손을 모아 꽉 죄는 것.
はがき[葉書·端書](명) ①종잇조각 등에 쓰는 비망록(備忘録). ②엽서. 우편 엽서의 준말. 1. a memorandum
はかく[破格](명·형동ダ) 파격. 격에 벗어남. 특별함. 「—の待遇(タイグウ); 특별 대우」 an exception
ばかく[馬革](명) 마피. 말 가죽. 「—に屍(シカバネ)をつつむ; 전장에서 죽음. 출전한 이상 살아 돌아 가기를 바라지 않음의 비유」 horsehide
ばかくさ·い[馬鹿臭い](형) 어리석다. 턱없다. foolish
はがくれ[葉隠れ](명) ①나뭇잎 사이에 숨는 것. ②생사의 관념을 초월한 무사도 정신을 가르친 무사의 수양서. 1. hiding oneself among the leaves. **—ぶし**[葉隠れ武士](명) 전통적인 무사 정신을 가졌던 옛날의 사가현(佐賀県) 지방의 무사.
はかげ[葉陰](명) 초목의 잎 그늘. under the leaves
ばか·げる[馬鹿気る](자하 1) 바보같이 어리석게 느껴지다. 턱없게 여겨지다. 「ばかげた話(ハナシ); 턱없는 이야기」
はかし[佩刀](명) 패도. 귀인(貴人)이 차는 큰 칼의 높임말. a nobleman's long sword
ばかし[許し](수조) ⇨ばかり.
はがしごよみ[剝し暦](명) 매일 한 장씩 떼거나 젖히게 만든 일력(日曆). a day-to-day calendar
はかしょ[墓所](명) 묘소. 무덤이 있는 곳. a graveyard
ばかしょうじき[馬鹿正直](명·형동ダ) 지나치게 정직함. 또는 그 사람. 고지식함. simple honesty
はかじるし[墓標](명) 묘표. 무덤에 표지(標識)로 세운 나무나 돌. a grave-marker
はがしわ[葉柏](명)〈식〉 떡갈나무. 너도밤나무과에 속하는 낙엽 활엽 교목. an oak
はか·す[捌かす](타 4) 모두 팔다. sell out
はが·す[剝がす](타 4) (껍질 등을) 벗기다. tear off
ばか·す[化かす](타 4) 속여서 어리둥절하게 하다. 속이다. 홀리게 하다. 「狐(キツネ)にばかされた; 여우에게 홀렸다」 cheat
ばかず[場数](명) ①출장 회수(出場回数). ②경험의 회수. 「—をふむ; 경험을 쌓다」 1. places 2. experiences
はかせ[博士](명) 박사. ①옛날 궁중에서 학생들에게 학문을 가르치던 직명(職名). ②학문이나 학식이 많은 사람. 학자. ③⇨はくし. 2. a scholar
はかぜ[羽風](명) ①날개가 움직여 이는 바람. ②춤을 출 때 소매에서 이는 바람. 1. air current produced by flapping of wings
はかぜ[葉風](명) 초목의 잎을 움직이는 바람. wind through leaves
はかた[博多](명) ←はかた織り. **—おり**[博多織り](명) 하카타 지방에서 산출되는 천의 한 가지. 명주실을 사용해서 짠 두꺼운 직물(織物). 띠(帯)를 만드는 데 씀. **—にんぎょう**[博多人形](명) 찰흙(粘土)으로 만든 하카타 특산의 예쁜 인형. 짙고 정밀한 색채로 유명함.
はがた[歯形](명) ①이로 깨문 자국. 잇자국. ②이의 모형. 1. a tooth mark 2. dentiform
ばかていねい[馬鹿丁寧](명·형동ダ) 너무 지나치게 공손함. excessive politeness
はかどころ[墓所](명) 묘소. 무덤. 산소. a graveyard
はかど·る[捗る](자 4) 일이 순조롭게 잘 진행되다. 진척(進陟)되다. progress
はかな·い[果敢無い·儚い](형) ①덧없다. ②생각이 깊지 않다. 변하기 쉽다. ③가엾다. 「—運命(ウンメイ); 가엾은 운명」 ④변변치 않다. 파생 **—げ**(형동ダ) **—さ**(명). 1. fleeting 2. fickle
はかな·む[果敢無む·儚む](타 4) 세상 일을 허무하게 여기다. despair of
ばかに[馬鹿に](부) 매우. 너무. 터무니 없이. 턱없이. 「—おそい; 터무니 없이 늦다」 greatly
はがね[鋼](명) 탄소를 포함하고 있는 굳은 철. 강철(鋼鉄). steel
ばかねん[馬鹿念](명) 지나치게 공들이거나 주의를 기울이는 일. 「—をおす; 필요 이상으로 (지나치게) 다짐을 두다」
はかば[墓場](명) 무덤이 있는 곳. 묘지. a graveyard
はかばかし·い[捗捗しい](형) ①매우 일이 잘되어 나가다. ②좋아지는 모양이 확실하다. ③활발하다. 파생 **—け**(형동ダ) **—さ**(명). 1. rapid 2. clear
ばかばかし·い[馬鹿馬鹿しい](형) ①매우 어리석다. 「—話(ハナシ); 턱없는 이야기」 ②심하다. 턱없다. 「—大(オオ)きさ; 턱없는(엄청난) 크기」 파생 **—げ**(형동ダ) **—さ**(명). 1. very foolish
ばかばやし[馬鹿囃子](명) 신사(神社)의 축제 등의 악대(피리, 북, 샤미센, 징 등)의 연주. a fool's music
はかぶ[端株](명)〈경〉 ①매매가 적은 주. ②거래 단위(500 주) 이하의 주. 1. a broken lot 2. a small lot
バガボンド[Vagabond](명) 배거번드. 방랑자(放浪者). 부랑자. 무뢰한(無頼漢).
はかま[袴](명) 하카마. ①가랑이가 넓어 치마같이 보이는 일본옷의 하의(下衣). 정장(正装)할 때 입음. ②〈고〉 옛날에 허리에 두른 옷. ③풀의 줄기를 덮고 있는 껍질. 「つくしの—; 뱀밥(土筆)의 껍질」 ④작은 술병(토쿠리)을 담는 그릇. **—ぎ**[袴着](명) 남자가 어렸을 때 처음 하카마(袴)를 입는 의식.
はかまいり[墓参り]ーマヰリ(명·자サ) 참묘. 묘에 가서 절하고 살피어 돌봄. 성묘(省墓). visiting a grave
はがみ[歯噛み](명·자サ) (분해서) 이를 가는 것. gnashing one's teeth
はかもり[墓守り](명) 묘지기. 무덤을 지키는 사람. 묘직(墓直). 묘노(墓奴). a grave keeper
はがゆ·い[歯痒い](형) 마음대로 안되어 속이 타다. 안타깝다. 답답하다. 파생 **—が·る**(자 4) **—げ**(형동ダ) **—さ**(명). impatient
はからい[計らい]ハカラヒ(명) 계획. 처치(処置). decision
はから·う[計らう]ハカラフ(타 4) ①생각해서 정하다. 처리하다. ②배려(配慮)하다. 꾀하다. ③상의(相議)

하다. 의논하다. 1. decide
ばからし·い[馬鹿らしい](형) 어리석어 보이다. 싱겁다. 턱없다. 파생 **—げ**(형동ダ) **—さ**(명). stupid
はからず(も)[図らず(も)](부) 의외(意外)로. 뜻밖에. 우연히. unexpectedly
はかり[計り·量り](명) ①도량형기(度量衡器)로 분량의 정도를 나타내는 일. 또는 그 양. 계량(計量)된 분량. 「一売(ウ)り; 저울로 달거나 되로 되어서 파는 일」「一減(ヘ)り; 저울질, 되질을 정량(定量)을 넘게 하여 끝에 가서는 분량이 모자라게 되는 일」②한도(限度). ③목적. 목표. 1. scaling 2. limit. **—きり**[計り切り](명) ①되나 저울의 정량(定量)대로만 주고 더 주지 않는 일. ②정액(定額) 이외는 더 주지 않는 일.
はかり[秤り](명) 물건의 무게를 다는 기계와 기구의 총칭. 저울. 「一竿(ザオ); 저울대」 a balance
ばかり[許り](수조) ①한정, 정도를 나타냄.…만.「同(オナ)じことーいう; 같은 말만 되풀이하다」②특정(特定)의 일만을 자주 하는 것을 나타냄.「泣(ナ)いてーいる; 울고만 있다」③정도를 나타냄.…만큼.…처럼. 「法師(ホウシ)ーうらやましからぬものはあらじ; 중만큼 부럽지 않은 것은 없다」④대체의 수량을 나타냄.…가량. 쯤.「五日(イッカ)ー休(ヤス)んだ; 닷새 가량 쉬었다」⑤〈고〉무렵. 경.「五月(サツキ)ー; 5월 경」⑥곧 …할 것 같은 기분을 나타냄.「泣(ナ)かんーにたのむ; 곧 울 것같이 부탁하다」⑦…하고 얼마 되지 않은 기분을 나타냄.「今(イマ)着(ツ)いたーです; 방금 도착한 길입니다」⑧…하지 않을 뿐 실은 그렇게 하는 것과 같은 기분을 나타냄.「いやだといわんーの顔(カオ)で; 당장 싫다고 말할 것 같은 얼굴로」⑨그렇게 생각하고 있는 기분을 나타냄.「今(イマ)だとーいい出(ダ)した; 지금이 기회라고 생각한 듯이 말을 꺼내기 시작했다」⑩그것만이 원인이 되고 있는 기분을 나타냄.「うんといったーにひどいめにあった; 승낙(承諾)했던 탓으로 혼이 났다」 1. only
はかりごと[謀](명) ①잘되도록 미리 생각해서 정한 계획. 계략. ②속이는 일. 속임수. a design
はかりこ·む[計り込む·量り込む](타 4) 저울질이나 되질을 정량(定量)에 넘게 하다.「うっかりするとーぞ; 정신을 안 차리면 정량을 넘긴다」
はかりしれない[計り知れない](연어·형) 헤아릴 수가 없다. 추측하기 어렵다. 무한하다. 「そのよろこびはー; 그 기쁨은 무한하다」 immeasurable
はか·る[図る](타 4) ①방법을 생각하다. 도모하다. ②의논(議論)하다. 1. plan 2. consult
はか·る[計る](타 4) ①꾀하다. ②도량 형기(度量衡器)로 분량을 달다. ③세다. 계산하다. ④묻다. 상의하다.「先輩(センパイ)にー; 선배와 상의하다」⑤생각하다. ⑥헤아리다.「他人(タニン)の心(ココロ)をー; 남의 마음을 헤아려 보다」 1. guess 2. measure
はか·る[測る](타 4) ①깊이나 길이를 재다. ②마음속을 헤아리다. 추측하다. 1. fathom 2. guess
はか·る[量る](타 4) 부피나 무게를 달다. weigh
はか·る[謀る](타 4) ①계략을 꾸미다. ②속이다. 2. cheat
はが·れる[剝がれる](자하 1) 벗겨지다. 벗어져 떨어지다. fall off
はかわら[墓原]ーハラ(명) 묘소. 무덤이 있는 곳. 묘지(墓地). a graveyard
ばかわらい[馬鹿笑い]ーワラヒ(명·자サ) ①(큰 소리로) 함부로 웃음. ②웃는 것이 어리석게 보임. 1. a horselaugh
はがん[破顔](명·자サ) 파안. 얼굴빛을 부드럽게 하여 웃음. giving a broad smile. **—いっしょう**[破顔一笑](연어·명·자サ) 파안 일소. 활짝 웃음.
はき[破棄·破毀](명·타サ) 파기. 파훼. ①깨뜨리거나 찢어서 내버림. 깨뜨려 헐어 버림. ②〈법〉소송법상(訴訟法上) 상소 법원(上訴法院)에서 원심 판결을 취소함. 1. destruction 2. reversal
はき[覇気](명) 패기. ①패권(覇權)을 잡으려는 기상. 패자의 기상. ②야심(野心). 1. an ambitious spirit for supremacy 2. ambition
はぎ[接ぎ](명) 꿰매어 잇는 일. 붙여 이음. 이어서 기움. 또는 그 부분. 「着物(キモノ)にーをする; 옷에 조각을 대어 깁다」 patching
はぎ[脛](명)〈생〉정강이. a lower leg
はぎ[萩](명)〈식〉싸리. 콩과에 속하는 낙엽 활엽 관목. 가을에 홍자색(紅紫色) 또는 흰 꽃이 핌. a bush-clover
はぎあわ·せる[接ぎ合わせる]ーアハセル(타하 1) 천 등을 꿰매어 잇다. patch
はきき[羽利](명) ①매의 날개가 강함. ②세력이 있음. 또는 그 사람. 2. being powerful
はきくだし[吐き下し](명·자サ) 토함과 설사함. 토하고 설사함. 토사(吐瀉). vomiting and purging
はきけ[吐き気](명) 토기. 토할 것 같은 기분. 구역질. 욕지기. nausea
はぎしり[歯軋り](명·자サ) (잘 때나 분할 때) 이를 갊. grinding one's teeth
パキスタン[Pakistan](명)〈지〉파키스탄. 인도의 서북부와 동북부를 차지한 영연방내(英聯邦内)의 자치령. 동서로 나누인 국가로 농업이 성함. 수도는 라아발핀디(Rawalpindi).
はきそうじ[掃き掃除](명·자サ) 비로 쓸어서 청소함. ↔ふきそうじ. sweeping and cleaning
はきだし(まど)[掃き出し(窓)](명) 방 속의 먼지를 쓸어 내기 위하여 아래쪽에 만든 창. a window for sweeping out the dust
はきだ·す[吐き出す](타 4) ①뱉어 내다. 토해 내다. ②지불하다. ③속(안)의 것을 밖으로 내다. 토로(吐露)하다. 1. vomit 2. pay out
はきだ·す[掃き出す](타 4) ①먼지 등을 쓸어 내다. ②나쁜 것을 없애 버리다. 1. sweep out 2. omit
はきたて[掃き立て](명)〈농〉①청소를 한 후 얼마 되지 않은 때. ②알에서 갓 깬 애누에를 잠란지(蚕卵紙)로부터 옮기는 일. 2. gathering silkworms from the egg-paper

はきだめ[掃き溜め](명) 먼지나 쓰레기를 버리는 곳. 쓰레기통. 「一に鶴(ツル)のおりたよう; 쓰레기통에 학이 내린 듯(변변하지 못한 곳에 훌륭한 것이 나타났음의 비유)」 a rubbish heap
はきちが·える[履き違える]ーチガヘル(타하 1) ①남의 신과 바꾸어 신다. ②잘못 인식하다. 오해하다.「自由(ジユウ)を一; 자유의 뜻을 잘못 알다」 2. misunderstand
はぎのもち[萩の餅](명) 멥쌀과 찹쌀을 섞어 밥을 지어 쳐서 동그랗게 빚어 콩, 팥, 깨 등의 고물을 묻힌 떡. a rice dumpling
はきはき(부·자サ) ①활발하고 절도 있고 쾌활한 모양. ②또렷또렷한 모양. 똑똑한 모양. 1. briskly
はきもの[履き物](명) 신. 신발. footgear
はきゃく[破却](명·타サ) 파각. 깨뜨림. destruction
ばきゃく[馬脚](명) 마각. 말의 다리. 「一をあらわす; 숨기고 있던 정체를 드러내다」 legs of a horse
はきゅう[波及](명·자サ) 파급. 여파(餘波)나 영향이 차차로 미침. spreading
バキューム[vacuum](명) 배큐엄. 진공(真空). 「一クリーナー; 진공 소제기(真空掃除器)」
はきょう[破鏡](명) 파경. ①깨어진 거울. ②이혼(離婚). 1. a broken mirror 2. divorce
はぎょう[覇業](명) 패업. 패자(覇者)의 사업. 무력으로 정복하여 천하의 권리를 잡는 일. conquest
はきょく[破局](명) 파국. 비참한 종국(終局). 비극적인 결말. 「生活(セイカツ)の一; 생활의 파국」 a catastrophe
はぎり[歯切り](명·자サ) (분해서) 이를 악묾. (잘 때) 이를 갊. grinding one's teeth
はぎれ[歯切れ](명) ①이로 물어 끊을 때의 느낌. ②말을 할 때의 명확성. 「一のいい話(ハナ)しぶり; 똑똑한 말씨」 1. feeling one gets of biting off something
はぎれ[端切れ](명) 조각난 천. 자투리. 헝겊. a scrap
はく一[白](조어) 흰. 하얀. 「一色(ショク); 백색」
一はく[泊](조어) 숙박. 밤을 자고 머무름. 「二(ニ)一三日(サンニチ)の旅行(リョコウ); 2박 3일의 여행」
一はく[拍](접미) 박자를 맞추는 회수. 곡조 진행의 시간을 재는 단위. 「二(ニ)一; 2박자」
一はく[博](접미) ①박사의 준말. 「経済(ケイザイ) 一; 경제학 박사」 ②박람회(博覧会)의 준말. 「産業(サンギョウ)一; 산업 박람회」
はく[伯](명) ①오등작(五等爵)의 세째 작위. 백작. ②옛날, 진기칸(神祇官)의 장관. ③장. 우두머리. ④맏형. ⑤신(神). 「風(フウ)一; 바람의 신」⑥부모의 형. 백부. 외삼촌. ⑦〈지〉 브라질. 1. an earl 3. the head
はく[箔](명) ①종이처럼 편 금속. ②좋은 가치나 값. 「一が付(ツ)く; 좋은 값이 붙다」 1. a leaf
はく[魄](명) 혼백. the soul
は·く[吐く](타 4) ①뱉다. 토하다. ②말하다. 「意見(イケン)を一; 의견을 말하다」③안에서 밖으로 내다. 「煙(ケムリ)を一; 연기를 내뿜다」 1. vomit 2. speak
は·く[佩く](타 4) 허리에 차다. 띠다. 「太刀(タチ)を一; 큰 칼을 차다」 carry at one's side
は·く[穿く](타 4) ①하의(치마, 바지 등)를 입다. ②(양말 등을) 신다. wear
は·く[掃く](타 4) ①소제하다. ②쓸어 내다. 털어 내다. ③칠하다. ④〈농〉 알에서 갓 깨난 애누에를 잠란지(蚕卵紙)로부터 옮기다. 1. sweep 2. brush off
は·く[履く](타 4) (발에) 신다. put on
は·ぐ[矧ぐ](타 4) 대나무에 깃털을 꽂아 화살을 만들다.
は·ぐ[剝ぐ](타 4) ①붙어 있는 것을 떼다. 껍질 등을 벗기다. ②옷을 벗기다. ③빼앗다. 1. peel off 2. strip
は·ぐ[接ぐ](타 4) 꿰매어 잇다. 이어 맞추다. 깁다. join
ばく[縛](명) ①새끼줄. ②포박(捕縛). 1. a rope 2. arrest
ばく[貘](명) 맥. ①〈동〉 말레이 반도 등지에 사는 포유 동물. ②〔중국 전설에서〕인간의 악몽(悪夢)을 먹는다는 상상상(想像上)의 동물. 1. a tapir
ばく[漠](형동タルト) 넓고 확실하지 않은 모양. 「一とした計画(ケイカク); 막연한 계획」 vague
バクー[Baku](명)〈지〉 바쿠우. 소련방 아저르바이잔 공화국의 수도. 카스피해(海) 최대의 항구. 대유전(大油田)의 중심지.
ばぐ[馬具](명) 마구. 말을 부리는 데 쓰는 기구. horse-equipment
はくあ[白亜·白堊](명) 백악. ①흰 벽. 「一の殿堂(デンドウ); 백악의 전당」 ②〈광〉 유공충(有孔虫) 등 동물의 유해가 쌓여서 생긴 석회질의 암석. 백묵, 백색 안료(白色顔料)의 재료가 됨. 1. a white wall. **一かん**[白堊館](명) 백악관. 와싱턴에 있는 미국 대통령 관저. **一き**[白堊紀](명)〈지〉 백악기. 지질 시대에 있어 중생대 말기. 약 1억 2천만년~6천만년 전. 공룡(恐龍)이 성하고 속씨 식물(被子植物)이 나타났음. **一けい**[白堊系](명)〈지〉 백악계. 백악기의 지층(地層).
はくあい[博愛](명) 박애. 모든 사람을 평등하게 사랑하는 일. 「一心(シン); 박애심」 philanthropy
はくい[白衣](명) 백의. ①간호원, 의사, 부상병 등이 입는 흰옷. ②흰옷. a white robe
はくいん[博引](명) 박인. 널리 인용하는 일. wide quotation. **一ぼうしょう**[博引旁証](연어·명·자サ) 널리 예나 증거를 인용하여 설명함.
はくう[白雨](명) ①희게 보이는 비. 소나기. ②우박(雨雹). 1. a shower 2. hail
ばくう[麦雨](명) 맥우. 보리가 익을 무렵에 내리는 비. early summer rain
はくうん[白雲](명) 백운. 흰 구름. a white cloud
はくうんも[白雲母](명)〈광〉 백운모. 운모(돌비늘)의 한 가지. 백색 또는 은색으로 탄성이 강함. white mica
ばくえい[幕営](명·자サ) 천막을 친 막사. 진영(陣営). a camp
ばくえき[博奕](명) 노름. 도박(賭博). gambling
はくえん[白煙](명) 백연. 흰 연기. ↔黒煙(コクエン). white smoke
はくえんこう[白鉛鉱](명)〈광〉 백연광. 연(鉛)의 중요한 광석. 대개 백색이나 때로는 회색. white lead ore

はくおし[箔押し](명) ①칠기(漆器)에 금, 은박으로 그림을 박는 일. ②제본(製本) 표지 등에 금, 은박을 찍는 일. 1. putting a leaf on 2. gold or silver tooling

ばくおん[爆音](명) 폭음. ①폭발(爆発)할 때 나는 소리. ②비행기의 프로펠러의 소리. ③발동기(発動機) 소리. 1. explosion 2. buzzing

はくが[白蛾](명) 흰 나비. a white moth

はくが[博雅](명) 박아. 학식이 넓고 성품이 우아(優雅)함. 또는 그런 사람. an accomplished man

ばくが[麦芽](명) 맥아. ①보리싹. ②보리 씨를 발아(発芽)시켜 말린 것. 엿기름. 1. wheat germ 2. malt. **―とう**[麦芽糖](명)〈이〉 맥아당. 맥아를 녹말에 작용시켜서 생기는 당분. 흰 침상(針状)의 결정으로 물에 풀리기 쉬움.

はくがい[迫害](명·타サ) 박해. 해를 가해서 괴롭힘. 못 견디게 굴며 해롭게 함. persecution

はくがく[博学](명·형동ダ) 박학. 학식이 넓고 많음. 학문에 정통함. erudition

はくがん[白眼](명) 백안. ①(눈알의) 흰자위. 또는 그것이 많은 눈. ②흘기는 눈. 냉정한 눈초리. 1. the white of the eye. **―し**[白眼視](명·타サ) 백안시. ①미워함. 싫어함. ②냉대(冷待)함.

はぐき[歯茎](명)〈생〉 치경. 치근(歯根)을 싸고 있는 살. 잇몸. 치은(歯齦). the gums

ばくぎ[幕議](명) 막부(幕府)의 평의(評議).

ばくぎゃく[莫逆](명) 〔바른 음은 "ばくげき"〕 막역. 극히 친한 것. 뜻이 맞아 조금도 상반하지 않는 것. 「―の友(トモ); 막역지우」 firmest friendship

はくぎょくろう[白玉楼](명) 백옥루. 문인(文人), 화가 등이 죽어서 간다는 곳. 「―中(チュウ)の人(ヒト)となる; 문사, 화가가 죽다」 a crystal palace of bliss

はくぎん[白銀](명) 은. silver

はくぐう[薄遇](명·타サ) 박우. 박하게 대우함. 냉대(冷待). cold treatment

はぐく·む[育む](타 4) ①(어미 새가 새끼를 품에 품어) 키우다. 기르다. ②양육(養育)하다. ③도와서 발전시키다. 1. cover 2. bring up

ばくげき[莫逆](명) ⇨ばくぎゃく.

ばくげき[駁撃](명·타サ) 박격. 타인의 말을 비난 공격함. refutation

ばくげき[爆撃](명·타サ)〈군〉 폭격. 비행기가 폭탄, 소이탄(焼夷弾) 등을 떨어뜨려 적의 시설이나 진지(陣地)를 공격하여 파괴함. bombing

はくげきほう[迫撃砲](명)〈군〉 박격포. 포신이 짧고 가벼운 대포의 한 가지. a trench mortar

はくげん[博言](명) 박언. 널리 각 나라 말에 통하는 일. 「―家(カ); 박언가(여러 나라 말에 잘 통하는 사람)」 **―がく**[博言学](명) 박언학. 언어학.

はくさい[白菜](명)〈식〉 백채. 배추. a white rape

はくさい[舶載](명·타サ) 박재. ①배에 실음. 배에 실어 운반함. ②외국에서 배로 운반해 옴. 박래(舶来). 1. shipping 2. imported

はくさい[薄才](명) 박재. 변변하지 못한 재주. 박학비재(薄学非才). lack of ability

ばくさい[爆砕](명·타サ) 폭쇄. 화약, 폭격(爆撃) 등으로 깨뜨려 부숨. blasting

はくさん[白山](명)〈지〉 이시카와(石川), 기후(岐阜) 두 현의 경계에 있는 화산맥의 주봉(主峰). 자고로 영산(霊山)이라 하여 등산자가 많음.

はくし[白紙](명) 백지. ①흰 종이. ②주의, 방침이 없는 것. 고집하지 않는 것. 「―でのぞむ; 별다른 의견 없이 임하다」 ③아무 일도 없었을 때의 상태. 「問題(モンダイ)を―に返(カエ)す; 문제를 백지로 돌리다」 1. white paper 2. having no principles. **―いにんじょう**[白紙委任状](명)〈법〉 백지 위임장. 위임한 사람의 이름만 쓰고 나머지는 자유로이 기입할 수 있도록 한 위임장.

はくし[白詩](명) 백 낙천(白楽天)의 시.

はくし[博士](명) 박사. 전문적인 학술 논문의 심사에 합격한 자에게 주어지는 학위(学位). 또는 그 학위를 받은 사람. Dr.

はくし[薄志](명) 박지. ①의지가 약함. 경박한 의지. ②적은 사례. 촌지(寸志). 1. weakness of mind. **―じゃっこう**[薄志弱行](연어·명) 박지 약행. 의지가 박약하고 실천력(実践力)이 약함.

はくじ[白字](명) ①백색 안료(顔料)로 쓴 글자. ②요상(凹状)으로 새긴 글자. 1. letters in white

はくじ[白磁](명) 백자. 흰 자기(磁器). ↔青磁(セイジ). white porcelain

ばくし[幕使](명) 막부(幕府)의 사자(使者).

ばくし[爆死](명·자サ) 폭사. 폭격(爆撃) 또는 폭발로 죽음. death from bombing

はくしき[博識](명·형동ダ) 박식. 지식이 넓음. 널리 많이 앎. extensive knowledge

はくじつ[白日](명) 백일. ①(쨍쨍하게 비치는) 해. 「―のもとに; 백일하에」 ②대낮. 백주(白昼). 「―夢(ム); 백일몽(꿈 같은 공상)」 1. the bright sunshine

はくしゃ[白砂](명) 백사. 흰 모래. white sand. **―せいしょう**[白砂青松](연어·명) 백사 청송. 흰 모래와 푸른 소나무. 강변이나 바닷가의 아름다운 경치.

はくしゃ[拍車](명) 박차. 말에 타는 사람의 구두 뒤축에 댄, 쇠로 만든 도구. 「―をかける; 박차를 가하다」 a spur

はくしゃ[薄謝](명) 박사. ①약간의 사례. ②타인에게 주는 사례를 겸사로 일컫는 말. 1. a small consideration

〔拍車〕

はくしゃく[伯爵](명) 백작. 5등작(五等爵)의 제3위. 백(伯). an earl

はくじゃく[薄弱](형동ダ) 박약. ①연약한 모양. 튼튼하지 못한 모양. 「意志(イシ)―; 의지 박약」 ②흐릿한 모양. 1. weak 2. shaky. **―じ**[薄弱児](명) 정신 박약아의 준말.

はくしゅ[拍手](명·자サ) 박수. 손뼉을 침. 「―喝采(カッサイ); 박수 갈채」 clapping

はくじゅ[白寿](명) 백수. 〔"白"자는 "百"보다 한 획

이 적다는 뜻에서] 99세의 수(寿).
ばくしゅ[麦酒](명) 맥주. 알코올성(性) 음료의 한 가지. 비어. beer
ばくしゅう[麦秋](명) ①맥추. 보리가 익는 서절. 보릿가을. ②음력 5월의 다른 이름. 1. wheat harvest season
はくしょ[白書](명) 백서. 정부에서 발표, 공개하는 실정 보고서(実情報告書).「経済(ケイザイ)—; 경제 백서」 a white paper
はくしょ[薄暑](명) 박서. 초여름의 대단치 않은 더위. early summer heat
ばくしょ[曝書](명·자サ) 폭서. 책을 볕에 쬐고 바람에 쐼. airing of books
はくじょう[白状](명·타サ) ①자백(自白)함. 고백. ②죄상(罪状)을 적은 서면. 1. confession 2. a deposition
はくじょう[薄情](명·형동ダ) 박정. 의리나 인정이 적음. 애정이 적음. 냉정(冷情). cold-heartedness
ばくしょう[爆笑](명·자サ) 폭소. 터져 나오듯 갑자기 웃는 웃음. a roar of laughter
ばくしょう[爆傷](명)〈의〉 폭상. 폭격이나 폭발로 인(因)한 부상(負傷). wounds from bombing
はくしょく[白色](명) 백색. 흰빛. white. **—じんしゅ**[白色人種](명) 백색 인종. 백인. ↔有色(ユウショク)人種.
はくしん[迫真](명) 박진. 표현 등이 진실감을 느끼게 함. 진짜와 꼭같이 보임.「—力(リョク); 박진력」「—の演技(エンギ); 실감 나는 연기」 true to life
はくじん[白人](명) ①백인. 백색 인종에 속하는 인간. ②사창(私娼). 1. a white man 2. an unlicensed prostitute. **—しゅ**[白人種](명) 백인종. 백색 인종.
はくじん[白刃](명) 백인. 빼어 든 칼. 시퍼런 칼날. a drawn sword
ばくしん[幕臣](명) 막부(幕府)의 신하(臣下).
ばくしん[爆心](명) 폭격, 폭발의 중심. a centre of bombing
ばくしん[驀進](명·자サ) 맥진. 똑바로 힘차게 나아감. 좌우를 돌볼 겨를도 없이 돌진함. rush
はく·する[博する](타サ) ①넓히다. 떨치다.「名声(メイセイ)を—; 명성을 떨치다」②차지하다. 얻다. 받다.「喝采(カッサイ)を—; 갈채를 받다」1. widen 2. gain
ばく·する[駁する](타サ) 남의 의견 등을 비난, 공격하다. 반박하다. refute
ばく·する[縛する](타サ) 포박하다. 묶다. bind
はくせい[剝製](명) 박제. 동물의 생태 표본(生態標本)의 한 가지. 동물의 가죽은 두고 속살이나 내장을 발라 낸 뒤에 솜 같은 것으로 속을 메우고 방부, 방충제를 발라서 살아 있는 것처럼 만드는 일. 또는 그렇게 해서 만든 표본. stuffing
ばくせい[幕政](명) 막부(幕府) 정치.
はくせき[白皙](명·형동ダ) 백석. 살빛이 흼. white
はくせつ[白雪](명) 백설. 흰 눈. snow
ばくせつ[駁説](명) 박설. 남의 의견을 비난, 공격하는 설(説). 반박하는 주장. 박론(駁論). confutation
はくせん[白扇](명) (바탕이) 흰 부채. a white fan
はくせん[白線](명) 백선. ①흰 줄. ②구제(旧制) 고등 학교 학생의 다른 이름. (모자에 흰 테를 둘렀었음)「—浪人(ロウニン); 대학에 못 들어 가고 놀고 있는 구제 고등 학교 졸업생」 1. a white line
はくせん[白癬](명)〈의〉 백선. 백선균(白癬菌)에 의하여 생기는 전염성 피부병. 마른 버짐, 진버짐 등이 있음. favus
はくぜん[白髯](명) 백수(白鬚). 흰 수염. white whiskers
ばくぜん[漠然](형동タルト) 막연. 확실하지 않은 모양. 흐리멍덩한 모양.「—とした言(イ)い方(カタ); 흐리멍덩한 말투」 vague
はくそ[歯屎](명) 이에 누렇게 낀 찌끼. 이똥. tartar
バグダード[Bagdad](명)〈지〉 바그다드. 이라크 왕국의 수도. 티그리스강의 좌안(左岸)에 있으며 서부 아시아 대상 무역(隊商貿易)의 중심지임. 자고로 이슬람교 문화의 중심지.
はくだい[博大](명·형동ダ) 박대. 지식, 학문이 넓고 큼. comprehensiveness
ほうたい[繃帯](명)〈의〉 상처 등을 감는 소독된 좁은 면포. 붕대(繃帯). a bandage
ばくだい[莫大](명·형동ダ) 막대. 대단히 크고 많음.「—な金額(キンガク); 막대한 금액」 enormous
はくたいげ[白帯下](명)〈의〉 백대하. 자궁이나 질(膣)에서 흰 분비물이 나오는 대하증(帯下症). 또는 그 분비물. 냉(冷). leucorrhoea
はくだく[白濁](명·자サ) 흰빛으로흐려짐. turbidity
はくだつ[剝脱](명·자타サ) 박탈. 벗겨져 떨어짐. 벗기어 떨어지게 함.「塗料(トリョウ)が—する; 칠이 벗겨지다」 exfoliation
はくだつ[剝奪](명·타サ) 박탈. 남의 재물이나 권리를 빼앗음. 강제로 빼앗음.「権利(ケンリ)を—する; 권리를 박탈하다」 deprivation
はくたん[白炭](명) 백탄. 고열로 구워 단단하고 겉이 좀 흰 숯. hard charcoal
ばくだん[爆弾](명)〈군〉 폭탄. 폭약을 속에 채워 투하하거나 던져 폭발시키는 병기. 폭발탄. a bomb
はくち[白痴](명) 백치. 뇌수(脳髄)에 고장이 생겼거나 질병 등으로 지능 작용이 극히 나쁜 사람. 바보. 천치. an idiot
はくち[泊地](명) 배가 안전하게 머무를 수 있는 곳. 정박지(碇泊地). an anchorage
ばくち[博打·博奕](명) ①투전. 도박.「—打(ウ)ち; 직업적 노름군」②행운(幸運)이나 큰 성공을 바라고 운명을 건 위험한 시도. 1. gambling
ばくちく[爆竹](명) 폭죽. ①대통에 화약을 재어 터뜨려서 소리가 나게 하는 것. ②⇨さぎちょう(左義長). 1. a cracker
はくちず[白地図](명) 백지도. 윤곽만을 그리고 나머지는 하얗게 비워 둔 지도. a blank map
はくちゅう[白昼](명) 백주. 대낮.「—堂堂(ドウドウ)と; 대낮에 당당하게」 broad daylight. **—む**[白昼

夢](명) 대낮에 꾸는 꿈. 꿈과 같은 공상(空想). 백일몽(白日夢).

はくちゅう[伯仲] Ⅰ(명) 백중. 형과 아우. Ⅱ(명·자サ) 우열(優劣)의 차이가 없음. 「実力(ジツリョク)が—する; 실력이 비슷하다」 Ⅱequally-matched

はくちょう[白丁](명) ①[白張]귀인의 일산(日傘)을 들거나 말고삐를 잡거나 하던 천리(賤吏). ②신을 모시거나 신도(神道)에 의한 장례식 때 물건을 짊어 지는 사람.

はくちょう[白鳥·鵠](명) 백조. ①흰 새. ②〈동〉 오리과에 속하는 물새의 한 가지. 거위와 비슷하고 목이 길고 온 몸이 흼. 1. a white bird 2. a swan

はくちょうざ[白鳥座](명)〈천〉 백조좌. 성좌(星座)의 한 가지. 초가을 밤 머리 위에 보임. 북십자성(北十字星). (백조가 날아 가는 모양 같다 해서 지어진 이름) the Swan

ばくちん[爆沈](명·자타サ) 폭침. ①폭파(爆破)하여 가라앉음. ②폭탄(爆彈), 어뢰(魚雷) 등으로 배를 가라앉힘. 1. sinking by explosion

ばくつ·く(자 4)〈속〉(입을 크게 벌려서) 마구 먹어 댐. munch

はくてい[白帝](명) 백제. 가을을 맡은 서쪽의 신(神).

バクテリア[bacteria](명)〈식〉 박테리아. 세균.

はくど[白土](명) 백토. 빛깔이 흰 흙. white soil

ばくと[博徒](명) 박도. 직업적 노름군. 도박군. a gambler

はくとう[白桃](명)〈식〉 흰복숭아나무. 흰 복숭아가 열림.

はくとう[白頭](명) 백두. 하얗게 센 머리. a hoary head. **—おう**[白頭翁](명) 백두옹. 백발이 된 할아버지.

はくとう[白糖](명) 백당. 흰 설탕. white sugar

はくどう[白道](명)〈천〉 백도. 달이 천구상(天球上)에 그리는 궤도(軌道). the moon's path

はくどう[白銅](명)〈이〉 백동. 구리, 아연(亜鉛), 니켈의 합금. cupro-nickel

ばくと·した(して)[漠と·した(して)](연어) 막연한(하여). ⇨:ばく(漠).

はくないしょう[白内障](명)〈의〉 백내장. 안구(眼球)의 수정체(水晶体)가 흐려지는 병. cataract

ばくにょう[麦繞](명) 한자 부수(部首)의 하나. 보리맥변. "麵, 麴" 등의 "麦" 부분.

はくねつ[白熱](명·자サ) 백열. ①〈이〉 물체가 높은 열을 받아 흰빛을 냄. ②최고조(最高潮)에 달했을 때. 「一戦(セン); 백열전」 1. incandescence 2. a climax. **—てき**[白熱的](형동ダ) 백열적. ①굉장히 뜨거운 열을 띠는 모양. ②매우 인기가 올라 가는 모양. **—でんきゅう**[白熱電球](명)〈이〉 백열 전구. 전구의 한 가지. 진공구(真空球) 속에 가느다란 탄소선, 텅스텐선을 봉입(封入)한 전구.

はくば[白馬](명) 백마. 흰말. a white horse

ばくは[爆破](명·타サ) 폭파. 폭약으로 파괴함. blasting

はくばい[白梅](명) 백매. 흰 매화. white plum blossoms

はくはく[白白](형동タリ) 아주 밝은 모양. 「明明(メイメイ)—; 명명 백백(아주 명백함)」 clear

ばくばく[漠漠](형동タルト) 막막. ①멀고 넓은 모양. 광막(広漠). ②갈피를 잡을 수 없는 모양. 막연. 「空空(クウクウ)—; 매우 막연함」 1. vast 2. vague

ぱくぱく(부·자サ) ①커다란 입을 계속하여 여닫는 모양. ②마구 먹어 대는 모양. ③이은 자리가 떨어지려고 하는 모양. 1. moving one's lips 2. munch

はくはつ[白髪](명) 백발. 흰머리. hoary hair

ばくはつ[爆発](명·자サ) 폭발. ①〈이〉 일부에 일어난 화학 반응이 순간적으로 용적(容積)을 증대하며 전체에 화염 및 파괴 작용을 일으키는 현상. ②갑작스럽게 터짐. 「不満(フマン)が—する; 불만이 폭발하다」 1. explosion 2. bursting

はくはん[白斑](명) 백반. ①흰 반점. ②〈의〉 어루러기. 전풍(癜風). 1. a white spot 2. leucoderma

ばくはん[麦飯](명) 맥반. 보리밥. boiled barley and rice

はくび[白眉](명) 백미. 많은 것 중에서 가장 뛰어난 것. the best

はくひょう[白票](명) 백표. ①국회에서 찬성 투표에 사용되는 흰 표. 또는 흰 공. ↔青票(セイヒョウ). ②아무 것도 쓰지 않고 투표한 투표지. 1. a white vote 2. a blank vote

はくひょう[薄氷](명) 박빙. 살얼음. 「—をふむが如(ゴト)し; 매우 아슬아슬하고 위태로운 모양」 thin ice

はくびょう[白描](명) 백묘. 동양화 묘법(描法)의 한 가지. 엷고 흐릿한 곳이 없이 먹으로 진하게 선만을 그리는 것. 또는 그렇게 그린 그림. a plain sketch

はくふ[白布](명) 백포. 흰 천. white cloth

ばくふ[幕府](명) 막부. ①장군의 거소(居所). 진영(陣營). ②미나모토 요리토모(源頼朝) 이후 무신 정권(武臣政權)의 최고 권력 기관. ③카마쿠라(鎌倉), 무로마치(室町), 에도(江戸) 시대의 막부 장군.

ばくふ[瀑布](명) 폭포. 낭떠러지 같은 높은 곳에서 흘러 떨어지는 물. 폭포수. a waterfall

ばくふう[爆風](명) 폭풍. 폭발할 때에 일어나는 강한 바람. a bombshell blast

はくぶつ[博物](명) 박물. ①온갖 사물에 문견(聞見)이 넓음. ②박물학의 준말. 1. wide knowledge. **—かん**[博物館](명) 박물관. 천연의 것이나 생산품, 역사 자료, 예술품 등을 널리 모아서 진열하고 일반인에게 보여 주는 곳.

はくふん[白粉](명) 백분. ①흰 가루. ②화장하는 데 쓰는 흰 분. 연분(鉛粉). 광분(光粉). 1. white powder 2. toilet powder

はくぶん[白文](명) 백문. ①훈점(訓点)이 없는 한문. ②본문뿐이고 주석이 없는 한문. 1. an unpunctuated Chinese text

はくぶん[博聞](명) 박문. 견문이 넓은 일. 사물을 널리 들어 잘 아는 일. wide information. **—きょうき**[博聞強記](명) 박문 강기. 널리 견문(見聞)하고 이를 잘 기억하는 일.

はくへい[白兵](명) 백병. ①빼어 든 칼. ②접전(接戰), 격투에 쓰는 무기. 1. a naked sword. **—せん**[白兵戦](명) 백병전. 도(刀), 검(剣)을 가지고 싸우는 접전(接戰).
はくへき[白壁](명) 백벽. ①흰 벽. ②두부(豆腐)의 다른 이름. 1. a white wall 2. bean-curd
はくへき[白璧](명) ①흰 구슬. ②매우 귀중한 것의 비유. 「一の微瑕(ビカ); 옥의 티」 1. a white gem
はくへん[剝片](명) 박편. 벗겨져 떨어진 조각. a torn-off scrap
はくへん[薄片](명) 박편. 얇은 조각. a thin leaf
はくぼ[薄暮](명) 박모. 해질 무렵. 황혼. dusk
はくほうじだい[白鳳時代](명) 일본 미술 사상의 시대 구분의 하나. 아스카(飛鳥) 시대와 텐표오(天平) 시대와의 중간. (645~709)
はくぼく[白墨](명) 백묵. 분필. 토필. chalk
はくま[白魔](명) 백마. 피해를 주는 큰 눈(雪). snow
はぐま[白熊](명) 중국에서 건너 온 이우(犛牛)의 흰 꼬리. 불자(拂子)를 만드는 데 쓰며 창(槍), 기(旗) 등의 장식용으로도 씀.
はくまい[白米](명) 백미. 쓿어 희게 한 쌀. 정백미(精白米). ↔玄米(ゲンマイ). polished rice
ばくまつ[幕末](명) 에도 막부(江戸幕府)의 말기.
はくめい[薄明](명) 박명. ①새벽녘이나 저녁 무렵의 희미하게 밝은 빛. ②〈천〉 일출(日出) 전이나 일몰(日没) 후, 대기의 상층에 있는 세말(細末) 물질이 지평선 밑에 있는 태양의 광선을 반사하여 하늘이 희미하게 밝아 있는 현상. 1. a faint light 2. twilight
はくめい[薄命](명) 박명. ①짧은 목숨. ②불행. 불운(不運). 「美人(ビジン)一; 미인 박명(미인은 대체로 운명이 기박하다는 뜻)」 1. a short life 2. a sad fate
ばくめいき[爆鳴気](명)〈이〉 폭명기. 산소 1, 수소 2의 혼합 기체. 점화(点火)하면 폭음과 함께 다량의 물과 열을 냄. 폭명 가스. detonating gas
はくめん[白面](명) ①흰 얼굴. ②나이가 젊어서 경험이 적은 것. 미숙(未熟). 「一の書生(ショセイ); 젊고 미숙한 서생」 1. a pale face 2. inexperience
はくや[白夜](명) 백야. 북극 등의 고위도(高緯度) 지방에서 여름에 일몰과 일출 사이에 반영하는 태양 광선 때문에 박명(薄明)이 계속되는 현상. white night
ばくやく[爆薬](명)〈이〉 폭약. 화학 변화에 의하여 급격히 고온(高温)의 가스를 발생하여 폭발하는 화합물. 또는 혼합물. an explosive compound
はくよう[白楊](명)〈식〉 백양. 버들과에 속하는 낙엽 활엽 교목. a white poplar
はくらい[舶来](명) 박래. 외국에서 배에 싣고 오는 일. 또는 그 물건. 외국 제품. ↔国産(コクサン). an imported article
ばくらい[爆雷](명)〈군〉 폭뢰. 물속에서 폭발하는 폭탄. 잠수함 공격에 쓰임. a depth bomb
はぐらか·す(타 4) ①동행을 떨어지게 하다. 처지게 하다. ②말을 얼버무리다. 「質問(シツモン)を一; 질문을 얼버무려 버리다」 1. lose sight of one's companion
はくらく[伯楽](명) ⇨ばくろう(博労).
はくらく[剝落](명·자サ) 박락. 벗겨져서 떨어짐. peeling off
はくらん[白蘭](명) 백란. 흰 난초. a white orchid
はくらん[博覧](명·타サ) 박람. ①널리 여러 가지 책을 읽음. 「一強記(キョウキ); 널리 읽고 잘 기억함」 ②널리 사물을 견문하여 앎. 1. wide reading. **—かい**[博覧会](명) 박람회. 여러 가지 물건을 전시(展示)해서 일정한 기간 공중(公衆)에게 보이는 행사. 「産業(サンギョウ)一; 산업 박람회」
はくり[剝離](명·자타サ) 박리. 벗김. 벗겨짐. 「peeling of」
はくり[薄利](명) 박리. 얼마 안되는 이익. small profits. **—たばい**[薄利多売](연어·명)〈경〉 박리 다매. 이익을 적게 해서 많이 파는 일. 「一主義(シュギ); 박리 다매주의」
ばくり[幕吏](명) 막부(幕府)의 관리. 「a shogunate official」
ぱくり(부) ①입을 크게 딱 벌리고 먹는 모양. ②틈이나 구멍 등이 크게 벌어지는 모양. ③상품 등을 재빨리 후딱 훔치는 모양. 날치기. 1. snap at 3. shoplift
ばくりゅうしゅ[麦粒腫](명)〈의〉 ⇨ものもらい②.
ばくりょう[幕僚](명)〈군〉 막료. ①대장(大将), 사령관(司令官), 총독(総督), 장관 바로 아래에 있는 참모 장교. ②중요한 계획에 참여하는 부하. 1. the staff
はくりょく[迫力](명) 박력. 육박하는 힘. 일을 밀고 나아가는 힘. force
—はぐ·る(조어·4) 실패하다. 놓치다. 「取(ト)り一; 잡지 못하고 놓치다」
はぐ·る(타 4) (껍질 등을) 벗겨 젖히다. 책장 등을 넘기다. turn up
ぱく·る(타 4)〈속〉 ①입을 크게 벌려 꿀꺽 집어 삼키다. ②날쌔게 훔치다. ③빼앗다. 몰수하다. ④체포하다. 1. munch
はぐるま[羽車](명) 신체(神体)를 옮길 때에 사용하는 여러 사람이 메는 보교(步轎) 비슷한 가마.
はぐるま[歯車](명) 톱니 바퀴. a toothed wheel
ばくれつ[爆裂](명·자サ) 폭렬. 폭발해서 파열(破裂)함. an explosion
—はぐ·れる(조어·하 1) ①실패하다. 놓치다. 「乗(ノ)り一; 차를 놓치다」
はぐ·れる(자하 1) ①동행하던 사람과 떨어지게 되다. 「友(トモ)に一; 친구들에게서 처지다」 ②기회를 놓치다. 1. go astray
はくれん[白蓮](명)〈식〉 백련. 흰 연꽃. a white lotus flower
ばくれん[莫連](명)〈속〉 쓴맛 단맛 다 겪어 뻔뻔스러운 여자. an abandoned woman
はくろ[白露](명) 백로. ①흰 이슬. ② 24절기의 하나. 9월 7일경에 듦. 1. white dew
ばくろ[暴露](명·자타サ) 폭로. ①비바람을 맞음. ②비밀이 드러남. 비밀을 공개함. 1. exposure
はくろう[白蠟](명) 백랍. 흰 밀랍(蜜蠟). white wax
ばくろう[博労·馬喰·伯楽](명) ①백낙. 말의 좋고 나쁨을 판별하는 사람. ②마소의 병을 고치는 사람. ③

마소 매매나 중개를 하는 사람. 1. a horse-appraiser

はく ロシア[白露西亜](명)〈지〉 백러시아. 러시아의 서부에 위치하며 소련방에 들어 있는 공화국. 수도는 민스크(Minsk).

は ぐろめ[歯黒め](명) 쇠를 술에 산화(酸化)시킨 물. 이(歯)를 검게 물들이는 데 씀. 철장(鉄漿). tooth dye

ばく ろん[駁論](명·타サ) 박론. 상대방의 설을 비난, 공격함. 반론(反論). refutation

はく わ[白話](명) 백화. 현대 중국의 구어(口語). 「一文(ブン); 백화문」↔文言(ブンゲン). colloquial Chinese

はけ[刷毛·刷子](명) ①도료, 액체 등을 칠하기 위한 도구. 털을 가지런히 나무 자루에 붙인 것. 솔. 귀얄. ②상투의 끝. 1. a brush

はけ[捌け·通け·疎け](명) ①물이 잘 빠지는 일. 「水(ミズ)一がいい; 물이 잘 빠다」 ②잘 팔리는 일. 「品物(シナモノ)の一がいい; 물건이 잘 팔리다」

はげ[禿げ](명) ①벗어지는 일. 벗어진 자국. ②머리털이 빠져 버린 자국. ③벗겨진 머리. 대머리. 독두(禿頭). ④벌거벗은 산. 민둥산. 4. bareness

はげ[剝げ](명) 칠 같은 것이 벗어지는 일. 또는 그 자국. 「ペンキの一が目立(メダ)つ; 뼁끼칠이 벗어진 것이 눈에 띄다」 a scar

はげ あが·る[禿げ上がる](자 4) 머리의 꼭대기까지 털이 빠지다. one's hair recedes

はげ あたま[禿頭](명) 독두. 대머리. a bald head

はげいとう[葉鶏頭](명)〈식〉 색비름. 열대 아시아 원산인 1년초로 줄기는 곧고 잎은 호생하며 황색, 홍색의 반점이 있음. an amaranth

はけ くち[捌け口](명) ①팔리는 곳. 판로(販路). ②처리하는 곳. 배출구(排出口). ③흘러 가는 곳. 1. a market

はげし·い[激しい·烈しい·劇しい](형) ①엄격하다. 과격하다. 「一気性(キショウ); 과격한 기질」 ②심하다. ③맹렬하다. 파생 ── さ(명). 1. violent

はげ たか[禿げ鷹](명)〈동〉 콘도르. 매의 한 가지. 머리와 목에 털이 없음. 시체를 잘 뜯어 먹으며 남미의 안데스 산맥 등에 분포하는 큰 맹조. a condor

はげ ちゃびん[禿げ茶瓶](명)〈속〉 대머리를 욕하여 일컫는 말.

はげ ちょろ[剝げちょろ](형동ダ)〈속〉 머리가 드문드문 벗어져서 보기 흉한 모양. partly bald

バケツ[bucket·馬穴](명) 바께쓰. 물을 담아 운반하는 함석 그릇. 양동이.

はけ ついで[刷毛序で](명) 어떤 일을 한 김에 다른 일을 하는 것을 비유한 말.

バケット[bucket](명) 바께쓰. 기중기(起重機)의 끝에 달려 있어서 흙이나 모래 등을 퍼 담는 것.

ばけ の かわ[化けの皮]一カハ(연어·명) 소행(素行), 정체(正体)를 감추기 위해 꾸민 외양(外様). 가장(仮装). 「一がはがれる; 가면이 벗겨지다(정체가 드러나다)」 disguise

はげま·す[励ます](타 4) ①격려하다. 힘을 돋우어 주다. ②힘을 주어 강하게 하다. 「声(コエ)を一; 목소리를 높이다」 명 励まし. 1. encourage

はげ·む[励む](자 4) ①열심히 하다. 힘을 내어 하다. 「勉強(ベンキョウ)に一; 공부를 열심히 하다」 ②기운이 붙다. 명 励み. 1. work hard

はけ め[刷毛目](명) 귀얄 자국. traces of brushing

ばけ もの[化け物](명) 도깨비. 허깨비. 괴물(怪物). a bogy

はげ やま[禿げ山](명) 독산. 나무가 없어 벌겋게 벗어진 산. 민둥산. a bald mountain

は·ける[捌ける](자하 1) ①막히지 않고 흐르다. 「どぶの水(ミズ)が一; 하수구의 물이 잘 빠지다」 ②상품이 잘 팔리다. 「商品(ショウヒン)が一; 상품이 잘 팔리다」 1. flow off

は·げる[禿げる](자하 1) ①머리가 벗어지다. ②산에 나무가 없어지다. 1. become bald

は·げる[剝げる](자하 1) ①칠 등이 벗어지다. ②색이 엷어지다. 퇴색하다. 바래다. 2. discolour

ば·ける[化ける](자하 1) ①모습이 딴판으로 변하다. 둔갑(遁甲)하다. 「きつねが一; 여우가 둔갑하다」 ②정체를 숨기고 다른 사람처럼 행동하다. ③〈속〉 화장을 짙게 해서 다른 사람처럼 예뻐지다. 1. transform oneself into

は けん[派遣](명·타サ) 파견. 사람에게 용무를 띠어서 보냄. 파송(派送). dispatch

は けん[覇権](명) 패권. 패자로서의 권력. 지배권. 「一をにぎる; 패권을 잡다」 supremacy

ば けん[馬券](명) 마권. 경마할 때 사는 승마(勝馬) 투표권. a pool-ticket

ば げん[罵言](명) 매언. 몹시 꾸짖는 말. 욕설. abusive language

はこ[箱·函](명) ①물건을 넣어 두는 사각형의 통. 상자. ②샤미센(三味線). ③〈속〉 객차(客車). 1. a box

はご[羽子](명) 모감주나무의 열매에 구멍을 뚫어서 새털을 네댓 개 낀 것. 배드민턴의 공인 셔틀콕과 모양이 비슷함.

はご いた[羽子板](명) 하고(羽子)를 칠 때 사용하는 라켓 모양의 자루가 달린 장방형(長方形)의 판자. a battledore

はこ いり[箱入り](명) ①상자 속에 들어 있는 것. 또는 그 물건. ②←箱入り娘. 1. being put in a box
── **むすめ**[箱入り娘](명) 좀처럼 밖에 나가지 못하도록 하며 소중히 기르는 딸. 규중 처녀(閨中処女).

は こう[爬行](명·자サ) 파행. 짐승, 벌레 등이 땅 위를 기어 감. creeping

は こう[跛行](명) 파행. ①절룩거리며 걷는 일. ②균형이 잡히지 않는 일. 절름발이. 「一景気(ケイキ); 절름발이 경기(어떤 부문은 경기가 좋고, 어떤 부문은 경기가 좋지 않음)」 1. limping

ば こう[馬耕](명)〈농〉 마경. 말을 사용해서 하는 경작(耕作). tillage with the aid of farm horses

はこ がき[箱書き](명·자サ) 서화(書画), 기물(器物) 등을 넣은 상자에 진품(真品)임을 증명하기 위하여 서명 날인(署名捺印)함.

はごく[破獄](명・자サ) 파옥. 탈옥함. prison-breaking

はごく・む[育くむ](타 4) ⇨はぐくむ.

はこし[箱師](명) 주로 기차, 전차, 버스 속에서 활약하는 소매치기. a train pickpocket

はごし[葉越し](명) 잎 사이로 보이는 것. being seen through foliage

はこせこ[筥狭子・筥迫](명) 부인들이 품에 넣고 다니는 상자 모양의 지갑. 장식용(裝飾用)으로 씀. a woman's ornamental purse

パゴダ[pagoda](명) 파고다. (동양의) 절에 있는 탑(塔).

はごたえ[歯応え]―ゴタヘ(명) 어떤 것을 씹었을 때 이(歯)에 느껴지는 반응. resistance to the teeth

はこぢょうちん[箱提灯](명) 아래위로 둥근 뚜껑이 있어 접으면 전체가 그 안에 들어 가 마치 둥글넓적한 상자 모양이 되는 등롱(燈籠). a cylindrical Chinese lantern

はこにわ[箱庭]―ニハ(명) 운두가 얕은 상자나 그릇에 모래를 넣고 산이나 내의 경치나 정원 등을 조그맣게 만들어 놓은 것. a miniature garden

はこね[箱根](명)〈지〉 카나가와(神奈川), 시즈오카(静岡) 양현에 걸친 하코네 화산 지역의 총칭. 경승지(景勝地), 온천지로 유명.

はこのり[箱乗り](명) 신문 기자가 회견하기 위한 인물과 기차 등에 동승하는 것.

はこばしご[箱梯子](명) 옆에 서랍 등을 달아 궤짝처럼 된 계단. 궤짝으로 된 계단. a staircase combined with a cupboard or drawers

はこび[運び](명) ①운반. ②걸음걸이. 「足(アシ)の―がのろい; 걸음걸이가 느리다」 ③진도(進度). 단계. 순서. 「落成(ラクセイ)の―に至(イタ)る; 낙성의 단계 이르다」 1. carriage

はこひばち[箱火鉢](명) 상자 모양의 네모난 화로. a brazier enclosed in a wooden box

はこ・ぶ[運ぶ] Ⅰ(자 4) 나아가다. 진척되다. Ⅱ(타 4) ①운반하다. 나르다. ②일을 진행시키다. Ⅰ progress

はこぶね[箱船・方舟](명) 네모난 배. 사각형으로 된 배. an ark

はこべ (명)〈식〉 별꽃. 너도개미자리과에 속하는 월년초. 봄에 하얀 꽃이 핌. 약용, 식용, 염색용(染色用)으로 쓰임. a chickweed

はこぼれ[刃毀れ](명・자サ) (칼)날의 이가 빠짐. a nicked edge

はこまくら[箱枕](명) 상자 모양으로 된 베개. a box-supported pillow

はこや[箱屋](명) ①상자를 만들어서 파는 사람. ②기생의 샤미센(三味線) 등을 나르는 사람. 1. a box-maker

はこやなぎ[箱柳](명)〈식〉 고리버들. 산야에 자생(自生)하며 버들고리나 키 등을 만듦. an aspen

はこやのやま[藐姑射の山](명) ①〔중국에서〕 신선이 산다는 상상상(想像上)의 산. ②태상황(太上皇)이 사는 궁전의 높임말.

はごろも[羽衣](명) 천인(天人)이나 선녀(仙女)들이 입는다는 새털로 만든 매우 가벼운 옷. a feather-robe

はこん[破婚](명・자サ) 파혼. ①약혼을 취소함. ②결혼 생활에 실패함. 이혼(離婚). 1. cancellation of a marriage promise

はさ[稲架](명) 벼를 말리기 위하여 걸어 두는 벼걸이. 벼덕. a frame on which to dry rice-plants

バザー[bazaar](명) 바자아. ①단체나 사회 사업의 자금을 모으기 위하여 벌이는 시장. 자선 시장(慈善市場). ②여학생의 제작품을 팔기 위하여 벌이는 시장.

はさい[破砕](명・자타サ) 파쇄. 깨어져 부서짐. 깨뜨려서 부숨. smash

はざかい[端境]―ザカヒ(명) 단경. 묵은 쌀과 햅쌀이 바뀌는 무렵. 음력 9~10월경. 「―期(キ); 단경기(햅쌀이 나와 묵은 쌀이 자취를 감추는 무렵)」 an off-crop season

はさき[刃先](명) 칼끝. the point of a sword

はざくら[葉桜](명) 꽃은 떨어지고 새 잎이 나온 벚나무. post-blossom cherry trees

はざし[は刺し](명・자サ) (양복의 깃에 심을 넣을 때 등에) "ハ"자 모양으로 꿰매는 것.

ばさばさ(부・자サ) ①마른 물건이 닿아서 나는 소리. 바삭바삭. ②머리털이 흐트러져 있는 모양. 부수수. 1. rustling

ぱさぱさ(부・자サ) 말라서 물기나 기름기가 없는 모양. 파삭파삭. dry

はざま[狭間](명) ①사이. ②골짜기. ③성벽(城壁)에 뚫린 활과 총을 쏘는 구멍. 총안(銃眼). 1. an interval

はさま・る[挟まる](자 4) ①사이에 끼이다. ②사이에 서다. 1. get between

はさみ[鋏み](명) ①가위. ②⇨パンチ. 1. scissors

はさみ[螯](명) 게나 새우 등의 집게발. claws. **―むし**[螯虫](명)〈동〉 집게벌레.

はさみうち[挟み打ち・挟み撃ち](명・타サ) 협격. ①적을 사이에 두고 양쪽에서 공격함. 협공(挟攻). ②〔야구에서〕 베이스와 베이스 사이에서 달아나는 사람을 몰아 죽게 하는 일. 1. an attack on both flanks

はさみき・る[鋏み切る](타 4) 가위로 베어 자르다. snip

はさみしょうぎ[挟み将棋](명) 장기짝으로 하는 놀이. 상대의 말을 양쪽에 끼어 놓고 따 먹음.

はさみばこ[挟み箱](명) 옛날 의복이나 도구 등을 넣어 막대기에 꿰워 종자(従者)에게 메우던 상자.

〔挟み箱〕

はさ・む[挟む](타 4) ①사이에 두다. 「川(カワ)を―; 시내를 사이에 두다」 ②집다. 「はしで食(タ)べ物(モノ)を―; 젓가락으로 음식을 집다」 ③끼다. 끼우다. 삽입(挿入)하다. 「本(ホン)に―; 책에 끼우다」 1. put between

はさ・む[鋏む](타 4) 가위로 베다. snip

はさん[破産](명・자サ) 파산. ①집의 재산을 없앰. ②〈법〉 채무자가 빚을 갚을 수 없게 되었을 때 전 재산을 모든 채권자에게 공평하게 판상(辦償)하는 재판상의 절차. 2. bankruptcy

はさん[破算](명) 파산. ①〔주판에서〕 놓은 셈을 헝클어 버리는 일. ②지금까지의 계산을 그만두고 새로 하는 것. 1. calculating anew

はし[階](명)〈고〉 ①계단. ②사닥다리.

はし[端](명) ①처음. 선단(先端). 「―から はじめる; 처음부터 시작하다」 ②필요 없는 것으로 치고 베어 버린 부분. 조각. 「木(キ)の―; 나뭇조각」 ③중앙에서 먼 쪽. 가장자리. 「―の歩(フ)をつく; 가장자리의 졸(卒)을 치다」 ④넓은 것의 구석. ⑤말의 일부분. 「ことばの―; 말꼬리」 ⑥실마리. 단서(端緒). ⑦사물의 일부분. 3. the edge

はし[箸](명) 젓가락. 「―にも棒(ボウ)にもかからぬ; 취급하기에 곤란한 것의 비유」 a pair of chopsticks

はし[橋](명) (강 등에 걸쳐 놓은) 다리. a bridge

はし[嘴·觜](명) 주둥이. 부리. 「すずめの―; 참새 부리」 a bill

は·し[愛し](형シク)〈고〉 귀엽다. 사랑스럽다.

はじ[恥·辱]ハヂ(명) 부끄러움. 수치. 불명예. 치욕. 「男(オトコ)の―だ; 남자의 수치(치욕)다」 shame

はじ[端](명) "はし"의 사투리.

はじ[黄櫨](명)〈식〉 황로. 거망옻나무. 옻나무과에 속하는 낙엽 활엽 교목. 잎은 타원형이고 5~6월에 황록색 꽃이 피고 가을에 열매를 맺음. 열매는 채랍용(採蠟用)으로 씀. a wax-tree

ばし(수조) 어세(語勢)를 강하게 하는 말. 「知(シ)らずと―仰(オオ)せらるるか; 참말 모른다고 말씀하십니까」

はじ[把持](명·타サ) 꽉 쥠. 꼭 붙잡음. hold

ばじ[馬事](명) 마사. 말에 관한 일. 「―協会(キョウカイ); 마사 협회」 matters concerning the horse

はしい[端居]―ヰ(명) 집 가 쪽에 나가 있음. 마루 끝에 앉아 있음. being just within the threshold

バシーかいきょう[Bashi 海峡](명)〈지〉 바시 해협. 대만과 필리핀 사이의 해협. the Bashi Channel

はしいた[橋板](명) 다리 위에 까는 널빤지. a bridge board

はじい·る[恥じ入る]ハヂ―(자 4) 대단히 부끄러워하다. be deeply ashamed

はじうるし[黄櫨漆](명)〈식〉 ⇨はじ.

はしおき[箸置き](명) 젓가락을 얹어 놓는 도구.

はしお·る[端折る]―ヲル(타 4) ⇨はしょる.

はしか[麻疹](명)〈의〉 마진. 아이들에게 많은 급성 전염병. 열이 나고 빨간 점과 같은 발진(発疹)이 나타나며·기관지카다르 등을 발생케 함. 홍진(紅疹). 홍역(紅疫). the measles

はしがかり[橋懸かり](명) 〔노오 무대(能舞臺)에서〕 무대 뒤 화장실에서 무대로 나가는 통로. a bridge-like passageway to the stage

はしがき[端書き](명) ①책의 맨 처음에 쓰는 글. 서문(序文). ↔あと書き. ②추가하여 씀. 추기(追記). 추신(追伸). 1. a preface

はじかみ[生薑](명)〈고〉〈식〉 ⇨しょうが.

はしから[端から](부) 순차(順次)로. 차례로. one after another

はじ·く[弾く](타 4) ①튀기다. ②주판 알을 놓아 셈하다. ③배척하다. ④붙지 않게 하다. 튀겨 보내다. 「油紙(アブラガミ)は水(ミズ)を―; 기름 종이는 물을 안 받는다」 1. flip

はしぐい[橋杭·橋杙]―グヒ(명) 다리(橋)를 받치는 다리(脚). 교각(橋脚). a bridge pile

はしくよう[橋供養](명·자サ) 다리를 다 놓았을 때에 지내는 고사(告祀).

はしくれ[端くれ](명) ①조각. 나부랑이. ②시시한 물건이나 사람. 「先生(センセイ)の―; 훌륭하지 못한 선생」 1. a scrap

はしけ[艀](명) 부두와 본선(本船)의 사이를 왕복하며 화물이나 여객을 나르는 작은 배. a lighter

はしげた[橋桁](명) 다리의 교각(橋脚) 위에 걸쳐서 교판(橋板)을 받치는 재목(材木). a bridge girder

はじ·ける[弾ける](자하 1) 쪼개져서 터지다. 성숙해서 터지다. burst open

はしご[梯子](명) ①사닥다리. ②계단(階段). ③←梯子酒. 1. a ladder. **―ざけ**[梯子酒](명) 장소를 자꾸 옮기면서 술을 마시는 일. **―だん**[梯子段](명) 사닥다리의 계단. **―のみ**[梯子飲み](명) ⇨はしござけ. **―のり**[梯子乗り](명) (곡예의 하나인) 사닥다리 타기.

はしこ·い(형) 재빠르다. 약삭빠르다. 민첩하다. 파생 **―さ**(명). quick

はじさらし[恥曝し]ハヂ―(명·형동ダ) 수치(羞恥)를 드러냄. 또는 그런 사람. 망신. 「いい―だ; 톡톡한 망신이다」 disgrace

はじしらず[恥知らず]ハヂ―(명·형동ダ) 수치를 모름. 또는 그런 사람. 철면피(鉄面皮). shamelessness

はしせん[橋銭](명) 다리를 건널 때 통행료로 지불하는 돈. bridge toll

はした[端た](명) ①어떤 단위 이하인 것. 또는 그 수. 우수리. ②←端た女. 1. a fraction. **―がね**[端た金](명) 푼돈. 적은 돈. **―な·い**[端たない](형) 경박(軽薄)하고 조심성이 없다. **―め**[端た女](명) 하녀(下女).

はしたて[箸立](명) ①생후 101일째에 아기에게 밥을 먹이기 시작하는 의식(儀式). ②젓가락을 꽂아 두는 그릇. 1. the weaning ceremony

はしたな·む(타하 2)〈고〉 ①괴롭히다. ②몹시 책망하다.

はしぢか[端近](명·형동ダ) 문턱이나 마루에 가까움. 또는 그곳. just within the threshol[d]

はしつかた[端つ方](명)〈고〉 가장자리 쪽. 끝 쪽.

はしっこ·い(형) ⇨はしこい. 파생 **―さ**(명).

はしづめ[橋詰](명) 다리의 가장자리. 다릿가. 다릿목. the edge of a bridg[e]

ばじとうふう[馬耳東風](연어·명) 마이 동풍. 의견이나 비평을 전혀 듣은 체 만 체하는 것. 쇠귀에 경 읽기. utter indifferenc[e]

はじとみ[半蔀](명) 격자창에 종이 대신 판자를 대고 그 반을 들창으로 한 문. 「unexpectedl[y]

はしなく(も)[端無く(も)](부) 뜻밖에도. 우연히도.

はしぬい[端縫い]ーヌヒ(명) 천의 끝을 약간 접어서 궤매는 것. edge-stitching
はしばこ[箸箱](명) 잣가락을 넣어 두는 가늘고 긴 상자(箱子). a chopstick case
はしばし[端端](명) ①이곳 저곳의 가장자리. ②구석구석. 1. edges
はしばみ[榛](명)〈식〉 개암나무. 들이나 산에 자라는 낙엽 활엽 관목. 열매는 구형(球形)으로 10월에 익음. 식용, 약용함. a hazel
はしばん[橋番](명) 다리지기. a bridge-keeper
はしまくら[箸枕](명) ⇨はしおき.
はじまらない(연어) 아무 소용 없다.「さわいでもー; 아무리 떠들어도 소용 없다」
はじまり[始まり](명) 시작. 시초. the beginning
はじま·る[始まる](자 4) ①새로 일어나다. 시작되다. ②늘 하는 버릇이 또 나타나다.「そら, 始まった; 자, 또 시작되었군」 1. begin
はじめ[始め·初め] I (명) ①시작. ②발생. ③근원. II (부) 이전. 먼저. III〔연어의 일부로〕비롯하여.「校長先生(コウチョウセンセイ)をー; 교장 선생님을 비롯하여」 I 1. the beginning II at first. **—て**[始めて·初めて](부) ①새로이. ②처음으로. 비로소.「親(オヤ)になってー; 어버이가 되어서 비로소」
はじ·める[始める](타하 1) ①시작하다. 새로 하다. ②늘 하던 버릇을 또 나타내다. 1. begin
はしゃ[跛者](명) 절름발이. a lame person
はしゃ[覇者](명) 패자. ①제후(諸侯)의 우두머리. ②무력, 권력으로 천하를 다스리는 사람. ↔王者(オウシャ). ③운동, 경기 등의 우승자. 3. a champion
はじゃ[破邪](명)〈불〉 파사. 사도(邪道), 사설(邪説)을 깨뜨리는 일.「一の剣(ケン); 악을 무찌르는 정의의 칼」 refuting false doctrines. **—けんしょう**[破邪顕正](연어·명)〈불〉 파사 현정. 사도(邪道)를 깨뜨리고 정의와 진리를 나타내어 퍼뜨림.
ばしゃ[馬車](명) 마차. 말이 끄는 수레. a carriage. **—うま**[馬車馬](명) ①마차를 끄는 말. ②곁눈질도 안하고 돌진(突進)하는 사람.
パシャ[pasha](명) 파샤. 아라비아나 터어키에서 고관에게 주는 영예의 칭호.
はしゃ·ぐ(자 4) ①들떠 떠들다. ②마르다. 1. frolic
パジャマ[pajamas](명) 파자마. 서양식 잠옷.
はしゅ[把手](명) 손잡이. a handle
はしゅ[播種](명·자サ)〈농〉 파종. 씨뿌리기. sowing
ばしゅ[馬主](명) 말의 임자. a horse-owner
ばしゅ[馬首](명) 말의 모가지. 또는 말이 나아가는 쪽. the neck of a horse
はしゅつ[派出](명·타サ) 파출. 용무를 띠어 내보냄. dispatch. **—じょ**[派出所](명) 파출소. ①부원을 파견해 놓은 조그마한 사무소. ②경찰관 파출소의 준말. **—ふ**[派出婦](명) 집일을 돌봐 주기 위하여 파견되는 직업 부인.
ばじゅつ[馬術](명) 마술. ①말을 타는 기술. ②곡마(曲馬). 1. horsemanship
はじゅん[波旬](명)〈불〉 파순. 불도의 수행(修行)을 방해하는 아주 나쁜 마왕(魔王)의 이름.「天魔(テンマ)ー; 천마 파순(사람의 지혜를 둔하게 하는 천마와 수행을 방해하는 파순)」
ばしょ[場所](명) 장소. ①곳. ②거처, 자리. ③위치(位置). 지점(地点). ④(씨름의) 흥행 기간(興行期間). (15일간)「夏(ナツ)ー; 매년 5월에 흥행하는 큰 씨름판」「ーを踏(フ)む; 경험을 쌓다」 1. a place 4. a tournament
はじょう[波上](명) 파상. 파도 위. on the waves
はじょう[波状](명) 파상. 파도처럼 일정한 사이를 두고 기복(起伏)하는 형상.「一攻撃(コウゲキ); 파상 공격(일정한 간격을 두고 되풀이하는 공격)」 waves
ばしょう[芭蕉](명)〈식〉 파초. 남방 원산의 키가 크고 잎이 넓은 식물. a plantain
ばじょう[馬上](명) 마상. ①말 위. ②말을 타고 있는 것. 또는 그 사람.「一の人(ヒト); 말을 타고 있는 사람」. 2. riding on horseback
はしょうふう[破傷風](명)〈의〉 파상풍. 파상풍균이 상처로부터 들어 가서 생기는 전염병. 열이 나고 경련(痙攣)이 일어나며 근육이 아픔. tetanus
ばしょがら[場所柄](명) 그 자리의 분위기 또는 상태.「ーをわきまえぬ; 때와 장소를 분간하지 못함」 the character of a place
ばしょく[馬食](명·타サ) 마식. 말처럼 많이 먹음.「牛飲(ギュウイン)ー; 우음 마식」 eating like a horse
はしょ·る[端折る](타 4) ①옷자락을 접어서 띠에 끼다. ②생략하여 간단히 하다.「話(ハナシ)をー; 이야기를 간추려서 하다」 2. omit
ばしょわり[場所割り](명) 장소를 배당함.「夜店(ヨミセ)のー; 야시장의 장소 배당」 allotment of places
ーはしら[柱](접미) 주. 신체(神体), 유골(遺骨) 등을 세는 말.「二(フタ)ーの神(カミ); 2 주의 신」
はしら[柱](명) ①기둥. ②뼈대가 되는 중요한 것. ③의지할 사람.「つえともーともたのむ人(ヒト); 하늘같이 믿고 의지하는 사람」 ④←貝柱(カイバシラ) 1. a pillar. **—かけ**[柱掛](명) 기둥에 걸어서 장식으로 하는 것. **—ごよみ**[柱暦](명) 기둥에 거는 한 장으로 된 작은 달력. **—どけい**[柱時計](명) 기둥이나 벽에 걸어 놓는 괘종 시계.
はじらい[恥じらい]ハヂラヒ(명) 수줍음. blushing
はじら·う[恥じらう]ハヂラフ(타 4) 부끄러워하다. 수줍어하다. be shy
はしら·す[走らす](타 4) ①달리게 하다. ②달아나게 하다. 1. run
はじらみ[羽蝨](명)〈동〉 ⇨はむし(羽虫).
はしり[走り](명) ①달음박질. 뜀질. ②철에 앞서 나오는 식품. 만물. 신출(新出). ③선구자. ④매우 신기한 것 1. running. **—がき**[走り書き](명·자サ) 급히 휘갈겨 씀. **—くらべ**[走り競べ](명) 경주. **—たかとび**[走り高飛び·走り高跳び](명) 주고도. 달려 가서 가로대를 뛰어 넘는 높이뛰기. 하이점프. **— つかい**[走り使い]ーツカヒ(명) 급히 뛰어 다니

면서 심부름을 함. 또는 그 사람 **—で**[走り出](명) 〈고〉 집의 출입구. 대문 근처. **—はばとび**[走り幅飛び·走り巾跳び](명) 넓이뛰기. 달려 가서 멀리 뛰는 경기. 주폭도. 주광도. **—もの**[走り物](명) ① 무악(舞楽)에서 속보(速歩)로 추는 춤. ②만물. **—もの**[走り者](명) 출분자(出奔者). **—よみ**[走り読み](명) 대강대강 빨리 읽는 일.

はし·る[走る](자 4) ①달리다. ②패주(敗走)하다. ③달아나다. ④빨리 흐르다. ⑤(물 등이) 힘차게 솟아 나오다. ⑥미끄러져 나오다. ⑦잘 움직여지다. 「ペンが—; 펜이 잘 나가다」 ⑧방향이 어긋나다. 치우치다. 「極端(キョクタン)に—; 극단으로 치우치다」 ⑨빠져서 나가다. 「敵陣(テキジン)に—; 적진으로 달아나다」 ⑩통하다. 뻗다. 「南北(ナンボク)に—通(トオ)り; 남북으로 뻗친 길」 ⑪〈고〉 가슴이 설레다. 1. run 2. be routed 6. glide

は·じる[恥じる]ハヂル(자상 1) ①부끄러워하다. ②모욕을 주다. 창피를 주다. 「名(ナ)に恥(ハ)じぬ行(オコ)ない; 이름을 더럽히지 않는 행동」 1. be ashamed of

はし わたし[橋渡し](명·타サ) ①다리를 놓음. ②중매, 중개역을 함. 1. laying a bridge across

ばしん[馬身](명) 말의 머리에서 꼬리까지의 길이. 말의 신장(身長). a horse's length

はす[斜](명) 비스듬한 것. 경사(傾斜). slant

はす[蓮](명)〈식〉 연. 못이나 늪에 자라는 다년생 수초. 잎은 크고 여름에 흰 꽃 또는 붉은 꽃이 핌. 뿌리는 식용. 뇌지(雷芝). 연하(蓮荷). a lotus

はず[筈](명) ①활고자. 오늬. ②당연히 그렇게 될 일. 「及第(キュウダイ)する—だ; 당연히 급제할 것이다」 ③확신을 나타냄. 「たのんだ—だ; 틀림 없이 부탁했을 것이다」 ④예정을 나타냄. 「明日(アス)出発(シュッパツ)する—です; 내일 출발할 것입니다」 1. the nock

ハズ(명) 허즈. 허즈번드(husband)의 준말.

バス[bass](명)〈악〉 베이스. ①남자 목소리의 가장 낮은 음성. ②저음부(低音部). ③저음의 악기. ④첼로. ⑤콘트라베이스의 준말.

バス[bath](명) 바아드. ①목욕. 「—ルーム; 욕실(浴室)」 ②목욕탕. 욕실. 「—付(ツ)きの; 욕실이 달린」

バス[bus](명) 버스. ①승합 자동차. ②승합 마차.

パス[PAS](명)〈의〉 파스. 파라아미노살리실산 (Paraaminosalicyl 酸)의 준말. 새로운 결핵 치료제.

パス[pass](명·자타サ) 패스. ①통과. ②합격. ③여권(旅券). 통과증. 통행증(通行証). ④무임 승차권. 무료 입장권. ⑤정기 승차권. ⑥〔축구, 배구 등에서〕 자기편으로 보울을 보내는 것. ⑦〔트럼프에서〕 기권하고 다음 차례로 넘기는 것.

はすい[破水](명·자サ)〈생〉 해산(解産)할 때 양수(羊水)가 나오는 것. 또는 그 양수. amniotic fluid

はすいと[蓮糸](명) 연사. 연줄기의 섬유로 만든 실. a lotus thread

はすう[端数](명) 단수. 어떤 성수(成数)에 차고 남은 수. 우수리. 「—を切(キ)りすてる; 우수리를 떼어 버리다」 a fraction

バズーカ ほう[bazooka 砲](명) 바주우카포. 로켓포의 한 가지. 혼자서 운반과 취급이 가능한 근거리용 대전차포(対戦車砲).

バスーン[bassoon](명)〈악〉 바수운. 오보에(oboe)보다 두 옥타아브 낮은 저음의 목관 악기. 이중(二重)의 혀가 있는 큰 피리로서 낮은 소리를 냄. 파곳(fagott).

はずえ[葉末]ーズエ(명) ①잎사귀 끝. ②자손. 1. the tip of a lea

ばすえ[場末]ースエ(명) 번화가를 벗어난 곳. 변두리. the outskirts

バス ガール[bus girl](명) 버스 거얼. 버스의 여차장.

はす かい[斜交い]ーカヒ(명) ①비스듬히 교차(交叉)된 것. ②경사(傾斜). 2. obliquity

バス かいきょう[Bass 海峡](명)〈지〉 배스 해협. 오스트레일리아의 빅토리아주와 태즈메이니아섬과의 사이에 있는 해협. the Bass Strai

はずかし·い[恥ずかしい]ハヅカシイ(형) ①부끄럽다. ②열없다. 면목(面目) 없다. 창피하다. [파생] **—が·る**(자 4) **—げ**(형동ダ) **—さ**(명). 3. disgracefu

はずかしめ[辱しめ]ハヅカシメ(명) 모욕(侮辱). 치욕(恥辱). disgrace

はずかし·める[辱しめる]ハヅカシメル(타하 1) ①창피를 주다. ②지위, 명예를 더럽히다. 욕되게 하다. 「会長(カイチョウ)の名(ナ)を—; 회장의 이름을 더럽히다」 ③여자를 범하다. 1. put to shame

バスケット[basket](명) 바스켓. ①(서양식) 바구니. ②〔농구에서〕 고울에 매다는 밑이 없는 그물. **—ボール**[basketball](명) 바스켓보올. 농구(籠球).

バス コン(トロール)[birth control](명) 버어드콘트롤. 임신 조절(妊娠調節). 산아 제한(産児制限).

はず·す[外す]ハヅス(타 4) ①떼다. 제거하다. 「予定(ヨテイ)から—; 예정에서 떼다」 ②벗다. ③끄르다. 떼다. 「ボタンを—; 단추를 끄르다」 ④잃다. 놓치다. 「機会(キカイ)を—; 기회를 놓치다」 ⑤빗나가게 하다. 피하다. 「鋭鋒(エイホウ)を—; 예봉을 피하다」 1. get rid of 5. avoi

パスタ[도 Pasta](명) 파스타. ①반죽한 것. ②풀. ③〈의〉 연고(軟膏).

はすっぱ[蓮っ葉](명·형동ダ)〈속〉 여자의 언동이 품위가 없고 천함. 또는 그런 여자. flirt

バス てい[bus 停](명) 버스 정류소. bus sto

パステル[pastel](명) 파스텔. 파스텔화(画)에 쓰이는 크레용의 한 가지. 크레용보다 연하고 잘 부서짐.

バスト[bust](명) 버스트. ①흉상(胸像). 반신상(半身像). ②(여성의) 가슴. ③〔양재에서〕 가슴 둘레.

はすのうてな[蓮の台](연어·명)〈불〉 연대. 죽어서 극락에 간 사람이 앉을 때 깔고 앉는다는 연잎의 좌석(座席). 연화대. the calyx of a lotus flowe

はすは[蓮葉](명·형동ダ) ①연엽. 연꽃의 잎사귀. 연잎. ②⇨はすっぱ. 1. a lotus lea

ハズバンド[husband](명) 허즈번드. 남편(男便). ↔ワイフ.

パス ポート[passport](명) 패스포오트. ①여행 허가

증. 여권(旅券). 통행증(通行証). ②거주증(居住証).

パスボール[pass ball](명) 패스 보올. ①〔야구에서〕피처(投手)가 던진 보올을 캐처(捕手)가 잡지 못함. 또는 그 공. 일구(逸球). ②〔축구 등에서〕 자기 편에 보내는 보올.

はずみ[弾み](명) ①튀는 것. 탄력.「一のいいゴムまり; 잘 튀는 공」②순간. 결.「よける一に; 피하는 순간에」③일의 형세.「どういう一か; 어떻게 된 일인지」 1. spring. ── **ぐるま**[弾み車](명) 기계의 회전축에 붙여 회전을 일정하게 하기 위한 큰 바퀴.

〔弾み車〕

はず·む[弾む](자 4) ①(반동으로) 튀다.「ピンポン玉(ダマ)が一; 탁구공이 튀다」②힘이 나다. 형세가 좋아지다.「話(ハナシ)が一; 이야기가 활기 있게 되다」③거칠어지다. 세어지다.「息(イキ)が一; 숨이 거칠어지다」 ④호기(豪気)를 부리다.「千円(センエン)一; 천 원을 호기 있게 내어 놓다」 1. spring

は·する[派する](타サ) 출장시키다. 파견하다. dispatch

パズル[puzzle](명) 퍼즐. ①어려운 문제. 난제(難題). ②수수께끼. 생각 거리.

バスルーム[bath room](명) 바아드루움. 욕실(浴室).

はずれ[外れ]ハヅレ(명) ①벗어남. 맞지 않음. ②가. 가장자리. 끝.「村(ムラ)の一; 마을의 변두리」 1. a miss

はずれ[葉擦れ](명) 잎이 서로 스치는 일.「一の音(オト); 잎이 스치는 소리」 rustling of leaves

はず·れる[外れる]ハヅレル(자하 1) ①벗어지다. 빠져 나가다. ②맞지 않고 빗나가다. ③어긋나다. 배반하다.「人(ヒト)の道(ミチ)に一; 인도에 어긋나다」④빠지다. 탈락(脱落)하다. 1. come off 2. miss

バスローブ[bathrobe](명) 바아드로브. 목욕을 하고 나와서 입는 길고 푹신한 실내의(室内衣).

はせ一[走せ·馳せ](조어) 뛰어서. 달음박질해서.「一帰(カエ)る; 뛰어서 돌아 가다」

はせ[稲架](명) ⇨はさ.

はぜ[沙魚·鯊](명)〈동〉 모래무지. 바다나 시냇물에 사는 잉어과에 속하는 물고기. a goby

はぜ[黄櫨](명)〈식〉 ⇨はじ.

はせい[派生](명·자サ) 파생. 갈라져서 나옴.「一語(ゴ); 파생어」 derivation

ばせい[罵声](명) 욕하는 소리. jeers

ばせき[場席](명) 있을 자리. 좌석. a seat

はせさん·じる[走せ参じる·馳せ参じる](자상 1) 달려가서 웃사람을 뵙다. hasten to

はせつ·ける[走せ付ける·馳せ付ける](자하 1) 달려서 도착하다. 몹시 서둘러 오다. come in haste

パセティック[pathetic](형동ダ) 퍼데틱. 감동되는 모양. 감상적. 비장(悲壮)한 모양.

バセドーしびょう[Basedow 氏病](명)〈의〉 바아제도우씨병. 갑상선(甲状腺)의 작용이 높아져서 생기는 병. 눈알이 튀어 나옴. Basedow's disease

はせまわ·る[馳せ回る]ーマハル(자 4) 사방으로 뛰어 돌아 다니다. run about

はせむか·う[走せ向かう·馳せ向かう]ームカフ(자 4) 급히 달려 가다. 급히 가다. run to

はせもど·る[馳せ戻る](자 4) 급히 돌아 오다. 달려 돌아 오다. run back

パセリ[parsley](명)〈식〉 파아슬리. 미나리과에 속하며 냄새가 강한 2년생 서양 채소. 잎이 미나리처럼 잘게 갈라져 있음.

は·せる[走せる·馳せる] Ⅰ(자하 1)〈방〉 뛰다. 달리다. Ⅱ(타하 1) 달리게 하다. Ⅱ drive

は·ぜる[爆ぜる](자하 1) 터져 열리다. 튀다.「くりが一; 밤송이가 벌어지다」 burst open

はせん[波線](명) 파선. 물결 모양으로 굴곡(屈曲)된 선. a wave-line

はせん[破船](명) 파선. 배가 부서짐. 난파(難破)한 배. a wrecked ship

はせん[破線](명) 파선. 짧은 선을 간격을 두고 벌여 놓은 선. 절선(切線). a sparse dotted line

はせん[端銭](명) 잔돈. 푼돈. odd money

ばぜん[馬前](명) 말 앞. 기마(騎馬)의 앞.「殿(トノ)の一に妙技(ミョウギ)をふるう; 영주의 말 앞에서 묘기를 떨치다」 before a horse

はそう[波層](명) 파층. 파도(波濤)의 층. overlapping of waves

はそく[把捉](명·타サ) 파착. 붙잡음. 파악(把握). 포착(捕捉). grasping

ばぞく[馬賊](명) 마적. 옛날 중국이나 만주에 나타났던 도둑의 무리. mounted bandits

パソドブル[스 pasodoble](명)〈악〉 파소도오블. 스페인식의 원스텝 댄스.

ばそり[馬橇](명) 말이 끄는 썰매.

はそん[破損](명·자타サ) 파손. 깨뜨려지고 부서짐. 깨뜨려 부숨. damage

はた[畑·畠](명) 밭. ↔田(タ). a field

はた[側](명) 옆. 곁. 한쪽. the side

はた[旗](명) 기. ①깃발. ②연. ③주의, 주장 등의 표어(標語). 슬로우건. 강령(綱領).「正義(セイギ)の一をかかげる; 정의의 슬로우건을 내걸다」 1. a flag

はた[端](명) 가. 가장자리. 끝.「池(イケ)の一; 못가」 the edge

はた[機](명) ①옷감을 짜는 기계. 베틀. ②직물(織物). 옷감. 1. a loom

はた[将] Ⅰ(부) 또. 역시. Ⅱ(접) 혹은. 또는. Ⅰ also Ⅱ or

はだ[膚·肌](명) ①피부. 살갗. 살결. ②땅 등의 표면. ③성미. 기질.「一が合(ア)わない; 성미가 맞지 않다」「学者(ガクシャ)一; 학자 기질」 3. disposition

一ばた[端](조어) 가.「川(カワ)一; 냇가」

バタ(명)〔수영에서〕버터플라이(butterfly)의 준말.

バタ(ー)[butter](명) 버터. 우락(牛酪). ── **くさ·い**[butter 臭い](형) 서양적이다.

はだあい[膚合·肌合]ーアヒ(명) 성미. 기질(気質). 성질. disposition

はたあげ[旗揚げ](명·자サ) ①군사를 일으킴. 거병(挙兵). ②새로 일을 시작함. 1. rising an army
ばたあし[ばた足](명) 〔수영에서〕 양발을 번갈아 움직이며 풍덩풍덩 물장구를 치는 일.
はだあれ[膚荒れ·肌荒れ](명) 피부(皮膚)가 거칠어지는 일. getting chappy
パタ(ー)ン[pattern](명) 패턴. ①모형. ②본. 형(型). 견본(見本). ③도안(図案). 모양. 무늬. 색조.
はだい[破題](명) 한문, 한시 등에서 첫머리에 제의(題意)를 기술한 것.
ばだい[場代](명) 장소의 사용료. 자리 값. the charge for a room
はたいと[機糸](명) 천을 짜는 데 쓰는 실. loom-thread
はたいろ[旗色](명) ①전쟁이나 시합에서 승부의 상태, 상황. 전황(戦況). 「―がわるい; 전황이 나쁘다」 ②일의 형세(形勢). 2. a situation
はたえ[二十重]―ヘ(명) 여러 겹으로 겹침. 스무 겹. 「十重(トエ)―に; 열 겹, 스무 겹으로, 겹겹이」 twentyfold
はだえ[膚え·肌え]―ヘ(명) ⇨はだ.
はたおり[機織り](명·자サ) ①옷감을 짬. 또는 그 사람. ②←機織り虫. 1. weaving. **―むし**[機織り虫](명)〈동〉 베짱이. 여치과에 속하는 곤충. 머리가 삼각형이고 빛깔은 녹색 또는 갈색.
はだか[裸](명) ①알몸. 맨몸. 벌거벗은 것. ②덮개, 씌우개가 없는 것. 「―電球(デンキュウ); 갓이 없는 전구」 ③휴대품이 없음. 빈 몸. 1. a nude. **―いっかん**[裸一貫](연어·명) 알몸. 자기 몸 이외에는 아무 것도 가지고 있지 않은 것. 「―から出発(シュッパツ)する; 적수 공권(赤手空拳)으로 출발하다」 **―うま**[裸馬](명) 안장이 없는 말. **―ぶみ**[裸文](명) 봉투에 넣지 않은 편지. **―まいり**[裸参り]―マヰリ(명) 겨울에 벌거벗고 신불(神仏)에 참배하는 일. **―むぎ**[裸麦](명)〈식〉 나맥. 쌀보리. **―むし**[裸虫](명) ①〈동〉 나충. 털이나 날개 같은 것이 없는 벌레의 총칭. 곤충의 유충(幼虫) 등. ②〈속〉 인간. ③〈속〉 가난해서 옷이 없는 사람.
はたがしら[旗頭](명) ①기의 상부(上部). ②지방 영주(領主)들의 두목. ③한파의 수령. 두목. 1. the upper part of a flag
はだか·る(자 4) ①옷이 펼쳐져 열리다. 벌어지다. 「裾(スソ)が―; 옷자락이 벌어지다」 ②팔, 다리를 벌리고 서다. 「立(タ)ち―; 떡 버티고 서다」 ③뻐기다. 1. be wide open
はたき[叩き](명) ①터는 것. ②먼지를 터는 도구. 먼지떨이. 1. dusting. **―こみ**[叩き込み](명) 씨름의 48수의 하나. 어깨나 목을 쳐서 쓰러뜨리는 수.
はだぎ[膚着·肌衣](명) 살에 직접 대어 입는 속옷. 내의(内衣). underwear
はたぎょうれつ[旗行列](명) 기행렬. 많은 사람들이 깃발을 들고 흔들면서 행진하는 일. a flag-procession
はた·く[叩く](타 4) ①〈방〉 찧다. 빻다. ②털어 치우다. ③두들기다. 때리다. ④재산, 돈을 모두 써 버리다. 「財布(サイフ)の底(ソコ)を―; 지갑의 돈을 몽땅 써 버리다」 2. dust
はたぐも[旗雲](명) 깃발처럼 길게 뻗친 구름.
はたけ[疥](명)〈의〉 마른 버짐. scabs
はたけ[畑·畠](명) ①밭. ↔田(タ). ②전문의 영역. 「―違(チガ)い; 전문 영역이 다름」 1. a field. **―すいれん**[畑水練](명) 실제로는 소용 없는 훈련.
はだ·ける(자타하 1) ①긁어 헤다. 「ごはんを―; 밥을 긁어 헤다」 ②펼치다. 벌리다. 「胸(ムネ)を―; 앞가슴을 벌리다」 2. stretch
はたご[旅籠](명) ①여행용 말의 사료(飼料) 바구니. ②〔→はたご屋〕 옛날의 여인숙(旅人宿). 2. an inn
はたざお[旗竿]―ザヲ(명) 깃대. a flagstaff
はたさく[畑作](명) 밭에서 농사를 지음. 또는 그 농작물. 밭농사. dry field crop
はたさしもの[旗指し物](명) 옛날 싸움터에서 갑옷의 등에 꽂아서 표지(標識)로 삼던 조그마한 깃발.
はださむ·い[膚寒い·肌寒い](형) ①으스스 춥다. ②섬뜩하게 무섭다. 파생 **―さ**(명). 1. chilly
はだざわり[膚触り·肌触り]―ザハリ(명) ①살에 닿는 느낌. 촉감(触感). ②사람에 주는 느낌. 인상(印象). 「―のよい作品(サクヒン); 인상이 좋은 작품」 1. the touch
はだし[跣·裸足](명) ①맨발. 맨발로 걷는 일. ②당하지 못함. 「専門家(センモンカ)―の技術(ギジュツ); 전문가도 따라 가지 못하는 기술」 1. going barefoot
はたしあい[果たし合い]―アヒ(명) 결투(決闘). a duel
はたしじょう[果たし状](명) 결투를 요구하는 글. 결투장(決闘状). a challenge
はたして[果たして](부) ①예상한 대로. 역시. 과연. ②실로. 정말로. 1. just as one thought
はだじゅばん[膚襦袢·肌襦袢](명) 일본옷의 속옷. an undershirt
はたじるし[旗標](명) ①깃발에 표지(標識)로 써 붙이는 가문(家紋), 신불(神仏)의 이름, 글자 등. ②나아가는 목표로서 내거는 것. 2. a motto
はた·す[果たす](타 4) ①달성하다. 이룩하다. 「目的(モクテキ)を―; 목적을 달성하다」 ②죽이다. ③다 해버리다. 끝장이 나다. 「使(ツカ)い―; 다 써버리다」 1. fulfil
はたすすき[旗薄](명)〈고〉 기처럼 펄펄 날리는 억새풀.
はたせるかな[果たせる哉](연어) 과연. 역시. 생각한 바대로. 「―そうだった; 과연 생각했던 대로 그러했다」 as expected
はたたがみ[霹靂](명) 벽력. 굉장한 소리를 내는 천둥. a thunderclap
はたた·く[羽撃く](자 4) ⇨はばたく.
はたち[二十](수) ①스물. 20. ②스무 살. 1. twenty
はたち[畑地](명) 밭이 되어 있는 땅. 전지(田地). farm-land
ばだち[場立ち](명)〈경〉 증권 업자의 대리인으로서 거래소에 나와서 거래하는 점원.
はだつき[膚付き·肌付き](명) ①직접 살갗에 닿는 것. ②살에 닿는 속옷. ③피부의 상태. 살결. 2. underwear
はたと[礑と](부) ①세게. 탁. 「―ひざをたたく; 무릎을 탁 치다」 ②갑자기. ③날카롭게 쏘아 보는

모양. 1. with a slap
はたとせ[二十歳](명) 스무 살. twenty years
はだぬぎ[膚脱ぎ·肌脱ぎ](명·자サ) 옷을 벗어 상반신을 드러냄. being bare to the waist
はだぬ·ぐ[膚脱ぐ·肌脱ぐ](자 4) ①상반신을 벗다. ②분발하여 진력하다. 2. give a helping hand
はたのさもの[鰭の狭物](명)〈고〉 지느러미가 좁은 물고기. 작은 생선. ↔はたのひろもの.
はたのひろもの[鰭の広物](명)〈고〉 지느러미가 넓은 물고기. 큰 생선. ↔はたのさもの.
はタバコ[葉煙草](명) 잎담배. 거두어 들여 건조(乾燥)를 마친 담배 잎. leaf-tobacco
はたはた[鱩](명)〈동〉 도루묵. 몸에 비늘이 없는 바닷물고기. a sand fish
はたはた(부·자サ) ①새 등의 날개치는 소리. 푸드득 푸드득. ②깃발 등이 바람에 펄럭이는 모양. 펄럭 펄럭. 1. flapping
ぱたぱた(부·자サ) ①먼지 터는 소리. 탁탁. ②일이 순서적으로 진척(進陟)되는 모양. 척척. ③차례차례로 쓰러지는 모양. ④슬리퍼를 끄는 소리. 1. pattering 3. in rapid succession
はたばり[端張り](명)〈고〉 폭. 나비.
はたび[旗日](명) 국기를 내어 거는 날. 국경일.
バタフライ[butterfly](명) 버터플라이. ①〈동〉 나비(蝶). ②헤엄의 한 가지.
バタボール[butter ball](명) 버터보올. 버터가 든 서양식 눈깔 사탕.
はたまた[将又](접) 혹은. 또는. 혹시는. or
はだまもり[膚守り·肌守り](명) 몸에 지니는 부적. 액(厄)을 면하게 하고 몸을 지켜 준다는 미신으로 몸에 지니고 다니는 호부(護符). a talisman
はだみ[膚身·肌身](명) 몸. 살갗. 「一はなさず持(モ)つ; 몸에 늘 지니고 다니다」 the body
はため[傍目](명) 곁에서 사람들이 보는 느낌. 「一にも気(キ)の毒(ドク)なほど; 옆에서 보기에도 딱할 정도」 another's eyes
はため·く(자 4) 펄럭이다. 🅃はためかす(4). flutter
はたもち[旗持ち](명) ①기를 들고 다니는 사람. 기수(旗手). ②신분이 낮은 부하. 1. a standard-bearer
はたもと[旗本](명) ①대장이 있는 본진(本陣). ②대장에 직속된 무사. 1. headquarters
ばたや(명)〈속〉 넝마주이. a ragpicker
はだら(명·형동ナリ)〈고〉 얼룩. 털 등에 여러가지 색깔이 섞여 있는 것.
ばだらい[馬盥]ーダラヒ(명) 말을 씻어 주는 데 쓰는 커다란 그릇. a horse-basin
はたらか·す[働かす](타 4) 부리다. 일을 시키다. 활동시키다. work
はたらき[働き](명) ①활동. ②작용. 기능. ③공. 공적(功績). ④동작. 거동. ⑤장사. 일. ⑥효용. 효능. 효과. ⑦재능. ⑧〔문법에서〕 활용. 1. work 7. ability. **—あり**[働き蟻](명)〈동〉 일개미. 개미 중에서 일하는 개미로 생식력이 퇴화한 것. **—か·ける**[働き掛ける](자하 1) 다른 것에 동작이 미치게 하다. 자기가 다른 것에 작용(作用)하다. **—ざかり**[働き盛り](명) 사람의 일생 중 가장 활발하게 일할 수 있는 때. 한창때. **—て**[働き手](명) ①일을 잘 하는 사람. 일군. ②가정의 생계 유지가 되도록 일하는 사람. **—ばち**[働き蜂](명)〈동〉 일벌. 꿀벌 중에서 집을 짓거나 꿀을 모으는 일을 하는 암펄. 생식력이 없음. 동봉(動蜂).
はたら·く[働く](자 4) ①일을 하다. ②활동하다. ③작용하다. ④효과가 나타나다. ⑤싸게 팔다. ⑥나쁜 짓을 하다. 「盗(ヌス)みを一; 도둑질하다」 ⑦〔문법에서〕 활용하다. 1. 2. move 7. conjugate
バタリー[buttery](명) 버터리. 아파아트식으로 만들어 닭을 많이 넣어 기르는 닭장.
はた·る[徴る](타 4) (심하게) 재촉하다. press
はだれ(ゆき)[斑(雪)](명) 드문드문 내리는 눈. spotted snow
はたん[破綻](명·자サ) 파탄. ①일이 성립되지 않음. 중도에 그릇됨. 「一をきたす; 파탄을 가져오다」 ②상점, 회사 등의 지불 정지(支払停止). 파국(破局). 1. failure
はだん[破談](명) ①파담. 결정되었던 일이 취소됨. ②결정되었던 혼담이 취소됨. 파혼. 1. cancellation
ばたん(부) ①심하게 부딪치는 소리. 쾅. ②심하게 넘어지는 소리. 쿵. ③발소리. 쿵쿵. 1. with a bang
ぱたん(부) "ばたん" 보다 가벼운 소리.
はたんきょう[巴旦杏](명)〈식〉 편도(扁桃). 장미과에 속하는 낙엽 교목. 열매는 복숭아와 같으나 편평(扁平)함. an almond
はち[鉢](명) ①〈불〉 중이 사용하는 식기. 바리때. ②접시보다 깊고 짝 바라진 그릇. 푼주. ③(화초를 심는) 화분. ④캐낸 초목의 뿌리가 흙이 엉겨 덩어리처럼 된 것. ⑤투구의 머리를 덮는 사발처럼 생긴 부분. ⑥두개골. ⑦나팔꽃 모양과 같은 것. 2. a bowl 6. the skull
はち[蜂](명)〈동〉 벌. 곤충의 하나. 꽁무니에 침이 있음. a bee
はち[八](수) 여덟. 8. eight
ばち[枹](명) 북채. 고봉(鼓棒). a drumstick
ばち[罰](명) 벌. ①인간의 나쁜 행위를 신이나 부처가 징계하는 것. 「一があたる; 천벌을 받다」 ②나쁜 일을 한 데 대한 제재(制裁). 1. divine punishment
ばち[撥](명) 비파(琵琶)나 샤미센(三味線) 등의 줄을 튀기는 도구. 발목(撥木). ⇨:しゃみせん. a plectrum
ばちあたり[罰当たり](명) ①천벌을 받음. ②천벌을 받을 만한 나쁜 사람. 1. being cursed
はちあわせ[鉢合わせ]ーアハセ(명·자サ) ①머리를 맞부딪침. 박치기. ②(우연히) 만남. ③충돌. 1. bumping of heads
はちうえ[鉢植え](명) 관상용(観賞用)으로 화분에 심은 초목. a potted plant
バチェラー[bachelor](명) 배철러. 학사(学士). 「一オブアーツ; 문학사(文学士)」

ばちおと[撥音](명) 발목(撥木)으로 타서 울리는 현악기(絃楽器)의 소리. the sound of a plectrum
ばちがい[場違い]—チガヒ(명) ①장소를 어기는 일.「—の あいさつ; 장소에 어울리지 않는 인사」②명산물 등이 주산지(主産地)에서 난 것이 아닌 것.「—のりんご; 주산지가 아닌 데서 난 사과」 1. a wrong place
はちかずき[鉢かずき](명) 오토기조오시(御伽草子) 23편 중의 하나. 무로마치(室町) 시대의 작품.
はちがつ[八月](명) 팔월. 1년 중 여덟째 달. August
バチカン[Vatican](명) 바티칸. ①로마의 바티칸 궁전. ②로마 시내에 있는 조그마한 독립국. 교황청(教皇庁)이 있음.
はちかんじごく[八寒地獄](명)〈불〉 팔한 지옥. 매우 춥다는 여덟 지옥.
はちき·れる(자하 1) 터지다. 가득 차서 파열(破裂)하다. burst
はちく[淡竹](명)〈식〉 담죽. 감죽(甘竹). 솜대. a black bamboo
はちく[破竹](명) 파죽. 대나무를 쪼개는 것.「—の勢(イキオ)い; 파죽지세(막을 수 없는 굉장한 기세)」
ぱちくり(부·자サ) 놀라서 눈을 깜박이는 일.「目(メ)を—させる; 놀라서 눈을 깜박이다」
はちじ[八字](명) 여덟팔자의 모양.「—ひげ; 여덟팔자 모양으로 기른 수염」
はちじゅう[八十](수) 팔십. 여든. 80. eighty. **—はちや**[八十八夜](명)〈천〉 입춘(立春)으로부터 88일째. 5월 1일경. 파종(播種)의 시기. **—はっかしょ**[八十八箇所](명)〈불〉〔진언종(真言宗)에서〕 시코쿠(四国)에 있는 88개소의 코오보오대사(弘法大師)와 관계 있는 영지(霊地).
はちじょうじま[八丈島](명)〈지〉 이즈 칠도(伊豆七島) 중 남쪽에 있는 섬.
はちす[蓮](명)〈식〉 연. 연꽃. a lotus
はちだいじごく[八大地獄](명)〈불〉 ⇨はちねつじごく.
はちだいしゅう[八代集](명) 8개의 칙선(勅選) 와카집. (古今集, 後撰集, 拾遺集, 後拾遺集, 金葉集, 詞花集, 千載集, 新古今集)
はちだいみょうおう[八大明王](명)〈불〉 팔대 명왕. 대일 여래(大日如来)의 명에 의하여 분노의 형상을 나타내서 중생을 인도하는 8체의 야차왕(夜叉王).
はちだいりゅうおう[八大竜王](명)〈불〉 팔대 용왕. 법화경(法華経) 설법의 자리에 일렬로 줄지어 있는 여덟 가지 대용왕(大龍王).
はちたたき[鉢叩き](명) 표주박과 징을 두들기면서 염불을 외며 기쁨의 정(情)을 나타내어 춤을 추는 것.
はちどう[八道](명)〈지〉 일본의 토오카이(東海), 토오산(東山), 호쿠리쿠(北陸), 산인(山陰), 산요오(山陽), 난카이(南海), 사이카이(西海), 홋카이(北海)의 여덟 가도(街道). the Eight Provinces
はちねつじごく[八熱地獄](명)〈불〉 팔열 지옥. 몹시 뜨거운 여덟 가지 지옥. 팔대 지옥.
はちのあたま[蜂の頭](연어·명)〈속〉 ⇨へちま②.
はちのき[鉢の木](명) 화분에 심어 가꾸는 나무. 분재(盆栽). a potted tree
はちのこ[鉢の子](명) 탁발승(托鉢僧)의 쇠바리때.
はちのこ[蜂の子](연어·명) ①말벌 등의 유충(幼虫). 소금, 설탕 등을 쳐서 볶아 먹음. ②지렁이의 다른 이름.
はちのす[蜂の巣](명) 벌집.「—のように穴(アナ)があく; 벌집처럼 구멍이 많이 뚫리다」「—をつついたような騒(サワ)ぎ; 벌집을 쑤신 것 같은 대단한 소동」 a beehive
ぱちぱち(부) ①몹시 튀거나 터지는 소리. ②눈을 깜박이는 모양. ③손뼉을 치는 소리. ④단단한 물건끼리 부딪치는 소리. 1. crackle 2. wink
ばちびん[撥鬢](명) 에도(江戸) 시대에 좌우 측면의 머리털을 깊이 면도로 밀어 올린 머리 모양.「—奴(ヤッコ); 좌우 측면의 머리카락을 면도로 밀어 올린 머리 모양의 하인(下人)」
はちぶ(ん)め[八分目](명) ①10분의 8. 8할. ②약간 삼가는 것.「腹(ハラ)—にたべる; 배가 약간 덜 차도록 먹다」 1. eight-tenths
はちまき[鉢巻き](명·자サ) 머리의 둘레를 수건이나 띠 같은 것으로 둘러 맴. 머리띠.「ねじり—; 비틀어 맨 머리띠」 a headband
はちまん[八幡] Ⅰ(명) ①←八幡大神. ②←八幡宮. Ⅱ(부) 맹세코. 결코. 단연코. Ⅱ upon my word. **—ぐう**[八幡宮](명) 오오진(応神) 천황을 모신 신사. **—だいじん**[八幡大神](명) 하치만(八幡)궁의 제신(祭神). 오오진(応神) 천황. **—だいぼさつ**[八幡大菩薩](명) ⇨はちまんだいじん.
はちみつ[蜂蜜](명) 봉밀. 꿀벌의 집에 저장해 둔 꿀. 벌꿀. honey
はちミリ[八ミリ](명) 필름의 폭이 8*mm*인 소형의 영화 카메라.
はちめん[八面](명) 팔면. ①여덟 개의 얼굴. ②여덟 개의 평면. ③팔방. 1. 2. eight faces. **—れいろう**[八面玲瓏](연어·명) 팔면 영롱. ①어느 모나 다 아름다운 것.「—たる富士(フジ)の姿(スガタ); 어디서 보나 아름다운 후지산(富士山)의 모습」②마음에 꺼림칙한 것이 없는 것. **—ろっぴ**[八面六臂](연어·명) 팔면 육비. 여덟 개의 얼굴과 여섯 개의 팔꿈치. 홀로 모든 방면에서 대활약을 하는 것.
はちもの[鉢物](명) ①화분에 심은 것. 분재(盆栽). ②사발 등에 담은 안주. 1. a potted plant
はちもんじ[八文字](명) ①여덟팔자의 모양. ②옛날, 성장(盛装)을 한 유녀(遊女)들이 날을 정하고 유곽이 있는 거리를 걸을 때, 발 끝을 여덟팔자로 하고 걷던 일.
はちもんじやぼん[八文字屋本](명) 에도(江戸) 시대인 겐로쿠(元禄) 말기로부터 메이와(明和) 연간에 쿄오토(京都)의 하치몬지야(八文字屋)에서 출판한 책. 상인 등의 인정 소설(人情小説)이 주였음.
はぢゃ[葉茶](명) 차나무의 어린 잎으로 만든 차. leaf-tea
はちゅうるい[爬虫類](명)〈동〉 파충류. 배암, 악어, 도

마뱀 등과 같이 기어 다니거나 비늘 또는 갑각(甲殼)을 가진 동물. the Reptilia
はちょう[波長](명)〈이〉 파장. 파동(波動)에 있어서 같은 위상(位相)을 가진, 서로 이웃한 두 점(点) 사이의 거리. wavelength
ハちょう[ハ調](명)〈악〉 다조. 다음(音)을 제1음으로 하여 구성된 곡조. C조.
はちようのくるま[八葉の車](명) 우차(牛車)의 한 가지로, 팔판화(八瓣花)의 무늬를 달았음. 섭정(摂政), 관백(関白), 대신(大臣) 등의 승용차.
バチルス[도 Bazillus](명) 바찔루스. ①〈의〉 세균. ②다른 생물에 붙어서 해독을 끼치는 것.
はちろうがた[八郎潟](명)〈지〉 아키타(秋田)현 중서부에 있는 석호(潟湖). 비와호(琵琶湖) 다음 가는 일본 제2의 대호수.
ぱちん(부) ①단단한 물건이 부딪치는 소리. ②몹시 치는 소리. ③문을 쾅 닫는 소리. 1. 2. with a click
ぱちんこ(명) ① "Y" 자 형의 나뭇가지에 고무줄을 달아 돌 같은 것을 튀겨서 날리는 아이들의 장난감. 새총. ②〈속〉 피스톨. ③핸들을 세게 눌러 공을 튀겨서 구멍 속에 들어 가게 하는 놀이. 1. a slingshot
はつ—[初](조어) ①최초의. 첫번째의. 「—登庁(トウチョウ); 첫 등청」 ②그해에 들어서는 처음인. 「—売(ウ)り; 새해 들어서의 마수걸이」
—はつ[発](접미) 탄환 등의 발사 수나 개수를 세는 말. 「五(ゴ)—; 5발」 「the beginning
はつ[初](명) 처음. 최초. 「—の会議(カイギ); 첫 회의」↗
はつ[発](명) ①출발. 떠나는 것. 「十時(ジュウジ)—; 10시발」「東京(トウキョウ)—; 토오쿄오발」 ②보내는 것. ③발신. 「ロンドン—; 런던발」 1. departure
はつ[髪](명) 머리털. 「間(カン), —を入(イ)れず…; 조금도 사이(틈)를 두지 않고」 hair
は·つ[泊つ](자하 2)〈고〉 배가 항구에 들어 와 머무르다. 정박(碇泊)하다.
ばつ(명) ①조화. 순서. 「—を合(ア)わせる; 앞뒤를 맞추어서 그자리를 좋도록 넘기다」 ②그 장소의 분위기. 형편. 체면. 「—がわるい; 형편이 나쁘다」↘
ばつ(명) ⇨ばつてん(罰點). ⌊1. coherence
ばつ[跋](명) 책 끝에 쓰는 글. 뒷글. 발사(跋辭). 「—文(ブン); 발문」↔序(ジョ). a postscript
ばつ[罰](명) 벌. 죄나 과실 등에 대한 징계. 「—を受(ウ)ける; 벌을 받다」 punishment
ばつ[閥](명) ①가문(家門). ②출신이나 이해 관계를 같이하는 자의 집단. 또는 결합. 파벌. 「財(ザイ)—; 재벌」 1. family standing
はつあき[初秋](명) 초추. 초가을. early autumn
はつあん[発案](명·자타サ) 발안. ①생각해 냄. ②의안(議案)을 제출함. 1. scheming
はつい[発意](명·자타サ) 발의. 의견이나 계획을 생각해 냄. planning
はついく[発育](명·자サ) 발육. 성장. 「—がいい; 발육이 좋다」 growth
はついん[発引](명) 발인(發靷). 영구(靈柩)를 내보내는 일. carrying a coffin out off the house
はつう[初卯](명) 정월의 첫 묘일(卯日).
はつうぐいす[初鶯]—ウグヒス(명) 봄에 꾀꼬리가 우는 것을 처음 듣는 일. 또는 그 꾀꼬리. a nightingale singing first in the spring
はつうま[初午](명) 2월의 첫 오일(午日: 농사가 잘 되도록 비는 신사(神社)의 축제일(祝祭日).
はつえき[発駅](명) 발역. 출발역. 하물을 부친 역. ↔着駅(チャクエキ). the starting station
はつえん[発煙](명)〈이〉 발연. 연기를 냄. 「—筒(トウ); 발연통」 emitting smoke. **—だん**[発煙弾](명) 발연탄. 발연제를 채운 탄환. 연막탄. **—りゅうさん**[発煙硫酸](명) 발연 황산. 농황산(濃黃酸)에 무수 황산(無水黃酸)을 용해시킨 유상(油状) 액체. 공기 중에서 발연함.
はつお[初穂]—ホ(명) ⇨はつほ.
はつおん[発音](명·타サ) 발음. ①소리를 냄. ②음(音)을 냄. 1. sounding
はつおん[撥音](명) 혀의 속 표면을 들어 숨이 코를 통해서 나오도록 발음하는 음. "ん"으로 나타냄. 비음(鼻音). 콧소리. the syllabic nasal in Japanese
はつおんびん[撥音便](명) 〔문법에서〕 음편(音便)의 하나. 4단 활용 동사 연용형(連用形)의 어미의 "び, み"가 "ん"이 된 것. 예: "飛びて"가 "飛んで", "読みて"가 "読んで"로 된 것. "n" sound assimilation
はっか[白化](명·자サ)〈생〉 백화. 생물의 일부나 전체가 색소의 결핍으로 희어짐. chlorosis
はっか[白花](명) 흰 꽃. a white flower
はっか[発火](명·자サ) 발화. ①불을 냄. 타기 시작함. 「—点(テン); 발화점」 ②총에 화약만을 재어서 쏨. 「—演習(エンシュウ); 발화 연습」 ③부싯깃. 화용(火茸). 1. ignition 3. a tinder. **—おんど**[発火温度](명) 발화 온도. 타기 시작하는 온도. **—ごうきん**[発火合金](명)〈이〉 발화 합금. 철과 세륨의 합금. 점화 장치, 라이터 등에 쓰임. **—てん**[発火点](명) ①〈이〉 발화점. 공기 중에서 물질을 가열할 때, 점화하지 않고 자연적으로 타기 시작하는 최저 온도. ②사건의 돌발하는 시기.
はっか[薄荷](명) 박하. ①박하에서 채취한 향료. ②〈식〉 꿀풀과에 속하는 숙근성(宿根性) 다년초. 줄기와 잎에서 향료를 채취. 식물의 이름. 2. peppermint. **—すい**[薄荷水](명) 박하수. 박하유 2, 미온수 1, 000의 비율로 혼합 여과(濾過)한 투명액. **—とう**[薄荷糖](명) 박하당. 사탕을 녹여 박하향을 친 과자. **—のう**[薄荷脳](명)〈이〉 박하뇌. 박하 정유를 식혀 석출(析出)한 무색 침상(針状)의 결정. 살균, 지각 마비(知覚麻痺), 흥분 작용을 함. 의약용(医薬用). **—ゆ**[薄荷油](명) 박하유. 건조한 박하엽(薄荷葉)을 증류시켜 얻은 휘발성 액체. 청량제, 향료로 씀.
はつか[二十日](명) 이십일. ①달의 20 일째. ②하루의 20 배. 1. the twentieth day of a month. **—えびす**[二十日夷·二十日恵比寿](명) 매년 10월 20일에 상

가(商家)에서 에비스(恵比寿; 장사의 신)를 제사 지내는 행사. **—しょうがつ**[二十日正月](명) 음력 정월 20일. **—だいこん**[二十日大根](명)〈식〉 이십일무우. 무우의 한 가지. 소형이며 씨를 뿌려 3주일쯤 후에 먹을 수 있음. 뿌리는 둥글고 바깥쪽은 보통 붉음. **—ねずみ**[二十日鼠](명)〈동〉 새앙쥐. 쥐의 한 가지. 몸은 조그맣고 색은 희거나 회백색.

はつか[僅](형동ナリ)〈고〉 ⇨わずか.

はつが[発芽](명·자サ) 발아. 싹틈. germination. **—しけん**[発芽試験](명)〈농〉 발아 시험. 종자의 양부(良否)를 발아 상태로 살피는 검사.

ばっか[幕下](명) 막하. ①막의 아래. 진영(陣営). ②장군이 있는 본진. ③배하. 부하. 가신(家臣). ④장군의 높임말. 1. a camp

はっかい[発会](명·자サ) 발회. ①처음으로 회를 개최함. 「一式(シキ); 발회식」 ②〈경〉 거래소에서 그달에 처음으로 입회하는 날. ↔納会(ノウカイ). 1. opening a meeting

はつがい[初買い]—ガヒ(명) (새해에 들어) 처음으로 물건을 사는 일. the first New Year shopping

はっかく[八角](명) 팔각. 팔각형. eight angles

はっかく[発覚](명·자サ) 발각. 드러나서 알려짐. 「陰謀(インボウ)が—する; 음모가 발각되다」 exposure

ばっかく[麦角](명)〈의〉 맥각. 보리 이삭에 세균이 기생(寄生)해서 생기는 까맣고 단단한 물질. 지혈제, 자궁 수축제 등으로 씀. ergot

はっかけ[八掛け](명) 여자의 옷자락 안에 두른 단. the lining of the skirt

バッカス[Bacchus](명) 바커스. 로마 신화에 나오는 술(酒)의 신. 「the wind at the beginning of a season

はつかぜ[初風](명) 계절 초에 부는 바람. ↗

はつがつお[初鰹]—ガツヲ(명) 음력 4월경에 처음으로 잡히는 가다랭이. the first bonito on the market

はつかみなり[初雷](명) 그해 처음으로 울리는 천둥. the first thunder of the year

はつかり[初雁](명) 초가을에 북쪽에서 날아 오는 기러기. the first wild goose of the year

バッカル[buccal](명)〈의〉 바칼. 혀 아래에 끼워 넣어 점막(粘膜)으로 흡수하도록 하는 납작한 약.

はっかん[発刊](명·타サ) 발간. 책이나 신문, 잡지를 발행함. publication

はっかん[発汗](명·자サ)〈의〉 발한. 땀을 냄. 취한(取汗). 「—剤(ザイ); 발한제」 sweating

ばっかん[麦稈](명) 맥간. 보릿짚. 밀짚. straw. **—さなだ**[麦稈真田](명) 맥간을 표백(漂白)하여 짠 것. 여름 모자용 재료.

はっかんじごく[八寒地獄](명)〈불〉 ⇨はちかんじごく.

はっき[白旗](명) 백기. 흰 색의 깃발. 군사(軍使), 항복의 표지로 사용함. 일기 예보에서는 갬의 표지. ⤵

はっき[発起](명·자サ) ⇨ほっき. ⌊a white flag

はっき[発揮](명·타サ) 발휘. ①나타내어 표시함. 「実力(ジツリョク)を—する; 실력을 발휘하다」 ②떨쳐 일으킴. 1. manifestation 2. arousing

はつぎ[発議](명·자サ) 발의. 의견이나 의안(議案)을 제출함. proposal

はづき[葉月](명) 음력 8월의 다른 이름.

はっきゅう[発給](명·자サ) 발급. 발행해서 줌. issuance

はっきゅう[薄給](명) 박급. 적은 급료. 싼 월급. 박봉(薄俸). a small salary

はっきょう[発狂](명·자サ) 발광. 미침. going mad

はっきり(부·자サ) 똑똑히. 확실히. 명확히. clearly

はっきん[白金](명)〈이〉 백금. 은백색의 금속 원소. 은보다 단단하며 공기 중에서 센 열을 가해도 산화(酸化)하지 않으며, 왕수(王水)와 가성 소오다에는 약간 상함. 기호는 Pt. platinum

はっきん[発禁](명) 발매 금지(発売禁止)의 준말.

ばっきん[罰金](명) 벌금. ①〈법〉 재산형의 하나. 범죄를 범한 사람에게서 형벌로 돈을 받음. ②벌로써 무는 돈. 1. punishment with a fine

パッキング[packing](명) 패킹. ①짐 꾸리기. 포장. 「—ペーパー; 포장지」 ②속에 든 물건 등이 움직이지 않게 겨, 짚 등을 채워 넣는 일. ③관(管)의 가장자리나 이은 곳에 끼우는 것.

はっく[八苦](명)〈불〉 팔고. 세상에 있는 여덟 가지의 고과(苦果). eight worldly pains

はっく[白駒](명) 백구. ①흰 말. ②햇빛. 광음. 세월. 「—隙(ゲキ)を過(ス)ぐ; 세월이 덧없이 빠름(白駒過隙)」 1. a white horse

バック[back](명·자타サ) 백. ①등. ②뒤. 후부. ↔フロント. ③배경. ④〔축구 등에서〕 후위(後衛). ↔フォワード. ⑤후원함. 뒤에서 도와 줌. ⑥뒤로 되돌아감. 물러감. 「自動車(ジドウシャ)が—する; 자동차가 뒤로 가다」 ⑦오올백의 준말. ⑧〔백스트로우크(back stroke)의 준말〕 송장 헤엄. **—アップ**[back up] (명·자타サ) 백업. 배경이 됨. 뒤에서 지켜 줌. **—グラウンド**[background](명) 백그라운드. ①배경. 「事件(ジケン)の—; 사건의 배경」 ②환경. **—シャン**[back도 schön](명)〈속〉 백쇠엔. 뒷모습만 멋있는 것(사람). **—ス**[backs](명) 배크스. ①〔야구에서〕 피처(投手) 뒤에서 지키는 사람. 내야수(内野手)와 외야수(外野手). ②〔축구에서〕 포오워드의 뒤를 지키는 사람. 하아프백에서 풀백까지. **—ストレッチ**[backstretch](명) 백스트레치. 〔경기장에서〕 결승점의 반대측의 직선 코오스. ↔ホームストレッチ. **—ナンバー**[back number](명) 배크넘버. 〔잡지의〕 발행된 호수. 그달이 지나 버린 잡지. **—ネット**[back net](명) 배크넷. 〔야구에서〕 캐처(捕手)의 뒤에 있는 그물. **—ハンド**[back hand](명) 백핸드. 〔정구에서〕 역수(逆手)로 치는 것. ↔フォアハンド. **—ボーン**[backbone](명) 백보운. ①등뼈. ②중심이 되는 것. 중심 사상. **—ミラー**[back mirror](명) 배크미러. 자동차의 운전대에 붙여서 뒤를 보는 거울.

バッグ[bag](명) 배그. ①자루(袋). 손잡이가 달린 가방. ②행낭(行嚢).

パック[pack](명) 팩. ①하물(荷物). ②피부 미용법.

パック[puck](명) 퍽. ①만화. 또는 잡지. ②장난꾸러기.

バック スキン[buckskin](명) 벅스킨. ①사슴의 가죽. ②사슴의 가죽처럼 짠 모직물(毛織物).

はっくつ[発掘](명·타サ) 발굴. 파냄. unearthing

はつくに[初国](명)〈고〉 세운지 오래지 않은 나라.

バックラム[buckram](명) 버크럼. 풀, 아교 등을 발라서 빳빳하게 만든 아마포(亜麻布). 제본(製本) 등에 사용함.

バックル[buckle](명) 버클. 밴드(띠, 허리띠)를 죄어 고정시키는 장치.

はづくろい[羽繕い]―ヅクロヒ(명·자サ) 새가 날려고 날개를 고름.

ばつぐん[抜群](명) 발군. 무리에서 뛰어남. 「一の成績(セイセキ); 뛰어난 성적」 preeminence

はっけ[八卦](명) 팔괘. 점칠 때의 여덟 가지의 괘(卦). 점괘. eight signs of divination

はっけい[八景](명) 팔경. 여덟 가지 뛰어난 경치. the eight beauty spots

はっけい[白系](명) 백계. 백색(白色)의 계통. 10월 혁명에 의한 소비에트 정권에 반대하던 사람들. 「一露人(ロジン); 백계 러시아인」 the White Russians

はっけい[伯兄](명) 백형. 맏형. the eldest brother

はっけっきゅう[白血球](명)〈생〉 백혈구. 혈구의 한 가지. 색이 없고 핵(核)이 있는 단일 세포. 흰피톨. white blood corpuscles

はっけつびょう[白血病](명)〈의〉 백혈병. 혈액 중의 백혈구가 너무 많아지는 병. leukemia

はっけよい[八卦良い](감) 〔씨름에서〕 심판이 씨름하고 있는 씨름군에게 부르짖는 소리.

はっけん[白鍵](명)〈악〉 백건. 피아노, 오르간 등의 흰 건(鍵). ↔黒鍵(コッケン). a white key

はっけん[発見](명·타サ) 발견. 아직 알려지지 않은 것을 먼저 찾아 냄. discovery

はっけん[発券](명·타サ)〈경〉 발권. 은행권, 공채권(公債券), 사채권(社債券) 등을 발행함. note issuing

はつげん[発言](명·자サ) 발언. ①말을 함. ②의견을 말함. 1. an utterance. **―けん**[発言権](명) 발언권. 회의 등에서 발언할 수 있는 권리.

はつげん[発現](명·자타サ) 발현. 실제로 나타냄. 밖으로 나타남. appearance

ばっけん[抜劍](명·자サ) 발검. 칼(사아벨)을 빼어 듦. drawing a sword

バッケン[도 Backen](명) 바켄. 스키이에 구두를 고정시키기 위한 쇠고리.

はつげんち[発源地](명) 발원지. ①물이 솟는 근원. ②일이 일어난 곳. 1. the source

はつご[初子](명) 첫아기. 처음으로 낳은 아이. the first child

はつご[発語](명) ①발언. ②문장의 처음에 쓰는 말. 예: "さて, それ" 등. 1. an utterance

ばっこ[跋扈](명·자サ) 발호. ①제 마음대로 행동함. ②세력을 떨쳐 방자히 행동함. ③횡행(横行). 3. rampancy

ばつご[跋語](명) 책의 발문(跋文)에 쓰는 말. 책 끝에 발(跋)로 덧붙여 쓰는 말. a postscript

はつこい[初恋]―コヒ(명) 첫사랑. one's first love

はっこう[八荒](명) 팔황. 천지 사방(天地四方). 팔방.

はっこう[八紘](명) 팔굉. 팔방의 구석구석. 천하. 전세계. 팔극(八極). the whole land

はっこう[白光](명) 백광. ①흰빛. ②〈이〉 태양빛처럼 각 파장의 빛이 적당한 비율로 혼합되어 있는 빛. ③코로나의 속칭. 1. a white light

はっこう[白虹](명) 백홍. ①빛이 흰 무지개. ②태양을 광원(光源)으로 하는 해무리. 「一日(ヒ)を貫(ツラヌ)く; 백홍 관일(옛날 중국에서 병란의 조짐으로 여겼음)」 1. a white rainbow

はっこう[発光](명·자サ) 발광. 빛을 냄. 「一器(キ); 발광기」 radiation. **―しょくぶつ**[発光植物](명)〈생〉 발광 식물. 발광 기능이 있는 식물의 총칭. **―たい**[発光体](명)〈이〉 발광체. 스스로 빛을 발하는 물체. 예: 태양, 항성(恒星) 등. **―どうぶつ**[発光動物](명)〈생〉 발광 동물. 몸에서 빛을 내는 동물. 발광 물질을 분비(分泌)하는 것과 발광 박테리아를 지니는 것이 있음. **―とりょう**[発光塗料](명) 발광 도료. 인광(燐光)을 발하는 도료. 야광 시계 등에 씀.

はっこう[発向](명·자サ) 발향. 출발해서 목적지로 향함. starting

はっこう[発行](명·타サ) 발행. ①도서, 신문, 지폐, 채권 등을 인쇄해서 세상에 내어 놓음. ②증명서, 할인권, 입장권, 정기권 등을 만들어 효력을 발생시킴. 1. publication

はっこう[発効](명·자サ) 발효. 효력이 발생함. coming into effect

はっこう[発航](명·자サ) 발항. 출항. 출범. departure

はっこう[発酵·醱酵](명·자サ)〈이〉 발효. 효소(酵素)의 작용에 의한 유기물(有機物)의 분해. 술, 간장, 된장 등의 제조에 이용함. fermentation

はっこう[薄幸·薄倖](명·형동ダ) 박행. 불행함. unluckiness

はつごおり[初氷]―ゴホリ(명) 초빙. 첫 얼음. the first freezing

はっこつ[白骨](명) 백골. 살이 없는 흰 뼈. a white bone

はっこん[発根](명·자サ)〈농〉 발근. 뿌리가 나옴. appearing of roots

ばっこん[抜根](명·자サ) 발근. 뿌리를 뽑음.

ばっさい[伐採](명·타サ) 벌채. 나무를 벰. felling

はっさく[八朔](명) 음력 8월 1일. 이날 농가에서는 신곡(新穀)을 거두고, 타노미(田実)의 명절로 축제를 올림. the first day of the eighth month

ばっさり(부) 칼로 깊이 베는 모양.

はっさん[発散](명·자타サ) 발산. ①외부에 내뿜음. 흩어져 사라짐. 「いいかおりを一させる; 좋은 향기를 발산시키다」 ②〈이〉 물체가 그 표면으로부터 복사선(輻射線)을 방출함. 1. dispersion

はつざん[初産](명) 초산. 처음 아이를 낳는 일. one's first childbirth

ばつざんがいせい[抜山蓋世](명) 발산 개세. 산을 뽑고 세상을 휘덮는 힘과 세력. 역발산 기개세(力抜山気蓋世).「一の勇(ユウ); 발산 개세의 용기」 mightiness and bravery

ばっし[末子](명) 말자. 막내둥이. the youngest child

ばっし[抜糸](명·자サ)〈의〉(상처 등을 꿰맨) 실을 뽑음. extraction of thread

ばっし[抜歯](명·자サ)〈의〉 발치. 이를 뽑음. extraction of a tooth

バッジ[badge](명) 배지. (깃, 옷, 모자 등에 다는) 기장(記章), 휘장(徽章) 등의 표지(標識).

はっしきのかばね[八色の姓](명) ⇨はっしょう(八姓).

はつしぐれ[初時雨](명) 첫 가을비. the first shower of the year

はっしと[発止と](부) ①단단한 것이 부딪치는 소리. ②화살이 꽂히는 소리. ⌈the first frost of the year

はつしも[初霜](명) 초상. 첫 서리. ⤴

はっしゃ[発車](명·자サ) 발차. 차가 떠남. departure

はっしゃ[発射](명·타サ) 발사. 총포(銃砲)나 활 등을 쏨. shooting

はっしゅう[八宗](명)〈불〉 여덟 종파(宗派). 천태(天台), 구사(倶舎), 성실(成実), 율(律), 법상(法相), 삼론(三論), 화엄(華厳), 진언(真言) 등.

はっしょう[八姓](명) 685년에 정해진 8성. 마히토(真人), 아소미(朝臣), 스쿠네(宿禰), 이미키(忌寸), 미치노시(道師), 오미(臣), 무라지(連), 이나키(稲置).

はっしょう[発祥](명·자サ) 발상. 어떤 일이 처음 시작됨.「キリスト教(キョウ)の一地(チ); 기독교의 발상지」 birth

はつじょう[発条](명) 용수철. a spring

はつじょう[発情](명·자サ)〈생〉 발정. 정욕(情慾)이 일어남.「一期(キ); 발정기」 sexual excitement

ばっしょう[跋渉](명·자サ) 발섭. (도보로) 산을 넘고 물을 건넘. 각지를 두루 돌아 다님. 답파(踏破). traversing

はっしょく[発色](명) 발색. (천연색 필름이나 염색 등의) 색깔의 정도.「一がいい; 색깔이 잘 나왔다」 **──だん**[発色団](명)〈이〉 유기 화합물의 발색에 관계 있는 원자단(原子団). 시안기(基), 아조기(基), 니트로기(基) 등.

パッション[passion](명) 패션. ①격정(激情). 열정. ②〈종〉 그리스도의 수난(受難).

はっしん[発信](명·자타サ) 발신. 우편물이나 전보를 보냄.「一人(ニン); 발신인」↔着信(チャクシン), 受信(ジュシン). despatching

はっしん[発疹](명·자サ)〈의〉 발진. 피부에 조그마한 부스럼이 나는 것. 또는 그 부스럼. an eruption. **──チフス**[発疹 typhus](명)〈의〉 발진티푸스. 법정(法定) 전염병의 하나. 이가 전염시킴.

はっしん[発振](명·자サ)〈이〉 발진. 진동을 일으킴. **──き**[発振器](명)〈이〉 발진기. 지속적으로 전파를 발생하는 장치. ⌈taking off

はっしん[発進](명·자サ) 비행기 등의 출발. ⤴

はつ·す[解す](타 4) 풀다. 끄르다. untie

ばっすい[抜粋·抜萃](명·타サ) 발췌. 주요한 부분을 빼냄. 또는 빼낸 것. extracting

はっ·する[発する] Ⅰ(자サ) ①일어나다. 시작하다. ②나타나다. ③나가다. 출발하다. Ⅱ(타サ) ①일으키다.「みなもとを一; 근원을 발하다」②나타내다. ③내다. 내놓다.「声(コエ)を一; 소리를 내다」④보내다. ⑤발표하다. Ⅰ 1. occur Ⅱ 1. cause 2. express

ばっする[罰する](타サ) 벌하다. 벌을 주다. punish

はっすん[八寸](명) ①팔촌. 여덟 치. ②높이 여덟 치의 발이 붙은 상. ③일본 정식(正食)에서 최후에 내는 음식.

はっせい[発生](명·자サ) 발생. ①일어남.「事件(ジケン)の一; 사건의 발생」②솟아 남. 태어남. ③〈생〉 난자(卵子)와 배자(胚子)가 발육해서 개체가 되는 일. 1. origination. **──がく**[発生学](명)〈생〉 발생학. 생물의 개체 발생의 경과를 연구하는 학문. **──ガス**[発生 gas](명)〈이〉 발생 가스. 적열(赤熱)된 석탄, 코우크스 등에 공기, 수증기를 넣어 얻은 기체. 연료용(燃料用).

はっせい[発声](명·자サ) 발성. ①소리를 냄. ②(모임에서) 어떤 소리를 선창(先唱)함. ③와카(和歌)의 모임 등에서 강사(講師)가 읽은 뒤 혼자서 초구(初句)를 읊음. 또는 그 사람. 1. an utterance. **──えいが**[発声映画](명) 발성 영화. 토오키. **──きかん**[発声器官](명) 발성 기관. 발성에 필요한 기관. 성대, 입, 코 등의 기관.

はっせき[発赤](명·자サ)〈의〉 발적. 피부가 빨갛게 부어 오름. rubefaction

ばっせき[末席](명) 말석. 끝 자리.「一をけがす; 말석을 더럽히다(자기가 그 모임에 참석하다의 겸사말)」 the bottom

はつぜっく[初節句](명) 나서 처음 맞는 명절. the first annual festival for a baby

はつぜみ[初蟬](명) 첫 매미. 그해에 들어서 처음으로 우는 매미. the first cicada of the year

はっせん[八専](명) 음력으로 임자날(壬子日)부터 계해날(癸亥日)까지의 12일간. 그 기간에는 비가 많이 내리고 또 신부(新婦)를 맞아 들이는 데에는 좋지 않다고 일컬어 옴.

ばっせん[抜染](명·타サ) 발염. 날염법(捺染法)의 하나. 염색한 옷감에 발염제(抜染剤)를 섞은 풀을 묻혀 색을 빼어 무늬를 만듦. discharging

はっそう[八相](명) ①〈불〉 팔상. 석가가 중생을 구하기 위해 이 세상에서 나타낸 여덟 가지 변상(変相). ②〔관상에서〕 여덟 가지 상.

はっそう[発走](명·자サ) 발주. ①〔경주, 자전거 경주 등에서〕 출발함. ②(전차 등이) 달리기 시작함. starting

はっそう[発送](명·타サ) 발송. 보냄.「荷物(ニモツ)を一する; 하물을 발송하다」 sending

はっそう[発想](명·타サ) 발상. ①〈악〉 악곡이 지닌 기분을 연주 방법에 의해 표현함. ②생각을 표시하는 방법.「一法(ホウ); 발상법」 2. conception. **— ひょうご**[発想標語](명)〈악〉 발상 표어. 작곡자가 그 작품 연주에 있어 강약, 완급(緩急) 등을 지시하는 기호.

はっそく[発足](명·자サ) 발족. 어떤 일을 일으킴. 「新(アタラ)しい会(カイ)の—; 새로운 회의 발족」 departure

ばっそく[罰則](명) 벌칙. 벌하기 위한 규칙. penal code

ばつぞく[閥族](명) 벌족. ①가문. 특히 지위가 높은 가문. ②파벌을 형성하는 일족(一族). 1. birth

はつぞら[初空](명) ①정월 초하룻날 아침의 하늘. ②이른봄의 하늘. ③처음으로 그 철 다와진 하늘.

ばっそん[末孫](명) 말손. 혈통(血統)의 끝 자손. 원손(遠孫). a descendant

はつだ[発兌](명·타サ) 발태. 도서를 인쇄하여 발매함. 발행. publication

ばった[蝗虫](명)〈동〉 메뚜기. a grasshopper

バッター[batter](명) 배터. 〔야구에서〕 타자(打者). 보올을 치는 사람. **— ボックス**[batter's box](명) 배터 복스 〔야구에서〕 배터(打者)가 보올을 치기 위하여 서는 곳. 타석(打席).

はったい[糗](명) 미싯가루. roasted-grain flour

はつたけ[初茸](명)〈식〉 젖끄리버섯. 삿갓은 갈색이나 따면 청록색(青緑色)으로 변하는 식용 버섯. 〈학명〉 Lactarius Hatsu

はったつ[八達](명·자サ) 팔달. ①모든 방면에 정통함. ②길이 팔방으로 통함.「四通(シツウ)—した道(ミチ); 사통 팔달한 길」 1. leading to all directions

はったつ[発達](명·자サ) 발달. ①성장해서 완전한 형태에 가까와짐. 「心身(シンシン)の一段階(ダンカイ); 심신의 발달 단계」 ②진보함. 「文化(ブンカ)の—; 문화의 발달」 1. growth 2. development

はったと[礑と](부) "はたと"의 강한 말.

はったり(명) ①때리는 것. ②상대방을 놀라게 하려고 굉장하게 말을 하거나 행동하는 일. 「—をかける; 놀라게 하려고 허풍을 떨다」 1. beating

はったん(おり)[八端(織り)·八反(織り)](명) 가로 세로로 갈색, 황색의 줄무늬가 있는 견직물(絹織物). 이불 등에 사용함. twilled fabric

ハッチ[hatch](명) 해치. 〔배에서〕 갑판(甲板)과 아래 선실(船室)과의 사이를 오르내리는 통로. 또는 그 뚜껑.

バッチ(명) "バッジ"의 변화.

パッチ(명)〔한국말로〕 바지(下衣).

はっちゃく[発着](명·자サ) 발착. 출발과 도착. 출발함과 도착함. departure and arrival

はっちゅう[発注·発註](명·타サ) 발주. 물건을 주문함. ↔受注(ジュチュウ). sending an order

はっちょう[八丁·八挺](명) 일을 잘하는 사람. 능숙한 사람을 조금 얕잡아 하는 말.「口(クチ)も— 手(テ)も—; 말도 잘하지만 일 솜씨도 좋다」 skilfulness

ぱっちり(부·자サ) 눈을 크게(똑똑하게) 뜬 모양. 눈이 맑고 또렷한 모양.

はっちん[八珍](명) ①여덟 가지 진미. 팔진미. ②풍성하게 잘 차린 음식. 성찬(盛饌). 1. eight rare tastes

はってい[発程](명) 발정. 출발. 발족. departure

ばってい[末弟](명) 말제. 막냇동생. ↔長兄(チョウケイ). the youngest brother

バッティング[batting](명) 배팅. 〔야구에서〕 타격(打撃). 「—オーダー; 타순(打順)」

バッテーラ[포 bateira](명) 바테이라. 보우트.

ばってき[抜擢](명·타サ) 발탁. 여럿 중에서 추려서 씀. 등용(登用). 「投手(トウシュ)に—する; 피처(投手)로 발탁하다」 picking out

バッテリ[battery](명) 배터리. ①축전지(蓄電池). ②〔야구에서〕 피처(投手)와 캐처(捕手).

はってん[発展](명·자サ) 발전. ①퍼지고 뻗어 감. 「研究(ケンキュウ)の—; 연구의 발전」 ②번영해 감. 「商業都市(ショウギョウトシ)として—する; 상업 도시로서 발전하다」 1. extension

はつでん[発電](명·자サ) 발전. 전기(電気)를 일으킴. generation of electric power. **— き**[発電機](명) 발전기. 전자 유도(電磁誘導)를 이용해서 전기를 일으키는 기계. 직류 발전기와 교류 발전기로 대별함. **— しょ**[発電所](명) 발전소. 원동기, 발전기 등을 설비하고 화력 또는 수력으로 발전하는 곳.

ばってん[罰点](명) 틀림, 불가(不可), 취소 등을 나타내는 "×"표.

はっと(부·자サ) 갑자기 알아 차리고 놀라는 모양. 「—気(キ)がつく; 깜박 생각 나다(깨닫다)」

はっと[法度](명) 법도. ①규율(規律). 법률. ②금지의 법령이나 규칙. 「ご—; 금령(禁令)」 1. a law

ハット[hat](명) 해트. (차양이 있는) 모자.

ハット[hot](명) 호트. 뜨거운 것. 더운 것. 「—ケーキ; 호트케이크」

バット[bat](명) 배트. ①〈동〉 박쥐. ②〔야구에서〕 보올을 치는 방망이. 타봉(打棒).

バット[vat](명) 배트. 사진의 현상액, 정착액을 넣는 법랑질(琺瑯質)의 운두가 낮고 밑이 평평한 그릇.

ぱっと(부·자サ) ①갑자기 행하는 모양. ②갑자기 흩어지는 모양. ③갑자기 날아 오르는 모양. ④유달리 눈에 띄는 모양. 마음에 썩 드는 모양. 「あまり—しない; 그다지 확 드러나게 눈에 띄지 않는다(그리 탐탁치 않다)」 ⑤갑자기 나타났다가 곧 사라지는 모양.

パット[pad](명) 패드. 〔양재에서〕 어깨에 넣는 심.

はつどう[発動](명·자타サ) 발동. ①활동을 일으킴. 움직이기 시작함. 「権力(ケンリョク)—; 권력 발동」 ②동력(動力)을 일으킴. 「—機関(キカン); 발동 기관」 1. operation. **— き**[発動機](명) 발동기. ①동력을 일으키는 기계. ②교통 기관의 내연 기관(内燃機関). 엔진.

ばっとう[抜刀](명·자サ) 발도. 칼을 뺌. 또는 그 칼. 발검(抜劍). drawing one's sword

はっとうしん[八頭身](명) 팔두신. 머리 길이가 신장의 8분의 1인 것. 또는 그런 사람. 몸의 좋은 균형의 표준. 팔등신(八等身). 「—の美人(ビジン); 팔등신의 미인」

はつとり[初酉](명) ⇨いちのとり(一の酉).
はつとり[初鶏](명) ①새벽에 맨 먼저 우는 닭. 첫닭. ②정월 초하루 아침에 우는 닭소리. 1. the first cockcrow
はづな[端綱](명) 말굴레에 달아 끄는 줄. 말고삐. a halter
はつなつ[初夏](명) 초하. 초여름.
はつなり[初生り](명) 처음 열린 열매. the first fruits
はつに[初荷](명) 정월 초이틀에 깨끗하게 꾸며서 그해 들어 처음으로 발송하는 짐. the first consignment of the New Year
はつね[初音](명) (꾀꼬리, 두견이 등이) 그해 들어 처음으로 우는 소리. the first song
はつね[初値](명)〈경〉첫 시세. the first price
はつねつ[発熱](명·자サ) 발열. ①열이 남. ②〈의〉체온이 보통보다 오름. 1. calorification
はつのぼり[初上り](명) 최초의 상경(上京). the first time to come up to the capital
はつば[発馬](명·자サ) 〔경마에서〕 말이 달리기 시작함. starting
はっぱ[葉っぱ](명) 잎. 잎사귀. leaves
はっぱ[発破](명)〈속〉발파. ①바위 등을 화약으로 폭파하는 일. 또는 그에 쓰이는 화약류. ②거친 말투로 타이르거나 격려하는 일.「—をかける; 주의해 주고 격려하다. 강하게 작용하다」 1. blasting
はつばい[発売](명·타サ) 발매. 팔기 시작함. putting on sale. **—きんし**[発売禁止](명) (출판물 등을) 팔지 못하게 하는 행정 처분. 발금(発禁).
ばっぱい[罰杯](명) 벌배. 벌로서 마시게 하는 술. 벌주(罰酒). a penalty-cup
はっぱく[八白](명) 팔백. 구성(九星)의 하나. 토성(土星)에 속하며 방위는 동북쪽 곧 간방(艮方).
はつばしょ[初場所](명) 매년 1월에 흥행하는 큰 씨름 대회.
はつはつ[端端](부)〈고〉약간. 겨우. 조금.
はつはな[初花](명) ①그해에 최초로 피는 꽃. ②첫 월경(月経). 1. the first blossom 2. menarche
はつはる[初春](명) ①초춘. 초봄. 조춘(早春). ②신년(新年). 1. early spring 2. the New Year
はつひ[初日](명) 설날의 아침 해. the rising sun on New Year's Day
はっぴ[法被](명) ①무가(武家)의 종의 겉옷. ②깃이나 등에 가문(家紋)을 넣은 짧은 두루마기 같은 겉옷.
ハッピーエンド[happy end](명) 해피엔드. (이야기나 영화 등의) 행복한 결말.
はつひので[初日の出](명) 설날의 해돋이.
はっぴゃくやちょう[八百八町](명) 수많은 동리.「江戸(エド)—; 에도의 여러(많은) 동네」
はつびょう[発病](명·자サ) 발병. 병이 생김. having an attack of a disease
はっぴょう[発表](명·타サ) 발표. 널리 드러내어 여러 사람에게 알림. announcement
ばつびょう[抜錨](명·자サ) 발묘. 배가 닻을 감아 올리고 출항(出航)함. ↔投錨(トウビョウ). weighing anchor
はっぷ[発布](명·타サ) 발포. 세상에 널리 퍼뜨려 알림.「憲法(ケンポウ)—; 헌법 발포」 promulgation
はっぷ[髪膚](명) 발부. ①머리털과 피부. ②몸. 1. hair and skin 2. the body
パップ[네 pap](명)〈의〉파프. 무르게 반죽한 약을 데워 피부의 염증에 바르는 것. 또는 그 약.「—剤(ザイ); 염증에 바르는 약」
はつぶたい[初舞台](명) ①처음으로 무대에서 연기를 하는 일. ②처음으로 공개된 장소에서 일을 하는 일.「演説(エンゼツ)の—; 연설의 첫 무대(생전 처음 하는 연설)」 1. one's début
はつふゆ[初冬](명) 초동. 초겨울. early winter
はっぷん[発奮·発憤](명·자サ) 발분. ①성을 냄. ②마음을 떨쳐 일으킴. 2. stimulation
ばつぶん[跋文](명) 발문. 책 뒤에 쓰는 글. ↔序文(ジョブン). a postscript
はつほ[初穂](명) ①그해 들어 최초로 익은 벼 이삭. ②그해 들어 최초로 나온 농산물. 만물. ③신사(神社), 조정(朝廷)에 바치는 첫 이삭. ④신불에 벼 이삭 대신 바치는 금품(金品). ⑤아직 맛보지 않은 것. 처음으로 시식(試食)하는 것. ⑥약간의 물건. 1. the first rice-crop of the year
はっぽう[八方](명) 팔방. ①사방과 북동(北東), 북서(北西), 남동(南東), 남서(南西)의 8 방위. ②여러 군데. 다방면. 1. the eight principal directions. **—にらみ**[八方睨み](명) ①팔방으로 눈을 돌려 주의하는 일. ②그림에 그려진 눈이 어디서 보아도 자기를 노려 보는 것처럼 보이는 일. **—びじん**[八方美人](연어·명) 팔방 미인. ①누구에게 대해서도 잘 응대하여 빈틈 없이 처세하는 사람. ②어느 모로 보나 아름다운 미인. **—ふさがり**[八方塞がり](명) ①(신용을 잃어서) 어떤 방면에도 행동을 할 수가 없는 일. ②모든 방면에서 막히는 일.
はっぽう[発疱](명·자サ)〈의〉발포. 피부(皮膚)에 물집이 생김. vesication
はっぽう[発砲](명·자サ) 발포. 총을 쏨. firing
ばっぽう[罰俸](명)〈법〉벌봉. 징계로 봉급을 일정 기간 동안 줄이는 일. 감봉(減俸). docking
はつぼく[潑墨](명) 발묵. 묵화 묘법(墨画描法)의 한 가지. 먹물을 많이 묻혀서 번지어 퍼지게 그려, 풍부한 정취를 나타내는 묘법.
ばつぼく[伐木](명·자サ) 벌목. 나무를 벰. felling a tree
はつぼん[初盆](명) 사람이 죽은 후 처음으로 맞이하는 우란분(于蘭盆). the first Feast of Lanterns after a person's death
ばっぽん[抜本](명) 발본. 근본적인 원인을 제거함.「—的(テキ)対策(タイサク); 발본적인 대책」 eradication. **—そくげん**[抜本塞源](명) 발본 색원. 폐단의 근본을 송두리째 뽑아 버리고 피해를 막는 일.
はつまいり[初参り]—マヰリ(명·자サ) ①태어난 후 처음으로 신불(神仏)을 참배(参拝)함. ②그해 들어 처음으로 신불을 참배함. 2. the first visit of worship in the New Year

はつまご[初孫](명) 첫 손자. the first-born grandchild
はつまゆ[初繭](명) 그해에 처음 난 누에고치. the first cocoon crop of the year
はつみみ[初耳](명) 처음 듣는 일. 또는 그 사실. 초문(初聞). hearing for the first time
はつめい[発明] Ⅰ(명·타サ) 발명. 처음으로 생각해 내거나 만들어 냄. Ⅱ(형동ダ) 현명한 모양. Ⅰ invention
はつもうで[初詣で]—マウデ(명·자サ) ⇨はつまいり.
はつもの[初物](명) ①그해 들어 처음 나온 야채나 곡식. 만물. 신출(新出). ②처음으로 먹어 보는 것. 1. the first product of the year
はつもん[発問](명·자サ) 발문. 상대방에게 질문함.
はつやく[初役](명) 처음 하는 역할. one's first role
はつゆ[初湯](명) ①아기를 낳은 후 처음 씻기는 일. 또는 그 탕. ②그해 들어 처음으로 목욕하는 일. 1. a baby's first bath
はつゆき[初雪](명) 초설. ①겨울이 되어 처음 내리는 눈. 첫눈. ②신년이 되어 처음 내리는 눈. 1. the first snow of the season
はつゆめ[初夢](명) 설날 밤 또는정월 2일 밤에 꾸는 꿈. 첫꿈. the first dream of the New Year
はつよう[発揚](명·타サ) 발양. 나타내어 떨침. 「国威(コクイ)の—; 국위를 떨침」 exultation
はつらいしんごう[発雷信号](명) 발뢰 신호. 레일 위에 장치하여 뇌관(雷管)을 폭발시켜서 하는 신호.
はつらつ[潑剌](형동タルト) 발랄. ①물고기가 힘차게 뛰는 모양. ②힘이 넘쳐 흐르는 모양. 활발한 모양. 「—とした顔(カオ); 발랄한 얼굴」 1. sprightly
はつらん[撥乱](명·자サ) 발란. 난세(乱世)를 다스림. 「—反正(ハンセイ); 발란 반정」 subduing
はつ·る(타 4) ①깎다. 깎아 내다. ②(수수료나 우수리 등을) 떼 내다. 명はつり.
はつれい[発令](명·자サ) 발령. 법령(法令), 사령(辞令) 등을 냄. gazetting
はつろ[発露](명) 발로. 겉으로 나타남. manifestation
はて[果て](명) ①막다른 곳. ②끝. 종말. 「旅路(タビジ)のはて; 여행길의 끝」 1. the end
はで[派手](형동ダ) 눈에 띄게 화려한 모양. 화려하게 꾸민 모양. ↔地味(ジミ).
パテ[putty](명) 퍼티. 창 유리 등을 끼울 때에 사용하는 희고 부드러운 물질. 마르면 밀착(密着)하여 물 등이 새지 않음.
ばてい[馬丁](명) 말고삐를 잡는 사람. 말구종. 마부(馬夫). a groom
ばてい[馬蹄](명) 마제. 말굽. 「—形(ケイ); 말굽 모양("U" 자형)」 a horse's hoof. **—けいじしゃく**[馬蹄形磁石](명) 마제형 자석. 말굽 자석. 오래도록 자력을 잃지 않음.
はてし[果てし](명) 끝. 「—(が)ない; 끝이 없다」
ハデス[Hades](명) 헤이데스. 그리이스 신화에 나오는 명계(冥界)의 왕. 로마 신화의 플루토(Pluto)에 해당(該当).
はては[果ては](부) 드디어는. 끝에 가서는.
はでやか[派手やか](형동ダ) 화려하고 유달리 눈에 띄는 모양. 파생 **—さ**(명). gay
は·てる[果てる] Ⅰ(자하 1) ①끝나다. 「会(カイ)が—; 회가 끝나다」 ②죽다. Ⅱ(보동·하 1) 완전히 …하다. 「つかれ—; 아주 지쳐 버리다」 Ⅰ 1. end
ば·てる(자하 1)〈속〉 지치다. 피로해서 지치다.
バテレン[포 padre·중 伴天連](명) 파드레. ①무로마치(室町) 시대 말에 일본에 온 기독교 선교사 중의 사제(司祭). ②⇨キリシタン.
はてんこう[破天荒](형동ダ) 파천황. 여태까지 사람들이 행하지 못한 일을 시작하는 모양. 전대 미문(前代未聞). 미증유(未曽有). unprecedented
パテント[patent](명) 페이턴트. 특허. 특허권(特許権).
はと[鳩](명)〈동〉 비둘기. 「—に三枝(サンシ)の礼(レイ)あり; 비둘기도 어미가 앉은 나뭇가지에서 세 가지 아래에 앉는다는 뜻으로 사람은 반드시 예의를 지켜야 한다는 비유(三枝礼)」 a pigeon
はとう[波頭](명) 파도 머리. 파도의 윗부분. a wave's crest
はとう[波濤](명) 파도. 물결. 파랑(波浪). billows
はどう[波動](명) 파동. ①파도의 움직임. ②〈이〉 한 점에 일어난 변화가 순차로 물질내(物質内) 또는 공간을 전파해 가는 현상. 수면의 파도, 음파, 탄성파(弾性波), 광파(光波) 등. 1. a wave motion
はどう[覇道](명) 패도. 책략이나 무력으로 나라를 다스리는 길. ↔王道(オウドウ). the rule of might
ばとう[馬頭](명) 마두. ①말의 머리. ②머리가 말처럼 생긴 것. 1. a horse's head. **—かんのん**[馬頭観音](명)〈불〉 마두 관음. 머리 위에 마두를 이고 분노의 얼굴을 한 관음.
ばとう[罵倒](명·타サ) 매도. 몹시 욕함. abusing
パトカー(명) 퍼트로울카아의 준말.
パトス[그 pathos](명) 파토스. 감정. 격정. ↔ロゴス.
ハドソンがわ[Hudson 川]—ガハ(명)〈지〉 허드슨강. 미국 뉴우요오크주의 강.
ハドソンわん[Hudson 湾](명)〈지〉 허드슨만. 캐나다 중동부에 있는 만. 전반적으로 얕으며 연중 대부분은 해빙(海氷)으로 덮여 항행 불능.
パトタイ(명) 파아트타임의 준말.
はとば[波戸場·波止場](명) 부두. 선창. a wharf
はとばいろ[鳩羽色](명) 검은 빛이 나는 엷은 청록색(青緑色). bluish grey
はとばねずみ[鳩羽鼠](명) ⇨はとばいろ.
はとびん[鳩便](명) 전서구(伝書鳩)를 이용해서 통신을 하는 일. 또는 그 편지. communication by a carrier pigeon
はとぶえ[鳩笛](명) 비둘기와 비슷한 소리를 내는 피리. a pigeon whistle
バドミントン[badminton](명) 배드민턴. 네트를 사이에 두고 조그마한 라켓으로 제기와 비슷한 셔틀콕(shuttle cock)이라고 하는 것을 서로 치는 경기. 인도에서 창시되었음.
はとむぎ[鳩麦](명)〈식〉 율무. 포아풀과에 속하는 1년

초. 높이 1.5*m* 가량이고, 잎은 호생하며 피침형임. 꽃은 7월에 피며, 열매는 타원형임. 약용. 의이(薏苡). pearl barley

はとむね[鳩胸](명) 구흉. 가슴이 비둘기처럼 불룩하게 튀어 나와 있는 것. 또는 그런 사람. 새가슴. a chicken breast

はとめ[鳩目](명) (구두나 서류 등의) 끈을 꿰기 위한 동그란 구멍. 또는 구멍에 달린 쇠고리. an eyelet

はどめ[歯止め](명) ①찻바퀴에 달려 있어 그 바퀴의 회전을 멎게 하는 장치. 제동기(制動機). ②멈추어 있는 자동차의 바퀴가 움직이지 않도록 바퀴 밑에 돌, 나무 토막 등을 괴어 놓는 것. 1. a brake

パトローネ[Patrone](명) 파트로네. 생필름을 말아서 밝은 곳에서 사용할 수 있게 한 동그란 금속통. 35*mm*용. ⇨:マガジン.

パトロール[patrol](명) 퍼트로울. ①경관이 경비를 위하여 돌아 다니는 일. 순찰(巡察). 「一カー; 순찰차」 ②정찰대(偵察隊).

パトロン[patron](명) 패트런. 보호자. 옹호자. (경제상의) 후원자.

ハトロンし(명) 〔하아드로울드지(hard-rolled 紙)의 변화〕 하도롱지. 다갈색의 질긴 종이. 포장지나 봉투 등에 씀. kraft paper

バトン[baton] (명) 바통. ①릴레이 경주에서 주자(走者)가 받아서 달리는 막대기. 「一を渡(ワタ)す; 바통을 넘기다(책임을 후계자에게 인계하다)」 ②〈악〉 지휘봉(指揮棒). 택트.

はな[花·華](명)〈식〉 ①꽃. ②벚꽃. ③〈고〉 매화꽃. ④꽃꽂이에 사용하는 재료. 예: 난초잎 같은것. ⑤아름다운 것. 화려한 것. ⑥가장 좋거나 즐거운 시기. 「青年時代(セイネンジダイ)が一だ; 청년 시대가 가장 좋은 시기다」 ⑦명예. 영광. 「一を持(モ)たせる; 영광을 주다」 ⑧←花合わせ. 1. a flower

はな[洟](명) 콧물. nasal mucus

はな[端](명)〈속〉 ①처음. 시초. 「一から; 처음부터」 ②⇨はな(鼻)②. 1. the beginning

はな[鼻](명)〈생〉 ①코. 「一であしらう; 냉담하게 대하다」「一にかける; 자랑하다」「一につく; 싫증 나다」「一の下(シタ)が長(ナガ)い; 여자에 무르다. 여색(女色)에 빠지기 쉽다」 ②갑(岬). 바다에 튀어 나온 부분. 곶. 1. a nose

はな[纏頭](명) 접대부나 심부름군에게 주는 돈. tip.

一ばな[端](접미) 시초. 처음. 순간. 「寝入(ネイ)り一; 막 잠들었을 때」

はなあぶら[鼻脂](명) 콧등에 나오는 기름. 코기름. ↗nose-grease

はなあやめ[花菖蒲](명)〈식〉 ⇨あやめ.

はなあらし[花嵐](명) 벚꽃이 필 무렵에 부는 거센 비바람. 꽃샘 바람.

はなあわせ[花合わせ]一アハセ(명) ①옛날, 벚꽃을 가지고 모여서 좌우로 편을 갈라 그 우열(優劣)을 다투던 놀이. ②화투 놀이. 1. a flower-contest

はないき[鼻息](명) ①코로 쉬는 숨. 콧김. ②기분. 「一をうかがう; 상대방의 기분이나 의향(意向)을 조심스럽게 살피다」 ③콧대. 세력. 「一があらい; 콧대가 세다」 1. snorting

はないくさ[花軍](명) 옛날, 벚꽃으로 서로 때리면서 놀던 놀이.

はないけ[花生け·花活け](명) 꽃을 꽂는 그릇. 꽃병, 수반 등. 화기(花器). a flower-vase

はないばら[花茨](명) 꽃이 핀 들장미. a flowering wild rose

はないれ[花入れ](명) 꽃을 꽂는 그릇. 꽃병, 수반 등. 화기(花器). a flower-vase

はないろ[花色](명) ①꽃 색. ② ⇨はなだ(いろ). 1. the colour of a flower

はなうた[鼻唄](명) ①콧노래. ②남이 주는 주의 등에 대하여 모르는 척하는 모양. 사물에 괘념(掛念)하지 않고 태연한 모양. 「一まじりで仕事(シゴト)をする; 콧노래를 부르면서 태연히 일하다」 1. a hum

はなお[鼻緒]一ヲ(명) 왜나막신, 짚신 등에 달아서 발가락을 끼는 끈. the clog-thong

はなおち[花落ち](명) 꽃이 떨어진 후 곧 먹을 수 있는 어린 오이나 가지 같은것.

はなかいどう[花海棠](명)〈식〉 ⇨かいどう(海棠).

はなかけ[鼻欠](명) 코가 떨어져 없는 것. 또는 그런 사람. a broken nose

はなかご[花籠](명) 꽃 바구니. a flower-basket

はなかずら[花鬘]一カヅラ(명) ①무희(舞姫) 등이 머리에 꽂는 꽃 장식. ②꽃으로 장식한 가발(仮髪). ③아름답게 장식한 여자의 머리를 칭찬하여 일컫는 말.

はなかぜ[鼻風](명) 코감기. 콧물 감기. a cold in the head

はながた[花形](명) ①꽃 모양의 무늬. ②인기 있는 젊은 배우. ③가장 활약하여 눈에 띄는 것. 또는 그런 사람. 「時代(ジダイ)の一; 시대적인 각광을 받는 사람」 ④꽃의 모양. ⑤마마 자국. 1. floral pattern

はながたみ[花筐](명) 꽃이나 나물 등을 캐어 넣는 바구니. 꽃 바구니. a flower-basket

はながつお[花鰹]一ガツヲ(명) 가다랭이포를 잘게 썬 것. shavings of dried bonito

はながみ[鼻紙](명) 콧물을 닦기 위한 종이. 코휴지. toilet paper

はながめ[花瓶](명) 화병. 꽃병. a flower-vase

はながるた[花骨牌](명) 화투.

はなかんざし[花簪](명) 꽃비녀. a floral hairpin

はなぎ[鼻木](명) 소의 코에 끼는 고리 모양의 나무. 쇠코뚜레. a nose-block

はなくじ[花籤](명) 〔무진(無尽) 등에서〕 본제비 이외에 약간의 돈을 나누기 위한 제비.

はなぐすり[鼻薬](명) ①약간의 뇌물. 「一をきかす; 약간의 뇌물을 쓰다」 ②아이를 달래기 위하여 주는 과자 등.

はなくそ[鼻屎](명) 코딱지. nose-dirt

はなぐもり[花曇り](명) 벚꽃이 필 무렵의 흐린 날씨. a cloudy sky in the cherry blossom season

はなげ[鼻毛](명) 콧구멍 속에 나는 털. 코털. 「一を抜

(ヌ)く; 남의 방심을 틈타서 속이다」 the hairs in the nostrils
はなごえ[鼻声]—ゴヱ(명) ①(설움 등으로 나는) 코 멘 소리. ②비성. 콧소리. 2. a twang
はなごおり[花氷]—ゴホリ(명) 꽃을 얼음 속에 넣어서 얼게 한 것.
はなごけ[花苔](명)〈식〉 말사슴이끼. 이끼의 한 가지. 북부 지방에서 순록(馴鹿)의 먹이로 쓰임. flower-moss
はなござ[花茣座](명) ⇨はなむしろ.
はなことば[花詞](명) 꽃말. 꽃에 포함된 뜻. 예: 붉은 장미꽃은 사랑을 표시함. flower language
はなごよみ[花暦](명) 꽃 달력. 철 따라 피는 꽃으로 1년을 나타낸 달력.
はなさかじじい[花咲爺](명) 일본 5대 동화의 하나. 정직한 할아버지가 고목에 재를 뿌려 꽃을 피우게 하여 원님에게 상을 타자, 심술궂은 할아버지가 새암 내어 이와 똑같이 하다가 실패하여 벌을 받는다는 이야기. 「in full bloom
はなざかり[花盛り](명) 만발한 꽃. 또는 그 시기.⤴
はなさき[鼻先](명) ①코끝. 코의 바로 앞. ②눈앞. 「—につき出(ダ)す; 눈앞에 들이대다」 1. the tip of one's nose
はなさきはんとう[花咲半島](명)〈지〉 홋카이도오(北海道) 동쪽에 있는 반도. 끝은 노삿푸갑(納沙布岬). 북녘 기슭에는 네무로항(根室港)이 있음.
はなし[話·咄·噺](명) ①이야기. 담화. 말. 「—方(カタ); 이야기하는 방법」 「—変(カ)わって; 이야기는 바뀌어서」 「—にならない; 말이 되지 않는다. 어안이 벙벙하다」 ②소문. 「やめるという—だ; 그만둔다는 소문이다」 ③이유. 까닭. ④상의. 「—に乗(ノ)る; 어떤 기획에 참여하다」 ⑤만담. 1. a story.
— あい[話し合い]—アヒ(명) 서로 이야기함. 의논.
— あいて[話し相手]—アヒテ(명) ①말상대. ②의논상대. **— あ·う**[話し合う]—アフ(자 4) ①함께 이야기하다. ②상의하다. **— か**[咄家](명) 만담가. **— がい**[話し甲斐]—ガヒ(명) 말한 보람. 이야기한 보람.
— か·ける[話し掛ける](자하 1) ①남에게 이야기를 걸다. 「運転手(ウンテンシュ)に—な; 운전수에게 말을 걸지 말라」 ②이야기를 시작하다. **— かた**[話し方](명) 이야기하는 방법. **— ことば**[話し言葉](명) 말할 때 사용하는 보통 말. ↔書(カ)き言葉. **— こ·む**[話し込む](자 4) 이야기에 열중하다. **— て**[話し手](명) 이야기하는 사람. ↔聞(キ)き手. **— はんぶん**[話半分](명) 말은 과장(誇張)이 많으니 실지로는 그 말의 절반쯤 되는 것으로 알라는 뜻. **— ぶり**[話し振り](명) 말하는 태도. 말투.
バナジウム[vanadium](명)〈이〉 바나듐. 희유 원소(稀有元素)의 하나. 회색 금속으로 융점(融点)이 매우 높음. 기호는 V.
はなしがい[放し飼い]—ガヒ(명) 가축 등을 놓아 기르는 일. 방목(放牧). pasturage
はなじどうしゃ[花自動車](명) 축하(祝賀) 등을 위하여 아름답게 장식해서 거리를 운전하고 다니는 자동차. 꽃자동차. a floral car
はなしょうぶ[花菖蒲](명)〈식〉 꽃창포. 붓꽃과에 속하는 다년초. 못이나 웅덩이 가에 자라며 초여름에 보랏빛 또는 홍자색 꽃이 핌. an iris
はなしる[鼻汁](명) 콧물. snivel
はなじろ·む[鼻白む](자 4) 기가 질린 얼굴을 하다. 머쓱해지다. feel embarrassed
はな·す[放す](타 4) 놓아 주다. 풀어 주다. 「犬(イヌ)を—; 개를 풀어 주다」「小鳥(コトリ)を—; 새를 놓아 주다」
はな·す[話す](타 4) ①이야기하다. 말하다. ②전하다. 고(告)하다. 1. speak
はな·す[離す](타 4) ①떼다. 떼어 놓다. 「手(テ)を—; 손을 떼다」 ②간격을 넓히다. 「列(レツ)を—; 줄 간격을 넓히다」 ③놓아 주다. 1. separate
はなずおう[花蘇芳·紫荊](명)〈식〉 박태기나무. 콩과에 속하는 낙엽 활엽 관목. 자형(紫荊). a Judas tree
はなすじ[鼻筋]—スヂ(명) 눈썹 사이에서 코끝까지의 선. 콧마루. the bridge of a nose
はなすすき[花薄](명) 꽃이 핀 억새. pampas grass in flower
はなずもう[花相撲]—ズマフ(명) 임시로 흥행(興行)하는 씨름.
はな·せる[話せる](자하 1) ①상대하여 이야기할 수가 있다. ②이야기를 잘 알아 듣다. 사리가 잘 통한다. 「あの人(ヒト)は—; 저 사람은 이야기가 통한다」 1. be able to speak
はなぞの[花園](명) 화원. 꽃밭. a flower garden
はなだい[花代](명) 화대. 기생, 유녀(遊女)와 노는 값. 해웃값. 놀음차. a fee
はなだいろ[縹色](명) 엷은 남색(藍色). pale blue
はなたかだか[鼻高高](형동ダ) 매우 뻐기는 모양. 몹시 자랑스러운 모양. 콧대가 높은 모양. very proudly
はなたけ[鼻茸](명)〈의〉 콧구멍 속에 생기는 일종의 종양(腫瘍). a nasal polypus
はなたちばな[花橘](명) ①꽃이 피어 있는 탱자나무. ②여름밀감의 다른 이름. 1. the flowers of a mandarin orange
はなたて[花立て](명) 불전(仏前)이나 묘전에 꽃을 바치는 그릇. a flower vase
はなたば[花束](명) 꽃다발. a bunch of flowers
はなだより[花便り](명) 꽃 소식을 알리는 편지. 꽃소식. a letter reporting how flowers are blooming
はなたらし[洟垂らし](명) 콧물을 흘리는 일. 또는 그런 아이. 코흘리개. a sniveller
はなたれ[洟垂れ](명) ⇨はなたらし.
はなぢ[鼻血](명) 코피. a nosebleed
はなちがき[放ち書き](명) 글자를 한자 한자 띄어 쓰는 일. writing calligraphs separately
はな·つ[放つ](타 4) ①놓아 주다. 「とらを野(ノ)に—; 호랑이를 들에 놓아 주다(후환이 될 일을 하다)」 ②쫓아 버리다. 추방하다. 「孤島(コトウ)に—; 외로운 섬으로 추방하다」 ③날리다. 쏘다. 퍼뜨리다. 「矢(ヤ)

を一; 화살을 쏘다」「流言(リュウゲン)を一; 유언을 퍼뜨리다」 ④나타내다. 표시하다. 「異彩(イサイ)を一; 이채를 띠다」 ⑤보내다. 「スパイを一; 간첩을 보내다」 ⑥불을 놓다. 1. set free 2. banish

はなづくし[花尽くし](명) ①여러 가지 꽃 이름을 드는 일. ②여러 가지 꽃무늬를 그린 것. 1. enumeration of flowers

はなつくり[花作り](명) 꽃 가꾸기. 또는 그것을 업으로 하는 사람. floriculture

はなづつ[花筒](명) 꽃을 꽂는 대통. a tubular vase for flowers

はなっつら[鼻っ面](명)〈속〉 코끝. the tip of one's nose

はなづな[鼻綱](명) 한 끝을 마소의 코뚜레나 재갈에 매어 끄는 줄. 고삐. a halter

はなっぱし[鼻っぱし](명) 겉보기의 원기나 기세(気勢). 고집이 센 성질. 「一が強(ツヨ)い; 고집이 세다」

はなっぱしら[鼻っ柱](명) 콧등. 콧대. 콧날. 「一が強(ツヨ)い; 콧대가 세다(고집이 세다)」

はなつまみ[鼻摘まみ](명) 남들이 싫어함. 미움을 받음. 또는 그런 사람. a disgusting fellow

はなつまり[鼻詰まり](명) 코가 막힘. a stopped-up nose

はなつんぼ[鼻聾](명) 감기가 들어 냄새를 잘 맡을 수가 없는 일. 또는 그런 사람. a dull nose

はなでんしゃ[花電車](명) 꽃전차. 꽃으로 아름답게 장식한 전차. a floral tramcar

はなどき[花時](명) ①꽃이 피는 때. ②벚꽃이 필 무렵. 1. the flower season

バナナ[banana](명)〈식〉 바나나. 파초과(芭蕉科)에 속하는 열대산 과실.

はなの[花野](명) ①꽃이 피어 있는 들판. ②8, 9월경의 (꽃이 피어 있는) 들판. 1. a flowering field

はなの[花の](연어) ①꽃처럼 아름다운. 「一かんばせ; 꽃다운 얼굴」 ②화려한. 「一都(ミヤコ); 화려한 서울」

はなのうてな[花の台](명) ①연꽃의 꽃받침. ②훌륭한 궁전(宮殿). 1. the calyx of a lotus flower

はなのした[鼻の下](명) ①코밑. 「一が長(ナガ)い; 여색(女色)에 빠지기 쉽다(여자에 무르다)」 ②〈속〉 입. 「一が干(ヒ)あがる; 생계가 곤란하다」 1. the part under a nose

はなのひ[花の日](명) 자선 사업(慈善事業)을 돕는 뜻에서 시민이 조화(造花)를 사서 가슴에 장식하는 날. 6월 8일.

はなばさみ[花鋏](명) 꽃나무의 가지를 베는 가위. 전정(剪定) 가위. florist's scissors

はなばしら[鼻柱](명) ①콧대. 콧날. ②코뼈. 1. the septum of a nose

はなはだ[甚だ](부) 매우. 심히. 「一困(コマ)る; 매우 곤란하다」 very. **一し·い**[甚だしい](형) 심하다. 격심하다. 「一誤解(ゴカイ); 심한 오해」 [파생] **一しさ**(명).

はなばたけ[花畑·花畠](명) 꽃밭.

はなばなし·い[花花しい·華華しい](형) 화려하다. 매우 훌륭하다. 눈부시다. 「一活躍(カツヤク); 눈부신 활약」 [파생] **一さ**(명). glorious

はなび[花火](명) ①불꽃. 화약을 통에 넣어 하늘 높이 쏘아 올려 아름다운 꽃무늬를 그리게 하는 딱총. 화포(花砲). ②화약을 종이 등에 넣어서 만 것에 불을 붙여 아름다운 불꽃이나 소리를 내게 하는 노리개. 1. fireworks. **一せんこう**[花火線香](명) ①화약을 종이에 말아 가느다랗게 만들어 불꽃 놀이에 쓰는 것. ②처음에는 매우 열을 내나 곧 열이 식어 버리는 성질을 가진 사람.

はなびえ[花冷え](명) 벚꽃이 필 무렵에 날씨가 추워지는 일. 꽃샘. chilliness during the flower season

はなびし[花菱](명) 능형(菱形)으로 짜 맞춘 기하학적 무늬. 능화문(菱花紋). a flower-shaped rhombus

はなびら[花びら](명)〈식〉 꽃잎. 꽃을 이루고 있는 잎. 화판(花瓣). a petal

はな·ひる[嚏る](자상 1)〈고〉 재채기를 하다.

はなぶさ[花房](명) ①꽃받침. ②꽃송이가 다닥다닥 이삭 모양으로 여러 개 피는 꽃. 1. a calyx

はなふだ[花札](명) 계절의 꽃을 그려서 놀이에 사용하는 화투장. 화투.

はなふぶき[花吹雪](명) 벚꽃이 흩어져 떨어지는 것을 눈보라에 비유한 말. 꽃보라. a storm of falling cherry blossoms

パナマ[Panama](명)〈지〉 파나마. ①중앙 아메리카의 공화국. 수도는 파나마시티(Panama City). 파나마 운하가 있음. ②파나마 모자. 파나마초(草)라는 풀의 섬유로 짠 여름 모자.

はなまがり[鼻曲がり](명) ①코가 비뚤어진 것. 또는 그런 사람. ②〈속〉 성질이 비뚤어진 사람. 1. a crooked nose

はなまつり[花祭り](명)〈불〉 ⇨かんぶつえ(灌仏会).

はなみ[羽並み](명) 새의 날개가 가지런한 모양. arrangement of feathers

はなみ[花見](명) 꽃구경. 주로 벚꽃을 구경하고 즐기며 노는 일. 꽃놀이. flower-viewing

はなみ[花実](명) ①꽃과 열매. 「一が咲(サ)く; 영예를 얻다(좋은 결과를 얻다)」 ②이름과 실속.

はなみ[葉並](명) 잎이 줄지어 있는 모양. leafage

はなみ[歯並み](명) 잇바디. 이가 나란히 박힌 열(列)의 짜임새. 치열(歯列). a set of teeth

はなみず[鼻水]ーミヅ(명) 묽은 콧물. watery snivel

はなみぞ[鼻溝](명) 코밑과 윗입술 사이의 우묵한 곳. 인중(人中). the groove below a nose

はなみち[花道](명) ①〔씨름에서〕 씨름꾼이 씨름판에 출입하는 길. ②〔카부키에서〕 관람석 위를 건너 질러 만든 배우들의 통로. 2. a stage passage

はなみどう[花御堂](명)〈불〉 초파일의 관불회(灌仏会) 때에 석가상을 안치(安置)한, 꽃으로 장식한 조그마한 집. a small temple decorated with flowers

はなむけ[餞·餞](명) 길 떠나는 사람에게 선사하는 금품, 시가(詩歌) 등. 전별(餞別). a farewell gift

はなむこ[花婿·花聟](명) 신랑. 갓결혼한 남자. ↔花嫁(ハナヨメ). a bridegroom

はな むしろ[花席](명) 꽃자리. 꽃무늬를 수놓은 돗자리. 화문석(花紋席). a fancy mat

はな めがね[鼻眼鏡](명) 안경 다리가 없이 콧대에 끼워 쓰는 안경. 코안경. a pince-nez

はなめ·く[花めく](자 4)〈고〉 ①화려하게 보이다. ②때를 만나 영화를 누리다. 「a fancy carpet

はな もうせん[花毛氈](명) 꽃무늬를 놓은 양탄자.↗

はな もじ[花文字](명) ①〔서양 문자에서〕 글이나 고유명사 등의 처음에 쓰는 장식된 대문자. ②첫머리에 오는 문자. 두문자(頭文字). 1. a fancy capital letter

はな もち[鼻持ち](명) 냄새를 참고 견딤. 「―ならない; 구려서 견딜 수 없다(보거나 듣기에 역겹다)」

はなもと じあん[鼻元思案](명) 얕고 경솔한 생각. a shallow idea

はな もよう[花模様](명) ①꽃무늬. ②아름다운 무늬. 1. a flower pattern

はな もり[花守り](명) 꽃을 지키는 사람. 꽃지기. a guardian of flowers

はな やか[花やか·華やか](형동ダ) ①아름답고 화려한 모양. 「―な模様(モヨウ); 아름답고 화려한 무늬」 ②유난히 뛰어난 모양. 눈부신 모양. 「―な活動(カツドウ); 눈부신 활동」 1. gaudy

はな や·ぐ[花やぐ·華やぐ](자 4) 화려하고 아름답게 되다. 눈부시게 되다. be gaudy

はな やさい[花椰菜](명)〈식〉 꽃배추. 양배추의 변종(變種). 색은 적자색(赤紫色)이고 조그마함. 식용. a cauliflower

はな やしき[花屋敷](명) 많은 꽃을 심어서 여러 사람들에게 보이는 정원(庭園). a flower-garden

はな よめ[花嫁](명) 신부. 갓결혼한 여자. 「―学校(ガッコウ); 신부 학교(처녀들이 시집 갈 준비로서 여러 가지를 배우는 학교)」 ↔花むこ. a bride. **―ごりょう**[花嫁御寮](명) 신부의 높임말.

は ならび[歯並び](명) ⇨はなみ.

はなれ[離れ](명) ①떨어져 있는 것. ②←離れ座敷. 1. separation. **―ざしき**[離れ座敷](명) 안채에서 떨어져 있는 방. 별당(別堂). 뜰아랫방. **―じま**[離れ島](명) 외딴 섬. **―ばなれ**[離れ離れ](명) 따로따로 떨어짐. 분산. **―や**[離れ家](명) ①외따로 떨어진 집. 외딴집. ②별당. **―わざ**[離れ業](명) 대담하고 기발(奇拔)한 행동이나 기예(技芸). 「―を演(エン)じる; 아슬아슬한 기예를 보여 주다」

ば なれ[場馴れ](명·자サ) 그자리의 상황에 익숙해짐. 「―がしている; 그자리에 익숙하다」

はなれ うま[放れ馬](명) 끌려진 말. 놓인 말.

はな·れる[放れる](자하 1) 맨 것이 풀어지다. 끌러지다. get free

はな·れる[離れる](자하 1) ①(붙어 있던 것이) 떨어지다. 따로따로 되다. ②사이가 벌어지다. (관계가) 멀어지다. 「ふたりの仲(ナカ)が―; 두 사람의 사이가 멀어지다」 ③멀리 떨어지다. ④끊어지다.

はな わ[花輪·花環](명) 화환. 꽃을 둥그런 고리 모양으로 만든 것. a wreath

はな わ[鼻輪](명) 소의 코에 끼는 고리 모양의 나무. 쇠코뚜레. a nose ring

はに[埴](명)〈고〉 기와나 도자기 등의 원료가 되는 노르스름한 붉은 찰흙.

はにかみ(명) 수줍어하는 일. 수줍음. bashfulness

はにか·む(자 4) 수줍어하다. 부끄러운 시늉을 하다. be bashful

は にく[歯肉](명) 잇몸. 이가 붙어 있는 살. 치은(齒齦).

ば にく[馬肉](명) 마육. 말고기. horseflesh

バニシング クリーム[vanishing cream](명) 배니싱크리임. 기름기가 적은 크리임. 분을 바르기 전에 먼저 바름. ↔コールド クリーム.

パニック[panic](명)〈경〉 패닉. 공황(恐慌).

バニティ[vanity](명) 배니티. ①공허(空虛). ②허영심. **―ケース**[vanity case](명) 배니티케이스. 화장 도구 같은 것을 넣는 손가방.

ハニ ムーン[honeymoon](명) 허니무운. ①밀월(蜜月). 결혼 후의 즐겁고 달콤한 1개월. ②신혼 여행(新婚旅行).

はにゅう[埴生]ハニフ(명) 점토(粘土)가 있는 토지. **―の やど**[埴生の宿](연어·명) 흙을 바른 초라한 집.

バニラ[vanilla](명)〈식〉 바닐라. 향료의 이름. 열대의 덩굴나무 열매에서 빼냄. 달콤한 향기가 남. 「―エッセンス; 바닐라정(精)」

はに わ[埴輪](명) 옛날, 무덤가에 묻어 두던, 찰흙으로 만든 사람이나 동물 등의 상. 토용(土俑). a clay image

は ぬけ[羽抜け](명) 새나 닭 등이 묵은 털을 가는 일. 털갈이. molting

は ぬけ[歯抜け](명) 이가 빠지는 일. 또는 그런 사람. a toothless person

は ね[羽](명) ①새의 몸에 나는 털. 새털. ②〔翅輪〕 새나 벌레 등이 날 때에 벌리는 부분. 날개. ③화살에 꽂은 새의 깃털. 살깃. 궁깃. ④모감주에 구멍을 뚫어 새깃을 꽂은 것. 배드민턴 비슷한 놀이에 씀. ⑤기구, 기계에 붙인 날개 같은 것. 1. a feather

はね[跳ね](명) ①튀(뛰)는 일. ②흥행이 끝남. ③튀는 흙. 「―が あがる; 진흙이 튀어 오르다」 1. jumping

ばね[発条](명) 탄력을 이용하여 충격을 막고 저울 등에 이용되는 쇠. 용수철. a spring

はね あがり[跳ね上がり](명) ①뛰어 오름. 도약(跳躍). ②말괄량이. 「―者(モノ); 말괄량이」 動 はね上がる(자 4). 1. jumping

はね あり[羽蟻](명)〈동〉 ⇨はあり.

はね お·きる[跳ね起きる](자상 1) 뛰어 일어나다. 벌떡 일어나다. jump up

はね かえり[跳ね返り]―カヘリ(명) ①튀어 오르는 일. ②경솔. ③말괄량이. ④〈경〉 값을 올린 것이 거꾸로 자기 쪽에 불리하게 영향을 미치는 일. 1. jump

はね かえ·る[跳ね返る]―カヘル(자 4) ①튀어서 제자리로 돌아 오다. ②힘차게 뛰어 오르다. 튀다. ③〈경〉 값을 올린 것이 거꾸로 자기 쪽에 나쁘게 영향을 미치다. 1. jump back

はねか·す[跳ねかす](타 4)〈속〉 튀게 하다. 囝跳ねかる(4). splash
はね ぐるま[羽根車](명) 회전하는 축(軸)의 둘레에 날개를 단 것. an impeller
ばね じかけ[発条仕掛け](명) 용수철을 이용한 장치. a spring device
はね ずみ[跳ね炭](명) 불이 붙을 때에 잘 튀는 숯. charcoal that sputters
はね せん[撥ね銭](명) ①구전(口銭). ②남의 이익의 일부를 빼앗은 돈. 1. squeeze
はねっ かえり[跳ねっ返り]―カヘリ(명) ⇨跳ね返り③.
はね つき[羽根突き](명) 모감주에 구멍을 뚫어 새깃을 꽂은 것을 배트 같은 판자로 서로 치는 놀이. 배드민턴과 비슷함. battledore and shuttlecock
はね つ·ける[撥ね付ける](타하 1) ①받지 않고 되돌려 주다. ②무정하게 거절하다. 「要求(ヨウキュウ)を―; 요구를 딱 잘라 거절하다」 2. refuse
はね つるべ[撥ね釣瓶](명) 버팀목 위에 지렛대같이 긴 나무를 달아 그 한쪽 끝에는 무거운 돌을 달고 다른 한쪽 끝에는 두레박을 달아 물을 푸게 한 장치(装置). a sweep-well bucket

〔撥ね釣瓶〕

はね の·く[跳ね退く](자 4) 뛰어 뒤로 물러나다. jump back
はね の·ける[撥ね除ける](타하 1) ①제거하다. ②밀어젖히다. 뿌리치다. 1. pick out
ばね ばかり[発条秤り](명) 용수철 저울. a spring bala.
はね ばし[跳ね橋](명) ①배가 지나갈 때 한복판이 갈라지면서 올라 가게 만든 다리. 도개교(跳開橋). ②옛날 적병의 침입을 막기 위하여 성에 설치한, 감아 올리게 되어 있는 다리. a drawbridge
はね ぶとん[羽蒲団](명) 새털을 넣은 가벼운 이불. a feather-quilt
はね ぼうき[羽帚]―バウキ(명) 새털을 묶어서 만든 조그마한 비. a feather-brush
はね まわ·る[跳ね回る]―マハル(자 4) 여기저기 깡충깡충 뛰어 다니다. jump about
は·ねる[跳ねる](자하 1) ①뛰어 오르다. 튀어 오르다. ②튀어서 흩어지다. ③튀다. 터지다. ④흥행이 끝나다. 「芝居(シバイ)が―; 연극이 끝나다」 1. jump
は·ねる[撥ねる](타하 1) ①힘차게 붓끝을 올리듯이 하여 쓰다. ②내던지다. ③제거하다. 불합격으로 하다. ④되돌려 밀다. 되돌려 보내다. 딱 잘라 거절하다. ⑤[刎ねる] 옆으로 후려 베다. 「首(クビ)を―; 목을 옆으로 후려 베다」 ⑦빼앗다. 「上前(ウワマエ)を―; 남의 이익의 일부를 빼앗다」 ⑧"ン"의 소리를 내다. 또는 그 자를 쓰다. 1. sweep up
パネル[panel](명) 패널. ①판벽(板壁). ②배전반(配電盤). ③부인복에서 세로로 장식으로 잘라 꿰맨 두 솔기 사이의 가느다란 천. ④화판(画板). 또는 화판에 그린 그림. 패널화. **―ディスカッション**[panel discussion](명) 패널디스커션. 선택된 사람들이 교대로 의견을 주고 받는 토론(회).
パノラマ[panorama](명) 파노라마. 반사 광선(反射光線)을 써서 둥근 벽에 건 그림을 보이는 장치. 중앙에 서서 둘러 보면 실경(実景)을 보는 느낌임.
はは[母](명) ①어머니. ↔父(チチ). ②근원. 모태(母胎). 「発明(ハツメイ)の―; 발명의 근원」 1. a mother
はば[幅·巾](명) ①폭. 나비. ②세력이 미치는 범위. 「―がきく; 세력이 미치다」 ③여유. 「―のある見解(ケンカイ); 폭 넓은 견해」 1. width
ばば[屎·糞](명) ①대변. ②더러운 것을 일컫는 어린이들의 말. 지지. filth
ばば[馬場](명) 마장. 말 타기 연습을 하는 곳. a riding-ground
パパ[papa](명) 파파. 아버지. 아빠. ↔ママ.
ばば(あ)[婆](명) ①노파. 나이 많은 여자. ②할머니. ③유모. 1. an old woman
ばば(あ)[祖母](명) 조모. 할머니. a grandmother
パパイア[papaya](명)〈식〉 파파이아. 열대산의 과실. 장원형(長円形)이고 살은 노랗고 달며 향기가 좋음.
はは うえ[母上]―ウヘ(명) (자기의) 어머니의 높임말. ↔父上(チチウエ). my dear mother
はは おや[母親](명) 모친. 어머니. 「―思(オモ)い; 어머니를 지극히 생각하고 받들어 모심」 ↔父親(チチオヤ). a mother
はは かた[母方](명) 어머니의 핏줄기. 외척(外戚). 「―の祖父(ソフ); 외조부」 ↔父方(チチカタ). the mother's side
はばかり[憚り](명) ①꺼리는 것. 삼가는 것. 기피(忌避). ②변소. 1. hesitation. **―さま**[憚り様](명) ①남에게 신세 졌을 때의 인사말. "수고 많았읍니다" 또는 "신세 많이 졌읍니다" 등. ②[빈정대는 뜻으로] "안됐읍니다". 또는 "미안하게 됐읍니다" 등. **―ながら**[憚りながら](부) ①죄송스럽지만. ②말씀 드리기 난처하지만. ③지나친 끝 알지만. 건방진 말이지만.
はばか·る[憚る](자 4) ①가득 퍼지다. 널리 퍼지다. ②위세를 떨치다. 「にくまれっ子(コ), 世(ヨ)に―; 집에서 미움받는 자식이 사회에서는 위세를 떨치는 경우가 있다는 뜻」 ③두려워하고 삼가다. ④기피(忌避)하다. 1. spread 4. hesitate
ははき ぎ[帚木](명)〈고〉 ①〈식〉 ⇨ほうきぐさ. ②어머니를 뜻하는 말.
はば きき[幅利き](명) 세상, 사회에서 세력을 떨치는 일. 또는 그런 사람. being influential
はは ぎみ[母君](명) (상대방) 어머니의 높임말. 자당(慈堂). ↔父君(チチギミ). one's mother
はは ご[母御](명) 어머님. 어머니의 높임말. ↔父御(チチゴ).
ははこ ぐさ[母子草](명)〈식〉 떡쑥. 길가에 자라는 엉거시과에 속하는 월년초. 전체는 하얀 솜털로 싸여 있고 여름에 노랗고 조그마한 꽃이 핌. cottonweed
はは じゃ (びと)[母者(人)]―ヂャ(―)(명)〈고〉 어머니. 어

머니인 사람.
ははそ[柞](명)〈고·식〉 갈참나무, 참나무, 떡갈나무 등의 잡목(雑木).
はばたき[羽撃き·羽搏き](명) 새나 닭이 홰를 치는 것. 또는 그 소리. flapping sound
はばた·く[羽撃く·羽搏く](자 4) 새나 닭이 날개를 치다. 홰를 치다. flap
はばつ[派閥](명) 파벌. 출신(出身), 이해 관계 등으로 이루어진 무리.「一争(アラソ)い; 파벌 싸움」a faction
ははとじ[母刀自](명) 어머니의 높임말.
はばとび[幅飛び·幅跳び](명) ①넓이뛰기. ②←走(ハシ)り幅飛び. 1. a broad jump
ハバナ[Havana](명)〈지〉 아바나. 쿠바섬(島) 북안 서부에 있는 쿠바 공화국의 수도.
ハバネラ[스habanera](명) 아바네라. 쿠바에서 생겨 스페인에서 유행한 민속 무곡(民俗舞曲). 리듬은 탱고와 비슷함.
ははのひ[母の日](명) 어머니날. 어머니의 사랑을 감사하는 날. 5월의 제2 일요일. Mother's Day
ハバハバ[미hubba-hubba](감)〈속〉 허바허바. 빨리빨리. 어서어서. 서둘러서.
はばびろ[幅広](명·형동ダ) 폭이 넓음. broad
はば·む[阻む](타 4) ①방해하다. 저지(阻止)하다.「通行(ツウコウ)を一; 통행을 방해하다」②막다. 「道(ミチ)を一; 길을 막다」 1. hinder
ババロア[프bavarois](명) 바바로아스. 삶은 코온스타아치에 과실 즙 등을 넣어 굳힌 과자.
ハバロフスク[Khabarovsk](명)〈지〉 하바로프스크. 소련 시베리아의 아무우르강(Amur 江)과 우수리강(Ussuri 江)의 합류점에 위치하는 도시.
ばはんせん[八幡船](명)〈역〉 ①카마쿠라(鎌倉), 무로마치(室町) 시대에 왜구(倭寇)들이 사용한 배. ②국금(国禁)을 범하며 외국과 통상하던 배.
はび[端日](명) 홀수의 날. 기수(奇数)의 날.
はびこ·る[蔓延る](자 4) 만연. ①뻗어서 퍼지다.「雑草(ザッソウ)が一; 잡초가 무성하여 퍼지다」②널리 퍼지다.「流行病(リュウコウビョウ)が一; 유행병이 널리 퍼지다」③횡행(横行)하다. 판을 치고 돌아 다니다. 「わるものが一; 나쁜 놈이 판을 치고 돌아 다니다」 1. grow thick
ばひつ[馬匹](명) 마필. 말.「一改良(カイリョウ); 말 개[illegible]」 a horse
パピルス[라papyrus](명) 파피루스. 고대 이집트, 그리스 등에서 갈대의 섬유로 만들어 종이 대신에 사용하던 것. 또는 그러한 종이에 쓰여진 고문서(古文[illegible])
バビロニア[Babylonia](명)〈지〉 바빌로니아. 메소포타미아 남부에 B. C. 2, 300년경에 번영했던 나라.
はふ[破風](명) 마루 머리나 합각 머리에 "∧" 모양으로 붙인 두꺼운 널. 박공(膊栱). a gable
はふ[覇府](명) ①패자(覇者)가 천하를 다스리는 관청(官庁). ②막부(幕府). 「鎌倉(カマクラ)の一; 카마쿠라 막부」
はぶ(명)〈동〉 반시뱀. 류우큐우(琉球), 대만 등에 사는 독사(毒蛇). 머리가 평평하고 삼각이며 살무사보다 독이 매우 강함. 〈학명〉 Trimeresurus flavoviridis
パフ[puff](명) 퍼프. 분첩(粉貼). 분을 묻혀 얼굴에 바르는 용구(用具).
パプア[Papua](명)〈지〉 파푸아. 뉴우기니아.
はぶか·れる[省かれる](자하 1) ①생략(省略)되다. ②간략하게 되다. ③줄다. 덜어지다. 1. be omitted 2. be simplified
はぶ·く[省く](타 4) ①제거하다. 빼다. 생략(省略)하다. ②요약하다. ③줄이다. 덜다. 1. omit
ばふく[馬腹](명) 마복. 말의 배. the belly of a horse
はぶそう[波布草](명)〈식〉 석결명(石決明). 차풀과에 속하는 1년생 약초. 여름에 짙은 황색의 5판화(五瓣花)가 피고 열매는 차로 달여 먹음. stinkweed
はぶたえ[羽二重]ーブタヘ(명) ①엷고 매끄럽고 광택이 나고 올이 고운 흰 견포(絹布). ②결이 곱고 흼. 「一もち; 곱게 쳐진 흰 떡」 1. glossy silk
はぶちゃ[波布茶](명) 석결명(石決明)의 씨를 볶아서 달인 차. stinkweed-seed tea
バプテストきょうかい[Baptist 教会](명) 뱁티스트 교회. 침례 교회(浸礼教会).
バプテスマ[그baptisma](명)〈종〉 밥티스마. 침례. 침례교에서 전신을 물에 담그는 의식. 세례의 한 가지.
はブラシ[歯刷子](명) 이를 닦는 자루 달린 솔. 칫솔.
はふり[葬り](명)〈고〉 송장을 장지로 보냄. 장송(葬送).
はぶり[羽振り](명) ①새나 닭이 날개를 치는 상태. ②날개 모양. ③세력. 위세. 「一がいい; 세력을 떨치다」 1. flapping
パプリカ[paprika](명) 파프리카. 향신료(香辛料)의 하나. 항가리 특산의 고춧가루.
ばふん[馬糞](명) 마분. 말똥. horse-manure. **一し**[馬糞紙](명) 마분지. ①포장지(包装紙) 등에 쓰는 질이 좋지 못한 종이. ②판지(板紙).
はへい[派兵](명·자サ) 파병. 군대를 파견(派遣)함. dispatch of troops
はべつ[派別](명) 파별. 갈래를 나누어 가름. 또는 그렇게 된 갈래. dividing into parties
はべ·り[侍り] Ⅰ(자ラ)〈고〉 ①귀인(貴人)의 시중 듦을 겸사로 일컫는 말. ②"있다"의 겸손한 말. Ⅱ(보동·ラ)대화할 때 겸손하게 하는 말.「聞(キ)きー; 듣자옵나이다」
バベルのとう[Babelの塔](연어·명) 바벨탑. ①구약성서에 나오는 전설 중의 미완성 탑. ②실현할 수 없는 계획. 1. the Tower of Babel
はへん[破片](명) 파편. 깨어진 조각. a broken piece
はぼう[破帽](명) 찢어진 모자. a broken hat
はぼうき[羽帚]ーバウキ(명) ⇨はねぼうき.
はぼうほう[破防法](명)〈법〉 파괴 활동 방지법(破壊活動防止法)의 준말.
はほん[端本](명) ①여러 권이 한 질(帙)로 된 책에서 빠진 책. ②결본(缺本). ↔完本(カンポン). an odd volume

はま[浜](명) ①호숫가나 바닷가의 모래 사장. ②〔바둑에서〕포위해서 따먹은 상대방의 돌. 1. the beach
はま[破魔](명) ①〈불〉 악마를 쳐서 멸(滅)하는 일. ②〈불〉 번뇌(煩悩)를 깨끗이 씻는 일. ③어린이들이 악마를 쫓는다고 활을 쏘며 노는, 새끼줄로 만든 둥그런 과녁.
はま[蛤](명)〔←はまぐり〕대합.「—なべ; 대합 남비」
はまえんどう[浜豌豆](명)〈식〉 갯완두. 콩과에 속하는 다년초. 어린 싹은 약용. a beach pea
はまおぎ[浜荻]—ヲギ(명)〈식·방〉 갈대. 이세(伊勢) 지방 방언. reeds growing along the beach
はまおもと[浜万年青](명)〈식〉 문주란. 수선화과에 속하는 다년초. 해변에 자라며 여름에 희고 큰 꽃이 핌. a crinum
はまかぜ[浜風](명) 호숫가나 바닷가에 부는 바람. a beach wind
はまき[葉巻き](명)〔←葉巻きタバコ〕담배 잎만으로 만 담배. 잎담배. a cigar
はまぐり[蛤](명)〈동〉 대합. 얕은 바다에서 사는 조개의 한 가지. 조개 껍데기가 매끄럽고 크기나 무늬도 여러 가지임. a clam. **—なべ**[蛤鍋](명) 대합을 주로한 모듬 남비. 「a path along the beach
はまじ[浜路]—ヂ(명) 호수나 바닷가의 길. 해변길.⤴
はまだらか[羽斑蚊](명)〈동〉 학질모기. 말라리아를 사람에게 옮기는 모기. 날개 중앙에 무늬가 있고 앉을 때 꼬리를 추켜 듦. an anopheles
はまて[浜手](명) 호수 가나 해변 쪽(방면). beachward
はまなこ[浜名湖](명)〈지〉 시즈오카현(静岡県) 서남부의 호수. 함수호(鹹水湖).
はまなす[浜茄子](명)〈식〉 해당화. 해안 지방에 자라는 장미과에 속하는 낙엽 활엽 관목. 여름에 빨간 꽃이 피고 동그란 열매가 맺힘. a sweetbrier
はまなっとう[浜納豆](명) 시즈오카현(静岡県) 하마마쯔(浜松) 지방에서 산출되는 식품의 한 가지. 삶은 콩에 밀가루를 묻혀서 발효(醗酵)시킨 것.
はまなべ[蛤鍋](명) ←はまぐりなべ.
はまのまさご[浜の真砂](연어·명) ①해변에 있는 모래. ②수가 많은 것. 1. the sands on the seashore
はまびと[浜人](명) 해변에 사는 사람. people living along the beach
はまべ[浜辺](명) 호숫가. 또는 바닷가. the beach
はまぼうふう[浜防風](명)〈식〉 갯방풍. 미나리과에 속하는 다년초. 바닷가에 자라며 뿌리는 약용.
はままつ[浜松](명) 바닷가에 자란 솔. **—かぜ**[浜松風](명) 해변의 솔을 스치는 바람.
はまや[破魔矢](명) 잡신(雑神)을 쫓기 위하여 쏘는 화살. 지금은 주로 정월(正月)에 1년의 운수를 점치는 놀이에 쓰임. a toy arrow
はまやき[浜焼](명) 도미 등을 소금 가마에 넣어 쪄 내거나 소금구이한 요리.
はまゆう[浜木綿]—ユフ(명)〈식〉 ⇨はまおもと.
はまゆか[浜床](명) 옛날, 귀족의 집 안채에 한층 높이 설치한 장방형의 휘장을 친 곳. 침상으로 씀.
はまゆみ[破魔弓](명) 예전 정월에 아이들이 악마를 쫓는다고 쏘며 놀던 활과 화살. 지금은 5월 단오에 장식용으로 걸어 둠. a toy bow and arrow
はまりやく[嵌まり役](명) 꼭 알맞는 역. 적역(適役). a well-fitted role
はま·る[嵌まる·塡まる](자 4) ①꼭 끼이다. 알맞게 들어 가다. ②적당하다.「役(ヤク)に—; 그 역에 꼭 맞다」③떨어지다. 빠지다.「穴(アナ)に—; 구멍에 빠지다」④속다. ⑤탐닉(耽溺)하다. ⑥관련되어 꼼짝을 못하다. 1. fit into
はみ[馬銜](명) ①말의 입 속에 들어 가는 재갈 부분. ②사나운 말의 입에 물려서 꼼짝 못하게 머리 위에 묶어 두는 것. 또는 그 끈. a bit
はみがき[歯磨き](명) ①이를 닦음. ②치마분. 치분(歯粉). 1. brushing the teeth
はみだ·す[食み出す](자 4) 삐어져 나오다. 속에서 밀려서 삐죽이 나오다. protrude
はみ·でる[食み出る](자하 1) ⇨はみだす.
ハミング[humming](명·자サ) 허밍. ①콧소리. ②〈악〉 입을 다물고 소리를 코로 내서 노래하는 것(법).
は·む[食む](타 4) ①먹다. 봉록(俸禄) 등을 받다. ②「祿(ロク)を—; 녹을 먹다」
ハム[ham](명) 햄. ①돼지 고기의 넓적다리 살 등을 소금에 절여 훈제(燻製)한 것.「—サラダ; 햄샐럿」②전문가가 아닌 소인(素人). 서투른 또는 무선 통신가.
—ばむ(접미·4 형) 상태가 되다.「汗(アセ)—; 땀이 스며 나오다」
ハムエッグ(ス)[←ham and eggs](명) 햄에그. 엷게 썬 햄 위에 계란을 얹어 반숙(半熟)한 요리.
はむか·う[歯向かう]—ムカフ(자 4) ①물려고 덤벼 들다. ②반항하다. 적대하다.「親(オヤ)に—; 어버이에게 반항하다」 1. bite back
はむし[羽虫](명)〈동〉 ①날개가 달린 조그마한 벌레. ②깃털이. 이 비슷한 곤충으로 조수(鳥獣)의 피부에 기생함. 2. a bird louse
はむし[葉虫](명)〈동〉 엽충. 잎벌레과에 속하는 곤충의 총칭. 식물의 잎이나 뿌리를 해침.
はむしゃ[端武者](명) 신분이 낮은 잡병(雑兵)이나 졸병(卒兵). a common soldier
ハムぞく[Ham 族](명) 햄족. 아프리카 북부 일대에 분포한 언어족(言語族).
はむら[葉叢](명) 우거진 풀숲의 풀잎. thick foliage
はめ[羽目·破目](명) ①판자를 붙인 벽.「—をはずす; 흥에 겨워 도가 지나치다」②곤란한 처지.「辞職(ジショク)する—になる; 사직해야 할 처지가 되다」 1. a panel
はめいた[羽目板](명) 판자벽에 붙은 널빤지. ⤵
はめこみ[嵌め込み](명) 끼워 넣는 것. ⌊a wainscot
はめこ·む[嵌め込む](타 4) 집어 넣다. 끼워 넣다. inlay
はめつ[破滅](명·자サ) 파멸. 멸망함. 어떻게 할 수가 없게 됨.「身(ミ)の—; 몸의 파멸」 destruction
は·める[嵌める·塡める](타하 1) ①끼우다. ②속이다. ③모함(謀陷)하다. 1. inlay

はめん[波面](명) 파면. ①물결의 표면. ②〈이〉 파동(波動)이 전하여지는 면. 2. the wave front

ばめん[場面](명) 장면. ①장소. ②무대 하나하나의 움직임. 「息(イキ)づまる―; 숨막히는 장면」 ③그 장소의 상태. 광경. ④사건이 진행하는 장소. 무대. ⑤장(場). 1. a place

はも[鱧](명)〈동〉 갯장어. 뱀장어 비슷함. 식용. 해만(海鰻). a sea-eel

はも(감조)〈고〉 강한 감동을 나타내는 말.

ハモニカ[harmonica](명)〈악〉 하아모니카. 작은 관악기(管楽器)의 한 가지.

はもの[刃物](명) 날이 있는 도구. 예 : 식칼, 도끼 등. an edged tool. **―ざんまい**[刃物三昧](명) 하찮은 일에도 칼부림을 하는 버릇이 있는 사람.

はもん[波紋](명) 파문. ①돌을 물에 던졌을 때에 퍼져 나가는 무늬. ②영향. 「内閣総辞職(ナイカクソウジショク)の―; 내각 총사직의 영향」 1. a water-ring

はもん[破門](명・타サ) 파문. ①문인(門人)의 자격을 박탈함. ②종문(宗門)에서 쫓아 냄. 1. expulsion

ハモンドオルガン[hammond organ](명)〈악〉 하먼드오르간. 전기가 진공관을 진동시켜 파이프오르간과 같은 소리를 내는 악기.

はや[甲矢・兄矢・早矢](명) 궁술(弓術)에서 한 쌍의 화살 중 먼저 쏘는 쪽의 화살. the first shot

はや[鮠](명)〈동〉 피라미. 잉어과에 속하는 작은 민물고기. 〈학명〉 Zacco platypus

はや[早](부) ①이미. 벌써. 「―秋(アキ)は来(キ)ぬ; 벌써 가을이 왔도다」 ②빨리. 일찍. 「―帰(ガエ)り; 일찍 돌아 가는 것」 2. hurriedly

はや(감조) ①감탄의 뜻을 나타내는 말. 「何(ナン)と―; 뭐라고, 참」 ②〈고〉 …여. 일이여. 「吾妻(アヅマ)―; 아! 나의 아내여」

ばや(감조) 원망(願望)을 나타내는 말. …했으면. 「行(ユ)か―; 갔으면」

ばや(연어) …므로. …니까. 「紅葉(モミジ)すれ―照(テ)りまさるらん; 단풍이 들었으니 경개(景概)도 한결 아름답겠지」

はやあし[早足](명) ①빠른 걸음걸이. ②보조를 맞추어 똑바로 걷는 일. 1. a quick pace

はや・い[早い・速い](형) ①빠르다. 간단하다. 「一話(ハナシ)が; 간단히 말하면」 ②심하다. 격렬하다. 「呼吸(コキュウ)が―; 호흡이 빠르다」 ③기민(機敏)하다. 날래다. ④이르다. 「―朝(アサ); 이른 아침」 파생 ―さ(명). 1. quick. **―ものがち**[早い者勝ち](명) 먼저 한 자가 유리하다는 말. 「席(セキ)が少(スク)ないから―にする; 자리가 적어서 선착순으로 하다」

はやうち[早打ち](명) ①말을 달려서 급한 사연을 알리던 사람. 파발(擺撥)군. ②⇨はやかご. 1. dispatch by a horse

はやうま[早馬](명) ①급사(急使)가 타고 달리던 말. 파발(擺撥)말. ②빨리 달리는 말. 1. a post horse

はやうまれ[早生まれ](명) 1월 1일에서 4월 1일까지 사이에 태어나는 것. 또는 그런 사람. ↔おそ生まれ.

はやお[早緒]―ヲ(명) 배를 저을 때 노에 걸어 두는 줄. 놋줄.

はやおき[早起き](명・자サ) 아침 일찍 일어남. 「early rising

はやおけ[早桶]―ヲケ(명) 좋지 못한 관(棺). a humble coffin

はやがえり[早帰り]―ガヘリ(명・자サ) ①정한 시각보다 빨리 돌아 옴. ②아침 일찍 돌아 옴. 1. returning earlier than usual

はやかご[早駕籠](명) ①빨리 달리던 가마. ②파발(擺撥)군이 타고 밤낮 쉬지 않고 달리던 가마. 2. an express palanquin

はやがてん[早合点](명・자サ) 끝까지 자세히 듣지도 않고 이미 다 이해한 것으로 앎. 지레 짐작. a hasty conclusion

はやがね[早鐘](명) 불이 났거나 급한 일이 생겼을 때 요란스럽게 치는 종. 경종(警鐘). an alarm bell

はやがわり[早変わり]―ガハリ(명・자サ) ①재빨리 의복 등을 갈아 입음. ②〔카부키(歌舞伎) 등에서〕 재빨리 모습(분장)을 바꿈. a quick change of figure

はやく[早く・速く](부) ①빨리. ②미리. 앞서. ③먼저. ④아침 일찍. 1. quickly. **―も**[早くも](연어) ①재빨리. 순식간에. 벌써. ②빨라도.

はやく[端役](명) 단역. ①〔연극에서〕 하찮은 역. 대수롭지 않은 역. ②그다지 주요하지 않은 역할. 1. a minor role

はやく[破約](명・타サ) 파약. ①약속을 취소함. ②약속을 이행치 않음. 1. a breach of promise

はやくち[早口](명) 말을 빨리 하는 것. 「―ことば; 빨리 하는 말」 rapid speaking

はやことば[早言葉](명) ①빠른 말. ②말하기 어려운 말을 빨리 하는 놀이. 또는 그 말. 2. a tongue twister

はやざき[早咲き](명) 보통보다 빨리 피는 것. 일찍 핌. 「―の梅(ウメ); 일찍 피는 매화」 ↔おそ咲き. early flowering

はやし[林](명) ①나무가 많이 자라 있는 곳. 숲. 「松(マツ)ばやし; 소나무 숲」 ②「ことばの―; 말을 많이 모은 책(사전)」 1. a wood

はやし[囃子](명) ①높은 소리나 악기로 가락을 맞추거나 흥을 돋우는 일. ②〔노오(能) 등에서〕 박자를 맞추거나 기분을 돋우기 위한 음악. 반주(伴奏). 피리, 북, 샤미센(三味線) 등을 섞어 연주함. 2. an accompaniment. **―かた**[囃子方](명)〈악〉 〔노오(能) 등에서〕 반주하는 사람들.

はやした・てる[囃し立てる](타하 1) ①요란스럽게(흥겹게) 반주하다. 「笛(フエ)や太鼓(タイコ)で―; 피리나 북으로 요란스럽게 반주하다」 ②흥을 돋우다. 칭찬이나 조롱하기 위하여 소리를 지르다.

はやじまい[早仕舞]―ジマヒ(명・자サ) 보통보다 빨리 일을 끝마침. 보통보다 빨리 가게 문을 닫음. early closing

ハヤシライス(명) 〔하시드라이스(hashed rice)의 변화〕 양파, 쇠고기 등이 들어 있는 다색(茶色)의 흐늘흐늘한 국물을 부은 밥.

はや·す[生やす](타 4) 자라게 하다. 기르다. 「ひげを—; 수염을 기르다」 grow

はや·す[囃す](타 4) ①소리를 내어 가락을 맞추다. ②반주하다. ③큰소리로 놀려 대거나 칭찬하다. 1. beat time

はやせ[早瀬](명) 강이나 바다에서 물살이 세게 흐르는 곳. 여울. torrents

はやだち[早立ち](명·자サ) 일찍 출발함.

はやち[疾風](명)〈고〉 ⇨はやて.

はやて[疾風](명) 질풍. 세차게 부는 바람. 초속 6~10 *m*. a gale

はやで[早出](명·자サ) ①평상시보다 일찍 출근함. ②아침 일찍 집을 나옴. 1. early attendance

はやてまわし[早手回し]—テマハシ(명) 미리 손을 쓰거나 조치를 취해 두는 것. quick preparation

はやと[隼人](명) 옛날 큐우슈우(九州) 남쪽 끝 사쯔마(薩摩), 오오스미(大隅) 지방에 살고 있던 종족.

はやなわ[早縄]—ナハ(명) 죄인을 묶어 매는 줄. 오라. 포승(捕縄). an arresting rope

はやね[早寝](명·자サ) 일찍 잠. 「—早起(ハヤオ)き; 일찍 자고 일찍 일어나는 것」 going early to bed

はやのみこみ[早呑み込み](명·자サ) ①이해가 빠름. ②지레 짐작. 1. quick apprehension

はやば[早場](명) 쌀을 다른 데보다 일찍 추수하는 곳. 「—地帯(チタイ); 일찍 추수하는 지대」

はやはや[早早](부) ①매우 빨리. 빨리 서둘러서. ②벌써. 이미.

はやばや[早早](부) 매우 일찍. 「—とやって来(ク)る; 매우 일찍 오다」 very early

はやばん[早番](명) 일찍 근무하는 당번(当番). 초저녁에 근무하는 당번이나 보초. ↔遅番(オソバン). early attendance

はやびきゃく[早飛脚](명) 특별히 빨리 가게 해서 먼 곳에 서한, 소식 등을 전하던 인부. 보발(步撥). 파발(擺撥)군. an express post

はやびけ[早引け](명·자サ) 보통보다 일찍 퇴출(退出)함. 조퇴(早退). early leaving

はやひる[早昼](명) 이른 점심. an early lunch

はやぶさ[隼](명) ①〈동〉 매. 매우 빨리 날며 새를 잡아 먹음. 길러서 새잡이에 이용하기도 함. ②동작이 민첩하고 용맹한 사람. 1. a peregrine

はやぶね[早舟](명) ①급히 저어 가는 배. ②빨리 달리는 조그마한 배. 2. a fast boat

はやま[端山](명) 산기슭에 있는 작은 산. 가에 있는 산. 동리(洞里) 가까이 있는 산. a foothill

はやま·る[早まる](자 4) ①빨라지다. ②초조하게 굴다. 급히 서두르다. 「早(ハヤ)まってけがをするな; 너무 서두르다가 다치지 마라」 1. become quicker

はやみ[早見](명) 간단히 곧 볼 수가 있는 것. 「—表(ヒョウ); 일람표」 apprehension at a glance

はやみち[早道](명) ①지름길. ②빨리 알 수 있는 편리한 방법. ③급히 길을 걸어 가는 것. 빠른 걸음. 파발(擺撥)군. ④돈주머니. 1. 2. a short cut

はやみみ[早耳](명) 어떤 일을 빨리 알아 듣는 일. quick ears

はやめ[早目](명) ①정한 시간보다 조금 이른 것. a little earlier

はや·める[早める](타하 1) 빠르게 하다. 재촉하다. 서두르다. make earlier

はやり[流行り](명) ①유행. 「—歌(ウタ); 유행가」 ②시대의 풍조(風潮). 1. popularity. —**かぜ**[流行り風](명)〈의〉 유행성 감기. 인플루엔자. —**すたり**[流行り廃り](연어·명) 유행과 쇠퇴. 「洋服(ヨウフク)の型(カタ)にも—がある; 양복의 형에도 유행의 기복(起伏)이 있다」 —**っこ**[流行りっ児](명) 유행아. ①인기가 절정에 있는 기녀(妓女)나 배우, 가수. ②이름이 팔려 인기가 있는 사람.

はやりお[逸り雄]—ヲ(명) ①힘이나 기분이 내키는 것. ②혈기가 왕성한 젊은이.

はやりか[逸りか](형동ナリ)〈고〉 ①경솔한 모양. ②마음이 들떠 떠들어대는 모양. ③성급한 모양. ④가락이 경쾌한 모양. ⑤용감한 모양.

はや·る[逸る](자 4) ①용기가 왕성하여 일을 힘차게 해 치우려 하다. ②몹시 조급히 서두르다. 1. be in high spirits

はや·る[流行る](자 4) ①유행하다. ②널리 퍼지다. 때를 만나 세력을 떨치다. 「伝染病(デンセンビョウ)が—; 전염병이 만연하다」 ③번창하다. 「店(ミセ)が—; 가게가 번창하다」 1. be popular

はやわかり[早分かり](명) ①빨리 아는 것. ②빨리 알게 하는 것. 1. quick understanding

はやわざ[早業](명) 재빠르고 능한 솜씨. a quick work

はゆ·い[映い](형) ①눈부시다. ②어색하다. 열없다. 2. feel awkward

はゆま[駅馬](명)〈고〉 역마. 각 역참(駅站)에 갖추어 둔 말. 역말. 파발(擺撥)말.

はら[原](명) ①평평하고 넓은 땅. 들. ②경작하지 않은 평지. 1. a plain

はら[腹](명) ①〈생〉 배. 「—ぐあい; 배의 상태」 ②생각. 「—をさぐる; 마음을 떠보다」 ③「—を立(タ)てる; 성을 내다」 ④도량. 마음보. 담력(胆力). 「—が大(オオ)きい; 도량이 크다」 ⑤중앙 부분. 1. the belly

—ばら[輩·原](접미) …들. 무리. 동아리. 「役人(ヤクニン)—; 관리들」

ばら[散](명) ①토막토막인 것. 따로따로 떨어진 것. 「—のキャラメル; 낱개로 된 캬라멜」 ②동전처럼 액수가 적은 돈. 푼돈. 1. pieces

ばら[荆棘](명) 형극. 가시가 돋친 관목. a thorn

ばら[薔薇](명)〈식〉 장미. 가시가 있는 꽃나무로 꽃이 아름답고 향기가 좋음. a rose

はらあ·し[腹悪し](형シク)〈고〉 ①속이 검다. 부정(不正)하다. ②성을 잘 내다.

はらあて[腹当て](명) ①배두렁이. ②배에 두르는 병졸용 갑옷. 2. a breast-pad

バラード[프 ballade](명) 발라아드. ①조그마한 서사시(叙事詩). 담시(譚詩). ②〈악〉 서사적인 가곡(歌曲).

담시곡.

はら あわせ[腹合わせ]ーアハセ(명) ①←腹合わせ帯. ② 서로 마주 보는 것. 2. opposition. **— おび**[腹合わせ帯](명) 겉과 안을 각각 다른 천으로 만든 여자용 허리띠.

はらい[払い]ハラヒ(명) ①지불. ②팔아 버리는 일. 1. payment. **— あ·げる**[払い上げる](타하 1) 밑에서 위로 후려 치다. **— こ·む**[払い込む](타 4) 돈을 납부하다. 명 払い込み. **— さ·げる**[払い下げる](타하 1) 관공서에서 민간인에게 팔다. 불하하다. 명 払い下げ. **— ちょう**[払い超](명)〈경〉 지불 초과(超過). ↔揚げ超. **— の·ける**[払い除ける](타하 1) ① 뿌리치다. 「人(ヒト)の手(テ)を—; 남의 손을 뿌리치다」 ②제거하다. 「災難(サイナン)を—; 재난을 제거하다」 **— もど·す**[払い戻す](타 4) 한번 받은 돈 등을 돌려 주거나 돌려 받다. 「税金(ゼイキン)を—; 세금을 되물려 받다」 명 払いもどし. **— もの**[払い物](명) (소용 없게 되어서) 팔아 버리는 것. 「お—; 불하품」

はらい[祓い]ハラヒ(명) ①신에게 빌어서 죄나 화를 털어 없애는 행사. 또는 그때 외는 말. ②범죄를 보상하기 위하여 내는 돈이나 물건. 1. purification

はらい きよ·める[祓い清める](타하 1) 죄나 화를 막게 하다. 부정을 떨다. purify

はらい さげ[払い下げ](명) 불하. 관청이나 공공 단체에서 재산을 일반에게 매도하는 것. sale of government property

はら いせ[腹癒](명) 노여움이나 원한을 푸는 것. retaliation

はら いた[腹痛](명) 복통. 배가 아픔. stomach-ache

はら いっぱい[腹一杯](명·부) ①배가 부름. 만복(滿腹). ②양껏. 마음껏. 1. a full stomach

はらい わた·す[払い渡す](타 4) ①지불하다. ②매도(売渡)하다. 1. pay out

はら·う[払う]ハラフ(타 4) ①털어 버리다. 털다. ②방해되는 것을 없애다. 물리치다. 「人(ヒト)を—; 사람을 물리치다」 ③팔아 치우다. 「くず屋(ヤ)に—; 넝마 장수에게 팔아 치우다」 ④(대금 등을) 지불하다. 「おかねを—; 돈을 지불하다」 ⑤존경, 주의 등의 마음을 나타내다. 「敬意(ケイイ)を—; 경의를 표하다」 ⑥ 완전히 사라지다. 「道義(ドウギ)が地(チ)を—; 도의가 땅에 떨어지다」 ⑦떨치다. 「威風(イフウ)あたりを—; 위풍이 주위에 떨치다」 4. 5. pay

はら·う[祓う]ハラフ(타 4) 신에게 빌어서 죄나 화를 제거하다. purify

はらえ[祓え]ハラヘ(명) ⇨はらい.

バラエティー[variety](명) 바라이어티. ①차이. ②변화. 다양성(多様性). 「—に富(ト)む; 변화가 풍부하다」 ③변형(変形). ④막(幕)을 내렸다 올렸다하지 않고 그냥 계속하여 끝내는 연예(演芸). ⑤연예 대회. 「—ショー; 바라이어티 쇼오 (노래, 춤, 코메디 등을 섞어서 하는 쇼오)」

はら おび[腹帯](명) ①배에 직접 감는 띠. ②복대. 임부가 배에 감는 띠. ③말의 배에 두르는 띠. 뱃대끈. 1. a health-band

ばら がき(명)〈속〉 ①여기저기 닥치는 대로 할퀴거나 긁는 일. 또는 그 자국. ②난폭한 행동. 1. scratching

はら がけ[腹掛け](명) ①가슴, 배를 덮고 등에서 끈을 묶는 천. 어린 아이들에게 둘러 줌. 배두렁이. ② 가슴, 배를 가리우며 아래쪽에 주머니가 달린 직공들의 옷. 2. a workman's waistcoat

はら から[同胞](명) 동포. 겨레. ①같은 어머니로부터 태어난 형제 자매. ②형제 자매. ③같은 국민. 1. 2. brothers and sisters

はら がわり[腹変わり]ーガハリ(명) 이복 형제. 어머니가 다른 형제. a half-blood

はら ぎたな·い[腹穢ない](형) 마음이 더럽다. 심보가 나쁘다. 파생 **— さ**(명). base-minded

はら きり[腹切り](명) 배를 가르는 일. 할복(割腹).

パラグアイ[Paraguay](명)〈지〉 파라과이. 남미의 중부에 있는 공화국. 수도는 아순숀(Asuncion).

はら くだし[腹下し](명) ①설사(泄瀉). ②약을 써서 통변(通便)이 잘되게 함. 또는 그 약. 설사약. 1. loose bowels

はら くだり[腹下り](명·자サ) 배탈이 나서 자주 묽은 똥이 나옴. 설사(泄瀉). loose bowels

パラグラフ[paragraph](명) 패러그래프. ①문장의 단락. 절(節). 항(項). ②신문 등의 소기사(小記事).

はら ぐろ·い[腹黒い](형) 속이 검다. 심보가 나쁘다. 파생 **— さ**(명). wicked

はら げい[腹芸](명) ①〔연극에서〕배우가 대사(臺詞)나 동작 이외의 수단으로 그 역(役)의 기분을 나타내는 일. ②언행에 나타내지 않고 배짱이나 경험으로 일을 처리하는 것. ③배(腹) 위에서 하는 곡예(曲芸). ④배에 사람 얼굴 등을 그려 힘살을 움직여 여러 모양으로 변화시키는 연예. 1. a psychological performance

はら ごしらえ[腹拵え]ーゴシラヘ(명·자サ) 식사를 해서 배를 채움. satisfying one's appetite

はら ごなし[腹ごなし](명·자サ) 먹은 것의 소화를 도움. 또는 소화를 돕기 위한 운동. a constitutional

パラゴム[네 Para-gom](명) ①〈식〉 파라고무나무. 버들옻과에 속하는 교목(喬木). ②파라고무.

はら さんざん[腹散散](부) 매우 배불리.

パラジウム[palladium](명)〈이〉 팔라듐. 백금속(白金属) 원소의 하나. 부식(腐蝕)에 대한 저항력이 강하므로 전기용, 치과용(歯科用), 장식용으로 쓰임.

パラシュート[parachute](명) 파라슡. 낙하산(落下傘).

パラショック[parashock](명) 파라속. 팔뚝 시계 등의 진동을 방지하는 것. 안티속.

はら·す[晴らす·霽らす](타 4) ①개도록 하다. ②만족시키다. 기분 좋게 하다. 풀다. 「うらみを—; 원한을 풀다」 1. make clear

はら·す[腫らす](타 4) 부어 오르게 하다. cause to swell

ばら·す(타 4)〈속〉 ①토막을 내다. 헐다. 분해하다. 「時計(トケイ)を—; 시계를 분해하다」 ②〈속〉 죽이다. ③ 팔아 버리다. ④폭로하다. 「悪事(アクジ)を—; 나쁜

일을 폭로하다」 1. break into pieces

バラス(명) 밸러스트의 변화.

はら すじ[腹筋]ースヂ(명) 배의 주름살.「一を よる;우스워 견딜 수 없다(배꼽을 빼다)」

バラスト[ballast](명) 밸러스트. ①바닥짐. 배의 균형을 유지하기 위하여 배 바닥에 싣는 모래, 돌 등. 저하(底荷). ②철로나 도로에 까는 자갈.

ばら せん[ばら銭](명) 잔돈. 푼돈. change

ばら せんそう[薔薇戦争](명)〈역〉장미 전쟁. 영국의 랭카스터가(家)와 요오크가(家) 사이에 벌어졌던 왕위 쟁탈전. (1455～85) the Wars of the Roses

パラソル[parasol](명) 파라솔. 부인들이 쓰는 양산.

パラダイス[paradise](명) 패러다이스. ①낙원(楽園). ②천국. 극락(極楽).

はら だたし·い[腹立たしい](형) 부아가 나다. 성이 나다. 파생 **―げ**(형동ダ) **―さ**(명). aggravating

ばら だま[ばら弾](명) ①산탄(散弾). ②한 방씩 쏘는 총알. 2. shot

パラチオン[도 Parathion](명)〈농〉파라티온. 농업에 사용하는 강한 살충제(殺虫剤). 인(燐)을 포함하고 있으며 독이 강해서 인축(人畜)이 먹으면 죽음.

はら ちがい[腹違い]ーチガヒ(명) 아버지가 같고 어머니가 다른 것. 이복(異腹).「一の兄(アニ); 이복 형」

パラチフス[도 Paratyphus](명)〈의〉파라티푸스. 장티푸스보다 가벼운 급성의 소화기 전염병.

バラック[barrack](명) 바라크. ①임시로 세운 오두막집. ②임시로 세운 초라한 목조 가옥. 판자집.

はら つづみ[腹鼓](명) ①배불리 먹어 만족함. ②배를 북처럼 두드림. 2. beating the belly

バラッド[ballad](명) 발라아드. ①민요(民謡). 담시(譚詩). ②〈악〉서사적(叙事的)인 가곡.

ばら づみ[ばら積み](명·타サ) 쌀, 석탄 등을 용기에 넣어 포장하지 않고 그대로 실음. bulk

パラドックス[paradox](명) 패러독스. ①역설(逆説). ②기론(奇論). ③반대설.

はら なか[原中](명) 들판 가운데.

パラノイア[도 Paranoia](명)〈의〉파라노이아. 어떤 일에 집착하여 상식으로는 생각할 수 없는 일을 예사로 하는 정신병자. 편집광(偏執狂).

はら のなか[腹の中](명) ①뱃속. ②마음속. 내심(内心).

はら のむし[腹の虫](연어·명) ①회충. ②기분과 관계가 있다는 벌레. 울화통. 1. a roundworm

はらば·う[腹這う]ーバフ(자 4) 배를 땅에 대고 기다. 명 腹ばい. sprawl

はら はちぶ[腹八分](연어·명) 배가 8할 가량 차도록 먹음.「一に医者(イシャ)いらず; 음식을 약간 모자랄 정도로 먹으면 병이 나지 않는다」

はら はら(부·자サ) ①나뭇잎이 흩어지는 모양. 팔랑팔랑. ②눈물 방울이나 빗방울이 떨어지는 모양. 뚝뚝. ③안절부절 못하는 모양. 조마조마.「そばで見(ミ)ていて一する; 옆에서 보고 있기에 조마조마하다」 1. 2. fluttering down

ばら ばら(부) ①흩어져 떨어지는 모양. ②사방으로 흩어지는 모양. ③비나 싸락눈 등이 내리는 모양. ④총알이 빗발처럼 날아 오는 모양. ⑤사람들이 갑자기 흩어져 나오는 모양. 1. scattering

ぱら ぱら(부) ①흩어져 떨어지는 모양. ②드문드문 떨어지는 모양. ③비나 싸락눈 등이 약간 세차게 내리는 모양. 3. pattering

ばら ふ[ばら斑](명) 드문드문 있는 반점(斑点). a tortoiseshell with black spots

パラフィン[paraffin](명)〈이〉파라핀. 초, 성냥, 방수포(防水布) 등의 원료로 사용되는 하얀 물질. 잘 녹음.「一紙(シ); 파라핀지」

はら ふく·る[腹膨る](자하 2)〈고〉①포식(飽食)하다. 배가 부르다. ②임신하다. ③배에 살이 찌다. 배가 나오다. ④말하고 싶은 것을 말하지 않아서 기분이 나쁘다.

パラフレーズ[paraphrase](명) 패러프레이즈. ①해설. 상해(詳解). 의역(意訳). ②〈악〉어떤 악곡에 새로운 기교를 가하거나 악곡을 개수하는 일. 개편곡.

はら ぺこ[腹ぺこ](명)〈속〉배가 몹시 고픔.

パラボラ[parabola](명)〈이〉퍼래벌러. 포물선(抛物線).「一アンテナ; 포물선 모양의 안테나」

はら まき[腹巻き](명) ①배에 대고 등에서 묶어 매는 갑옷. ②편물이나 옷감으로 된, 배에 직접 두르는 것. ③배두렁이. 1. a breast-protector

ばら ま·く[ばら蒔く](타 4) ①드문드문 뿌리다. 흩뿌리다. ②많은 사람에게 금전을 주다. 1. scatter

はらみ つ[波羅蜜](명)〈불〉바라밀. 보살의 수행(修行). 바라밀다(波羅蜜多).

はらみ(っ)た[波羅蜜多](명)〈불〉⇨はらみつ.

はら·む[孕む](자타 4) ①임신하다. 잉태하다. ②포함하다. 싸다.「危険(キケン)を一; 위험을 내포하다」 명 はらみ. 1. conceive

はらめ·く(자 4)〈고〉①후두둑 소리가 나다. ②흩뿌려지다.

パラメトロン[parametron](명)〈이〉파라메트론. 페라이트의 자기(磁気)를 응용한 전자 계산기 부속품의 한 가지.

はら もち[腹持ち](명) ①배의 상태. ②먹은 것의 소화가 늦어서 공복 상태로 되지 않는 일.「一がいい; (먹으면) 근기가 있다」 2. staying hunger

バラモン[婆羅門](명) 바라문. ①인도 사회 계급에서 가장 신분이 높은 계급. ②바라문교의 중. 1. Brahmana. **―きょう**[婆羅門教](명) 바라문교. 불교가 흥하기 전에 바라문 계급들이 믿고 있던 종교.

バラライカ[러 balalaika](명)〈악〉발랄라이카. 러시아 특히 우크라이나 지방 독특의 삼현 악기(三弦楽器).

はらら ご[鮞](명) 어란(魚卵)젓. hard roe

はらり(부) ①넘쳐 흘러 떨어지는 모양. ②사람이 드문드문 모이고 흩어지는 모양. ③사물(事物)이 급변하는 모양. 1. scatteringly

〔バラライカ〕

ぱらり(부) ①한칼로 (단번에) 물건을 자르는 모양. ② 드문드문 흩어지는 모양. 1. at a stroke
ばらり(부) ①드문드문 가볍게 흩어지는 모양. ②드문드문 가볍게 감거나 여는 모양. 1. scattered
パララックス[parallax](명) 패럴랙스. 〔사진에서〕 렌즈에 비치는 범위와 파인더에 보이는 범위와의 차이. 시차(視差).
パラレル[parallel](명·형동ダ) 패럴렐. ①평행함. ②짝지음. 수반함. 동행함. ③〈수〉 평행선. ④〈지〉 위도권(緯度圏). 위선(緯線). ⑤〈이〉 전기의 회로(回路)를 병행(並行)으로 연결하는 일.
はらわた[腸](명) ①창자. 대장(大腸)과 소장(小腸). ② 내장(内臓). ③참외의 씨가 붙어 있는 솜과 같은 부분. ④근성(根性). 심보. 「—のくさったやつ; 근성이 썩어 빠진 자식」 1. the intestines
はらん[葉蘭](명)〈식〉 대왕풀. 난초과에 속하는 다년초. 정원에 심어 완상용이 되며 뿌리는 백급(白芨)이라 하여 약재(薬材)로 씀. 자란(紫蘭). an aspidistra
はらん[波瀾·波乱](명) 파란. ①파도. ②소동. 분쟁. ③어떤 일에 기복(起伏)이나 변화가 있는 것. ④문장의 변화가 많은 곳. 1. waves. **—ばんじょう**[波瀾万丈](연어·명) 파란 만장. 사건의 변화가 심한 것.
バランス[ballance](명) 밸런스. ①천칭(天秤). ②균형. 「—が取(ト)れる; 균형이 잡히다」 ③〈경〉 잔액(残額). **—シート**[balance sheet](명)〈경〉 밸런스 시이트. 대차 대조표(貸借対照表).
—はり[張り](접미) 활이나 초롱 등을 세는 말.
はり[針](명) ①바늘. ②벌의 꽁무니에 있는 가늘고 날카로운 기관. 침. ③축음기의 바늘. ④가시. ⑤ 가느다랗고 끝이 뾰족한 것. 「時計(トケイ)の—; 시계 바늘」 ⑥사람을 날카롭게 꾸짖는 말. 1. a needle
はり[張り](명) ①켕김. 또는 그 정도. 켕기는 힘. ②야무지고 힘찬 것. 「—のある声(コエ); 야무지고 힘찬 목소리」 ③상대방의 힘에 반발하는 강한 기분. ④ (노력한) 보람. 희망. 내키는 마음. 「—が出(デ)ない; 의욕이 안 나다」 1. tension
はり[梁](명) 기둥 위에 걸쳐서 지붕을 받치는 재목. 들보. 대들보. 도리. ⇨: けた. a beam
はり[鉤](명) 낚시. a fishhook
はり[鍼](명) 침. ①가느다란 바늘 모양의 의료 기구. ②침술(鍼術). 1. a needle
はり[玻璃](명) 파리. ①수정(水晶). ②유리. 1. crystal
—ばり[張り](접미) ①활줄을 당기는 인원수에 따라 나타내는 활의 세기. 「五人(ゴニン)—; 5 명이 잡아 당겨 쏘는 활」 ②흉내 내는 것.
ばり[罵詈](명·타サ) 욕함. 악담. abuse
はりあい[張り合い]—アヒ(명) ①버티는 것. 경쟁. 「両者(リョウシャ)の—; 양자의 경쟁」 ②보람이 있는 것. 「—のある仕事(シゴト); 할 보람이 있는 일」 1. competition. **—ぬけ**[張り合い抜け](명·자サ) 맥이 풀림. 하려고 긴장해 있던 마음에 힘이 빠짐.
はりあ·う[張り合う]—アフ(자 4) 서로 다투다. 경쟁하다. rival with
はりあ·げる[張り上げる](타하 1) (소리를) 강하게 높게 내다. 지르다. raise one's voice
はりい[鍼医](명) 침을 놓는 사람. 침장이. 침술가(鍼術家). a needle-doctor
パリ(ー)さい[Paris 祭](명) 프랑스 혁명 기념일인 7월 14일의 축하 행사.
はりいた[張り板](명) 빤 천이나 뜬 종이를 붙여 말리는 판자. a fulling-board
ハリウッド[Hollywood](명)〈지〉 할리우드. 미국의 캘리포오니아주 로스앤젤리스시 교외에 있는 영화 도시. 성림(聖林).
バリウム[도 Barium](명)〈이〉 바륨. 은백색의 금속 원소. 공기 중에서 쉽게 산화해서 하얀 가루가 됨.
バリエーション[variation](명). 바리에이션. ①변화. 변동. ②〈악〉 변주곡(変奏曲).
バリエテ[프 variété](명) ⇨バラエティー.
はりおうぎ[張り扇]—アフギ(명) 만담가가 책상을 두들기며 가락을 맞추는 부채. a fan used by a storyteller
はりかえ[張り替え]—カヘ(명·타サ) 헌것을 뜯어 내고 새로 바름. 「ふすまの—; 미닫이를 새로 바름」 동 張り替える(타하 1).
はりがね[針金](명) ①철사. ②전선(電線). 1. wire
はりがみ[張り紙·貼り紙](명·타サ) ①붙인 종이. 바른 종이. ②부전(附箋). 부전지. 1. pached paper
バリカン[프 Bariquand](명) 바리캉. 머리 깎는 기계. (바리캉은 최초 이 기계의 제작소 이름)
ばりき[馬力](명) 마력. ①〈이〉 동력을 나타내는 단위. 1 초에 550 파운드의 물체를 1 피이트 움직이는 힘. ②짐마차. 「—で運(ハコ)ぶ; 짐마차로 나르다」 ③정력(精力). 「—をかける; 정력을 쏟다」 1. horsepower
はりき·る[張り切る](자 4) ①충분히 뻗다. ②정력이 넘치다. ③매우 긴장하다. 1. string up
はりくよう[針供養](명) 부인들이 2월 8일(지방에 따라서는 12월 8일)에 부러진 바늘을 모아서 제사 지내고 그날은 바느질을 하지 않는 풍습. a needle-mas
バリケード[barricade](명) 바리케이드. 시가전(市街戦) 등에서 임시로 급조(急造)한 보루(堡塁).
ハリケーン[hurricane](명)〈천〉 허리케인. 서대서양에서 생기는, 심한 비바람을 동반하는 열대성 저기압.
はりこ[張り子](명) ①나무 틀(型)에 종이를 붙여 말린 뒤 그 틀을 뽑아 내어 만든 인형(人形). ②나무, 대나무 등에 종이를 여러 겹 붙인 상자.
はりこみ[張り込み](명) 잠복하여 지킴. 또는 감시함. 「watch
はりこ·む[張り込む](자 4) ①안쪽으로 뻗다. ②힘들이다. ③힘을 주다. ④큰마음 먹고 돈을 내다. 한턱 내다. ⑤잠복하여 감시하다. 「刑事(ケイジ)が—; 형사가 잠복하여 감시하다」 ⑥수배(手配). 2. be eager
バリコン[←variable condenser](명) 바리콘. 비슷한 간격으로 늘어놓은 반원형의 금속판(金属板)의 겹친 정도에 따라서 라디오의 파장을 맞추는 장치. 가변 축전기(可変蓄電器).
パリサイ[그 Pharisaios](명) 바리새. ①〈종〉 모세의 율법(律法) 등을 면밀 복잡하게 엄수하던 유대교의 한 종파. ②형식주의자. 위선자.
はり さ·ける[張り裂ける](자하 1) ①부풀어 터지다. ②감정이 벅차서 가슴이 찢어질 것 같다. 1. burst
はり さし[針刺し](명) 바늘을 꽂기 위해 속에 솜이나 머리털 같은 것을 넣고 헝겊 조각을 씌워 만든 것. 바늘겨레. a pincushion
ばり ざんぼう[罵詈讒謗](연어·명) 매리 참방. 남을 꾸짖고 욕을 하는 것. 욕지거리.
パリジェンヌ[프 Parisienne](명) 파리젠느. 파리의 여자.
はり しごと[針仕事](명) 바느질. 재봉. needlework
パリジャン[프 Parisien](명) 파리장. 파리에서 태어난 남자. 파리인.
パリス[Paris](명) 파리스. 그리이스 신화에 나오는 미청년(美青年).
ハリストス[러 Khristos](명) 그리스도. 「一教会(キョウカイ); 기독교회」
はり たお·す[張り倒す]ータフス(타 4) 때려 누이다. ↗「knock down
はり だし[張り出し·貼り出し](명) ①풀 따위로 붙여서 내거는 것. ②붙인 종이. ③(씨름 등의) 대전표(対戦表)의 난외(欄外)에 써 붙이는 것. 「一横綱(ヨコヅナ); 프로그램의 난외에 써 붙인 요코즈나」 1. putting up
はり だ·す[張り出す·貼り出す](타 4) 여러 사람이 보도록 붙여서 밖에 내어 놓다. put up
はり たて[針立て](명) ⇨はりさし.
はり つ·く[張り付く·貼り附く](자 4) 붙여지다. stick
はり つけ[磔](명) 옛날 죄인을 판자나 기둥에 못박아 놓고 창으로 찔러 죽이던 형벌. 책형(磔刑). crucifixion
はり つ·ける[張り付ける·貼り附ける](타하 1) ①풀 같은 것으로 붙이다. ②물건을 펴서 붙이다. ③책형(磔刑)에 처해 죽이다. 자はり付く(4). 1. stick
はり つ·める[張り詰める](자하 1) ①충분히 뻗다. ②긴장하다. 「張り詰めた気持(キモ)ち; 긴장된 마음」 1. cover all over
はり て[張り手](명) 씨름 수의 하나. 상대방의 얼굴을 손바닥으로 치는 수.
パリティー[parity](명)〈경〉 패리티. 농가에서 사들이는 물건의 값에 맞추어 정부가 농산물의 값을 정하는 것.
はり とば·す[張り飛ばす](타 4)〈속〉(손바닥으로) 심하게 때리다.
バリトン[baritone](명)〈악〉 바리톤. ①남자의 중급(中級)의 음. 또는 그 음의 가수(歌手). 테너와 베이스의 중간. ②중급의 소리를 내는 관악기(管楽器).
はり ぬき[張り抜き](명) 나무로 만든 틀(型)에 종이를 몇 겹 붙여 풀이 마른 후 그 틀을 뽑아 내는 것. 또는 그렇게 만든 것. ⇨:はりこ(張り子).
はり ねずみ[針鼠](명)〈동〉 고슴도치. 온 몸에 바늘 같은 가시가 돋쳐 있음. 저녁부터 활동하며 벌레, 과실 등을 먹음. 한국 특산종. 자위(刺蝟). a hedgehog
はりのむしろ[針の筵](연어·명) 바늘 방석. 「一にすわるここち; 바늘 방석에 앉은 것 같은 마음」 thorns
はり ばこ[針箱](명) 재봉 도구를 넣는 상자. 반짇고리. 바느질 그릇. a needle case
はり はら[榛原](명) 오리나무가 무성한 벌판.
はり はり(명) 〔←はりはり大根(ダイコン)〕 잘게 썰어 말린 무우에 초와 간장을 넣어 무친 것. sliced radish dried and pickled
ばり ばり(부·자サ) ①물건을 찢는 소리. ②단단한 것을 깨무는 소리. ③풀을 세게 먹인 옷이 스치는 소리. ④정력적이고 원기 왕성한 모양. 1. scratch 2. crunch
はり ばん[張り番](명·자サ) 감시하고 지킴. 또는 그 사람. watch
はり ふだ[貼札](명) 사유를 적어 게시한 판. 게시판(掲示板). a placard
はり ま[播磨](명)〈지〉 옛 지방 이름. 현재 효오고현(兵庫県) 서부.
はり まぜ[貼雑](명) 여러 가지 글이나 그림을 적당히 섞어서 붙이는 것. 또는 그 글이나 그림. pasted scraps
はり みち[針道](명) 바느질하는 법. handling of a needle
はり みち[墾道](명)〈고〉 새로 낸 길. 새길.
はり め[針目](명) ①(실)땀. ②(뜨개질의) 코. 1. seams
はり めぐら·す[張り巡らす](타 4) 주위 전면을 둘러치다. 둘러 싸다.
はり もの[張り物](명) 옷감을 뜯어서 빨아 풀을 먹여서 판자에 말리는 일. 또는 붙인 것. cloth-fulling
はり やま[針山](명) ⇨はりさし.
バリュウー[value](명) 밸류. ①가치. 가격. 「ニュースー; 뉴우스 가치」 ②그림의 명암(明暗). 또는 그 도(度).
ば りょう[馬糧·馬料](명) 말의 먹이. fodder
は りん[破倫](명) 파륜. 사람으로서의 도리에 어긋남. 패륜(悖倫). 「一の行(オコ)ない; 인륜(人倫)에 벗어난 행위」 immorality
はる[春](명) ①봄. ②젊고 힘찬 시대. 또는 그런 연령. 청춘(青春). 「人生(ジンセイ)の一; 청춘기」 ③번영. 「わが世(ヨ)の一を謳歌(オウカ)する; 우리들 시대의 번영을 구가하다」 ④괴로움 끝에 오는 즐거운 시기. 「わが家(ヤ)にめぐる一; 우리 집에 돌아 온 즐거운 시기」 ⑤색정(色情). 「一をひさぐ; 육체를 팔다(売春)」 1. spring
は·る[張る] Ⅰ(자 4) ①뻗다. 「根(ネ)が一; 뿌리가 뻗다」 ②불룩해지다. 「はらが一; 배가 불러서 거북하다」 ③(젖이 불어) 통통해지다. ④(얼음이) 얼어 붙다. ⑤(싹이) 트다. ⑥(어깨가) 넓어서 억세어 보이다. ⑦긴장하다. 「気(キ)が一; 마음이 긴장하다」 ⑧느슨한 곳이 없이 팽팽하다. 「糸(イト)が一; 실이 팽팽해지다」 ⑨(값이) 오르다. ⑩(일이) 벅차지다. ⑪(어깨가) 굳어지다. ⑫감시를 하다. Ⅱ(타 4) ①펴서 넓히다. 「幕(マク)を一; 막을 치다」 ②(줄 등을) 매다. ③(어깨, 가슴 등을) 내밀다. ④불룩하게 하다. 「腹(ハラ)を一; 배를 불리다」 ⑤떨치다. 「勢力(セイリョク)を一; 세력을 떨치다」 ⑥베풀다. 「宴(エン)を一; 잔치를 베풀다」 ⑦설치하다. 「非常線(ヒジョウセン)を一; 비상선을 펴다.」 ⑧물을 가득 채우다. ⑨소리를

크게 내다. ⑩평평하게 붙이다. ⑪(고집을) 부리다. ⑫감시하다. 겨누다. ⑬〔撲る〕〈속〉 때리다. 손바닥으로 치다. ⑭…하는 태도를 보이다. 「逃(ニ)げを一; 달아날 것 같은 태도를 보이다」 ⑮돈이 많이 들다. ⑯잘 보이려고 애쓰다. 「見(ミ)えを一; 겉치장을 하다」 ⑰대항하다. 「向(ム)こうを一; 맞서다(대항하다)」 ⑱진(陣)을 치다. 「筆陣(ヒッジン)を一; 필진을 치다」 ⑲〈속〉 (여자를 자기 손아귀에 넣으려고) 다투다. ⑳(금품을) 걸다. 「千円(センエン)を一; 1천원을 걸다」 | 1. spread

は·る[張る·貼る](타 4) ①풀로 붙이다. ②나무틀(木型)에 종이를 풀로 붙여 물건(인형 같은 것)을 만들다. ③속이 텅 비도록 만들다. ④판자 등을 붙이다.

一ば·る(접미·4형) …와 같이 되다. …와 같이 행동하다. 「格式(カクシキ)一; 격식을 차리다」

パル[pal](명) 팰. 벗. 친구. 「ペンー; 펜팰(펜프렌드)」

はる あき[春秋](명) 춘추. ①봄과 가을. ②연월(年月). 세월(歲月). 1. spring and autumn

はる あれ[春荒れ](명) 봄날의 폭풍우. 초봄에 부는 폭풍우.

バルーン[balloon](명) 발루운. 기구(氣球). 「アドー; 애드발루운 (광고 풍선)」

はるか[遙か](형동ダ) ①멀리 떨어져 있는 모양. 아득히 먼 모양. 「一かなた; 아득히 먼 저쪽」「一な理想(リソウ); 아득한 이상」 ②몹시 차이가 나는 모양. 「一にすぐれている; 훨씬 뛰어나다」 ③시간적으로 매우 멀어져 있는 모양. 「一昔(ムカシ)の話(ハナシ); 먼 옛날의 이야기」 1. far

はるか·す[晴るかす](타 4)〈고〉 ①기분을 상쾌히 하다. 개게 하다. ②위축되지 않게 하다. ③풀리게 하다.

はる がすみ[春霞](명) 봄안개. a spring haze

はる かぜ[春風](명) 춘풍. 봄바람. a spring breeze

バルカン[Balkan](명)〈지〉 보올칸. 유럽 동남부의 커다란 반도. 루마니아, 유고슬라비아, 그리이스, 알바니아, 불가리아 등의 여러 나라로 나누어져 있음.

はる ぎ[春着](명) 봄에 입는 옷. 봄옷. 춘복(春服). ⤵

はる くさ[春草](명) 봄에 움트는 풀. ⌊spring wear

はる ぐもり[春曇り](명) 봄에 많이 보이는 엷은 구름.

はるけ·し[遙けし](형ク)〈고〉 아득하다. 멀디멀다. [파생] 一さ(명).

はる ご[春蚕](명)〈농〉 춘잠. 봄에 치는 누에. ↔秋蚕(アキゴ). a spring silkworm

はる ごえ[春肥え](명)〈농〉 ⇨しゅんぴ.

バルコニー[balcony](명) 발코니. ①서양 건축에서 방 밖으로 나온 지붕이 없는 대(臺). 노대(露臺). ②극장 등의 아래층보다 높이 좌우에 만들어 놓은 좌석.

はる ごま[春駒](명) ①봄날의 들에 있는 말. ②옛날, 이른 봄에 말 머리의 탈을 쓰고 집집마다 다니며 노래 부르고 춤추던 일. ③용기가 나는 모양. 1. a colt in the spring field

バルコン[네 balkon](명) ⇨バルコニー.

はる さき[春先](명) 초봄. 봄이 오려는 무렵. 초춘(初春). early spring

はる さく[春作](명)〈농〉 봄의 농작물(農作物). farm crops in spring

バルサム[balsam](명)〈이〉 발삼. 휘발성의 기름을 포함한 천연 수지(天然樹脂)의 액체.

はる さめ[春雨](명) ①춘우. 봄비. ②녹두의 녹말로 가늘게 만든 국수. 1. a spring rain

ハルシア ぎく[波斯菊](명)〈식〉 기생초. 엉거시과에 속하는 1~2년생 관상초. 〈학명〉 Coreopsis tinctoria

はる ぜみ[春蟬](명)〈동〉 이른매미. 산매미. 황금색 털이 많고 초여름 "기이 기이"하고 울어댐.

バルセロナ[Barcelona](명)〈지〉 바르셀로나. 서반아 제 2의 대도시. 지중해에 임한 무역 항구.

パルチザン[러 partizan](명) 빨치산. ①도당(徒党). ②부정규군(不定規軍). 또는 그 사령관. ③소련 적군(赤軍)의 별동대(別動隊). ④유격대(遊擊隊).

はるつげ どり[春告げ鳥](명)〈동〉 ⇨うぐいす.

パルテノン[Parthenon](명) 파르테논. 고대 그리이스 아테네의 아크로폴리스 언덕에 있는 신전(神殿).

バルト かい[Balt 海](명)〈지〉 보올트해. 유럽 대륙과 스칸디나비아 반도 사이에 있는 바다.

はる の ななくさ[春の七草](연어·명) 봄에 피는 일곱 가지 나물. 미나리, 냉이, 떡쑥, 별꽃, 광대나물, 순무, 무우.

はる の めざめ[春の目覚め](연어·명) 사춘기(思春期)가 되어서 성욕이 일어나는 것. 춘기 발동(春機発動).

はる ばしょ[春場所](명) 3월에 오오사카(大阪)에서 행해지는 큰 씨름의 흥행(興行).

はるばる[遙遙](부) ①멀리 떨어져 있는 모양. ②멀리서 오는 모양. 1. at a great distance

はる び[腹帯](명)〈고〉 말의 배에 두르는 띠. 뱃대끈.

バルブ[bulb](명) 벌브. 〔사진에서〕 임의의 시간만 셔터를 열어서 노출하는 것.

バルブ[valve](명) 밸브. ①판(瓣). 「安全(アンゼン)一; 안전판」 ②진공관(真空管).

パルプ[pulp](명) 펄프. 식물의 섬유를 종이, 인견(人絹) 등의 원료로 적당한 모양으로 분리한 것.

はる べ[春べ](명) 이른 봄. 초봄. early spring

パルミチン さん[palmitin 酸](명)〈이〉 팔미틴산. 일염기 지방산(一塩基脂肪酸)의 한 가지. 유지(油脂) 비슷한 백색의 고체. ⌈become spring-like

はる め·く[春めく](자 4) 봄 기분이 나다. 봄다와지다. ⤴

はれ[晴れ](명) ①하늘이 개는 것. ↔曇(クモ)り. ②겉. 표면. ③밝고 화려한 것. 「一の舞台(ブタイ); 화려한 무대」 ④공중(公衆)의 앞. 「一の場所(バショ); 자랑스러운 공개 장소」 1. fine weather

はれ[腫れ](명) ①부어 오름. ②수종(水腫). 1. swelling

はれ あが·る[晴れ上がる](자 4) 완전히 개다. 「元日(ガンジツ)の空(ソラ)が一; 설날의 하늘이 활짝 개다」

はれ あが·る[腫れ上がる](자 4) 부어 오르다. 「傷口(キズグチ)が一; 상처가 부어 오르다」

ば れい[馬齢](명) 자기 나이를 겸손히 일컫는 말. 「一を重(カサ)ねる; (헛되이) 나이만 먹다」 my age

ばれい しょ[馬鈴薯](명)〈식〉 ⇨ジャガいも.

はれいしょう[晴衣裳](명) ⇨はれぎ.
バレー[프 ballet](명) 발레. 프랑스 궁전에서 발달한 음악에 맞추어 추는 예술적인 무용.
ハレーション[halation](명) 헐레이션. 〔사진에서〕 강한 빛이 들어 가 감광(感光)되는 현상.
パレード[parade](명) 퍼레이드. 화려하게 여러 사람들이 행진하는 것. 「—をくりひろげる; 퍼레이드를 벌이다」
バレー(ボール)[volley (ball)](명) 발리(보울). 배구(排球). 9인조, 6인조가 있음.
はれがまし·い[晴れがましい](형) ①지나칠 정도로 호화롭다. 화려하다. 「—儀式(ギシキ); 화려한 의식」 ②(남의 앞에 나서기가) 쑥스럽고 수줍다. 파생 —さ(명). 2. awkward
はれぎ[晴れ着](명) 공개적인 화려한 장소에서 입는 옷. 나들이옷. one's bestclothes
パレス[palace](명) 팰리스. ①궁전(宮殿). 또는 그와 같은 건물. ②넓은 오락장(娯楽場).
はれすがた[晴れ姿](명) 곱게 옷을 차려 입은 모습. 화려한 공개 장소에 나가는 모습. appearance in one's best
パレスタイン[Palestine](명)〈지〉 ⇨パレスチナ.
パレスチナ[Palestina](명)〈지〉 팔레스티나. 아라비아 반도의 지중해 쪽에 있는 지방. 원래 영국 위임 통치령. 지금은 대부분이 이스라엘의 영토.
はれつ[破裂](명·자サ) 파열. ①터져서 찢어짐. 「—音(オン); 파열음」 ②협상(協商) 등이 맺어지지 않고 결렬됨. ②폭발(爆発). 1. bursting
パレット[palette](명) 팔레트. 그림 물감을 섞어서 색을 만드는 판. 조색판(調色板). 「—ナイフ; 그림 물감을 섞는 칼」
はれて[晴れて](부) 거리낌 없이. 공개적으로. 떳떳하게. 「天下(テンカ)—; 천하에 떳떳이」 openly
はれの[晴れの](연체) ⇨はれ ②③④. 「—場所(バショ); 많은 사람들이 모이는 화려한 장소」
はればれ[晴れ晴れ](부·자サ) ①밝은 모양. 상쾌한 모양. 시원한 모양. 「心(ココロ)が—する; 마음이 시원하다」 ②화려한 모양. 1. bright and clear. —し·い[晴れ晴れしい](형) ①밝다. ②화려하다.
はれぼった·い[腫れぼったい](형)〈속〉 부어 올라 약간 불룩하다.
はれま[晴れ間](명) ①비, 눈 등이 멈춘 사이. ②구름과 구름이 끊어진 사이. 1. a fine interval
ハレム[harem](명) 하렘. ①회교도 귀족인 여자의 거실(居室). ②후궁(後宮).
はれもの[腫れ物](명) 부스럼. 종기. 「—にさわるように; 종기를 건드리듯 (겁을 내는 모양)」 a swelling
はれやか[晴れやか](형동ダ) ①맑아서 상쾌한 모양. ②밝은 모양. 화려한 모양. 「—な顔色(カオイロ); 명랑한 얼굴빛」 1. clear
はれらか[晴れらか](형동ナリ)〈고〉 ①활짝 갠 모양. ② 상쾌한 모양. 시원스러운 모양.
バレリーナ[ballerina](명) 발레리이나. 발레를 추는 여자. 특히 주역(主役)이 되는 무용가를 말함.
は·れる[晴れる·霽れる](자하 1) ①구름, 안개가 개다. ②비, 눈이 그치다. ③상쾌해지다. 「心(ココロ)が—; 마음이 상쾌해지다」 1. clear
は·れる[腫れる](자하 1) 붓다. swell
ば·れる(자하 1) ①(일이) 성립하지 않게 되다. ②들키다. 노정(露呈)되다. 폭로되다. 드러나다. 「秘密(ヒミツ)が—; 비밀이 드러나다」 1. break
バレル[barrel](명) 배럴. 초롱에 넣은 액체의 분량. 약 36.18 갈론.
ハレルヤ[hallelujah](명)〈종〉 할렐루야. 〔헤브라이어로서 "여호와 신을 찬미하라"라는 뜻〕〔기독교에서〕 찬미, 기쁨을 나타내는 말.
はれわた·る[晴れ渡る](자 4) ①하늘이 활짝 개다. ② 마음이 상쾌해지다. 기분이 좋아지다.
ばれん[馬楝](명) 〔옛날 인쇄에서〕판목(版木)에 먹을 칠해서 종이를 덮고 위에서 문지르는 도구. a printing pad
ばれん[馬簾](명) 옛날, 대장의 말이 있는 곳을 나타내기 위하여 기다란 장대 끝에 매달던 가느다란 깃발 같은 것.

〔馬楝〕

はれんち[破廉恥](명·형동ダ) 파렴치. ①수치(羞恥)를 모름. ②직무(職務)를 더럽힘. ③부정(不正)을 행함. 1. shamelessness
はろう[波浪](명) 파랑. 파도. waves
はろう[破牢](명·타サ) 파뢰. 뇌옥(牢獄)을 파괴함. 파옥(破獄). prison breaking
ハロー[halo](명) 헤일로우. ①〈천〉 해나 달의 둘레에 끼이는 무리(暈). ②후광(後光). 광륜(光輪).
ハロー[harrow·耙耮](명)〈농〉 해로우. 서양 농기구의 하나. 쟁기로 밭을 갈고 써레로 써린 뒤에 흙덩이를 잘게 부수는 기구.
ハロー[hallo](감) 헬로우. 사람을 부르는 말. 여보시오.
ハロゲン[halogen](명)〈이〉 할로겐. 염(塩)을 생성하는 물질. 즉 불소(弗素), 염소(塩素), 취소(臭素), 옥소(沃素).
パロチン[parotin](명)〈생〉 파로틴. 침 속에 있는 호르몬의 성분. 이, 뼈 등을 튼튼히 하고 장수(長寿)에 효력이 있다고 함.
バロック(しき)[프 baroque 式](명) 바로크식. 17세기의 건축, 미술, 음악 등의 양식. 조그마한 점(点)의 기교, 장식을 중히 여겼음.
パロディ[parody](명) 파러디. 문학 작품의 한 형식. 남의 작품의 문체, 운율 등을 흉내 내어 풍자적으로 꾸민 시문(詩文).
はろばろ[遥遥](부)〈고〉 ⇨はるばる.
バロメーター[barometer](명) 바로미터. ①기압계(気圧計). 청우계(晴雨計). ②표지(標識). 기준. 자(尺). 「食欲(ショクヨク)は健康(ケンコウ)の—だ; 식욕은 건강의 바로미터다」
バロン[baron](명) 배런. 남작(男爵). 귀족의 제일 아래 계급.
パワー[power](명) 파우어. ①힘. ②권력. ③병력.

ハワイ[Hawaii·布哇](명)〈지〉 하와이. 태평양 한복판에 있으며 미국의 한 주(州)가 되어 있는 제도(諸島).

はわけ[派分け](명·타サ) 분파. 당파(党派), 유파(流派)의 구별. division

はわたり[刃渡り](명) ①칼날의 길이. ②칼날 위를 맨발로 걷는 기술(奇術). 1. the length of a blade

はん—[反](조어) ①…에 반대하는. 안티. 「—革命派(カクメイハ); 반혁명파」 ②…에 배반하는. 어긋나는. 「—社会的(シャカイテキ); 반사회적」 ③반대 방향의. 「—作用(サヨウ); 반작용」 1. anti-

はん—[半](조어) 반. 반쯤. 「—永久的(エイキュウテキ); 반영구적」

はん—[汎](조어) 널리 전체에 걸치는. 「—アメリカ; 범아메리카」

—はん(접미)〈방〉 사람을 나타내는 말 밑에 붙이는 말. "さん"의 사투리. 「あんた—; 당신」

—はん[犯](조어) 범죄. 범인. 「知能(チノウ)—; 지능범」

はん[反](명) 반. ①〈철〉 반대 명제(反対命題). ↔正(セイ). ⇨:正反合(セイハンゴウ). ②←反切(ハンセツ).

はん[半](명) ①반. 절반. 중간. ②기수(奇数). ↔丁(チョウ). 1. a half

はん[判](명) 판. ①옛날 도장 대신 자기 직함 아래에 자필로 쓰던 일정한 자형(字形). 수압(手押). ②도장. 「—で押(オ)したように; 판에 박은 듯이(언제나 한결같은 모양)」「—を押(オ)す; 도장을 찍다」 2. a stamp

はん[版](명) 판. ①판목(版木). ②연판(鉛版). ③인쇄상태. ④출판 회수. 「—を重(カサ)ねる; 판을 거듭하다」 ⑤제판(製版). 2. stereotype

はん[班](명) 반. 하나의 집단(集団). 「第二(ダイニ)—; 제 2 반」 a party

はん[煩](명) 번거로움. 「—に堪(タ)えない; 번거로와 견딜 수 없다」 trouble

はん[範](명) 모범. 본보기. 「—をたれる; 모범을 보이다」 an example

はん[繁](명) 복잡한 것. complexity

はん[藩](명) ①울타리. 둘러 싼 것. ②지방을 다스려서 조정(朝廷)을 지키던 것. ②영주(領主)의 영토(領土). ←번국(藩國). 2. a fief

—ばん[板](조어) 판자. 「掲示(ケイシ)—; 게시판」

—ばん[版](조어) ①출판. 출판물. 「豪華(ゴウカ)—; 호화판」 ②제판(製版). 인쇄판(印刷版). 「オフセット—; 오프셋판」

—ばん[番](접미) 차례, 등급을 나타내는 말.

—ばん[盤](조어) ①판자처럼 된 대(臺). 「配電(ハイデン)—; 배전반」 ②레코오드. 「ヒット—; 히트판」

ばん[判](명) 판. 종이 등의 크기. 「A 5(エイゴ)—; A 5판」 size

ばん[蛮](명) ①남방(南方)의 야만인. 남만(南蛮). ②야만. 1. southern barbarians

ばん[晩](명) ①저녁때. 해질 무렵. ②밤. 1. an evening

ばん[番](명) ①차례. 순번. ②당번. ③번호(番号). ④보초. 감시인. 파수. 1. one's turn

ばん[盤](명) ①장기판. 바둑판. ②(축음기의) 레코오드. ③접시. ④대야. 1. a board

ばん[鷭](명)〈동〉 쇠물닭. 뜸부기과에 속하는 물새. 몸은 새카맣고 배는 희며 날개는 올리브색 비슷한 갈색. 울음 소리가 웃음 소리 비슷함. 식용. a waterhen

ばん[万] Ⅰ(수) 만. 천의 10배. Ⅱ(부) ①만에 하나라도. 결코. 「—あるまい; 결코 그럴 리는 없을 것이다」「—遺憾(イカン)なきを期(キ)す; 만유감 없기를 기하다」 ②만일. 「—やむをえない場合(バアイ); 만부득이한 경우」 Ⅰ ten thousand

パン—[pan](조어) 판. 전(全). 범(汎). 「—アメリカン; 판(범)아메리카의」

パン[pan](명) 팬. ①운두가 얕은 남비. ②〔←パノラマ撮影(サツエイ)〕〔영화에서〕 카메라를 좌우 상하로 돌려서 넓은 장면을 찍는 촬영 방법.

パン[그 Pan](명) 판. 그리이스 신화에 나오는 삼림, 수렵, 목축의 신.

パン[포 pão·麵麭·麪包](명) 빵. 밀가루를 반죽해서 발효시켜 구운 식품. 「—粉(コ); 빵을 만드는 가루」「—屋(ヤ); 빵집」

はんい[犯意](명)〈법〉 범의. 죄를 범하려는 의사. a criminal intent

はんい[叛意](명) 배반하려는 마음. rebellious spirit

はんい[範囲](명) 범위. 행동이나 생각이 미치는 한계(限界). an extent

ばんい[蛮夷](명) 만이. 야만인. 오랑캐. savages

はんいご[反意語](명) 반의어. 어떤 말의 반대 뜻을 나타내는 말. 반대어. ↔同意語(ドウイゴ). an antonym

はんいん[班員](명) 반원. 반(班)의 인원. a member of a group

はんえい[反英](명) 반영. 영국에 반대하는 것. 「—運動(ウンドウ); 반영 운동」 anti-British

はんえい[反映](명·자타サ) 반영. ①반사해서 비침. ②찍어서 나타냄. 비쳐서 나타남. 「時代精神(ジダイセイシン)が文学(ブンガク)に—する; 시대 정신이 문학에 반영되다」 1. reflection

はんえい[半影](명) 반영. ①〈이〉 크기를 가지고 있는 광원(光源)에서 나오는 빛에 의하여 물체가 비치어 그림자가 생길 경우에 다소간 빛이 들어 가 있는 부분. ②〈천〉 태양 흑점의 외측부를 이루는 호릿한 부분. ↔本影(ホンエイ). penumbra

はんえい[繁栄](명·자サ) 번영. 번성하고 영화로움. 「一家(イッカ)の—; 한 집안의 번영」 prosperity

はんえいきゅう[半永久](명) 반영구. 거의 영구에 가까운 연월. 「—的(テキ); 반영구적」 semi-permanence

はんえり[半襟](명) 깃 위에 대는 장식용(装飾用)의 깃. a neckband

はんえん[半円](명)〈수〉 반원. 원을 직경으로 둘로 나눈 것의 하나. 「—形(ケイ); 반원형」 a half circle

はんえん[攀縁](명·자サ) 반연. ①기어 올라 감. ②의지하여 출세함. ③속된 인연에 끌림. ④〈불〉 원인을 도와서 결과를 맺게 하는 일. 1. climbing. —**けい**[攀縁茎](명)〈식〉 반연경. 다른 물건에 붙거나 감기어 오르는 줄기. 포도, 담장이 같은 것의 덩굴.

はんおう[反応](명) 반응. ①자기편을 배반하고 다른 편에 응함. 내통(内通)함. ②⇨はんのう. 1. secret communication

はんおん[半音](명)〈악〉 반음. 전음(全音)의 절반의 음정(音程). ↔全音(ゼンオン). a half note

はんおんかい[半音階](명)〈악〉 반음계. 12개의 반음으로 이루어져 있는 음계.

はんか[反歌](명) 장가(長歌) 뒤에 읊어서 곁들인 단가(短歌).

はんか[半価](명) 반가. 정가(定価)의 반. 반값.

はんか[繁華](명·형동ダ) 번화. ①사람이 많이 다니고 번창함. 「一街(ガイ); 번화가」 ②번성하고 화려함. 1. bustle

はんが[版画](명) 판화. 목판, 석판, 동판 등으로 박아 낸 그림. a print

ばんか[挽歌](명) 만가. ①죽은 사람을 장송(葬送)할 때 부르는 노래. 장송곡(葬送曲). ②사람의 죽음, 과거 등을 슬퍼하는 노래. 「旧時代(キュウジダイ)への一; 구시대에 대한 만가」 1. a dirge

ばんか[晩夏](명) 만하. ①늦여름. 여름의 끝. ②음력 6월의 다른 이름. ↔初夏(ショカ). 1. late summer

ばんか[晩霞](명) ①저녁놀. ②저녁 안개.

ハンガー[hanger](명) 행거. 양복을 걸어 두는 기구. 양복 걸이.

ハンガー ストライキ[hunger-strike](명) 헝거스트라이크. 단식을 하면서 하는 스트라이크. 단식(断食) 스트라이크.

はんかい[半開](명·자サ) 반개. 반쯤 열림. half-open

はんかい[半解](명) 일부만을 알고 전부를 모르는 것. 아는 체하는 것. a superficial knowledge

はんかい[半壊](명·자サ) 반괴. 반쯤 부서짐. 「一家屋(カオク); 반쯤 부서진 가옥」 partial destruction

ばんかい[挽回](명·타サ) 만회. 원래대로 되돌림. 회복. 되찾음. 「勢力(セイリョク)を一する; 세력을 만회하다」 recovery

ばんがい[番外](명) 일정한 순서(프로)의. 추가 프로. 「一の余興(ヨキョウ); 프로 이외의 여흥」

ばんかきょう[万華鏡](명) ⇨まんげきょう.

はんがく[半額](명) 반액. 정한 금액의 반. 「子供(コドモ)は一; 어린이는 반액」 a half amount

はんがく[藩学](명) ⇨はんこう(藩校).

ばんがく[晩学](명) 만학. 나이를 많이 먹은 후 학문을 배우기 시작함. 늦게 배움. learning late in life

ばんがさ[番傘](명) 보통 사용하는 튼튼한 지우산(紙雨傘). a common oilpaper umbrella

ばんかず[番数](명) 프로그램의 수.

ばんがた[晩方](명·부) 저녁 무렵. 해질 무렵. towards evening

ハンカチ(ーフ)[handkerchief](명) 행커치이프. 손수건.

はんかつう[半可通](명·형동ダ) 잘 알지도 못하면서 아는 체함. 또는 그런 사람. superficial knowledge

はんかふざ[半跏趺坐](명) 반가부좌. 책상 다리하고 앉는 법의 한 가지. 오른발을 왼편 허벅다리에 얹고 왼발을 오른편 무릎 밑에 넣고 앉는 일. 결가부좌(結跏趺坐)의 약식.

ばんカラ[蛮カラ](명·형동ダ) 몸맵시, 말, 행동 등이 거칠고 품위(品位)가 없음. 또는 그런 사람. ↔ハイカラ. a Bohemian

ハンガリー[Hungary](명)〈지〉 항가리. 중부 유럽 동남부의 공화국. 수도는 부다페스트(Budapest).

バンガロー[bungalow](명) 방갈로. ①지붕의 경사가 급하지 않고 베란다가 있는 간단한 주택. ②캠프에 사용하는 오두막집.

はんかん[反間](명) ①적의 간첩을 이용해서 적의 계략의 반대로 나가 기선(機先)을 제(制)하는 것. ②적들끼리 사이가 틀어지도록 계략을 쓰는 것. 이간책(離間策). 「一苦肉(クニク)の策(サク); 반간 고육책(적들끼리 사이가 틀어지게 하기 위하여 자기 몸을 희생하는 술책)」 1. bribing an enemy spy

はんかん[反感](명) 반감. 반항하는 감정. 「一を持(モ)つ; 반감을 품다」 anti-pathy

はんかん[半官](명) 반관. 반은 관영(官営)인 것. 「一半民(ハンミン); 반관 반민」 semi-governmental management

はんかん[繁簡](명) 번잡과 간략. 「一よろしきを得(ウ)る; 번잡하지도 않고 간략하지도 않고 알맞게 되다」 complexity and simplicity

はんがん[半眼](명) 눈을 반쯤 뜸. 또는 그 눈. a half-opened eye

はんがん[判官](명) 판관. ①⇨ほうがん. ②재판관.

ばんかん[万感](명) 만감. 여러 가지 느낌. 온갖 생각. 「一こもごもいたる; 만감이 착잡(錯雜)하다」 a flood of emotions

はんき[反旗·叛旗](명) 반기. 반란인이 세우는 깃발. 「一をひるがえす; 반기를 펄럭이다(배반하다)」 a standard of revolt

はんき[半期](명) 반기. ①한 기간(期間)의 반. ②1년의 반. 1. a half-term

はんき[半旗](명) 반기. 조의(弔意)를 나타내기 위하여 깃대 꼭대기에서 약 3분의 1가량 처지게 다는 깃발. 조기(弔旗). a flag at half-mast

はんぎ[版木·板木](명) 판목. 글씨나 그림을 새긴, 인쇄의 토대가 되는 원판. a printing block

ばんき[万機](명) 만기. ①많은 비밀. ②제왕(帝王)이 다스리는 여러 가지 정무(政務). 1. secrets

ばんき[晩期](명) 만기. ①말기(末期). ②만년(晩年)의 시기. 1. the last period

はんぎご[反義語](명) ⇨はんいご.

はんきせいしょくぶつ[半寄生植物](명)〈식〉 반기생 식물. 제비꿀, 수염며느리, 밥풀 등과 같이 영양의 일부를 다른 식물에 기생하여 얻는 식물. a semiparasite

はんぎゃく[反逆·叛逆](명·자サ) 반역. 국가, 손윗사람, 세상 등에서 하는 일에 거역함. 배반함. 「一者(シャ); 반역자」 treason

はんきゅう[半弓](명) 반궁. 앉아서 쏘는 조그마한 활. a small bow

はんきゅう[半休](명) 반휴. 반일(半日)의 휴가. 또는

휴업. a half-holiday

はんきゅう[半球](명) 반구. ①〈지〉 지구를 중앙에서 동서 또는 남북으로 나눈 하나. ②〈수〉 구(球)를 그 중심을 지나는 평면에서 둘로 나눈 하나. a hemisphere

はんぎょ[半漁](명) 절반쯤 어업에 종사하는 것. 「半農(ハンノウ)—; 반농 반어」 being half occupied with fishery

ばんきょ[蟠踞](명·자サ) 반거. ①구부리고 엎디어 있음. 「おろちが—する; 큰 구렁이가 서리고 있다」 ②넓은 토지를 가지고 세력을 떨침. 「関東(カントウ)に—する賊(ゾク); 관동에서 세력을 떨치고 있는 적」 1. being coiled up

はんきょう[反共](명) 반공. 공산주의에 반대함. 「—勢力(セイリョク); 반공 세력」 anti-communism

はんきょう[反響](명·자サ) 반향. ①〈이〉 음이 어떤 장해 물체에 반사되어 귀에 들림. 또는 그 소리. 메아리. ②다른 사물(事物)에 미친 영향. 「大(オオ)きな—を呼(ヨ)ぶ; 큰 반향을 불러 일으키다」 1. an echo

はんぎょく[半玉](명) 예기(芸妓) 중 아직 한몫을 타지 못하고 화대(花代)의 반을 받고, 술을 따르거나 춤을 추거나 하는 애송이 기생. 동기(童妓).

はんきれ[半切れ](명) ①한 조각의 반. ②두루마리로 된 편지지. 1. half a piece

はんきん[半金](명) 반금. 반액. half the sum

ばんきん[板金·鈑金](명) 판금. 판자 모양의 금속. sheet metal

ばんきん[輓近](명·부) 만근. 요사이. 최근(最近). recent times

はんく[半句](명) 반구. ①한 구(句)의 반. ②적은 말. 「一言(イチゴン)—も; 일언 반구도」 1 half a phrase

パンク[bank](명) 뱅크. 은행.

パンク(명·자サ) 〔펑처(puncture)의 변한 말〕 빵꾸. ①타이어에 구멍이 뚫려서 공기가 새는 것. ②물건이 너무 부풀어 올라서 터지는 것. ③〈속〉 해산(解産).

ばんぐみ[番組](명) 연예, 경기 등의 짜 맞춘 순번을 적은 것. 프로그램. 「放送(ホウソウ)—; 방송 프로그램」 a program

パングリッシュ(명)〈속〉 매춘부(パンパン)들이 사용하는 엉터리 영어. 브로우큰잉글리시.

ハングル(명) (한국의) 한글.

ばんくるわせ[番狂わせ]—クルハセ(명) ①순서가 틀려짐. ②(승부를 겨루는 일 등에서) 뜻밖의 결과가 됨. 1. disarranging

パンクロ(명) 〔팬크로매틱(panchromatic)의 준말〕. 취화은 건판(臭化銀乾板)보다 색채에 잘 감광(感光)하도록 만든 사진 건판.

はんぐん[反軍](명) 반군. ①군부(軍部)에 반대함. ②반전(反戦). 「—思想(シソウ); 반전 사상」 ③[叛軍] 반란군. 1. antimilitarism

はんけい[半径](명)〈수〉 반경. 직경의 반. 반지름. radius

ばんけい[晩景](명) 만경. ①저녁 경치. 모경(暮景). ②저녁. 해질 무렵. 1. an evening scene

パンケーキ[pancake](명) 팬케이크. ①후라이팬이나 넓적한 쇠판자에 밀가루 반죽에 계란을 섞어 푼 것을 구운 과자. ②얇고 납작하게 굳힌 분(粉).

はんげき[反撃](명·자サ) 반격. 공격해 오는 적을 이쪽에서 반대로 공격함. 반공(反攻). a counterattack

はんげき[繁劇](명·형동ダ) 번극. 매우 번거롭고 바쁜 것. pressure of business

はんげ(しょう)[半夏(生)](명) 반하생. 계절 이름. 반하라는 약초(薬草)가 자라는 무렵. 하지(夏至)로부터 11일째. (7월 2일경) the eleventh day after the summer solstice

ハンケチ(명) ⇨ハンカチ(ーフ).

はんけつ[判決](명·타サ)〈법〉 판결. 법원이 법률을 적용해서 소송 사건에 판단, 결정을 내림. 「—文(ブン); 판결문」 a decision

はんげつ[半月](명) 반월. ①1개월의 반. ②반달. ③반달 모양의 것. 2. a half-moon

はんけん[版権](명) 판권. 저작물을 복제(複製), 발매(発売)하는 권리. 출판권. copyright

はんげん[半舷](명) 반현. 군함의 승무원을 좌우 현직(舷直) 양편으로 나눈 그 한쪽을 일컫는 말. 「—上陸(ジョウリク); 반현 상륙」

はんげん[半減](명·자타サ) 반감. 반으로 줄임. a cut by half

ばんけん[番犬](명) 번견. 망을 보거나 감시, 또는 도둑을 지키는 개. a watchdog

はんこ[判こ](명)〈속〉 도장.

はんご[反語](명) 반어. ①의미를 강조하기 위하여 표면은 의문형으로 맺고, 실은 강하게 긍정(肯定)하는 표현법. ②의미를 반대로 하여 비꼬아서 하는 말. 아이러니. 1. a rhetorical question

ばんこ[万古](명) 만고. 영원. 영구. 「—不易(フエキ); 만고 불역 (영구히 변하지 않는 것)」 eternity

ばんご[蛮語](명) ①야만인의 말. ②서양인의 말. 1. a barbarian language

パンこ[麵麭粉](명) ①빵을 말려서 가루로 만든 것. ②빵의 원료가 되는 밀가루. 2. flour

はんこう[反攻](명·자サ) 반공. 반격. a counteroffensive

はんこう[反抗](명·자サ) 반항. 대항. 「—期(キ); 반항기」 resistance. **—てき**[反抗的](형동ダ) 반항적. 반항하는 모양.

はんこう[犯行](명)〈법〉 범행. 범죄 행위. 「—を自供(ジキョウ)した; 범행을 자백했다」 a crime

はんこう[版行](명·타サ) ①책을 인쇄해서 발행함. 간행(刊行). ②판목(版木). ③도장. 인형(印形). 1. publication

はんこう[藩侯](명) 영주(領主). a lord

はんこう[藩校](명) 영주(領主)가 그들의 자제나 신하의 자제를 가르치기 위해 세운 학교. a clan school

はんごう[飯盒](명) 반합. 밥을 지을 수 있는 알루미늄으로 만든 식기(食器). 등산할 때나 또는 군대에서 사용함. a mess tin

ばんこう[蛮行](명) 만행. 야만적인 행동. an act of barbarity

ばんごう[番号](명) 번호. 순번을 나타내는 부호나 수

자.「一順(ジュン); 번호순」 a number
ばん こく[万国](명) 만국. 세계 여러 나라. all the nations in the world. **— き**[万国旗](명) 만국기. 세계 각국의 국기.
ばん こく[万斛](명) 매우 많은 것. 〔곡(斛)은 석(石)〕「一の涙(ナミダ); 많은 눈물」 copiousness
はん こつ[反骨·叛骨](명) 윗사람이나 세상에서 하는 방식(일)에 반대하려고 하는 마음. 배심(背心). a rebellious spirit
ばん こつ[万骨](명) 많은 사람의 뼈. 「一将(イッショウ)功(コウ)なり一枯(カ)る; 한 장군의 공이 이루어진 반면, 많은 사람들이 죽다(一将功成万骨枯)」 thousands of lives
ばん こつ[蛮骨](명) ①품위 없는 풍채. ②만용(蛮勇)스러운 골상(骨相). 2. a barbaric physique
バンコック[Bangkok](명)〈지〉 방콕. 타일랜드의 수도.
ばん ごや[番小屋](명) 초소(哨所). a watch-box
はん ごろし[半殺し](명) 반죽음. 거의 죽이다시피 함. half kill
はん こん[瘢痕](명)〈의〉 상처. 흉터. a scar
ばん こん[晩婚](명) 만혼. 보통보다도 나이를 먹은 후에 늦게 결혼하는 것. ↔早婚(ソウコン). a late marriage
はんごん こう[反魂香](명) 향을 피우면 죽은 사람의 모습이 연기 가운데에 나타난다는 향. frankincense
ばんこん さくせつ[盤根錯節](명) 반근 착절. 서린 뿌리와 엉크러진 마디. 매우 처리하기 어려운 일. severe trials
はん さ[煩瑣](명·형동ダ) 번쇄. 자질구레하고 번잡(煩雑)스러움. 「一な事務(ジム); 자질구레하고 번잡스러운 사무」 troublesomeness
はん さい[半截](명) 반으로 끊음. cutting into two
はん さい[半歳](명) 한해의 반. 반년. half a year
はん さい[燔祭](명)〈종〉 번제. 구약 시대에 하나님께 올리던 제사의 한 가지. 짐승을 통째로 구워 제물로 바쳤음. holocaust
はん ざい[犯罪](명) 범죄. 법률에 어긋나는 행위. 「一者(シャ); 범죄자」 a crime
ばん ざい[万歳·万才] Ⅰ(명) 만세. ①언제까지나 살아서 번영하는 것. 「千秋(センシュウ)一; 천추 만세」 ②경사스러움. ③〈속〉 어떻게 할 수 없음. 손을 듦. 끝남. 「一だよ; 끝장이야(만세 불렀어)」 Ⅱ(감) 장래의 발전을 축복해서 부르짖는 말. Ⅰ2. congratulation
はん ざき[半割き](명)〈동〉 산초어(山椒魚). 도롱뇽. 민물에 사는 도마뱀 같은 동물. 어릴 때에는 아가미, 성장하면 허파로 호흡함. a salamander
はん さく[半作](명)〈농〉 반작. 평년작의 반 정도의 수확고. a fifty percent crop
ばん さく[万策](명) 만책. 여러 가지 방책. 「一尽(ツ)きる; 여러 방책을 다 쓰다(더 쓸 방책이 없다)」 every means
はん さつ[藩札](명) 옛날 영주(領主)가 발행한 지폐. a clan note
はん ざつ[煩雑](명·형동ダ) 번잡. 귀찮고 복잡함. 「一な仕事(シゴト); 번잡스러운 일」 complicatedness
はん ざつ[繁雑](명·형동ダ) 번잡. 일이 많고 복잡하고 바쁨. complexity
ハンザ どうめい[Hansa 同盟](명) 한자 동맹. 13세기에서 15세기에 걸쳐 북도이치의 상업 도시가 해상 교통의 안전 보장, 공동 방위, 상권 확장 등을 목적으로 결성한 도시 동맹.
ハンサム[handsome](명·형동ダ) 핸섬. 미남자. 「一ボーイ; 미남자」
はん さよう[反作用](명)〈이〉 반작용. 가(加)한 힘에 대하여 같은 힘으로 반대의 방향에 작용하는 힘. 반동(反動). reaction
ばん さん[晩蚕](명)〈농〉 만잠. ①늦게 치는 누에. ②여름 누에. 하잠(夏蚕). 1. a late-hatched silkworm
ばん さん[晩餐](명) 만찬. 저녁으로 먹는 잘 차린 음식. 저녁 식사. 「一会(カイ); 만찬회」 a dinner
はん し[半死](명) 반사. 곧 죽을것 같음. 다 죽어 감. 반죽음. being half dead. **— はんしょう**[半死半生](연어·명) 곧 죽을 것 같은 상태. 반생 반사.
はん し[半紙](명) 반지. 습자(習字) 등에 사용하는 얇은 일본 종이. (가로 34 *cm*, 세로 24 *cm* 가량)
はん し[藩士](명) 영주(領主)의 신하(臣下). 영주에 속하는 무사. a clansman
はん し[反し]〔"反する"의 연용형(連用形)〕…와 반대로. 반해서. 「これに一; 이에 반해서」
はん じ[判事](명)〈법〉 판사. 법관. 재판관. a judge
ばん し[万死](명) 만사. ①아무리 해도 목숨을 구해낼 희망이 없음. 「罪(ツミ)一に当(ア)たる; 꼭 죽을 죄에 해당되다」 ②목숨을 내던짐. 1. certain death. **— いっしょう**[万死一生](연어·명) 도저히 구할 수 없는 목숨이 겨우 살아 남. 구사 일생(九死一生).
ばん し[番士](명) (보초의) 당번 사병(士兵). a soldier on duty
ばん じ[万事](명) 만사. 모든 일. 「一休(キュウ)す; 만사 끝나다(만사 휴이)」 everything
パンジー[pansy](명)〈식〉 ⇨さんしきすみれ.
はんじ え[判じ絵](명) 수수께끼 그림. 보고 뜻을 판단하게 하는 그림. a picture puzzle
はん しき[版式](명) 인쇄판의 양식. a style of printing
はん しき[範式](명) ①본보기. 모본(模本). 규범. ②〈수〉 공식(公式). 1. a model
はんじせいたい[反磁性体](명)〈이〉 반자성체. 반자성을 가진 물체. 금, 은, 수은 등. diamagnetic substance
はん した[版下](명) 판목 등을 만들기 위한 글씨나 그림. a block copy
はん じつ[半日](명) 반일. 한 나절. half a day
はんじ もの[判じ物](명) 어떤 뜻을 문자나 그림으로 나타내어 보고 판단하게 하는 것. 알아 맞추기 놀이. a puzzle
はん しゃ[反射](명·자타サ) ①〈이〉 반사. 빛, 전파 등이 물체에 부딪쳐 방향을 바꿈. 되쏨. 「一光(コウ); 반사 광선」 ②〈생〉 자기도 모르는 동안에 지각 신경(知覚神経)의 부분에서 흥분 운동이 일어나는 것.

「一運動(ウンドウ); 반사 운동」 1. reflection. **—きょう**[反射鏡](명) 반사경. 빛을 반사시켜서 모으는 데 쓰이는 요면경(凹面鏡). **—てき**[反射的](형동ダ) 반사적. 어떤 자극을 받은 순간 즉각적인 반응으로 행동하는 모양. **—ぼうえんきょう**[反射望遠鏡](명) 반사 망원경. 대물(対物) 렌즈 대신에 요면(凹面) 반사경을 써서 물체에서 오는 빛을 이곳에서 반사시켜 다시 제2의 거울로 상(像)을 확대하는 망원경. **—ろ**[反射炉](명) 반사로. 연료를 태워서 얻은 불꽃이나 뜨거운 기체가 천장에 반사해서 그 아래에 있는 금속을 녹이게 장치된 노(炉).

はんじゃ[判者](명) ①사물의 우열(優劣), 가부(可否) 등을 판정하는 사람. ②노래(와카) 짓기 등에서 작품의 우열을 판정하는 사람. 1. a judge

ばんしゃ[万謝](명·자サ) ①매우 감사함. ②깊이 사과함. 1. a thousand thanks

ばんしゃ[蕃社](명) 야만인들의 사회. a savage tribe

ばんしゃく[晩酌](명) 가정에서 저녁 식사 때에 술을 마심. 또는 그 술. 저녁 반주. an evening drink

ばんじゃく[盤石·磐石](명) 반석. ①바위. 큰 돌. ②튼튼한 것. 강한 것. 「一のそなえ; 반석 같은 방비」 1. a huge rock

はんしゅ[藩主](명) 지방의 영주(領主). a feudal lord

はんじゅ[藩儒](명) 지방 영주(領主)를 섬기던 유학자(儒学者). a clan Confucianist

はんしゅう[半周](명·타サ) 반주. 한 바퀴의 반. 둥근 모양의 곳을 반만 도는 것.

ばんしゅう[晩秋](명) 만추. ①늦가을. ②음력 9월. ↔初秋(ショシュウ). 1. late autumn

ばんしゅう[蛮習·蕃習](명) 만습. 야만적인 풍습.

はんじゅく[半熟](명) 반숙. ①반쯤 익음. ②반쯤 삶음. 「一たまご; 반숙한 달걀」 ③능숙하지 못함. ④충분히 익지 않음. 1. half-ripe

ばんじゅく[晩熟](명)〈생〉 만숙. 늦게 익는 것.

はんしゅつ[搬出](명·타サ) 반출. 운반해 냄. carrying out

ばんしゅん[晩春](명) 만춘. ①늦은 봄. ②음력 3월. ↔初春(ショシュン). 1. late spring

はんしょ[反蹠](명) 정반대. direct opposition

ばんしょ[板書](명·타サ) 판서. 흑판(黒板)에 글씨를 씀. writing on a blackboard

ばんしょ[番所](명) 번소. 보초(歩哨)나 감시원 등이 있는 곳. a watch-house

はんしょう[反証](명·타サ) 반증. 반대 증거. 반대되는 일을 증명함. counter-evidence

はんしょう[反照](명·자타サ) ①반사(反射). ②반영(反映). reflection

はんしょう[半商](명) 반은 상업에 종사함. 「一半農(ハンノウ); 반상 반농」 being half occupied with commerce

はんしょう[半焼](명·자サ) 반소. 가옥 등이 반쯤 탐. ↔全焼(ゼンショウ). being half burnt

はんしょう[半鐘](명) 화재 등을 알리기 위한 조그마한 조종(釣鐘). 또는 그 종소리. a fire bell

はんしょう[汎称](명) 범칭. 넓은 범위에 사용되는 명칭. 총칭(総称). a common name

はんじょう[半畳](명) ①옛날 극장에서 구경군이 깔던 자리. 깔개. ②극장에서 구경하다가 소리 치는 비난이나 야유의 말. ③상대방의 이야기에 농을 섞어서 되받는 말. 야유. 「一を入(イ)れる; 야유하다」 ④다다미(畳) 한 장의 반. 4. half a·mat

はんじょう[斑条](명) 얼룩얼룩한 줄. 얼룩진 줄. variegated streaks

はんじょう[繁盛·繁昌](명·자サ) 번성. 번창. 번영함. 「店(ミセ)が一する; 가게가 번창하다」 prosperity

ばんしょう[万象](명) 만상. 많은 것의 여러 가지 모양. 「森羅(シンラ)—; 삼라 만상」 all things in the universe

ばんしょう[万障](명) 여러 가지(많은) 고장이나 지장. 「一を繰(ク)り合(ア)わせておもむく; 만사를 제쳐 놓고 가다」 all hindrances

ばんしょう[晩鐘](명) 만종. 저녁에 치는 종. 저녁 무렵에 절에서 치는 종. 또는 그 종소리. the evening bell

ばんしょう[蕃椒](명) 고추. redpepper

ばんじょう[万丈](명·수) 만장. ①한 길의 만 배. 만 길. ②매우 높이 올라 감. 「気炎(キエン)—; 기염 만장」 2. rising high

ばんじょう[万乗](명) 만승. ①천자(天子). 또는 천자의 지위. ②1만 대의 병거(兵車). 1. a sovereign. **—のきみ**[万乗の君](연어·명) 만승지군. 천자(天子).

ばんじょう[板上](명) 널빤지 위. on a board

ばんじょう[板状](명) 판상. 널조각 같은 형상(形状). boardlike

ばんじょう[番匠](명) ①교대로 쿄오토(京都)에 가서 근무하던 목수. ②대목. 목수. 2. a carpenter

バンジョー[banjo](명)〈악〉 밴조우. 원래 미국 남부의 흑인들이 사용하던 악기. 둥근 동체(胴体)에 줄이 네 개 또는 다섯 개 있음.

〔バンジョー〕

はんしょく[繁殖](명·자サ) 번식. 무성하게 번식함. 태어나서 증식(増殖)함. breeding

ばんしょく[伴食](명·자サ) 반식. ①주빈(主賓)을 모시고 같이 먹음. 배식(陪食). ②실권, 실력이 없어 어떠한 직에 앉아서 자리만 지킴. 「一大臣(ダイジン); 반식 대신」 2. being nominal

ばんしょく[晩食](명) 만식. ①저녁 식사. 석반(夕飯). ②때를 지나서 늦게 먹는 것. 1. supper

パンしょく[麵麭食](명) 주식으로서 빵을 먹음.

はん·じる[判じる](타상 1) ①판별하다. 구별하다. ②생각하다. ③옳고 그름을 판단하다. 1. judge

はんしん[半身](명) 반신. ①전신의 반. ②상반신. 「一像(ゾウ); 반신상」 1. half the body. **—ふずい**[半身不随](명)〈의〉 반신 불수. 한쪽 반신이 기능을 상실하여 움직이지 않게 됨.

はんしん[阪神](명)〈지〉 오오사카(大阪)시와 코오베(神

戸) 지방.

はんしん[叛心](명) 반심. 배반하려는 마음. 배심(背心). a spirit of rebellion

はんしん[叛臣](명) 반신. 모반(謀叛)을 기도한 신하. 역신(逆臣). a traitor

ばんじん[蛮人](명) 만인. 야만인. a barbarian

ばんじん[番人](명) 야만인. 토인(土人). 오랑캐.

はんしんはんぎ[半信半疑](연어·명) 반신 반의. 반쯤은 믿고 반쯤은 의심함. dubiousness

はんしんろん[汎神論](명)〈철〉범신론. 신은 여러 가지 물건 속에 있으며, 모든 것은 신이라고 하는 설. pantheism

はんすい[半睡](명) 반수. 반쯤 잠.

はんすいはんせい[半睡半醒](명) 반수 반성. 밤쯤은 잠이 들고 반쯤은 깨어 있는 상태. 비몽 사몽(非夢似夢). being half asleep and half awake

はんすう[反芻](명·타サ) 반추. ①〈생〉한번 삼킨 음식을 다시 게워 내어 씹음. 되새김. ②되풀이해서 맛봄. 되새겨 음미함. 1. rumination

はんすう[半数](명) 반수. 전체 수의 반. half the number

パンスティック[pan-stick](명) 팬스틱. 기름의 성질을 가진 막대기 모양의 분. 밑화장에 쓰임.

ハンスト(명) 헝거스트라이크의 준말.

はん·する[反する](자サ) ①반대하다. 「一意見(イケン); 반대 의견」 ②틀리다. 위반하다. 「規則(キソク)に一; 규칙에 위반하다」 ③배반하다. 「親(オヤ)に一; 어버이에 배반하다」 1. oppose 3. rebel

はんせい[反省](명·타サ) 반성. 자기 마음이나 행동을 되돌아봄. reflection

はんせい[半生](명) 반생. 일생의 반. half one's life

はんせい[藩政](명) 지방 영주가 그 영토 내에서 행하는 정치. a clan government

はんぜい[反税](명) 반세. 납(징)세에 반대함. 「一闘争(トウソウ); 납세 반대 투쟁」 opposition to taxation

はんぜい[反噬](명·자サ) 반서. ①기르던 짐승이 주인의 은혜를 잊고 도리어 물어 해침. ②은혜를 베풀어 준 사람을 도리어 해침. 배은 망덕(背恩忘德). 1. turning against one's master

ばんせい[万世](명) 만세. 영구. 만고(万古). 「一一系(イッケイ); 영구히 하나의 혈통이 이어지는 것」 eternity

ばんせい[晩生](명)〈농〉①늦게 피거나 늦게 열매를 맺는 초목. ②늦게 익는 벼. 늦벼. late crop

ばんせい[晩成](명) 만성. ①늦게 완성되는 것. ②나이가 많아져서 성공하는 것. 「大器(タイキ)一; 대기 만성」 1. late completion

ばんせい[蛮声](명) 야만적인 큰소리. a barbarous voice

ばんせい[蛮性](명) 야만인 성격. a savage disposition

ばんせいいでん[伴性遺伝](명)〈생〉반성 유전. 유전 인자(因子)가 성염색체(性染色体)에 있기 때문에 성별(性別)과 특별한 관계를 갖는 유전 현상. sex-linked inheritance

はんせいひん[半製品](명) 반제품. 가공이 불충분하여 아직 정제품(精製品)이 될 수 없는 물건.

はんせき[犯跡](명)〈법〉범죄의 자취. 「一をくらます; 범죄의 자취를 숨기다」 evidences of a crime

はんせき[版籍](명) 판적. ①영토와 호적. ②토지와 인민. 「一奉還(ホウカン); 메이지(明治) 2년 지방의 영주들이 영토와 인민을 조정에 되돌려 바쳤던 일」

はんせつ[反切](명) 반절. 한자(漢字) 두 자의 음을 반씩 따서 한 음을 만들어 읽는 법.

はんせつ[半切·半截](명) 반절. ①반으로 자름. ②당지(唐紙)나 화선지(画仙紙) 등을 가로로 반을 자른 것. 1. cut in two

はんせつ[汎説](명·타サ) 범설. 널리 전체에 걸쳐 설명함. 또는 그 설명. a general explanation

ばんせつ[晩節](명) 만절. ①늙은 시절. 만년(晩年). 노년(老年). ②늦게까지 지키는 절조(節操). 「一を全(マット)うする; 만년까지 절조를 끝끝내 지키다」 2. honourable old age

はんせん[反戦](명) 반전. 전쟁을 반대함. 「一論(ロン); 반전론」 anti-war

はんせん[半銭](명) 반전. ①1전(一銭)의 반. 5리(厘). ②약간의 돈. 푼돈. 2. little money

はんせん[帆船](명) 범선. 돛단배. a sailing vessel

はんぜん[判然](형동タルト·자サ) 판연. 확실한 모양. distinct

ばんせん[番線](명) 번선. ①굵기에 따라 번호가 정해 있는 철사. ②역 구내의 선로(線路)를 배치한 차례를 나타내는 말. 「到着(トウチャク)一; 도착 열차가 포옴에 들어 오는 선로」

ばんぜん[万全](명) 만전. 아주 완전함. 「一の策(サク); 만전지책(완전한 방책)」 completeness

ハンゼンしびょう[Hansen氏病](명)〈의〉한센씨병. 문둥병(癩病)의 새로운 명칭.

はんそ[反訴](명·자サ)〈법〉반소. (소송 중에) 피고가 원고를 상대로 새로 소송을 제기함. a counter-action

はんソ[反ソ](명) 반소. 소련에 반대하는 것. 「一勢力(セイリョク); 반소 세력」

はんそ[藩祖](명) 지방 영주(領主)의 조상. an ancestor of a feudal lord

はんそう[半双](명) 반쌍. 한쌍의 반. 쌍으로 된 것의 그 한쪽. odd

はんそう[帆走](명·자サ) 범주. 배가 돛에 바람을 받아 물위를 달림. sailing

はんそう[搬送](명) 반송. 운반하여 보냄. conveyance

ばんそう[伴走](명·자サ) 함께 따라 달림.

ばんそう[伴僧](명)〈불〉반승. 장례식, 수법(修法) 또는 법회(法会) 때에 도사(導師)를 모시는 중. an assistant priest

ばんそう[伴奏](명·자サ)〈악〉반주. 주(主)가 되는 성악, 기악을 돕는 연주. accompaniment

ばんそう[晩霜](명) 만상. 이른봄에 내리는 서리. 늦서리. late frost

ばんそうこう[絆創膏](명)〈의〉반창고. 상처에 약을 바르고 가아제를 덮고 떨어지지 않도록 붙여 놓는 천. 한쪽에 점착질을 칠했음. adhesive plaster

はんそく[反則·犯則](명·자サ) 반칙. 범칙. 법규, 규칙에 위반함. breach of regulations
はんそく[反側](명·자サ) 반측. 자다가 돌아 누움. 「輾転(テンテン)—; 전전 반측(누워서 잠을 못 이루고 이리 저리 몸을 뒤척임)」 turning over in bed
はんぞく[反俗](명) 반속. 세상의 보통 하는 방식에 반대함. 풍속이나 습관에 어긋남. 「—精神(セイシン); 반속 정신」
ばんぞく[蛮族·蕃族](명) 만족. 야만적인 종족. 미개한 종족. a savage tribe
ばんそつ[番卒](명) 보초병. a sentinel
はんそで[半袖](명) 반소매. 팔꿈치까지 내려 오는 소매. 「—シャツ; 반소매 샤쓰」 ↔長袖(ナガソデ). half-length sleeves
はんた[煩多](명·형동ダ) 번다. 번거롭게 많음. troublesomeness
はんた[繁多](명·형동ダ) ①볼일이 많아서 바쁨. ② 사물(事物)이 매우 풍성함. 1. pressure of business
はんだ[盤陀·半田](명)〈이〉 납과 주석(朱錫)의 합금(合金). 금속을 땜질할 때 사용함. 땜납. 「—づけにする; 납땜을 하다」 solder
ばんだ[万朶](명) 많은 가지. 「—の桜花(サクラバナ); 많은 가지에 가득히 핀 벚꽃」 many branches
ハンター[hunter](명) 헌터. ①사냥군. 사냥을 하는 사람. ②찾아 다니는 사람. 「ラブー; 러브헌터」
はんたい[反対](명·자サ·형동ダ) 반대. ①맞서서 서로 다름. 「—意見(イケン); 반대 의견」 ②거스르고 거역함. 대항. 1. reverse. —**うんどう**[反対運動](명) 반대 운동. 반대하기 위하여 일으키는 운동. —**きゅうふ**[反対給付](명) ①〈경〉 반대 급부. 물건을 산 사람이 판 사람에게 대금을 지불하는 것처럼 한편의 급부에 대해서 상대방이 같은 가격의 급부를 하는 것. ②〈속〉 사례(謝礼). —**じんもん**[反対尋問](명·타サ)〈법〉 반대 신문(反対訊問). 증인(証人)에 대한 주신문(主訊問)이 끝난 뒤에 반대 당사자가 하는 보충적 신문.
はんだい[飯台](명) 여럿이 먹을 수 있는 밥상. 네 발 달린 밥상. 식탁(食卓). a dining table
ばんたい[万態](명) 만태. 여러 가지 상태. 「千姿(センシ)—; 천자 만태」 an endless variety of forms
ばんだい[万代](명) 만대. 영구. 만세(万世). 「—不易(フエキ); 만대 불역(영구히 변하지 않음)」 eternity
ばんだい[番台](명) 지키고 앉아 셈을 하는 곳. 카운터. 「ふろ屋(ヤ)の—; 목욕탕의 카운터」 a watch-stand
ばんだい[盤台](명) 물고기 장수가 고기를 담아 두는, 얄고 넓은 장원형(長円形)의 대야 같은 그릇. an oval tub
はんだくおん[半濁音](명) 반탁음. 양 입술의 무성 파열음(無声破裂音)과 모음이 결합한 음. 예: "パ, ピ, プ, ペ, ポ". a semi-voiced sound
はんだくてん[半濁点](명) 반탁음을 나타내는 "パ, ぱ" 등에 붙는 표. 「゜」
パンタグラフ[pantagraph](명) 팬터그래프. ①원래의 모양을 크게 또는 작게 그리는 기계. 축도기(縮図器). ②전차 꼭대기에 달려 있는 능형(菱形)의 늘어나고 오므라지고 하는 금속 막대. 전기를 끌어 들이는 것.
パンだね[麵麭種](명) 빵을 만들 때 넣어서 사용하는 효모(酵母). yeast
バンタム[bantam](명) ←バンタム級. —**きゅう**[bantam 級](명) 밴텀급. 몸무게로 나타낸 선수의 체급(体級). 프라이급의 위. 권투에서는 118파운드(약 54 *kg*)까지의 체중.
ばんた(ろう)[番太(郎)](명) 에도(江戸) 시대, 에도 시중에 만든 파수막의 파수. a watchman
はんだん[判断](명·타サ) 판단. ①어떤 일의 좋고 나쁨을 판별(判別)함. ②점(占). 「姓名(セイメイ)—; 성명 판단」 1. judgement
ばんたん[万端](명) 만단. ①여러 가지 일. 일체(一切). [準備(ジュンビ)—ととのう; 만단의 준비가 갖추어지다」 ②모든 방법. 1. everything
ばんち[番地](명) 번지. ①거주지의 구별, 순서를 위하여 붙인 번호. ②주소. 수신인(受信人)의 이름.
ばんち[蛮地·蕃地](명) 만지. 야만인이 사는 땅. a savage land
パンチ[punch](명) 펀치. ①차표나 종이에 구멍을 뚫는 가위 같은 기계. 가위. 「—を入(イ)れる; 구멍을 뚫다」 ②주먹의 일격(一撃). 「—をくわす; 한 대 먹이다」 ③과즙(果汁)에 설탕, 양주를 섞은 음료.
ばんちゃ[番茶](명) 하급차. 좋지 않는 엽차. coarse tea
パンチャー[puncher](명) 펀처. 구멍을 뚫는 기계. 또는 그 사람. 「キー—; 전자 계산기에 사용하는 카아드의 구멍을 뚫는 사람」
はんちゅう[範疇](명) 범주. 분류(分類). 범위. 캐티고리. 「別(ベツ)の—に属(ゾク)する; 다른 범주에 속하다」 a category
はんちゅう[藩中](명) 지방 영주(領主)의 영토나 가신(家臣) 전체.
はんちょう[班長](명) 반장. 반의 우두머리. a squad leader
ハンチング[hunting](명) 헌팅. ①사냥. 수렵(狩猟). ②〔헌팅캡(hunting cap)의 준말〕 헌팅캡. 앞이 짝 붙어서 차양처럼 된 간단한 모자. 사냥 모자.
パンツ[pants](명) 팬츠. ①즈봉. ②(육상 경기를 할 때 입는) 짧은 즈봉. ②드로우어스. 부인용 팬츠.
はんつき[半月](명) 반월. 한 달의 반. half a month
はんつき[半搗き](명) 쌀을 반쯤 쓿는 일. 또는 그 쌀. half-polished rice
ばんづけ[番付](명) 연예, 씨름꾼 등의 프로그램의 순서, 위치, 상하 등을 표시한 인쇄물. a graded list
ばんて[番手](명) ①부대의 대오(隊伍) 순서를 나타내는 말. ②실의 굵기를 나타내는 번호. 1. a number
はんてい[判定](명·타サ) 판정. 판별해서 정함. 「勝負(ショウブ)の—; 승부의 판정」 judgement
はんてい[藩邸](명) 토쿠가와(徳川) 시대에 에도(江戸)에 있었던 지방 영주(領主)의 저택.
ハンデ(ィ)[handy](명) 핸디캡의 준말.
ハンディー[handy](형동ダ) 핸디. 들기 좋은 모양. 손

쉬운 모양. 간편한 모양.
パンティー[panties](명) 팬티즈. 부인들이 입는, 몸에 착 붙는 짧은 팬츠.
ハンディキャップ[handicap](명) 핸디캡. ①〔경마, 경주, 골프 등에서〕우열을 평균하기 위하여 주는 부담. ②불리한 조건. 「一がつく; 핸디캡이 따르다」
ばんてき[蛮的](형동ダ)〈속〉야만적.
はんてん[反転](명·자타サ) 반전. ①굴러 넘어짐. 굴림. ②뒤집어 엎음. 뒤집힘. ③본래의 방향으로 방향을 바꿈. 1. rolling
はんてん[半天](명) 반천. ①하늘의 반. ②중천(中天). 「一にかがやく月(ツキ); 하늘 복판(중천)에서 빛나는 달」 1. half of the sky
はんてん[半天·半纏](명) ①하오리(羽織) 비슷한 겉옷. ②←しるしばんてん. 1. a short coat
はんてん[斑点·班点](명) 반점. 얼룩점. a spot
はんてん[飯店](명) 반점. 〔중국에서〕요리점. 여관.
はんと[反徒·叛徒](명) 반도. 반역도. 반역자. rebels
はんと[半途](명) ①길의 도중. ②사업의 중도(中途). 1. halfway
はんと[版図](명) 판도. 호적과 지도. 영토(領土). 「一の拡張(カクチョウ); 영토의 확장」 domain
ハンド[hand](명·자サ) 핸드. ①손. ②〔축구에서〕고의로 보올에 손을 댐. **一バック**[handbag](명) 핸드백. 부인용의 조그마한 손가방. **一ブック**[handbook](명) 핸드북. 편람(便覧). 안내서. **一ボール**[handball](명) 핸드보올. 송구(送球).
バント[bunt](명·타サ) 번트. 〔야구에서〕연타(軟打).
バンド[band](명) 밴드. ①줄. 가죽 띠. ②허리띠. ③머리 장식. ④합주단. 악대(楽隊). 「一マン; 밴드맨」 **一マスター**[band master](명)〈악〉밴드마스터. 악장(楽長). 악단의 연주자 중 주가 되는 사람.
パント[punt](명·타サ) 펀트. 〔럭비에서〕보올을 손에서 떨어뜨려 땅에 닿기 전에 참.
はんとう[反騰](명·자サ)〈경〉반등. 한번 떨어진 시세가 반대로 오름. ↔反落(ハンラク). a reactionary rise
はんとう[半島](명)〈지〉반도. 삼면이 바다에 둘러 싸이고 한 면이 대륙과 연결되어 있는 육지. a peninsula
はんどう[反動](명) 반동. ①어떤 동작에 반대로 일어나는 동작. ②〈이〉⇨はんさよう(反作用). ③역사의 흐름에 거슬러 진보를 막는 보수적인 경향. 「保守(ホシュ)一; 보수 반동」 1. reaction. **一しゅぎ**[反動主義](명) 반동주의. ①폭력을 사용하는 극단적인 보수주의. ②파시즘.
ばんとう[晩冬](명) 만동. ①늦겨울. ②음력 12월. ↔初冬(ショトウ). 1. late winter
ばんとう[晩稲](명)〈농〉만도. 늦게 익는 벼. 늦벼. the late rice-plant
ばんとう[番頭](명)〔상점, 가게에서〕고용인(雇傭人)의 우두머리. a clerk
ばんどう[坂東](명)〈지〉칸토오(関東). **一たろう**[坂東太郎](명) 토네강(利根江)의 다른 이름.
はんどうたい[半導体](명)〈이〉반도체. 고체 중에서 금속 정도는 못되나 약간 전기를 통하는 물체. 게르마늄, 규소(珪素) 등. 전자(電子) 공업에 중요.
はんとうまく[半透膜](명)〈이〉반투막. 용액 중에 용매(溶媒)만을 통과시키고 용질(溶質)을 통과시키지 않는 막. 예: 방광막(膀胱膜), 장벽막(腸壁膜) 등. a semipermeable membrane
はんとき[半時](명) 반시. ①1시간의 반. (옛날의 한 시간은 지금의 두 시간에 해당하므로 지금의 한 시간) ②반시간. 짧은 시간. 1. an hour
はんどく[判読](명·타サ) 판독. 어려운 것을 뜻을 헤아려서 읽음. decipherment
はんどく[繙読](명·타サ) 책을 펴 놓고 읽음. reading
パントテンさん[도 Pantothen 酸](명)〈생〉판토텐산. 비타민 B 복합체(複合体)의 한 가지. 효소를 만드는 중요한 재료의 하나.
はんとし[半年](명) 반년. 1년의 반. half a year
パントマイム[Pantomime](명) 팬터마임. ①대사를 말하지 않고 몸짓과 표정으로 하는 연극. 묵극(黙劇). 무언극(無言劇). ②흉내.
パンドラ[Pandora](명) 판도라. 그리이스 신화에 나오는 인류 최초의 여성. 이 여자가 가지고 있던 작은 상자 속에서 인류의 각가지 불행(不幸)이 튀어 나왔다고 함.
はんとり[判取り](명) ①동의자나 동업자의 증인(証印)을 받으러 돌아 다님. ②〔←判取り帳(チョウ)〕돈이나 물건을 받은 증거로 도장을 찍는 장부.
ハンドル[handle](명) 핸들. 손잡이. 「自動車(ジドウシャ)の一; 자동차의 핸들」
はんドン[半ドン](명) ①토요일. ②반나절만 근무함. 또는 그런 날. 반휴일. 반공일. 1. Saturday
ばんなん[万難](명) 만난. 많은 곤란. 「一を排(ハイ)して; 많은 곤란을 물리치고」 all difficulties
はんにえ[半煮え](명) 반쯤 익힌 것. being half-boiled
はんにち[反日](명) 반일. 일본에 반대함. 배일(排日).
はんにち[半日](명) 반일. 한나절. 하루의 반. half a day
はんにゃ[般若](명) 반야. ①〈불〉망상을 떠나 실상(実相), 진여(真如)를 달관(達観)하는 지혜. ②무서운 얼굴을 한 귀녀(鬼女). 1. wisdom. **一とう**[般若湯](명)〈불〉술의 은어(隠語). 반야탕.
はんにゅう[搬入](명·타サ) 반입. 운반해 들임. 가지고 들어 감. carrying in
はんにん[半人](명) 한 사람 몫의 반. a half-share
はんにん[犯人](명) 범인. 죄를 범한 사람. 범죄자. 범죄인. a criminal
ばんにん[万人](명) 만인. 많은 사람. 모든 사람. 「一むき; 여러 사람에게 다 맞는 것」 all people
ばんにん[番人](명) 망 보는 사람. 지키는 사람. a watchman
はんね[半値](명) 정가(定価)의 반. 반값. half the price
はんねん[半年](명) 반년. 1년의 반. half a year
ばんねん[晩年](명) 만년. ①나이를 먹었을 때. 노년(老年). ②일생의 마지막 무렵. 1. one's late years
はんのう[反応](명·자サ) 반응. ①자극한 결과 일어나는 현상. ②손이나 머리 속에 느끼는 감각. 효과. ③〈이〉 어떤 물질이 다른 물질에 닿아서 일어나는 화학 변화. 「酸性(サンセイ)—; 산성 반응」 3. reaction

はんのう[半納](명·타サ) 반납. 어떤 일정한 금액이나 물건의 반만 납부하는 일. half payment

はんのう[半農](명) 반농. 반은 농업을 하는 것. 「—半漁(ハンギョ); 반농 반어」 being half occupied with farming

ばんのう[万能](명) 만능. ①모든 것에 효력이 있음. 「—の薬(クスリ); 만병 통치약」 ②모든 면에 뛰어나 있음. 「—選手(センシュ); 만능 선수」 1. omni-efficacy

はんのき[榛の木](명)〈식〉 오리나무. 자작나무과에 속하는 낙엽 활엽 교목. 열매는 솔방울과 비슷하고 조그맣고 갈색임. 나무 껍질과 열매는 염료(染料)로 씀. a black alder

はんば[飯場](명) 광산 노동자나 토공(土工)들의 합숙소(合宿所). workmen's quarters

はんぱ[半端](명·형동ダ) ①우수리. 단수(端數). 「—な数(スウ)を切(キ)りすてる; 단수를 떼 버리다」 ②어느 쪽인지 알 수 없음. 「—な気持(キモ)ち; 어중간(於中間)한 마음」 ③지능이 보통 사람보다 낮은 사람. 반편이. 바사기. 1. odds

ばんば[輓馬](명) 수레를 끄는 말. a carthorse

ばんぱ[万波](명) 만파. 한없이 많은 파도. 「千波(センパ)—; 천파 만파」

バンパー[bumper](명) 범퍼. 자동차나 기차 앞에 달아서 충격이나 충돌에 대비하는 탄력(彈力) 있는 장치. 완충기(緩衝器).

ハンバーガー[hamburger](명) ⇨ハンバーグ(ステーキ).

ハンバーグ(ステーキ)[Hamburg steak] 함부르크 스테이크. 잘게 다진 쇠고기, 돼지고기 등을 둥글게 뭉쳐서 기름에 튀기거나 구운 요리.

はんばい[販売](명·타サ) 판매. 물건을 팖. sale

バンパイア[vampire](명) 뱀파이어. ①흡혈귀(吸血鬼). ②인도(人道)에 어긋난 사람. ③짐승의 피를 빨아 먹는 박쥐. ④요부(妖婦).

はんばく[反駁](명·자타サ) 반박. 반대해서 비난함. 반론(反論). refutation

はんぱく[半白·斑白](명) 반백. 센 머리털이 섞인 머리. grizzled hair

はんばつ[藩閥](명) 세력 있는 지방 영주(領主)가 형성한 파벌. clanship

はんぱつ[反発·反撥](명·자타サ) 반발. ①되받아서 퉁겨짐. ②마음으로부터 반항함. 「—を感(カン)じる; 반발을 느끼다」 ③〈경〉 내렸던 시세가 다시 오름. 1. repulsion

はんはば[半幅·半巾](명) 반폭. 보통 폭의 반. 「—帯(オビ); 반폭 띠」 half the width

はんはん[半半](명) 반반. 반반씩. half and half

ばんばん[万万](부) ①결코. ②전혀. ③각가지. 여러가지. 각종. 1. never

ばんぱん[万般](명) 만반. 여러 방면. all things

パンパン(명) 거리나 골목에 나와서 사람을 끄는 매춘부(売春婦). 「—ガール; 매춘부」 a streetwalker

ばんばんざい[万万歳](명) 만만세. 만세를 더 강조하는 말. 매우 경사스러울 때 쓰는 말.

はんぴ[半臂](명) 옛날, 정식 예복을 입을 때 겉옷 바로 밑에 입는, 소매가 매우 짧은 옷.

はんびらき[半開き](명) 반개. ①반쯤 열려 있는 것. ②꽃이 반쯤 피어 있는 것. 2. half in bloom

はんぴれい[反比例](명·자サ)〈수〉 반비례. 역비례. ↔正(セイ)比例. inverse proportion

はんぷ[帆布](명) 범포. 돛, 텐트 등을 만드는 두꺼운 포목. canvas

はんぷ[頒布](명·타サ) 반포. 세상에 널리 펴서 퍼뜨림. distribution

バンプ[vamp](명) 뱀프. 남자를 홀리는 여자. 요부(妖婦). 「a barbarous custom

ばんぷう[蛮風](명) 만풍. 야만적인 풍습. ⤴

はんぷう(し)[半風(子)](명)〈동〉 이(蝨)의 다른 이름.

はんぷく[反復](명·타サ) 반복. 되풀이함. repetition

はんぷく[反覆](명·자타サ) 반복. ①뒤집음. ②반복(反復). ③배반함. 2. repetition

ばんぷく[万福](명) 만복. 행복이 많은 것. 「大兄(タイケイ)の—をいのる; 대형의 만복을 빌다」 all health and happiness

パンプス[pumps](명) 펌프스. 여자들이 신는 얕은 구두. 끈이나 쇠고리 등이 붙어 있지 않음.

ばんぶつ[万物](명) 만물. 우주에 있는 모든 것. all things under the sun. **—のれいちょう**[万物の霊長](연어·명) 만물의 영장. 만물의 우두머리. 곧 인간. 인류.

ハンブル[fumble](명·타サ) 펌블. 〔야구에서〕 보올을 잡으려다가 놓침.

ハンブルク[Hamburg](명)〈지〉 함부르크. 도이치 북서부 엘베강 하류에 있는 무역항.

パンフレット[pamphlet](명) 팜프렛. 조그마한 책자. 소책자(小冊子).

はんぶん[半分](명) 반분. 반. 반쪽. 반 조각. 똑같이 두 개로 나눈 것의 하나. half

はんぶんじょくれい[繁文縟礼](연어·명) 번문 욕례. 규칙이나 절차가 복잡하고 번거로운 것. officialism

はんぶんすう[繁分数](명)〈수〉 번분수. 분수의 분자나 분모가 또한 분수형(分数形)인 분수. 복분수(複分数). a compound fraction

はんべい[反米](명) 반미. 미국에 반대함. 「—主義(シュギ); 반미주의」 anti-American

はんぺい[藩屏](명) 번병. ①울타리. 담장. ②왕실을 수호(守護)함. 또는 그 사람. 1. a hedge

ばんぺい[番兵](명) 보초병. 파수병. a sentinel

はんべつ[判別](명·타サ) 판별. 판단하여 가려 냄. 구별. distinction

はんべつ[班別](명) 반별. 반을 단위로 나눔. 각 그루우프별.

はんぺん[半片](명) 한 조각의 반. 반 조각.

はんぺん[半平](명) 다진 생선 살에 마, 쌀가루를 섞

어서 찐 말랑말랑한 식품.　minced and steamed fish
はんぽ[反哺](명) 반포. 까마귀 새끼가 자란 뒤에 늙은 어미에게 먹을 것을 물어다 주어 은혜를 보답하는 일. 「一の孝(コウ); 반포의 효성」 feeding in return
はんぼう[半紡](명) ①씨실의 일부 또는 전부에 방적견(紡績絹)을 사용한 견직물. ②날실의 일부 또는 전부에 손으로 자은 면사(綿糸)를 사용한 면직물.
はんぼう[繁忙](명·형동ダ) 번망. 볼일이 많고 바쁨. 번거롭고 매우 바쁨.　busyness
ばんぽう[万邦](명) 만방. 여러 나라. 모든 나라. 「一に比類(ヒルイ)のない特色(トクショク); 모든 나라에 유례(類例)가 없는 특색」　all nations
はんぽん[版本](명) 판본. 판목으로 인쇄한 책. 판각본(板刻本).　a printed book
はんま[半間](명·형동ダ) ①갖추어지지 않음. 또는 그런 것. ②눈치가 없음. 또는 그런 사람. 반편이.
ハンマ(ー)[hammer](명) 해머. (커다란) 쇠망치. 「一投(ナ)げ; 투해머(投鉄槌)」
はんまい[飯米](명) 반미. 밥을 해 먹는 쌀. 밥쌀.　a farmer's rice for private consumption
はんみ[半身](명) ①〔씨름 등에서〕 상대방에 대하여 몸을 비스듬히 잡는 것. ②물고기를 반으로 자른 그 한 토막.
はんみち[半道](명) ① 10리의 반. 오리(五里). ②갈 길의 반. 도정(道程)의 반.　2. halfway
はんみょう[斑猫](명) ①〈동〉 반묘. 흑록색의 바탕에 노란 얼룩 무늬가 있음. 가뢰. ②길앞잡이. 1. a Spanish fly
ばんみん[万民](명) 많은 인민.　the whole nation
ばんみん[蛮民·蕃民](명) 만민. 야만적인 인민. savages
はんむ[煩務](명) 번무. 번잡한 사무. troublesome work
はんむ[繁務](명) 번무. 바쁜 사무.　a busy office
はんめい[反命](명·자サ) 반명. 명령을 실행하고 결과를 보고함. 복명(復命).　a report
はんめい[判明](명·자サ·형동ダ) 판명. ①확실하고 명백함. ②확실히 알게 됨.　1. becoming clear
はんめい[藩命](명) 영주(領主)의 명령.　an order from a clan government
ばんめし[晩飯](명) 저녁밥. 저녁 식사.　supper
はんめん[反面](명·부) ①반면. 반대 방면. ②어느 한쪽. ③…하는 한편. 「よい点(テン)もある一これには欠点(ケッテン)もある; 좋은 점도 있는 반면 결점도 있다」　1. the opposite direction
はんめん[半面](명) 반면. ①얼굴의 반쪽. ②한편. 한쪽면. 일면(一面).　1. half the face
はんめん[版面](명) 인쇄판의 표면. the surface of a plate
ばんめん[板面](명) 판자의 표면.
ばんめん[盤面](명) ①바둑판, 장기판의 국면(局面). ②레코오드의 표면.　1. the face of a board
はんも[繁茂](명·자サ) 번무. 초목이 무성하게 자람. 번성(繁盛).　growing thick
はんもく[反目](명·자サ) 반목. 서로 흘겨 봄. 대립. 「反対派(ハンタイハ)が一する; 반대파가 반목하다」　hostility

ハンモック[hammock](명) 해먹. 튼튼한 그물이나 즈크로 만든, 매어 달아 사용하는 잠자리.
はんもと[版元](명) 출판한 곳. 출판물의 발행소.　a publisher
はんもん[反問](명·자타サ) 반문. 되물음.　cross-question

〔ハンモック〕

はんもん[班紋·斑紋](명) 반문. 얼룩 무늬. a speckle
はんもん[煩悶](명·자サ) 번민. 마음이 번거로와 답답해함. 고민(苦悶).　agony
はんや[半夜](명) 반야. 한밤중.　midnight
ばんや[番屋](명) 파수군이 있는 오두막집.
パンヤ[포 panha](명) 솜 대신 이불 속에 넣는 것. 케이폭.
はんやく[反訳](명·타サ) ①번역. ②번역된 말을 다시 원래의 말로 번역함.　1. translation
はんやけ[半焼け](명) ①반쯤 타는 것. ②요리가 완전히 익지 못한 것.　1. half-burnt
ばんゆう[万有](명) 만유. 만물. all things. **―いんりょく**[万有引力](명)〈이〉 만유 인력. 모든 물체가 서로 당기는 힘. 뉴우턴이 발견함.
ばんゆう[蛮勇](명) 만용. 생각 없이 함부로 날뛰는 용기. 「一をふるう; 만용을 부리다」　reckless valour
はんよう[汎用](명·타サ) 범용. 널리 다방면(外方面)으로 사용함.　wide application
はんよう[繁用](명) 볼일이 많아 바쁨.　busyness
はんようし[反陽子](명)〈이〉 반양자. 소립자(素粒子)의 한 가지. 양자와 같은 질량(質量)이기는 하나 반대의 전기를 가지고 충돌하는 질량이 제로(0)가 되어 사라짐.　an antiproton
はんら[半裸](명) 반쯤 내놓은 몸. 반나체. ↔全裸(ゼンラ).　half-nakedness
ばんらい[万雷](명) 만뢰. 많은 우뢰. 「一の拍手(ハクシュ); 우뢰와 같은 박수」 deafening peals of thunder
ばんらい[万籟](명) 만뢰. 바람에 날려서 일어나는 여러 가지 소리.　noises caused by the wind
はんらく[反落](명·자サ)〈경〉 반락. 오르던 시세가 반대로 급히 내려 감. ↔反騰(ハントウ). a reactionary fal[l]
はんらん[反乱·叛乱](명·자サ) 반란. 배반하여 난을 일으킴. 내란을 일으킴. 「一軍(グン); 반란군」 a revolt
はんらん[氾濫·汎濫](명·자サ) 범람. 물이 가득 차서 넘침.　a flood
はんり[半里](명) 십리(十里)의 반.
ばんり[万里](명) 만리. 극히 먼 곳. thousands of miles
はんりつ[反立](명)〈철〉 반립. 반(反). 정립(定立)의 부정(否定).　antithesis
ばんりのちょうじょう[万里の長城](명) 만리 장성. 중국 북쪽에 있는 긴 성. 길이는 약 2,750 *km*.
はんりょ[伴侶](명) 반려. 길동무. 동반자. 「人生(ジンセイ)の一; 인생의 반려(부부)」　a companion
はんりょ[煩慮](명) 걱정. 근심. 번거로운 마음. anxiety
はんりょう[半量](명) 반분의 양. 절반의 양.
はんりょう[飯料](명) 밥값. 식사대.　charge for food

ばんりょく[万緑](명) 만록. 전부 녹색인 것. 「一叢中(ソウチュウ)紅一点(コウイッテン); 많은 남자 가운데에 여자가 하나 있는 것. 많은 평범한 사람 가운데 뛰어난 사람이 하나 있는 것」 myriad green leaves
ばんりょく[蛮力](명) 만용(蛮勇)의 힘. 함부로 쓰는 난폭한 완력. barbarous force
はんりん[半輪](명) 반륜. 둥근 형상의 반. 반원형. 「一の月(ツキ); 반달」 a semicircle
はんるい[煩累](명) 번루. 번거롭고 귀찮음. a nuisance
はんれい[凡例](명) 범례. 책 속의 대강(大綱)과 주의할 사항을 책 머리에 따서 적은 글. 일러두기. introductory remarks
はんれい[判例](명) 판례. 판결의 실례. 판결례(判決例). a judicial precedent
はんれい[範例](명) 범례. 규범(規範) 또는 본보기가 되는 예(例). an example
はんろ[販路](명) 판로. 물건을 파는 방면이나 길. 「一をひろげる; 판로를 넓히다」 an outlet
はんろう[煩労](명) 번로. 일이 번거로와 수고로움. trouble
はんろう[藩老](명) 지방 영주(領主)의 늙은 중신(重臣). the chief retainer of a feudal clan
はんろん[反論](명·자타サ) 반론. 반대 의론. 남의 의론을 되받아 하는 의론. 박론(駁論). an opposite opinion
はんろん[煩論](명) 번론. 번거로운 언론. a complicated argument
はんろん[汎論](명) 범론. ①개괄적인 언론. ②총괄된 논(論). 또는 그러한 책. 개론(概論). 1. an outline
はんろん[藩論](명) 영주가 다스리는 영토내에서의 여론이나 의론. general opinion of a feudal clan
はんわ[阪和](명) 오오사카(大阪)와 와카야마(和歌山)의 준말.

ひ

ひー[曾](조어) 직계 혈통에서 두 대(代)를 격한. 「一孫(マゴ); 증손」
ひー[非](접두) 비. …아닌. …하지 않은. 「一公開(コウカイ); 비공개」
ひー[被](접두) 피. …되는. …을 당하는. 「一選挙人(センキョニン); 피선거인」
ーひ[火](접미) 한 번에 한 혈(穴)에 뜨는 뜸질의 회수. 「三十(サンジュウ)一; 30 장」
ーひ[皮](조어)〈의〉 피. 가죽. 껍질. 「キナー; 키니네 나무 껍질(키니네의 원료)」
ーひ[費](조어) 비. 비용. 「交通(コウツウ)一; 교통비」
ひ[日](명) ①태양. 「一が出(デ)る; 해가 나다」 ②일광. 햇빛. 태양열. 햇볕. 「一に照(テ)らされる; 햇빛에 쬐어지다」 ③낮. 해. 주간(昼間). 「一が長(ナガ)い; 해가 길다」 ④낮과 밤. 주야(昼夜). 24시간. 하루. 「一に三度(サンド); 하루에 세 번」 ⑤날. 「ある一; 어느 날」 ⑥때. 시절. 「若(ワカ)き一; 젊은 시절」 ⑦일시(日時). 날짜. 「一をきめる; 날짜를 정하다」 ⑧일수(日数). 「一がかかる; 일수가 걸리다」 ⑨경우. 「失敗(シッパイ)した一には; 실패한 경우에는」 ⑩매일. 「一ぶろ; 매일 목욕을 하는 것」 1. the sun
ひ[火](명) ①물질이 탈 때에 나는 불꽃, 열, 빛의 총칭. 불. ②타서 새빨개진 물체. 「炭(スミ)の一; 숯불」「一を通(トオ)す; 끓이다. 굽다」 ③불꽃. 화염. 불길. ④숯불. 「一をつぐ; 숯을 더 넣다」 ⑤등불. ⑥화재(火災). 「一の用心(ヨウジン); 불조심」 ⑦담뱃불. 「一を拝借(ハイシャク)しましょう; 담뱃불 좀 빌립시다」 1. fire
ひ[氷](명) 얼음. ice
ひ[樋](명) ①문을 열거나 닫거나 하여 물을 넣고 빼는 설비. 수문(水門). ②처마 밑에 빗물을 받아 내리기 위한 설비. 낙수 받이의 홈통. ③칼날에 있는 가느다란 홈. 1. a sluice
ひ[檜](명)〈식〉 ⇨ひのき.
ひ[比](명) 비. ①비교. 유례(類例). 「従来(ジュウライ)の一でない; 종래의 유(類)가 아니다」 ②〈수〉 어떤 수가 다른 수의 몇 배 또는 몇분의 1인가를 나타내는 식(式). 「一のあたい; 비의 값」 ③〈지〉 필리핀(比律賓)의 약칭. 1. comparison
ひ[妃](명) 비. 임금, 세자(世子), 황족 등의 정처(正妻). a queen
ひ[否](명) 부. ①취소. 부인(否認). ②싫어하는 것. 찬성하지 않는 것. 1. negation
ひ[非](명) ①나쁜 일. 부정(不正). ↔是(ゼ). ②불리. 「形勢(ケイセイ)が一である; 형세가 불리하다」 ③죄. 죄악. 「一をあばく; 죄를 폭로하다」 ④잘못. 실수. 「一を認(ミト)める; 잘못을 인정하다」 ⑤결점. 흠. 「一の打(ウ)ちどころがない; 나무랄 데가 없다」 1. wrongness
ひ[飛](명) ①←飛車(ヒシャ). ②〔야구에서〕 비구(飛球).
ひ[秘·祕](명) ①몰래 소중히 간직해 두는 것. 비밀. 「一中(チュウ)の一; 비밀 중의 비밀(극비)」 ②〈지〉 페루(Peru)의 준말. 1. a secret
ひ[婢](명) 계집 종. 여종. 하녀(下女). a maid
ひ[碑](명) 비석. 돌비. a monument
ひ[緋](명) 불빛 같은 짙은 홍색. 심홍색. scarlet
びー[美](조어) 아름다운. 「一少年(ショウネン); 미소년」
びー[微](조어) 약간의. 「一酸性(サンセイ); 미산성(약간의 산성)」
びー[鼻](조어) 코의. 「一カタル; 비카타르」

—び[尾](접미) 물고기를 세는 말. 마리. 「三(サン)—; 세 마리」

—び[美](조어) 아름다움. 「健康(ケンコウ)—; 건강미」

び[美](명·형동ナリ) ①아름다움. 어여쁨. 고움. ↔醜(シュウ). ②모양, 색, 맛 등이 좋음. 「その 味(アジ)—なり; 그 맛이 좋도다」 ③훌륭함. 「有終(ユウシュウ)の—をなす; 유종의 미를 거두다」 1. beauty

び[微](명) 세밀. 「—に入(イ)り細(サイ)をうがつ; 매우 세밀한 곳까지 미치다」 minuteness

ひあい[悲哀](명) 비애. ①슬픔. ②가엾음. 1. sorrow

ひあが·る[干上がる·乾上がる](자 4) ①바싹 마르다. ②생계를 유지할 수 없게 되다. 1. dry up

ひあし[日足·日脚](명) 해가 떠서 지기까지의 속도. 태양이 움직이는 속도. daytime

ひあし[火足·火脚](명) 불이 타면서 퍼져 나가는 속도. 불길이 번지는 속도. spreading of a fire

ピアストル[프 piastre](명) 피애스터. 베트남의 돈의 단위. (1피애스터는 0.1프랑)

ひあそび[火遊び](명) ①불장난. ②남녀의 일시적인 위험한 연애. 1. playing with fire

ひあたり[日当たり·陽当たり](명) 햇빛이 쬐는 것. 양달. 양지. exposure to the sun

ピアニスト[pianist](명) 피아니스트. 피아노 연주에 뛰어난 사람.

ピアノ[piano](명)〈악〉 피아노. ①건반 악기의 하나. ②약하게의 표시. 기호는 P. ↔フォルテ.

ひあぶり[火炙り·火焙り](명) 옛날에 죄인을 불에 태워 죽이던 형벌. 화형(火刑). the stake

ビアホール[beer-hall](명) 비어호올. 맥주를 주로 파는 음식점.

ヒアリング[hearing](명) 히어링. (영어를)귀로 듣는 것. 또는 듣는 연습.

ひあわい[廂間]—アハヒ(명) 집과 집 사이에 끼인 좁은 곳. a narrow place between two houses

ひい—[曾]〈조어〉 직계 혈통에서 두 대를 격한. 「—おじいさん; 증조 할아버지」「—孫(マゴ); 증손」

ひい[一](명) 하나. one

ひい[非違](명) 비위. 법에 어긋남. 위법. unlawfulness

びい[微意](명) 미의. 하찮은 자기의 뜻. 자기 뜻의 낮춤말. 「—の存(ソン)するところ; 옹졸한 제 뜻이 있는 바」 one's humble mind

ピー[P←pitcher](명) 피처(投手).

ピーアール [PR←Public Relation](명·타サ) 피이 아아르. 널리 공중(公衆)에게 선전하여 알림. 공보(公報). 「—活動(カツドウ); 공보 활동」

ピーエイチ[PH · Ph](명)〈이〉 ⇨ペーハー.

ビーエイチシー[BHC←benzene hexachloride] (명)〈이〉 비이 에이치 시이. 벤진에 염소(塩素)를 작용시켜 만드는 강한 살충제(殺虫剤).

ビーカー[beaker](명)〈이〉 비이커. 실험에 사용하는 둥근 통 모양의 유리 그릇.

ひいき[贔負·贔屓](명·자サ) ①편을 듦. 역성. 후원. 「—の引(ヒ)き倒(ダオ)し; 너무 역성 들어 도리어 좋지 못한 결과가 되는 것」 ②후원자. 1. support. **—め**[贔屓目](명) 호의(好意) 인정(人情) 등에 의해서 실제보다 좋게 보는 것. 역성하여 편들어 보는 것.

ひいく[肥育](명)〈농〉 비육. 가축에게 먹이를 많이 주어 살찌게 하는 것. fattening up

びいく[美育](명) 미(美) 및 예술에 대한 교육. aesthetic education

ピーク[peak](명) 피이크. ①꼭대기. 정상. ②최성기(最盛期). 정점(頂点).

ビーコン[beacon](명) 비이컨 ①신호. 신호소. ②등대.

ビージ[BG ←business girl](명) 비이 지이. 직업 여성.

ビーシージ[BCG](명)〈의〉 비이 시이지이. 결핵을 예방하기 위하여 주사하는 소의 결핵균.

びいしき[美意識](명) 미의식. 아름다움을 느끼는 의식. 또는 미를 이해하는 감각. aesthetic consciousness

ヒース[heath](명)〈식〉 히이드. 석남과에 속하는 관목. 잎이 작고 밀생하며 황무지에 자람.

ビーズ[beads](명) 비이즈. ①염주(念珠). ②유리로 만든 장식용 구슬.

ピース[peace](명) 피이스. 평화(平和). 강화(講和).

ヒーター[heater](명) 히이터. ①난방 장치. ②전열기. 전기 난로.

ビーだま[ビ玉](명)〔"ビー"는 비이드로(vidro)의 준말〕 유리 구슬.

ビーチ[beach](명) 비이치. 해안. 해변. 「—パラソル; 비이치패러솔(해수욕장 같은 데에서 사용하는 커다란 양산)」

ひいちにちと[日一日と](연어·부) 하루하루. 날이 갈에 따라서. 「—あたたかくなる; 하루하루 더 따뜻해지다」

ピーティーエー[PTA←Parents and Teachers Association](명) 피이 티이 에이. 아동(児童)의 양친(両親)과 교사(教師)의 회(会). 사친회(師親会).

ひいて(は)[延いて(は)](부) ①더 나아가서는. 그에 이어서. ②그 때문에. 그 점이 원인이 되어. in its turn

ひい·でる[秀でる](자하 1) 우수하다. 뛰어나다. be eminent

ビート[beat](명) 비이트. ①〈악〉 박자. 일박(一拍). ②〔수영에서〕 발로 물을 차는 것. 발로 물장구를 침. ③현대(現代)를 불신(不信)하여 무궤도하게 행동하는 것. 「—族(ゾク); 비이트족」

ビート[beet](명) ⇨てんさい(甜菜).

ビードロ[포 vidro](명) 비이드로. 유리.

ひいな[雛]ヒヒナ(명)〈고〉 병아리. 날짐승의 새끼.

ビーナス[Venus](명) 비이너스. ①로마 신화에 나오는 미(美)와 사랑의 여신(女神). ②금성(金星).

ピーナ(ッ)ツ[peanut](명) 피이넛. 땅콩. 낙화생. 「—バター; 피이넛 버터」

ビーバー[beaver](명)〈동〉 비이버. 설치류(齧歯類)에 속하는 동물. 모양은 락코 비슷하나 조그맣고 헤엄을 잘 침. 모피(毛皮)는 귀중히 여김.

ビーフ[beef](명) 비이프. 쇠고기. 「—カツ; 비이프카쯔」 **—ステーキ**[beefsteak](명) 비이프스테이크. 쇠고기를 구워서 만든 서양 요리의 한 가지.

ぴいぴい(부·자サ) ①피리 소리. ②새, 벌레 등의 우는 소리. ③가난해서 괴로운 모양. 1. whistling
ピーマン[프 piment](명) 피망. 야채의 한 가지. 모양은 커다란 방울과 같고 울룩불룩함. 서양 고추.
ひいらぎ[柊]ヒヒラギ(명)〈식〉 호랑가시나무. 감탕나무과에 속하며 잎은 단단하고 뾰족뾰족 튀어 나와 날카로움. a holly-tree
ヒール[heel](명) 히일. 구두 뒤축.「ハイー; 하이히일」
ビール[네 bier·麦酒](명) 비이르. 맥주.
ビールス[도 Virus](명)〈의〉 비루스. 병원체(病原体)의 하나. 보통의 현미경으로는 보이지 않는 조그만 병원체. 예 : 유행성 감기, 천연두의 병원균 등.
ひいれ[火入れ](명) ①(용광로 등이 낙성되어 처음으로) 불을 넣는 일.「一式(シキ); 점화식」②불을 넣는 그릇. 화기(火器). ③담뱃불을 부치는 불을 넣은 조그만 그릇. ④(술, 간장 등을) 변하지 않도록 가열(加熱)하는 것. 2. a fire pan
ヒーロー[hero](명) 히어로우. ①영웅. 용사. ②소설, 설화 등의 남자 주인공. ↔ヒロイン.
ビーろく[B 6](명) 비이 6판. 서적 규격(書籍規格)의 한 가지. 세로 18.2 *cm*, 가로 12.8 *cm*.「一判(バン); B 6 판」
びう[眉宇](명) 미우. 눈썹 언저리. 양미간(両眉間).「一にただよう決意(ケツイ); 양미간에 어린 결의」 the brow
びう[微雨](명) 보슬비. 세우(細雨). a light rain
ひうお[氷魚](명)〈동〉 ⇨ひお.
ひうち[火打ち·燧](명) ①부시와 부싯돌을 써서 불을 일으키는 일. ②부시와 부싯돌. ③건물의 구석(모) 부분을 단단히 하기 위해 붙이는 삼각형의 목재(木材). 1. striking a light 2. flint and steel 3. a brace. **—いし**[火打ち石·燧石](명) 석영(石英)의 한 가지. 불을 일으키는 데 쓰는 돌. 부싯돌. **—がね**[火打ち金](명) 부싯돌과 부딪쳐서 불이 나게 하는 쇳조각. 부시.
ひうつり[火移り](명) 불이 붙어서 번지는 것. 불이 옮아 붙는 것. spreading of a fire
ひうん[否運·非運](명) 비운. 운이 트이지 않는 것. 불운. 불행. misfortune
ひうん[飛雲](명) 바람에 날리는 구름. a fleeting cloud
ひうん[悲運](명) 비운. 슬픈 운명이나 운수. a bitter fate
ひえ[冷え](명) ①차가와짐. 참. 냉기(冷気). ②하체(下体)가 차가와지는 병. 냉병(冷病). 1. becoming cold
ひえ[稗](명)〈식〉 피. 조 비슷한 농작물의 하나. 식료나 사료(飼料)로 씀. a barnyard grass
ひえいざん[比叡山](명)〈지〉 쿄오토(京都) 동북방 시가현(滋賀県)의 경계에 있는 산.
ひえいせい[非衛生](형동ダ) 비위생. 위생에 맞지 않는 모양.「一的(テキ)な生活(セイカツ); 비위생적인 생활」 insanitary
ひえき[稗益·裨益](명·타サ) 비익. 보탬. 도움. 도움이 되게 함.「社会(シャカイ)を一する; 사회에 도움이 되게 하다」 benefit
ひえぐさ[稗草](명)〈식〉 ⇨ひえ.
ひえこ·む[冷え込む](자 4) ①몹시 차가와지다. ②추위가 몸속까지 스며 들다. 1. become very cold
ひえしょう[冷え性](명) 몸이 차가와지기 쉬운 체질. 냉한 체질. a cold constitution
ひえづくり[日吉造り](명) 신사(神社) 건축 양식의 하나. 시가현(滋賀県) 사카모토(坂本)에 있는 히에(日吉) 신사가 그 대표적인 예.
ピエティズム[pietism](명)〈종〉 파이어티즘. 경건주의(敬虔主義).
ひえびえ[冷え冷え](부·자サ) 몹시 차가운 모양. 냉랭(冷冷)한 모양.「一した気候(キコウ); 냉랭한 기후」 very cold
ひ·える[冷える](자하 1) ①차가와지다. 차갑게 느껴지다. ②추워지다. 춥게 느껴지다. become cold
ピエロ[프 pierrot](명) 피에로. 도화사(道化師).
びえん[鼻炎](명)〈의〉 비염. 콧속이 허는 염증(炎症). nasal catarrh
ビエンナーレ[이 biennale](명) 비에날레. 2년마다 한 해 거르는 일. 격년(隔年).「一展(テン); 2년마다 개최되는 전람회」
ひお[氷魚]ーヲ(명)〈동〉 빙어. 바다잉어과에 속하는 작은 은어(銀魚)의 한 가지. a whitebait
ひおい[日覆い]ーオヒ(명)〔←ひおおい〕 차양(遮陽). a sunshade
ひおう[秘奥](명) 비오. 알기 힘든 심오한 것. the secrets
ひおうぎ[檜扇]ーアフギ(명) ①얇은 노송나무 판자를 엮어 만든 부채. ②〈식〉 범부채. 붓꽃과에 속하는 다년초. 산이나 들에 저절로 나는데 잎이 부채 모양임. 관상용. 근경(根莖)은 약용. 2. a blackberry-lily
ひおけ[火桶]ーヲケ(명) 나무로 만든 둥근 화로. a wooden brazier
ひおどし[緋縅]ーヲドシ(명) 붉은 끈이나 가죽으로 갑옷의 미늘을 꿰맴. 또는 그 갑옷. scarlet threading
ひおもて[日面](명) 해가 잘 쬐는 곳. 양지. 양달. a sunny place
ビオラ[viola](명)〈악〉 비올라. 바이올린 비슷하나 약간 큰 현악기. 음은 바이올린보다 조금 낮음.
ビオロン[프 violon](명)〈악〉 ⇨バイオリン. **—チェロ**[이 violoncello](명)〈악〉 ⇨チェロ.
びおん[美音](명) 아름다운 소리. 미성(美声). a sweet voice
びおん[微音](명) 미음. 희미한 소리. a faint sound
びおん[微温](명) 미온. ①미지근한 것. ②우유 부단(優柔不断). 1. tepidity 2. irresolution. **—てき**[微温的](형동ダ) 미온적. 미지근한 모양. 철저하지 못한 모양.「一な態度(タイド); 미지근한 태도」 **—とう**[微温湯](명) 미온탕. 미지근한 물.
びおん[鼻音](명) 비음. 입을 다물고 코로 내는 유성음(有声音). 콧소리. 예 : m, n, ng 등. a nasal sound
ひか[皮下](명)〈의〉 피하. 살갗 밑. 살속.「一注射(チュウシャ); 피하 주사」 under the skin
ひか[比価](명)〈경〉 비가. 다른 물건과 비교한 값. parity

ひか[非家](명)〈고〉 전문가가 아닌 사람. 문외한(門外漢).

ひか[飛花](명) 바람에 불리어 날리는 꽃잎. 「一落葉(ラクヨウ); 꽃이 지고 잎이 떨어짐」 scattering flowers

ひか[悲歌](명) 비가. ①슬픈 노래. ②슬프게 노래함. 슬퍼서 노래함. 1. an elegy

ひが—[僻](조어) 비뚤어진. 잘못의. 「一目(メ); 오견(誤見). 편견(偏見)」 **—おぼえ**[僻覚え](명)〈고〉 잘못된 기억. 사실과 상이한 기억. **—ぎき**[僻聞](명)〈고〉 잘못 듣는 일. 오문(誤聞).

ひが[彼我](명) 피아. 그와 나. 피차(彼此). 「一の状況(ジョウキョウ); 피차의 상황」 he and I

ひが[非我](명)〈철〉 비아. 자아에 대해서 존재하는 외적(外的) 세계. 자연. nonego

びか[美化](명·타サ) 미화. ①아름답게 함. ②순화(純化)함. 1. beautification

びか[美花](명) 아름다운 꽃. a beautiful flower

びか[美果](명) ①아름다운(맛있는) 과실. ②좋은 결과. 2. a good result

ひがい[被害](명) 피해. ①해를 입는것. 「一者(シャ); 피해자」 ②〈법〉 불법 행위로 말미암아 권리나 그밖의 법익(法益)을 침해당하는 일. 1. damage 2. injury. **—もうそう**[被害妄想](명)〈의〉 피해 망상. 늘 남에게서 해를 입게 된다고 생각하는 정신병의 하나.

ぴかいち[光一](명)〈속〉 가장 뛰어난 사람이나 물건. the ace

ひかえ[控え]ヒカヘ(명) ①적어서 남겨 두는 것. 비망(備忘). 메모. 부본(副本). ②미리 마련해 두는 일. 또는 무슨 일에 대비해서 있게 한 사람. 「一力士(リキシ); 다음 차례에 나갈 씨름군」 ③곁에 있어 도와주는 사람. 보조원(補助員). ④벽이나 담이 넘어지지 않게 받친 물건. 1. a memo 2. waiting. **—しつ**[控え室](명) 대기실(待機室). 대합실(待合室). **—め**[控え目](명·형동ダ) 충분히 하지 않고 끝냄. 조심하면서 소극적인 모양. 크게 벌이지 않고 소규모로 함.

ひがえり[日帰り]—ガヘリ(명·자サ) 하루에 왕복함. 「一の旅行(リョコウ); 당일에 돌아 오는 여행」 a day's trip

ひか·える[控える]ヒカヘル Ⅰ(자하 1) ①(멈추어) 기다리다. ②대기(待機)하다. 「次(ツギ)の間(マ)に一; 옆방에서 대기하다」 Ⅱ(타하 1) ①만류하다. ②적어두다. 「手帳(テチョウ)に一; 수첩에 적어 두다」 ③소극적으로 하다. 사양하다. ④하지 않고 그만두다. 삼가하다. 「発言(ハツゲン)を一; 발언을 삼가하다」 Ⅰ 1. wait upon

ひかがみ[膕](명) 무릎 뒤의 오목 들어 간 부분. 오금. the bend of the knee

ひがき[檜垣](명) 노송나무의 엷은 널판자로 엮은 울타리. a low fence made of cypress boards

ひかく[比較](명·타サ) 비교. 견주어 봄. 맞추어 봄. comparison. **—きゅう**[比較級](명) 비교급. 서구어(西欧語)의 형용사, 부사에 있어서 상태의 정도를 다른 것과 비교해서 나타내는 형식. **—てき**[比較的](부) 비교적. 견주어 보건대. **—ぶんがく**[比較文学](명) 비교 문학. 자국(自国) 문학과 타국(他国) 문학을 비교 연구하는 학문.

ひかく[皮革](명) 피혁. ①가죽. 생가죽과 다른 가죽. ②짐승의 겉가죽의 털을 뽑고 가공한 것. 2. leather

びがく[美学](명) 미학. 자연이나 미술에 나타난 미(美)를 연구하는 학문. 심미학(審美学). aesthetics

ひかげ[日陰·日蔭](명) ①햇빛이 들지 않는 그늘. 응달. ②←日陰者. 1. shade. **—もの**[日陰者](명) ①죄를 지어 떳떳이 사회 활동을 못하는 사람. ②전과자(前科者). ③첩(妾). ④사생아(私生児).

ひかげ[日影](명) 햇빛. sunlight

ひがけ[日掛け](명)〈경〉 매일 조금씩 돈을 내는 것. 일부(日賦). 「一貯金(チョキン); 일부 저금」 daily instalment

ひかげのかずら[日蔭の葛·石松]—カヅラ(명)〈식〉 석송. 다년생 상록 만초로, 줄기는 땅 위를 기어 뻗으며 길이는 약 2 *m*. 잎은 삼나무와 비슷함. a club moss

ひかげん[火加減](명) 화력(火力)의 강약(強弱). 불이 피는 정도. the degree of heating fire

ひがごころ[僻心](명)〈고〉 ①잘못된 생각. 오해. ②비뚤어진 마음. 「a wrong doing

ひがごと[僻事](명) 도리에 맞지 않는 일. 잘못된 일. ⤴

ひがさ[日傘](명) 양산(陽傘). a parasol

ひがざま[僻様](명·형동ナリ)〈고〉 도리, 사실에 어긋남.

ひかさ·れる[引かされる](자하 1) (마음이) 끌리다. 「情(ジョウ)に一; 정에 끌리다」 be attracted by

ひがし[東](명) ①동쪽. ↔西(ニシ). ②←東風. 1. the east. **—インドしょとう**[東印度諸島](명)〈지〉 동인도 제도. 아시아 남부 인도양과 태평양의 경계에 있는 제도(諸島). 수마트라, 자바, 보르네오, 셀레베스, 티모르 등의 여러 섬들. **—かぜ**[東風](명) 동풍. 동쪽에서 부는 바람. 샛바람. ↔西風. **—ゴート**[東Goth](명) 동고트. 게르만의 한 종족. 처음 흑해 북안에 살다가 이탈리아로 가서 493년 동코트 왕국을 세움. 555년 동로마에 망함. **—シナかい**[東支那海](명)〈지〉 동지나해. 중국과 류우큐우도(琉球島) 사이에 있는 바다. 대부분 대륙붕(大陸棚)으로 얕고 중국 연안은 간만의 차가 심함. **—·する**[東する](자サ) 동쪽으로 가다. ↔西する. **—はんきゅう**[東半球](명)〈지〉 동반구. 지구의 동쪽 반구. 아시아주, 유럽주, 아프리카주가 있음. ↔西半球.

ひがし[干菓子·乾菓子](명) 물기가 적은 과자. ↔生(ナマ)菓子. dry confectionery

ひがしやまじだい[東山時代](명)〈역〉 아시카가 요시마사(足利義政)가 장군직(将軍職)에 있었던 시대. (1449~73)

ひか·す[落籍す](타 4) 기적(妓籍)에서 기생의 몸을 빼내다. 낙적하다. ransom

ひかず[日数](명) 일수. 거듭된 날의 수. 날을 거듭하는 것. 날짜. the number of days

ひかそしき[皮下組織](명)〈생〉 피하 조직. 동물에 있

어 진피(真皮) 아래에 있는 결체 조직(結締組織). subcutaneous tissue
ひかた[日方](명) 서남풍. a southwesterly wind
ひがた[干潟](명) 조수가 밀려 나간 개펄. a dry beach
びカタル[鼻 catarrh・鼻加答児](명)〈의〉 비카타르. 코 안의 끈끈막에 생기는 염증. 급성인 것을 속칭 코감기라고 함. nasal catarrh
ひかちゅうしゃ[皮下注射](명)〈의〉 피하 주사. 약물을 피하의 결체 조직(結締組織) 내에 주사하는 일. hypodermic injection
びかちょう[鼻下長](명) ①코밑이 긴 사람. 인중(人中)이 긴 사람. ②여색(女色)에 빠지기 쉬운 사람. 2. a spoon
ぴかどん(명)〈속〉 원자 폭탄(原子爆弾). the A-bomb
ひがないちにち[日がな一日](연어・부) 아침부터 밤까지. 진종일. 하루 내내. all day long
ひがのこ[緋鹿の子](명) 홀치기 염색으로 사슴털의 얼룩과 같은 무늬를 희게 나타낸 진홍색 천. scarlet cloth with a pattern of white spots
ぴかぴか(부・자サ)반짝반짝 빛나는 모양. glitteringly
ひがひが・し[僻僻し](형シク)〈고〉 비뚤어지다. 완고하다. 괴팩스럽다.
ひがみみ[僻耳](명)〈고〉 잘못 듣는 일. 오문(誤聞).
ひが・む[僻む](자 4) ①비뚤어지다. 비꼬이다. ②편견으로 해석하다. 비꼬아 생각하다. 명 ひがみ. warp
ひがめ[僻目](명) ①사팔눈. 사시안(斜視眼). ②잘못 보는 것. ③편견(偏見). 1. a squint
ひがら[日柄](명) ①그날의 운수. 일수. 「一がいい; 일수가 좋다」 ②날짜 수. 일수(日数). 1. the kind of day 2. the number of days
ひから・す[光らす](타 4) 빛나게 하다. 「目(メ)を一; 눈을 빛내다(주의하여 보다. 경계하다)」 shine
ひから・びる[乾凅らびる](자상 1) ①바싹 말라 버리다. ②내용이 빈약해지다. 메말라지다. 「思想(シソウ)が一; 사상이 메말라지다」 1. dry up
ひかり[光](명) ①빛남. 빛나는 것. 빛. ②〈이〉 태양, 불, 등불 등에서 나와 시신경에 느껴지는 것. ③광택. ④위력(威力). 위세(威勢). 「親(オヤ)の一; 부모의 위세」 ⑤광명. 희망. 1. light 4. glory. **―ごけ**[光蘚](명)〈식〉 반짝이끼. 빛나는 이끼류의 한 가지. 깊은 산, 바위 틈 등에 남. 원사체(原糸体) 세포에 투명한 액이 들어 있어서 햇빛이 잘 굴절(屈折) 반사하여 밝고 연한 초록색으로 빛남. **―もの**[光り物](명) ①빛을 내는 것. ②〈속〉 쇠붙이. 고철(古鉄). ③〔요리에서〕 생선 초밥의 재료로 쓰는 고등어 등. ④유성. 별똥별. ⑤번개. ⑥금화. 은화. ⑦〔화투에서〕 20 끗짜리.
ひか・る[光る](자 4) ①빛을 내다. 빛나다. ②뛰어나다. 「一段(イチダン)と一作品(サクヒン); 한층 뛰어난 작품」 1. glitter
ひかれもの[引かれ者](명) 묶여서 끌려 가는 사람. 「一の小唄(コウタ); 약자의 허세(虚勢)」 a prisoner-to-be
ひかれる[引かれる・曳かれる](연어・하 1) (마음이) 끌리다. 「おもしろさに一; 재미에 끌리다」 be attracted
ひかん[被官](명) 영주(領主)의 직속 무사. a vassal
ひかん[悲観](명・자타サ) 비관. ①슬프게 여김. ②슬피 여기며 실망함. 낙심. ③인생이나 세상 일을 고통스럽게 생각함. ↔楽観(ラッカン). 2. disappointment. **―てき**[悲観的](형동ダ) 비관적. 비관하는 모양. ↔楽観的.
ひかん[避寒](명・자サ) 피한. 얼마 동안 따뜻한 곳으로 옮겨 추위를 피함. ↔避暑(ヒショ). wintering
ひがん[彼岸](명) 피안. ①건너편. 저쪽 강가. ↔此岸(シガン). ②춘분(春分), 추분(秋分)의 전후 각 3일간. ③〈불〉 불과(仏果)를 얻은 지위(地位). 열반(涅槃). ④내세(来世). 저승. ⑤목적. 1. the other shore 4. the future life. **―え**[彼岸会](명)〈불〉 춘분, 추분의 전후 각 3일간에 행하는 불교 행사(仏教行事). **―ざくら**[彼岸桜](명)〈식〉 피안벚나무. 벚꽃의 한 가지. 조그만한 꽃이 춘분을 전후하여 핌. **―ばな**[彼岸花](명)〈식〉 석산. 수선과의 다년초로서 들, 묘지 등에 총생함. 가을에 홍색의 유독한 꽃이 핌. 줄기는 약용.
ひがん[悲願](명) 비원. ①〈불〉 부처의 자비심에서 나온 중생 구제(衆生救済)의 서원(誓願). ②비장한 소원. 1. an earnest prayer to save mankind
びかん[美感](명) 미감. 물건의 아름다움을 느끼는 마음. 미적 감각. 「一を欠(カ)く; 미적 감각이 없다」 an aesthetic sense
びかん[美観](명) 미관. 아름다운 경치. 「一を傷(キズ)つける; 미관을 해치다」 a beautiful sight
びがん[美顔](명) 미안. ①아름다운 얼굴. ②얼굴을 아름답게 함. 미용. a beautiful face. **―じゅつ**[美顔術](명) 미안술. 얼굴을 곱게 하기 위해 마사아지 등을 하는 미용술의 한 가지.
ひき―[引き](접두) 동사 앞에 붙어서 뜻을 강조하는 말. 「一さがる; (썩) 물러나다」
―ひき[匹・疋](접미) ① 짐승, 새, 물고기, 벌레 등을 세는 말. 마리. 필. ②예전 엽전을 세던 단위. 처음에는 10 푼을, 뒤에는 25 푼을 말하였음. ③옷감의 길이를 세는 단위. 경척(鯨尺)으로 58 자(약 17 *m*) 가 되는 옷감. 필.
ひき[引き](명) ①편드는 것. 역성. ②연고(縁故). ②〔사진에서〕 뒤로 물러날 여지(余地). ③할인(割引). ④〔낚시에서〕 물고기가 줄을 끌어 당기는 일. ⇨: ひきでもの(引出物). 1. favour
ひき[蟇](명)〈동〉 ⇨ひきがえる(蟇蛙).
ひき[悲喜](명) 비희. 슬픔과 기쁨. 희비. 「一こもごも至(イタ)る; 슬픔과 기쁨이 번갈아 닥치다」 joy and sorrow
ひぎ[比擬](명・타サ) 비교함. comparison
ひぎ[非議・批議](명・타サ) 남을 헐뜯음. 비난(非難). vilification
ひぎ[秘儀](명) 비밀히 행하는 의식. a secret ceremony
びき[美肌](명) 아름다운 피부. beautiful skin
びき[美姫](명) 미희. 아름다운 여자. 미인. a beauty

びぎ[美妓](명) 미기. 아름다운 기생.

びぎ[美技](명) 훌륭한 기술. 훌륭한 연기(演技). 묘기(妙技).「—をきそう; 훌륭한 재주를 겨루다」 a fine play

ひきあい[引き合い]—アヒ(명) ①〈경〉거래하기 전의 조회(照会). ②연좌(連坐). 연루(連累). ③증거로써 인용함. 증인, 참고인으로 세움.「例(レイ)の話(ハナシ)を—に出(ダ)す; 그 이야기를 증거로 끄집어 내다」 1. a deal 3. reference

ひきあ·う[引き合う]—アフ(자 4) ①서로 끌어 당기다. ②이익이 되다.「—仕事(シゴト); 수지가 맞는 일」 ③(애쓴) 보람이 있다. 1. pull against each other 2. be profitable

ひきあけ[引き明け](명) 새벽녘.「夜(ヨ)の—; 날이 샐 무렵」 dawn

ひきあ·げる[引き上げる·引き揚げる](타하 1) ①높이 끌어 올리다. ②물러나다. 돌아 가다. 귀환(帰還)하다.「その場(バ)を—; 그자리를 물러나다」 ③발탁(抜擢)하다.「若(ワカ)い人(ヒト)を—; 젊은 사람을 발탁하다」 ④값을 올리다. ⑤몰수하다. 명ひきあげ 1. pull up 3. promote 4. raise

ひきあて[引き当て](명) ①저당(抵当). 담보(担保). ②〈경〉정해진 지출(支出)을 위하여 따로 두는 일. ③마음속으로부터의 믿는 바. 기대(期待). 동引き当てる(타하 1). 1. a security 3. expectation

ひきあみ[引網·曳網](명) 바다나 강물에 넓게 둘러 치고 두 끝을 당겨 물고기를 잡는 그물. 후릿그물. a dragnet

ひきあわ·せる[引き合わせる]—アハセル(타하 1) ①이끌어서 합치다. ②맞대다. 맞대어 견주어 보다. 대조(対照)하다. ③주선하여 대면시키다. 소개하다. 명引き合わせ. 1. draw together 2. compare 3. introduce

ひき·いる[率いる]ヒキヰル(타상 1) ①이끌다. 인솔하다. ②지도하다. 통솔하다. 1. lead 2. command

ひきい·る[引き入る](자 4) ①들어 가다. 물러가다. ②은둔하다. ③숨이 끊어지다. 1. withdraw 2. hide 3. die

ひきいれごえ[引き入れ声]—ゴエ(명) 기어 들어 가는 목소리. whisper

ひきい·れる[引き入れる](타하 1) ①끌어 넣다. 끌어들이다. ②깊이 덮다. 깊숙이 쓰다. ③꾀어서 한패가 되게 하다. 1. pull in 3. win over

ひきう·ける[引き受ける](타하 1) ①스스로 맡다. ②뒤를 이어 받다. ③맞아 들이다. ④상대가 되어 주다. ⑤보증(保証)을 서다. 명引き受け. 1. take on 5. guarantee

ひきうす[碾き臼](명) 둥근 돌판 두 개를 포개어서 그 속에다 곡물(穀物)을 넣어 빻는 기구. 맷돌. a quern

ひきうつ·す[引き写す](타 4) (문장 등을) 그대로 베끼다. trace

ひきうつ·る[引き移る](자 4) 다른 곳으로 옮기다. 이사하다. remove

ひきおこ·す[引き起こす](타 4) ①넘어진 것을 일으키다. ②[惹き起こす] (사건 등을) 일으키다. 야기(惹起)하다. ③(쇠한 것을) 재흥(再興)시키다. 1. raise up

ひきおとし[引き落とし](명) 〔씨름에서〕 상대의 팔 등을 쥐고 앞으로 당겨 넘어뜨리는 수.

ひきおん[引音](명) 장음(長音). a prolonged sound

ひきかえ[引き替え·引き換え]—カへ Ⅰ(명) 서로 바꾸는 일. 교환. Ⅱ(부) 반대로.「それに—; 그와 반대로」 Ⅰ exchange Ⅱ on the contrary

ひきかえ·す[引き返す]—カヘス Ⅰ(자 4) 되돌아가다. Ⅱ(타 4) ①되풀이하다. ②반대로 하다. ③뒤로 돌리다. 명引き返し. Ⅰ turn back Ⅱ 2. reverse

ひきか·える[引き替える·引き換える]—カヘル(타하 1) ①바꾸다. ②반대로 하다. ③모양을 바꾸다. 명ひきかえ. 1. exchange 2. reverse

ひきがえる[蟇蛙]—ガヘル(명)〈동〉두꺼비. 몸이 우툴두툴하고 흉하게 생겼음. a toad

ひきがし[引き菓子](명) 결혼, 불교 행사(仏教行事) 때에 나누어 주는 과자. ornamental cakes

ひきかづ·く[引き被く](타 4)〈고〉끌어 덮다.

ひきがね[引き金](명) 권총, 소총 등에 붙어 있는 손가락으로 당겨서 발사하는 장치. 방아쇠. a trigger

ひきぐ·す[引き具す](타 サ)〈고〉①이끌고 다니다. 데리고 다니다. ②휴대하다.

ひきげき[悲喜劇](명) 비희극. ①비극과 희극의 요소가 섞인 극. 희비극. ②슬픈 일과 기쁜 일이 뒤섞인 일들. a tragicomedy

ひきこ[挽き子](명) ①수레를 끄는 사람. 차부(車夫). ②나무를 켜는 사람. 1. a rickshawman

ひきごと[引き言](명) 설명에 인용한 말. 인용구(引用句). a quotation

ひきこみせん[引込線](명) ①배전 간선(配電幹線)으로부터 집안에 끌어 넣은 전선. ②본선으로부터 역의 구내에 끌어 넣은 궤도(軌道). 1. a service wire

ひきこ·む[引き込む](타 4) ①끌어 넣다. ②한패에 넣다. ③심한 감기에 걸리다. 1. pull in 2. win over 3. catch a bad cold

ひきこも·る[引き籠もる](자 4) 물러나서 집안에 틀어박히다. 속에 틀어 박히다.「家(ウチ)に—; 집에 틀어 박히다」 stay in

ひきさ·がる[引き下がる](자 4) ①(어떤 장소에서) 물러나다.「負(マ)けてすごすごと—; 패배하여 힘없이 물러나다」 ②(어떤 일에서) 손을 떼다. withdraw

ひきさ·く[引き裂く](타 4) ①찢다.「布(ヌノ)を—; 천을 찢다」 ②가까운 사이를 틈이 가게 하다.「ふたりの仲(ナカ)を—; 두 사람 사이를 틈이 가게 하다」 1. tear

ひきさ·げる[引き下げる](타하 1) ①끌어 내리다. ②이끌고 가다. ③낮게 하다.「利子(リシ)を—; 이자를 내리다」 ④물러나게 하다. 명引き下げ. 3. bring down

ひきさ·る[引き去る](타 4) ①끌고 가 버리다. ②줄이다. 빼다. 1. drag away 2. deduct

ひきざん[引き算](명)〈수〉뺄셈. ↔足(タ)し算. subtraction

ひきしお[引き潮]ーシホ(명) ①썰물. ②간조(干潮). ↔差(サ)し潮, 満(ミ)ち潮. the ebb tide

ひきしぼ·る[引き絞る](타 4) 활에 화살을 메워 활시위를 충분히 잡아 당기다. strain

ひきしま·る[引き締まる](자 4) ①세게 졸라 매어지다. ②긴장되다. ③〈경〉 값이 약간 오르게 되다. ↔引きゆるむ. 1. tighten

ひきし·める[引き締める](타하 1) ①세게 졸라 매다. ②긴장시키다. 1. tighten 2. brace

ひぎしゃ[被疑者](명)〈법〉 피의자. 범행자로 의심을 받아 조사를 당하고 있으면서 아직 기소되지 아니한 자. 용의자(容疑者). a suspect

ひきしろ·う[引きしろう]ーシロフ(타 4)〈고〉 ①서로 끌어 당기다. ②연기(延期)하다. 질질 끌다.

ひきす·える[引き据える]ースヱル(타하 1) 〔"すえる"의 센말〕. ①거치(据置)하다. ②자리를 정하다. 앉히다. ③설치(設置)하다.

ひきずり[引き摺り](명) ①끄는 것. ②〈속〉 옷치장만 하고 일을 하지 않는 여자를 욕하여 일컫는 말. 유한부인(有閑婦人). 「このーめ; 이 게으름뱅이년아」 2. a lazy woman

ひきず·る[引き摺る](타 4) ①땅에 닿게 질질 끌다. ②축 늘어져서 땅에 닿다. ③억지로 끌고 가다. 1. draggle 3. drag

ひきぞめ[弾き初め](명) 정초에 거문고나 피아노 등을 처음으로 타는 일. the New Year's first playing

ひきたが·ふ[引き違ふ](타하 2)〈고〉 ①틀리게 하다. 반대로 하다. ②방향을 바꾸다. 다르게 하다.

ひきだし[引き出し·抽き出し](명) ①빼내는 것. (예금을)찾아 내는 것. ②서랍. 2. a drawer

ひきだ·す[引き出す](타 4) ①밖으로 끌어 내다. ②끼어 내다. ③(자금을) 끌어 내다. ④(예금을) 찾아 내다. 1. take out 2. draw out

ひきた·つ[引き立つ](자 4) 볼품이 있다. 돋보이다. 「絵(エ)全体(ゼンタイ)がー; 그림 전체가 돋보이다」 look better

ひきたて[引き立て](명) ①이끌어 주는 것. ②편들어 주는 것. 역성. 2. patronage

ひきた·てる[引き立てる](타하 1) ①일으켜 세우다. ②북돋우다. 「気(キ)をー; 사기를 북돋우다」 ③데리고 가다. 연행하다. ④등용하다. 발탁(抜擢)하다. 「平社員(ヒラシャイン)からー; 평사원으로부터 발탁하다」 1. set up 2. cheer up

ひきちゃ[碾き茶·挽き茶](명) 차 잎을 맷돌로 갈아서 가루로 만든 고급 차. 가루차. powdered tea

ひきずえ[引杖·曳杖](명) 지팡이를 끌고 감. 또는 그 지팡이. a stick

ひきつ·ぐ[引き継ぐ](타 4) ①뒤를 잇다. 물려받다. ②뒷사람에게 물려주다. 명 引き継ぎ. 1. succeed 2. take over

ひきつくろ·う[引き繕う]ーツクロフ(타 4) 꾸미다. 미봉(弥縫)하다. 「其(ソ)の場(バ)をー; 그자리를 미봉하다」 repair

ひきつけ[引き付け](명) ①끌어 당김. ②〈의〉 경련. 「あかんぼうのー;경풍(警風)」 2. a convulsive fit

ひきつけしゅう[引き付け衆](명) 카마쿠라(鎌倉), 무로마치(室町) 막부(幕府)의 직명. 소송 사무, 정부 기록 등을 맡아 보았음.

ひきつ·ける[引き付ける] Ⅰ(자하 1) 어린 아이가 경련을 일으키다. Ⅱ(타하 1) ①바싹 당기다. 가깝게 하다. ②마음을 끌다. 억지로 갖다 붙이다. Ⅰ have a convulsive fit Ⅱ 2. attract

ひきつづき[引き続き] Ⅰ(명) 계속. 연달음. Ⅱ(부) ①연이어. ②곧 뒤이어. Ⅱ 1. in succession

ひきつづ·く[引き続く](자타 4) 죽 연달다. 계속하다. 잇닿다. continue

ひきづな[引き綱](명) 물건을 매어서 끄는 줄. 예인선(曳引船)의 밧줄. a towline

ひきつり[引き攣り](명) ①살갗이 수축되는 일. 쥐. ②화상(火傷) 등으로 수축된 살갗. 1. a spasm 2. a scar

ひきつ·る[引き攣る](자 4) ①살갗이 수축하다. 힘살이 켕기어 아프다. ②경련을 일으키다. ③굳어지다. 「顔(カオ)がー; 얼굴이 굳어지다」 2. have a cramp

ひきつ·れる[引き連れる](타하 1) 데리고 가다. take in company

ひきつ·れる[引き攣れる](자하 1) 경련을 일으키다. 쥐나다. 명 引きつれ. have a cramp

ひきて[引き手](명) ①문짝을 열고 닫을때 손을 대는 부분. 손잡이. 문고리. ②안내. 인도(引導). 또는 그 사람. 1. a catch 2. a guide

ひきて[弾き手](명) 거문고, 샤미센(三味線) 등을 타는 사람. a player

ひきでもの[引き出物](명) 연회, 잔치 등에서 주인이 손님에게 주는 선물. a present

ひきど[引き戸](명) 미닫이. ↔開(ヒラ)き戸. a sliding door

ひきと·める[引き止める·引き留める](타하 1) 만류하다. (잡아 끌 듯이 하여) 멈추게 하다. detain

ひきと·る[引き取る] Ⅰ(자 4) (그자리에서) 물러가다. Ⅱ(타 4) ①(남이 힘에 겨워하는 것을) 떠맡다. ②호흡이 그치다. 「息(イキ)をー; 숨이 끊어지다」 Ⅰ withdraw Ⅱ 1. receive

ひきなう[引き延う]ーナフ(타하 2)〈고〉 늘어나게 하다. 길게 하다.

ひきなお·す[引き直す]ーナホス(타 4) 본래대로 되게 하다. 고치다. restore

ひきなわ[曳き縄]ーナハ(명) 고깃배가 달리면서 그 고물(船尾)에서 물속에 넣어 끄는 긴 낚싯줄. a fishing line drawn by a fishing boat

ビキニかんしょう[Bikini 環礁](명)〈지〉 비키니 환초. 마아셜 제도의 북쪽에 있는 섬으로 저평(低平)한 환초로 되어 있으며 미국의 원자 폭탄, 수소 폭탄 실험지로 유명.

ひきにく[挽き肉](명) 잘게 다진 고기. minced meat

ひきぬき[引き抜き](명) ①빼냄. 뽑아 냄. ②〔연극에서〕 배우가 겉옷을 재빨리 벗고 속에 입은 의상(衣

裳)을 나타냄. 1. pulling out 2. stripping
ひきぬ·く[引き抜く](타 4) ①빼내다. 뽑다. 「大根(ダイコン)を―; 무우를 뽑다」 ②다른 데 속한 사람을 후대하여 자기편으로 옮기게 하다. 스카우트하다. 「俳優(ハイユウ)を―; 다른 데 속해 있는 배우를 자기 회사 전속으로 하다」 1. pull out 2. pick out
ひきの·ける[引き退ける](타하 1) ①물러나게 하다. 물리치다. ②멀리하다. 자引きのく(4). 2. keep away
ひきのば·す[引き延ばす·引き伸ばす](타 4) ①당겨서 펴다. 늘어나게 하다. ②사진을 확대하여 복사하다. ③시간이 많이 걸리게 하다. (시간을) 끌다. 「会議(カイギ)を―; 회의를 질질 끌다」 명引きのばし. 1. draw out 2. enlarge 3. delay
ひきはが·す[引き剝がす](타 4) ①잡아 당겨서 벗기다. ②세게 벗기다. 1. strip off
ひきはな·す[引き離す](타 4) ①잡아 당겨서 떼어 놓다. ②강제로 떼어 놓다. 1. draw apart
ひきはら·う[引き払う]―ハラフ(타 4) 다른 곳으로 옮기고 뒤를 말끔히 치우다. 퇴거하다. 명도(明渡)하다. 철거(撤去)하다. 「家(イエ)を―; 집을 비워 주다」 명引き払い. evacuate
ひきふだ[引き札](명) ①상품이나 개점(開店)을 알리는 작은 광고지. ②광고하는 물건. 견본. ③추첨권. 제비. 1. a handbill 2. a sample
ひきふね[引き船·引き舟](명) 다른 배를 끄는 배. 예인선(曳引船). a towboat
ひきまく[引き幕](명) (무대의) 옆으로 잡아 당겨서 여닫게 된 막. ↔揚(ア)げ幕. a drawing curtain
ひきまど[引き窓](명) 끈을 잡아 당겨서 여닫게 된 천창(天窓). a skylight
ひきまゆ(げ)[引き眉(毛)](명) 먹으로 그린 눈썹. painted eyebrows
ひきまわし[引き回し]―マハシ(명) ①데리고 돌아 다님. ②예전에 사형수(死刑囚)를, 죄상(罪状)을 적은 종이와 함께 말에 태워 거리로 끌고 다니던 일. 조리 돌림. ③소매가 없고 아래 통이 넓은 가빠. 2. public exposure 3. a mantle
ひきまわ·す[引き回す]―マハス(타 4) ①끌고 돌아 다니다. ②여러 곳으로 데리고 다니다. ③지도하여 일하게 하다. 1. lead about
ひきもきらず[引きも切らず](연어·부) 그칠 새 없이. 끊임 없이. continuously
ひきもの[引き物](명) 〔피로연 등에서〕 손님이 집으로 가져가도록 주는 과자 등의 선물. ②간막이하기 위한 장막. 1. a present 2. a curtain
ひきもの[弾き物](명)〈악〉 현(弦)으로 음을 내게 하는 악기의 총칭. 현악기(絃楽器). the strings
ひきゃく[飛脚](명) ①예전에 급한 용무를 먼 곳에 알리기 위해서 보내던 심부름군. ②에도(江戸) 시대 편지 등을 먼 곳에 전하는 것을 직업으로 하던 사람. 1. a courier 2. a postman
ひきゅう[飛球](명) 〔야구에서〕 배터(打者)가 높이 쳐 올린 공. a fly ball
ひきゅう[悲泣](명·자サ) 비읍. 슬피 욺. wailing
ひきゅう[髀臼](명)〈생〉 비구. 치골(恥骨)의 바깥쪽으로 오목하게 들어 간 부분. 대퇴골(大腿骨)과 접하는 부분. 관골구(髖骨臼). the acetabulum
びきゅう[彌久](명) 오랫동안. for a long time
ひきゆる·む[引き緩む](자 4)〈경〉 값이 내리다. ↔引き締(シ)まる. ease
びきょ[美挙](명) 미거. 아름다운 행동. 훌륭한 처사. a praiseworthy undertaking
ひきょう[比況](명) 〔문법에서〕 "ごとし, ようだ"를 붙여서 비유, 동작, 상태 등을 나타내는 조동사(助動詞). comparison
ひきょう[卑怯](명·형동ダ) 비겁. ①마음이 약하고 용기가 없음. 겁이 많음. ②야비함. 비열(卑劣). 「―者(モノ); 비겁한 놈」 2. cowardice
ひきょう[秘教](명) 비교. ①〈종〉의식(儀式) 등에 비밀을 존중하는 종교. ②〈불〉 밀교(密教). an esoteric religion
ひきょう[秘境](명) 비경. 인간이 아직 가 보지 못한 신비스러운 곳. a land of mystery
ひきょう[悲況](명) 슬픈 모양. 비관할 상태. a gloomy condition
ひきょう[悲境](명) 비경. 슬픈 처지. 불행한 경우. sad circumstances
ひぎょう[飛行](명·자サ) 비행. 하늘을 날아 감. flying
ひぎょう[罷業](명) 파업. ①일을 하지 않는 것. ②노동자가 노동 조건을 개선하기 위해 단결해서 일을 중지하는 일. 동맹 파업. 1. idleness 2. a strike
ひきょく[秘曲](명) 비곡. 함부로 남에게 잘 전하지 않는 곡(曲). secret music
ひきょく[悲曲](명) 비곡. 슬픈 곡. a plaintive melody
ひきよ·せる[引き寄せる](타하 1) 가까이 끌어 당기다. 「本(ホン)を―; 책을 끌어 당기다」 draw
ひぎり[日切り](명) 일수(日数)의 한도. 기한(期限). 「―の金(カネ)をかりる; 기한을 정한 돈을 빌다」 the date fixed
ひきわけ[引き分け](명) ①떼어 놓는 것. 갈라 놓는 것. ②승부가 나지 않은 채 (무승부로) 끝나는 것. 1. pulling apart 2. a drawn game
ひきわた[引き綿](명) 보통 솜 위에 얇게 펴는 풀솜. floss silk
ひきわた·す[引き渡す](타 4) ①실, 줄 등을 치다. ②남의 손에 넘겨 주다. 인도하다. ③다리를 놓다. 1. stretch 2. transfer
ひきわり[碾き割り·挽き割り](명) ①맷돌로 곡식을 타는 일. ②탄 보리. 1. grinding
ひきん[卑近](명·형동ダ) 비근. 흔함. 가까움. 통속적(通俗的). 「―な例(レイ)を引(ヒ)く; 비근한 예를 들다」 familiarity
ひきん[飛禽](명) 비금. 나는 새. 날짐승. a flying bird
びぎん[微吟](명·타サ) 미음. 작은 소리로 시가(詩歌) 등을 읊음. humming
ひきんぞく[非金属](명)〈이〉 비금속. 비금속 원소의 준말. 금속이 아닌 모든 원소. 기체, 액체의 태반과

붕소(硼素). a nonmetallic element

ひきんぞく[卑金属](명)〈이〉 비금속. 공기 중에서 쉽게 산화되는 금속. a base metal

ひ·く[引く](타 4) ①손으로 자기 쪽으로 당기다. 끌어 당기다. ②(끌어서) 나아가게 하다. 「馬(ウマ)を一; 말을 끌다」 ③뽑다. 「糸(イト)を一; 실을 뽑다」 ④슬쩍 훔치다. 「ねずみがものを一; 쥐가 물건을 몰래 훔치다」 ⑤(땅 위로) 질질 끌다. 「すそを一; 옷자락을 끌다」 ⑥(선을) 길게 긋다. 「まゆを一; 눈썹을 길게 그리다」 ⑦(도면을) 그리다. ⑧늘여서 칠하다. 「蠟(ロウ)を一; 초를 녹여서 칠하다」 ⑨이끌어 넣다. 「水(ミズ)を一; 물을 대다」 ⑩(전기, 가스 등을) 장치하다. ⑪끌어 들이다. 펴다. 「客(キャク)を一; 손님을 끌어 들이다」 ⑫화살을 대고 활시위를 당기다. ⑬(예로써) 들다. 인용(引用)하다. ⑭물러나다. 되돌리다. 관계를 끊다. 「手(テ)を一; 관계를 끊다」 ⑮줄이다. 빼다. 「12(ジュウニ)から 1(イチ)を一; 12에서 1을 빼다」 ⑯길게 펴다. 「幕(マク)を一; 막을 닫다」 ⑰(손을 잡고) 이끌다. ⑱들이마시다. 「息(イキ)を一; 숨을 들이마시다」 ⑲몸에 들게 하다. 「かぜを一; 감기 들다」 ⑳(사전을 보고) 말을 찾다. ㉑뽑다. 「くじを一; 제비를 뽑다」 ㉒(칼날을) 무디게 하다. ㉓이어 받다. 「あとを一; 뒤를 잇다」 ㉔언제까지나 남다. 「尾(オ)を一; 뒤를 남기다」 1. pull 4. pilfer 9. lead

ひ·く[引く·退く](자 4) ①물러나다. 물러서다. 「あとへ一; 뒤로 물러나다」 ②관계를 끊다. 그만두다. ③퇴직하다. 사임하다. 폐업하다. 「役所(ヤクショ)を一; 관직을 그만두다」 ④(기생이) 폐업하다. ⑤적어지다. 없어지다. 「熱(ネツ)が一; 열이 내리다」 1. retreat 3. retire from office

ひ·く[挽く](타 4) ①톱으로 나무를 켜다. 「木(キ)を一; 나무를 켜다」 ②녹로(轆轤)를 돌려서 도구를 만들다. ③수레를 앞으로 끌다. 1. saw 3. pull

ひ·く[弾く](타 4) 현악기나 건반 악기를 타다. 「ピアノを一; 피아노를 치다」 play on

ひ·く[碾く](타 4) 맷돌로 갈다. 타다. grind

ひ·く[轢く](타 4) 찻바퀴가 짓누르고 지나가다. 깔리게 하다. 치이게 하다. 「自動車(ジドウシャ)にひかれる; 자동차에 치이다」 run over

びく[比丘](명)〈불〉 비구. ①불문(仏門)에 들어간 남자 중. ↔比丘尼(ビクニ). a Buddhist priest

びく[魚籠](명) 어롱. 낚은 물고기를 넣는 종다래끼. a creel

〔魚籠〕

ひく·い[低い](형) ①낮다. ↔高(タカ)い. ②키가 작다. ③신분이 천하다. ④소리가 낮다. 「一声(コエ); 낮은 목소리」 ⑤가치가 낮다. 「価値(カチ)が一; 가치가 적다」 ⑥위도(緯度)가 적다. 적도에 가깝다. 파생 **—さ**(명). 1. low 2. short 3. humble

ひくいどり[火食い鳥]ヒクヒー(명)〈동〉 화식조. 타조와 비슷한 뉴우기니아의 삼림에 사는 대형의 새. 머리 끝과 목은 적색 또는 청색으로 아름답고 몸은 흑색. 날지는 못하나 빨리 뛰며 헤엄을 잘 침. a cassowary

びくしょう[微苦笑](명·자サ) 미소와 고소. 가벼운 쓴웃음. a forced smile

ひぐち[火口](명) ①불이 난 시초. ②화구. 불을 붙이게 되어 있는 자리. 1. origin of a fire 2. a burner

ひくつ[卑屈](형동ダ) 비굴. 기력이 없고 행동이 천박한 모양. servile

びくつ·く(자 4) 겁을 내고 벌벌 떨다. be timid

ひくて[引く手](명) 자기 쪽으로 오게 하려고 끄는 사람. 「一あまた; 잡아 끄는 곳이 많은 것」. a puller

びくとも(연어·부) 끔쩍도. 조금도. 「一しない; 조금도 움직이지 않는다(꿈쩍도 않는다)」 at all

びくに[比丘尼](명)〈불〉 비구니. 출가(出家)하여 머리를 깎고 중이 된 여자. ↔比丘. a Buddhist priestess

ピクニック[picnic](명·자サ) 피크닉. 소풍. 야유(野遊).

ひくひく(부·자サ) 조금씩 떨며 움직이는 모양.

びくびく(부·자サ) ①겁을 내고 벌벌 떠는 모양. ②발작적(発作的)으로 꿈틀꿈틀하는 모양. 1. timidly 2. convulsively

ぴくぴく(부·자サ) 경련을 일으키듯이 떨려 움직이는 모양. twitch

ひぐま[羆](명)〈동〉 큰곰. 추운 지방에 사는 몸집이 큰 곰. 털은 거세며 성질이 사나움. a brown bear

ひくま·る[低まる](자 4) 낮아지다. become low

ひくみ[低み](명) 얕은 곳. 낮은 곳. ↔高(タカ)み. low land

ひく·める[低める](타하 1) 낮추다. ↔高(タカ)める. lower

ひぐら[氷倉](명) 옛날에 얼음을 넣어 두던 창고. 빙고(氷庫). an ice storehouse

ひぐらし[日暮らし] Ⅰ(명) 하루를 지냄. Ⅱ(부) 종일. 하루 종일. Ⅰ passing a day Ⅱ all day long

ひぐらし[茅蜩](명)〈동〉 쓰르라미. 매미과에 속하는 곤충. 암컷이 25 *mm*, 수컷이 38 *mm* 내외. 6~8월에 쓰르람쓰르람 하고 욺. a clear-toned cicada

ぴくり(부) 갑자기 꿈틀하고 움직이는 모양. convulsively

ピクリンさん[picrin 酸](명)〈이〉 피크린산. 황색의 결정으로 쓴맛이 있으며 다소 독이 있음. 석탄산에 황산과 농질산(濃窒酸)을 작용시켜 얻음. 염료, 폭약(爆薬) 등에 씀.

ピクル[picul·担](명) 피컬. 무게의 단위. 60 *kg*.

ピクル(ス)[pickle(s)](명) 피클(스). 소금에 절인 야채, 과실 등을 다시 식초, 설탕, 향신료(香辛料) 등을 섞은 국물에 담가서 절인 음식.

ひぐれ[日暮れ](명) 해질녘. 일모. evening

びくん[微醺](명) 약간 취한 것. 「一を帯(オ)びて; 약간 취기를 띠고」 slight intoxication

ひけ[引け](명) ①물러나는 것. 퇴출(退出). ②뒤짐. 승부에서 지는 것. 「一を取(ト)らない; 지지 않는다」 ③열등감. 「一目(メ); 열등감」 ④〈경〉 ←引け相場. 「一あと; 거래소의 마지막 입회 후」 1. closing 2. a defeat. **— そうば**[引け相場](명)〈경〉〔증권 거래소에서〕 그날의 끝 입회(立会) 때의 시세. 종필(終畢) 시세.

ひげ[髭](명) 수염. a moustache
ひげ[卑下](명·자타サ) ①자기를 낮추어 내림. 겸손. ②비하. 비천함. 1. humility
ピケ(명) ①피킷의 준말. 「―ライン; 피킷라인」 ②피키팅의 준말.
ピケ[프 piqué](명) 피케. 두꺼운 면직물의 한 가지. 가로로 줄이 나거나 무늬가 두드러지게 된 면포. 복지, 가구 장식 등에 쓰임. 「―帽(ボウ); 피케 모자」
ひけい[秘計](명) 비계. ①비밀 계획. ②불가사의한 계략. 1. a secret plan 2. a deep plot
びけい[美形](명) 용모가 아름다움. 미인. beauty
びけい[美景](명) 미경. ①아름다운 경치. ②〈속〉마모의 기생. ③좋은 경품(景品). 1. a fine view
ひげき[悲劇](명) 비극. ①불행, 비참한 일 등을 표현한 연극. ②비참한 인생사. ↔喜劇(キゲキ). 1. a tragedy. ―**てき**[悲劇的](형동ダ) 비극적. 비극의 성질을 가진 모양.
ひけぎわ[引け際·退け際]―ギハ(명) ①직무를 그만둘 무렵. ②근무처의 일이 끝날 무렵. 2. the time to close
ひけし[火消し](명) ①불을 끄는 일. 소화. ②소방수(消防手). 1. extinction 2. a fireman. ―**つぼ**[火消し壺](명) 숯불을 넣고 뚜껑을 꼭 덮어서 불을 끄는 항아리.
ひけつ[否決](명·타サ) 부결. 의안을 승인하지 않는 의결(議決). 또는 그렇게 의결함. ↔可決(カケツ). rejection
ひけつ[秘訣](명) 비결. 비밀의 법. 비전(秘伝). 신묘한 방법. 「登山(トザン)の―; 등산의 비결」 a secret
ひけつ[秘結](명·자サ)〈의〉 비결. 대변이 막혀서 나오지 않는 것. 변비. constipation
ピケッティング[picketing](명) 피키팅. 스트라이크의 방해자나 배반자를 감시하는 일.
ピケット[picket](명) 피킷. 스트라이크의 방해자를 지키는 사람. 「―を張(ハ)る; 피킷을 치다」
ひけどき[引け時·退け時](명) 학교, 회사 등의 파할 시각. the closing hour
ひけね[引け値](명)〈경〉 ⇨ひけそうば(引け相場).
ひけめ[引け目](명) ①열등감. 「―を感(カン)じる; 열등감을 느끼다」 ②결점. 2. a weak point
ひけらか·す(타 4)〈속〉 자랑하다. show off
ひ·ける[引ける](자하 1) ①일이 끝나다. 파하다. 「会社(カイシャ)が―; 회사가 파하다」 ②열등감이 나다. 「気(キ)が―; 기가 죽다」 ③끌 수 있다. 뺄 수 있다. 1. leave 2. lose heart
ひけん[比肩](명·자サ) 비견. 어깨를 나란히 함. 필적(匹敵). being comparable with
ひけん[丕顕](명) 크게 뚜렷한 것. 현저(顕著). being distinguished
ひけん[披見](명·타サ) 문서 등을 펴 봄. 「書籍(ショセキ)を―する; 책을 펴 보다」 perusal
ひけん[卑見·鄙見](명) 비견. 자기 의견을 겸사로 일컫는 말. my humble opinion
ひげん[飛言](명) 비언. 근거가 없는 말. 유언(流言). 비어(蜚語). a groundless rumour
ひげん[鄙言](명) 비언. ①천한 말. ②사투리. 방언(方言). ③자기 말을 겸사로 일컫는 말. 1. a vulgarism 2. a dialect
びげん[美言](명) ①좋은 말씨. ②감언(甘言). 1. a good language 2. honeyed words
びげん[微言](명) 미묘한 말. 심오한 말. a maxim
ひげんぎょう[非現業](명) 비현업. 현장 일이 아닌 보통 사무. 기업체에 있어서 일반적인 관리 사무. 「―官庁(カンチョウ); 비현업 관청」 desk work
ひけんしゃ[被験者](명) 피험자. 시험, 실험 등의 대상자. a subject
ひこ[彦](명)〈고〉 남자의 미칭(美称).
ひこ[孫](명) 손자. a grandchild
ひこ[曾孫](명) 증손. 손자의 아들. a great-grandchild
ひご[籤](명) 댓가지를 쪼개어 깎아 만든 살. 여러 가지 바구니 등을 만드는 데 쓰임. bamboo splinters
ひご[庇護](명·타サ) 비호. 덮어서 보호함. 감싸 줌. patronage
ひご[肥後](명)〈지〉 옛 지방 이름. 현재의 쿠마모토현(熊本縣).
ひご[卑語](명) 비어. 천한 말. a vulgarism
ひご[飛語·蜚語](명) 비어. 근거 없는 소문. 「流言(リュウゲン)―; 유언 비어」 a groundless rumour
ピコ[picot](명) ⇨ピコット.
ひごい[緋鯉]―ゴヒ(명)〈동〉 잉어의 변종. 전신이 진홍색임. 애완용. a red carp
ひこう[非行](명) 비행. 옳지 않은 행동. 「―をあばく; 비행을 들춰 내다」 a misconduct
ひこう[肥効](명)〈농〉 비효. 비료의 효력. the effect of manure
ひこう[肥厚](명·자サ) 비후. 살이 쪄서 두꺼워짐. growing thick. ―**せいびえん**[肥厚性鼻炎](명)〈의〉 비후성 비염. 만성 비염의 하나로 비강내의 조직이 이상 증식(異常增殖)해서 장해를 일으키는 병.
ひこう[披講](명·타サ) 시나 노래를 소리 높여 낭독함. public reciting
ひこう[飛行](명·자サ) 비행. 공중을 날아 감. a flight. ―**き**[飛行機](명) 비행기. 프로펠러를 회전시키거나 가스를 분출시켜 공중을 나는 기계. ―**ぐも**[飛行雲](명) 비행운. 비행기가 높은 하늘을 비행한 뒤 길게 꼬리처럼 남는 흰 구름. ―**し**[飛行士](명) 비행사. 비행기의 조종사. ―**じょう**[飛行場](명) 비행장. 항공기가 이착륙(離着陸)하는 넓은 장소. ―**せん**[飛行船](명) 비행선. 수소나 헬륨 등의 공기보다 가벼운 가스를 넣은 기낭(氣嚢)으로 공중에 뜨고, 발동기에 의해 비행하는 항공기. 항공선. ―**てい**[飛行艇](명) 비행정. 동체가 보우트로 되어 있는 대형의 수상 비행기.
ひこう[罷工](명) 일을 중단하는 일. 파업. a strike
ひごう[非業](명)〈불〉 비업. ①전세(前世)의 업인(業因)에 의하지 않는 일. ②재난으로 죽는 것. 「―の最期(サイゴ); 비명의 횡사」 an unnatural death

びこう[尾行](명·자サ) 미행. 몰래 뒤따름. 「犯人(ハンニン)を一する; 범인을 미행하다」 following
びこう[美校](명) 미술 학교(美術学校)의 약칭.
びこう[備考](명) 비고. 참고로 첨가함.「一欄(ラン); 비고란」 remarks
びこう[備荒](명) 비황. 흉작(凶作)에 대비하는 일. 「一貯蓄(チョチク);비황저축」provision against famine
びこう[微光](명) 미광. 희미한 빛. a faint light
びこう[微行](명·자サ) 미행. 높은 지위의 사람이 변장하고 남 모르게 다님. travelling incognito
びこう[鼻孔](명)〈생〉 비공. 콧구멍. the nostrils
びこう[鼻腔](명)〈생〉 비강. 코의 내부. the nasal cavity
ひこうかい[非公開](명) 비공개. 공개하지 않는 일. 일반인에게 보이지 않는 일. exclusiveness
ひこうしき[非公式](명·형동ダ) 비공식. 공식이 아님. 또는 그 일.「一会見(カイケン); 비공식 회견」↔公式. being informal
ひこうしん[粃糠疹](명)〈의〉 비강진. 비듬 같은 것이 피부에 생기는 피부병. psora
ひごうほう[非合法](명·형동ダ) 비합법. 합법이 아님. ↔合法. illegality
ひごうり[非合理](명·형동ダ) 비합리. 논리의 법칙에 어긋남. ↔合理. illogicality
ひこく[被告](명) 피고. ①〈법〉 원고의 상대방. 피고소인. ↔原告(ゲンコク). ②물음을 당할 위치에 있는 사람. 1. a defendant
ひこくみん[非国民](명) 비국민. 국민으로서의 의무를 잊고 국가를 배반하는 자. an unpatriotic person
ひこじろ·う 一ロフ(타 4)〈고〉 ①끌어 당기다. ②끌다.
ひこつ[腓骨](명)〈생〉 비골. 종아리의 바깥쪽에 경골과 나란히 있는 하골의 하나. a fibula
びこつ[尾骨](명)〈생〉 미골. 척주 아래 끝의 뼈. the coccyx
びこつ[鼻骨](명)〈생〉 비골. 코를 이룬 뼈. a nasal bone
ピコット[프 picot](명) 피코. 레이스 등의 단을 장식하기 위하여 둥근 무늬가 도드라지게 짠 것. 또는 그렇게 짜는 뜨개질. 「一編(ア)み; 피코 뜨기」
ひごと[日毎](연어·명) 매일. 날마다. 「一に; 날마다」 everyday
ひこばえ[蘖](명)〈식〉 벤 나무 그루터기에서 난 새싹. a sprout
ひこぼし[彦星](명) 견우성(牽牛星). Altair
ひこまご[曾孫](명) 증손. 손자의 아들. a great-grandchild
ひごろ[日頃](부) 보통 때. 평상시. usually
ひざ[膝](명)〈생〉 ①무릎. ②무릎에서 넓적다리까지의 부분. 「一まくら; 무릎 베개」 1. a knee 2. a lap
ビザ[visa](명) 비자. 사증(査証).
ひさい[菲才·非才](명) 비재. ①재능이 없음. 자기 재능의 낮춤말. 「浅学(センガク)一; 천학 비재」 ②무능(無能). 2. incapacity
ひさい[被災](명·자サ) 재난을 당함. 이재(罹災). 「一者(シャ); 재난을 당한 사람(이재민)」 suffering
びさい[微細](명·형동ダ) 미세. 가늘고 작음. minuteness
びざい[微罪](명)〈법〉 미죄. 사소한 죄. 대단치 않은 죄. 작은 죄. a petty offence
ひざおくり[膝送り](명) 앉은 채로 차례차례 무릎(몸)을 움직여서 자리를 내는 일. sitting closer to
ひざかけ[膝掛](명) ①앞치마. ②무릎 위에 덮는 헝겊. 1. an apron 2. a rug
ひざがしら[膝頭](명) 무릎. the kneecap
ひさかたぶり[久方振り](명) 오래간만. after a long time
ひざかな[乾魚·干魚](명) 건어. 말린 물고기. 건어물. dried fish
ひざかぶ[膝株](명) ⇨ひざがしら.
ひざかり[日盛り](명) 해가 쨍쨍 쬐는 시각. high noon
ひさぎ[久木·楸](명)〈고·식〉 개오동나무. 능소화과에 속하는 낙엽 활엽 교목.
ひさく[秘策](명) 비책. 비밀의 계책. 신묘한 계책. 「一を授(サズ)ける; 비책을 전수하다」 a secret plan
ひさ·ぐ[鬻ぐ](타 4)〈고〉 팔다. 장사를 하다.
ひざぐみ[膝組み](명) 책상다리. sitting cross-legged
ひざぐり[膝繰り](명)〔お一〕⇨ひざおくり(膝送り).
ひざくりげ[膝栗毛](명·자サ) 도보(徒歩)로 여행함. shanks's mare
ひさげ[提子](명) 은, 주석 등으로 만든 주전자의 한 가지.

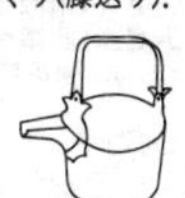
〔提子〕

ひさご[瓠瓢](명)〈고·식〉 호리병박.
ひざこぞう[膝小僧](명)〈속〉 무릎. the kneecap
ひざざら[膝皿](명) 무릎 끝에 있는 접시 같은 뼈. 종지뼈. 슬개골(膝蓋骨). the patella
ひさし[庇·廂](명) ①본채에 붙은 좁은 마루.「一を貸(カ)しておもやをとられる; 마루끝을 내주었다가 안채까지 빼앗긴다」 ②차양(遮陽). ③모자의 해가림. 차양. 1. eaves. ── **がみ**[庇髪·廂髪](명) 속발(束髪)의 한 가지. 앞머리와 살쩍을 특히 앞으로 쑥 내밀게 빗은 머리 모양.
ひざし[日差し·陽射し](명) ①햇빛이 들어 옴. ②햇빛이 쬐는 정도. 햇살. 2. the sunlight
ひさし·い[久しい](형) ①시간이 오래 걸리다. ②수명이 길다. ③오래간만이다. 오래 되다. 파생 ── **さ**(명). 1. long 3. a long time since
ひさしぶり[久し振り](명) 오랫동안 만나지 않은 것. 「一に会(ア)う; 오래간만에 만나다」after a long time
ひさつ[飛札](명) 급한 편지. 급보. an urgent letter
ひざづめ[膝詰め](명) 무릎을 맞대는 일. 「一談判(ダンパン); 꼼짝 못하게 무릎을 맞대고 담판함」
ピサのしゃとう[Pisaの斜塔](명) 피자의 사탑. 이탈리아 피자에 있는 유명한 탑. 1174년 기공. 로마네스크식의 8층의 탑인데 건축중 지진이 생겨 탑 전체가 한쪽으로 기울어져 있음. the Leaning Tower of Pisa
ひさびさ[久久](명·부) ①오래간만에. 「一の対面(タイメン); 오래간만의 대면」 ②오래도록. 「一の御無沙

汰(ゴブサタ); 오랜 격조」 2. for a long time
ひざびょうし[膝拍子](명) 무릎을 치며 장단을 맞추는 것. 무릎 장단.
ひざぼね[膝骨](명)〈생〉 ⇨ひざざら(膝皿).
ひざまくら[膝枕](명) 남의 무릎을 베개로 하는 것. 무릎 베개. pillowing one's head on another's lap
ひざまず·く[跪く]—ヅク(자 4) 꿇어 앉다. kneel down
ひさめ[氷雨](명) ①우박. ②가을에 오는 찬 비. 1. hail
ひざもと[膝元·膝下](명) ①슬하. 무릎 곁. 가까운 곳. ②양친의 옆. ③황성(皇城)이나 막부(幕府)의 성(城)이 있는 도시.「お—; 도읍지」 1. near one's knees 3. a capital
ひざら[火皿](명) ①옛날 소총의 측면에 있는 화약을 넣는 곳. 약실(薬室). ②담뱃대의 담배를 넣는 곳. 대통. 1. a pan
ひさん[砒酸](명)〈이〉 비산. 무수 아비산(無水亜砒酸)을 농초산(濃硝酸)과 함께 가열하여 얻은 무색의 결정체. 맹독(猛毒)이 있음. 공업용, 의약용으로 쓰임. arsenic acid. — **なまり**[砒酸鉛](명)〈농〉 비산연. 비소와 산화연(酸化鉛)을 섞어 만든 살충제.
ひさん[飛散](명·자サ) 비산. 날아 흩어짐. scattering
ひさん[悲惨·悲酸](명·형동ダ) 비참. ①슬퍼함. ②슬프고 참혹함.「—な運命(ウンメイ); 비참한 운명」 2. misery
ビザンチンしき[Byzantine式](명) 비잔틴식. 6세기경 동로마 제국의 수도 비잔티움을 중심으로 성행한 건축 양식.
ひし[菱](명)〈식〉 마름. 바늘꽃과에 속하는 1년생 수초(水草). 늪 등에서 자라며 여름에 흰 꽃이 핌. a water caltrop
ひし[皮脂](명)〈생〉 피지. 피지선(皮脂腺)으로부터 분비되는 유상 물질(油状物質). sebum
ひし[彼此](명) 피차. 저것과 이것. this and that
ひし[秘史](명) 비사. 숨은 역사. 이면의 역사. a secret history
ひじ[肘·肱·臂]ヒヂ(명) 팔꿈치. an elbow
ひじ[非時](명)〈불〉 ①식사를 해서는 안되는 시간. 정오부터 다음날 새벽까지의 사이. ②오후의 식사. ③문상(問喪)하러 온 사람에게 내는 식사. 1. from noon to dawn of the following day
ひじ[秘事](명) 비사. 비밀히 하는 일. a secret
びし[微志](명) 미지. ①(감사하게 여기는) 작은 뜻. 촌지(寸志). ②자기 뜻의 낮춤말. 1. a small token of one's gratitude
びじ[美事](명) 미사. ①칭찬할 만한 일. ②아름다운 일. 1. a praiseworthy conduct
びじ[美辞](명) 미사. ①아름다운 문구. ②훌륭한 말. 1. flowery words
ひしお[醤]ヒシホ(명) ①〈고〉 간장. ②〈고〉 고기류의 소금 절임. ③고기나 야채류를 넣은 된장의 한 가지. ④보리, 콩, 찹쌀, 누룩 등을 띄워 소금을 섞고 가지, 오이 등을 담가 저장한 것.
ひしかく·す[秘し隠す](타 4) 비밀로 하고 감추다.
ひじかけ[肘掛け]ヒヂ—(명) ①팔꿈치를 올려 놓는 일. ②팔꿈치를 괴는 곳. ③앉아서 편하도록 팔을 괴게 만들어 놓은 기구. 팔걸이. 1. resting one's elbow
ひしがた[菱形](명) 능형. 마름모꼴. a rhombus
ひじがね[肘金]ヒヂ—(명) "ㄱ"자 모양으로 된 수톨쩌귀. a hook
ひしき[引敷](명) 깔개. matting
ひじき(명)〈식〉 녹미채. 갈조류에 속하는 바닷말(海藻). 부드러운 잎은 식용함. a spindle-shaped bladder-leaf
ひじき[肘木](명) ①두공의 일부로 지붕을 떠받치는 짧은 나무. ②맷돌의 손잡이. 맷손. 1. a bracket
ひし·ぐ[拉ぐ](타 4) ①눌러 깨뜨리다. 짜부라뜨리다.「鬼(オニ)をも一力(チカラ); 귀신이라도 짓눌러 버리는 힘」 ②꺾다. 부숴 버리다. 1. crush
ひしくい[菱喰·鴻](명)〈동〉 큰기러기. 오리과에 속하는 물새. 겨울에 떼를 지어 한국, 일본, 중국 등지에 와서 월동함. 귀중한 수렵조. a bean goose
ひし·げる[拉げる](자하 1) ①파괴되다. 짜부라지다.「地震(ジシン)で家(イエ)が—; 지진으로 집이 짜부라지다」 ②좌절되다. 낙망하다. 1. be squashed 2. be discouraged
ひしこ(いわし)[鯷(鰯)](명)〈동〉 멸치의 한 가지. 입이 눈 있는 데까지 찢어진 작은 물고기. an anchovy
ひじしょう[臂章]ヒヂ—(명) 팔에 두르는 표지(標識). 완장. a brassard
ひししょくぶつ[被子植物](명)〈식〉 피자 식물. 꽃식물(顕花植物) 중 배주(胚珠)가 씨방(子房) 속에 싸여 있는 식물. 외떡잎식물(単子葉植物)과 쌍떡잎식물(双子葉植物)로 대별함. 속씨식물. angiosperms
ひしずめのまつり[鎮火の祭]—シヅメ—(명) 예전에 조정에서 화재를 예방하기 위해 매년 음력 6월, 10월의 그믐날 밤에 궁성의 사방 외각에서 행하던 제사. 진화제. the Fire Prevention festival
ひしせん[皮脂腺](명)〈생〉 피지선. 포유류의 진피 가운데 있는 작은 선. 지방을 분비함. sebaceous glands
ひじちょうもく[飛耳張目](연어) 먼 곳의 사물을 잘 보고 듣는 것. 또는 그런 귀와 눈. being well-informed of affairs in distant places
ひしつ[皮質](명)〈생〉 피질. 부신(副腎), 신장(腎臓) 등 중실성(中實性) 기관의 겉 층의 부분. 중심부, 곧 수질(髄質)과는 판이한 역할을 함.「副腎(フクジン)—; 부신 피질」 cortex
ひしつ[卑湿](명·형동ダ) 비습. 땅이 낮아서 습기가 많음. sodden
びしつ[美質](명) 미질. 아름다운 본바탕. 훌륭한 성질. 좋은 성품. a good quality
ひじつき[肘突]ヒヂ—(명) 책상 위에 놓고 팔꿈치를 괴는 작은 방석. an elbow rest
ひじつぼ[肘壺]ヒヂ—(명) 암톨쩌귀. a hook and staple
びしてき[微視的](형동ダ) 미시적. ①육안으로 분별할 수 없을 정도의 크기. ②보는 견지나 생각하는 태도가 세밀하고 잔 모양. ↔巨視的(キョシテキ). 1. microscopic

ひじ てつ[肘鉄]ヒヂー(명) ⇨ひじでっぽう(肘鉄砲).
ひじ でっぽう[肘鉄砲]ヒヂー(명) ①팔꿈치로 상대방을 떠미는 (지르는) 것. ②상대방의 신청 또는 구애(求愛)를 강력히 거절하는 것. 「一をく(ら)わす; 퇴짜를 놓다」 1. nudging
ひしと(부) ①엄하게. 강렬하게. ②꽉. 긴밀히. 「一だきつく; 꼭 껴안다」 1. firmly
ひじに[乾死に](명) 굶어 죽음. death from starvation
ビジネス[business](명) 비즈니스. ①용건. ②업무. 사무. ③영업. 실업. **—マン**[business man](명) 비즈니스맨. ①실업가. ②실무가. 사무원. **—ライク**[businesslike](형동ダ) 비즈니스라이크. 사무적. 능률적.
ひしひし(부) ①엄한 모양. ②몹시 몸에 영향을 끼치는 모양. 「寒(サム)さが一と身(ミ)にせまる; 추위가 몹시 몸에 스며 든다」 2. thick and fast
びしびし(부) ①가차 없이 일을 처결하는 모양. 엄격하게. ②세차게 물건을 꺾거나 후려 치는 소리. 1. severely 2. crack
びしぴし(부) 용서 없이. 가차 없이. bitterly
ひじ まくら[肘枕]ヒヂー(명・자サ) 팔꿈치로 베개를 삼음. 팔베개. resting one's head on one's elbow
ひしめ·く[犇めく](자 4) 많은 사람이 모여 밀치며 웅성대다. jostle
ひしもち[菱餅](명) 마름모꼴로 자른 떡. 음력 3월 삼짇날 만들어 쓰는 마름모꼴로 자른 홍(紅), 녹(緑), 백(白)색의 떡. a lozenge rice cake
ひしゃ[飛車](명) ①일본 장기짝의 하나. 한국 장기의 포(包)와 비슷함. ②바람을 타고 하늘을 난다는 수레. 2. a flying carriage
ひしゃ かい[被写界](명) 피사계. 사진에서 찍혀지는 범위. 「一深度表(シンドヒョウ); 피사계 심도표」 limits for photographing
ひしゃく[柄杓](명) 자루가 달린 물을 뜨는 용구. 국자. a ladle
ひしゃく[飛錫](명) 중이나 도사(道士)가 순유(巡遊)하는 일. 행각(行脚). pilgrimage
びじゃく[微弱](형동ダ) 미약. 가냘프고 약한 모양. 「一な影響(エイキョウ); 미약한 영향」 weak
ひしゃ·げる(자하 1) 눌려 터지다. 짜부라지다. be crushed
ひしゃ たい[被写体](명) 피사체. 사진에 찍히는 물체. an object for photographing
ピジャマ[pyjamas](명) ⇨パジャマ.
びしゃもん(てん)[毘沙門(天)](명)〈불〉 비사문천. 사천왕(四天王)의 하나. 불법을 수호하는 선신(善神). 다문천(多聞天). the god of treasure
ぴしゃり(부) ①문 등을 거칠게 닫는 소리. 탁. ②손바닥으로 치는 소리. 철썩. 찰싹. ③(고압적인 태도로) 딱 잘라서 말하는 모양. 1. with a bang 2. slap
ひしゅ[匕首](명) 비수. 단도. a dagger
びしゅ[美酒](명) 미주. 좋은 술. 「一に酔(ヨ)う; 좋은 술에 취하다」 good wine
ひしゅう[悲愁](명・자サ) 비수. 슬픔과 수심. a grief
ひじゅう[比重](명)〈이〉 비중. 물의 밀도와 비교한 물질의 밀도. 섭씨 4도의 순수한 물의 밀도를 1로 정함. specific gravity. **—けい**[比重計](명)〈이〉 비중계. 고체나 액체의 비중을 재는 장치. **—ほう**[比重法](명)〈이〉 비중법. 용액의 색의 농도, 색조 등을 표준 용액과 비교해서 물질의 농도를 측정하는 화학 분석법. 비색 분석(比色分析).
びしゅう[美醜](명) 미추. ①아름다움과 추함. ②얼굴의 미와 추. 1. beauty or ugliness
ひじゅつ[秘術](명) 비술. ①숨겨 둔 기술. 신묘한 수법. ②저력. 잠재된 실력. 「一を尽(ツ)くす; 있는 재주를 다하다」 1. a secret art
びじゅつ[美術](명) 미술. 공간과 시간의 미를 표현하는 예술. 예: 그림, 조각 등. 「一品(ヒン); 미술품」 fine arts. **—かん**[美術館](명) 미술관. 미술품을 진열해서 일반에게 감상시키기 위한 설비를 갖춘 건물.
びしゅっけつ[鼻出血](명)〈의〉 비출혈. 코피. 「nose-bleed
ひじゅん[批准](명)〈법〉 비준. 주권자나 국회가 조약의 문장을 인정하고 서명하는 일. ratification
ひしょ[秘書](명) 비서. ①소중히 (비밀히) 간직해 둔 중요한 문서. ②주인 또는 상사(上司)에 직속하여 기밀 사항이나 중요 사무를 다루는 사람. 「一官(カン); 비서관」「社長(シャチョウ)一; 사장 비서」 1. a secret document 2. a private secretary
ひしょ[避暑](명・자サ) 피서. 한때 서늘한 곳으로 가서 더위를 피함. 「一地(チ); 피서지」 ↔避寒(ヒカン). summering
びじょ[美女](명) 미녀. 예쁜 여자. a beautiful woman
ひしょう[卑称](명) 비칭. 자기나 상대를 낮추어 일컫는 말. a depreciatory name
ひしょう[飛翔](명・자サ) 비상. 날아 다님. 비행. flight
ひしょう[悲傷](명) 비상. 슬픈 상처. grief
ひしょう[費消](명・타サ) 비소. 써 버림. 「公金(コウキン)一; 공금 횡령」 spending
ひじょう[非常](명・형동ダ) 비상. ①보통이 아님. 「一手段(シュダン); 비상 수단」 ②사변(事変). ③보통 정도를 넘어섬. 심함. 「一なよろこび; 대단한 기쁨」 ④〈불〉 무상(無常). 1. uncommonness. **—ぐち**[非常口](명) 비상구. 만일의 경우에 도피할 문. **—けいかい**[非常警戒](명) 비상 경계. 비상시에 특정한 구역을 경찰이 경계하는 일. **—じ**[非常時](명) 비상시. ①보통 때가 아닌 경우. ②중대한 위기가 닥친 경우. ③사변이 일어났을 때. ↔平時(ヘイジ). **—しゅだん**[非常手段](명) 비상 수단. 비상시의 임시적이며 비정상적인 수단. **—せん**[非常線](명) 비상선. ①〈법〉 화재시(火災時)에 일정한 구역에 일반인의 통행을 금하는 구획. ②범인을 잡을 때와 같은 경우, 일정한 구역에 경찰관을 배치하는 일. 경계선. 「一を張(ハ)る; 비상선을 펴다」 **—に**[非常に](부) 대단히. 심히.
ひじょう[非情](명・형동ダ) 비정. ①희로애락(喜怒哀

楽)의 감정을 지니지 않는 것. ②무정물(無情物). 목석(木石). ↔有情(ウジョウ). 1. inanimate nature
びしょう[美称](명) 미칭. 아름답게 일컫는 말. euphemism
びしょう[美粧](명) 미장. 아름답게 화장하는 것. 아름다운 화장. 미용(美容). 「一院(イン); 미장원」 beautiful make-up
びしょう[微小](명·형동ダ) 미소. 매우 작음. 아주 작음. minuteness
びしょう[微少](명·형동ダ) 미소. 근소함. 양이 적음. a very small amount
びしょう[微笑](명·자サ) 미소. 웃음 지음. a smile
びしょう[微傷](명) 미상. 가벼운 상처. 조금 다친 것. 경상(軽傷). 「一だに負(オ)わなかった; 경상조차 입지 않았다」 a slight wound
びじょう[尾錠](명) 허리띠 등에 달아서 이를 고정시키는 장식용 쇠붙이. a buckle
びじょう[媚情](명) 아양 떠는 표정이나 마음. 애무를 구하는 감정. coquetry
ひじょうきん[非常勤](명) 비상근. 상근(常勤)이 아님. 「一講師(コウシ); 비상근 강사」 ↔常勤. unusual service
ひじょうしき[非常識](명·형동ダ) 비상식. 상식에 어긋남. 몰상식. senselessness
びしょうじょ[美少女](명) 미소녀. 예쁜 소녀. a beautiful girl
ひじょうすう[被乗数](명)〈수〉 피승수. 곱해지는 수. 예: 2×5에서의 2. a multiplicand
びしょうねん[美少年](명) 미소년. 용모가 단정하고 아름다운 소년. a good-looking boy
びじょうがね[尾錠金](명)〈속〉 ⇨びじょう(尾錠).
ひしょく[比色](명) 비색. 빛깔의 농도를 비교하는 일. comparison of the depth of colour
ひしょく[非職](명) ①현직에 없는 것. ②공무원 등이 보직(補職)이 없는 것. 또는 그 사람. 2. on the retired list
ひしょく[罷職](명) 파직. 직업을 그만두게 되는 일. 파면. dismissal
びしょく[美色](명) 미색. ①아름다운 색. ②아름다운 용모. 1. a beautiful colour 2. beautiful features
びしょく[美食](명·자サ) 미식. 맛 있고 사치로운 음식을 먹음. 또는 그 음식. ↔粗食(ソショク). dainty food
びじょざくら[美女桜](명)〈식〉 버어베나. 마편초과에 속하는 다년생 풀. 남미 원산으로서 뿌리는 사상성(斜上性). 잎은 털이 있고 여름 가을에 홍, 백, 자주의 아름다운 꽃이 핌. 관상용. verbena
ひじょすう[被除数](명)〈수〉 피제수. 나눗셈에서 나누어지는 수. 예: 10÷5에서의 10. a dividend
ビショップ[bishop](명)〈종〉 비숍. 기독교의 승정(僧正). 사교(司教).
ビショップのわ[bishop の環](명)〈천〉 화산(火山)의 대폭발 후 성층권까지 올라 간 가루재 때문에 해의 주위에 보이는 빛의 고리. a Bishop's ring
びしょぬれ[びしょ濡れ](명) 흠뻑 젖음. dripping wet
びしょびしょ(부) ①흠뻑 젖는 모양. ②비가 계속 오는 모양. 1. dripping
ビジョン[vision](명) 비전. ①상상(력). ②환영(幻影).
ひじり[聖](명) ①고승(高僧). ②학문, 기술 등이 매우 뛰어난 사람. 「歌(ウタ)の一; 가성(歌聖)」 ③성인. 성자(聖者). ④천황(天皇). 1. a saint 3. a sage
びじれいく[美辞麗句](연어·명) 미사 여구. 아름다운 말과 훌륭한 글귀. flowery language
ひしろう[皮脂漏](명)〈의〉 피지루. 피부에서 지방이 많이 나오는 것. 지루(脂漏). seborrhea
ひしん[皮疹](명)〈의〉 피진. 피부에 나타나는 발진. efflorescence
ひしん[披針](명) 피침. 곪은 데를 째는 침. 바소. a lancet. ―**けい**[披針形](명)〈식〉 피침형. 바소 모양. 잎이나 화판이 침형(針形)보다 좀 넓고 끝이 뾰족한 모양.
ひしん[飛信](명) 급한 소식. 급한 편지. a dispatch
びしん[美身](명) 몸매를 아름답게 하는 것. 「一術(ジュツ); 미신술(미용법)」 keeping the body beautiful
びしん[美神](명) 미신. 미를 맡은 여신(女神). 미의 여신. the god of beauty
びしん[微震](명)〈지〉 미진. (가만히 있는 사람이나 특별히 민감한 사람에게만 알 수 있는 정도의) 약한 지진(地震). a slight shock
びじん[美人](명) 미인. ①용모가 아름다운 여자. 미녀. ②재능과 덕이 뛰어난 사람. 1. a beautiful woman 2. a person of talent and virture
ヒス(명)〈속〉 히스테리의 준말.
ビス[프 vis](명) 비스. 나사. 너트.
ひすい[翡翠](명) 비취. ①〈동〉 물총새. 참새보다 크며 몸 윗부분은 암록청색이고 등, 허리쪽은 하늘색. ②〈광〉 비취옥. 보석으로 쓰이는 녹색 광석. 1. a kingfisher 2. nephrite
びすい[微酔](명) 미취. 약간 취함. slight intoxication
びすい[微睡](명·자サ) 꾸벅꾸벅 좀. 선잠. a doze
ひすがら[終日](명·부) 종일. 아침부터 밤까지. all day long
ひずきも[鹿尾菜](명)〈식·고〉 녹미채의 옛 이름.
ビスケット[biscuit](명) 비스킷. 밀가루를 반죽해서 설탕, 우유, 버터 등을 섞어 구운 과자.
ビスケーわん[Biscay 湾](명)〈지〉 비스케만. 프랑스 서부와 스페인 북부에 싸여 있는 만. the Bay of Biscay
ビスコース[viscose](명)〈이〉 비스코우스. 섬유소를 가성 소오다의 용액에 처리해서 얻은 점액체. 인견, 셀로판의 원료.
ビスタ[vista](명) 비스터. 전망(展望). 바라봄. 「一カー; 전망차」
ビスタビジョン[Vista Vision](명) 비스터비전. 와이드 스크리인 방식에 의한 영화. 화면이 크고 선명도(鮮明度)가 현저하며 원근감, 입체감 등을 느낌.
ヒスタミン[histamine](명)〈의〉 히스타민. 단백질이 분

해되어 생긴 유독 성분. 나병의 진단에 쓰임.

ヒステリー[도 Hysterie](명) 히스테리. 조그만 일에도 신경성 발작을 일으키는 증상. 여자에게 많음.

ヒステリカル[hysterical](형동ダ) ⇨ヒステリック.

ヒステリック[hysteric](형동ダ) 히스테릭. 히스테리를 잘 일으키는 모양.

ピストル[네 pistol](명) 피스톨. 권총.

ピストン[piston](명) 피스톤. 기통, 펌프의 원통(円筒) 속에 착 끼어서 왕복 운동을 하는 마개 비슷한 것. 활색(活塞). **— リング**[piston ring](명) 피스톤링. 피스톤 둘레에 씌워서 공기나 물이 새지 않게 하는 테.

ひすまし[樋清](명) 옛날 궁중에서 변소 청소를 전담했던 신분이 낮은 청소부(清掃婦).

ビスマス[bismuth](명)〈이〉 ⇨そうえん.

ひずみ[歪み](명) ①비뚤어짐. 왜곡. ②〈이〉 어떤 물체에 다른 힘이 가해졌을 때 일어나는 길이, 부피, 형태 등의 변화. 1. crookedness 2. distortion

ひず·む[歪む](자 4) 비뚤어지다. 이지러지다. crook

ひずめ[蹄](명) 소나 말의 발톱. 발굽. a hoof

ひ·する[比する](타サ) 비교하다. 비유하다. compare

ひ·する[秘する](타サ) 감추다. 덮어 두다. keep secret

ひせい[批正](명·타サ) 비정. 비판해서 정정함. 「ご—を乞(こ)う; 비정해 주시기를 바람」 correction

ひせい[非勢](명) 〔시합 등에서〕 형편이 좋지 않은 것. an unfavourable situation

ひせい[秕政](명) 비정. 악정(悪政). 폭정(暴政). maladministration

びせい[美声](명) 미성. 아름다운 목소리. a beautiful voice

びせいぶつ[微生物](명)〈생〉 미생물. 현미경이 아니면 볼 수 없는 아주 작은 생물. 예: 세균, 단세포 생물, 원생물 등. a microbe

ひせき[肥瘠](명) 비척. ①몸의 살찜과 야윔. ②땅의 기름짐과 메마름. 2. fertile or infertile

ひせき[砒石](명)〈광〉 비석. 비소, 유황, 철 등으로 형성된 광물. 맹독성(猛毒性)임. arsenious anhydride

ひせき[秘跡·秘蹟](명)〈종〉 ⇨サクラメント.

ひせき[碑石](명) 비석. ①비(碑)를 만드는 돌. ②기념물로서 비문을 새겨 세운 돌. 2. a tombstone

びせき(ぶん)[微積(分)](명)〈수〉 미적분. 미분과 적분. differential and integral calculus

ひせつ[秘説](명) 비설. 특정한 사람에게만 전하고 일반에게는 발표하지 않는 주장, 학설. a secret theory

びせつ[眉雪](명) 눈썹이 눈처럼 흰 것. 늙은이의 흰 눈썹. white eyebrows

ひぜに[日銭](명) ①매일 수입이 되는 돈. ②매일 조금씩 갚아 나가는 빚. 일수. 1. daily interest

ひぜめ[火攻め](명) 불을 질러서 공격하는 것. 화공(火攻). a fire attack

ひぜめ[火責め](명) 불로써 고문하는 것. fire torture

ひせん[卑賤](명·형동ダ) 비천. 천함. humbleness

ひせん[飛泉](명) 비천. 폭포. a waterfall

ひぜん[皮癬](명)〈의〉 ⇨かいせん(疥癬).

ひぜん[肥前](명)〈지〉 옛 지방 이름. 현재 사가현(佐賀県)과 나가사키현(長崎県)의 일부.

びせん[微賤](명·형동ダ) 미천. 신분이 천함. 비천(卑賤). humbleness

びぜん[美髯](명) 아름다운 수염. a fine moustache

びぜん[備前](명)〈지〉 옛 지방 이름. 현재 오카야마현(岡山県)의 일부.

びぜん[靡然](부) 온순하게 순종하는 모양. obediently

ひせんきょけん[被選挙権](명)〈법〉 피선거권. 국민에게서 선거되어 일정한 공직(公職)에 나갈 수 있는 권리. eligibility

ひせんきょにん[被選挙人](명)〈법〉 피선거인. 피선거권을 가진 사람. an eligible person

びせんとう[眉尖刀](명) ⇨なぎなた(薙刀).

ひせんとういん[非戦闘員](명)〈군〉 ①비전투원. 병력을 구성하나 직접 전투에 참가하지 않는 자. 예: 군의(軍医), 경리원 등. ②전시 중(戦時中)의 군인 이외의 국민. 1. a noncombatant

ひせんろん[非戦論](명) 비전론. 전쟁을 해서는 안된다는 주장. an antiwar argument

ひそ[砒素](명)〈이〉 비소. 비금속 원소의 하나. 회백색으로 금속과 같은 광택이 있는 무른 고체. 강한 독이 있음. 기호는 As. 「—剤(ザイ); 비소제」 arsenic

びそ[鼻祖](명) 비조. 선조. 원조(元祖). a founder

ひそう[皮相](명·형동ダ) 피상. ①겉. 껍질. ②천박한 관찰. 「—的(テキ); 피상적」 1. the outward look

ひそう[飛走](명·자サ) ①빨리 달림. ②금수(禽獣). 1. scudding 2. birds and beasts

ひそう[悲壮](명·형동ダ) 비장. ①슬픔 속에서도 장하게 행동함. 「—な最後(サイゴ); 비장한 최후」 ②괴로움이나 슬픔 속에서 마음을 분기시킴. 「—な決心(ケッシン)をする; 비장한 결심을 하다」 pathetic

ひそう[悲愴](명·형동ダ) 비창. 몹시 슬픔. 비통(悲痛). pathetic

ひぞう[秘蔵](명·타サ) 비장. ①비밀히 감추어서 소중히 가지고 있음. 「—の書物(ショモツ); 비장의 서적」 ②대단히 소중히 여기고 아낌. 「—むすこ; 애지중지하는 자식」 1. treasuring

ひぞう[脾臓](명)〈생〉 비장. 위(胃)의 왼쪽에 있는 작은 내장. 지라. the spleen

びそう[美装](명) 미장. 아름다운 복장. 아름다운 장식. 성장(盛装). 「—を凝(こ)らす; 몸차림에 심력을 기울이다」 full dress

びぞう[微増](명·자サ) 미증. 조금 늚. 근소한 증가. increasing a little

びそうじゅつ[美爪術](명) 미조술. 손톱을 아름답게 하는 화장법. manicure

ひそか[窃か·密か](형동ダ) 남 모르게 하는 모양. 남의 눈을 피하는 모양. secret

ひぞく[卑属](명)〈법〉 비속. 친속 계통에서 자기보다 손아랫사람. 아들, 손자, 조카 등. 「直系(チョッケイ)—; 직계 비속」 ↔尊属(ソンゾク). lineal descendant

ひぞく[卑俗](명·형동ダ) 비속. 천하고 속됨. 「—な歌

(ウタ); 비속한 노래」 vulgarism
ひぞく[匪賊](명) 비적. 다수인이 패가 된 도둑. 군도(群盗). bandits
びそく[鼻息](명) ①호흡. 숨쉬기. ②기색(気色). 「―を伺(ウカガ)う; 기색을 살피다」 1. breathing through the nose 2. humour
びぞく[美俗](명) 미속. 아름다운 풍속. 좋은 풍속. 「良風(リョウフウ)―; 양풍 미속(선량하고 아름다운 풍속)」 a good custom
ひそけさ[密けさ·窃けさ](명) ①은밀한 것. ②고요한 것. 2. quietness
ひぞっこ[秘蔵っ子](명)〈속〉 애지 중지하는 자식.
ひそひそ(부) 가만가만히 하는 모양. 속삭이는 모양. 「―話(バナシ); 속삭이는 이야기」 secretly
ひそま·る[潜まる](자 4) ①숨다. ②조용해지다. 「あたりが―; 주위가 조용해지다」 ③잠자다. 1. hide oneself 2. become quiet 3. sleep in bed
ひそみ[顰み](명) (눈썹을) 찡그리는 것. knitting the brows
ひそ·む[潜む](자 4) ①숨다. 잠기다. ②속에 들어 앉아서 나타나지 않다. 1. hide oneself
ひそめ·く[密めく](자 4) ①가만히 하다. ②속삭이다. 1. do in secret 2. talk secretly
ひそ·める[潜める](타하 1) 숨게 하다. 감추다. hide
ひそ·める[顰める](타하 1) 찡그리다. 「まゆを―; 눈썹(눈쌀)을 찌푸리다」 knit
ひそやか[密やか](형동ダ) ①퍽 은밀한 모양. ②조용히 있는 모양. 1. secret 2. scanty
ひぞ·る[乾反る](자 4) ①말라서 뒤틀리다. ②화를 내서 말하다. 1. bend by drying
ひた―(접두) ①전심(専心)으로. 애오라지. 「―泣(ナ)きに泣く; 자꾸 울기만 한다」 ②곧. 바로. ③참으로. 순전히.
ひた[引板](명)〈고〉 ⇨なるこ(鳴子).
ひだ[襞](명) 주름. 치마 주름. a fold
ひだ[飛驒](명)〈지〉 옛 지방 이름. 현재 기후현(岐阜県) 북부.
ひたい[額]ヒタヒ(명) ①이마. 「―をあつめる; 이마를 모아 상의하다」 ②모자 등의 이마에 닿는 곳. ③물체의 튀어 나온 곳. 1. the forehead. ―**がみ**[額髪](명) 이마 위의 머리칼. ―**ぎわ**[額際]―ギハ(명) 이마 위의 털이 난 언저리. ―**つき**[額付き](명) 이마의 생김새.
ひたい[避退](명·자サ) 피하여 물러남. retreat
ひだい[干鯛]―ダヒ(명) 약간의 소금을 뿌려 말린 도미. 도미포. a dried sea-bream
ひだい[肥大](명·자サ) 비대. 살이 쪄서 뚱뚱해짐. corpulence. ―**せいちょう**[肥大成長](명·자サ)〈생〉 비대 성장. 세포 분열로 인한 조직의 분화에 따라 살찌고 크게 자라게 함.
びたい[媚態](명) 미태. ①아양을 떠는 자태. 교태(嬌態). 「―を演(エン)じる; 교태를 부리다」 ②아첨. 1. coquetry
びだい[尾大](명) 미대. 꼬리가 머리보다 큰 것. 「―ふるわず; 윗세력이 약하고 아랫세력이 강하여 다스리기 어려운 것의 비유」 bigness of the tai
ひたいじゅう[比体重](명) 체중과 신장과의 비율. ratio of weight and statur
びたいちもん[鐚一文](명) 단 몇 푼 밖에 안되는 돈. 푼돈. only one penny
ひたおし[直押し](명·타サ) 마구 밀어 댐. 마구 밀고 나감. pressing har
ひたおもて[直面](명) ①바로 맞댐. 노골적으로 나타내는 것. ②〔노오가쿠(能楽)에서〕 탈을 안 쓰는 것. 1. being unreserve
ひだか[日高](명)〈지〉 옛 지방 이름. 홋카이도오(北海道)의 한 지방. 현재 히다카 지청(支庁).
ひたかぶと[直兜](명) 모든 사람이 일제히 갑옷에 투구를 갖추는 일. 또는 그 사람들. being in armou
ひたき[鶲](명)〈동〉 딱새. 자그마하고 주둥이가 가늘며 빛깔, 몸집, 소리 등이 예쁨. a flycatche
ひた·く[日闌く](자하 2)〈고〉 해가 높이 떠오르다.
びだくおん[鼻濁音](명) 콧소리로 나는 "ガ"행의 발음. a nasal twang
ひだこ[火斑](명) 불을 오래 쬐어서 피부에 생기는 반점. 「a whole hear
ひたごころ[直心](명) 직심. 한결같은 마음.
ひたさお[直さ麻](명)―ヲ〈고〉 다른 실이 섞이지 않은 순수한 삼.
ひださんみゃく[飛驒山脈](명)〈지〉 중부 지방의 나가노(長野), 토야마(富山), 기후(岐阜)현의 경계에 남북으로 뻗쳐 있는 산맥. 일본의 알프스라 일컬음.
ひたし(もの)[浸し(物)](명) ⇨おひたし. 「1. steep 2. we
ひた·す[浸す](타 4) ①물속에 담그다. ②적시다.
ひた·す[養す](타 4)〈고〉 기르다. 양육하다.
ひたすら[只管](부) 일념(一念)으로. 전심(専心)으로. 오로지. intently
びたせん[鐚銭](명) ①표면의 글자가 지워진 돈. 질이 나쁜 돈. ②무로마치(室町) 시대에 에이라쿠센(永楽銭) 이외의 돈. ③에도(江戸) 시대의 철전(鉄銭). 1. a bad coin
ひたた·く(자하 2)〈고〉 들떠 있다. 느슨하다.
ひたたれ[直垂れ](명) 예전의 무사 당상관(堂上官) 등의 예복으로 모난 깃이나 소매, 가슴 등에 끈이 있어 매게 되어 있음.
〔直垂れ〕
ひたち[常陸](명)〈지〉 옛 지방 이름. 현재 이바라키현(茨城県)의 대부분.
ひだち[肥立ち](명) ①날로 성장하는 것. ②날로 병이 나아지는 것. 「産後(サンゴ)の―がよい; 산후의 회복이 좋다」 1. growth
ひだ·つ[肥立つ](자 4) 나날이 성장되거나 병이 나아가다. grow day by day
ひだっそ[脾脱疽](명)〈의〉 비탈저. 주로 가축에게 걸리는 무서운 급성 전염병. 탄저병(炭疽病). anthrax

ひたつち[直土](명·형동ナリ)〈고〉 직접 땅에 닿음. 땅바닥.
ひたと(부) ①바로. ②꽉. 착. 단단히. 2. closely
ひだね[火種](명) 불의 씨. 불씨. a kindling coal
ひたばしり[ひた走り](명·자サ) 쉬지 않고 달림. 또는 그렇게 하는 모양.「一に走(ハシ)る; 쉬지 않고 계속해 달리다」 running without stopping
ひたひた(부) ①물결이 찰싹찰싹 치는 모양. 또는 그 소리. ②(물이 스며 들듯이) 차차 다가 오는 모양. ③밀착한 모양. ④바람이 닿는 모양. 1. shallow
ひたぶる(형동ダ) 전심하는 모양. 전렴하는 모양.「一にはげむ; 정려(精励)하다」 intent
ひだま[火玉](명) ①날아 가는 불덩이. ②대통에 든 불붙인 담배. ③별똥별. 유성(流星). ④도깨비불. 1. a fire ball
ひだまり[日溜まり](명) 겨울에 햇볕이 잘 쬐는 따뜻한 곳. 양지. a sunny place
ひたみち[直路](명·형동ナリ)〈고〉 한결같음. 오로지함.
ビタミン[도 Vitamin](명)〈의〉 비타민. 영양소의 하나. 생물이 살아 나가는 데 절대로 필요한 유기 화합물. 생활소(生活素).
ひたむき[直向](형동ダ) 한결같은 모양. 열성적인 모양. intently
ひため[大雨](명)〈고〉 큰비. 대우(大雨).
ひためん[直面](명) 노오가쿠(能楽)를 상연할 때 탈을 쓰지 않는 일. bare-faced
ひたもの[直物](명·부)〈고〉 ①그릇에 가득 담음. 가득. ②오로지. 한결같이.
ひたやごもり[直屋籠り](명)〈고〉 오로지 집에 틀어 박혀 있는 것.
ひだら[干鱈](명) 엷게 소금을 뿌려 말린 대구. 건대구. a dried codfish
ひだり[左](명) ①왼편. 왼쪽. ②왼손. ③술을 잘 마시는 것. ④좌익(左翼). ↔右(ミギ). 1. 4. the left. **—うちわ**[左団扇](명) ①한가하게 편히 지내는 것. ②은거해서 편한 몸. **—きき**[左利き](명) ①왼손잡이. ②술을 즐김. **—ぎっちょ**[左ぎっちょ](명) 왼손잡이. **—·する**[左する](자サ) 왼쪽으로 가다. ↔右する. **—づま**[左褄](명) ①왼쪽 옷단. ②기생의 신분.「一を取(ト)る; 기생이 되다」 **—て**[左手](명) 왼손. ↔右手. **—とう**[左党](명) 술군. 주당(酒党). **—まえ**[左前]—マヘ(명) ①왼 섶을 안에 들어 가게 옷을 입는 일. ②거꾸로 됨. ③가세(家勢)가 쇠퇴함. **—まき**[左巻き](명) ①왼쪽으로 감는 일. ②〈속〉 변태인(変態人). ③〈속〉 미치광이. **—むき**[左向き](명) 왼쪽으로 향함. ②생계가 곤란해짐. **—よつ**[左四つ](명) 〔씨름에서〕 서로가 왼손을 상대방의 오른팔 밑에 넣어서 잡는 수. ↔右四つ.
ぴたり(부) ①갑자기 서는 모양. ②빈틈 없이 찰싹 붙는 모양. ③잘 맞는 모양.「一と合(ア)う; 꼭 맞다」 2. closely
ひた·る[浸る](자 4) ①물에 잠기다. ②젖다. ③푹 차다.「喜(ヨロコ)びに一; 기쁨에 잠기다」 1. be steeped 2. indulge
ひだる·い(형) 시장하다. 배고프다. [파생] **—げ**(형동ダ) **—さ**(명). be hungry
ひだるま[火達磨](명) 온 몸에 불이 붙어 타오르는 모양.
ひたん[悲嘆·悲歎](명·자サ) 비탄. 슬퍼 한탄함.「一の涙(ナミダ)に暮(ク)れる; 비탄의 눈물에 잠기다」 lamentation
ひだん[飛弾](명) 비탄. 날아 오는 탄환. a flying bullet
ひだん[匪団](명) 비적의 집단. a gang of a bandits
びたん[尾端](명) 미단. 꼬리의 끄트머리. 꼬리끝. the end of a tail
びたん[鼻端](명) 코끝. the tip of a nose
びだん[美談](명) 미담. 아름다운 이야기. 감동할 만한 이야기. the story of a praiseworthy deed
びだんし[美男子](명) 미남자. 미남. a handsome man
ピチカート[이 pizzicato](명)〈악〉 피치카토. 현악기의 현(弦)을 손가락으로 튀겨 연주하는 일. 또는 그 곡.
びちく[備蓄](명) 비축. 만일의 경우에 대비해서 저축해 두는 것. store
ひちしゃ[被治者](명)〈법〉 피치자. 통치(統治)를 받는 국민. ↔治者. the ruled
ぴちぴち(부·자サ) ①물고기 등이 힘차게 뛰는 모양. ②원기가 좋은 모양. 팔팔. 2. lively
びちゃびちゃ(부·자サ) ①물을 튀기는 모양. ②물에 흠뻑 젖은 모양. 1. splashing 2. dripping wet
ぴちゃぴちゃ(부·자サ) ①물을 튀기는 소리. ②소리 내며 음식을 먹는 모양. 쩍쩍. 짝짝. 1. splashing 2. lapping
びちゅう[微衷](명) 미충. 자기 충심(衷心)의 낮춤말. one's sincerity
びちゅう[鼻柱](명) 콧대. the bridge of a nose
びちゅうかく[鼻中隔](명)〈생〉 비중격. 비강(鼻腔)의 중앙에 있는 격막. the nasal septum
ひちゅうのひ[秘中の秘](연어·명) 비밀 중의 비밀. 절대의 비밀. 극비. a strict secret
ひちょう[飛鳥](명) 비조. 나는 새.「一のような早(ハヤ)わざ; 나는 새와도 같은 빠른 솜씨」 a flying bird
ひちょう[秘帖](명) 비밀 수첩. a secret notebook
ひちょう[悲調](명) 비조. 슬픈 가락. a moanful note
ひちょうきん[腓腸筋](명)〈생〉 비장근. 장딴지의 근육. 다리를 펴는 구실을 함. 대퇴골(大腿骨) 아래 끝으로부터 아킬레스건(腱)에 연락됨.
ひちりき[篳篥](명) 필률. 앞에 일곱, 뒤에 두 개의 구멍이 있는 피리. 혀는 갈(蘆)로 만든 아악용의 관악기.
〔篳篥〕
ひぢりめん[緋縮緬](명) 바탕이 오글오글한 빨간 색깔의 비단.
ひっ—[引っ](접두)〈속〉 기운차게 하는 모양.「一つかまえる; 꽉 붙잡다」
ひつ[筆](명) ①붓. ②붓자국. 필적. 1. a brush
ひつ[弼](명) ①힘이 되는 것. 보좌. ②옛날 단죠오다이(弾正台)의 차관.

ひつ[櫃](명) 궤. 뚜껑이 있는 큰 상자.「米(コメ)びつ; 뒤주」 a chest

ひつい[筆意](명) ① 붓을 놀릴 때의 마음 가짐. ②붓 놀림. 필세(筆勢). ③서화(書画)의 취향(趣向). 1. intention of writing 2. a style of writing

ひつう[悲痛](형동ダ) 비통. 슬퍼서 마음이 아픈 모양.「—なさけび声(ゴエ); 비통한 울부짖음」 bitter grief

ひっか[筆架](명) 필가. 붓을 걸어 두는 기구. 필격(筆格). a penrack

ひっか[筆禍](명) 필화. 자기가 쓴 문장으로 인해서 받는 재난. troubles incurred by the pen

ひっかえ[引っ替え]—カヘ(명) 바꿈.「とっかえ—; 잇달아 교체되는 모양」 exchanging

ひっかえ·す[引っ返す]—カヘス(타 4) ⇨ひきかえす.

ひっかかり[引っ掛かり](명) ①걸어 두는 곳. 걸리는 곳. ②관계. 관련. 1. a hold 2. connection

ひっかか·る[引っ掛かる](자 4) ①걸리다. 걸려서 서다. ②방해되다. 지장이 되다. ③속다.「計略(ケイリャク)に—; 계략에 걸리다」 1. be caught

ひっか·く[引っ搔く](타 4) ①손톱으로 할퀴다. 긁다. ②가시로 할퀴다. scratch

ひっかく[筆画](명) 필획. 글자의 획. 자획(字画). the number of strokes

ひっか·ける[引っ掛ける](타하 1) ①걸어 두다. ②월부돈이나 계돈을 미루다. ③속이다. ④단숨에 마시다.「—(イッ)ぱい—; 한 잔 들이켜다」 ⑤조금 관계시키다. 1. hang 2. defraud

ひっかつ·ぐ[引っ担ぐ](타 4) 힘있게 메다. shoulder

ひっかぶ·る[引っ被る](타 4) "かぶる(쓰다)"의 센말. 뒤집어 쓰다. be covered

ひっき[筆記](명·타サ) 필기. 씀.「—帳(チョウ) 필기장」 writing

ひつき[火付き](명) 불이 옮겨 붙는 것. 점화(点火).「—がいい; 불이 잘 댕겨지다」 kindling

ひつぎ[柩](명) 시체를 담는 상자. 관(棺). 널. a coffin

ひつぎ[日嗣ぎ](명) 천황의 자리. the Imperial Throne. **—のみこ**[日嗣ぎの御子](명)〈고〉 황태자. 동궁(東宮).

ひっきょう[畢竟](부·자サ) 필경. 결국. 마침내.「—するに; 결국은」 in the end

ひっきりなしに[引っ切り無しに](부) 간단 없이. 쉬지 않고. 끊임 없이. 계속해서. continuously

ビッグ[big](명) 비그. ①큰 것. ②중요.「—ニュース; 중대한 뉴우스」

ピック[Pick](명)〈의〉 픽. 살리실산(酸)을 섞은 황갈색 경고(硬膏). 종기 등에 붙임.

ピックアップ[pick up](명·타サ) 픽업. ①집어 올림. ②선발함.「—チーム; 선발 티임」 ③축음기 레코오드나 토오키 필름의 음(音)을 재생하는 장치.

ひっくく·る[引っ括る](타 4) "くくる(묶다)"의 센말. 힘차게 묶다. tie up

びっくり[吃驚·喫驚](명·자サ) 깜짝 놀람. 뜻밖의 일에 크게 놀람. being surprised. **—ぎょうてん**[吃驚仰天](명·자サ) 몹시 놀람.

ひっくりかえ·す[引っ繰り返す]—カヘス(타 4) ①(순서, 방향 등을) 뒤집어 놓다.「計画(ケイカク)を—; 계획을 뒤집다」 ②옆으로 넘어뜨리다. 1. overturn

ピックル(ス)[pickles](명) ⇨ピクル(ス).

ひっくる·める[引っ括める](타하 1) 일괄(一括)하다. 합께 묶다. 한데 모으다. lump together

ひつけ[火付け](명) ①방화(放火). 방화범.「—盗賊(トウゾク); 불질러 놓고 도둑질하는 도둑」 ②사건을 일으키는 것. 1. setting fire

ひづけ[日付](명) 일부. 문서를 작성한 날짜나 제출한 날짜를 기입해 놓는 일. 또는 기입해 놓은 날짜. a date. **—へんこうせん**[日付変更線](명)〈지〉 일부 변경선. 지구상의 날짜를 인위적으로 변경시키는 선으로, 동경(東経) 180 도의 경선(経線)을 표준해서 만들었음. 동쪽으로 향해서 이 선을 넘을 때는 그날을 다시 한 번 세며, 서쪽으로 향해서 넘을 때는 하루를 건너 뜀. **—らん**[日付欄](명) 날짜를 기재(記載)하는 난(欄).

ピッケ[프 piqué](명) ⇨ピケ.

ひっけい[必携](명) 꼭 휴대해야 함.「—の品物(シナモノ); 반드시 휴대해야 할 물품」 indispensableness

ピッケル[도 Pickel](명) 피켈. 곡괭이 모양의 날이 달린 등산용 지팡이.

ひっけん[必見](명·타サ) 필견. 꼭 봐 둬야 함.「—の映画(エイガ); 반드시 봐 둬야 할 영화」 required looking

ひっけん[筆硯](명) ①필연. 붓과 벼루. ②문필가의 일. 2. a literary work

びっこ[跛](명) ①절뚝거림. 절름발이.「—を引(ヒ)く; 다리를 절다」 ②사물의 조화가 되어 있지 않는 것. 1. a lame person

〔ピッケル〕

ひっこう[筆耕](명) 필경. 글을 베껴 주고 그 요금을 받는 것. 또는 그 사람.「—料(リョウ); 필경료」 copying

ひっこ·し[引っ越し](명) 이사. 이전(移転).「—先(サキ); 이사 가는(간) 곳」 동 引っ越す(타 4). remove

ひっこぬ·く[引っこ抜く](타 4) "ひきぬく(잡아 빼다)"의 센말. 힘들여 잡아 빼다.「雑草(ザッソウ)を—; 잡초를 뽑다」 pull out

ひっこみ[引っ込み](명) ①끌려 들어 가는 것. ②퇴각(退却). 취하(取下). 취소. 2. drawing back. **—じあん**[引っ込み思案](명) 소극적인 생각. 퇴영적(退嬰的)인 생각.

ひっこ·む[引っ込む] Ⅰ(자 4) ①안에 틀어 박혀 나오지 않으려 하다.「家(イエ)に—; 집에 틀어 박히다」 ②뒷걸음치다. ③움푹 패다. Ⅱ(타 4) ①안으로 끌어 들이다. ②한패에 넣다. ③독감에 걸리다. Ⅰ 1. keep indoors 2. draw back

ひっこ·める[引っ込める](타하 1) ①퇴각시키다. ②제자리에 돌아 가게 하다.「手(テ)を—; 손을 떼다」 ③취소하다. 취하하다. 철회하다.「要求(ヨウキュウ)を—; 요구를 철회시키다」 ④낮추다. 1. draw back

ピッコロ[이 piccolo](명)〈악〉피콜로. 관악기의 한 가지. 플루우트보다 한 옥타아브가 높으며 관현악이나 취주악(吹奏楽)의 가장 높은 음역(音域)을 담당함.
ひっさく[筆削](명) 필삭. 첨삭(添削). 교정. correction
ひっさ·げる[引っ提げる](타하 1) ①손에 들다. 휴대하다. ②인솔하다. 「手勢(テゼイ)五十騎(ゴジッキ)をひっさげて; 예하(隷下) 50기를 거느리고」 ③무리하게 움직이다.「病軀(ビョウク)を一; 병든 몸을 이끌다」 ④표면에 내세우다.「要求(ヨウキュウ)をひっさげて立(タ)つ; 요구를 내걸고 나서다」 1. carry in one's hand
ひっさん[筆算](명·타サ) 필산. ①쓰는 일과 셈하는 일. ②수자를 종이에 써서 계산함. 「一にすぐれている; 필산에 뛰어나다」 1. writing and calculation
ひっし[必死](명) 필사. ①반드시 죽는 것. ②죽음을 각오하는 것. ③전력을 다하는 것. ④〔장기에서〕 단 한 수면 마지막인 상태. 1. inevitable death. **一に**[必死に](부) 대단히 열심히. 결사적으로.
ひっし[必至](명) 필지. 꼭 닥쳐 오는 것. 불가피한 것.「改革(カイカク)は一だ; 개혁은 불가피하다」 inevitability
ひっし[筆紙](명) 필지. 붓과 종이. 지필(紙筆). 「一に尽(ツ)くしがたい; 문장으로 도저히 표현할 수 없다」 pen and paper
ひつじ[未](명) ① 12지(支)의 여덟째. 양. ②옛 시각 이름. 미시. 오후 1시에서 3시까지. ③방위 이름. 남남서. 3. south-southwest. **一ぐさ**[未草](명)〈식〉⇨すいれん(睡蓮). **一さる**[坤·未申](명) 서남(西南).
ひつじ[羊](명)〈동〉면양. 순한 가축으로 털은 모직물의 재료가 되고 고기는 식용함.「一飼(カ)い; 양치기」 a sheep
ひっしゃ[筆写](명·타サ) 필사. 베껴 씀. 옮겨 씀. copying
ひっしゃ[筆者](명) 필자. 쓴 사람. 집필자. 저자(著者). a writer
ひつじゅ[必需](명) 필수. (일상 생활에) 꼭 소용되는 것. 꼭 필요한 것.「一品(ヒン); 필수품」 necessity
ひつじゅ[筆受](명·타サ) 역어(訳語)의 구술(口述)을 받아 적음. writing down
ひっしゅう[必修](명·타サ) 필수. 반드시 배워야 함. 필수 과목. being required. **一きょうか**[必修教科](명) 필수 교과. 반드시 배워야 하는 교과 과정.
ひつじゅつ[筆述](명·타サ) 필술. 문장으로 써서 말함. 생각을 글로 나타냄. ↔口述(コウジュツ). writing
ひつじゅん[筆順](명) 글자의 점, 획의 순서. 획순(画順). the order of handling a brush
ひっしょう[必勝](명) 필승. 꼭 이김.「一の信念(シンネン); 필승의 신념」 certain victory
ひつじょう[必定](명·부) 필정. 꼭 그렇게 됨.「成功(セイコウ)するのは一だ; 성공은 틀림 없다」 certainty
ひっしょく[筆触](명) 붓이 닿는 느낌. 붓 쓰는 방법. a touch of the brush
びっしょり(부) 흠뻑 젖은 모양. dripping wet
ひつじん[筆陣](명) 필진. 문장에 의한 논진(論陣). 글로 하는 논전(論戦)의 태세. 「一を張(ハ)る; 필진을 펴다」 setting forth one's argument
ひっす[必須](명) 필수. 반드시 씀. 없어서는 안됨. 필요.「一科目(カモク); 필수 과목」 indispensableness
ひっ·する[必する](자サ) 반드시 그렇다고 정하다. 꼭 그렇게 되다. provide as inevitable
ひっせい[畢生](명) 필생. 일생. 「一の大業(タイギョウ); 필생의 대업」 life
ひっせい[筆勢](명) 필세. 붓의 힘. 붓 쓰기. 글의 획에 드러난 기세. 필력(筆力). a stroke of the brush
ひっせき[筆跡·筆蹟](명) 필적. 글씨의 쓰임새. 「一鑑定(カンテイ); 필적 감정」 handwriting
ひつぜつ[筆舌](명) 필설. 붓과 혀. 문장과 언어. 「一に尽(ツ)くし難(ガタ)い; 글이나 말로는 도저히 표현할 수 없다(筆舌難記)」 pen and tongue
ひっせん[筆洗](명) 붓을 씻는 그릇. a brush-washer
ひっせん[筆戦](명) 필전. ①문장에 의한 논전. ②문장의 우열(優劣) 다툼. 1. a paper war
ひつぜん[必然](명) 필연. 꼭 그렇게 될 수 밖에 다른 도리가 없는 것.「一の勢(イキオイ); 필연지세」 inevitableness. **一せい**[必然性](명) 필연성. 꼭 그럴 성질. **一てき**[必然的](형동ダ) 필연적. 꼭 그렇게 될 수 밖에 없는 모양.
ひっそく[逼塞](명·자サ) ①꽉 막혀 몹시 군색함. ②영락(零落)하여 세상을 피함. ③에도(江戸) 시대에 문을 잠그고 주간에 외출을 금지시키던 형(刑). 2. hiding oneself from the world 3. confinement
ひっそり(부·자サ) ①남 몰래. ②아주 잠잠한 모양. 2. still
ヒッター[hitter](명) 히터. 〔야구에서〕 배터(打者).「ピンチ一; 위기 타자(危機打者)」
ひったかのこ[匹田鹿の子](명) 홀치기염(絞染)의 하나. 사슴털의 무늬보다 크며 모가 떨어진 네모 가운데에 점이 있는 홀치기염. 「snatch」
ひったく·る[引っ手繰る](타 4) 무리하게 당겨 빼앗다.
ひった·てる[引っ立てる](타하 1) 강제로 끌고 가다. 「罪人(ザイニン)を一; 죄인을 연행하다」 walk a person off
ぴったり(부·자サ) ①틈이 없이 맞는 모양. 꼭 붙어서 떨어지지 않는 모양. ②문을 꼭 닫은 모양. ③딱 들어 맞는 모양. 적당한 모양.「その場(バ)に一したことば; 그자리에 꼭 알맞는 말」 1. exactly
ひったん[筆端](명) 필단. 붓끝. the tip of the pen
ひつだん[筆談](명·자サ) 필담. 용건을 글로 써서 말함. conversation by writing
ひっち[筆致](명) 필치. 글씨나 글의 쓰임새나 짜임새. a touch
ピッチ[pitch](명·자サ) 피치. ①〔야구에서〕 투구(投球). ②〔보우트 경기에서〕 1분간에 노를 젓는 회수(回数). ③속도. 능률.「一をあげる; 능률을 올리다」 ④소리의 높이. ⑤나사나 톱니의 사이사이의 길이. 「一ゲージ; 피치를 재는 계기(計器)」 ⑥역청(瀝青). ⑦프로펠러의 1회전에 의한 전진 거리.

ヒッチハイク[hitchhike](명) 히치하이크. 지나가는 자동차 등에 편승(便乗)하여 하는 여행.
ピッチャー[pitcher](명) 피처. ①〔야구에서〕 투수(投手). ②⇨ジョッキ.
ひっちゃく[必着](명·자サ) 필착. 반드시 도착함. arrive exactly
ひっちゅう[匹儔](명) 같은 무리. 친구들. 동류(同類). a fellow
ひっちゅう[必中](명·자サ) 반드시 명중(命中)함. 「一発(イッパツ)—; 일발 필중」 being certain to hit the target
ひっちゅう[筆誅](명·타サ) 죄악을 글로 써서 견책(譴責)함. 「—をくわえる; 필주를 가하다」 chastise with the pen
びっちゅう[備中](명)〈지〉 옛 지방 이름. 현재 오카야마현(岡山県)의 서부.
ピッチング[pitching](명·자サ) 피칭. ①배(船)가 앞뒤로 흔들림. ↔ローリング. ②〔야구에서〕 투구(投球).
ひっつか·む[引っ摑む](타 4) 꽉 쥐다. 힘차게 붙잡다. grab
ひっつ·く[引っ付く](자 4) 꼭 달라붙다. stick
ピッツバーグ[Pittsburgh](명)〈지〉 피츠버어그. 미국 동부 펜실베이니아주(州)의 서남부에 있는 도시. 제철(製鉄), 제강업(製鋼業) 등이 유명.
ひっつめ[引っ詰め](명) 여자의 머리를 뒤로 넘겨 아무렇게나 매는 것. 또는 그런 머리.
ひっつれ[引っ釣れ·引っ攣れ](명)〈속〉 화상(火傷) 등으로 피부가 죄어들어 켕겨지는 것.
ひってき[匹敵](명·자サ) 필적. ①어깨를 겨룸. ②대등함. ②부류. 동류. 1. match
ヒット[hit](명·자サ) 히트. ①침. 때림. ②〔야구에서〕 안타(安打). ③인기 등이 크게 오름. 「—ソング; 히트송」 **—エンドラン**[hit-and-run](연어) 히트앤드런. 〔야구에서〕 배터(打者)와 러너(走者)가 서로 신호하여 배터가 공을 침과 동시에 러너는 다음 베이스로 달리는 일.
ひっとう[筆答](명·자サ) 필답. 글로 써서 대답함. 「—試験(シケン); 필답 시험」 answering in writing
ひっとう[筆頭](명) ①쓰기 시작하는 것. 「—第一(ダイイチ); 필두 제일」 ②필두. 나열된 이름 중의 제일 첫번째 사람. 「—者(シャ); 호주」 ③붓끝. 2. the first on the list. **—しゃ**[筆頭者](명)〈법〉 호적의 맨 앞에 적혀 있는 사람. 호주.
ひつどく[必読](명·타サ) 필독. 반드시 읽음. 반드시 읽어야 함. 「—書(ショ); 꼭 읽어야 할 서적」 required reading
ひっとら·える[引っ捕られる]—トラヘル(타하 1) "とらえる (붙잡다)"의 센말.
ひっぱが·す[引っ剝がす](타 4)〈속〉 "ひきはがす(벗기다)"의 센말.
ひっぱく[逼迫](명·자サ) 핍박. ①막힘. 절박(切迫). ②재정이 어려워짐. 궁핍. 1. impendence 2. tightness
ひっぱ·ぐ[引っ剝ぐ](타 4)〈속〉 와살스럽게 벗기다. 「ビラを—; 삐라를 막 뜯어 벗기다」 strip off
ひっぱた·く(타 4)〈속〉 세게 때리다. thrash
ひっぱりだこ[引っ張り凧](명) 인기가 있어 사방에서 끎. 또는 그 사람. being wanted in many quarters
ひっぱ·る[引っ張る](타 4) ①잡아 늘여서 펴다. ②잡아 끌다. 세게 당기다. ③강제로 끌고 가다. 1. stretch 2. pull
ひっぷ[匹夫](명) ①필부. 신분이 낮은 사나이. ②사리에 어두운 사나이. 1. a lowly man. **—のゆう**[匹夫の勇](연어·명) 지혜롭지 못한 용기. 만용(蛮勇).
ひっぷ[匹婦](명) 필부. ①신분이 천한 여자. ②보통의 여인. 1. a lowly woman 2. a common woman
ヒップ[hip](명) 힙. 엉덩이 둘레. 「—サイズ; 힙 사이즈」
ひっぺが·す[引っ剝がす](타 4) ⇨ひっぱがす.
ひっぽう[筆法](명) 필법. ①붓놀림. 운필법(運筆法). ②문장 작법. ③방법. 1. a style 3. a manner
ひっぽう[筆鋒](명) 필봉. ①붓 끝. ②글, 글자의 위세. 「鋭(スルド)い—; 예리한 필봉」 1. the tip of the brush
ひつぼく[筆墨](명) ①필묵. 붓과 먹. ②필묵으로 쓴 글씨. 필적(筆跡). 1. pen and ink 2. writing
ひつむ[必無](명) 필무. 틀림 없이 없는 것. 반드시 그렇지 않은 것.
ひつめい[筆名](명) 필명. 글 쓸 때만 쓰는 이름. a pen name
ひつめつ[必滅](명) 필멸. 반드시 멸망함. 「生者(ショウジャ)—; 생자 필멸」 mortality
ひつもんひっとう[筆問筆答](연어·명·자サ) 필문 필답. 필기에 의해 문답함. 필기 시험의 물음과 답. questioning and answering in writing
ひつよう[必用](명) 꼭 써야 할 것. 「—品(ヒン); 꼭 써야 할 물품」 necessity
ひつよう[必要](명·형동ダ) 필요. 꼭 소용됨. 없어서는 안됨. 「—品(ヒン); 필요한 물품」 need
ひつりょく[筆力](명) 필력. 붓의 힘. 필세(筆勢). 문장의 기세. the force of the pen
ひてい[否定](명·타サ) 부정. 그렇지 않다고 부인함. ↔肯定(コウテイ). negation
びていこつ[尾骶骨](명)〈생〉 ⇨びこつ(尾骨).
ビデオ[video](명) ⇨テレビジョン. **—テープ**[video tape](명) 비데오테이프. 전자식 녹음의 원리에 의하여 텔레비전의 영사 신호를 소리의 신호와 함께 테이프에 기록 재생하는 방법 및 그 장치.
びてき[美的](형동ダ) 미적. 사물의 아름다운 모양. 아름답게 느껴지는 모양. 「—感覚(カンカク); 미적 감각」 aesthetic
ひてつきんぞく[非鉄金属](명)〈이〉 비철 금속. 철 이외의 금속. 예: 동(銅), 연(鉛), 백금 등. nonferrous metals
ひでり[日照り·旱](명) 여름에 오래도록 비가 안 오는 것. 가물음. 한발. a drought. **—あめ**[日照り雨](명) 햇볕이 나며 비가 오는 것. 여우비.
ひてん[批点](명) ①시가(詩歌)나 문장의 정정(訂正), 비평. 또는 그 비평한 점. ②정정, 비평할 곳. ③

. 결점. 1. correction 2. a point to be corrected
ひでん[飛電](명) ①번개. ②급한 전보. 1. lightning 2. an express telegram
ひでん[秘伝](명) 비전. 특정한 사람에게만 전하는 오묘한 기술. a secret
びてん[美点](명) 미점. 좋은 점. 장점. a merit
びでん[美田](명) 토질이 좋은 땅. 비옥한 땅.「子孫(シソン)のために一を買(カ)わず; 자손에게 물려주기 위해 좋은 땅을 사지 않는다(좋은 땅을 물려주면 자손이 게을러진다는 뜻)」 a rich field
ひでんいん[悲田院](명)〈역〉나라(奈良) 시대에 환자, 빈궁한 사람, 고아 등을 수용하기 위해 지은 집. a charity asylum
ひでんか[妃殿下](명) 비전하. 전하비(妃)의 높임말. a princess
ひでんかいしつ[非電解質](명)〈이〉비전해질. 그 수용액(水溶液)이 전기를 전하지 않는 물질. 예:알코홀, 설탕 등. ↔電解質. nonelectrolyte
ひと[人](명) ①〈동〉사람. ②세인(世人).「一に笑(ワラ)われるな; 세인들의 웃음을 사지 말라」③남. 타인.「一をおしのける; 남을 밀치다」④어른.「一となる; 성인이 되다」⑤적당한 사람.「一をたてて相談(ソウダン)する; 적당한 사람을 내세워서 의논하다」⑥우수한 인물.「この会社(カイシャ)には一がいない; 이 회사엔 인물이 없다」⑦사람됨.「一がわるい; 사람됨이 나쁘다」⑧애인. ⑨남편.「うちの一; 우리 주인」 1. a man 4. an adult 7. nature
ひと[一](명)〈수〉①하나. 1. ②한 번. 1회.「一思案(シアン); 한번 생각해 봄」 1. one
ひと[費途](명) 돈의 용도. the use of money spent
ひとあし[一足](명) ①한 걸음. ②아주 가까운 거리. ③아주 짧은 시간. 1. a step
ひとあし[人足](명) 사람의 왕래. 인적(人跡). traffic
ひとあせ[一汗](명) 한바탕 땀을 흘림.「一かく; 한바탕 땀을 흘리다」 a sweat
ひとあたり[人当たり](명) 사람을 대하는 태도. 사람에 대한 접대.「一がいい; 사람을 대하는 태도가 좋다(싹싹하다)」 manners
ひとあと[人跡](명) 인적. 사람의 발자취. human traces
ひとあな[人穴](명) 옛날 사람이 살았다고 하는 용암(溶岩) 등의 동굴. a man-dwelling cave
ひとあめ[一雨](명) 한 번 오는 비.「一ごとに; 비가 한 번 올 때마다」 a shower
ひとあれ[一荒れ](명) 폭풍, 사람, 짐승 등이 한바탕 횡포를 부림.「一来(ク)る; 폭풍, 횡포 등이 한바탕 휘몰려 오다」 a raging
ひとあわふかせる[一泡吹かせる](연어) (다른 사람을) 놀라고 당황하게 하다. deal a person a blow
ひとあんしん[一安心](명・자サ) 우선 안심함. (한고비 넘겼다는 뜻) feel temporarily relieved
ひど・い[非道い・酷い](형) ①지독하다. 잔혹하다.「一仕打(シウ)ち; 지독한 짓」②심하다. 격렬하다. 파생 **一さ**(명). 1. cruel

ひといき[一息](명) ①숨 한 번 들이마실 사이. 한 번 숨을 쉼.「一入(イ)れる; 잠깐 쉼」②짧 힘을 주는 것. ③단숨에 하는 것.「一に; 단숨에」 1. a breath
ひといきれ[人いきれ](명) 사람이 많이 모였을 때 몸에서 뿜는열. 훈김.「一でむんむんする; 사람의 훈기로 더운 기가 물컥물컥하다」 stuffiness
ひといくさ[一軍](명) 한 번의 싸움. a battle
ひといちばい[人一倍](명・부) 남보다 배(倍)나 유별난 것.「一の努力(ドリョク); 남보다 배나 되는 노력」 more than others
ひといろ[一色](명) ①한 가지 색. ②한 종류. 1. a colour 2. a kind
ひとう[比島](명)〈지〉필리핀(比律賓). 「mourning
ひとう[悲悼](명) 비도. 죽음을 몹시 슬퍼하는 것.↗
ひどう[非道](명・형동ダ) ①도리에 어긋남. ②인정에 어긋남. 1. injustice 2. inhumanity
びとう[尾灯](명) 미등. 전차나 자동차 등의 뒤에 단 위험 표지의 등불. a tail light
びとう[微騰](명・자サ)〈경〉미등. 물가 등이 조금 오름. ↔微落(ビラク). fractional advance
びどう[美童](명) 미동. 미소년. a handsome boy
びどう[微動](명・자サ) 미동. 조금 움직임.「一もしない; 꼼짝도 하지 않는다」 quivering
ひとうけ[人受け](명) 남에게 주어지는 느낌.「一がいい; 호감을 받다」 popularity
ひとうち[一打ち](명) ①한 번 침. 1타. ②한 번에 무찌름. 1. a beat 2. vanquishing by a single stroke
ひとえ[一重]一へ(명) ①겹치지 않는 것. 외겹. 홑겹.「一まぶた; 홑꺼풀 눈」②〈식〉꽃잎이 겹치지 않고 외겹인 것. ↔やえ. 1. onefold 2. single
ひとえ[単・単衣]一へ(명)〔←ひとえもの〕안을 받치지 않은 홑옷. ↔あわせ. unlined clothes
ひとえに[偏に]ヒトヘ一(부) 오로지. 전심으로.「一あなたのおかげです; 오로지 당신의 덕입니다」earnestly
ひとおじ[人怖じ]一オヂ(명・자サ) (어린 아이 등이) 낯모르는 사람을 보고 무서워함. 낯가림. timidity in the presence of a stranger
ひとおと[人音](명) 사람이 있는 소리. 인기척. a sign of man's presence
ひとおもいに[一思いに]ヒトオモヒ一(부) 단숨에(용단을 내려서). 큰마음 먹고.「一に死(シ)のうか; (용단을 내려서) 단숨에 죽어 버릴까」 resolutely
ひとかい[人買い]一カヒ(명) 어린 아이나 여자를 유인해서 매매하는 사람. 인신 매매자. a trafficker in girls
ひとがき[人垣](명) 많은 사람들이 울타리처럼 늘어선 모양.「一をつくる; 많은 사람들이 울타리처럼 죽 늘어서다」 a crowd
ひとかげ[人影](명) ①사람의 그림자. ②사람의 모습. 1. the shadow of a person 2. a figure
ひとかず[人数](명) ①사람의 수. 인원수. ②사람 축에 드는 것으로 인정받음. 1. the number of people
ひとがた[人形](명) ①인형. ②옛날 무당이 굿을 할

때 쓴, 종이로 사람 모양을 만든 것. 1. a doll
ひと かたき[一片食](명) 〔"ひとかたけ"의 잘못〕 1회의 식사. a meal
ひとかた ならず[一方ならず](부) 보통이 아닌. 대단히. 굉장하게. uncommonly
ひと かたまり[一塊](명) ①한 덩어리. ②한 집단. 1. a lump 2. a group
ひと かど[一角·一廉](명) ①한 가지 일. ②어떤 일. ③뛰어난 일. 상당한 것. 「一の人物(ジンブツ); 상당한 인물」 ④제구실. 3. superiority 4. full-fledgedness
ひと かまえ[一構え]ーカマへ(명) 한 채의 집. a house
ひと がまし·い[人がましい](형) ①보통 정도의 사람답다. ②상당한 인물답다. 파생 **一さ**(명). 1. quite like an ordinary man
ひと がら[人柄] Ⅰ(명) 인품. 인격. Ⅱ(형동ダ) 품위가 있는 모양. 「お一な人(ヒト); 품위가 있는 사람」 Ⅰ personality
ひと かわ[一皮]ーカハ(명) ①한 겹의 껍질. ②거짓 꾸민 표면. 「一むけば大悪人(ダイアクニン)だ; 한 껍질 벗기면 대악인이다」 1. outer skin 2. a veneer
ひと ぎき[人聞き](명) 남이 듣는 것. 외문(外聞). 「一がわるい; 외문(평판)이 좋지 않다」 reputation
ひと きょう[一京](명) 옛날 교오토(京都) 전체를 일컫던 말.
ひと ぎらい[人嫌い]ーギラヒ(명) ①남과 사귀기를 싫어하는 것. ②사람을 싫어하는 것. 또는 그런 사람. 1. shunning company
ひときりぼうちょう[人切り包丁](명)〈속〉 무사의 칼을 욕하는 말. a sword
ひと きれ[一切れ](명) 일편(一片). 한 조각. a piece
ひと きわ[一際]ーキハ(부) (다른 것과 비교하여) 한층. 유달리. 「一目立(メダ)つ衣装(イショウ); 유달리 눈에 띄는 옷」 conspicuously
ひ とく[秘匿](명·타サ) 몰래 숨겨 둠. concealment
ひどく[酷く·非道く](부) 몹시. 심히. 매우. 「一大(オオ)きい; 대단히 크다」 very
び とく[美徳](명) 미덕. ①아름다운 덕. ②좋은 행동. ↔悪徳(アクトク). 1. a virture
ひとくいじんしゅ[人食い人種]ヒトクヒー(명) 식인종(食人種). cannibals
ひと くくり[一括り](명) 일괄. 하나로 묶음. 한데 뭉침. 한 묶음. a bundle
ひと くさ·い[人臭い](형) ①사람 냄새가 나다. 인기척이 있다. ②인간답다. 「一とも思(オモ)わない; 사람답다고 여기지도 않는다」 1. smell of the human body
ひと くさり[一齣](명) 한 구절. 한 단락(段落). 「浪花節(ナニワブシ)を一うなる; 나니와부시의 한 대목을 부르다」 a section
ひと くせ[一癖](명) ①한 가지 버릇. ②어딘지 모르게 이상한 성격. 「一ありそうだ; (경계하여야 할) 독특한 버릇이 있을 것 같다」 2. an idiosyncrasy
ひと くち[一口](명) ①한 번에 먹음. ②조금 먹음. ③한꺼번에 간단히 말함. 요약해서 말함. 「一にいえば; 한 마디로 말하자면」 1. a mouthful 2. a morsel 3. a word. **一ばなし**[一口話](명) 짧고 재미 있는 이야기.
ひと くろう[一苦労](명) 한 번 고생하는 것. toil
ひと け[人気](명) ①인기척. ②인간다운 맛. 1. a sign of man's presence 2. humaneness
ひ どけい[日時計](명) 막대기를 세워 놓고 태양이 비치는 그림자의 길이로 시각을 재는 장치. 해시계. a sundial
ひと ごえ[人声]ーゴヱ(명) 사람의 목소리. a voice
ひと ごこち[人心地](명) ①살아 있는 것 같은 기분. 「やっと一がつく; 겨우 제 정신이 들다」 ②사람인 것 같은 기분. 1. consciousness
ひと ごころ[人心](명) 인심. ①사람의 마음. ②정상적인 의식(意識). 「一がつく; 제 정신이 들다」 ③인정. 1. the human heart 2. senses 3. humane feelings
ひと こし[一腰](명) 한 자루의 요도(腰刀). a sword
ひと こと[一言](명) 일언. ①한 마디 말. ②적은 말. 짧은 말. a word
ひと ごと[人言](명) ①남의 말. ②세상의 소문. 세평(世評). 2. a rumour
ひと ごと[人事](명) ①남의 일. 「一ではない; 남의 일이 아니다」 ②세상 일. 1. other people's affairs 2. worldly affairs
ひと ごと[人毎](연어·명) 사람마다. 「一に意見(イケン)は違(チガ)う; 사람마다 의견은 다르다」 every person
ひと こま[一駒·一齣](명) 짧은 한 장면. 「映画(エイガ)の一; 영화의 한 장면」 a scene
ひと ごみ[人込み](명) 많은 사람이 붐비는 것. 또는 그런 곳. a crowd
ひと ころ[一頃](명·부) ①한때. 「一さかえた町(マチ); 한때 번화했던 거리」 ②이전. 「一の元気(ゲンキ)が見(ミ)られない; 이전의 기운을 볼 수 없다」 2. once
ひと ごろし[人殺し](명·자サ) 살인. 사람을 죽임. 또는 그 사람. 살인자. murder
ひと さかり[一盛り](명·부) 한때 성함. 한때 원기 왕성함. 한물. 「一過(ス)ぎた選手(センシュ); 한물 간 선수」 a temporary prosperity
ひと さし[一差し·一指し](명) (장기, 바둑 등의) 한 번의 시합. 한 판. a game
ひとさし ゆび[人差し指](명) 집게손가락. a forefinger
ひと ざと[人里](명) 사람이 사는 마을. 「一はなれた山奥(ヤマオク); 마을에서 떨어진 산속」 a village
ひと さま[人様](명) 남을 존경해서 하는 말. 「一のことに口(クチ)を出(ダ)すな; 남의 일에 참견 말라」 other people
ひと さわがせ[人騒がせ](명·자サ·형동ダ) 대단치도 않은(쓸 데 없는) 일로 남을 시끄럽게 함. a false alarm
ひとし·い[等しい](형) 동등하다. 같다. 동일하다. 「長(ナガ)さが一; 길이가 같다」 「なきに一; 없으나 다름 없다」 equivalent
ひと しお[一入]ーシホ Ⅰ(명) 염색물을 물감에 한 번 담

금. Ⅱ(부) 한층. 일단. 「一さびしさがまさる; 한층 쓸쓸함이 더하다」 Ⅰa dip Ⅱstill more

ひとしお[一塩]ーシホ(명) 생선, 야채 등에 엷게 소금을 뿌리는 일. 「鰺(アジ)の一; 열간 전갱이」 salting slightly

ひとしきり[一頻り](부) 한때 성(盛)한. 얼마 동안 계속되는. 한참 동안. 「一せみの鳴(ナ)き声(ゴエ)が聞(キ)こえた; 한참 동안 매미 우는 소리가 들렸다」 for a time

ひとしく[等しく](부) 어느 것이나 같이. equivalently

ひとじち[人質](명) 인질. 볼모. a hostage

ひとしなみ[等し並み](형동ダ) 동등한 모양. 「それとこれとは一には考(カンガ)えられない; 그것과 이것은 동등하게 생각할 수는 없다」 equal

ひとじに[人死に](명·자サ) 불의의 사고로 사람이 죽음. 횡사(横死). a casualty

ひとしれず[人知れず](연어·부) 남 몰래. 「一思(オモ)いなやむ; 남 몰래 고민하다」 unseen

ひとずき[人好き](명) 남이 그 사람을 좋아함. 「一がする; 사람들에게 호감을 받다」 amiableness

ひとすじ[一筋]ースヂ(명) ①한줄기. 외줄. ②하나에만 열중하는 것. 「芸道(ゲイドウ)一に生(イ)きる; 예도(芸道) 하나에 전렴하여 살다」 2. intently. **—なわ**[一筋縄]ーナハ(명) ①한 가닥의 새끼줄. ②보통의 방법(수단). 「一では行(イ)かない; 보통 수단으로는 잘 안된다」

ひとずれ[人擦れ](명·자サ) 많은 사람과 접촉해서 성질이 교활해짐. sophistication

ひとだかり[人だかり](명·자サ) 사람들이 많이 모임. 또는 그 군중. a throng

ひとだのみ[人頼み](명·타サ) 남에게 의지함. 「一ばかりする; 남에게 의지만 한다」 depending on

ひとたび[一度](명·부) 한 번. 「一思(オモ)い立(タ)った以上(イジョウ)は; 한 번 결심한 이상은」 once

ひとだま[人魂](명) 밤하늘을 떠도는 (공 같은) 도깨비불. a will-o'-the-wisp

ひとたまり[一たまり](명) 잠시 지탱하는 것. 「一もない; 잠시도 지탱하지 못하다」

ひとだまり[人溜り](명) ①많은 사람이 모여 있음. 또는 그곳. ②사람이 모여 대기하는 장소. 1. a pool 2. a waiting room

ひとちがい[人違い]ーチガヒ(명·자타サ) ①다른 사람을 그 사람으로 잘못 생각함. ②다른 사람처럼 모습이 변함. 1. mistaking a person for another

ひとつ[一つ] Ⅰ(수) ①셈의 첫째. 하나. 1. ②한 묶음으로 되어 있는 것을 셀 때의 첫째 수. 「一の問題(モンダイ); 하나의 문제」 ③제일. ④한 살. ⑤〔부정어를 동반해서〕하나인들. 하나도. 「漢字(カンジ)一書(カ)けない; 한자 하나도 못 쓰다」 ⑥독립된. 하나뿐인. 「君(キミ)の決心(ケッシン)一だ; 자네 결심 하나에 달려 있다」 Ⅱ(명) ①같은 것. 「…と一だ; …와 같다」 ②함께. 하나로. 「一になる; 하나로 되다」 ③한편. 「一には…; 한편으로는」 Ⅲ(부) 자. 그럼. 「一出(デ)かけようか; 자, 떠나 볼까」 Ⅰ1. one Ⅱ1. being alike 3. one hand Ⅲjust. **—あな**[一つ穴](명) ①같은 굴, 한 굴에 사는 것. ②함께 나쁜 계획을 하는 것. 「一のむじな; 함께 나쁜 계획에 관계하는 무리」 **—おぼえ**[一つ覚え](명) 하나만을 소중히 기억하고 있는 일. 「ばかの一; 바보의 한 가지 알기」 **—がき**[一つ書き](명) "1, …"식으로 조항을 하나하나 나누어 쓰는 일. 또는 그 문서. **—ばし**[一つ橋](명) 통나무 하나로 걸쳐 놓은 다리. 외나무 다리. **—ばなし**[一つ話](명) ①언제나 정해진 것같이 화제가 되는 한 가지 이야기. ②진기한 이야기. 기담(奇談). **—びとつ**[一つ一つ](명) 하나하나. **—み**[一つ身](명) 피륙 한 나비로 할 수 있는 유아복(乳児服). **—や**[一つ家](명) ①한 채의 집. ②같은 집.

ひとづかい[人使い]ーヅカヒ(명) 사람을 부리는 일. 또는 그 방법. 「一があらい; 사람 부리는 게 거칠다」 treatment

ひとつき[一月](명·부) 한 달. 1개월. a month

ひとづき[人付き](명) ①교제. ②(남에게의) 붙임성. 「一がいい; 붙임성이 있다」 2. popularity

ひとづきあい[人付き合い]ーヅキアヒ(명) 다른 사람과의 교제. 「一がいい; 사교성이 있다」 association

ひとっこ[人っ子](명) 사람. 「一ひとり通(トオ)らない; 사람이 하나도 지나가지 않는다」 a man

ひとづて[人伝](명) ①인편으로 말을 전하는 일. ②남을 통해서 아는 것. ③인편으로 물건을 보내는 일. 1. 3. sending by a person

ひとつぶ[一粒](명) 한 알. 한 톨. 「一選(ヨ)りの; 많은 것 중에서 정선(精選)한」 a grain. **—だね**[一粒種](명) 외아들. 외딸.

ひとつぶて[人礫](명) 사람을 잡아서 돌 던지듯 던져 버리는 일. throwing a person like a stone

ひとづま[人妻](명) ①남의 아내. ②결혼한 여자. 1. another's wife 2. a married woman

ひとて[一手](명) ①한 손. ②한데 뭉치는 일. 일괄(一括). 「一販売(ハンバイ); 독점 판매」 ③한 묶음. 일대(一隊). 1. a hand 3. a squad

ひとで[人手](명) ①남의 도움. 「一を借(カ)りる; 남의 손을 빌다」 ②남의 행위(行為). 「一にかかる; 남의 손에 죽다」 ③남의 손. 「一に渡(ワタ)す; 남의 손에 넘기다」 ④일하는 사람. 「一が多(オオ)い; 일손이 많다」 2. another's doing 3. another's hands

ひとで[人出](명) 사람이 많이 나와 모임. a turnout

ひとで[海星](명)〈동〉 해성. 불가사리. 바닷속에 사는 하등 동물. 종류는 많으며 몸은 오각형(五角形)으로 별 모양임. a starfish

ひとでなし[人で無し](명·형동ダ) 사람의 형태를 하고 있으나 사람의 마음씨가 아님. 은의(恩義)나 인정을 모르는 사람. 비인간(非人間). an inhuman wretch

ひととおり[一通り]ートホリ(명·부) ①보통. 「一の常識(ジョウシキ); 보통 상식」 ②대충. 대략. 대강. 「一読(ヨ)む; 대충 읽다」 1. ordinary

ひと どおり[人通り]ードホリ(명) 사람의 왕래. traffic
ひと とき[一時](명·부) 일시. ①잠시. 한동안. ②어느 때. 한때. ③옛날의 시간 구분. 지금의 두 시간. 1. for a while
ひと とせ[一年](명·부) ①1년. 한 해. ②어느 해. 1. one year
ひと となり[為人](명) 위인. 태생. 성질. character
ひと となる[人と成る](연어·4) 어른이 되다. 성인이 되다. become an adult
ひと なか[人中](명) ①많은 사람 가운데. ②세상. 1. company
ひと なかせ[人泣かせ](명·형동ダ) 사람을 울림. 사람을 괴롭힘. 「一な制度(セイド); 사람을 괴롭히는 제도」 a trouble to other people
ひと なだれ[人なだれ](명) 군중이 들끓어서 한쪽으로 밀리는 일. 사람 사태. a surging crowd
ひと なつかし·い[人懐かしい](형) 사람이 그립다. dear
ひと なつ(っ)こ·い(형) 사람을 그리워하다. 붙임성이 있다. 싹싹하다. 「一笑顔(エガオ); 붙임성 있게 웃는 얼굴」 amiable
ひと なのか[一七日](명) 사람이 죽은 지 이레째. the seventh day after a person's death
ひと なみ[人波](명) 인파. 물결처럼 밀려 움직이는 군중. human waves
ひと なみ[人並み](명·형동ダ) 보통 사람과 같은 모양. 「一の顔(カオ)かたち; 남의 축에 빠지지 않는 용모」 ordinary
ひと な·れる[人馴れる](자하 1) ①교제가 익숙해지다. ②남과 친숙해지다. 2. get used to people
ひと ねいり[一寝入り](명·자サ) 한잠 잠. a sleep
ひと ねむり[一眠り](명·자サ) 잠깐 잠. 한잠 잠. a sleep
ひとの くに[人の国](연어)〈고〉①수도 이외의 땅. 시골. 지방. ②다른 나라. 남의 나라.
ひとの こ[人の子](연어·명) ①사람의 자식. 「私(ワタクシ)も一だ; 나도 사람의 자식이다」 ②남의 자식. 「一をあずかる; 남의 자식을 맡다」
ひと は[一葉](명) 일엽. 한 잎. a leaf
ひと はし[一端](명) 일단. ①한쪽 끝. ②일부(一部). 1. an end 2. a part
ひとばしら[人柱](명) ①옛날에 다리를 놓거나 제방을 쌓는 난공사(難工事)를 할 때 산 사람을 제물로 물 속에 빠뜨리던 일. 또는 그 사람. ②어느 목적을 위해서 몸을 바치는 일. 1. a human sacrifice
ひと はしり[一走り](명·자サ) 조금 뜀. 「一行(イ)って来(コ)い; 얼른 뛰어 갔다 오너라」 a run
ひと はた[一旗](명) ①깃발 하나. ②일. 사업. 「一あげる; 사업을 시작하다」 1. a flag
ひと はだ[一肌](명) ①한 쪽의 피부. ②한 번의 분발. 한 번의 도움. 「一ぬぐ; 분발하여 도와 줌」 2. a helping hand
ひと はだ[人膚·人肌](명) ①사람의 피부. ②체온(体温). 1. human skin
ひと はな[一花](명) ①하나의 꽃. ②성공. 「一咲(サ)かせる; 한번 성공하여 날리다」 1. a flower
ひと ばな·る[人離る](자하 2)〈고〉①사람 사는 마을에서 멀리 떨어지다. ②인간의 도리를 벗어나다.
ひと はら[一腹](명) ①어미가 같은 동물. 한배. ②한 뱃속에 들어 있는 생선 알의 전부. 1. a litter
ひと ばらい[人払い]ーバラヒ(명·자サ) ①밀담을 하기 위해서 다른 사람을 그자리에서 멀리 떨어지게 함. ②귀빈의 통행을 위해 왕래하는 사람을 지나가지 못하게 함. 벽제(辟除). 1. ordering to withdraw
ひと ばん[一晩](명) ①밤새. ②밤늦도록. ③어느 날 밤. 하룻밤. 1. all night
ひと ひ[一日](명) 1일. ①하루. ②종일. ③어느 날. ④초하루. 1. a day 2. all day
ひと びと[人人](명) ①많은 사람. ②각자. 모든 사람. 1. people. **—·し**[人人し](형シク)〈고〉 남과 같은 정도다. 제구실을 하다.
ひと ひら[一枚](명) 1매. 한 장. a leaf
ひと ふで[一筆](명) 일필. ①특별히 쓰는 것. ②조금만 쓰는 것. ③붓에 먹을 다시 묻히지 않고 단번에 쓰는 것. 「一書(ガ)き; 붓에 한 번 먹을 찍어 단숨에 쓴 글씨나 그림」 ④지면(地面)의 한 구획. 2. writing briefly
ひと ふね[一舟](명) (조개 등을 담는) 배 모양의 운두가 낮은 상자 하나. one boat
ひと ほね[一骨](명) 한 번의 노력(労力). 어느 정도의 노력. 「一折(オ)る; 좀 애쓰다」 an effort
ひと ま[一間](명·부) 방 하나. 한 칸의 방. 「一にとじこもる; 한 방에 틀어 박히다」 a room
ひと ま[人間](명) 사람이 보지 않는 동안. 사람이 없는 사이. while one is unobserved
ひと まえ[人前]ーマヘ(명) 남의 앞. 사람의 앞. 「一もはばからず; 남의 앞인 데도 불구하고」 the public
ひと まかせ[人任せ](명) 자기의 할 일을 남에게 맡기는 일. leaving to others
ひと まき[一巻](명) ①한 번 감음. 또는 감은 것. ②일족(一族). ③하나의 두루마리. 한 권. 1. a roll
ひと まく[一幕](명) ①연극의 한 토막. 「一物(モノ); 단막극」 ②사건의 일단락. 1. one act
ひと まじわり[人交わり]ーマジハリ(명) 사귐. 교제(交際). intercourse
ひと まず[一先ず]ーマヅ(부) 우선. 일단. for the time being
ひとまち がお[人待ち顔]ーガホ(명·형동ダ) 사람을 기다리는 것 같은 얼굴. 「一にたたずむ; 기다리는 얼굴로 서 있다」 a waiting look
ひと まとめ[一纏め](명) 하나로 뭉침. 일괄. bundling
とと まね[人真似](명·자サ) ①남의 흉내를 냄. ②사람의 흉내. 1. imitation
ひと まわり[一回り]ーマハリ(명·자サ) ①한 번 돎. 일주(一周). ② 12년(12지의 1회). 1. a round 2. twelve years
ひとみ[瞳](명)〈생〉 눈동자. 동공(瞳孔). a pupil
ひとみ ごくう[人身御供](명) ①산 사람을 신에게 제

물로 바치는 일. 또는 그 사람. ②상대방의 욕망을 만족시키기 위해 희생됨. 1. a human sacrifice
ひとみしり[人見知り](명·자サ) 어린 아이가 낯선 사람을 보고 싫어하거나 부끄러워함. 낯가림. shyness
ひとむかし[一昔](명) 지난 10년간.「一前(マエ)の話(ハナシ); 10년 전 이야기」 a decade
ひとむき[一向き](명) 오로지 한 가지 일에만 마음을 쓰는 것. 전렴(専念). intentness. **―に**[一向きに](부) 외곬으로. 전심으로.
ひとむら[一群·一叢](명·부) ①일군. 한 무리. 한 떼. 한 송이. ②한덤불.「一のすすき; 한 덤불의 억새」 1. a clump
ひとむれ[人群れ](명) 사람의 무리. 일단(一団). a flock
ひとめ[一目](명) ①한 번 봄. 잠깐 봄. 일별(一瞥).「一会(ア)いたい; 한 번만 만나고 싶다」②한꺼번에 전부 내다보는 것.「一千本(センボン); 한눈에 천 그루가 보이는 경치」 a glance
ひとめ[人目](명) 인목. 남의 눈. 사람들의 눈.「一をはばかる; 남의 눈을 꺼리다(피하다)」 public notice
ひどめ[火止め](명) 석유를 정제(精製)해서 인화점(引火点)을 높이는 일. 또는 그 기름. fire-proof oil
ひとめぐり[一巡り](명·자サ) ①한 번 돎. ②1주기(一周忌). 2. the first anniversary of a person's death
ひともし[火点し](명) 불을 붙이는 일. 불을 켜는 일. 점화.「一ごろ; 저녁때」 lighting
ひともじ[一文字](명) ①한 자(字). 한 글자. ②〈식〉 파의 다른 이름. 1. a letter 2. a stoneleek
ひともと[一本](명·부) 한 그루. 한 자루.「やなぎ一; 버들 한 그루」 a plant
ひともの[一物](부)〈고〉 그릇에 가득히.
ひとや[獄·人屋](명) 옥. 감옥. 교도소. a prison
ひとやく[一役](명) 하나의 역할. 한 가지 일.「一買(カ)う; 한 역할을 맡다」 a part
ひとやま[一山](명) ①하나의 산. ②산 전체. ③쌓아 올린 한 덩어리. 무더기.「一二十円(ニジュウエン); 한 무더기 20원」 1. a mountain 2. a whole mountain
ひとやま[人山](명) 인산. 사람이 많이 모인 것.「一をきずく; 인산 인해를 이루다」 a throng
ひとやり[人遣り](명)〈고〉 ①자기 뜻으로 하는 것이 아니고 남으로부터 강요당하는 것. ②사람을 보냄.
ひとよ[一夜](명·부) 일야. ①하룻밤. ②어느 날 밤. 1. one night. **―づま**[一夜妻](명) ①하룻밤 같이 지낸 여자. ②매춘부. ③직녀성(織女星)의 다른 이름.
ひとよぎり[一節切り](명)〈악〉〔대나무 한 마디로 만들었다는 뜻에서〕 1자 8치의 적(笛) 비슷한 피리.
ひとよせ[人寄せ](명·자サ) 사람을 불러 모음. 또는 그렇게 하기 위해서 하는 흥행. attraction
ヒドラ[hydra](명)〈동〉 히드라. 강장(腔腸) 동물의 하나로 늪의 작은 돌이나 마른 잎사귀 같은 곳에 붙어 삶. 몸은 약 1 *cm*의 원통형(圓筒形).
ヒドラジッド[hydrazide](명)〈의〉 하이드라짓. 결핵 약의 이름. 이소니코틴산(酸) 하이드라짓.
ひとり[一人·独り](명) ①한 사람. ②독신.「まだ一です; 아직 미혼입니다」③홀로 있는 것.「一をつつしむ; 혼자 있을 때 삼가다」 1. one person 2. a single life. **―あんない**[独り案内](명) 혼자 공부할 수 있는 책. 독습서. **―がてん**[独り合点](명·자サ) 자기만 알고 있음. 독단적인 이해. **―ぎめ**[独り決め](명·자サ) 자기 생각만으로 결정함. 독단. **―ぐち**[一人口](명) 독신자의 생활. 또는 그 생계(生計). **―ぐらし**[一人暮し](명) 독신 생활. **―ご**[独り子](명) 독자. 외아들. **―ご·つ**[独りごつ](자4)〈고〉 혼자서 말을 하다. 혼잣말하다. **―ごと**[独り言](명) 혼잣말. 독백. **―じめ**[独り占め](명·타サ) 독점. 혼자서 차지함.「利益(リエキ)を一にする; 이익을 독점하다」 **―ずもう**[独り相撲](명) ①상대방에게 저항시키지 않고 이기는 일. ②혼자서만 설치는 일. **―だち**[独り立ち](명·자サ) ①혼자의 힘만으로 일어섬. 자수 성가(自手成家). ②고립(孤立). **―っこ**[独りっ子](명)〈속〉 독자. 외아들. **―で(に)**[独りで(に)](부) 저절로. 자연히. **―でんか**[一人天下·独り天下](명) 일인 천하. ①혼자서 천하를 빼앗아 지배자가 됨. ②혼자서 마음대로 함.「弟(オトウト)の一になった; 동생이 혼자 판치게 되었다」 **―ぶたい**[独り舞台](명) 독무대. ①배우가 혼자서 무대에 올라 가 연기를 하는 일. ②여러 사람 중에서 한 사람만이 뛰어난 것. ③혼자 마음대로 행동하는 것. **―ぼっち**[一人ぼっち·独り法師](명) ①홀로 있는 것. 고독(孤独). ②도와 줄 사람이 없는 것. 외로움. **―まえ**[一人前]一マヘ(명) 한몫을 하는 사람. 자기 구실을 할 수 있는 사람. **―み**[一人身·独り身](명) 독신. 홀몸. **―よがり**[独り善がり](명·형동ダ) 자기만이 옳다고 생각하여 다른 사람의 말을 받아들이지 않는 일. 독선(独善).
ひとり[独り](부) ①그것뿐. 단지. ②혼자서. 홀로.「一悲憤(ヒフン)の涙(ナミダ)にくれる; 홀로 비분의 눈물에 잠기다」 1. only
ひとり[火取り·火採り](명) 불을 담아서 옮기는 기구. 부삽. a fire pan
ひどり[日取り](명) 날짜를 정하는 것. 날을 잡는 것. 기일(期日).「旅行(リョコウ)の一; 여행 기일」the date
ひとりご·ちる[独りごちる](자상 1) 중얼거리다. 혼잣말하다.「…と, ひとりごちた; …라고 혼잣말을 하였다」 murmur
ひとりむし[火取り虫](명)〈동〉 불나방. 여름 밤 등불에 모여 드는 부나비. a tiger moth
ひど·る[火取る](타4) 불에 쬐다. 불에 굽다. roast
ヒドロむしるい[hydro 虫類](명)〈동〉 히드로충류. 유자포류(有刺胞類)에 속하는 한 강(綱). 몸은 폴립형(polyp 型)과 수모형(水母型)의 두 가지를 동시에 갖추고 있음. 무성 생식(無性生殖)을 함. 예: 해파리, 히드라 등. the Hydrozoa
ひとわたり[一渉り·一応り](명·부) ①한 번. 한 차례. ②대충. 개괄적으로. 2. roughly
ひとわらわせ[人笑わせ]一ワラハセ(명) 사람을 웃기는 어리석은 짓. 웃음 거리.「一のふるまい; 웃음 거리

가 될 행동」 a laughing stock
ひとわらわれ[人笑われ]ーワラハレ(명) 남의 조소(嘲笑)를 사는 일. 놀림감. a butt of ridicule
ひとわる[人悪](형동ダ) 사람이 나쁜 모양. 마음씨가 나쁜 모양. 「一な仕打(シウ)ち; 심술궂은 짓」 wicked
ひな[鄙](명) 시골. 촌. 「一にはまれな美人(ビジン); 시골에는 드문 미인」 the country
ひな[雛](명) ①병아리. 날짐승의 새끼. ②작은 것. 「一菊(ギク); 데이지」 ③⇨ひなにんぎょう. 1. a chicken
ひなあそび[雛遊び](명) 옛날 일본 옷을 입힌 작은 인형을 차려 놓고 하는 소꿉 장난. playing with dolls
ひなうた[鄙歌](명) 시골에 전해지는 노래. 민요(民謠). a rustic ditty
ひなか[日中](명) 낮 동안. 낮. 「昼(ヒル)一; 대낮(백주)」 daylight
ひなが[日長・日永](명) 낮이 긴 것. ↔夜長(ヨナガ). a long day
ひながし[雛菓子](명) 히나마쯔리(雛祭り)의 제단에 차리는 과자. cake offered on the doll shelves
ひながた[雛型・雛形](명) ①모형. 본. ②서식(書式). 양식. ③견본. 1. a model 2.3. a form
ひなぎく[雛菊](명)〈식〉 데이지. 엉거시과에 속하는 다년초. 이탈리아의 국화(国花). a daisy
ひなげし[雛罌粟](명)〈식〉 개양귀비. 월년초로 전체에 거친 털이 있고 5월경 분홍, 백색, 보라 등의 아름다운 꽃이 핌. a red poppy
ひなし[日済し](명) ①빚을 매일 조금씩 갚는 일. ②이자를 미리 제하고 원금을 매일 조금씩 갚기로 한 빚. daily payment
ひなた[日向](명) 햇볕이 쬐는 곳. 양지. 양달. sunshine. **―くさ・い**[日向臭い](형) ①햇볕에 말린 냄새가 나다. ②촌스럽다. **―ぼっこ**[日向ぼっこ](명・자サ) 양지에서 햇볕을 쬐며 몸을 녹임.
ひなだん[雛壇](명) ①〔히나마쯔리(雛祭り)에서〕 인형을 진열하는 단. 계단식으로 되어 있음. ②〔씨름판, 국회 등에서〕 한 단 높게 나란히 만들어 놓은 좌석. ③계단식 단. 1. the doll shelves
ひなどり[雛鳥](명) ①새 새끼. ②병아리. 2. a chicken
ひなにんぎょう[雛人形](명) ①히나마쯔리(雛祭り)에 진열하는 인형. 예전 왕과 왕비를 중심으로 좌우대신(左右大臣), 궁녀, 음악 반주자 등을 상징하는 옛 일본옷을 입힌 인형들. ②인형. 1. dolls for the Girls' Festival 2. a doll
ひなのせっく[雛の節句](명) 3월 3일의 명절. 여자아이의 명절로서 히나마쯔리(雛祭り)가 있음. the Doll's Festival
ひな・びる[鄙びる](자상 1) 촌스러워지다. be countrified
ひなまつり[雛祭り](명) 3월 3일에 히나(雛) 인형을 제단에 장식하고 지내는 축제. the Doll's Festival
ひなみ[日並み](명) ①〈고〉 매일. ②일진(日辰). ③날의 순서.
ひならず(して)[日ならず(して)](부) 가까운 장래에. 곧. 멀지 않아. in a few days
ひなわ[火縄]ーナハ(명) 화승. 대, 전나무 껍질 등의 섬유로 새끼를 꼬아서 초석(硝石)을 흡수시킨 것. 불을 붙이는 데 씀. a match-cord. **―じゅう**[火縄銃](명) 화승총. 화승으로 점화해서 발사하는 옛날 소총.
ひなん[非難・批難](명・자サ) 비난. 책망하고 힐난함. 「一をあびる; 많은 비난을 받다」 rebuke
ひなん[避難](명・타サ) 피난. 재난을 피함. 「一民(ミン); 피난민」 refuge
びなん[美男](명) 미남. 잘생긴 남자. 호남(好男). a handsome man. **―かずら**[美男葛](명)〈식〉 남오미자(南五味子). 오미자과에 속하는 상록 활엽 만목(蔓木). 산에 저절로 나며 여름에 담황색 꽃이 피고, 홍색 둥근 열매가 여는데 약용함. 옛날 그 뿌리의 진을 살쩍을 붙게 하기 위하여 발랐음. 관상용.
ビニ(ー)ル[vinyl](명) 비닐. 아세틸렌으로 만드는 투명한 합성 수지(合成樹脂). 보자기, 우장, 막(膜) 등을 만드는 데 씀.
ひにく[皮肉](명・형동ダ) ①가죽과 고기. ②날카로운 비난. 뼈저린 비난. ③심술 궂은 욕을 비꼬아서 함. 비꼬기. 풍자. 야유. 1. skin and flesh 2. an irony
ひにく[髀肉](명) 넓적다리의 살. the thigh. **―のたん**[髀肉の嘆](연어・명) 비육지탄(髀肉之嘆). 솜씨를 보이거나 공명을 세울 기회를 얻지 못함에 대한 한탄. 「一をかこつ; 비육지탄을 하다」
ひにく・る[皮肉る](자 4)〈속〉 비꼬아서 욕을 하다. 빈정대다. make sarcastic remarks
ひにけに(부)〈고〉 ①날마다. 매일. ②날이 감에 따라.
ひにち[日日](명) 날. 일수(日数). 「一がたつ; 날짜가 지나다」 days
ひにつきに[日に月に](연어・부) 날마다 달마다. 계속해서. every day
ひにひに[日に日に](연어・부) 날마다. day by day
ひにまし[日に増し](연어・부) 날로 더욱더. day by day
ひにょうき[泌尿器](명)〈생〉 비뇨기. 오줌의 분비와 배출을 맡은 장기(臟器). the urinary organs
ビニロン[vinylon](명) 비닐론. 비닐을 강하게 한 합성 섬유.
ひにん[否認](명・타サ) 부인. 어떤 사실을 부정하며 인정하지 않음. 부정(否定). ↔是認(ゼニン). disapproval
ひにん[非人](명) ①거지. ②에도(江戸) 시대 사형장(死刑場)에서 잡일에 종사하던 천한 사람. 1. a beggar
ひにん[避妊](명・자サ) 피임. 임신하지 않도록 함. 「一薬(ヤク); 피임약」 contraception
ひにんじょう[非人情](명・형동ダ) 비인정. ①인정이 없음. ②속정(俗情)을 초월함. ③〔나쯔메 소오세키(夏目漱石)의 설로〕 예술이란 인정에서 초연(超然)하여 구애되지 말아야 한다는 주장. 1. inhumanness
ひね(명) ①묵은 것. 「一しょうが; 묵은 생강」 ②〈속〉 팔다 남은 물건. ③〈속〉 헌것. 1. a stock of the last year's crop
ひねく・る[捻くる](타 4) ①손끝으로 만지작거리다. ②이리저리 비틀다. ③여러 가지 이유를 붙이다. 이리

저리 핑계를 둘러 대다. 2. twiddle
ひねく·れる(자하 1) 성질이 비뚤어지다. be distorted
ひねこ·びる(자상 1) ①고풍스럽게 느껴지다. ②자깝스럽게 굴다. 2. be precocious
ひねつ[比熱](명)〈이〉비열. 어떤 물질 1g의 온도를 섭씨 1도 높이는 데 필요한 열량. 그 물질의 열용량(熱容量)과 동질량(同質量)의 물의 열용량과의 비(比). specific heat
びねつ[微熱](명) 미열. ①적은 열. 낮은 열. ②〈의〉37도 2~3분쯤의 발열(発熱). 2. slight fever
ひねもす(부) 아침부터 저녁까지. 종일. ↔夜(よ)もすがら. all day long
ひねり[捻り](명) ①비트는 것. ②⇨おひねり. 1. twiddle **—だ·す**[捻り出す](타 4) ①겨우 생각해 내다. 머리를 짜 내다. ②무리하게 비용을 짜 내다. **—まわ·す**[捻り回す]—マハス(타 4) ①이리저리 만지작거리다. ②조롱하다. ③여러 가지로 생각을 짜 내다.
ひ·ねる(자하 1) ①오래 되다. 묵다.「ひねたたくあん(沢庵); 묵은 다꾸앙」②어른다와지다. 1. become stale
ひね·る[捻る] Ⅰ(자 4) 일부러 색다른 모양을 내다. Ⅱ(타 4) ①손끝으로 만지작거리다. ②생각을 짜 내다. ③〈속〉〔승부에서〕쉽사리 지다. ④비틀다. 꾸부리다. ⑤꼬집다. Ⅰ1. be eccentric Ⅱ2. think hard 3. defeat
ひのあめ[火の雨](연어·명) 비가 오듯이 불티가 많이 떨어지는 것.「—をくぐって; 비오듯 하는 불티 속을 빠져 나와서」 falling sparks
ひのいり[日の入り](명) 해가 짐. 또는 그 시간. 일모(日暮). 황혼. ↔日の出(デ). sunset
ひのう[皮嚢](명)〈생〉피낭. 피부가 주머니처럼 된 것.
ひのえ[丙](명) 10간(干)의 세째. **—うま**[丙午](명) 병오. 육십 갑자(六十甲子)의 마흔 세째. 10간의 병(丙)과 12지(支)의 오(午)가 합친 해.
ひのき[檜](명)〈식〉노송나무. 비늘 모양의 잎이 겹쳐 있으며 다색의 열매가 열림. 건축용으로 많이 씀. 편백. a Japanese cypress. **—ぶたい**[檜舞台](명) ①노송나무 판으로 만든 무대. ②자신의 솜씨를 보일 장한 자리.
ひのくるま[火の車](명) ①〈불〉지옥에 있다고 하는 불이 붙고 있는 수레. ②〈속〉생활이 곤란한 것. ③경제 상태가 궁한 것. 1. a fiery car 3. extreme poverty
ひのくれ[日の暮れ](명) 일모. 해가 짐. sunset
ひのけ[火の気](연어·명) ①불기운.「—のないへや; 불기가 없는 냉방」②불씨. 1. heat of fire
ひのこ[火の粉](명) 타는 불에서 튀어 나오는 아주 작은 불덩이. 불똥. 불티. a spark
ひのし[火熨斗](명) 다리미. an iron
ひのした[日の下](명) 천하. the world. **—かいさん**[日の下開山](연어·명)〔무예, 씨름 등에서〕천하에 당할 사람이 없는 것.
ひのたて[日の経](명)〈고〉동서(東西). 또는 동서로 통하는 길.
ひのたま[火の玉](명) ①공 모양의 불덩이. ②도깨비불. 귀화(鬼火). 1. a fireball
ひので[火の手](명) ①불이 타오르는 기운. 불길.「—があがる; 불길이 오르다」②기운찬 형세.「攻撃(コウゲキ)の—をあげる; 공격의 불길을 올리다」 1. the flames
ひので[日の出](명) 아침 해가 떠오르는 일. 일출. ↔日の入(イ)り. sunrise
ひのと[丁](명) 10간(干)의 네째.
ひのばん[火の番](명) 불을 지키는 당번. 화재를 경계하는 사람. a fire-watchman
ひのべ[日延べ](명·자サ) 연기함. adjournment
ひのまる[日の丸](명) ①태양의 형태, 곧 붉은 원. ②←日の丸の旗. 1. a sun disk. **—のはた**[日の丸の旗](명) 흰 바탕에 빨간 동그라미를 그린 일본의 국기. 일장기(日章旗). **—べんとう**[日の丸弁当](명) 밥 가운데에 우메보시(梅干し)를 넣은 도시락. (일장기를 상징하는 일본인의 도시락 풍습)
ひのみこ[日御子](명)〈고〉①천황(天皇). ②황태자(皇太子).
ひのみ(やぐら)[火の見(櫓)](명) 불이 나는 것을 지켜 보기 위한 망루(望楼). 소방서의 망루. a fire-lookout tower
ひのめ[日の目](명) 햇빛. 태양.「—を見(ミ)ない; 햇빛을 못 보다(세상에 나타나지 않다)」 the sunlight
ひのもと[火の元](명) ①화재의 원인. ②불 있는 장소.「—に用心(ヨウジン); 불 있는 곳에 조심」 1. the origin of a fire 2. a fire place
ひのもと[日の本](명) 해가 뜨는 곳. 일본의 미칭(美称).「—一(イチ)の; 일본 제일의」
ひのようじん[火の用心](연어·명) ①불조심. ②밤에 불이 날까 보아 돌아 다니는 일. 또는 그 사람. 야경. 야경군. 1. precautions against fire 2. fire-watch
ひのよこ[日の緯](명)〈고〉남북(南北). 또는 남북으로 통하는 도로.
ひば[乾葉](명) 무우청을 말린 것. 시래기. the dried leaves of a radish
ひば[檜葉](명)〈식〉①노송나무 잎. ②⇨あすなろ. ③노송 나무. 1. leaves of a Japanese cypress
ひば[肥馬](명) 비마. 살찐 말. a stout horse
ひはい[疲憊](명·자サ) 피로하고 곤함. fatigue
ひばい[非売](명) 비매. 팔지 않는 것.「—品(ヒン); 비매품」 not for sale
ひばい[肥培](명·타サ)〈농〉거름을 주어서 농작물을 기름. fertilization
ひばいどうめい[非買同盟·罷買同盟](명) 비매 동맹. 소비자들이 어떤 세력의 상품을 조직적, 집단적으로 사지 않고 거래를 단절하는 일. 불매 동맹. boycotting
ひはく[飛白](명) 비백. ①튀겨 뿌리거나 붓으로 살짝 스친 것 같은 무늬. 또는 그런 무늬의 옷감. ②팔분(八分)비슷한 서체(書体). 먹을 적게 묻혀 흰 금이 많음. 비백서(飛白書). 1. a splashed pattern 2. becoming thin
ひばく[飛瀑](명) 비폭. 높은 데서 떨어지는 폭포. a waterfall
ひばく[被爆](명·자サ) 폭격을 당함.「—者(シャ); 피폭자」 being bombed

びはく[美白](명·타サ) 살결을 아름답고 희게 함. making the skin fair and clear

ひばこ[火箱](명) 화로, 난로 밑에 받치는 상자. a grate

ひばし[火箸](명) ①부젓가락. ②몹시 여윈 것. 1. tongs 2. as thin as a lath

ひばしら[火柱](명) 기둥같이 솟아 오르는 불. 불기둥. a pillar of fire

びはだ[美肌](명) ①살결을 아름답게 하는 일. 「一作用(サヨウ); 살갗을 아름답게 하는 작용」 ②아름다운 살갗. 2. a beautiful skin

ひばち[火鉢](명) 화로. a brazier

びはつ[美髪](명·자サ) ①아름다운 머리털. ②머리털을 잘라서 말쑥하게 함. 조발(調髪). 이발. 1. beautiful hair

ひばな[火花](명) 화화. ①불꽃. 불똥. 「一を散(チ)らす; 몹시 다툼」 ②〈이〉 방전(放電)할 때 전극(電極)에서 나오는 불빛. a spark. **―ほうでん**[火花放電](명)〈이〉 화화 방전. 고전압의 전극간의 거리가 접근했을 때 일어나는 불과 음향(音響)을 동반한 방전.

ひばら[脾腹](명) 배의 옆. 옆구리. the sides

ひばり[雲雀](명)〈동〉 운작. 종달새. 종다리. a skylark

ひはん[批判](명·타サ) 비판. 비평하여 판단함. 나쁜 점을 근본적으로 비평함. criticism. **―しゅぎ**[批判主義](명)〈철〉 비판주의. 인간의 인식의 가능성, 타당성, 한계 등을 비판적으로 음미(吟味)하는 칸트 철학의 입장을 지지하는 주의. **―てき**[批判的](형동ダ) 비판적. 비판하는 성질을 띤 모양. 「ものを一にみる; 사물을 비판적으로 보다」

ひばん[非番](명) 비번. 당번이 아닌 것. 또는 그 사람. off duty

ひはんしょう[肥胖症](명)〈의〉 비반증. 체질, 과식, 운동 부족 등으로 지방질이 모여 뚱뚱해지는 병. 비만증(肥満症). obesity

ひひ[比比](부) ①한 줄로 늘어서는 모양. ②이것도 저것도 같은 모양. ③때때로. 종종. 1. in a row 2. all 3. often

ひひ[狒狒](명) ①〈동〉 비비. 열대 지방에 사는 얼굴이 검은 성성이. 입이 튀어 나오고 등에 갈기(鬣)가 있음. ②색욕(色慾)이 왕성한 노인을 욕하여 일컫는 말. 1. a baboon

ひひ[霏霏](부) 비비. 눈이나 비가 많이 내리는 모양. thick and fast

ひび[皹](명) 추위에 살갗이 터지는 것. 손이 트는 일. chaps

ひび[篊](명) ①바닷속에 김이나 굴의 홀씨(胞子), 배자(胚子) 등을 붙게 하여 이를 성장시키는 대나 나무. ②어살.

ひび[罅](명) 그릇 같은 것에 생기는 가는 금이나 흠. a fissure. **―やき**[罅焼](명) 겉에 잔금이 가게 한 도자기.

ひび[日日](명·부) 매일. 날마다. each day

びび[微微](형동タルト) 미미한. 희미하고 작은. 「一たる勢力(セイリョク); 미미한 세력」 slight

ひびか·す[響かす](타 4) ⇨ひびかせる(響かせる).

ひびか·せる[響かせる](타하 1) ①울리게 하다. ②세상에 알게 하다. 「名(ナ)を一; 이름을 떨치다」 ③암시하다. ④풍자하다. 1. let resound all over

ひびき[響き](명) ①울림. ②반향. ③소리의 끝. 여운(餘韻). ④진동. ⑤소문. 평판. ⑥영향. 1. sounding 4. vibration 6. an influence

ひび·く[響く](자 4) ①울려 퍼지다. ②메아리치다. ③소리 끝이 길게 끌다. ④진동이 오래 가다. ⑤소문나다. ⑥통하다. ⑦영향을 끼치다. 「仕事(シゴト)に一; 일에 영향이 미치다」 1. sound 2. resound 4. vibrate 7. affect

びびし·い[美美しい](형) 화려하고 아름답다. [파생] **―さ**(명). magnificent

ビビッド[vivid](형동ダ) 비빗. ①엄한 모양. ②생생한 모양. 활기 찬 모양. 「一な描写(ビョウシャ); 생생한 묘사」

ひひな[雛](명)〈고〉 ⇨ひいな.

ひひょう[批評](명·타サ) 비평. ①나쁜 점을 들어서 평함. ②장단, 우열을 들어 정도의 차이를 논함. 2. critique. **―がん**[批評眼](명) 비평안. 사물의 시비, 우열, 적부(適否) 등을 판별(判別)하는 힘이나 안식(眼識).

ひびょういん[避病院](명)〈의〉 전염병 환자를 격리시켜 두는 병원. 격리 병원. an isolation hospital

ひひら·く(자 4)〈고〉 ①거침 없이 지껄이다. 쉬지 않고 말하다. ②(말 등이) 소리 높여 울다. 「crack

ひびわ·れる[罅割れる](자하 1) 금이 가서 터지다. ⤴

びひん[備品](명) 비품. 비치해 두는 물건. furniture

ひふ[皮膚](명)〈생〉 피부. 살갗. the skin

ひふ[被布·被風](명) 옷섶이 깊고 깃이 둥근 옷. 중이나 여자들이 옷 위에 덧입음.

ひぶ[日歩](명)〈경〉 원금 100원에 대한 하루의 이율. 일변. daily interest

ひぶ[日賦](명) 일부. 하루하루 부어 나가는 돈. 「一で返(カエ)す; 일부로 갚다」 daily payment

びぶ[鼻部](명) 코 있는 부분. the nasal place

びふう[美風](명) 미풍. 좋은 풍습. a fine custom

びふう[微風](명) 미풍. 산들바람. a breeze

ひふきだけ[火吹き竹](명) 입으로 불어서 불을 피우는 데 쓰는 대통(竹筒). a bamboo blower

ひふく[被服](명) 피복. 의복. 「一費(ヒ); 피복비」 clothing

ひふく[被覆](명·타サ) 피복. 덮어 씌움. covering

びふく[美服](명) 미복. 아름다운 의복. fine clothes

ひぶくれ[火脹れ](명·자サ) 불에 데어서 살이 부어 오름. a blister

ひぶくろ[火袋](명) ①등롱의 불을 켜는 곳. ②난로의 불을 때는 곳. 1. a lighting place at a hanging lantern

ひふこきゅう[皮膚呼吸](명)〈생〉 피부 호흡. 피부로 탄산 가스를 내보내고 산소를 들여 보내는 일. skin respiration

ひぶた[火蓋](명) 옛날 화승총(火繩銃)의 화약을 넣는 부분의 뚜껑. 화문(火門) 뚜껑. 「一を切(キ)る; 포문을 열다(경기, 전쟁 등을 시작하다)」 the apron of a gun
ひぶつ[秘仏](명) 비불. 비장해 두고 남에게 보이지 않는 불상(仏像). a treasured image of Buddha
ビフテキ[프 bifteck](명) ⇨ビーフステーキ.
ひぶみ[日文](명) ①신이 다스렸다고 하는 시대의 문자의 하나로 쓰시마(対馬)에 비밀히 전해졌다고 하는 "ヒフミヨイムナヤ" 등의 47자. ②매일 보내는 편지. 2. daily letters
ビブリオマニア[bibliomania](명) 비블리오매니어. 서적 수집광(書籍蒐集狂).
ひふん[悲憤](명·자サ) 비분. 슬프고 분함. 「一慷慨(コウガイ); 비분 강개」 resentment
ひぶん[非分](명) ①분수를 넘어서는 일. ②이치에 어긋나는 것. 1. beyond one's rank 2. unreasonableness
ひぶん[碑文](명) 비문. 비석에 새긴 글. an inscription
びふん[微粉](명) 미분. 자잘한 가루. 「一状(ジョウ); 미분상」 fine powder
びぶん[美文](명) 미문. 아름다운 문구로 장식한 문장. 아름다운 문장. 「一調(チョウ); 미사 여구조(美辞麗句調)」 elegant prose
びぶん[微分](명·타サ)〈수〉 미분. 어떤 변수(変数)의 극히 적은 변화에 대한 함수(函数)의 변화. 또는 그 변화의 비율을 구하는 것. ↔積分(セキブン). a differential.
一ほうていしき[微分方程式](명) 미분 방정식. 미분을 방정식 모양으로 한 식.
ひへい[疲弊](명·자サ) 피폐. 지치고 쇠약해짐. impoverishment
ピペット[pipette](명)〈이〉 피펫. 화학 실험용 기구의 하나. 액체의 일정량을 측정하는 데 쓰는 끝이 가늘고 가운데가 부푼 유리 관(管).
ひへん[日偏](명) 한자 부수(部首)의 하나. 날일변. "明, 暗" 등의 "日" 부분.
ひへん[火偏](명) 한자 부수(部首)의 하나. 불화변. "焼, 煙" 등의 "火" 부분.
ひぼ[悲母](명) ①자비로운 어머니. 자모(慈母). 「一観音(カンノン); 비모 관음」 ②슬퍼하는 어머니. 1. a merciful mother
ひほう[非法](명) 비법. 법에 어긋나는 것. 비합법(非合法). being illegal
ひほう[飛報](명) 비보. 급한 소식. 급한 보도(報道). an express message
ひほう[秘方](명) 비방. 남에게 알려 주지 않는 약의 처방. a secret formula
ひほう[秘法](명) 비법. ①비밀의 방법. 비방(秘方). ②〈불〉〔진언종(真言宗)에서〕 비밀 기도. 1. a secret method
ひほう[秘宝](명) 비보. 남에게 보이지 않고 소중하게 간직하여 두는 보물. a secret treasure
ひほう[悲報](명) 비보. 슬픈 소식. sad news
ひぼう[非望](명) 분에 넘치는 소원. an inordinate ambition
ひぼう[秘謀](명) 비밀리에 계획하는 것. 비계(秘計). a secret design
ひぼう[誹謗](명·타サ) 비방. 남을 헐뜯음. 중상(中傷). slander
びほう[備砲](명)〈군〉 군함에 대포를 장비함. 또는 그 대포. guns on board a warship
びほう[彌縫](명·타サ) 미봉. 결점이나 모자람을 임시 변통하여 얼버무림. 꾸며 댐. 「一策(サク); 미봉책」 temporizing
びぼう[美貌](명) 미모. 아름다운 용모. 「一の持(モ)ち主(ヌシ); 미모의 주인공」 good looks
びぼう[備忘](명) 비망. 잊어 버리지 않기 위한 준비. 잊어 버릴 경우에 대비하는 일. a reminder. **一ろく**[備忘録](명) 비망록. 잊어 버리지 아니하려고 적어 두는 수첩. 메모.
びぼう[微茫](형동タリ) 희미하고 어렴풋한 모양. dim
びぼうじん[未亡人](명) ⇨みぼうじん.
ひぼく[婢僕](명) 비복. 계집종과 사내종. servants
ひほけんしゃ[被保険者](명)〈법〉 피보험자. 보험의 계약에 따라 손해의 전보(塡補)를 받을 수 있는 사람. the insured
ひほけんぶつ[被保険物](명)〈법〉 피보험물. 손해 보험 계약의 목적물. an insured article
ヒポコンデリー[도 Hypochondrie](명)〈의〉 히포콘드리. 실제로는 큰 병도 없으면서 언제나 병을 두려워하는 정신 상태. 심기증(心気症).
ひぼし[干乾し](명) 굶주려서 쇠약해지는 것. 「一になる; 굶주려서 수척해지다」 being starved
ひぼし[日干し·日乾し](명) 햇볕에 말리는 일. 또는 말린 것. drying in the sun
ひぼし[火干し·火乾し](명·타サ) 불에 말림. 또는 말린 것. drying by the fire
ひほん[秘本](명) 비본. ①남에게 잘 보이지 않고 소중히 간직하고 있는 책. ②비밀의 책. 1. a treasured book
ひぼん[非凡](명·형동ダ) 비범. 평범하지 않음. 「一な才能(サイノウ); 비범한 재능」 ↔平凡(ヘイボン). uncommon
びほん[美本](명) ①예쁘게 잘 꾸민 책. ②더럽혀지지 않은 깨끗한 책. 1. a beautifully-bound book
ひま[暇](명) ⇨ひま(隙)②③④⑥.
ひま[隙](명) ①틈. ②사이. 시간. 「一がない; 시간이 없다」 ③기회. ④여가(餘暇). 휴가. 「一をやる; 휴가를 주다」 ⑤사이가 나쁨. 불화. 「一を生(ショウ)じる; 사이가 나빠지다」 ⑥인연을 끊는 일. 이혼(離婚). 파면(罷免). 2. time 3. a chance 4. leisure
ひまく[皮膜](명)〈생〉 피막. ①피부와 점막(粘膜). ②껍질 같은 막(膜). 1. a tapetum 2. a film
ひまく[被膜](명)〈생〉 피막. 둘러 싸는 막. a tunic
ひまご[曽孫](명) 증손. 손자의 아들. a great-grandchild
ひまし[日増し](명) 날마다 더하여 가는 것. 「一に; 날이 갈수록」 increasing daily
ひましゆ[蓖麻子油](명) ①피마자유. 아주까리 기름.

공업용, 설사제(泄瀉劑) 등으로 씀. ②아마인유(亜麻仁油). 1. castor oil
ひまじん[暇人·閑人](명) 한인. 여가가 있는 사람. 한가한 사람. a man of leisure
ひまつ[飛沫](명) ①비말. 바위 등에 부딪쳐 튀는 물방울. ②연좌(連坐). 옆에서 공연히 화를 입는 것. 「一をあびる; 연좌되다」 1. a spray
ひまつぶし[暇潰し](명) 한가한 시간을 적당히 보내는 것. 또는 그 방법. 심심 파적. 심심풀이. killing time
ひまつり[火祭り](명) 화재가 나지 않게 기도하는 제사. 진화제(鎮火祭). 「鞍馬(クラマ)の一; 교오토(京都)의 쿠라마산(鞍馬山)의 진화제」 a fire festival
ひまど·る[暇取る](자 4) 시간이 걸리다. 손이 가다. take much time
ひまひま[暇暇](명) ①가끔 있는 틈. ②일이 없는 틈. 「一に俳句(ハイク)を作(ツク)る; 틈틈이 하이쿠를 짓다」 1. gaps 2. spare time
ヒマラヤさんみゃく[Himalaya 山脈](명)〈지〉 히말라야 산맥. 파미르 고원의 동남쪽에서 인도와 티베트의 경계에까지 뻗친 세계 최고의 산맥.
ヒマラヤすぎ[Himalaya 杉](명)〈식〉히말라야삼목. 소나무과의 상록 교목. 히말라야 원산으로 가지자 곧고 잎은 침엽(針葉)이며 관상용. a Himalayan cedar
ひまゆくこま[隙行く駒](연어·명) 세월의 빠름을 비유한 말.
ひまわり[向日葵](명)一マハリ〈식〉 해바라기. 엉거시과에 속하는 1년생초. 높이 2*m* 내외. 노란 큰 꽃이 피며 씨는 식용. 또는 기름을 짬. a sunflower
ひまん[肥満](명·자サ) 비만. 살이 쪄서 뚱뚱해짐. growing fat
びまん[瀰漫](명·자サ) 미만. 널리 가득 참. spread
びみ[美味](명·형동ダ) 미미. 맛이 좋음. 맛이 좋은 음식물. a delicacy
ひみず[火水]一ミヅ(명) ①불과 물. ②심한 열. ③심한 불화(不和). 1. fire and water
ひみず[氷水]一ミヅ(명)〈고〉 빙수. 얼음을 넣은 물.
ひみつ[秘密](명·형동ダ) 비밀. ①몰래 함. ②숨기고 알리지 않음. ③공개하지 않음. 「一会(カイ); 비밀회(비공개 회의)」 ④숨은 재주. 1. secracy 3. non-publicity. **—けっしゃ**[秘密結社](명) 비밀 결사. 비밀히 조직하여 행동하는 단체. **—せんきょ**[秘密選挙](명) 비밀 선거. 투표자의 이름을 쓰지 않고 투표하는 선거.
びみょう[美妙](명·형동ダ) 미묘. 아름다움이 이루 말할 수 없음. exquisiteness
びみょう[微妙](명·형동ダ) 미묘. ①심오하고 뛰어남. ②간단히 표현하기 곤란할 정도로 묘함. 「一な関係(カンケイ); 미묘한 관계」 2. delicateness
ひむがし[東](명)〈고〉 ⇨ひがし.
ひむろ[氷室](명) 빙실. 얼음을 저장해 두는 방. 빙고(氷庫). an icehouse
ひめ一[姫](조어) 작고 사랑스러운. 「一鏡台(キョウダイ); 귀엽고 작은 경대」
ひめ[姫·媛](명) ①〈고〉 여자의 미칭(美称). ②귀인의 딸.
ひめい[非命](명) 비명. 천명이 아닌 것. 뜻밖의 재난. 「一の最期(サイゴ); 비명의 죽음」 an unnatural death
ひめい[悲鳴](명) 비명. ①놀라거나 위험할 때 외치는 소리. 「一をあげる; 비명을 지르다」 ②가련한 울음 소리. 1. a shriek
ひめい[碑銘](명) 비명. 비석에 새긴 글. an epitaph
びめい[美名](명) 미명. ①좋은 평판(評判). 영예. ②좋은 명목. 그럴 듯한 명분. 「平和(ヘイワ)の一にかくれて; 평화라는 미명 아래」 2. a good name
ひめがき[姫垣·姫墻](명) 얕은 울타리. a low fence
ひめぎみ[姫君](명) 귀인의 딸의 높임말. a princess
ひめくり[日捲り](명) (매일 한 장씩 뜯는) 일력(日暦). a pad calendar
ひめごぜん[姫御前](명) ⇨ひめぎみ.
ひめごと[秘め事](명) 비밀스러운 일. 숨기는 일. 비사(秘事). an intrigue
ひめこまつ[姫小松](명) ①작은 소나무의 미칭(美称). ②〈식〉 섬잣나무. 소나무과에 속하는 상록 침엽 교목. 산에 자생하며 오엽송(五葉松) 비슷하여 잎이 다섯씩 달려 있음. 관상용. 1. a short pine
ひめじょおん[姫女菀](명)〈식〉 개망초. 엉거시과의 1년초. 북미(北美) 원산으로 잎은 타원형이며 백색, 담자색의 꽃이 핌. 왜풀.
ひめのり[姫糊](명) 밥을 개어 만든 풀. ricepaste
ひめます[姫鱒](명)〈동〉 각시 송어.
ひめまつ[姫松](명) 작은 소나무. a short pine tree
ひめみこ[姫御子](명)〈고〉 왕녀(王女). 황녀(皇女). 공주(公主).
ひめゆり[姫百合](명)〈식〉 산단(山丹). 백합과의 다년초. 들이나 산에 저절로 나며 여름에 적색, 노란 색의 꽃이 핌. 관상용. a red star-lily
ひ·める[秘める](타하 1) 숨겨서 모르게 하다. conceal
ひめん[碑面](명) 비면. 비석의 표면. 「こけむした一; 이끼 낀 비면」 the surface of a tombstone
ひめん[罷免](명·타サ) 파면. 직무를 면제시킴. 면직(免職). discharge
ひも[紐](명) ①끈. ②〈속〉 정부(情夫). ③조건. 「一つき; 조건부(条件附)」 1. a cord
ひもう[皮毛](명) 동물의 가죽과 털. a hide and hairs
ひもかわ(うどん)[紐革(饂飩)]一カハ(一)(명) 가죽 끈처럼 납작하게 만든 국수.
ひもく[皮目](명)〈생〉 피목. 나무의 코르크층(層)의 세포 사이에 보이는 조그마한 구멍. 기공(気孔)의 역할을 함. 피공(皮孔). a lenticel
ひもく[費目](명) 비목. 비용을 내는 명목. an item of expenditure
びもく[眉目](명) 미목. ①눈썹과 눈. ②용모. 「一秀麗(シュウレイ); 미목 수려」 1. brows and eyes
ひもくぎょ[比目魚](명) 넙치나 가자미와 같이 한쪽에 양눈이 붙어 있는 물고기. a flatfish
ひもじ·い(형) 시장하다. 배고프다. 파생 **—が·る**(자 4)

―げ(형동ダ) ―さ(명). sharp-set
ひもすがら[終日](부) 하루 종일. ↔夜(ヨ)もすがら. all day long
ひもせん[紐線](명) 줄. 끈. a cord
ひもち[日保ち](명) 며칠이라도 보존할 수 있음. 「―がいい; 여러 날 보존할 수 있다」 conservation
ひもち[火保ち](명) 불이 꺼지지 않고있는 것. 「―のいい炭(スミ); 불이 오래 가는 숯」 keeping in of fire
ひもつき[紐付き](명) ①끈이 달려 있는 것. ②조건부. 「―融資(ユウシ); 조건부 융자」 ③뒤에서 조종당하고 있는 것. 끄나불. ④〈속〉 정부(情夫)가 있는 여자. 1. a robe with a band 2. conditioned
ひもと[火元](명) ①화재가 발생한 근원. ②불이 있는 곳. ③소란의 근원. 1. the origin of a fire
ひもと・く[紐解く・繙く](타 4) ①끈을 풀다. ②책을 펴서 읽다. 2. read
ひもと・く[紐解く](자 4)〈고〉 ①끈을 풀다. 치마 끈을 풀다. ②봉오리가 벌어지다.
ひもの[干物・乾物](명) 생선, 조개류 등을 말린 식품(食品). dried fish
ひもも[緋桃](명)〈식〉 빨간 꽃이 피는 복숭아.
ひもろぎ(명)〈고〉 ①옛날 정결한 땅에다 상록수를 심어서 신을 모시던 곳. 소도(蘇塗) 같은 곳. ②신을 모시는 곳.
ひもん[秘文](명) 비밀의 주문(呪文). a secret spell
ひや[冷や](명) ①차가운 것. ②찬물이나 찬술. 「お―; 냉수」 2. cold water. ―**ざけ**[冷酒](명) 냉주. 찬술.
ひや[火矢・火箭](명) 화전. ①불을 붙여 쏘는 활. ②화약을 장치해서 쏘는 총알. 1. a fire-arrow
ビヤー[beer](조어) 비어. 맥주. 「―だる; 맥주통」
ひやあせ[冷や汗](명) 냉한. 식은땀. a cold sweat
ひやか・す[冷やかす](타 4) ①차게 하다. ②사지 않고 값만을 묻다. 「夜店(ヨミセ)を―; 야시장을 구경하다」 ③희롱하다. 놀리다. 「女(オンナ)を―; 여자를 놀리다」 명 冷やかし. 2. just have a look at goods
ひゃく[百] Ⅰ(명) 많은 것. 「―害無益(ガイムエキ); 백해 무익」 Ⅱ(수) 백(百). 100. Ⅰ hundreds
ひやく[非役](명) 할 일이 없는 것. 직책이 없는 것. retirement from office
ひやく[飛躍](명・자サ) 비약. ①뛰어 오름. ②갑자기 진보함. 「―的進歩(テキシンポ); 비약적 진보」 ③지위가 갑자기 높아짐. 1. a jump 2. a rapid progress
ひやく[秘薬](명) 비약. ①비방(秘方)으로 된 약. ②특효약(特效薬). 묘약(妙薬). 1. a secret medicine
ひやく[秘鑰](명) ①비밀 열쇠. ②비밀을 알아 내는 수단. 1. a secret key 2. the key to a secret
びやく[媚薬](명)〈의〉 미약. 성욕을 일으키는 약. 최음약(催淫薬). an aphrodisiac
ひゃくいん[百韻](명) 〔렌가(連歌), 하이카이(俳諧) 등에서〕 100 구(句)로 이루어지는 연구(連句). a one hundred-verse dialogue
びゃくえ[白衣](명) 백의. ①흰옷. ②소매가 작은 흰 저고리와 바지만 입는 것. 1. a white robe
ひゃくがい[百害](명) 백해. 많은 해. 「―あって一利(イチリ)なし; 백해 무익」 many harms
ひゃくじ[百事](명) 백사. 모든 일. 만사(万事). everything
ひゃくじつこう[百日紅](명)〈식〉 ⇨さるすべり.
ひゃくしゃくかんとう[百尺竿頭](연어) 백척 간두. 백척이나 되는 높은 장대 끝. 갈 수 있는 맨 끝. 막다른 위험. 「――歩(イッポ)を進(スス)める; 숙고(熟考)에 숙고를 거듭한 뒤에 다시 연구하여 나아가다. 충분히 말한 뒤에 한 걸음 더 나아가 설파(説破)하다」 an attainability limit
ひゃくじゅう[百獣](명) 백수. 많은 짐승. 「―の王(オウ) ライオン; 백수의 왕 사자」 many beasts
ひゃくしゅつ[百出](명・자サ) 백출. 여러 가지가 나옴. 「議論(ギロン)―; 의론 백출」 arising in great numbers
ひゃくしょう[百姓](명) 백성. ①농민. ②시골 사람. ③서민. 1. a farmer. ―**いっき**[百姓一揆](명) 에도(江戸) 시대에 생활난 등으로 농민이 일으킨 폭동. 농민 폭동. ―**よみ**[百姓読](명) 한문을 읽을 때 부수(部首)에만 따라 아무렇게나 읽는 것. 예 : "けんらん(絢爛)"을 "じゅんらん"이라고 읽는 것 등.
ひゃくせつ[百折](명・자サ) 몇 번이고 곤란에 부딪쳐 실패함. 「―不撓(フトウ); 백절 불요」
ひゃくせん[百千](명) 백천. 수많은 것. 「―の軍勢(グンゼイ); 많은 군대」 being numerous
ひゃくせん[百戦](명) 백전. 수많은 전쟁. 「―錬磨(レンマ)の; 많은 전쟁에서 단련된」 many battles. ―**ひゃくしょう**[百戦百勝](연어・명) 백전 백승. 싸울 때마다 이기는 것.
ひゃくせん[百選](명) 백선. 우수한 것 100 개만 고르는 것. 「名曲(メイキョク)―; 명곡 백선」 one hundred selection
ひゃくたい[百態](명) 백태. 여러 가지 형태. 「釣(ツ)り―; 낚시 백태」 various phases
ひゃくだい[百代](명) 백대. ①백의 대. ②긴 세월. 2. eternity
びゃくだん[白檀](명)〈식〉 백단향. 인도산 향목으로 단향과에 속하는 반기생(半寄生)의 상록 활엽 교목. 나무의 겉은 백색임. 심재(心材), 근재(根材)는 향료, 종교 미술품 등을 만드는 데 씀. sandal-wood
ひゃくどまいり[百度参り]―マヰリ(명) 신사(神社)나 절에서 일정한 거리를 백 번 왕복하며 자기 소원을 비는 것.
ひゃくにちかずら[百日鬘]―カヅラ(명) 도적, 죄수 등의 역(役)으로 분장하기 위한, 머리털이 긴 사카야키(月代) 머리 모양의 가발(假髮).
ひゃくにちぜき[百日咳](명)〈의〉 백일해. 어린이에게 많은 전염병. 기관에 염증을 일으켜 특유한 경련성 기침을 함. whoopingcough
ひゃくにちそう[百日草](명)〈식〉 백일초. 엉거시과의 1년초. 7~10월에 빨강, 노랑, 자주, 담황색의 두상화(頭状花)가 핌. 멕시코우 원산. 관상용. 백일

홍. a youth-and-old-age

ひゃくにん(いっ)しゅ[百人(一)首](명) ①한 사람이 한 수씩 100명의 와카(和歌)를 모은 것. 또는 그것으로 만든 가루다. ②⇨おぐらひゃくにんいっしゅ(小倉百人一首).

ひゃくねん[百年](명) ①백년. 1년의 100배. ②사람의 일생. 1. a century. **—せんそう**[百年戦争](명)〈역〉백년 전쟁. 영국왕 에드워드 3세의 프랑스 왕위 계승권 주장으로 인해서 영불간에 일어난 전쟁. 1338년부터 1453년까지 계속 전쟁하였음. **—め**[百年目](명) ①백년째. ②〈속〉피하지 못할 경우. 「見付(ミッ)かったら—だ; 발견되면 끝장이다」

ひゃくパーセント[百 percent](명) ⇨ひゃっパーセント.

ひゃくはちぼんのう[百八煩悩](명)〈불〉백팔 번뇌. 인간이 가지는 백 여덟 가지의 번뇌.

ひゃくぶん[百聞](명) 백문. 많이 듣는 것. 「—は一見(イッケン)に如(シ)かず; 백문이 불여 일견(不如一見)」 hearing often

ひゃくぶんひ[百分比](명)〈수〉백분비. 백분율(百分率). percentage

ひゃくぶんりつ[百分率](명)〈수〉백분율. 백분비(百分比). percentage

ひゃくへい[百弊](명) 백폐. 많은 폐해(弊害). 「—いちじに起(オ)こる; 백폐가 한꺼번에 일어나다」

ひゃくまん[百万] Ⅰ(수) 백만. Ⅱ(명) 대단히 많은 수. 「—の敵(テキ); 백만의 적」 Ⅰ a milion. **—げん**[百万言](명) 백만 마디의 말. 썩 많은 말. 「—をついやす; 수 많은 말을 (허비)하다」 **—だら**[百万陀羅](명)〈속〉몇 번이고 되풀이해서 말하는 일. 「お礼(レイ)の—; 장황한 사례 인사」 **—ちょうじゃ**[百万長者](명) 백만 장자. 대단히 많은 재산을 가지고 있는 부자. 대부호(大富豪). **—とう**[百万塔](명) 코오켄(孝謙) 천황 때 나라(奈良)의 10대 사찰(十大寺刹)에 봉납한, 나무로 된 작은 탑. **—べん**[百万遍](명) ①대단히 많은 회수. 백만 번. ②〈불〉부처 이름을 백만 번 외는 불교 행사(仏教行事).

ひゃくみ[百味](명) 백미. 많은 진기한 음식 맛. all sorts of food and drink. **—だんす**[百味箪笥](명) 한의사(漢医師)의 약장.

ひゃくめんそう[百面相](명) ①얼굴 표면에 나타나는 여러 가지 표정의 변화. ②(교묘하게 표정을 바꾸거나 간단한 가면을 사용하여) 여러 가지 얼굴 모양을 해 보이는 일.

ひゃくものがたり[百物語](명) 밤에 여러 사람이 모여서 하는 각가지 괴담(怪談). a round of ghost stories

ひゃくやく[百薬](명) 백약. 여러 가지 약. 「酒(サケ)は—の長(チョウ); 술은 백약의 으뜸」 various medicine

〔百葉箱〕

ひゃくようばこ[百葉箱](명)〈이〉백엽상. 지상의 기상(気象) 상태를 재는 기계를 넣어 두는 나무 상자. a screen

ひゃくらい[百雷](명) 많은 천둥. a hundred claps of thunder

ひゃくり[百里](명) 천리. 1리(한국의 10리)의 100배.

ひゃくれん[百錬](명) 백련. 몇 번이고 단련함. 「—の鉄(テツ); 많이 단련한 쇠」 the finest temper

びゃくれん[白蓮](명) ①백련. 흰 연꽃. ②나쁜 환경에서도 더럽혀지지 않는 몸이나 마음의 비유. 1. a white rotus 2. purity

ひやけ[日焼け](명·자サ) 일광에 직사되어 피부가 검어짐. 햇볕에 탐. 햇볕에 그을음. sunburn

ヒヤシンス[hyacinth·風信子](명)〈식〉히아신드. 백합과에 속하는 다년초. 비늘줄기(鱗茎)에서 피침형(披針形)의 잎이 총생(叢生)하고 초여름에 청, 자, 홍, 황, 백색 등의 꽃이 핌. 지중해 연안 원산. 관상용.

ひや·す[冷やす](타 4) 차게 하다. 식히다. cool

ビヤだる[beer 樽](명) ①비어통. 맥주통. ②뚱뚱한 사람의 비유. 「—のように太(フト)った人(ヒト); 맥주통같이 뚱뚱한 사람」 1. a beer barrel

ひゃっか[百花](명) 백화. 여러 가지 많은 꽃. 「—爛漫(ランマン); 백화 난만」 all varieties of flowers

ひゃっか[百科](명) 백과. 여러 가지 과목. many subjects. **—じてん**[百科事典](명) 백과 사전. 학술, 기예(技芸) 등 일반 사회의 모든 지식을 모아서 해설해 놓은 사전. **—ぜんしょ**[百科全書](명) 백과전서. ①일정한 체계 아래 여러 가지 지식을 모아서 해설한 서적. ②백과 사전. **—ぜんしょは**[百科全書派](명)〈역〉백과 전서파. 계몽기(啓蒙期)의 사상가 디드로, 달랑베르 등이 편찬한 프랑스 백과 전서의 편집, 집필에 협력한 사람들. 18세기 프랑스 합리주의 철학의 대표자들로 알려졌음.

ひゃっか[百貨](명) 백화. 여러 가지 상품. 「日用(ニチヨウ)—; 일용 백화」 various goods. **—てん**[百貨店](명) 백화점. 각가지 상품을 진열, 판매하는 대규모의 종합 소매점.

ひゃっかにち[百箇日·百か日](명)〈불〉사람이 죽은지 백 일째의 불사(仏事). the one hundredth day after one's death

ひゃっかん[百官](명) 백관. 여러 벼슬아치. 많은 관원(官員). all the government officials

ひゃっきやこう[百鬼夜行](연어) 백귀 야행. ①많은 잡귀신이 밤중에 줄을 지어 걸어 다닌다는 말. ②여러 사람들이 추잡한 짓을 하는 일. 1. a pandemonium

ひゃっけい[百計](명) 백계. 여러 가지 계략. 온갖 꾀. 「—尽(ツ)きる; 백계 무책(無策)」 every possible means

びゃっこ[白狐](명) ①백호. 흰여우. ②[白虎] 사신(四神)의 하나. 남방의 수호신. 1. a white fox

(白狐②)

ひやっこ·い[冷やっこい](형) 차갑다. 파생 **—さ**(명). cold

ひゃっこう[百行](명) 백행. 모든 행위. 「孝(コウ)は—のもと; 효는 백행의 근본」 all deeds

ひゃっパーセント[百 percent](명) 백 퍼센트. ①전부. ②더할 것 없는 것. 만점. 「効果(コウカ)一; 효과 백 퍼센트」

ひゃっぱつひゃくちゅう[百発百中](연어·명) 백발 백중. ①겨눈 곳에 꼭꼭 명중함. ②예상한 일들이 꼭꼭 들어 맞음. 2. infallibility

ひゃっぱん[百般](명) 백반. 모든 방면. 각 방면. 만반(万般). 「学術(ガクジュツ)一; 학술 전반」 all

ひゃっぽう[百方](명·부) 백방. 모든 방면. 「一手(テ)をつくして; 백방으로 손을 써서」 every way

ひやとい[日雇い]一ヤトヒ(명) 그날 그날 약속하여 고용되는 일. 날품팔이. 「一労働者(ロウドウシャ); 날품팔잇군」 daily employment

ピヤノ[piano](명)〈악〉 ⇨ピアノ.

ひやひや[冷や冷や](부·자サ) ①차가운 모양. ②위태로와서 두려워하는 모양. 조마조마. 1. chilly

ヒヤヒヤ[Hear! hear](감) 히어 히어. ①근청(謹聽)! ②찬성!

ビヤホール[beer hall](명) 비어호올. 맥주 파는 술집.

ひやみず[冷や水]一ミヅ(명) 냉수. 찬물. 「年(トシ)よりの一; 노인이 오기(傲気)로 나이에 맞지 않은 일을 함의 비유」 cold water

ひやむぎ[冷や麦](명) 냉국수.

ひやめし[冷や飯](명) 찬밥. 「一を食(ク)う; 푸대접을 받다」 cold boiled-rice. **一ぞうり**[冷や飯草履](명) 가난한 사람들이 신는 거친 짚신.

ひややか[冷ややか](형동ダ) ①차게 느껴지는 모양. 싸늘한 모양. ②쌀쌀한 모양. 매정한 모양. 「一なことば; 냉정한 말」 ③무뚝뚝한 모양. ④침착하여 동하지 않는 모양. 1. 2. cool

ひややっこ[冷奴](명) 날두부에 간장과 양념을 곁들인 음식.

ヒヤリング[hearing](명) 히어링. 외국어 학습에 있어서 학생들이 들어서 이해하는 연습. 청취(聽取). 듣기 연습.

ひゆ[莧](명)〈식〉 비름. 키가 1*m* 정도의 1년초. 여름, 가을에 녹색의 작은 꽃이 이삭 모양으로 핌. 잎은 식용.

ひゆ[比喩·譬喩](명) 비유. ①예를 들어 말하는 것. ②비슷한 것을 들어 표현하는 방법. 예: 산더미 같은 파도. 2. a metaphor

ビューアー[viewer](명) 뷰우어. 슬라이드를 보는 간단한 도구.

ひゅうが[日向](명)〈지〉 옛 지방 이름. 현재 미야자키현(宮崎県).

びゅうけん[謬見](명) 유견. 잘못된 생각. 그릇된 견해(見解). a wrong view

ひユークリッドきかがく[非 Euclide 幾何学](명)〈수〉 비유우클릿 기하학. 유우클릿 기하학의 평행선의 공리(公理)를 부정함으로 성립되는 기하학. ↔ユークリッド幾何学. non-Euclidian geometry

ヒューズ[fuse](명)〈이〉 퓨우즈. 납과 주석의 합금으로 만든 부드러운 금속물. 강한 전류(電流)에는 끊어짐. 지나친 전류의 흐름을 막고 위험을 예방함에 씀. 「一がとぶ; 퓨우즈가 끊어지다」

ビューティー[beauty](명) 뷰우티. ①미(美). ②미인. **一スポット**[beauty-spot](명) 뷰우티스폿. 얼굴을 꾸미기 위해 얼굴에 그려 넣는 점, 사마귀 등. **一パーラー**[beauty-parlour](명) 뷰우티 파알러. 미용원.

ピューマ[puma](명)〈동〉 퓨우마. 아메리카사자. 고양이과에 속하는 미대륙 원산의 동물.

ヒューマニスティック[humanistic](형동ダ) 휴우머니스틱. 인간주의적(人間主義的). 인도주의적(人道主義的).

ヒューマニスト[humanist](명) 휴우머니스트. 휴머니즘의 연구자. 인도주의자(人道主義者).

ヒューマニズム[humanism](명)〈철〉 휴우머니즘. ①인격의 평등과 인류의 공존을 목적으로 하는 주의. 인도주의(人道主義). ②개성의 자유로운 발달과 인간성의 존엄을 강조하는 주의. 인문주의(人文主義).

ヒューマニティー[humanity](명) 휴우머니티. ①인간성(人間性). ②인도(人道). ③인류(人類). ④인애(仁愛).

ヒューマン[human](형동ダ) 휴우먼. 사람다운 모양. 인간적. **一ドキュメント**[human document](명) 휴우먼도큐멘트. ①인간 생활의 기록. 인생 기록. ②소설(小説).

ヒュームかん[Hume 管](명) 휴움관. 철선(鉄線)을 심지로 넣은 시멘트의 관. 수도관(水道管), 도수관(導水管) 등에 쓰임.

ピューリタン[Puritan](명)〈종〉 퓨리턴. ①청교도(清教徒). ②행동이 바르고 근엄한 사람.

ピューレー[프 purée](명) 퓌레. 야채, 고기 등을 걸러서 만든 국물. 「トマト一; 토마토로 만든 퓌레」

ビュレット[burette](명)〈이〉 뷰렛. 용량 분석(用量分析), 적정(滴定) 등에 있어서 액체의 용적을 측정하는 데 쓰는 눈금이 그려진 유리관.

ビューロー[bureau](명) 뷰어로우. ①관청의 국(局), 과(課). ②사무소. 사무국. ③←ツーリストビューロ. **一クラシ**[bureaucracy](명) 뷰로크러시. 관료주의(官僚主義). 관료 정치.

ヒュッテ[도 Hütte](명) 휘테. 등산자들을 위한 산막.

ビュッフェ[프 buffet](명) 뷔페. 역이나 열차 안에 있는 간이 식당(簡易食堂).

ひょいと(부) 갑자기. 불시에. suddenly

ぴょいと(부) 가볍게 휙 뛰어 오르는 모양. 깡충. lightly

ひょいひょい(부) ①이따금씩 갑자기 나타나는 모양. 피뜩피뜩. ②양발을 모아 뛰는 모양. 깡충깡충. 2. hopping

一ひょう[俵](접미) 섬에 든 곡물을 세는 말. 섬. 「米(コメ)二(ニ)一; 쌀 두 섬」

一ひょう[標](조어) 증거가 되는 필적이나 형적(形迹). 표지(標識). 「里程(リテイ)一; 이정표」

ひょう[表](명) 표. ①군주에게 올리는 글월(문서). ②항목, 요령, 도표만으로 보기 쉽게 한 문서. 「調査(チョウサ)一; 조사표」 2. a table

ひょう[俵](명) 짚 등으로 짜서 곡물이나 숯 등을 넣

는 용기. 섬. a bale
ひょう[豹](명)〈동〉 표범. 고양이과에 속하는 열대 밀림의 맹수. 호랑이를 닮았으나 약간 작음. 황색 바탕에 흑다색 반점이 있음. a panther
ひょう[票](명) 표. ①쪽지. 패. ②투표나 투표수. 「浮動(フドウ)—; 부동표」 1. a card
ひょう[評](명) 평. 가치를 정하는 일. 비평. 「映画(エイガ)—; 영화평」 a comment
ひょう[雹](명)〈천〉 우박. hail
ひょう[瓢](명) 호리병박. 조롱박. a gourd
ひよう[日傭](명) 일용. 날품팔이. daily employment. **—とり**[日傭取り](명) 날품팔잇군.
ひよう[飛揚](명·자サ) 비양. 날아 오름. flying
ひよう[秘要](명) 비결(秘訣). 비술(秘術). a secret
ひよう[費用](명) 비용. 어떤 일에 쓰는 돈. 경비. 「—がかかる; 비용이 들다」 cost
びょう—[病](조어) 병든. 「—祖父(ソフ); 병중에 있는 조부」
—びょう[病](조어) 병. 「胃臓(イチョウ)—; 위장병」
びょう[秒](명) 초. 시간, 각도, 경도, 위도 등에서 1분(分)의 60분의 1. a second
びょう[廟](명) 묘. ①왕 등의 묘(墓). 또는 거기에 있는 건물. 종묘(宗廟). 사당. ②신사(神社) 등의 건물. ③중국, 몽고 등의 절. ④궁전. 1. a mausoleum
びょう[鋲](명) ①철판에 박기 위한 대가리가 큰 못. 대갈못. 징. ②종이 등을 꽂는 핀. 압정. 1. a rivet
びよう[美容](명) 미용. ①용모를 아름답게 다듬는 일. 「—体操(タイソウ); 미용 체조」 ②아름다운 용모. 1. beautification. **—いん**[美容院](명) 미용원. 미장원.
びよう[微恙](명) 미양. 가벼운 병(病). a slight illness
びょうあ[病痾](명) 오랜 병. 숙환(宿患). a long illness
ひょういつ[飄逸](명·형동ダ) 표일. 세상 일을 마음에 두지 않고 태평스러움. 「—な人(ヒト)がら; 세상사에 얽매이지 않는 태평스런 인품」 unconventionality
ひょういも(ん)じ[表意文字](명) 표의 문자. 한자 한 자가 뜻을 지니고 있는 글자. 뜻글자. 예 : 한자(漢字). ↔表音(ヒョウオン)文字. an ideograph
びょういん[病因](명)〈의〉 병인. 병의 원인(原因). the cause of a disease
びょういん[病院](명) 병원. a hospital
びょうえい[苗裔](명) 자손. 후예(後裔). offspring
ひょうえふ[兵衛府](명) 옛날 궁중의 수위나 임금의 행차를 호위하던 일을 맡았던 관청. 좌우 2부(左右二府)가 있었음.
ひょうおん[表音](명) 표음. 말소리를 그대로 나타내는 것. 「—的(テキ)かなづかい; 표음적 카나(仮名) 쓰기」 expressing a sound. **—も(ん)じ**[表音文字](명) 표음 문자. 말소리를 그대로 기호로 나타낸 글자. 소리 글자. 예 : 한글, 로마자, 카나(仮名) 등. ↔表意(ヒョウイ)文字.
ひょうか[氷菓](명) 빙과. 얼음 과자. ices
ひょうか[苹果](명)〈식〉 사과. 능금. an apple
ひょうか[評価](명·타サ) 평가. ①값을 정함. ②가치를 판단하여 정함. 1. appraisal
ひょうか[評家](명) 비평가(批評家). 평론가. a critic
ひょうが[氷河](명) 빙하. ①얼어 붙은 강. ②〈지〉 높은 산의 눈덩이가 얼어서 아래로 흘러 내려 가는 것. 2. a glacier. **—じだい**[氷河時代](명)〈지〉 빙하 시대. 먼 옛날 지구상의 기후가 몹시 추워서 고위도(高緯度) 지방의 대부분이 빙하로 덮였던 시대.
ひょうが[馮河](명) 〔황하(黄河)를 걸어서 건너 간다는 말로〕 무모한 행동의 비유. a risky attempt
びょうか[病家](명) 병가. 병자가 있는 집. a patient's house
びょうが[病臥](명·자サ) 병와. 병으로 누움. 와병(臥病). being ill in bed
びょうが[描画](명·자サ) 묘화. 그림을 그림. painting
ひょうかい[氷海](명) 빙해. 얼어 붙은 바다. a frozen sea
ひょうかい[氷塊](명) 빙괴. 얼음 덩어리. a lump of ice
ひょうかい[氷解](명·자サ) 빙해. 의문이 확 풀림. 마음속에 서려 있던 것이 풀림. 빙석(氷釈). melting away
ひょうがい[雹害](명)〈농〉 우박에 의한 피해. a hailstorm damage
びょうがい[病害](명)〈농〉 병해. 병에 의한 농작물의 피해. a damage done by the plant disease
びょうがく[猫額](명) 고양이 이마처럼 좁은 것. being limited
ひょうかん[剽悍](명·형동ダ) 표한. 사납고 민첩함. 「—な種族(シュゾク); 표한한 종족」 ferocity
びょうかん[病患](명) 병환. 병(病). 질병(疾病). 「不治(フジ)の—; 불치의 병」 a disease
びょうかん[病間](명) ①앓는 중. 병중(病中). ②병세가 조금 좋아졌을 때. 1. during one's illness
びょうかん[病監](명) 병감. 교도소에 있는 환자 죄수들의 수용 감방. a cell for sick prisoners
ひょうき[表記](명·타サ) 표기. ①겉에 씀. 「—の住所(ジュウショ); 겉에 쓴 주소」 ②말을 문자로 나타내서 씀. 「—法(ホウ); 표기법」 2. description
ひょうき[標記](명·타サ) 표기. ①무슨 표로서 기록함. ②표제로서 쓰는 것. 「—の件(ケン)につき; 표기의 건에 관하여」 1. marking
ひょうき[標旗](명) 표기. 목표로 세우는 기(旗). a flag
ひょうぎ[評議](명·타サ) 평의. 모여서 의논함. conference. **—いん**[評議員](명) 평의원. 평의에 참가하기 위해 선발된 사람.
びょうき[病気](명) ①몸이 아픈 것. 질병. 병. ②사람의 결점이나 나쁜 버릇. 1. a disease
びょうぎ[廟議](명) 묘의. 조정의 평의(評議). 조정의 회의(会議). a Cabinet council
ひょうきへい[驃騎兵](명) 경장비(軽装備)의 기병. 경기병(軽騎兵). a hussar
ひょうきん[剽軽](형동ダ) 마음이 소탈하고 우스운 모양. 「—なしぐさ; 소탈하고 우스운 짓」 waggish
びょうきん[病菌](명) 병균. 병의 근원이 되는 세균.

병원균(病原菌). a disease germ
ひょうぐ[表具](명) 표구. 천, 종이 등을 붙여서 병풍, 족자, 미닫이 등을 꾸미는 일. mounting. **—し**[表具師](명) 표구사. 표구를 직업으로 하는 사람.
びょうく[病苦](명) 병고. 병의 괴로움. the pain of sickness
びょうく[病軀](명) 병구. 병든 몸. 「—をひっさげて; 병든 몸을 이끌고」 a sick body
びょうくぎ[鋲釘](명) ⇨びょう(鋲). 「being ice-bound
ひょうけつ[氷結](명·자サ) 빙결. 얼어 붙음. ↗
ひょうけつ[表決](명·타サ) 표결. 의안(議案)에 대한 찬성, 불찬성의 의사를 나타냄. taking a vote
ひょうけつ[票決](명·타サ) 표결. 찬성, 반대의 의사를 투표로써 결정함. taking a vote on
びょうけつ[病欠](명·자サ) 병결. 병으로 인해 결석함. absence on account of illness
ひょう·げる[飄げる](자하 1)〈속〉 소탈하고 익살스럽다. 농을 하다. joke
ひょうげん[氷原](명) 빙원. 얼음 벌판. an ice-field
ひょうげん[表現](명·타サ) 표현. 나타냄. 「—法(ホウ) 표현법」 expression
ひょうげん[評言](명) 평언. 비평하는 말. 평어(評語). critical remarks
びょうけん[病犬](명) 병든 개. a diseased dog
びょうげん[病原·病源](명)〈의〉 병원. 병의 원인. 병인. the cause of a disease. **—きん**[病原菌](명)〈의〉 병원균. 병균(病菌). **—たい**[病原体](명)〈의〉 병원체. 생물의 병을 일으키는 아주 작은 생물체. 예: 세균(細菌), 바이러스 등.
ひょうご[兵庫](명)〈지〉 킨키(近畿) 지방 서부의 현. 현청 소재지는 코오베(神戸).
ひょうご[評語](명) 평어. ①비평하는 말. 평언(評言). ②성적의 등급을 나타내는 말. 1. critical remarks
ひょうご[標語](명) 표어. 주의(主義), 준수 사항 등을 간단 명료하게 나타낸 어구(語句). a slogan
びょうご[病後](명) 병후. 앓고난 뒤. 「—の養生(ヨウジョウ); 병후의 섭생」 ↔病前(ビョウゼン). convalescence
ひょうこう[氷厚](명) 얼음의 두께. thickness of ice
ひょうこう[標高](명)〈지〉 표고. 해면에서의 높이. 해발 고도(海拔高度). above the sea level
ひょうごう[表号](명) 표지. 표적. a sign
びょうこん[病根](명) 병근. ①병의 원인. ②나쁜 습관이나 폐해의 근원. 1. the cause of a disease
びょうさ[錨鎖](명) 닻줄. a cable
びょうざ[病者](명)〈고〉 병자. 병든 사람. 환자.
びょうさい[病妻](명) 병처. 병든 아내. one's sick wife
ひょうさくさん[氷酢酸](명)〈이〉 빙초산. 농도가 높아 수분이 5% 이하이며 섭씨 16도 이하에서 빙결(氷結)하는 초산. glacial acetic acid
ひょうさつ[表札·標札](명) 문패. a doorplate
ひょうざん[氷山](명)〈지〉 빙산. 몹시 추운 지방에서 빙하의 얼음덩이가 바다에 흘러 들어 가 산처럼 뜬 것. an iceberg
びょうさん[病蚕](명)〈농〉 병잠. 병든 누에. a diseased silkworm
ひょうし[拍子](명) 박자. ①〈악〉 ㉠음악에 있어서 리듬의 근본이 되는 작은 구분. 같은 시간에 같은 수만큼 침. ㉡음악, 노래, 춤 등 곡을 도와 가락을 맞추는 일. 장단. ②노오가쿠(能楽)의 연주나 노래의 절도. ③때. 겨를. ④순간. 때마침. 「すべった—に; 미끄러지는 바람에」 1. ㄴ. rhythm 3. a chance. **—ぎ**[拍子木](명) 두 개의 토막을 쳐서 소리를 내는 나무. 음악에서 곡조를 맞추거나 야경 돌 때 씀. 딱따기. **—きごう**[拍子記号](명)〈악〉 박자 기호. 악보의 맨 앞에 박자를 밝혀 적는 기호. 예: 2/4 박자. **—ぬけ**[拍子抜け](명·자サ) 긴장이 풀림. 맥 빠짐.
ひょうし[表紙](명) 표지. 책뚜껑. a cover
ひょうじ[表示](명·타サ) 표시. 나타내어 보임. 「意思(イシ)—; 의사 표시」 indication
ひょうじ[標示](명·타サ) 표시. 목표로서 (일반 사람에게) 드러내 보임. marking
びょうし[病死](명·자サ) 병사. 병으로 죽음. death from sickness
びょうし[廟祀](명) 사당. 신사(神社). a small shrine
びょうじ[病児](명) 병아. 병든 어린 아이. a sick child
ひょうしき[標識](명) 표지. 표시하기 위한 기록. 표적. 「交通(コウツウ)の—; 교통 표지」 a mark. **—ばん**[標識板](명) 표지물이 붙어 있는 판(板).
ひょうしつ[氷室](명) 얼음 창고. 빙고(氷庫). an icehouse
ひょうしつ[氷質](명) 얼음의 품질. the quality of ice
びょうしつ[病室](명) 병실. 환자가 쓰는 방. a sickroom
ひょうしゃ[評者](명) 평자. 비평하는 사람. a reviewer
ひようしゃ[被傭者](명) 피용자. 고용당한 사람. 피고용자. an employee
びょうしゃ[病舎](명) 병사. ①병원 건물. 병동(病棟). ②병실(病室). 1. an infirmary
びょうしゃ[病者](명) 병자. 병든 사람. 환자. a patient
びょうしゃ[描写](명·타サ) 묘사. 실제의 느낌이나 상태를 있는 그대로 나타냄. 「風景(フウケイ)を—する; 풍경을 묘사하다」 description. **—おんがく**[描写音楽](명)〈악〉 묘사 음악. 자연의 음을 악기로써 의음적(擬音的)으로 묘사한 음악.
ひょうしゃく[評釈](명·타サ) 평석. 문장, 시가(詩歌) 등을 비평하고 해석함. annotation
びょうじゃく[病弱](명·형동ダ) 병약. 허약해서 병에 걸리기 쉬움. 또는 병에 시달려 쇠약함. 「—な体質(タイシツ); 병약한 체질」 sickly
ひょうしゅつ[表出](명·타サ) 표출. 나타냄. presentation
びょうしゅつ[描出](명·타サ) 묘출. 그려 냄. 묘사(描写). depiction
ひょうじゅん[標準](명) 표준. ①표본. 목표. 「—的(テキ); 표본적」 ②비교할 때의 기본이 되는 정도. 「—体重(タイジュウ); 표준 체중」 ③본보기. 「東京

(トウキョウ)を一にして考(カンガ)える; 동경을 표준 삼아 생각하다」 ④가장 보편적인 것.「一型(ガタ)표준형」 1. a standard. **―かかく**[標準価格](명) 표준가격. 각종 가격을 평균해서 낸 값. **―かせき**[標準化石](명) 표준 화석. 지층의 지질 시대(地質時代)를 결정하는 데 기준이 되는 화석. **―ご**[標準語](명) 표준어. 그 나라의 표준이 되는 말. 흔히 정치 문화의 중심지나 수도의 언어. **―じ**[標準時](명) 표준시. 일정한 범위내의 각 지역에서 공통으로 쓰이는 지방 시각. **―しき**[標準式](명) 표준식. 로마자를 쓰는 한 방식. 예: "シ"를 "shi"로, "ジ"를 "ji"로, "フ"를 "fu"로 하는 것 등. ↔訓令式(クンレイシキ), 日本式(ニホンシキ).

びょうしょ[病所](명) ①몸의 병든 부분. 환부(患部). ②결점(缺点). ③환자가 거처하는 곳. 1. a sick part

びょうしょ[廟所](명) ①⇨おたまや. ②묘소(墓所). 2. a graveyard

ひょうしょう[平声](명) 평성. 한자 사성(四声)의 하나.

ひょうしょう[氷晶](명)〈이〉 ①빙정. 수증기가 얼어서 결정(結晶)된 것. ②얼음과 염류 결정(塩類結晶)과의 혼합물. 2. cryohydrate. **―せき**[氷晶石](명) 빙정석. 나트륨, 알루미늄, 불소(弗素) 등의 화합물. 알루미늄, 젖빛 유리 등을 만드는 데 쓰임.

ひょうしょう[表章](명·타サ) 나타내어 확실히 함. 명시(明示). 표명(表明). a manifestation

ひょうしょう[表象](명·타サ) 표상. ①〈심〉 관념(観念)으로서 머리에 떠오름. 심상(心像). ②상징(象徴). ③〈심〉 관념. 2. a symbol

ひょうしょう[表彰](명·타サ) 표창. 훌륭한 일을 칭찬해서 널리 세상에 알림.「一式(シキ); 표창식」 official commendation

ひょうじょう[氷上](명) 빙상. 얼음 위. on the ice

ひょうじょう[兵仗](명) 병장. ①병기(兵器). 무기(武器). 병장기(兵仗器).「一をたずさえる; 무기를 지니다」 ②호위병. 2. an escort

ひょうじょう[表情](명) 표정. ①감정을 밖으로 나타낸 것. ②밖으로 나타낸 감정에 따라 변하는 얼굴 모양. ③표면에 나타나는 모양.「お正月(ショウガツ)の各地(カクチ)の一; 설날의 각 지방의 표정」 expression

ひょうじょう[評定](명·타サ) 평정. 평의하여 정함. 평결(評決). conference. **―しゅう**[評定衆](명)〈역〉 가마쿠라(鎌倉), 무로마치(室町) 막부의 직명(職名). 정청(政庁)에서 제반사(諸般事)를 평정(評定)하였음.

びょうしょう[病床](명) 병상. 병자가 누워 있는 침상.「一に臥(フ)す; 병상에 눕다」 a sickbed. **―ぎん**[病床吟](명) 병상에서 읊는 시가(詩歌).

びょうしょう[病症](명)〈의〉 병증. 병의 증세. the nature of a disease

びょうじょう[病状](명) 병상. 병의 상태. the condition of a disease

ひょうしょく[氷蝕](명)〈지〉 빙식. 빙하의 이동으로 생기는 침식. 빙하 속에 박힌 암석 때문에 일어나는 침식과 주야의 기온 차로 그 밑바닥이나 주변이 침식되는 두 가지가 있음. glacial erosion

びょうじょく[病褥](명) 병상(病床). a sickbed

ひょうじん[氷人](명) ⇨げっかひょうじん.

びょうしん[秒針](명) 초침. 시계의 초를 가리키는 바늘. ↔分針(フンシン), 時針(ジシン). a second hand

びょうしん[病身](명) 병들기 쉬운 몸. poor health

ひょうすう[票数](명) 표수. (투표 등에 의해 얻은) 표의 수. the number of votes

びょうすい[病衰](명·자サ) 병들어서 쇠약해짐. weakness from illness

ひょう·する[表する](타サ) 나타내다. 표시하다.「敬意(ケイイ)を一; 경의를 표하다」 express

ひょう·する[評する](타サ) 논의해서 가치를 정하다. 비평하다. criticize

びょうせい[病勢](명) 병세. 병의 상태. the condition of a disease

ひょうせき[標石](명) ①표석. 목표물로 놓아(세워) 둔 돌. 푯돌. ②이정표(里程標). 2. a milestone

ひょうせつ[氷雪](명) 빙설. 얼음과 눈. ice and snow

ひょうせつ[評説](명) ①비평을 가한 해설. ②소문. 1. annotation

ひょうせつ[剽窃](명·타サ) 표절. 남의 문장이나 어구를 훔쳐서 씀. 도작(盗作). plagiarism

ひょうぜん[漂然·飄然](형동タルト) 표연. ①정처 없이 떠도는 모양. ②훌쩍 오가는 모양. 1. wandering

びょうぜん[病前](명) 병들기 전. ↔病後(ビョウゴ).

びょうぜん[渺然](형동ダ) ①묘연. 넓고 멀어서 아득한 모양. ②적어서 수에도 들지 못하는 모양. 2. insignificant

ひょうそ[瘭疽](명)〈의〉 표저. 손가락 끝이나 발가락 끝에 생기는 염증. 생안손. 생안발. paronychia

ひょうそう(명)〈의〉 ⇨ひょうそ.

ひょうそう[氷層](명) 빙층. 얼음의 층. ice layer

ひょうそう[表装](명·타サ) 글씨나 그림을 좋은 헝겊에 붙여 액자나 족자로 만듦. 표구(表具). binding

ひょうそう[表層](명) 표층. 표면의 층. the outside layer

びょうそう[病巣·病竈](명)〈의〉 병소. 병원균이 모여 조직이 허무러진 부분. 병원균이 있는 곳. the diseased part

ひょうそく[平仄](명) ①평측. 한문 글자의 음운(音韻)의 높낮이. 한시(漢詩)를 짓는 데 중요한 두 종류의 음의 구별. ②시종. 앞뒤. 순서(順序).「一があわない; 앞뒤가 맞지 않다」 2. consistency

ひょうぞく[剽賊](명) ①⇨ひょうせつ(剽窃). ②⇨おいはぎ(追い剝ぎ).

びょうそく[秒速](명) 초속. 1초 동안의 속도. velocity per second

びょうぞく[苗族](명) 묘족. 중국 남부, 인도지나 북부 등의 산악 지대에 사는 야만족. 키가 작고 피부는 황색. the Miao-tse

ひょうだい[表題·標題](명) 표제. ①책의 표지나 문장 등에 쓴 제목. ②연설, 담화 등의 제목. ③작품,

연극 등의 제목. a title. **—おんがく**[表題音楽](명)〈악〉표제 음악. 일정한 관념이나 사물을 묘사하기 위해 표제를 붙여서 내용을 만든 악곡(楽曲).

びょうたい[病体](명) 병든 몸. 병구(病軀). a sick body

びょうたる[渺たる](연체) 아주 작은. 「—一小島(イチショウトウ); 한 작은 섬」 small

ひょうたん[氷炭](명) 빙탄. 얼음과 숯. 성질이 상반되어 서로 조화되지 않음의 비유. 「—相(アイ)いれず; 성질이 상반되어 조화되지 않다」 ice and charcoal

ひょうたん[瓢箪](명)〈식〉호리병박. 「—から駒(コマ); 있을 수 없는 일(뜻하지 않은 데서 뜻하지 않은것이 나옴의 비유)」 a bottle-gourd. **—なまず**[瓢箪鯰 ーナマヅ](명) 〔표주박으로 메기를 눌러 잡으려고 한다는 뜻으로〕 ①잡을 수 없는 것. ②요령부득인 것.

「critical circles

ひょうだん[評壇](명) 평단. 비평가의 사회. ↗

びょうち[錨地](명) 배가 닻을 내리고 정박하는 곳. 정박지. an anchorage

ひょうちゃく[漂着](명·자サ) 표착. 표류해서 도착함. 「海岸(カイガン)に—する; 해안에 표착하다」 being cast ashore

ひょうちゅう[氷柱](명) 빙주. ①고드름. ②여름에 방안을 시원하게 하기 위해 얼음을 기둥처럼 만들어 놓는 것. 1. an icicle 2. an ice pillar

ひょうちゅう[表中](명) 표중. 도표(図表)의 가운데. 도표 안. in the table

ひょうちゅう[評注·評註](명) 주석을 달아 놓은 것. 평석(評釈). a gloss

ひょうちゅう[標柱](명) 표주. ①표적의 기둥. ②측량대. 1. a signpost 2. a leveling pole

びょうちゅう[病中](명) 병중. 앓는 중. 병들어 있는 동안. during one's illness

びょうちゅうがい[病虫害](명)〈농〉병충해. 병이나 해충에 의한 농작물의 피해. damage by blight and harmful insects

ひょうちょう[表徴](명) 표징. ①밖으로 나타난 표지. ②상징(象徴). 2. a symbol

ひょうちん[氷枕](명)〈의〉빙침. 머리를 차게 하기 위해 얼음을 넣은 베개. 얼음 베개. an ice-pillow

ひょうてい[評定](명·자サ) 평정. ①가격, 품질 등을 평가해서 정함. ②평의(評議). 1. evaluation

ひょうてき[標的](명) 표적. ①목표점(目標点). ②표본(標本). 1. a target 2. a model

びょうてき[病的](형동ダ) 병적. 건전하지 못한 모양. 「—な思想(シソウ); 병적인 사상」 morbid

ひょうてん[氷点](명)〈이〉빙점. 물이 얼기 시작하는 온도. 섭씨(摂氏) 0도. the freezing point. **—か**[氷点下](명) 빙점하. 섭씨 0도 이하(以下).

ひょうてん[評点](명) 평점. ①비평해서 매긴 점수. ②성적을 나타내는 점수. marks

ひょうでん[評伝](명) 평전. 평론을 겸한 전기(伝記). a critical biography

ひょうど[表土](명)〈지〉표토. 땅의 맨 윗부분. top soil

ひょうとう[剽盗](명) ⇨おいはぎ(追い剝ぎ).

びょうとう[病棟](명) 병동. 병실로 쓰이는 건물. 병사(病舎). a ward

びょうどう[平等](명·형동ダ) 평등. 모두 같음. 차별이 없음. 동등(同等). ↔不(フ)平等. equality

びょうどう[廟堂](명) 묘당. 조정(朝廷). the Court

びょうどく[病毒](명) 병독. ①병의 원인이 되는 독. ②〈의〉⇨ビールス. 1. a germ

ひようとり[日傭取](명) 날품팔이. a day-labourer

びょうなん[病難](명) 병에 의한 재난. the calamity of disease

びょうにん[病人](명) 병인. 병자. 환자. a patient

ひょうのう[氷嚢](명)〈의〉빙낭. 얼음 주머니. an ice bag

ひょうはく[表白](명·타サ) 표백. 나타내서 말함. 표명(表明). manifestation

ひょうはく[漂白](명·타サ) 표백. 바래서 희게 함. 「—剤(ザイ); 표백제」 bleaching

ひょうはく[漂泊](명·자サ) 표박. ①표류하여 떠내려감. ②방황함. 1. drifting

びょうばく[渺漠](형동タリ) 묘막. 넓고 아득함. 광막(広漠). vast

ひょうばん[評判](명) 평판. ①소문. ②유명한 것. ③세상의 비평. 1. a gossip 2. fame. **—き**[評判記](명) 평판기. ①어떤 사물의 비평을 적은 책. ②배우, 연예인들의 용모나 연기에 관해 평을 한 책.

びょうはん[病斑](명)〈농〉병반. 농작물 등에 해충의 침해로 생기는 반점.

ひょうひ[表皮](명)〈생〉표피. 동식물체의 표면을 덮는 겉껍질. the epidermis

ひょうひょう[飄飄](형동タルト) 표표. ①나부끼는 모양. ②정처 없이 떠도는 모양. ③속세를 떠나 소탈하고 구애됨이 없는 모양. 1. fluttering

ひょうびょう[縹渺](형동タルト) 표묘. ①멀리 희미하게 보이는 모양. 「神韻(シンイン)—; 신운 표묘」②넓고 한이 없는 모양. 1. vague 2. vast

びょうびょう[渺渺](형동タルト) 묘묘. 넓고 넓어 끝이 없는 모양. vast

びょうふ[病父](명) 병부. 병든 아버지. a sick father

びょうふ[病夫](명) ①병든 남편. ②병든 남자. 1. a sick husband

びょうふ[病婦](명) ①병든 아내. ②병든 여자. 1. a sick wife

びょうぶ[屏風](명) 병풍. 바람을 막거나 물건을 가리기 위해 또는 치레로 방안에 쳐놓는 물건. a folding screen. **—え**[屏風絵](명) 병풍화(屏風画). 병풍에 그린 그림.

びょうへい[病兵](명) 병든 군사. a sick soldier

びょうへき[病癖](명) 병적인 나쁜 버릇. a bad habit

ひょうへん[豹変](명·자サ) 표변. 태도 등이 갑자기 변함. 돌변(突変). a sudden change

びょうへん[病変](명)〈의〉병에 걸려서 생기는 변화. 「—をみとめる; 병에 의한 변화를 볼 수 있다」

びょうほ[苗圃](명)〈농〉묘포. 묘목을 기르는 밭. 묘

상(苗床). a nursery
びょうぼ[病母](명) 병든 어머니. a sick mother
ひょうほう[兵法](명) 병법. ①용병(用兵)의 법. ②검도(剣道). 1. tactics
ひょうぼう[標榜](명·타サ) 표방. ①명목을 붙여 내세움. ②(주의, 주장 등을) 들어서 나타내 보임. 「正義(セイギ)を—する; 정의를 표방하다」 2. advocacy
びょうぼう[渺茫](형동タルト) 묘망. 넓고 끝이 없는 모양. vast
ひょうぼく[標木](명) 표목. 표적이 되는 나무. 표적으로 세운 나무. 푯말. a signpost
びょうぼつ[病没·病歿](명·자サ) 병몰. 병으로 죽음. death from illness
ひょうほん[標本](명) 표본. ①동물, 식물, 광물 등의 실물을 견본용으로 만든 것. 실물 견본. ②견본. 1. a specimen. **—ちょうさ**[標本調査](명) 표본 조사. 전체를 올바르게 대표하도록 추출(抽出)한 일부의 것에 대하여 조사하는 일.
びょうま[病魔](명) 병마. ①병을 걸리게 한다는 마귀. ②병(病). 2. illness
びょうまん[渺漫](형동タリ) 끝없이 넓은 모양. vast
ひょうむ[氷霧](명)〈천〉 빙무. 아주 추운 땅에서 공중에 뜨는 미세(微細)한 얼음의 결정으로 인하여 생기는 안개. ice-fog
ひょうめい[表明](명·타サ) 표명. 표면에 나타냄. 「意見(イケン)を—する; 의견을 표명하다」 manifestation
びょうめい[病名](명)〈의〉 병명. 병의 이름. the name of a disease
ひょうめん[氷面](명) 빙면. 얼음의 표면. the surface of ice
ひょうめん[表面](명) 표면. ①눈에 보이는 바깥쪽. 「顔(カオ)の—; 얼굴 표면」 ②거죽. 「—の態度(タイド); 표면의 태도」 1. the surface. **—か**[表面化](명·자サ) 표면화. 표면에 나타남. 「争(アラソ)いが—する; 싸움이 표면화하다」 **—ちょうりょく**[表面張力](명)〈이〉 표면 장력. 액체의 수면이 스스로 수축하여 가능한 한 작은 면적을 취하려는 힘.
ひょうめんせき[表面積](명) 표면적. 표면의 면적. area of the surface
ひょうもく[標目](명) 목록. 표제(表題). a catalogue
ひょうや[氷野](명) 빙야. 얼어 붙은 들판. 빙원(氷原). an ice field
びようやなぎ[未央柳·金糸桃](명)〈식〉 물레나물. 1 *m* 내외의 다년초로 6월경에 노란 꽃이 핌.
びょうゆう[病友](명) 병우. ①병든 친구. ②서로 병들어 요양하는 사이. 1. a sick friend
ひょうよみ[票読み](명·자サ) ①투표수가 얼마나 되나 예측함. ②투표수를 세어 읽음. 1. calculate votes
びょうよみ[秒読み](명·자타サ) 초(秒) 단위로 시간을 셈. counting per second
ひょうり[表裏](명·자サ) 표리. ①안팎. ②안팎이 바뀜. ③외면과 내심의 불일치. 1. inside and outside
びょうり[病理](명)〈의〉 병리. 병의 원리(原理). 병의 이론(理論). 「—学(ガク); 병리학」 pathology
ひょうりゅう[漂流](명·자サ) 표류. ①물에 떠내려감. ②떠돌아 다님. 방황. 2. wandering
ひょうりょう[秤量](명) 칭량. ①저울로 무게를 다는 일. ②저울로 달 수 있는 최대한의 무게. 「—十キロ; 칭량 10킬로」 ↔感量(カンリョウ). 1. weighing
ひょうりん[評林](명) 비평을 모은 책. 평론집(評論集). a book of criticisms
びょうれき[病歴](명)〈의〉 병력. 지금까지의 병에 걸린 경력. diseases experienced
ひょうろう[兵糧](명) ①군대의 식량. 군량. ②활동의 원동력. ③식량. 3. food. **—ぜめ**[兵糧攻め](명) 적의 식량 운반로를 막아 전투력을 약화시키는 일.
ひょうろう[漂浪](명·자サ) 표랑. 목적 없이 방황함. 유랑(流浪). 방랑(放浪). wandering
ひょうろくだま[表六玉](명)〈속〉 얼빠진 사람을 욕하여 일컫는 말. a fool
ひょうろん[評論](명·타サ) 평론. 사물의 가치나 선악을 비평하여 논함. 「—家(カ); 평론가」 a review
ひよく[比翼](명) 비익. ①날개를 가지런히 하는 것. ②〔양재에서〕 옷을 두겹으로 한 것같이 보이기 위해 옷단을 이중으로 하는 것. ③부부(夫婦). 1. wings abreast. **—づか**[比翼塚](명) 정사(情死)했거나 서로 사모한 사이의 젊은 남녀를 함께 묻은 무덤. **—のとり**[比翼の鳥](연어·명) 비익조. ①수컷과 암컷이 언제나 날개를 가지런히 맞대고 날아 다닌다는 전설상(伝説上)의 새. ②언제까지나 사이 좋은 남녀. 원앙(鴛鴦). ③〈동〉 극락조(極楽鳥). 풍조(風鳥). **—れんり**[比翼連理](명) 비익조(比翼鳥)와 연리지(連理枝). 화목한 부부나 남녀의 비유.
ひよく[肥沃](명·형동ダ) 비옥. 땅이 기름짐. 「—な土地(トチ); 비옥한 토지」 fertility
びよく[尾翼](명) 미익. 비행기의 동체 뒤에 달린 수평 날개. a tail plane
びよく[鼻翼](명)〈생〉 비익. 코의 볼록 나온 양쪽 부분. 콧방울. the rounded sides of the nose
ひよけ[日除け](명) 일광을 가리기 위한 덮개. 차양(遮陽). a sunshade
ひよけ[火除け](명) ①불이 타서 옮아 붙는 것을 막는 일. ②화재의 예방(豫防). 1. protection against fire
ひよこ[雛](명) ①병아리. 날짐승의 새끼. ②아직 충분히 자라지 않은 것. 1. a chicken 2. a fledgeling
ひょっくり(부) 뜻밖에 나타나는 모양. 돌연히. unexpectedly
ひょっと(부) ①뜻밖에. 불쑥. 「—顔(カオ)を出(ダ)す; 불쑥 얼굴을 내밀다」 ②만약. 만일. 우연히. 1. suddenly 2. by chance. **—したら**(연어·부) 어쩌면. 혹은. **—して**(연어) 우연히. 만약에.
ひょっとこ(명) 〔"ひおとこ(火男)"의 변화〕 ①한 눈이 작고 입이 튀어 나온 이상스럽게 생긴 사나이 얼굴의 탈(仮面). ②남자를 욕하는 말. 1. a distorted mask
ひよどり[鵯](명)〈동〉 제주직박구리. 산림에 군서하다가 가을에 인가 근처의 숲에 모여 나무 열매, 곤충

등을 포식함. a brown-eared bulbul

ひよみ[日読](명) 일력(日曆). a calendar. **—のうま**[日読の午](명) 한자의 "午" 자를 "馬"자와 구별하기 위하여 하는 말. **—のとり**[日読の酉](명) 한자의 "酉"자를 "鳥" 자와 구별하기 위하여 하는 말.

ひよめき(명)〈생〉 숫구멍. 숨구멍. the fontanel

ひより[日和](명) ①일기. ②화창한 날씨. ③형세(形勢). 1. weather 2. fine weather 3. the situation. **—げた**[日和下駄](명) 굽이 얕은 왜나막신. 비가 오지 않을 때 신음. **—み**[日和見](명·자サ) ①날씨를 봄. ②형세(形勢)를 보아 가며 태도를 확실히 하지 않음. 「—主義(シュギ); 적당주의(기회주의)」

ひょろつ·く(자 4) 비틀거리다. 휘청거리다. 불안정하다. 「足(アシ)が—; 다리가 비틀거리다」 reel

ひょろなが·い[ひょろ長い](형) 가늘고 길다. lank

ひょろめ·く(자 4) 비틀거리다. 휘청거리다. reel

ひよわ[ひ弱](형동ダ) 몸이 약하디약한 모양. 섬약(纖弱)한. 「—な体質(タイシツ); 섬약한 체질」 weak

ひよわ·い[ひ弱い](형) 가냘프고 약하다. 섬약(纖弱)하다. 파생 **—さ**(명). weak

ひょんな(연체)〈속〉 의외(意外)인. 엉뚱한. 당치도 않은. 괴상한. queer

—ひら[片](접미) 얇게 저민 것이나 평평하고 작은 것 등을 세는 말. 「ひと—; 한 조각」

ひら[平](명) ①평평한 것. ②보통. 「—社員(シャイン); 평사원」 ③⇨おひら. ④⇨ひらどま. 1. flatness

びら(명) 삐라. ①광고 등에 쓰는 벽보. ②뿌리는 광고지. 전단(伝単). 「—をまく; 삐라를 뿌리다」 a bill

ひらあやまり[平謝り](명) 무조건 거듭 사과하는 것. 「—にあやまる; 무조건 빌다」 a humble apology

ひらい[比来](명) 요즘. 근간(近間). recently

ひらい[飛来](명·자サ) 비래. 날아 옴. coming by air

ひらい[避雷](명) 피뢰. 낙뢰(落雷)를 피하는 일. arresting of lightning. **—き**[避雷器](명) 피뢰기. 낙뢰시에 이상 전압이 생겨 전기 회로나 전기 기계 등에 손상이 없도록 미리 방지하는 장치. **—しん**[避雷針](명) 피뢰침. 낙뢰를 피하기 위해 집이나 굴뚝 끝에 세워 놓는 뾰족한 쇠꼬챙이. **—ちゅう**[避雷柱](명) ⇨ひらいしん(避雷針).

ひら·う[拾う](타 4) ⇨ひろう.

ひらうち[平打ち](명) ①평평하게 펴는 것. ②평평하게 펴놓은 금속. 1. flattening

ひらおし[平押し](명) 단숨에 밀고 나감. 계속 세차게 미는 것. pressing hard

ひらおよぎ[平泳ぎ](명) 평영. 물에 엎드려서 양팔, 양다리를 동시에 움직여 물을 긁듯 하며 나아가는 수영법. 흉영(胸泳). the breaststroke

ひらおり[平織り](명) 평직. 날과 씨를 한 줄씩 교차시켜 옷감을 짜는 방법. 또는 그렇게 짠 옷감. plain fabrics

ひらがな[平仮名](명) 한자 초서(草書)에서 변화, 독립시킨 카나(仮名) 문자. ↔かたかな. cursive Japanese characters

ひらき[開き](명) ①여는 것. 피는 것. 벌리는 것. ②비우는 것. ③간격. 차(差). 「実力(ジツリョク)の—; 실력의 차이」 ④여는 문. ⑤〔お—〕 혼례, 연회 등의 폐회, 해산. (전쟁, 혼례 등에서 퇴각, 해산 등의 말을 피하기 위해 씀) ⑥배를 갈라 내장을 빼낸 생선. 또는 그렇게 하여 말린 것. 「さばの—; 말린 고등어」 ⑦시작. 개시. ⑧개척. ⑨몸을 비키는 것. 1. opening 3. difference 7. initiation. **—ど**[開き戸](명) 경첩 등을 달아서 여닫게 된 문. **—なお·る**[開き直る](자 4) ①앉은 자세를 고치다. ②갑자기 태도를 고쳐 근엄하게 하다. 「開き直って説教(セッキョウ)する; 갑자기 엄한 태도로 설교하다」 **—ふう**[開き封](명) 개봉. 봉하지 않음. 또는 봉하지 않은 우편물.

—びらき[開き](조어) ①여는 것. 「両(リョウ)—; 양편으로 여는 것」 ②널리 개방해서 사용토록 함. 「プール—; 푸울 개장」 ③시작함. 「鵜飼(ウカ)い—; 가마우지를 길들여 은어 잡이를 시작함」

ひらぎぬ[平絹](명) 평견. 평직으로 짠 비단. plain silk

ひら·く[開く] Ⅰ(자 4) ①벌어지다. 「つぼみが—; 봉오리가 벌어지다」 ②열리다. 「戸(ト)が—; 문이 열리다」 ③간격이 생기다. 「実力(ジツリョク)が—; 실력 차가 생기다」 ④꽃이 피다. Ⅱ(타 4) ①펼친 상태로 하다. ②열다. ③의심을 풀다. ④시작하다. 일으키다. 「幕府(バクフ)を—; 막부를 일으키다」 「店(ミセ)を—; 가게를 열다」 ⑤개간하다. 개척하다. ⑥트다. 「血路(ケツロ)を—; 혈로를 열다」 ⑦개최하다. 「会(カイ)を—; 회를 열다」 ⑧〈수〉 근(根)을 구하다. Ⅰ 2. open 4. bloom Ⅱ 3. solve

びらく[微落](명·자サ)〈경〉 미락. 물가 등이 조금 내림. falling a little

ひらぐけ[平絎](명) ①〔바느질에서〕 공그르기. ②←平絎帯. 1. blind stitch. **—おび**[平絎帯](명) 심지를 넣지 않고 공글러서 만든 폭이 좁은 띠.

ひらくび[平首](명) 말(馬) 목의 측면(側面). the side of a horse's head

ひらぐも[平蜘蛛](명) ①〈동〉 납거미. 집안에 사는 몸이 납작한 거미. 「—のようにひれ伏(フ)す; 납거미처럼 납작 엎디다」 ②몸을 굽혀 머리를 숙이는 자세. 1. a flat-shaped spider

ひら·ける[開ける](자하 1) ①열리다. 트이다. 「運(ウン)が—; 운이 트이다」 ②넓게 내다보이다. 트여 보이다. 「視界(シカイ)が—; 안계(眼界)가 탁 트이다」 ③기분이 좋아지다. 「胸(ムネ)が—; 가슴이 후련해지다」 ④철도가 개통되다. ⑤진보하다. 개화되다. ⑥세상 일에 이해심이 많다. 「ひらけた老人(ロウジン); (젊은이에게) 이해심이 많은 노인」 1. open 3. feel relief

ひらざむらい[平侍]—ザムラヒ(명) 신분이 낮은 무사.

ひらざら[平皿](명) 운두가 낮은 접시. a flatdish

びらしゃら(부·자サ)〈속〉 섬연(纖姸)하고 얌전한 모양. coquettishly

ひらぜめ[平攻](명) 한결같이 공격함. attacking blindly

ひらぞこ[平底](명) 평저. 평평한 밑바닥. a flat bottom
ひらた·い[平たい](형) ①얇고 넓적하다. 「一皿(サラ); 납작한 접시」 ②평평하다. 평탄하다. ③모지지 않다. 둥글다. ④쉽다. 「一ことばでいえば; 쉽게 말하자면」 1. flat 2. level
ひらだいピアノ[平台 piano](명)〈악〉 ⇨グランドピアノ.
ひらだいみょう[平大名](명) 보직(補職)이 없는 영주(領主). a common feudal lord
ひらたぐも[平蜘蛛](명)〈동〉 ⇨ひらぐも.
ひらち[平地](명) 평지. 평평한 땅. flat ground
ひらつ·く(자 4)〈속〉 펄럭거리다. flutter
ひらつぼ[平坪](명) 한 칸 사방의 평면적(平面積).
ひらて[平手](명) ①편 손바닥. 「一打(ウ)ち; 맨손바닥으로 치다」 ↔拳(コブシ). ②〔장기에서〕 말을 떼지 않고 두는 장기. 맞장기. 1. a palm
ひらどま[平土間](명) 〔옛날 극장 등에서〕 무대 정면에 정방형으로 간막이한 관람석. the pit
ひらなべ[平鍋](명) 운두가 낮고 납작한 남비. a pan
ひらに[平に](부) ①평평하게. ②오로지. 제발. 아무쪼록. 「一お許(ユル)しください; 제발 용서해 주십시오」 1. flatly
ひらば[平場](명) ①평평한 땅. 평지(平地). ②⇨ひらどま. 1. level ground
ひらばり[平針](명) ①납작한 바늘. ②〈의〉 외과 치료에 쓰는 피침(披針). 1. a flat needle
ひらひも[平紐](명) 끈 실 여러 가닥을 가지런히 하여 풀로 굳힌 납작한 노끈. braid
ひらひら(부·자サ) 펄럭펄럭. fluttering
ピラフ[pillaf(f)](명) 필라프. 밥에 고기, 새우 등을 넣고 버터로 볶은 음식. 「えびの一; 새우 필라프」
ひらまく[平幕](명) 〔씨름에서〕 대전표 제 1 단에 이름이 올랐으나 아직 타이틀을 못 가진 씨름군. 「一力士(リキシ); 평씨름군」
ピラミッド[pyramid](명) 피라밋. 고대 이집트인이 돌을 많이 쌓아 올려서 만든 국왕 등의 큰 무덤. 한 면은 삼각형으로 보임. 금자탑(金字塔).

〔ピラミッド〕

ひらむぎ[平麦](명) 납작하게 누른 보리쌀. 납작보리. 압맥(押麦). flattened barley
ひらめ[平目·比目魚](명)〈동〉 넙치. 근해의 모래나 개펄에 사는 가자미과의 물고기. 몸은 넓적하며 오른쪽은 희고 왼쪽은 엷은 흑갈색. 눈은 왼쪽에 있음. a flatfish
ひらめ·く[閃く](자4) 번뜩이다. 번쩍하다. 「いなずまが一; 번개가 번쩍하다」 명 ひらめき. 타 ひらめかす(4). flash
ひらめる[平める](타하 1) 평평하게 하다. flatten
ひらもん[平門](명) 기둥이 두 개인 위가 평평한 문. a gate with a flat top
ひらや[平屋·平家](명) 단층집. a one-storey house
ひらり(부) ①가볍게 펄럭이는 모양. ②재빠르게 뛰어 옮기는 모양. 훌쩍. 「一と飛(ト)びのる; 훌쩍 뛰어 올라 타다」 2. nimbly
ひらわん[平椀](명) 운두가 낮은 대접. a flat bowl
びらん[糜爛](명·자サ) 미란. 썩어서 문드러짐. inflammation
ひり[非理](명) 비리. 도리에 벗어나는 것. irrationality
びり(명)〈속〉 꼴찌. 제일 끝. the last
ピリオド[period](명) 피리어드. 종지부(終止符). 「一を打(ウ)つ; 종지부를 찍다」 「incompetence」
ひりき[非力](형동ダ) 힘이 없는 모양. 힘이 약한 모양.
ビリケン[Billiken](명) 빌리켄. ①미국의 복(福)의 신(神). ②머리가 뾰족하고 괴상한 얼굴 모양을 한 인형(人形). ③머리가 뾰족한 사람.
ひりつ[比率](명) 비율. 비교한 율. ratio
ヒリ(ッ)ピン[Philippine·比律賓](명)〈지〉 필리핀. 비율빈. 동남아의 나라 이름. 수도는 케손시티(Quezon City).
ひりつ·く(자 4) 따끔따끔하다. 얼얼하다. smart
ひりひり(부·자サ) 살갗이나 입안이 자극되어 아픈 모양. 따끔따끔. 얼얼. a tingling pain
びりびり(부·자サ) ①종이나 천이 찢어지는 소리. ②물체가 잘게 떠는 소리. 또는 그 모양. ③갑자기 전기자극 등을 받았을 때의 저린 듯한 느낌. 2. tremblingly
ぴりぴり(부·자サ) ①살갗이나 입안이 자극되어 쓰라린 느낌. ②따끔따끔. 얼얼.
ビリヤード[billiards](명) 빌리어어드. 당구(撞球).
ひりゅう[飛龍](명) 비룡. ①하늘을 나는 용. ②성인이나 영웅이 군주 자리에 있는 일. 1. a flying dragon
びりゅう[微粒](명) 미립. 몹시 작은 알. a corpuscle
びりゅうし[微粒子](명) 미립자. 몹시 작은 알맹이. a corpuscle
ひりょう[肥料](명) 비료. 거름. manure
びりょう[微量](명) 미량. 적은 양(量). minim
びりょう[鼻梁](명) 비량. 콧마루. a nose-bridge
びりょく[微力](명) 미력. ①적은 힘. 약한 힘. ②신분이 미치지 못함. ③자신의 힘의 낮춤말. 「一をつくす; 미력을 다하다」 1. slight power
びりょこつ[尾閭骨](명)〈생〉 척추 끝에 있는 뼈. 미골. the coccyx
ひりん[比倫](명) 비륜. 유례. 견줌. a match
ひりん[比隣](명) 가까운 이웃. the neighbourhood
ひる[昼](명) ①낮. ↔夜(ヨル). ②대낮. ③정오. ④점심. 1. the daytime
ひる[蛭](명)〈동〉 거머리. 환형 동물(環形動物)의 하나. 몸집은 환절(環節)로 되어 있으며 가늘고 길. 늪이나 논에 살며 사람이나 가축 등에 붙어 피를 빨아 먹고 삶. a leech
ひる[蒜](명)〈식〉 ①달래의 다른 이름. ②마늘의 다른 이름. 2. a rocambole
ひる[干る](자상 1) ①마르다. 「のどが一; 목이 마르다」 ②썰물로 바다 밑이 드러나다. ③다하다. 다 없어지다. 1. dry
ひ·る[放る](타 4) 몸 밖으로 내어 보내다. 「屁(ヘ)を一; 방귀를 뀌다」 leak

ひる[簸る](타상 1)〈농〉 키질하다. 까부르다. winnow
—びる(접미·상 1 형) …답게 되다. …처럼 되다. 「おとなー; 어른답게 되다」
ビル(명) 빌. ①만듦. 지음. 세움. 「マネー; 주식이나 채권에 의한 돈 늘림(돈을 만듦)」 ②빌딩의 준말. 「一街(ガイ); 빌딩가」
ビル[bill](명) 빌. ①계산서. 청구서. ②〈경〉 어음.
ひる あんどん[昼行燈](명)〈속〉〔낮에 켜는 등불이란 뜻으로〕 얼빠지고 쓸모 없는 사람을 일컬음. a stupid
ひるい[比類](명) 비류. 비교하는 것. 유례. 「一なき才能(サイノウ); 비할 데 없는 재능」 a match
ひるがえ·す[翻す]ヒルガヘス(타 4) ①뒤집다. ②반대로 하다. 거꾸로 하다. ③몸을 휙 돌리다. ④나부끼게 하다. 1. reverse 4. wave
ひるがえって[翻って]ーガヘッテ(부) 이에 반하여. 반대로. 그러면. on the other hand
ひるがえ·る[翻る]ーガヘル(자 4) ①바뀌다. ②뒤집히다. ③(몸을) 휙 날리다. ④펄럭이다. 「旗(ハタ)がー; 기가 펄럭이다」 1. turn over
ひるがお[昼顔]ーガホ(명)〈식〉 메. 메꽃과에 속하는 다년생 만초. 나팔꽃과 비슷하며 담홍색의 꽃이 핌. 꽃은 약용(薬用). a bindweed
ひるげ[昼食·昼餉](명) 주식. 점심. lunch
ひる さがり[昼下がり](명) 오후 2시쯤. about 2 p.m.
びるしゃな[毘盧遮那](명)〈불〉 ①대일 여래(大日如来). ②법신불(法身仏).
ビルス[도 Virus](명)〈의〉 ⇨ビールス.
ひる すぎ[昼過ぎ](명) ①정오를 지났을 무렵. ②오후(午後). 1. early afternoon
ひる つかた[昼つ方](명)〈고〉 낮. 낮 시간.
ビルディング[building](명) 빌딩. ①양풍(洋風)의 고층 건물. ②많은 사무실을 빌려 주고 있는 큰 건축물.
ビルト イン[built-in](명) 빌트인. 기계, 건물 등의 속에 넣어 조립한 것.
ひる とんび[昼鳶](명)〈속〉 낮에 소리개 모양 남의 집 근처를 돌다가 물건을 훔쳐 가는 도둑. a sneak thief
ひる なか[昼中](명) ①낮. ②한낮. 2. midday
ひる ね[昼寝](명·자サ) 낮잠. 오수(午睡). a siesta
ひる ひなか[昼日中](명) 낮. 한낮. broad daylight
ビル ブローカー[bill broker](명)〈경〉 빌브로우커. 어음 중매인.
ひる ま[昼間](명) 주간. 낮사이. the daytime
ビルマ[네 Birma·緬甸](명)〈지〉 버어마. 동남아(東南亜)의 나라 이름. 수도는 랑구운(Rangoon).
ひる まえ[昼前]ーマへ(명) ①정오(正午) 전. ②오전. 1. just before noon
ひる まき[蛭巻き](명) 창 자루나 칼집 등을 등(藤), 또는 은(銀)으로 사이를 두고 감은 것. the handle of a spear tied with rattan
ひる·む(자 4) 두려워서 기세가 약화되다. (겁에) 질리다. 「相手(アイテ)に押(オ)されてー; 상대방에 질려서 기세가 꺾이다」 flinch
ヒルム[film](명) ⇨フイルム.
ひる めし[昼飯](명) 점심. lunch
ひる やすみ[昼休み](명) ①점심 시간의 휴식. ②낮잠. 1. a noon recess
ひれ[鰭](명)〈생〉 지느러미. 「ーをつける; 과장하여 말하다. 권위를 세우다」 a fin
ひれ[領布](명) 옛날 귀부인이 정장을 할 때 어깨에 두른 목도리 비슷한 장식품.
ヒレ[프 filet](명) 필레. 소, 돼지 등의 등심살. 섬육(纖肉).
ひれい[比例](명·자サ) 비례. ①〈수〉 두 양의 비가, 다른 두 양의 비와 같은 것. 또는 그것을 나타내는 수식(数式). ②물형(物形)의 각 부분 상호간의 양적 관계. 1. be in proportion to. **— だいひょうせい**[比例代表制](명)〈법〉 비례 대표제. 각 정당에 대해서 그 정당의 득표수에 비례해서 의석수(議席数)를 부여하는 선거 방법. **— はいぶん**[比例配分](명)〈수〉 비례 배분. 주어진 수량을 일정한 비에 따라 분배하는 것. 안분 비례(按分比例).
ひれい[非礼](명·형동ダ) 비례. 예의에 벗어남. 실례(失礼). discourtesy
びれい[美麗](명·형동ダ) 미려. 아름다움. 고움. beauty
ひれき[披歴·披瀝](명·타サ) 피력. 숨기지 않고 털어놓음. 개진(開陳). 「誠意(セイイ)をーして; 성의를 피력해서」 expression
ひれつ[卑劣·鄙劣](명·형동ダ) 비열. 성질이나 행동이 천함. meanness
ピレトリン[pyrethrin](명)〈이·농〉 피레드린. 제충국(除虫菊)의 꽃에서 뽑는 강한 살충제(殺虫剤).
ピレネー さんみゃく[Pyrenees 山脈](명)〈지〉 피레네 산맥. 프랑스와 스페인 국경에 가로 놓인 산맥.
ひれ ふ·す[ひれ伏す](자 4) 엎드려 머리를 숙이다. fall prostrate
ひれん[悲恋](명) 비련. 슬픈 연애. 비극으로 끝나거나 이루어지지 않는 사랑. tragic love
ひろ[尋](명) 양팔을 벌려서 길이를 재는 것. 발. 약 1.8 *m*. a fathom
ひろい[拾い]ヒロヒ(명) ①줍는 것. ②〔おー〕 귀인이 걷는 일. 1. picking up. **— あし**[拾い足](명) 길의 좋은 곳을 가려서 걷는 것. **— もの**[拾い物](명) ①습득물(拾得物). ②뜻밖에 생긴 물건. **— や**[拾い屋](명)〈속〉 넝마주이. **— よみ**[拾い読み](명·타サ) ①여기저기 조금씩 읽음. ②읽을 수 있는 데만 골라서 읽음.
ひろ·い[広い·弘い](형) ①(폭, 넓이, 공간 등이) 넓다. 「一川(カワ); 넓은 내」「庭(ニハ)がー; 뜰이 넓다」「宇宙(ウチュウ)はー; 우주는 넓다」 ②탁 트이다. 「視界(シカイ)がー; 시계가 트이다」 ③범위가 넓다. 「一知識(チシキ); 해박(該博)한 지식」 ④(성질이) 잘지 않다. 대담하다. 「心(ココロ)がー; 마음이 넓다」 1. wide 3. extensive
ヒロイズム[heroism](명) 헤로이즘. 영웅적 행위를 숭배하는 주의. 영웅주의.

ヒロイック[heroic](형동ダ) 헤로익. ①영웅적. ②매우 용감한. 장렬(壮烈)한.
ヒロイン[heroine](명) 헤로인. ①뛰어나게 잘난 여자. ②소설 등의 여자 주인공. ↔ヒーロー.
ひろ·う[拾う]ヒロフ(타 4) ①떨어진 것을 줍다. ②골라 뽑다. ③수납하다. ④(골라서) 걷다. 1. pick up
ひろう[披露](명·타サ) 피로. ①문서를 펼쳐 보임. ②널리 공포(公布)함. 「一宴(エン); 피로연」 1. showing
ひろう[卑陋](명·형동ダ) 비루. ①신분이 천함. ②품행이 미천함. ③하등품(下等品). 1. humbleness
ひろう[疲労](명·자サ) 피로. 고달픔. fatigue
びろう[尾籠](형동ダ) ①실례(失礼)되는 모양. 불경(不敬)스러운 모양. ②(대소변 등에 관계되어) 더러운 모양. 「一な話(ハナシ)ですが; 좀 지저분한 이야깁니다만」 1. indecency
びろう[蒲葵](명)〈식〉 포규. 종려과에 속하는 상록 교목. 높이 10~20 *m*에 달하며 줄기는 원주형으로 곧음. 빈탕나무.
ひろ えん[広縁](명) 넓은 마루. a wide verandah
ビロード[포 veludo·天鵞絨](명) 빌로오도. 천아융. 면, 견, 털로 짜서 털을 세운 부드럽고 매끈매끈한 천. 우단.
ひろが·る[広がる](자 4) ①넓어지다. ②널리 행해지다. 퍼지다. 「新(アタラ)しいことばが一; 새 말이 퍼지다」 ③무성하다. 「雑草(ザッソウ)が一; 잡초가 무성하다」 명 広がり. 1. extend 2. prevail
ひろく[秘録](명) 비록. 비밀 기록. a secret record
びろく[美禄](명) ①좋은 봉록(俸祿). ②술의 다른 이름. 1. a good stipend
びろく[微禄](명·자サ) ①적은 봉록(俸禄). ②영락(零落)됨. 1. a poor salary
ひろ くち[広口](명) ①병의 아가리 등이 넓은 것. ②꽃꽂이하는 납작한 그릇. 수반(水盤). 1. a wide neck
ひろ·げる[広げる](타하 1) 넓히다. 펴다. spread
ひろ こうじ[広小路](명) 폭이 넓은 가로(街路). 대로(大路). an avenue
ひろご·る[広ごる](자 4)〈고〉 ⇨ひろがる.
ひろ さ[広さ](명) 넓이. width
ひろ しき[広敷](명) ①넓은 방. ②영주(領主) 저택의 안채. ③에도 막부(江戸幕府)의 내정(内政)을 보던 곳. 1. a hall
ひろ しま[広島](명)〈지〉 추우고쿠(中国) 지방 중부의 현. 또는 그 현의 현청 소재지.
ひろ そで[広袖](명) 소매가 넓은 것. an open sleeve
ひろっぱ[広っぱ](명)〈속〉 넓은 마당. 공지(空地). 광장(広場). 「一で遊(アソ)ぶ; 넓은 마당에서 놀다」 an open place
ひろ にわ[広庭]ーニハ(명) 넓은 뜰. a spacious garden
ひろ の[広野](명) 광야. 넓은 들. a wide field
ひろ ば[広場](명) 광장. (공동으로 쓰이는) 넓은 장소. 「駅前(エキマエ)の一; 역전 광장」 an open place
ひろ はば[広幅](명) 광폭. 〔재봉에서〕 넓은 폭. 약 76 *cm*. 경척(鯨尺)으로 약 두 자. ↔並(ナ)み幅.
ひろ びろ[広広](부·자サ) 퍽 넓은 모양. 「一とした野原(ノハラ); 넓디넓은 들판」 extensively
ひろ ぶた[広蓋](명) 테가 있는 옻칠을 한 큰 쟁반. a large tray
ヒロポン[philopon](명) 필로폰. 중추 신경의 흥분제. 무색, 무취의 결정 또는 백색 결정성 분말로 물이나 알코홀에 잘 녹음.
ひろ ま[広間](명) 넓은 방. a hall
ひろ まえ[広前]ーマヘ(명) 신전(神殿)의 앞뜰. before a shrine
ひろ ま·る[広まる](자 4) ①넓어지다. ②널리 행하여지게 되다. 널리 퍼지다. 「新(アタラ)しい ことばが一; 새로운 말이 널리 퍼지다」 1. broaden
ひろ み[広み](명) 넓은 곳. 광장(広場). an open place
ひろ め[広め·披露目](명) 새 사실, 새 상품 등을 널리 알리는 것. 피로(披露). 선전. 광고. announcement.
一や[広目屋](명) 광고, 선전을 업으로 하는 사람. 선전가. 광고 업자. 「spread
ひろ め·く[広めく](자 4) 넓어지다. 널리 퍼지다. ↗
ひろ·める[広める](타하 1) ①넓히다. ②널리 퍼지게 하다. ③널리 알리다. 1. widen 2. 3. propagate
ひろ やか[広やか](형동ダ) 매우 넓은 모양. vast
ひろん[比論](명·타サ) ①비교해서 논함. ②비슷한 점을 들어 연구함. 2. analogy
ひわ[鶸](명)〈동〉 검은방울새. 참새과에 속하는 작은 방울새. 온몸이 황록색이며 가을에 맑은 소리로 욺. 금시작(金翅雀). a siskin
ひ わ[秘話](명) 비화. 비밀 이야기. 숨겨져 알려지지 않은이야기. a secret story
ひ わ[悲話](명) 비화. 슬픈 이야기. a sad story
び わ[枇杷](명)〈식〉 비파. 장미과에 속하는 상록 교목. 11월쯤 향내 나는 흰 꽃이 핌. 열매는 다음해 첫여름 황색으로 익음. 과실은 식용, 씨는 약용. a loquat
び わ[琵琶](명)〈악〉 비파. 현악기의 한 가지. 길이는 60~90 *cm* 가량이며 둥글고 긴 타원형 몸체에 자루는 곧음. 보통은 4현(弦)이나 때로는 5현임. a lute
〔琵琶〕
ひ わい[鄙猥](형동ダ) 천하고 음란한 모양. 「一な歌(ウタ); 음란한 노래」 obscenity
ひわ いろ[鶸色](명) 검은 방울새의 색깔. 황록색. 황색. 유록색(柳緑色). light yellowish green
びわ こ[琵琶湖](명)〈지〉 시가현(滋賀県)에 있는 일본 최대의 호수.
ひ わだ[檜皮]ーハダ(명) ①노송나무 껍질. ②←ひわだぶき. 1. Japanese cypress bark. **―ぶき**[檜皮葺き](명) 노송나무 껍질로 지붕을 이는 일. 또는 그 지붕.
ひわ ちゃ[鶸茶](명) 갈색을 띤 연한 초록색. light brownish green
ひ わり[日割り](명) ①하루의 할당. 일정(日程). ②일을 하루하루에 쪼개 놓은 예정표. ③하루마다 계산하는 것. 「一計算(ケイサン); 날짜 계산」 2. a schedule
ひ われ[日割れ](명) 재목(材木) 같은 것이 햇볕에 말

라 갈라지는 일. cracking by drying in the sun
ひわ·れる[干割れる](자하 1) 말라서 갈라지다. 갈라져 터지다.「田(タ)が—; 논이 갈라지다」 become dry and crack
ひん—(접두)〈속〉 기운차게 하는 모습을 나타내는 말.「—ぬく; 쑥 빼다(세차게 잡아 뽑다)」
—ひん[品](조어) 물건. 물품(物品).「輸出(ユシュツ)—; 수출품」
ひん[品](명) ①품격(品格). 품위(品位).「—のわるいことば; 품위가 없는 말」②물건. 물품. ③품종(品種). 종류. 1. dignity
ひん[貧](명) ①가난. ②가난한 사람. 1. poverty
ひん[賓](명) 빈. ①손님. ②주(主)된 것에 첨가하는 것.「名(ナ)は実(ジツ)の—; 이름(형식)은 실체(내용)에 따름(실체가 더욱 중요하다는 말)」 1. a guest
—びん[便](조어) 편. 우편, 수송의 회수를 나타내는 말.「一日五(イチニチゴ)—; 하루 다섯 편」
びん[便](명) ①편의. 형편. ②우편. 편지.「航空(コウクウ)—; 항공편」③수송의 차례. 기회.「次(ツギ)の—で; 다음 편으로」 1. convenience 2. a letter
びん[敏](형동ダ) 재빠른 모양.「機(キ)を見(ミ)るに—なり; 기틀을 보는 데 민첩하다」 alacrity
びん[瓶·罎](명) 병. ①사기, 금속, 유리 등으로 만든 그릇. ②목이 길고 아가리가 좁은 유리 그릇. 1. a bottle
びん[鬢](명) 살쩍. 귀밑털. side-locks
ピン[pin](명) 핀. 가는 바늘 모양의 쇠붙이로 만들어서 물건을 꿰게 만든 것의 총칭. 예 : 머리핀, 바늘핀, 압정 등.「安全(アンゼン)—; 안전핀」
ピン(명)〔핀타(pinta)의 준말〕①골패, 주사위 등의 눈의 일(1). ②첫째 수. 첫째. ③제일 좋은 것.「—からきりまで; 제일 좋은 것에서부터 제일 나쁜 것까지(죄다)」「—をはねる; 웃돈을 남겨 먹다」
ひんい[品位](명) 품위. ①품격(品格)과 지위(地位).「—をけがす; 품위를 더럽히다」②금은(金銀)이 돈에 포함되는 율(率). ③〈광〉 광석에 포함되는 물질의 율.「低(テイ)—鉱(コウ); 하등의 광」 1. dignity
ひんい[賓位](명) 손님 자리. 객석(客席). a guest's seat
ひんか[貧家](명) 빈가. 가난한 집. a poor family
びんかき[鬢掻](명) 살쩍을 빗을 때 쓰는 조그마한 빗. 면빗. 면소(面梳). a small comb for side-locks
ピンカール[pin curl](명·자サ) 핀커얼. 머리털을 조금씩 말아서 핀을 꽂음. 또는 그렇게 한 머리.
ひんかく[品格](명) 품격. 품위와 격식.「—が落(オ)ちる; 품격이 떨어지다」 dignity
ひんかく[賓客](명) 빈객. 손님. a guest
ひんかく[賓格](명)〔문법에서〕 목적격(目的格). the objective case
ひんがし[東](명)〈고〉 ⇨ひがし.
びんかつ[敏活](명·형동ダ) 민활. 재능, 동작 등이 재빠름.「—な動作(ドウサ); 민활한 동작」 alacrity
ひんがらめ[ひんがら目](명)〈속〉 사시(斜視). 사팔뜨기. strabismus
ひんかん[貧寒](형동ダ) 빈한. 아주 가난하여 쓸쓸한 모양. poor
びんかん[敏感](형동ダ) 민감. 느낌이 예민한 모양. sensitive
びんぎ[便宜](명·형동ダ) ⇨べんぎ.
ひんきゃく[賓客](명) ⇨ひんかく. a guest
ひんきゅう[貧窮](명) 빈궁. 가난하고 군색함. poverty
ひんきゅう[殯宮](명) 빈궁. 발인(発靷)할 때까지 임금의 관을 안치하는 곳. an imperial mortuary
ひんきょ[貧居](명) 가난한 거처. a shabby house
ひんく[貧苦](명) 빈고. 가난하고 괴로운 것. 빈궁(貧窮). hardship of poverty
ピンク[pink](명) 핑크. ①〈식〉 패랭이꽃. 너도개미자리과에 속하는 다년초. 높이 30 cm 내외. 홍백색 꽃이 핌. ②연분홍. 담홍색.
ひんけい[牝鶏](명) 암탉.「—朝(アシタ)をつげる; 암탉이 울다 (내주장하다)」 a hen
びんけい[敏慧](명·형동ダ) 민혜. 재빠르고 영리함. quick-wittedness
ひんけつ[貧血](명·자サ)〈의〉 빈혈. 혈액, 특히 적혈구(赤血球)가 감소됨. a anaemia. **—しょう**[貧血性](명) 빈혈성. 빈혈 체질(体質).
びんご[備後](명)〈지〉 옛 지방 이름. 현재 히로시마현(広島県)의 동부(東部). **—おもて**[備後表](명) 빈고(備後)에서 만들어지는 질이 낮은 다다미 거죽.
ひんこう[品行](명) 품행. 몸가짐. 행동. conduct. **—ほうせい**[品行方正](명) 품행 방정. 품행이 좋음. 몸가짐이 단정함.
ひんこう[貧鉱](명) 빈광. ①품질이 낮은 광석. ②산출량이 적은 광산. 1. poor-grade ore 2. a poor mine
ひんこん[貧困](명·형동ダ) 빈곤. ①(생활이) 곤궁함. ②(사상 등이) 아주 모자람. 1. poverty
びんさい[敏才](명) 민첩한 재지(才智). quick wit
びんざさら[拍板](명)〈악〉 일본 농악의 악기. 수십 장의 얇은 나무 판자의 한쪽을 꿰어 양손으로 끈을 잡고 소리를 내는 악기. a musical instrument
びんさつ[憫察](명·타サ) 가엾이 여겨 동정함. (주로 서한문에 씀)「なにとぞご—のほど; 아무쪼록 굽어 살펴 주시기를」 sympathy
ひんし[品詞](명) 품사.〔문법에서〕 단어를 성질, 형태, 용법 등에 따라 나눈 것. 예: 명사, 동사, 조사 등. a part of speech
ひんし[瀕死](명) 빈사. 죽어 가는 것.「—の状態(ジョウタイ); 빈사 상태」 being on the point of death
ひんじ[賓辞](명) 빈사. ①〈철〉 명제(命題)에 있어서 주사(主辞)에 결합되어 그것을 규정하는 개념. 빈개념(賓概念). 빈위(賓位). ②〔문법에서〕 목적어(目的語). 1. the predicate 2. an object
ひんしつ[品質](명) 품질. 물건의 성질.「—がいい; 품질이 좋다」 quality
ひんじゃ[貧者](명) 빈자. 가난한 사람.「—の一灯(イットウ); 가난한 사람이 부처에게 바치는 하나의 등(물질보다 정성이 소중하다는 말)」 a poor man
ひんじゃく[貧弱](명·형동ダ) 빈약. ①볼품이 없음.「—なからだ; 빈약한 몸」②초라함.「—な身(ミ)なり; 초라한 옷차림」③보잘 것 없음.「—な知識(チ

シキ); 보잘 것 없는 지식」 meagreness
びんしゃん(부·자サ) ①튀어 오르는 모양. ②활발하게 움직이는 모양. 2. move vividly
ひんしゅ[品種](명) 품종. ①종류. ②〈생〉 같은 농산물이나 가축 등을 세분한 종류의 하나. 1. a kind. **― かいりょう**[品種改良](명) 품종 개량. 유전학을 응용해서 보다 나은 품종으로 만드는 것.
ひんしゅく[顰蹙](명·자サ) 빈축. 얼굴을 찡그리고 싫은 느낌을 가짐. 「世人(セジン)の一を買(カ)う; 세인의 빈축을 사다(몰염치한 짓을 하다)」 frowning
ひんしゅつ[頻出](명·자サ) 자주 나타남. 속출(続出). frequent appearance
ひんしょう[貧小](형동ダ) 빈소. 빈약하고 작은 모양. small and poor
ひんしょう[嬪妾](명) 귀인의 소실. a nobleman's concubine
びんしょう[敏捷](명·형동ダ) 민첩. 재빠름. 기민(機敏). agility
びんしょう[憫笑](명·타サ) 민소. 가엾게 여겨 웃음. a pitying smile
びんじょう[便乗](명·자サ) 편승. ①곁들여 탐. 「車(クルマ)に一する; 차에 편승하다」 ②기회를 잘 이용함. 「機会(キカイ)に一する; 기회에 편승하다」 2. taking advantage of
ひんしるい[貧歯類](명)〈동〉 빈치류. 포유류강(哺乳類綱)에 속하는 한 목(目). 몸은 비늘로 덮였으며 이는 퇴화했거나 불완전함. 음식물을 핥아 먹음. 예: 개미핥기, 나무늘보 등. the Edentata
ヒンズー[Hindu·Hindoo](명)〈지〉 힌두. 인도교를 믿는 북부 인도인. **― きょう**[Hindu 教](명)〈종〉 힌두교. 인도교. **― スタニーご**[Hindustani 語](명) 힌두스타니어. 인도 공화국의 공용어(公用語). 힌두어에 페르샤어, 아라비아어 등의 요소가 가해진 언어.
ひん·する[貧する](자サ) 가난해지다. 「貧(ヒン)すりゃ鈍(ドン)する; 가난하면 둔해진다」 become poor
ひん·する[瀕する](자サ) 절박하다. 임박하다. 「死(シ)に一; 죽음에 임박하다」 be on the point of
びんずる[賓頭盧](명)〈불〉 빈두로. 16 나한(羅漢)의 하나. 머리털이 희고 눈썹이 긴 나한(羅漢). 일본에서는 이 상(像)을 어루만져 병이 낫도록 기도 드리는 풍습이 있음. Pindola
ひんせい[品性](명) 품성. 개개인이 지니고 있는 성질. 도덕적 가치가 있는 성격. character
ひんせい[貧生](명) ①빈곤한 서생(書生). ②가난한 사람. 1. a poor student
ひんせい[稟性](명) 품성. 타고 난 성질. 천성. nature
ひんせき[擯斥](명·타サ) 빈척. 물리쳐 버림. 배척(排斥). 빈각(擯却). rejection
ピンセット[네 pincet](명) 핀셋. 작은 물건을 집기 위해 금속이나 대로 만든 기구.
ひんせん[貧賤](명·형동ダ) 빈천. 가난하고 천함. ↔富貴(フウキ). poverty and meanness
びんせん[便船](명) 때마침 떠나는 배. 「一を待(マ)つ; 타고 갈 배를 기다리다」 an available steamer
びんせん[便箋](명) 편전. 편지지. letter-paper
びんぜん[憫然](형동タルト) 민연. 가엾은 모양. 연민하는 모양. pitiable
ひんそう[貧相](명·형동ダ) 빈상. ①가난한 인상(人相). ②궁상스런 모습. ↔福相(フクソウ). a poor apearance
ひんそう[貧僧](명) 빈승. 가난한 중. a poor priest
びんそく[敏速](형동ダ) 민속. 재빠른 모양. alacrity
ひんそん[貧村](명) 빈촌. 가난한 마을. a poor village
ひんだ[貧打](명) 빈타. 〔야구에서〕 빈약한 타격. poor batting
びんた(명) 손바닥으로 뺨을 치는 것. 「往復(オウフク)一; 마주 뺨치기(벌줄 때 서로 상대방의 뺨을 때리게 하는 일)」 a slap on the cheek
ヒンターランド[hinterland](명) 힌털란트. 주요 도시의 후방 지역. 배후지(背後地).
ひんだい[品題](명) 품질의 좋고 나쁨을 정하는 일. 품평(品評).
ピンチ[pinch](명) 핀치. ①〔야구에서〕 수비측의 위기. ②중대 시기. 위험한 경우. 「生活(セイカツ)の一; 생활의 위기」 **― ヒッター**[pinch hitter](명) 핀치히터. ①〔야구에서〕 중대 시기에 대신 나가는 배터(打者). 위기 타자. ②중대 시기에 남의 대신 일을 하는 사람. **― ランナー**[pinch runner](명) 핀치러너. 〔야구에서〕 시합의 위기에 대신 뛰는 러너(走者).
びんつけ(あぶら)[鬢付け(油)](명) 목랍(木蠟)과 채유(菜油)를 섞은 기름. 살쩍을 붙이기 위하여 쓰임. pomade
びんづめ[瓶詰](명) 병에 담는 것. 또는 병에 담은 것. bottling
びんづら(명)〈고〉 상고 시대에 남자들이 머리를 좌우로 갈라 귀밑에 둥글게 고리를 지어 묶은 머리 모양.
ビンディング[도 Bindung](명) 빈둥크. 스키이가 구두에서 떨어지지 않게 동여 매는 도구.
びんてん[旻天](명) ①하늘. 창공. ②가을 하늘. 1. the sky
びんでん[便殿](명) 편전. 임금이 평상시 거처하는 궁전. an Imperial resting-room
ヒント[hint](명) 힌트. 암시. 시사(示唆). 「一を与(アタ)える; 힌트를 주다」
ひんど[貧土](명) 생산물이 빈약한 토지. 보잘 것 없는 땅. 불모지(不毛地). a poor country
ひんど[頻度](명) 빈도. 되풀이해서 일어나는 도수(度数). 「一数(スウ); 빈도수」 frequency
ぴんと(부) ①물건이 튀어 오르는 모양. 뛰어 오르는 모양. ②시세가 약간 오르는 모양. ③마음에 재빨리 느낌이 오는 모양. 「一くる; 직감적으로 깨닫다」 ④팽팽한 모양. ⑤자물쇠 따위를 채우는 소리. 1. bent backward
ピント[네 punt](명) 핀트. ①사진 렌즈의 초점. ②일의 중심점. 「一がはずれる; 핀트가 벗어나다」
ひんとう[品等](명) 품등. 질이 좋고 나쁜 등급. grade
ひんどう[貧道](명)〈불〉 빈도. 중이 자기를 겸사로 일컫는 말. a priest

ヒンド·クーシュ さんみゃく[Hindu Kush 山脈](명)〈지〉 힌두쿠시 산맥. 파미르 고원에서 아프가니스탄 동북부에 가로 놓인 산맥. the Hindu kush Mountains

びん な·し[便無し](형 ク)〈고〉 ①형편이 나쁘다. 기회가 나쁘다. ②어울리지 않다. ③불쌍하다. 가엾다.

ひん ぬ·く[引ん抜く](타 4)〈속〉세게 잡아 뽑다. draw up

ひん のう[貧農](명) 빈농. 가난한 농민. a poor peasant

ひん ぱつ[頻発](명·자サ) 빈발. 빈번히 발생함. 속발(続発). frequent occurrence

びん ぱつ[鬢髪](명) 빈발. 살쩍. 「一に霜(シモ)をおく; 살쩍이 세다」 side-locks

ピン はね(명)〈속〉 몫을 떼어 내는 것. 중간에서 웃돈을 떼어 내는 것. a kickback

ひん ぱん[頻繁](형동ダ) 빈번. ①자주 있는 모양. ②바쁜 모양. 1. frequency

ひん ぴょう[品評](명·타サ) 품평. 우열(優劣)을 평가함. 「一会(カイ); 품평회」 criticism

ひん ぴん[彬彬](형동タリ) 빈빈. 문물(文物)이 성하고 빛나는 모양. glorious

ひん ぴん[頻頻](형동タルト) 빈빈. 잇달아 잦은 모양. 빈번한. 「一たる地震(ジシン); 빈번한 지진」 frequent

ぴん ぴん(부·자サ) 잘 뛰는 모양. 팔팔한 모양. bouncing

ひん ぷ[貧富](명) 빈부. ①가난함과 부유함. ②가난뱅이와 부자. 「一の差(サ); 빈부의 차」 1. poverty and wealth

びん ぼう[貧乏](명·자サ·형동ダ) 간난함. 재산이 없음. poverty. **—がみ**[貧乏神](명) ①가난하게 만든다는 신. ②〔씨름 계급에서〕 여섯째 계급의 씨름군 중에서의 제1위. **—くじ**[貧乏籤](명) 제일 나쁜 입장. 나쁜 운. 「一を引(ヒ)く; 제비 뽑기에서 나쁜 것을 뽑다(불리한 것을 맡다)」 **—しょう**[貧乏性](명) ①가난하지도 않은데 궁상을 떠는 것. ②사소한 일이나 지나간 일에 끙끙대는 성질. **—ゆすり**[貧乏揺すり](명·자サ) 앉아 있으면서 공연히 무릎을 채신 없이 떠는 일. **—ゆるぎ**[貧乏揺るぎ](명) ⇨びんぼうゆすり.

ピン ホール[pinhole](명) 핀호울. 바늘로 찔러서 낸 구멍. 「一カメラ; 렌즈 대신 암상(暗箱)에 작은 구멍을 뚫은 상자 모양의 사진기」

ピン ぼけ(명·자サ·형동ダ) ①〔사진에서〕 핀트가 맞지 않아 흐려짐. ②제일 중요한 데가 맞지 않음. 「一な考(カンガ)え方(カタ); 초점(焦点)을 잃은 사고 방식」 1. out of focus

ピン ポン[ping-pong](명) 핑퐁. 탁구(卓球).

ひん まが·る[ひん曲る](자 4)〈속〉 꽉 구부러지다. bend vigorously

ひん ま·げる[引ん曲げる](타하 1)〈속〉 꽉 구부리다. bend vigorously

ひん みん[貧民](명) 빈민. 가난한 백성. 「一街(ガイ); 빈민가」 the poor

ひん めい[品名](명) 품명. 물건의 이름. the name of an article

ひん もく[品目](명) 품목. 물건의 종목. a list of articles

びん らん[便覧](명) ⇨べんらん.

びん らん[紊乱](명·자타サ) 문란. 도덕, 질서 등이 어지러워짐. 「風紀(フウキ)一; 풍기 문란」 disorder

ひん るい[品類](명) 물건의 종류. a kind

ひん れい[賓礼](명) 빈례. 손님으로 후하게 대접하는 일. treating as a guest

びん ろう[檳榔](명)〈식〉 빈랑. 야자과에 속하는 상록 교목. 열대 식물로 높이 10~20 *m*. 과실은 식용 또는 한약재로 씀. a betel-nut palm-tree

びん わん[敏腕](명·형동ダ) 민완. 일을 잘 처리하는 솜씨. 「一家(カ); 민완가」 ↔鈍腕(ドンワン). ability

ふ

ふ一[不](접두) 〔부정하는 말로〕 ①…하지 않다. 「一一致(イッチ); 일치하지 않다」 ②…이 아니다. 「一鮮明(センメイ); 선명하지 않다」 ③…이 없다. 「一必要(ヒツヨウ); 불필요」 ④…이 좋지 않다. 좋은 …이 아니다. 「一景気(ケイキ); 불경기」 1. dis-,in-,un-

一ふ[夫](조어) ①남자. 「清掃(セイソウ)一; 청소부」 ②남편.

一ふ[布](조어) 천. 헝겊. 포목. 「防水(ボウスイ)一; 방수포」

一ふ[符](조어) ①부. 표. 패. 「免罪(メンザイ)一; 면죄부」 ②부호. 「疑問(ギモン)一; 의문 부호」

一ふ[婦](조어) 여자. 부인. 「炊事(スイジ)一; 밥 짓는 여자」

一ふ[譜](조어) ①계보(系譜). 「皇統(コウトウ)一; 황통의 계보」 ②사물을 순서 있게 모아 놓은 것. 「梅花(バイカ)一; 매화보」 ②바둑, 장기 등의 기록. 「第七(ダイシチ)一; 제 7 보」

ふ[二](명) 〔←ふたつ〕 둘. (수를 셀 때 한해서 씀) two

ふ[生](명)〈고〉 초목이 무성한 곳. 「芝(シバ)一; 잔디밭」

ふ[巫](명) ⇨みこ.

ふ[歩](명) (일본 장기의) 졸(卒). a pawn

ふ[府](명) ①수도(首都). 도회(都会). ②부고(府庫). 곳집. ③관청. 「立法(リッポウ)の一; 입법부」 ④〈법〉 일본 지방 행정 구획의 하나. 도(都), 도(道), 현(県)과 함께 가장 상급의 지방 자치 단체. 「京都(キョウト)一; 쿄오토부」 ⑤사물이 많이 모이는 곳. 1. a city 3. an office

ふ[訃](명) 부고. 부음(訃音). 「一に接(セッ)する; 부고

를 받다」 a report of one's death

ふ[負](명)〈수〉 영(零)보다 작은 것. 마이너스. ↔正(セイ). minus

ふ[普](명)〈지〉 프러시아. 프로이센(普魯西). 「一仏戦争(フッセンソウ); 보불 전쟁」

ふ[腑](명) ①내장(内臓). 장부(臓腑). ②생각. 마음. 「一に落(オ)ちない; 납득이 안되다」 1. the viscera

ふ[斑](명) 얼룩. 반점. a spot

ふ[賦](명) ①한시(漢詩)의 한 체. 감상을 그대로 표현하는 것. ②시(詩). 「早春(ソウシュン)一; 조춘부」 ③할당. 분배. ④조세(租税). 부역(賦役). 연공(年貢). 1. an ode 3. allotment

ふ[麩](명) ①밀기울. ②밀개떡. ③⇨やきふ.

ふ[譜](명)〈악〉 음악을 부호로 나타낸 것. 악보(楽譜). a musical note

ふ[経](자하 2)〈고〉 ①지나가다. 넘어가다. ②끝나다. ③경험하다.

ぶ一[不](접두) ⇨ふ. 「一器用(キョウ); 손재주가 없는 것」

ぶ一[無](접두) 부정의 말. …이 없는. 「一愛想(アイソウ); 애교가 없음. 무뚝뚝함」 un-, in-, dis-

一**ぶ**(접미)〈고〉 그런 것 같은 또는 그와 같이 행동하는 뜻을 나타내는 말. 「おとな一; 어른인 척하다」

一**ぶ**[部] Ⅰ(접미) 서적 등의 한 벌. 「二(ニ)一の書物(ショモツ); 2부의 책」 Ⅱ(조어) 부분. 「心臓(シンゾウ)一; 심장부」

ぶ[分](명) ①한 치(寸)의 10분의 1. 푼. ②10으로 나눈 것 중의 하나. 할(割). ③1할의 10분의 1. 분. ④한 냥(両)의 4분의 1. ⑤ 평평한 것의 두께. 「一あつい; 두껍다」 ⑥우열(優劣)의 형세. 「一がわるい; 불리하다」 3. one percent

ぶ[武](명) ①군사. 병사(兵事). ②무력. ③용맹한 것. ④무관(武官). ⑤무예(武芸). 1. military affairs

ぶ[歩](명) ①보. 토지 면적의 단위. 사방 6자(尺). 약 3.3 m^2. 평(坪). ②이율(利率)의 단위. 1할의 10분의 1. ③분배고(分配高). ④비율(比率). 3. a commission

ぶ[部](명) ①부분. 작은 구분. 「第一(ダイイチ)一; 제1부」 ②관청, 회사 등의 조직상의 구분. 대개 과(課)의 위. 「宣伝(センデン)一; 선전부」 ③〔학교, 회사 등의〕 스포오츠, 문화 활동의 단체. 예:야구부, 사진부 등. ④부류(部類). 「上(ジョウ)できの一; 잘된 부류」 1. a part 2. a department

ファ[이 fa](명)〈악〉 파. ①장음계(長音階)의 네째 음. ②바(F)음의 이탈리아 음명(音名).

ファー[fur](명) 퍼어. 모피(毛皮). 또는 그 제품.

ファース[farce](명) 파아스. 한 막의 희극. 소극(笑劇).

ファースト[first](명) 퍼어스트. ①제일. 최초. ②〔야구에서〕 일루(一塁) 또는 그곳을 지키는 사람. 「一ベース; 일루」 —**ラン**[firstrun](명) 퍼어스트런. (영화의) 개봉. ↔セカンドラン.

ファール[foul](명) ⇨ファウル.

ぶあい[歩合]一アヒ(명) ①〈수〉 보합. 어떤 양(量)과 다른 양과의 비율. ②수수료(手数料). 1. ratio

ファイア[fire](명) 파이어. ①불. ②장작불. 화톳불. 「キャンプ一; 캠프파이어(야영 등에서 피우는 화톳불)」

ぶあいきょう[無愛敬·無愛嬌](명·형동ダ) 애교가 없음. ⇨:ぶ. unamiability

ぶあいそう[無愛想](명·형동ダ) 붙임성이 없음. 무뚝뚝함. 애교가 없음. unsociability

ファイティングスピリット[fighting spirit](명) 파이팅스피릿. 싸우려고 하는 정신. 투지(闘志). 전투 정신(戦闘精神).

ファイト[fight](명) 파이트. ①전투력. 투지. ②원기(元気). 기력(気力).

ファイバー[fibre](명) 파이버. ①섬유(繊維). 섬유질. ②벌커나이즈드 파이버의 준말.

ファイブ[five]〈수〉(명) 파이브. 다섯. 5.

ファイル[file](명) 파일. 서류철(書類綴). 신문철.

ファインダー[finder](명) 파인더. 사진을 촬영할 때, 피사체(被写体)의 위치를 보고 정하기 위하여 카메라에 단 장치.

ファインプレー[fine play](명) 파인플레이. 경기 용어(競技用語)로서 미기(美技). 묘기(妙技).

ファウル[foul](명) 파울. ①규칙 위반. 반칙(反則). ②〔야구에서〕 배터(打者)가 친 공이 파울라인 밖에 떨어지는 일.

ファクター[factor](명) 팩터. ①요소. 요인(要因). ②인자(因子). 인수(因数).

ファゴット[이 fagotto](명)〈악〉 파고토. 오보에보다 두 옥타아브 낮은 저음(低音)의 목관 악기. 바수운. 파곳.

ファシスト[fascist](명) 파시스트. ①파시즘을 신봉, 주장하는 사람. ②이탈리아의 파시스트 당원.

ファスナ(ー)[fastener](명) 파아스너. ①분리되어 있는 것을 잠그는 데 쓰는 기구의 총칭. ②슬라이드 파아스너. 척(chuck). 지퍼(zipper).

ふあたり[不当り](명) ①흥행물(興行物) 등의 인기가 없는 것. ②시호(時好)에 적합하지 않는 것. 유행하지 않는 것. 1. a failure

ぶあつ[分厚·部厚](명·형동ダ) 두꺼움. thickness

ぶあつ·い[分厚い·部厚い](형) 두껍다. 「一な書物(ショモツ); 두꺼운 책」 thick

ファッシズム[Fascism](명) 파시즘. 제1차 세계 대전 후 이탈리아의 무솔리니를 중심으로 일어난 독재 정치. 또는 그 운동.

ファッショ[이 fascio](명) 파쇼. ①파시즘. ②독재 정치.

ファッション[fashion](명) 패션. ①유행. ②양식(様式). —**ショー**[fashion show](명) 패션쇼우. 〔의상(衣裳) 등의〕 제일 새로운 유행의 발표회. 유행복 전시회. —**ブック**[fashion book](명) 패션북. 스타일북. —**モデル**[fashion model](명) 패션모델. 최신 유행의 옷을 입고 패션쇼우에 나가는 모델.

ファナチック[fanatic](명·형동ダ) 퍼내틱. 미친 것같이 흥분함. 광신적(狂信的). 열광적.

ファラオ[Pharaoh](명) 파라오. 솔로몬 왕조 시대까지의 이집트 왕의 칭호. "태양의 아들"이란 뜻.

ファン[fan](명) 팬. ①부채. 「電気(デンキ)一; 선풍기」

②운동경기나 영화 같은것에 대한 소인적(素人的)인 애호가(愛好家). 열광자. 「野球(ヤキュウ); 야구팬」

ふあん[不安](명·형동ダ) 불안. 마음이 편안하지 않음. anxiety. **—しん**[不安心](명·형동ダ) 불안한 마음. 안십이 되지 않는 마음.

フアン[fan](명) ⇨ファン②.

ファンタジア[이 fantasia](명)〈악〉판타지아. 환상곡(幻想曲).

ファンタジー[fantasy](명) 팬터지. ①공상(空想). 환상(幻像). ②〈악〉⇨ファンタジア.

ファンタスティック[fantastic](형동ダ) 팬태스틱. ①환상적(幻想的). ②괴기적(怪奇的).

ふあんてい[不安定](명·형동ダ) 불안정. 안정되지 못함. 침착하지 못함. instability

ファンデーション[foundation](명) 파운데이션. 밑화장에 쓰는 화장품의 한 가지.

ファンテン[중 飯店](명) ①호텔. 여관. ②요리점.

ファンド[fund](명) 펀드. 기금(基金). 자금(資金).

ふあんない[不案内](명·형동ダ) 그 방면에 통달하지 못함. 사정을 잘 모름. ignorance

ぶあんない[無案内](명·형동ダ) ⇨ふあんない.

ファンファーレ[이 fanfare](명)〈악〉팡파아르. 나팔과 북을 위한 간단하고 명랑한 곡. 「一を奏(ソウ)する; 팡파아르를 연주하다」

ファンブル[fumble](명·타サ) ⇨ハンブル.

ふい(명) 노력이 허사가 됨. 무효. 「一になる; 허사가 되다」 failure

ふい[不意](명·형동ダ) 불의. 뜻밖의 일. 의외(意外). 「一を打(ウ)つ; 허를 찌르다」 unexpectedness

ふい[布衣](명) 포의. ①면포(綿布)로 만든 의복. ②관직이 없는 평민. 「一の交(マジ)わり; 지위 등을 떠난 교제」 1. a cotton dress 2. common people

ぶい[武威](명) 무위. 무력의 위세. 「一が揚(ア)がる; 무위가 선양(宣揚)되다」 military power

ぶい[部位](명) 부위. 부분(部分). 또는 부문(部門)의 위치. a part

ブイ[buoy](명) 부이. ①계선 부표(繫船浮標). ②헤엄에 쓰는 부낭(浮嚢). 부대(浮帯). ③낚시찌. ④구명대(救命袋).

フィアンセ[프 fiancé(남)·fiancée(여)](명) 피앙세. 약혼 중의 남녀. 약혼자(約婚者).

フィート[feet·呎](명) 피이트. 길이의 단위(単位). 1피이트는 12인치. 약 30.48 *cm*.

フィールディング[fielding](명) 피일딩. 〔야구에서〕 수비(守備).

フィールド[field](명) 피일드. ①멀뛰기, 투척(投擲) 등의 경기장. ↔トラック. ②서재(書斎)가 아닌 실지(実地)의 장소. 「一ワーク; 야외 작업(야외 조사 또는 채집)」

ふいうち[不意打ち](명) ①불의의 습격. ②갑자기 행동함. 1. a surprise attack

フィギュア[figure] 피겨스케이팅의 준말. 스케이트로 얼음판 위에서 여러 가지 도형(図形)을 그리는 기교적인 스케이팅.

ふいく[扶育](명·타サ) 도와서 양육함. support

ふいく[孵育](명·타サ) 부육. 부화(孵化)하여 기름. hatch and feed

ぶいく[撫育](명) 무육. 사랑스럽게 기름. 어루만져 기름. bringing up with care

フィクション[fiction](명) 픽션. ①허구(虚構). ②현실적이 아니고 지어 낸 이야기. 소설.

ふいご[鞴](명) 풀무. 불을 피울 적에 바람을 일으키기 위한 기구(器具). 골풀무, 손풀무가 있음. bellows

〔鞴〕

ふいちょう[吹聴](명·타サ) 말을 널리 퍼뜨림. announcement

ふいつ[不一·不乙](명) 충분히 갖추어지지 못했음. 또는 할 말을 다 못했다는 뜻으로 흔히 편지 끝에 씀. 불비(不備). Truly yours

ふいと(부) 급히. 갑자기. suddenly

ぷいと(부) ①불쾌하여 갑자기 동작하는 모양. 「一座(ザ)を立(タ)つ; 자리를 벌떡 뜨다」 ②무뚝뚝하게. 2. bluntly

フィナーレ[이 finale](명)〈악〉 피날레. ①교향곡(交響曲) 등의 마지막 악절(楽節). 또는 악장(楽章). ②오페라 등의 맨 끝 장면. 종곡(終曲). ③최종(最終).

フィニッシュ[finish](명) 피니시. ①끝. 종결(終結). ②결승(決勝).

フイフイきょう[回回教](명)〈종〉⇨かいきょう.

フィヨルド[fiord·fjord](명)〈지〉①⇨きょうわん(峡湾).

ブイヨン[프 bouillon](명) 부용. 새, 물고기, 짐승의 고기나 뼈를 끓여 만든 즙(汁). 주로 수우프의 소즙(素汁)으로 쓰임.

フィラメント[filament](명) 필라멘트. ①전구(電球) 속의 가는 줄. ②삼(麻) 등으로 짠 섬유(繊維).

フィラリアびょう[라 filaria 病](명)〈의〉필라리아병. ①상피병(象皮病). ②강아지의 심장에 기생충이 들어가서 생기는 병.

ふいり[不入り](명) 흥행물(興行物) 등의 입장자가 적은 것. ↔大入(オオイ)り. failure

ふいり[斑入り](명) 바탕의 빛깔과 다른 무늬나 반점이 섞여 있는 것. spotted

フィリピン[Philippines·比律賓](명)〈지〉필리핀. 비율빈. 태평양 서남쪽의 공화국. 수도는 케손(Quezon). **—かいこう**[Philippin 海溝](명)〈지〉필리핀 해구. 필리핀 제도의 동쪽에 있는 해구. 길이 약 1,000 *km*. 세계에서 제일 깊은 엠덴 해연(海淵)이 있음.

フィルタ(ー)[filter](명) 필터. ①거르거나 해로운 것을 제거하는 장치. 여과기(濾過器). 여파기(濾波器). 여광기(濾光器). 「一付(ツ)きタバコ; 필터가 붙은 담배」 ②사진을 잘 찍기 위해 렌즈 앞에 끼우는 색유리.

フィルダー[fielder](명) 피일더. 〔야구에서〕 외야수(外野手). 「一チョイス; 외야수 선택(選択)」

フィルハーモニー[도 Philharmonie](명)〈악〉필하아모니. 음악 애호가(音楽愛好家). 또는 그 단체.

フィルハーモニック[philharmonic](명) 필하아모닉. 음악을 좋아함. 음악 애호가. (교향악단 등의 이름에 쓰임)

フィルム[film](명) 필름. ①엷은 막(膜). 박피(薄皮). ②사진에 쓰는 감광 유제(感光乳剤)를 바른 셀룰로이드 등의 엷은 막.「—に取(オサ)める; 사진(에) 찍다」 ③영화. **—パック**[film pack](명) 필름팩. 필름을 건판(乾板)처럼 한 장씩 차곡차곡 상자에 넣은 것. **—ライブラリー**[film library](명) 필름라이브러리. 영화 필름의 정리, 보존, 대출을 하는 곳.

フィレンツェ[Firenze](명)〈지〉피렌체. 르네상스의 중심이 되었던 이탈리아의 도시. **—は**[Firenze 派](명) 피렌체파. 르네상스 회화(絵画)의 주류(主流)를 이루었던 파.

フィロソフィー[philosophy](명) 필로소피. 철학(哲学). 철리(哲理).

ふいん[父音](명) 자음(子音). a consonant

ふいん[訃音](명) 부음. 죽음의 통지. 부고(訃告). a report of one's death

ぶいん[部員](명) 부원. 부(部)에 속한 직원. 또는 인원(人員). a member

ぶいん[無音](명)〔ごー〕무소식. 오랫동안 소식을 전하지 않음. ⇨:ぶさた. long silence

フィンガー[finger](명) 핑거. ①손가락. ②비행장 대합실. **—ボール**[finger bowl](명) 핑거보울. 서양 요리에서 식후 과일을 먹은 뒤 손가락을 씻는 물그릇.

フィンランド[Finland·芬蘭](명)〈지〉핀란드. 분란. 북유럽 스칸디나비아 반도에 있는 공화국. 수도는 헬싱키(Helsinki).

—ふう[風](조어) ①바람.「季節(キセツ)—; 계절풍(철바람)」②모양. 양식(様式).「西洋(セイヨウ)—; 서양식」③교화(教化).

ふう[封](명) ①봉함. ② 남이 못 보게 매거나 붙인 표지. ③⇨ふうさつ. 1. seal

ふう[風](명) ① 습관. ②풍채. 풍모(風貌).「君子(クンシ)の—がある; 군자의 풍모가 있다」③모습. 모양. ④몸짓. 그럴 듯하게 꾸미는 거짓 태도.「知(シ)らない—; 모르는 체」⑤상태.「こんな—では; 이런 상태로는」⑥〈불〉바람. 사대(四大)의 하나. 사물을 성장시키는 것. 3. a style 6. wind

ふうあい[風合]—アヒ(명) 피륙(織物)을 본 느낌. 또는 만진 느낌.

ふうあつ[風圧](명)〈천〉풍압. 바람이 어떤 물체에 주는 압력(圧力). 풍속(風速)의 제곱(二乗)에 비례하여 커짐. wind pressure

ふうい[風位](명)〈천〉풍위. 바람이 부는 방향. the direction of the wind

ふうい[諷意](명) 에둘러서 나타내는 의사(意思). 귀띔. a hint

ふういん[封印](명·자サ) 봉인. 봉한 데 찍는 도장. 또는 그 도장을 찍음. a seal

ふういん[風韻](명) 풍류(風流)와 운치(韻致). 풍취(風趣). 아치(雅致). grace

ふうう[風雨](명) 풍우. ①바람과 비. 바람과 함께 내리는 비. ②폭풍우. 1. wind and rain

ふううん[風雲](명) 풍운. ①바람과 구름. ②천하의 사변(事変).「—急(キュウ)を告(ツ)げる; 사태가 위급해지다」1. wind and cloud. **—じ**[風雲児](명) 풍운아. 세상이 어수선해지는 기회를 이용하여 활동하는 쾌남아(快男児).

ふうえい[諷詠](명·타サ) 풍영. 시가(詩歌)를 읊음. 음영(吟詠). composition

ふうか[風化](명·자サ)〈지〉풍화. ①덕망이 있는 사람에게 차차 교화됨. ②바람에 바위가 차차 부스러져서 흙이 되는 현상. 1. moral influences

ふうか[富家](명) 부가. 부자집. 부호(富豪). a wealthy family

ふうが[風雅](명·형동ダ) 풍아. ①풍류(風流)로움. 고상함. ②음영(吟詠), 서화(書画), 문예(文芸)의 도(道). 1. elegance

フーガ[이 fuga](명)〈악〉푸가. 곡(曲)의 도중에서 먼저 나온 주제나 그 비슷한 선율이 차례차례로 따라 나오는 곡. 추주곡(追走曲). 둔주곡(遁走曲). 퓌그.

ふうかい[風解](명·자サ)〈이〉풍해. 탄산 소오다 등이 공기 중에서 수분을 잃고 가루가 된 것. 풍화(風化). efflorescence

ふうかい[風懐](명) 마음에 품고 있는 생각. 심정(心情). 풍정(風情). one's thoughts

ふうがい[風害](명) 풍해. 폭풍으로 인한 피해. damage from the storm

ふうかく[風格](명) 풍격. ①인격(人格). 인품(人品). ②품위. 품격. 풍채.「—のある文章(ブンショウ); 품위가 있는 문장」1. character 2. dignity

ふうがら[風柄](명) ①됨됨이. 모습. 풍모. ②인품. 인격. 풍채. 1. appearance

ふうがわり[風変わり]—ガハリ(명·형동ダ) 보통과는 그 모양이 다름.「—な作品(サクヒン); 색다른 작품」 eccentricity

ふうかん[封緘](명·타サ) 봉함. 봉하여 붙임.「—紙(シ); 봉함지」a seal. **—はがき**[封緘葉書](명) 봉함엽서. 봉하게 되어 있는 우편 엽서.

ふうかん[諷諫](명·타サ) 은근히 충고함. 에둘러 간(諫)함. insinuative exhortion

ふうがん[風眼](명)〈의〉풍안. 임독성 결막염의 속칭. 농루성 결막염. 농루안(膿漏眼). gonorrhoeal ophthalmia

ふうき[風気](명) ①기후. ②풍속(風俗)과 기후. ③바람기. 바람의 기세. ④감기(感気). 1. climate

ふうき[風紀](명) 풍기. 풍속상의 규율. (특히 남녀 교제에 대해서 쓰는 말)「—がみだれる; 풍기가 문란하여지다」 public morals

ふうき[富貴](명·형동ダ) 부귀. 부하고 지위가 높음. ↔貧賤(ヒンセン). riches and honours

ふうぎ[風儀](명) ①사회나 가정에서 행해지는 예의범절. ②풍습. 관례. ③예의 바른 자태. 1. manners

ふうきょう[風狂](명) ①광기(狂気). 광인(狂人). ②풍류(風流)에 철두 철미한 사람. 1. a lunatic

ふう きょう[風教](명) ①덕으로 사람을 교도함. 풍화(風化). ②풍속과 교화(教化). 2. customs and enlightenment

ふう きり[封切り](명·타サ) 봉절. ①봉한 것을 뜯음. ②영화관에서 새 영화를 상영함. 개봉(開封). 「一館(カン); 개봉관」 1. the first presentation

ふう きん[風琴](명) 풍금. ①오르간. ②손풍금. 아코오디언. 1. an organ 2. an accordion

ブーケ[프 bouquet](명) 부우케. 꽃다발.

ふう けい[風景](명) ①풍경. 경치. ②상태. 모양. 광경. 1. a view. **—が**[風景画](명) 풍경화. 자연의 경치를 그린 그림.

ふう けつ[風穴](명) 풍혈. ①바람 구멍. ②옛날 중국에서 한풍(寒風)의 근원이라고 상상한 북방의 땅. ③높은 산등성이나 산기슭 등에 있어 늘 찬바람이 나오는 굴. 1. an air hole

ふう げつ[風月](명) 풍월. ①청풍 명월(清風明月). ②자연의 아름다운 풍물(風物). 「一を友(トモ)とする; 자연과 벗하여 살다」 ③자연을 소재로 하여 시(詩), 문장 등을 지음. 1. refreshing wind and beautiful moon

ふう こう[風向](명) 풍향. 바람이 부는 방향. 「一計(ケイ); 풍향계」 the direction of the wind

ふう こう[風光](명) 경치. 풍경. 「一明媚(メイビ); 풍광명미(산수의 경치가 맑고 아름다움)」 natural beauty

ふう こつ[風骨](명) 풍골. 모습. 풍채(風采). appearance

ふう さ[封鎖](명·타サ) 봉쇄. ①봉하여 닫음. ②〈법〉 다른 나라의 해상 교통을 실력으로 막음. ③예금을 마음대로 찾지 못하게 함. 1. a blockade 3 freezing

ふう さい[風災](명) 풍재. 바람으로 인한 재해(災害). wind damage

ふう さい[風彩·風采](명) 풍채. 모습. 용태. 풍격(風格). 「一があがらない; 풍채가 눈에 확 띄지 않는다」 appearance

ふう さつ[封殺](명·타サ) 봉살. ①〔야구에서〕 다음 베이스로 가는 러너(走者)를 베이스에 닿기 전에 아우트시키는 일. 포오스아우트. ②상대방의 활동을 못하게 함. 1. force out 2. confinement

ふう し[夫子](명) ①연장자, 현명한 사람, 선생 등에 대한 높임말. ②본인. 자기. 「一自身(ジシン)が; 나 자신이」 1. a master

ふう し[風刺·諷刺](명·타サ) 풍자. 무엇에 빗대고 비유하여 욕함. 슬며시 에둘러서 남의 결점을 말함. a satire

ふうじ[封じ](명) 봉하는 것. sealing. **—こ·める**[封じ込める](타하 1) 안에 넣고 봉하다. **—て**[封じ手](명) ①〔바둑이나 장기에서〕 그날의 대국을 다음날 계속할 때 그 수를 종이에 그려 봉해 두었다 하는 일. ②쓰지 못하게 한 수. **—め**[封じ目](명) 봉한 곳.

ふう しゃ[風車](명) ⇨かざぐるま.

ふうじゃ[風邪](명)〈의〉 감기. 「一の気味(キミ)で; 감기 기운으로」 a cold

ふう しゅ[風趣](명) 풍취. ①풍경의 아취(雅趣). 풍치(風致). ②정취(情趣). taste

ふう しゅう[風習](명) 풍습. 풍속. 습관. 「いなかの一; 시골 풍습」 customs

ふう しょ[封書](명) 봉서. 봉한 우편물. 또는 편지. s sealed letter

ふう しょう[諷誦](명) 음성을 높여 읽음. reading aloud

ふう しょく[風色](명) 경치. 풍광(風光). landscape

ふう しょく[風食·風蝕](명·타サ)〈지〉 풍식. 바람이 흙과 모래를 몰아쳐서 바위를 차차 깎아 냄. 「一作用(サヨウ); 풍식 작용」 weathering

ふう·じる[封じる](타상 1) ①봉하다. ②신의 힘으로 못 나오게 하다. ③처넣다. 가두다. ④막다. 봉쇄하다. 「敵(テキ)の攻撃(コウゲキ)を一; 적의 공격을 막다」 1. seal

ふう しん[風疹](명)〈의〉 풍진. 발진성의 급성 피부 전염병. 봄, 여름에 어린이들에게 많음. German measles

ふう じん[風塵](명) 풍진. ①바람 때문에 일어나는 먼지. ②세상의 번거로운 일들. 2. worldly affairs

ふう しんき[風信器](명) ⇨かざみ.

ふう すいがい[風水害](명) 풍수해. 바람과 물로 인한 피해. damage from storm and flood

ブースター[booster](명) 부우스터어. 기계 등의 움직임이나 속도를 더하기 위한 장치.

フーズ フー[Who's Who](명) 후우즈후우. 신사록(紳士録).

ふう·する[諷する](타サ) 풍자(諷刺)하다. 에둘러서 비난하다. satirize

ふう せい[風声](명) 풍성. ①바람 소리. ②소문. 풍문(風聞). 1. wind sound

ふう せい[風勢](명) 풍세. 바람의 힘. 풍력(風力). the force of the wind

ふう せつ[風雪](명) 풍설. ①바람과 눈. ②눈보라. ③온갖 고초. 시련. 「一に堪(タ)えて生(イ)きる; 온갖 고초를 참고 살아 나가다」 1. wind and snow

ふう せつ[風説](명) 풍설. 세상에 떠돌아 다니는 말. 풍문(風聞). 소문. a rumour

ふう せん[風船](명) ⇨けいききゅう(軽気球). **—だま**[風船玉](명) ①종이, 고무 등의 풍선. ②가라앉지 않고 들뜬 마음.

ふう ぜん[風前](명) 풍전. 바람을 맞는 곳. 바람받이. 「一のともしび; 풍전 등화(멸망에 직면한 상태)」 a windy place

ふう そう[風葬](명) 풍장. 시체를 밖에 내다 버려 비바람에 씻기게 하는 장식(葬式). a funeral by exposure

ふう そう[風霜](명) 풍상. ①바람과 서리. ②살아 나가는 고초. 1. wind and frost

ふう そう[風騒](명)〈고〉 ①풍아(風雅). 풍취가 있고 우미(優美)함. ②시가(詩歌).

ふう そく[風速](명) 풍속. 바람의 속도. 「一十(ジュウ)メートル; 풍속 10 *m*」 wind velocity

ふう ぞく[風俗](명) 풍속. ①그 고장의 습관. 풍습. ②몸차림. 몸치장. 「奇妙(キミョウ)な一をした士人(ドジン); 기묘한 몸차림을 한 토인」 1. customs. **—しょうせつ**[風俗小説](명) 풍속 소설. 시정(市井)의

풍속적 생태(生態)의 묘사를 주제로 한 소설.

ふうたい[風体](명) ⇨ふうてい.

ふうたい[風袋](명) ①저울로 물건을 달 때 쓰는 속 알맹이가 없는 걸 포장 주머니. ②외관(外觀). 1. packing 2. appearance

ふうたく[風鐸](명) 불당(仏堂)이나 탑(塔) 등의 네 귀에 매단 청동제(青銅製)의 경쇠. 풍경(風磬).

ふうち[風致](명) 풍치. ①아치(雅致). ②아취(雅趣)가 있는 경치.「一地区(チク); 풍치 지구」 1. taste. **―りん**[風致林](명) 풍치림. 풍치를 위한 나무숲.

ふうちょう[風鳥](명)〈동〉⇨ごくらくちょう(極楽鳥).

ふうちょう[風潮](명) ①바람의 방향을 따라 흐르는 조류. ②일반적 경향.「世(ヨ)の一; 세상 풍조」 1. the lee tide

ふうちん[風鎮](명) (바람 등에 펄럭이는 것을 막기 위하여) 족자(簇子)의 축(軸) 양끝에 다는 돌이나 구슬. a weight

ふうつう[風通](명) ←風通織り. **―おり**[風通織り](명) 날과 씨를 두 색의 색실로 하여, 거죽과 안의 무늬를 반대가 되게 짠 피륙.

ふうてい[風体](명) 옷차림. 복장. dress

ふうてん[瘋癲](명)〈속〉 풍전. 정신병의 한 가지. 언어 착란(言語錯乱), 감정 격발(感情激発) 등이 심한 것.「一病(ビョウ); 풍전병」 lunacy

フート[foot](명) 푸트. 영미(英美)의 길이 단위. 12 인치. 30.48 *cm*. 피이트.

ふうど[風土](명) 풍토. 기후나 토지의 상태. natural features. **―びょう**[風土病](명) 풍토병. 그 땅에만 있는 특유한 병. 토질(土疾).

フード[food](명) 푸드. 식물(食物).「一センター; 푸드 센터」

フード[hood](명) 후드. ①두건(頭巾) 모양의 머리에 쓰는 물건. ②(렌즈 등의) 덮개.

ふうとう[風倒](명) 바람에 쓰러짐.「一木(ボク); 바람에 쓰러진 나무」

ふうとう[封筒](명) 봉투. 편지나 문서 등을 봉해 넣는 종이 봉지. an envelope

ふうどう[風洞](명) 풍동. 항공기의 공기 저항에 관한 성능을 조사하기 위하여 그 실물(実物)이나 모형을 터널 속에 매달아 바람을 보내 실험하는 장치. a wind tunnel

プードル[poodle](명)〈동〉 푸우들. 애완용 개의 한 품종. 털이 길고 양털 모양이며 아름다움.

プードル[프 poudre](명) 푸드르. ①가루. 분말. ②백분(白粉). 파우더.

ふうにゅう[封入](명·타サ) 봉입. 넣고 봉함. enclosure

ふうは[風波](명) 풍파. ①바람과 파도. ②바람 때문에 이는 파도. ③분쟁. 분규.「一が絶(タ)えない; 분쟁이 그치지 않다」 1. wind and waves 3. discord

ふうばいか[風媒花](명)〈생〉 풍매화. 바람에 의해서 꽃가루받이(受粉)를 하는 꽃. 예: 벼, 소나무, 은행나무, 뽕나무 등. an anemophilous flower

ふうばぎゅう[風馬牛](명) 자기와 전혀 관계가 없는 일. 소나 말의 암수컷이 멀리 떨어져 있어 다시는 만나기 어려우니 전혀 무관계하다는 뜻. indifference

ふうはつ[風発](명·자サ) ①바람과도 같이 의론 등이 기운차게 일어남.「談論(ダンロン)一; 담론이 활발히 일어남」 ②바람이 갑자기 읾. 2. a sudden blow of wind

ふうひ[封皮](명) 봉피. 봉투의 겉봉. an envelope

ふうび[風靡](명·타サ) 풍미. 바람이 초목을 쓸리게 하듯이 어떤 움직임에 좇게 함.「一世(イッセイ)を一する; 일세를 풍미하다」 overwhelming

ふうひょう[風評](명) 소문. 세상 풍문. a rumour

ふうふ[夫婦](명) 부부. 결혼하여 함께 생활하는 한 쌍의 남녀. a married couple

フープ[hoop](명) 후우프. 굴렁쇠. 둥그런 쇠테 속에 들어 가서 돌리는 운동구(運動具).

ふうぶつ[風物](명) 풍물. ①자연의 경치. ②계절의 산물. ③전망(展望)되는 경치.「山水(サンスイ)の一; 산수의 풍경」 1. scenery. **―し**[風物詩](명) 풍물시. ①풍물을 읊은 시. ②풍물에서 받는 시적(詩的)인 느낌.

ふうぶん[風聞](명·타サ) 풍문. 소문. 풍설. a rumour

ふうぼう[風防](명) 바람막이.「一林(リン); 방풍림」 a shelter from the wind

ふうぼう[風貌·風丰](명) 풍모. 풍채. 용모. appearance

ふうみ[風味](명) 풍미. ①풍취(風趣). 멋. ②(고상한) 맛. ③기질(気質). 1. taste 3. disposition

ブーム[boom](명)〈경〉 부움. ①갑작스런 경기(景気).「一に乗(ノ)る; 부움을 타다」「出版(シュッパン)一; 출판 부움」 ②어떤 사물이 갑자기 번성하는 일.

ふうもん[風紋](명)〈지〉 바람이 모래 위를 불어서 생기는 무늬. a wind ripple

ふうゆ[風諭·諷諭](명·타サ) 풍유. 슬며시 나무라는 뜻을 붙이어 가르쳐 타이름. an allegory

ふうらい[風来](명) ①표연(飄然)히 옴. ②마음이 변하기 쉬움. **―ぼう**[風来坊](명) ①마음이 흔들리기 쉽고 변하기 쉬운 사람. 변덕장이. ②바람에 불려 오듯 어디선지 모르게 나타난 사람.

ふうらい[風籟](명) 풍뢰. 바람이 물건에 스쳐서 내는 소리. rustling of the wind

プーリー[pulley](명) 풀리. 활차(滑車). 도르레.

ふうりゅう[風流](명·형동ダ) 풍류. ①풍취. 풍아(風雅). ②시가(詩歌) 짓기 등의 고상한 놀이. ③색다름.「一なやつ; 색다른 놈」 ④의장(意匠)에 공을 들임. ⑤⇨はやし(囃子). 1. elegance. **―いんじ**[風流韻事](연어·명) ①시가 짓기 등의 고상한(멋이 있는) 놀이. ②도색적인 놀음.

ふうりょく[風力](명) 풍력. 바람의 속력(速力). wind force. **―けい**[風力計](명) 풍력계. 바람의 속도를 재는 기계.

ふうりん[風鈴](명) 풍령. 처마끝에 다는 경쇠. 풍경(風磬). a wind-bell

ふうりん[楓林](명) 단풍나무 숲. maple-woods

ふうりんそう[風鈴草](명)〈식〉 풍경초. 초롱꽃과에 속하는 1~2년생 초본. 여름에 청자색 또는 흰색의

꽃이 핌. 관상용(観賞用). a bellflower
プール[pool](명·타サ) 푸울. ①주위를 막아서 만든 수영장(水泳場). ②두는 곳. 모이는 곳. 「モーター—; 모오터 푸울」 ③운임, 수입의 공동 계산. ④저축함. 「資金(シキン)を—する; 자금을 저축하다」
ブールバール[프 boulevard](명) 불바아르. 가로수가 있는 큰 길.
ふうろう[風浪](명) 풍랑. 바람과 파도. 풍파. ⌈wind and waves⌋
ふうろう[封蠟](명) 봉랍. 봉한 자리에 바르는 초 같은 것. 문서 또는 마개 등을 봉할 때 바르는 수지물(樹脂物)의 혼합물. sealing wax
ふうん[不運](명·형동ダ) 불운. 운이 나쁨. 불행함. 「身(ミ)の—; 신상의 불운」 misfortune
ふうん[浮雲](명) 부운. ①뜬구름. ②확실치 않은 것. 1. a floating cloud
ぶうん[武運](명) 무운. 무사(武士)나 군인의 승패(勝敗)에 관한 운명. 「—長久(チョウキュウ); 무운 장구」 ⌊the fortune of war⌋
ふえ[吭](명) ⇨のどぶえ.
ふえ[笛](명) ①피리. ②⇨よこぶえ. ③호각(号角). 호적(号笛). 1. a pipe
ふえ[鰾](명)〈동〉 ⇨うきぶくろ.
フェア[fair] Ⅰ(명·형동ダ) 페어. ①밝은 태도. ②공명 정대(公明正大). ③〔야구, 정구에서〕 친 공이 규정의 선 내에 들어 감. ↔ファウル. Ⅱ(명) 박람회. 품평회(品評会).
フェアプレー[fair play](명) 페어플레이. ①정정 당당한 시합 또는 승부. ②공명 정대한 행동이나 태도. ③경기(競技) 중의 미기(美技).
フェアリー[fairy](명) 페어리. 선녀(仙女). 요정(妖精). **—ランド**[fairyland](명) 페어릴란드. 요정의 나라. 선경(仙境).
ふえい[府営](명) 부(府)가 경영하는 것. 부의 경영.
ふえいせい[不衛生](명·형동ダ) 위생적이 못됨. 비위생(非衛生)적. 「つめを伸(ノ)ばしているのは—だ; 손톱을 기르고 있는 것은 비위생적이다」
フェース[face](명) 페이스. 얼굴. 「ベビー—; 동안」
フェーン[도 Föhn](명)〈천〉 푄. 산을 넘어서 불어 내리는 돌풍적(突風的)인 건조한 열풍. 풍염(風炎).
ふえき[不易](명·형동ダ) 불역. 변하지 않음. 불변(不変). 「万古(バンコ)—; 만고 불변」 unchangeableness
ふえき[夫役](명) 부역. 국가나 공공 단체가 국민에게 의무적으로 과하는 노역(労役). statute labour
フェザー[feather](명) 페더. ①새털. 「—タッチ; 새털 같은 가벼운 느낌」 ②←フェザー級. **—きゅう**[feather 級](명) 페더급. 〔권투에서〕 체중으로 나타내는 선수 계급의 하나. 밴텀급의 위. 126 폰드 (약 57 *kg*) 이하의 체중을 가진 선수. 페더웨이트.
フェスティバル[festival](명) 페스티발. 축전(祝典). 축제. 향연(饗宴).
ふえて[不得手](명·형동ダ) ①장기(長技)가 아닌 것. ↔得手(エテ). ②즐기지 않는 것. 1. unskilfulness
フェナセチン[phenacetin(e)](명)〈의〉 페나세틴. 아닐린으로 만든 해열(解熱), 진통제의 한 가지.
フェニックス[라 phoenix](명) 페닉스. 이집트 신화에 나오는 영조(霊鳥). 5 백년만에 제단에 날아 와서 스스로 불에 타 죽고 그 재 속에서 다시 새끼로 태어난다는 새. 불사조(不死鳥).
フェミニスト[feminist](명) 페미니스트. 여권(女権) 확장론자. 여성 숭배자.
フェライト[ferrite](명)〈이〉 페라이트. 철(鉄)의 산화물의 한 가지. 아주 강한 자성(磁性)을 가지고 있어 전기 기계에 쓰임.
ふ·える[増える·殖える](자하 1) ①(수량이) 많아지다. ②(강물 등이) 붇다. ③번식(繁殖)하다. 1. increase
フエルト[felt](명) 펠트. 양털 등의 털을 원료로 하여 습기 또는 열을 가하여 만든 물건. 모자 등을 만드는 데 쓰임.
フェロアロイ[ferroalloy](명) 페로알로이. 합금철(合金鉄).
ふえん[不縁](명) ①인연이 끊어짐. 이연(離縁). ②인연이 멀어짐. ③인연이 맺어지지 않음. 1. divorce
ふえん[敷延·布延·敷衍](명·타サ) 부연. ①말을 덧붙여 자세히 설명함. 「—して述(ノ)べる; 부연하여 자세히 말하다」 ②뜻을 자세히 설명함. 1. enlargement
フェンシング[fencing](명) 펜싱. 서양의 검술(剣術).
フェンダー[fender](명) 펜더. 자동차의 흙받기.
ぶえんりょ[無遠慮](형동ダ) 사양하지 않는 모양. 무례(無礼)하게 행동하는 모양. unceremonious
フォア[fore](명) 포어. ①앞. 전면. ②⇨フォアハンド. ③⇨フォーワード.
フォア[four](명) 포오. ①넷. ②사인조(四人組)의 것. ③ 4 명이 저어서 겨루는 조정(漕艇). ④⇨フォアボール.
フォアハンド[forehand](명) 포오핸드. 〔정구(庭球) 등에서〕 손바닥을 상대방 쪽을 향하게 하여 공을 치는 정상적인 타구법(打球法). ↔バックハンド.
フォアボール[four balls](명) 포오보올. 피처(投手)가 배터(打者)에게 스트라이크 아닌 보올을 네 번 던지는 일. 사구(四球).
ふおう[父王](명) 부왕. 아버지인 왕.
ふおう[夫王](명) 부왕. 남편인 왕.
フォーカス[focus](명) 포우커스. ①초점(焦点). 핀트. 「ソフト—; 소프트포우커스」 ②주요점(主要点).
フォーク[fork](명) ⇨ホーク. **—ボール**[fork ball](명) 포오크보올. 〔야구에서〕 손의 집게손가락과 가운뎃손가락으로 공을 끼어 던지는 일.
フォークダンス[folk dance](명) 포오크 댄스. 민속 무용. 학생 등이 서로 친해지기 위하여 집단적으로 추는 춤.
フォースアウト[force out](명·타サ) ⇨ふうさつ①.
フォービズム[프 fauvisme](명) 포비슴. 야수주의(野獣主義).
フォーム[form](명) 포옴. ①꼴(形). 형(型). ②형태. ③형식. 양식(様式).
フォール[fall](명·자サ) 포올. 〔레슬링에서〕 선수의 양 어깨가 매트에 닿는 일. 프로 레슬링에서는 넘어져

서 3초 이상 일어설 수 없게 되는 일.

フォーワード[forward](명) 포오워드. 〔농구, 축구 등에서〕 전위(前衛). ↔バック.

フォト[photo](명) 포토. 사진. 포토그래프. 「—ニュース; 사진 뉴우스」

フォトグラフ[photograph](명) 포토그래프. 사진.

ぶおとこ(醜男)—ヲトコ(명) 추남. 못생긴 남자. ↔醜女(ブオンナ). an ugly man

フォルテ[이 forte](명)〈악〉 포르테. "강하게"의 뜻. 부호는 f. ↔ピアノ.

フォルム[프 forme](명) 포르므. ①형식. 구조. ②⇨フォーム.

フォロー[follow](명·자サ) 폴로우. ①뒤를 이음. 따라감. ②〔농구 등에서〕 보올을 가진 우군(友軍)을 좇아 수비함.

フォン[phon](명)〈이〉 폰. 소리의 크기를 나타내는 단위. ↔デシベル.

ふおん[不穏](명·형동ダ) 불온. 무슨 일이 일어날 듯한 모양. 평온치 않고 험악함. 「—な空気(クウキ); 불온한 공기」 disquiet

ふおんとう[不穏当](명·형동ダ) 불온당. 무리한 점이 있는 모양. 온당치 못함. 「—なことば; 온당치 않은 말」 impropriety

ぶおんな[醜女]—ヲンナ(명) 추녀. 못생긴 여자. ↔醜男(ブオトコ). an ugly woman

ふか—[深](조어) ①깊은. 「—田(ダ); 진흙논」 ②무거운. 중대한. 「—手(デ); 깊은 상처」

ふか[鱶](명)〈동〉 상어. 특히 큰 상어를 말함. a shark

ふか[不可](명) 불가. ①할 수 없는 것. ②옳지 못한 것. ③시험 성적 등의 불합격 점수. 2. wrongness

ふか[付加](명·타サ) 부가. 덧붙임. 첨가. addition

ふか[府下](명) 부(府)의 구역내. suburban districts

ふか[負荷](명·타サ) 부하. ①짊어 짐. ②〈이〉 원동기(原動機)에 가해지는 작업량(作業量). ③아들이나 제자가 아버지나 스승의 일을 계승하여 그 임무를 맡음. 1. bearing 3. a burden

ふか[浮華](명·형동ダ) 부화. 실속은 없고 겉만 화려(華麗)함. frivolity

ふか[富家](명) 부가. 부자. 부자집. a wealthy family

ふか[孵化](명·자타サ) 부화. 알 속에서 자란 배자(胚子)가 껍데기를 깨뜨리고 밖으로 나옴. 알을 깜. 「—器(キ); 부화기」 incubation

ふか[賦課](명·타サ) 부과. 세금 등을 할당하는 일. 의무를 결정하여 부담시킴. imposition

ぶか[部下](명) 부하. 윗사람의 감독 또는 명령을 받고 일하는 사람. a follower

ふかあみがさ[深編み笠](명) 얼굴을 가리게 된 운두가 깊은 삿갓. a deep straw hat

ふか·い[深い](형) ①깊다. 「—谷間(タニマ); 깊은 골짜기」 ②안까지가 멀다. 「—ほら穴(アナ); 깊은 동굴」 ③(색깔 등이) 짙다. 「—緑色(ミドリイロ); 짙은 녹색」 「—霧(キリ); 짙은 안개」 ④친밀하다. ⑤조심성 있다. 신중하다. ⑥한창이다. 「秋(アキ)が—; 가을이 깊다」 ⑦「—考(カンガ)え; 신중한 생각」 ⑧(관계의) 정도가 심하다. 「—感動(カンドウ); 깊은 감동」 ⑨빠른 시기가 아니다. ⑩빽빽하다. 밀생(密生)하다. 무성하다. ⑪↔浅(アサ)い. 파생 —さ(명). 1. deep

ふかい[不快](명·형동ダ) 불쾌. ①기분이 나쁨. 불유쾌(不愉快). ②병. 1. unpleasant 2. a ailment

ふかい[付会](명·타サ) 부회. 억지로 끌어 대어 이치에 맞게 함. 말이나 이론을 억지로 끌어다 붙임. 「—の説(セツ); 억설」 forced analogy

ふがい[腑甲斐]—ガヒ(명) 기개(気概). 의기(意気). —な·い[腑甲斐無い] (형) 기개가 없다. 비겁하다.

—ぶか·い[深い](조어·형) ①…이 깊은. 「底(ソコ)—; 밑이 깊은」 ②정도가 강한. 「なさけ—; 자비심이 많은」

ぶかい[部会](명) 큰 모임을 부분적으로 나눈 집회(集会). a sectional meeting

ぶがい[部外](명) 부외. 부(部)의 외부. 어떤 단체나 조직의 외부. 「—にもらすな; 부 외부에 비밀을 누설하지 말라」 ↔部内(ブナイ). outside the department

ふかいり[深入り](명·자サ) ①깊이 들어 감. ②깊이 관계함. 1. going deep into

ふかおい[深追い]—オヒ(명·타サ) 끈덕지게 좇음.

ふかかい[不可解](명·형동ダ) 불가해. 이해할 수가 없음. inexplicability

ふかく[不覚](명·형동ダ) ①지각(知覚)이 확실하지 않음. ②마음을 놓아(방심하여) 실패함. 소홀함. ③비겁함. ④저도 모르게 함. 「—の涙(ナミダ); 저도 모르게 흐르는 눈물」 1. unpreparedness

ふがく[富岳·富嶽](명) 후지산(富士山)의 다른 이름.

ぶがく[舞楽](명) 무악. 춤이 따르는 아악(雅楽). a court dance and music. —めん[舞楽面](명) 무악할 때 쓰는 가면(仮面).

ふかくじつ[不確実](명·형동ダ) 불확실. 확실하지 않음. uncertainty

ふかくだい[不拡大](명) 불확대. 사건을 확대시키지 않는 일. localizing

ふかぐつ[深靴](명) 가죽으로 만든 목이 긴 구두. a boot

ふかけつ[不可欠](형동ダ) 불가결. 필요로 하는 모양. 「成功(セイコウ)に—の条件(ジョウケン); 성공에 불가결한 조건」 indispensable

ふかけん[不可見](명) 불가견. 보이지 않음. 볼 수가 없음. invisibility

ふかげん[不加減](명·형동ダ) ①맛이 좋지 않은 모양. ②몸이 좋지 않은 모양. 1. unsavoury

ふかこう[不可抗](명) 사람의 힘으로는 어떻게 할 수 없는 일. 「—力(リョク); 불가항력」 inevitability

ふかさ[深さ](명) 깊이의 정도. 깊이. depth

ふかし[蒸](명) ①증기(蒸気)로 찜. ②찌는 그릇. 찜통. 시루. 1. steaming

ふかし[不可視](명) 육안으로 볼 수 없는 것. 「—光線(コウセン); 불가시 광선(눈에 보이지 않는 자외선, 적외선 등)」 invisivility

ふかしぎ[不可思議](명·형동ダ) ①불가사의. 사람의

생각으로는 헤아릴 수 없음. ②이상 야릇함. 1. a wonder

ふかしん[不可侵](명) 불가침. 침범해서는 안되는 것. 「一条約(ジョウヤク); 불가침 조약」 non-aggression

ふか·す[吹かす](타 4) 피우다. 「タバコを一; 담배를 피우다」 smoke

ふか·す[蒸す](타 4) 찌다. 증기로 열을 가(加)하다. 「いもを一; 감자를 찌다」 명 ふかし. steam

ふか·す[深かす·更かす](타 4) 밤늦게까지 일어나 있다. 「夜(ヨ)を一; 밤늦게까지 일어나 있다」 sit up till late at night

ふかち[不可知](명)〈철〉 불가지. 인식이나 경험을 초월한 것이므로 알 수가 없음. 「一論(ロン); 불가지론」 incomprehensibility

ふかつ[賦活](명·타サ)〈의〉 활력을 줌. activation

ぶかっこう[不格好·不恰好](명·형동ダ) 모양이나 태도가 흉함(꼴사나움). clumsiness

ふかづめ[深爪](명) 손톱을 바투 깎음. 「一を切(キ)る; 손톱을 바투 깎다」 a deeply-pared nail

ふかで[深手·深傷](명) 크고 대단한 상처. 깊은 상처. 「一を負(オ)う; 큰 부상을 입다」 ↔浅手(アサデ). a severe wound

ふかなさけ[深情け](명) 이성에 대한 깊은 애정. 「悪女(アクジョ)の一; 추녀의 깊은 애정. 귀찮은 호의나 친절」 an inordinate show of affection

ふかのう[不可能](명·형동ダ) 불가능. ①할 수 없음. 될 수 없음. 불능(不能). ②있을 수 없음. impossibility

ふかひ[不可避](명) 불가피. 피하지 못함. 피할 수 없음. 「ストライキは一だ; 스트라이크는 불가피하다」 inevitability

ふかぶかと[深深と](부) 몹시 깊은 모양. bottomlessly

ふかぶん[不可分](명·형동ダ) 불가분. 나눌 수 없음. 「一の関係(カンケイ); 불가분의 관계」 indivisibility

ふかま[深間](명) ①깊은 곳. ②남녀의 사귐이 대단히 친숙한 것. 2. intimacy

ふかま·る[深まる](자 4) ①깊어지다. ②정도가 진전(進展)되다. 「愛情(アイジョウ)が一; 애정이 깊어지다」 1. deepen

ふかみ[深み](명) ①깊음. ②깊은 곳. ③깊이 패어진 곳. ↔浅(アサ)み. 1. a depth

ふかみぐさ[深見草](명)〈식〉 모란(牡丹)의 다른 이름. a peony

ふかみどり[深緑](명) 짙은 초록색. 갈매색. deep green

ふか·む[深む](자 4) 깊어지다. 「深(フカ)み行(ユ)く秋(アキ); 깊어 가는 가을」 deepen

ふかん[俯瞰](명·타サ) 부감. 높은 곳에서 낮은 곳을 내려다 봄. 「一図(ズ); 부감도. 조감도(鳥瞰図)」 overlooking

ぶかん[武官](명) 무관. ①군인. ②하사관 이상의 군인. ↔文官(ブンカン). 2. a military officer

ぶかん[武鑑](명) 에도(江戸) 시대, 무가(武家)의 이름, 봉록(俸禄), 계도(系図) 등을 써 둔 책. 지금의 직원록(職員録)에 해당하는 것. a book of heraldry

ふかんしへい[不換紙幣](명)〈경〉 불환 지폐. 정화(正貨)와 바꿀 수 없는 지폐. ↔兌換(ダカン)紙幣. inconvertible notes

ふかんしょう[不感症](명)〈의〉 불감증. ①감각이 둔해서 쾌감을 느끼지 못하는 증세. ②성교(性交)할 때 쾌감을 느끼지 못하는 병. 1. insensibility

ふかんせいゆ[不乾性油](명)〈이〉 불건성유. 공기 중에 두어도 막(膜)을 형성하거나 마르거나 산화(酸化)하지 않는 기름. ↔乾性油(カンセイユ). non-drying oil

ふかんぜん[不完全](명·형동ダ) 불완전. 완전하지 못함. imperfection

ふき[袘](명)〔일본옷에서〕 소매나 단의 안감을 겉의 천보다 약간 더 내어 단으로 한 것. 「一を出(ダ)す; 안을 내다」 the cut-turned skirt of a lining

ふき[蕗](명)〈식〉 머위. 엉거시과에 속하는 다년초. 잎은 둥글고 크며 엽병(葉柄)은 긴데 잎과 엽병은 식·용. a butterbur

ふき[不軌](명) 불궤. ①규칙이나 습관을 지키지 않음. ②배신(背信). 반역. 대역(大逆). 1. breach

ふき[不帰](명) 불귀. ①두 번 다시 돌아 오지 않음. ②죽음. 「一の客(キャク)となる; 불귀의 객이 되다(죽다)」 1. no return

ふき[不羈](명) 불기. 구속을 받지 아니함. 남에게 매이지 아니함. 자유 분방(奔放). freedom

ふき[付記](명·타サ) 부기. 덧붙여 적음. writing in additional

ふぎ[不義](명) 불의. ①의리나 도리에 벗어남. ②(남녀간의) 의리에 어긋난 관계. 1. immorality

ふぎ[付議](명·타サ) 부의. 회의나 토의에 붙임. bringing up for discussion

ふぎ[府議](명) 부의회 의원(府議会議員)의 준말.

ぶき[武器](명) 무기. ①전쟁에 쓰이는 기구. 병기(兵器). ②몸을 보호하며 상대방을 공격하는 도구. a weapon

ぶぎ[武技](명) 무기. 무술(武術). military arts

ぶぎ[舞妓](명) 무기. 춤으로써 연회에 흥취를 돋우는 것을 직업으로 하는 기생. 무희(舞姫). a dancing girl

ふきあげ[吹き上げ](명) ①바람이 위로 향하여 붊. ②분출(噴出). 또는 그 물. 분수(噴水). 1. blowing up

ふきあ·れる[吹き荒れる](자하 1) 바람이 몹시 거칠게 불어 대다. blow violently

ふきいど[吹き井戸]一キド(명) 물을 뿜어 내는 우물. an artesian well

ふきい·れる[吹き入れる](타하 1) 바람을 불어 넣다. blow in

ブギウギ[boogie-woogie](명)〈악〉 부기우기. 미국 흑인 음악에서 생긴 재즈 음악의 한 가지. 리듬이 몹시 빠름.

ふぎかい[府議会](명)〈법〉 부의회. 부(府)의 여러 가지 일을 결정하는 회의.

ふきかえ[吹き替え]一カヘ(명) ①금속으로 된 기구나 화폐 등을 녹여서 다시 주조한 것. ②〔영화나 연극에서〕 관객이 모르게 대역을 함. 1. recasting 2. a dummy

ふきかえし[吹き返し]ーカヘシ(명) ①바람이 전과 반대 방향으로 부는 일. 또는 그 바람. ②여자의 머리 올리는 방법의 한 가지. ③⇨ふき(袘). 동吹き返えす(타 4). 1. a counter wind
ふきかえす[吹き返す](자·타タ) ①바람이 반대로 불다. 또는 바람이 반대쪽으로 물건을 날리다. ②바람이 물건을 뒤집다. ③금속 기구. 화폐 등을 재주(再鑄)하다. ④숨이 되살아 나다. 소생하다.
ふきか·ける[吹き掛ける](타하 1) ①바람이 모질게 불어 젖히다. ②불어 끼얹다. 뿜어 끼얹다. ③걸다. 「けんかを一; 싸움을 걸다」 ④에누리하다. 과장하여 말하다. 1. blow upon
ふきき·る[吹き切る](자 4) ①종기가 터져서 고름이 나오다. ②바람이 완전히 멎다. 1. discharge pus
ふきげん[不機嫌](명·형동ダ) 기분이 좋지 못함. 불쾌함. moroseness
ふきこぼ·れる[吹き溢れる](자하 1) (밥 등이) 끓어 넘다.
ふきこ·む[吹き込む] Ⅰ(자 4) 바람이나 눈이 날아 들어 오다. Ⅱ(타 4) ①불어 넣다. ②꼬드겨 가르치다. 「片(カタ)よった思想(シソウ)を一; 편협된 사상을 가르치다」 ③레코오드 등에 취입하다. ④선동하다. Ⅰ blow in
ふきこ·む[拭き込む](타 4) 충분히 닦다. polish
ふきさらし[吹き曝し](명) 그대로 내버려 두어서 바람에 쐼. 동吹きさらす(자 4). exposure
ふきすさ·ぶ[吹き荒ぶ](자 4) 바람이 거칠게 불다. blow violently
ふきそ[不起訴](명)〈법〉불기소. 검사가 기소하지 않음. 「一処分(ショブン); 불기소 처분」 non-prosecution
ふきそうじ[拭き掃除](명·자サ) 걸레 등으로 닦아서 청소함. ↔はきそうじ. cleaning
ふきそく[不規則](명·형동ダ) 불규칙. 규칙적이 아님. 규칙에 벗어남. irregularity
ふきたお·す[吹き倒す]ータフス(타 4) ①바람이 불어서 물건을 넘어뜨리다. ②큰소리를 쳐서 상대방을 누르다. 1. blow down
ふきだ·す[吹き出す] Ⅰ(자 4) ①불기 시작하다. ②물 등이 세차게 솟아 오르다. ③참지 못하고 웃음을 터뜨리다. Ⅱ(타 4) ①불어서 밖으로 내다. ②〔피리 등을〕 불기 시작하다. Ⅰ1. begin to blow
ふきだまり[吹き溜まり](명) 눈(雪), 나뭇잎이 바람에 불려 한 곳에 깊이 쌓여 있음. 또는 그곳. a snowdrift
ふきつ[不吉](명·형동ダ) 불길. 좋지 아니함. 길(吉)하지 못함. ill omen
ぶきっちょ(う)(명·형동ダ)〈속〉 ① ⇨ぶきよう(不器用). ②⇨ぶえんりょ(無遠慮).
ふきでもの[吹き出物](명) 피부(皮膚)에 조그마한 좁쌀알 같은 것이 돋은 것. 예: 부스럼, 여드름 따위. a pimple
ふきとば·す[吹き飛ばす](타 4) ①불어서 날리다. ②큰 소리를 쳐서 놀라게 하다. ③쫓아 버리다. 「暑(アツ)さを一; 더위를 쫓아 버리다」 1. blow off
ふきながし[吹き流し](명) ①여러 개의 가늘고 긴 천을 반월형(半月形)의 고리에 매어 막대기에 달아서 바람에 나부끼게 하는 것. ②단오절에 올리는 기(旗)의 한 가지. 1. a streamer
ふきぬき[吹き抜き·吹き貫](명) ①바람이 통함. 또는 통하는 곳. ②긴 헝겊을 여러 개 단 고리를 대 끝에 달아 바람에 나부끼게 하는 것. ③속옷을 입지 않고 옷을 한 가지만 입음. ④벽이 없는 집. ⑤천장이 없이 2층 이상의 높이로 짓는 법. 1. ventilation
ふきのとう[蕗の薹](명)〈식〉 머위의 꽃줄기(花茎). a flower of the butterbur
ふきはら·う[吹き払う]ーハラフ(타 4) (바람이) 불어서 날려 버리다. sweep off
ふきぶり[吹き降り](명) 심한 바람과 함께 비가 오는 일. a driving rain
ふきまく·る[吹き捲る](타 4) ①바람이 불어 말아 올리다. ②바람이 몹시 불다. ③마구 과장(誇張)하여 말하다. 1. blow about
ふきまわし[吹き回し]ーマハシ(명) ①풍향(風向)의 상태. ②그때의 형편. 또는 상태. 「どういう風(カゼ)の一か; 무슨 바람이 불었는지」
ぶきみ[無気味·不気味](형동ダ) 기분이 나쁜 모양. 무서운 모양. 「一な声(コエ); 기분 나쁜(무서운 감이 드는) 소리」 uncanniness
ふきや[吹き矢](명) 대꼬챙이 끝에 종이 깃을 단 짧은 화살을 대통 속에 넣어서 입으로 불어 날리는 일. 또는 그 화살. a blowgun
ふきゅう[不休](명) 불휴. 조금도 쉬지 않음. 「不眠(フミン)一; 불면 불휴」 without rest
ふきゅう[不朽](명) 불후. 후세까지 오래 남아 있음. 썩어 없어지지 않음. 「一の名作(メイサク); 불후의 명작」 immortality
ふきゅう[不急](명·형동ダ) 급하지 않음. 서두르지 않음. not pressing
ふきゅう[普及](명·자サ) 보급. 널리 퍼뜨림. 「テレビが一する; 텔레비가 보급되다」 spread
ふきゅう[腐朽](명·자サ) 썩음. 노후(老朽). 「一船(セン); 노폐선」 decay
ふきょ[不許](명) 불허. 허락하지 않음. 「一複製(フクセイ); 복제를 불허함」
ふきょう[不況](명)〈경〉 불황. 경기(景気)가 좋지 못함. 불경기. ↔好況(コウキョウ). slump
ふきょう[不興](명) ①흥이 나지 않음. 재미가 없음. ②웃사람의 기분을 상하게 함. 「一を買(カ)う; 웃사람의 기분을 상하게 하다」 1. displeasure
ふきょう[布教](명·자サ) 포교. 종교를 널리 폄. 전도(伝道). 「一師(シ); 포교사. 전도사」 mission
ふきょう[富強](명·형동ダ) 부강. 부유하고 강함. wealth and power
ふぎょう[俯仰](명) 부앙. ①내려다 봄과 쳐다봄. 「一天地(テンチ)に恥(ハ)じない; 누구한테도 부끄러울 것이 없다」 ②기거 동작(起居動作). 1. looking up and down

ぶきよう[無器用·不器用](명·형동ダ) ①서투름. 손재주가 없음. ②비겁함. 도의에 위배됨. 1. unskilfulness

ぶぎょう[奉行](명) ①무가(武家) 시대의 직명(職名). 한 부분의 행정 사무(行政事務)를 맡아 보던 무사(武士)의 우두머리. ②명령을 받고 행하는 것. 또는 그 사람. 2. a magistrate

ふぎょうぎ[不行儀](명·형동ダ) 행동(예절)이 바르지 않음. 예의 범절에 벗어남. bad manners

ふぎょうじょう[不行状](명·형동ダ) 몸가짐과 행실이 나쁨. 품행이 방정치 못함. misconduct

ふぎょうせき[不行跡](명·형동ダ) ⇨ふぎょうじょう(不行状).

ふきょうわ[不協和](명)〈악〉함께 나는 둘 이상의 소리가 융합되지 않아서 불안정한 감을 주는 것.「一音(オン); 불협화음」 dissonance

ふきょか[不許可](명) 불허가. 허가하지 않음.「一になった; 불허되었다」

ふきょく[布局](명·타サ) ①바둑돌을 바둑판 위에 늘어놓음. ②전체의 배치(配置). 2. arrangement

ぶきょく[部局](명) 부국. 관청에서 업무를 분담하는 곳. 국(局), 부(部), 과(課) 등. departments and bureaus

ふきょく[負極](명)〈이〉부극. ①전류(電流)가 흐르는 쪽의 극. 음극(陰極). ②자석(磁石)의 남극(南極). 1. the negative pole

ぶきょく[舞曲](명) 무곡. ①춤과 악곡(楽曲). ②〈악〉무도곡(舞蹈曲). 1. music and dancing

ふきよせ[吹き寄せ](명) ①불어서 한쪽으로 모음. ②여러 가지 곡(曲)에서 조금씩 뽑아 낸 것을 연결하여 연주함. 또는 그 곡. 1. gathering by blowing

ふぎり[不義理](명·형동ダ) ①의리가 없음. 도리에 벗어남. ②빌어 쓴 돈을 갚지 않음. 1. dishonesty 2. default

ふきりつ[不規律](명·형동ダ) 규율이 서지 아니함. 질서가 없음. disorder

ぶきりょう[不器量·無器量](명·형동ダ) ①용모(容貌)가 추함. ②재주가 없음. 재능(才能)이 없음. 1. ugliness 2. incompetency

ふきん[布巾](명) 식기 같은 것을 닦는 천. 행주. a napkin

ふきん[付近](명) 부근. 근처(近処). 주변(周辺). 변두리. the neighbourhood

ふきんしん[不謹慎](명·형동ダ) 불근신. 근신하지 않음. 착실하지 않음.「一な態度(タイド); 착실하지 않은 태도」 imprudence

ふく一[副](조어) ①주(主)가 되는 말 이외의 한자(漢字) 앞에 붙어서 버금의 뜻을 나타내는 말.「一社長(シャチョウ); 부사장」「一収入(シュウニュウ); 부수입」↔正(セイ). ②목적에 맞지 않음.「一作用(サヨウ); 부작용」

一ふく[服](접미) ①가루약이나 첩약 등의 포(包)의 수.「くすり二(ニ)一; 약 두 첩」②담배나 차(茶)를 마시는 회수 모금.「お茶(チャ)を一服(イップク); 차를 한 모금」

一ふく[幅](접미) 족자 등을 세는 말.

ふ·く[吹く]Ⅰ(자 4) ①(바람이) 불다. ②물이 위로 솟다. ③[噴く](김 등이) 안으로부터 나오다.「ごはんが吹いている; 밥이 끓어 넘고 있다」Ⅱ(타 4) ①바람이 물건을 움직이다. ②입김을 불다. ③입김으로 속의 물건을 뿜어 내다. ④안으로부터 힘차게 내어보내다. ⑤휘파람을 불다. ⑥(움이) 돋다. ⑦금속을 광석으로부터 녹여 분리하다. ⑧나타내다. ⑨금속 기구를 부어서 만들다.「鐘(カネ)を一; 종을 만들다」⑩자랑하다. 큰소리를 치다.「ほらを一; 허풍을 떨다」 Ⅰ1. blow 2. spout

ふ·く[拭く](타 4) 씻다. 닦다. wipe

ふ·く[葺く](타 4) ①지붕을 이다.「かわらで一; 기와로 지붕을 이다」②(처마끝에) 꽂다. 1. roof

ふく[服](명) ①옷. 의복. ②양복. 2. European-style clothes

ふく[副](명) ①부가(附加). 추가(追加). ②베낌. 등사(謄写). ③⇨ひかえ. ↔正(セイ). ④부관(副官). 부사(副使). 1. an addition

ふく[幅](명) ①폭. 가로의 길이. 나비. ②족자(簇子). 1. width

ふく[福](명) 복. ①행복. ②신의 도움.「一の神(カミ); 복신」 1. happiness

ふく[複](명) ①〔정구 등에서〕복식(複式). ↔単(タン). ②두 개 이상. 하나가 아닌 것. 1. doubles

ふぐ[不具](명) 불구. ①몸 일부에 결함이 있는 것. 병신.「一者(シャ); 불구자」②완전히 갖추어지지 않음. 부족. ③편지 끝에 쓰는 말. 불비(不備). 1. deformity 2. deficiency

ふぐ[河豚](명)〈동〉하돈. 화가 나면 배를 내밂. 맛은 좋으나 내장에 독이 있음. 복어. 복. a swellfish

ぶぐ[武具](명) 병기(兵器). 특히 갑옷과 투구를 가리킴. arms

ふくあん[腹案](명) 복안. 마음에 먹은 생각. 또는 그 안(案). 아직 발표하지 않은 구상(構想). a premeditated plan

ふくい[復位](명·타サ) 복위. 먼저의 지위(地位), 위치로 되돌아옴. restoration

ふくい[腹囲](명) 복부(腹部)의 둘레.

ふくい[福井](명)〈지〉중부 지방 서남부의 현. 또는 그 현의 현청 소재지.

ふくいく[馥郁](형동タルト) 좋은 냄새가 나는 모양. fragrant

ふくいん[幅員](명) (도로나 군함 등의) 폭. 나비. width

ふくいん[復員](명·자サ)〈군〉복원. ①군대를 전시 편제(戦時編制)에서 평시 편제(平時編制)로 돌림. ②소집된 군인의 임무를 해제함. 1. demobilization

ふくいん[福音](명) 복음. ①기독교의 교리와 진리. ②기쁜 소식. 2. good news. **一しょ**[福音書](명)〈종〉복음서. 〔성서 가운데〕그리스도의 일생과 말씀, 행동을 기록한 책.

ふぐう[不遇](명·형동ダ) 불우. 세상에서 인정을 받지 못해 출세하지 못함. 불운(不運). misfortune

ふくうん[福運](명) 복운. 행운(幸運). good fortune

ふくえき[服役](명·자サ) 복역. ①공역(公役)이나 병역(兵役)에 종사함. ②징역(懲役)을 삶. 2. servitude

ふくえん[復円](명·자サ)〈천〉 복원. 일식(日蝕)이나 월식이 끝나서 해나 달이 원래의 둥근 상태로 돌아 감.

ふくえん[復縁](명·자サ) 복연. 인연이 끊어졌다가 다시 원래의 관계로 돌아 옴. reinstatement

ふくえん[複塩](명)〈이〉 복염. 2종 또는 그 이상의 중성염(中性塩) 분자의 결합물. a double salt

ふくおか[福岡](명)〈지〉 큐우슈우(九州) 북부의 현. 또는 그 현의 현청 소재지.

ふくおん[複音](명)〈악〉 복음. ①하아모니카 등과 같이 음을 내는 구멍이 두 줄로 되어 있는 것. ②두 개 이상의 서로 다른 높이의 음이 동시에 남으로써 이루는 중음(重音). ↔単音(タンオン). ③자음(子音). 2. a compound sound

ふくが[伏臥](명·자サ) 몸을 죽 뻗고 엎드림. lying

ふくかく[伏角](명)〈이〉 자침(磁針)이 수평면에 대해서 기울어진 각도. a dip

ふくがく[復学](명·자サ) 복학. 휴학하고 있던 학생이 학교에 다시 다님. return to school

ふくかん[副官](명) ⇨ふっかん.

ふくかん[復刊](명·타サ) ⇨ふっかん.

ふくがん[複眼](명)〈생〉 복안. 작은 눈이 여러 개 모여서 이루어진 눈. 곤충, 새우, 게 등 절족 동물(節足動物)의 눈. a compound eye

ふくぎょう[副業](명) 부업. 본업 이외에 하는 일. 내직(内職). a side job

ふくぎょう[復業](명·자サ) 복업. 그만두었던 일이나 직업에 다시 종사함. resuming work

ふくげん[復元](명·자타サ) 복원. 먼저의 위치나 상태로 되돌아감. 원래대로 회복함. restoration

ふくこう[復校](명·자サ) ⇨ふっこう.

ふくこう[復航](명) ⇨ふっこう.

ふくこう[腹腔](명)〈생〉 복강. 위(胃), 장(腸), 간장, 신장 등 복부의 내장이 들어 있는 곳. the abdominal cavity

ふくごう[複合](명·자サ) 복합. 두 가지 이상의 것이 합해서 하나로 됨.「一語(ゴ); 복합어」compositeness

ふくこうがん[副睾丸](명)〈생〉 부고환. 고환의 뒤쪽 상부에 있는 생식기. 정충(精虫)을 저장하였다가 수정관(輸精管)을 통하여 정낭(精嚢)으로 보내는 작용을 함. an epididymis

ふくこうかんしんけい[副交感神経](명)〈의〉 부교감 신경. 자율 신경(自律神経)의 하나. 신체의 활동을 진정시키는 작용을 함. ↔交感神経. the parasympathetic

ふくさ[袱紗](명) ①견(絹). 비단. ②작은 명주 보자기. ③다도(茶道)에서 먼지도 털고 차잔을 받기도 하는 작은 명주 헝겊. 1. silk. ―**さばき**[袱紗捌き](명) 다도(茶道)에서 "袱紗③"을 다루는 법.

ふくざい[伏在](명·자サ) 몰래 숨어 있음. lurking

ふくざい[服罪](명·자サ)〈법〉 복죄. 죄에 대한 형벌을 복종하여 받음. submission to a sentence

ふくざつ[複雑](명·형동ダ) 복잡. 일이나 물건의 갈피가 뒤섞여 어수선함.「一な事情(ジジョウ); 복잡한 사정」↔簡単(カンタン). complexity

ふくさよう[副作用](명)〈의〉 부작용. 약이 치료 효과 이외에 일으키는 작용. secondary effect

ふくさんぶつ[副産物](명) 부산물. ①주산물을 만드는 데에 따라 생기는 산물. ②어떤 사물을 다루어 행할 때 부수적으로 생기는 일. a by-product

ふくし[副使](명) 부사. 정사(正使)를 돕는 버금 사신(使臣). a vice-envoy

ふくし[副詞](명) 부사. 〔문법에서〕 품사의 하나. 용언(用言) 또는 다른 부사 앞에 놓이어 그 뜻을 한정하며 활용하지 않음. an adverb

ふくし[福祉](명) 복지. ①행복과 이익. 복리(福利). ②불행한 사람들을 위한 행복.「社会(シャカイ)一; 사회 복지」 welfare

ふくじ[服地](명) 복지. 양복을 지을 옷감. 양복지. dress material

ふくしき[複式](명) 복식. ①이중 또는 그 이상으로 된 방식. 복잡한 방식. ②〈경〉 복식 부기(複式簿記)의 준말. 1. compound

ふくしきこきゅう[腹式呼吸](명) 복식 호흡. 뱃가죽을 한 번 폈다 오그렸다해서 횡격막(横隔膜)의 신축에 의하여 하는 호흡. abdominal breathing

ふくじてき[副次的](형동ダ) 부차적. 이차적(二次的).「一な問題(モンダイ); 부차적인 문제」 secondary

ふくしま[福島](명)〈지〉 동북 지방의 현. 또는 그 현의 현청 소재지.

ふくしゃ[複写](명·타サ) 복사. ①한 번 베낀 것을 한 번 더 베끼는 것. ②두 장 이상을 포개어서 한꺼번에 씀.「一紙(シ); 복사지」③사진 또는 그림 등을 복제(複製)함. 1. copying

ふくしゃ[輻射](명·타サ) 복사. ①중앙의 한 점에서 사방으로 방사(放射)하는 현상. ②〈이〉 빛이나 열 등이 공간에서 물결 모양으로 진행하는 현상. ③방사(放射). radiation. ―**ねつ**[輻射熱](명)〈이〉 복사열. 복사가 물체에 흡수되어 생기는 열.

ふくしゅ[副手](명) ①일을 돕는 사람. 조수(助手). ②대학에서 조수 밑에 있는 직원. 1. an assistant

ふくしゅう[復習](명·타サ) 복습. 배운 것을 되풀이하여 공부함. 배운 것을 익힘. ↔予習(ヨシュウ). review

ふくしゅう[復讐](명·자サ) 복수. 원수를 갚음. 보복(報復). revenge

ふくじゅう[服従](명·자サ) 복종. 명령 또는 뜻에 순종함.「相手(アイテ)のことばに一する; 상대방의 말에 따르다」 obedience

ふくじゅうじ[複十字](명) 복십자. 결핵 예방을 나타내는 표지. "キ"자형과 같음.「一のシール; 복십자의 시일」

ふくしゅうにゅう[副収入](명) 부수입. 부업으로 버는 수입. an additional income

ふくじゅそう[福寿草](명)〈식〉 복수초. 미나리아재비과에 속하는 다년초. 4～5월경에 황색 또는 홍색, 백색, 녹색의 꽃이 줄기 끝에 핌. 관상용. an adonis

ふくしょ[副書](명) 원본의 복사판. 부본(副本). a copy
ふくしょ[副署](명·자サ)〈법〉 부서. 국무 대신이 천황 이름 다음에 서명함. 또는 그 서명. countersignature
ふくしょう[副将](명) 부장. 주장(主将)의 다음 가는 지위로 주장을 보좌하는 사람. a sub-captain
ふくしょう[副賞](명) 부상. 정식 상에 곁들여 주는 상. a supplementary prize
ふくしょう[復誦](명·타サ) (전해진 명령을) 다시 되풀이하여 읽거나 욈. 복창(復唱). a recital
ふくしょう[福祥](명) 행복. 만족. happiness
ふくしょく[服飾](명) 복식. ①의복과 장식. ②옷의 장식. 1. dress and its ornaments
ふくしょく[復職](명·자サ) 복직. ①물러났던 관직에 다시 나아감. ②휴직자 등이 다시 그 직에 나아감. 1. reappointment
ふくしょく(ぶつ)[副食(物)](명) 부식물. 주식에 곁들여 먹는 음식. 반찬. 부식. 「一費(ヒ); 부식비」 a side dish
ふくしん[腹心](명) 복심. ①마음속 깊은 곳. 진심. ②두텁게 신뢰함. 심복(心腹). 「一の部下(ブカ); 심복 부하」 1. the innermost recesses of one's heart
ふくしん[覆審](명·타サ)〈법〉 복심. 공소 법원(控訴法院)이 제 1 심(審)과는 전혀 관계 없이 독립하여 새로운 심리 판결을 함. a retrial
ふくじん[副腎](명)〈생〉 부신. 신장. 부근에 있는 내분비 기관. 호르몬을 분비함. 「一皮質(ヒシツ)ホルモン; 부신 피질 호르몬」 a suprarenal gland
ふくじんづけ[福神漬け](명) 무우, 가지, 연근 등의 야채를 잘게 썰어 소금에 절였다가 간장과 설탕을 넣어 삶은 것.
ふく·す[服す] Ⅰ(자 4) ①종사하다. ②복종하다. 「命令(メイレイ)に一; 명령에 복종하다」 Ⅱ(타 4) ①복종하게 하다. ②음식을 먹다. 마시다. ③입다. 착용하다. Ⅰ2. obey Ⅱ1. subdue
ふく·す[復す] Ⅰ(자 4) 돌아 가다. 돌아 오다. 「旧(キュウ)に一; 옛으로 돌아 가다」 Ⅱ(타 4) ①돌아 가게 하다. 돌려 보내다. ②답하다. 대답하다. ③갚다. 보상하다. 보답하다. ④되풀이하다. Ⅰreturn
ふくすい[腹水](명)〈의〉 복수. 뱃속에 장액성(漿液性)의 액체가 괴는 병증(病症). abdominal dropsy
ふくすい[覆水](명) 복수. 엎지른 물. 「一盆(ボン)にかえらず; 엎지른 물을 다시 담을 수는 없다(한번 실수한 것은 어쩔 수 없다)」 spilt water
ふくすう[複数](명) 복수. ①둘 이상의 수(数). ↔単数(タンスウ). ②〔문법에서〕 둘 이상의 사물을 가리키는 명사나 대명사. 2. the plural number
ふくすけ[福助](명) ①복을 가져온다는 인형의 한 가지. 키가 작고 머리가 큰 남자 인형. ②키가 작고 머리가 큰 사람. 2. a big-headed man
ふく·する[伏する] Ⅰ(자サ) ①복종하다. 굽히다. 「威(イ)に一; 위력에 복종하다」 ②숨다. Ⅱ(타サ) ①복종하게 하다. ②숨게 하다. Ⅰ1. stoop
ふくせい[服制](명) 복제. 특별히 정한 의복의 규칙(規則). dress regulations
ふくせい[復姓](명·자サ) 복성. 본디 성(姓)으로 되돌아감. return to one's original name
ふくせい[複星](명)〈천〉 복성. 두 개 이상의 항성(恒星)이 근접해 있는 것. a multiple star
ふくせい[複製](명·타サ) 복제. ①〈법〉 저작권자(著作権者) 이외의 사람이 원작과 똑같은 것을 만들어 냄. 「不許(フキョ)一; 불허 복제」 ②미술품이나 고전(古典)의 원작에 흡사하도록 제품(製品)함. 2. a reproduction
ふくせいひん[副製品](명) ⇨ふくさんぶつ(副産物).
ふくせき[復席](명·자サ) 원래의 자기 자리로 되돌아감. resuming one's seat
ふくせき[復籍](명·자サ)〈법〉 복적. 혼인(婚姻) 또는 양자로 인연을 맺어 남의 집에 입적(入籍)했다가, 이혼 또는 이연(離縁)으로 이전의 호적에 다시 되돌아감. return to the original domicile
ふくせん[伏線](명) 복선. 뒷일의 준비 때문에 미리 암암리에 베풀어 두는 것. 「一を敷(シ)く; 복선을 깔다」 an underplot
ふくせん[複線](명) 복선. 둘 이상을 나란히 깔아 놓은 선로(線路). ↔単線(タンセン). a double track
ふくそう[伏奏](명·타サ) 천자(天子) 앞에 엎드려 주상(奏上)함. a report to the throne
ふくそう[服装](명) 복장. 옷 입은 모양. 옷차림. dress
ふくそう[副葬](명·타サ)〈역〉 부장. 죽은 사람이 생전에 애용했던 것을 시체(屍体)와 함께 묻음. 「一品(ヒン); 부장품」
ふくそう[福相](명·형동ダ) 복상. 복스러운 상(相). ↔貧相(ヒンソウ). a happy look
ふくそう[輻湊·輻輳](명·자サ) 폭주. 사물이 한 곳으로 집중함. 집중. 혼잡. 「諸事(ショジ)一して多忙(タボウ)なり; 여러 가지 일이 폭주하여 아주 바쁘다」 overcrowding
ふくぞう[伏蔵](명) 숨는 것. 숨기는 것. concealment
ふくぞう[腹蔵](명) 복장. 마음속에 숨기고 있는 생각. 「一のない意見(イケン); 숨김 없는 의견(솔직한 의견)」 reserve
ふくぞく[服属](명·자サ) 복속. 부하(部下)가 되어 복종함. 순종함. subordination
ふくそくるい[腹足類](명)〈동〉 복족류. 연체(軟体) 동물에 속하는 한 강(綱). 예 : 소라, 달팽이, 고둥 등. the Gastropoda
ふくだい[副題](명) ⇨サブタイトル.
ふぐたいてん[不倶戴天](연어·명) 불구 대천. 더불어 한하늘 아래에 살 수 없을 정도의 깊은 원한. 불공대천(不共戴天). 「一の敵(テキ); 불구 대천의 원수」 mortal
ふくちゃ[福茶](명) 검정콩(黒豆), 다시마(昆布), 산초나무의 잎을 달여서 만든 차(茶). 섣달 그믐날 밤 등에 마심.
ふくちゅう[腹中](명) 복중. ①뱃속. ②마음속. ③도량(度量). 「大(ダイ)一; 큰 도량」 1. the inside of an abdomen 2. one's mind
ふくちょう[副長](명)〈군〉 부장. 함장을 도와서 군함

내의 일을 맡아 보는 사람. a commander
ふくちょう[復調](명) 신체의 건강 상태가 원상(原状)대로 되는 것. recovery
ふくつ[不屈](명·형동ダ) 불굴. 굴하지 않음. 버티고 굽히지 않음.「一の精神(セイシン); 불굴의 정신」 fortitude
ふくつう[腹痛](명) 복통. 배 아픈 것. a stomachache
ふくてつ[覆轍](명) 복철. ①엎어진 수레 바퀴. ②앞사람의 실패한 자취. 실패의 전례. 전철(前轍).「前車(ゼンシャ)の一; 앞 사람이 실패한 자취(전철)」 1. the rut left by a capsized carriage
ふくど[覆土](명·자サ)〈농〉복토. 흙을 덮음. 또는 그 흙. molding up
ふくとう[復党](명·자サ) 복당. 본래의 당에 다시 돌아 감. return to the party
ふくとう[復答](명·타サ) 대답함. a reply
ふくどう[複道](명) 도로 위에 만든 도로. 이중 도로(二重道路). a double passage
ふくとく[福徳](명) 복덕. ①복과 덕. ②행복과 재산. 행복과 이익.「一円満(エンマン); 복덕 원만」③선행(善行)의 과보(果報)로서 받는 복리(福利). 복스러운 공덕. 3. good fortune
ふくどく[服毒](명·자サ) 독약을 마심. 음독(飲毒).「一自殺(ジサツ); 음독 자살」 taking poison
ふくどく[復読](명·타サ) 되풀이해서 읽음. reading over and over again
ふくどくほん[副読本](명) 부독본. 정독본 외에 쓰이는 독본. a supplementary reader
ふくのかみ[福の神](명) (경제상의) 행복을 가져온다는 신. the God of Wealth
ふくはい[復配](명·자サ)〈경〉복배. 배당(配当)을 부활시키는 것.
ふくはい[腹背](명) 복배. 배와 등(背). 앞뒤.「一に敵(テキ)を受(ウ)ける; 앞뒤로 적을 만나다」 the back and front
ふくひ[複比](명)〈수〉복비. 두 개이상의 비(比)에 있어서 전항(前項)의 적(積)을 전항으로 하고, 후항(後項)의 적을 후항으로 한 비. 상승비(相乗比). ↔単比(タンピ). compound ratio
ふくびき[福引き](명) 추첨으로 경품(景品)을 나누어 주거나 가지는 것. 복첨(福籤). a lottery
ふくびこう[副鼻腔](명)〈생〉부비강. 비강에 잇달아 주위의 여러 뼈의 내부에 뻗쳐 있는 곳. 얇은 점막으로 싸였으며 공기로 차 있음.
ふくぶ[腹部](명)복부. 배의 부분. the abdominal region
ふくふく[福福](형동タルト) ①복이 많은 모양. ②부유해져서 영화로운 모양. wealthy
ふくぶく[福福](부·자サ) 얼굴이 둥글고 안온한 느낌이 나는 모양. 복스러운 모양. fat and well-looking.
—しい[福福しい](형) 복스럽다.「一顔付(カオツ)き; 복스러운 얼굴」
ぶくぶく(부·자サ) ①물속에서 거품이 떠오르는 모양. ②물속이나 진창 속에 떨어지는 모양. ③물속에 빠지는 모양. ④물집 같은 것이 생긴 모양. ⑤수분이나 공기 등으로 부푸는 모양. 1. foamily 2. sink
ふくふくせん[複複線](명) 복복선. 복선이 두 쌍 나란히 있는 선로(線路). a four-track line
ふくぶん[副文](명)〈법〉조약이나 계약의 문장 속에서 해석의 기준이 될 수 없는 문장. ↔正文(セイブン).
ふくぶん[復文](명) 일본 글자가 섞인 한문을 다시 한문으로 고치는 것. a retranslation
ふくぶん[複文](명) 복문. 한 글월의 성분(成分) 속에 두 개 이상의 절(節)이 동등한 자격 또는 종속적 관계로 겹쳐진 글. ↔単文(タンブン), 重文(ジュウブン). a compound sentence
ふくべ[瓠·匏](명) ①〈식〉⇨ゆうがお. ②⇨ひょうたん.
ふくへい[伏兵](명) 복병. 숨어 있다가 적을 갑자기 습격하는 병사. 또는 전술(戦術).「一をおく; 복병을 두다」 an ambush
ふくへき[復辟](명·자サ) ①물러났던 임금이 다시 왕위에 오름. ②중신(重臣)이 섭정(摂政)을 그만둠. 1. restoration of Imperial regime
ふくへき[腹壁](명)〈생〉복벽. 복강(腹腔)의 둘레. 피부, 근육 및 복막(腹膜)으로 되어 있음. the abdominal wall
ふくほう[副砲](명)〈군〉군함에 있는 주포(主砲) 이외의 작은 구경(口径)의 포. a secondary battery
ふくほう[複方](명)〈의〉일정한 처방에 따라 다른 약품을 섞은 약제. a compound medicine
ふくぼく[副木](명)〈의〉부목. 부러진 팔이나 다리에 대어서 안정시키기 위한 것. 「capsize and sink
ふくぼつ[覆没](명·자サ) 복몰. 엎어져 가라앉음. ♪
ふくほん[副本·複本](명) 부본. 원본을 그대로 베낀 것. 복본. ↔正本(セイホン). a duplicate
ふくまく[腹膜](명)〈생〉복막. ①복벽의 내면과 내장을 싸고 있는 엷은 막. ②←腹膜炎. 1. the peritoneum
—えん[腹膜炎](명)〈의〉복막염. 결핵균이 들어가서 생기는 복막의 염증.
ふくまでん[伏魔殿](명) 복마전. ①악마가 숨어 있는 전당(殿堂). ②음모가 그칠 사이 없이 꾸며지는 곳. a pandemonium
ふくまめ[福豆](명) 입춘(立春) 전날에 뿌리는 볶은 콩. 악귀(悪鬼)를 쫓는다고 함. lucky beans
ふくみ[含み](명) ①포함함. 또는 포함한 것. ②겉에 나타나지 않은 내용. 함축(含蓄).「一のある発言(ハツゲン); 함축성 있는 발언」1.containing. **—ごえ**[含み声]—ゴエ(명) 무엇을 입에 물고 있는 듯한 소리. **—わた**[含み綿](명) ①소매 끝이나 옷자락 끝에 넣는 솜. ②홀쭉한 볼을 감추기 위해 어금니 있는 데에 넣는 솜.
ふくみみ[福耳](명) 복귀. 귓불이 큰 귀. 행복하게 된다고 함. the ear with a large lobe
ふく·む[含む] Ⅰ(자 4) 꽃이 봉오리지다. Ⅱ(타 4) ①머금다.「水(ミズ)を一; 물을 머금다」②(원한을) 품다.「一ところがある; (원한을) 품은 게 있다」③(사정을 알고) 마음에 두다. ④모양을 띠다.「怒(イカ)りを一

노기를 띠다」「うれいを一; 근심을 품다」 ⑤포함(包含)하다. 「交通費(コウツウヒ)を一; 교통비를 포함하다」 ㊀ 含まる(4). ‖ 1. be included
ふくむ[服務](명·자サ) 복무. 직무에 종사함. service
ふくめい[復命](명·타サ) 복명. 주어진 명령을 수행한 후 그 결과를 상관에게 보고함. reporting
ふくめつ[覆滅](명·자타サ) 복멸. 뒤집히어 망함. 또는 망하게 함. overthrow
ふくめに[含め煮](명) 국물을 많이 붓고 오래 끓인 음식. 곰. boiling slowly
ふく·める[含める](타하 1) ①포함되게 하다. 포함하다. ②타이르다. ③문장 등에 어떤 내용이나 뜻을 꾸며 넣다. 1. include
ふくめん[覆面](명·자サ) 복면. 얼굴을 남이 알아 보지 못하게 싸서 가림. a mask
ふくも[服喪](명·자サ) 복상. 상(喪)을 입음. mourning
ふくやく[服薬](명·자サ) 복약. 약을 먹음. take medicine
ふくよう[服用](명·타サ)〈의〉 복용. ①옷을 입음. ②약을 먹음. 복약(服薬). 2. take medicine
ふくよう[服膺](명·타サ) 복응. 마음속에 간직하고 항상 잊지 않음. 「拳拳(ケンケン)一する; 마음속에 정성껏 간직하다」 keeping in mind
ふくよか(형동ダ) 부드럽고 풍만한 모양. 탐스럽게 통통한 모양. 「一な胸(ムネ); 풍만한 가슴」 plump
ふくらか(형동ダ) ⇨ふくよか.
ふくらしこ[膨し粉](명) ⇨ベーキングパウダー.
ふくらすずめ[脹ら雀] (명)①살찐 참새 새끼. 또는 추워서 깃털을 세운 참새. ②부인 머리 모양의 한 가지. ③통통한 참새 새끼의 무늬. 1. a plump young sparrow
ふくら·せる[脹らせる](타하 1) ⇨ふくらます.
ふくらはぎ[脹ら脛](명)〈생〉 종아리. the calf
ふくらま·す[脹ます](타 4) 부풀게 하다. expand
ふくらみ[脹らみ](명) 부푼 정도. a swelling
ふくら·む[脹らむ](자 4) 부풀어 커지다. swell
ふくら·める[脹らめる](타하 1) ⇨ふくらます.
ふくり[福利](명) 복리. 행복과 이익. 「公共(コウキョウ)の一; 공공의 복리」 public welfare
ふくり[複利](명)〈경〉 복리. ①이자에 대하여 또다시 이자를 붙이는 셈. 복리법으로 계산한 이식(利息). ↔単利(タンリ). ②←複利法. 1. compound interest. **―ほう**[複利法](명)〈경〉 복리법. 이식(利息)을 원금에 합친 것을 차기의 원금으로 하고 거기에 다시 이자를 붙이는 법.
ふぐり(명) ①음낭(陰嚢). 고환(睾丸). ②솔방울.
ふくりゅう[伏流](명) 복류. 땅속으로 흐르는 수류(水流). an undercurrent
ふぐるま[文車](명) 실내에서 서적을 운반하는 작은 수레(小車). a book-cart
ふくれっつら[脹れっ面](명) 볼멘 얼굴. a sullen face
ふく·れる[脹れる](자하 1) ①부풀다. ②화가 나서 불쾌한 표정을 하다. 1. swell 2. show displeasure

ふくろ[袋·嚢](명) ①봉지. ②자루. 「一入(イ)り; 자루에 든」 ③(돈 등을 넣는) 주머니. ④귤 등의 알맹이를 싸고 있는 껍질. ⑤막다르게 되는 것. 「一のねずみ; 독 안에 든 쥐」 2. a bag. **―あみ**[嚢網](명) 긴 자루 모양을 한 그물. **―おび**[袋帯](명) 긴 자루 모양으로 짜서 만든 띠. **―おり**[袋織り](명) 통(자루) 모양으로 속이 비게 짜는 방법. 또는 그렇게 짠 천. **―こうじ**[袋小路]―コウヂ(명) ①막다른 골목. ②어찌할 수 없는 곤란한 처지. **―だたき**[袋叩き](명) ①옛날, 사람을 푸대 속에 넣고 때리던 일. ②여러 사람이 둘러 서서 마구 때리는 일. 몰매. 뭇매. **―ぬい**[袋縫い]―ヌヒ(명) 천의 겉을 안으로 하여 꿰맨 후 뒤집는 일. **―みみ**[袋耳](명) ①한번 들으면 잊어 버리지 않음. 또는 그런 사람. ↔ざるみみ. ②직물의 가장자리를 두 겹으로 통 모양으로 속이 비게 짠 것. **―もの**[袋物](명) 지갑, 담배쌈지 등의 총칭.
ふくろ[復路](명) 귀로(帰路). 돌아 오는 길. ↔往路(オウロ). one's way home
ふくろう[梟]フクロフ(명) ①〈동〉 올빼미. ②밤에만 활동하는 것의 비유. 「一部隊(ブタイ); 야간에만 활동하는 부대. 도둑」 1. an owl. **―みみ**[梟耳](명) ⇨ふくろみみ(袋耳).
ふくろく[福禄](명) 복록. ①복과 녹(禄). ②행복. 1. fortune and wealth. **―じゅ**[福禄寿](명) ①복록과 수명(寿命). ②칠복신(七福神)의 하나. 키가 작고 머리와 턱수염이 긺. 복(福), 녹(禄), 수(寿)의 삼덕(三徳)을 나타낸다고 함.
ふくわけ[福分け](명) 축하의 물건 또는 받은 선물 등을 남에게 나누어 줌. 또는 그 물건. share of a fortune
ふくわら[福藁](명) 정월에 마당에 까는 짚. lucky straw
ふくん[夫君](명) 부군. 남의 남편의 높임말.
ふくん[父君](명) ⇨ちちぎみ.
ふくん[府君](명) 부군. 자기의 부조(父祖) 또는 선대(先代)의 높임말.
ぶくん[武勲](명) 무훈. 군인이 싸움터에서 세운 공적. 무공(武功). military exploits
ふけ[深け·更け](명) 한창이 되는 것. 깊어지는 것. 이슥해지는 것. 「夜(ヨ)の一; 깊은 밤(深夜)」
ふけ[雲脂·頭垢](명) 비듬. dandruff
ぶけ[武家](명) 무가. 무사(武士)의 가문(家門). 대대로 무사 출신의 벼슬을 하는 집안. a military family
ふけい[不敬](명) 불경. (국가 원수 등에 대하여) 실례의 말이나 행동을 하는 것. 경의(敬意)를 표하지 않음. 무례(無礼). disrespect
ふけい[父兄](명) 부형. ①아버지와 형. ②아동, 학생의 보호자. 「一会(カイ); 학부형회」 1. one's father and elder brothers
ふけい[父系](명) 부계. ①아버지 쪽의 혈연 관계에 속하는 것. 또는 그 사람. ②가계(家系)가 아버지 쪽의 사람에게로 상속(相続)되는 것. ↔母系(ボケイ). 1. the father's side

ふけい[府警](명) 부경찰(府警察)의 준말.
ふけい[婦警]—ケヒ(명) 부인 경찰관(婦人警察官)의 준말. 여경(女警). a policewoman
ふけい[符契](명) ⇨わりふ(割り符).
ぶげい[武芸](명) 무예. 무술(武術). martial arts. **—しゃ**[武芸者](명) ①무예에 관계하는 사람. ②무예에 능숙한 사람. **—じゅうはっぱん**[武芸十八般](명) 옛날, 18 종의 무술. 무술 전반(武術全般).
ふけいき[不景気](명·형동ダ) 불경기. ①〈경〉경기가 좋지 못함. 「世(ヨ)の中(ナカ)が—だ; 세상이 불경기다」 ↔好(コウ)景気. ②번창(繁昌)하지 않음. 「店(ミセ)が—だ; 상점이 번성하지 않는다」 ③빈약함. 원기가 없음. 「—な顔(カオ); 기운 없는 얼굴」 1. hard times
ふけいざい[不経済](명·형동ダ) 불경제. 무익하게 (돈을) 씀. 쓸 데 없는 비용이 많이 남. 낭비. 「紙(カミ)の—だ; 종이의 낭비다」 bad economy
ふけいざい[賦形剤](명)〈의〉 부형제. 약을 먹기 좋은 상태로 하기 위한 재료. 부형약(賦形薬). an excipient
ぶけじだい[武家時代](명)〈역〉 무가 시대. 카마쿠라(鎌倉) 시대부터 에도(江戸) 시대 말까지 무가에서 정권을 장악했던 시기. feudal times
ふけしゅう[普化宗](명)〈불〉 선종(禅宗)의 한 파. 당(唐)의 보화(普化)가 시종. 일본에 전해졌으나 현재는 없음. ⇨こむそう(虚無僧).
ふけつ[不潔](명·형동ダ) ①불결. 더러움. 「—な手(テ); 더러운 손」 ②결백하지 못함. 「—な男(オトコ); 추잡한 남자」 ↔清潔(セイケツ). 1. uncleanliness
ふけっか[不結果](명·형동ダ) 좋지 못한 결과. 「—に終(オ)わる; 결과가 좋지 않게 끝나다」
ふけまい[腐化米·更米](명) 습기가 차거나 벌레가 먹어 변질(変質)된 쌀. wormy rice
ふ·ける[化ける·蒸ける](자하 1) ①푹 쪄지다. 속까지 물러지다. 「ごはんが—; 밥이 뜸이 들다」 ②낡아서 모양이 변하다. ③풍우(風雨)에 쐬어 가루가 되다. 풍화(風化)되다. 1. be boiled
ふける[老ける](자하 1) 나이를 먹다. 늙어지다. 「年(トシ)より老けて見(ミ)える; 나이보다 늙어 보이다」
ふ·ける[耽る](자 4) 열중하다. 마음을 빼앗기다. 「思(オモ)いに—; 생각에 잠기다」 「読書(ドクショ)に—; 독서에 골몰하다」 be absorbed in
ふ·ける[深ける·更ける](자하 1) ①깊어지다. 이슥해지다. 「夜(ヨ)が—; 밤이 깊어지다」 ②나이를 먹다. 늙다. 1. advance
ふけん[夫権](명)〈법〉 부권. 남편이 처에 대해서 가지는 권리. husband's rights
ふけん[父権](명) 부권. ①어버이가 가지고 있는 친권(親権). ②가장권(家長権). 1. paternal rights
ふけん[府県](명) 부(府)와 현(県).
ふげん[不言](명) 불언. 말을 하지 않음. muteness. **—じっこう**[不言実行](연어·명) 불언 실행. 말 없이 실행함. **—ふご**[不言不語](연어) 불언 불어. 말을 하지 않음.
ふげん[付言·附言](명·타サ) 부언. 덧붙여 말함. 또는 그 말. an additional remark
ふげん[浮言](명) 부언. 근거가 없는 뜬소문. 풍문(風聞). 유언(流言). a wild rumour
ふげん[富源](명) 부원. (많은) 재물이 생기는 근원. natural resources
ふげん[誣言](명) 없는 일을 있는 것처럼 꾸며서 남을 해치는 말. 참언(讒言). a groundless report
ぶげん[分限](명) ①분한. 신분, 지위의 한계. ②재산이 많은 사람. 부자. 1. one's social standing. **—しゃ**[分限者](명) 재산이 많은 사람. 부호(富豪).
ぶげん[侮言](명) 모욕하는 말. an insult
ふけんこう[不健康](명·형동ダ) 건강하지 않음. 건강상 좋지 못함. bad health
ふけんしき[不見識](명·형동ダ) 견식이 얕음. 생각하는 범위가 좁음. 상식이나 판단력이 없음. absence of dignity
ふけんぜん[不健全](명·형동ダ) 불건전. ①(몸이) 건강치 못함. ②(사상 등이) 건전하지 못하고 한쪽으로 치우침. unsound
ふげん(ぼさつ)[普賢(菩薩)](명)〈불〉 보현 보살. 자비(慈悲)의 덕(徳)을 맡은 보살. 흰 코끼리를 타고 석가상(釈迦像)의 오른쪽에 있음. ↔文珠(モンジュ).
ふこ[浮誇](명) 침착하지 못하고 과장하는 것. 교만을 떠는 것. frivolity and grandiosity
ふご[畚](명)〈방〉 ①⇨もっこ. ②생선을 넣는 대바구니. 2. a basket
ふこう[不孝](명·형동ダ) 불효. 자식으로서 부모에게 효도하지 않음. 불효자. impiety to one's parents
ふこう[不幸](명·형동ダ) 불행. ①행복하지 못함. ②가족(家族)이나 친족(親族)이 죽음. 「—がある; 가까운 사람이 죽다」 1. unhappiness
ふこう[富鉱](명) 부광. 많은 금속을 함유한 광석. 품질이 좋은 광석. ↔貧鉱(ヒンコウ). rich ore
ふごう[負号](명)〈수〉 부호. 부수(負数)를 나타내는 기호. 마이너스. ↔正号(セイゴウ). a negative sign
ふごう[符号](명) 부호. ①기호. 표지. 「—をつける; 표지를 달다」 ②〈수〉 수(数)의 정부(正負)를 나타내는 기호. +, −. 1. a mark
ふごう[符合](명·타サ) 부합. 빈틈 없이 꼭 맞음. 「事実(ジジツ)と—する証言(ショウゲン); 사실과 부합되는 증언」 coincidence
ふごう[富豪](명) 부호. 돈 많은 사람. 재산이 많은 사람. 부자. a rich man
ぶこう[武甲](명) 옛 지방 이름. 무사시(武蔵)와 카이(甲斐).
ぶこう[武功](명) 무공. 전쟁에서 세운 공적. 무훈(武勲). military exploits
ふごうかく[不合格](명) 불합격. 합격되지 않음. failure
ふこうへい[不公平](명·형동ダ) 불공평. 공평하지 아니함. 편향(偏向). inequality
ふごうり[不合理](명·형동ダ) 불합리. 도리에 맞지 아니함. irrationality
ふこく[布告](명·타サ) 포고. ①널리 일반에게 알림.

②정부가 낸 법률이나 명령. 1. proclamation
ふこく[富国](명) 부국. ①나라를 부하게 함. ②경제가 윤택한 나라. 1. national enrichment. **—きょうへい**[富国強兵](연어·명) 부국 강병. 나라를 부하게 하고 군대를 강하게 함.
ぶこく[誣告](명·타サ) 무고. ①없는 사실을 거짓으로 꾸며 고함. ②〈법〉 없는 사실을 꾸며 남을 고소 또는 고발함. 「一罪(ザイ); 무고죄」 1. slander
ふこころえ[不心得](명·형동ダ) 좋지 못한 심보. 「一者(モノ); 심보가 좋지 못한 자」 misconduct
ふこつ[跗骨](명)〈생〉 부골. 척추 동물의 족근부(足根部)에 있는 짧은 뼈. a tarsal bone
ぶこつ[武骨·無骨](명·형동ダ) ①풍류(風流)를 모름. ②예의를 모름. ③형편이 나쁨. 불편. ④무능(無能)함. 1. rusticity
ふさ[房·総](명) ①(실로 만든) 술. ②꽃이나 열매가 많이 붙어서 늘어진 것. 자루 모양으로 늘어진 것. ③젖통처럼 드리운 것. 1. a tuft 2. sac-shape
ブザー[buzzer](명)〈이〉 버저. 전자석(電磁石)으로 판을 진동시켜 낮은 음을 내는 기구.
ふさい[不才](명) 부재. ①재능이 없음. 또는 그 사람. ②자기의 재주를 겸사로 일컫는 말. 「浅学(センガク)—; 천학 비재(非才)」 1. incompetency
ふさい[夫妻](명) 부처. 남편과 아내. 부부(夫婦). husband and wife
ふさい[府債](명) 부(府)의 채무(債務). a debt of a prefecture
ふさい[負債](명) 부채. 채무(債務). 빚. a debt
ふざい[不在](명) 부재. 집에나 근무처(勤務處)에 없음. absence. **—じぬし**[不在地主](명) 부재 지주. 다른 곳에 살고 있으며 자기 소유지의 관리를 다른 사람에게 맡겨 놓은 지주. **—しょうめい**[不在証明](명) ⇨アリバイ. **—とうひょう**[不在投票](연어·명·타サ) 부재 투표. 부재자 투표. 부재 또는 특별한 이유로 출두하지 못할 때 특별히 별도의 방법으로 하는 투표.
ぶさいく[不細工](명·형동ダ) ①세공 또는 하는 일에 익숙치 못함. 서투름. ②〈속〉 보기 싫음. 못생김. 「一な顔(カオ); 못생긴 얼굴」 1. clumsiness
ふさが·る[塞がる](자 4) ①막히다. 「穴(アナ)が—; 구멍이 막히다」 ②감기다. 닫히다. 「ねむくて目(メ)が—; 졸려서 눈이 감기다」 ③가득 차다. 충만하다. ④방해되다. 「八方(ハッポウ)ふさがり; 어느 쪽이나 다 막히다」 ⑤손(巽)이 끼다. 1. be blocked
ふさぎこ·む[塞ぎ込む](자 4) 매우 기분 나쁜 듯한 모양을 하다. 「朝(アサ)からふさぎ込(コ)んでいる; 아침부터 울적해하다」 low-spirited
ふさぎのむし[塞ぎの虫](명) 몸속에 살고 있으며 기분을 우울하게 만든다고 하는 벌레.
ふさく[不作](명) 작물(作物)의 수확이 좋지 않음. 흉작(凶作). a bad harvest
ふさ·ぐ[塞ぐ] Ⅰ(자 4) ①막히다. ②닫히다. (눈 등이) 감기다. ③기분이 좋지 않다. 우울해지다. Ⅱ(타 4) ①막다. 가로 막다. 「道(ミチ)を—; 길을 가로 막다」 ②채우다. ③두껑을 덮다. 「穴(アナ)を—; 구멍을 덮(막)다」 ④끝내다. 다하다. 「責(セ)めを—; 임무를 다하다」 Ⅱ 3. cover
ふさくい[不作為](명)〈법〉 당연히 할 수 있는것을 하지 않음. non-feasance
ふさ·げる[塞げる](타하 1) ①(덮어) 씌우다. 막다. 「穴(アナ)を—; 구멍을 덮어 막다」 ②막도록 장치하다. ③막을 수가 있다. 1. block
ふざ·ける[巫山戯る](자하 1) 희롱하다. 장난하다. make fun of
ぶさた[無沙汰·不沙汰](명·자サ) ①소식을 전하지 않음. ②방문(訪問)하지 않음. ③관심(関心)을 보이지 아니함. 1. silence
ぶざつ[蕪雑](명·형동ダ) 사물이 뒤섞여 난잡함. 「一な文章(ブンショウ); 난잡한 문장」 disorder
ふさなり[総生](명) ⇨すずなり.
ふさふさ(부·자サ) 많이 늘어져 있는 모양. in tufts
ぶさほう[無作法·不作法](명·형동ダ) 예의에 벗어남. 무례(無礼). 버릇 없음. 「一な態度(タイド); 무례한 태도」 bad manners
ぶざま[無様·不様](명·형동ダ) 모양이 보기 흉함. 「一な負(マ)け方(カタ); 보기 흉한 패배」 shapelessness
ふさようじ[総楊枝](명) 끝을 술처럼 만든 이쑤시개.
ふさ·る[臥さる](자 4) ①엎드리다. ②눕다. 1. lie on one's face
ふさわし·い[相応しい]フサハシイ(형) 상응하다. 잘 어울리다. 적당하다. 적합하다. 「学生(ガクセイ)に一服装(フクソウ); 학생에 어울리는 복장」 파생 **—さ**(명). be becoming
ふさわない フサハー(연어·형) 어울리지 않다. 「身(ミ)に一地位(チイ); 몸(신분)에 어울리지 않는 지위」
ふさん[不参](명·자サ) 불참. 참석하지 않음. absence
ふさんか[不参加](명) 불참가. 참가하지 않음. non-participation
ふさんせい[不賛成](명) 불찬성. 찬성하지 않음. disapproval
ふざんのゆめ[巫山の夢](연어) 남녀의 정교(情交)가 아기자기한 것. being on most intimate terms
ふし[柴](명)〈고〉 자잘한 잡목(雜木).
ふし[節](명) ①(대나무 등의) 마디. ②관절(関節). ③(끈이나 실 같은것의) 마디. ④단락(段落). 구획. ⑤모퉁이. 개소(箇所). 점(点). 「疑問(ギモン)の一がある; 의문 나는 데가 있다」 ⑥음악의 선율. 가락. 억양. 「一をつけてうたう; 가락을 붙여 노래하다」 ⑦〈농〉 고추냉이의 땅속줄기(地下茎). ⑧←かつおぶし. 1. 2. a joint 3. a knot 5. a point
ふし[不死](명) 불사. 영원히 죽지 아니함. 「不老(フロウ)—; 불로 불사」 immortality
ふし[父子](명) 부자. 아버지와 아들. father and son
ふし[府史](명) 부사. 부(府)의 역사. the history of a prefecture
ふし[府誌·府志](명) 부지. 부(府)의 여러 가지 일을

적어 둔 서적. a record of a prefecture
ふし[浮子](명) 낚시찌. 부표(浮標). a float
ふし[五倍子](명) 오배자. 붉나무에 오배자 벌레가 기생하여 된 충영(蟲癭). 타닌의 함유량이 많아 약재(薬材)로 쓰며, 또 잉크의 원료로도 씀. a gallnut
ふじ[藤]フヂ(명)〈식〉 등. 등나무. 콩과에 속하는 낙엽활엽 만목(蔓木). 5월경 연한 보랏빛 나비 모양의 꽃이 핌. a wisteria
ふじ[不二](명) ①둘이 될 수 없는 것. ②둘이 아니며 단 하나인 것. 유일(唯一). 2. uniqueness
ふじ[不治](명) ⇨ふち(不治).
ふじ[不時](명) 불시. 생각하고 있지 않은 때. 뜻하지 아니한 때. 예상하지 아니한 때. 「—の来客(ライキャク); 불시의 손님」 unexpectedness
ふじ[富士](명) ←富士山. **— さん**[富士山](명)〈지〉 후지산. 일본에서 제일 높은 산. 휴화산(休火山)으로 경치가 좋음.
—ぶし[節](접미) ①가곡의 곡조. 「追分(オイワケ)—; 마부 타령」②←かつをぶし. 「土佐(トサ)—; 토사 지방에서 나는 (쪄서 말린) 가다랭이포」
ぶし[武士](명) 무사. 옛날 무예(武芸)를 닦고 싸움에 종사했던 계급의 사람. a warrior
ぶし[侮視](명·타サ) 업신여김. 깔봄. 멸시. contempt
ぶじ[武事](명) 전쟁에 따른 일. 또는 그 기술.
ぶじ[無事](명·형동ダ) 무사. ①변한 것이 없음. 평온(平穏). ②병을 앓지 않음. 무병. ③다치지 않음. 안전(安全). ④특별한 잘못이 없음. 무고(無故). 「—につとめる; 무사히 근무하다」⑤근심이 없음. 안일(安逸). ⑥일이 없음. 한가. 1. calmness
ぶじ[蕪辞](명) ①난잡한 말. ②자기 말을 겸사로 일컫는 말. 「—をつらねる; 난잡한 말을 늘어놓다」 1. disorderly remarks
ふしあな[節穴](명) 널빤지 등의 옹이 구멍. a knothole
ふしあわせ[不仕合わせ]—シアハセ(명·형동ダ) 불운(不運)함. 불행(不幸). misfortune
ふしいと[節糸](명) 허드렛고치에서 뽑은 마디가 많은 견사(絹糸). a knotted silk-thread
ふじいろ[藤色]フヂ—(명) 연한 보랏빛. light purple
ふしおが·む[伏し拝む]—ヲガム(타 4) ①엎드려 절하다. ②멀리서 절하다. 1. kneel down and worship
ふしがき[柴垣](명)〈고〉 잡목으로 엮어 만든 울타리.
ふじかずら[藤葛]フヂカヅラ(명) ①등나무 덩굴. ②만초(蔓草). 1. a wisteria vine 2. a creeper
ふしぎ[不思議](명·형동ダ) 불가사의(不可思議). 상상이 미치지 않음. 기괴(奇怪). a wonder
ふじぎぬ[富士絹](명) 날과 씨를 모두 명주실을 써서 짠 평직(平織). 하부타에(羽二重) 비슷함. 샤쓰, 부인복, 안감 등에 쓰임. 후지기누.
ふしくれ[節榑](명) ①옹이가 많은 재목. knarred wood. **—だ·つ**[節榑立つ](자 4) ①옹이가 많아서 울퉁불퉁하다. ②노동 등으로 말미암아 근육(筋肉)이 딱딱해지고 울퉁불퉁하게 되다.
ふししず·む[伏し沈む]—シヅム(자 4) ①엎드리다. ②생각에 잠기다. ③몹시 한탄하다. 1. kneel down
ふしぜん[不自然](명·형동ダ) 부자연. 자연스럽지 못함. 일부러 꾸밈. 「—な態度(タイド); 부자연스런 태도」 unnaturalness
ふじだな[藤棚]フヂ—(명) ①등나무의 줄기를 얽히게 한 시렁. ②토코노마(床の間) 옆에 만든 선반. 1. a wisteria trellis
ふしだら(명·형동ダ) ①언행이나 태도가 맺힌 데가 없고 산만(散漫)함. ②품행(品行)이 난잡함. 방탕(放蕩)함. 1. untidiness
ふじちゃく(りく)[不時着(陸)](명·자サ) 불시착. 고장 또는 일기의 급변(急変)으로 인해 항공기가 비행장 이외의 곳에 임시로 착륙함. a forced landing
ふしちょう[不死鳥](명) ⇨フェニックス.
ふしつ[不悉](명) ①자세하지 않음. ②(충분히 말을 다 못한다는 말로) 편지 끝에 쓰는 인사말. 1. obscurity
ふじつ[不実](명·형동ダ) 불실. ①성실(誠実)하지 못함. 불친절(不親切). ②사실이 아님. 「—記載(キサイ); 허위 기재」 1. cold-heartedness
ふじつ[不日](부) 멀지 않아. 가까운 날에. in a few days
ふしづけ[節付け](명·자サ) 가사(歌詞)에 가락을 붙임.
ぶしつけ[不躾·不仕附](명·형동ダ) ①무례. 실례(失礼). ②갑자기. ③노골(露骨). 1. rudeness
ふじづる[藤蔓]フヂ—(명) 등나무 덩굴. a wisteria vine
ふして[伏して](연어·부) ①엎드려서. 삼가. 공손히. ②간절히. 「この段(ダン), —お願(ネガ)い申(モウ)しあげます; 이일을 간절히 부탁 드리나이다」
ふしど[臥し所](명) 잠자리. 침실. a bed
ぶしどう[武士道](명) 무사도. 무사 계급에서 발달된 독특한 도덕. 충성, 신의, 소박(素朴), 검약(倹約), 예절, 명예, 무용(武勇) 등을 중히 여김. chivalry
ふじなみ[藤波·藤浪]フヂ—(명) 등꽃. 등나무의 꽃. wisteria flowers
ふしはかせ[節博士](명)〈악〉 중고(中古) 이후 판소리 비슷한 가사 옆에 단 음악용(音楽用) 기호.
ふじばかま[藤袴]フヂ—(명)〈식〉 향등골나무. 엉거시과에 속하는 다년초. 연한 적자색(赤紫色)의 작은 꽃이 줄기 끝에 모여서 피는데, 시들 때 향기가 좋음. 향수란. agueweed
ふじびたい[富士額]—ビタヒ(명) 이마의 머리털이 후지산(富士山) 모양으로 난 것.
ふしぶし[節節](명) ①신체의 여기저기에 있는 관절(関節). ②여러 가지 점(点). 1. the joints
ふしまちのつき[臥待ちの月](명) 음력 19일 밤의 달.
ふしまつ[不始末](명·형동ダ) ①정리가 안되고 어지러움. 두서 없음. ②실수. 실패. 1. untidiness
ふしまろ·ぶ[臥し転ぶ](자 4) 딩굴다. roll about
ふしまわし[節回し]—マハシ(명) 곡(曲)의 가락이나 억양(抑揚). 곡조(曲調). melody
ふじみ[不死身](명·형동ダ) 불사신. ①맞거나 상처를 입어도 아무렇지 않음. 또는 그 몸. ②어떠한 고통

통 속에서도 기력(気力)을 잃지 않음. 또는 그 사람. 1. immortality

ふしめ[伏し目](명) 눈을 내리까는 것. 「一がちな; 눈을 (잘) 내리까는」 a downcast look

ふしめ[節目](명) 재목의 마디나 옹이가 있는 부분. a knot

ふしゃ[富者](명) 부자. 재산이 많은 사람. 부귀(富貴)한 사람. a wealthy man

ふしゃくしんみょう[不惜身命](연어)〈불〉 불석 신명. 불도 수행(仏道修行)을 위해 몸과 마음을 부처님께 아끼지 않고 바침. sacrifice of one's life

ふしゅ[浮腫](명)〈의〉 부종. 몸이 뚱뚱하게 부어 오르는 병. 부증(浮症). a dropsical swelling

ふじゅ[腐儒](명) 부유. 아무 쓸모 없는 선비. 썩어빠진 학자. a dull pedant

ぶしゅ[部首](명) 부수. 〔한문 자전(字典)에서〕 글자를 찾는 길잡이가 되는 글자의 한 부분. "弓"자는 "引, 弘"의, "⻗"자는 "霜, 雲"의 부수가 됨. radicals of the Chinese characters

ふしゅう[俘囚](명) 부수. 사로잡힌 사람. 포로(捕虜). 부로(俘虜). a prisoner

ふじゆう[不自由](명·자サ·형동ダ) 부자유. 생각한 대로 되지 않음. 자유롭지 못함. inconvenience

ぶしゅうぎ[不祝儀](명) 상사(喪事) 등 좋지 않은 일. 불길한 일. 「祝儀一; 경사와 흉사」 infelicity

ふじゅうぶん[不十分·不充分](명·형동ダ) 불충분. 충분하지 못함. 부족함. insufficiency

ぶしゅかん[仏手柑](명)〈식〉 불수감나무. 운향과에 속하는 상록 관목. 열매는 불수감이라고 하여 식용. a horned orange

ふじゅく[不熟](명·형동ダ) ①익지 아니함. 미숙(未熟). ②화합하지 아니함. 불화(不和). 1. unripeness

ふじゅく[腐熟](명·자サ)〈농〉 퇴비(堆肥), 인분뇨(人糞尿) 등이 잘 발효(醱酵)하여 썩음. fermentation

ふしゅつ[不出](명) 불출. 밖에 나가지 아니함. 또는 내보내지 않음. 「門外(モンガイ)一; 두문 불출」 being much treasured

ふじゅつ[巫術](명)〈종〉 무술. 무당의 방술(方術). 샤아머니즘. shamanism

ぶじゅつ[武術](명) 무술. 무도(武道)의 기술(技術). 무예(武芸). military arts

ふしゅび[不首尾](명·형동ダ) ①결과가 나쁨. 성공하지 못함. ↔上(ジョウ)首尾. ②평판(評判)이 좋지 않음. 1. failure

ふじゅん[不純](명·형동ダ) 불순. 순수하거나 순진하지 아니함. 「一物(ブツ); 불순물」「一な動機(ドウキ); 불순한 동기」 impurity

ふじゅん[不順](명·형동ダ) 불순. ①순서가 정연하지 아니함. 도리에 맞지 않음. ②(기후가) 순조롭지 못함. ③고분고분하지 않음. 1. irregularity

ふじょ[巫女](명) 무녀. 무당. a sorceress

ふじょ[扶助](명·타サ) 부조. 힘을 써 도와 줌. 조력(助力). 「生活(セイカツ)一; 생활 부조」 aid

ふじょ[婦女](명) 부녀. 여자. 부인. a woman

ぶしょ[部署](명) 부서. 근무상(勤務上) 나누어진 부분. 「一に配置(ハイチ)する; 부서에 배치하다」 one's post

ふしょう[不肖] Ⅰ(명·형동ダ) 불초. ①아버지를 닮지 않고 어리석음. 「一の子(コ); 불초자」 ②어리석음. 「一わたくしが; 불초(어리석은) 제가」 Ⅱ(대) 자신을 겸사로 일컫는 말. 어리석은 저. Ⅰ2. incapable

ふしょう[不承](명·타サ) ①〔ご一〕 싫어하면서 승낙함. ②승낙하지 아니함. 1. reluctance. **—ぶしょう**[不承不承](부) 억지로. 마지못해. 싫어하면서.

ふしょう[不祥](명·형동ダ) 불상. 상서롭지 못함. 불길함. 「一事(ジ); 불상사」 disgraceful

ふしょう[不詳](명·형동ダ) 불상. 자세하지 않음. 잘 알지 못함. 미상(未詳). 「作者(サクシャ)一; 작자 미상」 unknown

ふしょう[不勝](명) 기분이 개운하지 않음. feeling below par

ふしょう[負傷](명·자サ) 부상. 상처를 입음. a wound

ふじょう[不定](명·형동ダ) ①부정. 일정하지 아니함. 결정되지 않음. 불확정. ②미덥지 못함. 신뢰할 수 없음. ③예기치 않음. 뜻밖. 1. uncertainty

ふじょう[不浄](명·형동ダ) ①부정. 깨끗하지 못함. ②대소변(大小便). ③〔ご一〕 변소. 1. uncleanliness. **—やくにん**[不浄役人](명) 죄인을 붙잡는 사람.

ふじょう[浮上](명·자サ) 부상. 물속에서 떠오름. ↔沈下(チンカ). surfacing

ぶしょう[武将](명) 무장. ①무도(武道)에 뛰어난 장군. ②무사, 군인의 우두머리. 1. a military commander

ぶしょう[部将](명) 한 부대의 우두머리가 되는 무사 또는 군인. a commander

ぶしょう[無精·不精](명·형동ダ) 게으름 부림. 힘껏 하지 아니함. 등한히 함. laziness. **—ひげ**[無精髭](명) 자라도 내버려 두고 깎지 않은 수염.

ふしょうか[不消化](명·형동ダ) 소화가 잘되지 아니함. indigestion

ふしょうじき[不正直](명·형동ダ) 부정직. 정직하지 못함. 거짓말장이. dishonesty

ふしょうち[不承知](명·형동ダ) 승낙하지 아니함. 받아 들이지 아니함. disapproval

ふしょうふずい[夫唱婦随](연어·명) 부창 부수. 남편이 말하면 부인이 그것을 따름.

ふしょうふめつ[不生不滅](명)〈불〉 불생 불멸. 생겨 나지도 않고 없어지지도 않아 변하지 않는 경지(境地).

ふじょうり[不条理](형동ダ) 부조리. 사물이 조리에 맞지 않는 모양. 「一な話(ハナシ); 조리가 맞지 않는 이야기」 unreason

ふじょき[不如帰](명)〈동〉 ⇨ほととぎす.

ふしょく[扶植](명·타サ) 부식. ①(세력 등을) 뿌리 박음. ②도와서 일으켜 줌. 2. supporting

ふしょく[腐食·腐蝕](명·자타サ) 부식. ①썩어서 모양이 문드러짐. 썩혀서 모양이 문드러지게 함. ②〈이〉 물질이 약품 등의 화학 작용에 따라 약간씩 침식(侵

蝕)됨. 1. corrosion

ふしょく[腐植](명)〈농〉 부식. 낙엽 등의 유기물이 땅속에서 썩어 분해된 것. 「一質(シツ); 부식질」 mould

ぶじょく[侮辱](명·타サ) 모욕. 깔보아서 욕되게 함. insult

ふじょし[婦女子](명) 부녀자. 부인네와 아이들. women and children

ふしょぞん[不所存](명·형동ダ) 생각이 좋지 못함. 좋지 못한 심보. 「一者(モノ); 좋지 못한 생각이나 심보를 가진 자」 indiscretion

ふじょりょう[扶助料](명) 부조료. ①생활을 돕기 위해 주는 돈. ②정부에서 관리 등의 유족(遺族)에게 주는 연금(年金). 1. a relief allowance

ふじるし[不印](명)〈속〉 ①결과가 좋지 못함. ②못생긴 여자. 1. unfavourableness

ふじわらじだい[藤原時代]フヂハラー(명) 〔미술사(美術史)에서〕 헤이안(平安) 초기의 코오닌(弘仁) 시대 이후 약 270년간.

ふしん[不臣](명) 불신. 신하로서의 도리를 지키지 않음. 또는 그런 신하. disloyalty

ふしん[不信](명·형동ダ) 불신. ①믿음성이 없음. ②신용하지 아니함. 「一の目(メ)で見(ミ)る; 불신의 눈으로 보다」 ③신앙심(信仰心)이 없음. 불신심(不信心). 1. faithlessness

ふしん[不振](명·형동ダ) 부진. 세력이나 성적 등이 신통치 않음. 떨치지 못함. depression

ふしん[不審](명·형동ダ) 불심. ①자세히 알지 못함. ②의심스러움. 「一に思(オモ)う; 의심스럽게 생각하다」 2. doubt. **—か**[不審火](명) 원인 모를 화재. **—がみ**[不審紙](명) 책 등의 의심스러운 곳에 표적으로 붙이는 종이.

ふしん[普請](명·타サ) ①집을 짓거나 고침. ②〈불〉 보청. 널리 시주(施主)를 청하여 절(仏堂)을 신축하거나 수선함. 2. building by contribution

ふしん[腐心](명·자サ) 부심. 근심 걱정으로 마음을 썩임. troubling one's heart

ふじん[不仁](명) 불인. ①자비심이 없음. ②애정이 없음. ③(추위 등으로) 손발이 마비됨. 1. mercilessness

ふじん[不尽](명) (다하지 못한다는 뜻으로) 편지의 맨 뒤에 쓰는 인사말. Yours truly

ふじん[夫人](명) 부인. ①〔옛날 중국에서〕 황후(皇后)나 제후(諸侯)의 아내를 높이어 부르던 말. ②〔옛날 일본에서〕 중궁(中宮) 다음 가는 높은 자리의 여관(女官). ③신분이 높은 사람의 아내. ④타인의 아내를 높이어 부르는 말. 3. a lady 4. Mrs.

ふじん[布陣](명·자サ) 포진. 전투, 시합 등의 준비를 함. 진용(陣容)을 갖춤. 진을 침. the line-up

ふじん[府人](명) 같은 부(府)의 사람.

ふじん[婦人](명) 부인. 여자. 여성. 「一服(フク); 부인복」 a woman. **—か**[婦人科](명) 부인과. 부인병을 치료하는 의학의 부문(部門). **—のひ**[婦人の日](명) 부인의 날. 부인의 참정권(参政権) 획득을 기념하는 날. 4월 10일. **—びょう**[婦人病](명)〈의〉 부인병. 부인의 생식기나 자궁의 병.

ぶしん[武臣](명) 무신. 무관(武官)인 신하. a military officer

ぶしん[武神](명) 무신. 전쟁의 신. 군신(軍神). the god of war

ぶじん[武人](명) 무인. 무사(武士). 군인. ↔文人(ブンジン). a warrior

ふしんじん[不信心](명·자サ·형동ダ) 불신심. 신불(神仏)을 믿지 아니함. 불신앙(不信仰). impiety

ふしんせつ[不親切](명·형동ダ) 불친절. 친절하지 아니함. unkindness

ふしんにん[不信任](명·타サ) 불신임. 신임하지 아니함. 「内閣(ナイカク)一案(アン); 내각 불신임안」 nonconfidence

ふしんばん[不寝番](명) 불침번. 밤에 자지 않고 지킴. 또는 그 사람. a night watch

ふしんよう[不信用](명) 불신용. 신용하지 아니함. 믿지 아니함. 「nonaggression⤵

ふしんりゃく[不侵略](명) 불침략. 침략하지 아니함.

ふ·す[付す·附す] Ⅰ(자 4) 붙다. 따르다. Ⅱ(타 4) ①주다. 맡기다. ②달다. 「付録(フロク)に地図(チズ)を一; 부록에 지도를 넣다」 ③…의 대상으로 하다. 붙이다. 「不問(フモン)に一; 불문에 붙이다」 Ⅰ follow

ふ·す[伏す](자 4) ①숨다. 「草(クサ)に一; 풀속에 숨다」 ②엎드리다. ③쓰러져서 눕다. ④납작하게 엎드리다. 「伏(フ)してお願(ネガ)い申(モウ)しあげます; 엎드려 부탁 드리나이다」 1. hide

ふ·す[臥す](자 4) 눕다. 드러누워 자다. lie down

ふ·す[賦す](자サ) ①할당(割当)하다. 부과(賦課)하다. ②시가(詩歌) 등을 짓다. 1. allot 2. compose

ふず[付図](명) 부도. 부속(附属)된 지도나 도면(図面). 본문에 붙어 있는 그림이나 지도. an appended map

ぶす[付子·附子](명) 부자. 바곳의 구근(球根)에서 채취하는 맹독(猛毒). 한약재(漢薬材)로 씀. aconitine

ふずい[不随](명)〈의〉 불수. 자유롭게 되지 아니함. 부자유. 「半身(ハンシン)一; 반신 불수」 paralysis

ふずい[付随·附随](명·자サ) 부수. ①붙어서 따라 감. ②부속(附属). 「一品(ヒン); 부속품」 1. attendance

ぶすい[無粋·不粋](명·형동ダ) 세련되지 않음. 세정(世情)에 어두움. 풍류(風流)를 모름. inelegance

ふずいい[不随意](명) 마음 먹은 것이 여의치 아니함. 뜻대로 되지 아니함. being involuntary

ふすう[負数](명)〈수〉 부수. 영(零)보다 작은 수. 마이너스를 붙여 나타냄. ↔正数(セイスウ). a negative number

ぶすう[部数](명) ①부수. 부류(部類)의 수. ②책의 수. 2. the number of copies

ぶすき[不好き](명) 좋아하지 아니함. 싫어함. 미워함. 「好き一; 좋아하는 것과 싫어하는 것」 unwillingness

ぶすぶす(부) ①잘 타지 않고 연기가 날 때 나는 소리. ②기분이 나빠 입속으로 중얼거리는 모양. 1. sputter 2. grumble

ぷすぷす(부) "ぶすぶす"보다 약간 가벼운 느낌.
ふすぶ·る[燻ぶる](자 4) 타지 않고 연기가 나다. 그을다. smoke
ふすべがお[燻べ顔]―ガホ(명) 화내어 질투하는 안색(顔色). a jealous countenance
ふす·べる[燻べる](타하 1) ①잘 타지 않고 연기가 많이 나게 하다. ②연기를 쐬어 검게 하다. ③연기를 피워 괴롭게 하다. ④질투하다. 시기하다. ⑤시체를 화장하다. 2. fumigate
ふすま[衾·被](명) 잠잘 때 덮는 침구(寢具). 이부자리. a quilt
ふすま[麩·麸](명) 밀기울. 가축의 사료(飼料)로 씀. wheat bran
ふすま[襖](명) 미닫이. 장지. a sliding door
ふ·する[賦する](타サ) ⇨ふす.
ふせ[布施](명)〈불〉 보시. ①중에게 시주(施主)하는 돈이나 물품. ②가난한 사람에게 재물이나 동정을 베푸는 일. 1. an offering
ふせい[不正](명·형동ダ) 부정. 바르지 못함. 정의롭지 못함. 정당하거나 정직하지 않음. injustice
ふせい[父性](명) 부성. 아버지로서 갖는 성질.「一愛(アイ); 부성애」↔母性(ボセイ). fatherhood
ふせい[府政](명) 부정. 부(府)에 따른 행정.
ふせい[浮世](명) 부세. 뜬세상. 덧없는 세상. a transitory life
ふせい[賦性](명) 부성. 천성(天性). nature
ふせい[不整](형동ダ) 부정. 조리가 정연하지 못한 모양. 정돈되어 있지 아니한 모양. irregularity
ふぜい[府税](명) 부(府)에서 부과하는 세금. prefectural taxes
ふぜい[風情](명) ①풍치. 운치.「一のある庭(ニワ); 운치가 있는 뜰」②대접. 대우.「なんの一もなくて…; 아무 대접도 못하고…」③같은 종류의 것. 같은 모양의 것. (경멸이나 겸사의 뜻으로 하는 말)「町人(チョウニン)一; 장사군 나부랑이」 1. taste 2. entertainment
ふぜい[賦税](명) 부세. 세금을 부과(賦課)함. taxation
ぶぜい[不勢·無勢](명) 사람의 수가 적음.「多勢(タゼイ)に一; 다수에 대한 소수 (서로 겨룰 수 없음의 비유)」 a small force
ふせいかく[不正確](명·형동ダ) 부정확. 정확하지 아니함.「一な情報(ジョウホウ); 부정확한 정보」
ふせいこう[不成功](명·형동ダ) 불성공. 성공하지 못함. 목적을 달성하지 못함. 「一に終(オ)わる; 성공하지 못하고 말다」 failure
ふせいしゅつ[不世出](명·형동ダ) 불세출. 좀처럼 세상에 나타나지 않을 만큼 뛰어남.「一の天才(テンサイ); 불세출의 천재」 rarity
ふせいせき[不成績](명·형동ダ) 성적이 좋지 못함. poor results
ふせいとん[不整頓](명·형동ダ) 잘 정돈되어 있지 아니함.
ふせいりつ[不成立](명) 불성립. 일이 성립되지 못함.「議案(ギアン)一; 의안이 성립되지 않음」
ふせいお[伏せ庵]―イホ(명)〈고〉 토민(土民)의 오막살이. 작고 보잘 것 없는 집.
ふせき[布石](명) 포석. ①〔바둑에서〕 대국(対局)할 때 처음 바둑돌을 벌여 놓는 일. ②장래를 위한 준비(準備). 2. preparations
ふせき[斧石](명)〈광〉 부석. 삼사정계(三斜晶系)에 속하는 예릉(鋭稜)을 가진 도끼 모양의 결정. axinite
ふせ·ぐ[防ぐ·禦ぐ](타 4) ①(침범당하지 않도록) 지키다. 방어하다. ②(들어 오지 못하도록) 준비하다. 방비하다. ③막다. 1. defend
ふせじ[伏せ字](명) 복자. 소용되는 활자가 없거나 인쇄물에서 명기(明記)하는 것을 피하고자 일부러 그 자리를 비우거나 또는 글자 대신에 "○", "×" 등의 표를 찍는 일. 또는 그 표. a cipher
ふせぜい[伏せ勢](명) 복병(伏兵). an ambush
ふせつ[付設·附設](명·타サ) 부설. 부속시켜 설치함. fixing
ふせつ[浮説](명) 부설. 근거 없이 떠돌아 다니는 말. 유언(流言). 풍설(風説).「巷間(コウカン)の一; 항간의 풍설」 a false rumour
ふせつ[符節](명) ⇨わりふ(割り符).
ふせつ[敷設·布設](명·타サ) 부설. (철로 등을) 깔아 설치함. laying
ふせつ[跗節](명)〈생〉 부절. 곤충 다리의 발목에서 발톱까지의 발등 부분의 마디. a tarsus
ふせっせい[不摂生](명·형동ダ) 불섭생. 건강에 관심을 갖지 아니함.「一をする; 건강에 무관심하다」
ふせや[伏せ屋](명) 처마가 땅에 닿을 정도의 초라한 집. 낮은 집.「賤(シズ)が一; 초라한 오두막집」 a humble cottage
ふ·せる[伏せる](타하 1) ①(외부에 알리지 않고) 숨기다.「この話(ハナシ)は伏せておこう; 이 이야기는 비밀로 해 두자」②엎드리게 하다. 숙이다. 가로 놓다.「顔(カオ)を一; 얼굴을 숙이다」③뒤집어 엎다. 쓰러뜨리다. 1. conceal
ふせ·る[臥せる](자 4) (옆으로) 눕다. 잠자다. go to bed
ふせん[不戦](명) ①싸우지 아니함. ②전쟁을 하지 아니함. 2. renunciation of war. **―しょう**[不戦勝](명) 부전승. (상대방이 출전하지 않는 등의 사유로) 시합하지 않고 이김.
ふせん[付箋·附箋](명) 부전. ①의심스러운 점을 써서 붙이는 종이. ②우편물 등에 올바른 상대방의 이름을 써서 덧붙이는 종이. 부전지(付箋紙). a slip
ふせん[婦選](명) 부인 선거권(婦人選挙権)의 준말.「一運動(ウンドウ); 부인 선거권 획득 운동」
ふせん[普選](명) 보통 선거(普通選挙)의 준말.
ふぜん[不全](명)〈의〉 불완전(不完全).「発育(ハツイク)一; 발육 부전」 imperfection
ふぜん[不善](명) 착하지 못함.「小人(ショウジン)閑居(カンキョ)して一をなす; 소인은 한가히 있으면 마침내 나쁜 짓을 한다」 evil
ぶぜん[豊前](명)〈지〉 옛 지방 이름. 현재 오오이타현

(大分県)의 일부.

ぶぜん[憮然](형동タルト) 무연. ①실망한 모양.「—としてあごをなでる; 실망해서 턱을 쓰다듬다」 ②낙담한 모양. 암연(暗然). 1. disappointed

ふぜんかん[不善感](명)〈의〉 불선감. 종두(種痘)의 결과가 음성으로 나타남. ↔善感(ゼンカン).

ふせんめい[不鮮明](형동ダ) 불선명. (색깔 등이) 선명하지 못한 모양.

ふそ[父祖](명) 부조. ①아버지와 할아버지.「—の代(ダイ)からの; 할아버지 대(代)부터의」②조상(祖上). 1. father and grandfather

ふそう[扶桑](명) ①부상. 중국 전설에서 동해(東海)의 해뜨는 바닷속에 있다는 신기한 나무. 또는 그 나무가 있다는 곳. ②일본의 다른 이름.

ぶそう[武相](명) 옛 지방 이름. 무사시(武蔵)와 사가미(相模).

ぶそう[武装](명·자サ) 무장. ①전쟁의 복장(服装)이나 설비(設備). ②전투 준비. ③무기를 몸에 지님.「—警官(ケイカン); 무장 경관」 1. armament. **—かいじょ**[武装解除](명) 무장 해제. ①항복했거나 또는 중립국으로 도망한 적병의 무장을 해제시킴. ②일정한 곳에 군사 시설을 제거하고 비무장 지대로 함. **—ちゅうりつ**[武装中立](명) 무장 중립. 무력(武力)으로써 자기 나라의 중립을 지킴.

ふそうおう[不相応](명·형동ダ) 불상응. 서로 맞지 아니함. 서로 어울리지 아니함.「身分(ミブン)—の望(ノゾ)み; 신분에 알맞지 않는 소망」 unfitting

ふそく[不足](명·자サ·형동ダ) 부족. ①모자람. ②불충분.「認識(ニンシキ)—; 인식 부족」③만족하지 않음. 불만(不満). 1. 2. insufficiency

ふそく[不測](명) 예측(豫測)할 수 없음.「—の事態(ジタイ); 예측 할 수 없는 사태」 unforeseen

ふそく[付則·附則](명) 부칙. 본칙(本則)에 딸린 법칙이나 규칙. a by-law

ふぞく[付属·附属](명·자サ) 부속. ①(주되는 일이나 물건에) 딸려 붙음.「—書類(ショルイ); 부속 서류」②부속 학교(附属学校)의 준말.「—小学校(ショウガッコウ); 부속 국민 학교」 1. dependence

ぶぞく[部族](명) 부족. 씨족(氏族)의 집합 단체(集合団体). a tribe

ぶぞく[部属](명) 부문이나 부류로 나누어서 거기에 소속시킴. 부하(部下). subordinates

ふそくふり[不即不離](연어·명) 부즉 불리. 붙지도 않고 떨어지지도 않음.「—な関係(カンケイ); 가까이할 수도 멀리할 수도 없는 관계」 neutrality

ふぞろい[不揃い]—ゾロヒ(명·형동ダ) 가지런하지 않음. 갖추어지지 아니함. irregularity

ふそん[不遜](명·형동ダ) 불손. 겸손하지 못함. 교만함.「—な態度(タイド); 불손한 태도」 insolence

ふた—[二](조어) 둘. 두 개.「—おや; 양친(부모)」

ふた[蓋](명) ①뚜껑. 덮개.「—をあける; 뚜껑을 열다(일을 시작하다)」②(소라, 우렁 등의) 딱지. 1. a lid

ふだ[札](명) ①글자를 쓸 수 있는 작은 조각. ②부적(符籍). ③패목(牌木). ④걸어 두는 패(牌). ⑤카아드에 사용하는 패. ⑥간판. ⑦입장권. 허가증. ⑧표. 차표. 1. a card 2. a ticket

ぶた[豚](명)〈동〉 돼지. a pig

ふたい[付帯·附帯](명·자サ) 부대. 곁들여서 덧붙임.「—工事(コウジ); 부대 공사」 attendance

ふだい[譜代·譜第](명) ①대대로 이어 오는 계통(系統). ②대대로 섬겨 온 신하. 1. a hereditary vassal

ぶたい[部隊](명) 부대. ①한 단위의 군대. ②한 무리의 사람. 1. a troop

ぶたい[舞台](명) 무대. ①연기를 보이는 장소. 스테이지.「—装置(ソウチ); 무대 장치」②마음껏 실력을 발휘할 수 있는 판. 1. a stage. **—かんとく**[舞台監督](명) 무대 감독. 연극에서 조명, 장치, 연기 등 연출에 관한 일체를 지도 감독하는 사람. 연출자(演出者). **—げき**[舞台劇](명) 무대극. 무대에서 하는 연극. **—そうち**[舞台装置](명) 무대 장치. 무대 위에 설치하는 대도구, 소도구, 조명 등의 모든 장치. **—めん**[台舞面](명) 무대면. 무대의 정경(情景). 무대 장면.

ふたいてん[不退転](명·형동ダ) 불퇴전. ①〈불〉 하위(下位)로 전락(転落)하지 아니함. ②굳게 믿어서 움직이지 아니함.「—の決意(ケツイ); 불퇴전의 결의」 2. an iron will

ふたいとこ[二従兄弟·二従姉妹](명) ⇨またいとこ.

ふたいろ[二色](명) 이색. ①두 가지 색. ②두 가지 종류. 1. two colours

ふたえ[二重]—ヘ(명) 이중. ①두 개가 겹쳐짐. ②두 개로 굽어짐. 1. two layers. **—まぶた**[二重瞼](명) 눈꺼풀이 두 겹으로 되어 있는 것. 쌍꺼풀.

ふたおや[二親](명) 아버지와 어머니. 양친(両親). parents

ふたかわめ[二皮眼]フタカハ—(명) ⇨ふたえまぶた(二重瞼).

ふたく[付託·附託](명) 부탁. 남에게 의뢰함. 남에게 당부하여 맡김. 위탁(委託).「委員(イイン)—; 의회 같은 데서 어떠한 의안의 심사를 전문 위원에게 부탁하는 일」 commitment

ふたご[二子·双子](명)〈생〉 한 어머니에게서 한꺼번에 난 두 아이. 쌍동이. 쌍생아(双生児). twins

ふたごころ[二心·弐心](명) ①두 가지 마음. ②배반하는 마음. 배심(背心).「主君(シュクン)に—をいだく; 임금에게 배심을 품다」 1. double-heartedness

ふたことめ[二言目](명) 두 마디째에는 반드시 사용하는 말. 입버릇처럼 하는 말.「—には暑(アツ)いという; 두 마디째에는 반드시 덥다고 한다」 whenever the mouth is opened

ぶたごや[豚小屋](명) ①돼지 우리. ②작고 더러운 집. 1. a pigpen

ふださし[札差し](명) ①역에서 화물의 무게(重量)를 검사하는 사람. ②에도(江戸) 시대 장군 직속의 대리로 녹미(祿米)를 수납하던 사람. 1. an inspector

ふたしか[不確か](형동ダ) 불확실. 확실하지 않은 모

양. 애매한 모양.「一な ことば; 애매한 말」uncertain
ふだしょ[札所](명) 참배했다는 표지(標識)를 주는 영지(靈地). a sacred place for pilgrims to visit
ふたすじ みち[二筋道](명) ①두 길. ②갈림길. 1. two roads
ふたたび[再び](부·타사) 두 번. 재차(再次).「一行(ユ)く; 재차 가다」 again
ふたつ[二つ] Ⅰ(명) ①두 가지. ②쌍방. ③한 쌍. Ⅱ〈수〉①둘. 1에다 1을 보탠 수. 2. ②두 살. 1. two. **— ながら**[二つながら](부) 양쪽 모두. **— へんじ**[二つ返事·二つ返辞](명) 얼른 대답함.「一で引(ヒ)き受(ウ)ける; 군소리 없이 냉큼 맡다」**— わり**[二つ割り](명) 한 개를 두 개로 나눔.
ふたつ[布達](명·타サ) ①관(官)의 통달(通達) 등을 일반에게 알림. 포고(布告). ②메이지(明治) 초기의 행정 명령. 1. proclamation
ふだつき[札付き·札附き](명) ①표가 붙어 있음. 정찰(正札)이 붙음. ②나쁜 평이 정해져 있음. 또는 그 사람.「一の悪党(アクトウ); 나쁜 평이 붙은 악당」 1. plain-marked
ぶだて[部立て](명) 전체를 몇 개의 부류(部類) 또는 부문(部門)으로 나누는 것. 분류(分類). classification
ふだどめ[札止め](명) (만원으로) 입장권 파는 것을 중지함.「一の盛況(セイキョウ); 만원의 성황」 "House Full."
ふたなのか[二七日](명) 사람이 죽은 뒤의 열 나흘째. the fourteenth day after a person's death
ふたなり[二形](명) ①두 가지 형태를 가진 것. ②남녀 양성(両性)의 특색을 지닌 사람. 1. having two types
ふたの[二幅](명) ①일본옷감의 두 폭. 약 75 *cm*. ②부인용 일본옷 속치마. ⇨こしまき. 2. a loincloth
ブタノール[butanol](명)〈이〉 부타놀. 알코홀과 흡사한 액체. 용제(溶剤)로 쓰며 향(香)의 원료로도 함.
ふたば[二葉·双葉](명) ①초목의 새순이 나오려고 할 때에 트는 두 개의 작은 잎. 떡잎. ②일의 시초. 1. a seed-leaf
ぶたばこ[豚箱](명) ①돼지를 넣는 상자. ②〈속〉 용의자(容疑者)나 범인을 가두는 곳. 유치장(留置場). 1. a box for pigs
ふたまた[二股](명) ①끝이 두 쪽으로 갈라져 있는 것.「一道(ミチ); 두 갈림길」②동시에 두 가지 목적을 달성하려 함.「一かける; 양다리 걸치다」③태도가 애매함. 1. a fork
ふたみち[二道](명) ①두 길. ②두 가지 방법. 1. two roads
ふため[二目](명) 두 번 보는 것.「一と見(ミ)られない顔(カオ); 두 번 다시 볼 수 없는 얼굴 (매우 못생긴 얼굴)」 looking again
ふため[不為](명·형동ダ) 도움이 되지 않음. 무익(無益)함. disadvantage
ふため·く(자 4) 떠들다. 떠들어대다.「あわて一; 당황해서 떠들어대다」 stir up
ふたもの[蓋物](명) 뚜껑이 있는 기구. covered utensil
ふだらく[補陀落](명)〈불〉 보타락. 인도 남해안의 지명으로 관음(觀音) 보살이 출현(出現)했다는 영지(靈地). 「two persons
ふたり[二人](명) 이인. 두 사람. 양인(両人). ⤴
ふたん[負担](명·타サ) 부담. ①짐을 짐. ②자기에게 맡겨진 의무.「費用(ヒヨウ)を一する; 비용을 부담하다」 2. an obligation
ふだん[不断·普段](명·부) ①끊임 없음.「一の煙(ケムリ); 끊임 없이 나는 연기」②보통 때. 평상시. 1. continuance. **— ぎ**[不断着](명) 평상시 입는 옷. **— そう**[不断草](명)〈식〉 근대. 명아주과에 속하는 2년생 채소. 사철 언제나 줄기, 잎을 식용할 수 있음.
ぶだん[武断](명) 무단. ①힘을 믿고 강제로 단행함. ②무력으로써 정치를 단행(断行)함. ↔文治(ブンジ). ③강력히 단행 또는 단언(断言)함. 1. enforcement
ふち[淵](명) ①물이 깊이 괴어 있는 곳. 못. ②괴로운 경우.「悲(カナ)しみの一に沈(シズ)む; 슬픔 속에 잠기다」 1. a pool
ふち[縁](명) ①가장자리. 테두리. 전「茶碗(チャワン)の一; 차잔의 전」②(모자의) 차양.「一なし帽子(ボウシ); 차양이 없는 모자」 1. an edge
ふち[不治](명) 불치. 낫지 아니함.
ふち[不知](명) 부지. 모름. 알지 못함. ignorance
ふち[布置](명·타サ) 할당(割當)하고 배치하여 자리를 정해 둠. 배치(配置). arrangement
ふち[付置](명·타サ) 부치. 〔대학 등에〕 부속하여 설치함.「一研究所(ケンキュウショ); 부속 연구소」 incidental establishment
ふち[扶持](명·타サ) ①도움. ②옛날, 무사(武士)의 급여(給与). 1. support
ぶち一[打ち](조어)〈속〉 동사 위에 붙어서 뜻을 강하게 하는 말.「一こわす; 막 부수어 버리다」
ぶち[斑·駁](명) 여러 가지 색깔이 섞여 있음. 반점(斑点). 얼룩. patches
ぶちこ·む[打ち込む](자·타 4)〈속〉 ①처넣다.「刑務所(ケイムショ)に一; 형무소에 처넣다」②마구 넣어 가두다. 1. throw into
ぶちころ·す[打ち殺す](타 4) ①쳐죽이다. ②쏘아 죽이다. 1. beat to death
ぶちこわ·す[打ち壊す]ーコハス(타 4) ①때려 부수다. ②물건을 때려 부수다. 1. spoil
ふちじ[府知事](명) 부지사. 부(府)의 행정상의 최고 책임자. a prefectural governor
ふちせ[淵瀬](명) ①못과 여울. 깊은 곳과 얕은 곳. ②세상의 끊임 없는 변천. 1. pools and shoals
ぶちのめ·す[打ちのめす](타 4)〈속〉 ①몹시 때려 다시 못 일어나게 하다. ②재기 불능(再起不能)의 큰 타격을 가하다. 1. knock down
プチブル[프 petit bourgeois](명) 프티부르. 부르조아와 프롤레타리아아트의 중간 계급. 소시민(小市民). 중산 계급(中産階級). 프티부르조아.
ぶちま·ける(타하 1) ①속에 있는 것을 난폭하게 끌어 내다. ②숨기지 않고 밝히다.「心(ココロ)の中(ナカ)を―; 심경을 숨기지 않고 털어 밝히다」 1. throw out the contents

ふちゃく[不着](명) 불착. 도착하지 아니함. non-arrival

ふちゃく[付着·附著](명·자サ) 부착. 붙어서 떨어지지 아니함. 달라붙음. sticking

ふちゃ(りょうり)[普茶(料理)](명) 중국식의 정진(精進) 요리. vegetarian cookery

ふちゅう[不忠](명·형동ダ) 불충. 충성(忠誠)하지 아니함. disloyalty

ふちゅう[付注](명·자サ) ①주를 닮. 또는 그 주(注). ②덧붙인 주. 1. annotation

ふちゅう[府中](명) ①옛날 지방관(地方官)이 있던 곳. ②정치를 행하는 곳. 정부. 2. administrative offices

ふちゅうい[不注意](명·형동ダ) 부주의. 주의하지 아니함. 주의가 미치지 아니함. carelessness

ふちょう[不調](명·형동ダ) ①정리, 성립이 되지 못함.「交渉(コウショウ)は―に終(オ)わる; 교섭은 성립되지 않고 끝나다」②상태가 나쁨. 1. failure

ふちょう[府庁](명) 부청. 부(府)의 행정 사무를 맡아 보는 관청. an urban prefectural office

ふちょう[符丁·符帳·符牒](명) ①상품 값을 나타내는 은어(隠語). ②암호.「―を使(ツカ)う; 암호를 쓰다」③글자나 선(線) 등으로 표시한 것이 어떤 뜻을 포함하고 있는 것. 부호(符号). 1. a price mark

ふちょう[婦長](명) 간호부의 우두머리. 간호부장(看護部長). the chief nurse

ぶちょう[部長](명) 부장. 부(部)의 우두머리. the head of a department

ぶちょうほう[無調法·不調法](명·형동ダ) ①고루 미치지 못함. ②꼼꼼하지 못함. 소홀. ③익숙하지 못함. 서투름.「口(クチ)が―で; 말이 서툴러서」④술이나 담배를 못함. 1. impoliteness

ふちょうわ[不調和](명·형동ダ) 부조화. 서로 잘 조화되지 않음. disharmony

ふちん[浮沈](명·자サ) 부침. ①뜸과 가라앉음. ②오름과 내림. ③흥망 성쇠(興亡盛衰). 3. rise and fall

ふっ―[吹っ](접두) 힘차게 하는 것을 나타내는 말.「―切(キ)れる; 툭 끊어지다」

ふつ[仏](명)〈지〉 프랑스(仏蘭西).

ぶっ―[打っ](접두) 난폭하게 하는 것을 나타내는 말.「―こわす; 때려 부수다」

―ぶつ[物](접미) 물건.「障害(ショウガイ)―; 장해물」

ぶ·つ[打つ·撃つ·撲つ](타 4) ①〈방〉치다. 때리다. ②〈속〉하다. ③〈속〉 연설하다.「一席(イッセキ)―; 일장 연설하다」 1. strike 3. make a speech

ぶつ[仏](명)〈불〉 불. ①부처. ②불법(仏法). 불교(仏教). ③개오(開悟)한 사람. 1. Buddha

ふついん[仏印](명)〈지〉 불인. 불령(仏領) 인도지나. 프랑스령 인도차이나.

ふつう[不通](명) 불통. ①(교통 기관이) 통하지 않음.「鉄道(テツドウ)が―になる; 철도가 불통되다」②모름. 이해하지 못함. ③통신(通信)하지 아니함.「音信(オンシン)―; 소식 불통」④교제하지 아니함. 인연을 끊음. 1. interruption

ふつう[普通] Ⅰ(명) 보통. ①(언제) 어디든지 있는 것으로 신기하지 않은 것.「日本(ニッポン)に―の鳥(トリ); 일본에 흔한 새」②특별한 데가 없는 것.「―の品物(シナモノ); 보통 물건」↔特別(トクベツ). Ⅱ(부) 대략. 대개.「―そう いっています; 대개 그렇게 말합니다」 1. common. **―せんきょ**[普通選挙](명) 보통 선거. 모든 사람에게 원칙적으로 선거권을 인정하는 선거. **―ぶん**[普通文](명) 보통문. 메이지(明治) 시대에 널리 사용한 문어체(文語体)의 문장.

ぶつえん[仏縁](명)〈불〉 불연. 부처와의 인연(因縁). 부처의 힘. providence of Buddha

ぶつおん[仏恩](명)〈불〉 불은. 부처의 은혜. benevolence of Buddha

ふつか[二日](명) 이일. ①하루에 하루를 더한 일수(日数). 이틀. ②그달의 제2일. 2. two days. **―よい**[二日酔い]―ヨヒ(명) 취기(酔気)가 다음날까지 가는 것. 숙취(宿酔).

ぶっか[仏果](명)〈불〉 불과. 불도 수행(仏道修行)으로 얻는 과보(果報). 성불(成仏). attaining Buddhaship

ぶっか[仏家](명)〈불〉 불가. ①절. 사원(寺院). ②승려(僧侶). 1. a Buddhist temple

ぶっか[物価](명) 물가. ①물건 값. ②상품의 시중 시세(市中時勢). 1. prices. **―しすう**[物価指数](명)〈경〉 물가 지수. 기본 연도(基本年度)의 각종 상품의 종합 가격을 표준으로 매년 변동되는 상품 가격을 비례수(比例数)로 나타낸 것.

ぶつが[仏画](명)〈불〉 불화. 불교에 관계되는 그림. 부처, 보살 등을 그린 그림. a Buddhist picture

ぶつが[物我](명) ①자기 이외의 것과 자기. ②물질과 정신. 1. external objects and ego

ぶっかい[仏界](명)〈불〉 불계. 십계(十界)의 하나. 제불(諸仏)이 사는 세계. the world of Buddha

ぶっかい[物界](명) 물질의 세계. 물질계(物質界). 속세(俗世). material world

ぶっかく[仏閣](명)〈불〉 불각. 절. 불당(仏堂). a Buddhist temple

ぶっか·く[打っ欠く](타 4)〈속〉 쳐부수다. 쪼개다. 잘게 깨다.「氷(コオリ)を―; 얼음을 잘게 깨다」圏打っ欠き. break into pieces

ぶつがく[仏学](명) 불교에 관한 학문. 불교학(仏教学). Buddhist studies

ふっか·ける[吹っ掛ける](타하 1) ⇨ふきかける.

ぶっか·ける[打っ掛ける](타하 1)〈속〉 힘차게 뿌리다. 마구 끼얹다.「水(ミズ)を―; 물을 마구 끼얹다」 pour

ふっかすいそ[弗化水素](명)〈이〉 불화 수소. 무기염류(無機塩類)의 하나. 무색(無色), 유독(有毒) 액체. 유리를 녹이는 데 씀. hydrogen fluoride

ふっかつ[復活](명·자타サ) 부활. ①쇠퇴했던 것이 다시 일어남. 부흥. ②일단 폐지한 것을 다시 원상대로 돌이킴.「旧制度(キュウセイド)の―; 구제도의 부활」③한 번 죽었던 사람이 다시 살아남. 소생(蘇

生). 3. revival. **── さい**[復活祭](명)〈종〉 부활제. 그리스도 부활을 기념하는 제전(祭典). 부활 주일(復活主日)에 행하는 의식. 부활절(復活節).

ぶつか·る[打つかる](자 4) ①부딪치다. 맞부딪치다. ②충돌하다. ③만나서 교섭하다. 「先方(センポウ)にぶつかってみよう; 상대방을 만나서 교섭해 보자」④겹치다. 닿다. 마주 닿다. 「予定(ヨテイ)が─; 예정이 겹치다」 1. collide with

ふっかん[副官](명)〈군〉 부관. 군대에서 부대장 및 지휘관의 명을 받아 행정 임무를 관장(管掌)하는 무관(武官). an adjudant

ふっかん[復刊](명·타サ) 복간. 부활(復活)시켜 간행(刊行)함. reissue

ふっき[復帰](명·자サ) 복귀. ①다시 돌아 옴. ②본래대로 됨. reversion

ふっき[富貴](명) ⇨ふうき.

ふづき[文月](명) ⇨ふみづき.

ぶつぎ[物議](명) 물의. 항간의 의론. 세평(世評). 「─をかもす; 물의를 빚어 내다」 public censure

ふっきゅう[復旧](명·자타サ) 복구. 원상(原状)대로 됨. 그전의 상태로 회복됨. 「不通(フツウ)箇所(カショ)の─; 교통이 두절된 곳의 복구」 restoration

ふっきゅう[復仇](명·자サ) 원수를 갚음. revenge

ぶっきゅう[物給](명) 물자(物資)로 주는 급여(給与). 현물 급여(現物給与). an allowance in kind

ふつぎょう[払暁](명) 불효. 새벽녘. 밝을 무렵. 불서(払曙). dawn

ぶっきょう[仏経](명)〈불〉 불경. 불교의 경문(経文). 불교의 경전(経典). the Buddhist scriptures

ぶっきょう[仏教](명)〈불〉 불교. 석가모니가 인도에서 시작한 종교. 전미 개오(転迷開悟), 성불 득탈(成仏得脱)을 종지(宗旨)로 함. Buddhism. **── びじゅつ**[仏教美術](명) 불교 미술. 불교에 관한 미술. 사원 건축, 불상(仏像), 불화(仏画) 등.

ぶっきらぼう[打切棒](명·형동ダ)〈속〉 ①지나치게 솔직하여 애교(愛嬌)가 없음. 무뚝뚝함. ②꾸밈이 없음. 1. bluntness

ぶつぎり[ぶつ切り](명) 〔요리에서〕 굵거나 큼직하게 씲. 또는 그렇게 한 것. cutting into irregular lumps

ぶっき·る [打っ切る](타 4)〈속〉 마구 베다. 두들겨 자르다. cut

ふっき·れる[吹っ切れる](자하 1)〈속〉 ①종기(腫気)가 터져서 고름이 나오다. ②꽉 차 있던 것이 한꺼번에 나와서 기분이 시원해지다. ③바람이 잠깐 동안 그치다. 1. ooze out

ふっきん[復金](명) 부흥 금융 공고(復興金融公庫)의 준말.

ふっきん[腹筋](명)〈생〉 복근. 복부를 이루고 있는 근육.

フック[hook](명) 훅. ①⇨ホック. ②〔권투에서〕 팔꿈치를 꾸부리고 옆으로 치는 일. ③〔골프에서〕 좌곡구(左曲球).

ブック[book](명) 북. ①책. 서적. 「─カバー; 북커버(책가위)」②장부. 「スクラップ─; 스크랩북」 ── **エンド**[book ends](명) 북엔드. 책이 넘어지지 않게 놓는 책꽂이의 한 가지. **── メーカー**[book maker](명) 북메이커. ①돈만을 벌기 위한 저술가. ②합부로 책을 만드는 사람. **── レビュー**[book review](명) 북레뷰우. 신간 서적의 소개나 비평. 서평(書評).

ぶつぐ[仏具](명)〈불〉 불구. 불사(仏事)에 쓰는 기구. articles used in Buddhist rites

ふづくえ[文机]─ヅクエ(명) ⇨ふみづくえ.

ぶっけ[仏家](명)〈불〉 ⇨ぶっか.

ぶつ·ける[打つける](타하 1) ⇨なげつける.

ふっけん[復権](명·자타サ)〈법〉 복권. ①형(刑)의 선고를 받고 공법상(公法上)의 잃은 권리를 일정한 조건에 따라 회복시킴. ②파산자(破産者)가 채무를 다 청산하고 법률상의 능력을 회복함. 1. rehabilitation

ぶっけん[物件](명) 물건. 물품. an article

ぶっけん[物権](명)〈법〉 물권. 어떤 물품에 대해서 직접 가지고 있는 지배권, 소유권(所有権), 점유권(占有権), 지상권(地上権), 영소작권(永小作権), 저당권(抵当権), 입회권(入会権) 등. real rights

ふっこ[復古](명·자타サ) 복고. 옛으로 돌아 감. 「王政(オウセイ)─; 왕정 복고」 restoration

ふつご[仏語](명) 불어. 프랑스말. French

ぶっこ[物故](명·자サ) 죽음. 사거(死去). 「─者(シャ); 죽은 사람」 death

ぶつご[仏語](명)〈불〉 ①불교 용어(仏教用語). ②부처의 말. 2. a sermon

ふっこう[復校](명·자サ) 복교. 정학(停学), 휴학(休学)하고 있던 학생이 다시 학교에 다님. return to school

ふっこう[復航](명) 목적지로 돌아 오는 항해(航海) 또는 항공(航空). ↔往航(オウコウ). homeward voyage

ふっこう[復興](명·자타サ) 부흥. 한때 쇠잔하던 것이 전과 같이 번영 상태로 돌아 감. reconstruction

ふつごう[不都合](명·형동ダ) ①형편이 좋지 못함. ②무례함. 1. inconvenience

ぶっこう[仏工](명)〈불〉 불상(仏像)이나 불구(仏具)를 만드는 사람. 불사(仏師). maker of Buddhist articles

ぶっこう[物交](명·자サ) 물물 교환의 준말.

ふっこく[仏国](명)〈지〉 프랑스.

ふっこく[復刻·覆刻](명·타サ) 목판본(木版本)을 중간(重刊)하는 경우에 원형을 모방하여 재각(再刻)하여 출판함. 또는 그 판(版). revived publication

ぶっこぬ·く[打っこ抜く](타 4) ①뚫다. 꿰뚫다. ②중간을 생략하다. 1. penetrate

ふっこ·む[吹っ込む](타 4) ⇨ふきこむ.

ぶっこ·む[打っ込む](타 4)〈속〉 ①두드려 박다. 쳐박다. ②던져 넣다. ③섞어 넣다. ④(칼 등을) 차다. 1. strike into

ぶっころ·す[打っ殺す](타 4)〈속〉 ①때려 죽이다. ②죽이다. 1. beat to death 2. kill

ぶつざ[仏座](명)〈불〉 불좌. ①불상을 놓는 자리. 연화좌(蓮花座). ②불교를 설법(説法)하는 자리. 2. a seat from where Buddhist sermons are given

ぶっさき[打っ裂き](명) 난폭하게 찢음. tearing. ── **ばおり**[打っ裂き羽織](명) 등솔의 한가운데 밑을 꿰매지 않은 하오리(羽織).

ぶっさん[仏参](명·자サ) 불참. 절에 참예(参詣)하여 부처나 묘(墓)에 참배함. visiting a temple

ぶっさん[物産](명) 물산. 그 지방에서 생산되는 물건. 산물(産物). product

ぶっし[仏子](명)〈불〉 불자. ①계(戒)를 받고 출가(出家)한 사람. ②일체의 중생(衆生). 1. a priest

ぶっし[仏師](명) ⇨ぶっこう(仏工).

ぶっし[物資](명) 물자. 물건을 만드는 데 쓰이는 자료. 물품. goods

ぶつじ[仏寺](명)〈불〉 절. 사원(寺院). 불각(仏閣). a Buddhist temple

ぶつじ[仏事](명)〈불〉 불사. 불가에서 행하는 모든 일. 법사(法事). 법회(法会) 등. a Buddhistic service

ブッシェル[bushel](명) 부셸. 〔야아드, 파운드 법에서〕 곡물(穀物)이나 과실 등의 양을 재는 단위. 약 8갈론. 두 말(二斗).

ふっしき[払拭](명·타サ) ⇨ふっしょく.

ぶっしき[仏式](명)〈불〉 불식. 불교에서 행하는 방식. 불교 의식. 「一の葬式(ソウシキ); 불교식 장례」 ↔神式(シンシキ). Buddhist rites

ぶっしつ[物質](명) 물질. ①물체(物体). 물건. 「一欲(ヨク); 물질욕」 ↔精神(セイシン). ②〈이〉 공간의 일부를 차지하고 있으며 감각에 의해 그것의 존재를 알 수 있는 것. 「一面(メン); 물질면」 2. a material. ── **てき**[物質的](형동ダ) 물질적. ①〈이〉 물질의 성질을 갖는 모양. ②물질에만 구애되는 모양. ↔精神的(セイシンテキ).

ぶっしゃ[仏者](명)〈불〉 불문(仏門)에 들어 간 사람. 중. 불가(仏家). a priest

ぶっしゃり[仏舎利](명)〈불〉 불사리. 석가의 유골(遺骨). 사리(舎利). 불골(仏骨). the Buddha's bones. ── **え**[仏舎利会](명)〈불〉 불사리회. 불사리를 공양하는 법회(法会).

プッシュ[push](명·타サ) 푸시. 밂. 밀어 나가게 함.

ふっしょ[仏書](명) 프랑스어로 된 서적.

ぶっしょ[仏書](명)〈불〉 불서. 불교에 관한 서적. 불가서(仏家書). the Buddhist scriptures

ぶっしょう[仏性](명)〈불〉 불성. 중생(衆生)이 부처가 될 성질. 진여(真如)의 본성(本性). Buddhahood

ぶっしょう[物象](명) 물상. ①생명이 없는 물건의 형상. ②사계절(四季節)의 경치. ③물리, 화학 등의 총칭. 1. an object

ぶっしょう[物証](명)〈법〉 물증. 물건으로 드러난 증거. 물적 증거. material proof

ぶつじょう[物上](명)〈법〉 물건, 재산에 관계하는 일. 「一担保(タンポ); 물상 담보(특정한 재산으로써 채권의 담보를 삼는 일)」 referring to materials

ぶつじょう[物情](명) 물정. ①세상 인심. 세상 형편. 「一騒然(ソウゼン); 세상이 어수선함」 ②물건의 모양. 2. state of things

ぶっしょうえ[仏生会](명)〈불〉 불생회. 관불회(灌仏会).

ふっしょく[払拭](명·타サ) 불식. 털고 훔침. 씻어 버림. 일소(一掃). 「不安(フアン)を一する; 불안을 일소하다」 wiping off

ぶっしょく[物色](명·타サ) 물색. ①물건의 빛깔. ②생김새, 의복 색 등에 의하여 사람을 찾음. ③어떤 표준 하에 쓸 만한 사람이나 물건을 찾아 고름. 「適当(テキトウ)な人(ヒト)を一する; 적당한 사람을 물색하다」 1. colour of things

ふつじん[仏人](명) 불인. 프랑스 사람.

ぶっしん[仏心](명)〈불〉 불심. ①부처님의 마음. 자비심. ②불성(仏性). 1. Buddhist charity

ぶっしん[仏身](명)〈불〉 불신. 부처의 몸. the body of Buddha

ぶっしん[物心](명) 물심. 물질과 정신. 「一両面(リョウメン); 물심 양면」 material and spirit

ぶっせい[物性](명)〈이〉 물성. 물질의 성질. a property of matter

ぶっぜい[物税](명)〈법〉 물세. 물품에 부과(賦課)하는 세금. a real tax

ぶっせつ[仏説](명)〈불〉 불설. 부처가 가르친 말. 부처의 말씀. Buddhist doctrines

ふつぜん[怫然](형동タリ) 불연. 갑자기 왈칵 성을 내는 모양. in anger

ぶつぜん[仏前](명) 불전. 부처 앞. 불단(仏壇) 앞. 「一にそなえる; 부처 앞에 바치다」 before the tablet of the deceased

ふっそ[弗素](명)〈이〉 불소. 비금속 원소의 하나. 화합력(化合力)이 제일 강한 담황록색(淡黄緑色)의 기체. 기호는 F. fluorine

ぶっそ[仏祖](명)〈불〉 불조. ①석가. ②부처와 조사(祖師). 1. the founder of Buddhism

ぶっそう[仏葬](명)〈불〉 불장. 불교식 장례. a Buddhistic funeral

ぶっそう[物騒](명·형동ダ) ①세상이 시끄럽고 뒤숭숭함. ②위험함. 「夜(ヨル)のひとり歩(アル)きは一だ; 밤에 혼자 걷는 것은 위험하다」 1. disturbance

ぶつぞう[仏像](명)〈불〉 불상. 부처의 상. 소상(塑像), 화상(画像) 등. Buddhistic image

ぶつだ[仏陀](명)〈불〉 불타. ①원만한 성자(聖者). 부처. ②석가. Buddha

ぶったい[仏体](명)〈불〉 불체. ①불상의 몸. 불신(仏身). ②불상(仏像). 1. the body of Buddha

ぶったい[物体](명) 물체. ①물질이 모여서 된 것. ②지각(知覚), 정신(精神)이 없는 것. 1. a body

ぶったおれる[打っ倒れる]ータフレル(자하 1)〈속〉 탁 넘어지다. 他ぶっ倒す(4). fall down

ぶったぎる[打った切る](타 4)〈속〉 마구 자르다. 힘차게 끊다. cut severely

ぶったくる[打っ手操る](타 4)〈속〉 억지로 빼앗다. 탈취(奪取)하다. snatch

ぶつだん[仏壇](명)〈불〉 불단. 불상이나 부처를 모셔 놓은 단(壇). a family Buddhist shrine

ぶっち[仏智](명)〈불〉 불지. 부처의 완전하고 원만한 지혜. the wisdom of Buddha
ぶっちがい[打っ違い]ーチガヒ(명) 잘못 침. 「タイピストの—; 타이피스트가 (글자를) 잘못 침」 a cross
ぶっちょうづら[仏頂面](명) 무뚝뚝한 얼굴. 화난 얼굴. a sullen look
ぶっちらか·る[打っ散らかる](자 4)〈속〉 마구 흩어지다. 타 ぶっ散らかす(4).
ふつつか[不束](명·형동ダ) ①깜깜하지 못함. 졸렬(拙劣)함. ②무례(無礼). 「—者(モノ)ですが; 무례한 놈이지만」 unrefined
ぶっつか·る[打っ付かる](타 4) ⇨ぶつかる.
ぶっつけ[打っ付け](명)〈속〉 ①갑작스러운 것. ②처음. 최초(最初). 2. at first
ぶっつづけ[打っ続け](명·부)〈속〉 계속, 연속의 센말. continuously
ふってい[払底](명·자サ) 남지 않음. 물건이 몹시 결핍(缺乏)됨. 「商品(ショウヒン)が—する; 상품이 결핍되다」 scarcity
ぶってき[仏敵](명)〈불〉 불적. 불법(仏法)에 대적하는 것. 불교의 적(敵). an enemy of Buddhism
ぶってき[物的](형동ダ) 물적. 물체에 관한 모양. 물질적. 「—証拠(ショウコ); 물적 증거」 ↔心的(シンテキ). material
ぶつでし[仏弟子](명)〈불〉 불제자. ①석가의 제자. ②불교도(仏教徒). 출가(出家). 1. a disciple of Buddha
ふってん[沸点](명)〈이〉 비등점(沸騰点)의 준말.
ぶってん[仏典](명) 불전. 불교에 관한 경전(経典). 불경(仏経). the sutras
ぶつでん[仏殿](명)〈불〉 불전. 불상을 모셔 놓은 대청. 불당(仏堂). Buddhist sanctum
ぶっと[仏徒](명)〈불〉 불도. 불법을 믿는 사람. 불교도(仏教徒). Buddhists
ぶつど[仏土](명)〈불〉 불토. 부처가 사는 곳. 정토(浄土). Paradise
ふっとう[沸騰](명·자サ) 비등. ①(물 등이) 끓어 오름. ②(의론이) 떠들썩하게 일어남. 솟아 오름. 「人気(ニンキ)—; 인기 비등」 1. boiling. —**てん**[沸騰点](명)〈이〉 비등점. 액체(液体)가 비등하는 온도. 비점(沸点).
ぶつどう[仏堂](명)〈불〉 불당. 불상(仏像)을 안치한 곳. 절. 사원(寺院). a temple
ぶつどう[仏道](명) 〈불〉 불도. 불교. Buddhism
ぶっとお·す[打っ通す]ートホス(타 4)〈속〉 통하다. 통행시키다. 명 ぶっ通し. pierce
ふっと·ぶ[吹っ飛ぶ](자 4)〈속〉 "飛ぶ(날다)"의 강한 말. 타 吹っ飛ばす(4).
フットボール[football](명) 풋보올. 축구(蹴球). 축구에 쓰는 공.
フットライト[foot light](명) 푸트라이트. 무대면의 앞쪽에 장치하여 등장하는 배우(俳優)의 발부터 비추는 조명(照明). 또는 조명등(照明燈). 각광(脚光).
フットワーク[foot work](명) 풋워어크. 〔축구나 권투 등에서〕 발 놀리는 방법.
ふっトン[仏噸](명) 무게의 단위. 1,000 *kg*. 약 266.7 관(貫). French ton
ぶつのう[物納](명·자サ) 물납. 조세 등을 물품으로 바침. paying in kind
ぶつばち[仏罰](명)〈불〉 불벌. 부처로부터 받는 벌(罰). a Buddhist punishment
ぶっぱな·す[打っ放す](타サ)〈속〉 발사(発射)하다. 마구 쏘다. 「ピストルを—; 피스톨을 마구 쏘다」 let go fire
ぶっぱら·う[打っ払う]ーパラフ(타 4)〈속〉 쳐서 물리치다. 몰아 내다. 쫓아 버리다. drive away
ぶっぴん[物品](명) 물품. 물건. 「—税(ゼイ); 물품세」 an article
ぶつぶつ[物物](명) 물물. ①물건과 물건. ②여러 가지 물품(物品). 「事事(ジジ)—; 사사 물물(모든 사물)」 1. an article for another. —**こうかん**[物物交換](연어·명)〈경〉 물물 교환. 물건과 물건을 직접 교환하는 일.
ぶつぶつ Ⅰ(부) ①불평을 늘어놓는 모양. ②쉴 새 없이 중얼거리는 모양. ③끓는 모양. 보글보글. ④(좁쌀알 같은 것이) 돋는 모양. Ⅱ(명) 부스럼. 헌데. Ⅰ 1. complain 2. grumble Ⅱ eruptions
ふつぶん[仏文](명) 불문. ①프랑스어(語)의 문장. ②프랑스 문학(과)의 준말. 1. a French sentence
ふつぶんがく[仏文学](명) 불문학. 프랑스 문학. French literature
ふつほう[仏法](명) 프랑스 법학(法学). French law
ぶっぽう[仏法](명)〈불〉 불법. 불교. 불도. Buddhism. —**そう**[仏法僧](명) 불법승. ①〈불〉 삼보(三宝)가 되는 여래, 교법(教法), 비구(比丘). ②〈동〉 파랑새. 몸빛은 아름다운 청록색(青緑色)임.
ぶつぼさつ[仏菩薩](명)〈불〉 불보살. 부처와 보살. Buddha and Bodhisattva
ぶつま[仏間](명) 불상(仏像)이나 위패(位牌)를 모셔 놓은 방(房). an altar room
ぶつめつ[仏滅](명)〈불〉 불멸. ①불타(仏陀), 부처의 입멸(入滅). ②←仏滅日. —**にち**[仏滅日](명)〈불〉 불멸일. 음양도(陰陽道)에서 어떤 일을 해도 좋지 않다는 날.
ぶつもん[仏門](명)〈불〉 불문. 불도(仏道). 「—にはいる; 출가(出家)하여 중이 되다」 Buddhism
ぶつやく[仏訳](명·타サ) 불역. 프랑스어(語)로 번역함. 또는 그 번역물. translation into French
ぶつよく[物欲·物慾](명) 물욕. 물질에 대한 욕망. 욕심. worldly desires
ぶつり[物理](명) 물리. 물리학의 준말. 물체의 성질이나 에너지의 상태. 「—現象(ゲンショウ); 물리 현상」 natural laws. —**かがく**[物理化学](명)〈이〉 물리 화학. 물질의 물리적 구조, 성질, 화학적 조성, 변화 등을 연구하는 과학. —**がく**[物理学](명)〈이〉 물리학. 물리를 연구하는 학문. —**へんか**[物理変化](명)〈이〉 물리 변화. 형태나 위치가 물질 상태에 따라 변화하는 것. ↔化学(カガク)変化. ―りょうほう[物理療法](명)〈의〉 물리 요법. 전기, 열, 물, 광선, 기계 등을 써서 병을 고치는 방법. ↔化学療法.
ぶつり(부) 물건을 끊는 소리. with a snap
ふつりあい[不釣り合い]―ツリアヒ(명·형동ダ) 균형이 잡히지 않음. 잘 어울리지 않음. disproportion
ぶつりき[仏力](명)〈불〉 불력. 부처의 신기한 위력이나 공력(功力). 부처의 통력(通力). the supernatural power of Buddha
ふつりょう[仏領](명) 불령. 프랑스의 영토. a French territory. ―インドしな[仏領印度支那](명)〈지〉 불령 인도 지나. 불인(仏印). ⇨:インドしな.
ぶつりょう[物量](명) 물량. 물건의 분량. 물자(物資)의 양. the amount of materials
ぶつりょう[物療](명) 물리 요법(物理療法)의 준말.
ふつわ[仏和](명) 프랑스어와 일본어.
―ふで[筆](접미) ①붓에다 먹을 묻히는 회수를 나타내는 말. ②붓을 멈추지 않고 계속 씀. 「ひと―書(カ)き; 일필 휘지(一筆揮之)」 ③〈법〉 토지 대장에 면적을 항목별로 모아 적은 것.
ふで[筆](명) ①붓. 모필(毛筆). ②붓으로 씀. 또는 쓴 것. ③문장(文章). 「―が立(タ)つ; 문장을 빨리 잘 쓰다」 1. a writing brush
ふてい[不定](명·형동ダ) 부정. 일정하지 않음. 정해지지 않음. 「―型(ケイ); 부정형」 indefiniteness
ふてい[不貞](명·형동ダ) 부정. 아내로서의 정조(貞操)를 지키지 않음. 「―を働(ハタラ)く; 부정한 짓을 하다」 unchastity
ふてい[不逞](명·형동ダ) 불령. 제 멋대로 행동함. 도리에 어긋나고 난폭(乱暴)함. 「―の やから; 무뢰한(無頼漢)」 rebellious
ふていき[不定期](명·형동ダ) 부정기. 시기나 기한이 일정하지 않음. 「―急行(キュウコウ); 부정기 급행」 ↔定期(テイキ).
ふていさい[不体裁](명·형동ダ) ①체재가 좋지 못함. 볼품이 없음. ②체면이 손상됨. 1. bad form
ふでいれ[筆入れ](명) 필갑(筆匣). 필통. a pencase
プディング[pudding](명) 푸딩. 밀가루에 달걀, 설탕, 크리임, 향료, 우유 등을 섞고 과일, 야채 등을 가하여 구운 과자. 디저어트로 씀. 「1. a brush-head
ふでがしら[筆頭](명) 필두. ①붓끝. ②⇨ひっとう. ↗
ふてき[不適](명·형동ダ) 부적. 적당하지 않음. 부적당(不適当). unsuitableness
ふてき[不敵](명·형동ダ) ①대담하여 놀라지 않음. 「大胆(ダイタン)―な; 대담 무쌍한」 ②염치 없음. 뻔뻔스러움. 1. audacity
ふでき[不出来](명·형동ダ) 됨됨이가 나쁨. 「―な料理(リョウリ); 잘되지 못한 요리」 a poor work
ふてきとう[不適当](명·형동ダ) 부적당. 적당하지 않음. ↔適当(テキトウ). unsuitableness
ふてきにん[不適任](명·형동ダ) 부적임. 그 임무에 적당하지 못함. ↔適任(テキニン).
ふてぎわ[不手際]―テギハ(명·형동ダ) ①솜씨가 나쁨. ②됨됨이가 나쁨. a bad workmanship
ふてくさ·れる[不貞腐れる](자하 1) 불평을 품고 순종하지 않다. 불평스러운 나머지 자포 자기(自暴自棄)가 되다. be in the sulks
ふでさき[筆先](명) ①붓끝. ②붓을 다루는 솜씨. 운필(運筆). ③글자. 문장. 1. the point of a brush
ふでたて[筆立て](명) 붓을 꽂아 두는 용구. 필통(筆筒). a writing-brush stand
ふでづか[筆塚](명) 못 쓰게 된 붓을 땅에 묻어 만든 무덤. a brush-mound
ふでづかい[筆遣い]―ヅカヒ(명) ①붓을 쓰는 방법. 글씨 쓰는 방법. 서법(書法). 필법(筆法). ②필치(筆致). 1. penmanship
ふでつき[筆付き](명) 붓으로 쓴 뒤의 모양. touches
ふでづつ[筆筒](명) 필통. 붓을 넣어 세워 두는 통. a brush-tube
ふてってい[不徹底](명·형동ダ) 불철저. 철저하지 않음. 「―な処置(ショチ); 불철저한 처치」 insufficiency
ふてね[不貞寝](명·자サ) 불평이 있어 기분이 좋지 않은 채 잠만 자고 일하지 않음. staying in bed out of spite
ふでのあと[筆の跡](명) 필적. 써 놓은 글자. one's handwriting
ふでぶしょう[筆無精·筆不精](명·자サ·형동ダ) 글자나 편지 쓰기를 싫어함. 또는 그런 사람. ↔筆忠實(フデマメ). being ready with a pen
ふてぶてし·い[太太しい](형) 넉살 좋다. 대담하고 뻔뻔스럽다. 파생 ―さ(명). impudent
ふでぶと[筆太](명·형동ダ) 써 놓은 글씨가 굵음. 글씨를 굵게 씀. 「―に書(カ)く; 글씨를 굵게 쓰다」 bold strokes
ふでまめ[筆忠実](명·형동ダ) 글자나 편지 쓰는 것을 싫어하지 않음. 또는 그런 사람. ↔筆無精(フデブショウ). being ready with a pen
ふ·てる[不貞る](자하 1) ⇨ふてくされる
ふてん[普天](명) 온 세상. 천하(天下). the heavens
ふてんおんぷ[付点音符](명)〈악〉 부점 음부. 부점이 덧붙어 찍혀 있는 음부(音符). 점음표(点音標). ↔単純(タンジュン)音符. a dotted note
ふと(부) ①의외. 뜻밖에. 문득. 「―思(オモ)い出(ダ)す; 문득 생각 나다」 ②갑자기. 별안간. 잠깐. 「―立(タ)ちどまる; 별안간 걸음을 멈추다」 1. suddenly
ふと[浮図·浮屠](명)〈불〉 부도. ①부처. ②중(僧). ③불문(仏門). ④탑(塔). 1. Buddha 4. a tower
ぶと[蚋](명)〈동〉 ⇨ぶよ.
ふとい[太藺](명)〈식〉 큰고랭이. 사초과에 속하는 다년초. 잎과 줄기는 자리를 치는 원료로 쓰임. a bulrush
ふと·い[太い](형) ①굵다. 「―線(セン); 굵은 선」↔細(ホソ)い. ②비대(肥大)하다.. 뚱뚱하다. ③〈속〉 주제넘다. 뻔뻔스럽다. 건방지다. 「―奴(ヤツ); 건방진 놈」 1. big 3. impudent
ふとう[不当](명·형동ダ) 부당. 정당하지 않음. 「―な

処置(ショチ); 부당한 조처」 impropriety. **―りとく**[不当利得](명) 부당 이득. 옳지 못한 수단으로 얻은이익.

ふとう[不等](명·형동ダ) 부등. 서로 같지 않음. 고르지 않음. inequality. **―ごう**[不等号](명)〈수〉 부등호. 두 개의 수식(数式)이 서로 같지 않은 것을 표시하는 부호. <, >, ≒ . **―しき**[不等式](명)〈수〉 부등식. 부등호를 쓴 식(式).

ふとう[不撓](명·형동ダ) 불요. 흔들리지 않음. 굽히지 않음. 불굴. indomitableness. **―ふくつ**[不撓不屈](명) 불요 불굴. 마음이 강직해서 굴하지 않음.

ふとう[埠頭](명) 부두. 선창(船艙). a pier

ふどう[不同](명·형동ダ) 부동. ①같지 않음. 다름. 「大小(ダイショウ)―; 대소 부동」 ②가지런하지 않음. 고르지 못함. 1. difference

ふどう[不動](명) 부동. ①움직이지 않음. ②다른 물체의 힘으로 움직여지지 않음. 「―の信念(シンネン); 부동의 신념」 ③〈불〉←不動明王. 2. firmness. **―さん**[不動産](명)〈법〉 부동산. 토지나 건축물 등의 재산. ↔動産(ドウサン). **―そん**[不動尊](명)〈불〉 부동존. 부동 명왕(不動明王)의 높임말. **―みょうおう**[不動明王](명)〈불〉 부동 명왕. 오대 명왕(五大明王)의 하나. 노한 얼굴을 하고 있으며 오른손에 검(劍), 왼손에 오라를 가지고 불꽃을 등뒤로 하고 돌위에 앉아 있음. 부동존.

ふどう[府道](명) 부(府)의 비용으로 유지하는 도로.

ふどう[浮動](명·자サ) 부동. ①떠서 움직임. ②고정되어 있지 않고 움직임. 「―票(ヒョウ); 부동표」 ↔固定(コテイ). 1. wafting

ふどう[婦道](명) 부도. 부녀(婦女)로서 지켜야 할 길. womanhood

ぶとう[舞踏·舞蹈](명·자サ) 무도. (많은 사람이) 리듬에 맞추어 몸을 움직이는 춤. 춤을 춤. 댄스. 「―会(カイ); 무도회」 a dance. **―きょく**[舞踏曲](명)〈악〉 무도곡. 무도를 위한 악곡(楽曲).

ぶどう[武道](명) 무도. ①무사(武士)로서 지켜야 할 길. 무사도(武士道). ②무예(武芸). 무술. 1. chivalry

ぶどう[葡萄](명)〈식〉 포도. 포도나무의 열매. a grapevine. **―いろ**[葡萄色](명) 포도색. 붉은 빛을 띤 보랏빛. **―じょうきゅうきん**[葡萄状球菌](명)〈의〉 포도상 구균. 화농성(化膿性) 병의 원인이 됨. 포도송이같이 모인 모양의 균(菌). **―しゅ**[葡萄酒](명) 포도주. 포도를 원료로 하여 만든 술. **―とう**[葡萄糖](명) 포도당. 과일의 열매나 꿀 등에 들어 있는 당분. 글루코우스.

ふどうい[不同意](명·형동ダ) 동의하지 않음. 불찬성(不賛成). disagreement

ふとういつ[不統一](명·형동ダ) 불통일. 통일되지 않음. 「前後(ゼンゴ)―な文章(ブンショウ); 앞뒤 문맥이 통하지 않는 문장」 disunion

ふとうおう[不倒翁](명) 부도옹. 아무렇게 굴려도 다시 일어나는 인형. 오뚝이. a tumbler

ふとうこう[不凍港](명) 부동항. 겨울에도 해면(海面)이 얼지 않는 항구. an ice-free port

ふどうたい[不導体](명)〈이〉 부도체. 열이나 전기 같은 것이 통하지 않는 물체. a nonconductor

ふどうとく[不道徳](명·형동ダ) 부도덕. 도덕에 어긋남. 덕에 어그러짐. 부덕(不徳). immorality

ふとうにん[不当人](명) 도리(道理)에 안 맞는 일을 행하는 사람. 무법자(無法者). an outlaw

ふとうめい[不透明](명·형동ダ) 불투명. ①투명하지 않음. ②〈이〉 물체가 빛을 통과시키지 않음. 1. non-transparency

ふとおり[太織り](명) 거칠고 굵은 실로 짠 견직물(絹織物). a coarse silk cloth

ふどき[風土記](명) 풍토기. ①나라(奈良) 시대 말기에 여러 지방의 지명의 유래, 지세(地勢), 산물, 전설 등을 써서 조정에 둔 기록(記録). ②어떤 지방의 지리에 대해서 쓴 책. ③각 지방의 정세(情勢)를 지방별로 써 놓은 것. 1. a history of natural features

ふときぬ[太絹](명) ⇨ふとおり.

ふとく[不徳](명) 부덕. ①덕에 어긋나는 일. 부도덕(不道徳). 「―漢(カン); 부덕한」 ②덕이 없음. 덕이 부족함. 「―のいたすところ; 부덕한 소치」 1. immorality

ふとく[婦徳](명) 부덕. 부인으로서 지켜야 할 덕(徳). 「―を積(ツ)む; 부덕을 쌓다」 female virtues

ぶとく[武徳](명) 무덕. 무도(武道)의 덕의(徳義).

ふとくい[不得意](형동ダ) 능숙하지 않은 모양. 서투른 모양. 「―な学科(ガッカ); (취미가 없어) 서투른 학과」 unskilled

ふとくぎ[不徳義](명·형동ダ) 부덕의. 덕의(徳義)에 어긋남. immorality

ふとくさく[不得策](형동ダ) 좋은 계책이 되지 못하는 모양. 유리하지 못한 모양. disadvantageous

ふとくてい[不特定](형동ダ) 특별히 결정 지어지지 않은 모양. ↔特定(トクテイ).

ふとくようりょう[不得要領](형동ダ) 부득 요령. 요령을 잡을 수 없음. 까닭을 모름. 요점(要点)을 모름. 요령 부득. 「―な返事(ヘンジ); 요령을 잡을 수 없는 대답」 indefinite

ふところ[懐](명) ①입은 옷의 가슴 부분의 안 자락. 품. ②주위가 둘러 싸인 곳. 「山(ヤマ)―; 주위가 산에 둘러 싸인 곳」 ③사고(思考). 심중(心中). 「―をさぐる; 심중을 떠보다」 ④내부(内部). 내막(内幕). 「―をみすかす; 내막을 꿰뚫어 보다」 ⑤돈의 융통. 소지금(所持金). 「―ぐあい; 주머니 사정」 1. 2. the bosom 5. one's purse **―がたな**[懐刀](명) ①품에 넣고 다니는 호신용 칼. ②항상 비밀 계획을 의논하는 심복 부하. **―で**[懐手](명) ①양손을 호주머니에 넣음. ②아무 것도 하지 않음. 「―をして遊(アソ)びくらす; 아무 일도 하지 않고 놀고 지내다」

ふとざお[太棹]―ザヲ(명) 기다유우(義太夫)에 쓰이는 목이 굵은 샤미센(三味線).

ふとした(연체) 뜻밖의. 대수롭지 않은. 「―かぜが原因(ゲンイン); 대수롭지 않은 감기가 원인」

ふとっちょ(명)〈속〉 살찐 사람을 경멸해서 일컫는 말.

뚱뚱보. a fatty

ふとっぱら[太っ腹](명·형동ダ) ①도량이 넓음. 대담함. ②돈의 융통이 좋음. 1. boldness 2. having a plump purse

ふとどき[不届き](명·형동ダ) ①고루 미치지 못함. 주의가 부족함. ②도덕이나 법에 어긋남. ③무례한 짓을 함. 괘씸함. 못됨.「一至極(シゴク)な奴(ヤツ); 지극히 괘씸한 놈」 1. carelessness

ふとばし[太箸](명) 신년(新年)의 축하 의식(儀式)에 쓰는 굵은 젓가락.

ふとぶと(부) 매우 굵은 모양.

プトマイン[도 Ptomain](명)〈의〉. 프토마인. 흰자질이 부패할 때 생기는 독이 있는 화합물.

ふとまき[太巻き](명) 굵게 만 것. 굵게 만 담배. a thickly rolled cigarette

ぶどまり[歩留まり](명) 가공(加工)의 경우, 원료의 분량이 줄지 않고 남는 비율.「一がいい; 제품(製品)할 때 원료의 허비가 적다」 yield rate

ふともの[太物](명) 면직물(綿織物), 마직물(麻織物)의 총칭. ↔呉服(ゴフク). cotton goods

ふともも[太股](명) 넓적다리. 대퇴(大腿). a thigh

ふとやか[太やか](형동ダ) 굵은 모양. thick

ふとりじし[太り肉](명) 통통한 살집. 비만(肥満)한 살집. corpulence

ふと·る[太る·肥る](자 4) ①살이 찌다. ↔瘠(ヤ)せる. ②붇다. 늘어나다.「財産(ザイサン)が一; 재산이 늘어나다」 1. fatten

ふとん[蒲団·布団](명) ①부들의 잎과 줄기로 둥글게 짠 방석. ②솜 등을 넣어서 만든 방석. ③이부자리. 침구(寝具). 3. bedding. **—むし**[蒲団蒸し](명·타サ) 남에게 이불을 뒤집어 씌워 괴롭힘.

ふな—[船·舟](조어) 배의.「一荷(ニ); 선하(船荷)」

ふな[鮒·鯽](명)〈동〉 붕어. 잉어과에 속하는 민물고기. a crucian

ぶな[橅·山毛欅](명)〈식〉 너도밤나무. 목재는 건축, 기구, 목탄용으로 쓰임. a beech

ふなあし[船足·船脚](명) ①배의 속도. ②배의 아랫부분이 물에 잠기는 정도. 흘수(吃水). 흘수선(吃水線). 1. speed 2. draught

ふなあそび[船遊び](명·자サ) 선유. 배를 타고 노는 일. 뱃놀이. boating

ふない[府内](명) 부내. 부(府)의 구역 안.

ぶない[部内](명) 부내. ①부(部)의 안. ②부하(部下)나 부대의 내부. ↔部外(ブガイ). 1. in the department

ふないくさ[船軍](명) ①병선(兵船)을 타는 군병(軍兵). 수군(水軍). ②수상(水上)에서의 전투. 해전(海戰). 1. a navy

ふないた[船板](명) ①배의 바닥에 까는 널빤지. ②조선용(造船用)의 판자. 해치. 1. a plank. **—べい**[船板塀](명) 배의 낡은 널판자로 만든 판장.「一に見越(ミコ)しの松(マツ); 판장 너머로 소나무가 있는 아취 있는 집(변하여 첩의 집의 양식)」

ふなうた[船歌·舟歌](명) 선가. 배를 저으며 부르는 노래. 뱃노래. a boatman's song

ふなおさ[船長]—ヲサ(명) 선장. 수부(水夫)의 우두머리. the head seaman

ふながかり[船繋かり](명·자サ) 배의 정박(碇泊). 또는 정박하는 곳. mooring

ふなかた[船方](명) 선원(船員). 뱃사공. 수부(水夫). a boatman

ふなぐら[船蔵](명) 배를 넣어 두는 창고. a boathouse

ふなぐり[船繰り](명) 여러 배들이 적절히 움직이도록 배선(配船)을 함. assignment of ships

ふなこ[船子](명) 배를 젓는 사람. 뱃사공. a boatman

ふなごや[船小屋](명) 배를 넣어 두는 창고. a boathouse

ふなじ[船路]—ヂ(명) 선로. 배가 다니는 길. 뱃길. a course

ふなじるし[船印·船標](명) 선박(船舶)의 표지. 또는 그것을 나타낸 기. a ship's flag

ふなぞこ[船底](명) 선저. ①배의 밑바닥. ②활 모양으로 휘어진 밑바닥.「一まくら; 활 모양으로 굽은 베개」 1. the bottom of a ship

ふなだいく[船大工](명) 배를 만드는 목공(木工). a ship-carpenter

ふなだま[船霊](명) 배를 지켜 준다는 신(神). 배의 수호신(守護神). the guardian deity of a ship

ふなちん[船賃](명) 선임. 배를 타거나 대절(貸切)할 때 지불하는 돈. 뱃삯. passage fare

ふなつき[船着き](명) 배가 닿는 곳. a harbour

ふなづみ[船積み](명·타サ) 화물을 배에 실음. loading

ふなで[船出](명·자サ) 배가 항구를 떠남. 출범(出帆). 출항(出港). departure of a ship

ふなどめ[船留め](명·자サ) ①배의 통행을 막음. ②배의 출항을 금지함. 2. an embargo

ふなに[船荷](명) 선하. 배에 싣는 짐. freight. **—しょうけん**[船荷証券](명) 선하 증권. 선주(船主)가 하주(荷主)의 청구에 따라 발행하는 증권으로서 선하(船荷)에 대한 책임을 보증함.

ふなぬし[船主](명) 선주. 배의 임자. 배의 주인. a shipowner

ふなのり[船乗り](명) ①배를 탐. ②뱃사람. 선원(船員). 2. a sailor

ふなばし[船橋](명) 선교. 많은 배가 늘어선 위에 널빤지를 건넨 다리. 배다리. 부교(浮橋). a pontoon

ふなはしご[船梯子](명) 배에 오르내릴 때 쓰는 사다리.

ふなばた[船端·舷](명) 뱃전. the sides of a boat

ふなびと[船人](명) ①배 안에 있는 사람. ②수부(水夫). 선원(船員). 1. a passenger 2. a boatman

ふなびん[船便](명) 선편. ①배를 타거나, 배편에 보내는 편의(便宜). ②배편에 하는 물건의 수송. 1. shipping service

ふなべり[船縁](명) 뱃전.

ふなまち[船待ち](명·자サ) ①배의 출범(出帆)을 기다림. ②배의 입항(入港)을 기다림. 1. waiting for the departure of a ship

ふなむし[船虫](명)〈동〉 뱃장나무벌레. 해안에 있는 배나 바위 같은 데에 살며 바닷물 속에서 목재를 파

먹음. a sea louse
ふなもり[船守り](명) 배를 지키는 사람. a boat watcher
ふなやど[船宿](명) ①배의 운송(運送)을 업으로 하는 집. ②놀잇배(遊船)나 낚싯배를 만드는 집. 1. a shipping agent
ふなよい[船酔い]ーヨヒ(명·자サ) 배멀미. sea-sickness
ふなよそい[船装い]ーヨソヒ(명)〈고〉 출범(出帆) 준비.
ふなれ[不慣れ·不馴れ](명·형동ダ) 익숙해지지 아니함. inexperienced
ぶなん[無難](명·형동ダ) 무난. ①지장이 없는 모양. 무사(無事)한 모양. 안전(安全)한 모양. 「ほめておいたほうがーだ; 칭찬해 두는 것이 무난하다」 ②결점(欠点)이 없는 모양. 「ーな作品(サクヒン); 무난한 작품」 1. safe 2. faultless
ふにあい[不似合い]ーニアヒ(명·형동ダ) 어울리지 않음. 맞지 않음. unsuitable
ふにおちない[腑に落ちない](연어) 납득이 가지 않다. 이해할 수가 없다. 알 수 없다. cannot understand
ふにく[腐肉](명) 부육. 썩은 고기. tainted meat
ぶにち[侮日](명) 일본 또는 일본 사람을 얕봄.
ふにょい[不如意](명·형동ダ) 불여의. ①생각대로 되지 않음. 여의치 못함. ②집안 살림이 고생스러움. 「くらしがーだ; 살림이 넉넉하지 못하다」 1. going contrary to one's wishes
ふにん[不妊](명)〈의〉 불임. (부인이) 임신(妊娠) 못함. 「ー症(ショウ); 불임증」 sterility
ふにん[赴任](명·자サ) 부임. 임지(任地)로 감. starting for one's new post
ぶにん[無人](명·형동ダ) 사람 수가 적음. 사람의 손이 모자람. being short-handed
ふにんか[不認可](명) 불인가. 인가하지 않음. 인정하지 않음. disapproval
ふにんじょう[不人情](명·형동ダ) 인정이 없음. 박정(薄情)함. 몰인정. inhumanity
ふぬけ[腑抜け](명) ①얼간이. 멍청이. ②겁장이. 1. a fool 2. a coward
ふね[船·舟](명) ①배. ②물이나 액체를 넣는 상자 모양의 그릇. 「湯船(ユブネ); 목욕통(沐浴桶)」 ③조갯살 등을 담는 운두가 낮은 상자. ④관(棺). 1. a boat 2. a vessel
ふねい[不佞](명) 불녕. ①재능이 없음. ②자기를 겸사로 일컫는 말. 1. unintelligence
ふねっしん[不熱心](명·형동ダ) 열심이 아님. 열렬한 마음이 아님. ↔熱心. unenthusiastic
ふねん[不燃](명) 불연. 타지 않음. 「ー性(セイ); 불연성」 non-inflammability
ぶねん[無念·不念](명·형동ダ) ①몰라서 유감으로 여김. 뉘우침. 후회함. ②부주의(不注意). 1. regret
ふのう[不納](명) 납부하지 않음. nonpayment
ふのう[不能](명) 불능. ①되지 않음. 불가능(不可能). ②능력이 없음. 무능(無能). 2. incompetency
ふのう[富農](명) 부농. 많은 경작지를 가지고 있는 부유한 농가. a rich farmer
ふのり[布海苔](명) ①〈식〉 청각채. 홍조류에 속하는 해초. 김치 고명으로 쓰이며 무쳐 먹기도 하고 풀의 원료로도 쓰임. ②청각채로 만든 말린 풀(乾糊). gloiopeltis glue
ふはい[不敗](명) 불패. 지지 않음. being undefeated
ふはい[腐敗](명·자サ) 부패. ①썩음. ②타락해서 나쁘게 됨. 「政治(セイジ)のー; 정치의 부패」 1. rottenness 2. corruption
ふばい[不買](명) 불매. 사지 않음. **ーどうめい**[不買同盟](명) ⇨ボイコット.
ふはく[布帛](명) 포백. ①무명과 비단. ②직물(織物)의 총칭. 1. cotton and silk
ふはく[浮薄](명·형동ダ) 부박. ①경박함. 들뜸. ②박정(薄情)함. ③천박(浅薄). 얕은 생각. 1. levity 2. coldhearted
ふばこ[文箱](명) 문갑. 문서 상자. a letter-box
ふはつ[不発](명) 불발. ①〈군〉 실탄이 발사되지 않거나 폭발하지 않음. 「ー弾(ダン); 불발탄」 ②하려던 일이 되지 않음. 「ーに終(オ)わる; 하려던 일이 실패로 돌아 가다」 1. misfire
ふばつ[不抜](명·형동ダ) 불발. ①아주 든든하여 빠지지 않음. ②움직여 빼낼 수가 없음. 「堅忍(ケンニン)ーの精神(セイシン); 견인 불발의 정신」 firm
ふばらい[不払い]ーバラヒ(명) 지불하지 않음. 미불(未払). non-payment
ぶばらい[賦払い]ーバラヒ(명)〈경〉 ⇨わっぷ(割っ賦).
ぶば·る[武張る](자 4) 무술(武術)을 하는 사람처럼 용감한 행동을 하다. be soldier-like
ふび[不備](명·형동ダ) 불비. ①충분히 갖추지 못함. 미비(未備). 「ーの点(テン)がある; 미비한 점이 있다」 ②편지 끝에 씀. 불구(不具). 1. deficiency
ぶび[武備](명) 군비(軍備). 병비(兵備). armaments
ぶびき[分引き](명)〈경〉 할인(割引). discount
ふびじん[不美人](명) 얼굴이 못생긴 여자. a plain-looking woman
ふひつよう[不必要](명·형동ダ) 불필요. 필요하지 않음. 불요(不要). unnecessary
ふひょう[不評](명) 평판이 좋지 못함. ↔好評(コウヒョウ). unpopularity
ふひょう[付表·附表](명) 부표. 부속하는 도표. 딸린 표. an attached list
ふひょう[付票·附票](명) 부표. 표하거나 적어서 붙이는 작은 종이 쪽지. an attached card
ふひょう[浮氷](명) 부빙. 물 위에 뜬 얼음덩이. floating ice
ふひょう[浮標](명) 부표. ①물 위에 띄워 어떤 표지(標識)를 삼는 물건. 계선 부표(繫船浮標). ②부대(浮帯). 부이. a buoy
ふひょう[譜表](명)〈악〉 보표. 악보를 쓰기 위해 가로 그은 평행선(平行線). 오선 보표(五線譜表). a score
ふびょうどう[不平等](명·형동ダ) 불평등. 평등하지 못함. 불공평(不公平). ↔平等(ビョウドウ). inequality

ふひょうばん[不評判](명·형동ダ) 평판이 좋지 못함. ↔評判(ヒョウバン) ill fame

ふびん[不便](명·형동ナリ)〈고〉 ①형편이 나쁨. ②딱하게 됨. ③돌봐 줌. 귀여워함.

ふびん[不敏](명·형동ダ) 불민. ①민첩하지 못함. 게으름. ②재주나 재능이 모자람. 영리하지 못함. 1. slowness

ふびん[不憫·不愍](명·형동ダ) 불민. 딱하고 가엾음. 「一がる; 딱하고 가엾게 여기다」 miserable

ぶひん[部品](명) 부분품(部分品)의 준말.

ふひんこう[不品行](명·형동ダ) 품행이 나쁨. misconduct

ぶふ[武夫](명) 무부. 무사(武士). 무인(武人).

ぶふうりゅう[無風流](형동ダ) 풍류가 없음. 풍류를 모름.

ふぶき[吹雪](명) 취설. 흩날리는 눈. 눈보라. a snowstorm

ふふく[不服](명·형동ダ) 불복. ①만족해하지 않음. ②복종하지 않음. 2. insubordination

ふぶ·く[吹雪く](자 4) ①(바람이) 심하게 불다. ②폭풍에 비나 눈이 흩날리다. 1. blow severely

ふぶん[不文](명) 불문. ①문장 솜씨가 좋지 못함. 글자를 모름. ②글자로 써서 나타내지 않음. 불성문(不成文). 「一法(ホウ); 불문법」 ↔成文(セイブン). 2. unwritten. **—りつ**[不文律](명) ①〈법〉 불문율. 문서로 나타내지 않은 법률. 불문법(不文法). ②서로의 심중에 생각하고 있는 규칙.

ぶぶん[部分](명) 부분. 전체를 몇 개로 나눈 것의 하나. a part. **—しょく**[部分食](명)〈천〉 부분식. 일부분의 일식(日蝕)이나 월식(月蝕). 분식(分蝕). ↔皆既食(カイキショク). **—てき**[部分的](형동ダ) 부분적. 부분으로 나누어진 모양. **—ひん**[部分品](명) 부분품. 제품의 일부분이 되는 물품. 기계의 부분을 형성하는 물품.

ぶぶんきょくひつ[舞文曲筆](연어·명) 무문 곡필. 억지로 글을 꾸며서 사실과 어긋나게 씀.

ふへい[不平](명·형동ダ) 불평. 상대방의 거슬리는 행위에 대해서 가지는 불쾌한 기분이나 감정. 불만(不満). 불복(不服). 「一分子(ブンシ); 불평 분자」「一をならべる; 불평을 늘어놓다」 discontent. **—か**[不平家](명) 불평가. 불평을 잘하는 사람.

ふへいきん[不平均](명·형동ダ) 평균이 되지 못함.

ぶべつ[侮蔑](명·타サ) 모멸. 멸시하고 얕봄. contempt

ふへん[不変](명) 불변. 변하지 않음. unchangeability

ふへん[不偏](명) 불편. 어느 한쪽에도 치우치지 않음. equitable. **—ふとう**[不偏不党](연어·명) 불편 부당. 한쪽으로 기울어지지 아니함. 중립(中立)을 지킴. 공평함.

ふへん[普遍](명) 보편. ①널리 퍼짐. 「一化(カ)する; 보편화하다」 ②일반적으로 알려져서 널리 통함. 1. universality. **—せい**[普遍性](명) 보편성. 일반적으로 널리 통함. 또는 그 성질(性質). **—だとうせい**[普遍妥当性](명)〈철〉 보편 타당성. 한 명제(命題)가 모든 사물에 일반적, 필연적으로 통하는 성질. **—てき**[普遍的](형동ダ) 보편적. 널리 일반에게 퍼지는 모양. 「一に認(ミト)められる真理(シンリ); 보편적으로 인정받고 있는 진리」

ふべん[不弁](명·형동ダ) 언변(言辯)이 없음. 말주변이 없음. stammering

ふべん[不便](명·자サ·형동ダ) 불편. 편리하지 못함. 또는 그렇게 지냄. ↔便利(ベンリ). inconvenience

ぶへん[武辺](명) 무도(武道)에 관계되는 일. military affairs

ぶべん[武弁](명) 무사(武士). 무인. 「一介(イッカイ)の一; 일개의 보잘 것 없는 무사」 a soldier

ふべんきょう[不勉強](명·형동ダ) 힘써 공부하지 않음. 「一を反省(ハンセイ)する; 공부하지 않은 것을 반성하다」

ふぼ[父母](명) 부모. 아버지와 어머니. 양친(両親). parents

ふほう[不法](명·형동ダ) 불법. 법이나 도리에 어긋남. 「一所持(ショジ); 불법 소지」 unlawfulness. **—こうい**[不法行為](명)〈법〉 불법 행위. 고의(故意)나 과실로 인하여, 타인의 권리를 침해하고 손해를 끼치게 하는 행위.

ふほう[訃報](명) 부보. 죽음을 알림. 부고(訃告). 부음(訃音). the report of a person's death

ふぼく[浮木](명) 부목. 물 위에 떠 있는 나무. a drift wood

ふぼん[不犯](명)〈불〉 불범. 중이 사음(邪淫)을 범하지 않음. 「一生(イッショウ)一; 일생 동안 사음을 범하지 않다」 chastity

ふほんい[不本意](명·형동ダ) 본의가 아님. 자기의 진심이 아님. 「一ながら承知(ショウチ)する; 본의가 아니면서 승인하다」 unwillingness

ぶま[不間](명·형동ダ) 눈치가 없음. 얼빠짐. 얼간이. silly

ふまえどころ[踏まえ所]フマヘー(명) ①발판. ②위치. 입장(立場). 1. a footing

ふま·える[踏まえる]フマヘル(자하 1) ①밟다. 「大地(ダイチ)をしっかと一; 대지를 힘차게 밟다」 ②근거로 하다. 「事実(ジジツ)を踏(フ)まえて; 사실을 근거로 하여」 1. trample down

ふまき[文巻](명) 책의 겉을 싸는 것. 질(帙).

ふまじめ[不真面目](명·형동ダ) 성실하지 않음. 불성실함. ↔まじめ. unsteadiness

ふまん[不満](명·형동ダ) 불만. 뜻에 맞지 않음. 만족하지 않음. 불만족(不満足)함. 「一をもらす; 불만을 터뜨리다」 discontented

ふまんぞく[不満足](명·형동ダ) 불만족. 만족하지 못함. 불만(不満). discontented

ふみ[文·書](명) ①기록한 것. 문서(文書). ②책. 서적. ③편지. ④학문. 「一の道(ミチ); 학문의 길」 ⑤〈고〉 한시(漢詩). 1. writings 2. a book

ふみ[踏み](명)〈경〉 손해 볼 줄 알면서 청산 거래(清算去来)로 판 것을 도로 사들임.

ふみ[不味](명·형동ダ) ①맛이 없음. ②〈경〉 일반 시세가 내릴 경향임. 2. weakness

ふみあと[踏み跡](명) 발자국. a footprint

ふみ あら·す[踏み荒らす](타 4) 짓밟아서 엉망이 되게 하다. 마구 짓밟다. trample down
ふみ いし[踏み石](명) 댓돌. 섬돌. a stepping stone
ふみ いた[踏み板](명) ①발판. ②〈악〉 오르간 등의 발판. 페달. 2. a pedal
ふみ うす[踏み臼](명)〈농〉 ⇨からうす.
ふみ え[踏み絵](명) 에도(江戸) 시대에 기독교도가 아니라는 증거로 밟게 한 그리스도, 마리아상 등을 새긴 널빤지. 또는 그 널빤지를 밟게 하던 일. a copper tablet bearing a crucifix to be trod on
ふみ がら[文殻](명) 다 읽고 난 필요 없는 편지.
ふみ きり[踏切](명) 철로(鉄路)의 횡단(横断) 도로. 건널목. a crossing
ふみ きり[踏み切り](명) ①⇨ふみきる①②③. ②도약(跳躍) 운동을 할 때 쓰이는 발판. 도약판. ③결심. 결단.
ふみ き·る[踏み切る](타 4) ①밟아서 끊어 버리다. ②〔씨름에서〕 씨름판 밖으로 발을 내딛다. ③결단하다. 단행하다. 「改革(カイカク)へ一; 개혁을 단행하다」 ④지면(地面)을 밟고 뛰어 오르다. 1. take off
ふみ こ·える[踏み越える](자하 1) 밟고 넘다. step over
ふみ こし[踏み越し](명) 〔씨름에서〕 씨름판 밖으로 발이 나감. 동 踏み越す(타 4). stepping out
ふみ こた·える[踏み堪える]一コタヘル(타하 1) 발을 버티고 견디다. hold out
ふみ こ·む[踏み込む](자 4) ①(밟아) 빠지다. ②힘차게 밟고 가다. ③갑자기 뛰어 들어 가다. 「人(ヒト)の家(イエ)へ一; 갑자기 남의 집에 뛰어 들다」 ⌐1. step into
ふみ さく·む(타 4)〈고〉 힘차게 밟고 가다.
ふみ しだ·く[踏み拉く](타 4) 마구 짓밟다. 밟아 뭉개다. 「夏草(ナツクサ)を一; 여름풀을 마구 짓밟다」 smash by treading on
ふみ し·める[踏み締める](타하 1) ①힘껏 밟다. ②밟아서 다지다. 1. step firmly
ふみ だい[踏み台](명) ①발판. ②입신 출세(立身出世)를 위한 수단. 「人(ヒト)を一にする; 남을 발판으로 삼다」 1. a step
ふみ たお·す[踏み倒す]一タフス(타 4) ①대금(代金)이나 빌어 쓴 돈을 갚지 않아 손해를 끼치다. 떼어 먹다. 「食事代(ショクジダイ)を一; 식사대를 떼어 먹다」 ②발로 밟아 넘어뜨리다. ③타인의 체면을 손상시키다. 2. trample down
ふみ だ·す[踏み出す](타 4) ①발을 앞으로 내디디다. 전진하다. ②출발하다. 발족하다. ③착수하다. 「事業(ジギョウ)の第一歩(ダイイッポ)を一; 사업의 제일보를 내디디다」 1. step forward 2. set out
ふみ だん[踏み段](명) 사닥다리, 계단 등의 발을 디디는 곳. a stair
ふみ づかい[文使い]一ヅカヒ(명) 편지 배달부. 파발군.
ふみ づき[文月](명) 음력 7월의 다른 이름.
ふみ づくえ[文机]一ヅクヱ(명) 책상. a desk
ふみ つ·ける[踏み付ける·踏み附ける](타하 1) ①꽉 밟다. 단단히 밟다. ②밟아서 자국을 만들다. ③깔보다. 경멸하다. 명 踏み付け. 1. trample down 2. stamp
ふみ ど[踏み所](명) 발 디딜 곳. 「足(アシ)の一がない; 발 붙일 곳이 없다」
ふみ とどま·る[踏み止まる](자 4) 발에 힘을 주어 멈추다. ②남이 다 간 뒤까지 남다. 1. stop 2. stand one's ground
ふみ にじ·る[踏み躙る](타 4) ①짓밟다. 유린하다. ②남의 체면을 손상시키다. 1. trample down 2. disgrace
ふみ ぬ·く[踏み抜く](타 4) ①세게 밟아서 구멍을 뚫다. 「足(アシ)で床(ユカ)を一; 세게 밟아서 마루청을 뚫다」 ②(밟아서) 찔리다. 「くぎを一; 못을 밟아 찔리다」 명 踏み抜き. 2. prick into one's foot
ふみ ばこ[文箱](명) ①책을 넣어 걸머지는 상자. ②편지나 문서를 넣어 운반하는 상자. 1. a box for carrying books
ふみ はず·す[踏み外す]一ハヅス(타 4) ①헛디디다. 헛디뎌 발을 삐다. 「階段(カイダン)を一; 계단을 헛디디다」 ②실패해서 지위를 잃다. 실각(失脚)하다. 1. miss one's footing
ふみ まよ·う[踏み迷う]一マヨフ(타 4) ①길을 분별 못하다. 길을 잃다. 「山道(ヤマミチ)に一; 산에서 길을 잃다」 ②과오를 범하여 거듭 나쁜 짓을 하다. 「悪(アク)の道(ミチ)に一; 실수해서 나쁜 길을 헤매다」
ふ みもち[不身持ち](명·형동ダ) 품행이 나쁨. 도락(道楽). misconduct
ふみ わ·ける[踏み分ける](타하 1) 나뭇가지나 풀숲을 헤치고 발을 들여 놓다. 「道(ミチ)なき道(ミチ)を一; 없는 길을 헤치고 가다」 make one's way through
ふ みん[不眠](명) 불면. 자지 못함. 잠을 자지 않음. sleeplessness. **— しょう**[不眠症](명)〈의〉 불면증. 잠이 잘 안 오거나 잘 자지 못하는 병 또는 증세. **— ふきゅう**[不眠不休](연어·명) 불면 불휴. 잠시도 쉬지 않음. 「一の努力(ドリョク); 불면 불휴의 노력」
ふ みん[府民](명) 부민. 부(府)의 주민(住民). inhabitants of an urban prefecture
ふ·む[踏む·履む](타 4) ①밟다. 딛다. ②가다. 걷다. ③경험하다. 「場数(バカズ)を一; 실지 경험을 거듭하다」 ④지켜 이행하다. ⑤지위에 나아가다. ⑥실험하다. ⑦운자(韻字)를 쓰다. 「韻(イン)を一; 운을 밟다」 ⑧〈경〉 값을 매기다. 「高(タカ)く一; 비싸게 매기다」 ⑨예상(豫想)하다. ⑩차례차례로 밟아 나아가다. 「手続(テツヅ)きを一; 수속을 밟다」 1. step 2. walk
ふ むき[不向き](명·형동ダ) ①적합하지 않음. 맞지 않음. 「商人(ショウニン)には一だ; 상인에게는 적합하지 않다」 ②취미에 맞지 않음. 1. unsuitable
ふ めい[不明](명·형동ダ) 불명. ①명확하지 못함. 확실히 모름. 불명료(不明瞭). 「行方(ユクエ)一; 행방불명」 ②재능이나 생각이 부족함. 「一を恥(ハ)じる; 무능을 부끄러워하다」 ③⇨ゆくえふめい. 「死者二(シシャニ), 一五(ゴ); 사망 둘, 행방 불명 다섯」 1. indistinct
ぶ めい[武名](명) 무명. 무용(武勇)으로써 떨친 이름. 무인으로서의 명예. military fame

ふめいすう[不名数](명)〈수〉 불명수. 단위(単位)의 이름을 붙이지 않은 보통수. 1, 9 등. ↔名数(メイスウ).

ふめいよ[不名誉](명·형동ダ) 불명예. 명예롭지 못함. ↔名誉(メイヨ). disgrace

ふめいりょう[不明瞭](형동ダ) 불명료. 분명하지 못한 모양. 명확하지 않은 모양. ↔明瞭(メイリョウ). indistinct

ふめつ[不滅](명) 불멸. 멸망하지 않음. 없어지지 않음.「一の業績(ギョウセキ); 불멸의 업적」 immortality

ふめん[譜面](명)〈악〉 악보를 큰 종이에 그린 것. 총보(総譜). a score

ぶめん[部面](명) 부면. 부분의 면(面). 몇 개로 나눈 한 면. 하나의 면(面). a phase

ふめんぼく[不面目](명·형동ダ) 면목이 없음. 명예를 더럽힘. 불명예. disgrace

ふもう[不毛](명) 불모. ①땅이 메말라 농작물이 잘 되지 않음. ②초목이 자라지 않음.「一の地(チ); 불모지」 1. barrenness 2. sterility

ふもと[麓](명) 산의 아랫부분. 산기슭. the bottom

ふもん[不問](명) 불문. 묻지 않음. 문제시하지 않음. 나무라지 않고 내버려 둠.「一に付(フ)す; 불문에 붙이다」 passing over

ぶもん[武門](명) 무문. 무사(武士)의 집안. 무가(武家). a military family

ぶもん[部門](명) 부문. 구분한 부류(部類).「自然科学(シゼンカガク)の各(カク)一; 자연 과학의 각 부문」 a group

ぶやく[夫役](명) 부역. 옛날 백성을 공사(公事)에 강제적으로 동원시켜 쓰던 일.

ふや·ける(자하 1) 물에 젖어 붇다. swell up

ふやじょう[不夜城](명) 불야성. 밤에도 낮처럼 밝고 번화한 곳. a gay city

ふや·す[殖やす·増やす](타 4) 붇게 하다. 증가시키다. 늘게 하다. ↔減(ヘ)らす. increase

ふゆ[冬](명) 겨울. winter

ふゆう[浮遊·浮游](명·자サ) 부유. ①물 위나 물속에서 둥둥 떠 움직임.「一生物(セイブツ); 부유 생물」 ②장소를 가리지 않고 들떠서 노는 것. 1. floating

ふゆう[富有](명) 부유. 부자(富者). 재산가. rich

ふゆう[富裕](명·형동ダ) 부유. 재물이 넉넉함. 유복(裕福). wealthy

ふゆう[蜉蝣](명) 부유. ①〈동〉 하루살이. ②덧없는 인생을 비유하는 말. 1. an ephemera 2. an ephemeral life

ぶゆう[武勇](명) 무용. 무술(武術)에 능하고 용기가 있음. bravery

フューダリズム[feudalism](명) 퓨우덜리즘. 봉건 제도.

フューネラル マーチ[funeral march](명)〈악〉 퓨우네럴 마아치. 장송 행진곡(葬送行進曲).

フューラー[도 Führer](명) 퓌이러. ①지도자. 통솔자. ②나찌 도이치의 총통.

ふゆかい[不愉快](명·형동ダ) 불유쾌. 유쾌하지 않음. ↔愉快(ユカイ). unpleasantness

ふゆがれ[冬枯れ](명) ①겨울에 초목의 잎이 시들어 떨어짐. ②겨울의 쓸쓸한 경치. ③겨울에 손님이 적어져서 경기가 나쁜 일. 1. winter decay

ふゆき[冬木](명) 동목. ①겨울이 되어 잎이 떨어진 나무. ②상록수(常緑樹). 1. a withered tree of winter

ふゆぎ[冬着](명) 겨울에 입는 옷. 동복. ↔夏服(ナツギ). winter clothes

ふゆきとどき[不行き届き](명·형동ダ) 착념(著念)하지 못함. 용의 주도(用意周到)하지 못함. 충분히 손이 미치지 않음. carelessness

ふゆくさ[冬草](명) 겨울의 마른 풀. withered grass of winter

ふゆご[冬仔](명) 겨울에 낳은 동물의 새끼. ↔夏仔(ナツゴ).

ふゆごもり[冬籠もり](명·자サ) 겨울 동안 집이나 둥지에 틀어 박혀 있음. 동면(冬眠). keeping indoors for the winter

ふゆさく[冬作](명)〈농〉 겨울에 재배하는 농작물. 겨울에 여무는 농작물. ↔夏作(ナツサク). a winter crop

ふゆざれ[冬ざれ](명)〈고〉 겨울이 되어 황량(荒涼)한 광경.

ふゆしょうぐん[冬将軍](명) 동장군. 혹독하게 추운 겨울을 일컫는 말. winter

ふゆそでん[不輸租田](명) 왕조 시대(王朝時代)에 전조(田租)를 관(官)에 바치지 않던 논밭.

ふゆぞら[冬空](명) 겨울 하늘. 겨울 날씨. 한천(寒天). the winter sky

ふゆび[冬日](명) 동일. 겨울 해. 겨울의 일광(日光). the winter sun

ふゆもの[冬物](명) 겨울철에 입는 옷감이나 옷. ↔夏物(ナツモノ). clothes for winter wear

ふゆやま[冬山](명) ①(등산하는) 겨울 산. ②겨울의 황량한 산. ↔夏山(ナツヤマ). 1. winter mountains

ふよ[不予](명) ①좋게 생각하지 않음. 불유쾌(不愉快). ②불예. 천자(天子)의 병환. 1. unpleasantness

ふよ[付与·附与](명·타サ) 부여. 증여(贈与). bestowal

ふよ[賦与](명·자サ) 부여. 나누어 줌. 벌려 줌. endowment

ぶよ[蚋](명)〈동〉 파리매. 파리 비슷하게 생겼으며 작은 곤충을 잡아 먹음. a gnat

ふよう[不用](명·형동ダ) 불용. ①쓰지 않음. 무용(無用). ②소용이 없음. 무익(無益). 1. disuse

ふよう[不要](명·형동ダ) 불요. 필요하지 않음. 불필요(不必要)함. needlessness

ふよう[不溶](명)〈이〉 불용. 용해되지 않음. 녹지 않음.「水(ミズ)に一; 물에 용해되지 않음」 ↔可溶(カヨウ). infusibility

ふよう[扶養](명·타サ) 부양. 도와 기름. 생활을 도와 줌.「一家族(カゾク); 부양 가족」 maintenance

ふよう[芙蓉](명)〈식〉 부용. ①무궁화과에 속하는 낙엽 관목. 초가을에 흰 꽃 또는 담홍색 꽃이 핌. 관상용. 거상(拒霜). 목부용. ②연꽃. 1. 〈학명〉 Hibiscus mutabilis 2. a lotus. **—ほう**[芙蓉峰](명) 후지산(富士山)의 다른 이름.

ふよう[浮揚](명·자サ) 부양. 떠오름. floating
ぶよう[舞踊](명) 무용. 춤. 무도(舞蹈). a dance
ふようい[不用意](명·형동ダ) ①준비하지 않음. ②부주의(不注意). 「ーなことば; 조심성 없는 말」 1. unpreparedness
ふようじょう[不養生](명·형동ダ) 건강을 잘 돌보지 않음. 불섭생(不摂生). neglet of one's health
ぶようじん[不用心](명·형동ダ) 주의가 부족함. 조심하지 않음. careless
ふようど[腐葉土](명)〈농〉 부엽토. 낙엽이 썩어서 된 흙. humus soil
ふよく[扶翼](명·자타サ) 힘을 보태 도와 줌. 부조(扶助). support
フラ[hula](명) 훌라댄스의 준말.
ーぶら(조어) 산책하는 것. 「銀(ギン)ー, 道(ドウ)ー; 긴자(銀座)나 도오톤보리(道頓堀)를 산책하는 것」
フラー[hurrah](감) 후라. 만세. 환호성. 갈채의 소리.
ブラース(명) "ブラウス"의 사투리.
フライ[fly](명) 플라이. ①〔야구에서〕 비구(飛球). 「センターー; 센터 플라이」 ②←フライ級. **—きゅう**[fly 級](명) 〔권투에서〕 플라이급. 112 파운드 (약 50*kg*) 이하의 체중을 가진 선수.
フライ[fry](명) 프라이. 수육, 물고기, 야채 등을 밀가루에 버무려 기름에 튀긴 요리. **—パン**[fry pan](명) 프라이팬. 프라이하는 남비. 자루가 달리고 편평(扁平)함.
ぶらい[無頼](명·형동ダ) 무뢰. 일정한 직업이 없고 품행이 불량함. 또는 그런 사람. villainy. **—かん**[無頼漢](명) 무뢰한. 불량배.
プライス[price](명) 프라이스. 가격. 값. 시세(時勢).
フライス(ばん)[fraise 盤](명) 프레이즈 반. 공작(工作) 기계의 한 가지. 커터 (cutter)가 회전하여 금속 등을 깎는 기계.
プライド[pride](명) 프라이드. 자랑. 자존심. 긍지(矜持). 「ーを傷(キズ)つける; 자존심을 손상시키다」
プライベート[private](형동ダ) 프라이비트. 사적(私的). 개인적. 「ーな問題(モンダイ); 개인적인 문제」↔パブリック.
ブラインド[blind](명) 블라인드. 창문에 달아 볕을 가리는 물건.
フラウ[도 Frau](명) 프라우. 처(妻). 부인(夫人).
プラウ[plough](명)〈농〉 플라우. 서양식 쟁기.
ブラウス[blouse](명) 블라우스. ①여자나 아이들이 입는 웃옷의 한 가지. ②일할 때 입는 통이 넓은 옷.
ブラウン かん[Braun 管](명)〈이〉 브라운관. 음극선(陰極線)을 전장(電場), 자장(磁場)의 변화에 따라 방향을 바꿀 수 있도록 되어 있는 2 극(極) 진공관(真空管). 텔레비전에 이용됨.
プラカード[placard](명) 플래카아드. 슬로우건을 쓴 휴대용의 천이나 널빤지. 행사나 시위 행진을 할 때 씀.
フラク(명) 프랙션(분파)의 준말.
ぶらく[部落](명) 부락. 민가(民家)가 한 떼를 이루고 있는 곳. 마을. 동리. 또는 마을의 일부. village
プラグ[plug](명)〈이〉 플럭. 전기 기계에 전기를 통하게 하기 위해 쓰이는 전기 기구.
〔プラグ〕
フラクション[fraction](명) 프랙션. 분파(分派). 좌익 운동 등의 세포 조직.
プラクチカル[practical](형동ダ) 프랙티컬. ①실지(実地)의. 실제상. ②실용적. 실리적(実利的).
プラグマチズム[pragmatism](명)〈철〉 프래그머티즘. 실용주의(実用主義). 실제주의(実際主義).
ふらここ[鞦韆](명) 추천. 〔하이쿠(俳句)에서〕 그네. a swing
ぶらさが·る[ぶら下がる](자 4) ①늘어지다. ②눈앞에 어른거리다. 他 ぶら下げる(하 1). 1. hang down 2. haunt one
ブラシ[brush](명) 브러시. 솔. 「歯(ハ)ー; 칫솔」「洋服(ヨウフク)ー; 양복 솔」
ブラジャー[프 brassière](명) 브래지어. 여자들의 젖을 가리는 속옷.
ブラジル[Brazil·伯剌西爾](명)〈지〉 브라질. 남아메리카 동부에 있는 연방 공화국. 주요 산업은 농업으로 코오피 산액(産額)은 세계 제일임. 수도는 브라질리아 (Brasilia).
ふら·す[降らす](타 4) 내리게 하다. shed
プラス[plus](명·자타サ) 플러스. ①〈수〉 덧셈. 보탬. 기호는 ＋. ②정수(正数)의 부호. 정호(正号). ③나머지. 나머지 수량. ④이익이 되는 일. 「将来(ショウライ)にーする; 장래에 이익이 되다」 ⑤〈이〉 양(陽). 양극(陽極). ↔マイナス. **—アルファ(ー)**[＋A](명) 플러스 알파. 얼마인가를 냄. 보탠 것. 「千円(センエン)ーで妥結(ダケツ)する; 천원에 약간 더 보태기로 하고 타결하다」 **—マイナス**[plus minus](명) 플러스 마이너스. 더하는 일과 빼는 일. 가감(加減).
フラスコ[포 frasco](명) 프라스코. 목이 긴 화학 실험용 유리병.
プラスチック(ス)[plastics](명) 플라스틱스. 합성 수지(合成樹脂). 가소물(可塑物).
ブラスバンド[brass band](명)〈악〉 브라스 밴드. 금속제의 관악기를 중심으로 편성된 악대. 취주 악단(吹奏楽団).
プラズマ[도 Plasma](명)〈생〉 플라스마. ①혈장(血漿). ②원형질(原形質).
プラタナス[platanus](명)〈식〉 플라타너스. 플라탄과에 속하는 낙엽 활엽 교목. 봄철에 담황록색의 꽃이 피고 가을에 구형(球形)의 열매를 맺음. 가로수 또는 관상용으로 널리 심음. 플라탄나무.
フラダンス[hula dance](명) 훌라 댄스. 훌라훌라 댄스. 하와이에서 여자들이 엉덩이를 흔들며 추는 춤.
ふらち[不埒](명·형동ダ) ①도를 벗어남. 법에 어긋남. ②괘씸함. 못됨. 「ーもの; 괘씸한 놈」 1. lawless 2. insolence
プラチナ[네 platina](명)〈이〉 ⇨はっきん(白金).

ブラック[black](명) 블랙. ①검은 것. 어두운 것. 흑색. ②코오피에 크리임을 넣지 않은 것. **—リスト**[black list](명) 블랙 리스트. 주의 인물(注意人物)의 주소, 성명 등을 기록해 둔 표(表)나 수첩.

ぶらつ·く(자 4) ①빈둥거리다. ②어슬렁어슬렁 걷다. 산보하다. ③매달리다. 1. 2. loiter

フラッシ(ュ)[flash](명) 플래시. ①섬광(閃光) 전구(電球). 「写真班(シャシンハン)の—; 사진반의 플래시」 ②〔영화에서〕 순간적인 장면. 「ニュース—; 뉴우스 플래시」 **—ガン**[flash gun](명) 플래시 건. 〔사진에서〕 섬광 전구를 꽂아서 비추는 도구. **—バック**[flashback](명) 플래시백. 〔영화에서〕 대단히 짧은 커트 백.

ブラッシング[brushing](명·자타サ) 브러싱. 머리를 솔로 빗질함.

フラット[flat](명) 플랫. ①평면. ②〈악〉 반음 내리는 기호. 변기호(変記号). 기호는 ♭. ③(경기에서) 걸린 시간에 秒(秒) 이하의 우수리가 없는 것. 「十一秒(ジュウイチビョウ)—; 꼭 11 秒」

プラットホーム[platform](명) 플랫포옴. 정거장의 기차를 타고 내리는 곳. 승강장(昇降場).

フラッパー[flapper](명) 플래퍼. 건달. 말괄량이.

プラトニック[Platonic](형동ダ) 플라토닉. (플라톤의) 정신적인 모양. **—ラブ**[platonic love](명) 플라토닉 러브. 육욕(肉慾)을 떠난 정신적인 연애.

プラネタリウム[도 Planetarium](명)〈천〉 플라네타륨. 실내의 둥근 천정에 성공(星空)이나 천체(天体)의 운행을 투영하여 나타내는 장치. 천상의(天象儀).

フラノ(명)〔フランネル의 변화〕플란넬. 평직(平織)으로 짠 털이 보풀보풀 일어나 있는 부드러운 모직물.

フラフラダンス[hula hula dance](명) ⇨フラダンス.

ブラボー[bravo](감) 브라보. 훌륭하다. 잘한다. 신난다. 환호, 상찬(賞讃) 등의 뜻으로 지르는 소리.

プラム[plum](명) 플럼. ①〈식〉 오얏. ②요리용의 건포도.

ふら·れる[振られる](자하 1) (여자에의) 요구가 딱 잘라 거절당하다. 딱지 맞다. be refused

ふらん[孵卵](명·자サ) 부란. 달걀이나 물고기 알 등을 깜. 「—器(キ); 부란기」 incubation

ふらん[腐乱·腐爛](명·자サ) 부란. 썩어서 짓무름. 썩어서 문드러짐. decomposition

フラン[프 franc·法](명) 프랑. 프랑스의 화폐 단위.

プラン[plan](명) 플랜. ①설계. 계획. ②설계도. 「ペーパー—; 페이퍼. 플랜」

フランク[frank](형동ダ) 프랭크. 솔직한 모양. 담박(淡泊)한 모양. 「—に話(ハナ)す; 솔직히 말하다」

ブランク[blank](명·형동ダ) 블랭크. ①백지(白紙). ②여백(餘白). 공백(空白). 공허(空虚).

プランクトン[plankton](명)〈생〉 플랑크톤. 수중(水中)에 부유(浮遊)하는 미생물의 총칭. 대부분은 육안(肉眼)으로 볼 수 없음. 물고기의 먹이로 중요함. 부유 생물.

ブランケット[blanket](명) 블랭킷. 모포(毛布). 담요.

ぶらんこ[鞦韆](명) 추천. ①그네. ②〈속〉 목 매는 줄. 「—往生(オウジョウ); 목 매어 죽음」 1. a swing

フランス[France·仏蘭西](명)〈지〉 프랑스. 불란서. 서유럽의 공화국. 수도는 파리(Paris). **—かくめい**[仏蘭西革命](명)〈역〉 프랑스 혁명. 1789~99년에 프랑스에서 일어난 대혁명. **—パン**[仏蘭西麵麭](명) 프랑스 빵. 가운데가 움푹 들어 가고 양쪽이 불룩한 흰 빵.

フランチャイズ[franchise](명) 프랜차이스. 〔야구에서〕 구단(球団)의 근거지.

ブランデ(ー)[brandy](명) 브랜디. 포도주를 증류(蒸溜)시켜 만든 알코홀분이 많은 양주(洋酒).

プラント[plant](명) 플랜트. ①공장의 설비. ②기계 일식(一式). 「—輸出(ユシュツ); 기계 수출」 ③밀크플랜트의 준말.

プランナー[planner](명) 플래너. 안(案)을 세우는 사람. 계획자(計画者).

フランネル[flannel](명) 플란넬. 평직(平織)으로 짠 털이 보풀보풀한 부드러운 모직물.

—ふり[振り](접미) 도검(刀劍)을 세는 말. 「刀二(カタナフタ)—; 칼 두 자루」

ふり[振り·風](명) ①모습. 몸차림. 「なり—かまわず; 몸차림에 관계 없이」 ②…체함. 「見(ミ)ない—をする; 보지 않는 체하다」 1. form 2. pretence

ふり[振り](명) ①흔듦. ②준비가 되어 있지 않음. 「—で行(ユ)く; 준비 없이 가다」 ③돌연한 일. 「—の客(キャク); 뜻밖의 손님」 ④춤추는 법. 「—をつける; 안무(按舞)하다」

ふり[降り](명) 비, 눈이 내림. 또는 내리는 그 정도나 모양. 「ひどい—だ; 심한 비다. 심한 눈이다」 ↔照(テ)り. rainfall

ふり[不利](명·형동ダ) 불리. 이롭지 못함. 「形勢(ケイセイ)—; 형세 불리」 ↔有利(ユウリ). disadvantage

ふり[不離](명) 떼어 놓으려 해도 뗄 수 없음. 나누려 해도 나눌 수 없음. inseparability

—ぶり[振り](조어) ①모양. 태도. 「生活(セイカツ)—; 생활 태도」 ②풍(風). 식(式). 「フランス—; 프랑스식」 ③어느 기간을 지나서 처음. 「五年(ゴネン)—に; 5 년만에」

ぶり[鰤](명)〈동〉 방어. 전갱이과에 속하는 바닷물고기. 몸 길이 1*m* 가량으로 긴 방추형. 몸 빛은 등쪽이 청색, 배쪽은 은백색임. 맛이 썩 좋음. a yellowtail

ふりあい[振り合い]—アヒ(명) ①다른 것과의 비교 (걸맞음). ②상태. 형편. 1. balance 2. condition

ふりあ·う[振り合う]—アフ(자 4) 서로 소매 등을 스치다. touch in passing

ふりあ·げる[振り上げる](타하 1) (칼, 주먹 등을) 번쩍 올리다. 「こぶしを—; 주먹을 번쩍 올리다」 swing up

ふりあて[振り当て](명) 적당히 나누어 할당함. apportionment

フリー[free](형동ダ) 프리이. ①속박이 없는 모양. 자유. ②무료(無料)의. ③무세(無税)의. ④←フリーランサー. **—スタイル**[free style](명) 프리이 스타일. 〔수

영이나 레슬링에서〕자유형(自由型). **—スロー**[free throw](명) 프리이 드로우. 〔농구에서〕상대방이 반칙을 범했을 때, 일정한 선에서 고울을 향하여 공을 던지는 일. **—パス**[free pass](명·자サ) 프리이 패스. ①무료 승차권. 무료 입장권. ②구속받지 않고 통과함. 또는 합격함. **—バッティング**[free batting](명) 프리이 배팅. 〔야구에서〕자유로 타격을 연습하는 일. **—ランサー**[일 free lancer](명) 프리이 랜서. 자유 계약자. **—ランス**[free lance](명) 프리이 랜스. 전속(專屬)이 아님. 자유 계약.

フリーザー[freezer](명) 프리이저어. 냉동(冷凍) 장치. 아이스크리임 제조기.

フリージア[freesia](명)〈식〉프리이지어. 붓꽃과에 속하는 다년초. 5월경에 희거나 노란 향기 높은 꽃이 핌.

プリーツ[pleats](명) 플리츠. 잘게 모를 내어 스커어트에 잡는 주름. 「ースカート; 주름 치마」

フリーメーソン[Freemason](명) 프리이메이슨. 국제적으로 조직을 가진 비밀 결사(秘密結社). 1723년에 결성. 인류애를 위한 세계적인 평화와 행복의 실현을 목표로 함.

ふりうり[振り売り](명) 상품을 걸머지고 소리를 지르며 팔러 다님. 또는 그 사람. peddling

ふりえき[不利益](명·형동ダ) 이익이 되지 아니함. disadvantage

ふりおこ·す[振り起こす](타 4) ⇨ふるいおこす.

ふりかえ[振替]ーカヘ(명) 진체. ①뒤바꿈. ②〈경〉부기에 있어서 하나의 계정 과목(計定科目)과 다른 계정 과목을 서로 교환함. ③←振替貯金. 「一口座(コウザ); 진체 구좌」 1. change. **—ちょきん**[振替貯金](명) 진체 저금. 우편 저금의 형식으로 장부상의 진체에 의하여 하는 제도. 우편 진체 저금.

ぶりかえ·す[振り返す]ーカヘス(자 4) ①나아 가던 병이 다시 재발하다. ②일단 수습된 것이 다시 말썽이 되다. 1. relapse

ふりかえ·る[振り返る]ーカヘル(자 4) 뒤를 돌아다 보다. 회고(回顧)하다. turn round

ふりか·える[振り替える]ーカヘル(타하 1) 다른 것으로 바꾸어 쓰다. 유용(流用)하다. change

ふりかか·る[降り懸かる](자 4) 떨어져서 몸에 걸리다. 내려 덮이다. 「一火(ヒ)の粉(コ); 내려 덮이는 불티」 fall on

ふりか·ける[振り掛ける](타하 1) 끼얹다. 뿌리다. 명振り掛け. sprinkle over

ふりかざ·す[振り翳す](타 4) 머리 위로 번쩍 쳐들다. swing up

ふりかた[振り方](명) ①다루는 방법. ②처리하는 방법. 처치(処置). 「身(ミ)の一; 처신」 2. management

フリカッセ[프 fricassée](명) 프리카세. 새, 송아지, 토끼 등의 고기를 가늘게 썬 것으로 만든 스튜우.

ふりがな[振り仮名](명) 한자(漢字) 옆에 그 읽는 법을 단 토.

ふりかぶ·る[振りかぶる](자 4) (칼 등을 머리 위로 크게) 휘둘러 올리다. brandish over one's head

ブリキ[네 blik·鉽力·鉄葉](명) 블리키. 엷은 철판에 주석을 입힌 것. 서양철(西洋鉄).

ふりき·る[振り切る](타 4) 뿌리치다. 힘차게 뿌리치다. 「手(テ)を一; 손을 뿌리치다」 part by force

ふりぐせ[降り癖](명) 비가 오는 습관.

ふりくら·す[降り暮らす](자 4) 온종일 계속해서 비(눈)가 내리다. continue to rain all day long

ふりこ[振り子](명) 진자. 흔들이. a pendulum

ふりこう[不履行](명)〈법〉불이행. 이행하지 않음. 약속대로 실행하지 않음. 「契約(ケイヤク)一; 계약 불이행」 non-fulfilment

ふりごと[振り事](명) ⇨しょさごと(所作事).

ふりこ·む[降り込む](자 4) 비나 눈이 안쪽으로 들이치다. drive into

ふりこ·む[振り込む](타 4) ①흔들어 안에 넣다. ②구좌(口座) 등에 돈을 불입(払入)하다. 1. shake into

ふりこ·める[降り籠める](타하 1) (비가 와서) 외출할 수 없게 하다. 「降りこめられた; 비에 갇히다」 keep indoors for rain

ブリザード[brizzard](명)〈천〉브리자아드. 남극 지방에서 치는 눈보라.

ふりさけ·みる[振り放け見る](타상 1) 우러러 보다. 「天(アマ)の原(ハラ)振り放け見れば; 하늘을 우러러 보면」

ふりしき·る[降り頻る](자 4) 비 또는 눈이 심하게 오다. rain or snow incessantly

ふりし·く[降り敷く](자 4) (비, 눈 등이) 내려 땅을 덮다. 「庭(ニワ)に雪(ユキ)が一; 눈이 뜰을 덮다」 fall on the ground

ふりしぼ·る[振り絞る](타 4) ①흔들어 짜다. ②필사적으로 힘을 내다. 「全身(ゼンシン)の力(チカラ)を一; 전신의 힘을 짜내다」

ふりす·てる[振り捨てる](타하 1) 내버리다. 털어 버리고 가다. 「妻子(サイシ)を振り捨てて行(ユ)く; 처자를 버리고 가다」 leave off

プリズム[prism](명)〈이〉프리즘. 광선의 굴절(屈折), 분산(分散) 등에 쓰이는 투명한 삼각주(三角柱). 유리, 수정(水晶) 등으로 만듦. 삼릉경(三稜鏡).

ふりそそ·ぐ[降り注ぐ](자 4) 보슬비 등이 내리다. 햇빛 등이 내리쬐다. pour on

ふりそで[振り袖](명) 긴 소매. 또는 그런 옷. ↔留(ト)め袖. long sleeves

ぶりだいり[部理代理](명)〈법〉부리 대리. 사건의 일부의 대리. a special agency

ふりだし[振り出し](명) ①털어 냄. ②〈경〉환(換)이나 어음 등을 발행함. ③뜨거운 물에 넣고 흔들어 약의 성분이 우러나게 하는 약. 침제(侵剤). ④취직이나 출세의 최초. ⑤출발점. 「一にもどって考(カンガ)えなおす; 출발점으로 돌아 가서 생각을 다시 하다」 1. shaking out 2. issue

ふりだ·す[振り出す](타 4) ①흔들어서 물건을 털어 내다. ②흔들기 시작하다. ③뜨거운 물에 넣어 약의

성분을 우려 내다. ④〈경〉 어음이나 환(換) 등을 발행하다. 1. shake out

ふりた·てる[振り立てる](타하 1) ①흔들어 세우다. 곧두세우다. 「かにがはさみを—; 게가 집게발을 곤두세우다」 ②흔들어 울리다. ③소리를 지르다. 1. shake up

ふりつ[府立](명) 부립. 부(府)의 설립. prefectural

ふりつけ[振り付け·振り附け](명) 춤, 연극 등의 동작법을 연구하여 가르침. 또는 그 사람. 안무가(按舞家). the arrangement of a dance

ブリッジ[bridge](명) 브리지. ①다리. ②함교(艦橋). 선교(船橋). ③오우버 브리지의 준말. 선로 위에 건너 지른 다리. 과선교(跨線橋). ④안경의 코걸이. ⑤〈의〉 가공 의치(架工義歯). ⑥트럼프 놀이의 한 가지. 옥션 브리지, 콘택트 브리지 등.

フリッター[fritter](명) 프리터. 밀가루에 난황(卵黄)을 넣고 우유 또는 물로 개어 고기, 야채, 과실 등에 입혀 튀긴 음식.

ふりつづみ[振り鼓](명) 둘레에 조그마한 구슬을 단 실을 붙여 흔들어 소리를 내게 하는 작은 북.

ブリテン[Britain](명)〈지〉 브리튼. 영국의 잉글랜드, 스코틀랜드, 웨일즈의 총칭. 브리타니아.

ふりどけい[振時計](명) 진자(振子) 시계. a clock

ふりはな·す[振り放す](타 4) ①흔들어 떨어지게 하다. ②흔들어 버리다. 버려 두다. 1. shake off

ぶりぶり(부·자サ) ①생선 등이 팔팔한 모양. ②노하여 말하지 않는 모양. 2. angrily

ぷりぷり(부·자サ) ①새롭고 싱싱한 모양. 활력(活力), 탄력(弾力)이 있는 모양. ②노하여 말하지 않는 모양. 1. lively 2. angrily

ふりほど·く[振り解く](타 4) 흔들어서 풀다. 「なわを—; 새끼를 흔들어서 풀다」 shake off

プリマ—[이 prima](조어) 프리마. 주역(主役)의, 주인공의. 「—バレリーナ; 프리마 발레리나 (주역 발레리나)」

ふりま·く[振り撒く](타 4) 흩뿌리다. 「あいきょうを—; 애교를 떨다」 sprinkle

プリマドンナ[이 prima donna](명) 프리마돈나. 가극(歌劇)의 주역 여가수. 가극단의 제 1 여가수.

ふりまわ·す[振り回す]—マハス(타 4) ①흔들어 돌리다. 휘두르다. ②마구 부리다. ③내놓고 자랑하다. 1. brandish 2. abuse

ふりみだ·す[振り乱す](타 4) 질서 없이 흩뜨리다. 마구 흩뜨리다. 「髪(カミ)を—; 머리털을 풀어 헤치다」 shake loose

プリミティブ[primitive](형동ダ) 프리미티브. 원시적인. 태고(太古)의. 본원(本源)의.

ふりみふらずみ[降りみ降らずみ](연어) (비나 눈이) 오다 말다함. 「—の天気(テンキ); (비나 눈이) 오다 말다하는 날씨」

ふりむ·く[振り向く](자 4) ①옆이나 뒤로 향하다. ②뒤돌아 보다. 돌이켜 보다. 1. turn round 2. look back

ふりむ·ける[振り向ける](타하 1) ①다른 쪽을 보게 하다. ②다른 곳에 쓰게 하다. 달리 유용(流用)하다. 「貯金(チョキン)を 旅費(リョヒ)に—; 저금을 여비에 충당하다」 1. turn 2. divert

プリムラ[primula](명)〈식〉 프리뮬러. 앵초과 식물의 총칭. 원예 식물로서 노지(露地), 온실 등에 많이 재배함. 앵초, 설앵초, 봄맞이꽃 등이 이에 속함.

ぶりゃく[武略](명) 무략. 군사상의 책략. 전략(戦略). tactics

ふりや·む[降り止む](자 4) (비나 눈이) 내리던 것이 그치다. 「雨(アメ)が—; 비가 그치다」 stop falling

ふりゅう[浮流](명·자サ) 부류. 떠서 흐름. floating

ふりゅう もんじ[不立文字](연어)〈불〉 불립 문자. 오도(悟道)는 마음만으로 깨달을 수 있는 것이기 때문에 글자나 이야기로써는 그 참뜻을 나타낼 수 없다는 말. ethereal language in transmission of truths

フリュート[flute](명)〈악〉 ⇨フルート.

ふりょ[不慮](명) 생각하지 않은 일. 예측(豫測)하지 않은 일. 의외(意外). 「—の災難(サイナン); 뜻하지 않은 재난」 unforeseen

ふりょ[俘虜](명) 부로. 포로(捕虜). a prisoner

ふりょう[不良](명·형동ダ) 불량. ①좋지 않음. ②품행이 나쁨. 또는 그런 사람. 「—少年(ショウネン); 불량 소년」 1. inferiority 2. delinquency. **—どうたい**[不良導体](명)〈이〉 불량 도체. ①목탄(木炭), 섬유처럼 전기 저항(電気抵抗)이 많은 것. ②열이 쉽게 전해지지 않는 물체. 「a poor bag ↗

ふりょう[不猟](명) 사냥에서 잡은 것이 적음.

ふりょう[不漁](명) 어획물이 적음. a poor catch

ぶりょう[無聊](명·형동ダ) 무료. 권태. 지리함. 심심함. 적적함. 「—に苦(クル)しむ; 무료해서 괴로와하다」 ennui

ふりょうけん[不料簡](명·형동ダ) 나쁜 요량(料量). 분별 없는 생각. 좋지 못한 생각. an evil intention

ぶりょう とうげん[武陵桃源](명) 무릉 도원. 세상의 변화를 모르는 따로 떨어진 별천지. Arcadia

ふりょく[浮力](명)〈이〉 부력. 기체나 액체 속에 있는 물체가 그 표면에 작용하는 압력에 의하여 위쪽으로 뜨게 되는 힘. buoyancy

ふりょく[富力](명) 부력. 재산의 힘. 많은 재산으로 인한 세력. wealth

ぶりょく[武力](명) 무력. 무용(武勇)의 힘. 병력(兵力). military power

ブリリアンティン[brilliantine](명) 브릴리언틴. 윤을 내는 머리 기름의 한 가지.

—ふ·りる[古りる](조어·상 1) 낡아지다. 「聞(キ)きふりた話(ハナシ); 들은지 오랜 이야기」

フリル[frill](명) 프릴. 주름을 잡아 파형(波形)으로 한 가장자리 장식. 부인복이나 아동복의 소매나 깃에 붙임.

ふりわけ[振り分け](명) ①배분(配分). 「—にして背負(セオ)う; 나누어서 등에 지다」 ②가른 선. 경계. ③←振り分け髪. 1. division 2. a border line. **—がみ**[振り分け髪](명) 아이들 머리를 좌우로 갈라 늘

어뜨린 머리.

ふりわ·ける[振り分ける](타하 1) ①반씩 나누다. ②배당하다. ③짐을 앞뒤로 나누어 메다.
1. put in two 2. distribute

ふりん[不倫](명·형동ダ) 불륜. 인도(人道)에 어긋남. immorality

プリン(명) "プディング"의 변화.

プリンス[prince](명) 프린스. ①왕자. 황태자(皇太子). ②공작(公爵). ③작은 나라의 통치자. 영주(領主).

プリンセス[princess](명) 프린세스. ①공주. 왕비(王妃). ②공작 부인(公爵夫人).

プリント[print](명·타サ) 프린트. ①인쇄함. 인쇄물. ②등사판 인쇄. 또는 그 인쇄물. ③판화(版画). ④음화(陰画)로부터 양화(陽画)를 박아 냄. 또는 그 인화(印画)나 필름. ⑤형지(型紙)를 붙여서 무늬를 물들임. 날염(捺染). 「一服地(フクジ); 날염한 옷감」

フリント ガラス[flint glass](명) ⇨なまりガラス.

ふる―[古](조어) 낡은. 헌. 「一新聞(シンブン); 헌신문」

ふる[古·旧](명) 오래 된 것. 오래 된 일. oldness

ふ·る[振る](타 4) ①흔들다. 「手(テ)を―; 손을 흔들다」 ②끼얹다. 뿌리다. 「塩(シオ)を―; 소금을 뿌리다」 ③옆에 조그맣게 달다. 「かなを―; 토를 달다」 ④(직책 등을) 할당하다. ⑤〈경〉 ⇨ふりだす. ⑥〈속〉 싫어서 피하는 눈치를 보이다. ⑦잃다. 「棒(ボウ)に―; (지위 등을) 잃다」
1. swing 4. assign

ふ·る[降る](자 4) ①하늘에서 떨어지다. 내리다. 「雨(アメ)が―; 비가 내리다」 ②많이 날아 떨어지다.
2. pour down

フル[full](명) 풀. 가득함. 충분함. 「―に使(ツカ)う; 충분하게 쓰다」

―ぶ·る[振る](접미·4 형) …인 체하다. …인 체 꾸미다. 「学者(ガクシャ)―; 학자인 체하다」

ぶ·る[振る](자 4) ①꾸미다. ②…인 체하다. 자랑하다.

ブル(명) 부르. ①부르조아, 부르조아지의 준말. ②불독(bulldog)의 준말.

ふるい[震い]フルヒ(명) ①떨림. ② ⇨おこり(瘧). 1. shaking

ふるい[篩い]フルヒ(명) 가루 등을 넣고 흔들어 고운 것과 거친 것을 가려 내는 도구. 체. a sieve. **―おと·す**[篩い落す](타 4) ①체로 쳐서 떨어뜨리다. ②나쁜 것을 제거하다. **―かん**[篩い管](명)〈생〉 ⇨しかん.

ふる·い[古い·旧い·故い](형) ①오래다. ②때가 지나 오래 되다. 낡다. 「―くつ; 헌 구두」 「―考(カンガ)え; 낡은 생각」 ③신기하지 않다. ④시대에 맞지 않다. 파생 **―さ**(명).
1. old 2. time-worn

ぶるい[部類](명) 부류. 종류를 따라 나눔. 또는 그 구별.
a class

ふるいおこ·す[奮い起こす]フルヒー(타 4) 분기시키다. 분발하게 하다. 「勇気(ユウキ)を―; 용기를 분발시키다」
stir up

ふるいた·つ[奮い立つ·奮い起つ]フルヒー(자 4) 분기(奮起)하다. 발분(発奮)하다. 분발하게 되다.
bestir oneself

ふるいつ·く[震い付く]フルヒー(자 4) ①부들부들 떨다. ②품에 안겨 들다. ③마구 달라붙다. 대들다.

ふる·う[奮う·振るう·揮う]フルフ Ⅰ(자 4) ①용기를 내다. 분발하다. 「士気(シキ)が―; 사기가 오르다」 ②세력이나 성적 등이 좋아지다. 「ちかごろふるわないね; 요즈음 별로 시원치 않군」 ③보통과 다르다. 색다르다. 「ふるったことをいう; 색다른 말을 하다」 Ⅱ(타 4) ①흔들다. ②기운을 북돋우다. ③떨치다.
1. be spirited

ふる·う[篩う]フルフ(타 4) ①체로 치다. ②가려 내다.
1. sieve 2. select

ブルー[blue](명) 블루우. 청색. **―バード**[Blue Bird](명) 블루우 버어드. 행복을 상징하는 푸른 새. **―ブラック**[blue black](명) 블루우블랙. 짙은 남색.

ブルース[blues](명)〈악〉 블루우스. 구슬픈 무용 가곡의 한 가지. 후에 댄스 음악이 되었음.

ブルー ストッキング[blue stocking](명) 블루우 스토킹. 여류 학자. 여류 문학자(女流文学者). 청탑파(青鞜派).

フルーツ[fruit](명) 프루우츠. 과일. 「―ジュース; 과일 주우스」 **―パーラー**[fruit parlour](명) 프루우츠 파알러. 과일 파는 상점에 차려 놓은 다방. **―ポンチ**[fruit punch](명) 프루우츠 펀치. 잘게 썬 과일을 시럽이나 과즙에 섞은 음료.

フルート[flute](명)〈악〉 플루우트. 피리 모양의 관악기. 보통 금속으로 만듦.

プルート(ー)[Pluto](명) 플루토. 그리이스 신화에 나오는 명부(冥府)의 왕. 명계(冥界)의 왕(王). 명왕성(冥王星).

〔フルート〕

ブルーマ(ース)[bloomers](명) ⇨ブルマ(ー).

ふるえ[震え]フルヘ(명) (부들부들) 떠는 것. 진동. swing. **―あが·る**[震え上がる](자 4) ①두려워서 부들부들 떨다. ②굉장히 두려워하다.

ふる·える[震える]フルヘル(자하 1) ①흔들리다. 진동하다. 떨리다. ②추위나 무서움 때문에 부들부들 떨리다. 전율하다.
1. quiver 2. shudder

プル オーバー[pull-over](명) 풀오우버. 머리로부터 입는 소매 달린 스웨터.

ふるがお[古顔]―ガホ(명) 한 직장에 오래 있은 사람. 고참(古参).
an old-timer

ふるかね[古鉄](명) 고철. 헌 쇠.
scrap-metal

ふるかぶ[古株](명)〈속〉 ⇨ふるがお(古顔). ②낡은 그루터기.
2. an old stump

ブルガリア[Bulgaria·勃牙利](명)〈지〉 불가리아. 보올칸 반도의 동부의 공화국. 수도는 소피아(Sofia).

ふるかわ[古川·古河]―カハ(명) 옛부터 흘러 내려 오는 강(江). 「―に水絶(ミズタ)えず; 오래 된 강에 물이 마르랴(기초가 튼튼하면 쉽게 멸하지 않는다는 뜻)」
an old river

ふるぎ[古着](명) 입어서 낡아진 옷. 헌옷. old clothes

ふるきず[古傷·古創](명) ①예전 상처. ②이전에 범했던 죄. 구악(旧悪). 「―をあばく; 옛날에 범한 죄를 들추어 내다」
1. an old wound

ふるぎつね[古狐](명) ①늙은 여우. ②경험을 쌓은 교

활한 사람. 1. an old fox
ふるく[古く](부) 옛날부터. 오랜 동안. anciently
ふるくさ·い[古臭い](형) ①진부(陳腐)하다. ②낡아서 신통치 않다. 1. trite 2. antiquated
ふるごと[古事·故事](명) 고사. ①옛날부터 내려 오는 일. ②전설. 관습. 1. ancient things
ふるさと[古里·故里·故郷](명) ①고적(古跡). 구적(旧跡). ②고향. 자기가 살던 곳. ③자기가 태어난 곳. 1. historic remains
ブルジョア[프 bourgeois](명) 부르조아. ①중세에 유럽 도시에 있어서 성직자와 귀족 이외의 도시에 살던 자유민(自由民). ②유산자(有産者). 자본가. ↔プロレタリア. **—かくめい**[bourgeois 革命](명) 부르조아 혁명. 봉건 사회를 민주주의 사회로 하려고 부르조아 계급이 지도하여 행한 혁명.
ブルジョアジー[프 bourgeoisie](명) 부르조아지. 유산 계급(有産階級). 자본가 계급(資本家階級).
ブルジョワ[프 bourgeois](명) ⇨ブルジョア.
—ふる·す[古す](조어·4) ①낡게 하다. ②오랫동안 …하여 진기(珍奇)하지 않게 하다. 「1. an old nest
ふるす[古巣](명) ①본래의 둥우리. ②오래 살던 집. ↗
プルス[도 Puls](명)〈의〉 풀스. 맥박(脈搏).
フルスピード[full speed](명) 풀 스피이드. 전속력(全速力).
ふるだぬき[古狸](명) ①늙은 너구리. ②경험을 쌓은 교활한 사람. 능구렁이. ③한 곳에 오래 근무하여 모든 일을 잘 아는 사람. 1. an old badger
ふるち[古血](명) 더러워진 나쁜 피.
ふるづけ[古漬け](명) 김치 등을 오랫동안 담금. 또는 담갔던 것. ↔新漬(シンヅ)け. old pickles
ふるった[奮った·振るった](연체) (약간 놀랄 정도로) 보통과 다른. 기발하고 재미 있는. 「—投書(トウショ)が来(キ)た; 기발한 투서가 왔다」
ふるって[奮って](부) ①기운을 내어. ②자진하여. 「—ご応募(オウボ)ください; 분발해서 응모해 주십시오」 1. energetically
ふるつわもの[古兵·古武士]—ツハモノ(명) ①경험을 쌓은 무사나 병사. ②그 방면에 경험이 많은 사람. 1. an old soldier 2. a veteran
ふるて[古手](명) ①낡은 의복. ②낡은 도구. 「—屋(ヤ); 고물상」 ③낡은 수단. ④오래 전부터 있던 것. 1. old clothes 4. a used article
ふるでら[古寺](명) 오래 된 절. 고찰(古刹). an old temple
ふるどうぐ[古道具](명) 오래 쓴 도구. 낡은 도구. second-hand furniture. **—や**[古道具屋](명) 헌 도구를 매매하는 상점. 또는 그 사람. 고물상.
ブルドーザー[bulldozer](명) 불도우저. 땅을 다지거나 고르는 자동차식의 토목 공사용 기계.
ふるとし[旧年](명)〈고〉 ①지난해. 작년. ②신년에 대해서 저물어 가는 해.
ブルドック[bulldog](명)〈동〉 불독. 영국 원산인 개의 한 품종. 머리가 크고 네모졌음. 입은 폭이 넓고 위로 향하고 코는 짧고 넓적함. 얼굴은 무섭고 성질은 용감함. 투견용(闘犬用), 호신용으로 적합.
プルトニウム[plutonium](명)〈이〉 플루토늄. 원자 번호 94의 방사성 원소. 기호는 Pu. 원자 폭탄의 재료로 1940년 미국에서 만듦.
ふるとり[隹](명) 한자 부수(部首)의 하나. 새추. "雞, 雄" 등의 "隹" 부분. 「an old acquaintance
ふるなじみ[古馴染](명) 오래 전부터 친했던 사람. ↗
ブルネット[brunette](명) 브루우넷. 살갗이 거무스름하고 머리털과 눈이 고동색인 여자. 또는 그 머리.
フルバック[fullback](명) 풀백. 〔축구에서〕 수비진에 속하는 고울키이퍼 앞에 있는 두 선수. 「grow old
ふる·びる[古びる](자상 1) 낡아지다. 헐어지다. ↗
フルファッション[full(y)-fashioned](명) 풀패션. 몸에 꼭 맞게 짜거나 만든 것.
ふるぶるし·い[古古しい](형) 매우 낡다. very old
フルベース[full base](명) 풀 베이스. 〔야구에서〕 베이스마다 주자가 있는 것. 만루(満塁).
ふるぼ·ける[古呆ける·古惚ける](자하 1) 오래 되어 보기 싫게 되다. 낡아서 더러워지다. become antiquated
ふるほん[古本](명) 고본. ①헌 책. ②오래 된 책. 고서(古書). 고전(古典). 「—屋(ヤ); 헌 책방(고서점)」 2. old books
ブルマ(ー)[bloomers](명) 블루우머. 체조, 경마, 골프 등을 할 때 부인들이 입는 팬츠의 한 가지.
ふるまい[振舞]—マヒ(명) ①행동. 동작(動作). ②대접. ③음식물 등을 베푸는 일. 1. behaviour
ふるま·う[振舞う]—マフ Ⅰ(자 4) 동작하다. 행동하다. 「わがままに—; 제 멋대로 행동하다」 Ⅱ(타 4) ①환대하다. 대접하다. 「客(キャク)を—; 손님을 대접하다」 ②모두에게 기분 좋게 나누어 주다. Ⅰ behave
ふるめかし·い[古めかしい](형) 오래 된 것 같다. 진부(陳腐)하다. 「—洋服(ヨウフク); 낡은 스타일의 양복」 [파생] **—げ**(형동ダ) **—さ**(명). old-looking
ふるもの[古物](명) 고물. 헌 물건. 낡아서 쓰지 못할 물건. used articles
ふるや[古屋](명) 고옥. 오래 된 집. 낡은 집. an old house
ふるわ·せる[震わせる]フルハセル(타하 1) 떨게 하다. 울리게 하다. 흔들리게 하다. make tremulous
ふれ[触れ·布令](명) 널리 일반에게 알리는 것. 또는 그 문서(文書). 포고(布告). 포고문. 「お—が出(デ)る; 포고령이 내리다」 proclamation
ぶれ(명) 사진을 촬영할 때 카메라가 움직이는 것.
フレア[flare](명) 플레어. 나팔꽃 모양의 부인용 스커어트. 「—スカート; 플레어 스커어트」
ふれい[不例](명) ①(몸 등이) 정상이 아님. ②귀인(貴人)의 병. 왕(王)의 병환. 1. unusualness
ぶれい[無礼](명·형동ダ) 무례. 예의에 어긋남. 실례(失礼). impoliteness. **—こう**[無礼講](명) 신분의 상하 귀천의 차별 없이 예의를 벗어나서 베푸는 연회.
プレイアデス[Pleiades](명) 플레이아데스. 그리이스 신화에 나오는 아틀라스의 일곱 딸. 사냥군 오리온에

게 쫓겨 승천하여 칠요성(七曜星)이 됐다고 함.

フレー[hurray](감) 후레이. 갈채, 격려하는 소리.

プレー[play](명) 플레이. ①경기(競技). 유희(遊戲). 「トリプルー; 트리플 플레이(三重殺)」 ②시합 개시(試合開始)를 알리는 소리. **―ガイド**[play guide](명) 플레이 가이드. 흥행물의 입장권 예매(豫売)나 안내를 하는 곳. **―ボール**[play ball](명) 플레이 보올. 공을 사용하는 시합의 시작을 알리는 말.

ブレーキ[brake](명) 브레이크. 차량(車輛)의 회전을 조절하는 장치. 제동기(制動機). 「一をかける; 브레이크를 걸다」

フレーク[flake](명) 플레이크. 엷게 자른 것. 얇은 조각. 「コーンー; 코온 플레이크스(옥수수 가루로 얇게 만든 식품)」

フレーズ[phrase](명) 프레이즈. ①문구(文句). 「キャッチー; 캐치 프레이즈」 ②〔문법에서〕 주어, 술어를 갖추지 않은 단어의 모임. 구(句).

プレースヒット[place hit](명) 플레이스 히트. 〔야구에서〕 생각하는 곳에 공을 겨누어 친 것이 명중하는 일.

プレート[plate](명) 플레이트. ①판(板). 금속판. 「ナンバー; 번호판」 ②〈이〉 진공관의 양극. ③사진의 감광판(感光板). 건판(乾板). ④〔야구에서〕 ㉠본루(本塁). 「ホムー; 호움 플레이트」 ㉡피처(投手)가 공을 던질 때 밟는 판.

フレーム[frame](명) 프레임. ①틀. 테두리. ②묘상(苗床). 온상(温床).

プレーヤー[player](명) 플레이어. ①경기자(競技者). 선수. ②연기자(演技者). 연주자(演奏者). ③레코오드 플레이어의 준말.

プレーン[plain](형동ダ) 플레인. ①꾸밈이 없는 모양. 담박(淡泊)한 모양. ②맛을 내지 않는 모양. 「一ソーダ; 맛이 들지 아니한 소오다수」

ブレーン(トラスト)[brain(trust)](명) 브레인(트러스트). ①위정자의 고문으로 위촉한 학자단. 일반적으로 전문 위원회. ②중심 인물의 고문(顧問). 고문단.

ふれがき[触れ書き](명) 고시문(告示文). 게시문(掲示文). 포고 문서(布告文書). an official notice

フレキシ(ブル)[flexible](형동ダ) 플렉시블. ①휘기 쉬운 모양. 날씬날씬한 모양. 유연(柔軟). ②융통성이 있는 모양. 자유롭게 움직이는 모양.

ふれこ·む[触れ込む](타 4) 말을 해서 퍼뜨리다. 말하며 돌아다니다. 선전하다. 명 触れ込み. announce

ブレザーコート[blazer coat](명) 블레이저 코우트. 운동 선수들이 입는 밝고 화려한 빛의 플란넬로 만든 웃옷.

プレジデント[president](명) 프레지던트. 대통령. 총재(総裁). 의장. 학장. 사장.

ふれじょう[触れ状](명) ⇨ふれがき(触れ書き).

プレス[press](명·타サ) 프레스. ①누름. 눌러 붙임. ②신문. 정기 간행물. ③판금 기계(板金機械). ④압축기(圧縮機). ⑤프레싱. 다리미로 주름을 펴는 일. ⑥인쇄물. 출판물. **―コード**[press code](명) 프레스 코우드. 일본의 신문 편집 규칙. 신문 편집 강령(新聞編輯綱領). **―ハム**[pressed ham](명) 프레스 햄. 눌러 단단하게 한 햄.

ブレスト[breast](명) 브레스트. ①가슴. 흉부(胸部). ②브레스트 스트로우크(breast stroke)의 준말. 개구리 헤엄.

ブレスレット[bracelet](명) 브레이슬렛. 팔찌.

プレゼント[present](명·타サ) 프레젠트. 선물. 선사품. 「クリスマスのー; 크리스마스 선물」

ふれだいこ[触れ太鼓](명) 씨름 등이 시작되는 전날, 큰 북을 두드리고 시중(市中)을 돌아 다니며 프로를 알리는 일. 또는 그 북. an announcing drum

ふれだし[触れ出し](명) 선전(宣伝). a previous announcement

フレッシュ[fresh](형동ダ) 프레시. 새로운 모양. 신선한 모양. 참신한 모양. **―マン**[freshman](명) 프레시맨. 신입생. 신진(新進). 신인(新人).

プレパラート[도 Präparat](명)〈생〉 프레파라아트. 현미경용의 표본(標本). 프레퍼레이션.

プレミア(ショー)[premier(show)](명) 프레미어 쇼우. 유료 시사회(有料試写会). 개봉 영화의 피로 흥행(披露興行).

プレミアム[premium](명) 프리미엄. ①수수료(手数料). 보수(報酬). ②보험료. ③주식(株式), 채권 등의 액면을 초과한 금액. ④입장권 등의 할증금(割増金).

プレヤー[player](명) 레코오드 플레이어의 준말.

プレリュード[prelude](명)〈악〉 프렐류우드. 전주곡(前奏曲). 가극의 서곡(序曲).

ふ·れる[狂れる](자하 1) 돌다. 미치다. 「気(キ)がー; 정신이 돌다(미치다)」 go mad

ふ·れる[振れる](자하 1) ①흔들리다. 동요하다. ②기울다. 치우치다. ③미치다. 1. shake 2. lean

ふ·れる[触れる] Ⅰ(자하 1) ①닿다. 「机(ツクエ)にー; 책상에 닿다」 ②저촉(抵触)되다. ③느끼게 되다. ④언급하다. 「問題(モンダイ)にー; 문제에 언급하다」 ⑤즈음하다. Ⅱ(타하 1) 널리 알리다. 1. touch

ぶ·れる(자하 1) 사진을 찍을 때 카메라가 움직이다. 타 ぶらす(4).

ふれん[府連](명) 부연합회(府連合会), 부조합 연합회의 준말.

ふれんぞくせん[不連続線](명)〈천〉 불연속선. 따뜻한 공기와 찬 공기 등 서로 다른 공기가 접촉하는 선. 이 선을 경계로 한 양측에 기온, 온도 등이 급변하며 일기가 나쁘고 비, 저기압 등을 동반함. a line of discontinuity

フレンチ[French](명) 프렌치. ①프랑스. 「ートースト; 프랑스 토우스트」 ②프랑스인. 프랑스 국민. ③프랑스어(語). **―ドレッシング**[French dressing](명) 프렌치 드레싱. 식초와 샐러드 기름을 섞고 소금과 후추를 더 넣은 조미료. 샐러드에 씀.

フレンド[friend](명) 프렌드. 동무. 친구. **―かい**[friend 会](명)〈종〉 ⇨クエーカー.

ふろ[風呂](명) ①목욕. ②목욕통. ③목욕탕. ④칠기

(漆器)를 넣어서 말리는 상자.
1. a bath 2. a bath-tub
ふろ[風炉](명) 다도(茶道)에서 쓰는 화로.

〔風炉〕

プロ(명) 프로그램, 프로센트, 프로덕션, 프로페셔널, 프롤레타리아의 준말.
フロア(ー)[floor](명) 플로어. ①마루. ②층계.
ふろう[不老](명) 불로. 늙지 않음. 「一不死(フシ); 불로 불사」 eternal youth
ふろう[不労](명) 불로. 근로하지 않는 것. **—しょとく**[不労所得](명) 불로 소득. 노동하지 않고 얻는 소득. 자본의 이자 같은 것.
ふろう[浮浪](명·자サ) 부랑. 떠돌아 다님. 방황함. 유랑(流浪)함. 「一児(ジ); 부랑아」 wandering
ブローカー[broker](명) 브로우커. 상행위(商行為)의 매개(媒介)를 업으로 하는 사람. 중개인(仲介人).
ブロークン[broken](형동ダ) 브로우큰. 정식(正式)이 아닌 모양. 규칙을 벗어난 모양. 변칙(変則). 파격(破格). 「一イングリッシュ; 브로우큰 잉글리시(엉터리 영어)」
プロージット[도 prosit](감) 프로짓. 건강이나 경사(慶事)를 축복할 때 하는 말. 건배, 축배(祝杯)를 들 때 쓰는 말. "축배를 듭시다. 축하합니다"의 뜻.
ブローチ[brooch](명) 브로우치. 양복의 앞가슴, 또는 소매에 다는 장식용(装飾用)의 핀.
フロート[float](명) 플로우트. ①뜸. 띄운 것. ②뗏목. ③수상 비행기(水上飛行機)를 수상에 이착수(離着水)시키는 장치.
ブロード[broad](명) 브로오드. 포플린과 같은 부드러운 천의 한 가지. 폭(幅)이 넓음.
ブローニー[brownie](명) 브로우니. 세로 9 *cm*, 가로 6 *cm*의 사진판의 크기.
ブローニング[Browning](명) 브라우닝. 자동식 권총의 한 가지. 미국의 브라우닝이 발명하였음.
フローリング[flooring](명) 플로링. ①마루널. ②마루를 놓음. 또는 그 마루.
ふろく[付録·附録](명·타サ) 부록. ①본문 외에 붙어 있는 것. 「雑誌(ザッシ)の一; 잡지 부록」 ②부속(附属)된 것. 1. supplement
プログラム[program(me)](명) 프로그램. ①목록. ②순서. ③예정. 계획. ④영화, 연극, 음악 등의 진행 순서표. ⑤예정표. 프로.
プロジェクター[projector](명) 프로젝터. ①영사기(映写機). ②투광기(投光機).
ふろしき[風呂敷](명) ①물건을 싸는 네모진 천. 보자기. 책보. ②큰 소리 치다. 거짓말하다. 「一をひろげる; 득의 만면(得意満面)해서 큰 소리를 치다(허풍 떨다)」 1. a cloth-wrapper
プロセス[process](명) 프로세스. ①방법. 절차. ②경과. 과정. 「作業(サギョウ)の一; 작업 과정」 ③수속 순서. ④사진을 응용하여 다색판(多色版)을 만드는 기술. 「二色(ニショク)一; 이색 프로세스」
プロセント[도 Prozent](명) 프로센토. 퍼센트.
プロダクション[production](명) 프로덕션. ①산물(産物). 영화 제작품. ②영화 제작자. 영화 제작소.
フロック[fluke](명) 플루우크. ①〔당구에서〕 공이 요행수(僥倖数)로 맞는 것. ②요행. 어쩌다가 성공함.
フロック[frock](명)←フロックコート. **—コート**[frock-coat](명) 프록 코우트. 낮에 입는 남자용의 예복. 보통 검은 색인데 상의(上衣)의 길이를 무릎까지 이르게 지었음.
ブロック[프 bloc](명) 블록. 정치나 경제상의 이익을 조장할 목적으로 모인 집단.
ブロック[block](명) 블록. ①네모진 덩어리. ②시가(市街) 등의 구획(区劃). ③〔야구에서〕 방해(妨害). 「一ボール; 방해구(妨害球)」 ④콘크리이트 블록의 준말. 네모난 모양으로 만든 콘크리이트의 덩어리. 건축 재료로 씀. 「一建築(ケンチク); 블록 건축」
プロット[plot](명) ①소설, 각본 등의 줄거리. ②내용의 구조.
プロテクター[protector](명) 프로텍터. ①보호자. 후원자. ②〔야구에서〕 캐처(捕手) 또는 구심(球審)의 가슴에 대는 보신구(保身具).
プロテスタント[Protestant](명)〈종〉 프로테스탄트. 16세기에 종교 개혁의 결과 일어난 기독교의 제파(諸派). 신교(新教). 신교도. ↔ カトリック.
プロデューサー[producer](명) 프로듀우서. ①생산자(生産者). ②연극, 영화, 방송 등의 연출자(演出者). 또는 제작자.
プロトン[proton](명)〈이〉 프로톤. 양자(陽子).
ふろば[風呂場](명) 목욕탕. a bath room
プロパガンダ[propaganda](명) 프로퍼갠더. ①전도(伝道). ②선전(宣伝). 선전 운동. 확장 운동.
プロバビリティー[probability](명) 프로버빌리티. ①있을 만한 일. 가망(可望). 개연성(蓋然性). ②〈수〉 확률(確率).
プロパン(ガス)[propane (gas)](명)〈이〉 프로판 가스. 천연(天然) 가스로 석유에서 나는 가스의 한 가지. 가정용 연료(燃料)로 씀.
プロフィ(ー)ル[profile](명) 프로우필. ①옆 얼굴. 측면상(側面像). ②측면관(側面観). 인물 약평(人物略評). 「大臣(ダイジン)の一; 장관의 프로우필」
プロフェッサー[professor](명) 프러페서. (대학 등의) 교수.
プロフェッショナル[professional](형동ダ) 프러페셔널. 전문적. 직업적. ↔アマチュア.
ふろふき[風呂吹き](명) 굵은 무우를 둥글게 썰어 흐물흐물하게 삶아 된장을 찬 요리.
プロペラ[propeller](명) 프로펠러. ①비행기에서 발동기의 회전력을 추진력으로 변화시키는 장치. 목제와 금속제가 있음. ②선박 추진기(推進機).
プロポーズ[propose](명·자サ) 프러포우즈. ①발의(発議)함. 제안함. ②구혼(求婚)함.
ブロマイド[bromide](명) 브로마이드. ①〈이〉 취소(臭素)의 화합물(化合物). 취소나 칼리가 합쳐서 된 하얀

결정(結晶). ②취소지(臭素紙). ③배우, 가수, 선수 등의 초상 사진.
プロマイド(명) "ブロマイド③"의 변한 말.
プロムナード[프 promenade](명) 프롬나아드. ①산보(散步). 소요(逍遙). ②산보장. 소요장.
プロモーター[promoter](명) 프러모우터. ①지지자(支持者). 후원자. 장려자. ②권투 등의 흥행주(興行主).
ふろや[風呂屋](명) 목욕을 영업으로 하는 집. 목욕탕. a bath-house
プロやきゅう[pro 野球](명) 프로 야구. 직업 야구.
プロレス(リング)[←professional wrestling](명) 프로 레슬링. 직업 레슬링.
プロレタリア[프 prolétariat](명) 프롤레타리아. ①무산자(無産者). ② 노동자. 또는 그 계급. 무산 계급. ↔ブルジョア. **—かくめい**[prolétariat 革命](명) 프롤레타리아 혁명. 브르조아지의 지배를 넘어뜨리기 위해 노동자 계급이 지도하는 사회주의(社会主義) 혁명. 예: 러시아의 10월 혁명. (1917 년)
プロレタリアート[도 Proletariat](명) 프롤레타리아아트. 무산 계급(無産階級). 노동 계급. ↔ブルジョアジー.
プロローグ[prologue](명) 프로울로그. 서시(序詩). 서언(序言). 서사(序詞). ②〈악〉 서곡(序曲). ↔エピローグ.
ブロンズ[bronze](명) 브론즈. ①청동(青銅). 청동 제품. 청동 조각(彫刻). ②동상(銅像).
フロンティア[frontier](명) 프런티어. 국경 지방. 변경 지구(辺境地区). 개척선(開拓線). **—スピリット**[frontier spirit](명) 프런티어 스피릿. (아메리카인의) 나라를 개척해서 발전시키려는 정신. 개척자 정신.
フロント[front](명) 프런트. ①정면(正面). 전면(前面). 표면(表面). 「—ガラス; 프런트 글라스」 ↔バック. ②전선(戰線). 전선(前線). ③호텔의 카운터(計算臺).
ブロンド[blonde](명) 블론드. 금발(金髮). 금발의 여인.
プロンプター[prompter](명) 프롬프터. 〔연극에서〕 무대 뒤에서 배우에게 대사(臺詞)를 일러 주는 사람. 후견역(後見役).
ふわ[不和](명·형동ダ) 불화. 사이가 좋지 못함. 사이가 서로 화합하지 못함. discord
ふわ[付和·附和](명) 부화. 자기의 주견도 없이 경솔하게 남의 의견에 찬동함. blind following
ふわく[不惑](명) 불혹. 미혹(迷惑)되지 않음. free from vacillation
ふわけ[腑分け](명·타サ)〈의〉 해부(解剖). dissection
ぶわけ[部分け](명·타サ) 부류(部類)에 따라서 구분함. classification
ふわたり[不渡り](명)〈경〉 부도. 수표나 어음을 가진 사람이 기한이 되어도 지불인에게서 그 수표 또는 어음에 대한 지불을 받을 수가 없는 일. dishonour. **—てがた**[不渡手形](명)〈경〉 부도 어음. 만기가 되어도 지불되지 않는 어음.
ふわらいどう[付和雷同·附和雷同](연어·명·자サ) 부화 뇌동. 확고한 주견이 없이 남의 말에 찬동하여 따름. blind following
ふん[分](명) 분. ①〈수〉 각도(角度)의 단위. 1 도의 60 분의 1. ②시간의 단위. 1 시간의 60 분의 1. ③무게의 단위. 1 돈쭝(匁)의 10 분의 1. 1. 2. a minute
ふん[糞](명) 분. 대변. 똥. excrement
ぶん—[打ん](접두)〈속〉 힘차게 하는 모양. 「—なぐる; 세게 때리다」 「—回(マワ)す; 세게 돌리다」
ぶん—[分](조어) 나누어진 것. 「—校(コウ); 분교」
—ぶん[分](조어) 나눔. 또는 나눈 것. 「四(シ)—音符(オンプ); 사분 음부」 ②임시로 정한 신분(身分). 「兄弟(キョウダイ)—; 의형제」 ③할당한 부분. 「増加(ゾウカ)—; 증가분」 ④성분. 「砂糖(サトウ)—; 당분」 ⑤⇨ぶんの(分の).
ぶん[分](명) ①(하늘이 내려 준) 분수. 천분(天分). ②나누어 준 것. 몫. 「これは私(ワタクシ)の—だ; 이것은 내 몫이다」 ③신분(身分). 분수. 「—に過(ス)ぎたこと; 과분한 일」 ④종류. 물건. 「この—をもう少(スコ)しください; 이것을 더 주셔요」 ⑤정도. 상태. 「この—なら だいじょうぶだ; 이 정도면 충분하다」 ⑥사람의 본분. 「—をつくす; 본분을 다하다」 2. a part 3. one's lot
ぶん[文](명) ①문장. ②작문. 논문. ③학예(学芸). 문학. ↔武(ブ). ④〔문법에서〕 여러 말이 모여 하나의 완전한 감상, 경험 및 여러 현상을 나타낸 글. ⑤글자. 문자. ⑥무늬. 1. a sentence
ぷん(부) ①강하게 냄새가 나는 모양. 「—と来(ク)る; 냄새가 코를 쿡 찌르다」 ②가볍게 화가 난 척해 보이는 모양. 「—とする; 발끈하다」
ぶんあん[文案](명) 문안. 문서의 원안. 문장의 초고. a draft
ぶんい[文意](명) 문의. 문장의 뜻. 글의 뜻. meaning of a passage
ふんいき[雰囲気](명) 분위기. ①〈지〉 지구를 둘러 싸고 있는 공기. ②그 자리의 기분이나 상태. 공기. 「たのしい—; 즐거운 분위기」 2. an atmosphere
ぶんいん[分陰](명) 분음. 잠깐의 시간. 촌음(寸陰). 「—をおしむ; 촌음을 아끼다」 a moment
ぶんいん[分院](명) 분원. 본원(本院) 외에 따로 만든 원(院)이라 불리는 건물. a detached building
ぶんうん[文運](명) 문운.. 학문이나 예술의 나아가는 기운. cultural progress
ぶんえい[分営](명)〈군〉 분영. 본영(本営)에서 갈라져 나온 군영(軍営). branch barracks
ふんえん[噴煙](명) 연기를 뿜어 냄. 또는 그 연기. smoke shot up
ぶんえん[文苑](명) 문원. ①문집(文集). ②문단(文壇). 1. an anthology
ふんか[噴火](명·자サ) 분화. ①불을 뿜음. ②〈지〉 화산이 폭발하여 용암(溶岩), 수증기(水蒸気) 등을 땅 위로 분출함. 1. blowing off. **—こう**[噴火口](명)〈지〉 분화구. 화산이 분화하는 출구(出口). **—ざん**[噴火山](명) 분화산. 분화하는 화산.
ぶんか[分化](명·자サ) 분화. ①사회적 사실이 단순, 동질(同質)인 것으로부터 복잡, 이질(異質)적인 것으로 갈라져 발전하는 일. ②〈생〉 생물(生物)의 조직

이나 기관(器官)에 특이성(特異性)이 생겨 분업적으로 발전하는 일. 1. differentiation

ぶんか[分科](명) 분과. 각 과목별로 나눔. 또는 그 과목. 「一会(カイ); 분과회」 a department

ぶんか[分課](명) 분과. 일거리를 분담하기 위해 나눈 과(課). 「一規程(キテイ); 분과 규정」 a subdivision

ぶんか[文化](명) 문화. ①기술 분야가 발전하여 생활이 편리하게 되는 것. 문명 개화(文明開化). ②진보, 향상을 도모하는 인간의 내적 활동의 소산(所産). 학문, 예술 등. 「精神(セイシン)一; 정신 문화」「物質(ブッシツ)一; 물질 문화」 ↔自然(シゼン). 1. civilization. **一いさん**[文化遺産](명) 문화 유산. 현재까지 전해진 전세대(前世代)의 문화재(文化財). **一かがく**[文化科学](명) 문화 과학. 역사적, 문화적 현상을 연구하는 과학. ↔自然科学. **一くんしょう**[文化勲章](명) 문화 훈장. 문화 발전에 공로가 많은 사람에게 주는 훈장. **一こっか**[文化国家](명) 문화국가. 문화의 번영과 향상을 최고 목적으로 하는 국가. **一ざい**[文化財](명) 문화재. 문화 가치가 있는 사물. 예술품. **一し**[文化史](명) 문화사. 인간의 정신적 또는 사회적인 문화 활동의 역사. **一じん**[文化人](명) 문화인. ①문화에 관한 일에 종사하는 사람. ②세련된 지성과 교양을 갖추고 문화 생활을 영위하는 사람. **一せいかつ**[文化生活](명) 문화 생활. ①문화적인 이상(理想)의 실현을 노력하고 문화재를 향수(享受)하는 생활. ②현대의 물질 문명을 능률적으로 받아 들이는 합리적인 생활 양식. **一のひ**[文化の日](명) 문화의 날. 국민 축일(祝日)의 하나. 11월 3일.

ぶんか[文科](명) 문과. ①문화에 관한 학과(学科). ②문학부. ③법학부, 경제학부, 상학부 등을 합쳐서 부르는 이름. ↔理科(リカ). the literature departmemt

ぶんが[文雅](명·형동ダ) 문아. ①시문(詩文)이나 문장을 짓고 읊는 풍류의 도(道). ②시문 등이 풍치가 있고 아담함. 풍아(風雅). 1. literature

ふんがい[憤慨](명·자타サ) 분개. 격분하여 개탄함. 심히 화를 냄. 몹시 분하게 여김. resentment

ぶんかい[分会](명) 분회. 본부로부터 떨어져 나와 어떤 지역이나 직장 같은 데에 만든 회(会). a branch

ぶんかい[分界](명·타サ) 분계. 경계. 분경(分境). delimitation

ぶんかい[分解](명·자타サ) 분해. ①부분으로 갈라냄. 「一掃除(ソウジ); 분해 소제」 ②〈이〉 하나의 물질이 화학 변화(化学変化)에 따라 두 종류 이상의 물질로 나누어짐. 2. decomposition

ぶんかえいが[文化映画](명) 문화 영화. 계몽적인 과학 영화, 기록 영화 등의 총칭. a cultural film

ぶんがく[文学](명) 문학. ①학예(学芸). ②시, 소설, 희곡 등. 문예(文芸). ③문화 과학 내에서 법률학, 정치학, 경제학 등을 제외한 것. 「一博士(ハクシ); 문학 박사」 2. 3. literature. **一しゃ**[文学者](명) 문학자. 시, 소설, 희곡 등을 만들거나 평론 또는 연구하는 사람. **一ろん**[文学論](명) 문학론. ①문예에 관한 의론(議論). ②문예의 본질에 관한 이론(理論).

ぶんかつ[分割](명·타サ) 분할. 하나의 물건이나 통합된 것을 몇 개로 나눔. 「領土(リョウド)を一する; 영토를 분할하다」 division. **一し**[分割紙](명) 방안지(方眼紙).

ぶんかつ[分轄](명·타サ) 분할. 나누어 관할(管轄)함. 「separate control」

ぶんかん[文官](명) 문관. 행정이나 사법 사무를 취급하는 관리. ↔武官(ブカン). the civil service

ぶんかん[分館](명) 분관. 본관에서 갈려 나간 관(館)이라 불리는 건물. 「図書館(トショカン)の一; 도서관의 분관」 a detached building

ふんき[噴気](명) 분기. 분출하는 증기나 가스. flutter

ふんき[奮起](명·자サ) 분기. 분발하여 일어남. 발분흥기(発奮興起). 「一して勉強(ベンキョウ)する; 분발하여 공부하다」 stirring up

ふんぎ[紛議](명·자サ) 분의. 분분(紛紛)한 의론. dissension

ぶんき[分岐](명·자サ) 분기. 나누어서 갈라짐. 또는 그 갈래. divergence. **一てん**[分岐点](명) 분기점. ①길이 두 갈래로 갈라지는 곳. ②사물 등의 갈라지는 곳.

ふんきゅう[紛糾](명·자サ) 분규. 뒤얽혀서 말썽이 많고 시끄러움. 「事態(ジタイ)が一する; 사태가 뒤얽혀 시끄러워지다」 confusion

ぶんきょう[文教](명) 문교. 학문, 교육에 의해 사람을 교도(教導)하는 일. 「一政策(セイサク); 문교 정책」 education

ぶんぎょう[文業](명) 문학상의 업적. a literary achievement

ぶんぎょう[分業](명) 분업. ①나누어서 일함. ②〈경〉 일정한 작업의 전공정(全工程)을 한 사람이 하지 않고 전문적 부분으로 여러 사람에게 분담시켜 생산품을 만듦. 1. division of labour 2. specialization

ぶんきょうじょう[分教場](명) 분교장. 본교(本校)에서 떨어져 따로 설치한 교실. 분교(分校). a detached class-room

ぶんきょく[分局](명) 분국. 본국(本局)으로부터 떨어져 나온 국(局). a branch office

ふんぎり[踏ん切り](명) 굳은 결심(決心). 결단(決断). 각오(覚悟). 결심. 「一をつける; 결단을 내리다」 자 踏ん切る. resolution

ぶんきん(たか)しまだ[文金(高)島田](명) 높이 빗어 올려서 아름답게 얹은 머리. ⇨: たかしまだ.

ぶんぐ[文具](명) 문구. 붓, 종이, 벼루, 먹, 잉크 등. 문방구(文房具). stationery

ぶんけ[分家](명·자サ) 분가. 가족의 일부가 따로 독립하여 일가(一家)를 이룸. 또는 그 집. ↔本家(ホンケ). a branch family

ふんけい[刎頸](명) 문경. 목을 벰. 「一の交(マジ)わり; 문경지교 (목을 잘려도 변하지 않는 사이. 또는 그런 우정)」 dacapitation

ぶんげい[文芸](명) 문예. ①학문과 기예(技芸). ②문학과 예술. ③문학. literature. **一がく**[文芸学](명)

문예학. 문학을 객관적 방법으로 연구하는 학문. 문예 과학(文芸科学). **—しちょう**[文芸思潮](명) 문예 사조. 문예를 창조하는 데 근원이 되었던 사조. **—ふっこう**[文芸復興](명) ⇨ルネ(ッ)サンス.

ふんげき[憤激](명·자サ) 분격. 심하게 노함. 매우 분하여 몹시 성냄. 격분. indignation

ふんげき[奮激](명·자サ) 분격. 급격하게 마음을 떨쳐 일으킴. bestirring

ぶんけつ[分蘖](명·자サ)〈농〉 분얼. 벼나 보리 등의 가지가 뿌리에서부터 갈라지는 것. 또는 그 포기. a tiller

ぶんけん[分県](명) 일본 전체를 부현별(府県別)로 갈라 놓은 것. 「—地図(チズ); 분현 지도」 dividing the country into prefectures

ぶんけん[分遣](명·타サ) 분견. 갈라서 따로 보냄. 「—隊(タイ); 분견대」 detachment

ぶんけん[分権](명) 분권. 권력을 분산함. 「地方(チホウ)—; 지방 분권」 ↔集権(シュウケン). decentralization of power

ぶんけん[文献](명) 문헌. ①조사나 연구하는 데 있어서 참고(参考)가 되는 기록. 또는 문서. 「—をあさる; 문헌을 찾다」. ②자료가 될 수 있는 책. 「参考(サンコウ)—; 참고 문헌」 1. documents. **—がく**[文献学](명) 문헌학. ①서지학(書誌学). ②문헌을 통해 그 민족이나 시대의 문화를 알려는 학문.

ぶんげん[分限](명) 분한. ①한도. 경계(境界). ②분수(分数). ③법률상의 지위. 또는 자격. 3. one's legal position

ぶんげん[文言](명) 문언. ①편지의 문구(文句). ②중국의 문어(文語). ↔白話(ハクワ). 1. the contents of a letter

ぶんこ[文庫](명) 문고. ①책을 넣어 두는 창고. 서고(書庫). ②서류나 책을 넣어 두는 상자. 「手(テ)—; 손에 들고 다닐 수 있는 서류함」 ③출판물의 한 형식. 문고본(文庫本). ④어떤 틀 속에 모아 둔 책. 「学級(ガッキュウ)—; 학급 문고」 1. a library. **—ばん**[文庫判](명) 문고판. 책 크기의 한 가지. A 6판(국판의 반만한 크기).

ぶんご[文語](명) 문어. ①문장을 쓸 때에 쓰는 말. 문장어(文章語). ②옛날 문장에 쓴 특수한 말. ↔口語(コウゴ). 1. literary language. **—たい**[文語体](명) 문어체. 옛날 문장체로 쓴 문체(文体). ↔口語体. **—ぶん**[文語文](명) 문어문. 문어체로 쓴 글. ↔口語文.

ぶんご[豊後](명)〈지〉 옛 지방 이름. 현재 오오이타현(大分県)의 일부.

ふんごう[吻合](명·자サ) 딱 부합함. 일치함. 딱 들어 맞음. coincidence

ぶんこう[分光](명·타サ)〈이〉 분광. 빛이 파장(波長)의 상위(相違)에 의하여 여러 가지 색대(色帯)로 나누어지는 일. 「—分析(ブンセキ); 분광 분석」 spectrum

ぶんこう[分校](명) 분교. 본교에서 갈라진 학교. ↔本校(ホンコウ). a branch school

ぶんごう[分合](명·타サ) 분합. 나누어서 다른 것과 합침.

ぶんごう[文豪](명) 문호. 대문장가. a master writer

ぶんこつ[分骨](명·타サ) 분골. 죽은 사람의 (화장한) 뼈를 두 군데 이상으로 나누어 묻음.

ふんこつ(さいしん)[粉骨(砕身)](연어·명) 분골 쇄신. 죽을 힘을 다해서 노력함. 뼈가 가루가 되고 몸이 깨어지도록 노력함. 희생적 노력. exerting oneself

ふんご·む[踏ん込む](타 4)〈속〉 ⇨ふみこむ.

ふんさい[粉砕](명·타サ) 분쇄. ①가루처럼 잘게 부숨. 「—器(キ); 분쇄기」 ②완전히 쳐부숨. 「敵(テキ)を—する; 적을 분쇄하다」 1. smashing to pieces

ふんざい[粉剤](명) 분제. 가루로 된 약제(薬剤). medicine in powder form

ぶんさい[文才](명) 문재. 글 재주. 뛰어난 문장. 또는 문학 작품을 쓰는 재능. literary talent

ぶんさい[文彩·文采](명) 무늬. 채색(彩色). beautiful colouring

ぶんざい[分際](명) 신분(身分). 분수. (책망이나 벌줄 때에 씀) 「学生(ガクセイ)の—でなにをいうか; 학생의 신분으로 무슨 소리냐」 one's social standing

ぶんさつ[分冊](명·타サ) 분책. 한 가지 책을 몇 권의 책으로 나눔. 또는 나눈 것. a separate volume

ぶんさん[分散](명·자サ) 분산. ①나누어 흩어짐. 「力(チカラ)が—する; 힘이 분산되다」 ②파산(破産). ③〈이〉 빛 또는 다른 파동(波動)에 있어서 굴절률(屈折率)이 파장(波長)에 의하여 다르기 때문에 일어나는 현상. 1. break-up

ふんし[憤死](명·자サ) 분사. ①분개하여 죽음. ②〔야구에서〕 아깝게 아우트됨. 1. death from indignation

ぶんし[分子](명) 분자. ①〈이〉 물질의 화학적 성질을 변화시키지 않고 독립성을 가진 최소 입자(最小粒子). ②단체를 이루는 개개인의 구성원. ③〈수〉 분수의 가로줄 위에 기록되어 있는 수(数)나 식(式). ↔分母(ブンボ). 3. a numerator. **—しき**[分子式](명)〈이〉 분자식. 물질의 분자량을 표시하는 화학식(化学式). **—りょう**[分子量](명)〈이〉 분자량. 산소 분자의 질량(質量)을 32로 정하였을 때의 각종 분자의 상대적인 질량. 하나의 분자 속에 포함되는 원자의 총량(総量).

ぶんし[文士](명) 문사. 시문을 짓는 것을 업으로 하는 사람. 문인(文人). a literary man

ぶんじ[文治](명) ⇨ぶんち.

ぶんじ[文事](명) 학문이나 예술(芸術)에 관한 일. ↔武事(ブジ). civil affairs

ぶんじ[文辞](명) 문사. 문장에 나타난 말. 문장(文章). 문사(文詞). literary language

ふんしつ[紛失](명·자타サ) 분실. 자기가 모르는 틈에 잃어 버림. 또는 없어짐. loss

ぶんしつ[分室](명) 분실. ①조그맣게 나누어진 방. ②지방에 분설(分設)해 놓은 조그마한 사무 기관(事務機関). 1. an isolated room

ぶんしつ[文質](명) 외관(外観)과 실질(実質). 꾸밈과

본바탕. ornament and substance. **―ひんぴん**[文質彬彬](형동タリ) 외관의 꾸밈과 실질 등이 서로 적당하게 갖추어져 있는 모양.

ふんじば·る[ふん縛る](타 4)〈속〉 단단히 묶다. 난폭하게 묶다. bind

ふんしゃ[噴射](명)〈이〉 분사. 연료의 기름을 안개처럼 만들어서 많은 공기와 섞어 폭발시켜 그 배기(排気)를 뿜어 내는 일. 세차게 내뿜게 함. 「―推進機(スイシンキ); 분사 추진기」 jet

ぶんしゃ[分社](명) ①본사(本社) 이외에 신령(神霊)을 나누어 모신 신사(神社). ②본사(本社)에서 갈리어 다른 곳에 설치된 사무소. 2. a branch office

ぶんじゃく[文弱](명·형동ダ) 문약. 글만 숭상하고 기풍이 약함. 「―に流(ナガ)れる; 문약에 흐르다」 effeminacy

プンシュ[프 punch](명) ⇨ポンス②.

ぶんしゅう[文集](명) 문집. 시문(詩文)을 모아 엮은 책. a collection of writings

ぶんしゅく[分宿](명·자サ) 분숙. 같은 일행이 여러 곳으로 나누어 숙박함. putting up at separate hotels

ふんしゅつ[噴出](명·자타サ) 분출. 뿜어 냄. 솟아 나옴. gushing

ふんしょ[焚書](명) 분서. 책을 불살라 버림. burning books. **―こうじゅ**[焚書坑儒](연어·명) 분서 갱유. 옛 중국 진시황(秦始皇)이 의약, 복서(卜筮), 종수(種樹) 이외의 민간 서적을 불태워 버리고 유생(儒生)들을 구덩이에 묻어 죽인 일.

ぶんしょ[分所](명) 분소. 본부나 본사에서 갈라진 사무소나 영업소(営業所). a branch office

ぶんしょ[分署](명) 분서. 경찰서나 소방서의 본서(本署)로부터 갈라져 설치된 관서. a substation

ぶんしょ[文書](명) 문서. 문자를 기록한 것. 서류(書類). a document

ふんじょう[粉状](명) 분상. 가루와 같은 모양. powdery

ふんじょう[紛擾](명·자サ) 분요. 복잡하고 떠들썩함. 분란(紛乱). complication

ぶんしょう[文相](명) 문부 대신(文部大臣). 문교부 장관. the Minister of Education

ぶんしょう[文章](명) ①모양. 형상(形状). ②문장. 글로써 사상, 감정을 표현한 것. 2. a composition. **―ほう**[文章法](명) 문장법. 〔문법에서〕 글의 구조나 종류에 관한 법칙.

ぶんしょう[分掌](명·타サ) 분장. 사무를 분담하여 처리함. 「事務(ジム)―; 사무 분담」 division of duties

ぶんじょう[分乗](명·자サ) 분승. 나누어 탐. 「バスに―する; 버스에 나누어 타다」 riding separately

ぶんじょう[分場](명) 분장. 본부에서 나누어진 시험장이나 작업장. a branch laboratory

ぶんじょう[分譲](명·타サ) 분양. 나누어 줌. 「土地(トチ)の―; 토지의 분양」 sale in lots

ふんしょく[粉食](명) 분식. 밀가루로 빵이나 국수 따위를 만들어 먹음. 가루 음식. ↔粒食(リュウショク). the use of flour for food

ふんしょく[粉飾](명·타サ) 분식. ①겉만을 꾸밈. ②화장(化粧). 「文章(ブンショウ)の―; 문장의 분식」 1. embellishment

ぶんしょく[文飾](명·타サ) 문식. ①문장, 어구의 수식(修飾). ②채색. 문채(文彩). 1. rhetorical flourishes

ふんしん[分針](명) 분침. 시계 바늘의 장침(長針). ↔時針(ジシン), 秒針(ビョウシン). a long hand

ふんじん[奮迅](명) 분발하여 떨쳐 일어남. 「獅子(シシ)―の勢(イキオ)い; 사자 분신지세(사자가 성낸 듯 그 기세가 거세고 날램」 dashing

ぶんしん[文身](명) 문신. 살갗을 바늘로 찔러 먹물이나 다른 물감으로 글씨를 새기거나 그림, 무늬를 만듦. a tattoo

ぶんしん[分身](명) 분신. ①본래의 것에서 떨어져 나온 몸. ②〈불〉 부처가 중생을 제도하기 위해 여러 가지 상(相)으로 세상에 나타나는 일. 「仏(ホトケ)の―; 부처의 분신」 ⑥분만(分娩). 1. a branch

ぶんじん[文人](명) 문인. 문필에 종사하는 사람. 문예에 뛰어난 사람. 문사(文士). a literary man. **―が**[文人画](명) 문인화. 직업적인 화가가 아닌 문인이 여기(餘技)로 그린 그림.

ふんすい[噴水](명) 분수. ①내뿜는 물. ②물이 위로 분출(噴出)하게 한 장치. 1. a jet

ぶんすい[分水](명·자サ) 분수. ①개천의 물이 좌우로 갈라짐. ②물이 본류(本流)에서 따로 갈라져 흐름. ③갈라진 물줄기. division of water. **―れい**[分水嶺](명)〈지〉 분수령. 분수계(分水界)가 되어 있는 산이나 산맥. 분수 산맥(分水山脈).

ぶんすう[分数](명)〈수〉 분수. 어떤 정수(整数)를 다른 정수로 나눈 결과를 횡선을 그어 제수(除数)를 아래, 피제수를 위에 기입하여 나타낸 수. a fraction

ふん·する[扮する](자サ) 분장하다. 어느 역(役)으로 꾸미어 나오다. 변장(変装)하다. 「ハムレットに―; 햄릿역으로 분장하다」 disguise oneself

ぶんせい[文勢](명) 문세. 문장의 기세. 문장의 박력(迫力). force of style

ぶんせき[分析](명·타サ) 분석. ①〈이〉 물질을 원소로부터 분해함. ②복합물(複合物)을 분해하여 그 사물을 성립시키고 있는 성분, 요소, 측면을 밝히는 일. ↔総合(ソウゴウ). analysis

ぶんせき[文責](명) 문책. 쓴 글에 대한 책임. responsibility for the wording of an article

ぶんせつ[分節](명·타サ) 분절. 전체를 몇 개로 나눔. 또는 나눈 것. a section

ぶんせつ[文節](명) 〔문법에서〕 하나의 문장 속에서 부자연스럽지 않을 정도(程度)로 나눈 가장 짧은 단위(単位). a paragraph

ふんせん[噴泉](명) 분천. 땅속에서 솟아 나오는 샘. a fountain

ふんせん[奮戦](명·자サ) 분전. 힘을 다해서 싸움. 분투(奮闘). a desperate fight

ふんぜん[紛然](형동タルト) 분연. 어지럽게 뒤섞인 모양. disorderly

ふんぜん[憤然](형동タルト) 분연. 분개(憤慨)하는 모

양. 벌컥 성을 내는 모양. 「一たる態度(タイド); 분연한 태도」 indignant

ふんぜん[奮然](형동タルト) 분연. 힘을 내어 일어나는 모양. resolute

ぶんせん[文選](명·타サ) 문선. ①〔활판 인쇄에서〕원고 글자대로 필요한 활자를 뽑음. 또는 그 직공. 「一工(コウ); 문선공」 ②좋은 글을 골라 모은 책. 1. type-picking 2. an anthology

ブンゼンとう[Bunsen 燈](명)〈이〉 분젠등. 분젠이 고안한 간단한 가열 장치. 석탄 가스에 공기를 밑의 구멍으로부터 혼입시켜 온도를 자유로 조절할 수 있는 것이 특색임. 화학 실험에 씀.

〔ブンゼン燈〕

ぶんそ[文素](명) ⇨ぶんせつ(文節).

ぶんそ[分疏](명) 분소. ①조목조목 나누어 설명함. ②해석. 설명. 변명(辨明). 1. explaining by items

ふんそう[扮装](명·자サ) 분장. 몸이나 복장을 다른 모양으로 꾸밈. 가장(仮装). disguise

ふんそう[紛争](명·자サ) 분쟁. 시끄럽게 다툼. 「国際間(コクサイカン)の一; 국제간의 분쟁」 a dispute

ぶんそう[文藻](명) 문조. ①시나 문장을 짓는 재능. 문재(文才). ②문채(文彩). 무늬. 1. literary talent

ぶんそうおう[分相応](연어·명·형동ダ) 신분에 어울림. 「一なことをいう; 신분에 어울리는 말을 하다」 within one's means

ふんそく[分速](명) 분속. 1분간의 속도.

ふんぞりかえ·る[踏ん反り返る]―カヘル(자 4) ①상체(上体)를 뒤로 젖히다. 배를 불룩 앞으로 내밀고 거만한 태도를 하다. ②뽐내다. 1. assume a haughty attitude

ぶんそん[分村](명·자サ) 마을의 많은 사람이 한꺼번에 다른 곳으로 이주(移住)함. 또는 이주해서 이룬 마을. a group removal

ぶんたい[文体](명) 문체. ①문장의 형식이나 양식. ②그 작가에 특유한 문장의 특색이나 경향. a style

ぶんたい[分隊](명) 분대. ①본대에서 갈라진 대(隊). ②전투 편성이나 작업 등의 가장 작은 단위. 10명 정도. 「一長(チョウ); 분대장」 1. a detachment

ぶんだい[文題](명) 문제. 문장이나 작문의 제목. the subject

ふんだく·る(타 4)〈속〉 빼앗아 가지다. 난폭하게 탈취(奪取)하다. snatch

ぶんたつ[聞達](명) 문달. 명성이 높아짐. reputation

ふんたん[粉炭](명) 분탄. 가루로 된 석탄. pulverized coal

ぶんたん[分担](명·타サ) 분담. 나누어 부담함. 나누어 맡음. 「仕事(シゴト)の一; 일의 분담」 partial charge

ぶんだん[分団](명) 분단. ①여러 갈래로 나누어진 집단. 「消防(ショウボウ)一; 소방 분단」 ②본부에서 갈라진 단체. 2. a branch

ぶんだん[分段](명) 분단. 사물을 몇 단계로 나눔. 사물의 구분. a pause

ぶんだん[文壇](명) 문단. 문필가의 사회. 문학계(文学界). 문예계(文芸界). 「一にデビューする; 문단에 데뷔하다」 the literary world

ふんだんに(부)〈속〉 충분히 있는 모양. 넘칠 정도로 많은 모양. 「水(ミズ)を一使(ツカ)う; 물을 마음대로 쓰다」 plentifully

ぶんち[文治](명) 문치. 무력을 쓰지 않고 학문이나 법령으로 세상을 다스림. 「一派(ハ); 문치파」 ↔武断(ブダン). civil administration

ぶんち[文致](명) 문치. 문장의 운치(韻致).

ぶんち[聞知](명·타サ) 문지. 들어서 앎. being informed

ぶんちゅう[文中](명) 문장의 속. in a sentence

ぶんちょう[文鳥](명)〈동〉 문조. 참새과에 속하는 새. 참새와 흡사하며 부리가 두껍고 발과 부리의 빛깔은 담홍색임. a Java sparrow

ぶんちん[文鎮](명) 문진. 서류나 종이가 움직이지 않게 누르는 문구(文具). 금속 또는 옥석(玉石) 등으로 만듦. a paper-weight

ぶんつう[文通](명·자サ) 편지를 주고 받음. correspondence

ふんづ·ける[踏ん付ける](타하 1) 밟아 누르다. 짓밟다. 유린(蹂躙)하다. stamp down

ふんづまり[糞詰まり](명)〈속〉 대변이 나오지 않음. 변비(便秘). constipation

ぶんてん[分店](명) 분점. 본점이나 지점에서 갈라진 점포(店舗). a branch shop

ぶんてん[文典](명) 문전. 문법과 어법(語法)을 설명한 책. 문법. a book on grammar

ぶんてん[文展](명) 문부성 미술 전람회(文部省美術展覧会)의 약칭.

ふんど[憤怒·忿怒](명·자サ) 분노. 분하여 성냄. 몹시 화를 냄. rage

ふんとう[奮闘](명·자サ) 분투. ①분발해서 싸움. 분전(奮戦). ②부지런히 노력함. 1. hard fighting

ふんどう[分銅](명) 분동. 저울 추. a balance weight

ぶんとう[文頭](명) 문장의 첫머리. 또는 시작하는 부분. 서두(書頭). the beginning of a sentence

ぶんどき[分度器](명) 분도기. 각도(角度)를 재는 기구(機具). a protractor

ぶんとく[文徳](명) 문덕. 학문을 닦음으로써 몸에 지니게 되는 인격(人格). one's character built up through learning

ふんどし[褌](명) 남자의 음부를 가리는 폭이 좁고 긴 천. 「一をしめてかかる; 굳은 결심을 하고 일에 착수하다」 a loin-cloth. **―かつぎ**[褌担ぎ](명) ①⇨とりてき(取り的). ②〈속〉 부내(部内)에서 제일 하급자(下級者).

ぶんど·る[分捕る](타 4) ①싸워서 적(敵)의 무기나 군용품(軍用品)을 빼앗다. ②타인의 물건을 탈취(奪取)하다. 1. capture

ぶんなぐ·る[打ん擲る](타 4)〈속〉 난폭하게 때리다. beat

ぶんな·げる[打ん投げる](타하 1)〈속〉 난폭(乱暴)하게 던지다. hurl

ふんにゅう[粉乳](명) 분유. 수분을 증발시켜 가루

로 만든 우유. 분말(粉末) 밀크. 「脱脂(ダッシ)—; 탈지 분유」 powdered milk

ふんにょう[糞尿](명) 분뇨. 대변과 소변. 똥과 오줌. 오물(汚物). excretions

ぶんにん[分任](명) 분임. 임무를 나누어 맡음. 분담(分担). division of duty

ふんぬ[匈奴](명)〈역〉 흉노. 약 2,000년 전에 몽고에 산 민족.

ふんぬ[憤怒·忿怒](명) ⇨ふんど.

—ぶんの[分の](조어) …의 수로 나눈. …중의. 「三(サン)—二(ニ); 3분의 2」

ぶんのう[分納](명·타サ) 분납. 일정한 납입액(納入額)을 몇 회로 나누어 납입함. instalments

ぶんぱ[分派](명·자サ) 분파. ①가지가 여러 갈래로 갈라져 나옴. 또는 갈라져 나온 것. 분기(分岐). ②유파(流派), 학설(学説), 단체(団体) 등에서 갈라져 나온 것. 1. a branch

ぶんばい[分売](명·타サ) 분매. 한 부분씩 떼어서 팖. 나누어 팖. selling separately

ぶんぱい[分配](명·타サ) 분배. ①나누어 줌. 배분(配分). ②〈경〉 생산물이 교환(交換)되어 각방면으로 나누어짐. 1. distribution

ぶんはく[文博](명) 문학 박사(文学博士)의 준말. Doctor of Literature

ふんぱつ[奮発](명·자サ) 분발. ①가라앉았던 마음과 힘을 돋우어 일으킴. ②큰마음을 먹고 삼. 또는 돈을 냄. 「千円(センエン)のネクタイを—する; 천원짜리 넥타이를 큰마음 먹고 사다」 1. strenuous efforts 2. buy

ふんば·る[踏ん張る](자 4) ①발에다 힘을 주어 양다리를 벌리다. ② 완강히 버티다. ③뻗대어 굽히지 않다. 주장하다. 명 踏ん張り. 1. 2. straddle

ふんぱん[噴飯](명) 웃음을 참을 수가 없음(입에 든 밥을 내뿜는다는 뜻). 「—の いたりだ; 우스워 못 견딜 지경이다」 bursting into laughter

ぶんぱん[文範](명) 문범. ①문장의 모범. ②모범되는 문장을 모아 엮은 책. 1. a model composition

ぶんぴ[分泌](명·자타サ) ⇨ぶんぴつ.

ぶんぴつ[分泌](명·자타サ) 분비. ①액체가 배출됨. ②〈생〉 선세포(腺細胞)에서 생명 유지에 필요한 특수한 물질을 배출함. 1. secretion

ぶんぴつ[分筆](명·자サ)〈법〉 분필. 등기부에 한 필로 되어 있는 땅을 여러 필로 나눔. 「—登記(トウキ); 분필 등기」

ぶんぴつ[文筆](명) 문필. 문장(文章)을 짓는 일. 「—家(カ); 문필가」 writing

ふんびょう[分秒](명) 분초. 분(分)과 초(秒). 1분과 1초. 대단히 짧은 시간. 「—を争(アラソ)う; 분초를 다투다」 a second

ぶんびょう[文廟](명) 문묘. 공자(孔子)를 모신 사당(祠堂). the mausoleum of Confucius

ぶんぶ[文武](명) 문무. ①인자(仁慈)함과 무용(武勇). ②문도(文道)와 무도(武道). 「—両道(リョウドウ); 문무 양도」 2. literary and military arts

ぶんぷ[分布](명·자타サ) 분포. ①나누어져 여러 곳에 널리 퍼짐. ②나누어서 퍼뜨림. ③〈생〉 생물이 어떠한 지역에 어떻게 생활하고 있는가의 상태. 1. 2. distribution

ぶんぷく[分服](명·타サ)〈의〉 약을 몇 차례로 나누어 먹음. take medicine in portions

ぶんぶつ[文物](명) 문물. 문화의 산물. 학문, 종교, 예술 등. 「西欧(セイオウ)の—を輸入(ユニュウ)する; 서구의 문물을 수입하다」 civilization

ふんぷん[紛紛](형동タルト) 분분. 뒤숭숭하게 시끄러운 모양. 한데 뒤섞여서 어수선한 모양. 「諸説(ショセツ)—; 여러 가지 설이 분분함」 confused

ふんべつ[分別](명·타サ) 분별. 세상 물정을 알아서 가림. 지각. 식별(識別). 「—のある年(トシ)ごろ; 철이 든 나이」 discretion. **—くさ·い**[分別臭い](형) 도리를 아는 체하는 것 같다. 「—顔付(カオツ)き; 지각이 있는 듯한 표정」 **—ざかり**[分別盛り](명) 가장 잘 사리를 분별할 수 있는 나이. 중년 정도. **—らし·い**[分別らしい](형) 분별이 있음직하다.

ふんべん[糞便](명) 대변. 똥. excrements

ぶんべん[分娩](명·타サ)〈의〉 분만. 아기를 낳음. 출산(出産). childbirth

ふんぼ[墳墓](명) 분묘. 무덤. a tomb. **—のち**[墳墓の地](연어·명) ①묘지. ②선조의 묘가 있는 곳. 고향.

ぶんぼ[分母](명)〈수〉 분모. 분수의 횡선 밑에 있는 수(数). ↔分子(ブンシ). a denominator. **—し**[分母子](명)〈수〉 분모자. 분모와 분자.

ぶんぼう[文房](명) 문방. 서재(書斎). 「—用具(ヨウグ); 서재 용구」 a study. **—ぐ**[文房具](명) 문방구. 서재에 따른 필수품. 붓, 먹, 종이, 벼루 따위. 문구(文具).

ぶんぽう[文法](명) 문법. ①언어 구성 및 어구(語句) 운용상의 법칙. 말의 규칙. ②문법을 쓴 책. 문전(文典). ③문법을 연구하는 학문. 문법학(文法学). 1. grammar

ぶんぽう[分封](명·자타サ) ①지방 영주(領主)에게 영지(領地)를 나누어 줌. 또는 나누어 준 영지. ②〈동〉 한떼의 벌이 원래의 자기 집을 떠나서 새로운 집을 지어 옮김. 1. sharing a feud

ふんぽん[粉本](명) ①〔동양화에서〕 초벌 그림. ②그림 공부의 본이 되는 책. 1. sketch

ふんま·える[踏んまえる]フンマヘル(타하 1)〈속〉 ⇨ふまえる.

ふんまつ[粉末](명) 분말. 가루. powder

ぶんまつ[文末](명) 글이나 문장의 끝. the end of a sentence

ぶんまわし[筆規](명) ①동그라미를 그리는 데 쓰는 기구. 컴퍼스. ②〈속〉 회전 무대(回転舞臺). 1. a pair of compasses

ふんまん[憤懣·忿懣](명) 분만. 분하여 가슴이 답답함. 「—やるかたない; 화를 풀 길이 없다」 resentment

ぶんみゃく[文脈](명) 문맥. ①문장의 줄거리. ②

장의 전후 연관성. 「―から意味(イミ)を判断(ハンダン)する; 문맥으로 뜻을 판단하다」 2. a context

ぶんみん[文民](명) 직업 군인 이외의 사람. 군인이 아닌 국민. a civilian

ふんむき[噴霧器](명) 분무기. 물이나 약의 액체를 안개처럼 뿜어 내는 기구(器具). 아이론용, 꽃꽂이용, 소독용(消毒用) 등이 있음. a spray

ぶんめい[文名](명) 문명. 글을 잘 써서 높아진 명성(名声). 문필가의 명성. 「―が高(タカ)い; 문명이 높다」 literary fame

ぶんめい[文明](명) 문명. 인간의 지혜가 발달하여 정신적, 물질적으로 생활이 윤택해지는 상태. 「―の利器(リキ); 문명의 이기」 civilization. **―かいか**[文明開化](연어·명) 문명 개화. 인지(人智)가 열리어 문명, 문화가 진보함. **―ひひょう**[文明批評](명) 문명 비평. 사회 문화 또는 시대 사조 등에 대하여 고도의 비판을 하며, 사회 또는 시대를 지도하는 평론(評論).

ぶんめい[分明](명·자サ·형동ダ) 분명. 확실함. 명백함. 틀림 없음. 1. clearness

ぶんめん[文面](명) 문면. 문장에 표현된 내용(内容). 「―から察(サッ)すると; 문면으로 짐작컨대」 the text of a letter

ふんもん[噴門](명)〈생〉 분문. 식도(食道)에서 위(胃)로 연결된 부분. 위(胃)의 입구(入口). the cardiac

ぶんや[分野](명) 분야. 범위. 구획. 영역(領域). 「科学(カガク)の各(カク)―; 과학의 각분야」 a sphere

ふんゆ[噴油](명·자サ) 분유. ①어느 간격을 두고 석유를 뿜어 냄. 또는 솟아 나오는 석유. ②디이젤 기관에서 연료유(燃料油)를 노즐(nozzle)로부터 연소실에 안개처럼 분출하는 일. 「ownership in part ↗

ぶんゆう[分有](명·타サ) 분유. 나누어 가짐.

ぶんよ[分与](명·타サ) 분여. 나누어 줌. distribution

ふんらい[紛来](명·자サ) 우편물이 잘못 배달됨.

ぶんらく[文楽](명) 오오사카(大阪)의 분라쿠좌(文楽座)에 전해지는 기다유우(義太夫)에 맞추어 하는 인형극(人形劇).

ふんらん[紛乱](명·자サ) 분란. 뒤섞이고 떠들썩함. 혼란(混乱). disorder

ぶんらん[紊乱](명·자サ) 문란. 도덕이나 질서, 규칙 등이 어지러워짐. ⇨:びんらん. derangement

ぶんり[分利](명)〈의〉 분리. 폐렴(肺炎) 같은 급성 질환(急性疾患)에서 열이 내려 회복기(恢復期)로 들어감. crisis

ぶんり[文理](명) 문리. ①문과(文科)와 이과(理科). 「―学部(ガクブ); 문리학부」 ②문장의 조리(條理). 문맥(文脈). 2. the context

ぶんり[分離](명·자타サ) 분리. 나뉘어 떨어짐. 떨어져 헤어짐. separation. **―き**[分離器](명) 분리기. 혼합물 가운데서 형상(形状), 성질이 다른 물질을 분리하는 기계. **―とう**[分離島](명)〈지〉 분리도. 본래는 대륙의 일부였던 것이 지반(地盤)의 함락(陷落)으로 분리하여 생긴 섬. 대륙도.

ぶんりつ[分立](명·자타サ) 분립. 따로따로 세움. 떨어져서 존재함. independence

ぶんりゃく[文略](명) 문장 또는 어구(語句)의 생략(省略). omission

ふんりゅう[粉瘤](명)〈의〉 분류. 피하(皮下)에 발생하는 구형(球形)의 낭포(嚢胞). atheroma

ふんりゅう[噴流](명) 분류. 뿜어 내는 것 같은 거센 흐름.

ぶんりゅう[分流](명·자サ) 분류. ①갈라져 흐름. 갈라져서 흐르는 물줄기. 지류(支流). ②분리된 일파. 분파(分派). 1. a tributary

ぶんりゅう[分留·分溜](명·타サ)〈이〉 분류. 비등점(沸騰点)이 다른 몇 종류의 액체의 혼합물을 가열하여 비등점이 낮은 것으로부터 점차 높은 것을 유출(溜出)시켜서 그 성분을 분리시키는 조작. 분별 증류(分別蒸溜). fractional distillation

ぶんりょう[分量](명) 분량. ①부피, 수효, 무게 등의 많고 적음과 크고 작은 정도. 「仕事(シゴト)の―; 일의 분량」 ②무게. 용적(容積). 「―をはかる; 무게를 달다」 ③분수(分数). 2. an amount

ぶんりょう[分領](명) 나누어 영유(領有)함. 또는 그 영지(領地).

ぶんりょく[分力](명)〈이〉 분력. 어떤 하나의 힘을 몇 개의 힘으로 나누었을 때, 그 여러 개로 나누어진 힘. a component force

ぶんりん[文林](명) ①문학자(文学者)의 무리. 문단(文壇). ②시가(詩歌), 문장을 모은 책. 시문집(詩文集). 문집(文集). 1. literary circles

ぶんるい[分類](명·타サ) 분류. 종류에 따라 구별함. 유별(類別). classification

ふんれい[奮励](명·자サ) 분려. 기운을 내어 힘씀. 「―努力(ドリョク)する; 분발하여 노력하다」 strenuous efforts

ぶんれい[分霊](명) 신사(神社)의 제신(祭神)을 나누어 다른 신사에 모심. 또는 그 제신. **―しゃ**[分霊社](명) 어떤 신사의 제신을 나누어 모셔, 창립된 신사.

ぶんれい[文例](명) 문례. 문장에 의한 실례(実例). 문장의 견본. an example

ぶんれつ[分列](명·자サ) 분열. 갈라져서 늘어섬. 「―行進(コウシン); 분열 행진」 filing off. **―しき**[分列式](명) 분열식. 의례적(儀礼的) 행진의 하나. 각 부대가 소정의 대형(隊形)으로 행진하면서 수례자(受礼者)에게 경례하며 통과하는 의식.

ぶんれつ[分裂](명·자타サ) 분열. ①갈라져서 찢어짐. 어떤 단체가 여러 파로 갈라짐. 「党内(トウナイ)の―; 당내의 분열」 ②〈생〉 생물의 개체가 무성적(無性的)으로 나누어져 번식함. 「細胞(サイボウ)の―; 세포 분열」 1. dissolution

ぶんわ[文話](명) ①문화. 문장에 관한 담화(談話). 문담(文談). ②중국어(中国語)의 상급어(上級語). 1. a literary talk

へ

へ[戸](명)〈고〉 호. 집. 인가(人家).
へ[辺](명)〈고〉 변. 주위. 근처. 가. 「水(ミズ)の一; 물가」
へ[屁](명) 방귀. 「一とも思(オモ)わない; 조금도 개의치 않다」 a fart
へ[瓮](명)〈고〉 단지. 항아리.
へ[舳](명) 이물. 선수(船首). 선두(船頭). the bow
へ(격조)〔발음은 "え"〕 ①방향을 나타내는 말. …로. 「東京(トウキョウ)ー行(イ)く; 토오쿄오로 가다」 ②동작의 막다른 곳이나 상대를 나타내는 말. 「東京(トウキョウ)ー着(ツ)く; 토오쿄오에 닿다」
へ(명)〈악〉 장음계 다조(調)의 바에 해당하는 음. 파(Fa). F 음(音).
ーべ[辺](조어) 변. 가. 「川(カワ)ー; 강가」
ペ(명) 페이지의 준말.
ヘア[hair](명) 헤어. 털. 머리털. 두발(頭髮). 「ースタイル; 헤어 스타일(머리 모양)」
ベア(명) 베이스업의 준말.
ペア[pair](명) 페어. 서로 대(対)를 이루는 두 개. 한 쌍.
へあが・る[経上がる](자 4) 점차 지위가 오르다. 진급(進級)하다. 「大臣(ダイジン)にー; 장관 자리에 오르다」
ヘアトニック[hair-tonic](명) 헤어토닉. 머리털을 튼튼히 하는 약. 두발(頭髮)용 양모제(養毛剤).
ヘアネット[hairnet](명) 헤어네트. 여자들이 머리에 쓰는 그물.
ヘアピン[hairpin](명) 헤어 핀. 머리 핀.
ベアリング[bearings](명) ⇨じくうけ(軸受け).
ヘアローション[hair-lotion](명) 헤어로우션. 머리털을 마사아지하는 데 쓰는 화장수.
へいー[弊](조어) 저회들의…. 「一商会(ショウカイ); 저희 상회」
へい[丙](명) 병. ① 10 간(干)의 세째. ②사물의 차례에 있어서 제 3위. 2. the 3rd
へい[兵](명) ①병기(兵器). 무기(武器). ②군세(軍勢). 군대(軍隊). ③군사(軍事). 전쟁. ④군인의 계급을 크게 3등분했을 때의 가장 아래 계급. 병졸. 「一を起(オ)こす; 군병을 일으키다」 ↔将校(ショウコウ), 下士官(カシカン). 1. arms
へい[屏·塀](명) ①집이나 지역(地域)의 경계가 되는 간막이. ②울타리. 널판장. 1. a wall
へい[弊](명) ①피폐. ②해(害). 폐해(弊害). 1. exhaustion
べい[米](명)〈지〉 미국의 준말. 「一蘇(ソ); 미소」
ペイ[pay](명·자サ) 페이. ①지불(支払). ②보수(報酬). 임금(賃金). 급료(給料).
へいあん[平安](명) 평안. 무사하고 평온함. peace. ーきょう[平安京](명) 현재의 쿄오토(京都). ーじだい[平安時代](명)〈역〉 쿄오토에 도읍해 있던 시대. (794～1192)
へいい[平易](명·형동ダ) 평이. 까다롭지 않고 쉬움. 거침 없음. 「一な問題(モンダイ); 쉬운 문제」 easiness
へいい[兵威](명) 군대의 위세(威勢). 병마(兵馬)의 위력(威力). military power
へいい[敝衣·弊衣](명) 폐의. 해어진 옷. 낡은 옷. shabby clothes. ーはぼう[敝衣破帽](연어·명) 낡은 옷과 찢어진 모자. 특히 구제 고등 학교 학생들이 즐겨 입고, 쓰고 다닌 복장. 폐의 파립(破笠).
へいいん[兵員](명)〈군〉 병원. 병사(兵士)의 수효. military personnel
へいいん[閉院](명·자サ) 폐원. ①원(院)의 사무를 그만 봄. ②국회의 회기(会期)를 마침. ↔開院(カイイン). 2. the closing of the Diet
へいえい[兵営](명) 병영. 병사(兵舎)가 있는 구내(構内). 군대가 거주하는 곳. barracks
へいえい[併映](명·타サ) 가극(歌劇)이나 음악회 등에서 영화를 아울러 상영함.
へいえき[兵役](명) 병역. 국민이 군적(軍籍)에 편입되어 군무에 복무함. military service
へいえん[閉園](명) 폐원. 동물원이나 유원지 같은 곳의 문을 닫음. ↔開園(カイエン).
べいえん[米塩](명) 쌀과 소금. 「一の資(シ); 쌀과 소금을 살 밑천(생활비)」 rice and salt
へいおく[弊屋](명) 폐옥. ①낡은 집. ②자기 집을 겸사로 일컫는 말. 1. a dilapidated house
へいおん[平温](명) 평온. ①평년과 다름 없는 온도(温度). ②평상시의 온도. 2. a normal temperature
へいおん[平穏](명·형동ダ) 평온. 고요하고 평화로움. 안온(安穏). 「一無事(ブジ); 평온 무사」 calmness
へいか[平価](명)〈경〉 평가. ①국제(国際)간의 통화 단위를 그 함유하는 금량(金量)에 의하여 비교, 표시한 가치. ②유가 증권(有価証券)의 시장 가격이 액면의 금액과 같은 것. 「一で発行(ハッコウ); 평가 발행」 1. par. ーきりさげ[平価切り下げ](명)〈경〉 평가 절하. 본위 화폐 단위가 함유하는 금량을 적게 하는 일.
へいか[兵火](명) 병화. 전쟁으로 인한 화재(火災). a fire caused by war
へいか[兵戈](명) 병과. ①무기(武器). ②전쟁(戰争). 1. a weapon 2. a war
へいか[兵科](명)〈군〉 병과. 육해공군의 군사의 종별. 예: 보병, 공병, 통신병 등. an arm of the army
へいか[兵家](명) 병가. ①무사(武士). 군인. 「勝敗(ショウハイ)は一の常(ツネ); 승패는 병가의 상사」 ②병법(兵法)을 연구하는 사람. 2. a strategist

へいか[併科](명·타サ)〈법〉 병과. 동시에 몇 개의 형(刑)을 줌. inflict concurrently
へいか[陛下](명) 폐하. 천황(天皇)이나 황후(皇后)의 높임 말.
へいが[平臥](명·자サ) ①옆으로 누움. ②병으로 자리에 누움. 1. lie down
べいか[米価](명) 미가. 쌀값. the rice price
べいか[米貨](명) 미화(美貨). ①미국의 화폐. ②미국의 화폐. 달러. 2. American money
べいが[米画](명) 미화(美画). 미국 영화. an American picture
へいかい[閉会](명·자サ) 폐회. 회의나 집회를 마침. ↔開会(カイカイ). the closing of a meeting
へいがい[弊害](명) 폐해. 해로운 것. 해악(害悪). 「賭博(トバク)の—; 도박의 폐해」 an evil influence
へいかく[平角](명)〈수〉 평각. 한 점(点)에서 나간 두 반직선(半直線)이 일직선을 이룰 때 그 두 반직선이 만드는 각(角). 2직각. 180도. a straight angle
へいかく[兵革](명) ①병기(兵器). 무기. ②싸움. 전쟁. 1. arms 2. a war
へいがく[兵学](명) 병학. 군사(軍事)에 관한 학문. 군사학(軍事学). military science
へいかつ[平滑](명·형동ダ) 평활. 평탄하고 매끄러움. smoothness. **—きん**[平滑筋](명)〈생〉 평활근. 내장(内臟)의 여러 기관(器官) 또는 혈관 등의 벽을 구성하는 근육. 횡문(横紋)이 없고 의사(意思)에 관계없이 운동함. 불수의근(不随意筋).
へいかん[閉館](명·자サ) 폐관. 영화관, 학관 등의 문을 닫고 사무를 보지 않음. ↔開館(カイカン). closing
へいかん[弊館](명) 폐관. 자기 관(건물)을 겸사로 일컫는 말.
べいかん[米艦](명) 미함(美艦). 미국의 군함. an American warship
へいき[平気](명·형동ダ) ①침착하고 태평함. ②겁내지 않음. 태연. 1. calmness 2. nonchalance. **—のへいざ**[平気の平左](연어·형동ダ)〈속〉 조금도 걱정하지 않는 모양. 태평(泰平).
へいき[兵器](명) 병기. 무기(武器). 전쟁에 쓰는 기구. a weapon. **—しょう**[兵器廠](명) 병기창. 병기를 만들거나 수리하는 공장.
へいき[併記](명·타サ) 병기. 아울러 기록함. writing together
べいき[米機](명) 미기(美機). 미국 항공기. 미국 비행기. an American airplane
へいきょ[屛去](명·타サ) 물러감. removal
へいきょ[閉居](명·자サ) 집에 틀여 박혀 앉아 있음. keeping the house
へいぎょう[閉業](명·자サ) 폐업. 영업을 하지 않음. ↔開業(カイギョウ). closing down business
へいきょくせん[閉曲線](명)〈수〉 폐곡선. 원(円)이나 타원처럼 한 점에서 출발하여 다시 그 점으로 돌아 오는 곡선(曲線). a closed curve
へいきん[平均](명·타サ) 평균. ①균일하게 함. ②균형(均衡)을 잡음. ③〈수〉 많은 수(数)나 같은 종류의 양(量)의 중간치(中間値)를 갖는 수. 「—点(テン); 평균점」 1. an average 2. equilibrium. **—だい**[平均台](명) 평균대. 기계 체조 용구의 한 가지. 몸의 평균을 연습하도록 만든 좁고 긴 판대(板臺).
へいぐ[兵具](명) 병구. 병기(兵器). a weapon
へいけ[平家](명) ①⇨へいし(平氏). ②←平家びわ. **—がに**[平家蟹](명)〈동〉 조개치레. 발의 길이가 가지런하지 않고 딱지의 표면이 사람의 얼굴과 비슷한 게. **—びわ**[平家琵琶](명) 헤이케 모노카타리(平家物語)를 비파에 맞추어 이야기하는 일. **—ものがたり**[平家物語](명) 헤이케 일문(一門)의 영화(栄華)와 몰락, 파멸(破滅)을 묘사한 이야기책. 헤이안(平安) 시대 말기의 저서.
へいげい[睥睨](명·타サ) 비예. ①흘김. ②주위를 흘겨 보면서 위력을 과시함. 「天下(テンカ)を—する; 천하를 흘겨 보다」 1. glaring at
へいけん[平絹](명) 평견. 평직(平織)으로 짠 비단. plain silk
へいけん[兵権](명) 병권. 군사의 권리.
へいげん[平原](명) 평원. 평탄한 들판. 평야. a plain
へいこ[兵庫](명) 병고. 병기를 두는 창고. 무기고(武器庫). an armoury
へいこ[炳乎](부) 분명한 모양. clearly
へいご[平語](명) 평어. ①늘 쓰는 말. 일상 용어(日常用語). ②헤이케모노카타리(平家物語)의 준말. 1. everyday language
へいご[兵語](명) 군사상의 용어(用語). 군사 용어. a military term
べいご[米語](명) 미어(美語). 미국말 American English
へいこう[平行](명·자サ) 평행. ①〈수〉 두 직선이 같은 평면 위에서 아무리 연장하여도 서로 만나지 않음. ②병행(並行). 1. parallelism. **—しへんけい**[平行四辺形](명)〈수〉 평행 사변형. 서로 마주 대하는 두 쌍의 변이 각각 평행인 사변형. **—せん**[平行線](명)〈수〉 평행선. 서로 평행하는 선. **—ぼう**[平行棒](명) 평행봉. 운동할 때 회전이나 물구나무 서기를 하기 위해 두 개의 평행 막대로 만든 운동 기구.
へいこう[平衡](명) 평형. 균형. balance
へいこう[兵甲](명) ①병갑. 무기. 병기(兵器). ②무장한 병사(兵士). 무장 군인. ③전쟁. 1. arms
へいこう[並行](명·자サ) 병행. ①나란히 같이 감. ②두 가지 일을 한꺼번에 아울러서 행함. 「—しておこなう; 병행해서 하다」 1. going abreast
へいこう[閉口](명·자サ) 폐구. ①입을 다물고 말하지 않음. ②굴복함. 항복함. 「暑(アツ)さに—する; 더위에 굴복하다」 1. silence
へいこう[閉校](명·자サ) 폐교. 학교를 폐쇄함. 휴교. ↔開校(カイコウ). closing a school
へいこう[閉講](명·자サ) 폐강. 강의를 끝냄. ↔開講(カイコウ). closing a series of one's lectures
へいごう[併合](명·자타サ) 병합. 합해서 하나로 함. 합병(合併). annexation
べいこく[米国](명) 미국(美国). 아메리카 합중국. the United States of America
べいこく[米穀](명) 미곡. 쌀. 곡물. rice. **—ねんど**

[米穀年度](명) 미곡 연도. 미곡의 통계적 처리의 편의를 위하여 설정한 기간. 11월부터 다음 해 10월 31일까지의 1년간.

べいごま[貝独楽](명) 조가비로 만든 팽이. 또는 모양을 조가비 비슷하게 만든 팽이. a shell-top

〔貝独楽〕

へいさ[平沙](명) 평사. 평평하고 기복(起伏)이 없는 모래 벌판. a sandy plain

へいさ[閉鎖](명·타サ) 폐쇄. 문을 닫아 버림. closing

べいざい[米材](명) 북미(北美)에서 수입(輸入)해 오는 목재. American timber

へいさく[平作](명) 평작. 평년과 같은 정도의 수확. 평년작(平年作). a normal crop

べいさく[米作](명) 미작. 벼를 심고 가꾸고 거두는 일. 벼농사. a rice crop

へいさつ[併殺](명·타サ) ⇨ダブルプレイー.

へいさん[閉山](명·자サ) ①등산(登山)의 기간을 끝냄. ②탄광(炭鉱)을 폐쇄함. 1. the closing of the climbing season

べいさん[米産](명) 미산. 쌀의 생산. 「一地(チ); 쌀의 생산지」 rice production

へいし[平氏](명) 타이라(平)의 성(姓)을 가지고 있는 일족. ↔源氏(ゲンジ).

へいし[兵士](명) 병사. 사병(士兵). 병졸(兵卒). 군사(軍士). a soldier

へいし[閉止](명·자サ)〈의〉 월경(月経)이 없어짐. 폐경(閉経). menopause

へいし[瓶子](명) 아가리가 좁고 목이 긴 병. a bottle

へいし[弊紙](명) 폐지. 자기 신문사의 신문을 겸사로 일컫는 말.

へいし[弊誌](명) 폐지. 자기 잡지사의 잡지를 겸사로 일컫는 말.

へいし[斃死](명·자サ) 폐사. 길가 등에서 쓰러져서 죽음. 도사(倒死). perishing

へいじ[平時](명) 평시. ①보통 때. 평상시(平常時). ②평화로운 시절. ↔非常時(ヒジョウジ), 戦時(センジ). 1. ordinary times

へいじ[兵事](명) 병사. 병역, 군대, 전쟁에 관한 모든 일. 군사(軍事). military affairs

べいし[米紙](명) 미지(美紙). 미국에서 발행하는 신문. 미국 신문. an American paper

べいし[米誌](명) 미지(美誌). 미국에서 발행하는 잡지. 미국 잡지. an American magazine

へいしき[閉式](명·자サ) 폐식. 식을 끝냄. ↔開式(カイシキ). closing a ceremony

べいしきしゅうきゅう[米式蹴球](명) ⇨アメリカンフットボール.

へいじつ[平日](명) 평일. 공휴일(公休日)이 아닌 날. 보통의 날. a weekday

べいしつ[米質](명)〈농〉 쌀의 품질. the quality of rice

へいじものがたり[平治物語](명) 카마쿠라(鎌倉) 시대의 작품으로서 헤이지의 난(乱)의 시말(始末)을 기록(記録)한 3권으로 된 군기(軍記). 작자(作者)는 미상(未詳).

へいしゃ[平射](명) 평사. ①평면의 투영(投影). ②탄환을 만곡(彎曲)이 낮은 탄도(弾道)로 발사하는 일. 1. a plane projection

へいしゃ[兵舎](명) 병사. 군대가 들어 거처하는 집. 병영(兵営). barracks

へいしゃ[弊社](명) 폐사. 자기 회사를 겸사로 일컫는 말.

へいしゅ[兵種](명)〈군〉 병종. 육국, 해군, 공군의 각 병과의 종별. an arm of the army

べいじゅ[米寿](명) 미수. 88세. 또는 88세를 축복하는 일. ("米"자가 "八十八"과 비슷하여 생긴 말) the celebration of one's 88th birthday

へいしゅう[弊習](명) 폐습. 좋지 않은 습관. 나쁜 관습(慣習). evil customs

へいじゅう[兵戎](명) ①무기(武器). ②병사(兵士). 군인. ③군비(軍備). ④전쟁. 1. a weapon 2. a soldier

べいしゅう[米収](명)〈농〉 쌀의 수확. 「一高(ダカ); 쌀의 수확고」 a rice crop

べいしゅう[米州·米洲](명)〈지〉 ⇨アメリカ①.

へいしゅつ[迸出](명·자サ) 병출. 분출(噴出). 용출(湧出). gushing out

へいじゅつ[兵術](명) 병법(兵法). 전술(戦術). strategy

へいじゅん[平準](명) ①평평함. 평평하게 함. ②물가의 안정과 균일을 조정함. 1. flatness

へいしょ[兵書](명) 병서. ①병학(兵学)에 관한 서적. ②군대에서 쓰는 군사에 관한 서적. 1. a book on tactics

へいじょ[平叙](명·타サ) 알기 쉽게 진술함. stating plainly

べいしょ[米書](명) 미국 서적.

へいしょう[併称](명·자サ) 병칭. 한데 아울러서 일컬음. ranking with

へいしょう[屏障](명) ①안팎의 간격. ②간막이. 병풍. 1. a barrier separating the inside and the outside

へいしょう[嬖妾](명) 귀염을 받는 첩. 애첩(愛妾). one's favourite mistress

へいじょう[平常](명·부) 평상. 보통. 평상시(平常時). ordinary

へいじょう[兵杖·兵仗](명) ①병장. 병기(兵器). 무기(武器). ②무장한 병사(兵士). 1. a weapon

へいじょう[閉場](명·자サ) 폐장. 회장(会場)을 닫음. 극장 등의 흥행이 끝남. ↔開場(カイジョウ). closing of a place

べいしょう[米商](명) ①미상. 미곡상. ②미국(美国)의 상인. 1. a rice-dealer

へいしょく[兵食](명) 군사의 식량. 군량. a ration

べいしょく[米食](명) 미식. 쌀을 주식(主食)으로 함. 「一国民(コクミン); 미식 국민」 living on rice

へいしん[平心](명) 평온한 마음. 평화로운 마음. mental composure

へいしん[平信](명) 급한 용건이 아닌 평상시의 편지. 무사함을 알라는 편지. peaceful tidings

へいしん[並進·併進](명·자サ) 병진. 아울러 나란히

나아감. keeping pace with

へいしん[嬖臣](명) ①마음에 드는 신하. ②아첨하여 사랑을 받는 신하. 1. a minion

へいじん[兵刃](명) 무기가 되는 칼. a sword blade

へいしんていとう[平身低頭](연어·명·자サ) 무릎을 꿇고 머리를 숙임. 황송해 하는 모양.「―してあやまる; 무릎을 꿇고 고개를 숙여 사과하다」 prostrating oneself before

へいすい[平水](명) ①보통의 수량(水量). 평상시의 수량. ②파도가 일지 않는 물. 1. the normal volume of water

へい·する[聘する](타サ) 예의를 갖추어 맞이하다. 초대하여 대접하다. 초빙하다. invite

へいせい[平静](명·형동ダ) 평정. 평안하고 고요함. 고요하여 마음의 동요가 없음. calm

へいせい[兵制](명) 병제. 병역(兵役)의 제도. 군대의 제도. a military system

へいせい[幣制](명) 폐제. 화폐 제도.「―改革(カイカク); 화폐 개혁」 a monetary system

へいせい[弊政](명) 폐정. 나쁜 정치. 악정(悪政). misgovernment

へいぜい[平生](명·부) 보통 때. 평소. everyday

へいせき[兵籍](명) 병적. ①군인의 신분. ②군인의 적(籍). 병적부. 2. a military register

へいせつ[併設](명·타サ) 병설. 아울러 설비하거나 설치함. establishing in addition to

へいせん[兵船](명) 병선. 전쟁에 쓰는 배. 군함. a man of war

へいぜん[平然](형동タルト) 태연한 모양. 침착한 모양.「―たる態度(タイド); 태연한 태도」 calm

へいぜん[炳然](형동タリ) 분명한 모양. 현저한. clear

べいせん[米銭](명) ①쌀과 돈. ②생활의 자료(資料). 1. rice and money

へいそ[平素](명·부) 평소. ①보통 때. 평상시. ②옛날부터. 예전부터. 1. ordinary days

へいそう[兵曹](명)〈군〉병조. 옛 해군의 하사관 계급. a warrant officer. **―ちょう**[兵曹長](명)〈군〉 병조장. 옛 해군 계급의 하나. 하사관의 최고 계급.

へいそく[屏息](명·자サ) 병식. ①숨을 죽임. ②겁이 나서 움츠러짐. 1. hold one's breath

へいそく[閉塞](명·자타サ) 폐색. 닫아 막음. 폐쇄(閉鎖). blockade

へいそく[幣束](명) ⇨ごへい(御幣).

へいそつ[兵卒](명) ⇨へい(兵)④.

へいそん[併存](명·자サ) 병존. 아울러 존재함. 공존(共存). coexistence

へいそん[弊村](명) 폐촌. 자기가 살고 있는 부락을 겸사로 일컫는 말. our village

へいたい[兵隊](명) 병대. ①군졸(軍卒)을 대(隊)로 편성한 것. 군대. ②군인. 병정. 1. troops 2. a soldier

へいたん[平坦](명·형동ダ) 평탄. 지면이 넓고 평평함.「―部(ブ); 평지(平地)」 evenness

へいたん[平淡](명·형동ダ) 평온하고 담백(淡白)함. 산뜻함. frankness

へいたん[兵站](명)〈군〉병참. 작전하는 군대를 위하여 후방에 있으면서 식량, 군수품 등을 전선에 보급하는 기관.「―部(ブ); 병참부」 communications

へいたん[兵端](명) 싸움을 하게 된 실마리. 싸움의 시작. 전단(戦端). hostilities

へいだん[兵団](명)〈군〉몇 개의 사단(師団)을 합친 부대(部隊). 군단(軍団). a corps

へいち[平地](명) 평지. 평평한 땅. level land

へいち[併置](명) 합해서 설치함. juxtaposition

へいちょう[兵長](명)〈군〉병장. 옛 사병 계급의 하나. 하사(下士)의 아래, 상등병(上等兵)의 위. a lance corporal

へいてい[平定](명·자타サ) 평정. 평온하게 진정시킴.「賊(ゾク)を―する; 적을 평정하다」 subdual

へいてい[閉廷](명·자サ)〈법〉 폐정. 공판정(公判廷)을 닫음. 재판, 심리 등을 마침. ↔開廷(カイテイ). dismiss the court

へいてん[閉店](명·자サ) 폐점. 상점의 문을 닫음. ↔開店(カイテン). closing down business

へいてん[弊店](명) 폐점. 자기 상점을 겸사로 일컫는 말. our shop

へいどく[併読](명·타サ) 여러 가지를 아울러 보다.「週刊誌(シュウカンシ)を―する; 주간지를 여러 가지 같이 읽다」 reading together

へいとして[炳として](연어) 밝게 광채를 발산하여. 밝게 빛나. brightly

へいどん[併呑](명·타サ) 병탄. ①합쳐 삼킴. ②남의 영토(領土)를 합병함. 병합(併合). 2. annexation

べいトン[米噸](명) 미국식의 중량(重量). 톤. 2,000 파운드. 약 242 관(貫), 907 *kg*. short ton

へいねつ[平熱](명) 평열. 보통의 체온(体温). 보통 섭씨 36.5도 내외. a normal temperature

へいねん[平年](명) 평년. ①보통의 해. ②농산물(農産物)의 수확이 보통인 해.「―作(サク); 평년작」 ③윤년(閏年)이 아닌 해. 1년이 365일인 해. ↔閏年(ウルウドシ). 1. a normal year

へいのう[兵農](명) 병농. 병사와 농민.「――体(イッタイ); 병농 일체」 soldiers and farmers

べいのう[米納](명) 미납. 조세(租税)를 쌀로 바치는 일. ↔金納(キンノウ). payment of taxes in rice

へいば[兵馬](명) 병마. ①병사와 군마(軍馬). ②군비(軍備). 군대.「―の権(ケン); 군사(軍事)의 통수권(統帥権)」 ③싸움. 전쟁. 1. soldiers and war horses

へいはく[幣帛](명) ①신불(神仏)에게 바치는 것의 총칭. ②폐백. 예물(礼物). 선물. ③〔중국에서〕진상물(進上物). 2. a present

べいばく[米麦](명) ①쌀과 보리. ②곡물(穀物). 1. rice and barley 2. corn

へいはつ[併発](명·자타サ)〈의〉 병발. 동시에 일어남.「かぜから肺炎(ハイエン)を―する; 감기에서 폐렴을 병발하다」 concurrence

へいはん[平版](명) 평판. 표면이 평평한 인쇄판. ↔

凹板(オウハン), トッパン(凸版). lithograph. ―いんさつ[平版印刷](명) 평판 인쇄. 평판을 써서 하는 인쇄. 오프셋 인쇄, 석판(石版) 인쇄 등.
へいばん[平板](명·형동ダ) 평판. ①넓은 널빤지. ②시(詩)나 문장의 변화가 적어 흥미롭지 않음. 단조(単調). 1. a flat board
べいはん[米飯](명) 쌀밥. cooked rice
へいび[兵備](명) 병비. 전쟁을 하기 위한 준비. 군비(軍備). armaments
へいぶ[平蕪](명) 잡초가 무성한 평야. 벌판. a plain
へいふう[弊風](명) 폐풍. 좋지 않은 풍습(風習). 나쁜 풍속. corrupt practices
へいふく[平伏](명·자サ) 엎드림. 머리를 땅에 대고 절을 함. prostration
へいふく[平服](명) 평복. 보통 때 입는 의복. 평상복. ↔礼服(レイフク). plain clothes
へいぶん[平分](명·자타サ) 평분. 평등하게 나눔. 이등분(二等分).「昼夜(チュウヤ)―; 주야 평분(밤과 낮이 꼭 같음)」 equal division
べいふん[米粉](명) 쌀가루. rice flour
へいへい[平平](명·부) ①평평함. ②평범하고 뛰어나지 않음. 1. flatness. ―たんたん[平平坦坦](형동タルト) 평평 탄탄. 토지 등이 대단히 평평하고 넓은 모양.「―たる大道(ダイドウ); 평평하고 넓은 큰 길」 ②거리낌이 없어 아주 편하게 나아가는 모양. ―ぼんぼん[平平凡凡](명·형동タリ) 썩 평범함.
べいへい[米兵](명) 미병(美兵). 미국 병사. an American soldier
ぺいぺい(명)〈속〉 ①지위가 낮은 사람. ②솜씨가 서투른 사람. 1. a petty
へいほ[弊舗](명) ⇨へいてん(弊店).
へいほう[平方](명)〈수〉 평방. ①자승(自乗). ②정방형(正方形)의 면적. 1. the square. ―こん[平方根](명)〈수〉 평방근. 어떤 수의 자승이 다른 수와 같을 때, 그 다른 수에 대한 어떤 수. 예: 5는 25의 평방근.
へいほう[兵法](명) 병법. ①군대의 운용이나 전략에 대한 방법. ②무술(武術). 전술(戰術). 전략(戰略). 2. tactics
へいほう[兵鋒](명) ①예리한 칼끝. 창끝. ②진격하는 군대의 기세. 1. an edged point
べいほう[米苞](명) 쌀 섬. a straw rice-bag
へいぼん[平凡](명·형동ダ) 평범. 보통이며 뛰어난 데가 없는 모양. 또는 그런 사람. ↔非凡(ヒボン). commonness
へいまく[閉幕](명·자サ) 폐막. ①막을 내림. 연극 등이 끝남. ②사건이 끝남. ↔開幕(カイマク). 1. the falling of the curtain
へいみゃく[平脈](명)〈의〉 평맥. 보통의 맥박. 건강할 때의 맥박. 또는 맥박의 수. normal pulse
へいみん[平民](명) 평민. 관직이 없는 일반 사람. 서민(庶民).「―と宰相(サイショウ); 평민과 재상」 the people. ―てき[平民的](형동ダ) 평민적. 계급이나 사회적 지위 등을 가리지 않는 모양. 대중적.
へいむ[兵務](명) 병무. 병사상(兵事上)의 사무. military affairs
へいめい[平明](명·형동ダ) 평명. ①새벽. ②알기 쉽고 분명함.「―な文章(ブンショウ); 알기 쉽고 분명한 문장」 1. dawn 2. plain
へいめん[平面](명) 평면. ①평평한 표면. ②〈수〉 한 표면 위의 임의(任意)의 두 점을 지나는 직선이 늘 그 표면 위에 있는 면.「―的(テキ); 평면적」 1. a level surface. ―きかがく[平面幾何学](명)〈수〉 평면 기하학. 평면상에 있는 도형(図形)을 연구하는 기하학. ―ず[平面図](명)〈수〉 평면도. 물체의 수평면 상에서의 투영(投影)에 의하여 생긴 도형(図形).
べいめん[米綿·米棉](명) 미국에서 수입하는 면화. 미국 솜. American cotton
へいもつ[幣物](명) ①⇨ぬさ. ②공물(貢物). 조공(朝貢). ③선물. 2. a tribute
へいもん[閉門](명·자サ) 폐문. ①문을 닫음. ↔開門(カイモン). ②에도(江戸) 시대 무사(武士)에게 문을 닫고 출입을 금하던 형벌. 1. closing a gate
へいや[平野](명) 평야. 평평한 넓은 들. 넓은 벌판. a plain
へいゆ[平癒](명·자サ) 병이 완전히 나음. 쾌차(快差). 전쾌(全快). 쾌유(快癒). recovery
へいゆう[併有](명·타サ) 함께 가짐. 한데 아울러서 지님. possessing together
へいよう[併用](명·타サ) 병용. 함께 씀. using jointly
へいらん[兵乱](명) 병란. 전쟁으로 말미암아 세상이 뒤숭숭해짐. 전란(戰乱). a disturbance
へいり[弊履·敝履](명) 폐리. 찢어진 짚신. 또는 신발.「―の如(ゴト)く捨(ス)てる; 헌 신짝 버리듯이 버리다(조금도 서운함이 없이 버리다)」 worn-out sandals
へいりつ[並立](명·자サ) 병립. 나란히 섬. standing side by side
へいりゃく[兵略](명) 병략. 군사상의 전략. 군략(軍略). strategy
へいりょく[兵力](명) 병력. 군대의 힘. 무력(武力). 전력(戰力). military force
べいりん[米廩](명) 미곡 창고. 미창(米倉). 곡창(穀倉). a rice granary
へいれつ[並列](명·자타サ) 병렬. ①나란히 늘어섬. ②〈이〉 전지(電池)의 수명을 연장시키기 위하여 두 개 이상의 전지 같은 것의 두 극을 연결하는 일. ↔直列(チョクレツ). 1. a row

〔並列②〕

へいろ[平炉](명) 평로. 제강(製鋼)할 때 쓰는 반사로(反射炉)의 한 가지. an open-hearth furnace
へいわ[平和](명·형동ダ) 평화. ①다툼이 없이 평온하고 화목함.「―的(テキ); 평화적」 ②안온함. 평안함.「―な民族(ミンゾク); 평화로운 민족」 1. peace. ―うんどう[平和運動](명) 평화 운동. 전쟁을 반대하고 평화롭게 하기 위하여 노력하는 운동. ―さんぎょう[平和産業](명) 평화 산업. 평화시에 일반 사람들의 일상 생활품을 만드는 산업. 민수 산업(民需産業). **―しゅぎ**[平和主義](명) 평화주의. 전쟁을 반대하고 평화를 목표로 하는 주의.

へいわ[平話](명) 평화. ①보통의 이야기. ②중국에서 쓰이는 구어(口語)의 문체(文体). 곧 백화 문체(白話文体). 1. an ordinary talk

ペイント[paint](명) ⇨ペーント.

ベーカリー[bakery](명) 베이커리. 빵을 만들기도 하고 팔기도 하는 집. 빵 제조소. 빵집.

ベーキング(パウダー)[baking(powder)](명) 베이킹(파우더). 빵, 과자, 비스킷 등을 구울 때에 팽창제(膨脹剤)로 쓰는 가루.

ベークライト[bakelite](명) 베이클라이트. 석탄산(石炭酸)과 포름알데히드를 반응시켜서 만든 합성 수지(合成樹脂). 전기 절연물(絶縁物)로서 가치가 큼.

ベーコン[bacon](명) 베이컨. 돼지 고기를 소금에 절여 불에 그슬리거나 말린 것. 주로 돼지의 등과 배의 살로 만듦.

ページ[page・頁](명) 페이지. 책이나 장부 등의 한 면.

ページェント[pageant](명) 패전트. ①아름다운 행렬. ②야외극(野外劇).

ベーシック(えいご)[basic 英語](명) 베이식 영어. 영국 심리학자 오그덴이 1930년에 발표한 850개의 어휘를 기본으로 한 간단한 영어. 베이식잉글리시.

ベージュ[프 beige](명) 베이지. 엷고도 밝은 갈색(褐色). 낙타색.

ベース[base](명) 베이스. ①토대. 기초. 기준. ②기지(基地). 근거지. ③〔야구에서〕내야(内野)의 네 귀퉁이에 놓아 두는 방석같이 생긴 물건. 또는 그 위치. 누(塁). **―アップ**[base up](명・자サ) 베이스업. 기준 임금(基準賃金)을 인상하는 일. 「―の要求(ヨウキュウ); 기본 임금의 인상 요구」 **―ボール**[baseball](명) 베이스보올. 야구. 야구공.

ベース[bass](명)〈악〉 베이스. ①남성(男声)의 최저음(最低音). ②악곡(楽曲)의 최저 음부.

ペース[pace](명) 페이스. ①걷는 모양. 보조(歩調). 보도(歩度). ②속도(速度). ③〔야구에서〕 구속(球速).

ペースト[paste](명) 파스타. ①풀. ②이긴 것. 반죽한 것. ③연고(軟膏).

ベーゼ[프 baiser](명) 베제. 입맞춤. 키스.

ペーソス[pathos](명) 파토스. 비애(悲哀). 애수(哀愁). 정념(情念). 「人生(ジンセイ)の―; 인생의 비애」

ベーダ[범 veda・吠陀](명)〈종〉 베다. 인도의 가장 오래된 종교의 문헌. 인도 바라문교 근본의 경전(経典).

ベータ(ー)せん[β線](명)〈이〉 베에타선. 방사선의 한 가지. 방사성 원소를 방출하는 고속도의 전자선(電子線). beta (β) rays

ペーチカ[러 pechka](명) ⇨ペチカ.

ペーハー[PH・Ph](명)〈이〉 페하. 수소(水素) 이온의 농도(濃度)를 나타내는 지수(指数). 수소 지수. 피이 에이치.

ペーパー[paper](명) 페이퍼. ①종이. ②문서. 서류. ③신문. ④상표(商標). ⑤샌드 페이퍼의 준말.

ペーブ(メント)[pavement](명) 페이브먼트. 포장한 길. 인도(人道). 포도(鋪道).

ベーラム[bay rum](명) 베이럼. 월계수(月桂樹)의 잎으로 빚은 럼주(rum 酒)를 증류하여 만든 향수(香水) 머리에 바르는 향유(香油)로 씀.

ベール[veil](명) 베일. ①부인의 머리에 쓰는 엷은 면사포(面紗布). ②부인의 모자 주위에 늘어뜨리는 엷은 천. ③실내에 치는 장막. 또는 포장. 「夜(ヨル)の―; 밤의 장막」

ペーンテックス[Paintex](명) 페인텍스. 수예의 한 가지. 유성(油性)이 강한 안료(顔料)로 그림, 도안을 그림.

ペーント[paint](명) 페인트. ①도료(塗料). ②뼁끼.

へおんきごう[へ音記号](명)〈악〉 바음 기호. 오선보 표상(五線譜表上)의 음(音)의 위치를 정한 기호(記号) 중 저음부 기호. F clef

ペガサス[Pegasus](명) 페가수스. 희랍 신화에 나오는 날개 돋친 말. 천마(天馬).

へが・す[剝がす](타 4)〈속〉 (껍질 등을) 벗기다. tear off

べからず[可からず](연어) 〔금지(禁止) 또는 제지(制止)의 뜻을 나타내는 말〕. ①안된다. ②해서는 안된다. 2. must not

べかりけり[可かりけり](연어) 해야 할 일이었다. ②하여야 할 일이다. 「酒(サケ)は静(シズ)かに飲(ノ)む―; 술은 모름지기 조용히 마셔야 할 일이다」

―へき[壁](조어) 벽처럼 가려져 있는 것. 「火口(カコウ)―; 화구벽」

へき[碧](명) ①푸른 빛이 나는 고운 옥. 벽옥(碧玉). ②짙은 청색(青色). 1. jasper 2. deep blue

へき[壁](명) ①벽. 바람벽. ②요새(要塞). 성곽(城郭). ③낭떠러지. 절벽. ④〈천〉 이십팔수(二十八宿)의 하나. 벽성(壁星). 1. a wall

へき[癖](명) 버릇. 「―がある; 버릇이 있다」 a habit

へぎ[折板](명) ①⇨へぎいた. ②엷은 판자로 만든 네모진 쟁반. 2. a splint-tray

べき[冪・羃](명)〈수〉 멱. 둘 이상의 같은 수나 식(式)을 서로 곱하여 합친 수. 누승(累乗). 1. a power

へぎいた[折ぎ板](명) ①삼목(杉木) 등을 엷게 민 널빤지. ②⇨おり(折り)②. a splint

へきうん[碧雲](명) 벽운. 청운(青雲). the blue sky

へきえき[辟易](명・자サ) ①세력에 밀려 뒷걸음을 침. ②상대방이 두려워 뒤로 물러나 길을 비켜 줌. 1. shrinking

へきえん[僻遠](명・형동ダ) 한쪽으로 치우쳐 멂. 「―の土地(トチ); 벽지(僻地)」 secluded

へきが[壁画](명) 벽화. ①장식용으로 벽에 그린 그림. ②벽에 걸어 놓은 그림. 1. a mural painting

へきかい[碧海](명) 벽해. 푸른 바다. the blue sea

へきかい[劈開](명) 벽개. 광물(鉱物)이 어떤 방향으로 평행하게 갈라져 넓적한 면이 생김. cleavage

へきかん[壁間](명) ①기둥과 기둥 사이의 벽. ②벽의 거죽. 벽면. 1. between the walls

へきがん[碧眼](명) 벽안. ①푸른 눈. 서양 사람의 눈. ②서양 사람. 1. blue eyes

へきぎょく[碧玉](명)〈광〉 벽옥. ①푸른 빛이 나는 고운 옥. ②석영(石英)의 한 변종(變種). 치밀하고 불투명한데 산화철(酸化鉄)을 포함한 것은 녹색 또는 황색임. 1. jasper

へきくう[碧空](명) 벽공. 푸른 하늘. the blue sky

へきぐう[僻隅](명) 후미진 곳. 구석. an out-of-the-way corner

へきけん[僻見](명) 한쪽으로 치우친 견해(見解). 편견(偏見). a prejudice

へきげん[僻言](명) 벽언. 도리에 벗어난 말. 편벽(偏僻)된 말. irrational speech

へきざい[僻在](명) 벽재. ①한쪽으로 치우쳐 있음. ②벽지에 외따로 있음. 1. being outlying

へきしょ[壁書](명) 벽서. ①바람벽에 씀. 또는 그 문자. ②공중(公衆)에게 알리기 위한 벽보. 1. writing on the wall

へきじょう[壁上](명) 벽상. 바람벽의 위쪽. the upside of a wall

へきしょく[碧色](명) 벽색. 짙게 푸른 색. blue

へきすい[碧水](명) 벽수. 푸른 빛이 나는 깊은 물. blue water

へきすう[僻陬](명) 한쪽으로 치우쳐 있음. 벽지(僻地). 벽촌(僻村). an out-of-the-way place

へき·する[僻する](자サ) ①한쪽으로 치우치다. 한쪽으로 기울다. ②삐뚤어지다. 1. lean to one side

へきせつ[僻説](명) 한쪽으로 치우친 설. 공정치 못한 설. 도리에 어긋난 설. a prejudiced opinion

へきそん[僻村](명) 벽촌. 궁벽(窮僻)한 곳에 있는 마을. 먼 시골. a remote village

へきたん[碧潭](명) 푸른 빛이 감도는 깊은 연못. a blue abyss

へきち[僻地](명) 벽지. 도시에서 멀리 떨어져 으슥하고 한적한 곳. 궁벽한 곳. a secluded place

へきとう[劈頭](명) 벽두. 맨 먼저. 최초. the first

へきめん[壁面](명) 벽면. 바람벽의 표면. the surface of a wall

へきゆう[僻邑](명) 벽읍. ①도시에서 멀리 떨어진 촌. ②자기가 살고 있는 곳을 겸사로 일컫는 말. 1. a remote village

へきらく[碧落](명) 벽락. 푸른 하늘. 창공(蒼空). the blue sky

へきるり[碧瑠璃](명) ①푸른 빛깔의 유리(瑠璃). ②푸른 빛깔의 밝은 물. 1. a blue jewel

へきれき[霹靂](명) 벽력. ①벼락. 우뢰. 천둥. ②갑자기 일어나는 큰 음향. 「青天(セイテン)の一; 청천벽력」 1. a clap of thunder

へきろん[僻論](명) 벽론. 한쪽으로 치우쳐 바르지 못한 의론. a prejudiced opinion

へ·ぐ[剝ぐ](타 4)〈속〉 ⇨はぐ.

べく[可く](조동)〔"べし"의 연용형(連用形)〕①…같이. 「行(ユ)く一なりぬ; 가게 되었다」 ②…을 위해. 「会(ア)う一出(デ)かけた; 만나기 위해 나섰다」 ③…하기에는. …에 있어서는. 「認(ミト)める一余(アマ)りに重大(ジュウダイ)だ; 인정하기에는 너무나 중대하다」

べくして[可くして](연어) ①…하는 것이 당연히 예상되어. 「のこる一のこった; 남는 것이 당연하다고 생각되어 남았다」 ②…하는 것은 할 수 있어도. 「いう一行(オコ)なわれない; 말은 할 수 있어도 행하지는 못한다」

べくそうろう[可く候]サフラフ(연어) 〔서한문(書翰文)에서〕 …하려고 생각합니다. 「挙行(キョコウ)仕(ツカマツ)る一; 거행하겠나이다」

ヘクタール[프 hectare](명) 헥타아르. 미터법의 토지 면적의 단위. 100 아아르, 즉 10,000m^2. 기호는 ha.

ヘクトー[hect(o)](조어) 헥토. 100. 미터법의 단위 위에 붙여 100배를 뜻하는 말. 「一メートル; 백미터」

ベクトル[도 Vektor](명)〈수〉 벡터. 크기와 방향에 의해 정해지는 양(量). 예 : 속도, 힘.

べくもない(연어) …조차도 하지 못하다. …여지도 없다. 「望(ノゾ)む一; 바랄 여지도 없다」

べくんば(연어) …을 할 수가 있다면. 「望(ノゾ)む一; 바랄 수가 있다면」

ペケ(명)〈속〉 ①못씀. 안됨. ②벌. 벌점.

ヘゲモニー[도 Hegemonie](명) 헤게모니이. 패권(覇權). 지도권(指導權). 우위(優位).

へこ[褌](명) ⇨ふんどし.

へこおび[兵児帯](명) ⇨しごき②.

へこた·れる(자하 1)〈속〉 맥이 빠져 약해지다. 낙담(落胆)하다. lose heart

ベゴニア[begonia](명)〈식〉 베고니아. 추해당(秋海棠).

へこま·す[凹ます](타 4) ①움푹 들어 가게 하다. ②〈속〉 입을 열지 못하게 하다. 굴복시키다. 1. dent

へこま·せる[凹ませる](타하 1) ①움푹 들어 가게 하다. ②굴복시키다. 1. dent 2. beat hollow

へこ·む[凹む](자 4) ①누르거나 두들겨서 일부분이 오므라 들다. ②〈속〉 약해지다. 굴복하다. 1. sink

へさき[舳先](명) 이물. 선수(船首). 뱃머리. ↔艫(トモ). the bow

べ·し[可し](조동·형ク형) ①짐작의 뜻을 나타내는 말. 「雨(アメ)強(ツヨ)かる一; 비가 세게 올 것이다」 ②가능의 뜻을 나타내는 말. 「日(ヒ)のあるうちに着(ツ)く一; 해가 지기 전에 닿을것이다」 ③의무, 당연의 뜻을 나타내는 말. ④결의를 나타내는 말. ⑤명령의 뜻을 나타내는 말. 「すみやかに去(サ)る一; 썩 물러가라」

へしあ·う[圧し合う]一アフ(자 4) 서로 밀치락달치락하다. jostle each other

へしお·る[圧し折る]一ヲル(타 4) 눌러 몽개듯이 하여 꺾다. break

ペシミスト[pessimist](명) 페시미스트. ①비관론자(悲観論者). ②염세주의자. 염세가(厭世家). ↔オプチミスト.

ペシミズム[pessimism](명) 페시미즘. ①비관(悲観). ②염세관(厭世観). ↔オプチミズム.

へしめ[減し目](명·자サ) 뜨개질에서 코를 줄임. ↔増

(マ)し目.
ベシャメル ソース[프 béchamel sauce](명) 베셔멜소오스. 화이트소오스에다가 고기 국물(肉汁)을 넣어 만든 소오스.
ぺしゃんこ(부) ⇨ぺちゃんこ.
へ·す[圧す](타 4) ①눌러 들어 가게 하다. ②서로 밀치다. 1. press
へ·す[減す](타 4) ⇨へらす.
ベスト[best](명) 베스트. ①최량(最良). 「—メンバー; 베스트 멤버」 ②최선(最善). 전력(全力). **— セラー(ズ)**[best sellers](명) 베스트셀러. 제일 많이 팔린 책. **— テン**[best ten](명) 베스트 텐. 어떤 부문에 있어서 가장 뛰어난 열 명. 또는 열 개의 작품.
ベスト[vest](명) 베스트. ①조끼. ② 4×6*cm* 크기의 필름.
ペスト[도 Pest](명)〈의〉 페스트. 페스트균의 침입에 의한 급성 전염병. 사망률이 높음. 흑사병(黒死病).
へず·る[剝ずる]ヘヅル(타 4) ①깎아 내다. ②빼앗다. 박탈하다. 1. shave off
ペセタ[스 peseta] 페세타. 스페인의 화폐 단위.
へそ[臍](명)〈생〉 배꼽. 「—で茶(チャ)をわかす; 우스워서 견딜 수 없는 모양(배꼽을 빼다)」 the navel
べそ(명) 어린 아이가 울상을 함. 또는 우는 것. 「—をかく; 울상을 하다」 a wry face
ペソ[스 peso](명) 페소. 주로 남미(南美)에서 쓰는 은화(銀貨).
へそ くり[臍繰り](명) (여자들이) 은밀히 모은 돈. 「—貯金(チョキン); 은밀히 한 저금」 secret savings
へそ ちゃ[臍茶](명)〈속〉 우스워서 참을 수 없는 일. convulsions
へそのお[臍の緒]—ヲ(명) 탯줄. 「—切(キ)って以来(イライ); 이 세상에 태어난 이래」 a navel string
へそ まがり[臍曲がり](명·형동ダ) 심술장이. 성질이 삐뚤어진 사람. crabbed
へた[蔕](명)〈식〉 꽃받침. 가지, 감 등의 꼭지 둘레에 붙은 것. 악(蕚). the calyx
へた[厴](명)〈동〉 권패(巻貝) 등의 뚜껑. the operculum
へた[下手](명·형동ダ) 솜씨가 서투름. unskilfulness
べた(명) 모두. 전체. 전면(全面). all over
ベターハーフ[better half](명) 베터하아프. (보다 나은 반쪽이란 뜻으로) 좋은 배우자. 애처(愛妻).
べた いちめん[べた一面](명·부) 표면 전체. all over
へた くそ[下手糞](명·형동ダ)〈속〉 대단히 서투름. 또는 그런 사람. unskilfulness
へだたり[隔り](명) 간격. 사●를 둠. 또는 그 사이. 격차(隔差). 거리(距離). distance
へだた·る[隔たる](자 4) ①멀리 사이를 두다. 사이가 멀어지다. ②세월이 흐르다. ③(가리어서) 막히다. ④차이가 있다. 「実力(ジツリョク)が—; 실력의 차이가 있다」 图隔たり. 1. be distant
へだて[隔て](명) ①경계(境界). 간막이. ②격차(隔差). ③화합되지 않음. 「—なくつきあう; 격의(隔意) 없이 사귀다」 1. a partition 2. distinction. **— がまし·い**[隔てがましい](형) 화합하지 않다. 파생 **— がましさ**(명). **— ごころ**[隔て心](명) 화합되지 않는 마음.
へだ·てる[隔てる](타하 1) ①사이에 두다. 간을 막다. 「ふすまを—; 미닫이로 간을 막다」 ②가로 막다. ③멀리하다. ④세월을 보내다. 1. part
へたば·る(자 4) ①털썩 주저앉다. ②〈속〉 약해지다. 지쳐 버리다. 맥이 빠지다. ③굴복하다. 2. be exhausted
ペダル[pedal](명) 페달. 자전거, 풍금 등의 발판.
ペダンチック[pedantic](형동ダ) 페댄틱. 학자인 체하는 모양. 현학적(衒学的).
ペダントリー[pedantry](명) 페던트리. 학자연(学者然)함. 학식이나 교양을 과시하려는 태도.
ペチカ[러 pechka](명) 페치카. 러시아식 가옥(家屋)의 난방 장치. 벽돌, 점토(粘土) 등으로 벽에 붙여서 만든 난로. 벽을 가열하면 방안 전체가 따뜻하게 됨. 러시아, 만주 등 추운 지방에서 이런 장치를 많이 함. 벽난로.
ペチコート[petticoat](명) 페티코우트. 부인의 스커어트 밑에 받쳐 입는 속치마의 한 가지.
へちま[糸瓜](명) ①〈식〉 수세미외. 박과에 속하는 1년생 만초. 열매의 섬유로는 수세미를 만들고, 줄기의 절단면에서 나오는 액즙(液汁)은 화장수의 원료로 씀. ②〈속〉 별로 쓸모가 없는 것. 1. a snake gourd
ぺちゃくちゃ(부)〈속〉 시끄럽게 지껄이는 모양. 재잘거리는 모양. chatteringly
ぺちゃんこ(형동ダ)〈속〉 ①눌려 납작해진 모양. ②완전히 설복당한 모양. 1. flattened
—べつ[別](조어) …에 의한 구별. …별. 「年令(ネンレイ)—; 연령별」
べつ[別](명·형동ダ) 별. ①같지 않음. 다름. 「—の部屋(ヘヤ); 다른 방」 ↔同(オナ)じ. ②구별(区別). 차이(差異). 「男女(ダンジョ)の—; 남녀의 차이」 ③별도로 추가함. 「—に注文(チュウモン)する; 따로 주문하다」 ④구별함. 「—にしましょう; 따로 합시다」 1. another 2. distinction
べつ あつらえ[別誂え]—アツラヘ(명) 특별히 만들 것을 주문함. 또는 그 물건. a special order
べつ い[別意](명) ①다른 마음. 타의(他意). ②이별을 서운하게 생각하는 마음. 1. a different opinion
べつ いん[別院](명)〈불〉 별원. 본산(本山) 이외에 따로 지은 출장소. a branch temple
べつ えん[別宴](명) 별연. 이별할 때 베푸는 잔치. 송별연. a send-off dinner
べっ か[別科](명) 별과. 본과(本科) 외에 따로 설치한 과. a special course
べっ かく[別格](명) 별격. 정해진 격식과 다른 것. 특별히 정한 지위나 격. 규정 외. 「—にあつかう; 특별 취급하다」 speciality
べっ かん[別館](명) 별관. 본관과 떨어진 곳에 설치한 건물. an annexe
べっ き[別記](명·타サ) 별기. ①별도의 기록. ②본문이 아닌 별도의 부속 서류. 1. a separate paragraph
べつ ぎ[別儀](명) 다른 일. 특별한 사정. 「なんじを呼

(ヨ)び出(ダ)すことと一ではない; 그대를 불러 낸은 별 다른 일이 (있어서가) 아니다」 other affair
べっきょ[別居](명·자サ) 별거. 따로 삶. 「一生活(セイカツ); 별거 생활」 separation
べつぎょう[別行](명) 별항. 문장 등에서〕다른 줄. 다른 행. another line
べつぎょう[別業](명) 별업. ①다른 직업. ②별장(別荘). 1. another business
べつぐう[別宮](명). 주 되는 신사(神社) 외에 따로 제신(祭神)을 모신 곳. a detached temple
べつくち[別口](명) ①다른 방면. 「それは一の話(ハナシ)だ; 그것은 다른 이야기다」 ②〈경〉㉠다른 구좌(口座). ㉡다른 거래. ㉢경제상의 다른 기관이나 제도. 1. a different kind
べつぐん[別軍](명) 별군. 중심이 되는 본대(本隊) 외에 따로 독립한 군대.
べっけ[別家](명·자サ) ①별가. 분가(分家). ②점원을 독립시켜 준 점포. 1. a branch family
べっけい[別掲](명·타サ)별게. 따로 게재함. 따로 게시(掲示)함. 「一のように; 따로 게시한 바와 같이」 a separate notice
べっけん[瞥見](명·타サ) 별견. 얼른 슬쩍 봄. 얼핏 봄. 일별(一瞥). a glance
べつげん[別言](명·타サ) 달리 말함. 다른 말. other words
べっこ[別戸](명) 딴집. 별가(別家). a branch family
べっこ[別個·別箇](명·형동ダ) 별개. ①따로따로. 개개. ②서로 다름. 관련성이 없음. 「一にあつかう; 별도로 취급하다」 2. a different matter
べつご[別後](명) 별후. 헤어진 뒤. since we parted
べっこう[別項](명) 별항. 다른 조항(条項). 다른 항목(項目). another clause
べっこう[鼈甲](명) 별갑. 대모(玳瑁)의 배갑(背甲)을 삶아서 만든 것. 빗, 안경테 등의 재료로 씀. a tortoise shell
べつごう[別号](명) 별호. 다른 호(号). 다른 이름. 별명(別名). another name
べっこん[別懇](형동ダ) 자별히 친한 모양. intimacy
べっさつ[別冊](명) 별책. 따로 만든 책. 따로 철(綴)한 서류. a separate volume
べっし[別使](명) 별사. ①별도의 사자(使者). ②특별한 사신. 특사(特使). 1. another messenger
べっし[別紙](명) 별지. ①서류나 편지 등에 따로 적어 덧붙이는 종이. ②다른 종이. 1. an annexed paper
べっし[蔑視](명·타サ) 멸시. 업신여김. 몹시 낮추어 봄. 깔봄. contempt
べつじ[別事](명) ①다른 일. ②보통과 다른 일. 1. other things
べつじ[別辞](명) 이별의 인사. a farewell speech
べっしつ[別室](명) 별실. ①다른 방. ②특별한 방. 특실. 1. another room
べっして[別して](부) 특히. 특별히. especially
べっしゅ[別種](명) 별종. 다른 종류. a different kind
べっしょ[別書](명·타サ) 별서. 따로 적음. 따로 적은 것. 「一のとおり; 따로 적은 것과 같이」 another writing
べっしょ[別墅](명) 별장. 별저(別邸). a villa
べつじょ[蔑如](명·타サ) 멸시. 천시(賤視)함. contempt
べっしょう[別称](명) 별칭. 달리 부르는 명칭. 일명(一名). 별명(別名). an alias
べつじょう[別状](명) 보통과 다른 상태. 이상(異常). 「命(イノチ)に一はない; 생명에 이상은 없다(목숨은 건질 수 있다)」 unusual situation
べつじょう[別条](명) 보통과 다른 일. 이상(異状). 이변(異変). something wrong
べつじん[別人](명) 다른 사람. 「一のような態度(タイド); 딴 사람 같은 태도」 a different person
べつずり[別刷り](명) 발표한 것을 뽑아 가지고 그것만 별도로 인쇄하는 것. 발췌(抜萃) 인쇄. an excerpt
べっせい[別製](명) 별제. 특별한 제조. 특제(特製). 「一の洋菓子(ヨウガシ); 특별히 만든 양과자」 special make
べっせかい[別世界](명) 별세계. ①지구 밖의 세계. ②속세(俗世)를 떠난 곳. 별천지(別天地). 2. a different world
べっせき[別席](명) 별석. ①다른 좌석. 다른 자리. ②특별한 자리. ③자리를 따로 만듦. 1. the other seat
べっそう[別送](명·타サ) 별도로 보냄. 따로 보냄. send by separate post
べっそう[別荘](명) 별장. 본집 이외에 세운 집. 별저(別邸). a villa
べったい[別体](명) 별체. ①체(体)를 달리 함. 또는 그 체. ②한자(漢字)의 정자(正字) 이외의 속자, 고자(古字), 약자 등의 총칭. 1. a different body
べったく[別宅](명) 별택. 본집 이외의 저택(邸宅). 별저(別邸). a villa
へったくれ(명) ⇨へちま②.
べつだん[別段](부) 각별. 별반. 보통과 달리. 「一変化(ヘンカ)はない; 별반 변화는 없다」 particularly
べッチン[別珍](명) 〔"velveteen"의 앞 부분을 생략한 꼴〕 면사(綿糸)로 만든 빌로오도.
へっつい[竈]ヘッツヒ(명) ⇨かまど.
べってい[別邸](명) ⇨べったく.
ヘッディング[heading](명) 헤딩. ①〔축구에서〕 공을 머리로 받는 일. ②항목(項目). ③표제(表題).
べつでん[別殿](명) 별전. 본궁 외에 따로 지은 궁전. an annex palace
べつでん[別電](명) ①다른 전보. ②특별한 전보. 2. a special telegram
べってんち[別天地](명) ⇨べっせかい.
ヘット[도 Fett·네 vet](명) 헤트. 요리에 쓰이는 쇠기름.
ヘッド[head](명) 헤드. ①머리. ②우두머리. 수령(首領). ③수위(首位). 수석(首席). 「一コーチ; 수석 코우치」 **—ライト**[headlight](명) 헤드라이트. 기차, 자동차, 전차 등의 앞에 단 등(燈). 전등(前燈).

べっと[別途](명·부) 별도. ①다른 길. 다른 방법. 「それは一に考(カンガ)える; 그것은 별도로 생각하다」 ②쓰이는 방법이 다름. 딴 용도(用途). 「一会計(カイケイ); 별도 회계」 1. a different way

ベッド[bed](명) 베드. ①침대. 침상(寢床). 「一ルーム; 침실」 ②〈농〉 묘상(苗床). 화단(花壇).

ペット[pet](명) 페트. ①애완용(愛玩用) 동물. ②귀염둥이. 총아(寵児).

べっとう[別当](명) ①옛날에 특별한 일을 맡았던 관청의 장관(長官). ②현재 왕가(王家)의 일을 보는 직원의 수석(首席). ③맹인 관위(盲人官位)의 제 2위. ④마부(馬夫). 1. a steward

べつどうたい[別動隊·別働隊](명) 별동대. 특별한 임무를 띠고 본대(本隊)와 별도로 행동하는 부대. a flying column

べつに[別に](부) 따로. 그밖에. 특별히. 「一用件(ヨウケン)はありません; 별다른 용건은 없읍니다」 particularly

べつのう[別納](명·타サ) 별납. 별도로 바침. 「一料金(リョウキン); 별납 요금」 separate payment

べっぱ[別派](명) 별파. 다른 유파(流派)나 당파. a different school

べっぱい[別杯](명) 별배. 이별할 때 서로 나누는 술잔. a farewell cup

べっぴょう[別表](명) 별표. 따로 붙인 표시(表示). 또는 도표. an accompanying table

へっぴりごし[屁っ放り腰](명)〈속〉 엉거주춤하게 서서 궁둥이를 내민 불안정한 자세. a half-sitting posture

へっぴりむし[屁っ放り虫](명)〈속·동〉 ⇨へひりむし.

べつびん[別便](명) 별편. 별도의 우편. 「一にてお送(オク)りします; 다른 편으로 보내겠읍니다」

べっぴん[別品](명) 별품. 다른 물건. 특히 좋은 물건. 훌륭한 것. a special article

べっぴん[別嬪](명) 매우 아름다운 여자. 미인(美人). a beauty

べっぷう[別封](명) 별봉. 별도로 봉한 편지. 따로따로 봉함. a separate cover

べっぷおんせん[別府温泉](명)〈지〉 오오이타현(大分県) 벳푸시(別府市)를 중심으로 한 온천 지대.

べつべつ[別別](부) ①따로따로. 뿔뿔이. 「一に行(ユ)く; 따로따로 가다」 ②각자. 개개. 2. each

べっぽう[別法](명) 별법. 다른 방법. another method

べっぽう[別報](명) 별보. ①다른 보도. ②특별한 기별. 1. another report

へっぽこ(명·형동ダ)〈속〉 재주 없는 사람. 또는 쓸모없는 사람을 얕보고 하는 말. petty

べっぽん[別本](명) 다른 책. a pattern peculiar

べつま[別間](명) 따로 (만든) 방. 별실(別室). a separate room

べつみょう[別名](명) ⇨べつめい.

べつむね[別棟](명) 별동. 같은 구내에서 따로 떨어져 있는 집채. a separate building

べつめい[別名](명) 별명. 본이름 외의 이름. 이명(異名). a pseudonym

べつめい[別命](명) 특별한 명령. 특명. 「一あるまでは; 특명이 있을 때까지는」 a special command

べつめん[別面](명) 별면. 다른 지면. 다른 페이지. another page

べつもの[別物](명) ①다른 것. ②예외(例外). 1. a different thing

べつよう[別様](명·형동ダ) 다른 모양. 다른 양식(様式) a different state

へつら·う[諂う]ヘツラフ(타 4) 알랑거리다. 아첨하다. flatter

べつり[別離](명) 별리. 헤어짐. 이별. 「一の涙(ナミダ); 이별의 눈물」 parting

べつるい[別涙](명) 별루. 이별의 눈물. parting tears

ヘディング[heading](명) ⇨ヘッディング.

ベデカ[도 Baedeker](명) 베데커. (도이치 사람 베데커가 출판한) 여행 안내서.

ベテラン[veteran](명) 베테랑. 경험이 풍부한 고참자. 노련가(老鍊家).

ぺてん(명) 속임. 또는 그 수단. 사기(詐欺). 「一にかける; 교묘한 수단으로 사람을 속이다」 fraud. **—し**[ぺてん師](명) 사기군.

へど[反吐](명) 삼킨 것을 도로 내놓음. 토함. 또는 토한 것. 「一をはく; 토하다」 vomit

ベトナム[Viet-Nam·越南](명)〈지〉 베트남. 월남. 인도지나의 대부분을 차지하는 공화국. 수도는 사이곤(Saigon).

へとへと(부) 몹시 피곤한 모양. dog-tired

へどもど(부·자サ) 허둥지둥하는 모양. 당황하여 어쩔 줄 모르는 모양. in a hurry

ベトン[프 béton](명) 베통. 콘크리이트.

へなちょこ[粘猪口](명) 미숙한 사람을 비웃어 일컫는 말. poor

へなつち[粘土](명) 점토. 검고 차진 흙. clay

ペナルティー[penalty](명) 페널티. ①형벌. 벌칙. ②경기자의 규칙 위반 행위에 대한 벌. **—キック**[penalty kick] 페널티킥. 〔축구에서〕 페널티 에어리어 안에서 방어측이 반칙(反則)을 하였을 때 상대편이 얻는 킥. 이때는 고울키이퍼와 1대1로 상대함.

ペナント[pennant](명) 페넌트. ①가늘고 긴 삼각기(三角旗). ②〔야구에서〕 우승기(優勝旗). 「一を得(エ)る; 우승하다」 **—レース**[pennant race](명) 페넌트레이스. 〔야구에서〕 우승을 다투는 것. 또는 그 시합. 왕좌 결정전(王座決定戦).

べに[紅](명) ①연지. ②선홍색. 1. rouge 2. crimson

ペニー[penny](명) 페니. 영국의 화폐 단위. 실링의 2분의 1.

べにいろ[紅色](명) 홍색. 선홍색(鮮紅色). crimson

べにおしろい[紅白粉](명) ①연지와 가루분. ②화장(化粧). 1. rouge and powder

べにがら[紅殻](명)〈이〉 홍색 안료(顔料)의 한가지. 성분은 제이 산화철(第二酸化鉄). red-ocher rouge

べにこ[紅粉](명) 중국에서 수입한 연지. powder rouge

べにさしゆび[紅差し指](명) 약손가락. 무명지(無名指). the ring finger

べにしぼり[紅絞り](명) 연지빛의 교염(絞染). red-spot dyeing

べにしょうが[紅生薑](명) 매실(梅実)을 소금에 절인 국물에 생강을 넣어 빨갛게 만든 것. a red pickled ginger

ペニシリン[penicillin](명)〈의〉 페니실린. 푸른곰팡이류의 항생 물질(抗生物質). 폐렴, 임질, 매독 등에 유효함. 「一剤(ザイ); 페니실린제」

べにすずめ[紅雀](명)〈동〉 홍작새. 참새과에 속하는 아주 작은 새. 수컷은 홍색의 깃이 아름다움. a linnet

べにぞめ[紅染め](명) 연지색으로 물들임. 또는 물들인 것. red-dyed

べにばな[紅花](명)〈식〉 잇꽃. 엉거시과에 속하는 1년초. 늦봄에 가지 밑에 홍색 또는 황색 꽃이 핌. 꽃은 안료(顔料) 또는 착색용(着色用)으로 씀. a safflower

べにます[紅鱒](명)〈동〉 홍송어(紅松魚). 고기는 선홍색. a red trout

ベニヤ(いた)[veneer(板)](명) 베니어판. 두 장 이상의 얇은 널빤지를 합쳐 만든 것. 건축 또는 가구에 씀. 합판(合板). a veneer board

ベネズエラ[Venezuela](명)〈지〉 베네스웰라. 남아메리카 북단의 공화국. 수도는 카라카스(Caracas).

ベネルックス[Benelux](명)〈지〉 베네룩스. 벨기에, 네덜란드, 룩셈부르크 등 3 개국의 총칭.

へのかっぱ[屁の河童](명)〈속〉 아무렇게도 생각하지 않음. 예사롭게 여김. 대수롭지 않게 여김. 「そんなことは一だ; 그런 것은 대수롭지 않다」 don't mind

へばりつ・く[へばり着く](자 4) 찰싹 붙어서 떨어지지 않다. 꼭 달라붙다. stick to

へば・る(자 4)〈속〉 ①녹초가 되다. ②붙어 떨어지지 않다. 1. be exhausted

へび[蛇](명)〈동〉 배암. 파충류(爬虫類)에 속하는 척추동물. a snake

ヘビー[heavy](명) 헤비. ①무거운 것. ②강렬(強烈). ③몹시 노력함. ④←ヘビー級. **——きゅう**[heavy 級](명) 헤비급. 체중으로 나타낸 선수 계급의 하나. 권투나 레슬링에서 175 파운드 (약 80 *kg*) 이상의 체중을 가진 선수.

ベビー[baby](명) 베이비. ①유아(乳児). 젖먹이. 「一服(フク); 유아복」 ②어린 아이 같은 사람.

へびいちご[蛇苺](명)〈식〉 뱀딸기. 장미과에 속하는 다년초. 열매는 먹지 못함. an Indian strawberry

ベビーだんす[baby 箪笥](명) 소형의 장롱. a small-sized chest of drawers

へびとんぼ[蛇蜻蛉](명)〈동〉 뱀잠자리. 유충(幼虫)은 어린이의 감질(疳疾) 약재로 씀.

へひりむし[屁放虫](명)〈동〉 방귀벌레. 딱정벌레과에 속하는 곤충. 위험을 느끼면 악취 나는 가스를 발산함. 방비충(放屁虫). a stinkbug

ペプシン[도 Pepsin](명)〈이〉 펩신. 흰자질을 분해하는 효소(酵素). 위액(胃液)에 있음.

ペプチッド[peptide](명)〈이〉 펩타이드. 두 개 이상의 아미노산(酸)이 결합한 화합물.

ペプトン[peptone](명)〈이〉 펩톤. 흰자질이 펩신에 의하여 분해된 물질. 수용성(水溶性)이며 소화되기 쉬움.

ヘブライ[Hebraios] ⇨イスラエル②.

ペプラム[peplum](명) 페플럼. 부인복의 윗도리의 아랫부분을 허리께에서 다른 천으로 두드러지게 눈에 띄게 낸 것.

〔ペプラム〕

べべ(명) 〔아이들 말로〕 옷. clothes

へべれけ(형동ダ)〈속〉 정신을 잃도록 술에 취한 모양. 고주 망태가 된 모양. dead drunk

へぼ(명)〈속〉 ①서투름. 「一医者(イシャ); 돌팔이 의사」 ②(야채 등이) 잘 되지 않음. 「一きゅうり; 발육이 좋지 않은 오이」 1. unskilful 2. undergrown

へま(명・형동ダ)〈속〉 ①눈치가 없음. ②어처구니 없는 실책(失策). 「一をする; 바보짓을 하다」 2. blunder

へめぐ・る[経回る](타 4) 여러 곳을 두루 돌아 다니다. 편력(遍歴)하다. travel about

ヘモグロビン[도 Hämoglobin](명)〈생〉 헤모글로빈. 산소(酸素)하고 결합되기 쉬운 함철(含鉄) 단백성 색소(色素). 혈색소(血色素).

へや[部屋](명) 방(房). a room

へやずみ[部屋住み](명・자サ) ①옛날 장남이 아직 가독(家督) 상속을 받지 않았을 때의 신분. ②옛날 차남 이하로서 가독 상속을 받을 수 없었던 신분. 1. a dependent

ヘヤトニック[hair tonic](명) 헤어토닉. 모발 강장제(毛髮強壮剤). 양모액(養毛液).

ヘヤネット[hair net](명) 헤어네트. 여자들이 머리에 쓰는 그물.

ヘヤピン[hairpin](명) 헤어핀. 여자들이 머리를 단정하게 하는 데 사용하는 핀. 머리핀.

ヘヤブラッシ[hair-brush](명) 헤어브러시. 머리 빗는 솔. 머릿솔.

ヘヤローション[hair-lotion](명) 헤어로우션. 머리털을 마사아지하는 데 쓰는 화장수(化粧水).

へやわり[部屋割り](명・타サ) 방의 배당(을 정함). the allotment of rooms

へら[箆](명) 대(竹), 상아(象牙), 금속 등으로 만든 가늘고 긴 주걱. 줄을 긋거나 풀 등을 개고 바르는 데 씀. a spatula

ヘラ[Hera](명) 헤라. 그리이스 신화에 나오는 여신. 제우스의 비(妃). 가정(家政)과 출산(出産)의 보호신. 로마 신화의 주우노(Juno)에 해당.

ペラグラ[pellagra](명)〈의〉 펠라그라. 비타민 B_2, 니코틴산 아미드의 부족으로 인한 피부병의 한 가지.

ヘラクレス[Heracles](명) 헤르쿨레스. 그리이스 신화에 나오는 최대의 영웅. 제우스의 사생아(私生児).

へら・す[減らす](타 4) 줄이다. 감하다. ↔ふやす. decrease

へらずぐち[減らず口](명) 지는 것이 분해서 당치 않는 말을 자꾸 하는 일. 「―をたたく; 지는 것이 분하여 마구 우겨대다」 useless report
べらなり(조동)〈고〉 ①짐작의 뜻을 나타내는 말. …하는 모양이다. ②가능한 뜻을 나타내는 말.
べらべら(부·자サ) ①수다스럽게 잘 지껄이는 모양. ②(외국어를) 유창하게 잘하는 모양. ③얇은 모양. 연약한 모양. 1. volubly
ぺらぺら(부·자サ) ⇨べらべら.
べらぼう[箆棒](명·형동ダ)〈속〉 ①어리석음. 바보. 「―め; 바보놈아」 ②심한 모양. 「―に暑(アツ)い; 심히 덥다」 ③터무니 없는(싱거운) 모양. 1. a fool
ペラルゴニウム[pelargonium](명) ⇨てんじくあおい.
ベランダ[veranda](명) 베란다. 양옥에서 앞쪽으로 튀어 나오게 잇대어 만든 부분. 지붕이 없고 보통 정원에 면하여 휴식, 일광욕 등에 쓰임.
べらんめえ(감)〈속〉 〔"べらぼうめ(바보 자식)"의 와언(訛言)〕 토오쿄오 사람들이 남을 욕할 때 쓰는 말.
へり[縁](명) ①가장자리. 언저리. 모. 가. ②다다미나 커어튼 등의 테를 두른 천. ③모자에 두른 헝겊. 1. the edge 2. the border
ヘリ(명) 헬리콥터의 준말.
―べり[縁](조어) ①강가. ②다다미의 테.
ベリー セット[berry set](명) 베리세트. 과일 등을 담는 한 벌의 접시.
ベリー マッチ[very much](연어) 베리머치. 대단히. 정말. 「サンキュー―; 대단히 고맙습니다」
ヘリウム[도 Helium](명)〈이〉 헬륨. 수소(水素) 다음으로 가벼운 기체(気体)의 원소. 무색, 무취로 다른 원소와 전혀 화합하지 않음. 기호는 He.
ヘリオトロープ[heliotrope](명)〈식〉 헬리오트로우프. 지치과에 속하는 다년생초. 여름과 가을에 홍자색(紅紫色), 백색 꽃이 핌. 꽃은 향수의 원료로 씀.
ペリカン[pelican](명)〈동〉 펠리컨. 전신이 희며 아랫주둥이에 큰 턱주머니가 있어서 물고기를 잡아 넣어 두면 새끼가 입으로 꺼내어 먹음. 사다새.
へりくだ·る[遜る](자 4) 자기를 낮추다. 겸손하다. humble oneself
へりくつ[屁理屈](명) 쓸 데 없는 변명. a quibble
ヘリコイド[helicoid](명) 헬리코이드. 나선형(螺旋形)의 것.
ヘリコプター[helicopter](명) 헬리콥터. 비행기의 한 가지. 위에 있는 프로펠러의 회전에 의하여 활주하지 않아도 상승(上昇)하는 항공기. 잠자리 비행기.
ペリスコープ[periscope](명) ⇨せんぼうきょう.
へりとり[縁取り](명) 테를 두름. 또는 테를 두른 것. hemming
ヘリポート[heliport](명) 〔헬리콥터 포오트의 준말〕 헬리포오트. 헬리콥터 전용 비행장. ↔エアポート.
へる[経る](자하 1) 지나가다. 경과하다. 흘러 가다. 「年月(ネンゲツ)が―; 세월이 흘러 가다」 pass
へ·る[減る](자 4) ①줄다. ②약해지다. 1. decrease
ベル[bell](명) 벨. ①종. ②방울. ③초인종. 전령(電鈴).
ペルー[Peru·秘露](명)〈지〉 페루. 비로. 남아메리카 서부에 있는 공화국. 수도(首都)는 리마(Lima).
ベルギー[Belgium·白耳義](명)〈지〉 벨기에. 유럽 서북부에 있는 입헌 왕국. 농업과 공업이 함께 발달하여 무역이 성함. 인구 밀도가 세계 제 1임. 수도는 브뤼셀(Bruxelles).
ベルグラード[Belgrade](명)〈지〉 벨그라아드. 유고슬라비아 공화국의 수도. 다뉴브강가에 있음. 교통의 요지(要地). 정치, 경제의 중심으로 경공업이 성함.
ペルシア[Persia·波斯](명)〈지〉 페르샤. 이란 왕국의 구칭. 1935 년에 이란이라고 개정했음.
ヘルシンキ[Helsinki](명)〈지〉 헬싱키. 핀란드만(湾)에 면한 핀란드의 수도. 정치, 학술, 문화의 중심으로 무역항(貿易港)으로도 중요함.
ペルセウス[Perseus](명) 페르세우스. 희랍 신화에 나오는 영웅. 제우스의 아들. 메도우사를 죽이고 안드로메다를 구출하여 결혼함.
ヘルス センター[health center](명) 헬스센터. 병의 보양지(保養地) 등에 있는 보양 시설.
ヘルダイブ[hell dive](명) 헬다이브. 급강하 폭격.
ベルツすい[도 Balz水](명) 벨쯔수. 거친 손이나 피부가 터진 데 바르는 화장수. 글리셀린, 알코홀 등을 물에 섞어 만듦.
ベルト[belt](명) 벨트. ①혁대. 띠. ②⇨しらべがわ. ③지대(地帯). 「グリーン―; 녹지대」 **―コンベア**[belt conveyer](명) 벨트 콘베이어. 토목 공사장이나 공장 등에서 벨트에 각종 물품을 올려 놓고 연속적으로 운반시키는 장치. 대운반 장치(帯運搬装置).
ヘルニア[hernia](명)〈의〉 헤르니아. 복벽(腹壁)의 찢어진 틈을 통하여 소장, 대장, 또는 다른 내장 등이 복막(腹膜)에 싸인 채 탈출하는 일. 탈장(脱腸).
ベルファスト[Belfast](명)〈지〉 벨파스트. 영국 북아일란드의 수도. 섬의 동북 해안에 위치하는 상항(商港)으로 아일란드 제 1의 공업 도시. 조선(造船), 마공업(麻工業) 등이 성함.
ベルベット[velvet](명) 벨벳. 빌로오도.
ヘルメス[Hermes](명) 헤르메스. 그리이스 신화에 나오는 목축, 상업, 여행, 음악, 경기, 행운, 웅변의 신. 로마 신화의 메르쿠리우스(Mercurius)에 해당.
ヘルメット[helmet](명) 헬멧. 더위나 위험을 피하기 위해 쓰는 서양식의 투구형 여름 모자.
ベルモット[프 vermouth](명) 베르뭇. 포도주에 베르뭇초(草)를 주로 하는 몇 가지의 향료 약품(香料薬品)을 침출(浸出)시켜 만든 리큐르의 한 가지.
ベルリン[Berlin](명) 베를린. 도이치 동부의 도시. 1945 년까지 도이치의 수도.
ベルン[Bern](명)〈지〉 베른. 스위스의 수도. 아름다운 풍경으로 유명하며 만국 우편 연합 사무국이 있음.
ベレー[프 beret](명). ←ベレー帽. **―ぼう**[beret 帽](명) 베레모. 차양이 없고 둥글납작하게 생긴 모자. 예술가 등이 먼저 쓰기 시작했음.
ヘレニズム[Hellenism](명) 헬레니즘. 알렉산더 대왕의 동방 원정의 결과 오리엔트 민족 고유의 문화와 그리이스 문화가 혼합하여 생긴 새로운 문화. 서양 문명의 기초가 됨. ↔ヘブライズム.
ヘレネ[Helene](명) 헬레네. 그리이스 신화에 나오는 미녀(美女). 제우스와 레다의 딸로 라케다에몬의 왕비였으나 파리스에게 유괴되어 트로야 전쟁의 발단을 이루었음.
べろ(명)〈속〉 혀. a tongue
ヘロイズム[Heroism](명) ⇨ヒロイズム.
ベロア[프 velours](명) 벨루어. 가는 방모사(紡毛絲)를 두 겹으로 짜서 털이 서게 한 직물. 털이 길고 윤이 남.
ヘロイン[도Heroin](명) 헤로인. 모르핀으로 만든 마취약(麻酔薬).
へろへろ(부·자사)〈속〉 약하고 단단하지 못한 모양. 힘이 없는 모양. 비틀비틀하는 모양. slendery
べろべろ(부) ①혀로 썩썩 핥는 모양. ②몹시 술에 취한 모양. 1. with a lick 2. dead drunk
ぺろぺろ(부) ①혀로 싹싹 핥는 모양. ②굶주린 듯이 금방 먹어 치우는 모양. 1. with a lick 2. devouringly
ペロポネソスせんそう[Peloponnesus 戦争](명)〈역〉 펠로포네수스 전쟁. 고대 그리이스의 펠로포네수스 반도에서 행한 아테네와 스파르타간의 전쟁. 스파르타의 승리로 끝남. the Peloponnesian War
ぺろり(부) ①혀를 날름 내미는 모양. ②금방 먹어 치우는 모양. 1. lolling out one's tongue
―へん[片](조어) 편. 조각. 「金属(キンゾク)―; 금속 조각」
―へん[遍·返](접미) 회(回). 「二(ニ)―; 2회」
へん[辺](명) 변. ①지구(地区). 지방. 「東京(トウキョウ)―で; 토오쿄오 지방에서」 ②부근. 근처. 「この―; 이 근처」 ③정도. 쯤. 「まあ, その―だ; 대개 그 정도다」 ④〈수〉 ㉠〔기하학에서〕 다각형(多角形)을 둘러 싸는 하나하나의 직선(直線). ㉡〔대수학에서〕 등호(等号)의 좌우에 있는 식(式), 또는 수(数). 1. a district 2. neighbourhood
へん[返](명) ①돌아 감. 돌려 보냄. ②대답. 1. a return
へん[変](명·형동ダ) 변. ①불시에 당함. ②난(乱). 사변(事変). ③불가사의. 이상함. 기묘(奇妙)함. ④보통과 다름. 「―な服装(フクソウ); 이상한 복장」 ⑤〈악〉 음조(音調)를 반음만 낮게 함. ↔嬰(エイ). 1. an accident 3. strange
へん[偏](명) 변(辺). 한자(漢字)의 왼쪽 부수(部首).
へん[編](명) ①편집. 편찬. ②철(綴)함. 1. editing
へん[編·篇](명) 편. ①전체가 한결같이 완결된 시문(詩文). ②책 중의 일부분. ③한 질로 된 책. 2. a part 3. a volume
―べん[弁·瓣](명) 꽃잎을 세는 말. 「五(ゴ)―; 5판(화)」
―べん[遍·返](접미) 회(回). 「三(サン)―; 3회」
べん[弁·瓣](명) 판. ①꽃잎. ②기계(機械)에 장치하여 액체, 기체(気体)의 출입을 조절하는 기구(器具). ③〈생〉 심장의 내벽, 혈관내의 혈액의 역류(逆流)를 막는 막. 1. a petal 2. a valve
べん[弁·辯](명) ①말씨. 「東京(トウキョウ)―; 토오쿄오 말씨」 ②말재주. 변설(辯舌). 「―が立(タ)つ; 언변이 좋다」 ③시비 진위(是非真偽)를 가리는 것을 목적으로 하는 한문체의 하나. 1. a dialect 2. speech
べん[便] Ⅰ(명·형동ダ) 형편. 편리함. 「交通(コウツウ)の―がよい; 교통이 편리하다」 Ⅱ(명) 대소변(大小便). 특히 대변. Ⅱ dejecta
ペン[pen](명) 펜. ①펜촉과 펜대. 「―習字(シュウジ); 펜 습자」 ②문장(文章). 「―を折(オ)る; 집필(執筆)을 그만두다」
へんあい[偏愛](명·타サ) 편애. 편벽된 사랑. 한편에만 치우쳐 사랑함. favouritism
へんあつ[変圧](명)〈이〉 변압. 압력 또는 교류하는 전압을 바꿈. transformation. ―き[変圧器](명)〈이〉 변압기. 전류의 상호 유도(相互誘導)를 이용하여 교류(交流)의 전압을 승강(昇降)시키는 장치.
へんい[辺夷](명) 변경(辺境)의 오랑캐(야만족). barbarians in the border region
へんい[変位](명)〈이〉 변위. 물체가 위치를 바꿈. 한 점에서 다른 점으로 이동하는 물체의 두 점 사이의 거리. displacement
へんい[変異](명·자サ) 변이. ①이변(異変). ②〈생〉 같은 종류의 생물 중에서 성질이나 형태가 다른 것. 외계(外界)의 영향으로 인한 경우(境遇) 변이, 유전질(遺伝質)의 조합(組合)에 의한 교배(交配) 변이, 유전질의 변화에 의한 돌연(突然) 변이 등 셋으로 크게 나눔. 1. an accident
へんい[変移](명·자サ) 변화하여 옮김. 또는 변화시켜 옮김. change
へんい[偏倚](명·자サ) 편의. 한쪽으로 치우침. 한쪽으로 기욺. inclination
べんい[便意](명) 변의. 대소변을 보고 싶은 분. an inclination for the stool
へんうん[片雲](명) 편운. 조각 구름. a speck of cloud
へんえい[片影](명) 편영. 조그마한 그림자. 한 조각의 그림자. a shadow
へんえき[変易](명) 변역. 변함. 바꿈. 변경. change
べんえき[便益](명) 편익. 편리하고 유익(有益)함. convenience
へんえんけい[扁円形](명) 편원형. 납작한 원형. a flattened circle
へんおんどうぶつ[変温動物](명)〈동〉 변온 동물. 주위의 온도에 따라 체온이 크게 바뀌는 동물. 냉혈 동물의 새로운 이름. 양서류(両棲類), 파충류(爬虫類) 등. ↔定温(テイオン)動物. a cold-blooded animal
へんおん[変音](명)〈악〉 변음. 변기호(変記号)로 나타내는 음. a flat tone
へんか[返歌](명) 반가. 남이 보내 온 노래에 대하여 대답하는 노래. an ode in reply
へんか[変化](명·자サ) 변화. ①상태나 성질이 변함. ②〔문법에서〕 어미(語尾)의 활용. 어미 변화. 1. change
ペンが[pen 画](명) 펜화. 펜으로 그린 그림. a pen sketch
へんかい[変改](명·자타サ) 변개. 변경. 변혁(変革). innovation

べんかい[弁解](명·자サ) 변해. 말로 풀어 밝힘. 변명(辯明). explanation

へんがえ[変換え]ーガヘ(명) 바꾸어 쇄신(刷新)함. 혁신. 변혁(変革). innovation

へんかく[変革](명·자타サ) 변혁. 바꾸어 새롭게 함. 바뀌어 새로와짐. innovation

へんかく[変格](명) 변격. ①일정한 격식에서 벗어난 격식. ②변칙(変則). ③←変格活用. 1. an anomaly. **— かつよう**[変格活用](명) 변격 활용. 〔문법에서〕 동사의 활용 중 사단 활용(四段活用)과 비슷하나 불규칙한 활용. ↔正格(セイカク)活用.

へんかく[偏角](명) 편각. ①〈수〉 경사(傾斜)를 나타내는 각. 방향각(方向角) 등과 같이 어떤 방향에 있어서 그것이 일정한 기준 방향에서의 기울기. ②〈천〉 자침(磁針)이 가리키는 방향과 지리학적 자오선(子午線) 사이에 생기는 각. 방위각(方位角). 1. inclination

へんがく[扁額](명) 편액. 실내나 문 위에 거는 액자(額子). a tablet

べんがく[勉学](명·자サ) 면학. 학문에 열중함. 힘써 공부함. study

ベンガラ[네 Bengala·弁柄](명) ⇨べにがら.

ベンガル わん[Bengal 湾](명)〈지〉 벵골만. 인도양 북동부, 인도 반도와 버어마에 싸여 있는 만. the Bay of Bengal

へんかん[返還](명·타サ) 반환. 돌려 줌. 「優勝旗(ユウショウキ)を—する; 우승기를 반환하다」 return

へんかん[返簡·返翰](명) 편지에 답함. 답장. 반서(返書). 반신(返信). a reply

へんかん[変換](명·자타サ) 변환. 변하여 바뀜. 또는 바꿈. change

べんき[便器](명) 변기. 대소변 특히 대변을 보는 그릇. a chamber-pot

べんぎ[便宜](명·형동ダ) 편의. ①형편이 좋음. 편리하고 마땅함. 「—の方法(ホウホウ); 편의한 방법」 ②특별한 조치. 1. convenience. **—じょう**[便宜上](부) 편의상. 그러는 편이 좋다는 사정으로. **—てき**[便宜的](형동ダ) 편의적. 편의에 따라서 정하는 모양. 임시 변통. 「—手段(シュダン); 편의적 수단」

ペンキ(명) 펭끼. 안료(顔料), 도료(塗料)의 한 가지. 안료를 지방유(脂肪油) 등에 녹인 도료. 페인트.

へんきごう[変記号](명)〈악〉 변기호. 음(音)의 높이를 반음(半音) 내리는 데 쓰는 기호. 내림표. 플랫 기호는 ♭. ↔嬰(エイ)記号. a flat

へんきゃく[返却](명·타サ) 돌려 보냄. 「図書(トショ)の—; 책을 돌려 보냄」 return

へんきゅう[扁球](명) 편구. 옆으로 퍼진 구상체(球状体). 회전 타원체. an oblate spheroid

へんきょう[辺境·偏境](명) 변경. ①나라의 경계가 되는 변두리의 땅. 국경(国境). ②중앙에서 멀리 떨어진 벽촌(僻村). 2. a remote region

へんきょう[偏狂](명) 편광. ①어느 사물에 집착하여 상식에 벗어난 일을 예사로 함. ②〈의〉 ⇨へんしゅうびょう(偏執病). 1. monomania

へんきょう[偏狭](명·형동ダ) 편협. ①마음이 좁음. 도량(度量)이 좁음. 「—な性格(セイカク); 편협한 성격」 ②토지 등이 협소함. 1. narrow-mindedness

べんきょう[勉強](명·자타サ) ①부지런함. 근면. 근실. ②학문을 배움. 공부. ③〈속〉 (값을) 싸게 하여 팖. 1. diligence 2. study

へんきょく[編曲](명·타サ)〈악〉 편곡. 이미 작곡된 곡을 다른 연주 형식으로 바꿔 꾸밈. 또는 그렇게 한 곡. arrangement

へんきん[返金](명·자타サ) 반금. 꾸어 온 돈을 돌려 줌. 또는 그 돈. repayment

ペンギン[penguin](명)〈동〉 펭귄. 남극 부근의 바다에 사는 새. 날지는 못함. 해상에 군생하는데 걷는 모양이 사람과 흡사함.

へんくつ[偏屈](명·형동ダ) 편굴. 편벽(偏僻)하고 비굴(卑屈)함. 「—な老人(ロウジン); 편벽하고 비굴한 노인」 obstinacy

ペン クラブ[P.E.N. Club](명) 펜클럽. 문예가(文藝家)의 협회. 시인, 극작가, 편집자, 평론가, 소설가 등의 클럽. 1921년에 설립된 문학자의 국제적 기관. 세계 평화와 국제적 문화 교류를 목적으로 함.

へんげ[変化](명·자サ) ①요괴. ②권화(権化).

へんけい[変形](명·자타サ) 변형. 형태를 바꿈. 형태가 바뀜. 바뀐형태. transformation. **—きん**[変形菌](명)〈생〉 변형균. 일대(一代)의 어떤 시기에는 원생 동물(原生動物)의 성질을 가지나, 다른 시기에는 균류(菌類)의 성질을 가지는 하등 식물(下等植物)의 한 부문. 점균(粘菌).

べんけいがに[弁慶蟹](명)〈동〉 모말게. 게의 한 가지. 몸은 중형(中形)이며 발은 홍색. 해안의 습한 곳에 구멍을 뚫고 삶. 〈학명〉 Sesarma intermedia

べんけいじま[弁慶縞](명) 같은 빛깔의 진한 것과 연한 것으로 나타낸 살 모양의 줄무늬. checks

〔弁慶縞〕

べんけいそう[弁慶草](명)〈식〉 꿩의비름. 돌나물과에 속하는 다년초. 높이는 약 *60 cm*. 8~9월에 붉은 빛을 띤 흰 꽃이 핌. an orpine

へんけいどうぶつ[扁形動物](명)〈동〉 편형 동물. 동물의 한 부문. 몸이 평평하고 환절(環節)이 없는 동물. 기생(寄生) 생활을 하는 것이 많음. 편충(扁蟲), 간장 지스토마 등. 〈학명〉 the Platyhelminthes

へんけん[偏見](명) 편견. 한쪽으로 치우친 견해. 일방적인 견해. 정당하지 않은 견해. a prejudice

へんげん[片言](명) 편언. ①한 마디의 말. 간단한 말. 편어. ②한쪽 사람이 하는 말. 1. a word. **—せきご**[片言隻語](연어·명) 한 마디의 말. 짧은 말.

へんげん[変幻](명·자サ) 변환. 갑자기 나타났다가 사라짐. 종잡을 수 없이 빠른 변화. 「—自在(ジザイ); 변환 자재」 being phantasmagoric

べんご[弁護](명·타サ) 변호. 남의 이익을 위하여 변명함. defence. **—し**[弁護士](명)〈법〉 변호사. 법률상의 자격을 가지고 소송 당사자의 의뢰, 또는 재판소의 명령에 따라 변호하는 사람. 소송에 관한 법률 사무를 행하고 피고를 변호하는 사람. **—にん**[弁護人](명)〈법〉 변호인. 형사 소송상 피고인의 이익의 보호를 임무로 하는 사람.
へんこう[変更](명·타サ) 변경. 바꾸어서 고침. 고치어 바꿈. alteration
へんこう[偏光](명)〈이〉 편광. 한정된 방향으로만 진동하는 광파(光波). polarized light
へんこう[偏向](명·자サ) 편향. ①한쪽으로 치우친 경향(傾向). 「政治(セイジ)の—; 정치의 편향」 ②〈이〉 대전 입자(帯電粒子)의 비행 방향을 전계(電界)나 자계(磁界)를 가하여 변화시킴. 「90度(キュウジュウド)—のテレビ; 90도 편향의 텔레비전」 1. inclination
べんこう[弁口](명) 변구. 구변이 좋음. 변설(辯舌). eloquence
へんこうせい[変光星](명)〈천〉 변광성. 빛의 강도(強度)가 변하는 별. 현재 약 1 만개. 해마다 수백개씩 더 발견되고 있음. a variable star
へんさ[偏差](명)〈수〉 편차. 표준 또는 평균과의 사이에 생기는 차이. variation
へんさい[返済](명·타サ) 반제. 꾸어온 돈이나 물건을 돌려 줌. 「借金(シャッキン)の—;꾸어 쓴 돈을 돌려줌」 repayment
へんさい[変災](명) 변재. 사변과 재액(災厄). 재난(災難). a disaster
へんざい[偏在](명·자サ) 편재. 한곳에 치우쳐 있음. maldistribution
へんざい[遍在](명·자サ) 편재. 두루 퍼져 있음. 보편(普遍). omnipresence
べんさい[弁才](명) 변재. 말재주. 구변(口辯). oratorical talent
べんさい[弁済](명·타サ)〈경〉 변제. 채무(債務)를 이행하고 그것을 소멸시킴. 빚을 갚음. repayment
べんざいてん[弁才天·弁財天](명)〈불〉 칠복신(七福神)의 하나. 변재천. 음악, 지혜, 변재(辯才)의 여신(女神). 변천(辯天).
ペンさき[pen 先](명) 펜촉. 철필촉. the nid of a pen
へんさつ[返札](명) 회답의 편지. 답장. an answer
へんさん[偏衫](명)〈불〉 편삼. 중의 옷. 왼쪽 어깨에서 오른쪽 옆구리에 걸쳐 상반신을 덮는 법의(法衣).
へんさん[編纂](명·타サ) 편찬. 여러 종류의 재료를 모아 책을 꾸며 냄. 편집. compilation
へんし[変死](명·자サ) 변사. ①뜻밖의 재난으로 죽음. 횡사(横死). ②자살(自殺). 1. an unnatural death
へんじ[片時](명) 편시. 잠시. 「—も忘(ワス)られない; 잠시도 잊을 수 없다」 a moment
へんじ[返事·返辞](명·자サ) 대답. 응답(応答). a reply
へんじ[変事](명) 변사. 보통 일이 아닌 변스러운 일. 이변(異変). an accident
へんじ[編次](명) 편차. 순서를 따라 편집함. 또는 그 순차. editing in regular order
べんし[弁士](명) 변사. ①말을 잘하는 사람. ②연단에서 강연하는 사람. 연설, 설명 등을 하는 사람. ③무성 영화(無声映画) 시대의 설명자. 「活動写真(カツドウシャシン)の—; 활동 사진의 변사」 1. an orator 2. a speaker
ペンじく[pen 軸](명) 펜대. 펜촉을 끼워서 쓰는 도구. 철필대. a penholder
へんしつ[変質](명·자サ). 변질. ①성질이 바뀜. ②보통과 다른 병적인 성질. 「—的(テキ); 변질적」 1. change in quality
へんしゃ[編者](명) 편자. 편집하는 사람. 편집자. 편집인. a compiler
へんしゅ[変種](명) 변종. 종류가 바뀜. 또는 바뀐 것. a variety
へんしゅ[編首·篇首](명) 편수. 책의 첫머리. the first page of a book
へんしゅ[騙取](명·타サ) 편취. 남을 속이고 재물이나 이익 등을 빼앗음. swindle
へんしゅう[扁舟](명) 편주. 작은 배. 쪽배. a little boat
へんしゅう[偏執](명) 편집. 치우친 의견을 고집하고 다른 의견은 받아 들이지 않음. bias. **—きょう**[偏執狂](명)〈의〉 편집광. 정신병의 하나. 상식으로는 판단도 할 수 없는 행동을 예사로 하는 사람. 편집병(偏執病).
へんしゅう[編修](명·타サ) 편수. 편집하고 수정(修正)함. compilation
へんしゅう[編集·編輯](명·타サ) 편집. 여러 가지 재료를 모아 신문, 잡지, 단행본 등의 형태로 만들어 냄. editing
へんじゅう[篇什](명) ①시를 모은 것. 시편(詩篇). ②시(詩). 1. a collection of poems
へんしょ[返書](명) 반서. 회답의 편지. 답장. 반신(返信). an answer
べんじょ[便所](명) 변소. 대소변을 보는 곳. a toilet
へんしょう[返照](명·타サ) ①빛이 되쬠. ②저녁 햇볕. 1. reflection
へんしょう[返償](명·타サ) 돌려서 갚음. compensation
へんしょう[編章·篇章](명) 편장. ①시문(詩文)의 편(編)과 장(章). ②문장. 1. books and cantos
へんじょう[返上](명·타サ) 반상. 도로 보냄. return
べんしょう[弁証](명·타サ) 변증. ①변론으로 증명함. ②변별(辨別)해서 증명함. demonstration. **—ほう**[弁証法](명)〈철〉 변증법. ①문답(問答)에 의한 진리에의 도달법(到達法). ②자기 자신의 발전을 위하여 자기에게 있는 모든 모순과 투쟁하여 새로운 통일을 얻는 방법. **—ほうてきゆいぶつろん**[弁証法的唯物論](명)〈철〉 ⇨ゆいぶつべんしょうほう(唯物弁証法).
べんしょう[弁償](명·타サ) 변상. 손해를 물어 줌. 변제(弁済). 보상(補償). 「損害(ソンガイ)を—する; 손해를 변상하다」 reimbursement
へんしょく[変色](명·자サ) 변색. 빛깔이 변함. 빛깔을 바꿈. change of colour
へんしょく[偏食](명·자サ) 편식. 어떤 음식만을 편벽되게 가려 먹음. an unbalanced diet

へん·じる[変じる] Ⅰ(자상 1) 바꾸다. 변하다. Ⅱ(타상 1) 변하게 하다. change

べん·じる[弁じる·辨じる] Ⅰ(자상 1) ①끝나다 「用(ヨウ)が—; 용건이 끝나다」 ②갖추다. Ⅱ(타상 1) ①분간하다. 식별하다. 「黒白(コクビャク)を弁じない; 흑백을 분간치 못하다」 ②주선하다. ③처리하다. 끝내다. Ⅱ 1. discriminate

べん·じる[弁じる·辯じる](자타상 1) 입장을 분명히 하기 위하여 의견을 말하다. 「かれのために一席(イッセキ)—ことにしよう; 그의 입장을 분명히 하기 위해 한 마디 하기로 하자」 argue

べん·じる[便じる] Ⅰ(자상 1) ①일하는 데 불편하지 않다. 볼일을 다 보다. 「用(ヨウ)が—; 일하는 데 부족함이 없다」 ②편리하게 하다. Ⅱ(타상 1) 일을 마치다. Ⅰ serve

ペンシル[pencil](명) 펜슬. 연필.

へんしん[返信](명) 반신. 답장. 회답. 반서(返書). ↔往信(オウシン). a reply

へんしん[変心](명·자サ) 변심. 마음이 변함. change of mind

へんしん[変身](명·자サ) 변신. 몸이나 모습을 바꿈. 또는 바뀐 몸. transformation

へんしん[変針](명·자サ) 변침. 침로(針路)를 바꿈. change of course

へんじん[変人·偏人](명) 보통 사람보다 다른 점이 있는 사람. 별난 짓을 잘하는 사람. an eccentric person

ベンジン[benzine](명)〈이〉 벤진. 석유를 분류(分溜)할 때에 섭씨 60~120 도에서 얻은 무색 투명하고 특이한 냄새가 나는 액체. 소독, 드라이클리이닝에 씀.

ペンス[pence](명) "ペニー"의 복수(複数).

へんすい[辺陲](명) 국경. 변경(辺境). a frontier

へんすう[辺陬](명) 외딴 시골. 벽촌(僻村). an out-of-the-way place

へんすう[変数](명)〈수〉 변수. 가치가 자유로 바뀌는 수(数). a variable

へんずつう[偏頭痛](명)〈의〉 편두통. 머리의 일부분이 몹시 쑤시고 아픈 병. megrim

へん·する[偏する](자サ) 치우치다. 한쪽으로 기울다. lean

べん·する[便する](자サ) 편리하게 하다. 쉽게 하다. 「理解(リカイ)に—; 이해를 쉽게 하다」 make convenient

へん·する[貶する](타サ) 지위나 관직을 낮추다. 떨어뜨리다. relegate

へんせい[変声](명) 변성. 목소리가 달라짐. 「—期(キ); 변성기. 사춘기」 change of voice

へんせい[変性](명) 변성. ①성질이 이상한 것. 또는 그 성질. ②〈의〉 조직이 양적(量的) 및 질적(質的)으로 변함. 1. abnormal nature

へんせい[編成](명·타サ) 편성. 모아서 하나로 만듦. 조성(組成). 「再(サイ)—; 재편성」 formation

へんせい[編制](명·타サ) 편제. 단체 또는 군대를 조직함. organization

へんせいがん[変成岩](명)〈지〉 변성암. 화성암(火成岩)이나 수성암(水成岩)이 땅속에서 온도 또는 압력의 변화로 인하여 구조(構造), 조직, 화학(化学) 성분 등이 변화를 일으킨 것. a metamorphic rock

へんせいふう[偏西風](명)〈천〉 편서풍. 위도(緯度) 30~65 도의 중위도(中緯度) 지방에 1년내 서쪽으로 치우쳐 부는 바람. ↔偏東風(ヘントウフウ). prevailing westerlies

へんせつ[変節](명·자サ) 변절. 굳게 지켜 오던 종래의 태도나 주의를 바꿈. apostasy

へんせつ[変説](명·자サ) 변설. 자기가 한 말을 바꿈. 종래의 설(説)을 고침. changing one's opinion

べんぜつ[弁舌](명) 변설. 말을 잘하는 재주. 말의 기교. speech

へんせん[変遷](명·자サ) 변천. 바뀌어서 달라짐. 시간에 따라 달라짐. 변전(変転). transition

ベンゼン[benzene](명)〈이〉 벤젠. 코울타르를 분류(分溜), 정제(精製)한 무색 휘발성 액체. 화학 약품, 의학, 염료, 화약의 원료로 씀. 벤졸.

べんそ[弁疏·辯疏](명·타サ) 말로 풀어 밝힘. 변명. 변해(辯解). excuse

へんそう[返送](명·타サ) 반송. 돌려 보냄. 환송(還送). sending back

へんそう[変装](명·자サ) 변장. (사람의 눈을 속이기 위하여) 옷차림이나 모양을 바꿈. disguise

へんぞう[変造](명·타サ) 변조. 가공(加工)해서 모양이나 내용을 바꿈. alteration

へんそうきょく[変奏曲](명)〈악〉 변주곡. 하나의 주제(主題)를 토대로 삼아 그 선율 등을 갖가지로 변화시킨 음곡(音曲). a variation

ベンゾール[benzol](명)〈이〉 ⇨ベンゼン.

へんそく[変則](명·형동ダ) 변칙. 규칙이나 규정에서 벗어남. ↔正則(セイソク). irregularity

へんそく[変速](명·자サ)〈이〉 변속. 속력(速力)을 바꿈. changing speed. ——**き**[変速機](명) 변속기. 자동차 등의 (회전) 속도를 바꾸는 장치.

へんたい[変体](명) 변체. 보통의 체제와 다름. abnormality. ——**がな**[変体仮名](명) 보통의 히라카나와 다른 초체(草体)의 카나. 예: ゟ=に, ゑ=は.

へんたい[変態](명·자サ) 변태. ①〈동〉 동물이 발육하는 도중, 시기에 따라 형태를 바꿈. ②(성욕 등의) 이상한 상태. 「—性欲(セイヨク); 변태 성욕」 1. metamorphosis 2. abnormality

へんたい[編隊](명) 편대. 항공기 등이 대형(隊形)을 정리하여 한 조(組)가 된 것. 「—飛行(ヒコウ); 편대 비행」 formation

べんたつ[鞭撻](명·타サ) 편달. ①채찍질함. ②독려(督励). 격려(激励). 「後輩(コウハイ)を—する; 후배를 격려하다」 2. encouragement

ペンダント[pendant](명) 펜던트. (목걸이, 귀걸이 등에 다는) 보석이나 메달. 또는 보석이나 메달을 단 목걸이.

へんち[辺地](명) 변지. 도시에서 멀어진 교통이 불편한 곳. 벽지(僻地). 「—教育(キョウイク); 벽지 교

욕」 a remote place

ベンチ[bench](명) 벤치. ①여러 사람이 같이 앉을 수 있도록 나무로 만든 긴 의자. ②야구 경기장 안의 선수석이나 감독석.

ペンチ(명)〔핀처어즈(pinchers)의 변화〕 펜치. 철사를 끊는 도구.

へんちょ[編著](명) 편저. 편집한 저작물. a compilation

へんちょう[変調](명·자타サ) 변조. ①말이나 행동이 먼저와 달라짐. ②보통과 다름. 1. a change of tone

へんちょう[偏重](명·타サ) 편중. 한쪽으로 치우침. 편벽되게 한쪽만을 중시함. 「学歴(ガクレキ)を一する; 학력을 편중하다」 attaching too much importance

へんちょうし[変調子](명) 변조(変調). a changed tone

ベンチレーター[ventilator](명) 벤틸레이터. 통풍(通風) 설비. 통풍기(通風機). 송풍기(送風機).

へんつう[変通](명·자サ) 변통. 때와 경우에 따라서 이리저리 막힘 없이 잘 처리함. 「一自在(ジザイ); 변통 자재」 versatility

べんつう[便通](명) 변통. 대변이 잘 나옴. a movement of the bowels

へんてこ(りん)[変挺(りん)](형동ダ)〈속〉 이상한 모양. 기묘한 모양. queer

へんてつ[変哲](명) 변함. 또는 변한 점. 「なんの一もない男(オトコ); 아무 남다른 데가 없는 평범한 사나이」 unusualness

へんてん[変転](명·자타サ) 변전. 바뀌어서 다른 상태로 옮겨짐. 변해서 다른 상태로 됨. mutation

へんでん[返電](명) 반전. 답장의 전보. 답전(答電). a reply telegram

べんてん[弁天](명) ①〈불〉 ⇨べんざいてん. ②〈속〉 미인(美人). 2. a beauty

べんでん[便殿](명) 편전. 임금이 휴식하는 곳. the Imperial resting-room

へんでんしょ[変電所](명) 변전소. 변압기(変圧器) 등을 장치해 놓고 전압을 바꾸어 배전(配電)하는 곳. a transformer substation

へんど[辺土](명) 변토. ①시골. 벽촌. ②도시의 변두리. 근교(近郊). 1. a remote region

へんとう[返答](명·자サ) 대답. 회답. a reply

へんとう[扁桃](명)〈식〉 편도. 장미과에 속하는 낙엽 교목. 복숭아나무와 비슷하며 높이는 6m 가량임. 이른 봄에 담홍색 꽃이 핌. 열매는 익으면 터져 씨가 드러남. an almond

へんどう[変動](명·자サ) 변동. 변하여 움직임. 「物価(ブッカ)の一; 물가의 변동」 change

べんとう[弁当](명) 도시락. lunch

へんとう(せん)[扁桃(腺)](명)〈생〉 편도선. 사람의 입안 양쪽에 있는 타원형의 임파 세포군(淋巴細胞群). the tonsils. **—えん**[扁桃腺炎](명) 편도선염. 편도선의 염증.

へんとうふう[偏東風](명)〈천〉 편동풍. 지구 자전의 영향을 받아 동쪽으로 치우쳐 부는 극풍(極風). ↔偏西風(ヘンセイフウ). prevailing easterly

ベントナイト[bentonite](명) 벤토나이트. 점토(粘土)의 한 가지. 물에 담그면 부풀어 오름. 도자기 등의 원료로 씀.

べんなん[弁難·辯難](명·타サ) 변난. 트집을 잡아서 비난함. 논란(論難). denunciation

へんに[変に] ⇨: へん(変)③.

へんにゅう[編入](명·타サ) 편입. 한동아리에 끼게 함. 「一試験(シケン); 편입 시험」 incorporation

ペンネーム[pen name] 펜네임. 문예상(文芸上) 작품에 쓰는 본명 이외의 이름. 필명(筆名). 아호(雅号).

へんねんし[編年史](명) 편년사. 편년체(編年体)의 역사. a chronicle

へんねんたい[編年体](명) 편년체. 연대순으로 엮은 역사 편찬의 한 체제(体制). ↔紀伝体(キデンタイ). a chronological form

へんのう[返納](명·타サ) 반납. 도로 돌려 바침. 「図書(トショ)を一する; 도서를 반납하다」 return

へんのうゆ[片脳油](명) 편뇌유. 용뇌(竜脳)를 정제(精製)한 후에 남는 엷은 황색의 기름. 방취용(防臭用), 살충용(殺虫用)으로 씀. camphor oil

へんぱ[偏頗](명·형동ダ) 편파. 불공평(不公平). 「一のないように; 불공평하지 않도록」 partiality

へんぱい[返杯·返盃](명·자サ) 반배. 받은 술잔을 마시고 돌려 보냄. returning the wine-cup

べんばく[弁駁](명·타サ) 변박. 상대의 이야기를 공격함. 반론(反論). 반박. refutation

べんぱつ[弁髪·辮髪](명) 변발. 남자의 머리를 땋아서 뒤로 길게 늘어뜨린 것. 옛날 중국의 풍속. a pigtail

ペンパル[pen pal](명) 펜팔. 서신으로 국제적 우정(友情)을 맺고 있는 벗. 펜프렌드.

〔弁髪〕

へんぴ[辺鄙](명·형동ダ) 변비. 문화의 혜택을 받지 못하는 지방. 궁벽한 시골. 벽촌. a remote district

べんぴ[便秘](명·자サ) 변비. 대변이 잘 나오지 않음. 변비증(便秘症). constipation

へんぴん[返品](명·자サ) 반품. 일단 산 물건이나 사입(仕入)한 물건을 돌려 보냄. 또는 그 물건. return of goods

へんぷ[返付](명·타サ) 돌려 줌. 반환. return

へんぷく[辺幅](명) 표면. 외관(外観). 「一を飾(カザ)らず; 겉치레를 안하다」 outward appearance

べんぷく[便服](명) 평상시에 입는 옷. 평복. 평상복(平常服). undress

へんぶつ[変物·偏物](명) 변인(変人). 편인(偏人). 기인(奇人). an eccentric person

へんぺい[偏平·扁平](명·형동ダ) 편평. 넓고 평평함. flatness

べんべつ[弁別](명·타サ) 변별. 시비를 가려서 구별함. 감별(鑑別). 식별(識別). 「善悪(ゼンアク)を一する; 선악을 가려서 구별하다」 discrimination

ベンベルグ[도 Bemberg](명) 벰베르크. 도이치 벰베르

크 회사에서 만든 인견(人絹).

へんぺん[片片](형동タルト) 편편. ①조각조각난 모양. ②얄따란 모양. 「—たる小冊子(ショウサッシ); 얄따란 소책자(팜플렛)」 2. in flakes

べんべん[便便](형동タルト) ①허송 세월하는 모양. 「—として日(ヒ)をすごす; 허송 세월로 날을 보내다」 ②배가 불룩 나온 모양. 「—たるたいこ腹(バラ); 불룩한 배」 2. protuberant

ぺんぺんぐさ[ぺんぺん草](명)〈식〉 ⇨なずな.

へんぼう[変貌](명·자サ) 변모. 모습이 변함. 변용(変容). 「近代都市(キンダイトシ)へと—した; 근대 도시로 변모하였다」 transfiguration

へんぼう[偏旁](명) 편방. 변(辺)과 방. 한자의 왼쪽의 변과 오른쪽의 방.

へんぽう[返報](명·자サ) ①은혜를 갚음. 보답(報答). ②앙갚음. 보복. 1. requital

べんぽう[便法](명) 편법. 편리한 방법. 「—を講(コウ)じる; 편리한 방법을 강구하다」 an easier method

へんぽん[返本](명·타サ) 반본. 책을 돌려 줌. return of books

へんぽん[翩翻](형동タルト) 편번. 깃발 등이 펄럭이는 모양. 펄럭펄럭. fluttering

へんまがん[片麻岩](명)〈광〉 편마암. 변성암(変成岩)의 한 가지. 장석(長石) 또는 석영(石英) 등을 주성분으로 하여 흑운모(黒雲母) 등의 유색 광물을 가진 편상(片状)의 암석. gneiss

べんまく[弁膜·瓣膜](명)〈생〉 판막. 심장, 동맥 등의 내부에 있는 막(膜). 피가 역전하는 것을 방지함. 「心臓(シンゾウ)—症(ショウ); 심장 판막증」 a valve

へんみ[変味](명·자サ) 변미. 맛이 변함. change of flavour

へんみょう[変名](명) ⇨へんめい.

べんむかん[弁務官](명)〈법〉 판무관(辦務官). 자치령(自治領)등에 가서 행정 사무를 지도하는 관리. a commissioner

へんめい[変名](명·자サ) ①이름을 갊. ②본명을 감추고 달리 내세운 이름. 1. changing ons' name

べんめい[弁明·辯明](명·타サ) 변명. ①이유를 설명하여 똑똑히 밝힘. 「自分(ジブン)の立場(タチバ)を—する; 자기 입장을 변명하다」 ②사물의 시비(是非)를 밝힘. vindication

べんもう[便蒙](명) 처음 배우는 사람에게 알기 쉽게 함. 또는 그 책. a primer

へんもく[編目·篇目](명) 편목. 편(編)이나 장(章)의 제목. the title of a chapter

へんやく[変約](명·자サ) 변약. 약속을 바꿈. a breach of promise

へんよう[変容](명·자타サ) 변용. 외모가 바뀜. 용모를 바꿈. transfiguration

へんらん[変乱](명) 변란. 사변(事変)이 일어나 세상이 어지러움. a disturbance

べんらん[便覧](명) 편람. 보기에 편리하도록 간편하게 만든 책. a handbook

へんり[偏理](명) 이론에 치우침. a one-sided theory

べんり[弁理](명) 변리. 일을 맡아서 처리함. management. —**こうし**[弁理公使](명)〈법〉 변리 공사. 전권 공사(全権公使)의 다음 위치에 있는 외교관. —**し**[弁理士](명)〈법〉 변리사. 특허(特許), 실용 신안(実用新案) 등의 신청, 출원(出願) 등의 대리를 업으로 하는 사람.

べんり[便利](명·형동ダ) 편리. 편하고 쉬움. 편의(便宜). 편익(便益). convenience

へんりょう[変量](명)〈수〉 변량. 변화하는 양. a variate

へんりん[片鱗](명) 편린. 사물 가운데서 극히 작은 부분. 일단(一端). 「—をのぞかせる; 편린을 보여 주다」 a part

へんれい[返礼](명·자サ) 반례. 보답으로 보내는 인사 또는 선물. 답례(答礼). a return present

へんれい[返戻](명·타サ) 반려. 돌려 보냄. 반환. return

べんれい[勉励](명·자サ) 면려. 스스로 힘씀. 또는 힘쓰게 함. 「刻苦(コック)—; 각고 면려」 industry

べんれいたい[駢儷体](명) 병려체. 옛날 중국에서 육조(六朝) 시대에 많이 사용했던 문체(文体). 네 글자와 여섯 글자의 대구(対句)로 되어 있음. 병려문.

へんれき[遍歴](명·자サ) 편력. 여러 곳을 두루 돌아다님. 순력(巡歴). 편답(遍踏). travels

へんろ[遍路](명)〈불〉 옛날 코오보오 대사(弘法大師)가 수업(修業)했다는 88개소의 유적(遺跡)을 돌아 다니는 일. 또는 그 사람. 순례(巡礼). pilgrimage

べんろん[弁論](명·자サ) 변론. ①여러 사람 앞에서 사리를 밝혀 옳고 그름을 말함. 「—大会(タイカイ); 변론 대회」 ②〈법〉 소송 당사자의 법정 진술. 1. debate

ほ

—ほ[圃](조어) 밭. 「採種(サイシュ)—; 채종밭」

—ほ[補](조어) 한 단 아래 계급. 「書記(ショキ)—; 서기보」

—ほ[舗](조어) 점포(店舗). 가게. 「新聞(シンブン)—; 신문포(신문 가두 판매소)」

ほ[帆](명) 돛. 「—船(ブネ); 돛단배」 a sail

ほ[歩](명) ①걸음. 걸음걸이. 「—を進(スス)める; 걸음을 옮기다」 ②보병(歩兵)의 준말. 1. a pace

ほ[秀](명·형동ナリ)〈고〉 ①높이 솟아 있는 것. 또는 그 곳. ②밖으로 나타나는 것.

ほ[匍](명) 〔야구에서〕 포구(匍球)의 준말.
ほ[捕](명) 〔야구에서〕 캐처(捕手)의 준말.
ほ[葡](명)〈지〉 포르투갈(葡萄牙)의 준말.
ほ[補](명) ①보충하는 일. ②관직(官職)에 임명하는 일. 또는 정식 관직에 오르기 전의 칭호. 견습(見習). 「外交官(ガイコウカン)—; 외교관보」 ③보좌(補佐). 1. a supplement
ほ[穂](명) ①〈식〉 긴 화축(花軸) 둘레에 꽃이나 열매가 더부룩하게 붙은 것. 이삭. ②이삭 모양으로 생긴 것. 「筆(フデ)の—; 붓끝」 ③사람 눈에 띄게 되는 일. 나타나는 것. 1. an ear
ホ(명)〈악〉 장음계(長音階) 마조(調)의 미에 해당하는 음. E 음.
—ぼ[簿](조어) 장부. 「出勤(シュッキン)—; 출근부」
ぼ[戊](명) 10 간(干)의 다섯째.
ポ(명) ①포인트의 준말. ②〈지〉 ⇨ほ(葡).
ボア[boa](명) 보아. ①모피(毛皮)나 새털로 만든 부인용의 목도리. ②〈동〉 남미산(南米産)의 큰 배암. 가죽은 가방, 지갑 등을 만듦.
ほあん[保安](명) 보안. ①사회의 안녕 질서를 보전하는 일. 「—官(カン); 보안관」 ②위험성이 있는 직장의 안전을 유지하는 일. 「—要員(ヨウイン); 보안요원」 1. the preservation of public peace
ほい[布衣](명) ①평민. 서민. 「—の身(ミ); 평민의 신분」 ②평상복(平常服). 평복. 2. an ordinary dress
ほい[本意](명) ⇨ほんい.
ほい[補遺](명) 보유. 빠진 것을 보충하는 일. 또는 그렇게 한 것. a supplement
—ぽ·い(접미·형형) (…하는) 경향이 많다. 「忘(ワス)れっ—; 잘 잊어 버리다」
ほいかご[ほい駕籠](명) 에도(江戸) 시대에 시중(市中)에서 손님을 태우던 가마. 「a graveyard
ぼいき[墓域](명) 묘지로서 구획(区劃)된 구역. ↗
ほいく[保育](명·타サ) 보육. ①어린 아이를 돌보아 기름. 「—園(エン); 보육원」 ②(어미가) 젖을 주어 새끼를 보호, 양육함. nurture
ほいく[哺育](명·타サ) ⇨ほいく(保育)②.
ボイコット[boycott](명·타サ) 보이콧. ①소비자가 단결하여 물건을 사지 않음. 불매 동맹(不買同盟). ②공동으로 배척함.
ホイスト[hoist](명) 호이스트. 가벼운 것을 올리고 내리는 소형 기중기(起重機).
ぼいだ·す(타 4) 좇아 버리다. 내쫓다. expel
ほいつ[捕逸](명·타サ) 〔야구에서〕 캐처(捕手)가 피처(投手)의 공을 받지 못하고 놓치는 일. fumbling
ホイ(ッ)スル[whistle](명) 휘슬. ①경적(警笛). ②〔운동 경기에서〕 심판이 사용하는 호각.
ほいっぽ[歩一歩](연어·부) 일보 일보(一歩一歩). 한 발 한 발. 한 걸음 한 걸음. 조금씩. step by step
ほいと(명)〈고·방〉 거지. 비렁뱅이.
ほいな·し[本意無し](형ク)〈고〉 본의가 아니다. 생각대로 되지 않아 유감스럽다.
ボイラー[boiler](명) 보일러. 기관(汽罐).
ボイル[boil](명·타サ) 보일. ①끓음. 비등(沸騰). ②(야채 등을) 뜨거운 물에 데침.
ボイル[프 voile](명) 보일. 날과 씨를 세게 꼰 연사(撚糸)를 사용하여 평직(平織)으로 성기게 짠 얇은 직물. 아이나 여자의 여름철 옷감으로 쓰임.
ボイルゆ[boil 油](명) 보일유. 건성유(乾性油)에 건조제(乾燥剤)를 가하여 섭씨 150 도～250 도로 가열한 것. 물건에 칠하면 단시간에 건조하여 얇은 막(膜)으로 됨. 페인트, 와니스, 인쇄 잉크 등의 제조에 쓰임. boiled oil
ボイルドー[boiled](조어) 보일드. 삶은. 익힌. 데친. 「—エッグ; 삶은 달걀」
ほいろ[焙炉](명) 배로. 차(茶)의 잎 등을 말리는 건조로(乾燥炉). a tea drier
ぼいん[母音](명) 모음. 홀소리. ↔子音(シイン). a vowel
ぼいん[拇印](명) 지장(指章). ⇨:つめいん. a thumb-mark
ポインター[pointer](명)〈동〉 포인터. 보통 크기의 서양 사냥개. 털이 짧고 흰 바탕에 얼룩이 있음.
ポイント[point](명) 포인트. ①점(点). ②지점(地点). ③득점(得点). ④활자(活字) 크기의 단위. ⑤(중요한) 대목. 요점(要点). 「—をおさえて話(ハナ)す; 요점을 들어 이야기하다」 ⑥철도의 전철기(転轍器). ⑦소수점(小数点). 「—以下(イカ); 소수점 이하」
—ほう[俸](조어) 봉급(俸給). 「三号(サンゴウ)—; 3 호봉」
—ほう[報](접미) ①알림. 통보. 「第五(ダイゴ)—; 제 5 보」 ②보고(報告). 「研究所(ケンキュウショ)—; 연구소 보고」
ほう[方](명) ①방위. 「東(ヒガシ)の—へ; 동쪽으로」 ②방향을 분명히 가리키지 않을 때 쓰는 말. …라고 하는데. 「三越(ミツコシ)の—へつとめております; 미쯔코시라는 데 근무하고 있읍니다」 ③방면(方面). 부면(部面). 「おしゃべりの—ではかなわない; 수다 떠는 데는 당해 낼 수가 없다」 ④서로 대립되는 한쪽을 가리켜서 하는 말. 편. 「君(キミ)の—が正(タダ)しい; 당신 편이 옳다」 ⑤부류(部類). 부류에 속하는 것. 「おく病(ビョウ)な—だ; 겁이 많은 편이다」 ⑥사각형(四角形). 1. a direction 3. realm
ほう[芳](명) ①향기로운 것. 꽃다운 것. ②상대방에 관계되는 말에 붙이는 미칭(美称). 「—名(メイ); 방명」 1. fragrance
ほう[邦](명) 나라. 국토. a land
ほう[法](명) 법. ①법률. 법칙. 「—にそむく; 법에 위배되다」 ②방법. 방편. 「検査(ケンサ)—; 검사법」 ③예의(礼儀). 몸가짐. 「—にかなう; 예절에 맞다」 ④〔문법에서〕 문장의 기능을 나타내는 동사의 형식. 무우드. 「命令(メイレイ)—; 명령법」 ⑤〈불〉 불법. 불교. ⑥법학부(法学部)의 준말. ⑦호오세이대학(法政大学)의 준말. 1. a law 2. a method
ほう[苞](명)〈생〉 ①포. 꽃대, 꽃꼭지 밑에 있는 비늘 모양의 잎. 화포(花苞). ②초목(草木)의 줄기를 싸는 껍질. 1. a bract 2. a sheath

ほう[封](명) 제후(諸侯)의 영지(領地). 봉토(封土). a fief

ほう[砲](명)〈군〉 ①대포. 화포(火砲). 「機関(キカン)―; 기관포」 ②포병(砲兵)의 준말. 1. a gun

ほう[袍](명) 헤이안(平安) 시대에 천황(天皇)이나 귀족의 남자들이 입던 정장(正装). 지금은 신관(神官)들이 입음.

ほう[報](명) 알리는 일. 소식. 「この―を得(エ)て; 이 소식을 듣고」 a report

ほう[鵬](명) 날개 길이가 3천 리나 되며 한 번에 9만 리를 난다고 하는 상상상(想像上)의 새. 큰 새.

ぼう―[亡](조어) 죽은 사람의 이름 위에 붙이는 말. 고(故). 「―父(フ); 망부」

ぼう―[某](접두) 이름이 확실하지 않을 때, 또는 확실히 나타내고 싶지 않을 때 쓰는 말. 아무개. 「―課長(カチョウ); 모 과장」「―市(シ); 모시」

―**ぼう**[坊](조어) ①〈불〉 ⇨ぼう(房)②. ②사람을 얕보고 하는 말. 「けちん―; 구두쇠」

―**ぼう**[房](접미) ①집의 아호(雅号)에 붙이는 말. ②〈불〉 중의 이름에 붙이는 말.

―**ぼう**[紡](조어) 방적 회사(紡績会社). 「東洋(トウヨウ)―; 동양 방적 회사」

―**ぼう**[帽](조어) 모자. 「運動(ウンドウ)―; 운동모」

ぼう[亡](명) ①멸망(滅亡). ②죽음. 사망. 1. destroy

ぼう[忙](명) 분주. 다망(多忙). 「―中(チュウ)閑(カン)あり; 망중 유한(忙中有閑)」 busyness

ぼう[坊] Ⅰ(명) ①황태자의 다른 이름. 동궁(東宮). ②중. 스님. 「師(シ)の―; 스승인 중」 ③〈불〉 중이 사는 집. ④사내 아이. 동자(童子). ⑤시중(市中)의 한 구획. Ⅱ(대) 사내 아이를 부르는 말. 사내 아이의 애칭(愛称). Ⅰ 1. the Crown Prince 5. a block

ぼう[房](명) ①방. ②중이 사는 집. ③문. 문간. ④집. 1. a room 3. a door 4. a house

ぼう[昴](명)〈천〉 묘성(昴星). 28수의 18번째 별. 플레이아데스 성단(星团). Pleiades

ぼう[望](명) 망. ①만월(満月). 음력 보름달. ②음력 15일. ↔朔(サク). 1. a full moon

ぼう[棒](명) ①나무나 금속의 막대. ②양쪽끝에 짐을 걸어나르는 멜대. ③(그은) 줄(線). ④「―にふる; 지금까지의 노력을 헛되게 하다」 1. a stick

ぼう[暴](명) ①난폭(乱暴). ②불법. 1. violence

ぼう[某](대) ①어떤 사람. 모씨. ②나. 1. certain

ぼう あく[暴悪](명·형동ダ) 포악. 난폭하여 도의(道義)에 벗어남. violence

ぼう あげ[棒上げ](명)〈경〉 시세가 계속하여 오르는 것. 장대오름. ↔棒下(サ)げ. soaring

ぼう あつ[防圧·防遏](명·타サ) 막아 못하게 함. 방지(防止). prevention

ぼう あみ[棒編み](명·타サ) 2개 이상의 뜨개질 바늘을 사용하여 짬. ↔かぎ編み.

ほう あん[法案](명) 법안. 법률의 초안. 법률의 안건(案件). a bill

ほう あん[奉安](명·타サ) 봉안. 받들어 안치함. installation

ぼう あんき[棒暗記](명·타サ) 이해도 못하면서 무턱대고 욈. indiscriminate learning by heart

ほう い[方位](명) ①방위. 방향. ②방향의 좋고 나쁨을 판단하는 일. 1. a direction. ―**かく**[方位角](명)〈천〉 방위각. 천체(天体)와 천정점(天頂点)을 포함하는 평면이 자오면(子午面)과 이루는 각.

ほう い[包囲](명·타サ) 포위. 둘러 쌈. 「敵(テキ)に―される; 적에게 포위되다」 surrounding

ほう い[法衣](명)〈불〉 법의. 중의 옷. 승복(僧服). a sacerdotal robe

ぼう い[暴威](명) 폭위. 난폭한 위세. 「―をふるった暴風(ボウフウ); 난폭한 위세를 떨친 폭풍」 tyranny

ほう いがく[法医学](명)〈의〉 법의학. 의학을 기초로 하여 형사(刑事) 문제를 연구하고 감정하는 학문. medical jurisprudence

ほう いつ[放逸](명·형동ダ) 방일. 마음대로 행동함. 멋대로 함. 방자. self-indulgence

ほう いん[法印](명) ①〈불〉 ㉠승정(僧正)에 상당하는 중의 지위. ㉡⇨やまぶし. ②에도(江戸) 시대에 의사, 화가, 유자(儒者) 등의 이름 밑에 붙이던 말. 1. ㄱ. the highest priestly rank

ほう いん[訪印](명·자サ) 방인. 인도(印度)를 방문함.

ぼう いん[暴淫](명·자サ) 방사(房事)를 지나치게 함. excessive sexual intercourse

ぼう いん[暴飲](명·타サ) 폭음. 술 등을 난폭하게 많이 마심. 「―暴食(ボウショク); 폭음 폭식」 heavy drinking

ぼう う[暴雨](명) 폭우. ①세차게 내리는 비. ②소나비. 1. a heavy rain 2. a shower

ほう え[法衣](명) ⇨ほうい.

ほう え[法会](명)〈불〉 법회. ①설법(説法)을 위한 모임. ②죽은 사람의 추선(追善), 공양(供養)을 하는 일. 법사(法事). 2. a Buddhist mass

ほう えい[訪英](명·자サ) 방영. 영국을 방문함. a visit to England

ぼう えい[防衛](명·타サ) 방위. 막아서 지킴. defence. ―**ちょう**[防衛庁](명) 방위청. 〔일본에서〕 국방(國防)을 담당하는 관청.

ほう えき[法益](명)〈법〉 법익. 법률에 의해서 보호되는 이익. legal interests

ぼう えき[防疫](명·타サ)〈의〉 방역. 전염병을 예방하고 그 침입을 막음. prevention of epidemics

ぼう えき[貿易](명·자サ)〈경〉 무역. 외국과 상업 행위를 함. 「―商(ショウ); 무역상」 foreign trade. ―**ふう**[貿易風](명)〈지〉 무역풍. 위도(緯度) 20도 내외의 지역에서 적도(赤道)를 향하여 1년 내내 거의 끊임 없이 부는 바람.

ほう えつ[法悦](명) 법열. ①〈불〉 불법(仏法)을 듣고 마음에 일어나는 희열(喜悦). ②황홀한 기쁨. 1. religious exaltation

ほう えん[方円](명) 4각(四角)과 원(円). 「水(ミズ)は―の器(ウツワ)に従(シタガ)う; 물은 그릇에 따라서 형태를 바꾼다」 a square and a circle

ほう えん[砲煙](명) 포연. 대포를 발사할 때의 연기. the smoke of cannon. **—だんう**[砲煙弾雨](명) 포연 탄우. 총포(銃砲)의 연기와 비 오듯하는 탄환. 대격전(大激戰). 「the smoke of a signal-fire

ほう えん[烽煙](명) 횃불의 연기. 봉화(烽火)의 연기. ⤴

ぼう えん[望遠](명) 망원. ①먼 곳을 바라보는 일. ②←望遠レンズ. 1. seeing far. **—きょう**[望遠鏡](명) 망원경. 먼 곳을 보는 데 사용하는 긴 대롱 모양의 기계. **—レンズ**[望遠 lenz](명) 망원 렌즈. 먼 곳에 있는 사물을 촬영하는 데 사용하는 렌즈.

ほう えんこう[方鉛鉱](명)〈광〉 방연광. 등축정계(等軸晶系)에 속하며 연회색(鉛灰色)의 금속 광택이 나는 광석. lead glance

ほう おう[法王](명) 법왕. ①〈불〉 여래(如来). ②〈종〉 가톨릭교를 관장(管掌)하는 최고 지위에 있는 사람. 로마 교황. 2. a pope

ほう おう[法皇](명) ①불문에 들어 간 상황(上皇). ②〈종〉⇨ほうおう(法王)②. 1. the cloistered ex-emperor

ほう おう[訪欧](명) 유럽 방문. 「一の旅(タビ); 유럽 방문 여행」 a visit to Europe

ほう おう[鳳凰](명) 봉황. 상상 상(想像上)의 상서로운 새. 모양은 공작과 비슷함. a Chinese phoenix

〔鳳凰〕

ぼう おく[茅屋](명) ①초가 지붕. ②초가집. ③자기 집을 겸사로 일컫는 말. 2. a thatched cottage

ほう おん[芳恩](명) 상대방의 은혜의 높임말. 「一をかたじけなくし; 당신의 은혜를 받자와」

ほう おん[報恩](명) 보은. 은혜에 보답하는 일. requital of kindness

ぼう おん[防音](명) 방음. ①외부의 소음(騷音)을 방안에 들어 오지 못하게 막는 일. ②방안의 음향을 흡수하는 일. ③잡음을 내지 않게 하는 일. 1. sound prevention

ぼう おん[忘恩](명) 망은. 은혜를 저버리는 일. 「一の徒(ト); 은혜를 저버린 자」 ingratitude

ほう か[邦家](명) 방가. 나라. 국가(国家). a state

ほう か[邦貨](명) ①방화. 자기 나라의 돈. ②자기 나라의 상품.

ほう か[放下](명·타サ) ①던져 버림. ②자본을 투자(投資)함. ③농악(農楽)에서 전화(転化)한 곡예(曲芸). 1. throwing down. **—そう**[放下僧](명) 곡예를 하는 중. 「incendiarism

ほう か[放火](명·자サ) 방화. 일부러 불을 지름. ⤴

ほう か[放歌](명·자サ) 방가. 큰소리로 노래를 부름. singing loudly

ほう か[放課](명) 방과. 그날의 과업을 끝내는 일. 하학(下学). 「一後(ゴ); 방과 후」 dismissal of a class

ほう か[法科](명) 법과. ①법률에 관한 학과. ②법학부(法学部). 1. a law course

ほう か[法貨](명)〈경〉 법화. 법률에 의해서 강제적으로 통용시킨 돈. 법정 통화(法定通貨). legal tender

ほう か[砲火](명) 포화. 총포를 발사할 때 일어나는 불. 「一のちまた; 불꽃 튀는 전장(戰場)」 gun-fire

ほう か[烽火](명) 봉화. 횃불을 이용한 신호나 통신(通信). a signal-fire

ほう か[蜂窩](명) 봉와. 벌집. a beehive

ほう が[邦画](명) 방화. ①자기 나라 그림. ②자기 나라에서 만든 영화. ↔洋画(ヨウガ), 外画(ガイガ).

ほう が[奉加](명·타サ) 신불(神仏)에의 헌금(献金)에 참가함. 기부. 기진(寄進). 1. a contribution. **—ちょう**[奉加帳](명) 신불(神仏)에게 헌금했을 때 금액과 이름을 적는 장부. 기진장. 「congratulations

ほう が[奉賀](명·타サ) 경건한 마음으로 축복함. ⤴

ほう が[萌芽](명·자サ) 맹아. ①싹이 틈. ②사물의 시작. 1. germination 2. a sign

ほう が[鳳駕](명) 봉가. 임금이 타는 수레. 봉연(鳳輦). the Imperial carriage

ぼう か[防火](명) 방화. ①화재를 방지하는 일. ②불을 번지지 못하게 하는 일. 연소(延焼)를 막는 일. 1. fire prevention. **—へき**[防火壁](명) 방화벽. 화재의 피해를 막기 위해 건물 내부에 설치하는 내화성(耐火性)의 벽.

ぼう が[忘我](명) 망아. 깜박 정신을 잃거나 사물에 열중한 나머지 자기 자신을 잊는 일. trance

ほう かい[法界](명) ①〈불〉 ㉠모든 사물. 만유(万有). ㉡유(有)의 본체(本体). 진여(真如). ②광대 무변한 경계. 전우주. ③만물의 천차 만별한 세계. 1. the whole creation. **—りんき**[法界悋気](명) 자기 자신에 직접 관계되지 않는 일에 질투하는 일.

ほう かい[抱懐](명·타サ) 마음속에 생각을 품음. 회포. a conception

ほう かい[崩壊·崩潰](명·자サ) 붕괴. 허물어져 무너짐. collapse

ほうがい[方外](명) ①범위 밖. 국외(局外). ②나라 밖. 외국(外国). ③속세를 버리는 일. 출가(出家). ④속세를 떠난 사람들. 2. outside the country

ほう がい[法外](명·형동ダ) ①도(度)가 지나침. 「一なねだん; 터무니 없는 값」 ②도리에 어긋남. 2. unreasonableness

ぼう がい[妨害·妨碍](명·타サ) 방해. 일을 가로 막고 못하게 함. interruption

ぼう がい[望外](명) 기대한 이상의 성과. 뜻밖. 「一の喜(ヨロコ)び; 뜻밖의 기쁨」 unexpectedness

ほうかい せき[方解石](명)〈광〉 방해석. 백색 또는 무색(無色)의 유리 비슷한 광물. 평행 4변형(平行四辺形)의 면(面)을 갖는 단편(断片)으로 깨어지는데, 이것을 통해서 보면 물체가 2중으로 보임. calcite

ほう がく[方角](명) ①어떤 점을 기점(基点)으로 하여 생긴 동서남북의 방향. 방위. 「北(キタ)の一; 북쪽」 ②방향. ③눈대중. 짐작. 예견(豫見). 「一違(チガ)い; 짐작이 틀리다」 ④수단(手段). 방법. 1. a point of the compass

ほう がく[邦楽](명) 옛부터 전해 내려 오는 그 나라

고유의 음악.

ほう がく[法学](명) 법학. 법률의 원리(原理), 적용(適用) 등을 연구하는 학문. 「—博士(ハクシ); 법학 박사」 jurisprudence

ほう かつ[包括](명·타サ) 포괄. 하나로 뭉뚱그림. 한데 묶음. comprehension

ほう かん[法官](명) 법관. 사법 관리. 재판관. a judge

ほう かん[宝冠](명) 보석으로 꾸민 관. a crown

ほう かん[放管](명) 방송 관현악단(放送管弦楽団)의 준말.

ほう かん[奉還](명·타サ) 봉환. 조정(朝廷)에 도로 돌려 드림. 웃어른에게 도로 돌려 드림. restoration to the Emperor

ほう かん[宝鑑](명) 보감. ①길잡이가 될 만한 모범. ②모범이 될 만한 내용을 기록한 서적. 2. a thesaurus

ほう かん[砲艦](명)〈군〉 포함. 경포(軽砲)를 장비하는 흘수(吃水)가 얕은 소형 군함. 연안, 하천의 공격과 방어를 주요 임무로 함. a gunboat

ほう かん[幇間](명) 술자리에서 주흥(酒興)을 돋구는 사람. ⇨:たいこもち. a professional jester

ほう がん[方眼](명) 방안. 사각형. 모눈. **—し**[方眼紙](명) 방안지. 가로, 세로 일정한 간격의 줄이 쳐진 종이. 그래프 용지.

ほう がん[包含](명·타サ) 포함. 속에 싸여 있음. 속에 다 쌈. inclusion

ほう がん[判官](명) ①옛날 4등관(等官)의 제3등. 각 관청의 차관(次官)의 다음. ⇨:じょう(尉). ②재판과 경찰을 겸한 관청의 3등관.

ほう がん[砲丸](명) 포환. ①대포의 알. ②육상 경기에서」한 손으로 던지는 쇠로 만든 공. 1. a cannon ball. **— なげ**[砲丸投げ](명) 투포환. 육상 경기의 하나. 포환을 던진 거리에 의해 승부를 정함.

ぼう かん[坊間](명) 시내(市内). 시중(市中). 세상 일반. the streets

ぼう かん[防寒](명) 방한. 추위를 막는 일. 한기(寒気)를 방지하는 일. protection against the cold. **—ぐ**[防寒具](명) 방한구. 추위를 막기 위한 물건. 장갑, 목도리, 외투 등.

ぼう かん[傍観](명·타サ) 방관. 상관하지 않고 곁에서 보고만 있음. 「—者(シャ); 방관자」 onlooking. **— てき**[傍観的](형동ダ) 방관적. 남의 일처럼 곁에서 가만히 보고 있는 모양.

ぼう かん[暴漢](명) 폭한. 함부로 난폭한 행동을 하는 사람. a ruffian

ほうき[帚·箒]ハウキ(명) 먼지나 쓰레기를 쓸어 내는 기구. 비. a broom. **— ぐさ**[帚草](명)〈식〉 대싸리 명아주과에 속하는 1년초. 줄기나 가지로 싸리비를 만듦. **—ぼし**[帚星](명) ⇨すいせい.

ほう き[芳紀](명) 젊은 여자의 나이. 「—まさに十九才(ジュウキュウサイ); 방년 19세」 the age of a young lady

ほう き[伯耆](명)〈지〉 옛 지방 이름. 현재 돗토리현(鳥取県)의 일부.

ほう き[法規](명)〈법〉 법규. ①법률상의 규정. 규칙. ②국민의 권리, 의무를 규정하여 활동을 제한한 법률, 명령 등. 2. legislation

ほう き[放棄·抛棄](명·타サ) 포기. 아주 내버림. 버리고 돌아 보지 않음. abandonment

ほう き[宝器](명) ①보배로운 그릇. 소중한 보물. ②보배처럼 훌륭한 사람. 1. a treasured article

ほう き[法器](명)〈불〉 법기. ①불도(仏道)의 수업을 할 수 있는 소질을 가진 사람. ②불구(仏具). 2. articles used on a Buddhist altar

ほう き[蜂起](명·자サ) 봉기. 여러 사람이 벌떼처럼 일어나 폭동 등을 일으킴. uprising

ぼう き[紡機](명) 방적 기계(紡績機械).

ぼう ぎ[謀議](명·자サ) 모의. ①일의 계획을 의논함. ②〈법〉 범죄의 계획, 또는 방법을 의논함. 「共同(キョウドウ)—; 공동 모의」 2. conspiracy

ほう きゃく[訪客](명) 찾아 온 손님. 방문객. a visitor

ぼう きゃく[忘却](명·타サ) 망각. 잊어 버림. oblivion

ぼう ぎゃく[暴虐](명·형동ダ) 포학. 횡포하고 잔악함. atrocity

ほう きゅう[俸給](명) 봉급. 공무원 또는 사무원에게 주는 보수(報酬). 급여(給与). 급료(給料). a salary

ほう ぎょ[崩御](명·자サ) 붕어. 천황(天皇), 황후(皇后), 황태후(皇太后)가 세상을 떠남. 승하(昇遐). demise

ぼう きょ[暴挙](명) ①폭거. 난폭한 행동. 무모한 행동. ②폭동. 1. a reckless attempt

ぼう ぎょ[防御·防禦](명·타サ) 방어. 적(敵)의 공격을 막아 냄. defence

ほう きょう[豊凶](명) 풍흉. 풍년(豊年)과 흉년(凶年). a rich or poor harvest

ほう きょう[豊頬](명) 살이 통통한 뺨. 살집이 좋은 볼. plump cheeks

ぼう きょう[防共](명) 방공. 공산주의(共産主義)를 막음. defence against Communism

ぼう きょう[望郷](명) 망향. 고향을 그리워하는 것. homesickness

ほう ぎょく[宝玉](명) 보옥. 보석. a precious stone

ぼう きれ[棒切れ](명) 나무 토막.

ほう きん[砲金](명) 포금. 동과 주석의 합금(合金). 옛날 포신(砲身)의 재료로 썼음. gun metal

ほう ぎん[放吟](명·자サ) 마음 놓고 큰소리로 시가(詩歌)를 읊음. singing loudly

ほう ぐ[反故](명) 못 쓰게 된 종이. 휴지. ⇨:ほぐ. waste paper

ぼう ぐい[棒杙]—グヒ(명) 둥근 통나무 막대기. 말뚝. a pile

ぼう くう[防空](명) 방공. 항공기에 의한 하늘로부터의 공격을 막는 일. 「—壕(ゴウ); 방공호」 air defence

ぼう ぐみ[棒組](명) ①〈속〉 동아리. 한패. ②활자(活字)를 일정한 테 속에 넣지 않고 짜는 것. 1. one's pal

ぼう グラフ[棒 graph](명) 막대 그래프. a bar graph

ぼう くん[亡君](명) 죽은 임금. one's deceased lord

ぼう くん[傍訓](명) 한자(漢字) 옆에 다는 토.

ぼうくん[暴君](명) 폭군. ①난폭하고 잔학(残虐)한 군주. ②난폭한 주인. 난폭한 사람. 1. a tyrant
ほうけい[方形](명) 방형. 4각. 4각형. a square
ほうけい[方計](명) 방계. 방법과 계략. a scheme
ほうけい[包茎](명)〈의〉 포경. 음경(陰茎) 끝이 껍질에 싸여 밖으로 노출되지 않는 것. phimosis
ほうげい[奉迎](명·타サ) 봉영. 귀인이나 덕망이 높은 사람을 맞아 들임. welcome
ぼうけい[亡兄](명) 망형. 죽은 형. one's deceased elder brother
ぼうけい[傍系](명) 방계. 직계(直系)에서 갈려 나간 계통. ↔直系(チョッケイ). a collateral line. **—いんぞく**[傍系姻族](명) 방계 인족. 자기 배우자의 방계 혈족. 또는 자기의 방계 혈족의 배우자. **—けつぞく**[傍系血族](명) 방계 혈족. 자기와 같은 조상에서 갈려 나온 혈족. 백숙 부모(伯叔父母), 조카, 형제 자매, 종형제 등.
ぼうけい[謀計](명) 계략. 꾀하는 것. a plot
ほうげき[砲撃](명·타サ) 포격. 대포로 공격함. bombardment
ぼうげつ[某月](명) 모월. 어느 달.
ほう·ける[惚ける·呆ける](자하 1) ①멍청해지다. 희미해지다. ②열중하다. 「遊(アソ)び—; 노는 데 미치다」 1. grow mentally weak
ほうけん[宝剣](명) 보검. 보물로 여기는 칼. 귀중한 칼. a treasured sword
ほうけん[封建](명) 봉건. 토지를 나누어 주어 제후(諸侯)에게 영유(領有)시키던 일. 「—性(セイ); 봉건적인 성격」 feudalism. **—じだい**[封建時代](명) 봉건 시대. 봉건 제도의 시대. **—しゅぎ**[封建主義](명) 봉건주의. 군벌(軍閥)이나 관료가 국민의 의사를 무시하고 강권(強権)으로 국민을 억압하는 주의. **—せいど**[封建制度](명) 봉건 제도. 군주가 신하인 제후에게 토지를 나누어 주고 제후가 그 영지에서 전제 정치를 행한 제도. **—てき**[封建的](형동ダ) 봉건적. ①봉건주의나 봉건 제도로 행하는 모양. 상하의 관계를 중시하고 개인의 권리나 자유는 인정하지 않는 모양. ②고풍(古風)인 것. 구식인 것.
ほうげん[方言](명) 방언. ①어떤 지방에서만 쓰여지는 언어. ②표준어와 다른 말. 사투리. a dialect
ほうげん[放言](명·타サ) 방언. ①함부로 말함. ②무책임한 말. 1. free speech
ほうげん[法眼](명) ①〈불〉 호오인(法印) 다음의 승직(僧職). 승도(僧都)에 상당함. ②무가(武家) 시대 의사, 화가, 유자(儒者) 등이 이름 밑에 붙이던 말.
ぼうけん[冒険](명·자サ) 모험. 위험을 각오하고 행함. 「—小説(ショウセツ); 모험 소설」 an adventure
ぼうけん[剖検](명·타サ)〈의〉 해부하여 조사함. examining by dissection
ぼうけん[望見](명·타サ) 망견. 먼 데를 바라봄. watching from afar
ぼうげん[妄言](명) 망언. ①망령된 말. 함부로 하는 말. ②근거 없는 말. 거짓말. 1. thoughtless words
ぼうげん[暴言](명) 폭언. 난폭한 말. 「—をはく; 난폭한 말을 하다」 violent language
ほうこ[宝庫](명) 보고. ①보물을 넣는 창고. ②많은 물품을 산출, 공급하는 토지. 「農産物(ノウサンブツ)の—; 농산물의 다량 생산지」 1. a treasure house
ほうご[反故](명) ⇨ほうぐ.
ほうご[邦語](명) 자기 나라 말. 국어. the vernacular
ほうご[法語](명)〈불〉 법어. ①불교의 교의(教義)를 해설한 말. 불교에 관한 글. ②불교를 알기 쉽게 해설한 것. 1. a Buddhist sermon
ぼうご[防護](명·타サ) 방호. 막아서 지킴. protection
ほうこう[方向](명) 방향. ①향하는 쪽. 「風(カゼ)の—; 바람의 방향」 ②목적. 방침. 「研究(ケンキュウ)の—; 연구 목적」 ③처신(処身)하는 법. 1. a direction
ほうこう[芳香](명) 방향. 꽃다운 향내. 좋은 향기. 호뭇한 향기. fragrance
ほうこう[彷徨](명·자サ) 방황. 헤맴. 떠돌아 다님. wandering
ほうこう[奉公](명·자サ) ①국가에 봉사함. ②주인에게 봉사함. 1. public service. **—にん**[奉公人](명) 하인. 고용인.
ほうこう[咆哮](명·자サ) 포효. 사납게 외침. 범이나 사자 등이 으르렁거림. a roar
ほうこう[放校](명·타サ) 방교. 교칙을 위반한 학생을 학교에서 추방함. 출학(黜学). expulsion from school
ほうこう[砲口](명) 포구. 탄환이 나가는 화포(火砲)의 구부(口部). 포문(砲門). the muzzle of a gun
ほうごう[法号](명)〈불〉 법호. ①수계(受戒)할 때 스승이 제자에게 수여하는 칭호. ②계명(戒名). 법명(法名). 1. a Buddhist name
ほうごう[抱合](명·자サ) ①서로 껴안음. 얼싸안음. ②화합(化合). 1. an embrace
ほうごう[縫合](명·타サ)〈의〉 봉합. 상처나 수술 자리 등을 꿰매어 붙임. suture
ぼうこう[膀胱](명)〈생〉 방광. 신장(腎臓)에서 보내는 오줌을 모아 두는 주머니 모양의 내장. 오줌통. the bladder
ぼうこう[暴行](명·자サ) 폭행. ①난폭하게 행동함. ②타인에게 폭력을 가함. 1. violence
ほうこく[奉告](명·타サ) 신(神) 또는 신분이 높은 사람에게 고함. report to a divinity
ほうこく[報告](명·타サ) 보고. ①알려 바침. 통지. ②어떤 임무를 띤 사람이 그 일의 결과를 글 또는 말로 알림. 1. information
ほうこく[報国](명) 보국. 자기가 태어난 국가를 위해서 힘쓰는 일. patriotism
ぼうこく[亡国](명) 망국. ①망한 나라. 「—の民(タミ); 망한 나라의 백성」 ②국가를 멸망시키는 일. 2. bringing national ruin
ぼうこく[某国](명) 모국. 어떤 나라.
ぼうこひょうか[暴虎馮河](연어) 포호 빙하. 〔호랑이를 손으로 잡고 강을 맨발로 건넌다는 뜻으로〕 힘만 믿고 함부로 날뛰는 것을 비유한 말. 「—の勇(ユウ); 만용(蛮勇)」 a reckless adventure

ほうこん[方今](명·부) 방금. 지금. 당시(当時). 현재. the present time
ぼうこん[亡魂](명) 망혼. 죽은 사람의 혼. a departed soul
ぼうさい[亡妻](명) 망처. 죽은 아내. 망실(亡室). one's deceased wife
ぼうさい[防災](명) 천재(天災)를 막는 일. 재난을 막는 일. prevention against natural calamities
ぼうさい[防塞](명) 방색. 틀어 막거나 가려서 막는 것. 바리케이드. a fort
ほうさく[方策](명) 방책. 수단. 방법. 책략. a plan
ほうさく[豊作](명) 풍작. 농산물이 평년작(平年作) 이상으로 잘되는 일. a good harvest
ぼうさつ[忙殺](명·타サ) 망쇄. 몹시 바쁨. 「仕事(シゴト)に一される; 일이 몹시 바쁘다」 being very busily occupied
ぼうさつ[謀殺](명·타サ)〈법〉 모살. 계획적으로 사람을 죽임. premeditated murder
ほうさん[放散](명·자타サ) 방산. 외부에 흩어지게 함. 외부로 내 보냄.「熱(ネツ)を一する; 열을 방산하다」 radiation
ほうさん[奉賛](명·타サ) 봉찬. 신사(神社) 등의 사업에 찬조(賛助)함. supporting
ほうさん[硼酸](명)〈이〉 붕산. 약산(弱酸)의 한 가지. 희고 투명하며 바늘 모양의 광택이 있는 결정(結晶). 공업이나 소독, 방부(防腐), 세안(洗眼) 등에 쓰임. 「一水(スイ); 붕산수」 boracic acid. **—なんこう**[硼酸軟膏](명)〈의〉 붕산 연고. 붕산 가루를 주성분으로 한 고약.
ぼうさん[坊さん](명) 불도에 종사하는 사람의 높임말. 스님. a bonze
ほうし[芳志](명) 상대방의 뜻, 마음씨의 높임말. your kindness
ほうし[奉仕](명·자サ) 봉사. ①사회, 군주, 손님 등을 위하여 일함. 「社会(シャカイ)に一する; 사회에 봉사하다」 ②값을 싸게 함. 「一品(ヒン); 봉사품 (싸게 파는 물건)」 1. service
ほうし[奉伺](명·타サ) 여쭘. 말씀 드림. 「ごきげん一; 문안 드림」 visit
ほうし[放恣·放肆](명·형동ダ) 방자. 삼가할 줄 모르고 제멋대로 함. 방일(放逸). 「一な生活(セイカツ); 방자한 생활」 self-indulgence
ほうし[法師](명)〈불〉 법사. 중. 스님. a Buddhist priest. **—ぜみ**[法師蟬](명)〈동〉 ⇨つくつくぼうし.
ほうし[胞子](명)〈식〉 포자. 민꽃 식물(隠花植物)의 생식을 위하여 생긴 특별한 세포(細胞). a spore
ほうし[褒詞](명) 칭찬하는 말. praise
ほうじ[焙じ](명) 불에 쬐는 일. 또는 볶는 일. heating
ほうじ[邦字](명) 그 나라 문자. vernacular alphabets
ほうじ[法事](명)〈불〉 법사. 불교 행사. 법회(法会). a Buddhist mass
ほうじ[奉持·捧持](명·타サ) 받들어 가짐. holding up
ほうじ[宝璽](명) 보새. 임금이 쓰는 옥으로 만든 도장. 옥새(玉璽). the Privy Seal
ほうじ[報時](명) 보시. 시간을 알리는 일. announcement of time
ぼうじ[牓示](명·타サ) ①방문(榜文)을 붙여 널리 보임. ②말뚝을 박아 경계를 표시함. 또는 그 말뚝. 1. posting a notice on a board
ぼうし[防止](명·타サ) 방지. 막아서 못하게 함. 「危険(キケン)を一する; 위험을 방지하다」 prevention
ぼうし[茅茨](명) 띠나 갈대로 인 지붕. a roof of reeds and thorns
ぼうし[某氏](명) 모씨. 어떤 분. 어느 사람. a certain person
ぼうし[某紙](명) 모지. 어느 신문. a certain paper
ぼうし[某誌](명) 모지. 어느 잡지. a certain magazine
ぼうし[紡糸](명) 방사. 실을 자음. 또는 자은 실. spinning thread
ぼうし[眸子](명) 눈동자. the pupil
ぼうし[帽子](명) 모자. ①추위, 더위, 먼지 등을 막기 위하여 머리에 쓰는 것. ②물체 위에 덮어 씌우는 것. 1. a hat
ぼうし[鋩子](명) 칼끝. the point of a sword
ぼうし[暴死](명·자サ) 폭사. 갑자기 죽음. 돈사(頓死). 급사(急死). a sudden death
ぼうじ[亡児](명) 망아. 죽은 아이. one's dead child
ぼうじ[房事](명) 방사. 남녀가 교합하는 일. 성교(性交). sexual intercourse
ほうしき[方式](명) 방식. 일정한 형식. 법식. a formula
ほうしき[法式](명) 법식. ①의식이나 예의 등의 정해진 방법 또는 순서. ②하는 법. 방식. 1. a rule
ぼうしつ[亡失](명·자타サ) 망실. 없어짐. loss
ぼうしつ[亡室](명) 망실. 죽은 아내. 망처(亡妻). one's deceased wife
ぼうしつ[忘失](명·자타サ) 망실. 잊어 버림. 망각(忘却). forgetting
ぼうしつ[防湿](명) 방습. 습기를 막는 일. damp-proof
ぼうじつ[某日](명) 모일. 어느 날.
ぼうじつ[望日](명) 망일. 음력 보름날. the 15th day of a lunar month
ぼうじま[棒縞](명) 세로 진 굵은 줄무늬. stripes
ほうしゃ[放射](명·타サ) 방사. 중심에서 둘레로 내뻗음. 「一状(ジョウ); 방사상」 radiation. **—きん**[放射菌](명)〈이〉 방사균. 흙속이나 마른 풀 같은 데 붙은 미생물. 곰팡이와 박테리아의 중간 성질을 가지고 있음. 방선균(放線菌). **—せい**[放射性](명)〈이〉 방사성. 방사능을 갖는 성질. **—せいげんそ**[放射性元素](명)〈이〉 방사성 원소. 방사선을 끊임 없이 내는 원소. 방사능. **—せん**[放射線](명)〈이〉 방사선. 라듐 등의 방사능을 갖는 물질에서 나오는 선. 불투명한 물체를 통하게 하고, 또 사진의 필름, 건판(乾板)에 작용함. 방사능선. **—のう**[放射能](명)〈이〉 방사능. 원소가 자연스럽게 다른 원소로 붕괴될 때에 일종의 선을 방사하는 성능.
ほうしゃ[砲車](명)〈군〉 포차. 화포(火砲)를 편리하게

운반하기 위하여 포가(砲架)에 수레를 붙인 것. a gun carriage
ほうしゃ[報謝](명·자サ) ①은혜에 보답함. ②중에게 시주를 함. 1. requital of a favour
ほうしゃ[硼砂](명)〈이〉 붕사. 붕산과 나트륨의 화합물. 흰 모래와 같은 결정으로 방부제, 해충제로 쓰임. borax
ぼうしゃ[亡者](명) ⇨もうじゃ.
ぼうしゃ[茅舎](명) ⇨ぼうおく(茅屋).
ぼうじゃくぶじん[傍若無人](연어·형동ダ) 방약 무인. 제 세상인 듯이 함부로 버릇 없이 행동하는 모양. insolence
ほうしゅ[法主](명)〈불〉 법주. 종주(宗主). a high priest
ほうしゅ[宝珠](명) 보주. ①보배로운 구슬. ②←宝珠の玉. 1. a gem. **—のたま**[宝珠の玉](명) 위가 뾰족하고 불길이 타오르고 있는 형상으로 된 구슬.
ほうしゅ[砲手](명)〈군〉 포수. 화포(火砲)를 발사하는 임무를 갖는 병사. a gunner
ぼうしゅ[芒種](명) 망종. 24절기의 하나. 양력 6월 5일에 듦.
ぼうしゅ[謀主](명) 중심이 되어 일을 꾀하고 꾸미는 사람. the chief schemer
ぼうじゅ[傍受](명·타サ) 방수. 〔무선 통신에서〕 타인간에 연락되는 무전을 무단히 엿들음. interception
ほうしゅう[報酬](명) 보수. ①고마운 데 대한 사례. 보답함. ②근로 또는 수고에 대한 사례금. 수당. 1. a reward
ほうじゅう[放縦](명·형동ダ) 방종. 불규칙하고 멋대로 놀아남. self-indulgence
ぼうしゅう[防臭](명·타サ) 방취. 나쁜 냄새를 풍기지 못하게 막음. 「—剤(ザイ); 방취제」 deodorization
ほうしゅく[奉祝](명·타サ) 봉축. 축하(祝賀)의 말을 드림. celebration
ほうじゅく[豊熟](명·자サ) 풍숙. ①곡물의 풍작(豊作). ②잘 익음. 1. an abundant harvest
ぼうしゅく[防縮](명·타サ) 천이 줄어 들지 않게 함. 「—加工(カコウ); 방축 가공」
ほうしゅつ[放出](명·타サ) 방출. ①한꺼번에 풀어 놓음. ②모아 두었던 것을 풀어 놓음. 「—物資(ブッシ); 방출 물자」 1. discharge
ほうじゅつ[方術](명) ①수단. 방법. ②재주. 기술. ③신선(神仙)의 요술. 마술. 1. a method
ぼうじゅつ[棒術](명) 무예(武芸)의 하나. 나무 토막을 써서 막고 공격하는 무술. cudgel play
ほうじゅん[芳純·芳醇](명·형동ダ) 향기가 높은 술. mellow
ほうしょ[方処](명) 방위와 장소. 장소. a place
ほうしょ[芳書](명) 상대방 편지의 높임말. 「ご—拝見(ハイケン); 옥서 잘 받았읍니다」 your letter
ほうしょ[苞苴](명) ①대나무 잎이나 짚으로 생선을 싼 것. ②선물. 1. a fish wrapped in rushes
ほうしょ[奉書](명) ①최고급의 일본 종이. ②신하가 웃사람의 뜻을 받들어 명령을 전달하는 문서. 1. thick Japanese paper of the best quality
ほうじょ[幇助](명·타サ)〈법〉 방조. 거들어서 도와 줌. 「殺人(サツジン)—罪(ザイ); 살인 방조죄」 aid
ぼうしょ[防暑](명) 더위를 막음. protection against the heat
ぼうしょ[某所](명) 어느 곳. 모처. 「都内(トナイ)—で; 시내 모처에서」 a certain place
ぼうしょ[謀書](명) 모서. 공사(公私) 문서를 위조하는 일. 또는 위조한 문서. a forged document
ぼうじょ[防除](명)〈농〉 방제. 예방하여 해를 막는 일. 「虫害(チュウガイ)—; 충해 방제」 prevention
ぼうじょ[某女](명) 어느 여자. 어떤 부인.
ほうしょう[奉唱](명·타サ) 봉창. 조심하여 노래 부름. 삼가 노래 부름. singing
ほうしょう[法相](명) 법상. 법무 대신(法務大臣). 법무부 장관.
ほうしょう[放唱](명) 방송 합창단(放送合唱団)의 준말.
ほうしょう[報奨](명) 근로에 보답하고 이를 권장(勧奨)하는 일. remuneration and encouragement
ほうしょう[報賞·褒賞](명) 포상. 칭찬하여 상을 줌. 또는 그 상. a prize
ほうしょう[報償](명·자サ) 보상. 손해를 입은 사람에게 국가나 공공 단체가 변상함. 「—金(キン); 보상금」 compensation
ほうしょう[褒章](명)〈법〉 포장. 훌륭한 일을 한 사람에게 상으로 주는 기장(記章). a medal of merit
ほうじょう[方丈](명) ①사방이 열 자인 것. ②〈불〉 방장. 절의 주지(主持). 또는 그의 거처(居處). 1. 10 feet square
ほうじょう[芳情](명) 방정. 상대방의 뜻이나 마음씨의 높임말. 방지(芳志). your kindness
ほうじょう[放生](명) 방생. 잡은 동물을 놓아 살려 주는 일. setting captured animals free
ほうじょう[法帖](명) 법첩. 옛사람의 필적을 인쇄하여 절본(折本)한 책. a folding copybook
ほうじょう[法城](명)〈불〉 법성. 의지처로 삼는 불법(仏法). Buddhism
ほうじょう[豊饒·豊穣](명·형동ダ) 풍요. ①채소나 곡물이 풍성하게 익음. 풍작. 풍숙(豊熟). ②땅이 비옥하여 생산량이 많음. 1. a good harvest
ほうじょう[褒状](명) ①칭찬하며 주는 상장. ②포장(褒章)에 딸리는 서류. 상장. a certificate of merit
ぼうしょう[帽章](명) 모자의 기장(記章). 모표(帽標). a cap-badge
ぼうしょう[傍証](명) 방증. 증거가 되는 간접적인 자료. 간접적인 증거. 제3자로부터 얻은 증거. circumstantial evidence
ぼうじょう[棒状](명) 봉상. 나무 막대기와 같은 형태. 막대 모양. cylinder shape
ぼうじょう[暴状](명) 난폭한 상태. 또는 난폭한 행동. atrocity
ほうしょうきん[報奨金](명) 보장금. 근로(勤労)에 보답하고 나아가서는 더욱 권장(勧奨)하기 위해 주는 돈. a cash bonus

ほうしょく[奉職](명·자サ) 봉직. 관직(官職) 또는 교직(教職)에 나아감. public service

ほうしょく[飽食](명·타サ) 포식. 충분히 배부르게 먹음.「一暖衣(ダンイ); 포식 난의」 satiation

ぼうしょく[紡織](명) 방직. 기계를 이용하여 실을 자아 피륙을 짜는 일. spinning and weaving

ぼうしょく[望蜀](명) 처음 희망을 달성하고 다시 그 이상의 것을 바라는 것. 만족을 모르는 것. insatiability

ぼうしょく[暴食](명·타サ) 폭식. 절제(節制) 없이 함부로 먹음.「暴飲(ボウイン)一; 폭음 폭식」 intemperance in eating

ぼうしょくざい[防食剤·防蝕剤](명) 방식제. 금속의 표면이 썩는 것을 막는 약제. an anticorrosive

ほう·じる[奉じる](타상 1) ①받들다. ②말씀을 듣다. ③모시다. ④바치다. 1. hold up

ほう·じる[焙じる](타상 1) 불에 쬐어 습기를 없애다. 볶다. 명 焙じ. heat

ほう·じる[報じる](타상 1) ①은혜에 보답하다. ②알리다. 통지(通知)하다. 1. return

ほうしん[方針](명) 방침. ①나침반의 방위(方位)를 나타내는 자침(磁針). ②일을 처리할 방향과 계획. 1. a magnetic needle

ほうしん[芳心](명) ①상대방의 뜻이나 친절한 마음씨의 높임말. 방지(芳志). ②친절하게 대하는 것. 2. being kind to

ほうしん[芳信](명) 상대방 편지의 높임말. 옥서(玉書). your kind letter

ほうしん[放心](명·자サ) 방심. ①마음을 다잡지 않고 풀어 놓음. 정신을 차리지 않음.「一状態(ジョウタイ); 방심 상태」 ②안심함. 방념(放念).「ご一下(クダ)さい; 마음을 놓으십시오」 1. abstraction

ほうしん[砲身](명)〈군〉포신. 화약 또는 탄환을 재어서 발사하는, 긴 대롱 모양을 한 대포의 중요한 부분. a gun barrel

ほうじん[方陣](명) 방진. ①방형(方形)으로 친 진(陣). ②자연수(自然数)를 방형으로 배열하여 세로, 가로, 대각선(対角線)으로 그 합친 수가 똑같게 되는 것. 1. a square formation

ほうじん[邦人](명) 방인. 그 나라 사람. a fellow countryman

ほうじん[法人](명)〈법〉법인. 법률상으로 인격이 주어진 권리, 의무의 주체(主体). 보통 사람은 법률상 자연인이라 함. 예: 재단 법인, 사단 법인 등.「財団(ザイダン)一; 재단 법인」 a juridical person. **一ぜい**[法人税](명)〈법〉법인세. 영리(営利)를 목적으로 하는 법인의 소득에 부과하는 세금.

ほうじん[庖人](명) 요리인(料理人). 숙수. a cook

ぼうしん[亡臣](명) 망신. 망명(亡命)한 신하. a retainer in exile

ぼうしん[謀臣](명) 모신. 계략(計略)을 꾀하는 신하. 모계(謀計)가 많은 신하. a strategist

ぼうじん[防塵](명) 방진. 먼지가 들어 가는 것을 막는 일.「一作用(サヨウ); 방진 작용」 dust-proof

ぼうじん[傍人](명) 방인. 옆에 있는 사람. 곁의 사람. one of those present

ほうしんのう[法親王](명) 천황의 아들로서 출가(出家) 후에 친왕의 칭호를 받은 사람.

ほうず[方図](명)〈속〉제한. 한도.「一がない; 한도가 없다」 a limit

ぼう·ず[忘ず](타 サ) 잊다. 잊어 버리다. forget

ぼうず[坊主](명) ①〈불〉(절의) 주지(主持). ②중. ③까까중. ④무가(武家)에 봉사하며 차(茶) 심부름이나 잡일을 맡았던 사람. ⑤사내 아이. 1. a Buddhist priest. **一あたま**[坊主頭](명) 까까중. **一まくら**[坊主枕](명) ⇨くくりまくら. **一やま**[坊主山](명) 벌거숭이산. **一よみ**[坊主読み](명) 중 염불하듯이 의미는 생각지 않고 줄줄 읽기만하는 일.

ほうすい[放水](명·자サ) ①방수. 물을 흘려 보냄. ②방화(防火)를 위해서 호오스로 물을 끌어서 뿌림.「一演習(エンシュウ); 방화 연습」 1. draining water off. **一ろ**[放水路](명) 방수로. 방수를 위한 수로(水路).

ほうすい[烹炊](명) 부엌일. 취사(炊事). cooking

ほうすい[豊水](명) 물이 풍족한 것. ↔渇水(カッスイ). high water. **一き**[豊水期](명) 수량(水量)이 풍족한 시기. ↔渇水期.

ぼうすい[防水](명·자サ) 방수. ①물이 스며 드는 것을 방지함.「一加工(カコウ); 방수 가공」 ②물을 막음. 2. water-proof

ぼうすい[紡錘](명) 방추. 물레의 가락. a spindle. **一けい**[紡錘形](명)〈수〉방추형. 정점(頂点)을 공유(共有)하는 네 개의 평면과 다른 한 평면에 싸인 입체(立体). 사각추(四角錘).

ほう·ずる[封ずる](타 4) 봉하다. 영지(領地)를 부여하다. enfeoff

ほう·ずる[崩ずる](타 4) 붕어(崩御)하시다. 승하하시다. pass away

ほう·ずる[報ずる](타サ) ⇨ほうじる.

ほうすん[方寸](명) 방촌. ①사방 한 치. ②마음속. 2. one's mind

ほうせ[法施](명)〈불〉법시. ①부처의 교훈을 다른 사람에게 들려 주는 일. 설법. ②부처를 향하여 경(経)을 읽는 것. 1. making one hear the instruction of Buddha

ほうせい[法制](명) 법제. ①법률과 제도. ②법률이 정한 제도. 2. legislation

ほうせい[砲声](명) 포성. 발포(発砲) 소리. 대포 소리. the roaring of a gun

ほうせい[鳳声](명) 봉성. 전언(伝言), 음신(音信)의 높임말.「ご一下(クダ)さい; 편지 주십시오」 a message

ほうせい[縫製](명·타サ) 자봉틀로 박아서 만듦.

ほうせい[方正](형동ダ) 방정. 단정한 모양.「品行(ヒンコウ)一; 품행 방정」 upright

ぼうせい[暴政](명) 폭정. 포학(暴虐)한 정치. tyranny

ほうせき[宝石](명) 보석. 아름다운 빛깔, 광택을 갖고, 투명도가 크며 내구성이 있는 드물게 산출되는 광물. 예: 다이아몬드. 에메랄드 등. a jewel

ぼうせき[紡績](명·타サ) 방적. ①실을 자음. 「一工場(コウジョウ); 방적 공장」 ②←紡績糸. 1. spinning. **―いと**[紡績糸](명) 방적사. 면화, 양모, 삼, 명주 등의 섬유를 가공하여 만든 실.
ほうせつ[包摂](명·타サ) 포섭. 허용(許容)하여 받아들임. connotation
ぼうせつ[妄説](명) 망설. 증거가 없는 이야기. 당치 않은 말. 망언(妄言). falsehood
ぼうせつ[防雪](명) 방설. 눈사태를 막는 일. 「一林(リン); 방설림」 protection against snow
ぼうせつ[暴説](명) 폭설. 도리에 맞지 않는 난폭한 이야기. 난폭한 주장 또는 이야기. 언설(言説). an unreasonable opinion
ほうせん[邦船](명) 그 나라의 배.
ほうせん[奉遷](명·타サ) 신체(神体) 등을 다른 곳으로 옮김. removal
ほうせん[砲戦](명)〈군〉 포전. 대포를 사용해서 하는 전투. 포격전(砲撃戦). an artillery engagement
ほうぜん[宝前](명) 신불(神仏)의 앞. before a shrine
ぼうせん[防戦](명·자サ) 방전. 방어하기 위하여 싸움. 방어전(防禦戦). a defensive war
ぼうせん[防潜](명)〈군〉 적의 잠수함에 대한 방위.
ぼうせん[棒線](명) ①똑바로 그은 줄. ②굵은 줄. 1. a straight line
ぼうせん[傍線](명) 방선. 글자 옆에 그은 줄. a side-line
ぼうぜん[呆然](형동タルト) 어리둥절한 모양. 멍청한 모양. amazed
ぼうぜん[茫然](부·형동タルト) 망연. ①넋이 빠진 모양. 멍청한 모양. ②걷잡을 수 없는 모양. ③넓고 먼 모양. 3. wide and far. **―じしつ**[茫然自失](명·자サ) 망연 자실. 정신을 잃고 어리둥절함.
ほうせんか[鳳仙花](명)〈식〉 봉선화. 1년생 화초로 여름에 홍색, 담홍색, 백색 등의 꽃이 핌. 열매가 익으면 쪼개져서 씨를 튀김. 봉숭아. a balsam
ほうせんきん[放線菌](명)〈식〉 방선균. 세균과 곰팡이의 중간인 미생물. 방사상(放射状)으로 자람. an actinomycete
ほうせんちゅう[方尖柱](명) ⇨オベリスク.
ほうそ[硼素](명)〈이〉 붕소. 비금속 원소의 하나. 갈색의 가루. 기호는 B. boron
ほうソ[訪ソ](명·자サ) 방소. 소련을 방문함.
ほうそう[包装](명·타サ) 포장. 물건 등을 싸서 꾸림. 짐을 쌈. 「一紙(シ); 포장지」 wrapping
ほうそう[放送](명·타サ) 방송. 라디오나 텔레비전에서 뉴우스, 강연, 연예 등을 보내 널리 듣고 보게 함. broadcasting. **―きょく**[放送局](명) 방송국. 방송을 하는 곳.
ほうそう[奉送](명·타サ) 봉송. 신분이 높은 사람을 전송함. seeing off
ほうそう[法曹](명) 법조. 법률 사무에 종사하는 사람의 총칭. 특히 법관, 변호사를 가리킴. 「一界(カイ); 법조계」 judicial persons
ほうそう[疱瘡](명)〈의〉 포창. 천연두(天然痘). small-pox
ほうぞう[包蔵](명·타サ) 포장. 물건을 잘 싸서 간수함. concealment
ほうぞう[宝蔵](명) 보장. 보물을 저장해 두는 곳집. a treasury
ぼうそう[房総](명) 옛 지방 이름. 아와(安房), 카즈사(上総). 현재의 치바현(千葉県).
ぼうそう[暴走](명·자サ) 폭주. 함부로 달림. 「トラックが一する; 트럭이 폭주하다」 running away
ほうそく[法則](명) 법칙. ①규정. ②모든 사물에 있어서 항시 변하지 않는 관계(규칙). 1. a rule
ぼうぞく[放俗](명·형동ナリ)〈고〉 비천함. 품격(品格)이 없음.
ぼうそん[亡損](명) 잃어 버리고 손해를 봄. a loss
ぼうだ[滂沱](형동タルト) ①눈물이 그치지 않고 흘러 내리는 모양. ②비가 억수같이 쏟아지는 모양. 1. in streams
ほうたい[繃帯·包帯](명)〈의〉 붕대. 상처나 환부(患部) 등에 감는 소독된 면포(綿布). 가아제, 플란넬 등의 총칭. a bandage
ほうたい[法体](명)〈불〉 ⇨ほったい.
ほうたい[奉戴](명·타サ) 봉대. 공손(敬虔)히 받음. 경건한마음으로 받음. having for the head
ほうたい[砲隊](명) 포대. 포병 부대. an artillery crops
―ほうだい[放題](접미)〈속〉 내버려 두고 돌보지 않는 것. 「食(ク)い一; 먹는 대로 내버려 둠」
ほうだい[法大](명) 법대. 호오세이 대학(法政大学)의 약칭.
ほうだい[砲台](명)〈군〉 포대. 대포 및 대포 취급 병사들을 엄호하고 사격을 편리하게 한 설비. a battery
ぼうだい[傍題](명·자サ) 방제. 부제(副題). 부제를 닮. a subtitle
ぼうだい[膨大·厖大](형동ダ) 방대. (양, 내용 등이) 매우 많고 큰 모양. 막대(莫大)한 모양. 「一な予算(ヨサン); 방대한 예산」 massive
ぼうたかとび[棒高飛び·棒高跳び](명) 봉고도. 달려가서 막대기를 짚고 그 반동으로 가로 걸친 나무를 뛰어 넘는 운동 경기. 장대 높이 뛰기. pole-vault
ぼうだち[棒立ち](명·자サ) 막대 모양으로 꼿꼿하게 섬. standing upright
ぼうだつ[暴奪](명·타サ) 폭력으로 빼앗음. taking by force
ぼうだら[棒鱈](명) 대구의 머리와 등뼈를 잘라 내고 말린 것. 대구포. a dried cod
ほうたん[放胆](형동ダ) 썩 대담한 모양. bold
ほうだん[放談](명·자サ) 방담. 생각하는 바를 거리낌 없이 이야기함. talking at random
ほうだん[法談](명)〈불〉 법담. 불법(仏法)을 설교하는 강의. 설법(説法). Buddhist sermon
ほうだん[砲弾](명) 포탄. 대포알. a cannon ball
ぼうたん[棒炭](명) 숯가루를 나무 토막 모양으로 빚은 것. a stick of briquette
ぼうだん[防弾](명) 방탄. 탄알을 막는 일. 「一チョッ

キ; 방탄 조끼」 bullet-proof

ほう ち[法治](명) 법치. 법률에 의해서 정치를 하는 것. 「一国(コク); 법치 국가」 constitutional government. **── こく**[法治国](명) 법치국. 국민의 의사에 따라 제정된 법률에 준거(準拠)해서 국권(国権)을 행사하는 국가.

ほう ち[放置](명·타サ) 방치. 내버려 둠. 「病人(ビョウニン)を一する; 병자를 방치하다」 leaving

ほう ち[封地](명) 영주(領主) 등이 받은 토지. 영지(領地). 봉토. a fief

ほう ち[報知](명·타サ) 알림. 보고. 통지. information

ぼう ち[某地](명) 모지. 어떤 곳. 어떤 땅.

ぼう ちぎり[棒乳切り](명) 나무 토막. 막대기. a piece of stick

ほう ちく[放逐](명·타サ) 내쫓음. 추방. 「国内(コクナイ)から一する; 국내에서 추방하다」 banishment

ほう ちゃく[逢着](명·자サ) 봉착. 맞부딪침. 직면. 「困難(コンナン)に一する; 난관에 봉착하다」 meeting

ほう ちゅう[方柱](명) 방주. 네모진 기둥. a square post

ほう ちゅう[庖厨](명) 부엌. 주방. a kitchen

ほう ちゅう[訪中](명·자サ) 방중. 중국을 방문함. visit to China

ぼう ちゅう[忙中](명) 망중. 바쁜 가운데. 「一閑(カン); 망중한(바쁜 중에도 한가한 짬이 있음)」↔閑中(カンチュウ). busyness

ぼう ちゅう[防虫](명) 방충. ①의복, 서적 등에 붙는 벌레를 막는 일. ②외부로부터 방안에 침입하는 벌레를 막는 일. 「一網(モウ); 방충망」 driving out insects. **── ざい**[防虫剤](명) 방충제. 의류나 서적 등의 해로운 벌레를 막기 위한 약제. 예: 나프탈린 등.

ぼう ちゅう[傍注·旁註](명) 방주. 본문 옆에 단 주석(注釈). marginal notes

ほう ちょう[包丁·庖丁](명·자サ) ①요리. 요리법. 요리인. 「さえた一; 능숙한 요리 솜씨」 ②요리하는 데 쓰는 넓적하고 얇은 칼. 식칼. 「一刀(ガタナ); 식칼(부엌칼)」 ③칼로 썲. 칼질. 1. cooking

ほう ちょう[放鳥](명·자サ)〈불〉 방조. 잡은 새를 놓아 줌. setting a bird free

ぼう ちょう[亡兆](명) 망조. 망할 징조. 쇠망(衰亡)할 징조. signs of ruin

ぼう ちょう[防諜](명) 방첩. 간첩의 침입이나 활동을 막는 일. anti-espionage

ぼう ちょう[傍聴](명·타サ) 방청. 연설, 회의, 공판 등을 곁에서 들음. 「一席(セキ); 방청석」 hearing

ぼう ちょう[膨張·膨脹](명·자サ) 팽창. ①부풂. ②발전하여 크게 됨. 「都市(トシ)が一する; 도시가 팽창하다」 ③〈이〉 물체가 열을 받아서 그 체적(体積)을 불리는 현상. 1. 3. expansion

ぼうちょう てい[防潮堤](명) 방조제. 파도를 막기 위하여 만든 제방. 방파제(防波堤). 둑. a breakwater

ぼう つかい[棒遣い](명) 막대를 무기로 삼고 싸우는 무술(武術). 또는 그 사람. cudgel-play

ぼう て[貿手](명)〈경〉 무역 어음(貿易手形)의 준말.

ほう てい[法廷](명)〈법〉 법정. 재판장이 소송 사건을 심리하는 장소. a law-court

ほう てい[法弟](명)〈불〉 불법(仏法)을 배우는 제자. a Buddhist disciple

ほう てい[法定](명) 법정. 법률로 정하는 일. legalization. **── かへい**[法定貨幣](명)〈경〉 ⇨ほうか. **── そうぞくにん**[法定相続人](명)〈법〉 법정 상속인. 법률의 규정에 의하여 정해진 상속인. **── つみたてきん**[法定積立金](명)〈법〉 법정 적립금. 상법(商法)으로 정해진 주식 회사에 대한 적립금. 회사가 순이익의 일부를 처분하지 않고 기업(企業)에 유보(留保)해 두는 경우의 축적 자본(蓄積資本). 법정 준비금(法定準備金). **── でんせんびょう**[法定伝染病](명)〈법〉 법정 전염병. 그 병에 걸린 경우 신고(申告)하여 환자를 타인들로부터 격리하게끔 법률로 규정한 전염병. 예: 장티푸스, 디프테리아, 적리(赤痢), 천연두(天然痘) 등.

ほう てい[奉呈·捧呈](명·타サ) 봉정. (천황에게) 제출함. 삼가 받들어 올림. presentation

ほう てい[鵬程](명) 붕정. 멀고 먼 길. 아득한 도정(道程). a long way

ぼう てい[亡弟](명) 망제 죽은 아우. a deceased younger brother

ほうていしき[方程式](명)〈수〉 방정식. 식 가운데 미지수(未知數)의 특별한 값을 줄 때에만 성립되는 등식(等式). an equation

ほう てき[法敵](명)〈불〉 ⇨ぶってき(仏敵).

ほう てき[放擲](명·타サ) ①던져 버림. ②버려 둠. 방기(放棄). 2. abandonment

ほう てき[法的](형동ダ) 법적. 법의 입장에 선 모양. 법률적. legal

ほう てん[法典](명) 법전. ①〈법〉 특정한 사항에 관한 법규(法規)를 체계적으로 한데 모아 조직한 책. ②법. 도리. 1. a code

ほう てん[宝典](명) 보전. ①중요한 책. ②편리하게 간추린 책. 「育児(イクジ)一; 육아 보전」 1. a precious book

ほう てん[奉奠](명·타サ) 삼가 올려 바침. offering

ほう でん[宝殿](명) ①보물을 넣어 두는 곳. 보장(宝蔵). ②신불(神仏)을 안치해 두는 곳. 2. a holy shrine

ほう でん[放電](명·자サ)〈이〉 방전. ①전압을 강하게 한 두 전극(電極)간에 전류를 통함. ②축전지, 또는 축전기(蓄電器)에 저장된 전기를 방출함. 「空中(クウチュウ)一; 공중 방전」 discharge

ぼう てん[傍点](명) 방점. ①한자(漢字) 곁에 찍는 점. ②문장 가운데의 중요한 부분이나 주의해야 할 곳에 찍는 점. 2. a side-dot

ほう と[方途](명) 방도. 일을 처리하는 법. 방법. a way

ほう ど[邦土](명) 방토. 일국의 영토. 국토. a country

ほう ど[封土](명) 봉토. ①영지(領地). 봉강(封疆). ②제단(祭壇)에 쌓아 올린 흙. 1. a fief

ぼう と[暴徒](명) 폭도. 폭동을 일으킨 무리. an insurgent

ほう とう[宝刀](명) 보도. ①보배로운 칼. 보검(宝劍). 「伝家(デンカ)の一; 대대로 전해 온 보도」 ②최후의 유력한 수단. 1. a treasured sword

ほう とう[朋党](명) 붕당. 이해(利害)나 주의(主義)를 같이하는 사람끼리 모인 단체. 도당(徒党). a faction

ほう とう[宝塔](명)〈불〉 보탑. 절의 탑. a temple tower

ほう とう[奉答](명·자サ) 봉답. 신분이 높은 사람에게 대답해 올림. an answer

ほう とう[法統](명)〈불〉 법통. 불법(仏法)의 전통. 「一をつぐ; 법통을 잇다」 the doctrinal tradition

ほう とう[放蕩](명·자サ) 방탕. 품행이 나쁨. 주색(酒色)에 빠져 난봉을 부림. 도락(道楽). 「一者(モノ); 방탕자」 profligacy

ほう とう[法燈](명)〈불〉 법등. ①번민의 어둠 속을 비치는 바른 가르침. 불법(仏法). ②불전(仏前)의 등불. ③불문(仏門). 1. the light of Buddhism

ほう とう[砲塔](명) 포탑. 〔군함이나 요새(要塞)에서〕 대포, 포수(砲手) 등을 방호(防護)하기 위한 강철(鋼鉄)로 된 벽. a turret

ほう どう[報道](명·타サ) 보도. 전해서 알림. 뉴우스. information. **── きかん**[報道機関](명) 보도 기관. 많은 사람들에게 뉴우스를 알리기 위한 기관. 예: 신문사, 방송국 등.

ぼう とう[冒頭](명·자サ) 모두. ①문장 또는 담화(談話)의 첫머리. ②일의 시초. 1. the opening

ぼう とう[暴投](명·자サ) 폭투. 〔야구에서〕 피처(投手)가 배터(打者)에 대한 투구(投球)로서 캐처(捕手)가 잡을 수 없게 거칠게 던지는 것. 거친 투구(投球). wild pitching

ぼう とう[暴騰](명·자サ)〈경〉 폭등. 급작스럽게 값이 오름. ↔暴落(ボウラク). sudden rise

ぼう どう[暴動](명) 폭동. 많은 사람들이 모여 소란을 일으켜 사회 질서를 문란시키는 일. 「一を起(オコ)す; 폭동을 일으키다」 a riot

ほう とく[報徳](명) 보덕. 은덕(恩徳)을 갚음. moral requital

ほう どく[奉読](명·타サ) 봉독. 글을 받들어 읽음. reverent reading

ほう どく[訪独](명) 방독. 도이치를 방문함. going to Germany

ほう どく[捧読](명·타サ) 손에 받쳐 들고 읽음. reading reverentially

ぼう とく[冒瀆](명·타サ) 모독. 침범하여 욕되게 함. 「国会(コッカイ)を一する行(オコ)ない; 국회를 모독하는 행위」 profanity

ぼう どく[防毒](명) 방독. 독(毒)가스를 막는 일. 「一マスク; 방독 마스크」 anti-gas

ほう なん[法難](명)〈불〉 법난. 불교를 전도하는 까닭에 받는 박해(迫害). religious persecution

ほう にち[訪日](명) 방일. 일본을 방문함. coming to Japan

ほう にょう[放尿](명·자サ) 방뇨. 소변을 봄. urination

ほう にん[放任](명·타サ) 방임. 되는 대로 내버려 둠. 제 멋대로 내버려 둠. non-intervention

ほう にん[法認](명·타サ) 법인. 법률로 인정함. recognition by law

ほう ねつ[放熱](명·자サ) 방열. ①열을 일으켜 공기를 덥게 함. ②열을 발산시켜 기계를 냉각시킴. 「一器(キ); 방열기(라디에이터)」 1. radiating heat

ぼう ねつ[防熱](명) 방열. 외부의 열을 막는 일. 「一服(フク); 방열복」

ほう ねん[芳年](명) 방년. ①꽃다운 나이. ②젊은 사람의 나이. 청춘. 1. a good year

ほう ねん[放念](명·자サ) 방념. 안심함. 방심(放心). 「なにとぞ ご一ください; 아무쪼록 안심하십시오」 being at ease

ほう ねん[豊年](명) 풍년. 풍작(豊作)의 해. 「一満作(マンサク); 풍년 대작」 a rich year. **── むし**[豊年虫](명)〈동〉 풍년충. 논이나 연못, 늪에 사는 작고 가느다란 곤충. 많이 발생하면 풍년이 든다고 함.

ぼう ねん[忘年](명) 망년. ①그해의 온갖 피로움을 잊는 일. ②나이의 차이를 잊는 일. 1. speeding the parting year. **── かい**[忘年会](명) 망년회. 연말(年末)에 그해의 온갖 피로움을 잊자는 뜻으로 모이는 연회(宴会).

ほう のう[奉納](명·타サ) 봉납. 신불(神仏)에게 올려 바침. offering. **── じあい**[奉納試合]ージアヒ(명) 신불(神仏)에게 제사를 올릴 때 벌이는 시합.

ほう ば[朴歯](명) 두껍게 만든 후박나무의 굽을 댄 왜나막신.

ほう はい[奉拝](명) 예배하는 일. 참배(参拝). worship

ほう はい[澎湃](형동タルト) 팽배. 물이 널리 가득 차 세차게 출렁거리는 모양. 물결이 서로 부딪쳐 일어 솟구치는 모양. 「一として起(オコ)る; 팽배하게 일어나다」 surging

ほう ばい[傍輩·朋輩](명) ①같은 스승에게 배운 친구. ②같은 집에 고용살이하는 친구. ③친구. 벗. a companion

ほうはい き[胞胚期](명)〈생〉 포배기. 동물이 발생하는 한 시기로 난할(卵割)이 진행되어 세포가 구상(球状)으로 표면에 늘어서 가운데에 공소(空所)가 생기는 시기. the blastular stage

ほう はく[法博](명) 법학 박사(法学博士)의 준말.

ぼう はく[傍白](명) 방백. 무대에서 청중(聴衆)에게는 들리나 연극의 상대편에게는 들리지 않는 것으로 약속하고 딴 곳을 향해서 지껄이는 대사. aside

ぼう ばく[茫漠](형동タルト) 망막. 넓고 먼 모양. 아득한 모양. 뚜렷한 구별이 없는 모양. vast

ほう はつ[蓬髪](명) 봉발. 더부룩하게 헝클어진 머리. unkempt hair

ぼう はつ[暴発](명·자サ) 폭발. ①갑자기 일어남. ②목표 없이 함부로 발사함. ③부주의로 불의(不意)에 탄환이 튀어 나옴. 오발(誤発). 「ピストルの一; 권총 오발」 1. happening suddenly

ぼうは てい[防波堤](명) 방파제. ①파도를 막기 위한 둑. ②외부의 강한 힘을 막는 것. 1. a breakwater

ぼうばな[棒端·棒鼻](명) ①막대기의 끝 부분. ②주막거리의 끝쪽. 1. a pole end

ぼうはん[防犯](명) 방범. 범죄를 막음. prevention of crimes

ぼうはん[謀叛](명) 모반. 배반할 것을 꾀함. conspiracy

ほうひ[包皮](명) 표면을 둘러 싼 가죽. a surface skin

ほうひ[放屁](명·자サ) 방비. 방귀를 뀜. 방귀. breaking wind

ほうび[褒美](명) ①칭찬하는 것. ②칭찬의 표시로 주는 돈이나 물건. 「ご一; 상」 1. praise

ぼうび[防備](명) 방비. 적을 막고 지키는 설비. 방위설비(防衛設備). 「一をかためる; 방비를 굳게 하다」 defence

ぼうびき[棒引き](명·타サ) ①세로 줄을 그음. ②대금을 치른 표지로 먹으로 줄을 그어 지움. cancellation

ぼうひょう[妄評](명) 망평. ①도리에 맞지 않는 비평. ②멋대로의 평. 「一多謝(タシャ); 망평 다사」③자기가 한 비평의 겸사말. 1. an improper comment

ぼうひょう[暴評](명) 난폭한 비평. 혹평(酷評). an outrageous criticism

ほうひん[邦品](명) 그 나라 상품. 국산품. a home production

ほうふ[抱負](명) 포부. ①하고 싶은 일에 대한 생각이나 계획. 가슴속에 품고 있는 생각. ②자신. 각오. 1. aspiration

ほうふ[豊富](명·형동ダ) 풍부. 넉넉하고 많음. 「一な学識(ガクシキ); 풍부한 학식」 abundance

ほうぶ[邦舞](명) 그 나라의 춤. ↔洋舞(ヨウブ).

ぼうふ[亡夫](명) 망부. 죽은 남편. one's deceased husband

ぼうふ[亡父](명) 망부. 돌아 가신 아버지. one's deceased father

ぼうふ[防腐](명) 방부. 썩는 것을 막는 일. antisepsis. **—ざい**[防腐剤](명) 방부제. 물건이 썩는 것을 막기 위한 약. 예:포르말린, 알코홀 등.

ぼうふ[暴富](명) 갑자기 많이 버는 것. 벼락 부자. 「一を築(キズ)く; 벼락 부자가 되다」 becoming rich suddenly

ぼうふう[防風](명) 방풍. ①바람을 막는 일. ②〈식〉방풍나물. 미나리과에 속하는 3년초. 향기가 좋고 줄기가 굵은 식용 식물. 1. protection against wind. **—りん**[防風林](명) 방풍림. 바람을 막기 위하여 해안 또는 평지 등에 기르는 보안림(保安林).

ぼうふう[暴風](명) 폭풍. ①세찬 바람. ②〈천〉풍속(風速)이 매초 28.5～32.6*m*의 바람. 1. a violent wind. **—う**[暴風雨](명) 폭풍우. 세찬 비바람.

ほうふく[法服](명) 법복. ①재판관, 검사, 변호사 등이 법정(法廷)에서 입는 제복. ②〈불〉중의 정복. 승복(僧服). 1. a judge's robe

ほうふく[抱腹·捧腹](명) 포복. 배를 움켜 쥐는 일. 배를 움켜 쥐고 크게 웃는 일. being convulsed with laughter. **—ぜっとう**[抱腹絶倒](연어·명·자サ) 포복 절도. 배를 움켜 쥐고 쓰러질 정도로 웃음. 「一の大喜劇(ダイキゲキ); 포복 절도할 대희극」

ほうふく[報復](명·자サ) 보복. 앙갚음. 「一手段(シュダン); 보복 수단」 retaliation. **—かんぜい**[報復関税](명)〈경〉보복 관세. 국제간(国際間)에 보복적인 과세(課税)를 하거나 또는 세율을 증가시키는 관세.

ほうふつ[訪仏](명) 방불. 프랑스를 방문함. going to France

ほうふつ[彷彿·髣髴](자サ·형동タルト) 방불. ①썩 닮은 모양. 썩 비슷한 모양. 「故人(コジン)に一としている; 고인과 방불하다」②잘 보이지 않는 모양. 1. resembling closely 2. faint

ほうぶつせん[放物線·抛物線](명)〈수〉포물선. 일정한 점과 일정한 직선에서 같은 거리에 있는 점을 연결한 곡선(曲線). 물건을 던졌을 때에 그리는 곡선. a parabola

y x
〔抛物線〕

ぼうふら[棒振·孑孑](명)〈동〉장구벌레. 웅덩이에 발생하는 모기의 유충. 몸을 꾸불꾸불 꿈틀거리며 헤엄침. a mosquito larva

ほうぶん[邦文](명) 그 나라 글자. 또는 문장.

ほうぶん[法文](명) 법문. ①〈법〉법령의 조문. ②법률과 문학. 「一学部(ガクブ); 법문학부」 1. the text of the law

ほうぶん[報文](명) (자연 과학의) 연구 보고 논문(研究報告論文). a report

ほうへい[法幣](명) 법폐. ①중국 국민 정부(国民政府)의 통화(通貨). ②법정 통화. 1. Chinese legal tender

ほうへい[砲兵](명)〈군〉포병. 대포를 사용하는 병사. artillery

ほうべい[訪米](명) 방미(訪美). 미국을 방문함. going to America

ぼうへき[防壁](명) 방벽. (적 등을) 막기 위한 벽. 소규모의 요새(要塞). a protective wall

ほうへん[褒貶](명·타サ) 포폄. 칭찬과 헐뜯음. praise and censure

ほうべん[方便](명) 방편. ①〈불〉부처가 중생을 구하기 위해 취하는 묘한 방법. ②목적을 위한 일시적인 수단. 「うそも一; 거짓말도 한 가지 수단」 2. a means

ぼうぼ[亡母](명) 망모. 돌아 가신 어머니. one's deceased mother

ほうほう[方法](명) 방법. 수단. 방패. a method. **—てき**[方法的](형동ダ) 방법에 관한 모양. **—ろん**[方法論](명) 방법론. 학문의 연구 방법에 관한 의론.

ほうほう[這這]ハフハフ(부) ①엎드려 기어서. ②가까스로. 겨우. ③당황해서 도망 치는 모양. 「一の体(テイ)で; 당황하여 가까스로 도망 치는 모양」 2. barely

ほうほう[蓬蓬](형동タリ) ①센 바람이 부는 모양. ②한창 무성한 모양. ③흩어지는 모양. 1. blowing severely

ほうぼう[方方](명·부) 여기저기. 여러 곳. everywhere

ほうぼう[鋒鋩](명) ①칼끝. ②날카로운 기질(気質)의 비유. 「一をあらわす; 날카로운 기질을 나타내다」 1. a sword's point

ほうぼう[魴鮄](명)〈동〉 성대. 양서대과에 속하는 바닷물고기. 가슴지느러미 앞쪽에 연조(縁条)가 유리되어 있어 바다 밑을 기어 다니기도 함. a gurnard
ぼうぼう[某某](대) 모모. ①아무개아무개. 누구누구. ②어떤 사람. (일부러 이름을 숨기고 하는 말) 1. some persons
ぼうぼう[茫茫](형동タルト) 망망. ①넓고 아득한 모양. ② 걷잡을 수 없는 모양. ③초목이 무성한 모양. 1. vast
ぼうぼう(부) ①풀이 무성한 모양. ②머리가 자라 헝클어진 모양. ③불이 활활 타는 모양. 1. rank
ほうぼく[芳墨](명) ①냄새가 좋은 먹.「—帳(チョウ); 사인북」②상대방 편지의 높임말. 방서(芳書). 2. your letter
ほうぼく[放牧](명·자타サ) 방목. (가축 등을) 놓아 기름. pasturage
ぼうまい[亡妹](명) 망매. 죽은 누이 동생. one's deceased younger sister
ほうまつ[泡沫](명) 포말. ①물거품. ②덧없는 것. 보잘 것 없는 것. 1. a bubble. **—がいしゃ**[泡沫会社](명) 포말 회사. 설립하자마자 없어져 버린, 경제적 기반(基盤)이 빈약한 회사.
ほうまん[放漫](명·형동ダ) 제 멋대로 버려 둠. 마음 내키는 대로 함. looseness
ほうまん[飽満](명·자サ) 포만. 잔뜩 먹어서 배에 꽉 참. satiety
ほうまん[豊満](형동ダ) 풍만. ①넉넉하고 많은 모양.「—な色彩(シキサイ); 풍만한 색채」②살이 쪄서 살집이 좋은 모양. 1. abundance
ぼうまん[暴慢](명·형동ダ) 난폭하고 오만함. insolence
ほうみょう[法名](명)〈불〉 법명. ①불문에 들어 간 자에게 주어지는 이름. ②계명(戒名). 1. a Buddhist name
ぼうみん[暴民](명) 폭동을 일으킨 민중. a mob
ほうむ[法務](명) 법무. ①법률상의 사무. ②〈불〉 ㉠불법상(仏法上)의 사무. ㉡법회(法会)의 사무. ㉢사원(寺院)의 사무. 1. judicial affairs. **—しょう**[法務省](명)〈법〉 법무성. 중앙 행정부의 하나. 법무부. **—だいじん**[法務大臣](명)〈법〉 법무 대신. 국무 대신의 한 사람. 법무부 장관.
ほうむ·る[葬る]ハウムル(타 4) ①시체, 유골을 땅에 묻다. 매장(埋葬)하다. ②시체, 유골을 거둬 간수하다. ③존재를 감추다. 또는 잊게 하다. 1. bury
ほうめい[芳名](명) 방명. 남의 이름에 대한 높임말.
ぼうめい[亡命](명·자サ) 망명. 자기 나라에 못 있을 사정이 생겨 외국으로 몸을 피함. exile
ほうめん[方面](명) 방면. ①방향. ②한쪽. ③분야(分野).「専門(センモン)の—の知識(チシキ); 전문 분야의 지식」 1. a direction
ほうめん[放免](명·타サ) 방면. ①〈법〉 구금(拘禁)하였던 죄인을 용서하여 놓아 줌. ②용서하여 자유롭게 함.「仕事(シゴト)から—された; 일에서 해방되다」 2. release
ほうもう[法網](명) 법망. 법률의 제재(制裁).「—をくぐる; 법망을 피하여 좋지 않은 짓을 하다」 the meshes of the law
ぼうもう[紡毛](명) ←紡毛糸. **—し**[紡毛糸](명) 방모사. 동물의 털에 다른 섬유를 합성시켜 만든 털실.
ほうもつ[宝物](명) 보물. 보배로운 물건. a treasure
ほうもん[法門](명)〈불〉 법문. 불법(仏法). 불문(仏門). Buddhism
ほうもん[法問](명)〈불〉 법문. 불법(仏法)에 관한 문답. Buddhist catechism
ほうもん[砲門](명) 포문. 대포의 탄알이 나가는 구멍.「—をひらく; 포문을 열다(포격을 개시하다)」 a gun
ほうもん[訪問](명·타サ) 방문. 남의 집을 찾아 감.「—客(キャク); 방문객」 a call. **—ぎ**[訪問着](명) ①남의 집을 방문할 때 입는 옷. 외출복. ②일본 부인들의 예복.
ぼうもん[茅門](명) ①띠를 입힌 문. ②쓸쓸하고 보잘 것 없는 집. ③자기 집의 낮춤말. 1. a gate with a thatched roof 2. a poor house
ほうもんか[法文歌](명) 불교의 법문(法文)을 주로 해서 만든 7·5, 또는 4·4·5의 4구로 된 노래.
ぼうや[坊や](명) ①사내 아이를 부를 때 쓰는 말. ②세정(世情)에 익숙지 못한 남자. 1. sonny
ほうやく[邦訳](명·타サ) 외국 말을 그 나라 말로 옮김. 또는 번역한 것. 「a companion
ほうゆう[朋友](명) 붕우. 사이 좋은 벗. 친구. ↗
ぼうゆう[亡友](명) 망우. 죽은 벗. one's deceased friend
ぼうゆう[暴勇](명) 난폭한 용기. violence
ほうよう[包容](명·타サ) 포용. 남의 잘못, 결점을 너그러이 용서함. comprehension. **—しん**[包容心](명) 포용심. 남을 감싸 용서해 주는 마음. **—りょく**[包容力](명) 포용력. 남의 잘못을 이해하고 너그럽게 감싸 줄 수 있는 능력.
ほうよう[抱擁](명·타サ) 포옹. ①껴안음.「親子(オヤコ)—して泣(ナ)く; 어버이와 자식이 얼싸안고 울다」②애무(愛撫)함. 1. embrace
ほうよう[法要](명)〈불〉 ①법의(法義)의 추요(枢要). ②법요. 법사(法事). 법회(法会). 1. a Buddhist mass
ぼうよう[茫洋·芒洋](형동タルト) 끝없이 넓은 모양. 끝없이 넓어서 갈피를 잡을 수 없는 모양.「—たる海原(ウナバラ); 망망 대해 (끝없이 넓은 바다)」 vast
ぼうようのたん[亡羊の嘆](연어) 망양지탄. ①〔여러 갈래로 갈라진 갈림길에서 양을 잃고 탄식하였다는 뜻으로〕 학문의 길이 여러 갈래라 여간해서 바른 길을 잡기가 어렵다는 말. ②어떻게 해야 좋을지 갈피를 못 잡음. 1. lamentation for one's incapacity
ほうよく[豊沃](명·형동ダ) 토지가 기름져서 농산물이 잘 익음. fertility
ほうよく[鵬翼](명) ①한 번에 9만리를 난다는 봉새의 날개. ②대형(大型) 비행기의 날개. 또는 그 비행기. 1. the wings of a phoenix
ぼうよみ[棒読み](명·타サ) ①한문(漢文)을 토를 달지

않고 음독(音読)함. ②구두점(句読点)이나 억양(抑揚)을 고려하지 않고 그저 읽음. 1. straight reading
ほう らい[蓬莱](명) ①봉래. 〔중국의 전설에서〕 동해에 있는, 선인(仙人)들이 살고 있다는 영산(靈山). 「一山(サン); 봉래산」 ②걸어 두면 재수가 좋다는 물건을 장식한 선반. ③⇨しまだい(島台). ④대만(臺湾)의 다른 이름. ⑤아쯔타 신궁(熱田神宮)의 다른 이름. 1. a fairyland. **―かざり**[蓬莱飾り](명) 정월(正月)을 축하하기 위해 소반처럼 생긴 제기(祭器)에 쌀을 담고 전복 말린 것, 새우, 다시마, 광귤, 모자반 등을 장식한 것. **―まめ**[蓬莱豆](명) 볶은 콩에 홍백색(紅白色)의 설탕을 씌운 과자.
ほう らく[法楽](명) 법락. ①〈불〉 선(善)한 덕행(德行)을 쌓는 정신상의 즐거움. ②신불(神仏)에게 공양하는 일. ③〈속〉 ⇨:ほうらく(放楽). 1. pleasure of faith
ほう らく[放楽](명)〈속〉 즐거움. 위안. 「目(メ)―; 눈요기」 a pastime
ほう らく[崩落](명·자サ) 붕락. ①허물어져 떨어짐. ②〈경〉 갑자기 시세가 떨어짐. 1. collapsing
ぼう らく[暴落](명·자サ)〈경〉 폭락. 갑자기 값이 마구 내림. ↔暴騰(ボウトウ). a sudden fall
ほう らつ[放埒](명·형동ダ) ①제 멋대로 함. ②방탕함. 방자(放恣). 1. looseness
ほう らん[峰巒](명) 산봉우리. 봉. a mountain range
ほうり[葬]ハフリ(명)〈고〉 장사 지냄. 장송(葬送).
ほう り[方里](명) 1리 (한국의 10리에 해당) 평방(平方)의 면적.
ほう り[法吏](명) 사법 관리(司法官吏). a judicial official
ほう り[法理](명)〈법〉 법리. 법률의 원리. the principle of law
ほう り[鳳梨](명)〈식〉 ⇨パイナップル.
ぼうり[暴吏](명) 폭리. 도리에 벗어난 행위를 하는 관리. 포악한 관리. a cruel official
ぼうり[暴利](명) 폭리. 부당한 이익. 한도를 넘는 이득. excessive profit
ほうりき[法力](명)〈불〉 법력. ①불법(仏法)의 공덕(功德). 불법의 위력. ②인간 이상의 힘. 1. Buddha's influence
ほうりだ·す[放り出す]ハフリ―(타 4) ①내던지다. 집어 던지다. 「本(ホン)を―; 책을 내던지다」 ②던지기 시작하다. ③내밀다. 「足(アシ)を―; 발을 내밀다」 ④도중에서 중단하다. 집어 치우다. 팽개치다. 「仕事(シゴト)を―; 일을 팽개치다」 1. throw out
ほうりつ[法律](명)〈법〉 법률. 국가에서 의결하여 공포(公布)하는 국가의 규범. 법. 법령. 「一家(カ); 법률가」 low. **―こうい**[法律行為](명)〈법〉 법률 행위. 사법상(私法上)의 효력을 발생하는 행위.
ほうりゃく[方略](명) 계략(計略). 꾀. 수단. a plan
ぼうりゃく[謀略](명) 모략. 남을 해치려고 쓰는 꾀. 책략(策略). a strategy
ほうりゅう[放流](명·타サ) ①물 등을 흘려 보냄. ②고기를 강, 호수 등에 놓아 줌. 「稚魚(チギョ)を―; 어린 물고기를 놓아 줌」 1. drainage
ぼうりゅう[傍流](명) ①본류(本流)에서 갈려 나온 흐름. 지류(支流). ②주류(主流)에서 벗어난 유파(流派). 1. a tributary
ほうりょう[豊漁](명) 풍어. 고기가 많이 잡히는 것. a big catch
ぼうりょく[暴力](명) 폭력. 난폭한 힘. 무법의 완력(腕力). violence. **―だん**[暴力団](명) 폭력단. 폭력을 일삼는 단체. 갱.
ほうりん[法輪](명)〈불〉 법륜. 부처의 설법(說法). 불법(仏法). Buddha's influence
ほう·る[放る]ハフル(타 4) ①던지다. 「ボールを―; 공을 던지다」 ②던져 버리다. 「窓(マド)から―; 창에서 던져 버리다」 ③놓아 주다. ④중도에서 그만두다. 집어 치우다. 「仕事(シゴト)を―; 일을 팽개치다」 1. throw
ほう·る[溢る](자 4)〈고〉 넘쳐 흐르다.
ほう るい[堡塁](명) ⇨とりで.
ぼう るい[防塁](명) ⇨とりで.
ほう れい[法令](명)〈법〉 법령. ①법률과 명령. ②법률의 총칭. 헌법, 법률, 정령(政令), 규칙(規則), 조례(条例) 등을 일괄(一括)하여 부르는 말. 2. laws and ordinances
ほう れい[法例](명) ①〈법〉 법례. 법률을 적용하는 데 있어서의 규칙. ②규정(規程). 규칙. 1. rules for the application of laws
ほう れい[豊麗](명·형동ダ) 풍만하고 아름다움. extreme beauty
ぼう れい[亡霊](명) 망령. ①죽은 사람의 혼. ②유령(幽霊). 1. a departed spirit
ほう れつ[放列](명) ①〈군〉 방렬. 화포를 사격할 수 있게 세워진 대형(隊形). 포열(砲列). ②죽 늘어선 대열(隊列). 「カメラの―; 카메라의 대열」 1. a battery
ほう れつ[砲列](명) ⇨ほうれつ(放列)①.
ほう れつ[芳烈](형동ダ) ①썩 좋은 냄새가 풍기는 모양. ②⇨ぎれつ(義烈). 1. aromatic
ほう れん[鳳輦](명) 봉련. ①꼭대기에 봉황(鳳凰)을 단 천황이 타고 다니는 가마. ②천황이 타고 다니는 것. 2. the Imperial carriage
ほうれん そう[菠薐草](명)〈식〉 파릉채(菠薐菜). 명아주과에 속하는 1~2년생 채소. 시금치. spinach
ほう ろ[茅廬](명) ①초가집. ②자기 집의 낮춤말. 1. a house of thatched roof
ほう ろう[放浪](명·자サ) 방랑. 떠돌아 다님. 「一者(シャ); 방랑자」 wandering
ほう ろう[報労](명) 노고(労苦)에 보답함. rewarding for labour
ほう ろう[琺瑯·珐琅](명) ①법랑. 광물을 원료로 한 유약(釉薬). 금속 그릇이나 도자기 표면에 발라 구움. ②법랑을 입힌 기구. 1. enamel. **―しつ**[琺瑯質](명) 법랑질. 이(歯)의 겉을 싸고 있는 단단한 물질. 에나멜질.
ぼう ろう[望楼](명) 망루. 먼 곳을 바라보는 높은 대. 망대(望臺). a watch-tower
ほう ろく[俸祿](명) 봉록. 녹봉(祿俸). 급료. salary

ほうろく[焙烙](명) 질남비. an earthen baking-pan
ぼうろん[暴論](명)난폭한 의론. an irrational argument
ほうわ[法話](명)〈불〉 법화. 불교에 관한 이야기. 설법(説法). 설교(説教). a sermon
ほうわ[飽和](명·자サ) 포화. ①〈이〉 함유(含有)할 수 있는 양이 최대 한도에 달한 상태. ②더 이상 넣을 수 없을 정도로 가득 참. 1. saturation. **―じょうき**[飽和蒸気](명)〈이〉 포화 증기. 포화 상태에 있는 증기. 액체를 증발시킬 경우, 증기의 압력이 어느 정도 이상으로 증가하지 않는 상태에 있는 증기.
ポエジー[프 poésie·도 Poesie](명) 포에지. ①시(詩). 시문(詩文). ②작시(作詩). ③시상(詩想). 시정(詩情).
ほえづら[吠え面](명) 우는 얼굴. 우는 모습. 울상 「―をかく; 울상을 하다」 a tearful face
ほ·える[吠える·吼える](자하 1) ①개가 짖다. ②짐승이 울다. 또는 으르렁거리다. ③〈속〉 소리 내어 울다. 1. howl
ぼえん[暮煙](명) ①모연. 저녁 연기. ②저녁 안개. 1. smokes of preparing evening meals
ほお[朴]ホホ(명)〈식〉 후박나무. 목련과에 속하는 낙엽 교목. 목재는 목탄(木炭), 기구재(器具材)로 씀.
ほお[頬]ホホ(명) 빰. 볼. a cheek
ボー[bow](명) 보우. 옷깃에 다는 나비 모양으로 매는 리본. 「―タイ; 보우타이(나비 넥타이)」
ほおあて[頬当て]ホホー(명) ⇨めんぼう.
ボーイ[boy](명) 보이. ①사내 아이. 소년. ↔ガール. ②소년 급사. ③웨이터. **―スカウト**[Boy Scouts](명) 보이스카우트. 소년단. ↔ガールスカウト.
ほおえ·む[頬笑む]ホホー(자 4) ⇨ほほえむ.
ポーカー[poker](명) 포우커. 트럼프 놀이의 한 가지. 「―フェース; 완전히 표정을 감춘 얼굴」
ほおかぶり[頬被り]ホホー(명·타サ) ①머리와 양쪽 빰을 수건으로 쌈. ②비난이나 충고를 받고도 아랑곳 없이 행함. 알면서도 모르는 척함. 1. covering one's cheeks with a towel
ボーカリスト[vocalist](명) 보우컬리스트. 성악가. 가수(歌手).
ボーカル[vocal](명) 보우컬. 성악. **―フォア**[vocal four](명) 보우컬 포오. 4중창단(四重唱団).
ホーク[fork](명) 포오크. 서양 음식을 먹을 때, 고기 등을 찍어 먹는 기구. 삼지창.
ボーク[ba(u)lk](명·자サ) 보오크. ① 방해. 장애. ②〔야구에서〕 피처(投手)가 캐처(捕手)에게 투구(投球)하는 체하면서 갑자기 러너(走者)를 견제(牽制)하는 반칙 행위. ③〔넓이뛰기에서〕 뛰기 시작했다가 중지함.
ポーク[pork](명) 포오크. 돼지 고기.
ボーグ[프 vogue](명) 보오그. 유행. 「春(ハル)の―; 봄의 유행」
ほおげた[頬桁]ホホー(명) ⇨ほおぼね.
ほお·ける[蓬ける]ホホー(자하 1) ①(민들레의 씨 등) 털이 곤두서다. ②낡아서 보풀다.
ボーゲン[도 Bogen](명) 보오겐. 〔스키이에서〕 제동 회전(制動回転).
ほおじろ[頬白]ホホー(명)〈동〉 멧새. 참새과에 속하는 작은 새. 눈 뒤에 가늘고 흰 선이 있고 잘 욺. a Japanese bunting
ホース[네 hoos](명) 호오스. 고무나 비닐 등으로 만든 액체를 이송(移送)하는 데 쓰는 관(管).
ポーズ[pause](명) 포오즈. 휴지(休止). 정지. 사이. 「―をおく; 사이를 두다(쉬다)」
ポーズ[pose](명) 포우즈. ①자세. 모습. ②태도. 의식적인 태도. 「―をとる; 포우즈를 취하다」
ポーズ[중 包子](명) 만두. 고기 만두.
ホースアウト[force out](명) 포오스아웃. 〔야구에서〕 러너(走者)가 있을 경우 배터(打者)의 타구(打球)를 야수(野手)가 잡아서 러너가 가야만 하는 다음 베이스에 던져, 러너가 베이스에 닿기 전에 아우트시키는 일. 봉살(封殺).
ほおずき[酸漿]ホホヅキ(명) ①〈식〉 꽈리. 가지과에 속하는 다년초. 둥글고 빨간 열매는 씨를 빼고 여자들이 입에 넣고 붊. ②꽈리같이 생긴 것의 총칭 「ゴム―; 고무 꽈리」 1. a ground-cherry
ほおずり[頬擦り]ホホー(명·자サ) 자기 빰을 상대방의 빰에 맞대고 비빔. nestling one's cheek against another's
ボースン[boatswain](명) 보우슨. 수부장(水夫長). 갑판장(甲板長).
ボーダーライン[borderline](명) 보오더라인. ①경계선. 국경선. ②어느 쪽인지 정할 수 없는 지점. 또는 그런 경우.
ボータイ[bow tie](명) 보우타이. 나비 넥타이.
ポータブル[portable](명) 포오터블. 손쉽게 운반할 수 있는 축음기, 라디오, 타이프라이터 등.
ポーチ[porch](명) 포오치. 서양식 건축에서 지붕이 있는 현관 앞 주차장(駐車場).
ほおづえ[頬杖]ホホヅエ(명) 손으로 빰을 괴는 일. resting one's chin on one's hands
ボート[boat](명) 보우트. (서양식의) 작은 배. **―レース**[boat race](명) 보우트 레이스. 보우트 경주. 경조(競漕).
ボードビリアン[vaudevillian](명) 보오드빌리언. 통속적인 희극 배우.
ボードビル[vaudeville](명) 보오드빌. ①통속적인 희극. ②춤, 곡예, 통속적인 희극 등을 공연(公演)하는 연예(演芸).
ポートレート[portrait](명) 포오트레이트. 초상(肖像). 초상화.
ポートワイン[port wine](명) 포오트 와인. 단맛이 나는 포르투갈산(産)의 붉은 포도주.
ボーナス[bonus](명) 보우너스. ①특별 배당금. ②상여금(賞与金).
ほおのき[朴の木]ホホー(명)〈식〉 ⇨ほお(朴).
ほおば[朴歯]ホホー(명) 후박나무로 굽을 단 왜나막신.
ほおば·る[頬張る]ホホー(타 4) ①입속 가득히 음식을 넣다. ②음식을 먹다. 1. cram into one's mouth

ホープ[hope](명) 호우프. ①희망. 기대. ②희망을 주는 것. 기대되는 사람. 「わが 家(ャ)の一; 우리 집안의 호우프」
ほおひげ[頬髭]ホホー(명) 구레나룻. whiskers
ほおべに[頬紅]ホホー(명) 볼에 바르는 연지(臙脂). cheek rouge
ほおぼね[頬骨]ホホー(명)〈생〉광대뼈. 관골(顴骨). a cheek-bone
ホーマー[homer](명) 호우머. 〔야구에서〕본루타(本壘打). 호움런.
ホーム[home](명) 호움. ①집. 가정. ②본국. 고국. ③〔야구에서〕본루(本壘). 호움 베이스. ④(경기의) 결승점. **— イン**[home in](명·자サ) 호움인. 〔야구에서〕생환(生還). **—グラウンド**[home ground](명) 호움 그라운드. ①자기 고향. 본거지. ②〔야구에서〕그 티임의 소재지에 있는 그라운드. **—シック**[home sick](명) 호움식. 고향을 그리워하는 병. 향수(鄕愁). 노스탤지어. **—スチール**[home steal](명) 호움 스티일. 〔야구에서〕본루의 도루(盜壘). **—ストレッチ**[home stretch](명) 호움 스트레치. 경주할 때의 최후의 직선 코오스. 직선. **— スパン**[homespun](명) 호움스펀. 씨와 날을 굵은 수방 모사(手紡毛絲)를 써서 손으로 짠 모직물. **— ドラマ**[home drama](명) 호움드라마. 가정을 소재로 한 희곡. 또는 극. **—プレート**[home plate](명) 호움 플레이트. 〔야구에서〕본루(本壘). 호움베이스. **—ラン**[home run](명) 호움런. 〔야구에서〕본루타(本壘打). 호움런 히트. **—ルーム**[home room](명) 호움루움. 중, 고등 학교에서 담임 선생과 학생들이 모여서 자치 활동을 하는 시간.
ホーム(명) 플랫포옴의 준말.
ホームラバー[foam rubber](명) 포옴 러버. 기포(気泡) 고무. 스펀지 고무.
ボーメ[Baume](명)〈이〉보오메. 액체의 비중 단위. 섭씨 60도의 물 비중을 10으로 함.
ポーラ(ー)[polor](명) 포오라. 바탕에 기공(気孔)이 많은 모직물. 하복(夏服) 감으로 많이 쓰임.
ポーランド[Poland](명)〈지〉폴란드. 도이치와 소련의 중간에 있는 공화국. 수도는 바르샤와 (Warszawa).
ボーリング[boring](명) 보오링. ①단단한 것에 구멍을 뚫는 일. ②석유를 뽑아 올리거나 우물을 파기 위해서 땅속 깊이 구멍을 뚫는 일. 시추(試錐).
ボーリング[bowling](명) 보울링. 실내 경기의 하나. 나무로 만든 공을 널판 위에 굴려서 병 모양의 나무토막 10개를 넘어뜨리는 경기.
ホール[hall](명) 호울. ①넓고 큰 방. ②회관(会館). 회당(会堂). ③댄스호울의 준말.
ホール[hole](명) 호울. 〔골프에서〕공을 넣는 구멍.
ボール[ball](명) 보울. ①공. ②〔야구에서〕스트라이크가 아닌 투구(打球). ↔ストライク. ③무도회(舞蹈会). **— カウント**[ball count](명) 보울 카운트. 〔야구에서〕스트라이크와 보울의 수. **— ベアリング**[ball bearing](명) 보올베어링. 강구(鋼球)를 이용하여 회전축 등을 일정한 위치에 고정시켜 자유롭게 회전시키는 기구. **—(ポイント)ペン**[ball(point)pen](명) 보올펜. 펜의 한 가지. 작은 강철구(球)를 펜대 끝에 장치하고 오일 잉크를 넣어 씀.
ボール[board](명) 보오드. 보오드지(紙). 「一箱(バコ); 보오드 상자」 **— がみ**[board 紙](명) 보오드지. 짚을 원료로 한 누런 색깔의 두터운 종이. 판지(板紙).
ボール[bowl](명) 보울. 서양 요리에서 사용하는 운두가 높은 식기.
ボール[포 bolo](명) ⇨ボーロ.
ポール[pole](명) 포울. ①막대. ②(전차의) 지붕 위에 붙어 전선(電線)과 연결되는 막대. ③봉고도(棒高跳)에 쓰는 막대. ④칸 수를 세는 막대. ⑤극(極). 극지(極地). ⑥(이) 전극(電極).
ボールド(명)〔블랙보오드(black board)의 준말〕보오드. 흑판(黒板). 칠판(漆板).
ボールばん[boor 盤](명)〔보오르뱅크(네 boor-bank)의 변화〕보오르반. 구멍을 뚫는 기계.
ボーロ[포 bolo](명) 볼로. 밀가루에 계란을 넣어서 살짝 구운 작고 둥근 과자.
ほおん[保温](명·자サ) 보온. 일정한 온도를 잃지 않게 간직함. 「一装置(ソウチ); 보온 장치」 keeping warm
ぼおん[母音](명) ⇨ ぼいん.
ほか[外·他](명) ①그 외. 그것을 제외한 것. 또는 곳. ②다른 것. ③밖. 「恋(コイ)は思案(シアン)の一; 사랑은 상식으로는 규제(規制) 할수 없음」 3. outside
ほか(수조) 밖에. 「そうするーしかたがない; 그렇게 할 수 밖에 없다」
ほかい[補回](명) 보회. 〔야구에서〕9회까지 승부가 나지 않은 경우, 추가(追加) 시합한 회수. 「一戦(セン); 연장전」 an extra inning
ほがい[祝·寿·賀](명)〈고〉축하. 축복.
ほかく[捕獲](명·타サ) 포획. ①사로 잡음. 생포(生捕). ②노획(鹵獲)함. 「一量(リョウ); 포획량」 1. capture
ほかく[補角](명)〈수〉보각. 두 각을 보탠 것이 2직각이 될 때 두 개의 각을 각각 일컫는 말. a supplementary angle
ほかげ[火影·灯影](명) ①불빛. ②등불 빛에 비치는 그림자. 2. a shadow made by a light
ほかげ[帆影](명) 멀리 보이는 돛. 또는 그돛의 그림자. the sight of a sail
ほかけ(ぶね)[帆掛け(船)](명) 돛단 배. 범선(帆船). a sailing vessel
ほかざま[外方](명)〈고〉외방. 다른 쪽. 바깥쪽.
ぼかし[暈し](명) 진한 색에서 점점 연해지게 그리는 것. 또는 그런 화법(画法). 선염법(渲染法). gradation
ほか·す[放す](타 4)〈방〉버리다. 버린 채로 두다. 방치하다. throw away
ぼか·す[暈す](타 4) ①한쪽을 진하게 하고 다른 쪽으로 점점 연하게 물들이다. 선염(渲染)하다. ②이야기를 애매하게 하다. 「重要(ジュウヨウ)な点(テン)を一; 중요한 점을 애매하게 하다」 1. shade off
ほかぜ[帆風](명) ①뒤에서 불어 오는 바람. 순풍(順

風). ②때를 만나 번창한 세력, 면목, 형세. 1. a fair wind

ほかならない[他ならない](연어) …밖의 것은 아니다. 그 외의 것은 아니다. …일 따름이다.

ほかほか(부·자サ) 기분 좋을 정도로 따뜻한 모양. 훈훈한 모양. "ぽかぽか"보다는 약함. warmly

ぽかぽか Ⅰ(부) 계속해서 때리는 모양. Ⅱ(부·자サ) 따뜻한 모양. Ⅰ successively

ほがらか[朗らか](형동ダ) ①흐리지 않고 밝은 모양. ②명랑한 모양. 쾌활한 모양. 「一な顔(カオ)つき; 명랑한 얼굴」 2. cheerful

ほかん[保管](명·타サ)〈법〉 보관. 타인의 물건을 없어지지 않게 잘 간수함. safe-keeping

ぼかん[母艦](명)〈군〉 모함. 항공 모함, 잠수 모함, 수상기(水上機) 모함 등의 준말. a tender

ぽかん(부) ①멍청한 모양. ②머리를 때리는 소리. 1. vacantly

ほき[補記](명·타サ) 보충하여 기록함. addition

ぼき[簿記](명)〈경〉 부기. 출납과 거래 내용을 정리하는 기장(記帳) 방법. book-keeping

ほぎうた[祝歌·寿歌](명)〈고〉 축가. 축하하는 뜻으로 부르는 노래.

ほぎごと[寿言](명)〈고〉 축하의 말. 축언.

ボギーしゃ[bogie 車](명) 보기차. 차체(車体)가 자유로이 회전할 수 있는 대형 자동차. a bogie-car

ほきだ·す[吐き出す](타 4)〈방〉 내뱉다. 토하다.

ほきゅう[匍球](명) 포구. 〔야구에서〕 배터(打者)가 친 공이 굴러 가는 일. 또는 그 공. a grounder

ほきゅう[捕球](명) 포구. 〔야구에서〕 공을 잡는 일. catch

ほきゅう[補給](명·타サ) 보급. 대어 줌. 이어 줌. 「栄養(エイヨウ)の一; 영양(営養) 보급」 supply

ほきょう[補強](명·타サ) 보강. 보태고 채워서 더 튼튼하게 함. 「堤防(テイボウ)の一工事(コウジ); 제방의 보강 공사」 reinforcement

ぼきん[募金](명·자サ) 모금. 기부금 등을 모음. 돈을 거둠. fund-raising

ほきんしゃ[保菌者](명)〈의〉 보균자. 몸에 병균을 가지고 있는 사람. a germ-carrier

ほく―[北](조어) 북. 북쪽의. 「一軍(グン); 북군」

ほぐ[反故·反古](명) ①써서 버린 휴지. ②쓸모 없는 물건. 「一にする; 쓸모 없게 만들다. 약속을 어기다」 1. waste paper

―ぼく[木](조어) 나무. 「風倒(フウトウ)一; 바람에 쓰러진 나무」

ぼく[僕] Ⅰ(명) 종. 머슴. Ⅱ(대) 남자가 자기를 일컫는 말. 나. Ⅰ a manservant

ほくア[北ア](명)①〈지〉 북아프리카의 준말. ②북알프스의 준말.

ほくい[北緯](명)〈지〉 북위. 적도로부터 북으로 지나간 위도(緯度). ↔南緯(ナンイ). north latitude

ほくえつ[北越](명)〈지〉 에치고(越後), 니이가타현(新潟県)의 대부분.

ほくおう[北欧](명)〈지〉 북구. 유럽(欧羅巴)의 북부 지방. ↔南欧(ナンオウ). Northern Europe. **―しんわ**[北欧神話](명) 북구 신화. 북구 게르만 민족의 신화(神話). 세계의 창조, 또는 선악 양신(善悪両神)의 투쟁 등이 전해져 옴.

ほくおう[北奥](명)〈지〉 오오우(奥羽) 지방의 북방. 아오모리(青森), 아키타(秋田), 이와테현(岩手県)을 말함.

ぼくが[墨画](명) 묵화. 먹으로 그린 그림. a painting in India ink

ほくがん[北岸](명) 북안. 북쪽 해안. ↔南岸(ナンガン). the northern shore

ぼくぎゅう[牧牛](명) 목우. 소를 들이나 산에 놓아 기르는 일. 또는 그 소. 방목. pasturing cattle

ぼくぐう[木偶](명) 나무로 만든 인형(人形). a wooden doll

ほくげん[北限](명) 북쪽 한계. 북단(北端). 북쪽 끝. 「日本(ニッポン)の一; 일본의 북단」 the northern limit

ボクサー[boxer](명) 복서. 권투가(拳闘家). 권투 선수.

ぼくさつ[撲殺](명·타サ) 박살. 때려 죽임. striking to death

ほくし[北支](명)〈지〉 북지. 중국의 북쪽 지방. 화북(華北). ↔南支(ナンシ).

ぼくし[牧師](명)〈종〉 목사. 〔기독교에서〕 신자를 지도 감독하는 직. 또는 그 사람. a pastor

ぼくじ[墨字](명) 점자(点字)에 대해 보통 문자.

ぼくしゃ[牧舎](명) 목사. 소나 말을 치는 건물.

ぼくしゃ[牧者](명) 목자. 소, 말, 양 등을 사육(飼育)하는 사람. 목인(牧人). a herdsman

ぼくしゅ[墨守](명·타サ) 굳게 지킴. 「旧習(キュウシュウ)を一する; 구습을 굳게 지키다」 adherence

ぼくじゅう[墨汁](명) 묵즙. ①먹물. ②사자용(写字用)으로 금방 쓸 수 있게 된 검은 빛깔의 걸쭉한 액체. India ink

ぼくしょ[墨書](명·자타サ) 묵서. 먹으로 씀. 또는 쓴 것. writing in India ink

ほくじょう[北上](명·자サ) 북상. 북쪽으로 올라 감. ↔南下(ナンカ). advancing north

ぼくじょう[牧場](명) 목장. 가축을 놓아 기르는 장소. a pasture

ぼくしょく[墨色](명) 묵색. 검은 빛깔. 먹과 같이 검은 빛깔. black

ほくしん[北進](명·자サ) 북진. 북쪽으로 나아감. ↔南進(ナンシン). advancing north

ほくしん[北辰](명)〈천〉 ①북신. 북극성(北極星). ②북두 칠성. 1. the Pole-star 2. the Dipper

ぼくしん[牧神](명) 목신. 로마 신화에 나오는 임야(林野)와 목축의 신. 목양신(牧羊神). Pan

ぼくじん[牧人](명) 목인. 놓아 기르는 양이나 소를 돌보는 사람. 목자(牧者). a herdsman

ボクシング[boxing](명) 복싱. 권투.

ほくしんじへん[北清事変](명)〈역〉 북청 사변. 1900년, 외국의 압박에 대한 중국 국민의 폭동을 계기로 일어난 사변. 일로 전쟁(日露戦争)의 기인(起因)이 되

었음. 의화단 사건(義和団事件). the Boxer Rebellion

ほぐ·す[解す](타 4) 딱딱한 것을 부드럽게 하다. (뭉쳐 있는 것을) 풀다. 「気分(キブン)を—; 기분을 풀다」 unravel

ぼく·する[卜する](타 4) ①점치다. ②(점쳐서) 정하다. 선정(選定)하다. 1. divine

ほくせい[北西](명) 북서. 북쪽과 서쪽의 중간 방위(方位). northwest

ぼくぜい[卜筮](명) 점(占). divination

ぼくせき[木石](명) 목석. ①나무와 돌. ②인정이 없는 사람. ③정사(情事)를 모르는 사람. 1. trees and stones

ぼくせき[墨跡·墨蹟](명) 먹으로 쓴 흔적 필적(筆蹟). handwriting

ほくそ[火糞](명) ①심지의 끝이 다 타서 생긴 것. 불똥. ②⇨ほくち. 1. the remains of a candle

ぼくそう[牧草](명) 목초. 가축이 먹는 풀. 꼴. 예:클로우버 등. grass

ほくそえ·む[北叟笑む]—ヱム(자 4) 일이 잘되었다고 빙그레 웃다. 싱글벙글 웃다. chucle to oneself

ぼくたく[木鐸](명) 목탁. ①옛날 중국에서 법령 등을 백성에게 전할 때 울렸던 나무로 만든 방울. ②세상 사람들을 가르쳐 바로 이끌 만한 사람이나 기관 등을 가리키는 말. 「新聞(シンブン)は社会(シャカイ)の—; 신문은 사회의 목탁」 2. a leader

ほくだい[北大](명) 홋카이도오 대학(北海道大学)의 약칭.

ほくたん[北端](명) 북단. 북쪽 끝. 북쪽 한계. ↔南端(ナンタン). the northern end

ほくち[火口](명) 화구. 부시를 칠 때 불이 붙는 물건. 부싯깃. tinder

ほくち[北地](명) 북지. 북쪽 땅.

ぼくちく[牧畜](명) 목축. ①목장에서 가축을 사육(飼育)하는 일. ②가축을 길러서 의류나 식료품의 재료를 생산하는 일. 1. stock-raising

ほくちょう[北朝](명)〈역〉①〔중국에서〕439 년부터 589 년까지 양자강(揚子江) 이북(以北)에 세웠던 조정(朝廷). ②아시카가(足利)씨가 쿄오토(京都)에 세웠던 조정. (1331～92) ↔南朝(ナンチョウ). 2. the North Dynasty

ぼくちょく[朴直·樸直](명·형동ダ) 순박하고 정직함. 꾸밈이 없고 솔직함. simple honesty

ほくてき[北狄](명) 북적. 〔중국에서〕 북방의 이민족(異民族). the northern savages

ぼくてき[牧笛](명) 목적. 목장에서 가축을 돌보기 위해 부는 피리. a shepherd's pipe

ほくと[北斗](명)〈천〉←北斗(七)星. —**(しち)せい**[北斗(七)星](명)〈천〉 북두 칠성. 하늘의 북극에서 약간 떨어진 곳에 있는 국자 모양으로 생긴 7개의 별.

ほくとう[北東](명) 북동. 북쪽과 동쪽의 중간 방위(方位). northeast

ぼくとう[木刀](명) 목도. 나무로 만든 칼. 나무칼. a wooden sword

ぼくどう[牧童](명) 목동. 목장에서 마소를 돌보는 사내 아이. a herdboy

ぼくどう[僕童](명) 어린 사내종. 동복(童僕). a boy

ぼくとつ[木訥·朴訥](형동ダ) 꾸밈이 없고 말이 적은 모양. artless

ぼくねんじん[朴念仁](명)〈속〉 ①말이 적고 무뚝뚝한 사람. ②벽창우. 1. a dry stock

ほくばつ[北伐](명·자サ) 북벌. 〔중국에서〕 북부를 토벌(討伐)하러 감. the conquest of the north

ぼくひ[僕婢](명) 사내종과 계집종. 비복(婢僕). servants

ほくび[穂首](명) 창날과 자루와의 경계가 되는 부분.

ほくぶ[北部](명) 북부. 북쪽 부분. ↔南部(ナンブ). the northern part

ぼくふ[牧夫](명) 목장 일을 돌보는 사람. 목인(牧人). 목자(牧者). a herdsman

ほくふう[北風](명) 북풍. 북쪽에서 부는 바람. 삭풍(朔風). ↔南風(ナンプウ). the north wind

ほくべい[北米](명)〈지〉 북미(北美). 북아메리카. ↔南米(ナンベイ). North America

ほくへん[北辺](명) 북변. 북쪽 근처. 북쪽 변두리. the far north

ほくほく(부·자サ) ①기쁜 모양. 기뻐하는 모양. ②갓 찐 고구마 등의 맛 있는 모양. cheerfully

ほくほくせい[北北西](명) 북북서. 북과 북서의 중간 방위(方位). north-northwest

ほくほくとう[北北東](명) 북북동. 북과 북동의 중간 방위(方位). north-northeast

ほくまん[北満](명)〈지〉 북만. 만주의 북부. 북만주.

ぼくみん[牧民](명) 목민. 지방의 백성을 다스리는 일. 「—官(カン); 지방 장관」 the government of people

ぼくめつ[撲滅](명·타サ) 박멸. (두드려) 없애 버림. 「結核(ケッカク)を—する; 결핵을 박멸하다」 destruction

ほくめん[北面](명) 북면. ①북향(北向). ②신하(臣下)의 지위. ↔南面(ナンメン). ③어전(御前)을 지키는 무사들이 있던 곳. ④←北面の武士. 1. a northern aspect. —**のぶし**[北面の武士](연어·명) 옛날 어전을 지키던 무사.

ぼくや[牧野](명)〈농〉 목야. 가축(家畜)을 놓아 기르는 들판. a pasture

ほくよう[北洋](명) 북양. 북쪽 바다. 북해(北海). 「—漁業(ギョギョウ) 북해 어업」 ↔南洋(ナンヨウ). the northern waters

ぼくよう[牧羊](명·자サ) 목양. 양을 기름. sheep-farming. —**しん**[牧羊神](명) 로마 신화에 나오는 임야(林野)와 목축의 신. 목신(牧神). 판(pan).

ぼくよう[牧養](명) 목양. 목장에서 마소 등의 가축을 기르는 일. grazing

ぼくり[木履](명) ①나무로 만든 신. 나막신. ②왜나막신. ③굽이 높은 왜나막신. 1. wooden shoes

ほくりく[北陸](명)〈지〉 ← 北陸道. —**どう**[北陸道](명)〈지〉 옛 8 도(道)의 하나. 현재의 후쿠이(福井), 이시카와(石川), 토야마(富山), 니이가타(新潟) 등의

여러 현(県).

ほくれい[北嶺](명) 천태종(天台宗)의 본산(本山)이며 엔랴쿠사(延暦寺)가 있는 산. 히에이산(比叡山). ↔ 南山(ナンサン)③.

ほぐ·れる[解れる](자하 1) ①(실 등이) 풀리다.「からんだ糸(イト)が—; 얽혔던 실이 풀리다」 ②(노여움 등이) 풀어지다. 1. get loose

ほくろ[黒子](명)〈생〉 점. a mole

ぼけ[惚け](명) 지각이 둔해지는 것. 멍청해지는 것. 또는 그런 사람. getting silly

ぼけ[木瓜](명)〈식〉 모과. 능금나무과의 낙엽 활엽 교목. 줄기에 구름 무늬가 있음. 이른 봄에 백색, 홍색, 담홍색 등의 꽃이 핌. 열매는 기침 약재로 씀. a Japanese quince

ほげい[捕鯨](명) 포경. 고래잡이. whaling. **—せん**[捕鯨船](명) 포경선. 고래잡이배. **—ぼせん**[捕鯨母船](명) 포경선에 연료, 식량을 보급하며 포획(捕獲)한 고래를 가공, 처리하는 대형 선박.

ぼけい[母系](명) 모계. ①어머니 편의 혈족(血族) 계통. ②가족 형식의 하나. 어머니를 중심으로 하여 혈통, 상속 등을 결정함. ↔父系(フケイ). 1. the maternal side. **—せい**[母系制](명) 가정, 씨족의 계보가 모두 어머니를 기준으로 하는 제도. 원시 사회에서 행해졌음. 모계 제도.

ぼけい[母型](명) 모형. 활자를 만들어 내는 거푸집. 자모(字母). a matrix

ほけきょう[法華経](명)〈불〉 묘법 연화경(妙法蓮華経)의 준말.

ほげた[帆桁](명) 돛을 달기 위해서 범주(帆柱)에서 수평으로 가로 지르는 나무. 활대. a yard

ほけつ[補欠·補闕](명) 보궐. ①빈자리를 채우는 일. ②대기 선수. 후보 선수. 1. supply of deficiency. **—せんきょ**[補闕選挙](명) 보궐 선거. 결원(缺員)을 보충하기 위해 임시로 하는 선거.

ほけつ[補血](명·자サ)〈의〉 보혈. 혈액을 보충하기 위하여 철분(鉄分) 등을 보급함.「—剤(ザイ); 보혈제」 supply of blood element

ぼけつ[墓穴](명) 묘혈. 무덤.「みずから—を掘(ホ)る; 스스로 제 무덤을 파다(스스로 저지른 일 때문에 스스로가 파멸을 초래하다)」 a grave

ポケッタブル[pocketable](명) 포케터블. 호주머니에 넣고 다닐 정도로 작은 것.「—ラジオ; 포켓 라디오」

ポケット[pocket](명) 포켓. 양복이나 외투에 물건 등을 넣기 위해 만든 것. 호주머니. **—ブック**[pocketbook](명) 포켓북. ①수첩. ②작은 책. **—マネー**[pocket money](명) 포켓머니. 용돈. 잔돈.

ぼけなす[惚け茄子](명)〈속〉 멍청한 사람을 얕보고 하는 말. 멍청이. a simpleton

ほけほけ·し[惚惚し](형シク)〈고〉 몹시 멍청한 모양.

ほ·ける(자하 1) ⇨ほお(蓬)ける.

ぼ·ける[惚ける](자하 1) 머리가 둔해지다.「年(トシ)をとって—; 나이가 들어 머리가 둔해지다」 get silly

ぼ·ける[暈ける](자하 1) 색채가 희미해지다. 퇴색(褪色)하다. fade

ほけん[保健](명) 보건. 건강을 유지하는 일.「—体操(タイソウ); 보건 체조」 preservation of health. **—じょ**[保健所](명) 보건소. 그 지방의 위생, 영양 개선, 건강 상담 등을 관장(管掌)하는 기관. **—ふ**[保健婦](명) 보건부. 보건소에 적을 두고 국민의 보건 지도를 담당하는 여자 직원. 보건원(保健員).

ほけん[保険](명) 보험. ①〈법〉 돌발적인 사고나 재해(災害)에 대비하여 여럿이 공동으로 미리 일정한 분담금을 적립(積立)해 두었다가 사고가 났을 때 손해를 입은 사람에게 미리 약속해 둔 금액을 지불하는 제도. ②손해를 보상하겠다는 보증. 확실한 일에 대한 보증.「—付(ツ)きだ; 보험이 붙은 거나 다름 없다(확실하다)」 1. insurance. **—きん**[保険金](명)〈법〉 보험금. 보험 가입자에 대하여 보험 회사가 지불하는 돈.

ぼけん[母権](명) 모권. ①어머니로서의 권리. ②가족, 종족에 대한 어머니의 지배권(支配権). 또는 그 제도(制度). 1. mother's authority

ほこ[矛·鋒·戈](명) ①양쪽에 날을 세운 창(槍) 비슷한 무기(武器). ②⇨ほこだし. 1. a halberd

ほご[反古·反故](명) ⇨ほぐ.

ほご[保護](명·타サ) 보호. ①위험으로부터 돌보아 지킴.「両親(リョウシン)の—のもとに; 양친 보호 하에」 ②〈법〉 죄를 범하기 쉬운 소년을 나쁜 환경으로부터 격리시킴.「—処分(ショブン); 보호 처분」 1. protection 〔矛①〕

ほご[補語](명) 보어. 〔문법에서〕 불완전한 술어(述語)의 뜻을 보충하는 말. 예: "雨(アメ)が雪(ユキ)となる"의 "なる"는 술어, "雪と"는 보어. a complement

ぼご[母語](명) 모어. ①모국어(母国語). ②같은 계통에 속하는 언어의 시초가 되는 언어.

ほこう[歩行](명·자サ) 보행. 걸어 다님.「—困難(コンナン); 보행 곤란」 walk

ほこう[補講](명) 보강. 결강(缺講), 휴강(休講)을 보충하여 하는 강의. a supplementary lecture

ぼこう[母校](명) 모교. 자기가 졸업한 학교. 출신 학교. one's alma master

ぼこう[母港](명) 배가 처음 출발한 항구. a home port

ぼこく[母国](명) 모국. ①자기가 태어난 나라. 고국. 조국. ②따로 떨어져 나간 나라가 그 본국을 가리키는 말. 1. one's mother country

ほごかんさつ[保護観察](명)〈법〉 보호 관찰. 가출옥자(仮出獄者), 집행 유예자(執行猶豫者) 등을 특정한 사람에게 맡겨 그 사람을 관찰하며 보도(輔導)하는 것. probation

ほごかんぜい[保護関税](명)〈법〉 보호 관세. 국내 산업을 보호하기 위하여 과하는 수입세(輸入税). a protective tariff

ほごこく[保護国](명)〈법〉 보호국. 조약에 의하여 타국의 주권(主權)으로 보호되는 나라. 피보호국(被保護国). a protectorate

ほこさき[矛先·鋒](명) ①창끝.「やいばの—; 날끝」

②날카로운 것. 「非難(ヒナン)の一を向(ム)ける; 비난의 화살을 던지다」 ③공격의 방향. 1. the point of a spear

ほごしゃ[保護者](명) 보호자. 부모 또는 부모를 대신하여 아동 등을 보호할 의무가 있는 사람. a protector

ほごしょく[保護色](명)〈동〉 보호색. (동물이 몸을 보호하기 위하여) 발견되기 어렵도록 주위의 빛깔을 닮은 몸 빛. a protective colour

ほご·す[解す](타 4) ⇨ほぐす.

ほこだし[矛山車](명) 양쪽에 날을 세운 창을 세워 장식한 수레. a festival car

ほごちょう[保護鳥](명) 보호조. 법률에 의하여 잡는 것이 금지된 새. a protected bird

ほことん[矛盾](명)〈속〉 ⇨むじゅん.

ボコペン[중 不彀本](명) 안되는 것. 이야기가 되지 않는것.

ほこら[祠](명) 신을 모신 작은 집. 사당. a small shrine

ほこらか[誇らか](형동ダ) 자랑스러운 모양. proud

ほこらし·い[誇らしい](형) 자랑스럽다. 뽐내고 싶다. 파생 **—げ**(형동ダ) **—さ**(명). proud

ほこり[誇り](명) 자랑. 명예. 자만(自慢). pride. **—か**[誇りか](형동ダ) ⇨ほこらか.

ほこ·る[誇る](자 4) 자랑하다. 뽐내다. be proud of

ほころば·せる[綻ばせる](타하 1) ①실밥을 뜯다. ②봉오리를 벌리게 하다. ③입을 벌리고 웃게 하다. 「顔(カオ)を一; 웃다」 ④나타내다. 1. rip

ほころ·びる[綻びる](자상 1) ①실밥이 풀리다. ②봉오리가 조금 벌어지다. ③입을 벌리고 웃다. ④나타나다. 명 ほころび. 1. get unsewn

ほさ[補佐·輔佐](명·타サ) 보좌. 사람을 도와 일을 처리함. 또는 그 사람. 후견(後見). 「一人(ニン). 보좌하는 사람」 assistance

ぼさい[募債](명·자サ)〈경〉 모채. 공채(公債), 사채(私債) 등을 모집함. the raising of a loan

ほさき[穂先](명) ①이삭 끝. ②날끝. 「槍(ヤリ)の一; 창끝」 1. an ear-tip

ほさく[補作](명·타サ) 보충해서 만듦. make as a supplement

ほざ·く(타 4)〈속〉 말하다. 지껄이다. 「つべこべ一な; 왈가왈부하지 말아」 talk

ほさつ[捕殺](명·타サ) ①(동물 등을) 잡아 죽임. ②〔야구에서〕 공을 잡아 아우트시킴. 1. catch and kill

ぼさつ[菩薩](명) 보살. ①〈불〉 ㉠불타(仏陀)의 다음 지위. ㉡조정(朝廷)에서 덕이 높은 중에게 주는 칭호. ②부처에 비유한 신(神)의 높임말. ③쌀의 다른 이름. 1. ㄱ. Bodhisattva. **—かい**[菩薩戒](명)〈불〉 보살계. 보살이 되기 위한 수행(修行)의 계율(戒律).

ぼさん[墓参](명·자サ) 성묘(省墓). a visit to a grave

ほし[星](명) ①〈천〉 별. ②별빛. ③작고 둥근 것. ④점. ⑤반점(斑点). ⑥표적 한가운데의 작은 동그라미. ⑦태어나면서부터 그 사람의 운명을 지배한다고 하는 별. ⑧별표. 예: "☆, *" ⑨〔씨름에서〕 승부를 나타내는 둥근 표적. ⑩승리의 표적. 「黒(クロ)一; 패배(敗北)」 ⑪〈속〉 범인(犯人). ⑫연월(年月). 「一うつりもの変(カ)わり; 세월은 지나고 사물은 변하고」 1. a star 12. years

ほじ[保持](명·타サ) 보지. ①계속해서 자기 것으로 보전하고 유지함. 「記録(キロク)一者(シャ); 기록 보지자」 ②움직이지 않게 눌러 가짐. 1. maintenance

—ぼし[干し·乾し](조어) 말림. 「かげ一; 음건(陰乾)」

ぼし[母子](명) 모자. 어머니와 아들. a mother and her child

ぼし[母指·拇指](명) 무지. 엄지 손가락. a thumb

ぼし[墓誌](명) 묘지. ①죽은 사람의 행적(行跡)을 비석 등에 새긴 것. 또는 새긴 글. ②죽은 사람의 행적 등을 적어 관(棺)과 함께 묻는 것. 1. an inscription on a gravestone

ポジ(명) 포지티브의 준말.

ほしあい[星合い]ーアヒ(명) 견우, 직녀 두 별이 1년에 한 번씩 만나는 것. the meeting of the two love-stars

ほしあかり[星明かり](명) 별빛. starlight

ほしあ·げる[乾し上げる](타하 1) ①햇볕이나 불에 완전히 말리다. 「洗濯物(センタクモノ)を一; 빨래를 완전히 말리다」 ②〈속〉 아무 것도 먹이지 않고 괴롭히다. 1. dry up

ほしあん[干し餡](명) 팥을 삶아 으깨어 거피하여 바싹 말린 것. powder bean jam

ほしい[糒]ーヒ(명) ⇨ほしいい.

ほし·い[欲しい](형) ①탐나다. 갖고 싶다. 「水(ミズ)が一; 물이 마시고 싶다」 ②…하고 싶다. 「注意(チュウイ)して一; 주의해 주기 바란다」 파생 **—が·る**(타 4) **—さ**(명). 1. desirable

ほしいい[干し飯]ーイヒ(명) 밥을 저장하기 위해 말린 것. 말린 밥. dried boiled-rice

ほしいまま[欲しい儘·恣ま](명·형동ダ) 마음 내키는 대로 함. 제 멋대로. 「一にふるまう; 멋대로 행동하다」 as one pleases

ほしか[干し鰯](명) 기름을 짜고 난 정어리 찌꺼기. 말려서 비료로 씀. a dried-sardine

ほしがき[干し柿](명) 껍질을 벗겨서 말린 감. 곶감. a dried persimmon

ほしかげ[星影](명) 별빛. starlight

ほしかげ[星鹿毛](명) 사슴의 털빛처럼 갈색 바탕에 흰 반점이 있는 말의 털빛. 또는 그런 털의 말. spotted fawn-coloured horse

ほしかた·める[干し固める](타하 1) 말려서 굳히다. harden by drying

ほしが·る[欲しがる](타 4) 갖고 싶어하다. 탐내다. want

ほしがれい[星鰈](명)〈동〉 범가자미. 붕넙치과에 속하는 바닷물고기. 겨울철에 맛이 좋음. a spotted plaice

ほしくさ[干し草·乾草](명) 베어서 말린 풀. 건초(乾草). hay

ほしくず[星屑]ークヅ(명) 밤하늘에 빛나는 무수한 작은 별들. innumerable stars

ほじく·る(타 4)〈속〉 ①쑤시다. 후비다. ②(비밀 등을)

캐 내다. 1. dig
ほしこ[干し魚](명) 말린 물고기. 건어물(乾魚物).
ほしこ[乾海鼠](명) 말린 해삼. a dried trepang
ほしころ·す[乾し殺す](타 4) 굶겨 죽이다. starve to death
ポジション[position](명) 포지션. ①위치. ②자세. ③〔야구에서〕 선수가 지키는 위치.
ポジチブ[positive](명·형동ダ) 포지티브. ①실증적(実証的). ②적극적. ③〈이〉 양(陽). 양극(陽極). ④사진의 양화(陽画). ↔ネガチブ.
ほしづきよ[星月夜](명) 별빛이, 달빛처럼 밝게 비치는 밤. a starry night
ほしづくよ[星月夜](명) ⇨ほしづきよ.
ほしとり[星取り](명) 승부의 점수를 흑백(黒白)의 별표로 기록하는 일. 「一表(ヒョウ); 득점표」 scoring
ほしのり[干し海苔·乾し海苔](명) ⇨のり(海苔).
ほしまつり[星祭り](명) ①〈불〉 성제. 칠요성(七曜星) 가운데 그해에 해당하는 별을 제사 지내는 일. ②⇨たなばたまつり. 2. the love-star festival
ほしまわり[星回り]—マハリ(명) 본명성(本命星)에 의한 사람의 운(運).
ほしみぐさ[星見草](명)〈식〉 국화(菊花)의 다른 이름.
ほしめ[星眼](명)〈의〉 눈알 가에 좁쌀만한 크기의 흰 반점(斑点)이 생기는 병. 삼. a white speck
ぼしめい[墓誌銘](명) 묘지명. 비문(碑文) 끝에 첨부하는 짧은 글.
ほしもの[干し物](명) ①볕에 말린 것. ②볕에 말린 빨래. 1. clothes for drying
ほしゃく[保釈](명·타サ)〈법〉 보석. 일정한 보증을 세우고 구류(拘留) 중인 형사 피고인을 석방함. bail
ほしゅ[保守](명·타サ) 보수. ①옛부터의 전통을 지키고 급격한 개선을 반대함. ↔革新(カクシン). ②유지하고 지킴. 1. conservation. **—しゅぎ**[保守主義](명) 보수주의. 현상 유지를 목적으로 하고, 본래의 전통, 습관, 사회 조직 등을 고수(固守)하는 주의. **—てき**[保守的](형동ダ) 보수적. 보수의 경향이 있는 모양. **—とう**[保守党](명) 보수당. 보수주의의 당파.
ほしゅ[捕手](명) 포수. 〔야구에서〕 피처(投手)가 던진 공을 받는 사람. 캐처. a catcher
ほしゅう[補修](명·타サ) 보수. 낡은 것을 깁고 보태어 고침. 보충하여 손질함. 수리. 「衣類(イルイ)の一; 의류 손질」 repair
ほしゅう[補習](명·타サ) 보습. 정규 수업 이외에 공부하고 배움. supplementary study
ほじゅう[補充](명·타サ) 보충. 채워 메움. 「欠員(ケツイン)の一; 결원 보충」 supplement
ぼしゅう[募集](명·타サ) 모집. 널리 알려 희망자를 모이게 함. 「生徒(セイト)一; 생도 모집」 collection
ぼしゅう[暮秋](명) ①늦가을. 만추(晩秋). ↔暮春(ボシュン). ② 음력 9월. 1. late autumn
ぼしゅん[暮春](명) 모춘. ①늦봄. 만춘(晩春). ↔暮秋(ボシュウ). ②음력 3월의 다른 이름. 1. late spring
ほじょ[補助](명·타サ) 보조. 모자람을 도와 줌. 「一旅費(リョヒ); 보조 여비」 aid
ぼしょ[墓所](명) 묘소. 묘. 무덤. a graveyard
ほしょう[歩哨](명)〈군〉 보초. 경계, 감시의 임무를 띠는 병사. a sentry
ほしょう[保証](명·타サ) 보증. ①책임 지고 틀림 없음을 증명함. ②장래의 결과나 행위에 대해서 책임을 짐. 「一人(ニン); 보증인」 guarantee. **—にん**[保証人](명) 보증인. ①보증하는 사람. ②〈법〉 보증의 책임을 지는 사람.
ほしょう[保障](명·타サ) 보장. 침범 당함이 없도록 보증함. 장애가 되지 않게 보증함. 「安全(アンゼン)一; 안전 보장」 security
ほしょう[補償](명·타サ) 보상. ①남의 손해를 메워 줌. 「一金(キン); 보상금」. ②〈법〉 행정 처분에 의한 손해에 대하여 대상(代償)함. 1. indemnification
ほじょう[捕縄](명) 포승. 죄인을 결박하는 노끈. 오라. a policeman's rope
ぼじょう[慕情](명) 모정. 그리워하는 마음. longing
ほしょく[補色](명) ⇨よしょく(餘色).
ほしょく[補職](명·타サ) 보직. 지위와 직책을 맡게 함. 또는 그 직. appointment
ぼしょく[暮色](명) 모색. ①날이 저물어 가는 어스레한 빛. ②석양의 경치. 2. evening scenery
ほじょどうし[補助動詞](명) 보조 동사. 〔문법에서〕 동사이면서 동사의 뜻을 상실하고 복합 동사 등의 밑에 붙여 쓰이는 것. 예: "走り出す"의 "出す".
ぼしりょう[母子寮](명) 남편을 잃고 곤궁한 생활을 하는 모자(母子)를 수용하는 곳. 모자원(母子院). a mothers' home
ほじ·る[穿る](타 4)〈속〉 ⇨ほじくる.
ほしん[保身](명) 보신. 몸을 보전함. 자기 몸을 지키는 일. 「一術(ジュツ); 보신술」 self-defence
ほ·す[干す·乾す](타 4) ①말리다. ②연못 등의 물을 완전히 빼다. ③죄다 마셔 버리다. 「コップの水(ミズ)を一; 컵의 물을 죄다 마셔 버리다」 ④〈속〉 먹고 살아 나갈 수 없다. 1. dry
ボス[boss](명) 보스. ①(직장의) 맨 웃사람. ②정당의 당수(党首). ③두목. 우두머리.
ほすう[歩数](명) 보수. 걸음 수. the number of steps
ホスジャンプ(명) 〔홉 스텝 앤드 점프(hop, step and jump)의 준말〕 3단도(三段跳). 3단 뛰기.
ほすすき[穂芒](명) 이삭이 나와 있는 억새풀. pampas grass
ポスター[poster](명) 포스터. 광고, 선전을 위한 삐라나 내붙이는 도안. **—カラー**[poster collar](명) 포스터컬러. 포스터 등을 그리는 그림 물감.
ホステス[hostess](명) 호우스테스. 여주인. (나이트 클럽 등의) 접객부(接客婦).
ホステル[hostel](명) 호우스텔. 숙사(宿舎).
ポスト[post](명) 포우스트. ①우체함. 우체통. ②임무. 직위. 「重要(ジュウヨウ)な一につく; 중요한 직위에 앉다」 ③(축구 등의) 고울 문. 「ゴール一; 고울 포우스트」 **—カード**[post-card](명) 포우스트

카아드. 우편 엽서.

ボストン(バック)[Boston (bag)](명) 보스턴백. 밑바닥이 장방형이고 배가 불룩한 여행용 가방.

ほ·する[保する](타サ) 보장(保障)하다. 보증하다. 「成功(セイコウ)を保(ホ)しがたい; 성공을 보장하기 어렵다」 guarantee

ほ·する[補する](타サ) ①보충하다. ②공무원 등에 직책을 맡기다. 2. appoint

ほせい[補正](명·타サ) 보정. 불충분한 것을 보충하여 바로 잡음. revision

ほせい[補整](명·타サ) 보정. 보충하여 정돈(整頓)함. manipulation

ぼせい[母性](명) 모성. (여성의) 어머니로서의 성질. ↔父性(フセイ). motherhood. **—あい**[母性愛](명) 모성애. 어머니가 자식에 대해서 갖는 본능적인 애정. ↔父性愛.

ほぜい[保税](명)〈법〉 보세. 수입 수속이 끝날 때까지 세금을 받지 않는 것. 「—倉庫(ソウコ); 보세 창고」

ぼせき[墓石](명) 묘석. 묘 앞에 놓는 돌. 또는 비석(碑石). a gravestone

ほせつ[補説](명·타サ) 보충하여 설명함.

ぼせつ[暮雪](명) 석양에 내리는 눈. 저녁나절의 설경(雪景). evening snow

ほせん[保線](명) 보선. 철도 선로를 보호하여 안전하게 하는 일. track-maintenance. **—く**[保線区](명) 보선구. 국유 철도의 운수(運輸) 보전을 위하여 나눈 구간(区間).

ほせん[補選](명) 보선. 보결 선거(補缺選挙)의 준말.

ほせん[補箋](명) ①보충하기 위하여 덧붙인 종잇조각. ②유가 증권, 증서에 여백이 없을 때 보충하기 위해 덧붙인 종잇조각. 2. a label

ほぜん[保全](명·타サ) 보전. 보호하여 안전하게 함. conservation

ぼせん[母船](명) 모선. 큰 배. a mother-ship. **—しきぎょぎょう**[母船式漁業](명) 모선식 어업. 대형 모선과 부속 어선으로 영위하는 원양어업(遠洋漁業).

ぼぜん[墓前](명) 묘전. 무덤 앞. 묘 앞. before a grave

ほぞ[枘](명) 이쪽 끝을 저쪽 끝의 구멍에 맞추기 위하여 얼마쯤 가늘게 만든 부분. 순자(筍子). 장부. a pivot

ほぞ[臍](명) ①⇨へそ. 「—をかむ; 후회 막급하다」②(가지, 오이 등의) 꼭지. 2. the calyx

ほそ·い[細い](형) ①가늘다. ↔太(フト)い. ②좁다. ③목소리가 작고 높다. ④분량이 적다. 「乳(チチ)が—; 젖이 적다」⑤빈약하다. 파생 **—さ**(명). 1. slender

ほそう[舗装·鋪装](명·타サ) 포장. 도로의 표면을 아스팔트나 콘크리이트로 덮어 씌움. 「—道路(ドウロ); 포장 도로」 pavement

ほぞおち[臍落ち](명) ①과일이 익어 꼭지가 떨어지는 일. 또는 그 과일. ②납득. 이해. 2. understanding

ほそおも(て)[細面](명) 갸름한 얼굴. a slender face

ほそく[歩速](명) 보속. 걸음의 속도. a pace

ほそく[歩測](명·타サ) 보측. 보폭(歩幅)으로 거리(距離)를 재는 일. measuring by pace

ほそく[捕捉](명·타サ) 포착. (도망 가지 못하게) 꽉 붙잡음. catch

ほそく[補足](명·타サ) 보충하여 채움. a supplement

ほそく[補則](명·타サ)〈법〉 보칙. 법령의 규정을 보충하기 위하여 첨가한 규칙. supplementary rules

ほそくび[細首](명) 가느다란 목. a slender neck

ほそつ[歩卒](명) 보졸. 걸어 다니는 병졸. 보병(歩兵). a foot soldier

ほそづくり[細作り](명) ①가늘게 만듦. 또는 만든 것. ②몸이 호리호리하고 날씬한 것. 1. slender make

ほそなが·い[細長い](형) 가늘고 길다. slender

ほぞのお[臍の緒]—ヲ(명)〈생〉 태아의 배꼽에서 산모의 태반에 연결된 가느다란 줄과 같은 육(肉)의 관(管). 탯줄. the navel string

ほそびき[細引き](명) 삼을 꼬아서 만든 가느다란 줄. 삼끈. hempen cord

ほそぼそ[細細](부) ①몹시 가는 모양. ②그럭저럭. 겨우. 「—と暮(クラ)す; 그럭저럭 지내다」 2. barely

ぼそぼそ(부) ①음식물에 물기가 없고 맛이 없는 모양. ②작은 목소리로 말하는 모양. 소곤소곤. 2. in a whispering tone

ほそまき[細巻](명) 가늘게 마는 일. 또는 만 것. rolling thin

ほそみ[細み](명) 바쇼오(芭蕉)의 하이쿠(俳句)의 근본 정신. 구(句)의 경지가 유현(幽玄)하고 미묘한 경지로 들어 간 상태.

ほそみ[細身](명) 칼 등의 폭이 좁은 것. 또는 그렇게 만든 것. 도신(刀身). a narrow blade

ほそみち[細道](명) 좁은 길. 소로(小路). a narrow path

ほそめ[細目](명) ①가늘게 뜬 눈. ②(편물의) 가늘게 짠 눈. ③좁은 사이. 「雨戸(アマド)を—にあける; 덧문을 조금 열다」④약간 가늘다고 생각되는 정도. 「—の糸(イト); 좀 가느다란 실」 ↔太目(フトメ). 1. narrow eyes

ほそ·める[細める](타하 1) 가늘게 하다. 자 細まる(4). narrow

ほそもとで[細元手](명) 얼마 안되는 자본금(資本金).

ほそやか[細やか](형동ダ) 가느스름한 모양. 가느다란.

ほそ·る[細る](자 4) 가늘어지다. become thin

ほぞん[保存](명·타サ) 보존. 변하지 않게 계속하여 간직함. 잃지 않도록 잘 간수함. 보관. 「—用(ヨウ); 보관용」 preservation

ほだ[榾·榾柮](명) 땔나무로 할 나무 토막. firewood

ほだ[穂田](명) 벼 이삭이 다 팬 논.

ぼた(명)〈속〉 ①질이 나쁜 석탄. ②탄광에서 석탄을 캐고 난 뒤에 남은 돌. 1. inferior coal

ポタージュ[프 potage](명) 포타아즈. 되직한 수우프. ↔コンソメ.

ぼたい[母体](명) 모체. ①어머니의 몸. ②갈려 나온 사물 중의 본래의 것. 「西洋文化(セイヨウブンカ)の—; 서양 문화의 모체」 1. the mother's body

ぼたい[母胎](명)〈생〉 모태. 임신중인 어머니의 태안

(胎内). the mother's womb
ぼだい[菩提](명)〈불〉 보리. ①불교의 궁극적인 심오(深奥)한 진리를 깨닫는 일. ②불문에 들어 가 중이 되는 일. ③성불(成仏)하여 극락에 왕생(往生)하는 일. 「―をとむらう; 죽은 사람의 명복을 빌다」 ④염불. 1. the Supreme Enlightenment. **―じ**[菩提寺](명)〈불〉 보리사. 선조의 묘(墓)나 위패(位牌)를 모시고 그 명복을 빌기 위하여 세운 절. **―じゅ**[菩提樹](명)〈식〉 보리수. ①석가가 그 밑에서 깨우침을 얻었다는 나무 이름. 피팔라수(pippala 樹). ②피나무과에 속하는 낙엽 활엽 교목. 절 안에 흔히 심는 나무. **―しょ**[菩提所](명)〈불〉 ←菩提寺. **―しん**[菩提心](명)〈불〉 보리심. 불도에 들어 가는 마음.
ほださ·れる[絆される](자하 1) ①얽매이다. 속박되다. ②정에 얽히다. 인정에 끌리다. 1. be tied by
ほだし[絆し](명) ①물건을 묶어 매는 것. 또는 그 줄. ②자유를 구속하는 것. 1. bonds
ほたてがい[帆立て貝]―ガヒ(명)〈동〉 가리비. 부채 모양으로 둥글넓적한 바다 조개. 식용하며 껍데기는 세공(細工)에 쓰임. 해선(海扇). a scallop
ほだ·てる[攪てる](타하 1) 뒤섞다. 휘젓다. 교란(攪乱)하다. stir
ぼたぼた(부) ①물이 떨어지는 모양. 뚝뚝. ②살쪄 몸이 뚱뚱한 모양. 1. in drops
ぽたぽた(부) 물이 떨어지는 모양. 똑똑. in drops
ぼたもち[牡丹餅](명) ⇨おはぎ.
ぼたやま[ぼた山](명) 석탄을 캐내고 돌을 쌓은 산.
ほたる[蛍](명)〈동〉 개똥벌레. a firefly. **―いか**[蛍烏賊](명)〈동〉 불똥꼴뚜기. 몸에 발광기(発光器)가 있어 빛을 발함. **―いし**[蛍石](명)〈광〉 형석. 유리빛이 나는 무르고 약한 결정성 광석(結晶性鉱石). **―がり**[蛍狩り](명) 개똥벌레를 잡는 일. **―び**[蛍火](명) ①반딧불. ②조그마한 불빛. **―ぶくろ**[蛍袋](명)〈식〉 초롱꽃. 산야에 자라는 다년초. 종(鐘) 모양의 꽃이 핌.
ぼたん[牡丹](명)〈식〉 모란. 작약과에 속하는 낙엽 활엽 관목. 4, 5월경에 홍(紅), 백(白), 자(紫) 등의 화려한 꽃이 핌. 중국 원산. 관상용. a peony. **―ばけ**[牡丹刷毛](명) 화장용(化粧用) 분첩. **―ゆき**[牡丹雪](명) 큰 송이로 내리는 눈. 함박눈.
ボタン[포 botao·釦](명) 보탕. ①단추. 버튼. ②초인종(招人鐘) 등의 누르는 단추.
ぼち[墓地](명) 묘지. 무덤. a graveyard
―ぽち(접미)〈속〉 부족한 기분을 나타내는 말. …밖에. …뿐. 「これっ―; 요것뿐」
ホチキス[hotchkiss](명) 호치키스. 종이를 철하는 데 쓰는 기구(器具).
ぼちぼち(부)〈방〉 ⇨ぼつぼつ.
ぼちゃぼちゃ(부) 물이 움직이는 소리. splash
ぽちゃぽちゃ(부) ①⇨ぼちゃぼちゃ. ②살집이 좋고 부드러운 모양. 2. chubby
ほちゅう[補注·補註](명) 보충해서 덧붙인 주석(註釈). supplementary notes
ほちゅうあみ[捕虫網](명)〈생〉 포충망. 곤충을 잡을 때 쓰는 오구 모양의 그물. 곤충망. a butterfly catcher
ほちょう[歩調](명) 보조. 발걸음. 「―をあわせる; 보조를 맞추다」 pace
ほちょうき[補聴器](명)〈의〉 보청기. 청력(聴力)을 보조하기 위하여 귀에 대는 기구. an acousticon
ぼつ―[没](조어) 전혀 없음. 「―常識(ジョウシキ); 몰상식」
ぼつ[没](명) ⇨ぼっしょ(没書).
ぼつ[没·歿](명) ①가라앉는 일. 침몰. ②죽음. ③⇨ぼっしょ(没書). 1. sinking
ぼつ[勃](명)〈지〉 불가리아(勃牙利)의 준말.
ほつい[発意](명·자サ) ⇨はつい.
ほつえ[上枝](명)〈고〉 위쪽에 있는 나뭇가지.
ぼっか[牧歌](명) 목가. ①목동들이 부르는 노래. ②목동이나 농부들의 생활을 주제로 하여 전원(田園)의 정조(情調)를 나타낸 시가(詩歌). 1. a shepherd's song. **―てき**[牧歌的](형동ダ) 목가적. 목가와 같이 소박하고 서정적인 모양.
ぼつが[没我](명) 몰아. 자기를 전혀 잊어 버리는 일. 자기를 조금도 생각하지 않는 일. 「―の境地(キョウチ); 몰아의 경지」 selflessness
ほっかい[北海](명) 북해. ①북쪽 바다. ②〈지〉 유럽 북서부, 영국과 덴마아크 사이의 바다. 1. a northern sea. **―どう**[北海道](명)〈지〉 홋카이도오. 일본 북단에 있는 큰 섬. 대농식(大農式) 농업이 행해지고 목축(牧畜)이 성함.
ほっかい[法界](명)〈불〉 법계. ①의식의 대상이 되는 모든 경계(境界). ②인연(因縁) 등의 법칙에 의하여 성립한 세계. ③불변 평등(不変平等)한 법의 본성(本性). ④진여(真如).
ぼっかく[墨客](명) 묵객. 글씨를 쓰거나 그림을 그리는 사람. 「文人(ブンジン)―; 문인 묵객」 an artist
ぽっかり(부) ①가볍게 뜬 모양. ②갑자기 나타난 모양. ③입, 구멍 등이 벌어진 모양. 2. suddenly 3. open
ほつがん[発願](명·자サ) 발원. 신불(神仏)에게 소원을 빎. a prayer
ほっき[発起](명·타サ) 발기. ①계획을 세워 시작함. 「―人(ニン); 발기인」 ②⇨ほっしん(発心). 1. promotion
ほつぎ[発議](명·타サ) 발의. 먼저 의견이나 의안(議案)을 냄. a proposal
ぼっき[勃起](명·자サ) 발기. 갑자기 강력히 일어남. erection
ほっきがい[北寄貝](명)〈동〉 한해(寒海)의 바다 밑에 사는 조개. 〈학명〉 Spisula sachalinensis
ぼっきゃく[没却](명·타サ) 몰각. 없앰. 무시함. 문제로 하지 않음. 「おのれを―する; 자신을 몰각하다」 ignoring
ぼっきょ[卜居](명·타サ) 복거. 좋은 곳을 가려서 삶. settlement
ほっきょう[法橋](명) ①〈불〉 승위(僧位)의 하나. 율사(律師)에 상당함. ②옛날 의사(医師), 화가(画家) 등에 주어졌던 칭호.

ほっきょく[北極](명) 북극. ①〈지〉 지축(地軸)의 북쪽 끝. ②〈이〉 자침이 북쪽을 가리키는 끝. ↔南極(ナンキョク). ③〈천〉 북극성. 1. the North Pole. **—かい**[北極海](명)〈지〉 북극해. 북극 지방의 바다. 옛날의 북빙양(北氷洋). **—ぐま**[北極熊](명)〈동〉 북극곰. 북극에 사는 곰. 흰곰. **—けん**[北極圈](명)〈지〉 북극권. 지구상에서 북위 66도 반(半)의 위선(緯線)으로부터 북쪽 지대. **—せい**[北極星](명)〈천〉 북극성. 북극에 가장 가까운 별.

—ぽっきり(접미)〈속〉 꼭 …뿐. 「十円(ジュウエン)—; 꼭 10원뿐」

ほっく[発句](명) ①와카(和歌)의 제 1구(句). 5문자의 구. ②렌가(連歌)의 제 1구. 17문자의 구. ③하이쿠(俳句). 1. the first verse

ホック[hook](명) 혹. ①갈고리. ②단추 대신 쓰이는 갈고리 모양의 쇠고리. 혹(hock). ③열쇠 비슷한 것.

ボックス[box](명) 복스. ①상자. ②칸을 막은 좌석. ③상자 모양의 건물. 「電話(デンワ)—; 전화 복스」 ④제품을 만들기 위하여 가공한 쇠가죽. ⑤〔야구에서〕 배터(打者)나 코우처가 서는 곳. 「バッター—; 배터 복스」 ⑥〔양재에서〕 몸에 딱 맞지 않고 넉넉하게 한 재단(裁断).

ぽっくり(부) ①무르게 부러지거나 부서지는 모양. ②갑자기 죽는 모양. 1. with a snap

ぽっくり[木履](명) 소녀들이 신는 옻칠을 한 왜나막신. round wooden clogs

ほっけ[法華](명)〈불〉 법화. ①법화경(法華経). ②법화종(法華宗)의 준말. **—ざんまい**[法華三昧](명)〈불〉 법화 삼매. 잡념 없이 법화경의 진리를 생각하는 일.

ポッケ[pocket](명) "ポケット"의 변화.

ホッケー[hockey](명) 하키. 11명씩 두 티임으로 나뉘어 끝이 휘어진 막대기로 두꺼운 원판(円板)을 상대편의 고울에 쳐 넣는 경기. 「アイス—; 아이스하키」

ぼっけん[木剣](명) 목검. 나무칼. 목도(木刀). a wooden sword

ぼつご[没後·歿後](명) 몰후. 죽은 뒤. 사후(死後). ↔没前(ボッゼン). after one's death

ほっこう[北郊](명) 북쪽 교외. ↔南郊(ナンコウ). the northern suburbs

ぼっこう[勃興](명·자サ) 발흥. 갑자기 일어남. 흥기(興起). 「新(アタラ)しい国家(コッカ)の—; 새로운 국가의 발흥」 a sudden rise

ぼっこうしょう[没交渉](명·형동ダ) 몰교섭. 거래 또는 교제가 없음. 무관계. having no relation with

ほっこく[北国](명) 북국. 북쪽 나라. ↔南国(ナンゴク). the northern countries

ぼっこく[墨国](명)〈지〉 ⇨メキシコ.

ぼっこん[墨痕](명) 붓이 간 자리. 붓으로 쓴 흔적. 묵적(墨跡). 필적. ink-marks

ほっさ[発作](명)〈의〉 발작. 갑자기 일어났다 그치는 병의 증상. 「—的(テキ)にいたむ; 발작적으로 아프다」 a fit

ほっしゅ[法主](명)〈불〉 ⇨ほうしゅ.

ぼっしゅう[没収](명·타サ) 몰수. ①빼앗음. ②〈법〉 국가가 개인의 재산이나 권리를 빼앗음. 1. seizure

ぼっしゅみ[没趣味](형동ダ) 몰취미. 아무런 취미가 없는 모양. ↔多(タ)趣味. lack of taste

ぼっしょ[没書](명) 몰서. 투서(投書), 투고(投稿)가 채용되지 않는 일. 또는 그 투서나 투고. rejection

ぼつじょうしき[没常識](명·형동ダ) 몰상식. 상식이 없음. 비상식(非常識). lack of common sense

ぼっしょくし[没食子](명)〈식〉 ⇨もっしょくし.

ほっしん[法身](명)〈불〉 법신. ①여래(如来)의 3신(三身)의 하나. 법계 진여(法界真如)의 이치와 일치하는 부처의 몸. ②승려의 몸. 중. 법체(法体). 2. priesthood

ほっしん[発心](명·자サ) ①생각이 떠오름. 「何(ナニ)を—したか, 勉強(ベンキョウ)にいそしむ; 무슨 생각을 했는지 공부에 열중하다」 ②〈불〉 발심. 부처에 대한 믿음이 생김. ③〈불〉 속세를 떠나 삭발하고 중이 됨. 1. a new intention

ほっしん[発疹](명)〈의〉 ⇨はっしん.

ほっす[払子](명)〈불〉 불자. 중들이 가지고 다니는 법구(法具)의 하나. 말꼬리, 삼(麻) 등을 묶어서 자루를 단 것. 번뇌, 장애를 물리치는 표지(標識)로 씀.

〔払子〕

ほっす[法主](명)〈불〉 ⇨ほっしゅ.

ほつ·す[解す](타 4) ⇨ほぐす.

ほっ·する[欲する] Ⅰ(자サ) …하려고 하다. …되려고 하다. 「日(ヒ)暮(ク)れんと—とき; 해가 지려고 할 때」 Ⅱ(타サ) ①갖고 싶다. ②바라다. 원하다. Ⅱ 1. desire

ぼっ·する[没する] Ⅰ(자サ) ①가라앉다. ②숨다. ③멀어지다. 빠지다. ④묻히다. ⑤죽다. Ⅱ(타サ) ①묻다. ②가라앉히다. ③보이지 않게 하다. 「影(カゲ)を—; 그림자를 보이지 않게 하다(사라지다)」 ④빼앗다. 몰수하다. 「所領(ショリョウ)を—; 소유지를 몰수하다」 Ⅰ 1. sink Ⅱ 1. bury

ぼっ·する[没する·歿する](자サ) 죽다. die

ぼつぜん[没前·歿前](명) ①죽기 전. 생전(生前). ②해가 지기 전. ↔没後(ボツゴ). 1. before one's death

ぼつぜん[勃然](형동タルト) ①갑자기 일어나는 모양. ②벌컥 성을 내는 모양. 1. rising sudenly

ほっそく[発足](명·자サ) ①출발함. ②발족. 단체나 회의 등의 활동이 시작됨. 1. starting

ほっそり(부·자サ) 가느다란 모양. 홀쭉한 모양. 「—したすがた; 호리호리한 모습」 slenderly

ほったい[法体](명)〈불〉 법체. 중의 모습. 삭발한 중의 모습. priestly atttire

ポッタシウム[potassium](명)〈이〉 ⇨カリウム.

ほったて[掘っ建て](명) ①토대 없이 지면에 기둥을 묻고 집을 짓는 일. ②←掘っ建て小屋. 1. building a house without proper foundation. **—ごや**[掘っ建て小屋](명) 날림집. 허술한 집.

ほったらか·す(타 4)〈속〉 내버려 두다. 방치(放置)하다. 「仕事(シゴト)を—; 일을 내버려 두고 놀러 가다」

명 ほったらかし. neglect
ほったん[発端](명) 발단. 일의 시초. 실마리. start
—ぼっち(접미)〈속〉 적은 것을 나타내는 말. …뿐. …밖에. 「ひとり—; 혼자뿐」
ぼっちゃん[坊っちゃん](명) ①신분이 높은 사람의 아들에 대한 높임말. ②타인의 아들의 높임말. ③세상 일에 어두운 남자. 「—そだち; 고생을 모르고 자라난 남자」. 3. a greenhorn
ほっちらか·す[放っ散らかす](타 4)〈속〉 방치해 두다. 내버려 두다. 하던 일을 그대로 두다. neglect
ぽっちり(부) 물건이 몹시 적은 모양. 약간. 조금. only a little
ほづつ[火筒](명) 총포(銃砲). guns
ほっつ·く(자 4)〈속〉 걸어 돌아 다니다. 헤매다. 방황하다. 싸다니다. loiter
ぽっつり(부) ①실 등이 툭 끊어지는 모양. ②추녀 끝에서 빗방울이 떨어지는 모양. ③얼룩, 구멍 등이 절로 생기는 모양. 「—と穴(アナ)があいた; 구멍이 뽕 뚫어졌다」 1. snap 2. a drop 3. a single spot
ぽってり(부·자サ) 살이 찐 모양. plump
ホッテントット[Hottentot](명) 호텐톳. 남아프리카의 칼리하리 사막 주변에 사는 흑인족. 「1. sighingly
ほっと(부) ①한숨을 쉬는 모양. ②안심하는 모양. ↗
ホット[hot](명) 호트. ①뜨거운 것. 「—コーヒー; 뜨거운 코오피」 ②새로운 것. 「—ニュース; 새로운 뉴우스」 —**ウイスキー**[hot whisky](명) 호트 위스키. 위스키에 더운 물을 적당히 타고 레몬, 계피 등의 향미(香味)를 곁들인 것. —**ケーキ**[hot cake](명) 호트케이크. 밀가루에 우유, 버터, 설탕, 계란 등을 섞어 개어서 둥글게 구운 과자. 버터를 바르거나 시럽을 쳐서 먹음. —**ジャズ**[hot jazz](명)〈악〉 호트재즈. 악보를 떠나서 자유롭게 연주하는 템포가 빠른 열광적인 재즈 음악. —**ドッグ**[hot dog](명) 호트도그. 개자(芥子), 버터 등을 바르고 더운 소시지를 넣은 샌드위치의 한 가지. —**マネー**[hot money](명)〈경〉 호트머니. 단기 자금(短期資金).
ぼっと(부) ①멍청한 모양. ②불이 타오르는 모양. ③얼굴이 붉어지는 모양. 1. abstractedly
ぽっと(부) ①갑자기 뛰어 나오는 모양. ②얼굴이 붉어지는 모양. ③등불이 켜지는 모양. ④상기(上気)하여 멍청해진 모양. 1. suddenly. —**で**[ぽっと出](명)〈속〉 시골에서 처음 도회지에 나와 시정 물정에 익숙하지 않은 것. 또는 그런 사람.
ポット[pot](명) 포트. ①항아리. 병. 솥. 「コーヒー—; 코오피 포트」 ②운두가 높은 남비.
ほっとう[発頭](명) ←発頭人. —**にん**[発頭人](명) 맨 처음 일을 계획한 사람. 장본인(張本人).
ぼっとう[没頭](명·자サ) 몰두. (일에) 열중함. 「研究(ケンキュウ)に—する; 연구에 몰두하다」 devotion
ほっと·く(타 4)〈속〉 "ほうっておく(내버려 두다)"의 변화. 「ほっといてくれ; 내버려 둬 줘」
ほづな[帆綱](명) 돛을 올리고 내리고 하는 돛대에 매어 놓은 줄. 용총줄. a halyard
ぼつにゅう[没入](명·자サ) 몰입. ①물속에 가라앉음. ②열중. 몰두. 1. sinking
ぼつねん[没年·歿年](명) 몰년. ①죽은 해. ②죽은 때의 나이. 향년(享年). 1. the year of one's death
ホッパー[hopper](명) 호퍼. 석탄, 자갈 등을 속에 넣고 필요에 따라 아래 구멍으로 조금씩 나오게 하는 장치.
ぼっぱつ[勃発](명·자サ) 발발. 갑자기 일어남. 돌발. 「戦争(センソウ)の—; 전쟁의 발발」 outbreak
ほっぴょうよう[北氷洋](명)〈지〉 북빙양. 북극해의 옛 이름. the Arctic Ocean
ホップ[hop] 홉. Ⅰ(명)〈식〉 뽕나무과에 속하는 다년생 만초(蔓草). 맥주의 쓴 맛을 나게 하는 원료로 쓰이는 한대성 식물. Ⅱ(명·자サ) 한 발로 뜀. 「—ステップエンドジャンプ; 삼단도(三段跳)」
ボッブスレー[bobsleigh](명) 봅슬레이. 썰매의 한 가지. 언덕을 미끄러져 내려 오는 경기 등에 쓰임. 동계(冬季) 올림픽 경기 종목의 하나.
ぼつぶんぎょうかん[没分暁漢](명) 도리(道理)를 모르는 사람. 어리석은 사람. 맹꽁이. a blockhead
ほっぺた[頬っぺた](명)〈속〉 뺨따귀. the cheeks
ほっぽ(명)〈속〉 호주머니. 안주머니. 회중(懐中).
ほっぽう[北方](명) 북방. 북쪽. the northward
ぼつぼつ(부) ①조금씩 하는 모양. 점차로 나아가는 모양. 「—仕事(シゴト)をする; 조금씩 일을 하다」 ②슬슬. 「—帰(カエ)ろう; 슬슬 돌아 가자」 ③흩어지는 모양. ④여기저기 구멍이 뚫리는 모양. 작은 점이나 구멍이 여러 개 생기는 모양. 1. gradually
ぼつぼつ[勃勃](형동タルト) 발발. 생기 왕성하게 일어나는 모양. spirited
ぽつぽつ(부) ①⇨ぼつぼつ. ②빗방울이 떨어지기 시작하는 모양. 「—降(フ)って来(キ)た; 빗방울이 조금씩 떨어지기 시작했다」 2. in drops
ほっぽ·る(타 4)〈방〉 던지다. 버리다.
ぼつらく[没落](명·자サ) 몰락. ①나라가 망하여 없어짐. ②세력이 약해짐. 「—した貴族(キゾク); 몰락한 귀족」 ③시세가 떨어짐. ④파산(破産)함. 영락(零落). 1. ruin 2. fall
ぽつり(부) ①빗방울, 물방울이 똑똑 떨어지는 모양. ②점이나 구멍이 저절로 생기는 모양. ③단지 하나뿐이어서 외롭고 쓸쓸한 모양. 1. a drop 3. solitarily
ほつ·れる[解れる](자하 1) (실, 솔기, 매듭 등이) 풀리다. 명 ほつれ. come loose
ぽつん(부) ⇨ぽつり.
ほてい[布袋](명) 칠복신(七福神)의 하나. 중과 같은 차림을 하고 배가 굉장히 뚱뚱하며 항상 자루를 등에 메고 있음. —**ばら**[布袋腹](명) 툭 튀어 나온 뚱뚱한 배. 올챙이배. 배불뚝이.
ボディー[body](명) 보디. ①몸. 신체. ②동체(胴体). 몸뚱이. ③사람의 동체 모양으로 만든 것. 양복점에서 씀. ④차체(車体). 기체(機体). 선체(船体). —**スイング**[body swing](명·자サ) 보디 스윙. 〔야구, 권

투 등에서] 컨디션을 조절하기 위해서 몸을 움직임.
ポテト(ー)[potato](명)〈식〉 퍼테이토. 감자. 「ーフライ; 감자 튀김」
ぼてふり[棒手振り](명) ①막대의 양끝에 팔 것을 달고 그 막대를 한쪽 어깨에 메고 다니며 파는일. 또는 그 장사아치. ②어시장(魚市場)과 요리집간(間)의 생선 중간 소매상. 1. a pedlar
ほて・る[火照る・熱る](자 4) 뜨겁게 느끼다. 몸, 얼굴 등이 달아 오르다. 「顔(カオ)がー; 얼굴이 화끈거리다」 feel hot
ホテル[hotel](명) 호텔. 서양식 여관.
ほてん[補塡](명・타サ) 보전. 보태어 메움. 보충. 「赤字(アカジ)をーする; 적자를 메우다」 filling
ポテンシャル[potential] Ⅰ(명・형동ダ) 퍼텐셜. 가능한 모양. 잠재(潜在)한 모양. Ⅱ(명)〈이〉 전위(電位).
ほど[程] Ⅰ(명) ①정도. 「ーが知(シ)れない; 정도를 알 수 없다」 ②한도. 「おそいにもーがある; 늦는 데도 한도가 있다」 ③분수. 신분. 「身(ミ)のーを知(シ)る; 자기 분수를 알다」 ④거리. 「ー遠(トオ)からぬ; 그리 멀지 않은」 ⑤시간. 「ー経(ヘ)て; 좀 지나서」 ⑥무렵. 쯤. 「宵(ヨイ)のー; 초저녁 무렵」 ⑦시각. 때. 「お帰(カエ)りのー; 돌아 오실 시각」 ⑧사이. 동안. 「飲(ノ)むーに;마시는 동안」 Ⅱ(수조) ①⇨くらい①②③. 「どれー; 얼마만큼」 ②…함에 따라서 더욱더. 점점. 「見(ミ)れば見るー; 보면 볼수록」 ③그때. 「のちーまいります; 이따가 오겠읍니다」 2. a limit
ほど[歩度](명) 걸음걸이의 속도. 또는 보폭(歩幅). walking pace
ほどあい[程合]ーアヒ(명) 가장 적합한 정도. 알맞는 정도. moderation
ほどう[歩道](명) 보도. 인도(人道). 「横断(オウダン)ー; 횡단 보도」 a footpath
ほどう[補導・輔導](명・타サ) 보도. 나쁜 길로 흐르지 않도록 충고하고 지도함. 「ー所(ショ); 보도소」 guidance
ほどう[舗道・鋪道](명) 포도. 포장 도로. a pavement
ぼどう[母堂](명) 타인의 어머니의 높임말. 자당. 「ごー; 자당님」 one's mother
ほどきもの[解き物](명) ⇨ときもの.
ほど・く[解く](타 4) ①풀다. ②풀어 헤치다. ③자유롭게 하다. 풀어 놓다. ③기도(祈禱)의 기간이 끝나 그만두다. 1. undo 3. free
ほとけ[仏](명) ①〈불〉 ㉠불타. ㉡불상. ㉢석가모니. ㉣죽어서 불교 의식에 의하여 장례 지내진 사람. ②순진한 사람이나 자비심이 많은 사람의 비유. ③〈속〉 죽은 사람. 1. ㄴ. a Buddhist image 2. an honest person. **ーいじり**[仏弄り]ーイヂリ(명) 무턱대고 불교를 믿는 사람. **ーごころ**[仏心](명) 불심. ①자비스러운 부처의 마음. ②깊이 깨달아 속세의 번뇌에 흐려지지 않는 마음. **ーしょう**[仏性](명) 불성. 자비심 많은 성질. **ーのざ**[仏の座](명) 불좌. ①〈불〉 ⇨しゅみだん. ②〈식〉 광대나물. 꿀풀과에 속하는 1~2년초. 어린 잎과 줄기는 식용.

ほど・ける[解ける](자하 1) 풀려 나가다. 풀리다. 풀어지다. come loose
ほどこ・す[施す](타 4) ①널리 미치게 하다. ②나타내다. 드러내다. 「面目(メンモク)をー; 면목을 드러내다(세우다)」 ③행하다. 「手術(シュジュツ)をー; 수술하다」 ④달다. 덧붙이다. 「ふりがなをー; 토를 달다」 ⑤보태 주다. 베풀다. 「貧乏人(ビンボウニン)におかねをー; 가난한 사람에게 돈을 베풀어 주다」 명施し. 1. distribute
ほどちかい[程近い](연어・형) 거리가 가깝다. 그리 멀지 않다. ↔ほど遠(トオ)い. nearby
ほどとおい[程遠い]ートホイ(연어・형) ①거리가 멀다. 「ここからー所(トコロ); 여기서 멀리 떨어진 곳」 ②먼 장래. 「理想(リソウ)の実現(ジツゲン)にはー; 이상의 실현에는 아직 멀다」 ↔程近(チカ)い. 1. far
ほどとおからぬ[程遠からぬ](연어) 거리나 시기가 멀지 않은. 「一日(ヒ)に; 가까운 날에」 not so far
ほととぎす[時鳥・杜鵑・子規・不如帰](명)〈동〉 두견이. 뻐꾸기와 비슷함. 몸 빛은 주로 황색이고, 배는 백색인데 흑색 띠가 있음. 봄에 처량한 소리로 욺.
ほどなく[程無く](연어・부) 멀지 않아. 곧. 이윽고. soon
ほどに[程に](연어・접조)〈고〉 ①…하므로. ②…하니까. 고로. 「あまりせがむー; 너무 조르므로」 as
ほとばし・る[迸る](자 4) 힘차게 튀어 흩어지다. spurt
ほと・びる[潤びる](자상 1) 물에 불어 부풀어 오르다. 물에 불어 물렁해지다. grow sodden
ほどへて[程経て](연어・부) 조금 지나서. 잠시 후에. some time after
ほとほと[殆と](부) ①〈고〉 거의. 하마터면. 「ー死(シ)にき; 거의 다 죽게 됐다」 ②뭐라고 말할 수 없을 정도로. 몹시. 매우. 「ー閉口(ヘイコウ)した; 몹시 혼이 났다」 2. quite
ほどほど[程程](부) ①적당히. 적절히. 「ーにする; 적당히 하다」 ②신분에 알맞게. 과분(過分)하지 않게. 1. moderately
ほとほと・し[殆し](형シク)〈고〉 ①대단히 긴박해지다. 대단히 위험하다. ②위독하다.
ほとぼり[熱](명) ①열기(熱気). 「顔(カオ)のー; 얼굴의 화끈거림」 ②(감정의) 여세(餘勢). ③세상 사람들의 주의나 관심. 또는 평판. 1. warmth
ほどよい[程好い](연어・형) ①똑 알맞다. 호적(好適)하다. 「ー色(イロ)あい; 알맞는 색조(色調)」 ②적당하다. 1. convenient 2. moderate
ほどらい[程合]ーラヒ(명)〈고〉 ⇨ほどあい.
ほとり[辺り](명) ①근처. 부근. 가까운 곳. ②옆. 가. 「川(カワ)のー; 냇가(강가)」 1. neighbourhood
ほどろ(명)〈고〉 쇤 고사리.
ほどろに(명)〈고〉 드문드문. 띄엄띄엄.
ほとんど[殆ど](부) ①조금만 더하면. 하마터면. 「ーたおれそうだった; 하마터면 넘어질 것 같았다」 ②거의. 대개. 「ーが賛成(サンセイ)だ; 대다수가 찬성이다」 1. nearly
ほなみ[穂波](명) 벼 이삭이 바람에 흔들리는 모양을 물결에 비유한 말.

ほなみ[穂並み](명) 이삭이 가지런히 난 모양. 가지런한 이삭. full-eared spikes

ボナンザ(グラム)[bonanzagram](명) 보난자그램. 퀴즈의 하나. 문장의 빈자리에 글자를 알아 맞추어 써넣는 퀴즈. 추리 작문.

ほにゅう[補乳·哺乳](명·자サ)〈의〉 포유. 어머니가 갓난 아기에게 젖을 먹임. 수유(授乳). lactation. **— るい**[哺乳類](명)〈동〉 포유류. 새끼를 모유(母乳)로 기르는 고등 동물. 포유 동물.

ぼにゅう[母乳](명)〈의〉 모유. 어머니의 젖. 「—児(ジ); 모유아」 mother's milk

ほにん[補任](명·타サ) 보임. 임관(任官)시켜 직위에 보(補)함. appointment

ほぬの[帆布](명) 범포. 돛에 쓰는 천. sailcloth

ほね[骨](명)〈생〉 ①뼈. 「—に刻(キザ)む; 마음속 깊이 새겨 잊지 않다」 ②기계, 기구류를 받치고 구성하는 재료. 뼈대. ③중심이 되는 사람이나 사물. ④기골(気骨). 기개(気概). 「—のある人(ヒト); 기개가 있는 사람」 ⑤수고. 어려움과 곤란. 「—が折(オ)れる; 몹시 힘이 들다」 1. a bone 2. a frame

ほねおしみ[骨惜しみ]—ヲシミ(명·자サ) 수고를 아낌. 또는 그런 사람. 게으름을 부림. 또는 그런 사람. sparing oneself

ほねおり[骨折り](명) 열심히 일하는 것. 수고. 노고. 분투. 노력. efforts. **—ぞん**[骨折り損]ホネヲリ—(명) 애써 노력한 일이 허사가 되는 것. 노력만 했을 뿐이지 별 효과가 없는 것.

ほねお·る[骨折る]—ヲル(자 4) ①열심히 일하다. ②힘을 다하다. 전력을 다하다. 1. make efforts

ほねがらみ[骨絡み](명) ①결핵이나 매독이 전신에 퍼져 뼈까지 먹어 들어 가는 일. ②완전히 어느 기풍에 젖어 드는 일. 1. constitutional tubercle or syphilis

ほねぐみ[骨組み](명) ①골격(骨格). ②근본 구조. 「文章(ブンショウ)の—; 문장의 뼈대」 ③건조물(建造物), 기계 등의 주된 구성체(構成体). 1. skeleton

ほねちがい[骨違い]—チガヒ(명) 뼈가 관절에서 빠지는 일. 탈구(脱臼). dislocation

ほねつぎ[骨接ぎ](명) 부러진 뼈나 어그러진 뼈를 치료하는 일. 또는 그 의사(医師). 정골(整骨). 접골(接骨). bone-setting

ほねっぷし[骨っ節](명) ⇨ほねぶし.

ほねっぽ·い[骨っぽい](형)〈속〉 ①(물고기 등의) 뼈가 많다. ②딱딱하다. 「—文章(ブンショウ); 딱딱한 문장」

ほねなし[骨無し](명) ①〈의〉 등뼈가 물러서 똑바로 설 수 없는 병. ②주의(主義), 기골(気骨)이 없는 것. 또는 그런 사람. 2. a spineless fellow

ほねぬき[骨抜き](명) ①물고기, 새 등의 뼈를 발라내는 일. ②주의, 기골이 없는 것. ③계획 등의 중요한 부분을 빠뜨리는 것. 「—にする; 중요한 부분을 빠뜨려 특징이나 쓸모가 없게 하다」 3. mutilation

ほねば·る[骨張る](자 4) ①(수척하거나 뼈가 굵어) 뼈가 많이 나타나 보이다. ②의지가 강하고 성격이 모나다. 고집이 세다. 1. be bony

ほねぶし[骨節](명) ①뼈의 관절. ②기골(気骨). 기개(気概). 1. a joint

ほねみ[骨身](명) ①뼈와 살. 전신. 「—にこたえる; 뼈에 사무치다」 ②몸을 움직이는 수고. 「—をおしまず…; 수고를 아끼지 않고…」 1. flesh and bones

ほねやすめ[骨休め](명·자サ) 쉼. 휴식. 휴게. rest

ほの—[仄](조어) 어렴풋이. 약간. 「—見(ミ)える…; 어렴풋이 보이는…」

ほのお[炎·焔]—ホ(명) ①활활 타오르는 불길. 화염(火焰). 불꽃. ②타오르는 정열. 1. a flame

ほのか[仄か](형동ダ) 어둠침침한 모양. 잘 보이지 않는 모양. 희미한. 몽롱한. 「—に見(ミ)える光(ヒカリ); 희미하게 보이는 빛」 dim

ほのぐら·い[仄暗い](형) 어두컴컴하다. 어둠침침하다. 파생 **—さ**(명). dim

ほのじろ·い[仄白い](형) 희읍스름하다. 파생 **—さ**(명). dimly white

ほのぼの[仄仄](부) ①희미한 모양. ②따뜻함이 느껴지는 모양. 「—とした人情味(ニンジョウミ); 따사로운 인정미」 1. dimly

ほのめか·す[仄めかす](타 4) ①어슴푸레하게 보여 주다. ②암시를 주다. …의 기색이나 뜻을 약간 보이다. 1. show faintly

ほのめ·く[仄めく](자 4) 희미하게 보이다. 은연중에 나타나다. glitter faintly

ほばく[捕縛](명) 포박. (범인을) 잡아 묶는 일. arrest

ほばしら[帆柱](명) 배에 돛을 달기 위해서 세워 놓은 기둥. 돛대. a mast

ほはば[歩幅·歩巾](명) 보폭. 한 걸음의 폭.

ほばらみ[穂孕](명)〈농〉 벼 또는 보리 등의 이삭이 나오기 전에, 이삭을 둘러 싼 부분이 부풀어 오르는 일. swelling

ぼはん[墓畔](명) 무덤 옆. 무덤 근처. a graveyard

ほひ[補肥](명)〈농〉 보비. 농작물이 생육(生育)하는 동안에 주는 비료. 추비(追肥). manure for second sprinkling on crops

ぼひ[墓碑](명) 묘비. 묘에 세운 비석. a tombstone

ホビー[hobby](명) 호비. 취미. 도락(道楽).

ほひつ[補筆](명·자サ) 보필. 써 보탬. revision

ぼひめい[墓碑銘](명) 묘비명. 비석에 새긴 글. an epitaph

ポピュラー[popular](형동ダ) 포퓰러. ①일반적인. 모양 통속적인 모양. ③인기가 있는 모양.

ぼひょう[墓標·墓表](명) 묘표. 무덤의 표지. a gravepost

ボビン[bobbin](명) 보빈. ①대롱 모양의 방적용구(紡績用具). ②전선(電線)을 감는 통(筒).

ほぶ[歩武](명) 보무. 걸음걸이. 보조(歩調). 「—堂堂(ドウドウ); 보무 당당」 steps

ボブ[bob](명) 보브. 부인의 단발(断髪).

ほふく[匍匐](명·자サ) 포복. 배를 땅에 대고 김. 「—前進(ゼンシン); 포복 전진」 creeping

ほぶね[帆船](명) 범선. 돛단배. a sailing vessel
ポプラ[poplar](명)〈식〉 포플라. 버들과에 속하는 낙엽 활엽 교목. 미류나무.
ポプリン[poplin](명) 포플린. 견사(絹糸), 면사(綿糸), 모사(毛糸) 등으로 짠 직물. 와이샤쓰 또는 부인복지(婦人服地)로 쓰임.
ほふ·る[屠る](타 4) 새, 짐승의 몸을 베어 가르다. ②전멸시키다. ③〔시합 등에서〕 적을 이기다. 1. butcher
ほへい[歩兵](명)〈군〉 보병. ①군의 주력이 되어 도보(徒歩)로 전투하는 군대. ②〈고〉 졸병(卒兵). 병졸. 사병. 1. an infantry man
ぼへい[募兵](명·자サ) 모병. 널리 알려서 병사를 모음. recruiting
ボヘミアン[Bohemian](명) 보히미안. ①⇨ジプシー. ②세상 물정과 맞지 않는 사람. ③방랑 생활자.
ほほ[頰](명) ⇨ほお.
ほほ(감) 여자의 가벼운 웃음 소리. 호호.
ほほ[歩歩](부) 한 걸음 한 걸음. 한 발짝씩. step by step
ほぼ[略ぼ·粗ぼ](부) ①대개. 대체로. ②거의. 대부분. 2. almost
ほぼ[保母·保姆](명) 보모. 육아원(育児院), 보육원(保育院), 유치원 등에서 어린이들을 보호하고 기르는 여자. a nursery governess
ほほえまし·い[微笑ましい]―エマシイ(형) 절로 미소짓게 되고 호감이 가다.「一光景(コウケイ); 절로 미소짓게 되는 광경」 파생 **―げ**(형동ダ) **―さ**(명). pleasing
ほほえ·む[微笑む]―エム(자 4) ①미소 짓다. ②꽃봉오리가 조금 벌어지다. 명 ほほえみ. 1. smile 2. bloom
ほほじろ[頰白](명)〈동〉 ⇨ほおじろ.
ポマード[pomade](명) 포마아드. 남자용 머리 기름.
ほまえせん[帆前船]ホマヘー(명) 서양식 대형 범선(帆船). a sailing vessel
ほまち[帆待](명)〈속〉 ①임시 수입. 부수입. 용돈. ②⇨へそくり. 1. extra gains
ほまれ[誉れ](명) 평판이 좋은 것. 칭찬받는 것. 명예. honour
ほむぎ[穂麦](명) 이삭이 나온 보리. eared wheat
ほむら[炎·焔](명) 불꽃. 불길. 화염(火焰). 노여움, 질투로 마음속이 타오르는 것.「嫉妬(シット)の一; 질투의 불길」 1. a flame
ホメオパシー[homeopathy](명)〈의〉 호메오파티이. 과량(過量)을 사용하면 중독증을 일으키는 극독약(劇毒薬)을 환자에게 알맞게 사용하여 치료하는 치료법.
ほめそや·す[誉めそやす](타 4) 자꾸 칭찬하다. 자꾸 추어 올리다. praise highly
ほめたた·える[誉め称える]―タタヘル (타하 1) 몹시 칭찬하다. praise highly
ほめちぎ·る[誉めちぎる](타 4) 최대의 찬사로 칭찬하다. 격찬하다. 극구 칭찬하다. extol
ほめもの[誉め者](명) 많은 사람들에게 칭찬받는 사람. 또는 칭찬하는 사람. a praiseworthy person
ほ·める[誉める·褒める·賞める](타하 1) 훌륭하다고 말하다. 칭찬하다. praise
ホモ(명) 호모. ①[라 homo] 인간.「一サピエンス; 인류(人類)」 ②〔호모지나이즈 (homogenized) 의 준말〕 균질(均質).「一牛乳(ギュウニュウ); 균질 우유」
ほや(명)〈동〉 우렁쉥이. 하등 동물의 하나. 해안의 바위나 해조(海藻) 등에 붙어 삶. 멍게. a sea squirt
ほや[火屋](명) ①향로 위에 씌우는 뚜껑. ②남포의 유리통. 등피(燈皮). 1. a lid 2. a lamp chimney

〔火屋②〕

ぼや[小火](명)〈속〉 ①소화. 작은 불. 소규모의 화재(火災). ②〈방〉 불쏘시개. 1. a small fire
ぼや[暮夜](명) 밤. 야반(夜半). night
ぼや·く(자 4)〈속〉 투덜투덜 불평하다. 잔소리하다. grumble
ぼや·ける(자하 1) 멍청해지다. 트릿해지다. 타 ぼやかす(4). grow dim
ほやほや(부·자サ) ①갓 만들어진 모양. 금방 마친 모양.「大学出(ダイガクデ)の一; 대학을 갓나온 애숭이(풋나기)」 ②따끈하고 말랑말랑하거나 김이 무럭무럭 나는 모양.「一のパン; 따끈하고 말랑말랑하고 김이 모락모락 나는 빵」 1. fresh 2. steaming hot
ぼやぼや(부·자サ) 잘 주의하지 않는 모양.
ほゆう[保有](명·타サ) 보유. 가지고 있음. 지님. keeping
ほよう[保養](명·자サ) 보양. ①몸을 휴양시켜 기름. ②마음 등을 위로하고 즐겁게 해 줌. 1. health preservation
ほら[洞](명) 속이 비어 있는 구멍. 굴. 동굴(洞窟). a cave
ほら[法螺](명) ①〈동〉 ⇨ほらがい. ②각적(角笛)의 한가지. 소라고둥의 패각에 구멍을 뚫어 부는 것. ③큰소리 침. 과장해서 말함. 거짓말.「一をふく; 거짓말하다」 3. a tall talk

〔法螺〕

ぼら[鯔](명)〈동〉 숭어. 몸은 방추형(紡錘形), 몸 빛은 흑회색임. 식용. ⇨: しゅっせうお(出世魚). a grey mullet
ほらあな[洞穴](명) ⇨ほら(洞).
ほらがい[法螺貝]―ガヒ(명) ①〈동〉 소라고둥. 패각은 악기로 씀. a trumpet-shell
ほらがとうげ[洞が峠]―タウゲ(명) 형세를 관망(観望)하여 유리한 쪽으로 붙으려고 하는 일. 기회주의. ⇨:ひよりみ. sitting on the fence
ほらふき[法螺吹き](명) ①소라고둥을 부는 사람. ②큰소리 치는 사람. ③거짓말장이. 2. a boaster
ほり[堀·濠](명) ①성(城)의 둘레를 파고 물이 괴거나 흐르게 한 곳. 해자(垓字). ②땅을 좁고 길게 파서 물을 흐르게 만든 곳. 도랑. 1. a moat 2. a ditch
ほり[彫り](명) 조각(彫刻). 「一の深(フカ)い顔(カオ); 선이 굵은 얼굴(선이 뚜렷한 얼굴)」 carving

ほり[捕吏](명) 포리. 죄인을 잡아 들이는 사람. a constable
ほりいど[掘り井戸]―キド(명) 땅을 파서 만든 우물. a well
ホリウッド[Hollywood](명)〈지〉 ⇨ハリウッド.
ほりえ[堀江](명) 땅을 파서 물을 흐르게 한 강. a canal
ポリエステル[도 Polyester](명)〈이〉 폴리에스테르. 플라스틱스의 하나. 도료(塗料), 합성 섬유. 건축 재료 등에 쓰임.
ポリエチ(レン)[도 Polyäthylen](명) 포리에치린. 천연 가스 등에서 만드는 플라스틱스. 식료품 포장, 병 등에 쓰임.
ほりさ·げる[掘り下げる](타하 1) ①깊이 파다. ②깊이 생각하다.「問題(モンダイ)を―; 문제를 깊이 파고들다」 图掘り下げ. 1. dig down
ポリシー[policy](명) 폴러시. ①정책(政策). 정략(政略). ②지모(智謀). 현명(賢明)한 계책. 기략(機略).
ほり·す[欲りす](타サ)〈고〉 바라다. 탐내다.
ポリス[police](명) 폴리이스. ①경찰. ②경관.
ほりだしもの[掘り出し物](명) ①뜻하지 않게 찾아 낸 진귀(珍貴)한 물건. ②값 싸게 손에 넣은 물건. 1. a lucky find
ほりだ·す[掘り出す](타 4) ①파내다. ②우연히 찾아내다. 귀한 물품을 싼 값으로 손에 넣다.「珍(メズラ)しい本(ホン)を―; 진귀한 책을 찾아 내다」 2. pick out
ホリデー[holiday](명) 홀리데이. 휴일(休日). 공휴일(公休日).
ホリドール[도 Folidol](명)〈농〉 폴리돌. 농약의 한 가지. 농작물에 해를 끼치는 벌레 등을 죽이는 약.
ほりぬき(いど)[掘り抜き(井戸)]―(キド)(명) 땅을 불투수층(不透水層)까지 깊이 파서 지하수(地下水)를 솟게 한 우물. an artesian well
ほりばた[堀端](명) 도랑 옆. 도랑 가. the edge of a ditch
ボリビア[Bolivia](명)〈지〉 볼리비아. 남미 중부에 있는 공화국. 수도는 라파스(La Paz).
ほりもの[彫り物](명) ①조각. ②문신(文身). 1. carving
ぼりや[暴利屋](명) 부당한 이익을 취하는 상점. 또는 그 사람. 바가지를 씌우는 가게나 사람. a profiteer
ほりゅう[保留](명·타サ) 보류. 뒤로 미루어 손대지 않음. 결정을 연기함.「回答(カイトウ)を―する; 회답을 보류하다」 reservation
ほりゅう[蒲柳](명) ①몸이 나약한 것. 허약.「―の質(シツ); 약질」②갯버들의 다른 이름. 1. delicate health
ボリューム[volume](명) 볼륨. ①양(量). 분량(分量). ②체적(体積). ③음량(音量). 성량(声量).
ほりょ[捕虜](명) 포로. 전장(戦場)에서 사로잡은 적군(敵軍)의 장병(将兵). a prisoner
ほりわり[掘り割り·堀割り](명) 땅을 파서 만든 수로(水路). a ditch
ほ·る[放る](타 4) 던지다. 내던지다. throw
ほ·る[彫る](타 4) ①파다. 조각하다. ②판목(版木)에 새기다. ③물건을 조각하여 형태를 만들다. 1. carve
ほ·る[掘る](타 4) ①땅을 파다. ②묻힌 것을 파내다. ③식물의 뿌리를 뽑다. 캐다. 1. dig
ぼ·る(타 4)〈속〉 부당한 이익을 취하다.「ずいぶん―店(ミセ)だ; 아주 바가지를 씌우는 가게다」 overcharge
ボル(명) ⇨ボルシェビキ.
ほるい[堡塁](명) ⇨ほうるい.
ポルカ[polka](명)〈악〉 폴카. 2 박자의 경쾌한 무용. 또는 무용곡.
ボルシェビキ[러 Bolsheviki](명) 볼셰비키. ①다수파(多数派). ②소비에트 연방의 실권을 장악(掌握)한 공산당. ③과격파(過激派). ↔メンシェビキ.
ボルシェビズム[Bolshevism](명) 볼셰비즘. ①볼셰비키의 주의(主義), 주장. ②과격주의(過激主義).
ホルダー[holder](명) 호울더. ①받치는 대. ②보유자(保有者).「レコード―; 기록(記録) 보유자」
ポルテニアおんがく[스 porteña 音楽](명) 포르테냐 음악. 독특한 악기를 혼성시켜서 탱고 등을 연주하는 아르헨티나의 민속 음악.
ボルト[bolt](명) 볼트. 한쪽 끝에 6 각형의 머리를 만들고, 다른 쪽에 수나사가 달려 있는 큰 못. ⇨:ナット. ↔ナット.
ボルト[volt](명)〈이〉 볼트. 전압의 실용 단위. 기호는 V.
ボルドー[프 bordeaux](명) 보르도. ①프랑스의 보르도 지방에서 만든 이름 난 술. ②포도주. ③〈농〉←ボルドー液. ―**えき**[bordeaux 液](명)〈농〉 보르도액. 살균제의 하나. 황산동(黄酸銅)과 생석회를 섞은 청록색의 액체. 농작물의 해충과 세균 구제에 씀.
ポルトガル[Portugal·葡萄牙](명)〈지〉 포르투갈. 스페인의 이웃에 있는 공화국. 수도는 리스본(Lisbon).
ホルマリン[도 Formalin](명)〈이〉 포르말린. 코를 찌르는 것 같은 냄새가 나는 액체. 소독제, 방부제로 씀.
ホルモン[도 Hormone](명)〈생〉 호르몬. 내분비선(内分泌腺)에서 분비되는 물질. 극소량이지만 건강에 대단한 영향을 끼침.「―剤(ザイ); 호르몬제」
ホルン[horn](명)〈악〉 호른. 금관 악기의 하나. 모양은 활짝 핀 나팔꽃 같음.
ボレー[volley](명) 발리. 〔정구, 축구 등에서〕 공이 땅에 떨어지기 전에 도로 치거나 차 보내는 일.

〔ホルン〕

ほれこ·む[惚れ込む](자 4) 반하다. 열중하다.「人物(ジンブツ)に―; 인물(인격)에 반하다」 be enamoured of
ほれぼれ[惚れ惚れ](부·자サ) 크게 마음을 사로잡혀 멍청한 모양. 황홀한 모양.「うつくしい声(コエ)に―する; 아름다운 목소리에 황홀해지다」 enchantedly
ほ·れる[惚れる](자하 1) ①지나치게 반해서 올바른 판단을 못하다. 정신을 빼앗기다.「聞(キ)き―; 황홀히 열중하여 듣다」 ②반하다. 2. fall in love
ボレロ[스 bolero](명) 볼레로. ①부인들이 입는 짧고 단추가 없는 웃도리. ②〈악〉 3 박자의 경쾌한 스페인 무용의 하나.
ほろ[幌](명) 포장. 바람, 햇빛, 비 등을 막기 위해서 차에 둘러 친 천. a top

ほろ[母衣](명) 옛날, 갑옷 위에서 말의 머리까지 씌워 화살을 막던 포대와 같은 것.

〔母衣〕

ぼろ—(조어) 엉망진창으로. 형편없이. 「—負(ま)け; 참패(惨敗)」

ぼろ[襤褸](명) 남루. ①다 떨어진 옷. 누더기. 「—服(フク); 누더기옷」 ②옷이 해어져서 찢어진 것. 「—を さげる; 누더기를 걸치다」 ③좋지 않은 점. 결점. 「—が出(デ)る; 결점이 드러나다」 ④가치가 없는 것을 나쁘게 말하는 것. 1. rags

ポロ[polo](명) 포울로우. 4명씩 두 티임으로 나누어 말을 타고 서로 스틱으로 공을 치는 마상 경기(馬上競技)의 한 가지.

ぼろ·い(형)〈속〉이익이 대단히 많다. 「—もうけ; 폭리」 unduly profitable

ほろう[步廊](명) ①양쪽 기둥 사이에 만든 통로. 회랑(回廊). 복도. ②플랫포옴. 1. a corridor

ほろがや[母衣蚊帳](명) 어린이용 방장(房帳). 소형의 모기장. a hoodlike mosquito-net

ぼろくそ[襤褸糞](형동ダ)〈속〉 ①시시하고 쓸모 없는 것을 비웃는 모양. ②마구 욕하는 모양. 「—に やっつける; 마구 욕하다」 2. abuse

ポロシャツ[polo shirts](명) 포울로우샤쓰. 포울로우 경기를 할 때에 입는 반소매 샤쓰.

ほろせ(명)〈의〉 ⇨じんましん.

ほろっと(부) "ほろり"의 센말.

ほろにが·い[ほろ苦い·微苦い](형) 씁쓰레하다. [파생] **—さ**(명). slightly bitter

ポロネーズ[프 polonaise](명)〈악〉 폴로네에즈. 4분의 3박자의 폴란드의 고유한 가곡(歌曲). 또는 무용.

ほろばしゃ[幌馬車](명) 포장 마차. a covered wagon

ほろ·びる[滅びる·亡びる](자상 1) 망하다. 멸망하다. 「国(クニ)が—; 나라가 망하다」 perish

ほろ·ぶ[滅ぶ·亡ぶ](자 4) ⇨ほろびる.

ほろぼ·す[滅ぼす·亡ぼす](타 4) 멸망시키다. 망하게 하다. ruin

ほろほろ(부) ①꽃잎 등이 떨어져 흩어지는 모양. ②눈물 등이 흘러 내리는 모양. ③꿩, 새들이 우는 소리. 1. scattering 2. in drops. **—ちょう**[ほろほろ鳥](명)〈동〉 색시닭. 아프리카 원산의 새. 전신은 회색이고 흰 반점과 볏이 있음.

ぼろぼろ(부) ①옷 등이 다 해어진 모양. ②힘없이 부서지는 모양. ③눈물이 떨어지는 모양. 1. tattered 2. crumbling

ぼろもうけ[ぼろ儲け](명·타サ)〈속〉 자본이나 노력에 비해서 월등하게 이익을 많이 봄. 폭리(暴利). excessive profits

ほろよい[ほろ酔い]—ヨヒ(명) 거나하게 취(醉)하는 것. 「—きげん; 거나하게 취한 기분」 slight intoxication

ほろり(부) ①(꽃 등이) 힘없이 떨어지는 모양. ②눈물이 한 방울 뚝 떨어지는 모양. ②가볍게 취한 모양. ④감동이나 동정 등으로 눈물겨워지는 모양. 2. drop tears

ぼろり(부) "ほろり①②"보다 조금 강한 말.

ぼろんじ[梵論字](명) ⇨こむそう(虚無僧).

ホワイト[white](명) 화이트. ①흰빛. ②백인(白人). ③반혁명적(反革命的). **—カラー**[white collar](명) 화이트 칼라. 사무 노동자. 정신 노동자. **—ソース**[white sauce](명) 화이트 소오스. 밀가루, 우유, 버터 등으로 만든 흰 소오스. **—ハウス**[White House](명) 화이트 하우스. 미국 대통령 관저. 백악관(白堊館).

ほわた[穂綿](명) 솜 대용으로 쓰는 띠나 갈대의 이삭.

ほん—[本](조어) ①진짜의. 「—皮(カワ); 진짜 가죽」 ②정식의. 본격적인. 「—放送(ホウソウ); 정식 방송」 ③이. 본(本). 「—大会(タイカイ); 이 대회(본대회)」 ④자신을 가리키는 말. 「—官(カン); 본관」

—ほん[本](접미) 책· 등을 세는 말.

—ほん[品](접미) ①일정한 범위내의 남자 황족에게 내려진 벼슬. 「—(イッ)—(ポン); 일품(一品)」 ②〈불〉 불전(仏典) 중의 한 편(編)이나 장(章). 「普門(フモン)—(ボン); 보문품(법화경의 한 장)」

ほん[本](명) ①⇨てほん(手本). ②책. 서적. ③〔야구에서〕 본루(本塁). ④진짜임을 나타내는 말. 「—名(ミョウ); 본명」 ⑤최초의 것을 나타내는 말. 「—家(ケ); 본가(종가)」 ⑥주된 것을 나타내는 말. 「—店(テン); 본점」 2. a book 6. head

ホン[phon](명)〈이〉 폰. (귀에 들리는) 소리의 크기를 나타내는 단위. ↔デシベル.

ぼん[盆](명) ①사기 쟁반. ②넓적하고 운두가 얕은 그릇. 쟁반. ③〈불〉 ⇨うらぼん(盂蘭盆). 2. a tray

ぼん[凡](형동ダ) 평범한 모양. 보통인 모양. common

ほんあん[本案](명) 본안. 이 안(案). 이 의안(議案). 1. the present proposal

ほんあん[翻案](명·타サ) 번안. 외국의 소설, 희곡 등 원작(原作)의 내용을 토대로 하여 개작(改作)함. 「—小説(ショウセツ); 번안 소설」 adaptation

ほんい[本位](명) 본위. ①(기본이 되는) 표준. 중심. 「自分(ジブン)—に考(カンガ)える; 자기 본위로 생각하다」 ②본래의 위치. ③〔구성(九星)에서〕 표준의 방위. 1. the standard 2. the original position. **—かへい**[本位貨幣](명)〈경〉 본위 화폐. 한 나라의 화폐 제도의 기초를 이루는 화폐.

ほんい[本意](명) 본의. ①참뜻. 진의. ②본래의 생각. 본래의 마음. 1. one's true intention

ほんい[翻意](명·자サ) 번의. 결심(뜻)을 다시 고침. changing one's mind

ほんいつ[奔逸](명·형동ダ) ①뛰어 도망 침. ②빨리 뀜. 1. scuttling away

ほんいん[本院](명) ①상황(上皇), 불문에 들어 간 법황(法皇)이 두 분 이상일 때 첫째 분을 가리키는 말. ②본원. 주(主)가 되는 원(院). ↔分院(ブンイン). ③이 원(院). 1. the head ex-Emperor

ほんいん[本員](대) 의원(議員), 위원(委員)이 자기를 가리키는 말.

ほんいんぼう[本因坊](명) 바둑의 우승자에게 주는 칭호.
ほんえい[本営](명) 본영. 총지휘관이 있는 군영(軍営). 본진(本陣). headquarters
ほんえん[本縁](명) 사물의 기원(基源). 유래(由来). 연기(縁起). the origin
ほんおく[本屋](명) ⇨ほんや①.
ぼんおどり[盆踊り]—ヲドリ(명) 음력 7월 15일 밤에 남녀들이 모여서 추는 윤무(輪舞).
ほんか[本科](명) 본과. ①본격적인 과정. 본체(本体)가 되는 과정. ②예과(豫科)를 두는 단과 대학(単科大学)에서 본체가 되는 과정. 학부(学部). ③이 과(科). 1. the regular course
ほんか[本歌](명) 근본이 되는 와카(和歌).
ほんかい[本会](명) 본회. ①정식 회의. ②이 회(会). 1. a regular meeting
ほんかい[本懐](명) 본래의 소망. 본망(本望). 본의(本意). 「男子(ダンシ)の—; 남자의 본망」 one's long-cherished desire
ほんかいぎ[本会議](명) 본회의. ①정식 회의. ②〔국회에서〕 전원(全員)에 의한 회의. ③이 회의(会議). 1. a regular conference
ほんかく[本格](명) 본격. ①근본적인 격식. 올바른 격식. ②본식(本式). 1. basic rules. **—てき**[本格的](형동ダ) 본격적인 모양. ①제대로의 격식을 완전히 갖춘 모양. 「—夏(ナツ); 본격적인 여름」 ②정식(正式)의. 본식(本式)의.
ほんがく[本学](명) 이 대학교(大学校). this university
ほんかん[本官] 본관. Ⅰ(명) ①정식 관직. ②주가 되는 관직. ↔兼官(ケンカン). Ⅱ(대) (관리가) 자기를 가리키는 말. Ⅰ1. the permanent office
ほんかん[本館](명) 본관. ①본래부터 있던 건물. 주가 되는 건물. ↔別館(ベッカン). ②이 건물. 1. the main building
ほんがん[本願](명)〈불〉 본원. ①본래의 소망. ②부처가 중생(衆生)을 구하기 위해서 갖는 소망. 1. a long-cherished wish
ぼんがん[凡眼](명) 범안. 평범한 안식(眼識). 보통의 안력(眼力). 범인(凡人)의 안식. the common eye
ポンカン[중 椪柑](명)〈식〉 뽕깡. 운향과에 속하는 귤의 한 가지. 열매는 네이블과 비슷하며 큼. 달콤하고 향기가 좋음. a shaddock
ほんき[本気](명·형동ダ) 진실. 본정신. 「嘘(ウソ)を—にする; 거짓말을 곧이 듣다」 seriousness
ほんき[本器](명) 본기. 이 기구(器具), 기계(器械).
ほんき[本機](명) 본기. ①이 기계(엘리베이터). ②이 비행기. 2. this airplane
ほんぎ[本紀](명)〈역〉 본기. 중국 정사(正史)로서, 제왕(帝王)의 일대(一代)를 적은 전기물(伝記物).
ほんぎ[本義](명) 본의. ①참다운 의의. ②근본 의의. ③본래의 의의. 2. the basic meaning
ほんぎまり[本決まり·本極まり](명) 정식으로 결정되는 것. the final decision
ほんきゅう[本給](명) 수당 등을 포함하지 않은 기본 봉급. 기본 급료. 본봉(本俸). the regular salary
ほんきょ[本拠](명) 본거. 주(主)가 되는 근거. 또는 근거지. the base
ほんぎょう[本業](명) 본업. 같이 가지고 있는 몇 개의 직업 중 가장 중요한 직업. 본래의 직업. ↔副業(フクギョウ), 内職(ナイショク). the main occupation
ほんきょく[本曲](명) 주(主)가 되는 곡(曲).
ほんきょく[本局](명) 본국. ①중심이 되는 국(局). ↔支局(シキョク). ②이 국(局). 1. the head office
ほんきん[本金](명) 본금. ①원금(元金). ②순금(純金). 1. a principal 2. pure gold
ぼんぐ[凡愚](명) 평범하고 어리석음. 또는 그런 사람. being ordinary and foolish
ほんぐみ[本組み](명) 〔활판(活版)에서〕 교정이 끝난 것을 정식으로 판을 짜는 일. 또는 그 판. make-up
ほんぐもり[本曇り](명) (금방 비나 눈이 내릴 듯이) 매우 흐린 것. 아주 흐린 것. threatening
ぼんくら(명·형동ダ)〈속〉 멍청함. 또는 그런 사람. 바보. 얼간이. a simpleton
ぼんくれ[盆暮れ](명) 우란분재(盂蘭盆斎)와 연말(年末).
ほんぐん[本軍](명) 본군. ①주력이 되는 군세(軍勢). 또는 본대(本隊). ②우리(이) 군대. 1. the main forces
ほんけ[本家](명) 본가. 종가(宗家). ↔分家(ブンケ). the head family
ぼんげ[凡下](명) ①뛰어난 점이 없는 평범한 사람. 범인(凡人). ②신분(身分)이 없는 보통 사람 평민(平民). 상민(常民). 2. mediocrity
ぼんけい[盆景](명) 쟁반 같은 데에 산수(山水)의 풍경을 만들어 담은 것. a tray landscape
ほんけがえり[本卦還り·本卦帰り]—ガヘリ(명) 환갑. 환력(還暦). one's sixty-first birthday
ほんげつ[本月](명·부) 이달. 금월(今月). this month
ほんけん[本件](명) 본건. 이 사건. 이 안건(案件). this case
ほんけん[本県](명) 본현. 이 현(県). this prefecture
ほんけん[本絹](명) 본견. 순견(純絹). pure silk
ほんげん[本源](명) 본원. 근본. 근원. 「—をたずねる; 근본을 찾다」 the origin
ぼんご[梵語](명) 범어. 고대의 인도어. Sanskrit
ほんこう[本坑](명) 광산(鉱山)에서 중심이 되는 갱도(坑道). the principal mine
ほんこう[本校](명) 본교. ①중심이 되는 학교. ↔分校(ブンコウ). ②이 학교. 우리 학교. 1. the principal school
ほんこう[本項](명) 본항. 이 항목. this item
ほんこう[本稿](명) 이 원고. this manuscript
ほんごう[本号](명) 본호. (신문, 잡지의) 이번 호. this issue
ほんこく[翻刻](명·타サ) 번각. 한번 새긴 책판(冊板) 같은 것을 본보기로 삼아서 다시 새김. a reprint
ほんごく[本国](명) 본국. ①자기 나라. ②식민지가 아닌 본래의 영토. ③고향. 3. one's native country

ほんごし[本腰](명) 정색이 되는 것. 참으로 또는 제대로 일을 하려는것.「一を入(イ)れる; 제대로 열심히 하다(본격적으로 하다)」 earnestness
ぼんこつ[凡骨](명) 평범하고 재능이 없는 것. 또는 그런 사람. 범인(凡人). 범물(凡物). mediocrity
ほんさい[本妻](명) 본처. 정식 아내. 정실(正室). one's legal wife
ほんざい[本剤](명) 이 약제(藥剤).
ぼんさい[凡才](명) 평범한 재능. 특별히 뛰어난 데가 없는 재능. common ability
ぼんさい[盆栽](명) 분재. 화분에 심은 화초. a potted plant
ぼんさい[梵妻](명)〈불〉 범처. 중의 아내. a Buddhist priest's wife
ぼんさく[凡作](명) 범작. 흔한 작품. 평범한 작품. a commonplace work
ぼんさく[凡策](명) 흔한 계략. 흔한 책략(策略). a commonplace policy
ぼんさつ[梵刹](명)〈불〉 범찰. 사원(寺院). 절. a Buddhist temple
ほんざん[本山](명) 본산. ①〈불〉 한 종파(宗派)의 사원들을 지배하는 사원. ②이 산(山). ③⇨もとじめ. 1. the head temple
ぼんさん[梵讃](명)〈불〉 범찬. 범어(梵語)로 불덕(仏徳)을 찬미한 글.
ボンサンス[프 bon sens](명) 봉상스. 양식(良識). 사려 분별(思慮分別). the true purpose
ほんし[本旨](명) 본지. 본래의 취지(趣旨). 참뜻.
ほんし[本紙](명) 본지. ①신문지나 문서 등의 주(主)된 부분의 지면. ↔付録(フロク). ②이 신문. 우리 신문. 또는 문서. 1. the body 2. this paper
ほんし[本誌](명) 본지. ①잡지의 주된 부분의 지면. ②이 잡지. 우리 잡지. 1. the body 2. this magazine
ほんじ[本地](명)〈불〉 화신(化身)에 대해 부처의 본체(本体). the noumenon of Buddha. ―**すいじゃく**[本地垂跡](명)〈불〉 부처나 보살이 중생을 교화(教化)하기 위하여 다른 모습을 하고 나타난다는 것.
ほんじ[本寺](명)〈불〉 본사. ①본산(本山). ②이 절. 당사(当寺). 1. the head temple
ほんじ[本字](명) ①한자(漢字). ↔かな. ②약자(略字)가 아닌 정자(正字). 1. a Chinese character
ぼんじ[梵字](명) 범자. 범어(梵語)를 표현하는 데 쓰는 문자. Sanskrit characters
ほんしき[本式](명·형동ダ) 본식. 정식. 올바른 형식. 제대로의 격식. the formal style
ほんしけん[本試験](명) 본시험. 임시 시험, 예비 시험, 모의 시험 등에 대하여 주(主)가 되는 정식의 시험. the final examination
ほんしつ[本質](명) 본질. ①본래의 성질. 근본 성질. ②본체(本体). 1. essence. ―**てき**[本質的](형동ダ) 본질적. 본질에 관계되는 모양. 본질 그대로의.
ほんじつ[本日](명·부) 이날. 오늘. 금일. today
ぼんしつ[凡失](명) 범실. 〔야구 등에서〕 대수롭지 않은 실책. a stupid error
ほんしゃ[本社](명) ①중심이 되는 신사(神社). ②이 신사. 당 신사. ③본사. 지사(支社)에 대하여 중심이 되는 회사. ④본사. 이 회사. 당사. 3. the head office
ぼんしゅ[凡手](명) 보통 사람의 솜씨. 또는 보통 솜씨의 사람. common skill
ぼんしゅ[凡主](명) 평범한 주인. 또는 군주(君主). a commonplace master
ぼんしゅ[凡守](명) 범수. 〔야구에서〕 평범한 수비. poor fielding
ほんしゅう[本州](명)〈지〉 일본 열도의 주도(主島)이며 가장 큰 섬.
ほんしゅう[本集](명) ①이 모은 것. (문집, 시가집, 화집 등) ②이 편집(編輯). 1. this editing
ほんしゅつ[奔出](명·자サ) 분출. 힘차게 솟아 나옴. 분출(噴出). gushing out
ボンジュール[프 bonjour](감) 봉주르. 〔프랑스의 인사말로서〕 안녕하십니까.
ホンジュラス[Honduras](명)〈지〉 온두라스. 중앙 아메리카에 있는 공화국. 대부분이 산악 지대이며 금, 은, 석탄이 나고 바나나의 수출이 많음. 수도는 테구시갈파(Tegucigalpa).
ほんしゅん[本春](명) 이 봄. this spring
ほんしょ[本初](명) 최초. 본시(本是). the first
ほんしょ[本所](명) 본소. ①이 사무소. 당소(當所). ②중고(中古) 시대 장원(莊園)의 소유자. 1. this office
ほんしょ[本書](명) 본서. ①주된 문서. 정식 문서. ②이 문서. 1. the text
ほんしょ[本署](명) 본서. ①하급 관청이 소속되어 있는 중앙 관서. ②지서, 파출소가 소속하고 있는 주된 경찰서. ③이 관서. 이 관청. ④경찰서, 세무서, 소방서 등. 2. the principal station
ぼんしょ[凡書](명) 범서. ①평범한 서적. ②평범한 필적. 1. a commonplace book
ほんしょう[本性](명) 본성. ①본래의 성질. 타고 난 성질. ②정색. 본심.「一をあらわす; 본심을 드러내다」 1. one's true character
ほんしょう[本省](명) 본성. ①하급 관청을 지배하는 중앙 최고 관청. 우리 나라의 부(部)에 해당함. ②이 성(省). 1. the home office
ほんじょう[本状](명) 이 편지.「一持参(ジサン)の者(モノ)に; 이 편지를 지참한 자에게」 this letter
ほんじょう[本条](명) 본조. 이 조항. this article
ほんじょう[本城](명) 본성. ①근거지. 성의 중심이 되는 건물. ②이 성(城). 1. the castle proper
ぼんしょう[凡小](명·형동ダ) 평범하고 자질구레함. 또는 그런 사람.「一の作家(サッカ); 평범하고 시시한 작가」 a mediocrity
ぼんしょう[梵鐘](명) 범종. 절의 종. a temple bell
ほんしょく[本色](명) 본색. ①본래의 빛깔. ②날 때부터 갖고 있는 성질. 2. one's true character
ほんしょく[本職] 본직. Ⅰ(명) 본래의 직업이나 직무. 본업. Ⅱ(대) 관리들이 직무상(職務上)의 자기를 가리키는 말. 본관(本官). Ⅰ one's regular occupation

ほんしん[本心](명) 본심. ①본래의 올바른 마음. 양심. ②꾸미지 않은 마음. 진심(真心). ③본정신. 정색(正色). 「一をうちあける; 본심을 털어 놓다」 1. one's right mind

ほんしん[翻身](명) 몸을 날쌔게 돌리는 일. turning quickly

ほんじん[本陣](명) 본진. ①본영(本営). ②에도(江戸) 시대 귀인이 묵던 공인된 큰 여관. 1. headquarters

ぼんじん[凡人](명) 범인. 보통 사람. 평범한 사람. the common herd

ほんず[本図](명) 본도. ①이 그림. ②주된 그림. 1. this picture

ポンス[네 pons](명) 폰스. ①등자(橙子)를 짜서 만든 즙. ②포도주나 화주(火酒)에 우유, 물 등을 섞고 설탕, 레몬, 향료로 맛을 낸 음료. ⇨: ポンチ①.

ポンず[ポン酢](명) ポンス①의 변화.

ほんすう[本数](명) ①책이나 긴 것을 셀 때 쓰는 말. ②본래의 수. 2. the original number

ほんすじ[本筋]—スヂ(명) ①중심이 되는 줄거리. 「話(ハナシ)の一; 이야기의 본줄거리」 ②원래의 줄거리. 1. the main thread

ほんずり[本刷り](명) 고칠 데를 다 고치고 하는 인쇄. 정식 인쇄.

ほんせい[本姓](명) 본성. ①본래의 성(姓). ②(가짜가 아닌) 진짜 성. 1. one's original surname

ほんせい[本性](명) 본성. 본래의 성질. 태어나면서부터의 성질. the real character

ほんせき[本籍](명)〈법〉 본적. 사람의 법률상의 소재지. 호적의 소재지. 「一地(チ); 본적지」 one's permanent domicile

ぼんせき[盆石](명) ①쟁반 같은 데에 놓는 운치 있는 돌이나 경치를 만든 것. ②쟁반에 풍류적인 돌을 놓고 즐기는 취미. ⇨ぼんけい(盆景). 1. a miniature-landscape stone

ほんせん[本船](명) 본선. ①주장이 되는 배. ②이 배. 1. the depot ship

ほんせん[本線](명) 본선. ①직통 열차가 달리는 선로(線路). 주가 되는 선로. 간선(幹線). ↔支線(シセン). ②이 선(線). 1. the main line

ほんせん[本選](명) 본선. 〔콩쿠우르 등에서〕 우승자를 뽑는 일. ↔予選(ヨセン). the final selection

ほんぜん[本然](명) 본연. 자연 그대로의 것. 사람의 손을 대지 않은 것. 본래부터의 것. 「一の性(セイ); 천성(天性)」 nature

ほんぜん[本膳](명) 일본 정식 요리에서 첫번 째로 나오는 주가 되는 상. a regular dinner course

ほんぜん[翻然](부) ①나부끼는 모양. ②번연. 갑자기 훤하게 깨닫는 모양. 「一として非(ヒ)をさとる; 갑자기 잘못을 깨닫다」 1. turning over

ぼんせん[凡戦](명·자サ) 범전. 보잘 것 없는 시합. 시시한 시합. a dull match

ほんそう[本葬](명)〈불〉 정식 장의(葬儀). ↔密葬(ミッソウ), 仮葬(カソウ). a regular funeral

ほんそう[奔走](명·자サ) ①분주. 바쁘게 돌아 다님. 「資金(シキン)の調達(チョウタツ)に一する; 자금 조달에 분주하다」 ②여러 가지로 돌봐 줌. 주선(周旋). 1. running about busily

ほんぞう[本草](명) ①초목. 식물(植物). ②←本草学.
—**がく**[本草学](명) 본초학. 중국 고래(古来)의 식물학. 또는 약물학(薬物学).

ほんそく[本則](명) 본칙. ①근본의 법칙. 원칙. ②〈법〉 법령의 본체(本体)가 되는 부분. ↔付則(フソク). 1. principles

ほんぞく[本属](명) 사무상 본래의 소속(所属). 직속(直属). 「一長官(チョウカン); 직속 장관」 belonging inherently

ぼんぞく[凡俗](명) 범속. ①품위가 없고 비속한 것. ②보통 사람. 범인. 속인(俗人). 2. the common people

ボンソワール[프 bonsoir](감) 봉소와르. 〔프랑스의 저녁 안사말로서〕 아녕하십니까. 굿이브닝.

ほんぞん[本尊](명) 본존. ①〈불〉 신앙과 기도의 대상이 되는 가장 중심이 되고 존중되는 불상(仏像). ②단체 혹은 사건 등의 중심이 되는 것. 또는 그 사람. ③목적물(目的物). 2. an idol

ぼんだ[凡打](명·타サ) 범타. 〔야구에서〕 보잘 것 없는 타격(打撃). 히트가 되지 않는 타격. poor batting

ほんたい[本体](명) 본체. ①눈에 보이는 가상(仮像) 안에 숨은 참된 모습. ②정체(正体). ③신사(神社)나 절에 모셔져 있는 본존(本尊). ④(기계 등의) 주된 부분. ⑤근본. ⑥〈철〉 존재의 근본적 실체(実体). 「一論(ロン); 본체론」 2. the true form

ほんたい[本隊](명) 본대. ①중심이 되는 부대(部隊). ↔支隊(シタイ) ②이 부대. 1. the main force

ほんたい[本態](명) 본태. 참모습. 본래의 모습. 실태(実態). the true form

ほんだい[本題](명) 본제. ①중심이 되는 제목. 골자(骨子). 줄거리. 「話(ハナシ)の一にはいる; 이야기의 본 줄거리로 들어 가다」 ②이 제목. 1. the main subject

ぼんたい[凡退](명·자サ) 범퇴. 〔야구에서〕 배터(打者)가 아무 소득 없이 물러감. 「三者(サンシャ)一; 3자 범퇴」 going out

ほんたく[本宅](명) 본댁. 항시 사는 집. 본집. ↔別宅(ベッタク). one's principal residence

ほんだち[本裁ち](명) 일본옷의 어른들이 입는 의복(衣服)의 재단법. normal cutting

ほんたて[本立](명) 책꽂이. 서가(書架). a bookstand

ほんだな[本棚](명) 책을 얹는 선반. a bookshelf

ほんだわら—タハラ(명)〈식〉 모자반. 갈조류(褐藻類)에 속하는 해조(海藻)의 하나. 신년을 경축하는 데 장식용으로 쓰고 식용, 비료용, 칼리의 원료로도 씀. 마미조(馬尾藻). gulfweed

ほんたん[奔湍](명) 급류(急流). 여울. a torrent

ボンタン[文旦·文橙](명)〈식〉 ⇨ザボン.

ぼんち[坊ち](명)〈방〉 미성년의 남자. 젊은이. 도령님. a young master

ぼんち[盆地](명)〈지〉 분지. 산으로 둘러 싸인 평지(平地). a basin

ポンチ[punch](명) 펀치. ①브랜디 등에 과일즙이나 설탕 등을 넣은 음료수. 폰스. 「フルーツ—; 프루우츠펀치」 ②만화. 풍자화(諷刺画). 2. a caricature

ほんちすいじゃく[本地垂迹](명)〈불〉 ⇨ほんじすいじゃく.

ほんちゅう[奔注](명·자サ) 물이 힘차게 흐름. 또는 그 물. torrential flowing

ほんちょう[本庁](명) 본청. ①중심이 되는 중앙 관청. ②당청(当庁). 1. the central agency

ほんちょう[本朝](명) 본조. 자기 나라. 자기 나라의 조정(朝廷). our land

ほんちょうし[本調子](명) ①샤미센(三味線) 등의 기본이 되는 가락. ②본래의 상태, 기능. 1. the keynote

ぼんつく(명)〈속〉 ⇨ぼんくら.

ほんてい[本邸](명) ⇨ほんたく(本宅).

ほんてん[本店](명) 본점. ①주가 되는 가게(상점 또는 사무소). ↔支店(シテン). ②이 가게. 당점(当店). 1. the head shop

ほんでん[本田](명)〈농〉 못자리에서 자라난 모를 옮겨 심은 논. a rice-field

ほんでん[本伝](명) 전기(伝記)의 중심이 되는 부분. 주가 되는 전기(伝記). the orthodox biography

ほんでん[本殿](명) 본전. 신령(神霊)을 모시는 주된 신전(神殿). the main shrine

ぼんてん[梵天](명)〈종〉 ①범천. 고대 인도의 최고신(最高神)의 하나. 우주 본원(宇宙本源)으로 만물을 창조했다고 하는 신. 범천왕. ②불법을 지키고 국가에 이익을 주는 신. 1. Brahma

ほんと(명) ⇨ほんとう(本当).

ほんど[本土](명) 본토. ①본국. ②중심이 되는 국토(国土). 1. the fatherland

ポンド[네 pond](명) 파운드. ①영국의 무게의 단위. 16 온스. 약 454 g. 기호는 *lb.* ②영국의 화폐 단위. 20 실링. 방(磅).

ほんとう[本当·本統](명) 사실과 맞는 것. 진실. 정말. 「新聞(シンブン)の記事(キジ)は—だった; 신문 기사는 사실이었다」 truth

ほんとう[本島](명) ①중심이 되는 섬. ②〈지〉 혼슈우(本州). ③이 섬. 1. the main island

ほんとう[本党](명) ①중심이 되는 당(党). ②이 당. 자기 당. 1. the principal party

ほんとう[奔騰](명·자サ) 물가 등이 걷잡을 수 없이 오름. 폭등(暴騰). 「物価(ブッカ)が—する; 물가가 폭등하다」 a jump

ほんどう[本堂](명)〈불〉 본당. 본존(本尊)을 안치한 건물. 절의 중심이 되는 곳. 대웅전(大雄殿). the main building of a temple

ほんどう[本道](명) 본도. ①중심이 되는 도로. ↔間道(カンドウ). ②정당한 길. 올바른 길. ③〔한의학(漢医学)에서〕 내과(内科). ④이 홋카이도오(北海道). 1. a highway

ほんどこ[本床](명) ①정식으로 만든 토코노마(床の間). ②정식으로 만든 다다밋방. 2. a regular alcove

ほんなおし[本直し]—ナホシ(명) 소주에 찹쌀, 누룩을 섞어 만든 술.

ほんに[本に](부) 정말로. 아주. 참으로. 사실대로. 「—困(コマ)ったことだ; 정말 곤란한 일이다」 really

ほんにん[本人](명) 본인. 장본인(張本人). 당자(当者). the person himself

ぼんにん[凡人](명) 범인. 보통 사람. 평범한 사람. an ordinary person

ほんね[本音](명) ①본 음색(音色). ②본심에서 우러나온 말. 「—をはく; 본심을 토로하다」 1. the true tone

ボンネット[bonnet](명) 보닛. ①차양이 없고 끈이 달린 어린이 모자. ②차양이 넓고 끈이 달린 부인 모자. ③자동차 엔진을 덮는 것.

ほんねん[本年](명) 올해. 당년. 이 해. this year

ほんねん[本然](명) ⇨ほんぜん.

ほんの[本の](연체) ①참으로. 정말로. ②명색뿐인. 겨우. 「—少(スコ)し; 아주 조금」 1. real

ほんのう[本能](명) 본능. 경험, 교육에 의하지 않고 외부의 변화에 따라 나타나는 통일적인 심신(心身)의 반응 형식. 「—的(テキ); 본능적」 instinct

ぼんのう[煩悩](명)〈불〉 번뇌. 마음이나 신체를 괴롭히는 일체의 욕망. evil passions

ぼんのくぼ[盆の窪](명) 뒤통수의 움푹 들어 간 곳. the hollow of the nape

ほんのり(부·자サ) 어렴풋이. 아련하게. 희미하게. 「—と赤(アカ)くなる; 불그스름하게 되다」 faintly

ほんば[本場](명) ①정식의 장소. ②주산지(主産地). 본고장. 본바닥. 본래의 산지. 「北海道(ホッカイドウ)は鮭(サケ)の—だ; 홋카이도오는 연어의 본산지다」 ③〈경〉 전장(前場). 1. the right place

ほんば[奔馬](명) ①달리는 말. ②맹렬한 기세. 1. a rushing horse

ほんぱ[本派](명) ①본래의 무리. ②본래의 파.

ぼんばい[梵唄](명)〈불〉 범패. 여래(如来)의 공덕을 찬미하는 노래.

ほんばこ[本箱](명) 서적을 넣어 두는 상자. 책궤. a bookcase

ほんばしょ[本場所](명) ①정식 장소. ②씨름꾼의 지위나 급료를 정하기 위하여 정식으로 씨름을 행하는 장소. 1. the right place

ほんばん[本番](명) ①본차례. ②(영화, 방송 등에서) 연습이 아니고 촬영, 방송을 정식으로 하기 위한 연기. 2. the real thing

ぽんびき[ぽん引き](명)〈속〉 ①(거래소 부근에 있으면서) 경험이 없거나 잘 알지 못하는 사람들의 돈을 빼앗는 자. 시골 사람을 등쳐 먹는 사람. ②사창가 등에서 손님을 끄는 사람. 2. a tout

ぼんぴゃく[凡百](명) 여러 종류의 사물. 각가지. 여러 가지. 「—の人間(ニンゲン); 각가지 사람」 all sorts

ほんぴょう[本表](명) 본표. ①주된 표(表). ②이 표. 2. this table

ほんビロード[本天鵞絨](명) 씨나 날을 모두 견사(絹

糸)로 짠 빌로오도. velvet
ほんぶ[本部](명) 본부. 중심이 되는 곳. 중심이 되어 사물 등을 관장(管掌)하는 곳. ↔支部(シブ). the head office
ほんぷ[本夫](명) 본부. 정식 남편. 본남편. one's legal husband
ほんぷ[本譜](명)〈악〉 본보. 오선지(五線紙)에 그린 정식 악보. ↔略譜(リャクフ). music
ぼんぷ[凡夫](명) 범부. ①〈불〉 번뇌(煩惱)에 얽매여서 생사를 초월하지 못하는 사람. ②평범한 사람. 범인(凡人). 2. an ordinary man
ポンプ[네 pomp](명)〈이〉 펌프. 압력의 작용을 이용하여 액체를 빨아 올리거나 이동시키는 기계.
ほんぷく[本復](명·자サ) 병이 완쾌됨. 전쾌(全快). complete recovery
ほんぶし[本節](명) 큰 가다랭이의 살을 등뼈를 중심으로 발라 내고 이를 세로로 갈라 쪄서 말린 것. ↔亀節(カメブシ). a dried bonito
ほんぶり[本降り](명) (비 등이) 본격적으로 내리는것. ↔小降(コブ)り. raining in earnest
ほんぶん[本分](명) 본분. 본래의 직분(職分). 다하지 않으면 안될 의무. 「一をつくす; 본분을 다하다」 one's duty
ほんぶん[本文](명) 본문. ①문서나 책 가운데 중심이 되는 부분. ②번역하거나 퇴고(推敲)한 것에 대한 본글. 원문(原文). 1. the body
ぼんぶん[梵文](명) 범문. ①고대 인도어로 된 문장. ②고대 인도 문학. 1. a Sanskrit sentence
ボンベ[도 Bombe](명) 봄베. 고압의 기체를 저장하는 데 쓰는 강철로 만든 원통형(圓筒形)의 용기(容器).
ほんぺん[本編·本篇](명) 본편. ①부록에 대해서 본체(本体)가 되는 문장. ②이 문장.이 편(編). 1. the body
ほんぽ[本舗](명) ⇨ほんてん(本店).
ほんぽう[本邦](명) 이 나라. 자기 나라. our country
ほんぽう[本法](명) 본법. ①주체(主体)가 되는 법률. ②이 법률. ③정식 방법. ④이 방법. 2. this law
ほんぽう[本俸](명) 본봉. 가봉(加俸) 또는 수당 등에 대해서 기본이 되는 봉급. ↔加俸(カホウ). the regular salary
ほんぽう[奔放](명·형동ダ) 분방. 생각대로 행동함. 제멋대로 행동함. 「自由(ジユウ)一な生活(セイカツ); 자유 분방한 생활」 wild
ぼんぼり[雪洞](명) ①네모진 나무 틀에 종이를 발라 등불을 켜는 것. ②들고 다니게 손잡이가 달린 촛대. 등롱(燈籠). 1. a small paper-covered lamp
ぼんぼん[凡凡](형동タリ) 극히 평범한 모양. commonplace
ボンボン[프 bonbon](명) 봉봉. ①위스키 등을 넣은 시럽을 설탕, 초콜렛 등으로 싼 과자. ②조그맣고 예쁜 캔디.

〔雪洞〕

ぽんぽん Ⅰ(명) 〔아이들의 말로〕 배(腹). Ⅱ(부) ①노기(怒気)를 띠고 거친 목소리로 말하는 모양. 사양하지 않고 말하는 모양. ②불꽃 등이 터지는 소리. 총 등을 함부로 쏘는 소리. 탕탕. Ⅱ 2. bang-bang
ぽんぽんじょうき[ぽんぽん蒸気](명) 작은 증기선. a steam passenger launch
ポンポンダリア[pompon-dahlia](명)〈식〉 퐁퐁다알리아. 다알리아의 변종. 작은 꽃이 많이 핌.
ほんま[本真](명)〈방〉 정말. 참말. 진짜. real
ほんまつ[本末](명) 본말. ①처음과 끝. ②중요한 일과 중요하지 않은 일. 「一転倒(テントウ); 본말 전도」 1. cause and effect
ほんまつり[本祭](명) 정식 제사. 본제사. ↔かげ祭. a regular festival
ほんまる[本丸](명) 성(城)의 중심이 되는 건물. the castle proper
ほんみ[本身](명) (대나무 등으로 만든 것이 아니고 쇠로 만든) 진짜 칼. ↔竹(タケ)みつ. a real sword
ほんみょう[本名](명) 본명. 거짓이 아닌 진짜 이름. 실명(実名). one's real name
ほんむ[本務](명) 본무. ①본래의 임무. 근본이 되는 직무(職務). ↔兼務(ケンム). ②본분(本分). 1. one's proper work
ほんめい[本名](명) ⇨ほんみょう.
ほんめい[本命](명) ①본명. 사람이 태어난 해의 간지(干支). 띠. ②〔경마, 자전거 경주, 씨름 등에서〕 우승 후보. 2. the prospective winner
ほんめい[奔命](명) ①주인의 명령을 받고 바쁘게 움직이는 것. ②바쁘게 일하는 것. 2. ceaseless activity
ほんもう[本望](명) ①본망. 본래의 소망. ②만족. 「さぞ一だろう; 참(생각컨대) 만족하겠지」 1. one's long-cherished hope
ほんもと[本元](명) 본원. 근원. 본바탕. the origin
ほんもの[本物·真物](명) 진짜. 실물(実物). ↔偽物(ニセモノ). a genuine thing
ほんもん[本文](명) ①⇨ほんぶん. ②전거(典拠)할 문구(文句). 「一にいわく; 본문에 가라사대」 ③〈속〉 본제(本題). 2. the original sentence
ほんもん[本門](명) 본문. ①정문(正門). 대문(大門). ②〈불〉 본래의 묘리(妙理)를 푸는 법문(法門). 1. the front gate
ほんや[本屋](명) ①안채. 안집. ②책방. 서점. 1. the main house 2. a bookshop
ほんやく[翻訳](명·타サ) 번역. 한 나라의 말이나 글을 다른 나라의 말이나 글로 옮김. translation. ——**しょうせつ**[翻訳小説](명) 번역 소설. 외국 문예 작품을 자기 나라 말로 번역하여 출판한 것.
ぼんやり(명·부·자サ) ①뚜렷하지 않음. ②기운이 없음. ③얼빠짐. 눈치가 없음. 멍청함. 1. vagueness
ほんゆう[本有](명·타サ) 본래 가지고 있음. 고유(固有). possessing innately
ぼんよう[凡庸](명·형동ダ) 평범하고 용렬(庸劣)함. 또는 그런 사람. mediocrity
ほんよさん[本予算](명)〈법〉 본예산. 추가 예산에 대한 본래의 예산. the main budget

ほん よみ[本読み](명) ①책을 읽는 일. ②작가, 연출가 등이 모여 각본을 읽으며 연구하는 일. 2. reading a scenario

ほん らい[本来](명) 본래. ①당초. 처음. 「一の面目(メンモク); 본래의 면목」 ②당연(当然). 1. originally

ほん らん[本欄](명) 본란. ①〔잡지 등에서〕 중심이 되는 난(欄). ②이 난. 2. this column

ほん りゅう[本流](명) 본류. ①주류(主流). ↔支流(シリュウ). ②중심이 되는 유파(流派). ③본격(本格).「一の小説(ショウセツ); 본격 소설」 1. the main stream

ほん りゅう[奔流](명·자サ) 분류. 물이 매우 세차게 흐름. 격류(激流). a rapid stream

ぼん りゅう[凡流](명) ①흔히 있어 진기(珍奇)하지 않은 수법(手法). ②평범한 유파(流派). 2. a common school

ぼん りょ[凡慮](명) 범인(凡人)의 생각. 「一の およぶところでない; 범인의 생각으로는 미칠 바가 아니다」 the common mind

ほん りょう[本領](명) 본령. ①본래의 영지(領地). ②본래의 특색. 특질(特質). 「一を発揮(ハッキ)する; 본래의 특질을 발휘하다」 1. a fief

ほん るい[本塁](명) 본루. ①중심이 되는 근거지. 근거가 되는 진지(陣地). ②〔야구에서〕 캐처(捕手) 앞의 베이스. 호움베이스. 1. the base. **—だ**[本塁打](명) 본루타. 배터(打者)가 한바퀴 돌아 제자리에 올 수 있도록 친 안타(安打). 호움런.

ほん れき[本暦](명) 기본이 되는 상세한 달력. ↔略(リャク)本暦. the standard almanac

ほん ろう[翻弄](명·타サ) 번롱. 마음대로 가지고 놂. 노리개로 함. making fun of

ほん ろん[本論](명) 본론. ①주된 의론(議論). 논문이나 토론의 주된 부분. ②이 의론(議論). 이 논설. 1. the main discourse

ま

ま—[真](접두) ①착실한. 진실한. 「一人間(ニンゲン); 진실한 인간」 ②정확한. 「一四角(シカク); 정사각」 ③꾸밈이 없는. 잡(雑)되지 않은. 「一白(シロ); 새하얀」 ④칭찬하는 뜻을 나타내는 말. 「一玉手(タマデ); 고운 손」

—ま[間](접미) 방(房)을 세는 말. 「二(フタ)—ある; (방이) 두 간 있다」

ま[目](명) "め(눈)"의 변한 말. 「一のあたり; 목전(눈앞)」

ま[真](명) 정말. 사실. 진실(真実). 「一にうける; 곧이 듣다. 믿다」 truth

ま[間](명) ①사이. 간격. 「一をおく; 사이를 두다」 ②여가(餘暇). 틈. 시간. 「一がかかる; 시간이 걸리다」 ③알맞은 시간. 때. 「一を見(ミ)はからう; 때를 기다리다」 ④방. 「奥(オク)の—; 안방」 ⑤요오쿄쿠(謡曲)에서 전구(前句)를 길게 뽑는 박자. ⑥기둥과 기둥 사이. ⑦그때의 상황, 형편. 「一がわるい; 형편이 좋지 못하다」 ⑧〔연극에서〕 여운을 남기기 위해 대사 사이에 무언을 지키는 일. 1. space 2. leisure

ま(부) ⇨まあ.

ま[魔](명) ①악마. 귀신. 「一がさす; 마가 들어 갑자기 나쁜 마음을 일으키다」 ②이상한 힘으로 인명을 위협한다고 느껴지는 것. ③인명을 앗아 가는 무서운 것. 「一の踏切(フミキリ); 마의 건널목」 ④어떤 한 가지 일에 병적으로 열중하는 사람. 「収集(シュウシュウ)—; 수집광(狂)」 1. a demon 4. a mania

まあ Ⅰ(부) 우선. 자. 「——杯(イッパイ); 자 한잔」 Ⅱ(감) 놀람, 감탄을 표시하는 소리. 어머나! Ⅰ just

まあい[間合]—アヒ(명) ①알맞은 간격. ②알맞은 때. 「一をはかって; 알맞은 때를 재어서」 1. an interval

マーガリン[margarine](명) 마아가린. 야자유(椰子油) 등을 원료로 하여 버터 비슷하게 만든 식품. 인조(人造) 버터.

マーガレット[marguerite](명)〈식〉 마아거리이트. 엉거시과에 속하는 다년초. 여름에 국화 비슷한 흰 꽃이 가지 끝에 핌.

マーカンテリィズム[mercantilism](명)〈경〉 머어컨틸리즘. 중상주의(重商主義).

マーキュロ(クローム)[mercurochrome](명)〈의〉 머어큐러크롬. 유기 수은 화합물(有機水銀化合物)의 하나. 소독제로 쓰임.

マーキロ(명) 머어큐러크롬의 준말.

マーク[mark](명·타サ) 마아크. ①표시. 표. ②기호. 부호. ③기록. 「第一位(ダイイチイ)を—する; 제1위를 기록하다」 ④〔축구 등에서〕 적의 행동을 막기 위하여 붙어 다님. ⑤주목. 감시.

マーケット[market](명) 마아켓. ①시장. 「一街(ガイ); 시장 거리」 ②판로(販路). 「一を開拓(カイタク)する; 시장을 개척하다」

マーケティング[marketing](명)〈경〉 마아케팅. 재화나 서어비스의 생산으로부터 소비까지의 유통 과정.

マージャン[중 麻雀](명) 마작. 중국에서 건너 온 실내오락. 상아(象牙)나 골재(骨材)에 대를 붙여 만든 136개의 패(牌)를 사용하여 네 명이 하는 노름.

マージン[margin](명)〈경〉 마아진. ①판매 수익(販売収益). 이득. ②주식(株式) 매매의 증거금(証拠金).

まあたらし·い[真新しい](형) 아주 새롭다. 파생 **—さ**(명). brand-new

マーチ[march](명) 마아치. ①행진. ②행진곡

マーブル[marble](명) 마아블. ①대리석. ②대리석의

무늬와 같은 모양. 또는 그러한 종이. ③아이들의 장난감의 하나. 공기.

まあまあ Ⅰ(부) 어떻든. 우선. 어지간히. Ⅱ(감) 어머나! 아이구! Ⅰ fairly Ⅱ Oh!

マーマレード[marmalade](명) 마아말레이드. 오렌지, 귤 등의 껍질로 만든 잼.

まい一[毎](조어) 각각의. …마다. 「一土曜日(ドョウビ); 토요일마다」

一まい[米](조어) (…에서 나는) 쌀. 「秋田(アキタ)一; 아키다산(産) 쌀」

一まい[枚](접미) ①(종이, 판자 등) 얇고 넓적한 것을 세는 말. 장. 「十(ジュウ)一です; 열 장입니다」 ②〔씨름의 대진표에서〕석차(席次)를 세는 말. 「五(ゴ)一あがった; 다섯 자리 올랐다」

一まい[妹](조어) 누이 동생. 「異母(イボ)一; 이복 누이 동생」

まい マヒ(명) Ⅰ[舞い] 춤을 추는 일. Ⅱ[舞] 무용(舞踊). 춤. 「天女(テンニョ)の一; 선녀의 춤」 Ⅰ dancing Ⅱ a dance

まい[幣]マヒ(명)〈고〉 사례품(謝礼品). 선물.

ま・い(조동・특수형) ①부정의 추측을 나타내는 말. 없겠지. 않겠지. 「引(ヒ)き受(ウ)けー; 받아 들이지 않겠지」 ②부정의 의사를 나타내는 말. 않겠다. 「行(ユ)く一; 가지 않겠다」 1. may not 2. will not

まいあが・る[舞い上がる]マヒー(자 4) 춤추듯 너울거리며 하늘로 올라 가다. fly high

まいあさ[毎朝](명・부) 매조. 매일 아침. 아침마다. every morning

まいおうぎ[舞扇]マイアフギ(명) 무선. 춤출 때 쓰는 부채. a dancer's fan

まいおさ・める[舞い納める]マヒヲサメル(타하 1). 춤을 끝마치다. 다 추다.

マイカ[mica](명)〈광〉 마이카. 운모(雲母). 「一コンデンサー; 마이카콘덴서(금속판의 사이에 전기 용량을 크게 하기 위하여 운모를 끼운 축전기)」

まいかい[毎回](명・부) 매회. 회마다. each time

まいき[毎期](명・부) 매기. 그 기간마다. 기마다.

まいきょ[枚挙](명・타サ) 매거. 하나하나 듦. 일일이 셈. 「一にいとまがない; 일일이 셀 수 없을 만큼 많다」 enumeration

マイク(명) 마이크. 마이크로폰의 준말. **―ロケ**(명・타サ) 마이크로케. 그자리에서 마이크 장치를 하여 방송함.

マイクロ一[micro](조어) 마이크로. 극히 작은 것. **―ウエーブ**[microwave](명)〈이〉 마이크로웨이브. 파장 1*m* 이하의 전자파. 텔레비전, 레이다아 등에 사용함. 극초단파. **―カード**[microcard](명) 마이크로카아드. 책이나 신문을 페이지마다 카아드식으로 인화지에 축사(縮写)한 것. **―フイルム**[microfilm](명) 마이크로필름. 책, 서류 등을 35*mm* 필름에 찍은 것. 마이크로카아드 리이더로 24배로 확대해서 읽음. **―ホン**[microphone](명) 마이크로폰. 음성을 그대로 전기의 진동에 바꾸어 보내는 장치. 송화기. 확성기. **―メーター**[micrometer](명) 마이크로미터. 나사의 회전으로 아주 짧은 길이를 정확히 재는 기구. 측미계(測微計).

まいげつ[毎月](명・부) 매월. 매달. every month

まいこ[毎戸](명・부) 매호. 집집마다. 가가 호호(家家戸戸). each house

まいこ[舞子・舞妓]マヒー(명)〔연회(宴会)에서〕춤을 추어 흥을 돋우는 소기(少妓). 동기(童妓).

まいご[迷子・迷児]マヒー(명) 미아. 길을 잃고 집에 못 가는 아이. a lost child

まいごう[毎号](명・부) 매호. 호마다. each number

まいこつ[埋骨](명・타サ) 매골. 유골(遺骨)을 묻음. 「一式(シキ); 매골식」 burying the bones

まいこ・む[舞い込む]マヒー(자 4) ①춤추며 들어 오다. ②빙글빙글 돌며 들어 오다. ③어디로부터인지 또는 돌연히 들어 오다. 1. come in dancing

まいじ[毎次](명) 언제나. 그때마다. each time

まいじ[毎時](명・부) 매시. 한 시간마다. 시간마다. every hour

まいじかん[毎時間](명・부) 매시간. 한 시간마다. every hour

まいしゅう[毎週](명・부) 매주. 1주일마다. every week

まいしょく[毎食](명・부) 식사마다. every meal

マイシリン[mycillin](명)〈의〉 마이실린. 스트렙토마이신과 페니실린을 혼합하여 만든 약.

まいしん[邁進](명・자サ) 매진. 힘차게 나아감. 바로 나아감. 「一路(イチロ)一; 일로 매진」 dashing forward

マイシン(명)〈의〉 마이신. 스트렙토마이신의 준말.

まいす[売僧](명) ①옳지 못한 행동을 하는 중. ②중을 욕해서 이르는 말. 1. a sinful priest

まいすう[枚数](명) 매수. 종이, 옷 등의 수. 장수. the number of sheets

まいせつ[埋設](명・타サ) 매설. 땅속에 묻어 장치함. 「ケーブルを一する; 케이블을 매설하다」 laying

まいそう[昧爽](명) 새벽. 여명(黎明). 미명. daybreak

まいそう[埋葬](명・타サ) 매장. 시체를 땅속에 묻음. burial

まいぞう[埋蔵](명・자サ) 매장. ①묻어서 감춤. 「一品(ヒン); 매장품」 ②광물(鉱物) 등이 땅속에 묻혀 있음. 「一量(リョウ); 매장량」 1. burying underground

まいちもんじ[真一文字](명) 똑바로. 곧장. 「一に突進(トッシン)する; 똑바로 돌진하다」 a straight line

まいつき[毎月](명・부) 달마다. 다달이. every month

まいて[況いて](부)〈고〉〔"まして"의 음편〕 ①더욱. 한층. ②더우기. 하물며. 황차. 말할 것도 없이.

マイト(명) 다이너마이트의 준말. 「1. each time

まいど[毎度](부) ①매번. 그때마다. ②언제나. 자주. ↗

まいとし[毎年](명・부) 매년. 해마다. every year

マイナー リーグ[minor league](명) 마이너 리이그. 미국의 프로 야구에서 메이저 리이그에 속하지 않는 이류(二流) 리이그의 총칭.

まいない[賄賂]マヒナヒ(명) ①사례물로 보내는 물건. 예물. ②회뢰. 사사 이익을 얻기 위하여 부정한 금품

을 비밀리에 보내는 일. 또는 그 금품. 뇌물.
マイナス[minus](명·타サ) 마이너스. ①〈수〉 ㉠감함. 뺌. ㉡부수(負数)를 나타내는 기호. ②부족함. 부족된 수량. 결손(缺損). ③불리(不利). 불리하게 됨. ④〈이〉 음극(陰極). ↔プラス.
まいにち[毎日](명·부) 매일. 날마다. every day
まいねん[毎年](명·부) 매년. 해마다. every year
まいばん[毎晩](명·부) 밤마다. every night
まいびと[舞人]マヒー(명) 춤을 추는 사람. a dancer
まいひめ[舞姫]マヒー(명) 무희. 춤추는 여자. 발레를 하는 여자. a dancing-girl
まいびょう[毎秒](명·부) 매초. 1초마다. every second
まいふん[毎分](명·부) 매분. 1분마다. every minute
まいぼつ[埋没](명·자サ) 매몰. 파묻힘. being buried
まいまい[舞舞]マヒマヒ(명) ①부채로 장단을 맞추며 추는 춤. ②무용가. ③〈동〉 ⇨みずすまし. ④←まいまいつぶり. 2. a dancer. **—つぶり**[舞舞螺](명)〈동〉 ⇨かたつむり.
まいまい[毎毎](부) 언제나. 항상. 매번. always
まいもど·る[舞い戻る]マヒー(자 4) ①(힘있게) 제자리에 돌아 오다. ②〈속〉 되돌아오다. 「もとの職場(ショクバ)へ—; 원직장으로 되돌아오다」 2 come back
まいゆう[毎夕]—ユフ(명·부) 저녁마다. 매일 저녁. every evening
まいよ[毎夜](명·부) 밤마다. 매일 밤. every night
まいら·す[参らす]マヰラス Ⅰ(타하 2) 드리다. 바치다. 받들어 모시다. Ⅱ(보동·하 2) 동사의 밑에 붙여 자기의 동작을 겸사로 일컫는 말. 말씀드리다. 해 드리다. 「助(タス)け—; 도와 드리다」
まい·る[参る]マヰル Ⅰ(자 4) ①"行く, 来る(가다, 오다)"를 겸사로 일컫는 말. ②참배하다. 「寺(テラ)へ—; 절에 참배하다」 ③승부에 지다. 항복하다. 「一本(イッポン)参った; 한 판 졌다. 한 대 맞았다」 ④사랑에 빠지다. ⑤여자들이 편지 수신인(受信人)의 이름옆에 쓰는 말. Ⅱ(타 4) ①⇨まいらす. ②마시다, 먹다, 입다, 사용(使用)하다 등을 겸사(謙辞)로 일컫는 말.
マイル[mile·哩](명) 마일. 영국의 길이의 단위. 약 1.609*km*.
ま·う[眩う]マフ(자 4) (눈이) 어지럽다. be dizzy
ま·う[舞う]マフ(자 4) ①춤추다. 「木(コ)の葉(ハ)が—; 나뭇잎이 춤추다」 ②원을 그리며 돌다. 「とんびが—; 소리개가 빙빙 돌다」. 1. dance
まうえ[真上]—ウヘ(명) 바로 위. right above
まうし(형)〈고〉 …하는 것이 괴롭다.
マウス[도 Maus](명)〈동〉 마우스. 생쥐. 의학 실험용 등으로 쓰임.
まうと[客](명) ①다른 데에서 찾아 온 손님. 객인(客人). ②⇨まろうど.
まうら[真裏](명) 바로 뒤나 안이 되는 곳. 바로 뒤. 바로 안. right back
マウンド[mound](명) 마운드. 〔야구에서〕 피처(投手)가 서는 곳. 투수판(投手板).
—まえ[前]マヘ(조어) ①…의 앞. 「人(ヒト)—; 사람들이 있는 앞」 ②(할당된) 몫. 「五人(ゴニン)—の料理(リョウリ); 5인분의 요리」 ③옛날, 귀부인의 이름에 붙이던 높임말.
まえ[前]マヘ(명) ①정면. 「—においてある; 앞에 놓여 있다」 ↔後(ウシロ). ②앞. 「—へ出(デ)る; 앞으로 나가다」 ③(현재를 중심으로 하여) 그전. 전. 「三年(サンネン)—; 3년 전」 ↔あと. ④(어떤 때를 중심으로 하여) 이전(以前). 「夏休(ナツヤス)み—; 여름 방학 전」 ⑤하나 앞. 「—の日(ヒ); 전날」 ↔次(ツギ). 1. the front 4. ago
まえいわい[前祝い]マヘイハヒ(명·자サ) 성공, 성립(成立)을 예상하고 미리 축하함. celebration in advance
まえうしろ[前後ろ]マヘー(명) ①앞과 뒤. ②앞뒤를 바꾸는 것. 1. front and back 2. frontside back
まえうり[前売り]マヘー(명·타サ) 입장권 등을 흥행 당일 전에 미리 팖. 예매(豫買)함. 「—券(ケン); 예매권」 advance sale
まえおき[前置き]マヘー(명·자サ) 본론에 들어 가기 전에 하는 말이나 글. 서언(序言). a prologue
まえがき[前書き]マヘー(명·자サ) 본문 앞에 쓰는 글. 서문(序文). 머리말. ↔あと書き. a preface
まえかけ[前掛け]マヘー(명) 앞치마. an apron
まえがし[前貸し]マヘー(명·타サ) 지불일 전에 미리 빌려 줌. lending in advance
まえがしら[前頭]マヘー(명) 〔씨름에서〕 코무스비(小結)의 버금이 되는 급.
まえかた[前方]マヘー(명·부) ①이전. ②미리. 사전(事前). 1. previously
まえがみ[前神]マヘー(명) 신사(神社)에 모신 주신(主神) 이외의 제신(祭神).
まえがみ[前髪]マヘー(명) ①앞머리. ②관례(冠礼)하기 전의 남자. 1. a forelock
まえがり[前借り]マヘー(명·타サ) 지불일보다 앞당겨 지불하여 받음. borrowing in advance
まえかんじょう[前勘定]マヘー(명) 돈을 미리 치르는 일. 대금 선불(代金先拂). prepayment
まえきん[前金]マヘー(명) 물건을 사기 전에 대금을 지불하는 것. 선금(先金). prepayment
まえくづけ[前句付け]マヘクー(명) 유희 문학(遊戯文学)의 한 가지. 14자의 짧은 구를 제목으로 내놓고, 여기에 17자의 전구(前句)를 붙여서 와카(和歌)와 같은 형으로 짓게 하는 문예 유희(文芸遊戯).
まえげいき[前景気]マヘー(명) 시작하기 전의 경기(景気). 「—は上上(ジョウジョウ); 시작하기 전의 경기는 극상」 a prospect
まえこうじょう[前口上]マヘー(명) 연극을 시작하기 전에 하는 설명. 또는 인사말. a prologue
まえずもう[前相撲]マヘズマフ(명) 〔씨름에서〕 본격적인 씨름에 들어 가기 전에 하위(下位)의 씨름꾼들이 하는 씨름.
まえだて[前立て]マヘー(명) ①투구, 또는 모자의 앞에 꽂는 장식. ②명의상(名義上) 표면에 내세우는

사람. ↔ 後立(ウシロダ)て. 1. a crest

まえだれ[前垂れ]マヘー(명) ⇨まえかけ.

まえつぎみ[公卿](명)〈고〉 공경. 조정에 봉사하는 신분이 높은 사람.

まえづけ[前付け]マヘー(명) 책의 본문 앞에 붙이는 것. 서문, 목차 등.

まえば[前歯]マヘー(명) ①앞니. 문치(門歯). ②왜나막신의 앞굽. 1. a front tooth

まえばらい[前払い]マヘバラヒ(명·타サ) ⇨まえきん(前金).

まえぶれ[前触れ]マヘー(명·타サ) ①미리 알림. 예고. 「何(ナン)の一もなしに; 아무 예고도 없이」 ②무엇이 일어날 것 같은 징조. 「台風(タイフウ)の一だ; 태풍의 징조다」 ③전조(前兆). 1. a previous notice

まえまえ[前前]マヘマヘ(명·부) 이전. 그전. 「一から; 이전부터」 previously

まえもって[前以て]マヘー(부) 미리. 먼저부터. 사전에. 「一相談(ソウダン)する; 사전에 의논하다」 beforehand

まえやく[前厄]マヘー(명) 액년(厄年)의 전해. the year preceding an unlucky age

まえわたし[前渡し]マヘー(명·타サ) 전도. ①기일 전에 지불함. ②선불(先払)함. ③약조금. 계약금. 1. forward delivery

まおう[魔王](명) 마왕. ①천마(天魔)의 왕. ②악마의 왕. 2. Satan

まおとこ[間男]一ヲトコ(명·자サ) ①남편 있는 여자가 딴 남자와 몰래 관계를 맺음. ②남편 있는 여자와 몰래 관계를 맺은 남자. 샛서방. 간부. adultery

まか[摩訶](명)〈불〉 마하. 큰 것. 훌륭한 것. mightiness

まかい[魔界](명) 악마가 사는 세계. 암흑, 죄악의 세계. the world of spirits

まがい[紛い]マガヒ(명) ①분별 못함. 혼동(混同). 「花(ハナ)一の雪(ユキ); 꽃처럼 아름다운 눈」 ②분별하기 힘들 정도로 모방해서 만든 유사물. **—もの**[紛い物](명) 가짜 물건. 모조품. 유사품.

まが·う[紛う]マガフ(자 4) ①뒤섞이다. ②구별할 수 없다. 분간 못하다. ③알 수 없게 되다. 1. be complicated. **—かた**[紛う方](연어) 틀리는 일. 틀릴 리. 틀릴 까닭. 「一もない; 틀림 없는」.

まが·える[紛える]マガヘル(타하 1) 닮게 하다. 비슷하게 하다.

まがお[真顔]一ガホ(명) 진지한 얼굴. a serious look

まがかみ[禍神](명) 재해(災害)를 주는 신. 사신(邪神). a demon

まがき[籬](명) 잡목으로 만든 울타리. a fence

まかげ[目蔭](명) (햇빛 등을 가리기 위하여) 손을 눈 위에 얹는 것. shading one's eyes with one's hand

まがごと[禍事](명)〈고〉 흉사(凶事).

まがし[間貸し](명·자サ) 돈을 받고 방을 빌려 줌. letting a room

マガジン[magazine](명) 매거지인. ①잡지. 「ベースボール一; 야구 잡지」 ②〔사진에서〕 필름을 감는 기구. 특수 사진기에만 쓰임. ③화약고(火薬庫). 창고. **—ラック**[magazine-rack] (명) 매거지인 래크. 가지고 다닐 수 있는 잡지함(雑誌函).

まか·す[負かす](타 4) 지게 하다. 이기다. beat

まかず[間数](명) 방의 수. the number of rooms

まか·ず[罷す]マカヅ(자하 2)〈고〉 ①퇴거하다. 물러 나다. ②높은 관청, 남의 집 등을 방문하다.

まかぜ[魔風](명) (악마가 유인한다는) 무서운 바람.

まか·せる[任せる](타하 1) ①(맡겨서) 뜻대로 하게 하다. 「運(ウン)を 天(テン)に一; 운을 하늘에 맡기다」 ②능력을 제대로 발휘시키다. 「力(チカラ)に任(マカ)せて押(オ)す; 힘껏 밀다」 ③일임하다. 3. trust

まがたま[勾玉·曲玉](명) 옛날 장신구로 사용하던 구부러진 구슬. curved jewels

まがつび[禍津日·枉津日](명)〈고〉 재해, 흉사(凶事) 등을 일으킨다는 신. 사신(邪神).

〔勾玉〕

まかない[賄い]マカナヒ(명) ①잘 처리함. ②식사를 차림. ③식사를 담당하는 사람. 「一を雇(ヤト)う; 식모(요리사)를 고용하다」 3. a cook

まかな·う[賄う]マカナフ(타 4) ①잘 처리하다. ②음식을 차려 드리다. 1. manage

まがなすきがな[間がな隙がな](연어·부) 틈만 있으면 언제나. always

まがね[真金](명) 철(鉄). 쇠. iron

まかふしぎ[摩訶不思議](형동ダ)〔마하는 범어로 대(大)의 뜻〕 대단히 이상한 모양. mysterious

まがまがし·い[禍禍しい](형) 꺼림칙하다. 불길(不吉)하다. ominous

まがも[真鴨](명)〈동〉 물오리. 야생의 오리. 대체로 한대 지방에서 산란하고, 큰 편이며 머리와 목이 진한 초록색으로 빛이 남. 청둥오리. a wild duck

まかり(연어) ①동사 위에 붙어서 어조를 강조하는 말. 「一ならぬ; 결코 안된다」 ②자기가 하는 일을 겸사로 일컫는 말. 「一もうす; 말씀 드리다」

まがり[曲がり](명) ①구부러지는 것. 구부러진 모양이나 정도. ②곱자(曲尺). 1. a curve. **—かど**[曲がり角](명) ①길 모퉁이. ②전환점. **—くね·る**[曲がりくねる](자 4) 여러 번 구부러지다. 구불구불 구부러지다. **—なり**[曲がりなり](명) 구부러진 모양. 불완전한 형태. 「一にも; 어떻게 겨우」

まがり[間借り](명·자サ) 돈을 주고 방을 세냄. 「一人(ニン); 세 든 사람」 renting a room

まかりあ·り[罷り在り](자ラ)〈고〉 "あり, いる(있다)"의 정중한 말. 「無事(ブジ)一そうろう(候); 무사히 있사옵니다」

まかりおりそうろう[罷り居り候]マカリヲリサフラフ(연어) 있사옵니다.

まかりこ·す[罷り越す](타 4) 가다. go

まかり·でる[罷り出る](자하1) ①물러가다. ②가다. 나가다. 방문하다. 1. withdraw

まかりとお·る[罷り通る]一トホル(자 4) ①지나가다. ②당당히 통하다. 「にせ千円札(センエンサツ)一; 위조 천 원권이 버젓이 통하다」. 1. pass

まかりならぬ[罷り成らぬ](연어)〔과장해서〕 안된다. 「行(ユ)くこと一; 가서는 안된다」 must not

まかり まちが·う[罷り間違う]ーマチガフ(자 4) 잘못되어서 아주 나쁘게 되다.「まかり間違(マチガ)えば大変(タイヘン)なことになる; 잘못하면 큰일 난다」

まか·る[負かる](자 4) 값을 싸게 할 수 있다. can be reduced

まか·る[罷る](자 4)〈고〉 ①어전(御前)에서 물러나다. ②가다. 나가다. ③죽다.

まが·る[曲がる](자 4) ①구부러지다. ②굽다.「腰(コシ)が—; 허리가 굽다」③비뚤어지다.「根性(コンジョウ)が—; 근성이 비뚤어지다」④기울어지다. ⑤쇠하다. 1. bend

マカロニ[이 macaroni](명) 마카로니. 이탈리아 명산의 식품. 밀가루로 속이 비게 만든 서양식 국수.

まき(명) Ⅰ[巻き] 감는 것. 감은 정도.「ぜんまいの—がゆるい; 태엽이 느슨하다」Ⅱ[巻] ①두루마리. ②서적(書籍)의 구분. ③〈속〉일족(一族). Ⅰ rolling Ⅱ 1. a scroll

まき[牧](명) 목장. a pasture

まき[薪](명) 장작. 땔나무. fuel wood

まき[真木·槇](명)〈식〉 젓꼭지나무. 뽕나무과에 속하는 상록 활엽 관목. 농가의 울타리로 많이 심음. a Chinese black pine

まき あげき[巻き上げ機](명) ⇨ウィンチ.

まき あ·げる[巻き上げる](타하 1) ①감아 올리다.「ロープを—; 로우프를 감아 올리다」②빼앗다.「おかねを—; 돈을 빼앗다」 1. wind up

まき あみ[旋き網·巻き網](명) 고기 떼를 둘러 싸서 잡는 그물(網). an encircling-net

まき え[蒔き絵](명) 금, 은 가루를 칠기(漆器)의 표면에 뿌려 그린 그림이나 공예품. gold lacquer

まき え[撒き餌]ーエ(명) 새, 물고기 등을 잡기 위하여 뿌리는 미끼. ground bait

まき おとし[巻き落とし](명)〔씨름에서〕상대에게 밀렸을 때 상대방의 허리를 잡고 오른편 또는 왼편으로 돌려 넘기는 수.

まき がい[巻き貝]ーガヒ(명)〈동〉 소라처럼 껍질이 나사같이 말린 조개류. ↔二枚貝(ニマイガイ). a roll-shell

まき かえし[巻き返し]ーカヘシ(명) ①반대로 감아서 본래대로 되돌리는 것. ②불리한 승부를 역전(逆転)시키기 위해 반격하는 일.「—政策(セイサク); 반격 정책」 1. rolling back

まき がみ[巻き紙](명) 반절지(半切紙)를 이어 붙여 감은 것. 두루마리. rolled letter-paper

まき がり[巻き狩り](명) 사방을 둘러 싸고 행하는 사냥. hunting in guarded fields

まき ぐも[巻き雲](명)〈천〉⇨けんうん.

まき ごえ[蒔肥](명)〈농〉 씨뿌리기 직전에 주는 비료. 기비(基肥). fertilizer used at sowing time

まき こ·む[巻き込む](타 4) ①감아 넣다. ②(친구로) 끌어 넣다. ③말려 들게 하다.「事件(ジケン)に巻(マ)きこまれる; 사건에 말려 들다」 1. roll in 3. drag into

まき ごめ[蒔米](명) 시주 쌀. 공양미(供養米).

まき じた[巻き舌](명) 혀를 마는 듯이 하며 빠르고 힘차게 하는 말. rolling one's tongue

マキシマム[maximum](명) ⇨マクシマム.

マキシム[maxim](명) 금언(金言). 격언(格言).

まき じゃく[巻き尺](명) 권척. 종이, 헝겊 또는 강철에 눈금을 새겨 둥글고 납작한 통에 말아 넣은 긴 자. 줄자. a tape-measure

まき ずし[巻き鮨](명) 김, 계란으로 만 초밥. 김밥.

まき ぞえ[巻き添え]ーゾヘ(명) ①남의 죄, 재난, 사건 등에 관련되어 말려 들어 가서 몹시 고생하는 일. 연좌(連坐). ②남의 일로 손해 보는 것. 1. implication

まき た[蒔田](명) 볍씨를 직접 논에 심는 일. 또는 그 논. a rice-nursery

まき タバコ[巻き tabacco](명) ①종이로 만 담배. 궐련. ②엽궐련. 1. a cigarette

まき ちら·す[撒き散らす](타 4) 뿌려서 사방에 흩뜨리다. scatter about

まき つけ[蒔き付け](명·타サ)〈농〉 농작물의 씨를 뿌림. 파종(播種). 동 まき付ける(타하 1). sowing

まきとりし[巻き取り紙](명) 신문 인쇄에 쓰는 크게 만 종이. roll-paper

まきば[牧場](명) 목장. 소, 말, 양 등의 가축을 놓아 기르는 넓은 산이나 들판. a pasture

まき ひげ[巻き鬚](명)〈식〉 권수. 덩굴손. 가지 또는 잎이 변태되어 가늘고 긴 실처럼 되어 옆에 닿는 것에 휘감기는 것. a tendril

まき みず[撒き水](명) 살수. 물을 뿌리는 일. 또는 그 물. watering

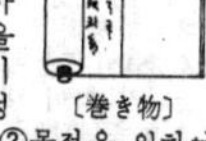
〔巻き物〕

まき もの[巻き物](명) ①두루마리. ②말아 놓은 피륙. 2. drapery in rolls

マキャベリズム[Machiavellism](명) 마키아벨리즘. ①국가의 유지 발전을 위해서는 도덕이나 종교에 구애됨이 없이 수단과 방법을 가리지 않고 정치를 해야 한다는 국가지상주의. ②목적을 위하여 수단 방법을 가리지 않는 주의.

ま きゅう[魔球](명)〔야구에서〕마구. 배터(打者)를 괴롭히는 커어브나 드롭 같은 공. a magic ball

ま きょう[魔境](명) 마경. ①무엇이 나올지 모르는 무시무시한 곳. ②사람을 유혹하는 곳.

まぎら(か)·す[紛ら(か)す](타 4) 현혹시키다. 혼동시키다. divert

まぎらわし·い[紛らわしい]マギラハシイ(형) 현혹되기 쉽다. 혼동하기 쉽다. 파생 —さ(명). confusing

まぎらわ·す[紛らわす]マギラハス(타 4) ⇨まぎらす.

まぎ·る[間切る](자 4) ①(배가) 파도를 헤치고 나아가다. ②(배가) 바람을 비스듬히 받으며 나아가다. ③구불구불 사이를 누벼 나아가다. 1. plough the waves

まぎれ[紛れ](명) 엇갈리는 것. 혼동되는 것.「—もない事実(ジジツ); 틀림 없는 사실」

まぎれ こ·む[紛れ込む](자 4) 혼잡을 틈타 들어 가다. 몰래 들어 가다. 뒤섞여 들어 가다. stray into

まぎれもな·い[紛れも無い](연어) 어김 없는. 틀림 없는. unmistakable

まぎ·れる[紛れる](자하 1) ①뒤섞이다. ②혼동(混同)

되다. 1. be mixed

まぎわ[間際]ーギハ(명) 어떤 일의 바로 전. 직전.「発車(ハッシャ)ーに; 발차 직전에」 verge

まきわり[薪割り](명) ①장작을 만들기 위해 통나무를 패는 일. 장작 패기. ②도끼. 1. wood-chopping

ーまく[幕](접미) 막. 연극을 크게 나눈 한 구분.

ま·く[巻く](타 4) ①끝이 한가운데로 가게 둥글게 말다. 감다.「紙(カミ)をー; 종이를 말다」②둥근 것을 틀어서 돌리다.「ねじをー; 나사를 틀다」③둥글게 돌리다. 휘감다.「腕(ウデ)を首(クビ)にー; 팔을 목에 휘감다」④주위에 감아 붙이다. 두르다.「包帯(ホウタイ)をー; 붕대를 감다」⑤둘레를 에워 싸다.「遠巻(トウマ)きにー; 멀리 에워 싸다」 1. roll

ま·く[蒔く](타 4) ①뿌리다. 심다. 「たねをー; 씨를 뿌리다」②금, 은가루를 뿌려 그림을 만들다. 1. sow

ま·く[撒く](타 4) ①뿌리다. 끼얹다.「水(ミズ)をー; 물을 뿌리다」②동행자나 미행자(尾行者)를 도중에서 수단 좋게 떼어 버리다. 1. sprinkle

まく[幕](명) ①막. 포장. ②연극의 일단락. ③끝. ④경우. 장면.「お前(マエ)の出(デ)るーじゃない; 네가 나설 경우가 아니다」 1 a curtain

まく[膜](명) 막. ①어떤 것의 표면을 덮고 있는 얇은 껍질. ②〈동〉 동물의 근육, 내장을 덮은 얇은 가죽. 1. a film

まく(연어)〈고〉〔조동사 "む"의 미연형(未然形)에 "く"가 붙은 것〕…하려고 하는 것. …과 같은 것.「かけーもあやかしこし; 입으로 말하기에도 매우 황송하다」

ま·ぐ[覓ぐ·求ぐ](자 4)〈고〉 ①구하다. 찾다. ②혼인하다. 밀통하다.

まくあい[幕合·幕間]ーアヒ(명) 막간. 연극의 한 막이 끝나서 막이 내려져 있는 동안. an intermission

まくあき[幕開き](명) ①막이 올라 연극이 시작되는 것. 개막. ②일의 시작. 1. the rise of the curtain

まくいた[幕板](명) 건축물이나 가구에서 가로 댄 긴 판자.

まくうち[幕内](명) 〔씨름 대전표에서〕 제1단에 기명(記名)되는 계급. 또는 그 씨름군.

まくぎれ[幕切れ](명) ①극의 한 막이 끝난 것. ②끝.「事件(ジケン)のー; 사건의 종말」 2. an end

まぐさ[秣](명) 소나 말의 사료(飼料). hay. **ーば**[秣場](명) 사료가 되는 풀을 베는 장소. 목초밭.

まくしあ·げる[捲し上げる](타하 1) 말아서 위로 올리다. 감아 올리다. roll up

まくした[幕下](명) 〔씨름 대전표에서〕 마쿠우치(幕内) 아래의 급(級).

まくした·てる[捲し立てる](타하 1) 강한 어조로 계속해서 말하다. harangue

マクシマム[maximum](명) 맥시멈. ①최대한. 최고. ②〈수〉 극대(極大). ↔ミニマム.

まくじょう[膜状](명) 막과 같은 모양. membranous

まくじり[幕尻](명) 〔씨름에서〕 마쿠우치(幕内)의 최하위의 씨름군.

まくず[真葛](명) 칡의 미칭(美称).

まぐそ[馬糞](명) 마분. 말똥. horse-dung

まぐち[間口](명) 가옥, 토지의 정면의 길이. a frontage

まくつ[魔窟](명) 마굴. ①악마가 살고 있는 곳. ②〈속〉 사창굴. 1. a pandemonium 2. a brothel

マグナ カルタ[Magna Charta](명)〈역〉 마그나카르타. 1215년에 제정된 영국의 헌법. 대헌장.

マクニン[macnin](명)〈의〉 마크닌. 해인초(海人草)를 주성분으로 한 회충 구제약.

マグネシア[magnesia](명)〈이〉 마그네시아. 산화 마그네슘의 백색 분말. 물에 약간 용해되어 알칼리성을 띰. 제산제(除酸剤), 내화(耐火) 벽돌 제조에 쓰임.

マグネシウム[도 Magnesium](명)〈이〉 마그네슘. 은백색의 가벼운 금속 원소. 합금, 사진 촬영, 폭죽(爆竹) 등에 씀. 기호는 Mg.

マグネチックー[magnetic](조어) 마그네틱. 자기(磁気)의. 자석의.「ースピーカー; 자석스피이커」

マグネット[magnet](명)〈이〉 마그넷. 자석(磁石). 자기체(磁気体). ②매력(魅力)을 가진 것. 또는 그런 사람.

まくのうち[幕の内](명) ①⇨まくうち. ②주먹밥에 깨를 뿌린 것과 반찬을 넣은 도시락.

まくばり[幕張り](명) 막을 치는 것. 또는 그 곳.

まくま[幕間](명) "まくあい(막간)"의 잘못된 말.

まくや[幕屋](명) ①막을 둘러 쳐서 오두막같이 만든 것. ②막 뒤의 분장실.

まくら[枕](명·자サ) ①베개. ②잠. ③두부(頭部). 머리. ④의지할 곳. ⑤밑에 놓고 받치(과)는 것. ⑥서언(序言). 머리말. 1. a pillow 2. sleeping. **ーえ**[枕絵](명) 춘화(春画). **ーがたな**[枕刀](명) 베갯머리에 호신용으로 두는 칼. **ーがみ**[枕上](명) ⇨まくらもと. **ーぎ**[枕木](명) 침목. 철로 밑에 까는 나무. **ーごと**[枕言](명) ①근거로 인용하는 말. ②늘 하는 말. **ーことば**[枕詞](명) 〔주로 와카(和歌)에서〕 일정한 말의 앞에 쓰이는 수식어. **ーさがし**[枕探し](명) 나그네가 자는 동안 금품을 훔치는 일. 또는 그 사람. **ー·する**[枕する](타サ) ①베개를 베다. ②베개를 삼고 자다. **ーぞうし**[枕草紙](명) ①일상 기록장(日常記録帳). 메모. 수첩. ②춘화를 엮은 책. **ーべ**[枕辺](명) 베개 곁. 베갯머리. **ーもと**[枕許·枕元](명) 베개 가까운 곳. 베갯머리.

マクラメ[macramé](명) 마크라메. 릴리야안, 명주실 등으로 짜는 수예의 하나. 테이블클로오드, 전등 커버 등에 응용함.

まくり(명)〈식〉 해인초(海人草). 홍조류(紅藻類)에 속하는 바다풀. 회충 구제약의 원료로 쓰임. 〈학명〉 Degenea simplex

まくり[捲り](명) ①걷어 올리는 일. ②〈속〉 붙인 글이나 그림을 떼는 것. 1. tucking up

まく·る[捲る] Ⅰ(타 4) ①감아 올리다. ②벗기다. 걷어 올리다. ③떨어 버리다. 내쫓다. Ⅱ(보동·4) 잇달아 하다. 열심히 하다.「書(カ)きー; 마구 써 젖히다」 Ⅰ1. roll up

まぐれ(명) 우연.「ー幸(ザイワ)い; 요행」 an accident.

― あたり[まぐれ当たり](명) 우연히 맞는 일.
まく·れる[捲れる](자하 1) ①걷어 올린 것처럼 되다. ②벗겨지다. (붙었던 것이) 떨어지다. 2. turn up
まぐろ[鮪](명)〈동〉 다랑어. 고등어과에 속하는 외양성 회유어(外洋性回游魚). a tunny
マクロ コスモス[도 Makrokosmos](명) 마크로코스모스. 대우주(大宇宙). ↔ミクロコスモス.
ま ぐわ[馬鍬]―グハ(명)〈농〉 써레. 자루에 대여섯 개의 써렛발을 달아 말, 소가 끌게 하는 농구. 논 밭을 고르는 데 씀. a harrow
ま くわ(うり)[真桑(瓜)]―クハ(―)(명)〈식〉 참외. 장원형(長円形)이며 독특한 향미가 있음. a musk-melon
ま ぐわ·し[目細し](형シク)〈고〉 아름답다. 곱다.
ま ぐん[魔軍](명) 마군. 악마의 군사.
まけ[任](명)〈고〉 관직에 임명하는 일. 지방관에 임명하여 파견하는 일.
まけ[負け](명) ①지는 것. 패배. ↔勝(カ)ち. ②값을 깎는 일. 1. a defeat
まげ[髷](명) 머리털을 틀어 올린 것. 상투. a topknot
まげ いお[曲庵]―イホ(명)〈고〉 다쓰러져 가는 오두막집.
まけ いくさ[負け戦](명) 싸움에 지는 것. 패전(敗戦). ↔勝(カ)ちいくさ. a losing battle
まげ いほ[曲庵](명)〈고〉 ⇨まげいお.
まけ いろ[負け色](명) 싸움에 질 것 같은 형세. 패세(敗勢). 「―が見(ミ)える; 질 것같이 보인다」 signs of defeat
まけ おしみ[負け惜しみ]―ヲシミ(명) 진 것을 인정하지 않고 분해서 억지를 쓰는 일. 「―をいう; 억지를 쓰다」 sour grapes
まげ がた[髷型](명) 부인들이 머리를 얹을 때 넣는 종이로 만든 틀.
まげ き(ざいく)[曲げ木(細工)](명) 나무를 구부려서 만든 세공(細工). 또는 그 세공품. woodwork made of curved timber
まけ ぎらい[負け嫌い]―ギラヒ(명·형동ダ) 지기 싫어하는 성질. 승벽(勝癖). an unyielding spirit
まけじ だましい[負けじ魂]―ダマシヒ(명) 남에게 지지 않으려고 애쓰는 정신. an unyielding spirit
まけず おとらず[負けず劣らず](부) 서로 우열(優劣) 없이 비등하게 겨루는 모양. equally
まけず ぎらい[負けず嫌い]―ギラヒ(명·형동ダ) "負けぎらい(지기 싫어하는 성질)"의 변화.
まげ て[枉げて](부) 억지로. 무리하게. 애써. 「―お聞(キ)きいれください; (무리일지라도) 아무쪼록 청허(聴許)해 주십시오」 against one's will
マケドニア[Macedonia](명)〈지〉 마케도니아. 보올칸 반도 남부의 에게해에 연한 지방. 고대 마케도니아 왕국이 번성했던 곳.
まけ ぼし[負け星](명) 졌다는 표시로 찍는 검은 점. ↔勝(カ)ち星. a defeat mark
まげ もの[曲げ物](명) ①노송나무, 삼목 등의 엷은 판자를 굽혀 만든 그릇. ②〈속〉 전당물. 1. a box made of curved thin wood

まげ もの[髷物](명) 메이지 유신(明治維新) 이전 상투를 틀던 시대의 풍속을 테에마로 한 소설이나 영화. 시대물(時代物). a historical novel
ま·ける[負ける] Ⅰ(자하 1) ①패하다. 지다. ②굴복하다. ③자극으로 살갗에 염증이 생기다. Ⅱ(타하 1) 값을 깎아 주다. Ⅰ 1. be defeated Ⅱ reduce the price
ま·げる[曲げる](타하 1) ①구부러지게 하다. 구부리다. ②도리에 어긋나게 하다. ③뜻을 굽히다. 굴복하다. ④전당포에 넣다. 1. bend 3. abandon
まこ[麻姑](명) ①중국 전설에 나오는 손톱이 긴 선녀. ②등긁이. 2. a back-scratcher
まご[孫](명) ①(자기의) 아들의 아들. 손자. 「―娘(ムスメ); 손녀」 ②사이를 하나 거른 관계. 「―弟子(デシ); 제자의 제자」 1. a grandchild
まご[馬子](명) 주로 사람을 태우는 말을 다루는 직업의 사람. 마부. 「―にも衣装(イショウ); 옷이 날개다」 a pack-horse driver
まごい[真鯉]―ゴヒ(명)〈동〉〔빨간 잉어에 대해서〕 보통 위 잉어. ↔ひごい. a carp
まご·う[紛う]マガフ Ⅰ(자 4) ⇨まがう. Ⅱ(타하 2) ⇨まがえる. **― かた**[紛う方](연어) ⇨まがうかた.
まご こ[孫子](명) ①손자와 아들. ②자손. 「―の代(ダイ)まで; 자손의 대까지」 1. children and grandchildren
ま ごころ[真心](명) ①거짓 없는 마음. 진심. ②변치 않는 마음. 1. a true heart
まごたろう むし[孫太郎虫](명)〈동〉 뱀잠자리의 유충(幼虫). 어린애의 감질(疳疾) 한약재. a dobson
まご つ·く(자 4) 당황하다. 망설이다. be confused
まご でし[孫弟子](명) 제자의 제자. a disciple's disciple
まこと[誠·実] Ⅰ(명) 성실. ①진실. ↔偽(イツワ)り. ②남을 진심으로 위하는 마음. 「―をつくす; 성심껏 하다」 Ⅱ(부) 진실로. 실로. Ⅰ 1. truth. **― しやか**[実しやか·誠しやか](형동ダ) 정말 같은 모양. **― に**[誠に·実に·寔に](부) 정말인 것처럼. 참말인 듯이. 사실인 듯이.
まこと·し[誠し·真し](형シク)〈고〉 ①참. ②올바르다. ②정식이다. 본격적이다.
まご の て[孫の手](명) 막대기 끝에 대나무 쪽으로 작은 손톱 모양을 만들어 단 것. 등긁이. a back-scratcher
まご びき[孫引き](명·타サ) 다른 책에 있는 문구를 그대로 (연구하지 않고) 인용함. requotation
まご びさし[孫廂](명) 본채에 단 차양에 다시 잇대어 단 차양.
まご まご(부·자サ) 우물쭈물. 우물우물하는 모양. confusedly
まご むすめ[孫娘](명) 손녀. a granddaughter
ま こも[真菰](명)〈식〉 줄. 포아풀과에 속하는 다년초. 잎은 자리를 짜고, 씨와 새싹은 식용. a water-coat
マコロン[프 macaron](명) 마카롱. 계란의 흰자, 으깬 과일, 밀가루, 설탕을 반죽하여 만든 과자.
まさ[柾](명) 곧은 나뭇결. 목재의 단면의 무늬가 똑바르고 곧은 것. 「桐(キリ)―; 오동나무의 곧은 나뭇결」 the straight grain
まさか[真逆](부) ①설마. 「―知(シ)るまい; 설마, 알

지 못하겠지」 ②아무리 그렇다 해도. 「一ことわるわけにも いかない; 아무리 그렇다 해도 거절할 수는 없다」 ③만일(万一). 「一のばあい; 만일의 경우」 1. surely not

まさかり[鉞](명) 큰 도끼. an axe

まさき[正木·柾](명)〈식〉 사철나무. 노박덩굴과에 속하는 상록 관목. 6~7월에 녹백색의 잔 4판화가 핌. 나무 껍질은 약으로 쓰임. 울타리에 많이 심음. a Japanese spindle-tree

まさきずら[真拆葛](명)〈식〉 ⇨まさきのかずら.

まさきのかずら[真拆の葛](명)〈식〉 줄사철나무. 노박덩굴과에 속하는 상록 활엽 만목(蔓木). 담쟁이.

まさきく[真幸く](부)〈고〉 ("ま"는 접두어). 행복하게. 무사 평온하게.

まさぐ·る[弄る](타 4) 손으로 만지다. 가지고 놀다. 「手先(テサキ)で一; 손끝으로 장난하다」 grope

まさご[真砂](명) 잔모래. 가는 모래. sand

まさしく[正しく](부) 확실히. 참으로. surely

まさつ[摩擦](명·자타サ) 마찰. ①물체와 물체를 서로 비빔. ②〈이〉 한 물체가 다른 물체의 면상(面上)에서 운동할 때, 그 면과 면이 닿아 생기는 저항. ③사람과 사람 사이가 융화되지 않음. 「一を生(ショウ)ずる; 마찰이 생기다」 1. rubbing 2. friction. **—でんき**[摩擦電気](명)〈이〉 마찰 전기. 물체가 마찰될 때 일어나는 전기.

まさなごと(명)〈고〉 ①어린 아이 장난 같은 일. 소꿉 장난. ②농담.

まさな·し(형ク)〈고〉 ①좋지 않다. 적합치 않다. ②보통이 아니다. ③보기 흉하다. ④비겁하다. ⑤어떻게 할 수 없다.

まさに[正に](부) ①틀림 없이. 정말로. 「一そのとおりだ; 틀림 없이 그대로다」 ②[当に] 당연히. ③[方に] 흡사. ④[将に] 바야흐로. 1. surely

まざまざ(부) 역력히. 똑똑히. 「一と思(オモ)い出(ダ)す; 역력히 기억해 내다(상기하다)」 vividly

まさめ[正目·柾目](명) 나무 단면의 똑바른 무늬. 나무의 곧은 결. ↔板目(イタメ). the straight grain

まさゆめ[正夢](명) 현실과 부합되는 꿈. ↔逆夢(サカユメ). a true dream

まさ·る[勝る·優る](자 4) 능가하다. 더 낫다 (비교하여 보다 나은 상태). ↔劣(オト)る. surpass

まさ·る[増さる](자 4)〈고〉 붇다. 보태다. 더하다. 「いとしさが一; 그리움이 더해지다」

まざ·る[交ざる·混ざる·雑ざる](자 4) ⇨まじる.

まし[増し](명·형동ダ) ①불음. ②오히려 그것이 나음. 보다 나음. 「無(ナ)いより一だ; 없는 것보다 낫다」 1. increase

ま·し(조동·특수형) ①짐작을 나타냄. …일 것이다. 「急(イソ)がずばぬれざら一を; 서두르지 않았으면 비에 젖지 않았을 것을」 ②실제는 그렇지 않은 것을 그럴 것이라고 상상하는 것을 나타냄. 「われ奈良(ナラ)にあら一かば; 내가 만일 나라(奈良)에 있었더면」 ③의지를 나타냄. 「とやせ一かくやせ一と; 이렇게 할까 저렇게 할까 하고」

ま·じ(조동·형シク형) ①⇨まい. ②해서는 안된다. 「すまじきものは宮仕(ミヤヅカ)え; 못할 짓은 대궐 살이」

まじ·える[交える·雑える]マジヘル(타하 1) ①섞다. ②"十"자로 교차시키다. 「枝(エダ)を一; 나뭇가지가 서로 엇갈리다」 ③서로 나누다. 「ことばを一; 말을 나누다」 2. cross

ましかく[真四角](명·형동ダ) 바른 네모. 정방형(正方形). a square

まじきり[間仕切り](명) (방과 방 사이의) 간막이. a curtain

ました[真下](명) 바로 밑. 바로 아래. just under

マジック[magic](명) 매직. ①마법. 마술. 요술. ②신기한 힘. 마력. **—アイ**[magic eye](명) 매직아이. 라디오 등의 다이얼을 돌릴 때 표지로서 반짝이는 진공관. **—ハンド**[magic hand](명) 매직핸드. 사람의 손을 대신하는 기계의 일부.

まして[況して](부) 더구나. 하물며. much more

まじない[呪い]マジナヒ(명) 주문을 외는 일. 또는 그 주문. a spell

まじな·う[呪う]マジナフ(타 4) 신불(神仏)의 힘으로 재액(災厄)을 피할 수 있도록 기도하다. conjure

まじまじ(부) ①눈을 깜박이며 자세히 바라보는 모양. ②건방지게 빤히 쳐다보는 모양. 1. with blinking eyes

ましま·す[在します](자 4) "ます(계시다)"의 보다 높임말.

マシマロ[marshmallow](명) 마아시맬로우. 계란의 흰자, 설탕, 젤라틴, 캐러멜 등을 섞어 만든 탄력 있는 과자.

ましみず[増し水]ーミヅ(명·자サ) ①증수. 물이 불음. ②홍수. ③더 부어 양을 많게 하는 물. 2. a flood

ましめ[増し目](명·자サ) 뜨개질의. 코를 불림. ↔減(へ)し目.

まじめ[真面目](명·형동ダ) ①장난이 아니고 진정임. ②성질, 행동이 성실함. 「一な人(ヒト); 성실한 사람」 ↔ふまじめ. 1. soberness. **—くさ·る**[真面目くさる](자 4) 성실한 체하다.

ましゃく[間尺](명) ①공사(工事)의 치수. ②계산. 비율(比率). 「一に合(ア)わない; 수지가 맞지 않는다」 1. measure

ましゅ[魔手](명) 마수. 해악(害悪)을 주는 손. 악마의 손. 「一にかかる; 마수에 걸리다」 devil's hands

まじゅつ[魔術](명) 마술. 사람의 마음을 현혹시키는 이상한 술법. 대규모의 요술. magic

まじょ[魔女](명) 마녀. 악마의 힘을 가진 여자. 여자 마법사(魔法師). 여자 마귀. a witch

ましょう[魔性](명) 마성. ①악마의 성질. 「一のもの; 악마적인 것」 ②사람의 마음을 현혹시키는 성질. 1. devilishness

ましょう[魔障](명)〈불〉 불도의 수도(修道)를 방해하는 악마의 장해. a disturbance by the devil

マジョリカ[majolica](명) 마졸리카. 이탈리아에서 발달한 금속 색채의 그림을 그린 특수한 도자기.

まし(ら)[猿](고·명)〈동〉 원숭이. 「—のごとくよじのぼる; 원숭이같이 기어 오르다」

まじらい[交じらい]マジラヒ(명) 교제. 사귐. intercourse

まじら·う[交らう]マジラフ(자 4)〈고〉 ①사귀다. 교제하다. ②접촉하다.

まじりけ[交じり気·混じり気](명) 섞인 것. 섞인 물건. 불순물(不純物). impurities

まじ·る[交じる·混じる·雜じる](자 4) ①섞이다. 혼입(混入)하다. ②어울리다. 사귀다. 명 まじり. 1. mingle

まじろ·ぐ[瞬ぐ](자 4) 눈을 깜박이다. 명 まじろぎ. blink

まじわり[交わり]マジハリ(명) ①교제. 사귐. ②남녀의 교합(交合). 1. intercourse

まじわ·る[交わる]マジハル(자 4) ①"十"자로 교차하다. 「相(アイ)—二(フタ)つの直線(チョクセン); 서로 교차하는 두 개의 직선」 ②어울리다. 사귀다. 「友(トモ)と—; 친구와 사귀다」 1. cross

ましん[麻疹](명)〈의〉 ⇨はしか.

マシン[machine](명) 머시인. ①기계. ②미싱(자봉틀). ③기관총.

ます[枡·升](명) ①액체나 곡물의 양을 되는 기구. 홉, 되, 말 등. ②(한 되들이) 되. ③되로 된 분량. ④되 모양으로 칸을 막은 관람석. ⑤되 비슷한 모양. 1. a measure 4. a box seat

ます[鱒](명)〈동〉 송어. 연어과에 속하는 바닷물고기. 산란기에는 하천상류로 올라감. 식용. a trout

ま·す[座す·坐す](자 4) ①"ある, いる(있다)"의 높임말. ②"出る(나가다), 行く(가다)"의 높임말.

ま·す[增す·益す] Ⅰ(자 4) 붇다. 보태지다. 늘다. Ⅱ 타(4) 늘리다. 보태다. 더하다. increase

ま·す(조동) Ⅰ(4형) 동사에 붙여 경의를 나타내는 말. Ⅱ(특수형) 동사에 붙여 말씨를 공손히 하는 말.

マス[mass](명) 매스. ①모임. 집단. 「—ゲーム; 매스게임」 ②대량. 「—プロダクション; 대량 생산」

まず[先ず]マヅ(부) ①먼저. 우선. ②여하간에. 잠시. ③대체. 대략. 아마도. 1. first 3. almost

ますい[麻酔·麻睡](명·타サ)〈의〉 마취. 몸의 일부나 전신의 감각을 마비시키는 일. 「—薬(ヤク); 마취약」 anæsthesia

まず·い[不味い]マヅイ(형) ①맛이 없다. ②[拙い] 서투르다. ③형편이 좋지 않다. 1. untasty

ますがた[枡形](명) ①되와 같은 모양. ②성 안에 네모로 만든 빈 터.

マスカラ[mascara](명) 마스카라. 속눈썹에 바르는 화장품. 눈썹먹.

マスク[mask](명) 마스크. ①얼굴. 가면. 탈. 「—プレー; 가면극」 ②〔야구에서〕 캐처(捕手)가 얼굴을 보호하기 위하여 쓰는 기구. ③병균 침입 등을 막기 위하여 입과 코를 가리는 물건. 호흡 보호기. ④방독 마스크의 준말. ⑤⇨デスマスク. ⑥가장(仮装) 또는 분장한 얼굴. ⑦〔카메라에서〕 필름 위에 씌워 크기를 변동시키는 판자.

マスク メロン[muskmelon](명)〈식〉 ⇨メロン①.

マスゲーム[mass game](명) 매스게임. ①단체 유희. 단체 체조. 단체 경기.

マスコット[mascot](명) 마스코트. 행운을 가져오는 사람, 동물, 또는 물건. 행운의 신. 수호신.

マスコミ(명) 매스콤. 매스코뮤니케이션의 준말.

マスコミュニケーション[mass communication](명) 매스코뮤니케이션. 신문, 라디오, 영화 등에 의한 대중전달(大衆伝達), 대량 통보(大量通報)의 뜻. 매스콤.

まずし·い[貧しい]マヅシイ(형) ①가난하다. 「—生活(セイカツ); 가난한 생활」 ②부족하다. 빈약하다. 「—頭脳(ヅノウ); 부족한 머리」 파생 **—げ**(형동ダ) **—さ**(명). 1. poor

マスター[master](명) 마스터. Ⅰ(명) ①장(長). 우두머리. ②주인. 고용주. ③교사. ④도사(道士). Ⅱ(명·타サ) 숙달함. 「フランス語(ゴ)を—する; 프랑스어를 마스터하다」

マスチフ[mastiff](명)〈동〉 마스티프. 영국 원산의 개. 크고 사나와 투견(闘犬), 호신견(護身犬) 등으로 씀.

マスト[mast](명) 마스트. 돛대.

まずは[先ずは]マヅハ(부) 〔편지 쓸 때 맨 끝에 쓰는 말로〕 우선. 「—御礼(オンレイ)まで; 우선 감사 말씀을 올리나이다」

マス プロダクション[mass production](명) 매스프로덕션. 대량 생산(大量生産).

ます ます[益益·益す益す](부) 점점. 더욱더. more and more

まず まず[先ず先ず]マヅマヅ(부) 무엇보다도. 여하간에. 어지간한. 제법. 「—の成績(セイセキ); 웬만한 성적」 「—よかった; 어쨌든 잘 됐다」 anyhow

ますみの かがみ[真澄の鏡](명)〈고〉 맑고 흐림이 없는 거울.

ますめ[枡目·升目](명) 되로 된 양(量). measure

マス メディア[mass media](명) 매스 미이디어. 대중에게 보도, 전달하는 데 쓰이는 것. 신문, 라디오, 텔레비전 등.

まず もって[先ず以て]マヅ—(부) 무엇보다도 먼저. 우선. first

ますら お[丈夫]—ヲ(명) 장부. 씩씩한 남자. 남성다운 남자. 사나이. a brave man

ますら たけお[益荒猛男]—タケヲ(명)〈고〉 용맹한 남성. 씩씩한 대장부.

ま·する[摩する](타サ) ①문지르다. 갈다. 닦다. 비비다. ②가까이 이르다. 다가서다. 「…の塁(ルイ)を—; …의 수준에 가까와지다」 1. rub

マズルカ[mazurka](명)〈악〉 마주르카. 폴란드의 민속무용곡. 왈츠보다도 느린 애수(哀愁)를 띤 무용곡.

ませ[籬](명) 대나무나 잡목으로 만든 낮고 성긴 울타리. a fence

ませ おり[交ぜ織り](명) 교직. 서로 질이 다른 실을 섞어서 짜는 것. 또는 그 직물. a mixed weave

ませ かえ·す[交ぜ返す·雜ぜ返す]—カヘス(타 4) ①휘저어 섞다. ②농담하여 얘기를 혼란케 하다. 1. stir up

ませ がき[籬垣](명) ①⇨ませ. ②말뚝이 드러나 보이지 않도록 양쪽에서 잡목을 댄 울타리. 2. a fence

まぜ こぜ(명) 여러 가지가 뒤섞이는 모양. medley
ま·せる[老成る](자하 1) 나이에 비해 조숙(早熟)하다. 자깝스럽다. be precocious
ま·ぜる[交ぜる·混ぜる·雑ぜる](타하 1) ①넣어서 같이 하다. 섞다. ②휘저어 섞다. 2. mingle
マゾヒズム[masochism](명) 매저키즘. 변태 성욕의 하나. 이성(異性)으로부터 학대를 받는 것으로 쾌감을 느끼는 것. 피학대 음란증(被虐待淫乱症). ↔サディズム.
また—[又](접두) 간격을 두고 하는 것. 간접. 「—だのみ; 간접적인 부탁」
また[叉](명) 줄기에서 가지가 갈라진 곳. 가랑이. a fork
また[股](명) 다리 가랑이. 샅. 고간(股間). 「—に掛(カ)ける; 돌아 다니다」 the thigh
また[又] Ⅰ(부) ①[亦] 같이. 역시. 「それも—; 그것도 역시」 ②또 한번. 또 다시. 「—あの人(ヒト)に会(ア)った; 또 그 사람을 만났다」 ③이 다음에. 다시 또. 「では—; 그럼 또」 Ⅱ(접) ①그 위에. 다시. ②외에. 그밖에. Ⅰ 1. also 2. again Ⅱ 1. and
まだ[未だ](부) 때가 되지 않은 상태. 아직. yet
まだい[真鯛]—ダヒ(명)〈동〉 참돔. 감성돔과에 속하는 바닷물고기. 맛이 썩 좋음. a sea-bream
まだい[間代](명) 방을 사용한 값. 방세. room rent
またいとこ[又従兄弟·又従姉妹](명) 육촌 형제 자매. 재종 형제 자매(再従兄弟姉妹). a second cousin
またうけ[復請け](명) ①보증인(保証人)의 보증인이 됨. ②⇨したうけおい.
またうつし[又写し](명·타サ) 찍은 것(사진)을 가지고 또 한 번 찍음. 복사(複写). copying again
またがし[又貸し](명·타サ) 빈 것을 남에게 또 빌려 줌. 전대(転貸). underlease
またがり[又借り](명·타サ) 남이 빈 것을 다시 비는 일. 전차(転借). borrow what a person has borrowed
またが·る[跨がる·股がる](자 4) ①한쪽에서 다른 곳에 걸치다. ②가랑이를 벌리고 타다. 「馬(ウマ)に—; 말에 올라 타다」 1. stretch over
またぎ[股木](명) 두 갈래의 나무. a forked tree
まだき[未だき](부)〈고〉 일찍. 「朝(アサ)は—から; 아침에는 일찍부터」
またぎき[又聞き](명·타サ) (그 이야기를) 들은 사람에게서 다시 또 들음. hearsay
また·ぐ[跨ぐ](타 4) 가랑이를 벌리고 넘다. 타 넘다. step over
またぐら[股座](명) 샅. 다리 가랑이. the thigh
まだけ[真竹·苦竹](명)〈식〉 고죽. 가장 흔한 대의 한 가지. 죽순은 식용. 참대. 왕대. a long-jointed bamboo
またげらい[又家来](명) 부하의 부하. 배신(陪臣). a secondary retainer
また·げる[跨げる] Ⅰ(타하 1) 올라 타다. Ⅱ(자하 1) 타 넘을 수 있다. Ⅰ stand astride Ⅱ can step over
まだこ[真章魚·真蛸](명)〈동〉 낙지. 바다에 사는 연체동물의 하나. 머리는 둥글고 다리는 여덟 개임. an octopus
また·し[全し](형ク)〈고〉 완전하다. 충족(充足)하다.
まだ·し[未だし](형シク)〈고〉 불충분(不充分)하다.
またしても[又しても](부) 새로이. 또다시. 재차(再次). once again
まだしも[未だしも](부) 아직. 그래도. 불완전하기는 하나. 「あやまるなら—, 反省(ハンセイ)しようともしない; 사과를 한다면 또 모르되 반성하려고도 하지 않는다」 rather
またずれ[股擦れ](명·자サ) 샅(股間)이 쓸림. a tight-sore
またぞろ[又候](부) 거듭. 재차. once again
またた·く[瞬く](자 4) ①눈을 깜박이다. ②눈을 감지 않다. 살아 있다. ③빛 같은 것이 반짝이다. 「星(ホシ)の光(ヒカリ)が—; 별빛이 반짝이다」 명 またたき. 1.wink **— あいだ**[瞬く間]—アヒダ(연어·명) 눈 깜박하는 사이. 잠깐 사이. 순간. **— ま**[瞬く間](연어·명) ⇨またたくあいだ.
またたび(명)〈식〉 개다래나무. 깊은 산에 나는 낙엽 활엽 만목(蔓木). 어린 싹과 과실은 식용함.
またたび[股旅](명) 도박꾼의 여행. 「—物(モノ); 도박꾼을 주제(主題)로 한 이야기나 시대 영화」 gambler's going on the road
またと[又と](연어) ①둘 이상은. 이 이상은. ②두 번 다시. 재차. 1. besides this 2. once again. **— ない**[又と無い](연어) ①이 이상의 것은 없다. 최상의. 「—おもしろさ; 다시 없는 재미」 ②두 번 다시 없는. 「—機会(キカイ); 두 번 다시 없는 기회」
またどなり[又隣](명) 한 집 건너의 옆집. the next door but one
またな·し[又無し](형ク)〈고〉 하나 밖에 없다. 이 이상 없다.
またの[又の](연체) ①별도의. ②다음의. 「—年(トシ); 다음해」 2. next. **— な**[又の名](명) 또 하나의 이름. 별명. **— ひ**[又の日](명) 다음날. 뒷날.
または[又は](접) 그것이 아니면. 또는. 혹은. or
またび[股火](명) 화로불 등에 다리를 벌리고 사타구니를 쬐는 일. sitting astride a brazier
またまた[又又](부) 겹쳐서. 또다시. once again
まだまだ[未だ未だ](부) ①아직도. 미적지근한 모양. 정한 곳까지 이르지 못한 모양. 「—ふじゅうぶんだ; 아직도 불충분하다」 ②그 위에 더욱. 아직 더. 「—話(ハナ)したい; 아직 더 얘기하고 싶다」 2. still more
マダム[madam](명) 마담. ①부인(婦人). 「有閑(ユウカン)—; 유한 마담」 ②술집, 요리집, 다방, 여관 등의 안주인.
またも(や)[又も(や)](부) 다시금. 또다시. once again
まだら[斑](명) 다른 색이 섞인 것. 얼룩. 「—馬(ウマ); 얼룩말」 mottles
まだる·い[間怠い](형) 미적지근하다. 흐리멍덩하다. 느릿느릿하다. 게으르다. tardy
まだるっこ·い[間怠っこい](형) 안타까울 정도로 미적지근하다. 느리다. **— さ**(명). tardy
まだれ[麻垂](명) 한자 부수(部首)의 하나. 엄호밑.

"麻, 庫" 등의 "广" 부분.

—まち[待ち](조어) …을 기다리는 것. 또는 그 상태. 「会議(カイギ)—; 회의를 기다림」「日和(ヒヨリ)—; 맑은 날을 기다림」

まち[町](명) ①시내(市内) 혹은 구내(区内)를 구별하기 위해 나누어 이름 지은 것. 우리 나라의 동(洞)에 해당. ②상가(商家)가 늘어선 곳. ③⇨ちょう②. 2. a street

まち[襠](명) ①(일본옷의) 옷감이 모자라는 곳에 덧붙이는 천. ②일본식 바지 밑에 대는 천. 1. a gusset

まちあい[待ち合い]—アヒ(명) ①서로 기다리는 것. 또는 기다리는 곳. ②←待合室. 1. rendezvous. **—しつ**[待合室](명) 대합실. 승객, 환자 등이 기다리는 곳. 또는 방.

まちあ·う[待ち合う](타 4) 서로 기다리다. wait each other

まちあか·す[待ち明かす](타 4) 밤새도록 기다리다. 기다리면서 밤을 새우다. wait overnight

まちあぐ·む[待ち倦む](타 4) 진력 나도록 오래 기다리다. 기다림에 지치다. grow tired of waiting

まちあわ·せる[待ち合わせる]—アハセル(타하 1) (시간이나 사람을) 서로 기다리다. 명 待ち合わせ. wait for

まちい(しゃ)[町医(者)](명) 개업의(開業医). 시내에서 개업한 의사. a medical practitioner

まちう·ける[待ち受ける](타하 1) 오기를 기다리다. expect

マチエル[프 matière](명) 마티에에르. ①〔미술에서〕 물질. 재료. ②채료(彩料)를 쓸 때의 그 재료의 질에 의한 효과.

まぢか[間近](명·형동ダ) 아주 가까움. very near

まちがい[間違い]—チガヒ(명) ①옳지 못한 것. 틀린 것. 「答(コタエ)の—; 답의 틀림」 ②실수. 실패. 「—をしでかす; 잘못을 저지르다」 ③사고. 「子供(コドモ)に—でもあるといけない; 애들에게 사고라도 있으면 안된다」 ④싸움. 분쟁. 1. a mistake

まぢか·い[間近い](형) 아주 가깝다. very near

まちが·う[間違う]—チガフ(자 4) ①바르지 못하다. 틀리다. 「答(コタ)えが—; 답이 틀리다」 ②실수하다. 「処置(ショチ)を—; 처치를 잘못(실수)하다」 1. mistake

まちが·える[間違える]—チガヘル(타하 1) ①틀리게 되다. 잘못되다. ②실수하다. 1. mistake

まちか·ねる[待ち兼ねる](타하 1) 기다리고 있을 수 없게 되다. 「医者(イシャ)を待ちかねてむかえを出(ダ)す; 의사를 기다리다 못해 마중군을 보내다」 wait impatiently for

まちかま·える[待ち構える]—カマヘル(타하 1) 준비를 다 해 놓고 기다리다. 대기하다. be prepared for

まちぎ[町着](명) 외출복. 나들이옷. a street dress

まちくたび·れる[待ち草臥れる](자하 1) 기다림에 지치다. 기다림에 싫증이 나다. grow tired of waiting

まちごえ[待ち肥え](명)〈농〉 이식(移植)할 땅에 미리 비료를 주는 일. 또는 그 비료. fertilizing the ground before transplantation

まちこが·れる[待ち焦がれる](타하 1) 애타게 기다리다. 초조하게 기다리다. 고대(苦待)하다. 「夏休(ナツヤス)みを—; 여름 방학을 고대하다」 long for

まちじょろう[待女郎](명) 결혼식 때 신부 곁에서 신부의 시중을 들어 주는 여자. a maid of honour

まちすじ[町筋]—スヂ(명) 시가의 길. 거리. a street

まちつ·ける[待ち付ける](타하 1) 기다려 만나다. meet

まちどうじょう[町道場](명) 시내에 있어 무예를 가르치는 도장. a training school of military arts in town

まちどお[待ち遠]—ドホ(형동ダ) 오래 기다리는 모양. 「お—さま; 오래 기다리셨읍니다」

まちどおし·い[待ち遠しい]—ドホシイ(형) 오래 기다려 못 견딜 것 같다. 오래 기다려 견딜 수 없다. 파생 **—さ**(명). be impatient for

まちどしより[町年寄り](명) 에도(江戸) 시대에 동리의 공무(公務)를 처리하던 사람.

まちなか[町中](명) 시중(市中). 시내. a town

まちなみ[町並み](명) 시내의 거리 양쪽에 집이 줄지어 늘어선 것. a line of houses

まちにまった[待ちに待った](연어) 기다리고 기다린. 몹시 기다린. 「—お正月(ショウガツ); 기다리고 기다린 설」

マチネー[프 matinée](명) 마티네. 주간 흥행(昼間興行).

まちのしんし[街の紳士](연어·명)〈속〉 강도. a gang

まちはずれ[町外れ]—ハヅレ(명) 시외. 교외. 시의 바깥. the outskirts of a town

まちばり[待ち針](명) 바느질할 때 꿰맬 곳을 표하기 위해 꽂는 끝에 구슬이 붙은 바늘. a marking needle

まちびと[待ち人](명) 오기를 기다려지는 사람. 기다리는 사람. 「—きたらず; 기다리는 사람은 오지 않다」 an expected visitor

まちぶぎょう[町奉行](명) 에도 막부(江戸幕府) 시대에 에도(江戸), 쿄오토(京都), 오오사카(大阪) 등지에 두어 시중의 행정, 사법을 취급하게 하던 직명(職名). a town magistrate

まちぶせ[待ち伏せ](명·타サ) 불의(不意)에 습격하기 위해서 숨어서 기다림. 잠복(潜伏). ambush

まちぼ(う)け[待ち惚け](명) 기다리는 사람이 오지 않아 맥이 빠지는 것. 「—をくう; 기다리다 허탕 치다」 waiting in vain

まちまち(형동ダ) 한결같지 않은 모양. 가지각색인 모양. 제가끔 다른 모양. 「意見(イケン)が—だ; 의견이 가지각색이다」 diverse

まちもう·ける[待ち設ける]—マウケル(타하 1) ①기다리다. 대기(待機)하다. ②그렇게 되리라 생각하고 기다리다. 1. wait for

まちや[町家](명) ①시내에 있는 집. 상가(商家). ②상가가 많은 곳. 1. a tradesman's house 2. a mercantile quarter

まちやくば[町役場](명) 마을의 사무를 맡아 보는 곳. 우리 나라의 읍사무소나 동회(洞会)에 해당. a town office

まちやっこ[町奴](명) 에도(江戸) 시대, 거리의 협객(俠客).

まちわ·びる[待ち侘びる](타상 1) 기다리다 지치다.
まっ─[真っ](접두) "ま(真)"를 강하게 한 말. 「─最中(サイチュウ); 한창인 때」
─まつ[末](조어) ①끝. 말. 「年度(ネンド)─; 연도말」 ②〈의〉 가루로 된 약.
まつ[松](명) ①〈식〉 소나무. ②⇨たいまつ. ③⇨かどまつ. 1. a pine
ま·つ[待つ·俟つ](타 4) ①기다리다. 오기를 바라다. ②오는 것을 맞다. ③기대하다. 「修養(シュウヨウ)に─; 수양에 기대하다」 1. wait for
まつえい[末裔](명) 자손. 후예(後裔). descendants
まっか[真っ赤](형동ダ) ①새빨간 모양. ②아주 터무니없는 모양. 전연. 「─なうそ; 새빨간 거짓말」 1. deep red
まつがえ[松が枝](연어·명)〈고〉 소나무 가지.
まつがく[末学](명) ①중요하지 않은 학문. 지엽적(枝葉的)인 학문. ②미숙한 학문. ③학자가 겸사로 일컫는 말. 1. useless learning
まつかさ[松毬](명) 솔방울. a pine cone
まつかさうお[松毬魚](명)〈동〉 철갑둥어. 억센 비늘에 싸여 솔방울 같으며 검은 갈색임.
まつかざり[松飾り](명) 설날 대문에 장식하는 소나무. 또는 그 장식. the New Year's pine decoration
まつかぜ[松風](명) ①소나무에 부는 바람. ②차(茶)가 끓는 소리. 1. a wine among the pines
まっき[末期](명) 말기. 어떤 시기의 끝 무렵. 말엽(末葉). the last period
マッキンレーさん[McKinley 山](명)〈지〉 마킨리산. 알래스카 중앙부에 있는 산으로 북아메리카 대륙의 최고봉. 높이 6,187 *m*. Mount McKinley
まつぎ[末技](명) ①지엽적(枝葉的)인 기술. 부분적인 기술. ②미숙한 기술.
まつくいむし[松食い虫](명) 소나무에 기생하여 해를 끼치는 곤충의 총칭. 송충이 따위. a pine-bark beetle
まっくら[真っ暗](명·형동ダ) 캄캄함. 아주 어두움. 「お先(サキ)─; 앞일이 어떻게 될 것인지 전연 예측할 수 없다」 utter darkness. **─やみ**[真っ暗闇](명) 아주 캄캄한 어둠(밤).
まっくらがり[真っ暗がり](명)〈속〉 캄캄한 곳.
まっくろ[真っ黒](명·형동ダ) 아주 검음. 깜장. deep black
まっくろ·い[真っ黒い](형) 새까맣다. deep black
まつげ[睫](명) 속눈썹. the eyelashes
まつご[末期](명) 말기. 일생의 끝. 임종. one's last moment. **─のみず**[末期の水]─ミヅ(연어·명) 임종할 때 입을 적셔 주는 물. 사수(死水).
まっこう[末香·抹香](명) ①〈불〉 붓순나무의 잎과 껍질로 만든 가루로 된 향. ②〈동〉 ←抹香鯨. 1. incense powder. **─くさ·い**[抹香臭い](형) 말향 냄새가 나다. 불교 냄새가 나다. **─くじら**[抹香鯨](명)〈동〉 말향경. 입은 배 위에 있고 머리는 크고 모남. 기름을 짜는 데 가장 좋은 고래. 특히 창자에서 나오는 용연향(龍延香)은 향료로 널리 쓰임. 향유고래.
まっこう[末項](명) ①마지막 항목. 끝에 있는 조항. ②〈수〉 급수(級数)에서 최후의 항. 1. the last clause
まっこう[真っ向](명) ①이마의 한가운데. ②투구의 전면(前面). ③정면. 「─から反対(ハンタイ)する; 정면으로 반대하다」 1. the centre of the forehead
まつざ[末座](명) 뒷자리. 말석. the lowest seat
マッサージ[massage](명·타サ) 마사아지. ①서양식 안마. ②피부나 얼굴의 탄력과 윤기를 보존하기 위해 손으로 문지르는 미용법의 한 가지.
まっさいちゅう[真っ最中](명) 한창때. 「宴会(エンカイ)の─; 연회가 한창인 때」 in the midst
まっさお[真っ青]─サヲ(형동ダ) 아주 새파란 모양. 창백한 모양. 「─な顔(カオ); 새파랗게 질린 얼굴」 deep blue
まっさかさま[真っ逆様](명·형동ダ) 거꾸로임. 거꾸로 뒤바뀜. 곤두박질함. 「─に落(オ)ちる; 거꾸로 떨어지다」 headlong
まっさかり[真っ盛り](명) 한창. 한창때. 「夏(ナツ)の─; 성하(한여름)」 in the midst
まっさき[真っ先](명) 맨 앞. 맨 처음. 제일 먼저. foremost
まっさつ[抹殺](명·타サ) 말살. ①문질러 지움. 지워 없앰. ②매장(埋葬)함. 1. erasure
まっし[末子](명) 막내. 끝 아이. ↔長子(チョウシ). the youngest child
まつじ[末寺](명)〈불〉 본산(本山)의 지배하에 속한 작은 절. a subordinate temple
まつしま[松島](명)〈지〉 일본 3경(三景)의 하나. 미야기현(宮城県) 센다이시(仙台市) 동북방 일대와 260여 개의 섬.
まっしぐら[驀地](부) 똑바로 힘차게 나아가는 모양. 똑바로 달려 가는 모양. impetuously
まつじつ[末日](명) 말일. 마지막 날. 「一月(イチガツ)─; 1월 말일」 the last day
まっしゃ[末社](명) ①본신사(本神社)에 속한 작은 신사(神社). ②부하. 1. a subordinate shrine
マッシュ[mash](명) 매시. 채소를 쪄서 우유, 버터, 소금으로 맛을 낸 요리. 「─ポテト; 삶아서 으깬 감자」
マッシュルーム[mushroom](명)〈식〉 머시루움. 서양 원산의 버섯. 만두 모양과 비슷하고 황갈색. 식용함.
まっしょ[末書](명) 주해서(註解書). 참고서. a reference book
まつじょ[末女](명) 막내딸. ↔長女(チョウジョ). the youngest daughter
まっしょう[末梢](명) 말초. 맨 끝. 말(末). an end. **─しんけい**[末梢神経](명)〈생〉 말초 신경. 뇌 또는 척수(脊髄)에서 나누어져 온 몸에 뻗친 신경 섬유의 끝. **─てき**[末梢的](형동ダ) ①말단의. 지엽(枝葉)의. ↔根本的(コンポンテキ). ②취할 바 못되는 모양. 보잘 것 없는 모양. 「─なこと; 대단치 않은 것」
まっしょう[抹消](명·サ타) 말소. 글자 등을 지움. 없앰. 「三字(サンジ)─; 석 자 지움」 erasure
まっしょうじき[真っ正直](명·형동ダ) 거짓이 없고 참으로 정직함. honesty

まっしょうめん[真っ正面](명) 정면. 바로 정면. right in front

まっしろ[真っ白](명·형동ダ) 아주 흼. 새하얌. pure white. **—け**[真っ白け](형동ダ)〈속〉 새하얀 모양.

まっしろ·い[真っ白い](형) 아주 희다. 새하얗다. pure white

まっすぐ[真っ直ぐ](명·형동ダ) ①똑바름. 조금도 굽지 않음. 「一な線(セン); 쭉 곧은 선」 ②조금도 숨기지 않음. 「一な性質(セイシツ); 곧은 성질」 1. straightness

まっせ[末世](명) 말세. ①세상의 끝. ②〈불〉 말법(末法)의 세상. ③도덕이 쇠하여진 세상. 1. future ages

まっせき[末席](명) 말석. 끝 좌석. 낮은 자리. 「一をけがす; 말석을 더럽히다(자기가 그자리에 있음을 겸사로 일컫는 말)」 the lowest seat

まっせつ[末節](명) 말절. 끝 부분. 맨 끝 절. 사물(事物)의 중요하지 않은 부분. 「枝葉(ショウ)—; 잎이나 가지같이 중요하지 않은 부분」 trifles

まっそん[末孫](명) 끝의 자손. 혈통의 끝. a descendant

まった[又](부) "また"의 강조한 말. 또. and

まった[待った](연어·명·자サ) ①〔씨름, 바둑, 장기 등에서〕 상대방 공격에 기다려 주기를 청하는 말. ②중지(中止)를 요구함.

まった·い[全い](형) 완전하다. 「一思想(シソウ); 완전한 사상」 whole

まつだい[末代](명) ①끝 세대. 시대의 끝. ②죽은 다음의 세대. 후세(後世). 2. all ages to come

まったく[全く](부) ①모두. 죄다. 전혀. ②실로. 참으로. 「一よかった; 참으로 좋았다」 1. wholly

まつたけ[松茸](명)〈식〉 송이. 소나무 숲속에서 자라는 식용 버섯. 맛과 향기가 좋음.

まった·し[全し](형ク)〈고〉 부족함이 없다. 충분하다. 완전하다.

まっただなか[真っ只中·真っ直中](명) ①한복판. ②한창때. 「競技(キョウギ)の一; 경기가 한창때」 1. the centre

まったん[末端](명) 말단. ①맨 끝. 맨 아래. ②조직의 맨 끝 부분. 「組合(クミアイ)の一まで; 조합의 말단까지」 1. the end

まつだん[末段](명) (문장 등의) 끝 부분. the last part

まつち[真土](명)〈농〉 최적(最適)의 경작지. 아주 적합한 경작지. soil most suited to tillage

マッチ[match·燐寸](명) 매치. 성냥. 「一箱(バコ); 성냥갑」

マッチ[match](명·자サ) 매치. ①시합. 「タイトル一; 타이틀매치(선수권 쟁탈전)」 ②일치(一致)함. 어울림. 보기 좋음.

まっちゃ[末茶·抹茶](명) ⇨ひきちゃ.

まってい[末弟](명) 막내 아우. 끝의 동생. ↔長兄(チョウケイ). the youngest brother

マット[mat](명) 매트. ①거적. 돗자리. 멍석. ②현관이나 방 입구에 신발의 흙을 털기 위하여 까는 깔개. 주로 종려(棕梠)나무 껍질로 만듦. ③마루 위에 까는 깔개. 「バスー; 목욕탕 입구에 까는 깔개」 ④〔체조에서〕 회전 운동에 쓰는 두꺼운 깔개.

まっとう[末等](명) 경기나 추첨에서 맨 끝 등급(等級). 끝찌. the last

まっとう[真っ当](형동ダ)〈속〉 정면의. 정당한 모양. 「一なこと; 정당한 일」 sober

まっとう·する[全うする]マッタウスル(타サ) 완전히 하다. 다하다. 「任務(ニンム)を一; 임무를 다하다」 complete

マットレス[mattress](명) 매트리스. 침대에 까는 두꺼운 서양식 요.

まつなん[末男](명) 막내 아들. ↔長男(チョウナン). the youngest son

まつのうち[松の内](명) 정월 초하루부터 이레까지 소나무로 장식하는 기간. the first seven days of the New Year

まつのは[松の葉](명) ①솔잎. 소나무 잎. ②선물의 포장지에 촌지(寸志)를 나타내기 위해서 쓰는 말. 촌지(寸志). 1. a pine needle

マッハ[도 Mach](명)〈이〉 마하. 초음속(超音速)의 속도를 재는 단위.

まつば[松葉](명) 송엽. ①솔잎. 소나무 잎. ②바늘. 2. a needle. **—づえ**[松葉杖]—ヅヱ(명) 다리가 절단되었거나 부자유한 사람이 겨드랑이에 끼고 다니는 지팡이. 협장(脇杖). **—ぼたん**[松葉牡丹](명)〈식〉 채송화. 쇠비름과에 속하는 1년초.

まっぱ[末派](명) ①예술, 종교 등의 끝 유파(流派). ②⇨まっぱい(末輩). 1. a sect

まっぱい[末輩](명) 지위나 기술이 낮은 사람. subordinates

まつばぎく[松葉菊](명)〈식〉 사철채송화. 번행과에 속하는 상록 초본(常緑草本). 여름에 국화 모양의 홍자색 꽃이 크게 핌.

まっぱだか[真っ裸](명·형동ダ) ①발가벗음. 알몸. ②꾸밈이 없음. 있는 그대로임. 1. stark nakedness

まつばやし[松林](명) 송림. 솔숲. 솔밭. a pine forest

まつばら[松原](명) 소나무가 드문드문 서 있는 바닷가. 또는 벌판. a pinery

まつび[末尾](명) 말미. 끝. 마지막. the end

まっぴつ[末筆](명) 편지의 마지막에 쓰는 글귀. 「一ながら; 끝으로」

まっぴら[真っ平](부)〈속〉 ①오로지. 제발. 「一ごめんだ; 딱 질색이다(제발 그것만은 사양하네)」 ②싫다. 「そんなところへ行(ユ)くのは一だ; 그런 곳에 가는 것은 정말 싫다」 1. by any means

まっぴるま[真っ昼間](명)대낮. 한낮. in broad daylight

まつぶさ(형동ナリ)〈고〉 정리, 정돈된 모양. "ま"는 미칭 접두어(美称接頭語).

まっぷたつ[真っ二つ](명) 두 동강이. 「一になる; 딱 두 동강이가 되다」 exactly in two

まつぶん[末文](명) ①편지 끝에 쓰는 문구. ②문장의 마지막 부분. 1. a complimentary close

まっぽう[末法](명) ①〈불〉 말법. 석가(釈迦) 열반 후, 1,500 년이 지난 다음에 계속되는 일만(一万)년간. ②

끝 세상. 말세. 요계(澆季).
まつぼっくり[松毬](명) ⇨まつかさ.
まつまい[末妹](명) 막내 여동생. the youngest sister
まつむし[松虫](명)〈동〉 청귀뚜라미. 솔밭에 사는 귀뚜라미. 〈학명〉 Madasumma marmorata
まつやに[松脂](명) 송진(松津). pine resin
まつやま[松山](명) 소나무가 많은 산. a mountain covered with pine trees
まつよい[待宵](명) ①사람을 기다리는 밤. ②음력 8월 14일 밤.
まつよう[末葉](명) 말엽. ①끝 세대. 말대(末代). 끝무렵. ②끝 자손. 말손(末孫). 1. the close
まつらん[末欄](명) 최후의 난. 마지막 남은 빈 칸. the last column
まつり[祭り](명) 신령을 위로하는 의식이나 행사. 제사. 「お—; 제사. 축제」 a festival
まつりあ·げる[祭り上げる](타하 1) ①우러러 받들다. ②애써 우러르다. ③부추겨 윗자리에 앉히다. 「会長(カイチョウ)に—; 회장으로 밀어 앉히다」 1. worship
まつりごと[政](명) 주권자가 영토와 백성을 다스리는 일. 정치. government
まつりゅう[末流](명) ①끝의 흐름. ②자손(子孫). ③끝의 유파(流派). ④대수롭지 않은 유파. 1. the lower courses of a stream
まつ·る(타 4) 수건, 천의 가장자리의 실밥이 풀리지 않게 실로 감치다. darn
まつ·る[奉る]〈고〉Ⅰ(타 4) 받들어 모시다. Ⅱ(보동·4) 동사에 붙여 존경을 나타내는 말. 「答(コタ)え—; 대답을 올리다」
まつ·る[祭る](타 4) ①의식을 갖추어 신에게 제를 올리다. ②신으로 받들어 모시다. 1. offer prayers to
まつろ[末路](명) 말로. ①길의 끝. ②일생의 끝. 「あわれな—; 가엾은 말로」 ③쇠망한 종말. 2. the last days
まつろ·う[服う·順う]〈고〉マツロフ Ⅰ(자 4) 복종하다. 순종하다. Ⅱ(타하 2) 복종시키다. 순종시키다.
まつわ·る[纏わる]マツハル(자 4) ①엉켜 붙다. ②달라붙어 떨어지지 않다. 「幼児(ヨウジ)が母親(ハハオヤ)に—; 어린이가 엄마를 떨어지지 않다」 1. coil round
まで[迄](수조) ①다다른 곳 또는 지점을 나타내는 말. …까지. 「アメリカ—行(ユ)く; 미국까지 가다」 ②미치는 범위를 나타내는 말. 「親類(シンルイ)に—見離(ミハナ)された; 친척한테까지 버림받다」 ③시간, 범위의 한계를 나타내는 말. 「三時(サンジ)—待(マ)つ; 3시까지 기다리다」 「20グラム—十円(ジュウエン); 20g까지 10원」 ④정도로. …할 만큼. 「ものや思(オモ)うと人(ヒト)の 問(ト)う—; 무엇을 생각하고 있느냐고 남이 물을 정도로」 ⑤…만. …뿐. 「いやなら行(イ)かない—のことだ; 싫으면 안 가면 그만이다」 ⑥…으로. …을 대신하여. 「右(ミギ)お返事(ヘンジ)—; 이로써 회답을 대신합니다」 ⑦〔"…もない"의 형태로〕 필요. 「調(シラ)べる—もない; 조사할 것까지도 없다」 ⑧〔"ない…も"의 형태로〕 없다고 하여도. 「全部(ゼンブ)とはいわない—も; 전부라고 할 것까지는 없어도」 1. to 5. only
まて(がい)[馬刀(貝)·蟶(貝)]—(ガヒ)(명)〈동〉 긴맛. 맛과에 속하는 조개. 긴 통같이 생기고 얕은 바다의 모래 속에 삶. 식용, 낚싯밥으로도 쓰임. a razor-shell
まてどくらせど[待てど暮せど](연어) 언제까지 기다려도. 아무리 기다려도. waiting long in vain
マテリアリズム[materialism](명)〈철〉 마테리알리슴. 유물론(唯物論). 물질주의(物質主義).
まてんろう[摩天楼](명) 마천루. (하늘을 찌를 듯이) 솟아 있는 고층 건물. a skyscraper
まと[的](명) ①과녁. ②목적. 귀중한 점(点). 중심점(中心点). 「—をそれた議論(ギロン); 중심을 벗어난 의론」 1. a target
まど[窓](명) 창. 창문. a window
まどあかり[窓明り](명) 창문에서 비치는 빛.
まとい[纏い]マトヒ(명) ①감기는 것. ②옛날 사령관 곁에 세우던 표지. ③소방수가 불을 끄는 장소에서 사용하는 자기 소속 조(組)의 표지. 1. coiling round

まどい[惑い]マドヒ(명) 망설임. 마음을 정하지 못하는 것. 갈피를 못 잡는 것. 미혹(迷惑). perplexity
まどい[団居]—ヰ(명·자サ) ① 둘러 앉음. ②모여서 즐김. 단란. 1. sitting in a circle
まと·う[纏う]マトフ Ⅰ(자 4) 얽히다. 감기다. 〔まとい③〕 Ⅱ(타 4) 감기게 하다. (옷을) 입다. 걸치다. 「ころもを身(ミ)に—; 옷을 몸에 걸치다」 Ⅰ twine round Ⅱ wear
まどう[魔道](명) 마도. 악마의 길. 나쁜 길. 「—におちる; 나쁜 길에 빠지다」 evil courses
まど·う[惑う]マドフ(자 4) ①생각이 헷갈리다. ②어디로 갈지 몰라 망설이다. 「逃(ニ)げ—; 갈팡질팡 도망하다」 ③나쁜 길로 빠지다. ④마음을 빼앗기다. 2. be puzzled
まど·う[償う]マドフ(타 4) 메우다. 보상하다. 변상(辨償)하다. compensate
まどお[間遠]—ドホ(명·형동ダ) ①시간, 거리 등에 간격이 있음. ②올새가 성김. 1. a long interval
まどお·い[間遠い]—ドホイ(형) ①(장소, 시간이) 멀다. 사이가 떨어져 있다. ②성기다. 1. long
まどか[円か](형동ダ) ①둥근 모양. ②원만한 모양. ③편안한 모양. 평온한 모양. 1. round
まどかけ[窓掛け](명) 창을 가리는 천. a curtain
まどぐち[窓口](명) 창구. ①창이 되어 있는 곳. ②(창을 통해서) 접대 또는 금전 출납 사무를 보는 곳. the window
まど·し[貧し](형シク)〈고〉 가난하다. 빈약하다. 불충분하다.
まとば[的場](명) ①과녁을 세워 놓고 활을 쏘는 곳. ②과녁이 세워져 있는 곳. 1. an archery ground
まとはずれ[的外れ]—ハヅレ(명·형동ダ) ①화살이 과녁에서 벗어남. 빗나감. ②중요한 점에서 벗어남.

「一な非難(ヒナン); 당치 않은 비난」 out of the focus
まどべ[窓辺](명) 창변. 창가. 「一の机(ツクエ); 창가의 책상」 the edge of a window
まとま·る[纏まる](자 4) ①하나로 통합되다. ②줄거리가 서다. 정리되다.「考(カンガ)えが一;생각이 정리되다」③정해지다. 이루어지다. 「縁談(エンダン)が一; 혼담이 이루어지다」 명 まとまり. 1. be collectet
まと·める[纏める](타하 1) ①하나로 합치다. 통합하다. ②줄거리를 세우다. 정리하다. ③매듭을 짓다. ④끝맺다. 결정하다. 명 まとめ. 1. get together
まとも[真面·正面](명·형동ダ) ①정면.「一に風(カゼ)を受(ウ)ける; 정면에 바람을 받다」③착실함. 진실임. 「一な人間(ニンゲン); 착실한 사람」 1. the front
マドモアゼル[프 mademoiselle](명) 마드모아젤. 아가씨. 미스.
まどり[間取り](명) 방의 배치(配置). the arrangement of rooms
マドリード[Madrid](명)〈지〉마드리드. 스페인의 수도. 해발(海抜) 700 *m*의 고원에 있음.
マドリガル[madrigal](명) 마드리갈. ①〈악〉 4～6성부(声部)로 이루어진 자유 형식의 성악 합창곡. ②서정적인 단시(短詩).
マドロス[네 matroos](명) 마도로스. 뱃사람. 수부(水夫). 선원(船員). **一パイプ**[matroos pipe](명) 마도로스 파이프. 담배통이 뭉툭하고 크며 대가 짧은 서양식 담뱃대.
まどろ·む(자 4) 졸다. 잠깐 잠들다. 명 まどろみ. doze off
まどわ·す[惑わす]マドハス(타 4) ①생각을 흩뜨리다. 정신을 어지럽히다. ②좋지 않은 곳으로 유인하다. ③속이다. 명 惑わし. 1. puzzle
マドンナ[Madonna](명) 마돈나. ①성모 마리아, 또는 그 상(像). ②아름다운 부인.
まな一[愛](조어) 예쁜. 귀여운. 사랑스러운. 「一娘(ムスメ); 귀여운 딸」
まな[真名](명) 한자(漢字). ↔仮名(カナ).
まな[真魚](명)〈고〉 식용하는 물고기.
マナー[manner](명) 매너. ①태도. 「舞台(ブタイ)の一がいい; 무대(에서의) 태도가 좋다」②예의. 몸가짐. 「テーブル一; 테이블 매너(식사할 때의 예법)」
まないた[俎](명) ①음식물을 썰고 자르는 판자. 도마. ②어떤 문제를 논의하는 자리. 1. a chopping-board
まなかい[目交い]一カヒ(명)〈고〉 눈앞. 목전(目前).
まながつお[真魚鰹]一ガツヲ(명)〈동〉 병어. 몸 길이 약 60*cm*의 둥글 넓적한 바닷물고기. a pomfret
まなこ[眼](명) ①눈알. 「どんぐり一; 왕방울눈」②눈. ③안계(眼界). 시계(視界). 「一が広(ヒロ)い; 시계가 넓다」 1. an eyeball
まなご[愛児](명)〈고〉 귀여운 아기. 사랑하는 자식.
まなざし[眼差し](명) 눈의 표정. 시선(視線). a look
まな·し[間無し](형ク) ①그칠 새 없다. 쉴 새 없다. ②틈이 없다. 1. incessant
まなじり[眦](명) 눈초리. 눈꼬리. 「一を決(ケッ)する一; 눈을 부릅뜨고 성난 (결심하는) 얼굴을 하다」 the corner of the eye
まなつ[真夏](명) 한여름. 성하(盛夏). midsummer
まなづる[真名鶴·真鶴](명)〈동〉 재두루미. 두루미과에 속하는 새. 머리, 멱만이 붉고 전신이 흑회색(黒灰色)임. a white-naped crane
まなでし[愛弟子](명) 애제자. 가장 사랑하는 제자. one's beloved pupil
まなび[学び](명) 배우는 것. 학문. 「一の道(ミチ); 배움의 길」 learning. **一や**[学び舎](명) 배움의 집. 학사(学舎). 학교.
まな·ぶ[学ぶ](타 4) ①배우다. 견습하다. ②가르침을 받다. ③학문을 하다. 1. learn
まなむすめ[愛娘](명)귀여운 딸. one's beloved daughter
マニア[mania](명) 마니아. 어떤 한 가지 일에만 몹시 열중하는 사람. 또는 그 일. 「切手(キッテ)一; 우표수집광(蒐集狂)」
まにあ·う[間に合う]一アフ(자 4) ①(급할 때) 알맞게 쓰다. ②(시간에) 맞게 가다. ③그것으로 충족되다. 타 間に合わせる(하 1). 1. serve the purpose
まにあわせ[間に合わせ]一アハセ(명) 임시 변통. 「一の処置(ショチ); 임시 조치」 a makeshift
まにうける[真に受ける](연어·타하 1) 곧이 듣다. 믿다. 「じょうだんを一; 농담을 곧이 듣다」 believe
マニキュア[manicure](명·자サ) 매니큐어. 손톱 화장법. 손톱 화장술.
マニファクチャー[manufacture](명)〈경〉 매뉴팩처. 공장제 수공업(工場制手工業).
マニフェスト[도 Manifesto](명) 마니페스토. 선언. 선언서.
まにまに[間に間に](부) 되어 가는 대로. 좇아서. 되는 대로. 「君(キミ)の一; 네 마음대로」「波(ナミ)の一; 물결 치는 대로」 at the mercy of
マニラ[Manila](명)〈지〉 마닐라. 필리핀의 옛 수도. 루손도 서남부 마닐라만 연안의 항구 도시. **一あさ**[Manila 麻](명)〈식〉 마닐라삼. 파초과에 속하는 다년초. 줄기에서 채취한 섬유는 로우프, 그물, 종이 등을 만드는 데 쓰임.
まにんげん[真人間](명) 바르게 사는 사람. 참다운 사람. a true man
まぬが·る[免がる](자하 2) 피하다. 면하다. 「五連敗(ゴレンパイ)を一; 5연패를 면하다」 escape
まぬか·れる[免れる](타하 1) ⇨まぬがれる.
まぬが·れる[免れる](타하 1) 면하다. 피하다. 모면하다. escape
まぬけ[間抜け](명·형동ダ) ①얼빠진 모양. 똑똑하지 못하고 행동이 어리석음. 또는 그런 사람. 멍텅구리. 얼간이. ②조화가 되지 않음. 음조(音調)가 맞지 않음. 1. stupidity
マヌほうてん[Manu 法典](명) 마누 법전. 고대 인도의 법률 관계의 문헌. B. C. 200년에서 A. D. 200년 사이에 이루어진 법전. the Laws of Manu
まぬる·い[間緩い](형) 느리고 더디다. 「やり方(カタ)が一; 하는 짓이 느리다」 slow
まね[真似](명·자타サ) ①흉내 냄. 「一事(ゴト); 흉내

(내는 일)」 ②〈속〉 일. 동작. 수작. 「ふざけた—をするな; 시시한 수작을 하지 말라」 1. imitation

マネー[money](명) 머니. 돈. 「ノー—; 돈이 없다」 **——ビル**[일←money building](명) 머니 빌딩. 주식, 채권 등에 의한 이식(利殖). 돈벌이.

マネージャー[manager](명) 매니저. ①지배인(支配人). ②감독. ③관리인(管理人).

まねき[招き](명) ①초대. 초청. ②사람을 끌어 모으는 점두(店頭)의 장식 등. 1. an invitation. **——ねこ**[招き猫](명) 앞발로 사람을 부르는 시늉을 한 고양이. 상가(商家)의 장식으로 쓰임.

マネキン[프 mannequin](명) 마네킨. ①백화점에서 상품을 선전하기 위해 옷을 입혀 두는 실물 크기와 같은 인형. ②고운 옷을 입고 상품을 선전, 판매하는 사람.

まね·く[招く](타 4) ①손을 흔들어 사람을 부르다. 「遠(トオ)くから—; 먼 데서 손짓하다」 ②권하여 오게하다. 초대하다. 「友人(ユウジン)を家(イエ)に—; 벗을 집에 초대하다」 ③끌어 당기다. 1. beckon to

まね·し(형ク)〈고〉 ①겹치다. 중복되다. ②많다. ③미치다. 퍼지다.

まね·ぶ[学ぶ](타 4) ⇨まなぶ. 「imitate

ま·ねる[真似る](타하 1) 흉내 내다. 모방(模倣)하다. ⤴

まのあたり[目の当たり](명·부) ①눈앞. 목전(目前). 「おそろしい光景(コウケイ)を—(に)見(ミ)る; 무서운 광경을 눈앞에 보다」 ②가까이. 1. before one's eyes

まのて[魔の手](연어·명) ⇨ましゅ. 「1. long interval

まのび[間延び](명·자サ) ①사이가 길어짐. ②느림. ⤴

まのろ·い[間鈍い](형) ⇨のろい.

マハーバーラタ[범 Mahābhārata](명) 마하바라다. 고대 인도의 대서사시(大叙事詩). 인도 문학의 지보(至宝)로 불리며, 호메로스의 일리어스와 비유됨.

まばしら[間柱](명) 간주. 큰 기둥 사이에 있는 작은 기둥.

まばた·く[瞬く](자 4) 깜빡이다. 명 まばたき. wink

まばゆ·い[目映い·眩い](형) ①눈부시다. 「—電光(デンコウ); 눈부신 전광」 ②반짝이는 빛과 같이 아름답다. 파생 **——が·る**(자 4) **——げ**(형동ダ) **——さ**(명). 1. glaring

まばら[疎ら](명·형동ダ) ①사이가 뜨고 성김. ②드문드문함. 「人(ヒト)かげも—だ; 사람의 그림자도 드물다」 ③〈경〉 소액(小額)의 거래를 전문으로 하는 사람들. 1. sparse 3. sporadic buying

まひ[麻痺](명·자サ) 마비. 저려서 감각이 없어짐. 「神経(シンケイ)が—する; 신경이 마비되다」 paralysis

まび[間日](명) ①사이. 여가(餘暇). ②학질에서 앓지 않는 날. 1. by-time

まびき[間引き](명·타サ) 솎아 냄. thinning out. **——な**[間引き菜](명) 솎아 낸 채소.

まび·く[間引く](타 4) ①솎아 내다. 「大根(ダイコン)を—; 무우를 솎아 내다」 ②〈속〉 어버이가 낳은 애기를 죽이다. 1. thin out

まびさし[目庇](명) 투구, 모자 등의 차양. the visor

まひる[真昼](명) 대낮. 백주. broad daytime

まふ[麻布](명) 마포. 삼으로 짠 천. 삼베. hemp cloth

マフ[muff](명) 머프. 모피(毛皮)로 둥근 통 모양으로 만들어 양쪽에서 손을 넣게 된 방한용구(防寒用具).

まぶ[間夫](명) 간부. ①샛서방. 정부(情夫). ②유녀(遊女)의 정부. 기둥 서방. 1. a paramour

まぶか[目深](형동ダ) 눈을 가릴 만큼 모자를 깊이 눌러 쓰는 모양. slouching over the eyes

まぶし[蔟·蚕簿](명)〈농〉 누에가 고치를 짓도록 마련하여 놓는 짚이나 잎나무. 잠족(蚕蔟). 섶. cocoon holders

まぶし·い[眩しい](형) ①눈부시다. ②눈부실 정도로 아름답다. 파생 **——が·る**(자 4) **——げ**(형동ダ) **——さ**(명). dazzling

まぶ·す[塗す](타 4) 전면(全面)에 칠하다. 바르다. cover

まぶた[目蓋·瞼](명) 눈꺼풀. 「—の母(ハハ); 눈에 아로 새겨져서 사라지지 않는 어머니의 모습」 an eyelid

まふたつ[真二つ](명) ⇨まっぷたつ.

まぶち[目縁](명) 눈언저리. 눈가. an eyelid

まふゆ[真冬](명) 한겨울. 엄동(厳冬). midwinter

マフラ(ー)[muffler](명) 머플러. 목도리.

まほ[真帆](명) ①순풍(順風)에 단 돛. 돛 전체에 바람을 받는 일. ↔片帆(カタホ). ②그 배의 돛 가운데 중심이 되는 돛. 1. full sail

〔真帆〕

まほ[真面](명·형동ナリ)〈고〉 ①잘 정돈됨. 완전함. ②올바름. 정면(正面).

まほう[魔法](명) 마법. 요술(妖術). 마술. magic. **——つかい**[魔法使い]—ツカヒ(명) 마법사. 요술사. **——びん**[魔法瓶](명) 병의 안 벽에 진공(真空)의 층이 있어서 속의 온도를 보호하는 병. 보온병.

まほうじん[魔方陣](명) 가로, 세로, 대각선 등 어느 쪽으로 합해도 수가 같도록 맞추어 놓은 것. 방진(方陣).

マホガニ(ー)[mahogany](명)〈식〉 마호가니. 단향과에 속하는 상록 교목. 재목은 가구, 판재로 쓰임.

まほ·し(조동·형シク형)〈고〉 희망을 나타냄. …했으면. …이었으면 좋겠다. 「有(ア)ら—; 있으면 좋겠다」

マホメットきょう[Mahomet 教](명)〈종〉 마호멧교. 회회교(回回教). 이슬람교.

まほら(명)〈고〉 ①분지(盆地). ②명소(名所). **——ま**(명)〈고〉 ⇨まほら.

まほ·る(타 4)〈고〉 먹다. 탐식(貪食)하다.

まぼ·る[守る](타 4)〈고〉 ⇨まもる.

まぼろし[幻](명) ①환상(幻像). 환영(幻影). ②곧 사라지는 것. 덧없는 것. 1. a vision

まほろば(명)〈고〉 ⇨まほらま.

まま—[継](조어) 핏줄이 이어져 있지 않다. 핏줄이 같지 않다. 「—母(ハハ); 계모」

まま[飯](명) 〔어린이가 쓰는 말〕 밥. 맘마. cooked rice

まま[儘] Ⅰ(명) ①되는 대로인 것. 그냥. 그대로 되는 것. 「有(ア)るが—; 있는 그대로」 「いう—に; 말하는

대로」②생각하는 것과 같은 것. 뜻대로. 「一ならぬ世(ョ); 뜻대로 안되는 세상」③어떻게 되어도 좋은 것. 「行(ユ)こうと一よ; 가든지 말든지」④그 상태대로인 것. 「その一; 그대로」‖(접조) …에 의해. …에 따라. 「回復(カイフク)いたしそうろう一, ご休心(キュウシン)くだされたく; 회복되었으니 안심하시기를(편지에서 씀)」 | 1. as it is

まま[間間](부) 때때로. 가끔. often

ママ[ma(m)ma](명) 〔어린이가 쓰는 말〕 엄마. 「一ちゃん; 엄마」↔パパ. 「a stepparent

ままおや[継親](명) 의붓아비. 의붓어미. 계부모. ↗

ままきょうだい[継兄弟](명) 배다른 형제. 이복형제.

ままこ[継子](명) ①의붓자식. ↔実子(ジッシ). ②버림받은 사람. 개밥에 도토리. ③[一粉] 반죽했을 때에 잘 안된 덩어리. ④끈이나 허리띠를 덩어리같이 매는 일. 1. a stepchild. **──あつかい**[継子扱い]─アツカヒ(명·타サ) 의붓자식 취급. 푸대접. **──いじめ**[継子虐](명) 의붓자식을 학대하는 일.

ままごと[飯事](명) (부엌일) 소꿉 놀이. 소꿉질. 소꿉 장난. playing at housekeeping

ままし·い[継しい](형) ①의부모와 의붓자식의 사이와 같다. 사이가 소원(疎遠)하다. ②배가 다르다. 2. half-blooded

ままちち[継父](명) 계부. 의붓아비. a stepfather

ままならぬ[儘ならぬ](연어) 뜻대로 안되는. 「一世(ョ)の中(ナカ); 뜻대로 안되는 세상」 cannot have one's own way

ままはは[継母](명) 계모. 의붓어미. a stepmother

ままよ[儘よ](감) 아무래도 좋다. 어떻게 되어도 관계 없다. 「えい一, やってみよう; 에이, 어떻게 되든 한번 해보자」 I don't care.

ママレード[marmalade](명) 마아말레이드. 오렌지 또는 레몬으로 만든 잼.

まみ[猯](명)〈동〉 ①⇨たぬき. ②⇨あなぐま.

まみ[目見](명) 무엇을 보는 눈빛.

まみ·える[見える](자하 1) 만나 뵙다. 배알(拝謁)하다. 「先生(センセイ)に一; 선생님을 만나 뵙다」 have an interview

まみず[真水]─ミヅ(명) ①식수(食水). 음료수. ②단물. ↔塩水(シオミズ). 1. fresh water

まみやかいきょう[間宮海峡](명)〈지〉 사할린과 아시아 대륙 사이에 있는 해협. 폭은 가장 좁은 곳이 8 *km*. 타타르 해협.

まみ·れる[塗れる](자하 1) 젖어서 더러워지다. 「どろに一; 흙투성이가 되다」 be smeared

まむかい[真向かい]─ムカヒ(명) 바로 맞은 편. straight ahead

まむき[真向き](명) ①바로 향하는 것. 정면. ②(배의) 정면 고물. 1. facing right ahead

まむし[蝮](명)〈동〉 살무사. 3각형의 머리를 가진 독사(毒蛇). 약용(薬用)함. a viper

まむし[真蒸し](명) ①장어 구이. ②〈방〉(오오사카 지방에서의) 장어 덮밥.

まむすび[真結び](명) ⇨こまむすび.

まめ─[豆](조어) 둥글고 작은. 소형(小型)의. 「一電球(デンキュウ); 조그만 전구」

まめ[豆](명)〈식〉 ①콩과 식물의 총칭. ②콩. 대두(大豆). 「一かす; 콩깻묵」 1. beans

まめ[肉刺](명) 힘든 일이나 심한 보행으로 손발에 생기는 콩알 같은 물집. a blister

まめ[忠実](명·형동ダ) 충실. ①성실함. 「一な心(ココロ); 충실한 마음」②표리(表裏)가 없음. 「一に働(ハタラ)く; 부지런히 일하다」③건강함. 「一にくらす; 건전하게 살다」④착실함. 꼼꼼함. 「一にノートをする; 착실히 필기하다」 1. faithful 3. healthy

まめあぶら[豆油](명) 콩기름. soybean oil

まめいた[豆板](명) ①에도(江戸) 시대의 조그마한 은화(銀貨). ②볶은 콩을 설탕을 녹인 것에 버무려 넓적하게 굳힌 것. 콩엿. 2. a sweet soybean bar

まめかしょくぶつ[豆科植物](명)〈식〉 콩과 식물. 쌍자엽(双子葉) 식물 이판화구(離瓣花区)에 속하는 한 과. 목본 또는 초본으로 전세계에 1,200여 종이 있음. the Leguminosae

まめかす[豆粕](명) 콩깻묵. a beancake

まめがら[豆幹](명) ①수확하고 난 콩의 가지, 줄기, 껍질 등. 콩가지. 콩대. ②성급한 사람. 1. a soybean plant shorn of beans

まめごと[忠実事](명)〈고〉 착실한 일. 진실한 일.

まめしぼり[豆絞り](명) 전체(全体)에 콩알만한 동그란 무늬를 넣어 염색한 천. a spotted pattern

まめそうめん[豆素麺](명) ⇨はるさめ(春雨)②.

まめだ·つ[忠実立つ](자 4)〈고〉 ①착실해지다. 진지해지다. ②충실히 일하다.

まめたん[豆炭](명) 무연탄 가루와 숯가루를 계란만한 크기로 빚어 말린 것. 조개탄. oval briquettes

まめたん[豆単](명) (영어의) 작은 단어집.

まめつ[摩滅·磨滅](명·자サ) 문질러 없어짐. 닳아 없어짐. defacement

まめでっぽう[豆鉄砲](명) 총알 대신 콩으로 쏘는 장난감 총. a bean-shooter

まめほん[豆本](명) 가지고 다니기 편리한 작은 책. a miniature book

まめまき[豆蒔·豆撒](명) ①콩을 밭에 심는 일. ②입춘 전날 밤 액운(厄運)을 쫓기 위하여 콩을 뿌리는 일. 1. sowing beans 2. a bean-scattering ceremony

まめまめし·い(형) ①진지하다. ②허식이 없다. 표리(表裏)가 없다. ③아주 충실하다. 파생 **──げ**(형동ダ) **──さ**(명). 1. 3. faithful

まめめいげつ[豆名月](명) 음력 9월 13일 밤의 달. ↔いも名月. 「1. faithful 2. dilligent

まめやか(형동ダ) ①진지한. ②부지런한. ③착실한. ↗

まもなく[間も無く](부) 멀지 않아. 얼마 되지 않아. 이윽고. soon

まもの[魔物](명) 마물. ①악마. ②무서운 것을 비유할 때 쓰는 말. 「金(カネ)は一; 돈은 무서운 것」 1. a demon

まもり[守り·護り](명) ①지키는 일. 수비. ②지키기 위한 준비. 「一をかためる; 수비를 굳건히 하다」 1. guard. **— がたな**[守り刀](명) 호신용 칼. **— がみ**[守り神](명) 수호신(守護神). **— ほんぞん**[守り本尊](명) 수호신으로서 믿는 불상(仏像).
まも·る[守る·護る](타 4) ①지켜 보다. ②그대로 하다. 지키다. 「いいつけを一; 분부를 지키다」 ③보호하다. 막다. 3. defend
まもろ·う[守ろう]マモラフ(타 4)〈고〉 지켜 보다.
まやかし[瞞し](명) ①속이는 것. ②가짜. 1. cheating
まやか·す[瞞す](타 4) ①혼동시키다. 혼미(混迷)시키다. ②속이다. 배신하다. 2. cheat
まやく[麻薬](명)〈의〉 마약. 진정, 마취에 사용하는 약. 예 : 모르핀, 코카인 등. an anæsthetic
マヤぶんか[Mayas文化](명)〈역〉 마야 문화. 6세기 경 중앙 아메리카에 발달한 마야족의 원시 문화. 상형 문자를 사용하고 천문, 미술 등이 발달했으나 1,200년 경 멕시코우 인디언에 파괴되었으며, 16세기에 그 유물이 발견되었음. the culture of Mayas
まゆ[眉](명) ①눈썹. 「一に火(ヒ)がつく; 아주 급하게 되다」「一をひそめる; 눈살을 찌푸리다」 ②눈썹을 그리는 먹. 1. an eyebrow
まゆ[繭](명)〈동〉 ①누에나 송충이 등의 유충 때의 집. ②누에고치. 생사(生糸)의 원료. a cocoon
まゆあい[眉間]一アヒ(명) 미간. 눈썹과 눈썹 사이.
まゆう[真木棉]マユフ(명) 무명(木綿)의 미칭.
まゆがき[眉書き](명) ①눈썹을 그림. ②눈썹을 그리는 데 쓰는 연필.
まゆげ[眉毛](명) 눈썹. an eyebrow
まゆじり[眉尻](명) 눈썹 꼬리. 눈썹의 끝 부분. ↔まゆ根(ネ). the end of an eyebrow
まゆずみ[眉墨·黛](명) 눈썹 그리는 먹. an eyebrow pencil
まゆだま[繭玉](명) 버드나무나 대나무 가지에 누에고치 모양의 과자 등을 단 설날 등의 장식.
〔繭玉〕
まゆつばもの[眉唾物](명) 속지 않도록 경계해야 할 일. 의심스러운 것. a dubious thing
まゆね[眉根](명) 눈썹 뿌리. ↔まゆじり. the roots of one's eyebrows
まゆみ[檀](명)〈식〉 참빗살나무. 노박덩굴과에 속하는 낙엽 활엽 교목. 활을 만듦. a spindle tree
まゆみ[真弓](명) 활의 미칭(美称). a bow
まゆみ[檀弓](명) 참빗살나무로 만든 활. a bow made of spirdle-tree wood
まよい[迷い]マヨヒ(명) ①갈피를 잡지 못하는 것. 헷갈려 뒤숭숭한 것. 헤매는 것. 「一の夢(ユメ); 뒤숭숭한 꿈」 ②〈불〉 성불(成仏)에 방해가 되는 죽은 사람의 망집(妄執). ③깨닫지 못하는 것. 1. perplexity
まよ·う[迷う]マヨフ(자 4) ①갈피를 잡지 못하다. 헤매다. 「判断(ハンダン)に一; 판단을 망설이다」 ②틀린 방향으로 가다. ③혹하다. 「女(オンナ)に一; 여자에게 정신을 잃다」 ④미혹(迷惑)되다. ⑤직물(織物)의 올이 고르지 못하다. 1. be puzzled
まよけ[魔除け](명) 마귀를 쫓는 물건. 부적. a charm
まよこ[真横](명) 바로 옆. just at the side of
まよなか[真夜中](명) 한밤중. 깊은 밤. midnight
マヨネーズ(ソース)[프 mayonnaise (sauce)](명)마요네에즈(소오스). 샐럿용 소오스의 한 가지. 계란의 노른자위, 샐럿유, 초, 소금을 섞어서 만든 소오스.
まよわか·す[迷わかす]マヨハカス(타 4) ⇨まよわす.
まよわ·す[迷わす]マヨハス(타 4) 어지럽히다. 혼동시키다. 혼미시키다. 미혹시키다. bewilder
まら[魔羅](명) 마라. ①〈불〉 수도(修道)에 장애가 되는 것. ②〈속〉 음경(陰茎).
マライ[Malay·馬来](명)〈지〉 ⇨マラヤ.
マラソン(きょうそう)[Marathon(競走)](명)마라톤(경주). ①육상 경기의 한 종목. 장거리 경주. 총경주거리는 42, 195 *m*. ②〈속〉 달음박질. 뜀박질.
マラッカかいきょう[Malacca 海峡](명)〈지〉 말래카 해협. 말레이 반도와 수마트라 섬 사이에 있는 해협. 남지나해와 인도양을 연결하며 전체적으로 수심(水深)이 얕음. the Strait of Malacca
マラヤ[Malaya](명)〈지〉 말라야. 영국 연방을 구성하는 나라의 하나. 말레이 반도의 남부의 독립국. 수도는 콰알라 룸푸르(Kuala Lumpur). 말라야 연방.
マラリア[도 Malaria](명)〈의〉 말라리아. 말라리아 병원체가 혈액내에 기생하여 생기는 열병. 학질모기에 의해 전염됨. 학질.
まり[毬·鞠](명) 가죽, 고무, 헝겊으로 만든 공. a ball
まり[椀](명)〈고〉 나무로 만든 술잔.
マリア[라 Maria](명) 마리아. 그리스도의 어머니.
マリアナかいこう[Mariana 海溝](명)〈지〉 메리에나 해구. 태평양 서부에 있는 메리에나 군도 동쪽 연안의 해구. 수심(水深)이 매우 깊음. the Mariana Deep
マリアナぐんとう[Mariana 群島](명)〈지〉 메리에나 군도. 태평양 서남부에 있는 군도. 주도(主島)는 사이파안도(島). the Mariana Islands
マリオネット[프 marionnette](명) 마리오넷. 인형극에 쓰는 인형. 인형의 마디에 실을 달아 무대 뒤나 위에서 조종하여 놀림.

〔マリオネット〕

まりしてん[摩利支天](명)〈불〉 눈에는 보이지 않으나 항상 눈앞에 있으면서 자재(自在)의 통력(通力)을 갖는다는 여신(女神). 몸을 숨기는 기술이 있다 하여 무사들이 수호신(守護神)으로 여김.
まりも[毬藻·鞠藻](명)〈식〉 공말. 공같이 둥근 해초. 일본의 천연 기념물.
まりょく[魔力](명) 마력. ①마술의 힘. ②사람을 홀리는 불가사의한 힘. 1. magical power
マリンバ[marimba](명)〈악〉 마림바. 타악기(打楽器)의 한 가지. 금속의 관을 달아 붙인 목금(木琴) 비슷한 악기.
—まる[丸](접미) 사람, 칼, 개, 배 등의 이름에 붙이

는 말. 「海洋(カイヨウ)—; 해양환」
まる[丸] Ⅰ(명) ①둥근 모양. 둥근 것. ②완전. 전체. 「—のまま; 통째로」 ②성곽(城郭)의 내부. Ⅱ(연체) 어떤 수에 차는 것. 만(満). 「—三年(サンネン); 만 3년」 ↔あしかけ. Ⅰ 1. a circle Ⅱ full
まる[円](명) ①둥근 것. 둥근 모양. ②〈속〉 돈. 금전. 「—おくれ; 송금(送金) 요망(전보에서 씀)」1. a circle
まる[虎子](명) 환자나 어린이가 쓰는 변기(便器). a bed-pan
まるあらい[丸洗い]—アラヒ(명·타サ) 옷을 뜯지 않고 통째로 빠는 일. washing whole
まる·い[丸い·円い](형) ①둥글다. ②온화하다. 원만하다. 「—人(ヒト)がら; 원만한 인품(人品)」 ③통통하다. 파생 —**さ**(명). 1. round 3. fat
まるうち[丸打ち](명) 끈 따위를 동그랗게 꼬는 일. 또는 그렇게 꼰 끈.
まるえり[円襟](명) 깃 끝이 둥글게 된 것. a round lapel
まるおび[丸帯](명) 일본 여자 옷에 매는 두 겹으로 된 폭이 넓은 띠. 예복에 씀.
まるがお[丸顔](명) 둥근 얼굴. a round face
まるがかえ[丸抱え]—ガカヘ(명) ①요정 등의 주인이 기생의 생활비를 전부 부담하는 일. ②생활비나 자금을 전부 대주는 일. ↔自前(ジマエ).
まるがた[円形](명) 원형. 둥근 모양. a round shape
まるがち[丸勝ち](명·자サ) 완전히 이김. 일방적(一方的) 승리. a complete victory
まるき[丸木](명) 통나무. a log. —**ばし**[丸木橋](명) 통나무로 만든 다리. 외나무 다리. —**ぶね**[丸木船](명) 큰 통나무를 파서 만든 배. 카누우.
マルキ(シ)スト[Marxist](명) 마르크시스트. 마르크스주의자.
マルキシズム[Marxism](명) 마르크시즘. 마르크스주의.
まるきり[丸きり](부) ⇨まるっきり.
マルク[도 Mark·馬克](명) 마르크. 독일의 화폐 단위.
まるぐけ[丸絎](명) 안에 솜을 넣고 둥글게 공그린 허리띠.
マルクシスト[Marxist](명) ⇨マルキシスト.
マルクシズム[Marxism](명) ⇨マルキシズム.
マルクスしゅぎ[Marx 主義](명) 마르크스주의. 19세기 중엽 마르크스와 엥겔스에 의해 전개된 사회주의. 유물사관(唯物史観)을 기초로 사회 변혁을 목적으로 함. 공산주의. Marxism
マルクスレーニンしゅぎ[Marx-Lenin 主義](명) 마르크스레닌주의. 마르크스주의를 레닌이 러시아 혁명을 통하여 발전시킨 주의.
まるくび[丸首](명) 샤쓰 등 목의 깃을 동그랗게 판 것. 「—シャツ; 깃 없이 둥글게 판 샤쓰」
まるこう[丸公](명)〈경〉 공정 가격. 공정 가격의 표지. ㊋. an official price
まるごし[丸腰](명) ①무사, 군인이 허리에 칼을 차지 않은 것. ②군비(軍備)가 전연 안된 것. 1. without one's swords
まるごと[丸ごと](부) (썰거나 덜지 않은)있는 그대로. 전부. 통째로. 「—かじる; 통째로 갉아 먹다」 whole
まるざい[丸材](명) 껍질만 벗긴 목재. round timber
マルサスしゅぎ[Malthus 主義](명) 맬더스주의. 사람의 출생(出生)을 제한하고 농업을 장려하여 인구와 식량과의 조화를 주창한 주의. 인구론(人口論).
マルセーユ[Marseilles](명)〈지〉 마르세이유. 프랑스 남동부 지중해에 연한 항구 도시. 지중해 연안 제1의 무역항으로서, 파리 다음 가는 프랑스 제2의 도시.
マルセル(せっけん)[Marseilles(石鹸)](명) 마르세일(비누). 올리브유를 원료로 한 고급 비누. 인조견(人造絹), 털실 등의 세탁에 씀.
まるぞめ[丸染め](명) 양복 등을 뜯지 않고 그대로 염색하는 일. 또는 그렇게 염색한 것. 「a total loss
まるぞん[丸損](명) 전부 손해 보는 일. 완전 손해. ↗
まるた[丸太](명) 껍질만 벗긴 재목. 통나무. a log
マルターゼ[maltase](명)〈이〉 말타아제. 맥아당 분해효소(麦芽糖分解酵素). 효모, 맥아, 동물의 타액(唾液), 장액(腸液) 등에 함유되어 있음.
まるだし[丸出し](명·타サ) 전부를 드러냄. 「お国(クニ)なまり—で; 고향 사투리 그대로」 exposed
マルタとう[Malta 島](명)〈지〉 몰타도. 지중해 중앙부 시칠랴도(島) 남쪽에 있는 영국령의 섬. 지중해 교통의 요지이며 영국 해군의 중요한 근거지.
まるたんぼう[丸太ん棒](명)〈속〉 ⇨まるた.
マルチョイ[←multiple choice method](명) 멀티초이. 여러 가지 답중 옳은 것에 동그라미 표를 치게 하는 시험 방법. 선다형(選多型).
まるっきり[丸っ切り](부) 정말. 전연. 「—元気(ゲンキ)がない; 전연 기운이 없다」 quite
まるづけ[丸漬け](명) 무우, 배추 등을 자르지 않고 통째로 담그는 일. 또는 담은 그것.
まるっこ·い[丸っこい](형) 동그랗다. 둥그렇다.
まるつぶれ[丸潰れ](명·자サ) 완전히 찌부러짐. 「面目(メンボク)—; 체면의 완전 손상」 collapse
まるで[丸で](부) ①죄다. 전연. 「—あてにならない; 전연 믿을 수가 없다」 ②꼭. 마치. 흡사. 「—ひるまのようだ; 마치 대낮 같다」 1. quite
マルティグラス(명) [←multiple layer glass] 멀티글라스. 줄무늬와 같이 다른 빛깔을 겹쳐서 만든 유리.
まるてんじょう[円天井](명) ①반구(半球) 모양의 둥그런 천정. ②하늘. 창공(蒼空). 1. a dome
まるどり[丸取り](명·타サ) 전부 차지함. 통째로 차지함. taking all to oneself
まるね[丸寝](명·자サ) 옷을 입은 채로 잠. 아무렇게나 누워 잠.
まるのみ[丸呑み](명·타サ) ①씹지 않고 통째로 삼킴. ②이해하지 않고 그냥 욈. ③무조건 받아 들임. 1. swallowing whole
まるはだか[丸裸](명) 알몸. 알몸뚱이. nudity
まるはば[丸幅](명) 짠 그대로의 천의 폭.
まるぼうず[丸坊主](명) ①중대가리. ②산에 나무가 하나도 없는 것. 1. a clean-shaven head

まるぼし[丸干し](명·타サ) 통째로 말림. 「いわしの一; 정어리 말림」 drying whole

まるぽちゃ[丸ぽちゃ](명·형동ダ)〈속〉 얼굴이 둥글고 애교가 있음. chubby

まるぼり[丸彫り](명) 앞, 옆, 뒤 등을 완전히 조각한 것. 입체 조각. ↔浮彫(ウキボ)り. the round

まるほん[丸本](명) ①전부를 갖춘 책. ②전편(全篇)이 한 책에 수록된 죠오루리(浄瑠璃)의 책.

まるまげ[丸髷](명) 에도(江戸) 시대 이후의 유부녀의 머리 모양.

〔丸髷〕

まるまっち·い[丸まっちい](형)〈속〉 작고 동그랗다. 「一顔(カオ); 작고 동그란 얼굴」

まるまど[丸窓·円窓](명) 둥근 창문. a round window

まるまる[丸丸] Ⅰ(명) ①문장 중 중요한 곳을 강조하는 뜻에서 글자의 바른 편에 찍는 이중(二重)의 권점(圏点). 예: ◎◎. ②〈속〉 돈. ③불명확한 것이나 비밀을 표현할 때의 은어(隠語). ④복자(伏字)의 표시. 예: ○○. Ⅱ(부) ①완전히. 「一三日間(ミッカカン); 꼬박 사흘 동안」 ②살찐 모양. 「一とした; 통통한. 토실토실한」 Ⅰ3. certain Ⅱ1. entirely

まるま·る[丸まる](자 4) 둥글게 되다. round

まるみ[丸み](명) 둥근 부분. 둥근 정도. roundness

まるみえ[丸見え](명) 모두 보이는 것. 죄다 보이는 것. being entirely exposed to view

まるむぎ[丸麦](명) 쌀보리. 나맥(裸麦).

まるめこ·む[丸め込む](타 4) ①말아서 넣다. ②교묘히 말로 설복시키다. 자유로이 조종하다. 「相手(アイテ)を一; 상대방을 말로 교묘히 설복시키다」 2. cajole

まる·める[丸める](타하 1) ①둥글게 하다. ②그럴 듯하게 말하여 속이다. ③머리를 깎다. 「頭(アタマ)を一; 머리를 깎다」 1. round

マルメロ[포 marmelo](명)〈식〉 마르멜로. 장미과에 속하는 낙엽 교목. 봄에 담홍색의 꽃이 핌. 과일은 살구 비슷하나 좀 크고 향기가 좋은데 잼 등을 만들어 먹음.

まるもうけ[丸儲け]一マウケ(명·자サ) 수입(収入)의 전부가 이익(利益)이 됨. 「坊主(ボウズ)一; 밑천 안 들이고 이득을 봄」 ↔丸損(マルゾン). a clear profit

まるやき[丸焼き](명) 통째로 굽는 것. 「鶏(ニワトリ)の一; 통닭 구이」 a barbecue

まるやけ[丸焼け](명) 불이 나서 완전히 타는 일. 전소(全焼). total destruction by fire

まれ[希·稀](형동ダ) 드문. 희소(稀少)한. rare

まれ(수조) …이더라도. 「何(ナン)に一; 무엇이더라도」

マレー[Malay·馬来](명)〈지〉 ⇨マラヤ. **— ぐんとう**[Malay 群島](명)〈지〉 말레이 군도. 인도 지나, 필리핀, 뉴우기니아 등지의 총칭. **—はんとう**[Malay 半島](명)〈지〉 말레이 반도. 인도 지나 반도의 남쪽으로 뻗은 반도.

まれに[希に·稀に](부) ⇨まれ(希).

まれびと[客·賓](명)〈고〉 ⇨まろうど.

まれまれ[稀稀](형동ナリ·부)〈고〉 아주 드물게.

—まろ[麻呂·麿](접미) 옛날 주로 사람의 이름에 붙인 말. 「柿本(カキノモトノ)人(ヒト)一; 카키노모토노 히토마로」

まろ[麻呂·麿](대)〈고〉 옛날 고관(高官)이나 신분이 높은 사람이 자기를 가리켜 일컫던 말.

まろうど[賓客]マラウド(명) 빈객. 손님. 객(客).

まろが·す[転がす](타 4)〈고〉 굴리다.

マロニエ[프 marronnier](명)〈식〉 마로니에. 너도밤나무과에 속하는 낙엽 교목. 밤나무의 변종. 유럽에서는 관상용이나 가로수로 심음. 열매는 식용함.

まろね[丸寝](명)〈고〉 ⇨まるね.

まろびね[転び寝](명)〈고〉 ⇨うたたね.

まろ·ぶ[転ぶ](자 4)〈고〉 ①굴러 가다. ②구르다.

まろぶし[丸臥](명)〈고〉 ⇨まろね.

まろ·める[丸める](타하 1) ⇨まるめる.

まろや[丸屋](명)〈고〉 ①통나무로 허름하게 지은 집. 통나무집. ②천한 사람의 집.

まろやか[円やか](명·형동ダ) 둥근 모양. round

マロン[프 marron](명) 마롱. 마로니에의 열매. 밤의 한 종류로 직경 6*cm* 가량의 구형임.

まわし[回し·廻し]マハシ(명) ①돌리는 것. ②씨름군이 씨름을 할 때 허리 밑에 두르는 수놓은 치마 같은 것. ③씨름군의 살바. 1. turning.
— もの[回し者](명) 스파이. 간첩.

まわ·す[回す·廻す]マハス Ⅰ(타 4) ①빙글빙글 돌리다. 회전시키다. ②차례대로 돌리다. 「さかずきを一; 술잔을 돌리다」 ③모든 곳에 미치게 하다. ④여러 곳으로 보내다. 「書類(ショルイ)を一; 서류를 여러 곳으로 보내다」 ⑤옮기다. 이첩(移牒)하다. 넘기다. 「庶務課(ショムカ)へ一; 서무과로 넘기다」 ⑥마음대로 움직이다. 조종하다. ⑦(수단을) 강구하다. 손을 쓰다. 수배(手配)하다. 「手(テ)を一; 손을 쓰다」 ⑧투자(投資)하여 이자를 늘리다. 「一割(イチワリ)に一; 1할 변으로 돈을 놀리다」 Ⅱ(보동·4) 전체에 …하다. 「幕(マク)を 張(ハ)り一; 전체에 막을 둘러 치다」 Ⅰ1. turn 5. transfer

まわた[真綿](명) 허드렛고치로 늘여 만든 솜. 풀솜. floss silk

—まわり[回り·廻り]マハリ(접미) ①도는 회수(回数)를 세는 말. ②굵기, 부피를 비교할 때 쓰는 말. 「ひと一大(オオ)きい; 한 둘레가 더 크다」

—まわり[週り]マハリ(접미) ①7일(日)을 한 구간으로 하여 세는 말. ②12년을 한 구간으로 하여 세는 말. 「ひと一ちがう; 열 두 살 차이」

まわり[回り·廻り]マハリ(명) ①도는 것. ②주위(周囲). 둘레. ③순찰(巡察). 1. turning. **— あわせ**[回り合わせ]一アハセ(명) 자연히 그렇게 되는 운명. **— えん**[回り縁](명) 방(房) 바깥쪽에 만든 마루. **— くど·い**[回り諄い](형) 우원(迂遠)하고 번거롭다. **— くね·る**[回りくねる](자 4)구불구불 구부러지다. **— どうろう**[回り燈籠](명) 주마등(走馬燈). **— どお·い**[回り遠い]一ドホイ(형) 길이 빙 돌아 멀다. 우원

(迂遠)하다. ―ぶたい[回り舞台](명) 회전 무대. ―みち[回り道](명·자サ) ①길을 멀리 돌게 됨. 또는 그 길. ②시간이 걸리는 길. ―もち[回り持ち](명) 차례로 담당하는 것.

まわ·る[回る·廻る]マハル(자 4) ①빙글빙글 돌다. ②차례로 걷다. 순회(巡廻)하다. 「得意先(トクイサキ)を―; 단골집을 돌다」 ③차례대로 돌리다. 「さかずきが―; 술잔을 차례로 돌리다」 ④퍼져 나가다. 「酒が―; 술이 몸에 퍼지다」 ⑤멀리 돌아 가다. ⑥(해안을) 따라 가다. 「湖(ミズウミ)を―; 호수가를 따라가다」 ⑦현기증이 나다. 「目(メ)が―; 눈이 어지럽다」 ⑧(투자하여) 이익이 되다. 「一割(イチワリ)に―; 1할 이익이 되다」 ⑨골고루 미치다. 「手(テ)がまわらない; 손이 안 돌아 가다」 ⑩넘다. 「二時(ニジ)を回(マワ)った; 2시가 넘었다」 ⑪옮겨지다. 「庶務課(ショムカ)の方(ホウ)へ―; 서무과에 넘겨지다」 1. turn round 8. turn to one's profit

まん―[真ん](접두) 한. 「―中(ナカ); 한복판」

―マン[man](조어) 맨. 사람. 가(家). 「カメラー; 카메라맨(사진가)」

まん(명)〈속〉〔"ま(間)"의 음편(音便)〕 행복. 운(運). 「―がいい; 운이 좋다」

まん[満] Ⅰ(명) (독 등에 물이) 차는 것. 「―を持(ジ)す; 충분히 준비하고 기다림」 「―を引(ヒ)く; 가득 찬 술잔을 들고 마심」 Ⅱ(연체) ①만. (생일까지의 참 나이) 「―三十六(サンジュウロク); 만 36세」 ↔かぞえどし. ②⇨まる. Ⅰ Ⅱ 1. full

まん[万](수) 만. 천의 10배. ten thousand

まんいち[万一](명·부) ①만분의 1. ②일이 일어났을 때. 「―にそなえる; 만일의 경우에 대비하다」 ③어쩌면. 까딱하면. 만일. 만약. 1. a ten-thousandth

まんいん[満員](명) 만원. ①정원(定員)이 되는 것. ②전차, 버스에 승객이 가득 찬 것. 「―バス; 만원 버스」 1. no vacancy

まんえい[満盈](명) 충족한 것. 충분한 것. being full

まんえつ[満悦](명·자サ) 만열. 만족하여 기뻐함. great delight

まんえん[蔓延](명·자サ) 만연. 퍼져 나감. 유행함. 「伝染病(デンセンビョウ)の―; 전염병의 만연」 spreading

まんが[馬鍬](명)〈농〉 ⇨まぐわ.

まんが[漫画](명) 만화. ①장난 삼아 그린 그림. ②사회를 풍자한 우의적(寓意的)인 그림. ③아이들이 좋아하는 이야기를 그림으로 그려 뜻을 대충 단 것. 「―家(カ); 만화가」 2. a caricature

まんかい[満開](명·자サ) 만개. 꽃이 활짝 핌. full bloom

まんがいち[万が一](연어·명·부) ⇨まんいち.

まんかん[満干](명) 썰물과 밀물. 만조(満潮)와 간조(干潮). ebb and flow

まんかぶ[満株](명)〈경〉 주식 회사의 주(株)의 신입이 정한 수에 차는 것. complete subscription for shares

まんがん[万巻](명) 많은 책. 많은 서적. 「―の書(ショ); 많은 서적」 thousands of books

まんがん[満願](명)〈불〉 ①기도나 법회(法会)가 끝나는 일. ②만원. 신불(神仏)에게 기도 드리는 기간이 끝나는 것. 2. completion of a vow

マンガン[네 mangaan·満俺](명)〈이〉 망간. 회백색에 붉은 빛이 도는 금속 원소. 단단하고 부서지기 쉬움. 합금(合金)에 씀. 기호는 Mn.

まんかんしょく[満艦飾](명) ①국기, 전등 등으로 군함 전체를 장식하는 일. ②〈속〉 부인들이 아름답게 차리는 것. 1. full dressing

まんき[満期](명·자サ) 만기. 기한이 참. expiry

まんきつ[満喫](명·타サ) 만끽. ①실컷 먹고 마심. ②충분히 맛보고 만족함. 1. taking one's fill

まんきん[万金](명) 만금. 많은 돈. 천금(千金). an immense sum of money

まんきん[万鈞](명) 굉장한 무게. 대단한 무게. 1균(鈞)은 30근. extreme weight

まんぎん[漫吟](명·자サ) 시가(詩歌)를 생각 나는 대로 지어 읊음. 또는 그 시가. singing in spite of oneself

マングース[mongoose](명)〈동〉 몽구우스. 사향고양이과에 속하는 짐승. 족제비 비슷함. 독사와 쥐의 구제(駆除)에 이용함.

マングローブ[mangrove](명)〈식〉 맹그로우브. 홍수(紅樹). 열대 지방에 많이 나는 상록 교목으로 나무 껍질은 염료로 쓰임. 홍수림(紅樹林).

まんげい[漫芸](명) 익살스런 연기(演技). a comical performance

まんげきょう[万華鏡](명) 만화경. 기다란(삼각형) 유리통 속에 색종이를 잘라 넣고 돌리며 들여다 보는 장난감. a kaleidoscope

まんげつ[満月](명) 만월. ①둥근 달. ②〈천〉 달이 태양과 정반대의 위치에 왔을 때 달의 전면(全面)이 빛나 보이는 현상. 보름달. a full moon

まんげん[万言](명) 많은 말. 「―を費(ツイヤ)す; 온갖 말을 다하다」 thousands of words

まんげん[漫言](명) 두서 없는 말. a rambling talk

まんご[漫語](명) ⇨まんげん(漫言).

まんこう[満腔](명) 만강. 가슴속에 가득 차는 것. 「―の感謝(カンシャ); 만강의 사의」 whole-heartedness

まんごう[万劫](명) 만겁. 굉장히 오랜 세월. 만세(万歳). eternity

マンゴー[mango](명)〈식〉 망고. 옻나무과에 속하는 상록 교목. 열매는 맛이 좋음. 씨는 약용, 어린 싹은 식용함.

マンゴスチン[mangosteen](명)〈식〉 망고스틴. 물레나물과에 속하는 상록 교목. 열매는 식용, 과피(果皮)는 염료로 쓰임.

まんざ[満座](명) 만좌. 그 자리에 있는 사람 전부. 「―の中(ナカ)で恥(ハジ)をかく; 여러 사람 앞에서 창피를 당하다」 the whole assembly

まんさい[満載](명·타サ) 만재. ①물건을 가득 실음. ②신문, 잡지 등에 기사를 가득 실음. 1. being fully loaded

まんざい[万歳](명) ①만세. 만년. ②새해를 축하하여 집집으로 돌아 다니며 하는 가무(歌舞). 또는 그

사람. ③⇨まんざい(漫才). 1. ten thousand years

まんざい[漫才](명) 두 명의 연사(演士)가 재미 있고 익살스런 말을 주고 받으며 관중을 웃기는 재담(才談). 만담. a comic stage dialogue

まんさく[満作](명) 풍작. 대작. 「豊年(ホウネン)一; 풍년 대작」 a good harvest

まんざら[満更](부) ①전연. 한결같이. 「一捨(ス)てたものでもない; 전연 버릴 것도 아니다(가치가 있다)」 ②그것이라고 정해져 있지 않은 모양. 반드시. 「一でもない; 전연 마음이 끌리지 않는 것도 아니다. 반드시 나쁜 것도 아니다」 2. not wholly

まんさん[蹣跚](형동タルト) 비틀거리는 모양. staggering

まんざん[満山](명·부) 만산. 산 전체. the whole hill

まんじ[卍](명) ①인도에 전해지는 상서로운 표지. ②"卍" 모양. 1. a swastika. **―ともえ**[卍巴]一トモエ(부) (눈 등이) 가로 세로로 흩날리며 내리는 모양.

まんじゅ[満樹](명) 나무 한 그루 전체. 「一の花(ハナ); 나무 가득히 핀 꽃」

まんしゅう[満州·満洲](명)〈지〉 만주. 중국 동북부 지방의 대부분. 전 인구의 9 할은 한족이며, 만주족, 몽고족도 거주하고 있음. 농산물, 광산물 등이 많음. Manchuria

まんじゅう[饅頭](명) 만두. 밀가루 반죽에 고기나 팥소를 넣고 찐 것. a bun. **―がさ**[饅頭笠](명) 만두 같은 모양의 삿갓.

まんじゅしゃげ[曼珠沙華](명)〈식〉 ⇨ひがんばな(彼岸花).

まんじょう[満場](명) 만장. ①장소 전체에 가득 차는 것. 「一の諸者(ショクン); 만장의 제군」 ②회장(会場) 전체(의 사람). 「一一致(イッチ); 만장 일치」 1. the whole house

まんじり(부·자サ) 깜빡 조는 모양. 잠시 눈을 붙이는. 「一ともせず一夜(ヒトヨ)を明(ア)かす; 뜬눈으로 밤을 새우다」 getting a wink of sleep

まんしん[満身](명) 만신. 온 몸. 전신. 「一の力(チカラ)をこめて; 전신의 힘을 모아」 the whole body

まんしん[慢心](명·자サ) 만심. 공연한 우월감. 분에 넘게 자기를 잘났다고 생각하는 마음. self-conceit

まんすい[満水](명·자サ) 만수. 물이 가득 듦. 또는 가득 참. being full of water

マンスリー[monthly](명) 먼들리. 월간. 월간 잡지.

まんせい[慢性](명)〈의〉 만성. 빨리 낫지 않는 병의 성질. 「かぜが一になる; 감기가 만성이 되다」 ↔急性(キュウセイ). chronicity

まんぜん[漫然](형동タルト) 만연. ①막연한 모양. 「一とくらす; 뜻 없이 멍청히 살다」 ②주의를 기울이지 않는 모양. 「一とながめる; 멍하니 바라보다」 1. vague

まんせんしょく[満船飾](명) 배 전체를 깃발이나 전등으로 장식하는 일. full dressing

まんぞく[満足] Ⅰ(명·자타サ) 만족. ①자기 마음대로 되어 이만하면 되었다고 생각함. 흡족. ②〈수〉 방정식의 미지수에 알맞은 수를 넣었을 때 등식(等式)이 성립됨. Ⅱ(형동ダ) ①충분하다. 「字(ジ)も一に書(カ)けない; 글씨도 제대로 못 쓰다」 ②완전히 갖추어진 모양. 「一なからだ; 완전한 체격」 Ⅰ 1. satisfaction

まんだら[曼陀羅] 만다라. ①〈불〉 부처의 세계나 극락을 그린 그림. ②많은 부처나 보살을 무늬처럼 나열시킨 그림. 1. Mandara. **―げ**[曼陀羅華](명)〈식〉 연꽃.

まんだん[漫談](명·자サ) 만담. 익살스럽고 재미 있게 세상 인정을 비판 풍자하는 얘기. a comic chat

マンチェスター[Manchester](명)〈지〉 맨치스터. 영국 북서부에 있는 공업 도시. 방직 공업은 세계적으로 유명함.

まんちゃく[瞞着](명·타サ) 배반함. 속임. deception

まんちょう[満潮](명) ⇨みちしお, もちしお.

マンツーはんのう[Mantoux 反応](명)〈의〉 망투씨 반응. 투베르쿨린액(液)을 주사하여 나타난 현상이 음성인가 양성인가를 검사하여 결핵 감염 여부를 판단하는 일. Mantoux test

まんてん[満天](명) 온 하늘. 하늘 전체. 「一の星(ホシ); 하늘에 가득찬 별」 the whole sky

まんてい[満廷](명) 만정. ①조정(朝廷), 법정(法廷)에 사람이 가득 찬 것. ②조정, 법정 전체.

まんてい[満庭](명) 만정. 온 마당. 정원(庭園) 전체. the whole garden

まんてん[満点](명) 만점. ①규정된 점수 중 최고점. 「一をとる; 만점을 따다」 ②모든 것이 훌륭해서 부족함이 없는 것. 「態度(タイド)もことばも一だ; 태도나 언사가 모두 훌륭하다」 1. a full mark

まんてんか[満天下](명) 만천하. 천하 전체. 온 세상. 「一の; 만천하의」 the whole world

まんと[満都](명) 만도. 도시 전체. 「一の 話題(ワダイ) 온 장안의 화제」 the whole city

マント[프 manteau](명) 망토. 소매 없는 외투.

まんどう[万燈](명) ①많은 등. ②손에 드는 등롱. a large paper lantern. **―え**[万燈会](명)〈불〉 많은 등롱에 불을 밝혀 중생의 죄과를 참회하는 법회(法会).

まんどう[満堂](명) 만당. 당(堂) 전체. 「一の会衆(カイシュウ); 만당의 회중」 the whole house

マントー[중 饅頭](명) 만두. 중국식의 살이 두꺼운 찐빵. a bun

まんどころ[政所](명) ①정치상의 사무를 취급하는 곳. 정청(政庁). ②카마쿠라(鎌倉), 무로마치 막부(室町幕府)시대에 정치를 하던 곳. ③섭정(摂政), 관백(関白)의 아내의 높임말. 1. an administrative office

マンドラ[mandola](명)〈악〉 만돌라. 악기의 한 가지. 대형(大型)의 만돌린.

マンドリン[mandolin](명)〈악〉 만돌린. 현악기의 한 가지. 현이 4개임. 독주, 합주, 반주용으로 근대 관현악에 널리 사용됨.

〔マンドリン〕

マントル[mantel](명)←マントルピース. **―ピース**[mantelpiece](명) 맨틀피이스. 벽난로의 윗면과 측

면을 두른 장식의 구조. 맨틀 구조. 맨틀.

まんなか[真ん中](명) 한가운데. 한복판. the middle

まんにょう[万葉](명) ⇨まんよう.

まんにん[万人](명) 만인. 모든 사람. 많은 사람. 「一向(ム)き; 누구에게나 맞는 것」 everybody

マンネリ(ズム)[mannerism](명) 매너리즘. 한 방법이나 기교가 버릇이 되어 독창성 없이 쓰이는 경향. 버릇이 된 기교. 「一におちいる; 매너리즘에 빠지다」

まんねん[万年](명) 만년. ①여러 해. ②영원. 영구(永久). 1. ten thousand years. **—どこ**[万年床](명) 밤낮으로 펴 놓는 이부자리. **—ひつ**[万年筆](명) 만년필. **—ゆき**[万年雪](명)만년설. (높은 산에) 1년 내내 쌓여 있는 눈.

まんねんれい[満年令·満年齢](명) 만으로 셈한 연령. ↔かぞえどし.

まんのう[万能](명) 만능. ①못하는 것이 없는 것. 전능(全能). ②〈농〉 땅을 고르고 제초(除草) 등에 쓰이는 농구. 1. omnipotence

まんば[漫罵](명·타サ) 함부로 마구 욕함. abuse

まんば[慢罵](명·타サ) 얕보고 비웃음. derision

〔万能②〕

まんぱい[満配](명·자サ) 예정대로 충분히 배급함. ↔遅配(チハイ), 欠配(ケッパイ). full delivery

まんぱん[満帆](명) 배의 돛이 바람을 가득 받은 것. 「順風(ジュンプウ)一; 순풍을 가득 받은 돛」

まんび[満尾](명) 끝이 되는 것. 대미(大尾). the end

まんびき[万引き](명·타サ) 물건을 사는 체하고 훔침. 또는 그런 사람. shop-lifting

まんぴつ[漫筆](명) 만필. ①어떤 주의나 체계가 없이 생각 나는 대로 쓴 글. ②수필(随筆). stray notes

まんびょう[万病](명) 만병. 온갖 병. all dieases

まんぴょう[漫評](명·타サ) 만평. 어떤 주의나 체계가 없이 생각 나는 대로 한 비평. rambling criticism

まんぶ[慢侮](명·타サ) 멸시함. 업신여김. contempt

まんぷく[万福](명) 만복. 온갖 복. 많은 복. 「一をいのる; 만복을 빌다」 all health and happiness

まんぷく[満幅](명) 전체의 폭. 「一の信頼(シンライ)をおく; 전폭적으로 신뢰하다」 「a full stomach

まんぷく[満腹](명·자サ·형동ダ) 만복. 배부름. ↗

まんぶん[漫文](명) 만문. 사물의 특징을 과장하여 붓이 가는 대로 재미 있게 쓴 글. rambling notes

まんぶんのいち[万分の一](연어·명) 만분의 1. 만으로 나눈 것 중의 하나. 아주 작은 것. 「ご恩(オン)の一に報(ムク)いる;은혜의 만분의 일이나마 보답하다」

まんべんなく[万遍無く·満遍無く](연어·부) ①구석구석까지. 철저히. 예외 없이. ②모두 한가지로. 고르게. 1. without exception

マンボ[mambo](명)〈악〉 맘보. 룸바에서 발달한 라틴 아메리카 음악의 한 가지. 또는 거기에 맞추어 추는 춤. 「一ズボン; 맘보 바지」

まんぽ[漫歩](명·자サ) 만보. 한가롭게 걸음. a ramble

まんぼう〔翻車魚〕(명)〈동〉 개복치. 가시가 없고 난방형(卵方形)인 큰 물고기. 식용. a sun-fish

マンホール[manhole](명) 맨호울. 보일러, 하수도의 검사, 청소를 하기 위해 출입하는 구멍.

まんま(명) 먹는 것을 일컫는 어린이 말. 맘마. food

まんま[儘](명)〈속〉 ⇨まま. 「この一; 이대로」

まんまえ[真ん前]―マヘ(명) 바로 앞. 눈앞. 목전. under one's eyes

まんまく[幔幕](명) 식장 등에 치는 홍백(紅白)의 장막(帳幕). a drapery

まんまと(부) 〔"うまうまと"의 음편(音便)〕 쉽사리. 감쪽같이. 「一だまされる; 감쪽같이 속다」 successfully

まんまる[真ん丸](명·형동ダ) 완전히 둥그럼. 동그람. 「一な月(ツキ); 동그란 달」 a perfect circle

まんまる·い[真ん丸い](형) 완전히 둥글다. 동그랗다. perfectly round

まんまん[満満](형동タルト) 만만. 차서 넘치는 모양. 「自信(ジシン)一; 자신 만만」 full

まんまん[漫漫](형동タルト) 만만. 멀리 확 트인 모양. 넓은 모양. boundless

まんまんいち[万万一](부) 만일을 강조한 말. if by any chance

マンマンデー[중 漫漫的](부) ①만만디. 천천히. 느리게. ②점점. 1. slowly

まんまんねん[万万年](명) 만만년. 만 년을 강조한 말.

まんめん[満面](명) 만면. 얼굴 전체. 「一朱(シュ)をそそぐ; (화가 나거나 부끄러워) 얼굴 전체가 빨개지다」 the whole face

まんもう[満蒙](명)〈지〉 만몽. ①만주와 동부 내몽고(内蒙古). ②동부 내몽고.

まんもく[満目](명) 안계(眼界)에 들어 오는 모든 것. 눈에 띄는 모든 것. the whole view

マンモス[mammoth](명)맘모스. ①〈동〉 홍적기(洪積期) 시대에 살던 코끼리의 일종. ②대단히 큰 것의 비유. 「一タンク; 초대형(超大型) 탱크」

まんゆう[漫遊](명·자サ) 만유. 일정한 목적 없이 이곳 저곳을 유람 여행함. 「一記(キ); 만유기」 a tour

まんよう[万葉](명) 〔←万葉集(シュウ)〕 일본에서 제일 오래 된 가집(歌集). 총 20권. 나라(奈良) 시대 말기에 완성됨. **—がな**[万葉仮名](명) 뜻에는 관계없이 한자(漢字)의 음(音)이나 훈(訓)으로 말을 표기한 문자. 예: "あ,い,う"를 "阿,伊,宇"로 쓴 것. **—ちょう**[万葉調](명) 만요오슈우(万葉集)에 수록되어 있는 시가(詩歌)의 특색. 표현이 단순하고 직절적(直截的)이며, 말이 간명하고 씩씩한 것이 특색임.

まんりき[万力](명) 작은 공작물을 끼워 나사로 죄어 움직이지 않게 고정시키는 기계. a vice

まんりょう[万両](명)〈식〉 백량금. 자금우(紫金牛)과에 속하는 상록활엽 관목. 높이 1m 정도이며 초겨울에 붉고 둥근 열매를 맺음. 설의 장식으로 씀. spear-flower

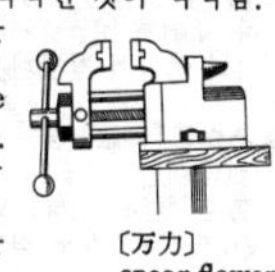

〔万力〕

まんりょう[満了](명·자サ) 만료. 완전히 끝남. 「任期(ニンキ)—; 임기 만료」 expiration
まんるい[満塁](명) 만루. 〔야구에서〕 각 루(塁)에 러너(走者)가 차 있는 것. a full base
まんろく[漫録](명) ⇨まんぴつ.

み

み—(접두) 명사에 붙어 미칭(美称) 또는 어조를 정리하는 말. 「—雪(ユキ); 눈」
み—[三](조어) 세 개의. 「—月(ツキ); 석 달」
み—[御](접두) 존경의 뜻을 나타내는 말. 「神(カミ)の—姿(スガタ); 신의 모습」
み—[未](조어) 아직 …하지 않다. 「—開拓(カイタク); 미개척」
—み(접미) ①…것. 「軽(カル)—; 가벼운 것」 ②[味] 상태. 정도. 「厚(アツ)—; 두꺼운 정도」 ③장소, 점(点)을 나타내는 말. 「深(フカ)—; 깊은곳」「弱(ヨワ)—; 약점」 ④(두 개 계속된 동사에 붙어) …다가. 「降(フ)り—降らず—; 오다가 말다가」 ⑤…때문에. 「瀬(セ)を早(ハヤ)—; 여울이 빠르기 때문에」
—み[味](접미) 음식물이나 약(薬)의 가지 수를 세는 말. 「七(シチ)—の薬(クスリ); 일곱 가지의 약」
み[巳](명) ① 12지(支)의 여섯째. 배암. ②옛 시각 이름. 사시. 오전 9시에서 11시까지. ③방위 이름. 남남동(南南東). 3. south-southeast
み[身] Ⅰ(명) ①몸. 「—に つける; 몸에 지니다」 ②자기. 자신(自身). 「—を殺(コロ)して; 자신을 죽여(희생하여)」 ③신분. 「—を立(タ)てる; 출세하다」 ④마음. 「—を入(イ)れる; 정성을 들이다」 ⑤생선, 짐승의 고기. 「あぶら—; 기름기」 ⑥나무 껍질에 싸인 부분. 줄기. ⑦칼날. 「ぬき—; 도신(刀身)」 ⑧뚜껑 있는 그릇의 (음식물을) 넣는 부분. Ⅱ(대)〈고〉자기를 가리키는 말. 이몸. Ⅰ 1. the body 7. a blade
み[実](명) ①열매. ②씨. 종자. ③국에 넣는 야채나 고기. 국거리. 「しるの—; 국거리」 ④싸여 있는 것의 속의 것. 내용물(内容物). 알맹이. 1. a fruit 2. a seed
み[箕](명)〈농〉 키. a winnow
ミ[이 mi](명)〈악〉 장음계(長音階)의 세째 음. ②마(E)음의 이탈리아 음명(音名).
みあい[見合い]アヒ(명·자サ) ①서로 봄. ②선을 봄. 「お—をする; 선을 보다」 2. a marriage meeting
みあ·う[見合う]—アフ Ⅰ(자 4) 어겯맞다. 대응(対応)하다. 「購買力(コウバイリョク)が物価(ブッカ)と—; 구매력과 물가가 걸맞다」 Ⅱ(타 4) 서로 동태를 살피다. Ⅰ balance Ⅱ look at each other
みあかし[御燈](명) 신불(神仏) 앞에 바치는 등불. 등명(燈明). a taper offered
みあき[見飽き](명) 보는 것에 싫증이 남. 「—がしない; 아무리 봐도 싫증이 나지 않다」 being tired of seeing
みあ·げる[見上げる](타하 1) ①쳐다보다. ②우러러보다. 「見上(ミア)げた人(ヒト)がら; 훌륭한 인품」 1. look up
みあた·る[見当たる](타 4) 발견하다. 찾아 내다. find
みあやま·る[見誤る](타 4) 잘못 보다. fail to recognize
みあらわ·す[見表わす]—アラハス(타 4) (정체 등을) 알아 내다. 꿰뚫어 보다. see through
みあわ·せる[見合わせる]—アハセル(타하 1) ①서로 보다. ②비교하여 보다. ③(하려고 하다가) 그만두다. 보류(保留)하다. 「旅行(リョコウ)を—; 여행을 보류하다」 ㊎見合わせ. 1. see each other
ミー[me](대) 미. 나.
みいだ·す[見出だす](타 4) 발견하다. 찾아 내다. find
みいつ[御稜威](명) 천황의 위광(威光). the august virtue of His Majesty
みいでら[三井寺](명) 시가현(滋賀県) 오오쯔시(大津市)에 있는 천태종(天台宗) 지몬파(寺門派)의 총본산. 685년에 건설되어 많은 승병(僧兵)을 가져 세력을 떨쳤음.
ミート[meat](명) 미이트. 쇠고기. 되지 고기.
ミート[meet](명·자サ) 미이트. ①잘 들어 맞음. ②〔야구에서〕 보울에 배트를 댐.
ミイラ[포 mirra·木乃伊](명) 미이라. 사람, 동물의 시체가 썩지 않고 모양 그대로 건조되어 단단해진 것.
みいり[実入り](명) ①열매가 익는 것. ②수입. ③내용(内容). 1. crop
ミ(ー)リング(ばん)[milling(盤)](명) ⇨フライス(ばん).
みい·る[見入る·魅入る](자 4) (신불에) 벌을 받다. 들리다. 「悪魔(アクマ)が—; 마귀가 붙다」 fascinate
みい·る[見入る](타 4) ①주시(注視)하다. ②정신 없이 보다. 1. gaze
ミール[meal](명) 미일. ①옥수수 같은 것을 탄 것. 「コーン—; 코온 미일」 ②식사(食事).
みいわい[身祝い]—イハヒ(명) 자신이나 집안일을 축하하는 것. 자축(自祝). congratulation for oneself
みうけ[身受け·身請け](명·타サ) (기생, 유녀 등을) 몸값을 치르고 자유롭게 함. 낙적(落籍). redemption
みう·ける[見受ける](타하 1) ①보고 인정하다. ②보다. 때때로 보다. 1. judge
みうごき[身動き](명·자サ) 몸을 움직임. 「—もできない; 몸을 꼼짝도 할 수 없다」 moving
みうしな·う[見失う]—ウシナフ(타 4) 지금까지 보고 있던 것을 놓치다. lose sight

みうち[身内](명) ①온 몸. 「一が ふるえる; 전신이 떨리다」 ②친척. 살붙이. ③패. 동아리. 1. in one's body 2. relatives

みうり[身売り](명·자サ) ①몸값을 받고 약속 기간 동안 일함. ②돈이 궁하여 팖. 1. selling oneself

みえ[見え](명) ①볼품. 외관(外觀). 「一がよくない; 볼품이 없다」 ②[見栄] 겉치장. 「一を張(ハ)る; 겉치장을 하다」 ③[見得]〔연극에서〕 배우가 유달리 눈에 띄는 표정, 동작을 하는 것. 「一を切(キ)る; 자신 있는 태도를 보이다」 1. appearance 2. vanity

みえ[三重](명)〈지〉 킨키(近畿) 지방 동부의 현. 현청 소재지는 쯔시(津市).

みえがくれ[見え隠れ](명·자サ) 보였다 안 보였다함. 나타났다 숨었다함. in and out

みえす·く[見え透く](자 4) ①투명해 보이다. ②거짓 또는 엉터리였음을 잘 알 수 있다. 「見え透いたうそ; 빤히 들여다 보이는 거짓말」 1. be transparent

みえっぱり[見栄っ張り](명) 겉치장을 하는 일. 또는 그런 사람. vanity

みえば·る[見栄張る](자 4) 겉치장을 하다. show off

みえぼう[見栄坊](명) 겉치장을 하는 사람. a vain person

み·える[見える](자하 1) ①보이다. ②"来(ク)る(오다)"의 가벼운 높임말. 오시다. ③생각되다. …하는 모양이다. 「いやだと一; 싫어하는 모양이다」 1. be seen 3. look

みお[水尾·水脈·澪]—ヲ(명) 수맥. 강, 바다에서 배가 다니는 길. 수로(水路). a waterway

みおくり[見送り](명·타サ) 송별(送別). 배웅. sending off

みおく·る[見送る](타 4) ①송별하다. 배웅하다. ②사람이 죽을 때까지 돌봐 주다. 「親(オヤ)を一; 양친이 돌아가실 때까지 돌봐 드리다」 ③(가는 것을) 뒤에서 바라보다. ④보류하다. 「採用(サイヨウ)を一; 채용을 보류하다」 1. see of

みおさめ[見納め·見収め]—ヲサメ(명) 마지막으로 봄. 보는 것의 마지막. 「今生(コンジョウ)の一; 이 세상에서 마지막 보는 것」 a last look

みおつくし[澪標]ミヲ—(명) 강이나 바다에서 배가 다니기에 편리한 수로(水路)에 세우는 표지(標識)의 나무.

〔澪標〕

みおと·す[見落とす](타 4) 간과(看過)하다. 빠뜨리고 보다. fail to notice

みおとり[見劣り](명·자サ) ①예상보다 못하게 보임. ②한쪽이 다른 쪽에 비해 뒤떨어져 보임. 1. proving worse than expected

みおぼえ[見覚え](명) 본 기억. 「たしかに一がある; 틀림 없이 본 기억이 있다」 图 見覚える(타하 1). recognition

みおも[身重](명) 몸이 무거움. 임신. pregnancy

みおや[御祖](명)〈고〉 ①양친의 높임말. ②선조의 높임말.

みおろ·す[見下ろす](타 4) ①밑을 보다. 내려다 보다. ②깔보다. 얕보다. 1. look down

みか[甕](명)〈고〉 술을 빚기 위한 커다란 독.

みかい[未開](명) 미개. ①인지(人智)가 아직 발달하지 않은 것. 「一の土人(ドジン); 미개의 토인」 ②토지가 아직 개척되지 않은 것. 「一地(チ); 미개지」 ③꽃이 아직 피지 않은 것. 1. uncivilized

みかい[味解](명·타サ) 자세히 맛봄. appreciation

みかいけつ[未解決](명·형동ダ) 미해결. 아직 해결되지 않음. 「一の問題(モンダイ); 미해결의 문제」 being unsettled

みかいたく[未開拓](명·형동ダ) 미개척. 아직 개척되지 않음. 「一の原野(ゲンヤ); 미개척의 벌판」 uncultivated

みかえし[見返し]—カヘシ(명) ①면지(面紙). ②소맷부리, 깃, 섶 등의 안쪽에 대는 겉감과 같은 천. 1. endpaper

みかえ·す[見返す]—カヘス(타 4) ①돌아 보다. ②다시 보다. ③버림받은 대가로 성공하여 보이다. 1. look back 3. triumph over one's old enemy

みかえり[見返り]—カヘリ(명) ①뒤돌아 보는 일. ②보증(保証)이나 담보(担保)로 내놓음. 또는 그 물건. 1. looking back. — **ぶっし**[見返り物資](명) 수입품(輸入品)에 대한 보증으로서 수출하는 물자.

みかえ·る[見返る]—カヘル(타 4) 뒤를 돌아 보다. look back

みか·える[見変える]—カヘル(타하 1) ①보고 다른 것으로 바꾸다. 이것을 버리고 저것에 마음이 옮아 가다. ②이제까지와는 달리 전혀 다른 것으로 보이다. 2. make a wrong judgement

みがき[研き·磨き](명) 닦음. 「一をかける; 닦다」 polishing. — **こ**[磨き粉](명) 닦는 데 쓰는 가루. — **ずな**[磨き砂](명) 금속성(金属性) 그릇을 닦는 데 쓰는 모래.

みがきたてる[磨き立てる](타하 1) ①자주 닦다. ②아름답게 몸치장을 하다. 1. polish up

みかきにしん[身欠き鯡](명) 청어를 거두 절미(去頭截尾)하여 두 조각으로 갈라 말린 것. a cut and dried herring

みかきもり[御垣守](명)〈고〉 궁중의 여러 문을 지키는 위병(衛兵).

みかぎ·る[見限る](타 4) ①단념하다. ②정이 떨어져 관계하지 않다. 1. abandon

みかく[味覚](명)〈생〉 미각. 혀로 맛본 감각. the sense of taste

みが·く[研く·磨く](타 4) ①닦아서 광을 내다. ②곱게 꾸미다. ③목욕하여 깨끗이하다. ④공부를 열심히 하다. 「腕(ウデ)を一; 기술을 연마하다」 1. polish

みかけ[見掛け](명) 외관(外観). 겉보기. outward look. — **だおし**[見掛け倒し]—ダフシ(명) 외관은 훌륭하지만 내용이 충실하지 못함.

みかげ[御影](명) 신령(神霊). the spirit of the dead. — **いし**[御影石](명)〈광〉 화강암(花崗岩).

みか·ける[見掛ける](타하 1) 눈에 띄다. 보다. 「とき

どき一人(ヒト); 가끔 보는 사람」 be seen
みかさ[水嵩](명)〈고〉 수량(水量).
みかた[見方](명) ①견해. 생각. ②보는 태도. 1. a view
みかた[味方·身方](명·자サ) 자기편. ↔敵(テキ). an ally
みがため[身固め](명) 몸차림을 단단히 하는 것. 몸차림. dress
みかづき[三日月](명) 초승달. a crescent moon. ―**まゆ**[三日月眉](명) 초승달처럼 생긴 눈썹.
みがって[身勝手](명·형동ダ) 자기 멋대로함. 방자(放恣). egoism
みかど[帝](명) 천황. 황제. the Emperor
みか·ねる[見兼ねる](타하 1) 태연히 볼 수가 없다. 「見るに見兼ねて注意(チュウイ)する; 보다 못해 주의시키다」 cannot see easily
みがまえ[身構え]―ガマヘ(명·자サ) ①몸가짐. 태세. ②적에 대한 자세. 동 身構える(자하 1). 2. posture
みがら[身柄](명) 신병. ①신분. ②몸. 「―を引(ヒ)き取(ト)る; 신병을 인수하다」 1. one's social position
みがる[身軽](명·형동ダ) ①몸이 가벼움. ②물건을 내리거나 출산(出産)하고 나서 몸이 가벼워짐. ③간단한 몸차림. 1. nimble
みかわ[三河](명)〈지〉 옛 지방 이름. 현재 아이치현(愛知県)의 동쪽 반(半). 「exchange glances
みかわ·す[見交わす]―カハス(타 4) 서로 맞보다. ⤴
みがわり[身代わり]―ガハリ(명) 다른 사람을 대신함. substitution
みかん[未刊](명) 미간. 아직 간행되지 않은 것. 또는 그 책이나 잡지. ↔既刊(キカン). unpublished
みかん[未完](명) 미완. 아직 완결 혹은 완성되지 않은 것. incomplete
みかん[味感](명) 미감. 입에서 느끼는 음식물의 맛. 미각(味覚). the taste
みかん[蜜柑](명)〈식〉 귤나무. 운향과의 상록 활엽 교목. 열매는 귤이라고 하며, 맛이 새큼하고 향기가 있음. 「―箱(バコ); 귤 상자」 a mandarin orange
みかんせい[未完成](명·형동ダ) 미완성. 완성되지 못함. 「―交響楽(コウキョウガク); 미완성 교향악」 incompletion
みき[幹](명) ①(나무의) 줄기. ②사물의 중요한 부분. 1. a trunk
みき[御酒·神酒](명) 〔お―〕 술의 미칭(美称).
みぎ[右](명) ①오른쪽. 「―がわ通行(ツウコウ); 우측 통행」 ②앞에 말한 바와 같이. 「―の通(トオ)り; 앞에 말한 바와 같이」 ③더 나은 쪽. 「―に出(デ)るものがない; 더 나은 사람이 없다」 ④우익(右翼). ↔左(ヒダリ). 1. the right 3. superiority
みぎうで[右腕](명) ①오른팔. ②제일 미더운 사람. 「かれは社長(シャチョウ)の―だ; 그는 사장의 오른팔이다」 1. the right arm
みきき[見聞き](명·타サ) 보고 들음. 견문. experience
ミキサー[mixer](명) 믹서. ①시멘트, 모래, 자갈 등을 섞는 기계. ②과실의 즙을 내는 기계. ③방송국의 음량, 음질의 조절 기사(調節技師).

みぎ·する[右する](자サ) 오른쪽으로 가다. ↔左(ヒダリ)する. go to the right
みぎて[右手](명) 우수. ①오른손. ②오른쪽. ↔左手(ヒダリテ). 1. the right hand
みぎひだり[右左](명) ①오른쪽과 왼쪽. 좌우. ②그 자리에서 즉각 주고 받음. ③오른쪽과 왼쪽이 바뀜. 반대. 1. right and left
みぎよつ[右四つ](명) 〔씨름에서〕 서로의 오른손을 상대편의 왼편 겨드랑이에 넣고 씨름하는 수. ↔左(ヒダリ)四つ.
みきり[見切り](명) 끝장을 보는 것. 단념. 「―品(ヒン); 투매품(投売品)」 giving up. ―**もの**[見切り物](명) 헐값으로 팔아 버리는 물건. 투매품.
みぎり[右](명)〈고〉 ⇨みぎ.
みぎり[砌](명) ①처마 밑이나 층계 밑에 놓는 돌. ②경(頃). 계제. 때. 「上京(ジョウキョウ)の―; 상경시」 ③곳. 장소. 2. an occasion
みき·る[見切る](타 4) ①끝까지 다 보다. ②단념하다. ③헐값으로 팔다. 투매(投売)하다. 1. see all
みぎれい[身奇麗](형동ダ) 몸차림이 깨끗한 모양. 「いつも―にしている; 언제나 차림을 깨끗하게 하고 있다」 spruce
みぎわ[汀·渚]―ギハ(명) 물가. the waterside
みきわめ[見極め]―キハメ(명) ①끝까지 봄. 확인(確認). ②진위(真偽)를 감정함. 「―がつく; 참과 거짓이 판단되다」 2. ascertainment
みきわ·める[見極める]―キハメル(타하 1) ①끝까지 똑똑히 보다. 확인하다. ②사물의 내용을 속속들이 알다. ③진위(真偽)를 감정하다. 1. see through
みくさ[水草](명)〈고〉 수초. 물속이나 물가에서 자라는 풀의 총칭. 물풀.
みくじ[御籤](명) ⇨おみくじ.
みぐし[御首](명) 목, 머리의 높임말.
みぐし[御髪](명) 머리털의 높임말. your hair. ―**あげ**[御髪上げ](명)〈고〉 ①머리를 틀어 올림. 또는 머리를 틀어 올려 주는 사람. ②성장한 여자가 늘어뜨린 머리털을 틀어 올림. ―**おろし**[御髪下ろし](명)〈고〉 귀인이 머리를 깎고 불문(仏門)에 들어 감.
みくず[水屑]―クヅ(명)〈고〉 물속의 오물.
みくだ·す[見下す](타 4) ①멸시하다. 깔보다. ②아래쪽을 보다. 내려다 보다. 1. despise
みくだりはん[三行半](명) (석 줄 반으로 쓴) 아내에게 주는 이혼장. a letter of divorce
みくにぶり[御国風](명)〈고〉 ①나라의 풍습. ②국문학. 일본 문학.
みくにまなび[御国学](명)〈고〉 국학(国学).
みくび·る[見縊る](타 4) 멸시하다. 깔보다. 바보 취급을 하다. hold cheap
みくまり[水分り](명)〈고〉 (산에서 내려오는) 물의 분기점(分岐点).
みくら·べる[見比べる](타하 1) ①비교해 보다. 「ふたりの顔(カオ)を―; 두 사람의 얼굴을 비교해 보다」 ②생각을 맞추어 보다. 「二(フタ)つの案(アン)を―; 두

개의 안(案)을 비교해 보다」 1. compare
みぐるし·い[見苦しい](형) 보기 흉하다. 보기 싫다. 파생 **―げ**(형동ダ) **―さ**(명). shabby
みぐるみ[身ぐるみ](연어·명) 몸에 붙이고 있는 모든 것.「―ぬいでおいていけ; 죄다 벗어 놓고 가라」
ミクロ コスモス[도 Mikrokosmos](명)〈철〉 미크로코스모스. 소우주(小宇宙). ↔マクロコスモス.
ミクロトーム[도 Mikrotom](명) 미크로톰. 현미경용의, 생물 조직을 얇게 잘라 표본을 만드는 기구.
ミクロン[프 micron](명) 미크론. 백만분의 1미터. 천분의 1밀리미터.
みけ[三毛](명) 흰 빛, 검은 빛, 갈색이 섞인 털. 또는 그런 털의 고양이. a tortoiseshell cat
みけ[御食](명)〈고〉 임금의 식사. 수라(水刺). ②신에게 바치는 음식. 신찬(神饌).
みけいけん[未経験](명·형동ダ) 미경험. 경험이 없음.「―者(シャ); 미경험자」 inexperience
みけし[御衣](명)〈고〉 어의. 임금 또는 귀인(貴人)의 옷에 대한 높임말.
みけつ[未決](명) 미결. ①아직 결정되지 않은 것. ②〈법〉 형사 사건에서 아직 판결이 내리지 않은 것. ↔既決(キケツ). 2. unconvicted. **―かん**[未決監](명)〈법〉 미결감. 미결수를 수용하는 곳. **―しゅう**[未決囚](명)〈법〉 미결수. 범죄의 혐의로 미결감에 수감 중인 형사 피고인.
みけん[未見](명) 미견. 아직 만나지 않은 것. 아직 보지 않은 것.「―の書物(ショモツ);아직 보지 않은 책」
みけん[眉間](명) 미간. ①눈썹과 눈썹 사이. ②이마. 1. the middle of the forehead
みこ[神子·巫女](명) 신도(神道)에 종사하는 여자. a vestal virgin
みこ[御子·皇子](명) ①황태자. ②황족(皇族)의 남자를 일컫는 말. 1. an Imperial son
みご(명) 볏짚의 심. a straw stalk
みごうしゃ[見巧者](명·형동ダ) (연극 등을 많이 보아서) 보는 법이 우수한 것. 또는 그 사람. a good judge
みこし[見越し](명) ①미래를 추측함. 예상(豫想). ②넘어다 봄. 보아 넘김. 2. looking over. **―がい**[見越し買い](명)〈경〉 시세의 등귀(騰貴)를 예측해서 상품을 미리 사는 것.
みこし[御輿·神輿](명) ① 가마의 높임말. ②신체(神体)를 모신 가마. ③〈속〉 허리. 엉덩이. 「―をあげる; 일어나다. 일을 시작하다」 1. a palanquin. **―ふり**[御輿振り](명) 신체를 모신 가마를 출발할 때 힘차게 흔드는 것.
みごしらえ[身拵え]―ゴシラヘ(명·자サ) 복장을 단정(端正)히 갖춤. dress
みこ·す[見越す](타 4) ①(꼭 그렇게 될 것을) 예상하다.「将来(ショウライ)を見越して計画(ケイカク)する; 장래를 미리 내다 보고 계획하다」 ②넘어다 보다. 1. anticipate
みごたえ[見応え]―ゴタヘ(명) 볼 만한 가치. 볼품. 「―がある; 볼품이 있다」 excellence
みこと[尊·命](명)〈고〉 신(神)이나 귀인(貴人)의 이름에 붙인 높임말.
みこと[御言](명) 임금의 말씀. a command
みごと[見事·美事](명·형동ダ) ①볼 가치가 있음. 볼 만함. 됨됨이가 훌륭함.「―にやってのける; 훌륭히 해 치우다」 ②아름다움. ③〔반어적으로〕 완전함. 깨끗함.「―に失敗(シッパイ)した; 완전히(깨끗이) 실패했다」 2. beautiful
みことのり[詔·勅](명·자サ) 임금의 말씀. 조칙(詔勅). an Imperial edict
みごなし[身ごなし](명) 몸의 움직임. 행동 거지(行動擧止) carriage
みこばら[皇女腹](명)〈고〉 황녀(皇女)에게서 태어난 아들. 임금의 외손자.
みこみ[見込み](명) ①예상. 생각. 「―違(チガ)い; 예상에 벗어남」 ②목표. 목적.「将来(ショウライ)の―; 장래의 목표」 ③희망. 가망. 「―がない; 가망이 없다」 1. prospects 3. hope
みこ·む[見込む](타 4) ①생각나다. 생각하다. ②목표로 하다.「成功(セイコウ)を―; 성공을 목표로 삼다」 ③가망이 있다고 생각하다. ④반하다. 들리다.「悪魔(アクマ)に見込(ミコ)まれる;마귀에게 들리다」 ⑤속(안)을 보다. 1. think of 5. gaze into
みごも·る[身籠もる](자 4) 임신하다. be pregnant
みごろ[身頃](명) 옷의 앞뒤폭. the body of a garment
みごろ[見頃](명) 보기에 좋은 시기.「花(ハナ)の―; 꽃이 볼 만한 때」 the best time to see
みごろし[見殺し](명) ①죽음을 당하는 것을 보고만 있는 것. ②괴로와하는 것을 옆에서 보고만 있는 것. 1. letting another die before one's very eyes
みこん[未婚](명) 미혼. 아직 결혼하지 않은 것. ↔既婚(キコン). unmarried
みこん[未墾](명) 미간. 아직 개간되지 않은 것. uncultivated
ミサ[라 missa·彌撒](명) 미사. ①천주교의 성찬 의식(聖餐儀式). ②〈악〉 미사에 부르는 음악. 미사곡.
みさい[未済](명) 미제. ①아직 끝나지 않은 것. ②아직 납부(納付)하지 않은 것. 미납. ③아직 갚지 않은 것. 1. unfinished
ミサイル[missile](명)〈군〉 미사일. 스스로 방향을 잡는, 로키트로 발사되는 폭탄. 유도탄(誘導弾).
みさお[操]ミサヲ(명) ①뜻을 굽히지 않는 것. 절조. 굳은 절개. ②정조(貞操). 「―を守(マモ)る; 정조를 지키다」 1. fidelity
みさお[水竿]―サヲ(명) 상앗대. 삿대. a pole
みさかい[見境]―サカヒ(명) 분별. 구별.「善悪(ゼンアク)の―が(つか)ない; 선악의 구별을 못하다」 distinction
みさき[岬](명)〈지〉 갑. 수중(水中)에 뾰족하게 내민 땅. 곶. a cape
みさ·く[見放く](타하 2)〈고〉 멀리를 보다.
みさ·げる[見下げる](타하 1) 멸시하다. 깔보다. ↔見上(ア)げる. despise
みさご[鶚](명)〈동〉 물수리. 독수리 비슷하며 물가에

서 물고기를 잡아 먹음. an osprey

みささぎ[陵](명) 능. 임금, 황후(皇后)의 묘(墓). an Imperial mausoleum

みさだめ[見定め](명) 보고 정하는 것. 확인함.「—がつく; 확인이 되다」 guess

みさだ·める[見定める](타하 1) 보고 정하다. 정확히 확인하다.「目標(モクヒョウ)を—; 목표를 확인하다」 ascertain

みざま[見様](명)〈고〉 볼품. 생김새.

みさらし[未晒し](명) 아직 바래지 않은 것.「—木綿(モメン); 바래지 않은 무명」 unbleached

みざる きかざる いわざる[見猿聞か猿言わ猿]—イハザル(연어) 제각기 손으로 귀, 눈, 입을 막고 있는 세 마리의 원숭이. 남의 결점은 보지 말고, 듣지 말고, 말하지 말라는 비유.

みじか·い[短い](형) ①(길이가) 짧다. ②오래지 않다. ③낮다. ④생각이 얕다. ⑤「気(キ)が—; 성미가 급하다(短気)」 파생 **— さ**(명). 1. short 4. thoughtless

みじかうた[短歌](명)〈고〉 31 자로 된 와카(和歌). ↔長歌(ナガウタ).

みじかよ[短夜](명) 짧은 밤. 여름 밤. a short night

ミシシッピがわ[Mississippi 川]—ガハ(명)〈지〉 미시시피강. 미국에 있는 세계에서 가장 긴 강. 본류는 캐나다 국경 근처의 아이태스커호에서 시작, 미국을 횡단해서 멕시코우만으로 흐름. 길이 6, 350 *km*.

みじたく[身仕度](명·자サ) 몸차림. dress

みじまい[身仕舞い]—ジマヒ(명·자サ) 몸차림. dress

みじまり[身締り](명) ①신변(身辺)의 정돈. ②품위가 있음. 2. decency

みじめ[惨め](명·형동ダ) 불쌍한 모양. 비참한 모양.「—な生活(セイカツ); 비참한 생활」 misery

みしゅう[未収](명) 미수. 수납(収納)되지 않은 것.「—金(キン); 미수금」 uncollected

みじゅく[未熟](명·형동ダ) 미숙. ①과실이 아직 익지 않음. ②숙련되지 않음.「—者(モノ); 미숙한 사람」「—な技術(ギジュツ); 미숙한 기술」 1. unripeness

みしょう[未生](명) 미생. 아직 태어나지 않는 것.

みしょう[未詳](명) 미상. 상세히 모르는 것.「著者(チョシャ)—の書物(ショモツ); 저자 미상의 책」 not exactly known

みしょう[実生](명) 실생. 씨에서 싹(芽)이 나와서 식물이 자람. 또는 그 식물. a seedling

みじょう[身性·身状](명)〈속〉 ①타고난 성품.「—がいい; 천성(天性)이 좋다」 ②신상(身上). 신분. ③몸가짐. 품행(品行). 1. nature 3. conduct

みしらず[身知らず](명·형동ダ) ①자기의 분수를 모름. ②몸조심하지 않음. 1. self-conceit

みしら·ぬ[見知らぬ](연체) 보지도 만나지도 못한. 낯선.「—男(オトコ); 낯선 남자」 unaquainted

みしり[見知り](명) ①보고 아는 것. ②안면이 있는 것. 2. aquaintance. **— ごし**[見知り越し](명)보아서 알고 있는 것.

みし·る[見知る](타 4) ①보고 알다. ②사귀어 서로 알다. 1. know by sight

みじろ·ぐ[身動ぐ](자 4) 몸을 움직이다. 몸을 놀리다. 명 身動ぎ. move

ミシン(명·타サ)〔소우잉머시인(sewing-machine)의 준말〕 재봉틀.

みじん[微塵](명) 미진. ①작은 먼지. ②자디잔 것. ③잘게 썲. 또는 썬 것.「たまねぎを—に切(キ)る; 양파를 잘게 썰다」 1. fine dust. **— こ**[微塵子](명)〈동〉 물벼룩. 벼룩처럼 생겼고 담수(淡水)에서 뛰듯 헤엄쳐 다님. 물고기의 먹이가 됨. **— こ**[微塵粉](명) 쪄서 말린 찰밥을 빻은 가루. 제과에 씀. 미싯가루. **— も**[微塵も](부) 조금도.

みす[御簾](명) ①발의 높임말. ②테를 두른 눈이 고운 발. 궁전(宮殿), 신전(神殿)에 씀. 1. a bamboo blind

ミス[Miss](명) 미스. ①처녀. 양(嬢).「—中村(ナカムラ); 나카무라 양」↔ミセス. ②대표적인 미인.「—英国(エイコク); 미스 영국」↔ミスタ.

ミス[miss](명·자サ) 미스. ①빼놓음. ②빠뜨림. ③미스테이크의 준말.「校正(コウセイ)の—; 교정 미스」

みず[水]ミヅ(명) ①찬물. 냉수(冷水). ↔湯(ユ). ②〔씨름에서〕 양쪽 선수가 피로해졌을 때 잠시 쉬며 물을 마시게 하는 것. ⇨: みずいり.「—がはいる; 씨름 도중 쉬게 하고 물을 먹이다」 1. cold water

みずあか[水垢]ミヅ—(명) 물을 담은 그릇 등에 붙는 때 같은 것. 물때. fur

みずあげ[水揚げ]ミヅ—(명·타サ) ①배의 하물을 육지로 올림. 양륙(揚陸). ②어획(漁獲).「—高(ダカ); 어획고」 ③꺾꽂이한 꽃이 오래도록 시들지 않게 함. 1. landing

みずあさぎ[水浅葱]ミヅ—(명) 녹색을 띤 엷은 남빛.

みずあそび[水遊び]ミヅ—(명·자サ) 물놀이. 물장난. a play on the water

みずあたり[水中り]ミヅ—(명·자サ) 물에 체하여 배탈이 남. a complaint caused by drinking water

みずあび[水浴び]ミヅ—(명·자サ) ①미역 감음. ②수영(水泳). 헤엄. 1. bathing

みずあぶら[水油]ミヅ—(명) ①액체로 된 머리 기름. 동백 기름, 올리브유 등. ②등유(燈油). 1. hair oil

みずあめ[水飴]ミヅ—(명) 물엿. 조청. millet jelly

みすい[未遂](명)〈법〉 미수. 시작하여 끝내지 못한 것.「殺人(サツジン)—; 살인 미수」 an attempt

みずいらず[水入らず]ミヅ—(명) 집안끼리만 하고 남을 끼우지 않는 것. no one but family members

みずいり[水入り]ミヅ—(명)〔씨름에서〕 오래도록 승부가 나지 않을 때 도중에서 쉬게 하는 것.

みずいれ[水入れ]ミヅ—(명) 벼루에 붓는 물을 담는 자그마한 그릇. 연적(硯滴). a water-holder

みずいろ[水色]ミヅ—(명) 물빛. 엷은 남빛. light blue

みずうみ[湖]ミヅ—(명)〈지〉 호수. a lake

みずえ[水絵]ミヅ—(명) 물에 풀 수 있는 물감을 써서 그린 그림. 수채화(水彩画). a water-colour painting

みずえ[瑞枝]ミヅ—(명) 푸르고 싱싱한 어린 가지.

みずえのぐ[水絵の具]ミヅ—(명) 수채화(水彩画)에 쓰는 물감. water-colour paints

みす·える[見据える]ースエル(타하 1) ①한눈 팔지 않고 보다. 쏘아 보다.「相手(アイテ)をはったとー; 상대를 날카롭게 쏘아 보다」②보고 정하다. 확인하다. 1. gaze at
みずおしろい[水白粉]ミヅー(명) 수백분. 액체로 된 분. 물분. a liquid face-paint
みずおち[水落ち·鳩尾]ミヅー(명)〈생〉 가슴뼈 아래의 중간에 우묵히 들어 간 곳. 명치. the pit of the stomach
みずかい[水飼い]ミヅカヒ(명) 마소(馬牛) 등에 물을 먹임.「一場(バ); 마소 등에 물을 먹이는 곳」 watering a horse
みずがい[水貝]ミヅガヒ(명) 전복을 네모나게 잘게 썰어 소금물에 절인 것.
みずかがみ[水鏡]ミヅー(명·자サ) 수경. 물에 모습이 비침. 또는 그 수면(水面). water mirroring things
みずかき[水掻き·蹼]ミヅー(명)〈동〉 물갈퀴. a web
みずがき[瑞垣]ミヅー(명) 신사(神社)의 울타리. a shrine fence
みずかけろん[水掛け論]ミヅカケー(명) 끝을 맺지 못하고 토론을 끄는 것. 결말이 나지 않는 의론. an endless dispute
みずかげん[水加減]ミヅー(명·자サ) 물이 들어 가는 정도. 또는 그것을 조절하는 것.
みずかさ[水嵩]ミヅー(명) 강물 등의 분량. 수량(水量). the volume of water
みずがし[水菓子]ミヅー(명) ⇨くだもの.
みすか·す[見透かす](타 4) 꿰뚫어 보다. 간파(看破)하다.「内幕(ナイマク)をー; 내막을 간파하다」 see through
みずがみ[水髪]ミヅー(명) (기름을 바르지 않고) 물로 다듬은 머리.
みずがめ[水瓶]ミヅー(명) 물을 담는 항아리. a jar
みずから[自ら]ミヅカラ Ⅰ(대) 여자가 자신을 가리키는 말. Ⅱ(부) 자기가. 자신이. 스스로. Ⅱ by oneself
みずガラス[水硝子]ミヅー(명)〈이〉 수초자. 무수 규산(無水硅酸)과 알칼리를 용해시킨 것. 접착제(接着剤)로 쓰임. 물유리. water glass
みすぎ[身過ぎ](명·자サ) 생활. 생계. living
みずき[瑞木]ミヅー(명) 싱싱한 어린 나무. a young tree
みずぎ[水着]ミヅー(명) ①물에서 일할 때 입는 옷. ②수영복(水泳服). 2. a bathing suit
みずききん[水飢饉·水饑饉]ミヅー(명) 생활에 필요한 물이 부족해지는 것. 물 기근. lack for water
ミスキャスト[miscast](명) 미스캐스트. 잘못된 배역.
みずぎわ[水際]ミヅギハ(명) 물가. the water's edge. ―**だ·つ**[水際立つ](자 4) 한층 눈에 띄다. 두드러지다.「一演技(エンギ); 두드러지게 잘하는 연기」
みずきん[水金]ミヅー(명)〈이〉 ⇨すいきん.
みずぐき[水茎]ミヅー(명) ①붓(筆).「一の跡(アト); 필적」②필적(筆跡). ③편지. 1. a writing brush
みずくさ[水草]ミヅー(명) 수초. 물풀. a water plant
みずくさ·い[水臭い]ミヅー(형) ①물기가 많아서 맛이 좋지 않다. ②정다운 맛이 없다. 남을 대하는 듯한 태도다. 서먹서먹하다. 파생 ―**さ**(명). 2. reserved
みずぐすり[水薬]ミヅー(명) 물로 된 약. 물약. a liquid medicine
みずぐち[水口]ミヅー(명) 수구. 물을 길어 들이거나 쏟아 버리는 통로. 「a water wheel
みずぐるま[水車]ミヅー(명) 수차. 물방아. ⤴
みずけ[水気]ミヅー(명) 수분(水分). 물기. moisture
みずげい[水芸]ミヅー(명) 물을 가지고 하는 곡예. water-tricks
みずけむり[水煙]ミヅー(명) 수면에 낀 안개. ②수연. 물보라. 2. spray
みずごえ[水肥え]ミヅー(명)〈농〉 ⇨すいひ(水肥).
みずごころ[水心]ミヅー(명) ⇨うおごころ(魚心).
みすご·す[見過ごす](타 4) ①보고 그냥 두다. 간과(看過)하다. ②빠뜨리고 보다. 1. connive at
みずこぼし[水翻し]ミヅー(명) 차잔을 씻은 물을 버리는 그릇. a slop-basin
みずごり[水垢離]ミヅー(명·자サ) ⇨こり.
みずさかずき[水杯]ミヅサカヅキ(명·자サ) 생사(生死)를 가릴 때 술 대신 물을 술잔에 따라 나누어 마시는 것. farewell cups of water
みずさき[水先]ミヅー(명) ①물이 흘러 가는 방향. ②배의 진로(進路). ③←水先案内. 2. a course. ―**あんない**[水先案内](명) 뱃길을 안내하는 것. 또는 그 사람.
みずさし[水差し]ミヅー(명) 다른 그릇에 물을 따르기 위해 물을 넣어 둔 그릇. a pitcher
みずし[水仕]ミヅー(명) 부엌일. 부엌일을 하는 사람. 식모. a kitchenmaid
みずし[御厨子](명) ①감실(龕室)의 높임말. ②관청 같은 곳에서 음식을 만드는 여자. ③부엌에서 일하는 여자. 3. a kitchenmaid. ―**どころ**[御厨子所](명) 궁중에서 식사를 만드는 곳. 수라간(水剌間).
みずしげん[水資源]ミヅー(명) 가정용수, 공업용수, 온천, 광천(鉱泉) 등에 이용할 수 있는 자연수(自然水).
みずしごと[水仕事]ミヅー(명) 물을 가지고 하는 일. 부엌일. kitchen work
みすじ(のいと)[三筋(の糸)](연어·명) ⇨しゃみせん(三味線).
みずしょう[水性]ミヅー(명) 수성. ①물의 성질. ②음양 오행설(陰陽五行説)에 의한 물의 성질을 받고 태어난 것. 또는 그 사람. ③여자의 바람기가 있는 성질. 1. the quality of water
みずしょうばい[水商売]ミヅー(명) 술집이나 요리점 등과 같이 손님의 인기(人気)에 따라 수입(収入)이 결정되는 영업. 접객업(接客業). a gay trade
みずしらず[見ず知らず](연어) 만난 적이 없어 전연 모르는 것. 또는 그런 사람.「一の人(ヒト); 전연 모르는 사람」 a stranger
みずすじ[水筋]ミヅスヂ(명) 땅속으로 흐르는 물줄기. 수맥(水脈). a water vein
みずすまし[水澄まし]ミヅー(명)〈동〉 물매암이. 물위에

서 빵빵 매암 도는 습성을 가진 물방개와 비슷한 곤충. 물무당. a water beetle
みずせ[水瀬]ミヅー(명) ⇨せ.
みずぜめ[水攻め]ミヅー(명) ①냇물을 막아 적의 성(城) 안으로 흐르게 해서 공격하는 일. ②적의 음료수의 송관(送管)을 끊고 괴롭히는 것. 2. cutting off water supply
みずぜめ[水責め]ミヅー(명) 물로 고문하는 것. torture by water
みずた[水田]ミヅー(명) 수전. 수답(水畓). 무논. a paddy-field
ミスタ(ー)[Mister, Mr.](명) 미스터. ①남자의 이름 앞에 붙이는 말. ②대표적인 남성. ↔ミス.
みずたま[水玉]ミヅー(명) ①물방울. ②이슬 방울. ③물을 넣은 유리 구슬. 소녀들의 머리 장식에 씀. 2. a dewdrop
みずたまり[水溜まり]ミヅー(명) 물이 괴어 있는 곳. 웅덩이. a pool
みずち[蛟·虬]ミヅー(명)〈고〉 교룡(蛟竜). 배암 비슷하고 다리가 넷 달렸다는 상상상(想像上)의 동물.
ミスチシズム[mysticism](명) 미스티시즘. 신비주의(神秘主義).
みずぢゃや[水茶屋]ミヅー(명) 에도(江戸) 시대 엽차를 끓여 대접하여 나그네를 쉬게 하던 가게. a tea-stall
みずづくり[水作り]ミヅー(명) ⇨すいこう(水耕).
みずっぱな[水っ洟]ミヅー(명) 콧물.
みずっぽ·い[水っぽい]ミヅー(명) 물기가 많아 맛이 싱거움. 「一酒(サケ); 싱거운 술」 watery
ミステーク[mistake](명·자サ) 미스테이크. 잘못됨. 실책(失策). 미스.
みずでっぽう[水鉄砲]ミヅー(명) 물총. a squirt-gun
ミステリー[mystery](명) 미스터리. ①신비. 불가사의(不可思議). ②괴기(怪奇) 소설. 추리 소설. ③〈종〉 기독교의 성전(聖典). 신비적 교의(教義).
みす·てる[見捨る·見棄てる](타하 1) ①내버려 두고 돌보지 않다. ②보고 내버려 두다. 2. connive at
みずてん[見ず転](명)〈속〉 기생 등이 상대를 선택하지 않고 돈만 보고 정을 통하는 것. 또는 그런 여자. a woman of gay quarters
みずどけい[水時計]ミヅー(명) 물시계. a water clock
みずとり[水取り]ミヅー(명) 나라(奈良)의 토오다이사(東大寺)에서 2월 7일과 12일에 행하는 의식.
みずとり[水鳥]ミヅー(명)〈동〉 수조. 물새. 오리, 갈매기 등. a water fowl
みずな[水菜]ミヅー(명)〈식〉 ⇨きょうな(京菜).
みずなぎ[水泡ぎ]ミヅー(명)〈동〉 섬새. 북태평양의 섬들에 사는 일종의 바닷새. a shearwater
みずのあわ[水の泡]ミヅーアハ(연어·명) 수포. ①물거품. ②허무한 것. 덧없는 것. ③고생한 보람이 없음. 「せっかくの計画(ケイカク)も一だ; 모처럼 세운 계획도 수포로 돌아 가다」 1. a bubble
みずのえ[壬]ミヅー(명) 10 간(干)의 아홉째.
みずのて[水の手]ミヅー(명) 불을 끄는 물. 또는 음료수의 급수로(給水路). 「一がわるい; 급수로가 나쁘다」 water available for fighting a fire
みずのと[癸]ミヅー(명) 10 간(干)의 열째.
みずのみびゃくしょう[水呑み百姓]ミヅノミー(명)가난한 농민을 욕하여 일컫는 말. a poor peasant
みずは[瑞歯]ミヅー(명) 서치. 늙어서 이가 빠진 곳에 다시 나는 이.
みずばかり[水計り]ミヅー(명) ①비중을 측정하는 데 쓰는 천칭(天秤). ②수준기(水準器). 수평기(水平器). 1. an aerometer 2. a water level
みずはけ[水捌け]ミヅー(명) 물이 흘러 가는 형편. 배수(排水). 「一がわるい; 배수가 잘 안되다」 drainage
みずばしら[水柱]ミヅー(명) 수주. 기둥처럼 솟은 물. a column of water
みずばら[水腹]ミヅー(명) 물을 많이 마신 배. 물배. a belly full of water
みずばれ[水腫]ミヅー(명)〈의〉 수종. 몸에 임파액(淋巴液), 장액(漿液)이 많이 괴어 몸이 붓는 병. edema
みずひき[水引き]ミヅー(명) ①지노에 풀을 먹여 말린 것. 선물 등을 싸는데 씀. ②신사(神社)나 불전(仏前)에 치는 휘장. ③홍수로 불은 물이 주는 것. ④〈식〉 이삭여뀌. 마디풀과에 속하는 다년초. 여름에 붉은 꽃이 점점이 핌. 2. a curtain before a sanctuary
みずびたし[水浸し]ミヅー(명) 물에 잠김. submersion
みずぶくれ[水腫れ]ミヅー(명) ⇨みずばれ.
みずぶとり[水太り·水肥り]ミヅー(명·자サ) 살이 무르게 뚱뚱한 것.
みずぶね[水船]ミヅー(명) ①물을 담아 두는 큰 통. 수조(水槽). ②음료수를 실어 나르는 배. 1. a cistern
ミスプリ(명·타サ) 미스프린트의 준말.
ミスプリント[misprint](명) 미스프린트. 인쇄물에 틀린 글자가 섞임. 오식(誤植).
みずべ[水辺]ミヅー(명) 수변. 물가. the waterside
みずほ[瑞穂]ミヅー(명) 탐스럽고 기름진 벼이삭.
みずぼうそう[水疱瘡]ミヅー(명)〈의〉 어린이에게 많은 급성 전염병. 수두(水痘). 작은 마마. chicken pox
みすぼらし·い[見窄らしい](형) 볼품이 없다. 초라하다. 「一身(ミ)なり; 초라한 몸차림」 파생 **—げ**(형동ダ) **— さ**(명). shabby
みずまくら[水枕]ミヅー(명) 흔히 환자가 쓰는 물을 넣은 고무 베개. a water-pillow
みずまし[水増し]ミヅー(명·자타サ) ①냇물이 불음. ②술에 물을 타서 양을 많게 함. ③겉보기에만 많아 보이게 함. 1. the rise of water
みすま·す[見澄ます](타 4) 주의해서 잘 보다. observe carefully
みすみす[見す見す](부) 눈앞에 보면서. 보고 있으면서. 알면서. 「一損(ソン)をする; 뻔히 알면서 손해를 보다」 before one's eyes
みずみずし·い[瑞瑞しい]ミヅミヅー(형) 윤이 나고 싱싱하다. 파생 **— さ**(명). fresh-looking
みずむし[水虫]ミヅー(명) ①수충. 물속에 사는 작은 벌레. ②〈의〉 무좀. 2. water-eczema

みずめがね[水眼鏡]ミヅ―(명) 수중에서도 볼 수 있게 만든 안경. 수경(水鏡). a diver's goggles
みずもち[水餅]ミヅ―(명) 말라서 갈라지거나 곰팡이가 슬지 않도록 물에 담근 떡. rice-cake soaked in water
みずもの[水物]ミヅ―(명) ①물기가 있는 것. 또는 그런 음식물. ②유동물(流動物). ③상대나 또는 그 때의 조건에 따라 달라지기 쉬운 것.「選挙(センキョ)は―だ; 선거란 개표하기 전에는 모르는 것이다」 2. liquid food
みずもり[水漏り]ミヅ―(명·자サ) 물이 새는 것. leaking
みずや[水屋]ミヅ―(명) ①(신사나 절 등에서) 참배인이 입이나 손을 씻는 곳. ②다도(茶道)를 하는 방에 있는 차 도구를 씻는 곳. ③찬장. ④음료수를 파는 사람. 1. a cistern 4. a water vendor
みずら[角髪]―ヅラ(명)〈고〉 옛날 남자가 빗는 머리 모양의 하나. 머리털을 좌우로 나누어 귓가에서 고리 모양으로 맴.
み·する[魅する](타サ) ①당황하게 하다. ②어리둥절하게 하다. ③황홀하게 하다. 매혹하다. 3. charm

〔角髪〕

みずろう[水牢]ミヅラウ(명) 물을 넣은 감방에 죄인을 넣어 괴롭히는 일. 또는 그 감방. a water-gaol
みずわり[水割り]ミヅ―(명·타サ) ①술에 물을 타서 묽게 함. ②내용을 빈약하게 함.「労働(ロウドウ)の―; 노동을 충실하게 하지 않는 것」 1. dilution
みせ[店·見世](명) 상품을 늘어놓고 파는 곳. 가게. 점포.「―をたたむ;폐점하다. 장사를 치우다」a shop
みせいねん[未成年](명) 미성년. 만 20세가 못된 사람. 아직 어른이 못된 사람.「―者(シャ); 미성년자」 a minor
みせいひん[未成品](명) 장래가 어떻게 될지 모르는 수업중(修業中)의 사람. a novice
みせいひん[未製品](명) 아직 완전한 제품이 못된 것. 미완성품. an unfinished article
みせがかり[店懸り](명) 가게의 구조(構造). the style of a shop
みせか·ける[見せ掛ける](타하 1) 겉으로만 미끈하게 보이게 하다. …처럼 보이게 하다.「行(イ)くように―; 가는 것처럼 보이게 하다」 명 見せ掛け. pretend
みせがね[見せ金](명) (외국 여행이나 사업을 시작할 때) 신용을 얻기 위하여 상대방에게 보이는 돈. show money
みせがまえ[店構え]―ガマヘ(명) 가게의 구조. 가게의 됨됨이. constitution of a shop
みせぐち[店口](명) 가게 전면(前面)의 나비. width of a shop
みせさき[店先](명) 가게의 앞. 점두(店頭). a shop-front
みせじまい[店仕舞い]―ジマヒ(명·타サ) ①하루의 영업이 끝나고 가게를 닫음. ②가게를 그만둠. ↔店開(ミセビラ)き. closing a shop
みせしめ[見せしめ](명) 본보기로 징계함.「―のため; 본을 보이기 위해」 a warning
ミセス[Mrs.](명) ①미시즈. 기혼(既婚) 부인의 이름 앞에 붙이는 말. 부인(夫人). ↔ミス. ②부인.
みせつ[未設](명) 미설. 아직 시설이나 설비를 하지 않은 것. ↔既設(キセツ). unestablished
みせつ·ける[見せ付ける](타하 1) 일부러 보이도록 하다. 자랑스럽게 보이다.「仲(ナカ)のいいところを―; 사이 좋은 장면을 자랑스럽게 보이다」 display
ミゼット[midget·一寸法師](명) 미젯. 대단히 작은 것. 꼬마.「―カメラ; 아주 작은 카메라」
みぜに[身銭](명) 자기가 가지고 있는 돈.「―を切(キ)る; 자기 돈으로 지불하다」 one's own money
みせば[見せ場](명) 볼 가치가 있는 장면. 보이고 싶은 장면.「芝居(シバイ)の―; 연극의 볼 만한 장면」 a high light scene
みせばん[店番](명) 가게를 돌보거나 지키는 것. 또는 그 사람. tending a shop
みせびらか·す[見せびらかす](타 4) 자랑스럽게 남에게 보이다. show off
みせびらき[店開き](명·자サ) 개점. 개업(開業). ↔店仕舞(ミセジマ)い. opening of business
みせもの[見世物](명) 돈을 받고 곡예(曲芸)나 진기(珍奇)한 것을 보이는 흥행. 구경 거리. a show
み·せる[見せる] Ⅰ(타하 1) 보이다. Ⅱ(보동·하 1) (자신 있게) 꼭 …할 수 있다.「わけなくやって―; 문제 없이 해 보이다」 Ⅰ show
みぜん[未然](명) 미연. 아직 그렇게 안된 것. 아직 일어나지 않은 것.「事故(ジコ)を―に防(フセ)ぐ; 사고를 미연에 방지하다」 before happens. ―**けい**[未然形](명) 미연형. 활용어(活用語)의 활용형 제 1단. 가정(仮定), 추량(推量), 부정(否定) 등을 나타냄.
みそ[三十](수) 삼십. 서른.「―路(ジ); 서른 살」 thirty
みそ[味噌](명) ①된장. ②특별히 연구하여 애쓴 점. 특색. ③실패. 실수.「―をつける; 체면을 잃다(실패하다)」 1. bean paste
みぞ[溝](명) ①수채. 개천. 도랑. ②(장지, 창틀 등의) 홈통. ③틈. 간격.「二人(フタリ)の間(アイダ)に―ができる; 두 사람 사이에 틈이 생기다」 1. a gutter
みぞ[針孔](명) 바늘 구멍. an eye
みぞう[未曽有](명·형동ダ) 미증유. 지금까지는 없었던 일. 전에는 그것과 비교할 만한 것이 없었음. 공전(空前).「―の大暴風雨(タイボウフウウ); 미증유의 대폭풍우」 unprecedented
みぞおち[鳩尾](명)〈생〉 ⇨みずおち.
みそか[密か](명) 내밀(内密). 비밀.「―の話(ハナシ); 비밀 이야기」a secret. ―**お**[密か男]―ヲ(명)〈고〉 몰래 남의 부인과 정을 통하는 남자. 정부(情夫). ―**ごころ**[密か心](명)〈고〉 사람에게 숨기려는 마음. ―**こと**[密か事](명)〈고〉 비밀의 일. 남녀가 몰래 정을 통하는 것. 밀통(密通).
みそか[三十日](명) 삼십일. ①삼십일간. ②그달의 삼십일. 그달의 말일. 월말.「―ばらい; 월말 지불」 2. the last day of the month

みそぎ[禊](명) (죄 등으로) 몸이 더러울 때 냇물에 몸을 깨끗이 씻고 마음을 바르고 밝게 가지는 행사(行事). purification. **—はらい**[禊祓い]—ハラヒ(명) ⇨ みそぎ.

みそくそ[味噌糞](형동ダ)〈속〉 엉망진창. 「—に悪口(ワルクチ)をいう; 형편 없이 욕하다」 in the most disparaging terms

みそこし[味噌漉し](명) 된장을 거르는 도구.

みそこな·う[見損う]—ソコナフ(타 4) ①잘못 보다. 틀리게 보다. ②못 보고 놓치다. 「映画(エイガ)を—; 영화를 제때에 못 보고 놓치다」 ③잘못 알다. 오평(誤評)하다. 「あいつを見(ミ)そこなったよ; 그놈을 잘못 봤어」 3. misjudge

みそさざい[鷦鷯](명)〈동〉 굴뚝새. 여름에는 산, 겨울에는 인가의 굴뚝 근처에 사는 홋카이도오(北海道) 특산의 작은 들새. 몸을 잽싸게 놀리며, 우는 소리가 고움. a wren

みそじ[三十路]—ヂ(수) ①삼십. ②서른 살. 2. thirty years old

みそしき[未組織](명) 미조직. 아직 조직되어 있지 않음. 아직 조직하지 못함. unorganized

みそしる[味噌汁](명) 된장국.

みそすり[味噌擂り](명) 된장을 개는 것. **—ぼうず**[味噌擂り坊主](명) 절에서 부엌일을 맡아 보는 계급이 낮은 중.

みそっかす[味噌っ滓](명)〈속〉 ①된장을 개어 밭은 찌꺼기. ②가장 보잘 것 없는 것. ③노는 데 한몫 끼지 못하는 아이. 2. refuse

みそづけ[味噌漬け](명) 생선이나 야채 등을 된장에 절인 것.

みそっぱ[味噌っ歯](명)〈속〉 한쪽이 떨어져 나간 시커먼 이빨. a decayed tooth

みそなわ·す[覧す]ミソナハス(타 4) 보다의 높임말. 보시다. 어람(御覧)하시다. see

みそはぎ[千屈菜](명)〈식〉 부처꽃. 밭둑이나 습지에 나는 다년생 풀. 말려서 한약으로 씀. a loosestrife

みそひともじ[三十一文字](명) 5·7·5·7·7조의 31자로 된 와카(和歌).

みそまめ[味噌豆](명) ①삶은 메주콩. ②콩의 다른 이름. 1. soybeans

みそ·める[見初める](타하 1) ①처음 보다. ②한눈에 반하다. 2. fall in love at first sight

みそら[身空](명) 몸. 신상. 「若(ワカ)い—で; 젊은 몸으로」 one's lot

みぞれ[霙](명)〈천〉 진눈깨비. 눈이 녹아 비와 비슷한 상태로 내리는 것. sleet

みそ·れる[見逸れる](타하 1) ①전에 본 것을 잊어 버리다. ②잘못 보다. 1. fail to recognize

みた[三田](명) 케이오오 의숙(慶応義塾) 대학의 다른 이름. 「—派(ハ); 미타파」

みだ[彌陀](명)〈불〉 미타. 아미타불의 준말.

みだい[御台](명) ①높은 사람의 음식을 차린 상. ②← 御台所. **—どころ**[御台所](명) 옛날 대신(大臣)이나 장군(将軍)의 아내를 높여 부르던 말.

みたけ[身丈](명) 키. 신장(身長). height

みだし[見出し](명) ①내용의 요점을 문장 앞에 쓴 것. 표제(標題). 「新聞(シンブン)の—; 신문 표제」 ②색인(索引). ③[お—] 등용(登用). 발탁(抜擢). 「—にあずかる; 발탁되다」 1. a caption

みだしなみ[身嗜み](명) ①몸, 옷을 단정히 하는 것. 「—がいい; 차림이 단정하다」 ②예능(芸能)을 몸에 익힘. 1. attention to personal appearance

みた·す[満たす·充たす](타 4) ①가득 차게 하다. 「腹(ハラ)を—; 배를 채우다」 ②만족시키다. 1. fill up

みだ·す[乱す](타 4) 흩뜨리다. 어지르다. 어지럽게 하다. put in disorder

みだ·す[見出す](타 4) ①보기 시작하다. ②발견하다. ③등용하다. 찾아 내다. 1. begin to see

みたて[見立て](명) ①보고 정함. 감정(鑑定). ②(의사의) 진단. 「—のいい医者(イシャ); 진단을 잘하는 의사」 ③송별(送別). 2. diagnosis

みた·てる[見立てる](타하 1) ①보고 정하다. 감정하다. 「いい柄(ガラ)を—; 좋은 무늬를 선정하다」 ②(의사가) 진단하다. ③견주다. 비하다. 「立ち木(キ)を人(ヒト)に—; 서있는 나무를 사람에 비하다」 ④바래다. 배웅하다. 1. choose

みたま[御霊](명) 혼의 높임말. **—しろ**[御霊代](명) 혼을 대신하여 신전(神殿)에 넣어 제사 지내는 것. **—や**[御霊屋](명) (높은 사람들의) 혼을 모신 곳. 영묘(霊廟).

みため[見た目](연어·명) 밖에서 본 느낌. 보기에.

みだら[淫ら](형동ダ) (남녀의 교제가) 난잡한 모양. 외설(猥褻). lewd

みたらし[御手洗](명) ①신사(神社) 입구에 있는, 참배객(参拝客)이 손이나 입을 씻는 곳. ②세수(洗手)하는 것. 1. a holy washing-trough

みたり[三人](명) 삼인. 세 사람. 3명. three men

みだり[妄り](명·형동ダ) ①도리(道理)에 어긋남. ②분에 넘침. ③생각이 모자람. ④단정하지 못한 모양. 1. unreasonableness. **—に**[妄りに](부) ①함부로. ②이유도 없이. ③분수를 넘어서.

みだりがわし·い[猥りがわしい]—ガハシイ(형) ①흩어지다. 난잡하다. ②남녀 관계가 난잡하다. [파생] **—げ**(형동ダ) **—さ**(명). 1. disorderly

みだりごこち[乱り心地](명)〈고〉 이성을 잃은 상태.

みだ·る[乱る·紊る](타 4) 흩뜨리다. put in disorder

みだれ[乱れ](명) ①흩어짐. ②소동. 내란. 「国(クニ)の—; 국란」 「世(ヨ)の—; 난세(乱世)」 1. disorder. **—あし**[乱れ足](명) ①보조(歩調)가 맞지 않는 것. ②분주한 것. **—がみ**[乱れ髪](명) 흩어진 머리털. **—ばこ**[乱れ箱](명) 옷을 넣는 뚜껑 없는 상자.

みだ·れる[乱れる](자하 1) ①어지럽다. 「秩序(チツジョ)が—; 질서가 문란하다」 ②뒤섞이다. ③생각이 엇갈리다. ④소동이 일어나다. 「国(クニ)が—; 나라가 어지럽다」 ⑤정상에서 벗어나다. 1. be confused 4. be disturbed

みち[道·路·途](명) ①길. ②도덕. 도리(道理).「一にそむく; 도리에 벗어나다」③도중(途中).「学校(ガッコウ)へ行(ユ)く一で; 학교에 가는 도중에」④방법.「生活(セイカツ)の一; 생활 방법」⑤가르침. 진리(真理).「一を聞(キ)く; 진리를 듣다」⑥여정(旅程).「千里(センリ)の一; 천리길」⑦전문. 방면.「その一の大家(タイカ); 그 방면의 대가」⑧걸음.「一がはかどる; 걸음이 순조로와 길을 많이 가다」⑨이정(里程). 도정(道程). ⑩진로(進路). 나아갈 길.
1. a road 2. morality 4. a way 7. a direction

みち[未知](명) 미지. 아직 모르는 것.「一の世界(セカイ); 미지의 세계」 unknown

みちあんない[道案内](명) ①길의 방향이나 거리를 나무나 돌에 표시해 세워 둔 것. 도표(道標). 이정표(里程標). ②선두에 서서 인도하는 것. 또는 그 사람. 1. a finger-post 2. guidance

みぢか[身近](명·형동ダ) ①몸에 가까운 것. ②가까움. 친함. 1. near oneself

みちがい[見違い]一チガヒ(명) 잘못 봄. 잘못 앎. mistake

みぢか·い[身近い](형) 몸에 가깝다. 파생 一さ(명). near oneself

みちが·える[見違える]一チガヘル(타하 1) 잘못 보다. 명 見違え. mistake

みちかけ[満ち欠け](명) (달이) 차는 것과 이지러지는 것. 영허(盈虚). waxing and waning

みちくさ[道草](명) ①길가의 풀. ②도중에서 다른 일을 하며 어정거리는 것.「一をくう; 도중에서 딴 짓을 하고 시간을 보내다」 1. grass on the roadside

みちしお[満ち潮]一シホ(명) 만조(満潮). 밀물. ↔引(ヒ)き潮. high tide

みちしば[道芝](명) 길가에 난 잔디. grass on the roadside

みちじゅん[道順](명) 갈 길의 차례. a course

みちしるべ[道標](명·자サ) 도표. ①길의 이정(里程)이나 방향을 나타내는 표지(標識). 이정표(里程標). ②그 방면의 안내. 또는 안내서. ③〈동〉 ⇨はんみょう. 1. a finger-post

みちすう[未知数](명) 미지수. ①〈수〉 방정식 속에서 아직 알려지지 않은 수. 또는 그 수를 대표하는 문자. ②앞일을 알 수 없는 것.「一の人物(ジンブツ); 미지수의 인물」↔既知数(キチスウ). 1. an unknown quantity

みちすがら[道すがら](부) 길을 가면서. …의 도중에서. on the way

みちすじ[道筋]一スヂ(명) ①다니는 길. 통로(通路). ②사물의 도리. 이치.「一が立(タ)たない; 이치에 맞지 않음」 2. reason

みちた·りる[満ち足りる](자상 1) 충분하다. 만족하다. satisfy

みちづれ[道連れ](명) 길동무. 동행. a fellow-traveller

みちなか[道中](명) 길을 가는 도중(途中). on the way

みちならぬ[道ならぬ](연어·연체) 길에서 벗어남. 도리에 어긋남.「一恋(コイ); 사랑해서는 안될 사랑」

みちのき[道の記](명)〈고〉 여행기(旅行記).

みちのく[陸奥](명)〔←道(ミチ)の奥(オク)〕 예전 리쿠젠(陸前), 리쿠츄우(陸中), 무쯔(陸奥)의 세 지방. 지금의 후쿠시마(福島), 미야기(宮城), 이와테(岩手), 아오모리(青森)의 네 현. 오오슈우(奥州).

みちのべ[道の辺](명) ⇨みちばた.

みちのり[道程](명) 도정. 길의 이수(里数). 거리(距離). 행정(行程). distance

みちばた[道端](명) 길가. the roadside

みちひ[満ち干](명) 밀물과 썰물. 만조(満潮)와 간조(干潮). ebb and flow

みちび[道火](명) 도화. 화약을 장전한 끈 모양의 도화선(導火線). a train of powder

みちび·く[導く](타 4) ①안내하다. ②가르치다. 지도(指導)하다.「生徒(セイト)を一; 생도를 지도하다」명 導き. guide

みちぶしん[道普請](명·자サ) 도로 공사. road-repair

みちみち[道道](명·부) ①길을 가면서. 길에서. ②이길 저길. 1. while walking

みちみち·し[道道し](형シク)〈고〉 ①사리에 밝다. ②학문에 관계가 있다. ③어렵다. 까다롭다.

みちもせに[路も狭に](연어) 길이 좁도록. 길 가득히.

みちゃく[未着](명) 미착. 아직 닿지 않은것. unarrival

みちゆき[道行き](명) ①길을 가는 것. ②정인(情人)끼리의 도피행(逃避行). ③여행 도중의 풍경을 읊은 운문체(韻文体)의 글. ④〈속〉 수속(手続). 절차(節次). ⑤일본옷에 입는 코우트의 한 가지. 1. travelling 2. eloping

みちょう[御帳](명) 휘장의 높임말.

み·ちる[満ちる](자상 1) ①가득 차다. ②충분하다. ③완전하다.「月(ツキ)が一; 달이 차다」④기한이 차다.「任期(ニンキ)が一; 임기가 차다」⑤널리 퍼지다. 넘치다.「元気(ゲンキ)に一; 기운이 넘치다」 1. fill 3. be completed

みつ一[密](조어) 비밀의. 남몰래 …하다.「一入国(ニュウコク); 밀입국」

みつ[三つ·褌](명) 〔씨름에서〕 들보의 가로와 세로가 교차되는 곳.

みつ[三つ](수) ①셋. 3. ②세 살. 1. three

み·つ[満つ](자상 2) (가득) 차다. fill

みつ[密](명·형동ダ) ①내밀(内密). 비밀. ②상세함. 빈틈이 없음. 면밀(綿密).「連絡(レンラク)を一にする; 연락을 빈틈 없이 하다」③고루 미침. 1. secrecy

みつ[蜜](명) 밀. ①벌꿀. ②당밀(糖蜜). ③끈끈하고 단 액체. ④설탕을 끓인 물. 1. 2. honey

みつうん[密雲](명) 밀운. 많이 모인 구름. 두껍게 겹쳐진 구름. dense clouds

みっか[三日](명) ①초사흘. ②3일간. 1. the third day of a month. **一てんか**[三日天下](명) 삼일 천하. 짧은 동안 정권을 잡는 것. **一ぼうず**[三日坊主](명) 무엇이든지 오래 계속하지 못하는 사람.

みつが[密画](명) 밀화. 선과 색을 섬세히 쓴 그림. 면밀하게 그린 그림. a minute drawing

みっかい[密会](명·자サ) 밀회. (남녀가) 남 몰래 만남. a clandestine meeting
みつかど[三つ角](명) ①세개의 모. ②삼거리. 1. three corners
みつか·る[見付かる](자 4) ①발견되다. 눈에 띄다. 들키다. ②찾아 내다. 1. be found
みつき[見付き](명)〈속〉 바깥에서 본 모양. 외관(外觀). appearance
みつぎ[貢ぎ](명) ①백성이 바치는 것. 공물(貢物). ②옛날 종주국(宗主国)에게 속국(属国)이 바치던 예물(礼物). 조공(朝貢). 1. taxes. **—もの**[貢ぎ物](명) 공물. 공물로 드리는 물건. 조공물.
みつぎ[密儀](명) (특별한 자격을 가진 자만이 참석하는) 비밀 의식(秘密儀式). a secret ceremony
みつぎ[密議](명) 밀의. 비밀 회의.「—をこらす; 밀의를 골똘히 하다」 a secret conference
みっきょう[密教](명)〈불〉 밀교. 법신(法身) 대일여래(大日如来)가 자기 내증(内証)의 법문(法門)을 개설한 심오한 교법(教法). 진언종(真言宗)이 그 하나임. Esoteric Buddhism
みつ·ぐ[貢ぐ](타 4) ①(살림을 할 수 있게) 돈과 물건을 주어 돕다. ②임금이나 정부에 조세(租税), 산물(産物) 등을 바치다. 1. give financial aid
みづ·く[水漬く·水浸く](자 4)〈고〉 물에 잠기다.「—かばね; 물속에 잠긴 시체」
ミックス[mix](명·타サ) 믹스. ①섞음. 섞은 것. ②(남녀) 혼성 티임.
みつくち[三つ口·兎唇](명) 토순. 언청이. a hare-lip
みつぐみ[三つ組み](명) 세 개가 한 벌로 되어 있는 것.「—のさかずき; 세 개가 한 벌로 된 술잔」 a trio
みづくろい[身繕い]—ヅクロヒ(명·자サ) 몸차림. 몸치장. dress
みつくろ·う[見繕う]—ックロフ(타 4) 물건을 적당히 골라 갖추다. make one's choice
みつけ[見付](명) 네모진 빈 터가 있는 성문(城門) 바깥쪽. 보초가 서는 곳. an approach to a castle
みっけい[密計](명) 밀계. 비밀 계략. a secret plot
みつげつ[蜜月](명) 밀월. 결혼식을 올린 후의 달콤한 한두 달 동안. 허니무운. a honeymoon. **—りょこう**[蜜月旅行](명) 밀월 여행. 신혼 여행.
みつ·ける[見付ける](타하 1) ①자주 보아서 눈에 익다. ②찾아 내다. 발견하다. 2. find
みつご[三つ子](명) ①세 쌍동이. ②세 살된 아이.「—の魂(タマシイ)百(ヒャク)まで; 세 살적 버릇이 여든까지 간다」 1. triplets
みつご[密語](명) 밀어. 속삭이는 말. 비밀 말. a confidential talk
みっこう[密行](명·자サ) 밀행. ①남 몰래 감. ②소리 없이 걷는 걸음. 1. going secretly
みっこう[密航](명·자サ) 밀항. ①배속에 숨어서 항행함. ②규칙을 어기고 항해(航海)함. 2. smuggling
みっこく[密告](명·타サ) 밀고. ①살그머니 이름. ②몰래 고발함. 1. a secret report
みっさつ[密殺](명·타サ) 밀살. 가축을 몰래 죽임. 밀도(密屠). secret butchery
みっし[密旨](명) 밀지. 비밀 명령. a secret order
みっし[密使](명) 밀사. 비밀히 보내는 사자(使者). a secret messenger
みつじ[密事](명) 비밀한 일. 내밀한 일. a secret
みっしつ[密室](명) 밀실. ①출입을 허용하지 않는 방. ②남에게 숨기는 비밀의 방. 2. a secret room
みっしゅう[密宗](명)〈불〉 ⇨しんごんしゅう(真言宗).
みっしゅう[密集](명·자サ) 밀집. 많이 모임.「家(イエ)が—する; 집이 빽빽이 들어 서다」 crowding
みつしゅっこく[密出国](명·자サ) 밀출국. 몰래 자기 나라를 빠져 나감. ↔密入国(ミツニュウコク).
みっしょ[密書](명) 밀서. 비밀 편지. 비밀 문서. a secret letter
ミッション[mission](명) 미션. ①사절단. ②선교 단체. ③전도 단체. ④전도. 전도 구역. ⑤←ミッションスクール. **—スクール**[mission school](명) 미션 스쿠울. 기독교 단체가 경영하는 학교.
みっせい[密生](명·자サ) 밀생. 빈틈 없이 빽빽이 남.「毛(ケ)が—する; 털이 빈틈 없이 나다」 growing thick
みっせつ[密接](자サ·형동ダ) 밀접. ①딱 들러 붙음. ②(관계가) 깊은 모양. 2. intimacy
みっせん[密栓](명·자サ) 밀전. 마개를 단단히 막음. 또는 그 마개. tight corking
みっせん[蜜腺](명)〈생〉 밀선. 식물체에서 단맛의 액즙(液汁)을 분비하는 조직. 주로 꽃 부분에 있음. 꿀샘. a nectary
みっそ[密訴](명·자サ) 밀소. 몰래 고함. 몰래 호소함. a secret complaint
みっそう[密送](명·타サ) 밀송. 몰래 보냄. sending secretly
みっそう[密葬](명·타サ) 밀장. ①남 몰래 장사를 지냄. ↔本葬(ホンソウ). ②밀교(密教)의 법식에 따라 장사를 지냄. 1. a secret funeral
みつぞう[密造](명·타サ) 밀조. 몰래 만듦.「—酒(シュ); 밀주」 illicit manufacture
みつぞろい[三つ揃い]—ゾロヒ(명) 양복의 아래 위에 조끼를 더해 한 벌이 되는 것. a three-piece suit
みつだん[密談](명·자サ) 밀담. 비밀 이야기. 비밀 의논. a secret conversation
みっちゃく[密着](명·자サ) 밀착. ①달라붙음. ②(사진을) 확대하지 않고 인화(印画)함. 1. close adherence
みっちょく[密勅](명) 밀칙. 임금의 비밀 명령. a secret Imperial order
みっちり(부) 충분히.「—芸(ゲイ)をしこむ; 충분히 기예(技芸)를 가르치다」 fully
みっつ[三つ](수·부) ①셋. 세 개. ②세 살. 1. three
みっつう[密通](명·자サ) 밀통. (주로 기혼의) 남녀가 몰래 정을 통함. an illicit intercourse
みってい[密偵](명) 밀정. ①비밀 탐정(秘密探偵). ②스파이. 2. a spy
ミット[mitt](명) 미트. 〔야구에서〕 캐처나 1루수(塁

手)가 사용하는 장갑.

みつど[密度](명) 밀도. ①짝 차 있는 정도. 「人口(ジンコウ)—; 인구 밀도」 ②〈이〉 물질의 단위 용적(単位容積)에 포함되는 질량. density

ミッドウエーしょとう[Midway 諸島](명)〈지〉 미드웨이 제도. 하와이 제도의 서북 1,930 *km*의 태평양상에 있는 제도. 미국 해군의 기지(基地).

ミッドナイト[midnight](명) 미드나이트. 밤중. 한 밤중. 「—ショウ; 야간 흥행」

みつどもえ[三つ巴]—ドモエ(명) ①물이 소용돌이치는 모양을 도안하여 그 세 개를 모아 동그랗게 그린 것. ②셋이 뒤섞여 서로 쫓는 것. 1. three huge commas in a circle 〔三つ巴①〕

みっともな·い(형) 보기 싫다. 흉하다. ugly

みつにゅうこく[密入国](명·자サ) 밀입국. 법을 어겨 자기 나라 또는 남의 나라에 몰래 들어 감. ↔密出国(ミッシュッコク). smuggling

みつば[三つ葉](명) ①세 개의 잎. ②〈식〉 파드득나물. 미나리아재비과에 속하는 다년초. 강한 향기가 있으며 재배하여 식용함. 1. three leaves 2. a hone-wort

みつばい[密売](명·타サ) 밀매. 몰래 팖. an illicit sale

みつばいばい[密売買](명·타サ) 밀매매. 법을 벗어나 몰래 팔고 삼. an illicit sale and buy

みつばち[蜜蜂](명)〈동〉 밀봉. 꿀벌. a honey-bee

みっぷう[密封](명·타サ) 밀봉. 엄중히 봉(封)함. sealing tightly

みっぺい[密閉](명·타サ) 밀폐. 꼭 닫음. closing tightly

みつぼう[密謀](명·타サ) 밀모. 비밀히 모의(謀議)함. a dark plot

みつまた[三つ叉·三つ叉](명) 세 갈래로 갈라지는 곳. a trident

みつまた[三つ椏](명)〈식〉 삼지닥나무. 팥꽃나무과에 속하는 낙엽 활엽 관목. 높이 2 *m* 내외로서 가지가 세 갈래임. 껍질의 섬유는 종이의 원료.

みつまめ[密豆](명) 삶은 완두콩에다 꿀과 과실로 조미하여 만든 식품. boiled beans with treacle

みつみ[三つ身](명) (어른 옷감의 반으로 만든) 네 살 또래의 옷. baby's clothes

みつみつ[密密](부) ①몰래. 살짝. 「—の; 비밀의」 ② 자디잔 모양. ③초목이 무성한 모양. 1. in hush-hush

みつめ[三つ目](명) 눈이 셋 있는 것. 「—小僧(コゾウ); 세 눈박이 괴물」 **—ぎり**[三つ目錐](명) 끝이 세모꼴로 된 송곳.

みつ·める[見詰める](타하 1) 눈으로 열심히 보다. 계속하여 보다. 응시(凝視)하다. gaze at

みつもり[見積もり](명·타サ) 견적. 예산. 눈어림. 「—書(ショ); 견적서」 estimation

みつも·る[見積もる](타 4) 견적하다. ①눈어림하다. ②대략 계산하다. 「工事(コウジ)を—; 공사를 견적하다」 estimate

みつやく[密約](명·자サ) 밀약. 비밀히 약속함. a secret promise

みつゆ[密輸](명·타サ) 밀수. 세관을 거치지 않은 수출입. 밀수출입. 「—船(セン); 밀수선」 smuggling

みつゆしゅつ[密輸出](명·타サ) 밀수출. 정당한 수속을 밟지 않고 몰래 수출함. unlawful export

みつゆにゅう[密輸入](명·타サ) 밀수입. 세관을 거치지 않고 몰래 수입함. unlawful import

みつゆび[三つ指](명) ①엄지, 인지, 장지의 세 손가락. ③세 손가락을 짚고 공손히 하는 절.

みつりょう[密猟](명·타サ) 밀렵. 금지된 구역에서 몰래 짐승이나 조류를 잡음. poaching

みつりょう[密漁](명·타サ) 밀어. 금지된 구역에서 몰래 어류를 잡음. poaching

みつりん[密林](명) 밀림. 빽빽하게 들어선 수풀. a thick forest

みつろう[密蠟](명) 밀랍. 꿀벌의 집을 만드는 주성분. 밀. 황랍. beeswax

みてい[未定](명·형동ダ) 미정. 아직 정하지 않음. undecided. **—こう**[未定稿](명) 미정고. 아직 완성되지 않은 원고. 「offerings to God」

みてぐら[幣](명) 신(神)에게 바치는 것의 총칭. 폐백.

みてくれ[見て呉れ](명) 외관(外観). 겉보기. 「—がいい; 겉보기가 좋다」 appearance

みてと·る[見て取る](타 4) 보고 속내를 알아 차리다. 간파(看破)하다. 보고 깨닫다. perceive

みと[水門](명)〈고〉 ①바닷물의 출입구. 강이 바다로 들어 가는 곳. ②수문. 수량을 조절하는 문. 물문.

みとう[未到](명) 미도. 아직 도달하지 않은 것. 「前人(ゼンジン)—の境地(キョウチ); 아직 아무도 발을 들여 놓지 않은 경지」 unaccomplished

みとう[未踏](명) 미답. 아직 아무도 발을 들여 놓지 않은 것. 「人跡(ジンセキ)—の奥地(オクチ); 인적(人跡)이 아직 이르지 않은 깊숙한 곳」 untrodden

みとう[味到](명·타サ) (내용을) 잘 새겨 충분히 앎. scrutiny

みどう[御堂](명)〈불〉 본존(本尊)을 모셔 두는 당(堂). a main temple

みとおし[見通し·見透し]—トホシ(명) ①간파(看破)함. ②같은 직선 또는 평면상에 있는 것. ③항상 보는 것. ④속속들이 들여다 봄. ⑤끝까지 계속하여 봄. 1. insight

みとお·す[見通す·見透す]—トホス(타 4) ①간파(看破)하다. ②한눈에 보다. ③추측하여 알다. ④끝까지 보다. 1. insight 3. anticipate 4. look through

みとが·める[見咎める](타하 1) 보고 의심하여 따지다.

みとく[味得](명·타サ) 잘 새겨 자기 것으로 함. appreciation

みどく[味読](명·타サ) 미독. 내용을 잘 음미(吟味)하면서 읽음. perusal

みどころ[見処·見所](명) ①볼 가치가 있는 곳. 「芝居(シバイ)の—; 연극의 볼만한 장면」 ②장래의 가망성. 「—のある青年(セイネン); 앞날이 기대되는 청년」 1. a point worthy of note

みとせ[三年](명) 삼년. 세 해. three years

みとど·ける[見届ける](타하 1) ①똑똑히 보다. ②끝까지 보다. 「子供(コドモ)の成長(セイチョウ)を—; 아이의 성장을 끝까지 보다」 1. ascertain
みとめ[認め](명) ①인정. ②←認め印. 1. recognition. **—いん**[認め印](명) 보통 쓰는 약식의 도장. ↔實印(ジツイン).
みと·める[認める](타하 1) ①보고 알다. ②실제로 보고 판단하다. ③승인하다. 인정하다. 「事實(ジジツ)を—; 사실을 인정하다」 3. recognize
みども[身共](대) ①나. ②우리들. 우리. 1. I
みとらし[御執し](명)〈고〉 임금이 활을 잡음. 또는 그 활.
みとり[看取り](명·타サ) 환자의 시중. 간호. nursing
みどり[緑](명) 녹색. green. **—のくろかみ**[緑の黒髮](연어·명) 윤나는 검은 머리. **—のはね**[緑の羽根](연어·명) 산에 심을 나무를 기부하거나 돈을 낸 사람에게 공로를 표하는 뜻에서 주는 녹색 깃털.
みどり[見取り](명) 훑어 보고 마음대로 택하는 것. 「選(ヨ)りどりー; 마음대로 골라 잡음」 selection
みどりご[嬰児](명) 영아. 두어 살까지의 아이. a baby
みとりざん[見取り算](명) 쓰여 있는 수자를 보면서 주판으로 놓는 계산.
みとりず[見取り図](명) 건물 등의 모양이나 배치(配置)를 알기 쉽게 그린 약도(略図). a sketch
みと·る[見取る](타 4) ①보고 알다. ②보고 베끼다. 1. perceive
みと·る[看取る](타 4) 환자를 보살피다. 간호하다. nurse
ミドル[middle](명) 미들. ①한복판. ②중간. ③←ミドル級. **—きゅう**[middle 級](명) 미들급. 체중으로 표시한 선수급의 하나. 권투에서는 71～75 *kg* 급의 선수.
みと·れる[見蕩れる](자하 1) 정신 없이 보다. 넋을 잃고 보다. 「うつくしい けしきに—; 아름다운 경치에 도취되어 보다」 gaze upon in rapture
—みどろ(접미) 젖어서 더러워짐. 「あせ—; 땀으로 함빡 젖은 모양」
ミトン[mitten](명) 미튼. 벙어리 장갑.
みな[皆] Ⅰ(대) 상대편 사람들을 가리키는 말. 일동. Ⅱ(부) 죄다. 모두. all. **—がら**[皆がら](부)〈고〉 남김 없이 모두.
みなお·す[見直す]—ナホス Ⅰ(자 4) (병이나 경기가) 좋아지다. Ⅱ(타 4) ①다시 보다. 「もう一度(イチド)—; 다시 한번 고쳐 보다」 ②보고 생각을 달리하다. ③몰랐던 가치를 인정하다. 「彼(カレ)を見直(ミナオ)した; 그를 다시 보게 되었다」 Ⅱ 1. see again 3. have a better opinion of
みなかみ[水上](명) ①강 위쪽. 상류. ②원천. 사물의 기원. 1. the upper reaches
みながみな[皆が皆](연어·부) 모두. 전부. all
みなぎ·る[漲る](자 4) 넘치다. 넘쳐 가득하게 되다. 「力(チカラ)が—; 힘이 넘치다」 overflow
みなくち[水口](명) 수구. 물꼬. 논에 물이 넘나들도록 만든 어귀. the inlet for irrigation water
みなげ[身投げ](명·자サ) 물에 뛰어 들어 자살함. 투신 자살. drowning oneself
みなごろし[皆殺し](명) 모조리 죽이는 것. 몰살. 「—にする; 몰살하다」 massacre
みなさま[皆様](대) 많은 사람을 향하여 부르는 높임말. 여러분. every one of you
みなしご[孤児](명) 고아. 어버이가 없는 아이. an orphan
みな·す[見做す](타 4) 간주하다. 그렇게 보다. 「退場者(タイジョウシャ)は欠席(ケッセキ)と—; 퇴장한 자는 결석으로 간주한다」 regard
みなせ[水瀬](명) ⇨せ. 「the bottom of the water
みなそこ[水底](명) 수저. 물밑. ↗
みなづき[水無月](명) 음력 6월의 다른 이름. **—ばらえ**[水無月祓](명)—バラヘ〈고〉 ⇨なごしのはらえ.
みなと[港·湊](명) 항구. 파도를 막고 배를 안전하게 머무르게 하는 곳. 「—入(イ)り; 입항(入港)」 a port
みなと[水門](명) ⇨みと.
みなぬか[三七日](명) ⇨みなのか.
みなのか[三七日](명)〈불〉 죽어서 스무 하루가 되는 날. the twenty-first day after one's death
みなのしゅう[皆の衆](연어·명)〈속〉 여러분. 모든 사람. every body
みなみ[南](명) ①남쪽. 「—向(ム)き; 남향」 ②남풍. 1. the south. **—アフリカれんぽう**[南阿弗利加連邦](명) 남아프리카연방. **—アメリカ**[南亜米利加](명) 남아메리카. 남미. ↔北(キタ)アメリカ. **—おもて**[南面](명) ①남면. 남향의 방. ②귀인의 저택의 본채. **—かいきせん**[南回帰線](명)〈지〉 남회귀선. 적도의 남쪽으로 23도 27분을 통한 적도와 평행으로 그은 위선. ↔北(キタ)回帰線. **—かぜ**[南風](명) 남풍. 마파람. ↔北風(キタカゼ). **—しなかい**[南支那海](명)〈지〉 남지나해. 중국 남부, 인도 지나 반도, 보르네오, 필리핀 제도를 둘러 싸고 있는 바다. **—じゅうじせい**[南十字星](명)〈천〉 남십자성. 남방 해역의 밤하늘에 십자로 빛나는 네 별. **—する**[南する](자サ) 남쪽으로 가다. ↔北する. **—はんきゅう**[南半球](명)〈지〉 남반구. 지구의 적도에서 남쪽 부분. ↔北半球. **—まつり**[南祭](명) 음력 3월 오(午)일에 지내는 쿄오토(京都)의 이와시미즈하치만궁(石清水八幡宮)의 제례(祭礼).
みなみな[皆皆](부) 모두. 모든 사람. all. **—さま**[皆皆様](대) 여러분.
みなもと[源](명) ①(강물의) 원천. ②사물이 일어나는 근원. 1. the source 2. the origin
みならい[見習い]—ナラヒ(명) 견습. ①보고 배움. ②일을 보고 배우는 것. 또는 그 사람. 「—工(コウ); 견습공」 1. apprenticeship
みなら·う[見習う]—ナラフ(타 4) 보고 배우다. 보고 외다. 1. learn
みならう[見倣う]—ナラフ(타 4) 보고 흉내 내다. 모방하다. imitate another's example

みなり[身形](명) 옷차림. 복장(服裝). dress
みなれざお[水馴れ竿]—ザヲ(명) 늘 사용하여 손에 익은 상앗대. 삿대. a pole
みな·れる[見慣れる·見馴れる](자하 1) 자주 보아서 익숙하다. 낯익다. 「見慣(ミナ)れない顔(カオ); 낯선 얼굴」 get used to seeing
みなわ[水泡](명) 수포. 물거품. foam
みにく·い[醜い](형) ①보기 흉하다. 「一争(アラソ)い; 보기 흉한 싸움」 ②모양이 나쁘다. 추하다. 「一女(オンナ); 못 생긴 여자」 파생 — **さ**(명). 1. unsightly 2. ugly
みにく·い[見悪い](형) 보기에 거북하다. 보기가 나쁘다. 파생 — **さ**(명). hard to see
ミニマム[minimum](명) 미니멈. 최소 한도. 최소. ↔ マクシマム.
ミヌエット[minuet](명) ⇨メヌエット.
みぬ·く[見抜く](타 4) ①간파(看破)하다. 「相手(アイテ)の本心(ホンシン)を—; 상대의 본심을 간파하다」 ②보고 고르다. 2. select
みぬち[身内](명)〈고〉〔←身の内(ウチ)〕 몸속.
みね[峰·峯](명) ①분수령. ②봉우리. ③산(山). 「富士(フジ)の—; 후지 산(富士山)」 ④칼등. 2. a peak
みねうち[峰打ち](명) 칼등으로 치는 것. striking with the back of one's sword
ミネラル[mineral](명)〈생〉 미네랄. 영양(営養)으로서의 광물질. 「—入(イ)りビタミン; 미네랄이 든 비타민」
ミネルバ[라 minerva](명) 미네르바. 로마 신화에 나오는 지혜와 무용(武勇)의 여신.
みの[蓑](명) 짚이나 띠로 만든 우장(雨装). 도롱이. a straw rain-coat
みの[三幅](명) 보통 폭(약 36 cm)의 천 셋을 합한 넓이의 이불. 「—ぶとん; 세 폭 이불」
みの[美濃](명)〈지〉 옛 지방 이름. 현재 기후현(岐阜県)의 남부.
みのう[未納](명) 미납. 아직 납부하지 않음. default in payment
みのうえ[身の上]—ウヘ(명) ①신상. 일신(一身)의 경우. 「—相談(ソウダン); 신상(身上) 상담」 ②일생(一生)의 운명. 1. circumstances
みのかさ[蓑笠](명) 도롱이와 삿갓. a straw rain-coat and sedge-hat
みのがし[見逃し](명) 보고도 놓침. overlooking
みのが·す[見逃す](타 4) ①보고도 놓치다. ②보고도 나무라지 않고 지나다. 「過失(カシツ)を—; 과실을 묵인하다」 ③보면서 잡지 않고 지나다. 「犯人(ハンニン)を—; 범인을 못 본 척 놓아 주다」 명 見逃し. 1. overlook 2. connive
みのがみ[美濃紙](명) 미농지. 반지보다 크고 두꺼운 종이. (일본 미노 지방의 특산품)
みのかわ[身の皮]—カハ(명)〈속〉 몸에 걸친 옷. 「—をはぐ; 옷을 벗기다」 dress
みのけ[身の毛](명) 몸의 털. 「—がよだつ; 겁이 나서 온몸의 털이 곤두서다」 one's hair
みのげ[蓑毛](명) ①떠. 짚으로 엮은 것이 털 모양으로 늘어진 것. ②도롱이 비슷한 털.
みのしろ[身の代](명) ←身の代金. — **きん**[身の代金](명) 인신 매매(人身売買)의 대금. 몸값.
みのたけ[身の丈](명) 신장. 키. one's height
みのばん[美濃判](명) 미농지(美濃紙)의 크기.
みのふりかた[身の振り方](연어·명) 장래 생활에 대한 자기의 방침. 처신(処身). 「—を決(キ)める; 처신 방침을 결정하다」 one's plan for a life
みのほど[身の程](명) 분수. 「—を知(シ)らない; 분수를 모르다」 one's social position
みのまわり[身の回り]—マハリ(연어·명) ①옷 등 몸에 걸치는 것. 「—品(ヒン); 일용품」 ②자기의 주변. 신변. 1. dress
みのむし[蓑虫](명)〈동〉 도롱이벌레. 인시류(鱗翅類)에 속하는 곤충. 몸 주위에 지엽(枝葉)으로써 집을 만들어 그 속에 삶. a bag-worm
みのも[水面](명) 수면. 물의 표면. the surface of the water
みのり[実り·稔り](명) ①농작물이 익는 것. 결실(結実). 「—の秋(アキ); 결실의 가을」 ②(노력 끝의) 좋은 결과. 「—の多(オオ)い研究(ケンキュウ); 결과가 좋은 연구(소득이 많은 연구)」 1. ripening
みのり[御法](명)〈불〉 불법(仏法)의 높임말. sacred law of Buddha
みの·る[実る·稔る](자 4) ①열매를 맺다. ②익다. 여물다. 1. bear fruit
みば[見場](명)〈속〉 겉보기. 외관. 「—をよくする; 겉보기를 좋게 하다」 appearance
みはい[未配](명) 미배당(未配当), 미배급(未配給)의 준말. undivided
みばえ[見栄え](명·자サ) 보기에 좋음. 「—がする; 보기에 근사하다」 looking well
みはかし[御佩刀](명) 허리에 차는 칼의 높임말.
みはから·う[見計らう]—ハカラフ(타 4) ①보고 적당히 결정하다. ②적당히 맞추다. 짐작하다. 「時間(ジカン)を—; 짐작해서 시간을 맞추다」 1. use one's discretion
みはし[御階](명) 계단의 높임말. 신사(神社)나 궁성(宮城)의 계단. a staircase
みはつ[未発](명) 미발. ①아직 표면에 나타나지 않은 것. ②아직 발명이나 발견이 안된 것. 「前人(ゼンジン)—の; 아직까지 아무도 발명(발견)하지 않은」 1. before anything happens
みはてぬ[見果てぬ](연어·연체) 다 보지 않은. 「—夢(ユメ); 다 꾸지 않은 꿈」 not seen to the last
みはな·す[見放す·見離す](타 4) ①버리고 돌아 보지 않다. 단념, 체념하다. 「医者(イシャ)が病人(ビョウニン)を—; 의사가 환자를 단념하다」 ②눈을 돌리다. 눈을 떼다. 1. give up
みはば[身幅](명) ①몸의 나비. ②(옷의) 앞폭과 뒤폭을 이루는 부분의 나비. 2. the width of a garment
みはらい[未払い]—ハラヒ(명) 미불. 아직 지불하지 않음. ↔既(キ)払い. unpaid
みはらし[見晴らし](명) 전망(展望). a view
みはら·す[見晴らす](타 4) 전망(展望)하다. 멀리 바라

보다. command a view

みはらやま[三原山](명)〈지〉 이즈오오시마(伊豆大島)를 형성하고 있는 코니이데식 화산(火山).

みはり[見張り](명·자サ) 지켜 봄. 또는 지켜 보는 사람. 파수. 파수군. watch

みは·る[見張る](타 4) ①〔瞠る〕 눈을 크게 뜨고 노려보다. ②파수(把守)하다. 1. strain one's eyes

みはるか·す[見晴るかす](타 4) 먼 데를 바라보다. 멀리 바라보다. command a view

みびいき[身贔屓](명·타サ) 자기와 관계 있는 사람을 특별히 편듦. self-partiality

みひとつ[身一つ](연어·명) 자기 몸 하나. 자기 혼자. oneself

みひらき[見開き](명) 책, 잡지에서 좌우 2페이지가 한 장으로 되어 있는 인쇄면(印刷面).

みひら·く[見開く](타 4) 무엇을 보는 것같이 눈을 똑똑히 크게 뜨다. open one's eyes wide

みふたつ[身二つ](명) 모체에서 아기가 분만되어 몸이 둘이 되는 것. 분만(分娩). parturition

みぶり[身振り](명) 몸을 놀리는 태도. 몸짓. 「一手(テ)ぶり; 몸짓 손짓」 a gesture

みぶるい[身震い]ーブルヒ(명·자サ) 몸을 떪. 몸이 떨림. shivering

みぶん[身分](명) 신분. 사회적 지위. social position. **—そうおう**[身分相応](명) 신분 상응. 신분에 알맞음. 어울림.

みぼうじん[未亡人](명) 미망인. 남편이 죽고 없는 부인. 과부. a widow

みほ·れる[見惚れる](자하 1) 넋을 잃고 보다. 열중하여 정신 없이 보다. look admiringly at

みほん[見本](명) 견본. 전체 상품을 선전하기 위해서 제시하는 조그마한 본보기. a sample. **—いち**[見本市](명) 견본을 놓고 선전하는 시장.

みまい[見舞い]ーマヒ(명) 문안. 「お—; 문안」「お—品(ヒン); 문안갈 때의 선물」 an inquiry. **—じょう**[見舞い状](명) 문안 편지.

みま·う[見舞う]ーマフ(타 4) ①매일의 형편을 묻다. 문안하다. ②재난, 병환 등을 위문하다. ③찾아 오다. 「暴風(ボウフウ)に見舞われる; 폭풍에 휩쓸리다」 2. pay a visit of inquiry

みまう·し[見ま憂し](형ク)〈고〉 보기 안타깝다.

みまえ[御前](명) 어전. "まえ(앞)"의 높임말. 「神(カミ)の—; 신전」

みまが·う[見紛う]ーマガフ(타 4) 잘못 보다. 보고 그릇 알다. mistake

みまか·る[身罷る](자 4) 죽다. die

みまさか[美作](명)〈지〉 옛 지방 이름. 현재 오카야마현(岡山県) 동북부.

みまし[汝](대)〈고〉 동배, 또는 그 이하의 사람에게 말하는 대칭 대명사. 너. 자네.

みまそか·り(자ラ)〈고〉 계시다.

みまな[任那](명)〈역〉 임나. 상대(上代), 지금의 고령(高霊) 근방에 있었던 작은 나라. 6세기경 신라(新羅)에 병합.

みまほし·い[見まほしい](형) 보고 싶다. 파생 **—げ**(형동ダ)

みまも·る[見守る](타 4) ①보면서 지키다. ②곰곰이 보다. 숙시(熟視)하다. 1. watch over

みまわ·す[見回す]ーマハス(타 4) 사방을 둘러 보다. look about

みまわ·る[見回る]ーマハル(타 4) 감시하기 위해 사방을 돌아 다니다. 순찰하다. 명 見回り. patrol

みまん[未満](명) 미만. 정한 수나 연령에 차지 않는 것. 「十五歳(ジュウゴサイ)—; 15세 미만」 below

みみ[耳](명) ①〈생〉 귀. 「—にたこが出来(デキ)る; 자꾸 들어 귀에 못이 박히다」 ②귀 모양의 손잡이. ③들음. 들림. 청력(聴力). ④(직물, 종이 등의) 가장자리. 식서(飾緒). ⑤바늘귀. 1. an ear 4. a loop

みみあか[耳垢](명) 귀에지. 귀지. ear wax

みみあたらし·い[耳新しい](형) 귀에 새롭다. 「—話(ハナシ); 처음 듣는 이야기」 new. 파생 **—さ**(명).

みみうち[耳打ち](명·자サ) 귀엣말. whispering in another's ear

みみかき[耳掻き](명) 귀이개. 귀개. a near-pick

みみかくし[耳隠し](명) 머리털로 귀를 가린 부인의 머리 모양. 타이쇼오(大正) 말기에 유행했음.

みみがくもん[耳学問](명) (타인에게서) 들어서 얻은 지식. ear-learning

みみかざり[耳飾り](명) 귀에 하는 장식. 귀걸이. an ornament for the ear

みみがね[耳金](명) ①장식으로서 귀에 다는 금속. ②(그릇 등의) 옆으로 튀어 나온 쇠붙이.

みみくそ[耳屎](명) ⇨みみあか.

みみこすり[耳擦り](명·자サ)〈속〉 (고자질하기 위해 귀에다 입을 대고 하는) 귀엣말. whispering in another's ear

みみざわり[耳障り]ーザハリ(명·형동ダ) 들어서 거슬림. 귀에 거슬림. 「—な話(ハナシ); 귀에 거슬리는 이야기」 discordance

みみず[蚯蚓](명)〈동〉 지렁이. 빈모류(貧毛類)에 속하는 환형(環形) 동물. an earthworm. **—ばれ**[蚯蚓脹れ](명) 지렁이 모양으로 몸의 일부가 붉고 길게 붓는 것.

みみずから[身自ら]ーミヅカラ(부) 스스로. 손수. for oneself

みみずく[木菟]ーヅク(명)〈동〉 수리부엉이. 올빼미과에 속하는 새. 머리에는 귀 모양의 털이 양쪽에 있으며 몸빛은 적갈색. 낮은 산이나 인가 부근의 숲에 삶. 치휴(鴟鵂). a horned owl

みみだ·つ[耳立つ](자 4) 귀에 거슬리게 들리다. ②주의해서 듣다. 2. give ear to

みみたぶ[耳朶](명) 이타. 귀의 아래쪽에 있는 살. 귓불. an earlap

みみだれ[耳垂れ](명) 귓구멍에서 고름이 흘러 나오는 병. 또는 그 고름. otorrhoea

みみっち·い(형)〈속〉 인색하다. 좀스럽다. 「—根性(コンジョウ); 노랑이 근성」 파생 **—げ**(형동ダ) —

さ(명). mean

みみど·い[耳疾い](형) 귀가 밝다. 청력(聽力)이 날카롭다. have a keen ear

みみどお·い[耳遠い]ードホイ(형) ①귀가 잘 들리지 않다. 귀가 멀다. ②귀에 익지 않다. 들어 보지 못하다. 「一話(ハナシ); 들어 보지 못한 이야기」 1. hard of hearing

みみなり[耳鳴り](명) 이명. 귀울음. tinnitus

みみな·れる[耳慣れる·耳馴れる](자하 1) (자주 들어서) 귀에 익다. learn by chance

みみのひ[耳の日](연어·명) 귀의 날. 3월 3일.

みみばさ·む[耳挟む](타 4) 어쩌다가 듣다. 퍼뜩 듣다. put behind one's ear

みみへん[耳偏](명) 한자 부수(部首)의 하나. 귀이변. "職, 聊" 등의 "耳" 부분.

みみもと[耳元·耳許](명) 귓전. at the ears

みみより[耳寄り](명·형동ダ) 듣고 싶은 것. 들어 볼 가치가 있는 것. 「それは一な話(ハナシ)だ; 그것은 들을 만한 이야기다」 inviting

みみわ[耳輪·耳環](명) 귀엣고리. 귀고리. an ear-ring

みむ·く[見向く](타 4) (그쪽을) 향하여 보다. 돌아다보다. look toward

みむろ[御室](명)〈고〉 ①주소(住所)의 높임말. ②신을 안치하는 방. 신사(神社).

みめ[見目](명) ①얼굴의 생김새. 용모. 「一より心(ココロ); 얼굴보다 마음씨가 고와야 한다는 말」「一うるわしい; 용모가 아름답다」 ②체면. 면목. 1. a face

みめい[未明](명) 미명. 날이 샐 무렵. 날이 채 밝기 전. early dawn

みめかたち[見目形](명) 얼굴과 몸매. looks

みめよ·い[見目好い](형) 용모가 아름답다. good-looking

ミモザ[mimosa](명)〈식〉 미모사. 콩과에 속하는 1년초. 잎을 건드리면 아래로 늘어짐. 함수초(含羞草).

みもだえ[身悶え](명·자サ) 몸부림 치며 괴로와함. 「一して泣(ナ)く; 몸부림 치며 울다」 writhing in agony

みもち[身持ち](명) ①품행. 「一のわるいむすこ; 품행이 나쁜 아들」 ②임신. 1. conduct

みもと[身元·身許](명) 신원. ①그 사람의 내력. 신상. 태생. 자람. 「一不明(フメイ); 신원 불명」 ②일신상에 관계되는 일. 「一保証人(ホショウニン); 신원 보증인」 2. one's character. **—ほしょう**[身元保証](명) 신원 보증. 사람의 신상, 자력(資力) 등의 확실성을 책임지는 것.

みもの[見物](명) 볼 가치가 있는 것. 볼만 한 것. 「今日(キョウ)の試合(シアイ)は一だ; 오늘 시합은 볼 만하다」 a sight worth seeing

みもん[未聞](명) 미문. 아직 듣지 못한 것. 「前代(ゼンダイ)一; 전대 미문. 지금까지 들어 보지 못함」 unheared

みや[宮](명) 궁. ①임금이 기거하는 곳. 어소(御所). ②황족의 높임말. ③친왕(親王)이라 이름하는 가문(家門)의 칭호. ④〔お一〕이세 신궁(伊勢神宮), 그밖에 특별한 신을 모시는 신사. 「一参(マイ)り; 신사 참배」 1. the Imperial Palace 4. a shrine

みやい[宮居]ーヰ(명) 신사(神社), 황거(皇居)가 있는 곳. the Imperial Palace

みやぎ[宮城](명)〈지〉 토오호쿠(東北) 지방 중부, 태평양 연안의 현. 현청 소재지는 센다이(仙台).

みゃく[脈](명) ①〈생〉 맥. 혈맥. ②〈광〉 암석 속의 광물. 「鉱(コウ)一; 광맥」 ③이어진 것. 연결. 「火山(カザン)一; 화산맥」 ④맥박의 준말. ⑤가능성. 가망. 「一がある; 가망이 있다」 1. a blood-vessel

みやく[未訳](명) 아직 번역하지 않은 것. 「本邦(ホンポウ)一; 우리 나라에서 아직 번역되지 않음」 yet untranslated

みゃくう·つ[脈打つ](자 4) ①맥이 뛰다. ②억세게 흐르다. 「一愛国心(アイコクシン); 고동치는 애국심」 1. pulsate

みゃくしるい[脈翅類](명)〈동〉 맥시류. 곤충강 유시 아강(有翅亜綱)에 속하는 한 목(目). 소형, 대형의 연하고 약한 몸을 가진 명주잠자리과, 뱀잠자리과가 이에 속함. 원시적인 곤충으로 전후 날개가 투명하고 넓으며 망상(網状)의 시맥이 많음. the Neuroptera

みゃくせきこうぶつ[脈石鉱物](명)〈광〉 맥석 광물. 광상중(鉱床中) 광석으로서 가치가 없는 광물이나 맥석. vein-stuff

みゃくどう[脈動](명·자サ) ①맥동. 지면의 규칙적인 미동(微動). ②힘 있게 맥박이 침. 1. a pulsatory motion

みゃくどころ[脈所](명) 맥소. ①맥박을 짚는 곳. ②사물의 급소. 2. the vital point

みゃくはく[脈拍·脈搏](명)〈생〉 맥박. 혈액의 운동. 맥. 맥수(脈数). a pulse

みゃくみゃく[脈脈](형동タルト) ①끊어지지 않고 길게 계속되는 모양. 「一とつたわる伝統(デントウ); 면면히 이어 온 전통」 ②맥박이 치듯 강하게 느껴지는 모양. 「一たる気迫(キハク); 맥박이 뛰는 듯한 기백」 1. continuously

みゃくらく[脈絡](명) 맥락. ①맥. ②잇는 것. 줄거리. 「文(ブン)の一; 문맥(文脈)」 1. a pulse

みゃくりゅう[脈流](명)〈이〉 맥류. 흐르는 방향은 일정하나 그 크기가 시시로 변화하는 전류(電流). pulsive current

みやけ[屯倉·屯家](명)〈역〉 옛날 여러 지방에 있던, 조정(朝廷)의 전답에서 수확한 농산물을 저장하기 위해 세운 창고.

みやけ[宮家](명) ①친왕(親王)이나 제왕(諸王)의 집안. ②황족으로서 미야(宮)의 칭호를 받은 집. 1. the family of a prince of the blood

みやげ[土産](명) ①여행에서 귀가할 때 사가지고 가는 그곳에서 나는 산물. 토산물. ②남의 집에 갈 때 가지고 가는 선물. 1. a souvenir. **—ばなし**[土産話](명) 여행 중에 보고 들은 것을 돌아 와서 이야기하는 것.

みやこ[都](명) ①왕궁(王宮)이 있는 곳. 수도(首都). 「一大路(オオジ); 수도의 대로」 ②번화한 곳. 도시.

1. a metropolis. **—いり**[都入り](명·자サ) 수도에 들어 감. 입경(入京). **—おち**[都落ち](명·자サ) 수도(首都)를 빠져서 지방에 감. 낙향(落郷). **—どり**[都鳥](명)〈동〉 검은머리물떼새. 머리와 등은 검고 배는 흼.

みやごう[宮号](명) 미야(宮)의 칭호.

みやざき[宮崎](명)〈지〉 큐우슈우(九州) 동남부의 현. 또는 그 현의 현청 소재지. 「the Imperial family

みやさま[宮様](명) 황족(皇族)의 높임말. ⤴

みやしばい[宮芝居]ーシバヰ(명) 신사의 경내(境内)에서 하는 연극.
a theatrical performance in the precincts of a shrine

みやす·い[見易い](형) ①보기가 쉽다. ②알기 쉽다. 「一道理(ドウリ); 알기 쉬운 도리」 파생 **—さ**(名). 1. easy to see

みやすどころ[御息所](명) ①임금의 휴식소. ②황태자나 친왕(親王)의 비(妃).

みやずもう[宮相撲](명) 신사의 경내(境内)에서 하는 씨름.

みやだいく[宮大工](명) 신사(神社)나 불각(仏閣), 궁전 등을 짓는 목수. a shrine builder

みやづかう[宮仕う]ーヅカフ〈고〉 Ⅰ(타 4) 궁중 고용인으로 부림을 받다. Ⅱ(자하 2) ①궁전을 세우다. ②궁중에 봉사하다.

みやづかえ[宮仕え]ーヅカヘ(명·자サ) ①궁중에서 봉사함. ②귀인(貴人)의 집에서 일함. 2. service

みやづかさ[宮司](명) 옛날 궁중 일을 맡아 보던 관청.

みゃっかん[脈管](명) 맥관. 혈관. a vein

みやつ(くち)[身八つ(口)](명) ⇨やつくち.

みやつこ[造](명)〈고〉 옛날 성(姓)의 한 가지. 궁중(宮中)이나 지방에서 대대로 이어서 세습적인 직업을 통솔하던 사람.

みやでら[宮寺](명) 신불(神仏)을 함께 모신 절. ⤵

みやどころ[宮所](명) ⇨みやい. ⎣a temple

みやばしら[宮柱](명) 궁전의 기둥. a pillar of a palace

みやばら[宮腹](명)〈고〉 황녀(皇女)의 배에서 태어남. 또는 그 사람.

みやび[雅び](명·형동ダ) ①우미(優美). 우아(優雅). 「一ごころ; 우아한 마음」 ②풍류(風流). 1. elegance. **—お**[雅び男]ーヲ(명) 풍류를 아는 남자. **—ごと**[雅び言](명) 풍류스러운 말. 품위 있는 말. **—ごと**[雅び事](명) 우아한 일. 풍류적인 것. **—やか**[雅びやか](형동ダ) 품위 있는 모양. 풍류적.

みやびと[宮人](명) ①궁중에서 일을 보는 사람. ②신을 모시 사람. 신관(神官). 1. a courtier 2. a priest

みや·ぶ[雅ぶ](자상 2)〈고〉 우아한 모양을 띠다. 궁정풍(宮廷風)이 되다. ↔ひなぶ, さとぶ.

みや·びる[雅びる](자상 1) 고상하고 멋있다. 「みやびてきこえる; 멋있게 들리다」 elegant

みやぶ·る[見破る](타 4) 비밀 등을 보아서 알아 내다. 간파(看破)하다. 「相手(アイテ)の本心(ホンシン)を一; 상대의 본심을 간파하다」 see through

みやま[深山](명) 심산. ①산. ②깊은 산. 2. a deep mountain. **—おろし**[深山颪](명) 깊은 산에서 불어 내리는 바람. 산바람. **—がらす**[深山鴉](명)〈동〉 갈가마귀. 떼를 지어 다니는 까마귀와 비슷한 새. **—ぎ**[深山木](명) 깊은 산에 나 있는 나무. **—ざくら**[深山桜](명) 깊은 산에 피는 벚꽃. ②〈식〉 산벚나무. 앵도과에 속하는 낙엽 활엽 교목.

みやまいり[宮参り]ーマキリ(명·자サ) ①어린애가 나서 처음으로 그 고장의 수호신에게 참배하는 일. ③사내 아이는 세 살과 다섯 살, 여자 아이는 세 살과 일곱 살 되는 해에 그해의 11월 15일에 고운 옷을 입혀 참배시키는 일.
1. a new-born baby's first visit to its tutelary shrine

みやめぐり[宮巡り](명) 사방에 있는 신사(神社)를 참배하며 순례하는 일. a pilgrimage to shrines

みやもり[宮守り](명) 신사(神社), 궁전을 지키는 사람. a palace guard

みや·る[見遣る](타 4) ①먼 곳을 바라 보다. ②그쪽을 보다. 1. look far

ミュージカル[musical](명) 뮤우지컬. 음악이 들어 감. 음악적인 모양. 「一コメディ; 희가극」「一ドラマ; 음악극」

ミュージック[music](명) 뮤우직. 음악. 악곡. 「ダンスー; 댄스 음악」

ミューズ[Muse](명) 뮤우즈. 그리이스 신화에 나오는 예술을 담당하는 아홉 여신 중의 하나. 문학의 신. 시(詩)의 신.

みゆき[御幸](명·자サ) 임금의 행차. an Imperial visit

みゆき[深雪](명) ①눈. ②깊이 쌓인 눈. 1. snow

ミュンヘン[도 München](명)〈지〉 뮌헨. 도이치 남부에 있는 도시. 고래로 미술, 학술, 공예의 중심지로 알려져 있음.

みよ[御代·御世](명) 임금의 치세(治世) a reign

みよ·い[見好い](형) ①보기 좋다. ②보기 쉽다. 1. good to see

みょう—[明](조어) 명. 내일의. 「一十日(トウカ); 명 10일」

みょう[妙](명·형동ダ) 묘. ①묘함. 진기함. ③이상함. 「一な音(オト); 이상한 소리」 ④별스러움. ⑤심오(深奥)한 도리. 1. excellence

みよう[見様](명) 보는 방법. 「一見(ミ)まね; 배우지 않아도 늘 보기 때문에 자연히 알게 됨」 a way of looking

みょうあさ[明朝](명) 명조. 내일 아침. tomorrow morning

みょうあん[妙案](명) 묘안. 좋은 생각. 대단히 훌륭한 생각. a good idea

みょうあん[明暗·明闇](명) 이 세상과 저 세상. 유명(幽明). this world and the other world

みょうおう[明王](명)〈불〉 명왕. ①성난 얼굴을 한, 불교를 지키는 신. ②부동 명왕(不動明王)의 준말.

みょうが[冥加](명·형동ダ) ①〈불〉 명가. 눈에 보이지 않는 신불의 은혜. ②혜택. 덕분. ③(이상하게 도움을 받아) 행복함. 「いのちーなやつ; 재수 좋은 놈」 ④←

冥加金. 1. blessing of God. **—きん**[冥加金](명) ① 명가금. 신불(神仏)에게 은혜를 받고자 신사나 절에 기부하는 돈. ②에도(江戸) 시대 영업 허가의 납세로 막부(幕府)나 영주(領主)에게 상납(上納)한 돈.

みょうが[茗荷](명)〈식〉 양하(蘘荷). 생강과에 속하는 숙근초. 뿌리는 향미료(香味料)로 씀. 〈학명〉 Zingiber Mioga Roscoe

みょうき[妙機](명)〈불〉 묘기. ①뛰어난 기근(機根). ② 중생을 교화하는 방법.

みょうぎ[妙技](명) 묘기. 대단히 훌륭한 기술. 묘한 기술. an exquisite skill

みょうぎさん[妙義山](명)〈지〉 군마현(群馬県) 서남쪽에 있는 화산(火山). 높이 1,156 *m*.

みょうく[妙句](명) 묘구. 아주 뛰어난 구. a felicitous phrase

みょうけい[妙計](명) 묘계. 대단히 좋은 계략. 「—を案(アン)ずる; 묘계를 생각하다」 an ingenious trick

みょうご[明後](명) 모레. 「—三日(サンニチ); 모레 초사흗날」 after next. **—にち**[明後日](명) 명후일. 모레. **—ねん**[明後年](명) 명후년. 내후년.

みょうご[冥護](명) 명호. 신불(神仏)이 은연중에 중생을 보호하여 지키는 일. 명가. divine protection

みょうこう[妙工](명) 묘공. 훌륭한 세공(細工). 또는 직공(職工). an exquisite work

みょうごう[名号](명)〈불〉 명호. ①부처의 이름. 아미타불. ②이름. 1. the title of Buddha

みょうさく[妙策](명) 묘책. 묘한 생각. 묘계(妙計). a good idea

みょうじ[名字·苗字](명) 성(姓). ↔名(ナ). a family name

みょうしゅ[名主](명)〈역〉 중세(中世)에 사유전(私有田)의 소유자. a landowner

みょうしゅ[妙手](명) 묘수. ①묘한 수. 묘한 기술. ②〔바둑에서〕 썩 뛰어난 수. 1. excellent skill

みょうしゅ[妙趣](명) 묘취. 뛰어나고 재미 있는 흥취(興趣). charms

みょうしゅん[明春](명) 명춘. 내년 봄. next spring

みょうしょ[妙所](명) 묘소. 썩 뛰어난 점. the beautiful point

みょうじょ[冥助](명)〈불〉 명조. 신불(神仏)의 도움. 「—をこうむる; 신불의 은혜를 입다」

みょうじょう[明星](명) 명성. ①해 뜨기 전 동쪽 하늘이나 해가 진 뒤의 서쪽 하늘에 보이는 금성. ② (한 사회에서) 제일 훌륭한 사람. 1. Venus

みょうじん[明神](명) 신의 높임말. 영험(霊験)이 있는 신. a gracious deity

みょうせき[名跡](명) (뒤를 이어야 할) 이름자(字)나 가명(家名). 「父(チチ)の—をつぐ; 아버지의 이름자를 잇다」 succession to the family name

みょうせんじしょう[名詮自性](연어·명)〈불〉 이름은 자연히 그것의 성질을 나타낸다는 말. 명호. 명가.

みょうだい[名代](명) 대리. 대리인. representation

みょうちき(りん)[妙ちき(りん)](형동ダ)〈속〉 기묘한 모양. 이상한 모양. strange

みょうちょう[明朝](명·부) 명조. 내일 아침. tomorrow morning

みょうてい[妙諦](명) 묘체. 말할 수 없이 훌륭한 진리. 「政治(セイジ)の—; 정치의 묘체」

みょうでん[名田](명)〈역〉 중세(中世) 시대의 사유전(私有田)의 한 가지. 그 소유주의 성을 따서 불렀음.

みょうと[夫婦]メウト·メヲト(명)〈속〉 ⇨めおと. **—づか**[夫婦塚](명) 자살한 남녀를 한곳에 묻은 무덤. **—びな**[夫婦雛](명) 부부 한 쌍의 인형. **—ぼし**[夫婦星](명) 부부성. 견우성과 직녀성.

みょうに[妙に] ⇨みょう(妙).

みょうにち[明日](명·부) 명일. 내일. tomorrow

みょうねん[明年](명·부) 명년. 내년. next year

みょうねんど[明年度](명·부) 명년도. 내년도(来年度). next year

みょうばつ[冥罰](명)〈불〉 명벌. 신불이 내리는 벌. 신불에게 받는 벌. divine punishment

みょうばん[明晩](명·부) 내일 밤. tomorrow evening

みょうばん[明礬](명)〈이〉 명반. 크게 결정(結晶)한 황산(黄酸)과 알루미늄의 화합물. 무색 투명한 정 8면체의 결정. 염색, 방수, 공업에 씀. alum

みょうぶ[名簿](명) 귀인을 면회할 때나 스승에게 입문(入門)할 때 보내던 관위(官位), 생년월일을 적은 명찰.

みょうぶ[命婦](명) ①4위(位), 5위의 여관(女官). 또는 5위 이상의 관인(官人)의 아내. ②궁녀 계급의 하나. ③오곡을 다스리는 신의 사자로 불리우는 여우.

みょうほう[妙法](명) 묘법. 뛰어난 방법. 기묘(奇妙)한 수단. an excellent means

みょうみ[妙味](명) 묘미. ①썩 뛰어난 맛. 「文学(ブンガク)の—; 문학의 묘미」 ②좋은 점. 1. delicacy

みょうみょうごにち[明明後日](명·부) 모레의 다음날. 글피. three days hence

みょうみょうごねん[明明後年](명·부) 내후년의 다음해. three years hence

みょうもく[名目](명) ①명목. 사물의 명칭. ②격언. 속담. ③구실. 이유. 1. a name 2. a proverb

みょうもん[名聞](명) 명문. ①명예. ②세평. 1. fame

みょうや[明夜](명·부) 내일 밤. tomorrow night

みょうやく[妙薬](명) 묘약. 비상한 효험을 가진 약. 명약(名薬). a specific

みょうよう[妙用](명) 불가사의(不可思議)한 작용. 신기한 작용. a marvellous action

みょうり[名利](명) 명리. 명예와 이익. fame and wealth

みょうり[妙理](명) 묘리. 불가사의한 도리. 기묘한 도리. a mysterious reason

みょうり[冥利](명) ①모르는 동안에 입는 신불의 은혜. 「男(オトコ)—; 남자로 태어난 행복」 ②선행(善行)의 결과로서 받는 은혜. 1. divine favour

みょうりょ[冥慮](명) 명명(冥冥)한 가운데 생각해 주

는 신불(神仏)의 마음. divine consideration

みょうれい[妙齢](명) 묘령. 젊은 나이. 스물 안팎의 여자 나이.「一の婦人(フジン); 묘령의 부인」 blooming age

みよし[船首](명) 선수. ①일본식 배의 앞에 붙어 있는 파도를 헤치는 나무. ②이물. 2. the bow

みより[身寄り](명) 친척. 친족.「一たよりがない; 의지가지 없다」 relatives

ミラー[mirror](명) 미러. ①거울. ②배크미러의 준말.

みらい[未来](명) ①미래. 장래. ②〈불〉후생. 내세. 1. future. **—えいごう**[未来永劫](명) 미래 영겁. 지금부터 끝없는 세월. 영원. **—かんりょう**[未来完了](명) 미래 완료. 〔문법에서〕 영어 등에서 미래의 어떤 시간을 기준해서 그때까지의 완료나 계속을 나타냄. **—き**[未来記](명) 미래기. 미래의 일을 상상해서 쓴 책. **—は**[未来派](명) 미래파. 20세기 초 이탈리아에서 일어나 한때 세계적으로 번진 예술 운동. 전통을 무시하고 동적(動的)인 표현을 중요시하며 회화, 문학, 음악에까지 이르렀음.

みらい[味蕾](명)〈생〉 미뢰. 미각 세포의 집합체로서 미각(味覚)을 일으키는 감각기. 미관구(味官球). 맛봉오리. a taste bud

ミラクル[miracle](명) 미러클. 기적(奇蹟).

ミラノ[Milano](명)〈지〉 밀라노. 이탈리아 북부 롬바르디 평야의 북서부에 있는 고도(古都).

ミリ[프 milli](명) 밀리. ①1,000분의 1. ②밀리미터의 준말.

ミリオン[million]〈수〉 밀리언. 백만(百万).

ミリグラム[프 milligramme](명) 밀리그램. 그램의 1,000분의 1. 기호는 *mg*.

ミリタリスト[militarist](명) 밀리터리스트. 군국주의자(軍国主義者).

ミリタリズム[militarism](명) 밀리터리즘. 군국주의.

ミリバール[프 millibar](명) 밀리바아. 기압의 절대 단위. 바아(수은주의 높이로 약 750, 2 *mm*)의 1,000분의 1. 표준 기압은 1,013 밀리바아. (수은주 높이로는 760 *mm*)

ミリメートル[프 millimètre](명) 밀리미터. 미터의 1,000분의 1. 기호는 *mm*.

みりょう[未了](명) 미료. 아직 끝나지 않은 것.「審議(シンギ)一; 심의가 아직 끝나지 않음」 unfinished

みりょう[魅了](명·타サ) 마음을 사로잡음.「読者(ドクシャ)を一する小説(ショウセツ); 독자의 마음을 사로잡는 소설」 fascination

みりょく[魅力](명) 매력. 마음을 끌어 당기는 힘.「あの人(ヒト)の一; 저 사람의 매력」 charm

ミリリットル[프 millilitre](명) 밀리리터. 리터의 1,000분의 1. 술, 간장 등의 분량을 나타냄.

みりん[味醂](명) 소주와 찐 찹쌀을 섞어 곡자와 같이 발효시킨 즙(汁)을 짠 것. 조미료로 씀. a sweet kind of wine

みる[海松](명)〈식〉 청각채. 녹조류에 속하는 해조(海藻). 얕은 바다의 암석에 붙어 살며 줄기는 원주형으로 많은 가지로 갈라짐. 식용. a thickhaired codium

みる[見る] Ⅰ(타상 1) ①보다.「一にしのびない; 차마 볼 수가 없다」 ②바라보다. 구경하다.「東京(トウキョウ)を一; 토오쿄오를 구경하다」 ③조사하다.「答案(トウアン)を一; 답안을 조사하다」 ④읽다.「本(ホン)を一; 책을 읽다」 ⑤점치다.「運勢(ウンセイ)を一; 운수를 점치다」 ⑥거들다. 보살피다.「親(オヤ)を一; 부모를 보살피다」 ⑦생각하다.「私(ワタクシ)の一ところでは; 내가 생각하는 바로는」 ⑧처리하다.「事務(ジム)を一; 사무를 보다」 ⑨면회하다. 만나 주다. ⑩〔"を一"의 형태로〕 …와 만나다.「つらい目(メ)を一; 괴로운 경우를 당하다」 Ⅱ①(보동·상 1) 시험삼아 하다.「行(オコ)なって一; 시험 삼아 해보다」 ②실제로 체험하다.「目(メ)がさめて一と; 잠을 깨고 보니」 Ⅰ 1. see 2. view 8. manage

みる[試る](타상 1) 시험하다.「機械(キカイ)のぐあいを一; 기계의 상태를 시험해 보다」 test

みるかげもない[見る影も無い](연어) 볼품이 없다. 비참하다. 불쌍하다.「一姿(スガタ); 차마 볼 수 없는 비참한 모습」 poor

みるから(に)[見るから(に)](부) 보기에. 보기만 해도.「一強(ツヨ)そうな男(オトコ); 보기만 해도 힘이 세어 보이는 남자」

ミルク[milk](명) 밀크. ①우유. ②콘덴스밀크의 준말.「一ティー; 밀크티이」 **—セーキ**[milk shake](명) 밀크 세이크. 우유에 계란과 얼음을 섞은 음료수. **—プラント**[milk plant](명) 밀크 플랜트. 소로부터 짜낸 우유에 열을 가하여 세균을 죽여서 차게 한 다음 병에 넣은 것. **—ホール**[milk hall](명) 밀크호올. 우유나 빵을 파는 간편한 빵집.

みるみる[見る見る](부) 보고 있는 동안에. 금시.「一うちにもえひろがる; 금시 연소(延焼)하다」 with alarming rapidity

みれん[未練](명·형동ダ) 미련. 단념하기 어려움.「一がましい; 미련이 남아 단념하기 어렵다」「一たっぷり; 미련이 가득한」 attachment

みろく[彌勒](명)〈불〉 미륵. 미륵 보살. 미래에 나타나서 중생을 구원한다는 보살.

みをもって[身を以て](연어) ①몸으로써. ②(말뿐이 아닌) 행동으로써.「一示(シメ)す; 솔선 수범」

みわく[魅惑](명·타サ) 매혹. 마음을 끌어 정신을 현혹하게 함. fascination

みわけ[見分け](명) 보고 구별하는 것. 분별.「一がつく; 분별할 수 있게 되다」 distinction

みわ·ける[見分ける](타하 1) 분별하다.「事(コト)のよしあしを一; 일의 선악을 분별하다」 distinguish

みわす·れる[見忘れる](타하 1) 이전에 본 적이 있는 것을 잊어 버리다. forget

みわた·す[見渡す](타 4) 멀리 넓게 보다.「一限(カギ)り; 눈으로 볼 수 있는 한」 look out over

—みん[民](조어) 백성. 인민.「避難(ヒナン)一; 피난민」

—みん[眠](조어) (누에의) 잠.「一(イチ)一; (누에의) 첫

잠(애기잠)」
みん[明](명) 명. 옛날 중국의 왕조(王朝) 이름. (1368~1644) 원(元) 나라의 뒤, 청(清) 나라의 앞. Ming
みんい[民意](명) 민의. 국민의 의사. the will of the people
みんえい[民営](명) 민영. 민간 경영(民間経営). a private enterprise
みんか[民家](명) 민가. 보통 사람의 집. 인가(人家). a private house
みんかん[民間](명) 민간. ①일반 국민의 사회.「一療法(リョウホウ); 민간 요법」②공공 기관에 속하지 않은 것. 재야(在野).「一人(ニン); 민간인」1. the people. **―でんしょう**[民間伝承](명) 민간 전승. 옛날부터 민간에 전해지는 전설, 풍속 등.
みんぎょう[民業](명) 민업. 민영 사업.「一圧迫(アッパク); 민업 압박」 a private enterprise
ミンク[mink](명) 밍크. 족제비과에 속하는 짐승. 물가에 살며 모피는 부인용 외투 등에 씀.「一コート; 밍크 코우트」
みんげい[民芸](명) 민예. 민중 생활 속에 전하여 오는 예술 또는 예술품. 민중 예술.「一品(ヒン); 민예품」 folk craft
みんけん[民権](명) 민권. ①국민의 몸과 재산을 보호 받는 권리. ②국민이 정치에 참여하는 권리. 2. suffrage. **―しゅぎ**[民権主義](명) 민권주의. 참정권을 평등하게 국민에게 주어야 한다는 주의.
みんこ[民戸](명) 민호. 국민의 집. 민가(民家).
みんこく[民国](명) 중화 민국(中華民国)의 준말.
みんごと[見ん事](명)〈속〉"みごと(훌륭함)"의 센말.
みんじ[民事](명)〈법〉민사. 국가나 공공 단체, 형법에 관계하지 않는 사람과 사람 사이의 소송 사건.「一訴訟(ソショウ); 민사 소송」↔刑事(ケイジ). civil affairs. **―そしょう**[民事訴訟](명)〈법〉민사 소송. 신분이나 재산에 관한 분쟁의 소송. 당사자 자신이 소송을 제기함. ↔刑事訴訟.
みんしゅ[民主](명) 민주. ①나라의 주권이 인민에게 있는 것.「一社会(シャカイ); 민주 사회」②←民主主義. **―こっか**[民主国家](명) 민주 국가. 나라를 다스리는 통치권이 국민에게 있는 국가. **―しゅぎ**[民主主義](명) 민주주의. 인민의 이익과 의사를 원칙으로 하여 정치하는 주의. **―せいじ**[民主政治](명) 민주 정치. 민주주의의 정치. **―てき**[民主的](형동ダ) 민주적. 민주주의다운. ↔独裁的(ドクサイテキ).
みんじゅ[民需](명) 민수. 민간의 수요.「一品(ヒン); 민간 수요품」 civilian needs
みんしゅう[民衆](명) 민중. ①많은 인민. ②대중(大衆).「一的(テキ); 대중적」 the people
みんしょ[民庶](명) 일반 국민. 서민. common people
みんじょう[民情](명) 민정. 국민의 사정. 민심(民心)「一を視察(シサツ)する; 민정을 시찰하다」 the conditions of the people
みんしん[民心](명) 민심. 인민의 마음.「一の安定(アンテイ); 민심의 안정」 popular feeling
みんせい[民生](명) 민생. 인민의 생계. 생활. the people's livelihood. **―いいん**[民生委員](명) 민중의 생활협조, 사회 복지 등을 돌보는 위원.
みんせい[民声](명) 민성. 국민의 공통된 의견(意見). 세론(世論). public opinion
みんせい[民政](명) 민정. ①국민의 행복과 이익을 위한 정치.「一党(トウ); 민정당」②국민 위주의 정치. ↔軍政(グンセイ). 1. democratic government
みんせつ[民設](명·타サ) 민설. 민간이 설립하는 것. 또는 설립한 것. 민립(民立). people's establishment
みんせん[民選](명·타サ) 민선. 국민이 선출함. popular election. **―ぎいん**[民選議員](명) 민선 위원. 국민이 선출한 민의원.
みんそ[民訴](명) 민사 소송(民事訟訴)의 준말.
みんぞく[民俗](명) 민속. 민간 풍속. folk-customs. **―がく**[民俗学](명) 민속학. 사투리, 풍속, 전설, 신앙 등을 대상으로 하여, 생활 양식의 발생과 변천을 연구하는 학문.
みんぞく[民族](명) 민족. 같은 지역에 살고 같은 말을 하며 생활 양식과 심리적 습관, 문화, 역사 등을 같이하는 인간의 집단. a race. **―がく**[民族学](명) 민족학. 민족의 문화를 전반적으로 연구하는 학문. **―じけつしゅぎ**[民族自決主義](명) 민족 자결주의. 민족이 어떤 국가 조직의 지배하에 들어 갈 것인가를 민족 자신의 의사로써 결정함을 주장하는 주의. **―しゅぎ**[民族主義](명) 민족주의. 민족으로서의 입장을 최고의 것으로 하는 주의. **―せい**[民族性](명) 민족성. 그 민족이 가지고 있는 독특한 성질. **―だいいどう**[民族大移動](명)〈역〉민족 대이동. 4세기경 게르만족의 대 이동. **―てき**[民族的](형동ダ) 민족적. 민족의 본질에 관한 모양.
ミンダナオとう[Mindanao 島](명)〈지〉민다나오도. 필리핀 군도(群島) 제 2의 큰 섬. 면적 9만 6천km^2.
みんだん[民団](명) 민단. 어떤 나라에 사는 외국인의 단체. 거류(居留) 민단. a settlement corporation
みんだん[民譚](명) 민담. 민간인에게 전해져 내려 오는 이야기. 전설. 민간 설화(民間説話). a folk-tale
みんち[民地](명) 민유(民有)의 토지. 사유지. ↔官地(カンチ). private land
みんちょう[明朝](명) 명조. ①명 나라의 조정. 명 나라. ②←明朝活字. 1. Ming. **―かつじ**[明朝活字](명) 명조 활자. 활자 자체(字體)의 하나. 본 사전의 본문 활자체.
みんてき[明笛](명)〈악〉명 나라 때의 악기의 한 가지. 구멍이 모두 8개의 저.
みんど[民度](명) 민도. 인민의 문명과 생활의 정도.「一が低(ヒク)い; 민도가 낮다」 conditions of the people
みんな[皆](대·부) "みな(모두)"의 센말.
みんなみ[南](명) "みなみ(남쪽)"의 변한 말.
みんぶしょう[民部省](명) 예전 일본의 8성(省) 중의 하나. 인구, 호적을 관할하며 조세, 부역(賦役) 등을 말아 보았음.
みんぺい[民兵](명) 민병. 전시(戰時)에 소집해서 조직한 민간 편성의 의용군. a militia
みんぼう[民望](명) 민망. ①인민의 희망. ②인민이 흠모(欽慕)하는 것. 중망(衆望). 2. popularity
みんぽう[民放](명) 민간 방송(民間放送)의 준말.
みんぽう[民法](명)〈법〉 민법. 주로 국민 개인 권리의 통칙을 규정한 법률. the civil law
みんぽう[民報](명) 민보. 민간(民間)의 신문. (주로 신문의 이름 밑에 붙임) a civilian newspaper
みんぽんしゅぎ[民本主義](명) 민본주의. 민주주의. democracy
みんみんぜみ[みんみん蟬](명)〈동〉 참매미. 매미의 한 가지. 검고 크며 날개는 투명함.
みんやくせつ[民約説](명) 민약설. 국가나 사회의 근거를 국민 또는 사회 성원의 계약에 따라 설명하는 설(說). 사회 계약설. the theory of social contract
みんゆう[民有](명) 민유. 국민의 소유. 「一財産(ザイサン); 민유 재산」 private possession
みんよう[民謡](명) 민요. 민중 사이에 자연히 생긴 소박한 생활 감정을 반영시킨 노래. a folk song
みんりょく[民力](명) 민력. 국민의 힘. 국민의 재력(財力). national power
みんわ[民話](명) 민화. 민족 고유의 생활 감정을 반영시킨 옛날 이야기. a folk-tale

む―[六](조어) 여섯. 「一月(ツキ); 여섯 달」
む―[無](접두) ①…이 없는. 「一資格(シカク); 무자격」 ②…하지 않는. 「一抵抗(テイコウ); 무저항」
む(조동·특수형) 짐작의 뜻을 나타내는 말. 「行(ユ)か一; 갈 것이다」「見(ミ)一; 볼 것이다」 ⇨: う, よう.
む[無](명) 무. ①아무 것도 없음. 공허(空虛). 「一に帰(キ)する; 무로 돌아 가다」 ②허사(虛事). 「好意(コウイ)を一にする; 호의를 헛되게 하다」 1. nothing
むい[無位](명) 무위. 지위가 없는 것. 「一無官(ムカン); 무위 무관(지위도 없고 벼슬도 없는 것)」 without a rank
むい[無医](명) 무의. 의사가 없음. 「一村(ソン); 무의촌」 doctorless
むい[無爲](명) 무위. ①자연 그대로 두고 손을 대지 않음. 「一にして化(カ)す; 무위이화(無為而化)」 ②아무 것도 하지 않고 빈둘빈둘 놂. 「一に日(ヒ)をすごす; 하는 일 없이 날을 보내다」 1. leaving to natural course
むい[無意](명) ①특별한 의미가 없음. ②무의식. 1. having no special meaning
むいか[六日](명) 6일. 엿새. sixth day. ―**のあやめ**[六日の菖蒲](연어·명) 〔6일은 5월 6일, 즉 단오의 다음날〕 때가 지나 쓸모 없게 됨.
むいぎ[無意義](명·형동ダ) 의의가 없음. nonsense
むいしき[無意識](형동ダ) 무의식. ①의식을 잃은 모양. ②의식하지 못하는 모양. 「一に身(ミ)をかわす; 무의식적으로 몸을 피하다」 unconsciousness. ―**てき**[無意識的](형동ダ) 무의식적. 의식 없이 하는 모양. 느끼지 않는 모양.
むいそん[無医村](명) 무의촌. 의사가 없는 마을. 「a doctorless hamlet」
むいちぶつ[無一物](명) 무일물. 아무 것도 안 가짐. 아무 것도 없음. having nothing
むいちもん[無一文](명) 돈이 한푼도 없음. 돈이 아주 없음. 무일푼. pennilessness
むいみ[無意味](명·형동ダ) 무의미. 의미가 없음. 시시함. nonsense
むいん[無韻](명) ①운을 두지 않음. 또는 그 시(詩). ②회화(絵画)의 다른 이름. 1. unrhymed
ムード[mood](명) 무우드. ①기분(気分). 「一音楽(オンガク); 무우드 음악」 ②양식(様式). ③〔문법에서〕 법(法).
ムービー[movie](명) 무우비. 영화(映画).
ムーラン[프 moulin](명) 물랑. 풍차(風車). 풍차가 있는 오두막집.
むえき[無益](명·형동ダ) 무익. 이익이 없음. 헛일. ↔有益(ユウエキ). futility
むえん[無援](명) 무원. 도와 주는 사람이 없음. 「孤立(コリツ)一の立場(タチバ); 고립되어 아무도 도와 줄 이 없는 입장」 helpless
むえん[無塩](명) 소금기가 없는 것. 「一しょうゆ; 소금기가 없는 간장(당뇨병 환자 등이 먹음)」 saltless
むえん[無煙](명) 무연. 연기가 안 남. 「一火薬(カヤク); 연기 없는 화약」 smokeless. ―**たん**[無煙炭](명)〈광〉 무연탄. 탄화(炭化) 작용이 가장 많이 이루어지는 석탄. 가정용, 공업용의 연료로 씀.
むえん[無縁](명) 무연. ①인연이 없음. 「一の; 인연이 없는」 ②〈불〉 사자(死者)를 조상할 사람이 없음. 「一墓地(ボチ); 무연 묘지」 1. without relations. ―**ぼとけ**[無縁仏](명)〈불〉 혼을 공양할 연고자(縁故者)가 없는 망자(亡者). 「soundless
むおん[無音](명) 소리가 나지 않음. 소리가 없음. 」
むか[無価](명) 무가. 값으로 칠 수가 없이 귀중한 것. pricelessness
むが[無我](명) 무아. ①사의(私意)가 없는 것. 몰아(没我). ②무의식. 「一の境地(キョウチ); 무아의 경지」 ③〈불〉 자기 존재를 부정하는 일.

재를 없앰. 1. selflessness 3. ecstasy
ムガール ていこく[Mughal 帝国](명)〈역〉무갈 제국. 고대 인도의 제국. 16세기 이후에 학문 예술이 번영했음. (1526~1857) the Mughal Empire
むかい[向かい]ムカヒ(명) ①향함. 마주 봄. ②저쪽. 맞은 쪽. ③정면. 앞쪽.「一の家(イエ); 앞집」「一がわ; 맞은 쪽」 1. facing. **—あわせ**[向かい 合わせ]ーアハセ(명) 마주 봄. 서로 마주 보게 함. **—かぜ**[向かい風](명) 가는 쪽에서 불어 오는 바람. 맞은 바람. 역풍(逆風). **—び**[向かい火](명) ①타오는 불에 대하여 이쪽도 불을 질러 그 불을 약하게 하는 일. ②상대방의 위압에 대하여 이쪽도 맞서 위세를 보이는 일. ③적진(敵陣)에서 피우는 화톳불에 대하여 이쪽에서도 피우는 화톳불.
むかい[迎い]ムカヒ(명) ⇨むかえ.
むかい[霧海](명) 전면에 꽉 찬 안개. a thick fog
むがい[無害](명·형동ダ) 무해. 해가 없음. ↔有害(ユウガイ). harmlessness
むがい[無蓋](명) 무개. 뚜껑, 덮개가 없는 것.「一貨車(カシャ); 무개 화차」↔有蓋(ユウガイ). open
むか·う[向かう]ムカフ(자 4) ①얼굴을 그쪽으로 돌리다. ②향하다. 가다. ③가까이 가다. 다가 가다. ④상대하다.「敵(テキ)に一; 적을 상대하다」⑤맞서다. 대항하다. 1. face towards 2. go to
むかう の さと[無何有の郷](연어·명) 자연 그대로 인위(人為)를 가하지 않은 이상향(理想郷). Utopia
むかえ[迎え]ムカヘ(명) ①마중. ②마중 가는 사람. 1. meeting. **—い·れる**[迎え入れる](타하 1) 맞아 들이다. **—う·つ**[迎え撃つ](타 4) 쳐들어 오는 적을 대기했다가 치다. **—ざけ**[迎え酒](명) 해장술. **—と·る**[迎え取る](타 4) 맞이하여 집안에 들이다.「嫁(ヨメ)を一; 며느리를 보다」 **—び**[迎え火](명)〈불〉우란분회(于蘭盆会)의 행사의 하나. 음력 7월 13일밤 망령을 맞아 들이기 위하여 삼대(麻幹)를 문앞에 피우는 불. **—ゆ**[迎え湯](명) 갓난 아기의 첫 목욕. 또는 그것을 시키는 사람.
むか·える[迎える]ムカヘル(타하 1) ①마중하다.「客(キャク)を一; 손님을 마중하다」②부르다. 초청하다. ③가족이나 한패로 맞아 들이다.「よめを一; 며느리를 맞이하다」④영합(迎合)하다. 기분을 맞추다.「意(イ)を一; 그 편의 뜻에 맞도록 하다」⑤적이 오는 것을 대기하여 막다. 1. go out to meet 2. invite
むがく[無学](명·형동ダ) 무학. 학식이 없음.「一な人(ヒト); 배우지 못한 사람」 illiteracy. **—もんもう**[無学文盲](명·형동ダ) 배우지 못해 글을 읽지 못함. 또는 그 사람.
むかご[零余子](명)〈식〉마 등의 엽액(葉腋)에 나는 육아(肉芽). 주아(珠芽). a fleshy bud of the yam
むかし[昔](명) ①오래 전. 옛날.「一風(フウ); 구식(旧式)」② 지난 10년을 단위로 하여 세는 말.「二(フタ)一まえ; 20년 전」1. ancient times 2. a decade. **—かたぎ**[昔気質](명·형동ダ) 완고하고 구식인 성질. **—がたり**[昔語り](명) ⇨むかしばなし. **—ながら**[昔ながら](부) 옛날 그대로.「一の風俗(フウゾク); 옛날 그대로의 풍속」**—なじみ**[昔馴染み](명) 옛 친구. **—ばなし**[昔話](명) ①전에 있었던 이야기. ②아이들에게 들려 주는 옛날 이야기. **—ふう**[昔風](명·형동ダ) 옛날 모습. 고풍(古風). **—むかし**[昔昔](명) 옛날 옛적. 오랜 옛날.
むかつ·く(자 4) ①울렁거리다. 메슥거려 토할 것 같다. ②기분에 거슬리다. 화나다. 2. take offence
むかっぱら[向かっ腹](명)〈속〉이유도 없이 화가 남.「一を立(タ)てる; 까닭 없이 화를 내다」getting angry
むかで[百足·蜈蚣](명)〈동〉지네. 음지(陰地)에 숨어 사는 절족 동물. 몸은 가늘고 길며 길이는 12 *cm* 정도. a centipede
むかばき[行縢·向縢](명) 허리의 앞쪽부터 발에 걸쳐 두르던 모피(毛皮). 예전에 무사가 수렵이나 승마할 때 입었음. a fur cover of the waist and logs
むかはり(명)〈고〉①돌아서 제자리에 옴. ②한 해나 한 달이 되는 것. **—づき**[むかはり月](명)〈고〉만 1년째 되는 달. **—どし**[むかはり年](명)〈고〉일주년(一週年).
むかぶ·す[向か伏す](자 4)〈고〉멀리 저쪽에 낮게 엎드려 있다.「一山(ヤマ); 멀리 굽어 있는 산」
むかむか(부·자サ) ①토하고 싶은 모양. ②화가 치미는 모양. 1. feeling sick
むがむちゅう[無我夢中](연어·명) 어떤 일에 정신이 쏠려 자기를 잊는 일. 정신 없음. absorption
むかん[無官](명) 무관. 관직이 없음.「無位(ムイ)一; 관직도 지위도 없음」 having no office. **—のたゆう**[無官の大夫]ータイフ(연어·명) ① 5위(등급의 끝)로 현재 관직이 없는 사람. ②명문의 자손으로서 아직 관례(冠礼)를 하지 않았는데 5위를 받은 사람.
むかん[無冠](명) 무관. 직위가 없는 것.「無位(ムイ)一; 지위도 관직도 없음」 having no rank
むかんがえ[無考え]ーカンガヘ(형동ダ) 생각이나 사려(思慮)가 없는 모양.「一な行動(コウドウ); 사려 없는 행동」 thoughtless
むかんかく[無感覚](명·형동ダ) 무감각. 감각이 없음. 무신경. insensibility
むかんけい[無関係](명·형동ダ) 무관계. 관계가 없음. unrelated
むかんしん[無関心](명·형동ダ) 무관심. 관심이 없음. 흥미가 없음. indifference
むき[向き](명) ①향함. 향한 쪽. ②적응.「子供(コドモ)一; 아이들에게 맞는 것」③방향.「風(カザ)一; 풍향」④사람.「ご希望(キボウ)の一は; 희망하시는 분은」 1. facing 2. suitable
むき[無季](명) 〔하이쿠(俳句)에서〕 계절을 나타내는 말이 없는 것.
むき[無期](명) 무기. 정한 기한이 없음. ↔有期(ユウキ). no limit. **—ちょうえき**[無期懲役](명)〈법〉무기 징역. ①일정한 기한이 정해지지 않은 징역. ②종신 징역.
むき[無機](명)〈이〉무기물(無機物)의 준말. **—えん**

るい[無機塩類](명)〈이〉 무기 염류. 무기 화합물에 속하는 염류. 예: 식염, 황산동(硫酸銅) 등. **—かごうぶつ**[無機化合物](명)〈이〉 무기 화합물. 탄소를 포함하지 않은 화합물의 총칭. **—さん**[無機酸](명)〈이〉 무기산. 무기물에서 얻은 산(酸)의 총칭. 예: 황산, 염산 등. **—ひりょう**[無機肥料](명)〈농〉 무기 비료. 무기물을 성분으로 해서 만든 비료. 예: 황산 암모니아, 염산 가리, 과린산 석회 등.

むぎ[麦](명)〈식〉 ①보리, 밀, 귀리 등 맥류(麦類)의 총칭. ②보리. 1. wheat and barley

むきあ·う[向き合う]—アフ(자 4) 서로 몸을 마주 하다. 상대하다. 마주 보다. face each other

むぎあき[麦秋](명) 맥추. ①〈농〉 보리의 추수기. 보릿 가을. ②음력 5월. 1. wheat harvest

むぎうち[麦打ち](명·자サ)〈농〉 ①보리 타작을 함. ②도리깨. 1. thrashing of wheat

むきかがく[無機化学](명)〈이〉 무기 화학. 원소, 무기 화합물에 대한 그 조성(組成), 성질, 변화를 연구하는 화학. inorganic chemistry

むきかわ·る[向き変わる]—カハル(자 4) 다른 쪽으로 방향이 바뀌다. turn to

むきけい[無期刑](명)〈법〉 무기형. 종신 구금을 내용으로 한 자유형. 무기 징역과 무기 금고(禁錮)가 있음. penalty for life

むきげん[無期限](명) 무기한. 일정한 기한이 없는 것. no limit

むぎこ[麦粉](명) 맥분. ①밀가루. ②보릿가루. 1. wheat flour

むぎこがし[麦焦がし](명) 보리로 만든 미싯가루. parched-barley flour

むぎさく[麦作](명) 맥작. ①보리 농사. ②보리의 수확량. 2. cultivation of wheat

むきず[無傷·無疵](명·형동ダ) ①상처가 없음. ②결백함. ③결점, 흠이 없음. 1. woundless

むきだし[剝き出し](명·형동ダ) 덮거나 가리거나 하지 않고 그대로 드러낸 것. 허식이 없고 노골적인 모양. nakedness

むきだ·す[剝き出す](타 4) 드러내다. 「歯(ハ)を—; 이를 드러내다」 show all

むぎちゃ[麦茶](명) 보리차. 맥다. barley-water

むきどう[無軌道](명·형동ダ) 무궤도. ①궤도가 없음. 「—電車(デンシャ); 무궤도 전차」 ②언행에 일정한 방향이 없음. 언행이 상궤(常軌)에서 벗어남. 「—ぶり; 무궤도한 태도」 1. railless

むぎとろ[麦とろ](명) 보리밥에 마즙을 친 음식.

むきなお·る[向き直る]—ナホル(자 4) 몸을 움직여 그 쪽으로 방향을 바꾸다. turn to

むぎのあき[麦の秋](연어·명) ⇨ むぎあき.

むぎぶえ[麦笛](명) 보리 피리. an oat-pipe

むきぶつ[無機物](명)〈이〉 무기물. 생활 기능을 갖지 않는 물질. 예: 물, 광물(鉱物) 등. 무기 화합물. an inorganic substance

むぎふみ[麦踏み](명)〈농〉 보리 밟기. 겨울 동안 얼어서 부풀어 오른 보리 고랑의 겉흙과 뿌리의 착생(着生)을 튼튼히 하기 위하여 이른봄에 보리의 싹을 밟는 일. treading wheat-plants

むきみ[剝き身](명) 조개 껍질을 벗긴 속살. 조갯살. shucked shell-fish

むきむき[向き向き](명) ①기호나 취미에 따라 각기 방면이 다른 것. ②각자의 생각대로. 각각. 1. individual liking

むきめい[無記名](명) 무기명. 이름을 쓰지 않음. 「—投票(トウヒョウ); 무기명 투표」 unsigned

むぎめし[麦飯](명) 맥반. 쌀에 보리를 섞거나 보리로만 지은밥. 보리밥. 「—で鯉(コイ)をつる; 적은 자본이나 노력으로 큰 이익을 얻음의 비유」 ⤵boiled rice and barley

むぎゆ[麦湯](명) むぎちゃ.

むきゅう[無休](명) 무휴. 쉬지 않음. 휴식이 없음. 「年中(ネンジュウ)—; 연중 무휴」 no holiday

むきゅう[無給](명) 무급. 급료가 없음. 급료를 주지 않음. ↔有給(ユウキュウ). non-salaried

むきゅう[無窮](명·형동ダ) 무궁. 한이 없음. 무한. 영원. infinity

むきょういく[無教育](명·형동ダ) 무교육. 교육을 받지 않았음. uneducated

むきょく[無極](명) 무극. ①끝이 없는 것. 무한. 무궁. ②〈이〉 전극(電極)이 존재하지 않음. 1. infinity

むきりょく[無気力](명·형동ダ) 무기력. 기력이 없음. 「—な生活(セイカツ); 무기력한 생활」 spiritlessness

むぎわら[麦藁](명) 맥고. 밀이나 보리의 짚. 밀짚, 보릿짚. a straw

むきん[無菌](명) 무균. 세균이 없는 것. 또는 그 상태. asepsis

むく[尨](명) ①⇨むくげ(尨毛). ②⇨むくいぬ(尨犬).

むく[椋](명)〈식〉 ⇨むくのき.

む·く[向く] Ⅰ(자 4) ①향하다. 그쪽을 보다. 「北(キタ)を—; 북으로 향하다」 ②그쪽으로 움직이다. 「運(ウン)が—; 운이 좋아지다」 ③알맞다. 적합하다. 「女性(ジョセイ)に—職業(ショクギョウ); 여성에 알맞는 직업」 Ⅱ(타 4) 그쪽을 보다. 「横(ヨコ)を—; 옆을 보다」 Ⅰ 2. go to Ⅱ look at

む·く[剝く](자 4) (칼로) 껍질을 벗기다. 「いもを—; 감자 껍질을 벗기다」 peel

むく[無垢](명·형동ダ) 무구. ①무늬가 없고 전체가 한 가지 색인 의복. 「白(シロ)—; 아래위 모두 백색의 의복」 ②섞임이 없음. 「金(キン)—; 순금」 ③흠이 없이 깨끗함. 「清浄(セイジョウ)—; 청정 무구」 2. purity

むくい[報い](명) 어떤 일에 대한 결과로 얻어지는 것. 보답. 보수. 응보(応報). 과보(果報). recompense

むくいぬ[尨犬](명) 삽살개. a poodle

むく·いる[報いる·酬いる](타상 1) ①보답(報答)하다. 「恩(オン)に—; 은혜에 보답하다」 ②보복하다. 「一矢(イッシ)を—; 보복의 화살을 던지다」 1. recompense

むく·う[報う]ムクフ(자 4) 보답하다. 「報(ムク)われない; 보답을 받지 못하다」 recompense

むくえ[無垢衣](명) 가사(袈裟)의 다른 이름.

むくげ[木槿](명)〈식〉 목근. 아욱과에 속하는 낙엽 활엽 관목. 7~8월에 백색, 담자색 꽃이 핌. 무궁화. 근화(槿花). the rose of Sharon
むくげ[尨毛](명) 길게 늘어진 짐승의 털. shaggy hair
むくち[無口](명·형동ダ) 말수가 적음. 말하지 않음. taciturnity
むくつけ·し(형ク)〈고〉 ①두렵다. 무섭다. ②기분 나쁘다.
むくどり[椋鳥](명) ①〈동〉 양조. 찌르레기과에 속하는 익조(益鳥). 인가 근처의 큰 나무에 집을 지음. 찌르레기. ②〈속〉 시골뜨기. 1. a starling 2. a rustic
むくのき[椋の樹](명)〈식〉 푸조나무. 느릅나무과에 속하는 낙엽 활엽 교목. 야산(野山)에 나며 키는 20 *m* 정도. 열매는 식용. 목재는 기구용(器具用). 〈학명〉 Homoioceltis aspera
むくみ[浮腫み](명)〈의〉 부종. 부어 오름. 부증(浮症). dropsical swelling
むく·む[浮腫む](타 4) (부증이 생겨) 붓다. swell
むくむく(부) ①겹겹이 쌓여 계속적으로 이는 모양. 뭉게뭉게. 뭉클뭉클. ②피둥피둥하게 살진 모양. ③꿈틀거리는 모양. ④동작을 크게 하며 일어나는 모양. ⑤털이 북실북실한 모양. 1. in piles 2. swelling
むぐら[葎](명)〈식〉 갈퀴덩굴 등과 같이 덩굴이 되는 만초(蔓草)의 총칭. goosegrass
むぐらふ[葎生](명)〈고〉 갈퀴덩굴 등의 만초가 무성함. 또는 그런 장소.
むぐら(もち)[土龍](명)〈동〉 ⇨もぐら(もち).
むく·れる(자하 1)〈속〉 화가 나서 뿌루퉁하다. get angry
むくろ[軀](명) ①몸. ②시체. 1. a body
むくろじ[無患子·木槵子](명)〈식〉 무환자나무. 산지에 나는 낙엽 활엽 교목. 높이 15~16 *m* 정도. 6월경 담록색의 작은 꽃이 핌. a soapberry
—むけ[向け](조어) (…방면으로) 향해서 하는. …로 가는. 「アメリカ—の輸出(ユシュツ); 미국으로의 수출」
むげ[無下](명·형동ダ) ①대단히 뒤떨어짐. 최저의 정도. 「—にする; 버리고 돌보지 않음」 ②전연. 아주. ③[“—に”의 형태로] 함부로. 무턱대고. 「—に断(コト)われない; 함부로 거절할 수 없다」 1. inferiority 2. utterly
むげ[無碍·無礙](명·형동ダ) 무애. 장애(障碍)가 없음. 「融通(ユウズウ)—; 융통 무애」 freedom
むけい[無形](명·형동ダ) 무형. 형태가 없음. ↔有形(ユウケイ). abstract. **—ざいさん**[無形財産](명) 무형 재산. 구체적인 형태가 없는 재산. 예: 저작권, 상표권, 특허권 등. **—ぶんかざい**[無形文化財](명) 무형 문화재. 무형한 문화적인 재산. 예: 연극, 음악 등.
むけい[無稽](명·형동ダ) 무계. 터무니 없음. 근거가 없음. unfounded
むげい[無芸](명·형동ダ) 무예. 재주가 없음. 무능. 「—大食(タイショク); 재주는 없이 먹기만 하는 사람」 having no accomplishment
むけいかく[無計画](명·형동ダ) 무계획. 계획이 없음. planless
むけいこく[無警告](명) 무경고. 사전(事前)에 경고가 없음. without warning
むけか·える[向け替える](타하 1) 지금까지와는 다른 방향으로 향하게 하다. 방향을 바꾸다. turn
むけつ[無欠](명) 무결. 흠이 없음. 「完全(カンゼン)—; 완전 무결」 completeness
むけつ[無血](명) 무혈. 피를 흘리지 않음. 「—革命(カクメイ); 무혈 혁명」 bloodless
むげつ[無月](명) (가을에) 구름에 가려 달이 보이지 않음. 「中秋(チュウシュウ)—; 달 없는 한가위」 the moon hidden in clouds
むけっせき[無欠席](명) 무결석. 결석이 없음. non-absence
むけなお·す[向け直す]—ナホス(타 4) 방향을 바꾸다. 방향을 돌리다. redirect
むげな·し(형ク)〈고〉 ①한결같다. ②무정하다. 냉혹(冷酷)하다.
むげに[無下に](부) 일률적으로. 무턱대고. 「—ことわる; 무턱대고 거절하다」 recklessly
む·ける[向ける](타하 1) 향하게 하다. 마주 보도록 하다. turn
む·ける[剝ける](타하 1) 벗겨지다. 「皮(カワ)が—; 껍질이 벗겨지다」 peel off
むげん[無限](명·형동ダ) 무한. 끝이 없음. 「—の空間(クウカン); 무한한 공간」 ↔有限(ユウゲン). infinity. **—かじょ**[無限花序](명)〈생〉 무한 화서. 꽃 피는 화서가 화축의 아래에서 위로, 또는 바깥에서 안으로 피는 화서. **—きどう**[無限軌道](명) 무한 궤도. 전차(戦車)의 바퀴. 캐터필러. **—じごく**[無限地獄](명)〈불〉 무한 지옥. 무간 지옥(無間地獄)을 잘못 일컫는 말. **—せきにん**[無限責任](명) 무한 책임. 회사의 부채가 자본의 총액보다 많을 경우 개인의 재산까지도 전부 변상 대상으로 하는 책임. **—だい**[無限大](명·형동ダ) 무한대. 한없이 큼.
むげん[無間](명)〈불〉 ←無間地獄. **—じごく**[無間地獄](명)〈불〉 아비지옥(阿鼻地獄).
むげん[夢幻](명) 몽환. ①꿈과 환상. ②무상(無常)함을 비유한 말. 1. dreams and phantasms. **—てき**[夢幻的](형동ダ) 꿈이나 환상과 같은 느낌이 드는 모양.
むこ[婿·壻·聟](명) ①사위. ②새신랑. 신랑. 「お—さん; 새신랑」 ③남편. ↔嫁(ヨメ). 1. a son-in-law
むこ[無辜](명) 무고. 죄가 없음. 무죄. 「—の民(タミ); 죄 없는 백성」 innocence
むご·い[惨い](형) ①가련하다. 불쌍하다. ②무자비하다. 참혹하다. 「—あつかい; 참혹한 취급」 파생 —さ(명). 1. pitiful
むこいり[婿入り](명·자サ) 데릴사위로 들어 감. marrying an heiress
むこう[向こう]ムカフ(명) ①정면. ②저쪽. ③지금부터. 미래. ④상대방. 「—の考(カンガエ); 상대편의

생각」⑤무대 바로 앞의 관람석. 1. the front 4. the other party. **―いき**[向こう意気](명) 남에게 지지 않고 이기려고 하는 마음. 승벽(勝癖)「―の強(ツヨ)い男(オトコ); 승벽이 강한 남자」 **―がわ**[向こう側](명) 저쪽. 다른 쪽. **―ぎし**[向こう岸](명) 반대쪽 강가나 바닷가. **―きず**[向こう傷](명) 얼굴이나 이마에 받은 상처. ↔うしろ傷. **―ざま**[向こう様](형동ナリ)〈고〉 서로 마주 보는 모양. 눈앞. **―ずね**[向こう脛](명) 정강이. **―づけ**[向こう付け](명) 상 맞은 쪽에 놓는 요리. 또는 그 요리 그릇. **―づら**[向こう面](명)〈속〉 마주 본 상대의 얼굴. **―はちまき**[向こう鉢巻き](명) 앞이마에서 맨 머리띠. ↔うしろはちまき. **―みず**[向こう見ず](명·형동ダ) 앞뒤 생각 없이 하는 행동. 또는 그 사람.

むこう[無効·無效](명·형동ダ) 무효. 효과나 효력이 없음. ↔有効(ユウコウ). inefficacy

むこがね[婿がね](명) 마음으로 정한 사위. 장차 사위가 될 사람. the bridegroom to be

むこく[無告](명) 자기의 괴로움을 고해서 구원받을 데가 없음. 의지가 없음. 「―の民(タミ); 처자 없는 노인이나 의지할 데 없는 고아」 having no relief

むごし[無腰](명) ⇨まるごし(丸腰).

むごたらし·い[惨たらしい](형) 가련하다. 불쌍하다. 참혹하다. 파생 **―げ**(형동ダ) **―さ**(명). cruel

むことり[婿取り](명) 사위를 맞이함. taking in of a husband for an heiress

むこようし[婿養子](명) 서양자. 사위를 양자로 삼음. 또는 그 양자. a son-in-law taken into the family

むこん[無根](명·형동ダ) 무근. 근거가 없음. 「事実(ジジツ)―; 사실 무근」 groundless

むごん[無言](명) 무언. 말을 하지 않음. 침묵. 「―の行(ギョウ); 무언의 계행(戒行)」 silence

むさ·い(형) 더럽다. 지저분하다. 불결해서 불쾌하다. squalid

むさい[無才](명) 무재. 재능이 없음. 「無能(ムノウ)―; 무능 무재」 lack of ability

むさい[無妻](명) 무처. 아내가 없음. bachelorhood

むざい[無罪](명) 무죄. ①죄가 없음. ②〈법〉 형법상 범죄가 성립되지 않는 것. ↔有罪(ユウザイ). 2. not guilty

むさく[無策](명) 무책. 방책(方策)이 없음.「無為(ムイ)―; 무위 무책」 lack of policy

むさくい[無作為](명·형동ダ) 작위를 가함이 없이 우연에 맡김. 「―抽出法(チュウシュツホウ); 무작위 추출법(임의 추출법)」 nature

むさくるし·い(형) 더럽다. 지저분하다. 파생 **―げ**(형동ダ) **―さ**(명). squalid

むささび[鼯鼠](명)〈동〉 오서. 다람쥐 비슷하나 몸이 크고 앞발과 뒷발 사이의 비막(飛膜)으로 날아 다님. 날다람쥐. a flying squirrel

むさし[六指](명) ①유희의 한 가지. 판에다 9개의 줄을 그어 놓고 각기 3개의 돌로 선상을 한 구역씩 진퇴해서 승부를 다투는 놀음. 고누(육밭고누). ②⇨じゅうろくむさし(十六六指, 十六武蔵).

むさし[武蔵](명)〈지〉 옛 지방 이름. 현재의 토오쿄오도(東京都), 사이타마현(埼玉県), 부슈우(武州)라고도 함.

むさしの[武蔵野](명)〈지〉 토오쿄오도(東京都) 서부에 서부터 사이타마현(埼玉県) 카와고에시(川越市) 부근에 이르는 평야.

むさつ[無札](명) 무찰. 입장권이나 승차권이 없음. 「―入場(ニュウジョウ); 무찰 입장」 having no ticket

むざつ[無雑](형동ダ) 섞임이 없는 모양. 순수(純粋)한 모양. 「純一(ジュンイツ)―; 순수하고 섞임이 없음」 pure

むざと(부) ①아낌 없이. ②무턱대고. 1. unstintedly

むさべつ[無差別](명·형동ダ) 무차별. 차별이 없음. 평등. indiscrimination

むさぼ·る[貪る](타 4) 대단히 탐내다. covet

むざむざ(부) ①아낌 없이. ②함부로. 신중성(慎重性)이 없이. 2. carelessly

むざらし[無晒し](명) 바래지 않은 것. 「―木綿(モメン); 바래지 않은 무명」 unbleached cotton

むさん[無産](명) 무산. ①재산이 없음. ↔有産(ユウサン). 「―階級(カイキュウ); 무산 계급」 ②무직(無職). 1. propertyless

むさん[霧散](명·자サ) 무산. 안개가 걷히듯 흩어져 없어짐. be dispelled

むざん[無残·無惨·無慙](형동ダ) ①〈불〉 부끄러움을 모르는 모양. ②가련한 모양. ③무참. 참혹한 모양. 1. shamelessness

むし[虫](명) ①벌레. 「一寸(イッスン)の―にも五分(ゴブ)の魂(タマシイ); 지렁이도 밟으면 꿈틀한다」 ②회충. ③어린 아이가 체질이 약하고 신경질이 강한 것. 감기(疳気). 「―をおこす; 어린아이가 감기를 일으키다」 ④예감. 「―が知(シ)らせる; 예감이 든다」 ⑤화의 근원이 되는 것. 「腹(ハラ)の―がおさまらない; 분이 가라앉지 않는다」 ⑥자기 멋대로인 것. 「―がいい; 뻔뻔스럽고 제멋대로다」 ⑦〈속〉 한 가지 일에 열중하는 사람. 「勉強(ベンキョウ)―; 공부 벌레」 1. an insect 3. a child's nervous weakness

むし[無死](명) 무사. ①죽지 않음. ②〔야구에서〕 한 사람도 아우트되지 않음. 「―満塁(マンルイ); 노우아우트로 만루가 된 것」 1. not to die 2. no down

むし[無私](명·형동ダ) 무사. 사심(私心)이 없음. 「公平(コウヘイ)―; 공평 무사」 unselfishness

むし[無視](명·타サ) 무시. 업신여김. 거들떠 보지도 않음. 인정하지 않음. 「存在(ソンザイ)を―する; 존재를 무시하다」 disregard

むし[夢死](명) 몽사. 마치 꿈을 꾸고 있듯이 일생을 허송 세월로 마치는 일. ending one's life in vain

むじ[無地](명) 무지. 전체가 단색이며 무늬가 없음. solid colour

むしあつ·い[蒸し暑い](형) 무덥다. 파생 **―さ**(명). sultry

むしおくり[虫送り](명)〔농촌에서〕 농작물의 해충(害

虫)을 없애기 위한 미신적인 행사. an insect-driving torch procession
むしおさえ[虫押え]—オサヘ(명) 아이들에게 감기(疳気)가 일지 않게 먹이는 약. a remedy for a child's disease
むしかえ·す[蒸し返す]—カヘス(타 4) ①한 번 더 찌다. ②다시 문제 삼다. 명 蒸し返し. 1. reheat
むしかく[無資格](명) 무자격. 자격이 없음. 「—者(シャ); 무자격자」 disqualification
むじかく[無自覚](명·형동ダ) 무자각. 자각하지 않음. unconsciousness
むしかご[虫籠](명) 여치, 개똥벌레 등을 기르는 바구니. an insect cage
むしがし[蒸し菓子](명) 쪄서 만든 과자. 예: 찐만두 등. steamed cake
むしき[無識](명) 무식. 지식이나 견식(見識)이 없음. illiteracy
むしき[蒸し器](명) ①시루. ②찜통. 1. a rice steamer
むしきかい[無色界](명)〈불〉 무색계. 3계(三界)의 하나. 물질적 속박을 벗어난 정신적으로 자유로운 세계. 무색천(無色天).
むしくい[虫食い·虫喰い]—クヒ(명) 벌레가 먹음. 또는 그 자리. vermiculation
むしぐすり[虫薬](명) 간기(肝気)에 쓰는 약. medicine for the child's irritation
むしくだし[虫下し](명)〈의〉 회충약 등의 구충제(駆虫剤). an anthelmintic
むしけ[虫気](명) ①어린 아이가 감기(疳気)를 일으키는 일. ②산기(産気). 「—づく; 산기가 돌다」 2. labour pains
むしけら[虫螻](명) ①벌레의 낮춤말. ②아무짝에도 쓸모 없는 사람. 필요 없는 사람. 1. a worm 2. a worthless person
むしけん[虫拳](명) 가위바위보의 한 가지. 엄지 손가락을 개구리, 집게 손가락을 배암, 새끼 손가락을 괄태충으로 삼고 승부를 가리는 유희. a game of frog, snake and slug
むしけん[無試験](명) 무시험. 시험이 없음. 「—入学(ニュウガク); 무시험 입학」 without examination
むじこ[無事故](명) 무사고. ①사고가 없음. ②사고를 내지 않음. 1. without a trouble
むしず[虫酸·虫唾]—ヅ(명) 위(胃)에서 입으로 올라 오는 시고 불쾌한 액체. 신물. 「—が走(ハシ)る; 불쾌하여 견딜 수 없다」 water-brash
むしつ[無失](명) 무실. 〔야구에서〕 실책이 없음. no error
むじつ[無実](명) 무실. ①사실이 없음. 무근(無根). ②성실한 마음이 없음. ③억울한 죄. 원죄(冤罪). 「—の罪(ツミ); 원죄」 1. falsehood
むしとりすみれ[虫取菫](명)〈식〉 벌레잡이제비꽃. 통발과에 속하는 다년생 식물. 산지(山地)에 살며 잎에서 점액을 분비해서 작은 곤충을 흡수함. 벌레잡이오랑캐. a butterwort
むしとりなでしこ[虫取り撫子](명)〈식〉 끈끈이대나물. 너도개미자리과에 속하는 1년초 또는 월년초. 키는 50 *cm*. 줄기는 마디가 있으며 흰 가루가 있고 점액을 분비함. 5, 6월경 홍색, 담홍색, 백색 등의 작은 오판화(五瓣花)가 핌. a lobel's catchfly
むじな[狢·貉](명)〈동〉 ①너구리. ②오소리. 2. a badger
むしなべ[蒸し鍋](명) 음식물 등을 찔 때 쓰는 남비. 찜통. a steaming pan
むしのいき[虫の息](연어·명) 다 죽어 가는 숨.
むしのこ[虫の卵](명) 서캐. a louse's egg
むしのたれぎぬ[虫の垂衣](명) 옛날 부인이 외출할 때 장식 모자(装飾帽子) 주위에 길게 늘어뜨려 몸을 가렸던 천. 「a decayed tooth
むしば[虫歯](명)〈의〉 충치. 벌레 먹은 이. ↗
むしば·む[蝕む](타 4) ①벌레가 먹어서 흠이 나다. 벌레 먹다. ②조금씩 먹어 들어 가다. 침식하다. 「結核菌(ケッカクキン)が肺(ハイ)を—; 결핵균이 폐를 침식하다」 1. be worm-eaten
むしばら[虫腹](명) 회충으로 인한 배앓이. 거위배. 충복통. pains caused by round-worms
むじひ[無慈悲](명·형동ダ) 무자비. 불쌍히 여기는 마음이 없음. 잔인(残忍). cruelty
むしピン[虫 pin](명) 표본을 만들기 위하여 곤충을 꽂아 두는 핀.
むしふうじ[虫封じ](명) 어린 아이들이 감기(疳気)가 일지 않도록 주법(呪法)을 행하는 일. 또는 그 부적(符籙).
むしぶろ[蒸し風呂](명) 증기로 몸을 덥게 하는 일. 증기욕(蒸気浴). a vapour-bath
むしぶんれつ[無糸分裂](명)〈생〉 무사 분열. 핵(核) 분열의 한 방식. 핵이 있는 그대로의 상태에서 둘로 나뉘어 염색체(染色体)나 방추사(紡錘絲)가 나타나지 않음. 아메에바, 곰팡이 등에서 볼 수 있음. ↔有糸(ユウシ)分裂. amitosis
むしへん[虫偏](명) 한자 부수(部首)의 하나. 벌레충변. "蛇, 蚊" 등의 "虫" 부분.
むしぼし[虫干し](명·자サ) 옷, 책 등을 햇볕이나 바람에 말려 벌레의 침식을 막는 일. airing
むしむし(부·자サ) 무더운 모양. sultry
むしむしゅう[無始無終](명)〈불〉 무시 무종. 처음도 끝도 없음.
むしめがね[虫眼鏡](명) ①작은 벌레나 물질을 보는 확대경(拡大鏡). 볼록렌즈. ②〈속〉〔씨름에서〕 제일 끝에 작은 글자로 이름이 써 붙여지는 씨름군. 1. a magnifying glass
むしもの[蒸し物](명) ①쪄서 만든 음식. ②⇨むしがし(蒸し菓子). 1. steamed food
むしゃ[武者](명) 투구와 갑옷을 입은 무사. 무사(武士). 「若(ワカ)—; 젊은 무사」 2. a warrior. ——**え**[武者絵](명) 무사나 전쟁을 소재로 하여 그린 그림. ——**どころ**[武者所](명) 상황(上皇)이나 불문(仏門)에 든 왕비 등이 거처하는 궁전을 지키는 무사들이 사후(伺候)하던 곳.

むしやき[蒸し焼き](명·타サ) 음식을 남비나 토기(土器)에 넣고 밀폐하여 밖에서 열을 가함. 또는 그렇게 하여 만든 음식. baking in a covered casserole
むじゃき[無邪気](명·형동ダ) ①마음에 티가 없음. 결백. ②천진함. 순진함.「子供(コドモ)は—だ; 아이들은 순진하다」③깊은 생각이 없음. 철이 없음.「—な質問(シツモン); 철없는 질문」 1. innocence
むしゃくしゃ(부·자サ) ①헝클어진 모양. 뒤죽박죽. ②화가 나서 못 견디는 모양. 매우 울적(鬱寂)한 모양. 2. fretful
むしゃしゅぎょう[武者修行](명) 무사가 곳곳을 돌아다니며 무술을 닦는 일. knight-errantry
むしゃにんぎょう[武者人形](명) 단오(端午)날에 장식하는 무사 차림을 한 인형. a doll warrior
むしゃぶぎょう[武者奉行](명) 전국(戦国) 시대 무사의 진퇴를 관장하고 군사를 지휘하던 직명.
むしゃぶり[武者振り](명) ①투구와 갑옷을 입은 차림. ②무사다운 태도.「—つく; 격렬한 기세로 덤벼 들다」 1. a warrior's figure
むしゃぶるい[武者震い]—ブルヒ(명·자サ) 전장(戦場)으로 향하여 용맹심에 몸을 떪. trembling with excitement
むしゃむしゃ(부) ①버릇 없이 음식을 먹는 모양. ②털 등이 얼키설키 얽힌 모양. 1. munching
むしゅ[無主](명) 소유자가 없음. having no proprietor
むしゅう[無臭](명) 무취. 냄새가 없음.「無味(ムミ)—; 맛도 냄새도 없음」 scentlessness
むじゅう[無住](명) ①절에 주지가 없음. ②주민(住民)이 없음.「—地帯(チタイ); 무인 지대」 2. having no inhabitant
むしゅく[無宿](명) ①집이 없음. 또는 그 사람. ②호적이 없음. 또는 그 사람. 1. homeless. **—もの**[無宿者](명) 방랑자. **—ろう**[無宿牢](명) 에도(江戸) 시대에 직업도 집도 없는 죄인을 넣던 감옥.
むしゅみ[無趣味](명·형동ダ) 무취미. 취미가 없음. 몰취미. lack of taste
むじゅん[矛盾](명·자サ) 모순. 전후가 맞지 않음. 사리가 안 맞음.「—したことば; 모순된 말」contradiction
むしょう[無償](명) 무상. 보상이 없음. 무료(無料).「—配給(ハイキュウ); 무상 배급」↔有償(ユウショウ). gratis
むしょう[霧消](명·자サ) 안개가 걷히듯이 사라짐. 소실(消失). disappearance
むじょう[無上](명·형동ダ) 무상. 그 이상 없음. 최상(最上).「—の栄光(エイコウ); 무상의 영광」supremacy
むじょう[無状](명) ①공이 없음. ②내세울 만한 선행(善行)이 없음. ③예의가 없음. 1. no merits 3. lack of politeness
むじょう[無情](명·형동ダ) 무정. ①정이 없음. ②인정이 없음. 비정(非情). 2. inanimate nature
むじょう[無常](명·형동ダ) 무상. ①일정하지 않음. ②〈불〉 생멸(生滅)하고 유전(流転)하여 일정하지 않음. 덧없음. 1. mutability. **—じんそく**[無常迅速](명) 인간 세상이 매우 덧없음.
むしようかん[蒸し羊羹](명) 양갱병(羊羹餅)의 한 가지. 팥고물에 설탕, 밀가루를 넣고 소금을 약간 쳐 반죽하여 찐 과자. a steamed sweet jelly of beans
むじょうけん[無条件](명) 무조건. 조건이 없음.「—で認(ミト)める; 무조건 인정하다」 unconditional
むしょうに[無性に](부) 덮어 놓고. 함부로. 매우. immoderately
むしょく[無色](명) 무색. 빛깔이 없음.「—透明(トウメイ); 무색 투명」 colourless
むしょく[無職](명) 무직. 일정한 직업이 없음. having no occupation
むしよけ[虫除け](명) ①해충을 제거하는 일. 또는 그 장치. ②독충(毒虫)을 멀리해 주는 부적. ③방충제(防虫剤). 구충제(駆虫剤). 1. a vermifuge
むしょぞく[無所属](명) 무소속. 일정한 소속이 없음. independence
むしりと·る[搾り取る·挘り取る](타 4) 쥐어 뜯다. 잡아 뽑다. pluck off
むしりょく[無資力](명) 무자력. 자력이 없음. lack of funds
むじるし[無印](명) 무인. ①표지가 없음. ②〈속〉 수입이 없음. 1. having no marks
むしろ[筵·蓆](명) ①왕골, 짚대 등으로 엮은 깔개의 총칭. 자리. ②짚멍석. 거적. 1. mat. **—ばた**[筵旗·蓆旗](명) 옛날 농민들이 폭동 등에 썼던 거적으로 만든 기.
むしろ[寧ろ](부) 오히려. 차라리. rather
むしん[無心] Ⅰ(형동ダ) 무심. 생각이 없는 모양. 천진한 모양.「—に遊(アソ)ぶ子供(コドモ)たち; 무심히 노는 아이들」 Ⅱ(명·타サ) (금품을) 강청(強請)함.「おかねの—をする; 돈을 내라고 조르다」 Ⅰ innocent Ⅱ request
むじん[無人](명) 무인. 사람이 살지 않음.「—島(トウ); 무인도」 uninhabitedness
むじん[無尽](명) 무진. ①없어지지 않는 것. ②일정한 몫의 가입금을 내고 추첨, 입찰 등으로 돈을 융통하여 쓰는 조합. 계의 한 가지. 1. infinity. **—ぞう**[無尽蔵](명·형동ダ) 무진장. 한이 없음.「—の資源(シゲン); 무진장한 자원」
むしんけい[無神経](명·형동ダ) 무신경. 감각이 둔함. 신경이 둔함. stolidity
むしんろん[無神論](명)〈종〉 무신론. 신의 존재를 부정하는 논(論). ↔有神論(ユウシンロン). atheism
む·す[生す·産す](자 4) 생기다. 나다.「こけ—; 이끼가 끼다」 produce
む·す[蒸す] Ⅰ(자 4) 무덥게 느껴지다. Ⅱ(타 4) 찌다. Ⅰ be sultry Ⅱ steam
むず(조동·サ변형) ⇨んず.
むすい[無水](명)〈이〉 무수. ①수분이 없음. ②물과 화합하지 않으면 산(酸)을 내지 못하는 것. 1. anhydrous. **—あひさん**[無水亜砒酸](명)〈이〉 무수 아비산. 비소(砒素) 화합물을 태워서 만든 백색 분말. 맹독(猛毒)이 있음. 아비산. **—ありゅうさん**[無水亜硫酸](명)

〈이〉 무수 아류산. 동(銅)에 농황산(濃黄酸)을 부어 가열하거나 유황을 태울 때에 나는 무색 유취(無色有臭)의 유독성 기체(気体). 냉동(冷凍), 표백(漂白) 등에 쓰임. 무수 아황산. **―アルコール**[無水 alcohol](명)〈이〉 무수 알코홀. 98% 이상의 농도의 주정(酒精). 보통의 96% 주정을 생석회와 함께 끓여 증류하여서 만듦. **―けいさん**[無水珪酸](명)〈이〉 무수 규산. 규소(硅素)의 산화물. 이산화 규소(二酸化硅素). **―さくさん**[無水酢酸](명)〈이〉 무수 초산. 초산을 탈수(脱水)하여 얻는 무색 악취의 액체. 아스피린과 향료 제조에 쓰임. **―りゅうさん**[無水硫酸](명)〈이〉 무수 황산. 비단처럼 윤이 나는 백색 결정(結晶). 아황산 가스에 산소를 화합해서 만듦.

むすう[無数](형동ダ) 무수. 수없이 많은 모양. 대단히 많은 모양. numberless

むずかし·い[難しい]ムヅカシイ(형) ①알기 어렵다.「―文章(ブンショウ); 어려운 문장」↔易(ヤサ)しい. ②잘 안되다. 귀찮다. ③(모아서) 매듭 짓기가 곤란하다.「―話(ハナシ); 해결 짓기 어려운 이야기」④기색이 좋지 않다. 불쾌하다. 딱딱하다.「―顔(カオ); 무뚝뚝하고 불쾌한 얼굴」⑤병이 잘 낫지 않다. ⑥다루기 어렵다. 까다롭다.「―人(ヒト); 까다로운 사람」[파생] **―げ**(형동ダ) **―さ**(명). 1. difficult 2. troublesome

むずがゆ·い[むず痒い](형) 근질근질하다. [파생] **―さ**(명) creepy

むずか·る[憤る]ムヅカル(자 4) ①(아이들이) 보채며 울다. ②성내다. 1. fret

むすこ[息子](명) 아들. ↔娘(ムスメ). a son

むずと(부) 힘차게. 힘을 넣어.「―組(ク)みつく; 힘차게 맞붙다」 with a dash

むすび[結び](명) ①맺음. ②끝. 마침.「文(ブン)の―; 글의 맺음」③⇨かかりむすび. ④주먹밥. 1. connection 2. an end. **―じょう**[結び状](명) ⇨むすびぶみ. **―つ·く**[結び付く](자 4) ①하나로 이어지다.「二本(ニホン)のひもが―; 두 개의 끈이 이어지다」②마음이 합쳐지다. ③함께 되다. 하나로 되다. [명]結び付き. **―つ·ける**[結び付ける](타하 1) 묶다. 매다. **―のかみ**[結びの神](연어·명) 천지 만물을 이룩하는 신. 인연을 맺어 주는 신. **―ぶみ**[結び文](명) 말아 접어서 양끝을 붙인 서장(書状). **―め**[結び目](명) 매듭. 맨 자리.

むすび[結飯](명)〔お―〕 주먹밥. a rice-ball

むす·ぶ[掬ぶ](타 4) (물을 마시기 위해) 손으로 물을 뜨다. scoop water one's hands

むす·ぶ[結ぶ] Ⅰ(자 4) (이슬이) 맺히다. Ⅱ(타 4) ①잇다. ↔解(ト)く. ②매다.「ひもで―; 끈으로 매다」③약속을 맺다. ④끝에 나타내다.「実(ミ)を―; 열매를 맺다」⑤꾸미다.「庵(イオリ)を―; 초막을 짓다」⑥입을 다물다. ⑦(문장, 이야기의) 매듭을 짓다. Ⅰbear Ⅱ 1. bind together 2. fasten. **―のかみ**[結ぶの神](연어·명)남녀의 인연을 맺어 주는 신.

むすぼ·れる[結ぼれる](자하 1) ①매어서 풀어지지 않게 되다. 맺어지다. ②마음이 울적하다.「思(オモ)いが―; 생각이 울적하다」 2. be downcast

むずむず(부·자サ) ①근질근질한 모양. ②좀이 쑤시는 모양.「行(ユ)きたくて―する; 가고 싶어서 좀이 쑤시다」 1. crawlingly

むすめ[娘](명) ①딸. ↔息子(ムスコ). ②처녀.「―心(ゴコロ); 처녀의 마음」1. a daughter. **―ぎだゆう**[娘義太夫](명) 나이 어린 소녀가 읊는 기다유우부시(義太夫節). 또는 그 소녀. **―ごころ**[娘心](명) 감상적인 소녀의 마음. **―ざかり**[娘盛り](명) 처녀로서 가장 아리따운 나이. **―ぶん**[娘分](명) 임시로 딸로 대우함. 또는 그런 관계.

むせい[無声](명) 무성. 소리가 없음. 소리를 내지 않음.「―映画(エイガ); 무성 영화」↔有声(ユウセイ). silence. **―おん**[無声音](명) 무성음. 성대(声帯)를 움직이지 않고 내는 음. k, p, t, s 등. 안울림 소리. ↔有声音.

むせい[無性](명)〈생〉 무성. 자웅(雌雄)의 구별이 없음. asexuality. **―せいしょく**[無性生殖](명)〈생〉 무성생식. 자웅의 생식 세포에 의하지 않고 분열, 출아(出芽), 포자(胞子) 또는 땅속줄기(地下茎)에 의해 생식하는 현상.

むせい[夢精](명·자サ)〈의〉 몽정. 남자가 꿈을 꾸면서 성적(性的)인 흥분을 일으켜 사정(射精)하는 일. spermatism in dream

むぜい[無税](명) 무세. 세금이 없음. ↔有税(ユウゼイ). taxless

むぜい[無勢](명) 인원 수가 적음. smaller force

むせいげん[無制限](명·형동ダ) 무제한. 제한이 없음. non-restriction

むせいふしゅぎ[無政府主義](명) 무정부주의. 정부를 전폐하고 개인의 절대적 자유가 행해지는 사회를 건립하려는 주의. anarchism

むせいふじょうたい[無政府状態](명) 무정부 상태. 국내가 혼란해서 정부의 힘으로 수습이 불가능한 상태. 정부가 존재하지 않는 것처럼 무질서한 상태. a state of anarchy

むせいぶつ[無生物](명)〈생〉 무생물. 생활 기능이 없는 것. ↔生物(セイブツ). an inanimate object

むせいらん[無精卵](명) 무정란. 수정(受精)하지 않고 생겨 부화하지 못하는 알. a wind egg

むせかえ·る[噎せ返る]―カヘル(자 4) ①목이 콱 막히다. ②크게 흐느껴 울다. 1. be choked severely

むせき[無籍](명) 무적. 국적, 호적, 학적 등이 없음.「―者(シャ); 무적자」 without a registered domicile

むせきにん[無責任](명·형동ダ) 무책임. ①책임이 없음. ②책임 관념이 없음. 책임을 중하게 생각하지 않음. 1. irresponsibility

むせびなき[噎び泣き·咽び泣き](명) 목메어 욺. 흐느껴 욺. a sob

むせ·ぶ[噎せぶ·咽ぶ](자 4) ①목이 메다. ②흐느껴 울다. 1. be choked

む·せる[噎せる](자하 1) ①숨이 막히다. 목이 메다.

②흐느끼다. 1. be choked

むせん[無銭](명) 무전. 돈이 없음. 돈을 내지 않음.「一飲食(インショク); 무전 취식(無銭取食)」being penniless. **—りょこう**[無銭旅行](명) 무전 여행. 돈 없이하는 여행.

むせん[無線](명) 무선. ①전선이 없음. ↔有線(ユウセン). ②←無線電信. ③←無線電話. 1. wireless. **—そうじゅう**[無線操縦](명) 무선 조종. 전파로써 배, 자동차, 항공기 등을 조종하는 일. **—でんしん**[無線電信](명)〈이〉 무선 전신. 전파를 사용해서 하는 통신. **—でんぽう**[無線電報](명) 무선 전보. 무선 전신으로 하는 전보. **—でんわ**[無線電話](명) 무선 전화. ①〈이〉 무선 전신을 응용한 전화. ②〈속〉 눈과 표정으로 의사를 통하는 일.

むそう[無双](명) 무쌍. ①비할 데 없는 것. 둘도 없는 것.「古今(ココン)一; 고금 무쌍」②의복, 기구 등의 안팎을 같게 만든 것.「一だんす; 한 가지 목재로 짠 옷장」③〔씨름에서〕 한 손을 적의 넓적다리에 대고 넘어뜨리는 수. 1. matchless. **—まど**[無双窓](명) 같은 간격으로 널 조각을 붙여 만든 것을 이중으로 단 창. 열면 그 둘이 일치하여 널조각 사이에 간격이 생기고 닫으면 서로 어긋나서 간격이 없어짐.

むそう[無相](명)〈불〉 무상. 일체의 법은 본래 공(空)이므로 고정된 형상이 없는 일. shapelessness

むそう[無想](명)〈불〉 무상. ①상념(想念)을 없애는 일. ②무심함. 아무 생각도 하지 않음. 2. an impassive state of mind

むそう[夢想](명·타サ) ①몽상. 꿈과 같은 헛된 생각. ②공상. ③꿈에 신불(神仏)의 암시를 받음.「ご一; 신의 현몽(現夢)」 1. a fancy

むそうか[無装荷](명)〈이〉 전신용(電信用) 케이블에 장하(装荷)를 하지 않는 것. unloading

むぞうさ[無造作](명·형동ダ) 어려움이 없음. 신중하지 않음.「一にひきうける; 쉽게 떠맡다」 1. facility

むそじ[六十路]—ヂ(명) ①예순. ②예순 살. 1. sixty

むぞり[無反り](명) 쪽 곧은 도신(刀身).

むだ[無駄](명·형동ダ) 쓸 데 없음. 유익함이 없음. 보람 없음.「一毛(ゲ); 불필요한 털」 futility

むだあし[無駄足](명·자サ) 걸음한 보람이 없음. 헛걸음.「一をふむ; 헛걸음하다」 an empty errand

むたい[無体](명·형동ダ) ①무리(無理). 억지. 난폭. 무법(無法).「無理(ムリ)一; 강제로 무법하게 행하는 일」②무형(無形).「一財産(ザイサン); 무형 재산」1. compulsion. **—ぶつ**[無体物](명)〈법〉 무체물. 음향, 전기, 열, 빛 등처럼 형체가 없는 것.

むだい[無代](명) 무대. 값이 필요하지 않음. 무료. 공짜. being free of charge

むだい[無題](명) 무제. ①제목을 붙이지 않고 지은 시나 노래. ②제목이 없음. 1. a titleless poem

むだぐい[徒食い]—グヒ(명·자サ) ⇨としょく(徒食).

むだぐい[無駄食い]—グヒ(명·자サ) ①간식(間食)함. ②무위 도식(無為徒食). 1. eating between meals

むだぐち[無駄口](명) 쓸 데 없는 말.「一をたたく; 쓸 데 없는 말을 지껄이다」 a prattle

むだごと[徒事·無駄事](명) 아무 쓸 데 없는 일. 무익(無益)한 일. useless things

むだじに[徒死·無駄死](명·자サ) 도사. 무익한 죽음. 개죽음. dying in vain

むだづかい[無駄遣い]—ヅカヒ(명·자サ) 보람 없이 씀. 낭비.「おかねの一; 돈의 낭비」 waste

むだばな[徒花·無駄花](명) 도화. 피어도 열매를 맺지 않는 꽃. 수꽃. a fruitless flower

むだばなし[徒話·無駄話](명·자サ) 쓸 데 없는 이야기. an idle talk

むだぼね[徒骨·無駄骨](명) ←無駄骨折り. **—おり**[無駄骨折り]—ボネヲリ(명·자サ) 헛수고 함.

むだん[無断](명) 무단. ①아무런 예고가 없음. 양해나 허락이 없음.「一侵入(シンニュウ); 무단 침입」②결단심이 없음. 1. without notice

むち[鞭·笞](명) ①말채찍. ②회초리. 매. 1. a whip

むち[無知·無智](명·형동ダ) 무지. ①지식이 없음. 모름. ②꾀가 없음. 바보. 1. ignorance

むち[無恥](명·형동ダ) 무치. 수치를 모름. 염치를 모름.「厚顔(コウガン)一; 후안 무치」 impudence

むちう·つ[鞭打つ](타 4) ①매질하다. ②기운을 내게 하다. 격려하다.「怠(ナマ)け者(モノ)に一; 게으른 자를 격려하다」 1. whip

むちゃ[無茶](명·형동ダ)〈속〉 조리에 맞지 않음. 불합리. 엉터리. 엉망. unreasonableness. **—くちゃ**[無茶苦茶](명·형동ダ)〈속〉 일이나 물건이 뒤얽혀 갈피를 잡을 수 없는 모양. 엉망진창.

むちゃくりく[無着陸](명) 무착륙. 항공기가 목적지에 도달하기까지 한 번도 착륙하지 않음.「一飛行(ヒコウ); 무착륙 비행」 non-stop

むちゅう[夢中](명·형동ダ) ①몽중. 꿈속. ②열중해서 자기를 잊음.「無我(ムガ)一になる; 자기를 잊고 열중하다」 1. in a dream

むちゅう[霧中](명) 무중. 안개 속.「五里(ゴリ)一; 오리 무중」 in the fog

むちん[無賃](명) 무임. 요금을 치르지 않음.「一乗車(ジョウシャ); 무임 승차」 being free of charge

むつ[六つ] Ⅰ(명) 예전 시각 이름. 지금의 오전, 오후 6시. Ⅱ(수) ①여섯. ②여섯 살. Ⅰ six o'clock Ⅱ 1. six

むつ[鯥](명)〈동〉 게르치. 황조어과에 속하는 바닷물고기. 길이 50 *cm* 가량이며 어릴 때 내만(内湾)이나 얕은 곳에서 자라다가 여름철이 되면 깊은 곳으로 이동하여 성어(成魚)는 늘 300~500 *m*의 심해(深海)에서 서식(棲息)함. 입이 크며 이빨이 날카로움. 〈학명〉 Scombrops hoöps

むつ[陸奥](명)〈지〉 ①⇨みちのく. ②옛 지방 이름. 현재 아오모리현(青森県) 전부와 이와테현(岩手県) 북부.

むつう[無痛](명) 무통. 통증이 없음. 아프지 않음.「一手術(シュジュツ); 무통 수술」 painlessness

むつかし·い[難しい](형) ⇨むずかしい.

むつか·る(자 4) ⇨むずかる.

むつき[襁褓](명) ①배내옷. ②기저귀. 1. baby clothes 2. a diaper
むつき[睦月](명) 음력 정월의 다른 이름.
むっくり(부) ①갑자기 일어나는 모양. ②비대(肥大)한 모양. ③둥글게 솟은 모양. 1. suddenly 2. plump
むつごと[睦言](명) (남녀가) 다정하게 주고 받는 말. lovers' talk
ムッシュ(ー)[프 monsieur](명) 머슈. 영어의 Mr.와 같은 말. 씨(氏).
ムッター[도 Mutter](명) 무터. 어머니.
むっちり(부·자サ) (살이 찌고) 탄력이 있는. 「ーと太(フト)ったからだ; 피둥피둥하게 살이 찐 몸」 plump
むっつ[六つ](수) ①여섯. 여섯 개. ②여섯 살. 1. six
むっつり(부·자サ) 말이 적고 성질이 명랑하지 못한 모양. 무뚝뚝한 모양. 「ー屋(ヤ); 말이 없고 무뚝뚝한 사람」 taciturnly
むっと(부·자サ) ①불끈 화를 내는 모양. ②뿌루퉁한 모양. ③좋지 못한 냄새나 더운 기가 가득한 모양. 「ーとする暑(アツ)さ; 확 숨이 막힐 정도의 더위」 1. in a huff 2. indignantly 3. suffocatingly
むつどき[六つ時] ⇨むつ(六つ).
むつ·ぶ[睦ぶ](자상 2) 다정하게 하다. 친하게 하다. 의좋게 하다. be intimate with
むつまじ·い[睦まじい](형) 사이 좋다. 정답다. 친하다. 파생 **ーげ**(형동ダ) **ーさ**(명). intimate
むつまやか[睦まやか](형동ダ) 사이 좋은 모양. 다정한 모양. intimate
むつみあ·う[睦み合う]ーアフ(자 4) 서로 의좋게 지내다. be intimate with
むつ·む[睦む](자 4) 다정하게 하다. 친하게 하다. 화목하게 하다. be intimate with
むつものがたり[睦物語](명) (남녀가) 다정히 속삭이는 이야기. lovers' talk
むて[無手](명) ①맨손. 빈손. ②수단, 생각이 없이 일을 함. ③아무 재주나 기술이 없음. 2. without any means 3. worthlessness
むていけい[無定形](명) ①무정형. 일정한 모양이 없는 것. ②〈이〉 결정질(結晶質)이 아닌 것. 1. shapelessness 2. amorphousness
むていけい[無定型](명) 무정형. 일정한 형식이 없는 것. formlessness
むていけん[無定見](명·형동ダ) 무정견. 확고한 생각이 없음. 확립된 견식(見識)이 없음. lack of fixed opinion
むていこう[無抵抗](명·형동ダ) 무저항. 저항이 없음. 저항하지 않음. 「ー主義(シュギ); 무저항주의」 non-resistance
むてかつりゅう[無手勝つ流](명) 〔검술가(劍術家)인 쯔카하라 보쿠덴(塚原卜伝)의 고사(故事)에서 나온 말로〕 상대와 직접 싸우지 않고 책략으로써 상대를 지게 하는 방법. 싸우지 않고 이김.
むてき[無敵](명·형동ダ) 무적. 당할 것이 없음. 대적할 만한 적이 없음. 「天下(テンカ)ー; 천하 무적」 invincibility. **ーかんたい**[無敵艦隊](명)〈역〉 무적 함대. 1588년 스페인 왕 필립 2세가 영국 정복을 위해 조직한 대함대. 전함(戦艦) 127, 포(砲) 2천을 장비해서 무적임을 과시하다가 전멸됨.
むてき[霧笛](명) 무적. 안개가 자욱할 때 항행(航行)의 안전을 위해 울리는 기적. a fog-siren
むてっぽう[無手っ法·無鉄砲](명·형동ダ) 전후를 분별하지 않고 무턱대고 함. rashness
むでん[無電](명) 무전. 무선 전신의 준말.
むとう[無刀](명) 칼을 차거나 가지고 있지 아니함. wearing no sword
むとう[無党](명) 무당. 어느 당파에도 속하지 않음. 「ー無派(ムハ); 무당 무파」 having no party
むとう[無燈](명) 무등. 등불을 켜지 않음. 「ー自転車(ジテンシャ); 무등 자전거」 whithout a light
むとう[無糖](명) 무당. 당분이 없음. 「ー練乳(レンニュウ); 무당 연유」 containing no sugar
むどう[無道](명·형동ダ) 무도. 도리에 벗어남. 인도(人道)에 어긋남. 「悪逆(アクギャク)ー; 악역 무도」 inhumanity
むとうひょう[無投票](명) 무투표. 투표하지 않음. 「ー当選(トウセン); 무투표 당선」 without voting
むとく[無徳] Ⅰ(명) 무덕. 덕이 없음. Ⅱ(형동ナリ) 품위가 없는. 볼품이 없는. 초라한. Ⅰ lack in virtue
むどく[無毒](명) 무독. 독이 없음. innocuousness
むとくてん[無得点](명) 무득점. 점수(点数)를 얻은 것이 없음. scoreless
むとす (조동·특수형)〈고〉 막 …하려고 한다는 뜻을 나타내는 말. ⇨:む. 「去(サ)りなー; 가려고 하다」
むとどけ[無届け](명) 계출(届出)이 없음. 무계출(無届出). 「ー集会(シュウカイ); 무계출 집회」 without notification
むとんちゃく[無頓着](명·형동ダ) 무관심함. 조금도 마음에 두지 않음. 태연(泰然)함. indifference
むなー[胸](조어) ⇨むね. 「ー苦(グル)しい; 가슴이 답답하다」
むなー[棟](조어) ⇨むね. 「ー瓦(ガワラ); 용마루 기와」 「ー木(ギ); 마룻대」
むないた[胸板](명) ①가슴의 평평한 부분. 앞가슴. ②갑옷의 앞가슴을 가리는 부분. 1. the chest
むながい[胸懸·鞅](명) 말의 가슴에서 안장에 거는 가죽 끈. 가슴 걸이. a martingale
むなぎ[棟木](명) 마룻도리. 마룻대. a ridge-pole
むなくそ[胸糞](명)〈속〉 ⇨むねくそ.
むなぐら[胸倉](명) 목 아래 옷깃이 여며지는 곳. 멱살. the breast of one's coat
むなぐるし·い[胸苦しい](형) 가슴이 답답하다. 가슴이 눌리는 듯이 답답하다. 파생 **ーげ**(형동ダ) **ーさ**(명). feeling oppressed in one's breast
むなげ[胸毛](명) 가슴 털. breast hair
むなごと[虚言](명)〈고〉 허언. 빈말. 거짓말.
むなさき[胸先·胸前](명) 가슴 언저리. the pit of the stomach

むなさわぎ[胸騒ぎ](명·자サ) 가슴이 두근거림.「何(ナン)となく一がする; 웬지 가슴이 두근거리다」 uneasiness

むなざんよう[胸算用](명·타サ) 마음속으로 헤아림. 속셈.「収入(シュニュウ)の一; 수입에 대한 속셈」 mental calculation

むなし·い[空しい·虚しい](형) ①자취가 없다. ②속이 텅비다. ③헛되다. 허무하다.「一努力(ドリョク); 헛된 노력」 파생 **一さ**(명). 2. empty

むなしく[空しく](부) 보람 없이. 헛되이. 부질없이. vainly

むなだか[胸高](명) 〔일본 여자 옷에서〕 허리띠를 가슴 가까이까지 올려 매는 일. wearing a sash over one's breast

むなづもり[胸積もり](명) ⇨むなざんよう.

むなひも[胸紐](명) ①일본 옷의 가슴 부분에 단 끈. ②끈이 달린 옷을 입는 때. 어린 시절. 1. a string attached to the part of breast of clothes

むなもと[胸元](명) ⇨むなさき.

むなやけ[胸焼け](명) ⇨むねやけ.

むに[無二](명) 무이. 둘도 없음. 다시 없음.「一の親友(シンユウ); 둘도 없는 친구」 matchless

ムニエル[프 meunière](명) 뫼니에에르. 생선에 밀가루와 버터를 발라 구운 프랑스식 요리.

むにする[無にする](연어) 헛되게 하다. 못 쓰게 하다.「人(ヒト)の好意(コウイ)を一; 남의 성의를 헛되게 하다」 waste

むにむさん[無二無三](명) ①〈불〉 오직 하나 뿐인 것. 유일(唯一). ②일편 단심. 곁눈질도 않고 열중함.「一に駆(カ)けてくる; 한눈도 팔지 않고 열심히 뛰어 오다」 1. uniqueness

むにゃむにゃ(부) 뜻모를 소리를 입속에서 중얼거리는 모양. 중얼중얼. mumble

むにん[無人](명) 무인. 사람이 없음. uninhabitedness. **一とう**[無人島](명) 무인도. 사람이 살지 않는 섬.

むにんしょ[無任所](명) 무임소. 맡은 바 임무가 없음. without portfolio. **一だいじん**[無任所大臣](명) 무임소 대신. 행정 부처의 담당 없이 내각에 참가하는 국무 대신. 무임소 장관.

むにんしょう[無任相](명) 무임소 장관.

一むね[棟](접미) 동. 집채를 세는 말.「二(フタ)一の家(イエ); 두 채의 집」

むね[旨](명) ①마음. 기분. 뜻.「この一おつたえします; 이 뜻을 전합니다」 ②하려는 마음. 취지(趣旨).「主人(シュジン)の一を受(ウ)けてする; 주인의 취지를 따라 하다」 1. mind 2. purport

むね[宗](명) 주로 하는 것. 제일 중요한 것.「節約(セツヤク)を一とする; 절약을 주로 하다」 a vital point

むね[胸](명) ①〈생〉 몸의 앞쪽 상반부. 심장, 폐, 유방 등을 갖추고 있음. 가슴. ②마음. 심중(心中). ③옷의 가슴 부분. ④도량(度量). 1. the breast

むね[棟](명) ①집의 제일 위. 용마루. ②마룻대. 마룻도리. 1. the ridge

むね[刀背](명) ①칼등. ②손등. 1. the back of a sword

むねあげ[棟上げ](명·자サ) 마룻대를 올림. 상량(上樑). 상량식. completing the framework

むねあて[胸当て](명) ①갑옷의 가슴을 가리는 부분. ②(아이들 옷의) 가슴에 붙여 더러움을 막는 천. 1. a breastplate

むねうち[刀背打ち](명) 칼등으로 치는 일. beating with the back of a sword

むねくそ[胸糞](명)〈속〉 기분.「一がわるい; 기분이 나쁘다」 feeling

むねつ[無熱](명)〈의〉 무열. 열이 없음. 평온(平温). normal temperature

むねと[宗徒](명) 중심이 되는 자. leading persons

むねと[宗と](부)〈고〉 주로. 오로지.

むねむね·し[宗宗し](형シク)〈고〉 ①주가 되다. 뛰어나다. ②확실하다.

むねやけ[胸焼け](명·자サ)〈의〉 위병으로 명치 부분이 쓰리고 아픔을 느끼는 일. 가슴앓이. 위산 과다증(胃酸過多症), 위궤양(胃潰瘍) 등에 많음. heartburn

むねわりながや[棟割り長屋](명) 여러 세대가 살 수 있도록 벽으로 간막이를 한, 길게 한 채로 지은 집. a partitioned tenement-house

むねん[無念](명·형동ダ) 무념. ①아무 것도 생각지 않음.「一無想(ムソウ); 무념 무상」 ②매우 분함.「一の涙(ナミダ); 울분의 눈물」 1. freedom from all thought

むのう[無能](명·형동ダ) 무능. 재능이 없음. ↔有能(ユウノウ). incompetency

むのうりょく[無能力](명·형동ダ) 무능력. ①능력이 없음. ②〈법〉 법률상 개인으로서의 행위의 제한을 받음. 1. disability. **一しゃ**[無能力者](명) 무능력자. ①능력이 없는 사람. ②〈법〉 단독으로 완전 법률 행위를 할 수 없는 자. 민법에서 미성년자, 금치산자(禁治産者), 준금치산자(準禁治産者) 등.

むは[無派](명) 아무 파에도 속하지 않음.「無党(ムトウ)一; 무당 무파」 independence

むはい[無配](명)〈경〉 배당이 없음. 무배당(無配当). ↔有配(ユウハイ). nondividend

むはんせい[無反省](명) 무반성. 반성함이 없음. nonreflection

むひ[無比](명) 무비. 비할 데 없음. 뛰어나서 비할 것이 없음. 무쌍(無双).「痛快(ツウカイ)一; 통쾌 무비」 matchlessness

むび[夢寐](명) 몽매. 잠을 잠. 잠든 동안. 꿈속.「一にも忘(ワス)れない; 꿈속에서도 잊지 못하다」 sleep

むひつ[無筆](명) 글을 모르는 것. 무식(無識). ignorance

むひはん[無批判](명) 무비판. 비판하지 않음.「一に受(ウ)け入(イ)れる; 비판 없이 받아 들이다」 lack of consideration

むひょう[無票](명) 무표. 득표(得票)가 없음. obtaining no vote

むひょう[霧氷](명) 안개가 나뭇가지 등에 얼어 붙은 투명하지 않은 흰 얼음. frost flowers

むびょう[無病](명) 무병. 병들지 않음. 병이 없음.

건강함. 「―息災(ソクサイ); 병도 재난도 없음」 good health

むひょうじょう[無表情](명·형동ダ) 무표정. 표정이 없음. being expressionless

むふう[無封](명) 무봉. (편지 등을) 봉하지 않음. no closed

むふう[無風](명) 무풍. ①바람이 없음. ②〈속〉 영향(影響), 파란(波乱)이 없음. 「―地帯(チタイ); 무풍 지대」 1. being windless

むふんべつ[無分別](명·형동ダ) 무분별. 분별이 없음. 사물의 도리를 잘 알지 못함. 「―な行動(コウドウ); 분별 없는 행동」 indiscretion

むべ[宜べ](부·형동ナリ) 과연. 참으로. 의당. 「―なるかな; 과연 그렇도다」 indead

むへん[無辺](명) 무변. 끝이 없음. 닿는 데가 없음. 제한이 없음. 「広大(コウダイ)―の慈悲心(ジヒシン); 광대 무변한 자비심」 infinity

むへん[無偏](명·형동ダ) 무편. 한쪽으로 치우침이 없음. 공평. impartiality

むへんさい[無辺際](명·형동ダ) 끝없이 넓음. 무변(無辺). infinity

むほう[無法](명·형동ダ) 무법. ①난폭함. 「―者(モノ); 난폭한 자」 ②법을 좇지 않음. 법 질서가 없음. 「―地帯(チタイ); 무법 지대」 2. unlawfulness

むぼう[無帽](명) 모자를 쓰지 않음. 「―主義(シュギ); 탈모주의」 hatless

むぼう[無謀](명·형동ダ) 무모. 생각 없이 마구 함. 사려나 분별이 없음. 「―な計画(ケイカク; 무모한 계획」 rashness

むほうしゅう[無報酬](명) 무보수. 보수가 없음. 보수를 받지 않음. gratuitous

むぼうび[無防備](명) 무방비. 방비가 없음. 「―地帯(チタイ); 무방비 지대」 defenceless

むほん[無品](명) 친왕(親王)으로 품위(品位)를 갖지 않음.

むほん[謀反·謀叛](명·자サ) 모반. 임금이나 정부를 배반하여 난을 일으킴. a revolt

むま[馬](명)〈고〉 ⇨うま.

むま[夢魔](명) 꿈속에 나타나서 괴롭힌다는 악마. a devil

むまご[孫](명)〈고〉 손. ①손자. ②자손(子孫).

むみ[無味](명) 무미. ①맛이 없음. 「―無臭(ムシュウ); 무미 무취」 ②재미가 없음. 1. tastelessness

むみかんそう[無味乾燥](형동ダ) 무미 건조. ①재미나 취미가 없어 메마른 모양. 「―な話(ハナシ); 무미 건조한 이야기」 ②깔깔하고 운치가 없는 모양. dry

むみょう[無明](명)〈불〉 무명. 번뇌(煩悩)로 인해서 진리에 어두운 일. 불교의 근본 도리에 통달하지 못한 마음의 상태. illusion

むめい[無名](명) 무명. ①이름을 쓰지 않은 것. ②이름을 모르는 것. ③유명하지 않은 것. 「―の新人(シンジン); 무명의 신인」 ↔有名(ユウメイ). 3. obscure. **―し**[無名氏](명) 무명씨. 이름을 모르는 사람. **―し**[無名指](명) 무명지. 약손가락.

むめい[無銘](명) 무명. 작자(作者)의 이름이 없는 것. 또는 그 작품. 「―の刀(トウ); 제작자의 기명(記名)이 없는 도검(刀剣)」 bearing no signature

むめんきょ[無免許](명) 무면허. 면허가 없음. 「―運転(ウンテン); 무면허 운전」 unlicensed

むもん[無紋](명) ①무문. 무늬가 없음. ②가문(家紋)이 없는 것. 또는 그 옷. 1. without figures

むやく[無益](명·형동ダ) ⇨むえき.

むやみ[無暗](형동ダ) 전후 분별이 없는 모양. 함부로 마구 하는 모양. indiscrimination. **―やたら**[無暗矢鱈](형동ダ) "むやみ"의 센말.

むゆうびょう[夢遊病](명)〈의〉 몽유병. 밤에 잠을 자다가 꿈에 유도되어 갑자기 일어나서 자기도 모르게 걷거나 행동을 하다가 다시 자는 변태 심리 작용의 병. 잠에서 깨나면 전혀 기억이 없음. 「―者(シャ); 몽유병자」 somnambulism

むよう[無用](명·형동ダ) 무용. ①쓸모가 없음. 볼일이 없음. ②해서는 안됨. 사절함. 「立入(タチイリ)―; 출입 금지」 ↔ 有用(ユウヨウ). 1. without business. **―のちょうぶつ**[無用の長物](연어·명) 무용지장물. 있어도 필요 없는 큰 물건.

むよく[無欲](명·형동ダ) 무욕. 욕심이 없음. freedom from avarice

むら(명) ①얼룩. 「色(イロ)に―がある; 색에 얼룩이 있다」 ②변하기 쉬운 것. 고르지 못한 것. 「―のある成績(セイセキ); 고르지 못한 성적」 1. spots

むら[村](명) 촌. ①마을, 촌락(村落). ②행정 구역의 하나. 군(郡) 밑에 있는 단위. 한국의 면(面)에 해당. 1. a village

むら[群·叢](명) 무리. ①떼. 「―すずめ; 참새 떼」 ②숲. 「草(クサ)―; 풀숲」 1. a crowd

むらい[無礼](명·동형ナリ)〈고〉 ⇨ぶれい.

むらおさ[村長]―ヲサ(명) ⇨そんちょう.

むらがり[群がり](명) 떼를 지음. 떼. 무리. a throng

むらが·る[群がる](자 4) 떼지어 모이다. throng

むらき[斑気](명) 안정되지 못한 마음. 변하기 쉬운 마음. caprice

むらぎえ[斑消え](명) 드문드문 사라지는 것. disappearing sporadically

むらぎ·ゆ[斑消ゆ](자하 2)〈고〉 드문드문 사라지다. 군데군데 없어지다.

むらくも[叢雲](명) 떼 구름. 한 떼의 뭉게구름. 「月(ツキ)に―花(ハナ)に風(カゼ); 달에는 떼구름, 꽃에는 바람(호사다마)」 a cluster of clouds

むらご[斑濃·叢濃·村濃](명) 같은 빛깔에 여기저기 농담(濃淡)이 지게 한 염색. unevenness in colour

むらさき[紫](명) ①〈식〉 지치. 산야에 나는 다년초. 여름에 희고 작은 꽃이 피며, 뿌리는 염료로 씀. 자초. ②보랏빛. ③간장. 1. a gromwell 2. purple. **―いろ**[紫色](명) ①보랏빛. ②지치의 뿌리로 들인 색. 붉은 자색. **―だ·つ**[紫立つ](자 4) 보랏빛이 되어 가다. **―つゆくさ**[紫露草](명)〈식〉 자주닭의 장풀. 북미 원산의 다년초. 높이 50～60 *cm*. 늦봄부터 여름에 걸쳐 보랏빛 꽃이 핌.

むらざと[村里](명) 촌리. 시골. 촌. 마을. a hamlet

むらさめ[村雨·叢雨](명) 소나기. 취우(驟雨). a shower

むらじ[連](명) 고대 성(姓)의 하나.

むらじ[村路](명) 시골 길. 마을 길. roads in a village

むらしぐれ[村時雨·叢時雨](명) 한바탕 쏟아지고는 지나가는 비. a shower

むらしばい[村芝居]ーシバヰ(명) 촌사람이 모여 하는 연극. 시골 연극. the comedy in a village

むら·す[蒸らす](타 4) 밥을 뜸들이다. 음식을 푹 찌다. steam

むらすずめ[群雀](명) 떼를 지어 있는 참새. 참새떼. a flock of sparrows

むらたけ[群竹](명) 빽빽이 난 대. 대숲. bamboos growing in a cluster

むらだ·つ[群立つ](자 4) 군립. 떼 지어 날다. 「すずめが—; 참새가 떼 지어 날다」 take wing in flocks

むらちどり[群千鳥](명) 떼 지은 물떼새. plovers in flocks

むらはちぶ[村八分](명) 마을의 법을 어겨 온 마을 사람으로부터 절교(絶交)당하여 고립되는 일. ostracism

むらばらい[村払い]ーバラヒ(명) 에도(江戸) 시대에 마을에서 쫓아 내던 형벌. ostracism

むらびと[村人](명) 마을 사람. a villager

むらむら(부) ①떼 지어 있는 모양. ②마음이 갑자기 움직이는 모양. 「—と悪心(アクシン)を起(オコ)す; 울컥 나쁜 마음을 일으키다」 1. thickly

むらやくにん[村役人](명) 에도(江戸) 시대 촌(村)의 사무를 보던 사람. 쇼오야(庄屋), 나누시(名主), 쿠미가시라(組頭), 햐쿠쇼오다이(百姓代)의 총칭. a village officer

むらやくば[村役場](명) 촌(村)의 촌장이나 관리들이 사무를 보는 곳. a village office

むり[無理](명·자サ·형동ダ) 무리. ①도리에 어긋남. 「—な話(ハナシ); 무리한 이야기」 ②억지로 함. 「—に行(イ)かせる; 억지로 보내다」 ③하기 어려움. 1. unreasonableness

むりおうじょう[無理往生](명) 무리하게 남을 억압하여 억지로 순종(順従)시키는 일. forcing another to do against his will

むりおし[無理押し](명·타サ) 억지로 밀고 나감. 일을 무리하게 강행(強行)함. compulsion

むりかい[無理解](명·형동ダ) 이해가 없음. 도리를 모름. 몰이해. lack of understanding

むりからぬ[無理からぬ](연체) 무리가 아닌. 당연한. reasonable

むりさんだん[無理算段](연어·명·타サ) 억지로 또는 고심해서 돈을 마련함. strain one's credit

むりし[無利子](명)〈경〉 무이자. 이자가 붙지 않음. 무이식(無利息). no interest

むりじい[無理強い](명) 무리하게 강요하는 일. 강박(強迫). 강요(強要). forcing

むりしき[無理式](명)〈수〉 무리식. 무리수(無理数)가 들어 있는 대수식(代数式). an irrational expression

むりしんじゅう[無理心中](명) 정사(情死)에 동의하지 않는 상대를 억지로 자기와 같이 정사(情死)하게 하는 일. a forced double suicide

むりすう[無理数](명)〈수〉 무리수. 분수(分数)로 나타낼 수 없는 실수(実数). 예 : $\sqrt{3}$. 〔=루우트 3이라 읽음〕 ↔有理数(ユウリスウ). an irrational number

むりそく[無利息](명)〈경〉 무이식. 이식이 안 붙는것. 무이자(無利子). no interest

むりなんだい[無理難題](명) 무리 난제. ①무리하게 떠맡기는 어려운 문제. ②터무니 없는 시비. 「—を吹(フ)っかける; 터무니 없는 시비를 걸다」 1. an unreasonable demand

むりむたい[無理無体](명·형동ダ) 싫어하는데도 억지로 함. 강제(強制)로 함. forcing

むりやり[無理遣り·無理矢理](부) 무리하게. 억지로. by force

むりょ[無慮](부) 무려. 대략. 약(約). 「死傷者(シショウシャ)は—数百人(スウヒャクニン); 사상자는 무려 수백명」 about

むりょう[無料](명) 무료. 요금이 필요 없음. 공짜. ↔有料(ユウリョウ). being free of charge

むりょう[無聊](명·형동ダ) 무료. 심심함. 울적함. 한가함. ennui

むりょう[無量](명) 무량. 한이 없음. 무한한 양(量). 얼마인지 모르는 것. 무한. 「感慨(カンガイ)—; 감개무량」 immensity

むりょく[無力](명·형동ダ) 무력. ①힘이 없음. ②세력, 재력(財力)이 없음. ③능력이 없음. ↔有力(ユウリョク). 1. powerlessness

むるい[無類](명·형동ダ) 무류. 비교할 대상이 없음. 유례가 없음. 「珍(チン)—; 비할 바 없을이만큼 진귀한 것」 matchlessness

むれ[群れ](명) ①떼. ②한패. 동아리. 1. a crowd

む·れる[群れる](자하 1) 모여서 떼를 짓다. 한곳에 모이다. gather

む·れる[蒸れる](자하 1) ①열이 충분히 통하다. 뜸들다. 「ご飯(ハン)が—; 밥이 뜸들다」 ②열기가 가득하다. 물쿠다. 「へやの中(ナカ)が—; 방안이 물쿠다」 1. be steamed

むろ[室](명) ①(옛날 집 안쪽에 흙으로 발라 만든) 침실. ②옛날 산허리나 바위를 파서 만든 방이나 곳간. ③집, 특히 승방(僧房). ④속의 온도를 일정하게 하기 위하여 벽으로 둘러 싼 곳. 「こうじ—; 누룩이나 메주 등을 띄우는 방」 2. a cellar 4. a greenhouse

むろ[無漏](명)〈불〉 무루. 번뇌(煩悩)를 떠남. 번뇌가 없음. ↔有漏(ウロ). being free from worldly desires

むろあじ[室鯵]ーアヂ(명)〈동〉 갈고등어. 전갱이과에 속하는 바닷물고기. 등은 청록색, 배는 은백색, 주둥이에서 꼬리로 넓은 적갈색 세로 띠가 있음. 맛이 좋음. a horse mackerel

むろく[無祿](명) 무록. 봉록(俸祿)이 없음. 급여(給与)가 없음. receiving no fief

むろざき[室咲き](명) 온실에서 꽃을 피게 함. 또는 그 꽃. a hot-house flower
むろとざき[室戸岬](명)〈지〉시코쿠(四国)의 무로토 반도 끝에 있는 갑(岬). 아열대 식물이 자람.
むろまちじだい[室町時代](명)〈역〉아시카가 타카우지(足利尊氏)가 집정(執政)하던 시대. (1338～1573)
むろまちばくふ[室町幕府](명)〈역〉1338년 아시카가씨(足利氏)가 카마쿠라 막부(鎌倉幕府)를 타도하고 세운 무가 정권(武家政権). 아시카가 막부.
むろん[無論](부) 무론. 말할 것 없이. 물론(勿論). of course
むんずと(부) "むずと"의 센말. 왈칵. with a dash
むんむん(부·자사) 열기(熱気)나 취기(臭気)가 꽉 찬 모양. 후끈후끈. very sultry

め

め一[女](조어) ①여자의. 암놈의. 「一ぎつね; 암여우」 ②둘 있는 것 중에서 힘이 약한 쪽. 또는 작은 것. 「一波(ナミ); 작고 약한 파도」
一め[目](접미) ①순서를 나타내는 말. 「三年(サンネン)一; 3년째」 ②정도를 나타내는 말. 「長(ナガ)一にする; 기름하게 하다」 ③시작할 때. 시작하는 곳. 「物価(ブッカ)の上(アガ)り一; 물가가 오르려는 때」 ④무게의 단위. 돈쭝. 몸메(匁). 「百(ヒャク)一; 백돈쭝」
一め[奴](접미) ①욕하는 말. 놈. 「ばか一; 바보 자식」 ②자기를 낮추어 하는 말. 「わたくし一; 저. 소인」
め[女](명) ①여자. 여성. ②아내. 1. a woman 2. a wife
め[目·眼](명) ①〈생〉눈. 눈알. 눈동자. ②눈 모양의 것. 「卵(タマゴ)の一; 계란의 알눈(胚盤)」 ③중심. 「台風(タイフウ)の一; 태풍안(颱風眼)」 ④눈빛. 시선(視線). 「変(ヘン)な一で見(ミ)る; 이상한 눈으로 보다」 ⑤식견(識見). 「一が高(タカ)い; 식견이 높다」 ⑥보는 것. 「一にとまる; 눈에 띄다」 ⑦주목(注目). 「一を引(ヒ)く; 주목을 끌다」 ⑧시력(視力). 「一が弱(ヨワ)い; 시력이 약하다」 ⑨(그물, 망태, 직물 등의) 구멍이나 짬. 눈. 「一が荒(アラ)い; 발이 굵다. 거칠다」 ⑩나란히 있는 이(歯) 모양의 것. 「のこぎりの一; 톱니」 ⑪바둑판 등의 칸. ⑫저울의 눈. ⑬무게. 됫수. 말수. ⑭주사위의 수의 표시. 「いい一が出(デ)る; 좋은 수가 나오다」 ⑮나뭇결. 「一のあらい板(イタ); 결이 거친 판자」 ⑯끝과 끝이 맞는 곳. 「折(オ)り一; 접은 곳」 ⑰보는 법. 생각. 「法律家(ホウリッカ)の一; 법률가의 생각」 ⑱입장. 경험. 「ひどい一に合(ア)う; 혼이 나다」 1. the eye 8. sight 18. a case
め[芽](명)〈식〉①눈. 싹. 「一が出(デ)る; 싹이 트다. 행운이 돌아 오다」 ②달걀의 알눈. 배반(胚盤). 2. an embryo
め[雌·牝](명) 암컷. ↔雄(オ). a female
め[海藻](명)〈고〉해조. 식용 해초의 총칭. 바닷말.
めあか[目垢](명) 눈곱. mucus from the eyes
めあかし[目明かし](명) ①에도(江戸) 시대의 하급 밀정(密偵). ②감정(鑑定)함. 1. a detective
めあき[目明き](명) ①눈이 잘 보이는 사람. ↔盲(メクラ). ②사물의 도리를 아는 사람. ③글을 읽을 수 있는 사람. 1. one who can see 3. an educated person
めあたらし·い[目新しい](형) 신기해 보이다. 신기(新奇)하다. 진기하다. 「一商品(ショウヒン); 신품(진품)」 파생 **一さ**(명). new
めあて[目当て](명) ①표적. 목표. 「将来(ショウライ)の一; 장래의 목표」 ②무엇을 할 때의 목적. 「駅(エキ)を一にして行(ユ)く; 역을 목표로 하여 가다」 ③사물의 표준. a mark
めあわ·せる[娶わせる]一アハセル(타하 1) 결혼시키다. 결혼하여 아내로 삼다. marry
めい一[名](조어) ①훌륭한. 「一投手(トウシュ); 명투수」 ②저명한. 유명한. 「一探偵(タンテイ); 명탐정」
めい一[迷](조어)〈속〉묘한. 엉터리. 「一答案(トウアン); 엉터리 답안」
一めい[名] Ⅰ(접미) 사람 수를 세는 말. 명. 「五(ゴ)一; 5명」 Ⅱ(조어) 이름. 「学校(ガッコウ)一; 학교명」
めい[姪]メヒ(명) 질녀. 조카딸. ↔甥(オイ). a niece
めい[名](명) ①이름. ②명판(評判). 소문. 2. fame
めい[命](명) ①생명. 「一を落(オ)とす; 죽다」 ②운명. 「一, 天(テン)にあり; 사람의 운명은 하늘에 매여 있다」 ③높은 사람이 시키는 말. 명령. 하명(下命). 「一により; 명에 의하여」 1. life
めい[明](명) ①밝음. 「一皎皎(コウコウ)たる光(ヒカリ); 밝고 교교한 빛」 ②보아서 알아 차리는 힘. 안식(眼識). 「先見(センケン)の一がある; 선견지명이 있다」 ③시력. 「一を失(ウシナ)う; 시력을 잃다」 ④메이지 대학(明治大学)의 준말. 1. clearness 2. insight
めい[盟](명) 맹세. 동맹(同盟). alliance
めい[銘](명) ①그릇, 금석 등에 조각한 문구. ②찬양하는 말. 또는 그 문장. ③훈계의 말. 「座右(ザユウ)の一; 좌우명」 ④제작물에 넣은 작자의 이름. 「一を打(ウ)つ; 작품에 작자의 이름을 넣다」 ⑤그릇이나 식품에 특별히 붙인 이름. 1. an inscription 5. a name
めいあん[名案](명) 명안. 좋은 생각. 뛰어난 안(案). a capital idea
めいあん[明暗](명) 명암. ①밝음과 어두움. ②바른 것과 바르지 못한 것. 선과 악. 행과 불행. 1. light and darkness. **一ほう**[明暗法](명) 명암법. 〔미술에서〕 색채의 농담(濃淡)과 빛의 명암을 조화(調和)시키는 일.

めい あん[冥暗·冥闇](명) 어두움. 깜깜함. darkness

めい い[名医](명) 명의. 유명한 의사. 훌륭한 의사. a noted doctor

めい う·つ[銘打つ](타 4) 이름, 명목(名目)을 붙이다. 「慈善事業(ジゼンジギョウ)と一; 자선 사업이라 명목을 붙이다」 engrave an inscription

めい うん[命運](명) 운. 운명. fate

めい えん[名園·名苑](명) 명원. 유명한 정원. 훌륭한 정원. a noted gardern

めい えん[名演](명) 명연. 훌륭한 연기. 또는 연출. a brilliant performance

めいおう せい[冥王星](명)〈천〉 명왕성. 태양계(太陽系)에서 9번째의 혹성(惑星). 해왕성(海王星)의 밖에 있으며 약 248.4년에 한 번씩 태양을 돎. Pluto

めい か[名花](명) 명화. ①유명한 꽃. 아름다운 꽃. ②미인(美人). 1. a noted flower

めい か[名家](명) 명가. ①널리 알려진 가문(家門). ②한 분야에 특출한 명인(名人). 유명한 사람. 1. a good family

めい か[名菓](명) 명과. 유명한 과자. 매우 맛이 좋은 과자. a noted cake

めい か[名歌](명) 명가. 유명한 와카(和歌)나 시. 훌륭한 와카(和歌)나 시. a well-known poem

めい か[銘菓](명) 명과. 특별한 이름을 가진 유명한 과자. a cake of a famous brand

めい が[名画](명) 명화. 유명한 그림. 또는 영화. a famous painting

めい かい[明快](명·형동ダ) 명쾌. ①기분이 맑고 좋음. ②줄거리가 명확하여 기분이 좋은 모양. 「一な結論(ケツロン); 명쾌한 결론」 2. lucidity

めい かい[明解](명) 명해. 똑똑하고 바른 해석. a clear interpretation

めい かく[明確](명·형동ダ) 명확. 바르고 정확함. 「一な判断(ハンダン); 명확한 판단」 precision

めい がら[銘柄](명)〈경〉 거래하는 유가 증권, 상품의 이름. description

めい かん[名鑑](명) 명감. 이름을 모은 책자. 명부(名簿). 「科学者(カガクシャ)一; 과학자 명감」 a list

めい かん[明鑑](명) 명감. 바르고 확실한 감정(鑑定). chear judgement

めい かん[銘肝](명) 명간. 마음속 깊이 간직하여 잊지 않음. 명심. bearing in mind

めい き[名器](명) 명기. 유명한 그릇. 훌륭한 그릇. a rare utensil

めい き[明記](명·자타サ) 명기. 똑똑히 씀. 똑똑히 기록함. writing clearly

めい き[銘記](명·타サ) 명기. 마음에 깊이 새겨 잊지 않음. 명심. bearing in mind

めい き[銘旗](명) 명기. 장례식 때 쓰이는 죽은 사람의 씨명을 적은 기. 명정(銘旌). a streamer with the name of the deceased

めい ぎ[名技](명) 훌륭한 재주. a brilliant performance

めい ぎ[名妓](명) 명기. 유명한 기생. 이름난 기생.

めい ぎ[名義](명) 명의. ①이름. 직분. 「一変更(ヘンコウ); 명의 변경」 ②명분과 의리. 1. a formal name

めい きゅう[迷宮](명) 미궁. ①나올 길을 찾을 수 없는 궁전. ②해결할 수 없는 범죄 사건. 「一入(イ)り; 미궁에 빠짐」 2. mystery

めい きゅう[盟休](명·자サ) 맹휴. 동맹 휴교(同盟休校)의 준말. a school strike

めい きょう[冥境](명) 명경. 명도(冥途). Hades

めいきょう しすい[明鏡止水](연어·명) 명경 지수. 맑은 거울과 잔잔한 물. 맑고 고요한 심경(心境)의 비유. a clear mind

めい きょく[名曲](명) 명곡. 유명한 악곡(楽曲). 훌륭한 악곡. famous music

めい きん[鳴禽](명) 명금. 우는 소리가 아름다운 작은 새. a song-bird

めい ぎん[名吟](명) 훌륭한 와카(和歌)나 하이쿠(俳句). an exquisite verse

めい く[名句](명) 명구. 유명한 문구. 훌륭한 문구. 「古今(ココン)の一; 고금의 명구」 a famous phrase

めい くん[名君·明君](명) 명군. 훌륭한 군주. 현명한 군주. ↔暗君(アンクン). a wise and eminent ruler

めい けい[盟兄](명) 맹형. 친한 친구의 높임말. one's honoured friend

めい けつ[明潔](명·형동ダ) 명결. 밝고 깨끗함. light and pure

めい げつ[明月·名月](명) 명월. ①밝은 달. ②음력 8월 15일 밤의 달. 2. the harvest moon

めい けん[名犬](명) 명견. 이름난 개. 영리하고 훌륭한 개. a good dog

めい けん[名剣](명) 명검. 유명한 검. 훌륭한 칼. 보검(宝剣). a famous sword

めい げん[名言](명) 명언. 유명한 말. 훌륭한 말. a wise saying

めい げん[明言](명·자타サ) 명언. 똑똑히 말함. 언명(言明). 「必(カナラ)ずやりとげると一す; 꼭 해 내겠다고 언명함」 declaration

めい げん[鳴弦](명) 옛날 활줄을 손으로 튕겨서 그 소리로 악마를 쫓던 의식. twanging of a bow string

めい ご[冥護](명·타サ) 명호. 드러나지 않는 가운데 신불(神仏)이 가호(加護)함. 또는 그 가호. 명가(冥加). divine protection

めい こう[名工](명) 명공. 유명한 직인(職人). 또는 장인(匠人). 훌륭한 직인. a famous craftsman

めい こう[名香](명) 유명한 향. 훌륭한 향. a famous incense

めい ごう[名号](명) ①명칭. ②명성. 명예. 1. a name

めい さい[明細](명·형동ダ) 명세. 정확하고 상세함. 「一書(ショ); 명세서」 minuteness

めい さい[迷彩](명) 미채. 적의 눈을 속이기 위해 건물, 병기(兵器) 등을 위장(偽装)하는 일. camouflage

めい さく[名作](명) 명작. 유명한 작품. 훌륭한 작품. a noted work

めいさつ[名刹](명) 명찰. 유명한 사찰. a noted temple
めいさつ[明察](명) 명찰. ①훌륭한 추찰(推察). ②상대방 추찰의 높임말. 1. penetration
めいさん[名産](명) 명산. 그 지방 특유의 유명한 산물. 명물(名物). a noted product
めいざん[名山](명) 명산. 유명한 산. 경치가 좋은 산. a noted mountain
めいし[名士](명) 명사. 유명한 사람. 훌륭한 사람. a man of note
めいし[名刺](명) 명함. a visiting-card
めいし[名詞](명) 명사. 사물의 이름을 나타내는 품사(品詞). 이름씨. a noun
めいし[明視](명) 명시. 똑똑히 봄. 명확하게 봄. clear vision
めいじ[名辞](명)〈철〉명사. 하나의 개념을 말로써 나타내고 그 명제(命題)를 구성할 수 있는 말. a term
めいじ[明示](명·타サ) 명시. 명확히 표시함. 똑똑히 표시함. clear statement
めいじ[明治](명) 메이지 천황(明治天皇) 시대의 연호. (1868~1912) **—いしん**[明治維新](명)〈역〉1868년 토쿠가와 요시노부(徳川慶喜)가 정권을 조정에 내어 놓음으로써 메이지 정부가 성립되고 많은 개혁이 이루어진 일. 또는 그 시기(時期).
めいじつ[名実](명) 명실. ①이름과 실질(実質). 명성과 실적. ②명판과 실제. 「—ともにそなわる; 명실공히 겸비하다」 name and reality
めいしゃ[目医者·眼医者](명) 안과 의사. an oculist
めいしゃ[鳴謝](명·자サ) 깊이 감사 드림. thank heartily
めいしゅ[名手](명) 명수. 기술이나 수완이 훌륭한 사람. 명인. 「碁(ゴ)の—; 바둑의 명수」 an expert
めいしゅ[名主·明主](명) 명주. 훌륭한 군주. 명군(名君). a noted ruler
めいしゅ[名酒](명) 명주. 유명한 술. 훌륭한 술. superior wine
めいしゅ[明珠](명) ①투명해서 흐림이 없는 보석. 훌륭하게 반짝이는 구슬. ②훌륭한 인물. 1. a transparent gem
めいしゅ[盟主](명) 맹주. 동맹을 맺은 사람들 중의 우두머리. the leader
めいしゅ[銘酒](명) 명주. 특별한 이름을 붙인 술. superior wine
めいしょ[名所](명) 명소. 유명한 관광지. 경치나 고적으로 유명한 곳. 「—旧跡(キュウセキ); 명소 고적」 a noted place. **—あんない**[名所案内](명) 명소 안내. 관광객의 길잡이로 각지의 경치, 내력, 교통을 설명한 책. **—ずえ**[名所図絵](명) 풍경을 주로 하고 거기에 도로나 마을의 내력, 명물(名物) 등의 그림을 곁들여 설명한 책.
めいしょう[名匠](명) 명장. ①유명한 학자. ②유명한 장색(匠色). ③유명한 예술가. 2. a noted artisan
めいしょう[名相](명) 명상. 이름 높은 재상. 훌륭한 재상. a noted premier
めいしょう[名称](명) 명칭. 부르는 이름. 「会(カイ)の—; 회의 명칭」 a name
めいしょう[名将](명) 명장. 유명한 장군. 훌륭한 장군. a noted general
めいしょう[名勝](명) 명승. 경치가 뛰어나게 아름다운 곳. a place of scenic beauty
めいしょう[明匠](명) 명장. ①학문, 기예(技芸)에 뛰어난 사람. ②〈불〉승려(僧侶). 1. a master
めいしょう[明証](명·타サ) 명증. 명확한 증거. 명백하게 증명함. 직증(直証). an evident proof
めいじょう[名状](명·자サ) 상태를 말로 설명함. 「—しがたい; 상태를 말로 표현하기 어렵다」 description
めいじょう[名城](명) 명성. ①유명하고 훌륭한 성. ②나고야성(名古屋城)의 준말. 1. a famous castle
めいじょう[明浄](명) 밝고 맑음. 분명하고 결백함. being clear and pure
めいしょく[明色](명) 밝은 빛깔. a bright colour
めい·じる[命じる](타상 1) ①명령하다. 분부하다. ②이름 짓다. 명명(命名)하다. 1. order
めい·じる[銘じる](타상 1) 마음에 깊이 새기다. 명심(銘心)하다. impress
めいしん[名臣](명) 명신. 유명한 신하. 훌륭한 신하. a noted retainer
めいしん[名神](명) 나고야(名古屋)와 코오베(神戸). 「—高速道路(コウソクドウロ); 나고야, 코오베 간의 고속 도로」
めいしん[迷信](명) 미신. 사람의 마음을 어지럽히는 망년된 신앙. superstition
めいじん[名人](명) 명인. ①기술이 뛰어난 사람. ②〔바둑, 유도 등에서〕가장 뛰어난 사람. 1. a master. **—はだ**[名人肌](명) 기예(技芸)에 뛰어난 사람에게 흔히 있는 보통 사람과는 다른 성질.
めいすう[名数](명) ①수를 붙여서 부르는 명칭. 예: 삼강(三綱), 오경(五経) 등. ②〈수〉명수. 단위의 이름과 수치(数値)를 붙인 수. 예 : 10원, 3개, 5자루 등. 2. a nominal number
めいすう[命数](명) ①목숨. 생명. 「—がつきる; 수명이 다하다」②천명. 운명. 1. one's natural span of life
めい·する[銘する](타サ) 금석(金石)에 새겨 넣다. engrave
めい·する[瞑する](자サ) ①눈을 감다. ②안심하고 죽다. 「もってめいすべし; 그것으로써 (만족하고) 눈을 감아도 좋다」 1. close one's eyes
めい·ずる[命ずる](타サ) ⇨めいじる.
めい·ずる[銘ずる](타サ) ⇨めいじる.
めいせい[名声](명) 명성. 소문. 평판. 「—が高(タカ)い; 명성이 높다」 reputation
めいせき[名跡](명) ①유명한 고적. ②⇨みょうせき. 1. a place of historical interest
めいせき[名籍](명) 명부(名簿). census registration
めいせき[明晰](명·형동ダ) 명석. 흐리지 않고 선명함. 「頭脳(ズノウ)—; 명석한 두뇌」 clearness
めいせつ[名節](명) 명절. 명예와 절조(節操). 「—を重

(オモ)んずる; 명예와 절조를 중히 여기다」 honour and integrity

めいせつ[名説](명) 유명한 설. a noted theory

めいせん[銘仙](명) 꼬지 않은 실로 평직(平織)으로 거칠게 짠 비단. 옷감이나 이불감으로 씀. common silk stuff

めいせんじしょう[名詮自性](연어)〈불〉 ⇨みょうせんじしょう.

めいそう[名僧](명) 명승. 유명한 중. 지식이나 덕이 높은 중. a noted priest

めいそう[迷想](명) 미상. 헷갈린 생각. an fallacy

めいそう[瞑想](명·자サ) 명상. 눈을 감고 깊이 생각함. 묵상. 「一にふける; 명상에 잠기다」 meditation

めいそうしんけい[迷走神経](명)〈생〉 미주 신경. 뇌신경의 하나. 내장, 식도, 기관지, 후두 등의 운동분비(分泌)를 맡아 봄. the pneumogastric nerves

めいぞく[名族](명) 명족. 유명한 가문. 명문(名門). a distinguished family

めいだい[名大](명) 나고야 대학(名古屋大学)의 약칭.

めいだい[明大](명) 메이지 대학(明治大学)의 약칭.

めいだい[命題](명) 명제. ①제목이나 이름을 붙임. ②〈철〉 이론적인 판단을 말로 표현한 것. 2. a proposition

めいだん[明断](명·자サ) 명단. 선악을 명확히 판단함. 명결(明決). clear judgement

めいち[明知·明智](명) 명지. 밝은 지혜. sagacity

めいちゃ[銘茶](명) 특별한 이름을 가진 고급 차(茶). tea of superior quality

めいちゅう[命中](명·자サ) 명중. 빗나가지 않고 바로 맞음. 적중(的中). a hit

めいちゅう[鳴虫](명)〈동〉 가을에 아름다운 소리로 우는 벌레. a singing insect

めいちゅう[螟虫](명)〈동〉 ⇨ずいむし.

めいちょ[名著](명) 명저. 유명한 저서(著書). 훌륭한 저서. a notable work

めいちょう[明徴](명) 명징. 뚜렷하게 증거를 내세움. clear proof

めいちょう[明澄](명·형동ダ) 흐리지 않고 밝음. lucidity

めいてい[酩酊](명·자サ) 명정. 정신을 차리지 못할 정도로 술에 취함. intoxication

めいてつ[明哲](명) 명철. 현명해서 사리에 능통한 것. 또는 그런 사람. 「一保身(ホシン); 명철 보신(사리에 좇아 현명하게 행동함으로써 몸을 보전함)」 sagacity

めいてん[名店](명) 유명한 점포. 「一街(ガイ); 유명한 점포의 거리」 a noted shop

めいてんし[明天子](명) 명천자. 훌륭하고 영리한 천자. a noble Lord

めいど[明度](명) 명도. 밝은 정도. brightness

めいど[冥土·冥途](명)〈불〉 명토. 명도. 죽은 사람의 혼이 간다는 곳. 저승. Hades

メイド[maid](명) 메이드. 하녀. 식모.

めいとう[名刀](명) 명도. 유명한 칼. 훌륭한 칼. a noted sword

めいとう[名答](명) 명답. 훌륭한 답. a clear answer

めいとう[明答](명·자サ) 명답. 똑똑한 답. 확답(確答). a difinite answer

めいとう[銘刀](명) 이름이 새겨진 칼. a sword engraved with the maker's name

めいどう[鳴動](명·자サ) 명동. 소리가 울려 흔들림. rumbling

めいとく[明徳](명) 명덕. 올바르고 분명한 덕행. 타고난 밝은 덕성. high virtue

めいにち[命日](명) 명일. 사람이 죽은 날. 기일(忌日). 「五年(ゴネン)めの一; 5년째의 기일」 the anniversary of a person's death

めいば[名馬](명) 명마. 훌륭한 말. a noted horse

めいはく[明白](명·형동ダ) 명백. 명확하고 의심이 없음. 「一な理由(リユウ); 명백한 이유」 clearness

めいばつ[冥罰](명) 명벌. 신불(神仏)이 내리는 벌. 천벌(天罰). a divine punishment

めいばん[名盤](명) 유명한 레코오드판. a noted record

めいび[明美·明媚](명·형동ダ) 명미. 산천의 경치가 훌륭함. 「風光(フウコウ)一; 풍광 명미」 picturesque

めいひつ[名筆](명) 명필. 유명한 서화(書画). 또는 서화에 뛰어난 사람. a noted painting

めいひん[名品](명) 유명한 물건. a famous thing

めいびん[明敏](명·형동ダ) 명민. 영리하고 생각이 빠름. 재치가 있고 민첩함. 「頭脳(ズノウ)一; 두뇌 명민」 sagacity

めいふ[冥府](명) 명부. ①저승. ②염마청(閻魔庁). 1. Hades 2. Hell

めいふく[冥福](명)〈불〉 명복. 사후(死後)의 행복. 「一をいのる; 명복을 빌다」 happiness in the other world

めいぶつ[名物](명) 명물. ①유명한 물건. ②특산물. 명산(名産). 2. a speciality

めいぶん[名分](명) 명분. ①신분상 지켜야 되는 도리. 「一を尽(ツ)くす; 명분을 다하다」 ②명목. 「一が立(タ)たない; 명목이 서지 않다」 1. moral obligations

めいぶん[名文](명) 명문. 유명한 문장. 훌륭한 문장. ↔悪文(アクブン). a beautiful composition

めいぶん[名聞](명) 명문. 세상의 평판. 소문. 「一を意(イ)に介(カイ)せぬ; 세평(世評)에 개의하지 않다」 reputation

めいぶん[明文](명) 명문. ①〈법〉 정확한 조문(条文). 「一化(カ); 명문화」 ②줄거리가 확실한 문장. 1. an express provision

めいぶん[迷文](명)〈속〉 뜻과 줄거리가 서지 않는 문장. an illogical sentence

めいべん[明弁](명·타サ) 명변. 명백히 말함. 명백한 변설(辯舌). 「理非(リヒ)を一する; 옳고 그름을 명백히 말하다」

めいぼ[名簿](명) 명부. 이름을 적는 장부. a register

めいほう[名宝](명) 유명한 보물. 훌륭한 보물. a rare treasure

めいほう[盟邦](명) 맹방. 동맹을 맺은 나라. an ally

めいぼう[名望](명) 명망. 평판이 좋으며 사람들로부터 존경받는 것. 「一家(カ); 명망가」 good reputation

めいぼう[明眸](명) 명모. 아름다운 눈. 시원한 눈매. bright eyes. **——こうし**[明眸皓歯](연어·명) 명모 호치. 밝고 아름다운 눈과 희고 고운 이. 미인(美人).

めいぼく[名木](명) 유명한 나무. 훌륭하고 이름난 나무. a noted tree

めいみゃく[命脈](명) 명맥. ①생명. ②생명을 이어 나가는 것. 「一を保(タモ)つ; 명맥을 보존하다」 1. life

めいむ[迷夢](명) 미몽. 꿈과 같이 똑똑하지 못하고 흐릿한 생각. delusion

めいむ[迷霧](명) ①방향을 알 수 없을 정도의 짙은 안개. ②마음이 헷갈리는 것. 1. deep fog

めいめい[命名](명·자サ) 명명. 이름을 지음. 「一式(シキ); 명명식」 naming

めいめい[冥冥](명·형동タリ) 명명. ①깜깜한 모양. ②아직 나타나지 않는 모양. 확실하지 않는 모양. ③심원(深遠)함. 또는 그곳. ④자연히 느끼는 모양. 「一のうちに; 알지도 못하는 사이에」 1. dark

めいめい[銘銘](명·부) 제각기. 「一の考(カンガ)え; 제각기의 생각」 each. **——ざら**[銘銘皿](명) 한 사람씩 과자 등을 나누어 담아 내는 접시.

めいめいはくはく[明明白白](형동ダ) 명명 백백. 대단히 확실하여 의심할 여지가 없는 모양. 명백(明白)의 강한 표현. obvious

めいめつ[明滅](명·자サ) 명멸. 밝았다 어두웠다 함. 켜졌다 꺼졌다 함. flickering

めいもう[迷妄](명) 미망. 갈피를 못 잡음. 사리에 어두움. an illusion

めいもく[名目](명) 명목. ①명칭. 이름. ②구실. 이유. 「一が たたない; 명목이 안 서다」 1. an appellation. **——ちんぎん**[名目賃銀](명)〈경〉 명목 임금. 물가에 관계 없이 화폐량으로 나타내는 임금. ↔実質(ジッシツ)賃銀.

めいもく[瞑目](명·자サ) 명목. ①눈을 감음. ②(눈을 감고) 죽음. 1. closing one's eyes

めいもん[名門](명) 명문. 훌륭한 가문. 명가(名家). a famous family

めいやく[名訳](명) 명역. 유명한 번역. 훌륭한 번역. an apt translation

めいやく[名薬](명) 명약. 유명한 약. 효험이 있는 약. a famous medicine

めいやく[盟約](명) 맹약. 굳게 맹세하고 약속함. 「一を結(ムス)ぶ; 맹약을 맺다」 a pledge

めいゆ[明喩](명) 수사법(修辞法)의 한 가지. 두 개의 사물을 직접 비교해서 말하는 것. 직유(直喩). ↔暗喩(アンユ). simile

めいゆう[名優](명) 명우. 유명한 배우. 연기가 훌륭한 배우. a famous actor

めいゆう[盟友](명) 맹우. 굳은 약속을 한 벗. 동지(同志). a comrade

めいよ[名誉](명·형동ダ) 명예. ①세상에서 훌륭하다고 일컬어지는 것. 자랑스러운 평판. 「一棄損(キソン); 명예 훼손」↔不名誉(フメイヨ). ②유명. 저명(著名). 「一の歌(ウタ)よみ; 유명한 가객(歌客)」③존경의 뜻으로 주어지는 칭호. 「一市民(シミン); 명예 시민」 1. glory 2. fame. **——しょく**[名誉職](명) 명예직. 보수 없이 종사하는 공직(公職).

めいり[名利](명) 명리. 명예와 이익. honour and riches

めいりゅう[名流](명) 명류. 유명한 사람들. 명사(名士). 「一婦人(フジン); 여류 명사」 eminent persons

めいりょう[明瞭](명·형동ダ) 명료. 분명함. 명백함. 「簡単(カンタン)一; 간단 명료」 clearness

めい·る[滅入る](자 4) ①기운이 빠지다. 기가 죽다. 우울해지다. ②깊이 패어 들어 가다. 1. feel gloomy

めいれい[命令](명·자サ) 명령. ①분부. ②손아랫사람에게 나타내는 자기 의사. 「一的(テキ); 명령적」 an order. **——けい**[命令形](명) 명령형. 〔문법에서〕 명령의 뜻으로 글의 끝에 붙는 것. 예: 行(ユ)け.

めいろ[目色](명) 눈빛. 눈치. 「一を変(カ)える; 눈빛이 달라지다」 the expression of the eyes

めいろ[迷路](명) ①미로. 한 번 들어 가면 잘 나오지 못하는 길. ②〈생〉 ⇨ないじ. 1. a maze

めいろう[明朗](명·형동ダ) 명랑. 기분이 밝고 쾌활함. bright

めいろん[名論](명) 훌륭한 의론. a sound argument. **——たくせつ**[名論卓説](명) 명론 탁설. 훌륭한 의론과 뛰어난 의견.

めいろん[迷論](명)〈속〉 미론. 무엇인지 알 수 없는 의론. an absurd opinion

めいわく[迷惑](명·자サ·형동ダ) 미혹. ①마음이 어둡고 흐려서 무엇에 홀림. 정신이 헷갈려서 갈팡질팡 헤맴. ②귀찮음. 괴로움. 「一を かける; 괴로움을 끼치다」 2. annoyance

めうえ[目上]一ウへ(명) 자기보다 신분이나 지위, 나이가 높음. 또는 그 사람. 웃사람. ↔目下(メシタ). one's superiors

めうち[目打ち](명) ①송곳. ②뱀장어 등의 껍질을 벗길 때 눈언저리를 송곳으로 찔러 고정시키는 것. ③우표 등을 한 장씩 떼기 쉽게 뚫은 작은 구멍의 선. 1. a bodkin 3. perforations

めうつり[目移り](명·자サ) 다른 것을 보고 마음이 쏠림. distraction

メーカー[maker](명) 메이커. ①제작자(製作者). 「一流(イチリュウ)の一; 일류 메이커」 ②유명한 제조 업자. 「一品(ヒン); 일류 제품」

メーキャップ[make-up](명·자サ) 메이크업. (배우의) 분장(扮装). 화장.

メージャー リーグ[major league](명) 메이저 리이그. 미국의 일류 프로 야구단인 내셔널 리이그와 아메리칸 리이그의 호칭.

メーター[영 metre·미 meter](명) 미터. ①계량기. 「ガスー; 가스 미터」 ②⇨メートル.

メータク(명)〈속〉 미터제로 요금을 계산하는 택시.

メーデー[May Day](명) 메이데이. 노동절.

メード[maid](명) 메이드. (호텔이나 외국인 집의) 하녀(下女).

メード イン ジャパン[made in Japan](연어·명) 메이드

인 재팬. 일본 제품.

メートル[프 metre](명) 미터. ①자동식 계량기.「電気(デンキ)の—; 전기 계량기」②〈속〉도수(度数). 기세(気勢).「—をあげる; 술을 마시고 기세를 올리다」③미터법에 의한 길이의 기본 단위. 기호는 *m*. 약 3자 3치.「—制(セイ); 미터제」 **—グラス**[metre glass](명) 미터글라스. 미터법에 의하여 눈금을 친 유리 그릇. **—げんき**[metre 原器](명) 미터 원기. 1*m*의 길이를 정하기 위해 만들어진 표준 자. **—せい**[metre 制](명) 미터제. ①미터법을 쓰는 제도. ②계기(計器)의 눈금에 따라 요금을 정하는 것. **—ほう**[metre 法](명) 미터법. 길이를 미터, 양을 리터, 무게를 킬로 그램으로 나타내는 도량형법(度量衡法).

メーファーズ[중 没法子](연어) 메이파쯔. 방법이 없다. 어찌할 도리가 없다.

メーン[main](조어) 메인. 주(主). 중요한.「—テーブル; 메인 테이블」 **—エベント**[main event](명) 메인 이벤트. 중요한 시합. 본시합. **—スタンド**[main stand](명) 메인 스탠드. (경기장 등의) 특별 관람석. **—ストリート**[main street](명) 메인 스트리이트. 제일 중요한 도로. 대로(大路). **—ポール**[main pole](명) 메인포올. 〔영화에서〕최초로 나오는 제목 또는 제작 스탭을 보여 주는 자막(字幕). **—マスト**[mainmast](명) 메인마스트. (배의) 제일 높은 돛대.

めおと[夫婦]—ヲト(명) 부부. 남편과 부인. 부처(夫妻). 반려(伴侶). a married couple

メガ—[mega](조어) 메가. 백만(百万)의. **—サイクル**[megacycle](명)〈이〉메가사이클. 백만 사이클. **—トン**[megaton](명) 메가톤. 백만 톤.

めがお[目顔]—ガホ(명) 눈빛. 보는 눈. 표정(表情). a look

めかくし[目隠し](명·자사) ①수건 등으로 눈을 가림. ②밖에서 볼 수 없게 가린 벽이나 담. 1. putting a bandage over one's eyes

めかけ[妾](명) 첩. a concubine

めが·ける[目掛ける](타하 1) 눈독을 들이다. 목표로 하다. aim at

めかご[目籠](명) 물건을 넣는 눈이 성긴 바구니. an open-work bamboo basket

—めかし·い(접미·형형) …같이 보이다.「今(イマ)さら—; 새삼스러워 보이다」「古(フル)—; 낡은 것같이 보이다」 파생 **—げ**(형동ダ) **—さ**(명).

めがしら[目頭](명) 눈시울.「—が熱(アツ)くなる; 눈시울이 뜨거워지다」 the edge of an eyelid

—めか·す(접미·4형) …같이 하다. …답게 보이도록 하다.「都(ミヤコ)—; 큰 도시답게 꾸미다」

めか·す(자 4) 멋을 부리다. 모양을 내다. prink

めかた[目方](명) 무게. 중량. weight

めかど[目角](명) ①눈초리. ②무섭게 보는 눈. 2. sharp eyes

メカニズム[mechanism](명) 메카니즘. ①기계 장치. ②기구(機構). 조직.

めがね[眼鏡](명) ①안경. ②쌍안경. ③판단. 견해.「—にかなう; 웃어른의 눈에 들다」 1. a pair of spectacles. **—ばし**[眼鏡橋](명) 아아치모양의 다리. **—へび**[眼鏡蛇](명)〈동〉⇨コブラ.

メガホン[megaphone](명) 메가폰. 입에 대고 말하는 원추형의 확성 나팔.

めがみ[女神](명) 여신. 여자의 신. a goddess

めきき[目利き](명·타サ) 감정(鑑定)을 잘함. 또는 그 사람. a judge

メキシコ[Mexico](명)〈지〉멕시코우. 북미주(北美洲)의 남부에 있는 공화국. 주산업은 광업. 1821년 스페인에서 독립. 수도는 멕시코우 시티(Mexico City). **—わんりゅう**[Mexico 湾流](명)〈지〉멕시코우 만류. 멕시코우만으로부터 플라리다 해협을 거쳐 안틸 해류와 합류해서 북미 동안(東岸)으로부터 유럽 서안(西岸)으로 흐르는 세계 최대의 난류(暖流).

めきめき(부) ①눈에 띄게. 두드러지게.「—上達(ジョウタツ)する; (솜씨 등이) 눈에 띄게 늘다」②물건이 부서지는 소리. 1. remarkably

めぎれ[目切れ](명) 중량의 부족. lack of weight

—め·く(접미·4형) …처럼 보이다. …것 같다.「春(ハル)—; 봄다와지다」

めくぎ[目釘](명) 칼이 칼집에서 빠지지 않도록 끼우는 못. a rivet of a sword-hilt

めくされ[目腐れ](명) ①눈병으로 눈가가 진무르는 것. 또는 그 사람. ②사람을 욕할 때 쓰는 말. 1. a bleareye. **—がね**[目腐れ金](명) 얼마 안되는 돈. 약소한 돈.

めぐ·し[愛ぐし](형ク)〈고〉사랑스럽다. 귀엽다.

めくじら(명)〈속〉눈초리.「—を立(タ)てる; 눈초리를 곤두세워 남의 흠을 찾아 내다. 남의 조그마한 흠을 몹시 헐뜯다」 the corner of the eye

めぐすり[目薬](명) 안약(眼薬). eye-lotion

めくそ[目屎](명) ⇨めやに.

めくは·す[目交す·眴す](자하 2)〈고〉⇨めくわす.

めくばせ[目配せ](명·자サ) 눈으로 알림. 눈짓. winking

めくばり[目配り](명) (주의하여) 사방을 돌아 봄. 관심을 가지고 돌아 봄. watch

めぐ·む[恵む](타 4) ①자비를 베풀다. ②가엾게 생각하여 물품을 주다. 명 恵み. 1. have mercy on

めぐ·む[芽ぐむ](타 4) ①싹이 트다. ②징조가 보이다. 1. bud

めくら[盲](명) ①장님. ↔目明(メア)き. ②글을 읽지 못함. 또는 그 사람. 문맹. ③사리를 알지 못함. 또는 그 사람. 1. a blind person. **—ごよみ**[盲暦](명) 글을 모르는 사람을 위해 만든 그림 달력. **—さがし**[盲探し](명·타サ) 더듬어서 찾음. **—じま**[盲縞](명) 씨, 날을 모두 감색으로 짠 면포(綿布). **—ばん**[盲判](명) 내용을 잘 보지도 않고 찍는 도장. **—へび**[盲蛇](명)〔장님은 배암이 보이지 않아 겁이 없다는 뜻에서〕사정도 모르고 함부로 날뜀. **—めっぽう**[盲滅法](명·형동ダ) 조금도 짐작 할 수가 없음. 엉터리. 마구잡이.

めぐら·す[巡らす](타 4) ①주위를 둘러 싸다.「かきね

を一; 울타리를 둘러 치다」 ②배려(配慮)하다. (마음을 써서) 생각하다. 「はかりごとを一; 계략을 꾸미다」 2. think out

めくら·む[目眩む](자 4) 현기증이 나다. 어지럽다. 눈이 아찔하다. get giddy

めくり[捲り](명) ①말아 올림. 걷어 올림. ②←捲り札. 1. rolling up. **— ふだ**[捲り札](명) 가루다.

めぐり[巡り](명) ①도는 것. 순회. ②둘레. ③근방. 근처. ④갔다 오는 것. 차례로 돌아 다니는 것. 1. circulation. **— あ·う**[巡り合う]一アフ(자 4) 돌고 돌아서 만나다. 해후(邂逅)하다. **— あわせ**[巡り合わせ]一アハセ(명) 자연히 돌아 오는 운. 운명.

めく·る[捲る](타 4) ⇨まくる.

めぐ·る[巡る](타 4) ①둥글게 움직이다. 돌다. ②(연안을) 따라 가다. ③본자리로 돌아 가다. ④(에워싸고) 따라서 가다. 「山(ヤマ)のすそを川(カワ)が一; 산 밑을 따라 내가 흐르다」 ⑤돌아 다니다. 1. turn round 2. go along the circumference

めくるめ·く[目眩めく](자 4) 눈이 돌다. 어지럽다. 눈이 아찔하다. get giddy

めくわ·す[目交す·眴す](자하 2)〈고〉 눈을 마주 보다. 눈짓하다.

め·げる(자하 1) ①〈방〉 한쪽이 떨어지다. 깨어지다. ② 약해지다. 맥이 빠지다. 「困難(コンナン)にめげず; 곤란을 극복하고」 1. break

めこ[妻子](명) 처자. ①처와 자식. ②처. 아내. 2. one's wife

めこぼし[目溢し](명·타サ) 못본 체함. 묵인(默認). connivance

メコンがわ[Mekong 川]一ガハ(명)〈지〉 메콩강. 인도 지나 최대의 강. 길이 4,200 *km*.

めさき[目先](명) ①눈앞. ②가까운 장래. 「一のこと; 가까운 장래의 일」 ③기지(機智). 눈치. 「一がきく; 눈치가 빠르다」 ④〈경〉〔거래소에서〕 그 당장이나 가까운 장래의 시세의 작은 변화. 1. before one's eyes 2. near future

めざし[目刺し](명) 짚이나 나무로 눈을 꿰어서 말린 정어리. dried sardines

めざ·す[目差す·目指す](타 4) 목표로 하다. 겨누다. aim at

めざ·す[芽差す](자 4) ⇨めぐむ.

めざと·い[目敏い](형) ①보는 눈이 빠르다. 「めざとく見(ミ)つける; 재빨리 발견하다」 ②잠귀가 밝다. 파생 **— さ**(명). 1. quick-eyed

めざまし[目覚まし](명) ①잠을 깸. ②잠을 깨게 하는 것. ③어린이가 아침 잠을 깨었을 때 주는 과자. ④←目覚し時計. 1. awakening. **— どけい**[目覚まし時計](명) 자명종(自鳴鐘).

めざまし·い[目覚ましい](형) 눈부시다. 놀랄 정도로 굉장하다. 「一大活躍(ダイカツヤク); 눈부신 대활약」 명 目ざましさ. remarkable

めざま·す[目覚ます](타 4) ①잠을 깨우다. ②불러 깨우다. 1. awake

めざめ[目覚め](명) 잠을 깸. 또는 그 시간. waking

めざ·める[目覚める](자하 1) ①잠에서 깨다. ②졸음이 없어지다. ③자각(自覚)하다. 1. wake up

めざる[目笊](명) 성기게 결은 대바구니. an open-work bamboo basket

めされる[召される](연어) ①"する(하다)"의 높임말. 하시다. ②"召す(부름)"의 피동형(被動形). 또는 높임말. 부름을 받다. 「神(カミ)に一; 신의 부름을 받다(죽다)」

めざわり[目障り]一ザハリ(명·형동ダ) 보는 데 방해가 됨. 봐서 불쾌하게 느낌. 눈에 거슬림. an eyesore

めし[召](명) 부름. 불러 냄. a call

めし[飯](명)〈속〉 ①밥. ②식사. 「一の食上(クイア)げ; 수입(収入)의 길이 막힘」 2. a meal

めじ(명)〈동〉 ⇨めじまぐろ.

めじ[眼路·目路]一ヂ(명) 눈앞. 시야(視野). 「一の限(カギ)り; 눈으로 볼 수 있는 한」 sight

メシア[헤 Messiah](명)〈종〉 메시아. 구세주(救世主). 〔기독교에서〕 그리스도.

めしあが·る[召し上がる](자 4) "食う(먹다), 飲む(마시다)"의 높임말.

めしあ·げる[召し上げる](타하 1) ①불러 내다. ②빼앗다. 몰수하다. 징수하다. 1. summon

めしい[盲]メシヒ(명) 장님. a blind person

めしうど[召し人](명) ⇨めしゅうど.

めしかか·える[召し抱える]一カカヘル(타하 1) 급료를 주고 부하로 삼다. employ

めしぐ·す[召し具す](타 4)〈고〉 인솔하다. 데리고 가다.

めしじゃくし[飯杓子](명) 밥을 푸는 주걱. 밥주걱. a spatula

めしじょう[召し状](명) 호출장(呼出状). a summons

メジシンボール[medicine ball](명) 메디신 보올. 여러 사람이 줄지어 서서 큰 공을 차례로 뒤로 넘기는 놀이. 또는 그 공.

めした[目下](명) 자기보다 신분이나 지위, 나이가 낮음. 또는 그 사람. 아랫사람. ↔目上(メウエ). one's inferiors

めしたき[飯炊](명) 밥을 지음. 또는 그 사람. the cooking of rice

めしだ·す[召し出す](타 4) ①불러 내다. ②불러 내어 관직이나 녹(禄)을 주다. 1. summon

めしつかい[召し使い]一ツカヒ(명) 하인. 하녀. 머슴. a servant

めしつか·う[召し使う]一ツカフ(타 4) 곁에 두고 부리다. take into one's service

めしつぶ[飯粒](명) 밥알. 밥풀. a boiled rice-grain

めしつ·れる[召し連れる](타하 1) 불러 내어 같이 데리고 가다. be accompanied by

めしと·る[召し捕る](타 4) 죄인을 잡다. 체포(逮捕)하다. arrest

めしびつ[飯櫃](명) 밥을 담는 그릇. 밥통. a boiled-rice container

めしべ[雌蕊](명)〈식〉 암술. ↔雄蕊(オシベ). a pistil

めじまぐろ[めじ鮪](명)〈동〉 다랑어의 새끼.

めしもり[飯盛り](명) 에도(江戸) 시대 여인숙(旅人宿)에서 손님의 시중을 들고 매음도 하던 여자. a maid-servant of an inn
めしや[飯屋](명) 주로 식사를 파는 간단한 음식점. 밥집. a chop-house
メジャ(ー)[measure](명) 메저. ①〔요리에서〕정량(定量). 계량(計量).「一カップ; 계량컵」②금속의 줄자.
めしゅうど[召人]メシウド(명) 수인. 죄수. a prisoner
めしょう[目性](명) 눈의 질(質).「一がよくて老眼鏡(ロウガンキョウ)がいらない; 눈이 좋아서 돋보기가 필요 없다」 a look in one's eyes
めしよ·せる[召し寄せる](타하 1) ①가까이 부르다. ②가지고 오게 하다. 1. call
めじり[目尻](명) 눈초리. the corner of the eye
めじるし[目印](명) 보아서 알기 위한 표지(標識). 표적. a mark
めじろ[目白·眼白](명)〈동〉동박새. 참새와 비슷한데 눈가에 은백색의 고리 무늬가 있음. a white-eye. **—おし**[目白押し](명) ①많은 애들이 서로 밀며 노는 놀이. ②많은 사람들이 1렬로 줄지어 서 있는 것.
めす[雌·牝](명) 동물의 암컷. ↔雄(オス). a female
め·す[召す](타 4) ①불러 들이다. ②가져오게 하다. ③불러 내다. ④"食う(먹다), 飲む(마시다), 着る(입다), 切る(베다)"의 높임말.「オーバーをお召(メ)しください; 외투를 입으십시오」
メス[네 mes](명) 메스. ①서양의 작은 칼. ②〈의〉수술할 때 쓰는 칼.「一を入(イ)れる; 메스로 절개(切開)하다(잘못된 점을 시정하다)」
めず[馬頭](명)〈불〉마두. 지옥에 있다는 마두 인신(馬頭人身)의 옥졸(獄卒). a horse-headed monster
メスメリズム[mesmerism](명)〈심〉메스메리즘. 최면술(催眠術).
めずらか[珍か]メヅラカ(형동ダ) 진기한 모양. 이상한 모양. novel
めずらし·い[珍しい]メヅラシイ(형) ①드물다. 희귀하다. ②보통과 다르다. [파생] **—が·る**(타 4) **—げ**(형동ダ) **—さ**(명). 1. rare
メソジスト きょうかい[Methodist 教会](명)〈종〉메더디스트 교회. 신교(新教)의 한 파. 18세기 초에 영국에서 일어남. 성서의 가르침에 따른 엄격한 종교 생활을 주장함.
メゾソプラノ[이 mezzo soprano](명)〈악〉메조 소프라노. 소프라노와 알토의 중간 음역(中間音域). 또는 그 여가수.
メソ(ッ)ド[method](명) 메토오드. ①방법. ②체계. 질서.
メゾピアノ[이 mezzo piano](명)〈악〉메조 피아노. 조금 약하게 하라는 뜻. 약호는 *mp*.
メゾフォルテ[이 mezzo forte](명)〈악〉메조 포르테. 조금 강하게의 뜻. 약호는 *mf*.
メソポタミア[Mesopotamia](명)〈지〉메소포타미아. 아시아의 남서부에 있는 한 지방. 이집트와 함께 세계 최고(最古)의 문명 발상지(発祥地).

めそめそ(부·자サ) 소리가 작게 우는 모양.「一泣(ナ)く; 훌쩍훌쩍 울다」 sob
メソン[meson](명)〈이〉메손. 중간자(中間子).
めだか[目高](명)〈동〉송사리. 몸 길이 3~4 *cm* 가량의 민물고기. a killifish
めだき[雌滝·女滝](명) 가까이 있는 두 개의 폭포 중 물살이 약하고 폭이 좁은 폭포. ↔雄滝(オダキ).
めだけ[雌竹·女竹](명)〈식〉해장죽(海蔵竹). 높이 6 *m*에 달하며 줄기는 가늘고 마디가 긺. ↔雄竹(オダケ). 〈학명〉Bambusa simoni
めだし[芽出し](명) 싹이 틈. 또는 그 싹. 새싹. budding
メタセコイア[metasequoia](명)〈식〉메타세쿼이어. 중국의 오지(奥地)에 나는 대단히 큰 나무. 화석(化石)으로도 나타남.
めだち[芽立ち](명) 싹이 틈. 동 芽立つ(자 4). buding
めだ·つ[目立つ](자 4) 눈에 띄다. 두드러지다. be conspicuous
めたて[目立て](명) (톱 등의) 날을 세움. setting
メタノール[도 Methanol](명)〈이〉⇨メチルアルコール.
めだま[目玉](명) ①눈. 눈알. 안구(眼球). ②검은자위. ③눈알 비슷한 것. ④꾸지람을 듣는 것.「お一を食(ク)う; 야단을 맞다」 1. an eyeball 4. scolding
メダリスト[medalist](명) 메달리스트. 메달 수상자.
メタル[metal](명) 메탈. ①금속. 금속으로 만든 것. ②메달(medal)의 잘못 쓰이는 말.
メダル[medal](명) 메달. ①상으로 주는 패(牌). ②기념으로 주는 패(牌). ③고전(古銭).
メタン(ガス)[도 Methan(瓦斯)](명)〈이〉메탄 가스. 무색, 무취(無臭)의 타기 쉬운 가스. 연료로 씀.
メチ(명) ⇨メッチェン.
メチエー[프 métier](명) 메티에. (조각, 그림 등의) 기교(技巧). 기술.
メチオニン[도 Methionin](명)〈의〉메티오닌. 유황을 함유하는 아미노산의 한 가지. 간장(肝臓)의 작용을 돕는 물질.
めちがい[目違い]ーチガヒ(명) 잘못 봄. misperception
めちゃ[滅茶·目茶](명·형동ダ)〈속〉①이치에 맞지 않음. 도리에 벗어남. ②도가 지나침. 1. unreasonableness
めちゃくちゃ[滅茶苦茶](형동ダ)〈속〉뒤죽박죽인 모양. 엉망진창. absurd
めちゃめちゃ[滅茶滅茶](형동ダ)〈속〉⇨めちゃくちゃ.
めちょう[雌蝶](명) ①암나비. ↔雄蝶(オチョウ). ②홍백(紅白)의 종이를 암나비 모양으로 접은 것. 혼인식 때 술을 따르는 자루가 긴 국자의 자루에 장식품으로 닮.
メチル[도 Methyl](명) ←メチルアルコール. **—アルコール**[도 Methyl-alkohol](명)〈이〉메틸알코홀. 목재를 건류(乾溜)할 때 생기는 액체. 도료(塗料), 유지(油脂)의 용제(溶剤)로 씀.
メチルき[methyl 基](명)〈이〉메틸기. 알카리기(基)의 한 가지. 탄화 수소(CH_3)가 되는 1가(価)의 기(基).
めつ[滅](명) 멸. ①전기 스위치의 기호. 전등이 꺼지는 것을 표시함. ②망함. 멸망. 1. off

メッカ[Mecca](명) 메카. ①〈지〉 사우디 아라비아의 수도. 마호멧이 태어난, 회교도가 특히 신성시하는 곳. ②어떤 사물이 처음 생긴 곳. ③동경(憧憬)하는 땅.

めっかち(명) 한쪽 눈이 안 보이는 것. 또는 그 사람. 애꾸눈. a one-eyed person

めっき[鍍金·滅金](명·자타サ) 도금. ①금, 은, 크롬, 니켈 등을 다른 금속 표면에 입히는 것. 「金(キン)ー; 금 도금」 ②〈속〉 속알맹이는 좋지 못하고 겉만을 장식한 것. 「ーがはげる; 칠한 곳이 벗겨짐. 빈약한 속이 드러남」 1. plating

めつき[目付き](명) 사물을 보고 있을 때의 눈의 모양. 눈의 표정. a look in one's eyes

めつぎ[芽接ぎ](명) 새싹을 잘라 접본(接本)이 될 가지의 껍질을 벗기고 그 곳에 접붙이는 접목법(接木法). bud-grafting

めっきゃく[滅却](명·자타サ) 없애 버림. 멸망함. 「心頭(シントウ)をーすれば火(ヒ)もまた涼(スズ)し; 무념무상(無念無想)의 경지에 이르면 불이라도 시원하게 느껴지다」 extinction

めっきり(부) 현저하게. 뚜렷이. 눈에 띄게. remarkably

めっきん[滅菌](명·자サ)〈의〉 멸균. 약이나 강한 열로 균을 죽여 없앰. 살균. sterilization

めつけ[目付け](명) 위법(違法), 부정을 감시하는 무가(武家)의 직명. 「ー役(ヤク); 감시역」 a superintendent. **ーもの**[目付け物](명)〈속〉 헐값으로 수중에 넣은 좋은 물건. 「find

めっ·ける[目っける](타하 1)〈방〉 찾아 내다. 발견하다 ⤴

めつご[滅後](명)〈불〉 멸후. 입멸(入滅)한 후. 입적(入寂)한 후. 죽은 뒤. after death

めつざい[滅罪](명) 멸죄. 선을 행하거나 참회해서 죄를 없애는 것. 속죄(贖罪). 「懺悔(ザンゲ)ー; 참회 속죄」 atonement for sins

めっしつ[滅失](명·자サ) 망하여 없어짐. destruction

メッシュ[mesh](명) 메시. ①그물. ②그물 모양으로 짠 것. 그물코의 크기를 나타내는 수(数). 메시의 수가 많을수록 작음.

めつじん[滅尽](명·자타サ) 멸진. 완전히 멸망함(됨). 전멸. total destruction

めっ·する[滅する] Ⅰ(자サ) ①망하다. ②없어지다. Ⅱ(타サ) ①멸망시키다. ②없애다. Ⅰ 1. perish

メッセージ[message](명) 메시지. ①전언(伝言). ②교서(教書). ③성명. 성명서.

メッセンジャー[messenger](명) 메센저. ①사자(使者). ②배달인. 「ーボーイ; 메센저 보이」

めっそう[滅相] Ⅰ(명)〈불〉 멸상. 업(業)이 다하고 명(命)이 끝나서 몸과 마음이 모두 없어짐. Ⅱ(형동ダ) 당치도 않은 모양. 「ーなこと; 당치도 않은 일」 Ⅰ extinction of one's life Ⅱ unreasonable. **ーもない**[滅相もない](연어) 터무니 없다. 당치도 않다.

めった[滅多](형동ダ) 분별 없는 모양. 마구 하는 모양. 「ーなことをいうものではない; 분별없는 말을 하는 게 아니다」 thoughtless. **ーに**[滅多に](부) ① 좀처럼. 「ーに来(コ)ない; 좀처럼 오지 않는다」 ② 쉽사리. **ーやたら**[滅多矢鱈](형동ダ) 엉망진창인 모양. 뒤죽박죽인 모양.

メッチェン[도 Mädchen](명) 메에트헨. 소녀.

めつぶし[目潰し](명) (재나 모래를 던져 상대의) 눈을 못 뜨게 하는 것. 또는 그 모래나 재. 「ーの砂(スナ); 눈을 못 뜨게 던지는 모래」 throwing ashes in another's eyes to blind him

めつぼう[滅亡](명·자サ) 멸망. 망하여 없어짐. downfall

めっぽう[滅法] Ⅰ(형동ダ)〈속〉 엉뚱한 모양. 굉장한 모양. 「ーな寒(サム)さだ; 굉장한 추위다」 Ⅱ(부) 대단히. 「ー強(ツヨ)い; 대단히 강하다」 Ⅰ awful Ⅱ awfully. **ーかい**[滅法界](부)〈속〉 엉뚱하게. 대단히.

めつもん(にち)[滅門(日)](명) 음양도에서 만사에 흉하다는 말.

めつれつ[滅裂](명·형동ダ) 멸렬. 본래의 형태를 잃음. 짜임새가 아주 무너짐. 「支離(シリ)ー; 지리 멸렬」 disruption

めて[馬手](명) 말고삐를 잡는 손. 오른손. ↔弓手(ユンデ). the right hand

メディナ[Medina](명)〈지〉 메디나. 사우디 아리바아 중서부에 있는 도시. 회교도(回教徒)의 성지(聖地).

めでた·い[目出度い·芽出度い](형) ①축하할 만하다. 경사스럽다. 「ー新年(シンネン); 경사스런 새해」 ②속기 쉽다. 사람이 좋다. 「おー人(ヒト); 호인이어서 남에게 속기 쉬운 사람」 ③훌륭하다. 파생 **ーがる**(자 4) **ーさ**(명). 1. auspicious

めでたくなる[目出度くなる](연어·4)〈속〉 죽다. 「おー; 돌아가다」 died

めでた·し(형ク) ①사랑스럽다. ②아름답다. 훌륭하다. ③경사스럽다. 2. beautiful

め·でる[愛でる](타하 1) ①귀여워하다. ②아름다움을 칭찬하다. 「月(ツキ)をー; 달을 찬양하다」 1. love

めど(명) 바늘귀. an eye

めど[目処](명) 목표로 하는 곳. 겨냥. 목표. 「完成(カンセイ)のーがつく; 완성할 겨냥이 서다」 an aim

めどう[馬道](명)〈고〉 건물과 건물 사이에 두꺼운 널빤지를 가로 놓은 통로. 긴 복도.

めどおし[目通し]ードホシ(명) 한 번 훑어 보는 것. 「おーを願(ネガ)う; 처음부터 끝까지 한번 죽 훑어 보아 주기를 바라다」 looking over

めどおり[目通り]ードホリ(명) ①눈앞. ②눈의 높이. ③높은 사람을 만나는 일. 「おーする; 웃사람을 만나 뵙다」 1. before one's eyes 2. the height of one's eyes

めとど·む[目止む](자하 2)〈고〉 눈여겨 보다. 주목하다.

めとま·る[目止まる](자 4)〈고〉 눈에 띄다.

めと·る[娶る](타 4) 아내로 맞이하다. marry

メドレー[medley](명) 메들리. ①〈악〉 유명한 부분만을 모은 곡. 혼성곡(混成曲). ②←メドレーリレー. **ーリレー**[medley relay](명) 메들리릴레이. 각 사람이 뛰거나 헤엄치는 거리가 다른 릴레이.

メトロ[프 metro](명) 메트로. 파리의 지하 철도.

メトロノーム[도 Metronom](명)〈악〉 메트로놈. 음악의

박자를 시험하는 기계. 박절기(拍節器).

〔メトロノーム〕

メトロポリス[metropolis](명) 메트로폴리스. ①수도(首都). ②대도회(大都会). ③중심지.

めなみ[女波](명) 낮고 약한 파도. ↔男波(オナミ). a back-wash

メナムがわ[Menam 川](명)〈지〉 메남강. 타일랜드의 중앙을 흐르는 강.

めな·れる[目慣れる](자하 1) 눈에 익다. be familiar

メニュー[menu](명) 메뉴. 요리의 종류를 적은 표.

メヌエット[이 menuetto]〈악〉(명) 메누엣. 3박자의 옛 프랑스 무용곡(舞踊曲).

めぬき[目抜き](명) 제일 눈에 잘 띄는 곳. 중심가. 번화한 곳.「—通(ドオ)り; 번화가」 principal

めぬき[目貫き](명) 칼이 칼집에서 빠지지 않도록 박은 못에 붙이는 쇠붙이. an ornamental piece on a sword-hilt

めぬり[目塗り](명) ①이은 곳을 바르는 것. ②곳간이나 창고의 출입문을 발라서 막는 것. 1. sealing

めねじ[雌捻子]—ネヂ(명) 암나사. ↔雄捻子(オネジ). a female screw

めのう[瑪瑙](명)〈광〉 마노. 석영(石英)의 한 가지. 홍, 녹, 백 등 빛깔이 아름다운 보석. agate

めのおんな[妻女](명)〈고〉 처. 아내.

めのこ[女子](명)〈고〉 ①여자. ②계집 아이.

めのこ(ざん)[目の子(算)](명) ①눈으로 보고 하는 계산. ②암산. 개산(概算). 1. measuring with one's eye

めのした[目の下](명) (물고기 등의) 눈에서 꼬리까지의 길이.「—八寸(ハッスン); 눈에서 꼬리까지 여덟 치짜리 고기」 length from eye to tail

めのたま[目の玉](명) 눈알.「—の黒(クロ)いうち; 눈알이 검은 동안 (살아 있는 동안)」 an eyeball

めのと[傅](명)〈고〉 ⇨もりやく.

めのと[乳母](명) 유모. 젖어머니. a nurse

めのまえ[目の前](명) 눈앞. 바로 앞. 아주 가까운 곳. before one's eyes

めのわらわ[女の童]—ワラハ(명)〈고〉 ①여아(女児). 계집아이. ②나이 어린 하녀.

めばえ[芽生え](명) ①싹이 틈. ②움틈. ③사물의 시작. 1. budding

めば·える[芽生える](자하 1) 움트다. 싹트다. sprout

めはし[目端](명) 눈치. 재치(才致). 기지(機智).「—がきく; 눈치가 빠르다」 quick wit

めばたき[瞬](명) ⇨まばたき.

めはちぶ(ん)[目八分](명) ①눈 높이보다 조금 낮추어 드는 것. ②⇨はちぶんめ. 1. a little below one's eyes

めはな[目鼻](명) ①눈과 코. ②얼굴의 생김새. ③사전의 윤곽.「—がつく; 윤곽이 잡히다」 1. the eyes and the nose. **—だち**[目鼻立ち](명) 눈, 코의 모양. 얼굴의 생김새.

めばな[雌花](명)〈식〉 암꽃. 암꽃술만 있는 꽃. ↔雄花(オバナ). a female flower

めばや·い[目速い·目早い](형) ⇨めざとい.

めばり[目張り·目貼り](명·자サ) 틈에 종이를 바르는 것. sealing up with paper

めひきそでひき[目引き袖引き](연어·부) (말을 하지 않고) 눈짓을 하거나 소매를 당기는 일.「—かげ口(グチ)をいう; 눈짓이나 소매를 채서 흉을 보다」

メフィスト(フェレス)[도 Mephistopheles](명) 메피스토펠레스. 괴에테의 파우스트에 나오는 유명한 악마.

めぶ·く[芽吹く](자 4) (초목의) 눈이 트다. 싹이 트다. 명 芽吹き. bud

めぶんりょう[目分量](명) 눈어림한 분량. eye-measurement

めべり[目減り](명·자サ) ①새거나 증발하여 분량이 줆. ②저울에 달았을 때 처음보다 분량이 줆. 1. loss in weight

めぼし[目星](명) ①목표. 짐작.「—をつける; 목표로 삼다」②각막 백반(角膜白斑). 1. an objective

めぼし·い(형) 뛰어나다. 특별히 눈에 띄다.「—雑誌(ザッシ); 눈에 띄게 훌륭한 잡지」 outstanding

めまい[眩暈]—マヒ(명·자サ) 현훈. 정신이 아찔아찔하고 어지러움. 현기증. giddiness

めまぐるし·い[目まぐるしい](형) 어지럽다. 눈이 아찔하다. 눈이 도는 것 같다. 명 目まぐるしさ. dizzy

めまぜ[目交ぜ](명·자サ) ①눈짓. ②눈을 깜박임. 1. a wink

めまつ[雌松](명)〈식〉 ⇨あかまつ.

めみえ[目見え](명) ①"会う(만나다)"의 높임말. ②고용인이 주인과 처음으로 면접하는 일.

めめし·い[女女しい](형) 계집애 같다. 연약하다. 결단력이 없다. 파생 **—さ**(명). effeminate

メモ[memo](명) 메모. 메모랜덤의 준말.

めもあてられない[目も当てられない](연어) 바로 볼 수가 없을 정도로 비참하다. miserable

めもあやに[目もあやに](연어·부) 아름다와서 눈이 번쩍 뜨일 정도로.「—着(キ)かざる; 눈이 부실 정도로 화려하게 차려 입다」 splendid

めもくれない[目も呉れない](연어). 거들떠 보지도 않다. 문제 삼지 않다. no difference

めもと[目許](명) ①눈언저리. ②눈매. 1. the eyes

メモランダム[memorandum](명) 메모랜덤. 비망록(備忘録). 각서. 적요(摘要).

めもり[目盛り](명) ①눈어림으로 담음. ②길이, 무게, 부피 등의 눈금. 1. making heaps by guess-work

メモリーブック[memory book](명) 메모리 북. 기념첩. 견문록(見聞録).

めも·る[目盛る](타 4) 자 등에 눈금을 긋다. graduate

メモワール[프 mémoire](명) 메모아르. 회상록(回想録). 견문록(見聞録).

めやす[目安](명) ①조목별로 쓴 문서. ②조목별로 쓴 소장(訴状). ③겨냥. 가늠. 2. an itemized document

めやす·し[目安し](형ク)〈고〉 보기 좋다. 본 느낌이 좋다. 비난할 데가 없다.

めやに[目脂](명) 눈곱. discharge from the eyes

メラニン[melanin](명) 멜라닌. 동물의 몸 거죽에 있는 흑색 또는 흑갈색의 색소(色素). 알칼리에 녹음.

メラネシア[Melanesia](명)〈지〉 멜라네시아. 오스트레일리아 북동방에 있는 태평양상의 열도(列島). 파푸아족, 멜라네시아족의 거주 지역.

メラミン[melamine](명)〈이〉 멜라민. 석회 질소를 원료로 하는 합성 물질. 합성 수지(合成樹脂)의 원료. 자동차의 도료(塗料)로 씀. 「一樹脂(ジュシ); 멜라민 수지」

めらめら(부) 활활 타는 모양. flamingly

メランコリー[melancholy](명) 멜랑콜리. ①우울. 침울. ②아주 깊은 생각.

め·り(조동·특수형)〈고〉 ①추측의 뜻을 나타내는 말. …로 보이다. …같다. 「夜(ヨ)も明(ア)く一; 밤도 밝은 것 같다(날이 새었나 보다)」 ②확실한 것을 고의로 희미하게 하는 말. 「竜田川(タツタガワ) もみじ乱(ミダ)れて流(ナガ)る一; 타쯔타강에는 단풍잎이 흩어져 흐르겠지」

メリー クリスマス[Merry X'mas·Merry Christmas](연어·감) 메리 크리스마스. 즐거운 성탄절. 크리스마스를 축하합니다.

メリー ゴーラ(ウ)ンド[merry-go-round](명) 메리고우라운드. 아이들을 태우는 회전 목마(回転木馬).

メリケン[米利堅](명)〔아메리칸(American)의 변화〕 ①아메리카의 것. 「一松(マツ); 미송」 ②외국제. 「一針(バリ); 외국제 바늘」 ③권투의 주먹. 또는 주먹으로 치는 일. **――こ**[米利堅粉](명) 밀가루.

めりこ·む[減り込む](자 4) 움푹 패어 들어 가다. 함몰(陥没)하다. sink

めりはり[減り張り](명)〈속〉 ①소리나 음의 가락의 고저(高低).

メリヤス[스 medias·莫大小](명) 메리야스. 면사나 모사로 신축성 있게 짠 직물.

メリンス[스 merinos](명) 메린스. 얇고 부드러운 모직물. 모슬린.

メルシ(ー)[프 merci](감) 메르시. 고맙습니다.

メルトン[melton](명) 멜턴. 나사(羅紗)의 한 가지. 실을 평직 또는 사문직(斜紋織)으로 짠 것. 전면(全面)에 털이 나와 있음.

メルヘン[도 Märchen](명) 메르헨. 옛날 이야기. 동화(童話).

メルボルン[Melbourne](명)〈지〉 멜버른. 오스트레일리아 동남부의 도시. 시드니에 다음 가는 제 2의 도시로 대무역항.

めろう[女郎](명) ①계집 아이. 소녀. ②〈속〉 여자를 욕하는 말. 년. ↔野郎(ヤロウ). 1. a girl

メロディー[melody](명) 멜로디. 선율(旋律). 가락.

メロドラマ[melodrama](명) 멜로드라마. 통속적인 변화가 많은 극. 통속극(通俗劇).

メロン[melon](명)〈식〉 멜론. ①박과에 속하는 만성(蔓性) 식물. 잎은 참외와 같으며 과실은 타원형 또는 구형. 과피(果皮)에는 그물 모양의 무늬가 있으며 과실은 식용함. ②서양 참외. 스위이트 멜론.

―めん[面](접미) ①편평한 물건을 세는 말. 「鏡(カガミ)一(イチ)一; 거울 한 개」 ②문면(文面). 「証書(ショウショ)一; 증서 문면」 ③방면. 「法律(ホウリツ)一; 법률 방면」

―メン[men](조어) 멘. 맨(man)의 복수(複数). 「ジャズ一; 재즈멘」

めん[雌ん](명)〈속〉 암컷. 암. 「一どり; 암탉」 ↔雄(オ)ん. a female

めん[免](명) 면관(免官). 면직. 「懲戒(チョウカイ)一; 징계 면직」 dismissal

めん[面](명) ①〈속〉 얼굴. ②가면(仮面). ③〔검도에서〕 얼굴을 가리는것. 면. ④〔검도에서〕 면을 치는 일. ⑤평면(平面). ⑥신문의 면. 「経済(ケイザイ)一; 경제면」 ⑦방면. ⑧모서리. 「一を取(ト)る; 목재나 나무 기구(器具)의 모서리를 깎다」 1. a face 3. a face-guard

めん[綿](명) ①면사(綿糸). ②면직물. 1. cotton yarn

めん[麵·麪](명) 가락 국수, 메밀 국수 등의 면류. 「チャーシュー一; 짜장면」 noodles

めんえき[免役](명) 면역. ①병역(兵役)을 면제함. ②징역(懲役)을 면제함. 1. exemption from military service

めんえき[免疫](명·타サ)〈의〉 면역. 병균이나 독소에 대항하는 성질이 생겨 발병하지 않게 되는 것. 「一性(セイ); 면역성」 immunity. **――げん**[免疫元](명)〈의〉 면역원. 생체(生体)내에 침입하여 항체(抗体)를 형성케 하는 단백성 물질. 항원(抗元). **――たい**[免疫体](명)〈의〉 면역체. 면역이 된 몸. 항체(抗体).

めんおりもの[綿織物](명) 면직물. 면사(綿糸)로 짠 직물. cotton fabrics

めんか[綿花·棉花](명) 면화. 면사(綿糸)나 면직물의 원료. 목화(木花). raw cotton

めんか[綿価](명) 솜 값. the price of cotton

めんかい[面会](명·자サ) 면회. 사람과 만남. 면접. 「一日(ビ); 면회일」 an interview

めんがた[面形](명) ①탈. 가면(仮面). ②탈 모양으로 만든 토기(土器)의 장난감.

めんかやく[綿火薬](명)〈이〉 면화약. 면 섬유를 초산과 황산과의 혼합액으로 처리해서 만든 화약. gun-cotton

めんかん[免官](명·타サ) 면관. 관직을 그만두게 함. 면직(免職). dismissal from office

めんきつ[面詰](명·타サ) 맞대 놓고 힐난함. 면책(面責). personal reproof

めんきょ[免許](명·타サ) 면허. ①정부, 관청에서 허가함. [一証(ショウ); 면허증」 ②스승이 제자에게 깊은 뜻을 전함. 1. licence. **――かいでん**[免許皆伝](연어·명) 깊은 뜻(비결)을 충분히 전수(伝授)하는 것. 「一の腕前(ウデマエ); 깊은 뜻(비결)을 모두 전수받은 솜씨」

めんくい[面食い]―クヒ(명)〈속〉 얼굴이 고운 사람만 좋아하는 사람. a person who prefers good looks

めんくら·う[面喰らう](자 4) ①현기(眩気)를 느끼다. 어지럽다. ②(뜻밖의 일에 어쩔 줄을 몰라) 당황하다. 1. feel giddy

めんこ[面子](명) 두꺼운 마분지 등을 둥글게 벤 어린이 장난감. 딱지. a pasteboard dump

めんご[面晤](명·자サ) 면오. 대면해서 이야기함. 면

담(面談). an interview
めんこうふはい[面向不背](명) 앞뒤가 모두 훌륭하여 표리(表裏)가 없는 모양. immaculateness
めんざい[免罪](명) 면죄. 죄를 용서하는 것. 사면(赦免). 「一符(フ); 면죄부」 acquittal
めんざんし[綿撒糸](명)〈의〉 면포의 실을 풀어 약물을 적신 것. 외과의(外科医)가 상처에 심으로 박거나 붙이는데 씀. pledget
めんし[綿糸](명) 면사. 무명실. cotton yarn. **一ぼうせき**[綿糸紡績](명) 면사 방적. 면섬유로 실을 만드는 일.
メンシェビキ[러 Mensheviki](명) 멘셰비키. 러시아의 사회 민주 노동당의 소수 온건파. 레닌의 과격 다수파와 대립해서 압도되었음. ↔ボルシェビキ.
めんしき[面識](명) 면식. 아는 사이. 안면(顔面). 「一がある; 면식이 있다」 acquaintance
めんじつゆ[綿実油](명) 면실유. 목화씨로 짠 기름. cotton seed oil
めんしゅう[免囚](명) 형이 끝나 용서 받은 죄수. 석방된 수인(囚人). a discharged prisoner
めんじゅう[面従](명·자サ) 면종. 사람의 앞에서만 복종함. 겉으로만 복종함. outward obedience
めんじょ[免除](명·타サ) 면제. 책임이나 의무를 지우지 않음. 「授業料(ジュギョウリョウ)の一; 수업료 면제」 immunity
めんじょう[免状](명) ①면허장. ②졸업 증서. 2. a diploma
めんじょう[面上](명) 면상. 얼굴. 얼굴 위. 「一に喜色(キショク)をただよわす; 얼굴에 기쁜 빛을 띠다」 a face
めんしょく[免職](명·타サ) 면직. 직을 그만두게 함. dismissal from office
めんしょく[面色](명) 안색(顔色). 얼굴빛. complexion
めん·じる[免じる](타상 1) ⇨めんずる.
メンス[라 menses](명)〈생〉 멘스. 월경(月経).
めん·する[面する](자サ) 향하다. 향하게 하다. 「東(ヒガシ)に一座敷(ザシキ); 동향 방」 face
めん·ずる[免ずる](타サ) ①면제하다. 「税(ゼイ)を一; 세금을 면제하다」 ②관직에서 해임시키다. 면직시키다. 2. dismiss
めんぜい[免税](명·자サ)〈법〉 면세. 세금을 면제함. exemption from taxation. **一こうぎょう**[免税興行](명) 면세 흥행. 면세로 허가한 흥행. **一てん**[免税点](명)〈법〉 면세점. 면세를 행하는 한계.
めんせいひん[綿製品](명) ⇨めんおりもの.
めんせき[面責](명·타サ) 면책. 맞대놓고 책망함. personal reproof
めんせき[面積](명) 면적. ①평면 또는 구면(球面) 위의 한정된 부분의 넓이. ②땅의 넓이. 1. area
めんせつ[面接](명·자サ) 면접. 대면. 면회. 만남. 「一試験(シケン); 면접 시험」 an interview
めんぜん[面前](명) 면전. 서로 보는 앞. 대면한 앞. 눈앞. in the presence of

めんそ[免租](명) 면조. 조세(租税)의 일부 또는 전부를 면제하는 일. 「一地帯(チタイ); 조세 면제 지대」 exemption from taxation
めんそ[免訴](명)〈법〉 면소. 형사 피고인에게 불기소의 결정을 내리는 일. acquittal
めんそう[面相](명) 면상. 얼굴 모습. 얼굴 생김. 인상. 용모. a countenance
めんたい[明太魚](명)〈동〉 ⇨すけそうだら.
メンタルテスト[mental test](명) 멘탈 테스트. 개인의 지능, 성격 등을 알기 위해 하는 간단한 검사. 지능 검사.
めんだん[面談](명·자サ) 면담. 만나서 이야기함. ⤴an interview
メンチ(명)〔민스(mince)의 변화〕 기계로 잘게 다진 쇠고기나 돼지 고기. 「一カツ; 고기를 다져 만든 카틀렛」 **一ボール**(명) 민스보올. 잘게 다진 고기와 파, 빵가루를 섞어 동그랗게 하여 기름으로 튀긴 음식.
めんちゅう[面中](명) 얼굴의 한복판. 얼굴. ⤴all over the face
めんちゅつ[免黜](명) 면출. 관직을 내리거나 그만두게 함.
めんちょう[面疔](명)〈의〉 면정. 얼굴에 생기는 악성 종기. 면종(面腫). a carbuncle on the face
メンツ[중 面子](명) 체면. 면목. 명예. 「一を立(タ)てる; 체면을 세우다」 honour
めんつう[面桶](명) 한 사람 분씩의 밥을 담는 나무로 만든 밥그릇. a rice-bowl
めんてい[面体](명) 얼굴의 생김새. 얼굴 모양. features
メンデリズム[Mendelism](명)〈생〉 멘델리즘. 1865년에 발표한 멘델의 유전 법칙.
メンデルのほうそく[Mendel の法則](연어·명) 멘델의 법칙. 멘델이 1865년에 발표한 세 가지의 유전 법칙. 독립의 법칙, 우열의 법칙, 분리의 법칙이 있음.
めんどう[面倒](명·형동ダ) ①귀찮음. 손이 많이 감. 「一がる; 귀찮게 여기다」 ②보살핌. 「一をみる; 보살펴 주다」 1. troublesome. **一くさ·い**[面倒臭い](형) 아주 귀찮다.
メントール[도 Menthol](명) 멘토올. 박하뇌(薄荷脳).
めんとむかって[面と向かって](연어·부) 서로 얼굴을 맞대고. 정면으로 마주 보고. face to face
めんどり[雌ん鳥](명) ①날짐승의 암컷. ②암탉. ↔雄(オ)ん鳥. 1. a female bird
めんば[面罵](명·타サ) 눈앞에 있는 상대방을 심히 꾸짖는 것. abusing a person to his face
メンバー[member](명) 멤버. 단체를 구성하는 한 사람. 회원(会員). 「構成(コウセイ)一; 구성 멤버」
めんぱい[面背](명) 앞과 뒤. 안과 겉. before and behind
めんぴ[面皮](명) ①얼굴 가죽. ②체면. 면목. 「鉄(テツ)一; 철면피」 1. the skin of a face
メンヒル[menhir](명) 멘히르. 기둥 같은 돌을 땅에 세운 선사 시대(先史時代)의 유적. 선돌 입석(立石).
めんぶ[面部](명) 얼굴 부분. 면상. the face
めんぷ[綿布](명) 면포. 무명. cotton cloth

メンフィス[Memphis](명)〈지〉멤피스. 기원전 30~20세기경 이집트의 수도.
めんぷく[綿服](명) 무명 옷. cotton clothes
めんぺき[面壁](명) 면벽. 벽을 향해 앉아서 좌선(坐禪)하는 일. 「達磨(ダルマ)の一九年(クネン); 달마 대사의 면벽 9년」 meditation facing the wall
めんぼう[面貌](명) 면모. 용모(容貌). 얼굴의 모양. a countenance
めんぼう[綿紡](명) 면방. 면사 방적(綿糸紡績)의 준말.
めんぼう[綿棒](명)〈의〉면봉. 귀나 코 속에 약을 바를 때 쓰는 가느다란 막대 끝에 솜을 감은 것.
めんぼう[麵棒](명) 칼국수를 만들 때 늘어나게 미는 막대기. 밀방망이. a rolling-pin
めんぼお[面頰]一ボホ(명) ①투구에 달린 얼굴을 가리는 무구(武具). ③〔검도에서〕면(面). 2. a face-guard
めんぼく[面目](명) 면목. ①용모. 인상. ②자랑. 명예. 「一を保(タモ)つ; 면목을 유지하다」③체면. 「一にかかわる; 체면에 관계되다」2. honour. **—しだい**[面目次第](명) "めんぼく"의 정중한 말. 「一がありません; 면목이 없읍니다」. **—だま**[面目玉](명)〈속〉면목. 체면. 「一をつぶす; 체면이 납작해지다」 **—な·い**[面目無い](형) 체면이 안 서다. 볼 낯이 없다.
めんみつ[綿密](명·형동ダ) 면밀. 섬세함. 빈틈이 없음. 「一な計画(ケイカク); 면밀한 계획」 minuteness
めんめん[面面](명) 각각. 제각기. 「チームの一; 티임의 한 사람 한 사람」 everyone
めんめん[綿綿](형동タルト). 면면. 이어 끊임이 없는 모양. 「一として尽(ツ)きない; 면면히 끊이지 않다」 continuous
めんもく[面目](명) ①⇨めんぼく. ②면목. 모양. 상태. 「一をいっしんする; 면목을 일신하다」2. appearance
めんよう[面容](명) 얼굴의 모양. 용모. features
めんよう[綿羊·緬羊](명)〈동〉면양. 소과에 속하는 가축. 털은 모직물의 원료로 씀. a sheep
めんよう[面妖](형동ダ) 면요. 이상야릇하다. 기괴하다. 「はて, 一な; 글쎄, 이상한데」 strange
めんるい[麵類](명) 면류. 국수 종류. noodles
めんわ[面話](명) 만나서 이야기함. 면담(面談). an interview

も[面](명) 면. 표면. 「水(ミズ)の一; 수면」 the surface
も[喪](명) 상. 상가(喪家)에서 근친(近親)이 정한 날짜 동안 밖에 나가지 않고 집에 있는 일. 「一に服(フク)する; 상을 입다」 mourning
も[裳](명) ①⇨はかま. ②치마. ③옛날 여자의 정장(正裝)에서 치마 뒷자락에 붙인 천. 2. a skirt
も[藻](명)〈식〉물속에 사는 민꽃식물(隱花植物)의 총칭. 말. duckweed
も Ⅰ(수조) ①그것이 다른 것과 같음을 나타내는 말. 「私(ワタクシ)一ほしい; 나도 갖고 싶다」②같은 상태, 조건의 것을 늘어 놓을 때 쓰는 말. 「あれ一これ一; 저것도 이것도」③(의문의 말과 더불어) 모두의 뜻을 나타내는 말. 「だれ一知(シ)らない; 아무도 모른다」④…라도. …조차도. 「さる一木(キ)から落(オ)ちる; 원숭이도 나무에서 떨어진다」⑤가벼운 감동, 강조를 나타내는 말. …까지. …만큼. …이나. 「五尺(ゴシャク)一つもった; 다섯 자나 쌓였다」⑥상당히. …하게도. 「かしこく一; 황송하게도」⑦같은 말 사이에 끼여 정도가 상당함을 나타내는 말. 「書(カ)き一書いたり; 많이도 썼도다」 Ⅱ(접조) ①…하여도. 「おそく一; 늦어도」②하지만. 그렇지만. 「語(カタ)りあいし一; 이야기를 주고 받고 했건만」 Ⅲ(감조)〈고〉감동을 나타내는 말. 「悲(カナ)し一; 슬프도다」 Ⅰ1. too 2. and Ⅱ2. but
もう一[盲](조어) 맹인의. 장님의. 「一学校(ガッコウ); 맹학교」
もう一[猛](조어) 맹렬한. 「一運動(ウンドウ)一; 맹운동」
一もう[毛](조어) 털. 양모(羊毛). 「再生(サイセイ)一; 재생모」
一もう[盲](조어). 색맹(色盲). 「紅緑(コウロク)一; 홍록색맹」
一もう[網](조어) 그물. 「放送(ホウソウ)一; 방송망」
もう(부) ①벌써. 이미. 「一九時(クジ)だ; 벌써 아홉시다」②더. 이 이상. 「一一(ヒト)つ; 또 하나 (하나 더)」 1. already
もう[毛](명) 모. 길이, 무게, 화폐의 단위. 이(厘)의 10분의 1.
もう[蒙](명) ①지식이 없어 도리에 어두운 것. 몽매(蒙昧)한 것. 「一をひらく; 계몽(啓蒙)하다」②〈지〉몽고(蒙古)의 준말. 1. ignorance
も·う[思う]モフ(자 4)〈고〉〔←おもう〕생각하다.
もうあ[盲啞](명) 맹아. 장님과 벙어리. 「一学校(ガッコウ); 맹아 학교」 the blind and dumb
もうあい[盲愛](명·타サ) 맹목적인 사랑. blind love
もうあく[猛悪](명·형동ダ) 맹악. 사납고도 악독함. 흉악(凶悪). savagery
もうい[猛威](명) 맹위. 맹렬한 기세. 「台風(タイフウ)が一をふるう; 태풍이 맹위를 떨치다」 violence
もうう[濛雨](명) 자욱하게 내리는 이슬비. a drizzle
もうう[猛雨](명) 맹우. 줄기차게 퍼붓는 비. a heavy rain
もうお[藻魚](명) 조어. 바닷말(海藻)이 무성한 곳에

사는 물고기. a fish living among seaweeds
もうか[孟夏](명) 맹하. ①초여름. 초하(初夏). ②음력 4월의 다른 이름. 1. early summer
もうか[猛火](명) 맹화. 맹렬하게 타는 불. raging flames
もうがっこう[盲学校](명) 맹학교. 소경을 교육시키는 학교. a school for the blind
もうか·る[儲かる]マウカル(자 4) 벌이가 되다. 돈이 벌리다. be profitable
もうかん[毛管](명) 모관. ①〈이〉 모세관(毛細管).「一現象(ゲンショウ); 모세관 현상」②〈생〉 동맥과 정맥 사이에 있으며 전신에 퍼져 있는 가는 혈관. 모세(毛細) 혈관. 1. a capillary tube 2. a capillary vessel.
—げんしょう[毛管現象](명)〈이〉 모관 현상. 가는 관을 액체나 수은 속에 세웠을 때, 관 안의 액면(液面)보다 높아지거나 낮아지는 현상. 모세관 현상.
もうかんじゅうそう[盲管銃創·盲[管銃創]](명)〈의〉 탄환의 파편이 체내(体内)에 박혀 생긴 상처. an unpierced bullet wound
もうき[盲亀](명) 맹귀. 눈 먼 거북. a blind turtle.
—のふぼく[盲亀の浮木](연어·명) 맹귀 부목. 거의 있을 수 없는 행운을 잡는 일.「一, うどんげの花(ハナ); 대단히 희귀한 일을 비유하는 말」
もうき[濛気](명) 전면(全面)에 자욱한 수증기. 뭉게뭉게 피어 오르는 김. vapour
もうきん[猛禽](명) 맹금. 식육조(食肉鳥)의 총칭. 성질이 사납고 힘이 셈. 매, 수리 등. a raptorial bird
もうけ[設け]マウケ(명) 베푸는 일. 준비.「一の席(セキ); 마련한 자리」 preparation
もうけ[儲け]マウケ(명) 벌이. 이익.「一がある; 이익이 있다」 profits. **—ぐち**[儲け口](명) 벌이할 수 있는 길. 또는 그 수단. **—のきみ**[儲けの君](명) 황태자를 가리키는 말.
もうげき[猛撃](명·타サ) 맹격. 맹렬히 공격함. 「a fierce attack
もう·ける[設ける]マウケル(타하 1) ①미리 준비하다. 시설하다. ②만들다. 설치하다.「席(セキ)を一; 자리를 마련하다」 1. prepare
もう·ける[儲ける]マウケル(타하 1) ①이익을 보다. ②만들다.「子孫(シソン)を一; 자손을 두다」 1. make a profit
もうけん[猛犬](명) 맹견. 사나운 개.「一に注意(チュウイ); 맹견 주의」 a ferocious dog
もうげん[妄言](명) 망언. 망령된 말. 도리에 맞지 않는 말. 망설(妄説). a reckless remark
もうこ[猛虎](명) 맹호. 성질이 사나운 범. a fierce tiger
もうこ[蒙古](명)〈지〉 몽고. 중국 본토의 북쪽, 만주의 서쪽에 있는 지역. Mongolia. **—ていこく**[蒙古帝国](명) 몽고 제국. 13세기에 몽고족에 의하여 건설되었던 사상 최대의 공화국. **—はん**[蒙古斑](명) 황색 인종의 특징으로 아이들의 엉덩이에 날 때부터 있는 푸른 반점. 7, 8 세가 되면 없어짐.
もうご[妄語](명)〈불〉 망어. 5계(戒)의 하나. 남의 마음을 어지럽게 하는 헛된 말. 거짓말. 망설(妄説). a lie
もうこう[猛攻](명·타サ) 맹공. 맹렬한 공격.「一に屈(クッ)する; 맹공격에 굴복하다」 a fierce attack
もうこん[毛根](명)〈생〉 모근. 털이 박힌 부분. the root of hair
もうさいかん[毛細管](명)〈이〉 ⇨もうかん①.
もうさいけっかん[毛細血管](명)〈생〉 ⇨もうかん②.
もうさく[申さく]マウサク(명)〈고〉 말씀 드림.
もうさば[申さば]マウサー(연어·부) "いえば(말하자면)"의 정중한 말.
もうし[申し]マウシ(감) 정중하게 사람을 부를 때에 쓰는 말. 여보셔요. Excuse me.
もうし[孟子](명) 맹자. ①중국 주(周)나라 때의 학자. 공자(孔子)의 뒤를 이어 유학을 발전시킴. ②사서(四書)의 하나. 맹자의 언행(言行)을 기록한 책. Mencius
もうしあ·げる[申し上げる]マウシー ┃(타하 1) 말씀 드리다. ‖(보동·하 1) 자기의 동작을 겸손히 일컫는 말.「お手伝(テツダ)い一; 도와 드리겠읍니다」 ┃ tell
もうしあわせ[申し合わせ]マウシアハセ(명·타サ) 의논하여 약속함. 图申し合わせる(타하 1). arrangement
もうしいで[申し出で]マウシー(명) ⇨もうしで.
もうしいれ[申し入れ]マウシー(명·타サ) 의사를 정중히 전함. 의사 표시. 신입(申込).「五項目(ゴコウモク)に わたる一; 5항목에 걸친 신입」图申し入れる(타하 1). a proposal
もうしう·ける[申し受ける]マウシー(타하 1) 받다의 높임말. 신청하여 받다. receive
もうしおくり[申し送り]マウシー(명·타サ) ①말해 줌. ②(명령 등을) 다음으로 전함. 图申し送る(타 4). 2. transmission
もうしか·ねる[申し兼ねる]マウシー(타하 1) 무엇을 부탁할 때나 선뜻 말하기가 어려울 때 쓰는 말.「申し兼ねますが; 말씀 드리기 어렵습니다만」 find it hard to say
もうしき·ける[申し聞ける]マウシー(타하 1) "いいきかせる(말하여 들려 주다)"를 겸사로 일컫는 말. 말씀 드리다.「主人(シュジン)にもさよう一; 주인에게도 그렇게 말씀 드리다」
もうしご[申し子]マウシー(명) 신불(神仏)에 기도 드려 얻은 아이. a heaven-sent child
もうしこし[申し越し]マウシー(명) 말하여 전하다. 전언(伝言).「お一の通(トオ)り; 말씀 전하신 대로」 sending word to
もうしこ·む[申し込む]マウシー(타 4) ①자진하여 신청하다.「結婚(ケッコン)を一; 결혼을 신청하다」②자진하여 계약하다.「寄付(キフ)を一; 기부할 것을 신입하다」③말하다.「苦情(クジョウ)を一; 괴로운 사정을 말하다」图申し込み. 2. apply for
もうしそうろう[申し候]マウシサフラフ(연어) 아뢰니다. 말씀 드립니다.「お願(ネガ)い一; 부탁 드립니다」 propose
もうしそ·える[申し添える]マウシソヘル(타하 1) 말을 보태다. 말을 덧붙이다. add to speak
もうした·てる[申し立てる]マウシー(타하 1) 웃사람에게 소원이나 의견을 말하다. 图申し立て. state

もうしつ·ける[申し付ける]マウシー(타하 1) 분부하다. 명령하다. 명 申し付け. order
もうしで[申し出]マウシー(명) 의견, 희망 등을 말함.
もうし·でる[申し出る]マウシー(타하 1) (의견이나 희망 등을) 말하다. apply for
もうしの·べる[申し述べる]マウシー(타하 1) "くちでのべる(말하다)"의 겸손한 말. 말씀 드리다. say
もうしひらき[申し開き]マウシー(명·타サ) 이유를 말함. 개진(開陳). 동 申し開く(타 4). explanation
もうしぶみ[申し文](명) ①사정을 아뢰는 문서. ②옛날에 임명, 승진을 조정에 신청하던 문서. 1. a report to a superior department
もうしぶん[申し分]マウシー(명) ①드릴 말씀. ②비난할 점. 「一が ない; 더 말할 나위 없다(아주 훌륭하다)」 2. a fault
もうしゃ[盲者](명) 맹자. 장님. 소경. a blind man
もうしゃ[盲射](명·타サ) 맹사. 덮어 놓고 마구 쏨. a blind fire
もうしゃ[猛射](명·타サ) 맹사. 맹렬히 사격함. a heavy fire
もうじゃ[亡者](명)〈불〉①망자. 죽은 사람. 사자(死者). ②죽어서 성불(成仏)하지 못한 사람. 1. the dead
もうしゅう[妄執](명)〈불〉망집. ①마음이 엇갈려 생기는 집념(執念). 「修羅(シュラ)の一; 아수라(阿修羅)의 집념」 ②쓸 데 없는 일에 집착하는 것. 1. a deep-rooted delusion
もうしゅう[孟秋](명) 맹추. ①초가을. ②음력 7월의 다른 이름. 1. early autumn
もうしゅう[猛襲](명) 맹습. 맹렬한 습격. a vigorous attack
もうじゅう[盲従](명·자サ) 맹종. 맹목적인 복종. 이유를 가리지 않고 시키는 대로 함. blind obedience
もうじゅう[猛獣](명) 맹수. 성질이 사나운 짐승. fierce animals
もうしゅん[孟春](명) 맹춘. ①이른 봄. ②음력 1월의 다른 이름. 1. early spring
もうしょ[猛暑](명) 심한 더위. 혹서. intense heat
もうじょ[盲女](명) 여자 장님. a blind woman
もうしょう[猛将](명) 맹장. ①용맹한 장군. ②우수한 선수. 1. a brave general
もうじょう[網状](명) 망상. 그물 코와 같은 모양. 그물처럼 생긴 형상. netlike
もうしわけ[申し訳]マウシー(명·자サ) 잘못된 것을 사과하는 말. 변명. 「一ありません; 할 말이 없읍니다」 an excuse
もうしわた·す[申し渡す]マウシー(타 4) ①손아랫사람에게 분부하다. 선언하다. ②차례로 말을 전하다. 1. declare
もうしん[盲信·妄信](명·타サ) 맹신. 망신. 맹목적으로 믿음. blind belief
もうしん[盲進](명·자サ) 맹진. 덮어 놓고 나아감. 「猪突(チョトツ)一; 저돌 맹진」 pushing on blindly
もうしん[猛進](명·자サ) 맹진. 용맹히 나아감. a dash
もうじん[盲人](명) 맹인. 장님. 소경. a blind man
もう·す[申す]マウス Ⅰ(자 4) ①"いう(말하다)", "かたる(이야기하다)". "つげる(고하다)"의 겸사말. ②"する(하다)"의 겸사말. ③청하다. 부탁하다. Ⅱ(보동·4) 겸손을 나타내는 말. 「お話(ハナシ)申(モウ)しましょう; 말씀해 드리겠읍니다」. Ⅰ3. ask
もうせい[猛省](명·자サ) 맹성. 깊이 반성함. 「一をうながす; 맹성을 촉구하다」 serious reflection
もうせん[毛氈](명) 모전. 양털 등에 면(綿)을 섞어서 두툼하게 짠 직물. 양탄자. a carpet
もうぜん[猛然](형동タルト) 맹렬한 모양. 「一と突進(トッシン)する; 맹렬히 돌진하다」 furious
もうせんごけ[毛氈苔](명)〈식〉모전태. 산지나 들의 습지에 나며 잎에서 점액을 분비시켜 벌레를 잡아 흡수하는 식충 식물(食虫植物). 끈끈이주걱. a moorgrass
もうそう[盲想·妄想](명·타サ) 망상. ①사실 또는 진실이 아닌 생각. ②〈의〉 상상(想像)을 확신(確信)해 버리는 병. 1. a wild fancy
もうぞう[妄想](명)〈불〉망상. 옳지 못한 생각. delusion
もうそうちく[孟宗竹](명)〈식〉맹종죽. 대과에 속하며 작은 가지 끝에 잎이 뭉쳐서 남. 죽순은 식용. 죽순대. 〈학명〉 Phyllostachys mitis
もうだ[猛打](명·타サ) 맹타. 〔야구에서〕 강한 타격. 「一を あびせる; 맹타를 퍼붓다」 slogging
もうたん[妄誕](명·타サ) 망탄. 엉터리. 터무니 없는 거짓말. a lie
もうだん[妄断](명·자サ) 망단. 망령된 판단. 맹목적인 판단. a blind decision
もうちょう[盲腸](명) 맹장. ①〈생〉 오른쪽 하복부에 있는 장의 일부. ②←盲腸炎. 1. the blind gut. **一えん**[盲腸炎](명)〈의〉 ⇨ちゅうすいえん(虫垂炎).
もうちょう[猛鳥](명) 맹조. 크고 발톱이 예리하여 조류를 잡아 먹는 새. 맹금. a raptorial bird
もうつい[猛追](명·타サ) 맹렬히 추격함. a rigorous trace
もう·でる[詣でる]マウデル(자하 1) 참예하다. 참배하다. 「神社(ジンジャ)に一; 신사에 참배하다」 visit
もうてん[盲点](명) 맹점. ①〈생〉 시신경(視神経)이 망막(網膜)으로 들어 오는 곳에 있는 돌기(突起). 사물이 안 보이는 곳. 「一にはいる; 보이지 않게 되다」 ②주의가 미치지 못해 소홀한 점. 「国民保健(コクミンホケン)の一; 국민 보건의 맹점」 1. the blind spot
もうとう[毛頭](부) 조금도. 전연. 「一疑(ウタガ)いない; 조금도 의심됨이 없다(틀림 없다)」 not at all
もうとう[孟冬](명) 맹동. ①초겨울. ①음력 10월의 다른 이름. 1. early winter
もうどう[盲動·妄動](명·자サ) 망동. 깊이 생각하지 않고 함부로 하는 행동. 「軽挙(ケイキョ)一; 경거 망동」 a rash behaviour
もうどう[艨艟](명) 군함. 전함(戦艦). a warship
もうどうけん[盲導犬](명) 장님에게 길을 안내하는 개. a seeing-eye dog
もうどく[猛毒](명) 맹독. 맹렬한 독. a deadly poison

もうねん[妄念](명)〈불〉 망념. 망상(妄想)을 버리지 못하고 집착하는 일. 망집(忘執). evil thoughts

もうばく[盲爆](명·타サ)〈군〉 맹폭. 겨누지 않고 함부로 퍼붓는 폭격. 무차별 폭격. blind bombing

もうばく[猛爆](명·타サ)〈군〉 맹폭. 맹렬히 폭격함. heaving bombing

もうはつ[毛髮](명) 모발. 머리털. hair

もうひつ[毛筆](명) 모필. 짐승의 털로 만든 붓. ↔ 硬筆(コウヒツ). a brush

もうひとつ[もう一つ] Ⅰ(연어) 또 하나. 하나 더. Ⅱ(부)〈방〉 조금 더. 「一たりない; 조금 부족하다」 Ⅰ one more

もうひょう[盲評·妄評](명·타サ) 망평. 엉터리 비평. a blind criticism

もうふ[毛布](명) 모포. 담요. a blanket

もうぼ[孟母](명) 맹모. 맹자(孟子)의 어머니. 현모(賢母)의 대표로 알려짐. **— さんせんのおしえ**[孟母三遷の教え]--ヲシヘ(연어·명) 맹모 삼천지교. 맹자의 어머니가 아들의 교육을 위해 이사를 세 번 했다는 이야기.

もうまい[蒙昧](명·형동ダ) 몽매. 우둔하여 도리에 어두움. 「無知(ムチ)一; 무지 몽매」 ignorance

もうまく[網膜](명)〈생〉 망막. 시신경(視神経)의 막. the retina

もうもう[濛濛](형동タルト) 몽몽. ①안개로 인해 하늘이 자옥한 모양. ②연기 또는 먼지가 꽉 끼인 모양. dense

もうもく[盲目](명) 맹목. ①장님. ②이성이 없는 것. 「恋(コイ)は一だ; 사랑은 맹목적이다」 2. blindness. **— てき**[盲目的](형동ダ) 맹목적. 조금도 이성이 없는 모양. 「一愛情(アイジョウ); 맹목적인 애정」

もうゆう[猛勇](명) 맹렬한 용기. 용맹. 「一をふるう; 용맹을 떨치다」 reckless valour

もうようそしき[網様組織](명)〈생〉 망양 조직. 편도선, 임파선, 흉선(胸腺), 비장(脾臓) 등에서 볼 수 있는 결체(結締) 조직의 하나. 돌기(突起)가 있는 각 세포가 그물과 같이 연결되고, 간질(間質)의 생산이 적어서 마치 임파 집단인 것같이 보임. 세포 조직, 암파선 조직, 선양(腺様) 조직 등이 있음. reticular tissue

もうら[網羅](명·타サ) 망라. 남김 없이 수록(収録)함. 「重要問題(ジュウヨウモンダイ)を一する; 중요 문제를 망라하다」 comprehend exhaustively

もうりょう[魍魎](명) 망량. ①물귀신. 수신(水神). ②산천(山川)의 정령(精霊). 나무와 돌의 정(精). 「魑魅(チミ)一이매 망량(온갖 도깨비, 귀신)」 2. evil spirits of mountains and rivers

〔魍魎②〕

もうれつ[猛烈](형동ダ) 맹렬. 기세가 사납고 세찬 모양. 심한 모양. 「一な台風(タイフウ); 맹렬한 태풍」 severe

もうれんしゅう[猛練習](명·자サ) 맹연습. 맹렬한 연습. rigorous exercise

もうろう[朦朧](형동タルト) 몽롱. ①희미한 모양. 흐릿한 모양. 「頭(アタマ)が一とする; 머리가 몽롱하다」 ②꺼림칙한 모양. ③애매한 모양. 의식이 분명하지 않은 모양. 「記憶(キオク)が一とする; 기억이 분명하지 않다」 1. vague

もうろく[耄碌](명·자サ) 늙어 빠짐. 또는 그런 사람. dotage

もえ[燃え](명) 탐. 타는 정도. 「一がいい; 잘 타다」 burning

もえがら[燃え殻](명) 타고 남은 찌끼. 「石炭(セキタン)の一; 석탄재」 cinders

もえぎ[萌え葱·萌え黄](명) 파랑과 노랑의 중간 색. 유록색. 「一色(イロ); 유록색」 light green

もえくさ[燃え種](명) 불쏘시개. a fire lighter

もえさか·る[燃え盛る](자 4) ①한창 타다. 「一火(ヒ)の手(テ); 한창 타 오르는 불길」 ②(감정 등이) 치밀다. 1. burn briskly

もえさし[燃え差し](명) 타다 남은 것. a brand

もえた·つ[燃え立つ](자 4) ①점점 심히 타다. ②심하게 마음이 흥분하다. 1. burn up

もえつ·く[燃え付く](자 4) 불이 붙다. catch fire

もえ·でる[萌え出る](자하 1) 눈이 트다. 싹이 트다. 「一芽(メ); 싹 트는 눈」 burst into bud

もえのこり[燃え残り](명) ⇨もえさし.

も·える[萌える](자하 1) 싹이 트다. 눈이 트다. bud

も·える[燃える](자하 1) ①불이 붙어 불꽃이 오르다. ②정열이 솟아 오르다. 「一思(オモ)い; 불타는 듯한 생각」 ③(아지랭이가) 피어 오르다. 1. 2. burn

モーゲージ[mortgage](명)〈경〉 모오기지. 저당(抵当). 저당권. 「ゼネラル一; 제너럴 모오기지」

モーション[motion](명) 모우션. ①운동. ②동작. 몸짓. 「一をかける; 이성에게 추파를 던지다」 ③활동. 행동.

モーター[motor](명) 모우터. ①전동기(電動機). ②발동기. ③자동차. **— カー**[motorcar](명) 모우터카아. 자동차. **— サイクル**[motorcycle](명) 모우터사이클. 모우터를 단 이륜차(二輪車). **— バイク**[motorbike](명) 모우터바이크. 소형의 휘발유 기관을 단 자전거. **— プール**[motor pool](명) 모우터푸울. 주차장. **— ボート**[motorboat](명) 모우터보우트. 발동기로 움직이는 빠른 배. 자동정(自動艇).

モード[mode](명) 모우드. ①방법. 양식. ②유행. 「トップ一; 톱 모우드(유행의 첨단)」

モートル[motor](명) ⇨モーター①②.

モーニング[morning](명) 모오닝. ①아침. 오전. ②← モーニングコート. **— コート**[morning coat](명) 모오닝 코우트. 남자 예복.

モール(명) 〔모골(포 Mogol)의 변화〕 모올. ①원래 인도의 모올 지방에서 나는 단자(緞子)와 비슷한 부직(浮織)의 직물. 「金(キン)一; 금모올」 ②방이나 상점에 장식하는 털로 된 5색의 끈.

モールスふごう[Morse 符号](명) 모르스 부호. 모르스가 고안한 전신(電信)에 사용하는 부호의 하나. 선과 점으로 이루어져 있음.

モカ[mocha](명) 모카. 아라비아의 모카에서 나는 코오피. 질이 좋음.

·**もが·く**[踠く](자 4) ①괴로와 몸부림 치다. ②허위적거리다. 1. struggle

もがな(감조)〈고〉 감동을 나타내는 "も"와 희망을 나타내는 "がな"가 붙은 말. 하고 싶은 뜻을 강하게 나타냄. …해 주면 좋겠다. …하고 싶다.「都(ミヤコ)へ—; 서울에 가고 싶구나」 I wish...

もがみがわ[最上川](명)〈지〉 야마가타현(山形県)에 있는 강. 일본의 3급류(急流)의 하나.

もがり[殯](명)〈고〉 ⇨あらき.

もぎ[裳着](명) 옛날, 여자가 성장하여 처음으로 치마를 입는 의식.

もぎ[模擬](명·자타サ) 모의. 모방함. 본떠서 함.「—国会(コッカイ); 모의 국회」「—裁判(サイバン); 모의 재판」 imitation. **—しけん**[模擬試験](명) 모의 시험. 시험 등에 대비(対備)하여 실제의 시험처럼 해보는 시험.

もぎてん[模擬店](명) 모의점. 원유회(園遊会) 같은 곳에서 손님을 대접하기 위하여 실지의 가게처럼 특설한 음식점. a buffet

·**もぎどう**[没義道](명·형동ダ)〈속〉 도의에 어긋남. 비도(非道). inhumanity

もぎ·る[捥ぎる](타 4) 비틀어 뜯다. 명もぎり. pluck off

—もく[目](접미) 목. 바둑의 집을 세는 말.

もく(명)〈속〉〔에도(江戸) 시대의 은어〕 담배.「洋(ヨウ)—; 양담배」 a cigarette

もく[木](명) ①나무. ②나무의 결.「うずら—;메추라기 날개 같은 나무 결」③목요일. 1. a tree

もく[目](명) ①⇨:もく(木)②. ②작게 나눔. 항목(項目). ③예산을 편성할 때 제일 하급의 구별. ↔款(カン), 項(コウ). ④〈동〉 동물 분류의 호칭. 강(綱)의 밑. 2.3. an item 4. an order

も·ぐ[捥ぐ](타 4) 비틀어 따다.「梨(ナシ)を—; 배를 따다」 pluck off

もくぎょ[木魚](명) 독경(読経). 염불할 때 두드리는 나무로 만든 기구. 목탁. a fish-shaped wooden drum

もくぐう[木偶](명) 목우. 나무로 만든 인형. a wooden figure

もくげき[目撃](명·타サ)목격. 실제로 봄.「—者(シャ); 목격자」 observation

〔木魚〕

もくげき[黙劇](명) 묵극. 대사가 없는 극. 무언극(無言劇). a pantomime

もくご[目語](명·자サ) 서로가 눈짓으로 의사를 소통함. 눈으로 하는 말. winking

もくざ[黙座](명·자サ) 말 없이 잠잠히 앉아 있음. sitting mutely

もぐさ[艾](명) 약쑥. 뜸 뜨는 데 씀. moxa

もぐさ[藻草](명)〈식〉 ⇨も.

もくざい[木材](명) 목재. 잘라서 여러 가지 물건을 만드는 데·쓰는 나무 재료. 재목. timber. **—パルプ**[木材 pulp](명) 목재 펄프. 목재의 섬유로 제지의 재료가 되는 것.

もくさく[木柵](명) 목책. 나무로 만든 울타리. 울짱. a wooden fence

もくさく[木酢](명)〈이〉 목초. 목재를 건류하여 얻은 초산. 메틸알코홀, 아세톤 및 타르상 물질을 함유하고 있어 초산으로서는 극히 불순한 것임. 방부제(防腐剤)로서 목재에 바름. 목초산. wood-vinegar

もくさつ[黙殺](명·타サ) 묵살. 아무 말 없이 취급하지 않음. 문제로 삼지 않음.「発言(ハツゲン)を—する; 발언을 묵살하다」 ignoring

もくさん[目算](명·자サ) 목산. ①견적.「—を立(タ)てる; 견적을 뽑다」. ②대충 셈함. 속가량. 1. an estimation

もくし[黙止](명) 침묵을 지키는 일. 말 없이 묵묵히 있음. keeping quiet

もくし[黙示](명)〈종〉 묵시. 계시(啓示). 천계(天啓).「—録(ロク); 묵시록」 revelation

もくし[黙視](명·타サ) 묵시. ①말 없이 봄. ②간섭하지 않고 보고만 있음.「—し得(エ)ず; 묵시할 수 없다」 overlooking

もくじ[目次](명) 목차. ①항목(項目), 개조(個条)의 순서. ②책 내용의 표기. 2. contents

もくしつ[木質](명) 목질. ①나무와 같은 견고(堅固)한 성질. ②〈식〉 줄기 내부에 있는 단단한 부분.「—部(ブ); 목질부」 1. woody quality

もくしょう[目睫](명) 목첩. ①눈과 눈썹. ②목전(目前).「—の間(カン)に せまる; 목첩지간에 닥치다」 1. eyes and eyelashes

もく·す[目す](타 4) ①보다. ②인정하다.「本年度(ホンネンド)の最高作品(サイコウサクヒン)と目される; 금년도 최고의 작품이라고 인정되다」 1. regard

もくず[藻屑]—クヅ(명) ①해초(海草) 등의 찌꺼기. ②물속의 먼지.「海中(カイチュウ)の—と消(キ)える; 바닷속 먼지로 사라지다(바다에서 죽다)」 1. seaweeds

もく·する[黙する](자サ) 가만히 있다. 잠잠하다. 내버려 두다.「黙(モク)して語(カタ)らず; 묵묵히 말이 없다」 be silent

もくせい[木星](명)〈천〉 목성. 태양계 내에서 제 5의 혹성(惑星). 화성 밖에 있으며 태양계 중 가장 큰 혹성임. Jupiter

もくせい[木犀](명)〈식〉 목서. 목서과에 속하는 낙엽활엽 교목. 목재는 기구재로 쓰임. 물푸레나무. a fragrant olive

もくせい[木精](명) 목정. ①⇨こだま. ②〈이〉 ⇨メチルアルコール.

もくせい[木製](명) 목제. 나무로 만듦. 나무로 만든 것. wooden

もくぜん[目前](명) 목전. 눈앞. 썩 가까운 곳.「—にせまる; 눈앞에 다가 오다」 under one's eyes

もくぜん[黙然](형동タルト) 묵연. 가만히 있는 모양. 잠잠한 모양. dumb

もくそう[目送](명·타サ) 멀리 갈 때까지 바라봄. 안 보일 때까지 배웅함. following with one's eyes

もくそう[黙想](명·자サ) 묵상. 말 없이 생각에 잠김. meditation

もくぞう[木造](명) 목조. 나무로 만듦. 나무로 만든 것. 「一家屋(カオク); 목조 가옥」 wooden

もくぞう[木像](명) 목상. ①나무로 만든 상(像). ②⇨: でくのぼう. 1. a wooden image

もくそく[目測](명·타サ) 목측. 눈대중함. 눈어림. eye-measurement

もくだい[目代](명) 헤이안(平安), 카마쿠라(鎌倉) 시대에 지방관이 부임하지 않은 동안 집정(執政)하던 대리(代理).

もくだく[黙諾](명·자サ) 묵낙. 말 없이 승낙함. 「tacit consent ⤴

もくたん[木炭](명) 목탄. ①숯. ②그림에 쓰이는 목탄. 1. charcoal 2. fusain. **—が**[木炭画](명) 목탄화. 목탄으로 그린 소묘화(素描画). **—ガス**[木炭 gas](명) 목탄 가스. 밀폐시킨 용기에 목탄을 넣어 태워서 공기나 수증기를 주입시켜 만든 가스. **—し**[木炭紙](명) 목탄지. 목탄화를 그리는 종이.

もくちょう[木彫](명) 목조. 나무에 조각하는 일. 또는 그 조각. wood-engraving

もくてき[目的](명) 목적. 실현하거나 또는 도달하려는 목표. 「一地(チ); 목적지」 a purpose. **—ろん**[目的論](명) 목적론. ①모든 사물은 목적을 실현키 위하여 있다는 설. ②행위 및 의향이 인생의 최상 목적에 이를 수 있는 경향의 유무에 따라 선악의 판단을 하고자 하는 학설.

もくと[目途](명·타サ) 표적. 목표. an aim

もくと[目睹](명·타サ) 목도. 눈으로 직접 봄. 목격(目撃). observation

もくとう[黙禱](명·자サ) 묵도. 소리 내지 않고 기도함. 「一をささげる; 묵도를 올리다」 a silent prayer

もくどく[黙読](명·타サ) 묵독. 소리 내지 않고 읽음. silent reading

もくにん[黙認](명·타サ) 묵인. ①말 없이 인정함. ②못 본 체함. 1. tacit approval

もくねじ[木捻子·木螺旋]ーネヂ(명) ⇨ねじくぎ.

もくねん[黙然](형동タルト) ⇨もくぜん.

もくば[木馬](명) 목마. 나무로 만든 말. a wooden horse

もくはい[木杯·木盃](명) 목배. 나무로 만든 술잔. a wooden cup

もくはん[木版](명) 목판. 나무에 조각한 인쇄판. a wood-cut

もくひ[木皮](명) 목피. 나무 껍질. 「草根(ソウコン)—; 초근 목피」 bark

もくひ[黙秘](명·타サ)〈법〉 묵비. (자기에게 불리한 일을) 말하지 않고 침묵(沈黙)을 지킴. 「一権(ケン); 묵비권」 silence

もくひつ[木筆](명) 연필. a pencil

もくひょう[目標](명) 목표. 지향(指向). 목적. a mark

もくぶ[木部](명) 목부. 목질부(木質部). 「植物(ショクブツ)の一; 식물의 목질부」 wood

もくへん[木片](명) 목편. 나뭇조각. a piece of wood

もくほん[木本](명) 목본. 목질(木質)의 줄기를 가진 식물. 나무. a woody plant

もくめ[木目](명) 나무의 절단부에 나타난 선. 나뭇결. the grain of wood

もくもく[黙黙](형동タルト) 묵묵. 아무 말이 없이 가만히 있는 모양. 「一として働(ハタラ)く; 묵묵히 일하다」 silent

もぐもぐ(부·자サ) 이 빠진 사람이 이야기하는 모양. 이가 없는 사람이 음식을 먹는 모양. 우물우물. numblingly

もくやく[黙約](명) 묵약. 말 없는 중에 이루어진 약속. 묵계(黙契). 「一がある; 묵약이 있다」 a tacit agreement

もくよう[木曜](명) 목요. 목요일. Thursday

もくようとう[木曜島](명)〈지〉 목요도. 오스트레일리아 동북부에 있는 반도. 진주(真珠) 채취지로 유명함. Thursday Island

もくよく[沐浴](명·자サ) 목욕. 더운 물로 몸을 씻음. 몸을 깨끗이 함. bathing

もぐら(もち)[土竜](명)〈동〉 두더지. a mole

もくり[木理](명) ⇨もくめ.

もぐり[潜り](명) ①몰래 들어 가 숨음. 잠입. ②잠수(潜水). ③허가도 없이 하는 것. 또는 그 사람. 「一の業者(ギョウシャ); 무허가 업자」 2. diving

もぐりこ·む[潜り込む](자 4) 물속이나 물건 밑 또는 내부로 들어 가다. get into

もぐ·る[潜る](자 4) ①물속으로 들어 가다. 잠수(潜水)하다. ②숨어 버리다. ③눈에 띄지 않게 몰래 영업하다. 1. dive 2. hide

もくれい[目礼](명·자サ) 목례. 눈짓으로 하는 인사. greeting with one's eyes

もくれい[黙礼](명·자サ) 묵례. 말이 없이 고개만 숙여 하는 인사. bowing mutely

もくれん[木蓮](명)〈식〉 목련. 봄에 암자색 또는 흰빛의 큰 꽃이 잎보다 먼저 핌. a magnolia

もくれんが[木煉瓦](명) 나무로 벽돌 모양으로 만든 것. wooden bricks

もくろう[木蠟](명) 목랍. 옻나무나 거망옻나무의 열매에서 딴 납. 양초, 성냥, 화장품, 연고 등을 만드는 데 씀. ⇨: きろう(生蠟). vegetable wax

もくろく[目録](명) 목록. ①목차. ②선물의 품명을 적은 것. ③품명만 적어 보내는 것. 상품의 일람표. ④스승이 제자에게 가르친 명목(名目)을 적어 보내는 문서. ⑤남에게 싸서 보내는 돈. 1. contents 2. a list of presents

もくろみ[目論見](명) 심산(心算). 계획. 기도(企圖). 「一書(ガキ); 계획서」 동 もくろむ(타 4). a plan

もけい[模型](명) 모형. 모양은 실물과 같으나 크기를 작게 만든 것. 「一飛行機(ヒコウキ); 모형 비행기」 a model

モケット[프 moquette](명) 모우켓. 털이 긴 빌로오도 같은 직물. 의자 등에 쓰임. 「come off

も·げる[捥げる](자하 1) 분리(分離)되어 떨어지다. ⤴

もこ[模糊](형동タルト) 모호. 멍청한 모양. 「曖昧(アイマイ)—とした態度(タイド); 애매 모호한 태도」 vague

もさ[猛者](명)〈속〉 맹자. 용감한 사람. 대단히 강한 사람. a man of valour

モザイク[mosaic](명) 모자이크. 돌, 유리, 타일, 대리석, 조개 껍질, 나무 등의 조각을 붙여서 무늬를 나타낸 장식. **—びょう**[mosaic 病](명)〈농〉 모자이크병. 여과성 병원체의 작용으로 잎에 여러 가지 빛깔의 반점이 생기는 전염병. 담배, 토마토에 많음.

もさく[模作](명·타サ) 모작. 흉내 내어 만듦. 또는 만든 것. imitation

もさく[模索·摸索](명·타サ) 모색. 더듬어 찾음. 「暗中(アンチュウ)—; 암중 모색」 groping

もさっと(부·자サ)〈속〉 게으르고 멍청한 모양. 「—したやつだ; 멍청한 놈이다」 dull-headedly

もし[若し](부) ①만약. 만일. ②혹시. 혹은. 1. if

もし(감) 사람을 부를 때 쓰는 말. 여보세요. hello

もし[模試](명) 모의 시험의 준말.

—もじ[文字](조어) 옛날 여관(女官)이 말을 할 때 날말의 아랫말을 빼고 붙여 말한 것. 예: "髪(カミ)"를 "かもじ"로.

もじ[文字](명) 문자. ①글자. ②말. 언어. ③문장. ④학문. 1. a letter 3. words

もじえ[文字絵](명) 문자로써 물건의 모양을 그린 희화(戯画).

もしお[藻汐·藻塩]—シホ(명) ①해초(海草)에 바닷물을 적셔 염분을 함유시켜 태워서 물에 풀어 그 웃물을 끓여서 만든 소금. ②"もしお①"을 만들기 위한 해수(海水). 1. salt made from seaweed. **—ぐさ**[藻汐草](명) ①"もしお①"을 만드는 해초. ②수필, 잡기 등의 다른 말.

もしか[若しか] 만약에. 어쩌면. possibly

もしくは[若しくは](접) 그렇지 않으면. 혹은. 또는. or

もしそれ[若し夫れ](연어·접) 다시 이야기를 계속할 때 쓰는 말. 대개 한문에 쓰임.

もじづら[文字面](명) 글자의 모양이나 배열에서 받는 느낌.

もじどおり[文字通り]—ドホリ(부) 문자 그대로. 조금도 과장하지 않고. literally

もじばん[文字盤](명) 문자반. 시계나 타이프라이터 등의 문자나 기호를 표시해 놓은 반(盤). the face

もしも[若しも](부) ①만약. ②만일의 경우. 「—のこと; 만약의 일」 1. if 2. an accident

もしもし(감) 여보세요. hello

もじもじ モヂモヂ(부·자サ) 우물쭈물하는 모양. 주저하는 모양. 「—して口(クチ)をきかない; 주저하며 말을 하지 않다」 hesitatingly

もしゃ[模写](명·타サ) 모사. 그림이나 글을 그대로 흉내 내어 베낌. copying

もしや[若しや](부) 혹시나. by any chance

もじゃもじゃ(부) 털이 많이 나 있는 모양. 텁수룩한. shaggily

もしゅ[喪主](명) 상주. 주장되는 상제(喪制). the chief mourner

もしょう[喪章](명) 상장. 거상(居喪)이나 조상(弔喪)의 뜻을 나타내는 표. a mourning badge

もじよみ[文字読み](명) ①⇨そどく. ②한자의 숙어를 직역해서 훈독(訓読)하는 것. 예: 心緒(シンショ)를 "こころのお"로.

もじり[捩り]モヂリ(명) ①비트는 일. 비튼 것. ②옛사람의 작품의 문구나 가락을 흉내 내어 우습게 만든 글. ③남자용 외투의 한 가지. 2. parodying

もじ·る[捩る]モヂル(타 4) ①비틀어진 것을 바로 돌리다. 비틀다. ②어조(語調)를 흉내 내다. 「古歌(コカ)を—; 옛 시가를 흉내 내다」 2. parody

モス(명) 모슬린의 준말.

もず[鵙·百舌](명)〈동〉 때까치. 머리는 적갈색이며 배면 이하는 감람색이고 날개는 흑색임. 개고마리. 물까치. a shrike

もずく[水雲·海蘊]—ヅク(명)〈식〉 큰실말. 해초의 한 가지. 식용.

モスクワ[Moskva](명)〈지〉 모스크바. 소비에트 연방의 수도. 정치, 경제, 교통, 문화의 중심지.

もすこし[も少し](부) 좀더. 조금 더. a little more

もすそ[裳裾](명) ①치맛자락. ②옷자락. 1. the train

モスリン[muslin](명) ⇨メリンス.

も·する[模する](자·타サ) 모방하다. 닮게 하다. imitate

もぞう[模造](명·타サ) 모조. 모방하여 만듦. imitation. **—し**[模造紙](명) 모조지. 양지(洋紙)의 한 가지. 지질은 강하고 질기며 윤택이 남.

もぞう[模像](명) 모형의 상. a model image

もそっと(부) 좀더. 「—前(マエ)へ出(デ)ろ; 좀더 앞으로 나와」 a little more

もぞもぞ(부·자サ) ①조그마한 벌레가 몸에서 기어 다니는 모양. 스멀스멀. ②어슬렁대며 침착하지 못한 모양. 1. itching

もだ[黙](명)〈고〉 말 없이 가만히 있음. 침묵.

モダーン[modern](형동ダ) ⇨モダン.

もだえ[悶え](명) 괴로움. 번민. agony

もだ·える[悶える](자하 1) 고민하다. 괴로와하다. be agonized

もた·げる[擡げる](타하 1) 들어 올리다. 쳐들다. 「へびがかまくびを—; 배암이 성낸 머리를 쳐들다」raise

もた·す[持たす](타 4) ⇨もたせる.

もだ·す[黙す](자 4) ①입을 다물고 가만히 있다. ②그냥 두다. 「告白(コクハク)にもだしがたく; 고백에 그냥 있을 수 없어」 2. leave as it is

もたせか·ける[凭せ掛ける](타하 1) 기대어 세우다. rest against

もた·せる[持たせる](타하 1) ①들게 하다. ②주다. 「おくりものを—; 선물을 주다」 ③운반시키다. 「手紙(テガミ)を—; 편지를 가지고 가게 하다」 ④변하지 않게 하다 「氷(コオリ)で—; 얼음으로 변하지 않게 하다」 ⑤부담시키다. 「費用(ヒヨウ)を—; 비용을 부담시키다」 ⑥〈속〉「気(キ)を—; 기대를 갖게 하다」 ⑦

기대어 세우다. 1. let have 2. give
もた·せる[凭せる](타하 1) ①버티게하다. ②기대어 세우다. lean against
モダニズム[modernism](명) 모더니즘. ①현대주의. ②현대식.
もたもた(부·자サ)〈속〉 꾸물거리고 있어 일이 잘 진행되지 않는 모양. slowly
もたら·す[齎す](타 4) 가져오다. 가져오게 하다. 「台風(タイフウ)がもたらした被害(ヒガイ); 태풍이 가져온 피해」 bring
もた·れる[凭れる·靠れる](자하 1) ①기대다. 「いすに—; 의자에 기대다」 ②〈속〉 음식이 소화되지 않고 위에 남아 있어 기분 나쁘게 느껴지다. 1. lean against
モダン[modern](형동ダ) 모던. ①근대적. ②현대적. 「—アート; 모던 아아트」
もち[持ち](명) ①가짐. ②오래 감. ⇨:もつⅠ. 「—がいい; (변하지 않고) 오래 가다」 ③담당. 담임. ④〔옛날 씨름 등의 승부에서〕 승부가 없는 일. ⑤비용을 냄. 부담. 「使用者(ショウシャ)がわの—; 사용자측의 부담(지불)」 1. having 2. durability
もち[望](명) ①⇨:もちづき(望月). ②음력 15일.
もち[餅](명) 떡. 「—屋(ヤ); 떡집」 rice-cake
もち[糯](명) 찹쌀. 「—粟(アワ); 차조」 ↔粳(ウル). glutinous rice
もち[黐](명) ①〈식〉 ⇨もちのき. ②⇨とりもち.
もち(부)〈속〉 "もちろん(물론)"의 준말.
もちあい[持ち合い·保ち合い]—アヒ(명) ①서로 힘을 합해 가짐. ②균형이 잡힘. ③〈경〉 보합. 시세가 변하지 않고 계속됨. 1. helping one another
もちあが·る[持ち上がる](자 4) ①(일이) 일어나다. ②학교 선생이 진급된 담임 학급을 계속 맡다. ③위로 올라 오다. 명 持ち上がり. 1. arise
もちあ·げる[持ち上げる](타하 1) ①들어 올리다. ②〈속〉 칭찬하다. 추켜 올리다. 1. lift
もちあじ[持ち味]—アヂ(명) ①(음식의) 본래 지닌 맛. ②예술 작품이 가지는 독특한 맛. 1. a natural flavour
もちあつか·う[持ち扱う]—アツカフ(타 4) ⇨もてあつかう.
もちあみ[餅網](명) ①떡을 넣어 두는 망. ②떡을 굽는 석쇠. 2. a rice-cake toasting net
もちあわせ[持ち合わせ]—アハセ(명) ①마침 가지고 있음. 또는 가지고 있는 것. ②지금 가지고 있는 돈. 소지금. 「—がない;지금 가진 돈이 없다」 1. having on hand
もちあわ·せる[持ち合わせる]—アハセル(타하 1) 때마침 가지고 있다. 필요한 때에 가지고 있다. happen to have
もちいえ[持ち家]—イヘ(명) 자기 집. 자택. one's house
モチーフ[프 motif](명) 모티프. ①동기. 계기. ②예술적 표현 활동의 동기. ③〈악〉 주제(主題). 악상(楽想). 모티브.
もち·いる[用いる]モチヒル·モチヰル(타상 1) ①쓰다. 사용하다. ②임용(任用)하다. ③채용하다. 1. use
もちおもり[持ち重り](명·자サ) 들어서 무겁게 느낌. 들고 있는 동안 무거워져서 팔이 아픔.
もちか·ける[持ち掛ける](타하 1) ①가지고 와서 …하다. 「相談(ソウダン)を—; 의논하러 오다」 ②⇨: 掛けるⅡ.
もちがし[餅菓子](명) 떡으로 만든 과자.
もちかぶ[持ち株](명)〈경〉 가지고 있는 주. one's holdings. **—がいしゃ**[持ち株会社](명) 다른 기업체의 주식을 갖고 그 사업, 재산의 관리를 목적으로 하는 회사. 지주 회사.
もちがゆ[望粥·餅粥](명) 정월 보름날에 먹는 팥죽. 또는 찰떡을 넣은 팥죽.
もちきり[持ち切り](명) ①시종 그 상태 그대로 계속하는 것. ②소문이 한창인 것. 「自殺(ジサツ)のうわさで—だ; 자살 소문으로 한창이다」 2. being the sole topic of gossip
もちき·る[持ち切る](자 4) 끝까지 하나의 사물 또는 같은 상태를 계속하다. last out
もちぐさ[餅草](명)〈식〉 쑥의 다른 이름.
もちぐされ[持ち腐れ](명) 이용하지 않고 가지고만 있는 것. 「宝(タカラ)の—; 재능(才能)이나 유용한 물건을 가지고 있으면서 활용하지 않음의 비유」 useless possession
もちくず·す[持ち崩す]—クヅス(타 4) 몸가짐을 나쁘게 하다. 품행(品行)이 나빠 재산을 탕진하다. 「身(ミ)を—; 몸(신세)을 망치다」 ruin oneself by dissipation
もちこ·す[持ち越す](타 4) 그대로 하여 다음으로 넘기다. 「結論(ケツロン)を—; 결론을 다음으로 넘기다」 명 持ち越し. carry over
もちこた·える[持ち堪える]—コタヘル(타하 1) 애써 오래도록 가지다. 지탱하다. 유지하다. 「死(シ)ぬまで—; 죽을 때까지 유지하다」 endure
もちごま[持ち駒](명) ①〔장기에서〕 손에 쥐고 있는 말. ②〈속〉 언제든지 생각대로 쓸 수 있는 것. 또는 부릴 수 있는 사람. 1. captured chessmen
もちこ·む[持ち込む](타 4) ①가지고 들어 가다. ②의논할 것을 가지고 오다. 명 持ち込み. 1. bring in
もちごめ[餅米·糯米](명)〈식〉 찰기가 많은 종류의 곡식. 찹쌀. ↔うるち. glutinous rice
もちざお[黐竿]—ザヲ(명) 새나 곤충을 잡기 위해 끈끈이를 칠한 장대. a lime stick
もちだし[持ち出し](명·타サ) ①들어 냄. 가지고 나감. 또는 그 물건. ②양복 겨드랑이를 깁는 것. 또 거기에 쓰는 헝겊. ↔見返(ミカエ)し. 1. take out
もちだ·す[持ち出す](타 4) ①들어서 밖으로 내다. 꺼내다. ②가지기 시작하다. ③말하기 시작하다. 끄집어 내다. 「話(ハナシ)を—; 이야기를 꺼내다」 ④의논하다. ⑤부족한 비용을 자기가 내다. 1. take out 2. begin to have
もちつき[餅搗](명·자サ) 떡을 침. 또는 그 사람. rice-cake making
もちづき[望月](명) 망월. 음력 15일 밤의 달. 만월(満月). a full moon

もちなお·す[持ち直す]ーナホス Ⅰ(자 4) ①전처럼 되다. 회복되다. ②(병세가) 좋아지다. Ⅱ(타 4) 바꾸어 갖다. Ⅰ 2. recover Ⅱ change the manner of holding
もちにげ[持ち逃げ](명·타サ) 남의 것을 가지고 도망함. running away with
もちぬし[持ち主](명) 가지고 있는 사람. 소유주(所有主). 주인. an owner
もちのき[黐の木](명)〈식〉 감탕나무. 높이 10 *m* 가량의 상록 활엽 교목. 재목은 세공재(細工材)로 씀. an ilex
もちば[持ち場](명) 담당한 장소. 부서(部署). one's beat
もちはこ·ぶ[持ち運ぶ](타 4) (손으로) 들어 나르다. 운반하다. carry
もちはだ[餅膚·餅肌](명) 막 쳐 낸 떡같이 매끈매끈하고 말랑한 느낌의 피부. a soft white skin
もちばな[餅花](명) 떡을 얇게 펴서 둥근 것과 모난 것으로 썰어 버드나무 가지에 달아 놓은 것. 설날의 장식이나 아이들의 놀이에 씀. small pieces of rice-cake put on twings
もちばん[持ち番](명) 담당한 차례. turn
もちぶん[持ち分](명) 배당된 자기의 몫. one's share
もちまえ[持ち前]ーマヘ(명) ①본래의 성질. 천성.「—の性格(セイカク); 본래의 성격」②가지고 있는 범위. 1. one's nature
もちまわり[持ち回り]ーマハリ(명) 여기저기 가지고 다님. 관계되는 사람들에게 가지고 다님. carrying about. **—かくぎ**[持ち回り閣議](명) 정례 각의 대신, 각의 사항을 각 장관에게 돌려 각기 의견을 구하는 각의. 圄 持ち回る(타 4).
もちもの[持ち物](명) (자기 것으로) 가진 것. 소유물. 소지품. one's personal effects
もちや[持ち家·持ち屋](명) 자기 소유의 집. 자기 집. one's own house
もちや[餅屋](명) 떡집.「もち(や)は—; 떡은 떡집에(일에는 각기 전문 분야가 있다는 말)」a rice-cake shop
もちゅう[喪中](명) 상중. 초상이 난 동안. 상제로 있는 동안. the period of mourning
もちよ·る[持ち寄る](자 4) 가지고 모여 들다. 「宿題(シュクダイ)を—; 숙제를 가지고 모여 들다」 명 持ち寄り. gather each with something to offer
もちろん[勿論](부) 물론. 말할 것 없이. of course
も·つ[持つ] Ⅰ(자 4) 썩거나 망그러지지 않고 본래의 상태로 지속되다. 「夏(ナツ)でも—食品(ショクヒン); 여름에도 오래 둘 수 있는 식품」 Ⅱ (타 4) ①손에 쥐다. ②가지다. 「自動車(ジドウシャ)を—; 자동차를 가지다」 ③유지하다. 「誇(ホコ)りを—; 자부심을 갖다」 ④담당하다. 맡다. 「卒業組(ソツギョウグミ)を—; 졸업반을 맡다」 ⑤부담하다. 「学費(ガクヒ)を—; 학비를 부담하다」 Ⅰ endure Ⅱ 1. hold 2. own
もつ[物](명)〈속〉 장물(贓物)의 준말.
もっか[黙過](명·자サ) 묵과. 모른 척하고 그냥 지나침. overlook
もっか[目下](부) 목하. 바로 지금. now
もっかい[木灰](명)〈농〉 목회. 나무를 태운 재. ashes
もっかん[木管](명) 목관. ①나무로 만든 관악기(管楽器). 「—楽器(ガッキ); 목관 악기」 ③방적 기계의 부분품. 실을 감는 데 쓰는 관. 1. a wood wind-instrument
もっきょ[黙許](명·타サ) 묵허. ①말 없는 가운데 허락의 뜻을 표함. ②못 본 체함. 1. tacit permission
もっきり[盛っ切り](명) ①〔"もりきり"의 음편(音便)〕 한 번 담아 주면 더 주지 않음. 「—めし; 한 공기뿐인 밥」 ②큰 그릇에 따른 술. 「——杯(イッパイ); 큰 잔에 가득 찬 술」
もっきん[木琴](명)〈악〉 ⇨シロホン.
もっきん[木筋](명) 콘크리이트 속에 넣는 목재. 「—コンクリート; 목근 콘크리이트」
もっけ[勿怪](명) 뜻하지 않음. 뜻밖. 「—の さいわい; 뜻하지 않은 행운」 unexpected
もっけい[黙契](명) 묵계. 말하지 않아도 마음이 맞는 것. 「—が成(ナ)り立(タ)つ; 묵계가 성립되다」 a tacit agreement
もっこ[畚](명) 새끼 그물 등의 네 귀에 끈을 단 운반구. a straw-basket. **—ふんどし**[畚褌·畚犢鼻褌](명) 헝겊 앞뒤에 끈을 단 들보.
もっこう[木工](명) 목공. ①목수. ②목재 공예. 목재 가공. 「—場(バ); 목공장」 2. wood-work
もっこう[目耕](명) 독서(読書). reading
もっこう[沐猴](명) 원숭이. a monkey
もっこう[黙考](명·자サ) 묵고. 말 없이 생각함. meditation
もっこく[木斛](명)〈식〉 후피향나무. 산록에 나는 상록 활엽 교목. 목재는 세공재(細工材)로 쓰고, 나무 껍질은 갈색 염료로 씀. 〈학명〉 Ternstremia japonica
もっこつ[木骨](명) 건축의 뼈대를 목조로 하는 것.
もっこん[目今](명) 목금. 바로 지금. at present
もっさり(부)〈속〉 ①멍청한 모양. ⇨: もさっと. 「何(ナニ)を—立(タ)っているんだ; 왜 그렇게 멍청히 서 있느냐」 ②털이 많이 나 있는 모양. 2. thickly
もっしょくし[没食子](명) 몰식자. 이란, 소아시아 지방에서 나는 참나무과 식물의 어린 잎에 산란(産卵)한 어리상수리혹벌의 알이 부화할 때에 생기는 혹 같은 물질. 직경 2 *cm* 가량으로 둥근데, 타닌 70%를 함유함. 이질(痢疾)과 치통에 쓰이며 잉크의 재료로도 쓰임. a gall
もっそう[物相](명) 한 사람분의 밥을 담는 그릇. 옛날 감옥에서 사용하였음. **—めし**[物相飯](명) ①한 사람분으로 푼 밥. ②감옥의 밥.
もったい[勿体](명) 거드름. 거만. 「—ぶる; 거드름 피우다」 importance. **—な·い**[勿体無い](형) ①분에 넘치다. 황송하다. 「—おことば; 과분한 말씀」 ②아깝다. 「捨(ス)てるには—; 버리기는 아깝다」 파생 **—なが·る**(자 4) **—なげ**(형동ダ) **—なさ**(명). **—ぶ·る**「勿体振る」(자 4) 필요 이상으로 거드름을 피우다. **—らし·い**「勿体らしい」(형) 거만하다.
もって[以て] Ⅰ(연어) ①…을. …으로써. 「身(ミ)を—; 몸으로써」 ②하므로. 고로. 까닭에. 「体力(タイリョク)じゅうぶんなるを—; 체력이 충분한 까닭에」 ③"を

(을)"을 정중히 말한 것. 「彼(カレ)を一嚆矢(コウシ)とする; 그를 효시로 하다」 ④…으로. 「これを一祝辞(シュクジ)とする; 이것으로 축사를 대신한다」 ‖(접) ①그것에 의하여. 그래서. ②거기에 대하여. ③그 위에. | 1. with 2. because of. **―のほか**[以ての外](연어) ①뜻밖에. 의외로. ②당치도 않은. 「一のふるまい; 당치도 않은 짓」

もってうまれた[持って生まれた](연어·연체) 처음부터 가지고 태어남. 타고 난. 「一性質(セイシツ); 천성」 natural

もってこい[持って来い](연어) 안성 마춤. 절호(絶好). 「速記(ソッキ)に一の万年筆(マンネンヒツ); 속기에 안성 마춤인 만년필」「一の日和(ヒヨリ); 절호의 날씨」 ideal

もってまわる[持って回る]―マハル(연어·4) ①가지고 사방을 돌아 다니다. ②(일이나 말을) 멀리 둘러 하다. 에둘러 하다. 1. carrying about

もっと(부) 더. 더욱. 그 위에. more

モットー[motto](명) 모토. ①표어. ②좌우명(座右銘). 신조.

もっとも[尤も] |(형동ダ) 지당한. 「一な意見(イケン); 지당한 의견」 ‖(접) 다만. 그렇다고는 하지만. | reasonable ‖ however. **―らし·い**[尤もらしい](형) 흡사 도리에 맞는 것 같다. 「一理屈(リクツ); 그럴 듯한 이유」 파생 **―らしげ**(형동ダ) **―らしさ**(명).

もっとも[最も·尤も](부) 먼저. 첫째로. 제일. most

もっぱら[専ら] |(명) 혼자만. 「権勢(ケンセイ)を一にする; 권세를 독차지하다」 ‖(부) 오로지. 한결같이. ‖ exclusively

モップ[mob](명) 모브. ①군중(群衆). 「一シーン; 모브 시인(군중이 있는 장면)」 ②폭도. 난민(乱民).

モップ[mop](명) 몹. 긴 자루가 달린 걸레.

もつやき[物焼き](명)〈속〉 조수(鳥獸)의 내장을 꼬챙이에 꿰어 구운 요리.

もつやく[没薬](명) 몰약. 아프리카에서 나는 미라(myrrha)라는 나무의 즙액으로 만든 약. 통경제(通経剤), 건위제(健胃剤)로 씀.

もつ·れる[縺れる](자하 1) ①엉키어 풀리지 않다. ②얽히다. ③이야기나 사건이 복잡해지다. ④혀가 자유롭게 움직이지 않게 되다(굳어지다). 명 もつれ. 3. become complicated

もて(격조) …으로. 「手(テ)一書(カ)く; 손으로 쓰다」

もて―(접두)〈고〉 동사 위에 붙여 어조를 고르는 말. 「一かしずく; 소중히 기리다(돌보다)」

もてあそ·ぶ[玩ぶ·弄ぶ](타 4) ①손에 가지고 놀다. 만지작거리다. ②위안물로 여겨 사랑하다. 「月花(ツキハナ)を一; 달과 꽃을 사랑하다」 ③마음대로 다루다. 「政治(セイジ)を一; 정치를 제 멋대로 하다」 ④짓궂게 놀리다. 명 もてあそび. 1. play with

もてあつか·う[持て扱う]―アツカフ(타 4) ①취급하다. 돌보다. ②⇨もてあます. 1. manage

もてあま·す[持て余す](타 4) 취급이나 방법이 곤란하다. 처치 곤란하다. 힘에 겨워하다. be too much for

モティーフ(명) ⇨モチーフ.

もてかしず·く(타 4)〈고〉 소중히 하다(돌보다).

もてな·す[持て成す](타 4) ①주선하다. 중재(仲裁)하다. ②대우하다. 접대하다. ③대접하다. 환대하다. 명 持て成し. 2. treat

もてはや·す[持て囃す](타 4) 대단히 칭찬하다. 극구 찬양하다. praise

モデラート[이 moderato](명)〈악〉 모데라토. 보통 속도.

モデリング[model(l)ing](명) 모델링. ①원형(原型)을 만드는 일. ②〔미술에서〕 입체적인 실체감을 표현하는 일.

も·てる[持てる](자하 1) ①가질 수 있다. ②대우받다. 인기가 있다. 1. be able to have

モテル[motel](명) 모우텔. 자동차 여행자용의 호텔.

モデル[model](명) 모델. ①형. 모형. ②견본. 본보기. 「一スクール; 모범 학교」 ②미술 작품의 대상이 되는 여인. ④문학 작품의 소재가 되는 사람. **―ケース**[model case](명) 모델케이스. 대표적인 예. 사례(事例).

モデルノロジー[modernology](명) 모더놀러지. 고현학(考現学).

―もと[本](접미) 초목을 세는 말. 그루.

もと[下·許](명) ①뿌리 근방. ②곁. 「母(ハハ)の一; 어머니 곁」 ③근처. 곳. ④손아래. 부하(部下). 「将軍(ショウグン)の一に; 장군 밑에」 ⑤〔"の一に"의 형태로〕 …한다는 상태로. 「約束(ヤクソク)の一に; 약속하에」 1. the base

もと[元·本·基](명) ①기원. 시작. ②땅에서 나는 것의 맨 아래 중요 부분. 뿌리. ↔末(スエ). ③젓가락이나 붓 등의 손 잡는 곳에 가까운 부분. ④근본. 기본. 「農(ノウ)は国(クニ)の一; 농업은 나라의 근본」 ⑤원인. 「酒(サケ)が一で; 술이 원인이 되어」 ⑥와카(和歌)의 처음 구(句). ↔末(スエ). ⑦곡자(麹子). 누룩. ⑧자본(資本). ⑨밑천. 「一が不足(フソク)だ; 밑천이 짧다」 ⑩신분(身分). 「一をただせば; 신분을 밝히면」 1. the origin 5. the cause 10. one's origin

もと[元·旧](명) 이전. 옛날. former times

もとい[基]―ヰ(명) 기초. 토대. the foundation

もとうた[本歌](명) 고쳐 지은 와카(和歌)나 시가(詩歌)에 대한 본래의 와카나 시가. the original verse

もとお·る(자 4)〈고〉 ①돌다. ②배회하다. ③자유 자재로 움직이다.

もどかし·い(형) 뜻대로 되지 않아 초조하다. 파생 **―が·る**(자 4) **―げ**(형동ダ) **―さ**(명). impatient

もとき[本木](명) 나무 줄기. 원뿌리. ↔うら木(キ). the original stock

―もどき[擬き](조어) 어떤 것과 비슷하게 만드는 일. 위조(偽造). 「しばい一; 연극 흉내」 -like

もときん[元金](명) ①원금. 대차(貸借)한 원래의 돈. ↔利息(リソク). ②자본금. 1. principa

もど·く(타 4)〈고〉 비판하다. 비난하다. 반대하다.

もとこ[元子](명) 원금과 이자. 원리(元利). pricipal and interest

もとごえ[基肥え·本肥え](명)〈농〉 기비. 농작물을 심기 전에 주는 비료. 밑거름. initial manure

もとじめ[元締め](명) ①회계, 경리를 통제함. 또는 그 사람. ②전체를 총괄하여 돌보는 사람. a manager

もど·す[戻す](타 4) ①돌이키다. 돌리다. 도로 보내다. ②〈속〉 토하다. 1. return

もとだか[元高](명)〈경〉 원금. 원가(原価). the base

もとちょう[元帳](명)〈경〉 원장. 회계의 기본이 되는 장부. 원부(原簿). ledger

もとづ·く[基づく·本づく](자 4) 기본으로 하여 일어나다. 시작하다. 원인하다. 타 基づける(하 1). originate

もとづめ[本詰め](명) 병술이나 통조림 등을 제조원이나 양조원(醸造元)에서 담음. 또는 그것.

もとで[元手](명) ①영업에 드는 자본. 자본금. ②기본이 되는 것.「からだが―; 몸이 자본」 1. capital

もとどり[髻](명) 머리털을 머리 위에서 묶은 부분. 상투.「―を切(キ)る; 상투를 자르다(중이 되다)」 the topknot

もとな(부)〈고〉 어딘지 모르게. 공연히. 이유도 없이.

もとなり[本生り](명) 식물의 덩굴 밑 부분에 열매가 생기는 것. 또는 그 열매. ↔うらなり. a fruit growing near the root

もとね[元値](명) 사들일 때의 값. 원가. the cost price

もとのもくあみ[元の木阿彌](연어·명) 일단 좋아졌던 것이 본래대로 나빠짐. 다시 전대로 가난해짐.

もとひき[元引き](명) 원금(元金)을 제하는 것.

もとぶね[本船](명) ①본선. 주장이 되는 배. ②선창에서 멀리 떨어진 바다에 떠 있는 큰 배. 1. a depot ship

もとへ[元へ](감)〔군대나 체조에서〕 다시 시킬 때 하는 구령(口令).

もとみや[本宮](명) 본궁. ①주장이 되는 신사(神社). ②신체(神体)를 안치한 본전(本殿). 1. a head shrine

もと·む[求む](타하 2) ⇨もとめる.

もとめて[求めて](부) 스스로 나서서. 자진하여. voluntarily

もと·める[求める](타하 1) ①찾다. 방문하다. ②탐내다. 요구하다. ③원하다. ④사다. ⑤스스로 초래하다.「わざわいを―; 화를 초래하다」 명 求め. 2. wish for 4. buy

もともと[元元·本本] Ⅰ(명) 손해도 이득도 없음. 처음과 다름 없음.「―だ; 본전치기다」 Ⅱ(부) 원래. 본래부터. Ⅰ none the worse Ⅱ from the first

もとゆい[元結い]―ユヒ(명) 상투를 틀 때 쓰는 끈. a cord for tying the topknot

もとより[固より·素より](부) ①처음부터. 본래부터. ②말할 것 없이. 물론. 1. from the first

もどり[戻り](명) ①돌아 옴. 돌아 오는 길. ②낚시, 뜨개질 바늘 등의 미늘. ③〈경〉 시세가 회복되는 것. 1.3. return. **―うり**[戻り売り](명·타サ)〈경〉 떨어진 시세가 오를 때 파는 것. ↔押(オ)し目買(メガ)い. **―みち**[戻り道](명) 귀로(帰路).

もと·る[悖る](자 4) 배신하다. 거역하다. be against

もど·る[戻る](자 4) ①돌아 오다. 되돌아 가다. ②원래의 상태로 되다. ③⇨もとる. 1. return

もなか[最中](명) ①한복판. ②한창. ③쌀가루 반죽을 얇게 밀어 구운 것에 팥소를 넣은 과자. 1. the middle

モナコ[Monaco](명)〈지〉 모나코. 프랑스와 이탈리아의 중간, 지중해 연안에 있는 작은 나라. 세금 대신 국영의 도박장에서 나는 이익으로 유지함. 수도는 몽테카를로(Monte Carlo).

モナミ[프 mon ami](명) 모나미. 나의 친구. 나의 애인.

モニター[monitor](명) 모니터. ①감시자. ②송신 녹음 등이 잘되는가를 감시하는 장치. 송신 감시 장치. ③부탁을 받고 방송, 신문 기사 등의 결과를 평해 주는 청취자.

もぬけ[藻抜け·蛻](명) 매미나 배암 등이 허물을 벗는 일. 또는 그 허물. 탈피(脱皮).「―の殻(カラ); 탈피한 껍질(허물)」 a cast-off skin

もの―[物](접두) 어쩐지.「―悲(ガナ)しい; 어쩐지 슬프다」「―さびしい; 어쩐지 쓸쓸하다」

もの[者](명) 겸손한 마음으로 또는 공적(公的)으로 말할 때에 쓰는 말. 사람. 자.「私(ワタクシ)のような―; 저 같은 사람」

もの[物](명) ①우리들이 생각할 수 있는 모든 것.「人情(ニンジョウ)という―; 인정이라고 하는 것」 ②형태가 있어 우리가 볼 수 있고 만질 수 있는 것. 물체. 물건. ③사물(事物). ④소유물.「自分(ジブン)の―; 내 것」 ⑤음식물.「―を食(タ)べる; 음식을 먹다」 ⑥말.「―をいう; 말을 하다」 ⑦특별히 내세울 만한 사물.「―ともしない; 하찮게 여기다」 ⑧까닭. 도리(道理).「―がわかる; 도리를 알다」 ⑨희망을 표시하는 말.「見(ミ)たい―だ; 보고 싶다」 ⑩…하는 것이 보통이다. …해야 한다의 뜻을 나타내는 말.「いうことをきく―だ; 하는 말은 들어야 한다」 ⑪과거에 왕왕 있었던 일을 생각할 때 쓰는 말.「よく行(イ)った―だ; 자주 갔던 것이다」 ⑫어떤 모양을 강조해서 단정하는 뜻을 나타내는 말.「慨嘆(ガイタン)にたえない―がある; 개탄하지 않을 수 없는 무엇이 있다」 ⑬「―にする; 습득하다. 자기의 것으로 만들다. 완성시키다」 2. an object 3. an article 8. reason 11. used to

もの(조) 활용어의 종지형(終止形)에 곁들여 다정하게 이유를 말할 때 쓰는 말.「若(ワカ)いんだ―; 젊은걸요」

ものあらいがい[物洗い貝](명)〈동〉 명주우렁이. 민물에 사는 작은 조개. 늪이나 논에 살며 디스토마의 중간 숙주.

ものあわれ[物哀れ]―アハレ(형동ダ) 어딘지 모르게 가엾은 모양. 울적해서 생각에 잠기는 모양.

ものあんじ[物案じ](명·자サ) 근심함. 걱정함. anxiety

ものいい[物言い]―イヒ(명) ①말을 하는 것. 말씨. ②소문. 풍설. ③말다툼. 논쟁. ④이의(異議).「―がつく; 이의가 생기다」 1. speaking 2. a rumour

ものい·う[物言う]―イフ(자 4) 말하다. 입을 열다. talk

ものいみ[物忌み](명·자サ) 어느 기간 동안 음식과 행위를 삼가하여 심신을 정결하게 함. 재계(斎戒). abstinence

ものいり[物入り](명) 비용이 듦. expenses
ものう·い[物憂い·懶い](형) ①나른하여 마음이 내키지 않다. ②피로하다. 마음이 울적하다. 귀찮다. [파생] **—げ**(형동ダ) **— さ**(명). 2. melancholy
ものうり[物売り](명) 물건을 파는 일. 또는 그 사람. selling
ものうんじ[物倦じ](명)〈고〉 사물(事物)에 싫증을 냄.
ものえんじ[物怨じ](명)〈고〉 사물을 원망함.
ものおき[物置き](명) 탄(炭)이나 허드레 물건을 넣어 두는 곳. 광. 「—小屋(ゴヤ); 헛간」 a barn
ものおじ[物怖じ]—オヂ(명·자サ) 겁을 냄. 또는 겁을 집어 먹음. timidity
ものおしみ[物惜しみ]—ヲシミ(명·자サ) 아까와함. 다랍게 굶. 인색함. stinginess
ものおそろし·い[物恐ろしい](형) 어딘지 모르게 무섭다. 어쩐지 두렵다. [파생] **—げ**(형동ダ) **— さ**(명). fearsome
ものおと[物音](명) 소리. a sound
ものおぼえ[物覚え](명) 사물을 기억하는 힘. 기억력(記憶力). memory
ものおもい[物思い]—オモヒ(명) 걱정하거나 하여 여러 가지 일을 생각하는 일. 근심. 「—にしずむ; 수심에 잠기다」 pensiveness
ものおもわ·し[物思わし](형シク)〈고〉 한스럽다. 걱정이 되다.
ものか(い)(감조) 반문(反問), 부정(否定) 등을 나타내는 말. 「有(ア)る—; 있을 리가 있나」 not so
ものかげ[物陰](명) 물건에 가리어서 보이지 않는 곳. shelter
ものがしら[物頭](명) 우두머리. 수령. a head
ものがた·い[物堅い](형) 견실하다. 정직하다. 의리가 있다. honest
ものがたり[物語](명) ①이야기. 담화(談話). ②오래 전부터 전해 오는 이야기. ③산문(散文)으로 된 문학 작품. 책. …전(伝). 1. a story 3. a tale
ものがた·る[物語る](타 4) 이야기를 하다. 말하다. narrate
ものがなし·い[物悲しい](형) 공연히 슬프다. 어쩐지 슬프다. [파생] **—げ**(형동ダ) **— さ**(명). sorrowful
ものかは[物かは](연어) ①아무렇지도 않은. 태연한. 「雨(アメ)も—と歩(アル)きつづける; 비를 무릅쓰고 태연히 걸어 가다」 ②〈고〉강한 부정이나 반문을 나타내는 말. …것이냐. 「月(ツキ)はくまなきをのみ見(ミ)る—; 달은 둥근 달만 보는 것이냐」 1. in spite of
ものぐさ(명·형동ダ) 게으름. 또는 그러한 사람. indolence
ものぐさ[物種](명)〈고〉 물건의 바탕이 되는 것. 재료.
ものぐさ·い[物臭い·懶い](형) ①게으르다. 나태하다. ②수상하다. 의심스럽다. 1. lazy
モノグラム[monogram](명) 모노그램. 두 개 이상의 문자를 한 글자 모양으로 도안화한 글자. 합일 문자(合一文字).
ものぐるい[物狂い]—グルヒ(명) 미치광이. 미친 듯한 기미. 광기(狂気). insanity
ものぐるおし·い[物狂おしい]—グルホシイ(형) 미치광이 같다. 미친 것 같다. 광적이다. [파생] **—げ**(형동ダ) **— さ**(명). frantic
ものぐるわし·い[物狂わしい]—グルハシイ(형) ⇨ものぐるおしい.
ものげな·し[物げなし](형ク)〈고〉 보잘 것 없다. 대수롭지 않다. 하찮다.
ものごい[物乞い]—ゴヒ(명·타サ) ①걸인(乞人)이 구걸함. 걸식(乞食). ②거지. 2. a begger
ものごころ[物心](명) 세상의 여러 가지 상태를 아는 마음. 물정. 세정. 셈. 「—(が)つく; 세상 물정을 알다(셈들다)」 discretion
ものごし[物腰](명) 말씨나 태도. 「落(オ)ちついた—で; 침착한 태도와 말씨로」 manner
ものごと[物事](명) 물건과 일. 여러 가지 유형, 무형의 것. 사물. things
ものさし[物差し](명) 자(尺). a rule
ものさびし·い[物寂しい·物淋しい](형) 어쩐지 쓸쓸하다. [파생] **—げ**(형동ダ) **— さ**(명). lone-some
ものさ·ぶ(자상 2)〈고〉 ①어쩐지 거칠고 쓸쓸해지다. 어쩐지 황량해지다. ②(건물, 물건 등이) 오래 되어 어쩐지 깊은 아취가 풍기다.
ものさわがしい·い[物騒がしい](형) 떠들썩하다. 요란하다. 시끄럽다. [파생] **—げ**(형동ダ) **— さ**(명). noisy
もの·し[物し](형シク)〈고〉 불쾌하다. ⇨:ものものしい
ものしずか[物静か]—シヅカ(형동ダ) ①조용한 모양. ②태도나 말씨가 침착한 모양. 1. quiet
ものじたい[物自体](명)〈철〉 물자체. 칸트의 용어(用語). 현상(現象)에 대해 본체(本体)를 가리켜 일컫는 말. thing-in-itself
ものしり[物知り·物識り](명) 지식이 넓음. 또는 그런 사람. 뭐든지 다 알고 있는 사람. 박식(博識). profound knowledge
もの·す[物す] Ⅰ(자サ) ①있다. 이다. ②가다. ③뭔가를 하다. Ⅱ(타サ) ①행하다. 하다. ②쓰다. 그리다. 만들다. Ⅰ 2. go Ⅱ 1. do 2. draw
ものずき[物好き](명·형동ダ) 보통 사람보다 좀 색다른 것을 좋아함. 또는 그런 성질이나 사람. 호기심. 또는 호기심이 많은 사람. whimsical curiosity
ものすご·い[物凄い](형) ①대단하다. 무섭다. ②굉장하다. 놀랍다. 「—スピード; 굉장한 속력」 [파생] **— さ**(명). 1. terrible
ものすさまじ·い[物凄まじい](형) 어쩐지 처량하다. 어쩐지 무섭다. 굉장하다. horrible
モノタイプ[monotype](명) 모노타이프. 키이를 누르면 한 자 한 자씩 자동적으로 주조되며 식자하는 인쇄 기계의 장치.
ものだね[物種](명) ①사물의 근원이 되는 것. 재료. 원료. ②초목(草木)의 씨. 「—は盗(ヌス)まれず; 혈통은 속일 수 없다는 말」 1. origin
ものたりな·い[物足りない](형) 어쩐지 불만스럽다. [파생] **—げ**(형동ダ) **— さ**(명). unsatisfied

ものづくし[物尽くし](명) 그 종류에 속하는 것의 전부를 통틀어 말(열거)하는 것. 예:国尽(クニヅ)くし, 花尽(ハナヅ)くし. all kind of
ものども[者共](대) 하인들을 부르는 말. 부하들.「―, 参(マイ)れ; 모두들(부하들) 오너라」 men
ものとり[物取り](명) 도둑. 노상 강도. a robber
ものな·れる[物慣れる·物馴れる](자하 1) 일에 익숙해지다. 숙달되다.「物慣(モノナ)れた手(テ)つきで; 익숙한 솜씨로」 get experienced
ものの[物の](연어·부) ①거의. 대부분. 약.「―十五分(ジュウゴフン)も; 거의 15 분이나」②과연. 정말.「―見事(ミゴト)に成功(セイコウ)した; 정말 멋지게 성공했다」 1. about
ものの(접조) 그래도. 그렇지만.「そうはいう―; 그렇게 말하지만」 though
もののあわれ[物の哀れ]―アハレ(명) ①어쩐지 슬프게 느껴지는 것. ②마음에 스며 드는 정취(情趣). 1. pathos
もののかず[物の数](명) 셀 수 있는 정도의 것. 특히 칠 만한 가치.「―ではない; 특히 셈에 넣을 정도로 대단한 것은 아니다」 counting for nothing
もののぐ[物の具](명) ①도구(道具). ②갑옷. 1. a tool
もののけ[物の気·物の怪](명) 잘못 건드리면 동티가 난다는 사령(死霊). 또는 생령(生霊). a spectre
もののふ[武士](명) 무사. 군인. a warrior
もののべうじ[物部氏](명) 옛날 군사, 형벌(刑罰) 등에 종사하던 씨족(氏族). 「a book
ものの ほん[物の本](명) (그 방면의 사항을 쓴) 책. ↗
もののみごとに[物の見事に](연어·부) 대단히 훌륭하게.「―投(ナ)げとばす; 아주 멋지게 내던지다」 successfully
ものはづけ[物は付け](명) "…(する)ものは(…하는 것은)"이라는 제목에 대하여 답이 되는 구(句)를 짓는 일. 에도(江戸) 시대에 한창 유행했음.
ものび[物日](명) 축제일(祝祭日). 명절. a public holiday
ものふ·る[物古る](자 4)〈고〉 좀 낡다. 낡은 티가 나다.
ものほし[物干し](명) 세탁물을 널어서 말리는 설비.「―ざお; 빨래를 너는 장대」 a clothes-horse
ものほし·げ(형동ダ) 어쩐지 가지고 싶어하는 모양. 뭣인가 바라는 듯한 모양. wistful
ものほしそう[物欲しそう](형동ダ) 갖고 싶어하는 모양. 욕심을 내는 모양. wistful
ものまえ[物前](명) ①준비나 지불(支払)에 바쁜 명절 밑이나 세밑. ②전쟁 직전. 1. the eve of a quarter-day
ものまなび[物学び](명)〈고〉 학문.
モノマニア[monomania](명)〈의〉 모노마니아. 편집광(偏執狂).
ものまね[物真似](명·자타サ) 다른 것의 태도나 음성을 흉내 냄. 흉내. mimicry
ものみ[物見](명) ①구경. 관광(観光).「―遊山(ユサン); 관광 유람」 ②척후(斥候). 경비. ③←ものみやぐら. 1. sightseeing. **―だか·い**[物見高い](형) 뭐든지 신기하게 보다. 호기심이 많다. **―やぐら**[物見櫓](명) 먼 곳을 살피는 망대. 망루(望楼). **―ゆさん**[物見遊山](명) 구경하러 돌아 다님. 관광 유람.
ものむつか·し[物むつか·し](형シク)〈고〉 어쩐지 기분 나쁘다. 우울하다.
ものめずらしい[物珍しい]―メヅラシイ(형) 어쩐지 신기하다. 파생 **―げ**(형동ダ) **―さ**(명). curious
ものもう[物申]―マウ(감) 남의 집에 갔을 때 안내를 청하는 말. 이리 오너라.
ものも·う[物思ふ](자 4)〈고〉 "ものおもう"의 준말. 생각에 잠기다.
ものもう·す[物申す]―マウス(자 4) ①말하다. 입을 열다. ②안내를 청하다. 1. speak 2. announce oneself
ものもうで[物詣で]―マウデ(명·자サ) 신사(神社)나 절에 참배(参拝)함. a visit to a shrine or temple
ものもち[物持ち](명) 돈이나 물건을 많이 가진 사람. 재산가(財産家). 부자. a rich man
ものものし·い[物物しい](형) ①위엄 있다. 굉장하다. 어마어마하다. ②홍감스럽다. 파생 **―げ**(형동ダ) **―さ**(명). 1. imposing
ものもらい[物貰い]―モラヒ(명) ①걸인(乞人). ②〈의〉 눈꺼풀에 나는 조그마한 종기. 다래끼. 1. a begger
ものやみ[物病み](명)〈고〉 병(病).
ものやわらか[物柔らか]―ヤハラカ(형동ダ) 부드러운 모양. 유연(柔軟)한 모양. gentle
ものゆえ[物故](접미)〈고〉 …때문에.「赤(アカ)い―目(メ)につきやすい; 빨갛기 때문에 눈에 띄기 쉽다」
モノラル[monoral](명) 모노랄. 레코오드 등에서 입체 음향이 아닌 보통의 음을 내는 것.「―盤(バン); 모노랄 판」↔ステレオ.
モノレール(カー)[monorail(car)](명) 모노레일(카아). 한 줄의 레일에 매달려 달리는 전차(電車).
モノローグ[monologue](명) 모놀로오그. 독백(独白).
ものわかり[物分かり](명) 사물을 이해하는 힘이나 정도.「―がいい; 이해력이 좋다」 the comprehensive faculty
ものわかれ[物別れ](명·자サ) 의견이 일치되지 않아 서로 헤어짐. parting unreconciled
ものわすれ[物忘れ](명·자サ) 사물을 잊어 버림. 실념(失念). forgetfulness
ものわらい[物笑い]―ワラヒ(명) 세상 사람들이 조소(嘲笑)하는 것.「―の種(タネ); 웃음 거리」a laughingstock
ものを(연어·감조) …인데. …것을. and then
モハメットきょう[Mohammed 教](명) 모하멧교(教). 회교(回教).
もはや[最早](부) 벌써. 이미. already
もはん[模範](명) 모범. 본받아 배울 만한 것. a model. **―てき**[模範的](형동ダ) 모범적. 모범이 되는 모양.
モヒ(명) 모르핀의 준말.
モビ(ー)ルゆ[mobile 油](명) 모빌유. 윤활유(潤滑油)의 한 가지. 발동기의 실린더에 쓰는 감마유(減摩油).
も·ふ[思ふ](자 4)〈고〉 ⇨もう.
もふく[喪服](명) 상복. 상중(喪中)에 입는 옷 mourning dress

モヘア[mohair](명) 모헤어. 앙고라 염소의 털로 짠 고급 직물. 쇼올 등을 만듦.
もほう[模倣·摸倣](명·타サ) 모방. 흉내 냄. imitation
もほん[模本·摸本](명) ①원본(原本)을 모사(模写)해서 만든 책. ②본보기가 되는 책. 1. a facsimile
もまた[も亦](명) "また(亦)"를 "また(又)"나 "また(復)"와 구별해서 쓰는 말. …도 역시. 또한.
もみ[紅·紅絹](명) 홍견. 안감으로 쓰는 분홍빛 무지(無地)의 얇은 비단. red silk
もみ[籾](명) ①쌀의 단단한 겉껍질. 왕겨. ②⇨もみごめ. 1. rice hulls
もみ[樅](명)〈식〉 왜전나무. 상록 침엽 교목으로 목재는 건축, 기구, 제지용. 크리스마스트리로도 씀. a fir
もみあ·う[揉み合う]ーアフ(자 4) ①서로 뒤얽혀 싸우다. ②서로 열을 올려 논전하다. 말다툼하다. 명 揉み合い. 1. struggle with one another
もみあげ[揉み上げ](명) 살쩍. 빈모(鬢毛). 귀밑털. a tuft of hair under the temple
もみいた[揉み板](명) 빨래판. a scrubbing board
もみうら[紅裏](명) 홍견(紅絹)의 안감. 또는 그걸 쓰는 일. lining of red silk
もみがら[籾殻](명) ⇨もみ(籾)①.
もみかわ[揉み皮·揉み革](명) 무두질하여 연하게 만든 가죽. softened leather
もみくちゃ[揉みくちゃ](명) 구겨서 구김살이 지는 것. 쭈글쭈글해짐. being jostled
もみけ·す[揉み消す](타 4) ①비벼서 불을 끄다. ②소문을 없애다. 얼버무려 수습하다. 1. rub out
もみごめ[籾米](명) 껍질이 붙어 있는 쌀. 벼. unhulled rice
もみじ[紅葉]モミヂ(명·자サ) ①단풍(丹楓). ②〈식〉 단풍나무. ③「ーを散(チ)らす; 얼굴을 빨갛게 붉히다」 1. scarlet-tinged leaves 2. a maple. **ーがり**[紅葉狩り](명) 단풍 놀이. 산이나 들로 단풍을 구경가는 것. **ーば**[紅葉葉](명) ①단풍든 나뭇잎. 단풍잎. ②단풍이 든 단풍나무의 잎.
もみ·ず[紅葉ず]モミヅ(자 4·상 2·하 2)〈고〉 가을이 다 갈 무렵 초목의 잎이 서리에 맞아서 붉고 노랗게 변하다. 단풍 들다.
もみすり[籾摺り](명) 곡물(穀物)의 껍질을 벗겨 현미(玄米)를 만듦. hulling the rice
もみだ·す[揉み出す](타 4) ①비벼 내다. ②비비기 시작하다. 1. rub and press out
もみで[揉み手](명·자サ) 두 손을 비빔. 잘못했을 때나 사과할 때 하는 동작. rubbing one's hands
もみぬか[籾糠](명) 왕겨. rice hulls
もみりょうじ[揉み療治](명·타サ) 안마(按摩). massage
も·む[揉む](타 4) ①두 손으로 비벼 부드럽게 하다. 비벼서 구겨지게 하다. ②양손으로 송곳을 돌려 구멍을 뚫다. ③주무르다. 안마를 하다. ④혼잡해서 이리 밀리고 저리 밀리다. ⑤열심히 토론하다. ⑥(씨름 등의) 적수가 되어 연습하다. ⑦시달리다. 많은 사람에게 치여 피로운 경험을 갖다. ⑧애를 쓰다. 「氣(キ)をー; 애를 쓰다」 1. crumple 3. massage
もめごと[揉め事](명) 다툼. 분쟁. 소동. 「内輪(ウチワ)のー; 내분(内紛)」 a trouble
も·める[揉める](자하 1) ①구겨지다. ②분쟁이 일어나다. ③애를 쓰다. 「気(キ)がー; 걱정이 돼서 애를 태우다」 명 もめ. 1. become rumpled
もめん[木綿](명) ①솜. ②무명실. 면사(綿絲). ③면직물. 무명. 「ーの きもの;면직물의 의복」 3. cotton cloth. **ーいと**[木綿糸](명) 무명실. **ーおり**[木綿織](명) 목면직. 날과 씨가 전부 무명으로 짜여진 직물. 예: 무명, 광목 등. **ーわた**[木綿綿](명) 솜.
モメント[moment](명) 모멘트. ①순간. ②회전기(回転期). 계기. ③동기. 요인(要因).
もも[百](명) ①수가 많은 것. 「ー種(グサ)の品(シナ); 많은 종류의 물건」 ②열의 10 배. 백. 1. a large number
もも[股](명) 넓적다리. 대퇴(大腿). a thigh
もも[桃](명)〈식〉 복숭아나무. 앵도과에 속하는 낙엽 활엽 교목. 밭이나 뜰에 심음. 봄에 분홍빛 꽃이 핌. 열매는 복숭아라고 하며 식용. a peach
ももいろ[桃色](명) ①도색. 복숭아꽃의 빛깔. 연분홍. ②〈속〉좌익 사상을 비유하는 말. 또는 좌익 사상자. ③〈속〉 도색. 연애. 성애(性愛). 「ー遊戯(ユウギ); 도색 유희」 1. pink
ももしき[百敷き](명)〈고〉 임금이 거처하는 집. 금중(禁中). 황성(皇城).
ももじり[桃尻](명) 말타는 것이 서투러서 궁둥이가 안장에 잘 앉혀지지 않는 것.
ももだち[股立ち](명) 일본식 바지 허리의 좌우의 갈라진 곳. gird up one's skirt
ももたろう[桃太郎](명) 일본 동화에 나오는 주인공의 이름. 복숭아 속에서 태어나 개와 원숭이, 꿩을 데리고 도깨비섬에 가서 도깨비를 정복한 후, 보물을 가지고 돌아 온다는 이야기.
ももち[百千](명) 수가 많은 것. 다수(多数). 무수(無数). 「ーの鳥(トリ); 많은 새」 a large number
ももとせ[百年·百歳](명) 백세. ①백 년. ②많은 세월. 1. a hundred years
もものせっく[桃の節句](연어·명) 3월 3일의 명절. 삼짇날. the Doll's Festival
ももひき[股引き](명) ①발을 들이밀어 입는 즈봉 비슷한 하의(下衣). 바지. ②팬츠. 1. drawers
ももやまじだい[桃山時代](명) ⇨あずちももやまじだい.
ももわれ[桃割れ](명) 16, 7 세 소녀들의 머리 모양의 한 가지. 좌우 양쪽으로 갈라 복숭아 모양으로 얹음.

〔桃割れ〕

ももんが(あ)[鼯鼠](명) ①〈동〉 ⇨むささび. ②옷을 뒤집어 쓰고 팔꿈치를 펴서 마치 동물처럼 하여 어린애를 놀라게 하는 장난. 또는 그 놀이.
ももんじい(명)〈속〉 산돼지나 사슴의 고기. meat
もや[靄](명) 공중에 끼는 안개. 또는 연기. haze
もや[母屋](명) ⇨おもや.

もや[喪屋](명) 옛날 풍습으로 장례 날까지 시체를 두는 방. 빈소(殯所). a mortuary
もやい[催合い]モヤヒ(명) 공동으로 하는 것. 공동으로 소유하는 것.「―にする; 공동으로 하다」 common share
もやいづな[舫綱](명) 배를 붙잡아 매는 밧줄. a mooring line
もやいぶね[舫い船]モヤヒ―(명) 서로 붙들어 매어 정박해 있는 배. a moored boat
もや·う[舫う]モヤフ(타 4) ①배와 배를 연결시켜 묶다. ②배를 말뚝 같은 데에 묶다. 계류(繫留)하다. moor
もやし[萌やし](명) ①먹기 위해 곡물을 싹 틔운 것. 예: 콩나물, 숙주나물, 엿기름(麦芽). ②촉성 재배(促成栽培)하는 야채의 싹. 1. malt
もやしつ·ける[燃やしつける](타하 1) 불을 붙여서 완전히 태우다. burn out
もや·す[萌やす](타 4) 싹이 트게 하다. malt
もや·す[燃やす](타 4) 타게 하다. (불을) 때다. burn
もやもや(부·자サ) ①분명하지 않은 모양. 자욱한 모양. ②고민하는 모양. ③떼 지어 나(生)는 모양. 무럭무럭. 1. misty
―もよいモヨヒ(조어) 그렇게 되어질 것 같은 기미가 보이는 것.「雪(ユキ)―; 눈이 올 것 같은 기미」
もよう[模様](명) ①무늬. 도안(図案). ②형편. 모양.「取(ト)りやめる―だ; 그만둘 모양이다」 1. a design. **―がえ**[模様替え]―ガヘ(명·타サ) 방법, 순서, 실내의 장식 같은 것을 바꿈.
もよおし[催し]モヨホシ(명) ①재촉. ②계획. ③집합. 집회.「歓迎(カンゲイ)の―; 환영회」 ④징조.「産気(サンケ)の―; 산기의 징조」 2. a plan. **―もの**[催し物](명) 여러 가지의 회합이나 연예(演芸).
もよお·す[催す]モヨホス Ⅰ(자 4) ①일어나려고 하다. 징조가 보이다. ②대변이나 소변이 마렵다. Ⅱ(타 4) ①재촉하다. ②계획하다. ③…하게 하다.「涙(ナミダ)を―; 눈물겹게 하다」 Ⅰ 1. show signs of Ⅱ 1. urge
もより[最寄り](명) 가까운 곳. 부근. 근처.「―の; 이웃의」 vicinity
モラ(명) 모라토륨의 준말.
モラール[morale](명) ⇨モラル.
もらい[貰い]モラヒ(명) ①얻음. 또는 얻은 것. ②원하여 받는 것. 1. receiving. **―ご**[貰い子](명) 남의 자식을 얻어서 자기 자식처럼 기르는 것. 또는 그 아이. **―ぢち**[貰い乳](명) 남의 젖을 얻어 먹여서 기르는 것. 또는 그 젖. **―なき**[貰い泣き](명·자サ) 동정해서 같이 우는 것. **―び**[貰い火](명) 남의 집에 난 불로 인해 자기 집이 타는 것. **―もの**[貰い物](명) 남에게서 얻은 물건.
もら·う[貰う]モラフ Ⅰ(타 4) ①얻다. ②인수(引受)하다. 맡다.「そのけんかはおれがもらった; 그 싸움은 내가 맡았다」 ③집에 맞아 들이다.「よめを―; 아내를 맞다」 Ⅱ(보동·4) 외부의 동작이나 작용에 의해 이익을 받는 것을 나타내는 말.「教(オシ)えて―; 가르침을 받다(배우다)」 Ⅰ 1. accept
もら·す[漏らす] Ⅰ(타 4) ①새게 하다. 쏟다. ②비밀을 누설하다. ③마음 먹고 있는 일을 입 밖에 내다.「不平(フヘイ)を―; 불평을 말하다」 ④빠뜨리다. 빼먹다. ⑤남기다. 놓치다. ⑥(어린애가) 오줌을 싸다. Ⅱ(보동·4) 빼먹다. 빠뜨리다.「聞(キ)き―; 빼먹고 듣다」 Ⅰ 2. disclose 5. leave out
モラトリアム[moratorium](명)〈경〉 모라토륨. 비상시에 법령으로써 일정한 기간 동안 채무자의 지불을 연기하는 것. 지불 유예.
モラリスト[moralist](명) 모랄리스트. 도덕가. 도덕론자.
モラル[moral](명) 모랄. ①도덕. 윤리. ②도덕상. 도덕적. ③수신(修身).
もり[守り](명) ①지키는 일. 또는 그 사람.「燈台(トウダイ)―; 등대지기」 ②아이를 보는 일. 또는 그 사람. ⇨: 子(コ)もり. 1. defence
もり[盛り](명) ①그릇에 담음. 또는 담은 정도의 분량.「―が多(オオ)い; 많이 담았다」 ②⇨もりそば. 1. quantity
もり[森·杜](명) 나무가 무성하게 서 있는 곳. 수풀. 삼림.「松(マツ)の―; 소나무 숲」 a wood
もり[銛](명) 던지거나 찔러서 물고기를 잡는 도구. 작살. a harpoon
もり[漏り](명) (비 등이) 샘. 누수(漏水). rain leaking
もりあが·る[盛り上がる](자 4) ①부풀어 오르다. ②밑에서부터 솟구쳐 오르다. ③대중 속에서 세력이나 여론이 솟아 오르다. 1. 3. rise
もりかえ·す[盛り返す]―カヘス(타 4) 쇠퇴해진 세력을 다시 왕성하게 하다. 원기를 회복하다. regain
もりがし[盛り菓子](명) 신불(神仏)이나 영전(霊前)에 수북히 괴어 바치는 과자. heaped sweets
もりきり[盛り切り](명) ⇨もっきり.
もりぐちだいこん[守口大根](명)〈식〉 오오사카부 모리구치시(大阪府守口市) 원산의 무우.
もりこ·む[盛り込む](타 4) 여러 가지 종류의 물건을 함께 담다. fill in
もりころ·す[盛り殺す](타 4) ①약을 먹여서 살해하다. 독살(毒殺)시키다. ②투약(投薬)을 잘못해서 환자를 죽게 하다. 1. kill by poisoning
もりじ[森路](명) 숲속의 길. a pass in the wood
もりじお[盛り塩](명) 요리집 등에서 재수 있으라고 대문간에 소금을 뿌리는 일. 또는 그 소금.
もりずな[盛り砂](명) 귀인이 올 때나 의식이 있을 때 문의 양편에 높게 쌓아 올린 장식용 모래.
もりそば[盛り蕎麦](명) 대나무로 만든 그릇에 담은 일본식 메밀 국수.
もりだくさん[盛り沢山](형동ダ) 많이 담은 모양. 내용이 풍부한 모양. abundance
もりた·てる[守り立てる](타하 1) ①보호하여 키우다. 육성(育成)하다. ②다시 일어나다. 재흥(再興)하다. 2. revive
もりつ·ける[盛り付ける](타하 1) 접시 등에 예쁘게 담다. 보기 좋게 괴다. 명盛り付け.

もりつぶ·す[盛り潰す](타 4) 취해서 녹아 떨어질 때까지 술을 먹이다. 녹아 떨어지게 하다. induce to be dead drunk

もりばな[盛り花](명) 꽃꽂이 형식의 하나. 수반(水盤)이나 꽃바구니 같은 것에 많은 꽃을 꽂는 것. 또는 그 꽃. arrangement of flowers in a basket

もりばん[森番](명) 숲을 지키는 사람. 산지기. 산감독(山監督). a forest-keeper

モリブデン[도 Molybdän](명)〈이〉 몰리브덴. 백색의 무른 금속 원소. 강철에 넣어서 특수강(特殊鋼)을 만듦. 기호는 Mo. 수연(水鉛).

もりもの[盛り物](명) ①상에 차리는 음식. ②신불(神仏)에게 바치는 물건. 공물(供物). 제물(祭物). 1. food at a meal

もりもり(부) ①기세(気勢)가 왕성하게 일어나는 모양. 우쩍우쩍. ②단단한 것을 입 속에 넣고 힘차게 씹는 모양. 와작와작. 1. steadily

もりやく[守り役](명) 지키거나 뒤를 돌보아 주는 소임. duty of nursing

も·る[守る](타 4) ①지키다. ②돌보다. 1. watch

も·る[盛る](타 4) ①그릇에 수북히 담다. 괴다. ②높게 쌓다. ③약을 조제하다. ④약이나 술을 먹이다. ⑤눈금을 새기다. 1. put in 2. heap up

も·る[漏る·洩る](자 4) ⇨もれる.

モル[mol](명)〈이〉 몰. 화합물의 분자량에다 g을 붙여서 표시한 것. 그램 분자.

モルタル[mortar](명) 모르타르. 모래에다 시멘트를 섞어 물에 갠 것. 돌이나 벽돌 같은 것을 붙이며 외벽을 바르는 데 씀.

モルッカしょとう[Molucca 諸島](명)〈지〉 몰루카스 제도. 셀레베스와 뉴우기니아 사이에 있는 인도네시아령 도서군(島嶼群). 세계적인 향료 산지로 유명함.

モルヒネ[morphine](명)〈이〉 모르핀. 아편 중에 함유되어 있는 중요한 알칼로이드의 하나. 무색 침상 결정(針状結晶). 진통(鎮痛), 마취 등에 씀.

モルモット[네 marmot](명)〈동〉 마르모트. 다람쥐과에 속하는 짐승. 생김새는 토끼와 비슷하나 귀가 작음. 실험용으로 씀. 마아못.

モルモンしゅう[Mormon 宗](명)〈종〉 모르몬종. 모르몬교. 1830년에 미국인 스미드가 창시한 기독교의 한 파. 모르몬경(経)을 성전(聖典)으로 하고 일부 다처(一夫多妻)주의로 유명함. 법률에 의하여 1895년 이래 금지.

もれ[漏れ·洩れ](명) 새는 것. 빠짐. 탈락(脱落).「—のないように手配(テハイ)する; 빠짐이 없도록 수배하다」 disclosure

もれなく[漏れ無く](부) 빠짐 없이. without omission

も·れる[漏れる·洩れる](자하 1) ①새다. ②비밀이 누설되다. 외부에 알려지다. ③빠지다. 탈락(脱落)하다. 1. leak out 2. be disclosed

もろ—[諸](조어) ①양쪽의.「—そで; 양소매」②여러. 많은.「—びと; 여러 사람」③함께 하는 것.「—寝(ネ); 함께 자는 것」

もろ·い[脆い](형) ①부서지기 쉽다. 무르다. ②기세가 약하다. [파생] —さ(명). 2. spiritless

もろごえ[諸声]—ゴエ(명) 여러 사람이 함께 맞추어서 내는 소리. 여러 사람이 일제히 소리를 지름.「—に; 제성(斉声)으로(여럿이 소리를 합하여)」 all voices

もろこし[唐土](명) 중국.「—人(ビト); 중국인」 China

もろこし[蜀黍](명)〈식〉 수수. 잎은 옥수수와 비슷하고 알맹이는 적갈색임. 식용. an Indian millet

もろざし[諸差し](명) 〔씨름에서〕 양손을 상대방의 겨드랑이에 넣는 수.

モロッコ[Morocco](명)〈지〉 모로코. 아프리카 서북의 해안에 있는 독립국. 주민은 아랍 민족. 수도는 라바트(Rabat).

もろて[諸手](명) 양손. both hands

もろとも[諸共](명) 모두. 함께. 다 같이.「—に; 다 같이」 together

もろに(부)〈속〉 함부로. 무턱대고. immoderately

もろは[諸刃](명) 도신(刀身)의 양쪽에 날이 있는 것. 또는 그 칼. double-edge

もろはく[諸白](명) 정백미(精白米)로 빚은 고급 술. fine wine

もろはだ[諸肌](명) 가슴. 좌우 양어깨의 살갗. 상반신의 살갗.「—をぬぐ; 웃도리를 벗어 상반신을 드러내다. 전력을 다하여 일에 임하다」 both shoulders

もろひざ[諸膝](명) 두 무릎.「—をつく; 무릎을 꿇다」 both knees

もろびと[諸人](명) 많은 사람. 모든 사람. 일동(一同). all the people

もろみ[諸味·醪](명) ①거르지 않은 술. 전국. ②거르지 않은 간장. unrefined wine

もろもろ[諸諸](명) 여럿. 많은 것. 모든 것. all

もろや[諸矢](명) ①첫 번째의 화살과 두 번째의 화살. 한쌍의 화살. ②과녁을 쏘아 모두 맞히는 일.

—もん[文](접미) ①구멍 뚫린 돈. 엽전. ②1전의 10분의 1. ③신발의 치수의 단위. 문수(文数). 1문은 2.4 *cm*.

—もん[門](접미) 화포(火砲)를 세는 말.

—もん[問](조어) ①질문. ②문제.「第—(ダイイチ)—; 제1문」

もん[門](명) 문. ①출입구(出入口). 드나드는 곳. ②가르침을 받는 선생이나 그를 중심으로 하는 일파.「中村先生(ナカムラセンセイ)の—に学(マナ)ぶ; 나카무라 선생 문하에서 배움」③분류상의 대별(大別). ④동, 식물 분류상의 한 단위.「顕花植物(ケンカショクブツ)—; 현화 식물문」 1. a gate 3. 4. an order

もん[紋](명) ①무늬. ②⇨もんどころ. 1. a design

もんいん[門院](명) 불문에 귀의한 황족 직계 가족의 여자가 사는 궁전에 붙인 칭호.

もんえい[門衛](명) 문지기. 수위(守衛). a gate keeper

もんおめし[紋御召し](명) 가문(家紋)의 무늬를 솟을무늬로 넣고 주름이 지게 짠 비단. figured crape

もんおり[紋織り](명) 가문(家紋)의 무늬를 솟을 무늬로 짠 직물. figured texture

もんか[門下](명) 문하. 스승의 집에 가서 교습 받는 것. 또는 그 사람. 문인(門人). one's disciple. ―せい[門下生](명) 문하생. 문제자(門弟子).

もんがい[門外](명) 문외. ①문밖. ↔門内(モンナイ). ②전문(專門) 분야 외(外). 국외(局外). 1. outside the gate. ―**かん**[門外漢](명) 문외한. ①그 전문 분야에 지식이 없는 사람. ②그 사물에 직접 관계 없는 사람. ―**ふしゅつ**[門外不出](연어·명) 함부로 내보일 수 없는 귀중한 가보.「―の名刀(メイトウ); 함부로 내놓지 못할 명도」

もんがまえ[門構え]―ガマヘ(명) ①대문을 세우는 것. ②대문이 있는 집. ③한자 부수(部首)의 하나. 문문. "問, 聞" 등의 "門" 부분. 1. furnishing with a gate

もんかん[門鑑](명) 문을 드나들 때 보이는 증명서. a gate-pass

モンキー[monkey](명) 멍키. ①〈동〉 원숭이. ②말뚝을 박는 망치. ③〔멍키렌치(monkey-wrench)의 준말〕 스패너의 목에 나사를 장치하여 자유로이 조절해서 사용할 수 있도록 된 스패너. 멍키스패너.

もんきりがた[紋切り型·紋切り形](명) ①무늬의 틀을 뜨기 위한 본. ②일정한 양식. 틀에 박힌 형식.「―のあいさつ; 틀에 박힌 인사」 1. a fixed form

もんく[文句](명) 문구. ①문장의 어구. 글귀. ②불평(不平). 1. words

もんげん[門限](명) 밤에 문을 잠그는 시각. 폐문 시간(閉門時間). the closing-time

もんこ[門戸](명) 문호. 입구.「―をとざす; 문을 잠그다」 an entrance

モンゴル[Mongol](명) 몽골. ①몽고 (인종). ②몽고 인민 공화국의 준말. 외몽고를 대부분 차지하고 있는 공화국. 수도는 울란바토르(Ulan Bator).

もんごん[文言](명) 문언. 문장 중의 어귀. 편지의 글귀. words and phrases

もんざい[問罪](명·자サ) 문죄. 죄를 문책함. 문초.「―の師(シ); 문죄하기 위하여 보내는 군대. 정벌(征伐)의 군대」 accusation

もんさつ[門札](명) 문패. a door-plate

もんし[門歯](명)〈생〉 문치. 입 안의 제일 앞에 있는 아래 위 네 개의 이. 앞니. an incisor

もんし[悶死](명·자サ) 고민하다가 죽음. death in convulsions

もんじ[文字](명) 문자. ①글자. ②문장(文章).「警世(ケイセイ)の大(ダイ)―; 세상을 놀라게 한 대문장」 1. a character

もんした[紋下](명) ①오오사카(大阪)의 분라쿠좌(文楽座)에서 최고 지위의 광대. ②⇨: やぐらした.

もんしゅ[門主](명)〈불〉 ①황족(皇族)이나 귀족이 들어가 불법의 계통을 계승하는 절의 주지. ②일파의 장(長).

もんじゅ(ぼさつ)[文珠(菩薩)·文殊(菩薩)](명)〈불〉 문수보살. 지혜와 덕을 맡아 보는 보살. 사자를 타고 석가상의 왼편에 있음. the god of wisdom and intellect

もんじょ[文書](명) 문서. 문권(文券). 문부(文簿). a document

もんしょう[門墻](명) ①문과 담. 문간. ②아주 가까운 곳. 1. a gate and a fense

もんしょう[紋章](명) 문장. 국가나 어떤 단체, 가문의 표지. a crest

もんじょう[文章](명) 문장. 글월. a writing. ―**しょう**[文章生](명) 옛날 대학에서 기전(紀伝), 시문(詩文)을 배우던 학생. ―**はかせ**[文章博士](명) 옛날 대학에서 시부(詩賦)와 역사를 맡아 보던 관리.

もんしろちょう[紋白蝶](명)〈동〉 배추흰나비. 가장 흔한 나비. 유충은 배추, 무우잎 등을 갉아 먹는 해충임. 흰나비. 「a pupil

もんじん[門人](명) 문인. 문하의 사람. 문하생. ↗

もんじん[問訊](명·타サ) ①질문함. 신문(訊問). ②방문(訪問)함. ③항복함. 1. questioning

モンスーン[monsoon](명) 몬수운. ①인도양에서 여름에는 남서로부터 겨울에는 북동으로부터 불어 오는 계절풍. ②인도의 우기(雨期).

モンスター[monster](명) 몬스터. ①괴물. 도깨비. ②거대한 물건이나 사람. ③극악 무도(極悪無道)한 사람.

もんせい[門生](명) 문생. 문하생. 제자. a pupil

もんせき[問責](명) 문책. 책임을 묻고 따짐. censure

もんぜき[門跡](명)〈불〉 ①불법의 한 계통을 계승하는 절의 자격. ②황족이나 귀족의 자식이 귀의하여 불법의 계통을 잇는 절. 또는 그 절의 주지. ③근본되는 절의 주지. 「fainting in convulsions

もんぜつ[悶絶](명·자サ) 괴로운 나머지 기절함. ↗

もんぜん[文選](명) 문선. 고대 중국의 시나 문장을 집성(集成)한 서적.

もんぜん[門前](명) 문전. 문앞. in front of a gate ―**ばらい**[門前払い]―バラヒ(명) ①에도(江戸) 시대에 있었던 가벼운 추방형(追放刑). 평민은 관청(奉行所)의 문전에서, 무사는 저택의 문전에서 추방시켰음. ②방문자를 만나지도 않고 돌려 보내는 일.「―をくわせる; 문간에서 내쫓기다」―**まち**[門前町](명) 절이나 신사(神社) 등의 앞에 세워진 마을.

もんそ[門訴](명·타サ) ①여러 사람이 영주나 법관의 문전에 몰려 와 호소함. ②순서를 밟지 않고 고관에게 직접 고해 바침. 2. a direct appeal

モンタージュ[프 montage](명·타サ) 몽타아즈. ①조립함. 결합함. ②〔영화, 사진 등에서〕 여러 개의 사진을 결합해서 한 개의 화면으로 구성하는 일. 또는 그렇게 한 사진이나 화면. 「―写真(シャシン); 몽타아즈 사진」 ③(영화의) 편집. 구성.

もんだい[問題](명) 문제. ①물어서 답을 받기 위한 질문. ②해결을 요하는 일.「国際(コクサイ)―; 국제문제」③의론(議論)의 재료.「―作(サク); 문제작」④사정. 일.「それは別(ベツ)―だ; 그건 별개의 일이다」⑤좋지 않은 사건. 말썽.「―を起(オ)こす; 말썽을 일으키다」 1. a problem 2. an issue

もんち[門地](명) 문벌(門閥). 가문(家門). a family line

もんちゃく[悶着](명·자サ) 다툼. 싸움. a trouble

もんちゅう[門柱](명) 문주. 문기둥. a gate-post

もんちゅうじょ[問注所](명)〈역〉 카마쿠라(鎌倉), 무로

마치 막부(室町幕府)에 둔 소송 사무 취급 관청.
もんちょう[紋帖](명) 가문(家紋)의 표본을 모은 책.
もんちりめん[紋縮緬](명) 무늬가 도드라지게 짠 크레이프. thin crêpe
もんつき[紋付き·紋附き](명) 가문(家紋)을 넣은 의복. a garment with a family crest
もんてい[門弟](명) 문하생. 문인(門人). a pupil
もんていし[門弟子](명) 문하생. 문하의 제자. a pupil
モンテヴィデオ[Montevideo](명)〈지〉 몬테비데오. 남미 우루과이 공화국의 수도. 양모, 피혁 등의 수출항(輸出港).
モンテカルロ[Monte Carlo](명)〈지〉 몽테카를로. 모나코 북동부의 도시. 피한(避寒), 유흥지로서 공개 도박장이 유명함.
もんと[門徒](명) ①문도. 문하생. 제자. ②〈불〉 종문(宗門)에 귀의한 사람. 신도. 1. a pupil 2. a believer
もんとう[門燈](명) 문에 달아 놓는 전등. a gate lamp
もんどう[問答](명·자サ) 문답. ①문제와 답. 묻고 답함. 「禅(ゼン)—; 선 문답」 ②말다툼. 의론(議論). 「—無用(ムヨウ); 다투어 보아야 소용 없는 일」 1. questions and answers
もんどころ[紋所](명) 가문(家紋). 가문(家門)에 따라 표지로 정한 무늬. a family insignia
もんどめ[門留め](명) ①문을 잠그고 통행시키지 않는 것. ②출입을 금하는 것. 1. closing up the gate
もんどり[翻筋斗](명) 물구나무 서기. a somersault
もんない[門内](명) 문내. 문안. ↔門外(モンガイ). inside the gate
もんなし[文無し](명) ①소지금이 전혀 없는 것. 한 푼도 없는 것. ②월등하게 큰 버선. 1. penniless
もんぱ[門派](명) 문파. 종문(宗門)의 유파. a sect
もんばつ[門閥](명) 문벌. 가문(家門). social rank
もんはぶたえ[紋羽二重]—ハブタヘ(명) 무늬를 넣어서 짠 생명주(生明紬).
もんばん[門番](명) 문지기. 수위. a gate-keeper
もんび[紋日](명) 〔"ものび"의 음편(音便)〕 축제일(祝祭日) 등 사람들이 많이 들끓는 행사가 있는 날.
もんぴ[門扉](명) 문짝. 문. 「—をとざす; 문을 닫다」 the door of a gate
もんぴょう[門標](명) 문패. a name-plate
もんぶ[文部](명) ←文部省. **—しょう**[文部省](명)〈법〉 문부성. 교육, 학술, 예술, 종교를 관장하는 중앙 관청. 한국의 문교부. **—だいじん**[文部大臣](명)〈법〉 문부 대신. 국무 대신의 한 사람으로서 문부성의 장관. 한국의 문교부 장관.
もんぷく[紋服](명) 가문(家紋)이 든 의복. crested clothes
モンブラン[Mont Blanc](명)〈지〉 몽블랑. 알프스 산맥 중에 있으며 프랑스와 이탈리아 국경 부근에 있는 산. 유럽 최고봉.
もんぺ(명) (부인들이 일할 때 입는) 통이 넓은 바지.
もんぽん[紋本](명) ⇨もんちょう(紋帖).
もんみゃく[門脈](명)〈생〉 문맥. 척추 동물의 장, 위, 비장 등의 모세관의 혈액을 모아서 간장으로 보내는 정맥. 문정맥(門静脈). the portal vein
もんめ[匁](명) 무게의 단위. 관(貫)의 1,000분의 1. 3.75 *g*. 돈쭝.
もんもう[文盲](명) 문맹. 글자를 읽지 못하는 일. 일자 무식. 「無学(ムガク)—; 배운 것도 없고 글도 모름」 illiteracy
もんもん[悶悶](형동タルト) 민민. 고민하는 모양. 「—たる一夜(イチヤ)を明(ア)かす; 괴로운 하룻밤을 지새우다」 discontended
もんよう[文様·紋様](명) 무늬. 무늬 모양. a pattern
もんりゅう[門流](명) 일문(一門)의 유파. a branch
もんろう[門楼](명) 문루. 문 위에 지은 다락집. a turret
モンロヴィア[Monrovia](명)〈지〉 몬로비아. 아프리카의 서부 리베리아 공화국의 수도. 대서양안(大西洋岸)의 항구 도시.
モンローしゅぎ[Monroe 主義](명) 먼로우주의. ①1820년, 미국 대통령 먼로우가 미국과 유럽은 서로 간섭 않기로 하자는 주장을 발표한 후 유명해진 주의. ②외교상의 불간섭주의. 1. the Monroe Doctrine

や

や—[八](조어) 여덟. 팔.
—や(접미) 아랫사람의 이름 등에 곁들여 친밀감을 나타내는 말. 「坊(ボウ)—; 얻놈아」
—や[屋](조어) ①사람의 성질을 경멸조로 나타내는 말. 「やかまし—; 수다장이」 ②영업을 하는 집, 또는 사람. 「郵便(ユウビン)—; 우체부」 ③전문가. 「物理(ブツリ)—; 물리 전문가」
—や[家](접미) 가호(家号), 아호(雅号) 밑에 붙이는 말.
—や[夜](조어) …날 밤. 「十三(ジュウサン)—; 열 사흘째 밤」
や[矢·箭](명) ①화살. ②(나무나 돌을 쪼갤 때 박는) 쐐기. 1. an arrow
や[屋](명) ①집. 「賤(シズ)が—; 보잘 것 없는 집」 ②지붕. 1. a house
や[輻](명) 바퀴살. a spoke
や Ⅰ(감) ①경탄의 기분을 나타내는 말. ②부를 때 쓰는 말. Ⅱ(감조) ①감동을 나타내는 말. 「あっぱれ, 大将(タイショウ)—; 장할손, 대장이여」 ②사람을 부르는 말. 「ばあ—; 할멈」 ③묻는 말. 「有(ア)り—; 있느냐」 ④의문을 나타내는 말. 「いかなるゆえに—; 무

는 까닭이냐」 ⑤반문하는 말. 「思(オモ)いきー; 생각했더냐」 Ⅲ(수조) ①말의 어조를 쉬어, 가벼운 감동을 나타내는 말. 「古池(フルイケ)ー; 오래 된 못이여」 ②의문을 나타내는 말. ③반문을 나타내는 말. 「恐(オソ)るることーある; 무서워할 것이야 있느냐」 ④…이라든가. 「笛(フエ)ー太鼓(タイコ); 피리나 북」 ⑤〈고〉 …인 탓인지. …때문인지. 「いとま有(ア)れー; 여가가 있는 탓인지」 Ⅳ(접조) ①…하자 곧. 「卒業(ソツギョウ)するー洋行(ヨウコウ)した; 졸업하자 곧 서양으로 떠났다」 ②때에. 「死(シ)なんとするー; 죽으려고 할 때에」

や[野](명) ①들. 「とらをーに放(ハナ)つ; 호랑이를 들에 놓아 주다」 ②일반 사회. 민간(民間). 「ーに下(クダ)る; 하야하다(벼슬을 그만두다)」 1. a field

ヤー[도 ja](감) 야. 네. 그렇소.

ヤード[yard·碼](명) 야아드. 영국의 길이의 단위. 마. 3피이트(99.44 *cm*). **—ポンドほう**[yard-pound法](명)〈수〉 야아드 파운드법. 길이나 무게의 기본을 각각 야아드나 파운드에 두는 영미(英美)의 도량형법.

ヤール[프 yard](명)〔양재에서〕야아드. **—はば**[yard幅·yard 巾](명) 야아드의 단위로 잰 폭. 약 92 *cm*.

やいた[矢板](명) 건축 공사 때 흙이 무너지는 것을 막기 위해 박는 나무. sheet piles

やいと(명) 뜸. 불로 뜸질하는 것. moxibustion

やいなや(연어) ①…하자마자 곧. ②…인지 어떤지. …인지 아닌지. 「あるーは疑問(ギモン)だ; 있는지 없는지 의문이다」 1. as soon as

やいのやいの(부) 끈덕지게 부탁하는 모양. 「ーとせめられて; 귀찮게 재촉을 받아서」 pressingly

やいば[刃](명) ①칼날에 나타난 무늬. ②칼. 도검(刀劍). ③칼날같이 날카로운 것. 「氷(コオリ)のー; 얼음의 칼날」 1. a watered pattern 2. a sword

やいん[夜陰](명) 야음. 밤. 밤의 어두운 때. 밤중. the dead of night

やうち[家内](명) 집안. 가족. inside the house

やうつり[家移り](명·자サ) 이사. 집을 옮김. 전거(転居). a removal

やうつりがゆ[屋移り粥](명) 신축한 집에 입주할 때 죽을 쑤어서 축하하는 의식.

やえ[八重]ーヘ(명) ①여덟 개로 겹쳐진 것. ②많이 겹쳐져 있는 것. 「ーの潮路(シオジ); 아득한 해로(海路)」 ③←八重咲(ヤエザ)き. 1. eightfold

やえい[夜営](명·자サ) 야영. 밤에 진을 치고 잠. 또는 그 진영. a camp at night

やえい[野営](명·자サ) 야영. ①야외의 진영. ②노천에 텐트를 치고 잠. 야숙(野宿). 1. camping

やえぐも[八重雲]ヤヘー(명) 여러 겹으로 겹친 구름. 첩첩이 쌓인 구름. clouds in layers

やえざき[八重咲き]ヤヘー(명) 꽃잎이 여러 겹으로 겹쳐서 핌. 또는 그렇게 핀 꽃. a double blossom

やえざくら[八重桜]ヤヘー(명)〈식〉 꽃벚나무. 보통 담홍색 꽃이 겹으로 핌. a cherry tree of the double-blossomed variety

やえじゅうもんじ[八重十文字]ヤヘー(명) 가로 세로 여러 번 얽어 묶는 것. binding criss-cross many times

やえなり[八重生り]ヤヘー(명) 한 나무에 열매가 다닥다닥 열리는 것. a cluster

やえば[八重歯]ヤヘー(명) 겹쳐서 난 이. 덧니. a double tooth

やえむぐら[八重葎]ヤヘー(명) ①〈식〉 갈퀴덩굴. 꼭두서니과에 속하는 2년생 만초. 잘 엉기어 붙음. ②겹쳐 뻗은 덩굴풀. 1. goose-grass

やえん[夜宴](명) 야연. 밤의 연회. an evening party

やえん[野猿](명) 야생(野生) 원숭이. a wild monkey

やお[八百]ーホ〈고〉Ⅰ(명)수가 많은 것. Ⅱ(수) 팔백. 800.

やおじ[八百路]ヤホヂ(명)〈고〉 ①많은 길. ②먼 길.

やおちょう[八百長]ヤホー(명)〔씨름, 시합 등에서〕미리 짜고서 겉으로만 승부를 다투는 것. 사기(詐欺) 시합. a got-up match

やおとめ[八少女]ーヲトメ(명)〈고〉 신을 모시고 춤을 추는 소녀.

やおもて[矢面·矢表](명) ①화살이 날아 오는 방면. ②질문, 비난, 공격 등이 집중하는 입장. 「ーに立(タ)つ; 정면(正面)으로 비난을 받는 입장에 서다」 1. within the enemy's bowshot

やおや[八百屋]ヤホー(명) ①채소를 파는 사람. 또는 가게. ②여러 가지 일(학문)을 깊지는 않으나 조금씩은 아는 사람. 1. a greengrocer's

やおよろず[八百万]ヤホヨロヅ(명)〈고〉 수(数)가 매우 많은 것.

やおらヤヲラ(부) 조용히. 천천히. 「ー立(タ)ちあがって; 천천히 일어나서」 quietly

やかい[夜会](명) 야회. ①밤의 회합. ②밤의 연회. 2. an evening party. **—ふく**[夜会服](명) 야회복. 야회(夜会)에 입는 양복.

やがい[野外](명) 야외. 옥외(屋外)의 나무나 풀이 자라고 있는 곳. 들. 교외(郊外). 「ー運動(ウンドウ); 야외 운동」 the fields. **—げき**[野外劇](명) 야외극. 야외에서 자연을 배경으로 해서 하는 극(劇).

やかく[野鶴](명) 들에 있는 학. a wild crane

やがく[夜学](명) 야학. 밤에 수업을 하는 학교. 야간 학교. an evening school

やかず[家数·屋数](명) 집의 수. 호수(戸数). the number of houses

やがすり[矢飛白·矢絣](명) 화살의 깃 모양의 점박이 무늬. cloth with arrow-feather patterns

やかた[屋形·館](명) ①귀족, 호족(豪族)의 집. 저택. ②〔おー〕 신분이 높은 사람을 존경하여 부르는 말. 「おー; 나리」 ③배나 차의 지붕. ④←屋形船. 1. a mansion **—ぐるま**[屋形車](명) 지붕이 달려 있는, 소가 끄는 차. 헤이안(平安) 시대에 귀족들이 탔음. **—ぶね**[屋形船](명) 지붕 모양의 덮개가 달린 커다란 배.

やがっこう[夜学校](명) 밤에 수업(授業)하는 학교. 야간 학교. an evening school

やがて[軈て](부) ①즉. ②그대로. 곧. ③얼마 안되어.

이욱고. ④그럭저럭. 거의. 「—三年(サンネン)になる; 이럭저럭 3년이 된다」 3. before long

やかまし·い[喧しい](형) ①시끄럽다. ②⇨うるさい②. ③사소한 것까지 잔소리하다. ④화제(話題)에 많이 오르다. 「—問題(モンダイ); 화제에 많이 오르는 문제」 파생 **—がる**(타 4) **—げ**(형동ダ) **—さ**(명). 1. noisy

やかましや[喧し屋](명) 쓸 데 없는 이론이나 잔소리를 잘하는 사람. 잔소릿군. a particular person

やから[族·輩](명) ①가족. 일족(一族). ②동료(同僚). 한패. 1. a family

やがら[矢柄](명) ①화살대. ②화살의 깃 같은 무늬. 2. an arrow-feather pattern

—やが·る(접미·4형) 동사 밑에 붙어서 경멸, 증오(憎悪)의 마음을 나타내는 말. 「何(ナニ)をし—; 뭣 하는 거야」

やかん[夜間](명) 야간. 밤. 밤사이. 「—営業(エイギョウ); 야간 영업」 night

やかん[薬罐](명) ①주전자. ②←薬罐頭. 1. a kettle. **—あたま**[薬罐頭](명) 대머리.

やき[焼き](명) ①구움. 구운 정도. ②칼을 달구어 물에 넣어 식혀서 강도(強度)를 높게 하는 일. 「—を入(イ)れる; 칼 등을 담금질하여 강도를 높이다. 몹시 혼을 내어 단련시키다」 1. baking

やき[夜気](명) 야기. ①밤의 공기. 「—に当(ア)たる; 밤 공기를 쐬다」②밤의 조용한 상태. 「—が迫(セマ)る; 밤의 정적이 스며 들다」③밤의 조용한 마음. 1. night air

やぎ[野羊·山羊](명)〈동〉 산양. 면양과 비슷한데 턱수염이 있음. 염소. a goat

やきあみ[焼き網](명) 고기나 굳은 떡 같은 것을 굽는 기구. 석쇠. a gridiron

やきいれ[焼き入れ](명) 쇠를 달구어 그것을 갑자기 식혀 단단하게 하는 일. 담금질. tempering

やきいん[焼き印](명) 불에 달구어 찍는 금속 도장. 낙인(烙印). a brand

やきうち[焼き討ち](명) 불을 놓아서 공격하는 것. 화공(火攻). 「—する; 화공하다」 a fire attack

やきえ[焼き絵](명) 인두 같은 것으로 지져서 그림이나 무늬를 나타내는 공예. 낙화(烙画). pyrography

やきがね[焼き金](명) 쇠를 달구어서 마소의 볼기나 죄인의 이마에 찍어 표를 하는 것. 낙인(烙印). a branding iron

やきがま[焼き鎌](명) 담금질을 하여 날을 세운 낫. a tempered sickle

やきぎり[焼き桐](명) 그슬려서 나뭇결을 낸 오동나무. 기물(器物)을 만듦. burnt paulownia wood

やきき·る[焼き切る](타 4) ①불에 태워서 끊다. ②완전히 타 버리다. 1. burn off

やきぐし[焼き串](명) 물고기나 고기를 굽기 위하여 꿎는 꼬챙이. a spit

やきごて[焼き鏝](명) 인두. 불에 달구어 쓰는 고데. a hot-iron

やきざかな[焼き肴](명) 생선 구이. 생선을 불에 구운 요리. ↔にざかな. broiled fish

やきしお[焼き塩]—シホ(명) 토기(土器)에 넣어서 볶은 소금. 희고 고움. baked salt

やきせっこう[焼き石膏](명) 소석고. 석고를 섭씨 약 120도로 가열해서 수분을 제거(除去)한 백색 분말(白色粉末). 건축, 소상(塑像) 등에 쓰임. 구운 석고. plaster of Paris

やきだち[焼き太刀](명) 잘 드는 칼. a sword with a tempered edge

やきだま(きかん)[焼き玉(機関)](명) 내연 기관(内燃機関)의 한 가지. 실린더의 압축실의 일부를 빨갛게 달구어 가스를 폭발시킴. a hot-bulb engine

やきつぎ[焼き接ぎ](명·타サ) 그릇이 깨진 것을 잿물로 때워서 다시 붙임. cementing together by baking

やきつ·く[焼き付く](자 4) ①눌어붙다. ②오래도록 남다. 마음속에 새겨져 사라지지 않다. 1. scorch and stick to

やきつけ[焼き付け](명·타サ) ①태워서 표지를 함. ②도자기에 무늬를 그려서 가마솥에 넣어 구움. ③도금(鍍金). ④〔사진에서〕 원판과 인화지를 겹쳐 광선을 쬐어 양화(陽画)를 만드는 일. 인화(印畫). 2. baking

やきつ·ける[焼き付ける](타하 1) ①낙인(烙印)을 찍다. ②태워서 붙이다. 1. brand

やきとり[焼き鳥](명) 새고기를 꼬챙이에 꿰어서 구운 것. 소와 돼지의 내장을 대신 쓰기도 함. grilled chicken

やきとん[焼き豚](명) 돼지 고기를 꼬챙이에 꿰어 구운 요리.

やきなおし[焼き直し]—ナホシ(명·타サ) ①다시 구움. ②남의 작품을 약간 고쳐서 자기 작품인 것처럼 발표함. 1. rebaking

やきなまし[焼き鈍し](명·타サ) 가열한 금속을 천천히 식힘. annealing

やきば[焼き場](명) ①물건을 태우는 장소. ②화장(火葬)하는 곳. 화장터. 1. a burning place

やきばた[焼き畑·焼き畠](명) 잡초, 잡목을 태워 버리고 그자리에 농작물을 심는 것. 또는 그 밭. 화전(火田). burnt fields

やきはら·う[焼き払う]—ハラフ(타 4) ①죄다 태워 버리다. ②쫓아 버리다. 1. burn up

やぎひげ[山羊髭](명) ①염소 수염. ②턱수염. a goatee

やきぶた[焼き豚](명) 돼지 고기를 간장에 무쳐 볶은 요리. roast pork

やきふで[焼き筆](명) 버드나무 등의 가지를 태워 만든 그림용 목탄. a willow charcoal for rough sketching

やきまし[焼き増し](명·타サ) 사진의 인화(印画)를 추가해서 더 함. 또는 그 사진. making extra copies of a photograph

やきみょうばん[焼き明礬](명)〈이〉 구운 명반. 명반에 열을 가한 하얀 덩어리. burnt alum

やきめし[焼き飯](명) ①볶음밥. ②주먹밥을 구운 것. 1. frizzled boiled rice

やきもき(부·자サ) 안절부절 못하는 모양. 걱정스럽고 초조한 모양. be impatient

やきもち[焼き餅](명) ①구운 떡. 석쇠에 얹어 구운 떡. ②〈속〉 질투. 시기. 「―を焼(ャ)く; 질투하다」 1. roast rice-cake

やきもの[焼き物](명) ①도자기, 토기 등. ②구운 생선이나 고기. 1. ceramic ware

やきゅう[野球](명) 야구. baseball

やぎゅう[野牛](명)〈동〉 야우. 야생의 소. 몸이 거대하고 어깨가 불룩 솟았음. 들소. a bison

やぎょう[夜業](명·자サ) 야업. 밤일. night-work

やきょく[夜曲](명) ⇨セレナーデ.

やきん[冶金](명) 야금. 광석에서 금속을 빼내어 정제(精製), 가공(加工)하는 일. 정련(精錬). metallurgy

やきん[夜勤](명)(자·サ) 야근. 밤에 근무함. ↔日勤(ニッキン). night duty

やきん[野禽](명)〈동〉 야금. 야조(野鳥). 들새. ↔家禽(カキン). a wild fowl

―やく[役](접미)〈속〉 옛날 사람 이름 밑에 붙여서 친밀감을 나타내던 말.

―やく[薬](조어)(명) 약. 약제(薬剤). 「胃腸(イチョウ)―; 위장약」

や·く[焼く] Ⅰ(자하 2) 타다. 「市役所(シヤクショ)が―; 시청이 불타다」 Ⅱ(타 4) ①태우다. ②불 속에 넣다. ③굽다. ④햇빛에 그을려서 검게 하다. 「せなかを―; 등을 그을리다」 ⑤소인(焼印), 낙인(烙印)을 찍다. ⑥숯을 만들다. ⑦마음을 쓰다. 「世話(セワ)を―; 남을 돌봐 주기 위해 마음을 쓰다」 ⑧샘내다. 질투하다. ⑨〔사진에서〕 인화(印画)하다. Ⅱ 1. burn

やく[厄](명) 액. 액운(厄運). 「類焼(ルイショウ)の―にあう; 연소(延焼)의 액을 당하다」 calamity

やく[役](명) 역. ①임무. 역할. 담당. ②〔연극에서〕 배우가 담당하는 역할. 「―をつとめる; 역할을 맡아 하다」 ③남의 위에 서는 역할, 지위. 「―がつく; 역할이 생기다」 ④쓸모 있는 것. 「―にたつ; 쓸모가 있다(소용되다)」 1. duty

やく[約] Ⅰ(명) 약속. 「―を果(ハ)たす; 약속을 이행하다」 Ⅱ(부) 약. 대략. 대개. Ⅰ a promise

やく[益](명) 이익. 도움이 되는 것. 「―もないこと; 이익도 없는 일」 profit

やく[訳](명) ①한자의 훈독(訓読). ②번역. 번역한 어구나 문장. 2. translation

やく[葯](명)〈생〉 약. 수술 끝에 붙어서 화분(花粉)을 만드는 주머니 모양의 부분. 꽃밥. an anther

ヤク[yak·犛](명)〈동〉 야아크. 티베트 원산의 소의 하나. 힘이 억세고 가축으로 길들여 쓰며, 고기는 식용, 털은 직물용.

やぐ[夜具](명) 잘 때에 덮는 이불, 잠옷 등의 침구(寝具). bedclothes

やくいん[役印](명) 직무상 사용하는 도장. 직인(職印). an official seal

やくいん[役員](명) 역원. ①소임을 맡는 사람. 계원. ②회사, 단체 등의 간부. 1. a person in charge

やくえき[薬液](명) 약액. 액체로 된 약. a medical fluid

やくえん[薬園](명) 약원. 약초를 재배하는 밭. 약포(薬圃). a garden for medical herbs

やくおとし[厄落とし](명·자サ) 액(厄)을 털어 냄. 액막이. 액때움. exorcism

やくおん[約音](명) 약음. 둘 이상의 음절(音節)이 접속할 때 한쪽 음절이 탈락에 의하여 음이 줄어지는 현상. contraction

やくがい[薬害](명)〈농〉 약해. 약품의 해. 약품으로 인하여 입는 피해. damage from chemicals

やくがえ[役替え](명·타サ) 역할을 바꿈. 직무를 변경함. a change of post

やくがく[薬学](명) 약학. 약제의 화학적 성질, 제법, 효과 등을 연구하는 학문. pharmacy

やくがら[役柄](명) ①직무에 대한 체면. ②직무의 성질. 1. one's position

やくぎ[役儀](명) 소임. 직무. 임무(任務). 「―がら; 직무상」 one's duty

やくげん[約言](명·타サ) 요점을 집어 말함. 「―すれば; 요점을 말하면」 summing up

やくご[訳語](명) 역어. 번역한 말. ↔原語(ゲンゴ). terms used in a translation

やくざ(명·형동ダ) ①쓸모가 없음. 「―な本(ホン); 쓸모 없는 책」 ②노름군. ③불량배. 건달. 깡패. 「―もの; 깡패」 1. worthlessness. **―おどり**[やくざ踊り]―ヲドリ(명) (옛날, 건달패의 복장을 하고) 유행가에 맞추어 추던 춤.

やくさい[厄災](명) 재난. 뜻밖의 변고(変故)로 받는 재앙(災殃). calamity

やくさい[訳載](명·타サ) 역재. 번역해서 게재함. publishing in translation

やくざい[薬剤](명)〈의〉 약제. 약. a medicine. **―し**[薬剤師](명) 약제사. 처방에 따라 약을 조제(調剤)할 수 있는 자격이 있는 사람. 「strangulation

やくさつ[扼殺](명·타サ) 손으로 목을 졸라 죽임. ↗

やくさつ[薬殺](명·타サ) 독약을 먹여서 죽임. 독살(毒殺). poisoning

やくし[訳詞](명) 외국 노래의 가사를 번역하는 것. 또는 번역한 가사. a translated text

やくし[訳詩](명) 역시. 번역한 시. a translated poem

やくし[薬師](명)〈불〉 ←薬師如来. **―にょらい**[薬師如来](명)〈불〉 약사 여래. 열 둘의 대서원(大誓願)을 발하여 중생의 병을 고친다는 여래.

やくじ[薬餌](명) 약이. 약물과 음식. 「―療法(リョウホウ); 약이 요법」 medicine and food

やくしゃ[役者](명) ①카부키(歌舞伎)의 배우. ②배우. ③노오(能)의 연기를 하는 사람. ④활동력과 재능이 있는 사람. 유능한 사람. 「―がそろっている; 유능한 사람들이 고루 모여 있다」 4. a person in charge

やくしゃ[訳者](명) 역자. 번역하는 사람. a translator

やくしゅ[薬酒](명) 약주. 한방약(漢方薬)을 넣은 술. 약술. medicated wine

やくしゅ[薬種](명) 약종. 약의 재료. 「―店(テン); 약

종상」 drugs
やくしゅつ[訳出](명·타サ) 역출. 번역해 냄. translation
やくじゅつ[訳述](명·타サ) 역술. ①번역하여 기술함. ②번역한 저술(著述). 1. rendering
やくしょ[役所](명) 관공서. 관청. 관리들이 사무를 보는 곳. a public office
やくしょ[訳書](명) 역서. 원서를 번역한 책. ↔原書(ゲンショ). a version
やくじょ[躍如](형동タルト) 약여. 생생하게 눈앞에 보이듯이 나타나는 상태. 「面目(メンモク)—たるものがある; 면목이 약여한 데가 있다」 vivid
やくじょう[約定](명·자サ)〈경〉 약정. 남과 어떤 일을 약속해서 정함. an engagement
やくしょくいん[役職員](명) 역원과 직원. an officer
やくしん[躍進](명·자サ) 약진. 힘차게 나아감. 매우 빠르게 진보함. rush
やくじん[厄神](명) 액신. 재앙을 내린다는 악신(悪神). an evil spirit
やくすう[約数](명)〈수〉 약수. 어떤 수를 나눌 수가 있는 다른 수. 「公(コウ)—; 공약수」 ↔倍数(バイスウ). a divisor
やく·する[扼する](타サ) ①꽉 쥐다. ②요점(要点)이나 요충(要衝)을 점거(占據)하다. 「海峡(カイキョウ)を—地点(チテン); 해협을 제압(制圧)할 수 있는 지점」 1. hold
やく·する[約する](타サ) ①약속하다. ②요약하다. 간략히 하다. ③〈수〉 분자, 분모를 공약수로 약분(約分)하다. 1. promise 2. simplify
やく·する[訳する](타サ) ①번역하다. ②해석하다. 1. translate 2. interpret
やくせき[薬石](명) 약석. ①약과 침(鍼). ②병의 치료. 「—効(コウ)なく; 치료의 보람 없이」 2. treatment
やく·せつ[約説](명·타サ) 줄여 말함. summarization
やくせん[薬専](명) 약전. 약학 전문 학교(薬学専門学校)의 준말.
やくそう[役僧](명)〈불〉 역승. 사원의 사무를 취급하는 중. a clerical priest
やくそう[薬草](명) 약초. 약에 쓰는 풀. medicinal herbs
やくぞう[躍増](명·자サ) 비약적으로 증가함. a rapid increase
やくそく[約束](명·타サ) 약속. ①장래의 일을 결정하고 그것을 지킬 것을 맹세함. 언약. ②운명. 인연. 「前世(ゼンセ)の—; 전세의 인연」 ③취체(取締)의 규정. 1. a promise 2. a destiny. **—てがた**[約束手形](명)〈경〉 약속 어음. 일정한 금액을 일정한 시일에 지불할 것을 약속해서 발행하는 어음. **—ゆうびん**[約束郵便](명) 약속 우편. 정기 간행물이나 일반 인쇄물을 우송할 때 일정한 기일이 지난 후에 우송한 수량에 대하여 요금을 납부하도록 우편 관서와 특약한 우편.
やくたい(명) 쓸모가 있는 것. **—もない**(연어·형) ①무력하여 쓸모 없다. ②단정치 못하다.
やくだい[薬大](명) 약대. 약학 대학의 준말.
やくだい[薬代](명) 약값. a medical fee
やくたく[役宅](명) 관청에서 지은 관리의 주택(住宅). 관사(官舎). an official residence
やくだく[約諾](명·타サ) 약속하여 승낙함. an agreement
やくだ·つ[役立つ](자4) 소용되다. 쓸모 있다. be useful
やくだ·てる[役立てる](타하1) 중요하게 쓰다. 쓸모 있게 하다. convert to use
やぐち[矢口](명) ①활에 맞은 상처. ②수렵(狩猟) 등의 목적으로 처음으로 활을 쏘는 것. 1. an arrow cut
やくちゅう[訳注·訳註](명) 역주. ①번역과 그 주석. ②번역자가 붙인 주석. 1. translation and annotation
やくづき[役付き](명) 역을 담당함. 또는 그사람. a person holding a responsible position
やくて[約手](명) 약속 어음(約束手形)의 준말.
やくてん[約転](명·자サ) 약전. 둘 이상의 음절이 접속하여 모음이나 음절이 탈락하거나 모음 변화를 일으킴. contraction
やくとう[薬湯](명) ①달인 약. 탕약. ②약을 넣은 목욕물. 1. a decoction
やくどう[躍動](명·자サ) 약동. ①뛰어 오름. ②힘차게 활동함. 2. moving lively
やくとく[役得](명) 직책을 맡고 있는 까닭에 들어 오는 여분의 수입. a perquisite
やくどく[訳読](명·타サ) 역독. 번역해서 읽음. oral translation
やくどく[薬毒](명) 약독. 약 속에 포함되어 있는 독. a poison contained in a medicine
やくどころ[役所](명) 알맞은 역할이나 배역(配役). a fit post
やくどし[厄年](명) 액년. 음양도(陰陽道)에서 재수가 없고 재난이 다가 온다고 두려워하는 해. 남자는 25세, 42세, 60세. 여자는 19세, 33세. a crimacteric
やくな·し[益無し](형ク)〈고〉 ①아무 도움도 되지 않다. ②곤란하다.
やくなん[厄難](명) 액난. 재난. 재앙. evils
やくにん[役人](명) 관직에 있는 사람. 관리. 「—根性(コンジョウ); 관리 근성」 an official
やくば[役場](명) ①관청. 관공서. ②〈법〉 읍이나 면의 지방 공무원이 사무 보는 곳. 읍사무소, 면사무소 등. ④공증인, 사법 서사 등이 사무 보는 곳. 「公証人(コウショウニン)—; 공증인 사무소」 1. an office
やくはく[薬博](명) 약학 박사(薬学博士)의 준말.
やくはらい[厄払い]—ハラヒ(명·자サ) ①재액을 쫓음. 액막이. ②섣달 그믐날 또는 입춘, 입하, 입추, 입동의 전날 밤에 재난을 쫓기 위한 주문을 외면서 동냥하러 다니던 사람. 1. exorcism
やくび[厄日](명) 액일. ①재난을 만난다고 두려워하는 날. ②재난이 일어나는 나쁜 날. 1. a critical day
やくひつ[訳筆](명) 역문(訳文). a translation
やくびょう[疫病](명) 역병. 유행하는 전염성의 열병(熱病). a plague. **—がみ**[疫病神](명) 역병신. ①역

병을 유행시킨다고 하는 신. ②미움받는 사람.
やくひん[薬品](명) 약품. ①약. ②화학 변화를 일으키기 위하여 만든 고체, 액체 등. 1. medicines
やくぶそく[役不足](명·형동ダ) ①맡겨진 역할에 대하여 불만을 품음. ②하찮은 역을 맡아서 자기의 실력이나 솜씨를 충분히 나타낼 수가 없음. 1. dissatisfaction with one's allotted part
やくぶつ[薬物](명)〈의〉 약물. 약제(薬剤)가 되는 것. medicines
やくぶん[約分](명·타サ)〈수〉 약분. 분수의 분모, 분자를 공약수(公約数)로 제하여 값을 변하지 않게 하면서 간단하게 함. reduction of a fraction
やくぶん[訳文](명) 역문. 번역한 문장. ↔原文(ゲンブン). a translation
やくほ[訳補](명·자サ) 번역해서 원문에 없는 글을 보충함. a running commentary on one's translation
やくほ[薬舗·薬鋪](명) 약방. a pharmacy
やくほう[訳法](명) 역법. 번역하는 방법. how to translate
やくほう[薬方](명) 약의 처방(処方). a prescription
やくほうし[薬包紙](명)〈의〉 가루약이나 한약(漢薬)을 싸는 종이. 약복지(薬袱紙). powder paper
やくほん[訳本](명) 역본. 번역한 책. ↔原本(ゲンポン). a translaton
やくまえ[厄前]ーマヘ(명) 액년(厄年)이 되는 그 전해. the year before one's climacteric
やくまわり[役回り]ーマハリ(명) 맡겨진 역할. 「ありがたくないー; 달갑지 않은 역」 a part
やくみ[薬味](명) ①약제(薬剤)의 종류. ②음식에 곁들여 놓는 향신료(香辛料). 2. spices. **―だんす**[薬味箪笥](명) 한약방의 약장. ⇨:びゃくみだんす.
やくむき[役向き](명) ⇨やくがら.
やくめ[役目](명) 맡아서 하는 일. 직무. 직분. duty
やくめい[役名](명) 직무의 이름. 직명. an official title
やくめい[訳名](명) 역명. 번역해서 붙인 이름. the version of a title
やくめい[薬名](명) 약명. 약품의 이름. 약 이름. the name of a medicine
やくよう[薬用](명) 약용. 약으로서 사용함. [ー植物(ショクブツ); 약용 식물」 medicinal use. **―しょくぶつ**[薬用植物](명) ⇨やくそう(薬草).
やくよけ[厄除け](명) 재앙을 쫓음. 또는 쫓는 방법. 액막이. protection against evils
やぐら[櫓·矢倉](명) ①〈고〉 무기창. ②성중(城中)에 높이 세운 건물. 망루(望楼). 망대(望臺). ③전망(展望)을 위하여 세운 높은 건물. 「火(ヒ)の見(ミ)ー; 화재 감시대」 ④〔씨름판에서〕 높다랗게 만들어 북을 치는 대(臺). ⑤모선(母船)의 갑판. ⑥고다쯔(난로의 일종)의 위에 놓아 이불을 씌우는 대. ⑦〔씨름에서〕 적의 몸을 번쩍 들어서 던지는 수. 2. a donjon. **―した**「櫓下](명) ①망루의 아래. ②⇨もんした(紋下). **―だいこ**[櫓太鼓](명) 〔씨름판에서〕 높다란 대에서 치는 북. **―もん**[櫓門](명) 위에 망루가 있는 문.
やくり[薬理](명)〈의〉 약리. 약품에 의해서 일어나는 생리적(生理的), 병리적(病理的)인 변화. 「ー学(ガク); 약리학」 the effect of a medicine
やくりょう[訳了](명·타サ) 번역이 끝남. the completion of translation
やくりょう[薬量](명) 약량. 약의 분량. a dose of medicine
やぐるま[矢車](명) ①화살을 꽂아 두는 대. ②축(軸)의 주위에 화살을 방사상(放射状)으로 붙인 것. 1. an arrow rack. **―ぎく**[矢車菊](명)〈식〉 수레국화. 센타우레아. **―そう**[矢車草](명)〈식〉 도깨비부채. 범의귀과에 속하는 다년초. 초여름에 황백색의 꽃이 핌.
やくれい[薬礼](명) 약값. a medical fee
やくろう[薬籠](명) ①약농. 약상자. ②인롱(印籠). 1. a medical container. **―ちゅうのもの**[薬籠中の物](연어·명) ①약상자 속의 것. ②언제든지 이용할 수 있는 필요한 것. 「自家(ジカ)ー; 자기 집 약상자 속의 것(언제든지 사용할 수 있는 것)」
やくわり[役割](명) 역할. ①어떤 역을 할당하는 것. 또는 그 사람. ②맡겨진 역. 임무. 1. distribution of parts
やくわん[扼腕](명·자サ) (분하여) 자기 손을 꽉 쥐는 것. 「切歯(セッシ)ー; 몹시 분하여 이를 갈고 주먹을 불끈 쥐며 벼름」 clenching one's fists with anger
やけ[焼け](명) ①타는 것. ②해 뜨기 전이나 해가 질 때에 하늘이 빨갛게 보이는 것. 놀. 「夕(ユウ)ー; 저녁놀」 ③〈광〉 금속의 광상(鉱床)이 지표(地表)에 노출되어 암갈색으로 보이는 곳. 1. burning
やけ[自棄](명) 자기. 자기 생각대로 안되어 될 대로 되라고 하는 마음. 「ーを起(オ)こす; 자포 자기하다」 desperation
やけあと[焼け跡](명) 불탄 자리. the ruins after a fire
やけあな[焼け穴](명) 옷 등의 불에 타서 뚫린 구멍. a burnt hole
やけい[夜景](명) 야경. 밤의 경치. a night view
やけい[夜警](명) 야경. 밤의 경계. 또는 경계하는 사람. 야경군. a night watchman
やけいし[焼け石](명) 햇볕이나 불에 달구어진 돌. 「ーに水(ミズ); 아무리 손을 써도 효과가 없는 것(밑 빠진 독에 물 붓기)」 a hot stone
やけいろ[焼け色](명) 불에 그을려 탄 빛깔. a colour of something roasted
やけくそ[自棄糞](명) "やけ(自棄)"를 강조해서 하는 말. 자포 자기. desperation
やけこげ[焼け焦げ](명) 불에 타서 눌은 것. 또는 그 자리. a burnt hole
やけざけ[自棄酒](명) 자포 자기가 되어 마시는 술. 홧김에 마시는 술. 홧술. drink from desperation
やけし·ぬ[焼け死ぬ](자 4) 불에 타 죽다. be burnt alive
やけだされ[焼け出され](명) 집이 타 버림. 또는 그 사람. burnt out
やけつ·く[焼け付く](자 4) 타다. 타서 눌어붙다. 「ーような日(ヒ)ざし; 태워 버릴 것 같은 햇살」 scorch

やけど[火傷](명·자サ) 화상. 불이나 뜨거운 물에 데어서 피부가 부풀어 오름. 또는 그 상처. a scald
やけに(부)〈속〉 함부로. 몹시. 얼토당토 않게.「一暑(アツ)いね; 몹시 덥군」
やけの[焼け野](명) 불탄 들판. a burnt field. **―(が)はら**[焼け野(が)原](명) ①불탄 들. ②훤하게 타 버린 곳.
やけのみ[焼け飲み·自棄飲み](명) 자포 자기하여 술을 마심. 홧술을 마심. drinking from desperation
やけのやんぱち[自棄のやん八](명)〈속〉 "やけくそ"를 강조해서 사람 이름처럼 표현한 말.
やけばい[焼け灰](명) 타서 생긴 재. 탄 재. ashes
やけばら[自棄腹](명) 자포 자기해서 화를 내는 것.「一を起(オ)こす; 자포 자기해서 화만 내다」 becoming desperate
やけぶとり[焼け太り](명·자サ) ①화상을 입은 상처가 퍼짐. ②화재를 당한 후 오히려 생활이 풍족(豊足)해짐. 2. prosperity after a fire
やけぼっくい[焼け棒杙]―ボックヒ(명)〈속〉 타다 남은 말뚝.「一に火(ヒ)がつく; 한 번 끊어졌던 인연이 다시 이어지다」 a charred pile
やけめ[焼け目](명) 불탄 자리. 불탄 자국. a burn
やけやま[焼け山](명) ①초목(草木)이 타 버린 산. ②〈속〉 휴화산(休火山). 1. a burnt hill
や·ける[焼ける](자하 1) ①타다. ②뜨거워져 빛깔이 변하다. ③햇빛에 그을어서 검게 되다. ④산화(酸化)해서 얼룩이 생기다. ⑤불을 뿜어 내다. ⑥가슴이 뜨거워지다. ⑦[妬ける] 샘(질투심)이 나다. 1. burn 2. be hot
やけん[野犬](명) 야견. 임자 없는 개. 들개.「一狩(ガ)り; 들개 사냥」 a stray dog
やげん[薬研](명) 약연. 약을 잘게 빻는 금속(金属)으로 만든 기구. a chemist's mortar
やご(명)〈동〉 물처랭이. 잠자리의 유충.
やこう[夜光](명) 야광. ①밤에 빛나는 것.「一時計(ドケイ); 야광 시계」②〈천〉 맑게 갠 밤하늘의 별빛 이외의 희미한 빛.「一現象(ゲンショウ); 야광 현상」 1. noctilucence. **―ちゅう**[夜光虫](명)〈동〉 야광충. 편모충류(鞭毛虫類)에 속하는 원생(原生) 동물. 바닷속에 떼를 지어 살면서 밤에 빛을 냄. **―のはい**[夜光の杯](명) 야광주 등으로 만든 술잔.
やこう[夜行](명·자サ) 야행. ①밤에 감. ②밤차.「一列車(レッシャ); 야행 열차」 1. night travelling
やごう[屋号](명) ①옥호. 상점의 호칭. ②카부키(歌舞伎)의 배우 집의 호칭. 1. a shop name
やごう[野合](명·자サ) 야합. 정식 결혼하지 않고 부부가 됨. illicit union
やごえ[や声]―ゴヱ(명) 야! 하는 기합성(気合声).
やこぜん[野狐禅](명)〈불〉 야호선. 자기만 깨달은 듯이 혼자 잘난 체하고 있는 것. 또는 그런 사람. sciolism
やごろ[矢頃](명) 활을 쏘기에 알맞는 거리. bowshot
やさ―[優](조어) 싹싹하고 부드러운. 정다운.「一おとこ; 싹싹하고 부드러운 사나이」
やさい[野菜](명) 야채. 반찬을 해서 먹기 위하여 밭에 경작하는 식물. 채소. vegetables
やさがし[家捜し·家探し](명·자サ) ①집 속을 남김 없이 뒤짐. 가택 수색. ②〈속〉 살 집을 구함. 1. searching a house
やさがた[優形](명) 부드러운 자세(姿勢). 정다운 모습. a delicate figure
やさかにのまがたま[八尺瓊の勾玉](명) 일본 황실(皇室)의 세 가지 신기(神器)의 하나.
やさき[矢先](명) ①화살촉. ②⇨やおもて. ③마침 그 때.「外出(ガイシュツ)しようという一に; 외출하려고 하는 마침 그때」 1. an arrow-head
やさけび[矢叫び](명) ①활을 쏘고 그것이 맞았을 때 부르짖는 소리. ②전장(戦場)에서 활을 쏘기 시작할 때에 올리는 함성. 1. the archers' cries
やさし·い[易しい](형) 쉽다. [파생] **―げ**(형동ダ) **―さ**(명). easy
やさし·い[優しい](형) ①우미(優美)하다. ②정답고 부드럽다. 온화하다. ③동정심이 많다. ④고분고분하다. ⑤가륵하다. [파생] **―げ**(형동ダ) **―さ**(名). 1. graceful
やさつ[野冊](명) 채집한 식물을 끼아서 가지고 다니는 도구. 두 장의 판자나 대나무로 되어 있음. a plant press
やざま[矢狭間](명) 활을 쏘기 위해 성벽에 만든 구멍. 총안(銃眼). a loophole
やさん[野蚕](명)〈동〉 야잠. 산누에.
やし[野史](명) 야사. 민간에서 편찬한 역사. 야승(野乘). an unofficial history
やし[野師·香具師](명) 축제일(祝祭日) 등에 길가에서 소리 쳐 물건을 파는 사람. 또는 흥행(興行)을 하는 사람. a showman
やし[椰子](명)〈식〉 야자나무. 열대성의 커다란 상록 교목. 줄기 꼭대기에 잎이 나고 커다란 열매를 맺음. 열매는 식용 또는 야자유의 원료. a palm tree
やじ[野次·彌次](명) ①←やじうま. ②야유하는 것. 또는 그 말.「一をとばす; 야유하다」 2. jeering. **―うま**[野次馬·彌次馬](명) 남의 뒤를 따라 이유도 없이 공연히 떠들어대는 사람. a mob
やしお[八入](명)〈고〉 몇 번이고 물감에 담가 물을 잘 들이는 것.
やしおおり[八塩折り](명)〈고〉 몇 번이고 반복해서 양조(醸造)하는 것.「一の酒(サケ); 여러 번 되풀이해서 빚은 좋은 술」
やしおじ[八潮路]―シホヂ(명) 긴 해로(海路). a long sea route
やしき[屋敷·邸](명) ①집의 부지(敷地). ②집. 주택. ③크고 훌륭한 집. 저택.「お一; 저택」 1. a home site
やしな·う[養う]ヤシナフ(타 4) ①부양(扶養)하다.「妻子(サイシ)を一; 처자를 부양하다」②먹이를 주고 기르다. ③힘을 기르다.「体力(タイリョク)を一; 체력을 기르다」④차차 만들다.「よい習慣(シュウカン)を一; 좋은 습관을 기르다」⑤남의 아이를 자기 아이로 기르다. ⑥(먹이고) 돌보다. ⑦병후에 섭생(摂生)을 하

다. 명 養い. 1. support 2. bring up

やしなひぎみ[養ひ君](명)〈고〉 양육(養育)하는 귀한 집의 아들.

やしま[八洲](명) 일본 국토(国土)의 옛날 호칭.

やしゃ[夜叉](명) 야차. ①인도의 무서운 귀신. 후에 불법(仏法)에 귀의(帰依)해서 수호신이 됨. ②비사문천왕(毘沙門天王)의 종자(従者). 북쪽을 지킴.

やしゃご[玄孫](명) 현손. 손자의 손자. a great-great-grandchild

やしゅ[野手](명) 야수. 〔야구에서〕 내야수, 외야수의 총칭. a fielder

やしゅ[野趣](명) 야취. ①전야(田野)의 정취(情趣). ②자연스럽고 소박한 취미. 1. a rural air

やしゆ[椰子油](명) 야자유. 야자 열매의 씨로 짠 기름. palm oil

やしゅう[夜襲](명·자サ) 야습. 밤에 습격함. a night attack

やじゅう[野獣](명) 야수. 야생의 짐승. a wild animal.
──は[野獣派](명) 야수파. 1905년부터 10년에 걸쳐 마티스, 드랑, 루오 등을 중심으로 일어난 혁신적 경향의 화법. 강렬한 색채의 단순한 표현이 특색임.

やしゅせんたく[野手選択](명) 야수 선택. 〔야구에서〕 배터(打者)가 친 보올을 잡은 야수(野手)가 보올을 어디로 보낼까 머뭇거리다가 배터와 러너(走者)를 모두 살려 주게 되는 것. 야선(野選). fielder's choice

やじょう[野乗](명) 야승. 민간에서 사사로 지은 역사. 야사(野史). an unofficial history

やしょく[夜色](명) 야색. 밤의 경치. a night view

やしょく[夜食](명) 야식. ①밤의 식사. 저녁 식사. ②밤참. 2. a light meal at night

やじり[鏃](명) 화살촉. an arrowhead

やじ·る[弥次る](타 4) ①비난이나 야유의 말을 하다. ② 자기편을 응원하기 위하여 상대방을 야유하다. 1. jeer 2. hoof at

やじるし「矢印](명) 방향 등을 나타내는 화살 모양의 표. 화살표. an arrow

やしろ[社](명) 신사(神社) 등의 전당(殿堂). a shrine

やじろべえ[弥次郎兵衛](명) 팔을 양쪽으로 반원형으로 뻗게 한 장난감 인형.

やしん[野心](명) 야심. ①사람을 해치려는 마음. ②분에 넘친 소원이나 계획. 야망(野望). 「一家(カ); 야심가」 2. an ambition

やじん[野人](명) 야인. ①시골 사람. ②옷차림이나 예의 같은것에 신경을 쓰지 않는 사람. ③일반 민간인. 일반 시민. 「一の立場(タチバ)で発言(ハツゲン)する; 일반 시민의 입장에서 발언하다」1. a countryman

やす─[安](조어) (값이) 싼. 「一月給(ゲッキュウ); 싼 월급」

─やす[安](조어) 싼 값. 「五円(ゴエン)─; 5원 싼 값」 ↔─高(ダカ).

やす[簎](명) 물고기를 찔러서 잡는 도구. 작살. ↗ 「a fish spear

やすあがり[安上がり](명·형동ダ) (값이) 싸게 먹힘. economy

─やす·い[易い](조어) 곧 …하는 상태. 쉽다. 「もえ─; 타기 쉽다」「はいり─; 들어 가기 쉽다」 ↔にくい.

やす·い[安い](형) ①온화하다. 잔잔하다. 「一心(ココロ)もなく; 온화한 마음도 없이」 ②값이 싸다. 파생 **── さ**(명). 1. quiet 2. cheap

やす·い[易い](형) 손쉽다. 간단하다. 「おーご用(ヨウ)だ; 쉬운 일이다」 easy

やすい[安寝](명)〈고〉 편안히 잠을 잠. 안면(安眠).

やすうけあい[安請け合い]─ウケアヒ(명·자サ) 가볍게 맡음. 경솔하게 맡음. an irresponsible promise

やすうり[安売り](명·타サ) ①싼값으로 팖. ②아낌 없이 줌. ③선선히 응함. ④선뜻 주어 버림. 1. selling cheap

やすき[易き](명) 쉬운 것. 어렵지 않은 것. 「─につく; 쉬운 길을 택하다」 easiness

やすくに[安国](명)〈고〉 편안하게 다스려지는 나라. 태평한 나라.

やすけ[弥助](명) ①〈방〉 거짓. 거짓말. 〔큐우슈우(九州) 지방의 방언〕 ②〈속〉 초밥. 1. a lie

やすけく[安けく](부) 편안히. 「眠(ネム)れ, ─; 편안히 잠들라」 peacefully

やす·し[易し](형ク)〈고〉 ①쉽다. ②간단하다.

やすっぽ·い[安っぽい](형) ①싼 것 같다. ②조잡하다. 파생 **── さ**(명). 2. vulgar

やすで[安手](형동ダ) ①값이 싼 모양. ②품위가 없는 모양. 1. cheap

やすで[馬陸](명)〈동〉 마륙. 배각류(倍脚類)에 속하는 절족(節足) 동물. 체측(体側)에서 고약한 노린내가 나는 액즙(液汁)을 분비함. 노래기. a millepede

やすね[安値](명) 싼값. 안가(安価). ↔高値(タカネ). a low price

やすま·る[休まる](자 4) 안온(安穩)해지다. 편하게 되다. be relaxed

やすみ[休み](명) ①쉼. ②휴일. 휴가. ③병(病). 1. rest.
── やすみ[休み休み](부) 쉬며 하는 모양. 「─あるく; 쉬엄쉬엄 걷다」

やす·む[休む](자 4) ①쉬다. 그치다. ②몸이나 마음을 편안케 하다. ③결석하다. 결근하다. ④자다. 1. take a rest 2. repose oneself

やすめ[安目](명) 물가(物価)가 싼 경향. ↔高目(タカメ). a downward tendency in prices

やす·める[休める] Ⅰ(자하 1) 쉴 수가 있다. Ⅱ(타하 1) 쉬도록 하다. 쉬게 하다. Ⅱ repose

やすもの[安物](명) 값 싼 물건. 질이 나쁜 물건. 싸구려. 「一買(カ)いの ぜに失(ウシナ)い; 싼 것이 비지떡」 a cheap article

やすやす[安安](부) 매우 편하게. tranquilly

やすやす[易易](부) 아주 쉽게. easily

やすやど[安宿](명) 값 싼 하숙. a cheap inn

やすら·う[休らう]ャスラフ Ⅰ(자 4) ①쉬다. 휴식하다. ②주저하다. Ⅱ(타하 2) 쉬게 하다. 휴식시키다. 명 休らい. Ⅰ 1. repose oneself

やすらか[安らか](형동ダ) ①편안한 모양. 안온한 모

양. ②걱정 없는 모양. 1. peaceful

やすら·ぐ[安らぐ](자 4) 편안한 마음이 되다. 안정되다. 名安らぎ. peaceful

やすらけ·し[安らけし](형シク) 편안하다. 안온하다. peaceful

やすり[鑢](명) ①금속을 밀어서 쓰는 공구(工具). 줄. ②←鑢板. 1. a file. **—ばん**[鑢板](명) 등사판의 원지를 긁을 때 밑에 받치는 철판. 줄판.

やすん·じる[安んじる] Ⅰ(자상 1) ①안심하다. ②만족하다. 「現状(ゲンジョウ)に—; 현재 상태에 만족하다」 Ⅱ(타상 1) 편안하게 하다. 안심시키다. 만족하게 하다. Ⅰ1. be at ease

やすん·ずる[安んずる](자타サ) ⇨やすんじる.

やせ[痩·瘠](명) 여윔. 수척해짐. getting lean

やせい[野生] Ⅰ(명·자サ) 야생. 자연 그대로 자람. 산이나 들에서 생장함. Ⅱ(대) 자기를 낮추어서 하는 말. 소생(小生). Ⅰwildness

やせい[野性](명) 야성. ①수양을 쌓지 않은 성질. ②자연이나 본능 그대로의 조야(粗野)한 성질. 「—的(テキ); 야성적」 2. rusticity

やせうで[痩せ腕](명) ①여윈 팔. ②벌어 먹을 수 없는 빈약한 솜씨. 1. a thin arm

やせおとろ·える[痩せ衰える](자하 1) 여위어 쇠약해지다. grow gaunt

やせがまん[痩せ我慢](명·자サ) 억지로 태연하게 보이며 참음. 「—を張(ハ)る; 억지로 태연한 체 꾸미다」 feeble resistance

やせぎす[痩せぎす](명·형동ダ) 여위어서 뼈가 앙상하게 보임. 또는 그런 사람. slender

やせこ·ける[痩せこける](자하 1) 매우 여위어서 살이 빠지다. lose flesh

やせさらば·える[痩せさらばえる]—サラバヘル(자하 1) 여위어서 뼈와 가죽만 남다. become skinny

やせさらぼ·う[痩せさらぼう](자 4) ⇨やせさらばえる.

やせじょたい[痩せ所帯](명) 가난한 살림. a poor household

やせち[痩せ地](명) 메마른 땅. 토박한 땅. barren soil

やせっぽち[痩せっぽち](명)〈속〉 여위고 몸집이 작음. 또는 그런 사람. a living skeleton

やせほそ·る[痩せ細る](자 4) 여위어서 몸이 가느다랗게 되다. become thin

やせやま[痩せ山](명) 나무가 잘 자라지 않는 산. 메마른 산. a barren hill

や·せる[痩せる·瘠せる](자하 1) ①여위다. 살이 빠지다. ↔太(フト)る, 肥(コ)える. ②토박해지다. 「やせた土地(トチ); 토박해진 땅」 2. become sterile

やせん[夜戦](명)〈군〉 야전. 밤의 전투. night operations

やせん[野戦](명)〈군〉 야전. ①들이나 평지에서의 전투. ②싸움터. 전장(戦場). 「—病院(ビョウイン); 야전병원」 1. field operations

やせん[野選](명) 야수 선택(野手選択)의 준말.

やぜん[夜前](명) 어젯밤. 엊저녁. last night

やそ[八十] Ⅰ(명) 수가 많은 것. Ⅱ(수) 팔십. 여든. 「—路(ジ); 팔십 세」 Ⅱ eighty

やそ[野鼠](명)〈동〉 야서. 들쥐. a field mouse

ヤソ[耶蘇](명) ⇨イエス(キリスト).

やそう[野草](명) 야초. 들에 자라는 풀. wild grass

やそうきょく[夜想曲](명)〈악〉 야상곡. 밤의 정경이나 기분을 나타낸 곡. a nocturne

やそがみ[八十神](명)〈고〉 많은 신(神)을 일컫는 말.

ヤソきょう[耶蘇教](명)〈종〉 야소교. 기독교. 예수교. Christianity

やそじ[八十路]—ヂ(수) ①팔십. ②80세.

やたい[屋台](명) ①지붕을 씌운 가게의 대(臺). ②춤을 추는 대. ③보잘 것 없는 집. 3. a hut. **—ばやし**[屋台囃子](명) ⇨ばかばやし. **—ぼね**[屋台骨](명) ①지붕을 씌운 가게의 대의 뼈대. ②그 집을 지탱하고 있는 것. 가산(家産). 재산. ③상가(商家)의 구조. **—みせ**[屋台店](명) 노점(露店).

やたけごころ[彌猛心](명) 더욱더 용맹심이 치솟는 마음. an ardent spirit

やたけに[彌猛に](부) 점점 더 사납게. 「心(ココロ)は—はやれども; 마음은 점점 더 급해지건만」 impetuously

やたけび[矢叫び](명) 싸울 때의 힘찬 함성. 「—の声(コエ); 싸움터에서의 힘찬 함성」 a war cry

やたて[矢立て](명) ①화살통. 전동(箭筒). ②싸움터에 휴대하던 벼루상자. ③먹통에 붓을 넣는 통이 달린 휴대용 필기 도구. 1. a quiver 〔矢立て③〕

やだね[矢種](명) ①화살통에 넣어 휴대하던 화살. ②준비한 화살의 전부. 「—が尽(ツ)きる; 화살이 떨어지다」 1. one's store of arrows

やたのかがみ[八咫の鏡](명) 일본 황실(皇室)의 3종신기(三種神器)의 하나인 거울. 코오다이 신궁(皇大神宮)의 신체(神体). the sacred mirror

やたば[矢束](명) ①화살의 길이. ⇨:そく(束). ②화살다발. 1. the length of an arrow

やだま[矢玉](명) 화살과 탄알. 「—が尽(ツ)きる; 화살이나 탄알이 모두 떨어지다」 arrows and bullets

やたら[矢鱈](형동ダ) 함부로. 멋대로. indiscriminate

やち[谷地](명) 못, 늪 등의 습지(湿地). a marsh

やちぐさ[八千草](명) 많은 풀. 「庭(ニワ)にしげる—; 뜰에 무성한 풀」 various plants

やちまた[八衢](명)〈고〉 길이 사방 팔방으로 갈라진 곳.

やちゅう[夜中](명) 밤중. 밤사이. night

やちょ[野猪](명)〈동〉 ⇨いのしし.

やちよ[八千代](명) 많은 연대. 오랜 세월. thousands of years

やちょう[夜鳥](명) 야조. 밤새. 야금(夜禽). a night-bird

やちょう[野鳥](명) 야조. 들새. a wild bird

やちょく[夜直](명) 밤에 지키는 일. 숙직. ↔日直(ニッチョク). night duty

やちん[家賃](명) 가임. 집세. a rent

やつ[八つ] Ⅰ(명) ①옛 시각(時刻)의 이름. 지금의 오전 또는 오후 2시. ②〔사진에서〕 팔절(八切). Ⅱ(수) 여덟. Ⅱ eight

やつ[奴]Ⅰ(명)〈속〉①사람이나 물건을 욕하는 말. 놈. ②사람. 물건.「もっと大(オオ)きい—; 더 큰 놈」Ⅱ(대)〈속〉저놈. 그놈. Ⅰ1. a bird

やつ[谷](명) 골짜기. 저지(低地). a valley

やつあたり[八つ当たり](명·자サ) 아무나 가릴 것 없이 마구 설침. indiscriminate venting of one's anger

やつか[八束](명)〈고〉①주먹 여덟 개를 나란히 한 길이. ②길이가 비교적 긴 것.

やつか[矢束](명)〈고〉화살의 길이.

やっか[薬価](명) 약가. 약값. 약대(薬代). a medical fee

やっか[薬科](명) 약과. ①약에 관한 학과.「—大学(ダイガク); 약학 대학」②약학부(薬学部). a pharmaceutical departanent

やっかい[厄介](명·형동ダ) ①신세.「—になる; 신세를 지다」②수고로움. 귀찮음.「—な仕事(シゴト); 귀찮은 일」 1. care 2. trouble. **—もの**[厄介物](명) ①귀찮은 사람. ②반갑지 않은 사람이 집에 눌어붙어 머무는 것. 식객(食客).

やっかい[訳解](명·타サ) 번역해서 설명함. translation with explanatory notes

やつがしら[八つ頭](명)〈식〉가지바위솔. 평의비름과에 속하는 다년초. a yam

やっか·む(타 4)〈방〉샘내다. 질투하다. be envious

やつがれ(대)〈고〉자기를 낮추어서 일컫는 말.

やっかん[約款](명)〈법〉약관. 법령, 조약 등에 정해진 하나하나의 조항. a stipulation

やっき[躍起](명·형동ダ) ①초조하게 서두름. ②매우 열심히 함.「—になって活動(カッドウ)する; 열심히 활동하다」 1. excitement

やつぎばや[矢継ぎ早](명·형동ダ) ①화살을 쏘고 다시 갈아 대는 속도가 빠름. ②계속적으로 행함. 1. rapid fixing of arrows in one's bow

やっきょう[薬莢](명)〈군〉약협. 탄환을 쏘는 화약을 넣는 금속제의 통. a cartridge case

やっきょく[薬局](명) 약국. ①약을 조제하여 파는 곳. ②(약제사가 개업하고 있는) 약방. a dispensarv. **—ほう**[薬局方](명)〈의〉약제(薬剤)의 제법, 성질, 분량 등을 규정한 책.

やつぎり[八つ切り](명)〔사진에서〕8절판. 22×16.5 *cm*의 판. an octavo

やつくち[八つ口](명) 소매의 겨드랑이에서 아래쪽으로 꿰매지 않은 부분.

やづくり[家作り](명) 집의 구조. building of a house

やっこ[奴]Ⅰ(명) ①남자 하인(男子下人). ②무가(武家)의 하인. ③에도(江戸) 시대의 한량(閑良). 협객(俠客). ④←奴豆腐. Ⅱ(대)〈속〉저놈. 저치. Ⅰ2. a footman. **—だこ**[奴凧](명) 옛날 무가(武家)의 하인 모습을 본떠서 만든 연. **—どうふ**[奴豆腐](명) 두부를 작게 네모나게 썰어서 물에 담가 양념장을 찍어 먹는 요리.

やっこう[薬効·薬效](명) 약효. 약의 효과. efficacy

やつざき[八つ裂き](명) 갈가리 찢는 것.「—にする; 갈가리 찢다」 tearing a person limb from limb

やっさもっさ(부·자サ) ①혼잡한 모양. ②교섭 등이 잘 안되는 모양. 1. hurly-burly

やつしがき[窶し書き](명) 자획(字画)을 생략해서 씀. 또는 그렇게 쓴 글자. writing a character in a simpler form

やつしがた[窶し形](명) ①친절한 남자. ②친절한 남자 역을 맡은 배우. 1. a gentle-looking man

やつ·す[窶す](타 4) ①어떤 모습을 꾸미다.「こじきに身(ミ)を—; 거지로 분장하다」②예의 바른 동작을 아니하다. 2. behave badly

やっつ[八つ]Ⅰ(명) 여덟. Ⅱ(수) ①팔. ②8세. Ⅰeight

やづつ[矢筒](명) 화살통. 전동(箭筒). a quiver

やっつ·ける[遣っ付ける](타하 1) ①마음 먹고 단행하다. ②상대방을 골리다. 1. carry out

やつで[八つ手](명)〈식〉팔손이나무. 두릅나무과에 속하는 상록 활엽 관목. 잎은 손바닥 모양임. 〈학명〉Fatsia Japonica

やってくる[やって来る](연어) "来る(오다)"의 센말.

やっと(부) 겨우. 간신히. barely

やっとう(명)〈속〉검도(剣道). 검도할 때 지르는 소리.

やっとこ[鋏](명) 철사, 철판, 뜨거운 쇠 등을 집는 집게. pincers

やつはし[八橋](명) ①갈래 진 작은 내에 몇 개를 잇달아 놓은 작은 다리. ②향(香)의 이름. ③〔←八橋煎餅(センベイ)〕교오토(京都) 명물인 부채 모양의 납작한 과자. 1. a zigzag bridge

やつばら[奴原](명) 놈의 복수(複数). 놈들. fellows

やっぱり[矢っ張り](부) 역시. after all

〔鋏〕

やつぼ[矢壺](명) 화살을 쏠 때 겨누는 과녁. the aim

ヤッホー[yo-ho](감) 야호. 등산할 때 외치는 소리.

やつめうなぎ[八つ目鰻](명)〈동〉칠성장어. 자목장어과에 속하는 물고기. 뱀장어 비슷하나 눈 뒤에 눈과 같은 아가미 구멍이 7개 있음. a lamprey eel

やつら[奴等](명) 놈의 복수(複数). 놈들. fellows

やつれ[窶れ](명) 여위어 쇠약한 것. gauntness

やつ·れる[窶れる](자하 1) ①여위다. ②초라하게 되다. 1. get thin

やてん[夜天](명) 밤하늘. a night sky

やと[野兎](명)〈동〉야토. 산토끼. a hare

やど[宿](명) ①사는 집.「埴生(ハニュウ)の—; 흙담집(작고 하찮은 집)」②주막집. 여인숙. 여관. ③고용살이하는 사람의 본집이나 또는 보증인의 집. ④〈속〉자기의 남편. 1. an inn

やとい[雇·傭]ヤトヒ(명) ①고용함. ②고용인. ③임시 직원. 1. employment. **—にん**[雇い人](명) 고용된 사람. 피고용인. ↔雇い主. **—ぬし**[雇い主](명) 고용주. 고용하는 사람. ↔雇い人.

やと·う[雇う·傭う]ヤトフ(타 4) 임금, 급료를 주고 사람을 부리다. employ

やとう[野党](명) 야당. 정당 정치에서 현재 정권을 잡고 있지 않은 정당. ↔与党(ヨトウ). a party not in power

やとう[夜盗](명) 야도. 밤 도둑. a burglar
やどがえ[宿替え]ーガヘ(명·자サ) 이사함. 전거(転居). removal
やどかり[宿借り](명)〈동〉 소라게. 새우와 게의 중간 형으로 꽁무니를 다른 권패(巻貝)의 빈 껍데기에 박고 삶. a hermit crab
やどさがり[宿下がり](명·자サ) 고용살이하는 사람이 잠시 휴가를 얻어 자기 집으로 돌아 감. a short leave
やど·す[宿す](타 4) ①방을 빌려 주다. ②유숙(留宿)하게 하다. ③배다. 잉태(孕胎)하다.「たねを—; 임신하다」 2. give sheller 3. conceive
やどせん[宿銭](명) 숙박료. hotel charges
やどちょう[宿帳](명) 여관에서 여객의 주소, 성명 등을 써 넣는 장부. 숙박부(宿泊簿). a hotel register
やどちん[宿賃](명) ①집세. ②숙박료(宿泊料). 1. a rent
やとな[雇女](명) 임시로 고용하는 하녀(下女). a hired woman
やどなし[宿無し](명) 일정한 주소가 없는 것. 또는 그런 사람. a homeless person
やどぬし[宿主](명) ①여관 주인. ②〈동〉 숙주. 기생충이 기생하는 동물. 1. a landlord
やどひき[宿引き](명) 손님을 여관에 끄는 사람. a tout
やどもと[宿許](명) ①숙소. ②객중에 머무는 것. 또는 그곳. 여관. ③⇨やど③. 1. a lodging house
やどや[宿屋](명) 여관. 여인숙. an inn
やどり[宿り](명) ①숙박하는 것. 또는 그곳. 주거(住居).「仮(カリ)の—; 임시로 자는 집. 무상(無常)한 현세」 ②움직임이 그치는 것. 1. abode. **—ぎ**[宿り木·寄生木](명) 기생목. ①기생 식물. ②〈식〉 다른 큰 나무의 가지 위에 뿌리를 내리는 식물. 겨우살이.
やど·る[宿る](자 4) ①여행 중에 머물다. 숙소를 정하다. ②잠깐 머물다.「露(ツユ)が—; 이슬이 맺히다」 ③살다.「健全(ケンゼン)な精神(セイシン)は健全な肉体(ニクタイ)に—; 건전한 정신은 건전한 육체에 깃들인다」 ④기생(寄生)하다. ⑤성좌(星座)가 옮아 가다. 1. stay
やどろく[宿六](명)〈속〉 자기 남편을 얕잡아 부르는 말. ↔山(ヤマ)の神(カミ). my old man
やどわり[宿割り](명) 많은 사람을 재우기 위하여 숙사(宿舎)나 방을 할당하는 것. 또는 그 일을 맡은 사람. assignment of lodgings
やな[簗·梁](명) 나무나 대나무 등으로 냇물을 막아 고기를 잡는 장치. 어살. 어전(魚箭). a weir
やな(감조)〈고〉〔"や", "な" 모두 감동의 종조사(終助詞)〕…이구나!

〔簗〕

やながわ[柳川]ーガハ(명) ←柳川鍋. **—なべ**[柳川鍋](명) 미꾸라지와 우엉을 넣고 끓여 계란을 풀어 넣은 음식.
やなぎ[柳](명)〈식〉 ①버드나무. ②수양버들.「—に風(カゼ)と受(ウ)け流(ナガ)す; 부드럽게 응대하여 거슬리지 않게 하다」 1. a willow. **—ごうり**[柳行李](명) 버들가지로 엮어 만든 고리. **—ごし**[柳腰](명) 버들가지처럼 하늘거리는 여자의 허리. 세요(細腰). **—だる**[柳樽](명) ①⇨つのだる. ②술. ③센류우(川柳)의 구집(句集).
やなぐい[胡簶]ーグヒ(명) 화살을 넣어서 짊어 지는 무구(武具). a quiver
やなみ[矢並](명) 전동(箭筒)에 넣은 화살의 줄(列). a row of arrows in a quiver
やなみ[家並み·屋並み](명) ①집의 배열(配列). 또는 늘어선 집. ②집집마다. 1. a row of houses
やなり[家鳴り](명·자サ) 집이 울림. 또는 그 소리. the rattling of a house
やに[脂](명) ①나무에서 나오는 점액(粘液). 진. 수지(樹脂). ②담뱃대에 낀 담배의 점액. 댓진. ③⇨めやに. 1. resin
やにさが·る[脂下がる](자 4) ①담뱃대를 앞으로 숙여 물고 담배를 피우다. ②우쭐해서 벙글거리다. 2. give oneself airs
やにっこ·い[脂っこい](형) ①진이 많다. 끈적끈적하다. ②끈덕지다. 악착 같다. 1. resinous
やにょう[夜尿](명) 야뇨. 밤소변.「—症(ショウ); 야뇨증」
やにわに[矢庭に]ヤニハー(부) ①그자리에서 즉각. ②갑자기. 돌연. 2. suddenly
やぬし[家主](명) 가주. ①한집안의 주인. 가장. ②집주인. 1. the head of a family
やね[屋根](명) ①지붕.「—伝(ヅタ)い; 지붕에서 지붕으로 옮겨 가는 것」 ②비나 이슬을 막는 것.「苗床(ナエドコ)の—; 모판을 덮는 덮개」 ③제일 높은 곳.「世界(セカイ)の—; 세계의 지붕(파미르 고원)」 1. a roof
やねいた[屋根板](명) 지붕을 덮는 판자. a shingle
やねうら[屋根裏](명) ①지붕 밑. ②지붕 밑에 만든 방. 다락방. 1. the inside of a roof
やねぶね[屋根船](명) 지붕을 씌운 배.
やのあさって[明明後日](명) ①그글피. ②그글피의 다음 날. 1. three days after tomorrow
やのさいそく[矢の催促](연어·명) 몹시 서둘러 재촉하는 것. pressing
やのじ(むすび)[やの字(結び)](명) 일본 여자 옷에서 "や"자 모양으로 띠를 맺는 방법.
やのね[矢の根](명) ⇨やじり.
やは(수조) 반문(反問) 또는 강한 부정(否定)을 나타내는 말.「劣(オト)らまし—; (그보다) 못하단 말인가」

〔やの字(結び)〕

やば[矢場](명) 활을 쏘는 곳. 활터. an archery ground
やば·い(형)〈속〉 위태롭다. 위험하다. dangerous
やはか(부)〈고〉 ①어째서. 왜. ②만일. ③꼭. 반드시.
やはく[夜泊](명) ①밤에 배가 정박하는 것. ②밤에 배에서 자는 일. 1. mooring overnight
やは·す(타 4)〈고〉 ⇨やわす.
やはず[矢筈](명) ①활줄에 화살을 거는 부분. ②화살 뒤에 꽂은 날개털과 비슷한 무늬. ③족자를 걸기 위한 막대기. 1. the notch

やはり[矢張り](부) ①더우기. 그대로. ②생각한 대로. 역시. 1. still 2. as expected
やはん[夜半](명) 야반. 밤중. midnight
やばん[野蛮](명·형동ダ) 야만. ①문화가 아직 발달되어 있지 않음. ②교양이 없음. 조야(粗野). 「一なふるまい; 야만적 행동」 1. savageness
やひ[野卑·野鄙](명·형동ダ) 야비. 품위(品位)가 없고 천함. vulgarity
やふ[野夫](명) ①논이나 밭에서 일하는 남자. ②시골 사람. 1. a farmer
やぶ[藪](명) ①키 작은 나무나 덩불이 가득히 우거져 있는 곳. 숲. ②대숲. 「一から棒(ボウ)に; 아닌 밤중에 홍두깨 내밀 듯이 갑자기(돌연히)」 ③←やぶ医者(イシャ). ④←やぶにらみ. 1. a bush 2. a bamboo grove
やぶいしゃ[藪医者](명) 엉터리 의사. 돌팔이 의원. a quack
やぶい(ちくあん)[藪医(竹庵)](명)〈속〉 엉터리 의사를 사람 이름처럼 부른 말.
やぶいり[藪入り](명) 정월과 7월의 16일에 고용살이하던 사람이 휴가를 맡고 자기 집으로 돌아 가는 것. 또는 그날. the Servants' Day
やぶうぐいす[藪鶯]ーウグヒス(명) 숲속에 있는 꾀꼬리. a bush warbler
やぶか[藪蚊](명)〈동〉 풀모기. 풀모기류의 통칭. 크고 흑갈색이며 하얀 무늬가 있음. a striped mosquito
やぶかげ[藪陰](명) 대숲의 그늘진 곳. in the shade of a bamboo grove
やぶからし[藪枯](명)〈식〉 거지덩굴. 포도과에 속하는 다년생 만초. 줄기는 녹자색으로 다른 것에 감기어 올라 감. a sorrel vine
やぶかんぞう[萱草·藪萱草](명)〈식〉 원추리. 무릇난과의 다년초. 백합과 비슷한 꽃이 핌. 어린 잎은 식용. 훤채(萱菜).
やぶ·く[破く](타 4)〈속〉 부수다. 찢다.
やぶ·ける[破ける](자하 1)〈속〉 ⇨やぶれる.
やぶこうじ[藪柑子](명)〈식〉 자금우(紫金牛). 산지의 숲 밑에 나는 상록 활엽 관목. 겨울에 빨갛고 둥근 열매가 열림. a spear flower
やぶさか[吝か](형동ダ) ①인색한 모양. ②결단성이 없는 모양. 「一でない; …하는 노력을 아끼지 않다」 1. stinginess
やぶさめ[流鏑馬](명) 말을 타고 달리면서 활을 쏘아 겨냥을 맞히는 무예(武芸). horseback archery
やぶすま[矢衾](명) 활 쏘는 사람이 빈틈 없이 늘어서 있는 것. 또는 쉴 새 없이 화살이 날아 오는 것. a shower of arrows
やぶそば[藪蕎麦](명) 엷은 녹색(緑色)의 메밀 국수.
やぶだたみ[藪畳](명) 대숲이 우거진 곳. an expanse of groves
やぶつばき[藪椿](명) 야생의 동백꽃. a wild camellia
やぶにらみ[藪睨み](명) ①눈동자가 보는 목적물로 향하지 않는 것. 또는 그 사람. 사팔뜨기. 사시(斜視). ②얼토당토 않는 짓이나 말을 하는 것. 1. squint
やぶはら[藪原](명) 숲이 있는 들. a bushy field
やぶへび[藪蛇](명) 〔숲을 건드려 배암이 나오게 한다는 뜻에서〕 공연히 쓸 데 없는 짓을 해서 뜻밖의 화를 입는 것. waking a sleeping dog
やぶみ[矢文](명) 화살에 묶은 편지. 쏘아서 상대방에게 보냄. a letter fixed to an arrow
やぶ·る[破る](타 4) ①부수다. 「壁(カベ)を一; 벽을 부수다」「ガラスを一; 유리를 깨다」 ②깨뜨리다. 「記録(キロク)を一; 기록을 깨뜨리다」 ③어기다. 「規則(キソク)を一; 규칙을 어기다」 ④지우다. 패배(敗北)시키다. 1. tear
やぶ·る[敗る](자하 2) 지다. 패배하다. 「早大(ソウダイ)一; 와세다(早稲田) 대학이 지다」 be beaten
やぶれ[破れ](명) 깨짐. 깨진 곳. 부서진 정도. a breach. ── **かぶれ**[破れかぶれ](형동ダ)〈속〉 자포자기(自暴自棄)한 모양.
やぶ·れる[破れる](자하 1) ①깨어지다. 찢어지다. ②망하다. ③성립되지 않다. 1. be broken
やぶ·れる[敗れる](자하 1) 지다. 패배하다. be beaten
やぶん[夜分](명) 야분. 밤. 밤중. night
やぼ[野暮](명·형동ダ)〈속〉 ①세상 물정이나 미묘한 인정에 어두움. 멋이 없음. 또는 그런 사람. ②세련되어 있지 않고 촌스러움. 또는 그런 사람. 「一くさい; 촌스럽다」 1. boorishness
やほう[野砲](명) 야포. 야전에 쓰는 대포. a field gun
やぼう[野望](명) 야망. 야심. 「一をいだく; 야망을 품다」 an ambition
やぼった·い[野暮ったい](형) 어수룩하다. 시골뜨기 같다. 촌스럽다. uncouth
やぼてん[野暮天](명)〈속〉 매우 어수룩함. 또는 그런 사람. 촌스러움. 또는 그런 사람. a clumsy fellow
やま一[山](조어) ①야생의. 「一犬(イヌ); 들개」 ②산에 사는 (무서운). 「一男(オトコ); 산에 산다는 남자 괴물」
やま[山](명) ①〈지〉 산. ↔谷(タニ). ②히에이산(比叡山). 엔랴쿠사(延暦寺). ③광산. ④높이 쌓아 올린 것. 「砂(スナ)の一; 모래 더미」 ⑤요행을 겨누는 모험. 「一を掛(カ)ける; 만일의 요행수를 바라고 일을 하다」 ⑥〈속〉 어떤 일의 절정. ⑦←山ぼこ. ⑧수풀. 1. a mountain
やま[矢間](명) ①활이 꽂힐 만한 빈틈. ②성벽에 설치되어 있는 활쏘는 구멍. 2. a loophole
やまあい[山間]ーアヒ(명) 산간. 산과 산의 사이. 골짜기. a ravine
やまあらし[山荒らし](명)〈동〉 호저. 고슴도치 비슷하나 몸에 부드러운 털과 뾰쪽한 가시 털이 밀생해 있음. a porcupine
やまあらし[山嵐](명) 산으로 부는 거센 바람. 산에서 불어 오는 거센 비바람. a mountain storm
やまい[病]ヤマヒ(명) ①병. ②좋지 않은 성질이나 버릇. 「一膏肓(コウコウ)に入(イ)る; 병이 고치기 어렵게 되다」 ⇨: こうこう(膏肓). ③고생의 근원. 1. a disease

やまいぬ[山犬](명) ①〈동〉 승냥이. 개과의 짐승. ②야생의 개. 2. a wild dog
やまいぬ[病犬](명) ①병든 개. ②미친개. 광견(狂犬). 2. a mad dog
やまいも[山芋·薯蕷](명)〈식〉 ⇨やまのいも.
やまうば[山姥](명) 산속에 살고 있다는 노파(老婆) 같은 괴물. a mountain witch
やまおく[山奥](명) 산속. 깊은 산속. the recesses of a mountain
やまおくり[山送り](명) 송장을 장지(葬地)로 보냄. 장송(葬送). burying a person's remains
やまおとこ[山男]ーヲトコ(명) ①산속에 살고 있다는 남자의 괴물. ②산속에 사는 사나이. ③등산(登山)을 몹시 좋아하는 사람. ④⇨やまし(山師)①②. 2. a woodsman
やまおろし[山下ろし·山颪](명) 산에서 내리부는 바람. a mountain blast
やまが[山家](명) 산가. 산속의 집. 「一育(ソダ)ち; 산가에서 자란 사람」 a cottage in a mountain
やまかい[山峡]ーカヒ(명) 산과 산이 둘러 싸인 곳. 산골짜기. a ravine
やまかがし(명)〈동〉 유혈목이. 몸 무늬는 살무사와 비슷하나 머리는 둥글고 독이 없음.
やまかけ[山掛け](명) 다랑어 회 등에 마즙을 씌운 요리. 「まぐろの一; 다랑어 회에 마즙을 씌운 요리」
やまかげ[山陰](명) 산 그늘. 산의 해가 잘 비치지 않는 곳. a mountain-cove
やまかご[山駕籠](명) 대나무로 만든 가벼운 가마. 산길에서 많이 사용함. a mountain-palanquin
やまかぜ[山風](명) 산바람. 산에서 아래로 불어 오는 바람. a mountain wind
やまがた[山形](명) ①산 같은 모양. ②활의 과녁 뒤에 친 막(幕). ③말 안장 앞뒤 뻐대의 둥근 부분. ④〈지〉 동북 지방 서남부의 현. 또는 그 현의 현청 소재지. 1. mountain-shaped
やまがたな[山刀](명) 산에서 나뭇군들이 사용하는 낫처럼 생긴 칼. a woodsman's hatchet
やまがつ[山賤](명) 산속에 사는 천한 사람. 또는 그런 사람이 사는 집. a humble woodman
やまがら[山雀](명)〈동〉 산작. 박새과에 속하는 새. 민첩하고 영리하여 농조(籠鳥)로 애완됨. 곤줄박이. a tomtit
やまがり[山狩り](명·자サ) ①산에서 사냥함. ②산속으로 도망 친 범인 등을 추적하여 산속을 뒤짐. 1. hunting a mountain for game
やまかわ[山川]ーカハ(명) 산천. 산과 내. a mountain and a river
やまがわ[山川]ーガハ(명) 산속을 흐르는 시내. a mountain stream
やまかん[山勘](명)〈속〉 ①사람을 속이는 것. 또는 사기군. ②짐작으로 모험을 하는 것. 1. a humbug
やまかんむり[山冠](명) 한자 부수(部首)의 하나. 멧산밑. "崖, 岩" 등의 "山" 부분.
やまき[山気](명) 모험(冒険) 또는 투기(投機)를 좋아하는 성질. a speculative disposition
やまぎ[山気](명) ⇨やまき.
やまぎわ[山際]ーギハ(명) 산의 가. 산의 주위. the edge of a mountain
やまくさ[山草](명) 산초. ①산에서 나는 풀. ②〈식〉 풀고사리의 다른 이름. 1. hill grasses
やまくじら[山鯨](명) 멧돼지의 고기. wild bear's meat
やまくずれ[山崩れ]ークヅレ(명)〈지〉 장마나 지진 등으로 산의 흙이 무너져 내리는 것. 사태. a lanbslide
やまぐち[山口](명)〈지〉 츄우코쿠(中國) 지방 서부의 현. 또는 그 현의 현청 소재지.
やまぐに[山國](명) ①산이 많은 지방. ②사방이 산으로 둘러 싸인 지방. 1. a mountainous province
やまけ[山気](명) ⇨やまき.
やまこ[山子](명) ①산에서 일하는 사람. ②투기사(投機師). ③산의 정령(精霊). 산울림. 1. a woodsman 2. a speculator
やまごえ[山越え](명) ①산을 넘음. ②옛날, 관문(関門) 통과증을 갖지 않은 사람이 산길로 빠져 나가던 일. 1. crossing a mountain
やまことば[山詞](명) 나뭇군이나 사냥군 등이 산에 들어 갔을 때에만 쓰는 말. a mountain dialect
やまごもり[山籠もり](명·자サ) ①산속에 들어 가 있음. ②산사(山寺)에 있으며 수업(修業)함. 또는 그 사람. 2. leading a secluded life in a mountain
やまごや[山小屋](명) (등산자들을 위하여) 산속에 세운 오두막집. a hut for mountaineers
やまさか[山坂](명) ①산과 언덕. 「一越(コ)えて; 산과 언덕을 넘어서」 ②산에 있는 언덕. 1. a hill and a slope
やまざくら[山桜](명) ①산에 자라는 벚나무. ②〈식〉 벚나무. 앵도과의 낙엽 활엽 교목. 1. a wild cherry
やまさち[山幸](명) 사냥에서 잡은 새나 동물들. ↔ 海幸(ウミサチ). mountain products
やまざと[山里](명) 산속 마을. a mountain village
やまざる[山猿](명) ①산에 사는 원숭이. ②〈속〉 두메산골에 사는 사람을 얕보고 하는 말. 1. a wild monkey
やまし[山師](명) ①광물을 파내는 것을 직업으로 하는 사람. ②산에 자라는 나무를 매매하는 사람. ③투기나 모험을 좋아하는 사람. ④사기군. 1. a miner
やまじ[山路]ーヂ(명) ⇨やまみち.
やまし·い[疚しい](형) 꺼림칙하다. 뒤가 켕기다. 파생 ―げ(형동ダ) ― さ(명). ashamed of
やましお[山塩](명) ⇨がんえん(岩塩).
やましず[山賤](명)〈고〉 ⇨やまがつ.
やましろ[山城](명)〈지〉 현재 쿄오토부(京都府) 남부(南部)의 옛 이름.
やますそ[山裾](명) 산기슭. the skirts of a mountain
やませ[山背](명) 산을 넘어 내리부는 건조한 바람. a dried mountain blast
やまそわ[山岨]ーソハ(명) 산의 벼랑. 「一道(ミチ); 산의 벼랑길」 a mountain cliff
やまだ[山田](명) 산을 개간해서 만든 밭. 산간에 있는 밭. a rice-field among hills

やまたいこく[耶馬台国](명) 3세기 후반 일본에 있었던 강대한 여왕국(女王国).

やまたか(ぼうし)[山高(帽子)](명) 운두가 높고 둥근 모자. 예복을 입을 때 씀. a bowler hat

やまだし[山出し](명) ①산에서 나옴. ②산에서 나온 것. ③시골뜨기. 「一女中(ジョチュウ); 시골뜨기 식모」 1. carrying out of mountains

やまだち[山立](명) ①산적(山賊). ②사냥군. 1.a bandit

やまたのおろち[八岐大蛇](명) 태고(太古)에 스사노오노미코토(素戔嗚尊)가 퇴치(退治)했다고 하는 여덟 개의 머리와 여덟 개의 꼬리가 달린 큰 배암. the eight-headed monster serpent

やまたび[山旅](명) 산중 여행(山中旅行). travelling over mountains

やまづたい[山伝い]―ヅタヒ(명) 산을 타고 감. along the mountains

やまつなみ[山津波·山津浪](명) ⇨やまくずれ.

やまつみ[山祇](명)〈고〉 산신. 산의 신(神).

やまづみ[山積み](명·자타サ) 산더미처럼 높게 쌓아올림. 또는 그 물건. a heap

やまて[山手](명) 산 쪽. 산이 가까운 쪽. 높은 지대. ↔下町(シタマチ). the higher sections

やまでら[山寺](명) 산사. 산속에 있는 절. a mountain temple

やまと[大和·倭](명) ①옛 지명(地名). 현재 나라현(奈良県). ②일본의 별칭(別称). ③일본 고유의 것(산물). **―いも**[大和芋](명)〈식〉 마. 산약이라 하여 강장제로 씀. **―うた**[大和歌](명) 와카(和歌). **―え**[大和絵](명) ①일본의 풍경이나 풍속을 그린 그림. ②헤이안조(平安朝)에 일어난 일본화의 한 유파(流派). **―がな**[大和仮名](명) ①카타카나(片仮名). ②히라가나(平仮名). **―ごころ**[大和心](명) 일본정신. **―ことば**[大和言葉](명) ①일본의 고유한 말. 일본말. 한자나 외래어를 빼고 난 순수한 일본말. ②와카(和歌). ③㉠바른 말. ㉡와카에 사용하는 중고(中古) 시대의 말. **―しまね**[大和島根](명) 일본의 별칭. **―だましい**[大和魂]―ダマシヒ(명) 일본 민족의 고유한 정신. **―なでしこ**[大和撫でし子](명) ①패랭이꽃(石竹)을 좋게 일컫는 말. ②일본 여성을 좋게 말할 때 쓰는 말. **―べい**[大和塀](명) 삼목의 껍질을 세로로 세워 대나무로 테를 한 울타리. **―みんぞく**[大和民族](명) 일본민족(日本民族). **―もじ**[大和文字](명) ⇨かな(假名). ↔唐(カラ)文字.

やまどめ[山止め](명) 산에 들어 가거나, 들어 가서 산물(産物) 등을 캐 가지고 나오는 것을 금함. 입산금지(入山禁止). the ban of entering a mountain

やまどめ[山留め](명) 〔광산에서〕 흙이나 모래가 무너지는 것을 막는 일. 또는 그 시설. the sand guards

やまどり[山鳥](명) ①산새. 산속에 사는 새. ②〈동〉 산에 사는 중형(中形)의 새. 꿩과 비슷한데 색은 적갈색(赤褐色). 일본 특산종임. 1.a mountain bird

やまない[止まない](연어) 〔"…して"의 형태로〕 끝까지 …하다. 「期待(キタイ)して一; 기대하여 마지않다」 to the last

やまなし[山梨](명)〈지〉 중부 지방 동남부의 현. 현청 소재지는 코오후(甲府).

やまなみ[山並み](명) 산이 나란히 솟아 있는 것. 산맥. 연산(連山). mountain ranges

やまならし[山鳴らし](명)〈식〉 ⇨はこやなぎ.

やまなり[山鳴り](명·자サ) 산이 울림. 또는 그 소리. the rumbling of a mountain

やまねこ[山猫](명) ①산고양이. 야생의 고양이. 도둑고양이. ②〈동〉 삵괭이. 고양이 비슷한 야생의 짐승. 1. a lynx. **―スト**[山猫スト](명) 노동 조합의 지부(支部)가 중앙의 승인 없이 함부로 하는 스트라이크.

やまのいも[山の芋·薯蕷](명)〈식〉 참마. 다년생 만초(蔓草)로, 뿌리는 식용 또는 강장제(強壮剤)로 씀. a yam

やまのかみ [山の神](명) ①산신. 산을 지배하는 신령. ②산의 정령(精霊). ③〈속〉 여편네. 아내. ↔宿六(ヤドロク). 1. the god of a mountain

やまのて[山の手](명) ①산 쪽. 산에 가까운 쪽. ②지대가 높은 곳. ↔下町(シタマチ). 1. the higher sections

やまのは[山の端](명) 산과 하늘이 접해 있는 곳. a mountain-edge

やまば[山場](명) ⇨やま⑤.

やまはた[山畑](명) 산에 만든 밭. 산전(山田). a field in a mountain

やまはだ[山膚·山肌](명) 산의 표면. a mountain-surface

やまばち[山蜂](명)〈동〉 ⇨くまばち.

やまばと[山鳩](명)〈동〉 산비둘기. 산에 사는 비둘기. a turtle-dove

やまばん[山番](명) 산을 지키는 사람. 산지기. a forest watchman

やまびこ[山彦](명) ①산의 정령(精霊). ②메아리. 1. a spirit of a mountain

やまひだ[山襞](명) 산에 주름처럼 움푹 들어 간 곳. a hollow of a mountain

やまびと[山人](명) ①산에 사는 사람. 산사람. ②선인(仙人). 1. mountain folks

やまびらき[山開き](명) ①산을 헐어서 개척함. ②그 해에 처음으로 등산을 허락함. 「富士(フジ)の一; 그 해 최초의 후지산 등산 허가」 1. road construction in the mountains

やまぶき[山吹き](명)〈식〉 황매화나무. 장미과에 속하는 낙엽 활엽 관목. 봄에 노란 꽃이 핌. a yellow rose. **―いろ**[山吹き色](명) 황매화의 꽃 빛깔. 노란 황금색. 「一の小判(コバン); 노란 금화(金貨)」

やまぶし[山伏し](명) ①산속에서 잠. ②〈불〉 ㉠들과 산에서 자면서 수행(修行)하는 중. ㉡수도자(修道者). 1. camping-out

やまふところ[山懐](명) 깊은 산에 둘러 싸인 곳. a mountain recess

やまぶみ[山踏み](명)〈고〉 산길을 걸음. 또는 그 사람.

やまべ[山辺](명) 산 근처. 산이 있는 곳. the neighbourhood of mountains

やまへん[山偏](명) 한자 부수(部首)의 하나. 뫼산변.

"峰, 峠" 등의 "山" 부분.
やまほうし[山法師](명) 히에이산(比叡山), 엔랴쿠사(延暦寺)의 승병(僧兵).
やまぼこ[山鉾](명) 대(臺) 위에 산 모양을 만들고 창이나 칼을 꽂은 수레. a festival float
やまほど[山程](부) 산만큼. 매우 많이 있음의 비유. many, much
やまほととぎす[山時鳥](명) 산속에 사는 두견이. a wild cuckoo
やままゆ[山繭](명)〈동〉어스랭이. 밤나무산누에나방의 유충. 천잠사(天蚕糸)를 뽑음. 천잠(天蚕). a wild silk-worm
やまみち[山道·山路](명) 산길. 산속에 있는 길. a mountain road
やまもと[山元](명) ①산기슭. ②산의 소유주. ③산, 탄갱(炭坑)의 소재지. 1. a mountain foot
やまもも[楊梅](명)〈식〉양매. 소귀나무. 산록 양지에 나는 상록 활엽 교목. 수피(樹皮)는 염료용(染料用), 과실은 식용함. a myrica
やまもり[山守り](명) 산을 지키는 사람. 산지기. a forest watchman
やまもり[山盛り](명) 산처럼 많이 담음. ↔摺切(スリキ)り. heaping
やまやき[山焼き](명·타サ) 초봄에 산이나 들의 마른 풀을 태워서 새 풀이 잘 나도록 하는 일. dead grass burning
やまやま[山山] Ⅰ(명) 많은 산. Ⅱ(부) ①많이. ②더 이상 없음. 「したいのは一だが; 하고 싶은 마음은 태산 같으나」 Ⅰ mountains
やまゆり[山百合](명)〈식〉산나리. 백합과에 속하는 다년초. 비늘줄기(鱗茎)는 식용. a golden-banded lily
やまわけ[山分け](명·타サ) ①산길을 헤치고 감. ②눈대중으로 절반씩 나눔. 2. an equal division
やまんば[山姥](명) ⇨やまうば.
やみ[闇](명) ①어둠. ②앞이 안 보임. ③마음이 산란하여 분별을 못함. 미망(迷妄). 「一に惑(マド)う; 분별을 못하다」 ④정규의 거래를 하지 않음. 「一取引(トリヒキ); 암거래」 1. darkness
やみあがり[病み上がり](명) 병이 갓나은 때. 또는 병이 갓나은 사람. convalescence
やみいち[闇市](명) 암거래의 물품을 취급하는 시장. 암시장. a black-market
やみうち[闇討ち](명·자サ) ①어둠을 타고 사람을 침 ②기습(奇襲). 1. a foul murder
やみくも[闇雲](부)〈속〉함부로. 아무렇게나. at random
やみじ[闇路]一ヂ(명) ①어둠 속의 길. ②분별을 할 수 없음. 「恋(コイ)の一; 사랑에 빠져 사리를 분별 못하는 것」 1. a dark road
やみそうば[闇相場](명) 암시세(暗時勢). 공정(公定) 가격이 아닌 시세. a black-market price
やみつき[病み付き](명) ①병에 걸림. ②나쁜 버릇에 물들어 고칠 수 없게 됨. 동 病み付く(자 4). 1. beginning of being taken ill
やみとりひき[闇取り引き](명)〈경〉공정 가격(公定価格)으로 하지 않는 물건의 거래. 암거래. black-market dealings
やみながし[闇流し](명·타サ) 암시세로 거래함. channeling goods to blackmarket
やみね[闇値](명) 암거래의 값. 암시세. black-market prices
やみのおんな[闇の女](명) 밤의 여자. 매춘부. 창녀(娼女). a street-walker
やみほう·ける[病み惚ける](자하 1) 병으로 쇠약해지다. become emaciated from illness
やみや[闇屋](명) 암거래(闇去来)하는 장사. 또는 그 사람. a black marketeer
やみやみ[闇闇](부) 실없이. 함부로. 「一と殺(コロ)されるものか; 함부로 죽을 줄 아느냐」 easily
やみよ[闇夜](명) 암야. 어두운 밤. a dark night
や·む[止む·已む](자 4) ①그치다. 「雨(アメ)が一; 비가 그치다」 ②도중에서 그치다. 중지하다. 「たおれて後(ノチ)一; 쓰러진 뒤에야 그만두다」 ③⇨:止まない. 1. be over
や·む[病む] Ⅰ(자 4) 병들다. 앓다. Ⅱ(타 4) ①병에 걸리다. 「胃(イ)を一; 위를 앓다」 ②심려(心慮)하다. 「なりゆきを気(キ)に一; 경과를 걱정하다」 Ⅰ be sick
やむない[已む無い](연어·형) 부득이하다. 할 수 없다. 「やむなく中止(チュウシ)した; 할 수 없이 중지했다」 inevitable
やむをえず[已むを得ず](연어·부) 할 수 없이. 부득이. unavoidable
やむをえない[已むを得ない](연어·형) 할 수 없다. 어쩔 수 없다. 「休(ヤス)むのも一; 쉬어도 하는 수 없다」
や·める[止める](타하 1) ①그만두다. 중지하다. 「勉強(ベンキョウ)を一; 공부를 중지하다」 ②폐지하다. 「酒(サケ)を一; 술을 끊다」 ③[罷める·辞める] 직장이나 일에서 떠나다. 「会社(カイシャ)を一; 회사를 그만두다」 1. stop
や·める[病める](자하 1) 아프다. 「後腹(アトバラ)が一; 훗배가 아프다」 sick
やめる[病める](연어) 앓고 있는. 병든. 「一母(ハハ); 병든 어머니」 bg taken ill
やも(감조) 〔의문이나 반문의 "や"에 "も"가 붙은 말〕 반문이나 강한 부정(否定)을 나타내는 말. 「有(ア)らめ一; 있을 것인가」
やもう[夜盲](명)〈의〉야맹. 저녁이나 광선이 적은 곳에서는 전혀 보이지 않는 것. 또는 그런 사람. 「一症(ショウ); 야맹증」 night-blind
やもお[鰥夫]一ヲ(명) ⇨やもめ(鰥夫).
やもしれず[やも知れず](연어) …일지도 모른다. 「中止(チュウシ)するに至(イタ)る一; 중지하게 될지도 모른다」 may be
やもめ[鰥夫·寡男](명) 홀아비. a widower
やもめ[孀·寡婦](명) 과부. 미망인(未亡人). a widow
やもり[守宮](명)〈동〉도마뱀붙이. 도마뱀 비슷한 파충류의 하나. 밤에 나와서 천장이나 벽으로 기어 다니

면서 작은 벌레들을 잡아 먹음. 갈호(蝎虎). a gecko

やや(명)〈방〉 ⇨ややこ.

やや[稍·稍稍](부) 약간. 얼마쯤. after a while

ややこ(명)〈방〉 젖먹이. a baby

ややこし·い(형) 복잡하다. 까다롭다. [파생] **—げ**(형동ダ) **—さ**(명). troublesome

やや(と)もすれば(부) 자칫하면. 까딱하면. be apt to

やや·む(자 4)〈고〉 근심하다. 걱정하다.

やゆ[揶揄](명·타サ) 야유. 놀림. teasing

やゆう[野遊](명) 야유. 야외(野外)로 나가서 노는 것. 들놀이. outing

やよ(감) 부를 때에 쓰는 말. 어이.

やよい[彌生]—ヨヒ(명) 음력 3월의 다른 이름. **—しき**[彌生式](명)〈역〉 금석 병용기(金石併用期)에 일본에 있었던 문화 양식. 벼를 재배하고 금속을 사용, 반반한 토기(土器)를 구웠음. 「—土器(ドキ); 야요이 시대의 토기」

やら(수조) ①의문이나 불명(不明) 등 애매하게 말할 때 쓰는 말. …올는지. …인지. 「どこへ行(イ)った—; 어디로 갔는지」「何(ナニ)—; 무엇인지」 ②많은 것을 나란히 말할 때에 쓰는 말. 「泣(ナ)く—笑(ワラ)う—; 울며 웃으며」

やらい[矢来](명) 대나무나 통나무를 거칠게 얽어서 두른 목책(木柵). a palisade

やらい[夜来](명·부) 어젯밤 이후. 밤사이. 「—の雨(アメ); 어젯밤부터 내린 비」 overnight

〔矢来〕

やらか·す(타 4)〈속〉 하다. 해 버리다. 해 치우다. do

やら·す[遣らす](타 4) ①보내다. ②시키다. 2. let

やらずのあめ[遣らずの雨](연어·명) 손님을 돌려 보내지 않기 위한 것처럼 쏟아지는 비. a rain preventing a guest from leaving

やらずぶったくり(연어)〈속〉 남에게 주지는 않고 받기만 하는 것. be all take and no give

—やらぬ(조어) 완전하게는 …하지 않다. 「晴(ハ)れ—空(ソラ); 완전히 개지 않은 하늘」

やらむ〈고〉 의문의 조사 "や"에 추측의 조동사 "らむ"가 붙은 것. …이겠지. …일 것이다.

やられる(연어·하 1) ①약점을 찔리다. 당하다. 몰리다. 「議論(ギロン)で—; 의론에서 몰리다」 ②상처를 입다. 살해되다. 「不良(フリョウ)に—; 불량배에게 언어 맞다(살해되다)」 1. be done 2. be wounded

やり[槍·鑓](명) ①긴 자루 끝에 날카로운 칼을 단 무기. 창. ②창을 쓰는 기술. 창술. ③(일본 장기짝의) 차(車). 1. a spear

やりあ·う[遣り合う]—アフ(자 4) ①서로 같이 하다. ②서로 다투다. 1. do something to each other

やりいか[槍烏賊](명)〈동〉 살꼴뚜기. 오징어의 일종. 몸이 길고 창끝 모양 뾰족함. 식용. a squid

やりかえ·す[遣り返す]—カヘス(타 4) ①되돌리다. ②다시하다. ③보복하다. 복수하다. 1. retreat

やりかた[遣り方](명) 하는 식. 하는 방법. 「選挙(センキョ)の—; 선거의 방법」 a way

やりきれな·い[遣り切れない](형) ①다할 수가 없다. ②못 당하다. 딱 질색이다. 1. unable to stand

やりくち[遣り口](명) ⇨やりかた.

やりくり[遣り繰り](명·타サ) 궁리해서 둘러 맞춤. 융통. makeshift. **—さんだん**[遣り繰り算段](명·자サ) 이리 저리 궁리하여 둘러 맞추는 방법. 「contrive

やりく·る[遣り繰る](타 4) 둘러 맞추다. 융통하다. ↗

やりこな·す[遣りこなす](타 4) (어려운 일을) 해내다. 「りっぱに—; 훌륭히 해내다」 carry out

やりこ·める[遣り込める](타하 1) 말로 설득하여 침묵하게 하다. 말을 못하게 하다. talk down

やりすご·す[遣り過ごす](타 4) ①뒤에서 온 사람을 앞으로 보내다. ②지나치게 하다. 과하게 하다. 1. let pass

やりそこなう[遣り損う]—ソコナフ(타 4) 잘못하다. 실패하다. [명] 遣り損い. fail

やりだま[槍玉](명) ①창을 공 다루듯이 잘 다룸. ②창으로 찌름. 「—にあげる; 비난이나 공격, 희생 등의 목표로 삼다」 2. stab with a spear

やりっぱなし[遣りっ放し](명) ⇨やりばなし.

やりて[遣り手](명) ①행하는 사람. 하는 사람. ②주는 사람. ③솜씨가 좋은 사람. 수완이 있는 사람. 일을 잘하는 사람. 민완가(敏腕家). ④옛날 유곽(遊廓)에서 유녀(遊女)를 감독하던 여자. 「—ばばあ; 유녀를 감독하는 할멈」 1. a doer

やりど[遣り戸](명) ⇨ひきど.

やりと·げる[遣り遂げる](타하 1) 최후까지 해서 목적을 달성하다. 완수하다. accomplish

やりとり[遣り取り](명·타サ) 주거니 받거니함. 「ことばの—; 말을 주고 받음」 exchange

やりなお·す[遣り直す]—ナホス(타 4) 다시 하다. [명] 遣り直し. do over again

やりなげ[槍投げ](명) 창던지기 경기. 투창. javelin throwing

やりば[遣り場](명) 가지고 갈 곳. 「不平(フヘイ)の—がない; 불평을 쏟을 곳이 없다」 a place

やりばなし[遣り放し](명) 내버려 둠. 일을 하다가 그만두고 뒤처리를 하지 않음. 방치(放置)함. leaving a thing half-done

やりぶすま[槍衾](명) 창을 빈틈 없이 가득히 세워 두는 것. a screen of spears

やりみず[遣り水]—ミヅ(명) ①뜰에 물을 끌어 들여 흐르도록 한 것. ②정원의 화초에 물을 주는 것. 1. a garden-conduit

やりもち[槍持ち](명) 옛날 무사의 창을 들고 다니던 종자(從者). a spear carrier

や·る[破る](타 4)〈고〉 ⇨やぶる.

や·る[遣る] | (타 4) ①나아가게 하다. 「馬(ウマ)を—; 말을 나아가게 하다」 ②보내다. ③파견하다. 「使(ツカ)いを—; 사자(使者)를 보내다」 ④주다. ↔くれる. ⑤멀어 버리다. 풀다. 「思(オモ)いを—; 원한을 풀다」

⑥하다. 「やってみる; 해 보다」 ⑦마시다. 먹다. 「一杯(イッパイ)—; 한 잔 하다」 Ⅱ(보통·4) ①남에게 어떤 동작을 하여 이익을 주다. 「教(オシ)えて—; 가르쳐 주다」 ②남에게 어떤 동작을 하여 해를 주다. 「なぐって—; 때려 주다」 ⑥적극적으로 하다. 「早(ハヤ)く起(オ きて—; 일찍 일어나다」 2. send 3. dispatch

やる かた[遣る方](명) 기분을 푸는 수단. 취할 수단. 「無念(ムネン)—ない; 분한 마음을 풀 길이 없다」 how to express

やる せ[遣る瀬](명) 기분을 푸는 수단. a solace. —**な·い**[遣る瀬無い](형) 기분을 풀 길이 없다. 마음에 차지 않아 괴롭다. 파생 —**なげ**(형동ダ) —**なさ**(명).

ヤルタ[Yalta](명)〈지〉 얄타. 소련 우크라이나 흑해 북안(北岸) 크림 반도에 있는 해항(海港). 1945 년 얄타 협정이 체결된 곳.

やれ[破れ](명) ①찢어지거나 부서짐. 또는 그 곳. ②〈속〉 못 쓰게 된 종이. 파지(破紙). 1. breach

やれ(감) ①사람을 부를 때 쓰는 말. ②당황할 때, 또는 안도(安堵)할 때 내는 소리. ③타인의 말을 늘어 놓고 번거로움을 참을 수 없는 뜻을 나타내는 말. 1. say!

やれさて(감) 그런데. 그건 그렇고. then

やろう[野郎] Ⅰ(명)〈속〉 남자를 욕할 때 쓰는 말. 자식. 놈. ↔女郎(メロウ). Ⅱ(대)〈속〉 사람을 욕할 때 쓰는 말. 「—, にがすな; 저놈, 놓치지 말라」 1. a fellow

やろう じだい[夜郎自大](연어·명) 자기의 역량도 모르고 동료들 사이에서 으시대는 자. a haughty fellow

ヤロビ のうほう[jarovi 農法](명) 〔←jarovizatsija〕 야로비 농법. 농작물의 발육 기간을 줄이는 방법. 춘화 처리(春化処理).

やわ[柔]ヤハ(형동ダ) ①부드러운 모양. ②약한 모양. 「からだが—になる; 몸이 약해지다」 1. soft

やわ[夜話](명) 야화. 밤에 하는 이야기. 또는 그 이야기를 모은 책. a book of night talkings

やわ·い[柔い](형) ①부드럽다. ②아직 굳지 않다. ③약하다. ④온후하다. 유순하다. 1. soft 2. not solid

やわ か ヤハー(부) ①어찌하여. 어째서. 「—勝(カ)たでおくべき; 어찌 이기지 않을소냐」 ②혹시. ③그런데도 더욱. 1. why

やわ·す[和す](타 4)〈고〉 부드럽게 하다. 귀순(帰順)시키다. 평화스럽게 하다.

やわ はだ[柔膚]ヤハー(명) 여자의 부드러운 살갗. tender skin

やわら[柔ら]ヤハラ(명) 유도(柔道).

やわら か[柔らか]ヤハラー(형동ダ) 부드러운 모양. soft. —**もの**[柔らか物](명) 비단. 비단옷.

やわらか·い[柔らかい]ヤハラカイ(형) ①부드럽다. 「—はだ; 부드러운 살갗」 ②유순하다. 「—線(セン); 부드러운 선」 파생 —**さ**(명). 1. soft

やわら·ぐ[和らぐ]ヤハラグ(자 4) ①부드러워지다. ②조용해지다. ③파도나 바람이 자다. ④친해지다. 1. soften

やわら·げる[和らげる]ヤハラゲル(타하 1) 부드럽게 하다. soften

ヤンガージェネレーション[younger generation](명) 영거 제너레이션. 젊은 세대. 청소년층. 젊은이들.

ヤンキー[Yankee](명) 양키. ①뉴잉글란드 사람. ②미국인.

ヤング[young](명) 영. 젊음. 젊은 것.

やんごと な·い[止ん事無い](형) 매우 (신분이) 귀하다. 「—生(ウ)まれ; 귀한 집 태생」 noble

やん ちゃ(명·형동ダ)〈속〉 어린 아이가 응석을 부림. 응석. 떼를 씀. 또는 그 아이. naughtiness

やんぬる かな(연어) 이젠 마지막이다. 어떻게 할 수가 없다. All is lost!

やんま(명)〈동〉 왕잠자리. 커다란 잠자리. a dragon-fly

やんや(감) 갈채(喝采)의 소리, 칭찬하는 소리. bravo!

やんわり ヤンハリ(부) 부드럽게. 온화하게. softly

ゆ

—ゆ[油](조어) 기름. 「大豆(ダイズ)—; 콩기름」

ゆ[淦](명) 목선(木船) 속에 괸 물. 물때. bilge

ゆ[湯](명) ①더운물. ↔水(ミズ). ②온천. ③목욕탕. 「—に行(イ)ってくるよ; 목욕탕에 갔다 오겠다」 1. hot water

ゆ(조동·하 2 형)〈고〉 "る"의 옛 형태. 「憎(ニク)ま—; 미움 받다」

ゆ(격조)〈고〉 ①…으로부터. ②…을 지나서. 「田子(タゴ)の浦(ウラ)—; 타고노우라를 지나서」

ユ(명)〈지〉 유고슬라비아의 준말.

ゆ あか[湯垢](명) (목욕탕이나 주전자에 끼는) 물때. fur

ゆ あがり[湯上がり](명) ①목욕탕에서 나오는 일. 또는 나올 때. ②목욕탕에서 나와 몸을 닦는 커다란 타월. 1. after taking a bath

ゆ あたり[湯中り](명·자サ) 오랜 시간 온천이나 목욕탕 속에 들어 가 있어서 몸에 탈이 생김. ill effects from too much bathing

ゆ あみ[湯浴み](명·자サ) 온천이나 목욕탕에 들어 감. 입욕(入浴). taking a bath

ゆい あ·げる[結い上げる]ユヒー(타하 1) ①묶어서 위로 올리다. ②묶는 것을 끝마치다. 다 묶다. 1. tie

ゆい いつ[唯一](명) 유일. 단 하나. 「—神(シン); 유일신」 only one

ゆい かい[遺誡](명) 유계. 죽은 사람이 남긴 훈계. 유

훈(遺訓). one's last injunctions

ゆいがどくそん[唯我独尊](연어·명)〈불〉 유아 독존. 자기 이외에는 훌륭한 것이 없다는 것.「天上天下(テンジョウテンゲ)—; 천상 천하에 유아 독존」 self conceit

ゆいくん[遺訓](명) 유훈. 죽은 사람이 남긴 훈계. one's last injunctions

ゆいごん[遺言](명·자サ) 유언. 죽을 때에 남기는 말.「—状(ジョウ); 유언장」 a will

ゆいしき[唯識](명)〈불〉 유식. 일체의 법은 그 본성(本性)으로 말하면 성(性)의 표현이고 심성(心性)만이 일체의 근원이며 최고의 실재(実在)라는 설(説). 유심(唯心). spiritualism

ゆいしょ[由緒](명) 유서. 내력(来歷). 유래.「—ある所(トコロ); 유서 깊은 곳」 a history

ゆいしん[唯心](명) 유심. ①〈불〉 일체가 오직 마음의 작용의 결과라는 것. ②〈철〉 오로지 정신만이 존재한다고 생각하는 것. ↔唯物(ユイブツ). 2. spiritualism. **—ろん**[唯心論](명)〈철〉 유심론. 세계의 본체(本体)나 현상(現象)의 본질은 정신이라고 하는 설. ↔唯物論(ユイブツロン).

ゆいせき[遺跡](명) ①⇨いせき. ②죽은 뒤에 후사(後嗣)에게 전하는 봉토(封土).

ゆいつ·ける[結い付ける]ユヒー(타하 1) ①붙들어 매다. ②(머리 등을) 매는 데 익숙해지다. 1. tie

ゆいのう[結納]ユヒー(명) 약혼의 증거로 예물을 교환하는 일. 또는 그 물건.「—をとりかわす; 약혼 예물을 교환하다」 a betrothal present

ゆいび[唯美](명) 유미. 미적 생활에 최고의 가치를 인정하고 아름다움을 생활의 목표로 하는 것.「—主義(シュギ); 유미주의」

ゆいぶつ[唯物](명) 유물. 오로지 물질만이 존재한다고 생각하는 것.「—思想(シソウ); 유물 사상」↔唯心(ユイシン). **—しかん**[唯物史観](명) 유물 사관. 인간의 역사를 물질 면에서 보고 인간의 정신 활동도 물질적 생활에 의해서 정해진다고 보는 견해. 마르크스주의의 역사에 대한 입장. **—べんしょうほう**[唯物弁証法](명)〈철〉 유물 변증법. 유물론의 입장에 서는 변증법. 마르크스주의의 방법론. **—ろん**[唯物論](명)〈철〉 유물론. 우주의 본질은 물질이고 정신도 물질로 규정된다는 설. ↔唯心論(ユイシンロン).

ゆいもつ[遺物](명) 유물. ①죽은 후에 남겨진 물건. ②유적에서 발견된 고대인의 제작품. 1. a memento

ゆいわた[結い綿]ユヒー(명) ①가운데를 묶은 축의용(祝儀用)의 풀솜. ②가문(家紋)의 하나. 풀솜의 가운데를 묶은 것 같은 모양임. 1. a congratulatory gift of floss silk

ゆう—[有](조어) 있음.「—資格者(シカクシャ); 유자격자」

—ゆう[有](조어) …과 또.「十(ジュウ)—三年(サンネン); 10년 하고 또 3년」

ゆう[夕]ユフ(명) 저녁때. 해질녘.「朝(アサ)に—に; 아침 저녁으로」 evening

ゆう[木綿]ユフ(명)〈고〉 닥나무 껍질로 만든 끈이나 천.

ゆ·う[言う]イフ(자타 4) ⇨いう.

ゆ·う[結う]ユフ(타 4) ①매다.「帯(オビ)を—; 띠를 매다」②머리를 손질하다. 땋다. ③붓을 만들다. 1. tie

ゆう[有](명) ①있는 것. 실재(実在). ↔無(ム). ②소유(所有). 소유물.「わがほうの—に帰(キ)する; 우리 편의 소유가 되다」 1. existence

ゆう[邑](명) ①마을. ②영주(領主)의 영토. 1. a village

ゆう[勇](명) ①용기.「—を鼓(コ)す; 용기를 떨쳐 일으키다」②힘이 뛰어나게 강한 것.「—をもって聞(キ)こえた人(ヒト); 용기로써 알려진 사람」 1. bravery

ゆう[雄](명) ①수컷. ②뛰어난 것. 지도자.「一方(イッポウ)の—; 한쪽의 뛰어난 사람」③위대한 것. 2. a leader

ゆう[揖](명) 읍. 홀(笏)을 앞으로 들고 상체(上体)를 약간 앞으로 공손히 숙여서 하는 절. bowing

ゆう[遊](명) 〔야구에서〕 유격수(遊擊手)의 준말.

ゆう[尤](형동ナリ) 매우 뛰어난 모양.「菊(キク)は花(ハナ)の—なるもの; 국화는 꽃 중에서 뛰어난 꽃이다」 excellence

ゆう[優](형동ナリ) ①우아(優雅)한 모양. 우미(優美)한 모양. ②뛰어난 모양. 충분한 모양.「—に一万(イチマン)をこえる観衆(カンシュウ); 충분히 1만을 넘는 관중」↔劣(レツ). 2. excellence

ユー[you](대)〈속〉 유우. 그대. 당신. 너.

ゆうあい[友愛](명) 우애. 친우나 형제 사이의 애정. brotherly love

ゆうあかり[夕明り]ユフー(명) 저녁때의 희미한 밝음. lingering evening light

ゆうあく[優渥](형동ダ) 은혜가 넓고 두터운 모양. gracious

ゆうあん[幽暗](명) 어둠침침한 것. gloominess

ゆうい[有為](명·형동ダ) 유위. 재주 있고 쓸모가 있음. 유능. 유망.「—の青年(セイネン); 유능한 청년」 promising

ゆうい[有意](명) 유의. ①의미가 있음. ②〈심〉 의사(意思)가 있음. 1. having a meaning

ゆうい[雄偉](명·형동ダ) 우수하고 위대함. grandeur

ゆうい[優位](명·형동ダ) 우위. 우월한 지위.「—を占(シ)める; 우위를 차지하다」 a dominant position

ゆういぎ[有意義](명·형동ダ) 유의의. 의의가 있음. ↔無(ム)意義. significance

ゆういん[誘引](명·타サ) 유인. 끌어 들임. invitation

ゆういん[誘因](명) 유인. 어떤 작용을 일으키는 가까운 원인. 실마리. an inducement

ゆううつ[憂鬱](명·형동ダ) 우울. 마음이 무거움. melancholy

ゆうえい[遊泳·游泳](명·자サ) 유영. ①헤엄침. 수영. ②〈속〉 처세(処世)함.「—術(ジュツ); 처세술」 1. swimming

ゆうえき[有益](명·형동ダ) 유익. ①이익이 있음. ②쓸모가 있음. ↔無益(ムエキ). 1. profitable

ゆうえき[誘掖](명·타サ) 인도하고 가르침. guidance

ユーエスエー[USA←United States of America](명)

유우 에스 에이. 아메리카 합중국.

ゆうえつ[遊越](명) 〔야구에서〕 배터(打者)가 친 공이 유격수(遊撃手)의 머리 위를 넘어 가는 일.「一安打(アンダ); 유월 안타」

ゆうえつ[優越](명·자サ) 우월. 다른 것보다 뛰어남. superiority. **—かん**[優越感](명) 우월감. 자기가 남보다 뛰어난 것을 자랑스럽게 생각하는 마음.

ゆうえん[幽遠](명·형동ダ) 속이 깊고 멂. remote and unearthly

ゆうえん[悠遠](명·형동ダ) 유원. 아득히 먼 모양. 유구(悠久). remoteness

ゆうえん[遊宴](명) 유연. 놀이로 베푼 잔치.

ゆうえん[遊園](명) 유원. 놀 만하게 꾸며 놓은 공원.「一地(チ); 유원지」 a public garden for playing

ゆうえん[優婉](명·형동ダ) 부드럽고 아름다움. 우아하고 고상함. elegance

ゆうえん[優艶](명·형동ダ) 부드럽고 매혹적(魅惑的)임. charming

ゆうえんかやく[有煙火薬](명) 유연 화약. 발사할 때 연기를 내는 구식(旧式)의 화약. ↔無煙(ムエン)火薬. stale gun-powder

ゆうおう[勇往](명) 용감하게 나아가는 일.「一邁進(マイシン); 용감하게 매진하다」 dash

ゆうか[有価](명) 유가. 금전상의 가격이 있는 것. value. **—しょうけん**[有価証券](명)〈경〉 유가 증권. 사법상(私法上)의 재산권을 표시한 증권.

ゆうか[融化](명·자サ) 융화. 융해(融解)하여 변화 또는 화합함. deliquescence

ゆうが[優雅](명·형동ダ) 우아. 부드럽고 품위가 있음. 고상하고 아담(雅淡)함. elegance

ゆうかい[幽界](명) 유계. 저승. the other world

ゆうかい[誘拐](명·타サ) 유괴. 사람을 속여서 유인함. kidnapping

ゆうかい[融解](명·자サ) 융해. ①녹아서 섞임. ②〈이〉 고체(固体)가 열 때문에 액체가 되는 일.「一点(テン); 융해점」 1. melting

ゆうがい[有蓋](명) 유개. 덮개나 지붕이 있는 것.「一貨車(カシャ); 유개 화차」↔無蓋(ムガイ). covered

ゆうがい[有害](명·형동ダ) 유해. 해가 있음. 해로움. ↔無害(ムガイ). injurious

ゆうがお[夕顔]ユフガホ(명)〈식〉 박. 1년생 만초(蔓草)로 열매는 바가지를 만들고 속은 식용하기도 함. a bottle gourd

ゆうかく[遊客](명) 유객. ①일정한 직업이 없이 놀고 지내는 사람. ②유람객. ③유흥(遊興)하는 손님. 유흥객. 1. an idler

ゆうかく[遊郭·遊廓](명) 유곽. 유녀(遊女)들이 모여 있는 지역. 창가(娼街). 화류계. licensed quarters

ゆうがく[遊学](명·자サ) 유학. 다른 고장(외국)에 가서 공부함. studying away from home

ゆうかげ[夕陰]ユフー(명) 저녁때 그늘이 지는 곳.

ゆうかげ[夕影]ユフー(명) 석영. ①저녁 햇빛. ②석양에 비치는 그림자. 1. evening sunlight

ゆうかぜ[夕風]ユフー(명) 저녁 바람. 해질녘에 부는 바람. an evening breeze

ゆうがた[夕方]ユフー(명) 저녁때. 해질녘. evening

ゆうがとう[誘蛾燈](명) 유아등. 밤에 논밭에 모이는 나비나 벌레를 유인해서 떨어져 죽게 장치(装置)해 놓은 등. a luring lamp

ユーカラ[아이누 Yukar](명) 유우카르. 아이누족에게 전해 오는 긴 서사시(叙事詩).

ユーカリ(명)〈식〉〔유우칼립터스(eucalyptus)의 준말〕 유우칼리. 천인화과에 속하는 상록 교목. 높이 100 *m* 나 되는 큰 나무. 잎으로는 유우칼리유(油)를 짬.

ゆうかん[夕刊]ユフー(명) 석간. 저녁때 간행하는 신문. ↔朝刊(チョウカン). an evening paper

ゆうかん[有閑](명·형동ダ) 유한. ①한가함. 틈이 있음. ②생활에 여유가 있고 여가가 많음.「一マダム; 유한 마담」 1. leisure

ゆうかん[憂患](명) 우환. 걱정과 고민. 근심. cares and worries

ゆうかん[幽閑](명·형동ダ) 유한. 조용함. quietness

ゆうかん[勇敢](형동ダ) 용감. 용기가 있어 겁을 내지 않고 감행하는 모양. brave

ゆうき[結城]ユフキ(명) ①←結城紬. ②←結城木綿. **—つむぎ**[結城紬](명) 이바라키현(茨城県)의 유우키 지방에서 산출되는 견직물. **—もめん**[結城木綿](명) 유우키 지방에서 산출되는 면직물.

ゆうき[有期](명) 유기. 일정한 기한이 있음. ↔無期(ムキ). terminableness

ゆうき[有機](명) 유기. ①〈이〉 탄소를 함유 주성분으로 하는 것. ②생활 기능을 갖는 것.「一質(シツ); 유기질」↔無機(ムキ). 1. organic. **—かがく**[有機化学](명)〈이〉 유기 화학. 유기 화합물을 연구하는 화학. **—かごうぶつ**[有機化合物](명)〈이〉 유기 화합물. 탄소를 주요한 성분으로 하는 화합물. 주로 동식물계에 있음. **—かんかく**[有機感覚](명)〈생·심〉 유기 감각. 생물의 몸에 대한 자극에 의하여 일어나는 감각. 예: 갈증, 배고픔 등. **—さん**[有機酸](명)〈이〉 유기산. 동식물의 몸속에 있는 산류(酸類). **—たい**[有機体](명) 유기체. ①유기물. ②유기적으로 되어 있는 조직. **—てき**[有機的](형동ダ) 유기적. 유기체처럼 많은 부분이 강하게 결합해서 전체를 형성하고 서로 필연적으로 영향을 주는 상태. **—ひりょう**[有機肥料](명)〈농〉 유기 비료. 동식물질로 이루어진 비료. **—ぶつ**[有機物](명) 유기물. 생활체를 구성, 조직하는 물질. 유기 화합물.

ゆうき[幽鬼](명) 죽은 사람의 영혼. 망령(亡霊). a ghost

ゆうき[勇気](명) 용기. 용맹스러운 기운. courage

ゆうぎ[友宜·友誼](명) 우의. 친구로서의 정. 우정.「一が厚(アツ)い; 우의가 두텁다」 friendship

ゆうぎ[遊技](명) 오락으로서 행하는 놀이.「一場(ジョウ); 유기장」 a game

ゆうぎ[遊戯](명·자サ) 유희. ①즐겁게 놂. ②아이들이 노래나 음악에 맞추어서 간단한 춤을 춤. 1. a play. **—てき**[遊戯的](형동ダ) 유희적. 반 놀이 삼아 하는 모양. 진정이 아닌 모양.

ゆうきゃく[遊客](명) 유객. 놀러 오는 손님. 「温泉(オンセン)の一; 온천의 유객」 a tourist

ゆうきゅう[有給](명) 유급. 급료가 지불되는 것.「一休暇(キュウカ);유급 휴가」↔無給(ムキュウ). stipendiary

ゆうきゅう[悠久](명·형동ダ) 유구. 오랜 세월. 영구. 「一のむかし; 유구한 옛날」 eternity

ゆうきゅう[遊休](명·자サ) 유휴. 설비 등이 사용되지 않고 쉬고 있음. 「一施設(シセツ); 유휴 시설」 idle

ゆうきょ[幽居](명·자サ) 세간(世間)에서 떨어져 조용히 삶. a secluded life

ゆうきょう[幽境](명) 유경. 심오(深奥)하고 조용한 곳. a solitary place

ゆうきょう[遊侠](명) 유협. 사나이다운 협기.

ゆうきょう[遊興](명·자サ) 유흥. ①흥취(興趣) 있게 놂. ②요정(料亭) 같은 곳에서 놂. 「一費(ヒ); 유흥비」 2. merrymaking

ゆうぎょうじんこう[有業人口](명) 취업(就業)하고 있는 사람의 수. 취업 인구.

ゆうぎり[夕霧]ユフー(명) 저녁 안개. evening mist

ゆうきん[遊金](명)〈경〉 유금. 사용도가 없어서 사장(死蔵)되어 있는 돈. idle money

ゆうぎん[遊吟](명·자サ) 들과 산을 거닐거나 여행을 하면서 시가(詩歌), 하이쿠(俳句) 등을 읊음. making poems while strolling or journeying

ゆうきんるい[游禽類](명)〈동〉 유금류. 물 위를 헤엄쳐 다니는 새의 총칭. 예: 오리, 기러기, 갈매기 등. 〈학명〉 Natatores

ゆうく[憂苦](명) 근심과 괴로움. distress

ゆうぐう[優遇](명·타サ) 융숭히 대우함. 우대(優待). a warm reception

ゆうぐれ[夕暮れ]ユフー(명) 황혼. 해질녘. evening

ゆうくん[遊君](명) 유녀(遊女). a harlot

ゆうぐん[友軍](명) 우군. 자기 편의 군대. 아군(我軍). friendly troops

ゆうぐん[遊軍](명) 유군. ①〈군〉 대기하고 있다가 시기를 봐서 활동하는 군대. ②정해진 곳에 있지 않고 필요한 때를 위해 대기하고 있다가 활동하는 사람들. 「一記者(キシャ); 유군 기자」 1. reserve forces

ゆうげ[夕餉]ユフー(명) 저녁 식사. 저녁밥. 「一の煙(ケムリ); 저녁밥을 짓는 연기」 the evening meal

ゆうけい[夕景]ユフー(명) 해질녘의 경치. 「はや一になった; 벌써 황혼이 되었다」 an evening scene

ゆうけい[有形](명) 유형. 형태가 있는 것. ↔無形(ムケイ). concreteness

ゆうけい[雄勁](명·형동ダ) 늠름하고 씩씩함. 긴장미가 있고 힘참. vigorous

ゆうけい[雄鶏](명) 웅계. 수탉. a cock

ゆうげい[遊芸](명) 놀이에 관한 예능(芸能). 예: 춤, 음악, 다도(茶道) 등. light accomplishments

ゆうげき[遊撃](명) 유격. ①임기 응변으로 적을 공격하는 일. 또는 공격하는 부대. ②〔야구에서〕 2루와 3루 사이를 지키는 사람. 유격수. 쇼오트스톱. 1. mobile tactics. **—せん**[遊撃戦](명)〈군〉 유격전. 게릴라전. ⇨:ゲリラ.

ゆうげしき[夕景色]ユフー(명) 저녁 경치. 황혼(黄昏)의 경치. an evening scene

ゆうけつ[雄傑](명) 웅걸. 영웅다운 호걸(豪傑). a great man

ゆうげむり[夕煙]ユフー(명) ①저녁밥을 짓는 연기. ②저녁 연기. 1. kitchen smoke in the evening

ゆうけん[勇健](명·형동ダ) ①용감하고 튼튼함. ②〔편지에서〕 몸 성히 무사하게 잘 있다는 뜻으로 쓰는 말.「ますますご一;더욱더 건강하시기를」 1. powerful

ゆうけん[郵券](명) 우표. 「一封入(フウニュウ)の上(ウエ); 우표를 동봉하시어」 a stamp

ゆうげん[有限](명·형동ダ) 유한. 한도가 있음. ↔無限(ムゲン). limitedness. **—がいしゃ**[有限会社](명)〈법〉 유한 회사. 회사에 빚이 생겨도 출자자(出資者)가 한정된 범위내에서만 책임을 지도록 조직된 회사. **—せきにん**[有限責任](명)〈법〉 유한 책임. 채무자의 재산에 대하여 일정액을 한도로 하여 채무를 갚을 경우의 책임.

ゆうげん[幽玄](명·형동ダ) ①유현. 깊어서 헤아릴 수 없음. ②깊은 여정(餘情)이 있음. 1. profundity

ゆうけんがっき[有鍵楽器](명)〈악〉 유건 악기. 건반(鍵盤)이 있는 악기. 예: 피아노, 오르간 등. a clavier

ゆうけんしゃ[有権者](명) 유권자. ①권리가 있는 사람. ②〈법〉 선거권(選挙権)이 있는 사람. ③권력이 있는 사람. 3. a powerful man

ユーゴ(명)〈지〉 유고슬라비아의 준말.

ゆうこう[友好·友交](명) 우호. 친구로서의 교제. 교우. 「一的(テキ); 우호적」 amity

ゆうこう[有功](명) ①유공. 공로가 있음. 「一章(ショウ); 유공 훈장」 ②효과가 있음. 1. merit

ゆうこう[遊行](명) 유행. 놀며 돌아 다니는 일. 정처없이 걸어 가는 것. 「夢中(ムチュウ)一; 몽중 유행」 wandering

ゆうこう[有効·有效](형동ダ) 유효. 효력이나 효과가 있는 모양. 「一成分(セイブン); 유효 성분」 ↔無效(ムコウ). efficient

ゆうごう[雄剛](명) 우수하고 강함. intrepidity

ゆうごう[融合](명·자サ) 융합. 녹아서 하나로 합침. fusion

ゆうこうちゅう[有孔虫](명)〈동〉 유공충. 유공류에 속하는 원생(原生) 동물의 총칭. 큰 단세포(單細胞)의 동물임. a foraminifer

ユーゴ(ー)スラビア[Yugoslavia](명)〈지〉 유고슬라비아. 보올칸 반도의 공화국. 수도는 벨그라드(Belgrade).

ゆうこく[夕刻]ユフー(명) 해질녘. 저녁때. evening

ゆうこく[友国](명) 서로 친밀히 교통하는 나라. 우방국(友邦国). a friendly nation

ゆうこく[幽谷](명) 유곡. 깊은 산골짜기. 「深山(シンザン)一; 심산 유곡」 a deep valley

ゆうこく[憂国](명) 우국. 나라 일을 근심함. 「一の士(シ); 우국지사」 patriotism

ゆうごろ[遊ごろ](명)〔야구에서〕유격수(遊撃手)가 잡은 땅보올.
ゆうこん[幽魂](명) 유혼. 죽은 사람의 넋. 망혼(亡魂). a departed soul
ゆうこん[雄魂](명) 남자다운 훌륭한 정신. a manly spirit
ゆうこん[雄渾](형동ダ) (문장 등이) 힘차고 세련된 모양.「一な文章(ブンショウ); 힘찬 문장」 grand
ゆうざい[有罪](명) 유죄. ①죄가 있음. ②〈법〉 범죄가 성립하는 일. ↔無罪(ムザイ). 1. guiltiness
ゆうさり[夕さり]ユフー(명)〈고〉 저녁때.
ゆうさ·る[夕さる]ユフー(자 4)〈고〉 저녁때가 되다.
ゆうされば[夕されば]ユフー(연어) 저녁때가 되면.
ゆうさん[有産](명) 유산. 재산이 있음.「一階級(カイキュウ); 유산 계급」↔無産(ムサン). propertied
ゆうし[有史](명) 유사. 역사가 있음.「一以来(イライ); 유사 이래」 history
ゆうし[有司](명) 관리.「百官(ヒャッカン)一; 백관 유사(조정의 많은 관리)」 an official
ゆうし[有志](명) 유지. ①뜻이 있음. 또는 그 사람. ②그 일에 특히 관심이 있는 사람.「校友会(コウユウカイ)一; 교우회 유지」 2. a volunteer
ゆうし[勇士](명) 용사. ①용기(勇気)가 있는 사람. ②군인을 좋게 일컫는 말.「白衣(ハクイ)の一; 백의 용사(상이 용사)」 1. a brave man
ゆうし[勇姿](명) 용자. 용감한 모습. a gallant figure
ゆうし[猶子](명) ①형제의 자식. 조카. ②양자(養子). 1. a brother's child
ゆうし[雄志](명) 웅지. 웅대한 뜻. 웅심(雄心). a high ambition
ゆうし[雄姿](명) 웅자. 씩씩한 모습. a brave figure
ゆうし[雄視](명·자サ) 웅시. 위세 있게 다른것을 내려다 봄.「斯界(シカイ)に一する; 사계를 웅시하다」 predominance
ゆうし[遊子](명) ①집이나 고향에서 멀리 떨어져 있는 사람. ②여행자. 나그네. 2. a tourist
ゆうし[遊糸](명) 아지랭이. air-waving with heat
ゆうし[遊資](명)〈경〉 유자. 운용되지 않고 헛되이 쉬고 있는 자본. idle capital
ゆうし[融資](명·자サ)〈경〉 융자. 자금을 융통함.「一を受(ウ)ける; 융자를 받다」 financing
ゆうじ[有事](명) 유사. 사건, 사변이 있음.「一の際(サイ); 유사시」↔無事(ブジ). emergency
ゆうしお[夕潮]ユフシホ(명) 저녁 밀물. 저녁의 만조(満潮). 석수(汐水). evening-tide
ゆうしき[有識](명) 유식. 지식이 있음. 학식이 있음.「一者(シャ); 유식자」 learned
ゆうしで[木綿四手·木綿垂]ユフー(명)〈고〉 신에 바치는 비쭈기나무나 금줄 등에 무명 조각을 매어 닮. 또는 그 조각.
ゆうしぶんれつ[有糸分裂](명)〈생〉 유사 분열. 세포 분열에 있어, 핵(核)이 염색체로 되어 이루어지는 핵분열. ↔無糸(ムシ)分裂. mitosis
ゆうしゃ[友社](명) 동업 회사. 친한 회사. a friendly company
ゆうしゃ[勇者](명) 용자. 용감한 사람. 용사(勇士). a brave man
ゆうしゃ[優者](명) ①우수한 사람. ②우승한 사람. 승자(勝者). 1. the superior
ゆうしゃく[有爵](명) 공(公), 후(侯), 백(伯), 자(子), 남(男) 등의 작위(爵位)가 있음. titled
ゆうじゃく[幽寂](명·형동ダ) 유적. 깊숙하고 조용함. 그윽하고 쓸쓸함. solitude
ゆうしゅう[有終](명) 유종. 끝까지 완수함.「一の美(ビ)をかざる; 유종의 미를 거두다」 perfection
ゆうしゅう[幽囚](명) 유수. 잡혀서 옥에 갇힘. 또는 그 사람.「一の身(ミ); 옥에 갇힌 몸」 imprisonment
ゆうしゅう[幽愁](명) 깊은 시름에 잠김. 또는 깊은 근심. melancholy
ゆうしゅう[憂愁](명) 우수. 근심. 슬픔.「一の色(イロ); 우수의 빛」 melancholy
ゆうしゅう[優秀](형동ダ) 우수. 특히 뛰어난 모양.「一性(セイ); 우수성」 excellent
ゆうじゅう[優柔](명·형동ダ) 우유. ①부드럽고 조용함. ②결도가 없고 결단력이 약함.「一不断(フダン); 우유 부단」 1. tender
ゆうしゅつ[涌出·湧出](명·자サ) 용출. 솟아 나옴.「一量(リョウ); 용출량」 gushing out
ゆうしゅん[優駿](명) 훌륭한 말. 썩 뛰어난 경주용(競走用)의 말. 준마(駿馬). an excellent horse
ゆうしょ[郵書](명) 우편으로 보내는 편지. a letter
ゆうじょ[佑助](명) 도움. help
ゆうじょ[宥恕](명·타サ) 유서. 넓은마음으로 용서함. forgiveness
ゆうじょ[遊女](명) 유녀. 옛날 연석(宴席)에서 노래나 춤을 추고, 또는 잠자리를 같이하는 것을 직업으로 하던 여자. 창녀(娼女). a prostitute
ゆうしょう[有償](명)〈법〉 유상. 어떤 행위의 결과에 대해서 보상(報償)을 하는 일. ↔無償(ムショウ). compensation
ゆうしょう[勇将](명) 용장. 용감한 장군.「一のもとに弱卒(ジャクソツ)なし; 용장 아래 약졸 없다」 a brave general
ゆうしょう[優勝](명·자サ) 우승. ①가장 뛰어남. ②제 1위로 이김. ③뛰어난 것이 이김. 2. winning the championship. **—れっぱい**[優勝劣敗](연어·명) 우승 열패. (생존 경쟁에서) 뛰어난 것은 이기고 약한 것은 쇠망하는 일.
ゆうしょう[優賞](명·타サ) 몹시 칭찬함. 좋은 상을 줌. high praise
ゆうじょう[友情](명) 우정. 벗으로서의 정. 우의(友誼). friendship
ゆうじょう[有情](명) 유정. ①마음이 있음. 정이 있음. ②마음이 없는 식물, 광물 등에 대해서 마음이 있는 사람, 동물들을 일컫는 말. ↔無情(ムジョウ). 1. feeling

ゆうじょう[優諚](명) (임금의) 친밀한 말씀. 특별한 말씀. a gracious Imperial message
ゆうしょく[夕食]ユフ―(명) 저녁밥. 저녁 식사. supper
ゆうしょく[右職](명) 높은 관리. 고관(高官).
ゆうしょく[有色](명) 유색. 색이 있음. coloured. ―**じんしゅ**[有色人種](명) 유색 인종. 피부의 빛깔이 희지 않고 황색, 흑색, 회색인 인종. ↔白色(ハクショク)人種.
ゆうしょく[有職](명) 유직. ①직업이 있음. 「―婦人(フジン); 직업 부인」 ②⇨: ゆうそく. 1. employed
ゆうしょく[遊食](명·자サ) 일하지 않고 생활함. 무위 도식(無為徒食). living in idleness
ゆうしょく[憂色](명) 근심스러운 얼굴빛. 「―ただよう; 근심 어리다」 an anxious look
ゆうしん[雄心](명) 웅심. 웅대한 마음. 웅지(雄志). 「―勃勃(ボッボッ); 웅대한 마음이 발발하다」 ambition
ゆうしん[憂心](명) 걱정하는 마음. anxiety
ゆうじん[友人](명) 우인. 벗. 친구. a friend
ゆうしんろん[有神論](명)〈종〉 유신론. 신이 세계를 창조하고 영구히 다스린다고 하는 신의 존재를 인정하는 이론. ↔無神論(ムシンロン). theism
ユース[youth](명) 유우드. 청년. ―**ホステル**[youth hostel](명) 유우드 호스텔. 청년 여행자가 사용하는 간편한 숙사(宿舍).
ゆうすい[幽邃](형동ダ) 유수. 속이 깊어서 그윽하고 조용한 모양. 유적(幽寂)한 모양. 「―境(キョウ); 깊고 조용한 곳」 solitary
ゆうずい[雄蕊](명)〈생〉 웅예. 수술. ↔雌蕊(シズイ). a stamen
ゆうすう[有数](형동ダ) 유수. ①손가락으로 셀 수 있을 정도로 적은 모양. ②고명(高名)한 모양. 「―の学者(ガクシャ); 고명한 학자」 2. eminent
ゆうずう[融通](명·타サ) 융통. ①거리낌 없이 통함. ②금전, 물품 등을 서로 마련함. 돌려 씀. ③그때 그때 적절히 처리함. 「―性(セイ); 융통성」 2. accommodation. ―**てがた**[融通手形](명)〈경〉 융통 어음. 일시적으로 자금(資金)의 융통을 얻기 위하여 발행하는 어음.
ゆうすげ[夕萱·麝香萱]ユフ―(명)〈식〉 애기원추리. 무릇난과에 속하는 다년초. 어린 잎과 꽃은 식용. 망우초.
ゆうすずみ[夕涼み]ユフ―(명·자サ) 여름날 저녁때 시원한 바람을 쐼. enjoying the evening cool
ゆうずつ[夕ずつ]ユフヅツ(명) ⇨よいのみょうじょう.
ゆう·する[有する](타サ) 가지다. 지니다. 있다. have
ゆう·する[幽する](타サ) 가두어 넣다. confine
ゆうせい[有声](명) 유성. 소리를 내는 일. 성대(声帯)를 진동시켜 소리를 내는 일. ↔無声(ムセイ). sound. ―**おん**[有声音](명) 유성음. 성대의 진동을 수반하는 음성. 예: 모음(母音), 비음(鼻音), 유음(流音) 등. ↔無声音.
ゆうせい[幽棲](명·자サ) 유서. 조용한 주거(住居). 한거(閑居). a quiet retreat
ゆうせい[郵政](명) 우정. 우편 행정. postal administration. ―**しょう**[郵政相](명) 우정상. 우정 대신. 체신부 장관. ―**しょう**[郵政省](명)〈법〉 우정성. 우정, 전기 통신 행정을 관장(管掌)하는 중앙 관청. 체신부. ―**だいじん**[郵政大臣](명)〈법〉 우정대신. 체신부 장관.
ゆうせい[遊星](명)〈천〉 유성. 태양의 주위를 공전(公転)하는 천체. 혹성(惑星). ↔恒星(コウセイ). a planet
ゆうせい[雄性](명) 웅성. 수컷의 성질. 남성. male
ゆうせい[優生](명) 우생. 좋은 유전을 유지하여 자손의 소질(素質)을 더욱 우수하게 만드는 것. 「―学(ガク); 우생학」 eugenic
ゆうせい[優性](명) 우성. ①우수한 성질. ②〈생〉〔유전에서〕잡종의 제 1 대에서 열성(劣性)을 밀어 젖히고 나타나는 성질. ↔劣性(レッセイ). 1. superiority
ゆうせい[優勢](명·형동ダ) 우세. 세력이 다른 것보다 뛰어남. ↔劣勢(レッセイ). predominance
ゆうぜい[有税](명) 유세. 세금이 있음. ↔無税(ムゼイ). taxable
ゆうぜい[郵税](명) 우송(郵送) 요금. 우편료. postage
ゆうぜい[遊説](명·자サ) 유세. 자기 또는 자기 소속 정당의 주장을 설명, 선전하고 돌아 다님. 「全国(ゼンコク)―; 전국 유세」 a campaign speech
ゆうせいがく[優生学](명) 우생학. 유전 원리를 이용하여, 악질(悪質)의 혈통을 제거하고 우량한 혈통을 보존할 목적으로 인류의 소질(素質) 향상을 과학적으로 연구하는 학문. eugenics
ゆうせいせいしょく[有性生殖](명)〈생〉 유성 생식. 수컷과 암컷의 구별이 있는 두 개의 생식 세포가 합일(合一)한 것으로부터 새로운 생명체가 발생하는 생식. sexual reproduction
ゆうせつ[融雪](명) 눈이 녹는 일. 또는 녹은 눈. thaw
ゆうぜみ[夕蟬]ユフ―(명) 저녁때 우는 매미. a cicada singing in the evening
ゆうせん[有線](명) 유선. 전선이 있는 것. ↔無線(ムセン). wire
ゆうせん[勇戦](명·자サ) 용전. 용감하게 싸움. 「―奮闘(フントウ); 용전 분투」 fighting bravely
ゆうせん[遊船](명) ①뱃놀이하는 것. ②유선. 놀이할 때 타는 배. 놀잇배. 1. a boating
ゆうせん[郵船](명) 우편선(郵便船)의 준말.
ゆうせん[優先](명·자サ) 우선. 다른 것보다 먼저 함. priority. ―**けん**[優先権](명)〈법〉 우선권. 다른 것보다 먼저 행사할 수 있는 권리. ―**てき**[優先的](형동ダ) 우선적. 다른 것보다 먼저 하는 모양.
ゆうぜん[油然](형동タルト) (구름이) 뭉게뭉게 피어나는 모양. 마구 솟아 오르는 모양. welling up
ゆうぜん[裕然·悠然](형동タルト) 유연. 태연하고 침착한 모양. composedly
ゆうぜん[融然](형동タルト) 마음이 부드러운 모양. 침착하고 여유 있는 모양. comfortable
ゆうぜん(ぞめ)[友禅(染め)](명) 견포(絹布) 등에 화조(花鳥), 초목, 산수 등의 무늬를 선명하게 염색한 것.
ゆうそう[勇壮](명·형동ダ) 용장. 용감하고 씩씩함.

「一な行進曲(コウシンキョク); 용감하고 씩씩한 행진곡」 bravery

ゆうそう[郵送](명·타サ) 우송. 우편(郵便)으로 보냄. posting

ゆうそうし[遊走子](명)〈생〉 유주자. 조류(藻類), 균류(菌類) 및 원생 동물에서 볼 수 있는 생식 세포. 동포자(動胞子). a zoospore

ゆうそく[有職·有識](명) ①학자. ②고사(故事), 의식(儀式), 예의(礼儀) 등에 밝은 사람. 1. a learned man

ゆうだ[遊惰](명·형동ダ) 유타. 게으르고 빈들빈들 놀기만 함. indolence

ユーターン[U turn](명·자サ) 유우터언. 〔자동차에서〕 U자 형으로 돌고 또 뒷걸음질하는 운전법.

ゆうたい[勇退](명·자サ) 용퇴. 후배(後輩)에게 길을 열어 주기 위하여 스스로 관직(官職)이나 직장을 그만둠. voluntary retirement

ゆうたい[郵袋](명) 우편물을 넣어서 수송하는 주머니.

ゆうたい[優待](명·타サ) 우대. 특별히 대우함. kind treatment

ゆうたい[優退](명·자サ) 〔정구, 탁구 등에서〕 계속하여 이겨 그 이상 시합을 하지 않음. withdrawing after winning

ゆうだい[雄大](형동ダ) 웅대. 규모가 크고 당당한 모양. grandeur

ゆうたいぶつ[有体物](명)〈법〉 유체물. 형체가 있는 물체. ↔無(ム)体物. materiality

ゆうたいるい[有袋類](명) 유대류. 포유류의 한 가지. 암컷의 하복부에 육아낭(育児嚢)이 있음. 예:캥거루우, 주머니쥐 등. the Marsupialia

ゆうだち[夕立]ユフー(명) ①여름철 저녁때에 갑자기 오는 비. ②짧은 시간에 많이 오는 비. 소나기. 취우(驟雨). a shower

ゆうだすき[木綿襷]ユフー(명)〈고〉 목면으로 만든, 소매를 걷어 올리는 끈. 신에 제사 지낼 때 씀.

ユータナジ[프 euthanasie](명) 유다나지. 괴로움 없이 죽는 방법. 안락사(安楽死). 안사술(安死術). 오이타나지..

ゆうだん[有段](명) 유단. 〔무술, 바둑, 장기 등에서〕 단위(段位)를 가지는 일. 「一者(シャ); 유단자」

ゆうだん[勇断](명·타サ) 용단. 용기 있게 결단(決断)함. a courageous decision

ゆうち[有知·有智](명) 지혜가 있음. ↔無知(ムチ). intellectual

ゆうち[誘致](명·타サ) 유치. 유인함. 끌어 들임. 「観光客(カンコウキャク)の一; 관광객 유치」 luring

ゆうちく[有畜](명)〈농〉 가축을 사육(飼育)하는 일. 「一農業(ノウギョウ); 유축 농업」 ↔無畜(ムチク). raising livestock

ゆうちょう[優長](명·형동ダ) ①우수하고 뛰어남. ②⇨ゆうちょう(悠長). 1. superiority

ゆうちょう[悠長](형동ダ) 유장. ①침착하고 당황하지 않는 모양. 「一に構(カマ)える; 침착하게 자세를 취하다」 ②성미가 느린 모양. 「一な話(ハナシ); 세월없는 이야기」 2. slow

ゆうつかた[夕つ方]ユフー(명)〈고〉 저녁때. 해질녘.

ゆうづき[夕月]ユフー(명) 초저녁 달. 해질녘에 보이는 달.

ゆうづきよ[夕月夜]ユフー(명) ①달 뜨는 저녁. ②⇨ゆうづき(夕月).

ゆうづ·く[夕づく]ユフー(자 4)〈고〉 저녁때가 되다.

ゆうづくよ[夕月夜]ユフー(명)〈고〉 ⇨ゆうづきよ.

ゆうつけどり[木綿付鳥]ユフー(명)〈고〉 닭의 다른 이름.

ゆうているい[有蹄類](명)〈동〉 유제류. 포유류의 한 목(目). 초식성으로 발굽이 있음. 예: 소, 말, 양 등.

ゆうてん[融点](명)〈이〉 융점. 융해가 일어나는 온도. 융해점. the melting point

ゆうでんたい[誘電体](명)〈이〉 ⇨でんぱいしつ.

ゆうと[雄図](명) 웅도. 웅대(雄大)한 계획. an ambitious enterprise

ゆうと[雄途](명) 용감한 출발. 씩씩한 출발. 장도(壮途). 「一につく; 장도에 오르다」 a brave departure

ゆうとう[友党](명) 우당. 행동을 같이하는 정당. an allied party

ゆうとう[遊蕩](명·자サ) 유탕. 유흥(遊興)에 빠짐. 방탕(放蕩). dissipation

ゆうとう[優等](명) 우등. 뛰어난 등급. 우수한 성적. 「一賞(ショウ); 우등상」 excellence

ゆうどう[有道](명) ①옳은 길에 맞음. ②옳은 길을 가는 사람. ↔無道(ムドウ). 2. a righteous person

ゆうどう[誘導](명·타サ) 유도. ①유인해서 인도함. 「一尋問(ジンモン); 유도 심문」 ②〈이〉 전기(電気), 자기(磁気)가 전장(電場), 자장(磁場)내에 있는 물체에 미치는 작용. 감응(感応). 1. inducement. **一たい**[誘導体](명)〈이〉 유도체. 화합물의 분자 중의 일부가 변화해서 생기는 화합물. **一だん**[誘導弾](명)〈군〉 ⇨ミサイル.

ゆうどうえんぼく[遊動円木](명) 유동 원목. 통나무를 자유로이 움직이도록 땅 위에 낮게 매어 단 운동 기구(運動器具). a swinging pole

ゆうとく[有徳](명·형동ダ) 유덕. 좋은 일을 많이 하여 덕이 갖추어져 있음. 또는 그런 사람. virtue

ゆうどく[有毒](명·형동ダ) 유독. 독(毒)이 있음. poisonous

ユートピア[Utopia](명) 유토피아. ①이상향(理想郷). 이상 사회. ②실현 가능성이 없는 이상적인 계획.

ユートピアン[Utopian](명) 유토피안. 공상가(空想家). 몽상가(夢想家).

ゆうなぎ[夕凪ぎ]ユフー(명) 저녁때 바닷바람이 잔잔해지는 일. ↔朝(アサ)なぎ. the evening calm

ゆうなみ[夕波]ユフー(명) 저녁에 이는 파도. the evening waves. **一ちどり**[夕波千鳥](명) 저녁 파도 위를 나는 물떼새.

ゆうなるもの[尤なる者](연어·명) 제일 뛰어난 사람.

ゆうに[優に](부) ①우아하게. 「一やさしい; 우아하고 정답다」 ②충분히. 풍부히. 「一六尺(ロクシャク)はある; 넉넉히 여섯 자는 된다」 1. elegantly

ゆうのう[有能](명·형동ダ) 유능. 재능이 있음. ↔無能(ムノウ). competent
ゆうはい[有配](명)〈경〉 배당이 있음. ↔無配(ムハイ). paying dividends
ゆうばえ[夕映え]ユフー(명) 저녁놀에 하늘이 빨갛게 빛남. the evening glow
ゆうはつ[誘発](명·타サ) 유발. 어떤 일이 원인이 되어 다른 일을 끌어 일으킴. causing
ゆうばりさんみゃく[夕張山脈]ユフバリー(명)〈지〉 홋카이도오(北海道) 중앙부를 남북으로 달리는 산맥.
ゆうばれ[夕晴れ]ユフー(명) 저녁때 하늘이 개는 일. clearing up in the evening
―ゆうはん[有半](조어) 〔"ゆう"는 "また(또)"의 뜻〕 …하고 반(半). 「一年(イチネン)―; 1년하고도 반년」
ゆうはん[夕飯]ユフー(명) 석반. 저녁밥. supper
ゆうはん[雄藩](명) 세력이 있는 영주(領主). a powerful feudal clan
ゆうひ[夕日·夕陽]ユフー(명) 석양. 지는 해. 낙조(落照). the setting sun. **―かげ**[夕日影](명) 저녁 햇빛.
ゆうひ[雄飛](명·자サ) 웅비. 기운차고 용기 있게 활약함. 「海外(カイガイ)に―する; 해외에서 힘차게 활약하다」 ↔雌伏(シフク). a great achievement
ゆうひ[遊飛](명) 〔야구에서〕 유격수(遊撃手)가 있는 곳으로 날아 가는 공. a short fly
ゆうび[優美](명·형동ダ) 우미. 품위(品位)가 있고 아름다움. grace
ゆうひつ[右筆·祐筆](명) ①옛날, 신분이 높은 사람 밑에서 서기(書記)를 담당하던 사람. ②무가(武家)에서 문서를 담당하던 직위. 1. a private secretary
ゆうひょう[遊標](명) 유표. 계산척(計算尺) 등의 부속품의 하나. 사각형의 투명한 기구로 한가운데에 눈금이 있어 좌우로 움직여 계산척의 눈금과 맞추게 되어 있음. a vernier
ゆうびん[郵便](명) 우편. ①편지, 소포 등을 전달하는 업무. 「―屋(ヤ)さん; 우편 배달부」 ②←郵便物. 「―箱(バコ); 편지통」 ③←郵便局. 「―貯金(チョキン); 우편 저금」 1. postal service. **―がわせ**[郵便為替]―ガハセ(명) 우편환. **―きって**[郵便切手](명) 우표(郵票). **―きょく**[郵便局](명) 우편국. 우편 사무를 보는 곳. 우체국. **―せん**[郵便船](명) 우편선. 우편물의 운송과 우편 사무를 취급하는 배. **―ちょきん**[郵便貯金](명) 우편 저금. 우편국이 취급하는 저축 예금. **―ねんきん**[郵便年金](명) 우편 연금. 우편국에서 취급하는 연금 보험 제도. **―はがき**[郵便葉書](명) 우편 엽서. 우표 요금을 표시한 증표(証票)를 인쇄하여 정부가 발행하는 각종 편지지. **―ぶつ**[郵便物](명) 우편물. 우편으로 취급되는 편지, 소포 등의 물품.
ゆうふ[有夫](명)〈법〉 유부. 남편이 있음. 「―のつま; 유부녀」 being married
ゆうふ[勇夫](명) 용기가 있는 남자. a brave man
ゆうぶ[勇武](명·형동ダ) 용감하고 무술(武術)에 뛰어남. bravery
ゆうぶ[遊舞](명·자サ) 춤추며 놂. dancing for pleasure
ゆうふう[雄風](명) ①〈천〉 강한 바람. ②용감한 모양. 1. a strong wind
ゆうふく[裕福](명·형동ダ) 유복. 생활이 윤택함. 부유(富裕). affluence
ゆうぶつ[尤物](명) ①뛰어난 것. ②미인(美人). 1. a smacker 2. a beauty
ゆうふん[憂憤](명) 걱정하고 성내는 일. 울분. 「―やるかたなく; 울분을 풀 길이 없어」 indignation
ゆうべ[夕べ]ユフー(명·부) ①저녁때. ↔あした. ②어젯밤. 작야(昨夜). 1. evening
ゆうべ[昨夜](명·부) 어젯밤. 작야(昨夜). last night
ゆうへい[幽閉](명·타サ) 유폐. (사람을) 아주 깊이 가두어 둠. confinement
ゆうへん[雄編·雄篇](명) 웅편. 뛰어난 저작(著作) 또는 작품. a great work
ゆうべん[雄弁·雄辯](명·형동ダ) 웅변. 말이 힘차고 막힘이 없음. eloquence
ゆうほ[遊歩](명·자サ) 유보. 산보함. 산책. 「―甲板(カンパン); 산책 갑판」 a walk
ゆうほう[友邦](명) 우방. 친한 나라. a friendly country
ゆうほう[友朋](명) 친구. 친우. a friend
ゆうぼう[有望](명·형동ダ) 유망. 희망이 있음. promise
ゆうぼく[遊牧](명·자サ) 유목. 물과 풀을 찾아 이주하면서 목축을 함. 「―の民(タミ); 유목민」 nomadism
ゆうまい[雄邁](명·형동ダ) 기상(気像)이 뛰어나고 씩씩함. dashing forward
ゆうまぐれ[夕間暮れ]ユフー(명) ⇨ゆうぐれ.
ゆうみん[遊民](명) 유민. 일도 하지 않고 놀며 사는 사람. idlers
ゆうめい[勇名](명) 용명. 용감하다는 평판(評判). 「―をはせる; 용명을 떨치다」 fame
ゆうめい[幽明](명) 유명. ①어두운 것과 밝은 것. ②저승과 이승. 「―境(サカイ)を異(コト)にする; 유명을 달리 하다(죽다)」 2. this and the other worlds
ゆうめい[幽冥](명) 유명. ①저승. 사후의 세계. 「―界(カイ); 유명계」 ②어두컴컴한 것. 1. the other world
ゆうめい[有名](형동ダ) 유명. 이름이 널리 알려진 모양. 「―人(ジン); 유명인」 ↔無名(ムメイ). famous. **―むじつ**[有名無実](형동ダ) 유명 무실. 이름뿐이고 실속이 없는 모양.
ゆうめし[夕飯]ユフー(명) 석반. 저녁밥. the evening meal
ゆうめん[宥免](명·타サ) 죄를 용서함. pardon
ユーモア[humour](명) 유우머. 품위 있는 익살. 해학(諧謔). 익살스런 농담.
ゆうもう[勇猛](명·형동ダ) 용맹. 용기가 있고 사나움. 「―心(シン); 용맹심」 intrepidity
ゆうもや[夕靄](명) 저녁 안개. an evening haze
ユーモラス[humorous](형동ダ) 유우머러스. ①유우머가 있는 모양. ②우습고 애교가 있는 모양.
ユーモリスト[humourist](명) 유우머리스트. ①유우머러스한 사람. ②유우머 작가.
ユーモレスク[프 humoresque](명)〈악〉 위모레스크. 가

벼운 소곡(小曲). 해학미(諧謔味)를 띤 소곡(小曲).
ゆうもん[幽門](명)〈생〉 유문. 위(胃)의 말단부 십이지장(十二指腸)에 연이은 부분. the pylorus
ゆうもん[憂悶](명·자サ) 우민. 근심하고 고민함. mental agony
ゆうやく[勇躍](명·부·자サ) 용약. 용기가 나고 마음이 뜀. 「一出発(シュッパツ)した; 용약, 출발했다」 becoming high-spirited
ゆうやけ[夕焼け]ユフー(명·자サ) 해질녘 일광의 반사(反射)로 서쪽 하늘이 빨갛게 됨. 저녁놀. ↔朝焼(アサヤ)け. an evening glow
ゆうやみ[夕闇]ユフー(명) ①저녁의 어둠. ②저녁때, 달이 뜰 때까지의 어둠. 1. twilight
ゆうやろう[遊冶郎](명) 방탕하고 연약(軟弱)한 남자. 방탕아. a libertine
ゆうゆう[悠悠](형동タルト) 유유. ①태연하여 서두르지 않는 모양. ②한가하고 여유 있는 모양. ③아득히 먼 모양. 1. slow 3. far. **―かんかん**[悠悠閑閑](연어·형동タルト) 유유 한한. 바쁘지 않은 모양. 한가로이 느릿느릿한 모양. **―じてき**[悠悠自適](연어·명·자サ) 유유 자적. 세상 일을 떠나서 자기 생각대로 조용히 살아 나감.
―ゆうよ[有余](조어) ①남음. ②좀더 됨. 남짓. 「一年(イチネン)―; 1년 남짓」
ゆうよ[猶予](명·자타サ) 유예. ①우물쭈물함. ②시일을 연기함. 「執行(シッコウ)―;집행 유예」 1. delay
ゆうよう[有用](명·형동ダ) 유용. 소용됨. 쓸모 있음. ↔無用(ムヨウ). usefulness
ゆうよう[悠揚](형동タルト) ①태연하고 침착한 모양. 「一迫(セマ)らぬ態度(タイド); 태연하고 서두르지 않는 태도」 ②멀고 먼 모양. 1. composed
ゆうよく[遊弋](명·자サ) 유익. ①유렵(遊獵). ②군함이 바다 위를 떠돌며 경계함. 2. cruise
ゆうらく[遊楽](명) 유락. 놀고 즐기는 일. pleasure
ユーラシア[Eurasia](명)〈지〉 유우라시아. 유럽과 아시아. 구아주(欧亜洲).
ユーラシアン[Eurasian](명) 유우라시안. 유럽인과 아시아인과의 혼혈아. 구아 잡종(欧亜雑種).
ゆうらん[遊覧](명·자サ) 유람. 구경하고 돌아 다님. 「一船(セン); 유람선」 sightseeing
ゆうり[遊里](명) 유녀(遊女)가 있는 곳. 유곽(遊廓). licensed quarters
ゆうり[遊離](명·자サ) 유리. ①떨어져 있음. ②〈이〉 원소(元素)가 다른 물질과 화합하지 않고 단체(単体)로 존재함. 「一酸(サン); 유리산」 1. isolation
ゆうり[優利](명·형동ダ) 입장이 좋음. 상위(上位)에 있음. superiority
ゆうり[有利](형동ダ) 유리. ①이익이 있는 모양. ②형편이 좋은 모양. ↔不利(フリ). 1. profitable
ゆうりき[勇力](명) 용력. 용맹스러운 힘. brave power
ゆうりしき[有理式](명)〈수〉 유리식. 근호(根号)를 가지지 아니한 대수식(代数式). ↔無(ム)理式. a rational expression
ゆうりすう[有理数](명)〈수〉 유리수. 근호(根号)를 포함하지 않는 수. 정수(整数). 또는 분수(分数). ↔無(ム)理数. a rational number
ゆうりゃく[勇略](명) 용략. 용기가 있고 계략(計略)에 뛰어남. brave and resourceful
ゆうりゃく[雄略](명) 웅대한 계략. a great plan
ゆうりょ[憂慮](명·타サ) 우려. 걱정. 근심. anxiety
ゆうりょう[有料](명) 유료. 요금이 있는 것. 요금을 내는 것. ↔無料(ムリョウ). charged
ゆうりょう[遊猟](명·자サ) 유렵. 사냥하고 놂. 유익(遊弋). hunting for pleasure
ゆうりょう[優良](형동ダ) 우량. 뛰어나게 좋은 모양. superiority
ゆうりょく[有力](형동ダ) 유력. ①세력이 있는 모양. 「一者(シャ); 유력자」 ②매우 효력(効力)이 있는 모양. 「一な根拠(コンキョ)の下(モト)に; 유력한 근거 밑에」 ↔無力(ムリョク). 1. powerful
ゆうれい[幽霊](명) 유령. ①죽은 사람의 혼. 망령(亡霊). 귀신. ②죽은 사람의 혼이 생전의 모습으로 나타난다는 것. ③실제로 없는데도 있는 듯이 보이게 한 것. 「一会社(カイシャ); 유령 회사」 1. a spirit
ゆうれい[優麗](명·형동ダ) 부드럽고 아름다움. 우미(優美). graceful
ゆうれき[遊歴](명·타サ) 유력. 사방을 두루 돌아 다님. 편력(遍歴). 「欧米(オウベイ)を―する; 구미를 두루 돌아 다니다」 a tour
ゆうれつ[勇烈](명·형동ダ) 용감하고 격렬함. bravery
ゆうれつ[優劣](명) 우열. 나은 것과 못한 것. 우수한 것과 열등한 것. 「一がない; 우열이 없다」 superiority or inferiority
ゆうわ[宥和](명·자サ) 유화. 너그럽게 보아 주고 사이 좋게 함. 「一策(サク); 유화책」 appeasement
ゆうわ[融和](명·자サ) 융화. 하나로 합쳐져 사이가 좋아짐. propitiation
ゆうわく[誘惑](명·타サ) 유혹. 꾀어냄. 나쁜 길로 유인(誘引)함. temptation
ゆえ[故]ユエ Ⅰ(명) ①이유. 까닭. 연고. 「一あって出家(シュッケ)する; 까닭이 있어서 출가하다(이유가 있어서 중이 되다)」 ②아취가 있음. ③내력(来歴). 「一ある人(ヒト); 내력이 있는 사람」 ④고장. 사고. 「…―に; …사고 때문에」 Ⅱ(접조) 이유를 나타내는 말. 「寒(サム)い―に; 추운 까닭에」 Ⅰ1. a reason
ゆえい[輸贏](명) ①승패(勝敗). ②우열(優劣). 「一を決(ケッ)する; 우열을 판가름하다」 1. victory or defeat
ゆえず·く[故付く](자 4)〈고〉 까닭이 있을 듯하다.
ゆえつ[愉悦](명·자サ) 유열. 즐거워하고 기뻐함. 마음속으로부터 기뻐함. joy
ゆえなく(して)[故無く(して)]ユエー(연어) 이유 없이 까닭 없이. 「一欠席(ケッセキ)する者(モノ)は; 이유 없이 결석하는 자는」
ゆえに[故に]ユエー(접) 그러므로. 그런 까닭에. 따라서. therefore
ゆえ·ぶ[故ぶ](자상 2)〈고〉 까닭이 있는 것같이 되다.

ゆえゆえ·し[故故し](형シク)〈고〉 ①까닭이 있는 듯하다. ②유서(由緒) 깊은 듯하다. 어딘지 모르게 위엄(威厳)이 있다.

ゆえよし[故由]ユエー(명) 까닭. 연고. a history

ゆえん[由縁](명) 일의 유래(由来). 이유. a reason

ゆえん[所以]ユエン(명) 〔"ゆえに(그러므로)"의 변화〕 소이. ①까닭. 연유. 「その名(ナ)があるーだ; 그 이름이 있는 연유다」 ②특별한 이유나 가치. 「人(ヒト)の人(ヒト)たるーは; 사람의 사람된 이유는」 ③방법. 「友(トモ)につくすー; 친구에게 우정(友情)을 다하는 방법」 1. a reason

ゆえん[油煙](명) 유연. 기름을 태울 때 생기는 검고 미세한 탄소(炭素) 가루. lamp soot

ゆおう[硫黄](명)〈이〉 ⇨いおう.

ゆか[床·牀](명) ①집안에 판자를 깐 곳. 마루. ②조오루리(浄瑠璃)를 이야기하는 높은 자리. 1. a floor

ゆかい[愉快](형동ダ) 유쾌. 즐겁고 기분이 좋은 모양. pleasure

ゆかいた[床板](명) ①마룻바닥. ②조오루리(浄瑠璃)를 할 때의 높은 자리. 1. flooring

ゆかうえ[床上]ーウヘ(명) 마루 위. 「ー浸水(シンスイ); 마루 위까지의 침수」 ↔床下(ユカシタ). on the floor

ゆが·く[湯搔く](타 4)〈방〉 데치다. boil

ゆがけ[弓懸け](명) 활을 쏠 때 손가락을 다치지 않도록 끼는 가죽 장갑. an archer's glove

ゆか·し[床し·懐し](형シク)〈고〉 ①어쩐지 알고 싶다. ②그립다. 마음이 끌리다.

ゆかし·い[懐しい·床しい](형) ①어쩐지 그립다. 「古式(コシキ)ー催(モヨオ)し; 옛스러운 행사」 ②훌륭하여 어쩐지 마음이 끌리다. 속이 깊고 흐뭇하다. 「ー人(ヒト)がら; 마음이 끌리는 인품」 파생 **ーが·る**(타 4) **ーさ**(명). 1. dear

ゆかした[床下](명) 마루 밑. ↔床上(ユカウエ). under the floor

ゆかた[浴衣](명) (목욕 후나 여름에 입는) 무명 홑옷.

ゆかたびら[湯帷子](명) ⇨ゆかた.

ゆかぼん[床本](명) 조오루리(浄瑠璃)의 책.

ゆがみ[歪み](명) 비뚤어지는 것. 비뚤어진 정도. strain

ゆが·む[歪む](자 4) ①모양이 비뚤어지다. ②마음이나 행실이 바르지 못하다. 「ゆがんだ根性(コンジョウ); 비뚤어진 근성」 타 ゆがめる(하 1). 1. be crooked

ゆかり[縁り·所縁](명) ①어떤 사정에 근거한 약간의 인연(因縁). 「えんもーもない; 관계도 인연도 없다」 ②우메보시(梅干し)를 담글 때에 쓰는 차조기(蘇葉)의 잎을 말려서 가루로 한 것. 1. connection

ゆかん[湯灌](명)〈불〉 탕관. 시체를 관(棺)에 넣기 전에 더운 물로 깨끗이 씻는 일. washing a corpse

ゆき[行き](명) 가는 일(길). ↔かえり. going

ゆき[雪](명) ①눈. ②눈이 내림. ③흰 것의 비유. 「ーのはだ; 눈같이 흰 살갗」 1. snow

ゆき[裄](명) 의복(衣服)의 등솔기로부터 소매 끝까지의 길이. sleeve-length

ゆぎ[靫](명)〈고〉 화살을 넣어서 등에 메는 기구. 전동(箭筒).

〔靫〕

ゆきあ·う[行き合う]ーアフ(자 4) 가서 만나다. 1. meet

ゆきあかり[雪明かり](명) 쌓인 눈의 반사로 희미하게 보이는 일. a snow light

ゆきあそび[雪遊び](명·자サ) 눈을 가지고 놂. 또는 그 놀이. snow-playing

ゆきあたりばったり[行き当たりばったり](연어·명)〈속〉 되어 가는 대로 내버려 두는 일. 그때그때 적당히 행동하는 일. casual

ゆきあた·る[行き当たる](자 4) ①나아가서 부딪치다. ②가다가 막다른 골목에 다다르다. 앞이 막히다. 2. reach the end of the road

ゆきうさぎ[雪兎](명) 눈으로 토끼의 모양을 만든 것. 쟁반 위에 장식으로 놓음. a rabbit made of snow

ゆきおこし[雪起こし](명) 눈이 내리기 전에 들리는 천둥. thunder before snowing

ゆきおとこ[雪男]ーヲトコ(명) 히말라야 산맥 속에서 살고 있다는 사람 비슷한 동물. 설인(雪人).

ゆきおれ[雪折れ]ーヲレ(명·자サ) 눈이 쌓여서 그 무게로 나뭇가지나 줄기가 부러짐. snow-break

ゆきおろし[雪下ろし](명·자サ) ①눈을 몰아 오는 산바람. ②지붕 등에 쌓인 눈을 치움. 1. a snowwind

ゆきおんな[雪女]ーヲンナ(명) 〔눈이 많은 지방에서〕 눈의 정(精)이 둔갑을 했다고 하는 흰옷을 입은 전설상의 여자. a snow-maiden

ゆきか·う[行き交う]ーカフ(자 4) ①오가다. ②엇갈리다. 명 行きかい. 1. come and go

ゆきかえり[行き帰り]ーカヘリ(명) ①가는 것과 돌아오는 것. 왕복. ②갔다가 돌아 오는 일. 1. going and returning

ゆきかえ·る[行き帰る](자 4) 왕복하다. go and return

ゆきがかり[行き掛かり](명) 가는 도중(途中). ⇨:いきがかり. on one's way

ゆきかき[雪搔き](명) 쌓인 눈을 치우는 일. 또는 그 도구. snow-removal

ゆきがけ[行き掛け](명) 가는 길. 가는 도중. 가는 김. 「ーに寄(ヨ)る; 가는 김에 들르다」 on one's way

ゆきがこい[雪囲い](명) 서리나 눈에 얼지 않도록 초목(草木) 등을 짚, 가마니로 싸는 일. 또는 그 짚이나 가마니. a snow-shed

ゆきかた[行き方](명) ①하는 방법. 방식. ②도정(道程). 노정(路程). 1. one's way

ゆきがた[行き方](명) 행방. 간 곳. 「ー知(シ)れずになる; 행방 불명이 되다」 destination

ゆきがっせん[雪合戦](명) 눈을 뭉쳐서 던지는 장난. 눈싸움. a snowball fight

ゆきき[行き来·往き来](명·자サ) 가고 옴. 왕래. going and coming

ゆきぐつ[雪靴](명) 눈 속을 걸을 때에 신는 짚으로 만든 신. snow-shoes

ゆきぐに[雪国](명) 눈이 많이 오는 지방. a snowy country

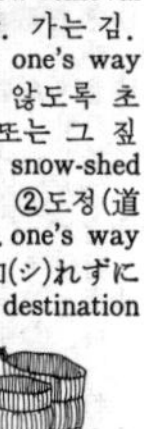
〔雪靴〕

ゆき ぐも[雪雲](명) 눈구름. 눈을 머금은 구름. snow-cluds

ゆき くら·す[行き暮す](자 4) 해가 지도록 걸어 가다. be benighted

ゆき く·れる[行き暮れる](자하 1) 걷고 있는 동안에 날이 저물다. be benighted

ゆきげ[雪気](명) ⇨ゆきもよい.

ゆきげ[雪消·雪解](명) 눈이 녹음. 해설(解雪). 「一どき; 해설기(눈이 녹을 무렵)」 thaw

ゆきげしき[雪景色](명) 눈 경치. 설경(雪景). a snow-covered landscape

ゆき けむり[雪煙](명) 눈이 휘날리는 것을 연기에 비유한 말. 눈보라. a snowstorm

ゆき さけ[雪裂け](명) 쌓인 눈(雪) 때문에 나뭇가지가 찢어지는 일. snow-break

ゆき しな[行き次](명) 갈 때. 가는 도중. on one's way

ゆき じょろう[雪女郎](명) ⇨ゆきおんな.

ゆき じろ[雪白](명) ①흰 매(鷹). ②품질이 좋은 흰 설탕. 2. refined sugar

ゆき すぎ[行き過ぎ](명) 지나감. passing

ゆき す·ぎる[行き過ぎる](자상 1) ①지나가다. ②목적지보다 더 가다. ③도를 넘다. 명 行き過ぎ. 1. pass

ゆき ずり[行き摩り](명) ①지나는 길. 지나는 결. ②길을 가다가 지나치는 일. 「一の人(ヒト); 지나치는 사람」 ③임시로 하는 일. 1. on one's way

ゆき ずり[雪摩り](명) 쌓인 눈이 지붕에서 떨어지는 일. slipping down of snow

ゆき ぞら[雪空](명) 눈이 내릴 것 같은 하늘. a snowy sky

ゆき だおれ[行き倒れ]—ダフレ(명) 굶주림과 추위로 길가에 쓰러져서 죽는 것. 또는 그 사람. 행려 사망자(行旅死亡者). dying on the road

ゆき たけ[裄丈](명) ①옷의 폭과 길이. ②일의 형편. 전후의 관계. 1. the dress length

ゆき た·つ[行き立つ](자 4) ①가려고 일어서다. 출발하다. ②성립하다. ③생활해 나갈 수 있다. 1. start

ゆき だるま[雪達磨](명) 눈을 뭉쳐서 만든 사람. 눈사람. a snowman

ゆき ちがい[行き違い]—チガヒ(명) ①양쪽에서 오고 간 사람이 시간이 어긋나서 서로 만나지 못하는 일. 엇갈림. 어긋남. ②일의 엇갈림. 차질(蹉跌). 동 行き違う(자 4). 1. crossing

ゆき つ·く[行き着く](자 4) 최후의 곳까지 가다. 목적지에 이르다. 도달하다. reach

ゆき づま·る[行き詰まる](자 4) ①막다른 곳에 다다르다. ②잘 진행되지 않고 어떻게 할 수가 없게 되다. 「仕事(シゴト)が一; 일이 진행되지 않고 막히다」 명 行き詰まり. 1. reach the end of the road

ゆきつ もどりつ[行きつ戻りつ](연어·자サ) (몇 번이나) 왔다 갔다하다. going and returning

ゆき づり[雪釣り](명) 눈이 쌓여 나뭇가지가 부러지지 않게 하기 위하여 나뭇가지를 줄로 매어 다는 일.

ゆき どけ[雪解け](명) 눈이 녹는 것. 눈이 녹는 시기. 해설(解雪). thawing

ゆき とど·く[行き届く](자 4) (마음씨, 주의가) 자상하게 구석구석까지 미치다. 널리 미치다. be thorough

ゆき どまり[行き止まり](명) 그 이상 더 갈 수가 없음. 또는 그곳 an end

ゆき な[雪菜](명) 일본의 동북 지방에서 겨울에 재배하는 파란 야채. green vegetables

ゆき なげ[雪投げ](명) ⇨ゆきがっせん.

ゆき なだれ[雪頽·雪崩](명) 쌓였던 눈이 무너져 내리는 일. 또는 그 눈. 눈사태. an avalanche

ゆき なや·む[行き悩む](자 4) ①가는 데에 곤란을 느끼다. 나아가는 데에 고생하다. ②일이 생각대로 진행되지 않다. 잘 진척(進陟)되지 않다. 명 行き悩み. 1. feel difficult to go

ゆき なり[行き成り](명) ①되어 가는 대로 내버려 두는 일. ②전후의 분별 없이 하는 것. 1. leaving things to chance

ゆき ぬけ[行き抜け](명) 통과하여 빠져 나가는 일. 또는 그곳. ↔行き止(ド)まり. 1. passing through

ゆき のした[雪の下](명)〈식〉 범의귀. 다년생 상록초로 잎은 기침, 동상(凍傷)에 약으로 씀. 호이초(虎耳草). a strawberry-geranium

ゆき ば[行き場](명) 가야 할 곳. 갈 곳. 「一がない; 갈 곳이 없다」 a destination

ゆき ばかま[雪袴](명) 눈이 많은 지방에서 입는 통바지. snow trousers

ゆき はだ[雪膚·雪肌](명) ①쌓인 눈의 표면. 설면(雪面). ②눈처럼 흰 살갗. 미인의 피부. 1. the surface of snow

ゆき ばな[雪花](명) 설화. 꽃처럼 휘날리는 눈. snow falling down like flowers

ゆき ばら[雪腹](명) 눈이 올 때에 배가 냉해져서 아픈 일. stomach-ache caused by a cold

ゆき びさし[雪庇](명) 눈이 쌓여서 처마처럼 된 것. drifted snow projecting like eaves

ゆき びより[雪日和](명) 눈이 올 듯한 날씨. weather threatening to snow

ゆき ひら[行平](명) 엷은 다갈색(茶褐色) 토기(土器)로 된 운두가 얕은 남비. an earthenware pan

ゆき ふり[雪降り](명) 눈이 옴. snowfall

ゆき ま[雪間](명) ①눈이 내리다가 그친 사이. ②쌓인 눈이 군데군데 녹은 곳. ③쌓인 눈속. 1. an interval between snowfalls

ゆき み[雪見](명) ①눈 경치를 구경하는 일. ②←雪見燈籠. 1. snow-viewing.

— どうろう[雪見燈籠](명) 나지막하며 갓이 크고 다리가 퍼진 석등롱.

〔雪見燈籠〕

ゆき みず[雪水](명) 눈이 녹아서 물이 된 것. 눈물. snow broth

ゆき みち[雪道](명) 눈이 쌓인 길. 눈길. a snow-covered road

ゆき むすめ[雪娘](명) ⇨ゆきおんな.

ゆき めくら[雪盲](명)〈의〉 설맹. 적설(積雪)의 반사 광

선, 특히 강력한 자외선(紫外線)의 자극에 의하여 일어나는 눈의 각막(角膜), 결막(結膜)의 염증. snow-blindness

ゆき もち[雪持ち](명) 눈을 뒤집어 씀. 「一の竹(タケ); 눈을 쓴 대나무」 being covered with snow

ゆき もどり[行き戻り](명·자サ) ①가는 것과 오는 것. ②(집을 나섰다가 다시) 되돌아옴. ③시집 갔던 여자가 친정으로 쫓겨 옴. 또는 그 여자. ⇨: でもどり. 2. returning

ゆき もよい[雪もよい]ーモヨヒ(명) 곧 눈이 내릴 것처럼 하늘이 흐림. threatening to snow

ゆき もよう[雪模様](명) 눈이 내릴 것 같은 하늘.

ゆき やけ[雪焼け](명·자サ) ①동상(凍傷). ②눈빛의 반사로 살결이 그을어서 검게 됨. 1. a frost bite

ゆき やなぎ[雪柳](명)〈식〉 능수조팝나무. 조팝나무과에 속하는 낙엽 활엽 관목. 봄에 가느다란 가지가 나와서 하얀 꽃이 핌. 〈학명〉 Spiraea Thunbergii

ゆき やま[雪山](명) 설산. 눈이 쌓인 산. a mountain covered with snow

ゆき ゆ·く[行き行く](자 4)〈고〉 가고 또 가다.

ゆ ぎょう[遊行](명·자サ)〈불〉 유행. 중이 여러 지방을 돌아 다니면서 수행(修行)함.

ゆき わ[雪輪](명) 가문(家紋)의 한 가지. 눈의 결정(結晶)을 도안식으로 묘사(描写)한 것. 또는 그런 무늬. a crest of snow crystals

ゆき わた·る[行き渡る](자 4) ①건너 가다. ②골고루 미치다. 보급(普及)되다. 2. prevail

ゆきわり そう[雪割り草](명)〈식〉 설앵초. 앵초과에 속하는 다년초. 높은 산에 나는데 관상용(観賞用)으로 가꿈. a mealy primrose

ゆ ぎん[輸銀](명) 일본 수출입 은행(日本輸出入銀行)의 약칭.

ゆ·く[行く] Ⅰ(자 4) ①가다. 「帰(カエ)って一;돌아 가다」 ↔来(ク)る. ②볼일을 보러 가다. ↔帰(カエ)る ③나아가다. 걷다. 「道(ミチ)を一; 길을 걷다」 ↔とどまる. ④어느 정도까지 되다. 이르다. 「そこまで一と; 거기까지 이르자」 ⑤지나가다. 「一春(ハル); 가는 봄」 ⑥시집 가다. ⑦[逝く] 죽다. ⑧(마음이) 내키다. ⑨진행되다. 「うまく一; 잘되다」 ⑩성장하다. 「年(トシ)は端(ハ)もゆかぬ; 나이가 어리다」 ⑪(매일) 다니다. 「お花(ハナ)に一; 꽃꽂이를 배우러 다니다」 ⑫학교에 다니다. 「早稲田(ワセダ)に行(イ)っている; 와세다 대학에 다니고 있다」 ⑬이해가 잘되다. Ⅱ(보동·4) ①동작, 작용이 계속되다. 「やって 一うちにわかる; 하고 있는 동안에 알게 된다」 ②차차 변화(진행)하다. 「きれいになって一;고와지다」 Ⅰ 1. go 3. walk Ⅱ 1. go on ～ing

ゆく え[行く方·行く衛]ーへ(명) ①가는 방향. 간 곳. 행방(行方). 「一不明(フメイ); 행방 불명」 ②장래(将来). 1. one's traces

ゆく さき[行く先](명) ①가려고 하는 목적지. 행선지(行先地). ②장래. 전도(前途). 1. one's destination

ゆく さ きるさ[行くさ来るさ·往くさ来るさ](연어·명) 갈 때와 올 때.

ゆく さ くさ[行くさ来さ](연어)〈고〉 갈 때와 올 때.

ゆく すえ[行く末]ースヱ(명) 장래. 미래. future

ゆく て[行く手](명) 가는 곳. 갈 곳. one's destination

ゆく とし[行く年](연어·명) 지나가는 해. 가는 해.

ゆく はる[行く春](연어·명) 지나가는 봄. 가는 봄.

ゆく ゆく[行く行く](부) ①걸어 가면서. ②드디어는. ③장래. 「一は; 장래는」 1. on the way

ゆくりか(형동ナリ)〈고〉 뜻밖에. 돌연.

ゆくり なく(も)(부) 뜻밖에도. unexpectedly

ゆ げ[湯気](명) ①김. 수증기. ②김이 식어서 조그마한 물방울이 된 것. steam

ゆげ い[靫負](명) 옛날, 전동(箭筒)을 등에 메고 궁중(宮中)을 지키던 사람.

ゆげた[湯桁](명) ①목욕통의 테를 두른 나무. ②목욕통. 2. a bath-tub

ゆ けつ[輸血](명·자サ)〈의〉 수혈. 환자의 혈관 속에 같은 형의 혈액을 주사함. blood-transfusion

ゆげん[諛言](명) 아첨하는 말. flattery

ゆ ごう[癒合](명·자サ)〈의〉 유합. 상처가 나아 피부와 살이 아물어 붙음. 융합. agglutination

ゆ こく[諭告](명·자サ) ①타이름. ②정부 등에서 일반에게 알림. 유시(諭示). 1. admonition

ゆ ごて[弓籠手](명) 활을 당길 때 왼편 손목에서 어깨까지를 싸는 것. 가죽, 비단 등으로 만듦. a bracer

ゆ さい[油彩](명) 기름으로 된 그림 물감으로 색칠하는 일. 유화(油画). ↔水彩(スイサイ). an oil-painting

ゆ ざい[油剤](명) 유제. 기름이 든 약제(薬剤). oily medicines

ゆさ ぶ·る[揺さ振る](타 4) 손에 쥐고 흔들다. 자 ゆさぶれる(하 1). shake

ゆ ざまし[湯冷まし](명) ①끓인 물을 식힌 것. ②끓인 물을 식히는 데 쓰는 그릇. 1. cooled hot water

ゆ ざめ[湯冷め](명·자サ) 목욕탕에서 나와 몸이 식어 추워짐. feeling cold after taking a bath

ゆ さん[遊山](명) ①산이나 들에 놀러 가는 일. 「物見(モノミ)一; 구경하며 놀러 다니다」 ②기분 풀이. 위안(慰安). ③바람을 쐬러 외출함. 1. outing

ゆ し[油紙](명) 유지. 기름을 먹인 종이. oil-paper

ゆ し[油脂](명) 유지. 동식물에서 빼낸 기름의 총칭. 「一工業(コウギョウ); 유지 공업」 fat and oil

ゆ し[諭示](명·자サ) 유시. 정부 등에서 구두(口頭)나 문서로 타일러 가르침. injunction

ゆ し[諭旨](명) 까닭을 말해 주는 것. 취지를 설명함. 「一退学(タイガク); 까닭을 설명해 주고 퇴학시킴」 an official suggestion to a subordinate

ゆ しゅつ[輸出](명·타サ) 수출. 외국에 상품이나 생산 기술 등을 내보냄. 「一品(ヒン); 수출품」 ↔輸入(ユニュウ). export. **— ちょうか**[輸出超過](명) 수출 초과. 어느 기간 중의 수출의 총액이 수입의 총액보다도 많은 것. 출초(出超). **— にゅう**[輸出入](명) 수출입. 수출과 수입. 「一銀行(ギンコウ); 수출입 은행」

ゆじゅん[由旬](명)〈불〉 유순. 고대 인도의 거리(距離)의 단위. 약 10 *km*.
ゆじょう[油状](명) 유상. 기름과 같은 상태. oily
ゆしょく[愉色](명) 유색. 즐거워하는 모양. 또는 그런 얼굴빛. a joyful countenance
ゆず[柚子](명)〈식〉 유자나무. 운향과에 속하는 상록 교목. 열매는 유자라 하는데 매우 시며, 과피(果皮)는 향신료(香辛料)로 씀. a citron
ゆずいろ[柚子色](명) 유자빛. 오렌지빛. 주황색(朱黄色). orange
ゆす·ぐ[濯ぐ](타 4) 헹구다. 명 ゆすぎ. wash
ゆすぶ·る[揺す振る](타 4) 흔들다. 자 ゆす振れる(하 1). shake
ゆすらうめ[山桜桃](명)〈식〉 앵두나무. 앵도과에 속하는 낙엽 활엽 관목. 봄에 매화 비슷한 흰 꽃이 피며, 열매는 앵두라 하여 식용. 〈학명〉 Prunus tomentosa
ゆすり[強請り](명) ①억지로 청함. 강청. ②공갈을 쳐서 돈을 빼앗는 일. 또는 그런 사람. 2. blackmail
ゆずり[譲り]ユヅリ(명) 물려받음. 「親(オヤ)—の; 어버이로부터 물려받은」 take over. **—う·ける**[譲り受ける](타하 1) 물려받다. 남으로부터 양도받다. **—じょう**[譲り状](명) 토지, 재산의 양도 문서(譲渡文書). **—は**[譲り葉](명)〈식〉 굴거리나무. 대극과(大戟科)에 속하는 상록 활엽 교목. 가지와 잎은 만병초(萬病草)라 하여 약으로 씀. **—わた·す**[譲り渡す](타 4) (다른 사람에게) 양도하다. 넘겨 주다.
ゆす·る[揺する](타 4) 흔들다. 자 揺すれる(하 1). shake
ゆす·る[強請る](타 4) 공갈을 쳐서 강제로 돈이나 물품을 빼앗다. blackmail
ゆ·する[輸する](타サ) ①보내다. ②지다. 뒤떨어지다. 「一籌(イッチュウ)を—; 약간 못하다」 1. transport
ゆず·る[譲る]ユヅル(타 4) ①양도하다. ②사양하다. ③(지위를 다른 사람에게) 넘겨 주다. ④연기하다. 미루다. 「明日(アス)に—; 내일로 미루다」 1. give
ゆす·れる[揺すれる](자하 1) 흔들리다. 동요(動揺)하다. shake
ゆせい[油井](명) 유정. 석유를 채취(採取)하는 시설이 되어 있는 우물. an oil well
ゆせい[油性](명) 유성. 기름의 성질. oiliness
ゆぜつ[愉絶](명) 더없이 즐거운 것. the greatest jov
ゆせん[湯煎](명) 그릇에 담은 채로 찌는 일. 또는 그 그릇. boiling
ゆそう[油送](명) 유송. 석유를 보내는 일. 송유(送油). 「—パイプ; 송유 파이프」 carrying gasoline. **—せん**[油送船](명) 유송선. 기름을 실어 나르는 배.
ゆそう[油層](명) 유층. 석유 등이 괴어 있는 층. an oil stratum
ゆそう[油槽](명) 유조. 석유, 가솔린을 저장해 두는 큰 통. an oil-tank. **—せん**[油槽船](명) 유조선. 석유, 휘발유 등을 실어 나르는 배. 유송선(油送船).
ゆそう[輸送](명·타サ) 수송. 사람이나 화물을 대량으로 운반함. 「—料(リョウ); 수송료」 transportation
ゆそでん[輸租田](명) 왕조 시대, 조정(朝廷)에 조세(租税)를 바치던 논밭. a taxable field
ゆたか[豊か](형동ダ) ①풍부한 모양. ②남짓한 모양. 「六尺(ロクシャク)—の大男(オオオトコ); 6척 남짓한 큰 사나이」 1. abundant
ゆだき[湯炊き](명·타サ) 찬물 대신 더운 물을 넣어서 밥을 지음. boiling
ゆたけ·し[豊けし](형ク)〈고〉 ①풍부하다. 여유가 있다. 윤택하다. ②유유(悠悠)하다.
ゆたつ[諭達](명·타サ) 관청에서 일반에게 알림. 또는 그 말. official instructions
ゆだて[湯立て](명) 무당 등이 신 앞에서 하는 의식(儀式). 대나무 잎으로 더운 물을 몸에 끼얹으며 신탁(神託)을 고함.
ゆたに[寛に](부)〈고〉 차분히. 천천히. 조용히.
ゆだ·ねる[委ねる](타하 1) ①맡기다. 위임하다. ②바치다. 「教育(キョウイク)に身(ミ)を—; 교육에 몸을 바치다」 1. entrust
ゆだま[湯玉](명) ①물이 끓을 때에 생기는 물방울. ②방울처럼 흩어지는 끓는 물. 1. bubbles of boiling water
ユダヤ[라 Judaea·猶太](명)〈지〉 유대. 유태. 옛날 팔레스티나에 있었던 유태인의 왕국. **—きょう**[猶太教](명)〈종〉 유태교. 기원전 4세기부터 유태인이 믿는 일신교(一神教).
ゆだ·る[茹だる](자 4) 삶아지다. 데쳐지다. be boiled
ゆたん[油単](명) ①유단. 천 또는 종이에 기름을 먹인 것. 그릇, 옷장 등을 덮고 까는 데 씀. ②유지(油紙)로 만든 우장. 1. oilcloth
ゆだん[油断](명·자サ) 방심함. 부주의. negligence. **—たいてき**[油断大敵](연어·명) 방심(放心)하는 것은 큰 적처럼 무서운 것이라는 말.
ゆたんぽ[湯湯婆](명) 끓는 물을 넣어서 발이나 허리 등을 따뜻하게 하는 기구. a hot water bottle
ゆちゃ[湯茶](명) 끓인 물과 차. hot water and tea
ゆちゃく[癒着](명·자サ)〈의〉 유착. 피부나 막(膜) 등이 상처나 염증(炎症) 때문에 서로 달라붙는 것. 「ろくまくの—; 늑막의 유착」 adhesion
ゆつ—[五百箇](접두)〈고〉 ①5백. ②수가 많은 것을 나타내는 말. 「—椿(ツバキ); 많은 동백꽃」
ユッカ[yucca](명)〈식〉 유카. 정원에 심는 상록수. 짧은 줄기 꼭지에서 칼 모양의 잎이 나와 흰 꽃이 핌. 실란나무.
ゆづか[弓束](명) 활을 쏠 때 왼손에 잡는 부분. the hilt of a bow
ゆづかれ[湯疲れ](명·자サ) 목욕탕, 온천에 너무 오래 들어 가 있어서 피로해짐. fatigue caused by long bathing
ゆっくり(부·자サ) ①천천히. ②느린 모양. slowly
ゆづけ[湯漬け](명) 밥에 더운 물을 부은 것. 더운 물에 만 밥. boiled rice served in hot water
ゆったり(부·자サ) ①침착하여 초조해 하지 않는 모양. ②답답하지 않고 여유가 있는 모양. 1. composedly
ゆつぼ[湯壺](명) (온천에서) 더운 물을 가득 채워 둔

곳. 더운 물을 넣어 두는 통. a bath-tank

ゆづる[弓弦](명) 궁현. 활시위. a bow-string

ゆであが·る[茹で上がる](자 4) 삶아지다. 他茹で上げる(하 1). be prepared by boiling

ゆてき[油滴](명) 기름 방울. an oil-drop

ゆでこぼ·す[茹で溢す](타 4) 삶은 다음에 그 물을 따라 버리다. parboil

ゆでたまご[茹玉子·煠卵](명) 삶은 달걀. a boiled egg

ゆ·でる[茹でる](타하 1) ①뜨거운 물로 데치다. ②뜨거운 물로 삶다. boil

ゆでん[油田](명)〈광〉 유전. 석유가 나오는 지역. oil fields

ゆど[油土](명) 진흙에 기름을 섞은 것. 조각이나 주금(鑄金) 등의 거푸집을 만듦. clay containing oil

ゆとう[湯桶](명) 식후(食後)에 마실 더운 물을 넣어 두는 나무로 만든 옻칠을 한 통. a pail for hot water. ── **よみ**[湯桶読み](명) 한문 글자의 숙어(熟語)를 위의 글자는 훈(訓)으로 읽고 아래 글자는 음(音)으로 읽는 방법. 예 : 見本(ミホン), 切符(キップ) 등. ↔重箱読(ジュウバコヨ)み.

ゆどうふ[湯豆腐](명) 두부를 살짝 데쳐서 간장이나 양념을 찍어서 먹는 음식. boiled bean-curd

ゆどおし[湯通し]─ドホシ(명·타サ) 직물(織物)을 더운 물에 넣거나 더운 김을 쐬어 뒤에 오그라드는 것을 방지함. steaming

ゆどの[湯殿](명) 욕실(浴室). 목욕탕. a bathroom

ゆとり(명) (공간, 시간, 기분 등에) 아직 자유로 할 수 있는 부분이 있는 것. 여유가 있는 것. 「一のある態度(タイド); 여유 있는 태도」 room

ゆとん[油団](명) ⇨ゆたん(油単).

ゆな[湯女](명) ①(옛날, 온천이나 온천 여관에서) 손님의 시중을 들던 하녀(下女). ②에도(江戸) 시대 목욕탕에 있던 유녀(遊女). 1. a maid at a spa

ゆに[湯煮](명·타サ) 음식물을 삶음. 삶은 음식. boiling in water

ユニーク[unique](형동ダ) 유니크. 독특한 모양. 독자적인 모양.

ユニオン ジャック[Union Jack](명) 유니언잭. ①영국의 국기. ②영국.

ユニオン ショップ[union shop](명) 유니언 숍. 회사 등에 들어 가서 일정 기간이 지나면 노동 조합원이 되지 않으면 안되는 제도. 「一制(セイ); 유니언 숍 제도」

ユニセフ[UNICEF←United Nations International Children's Emergency Fund](명) 유니세프. 국제 연합 국제 아동 긴급 구제 기금. 각국 정부, 자선 단체, 개인 등의 기부금으로 운영하며 세계 아동의 보건과 복지의 증진을 목적으로 함.

ユニット[unit](명) 유닛. ①단위(單位). 1개. 「一家具(カグ); 조립식(組立式) 가구」 ②〔교육에서〕 단원(單元).

ゆにわ[斎場](명)〈고〉 신(神)을 모시기 위해 부정을 막고 깨끗이 한 장소.

ユニホーム[Uniform](명) 유니포옴. ①제복(制服). ②통일된 운동복.

ゆにゅう[輸入](명·타サ) 수입. 외국의 물건을 사들여 옴. ↔輸出(ユシュツ). import. ── **ちょうか**[輸入超過](연어·명) 수입 초과. 어느 기간의 수입의 총액이 수출의 총액보다 많은 것.

ゆにょうかん[輸尿管](명)〈생〉 수뇨관. 신장(腎臓)으로부터 방광(膀胱)으로 오줌을 보내는 관(管). the ureter

ユネスコ[UNESCO←United Nations Educational, Scientific and Cultural Organization](명) 유네스코. 국제 연합 교육 과학 문화 기관. 전쟁의 방지나 국제 평화를 목적으로 하는 국제 연합의 지적 교육 기관.

ゆのし[湯熨し](명·타サ) 천을 증기(蒸気)에 쐬어 주름을 폄. steam-ironing

ゆのはな[湯の花](명) ①탕화. 온천 밑바닥의 침전물(沈澱物). ②주전자 등의 물 끓이는 그릇에 끼는 찌꺼기. 물때. 1. hot-spring incrustations

ゆのみ[湯飲み·湯呑み](명) 차나 끓인 물을 부어서 마시는 그릇. 차잔. 「一茶(チャ)わん; 차잔. 물그릇」 a mug

ゆば[湯葉](명) 두유(豆乳)를 끓여 그 표면에 생긴 껍더껑이를 걷어 건조시킨 식품. dried bean-curd

ゆはず[弓筈](명) 활 양끝의 활줄을 거는 부분. 활고자. the notch

ゆばな[湯花](명) ⇨ゆのはな.

ゆばり[尿](명)〈고〉 소변. 오줌.

ゆび[指](명) ①손가락. 「一をくわえる; 손가락을 입에 물다(속으로는 몹시 바라면서 가만히 보고만 있는 것)」 ②발가락. 1. a finger

ゆびおり[指折り]─ヲリ(명) ①손가락을 꼽는 일. 「一かぞえて待(マ)つ; 손가락을 꼽으면서 기다리다」 ②많은 중에서 손가락을 꼽아 셀 만하게 뛰어난 것. 손꼽을 만한 것. 動指折る(타 4). 1. counting on one's fingers

ゆびきり[指切り](명) 아이들이 서로 새끼 손가락을 걸고 하는 약속. a pledge made by hooking each other's little finger

ゆび·く[湯引く](타 4) 끓는 물에 가볍게 살짝 끓이다. boil slightly

ゆびさ·す[指差す](타 4) 손가락질하다. point at

ゆびずもう[指相撲]─ズマフ(명) 서로 네 개의 손가락을 깍지 끼고 엄지 손가락으로 밀어 승부를 겨루는 놀이. thumb wrestling

ゆびにんぎょう[指人形](명) 손가락에 끼워서 움직이는 조그마한 인형. a finger-tip doll

ゆびぬき[指貫き](명) 골무. a thimble

ゆびわ[指輪·指環](명) 반지. 가락지. a ring

ゆふ[木綿](명)〈고〉 ⇨ゆう.

ゆふしで[木綿四手·木綿垂](명)〈고〉 ⇨ゆうしで.

ゆぶね[湯船·湯槽](명) ①목욕물을 넣는 커다란 통. 목욕통. ②〈고〉 옛날 목욕탕을 만들어 요금을 받고 목욕을 시키던 배. 1. a bath-tub

ゆぶん[油分](명) 기름의 성분. an oily ingredient

ゆぼけつがん[油母頁岩](명)〈광〉 유모 혈암. 석유를 포

합하는 암석(岩石)의 한 가지. 석유 혈암(石油頁岩). 유혈암(油頁岩). oil shale
ゆまき[湯巻き](명) ⇨こしまき(腰巻).
ユマニテ[프 humanité](명) ⇨ヒューマニティー.
ゆまり[尿](명)〈고〉 ⇨ゆばり.
ゆみ[弓](명) ①활. 「一を引(ヒ)く; 활을 쏘다. 배반하다」 ②활 모양을 한 것. ③바이올린 등의 악기의 현(弦)을 켜서 소리를 내는 것. 악궁(楽弓). 1. a bow
ゆみがた[弓形](명) ①궁형. 활꼴. ②곡선의 호(孤)와 직선인 현(弦)으로 된 모양. 줄을 당긴 활같이 굽은 선(線)의 모양. 1. bow-shape
ゆみず[湯水]—ミヅ(명) ①더운 물과 찬물. ②풍부하게 있는 것. 「一のように使(ツカ)う; (돈을) 물 쓰듯 쓰다」 1. water
ゆみとり[弓取り](명) ①활을 손에 가지는 것. 또는 그 사람. ②무사. ③〔씨름에서〕씨름판에 들어 갈 때 최고의 씨름군이 활을 손에 들고 하는 의식(儀式). 지금은 다른 씨름군이 대신 씨름이 끝난 뒤에 함.
ゆみなり[弓形](명) ⇨ゆみがた.
ゆみはり[弓張り](명) ①활에 활줄을 메우는 일. 또는 그 사람. ②←弓張り月 ③←弓張り提燈. 1. stringing a bow. **— ちょうちん**[弓張り提燈](명) 활처럼 굽은 대나무의 아래위에 걸어서 펴게 된 초롱불. **— づき**[弓張り月](명) 활 모양의 달. 현월(弦月).

〔弓張り提燈〕

ゆみひ·く[弓引く](자 4) ①활을 쏘다. ②배반하다. 반역하다. 1. shoot an arrow
ゆみや[弓矢](명) ①활과 화살. ②무기. ③무도(武道). ④싸움. 전쟁. 1. bow and arrow. **— とるみ**[弓矢取る身](연어·명) 무사의 몸. 무사의 신분. **— のみち**[弓矢の道](연어·명) ①무사의 길. ②활을 쏘는 기술. **— はちまん**[弓矢八幡](명·부) ①무사가 서약(맹세)할 때에 하는 말. ②결코 거짓이 없음. 반드시. 맹세코.
ゆむし[螠](명)〈동〉 개불. 환형 동물(環形動物)의 한 가지. 바다 밑 진흙 속에서 삶. 도미를 잡을 때에 미끼로 씀.
ゆめ[夢](명) ①꿈. 「一を結(ムス)ぶ; 꿈을 꾸다」 ②덧없는 것. 믿을 수 없는 것. ③미몽(迷夢). ④실현은 어려우나 장래 하고 싶은 일. 1. a dream
ゆめ[夢·努め](부) 결코. 반드시. 「一疑(ウタガ)うな; 결코 의심하지 말라」 never
ゆめあわせ[夢合わせ]—アハセ(명) 꿈의 길흉(吉凶)을 판단하는 일. 꿈으로 점치는 일. 해몽(解夢). dream-reading
ゆめうつつ[夢現](명) ①꿈과 현실. ②정신이 희미한 상태. 꿈결. 「一のうちに; 꿈결에」 1. a dream and reality
ゆめうら[夢占](명) 꿈으로 점치는 일. dream-reading
ゆめがたり[夢語り](명) ⇨ゆめものがたり.
ゆめごこち[夢心地](명) 꿈을 꾸고 있을 때와 같은 기분. 황홀한 기분. a dreamy state of mind
ゆめさら[夢更](부) 조금도. 티끌만큼도. 「一帰(カエ)りたくない; 꿈에라도 가고 싶지 않다」 by no means
ゆめじ[夢路]—ヂ(명) ①꿈길. 꿈을 꾸는 일. 「一をたどる思(オモ)い; 꿈을 꾸는 듯한 기분」 ②수면(睡眠). 잠. 「一に入(イ)る; 자다」 1. dreaming
ゆめちがえ[夢違え]—チガヘ(명) 나쁜 꿈을 꾸었을 때 액막이를 하여 재난(災難)을 면하는 일. purification of an evil dream
ゆめとき[夢解き](명) 꿈의 길흉(吉凶)을 판단하는 일. 또는 그 사람. 해몽. dream-reading
ゆめにも[夢にも](부) 꿈에도. 조금도. 전혀. 「一知(シ)らなかった; 전혀 몰랐다」 never
ゆめの[夢の](연어) 꿈속 같은. 꿈속처럼 황홀한. 로만틱한. 「一上海(シャンハイ); 꿈의 상해(동경의 상해)」 romantic. **— よ**[夢の世](연어·명) 꿈결 같은 이 세상. 덧없는 이 세상.
ゆめまくら[夢枕](명) 꿈을 꾸는 베갯머리. 「一に立(タ)つ; 꿈속에 신불(神仏)이 나타나 어떤 일을 고하다」 beside the dreamer's pillow
ゆめまぼろし[夢幻](명) 몽환. ①꿈과 환영(幻影). ②덧없는 일. 1. dream and vision
ゆめみ[夢見](명) 꿈을 꾸는 일. 또는 꾼 꿈. 「一がわるい; 꿈자리가 나쁘다」 a dream
ゆめ·みる[夢見る](자상 1) 꿈을 꾸다. dream
ゆめものがたり[夢物語](명) ①꿈 이야기. ②꿈처럼 덧없는 이야기. 공상(空想)만의 허황된 이야기. 1. describing a dream
ゆめゆめ[夢夢·努努](부) ①결코. 결단코. ②조금도. 전혀. 1. never
ゆもじ[湯文字](명) ①옛날 여자들이 입욕(入浴)할 때에 입던 옷. ②⇨こしまき.
ゆもと[湯元·湯本](명) 온천이 솟아 나는 곳. 온천이 솟아 나는 근원. the source of a hot spring
ゆや[湯屋](명) ①욕실. ②공중 목욕탕. 1. a bathroom 2. a public bathhouse
ゆやせ[湯痩せ](명) 지나치게 목욕을 한 까닭에 몸이 여위는 일. loss of weight from frequent bathing
ゆゆし·い[由由しい](형) ①〈고〉 불길하다. 꺼리다. ②굉장하다. 간단하지 않다. 「一問題(モンダイ); 굉장한 문제」 [파생] **— げ**(형동ダ) **— さ**(명). 2. serious
ゆらい[由来] Ⅰ(명·자サ) 유래. 일의 내력. 유서(由緒). 연유. 「…に一する; …에 유래하다」 Ⅱ(부) 원래. 본래. Ⅰ origin Ⅱ originally
ゆらく[愉楽](명) 유락. 즐거움. pleasure
ゆら·ぐ[揺らぐ](자 4) ①흔들리다. ②기초가 흔들리다. 「身代(シンダイ)が一; 재산(財産)이 흔들리다」 1. sway
ゆらめか·す[揺らめかす](타 4) 흔들흔들 흔들리게 하다. sway
ゆらめ·く[揺らめく](자 4) 흔들거리다. [타] 揺らめかす(4). sway
ゆらゆら(부·자サ) 가벼운 것이 천천히 움직이는 모양. 흔들흔들. swayingly
ゆらり(부) ①천천히 흔들거리는 모양. ②가볍게 몸을

혼드는 모양. 1. swingingly

ゆらん かん[輸卵管](명)〈생〉 수란관. 난소(卵巣) 속의 난자(卵子)를 자궁으로 보내는 관. 나팔관(喇叭管). an oviduct

ゆり[自·従](명)〈고〉 …에서. …부터.

ゆり[百合](명)〈식〉 백합. 다년생 화초로 종류가 많음. 뿌리는 약재로 씀. a lily

ユリアじゅし[urea 樹脂](명) 유리아 수지. 합성 수지의 하나. 각종 가정용 기구의 재료, 도료(塗料), 접착제(接着剤)로 씀. 요소 수지(尿素樹脂).

ゆりおこ·す[揺り起こす](타 4) 흔들어 일으키다. 흔들어 깨우다. wake by shaking

ゆりかえし[揺り返し]ーカヘシ(명) ①계속 흔들리는 것. ②큰 지진의 반동으로 한 번 더 흔들리는 것. 여진(餘震). 1. a reactive sway

ゆりかご[揺り籠](명) 어린 아기를 넣어서 흔들어 주는 바구니. 요람(揺籃). a cradle

ゆりかもめ[百合鷗](명)〈동〉 붉은부리갈매기. 주둥이, 발이 빨갛고 겨울에 날아 옴. a gull

ゆりょう[油糧](명) 유지(油脂), 굳기름 등을 널리 일컫는 말. 1. sway

ゆ·る[揺る](타 4)①흔들다. ②물속에서 흔들어 씻다.

ゆる·い[緩い·弛い](형) ①무르다. 엄하지 않다. 심하지 않다. 「取(ト)り締(シマ)りが ー; 취체가 심하지 않다」 ②느슨하다. 헐겁다. 「ひもがー; 끈이 느슨하다」 ③부드럽다. 격렬하지 않다. 「ー調子(チョウシ); 부드러운 가락」 ④멀개져서 끈기가 없다. 「ーかゆ; 멀건 죽」 파생 ── さ(명). 1. mild

ゆるい[油類](명) 유류. 기름 종류.

ゆる·がす[揺るがす](타 4) 흔들다. shake

ゆるがせ[忽せ](명) 소홀히 함. 아무렇게나 함. 「ーにする; 소홀히하다」 negligent

ゆるぎ[揺るぎ](명) 흔들리는 일. 동요. 「ーない地歩(チホ)を占(シ)める; 흔들리지 않는 위치를 차지하다」 shake. ── **ある·く**[揺ぎ歩く](자 4)〈고〉 득의 양양하게 걷다. ──·**でる**[揺るぎ出る](타하 1) 몸을 흔들며 잘난 체하면서 나서다. 1. shake

ゆる·ぐ[揺るぐ](자 4) ①흔들리다. ②마음이 움직이다.

ゆるし[許し](명) ①용서. ②다도(茶道), 꽃꽂이 등의 예도(芸道)에서 스승이 제자에게 주는 면허 계급의 하나. 2. license

ゆる·す[許す](타 4) ①늦추다. 놓다. 「心(ココロ)をー; 마음을 놓다」 ②매듭을 풀다. 자유로이 하다. ③(죄나 허물 같은 것을) 용서하다. ④허용(許容)하다. ⑤원을 들어 주다. ⑥상대방의 자유에 맡기다. ⑦적당하다고 인정하다. 승인하다. ⑧부담을 면하다. 1. relax

ゆる·ぶ[緩ぶ·弛ぶ](자 4)〈고〉 ⇨ゆるむ.

ゆるみ[緩み·弛み](명) 느슨함. 헐거움. 또는 그 정도. looseness

ゆる·む[緩む·弛む](자 4) ①느슨해지다. 헐거워지다. ②마음을 놓다. 관대해지다. ③〈경〉 고정되어 있던 시세가 내리다. ↔締(シ)まる. 1. loosen

ゆる·める[緩める·弛める](타하 1) ①늦추다. ②마음을 놓다. ↔締(シ)める. ③엷게 하다. ④가락, 속력 등을 느리게 하다. 1. loosen

ゆるやか[緩やか](형동ダ) ①느슨한 모양. ②마음을 놓은 모양. 1. loose

ゆるゆる(부·자サ) ①서두르지 않고 천천히. ②편안히. 쉽사리. ③되지 않고 묽은 모양. 1. slowly

ゆるらか[緩らか](형동ナリ)〈고〉 느슨한 모양. 마음을 놓은 모양.

ゆるり[緩り](부) 천천히. 편히. at ease

ゆれ[揺れ](명) 흔들림. 또는 그 정도. shake

ゆ·れる[揺れる](자하 1) ①흔들리다. ②마음이 움직이다. 동요하다. 1. swing

ゆわいつ·ける[結わい付ける·結わい附ける]ユハヒー(타하 1) ⇨ゆわえつける.

ゆわえつ·ける[結わえ付ける]ユハヘー(타하 1) 붙들어 매다. 묶다. tie

ゆわ·える[結わえる]ユハヘル(타하 1) 묶다. 매다. tie

ゆわかし[湯沸かし](명) 물을 끓이는 주전자. a kettle

ユングフラウ[Jungfrau](명)〈지〉 융프라우. 스위스 주네브호(湖)의 동방 베른 알프스(Bernese Alps)의 고봉(高峰).

ゆんぜい[弓勢](명) 활을 쏘는 힘. 활시위를 당기는 힘.

ゆんづえ[弓杖]ーヅヱ(명) ①활을 지팡이 삼아 짚고 쉬는 일. ②활의 길이.

ゆんで[弓手](명) 궁수. ①활을 드는 손. 왼손. ↔馬手(メテ). ②왼쪽. 1. the left hand

よ

よー[四](조어) 넷. 4개. 「ー月(ツキ); 4개월」

ーよ[余](접미) 나머지. 이상(以上).

よ[世·代](명) ①사람이 살고 있는 동안. 일생. 생애. 한평생. ②세상. 사회. 「ーの非難(ヒナン)をはばかる; 세상의 비난을 꺼리다」 ③나라를 다스리는 기간. 가장(家長)으로서 집안을 다스리는 기간. ④같은 계통의 지배자가 통치하는 기간. 「武家(ブケ)のー; 무가 시대」 ⑤속사(俗事). 속세. 「ーを捨(ス)てる; 속세를 버리다」 ⑥나라. 「ーを治(オサ)める; 나라를 다스리다」 ⑦〈불〉 과거, 현재, 미래. 「あのー; 저승」 ⑧생활. 살림. 「ーの いとなみ; 세상살이」 ⑨해. 연령(年齢). 「君(キミ)がー; 임금이 다스리는 세대」 ⑩시대. 시세(時世). 「ーと共(トモ)に進(スス)む; 시대와 함께 나아가다」 1. life 2. the world

よ[夜](명) 밤.「一がふける; 밤이 깊어 가다」 night
よ[節](명) 대나무나 갈대 등의 마디와 마디 사이. the length between joints
よ(감조) ①부를 때에 쓰는 말.「ふるさと一; 고향이여」 ②명령어나 꾀는 기분을 나타내는 말.「行(ユ)こう一; 가자꾸나」 ③가벼운 감동을 나타내는 말.「いや(だ)一; 싫어」 ④상대방에게 알리는 기분을 나타내는 말.「ありがとう一; 고맙구나」
よ[余](명) ①나머지.「一は; 나머지는」 ②기타.「一の儀(ギ)ではないが; 다름이 아니라」 1. the remainder
よ[余·予](대) 나. 자신. I
よあかし[夜明かし](명·자サ) 밤샘. 철야(徹夜). sitting up all night
よあけ[夜明け](명) 날이 밝는 것. 새벽.「一方(ガタ); 새벽녘」 dawn
よあそび[夜遊び](명·자サ) 밤놀이. 밤에 돌아 다니며 노는 것. night pleasure
よあらし[夜嵐](명) 밤에 부는 센 비바람. 밤에 들이치는 폭풍우. a night storm
よあるき[夜歩き](명·자サ) 밤에 나돌아 다님.
一よ·い[良い·好い](조어) 좋다. 쉽다.「読(ヨ)み一; 읽기 쉽다」
よい[宵]ョヒ(명) ①초저녁. 밤이 아직 깊지 않은 무렵. ②밤. 1. the early hours of the night
よい[酔い]ョヒ(명) 취함. 취한 정도. intoxication
よ·い[良い·善い·好い](형) 〔종지형, 연체형에는 대개 "いい"라고 함〕 ①착하다.「一行(オコ)ない; 착한 행동」 ②좋다.「一相手(アイテ); 좋은 상대」 ③이익을 주다.「からだに一; 몸에 이롭다」 ④뛰어나다.「頭(アタマ)が一; 머리가 좋다」 ⑤알맞다. 적당하다.「いい人(ヒト)をさがす; 적당한 사람을 찾다」 ⑥상관 없다.「帰(カエ)ってもいい; 돌아 가도 괜찮다」 ⑦충분하다.「それでいい; 그것으로 충분하다」 ⑧(값이나 신분이) 높다. ⑨바라다.「来(ク)ればいいのに; 오면 좋겠는데」 ⑩상당하다.「一年(トシ)をしてなんだ; 진득한 나이에 무슨 짓이냐」 1. good 7. satisfactory
よい[余威](명) 여위. 남은 위력(威力).
よ·い[吉い](형) 경사스럽다. 길하다. lucky
よ·い[佳い](형) ①우수하다. ②경사스럽다. 1. good
よいかな[善い哉](연어·감) 참 좋구나!(칭찬하는 말)
よいくさ[夜軍](명) 야간(夜間)의 전쟁. a night operations
よいごこち[酔い心地]ョヒー(명) 술취한 때의 기분. 얼근한 기분. intoxication
よいごし[宵越し]ョヒー(명) 하룻밤을 넘김. 또는 넘긴 물건.「一のかねは持(モ)たない; 하룻밤 지난 돈은 가지고 있지 않다(돈이 있으면 그날로 다 써 버린다)」 keeping overnight
よいざめ[酔い醒め]ョヒー(명·자サ) 술이 깸. 취기(酔気)가 가심. sobering up
よいし·れる[酔い痴れる]ョヒー(자하 1) 술이 취해 정신을 잃다. 고주 망태가 되다.
よいっぱり[宵っ張り]ョヒッー(명·자サ) 밤늦도록 일어나 있음. 또는 그 사람. sitting up late at night
よいつぶ·れる[酔い潰れる]ョヒー(자하 1) 술에 취해서 정신을 차리지 못하다. drink oneself down
よいとまけ(명)〈속〉 달구질. 집터 또는 땅을 굳히기 위하여 달구로 다지는 것. 또는 그 사람이나 그 고함 소리. ramming
よいどれ[酔いどれ]ョヒー(명) 술이 몹시 취한 사람. 주정뱅이. a drunkard
よいね[宵寝]ョヒー(명·자サ) 초저녁 잠. ↔朝寝(アサネ). going to bed early
よいのくち[宵の口]ョヒー(명) 초저녁. 날이 저물어 얼마 되지 않은 무렵. early in the evening
よいのみょうじょう[宵の明星]ョヒー(명)〈천〉 해가 진 후 서쪽 하늘에 보이는 금성(金星). ↔明(ア)けの明星. Venus
よいまちぐさ[宵待ち草]ョヒマチー(명)〈식〉 달맞이꽃. 바늘꽃과에 속하는 2년초. 흰꽃이 저녁 무렵에 피었다가 아침에 오므림.
よいまつり[宵祭り]ョヒー(명) ⇨よいみや.
よいみや[宵宮]ョヒー(명) 제일(祭日) 전날에 행하는 간단한 제사. 전야제(前夜祭). a vigil
よいやみ[宵闇]ョヒー(명) 음력 16일부터 20일 경에 걸쳐 달이 뜰 동안의 초저녁 어둠. dusk
よいよい(명)〈속〉 손발이 마비되고 말을 잘 할 수 없는 병. 또는 그 병자. 예 : 중풍, 알코홀 중독 등. locomotor ataxia
よいん[余韻](명) 여운. ①뒤에 남는 울림. ②뒤에 남는 취향(趣向)이나 맛. 1. a trailing note
よう一[養](조어) 양가(養家)의.「一父母(フボ); 양부모」
一よう[用](조어) …에 사용하는.「工業(コウギョウ)一; 공업용」
一よう[葉] Ⅰ(접미) 종이, 나뭇잎 등을 세는 말. 잎. 장. Ⅱ(조어)〈생〉 뇌, 폐 등의 한 부분.「前頭(ゼントウ)一; 전두엽」
一よう[様](조어) ①방법.「直(ナオ)し一がない; 고칠 방법이 없다」 ②서풍(書風).「上代(ジョウダイ)一; 상대의 서풍」 ③모양 등이 닮은 것.「歯(ハ)ブラシーのもの; 칫솔 모양의 것」
一よう[曜](조어) 1주일간의 요일을 나타내는 이름 아래에 붙는 말.「月(ゲツ)一; 월요」 ⇨:ようび.
よ·う[酔う]ョフ(자 4) ①술기가 돌다. 취하다. ②(배, 차의 동요로) 멀미가 나다. ③생선에 중독되다. ④도취하다.「名曲(メイキョク)に一; 명곡에 도취하다」 1. get drunk
よう(조동·특수형) 추량, 의지를 나타내는 말.「日(ヒ)も暮(ク)れ一; 해도 지겠지」「もうやめ一; 이제 그만 하자」
よう[杳] ⇨ようとして.
よう[用](명) ①용건.「一がある; 볼일이 있다」 ②용도. ③작용(作用). 소용.「一にたたない; 쓸모가 없다」 ④비용.「一を節(セッ)する; 비용을 절약하다」 ⑤용변(用便).「一をたす; 용변을 보다」 1. business
よう[幼](명) 어림. 어린 아이.「一にして詩(シ)をよく

する; 어린애로서 시를 잘하다」 infancy
よう[洋](명) ①서양.「和漢(ワカン)一; 화한양(일본, 중국, 서양)」 ②양실(洋室). ③동양, 서양의 총칭.「一の東西(トウザイ)を問(ト)わず; 양의 동서를 막론하고」 1. western
よう[俑](명) 옛날, 중국에서 순사자(殉死者) 대신 파묻던 목제, 토제의 인형. 토용(土俑).「一を作(ツク)る; 악례(悪例)를 만들다」 set a bad precedent
よう[要](명) ①빠뜨릴 수 없는 중요한 점. 요령.「一を得(エ)ている; 요령을 얻고 있다」 ②필요.「一保護(ホゴ); 요보호(보호가 필요함)」 1. the main point
よう[陽](명) ①〔주역(周易)에서 나온 말〕 적극적인 것. 남성적인 것. ②양지쪽. ③표면.「陰(イン)に一に; 음으로 양으로」 ④〈이〉 양전기(陽電気). 양극(陽極). ↔陰(イン). 1. positive
よう[瘍](명)〈의〉 머리에 나는 헌데. 두창(頭瘡).
よう[様](명) ①있는 모양. 형태.「一に依(ヨ)りて胡芦(コロ)をえがく; 형태만 흉내 내고 독창성이 없음」 ②방법.「送(オク)ろう一がない; 보낼 방도가 없다」 ③…와 같은 것. 비슷한 것. 1. manner
よう[癰](명)〈의〉 옹. 세균(細菌)의 침입으로 생기는 악성(悪性) 종기. an anthrax
ようあ[養蛙](명) 식용(食用) 개구리를 기르는 일. cultivation of edible frogs
ようあん[溶暗](명) 영화 촬영상의 기법의 하나. 선명한 화면이 차차 빛을 잃어 아주 캄캄해지는 것. ↔溶明(ヨウメイ). fade-out
ようい[用意](명·자타サ) 용의. ①마음 가짐. 조심. 주의. ②준비.「一周到(シュウトウ); 용의 주도」 1. care 2. preparations
ようい[妖異](명) ①기괴한 일. 이상한 일. ②괴물(怪物). 요괴(妖怪) 1. a strange incident 2. a monster
ようい[容易](명·형동ダ) 용이. 쉬운 것. 손쉽게 할 수 있는 모양. easiness
ようい[庸医](명) 엉터리 의사. 돌팔이 의원. a quack
ようイオン[陽 ion](명)〈이〉 양이온. 양전기(陽電気)를 띤 분자나 원자. ↔陰(イン)イオン. cation
よういく[養育](명·타サ) 양육. 돌보아 기름.「一院(イン); 양육원」 bringing up
よういん[要因](명) 요인. 필요한 원인. 주요한 원인. a main cause
よういん[要員](명) 요원. 필요한 인원(人員). 중요한 자리에 있는 사람. necessary personnel
よううん[妖雲](명) 요운. 수상한 구름. 불길한 징조가 있는 구름. an ominous cloud
ようえい[揺曳](명·자サ) ①펄렁펄렁 펄렁임. ②꼬리를 길게 끎. 2. trailing
ようえき[用役](명) 용역. 형태를 막론하고, 생산과 소비에 필요한 물품을 제공하는 것.「一弗(ドル); 용역불」 service
ようえき[用益](명) 용익. 사용(使用)과 수익(収益). use and profits
ようえき[葉腋](명)〈생〉 엽액. 잎겨드랑이. an axil
ようえき[溶液](명)〈이〉 용액. 가용성 물질(可溶性物質)을 녹인 액체. a solution
ようえき[傭役](명) 용역. 고용하여 쓰는 것. 또는 고용인이 되어서 쓰이는 것. employment
ようえん[妖艶](명·형동ダ) 요염. 사람을 홀릴 만큼 아리따움. fascinating
ようえん[陽炎](명) 양염. 아지랭이. a filament of air
ようえん[遥遠](형동ダ) 요원. 아득하게 먼 모양. faraway
ようおん[拗音](명) 일어(日語)에서 "や, ゆ, よ, わ"의 카나를 딴 카나의 오른쪽 아래에 작게 붙여서 나타내는 음. 예: "ちょっと, ジャッキ". a contracted sound
ようか[八日]ヤウー(명) 한 달의 여덟째 날. 여드레. the eighth day of the month
ようか[沃化](명)〈이〉 옥화. 옥도(沃度)와 다른 물질과의 화합.「一銀(ギン); 옥화은」 iodation
ようか[妖花](명) 요화. ①수상하고 불길한 꽃. ②요염한 미인(美人). 1. an ominous flower
ようか[蛹化](명·자サ) 번데기가 됨. pupation
ようか[養家](명) 양가. 양자가 되어 들어 간 집. ↔実家(ジッカ). an adoptive family
ようが[洋画](명) 양화. ①서양화.「一家(カ); 서양화가」 ②구미(欧美)에서 수입해 들여 온 영화. ↔邦画(ホウガ). 1. a European painting
ようが[葉芽](명)〈생〉 엽아. 잎눈. a leaf bud
ようが[陽画](명) 양화. 명암(明暗)이 실제와 같이 보이는 사진. 보통 사진. ↔陰画(インガ). a positive
ようかい[妖怪](명) 요괴. 도깨비. 허깨비. a monster
ようかい[容喙](명·자サ) 용훼. ①입을 놀림. ②옆에서 말참견을 함. meddling
ようかい[溶解·鎔解·熔解](명·자타サ) 용해. ①녹음. 녹임. ②고체(固体)가 열에 녹아서 액체와 같이 됨. 또는 그렇게 하는 일. 1. melting 2. fusing
ようがい[要害](명) 요해. ①지세(地勢)가 험하여 방어하기에 편리한 장소. ②요새(要塞).「自然(シゼン)の一; 자연의 요새」 1. a strong position
ようがく[洋学](명) 양학. 서양 학문. ↔漢学(カンガク). Western learning
ようがく[洋楽](명) 양악. 서양 음악. ↔邦楽(ホウガク). Western music
ようがさ[洋傘](명) 양산. 서양식 우산. an umbrella
ようかさけ[ようか酒](연어·명)〈방〉 좋은 술.
ようがし[洋菓子](명) 양과자. 밀가루, 설탕, 달걀 등을 섞어서 만든 서양식 과자. Western confectionary
ようがらし[洋辛子·洋芥子](명) 서양식 겨자.
ようかん[羊羹](명) 양갱. 붉은 팥을 삶아 어레미에 걸러 꿀이나 설탕을 쳐서 굳힌 것. sweet bean-jelly.
—**いろ**[羊羹色](명) 흑자색(黒紫色)을 띤 적색.
ようかん[洋館](명) 양관. 서양풍의 건물. a Western style building
ようかん[腰間](명) 허리 부분.「一の秋水(シュウスイ); 허리에 찬 일본도」 the waist
ようがん[容顔](명) 용안. 얼굴.「一うるわしい; 화색

(和色)이 만만(滿滿)하다」 features
ようがん[溶岩·熔岩](명)〈지〉 용암. 암장(岩漿)이 분출하여 땅위로 흘러 나온 것. lava
ようき[用器](명) 용기. 기구를 사용함. 또는 그 기구. use of a tool. **—が**[用器画](명) 용기화. 제도기(製図器)를 사용해서 그리는 기하학적 도형(図形).
ようき[妖気](명) 요기. 요사스러운 기운. a weird air
ようき[妖姬](명) 요희. 요사스럽고 사람을 홀릴 만큼 아리따운 계집. 요녀(妖女). voluptious beauty
ようき[要記](명·타サ) 요점을 따서 기록함. 또는 그 기록. making a note of
ようき[容器](명) 용기. 물건을 담는 그릇. a container
ようき[陽気](명·형동ダ) 양기. ①만물이 생동(生動)하는 기운. ②명랑하고 상쾌한 기운. ③왕성한 기운. ↔陰気(インキ). ④기후(気候). 「—がいい; 날씨가 좋다」 4. weather
ようき[揚棄](명·타サ)〈철〉 ⇨しよう(止揚).
ようぎ[要義](명) 요의. 중요한 의미. the essentials
ようぎ[容疑](명)〈법〉 용의. 범죄의 혐의(嫌疑)를 받고 있는 것. suspicion. **—しゃ**[容疑者](명)〈법〉 ⇨ひぎしゃ(被疑者).
ようぎ[容儀](명) 용의. ①예의 바른 자세. ②모습. 차림새. 「—を正(タダ)す; 차림새를 단정히 하다」 1. polite deportment
ようきゅう[洋弓](명) 양궁. 서양풍의 활.
ようきゅう[要求](명·타サ) 요구. ①청하여 구함. ②〈법〉 어떤 행위의 청구. ③필요로 하는 것. 「時代(ジダイ)の—; 시대의 요구」 1. a request
ようきゅう[楊弓](명) 에도(江戸) 시대 노리개로 쓰던 작은 활. a small bow
ようぎょ[幼魚](명) 유어. 치어(稚魚)가 좀 자란 것. a young fish
ようぎょ[養魚](명) 양어. 연못 등에 물고기를 놓아 기름. fish farming
ようきょう[容共](명) 용공. 공산주의(共産主義) 또는 그 정체(政体)를 용인하는 것. ↔反共(ハンキョウ). pro-communist
ようきょう[佯狂](명) 양광. 미친 사람으로 가장함. 거짓으로 미친 체함. feigned madness
ようぎょう[窯業](명) 요업. 도자기, 벽돌 등을 만드는 사업. ceramics
ようきょく[陽極](명)〈이〉 양극. 전위(電位)가 높은 쪽의 전극(電極). ↔陰極(インキョク). the anode
ようきょく[謡曲](명) ⇨うたい(謡).
ようきん[用金](명) ①공용(公用)의 돈. 공금(公金). ②무가(武家) 시대, 영주(領主)가 임시 지출(支出)이 필요할 때 백성으로부터 거둬 들이던 상납전(上納銭). 1. public money
ようきん[洋琴](명)〈악〉 ⇨ピアノ.
ようぎん[洋銀](명) 양은. ①〈이〉 니켈, 구리, 아연의 합금. ②서양의 은화. 1. nickel silver
ようぐ[用具](명) 용구. 사용하는 도구. tools
ようぐ[要具](명) 필요한 도구. necessary tools
ようくん[幼君](명) 유군. 어린 임금. a young lord
ようくん[庸君](명) 용군. 용렬한 임금. a mediocre lord
ようけい[養鶏](명) 양계. 닭을 기름. 닭을 침. poultry-farming
ようげき[要撃·邀撃](명·타サ) 요격. 도중에서 기다리고 있다가 적을 냅다 침. an ambush
ようけつ[要訣](명) 요결. 일의 가장 중요한 비결. 급소. 「成功(セイコウ)の—; 성공의 비결」 a secret
ようけん[用件](명) 용건. 어떤 일의 종류나 내용. 「—を記入(キニュウ)する; 용건을 기입하다」 business
ようけん[洋犬](명) 양견. 서양종(西洋種)의 개. a dog of foreign breed
ようけん[要件](명) 요건. ①중요한 일. ②필요한 조건. 「研究(ケンキュウ)の—; 연구의 요건」 1. important business
ようげん[用言](명) 용언. 〔문법에서〕 활용어(活用語) 가운데서 단독으로 술어(述語)가 될 수 있는 동사, 형용사 등을 통틀어 일컫는 말. ↔体言(タイゲン). a declinable word
ようげん[妖言](명) 요언. (인심을 혼란하게 하는) 요사스러운 말.
ようげん[揚言](명·타サ) 양언. ①목청를 높여서 말함. ②공공연히 말함. declaration
ようこ[養狐](명) 양호. 모피(毛皮)를 얻기 위하여 여우를 기름.
ようご[用後](명·부) 사용한 뒤. after using
ようご[用語](명) 용어. ①사용하는 말. ②문장이나 특정한 부문 등에서 사용하는 말. 「哲学(テツガク)—; 철학 용어」 1. words
ようご[要語](명) 요어. 중요한 말. 「—索引(サクイン); 요어 색인」 an important word
ようご[洋語](명) 서양 언어.
ようご[養護](명·타サ) 양호. 몸이 약한 어린이를 기르고 보호함. 양육(養育)과 보호. nursing
ようご[擁護](명·타サ) 옹호. 편들어 보호함. defence
ようこう[妖光](명) 요사스러운 빛. 불길(不吉)한 빛. an ominous light
ようこう[洋行](명·자サ) 양행. ①외국에 여행하거나 유학함. ②〔중국에서〕 외국인의 상점. 1. going abroad
ようこう[洋紅](명)〈이〉 양홍. 연지벌레에서 짜내어 만든 붉은 물감. 그림 물감, 착색제(着色剤)로 씀. carmine
ようこう[要項](명) 요항. 필요한 사항. 중요한 사항. 요긴한 사항. the important points
ようこう[要港](명) 요항. 중요한 항구. an important port
ようこう[要綱](명) 요강. 요약한 대체적인 줄거리. 「講演(コウエン)の—; 강연 요강」 the main principle
ようこう[陽光](명) 양광. 햇볕. 햇빛. sunlight
ようこうろ[溶鉱炉·熔鉱炉](명) 용광로. 광석에서 금속을 제련해 내는 가마. a blast furnace
ようこそ(연어·감) 남이 방문했을 때 기쁜 마음으로 맞아 들이는 말. welcome

ようさい[洋才](명) 서양 학문에 대한 재능(才能). a talent for Western learning
ようさい[洋菜](명) 서양 야채.
ようさい[洋裁](명) 양재. 양복류의 재봉. 서양식 바느질 ↔和裁(ワサイ). foreign-style dressmaking
ようさい[要塞](명)〈군〉 요새. 국방상 중요한 지점에 만든 포대 등의 방비. a fortress
ようさい[庸才](명) 용재. 평범하고 용렬한 재주. 또는 그런 재주를 가진 사람. a mediocrity
ようざい[用材](명) 용재. 사용하는 재목. materials
ようざい[溶剤](명)〈이〉 ⇨ようばい(溶媒).
ようさいるい[葉菜類](명)〈농〉 엽채류. 줄기나 잎을 먹는 야채류. 시금치, 상치, 배추 등. green vegetables
ようさん[葉酸](명)〈의〉 엽산. 비타민 B의 일종. 간장(肝臟), 시금치에 많이 포함되어 있으며 악성 빈혈(悪性貧血)에 유효. folic acid
ようさん[養蚕](명) 양잠. 누에를 침. sericulture
ようざん[洋算](명)〈수〉 서양식 셈. foreign arithmetics
ようし[夭死](명·자サ) 요사. 나이 젊어서 죽음. 일찍 죽음. 요절(夭折). early death
ようし[用紙](명) 용지. 사용하는 종이. paper
ようし[要旨](명) 요지. 중요한 취지. 대체적(大体的)인 내용. the point
ようし[洋紙](명) 양지. 서양에서 들어 온 종이. 서양식으로 만든 종이. foreign paper
ようし[容姿](명) 용자. 용모와 자태(姿態). 「一端麗(タンレイ); 용자 단려(용모와 자태가 단정하고 아름다움)」 appearance
ようし[陽子](명)〈이〉 양자. 원자핵을 만드는 소립자(素粒子)의 한 가지. 전자(電子)와 같은 양(量)의 양전기(陽電気)를 가지고 있음. a proton
ようし[養子](명) 양자. 친 자식은 아니지만 자식의 관계를 맺는 것. 또는 그러한 관계를 맺은 자식. ↔養親(ヨウシン). an adopted child. **一えんぐみ**[養子縁組み](명)〈법〉 타인 사이에 법률상 부자(父子) 관계를 맺는 행위.
ようじ[用字](명) 용자. 사용하는 문자. 「一法(ホウ); 용자법」 letters
ようじ[用事](명) 볼일. 용건(用件). business
ようじ[幼児](명) 유아. 어린 아이. 「一期(キ); 유아기」 an infant
ようじ[幼時](명) 유시. 나이가 어릴 때. 유년 시절(幼年時節). infancy
ようじ[洋字](명) 서양 문자. 로마 글자. Western letters
ようじ[要事](명) ①중요한 일. ②필요한 일. 1. the essential matter
ようじ[楊枝](명) ①이쑤시개. 「一に目鼻(メハナ)をつけたよう; 이쑤시개에 눈코를 붙인 것 같다 (몹시 마르고 여윈 사람의 비유)」 ②칫솔. 1. a toothpick
ようしき[洋式](명) 양식. 서양 풍속. 양풍(洋風). 서양식. Western style
ようしき[要式](명) 일정한 법식을 필요로 하는 일. 또는 그 양식. 필요한 법식(法式). formal
ようしき[様式](명) 양식. ①모양. 방식. 「生活(セイカツ)一; 생활 양식」 ②일정한 형식. 「文芸(ブンゲイ)の一; 문예 양식」 a mode
ようしし[養嗣子](명)〈법〉 양사자. 재산 상속인의 신분을 가진 양자. an adopted heir
ようしつ[洋室](명) 양실. 서양식 방. ↔和室(ワシツ). a room furnished in foreign style
ようしつ[溶質](명)〈이〉 용질. 용액(溶液) 속에 녹아 있는 물질. solute
ようしゃ[用捨](명·타サ) ①쓰는 것과 버리는 것. 취사(取捨). ②ようしゃ(容赦)②. 1. adoption and rejection
ようしゃ[幼者](명) 유자. 어린 아이. children
ようしゃ[容赦](명·타サ) 용사. ①용서하여 줌. 「一なく; 용서 없이」 ②삼가는 것. 양보하는 것. pardon
ようじゃく[用尺·要尺](명) 옷을 짓는 데 필요한 옷감의 치수.
ようじゃく[幼弱](명·형동ダ) 유약. 어리고 잔약(孱弱)함. 또는 그 사람. infancy
ようしゅ[幼主](명) 유주. 나이 어린 임금. 유군(幼君). a young lord
ようしゅ[洋酒](명) 양주. 서양 술. foreign liquor
ようしゅ[洋種](명) 양종. 서양 계통. 서양종. foreign species
ようじゅ[榕樹](명)〈식〉 ⇨ガジマル.
ようじゅつ[妖術](명) 요술. 사람의 눈을 어리게 하는 괴상한 술법. 마술(魔術). magic
ようしゅん[陽春](명) 양춘. ①음력 정월(正月)의 다른 이름. ②봄. 「一の節(セツ); 양춘 지절(陽春之節)」 2. spring
ようしょ[要所](명) 요소. 중요한 곳. 「一に配置(ハイチ)する; 요소에 배치하다」 an important position
ようしょ[洋書](명) 양서. 서양 서적. ↔漢書(カンショ). a foreign book
ようじょ[幼女](명) 유녀. 어린 계집 아이. a young girl
ようじょ[妖女](명) 요녀. ①요사스럽고 간사한 계집. ②마녀(魔女). ③요부(妖婦). 2. a witch
ようじょ[葉序](명)〈생〉 엽서. 줄기, 가지에 붙어 있는 잎의 배열 상태. 호생(互生), 대생(対生), 윤생(輪生), 총생(叢生) 등의 구별이 있음. 잎차례. phylotaxis
ようじょ[養女](명) 양녀. 수양딸. an adopted daughter
ようしょう[幼少](명·형동ダ) 유소. 나이 어림. 어린 사람. infancy
ようしょう[要衝](명) 요충. ①중요한 장소. 요소(要所). 「一地帯(チタイ); 요충 지대」 ②적에 불리하고 자기편에 유리한 지점. 1. an important position
ようじょう[洋上](명) 양상. 넓은 바다 위. 해상(海上). on the sea
ようじょう[葉状](명) 엽상. 잎 모양. leafiness. **一たい**[葉状体](명)〈생〉 엽상체. 세포 식물에 있어서 전체가 잎과 비슷하게 편평하며 잎과 같은 작용을 하는 것.
ようじょう[養生](명·자サ) 양생. ①몸조심하고 건강 상태를 잘 돌봄. ②보양(保養). 1. the care of health
ようしょく[洋食](명) 양식. 서양풍의 식사. 서양식

음식. 서양 요리. European dishes
ようしょく[要職](명) 요직. 중요한 직무. a responsible post
ようしょく[容色](명) 용색. 용모와 안색. 모습. 자태(姿態). looks
ようしょく[養殖](명·타サ) 양식. 물고기, 조개, 해초 등을 인공적으로 길러 번식시킴. culture
ようしん[痒疹](명)〈의〉 양진. 작은 결절(結節)이 형성되며 몹시 가려운 신경성 피부 질환. prurigo
ようしん[葉身](명)〈생〉 엽신. 잎의 넓은 부분. 보통 잎이라고 하는 것. a leaf blade
ようしん[養親](명)〈법〉 양친. 양자로 들어 간 집의 어버이. 양부모(養父母). ↔養子(ヨウシ). foster-parents
ようじん[用心](명·자サ) ①정신을 차림. 주의(注意). ②경계(警戒). 1. care. **—ぶか·い**[用心深い](형) 정신을 바짝 차리고 있는 모양. 주의 깊다. 「—性格(セイカク); 주의 깊은 성격」 **—ぼう**[用心棒](명) ①문을 잠그는 막대. ②만일의 경우를 위해 거느리는 힘센 사람.
ようじん[要人](명) 요인. 중요한 지위에 있는 사람. 「政府(セイフ)の—; 정부 요인」 a key figure
ようす[様子·容子](명) ①모양. 외관(外観). ②용자(容姿). 모습. ③까닭. 이유. 「—ありげにちかづく; 사연이 있는 듯이 다가 오다」 ④징조. 1. state
ようず[要図](명) 필요한 부분만을 간단히 그린 도면(図面). an outline presentation
ようすい[用水](명) 용수. ①관개(灌漑), 소화(消火) 등에 쓰이는 물. 「—桶(オケ); 용수통」 ②물을 씀. 「—路(ロ); 용수로」 1. water
ようすい[羊水](명)〈생〉 양수. 모태 안에서 태아(胎児)를 둘러싸고 있는 액체. 모래집물. amniotic fluid
ようすい[揚水](명·자타サ) 양수. 물을 퍼 올림. 「—ポンプ; 양수 펌프」 raising water
ようすこう[揚子江](명)〈지〉 양자강. 중국에 있는 아시아 제1, 세계 제3의 큰 강. the Yangtze
よう·する[要する](타サ) ①필요로 하다. ②숨어 기다리다. 「道(ミチ)に要して; 길에서 숨어 있다가」 **—に**[要するに](부) 결국(結局). 결과적으로. 요컨대.
よう·する[擁する](타サ) ①끌어 안다. 「相(アイ)—; 서로 포옹(抱擁)하다」 ②거느리다. 「兵力(ヘイリョク)を—; 병력을 거느리다」 ③갖다. 「巨万(キョマン)の富(トミ)を—; 거액의 돈을 지니다」 ④옹호하다. ⤵ 「1. embrace
ようすれば[要すれば](연어) 필요하면.
ようせい[妖星](명) 요성. 재난(災難)의 징조라고 믿고 있는 요사스러운 별. an ominous star
ようせい[妖精](명) 요정. ①요사스러운 정령(精霊). ②(서양 설화에 나오는) 동물이나 식물이 어린 아이들의 모양을 한 것. 1. a fairy
ようせい[要請](명·타サ) 요청. 요긴하게 청함. 청하여 구함. request
ようせい[陽性](명) 양성. ①적극적으로 나아가는 성질. 쾌활한 성질. ②〈의〉 반응이 있음. ↔陰性(インセイ). 1. a cheerful nature
ようせい[養成](명·타サ) 양성. 길러 냄. 「—所(ショ); 양성소」 cultivation
ようせき[容積](명) 용적. ①물건을 담을 수 있는 부피. ②체적(体積). 1. capacity
ようせつ[夭折](명·자サ) 요절. 나이가 젊어서 죽음. 요사(夭死). early death
ようせつ[溶接·熔接](명·타サ) 용접. 금속(金属)에 강한 열을 가하여 접합(接合)시키는 일. 「酸素(サンソ)—; 산소 용접」 welding
ようせん[用船](명) 용선. 사용하는 배. a ship
ようせん[傭船](명·타サ) 용선. 세를 내어 배를 얻음. 또는 그 배. a chartered ship
ようせん[用箋](명) 용전. ①편지 쓰는 종이. 편지지. ②필요한 사항을 적어 두는 종이. 메모 용지. 1. letter paper
ようせん[溶銑·熔銑](명) 용선. 주철(鋳鉄)을 녹이는 일. 또는 녹인 선철. melting of cast iron
ようぜん[杳然](형동タリ) 묘연. 그윽하고 먼 모양. 아득히 먼 모양. faraway
ようぜん[窅然](형동タリ) 한탄(恨歎)하여 멍하니 있는 모양. abstracted with grief
ようそ[沃素](명)〈이〉 옥소. 옥도(沃度). 흑자색 결정(結晶)을 한 원소. 녹말(澱粉) 용액에 의하여 짙은 청색이 됨. 의약(医薬)에 씀. 기호는 I. iodin
ようそ[要素](명) 요소. 어떠한 일의 성립 혹은 효력발생(效力発生) 등에 없지 못할 긴요한 성분. 또는 성질. an element
ようそう[洋装](명·자サ) 양장. ①부인들의 서양식 복장. ②서양식으로 책을 장정(装幀)하는 일. 또는 그 책. 1. foreign-style dress
ようそう[様相](명) 양상. 모습. 상태. 형태. 「険悪(ケンアク)な—を呈(テイ)する; 험악한 양상을 드러내다」 an aspect
よう·だ[様だ](조동·형동ダ) ①…와 같다는 뜻을 나타내는 말. 「雪(ユキ)の—; 눈같이 희다」 ②…로 생각된다는 뜻을 나타내는 말. 「知(シ)らない—; 모르는 모양이다」 ③⇨:ような. ④⇨:ように.
ようたい[様態](명) 양태. 모습. 상태. condition
ようだい[容体·容態](명) 용태. ①병(病)의 상태. ②거드럭거리며 으시대는 것. ③모양. 상태. 1. condition of a patient. **—ぶ·る**[容体振る](자4) 거드럭거리다. 자기 혼자만 잘난 체하다.
ようだい[様体](명) 생김새. 양상(様相). appearance
ようたし[用足し·用達](명·자サ) ①용건을 마침. ②〔ご—〕 항상 그 집에 출입하며 물품을 댐. 또는 그 상인(商人). ③대소변을 봄. 1. transaction of business
ようだ·つ[用立つ](자4) 유용(有用)하다. 쓸모 있다. be helpful
ようだ·てる[用立てる](타하1) ①사용하다. 유용하게 하다. ②돈을 빌려 주다. 입체(立替)하다. 名 用立て. 1. make use of
ようだん[用談](명·자サ) 용담. 볼일에 관한 이야기. 필요한 이야기. 상담(相談). a business talk

ようだん[要談](명·자サ) 요담. 중요한 의논. 요긴한 이야기. an important talk
ようだんす[用箪笥](명) 자질구레한 물건을 넣어 두는 작은 장롱. a cabinet
ようち[用地](명) 용지. 사용하는 토지. a lot
ようち[幼稚](명·형동ダ) 유치. ①어림. 유소(幼少). ②미숙. 「一な考(カンガ)え; 유치한 생각」 1. infancy.
― えん[幼稚園](명) 유치원. 국민 학교에 들어 가기 전에 아이들을 보육하는 곳.
ようち[夜討ち](명·자サ) 적을 밤에 습격함. 야습(夜襲). 「一をかける; 야습을 감행하다」 ↔朝駆(アサガ)け. a night attack
ようち[要地](명) 요지. 중요한 토지. an important place
ようちく[用畜](명)〈농〉 축산물을 얻기 위해 기르는 가축. live-stock
ようちく[養畜](명) 양축. 가축을 먹여 기름. the raising of live-stock
ようちゅう[幼虫](명)〈동〉 유충. 아직 성충(成虫)이 되지 않은 곤충. 애벌레. a larva
ようちゅうい[要注意](연어·명) 요주의. 주의할 필요가 있음. 「一人物(ジンブツ); 요주의 인물」
ようちょう[幼鳥](명) 유조. 어린 새. 새 새끼. a young bird
ようちょう[羊腸](명·형동タルト) 양장. ①양의 창자. ②꼬불꼬불한 산길. 「一たる小径(コミチ); 꼬불꼬불한 좁은 길」 1. bowels of a sheep
ようちょう[揚超](명)〈경〉 ⇨あげちょう. ↔散超(サンチョウ).
ようちょう[膺懲](명·타サ) 응징. 적을 정벌(征伐)하여 혼을 냄. 잘못을 회개하도록 징계함. chastisement
ようちょう[窈窕](형동タルト) 요조. 부녀의 행동이 얌전하고 아리따운 모양. 「一たる美人(ビジン); 행실이 얌전한 미인」 graceful
ようつい[腰椎](명)〈생〉 요추. 척추를 구성하는 추골(椎骨)의 일부분. 흉추(胸椎) 밑에 있으며 허리 부분을 받치고 있음. the lumbar vertebra
ようつう[腰痛](명) 요통. 허리가 아픈 병. lumbago
ようてい[要諦](명) 요체. 긴요한 점. 요점. 중요한 진리. the important point
ようてい[揚程](명) 펌프가 물을 빨아 올릴 수 있는 높이. 양수(揚水) 고도. 「一三十(サンジュウ)メートル; 양수 고도 30 *m*」 「the essential point
ようてん[要点](명) 요점. 중요한 점. ↗
ようてん[陽転](명·자サ)〈의〉 양전. 투베르쿨린 반응이 음성(陰性)에서 양성(陽性)으로 옮겨지는 일. change to positive
ようでんき[陽電気](명)〈이〉 양전기. 유리 막대를 헝겊에 문지를 때에 그 유리에 생기는 전기. ↔陰(イン)電気. positive electricity
ようでんし[陽電子](명)〈이〉 양전자. 전자와 같은 질량(質量)을 가지며 양전기를 지니는 소립자(素粒子).
ようと[用途](명) 용도. 쓰이는 곳. use
ようど[用度](명) 용도. ①드는 비용. ②물품의 공급. 「一係(ガカリ); 용도계」 1. expenditure
ようとう[羊頭](명) 양두. 양의 머리. a sheep's head.
― くにく[羊頭狗肉](연어·명) 양두 구육. 간판에는 양의 머리를 내놓고, 실지로는 개고기를 팔고 있는 일. 즉 겉으로는 훌륭하게 보이나 속은 변변치 않음의 비유.
ようとう[洋陶](명) 서양식 도자기.
ようとう[洋燈](명) 양등. 남포등. a lamp
ようどう[幼童](명) 어린 아이. 아동. a child
ようどう[陽動](명·자サ)〈군〉 양동. 적의 판단을 흘리게 하기 위하여, 일부러 어느 행동을 특별히 나타내어 적의 주의를 그쪽으로 돌리게 하는 일. 「一作戦(サクセン); 양동 작전」
ようとく[陽徳](명) 양덕. ①양(陽)의 덕(徳). 만물을 생성시키는 우주의 덕. ②세상에 알려지게 행하는 덕행. ↔陰徳(イントク). 1. universal power
ようとじ[洋綴じ]ートヂ(명) 서양식으로 제본(製本)하는 방법. 또는 그런 책. 양장(洋装). foreign binding
ようとして[杳として](부) 희미하고 똑똑하지 않은 모양 「一ゆくえがわからない; 행방이 묘연(杳然)하다 (행방을 전혀 알 수가 없다)」 dimly
ようとん[養豚](명)〈농〉 양돈. 돼지를 기름. pig-raising
ような[様な]〔"ようだ"의 연체형〕 ①예로 들어 이르는 말. 「犬(イヌ)や猫(ネコ)の一動物(ドウブツ); 개나 고양이 같은 동물」 ②…를 닮다. 「山(ヤマ)の一波(ナミ); 산과 같은 파도」 ③밑에 오는 체언의 뜻을 강하게 나타내는 말. 「おくれる一ことはない; 늦어지는 일은 없다」
ようなし[要無し](형ク)〈고〉 필요가 없다.
ようなし[益無し](형ク)〈고〉 무익(無益)하다. 보람이 없다.
ようなま[洋生](명) 서양식 생과자. foreign cake
ように[様に]〔"ようだ"의 연용형〕 ①…처럼. 「ぼくのいう一しろ; 내가 말하는 대로 하라」 ②(…로 생각되는) 모양으로. 「死(シ)んだ一ねている; 죽은 듯이 자고 있다」 ③일반 동사를 "なる"에 접속시킬 때 쓰는 말. 「我(ワ)が国(クニ)でもできる一なった; 우리 나라에서도 할 수 있게 되었다」 ④목적을 나타내는 말. 「風(カゼ)をひかない一厚着(アツギ)をする; 감기 들지 않게 옷을 많이 입다」 ⑤가벼운 명령을 나타내는 말. 「早(ハヤ)く寝(ネ)る一; 빨리 자도록」
ようにく[羊肉](명) 양육. 양고기. mutton
ようにん[用人](명) ①에도(江戸) 시대 군주를 받들어 잡무를 처리하며 금전 출납을 맡던 사람. ②용인. 사람을 씀. 1. a manager
ようにん[容認](명·타サ) 용인. 용납하여 인정함. 「一しがたい; 용인하기 어렵다」 admission
ようにん[傭人](명) 용인. 고원(雇員)보다 아래 계급의 사람. 고용인(雇傭人). an employee
ようねん[幼年](명) 유년. 나이가 어린 때. 또는 나이가 어린 사람. infancy
ようは[要は](부) 중요한 것은. 요점은. 결국은.
ようば[妖婆](명) 요술장이 노파. a hag

ようはい[遙拝](명·타サ) 요배. 멀리서 연고가 있는 쪽을 바라보고 하는 절. 망배(望拝). worshipping from a distance
ようばい[溶媒](명)〈이〉 용매. 물, 수은, 알코홀 등 물질을 녹여서 용액(溶液)을 만드는 물질. a solvent
ようばい[楊梅](명)〈식〉 ⇨やまもも.
ようはく[洋白](명) ⇨ようぎん(洋銀)①.
ようはつ[洋髪](명) 양발. 서양식으로 빗은 머리 모양. a hair dressed in European style
ようひ[羊皮](명) 양피. 양가죽. **―し**[羊皮紙](명) 양피지. 양의 가죽으로 만들어 종이 대신 쓰던 것. 중세에 유럽에서 많이 썼음.
ようひ[要否](명) 필요함과 필요하지 않음.
ようび[妖美](명) 사람을 홀리게 하는 요염(妖艶)한 아리따움. fascinating beauty
ようび[曜日](명) 요일. 요(曜)로 불리우는 1주간의 날. a day of the week
ようひつ[用筆](명) 용필. ①사용하는 붓. ②글씨를 쓰는 방법. 운필(運筆). 「―を誤(アヤマ)る; 붓을 잘못 놀리다」 2. the use of the writing brush
ようひん[用品](명) 용품. ①사용하는 물건. ②필요한 물건. 1. an article for use
ようひん[洋品](명) 양품. 서양식으로 만든 물건. 「―雑貨(ザッカ); 양품 잡화」 foreign articles
ようふ[用布](명) 옷을 짓기 위한 필요한 천. cloth for making clothes
ようふ[妖婦](명) 요부. 요사스러운 계집. a vamp
ようふ[養父](명) 양부. 양자로 들어 간 집의 아버지. 양아버지. ↔実父(ジップ). a foster-father
ようぶ[洋舞](명) 서양 무용. dance
ようぶ[腰部](명) 요부. 허리 부분. the waist
ようふう[洋風](명) 양풍. 서양식. foreign style
ようふく[洋服](명) 양복. 서양식 의복. 「―掛(カ)け; 양복 걸이」 European-style clothes
ようふぼ[養父母](명) 양부모. 양가(養家)의 부모. a foster-father and a foster-mother
ようふようせつ[用不用説](명)〈생〉 용불용설. 라마르크의 진화설. 생물은 외계의 정황(情況)에 따라 쓰이는 기관은 발달하고 쓰이지 않는 기관은 퇴화하는 진화 현상을 나타낸다는 설. Lamarckism
ようぶん[養分](명) 양분. 영양이 되는 성분(成分). 자양분(滋養分). nourishment
ようへい[用兵](명)〈군〉 용병. 군사를 부려 싸움을 함. 「―の妙(ミョウ); 용병의 묘」 tactics
ようへい[葉柄](명)〈생〉 엽병. 잎을 지탱하는 꼭지. 잎꼭지. a stem
ようへい[傭兵](명) 용병. 지원자에게 급료를 주고 복무시키는 군사. a mercenary soldier
ようへい[壅蔽](명·타サ) 옹폐. 싸서 덮음. 덮어서 가림. covering
ようべや[用部屋](명) ①일을 보는 방. ②에도 막부(江戸幕府) 때 고급 관리들이 정무를 의논하던 곳. 1. a room for business
ようべん[用便](명·자サ) 용변. 대변과 소변. 대소변을 봄. easing nature
ようぼ[養母](명) 양모. 양자로 들어 간 집의 어머니. 양어머니. ↔実母(ジツボ). a foster-mother
ようほう[用法](명) 용법. 쓰는 법. 사용 방법. the way to use
ようほう[陽報](명) 확실히 나타나는 응보(応報). 「陰徳(イントク)あれば―あり; 음덕을 쌓으면 반드시 좋은 응보가 있다」 good reward
ようほう[養蜂](명) 양봉. 꿀벌을 치는 일. 「―家(カ); 양봉가」 bee-keeping
ようぼう[要望](명·타サ) 요망. 꼭 이루어지기를 바람. a demand
ようぼう[容貌](명) 용모. 얼굴 모양. 얼굴 생김새. 「―魁偉(カイイ); 용모 괴위(체격이 크고 얼굴 생김이 훌륭함)」 a countenance
ようぼく[用木](명) 용목. 재료(材料)로 쓰는 나무. trees used as materials
ようほん[洋本](명) ①서양 서적. 양서(洋書). ②서양식으로 만든 서적. 양장본. 1. a foreign book
ようま[妖魔](명) 요마. 요사하고 간사스러운 마귀. 요귀(妖鬼). an evil spirit
ようま[洋間](명) 서양식 방. 서양식으로 만든 방. a Western style room
ようまく[羊膜](명)〈생〉 양막. 유양막류(有羊膜類)에 있어서 자궁내(子宮内)에서 태아(胎児)를 싸는 얇은 막(膜). 모래집. the amnion
ようみゃく[葉脈](명)〈생〉 엽맥. 잎에 분포하는 망상(網状)의 섬유(纖維). 잎맥. a vein
ようみょう[幼名](명) ⇨ようめい.
ようむ[用務](명) 용무. 볼일. 필요한 임무. 「緊急(キンキュウ)の―; 긴급한 용무」 business. **―いん**[用務員](명) 학교나 회사 등에서 잡일을 하는 사람.
ようむ[要務](명) 중요한 직무. 긴요한 소임. 「―をおびる; 중요한 직무를 띠다」 important business
ようむき[用向き](명) 용건의 대체적 내용. business
ようめい[用命](명) 명령. 하명. 분부. command
ようめい[幼名](명) 어릴 때 이름. 아명(児名). one's childhood-name
ようめい[溶明](명) 영화에서 어두운 장면이 점점 밝게 되는 것. ↔溶暗(ヨウアン). fade-in
ようめいがく[陽明学](명) 양명학. 중국 명(明) 나라 때 철학자인 왕양명(王陽明)이 주창한 유학(儒学).
ようもう[羊毛](명) 양모. 양털. wool
ようもく[要目](명) 요목. 중요한 항목. 「教授(キョウジュ)―; 교수 요목」 principal items
ようもん[要文](명) 없어서는 안될 중요한 문구. an important phrase
ようやく[漸く]ヤウヤク(부) ①조금씩. 점차적(漸次的)으로 ②겨우. 1. gradually
ようやく[要約](명·타サ) 요약. ①간추려서 묶음. ②요지(要旨). ③조건. 「学問(ガクモン)の―; 학문의 조건」 1. summarization

ようやく[踊躍](명·자サ) 용약. 좋아서 뜀. jumping up
ようゆう[熔融](명·자サ)〈이〉 용융. 고체(固体)가 열에 녹아서 액체가 됨. 융해(融解). fusion
ようよう[漸う]ヤウヤウ(부) ⇨ようやく.
ようよう[要用](명) 필요한 것. 중요한 일. necessity
ようよう[洋洋](형동タルト) 양양. ①넘쳐 흐를 듯이 가득함. ②물 등이 광대한 모양. ③앞길이 한없이 유망한 모양. 「一たる前途(ゼント); 양양한 앞길」 2. vast
ようよう[揚揚](형동タルト) 양양. 득의만만한 모양. 「意気(イキ)一として; 의기 양양하게」 proudly
ようらく[羊酪](명) 양젖의 지방을 굳혀서 만든 식품(食品).
ようらく[瓔珞](명)〈불〉 영락. 부처나 보살의 목과 팔에 다는 구슬을 꿴 장식품. a necklace
〔瓔珞〕
ようらん[要覧](명) 요람. 통계 등을 넣어서 중요한 것만 뽑아 알기 쉽게 만든 인쇄물이나 책. 「学校(ガッコウ)一; 학교 요람」 a directory
ようらん[洋藍](명) ⇨インジゴ.
ようらん[揺籃](명) 요람. ①⇨ゆりかご. 「一時代(ジダイ); 유년 시대」 ②사물이 발달하는 처음. 「一期(キ); 요람기」 1. a cradle
ようり[要理](명) 중요한 교리(教理). 요긴한 이치나 도리. an important theory
ようり[養鯉](명) 잉어를 기름. carp-raising
ようりく[揚陸](명·자타サ) 양륙. ①배의 짐을 뭍으로 풀어 올림. ②상륙(上陸). 1. unloading
ようりつ[擁立](명·타サ) 옹립. 모두가 받들어서 임금 자리에 모셔 세움. 「幼帝(ヨウテイ)を一する; 어린 임금을 옹립하다」 supporting
ようりゃく[要略](명·타サ) 요략. 간단하게 추려서 묶음. 또는 묶은 것. an outline
ようりゅう[楊柳](명) 양류. 버드나무. a willow. ── かんのん[楊柳観音](명)〈불〉 양류 관음. 병고(病苦)를 덜어 주는 관음.
ようりょう[用量](명) 용량. 사용하는 분량. 복용(服用)하는 분량. a dose
ようりょう[要領](명) 요령. ①사물의 요점(要点). 또는 줄거리. ②방법. 「一がわるい; 요령이 나쁘다」 1. the point
ようりょう[容量](명) 용량. 물건이 담기는 분량. capacity
ようりょう[養料](명) 양료. 영양(営養)에 도움이 되는 재료. ②양육비(養育費). 1. nutritive material
ようりょく[揚力](명)〈이〉 양력. 날개에 의하여 비행기를 공중에서 지탱하게 하는 힘. 부양력(浮揚力). lift
ようりょくそ[葉緑素](명)〈식〉 엽록소. 녹색 식물의 세포 속에 포함되어 있는 엽록체(葉緑体) 안의 색소(色素). chlorophyll
ようれい[用例](명) 용례. 실제로 쓰여진 예. an example
ようれき[陽暦](명) 양력. 태양력(太陽暦). ↔陰暦(インレキ). the solar calendar

ようろ[要路](명) 요로. ①주가 되는 도로. ②중요한 지위. 「一の人(ヒト); 요로의 인사」
ようろ[熔炉](명) 용로. 광석으로부터 금속을 제련(製錬)해 내는 가마. 용광로(熔鉱炉). a cupola
ようろう[養老](명) 양로. ①노인을 봉양(奉養)함. ②여생을 안락하게 지냄. 「一保険(ホケン); 양로 보험」 1. living at ease in one's old age. ── **いん**[養老院](명) 양로원. 의탁할 데가 없는 노인을 수용하여 구호하는 시설.
よウん[余蘊](명) 남는 것. 여분. 여유. 여축(餘蓄). 「説(ト)きつくして一がない; 더 이상 설명할 게 없다」 an inexhaustible store
よえい[余映](명) 해나 달이 진 뒤에 은은히 남은 빛. 여광(餘光). an afterglow
よえい[余栄](명) 여영. ①죽은 뒤의 영화. ②선조의 여광(餘光). 1. posthumous honours
よえん[余炎](명) 여염. ①타다 남은 불꽃. ②남은 더위. 노염(老炎). 잔서(残暑). 1. burning cinders
よおう[余殃](명) 여앙. 조상이 저지른 나쁜 짓이 재앙이 되어 자손에게 남는 것.
ヨーク[yoke](명) 요우크. 어깨, 가슴 등에서 옆으로 꿰어 붙인 천(布).
ヨーグルト[도 Yoghurt](명) 요오구르트. 양젖 등에 유산균(乳酸菌)을 작용시켜서 만든 크리임 같은 음료.
ヨーチン(명)〈의〉 요오드팅크 (옥도정기) 의 준말.
〔ヨーク〕
ヨーデル[도 Jodel](명)〈악〉 요오들. 스위스의 알프스 지방에서 성대(声帯)를 진동시켜 낮게 부르는 민요.
ヨード[도 Jod·沃度](명)〈이〉 요오드. 옥도(沃度). ── **チンキ**[←Jodtinktur·沃度丁幾](명)〈이〉 요오드팅크. 옥도 정기. 옥도를 알코홀에 녹인 액체. 진통(鎮痛), 소염(消炎), 창상(創傷) 등의 외용약으로 쓰며, 구토의 내용약으로도 씀. ── **ホルム**[도 Jodoform](명)〈이〉 요오드포름. 옥도와 크로르포름과의 화합물. 황색 결정성(結晶性)의 가루. 소독, 방부, 지혈 등에 씀.
ヨーロッパ [포·네 Europa·欧羅巴](명)〈지〉 유럽. 구라파. 육대주(六大洲)의 하나. 아시아의 서북부에 딸렸음. 구주(欧洲). ──**ロシア** [欧羅巴露西亜](명)〈지〉 유럽 러시아. 소비에트 연방 영토 가운데서 우랄 산맥의 서쪽 부분.
よか[予価](명) 예정 가격. the probable price
よか[予科](명) 예과. 본과(本科)에 들기 위한 예비 과정. a preparatory course
よか[余暇](명) 여가. 겨를. 틈. leisure
ヨガ[범 Yoga](명)〈불〉 호흡을 가다듬고 명상(瞑想)의 세계에 들어 가 이상(理想)과 일체가 되는 일. 또는 그러한 수행(修行). 독특한 운동을 함. 유가(瑜伽).
よかく[予覚](명·타サ) 예각. 예감. a premonition
よかぜ[夜風](명) 밤바람. a night wind
よがたり[世語り](명) 세상의 평판. 이야깃거리. gossip
よがら[世柄](명) 세상. 세상 형편. 시중(市中)의 정세. the condition of the world

よからぬ[良からぬ](연어·연체) 좋지 않은. 좋지 못한. 「—事(コト); 좋지 못한 일」 bad

よが·る[善がる](자 4) ①좋다고 생각하다. ②기뻐하다. 만족히 생각하다. 1. feel pleased

よかれあしかれ[善かれ悪しかれ](연어·부) 좋으나 나쁘나. 좋든 궂든. 이러나 저러나. 호불호간(好不好間)에. right or wrong

よかれ(かし)[善かれ(かし)](연어) 잘되어 주었으면 좋겠다. 잘 되어 주기를 바라다. 「—と思(オモ)ってしたことだ; 잘 되어지리라고 생각하고 한 것이다」

よかわ[夜川](명) ①밤의 시내. ②냇물에서 밤에 하는 고기잡이. 2. river fishing at night

よかん[予感](명·타サ) 예감. 일이나 결과를 당하기 전에 육감으로 미리 느낌. a premonition

よかん[余寒](명) 여한. 큰 추위가 지난 뒤에 아직 남은 추위. 입춘(立春) 뒤의 추위. the lingering cold

よき[斧](명)〈고〉 작은 도끼. 손도끼.

よき[予期](명·타サ) 예기. 앞으로 닥쳐 올 일을 미리 기대함. expectation

よぎ[余技](명) 여기. 전문적이 아니고 취미로 하는 기예(技芸). a hobby

よぎ[夜着](명) ①잠잘 때 입는 옷. 잠옷. ②작은 침구. 1. bed-clothes

よぎしゃ[夜汽車](명) 밤에 달리는 기차. 밤차. 「—で立(タ)つ; 밤차로 출발하다」 a night train

よぎな·い[余儀無い](형) 할 수 없다. 부득이하다. 「退陣(タイジン)を余儀無くされた; 부득이 퇴진하게 되었다」 unavoidable

よきょう[余興](명) 여흥. ①놀이 끝에 남아 있는 흥. ②연회나 어떤 모임 끝에 흥을 돋우기 위하여 하는 연예(演芸). 2. an entertainment

よきょう[余響](명) 여향. 뒤에까지 남는 음향. 여음(餘音). a repercussion

よぎり[夜霧](명) 밤안개. a night fog

よぎ·る[過ぎる](자 4) 지나가다. 횡단하다. pass by

よきん[預金](명·타サ)〈경〉 예금. 안전하게 보관하고 또 늘리기 위하여 돈을 은행에 맡기는 일. 또는 맡긴 돈. deposit. **—しょうしょ**[預金証書](명) 예금증서. 예금한 증표로서 예금을 맡은 기관이 예금자에게 교부하는 증서.

よく—[翌](조어) 명사 앞에 붙어 "다음"의 뜻을 나타내는 말. 다음의. 다음날. 다음달. 다음해. 「—日(ジツ); 다음날」

—よく[浴](조어) 목욕. 입욕(入浴). 「冷水(レイスイ)—; 냉수욕」

よく[良く·善く·克く·能く](부) ①친절히. 충분히. ②훌륭히. ③걸핏하면. 「—ころぶ; 걸핏하면 넘어지다」 ④여러 번 한 일을 생각해 내어 하는 말. 여러 차례. 「—見(ミ)に行(イ)ったものだ; 자주 보러 갔었지」 ⑤남의 좋지 않은 행위를 싫어하거나 의외라는 듯한 기분을 나타내는 말. 「—笑(ワラ)えたものだ; 염치 좋게 잘도 웃을 수 있었구나(어찌 감히 웃을 수가 있겠느냐)」 1. fully

よく[欲·慾](명) 욕. (정도를 지나서) 욕심을 내는 마음. 「—が深(フカ)い; 욕심이 많다」 ②바라는 마음. 욕구(慾求). 욕망. 1. desire

よく[翼](명) ①날개. ②비행기를 공중에 뜨게 하기 위하여 양 옆에 단 날개. 1. a wing

よくあさ[翌朝](명·부) 익조. 이튿날 아침. 밝아 오는 아침. the next morning

よくあつ[抑圧](명·타サ) 억압. 억누름. suppression

よくい[浴衣](명) 욕의. 목욕할 때 입는 옷. a bath-robe

よくいにん[薏苡仁](명) 의이인. 이뇨제(利尿剤), 하제(下剤)로 씀. 율무쌀.

よくうつしょう[抑鬱症](명)〈의〉 억울증. 어두운 기분에 지배되어 염세적 또는 회의적 인생관을 품게 되는 증상.

よくかい[欲界](명)〈불〉 욕계. 삼계의 하나. 욕망이 강한 유정(有情)이 머무는 세계. the world of desires

よくぎょう[翌暁](명·부) 익효. 이튿날 새벽.

よくけ[欲気](명) 욕기. 욕심. 「—を出(ダ)す; 욕심을 내다」 avarice

よくげつ[翌月](명·부) 익월. 다음달. the next month

よくご[浴後](명) 욕후. 목욕한 뒤. after a bath

よくさん[翼賛](명·타サ) 익찬. 힘을 보태어 도와 줌. 보좌(補佐). support

よくし[抑止](명·타サ) 억지. 억눌러 제지함. 억제(抑制). restraint

よくしつ[浴室](명) 욕실. 목욕탕. a bath-room

よくじつ[翌日](명·부) 익일. 다음날. 이튿날. the next day

よくしゅう[翌秋](명) 익추. 이듬해 가을. the autumn of the following year

よくしゅう[翌週](명·부) 익주. 다음 주(週). the next week

よくしゅん[翌春](명) 익춘. 이듬해 봄. the spring of the following year

よくじょう[沃壌](명) 옥양. 기름진 토지. 옥토(沃土). fertile soil

よくじょう[浴場](명) 욕장. ①욕실. ②목욕탕. 「大衆(タイシュウ)—; 대중 목욕탕」 1. a bath-room

よくじょう[抑情](명) 억정. 욕정(欲情)을 억누름. suppression of one's desire

よくじょう[欲情](명·자サ) 욕정. ①물건을 탐내는 마음. 욕심. ②애욕(愛慾). 색욕(色慾). desire

よくじょう[翼状](명) 새가 날개를 편 것 같은 모양. 날개 모양. winglike

よくしん[欲心](명) ①욕심. ②욕정(欲情). 1. avarice

よく·する[浴する](타サ) ①입욕하다. ②쬐다. 「日光(ニッコウ)に—; 일광욕을 하다」 1. bathe

よく·する[善くする·能くする](타サ) ①충분히 하다. ②대우(待遇)하다. ③능숙하게 하다. ④할 수 있다. 「凡人(ボンジン)の—ところではない; 범인이 능히 할 수 있는 것은 아니다」 ⑤편리하게 행해지다. 1. do scrupulously

よくせい[抑制](명·타サ) 억제. 지나치지 않게 억눌

려서 제어함. restraint
よくせき(부)〈속〉 아무래도 어쩔 수 없는 모양.「一のことだ; 어쩔 수 없는 일이다」 unbearably
よくそう[浴槽](명) 욕조. 목욕물을 담는 그릇. 목욕통. a bath-tub
よくたん[翼端](명) 익단. 비행기, 새 등의 날개 끝. the end of the wing
よくち[沃地](명) 기름진 땅. 옥토(沃土). fertile land
よくちょう[翌朝](명·부) 익조. 다음날 아침. the next morning
よくど[沃土](명) 옥토. 기름진 땅. fertile land
よくとう[翌冬](명) 익동. 이듬해 겨울. the winter of the following year
よくとく[欲得](명) 이익을 탐냄. selfishness. **—ずく**[欲得尽く]—ヅク(명) 모든 일을 이익만 따져서 함. 타산적(打算的).
よくとし[翌年](명·부) ⇨よくねん(翌年).
よくねん[翌年](명·부) 익년. 다음해. the next year
よくねん[欲念](명) 욕념. 가지고 싶어하는 마음. 욕심. 욕정(欲情). desire
よくばり[欲張り](명) 욕심을 내는 사람. 욕심꾸러기. 욕심장이. avarice
よくば·る[欲張る](자 4) 지나치게 욕심을 내다. 탐내다. be covetous
よくばん[翌晩](명·부) 다음날 밤. the next evening
よくふか[欲深](명·형동ダ) 욕심이 많은 것. 또는 그런 사람. avarice
よくぼう[欲望](명) 욕망. 하고자 하는 마음이 간절한 것. 부족을 채우려는 마음. desire
よくめ[欲目](명) 감싸 줌. 역성.「親(オヤ)の一で; 어버이의 역성으로」 favouritism
よくも[善くも](부)〔"良(ヨ)く⑤"의 센 말〕 잘도.「一だましたな; 잘도 속였구나」
よくや[沃野](명) 옥야. 기름진 들. a fertile plain
よくよう[抑揚](명) 억양. ①문장, 언어 등의 고저 강약(高低強弱). ②억누르고 혹은 찬양함.「一自在(ジザイ); 억양 자재」 1. intonation
よくよう[浴用](명) 욕용. 목욕할 때 쓰는 물건.「一石鹸(セッケン); 목욕 비누」 for bath
よくよく—[翌翌](조어) 다음의 다음.「一日(ジツ); 다음다음날」「一朝(チョウ); 다음다음날 아침」
よくよく[善く善く·能く能く](부) ①명심해서. ②참으로.「一好(ス)きだと見(ミ)えて; 어지간히 좋아하는 모양으로」③ 정말 어쩔 수 없는 모양.「一のことだ; 정말 어쩔 수 없는 일이다」 1. prudently
よくよく[翼翼](형동タルト) 정중한 모양. 차근차근한 모양. 실수 없게 하는 모양. 깊이 삼가는 모양.「小心(ショウシン)一; 아주 조심성스러움」 respectful
よくりゅう[抑留](명·타サ) 억류. ①억지로 머무르게 함. ②자유를 구속하여 마음대로 행동하지 못하게 함. ③〈법〉 국제법으로 특정한 사람이나 물건을 자기 나라에 억류하는 일.「一生活(セイカツ); 억류 생활」 detention
—よげ[善げ](조어·형동ダ) 좋은 모양.「気持(キモ)ち—; 기분이 좋은 모양」
よけい[余計](명·형동ダ) ①여분(餘分). ②무익(無益). 지나친 모양. 쓸데 없는 모양.「一なお世話(セワ); 지나친 참견」③많음. 1. extra
よけい[余慶](명) ①여경. 남에게 착한 일을 많이 한 보답으로 그 자손이 받는 경사. ②덕분.「一をこうむる; 덕을 입다」 recompense
よけつ[預血](명) 자기나 다른 사람이 필요할 때 쓰려고 자기의 피를 혈액 은행 등에 맡겨 둠.
よけみち[避道](명) 피하는 길. 달아나는 길. a shelter road
よ·ける[避ける](타하 1) ①피하다. 옆으로 비키다. ②막다. 1. make way
よけん[与件](명)〈철〉 여건. 주어진 조건. a given condition
よけん[予見](명·타サ) 예견. 일이 있기 전에 미리 앎. 예지(豫知). 선견(先見). foreseeing
よげん[予言·預言](명·타サ) 예언. ①앞의 일을 미리 말함. 또는 그 말. ②〈종〉 신(神)의 영감을 받은 자가 신의 말을 듣고 신의 의지를 사람들에게 전하는 말. 또는 그 사람.「一者(シャ); 예언자」 1. foretelling
よげん[余弦](명)〈수〉 여현. 삼각 함수에서 직각 삼각형의 밑변(底邊)과 빗변(斜邊)과의 비. cosine
よこ[横](명) 횡. 가로.「一に書(カ)く; 가로 씀」↔縦(タテ). width
よご[予後](명) 예후. 치료를 한 뒤의 경과(經過).「一不良(フリョウ); 병후 경과가 좋지 못함」 prognosis
よこあい[横合]—アヒ(명) ①가로의 방면(方面). ②국외(局外). 직접 관계가 없는 입장. 1. the side
よこあな[横穴](명) 산이나 산 중턱에 가로 파 놓은 굴. ↔縦穴(タテアナ). a side cave
よこあるき[横歩き](명) 모로 걸음. 횡보(横步). walking sideway
よこいと[横糸·緯糸](명) 횡사. 피륙의 가로 건너 짠 실. 씨실. ↔縦糸(タテイト). the woof
よこう[予行](명·타サ) 예행. 미리 행함. 연습으로 행함. 또는 그 일.「一演習(エンシュウ); 예행 연습」 rehearsal
よこう[余光](명) 여광. ①남은 빛. ②덕분.「親(オヤ)の一で; 어버이 덕분에」 2. favour
よこう[余香](명) 여향. 뒤에까지 남아 있는 향기. 여훈(餘薰). lingering odour
よこお·る[横おる](자 4)〈고〉 눕다. 옆으로 눕다.
よこがお[横顔]—ガホ(명) 옆 얼굴. 옆으로 돌린 얼굴. 어느 한쪽에서 본 얼굴 모습. a side face
よこがみ[横紙](명) ①가로지. ②종이를 가로 놓고 쓰는 일. **—やぶり**[横紙破り](명) 자기 뜻을 억지로 관철시키려는 것. 또는 그런 사람.
よこぎ[横木](명) 횡목. 가로 질러 놓은 나무. 가로대. a cross-bar
よこぎ·る[横切る](타 4) 가로 지르다. 횡단(横断)하다. cross

よこく[与国](명) 여국. 서로 동맹을 맺은 나라. 동맹국(同盟国). an allied power

よこく[予告](명·타サ) 예고. 미리 알림. a previous notice

よこぐみ[横組](명) 횡조. 활자의 가로 짜기. ↔縦組(タテグミ). lateral setting of types

よこぐも[横雲](명) 옆으로 비낀 구름. trailing clouds

よこぐるま[横車](명) ①모로 차를 미는 것. ②자기 고집을 무리하게 관철시키는 것. 「一をおす; 자기 고집을 관철시키다」 ③막대 등을 마구 휘두르는 무술.

よごころ[世心](명)〈고〉 남녀간의 정욕. 이성을 그리워하는 마음.

よこざ[横座](명) ①상좌(上座). 객좌(客座). 웃자리. ②옆 좌석. ③이로리(囲炉裏) 정면에 정한 주인이 앉는 자리. 1. an upper seat

よこざま[横様](명) ①옆쪽. 「一にたおれる; 옆으로 넘어지다」 ②보통이 아닌 일. 바르지 못한 일. 1. sideways

よこしま[邪ま](명·형동ダ) 바르지 못함. 비뚤어짐. 「一な考(カンガ)え; 비뚤어진 생각」 unjustness

よこじま[横縞](명) 가로로 된 줄무늬. ↔縦縞(タテジマ). lateral stripes

よこ·す[寄越す·遣す] Ⅰ(타 4) ①보내 오다. ①넘겨 주다. Ⅱ(보동·4)〔"て—"의 형태로〕오다. 「かいて—; 써 보내다」 1. send

よご·す[汚す](타 4) 더럽히다. 욕되게 하다. stain

よこずき[横好き](명) 잘하지도 못하면서 몹시 좋아하는 일. 「へたの—; 서투르면서도 그 일에 탐닉(耽溺)함」 dilettantism

よこすじ[横筋](명) ①가로줄. ②옆길. ③옆줄기. 지엽(枝葉). 1. lateral stripes

よこすべり[横滑り·横辷り](명·자サ) ①(앞을 바라본 채) 옆을 향하여 미끄러짐. ②다른 지위에서 그와 동등한 자리로 옮김.

よこた·える[横たえる]—タヘル(타하 1) ①수평(水平)으로 놓다. ②옆에 차다. 옆에 꽂다. 「刀(カタナ)を—; 칼을 옆에 차다」 1. lay down

よこたわ·る[横たわる]—タハル(자 4) 드러눕다. 눕다. lie down

よこちょう[横町](명) 왕래가 잦은 길에서 옆으로 들어간 구역. 골목. a by-street

よこづけ[横付け](명·타サ) (배나 자동차 등을) 그 옆자리에 붙여 댐. putting horizontally

よこづな[横綱](명) ①최상위(最上位)의 씨름군. ②최상위의 씨름군이 그 허리에 두른 두꺼운 바. ③가장 뛰어난 사람.

よこっぱら[横っ腹](명)〈속〉 ①옆 배. ②측면(側面). 「船(フネ)の—; 배의 측면」

よこつら[横面](명)〈속〉 ①옆 얼굴. 옆에서 본 얼굴. ②옆쪽. 측면(側面). 1. a side face

よこて[横手](명) 옆쪽. 옆 방면. the side

よこで[横手](명) 옆에서 치는 손뼉. 「一を打(ウ)つ; 옆에서 손뼉을 치다」 clapping hands at the side

よごと[吉事](명)〈고〉 길사. 좋은 일. 경사스러운 일. ↔まがごと.

よごと[夜毎](명·부) 매일 밤. 밤마다. every night

よごと[寿詞](명) 축하하는 말. 축사(祝辞). congratulatory words

よこと·う[横とう]—タフ Ⅰ(타하 2) 누이다. Ⅱ(자 4) 눕다. Ⅱ lie

よことじ[横綴じ]—トヂ(명) 옆으로 길게 장정(裝幀)함. 또는 그렇게 제본한 책. oblong bookbinding

よこどり[横取り](명·타サ) 옆에서 가로챔. 순서를 어기고 옆에서 끼어 듦. 새치기. snatching

よこながし[横流し](명·타サ)〈경〉 정당하지 않은 방법으로 물품 거래를 함. diverting into illegal channels

よこながれ[横流れ](명·자サ)〈경〉 정당하지 않은 방법으로 물품이 거래됨. flowing into illegal channels

よこなぐり[横殴り](명) 옆에서 때리거나 치는 일. 「一の雨(アメ); 옆으로 들이치는 비」 a side blow

よこなみ[横波](명)〈이〉 횡파. 파동의 진행 방향과 진동(振動) 방향이 직각인 파동. 전자파(電磁波) 등. ↔縦波(タテナミ). a transverse wave

よこね[横根](명) ①가로 뻗은 뿌리. ②가래톳. 1. spreading roots

よこばい[横這い]—バヒ(명·자サ) ①옆으로 기다. 「かにの—; 게의 옆걸음」 ②〈경〉 (시세 등이) 시간이 지나도 등락(騰落)의 변동이 없는 일. 1. crawling sideways

よこはま[横浜](명)〈지〉 요코하마. 일본 6대 도시의 하나. 카나가와현(神奈川県)의 현청 소재지.

よこばら[横腹](명) ①옆 배. 옆구리. ②옆쪽. 측면(側面). 「船(フネ)の—; 배의 측면」 the side

よこぶえ[横笛](명) 횡적. 옆으로 쥐고 부는 피리. 저. 구멍이 7개 있음. a flute 〔横笛〕

よこぶり[横降り](명) 비나 눈(雪)이 바람에 날려 비껴 내림. slanting rain (snow)

よこほ·る[横ほる](자 4)〈고〉 ⇨よこおる.

よこみ[横見](명) 곁눈질. 한눈팖. looking aside

よこみち[横道·横路](명) ①좌우 또는 동서(東西)로 통하는 길. ②샛길. ③올바른 길이 아님. 「一にそれる; 정도(正道)에 벗어나다」. 3. an evil course

よこむき[横向き](명) ①옆을 향하는 일. ②옆. 측면(側面). 1. turning sideways

よこめ[横目](명) ①얼굴을 돌리지 않고 눈으로만 옆을 보는 것. 곁눈질. ②추파(秋波). ③감시하는 것. ④가로로 줄진 것. 1. looking aside

よこもじ[横文字](명) ①가로로 쓴 글자. ②서양식으로 쓴 글자나 문장. 1. letters written sideways

よこもの[横物](명) ①옆이 기다란 물건. ②가로로 길게 만든 액자.

よごもり[夜籠り](명·자サ) ①밤이 깊어짐. ②신사(神社), 절 같은 곳에서 밤을 샘. 1. advance of night

よごも·る[世籠る](자 4)〈고〉 나이가 젊다.

よこやり[横槍](명) ①시합 중에 관계 없는 사람이 창을 들이밀며 훼방하는 일. ②관계 없는 사람이 옆에서 참견하는일.「一を入(イ)れる; 관계 없는 일에 간섭하다」 1. thrusting a spear from the side
よごれ[汚れ](명) 더러워짐. 또는 더러워진 곳. a spot
よご·れる[汚れる](자하 1) 더러워지다. get dirty
よこれんぼ[横恋慕](명·자サ) 배우자가 있는 사람을 짝사랑하는 일. illicit love
よさ[夜さ](명) 밤. 밤중.「千鳥(チドリ)の鳴(ナ)く一; 물떼새 우는 밤」
よさ[良さ·善さ](명) 좋음. 좋은 정도. virture
よざい[余財](명) 여재. ①여유 있는 돈. ②남은 재능. 2. remaing fortune
よざい[余罪](명) 여죄. 그 죄 이외에 범하고 있는 다른 죄. further crimes
よざかり[世盛り](명) ①부귀 영화(富貴栄華)를 마음껏 누리는 것. 또는 그 시절. ②한창 젊은 때. 1. the height of prosperity
よざくら[夜桜](명) 밤에 보는 벚꽃. 밤 벚꽃을 보는 일. cherry-blossoms at night
よさ·す[寄さす](타 4)〈고〉"寄す"의 높임말. 맡기시다.
よさつ[予察](명·타サ) 예찰. 미리 추찰(推察)함. 미리 살펴 앎. previous conjecture
よさま[善様](형동ナリ)〈고〉 좋은 모양. 좋은 분.
よさむ[夜寒](명) 밤의 추위. 만추(晩秋)가 되어 밤이 쌀쌀해지는 느낌. a cold night
よさり[夜さり](명)〈방〉 밤. 밤중. midnight
よさん[予算](명) 예산. ①사용해도 좋다고 인정한 돈.「一がない; 예산이 없다」②정부 또는 지방 자치 단체가 다음 회계 연도의 세입 세출을 미리 짠 계산.「一がたりない; 예산이 모자라다」1. an estimate
よし[由](명) ①이유. 사정. ②수단(手段). 방법.「知(シ)る一もなく; 알 방법도 없고」③지금까지 말한 대강의 내용.「この一おつたえください; 이렇다는 요지(要旨)를 전해 주십시오」④…이라는 것.「ご病気(ビョウキ)の一; 병환이라는 말씀(소식)」1. a reason
よし[葦](명)〈식〉 갈대(大葭).「一の髄(ズイ)から天井(テンジョウ)のぞく; 갈대 속으로 천장을 엿보다(식견이 좁은 것을 말함)」 a reed
よし[縦し](부) 가령. 만일(万一).「一…としても; 가령 …라고 해도」 even if
よし(감) 알았다는 뜻을 나타내는 말.
よじ[予示](명·타サ) 예시. 미리 보여 줌. indicating beforehand
よじ[余事](명) 여사. ①다른 일. ②여력(餘力) 또는 여가(餘暇)를 이용해서 하는 일. 1. other things
よしあし[善し悪し](명) 착함과 악함. 선악(善惡).「一の区別(クベツ); 선악의 구별」 good and evil
よしあり[由有り](자ラ)〈고〉 ①이유가 있음.「一顔(ガオ); 이유가 있음직한 얼굴」②풍정(風情)이 있음.
ヨジウム[네 jodium](명)〈이〉 요디움. 요소. **一チンキ**[←jodium tinctur](명)〈이〉 ⇨ヨードチンキ.
よしえやし(부)〈고〉 ⇨よしや.
よじげん[四次元](명) 4차원. 차원이 네 개 있는 것. 종(縦), 횡(横), 고(高) 3차원과 시간의 1차원을 합하여 일컫는 말. the fourth dimension
よしず[葦簾·葭簀](명) 갈대로 엮은 발. 갈대발. a reed-blind. **一ばり**[葦簾張り](명) 갈대발을 둘러침. 또는 그러한 집.
よじつ[余日](명) 여일. ①남은 날. 또는 남은 날수.「年内(ネンナイ)一なく; 이해도 남은 날이 며칠 없고」②다른 날. 1. days remaining
よしど[葦戸](명) 갈대발 문. a reed sliding-door
よしな·い[由無い](형) ①이유가 없다. ②방법이 없다. ③신통치 않다.「一事(ゴト); 신통치 않은 일」④할 수 없다.「由なく従(シタガ)う; 할 수 없이 따르다」
よしなに(부) 좋도록. 좋게. 잘. properly
よしの[吉野](명) ①〈식〉←よしの桜. ②←よしの紙. **一がみ**[吉野紙](명) 닥나무로 썩 얇게 만든 일본 종이. **一ざくら**[吉野桜](명) ①나라현(奈良県) 요시노산(吉野山)에 있는 벚나무. ②〈식〉 가장 흔한 벚꽃. 잎은 뾰죽하고 엷은 백색의 아름다운 꽃이 핌. **一じだい**[吉野時代](명)〈역〉 조정이 요시노에 있던 시대. 남북조 시대(南北朝時代). (1336~91)
よしのぼり[葦登り](명)〈동〉 밀어(密魚). 망둑어과에 속하는 물고기. 몸의 길이 8 *cm*.
よじのぼ·る[攀じ登る]ヨヂー(자 4) (산, 나무 등을 달라붙듯이 하여) 기어 오르다. climb up
よしば·む[由ばむ](자 4)〈고〉 거드름 부리다. 이유가 있는 체하다. 중요한 체하다. 「bend by twisting
よじま·げる[捩じ曲げる](타하 1) 비틀어 구부리다.⤴
よしみ[誼](명) ①친분 있는 교제. 사귄 정.「一を結(ムス)ぶ; 친분을 맺다」②친한 관계.「親友(シンユウ)の一で; 친우의 우의로」 1. friend-ship
よしもがな[由もがな](연어) 방법이 있으면 좋겠는데.「来(ク)る一; 올 방법이 있었으면 좋겠는데」
よしや[縦しや](부) 가령. 설혹. even if
よしゅう[予習](명·타サ) 예습. 미리 학습함. 미리 익힘. ↔復習(フクシュウ). preparation of lessons
よしゅう[余臭](명) 남아 있는 냄새. lingering bad smell
よじゅう[夜中](명) 밤새도록. 온 밤중. all night
よじょう[余剰](명) 나머지. 잉여(剩餘).「一農産物(ノウサンブツ); 잉여 농산물」 a surplus
よじょう[余情](명) 여정. (시가, 문장 등의) 뒤에 남아 가셔지지 않는 흥취. 여운(餘韻). after-taste
よしょく[余色](명) 여색. 두 빛이 섞이어 흰 빛을 이룰 때 한 빛을 다른 빛에 대하여 일컫는 말. 보색(補色). a complementary colour
よじ·る[捩る]ヨヂル(타 4) 비틀다. 죄다. distort
よ·じる[攀じる]ヨヂル(자상 1) 붙잡고 기어 오르다. 오르려고 달라붙다. cling to
よじ·れる[捩れる]ヨヂレル(자하 1) 비틀어지다. 구부러지다. be twisted
よしわら[吉原]ーハラ(명) 에도(江戸) 시대 이래의 유명한 유곽. 현재는 토오쿄오(東京)에 있음. **一すずめ**[吉原雀](명) 요시와라(吉原)의 사정을 자세히 알고 있는 사람.

よしん[予審](명)〈법〉예심. 경죄(輕罪) 이상의 범죄에 대하여 공판에의 회부 여부를 예단(豫斷)하여 공판에 회부할 경우에는 그 증거를 수집하는 기초 조사. 지금은 폐지. a preliminary examination
よしん[余震](명)〈지〉여진. 큰 지진이 일어난 다음에 연이어 일어나는 작은 지진. an after-shock
よじん[余人](명) 다른 사람. 타인(他人). 「—は知(シ)らず, 私(ワタクシ)は…; 다른 사람은 몰라도, 나는…」 the others
よじん[余燼](명) 여신. ①타다 남은 불. ②뒤에 남은 것. ③패잔병. 1. embers
よじん[余塵](명) 여진. ①지나간 뒤에 일어나는 먼지. ②옛 사람이 남겨 놓은 자취. 1. a cloud of dust
よしんば[縦しんば](부) 혹은. 가령. 「—…としても; 가령 …라고 해도」 even if
よ·す[止す](타 4) 그만두다. 중지하다. 「勉強(ベンキョウ)を—; 공부를 그만두다」 stop
よすが[縁](명) ①연유. 실마리. 「思(オモ)い出(デ)の—; 추억의 실마리」 ②의지(依支). 1. relation
よすがら[終夜](명·부) 하룻밤 동안. 밤새도록. all night long
よすぎ[世過ぎ](명·자サ) 생활. 처세(処世). life
よすてびと[世捨て人](명) ①중(僧). ②은자(隠者). 1. a priest
よすみ[四隅](명) 네 구석. the four corners
よせ[寄せ](명) ①가까이 오게 함. 거두어 모음. ②〔바둑, 장기에서〕 종반전(終盤戦). ③연고. ④신임(信任). 촉망(嘱望). 1. gathering 2. the final part of a game
よせ[寄席](명) 재담(才談), 만담(漫談), 야담(野談) 등의 연예를 흥행하는 곳. a variety-hall
よせあつ·める[寄せ集める](타하 1) 모으다. 끌어 한데 모으다. gather
よせい[余生](명) 여생. 앞으로 남은 생애(生涯). 여명(餘命). the rest of one's life
よせい[余勢](명) 여세. 남은 세력. superfluous energy
よせがき[寄せ書き](명·자サ) 몇 사람이 한 장의 종이나 천에 서화(書画)를 쓰는 일. 또는 그렇게 써 놓은 서화. a collection of autographs
よせか·ける[寄せ掛ける](타하 1) ①기대어 세워 두다. 의지하다. ②쳐들어 가다. 들이닥치다. 2. attack
よせぎ[寄せ木](명) 나무 토막을 이어 맞춰서 만든 것. a parquet. **—ざいく**[寄せ木細工](명) 빛깔이나 결이 맞지 않는 나무 토막을 잘 이어서 보기 좋게 모양을 나타낸 세공(細工).
よせぎれ[寄せ切れ](명) 옷가지를 짓고 남은 천을 모아 놓은 것. cloth-scraps
よせざん[寄せ算](명)〈수〉둘 이상의 수를 합하는 것. 가법(加法). 덧셈. addition
よせつ[余説](명) ①하나의 설(説)에 덧붙인 다른 설. ②용건 밖의 이야기. 필요 없는 이야기. 「—は問題(モンダイ)としない; 용건 외의 이야기는 문제로 하지 않는다」
よせつ·ける[寄せ付ける](타하 1) 가까이 다가 오게 하다. allow one to approach
よせて[寄せ手](명) 쳐들어 가는 쪽의 사람. 또는 군세(軍勢). an attacking force
よせなべ[寄せ鍋](명) 국물을 많이 붓고 생선이나 야채 등을 넣어 끓이면서 먹는 요리. a chowder
ヨセミテこくりつこうえん[Yosemite国立公園](명)〈지〉 미국 캘리포오니아 중부의 국립공원. Yosemite National park
よせむね[寄せ棟](명) 용마루 밑에서 까래가 걸리게 되는 큰 마룻대가 네 구석에 걸려 있는 것. 우진각. ↔いりもや.

〔寄せ棟〕

よぜめ[夜攻め](명) 야공. 밤에 공격하는 것. 야습(夜襲). a night attack
よ·せる[寄せる] Ⅰ(자하 1) 다가 오다. Ⅱ(타하 1) ①다가 오게 하다. ②보내다. ③하나로 모으다. 「顔(カオ)を—; 얼굴을 모으다」 ④수를 합하다. ⑤맡기다. 의탁하다. 「身(ミ)を—; 몸을 의탁하다」 ⑥핑계하다. ⑦사모하다. Ⅱ 2. send
よせん[予洗](명) 미리 대충 씻음. 미리 대충 닦음.
よせん[予選](명·타サ) 예선. 정식으로 하기 전에 미리 뽑음. ↔本選(ホンセン). a preliminary contest
よぜん[余喘](명) ①끊어질 듯 쉬는 숨. 「—をたもつ; 생명을 간신히 유지하다」 ②여생(餘生). 여명(餘命). 1. faint breath
よせんかい[予餞会](명) 졸업 전에 하는 송별회.
よそ[余所·他所](명) ①자기 가정이 아닌 다른 곳. ②자기가 속해 있는 단체나 사회 이외의 장소. ③세상. ④내버려 둠. 돌보지 않음. 「勉強(ベンキョウ)を—にする; 공부를 등한시하다」 1. another place
よそ[四十](수) 사십. 열의 4배. forty
よそい[装い]ヨソヒ(명·자サ) ⇨よそおい.
よそいき[余所行き](명) ①다른 곳에 감. 외출. ②다른 곳에 갈 때에 입는 옷 등. ③새삼스러운 언어 동작. 1. going out
よそ·う[装う]ヨソフ(타 4) ①꾸미다. ②음식물을 나누어 담다. 2. dish up
よそう[予想](명·타サ) 예상. 미리 상상함. 또는 그 상상. 「—どおり; 예상과 같이」 expectation. **—がい**[予想外](명·형동ダ) 뜻 밖에. 의외(意外). 「—の成功(セイコウ); 뜻밖의 성공」
よそ·える ヨソヘル(타하 1) ①핑계 대다. ②비유하다. 비교하다. 2. compare to
よそおい[装い]ヨソホヒ(명) ①정돈하여 꾸밈. 장식. ②옷치장. 준비. ③모양. 1. decoration
よそお·う[装う]ヨソホフ(타 4) ①옷을 갖추어 준비하다. ②정돈하여 장식하다. ③옷을 아름답게 차려 입다. ④그런 체하다. 「平静(ヘイセイ)を—; (겉으로) 평온한 체하다」 1. dress
よそく[予測](명·타サ) 예측. 미리 헤아림. 미리 짐작함. forecast
よそごと[余所事](명) 관계 없는 일. another's affair
よそじ[四十路]—ヂ(수) ①사십. ②마흔 살. 1. forty

よそながら[余所ながら](부) ①멀리 떨어져 있으면서. 자기와 직접 관계되는 일은 아니지만 간접으로. ②은밀히. 은근히. 2. secretly

よそほか[余所外](명) 다른 장소. 딴 곳. another place

よそほ·し[装ほし](형シク)〈고〉 차림새가 위엄스럽다. 훌륭하다. 헌거(軒挙)롭다.

よそみ[余所見](명·자サ) ①옆을 봄. 곁눈질함. ②보고도 안 본 체함. ③남이 보는 바. 1. looking aside

よそめ[余所目](명) ①옆에서 보는 것. 또는 보는 눈. ②곁눈. 「一を使(ツカ)う; 곁눈질하다」. ③아무 생각 없이 우연히 봄. 2. looking aside

よそよそし·い[余所余所しい](형) 친하지 않다. 서먹서먹하다. 파생 **―げ**(형동ダ) **―さ**(명). indifferent

よぞら[夜空](명) 밤하늘. a night sky

よた[与太](명) ①←よたろう. ②태만한 것. ③엉터리. 「一をとばす; 엉터리 말을 하다」 3. uselessness

よたか[夜鷹](명) ①〈동〉 쏙독새. 삼림 속에 서식하는 중형의 새. 토문조(吐蚊鳥). 신풍(晨風). ②옛날의 매춘부(売春婦). 1. a goat-sucker. **―そば**[夜鷹蕎麦](명) 밤 늦게까지 팔러 다니는 메밀 국수 장수. 또는 그 메밀 국수.

よたく[余沢](명) 여택. 끼쳐 놓은 덕택. 「文明(ブンメイ)の一; 문명의 여택」 blessings

よたく[預託](명·타サ) 예탁. 미리 맡김. deposition

よだち[夜立ち](명·자サ) 밤에 (늦게) 출발함. ↔朝立(アサダ)ち. starting at night

よだ·つ[彌立つ](자4) 추위 또는 공포심 때문에 몸의 털이 곤두서다. 「身(ミ)の毛(ケ)が一; (너무 춥거나 무서워서) 몸의 털이 곤두서다」

よだつ[与奪](명) 여탈. 주는 일과 빼앗는 일. 「生殺(セイサツ)一の権(ケン); 죽이고 살리고 하는 권한」 giving and plundering

よたもの[与太者](명) ①게으른 사람. ②쓸모가 없는 사람. ③불량배. 건달패. 1. an idler

よたよた(부·자サ) 걸음걸이가 비틀거리는 모양. waddlingly

よた·る[与太る](자4)〈속〉 ①엉터리로 말하다. ②불량한 짓을 하다.

よだれ[涎](명) ①입 밖으로 흘리는 침. ②지나치게 먹고 싶은 나머지 흘리는 군침. 「一が出(デ)る; 군침이 나오다」 ③몹시 갖고 싶어하는 마음. 1. slaver. **―かけ**[涎掛け](명) 어린 아이의 목에 둘러주는 침받이. 턱받이.

よたろう[与太郎](명)〈속〉 어리석은 사람. 바보. a fool

よだん[予断](명·타サ) 예단. 미리 판단함. 「一を許(ユル)さない; 예측을 불허(不許)하다」 prediction

よだん[余談](명) 여담. 용건 밖의 이야기. 다른이야기. 「一ですが; 여담입니다만」 a by-talk

よだんかつよう[四段活用](명) 사단 활용. 동사 활용의 한 가지. 어미(語尾)가 "あ, い, う, え"의 사단(四段)으로 활용하는 것. 예: 読(ヨ)む. (현대 카나의 사용에서는 "お"의 단을 더하여 5단이 되기 때문에 5단 활용이라 함)

よち[予知](명·타サ) 예지. 미리 앎. foreknowledge

よち[余地](명) 여지. ①(약간) 남은 땅. 틈. ②여유(餘裕). 「交渉(コウショウ)の一がない; 교섭할 여지가 없다」 1. unoccupied ground

よちよち(부·자サ) 무거운 짐을 등에 진 사람이나, 어린 아이들이 걸음을 걷는 모양. 비틀비틀 걷는 모양. totteringly

よつ[四つ] Ⅰ(명) ①옛 시각 이름. 지금의 오전 또는 오후 10시. ②〔씨름에서〕 서로 좌우의 팔을 내밀며 겨루는 기술. ③〔사진에서〕 네모로 자름. ④〈속〉 백장. 도한(屠漢). Ⅱ(수) 넷. 네 개. Ⅱ four

よつあし[四つ足](명) ①발이 네 개 있는 것. ②짐승. 「一を食(タ)べる; 짐승 고기를 먹다」 1. having four feet

よっか[四日](명) 사일. ①네째 날. 초나흗날. ②나흘. 1. the fourth day of the month

よっか[翼下](명) ①(비행기 등의) 날개 밑. ②세력, 계열(系列)의 안. 「一におさめる; 세력(계열)하에 두다」 1. under the wings

よっかい[欲界](명)〈불〉 욕계. 가지가지 욕망이 차 있는 생물이 살고 있는 세계. the world of desires

よっかか·る[寄っ掛かる](자4) ⇨よりかかる.

よっかく[浴客](명) 욕객. ①목욕하러 오는 손님. ②온천에 들어 가려고 오는 사람. 1. a bather

よつかど[四つ角](명) ①네 개의 각. 사방의 모(隅). 네 귀. ②네거리. 1. four corners

よつき[四月](명·수) 4개월.

よつぎ[世継ぎ](명) 상속(相続). 대를 이을 사람. 「お一; 상속인」 an heir

よっきゃく[浴客](명) ⇨よっかく.

よっきゅう[欲求](명·타サ) 욕구. 욕심껏 구함. 하고자함. desire. **―ふまん**[欲求不満](명)〈심〉 욕구 불만. 욕심껏 되지 않아 마음이 즐겁지 않은 모양.

よつぎり[四つ切り](명) 〔사진에서〕 전지(全紙)를 넉장으로 자른 크기. (25.5 *cm*×30.5 *cm*)

よづ·く[世附く](자4)〈고〉 ①세정(世情)에 밝다. ②남과 같이 되다. ③세속(世俗)에 물들다. ④정사(情事)를 이해하다. 색정(色情)을 알다.

よつずもう[四つ相撲]―ズマフ(명) 쌍방(双方)이 좌우 두 손을 내밀고 맞붙는 씨름.

よったり[四人](명) 〔"よたり"의 변화〕 네 사람.

よっつ[四つ] Ⅰ(명) ⇨よつ. Ⅱ(수) ①3에 1을 더한 수(数). 넷. ②네 살.

よつつじ[四つ辻](명) 도로가 십자형으로 된 곳. 십자로(十字路). 네거리. a crossroads

よって[因って·仍って] 〔"よりて"의 음편(音便)〕 Ⅰ(접) 그래서. 그러니까. 그러므로. Ⅱ(연어) 의하여. 의해서. Ⅰtherefore. **―きたる**[因って来たる](연어) 연유하다. 근본이 되다. 「一原因(ゲンイン); 연유해 온 원인」

よつで[四つ手](명) ←四つ手網. **―あみ**[四つ手網](명) 네 귀에 대(竹)

〔四つ手網〕

를 대고, 물 속에 가라앉혔다가 건져 내어 고기를 잡는 그물. 사닥.

ヨット[yacht](명) 요트. 삼각으로 된 돛을 달고 달리는 경쾌한 배. 서양식으로 만든 작은 범선. 스포오츠 등에 씀. 「―レース; 요트 경주」

よつどき[四つ時](명) ⇨よつ|①.

よつばい[四つ這い]―バヒ(명) 두 팔과 두 다리를 땅에 대고 김. crawling on hands and knees

よっぱらい[酔っ払い]―パラヒ(명) 술에 취한 사람. 취한(醉漢). 주정뱅이. a drunkard

よっぱら·う[酔っ払う]―パラフ(자 4) 대단히 취하다. 대취(大醉)하다. get drunk

よっぴいて[能っ引いて](연어) 활을 충분히 당겨서. drawing to the full

よっぴて(부) 밤새도록. all night long

よっぽど[余つ程](명) "よほど"를 강하게 나타낸 말.

よつみ[四っ身](부) ①열 살 정도의 어린이가 입는 일본 옷. ②〔씨름에서〕 서로 두 팔을 내밀어 맞붙는 일. 「―になる; 서로 두 팔을 움켜 잡고 맞붙다」

よつめ[四つ目](명) ①눈이 네 개 있는 것. 네눈이. ②사각(四角)을 네 개로 짜 맞춘 무늬. 1. four eyes. **―がき**[四つ目垣](명) 대나무를 가로 세로로 엇걸리게 사각 무늬로 엮은 울타리. **―ぎり**[四つ目錐](명) 끝이 사각형으로 된 송곳.

よづめ[夜爪](명) 밤에 손톱을 깎는 일.

よづめ[夜詰](명) ①밤에 공격하는 일. 야공(夜攻). ②밤에 직장 등을 지키는 일. 야경(夜警). 1. attacking at night

よつゆ[夜露](명) 밤에 내린 이슬. 밤이슬. ↔朝露(アサツユ). night dew

よづり[夜釣り](명) 밤에 낚시질을 함. 밤낚시질. the night angling

よつんばい[四つん這い]―バヒ(명) ①손과 발을 땅에 대고 기어감. ②엎어짐.

よてい[予定](명·타サ) 예정. 미리 정함. 「―日(ビ); 예정일」 prearrangement. **―ちょうわ**[予定調和](명)〈철〉 예정 조화. 라이프니쯔의 설. 세계의 조화는 신(神)의 의지에 의하여 미리 정해져 있다는 설.

よてき[余滴](명) 여적. ①비가 그친 뒤의 물방울. ②남은 물방울. 1. drippings

よど[淀·澱](명) 물이 괸 곳. a pool

よとう[与党](명) 여당. ①동지. 친구. ②행정부의 편을 들어 그 정책을 지지하는 정당. ↔野党(ヤトウ). 2. the party in power

よとう[余党](명) 여당. 일부분이 흩어지고 난 나머지 무리. 잔당(残党). remnants of a party

よとうむし[夜盗虫](명)〈동〉 야도충. 밤나방의 유충. 땅속에 숨었다가 밤에만 나와 야채 등의 줄기를 갉아 먹음. 거염벌레. an army worm

よどおし[夜通し]―ドホシ(부) 저녁부터 아침까지. 밤새도록. all night long

よとぎ[夜伽](명) ①밤에 자지 않고 곁에서 돌봄. 또는 그 사람. ②잠자리를 같이하는 일. 1. vigil

よとく[余得](명) 여분의 이익. an additional gain

よとく[余徳](명) 여덕. 남은 은덕이나 덕망. the influence of great virtue

よどく[余毒](명) 여독. 뒤에 남은 해(害). 또는 독기(毒気). remaining harm

よどみ[淀み·澱み](명) ①걸림. 막힘. 응체(凝滞). 「―なくしゃべる; 막힘 없이 잘 지껄이다」 ②괸 물. 소(沼). 2. a pool

よど·む[淀む·澱む](자 4) ①물이 흐르지 않고 괴다. ②괴어서 멈추다. ③깊이 가라앉다. 1. stagnate

よな(명)〈속〉 화산회(火山灰).

よな(감조) 감격했을 때 쓰는 말. 「ありし―; 있었구나」

よなおし[世直し]―ナホシ(명) ①세상의 나쁜 상태를 바르게 구제(救済)함. ②세상의 불경기(不景気)를 고침. 1. reformation

よなか[夜中](명) 밤중. the middle of the night

よなが[夜長](명) 밤이 긴 것. 긴 밤. 「秋(アキ)の―; 장장 추야(길고도 긴 가을 밤)」 a long night

よなき[夜泣き](명·자サ) 어린애가 밤중에 (갑자기) 울. **―うどん**[夜泣き饂飩](명) 밤중에 외치며 팔러 다니는 우동이나 메밀 국수. 또는 그 장수.

よなき[夜鳴き·夜啼き](명·자サ) 새 등이 밤중에 울. singing at night

よなべ[夜竝·夜鍋](명) 밤에 하는 작업. 밤일. 야업(夜業). night work

よなみ[世並み](명) 세상이 되어 가는 상태. 또는 형세. 시세(時勢). 세상 풍조. the current of the times

よなよな[夜な夜な](부) 매일 밤. 밤마다. nightly

よな·れる[世慣れる·世馴れる](자하 1) 세상 물정에 익숙하다. 세정(世情)에 밝다. grow worldly

よに[世に](부) 각별히. 유달리. 대단히. above all things

よにあう[世に逢う]―アフ〈고〉(연어) 시대(時代)에 적합하다. 때를 만나서 영화를 누리다.

よにげ[夜逃げ](명·자サ) 밤중에 몰래 도망쳐 다른 곳으로 감. moonlight flitting

よになし[世に無し](연어)〈고〉 ①이 세상에 없다. ②이 세상에 둘도 없다. 굉장하다. ③세상에서 버림을 받다. 때를 만나지 못하다.

よにふ[世に経]〈고〉(연어) ①세상에 오래 살아 남다. 처세하다. ②세상 물정을 알다. 색정(色情)을 이해하다.

よにも[世にも](부) ① 각별히. ②참으로. 정말. 「―うれしそうな顔(カオ)をする; 참으로 즐거운 얼굴을 하다」 2. very

よね[米](명)〈고〉 쌀.

よねつ[余熱](명) 여열. ①큰 더위나 신열(身熱) 뒤에 남는 열기(熱気). ②잔서(残暑). 여염(餘炎). 1. remaining heat

よねん[余年](명) 여년. 나머지의 수명. 여생(餘生). the rest of one's life

よねん[余念](명) 여념. 다른 생각. 타의(他意). 「―(が)ない; 여념이 없다」 distraction

よの[四幅](명) 천의 한 폭의 네 갑절. 네 폭. 「―の

ふとん; 4 폭의 천으로 만든 이불」↔三幅(ミノ). four unit width

よの[余の](연체) 다른. 딴.「一物(モノ); 다른 것」

よのう[予納](명·타サ) 예납. 세금 등을 기한 전에 미리 바침. 전납(前納). payment in advance

よのおぼえ[世の覚え](연어·명)〈고〉세상의 평판. 명망(名望).

よのかぎり[世の限り](연어·명)〈고〉①생명이 있는 한. 일생(一生). ②임종(臨終).

よのぎ[余の儀](명) 다른 일. 딴 이유.「一ではない; 다른 일은 아니다」 other reason

よのきこえ[世の聞え](연어·명)〈고〉세상의 평판.

よのことごと[世の悉](연어·명)〈고〉한 생애(生涯). 일평생(一平生). 한뉘.

よのさが[世の性](연어·명)〈고〉세상의 관습. 세상에 보통 있는 일. 「the way of the world

よのためし[世の例](연어·명) 세상의 관례(慣例). ↗

よのつね[世の常](연어·명) 세상에 흔한 것. 당연한 것. 보통 있는 일. the way of the world

よのなか[世の中](명) ①인간 세상. 인간 사회. ②이 세상. 현세(現世). ③시대(時代).「科学(カガク)の一; 과학 시대」 1.2. the world

よのならい[世の習い]ーナラヒ(연어·명) ⇨よのつね.

よのめ[夜の目](명) 밤에 자는 눈.「一も寝(ネ)ずに; 잘 시간에 자지도 않고」 eyes at night

よは[余波](명) 여파. ①번짐. 여세(餘勢). 영향. ②흔적.「台風(タイフウ)の一; 태풍의 여파」 1. an influence

よはい[余輩·予輩](대) ①나. ②우리. 우리들. 2. we

よばい[婚]ヨバヒ(명)〈고〉밤에 연인(恋人)의 잠자리에 가만히 잠입함.

よば·う[喚ばう]ヨバフ(타 4) 부르다. 소리치다. call

よはく[余白](명) 여백. 글씨를 쓰고 남은 빈 자리. 공백(空白). space

よばたらき[夜働き](명) ①밤중에 일하는 것. 또는 그러한 일. ②도둑. 1. night work

よばなし[夜話·夜咄](명) 밤에 하는 이야기. an evening story

よばな·れる[世離れる](자하 1) 세상과 동떨어지다. 속세를 멀리 하다. retire from the world

よばわ·る[呼ばわる·喚ばわる]ヨバハル(자 4) 부르다. 외치다. shout

よばん[夜番](명) ①밤의 당번. 숙직(宿直). ②야경(夜警). 1. duty at night

よばんめもの[四番目物](명) 4번째에 연출하는 노오(能).

よび[予備](명) 예비. 미리 준비함. 뒷일을 위한 사전 준비.「一工作(コウサク); 예비 공작」 preparation

よびい·れる[呼び入れる](타하 1) 불러 들이다. call in

よびかけ[呼び掛け](명) ①(소리 질러) 부름. ②호소하여 동의를 구함. 1. calling

よびか·ける[呼び掛ける](타하 1) ①소리를 내어 부르다. ②의견을 말하여 널리 찬성을 구하다. 호소(呼訴)하다. 1. call out to

よびかわ·す[呼び交わす]ーカハス(타 4) 서로 부르다. shout to each other

よびこ[呼び子](명) 사람을 부르는 데에 쓰는 호루루기. a whistle

よびこう[予備校](명) 예비 학교. 대학 입학의 준비 교육을 주로 하는 학교. a preparatory school

よびごえ[呼び声]ーゴヱ(명) ①부르는 소리. ②임명(任命). 인선(人選) 등의 풍문. 세평(世評).「校長(コウチョウ)の一が高(タカ)い; 교장에 임명되리라는 세평이 높다」 1. a cry

よびこ·む[呼び込む](타 4) ①불러 들이다. ②그 쪽으로 끌어 들이다. 1. call in

よびじお[呼び塩]ージホ(명) 짭짜름한 식품의 염분(塩分)을 조금 싱겁게 하기 위하여 다시 한 번 소금을 뿌리는 것. 또는 그 소금.

よびすて[呼び捨て](명) 존대말을 쓰지 않고 이름만 부름. 동呼び捨てる(타하 1). plain calling

よびだし[呼び出し](명) ①호출. 불러 냄. ②불러 데리고 감. ③←呼び出しやっこ. 1. summons. **—やっこ**[呼び出し奴](명)〔씨름판에서〕씨름군의 이름을 불러 등장시키는 사람.

よびだ·す[呼び出す](타 4) ①소환하다. 호출하다. ②밖으로 불러 내다. ③전화가 없는 사람을 불러 오도록 의뢰하다. ④부르기 시작하다. 4. begin to call

よびちしき[予備知識](명) 예비 지식. 미리 알아 두어야 하는 필요한 지식. preliminary knowledge

よびつ·ける[呼び付ける](타하 1) ①불러 자기에게로 오게 하다. ②자주 불러서 입에 익다. 1. send for

よひとよ[夜一夜](명)〈고〉밤새도록. 종야(終夜).

よびな[呼び名](명) ①항상 불리어지고 있는 이름. 통칭(通称). ↔実名(ジツメイ). ②어떤 사물을 부르는 이름. 명칭(名称). 1. one's popular name

よびね[呼び値](명) ①〈경〉〔거래소에서〕매매 단위의 수량에 따라 붙는 값. ②물건을 매매할 때 부르는 값. 호가(呼価). 2. a nominal price

よびひ[予備費](명) 예비비. 예산 편성상 필요한 예산의 부족을 보충하기 위하여 예산 속에 마련한 비목(費目). a reserve fund

よびみず[呼び水]ーミヅ(명) ①펌프에서 물이 나오지 않을 때 물을 이끌기 위하여 위에서 넣는 물. ②일을 시작하는 기틀을 만듦. 1. priming water

よびもど·す[呼び戻す](타 4) 불러서 다시 (제자리에) 돌아 오게 하다. recall

よびもの[呼び物](명) 평판이 높은 것. 인기(人気)를 끄는 것. an attraction

よびょう[余病](명) 여병. 앓고 있던 병 이외에 겹쳐 든 다른 병. 합병증(合併症). a secondary disease

よびよ·せる[呼び寄せる](타하 1) 불러 오다. 가까이 불러 들이다. 불러서 가까이 오게 하다.「電報(デンポウ)で一; 전보로 불러 오다」

よびりん[呼び鈴](명) 사람을 부르기 위해 울리는 종. 초인종(招人鐘). a doorbell

よ·ぶ[呼ぶ](타 4) ①(큰 목소리로) 이름을 부르다. ②

외치다. ③손짓해 부르다. ④이름을 붙이다. ⑤모으다. 끌다. 「人気(ニンキ)を—; 인기를 끌다」 1. call

よふう[余風](명) ①강한 바람이 멎은 뒤, 잠시 동안 연이어 부는 바람. 잔풍(残風). ②남아 있는 풍습. 유풍(遺風). 1. a lingering wind

よふかし[夜更かし](명·자サ) 밤늦게까지 자지 않음. sitting up late at night

よぶか·し[夜深し](형ク)〈고〉 밤이 깊다.

よふけ[夜更け](명) 밤이 깊어짐. 또는 밤이 깊어진 때. 심야(深夜). late at night

よぶこ[呼ぶ子](명) ⇨よびこ. **—どり**[呼ぶ子鳥](명)〈동〉 ⇨かっこう(郭公).

よぶね[夜船](명) 밤중에 타는 배. a ship sailing at night

よふん[余憤](명) 분한 일이 있은 뒤, 아직 덜 가라앉은 분기. 「—をもらす; 덜 풀린 화를 내다」 smouldering anger

よぶん[余分](명·형동ダ) 여분. ①나머지. 남은 부분. ②필요 이상인 것. 정한 양보다 많은 것. 「—に働(ハタラ)く; 여분으로 일을 더하다」 1. spare

よぶん[余聞](명) 여담(餘談). 용건 밖의 이야기. 「政界(セイカイ)—정계 여담」 a rumour

よべ[昨夜](명)〈고〉 작야. 어제 저녁.

よへい[余弊](명) 여폐. 남아 있는 폐해. 뒤에까지 미치는 폐단. a surviving evil

よほう[予報](명·타サ) 예보. 앞일을 미리 알림. 「天気(テンキ)—; 일기 예보」 forecasting

よぼう[与望·輿望](명) 여망. 여러 사람의 기대. 중망(衆望). 「—をになって; 여망을 걸머지고」 popularity

よぼう[予防](명·타サ) 예방. 미리 방지함. 「—注射(チュウシャ); 예방 주사」 prevention. **—せっしゅ**[予防接種](명·타サ)〈의〉 예방 접종. 전염병 등에 대한 면역성을 부여하기 위하여 인체에 예방액을 주사하는 일. **—せん**[予防線](명) 예방선. 적이 쳐들어 오지 못하도록 미리 방어하는 수단.

よほど[余程](부) 꽤. 상당히. 어지간히. greatly

よぼよぼ(부·자サ) 늙어서 쇠약해진 모양. 비틀비틀 걷는 모양. staggeringly

よぼろ[丁](명)〈고〉 옛날, 21세에서 60세까지의 남자로 공적인 노동에 종사하던 사람.

よまいごと[世迷い言]ヨマヒー(명) 남이 알 수 없는 불평, 사설을 중얼거림. 또는 그 말. grumbling

よまき[余蒔き](명)〈농〉 그해에 수확한 종자를 다시 한 번 뿌려서 거둬 들이는 일.

よま·せる[読ませる](타하 1) (재미나서 저절로) 읽도록하다.

よまつり[夜祭](명) 밤에 행하는 축제. a night festival

よまわり[夜回り]—マハリ(명·자サ) 밤의 경비를 위하여 돌아 다니는 일. 또는 그 사람. a night-watch

よみ[読み](명) ①읽기. ②내다 보고 이해하는 능력. ③한자를 훈으로 읽는 일. 훈독(訓読). 또는 읽는 정도. 「—が早(ハヤ)い; 읽기나 통찰이 빠르다」 1. reading

よみ[黄泉](명) 황천. 사람이 죽어서 간다는 곳. 저승. Hades

よみあ·げる[読み上げる](타하 1) ①소리 높여 읽다. ②다 읽다. 1. recite

よみあわ·せる[読み合わせる]—アハセル(타하 1) 똑같은 문서를 서로 읽어 대조(対照)하면서 틀린 곳을 바로잡다. read out and collate

よみうり[読み売り](명·타サ) 에도(江戸) 시대에 사건 등을 와판(瓦板) 인쇄하여 팔러 다니던 일. 또는 그 사람.

よみか·える[読み替える]—カヘル(타하 1) ①(하나의 한자를) 다른 발음으로 읽다. ②〈법〉 조문의 구절에 같은 조건의 다른 구절을 붙여 읽고 그대로 적용하는 일.

よみがえ·る[蘇る·甦る]—ガヘル(자 4) ①소생(蘇生)하다. ②원기를 회복하다. 1. revive

よみかき[読み書き](명·타サ) 책을 읽거나 글을 씀. reading and writing

よみかた[読み方](명) ①책을 읽는 방법. ②이전 국어 교육의 한 분과. 1. the way of reading

よみきり[読み切り](명) ①끝까지 읽는 것. ②1회로 완결되는 것. 또는 그런 책. 「—小説(ショウセツ); 1회로 끝을 맺는 소설」 1. reading through

よみくせ[読み癖](명) ①관례상(慣例上) 특별히 읽는 것. 예: "南殿"을 "なでん"으로. ②글을 읽을 때의 독특한 버릇. 1. idiomatic reading

よみくだし[読み下し](명·타サ) ①종서로 된 것을 위에서 아래로 읽어 내려 감. ②한문을 일본 글로 고쳐서 읽는 방법. 1. perusal

よみごたえ[読み応え]—ゴタヘ(명) ①책을 읽은 다음에 마음에 느끼는 반응. ②분량이 많거나 내용이 어려워서 읽는 데 시간과 노력이 필요한 것.

よみこな·す[読みこなす](타 4) 읽어서 자기의 것으로 만들다. 또는 잘 이해하다. digest

よみさし[読みさし](명) 아직 다 읽지 않은 것. 읽는 중인 것. unfinished

よみじ[黄泉路]—ヂ(명) 황천길. 죽어서 저승으로 가는 길. Hades

よみ·する[嘉する](타サ) 기리다. 칭찬하다. admire

よみせ[夜店·夜見世](명) 밤에 길거리에서 물건을 파는 매점. a night stall

よみち[夜道](명) 밤길. 또는 밤길을 걸음. a road in the dark

よみて[読み手](명) ①읽어 주는 사람. 글자를 읽는 사람. ②노래, 시 등을 짓는 사람. ③〔우타가루다에서〕 카아드를 읽는 사람. 1. a reader

よみで[読みで](명) 읽었을 때의 분량. 또는 분량이 많은것. 「—がある; 읽을 분량이 많다」 plenty to read

よみと·る[読み取る](타 4) 읽어서 그 뜻이나 내용을 이해하다.

よみなが·す[読み流す](타 4) ①줄줄 읽다. ②주의하지 않고 죽 읽어 넘기다. 1. read fluently

よみのくに[黄泉の国](명) 황천. 저승. Hades

よみびと[読み人·詠み人](명) 시가(詩歌)를 짓는 사람. 작자(作者). 「—知(シ)らず; 작자 미상」

よみ ふけ·る[読み耽る](자 4) 내용에 도취되어 정신 없이 읽다. 탐독하다. be absorbed in reading
よみ ふだ[読み札](명) ①〔우타가루다에서〕와카를 적어 읽는 패. ↔取(ト)り札.
よみ ぶり[読み振り·詠み振り](명) (시가, 문장을) 읽는 태도. 읊는 투. a manner of reading
よみ もの[読み物](명) ①학습을 위한 책. ②〔신문 잡지에서〕흥미 본위의 기사나 문장. 1. reading matter
よ みや[夜宮·宵宮](명) 축제일 전야에 행하는 간단한 잔치. 전야제(前夜祭).
よみ やぶ·る[読み破る](타 4) 전부 읽다. 독파(読破)하다. read through
よ·む[詠む](타 4) 와카(和歌) 등을 짓다. 읊다. compose
よ·む[読む](타 4) ①읽다. ②뜻을 깨닫다. 「心(ココロ)を—; 심중을 알아 차리다」③수(数)를 세다. 「票(ヒョウ)を—; 표를 세다」④〔바둑, 장기 등에서〕금후의 승부의 변화를 생각하다. 「手(テ)を—; 수를 보다」 1. read
よめ[嫁](명) ①아들의 처. 며느리. ②신부. ③아내. ↔むこ(婿). 1. a daughter-in-law
よ め[夜目](명) 밤에 보는 것. 「—にもそれとわかる; 밤에 봐도 그것이라고 알 수 있다」 seeing at night
よ めい[余命](명) 여명. 남은 목숨. 여생(餘生). 「—いくばくもない; 여명이 얼마 남지 않다」 one's remaining days
よめ いり[嫁入り](명·자サ) 시집감. 출가함. 또는 그 의식(儀式). 「—先(サキ); 시집가는 곳」 marriage
よめ ご[嫁御](명) 신부를 존경해서 하는 말. a bride
よめ じょ[嫁女](명) ⇨よめ.
よめ とり[嫁取り](명·자サ) 장가감. 신부를 맞아 들이는 일. 또는 그 의식(儀式). wedding
よめ な[嫁菜](명)〈식〉 쇄쑥부쟁이. 엉거시과의 다년생 초본. 어린 잎은 식용. a starwort
よ·める[読める](자하 1) ①읽을 수 있다. ②의미를 알다. ③읽을 가치가 있다. 「なかなか—; 꽤 읽을 만하다」 1. be able to read
よ も[四方](명) ①사방. 동서 남북. 전후 좌우. 「—のけしき; 주위의 경치」②여러 방면. 여러 곳. 주위(周囲). 1. the four quarters
よも(부) ⇨よもや.
よもぎ[艾·蓬](명)〈식〉 쑥. 엉거시과에 속하는 다년초. 잎은 춘국(春菊)과 같으며 뒤쪽이 흼. 강한 향기가 있어 어린 잎은 떡에 넣어서 먹음. a mugwort
よもぎゅう[蓬生]ヨモギフ(명)〈고〉 쑥 등이 많이 나서 무성한 곳. 쑥덤불.
よ もすがら[終夜](부) 종야. 밤샘. 밤새도록. ↔ひもすがら. all night long
よもや(부) 설마. not possibly
よも やま[四方山](명·부)〔"よもやも(四方八方)"의 변화〕①사방의 산. 사방 팔방. ②세상. 천하. ③여러 방면에 관한 일. 1. surrounding mountains
よ やく[予約](명·타サ) 예약. 미리 약속하는 일. 「—金(キン); 예약금」 precontract

よ ゆう[余裕](명) 여유. 넉넉하고 남음이 있음. 「—しゃくしゃく; 여유 작작」 room
よ よ[代代·世世](명·부) 대대. 세대(世代)를 거듭함. generations
よ よ[夜夜](명·부) 밤마다. 매일 밤. every night
よ よ(감) 몹시 흐느껴 우는 모양. 「—と泣(ナ)く; 흐느껴 울다」
より[寄り](명) ①가까이 옴. 가까이 오는 상태. 「客(キャク)の—がわるい; 손님이 잘 오지 않다」②부스럼의 독(毒)이 한 곳에 모여 딱딱해진 것. 또는 그 부스럼. ③〔씨름에서〕팔을 상대방의 겨드랑이 사이에 질러 넣어 미는 수. ④←寄り付(ツ)き. ↔引(ヒ)け. 2. a big tumour
より[縒り](명) 꼼. 비빔. 「—をもどす; 비꼬였던 것을 풀다. 갈라졌던 남녀가 다시 합치다」 twist
より Ⅰ(부) 한층. 「—早(ハヤ)く; 보다 빨리」 Ⅱ(격조) ①비교의 표준을 나타내는 말. …보다. 「くり—甘(アマ)い; 밤보다 달다」②⇨から Ⅰ①②③. ③〈고〉 수단을 나타내는 말. 「かち—行(ユ)く; 도보로 가다」 Ⅲ(수조) 하나만 남기고 다른 것은 제외하는 뜻을 나타내는 말. 이외(以外). 「あるく—しかたがない; 걸을 수 밖에 없다」 Ⅰ more
より[因り·依り](수조) ①…에 따라서. 「命令(メイレイ)に—; 명령에 따라서」②…하므로. …한고로.
より あ·う[寄り合う]—アフ(자 4) (의논하기 위하여) 같은 장소에 모이다. 명寄り合い. assemble
より あつま·る[寄り集まる](자 4) ⇨よりあう.
より いと[縒り糸·撚り糸](명) 꼰 실. twisted thread
より うど[寄り人](명) ⇨よりゅうど.
より か(연어·격조) ⇨より Ⅱ.
より かか·る[寄り掛かる·凭り掛かる](자 4) ①기대다. ②의지하다. 「人(ヒト)に—; 사람에 의지하다」 1. lean
より き[与力](명) ①가세(加勢). 조력. ②에도(江戸)시대, 부교오(奉行) 등의 휘하에 속하여 부하(형사들)를 지휘하던 사람. 1. support
より きり[寄り切り](명)〔씨름에서〕상대방을 밀어 내어 발을 씨름판 밖으로 나가게 하는 방법.
より けり[因りけり](연어) …에 의해서 좋기도 하고 나쁘기도 하다. 「冗談(ジョウダン)もときに—だ; 농담도 때에 따라서 좋고 나쁜 게 있다(농담도 때와 장소를 가려서 해야 한다)」
より ごのみ[選り好み](명·자サ) 좋은 것만 고르고 나쁜 것을 버리는 것. fastidiousness
より すが·る[寄り縋る](자 4) ①따르다. 붙좇다. 달라붙다. ②힘으로 알고 의지하다. 매어 달리다. cling
より すぐ·る[選りすぐる](타 4) 좋은 것을 골라 내다. pick and choose
より そ·う[寄り添う]—ソフ(자 4) 가까이 다가 들다. draw close
より たおし[寄り倒し]—タフシ(명) 〔씨름에서〕 서로 두 팔을 붙잡고 상대방을 씨름판 가장자리까지 밀어 넘기는 방법.
より つき[寄り付き](명) ①달라 붙음. 달려 듦. 가까이

모여 듦. ②정원에 있는 간단한 결상이나 휴게소. ③〈경〉(거래소에서) 최초의 입회(立会). 시초(始初). ↔大引(オオビ)け. 1. drawing near

よりつ·く[寄り付く](자 4) ①가까이 다가 오다. 달라붙다. ②〔거래소에서〕 처음으로 입회(立会)가 성립되다. 1. draw close

よりどころ[拠り所](명) ①사물을 성립시키는 바탕이 되는 것. 근거. ②의지가 되는 것. 지주(支柱). 「心(ココロ)の—; 마음의 지주」 1. source

よりどり[選り取り](명·타サ) 골라 잡음. 자유로이 선택함. 「—十円(ジュウエン); 골라 잡아 십원」 selection

よりぬき[選り抜き](명) 골라 뽑음. 골라 뽑은 것. 동 選り抜く(타 4). selection

よりみ[寄り身](명) 〔씨름에서〕 맞붙어서 상대방을 밀어 내는 자세. 또는 그 힘.

よりみち[寄り道](명·자サ) ①빙 돌아서 가는 길. ②가는 길에 들름. 1. a roundabout way

よりも(연어·격조) "より Ⅱ"의 강한 말.

よりゅうど[寄人](명) 궁중(宮中)의 오우타도코로(御歌所)의 직원.

よりよい[より良い](연어·형) 한층 좋다. 더욱 좋다.

よりょう[予料](명) ①예측. ②〈철〉 선취(先取) 및 예상(豫想). 2. expectation

よりょく[余力](명) 여력. 남은 힘. 일을 하고 난 뒤에 남는 힘. remaining power

よりより(부) 수시로. 때때로. 「—相談(ソウダン)する; 때때로 의논하다」 occasionally

よりわ·ける[選り分ける](타하 1) 골라서 구별하다. 골라서 나누다. 명 選り分け. sort out

よる[夜](명) ①밤. 일몰(日没)에서 일출(日出)까지의 사이. ↔昼(ヒル). ②남의 눈을 피해 숨어서 하는 거래. 「—の女(オンナ); 매음하는 여자」 1. night

よ·る[因る·縁る·由る·依る](자 4) ①연유하다. 원인이 되다. ②의뢰하다. ③따르다. 수단으로 하다. ④의지하다. 기대다. 「机(ツクエ)に—; 책상에 기대다」 ⑤관계하다. 달리다. 「努力(ドリョク)いかんに—; 노력 여하에 달려 있다」 ⑥(신이) 씌다. 1. come from

よ·る[拠る](자 4) ①의지하다. 근거하다. 「辞典(ジテン)に—と; 사전에 의하면」 ②웅거(雄拠)하다. 1. stand on

よ·る[寄る](자 4) ①다가 오다. ②들르다. ③겹치다. 「しわが—; 주름이 잡히다」 ④모이다. ⑤기울다. 치우치다. 1. draw near

よ·る[選る](타 4) 고르다. 가리다. 선택하다. choose

よ·る[縒る·撚る](타 4) ①꼬다. ②주름을 잡다. 「腹(ハラ)の皮(カワ)を—; 몹시 웃다」 1. twist

よるい[余類](명) 남은 무리. 잔당(残党). accomplices

よるうぐいす[夜鶯]—ウグヒス(명)〈동〉 ⇨ナイチンゲール.

ヨルダン[Jordan](명)〈지〉 요르단. 팔레스티나 동방 요르단강 유역의 왕국. 수도는 암만(Amman). 옛 이름은 트란스요르단(Transjordan).

よるひる[夜昼] Ⅰ(명) 밤과 낮. 주야. Ⅱ(부) 밤이나 낮이나. 끊임 없이. Ⅰ day and night

よるべ[寄る辺](명) 기댈 곳. 의지하는 사람. 「—ない身(ミ); 의지할 곳 없는 몸」 a relative

よるよなか[夜夜中](명) 밤중. 심야(深夜). 한밤중. the middle of the night

よるよる[夜夜](명) 매일 밤. 밤마다. every night

よれき[余瀝](명) ①남은 물방울. ②남에게 받는 은혜(恩恵). 1. drops

よれよれ(부) 의복 등이 낡아 남루해진 모양. worn-out

よ·れる[縒れる](자하 1) ①비틀어지다. 비꼬이다. ②꼴 수가 있다. 1. get twisted

よろい[鎧]ヨロヒ(명) 갑옷. an armour. **—いた**[鎧板](명) 차광 통풍을 위해, 창(窓) 바깥 쪽에 일정한 간격으로 비스듬히 댄 널빤지. **—ど**[鎧戸](명) ①개판을 붙인 문. ②엷은 철판을 옆으로 나란히 연결한 문. 말아서 올림. **—どおし**[鎧通し]—ドホシ(명) 〔싸움터에서〕 대소(大小) 두 검(劍) 외에 지니는 단도(短刀). 길이 9치 5푼.

〔鎧戸①〕

よろ·う[具う]ヨロフ(자 4)〈고〉 충분히 갖추다. 구비(具備)하다.

よろ·う[鎧う]ヨロフ(타 4)〈고〉 갑옷을 입다.

よろく[余禄](명) 여분의 이익. 소득. additional gains

よろく[余録](명) 여록. 남은 기록. a remaining record

よろけ(명)〈속〉 ①탄갱에서 일하는 갱부(坑夫) 등 탄소가루를 흡입하는 사람에게 일어나는 병. 탄폐(炭肺). ②광산 같은 공기의 유통이 나쁜 곳에서 암석 채굴 작업에 종사하는 사람에게 일어나는 병. 규폐(珪肺).

よろ·ける(자하 1) ⇨よろめく.

よろこばし·い[喜ばしい·悦ばしい](형) 즐거운 느낌이 나다. 즐거울 만하다. 유쾌하다. 파생 **—げ**(형동ダ) **—さ**(명). delightful

よろこば·せる[喜ばせる·悦ばせる](타하 1) 즐겁게 하다. 기쁘게 하다. delight

よろこび[喜び·悦び](명) ①즐거움. 기쁨. ②즐거운 기분을 나타내는 말. 치하. 「お—を申(モウ)しあげます; 축하의 말씀을 올립니다」 ③경사. 1. gladness

よろこ·ぶ[喜ぶ·悦ぶ](자 4) 즐겁게 생각하다. 기뻐하다. be glad

よろし·い[宜しい](형) ①"いい(좋다)"의 변한 말씨. 「もう帰(カエ)っても—; 이제 돌아 가도 좋다」 ②받아들일 때의 말. 「—, やりましょう; 좋습니다, (어디) 해 봅시다」 ③: ⇨よろしく. 파생 **—さ**(명).

よろしき[宜しき](명) 형편이 좋은 것. 또는 그 정도. 「指導(シドウ)—を得(エ)る; 알맞게 잘 지도하다」

よろしく[宜しく·宜敷](부) ①적당히. 더욱 좋게. 「—やってくれ; 적당히 잘해 다오」 ②모름지기. 「—反省(ハンセイ)すべきだ; 모름지기 반성해야 한다」 ③호의를 전하거나 금후의 교제를 부탁할 때의 인사말. 「どうぞ—; 잘 좀 부탁합니다」 1. properly

よろず[万]ヨロヅ Ⅰ(명) 수(数)가 많은 것. Ⅱ(수) 천의 열 배. 만. Ⅲ(부) 모두. 전부. Ⅰ a myriad. **—や**[万屋](명) ①여러 가지 물건을 놓고 파는 상점. ②무엇이든지 잘 알고 있는 사람. **—よ**[万代](명) ①

헤아릴 수 없는 대(代). 영구(永久).

よろぼ·う ヨロバフ(자 4) 비틀비틀 걷다. 쓰러질 듯하다.

よろめ·く(자 4) ①비틀거리다. 쓰러질 듯하다. ②유혹에 걸리다. 마음을 빼앗기다. ③〈속〉 들뜨다. 1. totter

よろよろ(부·자サ) 비틀거리는 모양. totteringly

よろん[余論](명) 여론. 주되는 일의 골자를 다 의논한 뒤에 하는 나머지 의논. an obiter dictum

よろん[輿論·世論](명) 여론. 세론. 세상 일반의 의견. 세상 공론. 「一調査(チョウサ); 여론 조사」 public opinion

よわ[夜半]ーハ(명) 야반. 밤. 밤중. midnight

よわ[余話](명) 여화. 여문(餘聞). 여록(餘錄). 용건 밖의 이야기. a rumour

よわい[齢]ヨハヒ(명) ①연세. 연령. 나이. ②나이 또래. 연배(年輩). 1. age

よわ·い[弱い](형) 약하다. 튼튼하지 못하다. 파생 **—げ**(형동ダ) **—さ**(명). weak

よわい·する[歯する]ヨハヒスル(자サ) ①친구가 되다. ②나란히 서다. 2. stand in a row

よわき[弱気](명·형동ダ) ①마음이 약한 것. 또는 그 사람. ②〈경〉〔거래소에서〕 시세가 내려 가리라고 예상하는 것. 또는 그 사람. ↔強気(ツヨキ). 1. timidness

よわごし[弱腰](명) ①허리 좌우의 가는 부분. 옆구리. ②약한 태도. 저자세(低姿勢). 소극적인 것. 「そんな一ではだめだ; 그런 소극적인 태도로써는 안되다」 ↔強腰(ツヨゴシ). 1. the small of the waist

よわさ[弱さ](명) 약한 것. 약한 정도. weakness

よわたり[世渡り](명) 세상에서 살아 감. 처세. making one's way in the world

よわね[弱音](명) 의지가 박약한 말. 나약한 말. 「一を吐(ハ)く; 우는 소리를 하다」 a feeble voice

よわふくみ[弱含み](명)〈경〉 시세가 내려 갈 것 같은 상태를 보이는 것. 약세(弱勢). ↔強(ツヨ)含み.

よわま·る「弱まる」(자 4) 약해지다. become weak

よわみ[弱み](명) 약점(弱点). 결점. 「一をつく; 결점을 찌르다」 a weak point

よわみそ[弱味噌](명)〈속〉 ⇨よわむし.

よわむし[弱虫](명) 나약한 사람. 겁장이. a weakling

よわ·める[弱める](타하 1) 약하게 하다. 약화(弱化)시키다. weaken

よわよわし·い[弱弱しい](형) 매우 약한 것 같다. 파생 **—げ**(형동ダ) **—さ**(명). looking weak

よわり[弱り](명) 약한 것. 「おお一; 대단히 약해짐. 심한 곤란」 weakening. **—め**[弱り目](명) ①약해진 때. ②곤란한 경우. 「一にたたり目(メ); 곤란한 데 또 곤란이 겹침」

よわ·る[弱る](자 4) ①약해지다. 쇠약해지다. ②곤란해지다. 난처해지다. 1. weaken

よをこむ[世を籠む](연어)〈고〉 나이가 젊다.

よをつくす[世を尽す](연어)〈고〉 일생을 마치다.

よをひびかす[世を響かす](연어)〈고〉 세상의 큰 소문거리가 되다. 세상을 진동케 하다.

よん[四](수)〈속〉 네 개. 넷.

よんエッチ[四H](명) 4 에이취. 머리(head), 손(hand), 마음(heart), 건강(health)을 중히 여기는 농촌 청소년들의 농업 기술을 개량하기 위한 단체. 머리 글자인 H를 따서 이르는 말. 「一運動(ウンドウ); 4 H 운동」

よんしゅ[四種](명) ①네 종류. ②제 4 종 우편물의 준말(농산물의 씨, 모 등을 우송할 때 해당시킴).

よんじゅう[四十](수) 열의 4배. 사십. forty

よんどころな·い[拠ろ無い](형) 하는 수 없다. 어쩔 수 없다. 「一用件(ヨウケン); 어쩔 수 없는 일」 unavoidable

よんびょうし[四拍子](명) ⇨しびょうし.

ら

ーら[等](접미) 등. ①둘 이상의 수를 나타내는 말. ②일부분을 들어 다른 것은 생략하는 말.

ラ(명)〈지〉 ①[羅] 루마니아(羅馬尼亜)의 약칭. ②[拉] 라틴(拉丁)의 약칭.

ラ[이 la](명)〈악〉 라. ①장음계(長音階)의 여섯째 음. ②가(B)음의 이탈리아 음명(音名).

ラーゲル[도 lager](명) 라아게르. 포로 수용소.

ラード[lard](명) 라아드. 돼지 기름. 돈지(豚脂).

ラーメン[중 老麵](명) 라멘. 중화 요리의 한 가지. 밀가루에 계란, 소금을 넣고 반죽하여 국수 가락처럼 만들어 끓여 먹는 것.

らいー[来](조어) 다음에 오는. 장래. 미래. 「一学年(ガクネン); 내학년」

ーらい[来](조어) 이래. 이후. 「数日(スウジツ)一; 수일 이래」

らい[雷](명) 우뢰. 뇌성. 「鼾声(カンセイ)一のごとし; 코 고는 소리가 뇌성 같다」 a thunder

らい[癩](명)〈의〉 ⇨らいびょう(癩病).

らい[籟](명) ①바람이 스치는 소리. ②구멍에서 나는 소리. ③〈악〉 세 개의 구멍이 있는 피리. 1. a sound caused by wind

らい[羅衣](명) 엷은 비단으로 만든 의복. a garment of a lighter texture

ライ[rye](명)〈식〉 라이보리의 준말.

らいい[来意](명) 내의. 방문한 뜻. 방문한 이유. the object of one's visit

らいう[雷雨](명) 뇌우. 우뢰와 함께 내리는 비. a thunder-storm

らいうん[雷雲](명) 우뢰 소리가 나며 비가 내릴 때 이는 구름. 적란운(積乱雲). a thunder-cloud
らいえん[来援](명·타サ) 내원. 와서 원조함. assistance
らいえん[来演](명·자サ) 내연. 그곳에 와서 공연(公演)이나 연주를 함. performance by visiting
らいおう[来往](명·자サ) 내왕. 오고 감. 왕래. going and returning
ライオン[lion](명)〈동〉라이온. 사자(獅子).
らいか[来夏](명·부) 내년 여름. the next summer
らいか[雷火](명) 뇌화. ①낙뢰(落雷)로 일어난 불. ②번갯불. 1. a fire caused by thunderbolt
らいが[来駕](명) 내방(来訪)의 높임말.
らいかい[来会](명·자サ) 내회. 와서 모임. 와서 회의에 참석함. assembling
ライカばん[Leica 版](명) 라이카판. 〔사진에서〕 세로 24 *mm*, 가로 36 *mm* 의 크기.
らいかん[来館](명·자サ) 영화관, 도서관 등 관이라고 불리는 곳에 찾아 옴.
らいかん[来簡](명) 보내 온 편지. a letter received
らいかん[来観](명·타サ) 내관. 와서 봄. a visit for inspection
らいかん[雷管](명) 뇌관. 화약에 점화(点火)하는 발화 용구(発火用具). a percussion-cap
らいき[礼記](명) 예기. 오경(五経)의 하나. 옛날 중국의 예의 범절(礼儀凡節)에 관하여 쓴 책.
らいきゃく[来客](명) 내객. 찾아 온 손님. 방문객(訪問客). a guest
らいぎょ[雷魚](명)〈동〉뇌어. 가물치. a snakehead mullet
らいげき[雷撃](명·타サ)〈군〉뇌격. 어뢰로 적의 군함을 공격함. 「一機(キ); 뇌격기」attacking by torpedo
らいげつ[来月](명·부) 내월. 새달. 다음달. next month
らいけん[来県](명·자サ) 내현. 다른 곳에서 그 현으로 찾아 옴. coming to one's prefecture
らいこう[来光](명) ⇨らいごう(来迎)②.
らいこう[来校](명·자サ) 내교. 학교로 찾아 옴. a visit to the school
らいこう[来貢](명·자サ) 내공. 외국에서 와 공물(貢物)을 바침. coming to offer a tribute
らいこう[来航](명·자サ) 내항. 외국에서 항해하여 옴. 외국에서 배를 타고 옴. coming across the sea
らいこう[来寇](명·자サ) 내구. 외국에서 쳐들어 옴. 외적(外敵)의 내습(来襲). invasion
らいこう[雷公](명)〈속〉뇌공. 우뢰. 천둥. a thunder
らいこう[雷光](명) 번갯불. lightning
らいこう[雷汞](명)〈이〉뇌홍. 폭발을 일으키는 약. 수은과 질산(窒酸)에 에틸알코올을 작용시켜 만든 회백색 분말. fulminate of mercury
らいごう[来迎](명) 내영. ①〈불〉임종시에 부처가 찾아와서 그 사람을 극락 정토(浄土)로 맞아 들임. ②높은 산정(山頂)에서 보는 해돋이. 2. a sunrise view from a mountain top
らいさん[礼参](명·자サ) 예참. 신불(神仏)에게 가서 예배함. worship
らいさん[礼賛·礼讃](명·타サ) 예찬. ①〈불〉부처를 예배하고 공덕을 찬탄함. ②감사하다고 생각하거나 위대하다고 느껴 찬탄함. 2. glorification
らいし[耒耜](명) 농기구의 한 가지. 쟁기. a spade
らいし[礼紙](명) 편지나 목록(目録) 등을 감은 백지(白紙) 또는 그것을 싼 종이.
らいし[来旨](명) 내지. ①상대방에게서 전해 온 취지. ②찾아 온 뜻. 내의(来意). 1. the purport of a letter 2. the object of one's visit
らいじ[来示](명) 내시. 상대방이 적어서 보낸 내용의 높임말. the purport of a letter
らいじつ[来日](명) 뒤에 올 날. 장차 오는 날. the days to come
らいしゃ[来社](명·자サ) 내사. 다른 곳에서 회사, 신문사로 찾아 옴. coming to the company
らいしゃ[来車](명) ①내방(来訪)의 높임말. ②차를 타고 오는 것. 2. coming by car
らいしゃ[癩者](명) 나병 환자. 문둥이. a leper
らいしゅう[来秋](명·부) 내추. 내년 가을. 명추(明秋). next autumn
らいしゅう[来週](명·부) 내주. 다음주. next week
らいしゅう[来集](명) 와서 모임. 모이려고 옴. gathering
らいしゅう[来襲](명·자サ) 내습. 습격해 옴. 와서 습격함. an attack
らいじゅう[雷獣](명) 뇌수. 상상상(想像上)의 괴물. 낙뢰(落雷)와 함께 땅 위에 떨어져 사람이나 가축을 해친다고 전해짐.
らいしゅん[来春](명·부) 내춘. 내년 봄. 명춘(明春). 「一卒業(ソツギョウ); 명춘 졸업」 next spring
らいしょ[来書](명) ⇨らいじょう(来状).
らいじょう[来状](명) 남에게서 온 편지. 내서(来書). a letter received
らいじょう[来場](명·자サ) 그 장소에 옴. 회장에 옴. 「ご一の皆様(ミナサマ); 내빈 여러분」 attendance
らいしん[来信](명) 내신. 편지가 옴. 또는 그 편지. 내서(来書). a letter received
らいしん[来診](명·자サ) 의사(医師)가 환자의 집에 와서 진찰함. a doctor's visit
らいじん[雷神](명) 뇌신. 우뢰를 맡고 있다고 생각하는 신. the god of thunder
らいしんし[頼信紙](명) 뇌신지. 전보 용지(電報用紙). a telegram form
ライス[rice](명) 라이스. ①쌀. ②밥. **— カレー**[일 rice curry](명) ⇨カレーライス. **— ペーパー**[rice paper](명) 라이스페이퍼. 궐련 마는 얇은 종이. 조화(造花) 재료로도 사용함. 「the other world
らいせ[来世](명)〈불〉내세. 미래의 세상. 후세(後世). ↗
らいせい[来征](명·자サ) 시합하기 위해서 먼 곳에서 찾아 옴. coming for a tournament
らいだ[懶惰](명·형동ダ) "らんだ"의 잘못.
ライター[lighter](명) 라이터. 발화석(発火石)을 마찰시켜 담배에 불을 붙이는 기구.

ライター[writer](명) 라이터. ①저술가. 저자. ②기자(記者). ③작가. 「シナリオ―; 시나리오 작가」
らいたく[来宅](명·자サ) 손님이 자기 집에 찾아 옴. calling at one's house
らいだん[来談](명·자サ) 내담. 와서 이야기함. 와서 상의 함. an interview
らいちゃく[来着](명·자サ) 내착. 목적지에 닿음. 와 닿음. arrival
らいちょう[来朝](명·자サ) 내조. 외국에서 그 나라에 찾아 옴. 외국 사신이 찾아 옴. coming to the country
らいちょう[来聴](명·자サ) 내청. 와서 이야기를 들음. attendance
らいちょう[雷鳥](명)〈동〉 뇌조. 들꿩과에 속하는 새. 두 눈 위에 붉고 작은 볏이 있고 다리는 발톱 사이까지 털이 나 있음. a snow grouse
らいてい[雷霆](명) 천둥. 우뢰. a thunder
らいてん[来店](명·자サ) 점포에 찾아 옴. coming to the shop
らいでん[来電](명) 내전. 도착한 전보. 전보가 오는 것. a telegram received
らいでん[雷電](명) 뇌전. 우뢰 소리와 번개. thunder and lightning
ライト―[light](조어) 라이트. ①밝음. 「―ブルー; 밝은 하늘색」 ②가벼움. ③←ライト級. ④간편함. 경편(軽便)함. **―きゅう**[light 級](명) 라이트급. 〔권투, 역도 등에서〕 선수의 체중에 따라 나눈 등급의 한 가지. 권투에서 59~62 *kg*. **―ヘビーきゅう**[light heavy 級](명) 라이트헤비급. 〔권투, 역도 등에서〕 체중으로 표시한 선수 등급의 한 가지. 미들급과 헤비급의 중간. 권투에서 74~80 *kg*.
ライト[light](명) 라이트. ①빛. 광선. 불빛. ②등화(燈火). 조명(照明). **―バリュー**[light value](명) 라이트밸류. 〔사진에서〕 렌즈에 들어 오는 빛의 분량을 수자로 표시한 것.
ライト[right](명·형) 라이트. ①오른쪽. 우측(右側). ②〔야구에서〕 우익수(右翼手). 라이트피일더. ↔レフト. ③정의(正義). ④권리(權利). ⑤곧음. 옳음.
らいとう[来島](명·자サ) 내도. 섬에 찾아 옴. coming to the island
らいどう[雷同](명·자サ) 뇌동. 주견이 없이 동의함. 덮어 놓고 남의 의견에 찬성함. blind following
ライトモチーフ[도 Leitmotiv](명) 라이트모티이프. ①주된 동기(動機). ②〈악〉 주된 주제(主題)의 선율.
ライナー[liner](명) 라이너. ①〔야구에서〕 지면과 거의 평행으로 날아 가는 타구(打球). ②정기 항공기(定期航空機).
らいにち[来日](명·자サ) 외국에서 일본에 찾아 옴. 방일(訪日). coming to Japan
らいにん[来任](명·자サ) 임지(任地)에 부임해 옴. 착임(着任). arrival at one's post
ライニング[lining](명) 라이닝. 약물의 침식(侵蝕)을 방지하기 위해서 고무나 에보나이트 등을 그릇 안에 입히는 것.
らいねん[来年](명·부) 내년. 다음해. 명년(明年). next year
らいねんど[来年度](명) 내년도. 명년도.
ライノタイプ[linotype](명) 라이노타이프. 키이를 누르면 자동적으로 활자가 한 줄씩 주조(鋳造), 식자(植字)되는 기계.
らいはい[礼拝](명·타サ) 예배. 신에게 공손한 마음으로 경배(敬拜)함. 「一堂(ドウ); 예배당」 worship
らいはる[来春](명·부) ⇨らいしゅん.
ライバル[rival](명) 라이벌. ①경쟁 상대자. 호적수(好敵手). ②연적(恋敵).
らいひ[来否](명) 오는 것과 오지 않는 것. attendance or absence
らいびょう[癩病](명)〈의〉 나병. 나균의 침입으로 일어나는 만성 전염병. 문둥병. 한센씨병. leprosy
らいひん[来賓](명) 내빈. 초대되어 온 손님. 오신 손님. 「一席(セキ); 내빈석」 a guest
ライフ[life](명) 라이프. ①생명. ②일생. ③생활. **―ボート**[lifeboat](명) 라이프보우트. 구명정(救命艇). **―ワーク**[lifework](명) 라이프워어크. 일생을 두고 하는 일. 평생 사업.
らいふく[来復](명) 한번 간 것이 다시 제자리로 되돌아오는 일. coming back again
ライブラリー[library](명) 라이브러리. ①도서관. 도서실. ②문고. ③장서(蔵書). ④총서(叢書).
ライフル(じゅう)[rifle(銃)](명) 라이플총. 총신 내부에 나선형(螺旋形)의 홈을 판 소총.
らいへい[来聘](명) 내빙. 외국인이 예물을 가지고 찾아 옴. coming to offer tributes
らいほう[来訪](명·자サ) 내방. 찾아 옴. 「一者(シャ); 내방자」 ↔往訪(オウホウ). a visit
らいほう[来報](명·타サ) 내보. ①직접 와서 소식을 알림. 또는 그 소식. ②전해 온 소식. information
ライむぎ[rye 麦](명)〈식〉 라이보리. 호밀. 밀과 비슷함. 빵, 국수 등을 만들거나 사료로도 씀.
らいめい[雷名](명) 세상에 널리 알려진 이름. 평판이 좋은 것. 뇌성 대명(雷声大名). a resounding name
らいめい[雷鳴](명) 뇌명. 우뢰 소리. 천둥 소리. a thunderclap
らいもん[雷文](명) 뇌문. 방형(方形) 또는 능형(菱形)의 선문(旋文)을 여러 겹 포개서 이룬 무늬. 번개를 상징(象徵)함. a fret
らいゆ[来由](명·자サ) 유래. 유래(由来)함. history
らいゆ[来諭](명) 남이 말해 온 이야기의 높임말. 전해 오는 말씀. your purport
らいゆう[来遊](명·자サ) 내유. 와서 놂. a visit
らいよけ[雷除け](명) ①벼락을 피하는 미신적 방법. 벼락을 피하는 주법(呪法). ②⇨ひらいしん(避雷針). 1. a charm against lightning
らいらく[磊落](명·형동ダ) 뇌락. 성격이 쾌활하고 자질구레한 일에 구애되지 않음. open-heartedness
ライラック[lilac](명)〈식〉 ⇨リラ.
らいりん[来臨](명·자サ) 내림. 오다의 높임말. 오심. 내방(来訪). presence
らいれき[来歴](명) 내력. 어떤 사물이 겪어 온 역사.

유래(由来). 「故事(コジ)—; 고사 유래」 history
らいわ[来話](명·자サ) 와서 이야기함. 와서 이야기한 사항. the visit of a speaker
ライン[line](명) 라인. ①줄. ②선. ③열(列). 행(行). ④계열(系列). ⑤〈경〉 경영의 여러 가지 부문마다 종적(縱的)으로 분리한 조직. ↔スタッフ. **—アップ**[line-up](명) 라인업. ①정렬(整列). ②진용(陣容). ③〔야구에서〕 배터(打者)가 되는 차례(打擊順). 또는 그 배치. **—ダンス**[line-dance](명) 라인댄스. 많은 사람들이 줄을 지어 추는 춤.
ラインがわ[Rhine 川](명)〈지〉 라인강. 서(西)도이치 최대의 강.
ラウ[羅宇](명) 〔라오스의 라오(Lao)에서 온 말〕 대통과 물부리 사이의 대로 된 부분. 설대. ⇨:キセル. a bamboo pipe-stem
ラウドスピーカー[loud-speaker](명) 라우드스피이커. 확성기(拡声機).
ラウンジ[lounge](명) 라운지. 호텔 등의 휴게실. 사교실.
ラウンド[round](명) 라운드. ①원(円). ②일주(一周). ③순환(循環). ④권투 등의 경기 회수. 「第三(ダイサン)—は互角(ゴカク); 제 3 회전은 막상 막하(莫上莫下)」 ⑤연속. ⑥과정(課程). ⑦담당 부서(장소). **—テーブル**[round-table](명) 라운드테이블. 원탁(円卓). 둥근 탁자. **—ナンバー**[round-number](명) 라운드넘버. 단수(端数)가 붙지 않고 0으로 끝나는 수자.
ラオ[羅宇](명) ⇨ラウ.
ラオコーン[Laocoon](명) 라오콘. 그리이스 신화에 나오는 트로야(Troja) 제사(祭司).
ラオス[Laos](명)〈지〉 라오스. 인도 지나 반도의 왕국. 옛날의 불령(佛領) 인도 지나의 중부 지방. 수도는 비엔트얀(Vientiane).
ラオチュー[중 老酒](명) 노주. 찹쌀, 좁쌀, 수수 등을 원료로 하여 빚은 중국 술.
ラガー[rugger](명) 러거. ①럭비. ②럭비 선수. ③럭비를 하는 사람.
らがい[羅蓋](명) 엷은 비단으로 만든 일산(日傘).
らかん[螺桿](명) 나선형의 지레. a spiral lever
らかん[羅漢](명)〈불〉 나한. 완전히 깨우친 불교 수도자. 아라한(阿羅漢).
らぎょうへんかく(かつよう)[ら行変格(活用)](명) 문어(文語) 동사의 활용의 한 가지. 어미가 "ら, り, り, る, れ, れ"로 활용됨. "あり, をり, はべり"의 세 가지가 주로 됨.
—らく(접미)〈고〉 동사에 붙여 체언화(体言化)하는 말. …하는 것. 「見(ミ)—; 보는 것」
らく[洛](명) ①수도(首都). ②쿄오토(京都).
らく[楽](명·형동ダ) ①심신이 편안함. 안락(安楽). ②즐거움. ↔苦(ク). ③손쉬움. ④←千秋楽(センシュウラク). ⑤←楽焼(ラクヤ)き. 1. comfort 3. easiness
らくいち(らくざ)[楽市(楽座)](명) 근세 초기 영주(領主)가 상인을 그 치하(治下)에 두기 위하여 독점 상인을 인정치 않고 자유로이 장사할 수 있게 한 것. 또는 그 시장.
らくいん[烙印](명) 낙인. ①불에 달구어 찍는 쇠나 구리로 만든 도장. ②씻기 어려운 좋지 못한 이름. 「売国奴(バイコクド)の—を押(オ)される; 매국노라는 낙인이 찍히다」 1. a brand-mark
らくいん[落胤](명) 귀인의 사생아. a bastard of a noble
らくいんきょ[楽隠居](명·자サ) 가업(家業)을 자식에게 맡기고 은퇴하여 안락한 생활을 함. 또는 그 사람. easy retirement
らくえき[絡繹](형동タリ) 낙역. 왕래가 그치지 않는 모양. 「人馬(ジンバ)—として; 인마가 끊이지 않고」
らくえん[楽園](명) 낙원. 안락하게 살 수 있는 즐거운 곳. a paradise
らくがい[洛外](명) ①수도 바깥. ②쿄오토(京都)의 시외(市外). ↔洛中(ラクチュウ), 洛内(ラクナイ).
らくがき[落書き·楽書き](명·자サ) 낙서. 장난으로 아무 데나 함부로 글씨를 씀. scribblings
らくがん[落雁](명) 낙안. ①하늘을 날다가 땅에 내려앉는 기러기. ②콩가루나 보릿가루 등에 설탕을 섞어서 반죽하여 말린 과자. 1. an alighting wild-goose
らくげつ[落月](명) 낙월. 서쪽에 지는 달. the setting moon
らくご[落後·落伍](명·자サ) 낙후. 낙오. 동료로부터 뒤떨어짐. 대오(隊伍)에서 뒤떨어짐. 「—者(シャ); 낙오자」 straggling
らくご[落語](명) 우스운 이야기 끝에 "おち⑥"을 붙여서 맺는 것. 만담(漫談). a comic story. **—か**[落語家](명) 만담가.
らくさ[落差](명)〈이〉 낙차. ①떨어지거나 흐르는 물의 높낮이의 차. ②고저(高低)의 차. 1. a head 2. the difference of height
らくさつ[落札](명·타サ) 낙찰. 경쟁 입찰에서 매매, 청부 등의 권리를 얻음. a successful bid
らくさん[酪酸](명)〈이〉 낙산. 질이 낮은 지방산(脂肪酸)의 한 가지. butyric acid
らくじ[落字](명) 낙자. 빠진 글자. 탈락(脱落)된 글자. an omitted word
らくじつ[落日] 낙일. ①지는 해. 일몰(日没). 낙양(落陽). ②쇠운(衰運). 1. the setting sun 2. being reduced to poverty
らくしゅ[落手](명·타サ) 받아 가짐. 수중에 넣음. 입수(入手). receipt
らくしゅ[落首](명) 옛날, 익명(匿名)으로 시가(詩歌)를 지어 은근히 세태를 비꼰 시사 비평(時事批評)의 쿄오카(狂歌). a lampoon
らくしょ[落書](명·자サ) 낙서. ①⇨らくがき. ②(옛날에) 익명으로 지은 시사 비평문을 사람들 눈에 띄기 좋은 곳에 내다 붙임. 2. a lampoon
らくしょう[落掌](명·타サ) ⇨らくしゅ(落手).
らくしょう[落照](명) 낙조. 지는 해. 낙일(落日). setting sun
らくしょう[楽勝](명·자サ) 낙승. 쉽게 이김. ↔辛勝(シンショウ). an easy victory

らくじょう[落城](명·자サ) 낙성. ①성이 함락됨. ②주택을 타인에게 명도(明渡)함. ③타인에게 설득되어 승낙함. 1. the fall of a castle 2. evacuation
らくしょく[落飾](명·자サ)〈불〉 ⇨らくはつ(落髪).
らくせい[洛西](명) ①수도의 서쪽 지역. ②쿄오토(京都)에서 카모가와(鴨川) 서쪽 지역. ↔洛東(ラクトウ).
らくせい[落成](명·자サ) 낙성. 건축 공사를 다 이룸. 「一式(シキ); 낙성식」 completion
らくせい[落勢](명)〈경〉 낙세. 물가 등이 떨어지는 기세. ↔騰勢(トウセイ). decline
らくせい[楽歳](명) 풍년. a rich year
らくせき[落石](명·자サ) 산 위에서 돌이 굴러 떨어짐. 또는 그 돌. the falling of a stone
らくせき[落籍] Ⅰ(명·자サ) 낙적. ①호적부나 학적부에서 빠짐. ②이름을 빼고 무리에서 빠져 나옴. Ⅱ(명·타サ) 돈을 치르고 기적(妓籍)에서 뺌. Ⅰ1. being omitted from census register
らくせん[落選](명·자サ) 낙선. 당선되지 않음. 선거에 떨어짐. ↔当選(トウセン). rejection
らくそ[酪素](명) 낙소. 젖에 함유되어 있는 흰자질(蛋白質). albumen
らくだ[駱駝](명) 낙타. ①〈동〉 등에 큰 혹 모양의 육봉(肉峰)이 있는 동물. 사막 여행에 적합함. ②낙타털로 짠 모직물. 「一シャツ; 낙타털 샤쓰」 1. a camel
らくたい[落体](명)〈이〉 낙체. 중력(重力)의 작용에 의하여 떨어지는 물체. a falling body
らくだい[落第](명·자サ) 낙제. ①시험에 떨어짐. 불합격. 「一点(テン); 낙제 점수」 ②진급하지 못함. 「一生(セイ); 낙제생」 ↔及第(キュウダイ). ③부적당. 부적격(不適格). ④실패. 1. 4. failure
らくだつ[落脱](명·자サ) 빠져 버림. 탈락. omission
らくたん[落胆](명·자サ) 낙담. 실망함. 기력을 잃음. 낙망(落望). discouragement
らくちゃく[落着](명·자サ) 낙착. 일이 끝남. 결정이 됨. 귀결(帰結). 해결. settlement
らくちゅう[洛中](명) ①수도(首都) 안. ②쿄오토(京都) 시내. ↔洛外(ラクガイ).
らくちょう[落丁](명) 낙정. 책장이 빠지는 것. 「一や乱丁(ランチョウ); 책장이 빠진 것이나 차례가 바뀐 것」 a missing leaf
らくてん[楽天](명) 낙천. ①세상과 인생을 즐겁게 생각하는 것. ②태평스러운 것. 낙관(楽観). 「一家(カ); 낙천가」 optimism. **―しゅぎ**[楽天主義](명)〈철〉 낙천주의. 낙관적인 사고 방식. 옵티미즘. ↔厭世(エンセイ)主義.
らくど[楽土](명) 낙토. 즐거운 땅. 낙원. a paradise
らくとう[洛東](명) ①수도의 동쪽 지역. ②쿄오토(京都)에서 카모가와(鴨川) 동쪽 지역. ↔洛西(ラクセイ).
らくない[洛内](명) ⇨らくちゅう(洛中).
らくなん[洛南](명) ①수도의 남쪽 지역. ②쿄오토(京都)의 남쪽 지역. ↔洛北(ラクホク).
らくに[楽に](부) 편히. 쉽게. 용이하게. ⇨:らく(楽)③.
らくね[楽寝](명·자サ) 편안하게 잠을 잠. 안면(安眠). sleeping easily
らくのう[酪農](명)〈농〉 낙농. 소나 양(羊) 등을 기르며 우유, 버터, 치이즈 등을 생산하는 농업. dairy-farming
らくば[落馬](명·자サ) 낙마. 말에서 떨어짐. falling from a horse
らくはく[落剝](명·자サ) 벗겨져 떨어짐. exfoliation
らくはく[落魄](명·자サ) 낙탁. 몰락(没落)함. 영락(零落). reduced circumstances
らくばく[落莫](형동タルト) ①쓸쓸한 모양. ②몰락한 모양. 1. dreary
らくはつ[落髪](명·자サ) 낙발. ①머리를 깎음. ②속세를 떠나 중이 됨. 1. cutting one's hair
らくばん[落盤·落磐](명·자サ)〈광〉 낙반. 탄광 갱내(坑内)의 천장이나 벽의 암석이 무너져 떨어짐. collapse in mine
らくひ[楽悲](명) 즐거움과 슬픔. 낙관과 비관. 「一両論(リョウロン); 낙관적인 주장과 비관적인 주장의 양론」 optimism and pessimism
ラグビー[Rugby](명) 럭비. 15명씩으로 이룬 두 패가 타원형의 공을 서로 빼앗아 상대방의 고울에 닿게 하여 득점하는 영국식 축구.
らくひつ[落筆](명) ①붓을 들어 쓰기 시작하는 것. ②장난으로 쓴 것. 1. beginning to write
らくほく[洛北](명) ①수도의 북쪽 지역. ②쿄오토(京都)의 북쪽 지역. ↔洛南(ラクナン).
らくめい[落命](명·자サ) 낙명. 목숨을 잃음. 죽음. death
らくやき[楽焼き](명) 손으로 만든 애벌 구이 도자기. 풍아(風雅)한 멋이 있음. hand-moulded earthenware
らくよう[洛陽](명) 낙양. ①중국 하남성(河南省) 서쪽에 있는 고도(古都). ②수도(首都). 「一の紙価(シカ)を高(タカ)める; 책이 매우 잘 팔린다는 말의 비유」 2. a capital
らくよう[落葉](명·자サ) 낙엽. 나뭇잎이 떨어짐. 떨어진 나뭇잎. fallen leaves. **―じゅ**[落葉樹](명)〈식〉 낙엽수. 가을에 잎이 떨어져 겨울을 지내고 다음해 봄에 새 잎이 싹트는 나무. **―しょう**[落葉松](명)〈식〉 낙엽송. 전나무과에 속하는 낙엽 침엽교목(針葉喬木).
らくよう[落陽](명) 낙양. 지는 해. the setting sun
らくらい[落雷](명·자サ) 낙뢰. ①벼락이 떨어짐. ②〈이〉 공기 속의 전기와 지상의 전기 사이에 음향, 불꽃을 동반하는 방전 작용(放電作用)이 일어나는 것. the falling of a thunderbolt
らくらく[楽楽](부) ①안락하고 즐거운 모양. ②매우 손쉬운 모양. 1. comfortably 2. easily
らくらく[落落](형동タリ) ①드문드문 있어 쓸쓸한 모양. ②도량이 커서 자질구레한 일에 구애받지 않는 모양. 뇌락(磊落). ③넓은 모양. ④서로 받아 들이지 않는 모양. ⑤물건이 떨어지는 모양. 1. lonesome
ラグラン[raglan](명) 라글란. 소매 천이 깃에서 부터 Λ 모양으로 넓어지는 것. 레인코우트, 슈우트 등에

이용함. 「shedding tears
らくるい[落涙](명·자サ) 낙루. 눈물을 흘림. ↗
ラケット[racket](명) 라켓.〔정구에서〕공 치는 용구.
ら·し(조동·특수형) ⇨らしい.
—らし·い(접미·형형) ①…에 어울리다. …답다.「学生(ガクセイ)—態度(タイド); 학생다운 태도」②…와 같다. …을 닮다.「馬鹿(バカ)—話(ハナシ); 바보 같은 이야기」 파생 **—げ**(형동ダ) **—さ**(명). -like
らし·い(조동·형형) 추량을 나타내는 말. …인 듯하다. …으로 추측되다.「うそ—; 거짓인 듯하다」 look
ラジウム[도 Radium](명)〈이〉라듐. 금속 원소의 한 가지. 은백색이며 암석, 온천 등에 널리 함유됨. 강한 방사능을 가지며 화학 실험과 의료용 및 방사능의 표준(標準)으로 쓰임.
ラジエーター[radiator](명) 라디에이터. ①난방 장치의 방열기(放熱器). ②엔진의 냉각기(冷却器).
ラジオ[radio](명) 라디오. ①전파를 이용해서 수신기를 갖고 있는 청취자에게 음악, 강연, 연예 등을 방송하는 것. ②라디오의 수신기. **—アイソトープ**[radioisotope](명)〈이〉라디오아이소토우프. 방사성 동위 원소. **—コンパス**[radio compass]〈이〉(명) 라디오컴퍼스. 항행(航行) 중의 배, 비행기 등이 라디오 비이컨으로부터 오는 신호 전파를 받아서 그 지점에 대한 자기 위치(位置)를 탐지하는 장치. 무선 나침반. **—スター**[radio star](명)〈천〉라디오 스타아. 전파를 내는 천체. 전파성(電波星). **—ゾンデ**[도 Radiosonde](명)〈이〉라디오존데. 전파를 이용하여 대기 상층(大気上層)의 기상 상태를 관측하는 기계. **—ビーコン**[radio beacon](명) 라디오비이컨. 무선방향탐지기(無線方向探知機). **—プレス**[radiopress](명) 라디오 프레스. 라디오 보도에 의거하여 만든 신문.
ラジカル[radical](형동ダ) 래디컬. ①근본적. ②급진적(急進的).「—な思想(シソウ); 급진적인 사상」
ラしきしゅうきゅう[ラ式蹴球](명) ⇨ラグビー.
らししょくぶつ[裸子植物](명)〈식〉나자 식물. 겉씨 식물. 꽃식물(顕花植物)에 속하는 한 문(門). 소나무, 전나무 등. ↔被子(ヒシ)植物. the gymnosperm
ラシャ[포 raxa·羅紗](명) 나사. 두껍고 쫀쫀한 모직물의 한 가지. 양털에 무명, 명주, 인견사 등을 섞어서 짠 것. woolen cloth
ラシャがみ[羅紗紙](명) 나사지. 나사나 털실의 쓰레기를 두드려 풀어서 지료 섬유(紙料纖維)를 섞고 다시 점착제(粘着剤)를 가하여 만든, 나사 비슷한 두꺼운 종이. 벽지(壁紙) 등에 쓰임. velvet paper
ラシャめん[羅紗綿](명) ①〈동〉⇨めんよう(綿羊). ②일본 여자로서 외국인의 첩이 된 사람.
らしゅつ[裸出](명·자サ) ①밖으로 드러남. ②속살이 드러남. exposure
らしん[裸身](명) 나신. 벌거벗은 몸. 나체. nakedness
らしん[羅針](명) 나침. 강철로 만든 가늘고 긴 자석. 지남침(指南針). a compass needle
らしんぎ[羅針儀](명) 나침의. 지구 위에서 방위(方位)를 측정하는데 쓰는 기구. 항공기나 배에 쓰임. 자이로컴퍼스. 나침반. a compass
らしんばん[羅針盤](명) ⇨らしんぎ.
ラス[lath](명) 라스. 욋가지. 벽을 바르는 바탕이 되는 잔나무나 철망 등.「ワイヤー; 철망으로 된 라스」
ラスク[rusk](명) 러스크. 빵, 카스텔라 등을 얇게 썰어 버터나 설탕을 발라 구운 과자.
ラスト[last](명) 라스트. 마지막. 최후. 끝.「—シーン; 마지막 장면」**—インニング**[last inning](명) 라스트이닝.〔야구에서〕최종회. 제 9 회째. **—スパート**[last spurt](명·자サ) 라스트 스퍼어트. 최후의 역투(力闘). **—ヘビー**[last heavy](명) 라스트헤비. 최후의 노력(努力).
らせつ[羅刹](명)〈불〉나찰. 몸은 검고 머리털만 붉은 귀신. 사람을 잡아 먹고 지옥에서 죄인을 못 살게 군다고 함. a man-eating devil
らせん[螺旋](명) 나선. ①나사 모양으로 된 것. 또는 그런 줄. 소라 껍데기처럼 빙빙 비틀리어 고랑이 진 것.「一階段(カイダン); 나선형 계단」②나사못. 1. a spiral 2. a screw. **—きん**[螺旋菌](명)〈의〉나선균. 나사 모양의 형태를 가진 대형(大形)의 세균. 50내외의 회전을 가지고 있는 것도 있음. 끝에 편모(鞭毛)가 있고 활발히 움직임. 예: 매독균, 콜레라균 등.
らぞう[裸像](명) 나상. 나체를 표현한 형상. 누우드. a nude figure
らそつ[邏卒](명) 나졸. ①순찰병. 감시병. ②순사(경관)의 옛말. 1. a patrol 2. a policeman
らたい[裸体](명) 나체. 벌거벗은 몸. 나신(裸身). 벌거숭이. nakedness
らち[埒](명) ①목장, 마장(馬場)의 울타리. ②어떤 일의 구분.「—があかない; 결정이 나지 않다」 1. a fence 2. an end
らち[拉致](명·타サ) 납치. 강제 수단을 써서 억지로 데리고 감. 강제로 끌고 감. walking off
らちあく[埒明く](연어)〈고〉①결정이 나다. 일이 진척(進陟)되다. ②지불이 끝나다.
らちがい[埒外](명) 범위 밖. 관계 밖. 국외(局外). ↔埒内(ラチナイ). outside
らちない[埒内](명) 범위내. ↔埒外(ラチガイ). within
らちもな·い[埒も無い](연·형) 두서 없다. 요령이 없다.「—ことをいふ; 요령을 잡을 수 없는 이야기를 하다」 absurd
らっか[落下](명·자サ) 낙하. 떨어짐. dropping. **—さん**[落下傘](명) 낙하산. 비행기에서 뛰어 내릴 때 안전하게 착륙하기 위한 우산과 같은 모양의 천으로 된 용구. 파라슈.
らっか[落花](명) 낙화. 꽃이 떨어지는 것. 또는 그 꽃. falling blossoms. **—せい**[落花生](명)〈식〉낙화생. 땅콩.
らっか[落果](명)〈농〉낙과. 떨어진 과일. fallen fruits
ラッカー[lacquer](명) 래커. 섬유소 또는 합성 수지의 용액에 색을 탄 도료.「—塗(ヌ)り; 래커칠」
らっかん[落款](명) 낙관. 서화(書画)에 필자가 서명

(署名)하거나 또는 도장(図章)을 찍는 것. 또는 그 서명이나 도장. a signature

らっかん[楽観](명·타サ) 낙관. 일이 잘되리라고 봄. 밝은 전망을 가짐.「一的(テキ); 낙관적」↔悲観(ヒカン). optimism

ラッキー―[lucky](조어) 러키. ①운이 좋은. 행복한.「一ボーイ; 행운아(幸運児)」②요행수. ③재수가 좋은. **―セブン**[lucky seven](명) 러키세븐. 야구 시합에서 득점하기 쉽다고 하는 9회 중 7회째.

らっきゅう[落球](명·자サ)〔야구에서〕받았던 공을 놓침. fumbling

らっきょ[落居](명) ①일의 결정이 나는 것. 낙착(落着)되는 것. ②〈법〉재판, 사건이 결말 나는 것. settlement

らっきょう[辣韮](명)〈식〉백합과에 속하는 다년초. 가을에 자색의 작은 꽃이 핌. 인경(鱗茎)은 식용. 채지(菜芝). 염교. a scallion

ラック[lac](명) 락. 락깍지진디의 암컷이 나무의 줄기나 가지에 분비(分泌)한 나무 진 같은 물질. 와니스나 붉은 물감의 원료로 쓰임.

らっけい[落慶](명) 신사(神社), 불전(仏殿) 등이 낙성된 기쁨. 또는 그 축하.

ラッコ[아이누 rakko·猟虎](명)〈동〉해달(海獺). 족제비과에 속하는 바다 짐승. 너구리 비슷함. 모피는 귀하게 쓰임. a sea-otter

らっし[臈次](명) ①장유(長幼)의 서열. 나이의 차례. ②순서.「一もない; 질서도 차례도 없다」 1. the order of age

ラッシュ[rush](명) 러시. ①돌진. 쇄도(殺到). ②많은 사람이나 주문이 한꺼번에 쏟아져 밀려 옴. ③(출퇴근 시간의) 혼잡. ④〔영화에서〕촬영을 마친 필름과 녹음을 끝마친 테이프(영화 감독이 미리 봄). **―アワー**[rush hours](명) 러시아워. 교통 기관이 통근자, 통학생으로 붐비는 시간.

らっ·する[拉する](타サ) 억지로 데리고 가다. 납치(拉致)하다. walk off

ラッセル[도 Rassel](명)〈의〉라셀. 호흡기, 기관(気管) 등에 이상이 있을 때 호흡에 수반해서 청진기에 들리는 특수한 소리.

ラッセル[russel](명·자サ) 라셀. ①〔등산에서〕깊이 쌓인 눈을 치우며 길을 내어 나가는 것. ②←ラッセル車. **―しゃ**[russel 車](명) 라셀차. 앞에 제설기(除雪機)를 단 기관차(機関車).

〔ラッセル車〕

らっち[拉致](명·타サ) ⇨らち.

ラッチ[latch](명) 래치. 문, 대문 등에 쓰이는 걸쇠.

らっぱ[喇叭](명) ①〈악〉나팔. 관악기의 한 가지. ②축음기, 라디오 등의 확성기. ③소라고둥.「一を吹(フ)く; 허풍을 떨다. 큰소리 치다」1. a bugle. **―かん**[喇叭管](명)〈생〉⇨ゆらんかん(輸卵管). **―のみ**[喇叭飲み](명·타サ)(술 등을) 병을 입에 대고 마심.

ラップ[lap](명) 랩. 경주로(競走路)의 한 바퀴. 수로(水路)의 한 왕복.「一タイム; 랩타임」

らつわん[竦腕·辣腕](명·형동ダ) 놀라운 솜씨. 민완(敏腕).「一刑事(ケイジ); 민완 형사」 shrewdness

ラディ(ッ)シュ[radish](명)〈식〉래디시. 홍당무.

ラテックス[latex](명) 라텍스. 생고무.

ラテン[Latin·拉丁·羅甸](명) 라틴. ①라틴어. ②라틴 민족. **―アメリカ**[Latin America](명) 라틴 아메리카. 라틴계 언어(스페인어, 포르투갈어)를 사용하는 중남미의 여러 나라. **―おんがく**[Latin 音楽](명)〈악〉라틴 음악. 중남미 음악. 예: 룸바. **―か**[Latin 化](명·타サ) 라틴화. 중국어에 있어서의 로마 철자법의 한 가지. **―ご**[Latin 語](명) 라틴어. 옛날 로마에서 쓰인 언어. 나전어(羅甸語).

らでん[螺鈿](명) 나전. 자개, 금조개 껍데기를 썰어 낸 조각. 빛깔이 아름다우므로 잘게 썰어 붙이어 장식에 쓰임. nacre

ラドガこ[Ladoga 湖](명)〈지〉라도가호. 소련과 핀란드와의 국경에 있는 유럽 최대의 호수.

ラドン[radon](명)〈이〉라돈. 희가스(稀 gas)에 속하는 방사성 원소. 우라늄광, 온천, 지하수 등에 포함됨.

ラノリン[도 Lanolin](명)〈이〉라놀린. 양털에 붙어 있는 백랍 같은 분비물을 분리하여 정제(精製)한 것. 양모지(羊毛脂). 고약이나 좌약(坐薬)의 기제(基剤)로 쓰임.

らば[騾馬](명)〈동〉노새. 암말과 수당나귀 사이에 태어난 잡종. a mule

ラバ[lava](명)〈지〉라아버. 용암(溶岩).

ラバ(ー)[rubber](명) 러버. 고무. **―セメント**[rubber cement](명) 러버시멘트. 고무와 고무를 붙이는 풀. 고무풀. **―ソール**[rubber sole](명) 러버소울. 두꺼운 고무 밑창. 또는 그것을 댄 가죽 구두.

らふ[裸婦](명) 나부. 벌거벗은 여자. a nude woman

ラフ[rough](형동ダ) 러프. ①거친 모양. ②감촉이 거칠거칠한 모양. ③난폭한 모양. 조잡한 모양.「一な頭(アタマ); 조밀하지 못한 두뇌」

ラブ[love](명·자サ) 러브. ①사랑. 애정. ②연애. 사랑의 신. ③〔정구에서〕무득점(無得點).「一ゲーム; 무득점 게임」

ラプソディー[rhapsody](명)〈악〉랩소디. 자유로운 형식을 갖는 화려하고 환상적인 악곡. 광시곡(狂詩曲). 광상곡(狂想曲).

ラプラタがわ[La Plata 川](명)〈지〉라 플라타강. 남아메리카 남안(南岸)에 있는 큰 강.

ラプランド[Lapland](명)〈지〉랍란드. 스칸디나비아 반도의 기부(基部) 지방.

ラブレター[love letter](명) 러브레터. 연애 편지. 연서(恋書).

らへい[邏兵](명) 순라병(巡邏兵). 나졸.

ラベル[label](명) 레이블. 상표(商標). 레테르.

ラペル[lapel](명) 라펠. 양재에서 접은 옷깃.

らへん[ら変](명) ⇨らぎょうへんかく(かつよう).

ラベンダー[lavender](명)〈식〉라벤더. 꿀풀과에 속하는

상록 반교목(半喬木). 원산지는 지중해 연안이며 꽃은 향료의 원료로 쓰임.

ラボラトリー[laboratory](명) 라보라토리. 실험실. 시험실.

ラマ[티베트 lama·喇嘛·刺麻](명) 라마. 라마교의 고승(高僧). **—きょう**[喇嘛教](명)〈불〉 라마교. 티베트, 몽고 등지에서 발달한 관음(観音)을 신앙하는 종교의 한 파.

ラマそう[喇嘛僧](명) 라마승. 라마교의 중. a lama

ラミー[ramie](명) 라미. 모시풀. 또는 그 섬유.

ら·む(조동·특수형) ⇨らん(조동).

ラム[rum](명) 럼. 럼주(酒). 당밀 또는 사탕수수의 찌끼를 발효시켜서 증류시킨 강한 술. 서인도 제도의 특산.

ラム ウール[lamb's-wool](명) 램울. 양새끼의 털.

ラムジェット[ram-jet](명) 램제트. 제트 엔진의 한 가지. 앞에 열린 구멍으로 공기를 흡수해서 연료와 섞어서 폭발시킴. ↔ターボジェット.

ラムネ(명)〔레모네이드(lemonade)의 변화〕 라무네. ①청량 음료의 한 가지. ②레몬즙에 물, 설탕, 시럽이나 탄산을 탄 음료. ③〈속〉 월부(月賦).

ら·ゆ(조동·하2형)〈고〉 "らる"의 옛날 형. ⇨:られる.

ララ[LARA←Licensed Agency for Relief of Asia](명) 라라. 공인(公認) 아시아 구제 기관. 1964년 미국의 종교, 노동 단체 13개로 조직되었음.

ラリー[rally](명) 랠리. ①〔탁구, 정구 등에서〕 서로 공격하는 것. ②자동차의 내구 경쟁 대회(耐久競争大会).

らりょう[羅綾](명) 엷은 비단과 무늬 있는 비단. 아름다운 옷.

ら·る(조동·하2형) ⇨られる.

ラルゲット[이 larghetto](명)〈악〉 라르게토. 좀 느리게의 뜻. 라르고와 아다지오의 중간 속도.

ラルゴ[이 largo](명)〈악〉 라르고. 느리게 그리고 폭이 넓게의 뜻.

られつ[羅列](명·자타サ) 나열. 죽 벌려 놓음. 죽 줄을 지음. 줄지어 세워 놓음. an array

ら·れる(조동·하1형) ①자발(自発)을 나타내는 말. 자연히 그렇게 되다의 뜻. ②가능(可能)을 나타내는 말. ③피동(被動)을 나타내는 말. ④경의(敬意)를 나타내는 말.

ラレンタンド[이 rallentando](명)〈악〉 랄렌탄도. 점점 느리게의 뜻.

ラワン[말레이 lauan](명)〈식〉 라완. 용뇌향과에 속하는 큰 교목. 필리핀, 인도 등지에 많으며, 목재는 담갈색으로 가구, 기구 등의 재목으로 많이 쓰임. 나왕(羅王).

ら·ん(조동·특수형) ①추량(推量)을 나타내는 말. …ㄹ 것이다. 「学(マナ)ぶ—; 배울 것이다」 ②왜 …ㄹ까. 「しず心(ゴコロ)なく花(ハナ)の散(チ)る—; 마음 설레게 꽃은 왜 질까」

らん[乱](명) ①문란. ②내란. 전쟁. 소동. 1. disorder 2. a disturbance

らん[卵](명) ①달걀. ②〈동〉 난자. 성숙한 난세포(卵細胞). 「受精(ジュセイ)—; 수정 난자」 1. an egg 2. an ovum

らん[欄](명) ①난간. ②테. 둘레. ③기사(記事) 종류의 구분. 「学芸(ガクゲイ)—; 학예란」 1. a railing 3. a column

らん[蘭](명) ①〈식〉 난초. ②네덜란드(和蘭)의 약칭. 1. an orchid

らん[鸞](명) 난조(鸞鳥). 상상의 새로 모양은 닭 비슷한데, 깃에 오채(五采)가 서리고, 소리는 오음(五音)에 해당한다고 함.

〔鸞〕

ラン[run](명) 런. ①홍행이 계속되는 것. 「ロング—; 장기 흥행」 ②〔야구에서〕 생환(生還). 득점(得点). 「ツーホーマ; 투우런 호우머」 ③〔←ランニング〕 주루(走塁). 「ノーヒットノー—; 무안타(無安打) 무득점(無得點)」 ④양말이나 편물이 세로로 풀리는 것. 전선병(伝線病).

らんい[蘭医](명) 네덜란드(和蘭) 의학. 네덜란드 의학을 공부한 의사. a physician of the Dutch school

らんい[襤衣](명) 헌옷. 누더기. rags

らんいん[蘭印](명)〈지〉 ⇨らんりょうとうインド(蘭領東印度).

らんいん[濫飲](명) 남음. 함부로 마시는 것. 과도하게 마시는 것. excessive drinking

らんうち[乱打ち](명) ①〔검도에서〕 두 사람이 맞서서 때리는 연습을 하는것. ②난타. 난폭(乱暴)하게 치는 것. 1. practice of giving blows

らんうん[乱雲](명) 난운. 온 하늘을 덮은 검은 구름. 비구름. 난층운(乱層雲). a rain cloud

らんえんけい[卵円形](명) 난원형. 달걀 모양의 타원형(楕円形). egg-shape

らんおう[卵黄](명) 난황. 계란의 노른자위. ↔卵白(ランパク). the deutoplasm

らんか[蘭家](명) 네덜란드(화란) 의학을 공부한 의사. 또는 그런 집안.

らんかい[卵塊](명)〈생〉 난괴. 물고기나 곤충 알이 뭉친 덩어리. roe

らんがい[欄外](명) ①난외. 테로 친 선(줄)의 바깥. ②난간(欄干)의 바깥. ↔欄内(ランナイ). 1. the margin

らんかく[卵殻](명) 난각. 알의 껍질. an egg-shell

らんかく[乱獲·濫獲](명·타サ) 남획. 동식물(動植物)을 함부로 잡음. 마구 잡거나 채취함. reckless hunting

らんがく[蘭学](명) 네덜란드(화란)의 학문. 또는 어학. Dutch studies

ランカシャー[Lancashire](명)〈지〉 랭카셔. 잉글랜드 서북부 아이리시해(海)에 면한 지방.

らんかつ[卵割](명)〈생〉 난할. 단세포(単細胞)의 수정란(受精卵)이 분열하는 현상. cleavage

らんかん[卵管](명) 난관. 수란관(輸卵管). an oviduct

らんかん[欄干](명) 난간. 층계나 다리 등의 가장자리에 나무나 쇠 등을 종횡(縱横)으로 건너 질러 놓아 사람 등이 떨어지지 않게 한 살. a railing

らんき[嵐気](명) 남기. 산중에 생기는 푸르스름하고 흐릿한 기운. 산기(山気). 이내. 산속에 생기는 안개. mountain air

らんぎく[乱菊](명) 화판(花瓣)을 길게 하여 흩뜨린 국화꽃. 또는 그런 무늬. scattered chrysanthemums

らんぎゃく[乱逆](명) 반역(反逆). 모반. a rebellion

らんぎょう[乱行](명) 난행. ①난폭하거나 난잡한 행동. ②음란한 행동. misconduct

らんぎり[乱切り](명) 〔요리에서〕 형태를 고르게 하지 않고 되는 대로 자르는 일.

ランキング[ranking](명) 랭킹. 순위(順位). 등급(等級).

ランク[rank](명·타サ) 랭크. 순위(順位), 등급(等級)을 매김.

らんぐい[乱杙·乱杭]—グヒ(명) 간격이나 세운 방향 등을 고르게 하지 않고 마구 세운 말뚝. pickets

ラングーン[Rangoon](명)〈지〉 랑구운. 버어마의 수도.

らんくつ[乱掘·濫掘](명·타サ) 난굴. 남굴. 함부로 팜. reckless digging

らんぐん[乱軍](명) 난전(乱戦). 혼전(混戦). a mixed fight

らんけい[卵形](명) 난형. 달걀 모양. 난상(卵状). egg-shaped

らんご[蘭語](명) 네덜란드(화란)어. Dutch

らんこう[濫行](명) 함부로 행하는 것. 난잡(乱雑)한 행동. wanton action

らんこう[蘭交](명) 난교. 뜻이 맞아 서로 친밀한 사람들의 사귐. 난계(蘭契). companionship

らんごく[乱国](명) 난국. 질서가 문란한 나라. 어지러운 나라. a disturbed country

らんこん[乱婚](명) 난혼. 원시 사회에서 특정한 부부 관계를 정하지 않고 동물적으로 행해진 결혼. 잡혼(雑婚). promiscuity

らんさく[乱作·濫作](명·타サ) 남작. 함부로 많이 만듦. 함부로 많이 지어 냄. overproduction

らんざつ[乱雑](명·형동ダ) 난잡. 혼란되어 질서가 문란함. 이리저리 또는 이것저것 뒤섞임. confusion

らんし[卵子](명)〈생〉 난자. 자성(雌性)의 생식 세포. 성숙한 난세포(卵細胞). an ovule

らんし[乱視](명)〈의〉 난시. 눈의 굴절 이상(屈折異常)의 한 가지. 수정체의 구면(球面)이 바르지 못하기 때문에 밖에서 들어 오는 광선이 한 점에 모이지 아니하여 물체가 바로 보이지 않는 것. astigmatism

ランジェリー[프 lingerie](명) 랑제리. 린네르제품. 여자의 속옷류.

らんししょく[藍紫色](명) 남자색. 남색을 띤 보라색. indigo purple

らんしゃ[乱射](명·타サ) 난사. 함부로 갈겨 쏨. 마구 쏨. random firing. **—らんげき**[乱射乱撃](연어) 난사 난격. 함부로 마구 사격함.

らんじゃ[蘭麝](명) 난초와 사향의 향기. (썩 좋은 향기의 비유) musk

らんしゅ[乱酒](명) ①자리가 어지러워진 주연(酒宴). ②지나치게 함부로 술을 마심. 2. excessive drinking

らんじゅく[爛熟](명·자サ) 난숙. ①무르익음. ②충분히 발달함. 극도로 성숙함. 1. overripeness 2. full maturity

らんしゅつ[乱出·濫出](명·자타サ) 함부로 세상에 나오거나 내놓음. a flood

らんじゅほうしょう[藍綬褒章](명) 발명, 발견, 사회사업 등을 통해서 사회 생활 개선에 이바지한 사람에게 일본 정부가 수여하는 남색 리본이 달린 기장(記章).

らんしょ[蘭書](명) 네덜란드(화란)서적. a Dutch book

らんしょう[濫觴](명) 남상. 사물의 처음. 시초. 기원(起源). the origin

らんしん[乱心](명·자サ) 정신에 이상을 초래함. 미침. 발광(発狂). madness

らんしん[乱臣](명) 난신. 반란을 꾀한 신하. 역신(逆臣). a treacherous subject. **—ぞくし**[乱臣賊子](연어·명) 난신 적자. 임금이나 부모에게 반역하는 불충(不忠), 불효(不孝)한 사람.

らんすい[乱酔](명·자サ) 난취. 흠뻑 취함. 정신 없이 취함. 만취(満酔). 대취(大酔). dead drunkenness

らんすうひょう[乱数表](명)〈수〉 난수표. 여러 가지 수자를 전혀 불규칙하게 기록한 표.

らん·する[濫する](자サ) 문란해지다. 어지러워지다. 복잡해지다. be wanton

らんせい[卵生](명)〈생〉 난생. 알을 낳아 새끼를 까는 것. ↔胎生(タイセイ). oviparity

らんせい[乱世](명) 난세. 어지러운 세상. 전란(戦乱)을 만난 세상. 「—の英雄(エイユウ); 난세의 영웅」 troubled times

らんせいしょく[藍青色](명) 남청색. 남색을 띤 청색. 짙고 검푸른 색. indigo blue

らんせん[乱戦](명) 난전. 적과 우군(友軍)이 뒤섞이어 어지럽게 싸움. 혼전(混戦). a dogfight

らんそう[卵巣](명)〈생〉 난소. 고등 동물의 자성(雌性) 생식 기관의 하나로 난자(卵子)를 만들어 내는 기관. 편평하고 알과 같이 둥글게 생겼음. an ovary

らんそう[藍藻](명)〈식〉 남조. 분열 식물문(分裂植物門)에 속하는 하등 조류(藻類).

らんぞう[乱造·濫造](명·타サ) 남조. 함부로 아무렇게나 만듦. 「粗製(ソセイ)—; 조제 남조」 excessive production

らんそううん[乱層雲](명) 난층운. 비구름. a nimbo-stratus

らんぞく[乱賊](명) 난적. 나라를 어지럽히는 자. 반역자(反逆者). traitors

らんだ[乱打](명·타サ) 난타. ①함부로 마구 때림. ②〔배구, 정구 등에서〕 시합 전에 연습으로 공을 서로 침. ②〔야구에서〕 안타(安打)를 연발함.

らんだ[懶惰](명·형동ダ) 나타. 게으르고 느림. 태만. 나태(懶怠). sloth

らんたいせい[卵胎生](명)〈생〉 난태생. 모체내에서 알이 수정(受精)은 하나, 태반(胎盤)이라는 특수 기관이 없어 모체에서 영양을 취하지 아니하고 난황(卵黄)을 영양으로 하여 보육하여 어느 시기에 모체 밖

으로 나오는 태생. 예: 망성어, 살무사 등. ovoviviparous

ランダム[random](명) 랜덤. ①제 멋대로 하는 것. 임의(任意). ②〈수〉 통계에서 조사할 견본의 무작위 추출(無作為抽出).

ランタン[lantern](명) 랜턴. 등(燈). 각등(角燈). 제등(提燈).

ランチ[launch](명) 라안치. 작은 증기선(蒸気船). 기정(汽艇).

ランチ[lunch](명) 런치. ①주식(昼食). 경식(軽食). ②간단한 양식(洋食).

らんちき[乱痴気](명·형동ダ) 난잡함. 혼란함. 「—さわぎ; 만취되어 법석을 떠는 것. 남녀간의 질투로 일어나는 싸움」 tangle

らんちゅう[蘭虫](명)〈동〉 난금붕어. 금붕어의 한 가지. a telescope-fish

らんちょう[乱丁](명) 난정. 책의 페이지 순서가 뒤바뀐 것. irregular pages

らんちょう(し)[乱調(子)](명) ①흐트러진 가락. 또는 형편. 가락 또는 형편이 문란해짐. ②〈경〉 변동이 심하여 시세가 일정하지 않은 것. 1. discord 2. uneven market

ランデブー[프 rendez-vous](명) 랑데부. 남녀의 밀회(密会).

らんとう[卵塔·蘭塔](명)〈불〉 난탑. ①난형(卵形)의 묘석(墓石). ②묘. 무덤. 1. an oval tombstone 2. a cemetery. **—ば**[蘭塔場](명) 묘지. 무덤.

らんとう[乱闘](명·자サ) 난투. 서로 뒤섞여 어지럽게 싸움. a confused fight

らんどく[乱読·濫読](명·타サ) 난독. 남독. 서적의 종류나 내용을 가리지 않고 이것저것 마구 읽음. desultory reading

ランドセル(명) 〔란셀(네 ransel)의 변화〕 란도셀. 등에 메는 국민 학생용 가방.

らんどり[乱取り](명) 〔유도에서〕 제각기 자유롭게 행하는 연습. free exercises

ランドリー[laundry](명) 로온드리. 세탁소.

ランナー[runner](명) 러너. 〔야구에서〕 주자(走者).

らんない[欄内](명) (신문, 서적 등의) 난의 안. ↔欄外(ランガイ).

らんにゅう[乱入](명·자サ) 난입. ①난잡하게 들어감. ②난폭하게 밀고 들어 감. intrusion

らんにゅう[卵乳](명) 계란과 우유. eggs and milk

らんにゅう[濫入·闌入](명·자サ) 함부로 마구 뛰어 들어 감. intrusion

ランニング[running](명) 러닝. ①경주(競走). 달음질. ②러닝샤쓰의 준말. ③「—キャッチ; 야구에서, 멀리 날아 가는 공을 뛰어 가서 잡음」

らんのう[卵嚢](명)〈생〉 난낭. 두껍고 튼튼한 난막(卵膜). 알주머니. an ovisac

らんばい[乱売](명·타サ) 함부로 싸게 파는 것. 마구 팔아 버림. panicky selling

らんぱく[卵白](명) 난백. 계란의 흰자위. ↔卵黄(ランオウ). the white of an egg

らんばつ[乱伐·濫伐](명·타サ) 남벌. 나무를 함부로 벰. reckless deforestation

らんぱつ[乱髪](명) 난발. 엉클어진 머리털. dishevelled hair

らんぱつ[濫発·乱発](명·타サ) 남발. 난발. ①법령, 지폐 등을 함부로 발포 또는 발행함. ②대포, 총 등을 함부로 발사함. 1. overissue 2. random firing

らんはんしゃ[乱反射](명·타サ)〈이〉 난반사. 표면이 고르지 못한 물체에 광선이 비쳐서 여러 갈래로 반사하는 것. diffused reflection

らんぴ[乱費·濫費](명·타サ) 함부로 씀. 헛되이 씀. 낭비. dissipation

らんぴつ[乱筆](명) 난필. ①되는 대로 마구 갈겨 쓴 글씨. ②자기가 쓴 글씨를 겸사로 일컫는 말. 1. hasty writing

らんぶ[乱舞](명·자サ) 난무. 어지럽게 춤을 춤. 또는 그러한 춤. a boisterous dance

ランプ[lamp](명) 램프. ①남포등(燈). ②전등.

らんぺき[藍碧](명) 남빛과 같이 짙은 청색. dark blue

らんぼう[乱暴](명·자サ·형동ダ) 난폭. 거칠고 사나움. outrage

らんぽう[蘭方](명) 네덜란드(和蘭)에서 전해진 의술(医術). Dutch medicine

らんぽん[藍本](명) 남본. 원본(原本). 원전(原典). the original

らんま[乱麻](명) 난마. ①어지럽게 얽힌 삼의 가닥. ②어지럽게 얽히어 정돈되지 않은 사물의 비유. 「快刀(カイトウ)—を断(タ)つ; 쾌도 난마(얼크러진 일을 시원스럽게 처리하는 것)」 1. tangled linen-thread

らんま[欄間](명) 채광, 통풍(通風) 등을 위하여 천정과 중방 사이에 있는 벽에 창문이나 격자 등을 낸 곳. a transom

らんまく[卵膜](명)〈생〉 난막. 알 또는 태아를 싸고 있는 막. a chorion

らんまん[爛漫](형동タルト) 난만. 꽃이 만발한 모양. 「桜花(オウカ)—; 벚꽃이 만발함」 full-blooming

らんみゃく[乱脈](명·형동ダ) 난맥. 질서나 체계가 흩어져 어지러움. confusion

らんみん[乱民](명) 난민. 질서를 어지럽히는 백성. riotous people

らんよう[卵用](명) 난용. 알을 얻기 위해 닭을 기르는 것. for getting eggs

らんよう[乱用·濫用](명·타サ) 남용. 함부로 씀. 헛되이 씀. abuse

らんらん[爛爛](형동タルト) 빛이 번쩍이는 모양. 「—たる眼光(ガンコウ); 빛나는 안광」 glittering

らんり[乱離](명) 난리. 세상이 소란하고 질서가 어지러워 백성들이 뿔뿔이 흩어지는 사태. dispersion

らんりつ[乱立·濫立](명·자サ) 난립. ①난잡하게 늘어섬. ②함부로 입후보함. 1. confusion

らんりょう とうインド[蘭領東印度](명)〈지〉 네덜란드령 동인도. 말레이 군도의 대부분과 뉴우기니아도의

일부를 포함한 호칭. 1950년 인도네시아 공화국이 됨. 난인(蘭印) ⇨:インドネシア. Indonesia
らんりん[乱倫](명·형동ダ) 난륜. 인륜(人倫)에 어긋남. 또는 그러한 행동. immorality
らんる[襤褸](명) 남루. ①헌 누더기. ②누더기 옷. 매우 해어지거나 기운 곳이 많은 옷. rags

り

一り[人](접미) 사람 수를 나타내는 수사(数詞) 밑에 붙이는 말. "ひとり, ふたり"의 경우에만 씀.
一り[吏](조어) 관리. 「税関(ゼイカン)一; 세관리」
一り[裏·裡](접미) …하는 가운데. 「暗暗(アンアン)一に; 암암리에」
り(조동·ラ형) ①과거의 동작, 작용의 결과가 지금까지 지속되고 있는 것을 나타내는 말. 「降(フ)れる白雪(シラユキ); 내린 하얀 눈」②그러한 상태를 나타내는 말. 「まされる宝(タカラ); 더 훌륭한 보배」③동작, 작용이 진행 중임을 나타내는 말. 「春霞(ハルガスミ)立(タ)てるやいずこ; 봄안개가 끼는 곳이 어디냐」
り[利](명) ①유리(有利). 「地(チ)一; 지리」②승리. 「たたかい一あらず; 싸움에 불리하다(패전하다)」③이익. 「一にさとい; 이해 타산에 밝다」④벌이. 이득. 「一を得(エ)る; 이득을 보다」⑤이자. 「一が一を生(ウ)む; 이자에 이자가 붙다(이자가 자꾸 붙어 나다)」 1. convenience 2. victory
り[里](명) 리. 거리의 단위. 약 3.9 *km.* 10리.
り[厘·釐](명) ⇨りん.
り[理](명) ①법칙. 원리. 「陰陽(インヨウ)の一にもとずく; 음양의 원리에 근거하다」②이치. 이유. 「一の当然(トウゼン); 당연한 이치」③도리. 「ぬすびとにも三分(サンブ)の一; 어떤 일에도 그만한 이유는 있다」④이학(理学), 물리(物理), 이과(理科), 이학부(理学部)의 준말. 1. a principle 2. reason
リアー エンジン[rear engine](명) 리어 엔진. 차체(車体)의 뒤쪽에 설치한 엔진.
リア カー[rear car](명) 리어카아. 리야카. 자전거 뒤에 달아서 물건을 운반하는 바퀴가 달린 작은 수레. 후미차(後尾車).
リアスしき かいがん[Rias 式海岸](명)〈지〉 리아스식 해안. 극히 복잡한 해안선을 이루고 있는 해안. a Liassic coast
リアリスティック[realistic](형동ダ) 리얼리스틱. ①현실적. 현실주의적. ②사실적(写実的). 사실주의적.
リアリスト[realist](명) 리얼리스트. ①사실파. ②현실주의자. 「かれは一だ; 그는 현실주의자다」③(문학, 예술 등의) 사실주의자.
リアリズム[realism](명) 리얼리즘. ①사실주의(写実主義). ②현실주의. ③〈철〉 실재론(実在論).
リアル[real](형동ダ) 리얼. 사실적. 현실적. 「一な描写(ビョウシャ); 사실적인 묘사」
リーガー[leaguer](명) 리이거. 〔야구에서〕 리이그에 들어 있는 선수.
リーク[leak](명·자サ) 리이크. ①건전지 등의 누전(漏電). 리이키지(leakage). ②누설(漏洩).
リーグ[league](명) 리이그. 동맹. 연맹. **一せん**[league 戦](명) 리이그전. 여러 단체가 연합하여 대전하는 경기. ↔トーナメント.
リーゼント[regent](명) 리이젠트. 남자 머리형의 한 가지. 앞머리털을 높게 뒤로 젖히고 옆머리털은 착 붙임.
リーダー[leader](명) 리이더. ①지도자. 지휘자. ②수령(首領). ③〈악〉 관현악에서 제 1 바이올린. **一シップ**[leadership](명) 리이더십. ①지휘자로서의 지위. 또는 임무. ②지도. 지휘. ③통솔력.
リーダー[reader](명) 리이더. ①독본(読本). 「英語(エイゴ)の一; 영어 독본」②독자(読者). ③확대시켜 읽는 장치. 「マイクロ一; 마이크로 카아드 리이더」
リーチ[reach](명) 리이치. 〔권투에서〕 상대편에 미치는 팔의 길이.
リーディング[reading](명) 리이딩. ①영어 등의 읽기. ②낭독. ③독서. 「一ルーム; 독서실」
リーディング バッタ[leading-batter](명) 리이딩배터. 〔야구에서〕 타격률이 가장 우수한 배터(打者).
リード[lead](명·타サ) 리이드. ①인도(引導). 지도. 「一のしかたがいい; 지도 방법이 좋다」②선두에 섬. 앞장 섬. ③먼저 득점함. 상대편의 득점을 앞지름. 「一点(イッテン)一する; 한 점 리이드하다」
リード[도 Lied](명) 리이드. 노래. 가요. 가요곡.
リード[reed](명)〈악〉 리이드. 클라리넷, 하모니카, 오르간 등의 악기에 장치하는 판자 모양의 얇은 조각. 혀.
リーフレット[leaflet](명) 리이플릿. ①광고, 선전용의 인쇄물. ②종이 한 장을 몇 페이지로 접은 간단한 인쇄물.
リーベ[도 Liebe](명) 리이베. ①연애. ②애인. 연인.
リーマ(一)[reamer](명) 리이머. 금속에 구멍을 뚫거나 또는 구멍을 깎는 기계.
リール[reel](명) 리일. ①실패. ②녹음기에 테이프를 감는 둥근 얼레. ③영화 필름의 한 권.
りいん[吏員](명) 공공 단체의 직원. 공무원. 「役場(ヤクバ)の一; 관공리」 an official
りうん[利運](명) 이로운 운. 행운. good fortune
りうん[理運](명) 천리에 맞은 행운. 도리에 맞는 것. reasonableness

りえき[利益](명) 이익. ①유익하고 보탬이 되는 것. 「お互(タガ)いの一をはかる; 상호간의 이익을 도모하다」 ②벌이. 이득(利得). 소득(所得). 「一金(キン); 이익금」 1. benefit 2. gain

りえん[梨園](명) 이원. ①배나무를 심어 가꾸는 뜰. ②배우의 사회. 극계(劇界). 「一の名門(メイモン); 극계의 명문」 1. a pear-garden 2. the theatrical world

りえん[離縁](명·타サ) 이연. ①부부의 인연을 끊음. 이혼. ②〈법〉 양자, 양녀의 인연을 끊음. 1. divorce 2. the dissolution of adoption. **—じょう**[離縁状](명) 이연장. 남편으로부터 아내에게 이혼의 표시로 주는 서류. 이혼장.

リオグランデ[Rio Grande](명)〈지〉 리오그란드강. 북아메리카 콜로래도우 고원에서 발원하여 미국 멕시코우 국경을 동남으로 흘러 멕시코우만에 삼각주를 이루는 강.

りおち[利落ち](명)〈경〉 공채(公債)나 유가 증권(有価証券)의 이자 또는 이익 배당이 지불필(支払畢)로 된 것. 이자락. ↔利付(リツ)き. ex-dividend

リオデジャネイロ[Rio de Janeiro](명)〈지〉 리오데자네이로. 브라질 공화국의 옛 수도. 기후, 경치가 좋음.

りか[理化](명) 물리학과 화학. physics and chemistry

りか[梨花](명) 이화. 배꽃. pear-blossoms

りか[理科](명) 이과. ①자연 과학 계통 과목. ②이학부. ↔文科(ブンカ). 1. science 2. the science department

りかい[理会](명·타サ) 깊은 사리(事理)를 깨달아 얻음. understanding

りかい[理解](명·타サ) 이해. 사리를 분별하여 해석함. 깨달아 알아 들음. 양해(諒解). 「一力(リョク); 이해력」 comprehension

りがい[利害](명) 이해. 이득과 손해. 손득(損得). 「一が相反(アイハン)する; 이해가 상반하다」 advantages and disadvantages. **—かんけい**[利害関係](명) 이해 관계. 상호간에 이해가 얽혀 있는 관계.

りがい[理外](명) 도리가 아닌 것. 이유가 안됨. 「一の理(リ); 당치 않는 이유」 out of reason

りかがく[理化学](명) 이화학. 물리학과 화학. physics and chemistry

りかく[離隔](명·자타サ) 사이가 막히어 서로 떨어짐. 떼어 놓음. 격리(隔離). isolation

りがく[理学](명) 이학. ①자연 과학. ②물리학. 1. natural science 2. physics

りかのかんむり[李下の冠](연어·명) 남한테 의심받기 쉬운 일은 하지 않는 것이 좋다는 뜻의 격언. 이하부정관(李下不整冠). a suspicious conduct

りかん[利勘](명)〈고〉 타산적인 생각.

りかん[罹患](명)〈의〉 이환. 병에 걸림. 이병(罹病). the contraction of a disease

りかん[離間](명·타サ) 이간. 두 사람 사이에 하리를 놓아 서로 멀어지게 만듦. 이간질. 「一策(サク); 이간책」 estrangement

—りき[力](조어) 힘. 합친 힘. 「三人(サンニン)一; 세 사람의 힘」

りき[力](명)〈속〉 힘. 一がある; 힘이 세다」 strength

りき[利器](명) 이기. ①성능(性能)이 좋은 병기(兵器). ②편리한 기계(器械). 「文明(ブンメイ)の一; 문명의 이기」 1. a sharp-edged tool 2. a convenience

りきえい[力泳](명·자サ) 힘을 다해서 헤엄침. heavy strokes

りきえき[力役](명) ①국가에 대해 의무로 하는 노동. 부역(賦役). ②육체 노동. 2. labour

りきえん[力演](명·자サ) 힘과 열의(熱意)를 다해서 공연함. 열연(熱演). ardent performance

りきがく[力学](명)〈이〉 역학. 물체의 운동이나 거기에 작용하는 힘에 관해서 연구하는 학문. dynamics

りきさく[力作](명) 역작. 힘을 들여 작품을 지음. 또는 그 작품. a masterpiece

りきし[力士](명) ①씨름군. ②역사. 힘이 센 사람. 장사(壮士). 2. a strong man

りきしゃ[力車](명) ⇨じんりきしゃ.

りきせつ[力説](명·타サ) 역설. 힘을 들여 설명함. 열성적으로 주장함. an emphatic assertion

りきせん[力戦](명·자サ) 역전. 있는 힘을 다해서 싸움. hard fighting

りきそう[力走](명·자サ) 역주. 힘껏 달림. hard running

りきそう[力漕](명·자サ) (보우트, 요트 등을) 힘껏 저음. hard pulling

りきつい[力対](명)〈이〉 ⇨ぐうりょく(偶力).

りきてん[力点](명) 역점. ①〈이〉 지레로 어떤 물건을 움직일 때 힘이 걸리는 점. ②주안점(主眼点). 힘 들일 점. 중점(重点). 「打撃(ダゲキ)の練習(レンシュウ)に一をおく; 타격 연습에 중점을 두다」 1. the dynamic point 2. emphasis

りきとう[力投](명·자サ) 역투. 〔야구 등 투척(投擲) 경기에서〕 힘껏 공을 던짐. 공을 힘있게 잘 던짐. all-out pitching

りきとう[力闘](명·자サ) 역투. 있는 힘을 다해 싸움. 역전(力戦). a hard struggle

りき·む[力む](자 4) ①숨을 죽여 전신에 힘을 모으다. 「顔(カオ)をまっかにして一; (힘을 모으느라고) 얼굴을 새빨갛게 붉히며 힘을 쓰다」 ②뽐내다. 「力(リキ)んでみせる; 뽐내 보이다」 1. strain onself 2. bluff

りきゅう[離宮](명) 이궁. 임금이 머무는 별궁. 행궁(行宮). 「赤坂(アカサカ)一; 아카사카 별궁」 a detached palace

りきゅういろ[利休色](명) 검은 빛을 띤 녹색. darkish green

りきゅうねずみ[利休鼠](명) 녹색을 띤 쥐색. greenish grey

リキュール[프 liqueur](명) 리큐르. ①액체. ②양주(洋酒)의 한 가지. 알코홀에 물, 설탕, 향료 등을 넣어서 만든 혼성주(混成酒).

りきょう[離京](명·자サ) 이경. 수도(首都)를 떠남. leaving a capital

りきょう[離郷](명·자サ) 이향. 고향을 떠남. leaving one's birth-place

りきりつ[力率](명)〈이〉 역률. 전력과 전압. 전류의

적(積)의 비율. power factor

りきりょう[力量](명) 역량. 사람의 힘의 정도. 일을 해낼 수 있는 능력. capacity

りきん[利金](명) 이금. ①이자돈. ②이익으로 남은 돈. 1. interest

りく[陸](명)〈지〉 뭍. 육지. ↔海(ウミ). land

りく[離苦](명)〈불〉 이고. 번뇌나 고통에서 벗어나서 안락(安樂)하게 됨. the agony of separation

りくあげ[陸揚げ](명·타サ) 배의 짐(荷物)을 육상으로 올림. 양륙(揚陸). landing

りくい[陸尉](명)〈군〉 육상 자위대(陸上自衛隊)의 위관(尉官). ↔海尉(カイイ), 空尉(クウイ).

りぐい[利喰い·利食い]ーグヒ(명·자サ) ①이식(利息)이 겹쳐서 붙음. ②〈경〉 전매(転売)와 매려(買戻)에 의해서 그 차액(差額)을 버는 일. 2. profit-taking

りくおく[陸奥](명)〈지〉 옛 지방 이름. 현재의 아오모리현(青森県).

りくうん[陸運](명) 육운. 육상의 운송(運送). ↔海運(カイウン). transportation by land

リクエスト[request](명) 리퀘스트. 요청. 요구. 「一曲(キョク); 요청한 곡」

りくかい[陸海](명) 육해. ①육지와 바다. ②육군과 해군. 1 land and sea 2. the army and navy. **—くう**[陸海空](명) ①육지와 바다와 하늘. ②육군과 해군과 공군.

りくぎ[六義](명) 육의. 시경(詩経)의 육체(六体)의 분류법. 풍(風), 부(賦), 비(比), 흥(興), 아(雅), 송(頌).

りくぐん[陸軍](명)〈군〉 육군. 육상에서의 전투, 방위를 담당하는 군대. ↔海軍(カイグン), 空軍(クウグン) the army

りくげい[六芸](명) 육예. 고대 중국 교육의 여섯 과목. 예(礼), 악(楽), 사(射), 어(御), 서(書), 수(数). six liberal arts

りくごう[六合](명) 육합. 천지(天地)와 사방(四方). 우주(宇宙). the universe

りくさ[陸佐](명)〈군〉 육상 자위대(陸上自衛隊)의 영관(領官). ↔海佐(カイサ), 空佐(クウサ).

りくさん[陸産](명) 육산. 육지에서 산출되는 것. 또는 그 물건. ↔海産(カイサン). land products

りくし[陸士](명)〈군〉 육사. 육군 사관 학교의 약칭. ↔空士(クウシ), 海士(カイシ).

りくしょ[六書](명) 육서. ①한자(漢字)의 구조 및 사용에 대한 여섯 가지 종별. 곧 상형(象形), 지사(指事), 회의(会意), 형성(形声), 전주(転注), 가차(仮借). ②한자의 여섯 가지 서체(書体).

りくしょう[陸相](명) 육군 대신. the War Minister

りくしょう[陸将](명) ①육군의 장군. ②육상 자위대(陸上自衛隊)의 한 계급. 중장. ↔海将(カイショウ), 空将(クウショウ). 1. generals. **—ほ**[陸将補](명)〈군〉 육장의 하나 아래 계급. 소장. ↔海将補, 空将補.

りくじょう[陸上](명) 육상. ①육지 위. 땅 위. 「一競技(キョウギ); 육상 경기」 ②육상 경기의 준말. ↔水上(スイジョウ), 海上(カイジョウ). 1. land. **—じえいたい**[陸上自衛隊](명) 일본 자위대의 하나. 방위청에 속하고 육상 방위의 책임을 짐.

りくせい[陸棲](명)〈동〉 육서. 육상에서 삶. 「一動物(ドウブツ); 육서 동물」 ↔水棲(スイセイ). land-inhabiting

りくせん[陸戦](명)〈군〉 육전. 육상에서의 전투. a land combat. **—たい**[陸戦隊](명) 육전대. 해군이면서 육지에서 싸우는 군대. 해병대(海兵隊).

りくぜん[陸前](명)〈지〉 옛 지방 이름. 현재의 미야기현(宮城県).

りくそう[陸送](명·타サ) 육송. 육상의 수송(輸送). transportation by land

りくそう[陸曹](명)〈군〉 육상 자위대(陸上自衛隊)의 하사관. ↔海曹(カイソウ), 空曹(クウソウ).

りくぞく[陸続](부) 육속. 계속하여 끊이지 아니함. 속속(続続). 「一と集(アツ)まって来(ク)る; 속속 모여들다」 in succession

りくたい[六体](명) 육체. 한자(漢字)의 육종(六種)의 서체(書体). 고문(古文), 기자(奇字), 전서(篆書), 예서(隷書), 유서(繆書), 충서(虫書)의 총칭. 육서(六書). the six styles of Chinese hand-writing

りくだな[陸棚](명)〈지〉 육붕. 대륙의 주위에 있어 해저(海底)의 경사가 급하지 않는 얕은 바다. a continental shelf

りくち[陸地](명) 육지. 지상. land

りくちゅう[陸中](명)〈지〉 옛 지방 이름. 현재의 이와테현(岩手県).

りくちょう[六朝](명)〈역〉 육조. 중국에서 후한(後漢)이 망한 뒤 수(隋) 나라의 통일까지 남경에 도읍한 여섯 왕조. (225~588) 오(呉), 동진(東晋), 송(宋), 제(斉), 양(梁), 진(陳).

りくつ[理屈·理窟](명) ①이유. 까닭. 도리. ②이론. 이치. 「一がよく通(トオ)っている; 이론이 잘 서 있다」 ③구실. 핑계. 1. reason 2. theory 3. a pretext

りくでん[陸田](명) 밭. ↔水田(スイデン). a field

りくとう[陸稲](명)〈농〉 육도. 밭에 심은 벼. 밭벼. ↔水稲(スイトウ). the upland rice plant

りくとうさんりゃく[六韜三略](명) 육도 삼략. ①고대 중국의 유명한 병법(兵法)에 관한 고전(古典). ②〈속〉 자습서.

りくなんぷう[陸軟風](명)〈지〉 육연풍. 육지에서 바다로 부는 바람. 육풍. ↔海(カイ)軟風. a land breeze

リグニン[lignin](명)〈이〉 리그닌. 고등 식물의 도관(導管), 섬유(繊維) 등의 세포막에서 축적되는 물질.

りくはんきゅう[陸半球](명)〈지〉 육반구. 지구상의, 육지를 많이 포함하는 반구. ↔水(スイ)半球. the land hemisphere

りくふう[陸風](명)〈지〉 육풍. 밤에 바다보다 육지가 빨리 기온이 내리는 탓으로 육지에서 바다로 부는 바람. 육연풍(陸軟風). ↔海風(カイフウ). a land breeze

りくへい[陸兵](명) 육상의 군대. 육군. land troops

りくほう[陸棚](명)〈지〉 ⇨りくだな.

りくやね[陸屋根](명) ⇨ろくやね.

リクライニングシート[reclining seat](명) 리클라이닝 시이트. 약간 뒤로 경사 지게 만든 좌석.

りくり[陸離](형동タルト) 육리. 여러 빛이 뒤섞여 눈이 부시게 아름다움. 반짝이는 모양. brilliant
リクリエーション[recreation](명) ⇨レクリエーション.
りくりょく[戮力](명) 서로 힘을 모아 합침. 협력(協力)함. joint efforts
りくろ[陸路](명) 육로. 육상의 통로. a land-route
リケッチア[rickettsia](명)〈의〉 리케차. 세균보다 작고 비루스(virus)보다 큰 미생물의 총칭. 발진 티푸스 등의 병원체. 「a sharp sword
りけん[利剣](명) 이검. 날카롭고 썩 잘 드는 검(劍). ↗
りけん[利権](명) 이권. ①이익을 얻는 권리. ②이익과 실권(実権). 1. vested rights 2. rights and interests
りげん[俚言](명) 이언. ①방언(方言). 사투리. ②속어(俗語). 1. a dialect 2. a slang
りげん[俚諺](명) 이언. 속담. a proverb
りこ[利己](명) 이기. 자기 한 몸의 이익만을 피하는 것. ↔利他(リタ). selfishness
りご[俚語](명) ⇨りげん(俚言).
りこう[利口·利巧](명·형동ダ) 영리함. 현명함. 똑똑함. 「一者(モノ); 영리한 자」 shrewdness
りこう[理工](명) 이공. ①이학과 공학. ②대학의 이학부와 공학부. 「一系(ケイ)の学生(ガクセイ); 이공계 학생」 physical science and engineering
りこう[履行](명·타サ) 이행. 실제로 행함. 말과 같이 함. 「契約(ケイヤク)を一する; 계약을 이행하다」 performance
りごう[離合](명·자サ) 이합. 헤어짐과 모임. 떨어뜨림과 맞춤. uniting and parting
リコール[recall](명)〈법〉 리코올. ①소환(召還). ②취소. ③철수. ④선거에 의해서 선출한 대표를 국민투표에 의해서 해임시킴. 「一運動(ウンドウ); 리코올 운동」
りこしゅぎ[利己主義](명) 이기주의. ①자기의 쾌락, 이익, 주장만을 만족시키려 하는 주의. 자기주의. ②자기 멋대로 함. 1. egoism
リゴリズム[rigorism](명) 리거리즘. 엄격주의.
りこん[利根](명)〈불〉 좋은 태생. 영리한 성질. ↔鈍根(ドンコン). cleverness
りこん[離婚](명·자サ)〈법〉 이혼. 부부 관계를 해소함. 이연(離縁). divorce
りさい[罹災](명·자サ) 이재. 재난을 만남. 재해를 입음. 「一民(ミン); 이재민」 affliction
りざい[理財](명) 이재. 재산이나 금전을 잘 운영하는 것. 「一家(カ); 이재가(경제가)」 economy
リサイタル[recital](명)〈악〉 리사이틀. ①독주(独奏). 독창(独唱). ②독주회. 독창회.
りさつ[利札](명) ⇨りふだ. 「margin of profit
りざや[利鞘](명)〈경〉 매매의 차액으로 얻은 이익금. ↗
りさん[離散](명·자타サ) 이산. 떨어져 흩어짐. 분산. 「一家(イッカ)が一する; 일가 분산하다」 scattering
りし[利子](명)〈경〉 이자. 돈을 이용한 대상(代償)으로서 지불하는 돈. 이식(利息). interest
りじ[俚耳](명) 세상 사람들의 귀. 속이(俗耳). 「一にはいりやすい; 속인(俗人)들의 귀에 들어 가기 쉽다」 people's ears
りじ[理事](명)〈법〉 이사. ①법인을 대표해서 사무를 집행하고 권리를 행사하는 기관. 또는 그 사람. ②사무 집행의 기관. 주식 회사의 취체역. 1. a director
りじこく[理事国](명) 이사국. 국제 연합 기관의 이사회의 회원국. 예 : 안전 보장 이사회의 상임 이사국(미국, 영국, 소련, 중국, 프랑스).
りしゅう[俚習](명) 속세간의 풍습. customs
りしゅう[履修](명·타サ) 이수. 차례를 밟아 학과를 닦음. completion
りしゅう[離愁](명) 이수. 이별의 슬픔. parting sorrow
りじゅん[利潤](명) 이윤. ①이익. ②〈경〉 기업 경영의 결과 얻어지는 이익. 「一をあげる; 이윤을 올리다」 profit
りしょう[利生](명)〈불〉 이생. 부처가 중생(衆生)에게 주는 이익. 부처님의 은혜. divine favour
りしょう[離床](명·자サ) 잠자리에서 일어남. 기상(起床). leaving bed
りしょう[離礁](명·자サ) 이초. 좌초(坐礁)했던 배가 암초에서 떨어져서 다시 뜸. get off the rock
りしょく[利殖](명·자타サ) 이식. 이자나 이익을 얻어서 재산을 불림. 돈벌이. 「一の道(ミチ); 돈벌이의 길」 money-making
りしょく[離職](명·자サ) 직무 또는 직장에서 떠남. 실직(失職). unemployment
りしりとう[利尻島](명)〈지〉 북해도 본섬의 서북방 해상에 있는 섬. 어업의 근거지.
りじん[吏人](명) 관공리. 공무원. an official
りじん[里人](명) 고향 사람. 시골 사람. a rustic
りじん[利刃](명) 잘 드는 칼. 또는 그 칼날. a sharp sword
りす[栗鼠](명)〈동〉 다람쥐. a squirrel
りすい[利水](명) 이수. 물을 잘 이용함. 수리(水利). 「一工事(コウジ); 수리 공사」 irrigation
りすい[離水](명·타サ) 이수. 수상(水上) 비행기가 수면에서 떠나 올라 감. taking off from the water
りすう[里数](명) 이수. 거리를 이(里)의 단위로 측정한 수. 이정(里程). mileage
りすう[理数](명) 이수. 이학(理学)과 수학(数学). 「一科(カ); 이수과」 physics and mathematics
リスク[risk](명) 리스크. 위험(危険). 「営業上(エイギョウジョウ)の一; 영업상의 위험」
リスト[list](명) 리스트. ①명부. ②목록. ③일람표. 「ブラックー; 요주의 인물(要注意人物)의 일람표」
リズミカル[rhythmical](형동ダ) 리드미컬. 율동적. 음률적(音律的).
リズム[rhythm](명) 리듬. 규칙적으로 반복되는 음. 율동(律動). 운율(韻律). **—うんどう**[rhythm 運動](명) 리듬 운동. 음악의 리듬에 맞추어 하는 운동.
リスリン(명) 리스린. 글리세린(glycerine)의 변화.
り·する[利する](타サ) ①이익을 얻게 하다. 「社会(シャカイ)を一; 사회를 이롭게 하다」 ②편리를 도모해 주다. ③이용하다. 「地勢(チセイ)を一; 지세를 이용하다」 1. gain 3. take advantage of
りせい[理性](명) 이성. ①이치에 따라 사리를 올바르게 판단하는 능력. ②〈철〉 감성(感性)에 대한 합리적 사유(思惟)의 능력. reason. **—てき**[理性的](형동ダ)〈철〉 이성적. 이성에 따라 판단, 행동하는 모양. ↔感情的(カンジョウテキ).
りせき[離籍](명·타サ)〈법〉 이적. 구제도(旧制度)에서 호주가 가족을 자기 호적에서 분리시키는 일. removing from family register
りせつ[理説](명) 이론이나 학설. theory
りせん[履践](명·타サ) 실제로 행함. practice
りせん[離船](명·자サ) 이선. 배를 떠남. leaving a ship
りそう[理想](명) 이상. ①〈철〉 이성으로 상상할 수 있는 최선의 상태. 이념. ②최선의 목적, 상태. ↔現実(ゲンジツ). an ideal. **—か**[理想化](명·자타サ) 이상화. 현실을 떠나서 이상에 접근함. **—きょう**[理想郷](명) 이상향. ①이상적이며 완전한 향역(郷域). ②유토피아. **—しゅぎ**[理想主義](명)〈철〉 이상주의. 현실에 만족하지 않고 높고 완전한 경지를 향하여 노력하는 입장. **—てき**[理想的](형동ダ) 이상적. 이상에 맞는 모양. 「一な住宅(ジュウタク); 이상적인 주택」
リゾール[도 Lysol](명)〈이〉 리조올. 크레졸 비눗물. 0.5 %의 수용액(水溶液)으로, 묽게 만들어 소독제, 청정제(清浄剤)로 씀.
りそく[利息](명) 이식. 빌린 돈의 이자. 금리(金利). ↔元金(ガンキン). interest
りぞく[里俗](명) 그 지방의 풍속. local customs
りぞく[俚俗](명) ①세속적인 풍습. ②천한 것. 속된 것. 1. vulgar customs
りそつ[吏卒](명) 하급(下級)의 관공리. a lower official
りそん[離村](명·자サ) 마을을 떠나 이주(移住)함. 또는 다른 지방으로 돈벌이를 나감. leaving a village
りた[利他](명) 이타. 자기를 희생하여 남에게 이익을 주는 것. 다른 사람의 복리를 도모하는 것. ↔利己(リコ). altruism
リターン[return](명) 리터언. 한번 패배(敗北)한 선수가 복수를 위해서 다시 한번 시합하는 것. 복수전. 「一マッチ; 리터언매치」
りたしゅぎ[利他主義](명) 이타주의. 이타를 행동의 표준으로 하는 주의. altruism
りたつ[利達](명) 입신 출세하는 것. 영달(栄達). rise in the world
りだつ[離脱](명·타サ) 이탈. 떨어져 나감. separation
りち[理知·理智](명) 이지. ①이성과 지혜. ②사물에 대한 도리를 판단, 이해하는 능력. 1. intellect
リチウム[도 Lithium](명)〈이〉 리튬. 알칼리 금속 원소의 하나. 은백색의 광택이 나며 모든 금속 중에서 가장 가벼움.
りちぎ[律義·律儀](형동ダ) 의리가 두터운 모양. 「一な人(ヒト); 의리가 있는 사람」 upright
りちてき[理知的](형동ダ) 이지적. 이지에 따라서 판단, 행동하는 모양. intellectual
りちゃくりく[離着陸](명·자サ) 이착륙. 이륙과 착륙. taking off and landing
りちょう[里長](명) 이장. 행정 구역의 이(里)의 사무를 맡아 보는 사람. a village headman
—りつ[立](조어) 설립. 「東京都(トウキョウト)一; 토오쿄오(東京) 도립」
りつ[立](명) 릿쿄오 대학의 약칭.
りつ[律](명) 율. ①〈악〉 음악이나 시, 노래 등의 가락. 운율. ②〈악〉 아악(雅楽)에서 말하는 음계의 하나. ↔呂(リョ). ③법칙. 규칙. 「道徳(ドウトク)一; 도덕률」 ④한시(漢詩)의 한 체. 8구로 이룸. ⑤〈불〉 계율(戒律). 1. rhythm 3. a law
りつ[率](명) 율. 비율. 「百分(ヒャクブン)一 백분율」 rate
りつあん[立案](명·자サ) 입안. ①계획을 세움. ②원안(原案)을 만듦. 초안(草案)을 만듦. 「一者(シャ); 입안자」 1. design 2. drafting
りっか[六花](명) 육화. 눈(雪)의 다른 이름. 육출화(六出花). snow flakes
りっか[立花](명) 꽃꽂이 형식의 한 가지.
りっか[立夏](명) 입하. 24절기의 하나. 양력 5월 5, 6일경에 듦. the first day of summer
りっかい[陸海](명) 육해. ①뭍과 바다. ②육군과 해군. 1. land and sea. **—くう**[陸海空](명) ①육해(陸海)와 공중(空中). ②육군, 해군, 공군.
りっかいぐん[陸海軍](명) 육해군. 육군과 해군. the army and navy
りっかく[律格](명) 율격. ①규칙. 법도. ②언어 또는 문자(文字)가 음악적으로 배열된 시의 구성. 1. a rule
りつがん[立願](명·자サ) 신불(神仏)에게 소원을 기원(祈願)함. prayer
りつき[利付き](명)〈경〉 공채(公債), 유가 증권(有価証券)의 이자 또는 이익 배당이 붙는 것. 「五分(ゴブ)一債券(サイケン); 5부 이자가 붙은 채권」 an interest-bearing security
りつぎ[律義](명) ⇨りちぎ.
りっきゃく[立脚](명·자サ) 입각. 근거로 함. 근거를 두어 그 입장에 섬. taking one's ground. **—ち**[立脚地](명) 입장(立場).
りっきょう[陸橋](명) 육교. 육상의 우묵한 계곡이나 도로를 건너기 위해 놓은 다리. 또는 철로 위에 놓은 다리. a viaduct
りっけん[立憲](명)〈법〉 입헌. 헌법을 제정하는 것. 「一的(テキ); 입헌적」 constitutionalism. **—せいじ**[立憲政治](명)〈법〉 입헌 정치. 헌법에 의하여 하는 정치. 입헌 정체의 정치. **—せいたい**[立憲政体](명)〈법〉 입헌 정체. 헌법을 세워서 입법, 사법, 행정을 각기 분립시킨 정체.
りつげん[立言](명·자サ) 세상에 의견을 발표함. 훌륭한 의견을 말함. argumentation
りつご[律語](명) 운율을 갖는 언어. 운문(韻文). rhythmic words
りっこう[力行](명·자サ) 역행. 힘써 행함. 노력함.

「苦学(クガク)一の士(シ); 고학 역행한 선비」 exertion

りっこう[立后](명) 입후. 왕후(王后)를 책립(冊立)함. proclamation of instalment of Empress

りっこう[陸行](명·자サ) 육로로 감. going by land

りっこうほ[立候補](명·자サ) 입후보. 선거의 후보자로 나섬. candidature

りっこく[六国](명)〈역〉 육국. 중국 춘추 전국 시대의 제(斉), 초(楚), 연(燕), 한(韓), 위(魏), 조(趙)의 여섯 나라.

りっこく[立国](명) 입국. ①나라를 세움. 국가의 창건(創建). 건국(建国). 「一の精神(セイシン); 건국 정신」 ②어떤 토대(土臺)나 사업을 중심으로 국가를 운영하는 것. 「工業(コウギョウ)一; 공업 중심의 국가 운영」 1. the founding of a state

りっこくし[六国史](명) 칙찬(勅撰)한 6부(部)의 일본 편년사(編年史).

りっし[立志](명·자サ) 입지. 뜻을 세움. 목적을 세움. 「一伝(デン); 입지전」 fixing one's aim in life

りっし[律師](명)〈불〉 율사. ①계율을 지키고 덕망이 높은 중. ②승관(僧官)의 하나. 1. a learned priest

りっし[律詩](명) ⇨りつ(律)④.

りっしゅう[立秋](명) 입추. 24절기의 하나. 양력 8월 7, 8일경에 듦. the first day of autumn

りっしゅう[律宗](명)〈불〉 율종. 계율종(戒律宗).

りっしゅん[立春](명) 입춘. 24절기의 하나. 양력 2월 3, 4일경에 듦. the first day of spring

りっしょう[立証](명·타サ) 입증. 증거를 내세움. 증명. verification

りっしょく[立食](명·자サ) 서서 먹음. a stand-up meal

りっしん[立身](명·자サ) 입신. ①사회에 나아가서 자기의 지위를 확고하게 세움. ②성공함. 1. rising in the world. **—しゅっせ**[立身出世](연어·명·자サ) 입신 출세. 입신하여 출세함.

りっしんべん[立心偏](명) 한자 부수(部首)의 하나. 심방변. "快, 性"등의 "忄" 부분.

りっすい[立錐](명) 입추. 송곳을 세움. drilling. **—のよち**[立錐の余地](연어·명) 입추의 여지(餘地). 송곳을 세울 정도의 극히 좁은 자리.

りっ·する[律する](타サ) ①정하다. 규정하다. 복종시키다. 일률적으로 판단, 처리하다. 「おとなの頭(アタマ)で子供(コドモ)を一; 어른의 사고 방식으로 아이를 다루다」 ②법률로 처단(処断)하다. 1. regulate

りつぜん[慄然](형동タルト) 섬뜩하는 모양. 겁이 나서 소름이 끼치는 모양. horrified

りつぞう[立像](명) 입상. 서 있는 자세의 상. ↔座像(ザゾウ). a standing statue

りったい[立体](명) 입체. ①〈수〉 공간의 일부분을 점유하고 위치, 모양, 두께를 갖는 것. ②좌우 원근이 뚜렷하여 입체적으로 느껴지는 것. 1. a solid body. **—てき**[立体的](형동ダ) 입체적. ①입체감을 느끼게 하는 모양. ②사물을 다각적으로 파악하는 모양. 「ものごとを一に見(ミ)る; 사물을 입체적으로 보다」

りつだい[立大](명) 릿쿄오(立教) 대학의 약칭.

りったいし[立太子](명)〈법〉 입태자. 공식(公式)으로 태자를 정함. 태자 책립. [一式(シキ); 입태자식」 the official investiture of the Prince Imperial

りっち[立地](명) 입지. ①지세(地勢)나 지질 등의 자연 조건이 농공업 경영에 작용하는 것. 「一条件(ジョウケン); 입지 조건」 ②입장. 1. location

りっちょ[立儲](명) ⇨りったいし(立太子).

りつつぼ[立坪](명)〈수〉 ⇨りゅうつぼ.

りっとう[立刀](명) 한자 부수(部首)의 하나. 선칼도. "利, 剣"등의 "刂" 부분.

りっとう[立冬](명) 입동. 24절기의 하나. 양력 11월 7, 8일경에 듦. the first day of winter

りっとう[立党](명) 정당이나 당파를 조직하는 것. forming a political party

りつどう[律動](명·자サ) 율동. ①규칙적으로 반복되는 운동. 「一的(テキ); 율동적」 ②〈악〉 리듬. 1. rhythmic movement

リットル[프 litre·立](명) 리터. 미터법에 의한 용량(容量)의 단위. 기호는 *l*.

りっぱ[立派](형동ダ) ①유달리 뛰어난 모양. 훌륭한 모양. 「一な人(ヒト); 훌륭한 사람」 ②더 말할 나위 없는 모양. 보기 좋은 모양. 「一なものだ; 근사하다」 splendid

りっぴょう[立標](명) 입표. 암초 등에 나무, 기(旗) 등으로 표를 세움. 또는 그 표. a warning mark

りっぷく[立腹](명·자サ) 성을 냄. 역정을 냄. 화를 냄. getting angry

リップスティック[lipstick](명) 립스틱. 막대기 모양의 입술 연지. 루우즈.

りつぶん[律文](명) 율문. ①법률의 조문(条文). ②운문(韻文). 1. provisions

りっぽう[立方](명)〈수〉 입방. ①삼승(三乗). ②←立方体. 1. cube. **—たい**[立方体](명)〈수〉 입방체. 여섯 개의 면이 정방형인 평행 평면체.

りっぽう[立法](명)〈법〉 입법. 법률을 제정하는 것. legislation. **—きかん**[立法機関](명)〈법〉 입법 기관. 국가의 법률을 제정하는 기관. 국회. **—けん**[立法権](명)〈법〉 입법권. ①국가가 법을 제정하여 통치하는 작용. ②국회가 입법을 하는 권한.

りっぽう[律法](명) 율법. ①법률. ②〈불〉 계율. 1. a law

りづめ[理詰め](명·형동ダ) 이론으로 몰아 댐. 이치로 따짐. reasoning

りつめい[立命](명) ⇨あんしんりつめい(安心立命).

りつりょ[律呂](명) 율려. 율(律)의 음과 여(呂)의 음. 곧 음률(音律). music scale

りつりょう[律令](명) ①나라(奈良), 헤이안(平安) 시대의 법전(法典). ②율령. 법령. 율과 영.

りつれい[立礼](명) 서서 하는 경례. a standing-bow

りつれい[律令](명) 율령. 법률(法律)의 총칭. a law

りつろん[立論](명·자サ) 입론. 이론의 순서, 취지 등을 세움. an argument

りてい[里程](명) 이정. 길의 이수(里数). 정리(程里). 「一標(ヒョウ); 이정표」 distance. **—ひょう**[里程

標](명)이정표. 이정을 적어 세운 표목, 표석(標石).
りてき[利敵](명) 이적. 적을 이롭게 함. 「一行為(コウイ); 이적 행위」 profit the enemy
りてん[利点](명) 이점. 이익이 되는 점. 유리한 점. advantage
りとう[利刀](명) 이도. 날카로운 칼. 썩 잘 드는 칼. a sharp blade
りとう[離党](명·자サ) 이당. 당원이 자기의 정당, 정파에서 떠남. 당원 자격을 잃음. leaving a party
りとう[離島](명·자サ) ①외떨어진 섬. ②섬을 떠나 다른 곳으로 감. 1. a solitary island 2. leaving an island
りどう[吏道](명) 이도. 관공리로서 마땅히 지켜야 할 도리. official life
りどう[里道](명) 국도(国道), 현도(県道) 이외의 도로. 촌리(村里)의 길. 시골 길. a village road
りとく[利得](명) 이득. 이익. profit
りとく[利徳](명) 이익. 이득. 「一に走(ハシ)る; 이익을 좇다」
リトマス[litmus](명)〈이〉 리트머스. 리트머스 이끼로부터 짜 낸 청색 색소. 알칼리에 의하여 청색으로 되고 산에 의하여 붉은 빛이 됨. 알칼리성 또는 산성 반응의 지시약(指示薬)으로 씀. 「一試験紙(シケンシ); 리트머스 시험지」
りどん[利鈍](명) 이둔. ①날카로움과 무딤. ②행운과 불운(不運). ③영리함과 어리석음. 1. sharp and blunt 2. luck and unluck
りにち[離日](명·자サ) (외국인이) 일본을 떠남. leaving Japan
りにゅう[離乳](명·자サ) 이유. 젖먹이의 젖을 뗌. 「一期(キ); 이유기」 weaning
りにょう[利尿](명)〈의〉 이뇨. 오줌을 잘 나오게 하는 것. 「一剤(ザイ); 이뇨제」 diuresis
りにん[離任](명·자サ) 이임. 임지(任地)를 떠남. 임무(任務)를 떠남. leaving the post
りねん[理念](명)〈철〉 이념. 이성(理性)의 판단으로 얻은 최고의 개념. an idea
リノリウム[linoleum](명) 리놀륨. 아마인유(亜麻仁油)의 산화물인 수지(樹脂), 고무질, 코르크 가루 같은 것을 섞어 삼베 등에 바른 것. 서양식 건물의 바닥이나 벽에 붙임.
リハーサル[rehearsal](명) 리허어설. 연극이나 음악 등을 공개하기 전에 하는 연습. 시연(試演).
リパートリー[repertory](명) ⇨レパートリー.
りはく[理博](명) 이학 박사의 준말.
りはつ[理髪](명·자サ) 이발. ①머리털을 빗고 다듬음. ②머리를 깎음. 「一店(テン); 이발소」 1. hair-dressing 2. hair-cutting
りはつ[利発·悧発](형동ダ) 영리한 모양. 현명한 모양. intelligence
リバノール[도 Rivanol](명)〈의〉 리바놀. 노란 결정(結晶)으로 된 약. 살균, 소독제로 씀.
りばらい[利払い]ーバラヒ(명) 이자(利子)의 지불. interest payment
りはん[離反·離叛](명·자サ) 떨어져 배반함. 「人心(ジンシン)が一する; 인심(인망)이 떨어지다」 revolting
りひ[理非](명) 이비. 옳고 그름. 시비(是非). 정부(正否). rights and wrongs
リビア[Libya](명)〈지〉 리비아. 아프리카 북부, 지중해 연안의 왕국. 국토의 대부분이 리비아 사막으로 덮여 있음. 수도는 트리폴리(Tripoli).
リビド(ー)[라 libido](명)〈심〉 리비도. 정신 분석학의 용어. 잠재 의식하(潜在意識下)의 욕망. 모든 본능의 에네르기의 본체. 성적 충동(性的衝動).
りびょう[罹病](명·자サ)〈의〉 이병. 병에 걸림. 이환(罹患). contraction
リビング[living](명) 리빙. 생활. 「一ルーム; 거실(居室)」 **ーキッチン**[living kitchen](명) 리빙키친. 식당과 부엌을 편리하게 연결한 방.
リファイン[refine](명·타サ) 리파인. 세련(洗練). 정제(精製).
りふじん[理不尽](명·형동ダ) 도리(道理)도 정리(情理)도 좇지 않는 모양. 사리를 분간 못하는 모양. 분별 없는 모양. 「一な事(コト)をする; 이치에 닿지 않는 일을 하다」 unreasonableness
りふだ[利札](명)〈경〉 이자를 지불한다는 증거로 채권에 붙이는 조그마한 증서. a coupon
リフト[lift](명) 리프트. 기중기(起重機). 승강기(昇降機). 엘리베이터. 갱내용(坑内用) 양수(揚水) 펌프.
リフレ(ーション)[reflation](명)〈경〉 리플레이션. 통제 인플레이션. 물가를 정상적인 한도 내에서 인상(引上)하려는 정책.
リフレーン[refrain](명) 리프레인. 시가(詩歌)에서 두 번 이상 되풀이되는 마지막 부분. 후렴(後斂).
りへい[利弊](명) 이폐. 이익과 폐해. advantages and disadvantages
リベート[rebate](명·타サ) 리베이트. ①일단 받았던 금액 중 몇 할인가를 반환함. 할당해서 돌려 줌. ②수수료. 수고료.
りべつ[離別](명·자サ) 이별. ①헤어짐. 별리(別離). 「一の涙(ナミダ); 이별의 눈물」 ②이혼(離婚). 이연(離縁). 1. parting 2. a divorce
リベット[rivet](명) 리벳. 대가리가 둥글고 두툼한 버섯 모양의 굵은 못. 철골(鉄骨)의 조립(組立), 철판(鉄板)의 연결 등에 씀.
リベラリスト[liberalist](명) 리버럴리스트. 자유주의자.
リベラリズム[liberalism](명) 리버럴리즘. 자유주의.
リベラル[liberal](형동ダ) 리버럴. ①자유스러운 모양. ②자유주의적.
リベリア[Liberia](명)〈지〉 리베리아. 아프리카 서부에 있는 흑인 공화국. 수도는 몬로비아(Monrovia).
りべん[利便](명) 편리한 것. 편의(便宜). convenience
りべんか[離弁花](명)〈생〉 이판화. 매화, 벚꽃, 뽕나무, 참나무의 꽃 등과 같이 꽃잎이 기부(基部)에서부터 서로 떨어져 있는 꽃. 갈래꽃. ↔合弁花(ゴウベンカ). an apopetalous flower. **ーかん**[離弁花冠](명)〈생〉 이판화관. 한 개의 꽃에 있는 모든 꽃잎이 갈라져 있는 꽃부리. ↔合弁花冠.

リポイド[도 Lipoid](명)〈이〉 리포이드. 지방(脂肪) 또는 지방과 동질의 화합물. 유지질(類脂質).

りほう[理法](명) 법칙. 바른 도리. 조리(条理). a law

リポート[report](명) 리포오트. ①보고. 보고서. ②기사(記事). 보도.

リボン[ribbon](명) 리본. 폭이 좁고 빛깔이 예쁜 직물(織物). 모자, 머리 등의 장식용으로 쓰임.

リマ[Lima](명)〈지〉 리마. 페루의 수도. 상업, 무역 등이 성함.

りまわり[利回り·利廻り]ーマハリ(명)〈경〉 이율. return

りむ[吏務](명) 관공리(官公吏)의 직무. a government official's duty

リム[rim](명) 림. 찻바퀴의 바깥 둘레를 이룬 환상부분(環状部分). 자전거는 여기에다 타이어를 끼움.

りめん[裏面](명) 이면. ①내면(内面). 뒷면. ②사물의 표면에 나타나지 않는 부면. 「一史(シ); 이면사」 ↔表面(ヒョウメン). 1. the back 2. the inside

リモート[remote](명) 리모오트. 먼 것. 멀리 떨어짐. 원격(遠隔). 「ーコントロール; 원격 조작 (遠隔操作)」

リヤカー[rear car](명) ⇨リアカ.

りゃく[略] Ⅰ(명) 약. ①대강. 대략. 「一年表(ネンピョウ); 약년표」 ②생략. 빼 버림. 「以下(イカ)ー; 이하 생략」 Ⅱ(부) 대체로. 대강. Ⅰ2. omission

りやく[利益](명)〈불〉 이익. 〔おー〕 신불(神仏)의 은혜로 얻어지는 공덕. divine favour

りゃくが[略画](명) 약화. 약식(略式)의 그림. 간단한 그림. a sketch

りゃくぎ[略儀](명) 약식(略式). 「ーながら; 약식이지만」 informality

りゃくげん[略言](명·자サ) 약언. ①간략하게 대강 말함. 또는 그 말. 「ーすれば; 줄여 말하면」 ②약어(略語). 1. a brief statement

りゃくご[略語](명) 약어. 줄여서 간략하게 쓰는 말. an abbreviated word

りゃくごう[略号](명)약호. 생략한 기호. a code address

りゃくじ[略字](명) 약자. 글자의 획수를 줄여 간단하게 쓴 글자. an abbreviation

りゃくしき[略式](명·형동ダ) 약식. 정식 순서를 생략한 방식. 간략한 형식. informality

りゃくしゅ[略取](명·타サ) 약취. ①빼앗아 가짐. 약탈. ②폭행, 협박을 가하여 빼앗음. plunder

りゃくじゅ[略綬](명) 훈장, 기장 대신에 다는 리본. 약식 훈장이나 기장. a miniature decoration

りゃくじゅつ[略述](명·타サ) 약술. 내용을 간추려서 간략하게 논술함. summary

りゃくしょ[略書](명·타サ) 약서. 간략하게 씀. 간략하게 쓴 것. a brief sketch

りゃくじょ[略叙](명·타サ) ⇨りゃくじゅつ(略述).

りゃくしょう[略称](명·자サ) 약칭. 생략해서 일컬음. 또는 그 명칭. an abbreviation

りゃくしょう[略章](명) 약식의 훈장 또는 기장, 휘장(徽章). a miniature medal

りゃく·す[略す](타 4) 약하다. 생략하다. 「以下(イカ)ー; 이하 생략」 omit

りゃくず[略図](명) 약도. 간략하게 대충 그린 도면(図面). a sketch-map

りゃく·する[略する](타サ) ①생략하다. ②빼앗다. 공략(攻略)하다. 1. omit

りゃくせつ[略説](명·타サ) 약설. 간략하게 설명함. 또는 그설. an outline

りゃくそう[略装](명) 약장. 약식의 복장. 약복(略服). informal dress

りゃくたい[略体](명) 약체. 간략한 글자체. 예: 兩→両. a simplified character

りゃくだつ[略奪·掠奪](명·타サ) 약탈. 폭력을 써서 강제로 빼앗음. plunder

りゃくでん[略伝](명) 약전. 간략한 전기. 간추린 전기(伝記). a short biography

りゃくどく[略読](명·타サ) 약독. 대충 읽음. 중요한 대목만 뛰어서 읽음. rough reading

りゃくひつ[略筆](명) 약필. 중요한 점 이외를 생략하여 쓰는 것. 또는 그 문장. 약문(略文). sketching

りゃくひょう[略表](명) 약표. 간략한 표. 대략을 나타낸 표. a rough table

りゃくふ[略譜](명) 약보. ①간단한 계도(系図). ②〈악〉 수자 등을 사용해서 간단히 표시한 악보. 1. a brief genealogical table

りゃくふく[略服](명) 약식의 의복. 약장(略装). ordinary clothes

りゃくぶん[略文](명) 약문. 중요한 대목 이외에는 생략하여 쓴 글. an abridged sentence

りゃくぼう[略帽](명) 약식의 모자. an ordinary cap

りゃくほんれき[略本暦](명) 약본력. 간추려서 누구나 알기 쉽게 만든 달력. a simplified calendar

りゃくれき[略歴](명) 약력. 간단한 경력. 간략하게 적은 이력서. a brief history

りゃっか[略訛](명) 음(音)의 생략 및 변화. contraction and corruption

りゃっかい[略解](명·타サ) 골자만 추려 간략하게 해석함. 또는 그렇게 한 것. 「古典(コテン)のー; 고전의 약해」 brief explanation

りゃっき[略記](명·타サ) 약기. 간략하게 적음. 또는 그 기록. a brief sketch

リャン[중 両](명) 량. ①둘. ②〈경〉 ⇨テール.

リャンコ[중 両個](수·명) ①둘. 두 개. ②에도(江戸)시대의 속어로 무사의 은어(隠語). 두 자루의 칼. 두 자루의 막대기.

ーりゅう[流](접미) ①예술상 특유의 방법. 유파(流派). 「小笠原(オガサワラ)ー; 오가사와라류」 ②특유의 형(型). 풍(風). 스타일. 「フランスー; 프랑스풍」 ③등급. 품위. 「三(サン)ー品(ヒン); 삼류품」

ーりゅう[粒](접미) 곡식 등의 낟알을 세는 말.

ーりゅう[旒](접미) 기(旗)를 세는 말.

ーりゅう[瘤](조어)〈의〉 병 등으로 인해서 혹처럼 부풀어 오른 것. 「動脈(ドウミャク)ー; 동맥류」

りゅう[龍·竜](명) 용. 하늘을 날아 다닌다는 상상의 동물. 전체는 배암과 같으며 두 개의 뿔과 네 개의 발이 있음. 구름을 일으키고 비를 내리게 한다고 전해짐. a dragon

りゆう[理由](명) 이유. 까닭. 내력. a reason

りゅうあん[硫安](명)〈농〉 유안. 황산 암모늄의 준말. 암모니아를 황산에 흡수시켜서 만드는 무색 투명의 결정. 비료로 씀. ammonium sulphate

りゅうあんかめい[柳暗花明](연어) 유암 화명. ①버드나무는 무성하여 그윽히 어둡고 꽃은 활짝 피어 밝고 아름답다는 뜻으로 봄의 아름다운 경치를 말함. ②화류가(花柳街). 1. a lovely spring view

りゅうい[留意](명·자サ) 유의. 마음에 둠. 조심. 「健康(ケンコウ)に—せよ; 건강에 유의하라」 attention

りゅういき[流域](명) 유역. 강가의 지역. 유수(流水) 구역. 「荒川(アラカワ)の—; 아라카와 유역」 a drainage basin

りゅういん[溜飲](명) 유음. 음식물이 위 속에 괴어서 신 액체가 나오는 증상. 위산 과다증. 「—がさがる; 가슴이 후련해지다」 water-brash

りゅううん[隆運](명) 융성하는 기운. 또는 그런 운수. prosperity

りゅうえい[柳営](명) ①장군의 진영. ②막부(幕府). ③장군의 집. 1. a commander's camp

りゅうおう[龍王](명) 용왕. 불법(仏法)의 수호신. 수신(水神). 해신(海神). 용신(龍神). 「八大(ハチダイ)—; 8대 용왕」 the dragon god

りゅうか[流下](명·자サ) 유하. 아래로 흘러 내림. 흘려 내려 보냄. flowing down

りゅうか[流火](명) ①화성(火星)의 위치가 서쪽으로 기울어 지평선에 가까와지는 일. ②초가을. ③음력 7월의 다른 이름. 2. early autumn

りゅうか[硫化](명·타サ)〈이〉 황화(黃化). 유황과 다른 물질이 화합함. 「—銀(ギン); 황화은」 sulphurization

りゅうかい[柳界](명) 센류우계(川柳界).

りゅうかい[流会](명·자サ) 유회. 회의가 성립되지 않고 끝남. 「欠席者(ケッセキシャ)が多(オオ)いため—; 결석자가 많아서 유회」 adjournment of a meeting

りゅうがく[留学](명·자サ) 유학. 외국에 가서 배움. studying abroad

りゅうかん[流汗](명) 유한. 흐르는 땀. perspiration

りゅうかん[流感](명) 유행성 감기의 준말.

りゅうがん[立願](명·자サ) ⇨りつがん.

りゅうがん[龍眼](명)〈식〉 용안. 무환수과에 속하는 상록 교목. 열매는 날로 먹기도 하고 말려 먹기도 하고 약재로도 씀. 여지노(荔枝奴). a longan

りゅうがん[龍顔](명) 용안. 임금의 얼굴. 천안(天顔). the Imperial countenance

りゅうき[流期](명) 전당포에 맡긴 것을 찾을 수 있는 기한. 유질 기한(流質期限). the time for foreclosure

りゅうき[流旗](명) ⇨ふきながし.

りゅうき[隆起](명·자サ) 융기. 높게 일어나 들뜸. 또는 그 부분. 1. swelling

りゅうぎ[流儀](명) ①유파의 주의나 방법. ②유파(流派)의 의식. 「むかしの—; 옛식」 1. a style 2. a school

りゅうきへい[龍騎兵](명) 용기병. 옛날 유럽에 있었던, 총을 멘 날쌘 기마병. a dragoon

りゅうきゅう[琉球](명)〈지〉 유구. 일본 열도(列島)와 대만 사이에 있는 열도.

りゅうきゅうおもて[琉球表](명) 등심초로 짠 다다미(畳)의 겉에 씌운 돗자리.

りゅうきん[琉金](명) ①동과 아연의 합금. 놋쇠. ②금붕어의 한 가지. 1. brass

りゅうぐう[流寓](명·자サ) 유랑하여 타향에서 삶. a roaming life

りゅうぐう[龍宮](명) 용궁. 전설에서 말하는 바닷속에 있다는 용왕(龍王)의 궁전. the Dragon's Palace

りゅうけい[流刑](명·타サ) 유형. 죄인을 먼 곳으로 유배(流配)함. 귀양. exile

りゅうけつ[流血](명) 유혈. 피를 흘림. 또는 그 피. 「—の惨事(サンジ); 유혈의 참사」 bloodshed

りゅうげん[流言](명) 유언. 사실이 아닌 소문. 근거 없는 말. a false rumour

りゅうこ[龍虎](명) 용호. ①용과 호랑이. ②서로간에 역량이 백중(伯仲)한 두 영웅. 1. a dragon and a tiger

りゅうこう[流行](명·자サ) 유행. 같은 형의 복장이나 언어 등이 일시적으로 널리 퍼지는 현상. 「—色(ショク); 유행색」 fashion. **—か**[流行歌](명) 유행가. 어떤 시기에 널리 유행하는 가요. **—じ**[流行児](명) 유행아. 한때 세상 사람들로부터 환영받는 사람. **—せいかんぼう**[流行性感冒](명)〈의〉 유행성 감기. **—びょう**[流行病](명)〈의〉 유행병. 일시적으로 널리 퍼지는 병.

りゅうこつ[龍骨](명) 용골. 선박이나 비행선의 바닥에 등뼈처럼 통해 있는 재목. 선골(船骨). a keel

りゅうさ[流砂](명) ⇨りゅうしゃ.

りゅうさん[硫酸](명)〈이〉 유산. 유황, 산소, 수소가 화합한 강한 산성의 액체. 무색이며 물에 섞으면 많은 열을 냄. 화공 약품으로 쓰임. 황산. sulphuric acid. **—し**[硫酸紙](명) 황산을 뿜어서 반투명으로 한 양지(洋紙). 황산지.

りゅうざん[流産](명·자サ) 유산. ①〈의〉 태아가 달이 차기 전에 죽어서 나옴. ②계획 등이 중지됨. ③내각, 단체 등이 성립되지 못함. 1. miscarriage 2. failure

りゅうざん[流竄](명) 유찬. ①멀리 귀양 보냄. 유형(流刑). ②방랑(放浪). 유랑(流浪). 1. exile

りゅうし[粒子](명) 입자. 아주 미세한 알맹이. 「おしろいの—; 분가루」 a grain

りゅうしち[流質](명) 유질. 전당 잡힌 물건이 기한이 넘어서 찾을 수 없게 됨. a forfeited pawn

りゅうしつ[流失](명·자サ) 유실. 흘러 가 버림. 떠내려가서 없어짐. being washed away

りゅうしゃ[流砂](명) 유사. ①물에 밀려 흐르는 모래. ②사막. 1. drift sand 2. a desert

りゅうしゃく[留錫](명·자サ)〈불〉 중이 행각(行脚) 중에 그 지방의 사원(寺院)에 체재하는 일.

りゅうしゅつ[流出](명·자타サ) 유출. 흘러 나감. 흘려 보냄. 「土砂(ドシャ)の一; 토사의 유출」 outflow

りゅうしゅつ[留出·溜出](명·자타サ)〈이〉 유출. 증류할 때 액체로 되어 나옴. distillation

りゅうじょ[柳絮](명) 버들개지가 솜처럼 흩어지는 모양.

りゅうしょう[隆昌](명) 융창. 융성(隆盛). 「国運(コクウン)の一국운의 융성」 prosperity

りゅうじょう[粒状](명) 입상. 알맹이 모양. 알맹이 같은 상태. granularity

りゅうじょうこはく[龍攘虎搏](명·자サ) 용양 호박. 용과 범이 서로 세차게 부딪치며 싸움. 용장(勇将)들이 맹렬히 싸움. a hot fight

りゅうしょく[粒食](명) 곡물을 알맹이째로 요리하여 먹는 것. ↔粉食(フンショク). granular food

りゅうじん[流人](명) ⇨るにん.

りゅうじん[龍神](명) 용신. 수중(水中)의 동물이나 비, 물을 지배한다고 하는 신. 용왕(龍王). 어부(漁父)들은 해신(海神)으로서 신앙함. the dragon god

りゅうず[龍頭](명) ①종을 매달기 위해서 종 위에 붙인 용 머리 모양의 꼭지. ②용두. 회중 시계, 팔뚝 시계의 태엽을 감거나 시계 바늘을 움직이는 꼭지. ⇨: テンプ. 1. the dragon-shaped cannon

りゅうすい[流水](명) 유수. ①흐르는 물. 「一で十五分(ジュウゴフン)洗(アラ)ふ; 흐르는 물로 15분간 씻는다」 ②하천(河川). 1. running water 2. a river

りゅうせい[流星](명)〈천〉 유성. 갑자기 하늘에 나타나서 빠른 속도로 번쩍이며 떨어지는 일종의 소형 천체. 지상에 떨어진 것은 운석(隕石)이라 함. 별똥별. a shooting-star

りゅうせい[隆盛](명·형동ダ) 융성. 매우 기운차고 성하게 일어남. 크게 번성함. prosperity

りゅうせつ[流説](명) 유설. 유언(流言). 풍설(風説). 근거가 없는 소문. a wild rumour

りゅうぜつらん[龍舌蘭](명)〈식〉 용설란. 수선과에 속하는 상록 다년초. 관상용. an agave

りゅうせん[流線](명)〈이〉 유선. 기체나 유체(流体)가 운동할 때 그려지는 곡선. stream-line. **—けい**[流線型](명) 유선형. 물, 공기 등의 저항을 적게 하는 곡선(曲線)으로 된 형태.

りゅうぜん[留涎](명) ⇨すいぜん.

りゅうぜんこう[龍涎香](명) 용연향. 고래로부터 채취하는 송지(松脂) 비슷한 일종의 향료. 사향(麝香)과 같은 풍아(風雅)한 방향(芳香)이 있음. ambergris

りゅうそく[流速](명) 유속. 흐르는 물의 속도. the speed of a current

りゅうぞく[流俗](명) 일반의 풍속. 세속(世俗). 통속(通俗). convention

りゅうたい[流体](명)〈이〉 유체. 기체(気体)와 액체(液体)의 총칭. 유동체(流動体). a fluid

りゅうたい[隆替](명·자サ) 융체. 성함과 쇠함. 「一興亡(コウボウ); 흥망 성쇠」 rising and falling

りゅうたく[流謫](명) 유적. 귀양 보내는 것. 유배(流配). banishment

りゅうだん[流弾](명) 유탄. 빗나간 탄환. a stray bullet

りゅうだん[榴弾](명) 유탄. 탄체(弾体) 안에 작약(炸薬)을 다져 넣은 포탄. a shell

りゅうち[留置](명·자サ) 유치. ①머물러 있게 함. ②〈법〉 사람이나 물건을 일정한 권력의 지배하에 둠. 1. detaining 2. detention. **—じょう**[留置場](명)〈법〉 유치장. 경찰서에서 죄를 범한 혐의가 있는 자를 일시 유치하는 장소.

りゅうちょう[留鳥](명)〈동〉 유조. 1년 내내 사는 장소를 바꾸지 않는 새. 예: 까마귀, 참새 등. ↔渡(ワタ)り鳥(ドリ).

りゅうちょう[流暢](형동ダ) 유창. 말 따위를 거침 없이 잘하는 모양. 「一な英語(エイゴ); 유창한 영어」 fluency

りゅうつう[流通](명·자サ) 유통. ①흘러서 통함. 「空気(クウキ)の一; 공기의 유통」 ②널리 세상에 통용됨. 「貨幣(カヘイ)の一高(ダカ); 화폐의 유통고」 1. circulation

りゅうつぼ[立坪](명) 흙, 모래 등의 부피를 헤아리는 단위. 여섯자 입방.

りゅうてい[流涕](명) 유체. 눈물을 흘림. shedding tears

りゅうてん[流転](명) ⇨るてん.

りゅうでん[流伝](명·자サ) 유전. 널리 전하여 퍼짐. 세상에 널리 전파됨. 유포(流布). diffusion

りゅうでん[流電](명) ①전광(電光). 번개. ②상당히 빠른 것의 비유. 1. lightning

りゅうと(부) 눈에 띄도록 훌륭한 모양. 말쑥한 맵시나 멋진 모양. 「一したみなり; 날씬한 복장」 stylish

りゅうとう[流燈](명) 등롱에 불을 켜서 물에 띄워 흘려 보내는 것. setting a lighted lantern adrift on the water

りゅうとう[龍燈](명) ①용등. 바다 가운데의 인광(燐光)이 등불처럼 연이어 나타나는 현상. ②신사(神社)에서 켜는 신등(神燈). 2. a sacred lantern

りゅうどう[流動](명·자サ) 유동. ①흘러 움직임. ②이리저리 자꾸 옮기어 다님. 1. flow 2. fluidity. **—しほん**[流動資本](명)〈경〉 유동 자본. 한 번의 사용으로 그 기능을 다하는 자본. 예: 원료, 보조 재료 등. 운전 자본. ↔固定(コテイ)資本. **—しょく**[流動食](명)〈의〉 유동식. 소화되기 쉽도록 만든 유동체의 음식. 예: 미음, 우유 등. **—たい**[流動体](명) 유동체. ①〈이〉 유체(流体). ②진한 액체. **—てき**[流動的](형동ダ) 유동적. 유동하는 모양. **—ぶつ**[流動物](명) 유동물. ①물과 같이 움직이기 쉬운 상태가 된 것. ②〈의〉 유동식(流動食).

りゅうとうげきしゅ[龍頭鷁首](명) ⇨りょうとうげきす.

りゅうとうだび[龍頭蛇尾](연어·명) 용두 사미. 〔용의 머리에 배암의 꼬리란 뜻으로〕 처음은 성하나 끝이 부진(不振)한 형상을 비유한 말. bright beginning, dull finish

りゅうどすい[龍吐水](명) ①구식 소화(消火) 펌프.

②물총. 1. a hand pump 2. a squirt-gun
りゅうにち[留日](명·자サ) 일본에 머무르거나 유학함. stay in Japan
りゅうにゅう[流入](명·자타サ) 유입. ①물 등이 흘러 들어 오거나, 흘러 들어 가게 함. ②많은 사람이나 금전 등이 딴 곳에서 들어 옴. 1. inflow 2. incoming
りゅうにん[留任](명·자サ) 유임. 그 자리(職)에 머물러 있음. remaining in office
りゅうねん[留年](명·자サ) 대학생이 소정(所定)의 연한(年限) 이상을 재학함.
りゅうのう[龍脳](명) 용뇌. 남양산의 상록수인 용뇌수의 수액에서 채취한 백색의 결정. 향료의 원료, 의약품(医薬品) 등으로 쓰임. camphol
りゅうのひげ[龍の髭](명)〈식〉 소엽맥문동. 맥문아재비과에 속하는 상록 다년초. a Japanese snake's beard
りゅうは[流派](명) 유파. 어떠한 파에서 갈려 나온 갈래. 「一がちがう; 유파가 다르다」 a school
りゅうび[柳眉](명) 유미. 버들잎같이 모양이 아름다운 눈썹. 미인의 눈썹을 가리키는 말. 「一をさかだてる; 미인이 대단히 성내는 모양」 fair eyebrows
りゅうび[隆鼻](명)〈의〉 융비. 합성 수지 등을 넣어서 얕은 코를 높이는 것. **一じゅつ**[隆鼻術](명)〈의〉 융비술. 낮은 코를 높게 하는 기술.
りゅうひょう[流氷](명) 유빙. 물위에 떠서 흘러 가는 얼음덩이. 성엣장. a drift ice
りゅうへい[流弊](명) 유폐. 널리 세상에서 행해지는 나쁜 풍습. 말류지폐(末流之弊). a current evil
りゅうべつ[留別](명·타サ) 유별. 떠나는 사람이 남아 있는 사람에게 작별함. ↔送別(ソウベツ). a farewell
りゅうべん[流眄](명) 곁눈질. a sidelong glance
りゅうほ[留保](명·타サ) 유보. ①남겨 두고 보존함. 보류. ②〈법〉 권리의 일부를 남겨 둠. 1. reservation
りゅうぼく[流木](명) 유목. ①떠내려가는 나무. ②산에서 강에 띄워 흘려 보내는 나무. 1. drift-wood
リューマチ(ス)[rheumatism](명)〈의〉 류우머티즘. 관절, 근육 등에 일어나는 병.
りゅうみん[流民](명) 유민. 국토(国土)나 고향을 떠나 다른 지방에 떠돌아 다니는 백성. 유랑민(流浪民). drifting people
りゅうめ[龍馬](명) 용마. 훌륭한 말. 매우 잘 달리는 말. 준마(駿馬). a steed
りゅうよう[柳腰](명) 유요. 버드나무 가지처럼 가늘고 날씬한 미인의 허리. a thin waist
りゅうよう[留用](명·타サ) 타국인을 자국(自国)에 머물게 하여 부림.
りゅうよう[流用](명·타サ) 유용. 예산을 항목이 다른 데에 사용함. 「図書費(トショヒ)を一する; 도서비를 유용하다」 diversion
りゅうらく[流落](명·자サ) 몰락. 영락(零落)함. being reduced to poverty
りゅうらん[流覧](명·타サ) 여기저기를 바라다 봄. looking about
りゅうり[流離](명·자サ) 유리. 고향을 떠나 정처 없이 떠돌아 다님. wandering
りゅうりゅう[粒粒](명) 〔한알 한알을 모두 고심(苦心)해서 이룬다는 뜻에서〕 어떤 일의 성취를 위해 세세한 데까지 노력하는 것. toil and moil
りゅうりゅう[隆隆](형동タルト) ①힘살이 울퉁불퉁 나온 모양. ②기세가 왕성한 모양. 1. brawny 2. prosperous
りゅうりょう[流量](명) ①유량. 단위 시간(보통 1초)에 통과하는 유체(流体)의 양. ②전류(電流)의 분량. 1. flux per second 2. flux
りゅうりょう[瀏喨·瀏亮](명·형동タルト) 유량. 악기의 음색이 거침 없고 똑똑함. 「一たるラッパの音(ネ); 유량한 나팔 소리」 clear and sweet
りゅうれい[流麗](명·형동ダ) 유려. 시(詩)나 글이 유창하고 아름다움. 「一な文章(ブンショウ); 유려한 문장」 fluence
りゅうれん[流連](명) 유련. 유흥에 빠져서 집에 돌아 갈 줄 모르는 것. staying out in gay quarters
りゅうろ[流露](명·자타サ) ①숨김 없이 나타냄. 토로(吐露). 「真情(シンジョウ)を一する; 진정을 토로하다」 ②흘러 나와서 나타남. 2. outflow
リュック(サック)[도 Rucksack](명) 룩작. 등산이나 하이킹을 할 때 필요한 물건을 넣어 등에 지는 것.
りょ[呂](명)〈악〉 일본의 아악에서 쓰는 음계의 명칭. ↔律(リツ).
りょ[旅](명) ①옛날 중국에서 병사 500명을 1단(団)으로 한 군대. 5려를 1사(師), 5사를 1군(軍)으로 했음. ②군대. ③여행. 2. troops
りょ[虜](명) ①잡힌 사람. 포로. ②적(敵)을 욕해서 하는 말. 1. a prisoner
りょ[慮](명) 생각하는 것. 사고(思考). thought
りよ[里余](명) 10리 가량. 10리 남짓.
りょう一[両](조어) 양쪽의. 「一うで; 양팔」
一りょう[両·輛](접미) 열차(列車)의 수를 세는 말.
一りょう[料](조어) ①재료(材料). 「調味(チョウミ)一; 조미료」 ②요금. 대금. 「観覧(カンラン)一; 관람료」
一りょう[領] Ⅰ(접미) 깃이 있는 의복을 세는 말. Ⅱ 영토(領土). 영지(領地). 「英(エイ)一; 영령(영국 영토)」
一りょう[寮](조어) 기숙사, 별장, 집회소(集会所) 등의 이름 밑에 붙이는 말.
りょう[了](명) 끝. 완료(完了). 종료(終了). completion
りょう[了·諒](명) ⇨りょうとする.
りょう[令](명) 법령. 옛날 국가의 근본을 이루던 법전(法典). an ordinance
りょう[両·兩](명) 양. ①두 개로 한벌이 되는 것. 쌍방. 「一の手(テ); 양손」 ②무게의 단위. 1근(斤)의 16분의 1. ③옛날 금화(金貨)의 이름. ④〈속〉 일본돈의 엔(円). 「五(ゴ)一; 5엔(원)」 1. both
りょう[良](명) 양. 좋은 것. 훌륭한 것. 또는 그것을 나타내는 평점(評点). fineness
りょう[料](명) ①유용한 물건. 사용되는 재료. ②대금(代金). 요금. ③급여(給与)하는 물건. 1. materials 2. a fee

りょう[涼·凉](명) 선선한 것. 시원한 것. 「一を取(ト)る; 시원하게 하다」 coolness

りょう[諒](명) 참다운 것으로 의심하지 않는 것. 진실. truth

りょう[陵](명) 능. ①제왕, 후비(后妃)의 무덤. 능상(陵上). 능침(陵寢). ②큰 언덕. 구릉(丘陵). 1. an Imperial mausoleum 2. a hill

りょう[猟](명) 사냥. 새나 짐승을 잡는 일. 수렵(狩猟). hunting

りょう[量](명) 양. ①용적. 부피. 「一が多(オオ)い; 양이 많다」 ②무게. 양기(量器). 「一がかかる; 무게가 나가다」 ③수량(数量). ④〈이〉 질량(質量), 중량, 용량(容量)의 준말. 「一をすごす; 양을 넘다」 ⑤도량(度量). 기량(器量). 1. measure 3. quantity

りょう[漁](명) 고기잡이. fishing

りょう[霊·靈](명) 영. 영혼. 빌미가 되는 사령(死靈). an evil spirit

りょう[寮](명) ①옛날에 쇼오(省)에 부설된 사무 관청. ②(학생 등의) 기숙사. 「一生活(セイカツ); 기숙사 생활」 ③다도(茶道)를 행하는 방. ④별장(別荘). 2. a dormitory 4. a villa

りょう[稜](명)〈수〉 능. 다면각(多面角)으로 된 물체의 모서리. an edge

りょう[龍](명) ⇨りゅう.

りよう[利用](명·타サ) 이용. ①유리(有利)하게 사용함. 「ひまを一する; 여가를 이용하다」 ②(편리한 것을) 사용함. 「乗(ノ)り物(モノ)を一する; 탈것을 이용하다」 ③잘 사용함. 「人(ヒト)を一する; 사람을 이용하다」 1. utilization. **一 かち**[利用価値](명) 이용 가치. 이용할 수 있는 값어치.

りよう[里謡·俚謡](명) ①각 지방의 민간에서 불리는 노래. 민요. ②속요(俗謡). 1. a folk song

りよう[理容](명) 이용. 이발과 미용. 「一師(シ); 이용사」 beauty art

りょうあん[良案](명) 양안. 좋은 생각. 좋은 안. a good idea

りょうあん[諒闇](명) 양암. 임금이 부모의 상(喪)을 입는 기간. 양음(諒陰). court mourning

りょうい[良医](명) 양의. 훌륭한 의사. 좋은 의사. a skilful physician

りょうい[稜威](명) 능위. 임금의 위광(威光). 존엄한 위세. the grace of the Imperial Throne

りょういき[猟域](명) 수렵을 허가하는 구역. 수렵 구역. a game preserve

りょういき[領域](명) 영역. ①영지의 구역. ②관계, 권력이 미치는 범위. 영분(領分). 「科学(カガク)の一をこえた問題(モンダイ); 과학의 영역을 벗어난 문제」 a territory

りょういん[両院](명) 양원. ①상원과 하원. ②참의원(参議院)과 중의원(衆議院). 「上下(ジョウゲ)一; 상하 양원」 1. the two Houses 2. both Houses

りょういん[料飲](명) 요리와 음식. cooking and eating

りょうう[涼雨](명) 시원한 비. a fresh rain

りょううで[両腕](명) 양팔. both arms

りょうえん[良縁](명) 양연. 좋은 인연. 좋은 연분(縁分). a good match

りょうえん[遼遠](명·형동ダ) 요원. 아득히 멂. 「前途(ゼント)一だ; 전도가 요원하다」 remoteness

りょうか[良化](명·자サ) 좋아짐. becoming good

りょうか[良家](명) ⇨りょうけ.

りょうか[良貨](명) 양화. 품질이 좋은 화폐. 실질 가치(実質価値)가 있는 화폐. 「悪貨(アッカ)は一を駆逐(クチク)する; 악화는 양화를 구축한다」 good money

りょうか[寮歌](명) 기숙사에서 생활하는 사람들이 같이 부르도록 지은 그 기숙사의 노래.

りょうか[燎火](명) 모닥불. 화톳불. a bonfire

りょうが[凌駕·陵駕](명·타サ) 능가. 그 위에 오름. 어떤 수를 넘음. outdoing

りょうかい[了解·領解](명·타サ) 깨달음. 납득함. 이해함. 승인(承認)함. understanding

りょうかい[了解·諒解](명·타サ) 양해. 이해함. understanding

りょうかい[領会](명·타サ) 깨달음. understanding

りょうかい[領海](명)〈법〉 영해. 그 나라의 연해(沿海)에 있어서 통치권을 행사할 수 있는 범위. ↔公海(コウカイ). territorial waters

りょうがえ[両替]一ガヘ(명) ①어떤 종류의 돈을 다른 종류의 돈으로 바꾸는 일. ②백 원짜리를 십 원짜리 열장으로 바꾸는 일. 「一屋(ヤ); 환전상(換銭商)」 exchange of money

りょうかく[稜角](명) 능각. 뾰족한 모. an acute angle

りょうかく[寥郭](명) ①막힘이 없이 넓은 것. ②하늘. 1. spaciousness 2. the sky

りょうがわ[両側]一ガハ(명) 양측. 양편. 양쪽. both sides

りょうかん[涼感](명) 시원한 느낌.

りょうかん[猟官](명) 엽관. 야심 있는 사람들이 관직을 얻으려고 또는 승진하려고 다투는 일. 「一運動(ウンドウ); 엽관 운동」 office hunting

りょうかん[量感](명) 양감. ①중량, 분량이 많은 느낌. ②그림에서 화면에 실재감, 입체감을 포함한 무거운 느낌을 나타내는 일. 볼륨. 2. impression of solidity

りょうかん[僚官](명) ①공무원. 관리. ②같이 근무하는 관리. 동료(同僚). 1. an official

りょうかん[僚艦](명) 요함. 같은 임무를 띤 동료 군함. a comrade warship

りょうがん[両岸](명) 양안. (강의) 양쪽 기슭. both banks

りょうがん[両眼](명) 양안. 양쪽 눈. both eyes

りょうがん[龍顔](명) ⇨りゅうがん.

りょうき[涼気](명) 서늘한 바람. 시원한 공기(기후). 「一堂(ドウ)に満(ミ)つ; 시원한 공기가 당안에 가득 차다」 cool air

りょうき[猟奇](명) 엽기. 괴이(怪異)한 사물을 즐겨 쫓아 다니는 일. bizarrerie hunting

りょうき[猟期](명) 엽기. ①수렵(狩猟)의 시기. ②새

나 짐승 등을 잡아도 좋은 시기. 1. the hunting season

りょうき[量器](명) 양기. 재는 기구. a measure

りょうき[僚機](명) 같은 임무를 띤 다른 동료 비행기. a comrade plane

りょうき[漁期](명) 어기. ①물고기가 잡히는 시기. ②물고기를 잡아도 좋은 시기. 1. the fishing season

りょうぎ[両儀](명) 양의. ①음(陰)과 양(陽). ②하늘과 땅. 1. the positive and negative

りょうきゃく[両脚](명) 양각. 양다리. two legs

りょうきょく[両極](명) 양극. ①〈지〉 남극과 북극. ②〈이〉 음극(陰極)과 양극(陽極). ③양쪽 극단(極端). 1. the south and north poles

りょうぎり(タバコ)[両切り(煙草)](명) 양쪽 끝을 자른 궐련. 필터가 달리지 않은 궐련. cigarettes

りょうきん[良禽](명) 좋은 새. 영리한 새. a fine bird

りょうきん[料金](명) 요금. 이용한 것에 대해서 그 대가로 지불하는 돈. 대금(代金). 「使用(ショウ)—; 사용 요금」 a fee

りょうぐ[猟具](명) 엽구. 조수류(鳥獣類)를 사냥하는 데 쓰이는 기구. hunting implements

りょうくう[領空](명)〈법〉 영공. 영토, 영해(領海) 위의 하늘. 그 나라 주권의 범위. territorial sky

りょうくん[両君](명) 양군. ①두 임금. ②두 분. 두 사람. 1. two lords 2. two persons

りょうぐん[両軍](명) 양군. 양쪽 군대. 또는 양쪽 티임. both teams

りょうけ[両家](명) 양가. 양쪽 집. 양편의 가정. both families

りょうけ[良家](명) 양가. 가문이 좋은 집안. 「—の子女(シジョ); 양가의 자녀」 a respectable family

りょうけい[良計](명) 좋은 계획. 좋은 설계. a good plan

りょうけい[菱形](명) 능형. 마름모꼴. a rhomb

りょうけい[量刑](명·타サ) 양형. 형벌(刑罰)의 정도를 정함. weighing of offence

りょうげつ[両月](명) 두 달. 「三月(サンガツ), 四月(シガツ)—にわたって; 3,4월 두 달에 걸쳐」 two months

りょうげのかん[令外の官](명) 일본 타이호오령(大宝令) 규정 이외의 관(官)의 총칭.

りょうけん[了見·料簡·了簡](명·자サ) ①생각. 「どういふ—か; 어떤 생각인지」 ②마음. 「わるい—をおこす; 나쁜 마음을 먹다」 ③견디는 일. 참는 것. 용서. 「—してくれ; 참아 다오」 1. an idea

りょうけん[良犬](명) 양견. 성질이나 능력이 좋은 개. a nice dog

りょうけん[猟犬](명) 엽견. 사냥개. a hound

りょうげん[燎原](명) 요원. 불이 난 벌판. 「—の火(ヒ); 요원의 불길(세력이 대단하여 제지할 수 없는 모양)」 a spreading fire in a field

りょうこ[両虎](명) 양호. ①두 마리의 범. ②우열을 가릴 수 없는 두 영웅. 「—相搏(アイウ)つ; 용호 상박」 1. two tigers

りょうこ[良賈](명) 뛰어난 상인. 대상인(大商人). a clever merchant

りょうこ[龍虎](명) ⇨りゅうこ.

りょうご[了悟](명·자サ) 잘 깨달음. 잘 납득함. comprehension

りょうこう[良工](명) 솜씨 좋은 직공. 훌륭한 공인(工人). 「—は材(ザイ)をえらばず; 솜씨 좋은 공인은 재료를 가리지 않는다」 a skilled artisan

りょうこう[良港](명) 양항. 좋은 항구. a good harbour

りょうこう[良好](형동ダ) 양호. 성적, 상태 등이 좋은 모양. good

りょうこく[両国](명) 양국. 두 나라. 양쪽 나라. both countries

りょうごく[領国](명) 영유하는 국토. 영지(領地). a territory

りょうごし[両腰](명) (허리에 차는) 긴 칼과 작은 칼. a pair of swords

りょうさい[良才](명) 양재. 우수한 재능이 있는 사람. 좋은 인재. a man of ability

りょうさい[良妻](명) 양처. 좋은 아내. 훌륭한 주부. 「賢母(ケンボ)—; 현모 양처」 a good wife

りょうざい[良材](명) 양재. 좋은 재목. good timber

りょうざい[良剤](명) 양제. 좋은 약. 양약(良薬). a good medicine

りょうさく[良策](명) 양책. 현명한 계책. 좋은 계획. a good plan

りょうさつ[了察·諒察](명·타サ) 양찰. 생각하여 미루어 살핌. 동정해서 추량(推量)함. consideration

りょうさん—[両三](조어) 양삼. 두셋. 「—度(ド); 두세 번」「—日(ニチ); 2,3일」

りょうさん[量産](명·타サ) 같은 물건을 다량으로 생산함. 대량 생산(大量生産). mass production

りょうざんぱく[梁山泊](명) 양산박. 〔중국 소설 수호전(水滸伝)에 의해〕 호걸이나 야심가들이 모이는 곳.

りょうし[両氏](명) 양씨. 두 사람. 두 분. two men

りょうし[良師](명) 좋은 스승. 훌륭한 스승. a good teacher

りょうし[料紙](명) 소용되는 종이. 용지(用紙). writing paper

りょうし[猟師](명) 엽사. 사냥군. a hunter

りょうし[量子](명)〈이〉 양자. 불연속적인 양적 변화(量的變化)를 하는 최소량의 단위. 에네르기 양자, 광량자(光量子) 등. 「—論(ロン); 양자론」 quantum

りょうし[漁師](명) 고기잡이. 어부. a fisherman

りょうじ[令旨](명) 영지. 황태자 또는 태황 태후(太皇太后), 황대비, 황비의 명령을 적은 문서.

りょうじ[両次](명) 양차. 두 번. 2회. 「—の大戦(タイセン); 두 차례의 (세계) 대전」 twice

りょうじ[聊爾](명·형동ダ) 버릇 없음. 단정하지 못함. 실례. thoughtlessness

りょうじ[領事](명)〈법〉 영사. 조약국(条約国)에 주재(駐在)하여 자국(自國)의 통상을 보호, 장려하고, 재류민을 보호, 단속하는 관직. a consul. **—かん**[領事館](명)〈법〉 영사관. 영사가 주재지에서 직무를 수행하는 관칭.
りょうじ[療治](명·타サ) 요치. 병을 고침. 치료. cure
りょうしき[両式](명) ①양방(両方)의 양식(様式). ②〈수〉 양쪽의 수식(数式). 두 식. 1. both types
りょうしき[良識](명) 양식. 뛰어난 식견(識見). 훌륭한 안식(眼識). 높은 식견. 「ーのある人(ヒト); 양식이 있는 사람」 good sense
りょうしつ[良質](명·형동ダ) 양질. 성질이 좋음. 품질이 뛰어남. good quality
りょうじつ[両日](명) 양일. 이틀. two days
りょうじつ[良日](명) ①경사스러운 날. 길일(吉日). ②7월 7일의 다른 말. 1. a lucky day
りょうしゃ[両者](명) 양자. 두 사람. 두 사물. both
りょうしゃ[寮舎](명) 학교나 공공 단체의 기숙사(寄宿舎). a dormitory building
りょうしゅ[良主](명) 좋은 주인. a good master
りょうしゅ[良酒](명) 양주. 좋은 술. ↔悪酒(アクシュ). good wine
りょうしゅ[良種](명) 양종. ①좋은 품종. 좋은 종류. ②좋은 종자(種子). 2. a good seed
りょうしゅ[領主](명) 영주. ①장원(荘園)의 소유주. ②영토의 주인. 대지주(大地主). ③에도(江戸) 시대에 군영(軍営)을 가진 소제후(小諸侯). 1. a master of manor 2. a lord
りょうしゅう[涼秋](명) 양추. ①서늘한 가을. ②음력 9월. 1. cool autumn
りょうしゅう[領収](명·타サ) 영수. 받아 들임. 수령(受領). receipt. **ーしょ**[領収書](명) 영수증. 금전을 받은 표시로 쓰는 증서.
りょうしゅう[領袖](명) ①영수. 우두머리. 수령(首領). 「政党(セイトウ)のー; 정당의 영수」 ②깃과 소매. 1. a leader
りょうじゅう[猟銃](명) 엽총. 사냥에 쓰는 총. a hunting gun
りょうじゅつ[療術](명) 지압(指圧), 전기 요법(電気療法) 등의 치료술.
りょうしょ[両所](명) 양소. ①두 개의 장소. 두 군데. ②양인(両人)의 높임말. 「ごー; 두 분」 1. two places 2. two persons
りょうしょ[良書](명) 양서. 좋은 서적. a good book
りょうじょ[諒恕](명·타サ) 용서하여 책망하지 않음. 양해하고 용서함. 서량(恕諒). consideration
りょうしょう[了承·承領](명·타サ) 들음. 납득. 「申(モウ)し出(デ)をーする; 요청을 받아 들이다」 acknowledgement
りょうしょう[了承·承諒](명·타サ) 사정을 참작해서 승낙함. acknowledgement
りょうしょう[良相](명) 양상. 훌륭한 재상(宰相). 현명한 대신(大臣). a wise minister
りょうしょう[良将](명) 양장. 재주와 피가 비상한 장수. 훌륭한 장군. an able general
りょうしょう[料峭](형동ダ) 피부에 봄바람이 차갑게 느껴지는 모양. chilly spring winds
りょうしょう[領掌](명·타サ) 들어 줌. 승낙(承諾). acceptance
りょうじょう[梁上](명) 들보 위. on the beam
りょうじょうのくんし[梁上の君子](연어·명) 양상 군자. ①도둑. ②쥐. 1. a thief 2. a rat
りょうしょく[猟色](명) 엽색. 여색(女色)을 탐하는 것. 어색(漁色). 「ー家(カ); 어색가」 lechery
りょうしょく[糧食](명) 양식. 식량. 「ーが欠乏(ケツボウ)する; 식량이 결핍하다」 provisions
りょうしん[両親](명) 양친. 부모. 어버이. parents
りょうしん[良心](명) 양심. 스스로의 행동에 대해서 선악을 판단하는 마음. 도덕적 자각. conscience. **ーてき**[良心的](형동ダ) 양심적. 양심에 따라서 성실한 모양. 「a faithful follower
りょうしん[良臣](명)양신. 선량한신하. 충실한신하. ↗
りょうしん[良辰](명) 양신. 좋은 날. 길일(吉日). a lucky day
りょうじん[良人](명) 남편. 부군(夫君). a husband
りょうじん[猟人](명) 사냥군. a hunter
りょうじん[梁塵](명) 대들보 위의 먼지. 「ーを動(ウゴ)かす; 목청이 좋음의 비유」 dust on a beam
りょうすい[量水](명) 영수. 수위, 수량(水量) 등을 재는 일. 「ー器(キ); 양수기」 gauging water volume
りょうすい[領水](명) 영해(領海)내의 수역(水域).
りょう·する[了する] Ⅰ(자サ) 끝나다. 마치다. Ⅱ(타サ) ①끝내다. ②마치게 하다. finish
りょう·する[領する](타サ) ①자기의 영토로 하다. ②소유하다. ③승낙하다. 1. rule 2. possess
りょう·する[諒する](타サ) 이해하다. 양해하다. understand
りょうせい[両性](명) 양성. ①웅성(雄性)과 자성(雌性). ②남성과 여성. ③양성(陽性)과 음성. 2. both sexes. **ーか**[両性花](명)〈생〉 양성화. 한 꽃 속에 수술과 암술을 갖추어 가진 꽃. ↔単性花(タンセイカ). **ーかごうぶつ**[両性化合物](명)〈이〉 양성 화합물. 산성과 알칼리성의 두 성질을 띤 화합물. **ーげんそ**[両性元素](명)〈이〉 양성 원소. 원자에서 쉽사리 전자를 잃고 양이온이 되기 쉬운 원소. **ーせいしょく**[両性生殖](명)〈생〉 양성 생식. 자웅 양성의 생식 세포에 의하여 되는 생식. ↔単性(タンセイ)生殖.
りょうせい[両棲](명)〈동〉 양서. 수중과 육상 양쪽에서 살 수 있는 것. amphibian. **ーるい**[両棲類](명)〈동〉 양서류. 척추 동물에 속하는 한 강(綱). 어류와 파충류의 중간으로 물속, 땅 위의 양편에서 사는 동물을 통틀어서 일컫는 말. 개구리, 도마뱀붙이 등.
りょうせい[良性](명) 양성. 좋은 성질, 성능. ↔悪性(アクセイ). good character
りょうせい[寮生](명) 기숙사 생활을 하는 학생. a boarding student
りょうせいばい[両成敗](명) 쌍방을 같이 처벌하는 일. 둘 다 벌하는 일. 「けんか(喧嘩)ー; 싸움을 했을 때 양쪽을 똑같이 벌함」 punishment of both parties
りょうせつ[良説](명) 양설. 훌륭한 설. a good opinion

りょうぜつ[両舌](명) 양설. 거짓말하는 것. 전후가 모순되는 말을 함. telling a lie
りょうせん[猟船](명) 엽선. 고기잡이배. 어선(漁船). a fishing boat
りょうせん[稜線·嶺線](명) 능선. 산등을 따라 죽 이어진 봉우리의 선. a ridge
りょうせん[僚船](명) 요선. 같은 임무를 띤 다른 동료의 배. a comrade ship
りょうぜん[両全](명) 양전. 두 가지가 다 온전한 것. 「一の策(サク); 양전책」 satisfaction of both sides
りょうぜん[了然](형동タリ) 명백한 모양. clearly
りょうぜん[瞭然](형동タルト) 요연. 똑똑하고 분명한 모양. 명료한 모양. obvious
りょうぞく[良俗](명) 양속. 좋은 풍속. 양풍 미속(良風美俗). 「一に反(ハン)する; 양속에 어긋나다」 a good custom
りょうだて[両建て](명)〈경〉 정기 예금의 예입과 담보로 한 대출을 동시에 하는 것. double option
りょうだめ[両為](명) 쌍방의 이익이 되는 것. 쌍방을 위한 것.
りょうたん[両端](명) ①양단. 두 끝. 학설 등의 양극(両極). ②처음과 끝. 수미(首尾). 본말(本末). ③두 가지의 일. 두 개의 대조(対照). 「首鼠(シュソ)一; 수서 양단(머뭇거리며 진퇴, 거취를 결정하지 못하는 모양)」 ④두 마음. 이심(二心). 1. both ends 2. the beginning and the end
りょうだん[両断](명·타サ) 양단. 하나를 둘로 자름. 「一刀(イットウ)一; 일도 양단」 cutting in two
りょうち[了知](명·타サ) 깨달아 앎. understanding
りょうち[両地](명) 양지. 두 지방. 두 곳.
りょうち[良知](명) 양지. 배우지 않고 알 수 있는 타고난 지능. innate wisdom
りょうち[料地](명) 어느 목적을 위해 사용하는 토지. 용지(用地). a preserved land
りょうち[領地](명) 영지. ①영토. ②영주(領主)의 소유지. 1. a dominion 2. a fief
りょうちょう[両朝](명) 양조. ①양쪽의 조정. 양국의 조정. ②2대(二代)의 조정.
りょうちょう[寮長](명) 기숙사의 대표자. 기숙사의 우두머리. a delegate of boarders
りょうちょう[猟鳥](명) 엽조. 법률의 규정에 따라 일정한 기간 동안 잡을 수 있는 새. a game bird
りょうて[両手](명) 양수. 양손. 「一に花(ハナ); 두 손에 꽃(좋은 것을 혼자 갖고 있음의 비유)」 both hands
りょうてい[料亭](명) 요정. 요리집. a restaurant
りょうてい[量定](명) 헤아려서 정하는 일. 「刑(ケイ)の一; 형량을 정함」 determination by measuring
りょうてい[僚艇](명) 요정. 같은 임무를 띤 다른 동료의 배, 함정. a comrade ship
りょうてき[量的](형동ダ) 양적. 양으로 따지는 모양. ↔質的(シッテキ). quantitative
りょうてんびん[両天秤](명)〈속〉 어느 쪽으로 기울어져도 지장이 없게 하는 것. 양다리를 걸치는 것. 「一をかける; 양다리를 걸치다」 having two strings to one's bow
りょうど[両度](명) 양도. 두 번. 재차(再次). twice
りょうど[領土](명) 영토. ①영유하는 토지. 영지(領地). ②〈법〉 일국의 통치권이 미치는 지역. 「英国(エイコク)の一; 영국 영토」 1. territory
りょうとう[両刀](명) 양도. ①두 자루의 칼. ②옛날 무사가 차던 크고 작은 두 자루의 칼. ③←両刀使い. 1. two swords. **―づかい**[両刀使い]―ヅカヒ(명) ①양손에 칼을 갖고 싸우는 검술. 또는 그 사람. ②두 가지 일을 동시에 하는 것. 또는 그 사람. **―ろんぽう**[両刀論法](명) 양도 논법. 결론이 어느 쪽으로 나도 염려 없게 구성한 3단 논법. 딜레마.
りょうとう[両党](명) 양당. 두 개의 정당. two parties
りょうとう[両統](명) ①두 혈통. ②양쪽의 황통(皇統). 1. two lineages
りょうとう[両頭](명) 양두. ①두 개의 머리. 「一の蛇(ヘビ); 양두사」 ②두 사람의 지배자. 「一政治(セイジ); 양두 정치」 ③양쪽 끝. 1. two heads 2. two rulers
りょうとう[良刀](명) 양도. 좋은 칼. a good sword
りょうどう[両道](명) 양도. ①두 개의 길. ②두 방면. 「文武(ブンブ)一; 문무 양면」 1. two roads
りょうどう[糧道](명) 양도. (군대의) 식량을 수송하는 통로. 「一を絶(タ)つ; 양도를 끊다」 supply of provisions
りょうとうげきす[龍頭鷁首](명) 왕조 시대 귀인들을 태우고 유락(遊楽)에 사용한 배.
りょうどうたい[良導体](명)〈이〉 양도체. 열 또는 전기를 전하는 물체. a conductor
りょうとうのいのこ[遼東の豕]―キノコ(연어·명) 요동시. 견식이 좁음으로 해서 대수롭지 않은 일을 가지고 자만하는 일. 또는 그 사람. self-satisfaction
りょうとうはんとう[遼東半島](명) 요동 반도. 중국 만주 남방에 있는 큰 반도. the Liaotung Peninsula
りょうとく[了得](명·자サ) 깨달아 앎. 납득. assent
りょうとく[両得](명) 양득. ①이중의 이익. ②쌍방의 이익. 「一挙(イッキョ)一; 일거 양득」 1. double gain
りょうとする[了とする·諒とする](연어·타サ) 사정을 참작해서 승낙하다. 양해하다. acknowledgement
りょうどなり[両隣](명) 이웃. neighbours on both sides
りょうない[領内](명) 영내. 영지의 안. 영토내. within a territory
りょうにせんせき[良二千石](연어·명) 훌륭한 태수(太守). (옛) 지방장관의 이칭(異称). 「both persons
りょうにん[両人](명) 양인. 두 사람. 「ご一; 두 분」↗
りょうのう[良能](명) 양능. 선천적으로 타고 난 재능. 「良知(リョウチ)一; 양지 양능」 inborn talents
りょうのて[両の手](명) 양손. 두 손. both hands
りょうば[両刃](명) 양쪽에 날이 선 것. double-edged
りょうば[良馬](명) 양마. 좋은 말. 준마(駿馬). 명마(名馬). an excellent horse
りょうば[猟場](명) 사냥터. a hunting ground
りょうば[漁場](명) ⇨ぎょじょう.

りょうひ[良否](명) 양부. 좋은 것과 나쁜 것. 가부(可否). good or bad

りょうひ[寮費](명) 기숙사를 유지하기 위해서 학생들에게 할당하는 비용. boarding-expenses

りょうひつ[良弼](명) 크게 도움이 되는 좋은 신하. 좋은 보필자. a good assistant

りょうびょう[療病](명)〈의〉 요병. 병을 치료함.

りょうびらき[両開き](명) (문 등이) 양쪽으로 열리는 것. a double-leaf door

りょうひん[良品](명) 양품. 좋은 물품. 상등품. 우량품. an excellent article

りょうふ[両夫](명) 두 사람의 남편. 이부(二夫). 「貞女(ティジョ)—にまみえず; 열녀 불경 이부(烈女不更二夫)」 two husbands

りょうぶ[両部](명) ①양쪽 부분. ②〈불〉 금강계(金剛界)와 태장계(胎蔵界)의 양면의 세계. ③←両部神道. 1. two parts. **—しんとう**[両部神道](명)〈종〉(진언종의) 양부 교리에 의해서 신도(神道), 불교의 일치를 주창하는 종파.

りょうふう[良風](명) 양풍. 좋은 풍습. 좋은 풍속. ↔悪風(アクフウ). a good custom

りょうふう[涼風](명) 양풍. 시원한 바람. 서늘한 바람. a cool breeze

りょうふた[両蓋](명) 양쪽에 금속제 두껑이 달린 회중 시계. a hunter

りょうぶん[両分](명·타サ) 양분. 둘로 나눔. 「世界(セカイ)を—する; 세계를 양분하다」 bisection

りょうぶん[領分](명) 영분. ①영지. ②세력 범위. 영역(領域). 「科学(カガク)の—; 과학의 영역」 1. a territory 2. one's domain

りょうへい[良兵](명) ①성능이 좋은 무기. ②좋은 병사(兵士). 1. excellent arms 2. an able soldier

りょうへん[両辺](명) 양변. 양쪽의 변. 양쪽 가. both edges

りょうべん[両便](명) 대변과 소변. feces and urine

りょうぼ[陵墓](명) 능묘. 왕이나 왕후의 무덤. 능. an Imperial mausoleum

りょうぼ[寮母](명) 학교, 공장 등의 기숙사에서 기숙생들을 뒷바라지하는 사람(여자). a matron

りょうほう[両方](명) 양방. 두 편. 양쪽. 쌍방. ↔片方(カタホウ). both

りょうほう[良法](명) 양법. 좋은 법률. 좋은 방법. 명안(名案). a good method

りょうほう[療法](명) 요법. 치료하는 방법. a remedy

りょうぼく[良木](명) 양목. 좋은 나무. 좋은 목재. 양재(良材). good timber

りょうまい[糧米](명) 양미. 양식으로 쓰는 쌀. 식량(食糧). rice for provisions

りょうまえ[両前]—マへ(명) ⇨ダブル④. ↔片前(カタマエ).

りょうまつ[糧秣](명) (군대의) 식량과 마초(馬草). 양초(糧草). provisions and fodder

りょうみ[涼味](명) 선선한 기운. 시원한 맛. coolness

りょうみん[良民](명) 양민. 선량한 백성. 죄 없는 국민. good people

りょうむ[寮務](명) 학교, 공장 등의 기숙사의 사무.

りょうめ[量目](명) 중량. 무게. weight

りょうめい[両名](명) 두 명. 두 사람. 양인(両人). both persons

りょうめん[両面](명) 양면. ①양쪽의 면. 두 면. 겉과 안. ②두 가지 방면. 1. both faces 2. both sides

りょうや[良夜](명) 달이 밝고 바람이 없는 아름다운 밤. a moonlight night

りょうや[涼夜](명) 선선한 밤. 시원한 밤. a cool night

りょうやく[良薬](명) 양약. 잘 듣는 약. 묘약(妙薬). 「—口(クチ)に苦(ニガ)し; 양약은 입에 쓰다」 good medicines

りょうゆう[両雄](명) 양웅. 두 영웅. two great men

りょうゆう[良友](명) 양우. 유익한 벗. 좋은 벗. ↔悪友(アクユウ). a good friend

りょうゆう[領有](명·타サ) 영유. 자기 것으로 소유함. 소유하여 통치함. possession

りょうゆう[僚友](명) 요우. 같은 직장의 벗. 같은 일을 하는 벗. 동료. a colleague

りょうゆう[療友](명)〈의〉 결핵 등의 요양을 같이 하고 있는 벗. a comrade

りょうよう[両用](명) 양용. 양쪽 방면에 쓰이는 것. 「水陸(スイリク)—; 수륙 양용」 double use

りょうよう[両様](명) 두 가지. 두 가지 종류. 「—の意味(イミ); 두 가지 뜻」 two ways

りょうよう[療養](명·타サ) 요양. 치료하고 양생(養生)함. 폐결핵 등의 병을 고치기 위하여 보양함. 「—生活(セイカツ); 요양 생활」 recuperation

りょうよく[両翼](명) 양익. ①좌우 양쪽 날개. 쌍익(双翼). ②중군(中軍)의 좌익(左翼)과 우익(右翼). 1. both wings 2. both flanks

りょうら[綾羅](명) 능라. 두꺼운 비단과 얇은 비단. 능단(綾緞). 아름다운 옷. 「—錦繍(キンシュウ); 능라금수」 a splendid dress

りょうらく[寥落](형동タリ) 드문드문 있어 적적한 모양. solitary

りょうらん[繚乱·撩乱](형동タルト) 꽃이 만발한 모양. 「百花(ヒャッカ)—; 백화 난만」 in profusion

りょうり[良吏](명) 양리. 좋은 관리. 사무에 능한 관리. 선량한 관리. a good official

りょうり[料理](명·타サ) 요리. ①계획하고 다스림. 또는 그 방책. 「国政(コクセイ)を—する; 국정을 요리하다」 ②음식물을 만듦. 먹을 수 있게 만들어진 음식물. 「—屋(ヤ); 요리집」 ③일을 적절히 처리함. ④〈속〉 사람을 잘 다룸. 1. 3. management 2. cooking

りょうりつ[両立](명·자サ) 양립. 둘이 함께 섬. 양방(両方)이 다 존재함. 병립(並立). 「職業(ショクギョウ)と趣味(シュミ)を—させる; 직업과 취미를 병존(並存)시키다」 coexistence

りょうりゅう[両流](명) 양류. ①두 수류(水流). ②두 개의 유파(流派). 1. two streams

りょうりょう[両両](부) 양쪽이 다. 쌍방. 「一相(アイ)まって; 쌍방 공(共)히」 both

りょうりょう[喨喨](형동タルト) 음악을 연주하는 소리가 맑게 울리는 모양. 「一たるらっぱの音(ネ); 맑게 울리는 나팔 소리」

りょうりょう[稜稜](형동タルト) 모난 모양. 원기 있는 모양. 「気骨(キコツ)一; 기골이 늠름함」 plucky

りょうりょう[寥寥](형동タルト) 요요. ①조용하고 쓸쓸한 모양. 적적(寂寂)한. ②수가 적은 모양. 극소(極少)한. 「一たるものだ; 극소수에 지나지 않는다」 1. lonely

りょうりん[両輪](명) ①좌우(左右)의 바퀴. ②두 쪽이 나란히 있어서 편리한 것. 1. two wheels

りょう·る[料る](타 4)〈속〉 요리하다. cook

りょうろん[両論](명) 양론. 대립하는 두 가지 의론. 「賛否(サンピ)一; 찬부 양론」 two opinions

リョーマチ[rheumatism](명)〈의〉 ⇨リュウマチ(ス).

りょがい[慮外](명·형동ダ) ①뜻밖. 의외(意外). 「一のできごと;의외의 일」 ②버릇이 없음. 무례함. 「一者(モノ); 무례한 자」 1. being unexpected 2. impoliteness

りょかく[旅客](명) 여객. 손님. 여행자. 「一列車(レッシャ); 여객 열차」 a traveller

りょかっき[旅客機](명) 여객기. 여객을 태우는 비행기. a passenger aeroplane

りょかん[旅館](명) 여관. a hotel

りょきゃく[旅客](명) ⇨りょかく.

りょく一[緑](조어) 녹색. 녹색을 띤. 「一青色(セイショク); 녹청색」

一りょく[力](조어) 힘. 능력. 「政治(セイジ)一; 정치력」

りよく[利欲](명) 이욕. 이익을 추구하는 욕심. 「一に目(メ)がくらむ; 이욕에 눈이 어두워지다」 avarice

りょくいん[緑陰](명) 녹음. 푸른 잎이 우거진 나무 그늘. 「一子供会(コドモカイ); 녹음철의 어린이회」 the shade of trees

りょくう[緑雨](명) 녹우. 신록(新緑)의 무렵에 오는 비. a vernal shower

りょぐう[旅寓](명) 여우. 여숙(旅宿). an inn

りょくおうしょく[緑黄色](명) 녹황색. 녹색을 띤 황색. yellowish green

りょくしゅ[緑酒](명) 녹주. 녹색의 술. 「一に月(ツキ)のかげ宿(ヤド)し; 녹주에 달 그림자를 띄우고」 green liquor

りょくじゅ[緑樹](명) 푸른 나무. a green-leaved tree

りょくじゅうじ[緑十字](명) 녹십자. 식목 사업을 상징하는 녹색 십자의 표지. 「一運動(ウンドウ); 식목 운동」

りょくじゅほうしょう[緑綬褒章](명) 훌륭한 행동이나 사업을 통해서 사회에 기여한 사람에게 일본 정부에서 수여하는 녹색 리본이 달린 기장. a Green Ribbon Medal

りょくしょく[緑色](명) 녹색. 풀빛. green

りょくそう[緑草](명) 녹초. 녹색의 풀. 푸른 풀. green grass

りょくそう[緑藻](명)〈식〉 녹조. 녹색 조류(藻類). 푸른 바닷말(海藻). 엽록소(葉緑素)를 가지고 있어 푸른 빛이 나는 조류의 총칭. green algae

りょくち[緑地](명) 녹지. ①초목이 무성한 땅. ②공원. 1. a green land 2. a park. **一たい**[緑地帯](명) 녹지대. 녹지가 있는 지역.

りょくちゃ[緑茶](명) 녹차. 차나무의 어린 잎을 쪄서 푸른 빛이 그대로 나도록 말린 찻잎. green tea

りょくど[緑土](명) ①녹토. ②초목이 무성한 국토. a green country

りょくとう[緑豆](명)〈식〉 녹두. 콩과에 속하는 1년초. green-bean

りょくないしょう[緑内障](명)〈의〉 녹내장. 안구(眼球)의 압력이 높아지는 병. 시력이 감퇴하고 등불의 주위에 무지개 같은 색륜(色輪)이 보임. 과로, 수면 부족, 정신 감동(感動) 등이 원인이 됨. glaucoma

りょくばん[緑礬](명)〈이〉 녹반. 황산 제일철(黄酸第一鉄)의 속칭. 조반(早礬). green vitriol. **一ひりょう**[緑礬肥料](명)〈농〉 녹반 비료. 인산(燐酸)을 포함한 비료.

りょくひ[緑肥](명)〈농〉 녹비. 생풀 등을 그대로 써서 비료로 하는 것. 풋거름. green manure

りょくふう[緑風](명) 녹풍. 초여름의 푸른 잎사귀를 스쳐 부는 바람. an early summer breeze

りょくべん[緑便](명)〈의〉 녹변. 유아(乳児)가 소화 불량 등으로 배설하는 녹색 대변. green evacuation

りょくもん[緑門](명) 녹문. 축전(祝典) 등을 할 때에 대나 나무로 기둥을 세우고 전나무나 소나무의 잎으로 싸서 만든 푸른 문. an arch of green leaves

りょくや[緑野](명) 녹야. 초목이 무성한 들. a green field

りょくよう[緑葉](명) 녹엽. 녹색의 나뭇잎. 푸른 잎. green leaves

りょくら[緑蘿](명) 녹색의 덩굴. a green ivy

りょくりん[緑林](명) 녹림. ①푸른 숲. ②군도(群盗). 화적(火賊). 2. brigands

りょけん[旅券](명) 여권. 외국 여행을 허가하고 그 신분을 증명하는 문서. 여행권(旅行券). ⇨:パスポート. a passport

りょこう[旅行](명·자サ) 여행. 볼일이나 유람의 목적으로 다른 고장이나 외국으로 감. a travel

りょじ[旅次](명) ①여행하다 묵는 곳. 여숙(旅宿). ②여행 중(旅行中). 1. stay at an inn

りょしゃ[旅舎](명) 여사. 주막. 여숙(旅宿). an inn

りょしゅう[旅愁](명) 여수. 나그네의 근심. 객수(客愁). the pathos on a journey

りょしゅう[虜囚](명) 적에게 잡힌 사람. 포로. 「一の身(ミ); 포로의 몸」 a captive

りょしゅく[旅宿](명) 여숙. 여인숙. 여관. an inn

りょじゅん[旅順](명)〈지〉 여순. 중국 요동 반도(遼東半島) 남단의 군항(軍港).

りょじょう[旅情](명) 여정. 여행 중의 느낌. 나그네의 심정. traveller's sentiment

りょじん[旅人](명) 여인. 여행하는 사람. 나그네. 여객(旅客). a traveller

りょそう[旅装](명) 여장. 길 떠날 차림. 여행하는 몸차림. 「—を解(ト)く; 여장을 풀다」 a travelling outfit

りょちゅう[旅中](명) 여행하는 동안. 여행 중. during one's journey

りょっか[緑化](명·자타サ) 녹화. 푸르게 만듦. 나무나 풀을 심어서 푸르게 함. 「—運動(ウンドウ); 녹화 운동」 afforestation

りょっこう[力行](명·자サ) ⇨りっこう(力行).

りょてい[旅亭](명) 여관. 여숙(旅宿). an inn

りょてい[旅程](명) 여정. 여행의 도정. 여행의 일정(日程). a journey

りょはく[旅泊](명) 여관에 숙박함. staying at an inn

りょひ[旅費](명) 여비. 여행 비용. 노자(路資). 노비(路費). travel expenses

りょよう[旅用](명) 여비(旅費). 「—の調達(チョウタツ); 여비 조달」 travel expenses

りょりつ[呂律](명) ①여(呂)와 율(律). ②일반 음악의 가락.

りょりょく[膂力](명) 여력. 팔힘. 근육의 힘. 완력(腕力). 「—人(ヒト)にすぐれ; 완력이 남보다 뛰어나」 physical strength

リラ[프 lilas](명)〈식〉 릴라. 목서과에 속하는 낙엽 활엽의 작은 교목. 봄에 흰빛, 엷은 자주빛 등의 작은 꽃이 핌. 자정향(紫丁香). 라일락.

リラ[이 lira](명) 리라. 이탈리아의 화폐 단위.

リライト[rewrite](명·타サ) 리라이트. 전의 원고(原稿)나 기사(記事) 등을 입수(入手)하여 고쳐 씀.

リリー[lily](명)〈식〉 ⇨ゆり(百合).

リリーフ[relief](명·타サ) 릴리이프함. ①구원. 원조함. 「—ピッチャー; 구원 투수(救援投手)」 ②교대(交代)함. 교대자.

リリカル[lyrical](형동ダ) 리리컬. 서정적인. 시적인.

りりく[離陸](명·자サ) 이륙. 비행기가 육지(陸地)에서 떠오름. ↔着陸(チャクリク). flying-off

りりし·い[凛凛しい](형) 늠름하다. 씩씩하다. 파생 —げ(형동ダ) —さ(명). gallant

リリシズム[lyricism](명) 리리시즘. 서정(叙情) 주의. 서정적 기분. 서정미(叙情味).

りりつ[利率](명)〈경〉 이율. 이식(利息)의 비율. 「—年五分(ネンゴブ); 이율은 연 5부」 the rate of interest

リリック[lyric](명) 리릭. 서정시(叙情詩). 서정적.

リリヤン[lily yarn](명) 릴리야안. 인조 견사를 폭이 좁은 끈처럼 짠 실. 수예 재료에 쓰임.

リレー[relay](명·타サ) 릴레이. ①교대. 교대자. 중계. ②〈이〉 계전기(継電器). ③←リレーレース. **—レース**[relay race](명) 릴레이레이스. 릴레이 경주. 일조(一組)의 선수들이 각각 일정한 거리를 맡아 달리고 차례차례로 이어 주는 경주. 계주(継走). 계영(継泳).

りりょう[驪龍](명) 여룡. 검은 용(龍). a black dragon

りれき[履歴](명) 이력. 지금까지 거쳐 온 학업, 직업 등의 내력. 경력. one's personal history. **—しょ**[履歴書](명) 이력서. 이력을 적은 문서. 경력서.

りろ[理路](명) 이론이나 생각의 줄거리. 「—整然(セイゼン); 이론 정연」 argument

りろん[理論](명) 이론. 원리, 원칙에서 출발하여 사물을 논하는 일. 「—化(カ); 이론화」「—家(カ); 이론가」 theory

—りん[林](조어) 숲. 「針葉樹(シンヨウジュ)—; 침엽수림」

—りん[輪](접미) 꽃송이나 수레 바퀴를 세는 말.

りん[厘](명) ①옛날 통화의 단위. 전(銭)의 10분의 1. ②척량(尺量)의 단위. 푼의 10분의 1. 「1. a kind ↗

りん[倫](명) ①종류. ②사람이 지켜야 할 도리.

りん[鈴](명) ①〈불〉 동, 주석, 납 등의 합금으로 만든 조그마한 화분 모양의 불구(仏具). ②초인종. 2. a bell

りん[燐](명)〈이〉 인. 비금속 원소의 한 가지. 엷은 황색. 반투명이고 부드럽고 불이 붙기 쉬움. 유독(有毒)함. 비료, 성냥, 쥐약 등에 쓰임. 기호는 P. phosphorus

りんう[霖雨](명) 임우. 장마. a long-continued rain

りんか[輪禍](명) 윤화. 자전거, 자동차 등의 사고로 인한 재난. a traffic accident

りんか[隣家](명) 인가. 이웃집. 옆집. 「—の主人(シュジン); 옆집 주인」 an adjoining house

りんか[燐火](명) 인화. ①도깨비불. ②인(燐)이 타는 불. 1. a will-o'-the-wisp

りんが[臨画](명·자타サ) 임화. 교본을 보고 그림을 그림. ↔写生画(シャセイガ). drawing after a copy

りんかい[臨海](명) 임해. 바다에 임하는 일. 「—実験所(ジッケンショ); 임해 실험소」 seaside. **—がっこう**[臨海学校](명) 임해 학교. 여름철에 바닷가에 아동을 모아 학과를 가르치고 건강의 증진을 꾀하는 임시 학교.

りんかい[臨界](명) 임계. 경계. limit. **—じょうたい**[臨界状態](명)〈이〉 임계 상태. 증기가 어느 한 일점에서 액화(液化)하는 상태.

りんかく[輪郭·輪廓](명) 윤곽. ①둘레. 주위(周囲). 「町(マチ)の—; 마을 둘레」 ②외부의 모양. 외형(外形). 「—をかく; 윤곽을 그리다」 ③얼굴 생김. 「うつくしい—; 아름다운 얼굴 생김」 ④사물의 대강 줄거리. 대요(大要). 「事件(ジケン)の—; 사건의 윤곽」 1. the surroundings 2. contours

りんがく[林学](명) 임학. 삼림(森林)이나 임업(林業)의 이론, 기술을 연구하는 학문. 삼림학. 「—博士(ハクシ); 임학 박사」 forestry

リンガホン[Linguaphon](명) 링귀폰. 영국의 어학(語学) 자습용 축음기 레코오드의 상품명.

りんかん[林間](명) 임간. 숲 사이. 숲속. in a forest. **—がっこう**[林間学校](명) 임간 학교. 여름에 숲이나 고원 등에 몸이 약한 아동들을 위해 체육을 주로 하여 설치한 교육 시설.

りんかん[輪奐](명) 윤환. 건축이 웅대 장려(雄大壮麗)한 것. 「—の美(ビ); 웅대 장려한 미」 magnificence

りんかん[輪姦](명·타サ) 윤간. 여러 남자가 돌려 가며 한 여자를 강간함. raping a woman by turns
りんかん[輪換](명)〈농〉 교대로 바꿔 가며 심음.
りんかん[臨監](명) 현장에 가서 감독하는 일. a spot inspection
りんき[悋気](명·자サ) 샘냄. 질투. jealousy
りんき[臨機](명) 임기. 현장에 임해서 적당히 처리하는 일. suiting the occasion. **—おうへん**[臨機応変](연어·명) 임기 응변. 그때그때 그 경우에 알맞게 적절히 일을 처리하는 일. 「a special holiday
りんきゅう[臨休](명) 임휴. 임시 휴가. 임시 휴업. ↗
りんきゅう[臨急](명) 임시 급행(臨時急行)의 준말.
りんきょう[隣境](명) 인경. 이웃과의 경계. 인접한 땅의 경계.
りんぎょう[林業](명) 임업. 삼림 경영(森林経営)의 사업. forestry
りんぎょう[輪業](명) 자전거 판매업. trade in bicycle
リンク[link](명·자サ) 링크. ①(사슬의) 고리. ②〈경〉 제품의 수출을 조건으로 하여 그 원료, 재료의 수입을 허가함. 「一制(セイ); 링크제」 ③골프 링크의 준말.
リンク[rink](명) 링크. 스케이트장. 「スケート一; 스케이트장」
リング[ring](명) 링. ①고리. 고리 모양. ②반지. 「エンゲージ一; 약혼 반지」 ③귀걸이. ④권투장. **—サイド**[ring-side](명) 링사이드. 경기장에 가까운 맨 앞줄의 관람석.
りんけい[輪形](명) 윤형. 바퀴 모양. a circle
りんけい[鱗形](명) 인형. 비늘 모양. scale-shaped
りんけい[鱗茎](명)〈생〉 인경. 비늘꼴 줄기. 줄기가 변태(変態)된 지하경의 하나. 파, 마늘, 나리 등의 뿌리 같은 것. a bulb
りんげつ[臨月](명) 임월. 예정 산월(産月). 해산할 달을 당하는 일. 임삭(臨朔). the month of parturition
リンゲル(しえき)[Ringer 氏液](명)〈의〉 링게르액. 식염(食塩), 기타 염류를 녹인 액체. 출혈이 심할 때 주사함. 생리학자 링거(Ringer)가 고안한 용액. Ringer's solution
りんけん[隣県](명) 이웃 현. (현은 한국의 도(道)에 해당함) an adjoining prefecture
りんけん[臨検](명·자サ)〈법〉 임검. 현장에 가서 검사함. an official inspection
りんげん[綸言](명) 윤언. 임금의 말. 「一汗(アセ)の如(ゴトシ); 윤언 여한(군주의 말은 취소하기 어려움의 비유)」 the Emperor's words
りんこ[凛乎](형동タルト) 위엄이 있고 기개가 높은 모양. 어엿하고 늠름한 모양. 「一たる態度(タイド); 위엄 있고 기개 높은 태도」 imposing
りんご[林檎·林子](명)〈식〉 사과. 사과나무. an apple
りんこう[輪光](명) 바퀴 모양의 빛. an annular light
りんこう[輪講](명·타サ) 윤강. 몇 사람이 차례로 읽거나 강의함. 순강(順講). 「万葉集(マンヨウシュウ)の一; 만요오슈우 윤강」 lecturing in turn
りんこう[隣交](명) 인교. 이웃끼리 사이 좋게 지내는 일. 인호(隣好). neighbourly friendship
りんこう[隣好](명) 인호. 이웃끼리 사이 좋게 지내는 일. 인교(隣交). neighbourly friendship
りんこう[燐光](명)〈이〉 ①인광. 인을 공기 가운데 방치할 때 자연적으로 발생하는 푸른 불빛. ②어느 물질이 빛을 비추다가 그쳐도 계속 빛을 내는 현상. 1. phosphorus light
りんこう[燐鉱](명)〈광〉 인광. 인산 칼슘을 다량으로 함유한 광물. 비료 제조의 원료. 「一石(セキ); 인광석」 rock phosphate
りんこう[臨幸](명·자サ) 임행. 임금이 그자리에 거둥함. 행행(行幸). 「一を仰(アオ)ぐ; 임행을 받잡다」 an Imperial visit
りんこう(せん)[臨港(線)](명) 임항선. 하역(荷役) 등을 위해서 부두까지 직접 뻗어 있는 철도 선로. extending to the pier
りんごく[隣国](명) 인국. 이웃 나라. 「一との交通(コウツウ); 이웃 나라와의 교통」 a neighbouring country
りんざ[輪坐](명·자サ) 윤좌. 둥그렇게 둘러 앉음. sitting in a circle
りんさい[輪栽](명·타サ)〈농〉 ⇨りんさく(輪作).
りんざいしゅう[臨済宗](명)〈불〉 임제종. 선가 오종(禅家五宗)의 하나. 당(唐) 나라의 고승 임제(臨済)의 종지(宗旨)를 근본으로 하여 일어난 종파.
りんさく[輪作](명·타サ)〈농〉 여러 가지 곡류, 채소 및 목초류(牧草類) 등을 같은 땅에 일정한 순서에 따라 일정한 연한(年限)마다 순환하여 재배하는 경작법. 비료의 절약, 병충해의 방제(防除), 지질 개량(地質改良), 노력의 감소 등의 이점(利點)이 있음. rotation of crops
りんさん[林産](명) 임산. 산림에서 산출되는 것. 「一物(ブツ); 임산물」 forest products
りんさん[燐酸](명)〈이〉 인산. 인과 초산을 함께 가열해서 만든 무색(無色) 결정체. 의약 공업에 쓰임. phosphoric acid. **—カルシウム**[燐酸calcium](명)〈이〉 인산 칼슘. 인산을 함유하는 석회. 비료, 인(燐) 제조에 쓰임. 인산 석회. **—ひりょう**[燐酸肥料](명) 인산 비료. 인산을 다량으로 함유한 비료. 과(過)린산 석회, 중(重)과린산 석회 등.
りんし[綸旨](명) 윤지. ①임금의 말씀. ②칙지(勅旨)를 받아 근시(近侍)가 내는 문서. 2. an Imperial order
りんじ[臨時](명) 임시. ①그 당시에 한해서 특별히 행하는 것. 「一国会(コッカイ); 임시 국회」 ↔定時(テイジ). ②일시적인 일. 「一やとい; 임시 고용」 1. special 2. temporary
りんしつ[痳疾·淋疾](명)〈의〉 임질. 성병(性病)의 한 가지. 임균(淋菌)에 의하여 일어나는 요도 점막(尿道粘膜)의 염증(炎症). gonorrhoea
りんしつ[隣室](명) 이웃 방. 옆방. the adjoining room
りんしゃ[臨写](명·타サ) 원본(原本)을 보고 베낌. copying
りんじゅう[臨終](명) 임종. 죽음에 임하는 일. 죽기 직전. one's death bed

りんしょ[臨書](명·자サ) 원본을 보고 문자(文字)를 베껴 씀. copying
りんしょう[輪唱](명·자타サ)〈악〉 윤창. 같은 선율을 일정한 소절(小節)의 사이를 두고 뒤따르며 부르는 합창. 또는 그 곡. a troll
りんしょう[臨床](명)〈의〉 임상. ①병상(病床)에 임하는 일. ②환자를 실지로 진찰하여 치료하는 일. 1. bedside 2. clinical
りんじょう[倫常](명) 윤상. 인륜(人倫)의 상도(常道). human duties
りんじょう[輪状](명) 윤상. 바퀴 같은 모양. a ring
りんじょう[臨場](명·자サ) 현장에 나감. presence
りんじょう[鱗状](명) 인상. 비늘 같은 모양. scale-like
りんしょく[吝嗇](명·형동ダ) 인색. 지나치게 재물(財物)을 아낌. stinginess
りんしるい[鱗翅類](명)〈동〉 인시류. 유시아강(有翅亜綱)에 속하는 곤충의 한 목(目). 두 날개가 있고 몸에는 인분(鱗粉)이 덮여 있음. the Lepidoptera
りんじん[隣人](명) 이웃 사람. 옆 사람. 「—愛(アイ); 이웃 사랑」 a neighbour
りんず[綸子](명) 두껍고 광택이 나는 견직물(絹織物)의 한 가지. figured satin
りんせい[林政](명) 임정. 삼림(森林)에 대한 행정.
りんせい[稟請](명·타サ) ①상관에게 말해서 청구함. 신청(申請). ②〈법〉 일본에서 최고 검찰청이 국무 대신을 기소(起訴)할 때 내각 총리 대신의 동의를 구하는 일. 1. application
りんせい[輪生](명·자サ)〈식〉 윤생. 줄기에 잎이 붙는 형식의 하나로, 한 마디에 세 개 이상의 잎이 윤형(輪形)으로 나는 일. verticillation
りんせき[隣席](명) 인석. 옆 자리. the next seat
りんせき[臨席](명·자サ) 임석. 그자리에 임함. 출석. attendance
りんせつ[隣接](명·자サ) 인접. 이웃하여 있음. 잇닿아 있음. adjacency
りんせん[林泉](명) 수목이 우거지고 천수(泉水)가 있는 정원. a natural garden
りんせん[綸宣](명) ⇨りんし(綸旨).
りんせん[臨戦](명·자サ) 임전. 전장에 임함. 「—態勢(タイセイ); 임전 태세」 presence at a battle
りんぜん[凛然](형동タルト) 어엿하고 늠름한 모양. 위엄이 있고 기개가 높은 모양. imposing
りんそう[林相](명)〈농〉 삼림의 형태.
りんそん[隣村](명) 인촌. 이웃 마을. a neighbouring village
りんち[林地](명) 임지. 삼림이 있는 땅. woodland
りんち[臨池](명) 임지. 습자(習字). penmanship
りんち[隣地](명) 이웃 토지. 이웃 땅. 이웃 터. adjoining land
リンチ[lynch](명·타サ) 린치. 법률에 의하지 않고 사적으로 가하는 제재(制裁). 사형(私刑).
りんちゅう[林中](명) 숲속. in a wood
りんてい[隣邸](명) 옆집. 이웃 저택. the next mansion
りんてん[輪転](명·자サ) 윤전. 바퀴처럼 회전함. 「—式(シキ); 윤전식」 rotation. **—き**[輪転機](명) 윤전기. 원통형을 한 인쇄판 사이에 인쇄지를 끼워서 고속도로 인쇄하는 기계.
リンデン[도 Linden](명)〈식〉 ⇨ぼだいじゅ.
りんと[凛と](부) ①단정한 모양. ②추위가 심한 모양. ③늠름한 모양. 당당한 모양. 「—とした態度(タイド); 늠름한 태도」 2. severely 3. imposingly
リント[lint](명) 린트. ①아마(亜麻). ②〈의〉 린네르나 면포(綿布) 등을 기모 가공(起毛加工)하여 보드랍게 한 천. 외과용 가아제, 습포(湿布), 붕대로 씀.
りんどう[林道](명) 산림 속에 만든 길. a drag road
りんどう[龍胆](명)〈식〉 용담. 가을에 원통형의 청자색 꽃이 피는 다년초. 뿌리는 건위제(健胃剤)로 쓰임. a gentian
りんどく[輪読](명·타サ) 윤독. 여러 사람이 한 책을 차례로 돌려 가며 읽음. 「三国志(サンゴクシ)を—する; 삼국지를 윤독하다」 reading in turn
りんね[輪回](명·자サ)〈불〉 윤회(輪廻). 중생(衆生)의 영혼은 불멸해서 생물이 죽어서 태어나는 과정을 영구히 반복함. the transmigration of the soul
リンネル[프 linière](명) 린네르. 아마(亜麻)의 섬유로 짠 직물. 리닌(linen).
リンパ[라 lympha·淋巴](명)〈생〉 임파. ①←淋巴液. ②←淋巴腺. **—えき**[淋巴液](명)〈생〉 임파액. 신체의 조직 사이에 흐르는 무색, 투명의 액체. 조직에 영양을 주고 노폐물을 없앰. **—せん**[淋巴腺](명)〈생〉 임파선. 임파관의 각처에 있는 둥근 조직. 임파에 들어 온 병원균을 다른 데로 못 가게 잡아 놓음.
りんばつ[輪伐](명·타サ)〈농〉 윤벌. 삼림(森林)의 일부를 해마다 순차적으로 벌채(伐採)함. cutting in turn
りんばん[輪番](명) ①윤번. 여러 사람이 돌려 가며 차례로 번드는 일. 순번(順番). ②〈불〉 사원(寺院)의 당번 중(僧). 1. turn
りんぴ[燐肥](명)〈농〉 인산 비료(燐酸肥料)의 준말.
りんびょう[淋病](명)〈의〉 ⇨りんしつ(淋疾).
りんぶ[輪舞](명·자サ) 윤무. 원무(圓舞). a round dance. **—きょく**[輪舞曲](명)〈악〉 윤무곡. 원무곡. 왈츠.
りんぷん[鱗粉](명)〈동〉 인분. 나비, 나방 등의 날개에 붙은 비늘과 같은 가루.
りんぺん[鱗片](명) 인편. ①하나의 비늘 조각. ②비늘 모양의 조각. 1. a scale
りんぽ[隣保](명) 인보. ①가까운 이웃. ②가까운 이웃끼리 조직된 모임. 국민반. 1. the neighbourhood
りんぽう[隣邦](명) 인방. 이웃 나라. 인국(隣国). a neighbouring state
りんぽかん[隣保館](명) 인보관. 마을 사람들이 서로 돕고 가난한 사람들의 구제를 목적으로 하는 시설.
りんぼく[林木](명) 임목. 수풀의 나무. a forest-tree
りんぽん[臨本](명) 습자, 도화 등의 본보기 책. a copy
りんむ[林務](명) 산림(山林)의 사무(事務). 「—官(カン); 산림의 사무를 보는 관리」
りんも[臨模·臨摸](명) 본보기를 보고 모사(模写)하는

일. copying
りんもう[厘毛](명) 극소. 아주 작은 것.「一のくるいもない; 추호(秋毫)도 틀림 없다」 a farthing
りんもう[鱗毛](명)〈생〉 인모. 많은 세포로 되어 있으며 비늘 모양으로 줄기, 잎 등의 거죽을 덮어 아름 보호하는 잔털. a scale
りんや[林野](명) 임야. 숲과 들.「一局(キョク); 임야국(산림국)」 forests and fields
りんらく[淪落](명·자サ) 윤락. 영락(零落)하고 타락함. 전락.「一の身(ミ); 윤락의 몸」 fall
りんり[倫理](명) 윤리. ①사람이 지켜야 할 도리. 도덕. ②←倫理学. 1. morals. **一がく**[倫理学](명) 윤리학. 도덕의 판단이나 선악의 표준 등에 관해서 연구하는 학문. **一てき**[倫理的](형동ダ) 윤리적. 윤리의 법칙에 맞는 모양. 윤리에 관계 있는 모양.
りんり[淋漓](부) 땀 등이 뚝뚝 떨어지는 모양.「流汗(リュウカン)一; 흐르는 땀이 뚝뚝 떨어짐」 profusely
りんりつ[林立](명·자サ) 임립. 임목(林木)처럼 죽 늘어섬.「一する煙突(エントツ); 죽 늘어선 굴뚝」 standing close together
りんりん(부) ①방울이 울리는 소리. ②목소리가 맑은 모양. ③벌레가 우는 소리. 1. jingling
りんれつ[凜烈·凜冽](형동タリ) 추위가 살을 엘 듯이 아주 심한 모양. severe
りんりん[凜凜](형동タルト) 늠름. ①추위나 위광(威光) 등이 몸에 스며 드는 모양. ②태도가 의젓하고 씩씩한 모양. 1. severe 2. brave

る

る(조동·하2형) ⇨れる.
ル(명)〈지〉 루마니아의 약칭.
るい[累](명) 누. 폐. 근심. 걱정. 연루(連累).「一をおよぼす; 누를 끼치다」 trouble
るい[塁](명) ①작은 성(城). ②〔야구에서〕 베이스.「一に進(スス)む; 진루하다」 1. a fort
るい[誄](명) 죽은 사람의 생전의 덕을 찬양하여 애도의 뜻을 표하는 말. a funeral address
るい[類](명) ①같은 종류. 무리. 동류(同類).「肉(ニク)一; 육류」 ②닮은 것. 비슷한 것.「一のない事件(ジケン); 유례 없는 사건」 ③〈동·식〉 동식물의 분류에서 강(綱), 목(目)을 가리키는 말. 예: 포유류(哺乳類). 1. a kind
るいえん[類縁](명) 유연. ①일족(一族). 친척(親戚). ②모양, 성질이 닮고 그 사이에 가까운 관계가 있는 것.「一関係(カンケイ); 유연 관계」 1. a family
るいおん[類音](명) 닮은 소리. 닮은 발음. a diaphone
るいか[累加](명·자타サ) 누가. 겹쳐서 보태짐. 겹쳐 보탬. accumulation
るいか[類火](명) 다른 데서 옮아 붙은 불.
るいか[類化](명·자サ) ⇨どうか(同化).
るいか[類歌](명) 유사하거나 같은 종류의 노래. a similar song
るいがいねん[類概念](명)〈철〉 유개념. 몇 개의 종개념(種概念)의 외연(外延)을 내포한 한층 높은 개념. 예: 개, 돼지, 소는 종개념, 동물은 유개념. a generic concept
るいき[類規](명) 유규. 같은 종류의 법규. like laws and regulations
るいぎご[類義語](명) 유의어. 뜻이 비슷한 말. a synonym
るいく[類句](명) 유구. 표현이 비슷한 구. 유사한 구. 닮은 구. a synonymous phrase
るいけい[累計](명·타サ) 누계. 전체를 차례로 보태서 계산함. 또는 계산한 그 결과. accumulation
るいけい[類型](명) 유형. ①비슷한 형. ②흔해 빠져 개성(個性)이 없는 것. ③비슷한 것들 사이에 있는 공통된 특질을 모범적으로 나타내는 대표적인 것. 전형(典型). 1. a similar type. **一てき**[類型的](형동ダ) 유형적. 흔히 있어서 개성이나 특성이 없는 모양.
るいげつ[累月](명) 누월. 여러 달. several months
るいげん[累減](명·자타サ) 누감. 차례로 줆. 차례로 감함. degression
るいご[類語](명) 유어. 뜻이 비슷한 말. a synonym
るいこん[涙痕](명) 누흔. 눈물 자국. traces of tears
るいさん[累算](명·타サ) 누산. 누계(累計)함. accumulation
るいさん[類纂](명·타サ) 유찬. 같은 종류의 것을 모아서 책으로 만듦. 또는 그 책. a classified collection in book form
るいじ[累次](명) 누차. 여러 차례. 때때로.「一の災難(サイナン); 여러 차례의 재난」 succession
るいじ[類字](명) 유자. ①문자로 분류하는 일. ②모양이 비슷한 문자. 2. resembling characters
るいじ[類似](명·자サ) 유사. 서로 비슷함. resemblance
るいしつ[類質](명) 유사한 성질. similar qualities
るいじゅう[類従](명·타サ) 유종. 분류해서 모음.「群書(グンショ)一; 여러 책을 종류에 따라 모음」 a classified collection
るいじつ[累日](명) 누일. 여러 날. several days
るいじゃく[羸弱](명·형동ダ) 지쳐서 약해짐. 연약(軟弱)함. infirmity
るいしゅう[累囚·縲囚](명) 죄수(罪囚). 수인(囚人). a prisoner

るいしゅう[類集](명·타サ) 유집. 같은 종류의 사항을 모음. 유취(類聚). classification

るいじゅう[類聚](명·타サ) 유취. 같은 종류의 사항을 모음. 유집(類集). classification

るいしょ[類書](명) ①유서. 같은 종류의 책. ②사항(事項)에 따라 분류, 편찬한 책. 1. books of the same kind

るいしょう[類焼](명·자サ) 유소. 타인의 집에서 일어난 화재가 번져 와서 자기 집을 태움. 옮아 온 화재. being burnt down by a spreading fire

るいじょう[累乗](명·타サ)〈수〉 누승. 같은 수를 몇 번이고 곱해 나감. 멱(羃). 예: 3^3, 5^5 등.

るいじょう[塁上](명) 누상. 〔야구에서〕 베이스의 위. 「—のランナー; 누상의 러너(走者)」 on the base

るいしん[累進](명·자サ) 누진. ①차차로 올라 감. 차차로 나아감. 「局長(キョクチョウ)に—する; 국장에까지 누진하다」 ②〈법〉 비율이 차차로 높아짐. 「—税(ゼイ); 누진세」 1. successive promotion

るいしん[塁審](명) 누심. 〔야구에서〕 1, 2, 3루 곁에 있는 심판. ↔球審(キュウシン), 主審(シュシン). a base umpire

るいじんえん[類人猿](명)〈동〉 유인원. 사람과 비슷한 원숭이류. 서서 걸음. 예: 침팬지이, 고릴라 등. an anthropoid

るいすい[類推](명·자サ) 유추. 비슷하게 닮은 점을 근거로 하여 미루어 짐작함. 유비(類比). analogy

るい·する[類する](자サ) 닮다. 비슷하다. 「これに—ことは; 이와 비슷한 일은」 be similar to

るいせい[累世](명) 누세. 여러 세대. 누대. 「—の臣(シン); 누대의 신하」 successive generation

るいせき[累積](명·자타サ) 누적. 겹쳐 쌓임. 겹쳐 쌓음. accumulation

るいせつ[縲絏·縲紲](명) ①검은 끈으로 죄인을 묶는 일. ②포박(捕縛)되어 감옥에 감. 1. bonds

るいせん[涙腺](명)〈생〉 누선. 눈물이 나오는 기관. 눈물샘. a lachrymal gland

ルイセンコがくせつ[Lysenko 学説](명)〈생〉 뤼센코 학설. 멘델리즘에 반대하는 유전설. 환경을 바꾸면 새로운 유전을 만들 수 있다고 주장.

るいそ[累祖](명) 누조. 대대의 조상. ancestors

るいそう[累層](명) 누층. 나란히 포개져 있는 지층(地層)의 모임. complex formation

るいぞう[累増](명·자타サ) 누증. 점점 불어남. 「—する失業者(シツギョウシャ); 점점 늘어나는 실업자」 gradual increase

るいぞく[類族](명) 유족. ①같은 종류. ②친족(親族). 일족(一族). 1. the same kind

るいだい[累代](명) 누대. 여러 세대. 대대. 「—の墓(ハカ); 여러 대의 묘」 successive generations

るいだい[類題](명) 유제. ①같은 종류. 또는 유사한 문제. ②와카(和歌), 하이쿠(俳句) 등을 유사한 제목에 따라 분류하여 모은 것. 1. similar questions

るいどう[類同](명·자サ) 같은 종류. 동류(同類). 동종(同種). similarity

るいねん[累年](명) 누년. 여러 해. 「—の災害(サイガイ); 여러 해의 재해」 successive years

るいはん[累犯](명)〈법〉 누범. 두 번 이상의 범죄. a repeated offence

るいひ[類比](명·자サ) 유비. ①비교함. ②유추(類推)함. 1. comparison

るいへき[塁壁](명) 누벽. 성벽(城壁). a rampart

るいべつ[類別](명·타サ) 유별. 분류해서 구별함. classification

るいほん[類本](명) ⇨るいしょ(類書).

るいらん[累卵](명) 누란. 계란을 올려 쌓은 것. 매우 불안정하고 위태로운 상태. 「—の危(アヤウ)きにある; 매우 위태로운 상태에 있다(累卵之勢)」 as unsafe as eggs piled one upon the other

るいるい[累累](형동タルト) 누누. ①겹치고 겹치는 모양. 「—たる死体(シタイ); 쌓이고 쌓인 시체」 ②계속되는 모양. 1. in heaps

るいれい[類例](명) 유례. 비슷한 예. 닮은 예. 「—がない; 유례가 없다」 a similar example

るいれき[瘰癧](명)〈의〉 나력. 경부 임파선(頸部淋巴腺)의 종기. 결핵성과 그렇지 않은 것이 있음. scrofula

ルーキー[rookie](명) 루키. ①신병(新兵). ②야구계의 신인(新人).

ルージュ[프 rouge](명) 루우즈. ①붉은 것. ②붉은 색. ③입술 연지.

ルーズ[loose](명·형동ダ) 루우스. 완만하고 나태한 모양. 느슨한 모양. 헐렁한 모양. 「—な仕事振(シゴトブ)り; 완만하고 나태한 작업 태도」 **— リーフ**[loose-leaf](명) 루우스 리이프. 용지를 자유롭게 끼웠다 뺐다할 수 있게 만든 노우트나 장부.

ルート[root](명) ①〈수〉 루우트. 근(根). 기호는 $\sqrt{\ }$. ② 근본. 기초. ③〈음〉 기초.

ルート[route](명) 루우트. ①길. ②경로(経路). 통로.

ルーバー[louver](명) 루우버. 가는 판자 등을 가로로 비스듬히 겹쳐 만든 발 모양의 것. 또는 그러한 창.

ルーピー[rupee·留比](명) 루우피이. 인도의 화폐 단위.

ルーフ[roof](명) 루우프. ①지붕. ②옥상. 「—ガーデン; 옥상 정원」

ループ[loop](명) 루우프. ①실이나 끈이 바퀴 모양으로 둥글게 된 것. 「—アンテナ; 루우프 안테나」 ②공중 회전. **—せん**[loop 線](명) 루우프선. 본선과 갈렸다가 다시 합쳐지는 것. 환상선(環状線).

ルーフィング[roofing](명) 루우핑. 섬유(纖維)를 가공한 지붕 덮개. 함석이나 기와 대신으로 쓰임.

ルーブリ[러 rubl'](명) ⇨ルーブル.

ルーブル[rouble·留](명) 루우블. 소련의 화폐 단위. 루우블리.

ルーブルびじゅつかん[Louvre 美術館](명) 루우브르 미술관. 파리에 있는 미술관. 원래는 왕궁이었는데 나폴레옹 1세가 국립 미술관으로 바꿨음. 고대부터 현대까지의 명작을 소장한 세계 제일의 미술관.

ルーペ[도 Lupe](명) 루우페. 확대경. 돋보기.

ルーマニア[Rumania·羅馬尼亜](명)〈지〉 루마니아. 보

올칸 지방의 공화국. 수도는 부카레스트(Bucharest).

ルーム[room](명) 루움. 방. 「―クーラー; 실내 냉방 장치」

ルーメン[lumen](명)〈이〉 루우멘. 플래시 등의 광량(光量)을 표시하는 단위. 1 촉광의 광원에서 반경(半径) 1 *m*의 주위를 비추는 광량.

ルーラー[roller](명) ⇨ローラー.

ルーラー[ruler](명) 루울러. ①제도용 자. ②부기(簿記)에 쓰이는 둥근 막대. ③통치자. 지배자(支配者).

ルール[rule](명) 루울. ①규칙. 규정. ②자. 정규. 「スライドー; 계산자(計算尺)」

ルール[Ruhr](명)〈지〉 루르. 도이치 서북부의 탄광, 공업 지대. 도이치 중공업의 중심부.

ルーレット[프 roulette](명) 루울렛. ①양재(洋裁)에서 점선을 치기 위하여 쓰는 톱니 바퀴. ②도박에서 쓰이는 공 굴리기 도구.

ルクス[프 lux](명) 럭스. 조명 강도의 단위. 1 촉광(燭光)의 광원이 1 *m* 떨어져서 1 m^2의 표면을 비추는 강도. 미터 촉광.

ルクセンブルグ[Luxemburg](명)〈지〉 룩셈부르크. 도이치, 프랑스, 벨기에 사이에 있는 작은 독립국. 또는 그 나라의 수도.

ルゴール(えき)[Lugol(液)](명)〈의〉 루고올액. 옥도(沃度), 옥도가리, 글리세린 등을 혼합한 적자색(赤紫色)의 약물. 종기, 편도선 등에 바름.

るけい[流刑](명) ⇨るざい(流罪).

るげん[流言](명) 유언. 근거가 없는 말이나 소문을 퍼뜨리는 일. 또는 그 말. a rumour

るげん[縷言](명·타サ) 세세(細細)한 점까지 설명함. 자세히 설명함. expatiation

るこく[鏤刻](명·타サ) 누각. ①파서 새김. 조각(彫刻). ②문장, 글을 애써 고치고 다듬음. 2. polishing one's writings painstakingly

るこつ[鏤骨](명·타サ) 뼈를 깎는 듯이 고심함. 「彫心(チョウシン)―; 대단한 고심」 pains

るざい[流罪](명) 유죄. 유형(流刑). 유배(流配). 귀양. banishment

るじ[屢次](명·부) 누차. 여러 차례. 재삼(再三). often

ルシアン[Russian](명) 러시안. ①러시아의. 「―バレー; 러시아 무용」 ②러시아인. ③러시아어(語).

るしゃな[盧遮那](명)〈불〉 비로자나(毘盧遮那)의 준말.

るじゅつ[縷述](명·타サ) 세세(細細)한 점까지 설명함. 자세한 설명. expatiation

るす[留守](명) ①주인의 외출, 여행 중에 그 집을 지키는 일. 또는 지키는 사람. ②외출, 여행 중이어서 집에 없는 것. 부재중(不在中). 「主人(シュジン)は―です; 주인은 외출 중입니다」 1. taking charge of the house

るすい[留守居]―キ(명·자サ) 주인의 외출이나 여행 중에 그 집을 지키고 있음. 또는 그 사람. a caretaker

るすばん[留守番](명) 주인의 외출이나 여행 중에 그 집을 지키는 일. 또는 그 사람. being take charge of the house

るせつ[流説](명) 유설. ①퍼뜨려진 소문. ②근거 없는 소문. 1. a spread opinion

るせつ[屢説](명·타サ) 누설. 몇 번이고 이야기, 주장, 설명함. 「既(スデ)に―したごとく; 이미 누설한 바와 같이」 expatiation

ルチン[도 Rutin](명)〈의〉 루틴. 메밀, 토마토 등에 함유된 성분. 고혈압의 예방약으로 쓰임.

るつう[流通](명·자サ) ⇨りゅうつう.

ルック サック[도 Rucksack](명) ⇨リュックサック.

ルックス[프 lux](명) ⇨ルクス.

るつぼ[坩堝](명) 감과. ①금속을 넣어서 강한 열로 용해시키는 용기. 도가니. ②열광적인 장내(場内)의 비유. 「興奮(コウフン)の―; 흥분의 도가니」 1. a crucible

るてん[流転](명·자サ) 유전. ①〈불〉 생사(生死), 인과(因果)가 끝없이 계속됨. ②한없이 변함. 「万物(バンブツ)は―する; 만물은 유전한다」 1. transmigration

るにん[流人](명) 유인. 유배형(流配刑)에 처해진 사람. an exile

ルネ(ッ)サンス[프 Renaissance](명)〈역〉 르네상스. 14 세기로부터 16세기까지 서양 전체에 널리 퍼진 학문, 예술상의 운동. 문예 부흥(文芸復興).

ルバ(ー)シカ[러 rubashka](명) 루바시카. 러시아인이 입는 앞이 터지지 않은 상의(上衣). 길이가 보통 옷보다 길고 허리에 띠를 맴.

ルビ[ruby](명) 루우비. ①7호 활자. ②본문 옆에 음을 달아 주는 작은 활자.

ルビー[ruby](명)〈광〉 루우비. ①홍색 강옥석(鋼玉石). 홍옥(紅玉). ②⇨ルビ.

ルピー[rupee·留比](명) 루우피이. 인도의 화폐 단위.

るふ[流布](명·자サ) 유포. 널리 퍼짐. 「世間(セケン)に―する; 세상에 유포되다」 diffusion. **―ぼん**[流布本](명) 유포본. 동일한 원본(原本)에서 나온 책 중 가장 널리 퍼진 책.

ルフラン[프 refrain](명) ⇨リフレーン.

ルポ(명) 르포르타아즈의 준말.

ルポルタージュ[프 reportage](명) 르포르타아즈. ①보고(報告). 또는 보고문. ②통신. 통신문. 보도(報道). 또는 보도문.

るまた[殳](명) 한자 부수(部首)의 하나. 갖은등글월문. "役, 投" 등의 "殳" 부분.

るり[瑠璃](명) 유리. ①〈불〉 곤색 보석. ②〈광〉 아름다운 청색 바탕에 황금색의 작은 점이 박혀 있는 광물. 파리(玻璃). ③⇨るりいろ. 2. emerald

るり いろ[瑠璃色](명) 자색을 띤 남색. 「―の空(ソラ); 자색을 띤 파란 하늘」 emerald

るりこう にょらい[瑠璃光如来](명)〈불〉 약사여래(薬師如来).

るる[縷縷](부) ①여러 번 설명하는 모양. 「―説明(セツメイ)する; 누누이 설명하다」 ②그치지 않고 계속되는 모양. 「香煙(コウエン)―と立(タ)ちのぼる; 향연이 그치지 않고 피어 오르다」 2. continuously

るろう[流浪](명·자サ) 유랑. 헤맴. 정처 없이 떠돌아다님. 「―の旅(タビ); 유랑의 나그넷길」 wondering

ルンゲ[도 Lunge](명) 룽게. ①〈생〉 폐. 허파. ②〈속〉 폐결핵.
ルンバ[rumba](명) 룸바. 중미 쿠바의 민속 무용곡. 또는 그 무곡에 따르는 경쾌한 사교 댄스.
ルンペン[도 Lumpen](명) 룸펜. ①부랑인(浮浪人). 유랑인. ②실업자(失業者).

れ

レ[이 re](명)〈악〉 ①장음계(長音階)의 둘째 음. ②라(D)음의 이탈리아 음명(音名).
レアリスム[프 réalisme](명) ⇨リアリズム.
れい―[令](접두) 남의 가족에 대한 높임말. 「―夫人(フジン); 영부인」
れい―[冷](조어) 찬. 식은. 「―湿布(シップ); 냉찜질」
れい―[麗](조어) ①아름다운. 고운. 화려한. ②화창한.
れい[令](명) ①명령. 분부. 「―を下(クダ)す; 명령을 내리다」 ②법령. 「戒厳(カイゲン)―; 계엄령」 1. an order
れい[礼](명) 예. ①예의. 「―をつくす; 예의를 다하다」 ②의식. 「即位(ソクイ)―; 즉위식」 ③절. 인사. 경례. 「―をする; 절을 하다」 ④〔お―〕 사례. 사례로 보내는 금품. 1. etiquette
れい[例](명) 예. ①세상에 흔히 있는 비슷한 일. 통례. 「―になっている; 통례가 되어 있다」 ②근거가 되는 사물. 보기. 범례(範例). 「―になっては困(コマ)る; 보기가 되어서는 곤란하다」 ③유례(類例). ④보통 때. 관례(慣例). 「―のとおりやって来(ク)る; 언제나처럼 찾아 오다」 ⑤⇨れい(例)の. 1. an example
れい[鈴](명) 방울. a bell
れい[零](명) 영. (수가) 없는 것. 아무 것도 없는 것. a zero
れい[霊](명) 영. ①혼. 영혼. 「―と肉(ニク)の一致(イッチ); 영육 일치」 ②죽은 사람의 영혼. 망령(亡霊). 「先祖(センゾ)の―; 선조의 영혼」 ③눈에 보이지 않는 신비스런 힘의 본체. 1. a soul
れい[隷](명) ①하인. 종복. ②예서(隷書)의 준말.
レイ[lei](명) 레이. 하와이 사람들이 목에 거는 화환.
レイアウト[layout](명) ⇨レーアウト.
れいあん[冷暗](명) 냉암. 차고 어두움. cold and dark
れいあんぽう[冷罨法](명)〈의〉 냉찜질. a cold compress
れいい[礼意](명) 예의. 감사의 뜻. one's thanks
れいい[霊位](명) 영위. 위패(位牌). a memorial tablet
れいい[霊威](명) 영위. 신비스럽고 신성한 위력. a mysterious power
れいい[霊異](명) 불가사의하고 신성함. a mystery
れいいき[霊域](명) 영역. 절과 같은 신성한 지역. 「―を汚(ケガ)す; 영역을 더럽히다」 holy precincts
れいう[冷雨](명) 냉우. 찬비. 차가운 비. a cold rain
れいう[霊雨](명) 영우. 때 맞추어 잘 오는 비. 단비. 호우(好雨). a welcome rain
れいえき[霊液](명) 영액. ①영묘(霊妙)한 작용을 하는 액체. ②이슬. 2. dew
れいえん[霊園](명) 넓은 공동 묘지. 「多摩(タマ)―; 타마 공동 묘지」 a public cemetery
れいおく[霊屋](명) 죽은 사람의 영혼을 안치한 집. a mausoleum
れいおん[冷温](명) 냉온. ①차고 더움. ②낮은 온도. 「―貯蔵(チョゾウ); 저온 저장」 2. a low temperature
れいか[冷菓](명) 냉과. 얼린 과자. 아이스크리임 등. a frozen dessert
れいか[零下](명) 영하. 섭씨 영도 이하. below zero
れいか[霊化](명·자타サ) 영화. 영적(霊的)인 것으로 됨. 또는 만듦. spiritualization
れいか[隷下](명) 예하. 부하(部下). a follower
れいかい[冷灰](명) 불기 없는 재. cold ashes
れいかい[例会](명) 예회. 일자를 정해서 정기적으로 여는 회. 「今月(コンゲツ)の―; 이달의 정기 모임」 a regular meeting
れいかい[例解](명·자타サ) 예해. 예를 들어서 해석함. 「―する; 예를 들어 해석하다」 illustration
れいかい[霊界](명) 영계. ①정신 세계. ②영혼이 사는 세계. 1. the spiritual world
れいがい[冷害](명)〈농〉 냉해. 한랭에 의한 피해. the damage from cold weather
れいがい[例外](명) 예외. 원칙이나 통례에서 벗어나는 일. an exception
れいがく[礼楽](명) 예악. ①예법과 음악. ②경서(経書) 이름. 예기(礼記)와 악기(楽記). 1. etiquette and music
れいかん[冷汗](명) 냉한. 식은땀. a cold sweat
れいかん[冷寒](명·형동ダ) 냉한. 공기가 차고 날씨가 추움. coldness
れいかん[霊感](명) 영감. 영묘(霊妙)한 느낌. 인스피레이션. inspiration
れいがん[冷眼](명) 냉안. 차가운 눈초리. 「―視(シ)する; 냉안시하다」 a cold look
れいき[冷気](명) 냉기. 찬 공기. 「高原(コウゲン)の―; 고원의 찬 공기」 cold air
れいき[例規](명) 예규. 범례(範例)가 되어 있는 규칙. an established rule
れいき[霊気](명) 영기. ①영묘한 기분. ②신성(神聖)한 기분이나 분위기. 1. mysterious atmosphere
れいき[霊鬼](명) ①죽은 사람의 영혼. ②신기한 힘을 지닌 정령(精霊). ③악령(悪霊). 1. a departed spirit
れいぎ[礼儀](명) 예의. 예를 차리는 절차와 지키는

몸가짐. 「一作法(サホウ); 예의 법절」 courtesy
れいきゃく[冷却](명·자타サ) ①냉각. 식힘. ②얼마동안 이야기를 중단하고 서로간의 기분을 가라앉힘. 「一期間(キカン); 냉각 기간」 1. cooling. **一き**[冷却器](명) 냉각기. ①냉동기(冷凍器). ②기계의 과열을 막기 위한 장치. ③〈이〉 공기나 증기(蒸気) 등을 차게 액체화(液体化)하는 장치. 응축기(凝縮器).
れいきゅう[霊柩](명) 영구. 시체를 넣는 관. 「一車(シャ); 영구차」 a coffin
れいきょう[霊香](명) 영향. 신기한 향(香). 영묘한 향기. mysterious fragrance
れいきょう[霊境](명) 영경. ①신성한 장소. ②아주 외딸아 조용한 곳. 1. mysterious place
れいきん[礼金](명) 예금. 사례로 내는 돈. 사례금(謝礼金). a recompense
れいく[麗句](명) 여구. 아름답게 꾸민 말. 미화한 말. 「美辞(ビジ)一; 미사 여구」 a beautiful phrase
れいぐう[礼遇](명·타サ) 예우. 후한 대우. 예의를 갖추어 하는 돈독한 대우. polite reception
れいぐう[冷遇](명·타サ) 냉우. 냉담하고 박한 대우. 냉대(冷待). cold treatment
れいけい[令兄](명) 영형. 남의 형을 높여서 일컫는 말. ↔令弟(レイテイ).
れいけい[令閨](명) 영규. 남의 부인을 높여서 일컫는 말. 영부인.
れいけつ[冷血](명·형동ダ) 냉혈. ①체온(体温)이 외기보다 차가움. ↔温血(オンケツ). ②온정이 없음. 냉혹. 「一漢(カン); 냉혹하고 무정한 사람」 1. cold-bloodedness. **一どうぶつ**[冷血動物](명)〈동〉 냉혈동물. 체온이 외계의 온도에 따라서 변하는 동물. 변온 동물의 옛 호칭. ↔温血動物.
れいげつ[令月](명) 영월. ①무엇을 해도 길(吉)하다는 달. 길월(吉月). ②음력 2월. 1. a lucky month
れいげつ[例月](명) 예월. 매월. every month
れいけん[霊剣](명) 영검. 신기한 힘을 가지고 있는 칼. 영묘한 칼. a mysterious sword
れいけん[霊験](명) 영험. 사람의 기원(祈願)에 대한 신이나 부처의 신기한 감응(感応). a miracle
れいげん[例言](명·자サ) 예언. ①서적의 범례(凡例)로서 적은 말. ②보기로 들어서 말함. 1. a foreword
れいげん[冷厳](형동ダ) 냉엄. ①침착하고 엄숙한 모양. 「一な態度(タイド); 냉엄한 태도」 ②감정 등으로 움직일 수 없는 차고 엄한 모양. 「一な事実(ジジツ); 냉엄한 사실」 stern
れいご[囹圄](명) 영어. 감옥. 교도소(矯導所). a prison
れいこう[冷光](명)〈이〉 냉광. 높은 온도 이외의 원인으로 발생하는 빛. 예: 인광(燐光), 형광(蛍光) 등. luminescence
れいこう[励行](명·타サ) ①여행. 애써 행함. ②엄하게 지킴. 「時間(ジカン)一; 시간 엄수」 1. enforcement
れいこう[霊光](명) 영광. ①신기한 빛. ②신성(神聖)한 빛. 1. a mysterious light
れいこく[例刻](명) 예각. 정해진 여느 때의 그 시각. 여느 때와 같은 시각. the usual hour
れいこく[冷酷](형동ダ) 냉혹. 인정이 없고 혹독한 모양. cold-hearted
れいこん[霊魂](명) 영혼. 죽은 사람의 넋. 죽어서도 남는다고 믿어지는 정신. a soul
れいさい[例祭](명) 예제. 해마다 시일(時日)을 정하여 정규적으로 행하는 제사. an annual festival
れいさい[零細](형동ダ) 영세. ①규모가 작은 모양. 「一農業(ノウギョウ); 영세 농업」 ②수량(数量) 등이 적은 모양. 「一なおかね; 소액의 돈」 trifling
れいさつ[霊刹](명) 영찰. 영험 있는 부처를 모신 사찰(寺刹). a holy temple
れいざん[霊山](명) 영산. ①신불(神仏)을 제사하는 신성한 산. ②신비롭고 뛰어난 산. 1. a holy mountain
れいし[令旨](명) 영지. 동궁(東宮)이나 친왕(親王) 등의 명령. gracious words
れいし[令姉](명) 영자. 남의 손위 누이를 높여서 일컫는 말. ↔令妹(レイマイ).
れいし[令嗣](명) 남의 아들(상속인)의 높임말.
れいし[茘枝](명)〈식〉 여지. 박과에 속하는 1년생 만초. 자웅 동주(雌雄同株)로 여름과 가을에 황색 꽃이 핌. 여주. a litchi
れいし[霊祀](명) 영사. 신이나 부처를 모시는 일. enshrinement
れいし[齢歯](명) 영치. 나이. 연령. age
れいし[麗姿](명) 여자. 예쁜 자태(姿態). 화려한 모습. a beautiful figure
れいじ[励磁](명)〈이〉 물체에 자기를 띠게 하는 것.
れいじ[例示](명·자타サ) 예시. 예로서 들어 보임. 예를 들어 보임. giving an example
れいじ[零時](명) 영시. 12시. twelve o'clock
れいじ[霊示](명·타サ) 신이나 부처가 (꿈 등으로) 나타내어 보임.
れいしき[礼式](명) 예식. 예의 법식. 예법. a form
れいしつ[令室](명) 영실. 영부인. 남의 부인을 높여서 일컫는 말.
れいしつ[霊室](명) 영실. 신령(神霊), 위패(位牌) 등을 안치한 방. a holy room
れいしつ[麗質](명) 여질. ①아름다운 천성. ②미인(美人). 1. beauty
れいじつ[例日](명) 정해진 그날. the usual day
れいしゅ[冷酒](명) 데우지 않은 술. 찬술. cold wine
れいじゅう[霊獣](명) ①진기한 짐승. ②신성한 짐승. 상서(祥瑞)로운 짐승. 1. a mysterious animal
れいじゅう[隷従](명·자サ) 예종. 부하로서 따름. 부하. 하인. slavery
れいしょ[令書](명)〈법〉 영서. 명령을 쓴 서류. 「徴税(チョウゼイ)一; 징세 영서」 a written order
れいしょ[隷書](명) 예서. 한자(漢字) 서체의 하나. 전서(篆書)의 간략한 체.
れいしょう[冷床](명)〈농〉 냉상. 온상이 아닌 자연 그대로의 못자리. a nursery
れいしょう[冷笑](명·타サ) 냉소. 비웃음. 조소(嘲笑).

「人(ヒト)を一する; 남을 냉소하다」 jeering
れいしょう[例証](명·타サ) 예증. 예를 들어 증명함. 증거가 될 보기. exemplification
れいじょう[令状](명) 영장. ①명령을 기재한 문서. ②〈법〉 출두, 구금을 명령하는 문서. 1. a written order
れいじょう[令嬢](명) 영양. 남의 딸의 높임말. ↔令息(レイソク).
れいじょう[礼状](명) 예장. 사례 편지. 감사장. 「一を出(ダ)す; 사례 편지를 내다」 a letter of thanks
れいじょう[礼譲](명) 예양. 예의를 다하고 남에게 겸손함. civility
れいじょう[霊場](명) 영장. 신성한 장소. 영지(霊地). a holy place
れいしょく[令色](명) ①영색. 남에게 아첨하는 얼굴. 「巧言(コウゲン)一; 교언 영색」 ②정색한 얼굴. 1. servile looks
れいしょく[麗色](명) ①청아(清雅)한 경치. ②여색. 아름다운 얼굴빛. 1. splendid scenery
れいじん[伶人](명) 음악(특히 아악)을 연주하는 사람. 악인. a musician
れいじん[霊神](명) 영험(霊験)이 있는 신. an all-powerful god
れいじん[麗人](명) 여인. 아름다운 여자. 미인(美人). a beauty
れいすい[冷水](명) 냉수. 찬물. cold water. **—まさつ**[冷水摩擦](명) 냉수 마찰. 찬물에 적신 수건으로 온 몸의 피부를 문질러 혈액 순환(循環)을 활발하게 하는 건강법. **—よく**[冷水浴](명) 냉수욕. 찬물을 끼얹어 피부를 강하게 하는 목욕. 찬물로 하는 목욕.
れいすい[霊水](명) 영수. ①신기한 작용을 하는 물. ②신성한 물. 2. sacred water
れいせい[令婿](명) 영서. 남의 사위의 높임말.
れいせい[冷静](형동ダ) 냉정. 침착해서 감정에 흐르지 않는 모양. 「一な判断(ハンダン); 냉정한 판단」 calmness
れいせい[励声·厲声](명) 여성. 목소리를 높임. 소리를 지름. 또는 그 소리. raising one's voice
れいせい[励精](명) 부지런히 성의껏 힘씀. 정려(精励). diligence
れいせつ[礼節](명) 예절. 예의. 「一を守(マモ)る; 예절을 지키다」 courtesy
れいせつ[例説](명·자サ) 예를 들어서 설명함. exemplification
れいせん[冷泉](명) 냉천. 섭씨 35도 이하의 차가운 광천(鉱泉). a cold mineral spring
れいせん[冷戦](명) 〔코울드워어(cold war)의 번역어〕 냉전. 무기를 쓰지 않는 전쟁. 국제간의 극심한 대립. ↔熱戦(ネッセン).
れいせん[霊泉](명) 영천. ①신성한 샘. 신기한 약효(薬効)가 있는 샘. ②온천. 1. a magical fountain
れいぜん[霊前](명) 영전. ①영혼 앞. ②신의 앞. 1. before the spirit of the dead
れいぜん[冷然](형동タルト) 냉연. 냉담한 모양. 쌀쌀한 모양. 「一たる態度(タイド); 냉담한 태도」 cool
れいそう[礼奏](명)〈악〉 연주가 끝난 뒤 재청에 대한 답례로 하는 연주. a return play
れいそう[礼装](명) 예장. 예의를 갖춘 복장. 예복(礼服) 차림. a ceremonial dress
れいそう[霊草](명) 영초. 신기하고 신성한 풀. a sacred herb
れいぞう[冷蔵](명·타サ) 냉장. 음식물을 저온으로 저장함. refrigeration. **—こ**[冷蔵庫](명) 냉장고. 얼음, 전기, 가스 등의 힘으로 저온화해서 음식물을 저장하는 궤.
れいぞう[霊像](명) 영상. 신불(神仏)의 상. a sacred image
れいそく[令息](명) 영식. 남의 아들의 높임말. ↔令嬢(レイジョウ).
れいぞく[隷属](명·자サ) 예속. 딸려서 매임. 또는 매인 사람. 종속. subordination
れいそん[令孫](명) 영손. 남의 손자의 높임말.
れいだい[例題](명) 예제. 연습을 위해 출제한 문제. 「国語(コクゴ)一集(シュウ); 국어 예제집」 an exercise
れいだい[霊代](명) ⇨たましろ.
れいたつ[令達](명·자サ) 영달. 명령을 전달함. instruction
れいたん[冷淡](형동ダ) 냉담. ①열의가 없는 모양. 「仕事(シゴト)に一だ; 일에 냉담하다」 ②동정심이 없는 모양. 무정(無情). 1. indifferent
れいち[霊地](명) 영지. ①신이나 부처의 영험이 현저한 땅. ②신사(神社), 절 등이 있는 곳. 신성한 땅. 영역(霊域). a sacred place
れいち[霊知·霊智](명) 영지. 영묘한 지혜. intellect
れいちょう[霊長](명) 영장. 신기한 힘을 갖는 우두머리. 「万物(バンブツ)の一; 만물의 영장(인간)」 the lord. **—るい**[霊長類](명)〈동〉 영장류. 포유류강(哺乳類綱)의 한 목(目). 제일 두뇌가 발달한 동물. 인간, 유인원(類人猿) 등.
れいちょう[霊鳥](명) 영조. ①신기한 새. ②신성(神聖)한 새. 2. a sacred bird
れいてい[令弟](명) 영제. 남의 아우의 높임말.
れいてき[霊的](형동ダ) 영적. ①신령스러운 모양. ②정신에 관한 모양. ↔肉的(ニクテキ). spiritual
れいてつ[冷徹](형동ダ) 냉철. 냉정하고 투철한 모양. clear and penetrating
れいてん[礼典](명) 예전. ①예법. 전례(典礼). ②예법을 규정한 서적. ③의식(儀式). 1. 3. a ceremony
れいてん[冷点](명)〈생〉 냉점. 피부에 있는, 차가운 감각을 느끼는 곳. a cold-spot
れいてん[零点](명) 영점. ①점수가 없는 것. 제로 점수. ②빙점(氷点). 영도(零度). zero
れいでん[礼電](명) 예전. ①사례 전보. ②의례적(儀礼的)인 전보. 2. a telegraphic message of the ceremony
れいでん[霊殿](명) 영전. 영묘(霊廟). a mausoleum
れいど[零度](명) 영도. 도수를 계산하는 데 기준이 되는 점. the zero point
れいとう[冷凍](명·타サ) 냉동. 식품을 얼림. 「一魚

(ギョ); 냉동어」 refrigerating. ―き[冷凍機](명) 냉동기. 냉동시키는 장치. 냉장, 냉방, 제빙 등에 씀. ―しょくひ[冷凍植皮](명)〈의〉 냉장 식피. 피부의 한 부분을 잘라 내어서 일정한 기간 동안 냉장시켜 뒀다가 다시 피부에 이식(移植)하는 치료법. 폐결핵, 신경증, 천식(喘息) 등에 유효함.

れい とく[霊徳](명) 영덕. 신기한 작용을 하는 덕. 영묘한 덕. a holy virtue

れい にく[冷肉](명) 냉육. 소, 돼지, 닭고기 등을 찐 다음에 그대로 식힌 고기. cold meat

れい にく[霊肉](명) 영육. 영혼과 육체. 「――致(イッチ); 영육 일치」 soul and body

れい ねつ[冷熱](명) 냉열. ①차가움과 뜨거움. ②냉담(冷淡)과 열심. 1. cold and heat

れい ねん[例年](명) 예년. 해마다. 매년. 「―に比(クラ)べて寒(サム)い; 예년에 비해 춥다」 every year

れい の[例の](연체) ①예의. 여느 때의. 언제나와 같이. 「―とおり; 여느 때와 마찬가지로」 ②먼저 말했거나 하여 잘 알고 있는 것을 가리키는 말. 그. 저. 「―の件(ケン); 예의 그 사건」 1. usual

れい のう[隷農](명) 예농. 노예와 같은 상태에 있는 농민. a poor farmer

れい ば[冷罵](명·타サ) 냉매. 놀리고 욕함. abuse

れい はい[礼拝](명·자타サ) 예배. ①경례하고 절함. ②〈종〉 신불(神仏) 앞에 경배(敬拝)함. 「―堂(ドウ); 예배당」 worship

れい はい[零敗](명·자サ) 영패. 시합에서 영점으로 패함. 무득점으로 패배함. a shutout

れい はい[霊牌](명) ⇨いはい(位牌).

れい ばい[霊媒](명) 영매. 죽은 사람의 영혼과 의사를 통할수 있는 매개자. 무당. 무녀. 「―術(ジュツ); 영매술」 a psychic medium

れい ひつ[麗筆](명) 여필. 깨끗하고 훌륭한 글이나 글씨. 「―をふるう; 깨끗하고 훌륭한 글씨(그림, 문장)를 쓰다」 a refined style of writing

れい ひょう[冷評](명·타サ) ①냉평. 냉정하게 비평함. ②비웃음. 2. a sneer

れい びょう[霊猫](명) 신기한 고양이. 신성한 고양이. a sacred cat

れい びょう[霊廟](명) 영묘. 신령을 모신 곳. a mausoleum

れい ふ[霊府](명) 영부. 정신이 있는 곳. 정신. a soul

れい ふ[霊符](명) 영부. 영험(霊験)이 있는 신불(神仏)의 부적(符籍). 신부(神符). an amulet

れい ふう[冷風](명) 냉풍. 찬바람. a cool wind

れい ふく[礼服](명) 예복. 예식 때 입는 옷. ↔平服(ヘイフク). a ceremonial dress

れい ふじん[令夫人](명) 영부인. ①신분이 높은 사람의 부인을 높여서 하는 말. ②남의 부인의 높임말.

れい ぶん[令聞](명) 영문. 좋은 평판. 영명(令名). reputation

れい ぶん[例文](명) 예문. 용례(用例)로서 드는 글. 「―をあげて説明(セツメイ)する; 예문을 들어 설명하다」 an example

れい ほう[礼法](명) 예법. 예의의 법식. 예의 범절. 「―にかなう; 예법에 맞다」 manners

れい ほう[礼砲](명)〈군〉 예포. 경의를 표하기 위해서 발사하는 공포(空砲). a salute

れい ほう[霊宝](명) 영보. 신성한 보물. 귀중한 보물. a sacred treasure

れい ほう[霊峰](명) 영봉. 신성한 봉우리. a sacred mountain

れい ぼう[礼帽](명) 예모. 예장(礼装)했을 때 쓰는 모자. a ceremonial hat

れい ぼう[冷房](명) 냉방. 실내의 온도를 외부의 온도보다 낮게 함. 또는 낮게 하는 시설. 「―装置(ソウチ); 냉방 장치」 ↔暖房(ダンボウ). cooling

れい ぼく[零墨](명) 단편적으로 남은 옛날 사람의 필적(筆跡). a fragmentary holograph

れい ぼく[霊木](명) 영목. 신성한 나무. 신목(神木). a sacred tree

れい ほん[零本](명) ⇨はほん(端本).

れい まい[令妹](명) 영매. 남의 누이 동생의 높임말. ↔令姉(レイシ).

れい まいり[礼参り](명·자サ) ①소원이 성취된 감사로 신불(神仏)에게 참배함. ②사례 인사를 감. 1. visiting a shrine for thanksgiving

れい まわり[礼回り·礼廻り]―マハリ(명·자サ)인사하러 돌아 다님. paying a round of visits to return thanks

れい みょう[霊妙](형동ダ) 영묘. 신기하고 뛰어난 모양. miraculous

れい みん[黎民](명) 여민. 세상 사람들. 백성(百姓). 서민(庶民). people

れい む[霊夢](명) 영몽. 신이나 부처가 나타나서 알려 주는 신기한 꿈. an inspired dream

れい めい[令名](명) 영명. 좋은 평판. 명성. 「―が高(タカ)い; 명성이 높다」 a fair name

れい めい[黎明](명) 여명. ①희미하게 밝아 오는 새벽. 어둑새벽. ②새 희망. 「―期(キ); 여명기(새 희망에 찬 전환기)」 1. dawn

れい もつ[礼物](명) 예물. 사례로 보내는 물건. a return present

れい やく[霊薬](명) 영약. 신기하게 효험을 보는 좋은 약. a miraculous medicine

れい よう[礼容](명) 예용. 예의 바른 몸가짐. polite demeanour

れい よう[麗容](명) 여용. 아름다운 모습. a beautiful appearance

れい らく[零落](명·자サ) 영락. 전에 세력이나 재력이 많았다가 천해지거나 가난해짐. being ruined

れい り[怜悧](명·형동ダ) 영리. 현명함. 영특함. 「―そうな顔(カオ); 영리하게 보이는 얼굴」 cleverness

れい りょう[冷涼](명·형동ダ) 냉량. 차고 시원함. 「―の季節(キセツ); 차고 시원한 계절」 coolness

れい りょく[霊力](명) 영력. ①영혼의 힘. ②신묘(神妙)한 힘.

れい れい[麗麗](부) 일부러 눈에 띄게 화려하게 차린

모양. ostentatiously. **—し·い**[麗麗しい](형) 일부러 화려하게 차린 모양.

れいろう[玲瓏](형동タルト) 영롱. ①맑고 빛나는 모양.「—たる月影(ツキカゲ); 영롱한 달빛」②금속이나 구슬이 부딪는 아름답고 밝은 소리.「—たる声(コエ); 영롱한 목소리」 1. clear and bright

れいわ[例話](명) 예화. 보기로 드는 얘기. an illustration

レーアウト[layout](명) 레이아우트. ①서적이나 신문, 잡지 등의 지면 정리와 배치. 편집. ②건축물이나 실내 등의 배치.

レーキ[rake](명)〈농〉 레이크. 흙을 고르거나 풀을 긁는 데 쓰는 쇠갈퀴.

レーク[lake](명) 레이크. 호수(湖水).

レース[lace](명) 레이스. ①끈. 장식용 끈. ②실로 떠서 무늬가 비치게 만든 엷은 수예 제품(手芸製品).

レース[race](명) 레이스. 경쟁. 경주. 경조(競漕).

レーズン[raisin](명) 레이즌. 건포도.

レーゾンデートル[프 raison d'être](명) 레종데트르. 존재 이유(存在理由). 존재 가치.

レーダー[radar](명) 레이다아. 초단파(超短波)를 이용한 방향 탐지기. 전파 탐지기.

レート[rate](명) 레이트. ①비율. ②등급.

レーベル[label](명) ⇨ラベル.

レーヨン[프 rayon](명) 레용. ①인견(人絹). ②스펀레이온의 준말.

レール[rail](명) 레일. 궤도. 철길.

レーン[rain](명) 레인. 비.「—シューズ; 우화(雨靴)」 **—コート**[raincoat](명) 레인코우트. 비옷. 비 오는 날에 입는 코우트.

レガート[이 legato](명)〈악〉 레가토. 몇 가지 음을 부드럽게 계속해서 주창(奏唱)함. ↔スタッカート.

レガッタ[regatta](명) ⇨ボートレース.

—れき[歴](조어) …을 한 경험(경력).「研究(ケンキュウ)—; 연구 경력」

れき[暦](명) ①역법(暦法).「太陽(タイヨウ)—; 태양력」②달력. 책력. 2. a calendar

れき[礫](명) 암석이 잘게 부서진 것. 조약돌. gravel

れきがん[礫岩](명) 역암. 조약돌이 진흙이나 모래에 섞여 이루어진 바윗돌. conglomerate

れきさつ[轢殺](명·타サ) 역살. 찻바퀴로 치어 죽임. run over and kill

れきし[歴史](명) 역사. ①세계나 국가가 옛날부터 지금까지 지나 온 자취. 또는 그 자취의 기록. ②개인이나 사물의 경력. history. **—しょうせつ**[歴史小説](명) 역사 소설. 역사상의 인물이나 사건을 소재로 한 소설. **—てき**[歴史的](형동ダ) 역사적. 역사에 남는 모양. 역사를 근거로 한 모양. **—てきかなづかい**[歴史的仮名遣い]—カナヅカヒ(명) 〔카나(仮名) 쓰기에서〕 주로 헤이안(平安) 시대 중기 이전의 옛 문헌을 표준으로 한 표기법. ↔現代的(ゲンダイテキ)かなづかい.

れきし[轢死](명·자サ) 역사. 차에 치여 죽음. being run over and killed

れきじつ[暦日](명) 역일 ①세월의 경과. 세월. ②달력. 역법상의 하루.「山中(サンチュウ)—なし; 산중에서는 세월 가는 줄도 모른다」 1. years

れきじゅん[歴巡](명·타サ) 돌아 다님. an itinerant tour

れきしょう[暦象](명) 역상. ①천체의 운행(運行). ②역법에 따라 천체의 운행을 추산(推算)하는 것. 1. the movement of heavenly bodies

れきすう[暦数](명) 역수. ①태양이나 달 등의 운행 상태를 기준으로 달력을 만드는 법. ②자연의 운명.「これ天(テン)の定(サダ)むる—なり; 이는 하늘이 정한 운명이다」③햇수.「—すでに三百年(サンビャクネン); 햇수가 벌써 3백 년」 3. the number of years

れきせい[歴世](명) 역세. 대대(代代). 역대(歴代). successive generations

れきせい[瀝青](명)〈이〉 역청. 석유나 코울타르를 증류시킨 뒤에 남는 찌꺼기. pitch

れきせいたん[瀝青炭](명)〈광〉 ⇨こくたん(黒炭).

れきせん[歴戦](명) 역전. 많은 싸움이나 시합을 겪음. 몇 번이고 싸움터나 시합에 나간 일이 있음.「—の勇士(ユウシ); 역전의 용사」 being experienced

れきぜん[歴然](형동タルト) 역연. 뚜렷한 모양.「—たる証拠(ショウコ); 뚜렷한 증거」 obvious

れきだい[歴代](명) 역대. 대대. 역세(歴世).「—の天皇(テンノウ); 역대의 천황」 successive generations

れきだん[轢断](명·타サ) (찻바퀴로) 몸을 치어서 자름. being run over and cut

れきちょう[歴朝](명) 역조. 대대(代代)의 조정. successive reigns

れきてい[歴程](명) 역정. 지나온 과정.「天路(テンロ)—; 천로 역정」 progress

れきど[礫土](명)〈농〉 역토. 자갈이 많은 땅. gravel soil

れきにん[歴任](명·타サ) 역임. 차례로 여러 가지 일자리에 임명됨.「要職(ヨウショク)を—する; 요직을 역임하다」 holding various posts successively

れきねん[暦年](명) ①달력상으로 정한 1년. ②역년. 해를 지냄. 1. a calendar year

れきねんれい[暦年令](명) 태어났을 때부터 지금까지를 달력으로 계산한 연령. 생활 연령. ↔精神(セイシン)年令. chronological age

れきほう[暦法](명) 역법. 책력 만드는 법. 천체의 운행을 헤아려 세시(歳時)를 정하는 법. calendar

れきほう[歴訪](명·타サ) 역방. 여러 곳, 여러 사람들을 차례로 방문함.「知人(チジン)を—する; 친지(親知)들을 역방하다」 making a round of calls

れきゆう[歴遊](명·자サ) 역유. 여러 곳을 (마음 편하게) 여행하며 돌아 다님. a round tour

レギュラー[regular](명·형동ダ) 레귤러. ①규칙 바름. 규칙적. ↔イレギュラー. ②정규(正規). ③정선수(正選手). ④←レギュラーメンバー. ↔ゲスト. **—メンバー**[regular member](명) 레귤러멤버. 출연자. 정규 멤버.

れきらん[歴覧](명·타サ) 역람. 여러 곳을 두루 돌아다니며 구경함. inspection

れきれき[歴歴] Ⅰ(명) 신분이 높은 사람들. 사회적으로 유명한 사람들.「一の おあつまり; 명사분들의 모임」Ⅱ(부) 역력. 뚜렷이 보이는 모양.「勝算(ショウサン)一たり; 승산이 뚜렷하다」 I dignitaries

れきれき[轣轣](부) 찻바퀴가 굴러 가면서 울리는 소리. 덜컹덜컹. rattlingly

レギンス[leggings](명) 레깅스. ①가죽으로 만든 각반. ②털실로 짠 어린이들이 입는 좁은 바지.

レクイエム[라 requiem](명)〈악〉 레쿠이엠. 진혼곡(鎭魂曲).

レクチャー[lecture](명·자サ) 렉처. ①강의함. ②강연함.

レグホーン[leghorn](명) 레그호온. 닭의 한 가지. 알을 많이 낢.

レグミン[프 legumine](명) 레구민. 콩에 많이 함유되어 있는 일종의 흰자질.

レクリエーション[recreation](명) 레크리에이션. 휴양. 기분 전환. 오락.

れこ(대)〈속〉〔"これ"를 거꾸로 한 말〕 바로 말하기가 거북한 것(애인, 첩 등)을 암시하는 말. (새끼 손가락으로 표현함)

レコーダー[recorder](명) 레코오더. ①기록계. ②기록기. ③녹음기.「テープ一; 테이프레코오더」

レコーディング[recording](명) 레코오딩. ①기록. 기록하는 것.「大会(タイカイ)の一係(ガカ)り; 대회의 기록계」②녹음.

レコード[record](명·타サ) 레코오드. ①기록함. ②경기 등의 최고 기록. ③연주 등을 녹음하여 축음기 등에 의해서 재생하는 원판. 음반. 녹음판.「一会社(カイシャ); 레코오드 회사」 ④녹음함. **—コンサート**[record concert](명) 레코오드콘서트. 레코오드로 음악을 듣는 모임. **—プレ(ー)ヤー**[record player](명) 레코오드플레이어. 전축에서 음반을 돌려 소리를 재생하는 장치. **—ホルダー**[record holder](명) 레코오드호울더. 운동 등의 최고 기록을 갖고 있는 사람. 기록 보유자(記録保有者).

レザー[leather](명) 레더. ①가죽. 인공 피혁. ②←レザークロス.「一コート; 레더클로오드로 만든 코우트」 **—クロス**[leather cloth](명) 레더클로오드. ①전체적으로 단단하게 짠 방모(紡毛) 직물. ②거죽에 칠을 해서 가죽같이 만든 무명.

レザー[razor](명) 레이저. 서양 면도.

レジ(명) 레지스터의 준말.

レシート[receipt](명) 리시이트. 영수서. 영수증.

レシーバー[receiver](명) 리시이버. ①수화기. 수신기. ②(정구 등의) 서어브를 받는 사람. ↔サーバー.

レシーブ[receive](명·타サ) 리시이브. 〔정구, 배구, 탁구에서〕 공을 받음. ↔サーブ.

レジオン ドヌール[프 Légion d'honneur](명) 레종도뇌에르. 프랑스의 최고 훈장.

レジスター [register](명) 레지스터. 금전 등록기(金銭登録器). 또는 그 계원.

レジスタンス[프 résistance](명) 레지스탕스. 전체주의적인 압제에의 저항 운동. 「一文学(ブンガク); 저항 문학」

レシタチブ[recitative](명)〈악〉 레시타티브. 낭독조(朗読調)의 가창(歌唱). 가극이나 종교극에서 서술이나 회화 부분에 쓰임. 레치타티브.

レシチン[lecithin](명)〈이〉 레시틴. 뇌나 신경, 난황(卵黄), 식물의 종자 등에 많이 함유되어 있는 인(燐)을 포함하는 유지질(類脂質)의 한 가지.

レジン[resin](명)〈약〉 레진. 수지(樹脂).

レス(명) 레슬링의 준말.

レスト ハウス[resthouse](명) 레스트하우스. 휴게소. 휴양소.

レストラン(ト)[프 restaurant](명) 레스토랑. 서양 요리점.

レスラー[wrestler](명) 레슬러. 레스링 선수.

レスリング[wrestling](명) 레슬링. 유도 또는 씨름과 비슷한 서양식 경기의 한 가지. 경기자가 일정한 규칙 밑에 상대자의 양어깨를 동시에 땅바닥에 댄 자가 이기며, 그렇지 못한 경우에는 심판의 판정으로 승부를 결정함.

レセプション[reception](명) 리셉션. ①초대 또는 초대회. ②환영회.

レター[letter](명) 레터. ①문자.「キャピタル一; 대문자」②편지. ③러브레터의 준말. **—ペーパ**[letter paper](명) 레터페이퍼. 편지지.

レタス[lettuce](명)〈식〉 레티스. 양상치. 개량종 상치로 사철 재배할 수 있음.

れつ[劣](명) 뒤떨어짐. 모자람. ↔優(ユウ). inferiority

れつ[列](명) ①계급. 축. 동료. 「富豪(フゴウ)の一にはいる; 부호축에 들다」②길게 줄을 섬. 또는 그 줄. 행렬.「一を作(ツク)る; 열을 짓다」1. a rank 2. a file

れつあく[劣悪](형동ダ) 열악. 뒤떨어지고 좋지 않은 모양. ↔優良(ユウリョウ). inferiority

れつい[劣位](명) 열위. 딴 것에 뒤떨어져 있는 지위나 위치. ↔優位(ユウイ). an inferior position

れっか[烈火](명) 열화. 세차게 타는 불. 거센 불.「一のごとく怒(オコ)る; 열화같이 성을 내다」 a blazing fire

れっき[歴](부) ①가문, 신분이 높은 모양.「一とした家(イエ)がら; 훌륭한 가문」②뚜렷한 모양.「一とした証拠(ショウコ); 명확한 증거」 1. respectable

れっき[列記](명·타サ) 열기. 죽 벌여서 기록함. 열록(列録). 병기(並記). enumeration

れっきょ[列挙](명·타サ) 열거. 하나씩 들어 말하거나 씀. 하나씩 셈. enumeration

れっきょう[列強](명) 열강. 여러 강국(強国). the world Powers

れっこう[列侯](명) 열후. 여러 제후. feudal lords

れっこく[列国](명) 열국. 여러 나라. nations

れつざ[列座](명) 열좌. 여러 사람이 벌여 앉음. 열석. 「一のひとびと; 죽 앉아 있는 사람들」 attendance

れっし[烈士](명) 열사. 신념과 절개를 굳게 지키는 사람. an upright man

れつじ[列次](명) 벌여 놓은 차례. 순서. 서열(序列). order

れっしかんだんけい[列氏寒暖計](명)〈이〉열씨 온도계. 빙점을 0도로 하고 비등점을 80도로 정한 한란계. 프랑스의 레오뮈르가 발명. a Réaumur thermometer
れつじつ[烈日](명) 열일. 강하게 내려 쬐는 해. a scorching sun
れっしゃ[列車](명) 열차. 기관차에 차량(車輛)을 연결하여 운전하는 기차. 「急行(キュウコウ)—; 급행 열차」 a train
れっしゃ[劣者](명) 열자. 열등한 사람. an inferior person
れつじゃく[劣弱](형동ダ) 열약. 뒤떨어지고 약한 모양. weak and inferior
れつじょ[烈女](명) 열녀. 정조를 굳게 지키는 여자. a chaste woman
れっしょう[裂傷](명) 열상. 피부가 찢어진 상처. 「—を受(ウ)ける; 열상을 입다」 a laceration
れつじょう[劣情](명) 열정. 비열한 정욕. low passions
れっしん[烈震](명)〈지〉열진. 가장 강한 지진. 건물이 넘어지고 산사태 등이 일어나며 땅이 갈라짐. a violent earthquake
れっ·する[列する] Ⅰ(자サ) 줄을 서다. 참석하다. 끼이다. 「会議(カイギ)の席(セキ)に—; 회의에 참석하다」 Ⅱ(타サ) 벌여 놓다. 줄을 세우다. Ⅰattend
レッスン[lesson](명) 레슨. 과업. 공부. 연습. 「ピアノ—; 피아노 연습」 「successive generations
れっせい[列世](명) 열세. 대대(代代). 역대(歷代). ⤴
れっせい[列聖](명) 열성. 대대(代代)의 임금. successive emperors
れっせい[劣性](명) 열성. ①열등한 성질. ②〈생〉유전에서 그 자녀(次代)에게 나타나지 않는 어버이 중의 한쪽의 유전 인자. 「—遺伝(イデン); 열성 유전」↔優性(ユウセイ). 1. inferior quality
れっせい[劣勢](명·형동ダ) 열세. 뒤진 세력. 세력이 약함. ↔優勢(ユウセイ). inferiority in strength
れっせき[列席](명·자サ) 열석. 그 좌석에 참가함. 「会議(カイギ)に—する; 회의에 참석하다」 attendance
れつだい[列代](명) 열대. 대대. 열세(列世). successive generations
レッテル[네 letter](명) 레테르. ①상품에 붙이는 표. 상표(商標). ②〈속〉부인들의 용모(容貌)와 자태(姿態). ③정평(定評).
れつでん[列伝](명) 열전. 여러 사람의 전기를 열기한 것. a series of biographies. —**たい**[列伝体](명) 열전체. 열전의 형식을 딴 역사의 기술(記述) 방법.
レッド[red](명) 레드. ①붉은 색. ②좌파. 좌익. 「—パージ; 좌익계의 추방」
れっとう[列島](명)〈지〉열도. 줄을 지은 모양으로 죽 늘어선 여러 개의 섬. 「日本(ニッポン)—; 일본 열도」 an archipelago
れっとう[劣等](명·형동ダ) 열등. 정도나 등급이 뒤떨어짐. inferiority. —**かん**[劣等感](명) 열등감. 스스로가 남보다 뒤떨어졌다고 느끼는 감정. ↔優越感(ユウエツカン).

れっぱい[劣敗](명) 열패. 실력이 모자라는 자가 경쟁에서 패배(敗北)함. the defeat of the weak
れっぱく[裂帛](명) 천을 찢음. tearing silk
れっぱん[列藩](명) 여러 번국(藩國). several districts
れっぷ[烈夫](명) ⇨れっし(烈士).
れっぷ[烈婦](명) 열부. 열녀. a chaste woman
れっぷう[烈風](명) 열풍. ①거센 바람. ②나무 뿌리를 흔들 정도의 센 바람. 1. a violent wind
れつりつ[列立](명·자サ) 열립. 줄을 섬. 늘어섬. standing in a line
れつれつ[烈烈](형동タルト) 열렬. 기세가 격렬한 모양. 「—たる意気(イキ); 열렬한 의기」 severe
レディー[lady](명) 레이디. ①귀부인. 숙녀. ②부인. 「—ファースト; 레이디퍼어스트」↔ジェントルマン.
レディーメード[ready-made](명) 레디메이드. 기성품. 완제품. ↔オーダーメイド.
レトリック[rhetoric](명) 레터릭. 수사학(修辭学).
レトルト[네 retort](명)〈이〉레토르트. 화학 실험 기구의 하나. 목이 구부러진 프라스코. 증류 장치에 쓰임.

〔レトルト〕

レナがわ[Lene 川]—ガハ(명)〈지〉레나강. 시베리아 동부에 있는 큰 강.
レニングラード[Leningrad](명)〈지〉레닌그라드. 러시아 서북부 핀란드만에 접해 있는 도시. 제정 러시아의 수도. 러시아 제2의 도시.
レバ(ー)[도 Leber](명) 레버. 간장(肝臟). 「—料理(リョウリ); 간 요리」
レバー[lever](명) 레버. 지렛대.
レパートリー[repertory](명) 레퍼터리. 연주 목록. 공연 제목.
レバノン[Lebanon](명)〈지〉레바논. 동지중해 연안에 있는 공화국. 수도는 베이루트(Beirut).
レビュー[review](명) 레뷰우. 평론. 비평. 「ブック—; 서평(書評)」
レビュー[프 revue](명) 레뷔. 무용과 음악을 중심으로 한 화려한 연극.
レフ(명) 레플렉터, 레플렉스의 준말.
レフェリー[referee](명) 레퍼리. 축구, 권투 등의 심판(審判).
レフェレンダム[referendum](명) 레퍼렌덤. 국민 투표. 일반 투표.
レフト[left](명) 레프트. ①왼편. 좌측. 왼손. ②〔야구에서〕좌익수. ↔ライト.
レプラ[도 Lepra](명)〈의〉레프라. 나병. 문둥병.
レフレクター[reflector](명) 레플렉터. ①은지(銀紙) 등을 바른 반사판. ②반사 망원경.
レフレックス[reflex](명) 레플렉스. ①반사(反射). ②렌즈로 들어 온 광선이 거울에 반사하여 위 유리에 비치는 것. 「—カメラ; 레플렉스 카메라」
レベル[level](명) 레벨. ①수평면. ②수준. 표준. 「—があがる; 수준이 높아지다」
レポ(ーター)[reporter](명) 레포오터. ①보고하는 사

람. ②신문사의 뉴우스를 수집하는 기자. ③특파원.
レポ(ート)[report](명) ⇨リポート.
レボリューション[revolution](명) 레벌루우션. 혁명(革命).
レモネード[lemonade](명) 레모네이드. 레몬즙에 설탕, 물을 탄 청량 음료수.
レモン[lemon](명)〈식〉 레몬. 귤의 한 가지. 거죽은 연한 황색이며 모양은 럭비공을 닮았음. 향미료에 쓰임. 「―ティー; 레몬차」
レリーフ[relief](명) ⇨リリーフ.
れる(조동·하1형) ①상대방의 동작, 작용을 직접 받는 입장에 있음을 나타내는 말. 「人(ヒト)に笑(ワラ)わ―; 남에게 웃음을 사다」 ②상대방의 동작, 작용에 의하여 피해를 입는 것을 나타내는 말. 「蚊(カ)にさ さ―; 모기에 물리다」 ③…하려고 하지 않아도 자연히 그렇게 되는 것을 나타내는 말. 「思(オモ)ひ出(ダ)さ―; 생각키우다」 ④가능의 뜻을 나타내는 말. 「行(イ)か―かも知(シ)れない; 갈 수 있을지도 모르겠다」 ⑤존경의 뜻을 나타내는 말. 「よく知(シ)っておら―; 잘 알고 계시다」 ⑥가치가 있다. 「食(ク)わ―; 먹을 만하다」 4. can
れん―[連](조어) 연속. 연속의. 「―安打(アンダ); 연속 안타」
―れん[連](접미) ①하나로 길게 잇달은 것을 세는 말. ②동료. 패. 무리. 「文士(ブンシ)―; 문인들(의 일단)」 ③연. 종이를 세는 단위. 전지(全紙) 500매.
―れん[鏈](접미) 쇠사슬을 세는 말.
れん[連](명) ①〔경마, 경륜(競輪) 등에서〕 연승(連勝). 연승식(連勝式). ↔単(タン). ②한패. 일당. ③길게 잇달은 것을 세는 말. ④연. 종이의 단위. 전지 500매. 2. a party 4. a ream
れん[廉](명) ①값이 쌈. 염가. 「価格(カカク)―; 가격 저렴」 ②정직하고 결백함. 1. a low price 2. honesty
れん[聯](명) ①기둥, 벽 등에 거는 기다란 서화의 족자. 예: 주련(柱聯). ②〔한시(漢時)에서〕 율시(律詩)의 대구(対句).
れんあい[恋愛](명·자サ) 연애. 남녀간의 사랑. 「―結婚(ケッコン); 연애 결혼」 love
れんいん[連印](명) 두 사람 이상이 이름을 적고 날인하는 것. 연서명(連署名). a linked signature
れんか[恋歌](명) 연가. 연애의 정을 읊은 노래. a love song
れんか[廉価](명·형동ダ) 염가. 값이 쌈. 싼 값. 「―な品物(シナモノ); 싼 물건」 ↔高価(コウカ). a low price
れんが[連火](명) 한자 부수(部首)의 하나. 연화변. "烈, 熱" 등의 "灬" 부분.
れんが[連歌](명) 보통 두 사람 이상이 모여서 상구(上句)와 하구(下句)를 서로 읽어 나가는 형식의 와카(和歌). a linked poem
れんが[煉瓦](명) 연와. 벽돌. a brick
れんがい[簾外](명) 염외. 발(簾)의 바깥. outside the rattan blind
れんかん[連関·聯関](명·자サ) 연관. 서로 걸리어 얽힘. 관련. 연결. relation
れんき[連記](명·타サ) 연기. 잇대어 적음. 「氏名(シメイ)を―する; 연기명하다」 ↔単記(タンキ). 1. enumerating. **―とうひょう**[連記投票](명) 연기명 투표. 후보자의 이름을 투표 용지에 연기하는 투표. ↔単記(タンキ)投票.
れんぎ[連木](명) 유봉(乳棒). 막자. 공이. a pestle
れんきゅう[連丘](명) 연구. 연달아 있는 언덕. a range of hills
れんきゅう[連休](명) 연휴. 휴일이 계속됨. 계속해서 있는 휴일. 「―を利用(リョウ)して; 연속되는 휴일을 이용해서」 conscutive holidays
れんぎょう[連翹](명)〈식〉 개나리. 이른봄에 잎보다 앞서 노란 꽃이 핌. a forsythia
れんきょく[連曲·聯曲](명)〈악〉 연곡. 독립한 몇 개의 악곡(楽曲)이 모여서 하나의 악곡을 이룬 것. double mordent
れんぎん[連吟](명·자サ) 연음. 요오쿄쿠(謡曲)에서 두 사람 이상이 소리를 맞추어 노래를 부름. singing in union
れんきんじゅつ[錬金術](명) 연금술. 고대 아라비아 등의 원시적인 화학 기술. 금속류를 정련(精錬)해서 금으로 만들려던 기술. alchemy
れんく[連句](명) 연구. ① 36 구로 된 하이카이(俳諧). ②[聯句] ㉠두 사람 이상이 모여 한 구씩 지어서 이것을 합쳐 한 편의 시로 한 한시(漢詩). ㉡율시(律詩)의 대구(対句).
れんげ[蓮華](명) 연화. ①연꽃. ②←ちりれんげ. ③〈식〉 ←蓮花草. 1. a lotus flower. **―ざ**[蓮華座](명)〈불〉 연화좌. 연꽃 모양으로 된 불상의 좌석. 연대(蓮臺). **―そう**[蓮華草](명)〈식〉 자운영. 콩과에 속하는 2년초. 녹비나 목초로 쓰임.
れんけい[連係·連繫](명·자타サ) 연계. 연결되어 있음. 관계가 이어져 있음. 잇달아 맴. 「―を密(ミッ)にする; 연관을 밀접하게 하다」 linking
れんけい[連携](명·자サ) (어떤 일을) 제휴(提携)하여 같이 함. 「―を保(タモ)つ; 서로의 협력 관계를 유지하다」 cooperation
れんけつ[連結](명·타サ) 연결. 이어 맴. connecting. **―き**[連結器](명) 연결기. 차량 등을 연결하는 장치.
れんけつ[廉潔](명·형동ダ) 염결. 청렴하고 결백함. 「―の士(シ); 청렴 결백한 선비」 honesty
れんこ[連呼](명·자サ) 연호. ①(선거 운동에서 후보자의) 이름 등을 몇 번이고 계속해서 외침. ②같은 소리를 두 번 이상 되풀이함. 「二音(ニオン)の―; 두 음의 연호」 1. repeated calls
れんご[連語](명) 연어. ①둘 이상의 단어가 한 묶음이 되어 복합된 관념을 나타낸 말. 예: 연전 연승(連戦連勝). ②둘 이상의 단어가 연결되어서 문장의 한 성분(절)이 되는 것. 1. a compound word
れんこう[連行](명·타サ)〈법〉 연행. 범인 등을 데려 감. 「犯人(ハンニン)を―する; 범인을 연행하다」 walk a suspect

れんごう[連合·聯合](명·자타サ) 연합. 두 가지 이상의 사물이 합함. 「一軍(グン);)연합군」 combination. **―こく**[連合国](명) 연합국. ①몇 개의 나라가 공동의 목적을 위해서 연합한 것. ②두 개 이상의 국가가 연합한 하나의 주권 국가. 연방.

れんごく[練獄·煉獄](명)〈종〉 연옥. 〔가톨릭에서〕천국과 지옥간에 있으며 영혼이 불에 의해서 정화(浄化)된다고 하는 곳. purgatory

れんこ(だい)[連子(鯛)]―(ダヒ)(명)〈동〉 황돔. 몸은 붉고 머리는 황색을 띰. the deep-sea porgy

れんこん[蓮根](명)〈식〉 연근. 연뿌리. a lotus root

れんさ[連鎖](명) 연쇄. ①사슬처럼 연결하는 것. 「一店(テン;)연쇄점」 ②연결한 사슬. a chain. **―じょうきゅうきん**[連鎖状球菌](명)〈의〉 연쇄상 구균. 사슬처럼 이어진 구균. 단독, 폐렴, 중이염 등의 염증이나 화농성 질환의 병원균임. **―はんのう**[連鎖反応](명)〈이〉 연쇄 반응. 하나의 반응 결과가 다른 것에 영향되어 차례로 반응을 일으키는 현상.

れんざ[連座·連坐](명·자サ) 연좌. 직접 범행은 하지 않았으나 범인과 관계가 있다 하여 같이 처벌됨. 「一制(セイ); 연좌제」 implication

れんさい[連載](명·타サ) 연재. 신문,잡지 등에 매호마다 계속해서 실음. 「一小説(ショウセツ); 연재 소설」 serial publication

れんさく[連作](명·타サ) 연작. ①〈농〉 이어 짓기. 일정한 장소에 매년 같은 농작물을 경작함. ②한 사람이 같은 사물이나 제목의 것을 읊은 여러 수의 와카나 하이쿠 등. ③몇 사람의 작가가 각기 일부분을 맡아 쓴 작품. 합작(合作). 「一小説(ショウセツ); 합작 소설」 ④내용상 서로 관련이 있는 작품을 계속 만듦. 또는 그 작품. 「一の絵(エ)の一部(イチブ); 연작 그림의 일부」 1. repeated cultivation

れんさつ[憐察](명·타サ) 상대편의 마음을 동정적으로 미루어 살핌. 「なにとぞごーください; 아무쪼록 너그러이 살펴 주십시오」 sympathetic understanding

れんざん[連山](명) 연산. 몇이고 계속해서 늘어선 산. a chain of mountains

れんし[連枝](명) 연지. ①연해진 가지. 나란히 선 가지. ②형제 자매(兄弟姉妹). 같은 어머니에서 난 형제. 「将軍(ショウグン)のごー; 장군의 형제분」 1. linked branches

れんし[連詩](명)연시. 연작시(連作詩).

れんじ[櫺子](명) 창살. a lattice. **―まど**[櫺子窓](명) 살창.

レンジ[range](명) 레인지. 서양의 취사용 난로.

〔櫺子窓〕

れんしつ[連失](명) 〔야구에서〕 연실. 연속되는 실책. successive errors

れんじつ[連日](명·부) 연일. 매일. 날마다. 「一連夜(レンヤ); 연일 연야」 every day

れんじゃく[連尺](명) 짐을 지는 기구. 두 쪽의 판자에 멜빵을 단 것.

れんじゅ[連珠·聯珠](명) 연주. ①한 줄에 꿴 구슬. ②오목 바둑. 1. linked beads

れんしゅう[練習](명·타サ) 연습. 되풀이해서 익힘. 「一曲(キョク); 연습곡」 exercise

れんじゅう[連中](명) 사람들. 일당. 패거리. a set

れんしゅく[攣縮](명·자サ)〈의〉 연축. 근육이 갑자기 오그라들었다가 바로 느슨해져서 먼저 대로 되는 일을 반복함.

れんじゅく[練熟](명·타サ) 연숙. 숙련. skilfulness

れんしょ[連署](명·타サ) 연서. 여러 사람들이 잇달아 서명함. joint signature

れんしょう[連勝](명·자サ) 연승. ①계속해서 이김. 「連戦(レンセン)ー; 연전 연승」 ↔連敗(レンパイ). ②〔경마 등에서〕1착과 2착을 알아 맞히는 것. ↔単勝(タンショウ). 1. successive victories

れんじょう[連乗](명·타サ) 연승. 같은 수를 몇 번이고 곱함. continued multiplication

れんじょう[恋情](명) 연정. 연모하는 마음. tender passion

れんじょうのたま[連城の璧](연어) ①연성지벽(連城之璧). 옛 중국 조(趙) 나라 혜문왕(恵文王)이 가지고 있던 보옥(宝玉). 진(秦) 나라 소왕(昭王)이 15개의 성(城)과 바꾸자고 했다 함. ②둘도 없는 보물. 2. a priceless treasure

レンズ[lens](명)〈이〉 렌즈. 양쪽 또는 한쪽이 구면(球面)으로 되어 있는 투명 유리. 빛을 집중시키거나 분산시킴. 예 : 볼록 렌즈, 오목 렌즈 등.

れんせい[連星](명) 연성. 공통한 중심의 주위를 공전(公転)하는 두 개 이상의 항성(恒星). a binary star

れんせい[練成](명·타サ) 연성. 단련하여 이룸. 단련 육성함. 「一道場(ドウジョウ); 연성 도장」 training

れんせつ[連接](명·자타サ) 연접. 서로 이어짐. 서로 이음. connection

れんせん[連戦](명) 연전. 계속해서 싸움. successive battles. **―れんしょう**[連戦連勝](연어·명·자サ) 연전 연승. 몇 번이고 싸워서 그때마다 승리함.

れんぜんあしげ[連銭葦毛](명) 희고 검은 바탕에 회색 반점이 있는 말(馬)의 털빛. dapple grey

れんそう[連奏·聯奏](명·타サ)〈악〉 연주. 두 사람이 같은 종류의 악기를 동시에 연주함. duet

れんそう[連装](명)〈군〉 하나의 포탑(砲塔)에 둘 이상의 대포를 장비함. 「一砲(ホウ); 연장포」

れんそう[連想·聯想](명·타サ)〈심〉 연상. 한 관념으로 말미암아 관련되는 다른 관념을 생각하게 되는 현상. 「発明(ハツメイ)というとエジソンをーする; 발명이라고 하면 에디슨을 연상한다」 association

れんそう[斂葬](명) 염장. 시체를 매장하는 것.

れんぞく[連続](명·자타サ) 연속. 이어짐. 이음. 「一放送劇(ホウソウゲキ); 연속 방송극」 continuation

れんだ[連打](명·타サ) 연타. 연속적으로 침. beating successively

れんたい[連体](명) 연체. 〔문법에서〕체언(体言)에 이어짐. 「一修飾語(シュウショクゴ); 연체 수식어」 **―けい**[連体形](명) 연체형. 〔문법에서〕활용어의 활

용형의 제4단. 주로 체언을 수식함. 예 : "高(タカ)き山(ヤマ)"의 "たかき" **—し**[連体詞](명) 연체사. 〔문법에서〕 체언만을 수식하는 품사. 예 : "あの, いわゆる, ある(或)" 등.

れんたい[連帯](명·자サ) 연대. ①연합해서 책임을 짐. ②이음. 이어짐. ③국철선(国鉄線)과 사철선(私鉄線)이 연합해서 서로 통용되는 차표로 여객을 수송하는 일. 2. continuation. **—せきにん**[連帯責任](명) 연대 책임. 두 사람 이상이 연합해서 부담하는 책임. **—ほしょう**[連帯保証](명) 연대 보증. 보증인이 채무자와 연합해서 서는 보증.

れんたい[連隊·聯隊](명)〈군〉 연대. 군대의 편제 단위의 한 가지. 보통 3개 대대로 이루어짐. a regiment

れんだい[蓮台](명)〈불〉 연대. 불상의 대좌(台座).

れんだい[輦台](명) 옛날 여객을 태우고 강을 건네 주던 가마. a litter

〔輦台〕

れんだく[連濁](명) 연탁. 일본말에서 두 말이 결합할 때 밑에 오는 말의 청음이 탁음으로 변하는 일. 예 : "かさ→あまがさ". a flat sound variant

れんたつ[練達](명·자サ·형동ダ) 숙달. skill

れんたん[煉丹](명) 연단. ①수은과 유황의 화합물을 금으로 변질시키는 연금술. ②정신을 아랫배 단전(丹田)에 집중시키는 방법. ③환약(丸薬). 3. an elixir

れんたん[練炭·煉炭](명) 연탄. 석탄, 목탄 등의 가루에 피치 등을 섞어 이겨 굳힌 연료. a briquette

れんだん[連弾·聯弾](명·타サ)〈악〉 한 대의 악기를 두 사람이 동시에 연주함. a four-hand performance

れんち[廉恥](명) 염치. 청렴하고 깨끗하고 부끄러움을 아는 일. honour

レンチ[wrench](명) 렌치. 너트, 볼트 등을 돌리는 데 쓰는 공구(工具).

レンチェン[도 Röntgen](명)〈의〉 ⇨レントゲン.

れんちゃく[恋着](명·자サ) 연착. 깊이 사랑하여 잊지 못함. attachment

れんちゅう[連中](명) ⇨れんじゅう.

れんちゅう[簾中](명)〔ごー〕 신분이 높은 사람의 부인. 귀부인(貴婦人). ②발(簾)의 안. 2. within bamboo-blinds

れんちょく[廉直](명·형동ダ) 염직. 결백하고 정직함. 「一な人(ヒト); 결백하고 정직한 사람」 uprightness

れんてつ[錬鉄](명) 연철. ①잘 단련된 쇠. ②탄소 10분의 1내지 100분의 1을 함유하는 연철(軟鉄). 철선, 못 등의 재료로 씀. 2. wrought iron

レンテンマルク[도 Rentenmark](명)〈경〉 렌텐마르크. 제1차 대전 후 도이치 대인플레를 안정시키기 위해 발행한 렌텐 은행의 은행권. 또는 그 화폐의 단위.

れんとう[連投](명·자サ) 연투. 〔야구에서〕 피처(投手)가 2회 이상의 시합에 계속해서 투구하는 것. pitching in successive games

れんどう[輦道](명) 봉련(鳳輦)의 통로.

れんどう[連動·聯動](명·자サ) 연동. 한 부분을 움직이면 그와 연결된 일련의 장치가 같이 움직임. 「一装置(ソウチ); 연동 장치」 gearing

レントゲン[도 Röntgen](명)〈이〉 뢴트겐. ①⇨エックスこうせん(光線). ②감마선이나 엑스선의 양을 나타내는 단위.

れんにゅう[練乳·煉乳](명) 연유. 설탕을 타고 수분을 증발시켜서 진하게 한 우유. condensed milk

れんねん[連年](명·부) 연년. 매년(毎年). every year

れんぱ[連破](명·타サ) 연파. 싸울 때마다 잇달아 격파함. 계속해서 이김. successive beating

れんぱ[連覇](명·자サ) 연패. 계속해서 우승함. 계속해서 제패(制覇)함. 「三年(サンネン)—; 3년 계속 제패」 successive victories

れんばい[廉売](명·타サ) 염매. 싸게 팖. 「一品(ヒン); 염매품」 bargain sale

れんぱい[連俳](명) 렌가(連歌)와 하이카이(俳諧).

れんぱい[連敗](명·자サ) 연패. 계속해서 패배함. 「連戦(レンセン)—; 연전 연패」 ↔連勝(レンショウ). successive defeats

れんぱく[連爆](명·타サ)〈군〉 연폭. 계속해서 폭격함. successive bombing

れんぱつ[連発](명·자타サ) 연발. ①계속해서 일어남. 계속해서 일으킴. 「質問(シツモン)を一する; 질문을 연발하다」 ②계속해서 쏘다. 「六(ロク)—; 6연발」 ↔単発(タンパツ). 1. succession

れんばん[連判](명·자サ) 연판. ①연명으로 서명함. ②연서(連署). joint signature. **—じょう**[連判状](명) 연판장. 연판된 서약서.

れんびん[憐憫·憐愍](명) 연민. 가련하게 여김. pity

れんぶ[練武](명) 연무. 무술을 단련함. training in military arts

れんぷ[蓮府](명) ①대신(大臣)의 저택. ②대신의 다른 이름. 2. a minister

れんべい[連袂](명) 연메. 여럿이 같은 행동을 취함. 「一辞職(ジショク); 총사직」 in a body

れんぺい[練兵](명) 연병. 군대의 군사 교련(教練). 「一場(ジョウ); 연병장」 military drill

れんぼ[恋慕](명·자サ) 연모. 사랑하고 그리워함. 깊이 사모함. longing for

れんぽ[蓮歩](명) 연보. 미인의 걸음걸이. graceful steps

れんぽう[連邦·聯邦](명) 연방. 둘 이상의 나라가 공통으로 주권을 갖고 결합한 국가. (대내적으로는 독립을 유지함) a federal state

れんぽう[連峰](명) 연봉. 죽 이어져 있는 산봉우리. a mountain range

れんま[練摩·錬磨](명·타サ) 연마. 여러 번 갈고 닦음. training

れんめい[連名](명) 연명. 두 사람 이상의 이름을 한 곳에 죽 잇달아 씀. joint signature

れんめい[連盟·聯盟](명) 연맹. 같은 목적을 위해서 같은 행동을 취할 것을 서약함. 또는 서약한 단체. 동맹(同盟). 「国際(コクサイ)—; 국제 연맹」 a league

れんめん[連綿](형동タルト) 연면. 계속해서 그치지 않는 모양. consecutive
れんや[連夜](명·부) 연야. 매일 밤. 「連日(レンジツ)—; 연일 연야」 night after night
れんよ[輦輿](명) 가마같이 생긴, 사람이 끄는 수레. a hand-cart
れんよう[連用](명·타サ) ①〈의〉 약을 계속해서 복용함. ②〔문법에서〕 용언(用言)에 이어지는 것. 「—修飾語(シュウショクゴ):연용 수식어」 1. continuous use. **—けい**[連用形](명)〔문법에서〕활용어의 활용형의 제2단. 용언을 수식하고, 문장을 일시 중단하거나 나열할 때 씀. 예: "咲(サ)き散(チ)る"의 "さき"
れんらく[連絡·聯絡](명·자타サ) 연락. ①서로 이어 댐. 이어짐. ②기분, 정보 등을 상대방에게 알림. 「家庭(カテイ)に—する; 가정에 연락하다」 connection. **—せん**[連絡船](명) 연락선. 호수, 해협, 해안 등 양안(両岸)을 연결하는 배.
れんり[連理](명) ①하나의 나뭇가지가 다른 나뭇가지와 붙어서 겹쳐짐. ②부부, 남녀 등의 사이가 남달리 친밀함. 1. having boughs in common. **—のえだ**[連理の枝](연어·명) 연리지. ①합쳐진 나뭇가지. ②매우 사이가 좋은 부부나 남녀.
れんりつ[連立·聯立](명·자サ) 연립. 여럿이 어울려 섬. 이질적인 것이 같이 어울림. coalition. **—ないかく**[連立内閣](명) 연립 내각. 둘 이상의 정당이 함께 조직하는 내각. **—ほうていしき**[連立方程式](명)〈수〉 연립 방적식. 두 개 이상의 방정식에 두 개 이상의 미지수가 있을 때 미지수의 각 값이 각 방정식의 값을 모두 만족시키는 방정식.
れんるい[連累](명·자サ) 연루. 남의 범죄에 관련됨. 연좌(連座). 「—者(シャ); 연루자」 involvement
れんるい[連類](명) 연류. 동류(同類). 한패. a gang
れんれん[恋恋](형동タルト) 연련. ①연모하여 단념할 수 없는 모양. ②미련이 남아서 견딜 수 없는 모양. 「地位(チイ)に—たり; 지위에 애착을 갖다」 1. ardently attached to

ろ

—ろ[路](조어) 길. 도로. 「街(ガイ)—; 가로」
ろ[炉](명) ①방바닥을 사각으로 잘라 내고 재를 넣고 그 재 속에 불을 묻어 두는 곳. ②난로. 스토오브. ③용광로. 1. a fireplace
ろ[絽](명) 올을 성기하게 짠 비단. 사(紗). 여름 옷감에 씀.
ろ[魯](명)〈지〉 ①중국 춘추 시대에 있던 나라. 공자(孔子)의 출생지. ②중국 산동성(山東省)의 다른 이름.
ろ[廬](명) 암자(庵子). a hermitage
ろ[櫓](명) ①성벽(城壁) 위의 높은 루(楼). 망루(望楼). ②노(櫓). 2. an oar
ろ[露](명) ①이슬. ②〈지〉 러시아(露西亜)의 약칭. 「—土(ト)戦争(センソウ); 노토 전쟁」 1. dew
ろ[艫](명) ①배의 이물. 선수(船首). ②배의 고물. 선미(船尾). 1. the bow 2. the stern
ロ(명)〈악〉 장음계 다조(調)의 나에 해당하는 음. B음.
ろあく[露悪](명) 자기의 결점을 일부러 드러냄. wilful disclosure of one's own defects
ろあし[櫓脚](명) ①물에 잠겨 있는 노의 부분. ②배를 저어 갈 때 노의 자국에서 일어나는 물결. 2. a trail
ロイターつうしん[Reuter 通信](명) 로이터 통신. 영국의 통신사. 세계에서 가장 역사가 오래 된 것으로 유명함. the Reuter News Agency
ロイドめがね[Lloyd 眼鏡](명) 로이드 안경. 셀룰로이드로 만든 두꺼운 테의 안경. tortoise-shell spectacles
ロイマチス[도 Rheumatismus](명)〈의〉 ⇨リュマチ(ス).
ろいろ(ぬり)[蠟色(塗り)](명) 쇠를 섞어 검게 정제(精製)한 옻칠을 한 뒤 거울처럼 닦은 것.
ろう—[老](조어) 나이 많은. 늙은. 「—学者(ガクシャ); 노학자」
—ろう[老](접미) 노인을 존경해서 붙이는 말. 「石橋(イシバシ)—; 이시바시옹」
—ろう[楼](접미) 높은 건물이나 큰 요리집 등의 이름에 붙이는 말. 「山水(サンスイ)—; 산수루」
ろう[牢](명) ①감방. 감옥. 유치장. ②아주 굳음. 뇌고(牢固). 1. a prison
ろう[労](명) 수고. 노고. 「—にむくいる; 노고에 보답하다」 labour
ろう[陋](명) ①보기 싫도록 더러운 것. ②좁고 낮은 것. ③천한 것. 1. unsightliness
ろう[郎](명) ①남자. 젊은이. ②남편. 정부(情夫).
ろう[廊](명) 회랑(回廊). 복도. 낭하. a gallery
ろう[隴](명) ①〈지〉 중국 감숙성(甘粛省)의 다른 이름. ② 작은 언덕. 2. a hill
ろう[臘](명) 음력 12월의 다른 이름. 납월(臘月).
ろう[蠟](명)〈이〉 납. 고급 지방산(高級脂肪酸)과 고급 알코홀의 에스테르. 열에 녹기 쉽고 타기 쉬움. 초의 원료. wax
ろう[聾](명) 귀머거리. deafness
ろう[鑞](명)〈이〉 납. 금속을 용접하는 데 녹여서 쓰는 주석과 납의 합금. 땜납. solder
ろうあ[聾啞](명) 농아. 귀머거리와 벙어리. deaf and dumb
ろうい[老医](명) 노의. 나이 많은 의사. an old doctor
ろうい[労委](명) 노동 위원회(労動委員会)의 약칭.
ろうう[老嫗](명) 노구. 노녀(老女). 할멈. an old woman

ろう えい[朗詠](명·타サ) 시가(詩歌)에 가락을 붙여서 읊음. 낭음(朗吟). recitation
ろう えい[漏洩](명·자타サ) 누설. 비밀 등이 샘. 또는 새게 함. 「機密(キミツ)の一; 기밀 누설」 leakage
ろう えき[労役](명) 노역. ①육체 노동에 종사함. ②힘이 드는 노동. labour
ろう えん[狼煙·狼烟](명) 낭연. 적의 내습 등 위급을 알리기 위해 피우는 불. 봉화(烽火). a signal-fire
ろう おう[老王](명) 노왕. 나이 많은 왕. an old king
ろう おう[老翁](명) 노옹. 노인장. an old man
ろう おう[老媼](명) 늙은 여자. an old woman
ろう おう[老鶯](명) 노앵. 봄이 지나서도 우는 꾀꼬리.
ろう おく[陋屋](명) 누옥. ①비좁고 누추한 집. ②자기 집을 겸사로 일컫는 말. 1. a squalid hut
ろう か[老化](명·자サ) 노화. 나이가 들어 감에 따라 일어나는 정력 감퇴. 「一現象(ゲンショウ); 노화 현상」 grow old
ろう か[弄火](명) 농화. 불장난. playing with fire
ろう か[狼火](명) 봉화불. 낭연(狼煙). a signal-fire
ろう か[廊下](명) 낭하. 집안의 통로. 복도. 「一続(ツヅ)き; 두 건물(建物)이 복도에 의해 이어져 있는 것」 a corridor
ろう かい[浪界](명) 로오쿄쿠(浪曲)를 부르는 사람들의 사회.
ろう かい[老獪](형동ダ) 노회. 경험을 쌓아 교활한 모양. 「一な人物(ジンブツ); 노회한 인물」 crafty
ろう がい[労咳](명) 노해(癆痎). 폐결핵. phthisis
ろう かく[楼閣](명) 누각. 높다랗게 지은 다락. 「砂上(サジョウ)一; 사상 누각」 a lofty building
ろう がっこう[聾学校](명) 농학교. 귀가 들리지 않는 사람들을 가르치는 학교. a school for the deaf
ろう がわ·し[乱がわし]ーガハシ(형シク)〈고〉 ①시끄럽다. 소란하다. ②혼란하다. 복잡하다.
ろう かん[琅玕](명)〈광〉 낭간. 벽옥(碧玉)과 비슷한 경옥(硬玉)의 한 가지. 암록색 또는 청백색을 발하는 반투명의 돌. 중국산으로 장식에 쓰임.
ろう かん[瘻管](명)〈의〉 누관. 위 또는 장과 체외(体外)의 교통을 잘 통하게 하기 위해서 수술해서 넣은 관.
ろう がん[老眼](명) 노안. ①늙은이의 눈. ②(노인의) 원시안(遠視眼). presbyopia. **— きょう**[老眼鏡](명) 노안경. 노안에 쓰는 볼록 렌즈의 안경. 돋보기.
ろう き[牢記](명·타サ) 마음속 깊이 새겨 둠. 명기(銘記). 명심. 「一して忘(ワス)れない; 마음속 깊이 새겨 두어 잊지 않다」 fixing in one's memory
ろう ぎ[老妓](명) 노기. 늙은 기생.
ろうき ほう[労基法](명) 노동 기준법(労動基準法)의 준말.
ろう きゅう[老朽](명·자サ) 노후. 늙어서 쓸모가 없음. 낡아서 쓸모가 없음. 노폐(老廃). 「一校舎(コウシャ); 노후 교사」 decrepitude
ろう きゅう[籠球](명) ⇨バスケットボール.
ろう きょ[陋居](명) 누거. 보잘 것 없는 누추한 거처. 자기의 거처를 겸사로 일컫는 말. a poor cottage
ろう きょ[籠居](명·자サ) 집에 틀어 박혀 있음. 칩거(蟄居). confinement
ろう きょう[老境](명) 노경. 노인의 신상. 노년. 늙바탕. old age
ろう きょく[浪曲](명) ⇨なにわぶし(浪花節).
ろう ぎん[労銀](명) 노은. 노임. 노동 임금. wages
ろう ぎん[朗吟](명·타サ) 낭음. 시가를 가락에 맞추어 소리 높여 읊음. 「和歌(ワカ)を一する; 와카를 소리 높이 읊다」 recitation
ろう く[老軀](명) 노구. 늙은 몸. 「一にむちうつ; 노구를 격려하다」 an old body
ろう く[労苦](명) 노고. 수고. pains
ろう くみ[労組](명) 노조. 노동 조합(労動組合)의 준말.
ろう くん[郎君](명) ①젊은 귀공자. ②낭군. 아내가 남편을 부르는 말. 1. a young noble
ろう けい[老兄] 노형. Ⅰ(명) 나이 많은 형. Ⅱ(대) 연상(年上)의 벗을 높여서 일컫는 말. Ⅰ an elder brother
ろう けい[朗景](명) 명랑한 풍경. a pleasant scene
ろう けつ[蠟纈·蠟纈](명) 염색의 한 가지. 백랍(白蠟)과 수지(樹脂)를 섞은 것으로 천에 무늬를 그려 그 부분만을 백색 그대로 남기는 것. wax print-dyeing
ろう げつ[臘月](명) 납월. 음력 12월의 다른 이름.
ろう けん[老犬](명) 늙은 개. an old dog
ろう けん[老健](명) 나이가 많으면서도 건장함. green old age
ろう けん[陋見](명) 누견. ①소용 없는 의견. 좁은 생각. ②자기 의사를 낮추어 하는 말. 1. a useless opinion
ろう げん[弄言](명) ⇨ろうぜつ.
ろう こ[老虎](명) 늙은 호랑이. an old tiger
ろう こ[牢乎](형동タルト) 단단해서 움직이지 않는 모양. 뇌고. 「一としてぬくべからず; 단단해서 뽑을 수 없다(완강해서 뜻을 꺾을 수 없다)」 firm
ろう こ[牢固](형동ダ) 뇌고. 튼튼하고 굳은 모양. 견고(堅固). 「一たる決意(ケツイ); 굳은 결의」 firm
ろう ご[老後](명) 노후. 늙은 뒤. 나이 많아진 뒤. 「一の楽(タノ)しみ; 노후의 낙」 one's old age
ろう こう[老公](명) 노공. 나이 많고 신분이 높은 사람이나 주인을 높여서 일컫는 말.
ろう こう[老巧](명·형동ダ) 노교. 오래 경험을 쌓아 사물의 처리가 교묘함. 「一なやり口(クチ); 노교한 솜씨」 veteran
ろう こう[労功](명) 공로(功労). services
ろう こう[陋巷](명) 누항. 뒷골목의 좁고 더러운 거리. wretched quarters
ろう こく[漏刻](명) 누각. 물시계. a water-clock
ろう こく[鏤刻](명·타サ) 누각. 금속이나 나무에 글씨, 그림 등을 아로새김. inlaying and carving
ろう ごく[牢獄](명) 뇌옥. 죄인을 잡아다가 가두어 두는 곳. 옥사(獄舎). 감옥. a prison
ろう こつ[老骨](명) 노골. 노인의 몸. 노인. old bones
ろう こつ[鏤骨](명) ⇨るこつ.
ろう さい[老妻](명) 노처. (자기의) 늙은 아내. an old wife
ろう さい[労災](명) 노동자 재해 보상(労動者災害補

償)의 약칭. 「一法(ホウ); 노동자 재해 보상법」 ―― **ほけん**[労災保険](명) 노재 보험. 공장에서 일하는 사람들의 부상, 질병에 대한 보험.

ろうざいく[蠟細工](명) 밀랍을 재료로 하는 세공. 또는 그 물품. wax-work

ろうさく[労作](명·자サ) ①노동. 「一教育(キョウイク); 노동 교육」 ②노작. 공들여서 만든 작품. 고심한 역작(力作). 2. a laborious work

ろうざん[老残](명) 노쇠하여 살고 있음. old and weak

ろうし[老子](명) 노자. ①중국 주(周) 나라 때의 철학자. 초(楚) 나라 사람으로 무위 자연(無為自然)의 도(道)를 주창함. ②노자가 남긴 저서의 이름.

ろうし[老死](명·자サ) 노사. 늙어 죽음. die of old age

ろうし[老師](명) 노사. ①나이 많은 스승. ②스승으로 받드는 늙은 중. 1. an old master

ろうし[牢死](명·자サ) 뇌사. 감옥에서 죽음. 옥사(獄死). death in prison

ろうし[労使](명) 노사. 노동자와 사용자. 피고용인과 고용인. 「一双方(ソウホウ); 노사 쌍방」 labour and management

ろうし[労資](명) 노자. 노동과 자본. 노동자와 자본가. 「一協調(キョウチョウ); 노자 협조」 capital and labour

ろうし[浪士](명) 일정한 소속이나 섬길 주인이 없는 무사. a masterless warrior

ろうし[蠟紙](명) 납지. 납과 파라핀을 넣어 만든 종이. 습기를 방지하기 위해 포장지로 쓰임. wax paper

ろうじ[聾児](명) 농아. 귀먹은 아이. a deaf child

ろうしがん[老視眼](명) ⇨ろうがん.

ろうしぐん[娘子軍](명) "じょうしぐん"의 오독(誤読).

ろうしつ[漏失](명·자サ) 누실. 빠뜨려 잃어 버림. loss by leak

ろうじつ[老実](명·형동ダ) 노실. 사물에 익숙하고 충실함. experienced and loyal

ろうじつ[臘日](명) 납일. 1년의 마지막 날. 섣달 그믐날. New Year's Eve

ろうしゃ[老者](명) 나이 많은 사람. 노인. an old man

ろうしゃ[牢舎](명) 감옥. 옥사(獄舎). a prison

ろうしゃ[聾者](명) 농자. 귀가 들리지 않는 사람. 귀머거리. a deaf person

ろうじゃく[老若](명) 늙은이와 젊은이. 「一男女(ダンジョ) 남녀 노소」 old and young

ろうじゃく[老弱](명) 노약. 늙은이와 어린이. 노유(老幼). old and young

ろうしゅ[老手](명) 노수. 노련한 솜씨. 또는 그 사람. a man of experience

ろうしゅ[老酒](명) 노주. ①오래 된 술. ②⇨ラオチュー. 1. old wine

ろうしゅ[楼主](명) ①누(楼)라는 이름이 붙은 집의 주인. ②유곽 주인. 1. the owner of a tower

ろうじゅ[老儒](명) 노유. 늙은 유생(儒生). an old Confucian scholar

ろうじゅ[老樹](명) 노수. 늙은 나무. an old tree

ろうしゅう[老醜](명) 노추. 늙어서 (마음이) 추한 것. ugliness

ろうしゅう[陋習](명) 누습. 나쁜 버릇. 좋지 못한 습관. 「旧来(キュウライ)の一; 옛부터 내려 오는 누습」 a corrupt custom

ろうしゅう[陋醜](명) 누추. 천하고 추한 것. ugliness

ろうじゅう[老中](명) 에도 막부(江戸幕府) 때 장군에 직속하여 정무(政務)를 지배하던 직명.

ろうじゅく[老熟](명·자サ) 노숙. 경험을 많이 쌓아서 숙련됨. matured skill

ろうしゅつ[漏出](명·자타サ) 누출. 새어 나옴. leaking

ろうじょ[老女](명) 노녀. ①나이 많은 여자. ②무가(武家)의 시녀(侍女)의 우두머리. 1. an old woman

ろうしょう[老少](명) 노소. 늙은이와 젊은이. 「一を問(ト)わず; 노소를 불문하고」 old and young. ―― **ふじょう**[老少不定](연어·명)〈불〉 노소 부정. 인간의 수명은 노소에 관계 없이 누가 먼저 죽을지 모른다는 말.

ろうしょう[老松](명) 노송. 오래 된 소나무. 늙은 소나무. an old pine tree

ろうしょう[老将](명) 노장. ①늙은 장군. 노장군. ②경험을 많이 쌓은 장군. a veteran general

ろうしょう[労相](명) 노동상. 노동 대신. 노동 장관(労動長官). the Labour Minister

ろうしょう[労症](명)〈의〉 노증. 폐결핵의 옛 이름. 노해(癆痎). tabes

ろうしょう[朗笑](명·자サ) 명랑한 웃음. a hearty laugh

ろうしょう[朗唱·朗誦](명·타サ) 낭송. 소리를 내어 읽음. 낭음(朗吟). recitation

ろうじょう[老嬢](명) ⇨オールドミス.

ろうじょう[楼上](명) 누상. ①망루(다락) 위. ② 2층. 「市役所(シヤクショ)一において; 시청 2층에서」 1. the upper storey

ろうじょう[籠城](명·자サ) 농성. ①성안에 머물러 적을 막음. ②틀어 박힌 채 외출하지 않음. 1. a siege

ろうしょく[老職](명) 타이로오(大老), 로오쥬우(老中), 카로오(家老)의 총칭.

ろうしょく[朗色](명) 명랑한 기색. a bright countenance

ろうしん[老臣](명) 노신. ①나이 많은 신하. 늙은 신하. ②공이 많은 신하. 중신(重臣). 1. an old retainer

ろうしん[老身](명) 노구(老軀). an old body

ろうしん[老親](명) 노친. 늙은 부모. an old parent

ろうじん[老人](명) 노인. 늙은이. 나이 많은 사람. 「一病(ビョウ); 노인병」 an old man. ―― **のひ**[老人の日](명)〔일본에서〕 국민들의 경로(敬老) 사상을 고취하는 기념일. 9월 15일. 경로일(敬老日).

ろうず(명)〈경〉 ①오래 된 상품. 못 팔게 된 상품. ②팔고 남은 상품. 잔고품. 「一もの; 팔다 남은 상품」 1. unusable goods

ろうすい[老衰](명·자サ) 노쇠. 늙어서 심신이 쇠약해짐. 「一で死(シ)ぬ; 노쇠하여 죽다」 decrepitude

ろうすい[漏水](명·자サ) 누수. 물이 샘. 「一箇所(カショ); 물이 새는 곳」 leakage of water

ろう·する[弄する](타サ) 놀리다. 우롱(愚弄)하다.「策(サク)を—; 수단을 부리다」 play with
ろう·する[労する] Ⅰ(자サ) 수고하다. 일하다. Ⅱ(타サ) 피롭히다. Ⅰ labour
ろう·する[聾する](타サ) 귀먹게 하다. 귀를 막히게 하다.「耳(ミミ)を—ばかりの砲聲(ホウセイ); 귀가 먹먹해질 정도의 포성」 deafen
ろう せい[老成](명·자サ) 노성. ①어른다와짐. ②경험을 쌓아서 원숙해짐.「—した人物(ジンブツ); 노성한 인물」 1. precocity
ろう せい[労政](명) 노동 행정(労動行政)의 준말.
ろう せい[老生](대) 노생. ①노인이 자기를 낮추어서 하는 말. ②늙은 서생(書生). 2. an old student
ろう せき[蠟石](명)〈광〉 납석. 밀초같이 부드러운 돌. 석필(石筆), 인재(印材)로 쓰임. 곱돌. agalmatolite
ろう ぜき[狼藉](명·형동ダ) ①어지럽게 여기저기 흩어져 있음.「杯盤(ハイバン)—; 배반 낭자」②난폭함.「—を働(ハタラ)く; 난폭한 행동을 하다」 1. confusion
ろう せつ[漏洩](명·자타サ) ⇨ろうえい.
ろう ぜつ[弄舌](명) 혀를 놀림. 여러 말을 지껄이는 일. wagging one's tongue
ろう そう[老荘](명) 노장. 노자와 장자. **—がく**[老荘学](명) 노장학. 노자, 장자가 주창한 철학 학설. 무위자연(無為自然)의 도를 중히 여겼음.
ろう そう[老僧](명) 노승. 늙은 중. an aged priest
ろう そう[狼瘡](명)〈의〉 낭창. 피부 조직을 몹시 파괴하는 만성 피부병. lupus
ろう そく[蠟燭](명) 초. 양초. a candle
ろう ぞく[老賊](명) 노적. 늙은 도적. an old thief
ろう ぞく[陋俗](명) 누속. 더러운 풍속. 나쁜 풍속. 누습(陋習). an evil custom
ろう ぞめ[蠟染め](명·타サ) ⇨ろうけつ.
ろう たい[老体](명) 노체. ①늙은이의 몸. ②노인의 높임말.「ご—; 노인장」 1. an old body
ろう だい[老大](명) 노대. 나이를 먹어 늙음. decrepitude
ろう だい[老台](대)〔편지에서〕노인을 높여 일컫는 말.
ろう だい[楼台](명) 누대. 다락. 누(楼). a stately mansion
ろう たいか[老大家](명) 노대가. 나이와 경험이 많은 그 방면의 대가. a veteran authority
ろう たいこく[老大国](명) 노대국. 전성기(全盛期)를 지나 쇠퇴해지는 대국(大国). a grand old country
ろう たが·る ラウタガル(타 4)〈고〉 귀여워하다.
ろう たく[浪宅](명) 낭인(浪人)의 집.
ろう たく[陋宅](명) 누택. ①좁고 누추한 집. ②자기 집을 낮추어 일컫는 말. 1. a shabby residence
ろう た·ける[臈長ける](자하 1) 경험을 쌓다. 나이 들어 훌륭해지다. take experience
ろうた·し ラウタシ(형ク)〈고〉 귀엽다. 파생 **—げ**(형동ダ) **—さ**(명).
ろう だつ[漏脱](명·자サ) 누탈. 빠져 나감. omission
ろう だん[壟断](명·타サ) 농단. ①깎아 세운 듯이 높이 솟은 언덕. ②이익을 독점하는 것. 1. a precipice
ろう ちょう[老鳥](명) 늙은 새. an old bird
ろう ちょう[労調](명) 노동 관계 조정(労動関係調整)의 준말.「—法(ホウ); 노동 관계 조정법」
ろう ちん[労賃](명) 노임. 노동 임금. wages
ろう づけ[鑞付け](명·타サ) 땜납으로 금속 제품을 때워서 붙임. 납땜. soldering
ろう でん[漏電](명·자サ) 누전. 전선의 불량, 파손 등으로 전기가 다른 데로 샘. an electric leakage
ろう と[漏斗](명) ⇨じょうご.
ろう とう[郎等·郎党](명) ⇨ろうどう.
ろう どう[労働](명·자サ) 노동. ①힘을 써서 일함. 체력을 써서 일함.「—力(リョク); 노동력」②〈경〉 임금이나 이익을 위해서 몸과 정신을 씀. 1. toil. **—いいんかい**[労働委員会](명) 노동 위원회. 노동 쟁의의 알선, 조정, 중재(仲裁) 등을 맡아 보는 기관. 동수(同数)의 사용자 대표, 노동자 대표, 공익 위원으로 구성됨. **—うんどう**[労働運動](명) 노동 운동. 노동자가 자기들의 사회적, 경제적 생활 개선을 위해 단결하여 사용자의 압박을 벗어나려는 운동. **—かいきゅう**[労働階級](명) 노동 계급. 노동을 제공하고 임금(賃金)을 받아서 살아 가는 층의 사람들. **—きじゅんほう**[労働基準法](명)〈법〉 노동 기준법. 고용되어 일하는 사람들을 보호하기 위해서 일하는 시간, 임금, 휴일 등 노동 조건 기타를 규정한 법률. **—きょうやく**[労働協約](명) 노동 협약. 노동 조합이 단체 교섭을 할 때 사용자측과 노동 조건에 따라 체결하는 협약. **—きんこ**[労働金庫](명)〈경〉 노동 금고. 노동 조합원을 위한 금융 기관. **—くみあい**[労働組合]—クミアヒ(명) 노동 조합. 노동자가 노동 조건의 유지, 개선을 목적으로 조직한 조합. **—さい**[労働祭](명) 노동절. 메이데이. **—さんぽう**[労働三法](명)〈법〉 노동 삼법. 노동자를 위한 세 법률. 노동 조합법, 노동 관계 조정법, 노동 기준법 등. **—しゃ**[労働者](명) 노동자. 타인에게 고용되어 노동으로 생활해 나가는 사람. **—しょう**[労働省](명) 노동성. 노동자의 복지와 직업 보도를 주목적으로 한 중앙 관청. **—そうぎ**[労働争議](명) 노동 쟁의. 노동자측과 사용자측과의 사이에 노동 조건, 대우 문제 등을 중심으로 일어나는 분쟁. **—だいじん**[労働大臣](명)〈법〉 노동 대신. 노동성의 장관. **—とう**[労働党](명) 노동당. 영국의 정당 이름. 보수당과 같이 영국 2대 정당의 하나. 1900년에 결성된 사회민주주의 정당. **—りょく**[労働力](명) 노동력. 생산을 위해 필요로 하는 정신적, 육체적 능력.
ろう どう[郎党·郎等](명) 무가(武家)의 가신(家臣). ↗「followers
ろう どく[朗読](명·타サ) 낭독. 소리를 내어 읽음.「詩(シ)を—する; 시를 낭독하다」 reading aloud
ろうとして[牢として](부) 견고해서 움직일 수 없는 모양.「—ぬくべからず; 견고해서 뽑을 수 없다」 impregnably
ろう なぬし[牢名主](명) 에도(江戸) 시대에 죄인 중에

서 뽑혀 뇌옥(牢獄)을 다스리던 죄수의 우두머리. 옥내에서 세력이 대단하였음.

ろうに[老尼](명) 나이 많은 여승(女僧). an old nun

ろうにゃく[老若](명) 노약. 늙은이와 젊은이. 「一男女(ナンニョ); 남녀 노소」 old and young

ろうにん[浪人](명·자サ) 낭인. ①주인이나 소속이 없는 무사. ②근무처가 없는 사람. 실업자. ③학교를 졸업하고 상급 학교의 입학 시험에 떨어진 자. 「また一年(イチネン)一する; (입학 시험에 떨어져) 다시 한 해 낭인 생활을 하다」 2. a jobless man 3. an unsuccessful examinee

ろうぬけ[牢脱け](명·자サ) 감옥을 탈출함. 탈옥. prison-breaking

ろうねん[老年](명) 노년. 늙은이. 노령. ↔若年(ジャクネン). old age

ろうのう[老農](명) 노농. 농사에 경험이 많은 노인. 「村(ムラ)の一; 농사 경험이 많은 마을 노인」 an old farmer

ろうのう[労農](명) 노농. 노동자와 농민. labourers and farmers

ろうのき[蠟の木](명)〈식〉 거망옻나무. 따뜻한 지방의 저지(低地)에 나는 낙엽 활엽 교목. 과실은 채랍용(採蠟用). 황로(黃櫨). 〈학명〉Thus succedanea

ろうば[老馬](명) 노마. 늙은 말. an old horse

ろうば[老婆](명) 노파. 늙은 여자. 노녀(老女). an old woman. ―**しん**[老婆心](명) 노파심. 필요 이상의 친절한 마음.

ろうはい[老廃](명) 노폐. 늙어서 쓸모가 없어짐. 낡아서 쓸모가 없어짐. 「一物(ブツ); 노폐물(신진 대사로 생긴 쓸 데 없는 물건)」 superannuation

ろうはい[老輩](명) 늙은 축. 늙은 무리. old peaple

ろうばい[老梅](명) 늙은 매화나무. an old plum tree

ろうばい[狼狽](명·자サ) 낭패. 일이 실패로 돌아 가 당황함. 「周章(シュウショウ)一; 매우 당황하여 어쩔 줄을 모름」 confusion

ろうばい[臘梅](명)〈식〉 납매. 섣달에 꽃이 피는 매화. Japanese allspice

ろうばん[牢番](명) 옥지기. 전옥(典獄). a gaoler

ろうひ[老婢](명) 노비. 나이 많은 하녀. an old maid

ろうひ[浪費](명·타サ) 낭비. 재물이나 시간을 필요치 않은 곳에 헛되이 씀. 「時間(ジカン)の一; 시간 낭비」 waste

ろうひつ[弄筆](명) 농필. 사실을 그릇되게 쓰는 것. writing false facts

ろうびょう[老病](명) 노병. 노쇠(老衰)로 인해서 일어나는 병. senile infirmity

ろうびょう[廊廟](명) 낭묘. 정무를 보살피는 조정(朝廷). 정부(政府). the government

ろうふ[老夫](명) 노부. 늙은 (자기의) 남편. an old husband

ろうふ[老父](명) 노부. 늙은 아버지. ↔老母(ロウボ). an old father

ろうふ[老婦](명) 노부. 늙은 부인. 노파. an old woman

ろうぶつ[老仏](명) ①노자(老子)의 가르침과 석가(釈迦)의 가르침. 도교(道教)와 불교. ②노불. 노승(老僧)의 높임말. 1. Taoism and Buddhism

ろうぶん[漏聞](명·자타サ) 누문. 말이 새어 들림. 또는 들음. overhearing

ろうへい[老兵](명) 노병. ①나이 많은 병사. ②노련한 병사. 1. an old soldier

ろうほ[老舗](명) 노포. 오래 전부터 있었던 점포. 선조로부터 물려 내려 오는 가게. an old-established shop

ろうほ[壠畝·隴畝](명) ①밭. 밭이랑. ②시골. 1. a ridge 2. the country

ろうぼ[老母](명) 노모. 늙은 어머니. ↔老父(ロウフ). an old mother

ろうほう[朗報](명) 낭보. 기쁜 소식. good news

ろうぼく[老木](명) 노목. 오래 된 나무. an aged tree

ろうぼく[老僕](명) 노복. 늙은 남자 종.

ろうむ[労務](명) 노무. ①임금을 얻기 위한 노동. ②노동에 관한 사무. 「一課(カ); 노무과」 1. labour. ―**しゃ**[労務者](명) 노무자. ①계약을 체결해서 노동하는 사람. ②날품팔잇군.

ろうもう[老耄](명) 노모. 늙어 빠진 늙은이. dotage

ろうもん[楼門](명) 누문. 위에 다락(망루)이 있고 그 밑으로 통행하게 된 문. 「朱塗(シュヌ)りの一; 붉은 칠을 한 누문」 a two-storied gate

ろうや[老爺](명) 늙은 남자. 노옹(老翁). an old man

ろうや[牢屋](명) 뇌옥. 감옥. 옥(獄). a gaol

ろうやくにん[牢役人](명) 감옥을 감시하는 사람. 전옥(典獄). a gaoler

ろうやぶり[牢破り](명·자サ) 감옥에서 빠져 나와 도망침. 또는 그 죄수. 탈옥. 탈옥수. a prison breaker

ろうゆう[老友](명) 노우. 나이 많은 벗. an aged friend

ろうゆう[老雄](명) 노웅. 늙은 영웅. an old hero

ろうゆう[老優](명) 노우. ①늙은 배우. ②연공(年功)을 쌓아 연기(演技)가 훌륭한 배우. 1. an old actor

ろうよう[老幼](명) 노유. 늙은이와 어린이. 노소(老少). old and young

ろうらい[老来](부) 노년이 된 이래. 나이 많은 요즈음. 「一いよいよ壮健(ソウケン); 노익장(老益壮)」 in one's old age

ろうらく[籠絡](명·타サ) 농락. 약은 꾀로 남을 자기 수중에 넣어 마음대로 놀림. inveiglement

ろうり[老吏](명) 노리. 늙은 관리. an old officer

ろうりょく[労力](명) 노력. ①일하는 것. 수고. 「一を省(ハブ)く; 수고를 덜다」 ②〈경〉 생산을 목적으로 하는 지력(知力), 체력의 활동. 노동력. 1. pains

ろうれい[老齢](명) 노령. 늙은 나이. 노년. old age

ろうれつ[陋劣](명·형동ダ) 천하고 뒤떨어짐. 비열. 「一な手段(シュダン); 비열한 수단」 meanness

ろうれん[老練](명·형동ダ) 노련. 경험을 쌓아 익숙하고 능란함. 「一な政治家(セイジカ); 노련한 정치가.」 skilfulness

ろうれん[労連](명) 노동 조합 연맹의 약칭. 「世界(セカイ)一; 세계 노동 조합 연맹」

ろうろう[浪浪](명) 직장을 떠나 정처 없이 방랑함. 「一の身(ミ); 직장을 떠나 떠돌아 다니는 몸」 wandering
ろうろう[朗朗](형동タルト) 낭랑. 소리가 매우 맑고 명랑한 모양. sonorous
ろうわ[朗話](명) 명랑한 이야기. a delightful talk
ろえい[露営](명·자サ) 노영. 야외에 진영을 침. 또는 그 진영. 야영(野営). camping
ロー—[low](조어) 로우. ①낮은. 「一ヒール; 낮은 굽」 ②〔자동차에서〕 저속(低速)의. 「一ギア; 로우 기어」
ローカル[local](명) 로우컬. ①지방. 「一ニュース; 지방 소식」 ②지방적. 지방적인 것. 「一文学(ブンガク) 향토 문학」 ③←ローカルカラー. ④지방 방송. **—カラー**[local colour](명) 로우컬 컬러. 그 지방의 독특한 정서. 향토색(郷土色). 지방색(地方色).
ローコスト[low cost](명) 로우코스트. 싼 비용. 「一住宅(ジュウタク); 싼 주택」
ローション[lotion](명) 로우션. 다량의 알코올 성분을 함유한 화장수. ②헤어로우션의 준말.
ロース[roast](명) 로우스트. 소, 돼지, 양 등의 어깨에서 허리까지의 가장 질이 좋은 살.
ローズ[rose](명) 로우즈. ①장미. ②장미빛.
ロースト[roast](명) 로우스트. 불고기.
ロータリー[rotary](명) 로우터리. ①윤전기(輪転機). ②시가의 교차점 중앙에 교통 정리를 위해 베푼 원형(円形)의 시설. **—クラブ**[Rotary Club](명) 로우터리 클럽. 사회 봉사를 목적으로 하는 국제적 사교 단체. **—じょせつしゃ**[rotary 除雪車](명) 로우터리 제설차. 차 앞에 커다란 날개 같은 바퀴를 붙여서 돌리면서 선로상(線路上)의 눈을 날려 치우는 장치의 기관차.
ローティーン[low teen](명) 로우티인. 소년기. 중학생의 연배(年輩). 12세부터 16세 정도까지의 나이 또래. ↔ハイティーン.
ローデシア[Rhodesia](명)〈지〉 로데시아. 아프리카 중남부의 지방명. 잠베지강을 경계로 남북 로데시아로 나뉨. 영령(英領)임.
ロード[Lord](명) 로오드. 영국에서 공작(公爵) 이외의 귀족, 상원 의원인 대승정(大僧正), 승정 등의 높임말. 경(卿).
ロードショー[roadshow](명) 로우드쇼우. 영화의 특별 공개. 피로 흥행(披露興行).
ロートル[중 老頭児](명) 노틀. 늙은이. an old man
ロードレース[road race](명) 로우드 레이스. 자전거 등의 도로상(道路上)의 경주(競走).
ローハードル[low hurdle](명) 로우허어들. 낮은 장해물을 뛰어 넘는 경주. 저장해물(低障害物) 경주. ↔ハイハードル.
ローヒール[low heels](명) 로우히일. 뒷굽이 낮은 부인용 구두. ↔ハイヒール.
ローブ[프 robe](명) 로브. ①옷. ②부인복. ③길고 헐렁한 웃옷(上衣). 법복(法服).
ロープ[rope](명) 로우프. 줄. 끈. **—ウエー**[ropeway](명) 로우프웨이. 강철선을 공중에 쳐 놓고 손님을 나르는 차. 공중 케이블. 케이블 카아.

〔ロープウエー〕

ローマ[라 Roma·羅馬](명) 로마. ①〈역〉 고대 유럽에 있었던 나라. 이탈리아 반도에 있었음. ②〈지〉 이탈리아의 수도. **—(カトリック)きょう**[羅馬(加特力)教](명)〈종〉 로마 가톨릭교. 기독교의 하나. 9세기에 정교회(正教会)와 분열, 독립하여 교황, 교황청의 지배하에서 유럽에 퍼졌음. 가톨릭교. **—きょうおう**[羅馬教皇](명)〈종〉 ⇨ローマほうおう. **—きょうかい**[羅馬教会](명)〈종〉 로마 교회. 로마 가톨릭의 교회. 공교회(公教会). 천주 교회. **—じ**[羅馬字](명) 로마 문자. ①고대 로마에 기원을 갖고 현재 유럽 각국에서 쓰이는 문자. ②〔←ローマ字つづり〕 로마 문자로 일본어를 표기하는 것. 또는 그 방법. **—すうじ**[羅馬数字](명) 로마 수자. 고대 로마에 기원을 갖는 수자. I(1), V(5), X(10), L(50), C(100), M(1,000) 등. **—ほう**[羅馬法](명)〈법〉 로마법. 현재 구미(欧美)에서 시행되고 있는 법률의 한 기원인 고대 로마의 법률. **—ほうおう**[羅馬法王](명)〈종〉 로마 법왕. 로마 가톨릭의 통수자(統帥者). 로마 교황.
ローマナイズ[Romanize](명·타サ) 로마나이즈. ①로마화(化). ②로마자로 표기함.
ローマン[Roman·浪曼·浪漫](명) ⇨ロマン. **—しゅぎ**[浪曼主義](명) 낭만주의. 로만티시즘. **—てき**[浪曼的](명·형동ダ) ⇨ロマンチック. **—は**[浪曼派](명) ⇨ロマンチスト①.
ローマンス[romance](명) ⇨ロマンス②.
ローム[loam](명)〈농〉 로움. 찰흙이나 모래가 섞이고 많은 부식질(腐植質)을 함유한 토지.
ローラー[roller](명) 로울러. ①원통형(円筒形)으로 회전(回転)하는 것. 로우드로울러. ②인쇄할 때 인쇄 잉크 칠을 하는 원통형의 방망이. ③땅을 고르는 기계. **—カナリア**[roller canaria·金糸雀](명)〈동〉 로울러카나리아. 아름답고 떨리는 목소리로 오랫동안 울어댐. **—スケート**[roller skate](명) 로울러스케이트. 구두에 조그마한 바퀴를 달아서 단단한 도로상을 활주하는 것. **—ベアリング**[roller bearing](명) 로울러 베어링. 회전축과 축받이 사이에 몇 개의 베아링을 넣어서 회전할 때 마찰을 감소시키는 장치.
ろおり[絽織り](명) ⇨ろ(絽).
ローラン[loran←long range navigation](명) 로오런. 전파를 이용하는 새로운 장거리(180 *km* 이상의 경우) 항법(航法). 두 곳 이상의 무선국에서 동시에 발신하는 동일 주파수의 전파를 받아 그 도달 시간의 차이에서 자기 배(비행기)의 위치를 결정하는 것.
ローリング[rolling](명·자サ) 로울링. ①배나 비행기가 좌우로 흔들리는 동요. ↔ピッチング. ②파도의 울렁거림.

ロール[roll](명·타サ) 로울. ①두루마리 같은 것. 감은 것.「ーキャベツ; 캐비지잎에 썬 고기를 말아서 찐 요리」②실 등을 감음.「髪(カミ)をーする; 머리를 말다」③〔로울빵의 준말〕둥글게 말아 구운 빵.「バター; 버터를 발라 둥글게 말아 구운 빵」④⇨ローラー. **ーバック**[roll back](명) 로울백. 다시 감음. 되감는 것.

ロールシャッハテスト[Rorschach test](명)〈심〉로울샤흐테스트. 희미한 잉크의 얼룩처럼 그린 여러 가지로 해석할 수 있는 그림 10개를 제시하고 그것을 해석시켜 사람의 성격 등을 판단하는 방법.

ローン[lawn](명) 로온. ①잔디. ②한랭사(寒冷紗). 또는 한랭사처럼 가공한 것.「ーハンケチ; 한랭사 손수건」**ーテニス**[lawn tennis](명) 로온테니스. 잔디가 깔린 경기장에서 하는 경식 정구(硬式庭球).

ローン[loan](명)〈경〉로운. ①대부(貸付). 대부금.「オーバーー; 대출 초과(貸出超過)」②신용 거래.

ろか[濾過](명·타サ) 여과. 액체 중에 존재하는 침전물이나 불순물을 걸러서 밭여 내는 일. filtration. **ーせいびょうげんたい**[濾過性病原体](명)〈의〉여과성 병원체. 세포 여과기를 통과하는 초현미경적 미립자 병원체. 광견병(狂犬病), 천연두의 병원체.

ろか[櫓歌](명) 뱃노래. a boatman's song

ろか[蘆花](명) 노화. 갈꽃. a reed flower

ろかい[櫓櫂](명) ①노와 스컬. ②배에서 쓰는 도구의 총칭. 1. a scull and an oar

ろかく[鹵獲](명·타サ) 노획. 적의 군수품을 빼앗는 일. capture

ろかじ[櫓舵]ーカヂ(명) ①노와 키. ②배에서 쓰는 도구의 총칭. 1. a scull and a helm

ロカビリー[rock a billy](명) 로카빌리. 미국에서 시작된 광열적(狂熱的)인 리듬의 재즈 음악. 또는 거기에 맞춰 추는 춤.

ロガリズム[logarithm](명)〈수〉대수(対数).

ロカルノじょうやく[Locarno 条約](명)〈역〉로카르노 조약. 1925년 스위스의 로카르노에서 도이치, 이탈리아, 영국, 프랑스, 벨기에의 5개국간에 체결된 조약. 상호 안전 보장, 상호 원조, 분쟁의 중재 해결을 결정했음. 뒤에 나찌스에 의해 파기(破棄)되었음.

ろぎょ[魯魚](명)〔인쇄에서〕비슷한 글자의 착오.「ーの誤(アヤマ)り; "魯"자와 "魚"자의 착오(틀리기 쉬운 것)」

ろぎん[路銀](명) 여비. 노자(路資). travelling expenses

ーろく[録](조어) 기록.「会議(カイギ)ー; 회의록」

ろく[陸](명·형동ダ) ①사물의 형태나 표면이 비뚤어지지 않고 평평하게 되어 있음.「ー屋根(ヤネ); 경사(傾斜)가 완만한 평평한 지붕」②정상적임. 올바름.「ーにいる; 책상 다리를 하고 앉다」③⇨:ろくな, ろくに. 1. plane

ろく[禄](명) 녹. ①무사(武士) 또는 관리의 급여(給与).「ーを食(ハ)む; 녹을 받아 생활하다」②그자리에서 주는 상. ③행운. 행복. 1. a stipend

ろく[六](수) 육. 여섯. six

ログ[log](명) 로그. 항해 일지(航海日誌).

ろくあみだ[六阿彌陀](명)〈불〉춘분, 추분을 전후해서 1주일간 절에서 재(斎)를 올리는데, 그때 참배하면 영험이 있다는 아미타불을 모신 토오쿄오(東京)의 여섯 군데의 영장(霊場).

ろぐい[櫓杭]ーグヒ(명) ⇨ろべそ.

ろくいのくろうど[六位の蔵人]ークラウド(명) 옛날 로쿠이(六位)로서 쿠로우도소(蔵人所) 직원이 된 자의 일컬음. 궁중에서의 식사, 잡일을 맡아 보았음.

ろくえふ[六衛府](명) 옛날 궁성을 지키던 여섯 관청.

ろくおん[録音](명·타サ) 녹음. 레코오드나 필름에 소리를 기록함.「ー機(キ); 녹음기」recording. **ーほうそう**[録音放送](명) 녹음 방송. 현장에서 실황을 녹음한 테이프나 음반(音盤)으로 하는 방송.

ろくが[録画](명·타サ) 비데오테이프로 텔레비전의 상(像)을 기록함. 또는 기록한 것.

ろくがつ[六月](명) 유월. 6월. June

ろくごう[六号](명) 6호 활자(六号活字)의 준말.「ー記事(キジ); 육호 기사」

ろくさい[六采](명) 주사위. a die

ろくさい[鹿砦](명) ⇨さかもぎ.

ろくざい[肋材](명) 선박의 뼈대를 이루는 재목. frame timber

ろくさん(さん)せい[六三(三)制](명) 6·3·3제. 1947년 4월에 개정된 새로운 학제. 소학교 6년, 중학교 3년, 고등 학교 3년으로 한 교육 제도. the 6-3-3 system of education

ろくし[禄仕](명) 녹을 받기 위해 관리가 되는 일. getting service for earning one's living

ろくじ[六時](명) ①여섯 시. ②〈불〉하루를 육분(六分)하여 독경, 염불을 하는 시간. 1. 6 o'clock

ろくじぞう[六地蔵](명)〈불〉육지장. 육도(六道)에서 중생의 고환(苦患)을 구한다는 여섯 지장. 단타(檀陀), 보주(宝珠), 보인(宝人), 지지(持地), 제개장(除蓋障), 일광(日光)의 총칭.

ろくじのみょうごう[六字の名号](연어·명)〈불〉나무아미타불(南無阿彌陀仏)의 여섯 글자. Amitabha Buddha

ろくしゃく[六尺](명) ①육척. 약 1.8*m*. ②옛날 신분이 높은 사람의 가마를 메던 사람. ③에도 막부(江戸幕府) 때 물긷기 등 잔심부름을 하던 하인. 2. a palanquin-bearer. **ーぼう**[六尺棒](명) 길이가 6척 가량 되는 떡갈나무 막대기. 호신용(護身用)으로 쓰임.

ろくじゅう[六十](수) 육십. sixty. **ーのてならい**[六十の手習]ーナラヒ(명) 60세가 되어 처음으로 습자를 시작하는 것. 만학(晩学)의 비유. **ーよしゅう**[六十余州](명) 60여 주. 옛날 일본 전국의 68개 지방. **ーろくぶ**[六十六部](명)〈불〉①66부의 법화경(法華経)을 일본 66개 지방의 영지에 헌납할 목적으로 각 지방의 사찰을 순회하던 일. 또는 순회하던 중. ②각 지방을 탁발(托鉢) 순례(巡礼)하는 것.

ろくしょう[緑青](명)〈이〉녹청. ①동(銅)으로 만든 그릇의 표면에 생기는 녹색의 유독성 녹. ②녹색 그림 물감의 색 원료. 동의 화합물. 1. verdigris

ろくしん[六親](명) 육친. 여섯 친족. 부(父), 모(母), 형(兄), 제(弟), 남편, 아내. 또는 부, 모, 형, 제, 처(妻), 자(子). the six nearest relations

ろくじん[六塵](명)〈불〉 육진. 불심(仏心)을 더럽히는 여섯 가지 대상계(対象界). 색(色), 성(声), 향(香), 미(味), 촉(触), 법(法).

ろくしんがん[六神丸](명) 한방 위장약의 하나.

ろくすっぽ[碌すっぽ](부)〈속〉 제대로. 잘. 「一返事(ヘンジ)もしない; 제대로 대답도 하지 않는다」 well

ろく·する[勒する](타サ) ①새기다. 파다. ②제지하다. ③다스리다. 1. engrave 2. restrain 3. govern

ろく·する[録する](타サ) 기록하다. 쓰다. record

ろくだい[六大](명)〈불〉 육대. 만물의 근원이 되는 여섯 가지의 근본 실체(根本実体). 지(地), 수(水), 화(火), 풍(風), 공(空), 식(識). the six elements

ろくだいがく[六大学](명) 육대학. 학생 야구 리이그전에서 말하는 케이오오(慶応), 와세다(早稲), 토오쿄오(東京), 호오세이(法政), 메이지(明治), 릿쿄오(立教)의 여섯 대학교.

ろくだいしゅう[六大州·六大洲](명)〈지〉 육대주. 지구상에 있는 여섯 개의 큰 대륙. 아시아주, 아프리카주, 유럽주, 남아메리카주, 북아메리카주, 대양주. the Six Continents

ろくだか[禄高](명) 무사(武士)의 급여액. fief

ろくでなし[碌で無し](명)〈속〉 아무 쓸모가 없는 것. 또는 그런 사람. useless

ろくでもな·い[碌でも無い](형) 가치가 없다. 쓸모가 없다. useless

ろくどう[六道](명)〈불〉 육도. 일체의 중생이 선악의 업인(業因)에 의하여 필연적으로 이르는 여섯 가지의 미계(迷界). 곧 지옥, 아귀(餓鬼), 축생(畜生), 수라(修羅), 인간, 천상(天上) 등. 「一輪回(リンネ); 육도 윤회」 the six worlds. **—せん**[六道銭](명)〈불〉 장사 지낼 때 관 속에 넣는 여섯 푼의 돈.

ろくな[碌な](연체) 대수로운. 대단한. 훌륭한. (아래에 부정의 말이 옴) 「一な話(ハナシ)ではない; 대단한 이야기는 아니다」 proper

ろくに[碌に](부) 제대로. 「一英語(エイゴ)も話(ハナ)せない; 제대로 영어도 못하다」 well

ろくぬすびと[禄盗人](명) 재능도 없고 일도 제대로 하지 않으면서 급료를 받는 사람. an inept salary-holder

ろくはら[六波羅](명) 쿄오토(京都)의 지명(地名). 로쿠하라미쯔사(六波羅密寺)를 중심한 일대를 일컬음. **—たんだい**[六波羅探題](명) 카마쿠라 막부(鎌倉幕府)의 직명. 성안의 수호, 킨키(近畿), 미카와(三河) 서쪽 지방의 정무를 통할하기 위해서 쿄오토(京都)의 로쿠하라(六波羅)에 주재시켰음. **—みつ**[六波羅蜜](명)〈불〉 육바라밀. 열반(涅槃)의 피안(彼岸)에 이르기 위한 보살의 여섯 가지 수행(修行). 곧 보시(布施), 지계(持戒), 인욕(忍辱), 정진(精進), 선정(禅定), 지혜(智慧).

ろくぶ[六部](명)〈불〉 ⇨ろくじゅうろくぶ.

ろくぶんぎ[六分儀](명)〈이〉 육분의. 어느 지점에서 두 개의 물체를 향하는 직선의 각도나 천체의 높이를 재는 기계. 항해, 측량에 씀. a sextant

ろくぼく[肋木](명) 늑목. 운동 기구의 한 가지. 몸을 바르게 하는 운동에 쓰이는데 기둥인 세로 나무 사이에 많은 가로장 나무를 갈빗대 모양으로 고정시켰음. 「一にのぼる; 늑목에 오르다」 Swedish bars

ろくまい[禄米](명) 녹미. 급료로서 받는 쌀. allowance rice

ろくまく[肋膜](명) 늑막. ①갈빗대 안쪽에 있어서 흉곽의 내면과 폐의 표면을 싼 장액막(漿液膜). 흉막(胸膜). ②←肋膜炎. 1. the pleura. **—えん**[肋膜炎](명)〈의〉 늑막염. 주로 결핵균의 침입에 의해서 늑막에 생기는 염증(炎症).

ろくみ[六味](명) 육미. 여섯 가지의 맛. 고(苦), 산(酸), 감(甘), 신(辛), 함(鹹), 담(淡). the six tastes

ろくめんたい[六面体](명)〈수〉 육면체. 여섯 개의 평면으로 둘러 싸인 입방체(立方体). a hexahedron

ろくやね[陸屋根](명) 경사가 없고 거의 평면인 지붕. a flat roof

ろくろ[轆轤](명) 녹로. ①활차(滑車). 고패. ②우산이나 양산대 위에 장치하여 살을 한곳에 모아서 폈다 닫았다하는 데에 쓰이는 물건. ③⇨まんりき(万力). ④←轆轤鉋. 「一細工(ザイク); 녹로 세공」 ⑤←轆轤台. 1. 2. a pulley. **—がん)な**[轆轤鉋](명) 날이 붙은 축을 돌려 물체를 둥글게 깎는 기구. **—くび**[轆轤首](명) 길게 늘어져 나온 목. 또는 그런 목을 가진 괴물. **—だい**[轆轤台](명) 녹로대. 오지 그릇 만들 때, 도토를 놓고 발로 돌리며 그 원형을 만드는 데 쓰는 회전대(回転臺).

ろくろく[陸陸](부) 충분히. 만족스럽게. 제대로. fully

ろくろく[碌碌](부) ①하잘 것 없이. 쓸모 없이. 「一として一生(イッショウ)をおくる; 하는 일 없이 일생을 보내다」 ②충분히. 제대로. 잘. 웬만큼. 만족하게. 1. idly

〔轆轤台〕

ろくろくばん[六六判](명) 육륙판. 〔사진에서〕 가로, 세로 6 *cm*의 크기.

ロケ(ーション)[location](명) 로케이션. 야외 촬영. 옥외 촬영. ↔セット.

ロケット[locket](명) 로켓. 여자 장신구의 하나. 머리털이나 사진 같은 것을 넣고 목걸이에 매어 다는 조그마한 갑. 모양이 여러 가지이며 금이나 백금으로 만듦.

ロケット[rocket](명) 로켓. 화약 또는 액체 연료를 폭발시켜 다량의 가스를 발생케 하여 그 반동으로 추진시키는 장치. 「月(ツキ)一; 달 로켓」 **—だん**[rocket弾](명) 로켓탄. 가스를 뒤로 분출시켜 그 반동으로 나아가는 탄환.

ロケハン[←locationhunting](명) 로케이션에 적합한 장소를 선정하러 다니는 것.

ろけん[露見·露顕](명·자サ) 노현. 비밀이나 비행이 폭로됨. exposure

ろご[露語](명) 노어. 러시아어의 준말.
ろこう[露光](명·자サ) ⇨ろしゅつ②.
ろこく[露国](명)〈지〉 노국. 러시아. Russia
ロココ(しき)[프 rococo 式](명) 로코코식. 18세기 중엽의 미술, 건축 양식. 세부(細部) 장식을 주로 함.
ロゴス[logos](명) 로고스. ①말. ②논리(論理). ③이성(理性). ④신(神).
ろこつ[露骨](명·형동ダ) 노골. 있는 그대로 꾸밈이 없음. 숨기지 않고 있는 그대로 드러냄. 「一にいう; 노골적으로 말하다」 nakedness
ろざ[露座·露坐](명)〈불〉 지붕이 없는 곳에 앉음. 「一の大仏(ダイブツ); 밖에 모신 부처(한데 모신 부처)」 sitting exposed to wind and rain
ろざし[絽刺し](명) 일본 자수의 한 가지. 사(紗)의 올 구멍에 바늘을 넣어 전체의 천을 수로 메움.
ロザリオ[포 rosario](명) 로자리오. 천주교에서 기도할 때 사용하는 염주(念珠).
ろし[濾紙](명)〈이〉 여지. 액체 중에 있는 침전물(沈澱物)이나 불순물을 여과하는 종이. filter-paper
ろじ[路次](명) 가는 도중(途中). 노중(路中). route
ろじ[路地](명) ①대문 안이나 뜰 안에 있는 길. ②골목. 「一裏(ウラ)に住(ス)む; 골목 안에 살다」 1. a lane
ろじ[露地](명) ①차를 마실 자리를 마련한 정원. ②〈농〉 노지. 아무 것도 덮개를 덮지 않은 토지. 「一栽培(サイバイ); 노지 재배」 1. a garden
ロシア[Russia·露西亜](명)〈지〉 러시아. ①⇨ソビエ(ッ)トれんぽう. ②소련의 대부분의 지역. ③유럽 러시아. **—かくめい**[Russia 革命](명)〈역〉 러시아 혁명. 20세기 초엽에 현 소비에트 연방을 낳은 사회주의 혁명.
ロシアン[Russian](명) ⇨ルシアン
ロジウム[rhodium](명)〈이〉 로오듐. 백금속 원소의 하나. 백금이나 금(金)의 광석 중에 극히 미량으로 섞여 있음. 백금과 합금을 만들어 열전퇴(熱電堆)로서 파이로미터에 사용함. 기호는 Rh.
ロジック[logic](명) 로직. 논리(論理). 논리학.
ろしゅく[露宿](명) 노숙. 한데서 잠. 야숙(野宿). camping out
ろしゅつ[露出](명·자타サ) 노출. ①밖으로 드러나거나 드러냄. ②사진술에 있어서 촬영, 인화, 확대할 때 필름, 건판, 인화지 등의 감광막의 면에 적당한 양의 빛을 쬐는 일. exposure
ろじょう[路上](명) 노상. 길바닥. 길 위. on the road
ろじん[路人](명) ①길을 가는 사람. ②남. 타인(他人). 2. a stranger
ロス[loss](명) 로스. 낭비. 손실.
ロスアンジェルス[Los Angeles](명)〈지〉 로스앤젤리스. 미국 캘리포오니아주(州) 서남부에 있는 도시. 세계 제일의 영화 제작 도시 할리우드가 있음.
ロストジェネレーション[Lost Generation](명) 로스트 제너레이션. 잃어 버린 세대. 미국에서 1차 대전 후 「전쟁의 세대」를 일컫는 말.
ロストル[네 rooster](명) 로스털. 아궁이, 난로 등의 밑에 재를 떨기 위하여 장치한 쇠살로 된 판.
ろせい[櫓声](명) 노 젓는 소리. sounds of sculls
ろせいのゆめ[盧生の夢](연어·명) ⇨かんたんのゆめ(邯鄲の夢).
ろせん[路線](명) 노선. ①도로, 선로 등의 교통선. 「一変更(ヘンコウ); 노선 변경」 ②방침. 1. a traffic route
ろだい[露台](명) 노대. ①지붕이 없는 무대(舞臺). ②발코니. 1. a roofless stage
ロちょう[ロ調](명)〈악〉 나조(調)의 시이(C)를 제1음으로 하는 음계의 선율.
ろちょうこつ[顱頂骨](명)〈생〉 노정골. 두개(頭蓋)의 중심에 있는 좌우 한쌍의 평평하고 모가 난 뼈. 두정골(頭頂骨). a parietal bone
ろちりめん[絽縮緬](명) 올이 성기게 짠 얇은 크레이프. gauze-crape
ろっか[六花](명) 육화. 눈(雪)의 다른 이름. snow
ロッカー[locker](명) 로커. 자물쇠가 달린 상자나 찬장 같은 것.
ろっかい[六界](명)〈불〉 ⇨ろくどう(六道).
ろっかく[六角](명) 육각. ①여섯 개의 모. ②←六角形. 1. six corners. **—けい**[六角形](명) 육각형. 6개의 직선으로 싸여진 평면 도형(平面図形).
ろっかせん[六歌仙](명) 헤이안조(平安朝)의 초기에 살았던 6인의 와카(和歌) 명인. 아리와라노 나리히라(在原業平), 소오조오 헨조오(僧正遍昭), 키센 법사(喜撰法師), 오오토모노 쿠로누시(大伴黒主), 훈야노 야스히데(文屋康秀), 오노노 코마치(小野小町).
ろっかん[肋間](명)〈의〉 늑간. 갈빗대와 갈빗대 사이. 「一神経痛(シンケイツウ); 늑간 신경통」 intercostal
ロッキーさんみゃく[Rocky 山脈](명)〈지〉 록키 산맥. 캐나다와 미국의 서부에 남북으로 뻗친 산맥. the Rocky Mountains
ろっく[六区](명) 토오쿄오(東京) 아사쿠사(浅草)의 오락가(娯楽街).
ロック[rock](명) 록. 암석. 암초(暗礁). **—クライミング**[rock-climbing](명) 록클라이밍. 〔등산에서〕 높은 산의 암벽을 기어 오름. 또는 기어 오르는 기술.
ロックアウト[lockout](명·타サ) 록아우트. ①문을 잠그고 한번 나간 사람을 다시 들이지 않음. 축출(逐出). ②사업장(事業場)의 폐쇄(閉鎖).
ろっこうさん[六甲山](명)〈지〉 효오고현(兵庫県) 남부 코오베시(神戸市)의 북쪽에 있는 산. 높이 932 *m*. 골프장, 스케이트장 등 오락 시설, 온천 등이 있음.
ろっこく[六穀](명) 육곡. 여섯 가지의 농작물. 벼, 기장, 피, 조, 콩, 보리. six staple cereals
ろっこつ[肋骨](명) 늑골. ①〈생〉 흉곽을 구성하는 뼈. 흉부의 기관을 보호하고 호흡 운동을 영위함. ②배(船)의 옆에 단 용골(龍骨)에서 갑판까지의 뼈대. 1. a rib
ろっこん[六根](명)〈불〉 육근. 육식(六識)을 낳는 여섯 가지 근원. 곧 안(眼), 이(耳), 비(鼻), 설(舌), 신(身), 의(意). the six roots. **—しょうじょう**[六根清浄](명) ①〈불〉 육근 청정. 진리를 깨달아 물욕이나 탐심(貪心)이 없어서 육근이 깨끗함. ②한중(寒中)

기도나 등산할 때에 외는 말.

ロッジ[lodge](명) 로지. 파수 보는 집. 파수막.

ロッシェルえん[Rochelle 塩](명)〈이〉 로셸염. 주석산(酒石酸) 나트륨, 칼륨의 다른 이름. 무색 결정으로 환원성(還元性)이 강함. 음의 재생 장치(再生裝置)나 마이크로폰에 씀. Rochelle salt

ロッテルダム[Rotterdam](명)〈지〉 로테르담. 네덜란드 남서부에 있는 상공업 도시이며 무역항.

ロッド[rod](명) 롯. 막대기. 장대. 지팡이. 낚싯대. 마술 지팡이.「一アンテナ; 롯 안테나」

ろっぷ[六腑](명) 육부. 뱃속의 여섯 가지 기관. 곧 담(胆), 위(胃), 대장(大腸), 소장(小腸), 삼초(三焦), 방광(膀胱).「五臓(ゴゾウ)一; 오장 육부」 the viscera

ロップ[rope](명) "ロープ"의 변화.

ろっぽう[六方](명) ①육방. 동서 남북과 천지(天地). ②협기 있는 남자. 협객(俠客). ③6개의 평면에 둘러 싸인 입체(立体). 육면체. 3. a hexahedron

ろっぽう[六法](명)〈법〉 육법. 여섯 가지 대표적 법률. 헌법, 형법, 민법, 상법, 형사 소송법, 민사 소송법. the six codes of law. **—ぜんしょ**[六法全書](명)〈법〉 육법 전서. 육법을 기준으로 한 법령 전서.

ろてい[路程](명) 노정. 이수(里数). 도정(道程). distance

ろてい[露呈](명·타サ) 노정. 드러남. 또는 드러냄. exposure

ろてい[露帝](명) 러시아 황제. the Emperor of Russia

ろてき[蘆荻](명) 갈대와 싸리. a reed and a bush-cover

ろてん[露天](명) 노천. 한데. 지붕이 없는 곳. exposure to rain. **—ぼり**[露天掘り](명)〈광〉 노천굴. 광석, 석탄 등을 지표(地表)에서 직접 채굴함. 육굴(陸掘).

ろてん[露店](명) 노점. 길가 한데에 벌여 놓은 가게.「一商人(ショウニン); 노점 상인」 a street-stall

ろてん[露点](명)〈이〉 노점. 공기 중의 수증기가 냉각되어 이슬 방울로 맺히는 온도. the dew point

ろと[露都](명) 러시아(소련)의 수도. Moskva

ろとう[路頭](명) 길거리. 한길. the road side

ろとう[露頭](명)〈지〉 노두. ①암석, 광맥 등이 지표에 드러난 부분. ②아무 것도 쓰지 않은 맨머리. 1. outcrop 2. a bare head

ろどん[魯鈍](형동ダ) 재주가 없고 미련한 모양. 우둔한 모양.「一な人(ヒト); 우둔한 사람」 stupid

ろない[炉内](명) 화로 안. the inside of fireplace

ろなわ[櫓縄]ーナハ(명) 뱃바닥에 이어 노에 거는 줄. 놋줄. an oar stay

ろは[ロハ](명)〈속〉 한자의 "只"자를 카타카나의 "ロハ"로 보고 만든 말. 거저. 무료(無料).「一で映画(エイガ)を見(ミ)る; 공짜로 영화를 보다」 free of charge

ろば[驢馬](명)〈동〉 당나귀. 말과(馬科) 포유 동물의 하나. 머리가 크고 귀가 김. an ass

ろばた[炉端](명) 화롯가. 난로가. 노변. the fireside

ろばん[路盤](명) 노반. 도로(道路)의 지반. a roadbed

ろばん[露盤](명)〈불〉 불탑(佛塔) 위에 있는 상륜(相輪)의 한 부분. 모양이 네모난 기와집의 지붕 같음. 보통 이 위에 복발(覆鉢)이 있음. ⇨:九輪(クリン).

ロビー[lobby](명) 로비. 휴게실이나 응접실로 쓰는 넓은 방. 대기실.

ろひょう[路標](명) 노표. 도로 표지(道路標識). 도표(道標). a guide-post

ろびょうし[櫓拍子](명) 배의 노를 젓는 가락.

ろびらき[炉開き](명)〔다도(茶道)를 닦는 집에서〕 음력 10월 1일에 차를 끓이는 화로를 쓰기 시작하는 일. ↔炉塞(ロフサ)ぎ.

ろふさぎ[炉塞ぎ](명)〔다도(茶道)를 닦는 집에서〕 음력 3월 말일에 차를 끓이는 화로를 걷어 치우는 일. ↔炉開(ロビラ)き.

ろぶつ[露仏](명) 노불. 한데에 있는 불상.

ろぶん[露文](명) 노문. ①러시아 말로 된 문장. ②러시아 문학, 러시아 문학과(文学科)의 준말.

ろべそ[櫓臍](명) 노를 걸기 위하여 뱃전에 붙인 꼭지. 놋좆. a pivot for the scull

ろへん[炉辺](명) 노변. 화롯가. 난로가.「一談話(ダンワ); 노변 담화」 a fireside

ろへん[路辺](명) 노변. 길가. 길바닥. the roadside

ろぼ[鹵簿](명) 노부. 임금이 거둥할 때의 의장(儀仗). 또는 그 행렬. an Imperial equipage

ろぼう[路傍](명) 노방. 길가. 길바닥. 노변.「一の人(ヒト); 길 가는 사람(자기와는 아무 상관 없는 사람)」 the roadside

ロボット[robot](명) 로봇. ①전기, 자기(磁気)의 힘으로 교묘한 운동을 하는 인형. 인조 인간. ②언제나 타인의 조종을 받고 움직이는 사람. 허수아비.「会長(カイチョウ)といっても一だ; 회장이라고는 하지만 허수아비다」

ロマネスク[Romanesque] Ⅰ(명) 로마네스크. 로마식.「一建築(ケンチク); 로마식 건축」 Ⅱ(형동ダ) ①소설적. 공상적. 비현실적. ②감정적.

ロマノフちょう[Romanov 朝](명)〈역〉 로마노프조. 러시아의 전제 왕조(專制王朝). 미카일·로마노프가 1613년 왕위에 올라서부터 1917년 혁명으로 니콜라이 2세(二世)가 퇴위한 때까지 계속된 왕조.

ロマン[프 roman](명) 로망. 소설. 장편 소설.

ロマンス[romance](명) 로만스. ①전기 설화(伝奇説話). ②연애 소설. ③〈악〉 서정적, 서사적인 노래 곡조. ④남녀가 같이 나란히 앉음.「一シート; 남녀 한쌍이 앉게 된 좌석」 **—グレー**[일 romance grey](명) 로만스그레이. 머리가 희끗희끗해진 40대의 중년 신사. **—ご**[Romance 語](명) 로만스어. 라틴어를 공통의 모어로 하여 거기서 갈라져 발전한 여러 언어의 총칭. 이탈리아어, 프랑스어, 스페인어 등.

ロマンチシズム[romanticism](명) 로만티시즘. ①공상적 사상 경향. ②18세기에서 19세기에 걸쳐 유행된 문예상의 경향. 고전주의(古典主義)에 반기를 들고 자유로운 공상과 감정을 중시했음. 낭만주의.

ロマンチスト[romanticist](명) 로만티시스트. ①로만티시즘을 신봉하는 사람. 낭만파. ②로만틱한 생각을 갖는 사람. 공상가. 낭만주의자.「おれは一だ; 나는 낭만주의자다」

ロマンチック[romantic](형동ダ) 로만틱. ①낭만풍. ②전기적(伝奇的). ③공상적. 낭만적.「一な考(カンガ)え方(カタ); 낭만적인 사고 방식」

ロマンは おんがく[roman 派音楽](명)〈악〉 로만파 음악. 19세기에 활약한 로만파 음악가의 음악. 형식적, 추상적(抽象的)인 고전파 음악에 대해 정열적, 서정적, 환상적(幻想的) 특징을 가진 음악. 대표적 작곡가는 웨에버, 슈우만, 쇼팡, 리스트, 와그너 등.

ろめい[露命](명) 이슬처럼 덧없는 생명.「一をつなぐ; 덧없는 목숨을 연명하다」 a transient life

ろめん[路面](명) 노면. 도로의 표면. a road surface

ろやく[露訳](명·타サ) 노역. 러시아어로 번역함. 또는 번역한 것. Russian translation

ろよう[路用](명) 여비. 노자.「一にあてる; 여비에 충당하다」 travelling expenses

ろれつ[呂律](명) 말씨. 말하는 투.「一がまわらない; (어린이나 취객 등의) 말이 서툴다 (혀가 잘 안 돌아가다)」 utterance

ろん[論](명) ①논하는 것.「人生(ジンセイ)一; 인생론」 ②논쟁하는 것. 말다툼.「一より証拠(ショウコ); 이론보다 증거」 ③의견. 견해.「いろいろの一がある; 여러 가지 견해가 있다」 1. explanation 2. argument 3. opinion

ろんい[論意](명) 논의. 의론의 취지. 논지(論旨). a point of argument

ろんがい[論外](명·형동ダ) 논외. 문제 밖. 논의할 것도 없음. 논할 가치가 없음.「一の沙汰(サタ); 논의 거리가 못되는 일(사건)」 out of the question

ろんかく[論客](명) 논객. ①의론을 잘하는 사람. ②평론가. 1. a controversialist

ろんぎ[論議](명·자타サ) 논의. ①교의(教義) 등에 대해서 문답으로 시비를 가리는것. ②서로 의견을 논술하여 토론함. 의론(議論). 2. discussion

ろんきつ[論詰](명·타サ) 논힐. 이론적(논리적)으로 힐난함.「するどく一する; 날카롭게 논리적으로 힐난하다」 impeachment

ろんきゅう[論及](명·자サ) 논급. (거기까지) 논의가 미침.「作者(サクシャ)の性格(セイカク)に一する; 작자의 성격에 논급하다」 reference

ろんきゅう[論究](명·타サ) 논구. 사물의 이치를 깊이 밝히어 논함. a full discussion

ろんきょ[論拠](명) 논거. 논설이나 의론의 근거.「一があいまいだ;논거가 애매하다」grounds of an argument

ロング[long](명) 롱. ①긴 것. 장거리.「一ヒット; 장타(長打)」 ②장시간. 장기간. ↔ショート. ③←ロングショット. **—ショット**[long shot](명) 롱쇼트. 〔영화에서〕 멀리서 촬영함. 원경으로 촬영함. ↔クローズアップ. **—トン**[long ton](명) 롱톤. 영국에서 사용하는 톤 단위의 하나. 약 2,240 파운드. 1,016 *kg*. **—ヒット**[long hit](명) 롱히트. 야구에서 2루타, 3루타, 본루타의 총칭. 장타(長打). **—ラン**[long run](명) 롱런. 영화, 연극 등의 장기 흥행(長期興行).

ろんけつ[論決](명·자サ) 논결. 의론하여 사물의 시비를 결정함. decision

ろんけつ[論結](명·자サ) 논결. 의론하여 결말을 지음. conclusion

ろんご[論語](명) 논어. 사서(四書)의 하나. 공자(孔子)의 제자들이 공자의 언행(言行)을 기술(記述)한 서적. the Analects of Confucius

ろんこう[論功](명) 논공. 공의 유무, 다소(多少)를 의논하여 정함. conclusion for exploit. **—こうしょう**[論功行賞](명) 논공 행상. 공의 유무, 다소를 논결하여 각각 알맞는 상을 주는 일.

ろんこく[論告](명·타サ)〈법〉 논고. 법정에서 검찰관이 피고인의 죄를 논정하여 구형하는 것. prosecution

ろんざい[論罪](명·자サ)〈법〉 논죄. 죄를 논하여 형을 적용함. finding

ろんさく[論策](명) 논책. 의론(議論) 또는 방책(方策)을 논한 문장. a composition of argument

ろんさん[論賛](명·타サ) 논찬. ①사람의 업적을 논하여 칭송함. ②사전(史伝)을 기술한 끝에 그 사전에 대하여 기술한 사람이 가한 논평. 1. praising

ろんし[論士](명) 논사. 의론(議論)을 하는 사람. 논자(論者). a debater

ろんし[論旨](명) 논지. 의론의 주요 골자. 의론의 취지(趣旨).「一明快(メイカイ); 명쾌한 논지」 the point of argument

ろんしゃ[論者](명) 논자. ①의론하는 사람. 논사(論士). ②의론을 하고 있는 자신을 가리켜서 하는 말. 1. an advocate

ろんしゅう[論集](명) 논집. 논문을 모은 책. a collection of essays

ろんじゅつ[論述](명·타サ) 논술. 논하여 의견을 진술(陳述)함. statement

ろんしょう[論証](명·타サ) 논증. ①사물의 도리를 이론으로 증명함. ②논리에 의거하여 결론을 얻어 냄. 1. demonstration

ろん·じる[論じる](타상 1) ①이론을 세워 논술함. ②말함. ③논쟁함. 1. theorize 2. comment on 3. dispute

ろんじん[論陣](명) 논진. 의론의 구성.「一を張(ハ)る; 논진을 펴다」 argument

ろん·ずる[論ずる](타サ) ⇨ろんじる.

ろんせつ[論説](명) 논설. ①의견, 주장을 진술함. 또는 그 문장.「一文(ブン); 논설문」 ②신문의 사설.「一委員(イイン); 논설 위원」 1. a discourse

ろんせん[論戦](명·자サ) 논전. 말이나 글로 서로 논하여 싸움. discussion

ろんそう[論争](명·자サ) 논쟁. 말이나 글로 논하여 다투는 일. a dispute

ろんぞう[論蔵](명)〈불〉 삼장(三蔵)의 하나. 경(経), 율(律)에 관한 성현(聖賢)들의 소론(所論)을 모은 것.

ろんだい[論題](명) 논제. 논의할 문제. 토론이나 논문의 제목. a theme

ろんだん[論断](명·자サ) 논단. 논하여 판단을 내림. conclusion

ろんだん[論談](명·타サ) 논담. 사물의 시비를 논하여 말함. discussion
ろんだん[論壇](명) 논단. ①논객들의 사회. 평론가의 사회. 언론계. 「一の雄(ユウ); 논단의 영웅」 ②소견(所見)을 진술하는 장소. 「一にあがる; 논단에 오르다」 1. the world of criticism
ろんちょ[論著](명) 논저. 학술 논문을 저술한 서적. a book of essays
ろんちょう[論調](명) 논조. 논설의 말이나 글의 투. 또는 근본 경향. the tone of argument
ろんてい[論定](명·타サ) 논정. 의논하여 결정함. 논결(論決). conclusion
ろんてん[論点](명) 논점. 의론의 요점(중점). 의론의 핵심. 「一をはずれている; 의론의 핵심을 벗어나 있다」 a point of argument
ロンド[프 ronde](명) 〈악〉 론도. ①서로 둥글게 모여 춤추는 무곡. 원무곡(円舞曲). ②⇨りんぶきょく(輪舞曲).
ロンド[이 rondo](명)〈악〉 ⇨かいせんきょく(回旋曲).
ロンドン[London](명)〈지〉 런던. 영국의 수도. 정치, 경제, 문화, 교통의 중심지. **—ぐんしゅくかいぎ**[London 軍縮会議](명) 런던 군축 회의. 와싱턴 회의 후 격화된 보조함 건조(補助艦建造) 경쟁을 제한하기 위해 1930년 런던에서 열린 일본, 미국, 영국, 프랑스, 이탈리아의 군축 회의. **—とう**[London 塔](명) 런던탑. 런던의 템즈강 북안(北岸)에 있는 옛 성. 감옥으로 사용해서 많은 왕후, 귀족, 승려들이 유폐(幽閉)되었었음. 현재는 병기고(兵器庫), 박물관 등으로 쓰고 있음.
ろんな·し[論無し](형ク)〈고〉 말할 것 없다. 물론.
ろんなん[論難](명·타サ) 논난. 잘못을 논하여 비난함. adverse criticism
ろんにん[論人](명) 카마쿠라(鎌倉), 무로마치(室町) 시대의 소송 피고인(訴訟被告人).
ろんぱ[論破](명·타サ) 논파. 논술하여 상대의 의견을 꺾음. refutation
ロンパース[rompers](명) 롬퍼어즈. 어린이의 운동복. 웃옷과 짧은 바지가 이어진 것.
ロンバードがい[Lombard 街](명)〈지〉 롬바아드가. 런던의 금융 시장. 또는 그 중심지.
ろんばく[論駁](명·타サ) 논박. 잘못을 논하여 상대의 주장을 반박하는 것. 「相手(アイテ)の意見(イケン)を一する; 상대의 의견을 논박하다」 refutation
ろんぱん[論判](명·자サ) 논판. 서로 논하여 시비를 판정함. judgement
ろんぴょう[論評](명·타サ) 논평. 내용을 논술하여 비평함. 「小説(ショウセツ)を一する; 소설을 논평하다」 criticism
ろんぶん[論文](명) 논문. ①사리를 논술하는 글. ②연구 결과를 종합 정리한 문장. 「卒業(ソツギョウ)一; 졸업 논문」 a treatise
ろんべん[論弁](명·자サ) 논변. 사리의 옳고 그름을 밝혀 말함. 변론(辯論). argument
ろんぽう[論法](명) 논법. 논술하는 방법. 「いつもの一だ; 늘 하는 논법이다」 logic
ろんぽう[論鋒](명) 논봉. 의론의 방향. 날카롭게 논술하는 기세와 태도. the force of an argument
ろんり[論理](명) 논리. ①의론의 줄거리. 논증의 이치. ②←論理學. 1. reason. **—がく**[論理学](명) 논리학. 올바른 판단이나 인식을 얻기 위한 사물의 사고 형식, 법칙 등을 연구하는 학문. **—てき**[論理的](형동ダ) 논리적. 논리에 합당한 모양. 「一なものの考(カンガ)え方(カタ); 논리적인 사고 방식」

わ

わ—[和](조어) 일본의. 일본풍의. 「一菓子(ガシ); 일본 재래식 과자」
—わ[羽]ハ(접미) 새나 토끼를 세는 말. 마리. 「五(ゴ)一; 다섯 마리」
—わ[把]ハ(접미) 묶은 것을 세는 말. 다발. 「五(ゴ)一; 다섯 다발」
わ[輪](명) ①둥글게 구부린 것. 고리. 「耳(ミミ)に一をはめる; 귀엣고리를 끼다」 ②수레 바퀴. 차륜. ③나무통을 메우는 테. 1. a ring 2. a wheel
わ[我·吾](대)〈고〉 나.
わ ハ(조사) ⇨は.
わ(감조) 〔감동 조사 "は"의 변화〕 ①가벼운 감동을 나타내는 말. 「いる一いる一; 있어! 있어!」 ②〈속〉 감동해서 늘어놓는 말. 「借金(シャッキン)はする一家賃(ヤチン)はためる一で; 빚은 지고 집세는 밀리고 해서」 ③여자가 말씨를 부드럽게 하는 말. 「知(シ)らない一; 몰라요」
わ[和] ①협력. 조화(調和). 「人(ヒト)の一; 인화」 ②화해. 평화. 「一を講(コウ)じる; 화해를 강구하다」 ③[倭] 〔옛날 중국에서〕 일본을 가리키던 말. ④〈수〉 둘 이상의 수를 보탠 값. 합계. ↔差(サ). 1. harmony 4. the total
ワーク[work](명) 워어크. ①일. 사업. 「ライフ一; 필생의 사업」 ②←ワークブック. **—ショップ**[workshop](명) 워어크숍. 연구 집회(研究集会). 연구 발표회(研究発表会). **—ブック**[workbook](명) 워어크북. 연습 문제장. 학습장.
ワーテルローのたたかい[Waterloo の戦い]ータタカヒ

(명)〈역〉 워털루의 싸움. 1815년 엘바도를 탈출한 나폴레옹군과 웰링턴이 거느린 영국, 네덜란드 연합군과의 전쟁. 프러시아의 원군(援軍)으로 나폴레옹군이 패배. 백일 천하는 끝나고 나폴레옹은 센트헬레나 도로 유배되었음. the Battle of Waterloo

ワールド[world](명) 워얼드. 세계.「ミスー; 미스 워얼드」 **—シリーズ**[World Series](명) 워얼드시어리이즈.〔야구에서〕 세계 선수권 대회. 미국 직업 야구 총연맹 주최의 세계 선수권 대회. 내셔널과 아메리칸의 두 리이그의 우승 티임이 이 시합을 가짐.

ワイエムシーエー[YMCA←Young Men's Christian Association](명) 와이 엠 시이 에이. 기독교 청년회.

わいおく[矮屋](명) 왜옥. 낮고 작은 집. a small house

わいきょく[歪曲](명·자타サ) 왜곡. 비틀어서 구부러지게 함.「事実(ジジツ)を—して知(シ)らせる; 사실을 왜곡해서 알리다」 distortion

わいく[矮軀](명) 왜구. 키가 작은 몸집. small stature

わいげん[猥言](명) 외언. 추잡한 음담(淫談). 외어(猥語). a filthy word

わいざつ[猥雑](명·형동ダ) 외잡. 음탕하고 난잡함. 본 느낌이 천하고 구질구질함.「—な感(カン)じ; 외잡한 느낌」 low and complicated

ワイシャツ(명)〔화이트 샤쓰(white shirts)의 변화〕 와이샤쓰. "Yシャツ"라고도 씀.

わいじゅ[矮樹](명) 왜수. 키가 작은 나무. a low tree

わいしょう[矮小](명·형동ダ) 왜소. 키, 몸집이 작음.「—な人(ヒト); 몸집이 작은 사람」 dwarfishness

わいじん[矮人](명) 왜인. 난장이. a dwarf

わいせい[矮性](명) 왜성. 크게 자라나지 않는 성질. dwarfish nature

わいせい[矮星](명)〈천〉 왜성. 항성(恒星) 중에서 형체가 작고 광도(光度)가 낮은 별. a dwarf star

わいせつ[猥褻](명·형동ダ) 외설. 추잡(醜雜)하고 음란함. 또는 그러한 행위.「—な落書(ラクガキ); 외설스러운 낙서」 obscenity

わいだち[脇立](명) ⇨わきだち.

わいだて[脇楯](명) 갑옷의 오른쪽 겨드랑이를 방비하기 위해 붙인 것. 갑옷 미늘 위를 색칠한 가죽으로 씌웠음.

ワイダブルユーシーエー[YWCA←Young Women's Christian Association](명) 와이 더블류 시이 에이. 기독교 여자 청년회.

わいだめ[弁別·辨別](명)〈고〉〔"わきだめ"의 변화〕 구별(区別).

わいだん[猥談](명) 성(性)에 관한 음탕한 얘기. 음담(淫談). 음담 패설(淫談悖説). a filthy talk

ワイド[wide](명) 와이드. 넓은 것. 넓음.「—プロ; 라디오, 텔레비전 등의 장시간 프로」 **—スクリーン**[wide screen](명) 와이드스크리인. 보통 폭보다 넓게 비치는 영화. 예: 시네마스코우프.

ワイフ[wife](명) 와이프. 아내. 「an obscene book

わいほん[猥本](명) 음담 패설(淫談悖説)의 책. ⤴

ワイマールけんぽう[Weimar憲法](명)〈법〉 바이마르 헌법. 1919년, 도이치 중부의 바이마르에서 정해진 독일 공화국 헌법. the Weimar Constitution

ワイヤ[wire](명) 와이어. ①철사. ②전선(電線). ③악기의 금속 줄. **—レス**[wireless](명) 와이얼리스. ①무선(無線).「—マイク; 무선 마이크」 ②무선 전신. 무선 전화. 무선 전보. **—ロープ**[wire rope](명) 와이어로우프. 열로 처리된 강철의 가는 줄. 여러 개를 꼰 것을 다시 여러 개 꼬아서 만든 줄. 주로 색도(索道)나 하역기(荷役機) 등에 씀. 강색(鋼索).

ワイルしびょう[Weil氏病](명) 바일씨 병. 물을 취급하는 직업인들에게 일어나기 쉬운 전염병. 황달(黄疸), 피부나 점막(粘膜)에서의 출혈(出血)이 주된 증상(症状)임. Weils disease

ワイルドピッチ[wild pitch](명) 와일드피치.〔야구에서〕 폭투(暴投).

わいろ[賄賂](명) 뇌물. 자기에게 유리하게 하기 위하여 증회(贈賄)하는 부정한 금품. 자기의 뜻하는 바를 이루기 위하여 남에게 몰래 주는 정당하지 못한 재물. a bribe

わいわい(부) ①여럿이 시끄럽게 떠들어 대는 모양. ②말이 많아 시끄러운 모양. 1. noisily 2. importunately

わいん[和韻](명) 화운. 남에게서 시(詩)를 선사 받았을 때, 같은 운자(韻字)를 써서 답시(答詩)를 지어 보내는 일.

ワイン[wine](명) 와인. ①포도주.「—グラス; 와인글라스」 ②술.

ワインドアップ[wind up](명) 와인드업.〔야구에서〕 피처(投手)가 공을 던지기 전에 취하는 준비 동작.

わえい[和英](명) 화영. ①일본과 영국. ②일본어와 영어.「—辞典(ジテン); 화영 사전(일영 사전)」

わエス[和エス](명) 일본어와 에스페란토어.「—辞典(ジテン); 화에스 사전(일본어와 에스페란토어 사전)」

わおん[和音](명)〈악〉 화음. 서로 다른 음정을 가진 둘 이상의 음이 동시에 울려서 합성된 소리. chord

わか—[若](조어) 젊음. 젊은 것.「—人(ビト); 젊은이」

わか[和歌](명) ①장가(長歌), 단가(短歌) 등을 통틀어서 일컫는 말. ② 31 음의 시가. 단가.

わが[我が·吾が](연체) 나의.「—家(ヤ); 나의 집」 my

わかあゆ[若鮎] 팔팔한 새끼 은어. a young sweetfish

わか·い[若い](형) ①젊다. 성장 도중에 있으며 전도가 양양하다. ②나이가 적다. ③원기 왕성하다. ④경험이 적고 숙련되지 않다. 1. young. **—しゅ**[若い衆](명) ①마을에서 축제(祝祭) 등의 행사를 맡아 보는 젊은이. ②에도(江戸)시대 아직 관례(冠礼)를 치르지 않은 남자. **—もの**[若い者](명) ①젊은이. 청년. ②젊은 부하.

わかい[和解](명·자サ) 화해. ①다툼질을 서로 그치고 풂.「友(トモ)だちと—する; 친구와 화해하다」 ②〈법〉 당사자가 서로 양보(譲歩)하여 싸움을 중지하는 계약. 1. an amicable settlement

わかい[和諧](명·자サ) 어울려 조화함. harmonization

わがい[我が意](연어·명) 자기의 기분.「—を得(ウ)る;

만족하다. 마음에 들다」 my feeling
わかうど[若人](명) ⇨わこうど.
わかえ[若枝](명) ⇨わかえだ. 「a young branch
わかえだ[若枝](명) 새로 자란 연한 가지. ↗
わかおもと[若御許](명) 젊은 아내.
わかがえ·る[若返る]—ガヘル(자 4) 젊음을 되찾다. 젊어지다. 명若返り. be rejuvenated
わかがき[若書き](명) 화가 등이 젊었을 때 그린 것.
わかき[若き] Ⅰ(명) ①젊은 사람. 「老(オ)いも—も; 늙은이도 젊은이도」 Ⅱ "わかい"의 문어형(文語形). 「—血(チ)にもえる青年(セイネン); 젊은 피가 끓는 청년」 a youth
わかぎ[若木](명) 어린 나무. a young plant
わかぎ[若気](명) ⇨わかげ.
わかぎみ[若君](명) ①나이 어린 주군(主君). ②주군의 아들. 1. a young lord
わがく[和学](명) ①(일본의) 국문학. ②일본 고유의 와카(和歌), 문장, 제도(制度) 등에 관한 학문. ↔漢学(カンガク), 洋学(ヨウガク)
わがく[和楽](명)〈악〉 ⇨ほうがく(邦楽). ↔洋楽(ヨウガク).
わかくさ[若草](명) 어린 풀. a young grass
わがくに[我が国](연어·명) 자기가 태어난 나라. 우리나라. our country
わかげ[若気](명) 젊은 혈기. 젊은 패기. 「—のあやまち; 젊은 혈기가 빚은 과오」 youthful vigour
わかさ[若さ](명) 젊음. 젊은 정도. youth
わかさ[若狭](명)〈지〉 옛 지방 이름. 현재의 후쿠이현(福井県) 남동부.
わかざかり[若盛り](명) 한창때. 나이가 젊고 원기가 왕성(旺盛)할 때. the prime of life
わかさぎ[若鷺·公魚](명)〈동〉 빙어. 바다빙어과의 물고기. 근해(近海)나 하구(河口)에 살며 몸은 15 *cm* 가량이며 가늘고 김. 일본에서는 설날 요리로 씀. a pond smelt
わかさま[若様](명) 신분이 높은 사람의 아들을 높여서 부르는 말. a young lord
わかざり[輪飾り](명) 둥글게 짚을 엮어, 그 아래에 몇 개의 짚을 드리운 것. 정월에 대문이나 실내의 장식으로 담. a ring of rice-straw for New Year's decoration
わがし[和菓子](명) 일본식 과자. 재래식 방법으로 만든 과자. ↔洋菓子(ヨウガシ).
わかしお[若潮]—シホ(명) 음력 11일과 26일경에 조수의 간만(干満)의 차가 심해져 오는 것. 또는 그 조수.
わかじに[若死に](명·자サ) 젊어서 죽음. 요절(夭折) 요사(夭死). early death
わかしゅ[若衆](명) ①젊은이. ②에도(江戸)시대, 관례(冠礼)를 올리기 전의 남자. 1. a young man
わかしゆ[沸かし湯](명) ①끓인 물. ②불을 때서 데운 목욕물. 1. boiled water
わかしらが[若白髪](명) 젊은 사람의 머리에 난 하얗게 센 머리카락. 새치. premature grey hair
わか·す[沸かす](타 4) ①데우다. 「ふろを—; 목욕물을 데우다」 ②끓이다. 「お茶(チャ)を—; 차를 달이다」 ③발생(発生)시키다. 「うじを—; 구더기가 끓게 하다」 ④금속을 녹이다. ⑤열광(熱狂)시키다. 1. boil 4. melt
わかず[分かず](연어) 구별하지 않고. 가리지 않고. 「昼夜(チュウヤ)を—; 밤낮을 가리지 않고」 without discrimination
わがせ(こ)[我が背(子)](연어·명)〈고〉 나의 남편. my husband
わか·せる[沸かせる·湧かせる](타하 1) ①끓게 할 수 있다. ②열광(熱狂)시키다. 「観衆(カンシュウ)を—; 관중을 열광케 하다」 2. excite
わかぞう[若造](명) ①젊은이. 젊은 사람. ②젊은 사람 또는 미숙한 사람을 깔보고 하는 말. 「—のくせに; 젊은 주제에」 1. a young man
わかたか[若鷹](명) 한 살짜리 매. a young hawk
わかたけ[若竹](명) 그해 돋아 난 대나무. a young bamboo
わかだ·つ[若立つ](자 4)〈고〉 새싹이 돋다.
わがたつそま[我が立つ杣](연어·명) ①자기가 살고 있는 산. 자기가 주지(住持)로 있는 절이 있는 산. ②일본 히에이산(比叡山)의 다른 이름. 1. the mountain where I live
わかだんな[若旦那](명) ①자기가 모시고 있는 주인의 장남을 높여서 부르는 말. ↔大(オオ)旦那. ②대가집 자제를 높여서 부르는 말. 1. a young master
わかち[別ち·分かち](명) ①구별. 차별. ②사려(思慮) 분별(分別). 사정. 정황(情況). 1. distinction. **—がき**[分かち書き](명) 읽기 쉽게 하기 위해 글자 사이를 띄어 쓰는 것. 띄어 쓰기.
わか·つ[別つ·分かつ](타 4) ①구별하다. ②따로따로 나누다. 「たもとを—; 메별(袂別)하다」 ③놓다. 「手(テ)を—; 손을 놓다」 ④가리다. 판단(判断)하다. 「黒白(コクビャク)を—; 흑백을 가리다」 ⑤[頒つ] 할애(割愛)하다. 분배하다. 「実費(ジッピ)でおわかちします; 실비로 나누어 드립니다」 ⑥분별하다. 「善悪(ゼンアク)を—; 선악을 분별하다」 6. discriminate
わかづくり[若作り](명) 부인들이 자기 나이보다 젊게 보이게 꾸미는 것. getting oneself up younger
わかづま[若妻](명) 젊은 아내. a young wife
わがつま[我が夫](연어·명) 아내가 자기의 남편을 부르는 말. my husband
わがつま[我が妻](연어·명) 남편이 자기의 아내를 부르는 말. my wife
わかて[若手](명) 한창때의 사람. 한창 일할 수 있는 나이의 사람. a young member
わかとう[若党](명) ①젊은 부하. ②젊은 무사(武士). 1. a young servant
わがとう[我が党](연어·명) ①자기 동료. 동지. 「—の士(シ); 나의 동지」 ②자기의 당. 「—の選挙(センキョ)対策(タイサク); 우리 당의 선거 대책」 2. our party
わかどころ[和歌所](명) 옛날 궁중에서 와카 선집(和歌選集)에 따른 사무를 취급하던 곳.

わかどしより[若年寄り](명) ①에도 막부(江戸幕府) 때 장군(將軍)에 직속되어 정무를 관장(管掌)하고 고급 무사들을 지배하던 관직. ②젊어서 노쇠(老衰)한 사람. 2. a decrepit person though young
わかとの[若殿](명) ①나이 젊은 주군(主君). ②주군의 세습자(世襲者). 1. a young lord
わかとのばら[若殿原](명) 젊은 귀인(貴人), 주군(主君)들. 젊은 무사들. young warriors
わかな[若菜](명) 이른봄에 나는 나물. young greens
わかぬ[分かぬ](연어)〈고〉 알지 못함. 분간할 수 없음. 「あやめも一真(シン)の闇(ヤミ); 아무 것도 분간할 수 없는 칠흙 같은 어둠」
わが·ねる[綰ねる](타하 1) 구부려서 둥글게 하다. 둥글게 구부리다. bend round
わかのうら[和歌の浦](명)〈지〉 와카야마시(和歌山市) 서남부, 카타오나미(片男浪)라는 약 2.5 *km* 길이의 모래 사장이 있는 일대의 지역.
わかば[若葉](명) 새 잎. 신엽(新葉). young leaves
わがはい[我が輩](대) ①나. 본인. 이 사람. ②우리들. 1. I 2. we
わがほう[我が方](명) 우리 편. 아군(我軍). our parts
わかまつ[若松](명) ①어린 소나무. ②설날의 장식으로 쓰는 소나무. 1. a young pine-tree
わがまま[我が儘](명·형동ダ) 제 멋대로. 내키는 대로. 「一勝手(カッテ); 제 멋대로」 selfish
わがみ[我が身] Ⅰ(연어·명) 자기 몸. 「一をつねって人(ヒト)の痛(イタ)さを知(シ)れ; 자기 몸을 꼬집어 보고 남의 아픔을 알라」 Ⅱ(연어·대) 자기. Ⅰ oneself
わかみず[若水]ーミヅ(명) ①입춘 날 아침 일찍 긷는 물. ②정월 초하루 아침 일찍 긷는 물. 1. first water drawn on the first day of spring
わかみどり[若緑](명) 소나무의 새 잎. 또는 그 빛깔. fresh green of pine-trees
わかみや[若宮](명) ①어린 왕자(王子). ②황족(皇族)의 아들. ③본신사(本神社)에 모신 제신(祭神)의 아들을 모신 신사(神社). ④새로 지은 신사(神社). 신궁(新宮). 1. a young prince
わかむき[若向き](명) 젊은 사람에게 알맞음. 젊은 사람에게 어울림. 「一スーツ; 젊은이에게 어울리는 슈우트」 youngish
わかむしゃ[若武者](명) 젊은 무사. a young warrior
わかむらさき[若紫](명) 엷은 보랏빛. light purple
わかめ[若布·和布](명)〈식〉 미역. 해초(海草)의 한 가지. 식용(食用).
わかめ[若芽](명) 새싹. young buds
わかもち[若餅](명) 정월 초사흘 사이에 만드는 떡. 또는 작은 떡을 일컫기도 함.
わかもの[若者](명) 젊은 사람. 젊은이. youth
わがもの[我が物](연어·명) 나의 것. 자기 소유물. one's possession. **—がお**[我が物顔]ーガホ(연어·명) 타인의 것을 자기 것처럼 행세하는 모양. 「一にふるまう; 제 것인양 행세하다」
わがや[我が家](연어·명) 나의 집. one's house
わかやか[若やか](형동ダ) 매우 젊은 모양. youthful
わかや·ぐ[若やぐ](자 4) 매우 젊게 보이다. 「若やいだ声(コエ); 앳된 목소리」 become rejuvenated
わがやど[我が宿](연어·명) ①자기 집. ②자기 집 마당. 1. my house
わかやま[和歌山](명)〈지〉 킹키(近畿) 지방의 현. 또는 그 현의 현청 소재지.
わかゆ[若湯](명) 정월에 처음으로 데운 목욕물. the New Year's bath
わがよのほか[我が世の外](연어·명)〈고〉 자기와 인연이 없는 일. 별세계(別世界).
わからずや[分からず屋](명) 사물의 도리에 어두운 사람. 또는 사리를 분별 못하는 사람. an obstinate person
わかり[分かり](명) 이해. 납득. 깨달음. 「一が早(ハヤ)い; 이해가 빠르다」 understanding
わかりきった[分かり切った](연어·연체) 충분히 알고 있는. 당연한. understand wholly
わか·る[分かる·判る] Ⅰ(자 4) 알다. 깨닫다. Ⅱ(타 4) 기분이나 사정을 이해하다. 「わかってくれよ; 이해해 주게」 Ⅰ understand
わかれ[別れ](명) ①헤어짐. 이별. ②고별. 결별. ③갈라져 나온 것. 분파(分派). 3. a branch. **—ざま**[別れ様](명) 헤어질 때. **—じ**[別れ路]ーヂ(명) ⇨わかれみち. **—じも**[別れ霜](명)〈농〉 입춘부터 세어서 88일 경, 즉 5월 초순 경에 내리는 서리. **—みち**[別れ道·別れ路](명) ①사람과 헤어지는 길. ②둘 이상으로 갈리는 길. ③지로(支路). 샛길. **—め**[別れ目](명) 갈리는 곳. 갈림길. 「成功(セイコウ)と失敗(シッパイ)の一; 성공과 실패의 갈림길」 **—わかれ**[別れ別れ](부) 따로따로. 뿔뿔이. 「一家(イッカ)一になる; 한집 식구가 뿔뿔이 헤어지다」
わか·れる[別れる·分かれる](자하 1) ①나누어지다. 분열(分裂)하다. ②헤어지다. 이별하다. 「友(トモ)と一; 벗과 헤어지다」 ③갈리다. 「道(ミチ)が一; 길이 갈리다」 2. part
わかわかし·い[若若しい](형) ①새파랗게 젊다. 매우 젊다. ②매우 미숙하다. 파생 **—げ**(형동ダ) **—さ**(명). 1. youthful
わかん[和姦](명) 화간. 남녀가 합의한 간통. ↔強姦(ゴウカン). fornication
わかん[和漢](명) 일본과 중국. 「一の故事(コジ); 일본과 중국의 고사」 Japan and China. **—こんこうぶん**[和漢混交文·和漢混淆文](명) 문어(文語)의 한 가지. 일본 문체와 한문 훈독체(訓読体)를 섞어 쓴 문체.
わかんむり[ワ冠](명) 한자 부수(部首)의 하나. 갓머리. "冠, 軍" 등의 "冖" 부분.
わき[脇·腋](명) ①겨드랑이. 「こ一にかかえる; 겨드랑이에 끼다」 ②의복의 겨드랑이에 해당하는 부분. 「一がほころびる; 겨드랑이가 터지다」 ③곁. 옆. 「子供(コドモ)を一に寝(ネ)かす; 아이를 곁에 재우다」 ④〔노오가쿠(能楽)에서〕 주역의 상대역. ↔仕手(シテ). 1. the side 4. a deuteragonist

わき[和気](명) 화기. 온화한 기색. 「一藹藹(アイアイ); 화기 애애」 peacefulness
わぎ[和議](명) 화의. ①화해하기 위한 협상. ②〈법〉 파산(破産) 예방을 목적으로 채권자와 채무자가 협상해서 취하는 강제적인 처치. 1. negotiations for peace
わきあが·る[沸き上がる](자 4) ①한창 끓다. 끓어 오르다. ②열광적으로 일어나다. 「一歓声(カンセイ); 열광적인 환성」 1. boil up 2. seethe
わきあき[脇明き](명) 입기 쉽도록 양복의 겨드랑이를 터 놓은 것. a placket
わぎえ[我ぎ家]一へ(명)〈고〉 ⇨わがや.
わきおこ·る[沸き起こる](자 4) ①물 등이 끓어 오르다. 끓기 시작하다. ②흥분(興奮), 감동 등의 기분이나 환성(歓声)이 마음속으로부터 일어나다. 「感激(カンゲキ)の拍手(ハクシュ)が一; 감격의 박수가 터지다」 1. boil up
わきが[腋臭](명)〈의〉 액취. 겨드랑이에서 악취(悪臭)가 나는 땀을 분비하는 병. 암내. axillary odour
わきかえ·る[沸き返る]一カヘル(자 4) ①세차게 끓다. 들끓다. ②화가 나서 참을 수 없다. 「一怒(イカ)り; 참을 수 없는 분노. 치솟는 분노」 ③감동, 흥분한 나머지 열광의 도가 높아지다. 「一人気(ニンキ); 비등(沸騰)하는 인기」 2. be enraged
わきく[脇句](명) 렌가(連歌), 하이카이(俳諧)의 두 번째 구(句).
わきげ[腋毛](명) 액모. 겨드랑이털. hair of the armpit
わきざし[脇差し](명) ①허리에 차는 호신용(護身用)의 작은 칼. ②요도(腰刀) 중의 작은 칼. 1. a short sword
わきし[脇師](명) ⇨わき.
わきじ[脇士](명)〈불〉 ⇨わきだち.
わきだち[脇立ち](명)〈불〉 불상(仏像)을 모시고 좌우에 서 있는 것. 또는 그 상(像).
わきた·つ[沸き立つ](자 4) ①끓어 오르다. 「鉄(テツ)びんの湯(ユ)が一; 무쇠 주전자의 물이 끓어 오르다」 ②구름 등이 뭉게뭉게 피어 오르다. ③마음이 몹시 흥분하다. 「むねが一; 가슴이 터질 듯 흥분하다」 1. boil up
わきだて[脇立て](명) 투구 꼭대기에 꽂아서 위용(威容)을 나타내는 장식.
わきだめ(명)〈고〉 구별. 차별. 분별.
わきづけ[脇付け](명) 〔편지에서〕 겉봉의 상대방 이름 밑에 붙여 쓰는 말. 예: "귀하", "시사(侍史)" 등. directional words on an envelope
わきづれ[脇連れ](명) 〔노오교오겐(能狂言)에서〕 주인공의 상대역과 함께 연기하는 것. 또는 그 사람. a deuteragonist's attendant
わきて[別きて](부) 새삼스러이. 특히. specially
わきでら[脇寺](명) 본절(本寺)에 부속한 절. an attached temple
わきど[脇戸](명) 정문(正門) 옆에 있는 작은 문. 협문(夾門). 옆문. a side gate
わきのした[腋の下](명) 겨드랑이와 팔 사이의 우묵한 곳. the armpit
わきばさ·む[脇挟む](타 4) 겨드랑이에 끼다. 「本(ホン)を一; 책을 겨드랑이에 끼다」 hold under one's arm
わきばら[脇腹](명) ①옆구리. ②첩의 몸에서 난 아이. 첩의 소생(所生). 1. the flank 2. being born of a concubine
わきま·える[弁える]ワキマヘル(타하 1) ①분별하다 「善悪(ゼンアク)を一; 선악을 분별하다」 ②알다. 이해하다. 「礼儀(レイギ)を一; 예의를 차릴 줄 알다」 명 わきまえ. 1. discern
わきみ[脇見](명·자サ) 곁눈질. 한눈. looking aside
わぎみ[吾君](대)〈고〉 상대방을 높이어 부르는 대칭대명사(対称代名詞). 당신. 그대.
わきみず[涌き水·湧き水]一ミヅ(명) 솟아 나오는 물. gushing water
わきみち[脇道](명) 옆길. 샛길. 「悪友(アクユウ)にさそわれて一にそれた; 악우들의 꾐에 빠져 옳지 못한 길로 들어 섰다」 a by-road
わきめ[脇目](명) ①곁눈질. 한눈. 「一もふらず; 한눈 팔지 않고」 ②곁에서 봄. 「一に見(ミ)るほど楽(ラク)ではない; 곁에서 보는 것처럼 쉽지는 않다」 1. looking aside
わぎも[吾妹](명)〈고〉 ⇨わぎもこ. 一**こ**[吾妹子](명)〈고〉 아내나 사랑하는 여자를 다정하게 부르는 말. 나의 아내. 나의 애인.
わきも·う[弁う](타하 2)〈고〉 ①⇨わきまえる. ②변상하다. 물어 주다. ③준비하다. 뒤처리하다. 2. repay
わきやく[傍役·脇役](명) 〔연극에서〕 주역을 보조하는 역. 조연(助演). a support's role
わきょう[和協](명·자サ) 화협. 서로 마음을 툭 터놓고 힘을 합함. 협화. concord
わぎり[輪切り](명) (둥글고 긴 것을) 옆으로 고리 모양으로 썲. cutting in round slices
わく[枠](명) ①가는 나무나 대로 만든 테. 「障子(ショウジ)の一; 미닫이의 틀」 ②인쇄물의 사방을 두른 선. 「死亡(シボウ)広告(コウコク)の黒(クロ)い一; 사망 광고의 검은 테두리」 ③제한. 제약. 「統制(トウセイ)の一をはずす; 통제를 해제하다」 1. a frame 3. a limit
わ·く[沸く](자 4) ①물이 끓어 오르다. ②〈속〉 발효(醱酵)하다. ③흥분해서 떠들다. 열광(熱狂)하다. 「ホームランで観衆(カンシュウ)が一 호움런으로 관중들이 열광하다」 ④발생(発生)하다. ⑤금속(金属)이 녹다. 2. ferment 3. seethe
わ·く[涌く·湧く](자 4) ①물 등이 자연적으로 끊임 없이 솟다. ②벌레가 생기다. 「うじが一; 구더기가 꾀다」 1. gush out
わ·ぐ[綰ぐ](타하 2)〈고〉 구부려서 둥글게 하다. 둥글게 구부리다.
わくがい[枠外](명) 테두리 밖. 제한을 넘어선 것. 범위 밖. beyond the limit
わくぐみ[枠組み](명) 틀을 짬. 또는 그 틀. 「コンクリートの一; 콘크리이트의 틀」 a frame
わくご[若子](명)〈고〉 ①유아(幼児). 어린애. ②젊은 남자의 미칭(美称). 도련님. 서방님.
わくせい[惑星](명) ①〈천〉 혹성. 유성(遊星). ②수완이

나 인물이 알려지지 않은 유력한 사람. 유력자(有力者). 「政界(セイカイ)の―; 정계의 유력자」 1. a planet 2. a dark horse

ワクチン[도 Vakzin](명)〈의〉 왁찐. ①종두에 쓰는 약제. 두묘(痘苗). ②세균에서 채취한 약제를 접종(接種) 또는 주사하여 전염병을 예방하는 것.

わくでき[惑溺](명·자サ) 혹닉. 몹시 반하여 정신을 잃음. 미혹되어 본심을 잃음. 「酒色(シュショク)に―する; 주색에 빠지다」 indulgence

わくない[枠内](명) 테두리(틀)의 안쪽. 범위 내(範囲内). within the limit

わくもん[或問](명) 다른 사람의 질문을 가설(仮設)하고 이에 답하는 식으로 자기 의견을 말하는 형식의 문체(文体).

わくらば[病葉](명) 병들어 변색한 잎. 여름에 이미 시들기 시작한 잎. a sick leaf

わくらばに(부)〈고〉 드물게. 간혹.

わくらん[惑乱](명·자타サ) 혹란. 미혹하여 어지럽게 함. 엇갈려 흩어짐. 「人心(ジンシン)を―する; 인심을 혹란시키다」 bewilderment

わくわく(부·자サ) 마음이 가라앉지 않는 모양. 「胸(ムネ)が―する; 가슴이 두근거리다(가슴이 울렁거리다)」 excitedly

わくん[和訓](명) 한자를 일본어로 새겨 읽는 것. 훈(訓).

わけ[分け](명) ①가름. 나눔. 분배(分配). ②시합이 무승부로 끝남. 「勝負(ショウブ)は―だ; 시합은 무승부다」 ③구별. 차별. 3. discrimination

わけ[訳·譯](명) ①도리. 「―の わかった人(ヒト); 사리를 제대로 분별할 줄 아는 사람」 ②의미. ③이유. 또는 이유의 설명. 「どういう―で; 어떻게 돼서. 무슨 까닭으로」 ④(특별한) 사정. 「―が ある; 사정이 있다」 ⑤결과로서 그것이 당연한 사정, 현상임을 나타내는 말. 「それなら泣(ナ)く―だ; 그렇다면 당연히 울 만하다」 ⑥〔…に(は)行(イ)かないの 형으로〕 할 수는 없다. (안된다는 것을 빙 둘러 하는 말) 「外出(ガイシュツ)する―に(は)行(イ)かない; 외출할 수는 없다」 ⑦(특별한) 수고. 「―なく; 문제 없이」 1. 3. reason 2. meaning 4. circumstances

わけあい[訳合]―アヒ(명) 사정. 의미. 이유. meaning

わけい[和敬](명) 마음을 부드럽게 하고 우러름. harmony and respect

わけい·る[分け入る](자 4) 헤쳐 들어 가다. 「山(ヤマ)のおくに―; 산속으로 헤쳐 들어 가다」 make one's way into

わけがら[訳柄](명) ⇨わけ(あい).

わけぎ[分け葱](명)〈식〉 당파. 파의 한 가지. 실파. a Welsh onion

わげさ[輪袈裟](명)〈불〉 가사의 한 가지. 목에서 걸치는 폭 6 *cm* 정도의 둥근 가사.

わけしり[訳知り](명) 정사(情事)에 대해 잘 앎. 또는 그 사람. 한량. having sympathy for lovers. **―だて**[訳知り立て](연어·명) 한량인 척 행동함.

わけて[別けて](부) 새삼스러이. 특별히. above all. **―も**[別けても](부) 〔"わけて"의 센말〕 그중에서도. 각별히.

わけどり[分け取り](명·타サ) 몫몫으로 나누어 가짐. 「獲物(エモノ)を―にする; 사냥해서 잡은 것을 몫몫으로 나누어 가지다」 division

わけな·い[訳無い](형) 수고가 안들다. 애로나 장해가 없다. 문제 없다. 「わけなく できる; 문제 없이 할 수 있다」 easy

わけへだて[別け隔て](명·자サ) 구별함. 차별을 둠. 「―なく親切(シンセツ)にする; 차별을 두지 않고 친절히 하다」 distinction

わけまえ[分け前]―マヘ(명) 할당. 분배. 배당. 「―を もらう; 배당을 받다」 a share

わけめ[分け目](명) 사물의 새 운명이 결정되는 한계. 갈림길. 「天下(テンカ)―の戦(タタカ)い; 천하를 잡느냐 못 잡느냐의 판가름이 되는 중요한 싸움」 a decisive point

わげもの[綰物](명) 노송나무나 삼나무의 얇은 널빤지로 원형, 타원형(楕円形)으로 운두를 만들어 밑바닥을 붙인 그릇. a round chip-box

わ·ける[分ける·別ける](타하 1) ①구분하다. 나누다. ②나눠 주다. 분배하다. 「みんなで―; 다같이 나누다」 ③다른 점을 분류해서 맞추다. 「文(ブン)を 品詞(ヒンシ)に―; 문장을 품사 별로 분류하다」 ④나눠 갖다. 「血(チ)を分(ワ)けた兄弟(キョウダイ); 피를 나눈 형제」 ⑤중지시키다. 무승부로 하다. ⑥사이를 뚫고 가다. 헤치고 가다. 「人(ヒト)ごみを―; 사람으로 혼잡한 곳을 헤치고 가다」 1. divide

わけん[和犬](명) 일본 고유의 개.

わこ[和子·吾子] Ⅰ(명) 신분이 높은 사람의 아들을 높여서 부르는 말. 「―さま; 도련님」 Ⅱ(대) 신분이 높은 사람이 자기 아들을 부르는 말. Ⅰa little child

わご[和語](명) ①일본어. 일본 국어. ②일본 고유의 말. ↔漢語(カンゴ), 洋語(ヨウゴ).

わこう[和光](명) ①화광. 자기 지혜의 빛을 고이 감추고 밖에 나타내지 않음. ②온화한 빛. ③〈불〉 ← 和光同塵. 1. subdued brightness. **―どうじん**[和光同塵](연어·명) 화광 동진. ①자기의 지덕(知徳)을 고이 감추고 세파에 동화되어 어울림. ②〈불〉 부처가 중생을 제도하기 위해 인간계에 몸을 나타내는 일.

わこう[和寇·倭寇](명)〈역〉 왜구. 카마쿠라(鎌倉), 무로마치(室町) 시대에 한국과 중국 연해(沿海) 지방을 휩쓸던 일본인 해적(海賊).

わごう[和合](명·자サ) 화합. 사이 좋게 친합. 「夫婦(フウフ)―の道(ミチ); 부부 화합의 길」 harmony

わこうど[若人]ワカウド(명) 젊은이. a youth

わこく[和国·倭国](명) 왜국. 일본국.

わごぜ[我御前](대) 옛날, 부인을 친밀하게 부르던 말.

わごと[我事](대) 너. 그대.

わごと[和事](명) 〔카부키(歌舞伎)에서〕 연애, 정사(情事)의 장면. 또는 그것을 연출하는 배우. the part of a lover in a play

わゴム[輪護謨](명)물건의 포장에 쓰이는 고리 모양의 고무줄.

わごりょ[我御料](대) ⇨わごぜ.

わごん[和琴](명)〈악〉 일본 고유의 현악기. 오동나무로 만들며 줄이 여섯 개 있음.

〔和琴〕

ワゴン[wagon](명) 왜건. ①〔스테이션 왜건(station wagon)의 준말〕 하물 수송에 쓰는 네모진 자동차. ②손으로 미는 수레.

わこん かんさい[和魂漢才](명) 일본 고유의 정신과 중국 전래(伝来)의 학문 지식.

わさ[輪差](명) 끈을 고리 모양으로 맺은 것.

わざ[技](명) ①기술. 「ーをみがく; 기술을 연마하다」 ②〔유도 등에서〕 상대편을 이기는 수.「ーをかける; 수를 쓰다」 2. a trick

わざ[業](명) ①행위. 하는 짓. 「人間(ニンゲン)のー; 인간의 짓」 ②일. 작업. 「田(タ)を作(ツク)るー; 농사 짓는 일」 ③일. 「容易(ヨウイ)なーでない; 용이한 일이 아니다」 1. a deed 2. work

わさい[和裁](명) 일본 바느질. ↔洋裁(ヨウサイ).

わざおぎ[俳優]ーヲギ(명)〈고〉 ①우습광스러운 모양을 하고 노래와 춤을 추어 신(神)이나 귀인들을 즐겁게 위안하던 일. 또는 그것을 직업으로 하는 사람. ②배우. 연기자(演技者).

わざくれ(명) 장난삼아 하는 일. 심심풀이로 하는 일.

わざごと[業事](명) 특별한 연습이 필요한 동작이나 기술. a feat

わざし[業師](명) 〔씨름 등에서〕 기술이 뛰어난 사람.

わさだ[早稲田](명)〈고〉 올벼를 심는 논.

わざと[態と](부) 고의(故意)로. 일부러. intentionally. **──がまし·い**[態とがましい](형) 고의로 하는 것 같다. **──め·く** (자 4) 일부러 하는 것 같다. 부자연스럽다. **──らし·い**[態とらしい](형) 고의로 하는 것 같다. 파생 **──らしさ**(명).

わさび[山葵](명)〈식〉 산규. 겨자과에 속하는 다년초. 산에나 계곡 같은 데 나며 봄에 흰 꽃이 핌. 땅속줄기(地下茎)나 잎이 매워 향신료로 씀. 고추냉이. **──おろし**[山葵卸](명) 강판. **──づけ**[山葵漬](명) 고추냉이의 잎이나 뿌리를 잘게 썰어서 재강에 담근 음식.

わざもの[業物](명) 날이 잘 드는 칼. 특히 도검(刀剣)을 말함. a sharp blade

わざわい[災い·禍]ーハヒ(명·자サ) 불행한 사고. 재난. 「口(クチ)はーのもと; 입은 재난의 근원」 a disaster

わざわざ[態態](부) ①특별히. 일부러. ②새삼스러이. ③고의로. 1. specially 3. purposely

わさん[和算](명)〈수〉 중국에서 전래(伝来)되어 일본에서 발달된 독특한 산술.

わさん[和讃·和賛](명)〈불〉 일본글로 된 부처, 보살 등의 덕행을 찬탄하는 노래나 글귀.

わし[鷲](명)〈동〉 독수리. 갈색(褐色)의 맹금(猛禽)으로 날개가 넓음. an eagle

わし[和紙](명) 일본 특유의 제조법으로 만들어진 종이. ↔洋紙(ヨウシ). Japanese paper

わし[儂](대) 나. I

わじ[和字](명) ①일본 글. 카나(仮名). ②⇨こくじ(国字)③. 1. the Japanese syllabary

わしき[和式](명) 일본식. 일본풍. ↔洋式(ヨウシキ). Japanese style

わしざ[鷲座](명)〈천〉 독수리좌. 견우성(牽牛星)이 있는 성좌. the Eagle

わしつ[和室](명) 다다미를 깐 방. 일본식 방. ↔洋室(ヨウシツ). a Japanese-style room

わしづかみ[鷲掴み](명) 거칠게 움켜 쥠. 손을 펴서 난폭하게 움켜 잡음. 「お金(カネ)をーにして; 돈을 움켜 쥐고」 clutch

わしばな[鷲鼻](명) 매부리코. an aquiline nose

わしゅ[和酒](명) 일본 술. ↔洋酒(ヨウシュ).

わしゅう[和臭](명) 한시(漢詩), 한문 등에 어딘지 일본인이 지은 것 같은 느낌이 풍기는 것. a Japanese flavour

わしゅう[和習](명) ①일본의 습관이나 풍속. ②⇨わしゅう(和臭). 1. Japanese customs

わじゅつ[話術](명) 화술. 이야기 솜씨. 「ーがうまい; 이야기 솜씨가 좋다」 the art of telling a story

わじゅん[和順](명) 화순. ①기후가 따뜻하며 기온이 알맞는 것. ②온화하고 양순(良順)함. 순순히 따름. 2. submission

わしょ[和書](명) ①일본 서적. ↔漢籍(カンセキ). ②일본식으로 제본한 서적. ↔洋書(ヨウショ). 1. a Japanese book

わじょうろう[和上臈](대) 대칭(対称) 대명사. 에도(江戸) 시대의 문학, 연극 같은 데서 귀인을 친숙히 나타낼 때 쓰던 말.

わしょく[和食](명) 화식. 일본식 식사. 일본 음식. ↔洋食(ヨウショク).

わしん[和親](명) 화친. ①서로 의좋게 친하는 것. ②국제간의 친밀(親密)한 교의(交誼). 「隣国(リンゴク)とのーを計(ハカ)る; 이웃 나라와의 화친을 도모하다」 1. friendship

わじん[和人·倭人](명) 왜인. 일본 사람. (옛날 한국, 중국인이 일본 사람을 일컫던 말) a Japanese

ワシントン[Washington](명)〈지〉 와싱턴. ①미국의 수도. ②미국 북동부 태평양에 접해 있는 주(州) 이름. **──かいぎ**[Washington 会議](명)〈역〉 와싱턴 회의. 1921년 와싱턴에서 열린 회의. 군축(軍縮), 극동 문제 등이 목적이었음.

わ·す[座す](자하 2)〈고〉 ①"있다, 가다, 오다"의 높임말. ②⇨わせる.

わずか[僅か·纔か]ワヅカ(부·형동ダ) ①약간. ②겨우. 「ーに身(ミ)をもって逃(ニ)げた; 겨우 몸만 빠져 달아났다」 1. a little

わずらい[煩い]ワヅラヒ(명) ①걱정하는 것. 근심. 걱정. 「心(ココロ)のー; 마음의 고민」 ②병. 「長(ナガ)のー; 오랜 병」 1. worry. **──つ·く**[煩い付く](자 4) 병에 걸리다.

わずら·う[煩う]ワヅラフ(자 4) ①고민하다. 걱정하다.

「思(オモ)い—; 생각에 피로와하다」 ②[患う] 병에 걸리다. 앓다. 「肺(ハイ)を—; 폐를 앓다」 1. worry

わすら·れる[忘られる](자하 1) 잊을 수 있다. 「忘られぬ思(オモ)い出(デ); 잊혀지지 않는 추억」 forget

わずらわし·い[煩わしい]ワヅラハシイ(형) ①귀찮다. 시끄럽다. ②염려되다. ③복잡하다. 파생 **—げ**(형동ダ) **—さ**(명). 1. troublesome

わずらわ·す[煩わす]ワヅラハス(타 4) ①걱정을 끼치다. 「心(ココロ)を—; 마음을 괴롭히다」 ②귀찮은 일을 부탁하다. 「ご一報(イッポウ)を煩(ワズラ)わしたい; (귀찮겠지만) 한 번 알려 주십시오」 1. annoy

わ·する[和する] Ⅰ(자サ) ①일치하다. 조화하다. 「夫婦(フウフ)相和(アイワ)す; 부부가 화합하다」 ② 화해하다. ③소리를 맞추다. ④타인의 시나 노래에 답해서 짓다. 화답(和答)하다. Ⅱ(타サ) 혼합(混合)하다. 섞다. Ⅰ 1. harmonize

わすれがた·い[忘れ難い](형) 잊을 수 없다. 「—印象(インショウ); 잊을 수 없는 인상」 be difficult to forget

わすれがたみ[忘れ形見](명) ①잊지 않기 위한 기념물. ②유복자(遺腹子). ③어버이가 죽은 뒤 남겨진 아이. 유아(遺児). 1. a memento

わすれぐさ[忘れ草](명)〈식〉 ⇨やぶかんぞう.

わすれじも[忘れ霜](명) 늦서리. 만상(晩霜). the last frost of spring

わすれっぽ·い[忘れっぽい](형) 잊기 쉽다. 잊어 버리기를 잘하다. forgettable

わすれなぐさ[忘れな草·勿忘草](명)〈식〉 물망초. 지치과에 속하는 다년초. 봄, 여름에 높이 30 cm 의 화경에 남청색 꽃이 핌. 관상용. a forget-me-not

わすれみず[忘れ水]—ミヅ(명) 들 가운데를 끊일락 말락 흐르는 사람의 눈에 잘 띄지 않는 물. an unknown stream

わす·れる[忘れる] Ⅰ(자하 1) 잊다. Ⅱ(타하 1) ①미처 알지 못하다. 「ときがたつのを—; 세월 가는 줄을 모르다」 ②기억을 잃다. 기억하지 못하다. 잊다. ↔おぼえる. ③둔 곳을 잊다. 놔 두고 잊어 버리다. Ⅰ forget

わせ[早稲](명) ①〈농〉 가장 빨리 익는 벼. 올벼. ↔おくて(奥手·晩生). ②[早生] 빨리 익는 작물(作物). ③〈속〉 조숙. 조숙한 아이. 「この子(コ)は—だよ; 이 아이는 자깝스럽다」 1. an early rice-plant

わせい[和声](명)〈악〉 ①화성. 화음 진행(和音進行) 때에 음악적 조화가 생기는 현상. ②고저(高低)가 다른 몇 개의 음을 동시에 내는 것. 1. harmony

わせい[和製](명) 일본제(日本製). made in Japan

ワセリン[vaseline](명)〈이〉 와셀린. 석유를 증류시켜서 나온 가스를 정제(精製)하여 만든 백색 유지. 구두약, 포마아드 등의 원료로 씀.

わ·せる[座せる](자하 1) "来(ク)る(오다)"의 높임말.

わせん[和船](명) 일본식으로 만든 목조선(木造船). a Japanese-style ship

わせん[和戦](명) 화전. ①평화와 전쟁. 「—両様(リョウヨウ)のかまえ; 전쟁, 평화에 대한 대비」 ②전쟁을 종결시키기 위하여 화합함. 「—条約(ジョウヤク); 화전 조약」 1. war and peace

わそう[和装](명) 일본 옷차림. ↔洋装(ヨウソウ). Japanese dress

わそう[我僧](대) 옛날 중을 친밀하게 부르던 말. 귀승(貴僧). priest

わぞく[和俗](명) 일본 풍속. Japanese customs

わた[曲](명)〈고〉 구부러진 곳. 구부러져서 물이 괸 곳.

わた[海](명)〈고〉 ⇨うみ①.

わた[腸](명) 장. 내장(内腸). 창자. 「さかなの—; 물고기 창자」 guts

わた[綿·棉](명) ①목화. 열매에서 솜을 얻고 씨로 기름을 짬. ②솜. ③풀솜. ④버들개지. 2. cotton

わたあぶら[綿油](명) 목화씨를 짜서 얻은 기름. 면실유(棉実油). cotton-seed-oil

わだい[話題](명) 화제. 이야깃거리. a topic

わたいれ[綿入れ](명) 솜을 넣어서 만든 겨울 옷. 솜옷. wadded winter wear

わたうち[綿打ち](명·자サ) ①무명활. ②무명활로 원면을 탐. 또는 그 사람. 1. a tool of willowing

わだかまり[蟠り](명) ①(배암 등이)서림. ②마음이 바르지 않음. 2. a wicked heart

わだかま·る[蟠る](자 4) ①(배암 등이) 서리다. ②개운하지 않은 감정이 나중까지 남다. 「ふたりの間(アイダ)に—悪感情(アクカンジョウ); 두 사람 사이에 가시지 않는 나쁜 감정」 1. be coiled up 2. lurk

わたがみ[綿上·綿噛](명) ①갑옷의 양어깨 부분을 일컫는 말. ②후두부(後頭部). 1. the parts of shoulders of an armour

わたぎぬ[綿衣](명) ⇨わたいれ.

わたくし[私] Ⅰ(명·타サ) ①자기만의 개인적인 일. 사사. 「—の用件(ヨウケン); 사적 용건」 ②비밀. 「他人(タニン)の—ごとをあばく; 타인의 비밀을 폭로하다」 ③불공평. 편중. 「人事(ジンジ)に—がある; 인사 관리에 정실이 개재되다」 ④사악(邪悪). 자기만의 이익. 「—をはかる; 사리(私利)를 도모하다」 Ⅱ(대) 나. Ⅰ 2. privacy. **—ごと**[私事](명) 사사. ①자기에게 관계된 일. ②비밀. **—しょうせつ**[私小説](명) 사소설. ①작가가 자기의 정신 생활을 주로 해서 1인칭 형식으로 표현한 소설. ②⇨ししょうせつ(私小説)①. **—·する**[私する](타サ) 자기 것으로 하다. 사리(私利)를 꾀하다. 「公器(コウキ)たる新聞(シンブン)を—; 공기인 신문을 사용화(私用化)하다」. **—づれ**[私連れ](대) 나와 같은 사람. (겸손한 말) **—もの**[私物](명)사물. 자기의 소유물. 자기 것. **—りつ**[私立](명)〈속〉 사립. 「—の学校(ガッコウ); 사립 학교」

わたぐも[綿雲](명) 솜처럼 뭉게뭉게 떠 있는 구름. 뭉게구름. fleecy clouds

わたくり[綿繰り](명) ①씨아로 목화씨를 뺌. ②←綿繰り車. 1. ginning. **—き**[綿繰り機](명) 조면기(繰綿機). **—ぐるま**[綿繰り車](명) 씨아.

わたげ[綿毛](명) 면모. 솜처럼 부드러운 털. a down

わたし[渡し](명) ①건넴. ②배로 사람을 건넴. 또는 건네는 곳. 1. carrying 2. a ferry. **—せん**[渡し銭](명) 도선 운임(渡船運賃). 뱃삯. **—ば**[渡し場](명) 도선장(渡船場). **—ぶね**[渡し船](명) 도선. 나룻배. **—もり**[渡し守り](명) 도선의 뱃사공.

わたし[私](대)〈속〉 나.

わた·す[渡す](타 4) ①건네 주다.「船(フネ)で人(ヒト)を—; 배로 사람을 건네 주다」②걸치다.「板(イタ)を—; 판자를 걸치다」③건너 지르다.「綱(ツナ)を—; 줄을 매다」④넘겨 주다. 인도하다.「家(イエ)を人手(ヒトデ)に—; 집을 남의 손에 넘겨 주다」⑤주다. 건네다.「おかねを—; 돈을 주다」⑥⇨わたる(渡る)②. 1. ferry over 4. hand over

わたせ[渡瀬](명) 걸어서 건널 수 있는 얕은 여울. a shoal

わただね[綿種](명) 면실(綿実). 목화의 씨. a cotton seed

わだち[轍](명) 수레바퀴 자국. a rut

わたつみ[綿津見](명)〈고〉 ①바다의 신. ②바다.

わたどの[渡殿](명) 옛날 귀족의 주택에서 두 건물을 연결하는 지붕이 있는 마루. 복도. ⇨:わたりろうか.

わたなか[海中](명)〈고〉 해중. 바다 속.

わたぬき[綿抜き](명) 핫옷의 솜을 빼고 겹옷으로 만든 것. taking off cotton from wadded clothes

わたのはら[海の原](명)〈고〉 넓은 바다. 대해(大海). 바다 위.

わたぼうし[綿帽子](명) 풀솜으로 만든 모자. 방한용(防寒用) 또는 결혼 식장에서 신부가 쓰는 예식 모자. a bride's veil of floss-silk

わたまし[渡まし·移徙](명)〈방〉 이사, 이전(移転)의 높임말. removal

わたまゆ[綿繭](명) 풀솜을 만드는 허드렛고치. inferior cocoons

わたゆき[綿雪](명) 함박눈. cotton-like snow

わたらい[渡らい]ワタラヒ(명)〈고〉 처세(処世). 살아 가기 위한 일. 생계(生計).

わたら·う[渡らう]ワタラフ(자 4)〈고〉 ①건너 가다. ②생활을 영위하다. 살아 가다.

わたり[辺り](명)〈고〉 근처. 가.

わたり[径](명) 직경. 지름. diameter

わたり[渡り](명) ①건넘. ②⇨わたる⑩. ③도선장. 나루터. ④박래(舶来). 외래. ⑤돌아 다님. 또는 그 사람. ⑥←渡り板. ⑦〈속〉 교섭. 타합.「—をつける; 타합을 짓다」1. passage 3. a ferry. **—あ·う**[渡り合う]—アフ(자 4) ①싸우다. 칼싸움을 하다. ②논전(論戦)하다. **—ある·く**[渡り歩く](자 4) 여기저기 돌아 다니며 지내다. **—いた**[渡り板](명) 배와 육지를 연결하는 발판. **—ぞめ**[渡り初め](명·자サ) 교량 개통식 때 처음으로 그 다리를 건너는 일. 개통식. **—どの**[渡り殿](명) ⇨わたどの. **—どり**[渡り鳥](명)〈동〉 후조(候鳥). 철새. ↔留鳥(リュウチョウ). **—ぶね**[渡り船](명) 나룻배. 도선. **—ぼうこう**[渡り奉公](명) 여기저기 돌아 다니며 주인을 바꿔 고용살이함. **—もの**[渡り者](명) ①떠돌아 다니며 고용살이하는 사람. ②일정한 직업 없이 떠돌아 다니는 사람. **—もの**[渡り物](명) ①선조 대대로 전해 오는 물건. ②외국에서 들여온 물건. 외래품. **—ろうか**[渡り廊下](명) 두 건물을 잇는 복도.

わた·る[亘る](자 4) ①(…동안) 계속되다.「五年(ゴネン)に—工事(コウジ); 5년간에 걸친 공사」②(…까지) 미치다.「詳細(ショウサイ)に—談話(ダンワ); 상세한 담화」 1. range

わた·る[渡る·渉る](자 4) ①배로 건너다. 배로 횡단(横断)하다.「海(ウミ)を—; 바다를 건너다」②걸어서 내를 건너다.「川(カワ)を—; 걸어서 강을 건너다」③위를 걸어서 건너다.「橋(ハシ)を—; 다리를 건너다」④바다 등을 건너서 오다.「アメリカから渡(ワタ)ってきた品(シナ); 미국에서 건너 온 물건」⑤지내다.「世(ヨ)の中(ナカ)を—; 세상을 살아가다」⑥다른 사람 손에 넘어가다.「人手(ヒトデ)に—; 남의 손에 넘어가다」⑦지나가다.「青田(アオタ)を—風(カゼ)の音(オト); 푸른 밭을 스치는 바람 소리」⑧널리 미치다.「紙(カミ)の渡(ワタ)らない人(ヒト)はいないか; 종이를 받지 않은 사람은 없는가」⑨주다. 주어지다. ⑩계절과 함께 옮기다.「雁(ガン)が—; 기러기가 옮겨 가다」⑪〔씨름에서〕 맞붙다. ⑫가다, 오다, 있다의 높임말.「いずくに渡(ワタ)りそうろうぞ; 어디로 가시나이까」 1. go over 5. get along

わだん[和談](명) 화목 상담(和睦相談). 화의(和議). reconciliation talks

わちき(대)〈속〉 유녀(遊女)가 자기를 가리켜서 하던 말.

わちゅう[和衷](명) 화충. 마음을 합쳐서 함께 일해 나가는 것. harmonious cooperation

わちょう[和朝](명) 일본국. 일본의 조정. Japan

ワックス[wax](명) 왁스. ①납(蠟). 봉랍(封蠟). ②스키이의 밑바닥에 칠하는 납의 한 가지.

わっさり(부·자サ) ⇨あっさり.

わっしょい(감) 무거운 것을 여럿이 메고 나르거나 끌 때 장단 맞추는 소리. 이영차. Heave ho!

ワッセルマンはんのう[Wassermann 反応](명)〈의〉 바세르만 반응. 혈청(血清)을 검사해서 매독의 유무를 진단하는 방법. Wassermann reaction

わっち(대)〈속〉 나.

ワット[watt](명)〈이〉 와트. 1볼트의 전압으로 1암페어의 전류가 1초간에 내는 에네르기. **—じ**[watt 時](명)〈이〉 와트시. 1와트의 전력이 1시간에 하는 일의 양(量). 기호는 whr.

ワットマンし[Whatman 紙](명) 와트만지. 두껍고 하얀 고급 도화 용지. Whatman paper

わっぱ(童)[명]〈속〉 어린이를 낮추어서 부르는 말. 꼬마.「小(コ)—め; 꼬마놈아」 a youngster

わっぱと(부) ⇨わいわい.

わっぷ[割っ賦](명)〈경〉 월부 등의 형식으로 몇 번으로 나눠서 갚음. 부불(賦払).「—販売(ハンバイ); 부불 판매」

ワッフル[waffle](명) 와플. 밀가루에 달걀, 설탕, 우유 등을 섞어 구워서 둘로 접어 그 속에 잼이나 크리임 등을 넣은 것.

わて(대)〈방〉 나. 저.
わとう[和陶](명) 일본식 도자기. ↔洋陶(ヨウトウ).
わとう[話頭](명) 화두. ①이야기의 실마리. ②이야기의 내용. 화제.「一を転(テン)じて; 화제를 바꿔서」 1. the beginning of a talk
わとう[我党·吾達](대)〈고〉 상대방을 얕보고 부를 때 쓰는 말. 너희들. 자네들.
わどく[和独](명) 일본어와 독일어.「一辞典(ジテン); 일독 사전」 Japanese and German
わどく[和読](명·타サ) 한문(漢文)을 일본 발음으로 읽는 것.
わとじ[和綴じ]ートヂ(명) 일본 재래식으로 제본한 책. ↔洋(ヨウ)綴じ. Japanese binding
わどの[吾殿](대)〈고〉 동등(同等)한 남자를 가리킬 때 쓰던 말. 자네. 그대.
わどめ[輪留め](명) 자동차, 기차 등의 제동기(制動機). 제차기(制車機). a brake
わど·る[輪取る](자 4) 고리 모양으로 둥글게 하다.
わな[罠](명) ①함정. ②사람을 해치려는 계략(計略). 흉계(凶計). 1. a snare 2. a trap
わな[輪奈](명) 실이나 끈 등을 고리 모양으로 둥글게 맨 것. 올가미.
わなげ[輪投げ](명) 일정한 곳에 막대기를 세워 두고 고리를 던져서 말뚝에 거는 놀이. quoits
わなな·く[戦く](자 4) 몸이 떨리다. 벌벌 떨리다.「恐(オソ)ろしさに一; 무서워서 몸이 떨리다」 tremble
わなま[和生](명) 일본식 생과자. ↔洋生(ヨウナマ). Japanese cakes
わなり[輪形](명) 둥근 고리 모양. 바퀴 모양. a ring
わなわな(부·자サ) 오들오들 몸이 떨리는 모양.「一とふるえる; 오들오들 떨다」 trembling
わに[鰐](명)〈동〉 악어. 몸 길이는 2~10 *m* 가량이고 몸빛은 암흑색에 불규칙한 회황색의 횡대(横帯)가 있음. 열대 지방의 하천(河川)이나 해변에 살며 피부가 견고하고 꼬리가 길. 조류(鳥類)나 짐승을 잡아 먹음. a crocodile
わにあし[鰐足](명) 걸음을 걸을 때 발이 안이나 바깥쪽으로 향하는 것.
わにがわ[鰐皮]ーガハ(명) 악어 가죽. crocodile skin
わにぐち[鰐口](명) ①〈불〉불당의 앞 추녀에 매달아 놓는 것. 속은 비고 평평하며 밑에는 째진 큰 입이 있는 큰 방울. ②악어 입처럼 옆으로 길게 째진 입. 1. a gong
ワニス[varnish](명)〈이〉 와니스. 단단한 수지(樹脂)를 기름으로 용해한 투명한 도료(塗料). 니스.

〔鰐口①〕

わぬけ[輪抜け](명) 재주 부리기의 한 가지. 몸을 오므려 바퀴를 빠져 나가는 재주. jumping through a hoop
わぬし[吾主·我主](대)〈고〉 같은 또래나 자기보다 아랫사람을 부르는 말. 너. 자네.
わのり[輪乗り](명) 말을 타고 윤형(輪形)으로 도는 것.
わび[侘び·佗び](명) 검소한 취향(趣向). 한적(閑寂).「一の生活(セイカツ)をたのしむ; 한적한 생활을 즐기다」 quiet taste
わび[詫び](명) 사과. 사죄.「一を入(イ)れる; 사과하다」 apology
わびい·る[詫び入る](자 4) 공손히 사과하다. apologize
わびごと[佗び言](명) 귀찮아서 하는 말. 군소리. a grumble
わびごと[詫び言](명) ①사죄하는 말. ②사퇴(辞退)하는 말. 1. an apology
わびし·い[佗びしい](형) ①초라하고 쓸쓸하다.「一くらし; 초라한 생활」 ②쓸쓸하고 조용하다. 파생 **―が·る**(자 4) **―げ**(형동ダ) **―さ**(명). 1. lonely
わびし·む[佗びしむ](타 4) 초라하고 쓸쓸하게 생각하다. feel lonely
わびじょう[詫び状](명) 사죄 편지. 사과장(謝過状). a written apology
わびしらに[佗びしらに](부)〈고〉 초라하고 쓸쓸하게.
わびすけ[佗び助](명)〈식〉 와비스케나무. 동백의 한 가지. 겨울에서 봄에 걸쳐 적, 백의 꽃이 핌.
わびずまい[佗び住まい]ーズマヒ(명) 쓸쓸히 사는 것. 또는 그 집. a solitary life
わびね[佗び寝](명) 혼자 쓸쓸히 잠.「一のつらさ; 독숙 공방의 괴로움」 sleeping alone
わびびと[佗人](명)〈고〉 ①쓸쓸하게 사는 사람. ②실의(失意)의 사람. ③영락(零落)한 사람.
わ·びる[佗びる](자상 1) ①쓸쓸하게 느끼다. ②가슴 아프게 생각하다. ③영락하다. ④쓸쓸히 살다. 1. feel solitary
わ·びる[詫びる](타상 1) 빌다. 사죄하다. 사과하다.「ごぶさたを一; 적조(積阻)함을 사과하다」 apologize
わ·ぶ[佗ぶ](자상 2)〈고〉 ①쓸쓸하게 생각하다. ②가슴 아프게 생각하다. ③영락하다. ④괴롭게 여기다. ⑤한적하게 지내다. ⑥체념(諦念)하다. ⑦속된 것을 떠나다.
わふう[和風](명) ①온화한 바람. 따뜻한 바람. 봄바람. ②나뭇잎을 움직일 정도의 바람. 산들바람. 미풍(微風). ③일본의 현재까지의 풍습. 일본풍. ↔洋風(ヨウフウ). 1. a spring breeze
わふく[和服](명) 일본 고유의 옷.「一姿(スガタ); 일본 옷차림」 ↔洋服(ヨウフク). Japanese clothes
わふつ[和仏](명) 일본어와 프랑스어.「一辞典(ジテン); 일불 사전(日仏辞典)」 Japanese and French
わぶん[和文](명) ①일본 문장. 일본어 문장.「一英訳(エイヤク); 일문 영역」 ②헤이안(平安) 시대의 문어체로 쓴 문장. 1. Japanese
わへい[和平](명) 화평. 화목하고 평화스러움.「一交渉(コウショウ); 화평 교섭」 peace
わへい[話柄](명) 이야기 재료. 이야깃거리. a topic
わほう[話法](명) 화법. 이야기하는 방법. 말하는 법. 화술(話術).「直接(チョクセツ)一; 직접 화법」 a way of speaking
わぼく[和睦](명·자サ) 화목. 화해(和解). reconciliation

わほん[和本](명) (일본 종이를 써서) 일본식으로 장정(装幀)한 책. ↔洋本(ヨウホン). a Japanese book
わみょう[和名](명) 일본에서 부르는 이름. 일본명. a Japanese name
わめい[和名](명)〈동·식〉 동식물의 일본 이름. ↔学名(ガクメイ).
わめ·く[喚く](자 4) ①아우성치다. ②떠들며 소란을 피우다. 1. shout
わや(명)〈속〉 ①헛일. 일 등을 망침.「仕事(シゴト)を—にする; 일을 망치다」 ②⇨わやく.
わやく(명·형동ダ)〈방〉 ①무리. 엉터리. ②좋지 않음. ③장난. 장난꾸러기.
わやく[和訳](명·타サ) 외국어나 그 문장을 일본어 문장으로 번역함.「英文(エイブン)—; 영문 일역」 Japanese translation
わよう[和洋](명) 일본과 서양.「—の学(ガク)に通(ツウ)ず; 일본, 서양 학문에 통달하다」 Japan and Europe. **— せっちゅう**[和洋折衷](연어·명) 화양 절충. 일본과 서양 두 풍속, 습관을 적당히 절충한 것.
わよう[和様](명) 일본풍. 일본식. Japanese style
わら[藁·稈](명) 벼나 보릿짚을 말린 것.「—屋根(ヤネ); 초가 지붕」 a straw
わらい[笑い]ワラヒ(명) ①웃음.「—をふくむ; 웃음을 머금다」 ②조소. 비웃음.「人(ヒト)の—をまねく; 사람들의 비웃음을 사다」 1. smile 2. derision. **— ごと**[笑い事](명) 우스운 일. 웃을 일.「—じゃないよ; 웃을 일이 아니다」 **— じょうご**[笑い上戸](명) 술에 취하기만 하면 웃는 버릇이 있는 사람. **— ばなし**[笑い話](명) ①웃으면서 하는 이야기. ②우스운 토막 이야기. 소화(笑話).
わらいこ·ける[笑いこける]ワラヒー(자하 1) 배꼽이 빠지게 웃다. 몸을 가누지 못할 정도로 몹시 웃다. 포복 절도(抱腹絶倒)하다. laugh
わら·う[笑う]ワラフ(자 4) ①웃다. 웃음 짓다.「—門(カド)には福(フク)きたる; 웃는 가정에는 복이 깃든다(笑門万福来)」 ②봉오리가 열리다.「花(ハナ)—; 꽃이 피다」 ③꿰맨 자리가 터지다. 명 笑い. 1. laugh 2. bloom
わら·う[笑う·嗤う]ワラフ(타 4) 조소하다. 비웃다.「かげで—; 뒤에서 비웃다」 deride
わらうち[藁打ち](명) 짚을 나무망치 등으로 두드려 부드럽게 하는 일. straw-softening
わらがみ[藁紙](명) 짚의 섬유(纖維)를 원료로 해서 만든, 품질이 좋지 못한 종이. coarse Japanese paper
わらく[和楽](명·자サ) 화락. 화목하게 즐기는 일. peace and harmony
わらぐつ[藁沓·藁履](명) 눈 많은 지방에서 신는 짚으로 삼은 신. 눈신. straw-boots
わらこうひん[藁工品](명)〈농〉 고공품. 짚으로 만든 물건. 새끼, 가마니 등. a thing made of straws
わらごも[藁薦](명) 짚으로 만든 거적. a coarse mat made of straws
わらさ(명)〈동〉 방어(새끼). a middle-sized yellow-tail
わらじ[草鞋]—ヂ(명) 짚신.「長(ナガ)い—をはく; 도망 쳐서 오랜 여행을 하다」 straw-sandals. **— がけ**[草鞋掛け](명) 짚신을 신음.「—で出(デ)かける; 짚신을 신고 떠나다」 **— くい**[草鞋食い]—クヒ(명) 짚신의 끈에 닿아 피부의 껍질이 벗겨지는 것. **— せん**[草鞋銭](명) ①짚신 살 돈. ②근소한 여비. **— むし**[草鞋虫](명)〈동〉 쥐며느리. 몸 길이 10 *mm* 내외의 절족동물(節足動物). 먼지 속이나 돌 밑에 살며 타원형으로 다리가 많음.

〔草鞋〕

わらしべ[藁稭](명) 잎을 따 버린 짚의 줄기. a straw stalk
わらづと[藁苞](명) 짚으로 물건을 싸는 것. 또는 그 싼 것. straw wrapping
わらばい[藁灰]—バヒ(명) 짚을 태운 재. 짚재. straw-ashes
わらばんし[藁半紙](명) 짚을 재료로 써서 만든 반지(半紙). coarse paper
わらび[蕨](명)〈식〉 고사리. a bracken. **— こ**[蕨粉](명) 고사리의 근경(根茎)에서 채취한 녹말. **— で**[蕨手](명) 갓난 고사리의 끝이 꼬부라진 것. 고사리 모양으로 꼬부라진 것. **— のり**[蕨糊](명) 고사리 녹말로 쑨 풀. **— もち**[蕨餅](명) 고사리의 녹말을 반죽해서 만든 떡.
わらび[藁火](명) 짚불. 짚을 태우는 불. straw fire
わらぶき[藁葺き](명) 짚으로 지붕을 이는 일. 또는 그 지붕.「—屋根(ヤネ); 초가 지붕」 a straw-thatched roof
わらふだ[藁蓋](명)〈고〉 ⇨わろうだ.
わらぶとん[藁布団](명) 솜 대신 짚을 넣어서 만든 이불. a straw mattress
わらべ[童](명)〔←わらわべ〕 ①아동. 어린이들. ②사동(使童). 1. a child. **— うた**[童歌](명) 어린애들이 부르는 노래. 동요(童謡).
わらや[藁屋](명) 초가집. a straw-thatched house
わらわ[妾]ワラハ(대)〈고〉 부인들이 자기를 겸사로 일컫는 말. 소첩.
わらわ[童]ワラハ(명)〈고〉 어린이. 아동(児童). **— ごころ**[童心](명)〈고〉 동심. 어린이의 마음. **— てんじょう**[童殿上](명)〈고〉 옛날 명문(名門)의 자제들이 몸가짐을 배우기 위하여 어전(御殿)에 들어 가는 것을 허락 받은 일. 또는 그 사람. **— な**[童名](명)〈고〉 아이 때의 이름. 아명(児名). **— べ**[童部](명)〈고〉 어린이. 아동(児童). **— め**[童女](명)〈고〉 동녀. 소녀(少女).
わらわ·せる[笑わせる]ワラハセル(타하 1) ①웃게 만들다. 웃기다. ②사람을 조소(嘲笑)할 때 쓰는 말. 가소롭다.「あいつが議員(ギイン)だなんて—よ; 저 따위가 의원이라니 사람 웃기네」 1. move a person to laughter
わらわやみ[瘧]ワラハー(명)〈고〉 열병의 하나. 학질.
わらわら(부) ①흩어지는 모양. ②조각조각. 산산이. scatteredly
わらんべ[童](명)〈고〉 ⇨わらべ, わらわ.

―わり(조어) ①[割り] 배당. 할당. 「へや―; 방의 배당」 ②[割] 10분의 1을 단위로 하는 수. 「五(ゴ)―; 5할」

わり[割](명) ①비율. 「―がいい; 비율이 좋다」 ②「―を食(ク)う; 불리한 입장에 서다. 손해 보다」 1. rate

わり[割り](명) ①나눔. ②수분(水分)을 더함. 「水(ミズ)―; 물을 탄 것」 ③←割り勘(カン). 「―でいこう; 각자 분담으로 하자」 2. mixing water

わりあい[割合]―アヒ Ⅰ(명) ①비율. 「三人(サンニン)にひとりの―; 세 사람에 한 사람 꼴(비율)」 ②〔"―に"의 형태로〕 비해서. 비교해서. 「若(ワカ)い―; 젊은 사람치고는」 Ⅱ(부) ←割合に. Ⅰ 1. rate. **―に**[割合に](부) ①비교해서. 비교적. ②상상 외로. 생각했던 바와는 달리.

わりあて[割り当て](명·자サ) 배당. 할당. allotment

わりあ·てる[割り当てる](타하 1) 할당하다. 분배하다. 「三個(サンコ)ずつ―; 3개씩 분배하다」 distribute

わりいん[割り印](명) 할인. 두 통의 문서 등에 그들이 서로 관련된 사실을 증명하기 위하여 양쪽에 걸쳐 한 개의 도장을 찍음. 계인. a tally impression

わりがき[割り書き](명·자サ) 본문에 주(註) 등을 달 때 본문의 한 줄을 두 줄로 나누어서 써넣는 것. an inserted note

わりかた[割方](부)〈속〉 비교적. comparatively

わりかん[割り勘](명) ⇨わりまえかんじょう. 〔←割り前(マエ)勘定(カンジョウ)〕 제각기 돈을 내어 계산하는 것. 각자 부담. paying each for his own account

わりき[割り木](명) 잘게 팬 장작. split firewood

わりき·る[割り切る](타 4) ①단수(端数)가 안 남게 나누다. ②(사양이나 동정 등의 기분을 버리고) 솔직하게 해석하다. 「割(ワ)り切(キ)った態度(タイド); 분명(명확)한 태도」 1. divide 2. clear up

わりき·れる[割り切れる](자하 1) ①나눗셈을 해서 단수(端数)가 나오지 않다. ②잘 알 수 있어서 기분이 상쾌하다. 「割(ワ)り切(キ)れない顔(カオ)つき; 석연치 않은 얼굴 표정」 1. be able to break

わりく[割り句](명) 낱말을 둘로 갈라서 하이쿠(俳句)의 상구(上句)와 하구(下句)에 붙여 읊는 일. 또는 그렇게 만든 것.

わりぐり(いし)[割り栗(石)](명) 도로 공사 등에 쓰기 위해서 큰 돌을 아무렇게나 잘게 깬 돌. road-metal

わりげすい[割り下水](명) 도랑으로 된 하수도.

わりご[破り子·破り籠](명) 안에 칸을 막은 도시락. a partitioned lunch-box

〔破り子〕

わりこう[割興](명)〈경〉 할인 흥업 채권(割引興業債券)의 준말.

わりごえ[割り声]―ゴヱ(명)〈수〉 주판에서 나눗셈을 할 때 부르는 구구(九九)의 하나.

わりこ·む[割り込む](타 4) ①사람과 사람 사이를 뚫고 들어 가다. ②〈경〉 시세가 어떤 값보다 내리다. 깨지다. 명 割り込み. 1. wedge in

わりざん[割り算](명)〈수〉 나눗셈. 제산(除算). ↔掛(カ)け算. division

わりした[割り下](명) 〔←割り下地(シタジ)〕 간장에 멸치 국물, 설탕 등을 넣어서 조린 것. 어육(魚肉) 조림 등에 씀.

わりしょう[割商](명)〈경〉 할인 상공 채권(割引商工債券)의 준말.

わりだか[割高](형동ダ) 품질, 분량 등에 비해서 가격이 비싼 모양. ↔割安(ワリヤス). comparatively dear

わりだ·す[割り出す](타 4) ①계산해 내다. 산출(算出)해 내다. 「経費(ケイヒ)を―; 경비를 산출해 내다」 ②근거로(토대로) 해서 생각해 내다. 「犯人(ハンニン)の人相(ニンソウ)を―; 범인의 인상을 생각해 내다」 1. calculate

わりちゅう[割り注·割り註](명) 할주(割註). 본문 밑에 두 줄로 잔 글씨로 단 주(註). an inserted note

わりちょう[割長](명)〈경〉 할인 장기 채권(割引長期債券)의 준말.

わりつけ[割り付け·割り附け](명·타サ) ①배당. 할당. ②신문, 잡지, 서적 등의 편집. 2. layout

わりな·い[別無い](형) 흉허물 없이 친하다. 「―仲(ナカ); 막역한 사이」 파생 **―さ**(명). friendly

わりな·し[理無し](형ク)〈고〉 ①분별 없다. 무리하다. ②하는 수 없다. ③보통이 아니다. 심하다.

わりに[割に](부) ①비교적. 「―安(ヤス)い; 비교적 싸다」 ②생각보다는. 「彼(カレ)は―けちだ; 그는 생각보다 인색(吝嗇)하다」 1. comparatively

わりのう[割農](명)〈경〉 할인 농업 채권(割引農業債券)의 준말.

わりばし[割り箸](명) 소독저. half-split chopsticks

わりはん[割り判](명) ⇨わりいん(割り印).

わりびき[割引](명·자サ) ①할인. 「―時間(ジカン); 할인 시간」 ②〈경〉 ←手形(テガタ)割引. 1. discount

わりび·く[割り引く](타 4) ①할인하다. 정가보다 싸게 하다. ②줄잡아 헤아리다. 1. discount

わりひざ[割り膝](명) 양쪽 무릎을 벌리고 앉는 앉음새.

わりふ[割り符](명) ①목패(木牌)에 문구나 문자를 쓰고 중앙에 계인(契印)을 눌러 둘로 나눈 것. 부절(符節). ②나중에 맞춰 봐서 증거로 하는 것. 1. a tally

わりふだ[割り札](명) ⇨わりふ.

わりふ·る[割り振る](타 4) 배당하다. 분배하다. 명 割り振り. distribute

わりまえ[割り前]―マヘ(명) 배당액. 배당량. a share. **―かんじょう**[割り前勘定](명) ⇨わりかん.

わりまし[割り増し](명·자サ) 할증. 일정한 액수에 얼마를 더 얹음. extra. **―きん**[割り増し金](명) 일정한 가격이나 급료에다 여분을 더해서 매매하거나 지급되는 금액.

わりむぎ[割り麦](명) 탄 보리.

わりもど·す[割り戻す](타 4) 일단 받은 돈 가운데서 얼마를 되돌려 주다. 「残額(ザンガク)を―; 잔액을 돌려 주다」 명 割り戻し. rebate

わりやす[割安](형동ダ) 품질, 분량에 비해서 가격이

싼 모양. ↔割高(ワリダカ). cheapness

わる—[悪](조어) ①나쁜. 「—口(クチ); 욕」 ②해가 되는. 폐가 되는. 「—いたずら; 나쁜 장난」 ③도가 지나쳐서 좋지 않은. 「—遠慮(エンリョ); 지나친 사양(辞譲)」

わる[悪](명) ①나쁨. ②〈속〉 나쁜 것. a rascal

わ·る[割る](타 4) ①나누다. 「全体(ゼンタイ)を三(ミ)つに—; 전체를 셋으로 나누다」 ②쪼개다. 「卵(タマゴ)を—; 계란을 깨다」 ③단단한 것을 부수다. 「さらを—; 접시를 깨뜨리다」 ④헤치고 들어 가다. ⑤타서 묽게 하다. 「水(ミズ)を—; 물을 타서 묽게 하다」 ⑥〈수〉 나눗셈을 하다. ⑦사이를 벌어지게 하다. 「親子(オヤコ)の中(ナカ)を—; 부모 자식간의 사이를 벌어지게 하다」 ⑧〈속〉 (두드리거나 베어서) 상처를 내다. 「額(ヒタイ)を—; 이마를 깨다」 ⑨어느 수보다 적어지다. 「百円(ヒャクエン)を—; 백원 이하로 떨어지다」 ⑩고백하다. 「腹(ハラ)を—; 마음속에 있는 것을 고백하다」「口(クチ)を—; 자백하다」 ⑪어떤 경계선을 벗어나다. 「土俵(ドヒョウ)を—; 씨름판의 링 밖으로 나와서 지다」 1. divide 3. break

わる あがき[悪足掻き](명·자サ) 해봐야 소용 없는데도 발버둥이 치다. impatience

わる·い[悪い](형) ①나쁘다. 「—行(オコ)ない; 나쁜 행위」 ②바르지 않다. 「—政治(セイジ); 나쁜 정치」 ③달갑지 않다. 「—相手(アイテ); 달갑지 않은 상대」 ④해를 주다. 「からだに—; 몸에 해롭다」 ⑤뒤떨어지다. 「頭(アタマ)が—; 머리(頭脳)가 나쁘다」 ⑥병 또는 고장이 나다. 「家内(カナイ)がわるかったので失礼(シツレイ)しました; 안사람의 몸이 불편해서 실례했읍니다」 ⑦음식물이 변질되다. 「この牛乳(ギュウニュウ)は—よ; 이 우유는 좋지 못하다」 ⑧할 말이 없다. 미안하다. 「—なあ, まったく; 미안해, 정말」 파생 **—が·る**(자 4) **—げ**(형동ダ) **—さ**(명). 1. bad

わるがしこ·い[悪賢い](형) 나쁜 지혜가 많다. 교활하다. 못되게 약다. 파생 **—さ**(명). cunning

わる ぎ[悪気](명) 나쁜 마음. 악의(悪意). 「—の ない人(ヒト); 악의 없는 사람」 malice

わるくすると[悪くすると](연어·부) 잘못하면. 여의치 못하면. 「—今度(コンド)も失敗(シッパイ)かもしれない; 잘못하면 이번에도 실패할는지 몰라」

わる くち[悪口](명) 욕. 나쁜 말. abuse

わる さ[悪戯](명) 장난. 「—をする; 장난하다」 a practical joke

わるじゃれ[悪洒落](명) ①어울리지 않는 치장. ②지나친 장난. 1. foppish 2. an offensive joke

ワルシャワ[Warszawa](명)〈지〉 바르샤와. 폴란드의 수도. 교통의 요충지(要衝地)로 상공업이 번창. 와르샤와. 와르소.

わる ずれ[悪擦れ](명·자サ) 세파에 시달려서 교활해짐. 약아 빠져서 못되게 됨. 「—のした子供(コドモ); 닳아 빠진 아이」 sophistication

わる だくみ[悪巧み](명·자サ) 나쁜 계략(計略). 나쁜 계획. an evil design

わる だっしゃ[悪達者](명·형동ダ) 익숙해져서 솜씨는 좋으나 품위가 없는 모양.

わる ぢえ[悪知恵·悪智慧](명) 나쁜 짓을 하는 재능(才能). 간지(奸智). cunning

ワルツ[waltz](명)〈악〉 왈츠. 3박자의 경쾌한 댄스(곡). 원무곡(円舞曲).

わる どきょう[悪度胸](명) 나쁜 일에 대한 배짱.

わる どめ[悪止め](명·자타サ) 집요(執拗)하게 붙듦. 필요 이상으로 만류함. 「—をするな; 더 이상 붙들지 말게」 detaining forcingly

わる ば[悪場](명) 〔등산에서〕 통행(通行)이 곤란하고 위험한 곳.

わる び·れる[悪怯れる](자하 1) 기를 펴지 못하여 부끄러워하거나 머뭇거리다. 「悪怯れた色(イロ)もなく; 부끄러워하거나 머뭇거리는 기색(気色)도 없이」 act the coward

わる ふざけ[悪巫山戯](명·자サ) 정도를 지나친 장난. 남이 꺼려할 정도의 희롱. a practical joke

わる もの[悪者](명) ①좋지 못한 사람. ②악한(悪漢). 1. a bad fellow

わる よい[悪酔い]—ヨヒ(명·자サ) 술에 취해서 머리가 아프고 구역질이 남. feeling queer from drink

われ[我·吾](명) Ⅰ①자아(自我). 자신(自身). 「—を忘(ワス)れる; 자신을 잊다」 ②자기 나라. ③자기 편. Ⅱ(대) ①자기. 나. 「—こそは; 나야말로」 ②〈속〉 그대. 너. Ⅰ1. ego

われ[割れ·破れ](명) ①깨어짐. 떨어짐. 「仲間(ナカマ)—; 한패가 떨어지다」 ②파편. 부스러기. 조각. 「ガラスの—; 유리 조각」 ③〈경〉 시세가 어떤 값 이하가 됨. 「百円(ヒャクエン)—; 백원 이하로 내림」 2. split

われ か[我か](연어)〈고〉 ①자기인지. 자기 일인지. ②자기인지 남인지 마음이 어지러워 멍한 모양.

われ かえ·る[割れ返る]—カヘル(자 4) 산산 조각이 나다. 철저하게 깨지다. 「—ような拍手(ハクシュ); 장내(場内)가 떠나갈 듯한 박수」 be broken completely

われ がち(に)[我勝ち(に)](부) 서로 앞을 다투는 모양. 「—かけ出(ダ)す; 서로 앞을 다투어 뛰다」 scramblingly

われ がね[破れ鐘](명) ①금이 간 적종(吊鐘). ②굵고 탁한 음성의 비유. 「—のようた声(コエ); 깨진 종소리 같은 목소리」 2. a thundering voice

われ から[我から](부) 자기 마음속으로부터. 스스로. voluntarily

われ かんせず(えん)[我不関(焉)](연어) 나는 상관하지 않음. 오불관언. indifference

われ こそは[我こそは](연어) 나만은. 나야말로.

われ さきに[我先に](부) ⇨われがちに.

われ しらず[我知らず](부) 무의식(無意識)중에. 뜻하지 않게. 저도 모르게. 「—叫(サケ)ぶ; 저도 모르게 외치다」 unconsciously

われ て(부)〈고〉 무리하게. 억지로. 제발.

われ と[我と](연어·부) ①나야말로. (자신이 있는 모양) 「—思(オモ)わん者(モノ); 나야말로라고 (자신 있

게) 생각하는 자」 ②스스로. 「一わが身(み)を ふりかえる; 스스로 자기몸을 돌보다」 2. by oneself
われどち[我どち](명)〈고〉 자기들 동아리. 자기들끼리.
われながら[我乍ら](부) 내 일이기는 하지만. 스스로도. 자신의 입장에서도. 「一よくやったと思(オモ)う; 나 스스로도 잘했다고 생각한다」 I myself
われなべ[破れ鍋](명) 금이 간 남비. 「一に綴(ト)じ蓋(ブタ); 금이 간 남비에 알맞는 뚜껑(각기 제분수에 맞는 배우자가 있다는 말)」 a cracked pot
われにもあらず[我にもあらず](연어·부) ←われに(も)なく.
われに(も)なく[我に(も)無く](연어·부) ①무의식중에. 나도 모르게. ②본의가 아니면서. 1. unconsciously
われはがお[我は顔](명·형동ナリ)〈고〉 자만심을 가진 표정. 거만한 얼굴.
われひと[我人](연어·명) 나와 남(他人). 자타(自他). 「一ともに; 자타가 모두」 oneself and others
われぼめ[我褒め](명) 스스로 칭찬함. 자찬(自讚). self-praise
われめ[割れ目·破れ目](명) 갈라진 금. 갈라진 틈. 균열(亀裂). a crack
われもこう[吾木香](명)〈식〉 오이풀. 짚신나물과에 속하는 다년초. 뿌리는 지혈제로 씀. 수박풀. a burnet
われもの[破れ物](명) ①깨어진 것. ②깨어지기 쉬운 것. 유리, 사기 그릇 등. 1. a broken article
われら[我等](대) ①우리들. ②나. ③〈속〉 너희들. 1. we
わ·れる[割れる](자하 1) ①깨어지다. 「ガラスがー; 유리가 깨어지다」 ②끝이 갈라지다. 「花(ハナ)びらが三(ミ)つにー; 꽃잎이 세 쪽으로 갈라지다」 ③〈수〉 나눗셈에서 나머지가 없게 하다. 나누어 지다. 「十(ジュウ)は二(ニ)でー; 10은 2로 나눌 수 있다」 ④〈속〉 알다. 드러나다. 「ホシ(犯人)がー; 범인이 판명되다」 1. crack 2. split
われわれ[我我](대) 우리들. we
わろ[和露](명) 일본어와 러시아어. 「一辞典(ジテン); 일로 사전」 Japanese and Russian
わろうだ[藁蓋] ワラフダ(명)〈고〉 짚방석.
わろ·し[悪し](형ク)〈고〉 ⇨わるい.
わろ·ぶ[悪ぶ](자상 2)〈고〉 나쁘게 보이다. 나쁜 모양이다. 체재(体裁)가 나쁘다.
わろもの[悪者](명)〈고〉 악자. ①악인. 악한(悪漢). ②못난 사람. ③신분이 천한 사람.
わわく(명)〈고〉 방자(放恣)한 것.
わわ·く(자하 2)〈고〉 해지고 찢어지다. 머리털이 풀려 흩어지다.
わわらば[わわら葉](명)〈고〉 찢어진 나뭇잎.
一わん[椀](접미) 음식물을 담은 그릇을 세는 말.
わん[湾](명)〈지〉 만. 바다가 육지 속으로 쑥 들어 온 곳. 바닷가의 큰 물굽이. a bay
わん[椀](명) 목기(木器). 나무로 만든 그릇. 또는 거기에 담은 요리. 1. a bowl
わん[碗](명) 사기 그릇. 음식물을 담는 도자기. a bowl
わん[腕](명) 팔. an arm
ワン[one](명) 원. ①하나. 1. ②1점. 「一オール; 1대 1. 동점」 ③〔야구에서〕 ㉠원 스트라익. 「一スリー; 원 스트라익 드리이 보올」 ㉡원 보올. 「ツーー; 투우 스트라익 원 보올」 「the coast of a gulf
わんがん[湾岸](명) 만안. 만의 연안(沿岸). ↗
わんきょく[湾曲·彎曲](명·자サ) 만곡. 활 모양으로 굽음. 만굴(湾屈). curve
わんくつ[湾屈·彎屈](명·자サ) 만굴. 활 모양으로 굽음. 만곡(湾曲). bend
わんこう[湾口](명) 만구. 만(湾)의 입구. the entrance of a bay
わんこつ[腕骨](명)〈생〉 완골. (사람의) 손목의 뼈. wrist bones
わんさ(부)〈속〉 여럿이 밀어 닥치는 모양. 「一とおしかける; 우르르 밀어 닥치다」 in a crowd. **―ガール**[わんさ girl](명) 하급의 여자 영화 배우.
ワンサイドゲーム[one-sided game](명) 원 사이드 게임. 일방적 시합. 한 쪽이 압도적으로 이기는 시합.
わんしょう[腕章](명) 완장. 팔에 차는 표지(標識).
ワンステップ[one-step](명)〈악〉 원스텝. 4분의 2박자의 경쾌한 음악에 맞춰서 추는 춤.
ワンスモア[once more](감) 원스모어. 다시 한번.
ワンダーフォーゲル[도 Wandervogel](명) 반더어포오겔. ①철새(候鳥). ②걸어서 여러 곳을 여행하는 청년 운동. 또는 그 운동가.
ワンダフル[wonderful](형동ダ) 원더풀.. 놀라운 모양. 굉장한 상태.
ワンタン[중 餛飩·雲呑](명) 속에 다진 돼지고기를 넣은 만두의 한 가지. 국에 띄워 먹음.
ワンダン[one down](명) 원다운. 〔야구에서〕 1사(死). 원아우트.
ワンツー(명) 〔원투펀치(one two punch)의 준말〕〔권투에서〕 상대편 몸의 같은 곳을 왼손과 바른손으로 연속해서 치는 것.
わんとう[湾頭](명) 만두. 만의 가장자리. at a bay
わんない[湾内](명) 만내. 만의 안쪽. inside a bay
わんにゅう[湾入·彎入](명·자サ) 만입. 바닷물이나 강물이 활처럼 뭍으로 휘어 들어 옴. embayment
わんぱく[腕白](명·형동ダ) 〔"かんぱく(関白)"의 변화〕 개구장이. 장난꾸러기. naughtiness
ワンピース[one piece](명) 원피이스. 부인이나 어린 아이들의 양복으로 상의와 하의가 한데 붙어 하나로 된 것. ↔ツーピース.
ワンマン[one-man](명) 원맨. ①한 사람뿐. 한 사람만. 「一カー; 1인승 승용차」 ②자기 생각이나 고집대로만 하는 사람. 독재자(独裁者). 「一社長(シャチョウ); 독재 사장」
わんもり[椀盛り](명) 물고기나 새의 고기를 야채와 함께 맑은 장국에 끓여 공기에 담은 것.
ワンラ[중 完了](명) 완라. 완료. 끝. 종료(終了). finish
わんりゅう[湾流](명)〈지〉 만류. 대서양 난류(暖流)의 하나. 멕시코우만에서 유럽 북서부로 흐름. the Gulf Stream

わんりょく[腕力](명) 완력. ①팔의 힘. 「一が強(ツヨ)い; 완력이 세다」 ②있는 힘을 다함. 힘껏. 1. physical strength. **—ざた**[腕力沙汰](명) 완력 사태. 힘으로 일의 결말을 짓는 것.

を Ⅰ(감조)〈고〉 감동을 나타내는 말. …여. 「その八重桜(ヤエザクラ)—; 그 벚꽃이여」 Ⅱ(수조)〈고〉 감동이나 강조를 나타내는 말. 「濡(ヌ)れて—行(ユ)かん; 젖어도 가련다」 Ⅲ(접조) 그런데. …인데. Ⅳ(격조) ①동작, 작용의 대상을 나타내는 말. 「外(ソト)—見(ミ)る; 바깥을 보다」 ②출발, 분리의 대상을 나타내는 말. …에서. 「国(クニ)—出(デ)る; 나라(고향)에서 떠나다」 ③이동이 행해지는 장소를 나타내는 말. 「道(ミチ)—あるく; 길을 걷다」 ④수량, 기간(期間)을 나타내는 말. 「一歩(イッポ)—ゆずる; 한 걸음을 양보하다」

をば(연어·조) 〔を(격조)+ば(수조)〕 "を Ⅳ"의 뜻을 강조하는 말.

をや Ⅰ(연어·조) 〔を(격조)+や(수조)〕 …을 하느냐. Ⅱ(감동) (더구나 …에 대해서는) 말할 것도 없이. 「いわんや学生(ガクセイ)においてー; 하물며 학생에 있어서랴」

ん Ⅰ(조동·특수형) 〔"ぬ"의 변화〕 부정(否定)을 나타내는 말. 「行(イ)きませー; 안 가겠읍니다」 Ⅱ(조동·특수형) 〔"む"의 변화〕 ①짐작을 나타내는 말. …할 것이다. 「花(ハナ)咲(サ)か—; 꽃이 필 것이다」 ②의지(意志)를 나타내는 말. 「我(ワレ)行(ユ)か—; 나는 가련다」 ③권유하는 말. 「いざ見(ミ)に行(ユ)か—; 자, 보러 가자」 ④가상(仮想)을 나타내는 말. 「遠(トオ)から—ものは; 만약 멀리 있는 사람이 있다면, 그 사람은」 ⑤〔"な—"의 형태로〕 희망을 나타내는 말. 「人(ヒト)にうとくてありな—; 남과 관계가 깊지 않았으면」 Ⅲ(격조)〔"の"의 변화〕 …의. 「君(キミ)—ち; 너의 집」 Ⅳ(감) 응.

ん·す(조동·특수형)〈방〉 ①동사의 미연형(未然形)에 붙어 존경의 뜻을 나타내는 말. 하시다. 「言(イ)わ—けれど; 말씀하시지만」 ②〔"ます"의 전화(転化)〕 동사의 연용형(連用形)에 붙음. 유녀(遊女)들이 많이 쓰던 말. 「はや行(ユ)か—か; 벌써 가시나이까」

ん·ず(조동·특수형) 〔"むず"와 같음〕 ①결의를 나타내는 말. 「射落(イオト)さ—; 쏴 떨어뜨리고야 말겠다」 ②짐작의 뜻을 나타내는 말. 「大将(タイショウ)にてこそあらんずれ; 대장이나 아닐는지」 ③미래의 뜻을 나타내는 말. 「身(ミ)の滅(ホロ)びんずるを顧(カエリ)みず; 일신이 망하는 것을 돌보지 않다」

んで(접조) ⇨ので.

んと·す(연어) 어떤 동작 직전의 상태를 나타내는 말. 「出発(シュッパツ)せ—; 출발하려고 한다」

附 錄 目 次

日語 表記의 基準

(1) 漢字 쓰기

漢字에 関해서는 ＜当用漢字表＞ ＜同音訓表＞ ＜同字体表＞ ＜当用漢字別表＞ ＜人名用漢字別表＞가 정해져 있다.

○当用漢字表…1850 자. 법령, 공문서, 신문, 잡지 및 일반 사회에서 쓰는 한자의 범위를 보이는 것.
○同音訓表…当用漢字에 관해서 금후 사용하는 音訓을 보이는 것.
○同字体表…当用漢字 字体의 표준을 보이는 것.
○当用漢字別表…881 자. 의무 교육에서 읽고 쓰고 가르쳐야 할 한자(教育漢字)를 보이는 것.
○人名用漢字別表…92 자. 当用漢字 이외에 人名에 한해서 써도 좋은 것.

1. 한자 쓰기는 当用漢字表, 同音訓表, 同字体表에 따름. 단, (2)의 かな로 쓰는 말은 제외함.
2. 이미 있는 고유 명사나 전문 용어의 한자는 当用漢字가 아니라도 사용할 수 있음.
3. 当用漢字 외의 한자를 사용할 때는 다음과 같은 방법으로 읽기를 보임.
   예 : 鎌倉(かまくら) ようおん(拗音) 塵埃(じんあい)

(2) かな로 쓰는 말

1. 대명사, 접속사는 かな로 쓰는 것을 원칙으로 함.
   예 : それ(其) ここ(此処) あなた(貴方) きみ(君) わたくし(私) また(又) および(及び)
2. 감동사, 조사, 조동사 또는 조동사에 준하는 것(보조 동사)은 かな로 씀.
   예 : ああ(嗚呼) くらい(位) だけ(丈) まで(迄) ばかり(許り) たい(度い) …している(居る)
3. 부사는 될 수 있는 한 かな로 씀. 단, 다음과 같은 경우에는 한자를 써도 무방함.
   ㄱ. 音読하는 한자 두 자 이상으로 되어 있는 것.
      예 : 親切に 夢中に 真剣に
   ㄴ. 漢字 한 자로 널리 쓰여지는 것 중에서 다음과 같은 것.
      예 : 最も 特に 現に
   ㄷ. 명사, 동사와 관계 있는 것.
      예 : 割合に 夢にも 絶えず 重ねて
4. 当用漢字에 없는 글자, 音訓의 어느 쪽인가가 없는 글자를 포함한 복합어는 될 수 있는 한 전부 かな로 씀.
   예 : おもや(母屋) くだもの(果物) あっせん(斡旋)
   단, 다음과 같은 경우에는 한자를 씀.
   ㄱ. 그 전부를 かな로 쓰면 잘못 해석할 염려가 있을 때.
      예 : 繁じょう(昌) ぼう(茫)然 洗たく(濯) ふん(扮)装
   ㄴ. 복합된 것이 확실할 때.
      예 : 本だな(棚) ふんい(雰囲)気 見きわめる(極める)
5. 当用漢字로 쓸 수 있는 복합어라도 다음과 같은 경우에는 될 수 있는 한 그 전부 또는 일부를 かな로 씀.
   ㄱ. 뜻이 그 말의 본래의 뜻과 너무나 동떨어져 있을 때.
      예 : ありがたい(有難い) あさましい(浅ましい) あいそう(愛想) さしあげる(差し上げる) 顔だち(立ち)
      단, 術語에 있어서 慣用上 한자로 써 온 것은 예외임.
      예 : 差入れ 差押え 取調 打合せ
   ㄴ. 한 말로서의 의식이 강할 때.
      예 : あおむく(仰向く) くどく(口説く) しくみ(仕組)
   ㄷ. 漢字로 쓰면 잘못 읽을 우려가 있을 때.
      예 : 大ぜい(勢) 出どころ(所) すまい(住居)
6. 借字, 熟字訓은 かな로 씀.
   예 : やはり(矢張) めでたい(目出度い) ささやく(私語く) ふさわしい(相応しい) すてき(素敵) きょう(今日)
7. 외국 지명, 인명(중국, 한국 제외) 및 외국어나 외래어는 かたかな로 씀.
   단, 외래어라도 그 의식이 희박한 것은 ひらがな로 씀.
   예 : たばこ さらさ かるた
8. 동식물 이름은 원칙적으로 かな로 씀.

(3) 바꾸어 말하기, 바꾸어 쓰기

当用漢字로 쓸 수 없는 말은 (2)의 かな로 쓰는 말의 각 항을 기준으로 하되, 다음의 요령에 따라 바꾸어 말하든지 또는 바꾸어 씀.

1. 当用漢字로 쓸 수 없는 말이 日語일 때는 그 일부 또는 전부를 かな로 쓰거나 当用漢字로 바꾸어 씀.
   예 : 綴り方→つづり方 果物→くだもの
   俤→おもかげ, 面影 腥→なまぐさい, 生臭い
2. 当用漢字로 쓸 수 없는 말이 漢語일 때는 다음의 요령에 의하여 바꾸어 쓰거나 바꾸어 말함.
   ㄱ. 当用漢字 혹은 かな로 쓸 수 있는 적당한 日

語로 바꿈.
예 : 含嗽→うがい　杜絶する→とだえる
旱魃→ひでり　夭折→若死
ㄴ. 当用漢字로 쓸 수 있는 쉬운 한자어로 바꾸어 씀.
예 : 安堵→安心　輿論→世論　宿痾→持病
竣工→落成
ㄷ. 같은 음의 다른 한자로 바꾸어 씀.
예 : 月蝕→月食　聯合→連合　蒸溜→蒸留
智将→知将
ㄹ. 慣用的인 成句, 成語는 그 뜻을 쉽게 바꾸든가 또는 완전히 딴 표현으로 고침.
예 : 人口に膾炙する→広く知れ渡る
糟糠の 妻→貧苦をともにした妻
ㅁ. 외국어를 사용하여 かな로 씀.
예 : 間諜→スパイ　節奏→リズム
閃光→スパーク

(4) 現代かな 表記法의 요령

(1946년 11월 日本 内閣告示로 제정된 現代かな 표기법은 대체로 현대어의 음에 기준해서 현대어를 かな로 표기하는 경우의 준칙을 보이는 것임)

現代かな 표기법은 주로 현대문 중 口語体의 것에 적용함. 원문의 かな 표기법에 따를 필요가 있는 것, 또는 이것을 변경하기 어려운 것은 제외함.

1. 「ゐ」「ゑ」「を」는 「い」「え」「お」로 씀.
단, 조사의 「を」는 제외함.
예 : ゐど(井戸)→いど　ゆゐごん(遺言)→ゆいごん
こゑ(声)→こえ　うゑる(植)→うえる
をどる(踊)→おどる　かをく(家屋)→かおく
단, 助詞의 「を」는 그전대로 씀.
예 : 本を読む　字を書く
2. 「くゎ」「ぐゎ」는 「か」「が」로 씀.
예 : くゎがく(科学)→かがく
くゎつどう(活動)→かつどう
ぐゎいこく(外国)→がいこく
いちぐゎつ(一月)→いちがつ
3. 「ぢ」「づ」는 「じ」「ず」로 씀.
예 : あぢ(味)→あじ　ぢょせい(女性)→じょせい
ゆづる(譲)→ゆずる　しづかに(静)→しずかに
단,
ㄱ. 두 말의 연합으로 생긴 「ぢ」「づ」는 「ぢ」「づ」로 씀.
예 : はなぢ(鼻血)　ちかぢか(近々)
みかづき(三日月)　ひきづな(引綱)
ㄴ. 같은 음을 붙여 읽을 때 생기는 「ぢ」「づ」는 「ぢ」「づ」로 씀.
예 : ちぢむ(縮)　つづく(続)
4. 「ワ」로 발음되는 「は」는 「わ」로 씀.
단, 조사의 「は」는 「は」로 쓰는 것을 원칙으로 함.
예 : かはら(瓦)→かわら　まはる(回)→まわる
あらはない(洗)→あらわない
すなはち→すなわち
5. 「イ」로 발음되는 「ひ」는 「い」로 씀.
예 : うぐひす→うぐいす
たひらげる(平)→たいらげる
おもひます(思)→おもいます
こひしい(恋)→こいしい
6. 「ウ」로 발음되는 「ふ」는 「う」로 씀.
예 : あらふ(洗)→あらう　おもふ(思)→おもう
7. 「オ」로 발음되는 「ふ」는 「お」로 씀.
예 : あふぐ(仰)→あおぐ　たふす(倒)→たおす
8. 「エ」로 발음되는 「へ」는 「え」로 씀.
단, 조사의 「へ」는 「へ」로 쓰는 것을 원칙으로 함.
예 : かへる(蛙)→かえる　いへ(家)→いえ
かへる(帰)→かえる　すくへ(救)→すくえ
9. 「オ」로 발음되는 「ほ」는 「お」로 씀.
예 : いきほひ(勢)→いきおい　とほる(通)→とおる
おほきい(大)→おおきい
10. 「ユ」의 장음은 「ゆう」로 씀.
예 : りいう(理由)→りゆう
ゆふがた(夕方)→ゆうがた
11. エ列의 장음은 エ列의 かな에 「え」를 붙여서 씀.
예 : ねえさん, ええ
12. 「オ」의 장음은 「おう」로 씀.
예 : ちゅうあう(中央)→ちゅうおう
こくわう(国王)→こくおう　あふぎ(扇)→おうぎ
かはう(買)→かおう
단, 예전에 「おほい」「とほい」로 쓰던 것을 「おおい」「とおい」라고 씀.
13. 「コ」「ゴ」의 장음은 「こう」「ごう」로 씀.
예 : かうざん(高山)→こうざん
くゎうせん(光線)→こうせん
かふおつ(甲乙)→こうおつ　こふ(劫)→こう
いそがう(急)→いそごう
ばんがう(番号)→ばんごう
ぐゎうぐゎう(轟々)→ごうごう
いちがふ(一合)→いちごう
ざいごふ(罪業)→ざいごう
14. 「ソ」「ゾ」의 장음은 「そう」「ぞう」로 씀.
예 : はなさう(話)→はなそう
さうてう(早朝)→そうちょう
さふらふ(候)→そうろう
さふわ(挿話)→そうわ
せいざう(製造)→せいぞう
ざふきん(雑巾)→ぞうきん
15. 「ト」「ド」의 장음은 「とう」「どう」로 씀.
예 : かたう(勝)→かとう
たうぜん(当然)→とうぜん
たふ(塔)→とう　すゐたふ(出納)→すいとう
だうろ(道路)→どうろ　ぶだう(葡萄)→ぶどう
16. 「ノ」의 장음은 「のう」로 씀.
예 : しなう(死)→しのう　くなう(苦悩)→くのう
なふにふ(納入)→のうにゅう
きのふ(昨日)→きのう
17. 「ホ」「ポ」「ボ」의 장음은 「ほう」「ぽう」「ぼう」로

씀.

예：はうこく(報告)→ほうこく
はふりつ(法律)→ほうりつ
はっぱう(八方)→はっぽう
りっぱふ(立法)→りっぽう
あそばう(遊)→あそぼう　きばう(希望)→きぼう
びんばふ(ぼふ)(貧乏)→びんぼう

18. 「モ」의 장음은 「もう」로 씀.
예：まうける(儲)→もうける
まうもく(盲目)→もうもく
たのまう(頼)→たのもう

19. 「ヨ」의 장음은 「よう」로 씀.
예：やうか(八日)→ようか
やうやく(漸)→ようやく
たいやう(太陽)→たいよう
えうりゃう(要領)→ようりょう
こうえふ(紅葉)→こうよう

20. 「ロ」의 장음은 「ろう」로 씀.
예：かへらう(帰)→かえろう
らうじん(老人)→ろうじん
らふそく(蠟燭)→ろうそく

21. 「キュ」「ギュ」의 장음은 「きゅう」「ぎゅう」로 씀.
예：おほきう(大)→おおきゅう
きうやう(休養)→きゅうよう
かいきふ(階級)→かいきゅう
ぎうにゅう(牛乳)→ぎゅうにゅう

22. 「シュ」「ジュ」의 장음은「しゅう」「じゅう」로 씀.
예：あたらしう(新)→あたらしゅう
いうしう(優秀)→ゆうしゅう
れんしふ(練習)→れんしゅう
じうなん(柔軟)→じゅうなん
じふ(十)→じゅう
ぼくじふ(墨汁)→ぼくじゅう
まんぢゅう(饅頭)→まんじゅう

23. 「チュ」의 장음은 「ちゅう」로 씀.
예：うちう(宇宙)→うちゅう

24. 「ニュ」의 장음은 「にゅう」로 씀.
예：にうわ(柔和)→にゅうわ
にふがく(入学)→にゅうがく

25. 「ヒュ」「ビュ」의 장음은「ひゅう」「びゅう」로 씀.
예：ひうが(日向)→ひゅうが
ごびう(誤謬)→ごびゅう

26. 「リュ」의 장음은 「りゅう」로 씀.
예：りうかう(流行)→りゅうこう
こんりふ(建立)→こんりゅう

27. 「キョ」「ギョ」의 장음은「きょう」「ぎょう」로 씀.
예：とうきゃう(東京)→とうきょう
けういく(教育)→きょういく
けふ(今日)→きょう
けふりょく(協力)→きょうりょく
しゅぎゃう(修行)→しゅぎょう
こんげう(今暁)→こんぎょう
げふむ(業務)→ぎょうむ

28. 「ショ」「ジョ」의 장음은「しょう」「じょう」로 씀.
예：しゃうぢき(正直)→しょうじき
よいでせう→よいでしょう
せうそく(消息)→しょうそく
かうせふ(交渉)→こうしょう
じゃうず(上手)→じょうず
れいぢゃう(令嬢)→れいじょう
ぜうぜつ(饒舌)→じょうぜつ
さんでう(三条)→さんじょう
ろくでふ(六畳)→ろくじょう

29. 「チョ」의 장음은 「ちょう」로 씀.
예：ちゃうたん(長短)→ちょうたん
ぜんてう(前兆)→ぜんちょう　てふ(蝶)→ちょう

30. 「ニョ」의 장음은 「にょう」로 씀.
예：ねう(尿)→にょう

31. 「ヒョ」「ビョ」의 장음은「ひょう」「びょう」로 씀.
예：ひゃうばん(評判)→ひょうばん
とうへう(投票)→とうひょう
びゃうき(病気)→びょうき
べうしゃ(描写)→びょうしゃ

32. 「ミョ」의 장음은 「みょう」로 씀.
예：みゃうにち(明日)→みょうにち
じゅみゃう(寿命)→じゅみょう
めうぎ(妙技)→みょうぎ
めうじ(苗字)→みょうじ

33. 「リョ」의 장음은 「りょう」로 씀.
예：ぜんりゃう(善良)→ぜんりょう
りゃうはう(両方)→りょうほう
れうり(料理)→りょうり
しゅうれう(終了)→しゅうりょう
れふ(猟)→りょう

〔비고〕

1. ア열의 장음은 ア열의 かな에 「あ」를 붙여서 씀.
2. イ열의 장음은 イ열의 かな에 「い」를 붙여서 씀.
3. ウ열의 장음은 ウ열의 かな에 「う」를 붙여서 씀.
4. エ열의 장음은 エ열의 かな에 「え」를 붙여서 씀.
5. オ열의 장음은 オ열의 かな에 「う」를 붙여서 씀.
6. ア열 拗音의 장음은 ア열 拗音의 かな에 「あ」를 붙여서 씀.
7. ウ열 拗音의 장음은 ウ열 拗音의 かな에 「う」를 붙여서 씀.
8. オ열 拗音의 장음은 オ열 拗音의 かな에 「う」를 붙여서 쓰는 것을 원칙으로 함.
9. 拗音을 나타내는 데에는 「や」「ゆ」「よ」를 쓰되 되도록 오른쪽 아래에 작게 씀.
10. 促音을 나타낼 때는「つ」를 쓰되, 되도록 오른쪽 아래에 작게 씀.

로마자 표기

日語의 로마자 표기는 제 1 표에 준하는 것을 원칙으로 하나, 제 2 표의 표기법을 사용해도 무방함.

제 1 표 〔( )는 중복 표시〕

a	i	u	e	o			
あ	い	う	え	お			
ka	ki	ku	ke	ko	kya	kyu	kyo
か	き	く	け	こ	きゃ	きゅ	きょ
sa	si	su	se	so	sya	syu	syo
さ	し	す	せ	そ	しゃ	しゅ	しょ
ta	ti	tu	te	to	tya	tyu	tyo
た	ち	つ	て	と	ちゃ	ちゅ	ちょ
na	ni	nu	ne	no	nya	nyu	nyo
な	に	ぬ	ね	の	にゃ	にゅ	にょ
ha	hi	hu	he	ho	hya	hyu	hyo
は	ひ	ふ	へ	ほ	ひゃ	ひゅ	ひょ
ma	mi	mu	me	mo	mya	myu	myo
ま	み	む	め	も	みゃ	みゅ	みょ
ya	(i)	yu	(e)	yo			
や	い	ゆ	え	よ			
ra	ri	ru	re	ro	rya	ryu	ryo
ら	り	る	れ	ろ	りゃ	りゅ	りょ
wa	(i)	(u)	(e)	(o)			
わ	ゐ	う	ゑ	を			
ga	gi	gu	ge	go	gya	gyu	gyo
が	ぎ	ぐ	げ	ご	ぎゃ	ぎゅ	ぎょ
za	zi	zu	ze	zo	zya	zyu	zyo
ざ	じ	ず	ぜ	ぞ	じゃ	じゅ	じょ
da	(zi)	(zu)	de	do	(zya)	(zyu)	(zyo)
だ	ぢ	づ	で	ど	ぢゃ	ぢゅ	ぢょ
ba	bi	bu	be	bo	bya	byu	byo
ば	び	ぶ	べ	ぼ	びゃ	びゅ	びょ
pa	pi	pu	pe	po	pya	pyu	pyo
ぱ	ぴ	ぷ	ぺ	ぽ	ぴゃ	ぴゅ	ぴょ

제 2 표

sha	shi	shu	sho
しゃ	し	しゅ	しょ
		tsu	
		つ	
cha	chi	chu	cho
ちゃ	ち	ちゅ	ちょ
		fu	
		ふ	
ja	ji	ju	jo
じゃ	じ	じゅ	じょ
di du	dya	dyu	dyo
ぢ づ	ぢゃ	ぢゅ	ぢょ
kwa			
くゎ			
gwa			
ぐゎ			
			wo
			を

〔부기〕 앞 표에 정해진 것 외에는 대체로 다음 각 항에 따름.

1. 「ン」은 모두 n을 씀.
2. n과 다음에 오는 모음자 또는 y등을 뗄 필요가 있을 경우에는 n 다음에 "'"를 넣음.
3. 促音은 최초의 자음자를 겹쳐서 나타냄.
4. 장음은 모음자 위에 "^"를 붙여서 나타내고, 대문자의 경우는 모음자를 나란히 써도 무방함.
5. 특수음의 표기법은 자유로이 함.
6. 문장의 첫머리와 고유명사는 語頭를 대문자로 씀. 한편 고유 명사 이외의 명사 첫글자를 대문자로 써도 무방함.

(5) 送りがな 붙이기

(1959년 7월 11일 日本 内閣告示)

1. 이 送りがな 붙이는 법은현대 口語文을 쓸 경우 漢字 밑에 かな 붙이는 법의 근거를 나타낸 것임.
2. 이 送りがな 붙이는 법은 다음과 같음.
   ㄱ. 활용어 및 활용어를 포함한 말은 그 활용어의 어미를 붙임.
   ㄴ. 되도록 誤読, 難読의 우려가 없도록 함.
   ㄷ. 慣用이 고정되었다고 인정되는 것은 그것에 따름.
   이 三個条를 방침으로 하여 정한 것임.
3. 이 送りがな 붙이는 법의 通則은 편의상 품사별로 배열했음.
   用例는 送りがな 붙이는 법을 보인 것으로서 그 말을 쓰는 데 한자를 사용할 것인가 안할 것인가를 보인 것은 아님.

〔통 칙〕

1. 동 사

ㄱ. 동사는 활용 어미를 붙임.
예 : 書く 読む 生きる 考える
단, 다음 말은 활용 어미의 앞의 음절부터 붙임.
表わす 著わす 現われる 行なう 脅かす
異なる 断わる 賜わる 群がる 和らぐ

ㄴ. 활용 않는 부분에 다른 동사의 활용형이나 그에 준하는 것을 포함한 동사는, 포함되어 있는 동사의 送りがな에 따라서 붙임.
예 : 浮かぶ(浮く) 動かす(動く) 及ぼす(及ぶ)
語らう(語る) 聞こえる(聞く) 積もる(積む)
照らす(照る) 計らう(計る) 向かう(向く)
起こす, 起こる(起きる) 終わる(終える)
悔やむ(悔いる) 定まる(定める)

ㄷ. 활용 않는 부분에 형용사의 어간을 포함하는 동사는, 그 형용사의 送りがな에 따라서 붙임.
예 : 近づく 遠のく 赤らめる 重んずる
怪しむ 悲しむ 苦しがる

ㄹ. 활용 않는 부분에 형용 동사의 어간을 포함하는 동사는, 그 형용 동사의 送りがな에 따라서 붙임.
예 : 確かめる

ㅁ. 활용 않는 부분에 명사를 포함하는 동사는, 그 명사의 送りがな에 따라서 붙임.
예 : 黄ばむ 春めく 先んずる 横たわる

ㅂ. 동사와 동사가 결합된 동사는, 각 동사의 送りがな에 따라서 붙임.
예 : 移り変わる 思い出す 流れ込む 譲り渡す

2. 형용사

ㄱ. 형용사는 활용 어미를 붙임. 어간이 「し」로 끝나는 것은 「し」에서부터 붙임.
예 : 暑い 白い 高い 若い 新しい 美しい
苦しい 珍しい

단, 다음 말은 활용 어미의 앞 음절부터 붙임.
明るい 危うい 大きい 少ない 小さい
冷たい、 平たい

ㄴ. 활용 않는 부분에 다른 형용사의 어간을 포함한 형용사는, 포함되어 있는 형용사의 送りがな에 따라서 붙임.
예 : 重たい 憎らしい 古めかしい

ㄷ. 활용 않는 부분에 동사의 활용형이나 그것에 준하는 것을 포함한 형용사는, 그 동사의 送りがな에 따라서 붙임.
예 : 勇ましい 輝かしい 頼もしい 喜ばしい 恐ろしい

ㄹ. 활용 않는 부분에 형용 동사의 어간을 포함한 형용사는, 그 형용 동사의 送りがな에 따라서 붙임.
예 : 暖かい 細かい 柔らかい 愚かしい

ㅁ. 동사와 형용사가 결합된 형용사는, 그 동사와 형용사의 送りがな에 따라서 붙임.
예 : 聞き苦しい 待ち遠しい

3. 형용 동사

ㄱ. 형용 동사는 활용 어미를 붙임.
예 : 急だ(な) 別だ(な) 適切だ(な)
積極的だ(な)

ㄴ. 활용 어미의 앞에 「た」「か」「ら」「やか」「らか」를 포함한 형용 동사는, 그 음절에서부터 붙임.
예 : 新ただ 静かだ 確かだ 平らだ 穏やかだ 健やかだ 明らかだ 朗らかだ

ㄷ. 활용 않는 부분에 형용사의 어간을 포함한 형용 동사는, 그 형용사의 送りがな에 따라서 붙임.
예 : 清らかだ 高らかだ 同じだ

ㄹ. 활용 않는 부분에 동사의 활용형이나 또는 그것에 준하는것을 포함하는 형용 동사는, 그 동사의 送りがな에 따라서 붙임.
예 : 晴れやかだ 冷ややかだ

4. 명 사

ㄱ. 명사는 送りがな를 붙이지 않음.
예 : 頂 帯 趣 畳 隣
단, 다음의 말은 맨 나중의 음절을 붙임.
哀れ 後ろ 幸い 互い 半ば 情け 斜め
誉れ 災い

ㄴ. 활용어로부터 바꾸어진 느낌이 명확한 명사는 그 활용어의 送りがな를 붙임.
예 : 動き 戦い 残り 苦しみ 近く 遠く
단,
①誤読이나 難読의 우려가 없는것은 괄호 속에 표시한 모양으로 送りがな를 생략해도 좋음.
예 : 現われ(現れ) 行ない(行い) 断わり(断り)
聞こえ(聞え) 向かい(向い) 起こり(起り)
終わり(終り) 代わり(代り)
②관용이 고정된 것으로 인정되는 다음의 말들은 送りがな를 붙이지 않아도 좋음.
卸 組 恋 志 次 富 恥 話 光 舞
巻 届

ㄷ. 형용사, 형용 동사의 어간에 「さ」「み」「げ」등이 붙어서 명사로 되어 있는 것은, 그 형용사나 형용 동사의 送りがな에 따라서 붙임.
예 : 大きさ 正しさ 明るみ 惜しげ 確かさ

ㄹ. 활용어를 포함하는 복합 명사는 그 활용어의 送りがな에 따라서 붙임.
예 : 心構え 日延べ 物知り 山登り 教え子
考え方 続き物 包み紙 大写し 長生き
早起き 歩み寄り 見送り 読み書き
단, 誤読이나 難読의 우려가 없는 것은 괄호 속에 보인 것과 같이 送りがな를 생략해도 됨.
예 : 帯止め(帯止) 気持ち(気持) 綱引き(綱引)
封切り(封切) 金詰まり(金詰り)
心当たり(心当り) 身代わり(身代り)
大向こう(大向う) 編み物(編物)
受け身(受身) 掛け図(掛図) 死に時(死時)
合わせ鏡(合せ鏡) 打ち切り(打切り)
売り出し(売出し) 落ち着き(落着き)
申し込み(申込み) 取り締まり(取締り)
果たし合い(果し合い) 向かい合わせ(向い合せ)
書き入れ時(書入れ時) 打ち合わせ会(打合せ会)
〔비고〕「置きみやげ」「払いもどし」 모양으로 뒷부분을 かな로 쓰는 경우에는 앞의 동사의 送りがな를 생략하지 않음.

ㅁ. 관용으로 고정되었다고 인정되는 다음과 같은 말은 원칙적으로 送りがな를 붙이지 아니함.
예 : 献立 座敷 関取 手当 頭取 仲買 場合
番付 日付 歩合 物語 役割 屋敷 夕立
両替 …係(進行係) …割(二割) 小包 植木
織物 係員 切手 切符 消印 立場 建物
請負 受付 受取 書留 組合 踏切 振替
割合 割引 貸付金 借入金 繰越金 積立金
取扱所 取締役 取次店 取引所 乗換駅
乗組員 引受人 振出人 待合室 見積書
申込書 浮世絵 小売商 代金引換

ㅂ. 수를 세는 「つ」를 포함한 명사는 그 「つ」를 붙임.
예 : 1つ 2つ 3つ

5. 대명사

대명사는 送りがな를 붙이지 아니함.
예 : 彼 彼女 何

6. 부 사

ㄱ. 부사는 맨 나중 음절을 붙임.
예 : 必ず 少し 再び 全く 最も
단, 다음 말은 그 앞 음절을 붙임.
直ちに 大いに

ㄴ. 다른 부사를 포함하고 있는 부사는, 포함하고 있는 부사의 送りがな에 따라서 붙임.
예 : 必ずしも

ㄷ. 명사를 포함한 부사는 그 명사의 送りがな에 따라서 붙임.
예：幸いに 互いに 斜めに

ㄹ. 활용어를 포함한 부사는 그 활용어의 送りがな에 따라서 붙임.
예：絶えず 少なくとも
〔주의〕 동사와 동사가 결합된 동사에 대해서는 특히 짧게 쓸 필요가 있을 경우「打(ち)切る」「繰(り)返す」「差(し)上げる」와 같이 괄호 안의 送りがな를 생략해도 무방함. 표에 기입하거나 기호로 쓰는 경우에는「晴(れ)」「曇(り)」「問(い)」「答(え)」「終(わり)」「生(まれ)」「押(す)」와 같이 괄호 속의 送りがな를 생략해도 무방함.

(6) かたかな로 쓰는 말

1. 외래어나 외국의 지명, 인명을 표기하는 경우.
예：テレビジョン フランス ノーベル
2. 擬声語를 써서 나타내는 경우.
예：ガタガタ トントン ビュービュー
3. 발음 기호로서 표기하는 경우.
예：オンガク トケー
4. 전보문을 쓰는 경우.
예：アスアサ六ジ ツク
5. 術語인 것을 명확히 하고 싶은 경우.
예：早メ点火 サビ止ペイント

(7) 外来語 쓰는 법

1. 외래어를 かな로 쓸 경우, 특별한 사정이 없는 한「ファ」「フィ」「フェ」「フォ」,「ヴァ」「ヴィ」「ヴ」「ヴェ」「ヴォ」대신에「ハ」「ヒ」「ヘ」「ホ」,「バ」「ビ」「ブ」「ベ」「ボ」로 씀.
예：ホルマリン プラットホーム バイオリン ビタミン ベランダ ボルト
단,「フィクション」「ニューフェース」「フォーム」등은 써도 무방함.
2. 외래어를 かな로 쓸 경우, 특별한 사정이 없는 한「ティ」「ディ」대신「チ」「ジ」로 씀.
예：チンキ チーム ラジオ ジレンマ
단,「ティーパーティー」「ハンディキャップ」등은 써도 무방함.
3. 외래어를 かな로 쓸 경우, 원어 철자에 있어서의「ia」의「a」는 원칙으로「ア」로 씀.
예：ピアノ ダイアル
단,「ダイヤ」「カナリヤ」등은 써도 무방함.
4. 원어 철자 끝의「er」「or」「ar」등을 かな로 쓰는 경우에는 장음 부호「ー」를 사용함. 단, 생략하는 관용이 있는 것이나 앞으로 만드는 술어에는 반드시 붙이지 않아도 좋음.
예：ライター エレベーター ハンマ スリッパ ドア エネルギー エントロピー

(8) 人名 쓰기

Ⅰ. 외국 인명 쓰기

1. 외국 인명(한국, 중국은 제외)은 원칙적으로 かたかな로 씀.
2. 외국 인명은 되도록 그 나라 음을 따라서 씀. 따라서 외국어에 한해서「ヴァ」「ヴィ」「ヴ」「ヴェ」「ヴォ」의 표기를 쓸 수도 있음. 단, 관용상 고정되어 있는 것은 그것에 따라 씀.
3. 외국 인명이 두 말 이상으로 나누어질 경우, 그 사이에 붙임 표시「=」(더블 하이픈)을 넣음.
예：レオナルド=ダ=ヴィンチ
4. 중국 인명(주로 中華民国 이후의 것)은 원칙상 현대 중국 표준음에 따라 かたかな로 씀.

Ⅱ. 日本姓 읽기

일본인의 姓 읽기는 한자의 音과 訓을 섞어 읽기 때문에 꽤 까다롭다. 여기에 상식적으로 알아두어야 할 대표적인 姓을 들어 둔다.

二見	(ふたみ)	二宮	(にのみや)
入江	(いりえ)	八木	(やぎ)
ト部	(うらべ)	人見	(ひとみ)
乃木	(のぎ)	三木	(みき)
三井	(みつい)	三好	(みよし)
三宅	(みやけ)	三枝	(さえぐさ)
三浦	(みうら)	三島	(みしま)
三輪	(みわ)	上杉	(うえすぎ)
上原	(うえはら)	下田	(しもだ)
下村	(しもむら)	丸尾	(まるお)
丸茂	(まるも)	久米	(くめ)
久我	(くが)	久保田	(くぼた)
土井	(どい)	土方	(ひじかた)
土屋	(つちや)	小田原	(おだわら)
小出	(こいで)	小池	(こいけ)
小杉	(こすぎ)	小島	(こじま)
小宮山	(こみやま)	小倉	(おぐら)
小野	(おの)	大津	(おおつ)
大庭	(おおば)	山下	(やました)
山本	(やまもと)	川合	(かわい)
川鍋	(かわなべ)	千葉	(ちば)
工藤	(くどう)	中川	(なかがわ)
中井	(なかい)	中田	(なかだ)
中西	(なかにし)	中村	(なかむら)
中谷	(なかや)	中林	(なかばやし)
中島	(なかじま)	水上	(みながみ)
水谷	(みずたに)	丹羽	(にわ)
丹波	(たんば)	井上	(いのうえ)
井口	(いぐち)	井出	(いで)
井関	(いぜき)	内田	(うちだ)
内海	(うつみ)	内藤	(ないとう)
安井	(やすい)	安倍	(あべ)
安達	(あだち)	木下	(きのした)
木暮	(こぐれ)	日下部	(くさかべ)

及川 (おいかわ)
戸田 (とだ)
友枝 (ともえだ)
天野 (あまの)
犬飼 (いぬかい)
平田 (ひらた)
平塚 (ひらつか)
古谷 (ふるや)
市場 (いちば)
北條 (ほうじょう)
加島 (かじま)
加藤 (かとう)
比屋根 (ひやね)
立田 (たった)
立松 (たてまつ)
矢島 (やじま)
生島 (いくしま)
田代 (たしろ)
田淵 (たぶち)
氷上 (ひかみ)
正木 (まさき)
末次 (すえつぐ)
石原 (いしはら)
本間 (ほんま)
寺内 (てらうち)
寺岡 (てらおか)
宇都宮 (うつのみや)
羽生 (はぶ)
米倉 (よねくら)
竹内 (たけうち)
伊丹 (いたみ)
伊庭 (いば)
百瀬 (ももせ)
辻 (つじ)
吉田 (よしだ)
有吉 (ありよし)
仲沢 (なかざわ)
光明 (こうみょう)
成瀬 (なるせ)
各務 (かがみ)
江藤 (えとう)
尾崎 (おざき)
佐藤 (さとう)
赤城 (あかぎ)
児島 (こじま)
坂本 (さかもと)
村上 (むらかみ)
沢田 (さわだ)
芦沢 (あしざわ)
志賀 (しが)
金子 (かねこ)
武富 (たけとみ)
河内 (かわち)

今井 (いまい)
毛利 (もうり)
氏家 (うじいえ)
五十嵐 (いがらし)
平井 (ひらい)
平林 (ひらばやし)
古川 (ふるかわ)
古賀 (こが)
北川 (きたがわ)
加茂 (かも)
加納 (かのう)
比田 (ひだ)
立川 (たちかわ)
立沢 (たつざわ)
矢部 (やべ)
生田 (いくた)
田中 (たなか)
田辺 (たなべ)
白川 (しらかわ)
永井 (ながい)
代田 (しろた)
布施 (ふせ)
甲野 (こうの)
広瀬 (ひろせ)
寺田 (てらだ)
宇佐見 (うさみ)
守谷 (もりや)
羽田 (はねだ)
米田 (よねだ)
竹田 (たけだ)
伊東 (いとう)
百井 (ももい)
冲 (おき)
早川 (はやかわ)
池尻 (いけじり)
西尾 (にしお)
伏見 (ふしみ)
成田 (なりた)
会津 (あいず)
衣笠 (きぬがさ)
尾谷 (おたに)
佐伯 (さへき)
赤沼 (あかぬま)
児玉 (こだま)
坂内 (ばんない)
佃 (つくだ)
角田 (つのだ)
町田 (まちだ)
我妻 (あづま)
芳賀 (はが)
金井 (かない)
武藤 (むとう)
河合 (かわい)

河野 (こうの)
近藤 (こんどう)
牧野 (まきの)
長谷川 (はせがわ)
長門 (ながと)
和泉 (いずみ)
国松 (くにまつ)
松隈 (まつくま)
林 (はやし)
並木 (なみき)
岡本 (おかもと)
岩永 (いわなが)
板垣 (いたがき)
門脇 (かどわき)
宗像 (むなかた)
飛田 (とびた)
南 (みなみ)
南原 (なんばら)
相沢 (あいざわ)
皆川 (みながわ)
春日 (かすが)
柏木 (かしわぎ)
津田 (つだ)
秋本 (あきもと)
保科 (ほしな)
星野 (ほしの)
狩野 (かのう)
後藤 (ごとう)
城戸 (きど)
高橋 (たかはし)
真崎 (まざき)
神谷 (かみや)
神崎 (かんざき)
宮崎 (みやざき)
夏川 (なつかわ)
浜口 (はまぐち)
倉本 (くらもと)
浮田 (うきた)
唐沢 (からさわ)
島津 (しまづ)
馬場 (ばば)
笹森 (ささもり)
亀山 (かめやま)
望月 (もちづき)
清水 (しみず)
梨本 (なしもと)
菊池 (きくち)
梅沢 (うめざわ)
渋谷 (しぶや)
浅沼 (あさぬま)
鹿島 (かしま)
堀口 (ほりぐち)
堀越 (ほりこし)

近松 (ちかまつ)
牧田 (まきた)
長田 (おさだ)
長沼 (ながぬま)
和田 (わだ)
国安 (くにやす)
松下 (まつした)
東 (ひがし, あずま)
岸 (きし)
直木 (なおき)
明石 (あかし)
若林 (わかばやし)
青柳 (あおやぎ)
服部 (はっとり)
斉藤 (さいとう)
飛鳥 (あすか)
南波 (なんば)
相良 (さがら)
相原 (あいはら)
香川 (かがわ)
荒井 (あらい)
重田 (しげた)
前田 (まえだ)
厚見 (あつみ)
茂原 (しげはら)
畑野 (はたの)
柘植 (つげ)
柳瀬 (やなせ)
高柳 (たかやぎ)
真室 (まむろ)
神戸 (こうべ)
神保 (じんぼう)
宮代 (みやしろ)
原 (はら)
畠山 (はたけやま)
酒井 (さかい)
桐本 (きりもと)
海老原 (えびはら)
時枝 (ときえだ)
浦部 (うらべ)
根岸 (ねぎし)
深川 (ふかがわ)
梶山 (かじやま)
笠井 (かさい)
船田 (ふなだ)
麻生 (あそう)
鳥羽 (とば)
野沢 (のざわ)
細谷 (ほそや)
副島 (そえじま)
菅原 (すがわら)
堀内 (ほりうち)
番匠谷 (ばんしょうや)

猪 野 (いの)　湯 川 (ゆかわ)
黒 田 (くろだ)　朝 永 (ともなが)
落 合 (おちあい)　椎 名 (しいな)
渡 辺 (わたなべ)　渥 見 (あつみ)
植 村 (うえむら)　結 城 (ゆうき)
曾 根 (そね)　萩 原 (はぎわら)
都 筑 (つづき)　森 繁 (もりしげ)
逸 見 (はやみ)　飯 田 (いいだ)
飯 塚 (いいづか)　新 井 (あらい)
新 田 (にった)　豊 臣 (とよとみ)
豊 谷 (とよたに)　楠 (くすのき)
鈴 木 (すずき)　溝 口 (みぞぐち)
園 田 (そのだ)　奥 田 (おくだ)
塚 本 (つかもと)　塩 谷 (しおや)
滝 沢 (たきざわ)　遠 山 (とおやま)
遠 藤 (えんどう)　福 永 (ふくなが)
福 島 (ふくしま)　熊 本 (くまもと)
熊 谷 (くまがい)　関 根 (せきね)
綿 貫 (わたぬき)　稲 垣 (いながき)
樋 口 (ひぐち)　影 山 (かげやま)
緒 方 (おがた)　増 田 (ますだ)
橋 爪 (はしづめ)　横 江 (よこえ)
築 地 (つきぢ)　鮎 沢 (あゆざわ)
篠 崎 (しのざき)　磯 貝 (いそがい)
織 田 (おだ)　織 本 (おりもと)
鎌 田 (かまた)　藤 原 (ふじわら)
瀬 戸 (せと)

(9) 地名 읽기와 쓰기

(1958년 12월 日本 文部省 발표)

Ⅰ. 지명 읽기와 쓰기에 관한 방침

1. 지명의 개념
여기에서 말하는 지명은 陸地·水域에 관한 명칭, 지방·도시·촌락 등의 명칭, 地点, 地線 및 地域에 붙여진 명칭을 말함.

2. 지명 쓰는 법
ㄱ. 일본의 지명을 쓰는 데에 있어서는 종래의 관습에 따르나 의무 교육에 있어서의 学童의 한자에 대한 능력을 고려함.
ㄴ. 외국의 지명은 한자에 ひらがな를 섞어 쓴 문장이나, 地圖 등에 있어서 원칙적으로 かたかな를 쓰는 것으로 함.
ㄷ. 외국 지명은 되도록 그 나라나 그 지역에서 쓰이는 발음에 따라서 씀.
단, 현지 음과 동떨어진 말이라도 관용이 되어 버려 그것을 고침으로써 혼란이 예상되는 것은 종래의 관용에 따름.

Ⅱ. 일반 외국의 지명

〔원 칙〕

1. 외국 지명은 원칙적으로 かたかな로 씀.
2. 외국 지명은 되도록 현지 음을 쓰되 관용상 익숙해진 것은 그것에 따라서 씀.
3. 외국 지명은 되도록 쉽고 친근해지기 쉽게 씀.

〔세 칙〕

1. 「ヂ」「ヅ」「ヰ」「ヱ」「ヲ」「ヴ」의 글자는 쓰지 아니함.
예 : Cambodia カンボジ(×ヂ)ア
Katmandu カトマンズ(×ヅ)
Wien ウィ(×ヰ)ーン
Wellington ウェ(×ヱ)リントン
Waltham ウォ(×ヲ)ルサム
Venezia ベ(×ヴェ)ネチア
2. 원음에 있어서의 「ティ」「ディ」「デュ」「ジュ」「イェ」의 음은 되도록 「チ」「ジ」「ジュ」「ゼ」「エ」 등으로 씀.
예 : Tigris チ(×ティ)グリス
Edinburgh エジ(×ディ)ンバラ
Tunis チュ(×テュ)ニス
Düsseldorf ジュッ(×デュッ)セルドルフ
Los Angeles ロサンゼ(×ジェ)ルス
Jerusalem エ(×イェ)ルサレム
3. 撥音은 「ン」으로 씀.
예 : Boston ボストン　Bern ベルン
4. 促音은 작게 「ッ」를 써서 나타냄.
예 : Essen エッセン　Cook クック
5. 종래, 원어의 철자를 좇아서 「ン」「ッ」를 첨가해서 쓴 것은 「ン」「ッ」를 쓰지 아니함.
예 : Pennine Chain ペ(×ン)ニン山脈
Philippines フィリ(×ッ)ピン
6. 拗音은 작게 「ャ」「ュ」「ョ」를 씀.
예 : Champagne シャンパーニュ
New York ニューヨーク
Georgia ジョージア
7. 장음을 나타내는 데에는 장음 부호 「ー」를 첨가해서 쓰며 모음자를 중첩하거나 「ウ」를 쓰거나 하지 아니함.
예 : Auckland オー(×オオ)クランド
Roma ロー(×ロウ)マ
8. 促音「ッ」, 길게 빼는 음 「ー」은 확실한 것이 아니면 되도록 생략함.
예 : Zürich チューリ(×ッ)ヒ
Chile チリ(×ー)
9. 붙임표(連字符号)는 될 수 있는 한 쓰지 않지만 쓸 때에는 더블 하이픈 「=」을 씀.
예 : Federation of Rhodesia and Nyasaland
ローデシア=ニアサランド連邦
10. 주된 외국어 발음과 표기법은 다음 원칙에 따름.

<영어>

ㄱ. 말끝의 (i)a는 「ア」로 씀. 그리고 말끝의 (y)a는 「ヤ」로 쓰되 그 앞이 자음일 때는 「ア」로 씀.
예 : Asia アジア　Italia イタリア
Malaya マラヤ　Libya リビア
Russia ロシア
ㄴ. ley는 「リー」로 쓰며 ray, rey는 「レー」로 쓰

고, lain은 「レン」으로 씀.
예 : Kimberley キンバリー Stanley スタンリー
Gray グレー Grey グレー
Murray(川) マーレー Chamberlain チェンバレン

ㄷ. whea whi 등은 「ホイ」로 씀.
예 : Wheatland ホイートランド
Whitney ホイットニー

ㄹ. 語頭의 Ye, Je는 「エ」로 씀.
예 : Yellowstone エローストン
Jerusalem エルサレム
(예외) Yemen イエメン

ㅁ. gua는 「グア」로 씀.
예 : Paraguay パラグアイ
Guatemala グアテマラ

<도이치어>

ㄱ. St 및 Sp의 S는 「シュ」로 씀.
예 : Stassfurt シュタッスフルト
Stuttgart シュツットガルト
Spree(川) シュプレー

ㄴ. nach는 「ナハ」로 쓰고 「ナッハ」로는 쓰지 아니함.
예 : Eisenach アイゼナハ
Reichenbach ライヘンバハ

ㄷ. 말끝의 berg, burg의 g는 「ク」로 쓰고, 말끝의 ing의 g는 「グ」로 쓰며, ig의 g는 「ヒ」로 씀.
예 : Tannenberg タンネンベルク
Hamburg ハンブルク
Straubing シュトラウビング
Danzig ダンチヒ

ㄹ. 말끝의 d는 「ト」라고 씀.
예 : Rheinland ラインラント

ㅁ. 語頭의 W는 「ワ」「ウィ」「ウ」「ウェ」「ウォ」 등과 같이 씀.
예 : Weimar ワイマール Weser(川)ウェーザー

ㅂ. 말 끝의 er는 「アー」로 발음해서 씀.
예 : Hanover ハノーバー
(예외) Oder(川) オーデル

<프랑스어>

ㄱ. oi 는 「オア」라고 발음해서 씀.
예 : Charleroi シャールロア
Loire(川) ロアール

ㄴ. bourg는 「ブール」로 씀.
예 : Strasbourg ストラスブール

ㄷ. ille, illes는 「イユ」로 씀.
예 : Marseille マルセイユ
Versailles ベルサイユ

ㄹ. gne는 「ニュ」로 씀.
예 : Bretagne ブルターニュ

<이탈리아어>

gna는 「ニャ」로 씀.
예 : Bologna ボローニャ
Campagna カンパーニャ

<스페인어>

ㄱ. ll는 남아메리카에 있어서는 「リ」로 발음되지 않으므로 「イ」라고 발음해서 씀.
예 : Callao カヤオ
(예외) Llanos リャノ

ㄴ. j는 「ハ」「ヒ」「フ」「ヘ」「ホ」로 씀.
예 : San Jossé サンホセ

<슬라브어>

ㄱ. vsk, vski 등의 v는 「フ」로 씀.
예 : Aleksandrovsk アレクサンドロフスク

ㄴ. 말끝의 va는 「ワ」로 씀.
예 : Moskva モスクワ

ㄷ. 軟音符号는 「イ」로 발음됨.
예 : Gor'ki ゴーリギー
Sevastopol' セバストポリ

Ⅲ. 중국, 한국, 사할린(樺太) 및 쿠우릴(千島)의 지명

〔원 칙〕

1. 중국, 한국의 지명은 원칙적으로 각각 그 표준음에 따름.
2. 사할린, 쿠우릴의 지명은 원칙적으로 관용음에 따름. 단, 필요에 따라 현지 음을 附記해도 좋음.
3. 중국, 한국, 사할린, 쿠우릴의 지명은 かたかな로 씀. 단, 관용상 널리 쓰이는 것, 또는 그밖의 필요에 따라서는 한자를 덧붙여 씀.

〔세 칙〕

1. 중국 辺境의 지명은 かたかな로 쓰고 한자를 附記하지 아니함.
예 : チベット(×西蔵 ×吐蕃 ×拓跋 ×土伯等)
チャムス(×佳木斯) ハルビン(×哈爾浜)
チチハル(×斉斉哈爾) ハイラル(×海拉爾)
ウルムチ(×烏魯木基) ラサ(×拉薩)
2. 다음의 지명은 특히 국제 관용음에 따름.
예: アモイ(厦門) ウースン(呉淞) カオルン(九龍)
カンシー(広西)省 カントン(広東)省
キールン(基隆) シェンシー(陝西)
スワトウ(汕頭) ナンキン(南京)
ペキン(北京) マカオ(澳門) ホンコン(香港)
3. 다음의 지명은 특히 한자로 쓰고 관용에 따라 읽음. (주) ( )는 別名, 〔 〕는 읽는 법을 나타낸 것임.
예: 華中(中シナ) 華南(南シナ) 華北(北シナ)
樺太〔からふと〕 黄河 大韓〔だいかん〕民国
台湾 千島 中華民国 中国(チュンクオ)
間宮海峡 満洲 揚子江
4. 행정 단위의 省, 県, 道 등은 한자로 씀.
예 : リャオニン(遼寧)省 イー(義)県
キャンサン(慶尚)南道
단, 한 음절로 된 県의 이름으로써 県城을 뜻하는 경우는 県까지 포함해서 원음으로 나타냄.
예 : イーシェン(義県)
5. 산, 산맥, 湖, 湾, 반도, 분지 등의 接尾辞는 한자로 씀. 江, 水, 河, 渓는 川으로 통일, 또는 山地名으로 嶺자가 붙는 것은 그것을 원음으로 읽고

그 다음에 山脈이나 山地를 붙임.
예 : ウータイ(五台)山　ペクト(白頭)山
クンルン(崑崙)山脈　テーペク(太白)山脈
トンチン(洞庭)湖　ハンチョウ(杭州)湾
シャントン(山東)半島
スーチョワン(四川)盆地　チェチュ(済州)島
シー川(西江)　ナクトン川(洛東江
ウェイ川(渭水)　ホワリェン川(花蓮渓)
チンリン(秦嶺)山脈

Ⅳ. 일본의 자연 지역 명칭

〔원 칙〕

1. 여기서 자연 지역 명칭이라 함은 山, 川, 岬 등의 자연물에 붙여진 지명과 산지, 평지, 반도, 諸島 등의 한 지역 단위로서 생각되는 범위를 가진 장소에 붙여진 지명을 말함.
2. 주요 자연 지역 명칭의 정의는 다음의 정한 바에 따름.
   ㄱ. 山地…地殼이 튀어 나온 부분을 말하는데, 총괄적인 뜻을 가진 것으로 함.
   예 : 紀伊山地　北上山地
   ㄴ. 山脈…특히 현저한 脈状을 이룬 산지를 말함.
   예 : 飛驒山脈　奥羽山脈　讃岐山脈
   ㄷ. 高原…평탄한 지면에 비교적 突起部가 심하지 않고 계곡의 발달이 현저하지 아니한 산지를 말함.
   예 : 吉備高原
   ㄹ. 丘陵…起伏이 낮은 低山性의 산지를 말함.
   예 : 多摩丘陵
   ㅁ. 平野…바다에 가까운 평지를 말함.
   예 : 関東平野
   ㅂ. 盆地…주위가 산지로 에워 싸인 평지를 말함.
   예 : 北上盆地　甲府盆地
   ㅅ. 台地…주위의 지면에 비해서 한층 높은 台状의 지역.
   예 : 武蔵野台地
   ㅇ. 半島…육지에서 바다 쪽으로 좁다랗게 뻗어 나간 부분을 말함.
   예 : 伊豆半島　能登半島
   ㅈ. 諸島…둘 이상의 조그마한 섬의 집단을 말함. 열을 지어 있는 것을 특히 열도라 함.
   예 : 伊豆諸島　大隅諸島　五島列島　千島列島
   ㅊ. 火山帯…띠 모양을 이룬 화산의 배열을 말함.
   예 : 那須火山帯　千島火山帯
3. 자연의 지역을 나타내는 고유한 부분은 다음의 기준에 따르는 것을 원칙으로 함.
   ㄱ. 오랜 시일에 걸쳐 전국적인 규모로 습관화해서 쓰이는 지명은 그 이름에 따름.
   예 : 関東平野
   ㄴ. 산지에 있어서는 그 主峰의 이름을 따서 씀.
   예 : 八溝山地　金剛山地
   ㄷ. 평지에 있어서는 그 중심 도시의 이름을 따서 씀.
   예 : 大阪平野　山形盆地
   ㄹ. 이상의 기준에 의한 명칭이 적절하다고 인정되지 않을 때에는 옛 지방명, 郡名 또는 그것들의 복합명, 그밖의 지역명을 가지고 나타내는 것으로 함.
   예 : 津軽平野　九十九里浜平野

◇ 日本의 主要 自然地域 名称

1. 산 지

天塩(てしお)山地　北見(きたみ)山地
日高(ひだか)山脈　夕張(ゆうばり)山地
奥羽(おうう)山脈　北上(きたかみ)山地
阿武隈(あぶくま)山地　出羽(でわ)山地
越後(えちご)山脈　三国(みくに)山脈
足尾(あしお)山地　関東(かんとう)山地
八溝(やみぞ)山地　多摩(たま)丘陵
赤石(あかいし)山脈　木曽(きそ)山脈
飛驒(ひだ)山脈　飛驒(ひだ)山地
両白(りょうはく)山地　比良(ひら)山地
美濃三河(みのみかわ)高原
伊吹(いぶき)山地　笠置(かさぎ)山地
生駒(いこま)山地　養老(ようろう)山地
金剛(こんごう)山地　和泉(いずみ)山脈
鈴鹿(すずか)山脈　紀伊(きい)山地
丹波(たんば)山地　中国(ちゅうごく)山地
吉備(きび)高原　四国(しこく)山地
讃岐(さぬき)山脈　九州(きゅうしゅう)山地
筑紫(つくし)山地

2. 火山帯

千島(ちしま)火山帯　那須(なす)火山帯
鳥海(ちょうかい)火山帯　富士(ふじ)火山帯
乗鞍(のりくら)火山帯　白山(はくさん)火山帯
霧島(きりしま)火山帯

3. 平 地

天塩(てしお)平野　名寄(なよろ)盆地
上川(かみかわ)盆地　十勝(とかち)平野
富良野(ふらの)盆地　石狩(いしかり)平野
根釧(こんせん)台地　釧路(くしろ)平野
三本木原(さんぼんぎはら)台地
北上(きたかみ)盆地　仙台(せんだい)平野
福島(ふくしま)盆地　郡山(こおりやま)盆地
会津(あいず)盆地　米沢(よねざわ)盆地
山形(やまがた)盆地　新庄(しんじょう)盆地
庄内(しょうない)平野　横手(よこて)盆地
秋田(あきた)平野　津軽(つがる)平野
那須野原(なすのがはら)台地
関東(かんとう)平野　武蔵野(むさしの)台地
相模原(さがみはら)台地
九十九里浜(くじゅうくりはま)平野
秩父(ちちぶ)盆地　佐久(さく)盆地
諏訪(すわ)盆地　松本(まつもと)盆地
長野(ながの)盆地　甲府(こうふ)盆地
伊那(いな)盆地　高山(たかやま)盆地
木曽(きそ)谷　新潟(にいがた)平野

高田(たかだ)平野　富山(とやま)平野
金沢(かなざわ)平野　福井(ふくい)平野
牧ノ原(まきのはら)台地
磐田原(いわたはら)台地
三方原(みかたがはら)台地
国中(くになか)平野　濃尾(のうび)平野
伊勢(いせ)平野　近江(おうみ)盆地
福知山(ふくちやま)盆地　篠山(ささやま)盆地
姫路(ひめじ)平野　上野(うえの)盆地
京都(きょうと)盆地　奈良(なら)盆地
大阪(おおさか)平野　津山(つやま)盆地
三次(みよし)盆地　岡山(おかやま)平野
広島(ひろしま)平野　鳥取(とっとり)平野
出雲(いずも)平野　讃岐(さぬき)平野
松山(まつやま)平野　高知(こうち)平野
徳島(とくしま)平野　筑紫(つくし)平野
熊本(くまもと)平野　八代(やつしろ)平野
人吉(ひとよし)盆地　宮崎(みやざき)平野
都城(みやこのじょう)盆地

4. 半　島

知床(しれとこ)半島　根室(ねむろ)半島
積丹(しゃこたん)半島　渡島(おしま)半島
下北(しもきた)半島　津軽(つがる)半島
男鹿(おが)半島　牡鹿(おじか)半島
房総(ぼうそう)半島　三浦(みうら)半島
伊豆(いず)半島　渥美(あつみ)半島
知多(ちた)半島　志摩(しま)半島
紀伊(きい)半島　能登(のと)半島
奥丹後(おくたんご)半島　島根(しまね)半島
高縄(たかなわ)半島　佐田岬(さだみさき)半島
国東(くにさき)半島　西彼杵(にしそのぎ)半島
長崎(ながさき)半島　島原(しまばら)半島
薩摩(さつま)半島　大隅(おおすみ)半島

5. 諸　島

歯舞(はぼまい)諸島　伊豆(いず)諸島
小笠原(おがさわら)諸島　隠岐(おき)諸島
対島(つしま)　五島(ごとう)列島
甑(こしき)列島　南西(なんせい)諸島
大隅(おおすみ)諸島　吐噶喇(とから)列島
奄美(あまみ)諸島　沖縄(おきなわ)諸島
先島(さきしま)諸島　千島(ちしま)列島

(10) 文章 符号 쓰기

문장 부호는 문장의 구조 및 어구의 관계를 밝히기 위해 씀.

부호로는 다음의 다섯 가지가 있음.

1. 。
2. 、
3. ・
4. ( )
5. 「 」『 』

1. 「。」은 한 문장이 완전히 끝났음을 나타낼 때 찍는 부호. 「 」( ) 중에서도 문장이 끝났을 때는 「。」을 씀. 또 다음과 같은 경우에는 「。」을 쓰지 아니함.

ㄱ. 題目, 標語 등 간단한 어구를 드는 경우.
ㄴ. 사물의 이름만을 늘어놓는 경우.
예 : 次の事項を書いた申請書を提出してください。
a. 申請者의 氏名, 住所
b. 建築의 目的
c. 建築하는 장소
ㄷ. 끝맺인 것을 「 」을 사용하지 않고 「と」로 받는 경우.
예 : すべての国民は, 健康で文化的な最低限度の生活を営む権利を有すると保障してあるが, 現實は必ずしもこのとおりでない。

2. 「、」「,」은 문장 가운데 끊어지는 곳을 밝히지 아니하면 잘못 해석될 우려가 있을 때 씀.
예 : その別荘は, そのころのフランスの有名な芸術家たちとよく交際し, また自分自身もすぐれた女の文学者であったジョルジュ=サンドの所有で, アンというところにあった。
物理では, 光の, ある属性が写真にとられ, その動きが見られるようになった。
科学的な, 眼球運動の実験調査報告書。
いんげんと, とうもろこしの種子
そのころの人がどのようであったかは, はっきりわからない。
対等한 관계로 나열되는 똑같은 종류의 어구 사이에 씀.
예 : 漢字の制限, かなづかいの改定, 口語文の普及が, ようやくその緒についた。
단, 題目과 標語, 간단한 어구를 나열할 경우에는 붙이지 아니함.
예 : 昭和24年4月には,「当用漢字字体表の実施に関する件」が, 内閣訓令第一号で発表された。
国語の文法や音韻に関する知識を得させる。

3. 「・」는 명사를 늘어놓을 때 씀.
예 : 対話・講演・演劇・映画・放送などにわたる諸問題については, ……
ローマ字のつづり方には, いわゆる訓令式・日本式・標準式の 3種がある。
日字나 時刻을 약해서 표시할 때 씀.
예 : 昭和25・7・1　午後2・35
칭호를 약해서 표시할 때 씀.
예 : N・H・K　Y・M・C・A
단, 명사 이외의 어구를 열거할 때, 数詞를 늘어놓는 경우는「・」을 쓰지 아니함.
예 : ㄱ. 社会的, 歷史的考察.
ㄴ. 鳥が 3, 4 羽飛んで行く。会員は 4,50 人です。

4. ( )은, 어구 또는 문장 다음에, 그것에 대해서 특히 덧붙일 때 씀.
예 : 外国の地名・人名(中国・韓国を除く。)は, かたかなで書く。

教育漢字(881字)の選定については, ……

5. 「　」은 会話나 어구를 인용할 때, 혹은 특히 주의를 환기시키는 어구를 삽입할 때 씀.
   예：ㄱ. 「どうぞこちらへ, わたくしが御案内いたします。」と主人がさきに立って歩き出した。
   ㄴ. 「国民の権利および義務」に規定された内容について, ……
   ㄷ. 「現代かなづかい」には, 次のような「まえがき」がついている。
6. 『　』은「　」안에 어구를 인용할 때 씀.

「Aさんの本の中に,『人間は環境の中に生きている』ということが書いてあります。」と先生は静かに語り始めた。

원칙적으로「?」「!」등 부호는 쓰지 아니함.

(11) 反復 符号 쓰기

反復符号는,「々」이외에는 되도록 쓰지 아니함.

1. 「々」은 漢字 한 자가 겹칠 때 씀.
   예：人々 国々 年々 日々
   단, 다음과 같은 경우에는「々」을 쓰지 아니함.
   예：民主主義 大学学術局 学生生活課 当用漢字字体表
2. 「ゝ」은 한 말 가운데 같은 음이 겹칠 때 씀. 단, 세로 쓰는 경우에 한함.
   예：あゝ たゝみ とゝのえる じゝ
   다음과 같은 경우에는「ゝ」을 쓰지 아니함.
   예：バナナ ココア かわいい へまええ 手おおかり そののち いままで あわてて そうは いうもの の ……のここここ ……ここに
3. 「ゞ」은 한 음 가운데서 반복되는 아래 음이 탁음일 때 씀. 단, 세로 쓰기에 한함.
   예：たゞし かゞみ すゞり さゞ嶽
   다음의 경우에는「ゞ」을 쓰지 아니함.
   예：讀んだだけ すぐでです
4. 「〱」는 두 자로 된 かな가 겹칠 때 씀.
   예：いろ〳〵 わざ〳〵 しみ〴〵と
   단, 석 자 이상일 때나 두 자 이상의 한자어, 가로 쓰기의 경우에는 쓰지 아니함.
5. 「〻」는 원칙적으로 쓰지 아니함.
6. 「〃」는 表나 簿記 등에 씀.

(12) 가로 쓰기

1. 가로 쓸 때는 왼쪽에서부터 씀.
2. 반복하는 부호는「々」외에는 쓰지 아니함.
3. 끊는 부호는 세로 쓰기의 경우와 같음.
   단, 가로 쓰기에서는「、」대신「,」을 씀.
4. 수자를 쓸 때는 算用数字를 씀.
   예：第 28 回 総会, 午前 10 時 開会, 12 時 散会。男子 10 人, 女子 5 人, 合計 15 人です。
   단, 관용적인 말이나 数量의 뜻이 명확하지 않은 말은 한자어를 씀.
   예：現在二十世紀の中では 一部分 一般 一種独得の「七つのなぞ」

편 지 쓰 는 법

생각한 바를 자유롭게 써 보내면 그것이 훌륭한 편지가 될 수 있지만 편지에는 일반적인 형식이 있다. 기본적인 짜임새와 慣用語를 들어 보면 다음과 같다.

(1) 冒頭語

1. 往信의 경우…拝啓 謹啓 恭啓 啓上 粛啓 拝呈 謹呈 寸楮拝呈 拝白
2. 返信의 경우…拝復 復啓 啓承 拝答 謹答 拝披 芳墨拝見 御芳書拝誦
3. 前文 생략의 경우…前略 略啓 冠省 寸啓 急啓 草啓 急白 匆啓

(2) 前 文

1. 時候 인사 (다음과 같은 말 뒤에 "候(そうろう)", "砌(みぎり)" 등을 붙여 씀)
   1月—厳冬 大寒 劇寒 烈寒 寒風
   2月—晩冬 暮冬 残寒 余寒 梅香馥郁
   3月—早春 孟春 春暖 初春 遅日暖和
   4月—仲春 陽春 春和 長閑 春日和
   5月—暮春 季春 微暑 更衣 緑の春
   6月—孟夏 立夏 麦秋 入梅 梅霖
   7月—盛夏 盛暑 烈暑 極暑 酷暑
   8月—晩夏 残暑 秋暑 早涼 秋炎
   9月—初秋 新秋 涼月 重陽 白露の節
   10月—仲秋 秋冷 秋長 凄涼 秋晴快適
   11月—晩秋 季秋 深冷 霜寒 はつ雁
   12月—初冬 孟冬 寒冷 立冬 歳晩
2. 安否 인사 (우선 상대방부터 물음)
   ㄱ. 상대방—御健勝 御動静 御起居 御清祥 御清適 御清福 御清栄 御消光 欣快 欣幸
   ㄴ. 자기쪽—頑健 一同平安 無事息災 無爲
   ㄷ. 謝辞—御厚志 御温情 御無音 御懇情 御垂情 御庇護 疎遠 欠情 御許容 御寛恕

(3) 本 文 (용건을 말함)

1. 시작하는 말 (口語) さて 実は 時に
   (候文) 陳れば 然るところ さて

(4) 末 文 (終結의 인사)

1. 主文要約…延引ながら 右 この段 擱筆
2. 다음 편지를 기약하는 경우…後便 拝趨 拝眉 拝姿
3. 回答을 청하는 경우…御返書 御沙汰 御諾否 貴酬 鶴首 御指旨 御返報 折返し
4. 健康을 비는 경우…御自愛 御多祥 御隆昌 御加餐
5. 伝言이나 依頼의 경우…末筆ながら 御伝声 御鳳声
6. 陳謝의 경우…乱筆 拙筆 禿筆 御宥恕 御海容

(5) 結 語 (冒頭語와의 対応에 주의)

1. 정중한 경우…(粛啓, 恭啓)—頓首 頓首再拝 恐惶謹言
   (謹啓)—謹言 謹白
2. 일반의 경우…(拝啓)—敬具 拝具 敬白
3. 간략한 경우…(前略, 冠省)—早々 草々 不一 不尽 不悉 不備
4. 女性専用의 말…かしこ めでたくかしこ かしく あらあらかしこ

(6) 맨끝에 덧붙이는 것 1. 日付 2. 署名 3. 相対方의 이름 4. 敬称 5. 이름 밑의 脇書

〔敬称〕 一般—様 殿
公用事務—殿
友人—君 兄 大兄
先輩—大兄 学兄 賢台
医師—国手 医伯
歌人—大人 先生
詩人—詩宗 先生
俳人—宗匠 先生
文友—詞兄 雅兄 雅賢
官庁, 学校, 団体—御中

〔이름 밑의 脇書〕 (葉書인 경우에는 필요치 않음)
一般—侍史 案下 机右 硯北 硯右
貴人—閣下 台下 御前 執事
長上, 師—侍史 玉案下 簾下 侍曹
両親—膝下 尊下 御許に
僧侶—猊下 蓮下 御座下

〔封筒用脇書〕 普通—平信 無事 平安
返信을 청할 경우—煩芳答 乞返信 待貴答
급한 경우—大急 急紙 飛信 急使 大至急
남이 보는 것을 꺼릴 때—親展 直披 玉殿 直剪
남에게 依托할 때—幸使 便便

〔封緘語〕 〆 封 緘 締 賀 寿 糊

【편지 쓰는 방식】

(1) 두루마리종이인 경우

○글자의 크기는 일정하지 않으나 보통 1.5*cm* 쯤 되는 것이 적당하며, 仮名는 漢字보다 좀 작게 씀.
○行間의 간격은 1자 정도.
○一行의 字数는 10자에서 12, 13자 정도.
○"御" "貴" "奉" 등의 敬語나 상대방의 姓名 등이 줄 끝에 오지 않도록 주의하고 아무래도 아래 써야 될 경우에는 그대로 자리를 비워 두고 다음 줄에 올려 씀. 또 자기 姓名이나 "小生"등의 말이 줄 머리에 오지 않도록 문자 배치에 주의할 것.
○마는 방법은 두루마리의 뒷부분부터 말고 글자가 안으로 들어 가도록 말 것.

(2) 便箋紙인 경우

○便箋紙는 여러 가지 종류가 있으나 쓰는 방법은 두루마리인 경우와 대체로 비슷하며, 줄이 없는 것은 위는 3*cm*, 아래는 1*cm*, 左右는 3*cm* 정도로 비워 두는 것이 적당함.

年中行事 一覧

【주】 ●標는 平安時代부터 室町時代에 걸쳐 시작된 行事(날짜는 旧暦)
○標는 현재도 행해지고 있는 行事(날짜는 新暦)

一月

1日	●朝賀
	●○四方拝(しほうはい)
	●小朝拝
	○恵方詣(えほうまいり)
	●元日の節会(せちえ)
2日	●朝覲行幸(ちょうきんのみゆき)
	○初荷
3日	○元始祭(げんしさい)
4日	○政事始(まつりごとはじめ)
5日	○宮中新年宴会
	●叙位(じょい)
6日	○消防出初式(でぞめしき)
7日	●白馬節会(あおうまのせちえ)
	○七草粥(ななくさがゆ)
	○御講書始(ごこうしょはじめ)
8日	●女叙位(にょじょい) ●御斎会(ごさいえ)
9日	○日待(ひまち)
10日	○初金比羅(はつこんぴら)
上の子の日	●子(ね)の日の遊び
11日	○鏡開(かがみびらき)
	●県召除目(あがためしのじもく)
15日	●左義長(さぎちょう) ○小正月(こしょうがつ)
	●男踏歌(とうか)
	○望粥(もちがゆ)の節供
	○成人の日
16日	●女踏歌 ○藪入(やぶいり)
17日	●射礼(じゃらい)
18日	○歌御会始(うたごかいはじめ)
	●賭弓(のりゆみ)
20日	○二十日(はつか)正月
	○夷講(えびすこう)
21日	●内宴(ないえん)
25日	○初天神
	○初不動
30日	孝明天皇祭(明治期)

二月

1日	○二月堂修二会(しゅにえ)
4日	●祈年祭(としごいのまつり)
上の午(うま)の日	○初午詣(はつうままいり)
節分日	○節分会豆撒(まめまき)(追儺(ついな))
5日	●薪能(たきぎのう)(現在는3月14,15日)
8日	○針供養(はりくよう)
上の丁(ひのと)の日	●釈奠(しゃくてん)
上の申(さる)の日	●○春日祭(かすがまつり)
11日	紀元節(大正, 昭和終戦까지)
15日	○涅槃会(ねはんえ)
17日	○祈年祭(としごいのまつり)
22日	●水無瀬宮御法楽(みなせのみやごほうらく)
24日	○比良八講(ひらのはっこう)
25日	○北野御忌日
不定日	○雛市(ひないち)

三月

3日以前	●司召除目(つかさめしのじもく)
3日	●上巳節供(じょうし)
	○雛祭(ひなまつり)
	○闘鶏(とうけい)
	●曲水宴(きょくすいのえん)
6日	地久節(ちきゅうせつ)(昭和終戦까지)
7日	●薬師寺最勝会(さいしょうえ)
中の午(うま)の日	●石清水臨時祭(いわしみず)
春分の日	春季皇霊祭(明治, 大正, 昭和終戦까지)
	○春分の日
	○彼岸会(ひがんえ)
21日	○東寺御影供(みえいく)
22日	○このころ, キリスト復活祭
30日	●鎮花祭(はなしずめのまつり)
	○其角忌(きかく)
不定日	東照宮例幣使(れいへいし)(江戸期)

四月

1日	●更衣(ころもがえ) ○三十講
3日	神武天皇祭(明治, 大正, 昭和終戦까지)
4日	●広瀬祭
	●竜田祭
6日	○泉岳寺義士大祭(せんがくじ)
8日	●擬階の奏(ぎかいのそう) ○●結夏(けつげ)
	●○灌仏会(かんぶつえ)
13日	○練供養(ねりくよう)
中の酉の日	●○賀茂祭
21日	○高野山花供養(はなくよう)
22日	○靖国(やすくに)神社大祭
24日	○孔子祭
29日	天長節(昭和終戦까지)
	○天皇誕生日
20日	●新日吉祭
	●三枝祭(さえぐさまつり)

五月

1日	○メーデー
3日	●菖蒲(しょうぶ)を葺(ふ)く
	○憲法記念日
5日	●○端午節供(たんごのせっく)
	●○賀茂競馬(かものくらべうま)
	○菖蒲湯(しょうぶゆ) ○鯉幟(こいのぼり)
	○こどもの日
8日	●○今宮祭(いまみやまつり)
13日	○神田明神祭
15日	○葵祭(あおいまつり)・賀茂大祭
	○今宮祭
17日	○三社祭(さんじゃまつり)
第3日曜	○嵐山車折神社祭(あらしやまくるまざき)
不定日	●最勝講(さいしょうこう) ●賑給(しんごう)
	●着鈦の政(ちゃくだのまつりごと)

六月	1日	●忌火御膳 ○勝鬘会●富士詣
	4日	●○延暦寺六月会
	6日	○天王祭
	10日	●御体御卜
	11日	●神今食 ●月次祭
	12日	●解斎の御粥
	14日	●祇園会○山王祭
	16日	嘉祥(江戸期)
	22日	水無瀬宮御法楽(江戸期)
	30日	●○大祓●○鎮火祭
七月	5日	○栄西忌
	7日	●乞巧奠　○七夕
	8日	●○文殊会
	11日	野馬追祭(江戸期以後)
	12日	○草市
	13日	○迎え火
	14日	○中元
	15日	●○盂蘭盆会 ●○施餓鬼 ○閻魔詣○送り火
	16日	○藪入
	17日	○祇園会
	18日	御霊祭(江戸期)
	24日	○地蔵祭
	26日	●相撲の節
	30日	明治天皇祭(大正期)
八月	1日	●八朔
	4日	●北野祭
	上の丁の日	●釈奠
	14日	○深川権現祭 ○王子権現祭
	15日	●石清水放生会 ●○月見
	16日	●駒牽
	18日	●御霊会(江戸期)
九月	7日	●不堪田の奏
	9日	●○重陽の節供
	11日	○伊勢例幣
	12日	○日蓮御難会
	13日	●○十三夜月見 ●司召の除目
	17日	●神嘗祭
	秋分の日	秋季皇霊祭(明治,大正,昭和終戦까지) ○秋分の日 ○彼岸会
十月	1日	●更衣
	3日	●五節舞姫定
	5日	●射場始 ●残菊の宴
	6日	○十夜法会
	上の亥の日	○炉開●亥子の祝
	10日	●興福寺維摩会 ○御影供
	12日	○芭蕉忌
	17日	神嘗祭(明治,大正,昭和終戦까지)
	18日	○靖国神社大祭
	20日	●○夷講　●○誓文払
	21日	●大歌所始
	22日	○平安神宮時代祭 ○鞍馬の火祭
十一月	1日	○芝居顔見世狂言初 ●忌火御膳 ●朔旦冬至
	3日	明治節(大正,昭和 終戦까지) ○文化の日
	8日	○鞴祭
	上の酉の日	○酉の市
	15日	○七五三宮参り
	中の丑の日	●五節の舞
	中の寅の日	●鎮魂祭
	中の卯の日	●新嘗祭
	中の辰の日	●豊明節会
	19日	○一茶忌
	23日	新嘗祭(明治,大正,昭和終戦까지) ○勤労感謝の日
	28日	○報恩講
	下の酉の日	●賀茂臨時祭
十二月	1日	●忌火御膳
	6日	温糟粥(江戸期)
	8日	●臘八会
	10日	○大宮歳市
	11日	●神今食 ●月次祭
	14日	○義士討入記念祭
	17日	○奈良春日御祭
	19日	●御仏名
	冬至日	○柚子湯
	25日	○クリスマス 大正天皇祭(昭和終戦까지)
	28日	○門松
	29日	○勘定算用
	30日	●大祓　●追儺 ●鎮火祭 ●道饗祭
	31日	○年越し ○鎮火祭 ○道饗祭 ○除夜の鐘
	下の午の日	●御髪上 ●○内侍所の御神楽 ●荷前　●○御煤払
	節分日	●節分(江戸期) ●御方違(江戸期)

日文法要覧

(1) 日文法 体系表

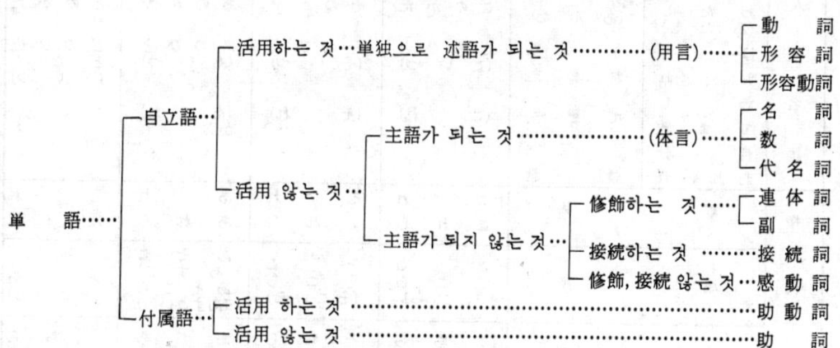

動　詞……事物의 動作이나 存在를 나타내는 말. 끝맺는 말의 語尾가 ウ段.
　　예：書く, およぐ, 考える, する, ある.

形容詞……事物의 性質이나 状態를 나타내는 말. 끝맺는 말이 口語는「い」.
　　예：早い, 美しい, すずしい, 良い. 文語는「し」. 예：良し, 正し.

形容動詞……同上. 끝맺을 때에 口語는「だ」. 예：静かだ, 元気だ, 便利だ, 暖かだ, 当然だ.
　　文語는「り」 예：洋々たり, 堂々たり, 愉快なり.

名　詞……事物의 이름을 나타내는 말. 예：人, 山, さくら, 神, 名誉.

数　詞……数 또는 数로써 順序를 나타내는 말. 예：一つ, 三メートル, 十番目.

代名詞……事物의 이름 대신 그것을 직접 가리키는 말. 예：私, 君, あれ, こっち, だれ, どれ.

連体詞……体言을 修飾하는 말. 예：あらゆる, この, 大きな, 小さな.

副　詞……用言및 副詞를 修飾하는 말. 예：きっと, まるで, はなはだ, 断然.

接続詞……말의 앞뒤를 연결하는 말. 예：また, そして, および, 且つ.

感動詞……感動의 뜻, 또는 부르고 대답하는 말. 예：ああ, おお, さあ, もしもし, はい, いいえ.

助動詞……用言이나 딴 助動詞 등에 붙어 여러 가지 뜻을 더해 주는 말. 예：せる, させる, です, らしい, ようだ.

助　詞……여러 가지 말에 붙어 말과 말의 관계를 나타내고, 또 어떤 뜻을 덧붙이는 말.
　　예：て, に, を, は, で, から.

(2) 代名詞一覧表

口語						
称 種類	自称	対称	他称 近称	中称	遠称	不定称
人代名詞	わたくし わたし (あたし) ぼく おれ わし てまえ 自分 われわれ	あなた (あんた) きみ おまえ てまえ 諸君	このかた このひと (こいつ) (これ)	そのかた そのひと (そいつ) (それ)	あのかた あのひと (あいつ) (あれ) かれ	どのかた どのひと どなた (どいつ) だれ
指示代名詞	事物		これ これら	それ それら	あれ あれら	どれ なに
	場所		ここ ここら (ここいら)	そこ そこら (そこいら)	あそこ (あすこ) あそこら (あすこいら)	どこ どこら (どこいら)
	方向		こちら こっち	そちら そっち	あちら あっち	どちら どっち

文語						
称 種類	自称	対称	近称	中称	遠称	不定称
人代名詞	わ あ われ わらは あれ おのれ それがし (予)	な なれ そなた おのれ そち なんぢ	こ これ	そ それ	か あ かれ あれ	た それ (それがし) たれ (なにがし)
指示代名詞	事物		こ これ	そ それ	か あ かれ あれ	いづれ なに
	場所		ここ	そこ	かしこ あしこ	いづく いづこ いづら
	方向		こち こなた	そち そなた	あち あなた かなた	いづち いづかた いづへ

○指示代名詞 중에는 人代名詞로 転用된 것도 있다.
○奈良時代 이전까지는 한 音의 代名詞가 많이 사용되었다.

(3) 動 詞 活 用 表

○語幹의 ( )는 語幹과 語尾의 区別이 없는 것을 나타낸다.

口語									
活用의 種類	行名	基本形	語幹	語尾変化					
				未然形	連用形	終止形	連体形	仮定形	命令形
五段活用	カ行	書(カ)く	書	か こ	き い	く	く	け	け
	ガ行	泳(オヨ)ぐ	泳	が ご	ぎ い	ぐ	ぐ	げ	げ
	サ行	話(ハナ)す	話	さ そ	し	す	す	せ	せ
	タ行	勝(カ)つ	勝	た と	ち つ	つ	つ	て	て
	バ行	飛(ト)ぶ	飛	ば ぼ	び ん	ぶ	ぶ	べ	べ
	マ行	読(ヨ)む	読	ま も	み ん	む	む	め	め
	ラ行	走(ハシ)る	走	ら ろ	り つ	る	る	れ	れ
	ワア行	思(オモ)う	思	わ お	い つ	う	う	え	え
	ナ行	死(シ)ぬ	死	な の	に ん	ぬ	ぬ	ね	ね
	ラ行	有(ア)る	有	ら ろ	り つ	る	る	れ	れ
	ラ行	蹴(ケ)る	蹴	ら ろ	り つ	る	る	れ	れ
上一段活用	ア行	射(イ)る	(射)	い	い	いる	いる	いれ	いろ よ
	ア行	居(イ)る	(居)	い	い	いる	いる	いれ	いろ よ
	カ行	着(キ)る	(着)	き	き	きる	きる	きれ	きろ よ
	ナ行	似(ニ)る	(似)	に	に	にる	にる	にれ	にろ よ
	ハ行	干(ヒ)る	(干)	ひ	ひ	ひる	ひる	ひれ	ひろ よ
	マ行	見(ミ)る	(見)	み	み	みる	みる	みれ	みろ よ
	ア行	強(シ)いる	強	い	い	いる	いる	いれ	いろ よ
	ア行	報(ムク)いる	報	い	い	いる	いる	いれ	いろ よ
	バ行	延(ノ)びる	延	び	び	びる	びる	びれ	びろ よ
	カ行	起(オ)きる	起	き	き	きる	きる	きれ	きろ よ
	ガ行	過(ス)ぎる	過	ぎ	ぎ	ぎる	ぎる	ぎれ	ぎろ よ
	ザ行	論(ロン)じる	論	じ	じ	じる	じる	じれ	じろ よ
	ザ行	恥(ハ)じる	恥	じ	じ	じる	じる	じれ	じろ よ
	タ行	落(オ)ちる	落	ち	ち	ちる	ちる	ちれ	ちろ よ
	ラ行	下(オ)りる	下	り	り	りる	りる	りれ	りろ よ

下一段活用	ア行	得(エ)る	(得)	え	え	える	える	えれ	えろ えよ
	ア行	越(コ)える	越	え	え	える	える	えれ	えろ えよ
	ア行	植(ウ)える	植	え	え	える	える	えれ	えろ えよ
	ア行	教(オシ)える	教	え	え	える	える	えれ	えろ えよ
	カ行	受(ウ)ける	受	け	け	ける	ける	けれ	けろ けよ
	ガ行	投(ナ)げる	投	げ	げ	げる	げる	げれ	げろ げよ
	サ行	寄(ヨ)せる	寄	せ	せ	せる	せる	せれ	せろ せよ
	ザ行	混(マ)ぜる	混	ぜ	ぜ	ぜる	ぜる	ぜれ	ぜろ ぜよ
	タ行	育(ソダ)てる	育	て	て	てる	てる	てれ	てろ てよ
	ダ行	出(デ)る	(出)	で	で	でる	でる	でれ	でろ でよ
	ナ行	尋(タズ)ねる	尋	ね	ね	ねる	ねる	ねれ	ねろ ねよ
	ハ行	経(ヘ)る	経	へ	へ	へる	へる	へれ	へろ へよ
	バ行	調(シラ)べる	調	べ	べ	べる	べる	べれ	べろ べよ
	マ行	改(アラタ)める	改	め	め	める	める	めれ	めろ めよ
	ラ行	流(ナガ)れる	流	れ	れ	れる	れる	れれ	れろ れよ
カ	変	来(ク)る	(来)	こ	き	くる	くる	くれ	こい
サ	変	為(ス)る	(為)	し せ さ	し	する	する	すれ	しろ せよ
主	된	用	法	ナイ, ウ, ヨウ에 연결	タ, マス에 연결	끝맺음	体言에 연결	バ에 연결	命令으로 끝맺음
			文			語			
四段活用	カ行	書(カ)く	書	か	き	く	く	け	け
	ガ行	泳(オヨ)ぐ	泳	が	ぎ	ぐ	ぐ	げ	げ
	サ行	話(ハナ)す	話	さ	し	す	す	せ	せ
	タ行	勝(カ)つ	勝	た	ち	つ	つ	て	て
	バ行	飛(ト)ぶ	飛	ば	び	ぶ	ぶ	べ	べ
	マ行	読(ヨ)む	読	ま	み	む	む	め	め
	ラ行	走(ハシ)る	走	ら	り	る	る	れ	れ
	ハ行	思(オモ)ふ	思	は	ひ	ふ	ふ	へ	へ
ナ	変	死(シ)ぬ	死	な	に	ぬ	ぬる	ぬれ	ね
ラ	変	有(ア)り	有	ら	り	り	る	れ	れ
下一段	カ行	蹴(ケ)る	(蹴)	け	け	ける	ける	けれ	けよ

上一段活用	ヤ行	射(イ)る	(射)	い	い	いる	いる	いれ	いよ
	ワ行	居(ヰ)る	(居)	ゐ	ゐ	ゐる	ゐる	ゐれ	ゐよ
	カ行	着(キ)る	(着)	き	き	きる	きる	きれ	きよ
	ナ行	似(ニ)る	(似)	に	に	にる	にる	にれ	によ
	ハ行	干(ヒ)る	(干)	ひ	ひ	ひる	ひる	ひれ	ひよ
	マ行	見(ミ)る	(見)	み	み	みる	みる	みれ	みよ
上二段活用	ハ行	強(シ)ふ	強	ひ	ひ	ふ	ふる	ふれ	ひよ
	ヤ行	報(ムク)ゆ	報	い	い	ゆ	ゆる	ゆれ	いよ
	バ行	延(ノ)ぶ	延	び	び	ぶ	ぶる	ぶれ	びよ
	カ行	起(オ)く	起	き	き	く	くる	くれ	きよ
	ガ行	過(ス)ぐ	過	ぎ	ぎ	ぐ	ぐる	ぐれ	ぎよ
	ダ行	恥(ハ)づ	恥	ぢ	ぢ	づ	づる	づれ	ぢよ
	タ行	落(オ)つ	落	ち	ち	つ	つる	つれ	ちよ
	マ行	試(ココロ) む	試	み	み	む	むる	むれ	みよ
	ラ行	下(オ)る	下	り	り	る	るる	るれ	りよ
下二段活用	ア行	得(ウ)	(得)	え	え	う	うる	うれ	えよ
	ヤ行	越(コ)ゆ	越	え	え	ゆ	ゆる	ゆれ	えよ
	ワ行	植(ウ)う	植	ゑ	ゑ	う	うる	うれ	ゑよ
	ハ行	教(オシ)ふ	教	へ	へ	ふ	ふる	ふれ	へよ
	カ行	受(ウ)く	受	け	け	く	くる	くれ	けよ
	ガ行	投(ナ)ぐ	投	げ	げ	ぐ	ぐる	ぐれ	げよ
	サ行	寄(ヨ)す	寄	せ	せ	す	する	すれ	せよ
	ザ行	混(マ)ず	混	ぜ	ぜ	ず	ずる	ずれ	ぜよ
	タ行	育(ソダ)つ	育	て	て	つ	つる	つれ	てよ
	ダ行	出(イ)づ	出	で	で	づ	づる	づれ	でよ
	ナ行	尋(タヅ)ぬ	尋	ね	ね	ぬ	ぬる	ぬれ	ねよ
	ハ行	経(フ)	(経)	へ	へ	ふ	ふる	ふれ	へよ
	バ行	調(シラ)ぶ	調	べ	べ	ぶ	ぶる	ぶれ	べよ
	マ行	改(アラタ)む	改	め	め	む	むる	むれ	めよ
	ラ行	流(ナガ)る	流	れ	れ	る	るる	るれ	れよ
カ 変		来(ク)	(来)	こ	き	く	くる	くれ	こ(よ)
サ 変		為(ス)	(為)	せ	し	す	する	すれ	せよ
主 된 用 法				ズ에 연결	タリ에 연 결	끝맺음	体言에 연 결	ドモ에 연 결	命令으로 끝 맺 음

(4) 形容詞活用表

	口語							
	基本形	語幹	語尾変化 未然形	連用形	終止形	連体形	仮定形 已然形(文語)	命令形
	高(タカ)い	高	かろ	かっ く	い	い	けれ	○
	正(タダ)しい	正し	かろ	かっ く	い	い	けれ	○
主된 用法			ウ에 연결	タ, ナル에 연결	끝맺음	体言에 연결	バ에 연결	
	文語							
ク活用	高(タカ)し	高	く から	く かり	し	き かる	けれ	かれ
シク活用	正(タダ)し	正	しく しから	しく しかり	し	しき しかる	しけれ	しかれ
主된 用法			バ, ズ에 연결	ナル, キ에 연결	끝맺음	時, ベシ에 연결	ドモ에 연결	命令의 뜻으로 끝맺음

(5) 形容動詞活用表

	口語							
	基本形	語幹	語尾変化 未然形	連用形	終止形	連体形	仮定形 已然形(文語)	命令形
	静(シズ)かだ	静か	だろ	だっ で に	だ	な	なら	○
	元気(ゲンキ)だ	元気	だろ	だっ で に	だ	な	なら	○
主된 용법			ウ에 연결	タ, アル, ナル에 연결	끝맺음	体言에 연결	バ에 연결	
	文語							
ナリ活用	静(シズ)かなり	静か	なら	なり に	なり	なる	なれ	なれ
タリ活用	堂々(ドウドウ)たり	堂々	たら	たり と	たり	たる	たれ	たれ
主된 用法			ズ에 연결	キ, ナル에 연결	끝맺음	体言에 연결	ドモ에 연결	命令의 뜻으로 끝맺음

○「同じだ」「こんなだ」「あんなだ」의 連体形은 語幹과 같다.
○「静かです」「元気です」를 形容動詞로 보는 説도 있지만 「です」는 断定의 助動詞.
○文語 形容動詞의 活用은 ラ変動詞와 같다.

(6) 助動詞活用表

口語									
種類＼活用	基本形	語尾活用						活用型	接続
		未然形	連用形	終止形	連体形	仮定形	命令形		
使役	せる	せ	せ	せる	せる	せれ	せろ せよ	下一	未然(四, サ変)
	させる	させ	させ	させる	させる	させれ	させろ させよ	下一	未然(上以外)
	しめる	しめ	しめ	しめる	しめる	しめれ	しめろ しめよ	下一	未然(全動詞)
受身	れる	れ	れ	れる	れる	れれ	れろ れよ	下一	未然(四, サ変)
	られる	られ	られ	られる	られる	られれ	られろ られよ	下一	未然(上以外의 動詞, 一部의 助動)
可能	れる	れ	れ	れる	れる	れれ	○	下一	未然(四段)
	られる	られ	られ	られる	られる	られれ	○	下一	未然(上以外)
自発	れる	れ	れ	れる	れる	れれ	○	下一	未然(四段)
	られる	られ	られ	られる	られる	られれ	○	下一	未然(上以外)
敬譲	れる	れ	れ	れる	れる	れれ	○	下一	未然(四段)
	られる	られ	られ	られる	られる	られれ	○	下一	未然(上以外)
	ます (鄭重)	ませ ましょ	まし	ます (まする)	ます (まする)	ますれ	まし (ませ)	四段 サ変의 混合	連用(動詞, 一部의 助動)
推量	う	○	○	う	(う)	○	○	特殊	未然(四段, 形, 形動, 一部의 助動)
	よう	○	○	よう	(よう)	○	○	特殊	未然(上以外의 動詞, 一部의 助動)
推量・推定	らしい	○	らしかっ らしく	らしい	らしい	○	○	シク活 形容詞	体言, 終止(動, 形, 一部助動)一部助, 形動語幹
推量・否定推量	まい	○	○	まい	(まい)	○	○	特殊	終止(四), 未然(四以外), 一部 助動 終止・未然
時・過去	た(だ)	たろ	○	た	た	たら	○	特殊	連用(用言, 一部의 助動)
時・完了	た(だ)	たろ	○	た	た	たら	○	特殊	上同

	基本形	未然形	連用形	終止形	連体形	仮定形	命令形	活用型	接続
希望	たい たがる	たかろ たがら	たかっ たく たがり たがっ	たい たがる	たい たがる	たけれ たがれ	○ ○	ク活形容詞 四段	連用(動, 助動) 上同
断定	だ です	だろ でしょ	だっ で でし で	だ です	(な) (です)	なら ○	○ ○	形容動詞 特殊	体言, 用言連体形+助詞「の」 「です」는形動語幹에도
否定	ぬ(ん) ない	○ なかろ	ず なかっ なく	ぬ(ん) ない	ぬ(ん) ない	ね なけれ	○ ○	特殊 ク活形容詞	未然(動詞, 一部의助動) 上同
比況	ようだ	ようだろ	ようだっ ようで ように	ようだ	ような	ようなら	○	形容動詞	体言+「の」, 連体詞, 連体(用言, 一部의 助動)
伝聞	そうだ	○	そうで	そうだ	○	○	○	形容動詞	終止(用言, 一部의 助動)
様態	そうだ	そうだろ	そうだっ そうで そうに	そうだ	そうな	そうなら	○	形容動詞	連用(動詞, 一部의 助動) 語幹(形, 形動, 助動)
主된用法		ナイ, ウ, ン에연결	マス, タ, テ, アル, ナル에연결	끝맺음	体言, ノ, ノデ, ノニ에연결	バ에연결	命令의뜻으로끝맺음		

文語

種類＼活用	基本形	語尾活用 未然形	連用形	終止形	連体形	已然形	命令形	活用型	接続
使役	す さす しむ	せ させ しめ	せ させ しめ	す さす しむ	する さする しむる	すれ さすれ しむれ	せよ させよ しめよ	下二 下二 下二	未然(四ナラ変) 未然(上以外) 未然(動, 形, 形動, 一部 助動)
受身	る らる	れ られ	れ られ	る らる	るる らるる	るれ らるれ	れよ られよ	下二 下二	未然(四ナラ変) 未然(上以外)
可能	る らる	れ られ	れ られ	る らる	るる らるる	るれ らるれ	○ ○	下二 下二	未然(四ナラ変) 未然(上以外)
自発	る らる	れ られ	れ られ	る らる	るる らるる	るれ らるれ	○ ○	下二 下二	未然(四ナラ変) 未然(上以外)
敬譲	る らる す さす しむ	れ られ せ させ しめ	れ られ せ させ しめ	る らる す さす しむ	るる らるる する さする しむる	るれ らるれ すれ さすれ しむる	れよ られよ せよ させよ しめよ	下二 下二 下二 下二 下二	未然(四ナラ変) 未然(上以外) 未然(四ナラ変) 未然(上以外) 未然(用言)

推量		む(ん)	○	○	む(ん)	む(ん)	め	○	四段	未然(用言)
		む(ん)ず	○	○	む(ん)ず	む(ん)ずる	む(ん)ずれ	○	特殊	連体(ラ変)
		べし	べく べから	べく べかり	べし	べき べかる	べけれ	○	形ク活 ラ変	終止(ラ以外)連体 (ラ, 形, 形動)
		らむ (らん)	○	○	らむ (らん)	らむ (らん)	らめ	○	四段	上同
		めり	○	(めり)	めり	める	めれ	○	ラ変	上同
	仮想	まし	(ませ)	○	まし	まし	ましか	○	特殊	未然(用言)
	推定	らし(現)	らしから	らしく らしかり	らし	らしき らしかる	○	○	形シク	体言, 連体(用言) 終止(動)(ラ変은 連体)
		らし(古)	○	○	らし	(らし)	(らし)	○	特殊	
量	過去推量	けむ (けん)	○	○	けむ (けん)	けむ (けん)	けめ	○	四段	連用(用言)
	否定推量	まじ	まじく	まじく まじかり	まじ	まじき	まじけれ	○	形シク	終止(ラ以外)連体 (ラ, 形, 形動)
		じ	○	○	じ	(じ)	(じ)	○	特殊	未然(用言)
	過去	き	(せ)	○	き	し	しか	○	特殊	連用(用言)カサ変에는 特別接続
		けり	(けら)	○	けり	ける	けれ	○	ラ変	連用(用言)
時	完了	つ	て	て	つ	つる	つれ	てよ	下二	連用(用言)
		ぬ	な	に	ぬ	ぬる	ぬれ	(ね)	ナ変	連用(動, 形)
		たり	たら	たり	たり	たる	たれ	たれ	ラ変	連用(動詞)
		り	(ら)	(り)	り	る	(れ)	(れ)	ラ変	未然(サ変) 巳然(四)
希望		たし	たく たから	たく たかり	たし	たき たかる	たけれ	○	形ク活	連用(動詞)
		まほし	まほしく まほしから	まほしく まほしかり	まほし	まほしき まほしかる	まほしけれ	○	形シク	未然(動詞)
断定		なり	なら	なり に	なり	なる	なれ	○	形動ナリ	体言, 連体(用言)
		たり	たら	たり と	たり	たる	たれ	たれ	形動タリ	体言
否定		ず	ず	ず	ず	ぬ	ね		特殊	未然(用言)
			ざら	ざり		ざる	ざれ	ざれ	ラ変	上同
詠嘆		なり	なら	なり	なり	なる	なれ	○	ラ変	終止(動詞)
		けり	(けら)	○	けり	ける	けれ	○	ラ変	連用(用言)
比況		ごとし	ごとく	ごとく	ごとし	ごとき	○	○	ク活 形容詞	連体(動), 連体+「が」, 体言+「の」
主된 用法			ズ, バ, ム에 연결	タリ, ヤ, ケリ, シテ, ナル에 연결	끝맺음	体言에 연결	ドモ에 연결	命令의 뜻으로 끝맺음		

(7) 助 詞 一 覧 表

格 助 詞…主로 体言에 붙어서 그 体言이 딴 말에 대하여 어떤 관계에 있는가를 나타내는 助詞.
接続助詞…用言(用言에 助動詞가 붙은 것을 包含)에 붙어서 윗말의 뜻을 아랫말에 이어 주는 助詞.
並列助詞…여러 가지 말에 붙어서 늘어 놓는 뜻을 나타내는 助詞.
係 助 詞…여러 가지 말에 붙어서 걸림이 되는 助詞.
副 助 詞…여러 가지 말에 붙어서 副詞와 같이 아랫말에 걸리는 助詞.
終 助 詞…여러 가지 말에 붙고 文의 끝에 있어서 疑問, 禁止, 詠嘆, 感動 등을 나타내는 助詞.
間投助詞…文節의 끝에 있으며 餘情을 덧붙여 感動을 나타내는 助詞.

口語			
種 類	語	意 味 ・ 用 法	接 続
格助詞	が	主語	体言・準体言
	の	連体修飾語(所有・限定), 主語, 体言代用	体言・準体言
	を	連用修飾語(動作의 対象, 経由点, 出発点, 方向, 経過하는 時間)	体言・準体言
	に	連用修飾語(場所, 時間, 帰着点, 作用의 結果, 動作의 目的・対象, 被動의 原因, 使役의 目標, 作用・動作의 原因・理由, 対比의 目標)	体言・準体言
	へ	連用修飾語(動作의 方向・帰着点)	体言・「の」
	と	連用修飾語(「와 함께」, 作用의 結果, 対比의 目標, 引用, 動作의 対象, 比喩)	体言・準体言(引用의 경우는 文章에도
	から	連用修飾語(動作, 作用의 起点), 連体修飾語(上下, 左右 등의 基準)	体言・「の」
	より	連用修飾語(比較의 基準, 限定(連体修飾에도))	体言・準体言
	で	連用修飾語(場所・時・手段・原因)	体言・「の」
接続助詞	ば	順接의 仮定条件, 一般条理의 条件, 並列	用言仮定形
	と	順接의 仮定条件, 一般条理의 条件, 경우, 逆接의 仮定条件	用言終止形
	ても(でも)	逆接의 仮定条件, 逆接의 確定条件	用言連用形
	けれども	逆接의 確定条件, 対比	用言終止形
	が	逆接의 確定条件, 単純接続, 対比	用言終止形
	のに	逆接의 確定条件	用言連体形
	ので	動作・作用의 原因・理由(客観的)	用言連体形
	から	動作・作用의 原因・理由(主観的)	用言終止形
	し	並列	用言終止形
	て(で)	前後의 接続, 動作・作用의 原因・理由	動詞・形容詞連用形
	ながら	動作의 並行, 逆態接続	動詞連用形, 形容詞終止形. 形動語幹, 体言
並列助詞	と	事物의 並列	体言・準体言
	や	事物의 並列	体言・「の」「から」
	か	事物의 並列 選択	体言・準体言, 用言終止形
	やら	事物의 並列	体言・準体言
	に	事物의 並列・添加	体言・準体言
	なり	事物의 並列 選択	体言・準体言, 用言終止形
	の	事物의 並列	体言・準体言
	たり	動作・作用의 並列, 概括	用言連用形

係助詞	は	区別, 強意	体言, 用言連用形
	も	同趣, 並列, 強意	体言, 用言連用形
	こそ	強意	体言, 用言連用形
	さえ	類推, 限定, 添加	体言, 用言連用形
	でも	類推, 大体를 가리킴	体言, 用言連用形
	しか	限定	体言, 用言連用形・連体形
	だって	類推	体言, 用言連用形
副助詞	まで	帰着点, 程度・限度, 類推	体言, 用言連体形
	ばかり	程度, 限定	体言, 用言連体形
	だけ	程度, 限定	体言, 用言連体形
	ほど	程度, 分量	体言, 用言連体形
	くらい	程度, 限定	体言, 用言連体形
	など	例示, 대략	体言, 用言終止形
	なり	限定	体言, 用言終止形
	やら	不確実	体言, 用言連体形
	か	不確実	体言, 用言終止形
終助詞	か	疑問, 反語	体言, 動詞・形容詞連体形, 形動語幹
	な	禁止	動詞終止形
	な(なあ)	感動・詠嘆	用言終止形
	や	感動, 強意, 부르는 소리	体言, 用言終止形・命令形
	よ	感動, 強意	用言終止形・命令形
	ぞ	강한 指示	用言終止形
	ぜ	가벼운 指示	用言終止形
	とも	強意	用言終止形
	の	疑問, 断定	用言連体形
	わ	感動, 強意	用言終止形
間投助詞	ね(ねえ)	感動, 余情	体言, 用言終止形
	さ	強意, 余情	体言, 用言終止形

文語

種類	語	意味・用法	接続
格助詞	が	主語, 連体修飾語(所有, 限定)	体言・準体言
	の	連体修飾語(所有, 限定), 連用修飾語 (比喩, 比較, 目的), 主語	体言・準体言
	を	連用修飾語(動作의 対象, 経由点, 出発点, 方向, 経過하는 時間)	体言・準体言
	に	連用修飾語(場所, 時, 帰着点, 結果, 目 的・対象, 被動의 原因, 使役의目標, 原因 ・理由, 対比의目標, 尊敬의主語, 並列, 添 加)	体言・準体言
	へ	連用修飾語(方向)	体言・準体言
	と	連用修飾語(「와 함께」, 作用의 結果, 対比 의 目標, 引用, 動作의 対象, 比喩, 強勢)	体言・準体言(引用의 경우는 文 章에도
	より	連用修飾語(起点, 経由点, 比較의 基準, 手段, 原因, 限定(連体修飾에도), 即時)	体言・準体言
	から	連用修飾語(起点, 経由点, 手段, 原因)	体言・準体言
	にて	連用修飾語(場所, 手段, 原因, 時限)	体言・準体言

分類	助詞	意味・用法	接続
接続助詞	ば	順接의 仮定条件, 順接의 確定条件, 一般条理의 条件, 경우	用言未然形(仮定), 已然形(確定)
	と・とも	逆接의 仮定条件	動詞・形容動詞終止形, 形容詞・「ず」未然形
	ど・ども	逆接의 確定条件	用言已然形
	が	逆接의 確定条件, 単純接続	用言連体形
	に	逆接의 確定条件, 경우, 原因, 添加	用言連体形
	を	逆接의 確定条件, 順接의 確定条件	用言連体形
	て	前後의 接続(順接, 並列, 逆接), 理由	用言連用形
	して	単純接続, 理由・原因	形容詞・形容動詞・「ず」連用形
	で	否定接続(「ずて」의 준말)	用言未然形
	つつ	反復, 継続, 並行, 余情	動詞連用形
	ながら	動作의 並行(順接, 逆接)	動詞連用形, 形容詞語幹・連体形
	や	경우	動詞連体形
並列助詞	と	並列	体言, 用言連体形
	や	並列	体言, 用言連体形
	か	並列選択	体言, 用言連体形
	の	並列	体言, 用言連体形
係助詞	は	区別, 強意	体言, 用言連体形
	も	同趣, 並列, 詠嘆	体言, 用言連体形
	ぞ	強한 指示	体言, 用言連体形
	なむ	強한 指示	体言, 用言連体形
	や	疑問, 反語	体言, 用言終止形
	か	疑問, 反語	体言, 用言連体形
	こそ	더한층 強한 指示	体言, 用言連体形
	な	禁止(「な…そ」의 형태로 사용되는 경우가 많음)	体言 등
副助詞	だに	類推, 限定	体言, 用言連体形
	すら	類推	体言, 用言連体形
	さへ	添加	体言, 用言連体形
	のみ	限定, 強意	体言, 用言連体形
	ばかり	限定, 程度・範囲	体言, 用言連体形
	など	例示, 引用	体言, 用言連体形
	まで	帰着点, 程度・限度, 添加	体言, 用言連体形
終助詞	がな(がも)	願望	「し」「てし」「にし」「も」
	かな(かも)	感動	体言, 用言連体形
	かし	強意(다짐을 두다)	文의 完結한 것(体言도)
	なむ	願望(원하고 바람)	動詞・形容詞未然形
	ばや	自己의 願望	動詞未然形
	な	自己의 願望	動詞未然形
	ね・に	他에 대한 願望	動詞未然形
	こそ	他에 대한 願望	動詞連用形
間投助詞	よ	感動・詠嘆, 부르는 소리, 指示	体言, 用言連体形・命令形
	や	感動・詠嘆	体言, 用言終止形・命令形
	し	強意	体言 등
	を	感動・詠嘆	体言, 用言連体形・命令形
	な	感動・詠嘆	体言, 用言終止形・命令形

○意味, 用法, 接続은 大略을 나타냈다. 接続項의 準体言이라는 것은 用言, 助動詞의 連体形 및 体言 대신이 될 수 있는 助詞 등이다.
○助動詞에 接続할 때는 用言에 準한다. 또 딴 助詞에 接続하는 것은 일일이 표시하지 않았다.
○助詞의 分類에 대해서는 이외에 格助詞, 接続助詞, 副助詞, 終助詞의 四種으로 나누는 일도 있다.

常用漢字音訓表

漢字는 읽는 법만 알면 뜻을 찾기는 쉽다. 그러나 읽을 수 없을 때 일일이 漢文辭典을 뒤지기도 귀찮은 일이요, 또 200이 넘는 漢字의 部首를 낱낱이 찾는다는 것도 쉬운 일이 아니다.

이러한 불편을 없애고 文字를 찾는 데 한층 더 簡便하고 能率的으로 찾아 볼 수 있게 한 것이 이 「常用漢字音訓表」(약 7,000字)이다. 이 表는 200여종이나 되는 종래의 康熙字典式 部首別로 늘어놓는 配列法을 버리고, 文字의 構成을 主体로 하여 그 文字를 縱断 혹은 横断할 수 있는지부터 알아 보아 類似한 構成을 가진 漢字를 같은 획에 모아 놓았다.

이것은 종래에 없었던 独創的인 配列法으로서, 각종 部首에 대한 지식이 없는 분에게도 손쉽게 찾을 수 있는 새 世代의 要求에 따른 방법인 것이다. 아래 凡例에 따라 이 配列方法을 잘 理解하고 能率的으로 活用하기 바란다.

凡　例

(1) 配 列 法

누구나 쉽게 찾아 볼 수 있게끔 종래의 康熙字典式 部首別에 의한 配列法을 따르지 않고 漢字의 画数順으로 모아 놓았다. 그 방법은 4획 이상의 漢字에 있어서 다음의 3종류로 大別하였다.

【제1부】「行」「仁」등과 같이 세로로 切断되는 글자, 즉 辺과 旁으로 성립되는 글자다. 辺의 획수가 적은 것부터 차례로 늘어놓았으므로 같은 획 안에서는 旁이 끝에 갈수록 획수가 적어진다.

〔주의〕 当用漢字에서는 「ネ」을 4획, 「飠」을 8획으로 치기 때문에 当用漢字에 한해서 각각 4획, 8획에 넣었다. 当用漢字 이외에서는 5획, 9획으로 셈.

【제2부】「夜」「実」등과 같이 가로로 切断되는 글자, 즉 「冖」「灬」「疒」「亠」등이 붙은 글자다. 위에 붙은 부수의 画数가 적은 것부터 차례로 늘어 놓았다. 따라서 같은 획 안에서는 밑에 오는 부수가 끝에 갈수록 획수가 적어진다.

〔주의〕 当用漢字에서는 「艹」를 3획으로 치기 때문에 当用漢字에 한해서 3획에 넣었다. 当用漢字 이외에서는 4획으로 셈.

【제3부】「国」「間」등과 같이 가로로도 세로로도 切断되지 않는 글자. 즉 「囗」「門」「走」「廴」辶등이 붙는 글자다. 책받침이 있는 자를 제3부에 넣은 것은 이 부의 글자 수가 적기 때문에 찾기 편하게 하기 위해서이다.

〔주의〕 当用漢字에서는 「辶」을 3획으로 치기 때문에 当用漢字에 한해서 3획에 넣었다. 当用漢字 이외에서는 4획으로 셈.

(2) 収録字数 약 7,000 자

当用漢字 1,850자만으로는 漢文古典은 勿論, 근대 文学作品도 읽을 수 없기 때문에 이 表는 이런 것을 읽는데 不自由가 없게끔, 또 言語生活에도 불편이 없게끔 当用漢字, 人名漢字 이외에도 日常 쓰이는 漢字 7,000자를 추렸다.

(3) 教育漢字, 当用漢字, 人名漢字의 標示

◎……教育漢字(881字)
○……当用漢字(教育漢字 이외의 969字)
*……人名漢字(92字)

(4) 音訓의 明示

音……カタカナ　　訓……ひらがな

教育漢字, 当用漢字에 있어서는 当用漢字音訓表에 정해진 音訓 이외는 ( )로 싸서 표시했다.

(5) 新旧両字体의 明示

当用漢字 가운데 新旧両字体가 현저하게 다른 것은 新字体 편에 新旧両字体를 내놓았지만, 旧字体의 편에도 다시 내놓아 検索의 편의를 피했다.

【一 画】

○一	イチ イツ	ひとつ (はじめ, もっぱら)
○乙	オツ	(きのと)

【二 画】

○二	ニ	ふたつ
○人	ジン ニン	ひと
○入	ニュウ	いる
○八	ハチ	やつ
乂	ガイ	かる, おさめる
○又	(ユウ)	また
○七	シチ	ななつ
匕	ヒ	さじ やじり, あいくち
○力	リキ リョク	ちから (しもべ, りきむ)
○刀	トウ	かたな
刁	チョウ	どら なべ
○九	キュウ ク	ここのつ
几	キ	おしまずき つくえ
○丁	テイ チョウ	(ひのと)
○了	リョウ	(おわる)
卜	ボク	うらなう うらない
○十	ジュウ	とお
*乃	ダイ	すなわち, の なんじ, われ

【三 画】

○三	サン	みつ
○上	ジョウ	うえ, あげる のぼる, かみ
○土	ト ド	つち(くに)
○士	シ	(さむらい)
○工	コウ ク	(たくみ, つかさ しょくにん)
○山	サン	やま
○下	カ ゲ	した, しも, もと さげる, くだる
○千	セン	ち
○干	カン	ほす, ひる
于	ウ オ	ここに
巾	キン	おおい, てぬぐい かぶりもの, きれ
○大	ダイ タイ	おおきい
○久	キュウ ク	ひさしい
○丈	ジョウ	(たけ)
○才	サイ	(うまれつき, はたらき, わずか)
弋	ヨク	くい, くろい いぐるみ
○凡	ボン (ハン)	(およそ すべて, なみ)
兀	コツ ゴツ	はげやま あしきり
○己	コ キ	(おのれ つちのと)
已	イ	すでに
*巳	シ	み
○弓	キュウ	ゆみ
○口	コウ ク	くち
尸	シ	しかばね かたしろ, さらす
○子	シ ス	こ(むすこ, み おとこ, ね)
孑	ケツ	あまり ひとり
○小	ショウ	ちいさい, こ お(こども)
○川	セン	かわ
○刃	ジン	は (やいば)
○勺	シャク	(ひしゃく)
○夕	セキ	ゆう (ゆうべ, くれ)
○亡	ボウ	(にげる, うしなう ほろぶ, ない)
○与與	ヨ	あたえる (くみする, あずかる)
○万萬	マン バン	(よろず)
○丸	ガン	まるい
○寸	スン	(すこし)
幺	ヨウ	ちいさい いとけない
*也	ヤ	なり, や また, か
○女	ジョ ニョ	おんな (むすめ, なんじ)
乞	キツ コツ	こう ものもらい

【四 画】

〔제 1 부〕

○仁	ジン	(いつくしみ, ひと, おもいやり, たね)
○化	カ ケ	ばける (かわる, かえる)
○仏佛	ブツ	ほとけ
仇	キュウ	あだ, かたき あいて
什	ジュウ	くみ どうぐ
仍	ジョウ ニョウ	よる, しきり しばしば
仆	フ	たおれる
仂	リョク ロク	あまり つとめる
○刈	(ガイ)	かる
○切	セツ サイ	きる (せまる, しきりに)
○比	ヒ	くらべる (たぐい, ならべる)
○双雙	ソウ	(ふたつ ならぶ)
○引	イン	ひく (さし)
○孔	コウ	(とおる, はなはだ あな)
○幻	ゲン	まぼろし

〔제 2 부〕

○元	ゲン もと ガン	(おおきい はじめ, かしら)
云	ウン	いう
○六	ロク	むつ
○文	ブン モン	(あや, もじ かざる, ふみ)
○方	ホウ	かた (ならぶ, ところ, まさに)
亢	コウ	のど, くび たかぶる
卞	ベン	いらいらする
○今	コン キン	いま
○介	カイ	(はさまる, たすける へだてる)
○公	コウ	おおやけ (きみ)
○分	フン ブン, ブ	わける (つとめ, みぶん)
兮	ケイ	
厄	ヤク	わざわい
仄	ショク ソク	ほのか, かたむく いやしい
○予	ヨ	(あたえる, われ)
豫		(たのしむ あらかじめ)
允	イン	まこと, ゆるす
○支	シ	(えだ, わかれ ささえる, えと)
爻	コウ	まじわる
○冗宂	ジョウ	(むだ あまり)

〔제 3 부〕

○太	タイ タ	ふとい (おおきい, はなはだ)
○天	テン	あめ (あま, そら)
○夫	フ	おっと (おとこ, それ, かな)
夭	ヨウ	わかじに わざわい
○犬	ケン	いぬ
○区區	ク	(すまい, しきり わかち)
○匹	ヒツ ヒキ	(たぐい)
○円圓	エン	(まるい, まどか めぐり)
○内	ナイ ダイ	うち(いる)
○匁	日字	もんめ
匀	イン キン	すくない ひとしい
勾	コウ	まがる
勿	ブツ	なかれ ない
匂	日字	におい
○五	ゴ	いつつ
○互	ゴ	たがい
○王	オウ	(きみ さかん)
壬	ジン ニン	みずのえ ねじける
*丑	チュウ	うし
○止	シ	とまる (とどまる, やむ)
○反	ハン タン (ヘン)	(かえる, そむく そる, かえって)
○友	ユウ	とも
○及及	キュウ	およぶ および
爪	ソウ	つめ
○氏	シ	うじ
○丹	タン	(しんしゃ, くすり あかいろ)
冄	ゼン	ふさふさしたけ ゆく, すすむ
○井	セイ ショウ	い(いど, いげた)
○升	ショウ	(ます, のぼる みのる)
○斤	キン	おの きる
○片	ヘン	かた (かたほう, きれはし)
○中	チュウ	なか (ただしい, あたる)
○午	ゴ	(うま, ひる)
○斗	ト	(ます, ますめ ひしゃく)

○牛	ギュウ	うし
丰	ボウ	くさがしげる おもぶくれ
帀	ソウ	めぐる
○弔	チョウ	とむらう (いたむ)
○不	フ	(いな, いなや) ず
巿	フツ	まえだれ
廿	ジュウ ニュウ	はたち
卅	サフ	みそ
○欠缺	ケツ	かける
○日	ジツ ニチ	ひ, か
曰	エツ	いう, いわく
○月	ゲツ ガツ	つき
○木	ボク モク	き
○水	スイ	みず
○火	カ	ひ
○父	フ	ちち
○尺	シャク (セキ)	(ながさ, たけ ものさし)
○戸	コ	と(いえ)
尹	イン	ただす, つかさ まこと
○手	シュ	て
○毛	モウ	(け, けもの いけにえ)
○乏	ボウ	とぼしい
*之	シ	ゆく, これ, の
巴	ハ	ひなうた ともえ
尤	ユウ	もっとも とがめる
无	ブ ム	ない
屯	トン チュン	たむろ かがむ, なやむ
○少	ショウ	すくない, すこし (かく, わかい)
○心	シン	こころ (むね, なか)
戈	カ	ほこ いくさ
毋	ブ ム	なかれ ない
丐	カイ カツ	こう こじき
牙	ガ ゲ	きば, はた ほんえい
○凶	キョウ	(あし, わるい わざわい)

【五画】

〔제1부〕

○旧舊	キュウ	(ふるい, としより, しりあい)
○仕	シ	つかえる(つとめ つかえまつる)
○他	タ	(ほか, かれ)
○代	ダイ	かわる, よ (しろ)
○付	フ	つける (あたう, よせる)
*仙	セン	やまびと せんにん
仡	キツ コツ	いさましい たかい
仔	シ	こ
仗	ジョウ	うちもの, ぶき つえ, まもり
仞	ジン	ひろ, たかい
仟	セン	おさ, かしら みち
○加	カ	くわえる
○叫	キョウ	さけぶ
叶	キョウ	かなう
叩	コウ	たたく ひかえる
叱	シツ シチ	しかる したうち
叮	テイ	ていねい
叨	トウ	むさぼる みだりに
叭	ハツ	くちがあく
叺	日字	かます
○功	コウ ク	(いさおし, ききめ つとめ, たくみ)
○巧	コウ	たくみ
○刊	カン	(けずる, きる きざむ)
○打	ダ	うつ
○払拂	フツ	はらう, はらい (もとる)
扑	ボク	うつ, むち しもと
汁	ジュウ	しる
汀	テイ	みぎわ
氾	ハン	ひろがる, はびこる ひろい, ただよう
○北	ホク	きた (そむく, にげる)
*卯	ボウ	う
○外	ガイ ゲ	そと, ほか (そらす, はずす)

○収收	シュウ	おさめる (ねんぐ, みつぎ)
○奴	ド	(やっこ やつ)
○幼	ヨウ	(おさない いとけない)
*弘	コウ ク	ひろい ひろめる
忉	トウ	うれえる
○犯	ハン	おかす
阞	ロク	● すじ, はした
○処處	ショ	(ところ, おる おく)
○札	サツ	ふだ(しへい, ふみ はやじに)
○礼禮	レイ (ライ)	(いや, のり おくりもの)

〔제2부〕

○市	シ	いち(まち あきない)
○主	シュ ス	ぬし (あるじ, きみ)
○立	リツ	たつ
○玄	ゲン	(くろ, しずか あめ, おくぶかい)
○左	サ	ひだり
○右	ユウ ウ	みぎ (たっとぶ, たすける)
○弁	ベン	(かんむり いそぐ)
辨		(わかつ, わかる あきらか, ただす)
辦		(つとめる そなえる)
瓣		(はなびら なかご)
辯		(いいあらそう ただす, くちつき)
辮		(あむ, くむ)
○台臺	ダイ タイ	(たかだい, うてな やくしょ)
○占	セン	しめる うらなう
○古	コ	ふるい (いにしえ, むかし)
○召	ショウ	めす
○矛	ム (ボウ)	(ほこ)
○布	フ	ぬの (もめん, おりもの)
○示	シ ジ	しめす (くにつかみ)
○圧壓	アツ	(おす, せまる おさえる)
○写寫	シャ	うつす
○令	レイ	(ふれ, のり, しむ いいつけ, つかさ)
○包	ホウ	つつむ
孕	ヨウ	はらむ

卉	キ	くさ
○穴	ケツ	あな
宄	キ	よこしま
宂	冗 (四画)	
它	タ ダ	ほか へび
*只	シ	ただ
○兄	ケイ キョウ	あに
○号	ゴウ	(となえ, しるし じゅんばん)
號		(さけぶ, なく)
○広廣	コウ	ひろい ひろさ(よこ)
○庁廳	チョウ	(まんどころ おもてざしき)
○尼	ニ	あま (とどむ)
尻	コウ	しり
卮	シ	さかずき べに
○冬	トウ	ふゆ
厺	去 (五画)	
○去	キョ コ	さる (のぞく)
旦	タン	あした あけがた
氐	テイ	もと, えびす
戹	ヤク	せまい, なやむ くるしむ
丕	ヒ	おおきい おおいに

〔제3부〕

○四	シ	よつ
○囚	シュウ	(とらう, とらわれ めしゅうど)
囘	カイ エ	(めぐる, まがる たがう, よこしま)
○巨	キョ	(おおきい おおい)
匜	イ	はんぞう
匝	ソウ	めぐる
○本	ホン	(もと, この もとより)
○末	マツ	すえ(ひくい ながれ)
○未	ミ (ビ)	(ひつじ いまだ)
朮	ジュツ	うけら
○甲	コウ カン	(きのえ, はじめ よろい, こうら)
○申	シン	もうす (のぶ, さる)
○田	デン	た

○由 ユウ ユ よし (よる，より)
○用 ヨウ もちいる
○母 ボ はは
○央 オウ (なかば ひろい)
○失 シツ うしなう (うす，あやまち)
○史 シ (ふびと ふみ)
○矢 シ や
○冊册 サツ (サク) (ふみ てがみ)
册 冊 (五画)
冉 冄 (四画)
凧 日字 たこ
○句 ク (くぎり まがる)
匆 ソウ あわてる いそぐ
○世 セイ セ よ
○正 セイ ショウ ただしい (ただす，かみ)
○生 セイ ショウ いきる，なま うまれる，き
○出 シュツ スイ でる，だす
○玉 ギョク たま
○丘 キュウ おか
○且 (シャ ショ) かつ (まさに，かりそめ)
皿 ベイ さら
○目 モク め(みる)
○白 ハク ビャク しろ，しろい (もうす)
凸 トツ でこ
凹 オウ ぼこ
○半 ハン なかば
○平 ヘイ ビョウ たいら，ひらたい (たいらぐ，つね)
乍 サ たちまち しばらく，ながら
○可 カ (きく，よい，べし，ばかり)
○司 シ (つかさ つかさどる)
○永 エイ (ながい)
○氷 ヒョウ こおり
禾 カ くき，なえ いね
戊 ボ つちのえ
弍 二 (二画)

○民 ミン たみ
○甘 カン あまい (うまい)
丼 セイ タン いど どんぶり
○以 イ (もって，おもう もちう)
○必 ヒツ かならず
乎 コ か，や
瓜 カ うり
○皮 ヒ かわ
瓦 ガ かわら すやき
疋 ショ ヒツ あし ひき
○石 セキ シャク コク いし (こくはかり)
弗 フツ あらず ドル
○丙 ヘイ (ひのえ)
○辺 ヘン (ほとり)
○込 日字 こむ
辷 日字 すべる

【六 画】

〔제 1 부〕

○休 キュウ やすむ やすみ
○仰 ギョウ コウ あおぐ おおせ
○件 ケン (くだん くだり)
○仲 チュウ なか
○任 ニン まかせる (になう，たえる)
○伐 バツ (うつ，きる ほこる)
○仮假 カ ケ かり (かす)
○伝傳 デン つたえる (しゅくば)
○伏 フク ふせる
*伊 イ これ，ただ
伎 キ ギ わざ たくみ
伍 ゴ くみ
伉 コウ つれあい ならぶ
仿 ホウ さもにたり
○州 シュウ ス (す，なかす しま)
冲 チュウ いとけない

冱 ゴ さむい
冰 ヒョウ こおり
○次 ジ シ つぐ
○壮壯 ソウ (さかん)
○兆 チョウ (きざし しるし)
旭 キョク あさひ
收 収 (五画)
攷 シ つとむ
○吐 ト はく
吃 キツ どもる
吒 タ しかる
吋 トウ インチ
吁 ウ ああ
○地 チ ジ (つち)
圯 イ はし
圮 ヒ やぶる
○好 コウ このむ，すく (よい)
○如 ジョ ニョ (ごとし しく，ゆく)
○妃 ヒ (きさき)
奸 カン おかす
妁 シャク なこうど
托 タク たのむ
扞 カン ふせぐ
扛 コウ あげる
扣 コウ うつ ひかえる
○江 コウ え
○汗 カン あせ
汙 オ ウ けがす
○汚 オ (ウ) けがす
○池 チ いけ
汝 ジョ なんじ
汜 シ たまりみず
汐 セキ ひきしお
汎 ハン ホン うかぶ，ひろい ただよう
○行 コウ ギョウ アン いく，ゆく おこなう

彴 シャク まるきばし
阡 セン みち
阤 チ くずれる
弛 シ チ ゆるむ
舛 セン たがう
犴 カン のいぬ
忖 ソン はかる
○忙 ボウ いそがしい
○帆 ハン ほ
孜 シ つとめる
艸 ソウ くさ
○竹 チク たけ
○羽 ウ は，はね
○机 キ つくえ
○朽 キュウ くちる
朴 ボク すなお
朸 リョク もくめ
○刑 ケイ (しおき おきて)
刎 フン はねる
○列 レツ (つらなる)
刖 ゲツ あしをきる
肌 キ はだ
肋 ロク あばら
○印 イン しるし
灯 テイ チン ともしび
牝 ヒン めうし
此 シ これ，この

〔제 2 부〕

○至 シ いたる
○全 ゼン まったく
○企 キ くわだてる
○会會 カイ エ あう
○合 ゴウ あう
○毎每 マイ (つね ごと)
○気氣 キ ケ (くうき，いき いきおい，こころ)

○后	コウ	(きさき)
○争爭	ソウ	あらそう (いかで)
◦危	キ	あやうい
○色	ショク シキ	いろ
牟	ボウ ム	うばう むさぼる
○有	ユウ ウ	ある
○在	ザイ	(あり います)
○存	ソン ゾン	(あり)
卉	キ	くさ
◦灰	カイ	はい
◦旨	シ	むね
*亦	エキ	また
*亥	ガイ	い いのしし
○交	コウ	まじわる まじる
○衣	イ	ころも (きぬ, きす, ぞ)
◦充	ジュウ	あてる (みつ)
兇	キョウ	わるもの
○先	セン	さき (まず)
○光	コウ	ひかる ひかり
尖	セン	さき
○当當	トウ	あたる (まさに)
◦劣	レツ	おとる
妄	ボウ モウ	みだり
○寺	ジ	てら
*圭	ケイ	たま
◦吉	キチ (キツ)	(よい さいわい)
○老	ロウ	おいる
○考	コウ	かんがえる (ちち)
吊	チョウ	つるす
○安	アン	やすい (いづくんぞ)
○字	ジ	あざ
○守	シュ ス	まもる (もり)
◦宇	ウ	(いえ, のき, そら)
◦宅	タク	(やか, やけ)
*庄	莊 (九画)	
○多	タ	おおい
○名	メイ ミョウ	な
○各	カク	おのおの
◦芋	(ウ)	いも
艾	ガイ	よもぎ, かる としより
◦芝	(シ)	しば
○共	キョウ	とも
夸	コ	ほこる またがる
○舌	ゼツ	した
孚	フ	まこと
○早	ソウ	はやい
○尽盡	ジン	つくす

〔제 3 부〕

凩	日字	こがらし
凪	日字	なぐ なぎ
夙	シュク	つとに
◦旬	ジュン	(とおか)
匈	キョウ	むね さわぐ
◦匠	ショウ	(たくみ)
*匡	キョウ	ただす
○臣	ジン シン	(けらい おみ)
○式	シキ (ショク)	(のり のっとる)
戍	ジュ	まもる
戌	ジュツ	いぬ
戎	ジュウ	つわもの えびす
○成	セイ ジョウ	なる (たいらげる)
○弐貳	ニ	(ふたつ)
曳	エイ	ひく
○肉	ニク	(しし)
◦舟	シュウ	ふね
○自	ジ シ	みずから
○向	コウ	むく むかう, むき
○同	ドウ	おなじ
○回	カイ エ	(まわす, まわり かえる, めぐる)
○因	イン	よる (ちなむ, もと, よすが)
○団團	ダン	(まるい, かたまり まどか)
○曲	キョク	まがる
臼	キュウ	うす
○再	サイ	ふたたび
而	ジ	しかして なんじ
○両兩	リョウ	(テール ふたつ)
○西	セイ サイ	にし
○百	ヒャク	(もも)
*亙	コウ	わたる
丞	ジョウ	たすけ
○血	ケツ	ち
缶	フ	ほとぎ さけつぼ
○虫	チュウ	むし
◦朱	シュ	(あかい, あけ)
耒	ライ	すき
○糸絲	シ	いと
○米	ベイ マイ	こめ(よね)
◦羊	ヨウ	ひつじ
○年	ネン	とし
○耳	ジ	みみ
艮	ゴン コン	うしとら
◦吏	リ	(つかさ やくにん)
夷	イ	えびす たいらげる
○死	シ	しぬ
◦巡	ジュン	めぐる
◦迅	ジン	(はやい)

【七 画】

〔제 1 부〕

○位	イ	くらい
○何	カ	なに (いずれ, いくばく, なんぞ)
○作	サク サ	つくる (おこす, おこる)
○似	ジ	にる
○住	ジュウ	すむ (とどまる)
○低	テイ	ひくい
○体體	タイ テイ	(からだ, かたち ありさま, おこない)
◦佐	サ	(たすける すけ)
◦伺	シ	うかがう うかがい
◦伸	シン	のびる
◦但	(タン)	ただし (ただ)
◦伯	ハク	(おさ はたがしら)
◦伴	ハン バン	ともなう (とも)
佛	仏 (四画)	
佚	イツ	たのしむ やすい
伽	カ キャ	とぎ
佝	コウ ク	みにくい
估	コ	あきなう
佗	タ	ほか 他に同じ
佇	チョ	たたずむ
佃	テン デン	つくだ
佔	テン	みる うかがう
佞	ネイ デイ	よこしま おもねる
佑	ユウ	たすける
伶	レイ	わざおぎ
○冷	レイ	ひえる つめたい
冶	ヤ	いる なまめかしい
○状狀	ジョウ	(さま, ふだ)
◦吟	ギン	(くちずさむ うたう)
◦吹	スイ	ふく
◦吸	キュウ	すう
呀	カ	くちをあける あ, おや
吼	コウ	ほえる
吭	コウ	のど
吮	エン セン	すう
吶	トツ	どもる ときのこえ
吠	ベイ	ほえる
吥	フ	かむ
吩	フン	はく いいつける
吻	フン	くちさき
○均	キン	(ひとしい)

字	音	訓
○坂	ハン	さか
○坑	コウ	(あな うつろ)
○坊	ボウ	(まち，へや てら)
坎	カン	あな
址	シ	あと いしずえ
坏	ハイ	つき
坋	フン	ちり
○妊	ニン	(はらむ)
○妨	ボウ	さまたげる
○妙	ミョウ	(たえ しなやか)
妓	キ ギ	わざおぎ
妒	ト	ねたむ
妣	ヒ	はは(亡母)
妖	ヨウ	わざわい なまめく
○役	エキ ヤク	(えだち つとめ)
彷	ホウ	さまよう
○快	カイ	こころよい
忻	キン	よろこぶ
忤	ゴ	さからう
忼	コウ	なげく
忮	シ	もとる そこなう
忸	ジク	はじる
忱	シン	まこと
忡	チュウ	うれえる
忭	ベン	よろこぶ
○技	ギ	(わざ)
○投	トウ	なげる
○折	セツ	おる (くじく)
○抗	コウ	(ふせぐ あたる)
○抄	ショウ	(すくいとる かきぬく)
○扱	(ソウ キュウ)	あつかう
○抜	バツ	ぬく
○批	ヒ	(うつ)
○扶	フ	(たすける)
○抑	ヨク	(そもそも おさえる)

字	音	訓
○択擇	タク	(えらぶ よりわける)
抉	ケツ エツ	くじる えぐる
抅	拘（八画）	
抒	ショ ジョ	くむ
抓	ソウ	つまむ
抖	トウ	あげる
把	ハ	とる，たば
扮	フン	よそう
抆	ブン	ぬぐう
抃	ヘン ベン	うつ たたく
抔	ホウ ハイ	すくう
扼	ヤク アク	おさえる
○改	カイ	あらためる
○攻	コウ	せめる (おさめる)
○汽	キ	(ゆげ)
○決	ケツ	きめる (たつ，わる)
○沖	(チュウ)	おき (おくぶかい)
○沈	チン	しずむ
○没沒	ボツ	(しずむ おぼれる)
○沢澤	タク	さわ
汪	オウ	ひろい おおきい
汲	キュウ	くむ
沅	ゲン	
沍	ゴ	とじる ふさぐ
沆	コウ	ひろい みずたまり
汨	ベキ コツ	しずむ
沙	サ シャ	いさご すな
沚	シ	みぎわ
沁	シン	さがす のむ
汭	ゼイ	みずあい みずぎわ
汰	タイ タ	そろえる
沉	沈（七画）	
沌	トン	ふさがる
沛	ハイ	ゆたか，くさはら おおきい，ゆく
汶	ブン モン ボン	はずかしめ

字	音	訓
沔	ベン	ながれる おぼれる
沒	没（七画）	
沐	モク	ゆあみ
沃	ヨク	そそぐ うるおす
○狂	キョウ	くるう
狃	ジュウ	なれる
狆	チュウ	ちん
狄	テキ	えびす
○防	ボウ	ふせぐ
阨	アイ ヤク	せまい
阬	コウ	あな
阯	シ	もとい
阱	セイ	おとしあな
阪	坂（七画）	
弝	ハ	にぎり
弡	ケツ	ゆがけ
○岐	キ	(えだみち)
孜	シ	つとめる
○形	ケイ ギョウ	かたち，かた (あらわれる)
彤	トウ	あか(赤)
○材	ザイ	(まるた もちまえ)
○村	ソン	むら
杇	オ ウ	こて
杆	カン	てこ
杞	キ シ	くこ
杠	コウ	はたざお
*杉	サン	すぎ
杓	シャク	ひしゃく 丸木ばし
杖	ジョウ	つえ，うつ
杜	ト	やまなし ふさぐ
杙	ヨク	くい
杣	日字	そま
○肝	カン	きも
肛	コウ	
肚	ト	はら

字	音	訓
○邪	ジャ	(よこしま)
○邦	ホウ	(くに)
邨	ソン	むら
那	ナ	なに なんぞ
灼	シャク	やく
牡	ボ ボウ	おす
玕	カン	王の名
玖	キュウ	黒い石
○社	シャ	やしろ
妝	ショウ	よそおい
壯	壮（六画）	
旰	カン	くれる
○対對	タイ ツイ	(むかう，あたる こたえる)
○判	ハン	(わける)
○別	ベツ	わかれる わかれ
○利	リ	(とし，もうけ)
刪	サク サン	けずる
○私	シ	わたくし
○町	チョウ	まち
矴	碇（十三画）	
○初	ショ	はじめ，はつ はじめて
○助	ジョ	たすける すけ
○励勵	レイ	はげむ
劫	ゴウ キョウ	おびやかす
劬	ク	つかれる
劭	ショウ	つとめる
○却	キャク	(しりぞける かえって)
○卵	ラン	たまご
○即卽	ソク	(すなわち つく)
卲	ショウ	たかい
○乱亂	ラン	みだれる
糺	キュウ	ただす よりあわす
虬	キュウ	みずち

〔제 2 부〕

字	音	訓
*亨	キョウ コウ	とおる たてまつる

漢字	音	訓
○言	ゲン ゴン	いう，こと
○辛	シン	からい (かのと)
○余餘	ヨ	あまる (われ)
○含	ガン	ふくむ
*辰	シン	たつ ほしのやどり
○希	キ	(まれ すくない)
坌	フン	ちり あくた
岔	フン	けわしい
罕	カン	まれ
○克	コク	(よく，よくする かつ)
兌	ダ	よろこぶ
甬	ヨウ	みち ほそどの
○角	カク	つの (かど，くらべる)
卣	ユウ	たる
○弟	テイ ダイ	おとうと
毎	毎（六画）	
○呉呉	ゴ	(くれ)
○呈	テイ	(しめす あらわす)
○足	ソク	あし たりる
呆	ホウ	おろか あきれる
*呂	リョ ロ	
邑	ユウ	むら，さと
○壱壹	イチ	(ひとつ)
○孝	コウ	
○声聲	セイ	こえ
○赤	セキ シャク	あか あかい
○走	ソウ	はしる
○売賣	バイ	うる
○完	カン	(まったし)
○究	キュウ	(きわめる)
宜	宜（八画）	
*宏	コウ	ひろい
宋	ソウ	
宍	ジク ニク	しし ししむら
灾	サイ	わざわい
牢	ロウ	おり ひとや
○局	キョク	(せぐくまる かぎり，つぼね)
○尿	ニョウ	(ゆばり)
○尾	ビ	お (おわり，つるむ)
屁	ヒ	へ
岑	シン ギン	みね
岌	キュウ	たかい
○序	ジョ	(ついで ついづ)
○床	ショウ	とこ，ゆか
○応應	オウ	(あたる こたえる)
庋	キ	たな
庇	ヒ	おおう ひさし
肓	コウ	むなもと
巵	シ	さかずき
○花	カ	はな
○芽	ガ	め (めぐむ)
○芸藝	ゲイ	(わざ，のり)
○芳	ホウ	かんばしい (かおり)
芍	シャク	
芊	セン	くさがしげる
芒	ボウ モウ	のぎ
○志	シ	こころざす (しるす)
○忌	キ	いむ (いみ)
○忍	ニン	しのぶ
○忘	ボウ	わすれる
忒	トク	たがう
○労勞	ロウ	(はたらく，いたわる つかれる)
○肖	ショウ	(にる，にせる)
汞	コウ	みずかね
○条條	ジョウ	(えだ，すじ くだり)
灸	キュウ	やいと
○災	サイ	わざわい
○君	クン	きみ
○否	ヒ	いな
○告	コク	つげる つげ
○谷	コク	たに
*吾	ゴ	われ
呑	ドン トン	のむ
吝	リン	おしむ やぶさか
步	歩（八画）	
○妥	ダ	(やすらか おだやか)
孚	フ	まこと かえる
帋	紙（十画）	
弃	棄（十二画）	
弄	ロウ	もてあそぶ
旱	カン	ひでり
杢	日字	もく
李	リ	すもも
○兵	ヘイ	(つわもの)
○努	ド	つとめる
○男	ダン ナン	おとこ
○見	ケン	みる
○貝	(バイ)	かい
皁	ソウ	しもべ，こもの ねだ，かいおけ
疔	テイ チョウ	めんちょう
○秀	シュウ	(ひいでる すぐれる)
禿	トク	はげ かむろ
○児兒	ジ ニ	(こ)

〔제 3 부〕

漢字	音	訓
○亜亞	ア	(つぐ)
○豆	トウ ズ	まめ
*酉	ユウ	とり
*丞	ジョウ	たすける
豕	シ	ぶた
○系	ケイ	(つながる つぐ)
○寿壽	ジュ	ことぶき (とし)
○麦麥	バク	むぎ
○我	ガ	われ
○戒	カイ	いましめる
○医醫	イ	(いやす，くすし)
匣	コウ	くしげ
○里	リ	さと
○困	コン	こまる (くるしむ)
○囲圍	イ	かこむ かこみ，かこい
○図圖	ズ ト	はかる (え，はかりごと)
囮	カ	おとり
○車	シャ	くるま
串	カン	なれる，くし つらぬく
○求	キュウ	もとめる
○来來	ライ	くる (き，きたる)
坐	ザ	すわる
巫	フ	みこ
○束	ソク	たば
夾	キョウ	はさむ
○更	コウ	さらに (あらためる)
尨	ボウ	むくいぬ
甫	ホ	はじめ
甸	デン	畿内外五百里
○良	リョウ	よい (まこと)
○身	シン	み
○廷	テイ	(やくしょ)
延	延（八画）	
○近	キン (コン)	ちかい (ちかずく)
○返	ヘン	かえす，かえる(へんじ)
○迎	ゲイ	むかえる
迆	イ	ゆく
迂	ウ	まがる とおい
迄	キツ	いたる まで
辿	テン	たどる

【八画】

〔제 1 부〕

漢字	音	訓
○供	キョウ ク	そなえる とも
○使	シ	つかう (つかい，しむ)
○例	レイ	(ためし たとえ)

漢字	音	訓
○価價	カ	あたい
∘依	イ エ	(よる たのむ)
∘侍	ジ	さむらい (さぶらう,はべる)
∘侮侮	ブ	あなどる
∘併	ヘイ	(あわす しかし)
∘佳	カ	(よい)
佾	イツ	れつ ならび
佼	コウ	うるわしい みめよい
侃	カン	つよい
佶	キツ	ただしい つよい
侈	シ	おごる
侏	シュ	こびと
侚	シュン ジュン	したがう
侘	タ	おごる わびる
佻	チョウ	かろがろしい
侗	ドウ	おおきい おろか
佩	ハイ	おびる おびだま
佰	ハク	おさ
侔	ボウ	ひとしい
侑	ユウ	すすむ たすける
佯	ヨウ	いつわる
冽	レツ	さむい
○協	キョウ	(かなう やわらぐ)
○味	ミ (ビ)	あじ (あじわい)
∘呼	コ	よぶ
咏	エイ	うたう
呵	カ	しかる
呷	コウ	すう
呿	キョウ コウ	ねいき いびき
呱	コ	あかごの なきごえ
呪	ジュ	のろう まじなう
呻	シン	うめく
咀	ソ ショ	かむ
呫	チョウ	なめる
呶	ド	かまびすしい

漢字	音	訓
咄	トツ	しかる したうち
咐	フ	いいつける
咈	フツ	たがう
咆	ホウ	ほえる
呦	ユウ	しかのなきごえ
咊	和（八画）	
∘坪	(ヘイ ビョウ)	つぼ
坷	カ	けわしい
坩	カン	つぼ るつぼ
坰	ケイ	まき(牧)
坤	コン	つち ひつじさる
坼	タク チャク	さく
坦	タン	たいらか ひろい
坻	チ	しま なぎさ
坫	テン チン	さかずきだい
坡	ハ ヒ	さか つつみ
○姉	シ	あね
○妹	マイ	いもうと
○始	シ	はじめる (はじめ)
∘姓	セイ ショウ	(かばね)
姑	コ	しゅうとめ
姊	姉（八画）	
姒	ジ	あによめ
妲	ダツ	あね
妬	ト	ねたむ
姆	ボ モ	もり かしずき
岬	コウ	みさき
岨	ソ ショ	そば
岵	コ	はげやま
帖	チョウ	とばり
帙	チツ	書物をおおうもの
帕	バツ ハ	はちまき
∘弦	ゲン	つる
弧	コ	ゆみ はり
弣	フ	ゆずか

漢字	音	訓
弢	トウ	ゆみぶくろ
*弥彌	ビ	あまねし,わたる や, ひさしい
○往	オウ	(ゆく)
∘彼	ヒ	かれ かの
∘征	セイ	(ゆく みつぎ)
∘径徑	ケイ	こみち ただち
徂	ソ	ゆく
彿	フツ	
○性	セイ ショウ	(さが うまれつき)
∘怪	カイ	あやしい
∘怖	フ	(おそれる)
怡	イ	よろこぶ
怏	オウ ヨウ	うらむ
怯	キョウ	おそれる
怙	コ	たのむ
怺	日字	こらえる
怍	サク	はじる
怩	ジク	はじる
怵	ジュツ	おそれる
怔	ショウ	おそれる
怛	タン ダツ	いたむ おどろく
怗	チョウ	しずか
怕	ハク ハ	しずか おそれる
怫	ヒ フツ	いかる もとる
怜	レイ	さとい
∘押	オウ	おす おさえる
○招	ショウ	まねく
○拝拜	ハイ	おがむ
○拡擴	カク	(ひろめる ひろげる)
∘拠據	キョ コ	(よる よりどころ)
∘拒	キョ	こばむ (ふせぐ)
∘拘	コウ	(とらう かかわる)
∘拙	セツ	(つたない)
∘拓	タク (セキ)	(ひらく ひろう)
∘担擔	タン	(かつぐ になう)

漢字	音	訓
∘抽	チュウ	(ぬく)
∘抵	テイ	(あたる うつ)
∘抱	ホウ	だく (いだく)
∘拍	ハク ヒョウ	(うつ ひょうし)
拗	オウ ヨウ	くじく ねじる,すねる
拐	カイ	かたり かどわかす
拑	ケン	はさむ
拄	シュ チュ	ささう
拈	デン ネン	ひねる
抹	マツ	する
拇	ボウ モ	おやゆび
抛	ホウ	なげる
拂	払（五画）	
披	ヒ	ひらく
拔	抜（七画）	
扼	ヤク	とりひしぐ
拉	ラフ ラツ	くだく
○泳	エイ	およぐ
○河	カ	(かわ)
○治	チ ジ	おさめる
○注	チュウ	そそぐ
○波	ハ	なみ
○法	ホウ	(のり,おきて のっとる)
○油	ユ	あぶら
∘沿	エン	そう
∘泣	キュウ	なく
∘況	キョウ	(おもむき いわんや)
∘沼	ショウ	ぬま
∘沸	フツ	わく
∘泌	ヒツ (ヒ)	にじむ
∘泊	ハク	とまる (とまり)
泄	エイ (セツ)	もる, もらす
泱	オウ	おおきい
泓	オウ	ふかい
泫	ゲン	なみだがな がれる

漢字	音	訓
沽	コ	うる，かう あたい
泗	シ	
泅	シュウ	およぐ
沮	ショ	じめじめの ところ
泚	セイ	あざやか きよい
泝	ソ	さかのぼる
沱	タ	なみだがな がれる
泥	デイ	どろ
沴	テン	みだれる
沾	テン セン	うるおう
沫	バツ マツ	あわ つば
沸	フツ	わく
泡	ホウ	あわ
泛	ヘン	うかぶ
泮	ハン	ちる，こおり がとける
泯	ビン ミン	ほろぶ
泪	ルイ	なみだ
泠	レイ	きよい
狐	コ	きつね
狗	コウ ク	いぬ
狎	コウ	なれる
狙	ショ ソ	さる ねらう
狛	ハク	こまいぬ
狒	ヒ	ひひ
狖	ユウ	さる
○附	フ	(つく)
○阻	ソ (ショ)	(けわしい，へだてる，はばむ)
阿	ア	くま おもねる
陁	タ	陀に同じ
阼	ソ	きざはし
陀	タ	さか
阺	テイ	さか，おか
陂	ヒ ハ	つつみ さか
阨	ヤク アイ	ふさがる，なやむ，せまい
孤	コ	みなしご
氓	ボウ モウ	たみ
○板	ハン バン	いた (はんぎ)
○林	リン	はやし
○枝	シ	えだ
○松	ショウ	まつ
○杯	ハイ	さかずき
○枚	マイ (バイ)	(みき)
○枢樞	スウ	(とぼそ かなめ)
○析	セキ	(さく わける)
枊	コウ	くい
枊	ゴウ	うまつなぎ
杵	ショ	きね
枘	ゼイ	ほぞ
杪	ソウ ショウ	こずえ
杻	チュウ	もちのき
杶	チュン	ちゃんちん
杼	チョ ジョ	ひ
枕	チン	まくら
杷	ハ	さらい
枋	ホウ	ふね，え
枇	ヒ	びわ
枎	フ	えだ，はがわかれる
枌	フン	むなぎ そぎ
枉	オウ	まがる
枡	日字	ます
枠	日字	わく
○炊	スイ	(かしぐ たく)
○炉爐	ロ	(いろり ひびつ)
炕	コウ	かわく
炒	ソウ ショウ	いる
○服	フク	(きもの，きる のむ，おこなう)
○肥	ヒ	こえる (こやす)
○肪	ボウ	(あぶら)
股	コ	もも，また
肮	コウ	のど
肱	コウ	ひじ
肢	シ	てあし
肭	トツ	
肧	胚（九画）	
肺	ハイ	
肳	フン	くちさき (吻)
*朋	ホウ	とも
肬	ユウ	いぼ
○明	メイ ミョウ	あきらか，あける あかるい
昉	ホウ	まさに
旺	オウ	さかん うつくしい
狀	状（七画）	
牀	ショウ	こしかけ ゆか
戕	ショウ	そこなう
○放	ホウ	はなす はなつ
於	オ ウ	おいて
○物	ブツ モツ	もの
○牧	ボク	まき
○殴毆	オウ	(なぐる うつ)
○欧歐	オウ	
*欣	キン	よろこぶ
歿	ボツ	しぬ
殀	ヨウ	わざわい
歾	フン	くびをはねる
玩	ガン	もてあそぶ
玫	バイ マイ	たま
○版	ハン	(いた，はんぎ)
○所	ショ	ところ
爬	ハ	かく さらう
幷	ヘイ	あう ならぶ
○非	ヒ	(あらず，たがう，そしる)
○門	モン	かど
○祈	キ	いのる
○祉	シ	(さいわい)
祁	キ	さかん
祀	シ	まつる まつり
礿	ヤク	まつり
矼	コウ	かたい とびいし
矻	コツ	つとむ
○和	ワ	やわらぐ (のどか)
甿	ボウ モウ	たみ
瓩	日字	キログラム
○的	テキ	まと
○知	チ	しる
衫	サン	はんそで
○邸	テイ	(やしき)
○取	シュ	とる (めとる)
○叔	シュク	(おじ，おば)
○刷	サツ	する(すり)
○制	セイ	(たつ，つくる おきて)
○刻	コク	きざむ (むごい)
○刺	シ	さす (なふだ)
○到	トウ	(いたる)
刮	カツ	けずる こする
刲	ケイ	えぐる
刳	コ	えぐる
刹	セツ サツ	てら
刵	ジ	みみをきる
○効	コウ	(いさお，ききめ しるし，ならう)
○劾	ガイ	(きわめる つみをしらべる)
邯	カン	
邱	キュウ	おか
邴	ヘイ	
○卸	(シャ)	おろす
卦	カ ケ	うらかた
臥	ガ	ふす
○糾	キュウ	(ただす，なう，まつわる，あわす)
虯	キュウ	みずち
舠	トウ	こぶね
○乳	ニュウ	ちち ち

漢字	音	訓
軋	アツ	きしる

〔제 2 부〕

漢字	音	訓
崖	ガイ	がけ きりぎし
○育	イク	そだてる
○京	キョウ ケイ	(みやこ, おか)
○卒	ソツ	(あしがる, ついに, おえる)
○夜	ヤ	よ よる
○享	キョウ	(すすむ うける)
*斉齊	セイ サイ・シ	ひとしい. ととのう, そろう
妾	ショウ	めかけ わらわ
○命	メイ ミョウ	いのち (おおせ)
○舎	シャ	(いえ, やど すてる)
○金	キン コン	かね
○念	ネン	(おもう)
忿	フン	いかる うらむ
怱	ソウ	いそぐ
○参參	サン	まいる
矣	イ	
○卓	タク	(たかい, すぐれる)
○官	カン	(つかさ, みやづかえ)
○空	クウ	そら (むなしい)
○実實	ジツ	み, みのる (まこと)
○宗	ソウ シュウ	(むね, もと たつとぶ)
○定	テイ ジョウ	さだめる
○宜	ギ	(よろしい むべ)
○宙	チュウ	(あめ, そら)
○突突	トツ	つく (にわか)
○宝寶	ホウ	たから
宛	エン	あて, あたかも
穹	キュウ	あめ, そら, ゆみがた
穸	セキ	つかあな
宕	トウ	すぎる
帘	レン	さかやのはた
○幸	コウ	さいわい (みゆき)
○者者	シャ	もの
○底	テイ	そこ(とどまる いたす)
○店	テン	みせ
○府	フ	(くら, やくば みやこ)
庖	ホウ	くりや
庚	コウ	かのえ
○奇	キ	(くし, くすし, ひとつ, はなはだ)
○奔	ホン	(はしる)
奄	エン	おおう にわか
*奈	ナ ダイ	いかん からなし
*尚	ショウ	なお, ねがう, たっとぶ, ひさしい
○学學	ガク	まなぶ
○居	キョ	いる (おる)
○届	(カイ)	とどける (いたる)
屆	届 (八画)	
○屈	クツ	(かがむ)
孟	モウ	おさ, はじめ
盂	ウ	はち, わん
○岩	ガン	いわ
○岸	ガン	きし
○英	エイ	(はな, はなぶさ すぐれる)
○苦	ク (コ)	くるしい にがい
○茎莖	ケイ	くき
○若	ジャク	わかい, もしくは (なんじ, ごとし, しく)
○苗	ビョウ	なえ
○茂	モ (ボウ)	しげる (しげし)
芸	ウン	くさぎる
芥	カイ	からしな ごみ, あくた
芰	キ	ひし
芨	キュウ	かぶとぎく
芹	キン	せり
芡	ケン	おにばす
芫	ゲン	ふじもどき
芷	シ	よろいぐさ
芮	ゼイ	みずぎわ
芟	サン	かる くさをかる
苧	チョ	みくり
芭	バ	
芾	ハイ	しげる ちいさい
芘	ヒ	おおう
芙	フ	はち, はちす
芣	フ	おおばこ
芴	フツ	にら
芬	フン	かおる こうばしい
芼	ボウ モウ	ぬく
芦蘆	ロ	あし, よし
苅	日字	かる
帚	シュウ	ほうき はく
○盲	モウ	めくら (めしい)
○受	ジュ	うける
爭	争 (六画)	
○易	エキ イ	(うらない, やすい, あなどる)
○昇	ショウ	(のぼる)
昂	コウ	あがる たかい
杲	コウ	あきらか たかい
昊	コウ	あめ, そら
昆	コン	のち, あに
*昌	ショウ	さかん, よい
昃	ショク ソク	かたむく
旻	ビン	あめ, そら
○肩	ケン	かた
○房	ボウ	(つぼね, へや ふさ)
戻	レイ	もとる もどり
忽	コツ	たちまち ゆるがせ
○忠	チュウ	(まこと まめやか)
斧	フ	おの
杳	ヨウ	はるか, くらい, ふかい
沓	トウ	かさなる
氛	フン	き(氣)
○歩步	ホ ブ	あゆむ あるく
○肯	コウ	(うなずく あえて)
昏	コン	くらい, くれ よめいり
○昔	セキ シャク	むかし (さき)
毟	日字	むしる
○炎	エン	ほのお
炙	シャ	あぶる あぶりもの
○毒毒	ドク	(そこなう)
○表	ヒョウ	おもて あらわす
○青	セイ ショウ	あお あおい
○奉	ホウ	たてまつる
○妻	サイ	つま
○委	イ	(ゆだねる, まかす, こまか)
○季	キ	(わかい すえ, とき)
孥	ド	つまこ
帑	ド	かね, たから
弩	ド	おおゆみ いしゆみ
疚	キュウ	やむ やましい
疝	セン	せんき
咎	キュウ	とがめる
帛	ハク	きぬ
岱	タイ	
○岳	ガク	たけ(おか)
畀	ヒ	あたえる
罕	罕 (七画)	
些	サ	いささか すこし
兒	児 (七画)	
兕	ジ	さいのめす
○免	メン	まぬかれる (ゆるす)
凭	ヒョウ	よる
其	キ	その, それ
○具	グ	(そなわる そなえ)
○典	テン	(ふみ, のり つかさどる)
卺	キン	さかずき
卷	巻 (九画)	
○券	ケン	(わりふ てがた)
竺	チク ジク	

字	音	訓
*虎	コ	とら

〔제 3 부〕

字	音	訓
乖	カイ	そむく
○垂	スイ	(たれる なんなん)
秉	ヘイ	とる
○国國	コク	くに
○固	コ	かためる (まこと,かたく)
困	キン	こめぐら
囹	レイ	ひとや ろうや
○周	シュウ	(めぐる あまねし)
罔	ボウ モウ	あみ,ない しいる
岡	コウ	おか
兩	両 (六画)	
○雨	ウ	あめ
函	カン	はこ
○画	ガ カク	(え,えがく)
亞	亜 (七画)	
○並	ヘイ	なみ,ならべる ならび
或	ワク	あるいは
○武	ブ ム	(たけし)
○東	トウ	ひがし
○果	カ	はたす (くだもの,はて)
采	サイ	とる
○長	チョウ	ながい (おさ,とこしえ)
○事	ジ	こと (つかえる)
阜	フ	おか
○直	チョク ジキ(チ)	なおす,ただちに なお,あたい
○承	ショウ	うけたまわる
臾	ユ	
來	来 (七画)	
卑	卑 (九画)	
○延	エン	のびる,のべ (ひく)
○述	ジュツ	のべる
○迭	テツ	(かわる たがいに)
○迫	ハク	せまる (はざま)
迓	ガ	むかえる
迕	ゴ	あう,さからう たがう
迍	チュン トン	たちもとおる
迚	日字	とて,とても

【九 画】

〔제 1 부〕

字	音	訓
*胤	イン	たね
○係	ケイ	かかる
○信	シン	(まこと たより)
○俗	ゾク	(ならい いやしい)
○便	ベン ビン	(たより,よろしい,ゆばり)
○保	ホ	たもつ
○俊	シュン	(すぐれる たかい)
○侯	コウ	(だいみょう まと)
○侵	シン	おかす
○促	ソク	うながす (せまる)
侮	侮 (八画)	
俄	ガ	にわか
俠	キョウ	おとこだて
係	ケイ	かかる,かかり (つなぐ)
俟	シ	まつ
俏	ショウ	にる
俘	フ	とりこ
俛	ベン メン	ふす,たれる
俑	ヨウ	いたむ ひとがた
俚	リ	いやしい
侶	リョ ロ	なかま
俤	日字	おもかげ
俥	日字	くるま
○咲	(ショウ)	さく (わらう)
哇	アイ	へつらう はく,むせぶ
咿	イ	つくりわらい
咽	イン エツ	のど,のむ むせぶ
咳	ガイ	わらう,せき
咯	カク	はく
呱	コ	なく
咬	コウ	かむ
哄	コウ	おおくのこえ
咻	キュウ	かまびすしい
咱	サ	われ
哂	シン	わらう
咤	タ	したうち
咮	チュウ	くちばし
咷	トウ	なく,さけぶ
○姻	イン	(とつぎ よめいり)
○姫姬	(キ)	ひめ
娃	ア アイ	うつくしい
姨	イ	めかけ
姣	こウ	なまめかしい
姬	姫 (九画)	
娟	ケン	みめよい
姸	ケン	うつくしい
姤	コウ	よい,うつくしい
姮	コウ	つきにすむおんな
姝	シュ	かおがよい みめよい
娍	ジュウ	
姪	テツ	おい,めい
姙	ニン	はらむ
姥	ボ モ	うば,おば
姚	ヨウ	みめよい うつくしい
○城	ジョウ	しろ
垣	エン	かき
垓	ガイ	はて,さかい
垠	ギン	かぎり
垢	コウ	あか
垜	ダ	あずち
垤	テツ	ありづか
○峡峽	キョウ	(はざま たにあい)
○峠	日字	とうげ
峙	ジ	そばだつ
峋	ジュン	たかい
○待	タイ	まつ
○後	ゴ	うしろ,のち (おくれる)
○律	リツ	(のり,ほど)
衍	エン	あふれる あまり
徊	カイ	たちもとおる
很	コン	もとる,たがう
徇	ジュン	あまねし,めぐる,したがう
徉	ヨウ	さまよう
○恒	コウ	(つね,ひさしい)
○恨	コン	うらむ
○悔	カイ	くいる,くやむ
恓	セイ	
恢	カイ	ひろい
恪	カク	つつしむ
恇	キョウ	おじおそれる
恟	キョウ	おそれる
恔	コウ	さとい,こころよい
恰	コウ	あたかも
恍	コウ	かすか,ほのか
恆	コウ	つね
恃	ジ	たのむ
恤	ジュツ	あわれむ
恂	シュン ジュン	まこと,おそれる
恬	テン	やすらか
恫	トウ ドウ	いたむ
○指	シ	ゆび (さす,むね)
○持	ジ	もつ
○拾	シュウ ジュウ	ひろう
○括	カツ	(くくる)
○拷	ゴウ (コウ)	(たたく)
按	アン	おさえる かんがえる
挶	捐 (十画)	
挂	カイ ケイ	かく,かかる

漢字	音	訓
挌	カク	うつ
拮	キツ ケツ	はたらく
拱	キョウ	こまぬく
挍	コウ	しらべる
拶	サツ	せまる
拯	ショウ ジョウ	すくう，たすく
拭	ショク	ぬぐう
拴	セン	えらぶ
拵	ソン	こしらえる
挃	チツ	つく
挑	チョウ トウ	いどむ
拺	日字	むしる
挊	ロウ	もてあそぶ
○活	カツ	(いきる)
○派	ハ	(わかつ)
○海	カイ	うみ
○浅淺	セン	あさい
○洋	ヨウ	(おおうみ)
○津	(シン)	つ(わたしば)
○洗	セン	あらう
○浄淨	ジョウ (セイ)	(きよい)
洟	イ	はなしる
洩	エイ	もる
洿	オ	たまりみず
洄	カイ	さかのぼる
洶	キョウ	わく
洫	キョク	みぞ，ほり
洽	コウ	かなう，あまねく
洸	コウ	いさましい ほのか
洪	コウ	おおみず
洚	コウ	おおみず
洒	サイ シャ	そそぐ，あらう
洲	シュウ	す，しま
洵	ジュン	まこと
洳	ジョ	じめじめする
洊	セン	しきりに
洮	トウ	あらう
洞	トウ ドウ	あな，ほら とおす
洛	ラク	みやこ
洌	レツ	きよい つめたい
○限	ゲン	かぎる
○降	コウ	ふる，おりる (くだす)
陌	ハク ヒャク	みち
陋	ロウ	せまい いやしい
○弧	コ	(ゆみがた)
弭	ビ	つのゆみ ゆはず
○孤	コ	(みなしご ひとりもの)
孩	ガイ	みどりご わらう
帕	ハク	はちまき
○独獨	ドク	(ひとり ひとりもの)
○狩	シュ	かり (かる)
○狭狹	キョウ	せまい
狢	カク	むじな
狐	コ	きつね
狡	コウ	わるがしこい
狠	コン	もとる
○柱	チュウ	はしら
○相	ソウ ショウ	あい (みる，たすける)
○枯	コ	かれる
○柄	ヘイ	がら，え
○柳	リュウ	やなぎ
枻	エイ	かじ
柯	カ	えだ，え
枷	カ	からさお くびかせ
柺	カイ	つえ
柑	カン	みかん こうじ
枳	キ	からたち きこく
柩	キュウ	ひつぎ
枿	ゲツ	きりかぶ ひこばえ
柙	コウ	おり
柞	サク	ははそ
柵	サク	
柿	シ	かき
柹	柿に同じ	
柘	シャ	くわ
柊	シュウ	ひいらぎ
柁	ダ	かじ
柝	タク	ひょうしぎ
柠	チョ	こうぞ
柢	テイ	ね，ねざす
柏	ハク	びゃくしん かしわ
柎	フ	うてな いかだ
枹	フ ホウ	ばち
枰	ヘイ	え，とって
柚	ユウ ユ	ゆず
栂	日字	とが
栃	日字	とち
柾	日字	まさ，まさめ
○昭	ショウ	(あきらか)
○昨	サク	(きのう むかし)
○映	エイ	うつる
昵	ジツ	したしむ ちかづく
昧	バイ マイ	あけがた くらい
○肺	ハイ	
○胎	タイ	(はらむ はらのこ)
○胞	ホウ	(えな)
○胆膽	タン	(きも)
胛	コウ	かいがらぼね
胠	キョ	わきのした
朐	ク	くびき ほじし
胙	サク ソ	ひもろぎ
胝	チ	たこ
胚	ハイ	たね
胈	ハツ	にこげ
胖	ハン	かたみ ゆたか
○施	シ セ	ほどこす
斿	ユウ	はた
○牲	セイ	(いけにえ)
牴	テイ	あたる
殃	オウ	わざわい
殂	ソ	しぬ
殆	タイ	あやうい ほとんど
殄	テン	つくす，たつ
○畑	日字	はた，はたけ
炬	キョ	かがりび たいまつ
炯	ケイ	あきらか
炫	ケン ゲン	かがやく
炸	サク	さく，ばくはつ
炷	シュ	とうしん
炤	ショウ	てらす
炳	ヘイ	あきらか
炮	ホウ	あぶる，やく
○珍	チン	めずらしい (たから)
珂	カ	しろめのう
珈	カ	かみかざり
珊	サン	
玼	セイ シ	あざやか きず
玳	瑇（十三画）	
珎	珍（九画）	
玷	テン	きず，かけ
玻	ハ	すいしょう ガラス
珀	ハク	こはく
珉	ビン	うつくしい いし
*玲	レイ	たまのおと
俎	ソ	まないた，だい
咫	シ	八寸
拜	拝（八画）	
奸	カン	かしましい
牉	ハン	わかる
○祖	ソ	(おや，じじ もと)

字	音	訓
○祝	シュク	いわう (のる,はふり)
○神	シン ジン	かみ (たましい,こころ)
*祐	ユウ	たすける
祈	キ	いのる
祇	キ ギ	くにつかみ いたる
祅	ヨウ	わざわい
祆	ケン	かみ
祉	チ	さいわい
○研	ケン	(みがく)
○砕碎	サイ	くだく
○砂	シャ サ	すな
斫	シャク	きる
砌	セイ	みぎり
砒	ヘイ ヒ	
○秋	シュウ	あき(とき)
○科	カ	(しな,とが しぐさ)
○秒	ビョウ	(のぎ)
秏	コウ	へらす
秔	コウ	うるしね
秕	ヒ	しいな
盻	ケイ	にらむ
眇	ビョウ	すがめ ちいさい
盼	ヘン	すずしいめ めづかい
眄	ヘン	ながしめ
眊	モウ ボウ	くらむ
畎	ケン	みぞ
畋	デン	かり
毗	ヒ	あつい,たすける
○政	セイ ショウ	まつりごと (まさ)
○故	コ	(ふるい,もと ゆえ)
叛	ハン	そむく
皈	帰(十画)	
○段	ダン	(きれ,くぎり きざはし)
瓰	日字	デシグラム
瓱	日字	ミリグラム

字	音	訓
矜	キョウ キン	あわれむ つつしむ
矧	シン	はぐ,はぐき いわんや
竑	コウ	ひろい
玅	妙(七画)	
○既旣	キ	すでに
胡	コ	なんぞ,えびす
衿	キン	おびる,えり
衵	ジツ	はだぎ,あこめ
衽	ジン	えり,おくみ
衲	ドウ ノウ	つづる,ぬう
袂	ベイ	たもと
○紀	キ	(のり しるす)
○紅	コウ ク	くれない べに
○約	ヤク	(むすぶ,ほぼ つづまやか)
紆	ウ	まがる,めぐる
紈	ガン	しろぎぬ
紂	チュウ	
○耐	タイ	たえる (こらえる)
○封	フウ ホウ	(もりつち とじる,くに)
○帥	スイ	(ひきいる)
籾	日字	もみ
缸	コウ	かめ
耔	シ	つちかう
虹	コウ	にじ
虻	ボウ	あぶ
○郊	コウ	(みやこのそと いなか)
○郎郞	ロウ	(おとこ おっと)
*郁	イク	かぐわしい
耶	ヤ	や,か
○計	ケイ	はかる (はかりごと)
○訂	テイ	(ただす さだむ)
訃	フ	つぐ しらせ
○則	ソク	(のり,のっとる すなわち)
○削	サク	けずる (へらす)
剄	ケイ	くびきる

字	音	訓
剋	コク	かつ きびしい
剉	サ ザ	くじく きざむ
剃	テイ	そる
剌	ラツ	もとる
○勉	ベン	(つとめる)
○勅	チョク	(みことのり)
勁	ケイ	つよい たけし
勃	ボツ	おこる,にわか
卻	却(七画)	
卽	即(七画)	
○叙敍	ジョ	(ついずる はしがき)
○軌	キ	(わだち)
酊	テイ	よう

〔제2부〕

字	音	訓
○音	オン イン	おと,ね
○変變	ヘン	かわる かわり
○哀	アイ	あわれ (かなしむ)
○帝	テイ	(みかど)
亭	テイ	やど,ちん しゅくば
*亮	リョウ	まこと あきらか
奕	エキ	いご,おおきい
*彦	ゲン	ひこ
○食	ショク ジキ	くう,たべる
兪	ユ	まさる,いよいよ
弇	エン	おおう
瓮	オウ	かめ,もたい
酋	シュウ	かしら,おさ
○軍	グン	(いくさ)
○冠	カン	かんむり
○厘	リン	
○厚	コウ	あつい
厖	ボウ	おおきい あつい
○怠	タイ	おこたる
枲	シ	からむし
炱	タイ	すす

字	音	訓
○前	ゼン	まえ(さき)
○首	シュ	くび
奐	カン	さかん
○急	キュウ	いそぐ (きびしい)
○負	フ	おう,まける
彖	タン	
○点點	テン	(しるし)
○貞	テイ	(ただしい)
○虐	ギャク	(そこなう しいたげる)
○勇	ユウ	いさましい
○柔	ジュウ ニュウ	やわらかい
○客	カク キャク	(まろうど)
○室	シツ	むろ
○宣	セン	(のべる,のる みことのり)
○窃竊	セツ	(ぬすむ)
宦	カン	つかさびと みやづかえ
穽	セイ	おとしあな
穿	セン	うがつ
突	突(八画)	
宥	ユウ	ゆるす
○度	ド (タク)	(たび,はかる わたる)
庠	ショウ	まなびや
者	者(八画)	
耇	コウ ク	としより
○屋	オク	や (いえ)
屍	シ	しかばね
屎	シ	くそ
奎	ケイ	
○単單	タン	(ひとつ ひとり)
○栄榮	エイ	さかえる
䖟	ボウ	あぶ
○炭	タン	すみ
姦	カン	かしましい
○品	ヒン (ホン)	しな
韋	イ	なめしがわ

字	音	訓
○茶	チャ (サ)	
○草	ソウ	くさ
◦荒	コウ	あらい, あれる (すたる)
◦荘莊	ソウ	(おごそか むら, やしき)
苡	イ	はとむぎ
苑	エン	その
苛	カ	からい, むごい
茄	カ	なす
苣	キョ	かがり たいまつ
苟	コウ	いやしくも まことに
茈	シ	むらさき
苫	セン	とま, こも
苒	ゼン	のびる
苴	ショ ソ	くつしき あさ, つつむ
苔	タイ	こけ
苧	チョ	からむし
苕	チョウ	のえんどう
茇	バツ	やどる
范	ハン	はち (虫) のり, かた
苾	ヒツ	かおり
苻	フ	さや
茀	フツ	くさむら ひつぎなわ
苹	ヘイ ヒョウ	よもぎ
苞	ホウ	あぶらがや
茅	ボウ	ちがや
茆	ボウ	じゅんさい
苺	バイ マイ	くさいちご
茉	バツ マツ	
苜	ボク モク	うまごやし
菱	菱 (十二画)	
苓	レイ	かんぞう
○革	カク	(かわ)
扃	ケイ	とざし かんぬき
扁	ヘン	がく ひらたい
○是	ゼ (シ)	(これ, この よし)
○星	セイ ショウ	ほし
昱	イク	あきらか
曷	カツ	いずくんぞ なんぞ
昂	コウ	あがる たかし
昴	ボウ	すばる
◦皆	カイ	みな
毖	ヒ	つつしみ つかれる
○査	サ	(いかだ しらべる)
柰	ダイ ナイ	からなし, いかん, いかで
◦省	セイ ショウ	かえりみる はぶく
○看	カン	(みる)
◦盾	ジュン	(たて)
眉	ビ	まゆ
◦冒	ボウ	おかす
○昼晝	チュウ	ひる
◦盆	ボン	(ひらか)
盃	ハイ	さかずき
盈	エイ	みちる
罟	コ	あみ
爰	エン	ここに
歪	ワイ	ゆがむ
砉	カツ	骨と皮のはなれる音
甚	ジン	はなはだ
◦某	ボウ	(それがし なにがし)
◦架	カ	(いこう たな)
◦染	セン	そめる
柴	サイ	しば
○思	シ	おもう
○界	カイ	(さかい かぎり)
畏	イ	おそれる かしこむ
毘	ヒ ビ	あつい たすける
○胃	イ	
◦背	ハイ	せ (そむく)
罘	フウ	うさぎあみ
◦怒	ド	いかる
挐	ダ	とらえる ひく
○春	シュン	はる
◦奏	ソウ	(かなでる)
◦皇	オウ コウ	(きみ, すめら おおきい)
◦泉	セン	いずみ
○発發	ハツ ホツ	(はなつ, おこる あばく, ひらく)
癸	キ	みずのと
◦疫	エキ	(はやりやまい)
疥	カイ	ひぜん, しつ
疢	チン	やまい
疣	ユウ	いぼ
冑	チュウ	よつぎ
胄	チュウ	かぶと
胥	ショ	みな, あい
怨	エン	うらむ
怱	ソウ	いそがしい
炰	炮 (九画)	
◦香	コウ (キョウ)	か (におい かおり)
○県縣	ケン	(あがた かける)
衷	チュウ	こころ まこと
竿	カン	さお
竽	ウ	うのふえ
○美	ビ	うつくしい
姜	キョウ	
羑	ユウ	すすむ
◦契	ケイ	ちぎる (てがた, わりふ)
耎	ゼン ネン	やわらか
◦臭臭	シュウ	くさい (におい)
○要	ヨウ	(ちかう, もとめる とどめる, かなめ)
◦巻卷	カン (ケン)	まく, まき
弮	ケン	おおゆみ
○型	ケイ	かた
咨	シ	とう, ああ
◦姿	シ	すがた
○専專	セン	(もっぱら ほしいまま)
頁	ケツ	おおがい ページ
◦卑卑	ヒ	いやしく (ひくい)
〔제 3 부〕		
臿	ソウ	さす うすづく
禹	ウ	
○重	ジュウ チョウ	おもい, え かさねる
○乗乘	ジョウ	のる
匍	ホ	はう
訇	コウ	おおごえ
囿	ユウ	その
圀	国に同じ	
○南	ナン	みなみ
○風	フウ	かぜ (なり, ふり)
閂	サン	かんぬき
○面	メン	おも, おもて (つら)
亟	キョク	すみやか
巷	コウ	ちまた
◦幽	ユウ	(かすか しずか)
柬	カン	えらぶ てがみ
◦威	イ	(おごそか, たけし, おどす)
*哉	サイ	かな や
胤	イン	たね, ちすじ
○飛	ヒ	とぶ
◦為爲	イ	(なす, つくる おもう, ため)
○迷	メイ	まよう
○追	ツイ	おう (おって)
○退	タイ	しりぞく
○送	ソウ	おくる
○逆	ギャク	さからう (あらかじめ)
◦逃	トウ	にげる
迤	イ	つらなる
迦	カ	
迥	ケイ	はるか, とおい
迨	タイ	およぶ
迢	チョウ	はるか

漢字	音	訓
○建	ケン (コン)	たてる
廻	カイ	めぐる かえる
○赴	フ	(おもむく)
赳	キュウ	いさましい つよい

【十画】

〔제1부〕

漢字	音	訓
○個	コ	(ひとつ)
○候	コウ	(うかがう さぶらう)
○修	シュウ シュ	おさめる
○借	シャク	かりる
○倍	バイ	(ます そむく)
○俵	ヒョウ	たわら
○値	チ	ね, あたい (あう)
○倒	トウ	たおれる (さかさま)
○俳	ハイ	(わざおぎ)
○倣	ホウ	(ならう)
○倫	リン	(たぐい, ともがら, すじ)
○倹儉	ケン	(つづまやか)
倚	イ	よる
俺	エン	おれ
倶	グ	ともに
倔	クツ	つよい
倪	ゲイ	きわ, はし
倦	ケン	うるむ, つかれる
倥	コウ	いそがしい
倅	サイ	せがれ
倳	シ	さす
俶	シュク	よい はじめ
倏	シュク	たちまち
倘	ショウ	もし
倡	ショウ	わざおぎ
倩	セン	うつくしい
倬	タク	いちじるしい
倀	チョウ	くるう
倜	テキ	たかい
俾	ヒ ヘイ	しむ
俯	フ	ふす かがむ
倂	併 (八画)	
俸	ホウ	ふち
們	ボン モン	ともがら
倮	ラ	はだか
倭	ワ ヰ	やまと
○准	ジュン	(なぞらえる ゆるす)
○凍	トウ	こおる, こごえる
凊	セイ	すずしい さむい
凄	セイ	すごい ものすごい
凋	チョウ	しぼむ
○凌	リョウ	こおり ひむろ, しのぐ
○将將	ショウ	(ひきいる まさに, はた)
○帰歸	キ	かえる (とつぐ)
○唆	サ	(そそのかす)
唈	オウ	なげく, むせぶ
哦	ガ	うたう
唏	キ	わらう
唁	ゲン	みまう
哮	コウ	ほえる
哽	コウ	むせぶ
哨	ショウ	みはり
唄	バイ	うた
哺	ホ	ふくむ はぐくむ
哩	リ	マイル
哢	ロウ	さえずる
○埋	マイ	うめる
埃	アイ	ほこり
埏	エン タン	はて
埆	カク	やせる
埒	ラツ ラチ	かき, どて かぎり
○娘	(ジョウ)	むすめ
○娠	シン	(はらむ)
○娯	ゴ	(たのしむ)
娥	ガ	みめよい
娟	ケン	うつくしい みめよい
娜	ダ ナ	しなやか
娣	テイ	いもうと
娓	ビ	したがう うつくしい
娩	ベン	うむ
○峰	ホウ	みね
峨	ガ	たかい
峡	峡 (九画)	
峻	シュン	けわしい
峭	ショウ	きびしい けわしい
○徒	ト	(かち, しもべ むだ, いたずら)
○従從	ジュウ	したがう (つきそい より, ほしいまま)
○徐	ジョ	(しずか おもむろ)
徑	径 (八画)	
○悦	エツ	(よろこぶ)
○悟	ゴ	さとる (さとい)
○悩惱	ノウ	なやむ
悁	エン	いかる うれえる
悔	悔 (九画)	
悝	カイ	たわむれる
悍	カン	はやい たけだけしい
悃	コン	まこと
悛	シュン	あらためる
悚	ショウ	おそれる
悄	ショウ	うれえる ひっそり
*悌	テイ	むつぶ
悖	ハイ ボツ	もとる さかん
悒	ユウ	うれえる
悧	リ	さとい
悢	リョウ	かなしむ
悋	リン	おしむ, やぶさか ねたむ
○振	シン	ふる (ふるう, にぎわす)
○捕	ホ	とらえる
○捜搜	ソウ	さがす
挨	アイ	せまる おす, ひらく
捐	エン	すてる のぞく
捍	カン	ふせぐ ゆがけ
挶	キョク	ふご
挟	キョウ	はさむ, あまねし さしはさむ
捂	ゴ	ふれる
捁	コウ	みだす
捆	コン	しめる うつ
挫	ザ	くじく おさえる
捎	ソウ ショウ	かる(刈) かする
捉	ソク サク	とらえる
挼	ダ	もむ
捗	チョク	はかどる
挺	テイ	ぬく, ぬきんでる ただしい
捏	デツ ネツ	ひねる こねる
捌	ハツ	さばく
挽	ベン バン	ひく
挹	ユウ	くむ
捋	ラツ ラチ	とる ひねる
○浴	ヨク	あびる (ゆあみ)
○流	リュウ ル	ながれる (るざい)
○消	ショウ	きえる けす
○酒	シュ	さけ
○浸	シン	ひたす (すすむ, ようやく)
○浮	フ	うく うかぶ
○浦	ホ	うら
○浪	ロウ	(なみ, さすらい ほしいまま)
○涙	ルイ	なみだ
○浜	ヒン	はま
海	海 (九画)	
涎	エン セン	よだれ
浣	カン	あらう
涇	ケイ	
涓	ケン	ちいさいながれ しずく

字	音	訓
*浩	コウ	ひろい ゆたか
浲	コウ	おおみず
浞	サク	
涘	シ	みぎわ
浚	シュン	さらう
浹	ショウ	あまねし
涉	渉（十一画）	
涔	シン	にわたみず たまりみず
浙	セツ	
涑	ソク	
涕	テイ	なみだ
涅	デツ ネツ	くろつち どろ
涂	ト	みち
浼	バイ ベン	けがす
浡	ボツ	おこる わく
浥	ユウ	うるおう
涌	ヨウ ユ	わく
浬	リ	かいり
涖	レイ リ	のぞむ
狺	ギン	いぬのこえ
狷	ケン	かたいじ きみじか
狹	狭（九画）	
狻	サン	しし
狽	バイ	おおかみ
狴	ヘイ	のいぬ
狼	ロウ	おおかみ
狸	リ	たぬき
○院	イン	（いえ，やしき てら）
○除	ジョ	のぞく （わる，としこし）
○陛	ヘイ	（きざはし）
○陣	ジン	（そなえ いくさ）
○陥陷	カン	おちいる
陘	ケイ	たに
陜	コウ キョウ	せまい はざま
陞	ショウ	のぼる
陝	セン	
陟	チョク	のぼる のぼす
○孫	ソン	まご （ゆずる）
帨	ゼイ	てぬぐい
○時	ジ	とき
晒	サイ	さらす
晌	ショウ	まひる
○脈	ミャク	（すじ）
○胸	キョウ	むね
○朕	チン	（われ）
○脂	シ	（あぶら）
○胴	ドウ	
胰	イ	せにく
胭	エン	のど
脇	キョウ	わき
胯	コ	また
胱	コウ	
胹	ジ	にる
朒	ジク	ついたちのつき
脆	ゼイ	もろい かるい
脃	脆に同じ	
朓	チョウ	みそかつき
胼	ヘン	あかぎれ
○旅	リョ	たび （ならぶ）
旂	キ	はた
旃	セン	はた
旆	ハイ	はた
旄	ボウ	けかざり
旒	リュウ	はたあし
○格	カク	（いたす，いたる，ただす，のり，おきて）
○校	コウ	（かせ，しらべる，ただす）
○根	コン	ね
○株	（シュ）	かぶ
○核	カク	（さね，たね まこと）
○桃	トウ	もも
○梅梅	バイ	うめ
○桜櫻	オウ	さくら
桉	案（十画）	
栘	イ	にわうめ
栝	カツ	ためぎ
桓	カン	
桔	キツ ケツ	ききょう
框	キョウ	かまち
*桂	ケイ	かつら
栲	コウ	たえ，たく
桁	コウ	けた
桎	シツ	あしかせ
栖	セイ	す，すみか
栫	セン	たてしば
栴	セン	せんだん
栓	セン	
*桐	ドウ	きり
栢	柏（九画）	
栰	バツ	いかだ
桛	日字	かせ
栬	日字	もみじ
○残殘	ザン	のこる，のこり （そこなう）
○殊	シュ	（すぐれる，ことに ことにする）
○殉	ジュン	（したがう）
烟	煙（十三画）	
烜	ケン カン	かわく
烘	コウ	たく あきらか
烙	ラク	やく，あぶる
○特	トク	（ひとつ）
牸	シ ジ	めうし
牷	セン ゼン	いけにえ
○珠	シュ	（たま）
○班	ハン	（わかつ，くらい ならび）
珪	ケイ	しるしだま
珥	ジ	みみだま
珞	ラク	くびかざり
琉	ル	るり
翅	シ	はね，とぶ
○祥祥	ショウ	（さいわい，まつり わざわい，しるし）
祖	祖（九画）	
祛	キョ	はらう
祠	シ	まつる やしろ
祜	コ	さいわい
祗	シ	つつしむ
祝	祝（九画）	
神	神（九画）	
祚	ソ	さいわい
祕	秘（十画）	
祔	フ	まつり ほうむり
祓	フツ	はらう はらい
祐	祐（九画）	
○破	ハ	やぶる
○砲	ホウ	（いしゆみ おおづつ）
砥	シ テイ	あおと といし
砠	ショ ソ	いしやま
砧	チン	きぬた
砭	ヘン	いしばり
砢	ラ	いしのおと おおくのいし
○称稱	ショウ	（となえる，ほめる たたえる，はかる）
○秩	チツ	（ついで，つかさ くらい）
○租	ソ	（みつぎ）
○秘	ヒ	ひめる （ひそか）
秧	オウ	なえ
秬	キョ	くろきび
秫	ジュツ	もちあわ
秤	ショウ	はかる
秠	ヒ	くろきび
秣	バツ マツ	まぐさ
○畔	ハン	（ほとり，あぜ くろ，はなれる）
畛	シン	あぜ，くろ

字	音	訓
○眠	ミン (ベン)	ねむる
眩	ゲン	くらむ めまい
眙	チ	みる
眛	バイ マイ	くらい
站	タン	しゅくば
竚	チョ	たたずむ つまだつ
竝	並（八画）	
玆	ジ シ	この, これ
瓞	テツ	うり
瓴	レイ	かわら かめ
皰	ホウ	にきび
矩	ク	さしがね しかく
○弱	ジャク	よわい (わかい)
○被	ヒ	こうむる (よぎ, おおう)
袪	キョ	たもと
袖	シュウ	そで
袗	シン	ひとえ へり
袒	タン	はだぬぎ
袟	チツ	つるぎぶくろ ふみづつみ
袙	ハク	はらまき, ふろしき, はちまき
袢	ハン バン	なつのみじ かいころも
袍	ホウ	わたいれ, ぬのこ したぎ
○級	キュウ	(しな, きだ)
○納	ノウ トウ, ナ	おさめる
○紙	シ	かみ
○純	ジュン	(いと, もっぱら まじりない)
○紛	フン	まぎれる (みだれる, くだくだしい)
○紡	ボウ	つむぐ (うむ)
○紋	モン	(かた あや)
紜	ウン	みだれる
紟	キン	ひも, おび
紘	コウ	かんむりひも かけひも
紗	サ シャ	うすぎぬ
紓	ショ ジョ	ゆるい ゆるむ
紝	ジン	はたいと

字	音	訓
紞	タン	かんむりひも
紐	チュウ	ひも むすぶ
紕	ヒ	かざる
○料	リョウ	(はかる, ますめ てあて)
○粉	フン	こな, こ (デシメートル)
○粋粹	スイ	(まじりない いき)
粃	ヒ	しいな
粍	日字	ミリメートル
○耕	コウ	たがやす
○耗	モウ (コウ)	(へる やぶる)
耘	ウン	くさぎる
耙	ハ	まぐわ
○恥	チ	はじる
耿	コウ ケイ	ひかり あきらか
耾	コウ	みみなり ささやく
耽	タン	ふける
耼	タン	おおきいみみ
耻	恥（十画）	
○航	コウ	(もやいぶね わたる)
○般	ハン	(めぐる, たのしむ かえす, わかつ)
舩	船（十一画）	
舫	ホウ	もやいぶね
○蚊	(ブン)	か
蚓	イン	みみず
蚜	カ	あぶらむし
蚣	コウ	むかで
蚋	ゼイ	ぶよ, ぶと
蚍	ヒ	おおあり
蚌	ホウ ボウ	どぶがい
朔	サク	ついたち はじめ
○朗朗	ロウ	ほがらか
○敏敏	ビン	(さとい とし)
○致	チ	(いたす)
效	コウ	ならう, いたす しるし, いさお
欬	ガイ	せき, しわぶき

字	音	訓
舐	テン	なめる
缺	欠（四画）	
○能	ノウ	(よくす, よく はたらき, わざ)
○師	シ	(もろもろ いくさ)
衄	ジク	はなぢ やぶれる
○殺	サツ サイ	ころす
殷	イン アン	さかん あかい
○記	キ	(しるす, しるし かきもの)
○訓	クン	(おしえる よみ)
○討	トウ	うつ
○託	タク	(よる, たよる よせる, たのむ)
訖	キツ	おわる
訏	ク コ	さけぶ わめく
訐	ケツ	あばく
訌	コウ	もめる
訕	サン セン	そしる
訊	ジン	たずねる いさめる
訑	タ	あざむく
豹	ヒョウ	
豺	サイ	
豻	カン	のいぬ
○軒	ケン	のき (くるま, あがる)
軔	ジン	とめぎ
○郡	グン	(こおり)
郞	郎（九画）	
郢	エイ	
郟	コウ	
郛	フ	くるわ
○配	ハイ	くばる (あう, めあわす, ながす)
酌	シャク	くむ
酎	チュウ	こいさけ
○射	シャ	いる
躬	キュウ	み, みずから
豇	コウ	ささげ
○財	ザイ	(たから)

字	音	訓
尅	コク	かつ
○畝	(ホ)	せ (うね, あぜ)
○針	シン	はり
釘	テイ	くぎ
○飢飢	キ	うえる
○剛	ゴウ	(かたい つよい)
○剣劍	ケン	つるぎ
○剤劑	ザイ	(もる くすり)
○剖	ボウ	(わかつ さく)
剡	エン	するどい けずる
剞	キ	きざむ
剗	サン セン	けずる ならす
剚	シ	さす
剔	テキ テイ	とく, きる のぞく
剟	テツ	けずる さく
剝	ハク	はぐ おとす
剕	ヒ	あしきる
剜	ワン	けずる えぐる
剏	ソウ	はじめる きず
勌	ケン	うむ, つかれる

〔제 2 부〕

字	音	訓
○倉	ソウ	くら (あわてる)
○高	コウ	たかい
○恋戀	レン	こい こいしい
○衰	スイ	おとろえる
○畜	チク	(たくわえる, つもる かう, やしなう)
衮	コン	天子のきもの
衺	シャ	ななめ よこしま
紊	ビン ブン	みだれる
蚉	ブン	か
旁	ボウ	あまねく, かたがた かたわら
冤	エン	かがむ うらみ
冢	チョウ	つか もりつち
冡	ボウ	おおう
冥	メイ	くらい, おくぶかい うみ, よみじ

字	音	訓
○原	ゲン	はら (もと, たずねる)
∘辱	ジョク	(はずかしむ かたじけない)
厝	ソ サク	といし まじる
爹	タ	ちち, じじ
○益	エキ (ヤク)	(ます ますます)
釜	フ	かま
∘翁	オウ	(おきな)
○兼	ケン	かねる
恚	イ	いかる いきどおる
耋	テツ	としより (80才)
耆	キ	としより (60才)
耄	ボウ モウ	としより (90才)
袁	エン	ながいきもの
○席	セキ	(しとね, むしろ ざしき)
○庫	コ	(くら)
○庭	テイ	にわ
∘唐	トウ	(ほら, つつみ みち, から)
∘座	ザ	(しとね, やどり ざしき)
○案	アン	(つくえ, かきつけ とりしらべる)
○家	カ ケ	いえ, や
○害	ガイ	(そこなう)
○宮	キュウ グウ, ク	みや
○容	ヨウ	(いれる, かたち ゆるやか)
∘宴	エン	(うたげ, さかもり やすむ)
∘宰	サイ	(つかさ つかさどる)
窄	サク	せまい せまる
宸	シン	のき, そら
宵	ショウ	よい ちいさい
窆	ヘン	つかあな ほうむる
窅	ベン ヨウ	ふかい とおい
窊	ワ	くぼむ
窈	ヨウ	しずか, ふかい しとやか
○展	テン	(のべる ととのう)
屓	キ	いびき
屐	ゲキ	あしだ
屑	セツ	いさぎよい くず
峯	ホウ	みね
豈	ガイ	あに
峕	シ	人の名
○党黨	トウ	(むら, さと なかま)
○挙擧	キョ	(あげる)
邕	ユウ	むら, さと
○員	イン	(かず まわり)
∘貢	コウ	(みつぎ)
套	トウ	かさねる おおい
貣	トク	もとめる たがえる
○荷	カ	に (はす)
∘華	カ	(はな はなやか)
茵	イン	しとね
茴	ウイ カイ	ういきょう
荊	ケイ	にんじんぼく いばら
苽	コ	まこも
茭	コウ	ほしぐさ うまぜり
荇	コウ	あさざ
茛	コン ゴン	きんぽうげ
茨	シ ジ	ふく, かや いばら
茲	シ	ます ますます
茸	ジョウ	しげる, きのこ あつまる
茱	シュ	ぐみ
茹	ジョ	くらう, ゆでる はかる, くさる
荏	ジン ニン	えごま
荐	セン	しきりに かさねて
茜	セン	あかね
荑	テイ	つばな
荅	トウ	こたえる
茯	フク ブク	ぶくりょう
茫	ボウ	とおい ひろい
茗	メイ	ちゃ
茘	リ レイ	おおにら
∘扇	セン	おうぎ (あおぐ)
扆	い	ついたて
晏	アン	はれる やわらぐ
*晃	コウ	あきらか
氣	気 (六画)	
奚	ケイ	なに いずくんぞ
衾	キン	ふすま
○素	ソ ス	(しろ, もと しろぎぬ)
∘索	サク	(なわ, さがす もとめる)
○蚕蠶	サン	かいこ
蚤	ソウ	はやい のみ
鬲	レキ	かなえ
罟	コ	あみ
罝	シャ	うさぎあみ
砮	ド	いしのやじり
砦	サイ	とりで
眥	シ セイ	まなじり にらむ
○病	ビョウ (ヘイ)	やむ, やまい (わずらい)
∘疾	シツ	(やまい, やむ はやい, とし)
∘症	ショウ	(やまい)
∘疲	ヒ	つかれる
痂	カ	かさぶた
疳	カン	ひかん
疵	シ	きず
疹	シン	はしか
疽	ソ	よう
疼	トウ	いたむ
疱	ホウ	もがさ ほうそう
眚	セイ	あやまち わざわい
眢	ワン	めしい, めくら
盌	ワン	こばち
盍	コウ	いずくんぞ
秦	シン	はた
∘泰	タイ	(おおきい, おご る, はなはだ)
○留	リュウ ル	とめる
畠	日字	はたけ
皋	コウ	たかい, つげる さつき
祟	ソウ	たたり
芻	スウ	まぐさ, くさかり わら
∘衷	チュウ	(はだぎ, こころ まごころ, なか)
冓	コウ	おく, ねや
○帯帶	タイ	おび, おびる
∘笑	ショウ	わらう (えむ)
笈	キュウ	おい
笄	ケイ	こうがい
笏	コツ	しゃく
笊	ソウ	ざる
○差	サ	さす
羗	キョウ	えびす
羔	コウ	こひつじ
○息	ソク	いき (やすむ)
臬	ゲツ	まと ひかげばしら
臭	臭 (九画)	
○恩	オン	(めぐみ)
∘恐	キョウ	おそれる おそろしい
∘恵惠	ケイ エ	めぐむ
恣	シ	ほしいまま
恧	ジク	はじる
恕	ジョ	ゆるす
恁	ジン ニン	かくのごとし
恙	ヨウ	つつが
挈	ケツ ケイ	ひっさげる
拳	ケン	にぎりこぶし
∘恭	キョウ	(うやうや しい)
*晋	シン	すすむ さしはさむ
○書	ショ	かく (しるす, ふみ)
栞	カン ケン	しおり
桀	ケツ	はりつけ わるもの
∘桑	ソウ	くわ
栗	リツ	くり
∘烈	レツ	(はげしい)

漢字	音	訓
烝	ジョウ	むす もろもろ
胷	胸に同じ	
○脅	キョウ	おびやかす
虔	ケン	かたい つつしむ
哭	コク	なく
舁	ヨ	かごかく
唇	シン	くちびる
○哲	テツ	(かしこい さとい)
○夏	カ	なつ
娑	サ シャ	
隼	ジュン	たか はやぶさ
○隻	セキ	(ひとつ)
叟	ソウ	おきな としより
○真眞	シン	ま(まこと)
眞	(同前)	

〔제 3 부〕

漢字	音	訓
乘	乗（九画）	
匪	ヒ	あらず あや
○匿	トク	(かくれる にげる)
圄	ゴ	ひとや ろうや
圃	ホ	はたけ
○栽	サイ	(うえる)
烖	サイ	わざわい
○島	トウ	しま
烏	ウ	からす くろい
○馬	バ	うま
閃	セン	ひらめく
○骨	コツ	ほね
○鬼	キ	おに(たましい ばけもの)
*甚	ジン	はなはだ
廻	カイ	めぐる
○速	ソク	はやい (すみやか)
○造	ゾウ	つくる (なる, にわか)
○通	ツウ	とおる かよう
○連	レン	つらなる, つれる (しきり, むらじ)
逐	チク	(おう)
○透	トウ	すく (とおる)
○途	ト	(みち)
○逓遞	テイ	(かわる しゅくつぎ)
逅	コウ	めぐりあう
迹	セキ シャク	あと
○起	キ	おきる, おこる (たつ)

【十一画】

〔제 1 부〕

漢字	音	訓
○健	ケン	すこやか (たけし)
○側	ソク	かわ (かたわら)
○停	テイ	(とどまる)
○偶	グウ	(たぐい, ならぶ ひとがた, たまたま)
○偏	ヘン	(かたよる かたほとり)
○偽僞	ギ	いつわる
○偉	イ	えらい
假	仮（六画）	
偕	カイ	ともに
偃	エン	ふす
偈	ゲ ケイ	いさましい, つとめる 仏教の詞句
做	サ サク	なす
偲	サイ シ	つとめる しのぶ
偖	シャ	さて
脩	シュウ	ほじし, おさめる ながい
偬	ソウ	くるしむ
偵	テイ	うかがう
偸	トウ チュウ	ぬすむ
偪	フク	せまる
條	条（七画）	
○頂	チョウ	いただき
頃	ケイ	ころ
○唱	ショウ	となえる
○唯	ユイ (イ)	(はい(返事の声) ただ)
啞	ア アク	おし, からすのなきごえ
崐	コン	山の名
崢	ソウ ジョウ	けわしい
崘	ロン	山の名
○帳	チョウ	(とばり ちょうめん)
帷	イ	たれぎぬ
○強	キョウ ゴウ	つよい (つとめる, しいる)
○張	チョウ	はる
弸	ホウ ヒョウ	みちる つよいゆみ
○得	トク	える
○術	ジュツ	(わざ, てだて はかりごと)
○御	ギョ ゴ	おん (あつかう, はべる)
徙	シ	うつる
從	従（十画）	
衒	ケン ゲン	てらう
徜	ショウ	さまよう
徘	ハイ	さまよう
徠	ライ	きたる ねぎらう
○情	ジョウ	なさけ (きもち まこと, おもい)
○惜	セキ	おしい
○悼	トウ	(いたむ あわれむ)
○惨慘	サン	(いたむ, うれう むごい)
惟	イ ユイ	おもう
悸	キ ギ	わななく むなさわぎ
惓	ケン カン	つつしむ, つかれる ねんごろ
悻	コウ ギョウ	いかる
悾	コウ ク	まこと
惚	コツ	うっとりする ぼんやり
惛	コン ビン	くらい
惇	トン シュン	あつい まこと
惝	ショウ ソウ	おどろく ぼんやりする
悴	スイ シュツ	やつれる
悽	セイ サイ	いたむ かなしむ
惆	チュウ シュウ	うらむ かなしむ
悵	チョウ	いたむ うらむ
惕	テキ チャク	おそれる うれえる
啀	ガイ ゲ	いがむ
唫	キン ギン	どもる つぐむ
啜	セツ テツ	すする
唾	ダ	つば つばき
啄	タク チュウ	ついばむ くちばし
啖	タン	くらう
啗	タン	くらう
啁	トウ チョウ	なく あざける
唸	テン	うなる
唳	レイ ライ	つるやかりがなく
○域	イキ	(さかい, はて かぎり)
培	バイ	(つちかう つつみ, おか)
埸	エキ ヤク	さかい
堁	カ	ちり ほこり
埼	キ	さき, きし
堀	コツ クツ	あな, ほる
埴	ショク	ねばつち
埽	ソウ	はらう どて
埵	タ	かたいつち
埭	ダイ タイ	せき
埤	ヒ, ビ ヘイ, ハイ	つく, ます ひくい
埠	ホ フ	はとば
堋	ホウ ヒョウ	うずめる
○婦	フ	(おんな つま)
○婚	コン	(よめとり むことり)
婀	ア	しなやか
婭	ア	あいむこ みうち
婬	イン	たのしむ たわむれる
婉	エン	したがう, すなお, うるわしい
娵	シュ ス	よめ うつくしい
娼	ショウ	あそびめ
婢	ヒ	はしため
崖	ガイ	がけ
崎	キ	さき けわしい
崛	クツ	高くたつ様

惙	テツ テイ	うれえる
悱	ヒ	くちごもる
惘	モウ ボウ	くらい あきる
○採	サイ	とる
○授	ジュ	さずける
○推	スイ	おす
○接	セツ	(あう, ちかづく つづく, まじわる)
◦掛	(カイ ケ, ケイ)	かける かかる
◦掘	クツ	ほる
◦控	コウ	ひかえる
◦捨	シャ	すてる
◦措	ソ	(おく)
◦掃	ソウ	はく
◦探	タン	さぐる
◦排	ハイ	(おす ならぶ)
◦描	ビョウ	えがく
◦掲揭	ケイ	かかげる
掖	エキ ヤク	わき たすける
掩	エン アン	おおう
掎	キ	ひく
掬	キク	むすぶ すくう
据	キョ	よる すえる
捲	ケン	まく こぶし
捷	ショウ	かつ はやい
掟	トウ ジョウ	おきて
捶	スイ	うつ, つく むち
捿	セイ	すむ
捽	ソツ	もつ, ふる ぬく
掇	テツ	ひろう かすめとる
掉	ドウ トウ	ふるう ただす
捺	ダツ ナツ	おす
捻	ジョウ ネン	ひねる よじる
捭	ハイ ハク	ひらく さく
捧	ホウ	ささげる
掊	ホウ フ	とる, うつ わる, たおす
捫	モン	なでる ひねる, もつ
掠	リャク リョウ	かすめとる むちうつ
掄	ロン リン	えらぶ
捥	ワン	うで
○液	エキ	(しる うるおす)
○混	コン	まぜる
○深	シン	ふかい
○清	セイ	きよい
○済濟	サイ	すむ
◦淑	シュク	(よい)
◦淡	タン	あわい
◦添	テン	そえる
◦涼	リョウ	すずしい
◦渉涉	ショウ	(わたる)
◦渇渴	カツ (ケツ)	(かわく)
◦渋澁	ジュウ	しぶ, しぶい
淫	イン	うるおう, みだる ほしいままあそぶ
淹	エン	ひたす とどまる
淤	オ	おり, どろ かす
涯	ガイ	みぎわ かぎり
涵	カン	ひたす いれる
涸	コ	かれる
淆	コウ	にごる みだれる
淈	コツ	にごる みだれる
淬	サイ	そめる, にらぐ さむい
淄	シ	くろ
*淳	シュン ジュン	すなお, まこと そそぐ
淨	浄（九画）	
淒	セイ サイ	さびしい ものすごい
淅	セキ	よなぐ
淺	浅（九画）	
淙	ソウ ス	そそぐ
涿	タク トク	うつ
淀	テン デン	よどむ
淘	トウ ドウ	こめをとぐ あらう
淖	ドウ シャク	ぬかるみ おぼれる, しなやか
淝	ヒ ビ	
洴	ヘイ	さらして しろめる
淋	リン	そそぐ, ながあ め, さびしい
淪	リン ロン	さざなみ, しず む, ひきいる
涙	ルイ	なみだ
淮	エ ワイ	
◦猛	モウ	(つよい, たけし たけだけしい)
◦猟獵	リョウ	(かり)
猗	イ ア	ああ, さざなみ ながい
猊	ゲイ ガイ	しし
猜	サイ	そねむ
猖	ショウ	くるう みだる
猝	ソツ ソチ	にわか
*猪猪	チョ	いのしし
○陸	リク (ロク)	(おか, くが)
○険險	ケン	けわしい
◦陳	チン	(ならべる, の べる, ふるい)
◦陰	イン	かげ (きた, やみ)
◦陶	トウ (ヨウ)	(すえもの よろこぶ)
◦陪	バイ	(ともなう)
◦陵	リョウ	みささぎ
◦隆隆	リュウ	(たかい さかん)
陷	陥（十画）	
陲	スイ	ほとり さかい
陬	ソウ シュウ スウ	すみ いなか
陴	ヒ ビ	ひめがき
卿	ケイ キョウ	きみ
◦郷鄕	キョウ ゴウ	(さと むかう)
○族	ゾク	(やから あつまり)
◦旋	セン	(かえる めぐらす)
旌	セイ ショウ	はた あらわす
○械	カイ	(かせ)
梗	コウ キョウ	やまにれ, とげ あらまし, ふさぐ
桷	カク コク	たるき えだ
桿	カン	たて てこ
梧	ゴ グ	あおぎり
梏	コク カク	てかせ みだす
梱	コン	しきみ, こり
梭	サ	ひ
梔	シ	くちなし
梓	シ	あずさ
梢	ソウ ショウ	こずえ
梲	セツ ダツ	つえ, うだち うだつ
梳	ショ ソ	くしけずる
梛	ダ ナ	なぎ
梃	テイ チョウ	つえ, えだ
桶	トウ ヨウ	おけ, ます
梅	梅（十画）	
梶	ビ	こずえ かじ
彬	ヒン	あきらか
桴	フウ フ	むなぎ いかだ
桲	ホツ	からさお
梠	リョ ロ	のき ひさし
梯	テイ タイ	はしご
桹	ロウ	たかい
桝	日字	ます
晦	カイ	つごもり くらい
晤	ゴ	あう あきらか
晣	セツ	あきらか
晡	ホ フ	くれかた
○球	キュウ	(たま)
○現	ゲン	あらわれる
○理	リ	(ことわり りくつ, わけ)
琅	ロウ	
◦脱	ダツ	ぬぐ
◦豚	トン	ぶた
◦脚	キャク	(あし)
◦脳腦	ノウ	
脛	ケイ	すね, はぎ

脤	シン	ひもろぎ
脡	テイ チョウ	ほしたにく まっすぐ
脰	トウ ズ	くび うなじ
脯	ホ フ	ほしたにく
脬	ホウ ヒョウ	しょうべん ぶくろ
○規	キ	(きまり さだめ)
將	将（十画）	
斌	ヒン	うるわしい
殍	ヒョウ	うえじに
毬	キュウ ク	けまり
烽	ホウ	のろし
牾	ゴ	さからう
○視視	シ	(みる)
祫	コウ	そせん まつり
祥	祥（十画）	
*禄祿	ロク	さいわい
○略	リャク	(はかりごと おかす, あらまし)
畦	ケイ エ	うね あぜ
畤	シ ジ	まつりのにわ
○眼	ガン	まなこ (め)
眴	ケン, ゲン シュン	めくばせ
眹	チン ジン	ひとみ きざし
眺	チョウ	ながめる
眯	ベイ, ビ マイ, ミ	みだる おそわれる
眸	ボウ ム	ひとみ
眽	バク ミャク	みる
眵	シ	いたむ めやに
硎	研（九画）	
硎	ケイ	といし
硅	ケイ	
硃	シュ	あかいすな
○移	イ	うつる (まわしぶみ, うつす)
秸	カツ	わら はぐ
甜	テン	あまい
瓸	日字	ヘクトグラム 百グラム
疏	ショ ソ	とおる わかつ
皎	キョウ	しろい あきらか
翊	ヨク	とぶ たすける
翎	レイ リョウ	はね
艴	フツ	いかる
◦粗	ソ	(あらい, あら まし, ほぼ)
◦粘	ネン	ねばる
◦粒	リュウ	つぶ
粕	ハク	かす さけがす
○終	シュウ	おわる (ついに)
○細	サイ	ほそい, こまかい (くわしい)
○経經	ケイ キョウ	(へる たて, たていと すじ, みち, のり)
○組	ソ	くむ, くみ (ひも)
◦紺	コン (カン)	
◦紳	シン	(おおおび つかねる)
◦紹	ショウ	(つぐ, ひき あわせる)
絃	ケン ゲン	つる
絅	ケイ キョウ	ひとえもの
絁	シ	あしぎぬ
紲	セツ	きづな つなぐ
紿	タイ	ゆるむ あざむく
紬	チュウ ヂュ	つむぎ つづる
紩	チツ	ぬう
絀	チュツ	ぬう, かがむ, しりぞく
紵	チョ	あさぬの いちび
統統	（十二画）	
絆	ハン バン	きづな, ほだし
紼	フツ ホチ	つな, なわ
紱	フツ ホチ	ひも, まとう
袖	シュウ ジュ	そで
袷	コウ キョウ	あわせ
袿	ケイ ケ	うちかけ もすそ
袺	ケツ	つまどる
袴	コ	はかま
袵	ジン	おくみ
袹	ハク ミャク	はらあて
袱	フク	ふくさ
裃	日字	かみしも
○船	セン	ふね
◦舶	ハク	(おおぶね)
舸	カ	おおぶね
舷	ケン ゲン	ふなばた
舵	タ ダ	かじ
舳	チク ジク	とも, へさき
舲	レイ リョウ	やかたぶね
蚶	カン	あかがい
蚯	キュウ	みみず
蚿	ケン ゲン	ぜにむし
蛄	コ ク	けら
蛆	ショ ソ	うじ
蛅	セン	けむし
蚫	ホウ	あわび
蚰	ユウ	げじげじ
蛉	レイ リョウ	とんぼ かげろう
聊	リョウ リュウ	なる, いささか たのしむ
聆	レイ リョウ	きく
甜	テン	あまい
缻	フ	ほとぎ, さけつぼ もたい
羝	テイ タイ	おひつじ
羚	レイ リョウ	かもしか
耜	シ	すき
匏	ホウ	ひさご
○許	キョ	ゆるす (ほど, ばかり)
○設	セツ	もうける
○訳譯	ヤク	わけ
◦訟	ショウ	(うったえる うったえ, せめる)
◦訪	ホウ	おとずれる (とう)
訝	ガ ゲ	ねぎらう いぶかる
訛	ガ カ	あやまる いつわる
訣	ケツ ケチ	わかれる
訥	ドツ トツ	どもる
訧	ユウ ウ	つみ とがめ
跂	キ シ	はう つまだつ
趾	シ	あし もとい
趺	フ	あしだい
○転轉	テン	(めぐる, かわる ころぶ, うたた)
◦軟	ナン (ゼン)	(やわらか よわい)
斬	ザン	きる
軛	ヤク アク	くびき
躭	タン	ふける
躮	日字	せがれ
◦販	ハン	(うる)
○敗	ハイ	やぶれる
◦酔醉	スイ	よう
酗	ク	くるう
酖	タン チン	ふける, たのしむ
○教	キョウ	おしえる させる, さとす
○救	キュウ	すくう
敕	チョク	みことのり いましめる
敏	敏（十画）	
敖	ゴウ	おごる, あそぶ
◦赦	シャ	(ゆるす)
豉	シ	みそ
敍	叙（九画）	
◦斜	シャ	ななめ
斛	コク	ますめ
觖	ケツ キ	かく, うらむ かかげる
○欲	ヨク	ほっする
欵	カン	よしみ
欷	キ	なげく
○釈釋	シャク	(とく, はなつ ゆるす, すてる)
谹	コウ	ひびき ふかい
豝	ハ	めすのいのこ
豼	ヒ	あらあらし いけもの
○野	ヤ	の(かざりない いなか)

字	音	訓
既 既（九画）		
○断 斷	ダン	たつ，ことわる（さだめる）
釭	コウ ク	ともしび
釦	コウ ク	めっき，ぼたん ちりばむ
釵	サイ セ，サ	かんざし
釧	セン	うでわ
釣	チョウ	つり
○彩	サイ	（いろどり）
○彫	チョウ	ほる（かざる える，しぼむ）
彪	ヒュウ フ	ちいさいとら
○尉	イ	（おさえる じょう）
○乾	カン（ケン）	（かわく いぬい）
○執	シツ シュウ	とる（とも，まよい）
孰	シュク ジュク	いずれ
○都 都	ト ツ	みやこ（すべて）
○部	ブ	（くみ わかれる）
○郵	ユウ	（しゅくば とがめる）
○郭	カク	（くるわ かこい）
飢 飢（十画）		
飣	テイ チョウ	たくわえる
○副	フク	（そう そえ）
○剰 剩	ジョウ	（あまる あまつさへ）
○勘	カン	（かんがえる）
○動	ドウ	うごく（やや もすれば）
勖	キョウ コク	つとめる
勒	ロク	くつわ，からむ おさめる
匙	ヒ	さじ

〔제 2 부〕

字	音	訓
○商	ショウ	あきなう（はかる）
○率	リツ ソツ	ひきいる（おおむね）
○産	サン	うむ（なりわい）
産 （同前）		
○斉 齋	サイ	（ものいみ，いつく）
毫	ゴウ	すこし ほそいけ
烹	ホウ	にる
牽	ケン	ひく
袤	ボウ	ひろさ
○章	ショウ	（きり，ふみ，あきらか しるし，くだり，あや）
竟	ケイ キョウ	おわる，ついに
冨 富（十二画）		
啚	ヒ ビ	いやしい
○寄	キ	よる
○宿	シュク	やど，やどる
○寂	ジャク（セキ）	さびしい
○密	ミツ	（ひそか）
○窓	ソウ	まど
○窒	チツ	（ふさぐ）
*寅	イン	とら，つつしむ
冤	エン	かがむ，ぬれぎぬ，うらみ
寇	コウ ク	あだする
窕	チョウ ヨウ	おくふかい
屏	ヘイ ビョウ	へい，しりぞく
屝	ヒ ビ	わらぐつ
○崇	スウ（シュウ）	（たかい あつまる）
○崩	ホウ	（くずれる）
崖	ガイ	がけ
崗	コウ	おか
崔	サイ	たかい
崧	スウ シュウ	たかい
崒	シュツ ソツ	けわしい たかい
○康	コウ	（たのしい やすらか）
○庶	ショ	（もろもろ ちかい）
○庸	ヨウ	（もちいる てがら，ちから）
○麻	マ	あさ
庵	アン	いおり
*鹿	ロク	しか
庳	ヒ	ひくい
○堂	ドウ	（たかどの すまい）
○常	ジョウ	つね（とこしえ，なみ）
○巣 巢	ソウ	す
雀	シャク ジャク	すずめ
壺	コ	つぼ
○著 著	チョ（チャク）	あらわす，いちじるしい（しるし，つく，きもの）
○菜	サイ	な（おかず）
○菊	キク	
○菓	カ	（きのみ くだもの）
○菌	キン	（たけ，きのこ）
莚	エン	つづく，むしろ
莪	ガ	つのよもぎ
莞	カン	い，いむしろ
莖 茎（八画）		
莢	キョウ	さや
莧	カン ケン	ひゆ
莎	サ	はますげ
莝	サ ザ	きりわら きざむ
莊 荘（九画）		
莘	シン	うすばさいしん みらのねぐさ
荽	スイ	こえんどう
莛	テイ	くき うつばり
荻	テキ	おぎ
荼	ト タ	にがな，つばな のげし
荳	トウ ヅ	まめ
莫	バク マク	むなしい，ない くらい，ひろい
莩	フ ヒョウ	うすかわ うえじに
莓	マイ バイ	いちご
莠	ユウ ユ	はぐさ
莅	リ	のぞむ
莨	ロウ	あめきぐさ たばこ
○黄 黃	コウ オウ	き
晨	シン	あした
晟	セイ	あきらか さかん
曼	バン マン	うるわしい ながい，ひろい
冕	ベン	たまのかんむり かんむり
勗	キョク	つとめる すすめる
爺	ヤ	ちち
扈	コ	したがう とどめる
○貨	カ	（たから，しなもの，うる）
○責	せき	せめる（おいめ，しかる）
○貧	ヒン ビン	まずしい
○貫	カン	つらぬく（さし，ならう）
貪	タン トン ドン	むさぼる
覓	ベキ	もとめる
○異	イ	ことなる（ほか，あやしむ）
○累	ルイ	（わずらい）
畧	リャク	はぶく めぐる，とる
畢	ヒツ	おわる
痍	イ	きず
痕	コン	あと
痔	ジ	しもがさ
痊	セン	いえる なおる
痒	ヨウ	やむ かゆい
皐	コウ	ああ，さわ，さつき
眾 衆（十二画）		
蛋	タン	えびす，たまご
○袋	タイ	ふくろ
袈	カ ケ	けさ
紮	サツ	まとう，つかねる
舂	ショウ	つく
○第	ダイ（テイ）	（ついで，いえしな，やしき）
○笛	テキ	ふえ
○符	フ	（わりふ しるし）
笴	カ カン	やがら
笳	カ	あしぶえ
笥	シ ス	はこ
笙	ソウ ショウ	ふえ
笞	チ	むちうつ
笠	リュウ	かさ
笨	ホン	あらい
笯	ド	とりかご
笹	日字	ささ

○習 シュウ ならう (ならわし, かさねる)
○翌 ヨク (あくるひ)
○虚虛 キョ コ (むなしい)
虗 (同前)
處 処 (五画)
虖 コ ク ああ
瓷 シ ジ じき(磁器)
○盗盜 トウ ぬすむ (ぬすびと)
○盛 セイ ジョウ さかり, もる
盒 コウ ふたつきの うつわ
眷 ケン かえりみる
○祭 サイ まつる まつり
○票 ヒョウ (ふだ てがた)
參 参 (八画)
羞 シュウ はじる, すすめる
晝 昼 (九画)
帶 帯 (十画)
曹 ソウ ともがら
戛 カツ ほこ, する
犁 レイ リ すき, たがやす
梨 リ なし
梁 リョウ はし, やなつつみ うつばり, せすじ
梟 キョウ ふくろう
脣 シン くちびる
○黒黑 コク くろ, くろい
○魚 ギョ うお (さかな)
○悪惡 アク わるい(にくむ, なんぞ)
○患 カン (うれえ)
悉 シツ ことごとく つくす
悠 ユウ とおい, はるか
悤 ソウ いそぐ
晢 セツ セイ あきらか
○望 ボウ モウ のぞむ (もち)
○雪 セツ ゆき
雫 ダ しずく

雩 ウ あまごいまつり
雩 (同前)
梵 ハン ボン けがれない
埜 野 (十一画)
婪 ラン むさぼる
梺 日字 ふもと
○婆 バ (ばば)
娶 シュ めとる
婁 ル, ロ リョ ロウ つなぐ, ひく しばしば
專 専 (九画)
售 シュウ うる
○啓 ケイ (ひらく もうす)
○堅 ケン かたい
○基 キ もとい, もとづく (もと)
堊 アク オ, ア しろつち かべ
彗 スイ セイ ほうき ほうきぼし
煢 ケイ ひとりもの
○務 ム つとめ
兜 トウ ツ, ト かぶと

〔제 3 부〕

圈 圏 (十二画)
國 国 (八画)
圊 セイ ショウ かわや
圉 ギョ うまや, まき
區 区 (四画)
匾 ヘン うすい うすいた
凰 オウ ほうおう
匐 ホク フク はらばう
○問 モン とう
○閉 ヘイ とじる
閊 日字 つかえる
○粛肅 シュク つつしむ, いましむ きびしい, いたむ うやうやしい
麥 麦 (七画)
戚 セキ ソク みより かなしむ
焉 エン なんぞ これ, ここに

○鳥 チョウ とり
爽 ソウ さわやか あきらか
鹵 ロ しおつち しお, たて
*亀龜 キ かめ
○週 シュウ (めぐる まわる)
○進 シン すすむ
○逸 イツ (あやまつ, はやる はなつ, のがれる)
○逮 タイ (およぶ とらえる)
逑 キュウ つれあい
逕 ケイ こみち いたる
這 シャ ゲン むかう, はう これ
逍 ショウ さまよう
逝 セイ ゆく ここに
逞 テイ たくましい こころよい
逖 テキ とおい, はるか, おそれる
逗 トウ ヅ とどまる さける
逋 ホ のがれる おいめ
逢 ホウ フ あう, むかう
逌 ユウ よる, にこやか

【十二画】

〔제 1 부〕

○備 ビ そなえる, そなわる(つぶさ)
○傍 ボウ (そば, かたわら)
傢 カ どうぐ いえ
傀 カイ おおきい
○傑 ケツ (すぐれる)
傔 ケン はべる
傚 コウ ならう
傖 ソウ いやしい
傅 フ もり, かしずく
○博 ハク バク (ひろい, ひろめる, ばくち)
馮 ヒョウ かちわたり, よる たのむ
○喚 カン (よぶ)
○喫 キツ (のむ くらう)

喔 アク 鶏の鳴く様
喑 イン オン おし, つぐむ
喈 カイ やわらいだ こえ
喙 カイ ケ くちばし ことば
喀 カク はく
喝 カツ アイ しかる
喊 カン いかる
喟 キ なげく, ためいき
喁 ギョウ グウ あぎとう, さかながいきをする
喧 ケン かまびすしい
喤 コウ やかましい
喉 コウ ク のど
啾 シュウ シュ もののなるこえ
喘 セン ゼン あえぐ, いき ささやく
喞 ショク シキ ソク 小さいこえ
喋 チョウ しゃべる くらう
啼 テイ タイ なく
喃 ダン ナン くどくどし くかたる
喩 ユ さとる, たとえる
喇 ラツ
喨 リョウ ロウ はっきりした こえ
喰 日字 くらう
○場 ジョウ ば
○堪 カン たえる
○堤 テイ つつみ
○塔 トウ (そとば ぶつどう)
堙 イン ふさぐ, つきやま
堰 エン せき
堝 カ るつぼ
堺 界 (九画)
堠 コウ つか
壻 婿 (十二画)
堧 ゼン ほとり
堞 チョウ ジョウ ひめがき
堵 ト かきね

字	音	訓
塀塀	日字	へい かき
婿	セイ	むこ
◦媒	バイ (マイ)	(なかだち なこうど)
媛	エン オン	ひめ
媟	セツ セチ	けがす
媆	ゼン ナン	うつくしい
媚	ビ ミ	こびる
媢	ボウ モウ	ねたむ
媮	トウ ユ	ぬすむ かりそめ
崿	ガク	がけ
嵁	カン	けわしい
嵎	グウ	すみ，くま
帽	ボウ	(ぼうし，ずきん かぶりもの)
幅	フク	はば (かけじく)
幄	アク	まく，とばり
幃	イ	とばり
幝	コン	ふんどし
幀	トウ テイ	はりぎぬ
◦弾彈	ダン	(たま，ひく，ただす，はじきゆみ)
强	強 (十一画)	
粥	シュク イク	かゆ
弼	ヒツ	たすける
弻	(同前)	
○復	フク	(かえる，もうす また，ふたたび)
◦循	ジュン	(したがう めぐる)
◦街	ガイ	(まち ちまた)
徨	コウ	さまよう
徧	ヘン	あまねし
◦惰	ダ	(おこたる)
◦慌	コウ	(あわただしい あわてる)
◦慨慨	ガイ (カイ)	(なげく)
◦愉	ユ	(よろこぶ たのしむ)
愔	イン アン	だまる
愠	ウン オン	いかる
愕	ガク ゴ	おどろく
愜	キョウ	こころよい
惸	ケイ ギョウ	うれえる
愒	ケイ ケツ	いこう
愃	ケン セン	ゆたか，ひろい
惶	コウ オウ	おそれる
愀	ショウ シュウ	つつしむ さびしい
愖	シン タン	まこと
惴	ズイ スイ	おそれる
惺	セイ ショウ	さとる しずか
愞	ゼン ジン	よわい おそれる
惻	ソク ショク	いたむ
惵	チョウ	しずか おそれる
惱	悩 (十画)	
愊	フク ヒョク	まごころ
愎	フク ヒョク	もとる
惼	ヘン	せっかち きがちいさい
○提	テイ	(ひっさぐ)
◦握	アク	にぎる
◦援	エン	(ひく たすける)
◦換	カン	かえる
◦揚	ヨウ	あげる
◦揮	キ	(ふるう さしずする)
◦揺搖	ヨウ	ゆれる (ゆるぐ うごかす)
揜	エン	おおう
掾	エン	じょう したやく
揩	カイ	する，ぬる
揀	レン カン	えらぶ
揆	キ	はかる はかりごと
揭	掲 (十一画)	
揵	ケン ゲン	あげる とじる
揣	シ	はかる きたえる
揔	シュウ ソウ	さがす
揉	ジュウ	もむ まじる
揲	セツ チョウ	かかえる もつ
揃	セン	そろえる さく
揎	セン	うでまくる
揷	ソウ ショウ	さす すき
揕	チン	さす，ねらう
揥	タイ テイ	くし，こうがい すてる
揑	デツ ネツ	ひねる こねる
揶	ヤ	からかう あざける
揄	ユ ユウ	ひく，からかう
揖	ユウ シュウ	えしゃくする あつめる
○温	オン	(いでゆ，あたたかい おだやか，ならう)
○湖	コ	みずうみ
○港	コウ	みなと
○測	ソク	はかる
○湯	トウ	ゆ (せんじぐすり)
○減	ゲン	へる (ひく)
○満滿	マン	みちる
◦滋	ジ	(しげる，ます ふえる)
◦渡	ト	わたる わたし
◦湿濕	シツ	しめる
湾灣	ワン	(いりうみ)
渥	アク	あつい，うるおう
渭	イ	
湮	イン エン	しずむ ふさがる
淵	エン	ふち
渦	カ	うず
渙	カン	あきらか ちる，とける
湲	カン	みずのながれ るおと
渹	コウ キョウ	なみのこえ
渾	コン	にごる，すべて ひとしい
渣	サ セ	かす
湫	シュウ ショウ	くて いけ
溲	シュウ	こねる，ゆばり ひたす
渚	ショ ソ	なぎさ
湘	ショウ ソウ	
渫	セツ	さらう，あなどる やむ
湔	セン	うるおす そそぐ
湊	ソウ シュ	みなと あつまる
湍	タン	はやせ うずまき
湛	タン	たたえる しずむ，ふかい
渟	テイ チョウ	とゞまる
湩	トウ ツ	ちち ちちしる
湃	ハイ ヘ	なみうつ
湄	ビ ミ	みぎわ きし
渺	ビョウ ミョウ	はるか
湢	ヒョク フク	ゆどの
湓	ボン	わく
湎	ベン メン	しずむ おぼれる
渝	ユ	かわる
游	ユウ，ユ リュウ，ル	うかぶ およぐ，あそぶ
湧	ヨウ ユウ	わく
◦猶	ユウ	(さる，なお はかりごと)
猨	エン	てながざる
猴	コウ	さる，ましら
猱	ジュウ ドウ	てながざる
猩	ショウ ソウ	さる，ましら
猪	猪 (十一画)	
猫	ビョウ ミョウ	ねこ
猥	ワイ	みだら，みだり，みだる
○階	カイ	(はし，きざはし だん，かさなり)
○隊	タイ	(くみ おちる)
○陽	ヨウ	(みなみ，ひなた あらわに，いつわる)
◦随隨	ズイ	(したがう)
陻	イン	ふさぐ
隁	エン	せき
隅	グ グウ	すみ
陿	キョウ	せまい
隍	コウ	からぼり
隉	ゲツ	あやうい
隋	ズイ	
隄	テイ	つつみ
隃	ユ	こす，こえる

字	音	訓
隆	隆（十一画）	
隈	ワイ	くま，すみ
○順	ジュン	（したがう すなお）
○項	コウ	（うなじ こわけ）
*須	シュ ス	もちう，しばらく すべからく，まつ
晰	セキ	あきらか
○晴	セイ	はれ
○晩	バン	（くれ おそい）
○暁曉	ギョウ	あかつき（あきらか）
晻	アン エン	くらい
○勝	ショウ	かつ（まさる すぐれる）
○腕	ワン	うで
○脹	チョウ	（ふくれる はれる）
腋	エキ	わきのした
腌	エン ヨウ	しおずけの さかな
腔	コウ	から ひばら
腊	セキ	ほじし ひもの
腆	テン	おおい あつい
脾	ヒ	
腓	ヒ	ふくらはぎ
腑	フ	はらわた
胼	ヘン	たこ，あか ぎれ
○植	ショク	うえる
○極	キョク ゴク	（きわむ，きわめて，はて）
○検檢	ケン	（ただす，しらべる）
○棺	カン	（ひつぎ）
○棋	キ	（こま ごいし）
○棒	ボウ	（うつ つえ）
椏	ア	きのまた
椅	イ	こしかけ きりの木
棭	エキ	ねむの木
椁	カク	そとがん（外棺）
椈	キク	ぶな
椇	グ	けんぽなし
棬	ケン	まげもの

字	音	訓
棍	コン	ぼう たばねる
棌	サイ	かしわ，くぬぎ
棧	サン	たな，さん かけはし
棕	シュウ ソウ	しゅろ
椒	ショウ	はじかみ よいにおい
棰	スイ	むち，しもと
棲	セイ サイ	すむ，すまい，ねぐら
椓	タク	うつ
椎	ツイ スイ	つち しいの木
棣	テイ タイ	にわうめ にわざくら
棹	トウ タク	さお さおさす
棖	トウ	ほうだて
棟	トウ	むね むなぎ
椑	ヘイ	たる しぶがき
棚	ホウ	たな さじき
棒	ホウ	つえ，ぼう たたく
棉	メン	わた
棫	ヨク	たらの木
椋	リョウ	ちしゃの木 むく
棱	ロウ リョウ	かど
棙	レイ	ばち
椀	ワン	わんもり
椚	日字	くぬぎ
椙	日字	すぎ
○焼燒	ショウ	やく
焰	エン	ほのお
焮	キン	やく，てらす かがやく
焜	コン	かがやく かがやかす
焠	サイ	にらぐ やく
焙	ハイ ホウ	あぶる
牌	ハイ	ふだ，カルタ かんばん
牋	セン	かきつけ かみ
琰	エン	しるしだま
琪	キ	かどのない たま
琦	キ	くし，こと なる

字	音	訓
琚	キョ	おびだま
琥	コ	とらのえの あるたま
琤	ソウ	たまのおと
琖	サン	たまのさか ずき
琮	ソウ	しるしだま
*琢	タク	みがく
琛	チン	うつくしい たま
琲	ハイ ヒ	おおくのたま
斑	ハン	ぶち，まだら
琺	ホウ	
琫	ホウ	さやかざり
琳	リン	うつくしい たま
○雅	ガ	（みやびやか ただしい）
○雄	ユウ	おす，お（いさましい）
○殖	ショク	（うえる，ふえる，そだつ）
殘	残（十画）	
旒	リュウ	はた
○疎	ソ	（まばら うとい）
疏	ソ	わける，うとい まばら，はなれる
○硫	リュウ	（ゆおう）
○硝	ショウ	（えんしょう）
○硬	コウ	（かたい）
确	カク	いしのおおいさま きそう
硯	ケン ゲン	すずり
硜	コウ キョウ	いしのおと つよいこえ
硠	ロウ	いしのおと かたい
○税	ゼイ	（みつぎ）
○程	テイ	（ほど のり）
稈	カン	わら
稀	キ ケ	まれ
稍	ソウ ショウ	やや
稊	テイ ダイ	いぬびえ
稌	ト ツ	もちいね やまのいも
稃	フ ヒョウ	もみがら
稭	ケイ	

字	音	訓
竦	ショウ	つつしむ，つまだつ おそれる，そびえる
竢	シ ジ	まつ
竣	シュン セン	おわる しりぞく
覗	シ	うかがう のぞく
覘	テン タン	うかがう のぞく
甥	セイ ソウ	おい むこ
皓	コウ	しろい ひかる
睇	テイ ダイ	かすかにみる ぬすみみる
○短	タン	みじかい（きず，あやまち）
畯	シュン	のうふ のうふのかみさま
○粧	ショウ	（よそおう つくろう）
粨	日字	百メートル ヘクトメートル
○給	キュウ	（たまう，たす あてがい）
○結	ケツ	むすぶ，ゆう むすび
○絶	ゼツ	たえる（わたる，すぐれる）
○統	トウ	すべる（いとぐち，もと）
○絵繪	カイ エ	（え，ぬう えがく）
○絞	コウ	しぼる，しめる（しばる）
○絡	ラク	（まとう からまる）
絲	糸（六画）	
絪	イン	しとね
絓	カ カイ	しけ かかる
絢	ケン シュン	あや
絝	コ ク	はかま
絎	コウ ギョウ	くける へり
絳	コウ	あか つよいあか
絖	コウ	わた きぬ
絨	ジュウ ニュ	ほそいぬの
絏	セツ エイ	しばる つなぐ
絰	テツ デチ	ものころも あさのおび
絣	ホウ ヒョウ	しまおりのぬの わた，かすり
○補	ホ	おぎなう
○裕	ユウ	（ゆたか）
裙	クン グン	すそ もすそ
裑	シン	みごろ

字	音	訓
裎	テイ ジョウ	はだか ころもをかかげる
裡	リ	うら うち
蛙	ワ ア	かえる かわず
蛔	カイ	かいちゅう
蛞	カツ	なめくじ
蛟	コウ	みずち
蛤	コウ	はまぐり
蛭	シツ	ひる
蛛	チュ シュ	くも
蚌	ホウ ボウ	はまぐり
蛧	網（十四画）	
弑	シ	しいす, ころす うかがう
棘	キョク	いばら なつめ
翔	ショウ ジョウ	かける とぶ
聒	カツ カチ	かまびすしい
缿	コウ トウ	ぜにづつ
觚	コ ク	さかずき
觝	テイ タイ	ふれる, あたる いたる
○詞	シ	(ことば)
○評	ヒョウ	(はかる しなさだめ)
○証證	ショウ	(あかし, しるし あかす)
○詠	エイ	(うたう)
○詐	サ	(いつわる)
○詔	ショウ	みことのり
○訴	ソ	うったえる
○診	シン	(みる)
詒	イ タイ	あざむく
訶	カ	しかる
詎	キョ ゴ	なんぞ
詘	クツ クチ	かがむ
詁	コ	かいしゃく
詛	ショ ソ	のろう
詑	タ ダ	あざむく ほしいまま
註	チュウ	とく
詆	テイ タイ	そしる しかる
詉	ドウ ニョウ	かまびすしい くどくどしい
詖	ヒ ハ	かたよる へつらう
貂	チョウ	てん いたち
貁	ユウ ユ	くろざる
○貯	チョ	(たくわえる)
貽	イ	のこす おくる
貺	キョウ コウ	たまう たまもの
貼	テン チョウ	つく, はる よりつく
貶	ヘン	おとす しりぞく
○距	キョ	(けずめ, いたる いえる, さる)
跏	カ ケ	あぐらをくむ あぐら
跚	サン	たちもとおる
跖	セキ シャク	あしのうら
跎	タ ダ	つまずく
跢	タ ダ	つまずく
○跅	タク セキ	ゆるむ
跌	テツ トツ	つまずく あやまつ
跛	ハ ヒ	ちんば ちんばをひく
跗	フ	あしのこう うてな
跑	ホウ ハク	あがく ける
○軽輕	ケイ	かるい かろんじる
○軸	ジク	(よこがみ まきもの)
軻	カ	つぎじくの くるま
軫	シン	よこぎ, まがる めぐる
軼	イツ テツ	すぐ, つく たがいに
○酢	サク	す
酣	カン ガン	たけなわ さけをたのしむ
酤	コ	ひとよざけ
酥	ソ	ちちざけ
甦	ソ ス	よみがえる
皸	シュン	ひび あかぎれ
赧	タン ナン	あからむ はじらう
躰	テイ タイ	からだ み
釉	ユウ ユ	うわぐすり ひかり
○鈍	ドン	にぶい
鈐	ケン キン	くさび からすき
鈞	キン	ひとしい
*欽	キン コン	つつしむ うやまう
鉤	コウ ク	かぎ つり
鈔	ソウ ショウ	かすめとる ぬきがき
鈕	ジュウ ニュウ	つまみ, とって ぼたん
鈇	フ	おの
○飯飯	ハン	めし
○飲飮	イン	のむ
○朝	チョウ	あさ (あした)
○期	キ ゴ	(あう, まつ, とき ちぎる, かぎり)
斯	シ	かく この
○欺	ギ	あざむく (いつわる)
○款	カン	(まこと)
欿	タン カン	むさぼる あな
欹	イ	そばだつ
○敬	ケイ	うやまう (つつしむ)
○散	サン	ちる
○敢	カン	(あえて あえてする)
敞	ショウ トウ	ほがらか ひろやか
*敦	トン タイ	あつい さかん
敝	ヘイ ヒ	やぶれる つかれる
○報	ホウ	むくいる (しおき, しらす)
○就	シュウ ジュ	(つく, なる, つい て, すなわち)
戟	ゲキ ケキ	ほこ さす
舒	ジョ ショ	のばす ゆるす
靫	サイ ゼ	うつぼ ゆぎ
靭	ジン ニン	しなやか やわらか
靱	(同前)	
都	都（十一画）	
彭	ホウ ビョウ	つづみのこえ おおいさま
○創	ソウ	(きず きずつく)
○割	カツ	わる (わかつ, わり)
剴	ガイ カイ	する, かま こする
剩	剰（十一画）	
○勤勤	キン	つとめる
勛	クン	いさお いさおし
馭	ギョ ゴ	うまをつかう すすむ
凱	ガイ カイ	かちどき よし

〔제 2 부〕

字	音	訓
傘	サン	かさ
翕	キュウ	あう, あわす
畬	ヨ シャ	はりだ
厥	ケツ	その, それ
雁	ガン	かり
啻	シ	ただ, ただに
○童	ドウ	(わらわ わらべ)
○棄棄	キ	(すてる)
○蛮蠻	バン	(えびす)
彘	テイ	ぶた
○象	ショウ ゾウ	(すがた)
○喜	キ	よろこぶ
壹	壱（七画）	
堯	ギョウ	たかい
壺	コ	つぼ
○煮煮	シャ (ショ)	にる
○寒	カン	さむい
○富	フ	とむ
寓	グ グウ	よせる かりずまい
寔	ショク シキ	ほんとうに
寐	ビ ミ	ねる
窘	キン クン	くるしむ きびしい
窖	コウ クウ	あなぐら
窗	ソウ	まど
○属屬	ゾク (ショク)	(つく)
犀	サイ	
孱	セン	よわい おとる
屠	ト ヅ	ほふる
嵐	ラ	あらし
嵌	カン	はめこむ

漢字	音	訓
○営營	エイ	いとなむ
○覚覺	カク	おぼえる (さとる)
◦掌	ショウ (ソウ)	(たなごころ つかさどる)
棠	トウ	あまなし からなし
◦廊	ロウ	(わたどの ひさし)
◦廃廢	ハイ	(すたる)
廁	シ	かわや
廂	ショウ ソウ	ひさし
庾	ユ	くら
○落	ラク	おちる
○葉	ヨウ	は
◦募	ボ	つのる
◦葬	ソウ	ほうむる
菴	アン	いおり
萎	イ	しおれる
菀	エン, オン ウツ	しげる その
菡	カン	はす
菅	カン ケン	かや すげ
萃	スイ サイ	なびく あつまる
菘	シュウ ス	とうな
菫	キン コン	すみれ
菰	コ	まこも
菑	シ サイ	わざわい, 荒 れ田をひらく
菽	シュク	まめ
菖	ショウ	あやめ
菁	セイ ショウ	かぶ
萋	セイ サイ	草木のし げるさま
菹	ショ, ソ シャ	つけもの
萏	タン ドン	はちす
萇	チョウ ジョウ	いららぐさ
菟	ト ツ	ねなしかずら うさぎ
菪	トウ	はしりどころ
萄	トウ ドウ	ぶどう
菠	ハ	ほうれんそう
菲	ヒ	くさしげる うすい
菔	フク	だいこん
萍	ヘイ ビョウ	うきぐさ
菩	ハイ ボ	ほとけのざ
萌	ボウ ミョウ	もゆ, めばえる きざす
萊	ライ	あかざ あれる
菱蔆	リョウ	ひし
奢	シャ	おごる
◦尋	ジン	たずねる
颪	日字	おろし
◦雇	コ	やとう
扉	ヒ	とびら
○景	ケイ (キョウ エイ, ヨウ)	(ひかり, かげ あおぐ)
○暑暑	ショ	あつい
○最	サイ	もっとも
○量	リョウ	はかる
◦晶	ショウ (セイ)	(あきらか)
晷	キ	ひあし
喬	キョウ ギョウ	たかい おごる
淼	ビョウ ミョウ	ひろびろと したみず
犇	ホン	はしる ひしめく
猋	ヒョウ	はやて
○森	シン	もり
罩	トウ	ふしづけかご かごでとらえる
蛬	キョウ ク	きりぎりす こおろぎ
黃	黄 (十一画)	
○歯齒	シ	は
舜	シュン	もくげ, むくげ
爲	為 (九画)	
○登	トウ ト	のぼる
發	発 (九画)	
◦痛	ツウ	いたむ いたい
◦痘	トウ	(ほうそう)
◦痢	リ	(はらくだり)
痙	ケイ	ひきつる
痤	ザ	はれもの
痣	シ	あざ
痞	ヒ	つかえ
痡	ホ	やむ
觜	シ	くちばし けづめ
訾	シ	そしる, にくむ はかる
貲	シ	たから はかる
詈	リ	ののしる
○買	バイ	かう
○貴	キ	(とおとい)
○貿	ボウ	(かう, かえる)
○賀	ガ	(よろこぶ)
○貸	タイ	かす
○費	ヒ	ついやす ついえ
貰	セイ	もらう
◦塁壘	ルイ	(とりで, こじろ かさなる)
◦畳疊	ジョウ	たたみ
黍	ショ	きび
○答	トウ	こたえる こたえ
○筆	ヒツ	ふで
○等	トウ	ひとしい (ら, ともがら)
○策	サク	(ふだ, むち はかりごと)
◦筋	キン	すじ
◦筒	トウ	つつ
笞	チ	むちうつ むち
筐	キョウ コウ	かご
筇	キョウ	つえ
笄	ケイ	こうがい
筍	シュン	たけのこ
筅	セン	ささら
筌	セン	さかなをと るかご
筑	チク	楽器
筏	ハツ バチ	いかだ
粟	ショク ソク	あわ
覃	タン, ドン エン	およぶ ふかい
虛	虚 (十一画)	
斝	カ	たまのさかずき
單	単 (九画)	
◦紫	シ	むらさき
絜	ケツ・ケチ ケイ・カイ	いさぎよし はかる
絮	ジョ	わた ととのえる
粢	シ	きび さけ
○衆	シュウ シュ	(もろもろ おおい)
蛩	キョウ	いなご
◦装裝	ソウ ショウ	よそおう よそおい
◦裂	レツ	さく (きれ)
○善	ゼン	(よし, よい よみす)
◦着	チャク	きる, つく
畫	画 (八画)	
巽	ソン	ゆずる たつみ
棗	ソウ	なつめ
○番	バン	(ついで, たび ばん, つがい)
畱	リュウ	とどまる とどむ
盜	盗 (十一画)	
舄	セキ	くつ いしずえ
○雲	ウン	くも
雰	フン	きり
雱	ホウ	ゆきのたくさ んふるさま
◦琴	キン	こと
琵	ビ	
琶	ハ	
朞	期 (十二画)	
腎	ジン	じんぞう
犂	リ	まだら, からすき たがやす
棃	梨 (十一画)	
渠	キョ	みぞ, かしら
棨	ケイ	ほこ, わりふ
棐	ヒ	たすける ゆだめ
斐	ヒ	うるわしい あや
○悲	ヒ	かなしい
◦惑	ワク	まどう

漢字	音	訓
惡	悪（十一画）	
惠	恵（十画）	
*惣	ソウ	いそがしい そうじて
惄	デキ	ひもじい
悳	トク	めぐみ
o集	シュウ	あつまる
◦焦	ショウ	こげる
o然	ゼン ネン	（もやす しかり）
o無	ム ブ	ない
黑	黒（十一画）	
焚	フン ホン	やく たく
棼	フン	むね, みだれる
勞	労（七画）	
*智	チ	ちえ, さとい かしこい
◦普	フ（ホ）	（あまねし）
◦替	タイ	かえる
掣	セイ	ひく, ひっぱる
o尊	ソン	たっとい（みこと）
曾	ソウ	かって, すなわち かさねて
奠	テン	さだめる おく
◦奧奥	オウ オク	（おくまる）
粤	エツ	ここに
◦墮堕	ダ	（おちる おとす）
幇	ホウ	つく, たすける, くみ
◦喪	ソウ	も（ほろぼす うしなう）
堡	ホ	こじろ, とりで

〔제 3 부〕

漢字	音	訓
圍	囲（七画）	
◦圈圏	ケン	（おり さかづき）
胾	シ	きりみ
◦裁	サイ	たつ（はかる, わずかに）
◦幾	キ	（いく きざし, ねがう ちかし）
貳	弐（六画）	
o開	カイ	ひらく ひらき
o間	カン ケン	あいだ, ま
◦閑	カン	（こまよせ, ふせぐ, しずか）
閎	コウ	ひろい
閏	ジュン	うるう
閔	ビン ミン	やまい, うれえ あわれむ
悶	モン	もだえる
o遊	ユウ ユ	あそぶ（ひま）
o運	ウン	はこぶ（めぐる, とき, おり）
o過	カ	すぎる（あやまつ, あやまる）
o道	ドウ	みち（いう, よる, みちびく）
o達	タツ	（とおる, ほしいままにする）
◦遲遅	チ	おくれる（ゆるやか, まつ）
◦遂	スイ	とげる（ついに）
◦遇	グウ	（あう, もてなす, おり）
◦遍	ヘン	（あまねく たび）
◦違	イ	ちがう
逶	イ	ななめにいく
逭	カン	のがれる
逵	イ	おおきなみち
逴	タク チャク	はるか, とおい, こえる
迸	ホウ ヘイ	ほとばしる
◦越	エツ	こえる, こす（とおい, いよいよ）
◦超	チョウ	（こえる ぬきでる）
趄	ショ ソ	いきなやむ
趁	チン	おう, はしる
趂	チン	おう

【十三画】

〔제 1 부〕

漢字	音	訓
o働	ドウ	はたらく
◦傾	ケイ	かたむく
◦催	サイ	もよおす（うながす）
◦債	サイ	（かり おいめ）
◦傷	ショウ	きず（やぶる, そこなう）
◦僧僧	ソウ*	
傴	ウ	かがむ せむし
傲	ゴウ	おごる
僅	キン	わずか
倏	ショウ シュク	とし はやい
條	ジョウ トウ	ひも
僊	セン	やまびと
傯	ソウ	くるしい せわしい
傳	伝（六画）	
僄	ヒョウ	はやい かるい
傭	ヨウ	やとう
僇	リュウ リク	はずかしめ
僂	ロウ	かがむ せむし
鳩	キュウ	はと
鳰	日字	にお かいつぶり
◦嘆嘆	タン	なげく
嗅	キュウ	かぐ
嗛	カン ケン	ふくむ, へりくだる
嗟	サ	なげく
嗔	シン ジン	いかる
嗜	シ	たしなむ
嗤	シ	わらう
嗉	ソ ス	ふくろ
嗁	テイ ダイ	なく
嗚	オ	ああ
o塩鹽	エン	しお
◦塊	カイ	（つちくれ ひとり）
塢	オ ウ	ちいさいどて こじろ
塙	カク コウ	かたい, たかい はなわ
塤	ケン	つちぶえ
塒	シ ジ	ねぐら
塡	テン チン	うずめる しずめる
塘	トウ	つつみ いけ
◦嫁	カ	よめ（とつぐ）
媼	オウ ウン	ばば おうな
嫌	ケン ゲン	きらう うたがう
媾	コウ ク	よしみ いつくしむ
嫂	ソウ	あによめ
嫉	シツ	そねむ ねたむ
媳	セキ	よめ
嫋	ジョウ ニャク	たおやか
嵬	カイ ガイ	でこぼこした たかいやま
嵯	サ	けわしくそびえる
幌	コウ	とばり ほろ
幎	ベキ ミャク	おおう かくす
◦微	ビ（ミ）	（かすか なかりせば）
徯	ケイ	こみち
徭	ヨウ	えだつ えだち
衙	ガ ギョ	あつまる やくしょ
◦慎愼	シン	つつしむ
愼	慎（同前）	
愾	キ ガイ	いかる なげく, いきどおる
愷	カイ ゲ	たのしむ やわらぐ
愧	キ	はじる
慌	コウ	あわたゞしい
慊	ケン コウ	あきたらない うらむ, きらう
愴	ソウ	かなしむ いたむ
愫	ソ	まこと
慆	トウ	ほしいまま うたがう, かくす
慄	リツ	おそれる おののく
o損	ソン	（そこなう）
◦携	ケイ	たずさえる
◦搾	サク	（しぼる）
◦搬	ハン	（はこぶ, のぞく うつす）
◦摂攝	セツ	（とる, すべる かわる, おそれる）
搉	カク	たゝく うつ
搰	コツ	みだれる にごす, ほる
搶	ソウ	とる つく
搔	ソウ	かく, かき さわぐ
搦	ジャク ダク	とる, からめる とらえる
搢	シン	はさむ ふるう
搜	捜（十画）	

字	音	訓
搐	チク	いたむ
擣	トウ	つく かてる
搭	トウ	かく，のる つく，のす
搨	トウ	する，か きうつす
搏	ハク	うつ たたく
搒	ホウ	こぐ むちうつ
搤	アク ヤク	とる にぎる
搖	揺（十二画）	
摟	ロウ	ひしぐ
○漢漢	カン	（あまのがわ）
○滑	カツ	（なめらか すべる）
○源	ゲン	みなもと
○滅	メツ	ほろびる
○溶	ヨウ	とける
○滞滯	タイ	とどこおる
○滝瀧	（ロウ ソウ）	たき
溢	イツ	あふれる おごる
溫	温（十二画）	
溘	コウ	たちまち
溪	ケイ	たに
溝	コウ	みぞ
溷	コン	にごる けがれる
滄	ソウ	うみ おおうみ
滓	シ	おり かす
溼	湿（十二画）	
溽	ジョク	むしあつい うるおう
溱	シン	いたる
溯	ソ	さかのぼる
滀	チク トク	あつまる むっとする
溺	デキ	おぼれる
滔	トウ	はびこる，あつ まる，あなどる
溟	ベイ メイ	くらい うみ
溥	ホウ フ	おおきい あまねし
滂	ホウ ボウ	さかんにな がれるさま
溜	リュウ	しずく，たまり したたる
猿	エン	さる
猾	カツ	わるがしこい みだす
獅	シ	しし ライオン
猩	セイ ショウ	しょうじょう
○隔	カク	へだてる
隘	アイ，エ アク，ヤク	せまい，ふさぐ いやしい
隙	ケキ キャク	ひま，すき
隕	イン，エン ウン	おとす やぶる，まわり
鄕	郷（十一画）	
○暗	アン	くらい
○暇	カ	ひま
○暖	ダン	あたたかい
暉	キ	ひかり
暄	ケン カン	あたたか
暘	ヨウ	はれる
○概槪	ガイ	（とかき，はかる あらまし）
○楼樓	ロウ （ル）	（たかどの やぐら）
楹	エイ ヨウ	はしら
楷	カイ	てほん
楗	ケン	しきみ せき
楛	コ ゴ	ばらににたき
楸	シュウ シュ	ひさぎ
楢	シュウ ユウ	なら
楫	シュウ	かい，さおさす かじ
椶	ソウ シュ	しゅろ
楯	ジュン	たて てすり
楕	タ ダ	こばんがた
椴	タン	むくげ とどまつ
楮	チョ ト	こうぞ
楪	チョウ	さら
椹	チン シン，ジン	さわら あてだい
椿	チュン チン	たまつばき さざんか
楨	テイ	ねずみもち はしら
椽	テン	たるき
＊楠	ダン ナン	くすのき
楳	バイ マイ	うめ
楅	フク ヒョク	つのよけ やづつ
楣	ビ	はり（梁）
楓	フウ	かえで
椰	ヤ	やし
楡	ユ	にれ
楊	ヨウ	かわやなぎ
楝	レン	おうち（樗）
殛	キョク	つみす
飧	ソン	くらう
○煙	エン	けむり
○煩	ハン	わずらわしい （いとわしい）
煥	カン	あきらか
煇	キ クン	ひかり かがやく
煌	コウ	かがやく
煁	ジン ニン	おきかまど
煖	ダン ケン	あたたか あたたむ
煤	バイ	すす，すみ すすける
煬	ヨウ	あぶる
煉	レン	ねる
煨	ワイ エ	やく あたためる
牒	チョウ	ふだ かきつけ
牏	トウ	おまる はだぎ
瑀	ウ	おびだま
瑛	エイ	すいしょう
瑗	エン	わがたのたま
瑕	カ	きず， あかいたま
瑚	コ	もりものだい
＊瑞	スイ ズイ	めでたいしるし みず
瑑	テン	うきぼり かざる
瑙	ノウ ドウ	
瑁	ボウ マイ，バイ	しるしだま
瑜	ユ	ひかるたま
瑇	タイ	
○腸	チョウ	（はらわた）
○腹	フク	はら
○腰	ヨウ	こし
腭	ガク	はぐき
腱	ケン	すじ
腮	サイ	あご
腫	ショウ シュ	はれもの できもの
腥	セイ ショウ	なまぐさい
腺	日字	せん
腠	ソウ ス	きめ
腶	タン	ほしたにく
腦	脳（十一画）	
膈	カク キャク	むねのなか
腴	ユ	あぶら こやす
媵	ヨウ	そばめ
○預	ヨ	あずける
○頒	ハン	（わける まだら）
頑	ガン	かたくなな むさぼる
頏	コウ	くだる のど
頌	ショウ ヨウ	ほめる かたち
頓	トン トツ	ぬかずく，つかる つまずく，とどまる
○福	フク	（さいわい ひもろぎ）
○禍	カ	（わざわい）
○禅禪	ゼン	（ゆずる しずか）
＊禎禎	テイ チョウ	さいわい めでたいしるし
祿	禄（十一画）	
祺	キ ギ	さいわい
畹	エン オン	たはた
畸	キ	のこり，はした かたわ
畷	テツ テイ	あぜみち
○睡	スイ	（ねむる ねむり）
睚	ガイ	まなじり にらむ
睢	キ スイ	めをみはる
睠	ケン	かえりみる
睨	ゲイ	にらむ
睫	ショウ	まつげ

漢字	音	訓
睟	スイ	ただしくみる
睛	セイ	ひとみ
睥	ヘイ	ながしめ
*睦	ボク	むつぶ
碍	ガイ ゲ	ささわり さまたげ
碕	キ	きし,とびいし いしばし
碎	砕（九画）	
碓	タイ	うす からうす
碇	テイ	いかり
碑	碑（十四画）	
硼	ホウ	石のうちあうおと
碌	ロク	あおいろのいし
碗	ワン	はち
○稚	チ	(わかい おさない)
○稞	カ	はだかむぎ
稠	チュウ チョウ	おおい しげい
*稔	ジン ニン	みのる とし
稗	ハイ	ひえ
稑	リク ロク	わせ
稜	ロウ リョウ	かど, すみ いつ
矮	アイ ワイ	ひくい みじかい
號	ゴウ	さけぶ
*靖	セイ	やすんじる はかる
○雌	シ	めす, め
雉	チ	きじ きぎす
雊	ク コウ	なく
○裸	ラ	はだか
裾	キョ	すそ もすそ
裼	セキ テイ	はだぬぐ
裰	タチ タツ	つづる
裯	チュウ トウ	ひとえのやぐ はだぎ
裨	ヒ	たすける おぎなう
裱	ヒョウ	ひれ かたかけ
裲	リョウ	うちかけ
○続續	ゾク	つづく

漢字	音	訓
○絹	ケン	きぬ
○継繼	ケイ	つぐ (つづく)
綖	エン	おおい
經	経（十一画）	
綌	ゲキ	あらいくずぬの
綆	コウ	つるべなわ
絳	コウ	あか, あけ
綉	シュウ	ぬい ぬいとり
綃	ショウ ソウ	きぎぬ しろぎぬ
綏	スイ	ひも,やすんじる
絺	チ	ほそいくずぬの
綈	テイ	あつぎぬ つむぎ
綁	ホウ	くくる,しばる
絽	ロ リョ	むじのきぬ おりもの
褄	日字	つま
綛	日字	かせ かすり
粮	リョウ ロウ	かて
粳	キョウ コウ	うるち
粰	フ	もみ,もみがら
○艇	テイ	(ふね)
艀	フウ ブ	こぶね はしけ
蜒	エン	げじげじ
蛾	ガ ギ	ちょう, うつくしいまゆげ
蜆	ケン	しじみ
蜈	ゴ	むかで
蜍	ショ ジョ	ひきがえる
蛸	ソウ ショウ	たこ
蛻	ゼイ	ぬけがら もぬけ
蜓	テイ テン	とんぼ
蜉	フ	かげろう
蜂	ホウ	はち
蛹	ヨウ	さなぎ
蜊	リ	あさり
蜋	ロウ	かまきり
聘	ヘイ	とう めす

漢字	音	訓
耡	ショ ジョ	すき
覜	チョウ	まゆみ, あう
辟	ヘキ,ヒャク,ビ	きみ, のり,あきらか,ひらく
○解	カイ ゲ	とく (いいわけ, ときあかし)
○触觸	ショク	ふれる ふれ
觥	コウ	おおさかずき
○詩	シ	(からうた)
○話	ワ	はなす はなし
○試	シ	こころみる こころみ
○誠	セイ	まこと
○該	ガイ	(そなう,あたる ことごとく)
○詰	キツ	つめる(といつめる なじる,つまる)
○誇	コ (カ)	ほこる ほこり
○詳	ショウ	くわしい (つまびらか)
詼	カイ	からかう たわむれる
詿	カイ ケ	あやまる あやまち
詭	キ	あざむく,いつわる あやしい,もとる
詡	ク	あまねし
詣	ケイ	まいる いたる
詬	コウ ク	はずかしめる そしる
詢	ジュン	とう,はかる
詵	シン セン	おおい
詮	セン	のり, みち かい(甲斐)
詫	タ	あざむく わびる
誅	シュ チュウ	ころす, しおき
誂	チョウ	いどむ,あつらえ
誄	ルイ	しのびごと
貉	カク バク	むじな えびす
貊	バク ミャク	えびす しずか
○賊	ゾク	(ぬすびと そこなう)
○賄	ワイ (カイ,ケ)	(たから,まか ない,おくる)
賂	ル ロ	まいない おくりもの
○路	ロ	じ(みち おおきい)
○跡	セキ	あと
○跳	チョウ (ドウ)	(おどる のがれる)

漢字	音	訓
○践踐	セン (ゼン)	(ふむ つらぬく)
跲	コウ	つまずく
跪	キ	ひざまずく あし
跬	キ セツ	かたあし
趼	ケン	あかぎれ たこ
跨	コ カ	またぐ また
跱	チ ジ	とどまる そなう
跣	セン ソン	すあし はだし
跟	コン	くびす かかと
○較	カク (コウ)	(よこぎ,きそう くらべる)
軾	ショク シキ	くるまのま えのてすり
輊	チ	ひくい
輈	チュウ	ながえ
輅	ロ ラク	くるま, ひく ながえしばり
○酬	シュウ	(むくいる)
○酪	ラク	(ちちじる)
酩	ベイ ミョウ	あまざけ
酭	ユウ ウ	すすめる むくいる
○群	グン	むらがる,むれる むれ(おおい)
肄	イ	ならう つかれる
肆	シ カイ	ほしいままにする ひろめる,つらなる
躱	タ	みずから かわす
○辞辭	ジ	(ことば)
○鉄鐵	テツ	(くろがね かなもの)
○鉱鑛	コウ	(あらがね)
○鈴	レイ リン	すず
○鉛	エン	なまり
鉞	エツ	まさかり
鈿	テン デン	かんざし
鈸	バツ ハチ	がっきの 一つ
鉢	ハツ ハチ	はち
鉋	ホウ ビョウ	かんな
○嗣	シ ジ	(つぐ あとつぎ)
○幹	カン	みき (もと,から だ, いげた)
瓶	ヘイ	かめ

漢字	音	訓
○飼	シ	かう
○飽	ホウ	あきる あかす
○飾	ショク	かざる かざり
飪	ジン	にる
飭	チョク	つつしむ つとめる
飩	トン ドン	
飫	ヨ オ	あきる
靴	カ	くつ
韵	韻（十九画）	
尠	セン	すくない
斟	シン	くむ
尟	セン	すくない
彀	コウ	はる やごろ
○戦戰	セン	たたかう (おののく，おそれる)
戢	シュウ	おさめる
戡	カン	かつ，ころす
○新	シン	あたらしい，あらた
○数數	スウ (サク ソク)	かず，かぞえる (まわりあわせ，しばしば)
○鼓	コ	つづみ
歇	ケツ カツ	やむ つける
歃	ソウ	すする
○殿	テン デン	との，どの (しんがり)
毀	キ	こわす，こぼつ やぶる
○献獻	ケン コン	(たてまつる すすめる)
猷	ユウ ユ	はかる はかりごと
馴	シュン ジン・クン	なれる すなお
馱	ダ	のせる
馳	チ ジ	かける はせる
骭	カン ゲン	はぎ わき，あばら
剽	ヒョウ	おびやかす かるい
剿	ソウ	きる つくす
剸	タン セン	きる
○勧勸	カン	すすめる (つとめる)
勤	勤（十二画）	
勣	セキ	いさお

漢字	音	訓
勦	ソウ	つかれる とる，つくす
勠	リク ロク	あわす
亂	乱（七画）	
〔제 2 부〕		
○意	イ	(こころ おもう)
○裏	リ	うら (うち)
亶	タン	まこと
稟	ヒン リン	うける，もうす たち，ふち
裒	ホウ	あつめる ほめる
裛	ユウ	まとう ふみづつみ
雍	ヨウ	やわらぐ
裔	エイ	すそ，すえ あとつぎ
僉	セン	みな
愈	ユ	いよいよ まさる
會	会（六画）	
禽	キン	けもの とり
詹	セン	しゃべる，いたる たす，みる
○寝寢	シン	ねる
○寛寬	カン	(ひろい ゆたか)
塞	ソク サイ	ふさげる とりで
寘	シ	おく おさめる
寖	シン	やや ようやく
寗	ネイ	やすい
窠	カ	あな うつろ
窟	コツ クツ	いわや
窣	ソツ ソチ	ゆるやか
嵬	カイ	でこぼこのある やま
嵯	サ	けわしい
嵩	シュウ スウ	たかい かさ
○廉	レン	(かど ただす)
廈	カ ゲ	ひさし，いえ
廊	廊（十二画）	
廋	シュウ ソウ	かくす さがす
○誉譽	ヨ	ほまれ (ほめる)
當	当（六画）	

漢字	音	訓
○墓	ボ	はか
○幕	バク マク	まく
○蒸	ジョウ	むす
○蓄	チク	(たくわえる)
○夢	ム (ボウ)	ゆめ (くらい)
葦	イ	あし，よし
葭	カ ケ	あし，よし
蓋	ガイ カイ	おおう ふた
萼	ガク	うてな
葛	カツ カチ	つる かずら
葵	キ ギ	あおい
韮	キュウ	にら
葷	クン	くさいくさ からい
萱	ケン カン	かや わすれぐさ
菰	コ	まこも
葫	コ	にんにく
菑	シ	あれたたはた
葸	シ	おそれる
孳	シ	しげる
惹	ジャク	ひく
萩	シュウ シュ	はぎ
葺	シュウ	ふく
葱	ソウ ス	ねぎ
著	著（十一画）	
董	トウ	ただす
葩	ハ ヘ	はな
萬	万（三画）	
葡	ホ ブ	
葆	ホ ホウ	しげる，ひこばえ
葑	ホウ フ	かぶら
葯	ヤク アク	よろいぐさ
萸	ユ	ぐみ
葎	リツ	むぐら
萵	ワ	ちさ
彙	イ	はりねずみたぐい

漢字	音	訓
暑	暑（十二画）	
暈	ウン	ひがさ くらむ
○歳	サイ セイ	(とし)
歲	歳（同前）	
爺	ヤ	じじ
○愛	アイ	(いつくしむ おしむ)
○業	ギョウ ゴウ	(わざ すでに)
○置	チ	おく (しゅくば)
○罪	ザイ	つみ
○署署	ショ	(やくわり，てわけ，やくしょ)
罨	アン	あみ，おおう
罫	カイ ケ・ケイ	すじ
罩	タク トウ	かご こめる
罭	ヨク	こあみ
蜀	ショク	いもむし とうまる
○痴	チ	(おろか)
痾	ア	ながやみ
瘂	ア	おし
痿	イ ズイ	しびれる
痼	コ	ながやみ じびょう
瘁	スイ	やむ つかれる
痰	タン	
瘃	チョク	しもやけ
痲	バ マ	しびれ
痺	ヒ ハイ	しびれる
𤸷	ライ	らいびょう
痳	リン	
○節節	セツ	ふし (みさお，てがた おこない，ころ)
筠	イン	たけ かわ
筵	エン	むしろ
筦	カン	ふえ
筴	サク，キョウ シャク	めどぎ，ふだ はかりごと
筥	キョ コ	はこ
筧	ケン	かけひ
筲	ショウ	ふご，はしばこ，めしびつ

筬	セイ ジョウ	はたおりの おさ
筮	セイ ゼイ	うらない
筯	チョ	はし
筳	テイ チョウ	くだ
筩	トウ,ズ ヨウ,ユ	たけづつ
○義	ギ	(よし, わけ ただしい)
羨	セン	うらやむ
○虜	リョ	(とりこ)
○虞	(グ)	おそれ
舅	キュウ	しゅうと
鼠	ソ	ねずみ
○資	シ	(たから, たすけ うまれつき, とる)
○賃	チン	(やとう)
賈	カ コ	ね, かう あきゅうど
○豊豐	ホウ	ゆたか (とよ)
○農	ノウ	(たづくり)
跫	キョウ	あしおと
豢	カン ケン	やしなう かちく
羣	グン	むれ むらがる
裠	クン	もすそ
裘	キュウ	かわごろも
裟	サ シャ	けさ
裝	装 (十二画)	
裊	ジョウ	そよぐ しなやか
蜃	シン	うごく はまぐり
蜑	タン ダン	あま えびす
粱	リョウ	おおあわ
粲	サン	あきらか きらびやか
嗇	ショク	おしむ ものおしみ
○電	デン	(いなずま)
○雷	ライ	かみなり (いかずち)
○零	レイ	(おちる, ふる)
雹	ヒョウ	あられ
塋	エイ	はか
煢	ケイ	ひとり
○禁	キン	(とどめる まじない)
楚	ソ	(ばら, むち しもと, いたむ)
瑟	シツ ヒツ	おおきいこと
○盟	メイ	ちかう
盞	サン セン	さかずき
盝	ロク	こす, したたらす
○督	トク	(みる ただす)
○碁	ゴ (キ)	(ごいし)
雋	シュン セン	こえたにく すぐれる
○楽樂	ガク ラク	たのしい たのしみ(おんがく)
○感	カン	かんじ (うごかす)
○想	ソウ	(おもう)
○愚	グ	おろか
○慈	ジ	(いつくしむ)
○愁	シュウ	(うれえる)
愍	ビン ミン	うれえる あわれむ
○照	ショウ	てる てらす
煕	キ	かがやく, ひろい やわらぐ, たのしむ
煦	ク	あたためる めぐむ
煑	煮 (十二画)	
煎	セン	いる にる
○聖	セイ	(ひじり すぐれたひと)
○奨獎	ショウ (ソウ)	(すすめる)
髢	テイ タイ	かつら かもじ
○塑	ソ	(つちざいく)
○塗	ト (ズ)	ぬる (まみれる)
○準	ジュン	(みずもり ひとしい)
奧	奥 (十二画)	
與	与 (三画)	
○勢	セイ	いきおい (へのこ)
鳧	フ ブ	かも けり
〔제 3 부〕		
○園	エン	その
圓	円 (四画)	
匯	カイ エ	めぐる
閘	コウ	ひのくち とじる
閙	ドウ ニョウ	さわがしい
閟	ヒ	とざす おくぶかい
○載	サイ	のせる (はじめて, すなわち)
肅	粛 (十一画)	
黽	ボウ ビン	かえる つとめる
鼎	テイ チョウ	かなえ
○遠	エン オン	とおい
○遣	ケン	(やる つかわす)
遏	アツ アチ	とどめる
適	日字	あっぱれ
遑	コウ	いとま ひま
遒	シュウ	せまる, つよい, おわる
遄	セン ゼン	すみやか
遉	テイ チョウ	うかがう さすがに
遁	トン ドン	のがれる にげる
逾	ユ	こえる いよいよ
趑	シ	たちもとおる

【十四画】

〔제 1 부〕

○像	ゾウ	(かた, かたち かたどる)
像	像 (同前)	
○僚	リョウ	(つかさ とも)
僧	僧 (十三画)	
僞	偽 (十一画)	
僥	ギョウ	さいわい, もとめる, いつわる
僦	シュウ	やとう やとわれる
僭	セン シン	なずらう, おごる そしる
僑	キョウ	かりずまい
僮	トウ ドウ	わらわ
僨	フン	たおれる やぶる
僕	ボク	しもべ, がら, われ
○鳴	メイ	なく, なる
嘔	オウ ク	はく, うた よろこぶ
嘑	コ	よぶ
嘐	コウ キョウ	ほこる
嗷	ゴウ	かまびすしい
嘖	サク	かまびすしい
嘈	ソウ	かまびすしい
嗽	(ソウ シュウ ソク)	せき, くち すすぐ, すう
嗾	ソウ ゾク	けしかける
嘆	嘆 (十三画)	
嘛	マ	
○境	キョウ ケイ	さかい (くに, ところ)
○増增	ゾウ	ます (ますます)
塹	ザン セン	ほり
塼	セン タン	かわら まるい
塀	塀 (十二画)	
墀	チ ジ	にわ
墁	バン マン	ぬる
墉	ヨウ	とりで かき
塿	ロウ ル	おか
○嫡	チャク (テキ)	(よつぎ むかいめ)
嫗	オウ ウ	ばば
嫣	エン ケン	うるわしい
嫦	ジョウ	よい
嫩	ドン ゼン	わかい
嫖	ヒョウ	うかれおとこ かるがるしい
嫚	バン マン	あなどる けがす
嫪	ロウ	したう, こう
嶋	島 (十画)	
嶄	サン セン	たかい けわしい
嶇	ク	けわしいみち
嶂	ショウ	みね
幘	サク	ずきん, かみ をつつむきれ
幗	カク	おんなのか みかざり
幔	バン マン	まく とばり
○徳德	トク	(めぐみ, おしえ おこない)
○徵徴	チョウ (チ)	(よびだす しるし)

字	音	訓
銜	ガン	くつわ
○慣	カン	なれる (ならわし)
○慢	マン	(あなどる おごる)
○憎憎	ゾウ	にくむ にくい
慨	慨（十二画）	
慳	カン ケン	おしむ やぶさか
慷	コウ	なげく いきどおる
慘	惨（十一画）	
慚	サン ザン	はじる
慴	シュウ ショウ	おそれる
慥	ソウ	たしかに
慟	トウ ドウ	なげく かなしむ
慓	ヒョウ ビョウ	はやい かるい
慵	ヨウ ショウ	ものうい
憀	ショウ リュウ	たのむ, たよる かなしさ
慺	ル ロウ	よろこぶ
○摘	テキ	つむ (つまむ)
摑	カク	うつ つかむ
摎	キュウ コウ	しばる
摧	サイ ゼ・サ	くだく はばむ
摺	ショウ ロウ	する, たたむ くじく, ひだ
摭	セキ	ひろう
摠	ソウ	すべて, すべる
摶	タン セン	まるめる うつ
摽	ヒョウ	うつ, さし まねく
摸	バク ボ・モ	さぐる まねる
摟	ロウ ル	ひく
○漁	ギョ リョウ	(すなどり いさり)
○演	エン	(のべる)
○滴	テキ	(したたる したたり)
○漸	ゼン (ザン)	(ようやく すすむ)
○漂	ヒョウ	ただよう
○漫	マン (バン)	(ひろい みだりに)
○漏	ロウ (ロ)	もる, もれる
○漆	シツ	うるし
漪	イ	さざなみ
漚	オウ ウ	ひたす あわ
漑	ガイ	そそぐ
漢	漢（十三画）	
滬	コ	
滸	コ ク	ほとり
滾	コン	たぎる みずのながれ
漬	シ ジ	ひたす
滲	シン	しむ
漩	セン ゼン	まわる
漕	ソウ	こぐ はこぶ
漱	シュウ ソウ	あらう そそぐ
滯	滞（十三画）	
漙	タン	まどか つゆおおい
漲	チョウ	みなぎる
滌	ジョウ	あらう そそぐ
漠	バク マク	すなはら ひろい
滿	満（十二画）	
漭	ボウ モウ	ひろい
漾	ヨウ	ただよう
漓	リ	したたる うすい
漣	レン	さざなみ
滷	ロ	しおち しお
漉	ロク	こす
○際	サイ	(あい, おり きわ, かぎり)
○障	ショウ	(さわる, つつみ ささわり, とりで)
○隠隱	イン	かくれる, かくす (うれえる, なぞ)
隙	ゲキ	ひま, すき
○獄	ゴク	(ろうや ひとや)
○構	コウ	かまえる
○様樣	ヨウ	さま (のり, かた)
模	ボ モ	(のり, かた のっとる)
榲	オツ オン	まるめろ すぎ
榎	カ ケ	ひさぎ えのき
槐	カイ エ	えんじゅ
榷	カク ゴク	まるきばし ひとりじめ
槁	コウ	かれる, わら, ひもの
榼	コウ	たる はこ
榥	コウ	つくえ まど
槓	コウ	てこ
榾	コツ	きりかぶ
槎	サ	きる いかだ
榭	シャ セ	うてな
槙	テン シン	まき, こずえ しげる
榛	シン	はしばみ
榱	スイ	たるき
槍	ショウ ソウ	やり
槌	ツイ	つち, うつ
榻	トウ	こしかけ
榧	ヒ ビ	かや
榑	フ	くれ, たきぎ
榜	ホウ	かじ ふだ
榠	ベイ ミョウ	かりん
榕	ヨウ ユ	あこうのき
榴	リュウ	ざくろ
榔	ロウ	びんろう
榊	日字	さかき
殞	イン ウン	おとす
殠	シュウ キュウ	わるいにおい
○膜	マク (バク, ボ)	(うすかわ)
膃	オツ	
膈	カク	むねとひぞうとの あいだのしきり
腿	タイ	もも
膊	ハク	うで ほじし
膀	ホウ ボウ	
滕	トウ ドウ	あげる
煽	セン	あおる
熄	ソク	きえる やむ
熔	ヨウ	とける
瑰	カイ	めずらしい
瑳	サ	あざやか
瑣	サ	ちいさい, いやしい, くさり
瑱	テン	みみだま
瑪	バ メ	めのう
瑤	ヨウ	たま
瑠	リュウ ル	るり
瑯	ロウ	
○旗	キ	はた (しるし)
牓	ホウ ボウ	たてふだ
犒	コウ	ねぎらう ねぎらい
○魂	コン	たましい
禊	ケイ カツ	みそぎ はらい
禘	テイ ダイ	おおまつり
禔	シ	さいわい まさに
禎	禎（十三画）	
○磁	ジ (シ)	(じしゃく)
○碑碑	ヒ	(たていし いしぶみ)
碣	ケツ ゲチ	いしぶみ
碩	セキ	おおきい
碯	ノウ	
碪	ガン チン	きぬた
睹	ト	みる
睽	ケイ キ	そむく
○種	シュ	たね (うえる)
○稲稻	トウ	いね
稱	称（十画）	
稬	ダ, ダン ナン, ナ	もちいね もちごめ
○端	タン	はし (もっぱら)
竭	ケツ ゲチ	つく つくす
颯	サツ	かぜのおと
*暢	チョウ	のびる のびのび
甅	日字	センチグラム
頗	ハ	かたよる すこぶる
○領	リョウ	(うなじ, くび かしら, おさめる)
○複	フク	(あわせ かさねる)

褐	カツ	けおり ぬのこ
褌	コン	したおび ふんどし
褚	チョ ト	わたいれ, ふくろ まく, たくわえる
褊	ヘン	せまい せわしい
褓	ホウ	むつき
褕	ユ ヨウ	うつくしい, まえだれ, はだぎ
○綿	メン	わた (つらなる)
○緑綠	リョク ロク	みどり
○練練	レン	ねる (ねりいと)
○総總	ソウ	(たばねる, すべて, かみづつみ)
○維	イ	つな (おおづな)
○綱	コウ	(つな おおづな)
○網	モウ	あみ
○緒緖	ショ	お(いとぐち はじめ)
綺	キ	あや
綣	ケン	まつわる
綵	サイ	あや いろどり
緇	シ	くろ くろめる
綽	シャク	ゆるやか
綬	シュウ ジュ	ひも
緁	ショウ	ぬう
緌	ズイ	かんむりのひも, おいかけ
緅	シュウ ソウ	すずめいろ
綫	セン	すじ
綪	セン・ソウ ショウ	あかねぞめのきぬ
綜	ソウ	すべる すべおさめる
緂	タン	つむぐ, もえぎ だんだらぞめ
綻	タン	ほころぶ ほころび
綢	チョウ	まとう むすぶ
綴	テイ テツ	つづる, とじ つづり, つらねる
綯	トウ	なわ, よる なう
緋	ヒ	ひぎぬ
絣	ホウ	しま, ひも
*綾	リョウ	あや あやぎぬ
綸	リン カン	いと, わた つかさどる
綟	レイ	もえぎいろ もじ
綰	ワン	つなぐ わがぬ
○精	セイ ショウ	(しらぐ, こころ まじりない)
粹	粋 (十画)	
粽	ソウ	ちまき
粻	チョウ	かて
糀	日字	こうじ
蜴	エキ	とかげ
蜿	エン	うねうねゆく
蜾	ワ	すがる じがばち
蜷	ケン	にな
蜡	サ ショ	まつり うじ
蜻	セイ	とんぼ
蜥	セキ	とかげ
蜘	チ	くも
蜩	チョウ	せみ ひぐらし
蛧	ボウ モウ	すだま
蜽	リョウ	すだま
*聡聰	ソウ	さとい
聢	日字	しかと
○雑雜	ザツ ゾウ	(まじる, まぜる いりみだれる)
○語	ゴ	かたる (ことば, つげる)
○誤	ゴ	あやまる
○説	セツ ゼイ	とく (よろこぶ)
○認	ニン	みとめる (したためる)
○読讀	ドク トク	よむ
○誌	シ	(しるす)
○誘	ユウ	さそう (いざなう)
誡	カイ ケ	いましめる
誨	カイ ケ	おしえる
誼	ギ	よし よしみ
誑	キョウ	いつわる たぶらかす
誥	コウ コク	つげる いましめる
誦	ショウ ジュ	となえる よむ
誚	ショウ ジョウ	せめる そしる
誕	誕 (十五画)	
誣	フ ム	いつわる あざむく
誖	ホツ フツ	みだれる そむく
貌	ボウ	かたち
貍	リ, バイ マイ	たぬき
賑	シン	にぎわう にぎやか
賒	シャ	おぎのる, かけうり おごる, はるか
○踊	ヨウ	おどる
跼	キョク	せぐくまる かがむ
踉	リョウ ロウ	おどる よろめく
輕	軽 (十二画)	
輒	チョウ	わきぎ, すなわち たすける
輓	バン マン	ひく
*輔	フ ホ	ほおぼね, うわあご, たすける
○酸	サン	(す, すっぱい まずしい)
○酵	コウ	(さけのもと かす)
○酷	コク	(むごい, いたみ うらみ)
酲	テイ	ふつかよい
酴	ト ド	さけのもと にごりざけ
酺	ホ	たのしむ
兢	キョウ	いましめる おそれる, ふるう
○疑	ギ	うたがう
赫	カク	あかい, かがやく ひかる
餗	ソク	かなえのもりもの
躳	キュウ	み みずから
辣	ラツ ラチ	からい, きびしい むごい
○銀	ギン	(しろがね)
○銅	ドウ	(あかがね)
○銭錢	セン	ぜに
○銃	ジュウ	(こづつ)
○銑	セン	(そそぐ)
○銘	メイ	(しるす)
銨	アン	アンチモニー
銥	イ	イリジウム
鉸	コウ キョウ	はさみ
銖	シュ	めかた
銓	セン	はかり えらぶ
銛	セン	すき もり
銚	チョウ	ちょうし
銕	テツ テイ	てつ
○静靜	セイ ジョウ	しずか
靘	セイ	あおぐろ しとやか
鞄	ハク ホウ	かばん
鞅	オウ	むながい になう
靼	タン	うつ
鞆	日字	とも
斡	アツ	めぐる, めぐらす つかさどる
榦	カン	みき, やまぐわ いげた, ただす
夥	カ カワ	おびただしい
飴	イ シ	あめ, あまみ やしなう
皸	クン キン	ひび あかぎれ
鼓	コ	つづみ
甄	ケン	すえ, ふるう あきらかにする
韍	フツ ホチ	ひざかけ くみひも
韶	ショウ	うつくしい つぐ
颱	タイ	たいふう
○駅驛	エキ	(うまや)
○駆驅	ク	かける
駄	ダ	のせる
駁	ハク バク	まだら, まじる ぶち
骯	コウ ゴウ	たかぶるさま
骰	トウ ズ	さい すごろくのさい
○穀穀	コク (コウ)	(たなつもの, よい, やしなう)
敲	コウ	たたく つえ, むち
○歌	カ	うた うたう
歉	ケン カン	あきたらない うえる
獃	ガイ	ばか おろか
斲	タク	けずる
魁	カイ	かしら
○彰	ショウ	(あきらか あらわす)

漢字	音	訓
鄙	ヒ	むら いなか
對	対（七画）	
劃	カク	わる かぎる
劂	ケツ	ほる

〔제 2 부〕

漢字	音	訓
○歷歴	レキ	（へる，つたえる へめぐる）
○曆暦	レキ （リャク）	こよみ
厭	アン エン・ヨウ	いとう あく
厮	シ	しもべ
愿	ゲン カン	つつしむ
○豪	ゴウ	（やまあらし すぐれる）
膏	コウ	あぶら めぐみ
裹	カ	つつむ
槀	コウ	かれる，ほす やがら
齊	斉（八画）	
*嘉	カ	よしみ よい，よみする
壽	寿（七画）	
臺	台（五画）	
○奪	ダツ	うばう
匳	レン	かがみばこ
嘗	ショウ ジョウ	こころみる かって
裳	ショウ	も，もすそ
○察	サツ	（しる あきらか）
寡	カ	（すくない やもめ）
○寧	ネイ （デイ）	（やすい，むしろ いずくんぞ）
寤	ゴ	さめる
寨	サイ	とりで
實	実（八画）	
寢	寝（十三画）	
蜜	ミツ	はちみつ みつ
賓	賓（十五画）	
寞	バク	ひっそり さびしい
寥	リョウ	しずか
寠	ク グ	やつれる
搴	ケン	とる かかげる
窩	ワ カ	あな
窬	ユ トウ	くぐりど うがつ
窪	ワ ア	くぼち
○層層	ソウ	（かさ かさなる）
屣	シ	くつ
屢	ル	しばしば
○腐	フ	くさる
廓	カク	おおきい くるわ
廏	キュウ ク	うまや
塵	ジン	ちり
麼	バ，マ ビ，ミ	ほそい こまかい
麽	麼（同前）	
㥯	イン イ	つつしむ よる
嶄	サン ザン	けわしい
鳶	エン	とび
○蔵藏	ゾウ	くら（おさめる はらわた）
○慕	ボ	したう
○暮	ボ	くれる くらす
*蔦	チョウ	つた
蓊	オウ ウ	さかえる
蓋	ガイ カイ	おおう ふた
蒟	コン ク	こんにゃく
蒹	ケン	おぎ
蓙	日字	ござ
蒜	サン	ひる にんにく
蓍	シ	めどぎぐさ
蒔	シ ジ	うえる まく
蒺	シツ	はまびし
蒻	ジャク ニャク	こんにゃく
蒐	シュウ シュ	あかね あつめる
蓐	ジョク	しとね
蓁	シン	しげる
蓑	サ サイ	みの
蓆	セキ ジャク	むしろ
蒨	セン	あかね
蒼	ソウ	あお あおい
蒩	ソ	あらごも
蒲	ホ ブ	がま
蒱	ホ	ばくち
蒡	ホウ ボウ	しろよもぎ
蒙	ボウ モウ	くらい ねなしかずら
蓉	ヨウ ユ	はす
蓏	ラ	うりのみ
蒞	リ	のぞむ
䰟	コン ゴン	たま たましい
瘖	イン オン	おし
瘧	ギャク	おこり
瘐	ユ	やむ
瘉	ユ	いえる やむ
瘍	ヨウ	かさ
○罰	バツ	（つみ，とが しおき）
署	署（十三画）	
睾	コウ	きんたま
○管	カン	くだ（ふえ つかさどる）
○算	サン （セン）	（かぞえる そろばん）
○箇	カ （コ）	（かず この）
箕	キ	み
箝	カン	くびかせ はめる
箍	コ	たが
箜	コウ ク	くだらごと
箠	ツイ スイ	むち
箚	サツ トウ	さす とどまる
箋	セン	かきもの
箒	ソウ シュウ	ほうき
箏	ソウ ショウ	こと
箔	ハク バク	のべがね
箙	フク ブク	えびら やなぐい
箆	ヘイ ハイ	かんざし へら
翠	スイ	やませみ かわせみ
翟	テキ ジャク	きじ
○鼻	ビ	はな
○誓	セイ	ちかう ちかい
榮	栄（九画）	
熒	ケイ ギョウ	ともしび ひかる
犖	ラク	まだらうし
綮	ケイ カイ	ほこのさや しるしばた
*肇	チョウ	はじめる
蜚	ヒ ビ	あぶらむし
翡	ヒ	かわせみ
裴	ハイ ベ	ながいころも
綦	キ ギ	あや もえぎ
○緊	キン	（ちぢむ きびしい，かたい）
○製	セイ	（たつ つくる）
○需	ジュ （ニュ）	（まつ もとめる）
○舞	ブ	まう
聚	シュウ ジュ	あつまる
○監	カン （ケン）	（みる）
盡	尽（六画）	
碧	ヘキ ヒャク	みどり あお
瞀	ボウ モウ	くらい
甃	シュウ シュ	いしだたみ しきがわら
嫠	リ	やもめ
○髪	ハツ （ホチ）	かみ
髹	キュウ ク	うるしぬる
髧	タン	たれがみ
髯	ゼン	ひげ ほほひげ
髣	ホウ	かすか ほのか
髦	ボウ モウ	たれがみ われがみ
熏	クン	かおる ふすぶる
*熊	ユウ	くま
○態	タイ （ダイ）	（ようす さま）
慇	イン	うれえる ねんごろ
愨	カク コク	つゝしむ
慂	ヨウ	ときすすめる

字	音	訓
愬	ソ	うったえる
槊	サク	ほこ
槃	ハン バン	たらい たのしむ
膂	リョ ロ	てあし,せぼね ちから
○墨墨	ボク	すみ
塹	ザン セン	ほり みぞ
塾	シュク ジュク	まなびや へや
墅	ショ ジョ	しもやしき
墊	テン ジョウ	くだる うるおう
奬	奨（十三画）	
島	トウ	しま
凴	ヒョウ ビョウ	よる もたれる

〔제 3 부〕

字	音	訓
團	団（六画）	
圖	図（七画）	
匱	キ	ひつ とぼしい
○聞	ブン	きく,きこえ（うわさ）
○関關	カン セキ	（とじる,もん あずかる,もうす）
○閣	カク	（たかどの,ものみ かけはし,ぜんだな）
○閥	バツ（ボチ）	（てがら いえがら）
閨	ケイ ケ	こもん へや,ねや
閤	コウ	くぐりど ごてん
閩	ビン ミン	
鳳	ホウ	ほうおう
*爾	ジ ニ	なんじ しかり
截	セツ ゼチ	きる たつ
戩	セン	つく ことごとく
臧	ソウ ゾウ	よし あつい
○適	テキ（チャク タク）	（ゆく,たまたま あう,かなう）
○遭	ソウ	（あう めぐる）
遡	ソ	さかのぼる むかう
遜	ソン	へりくだる,ゆずる,したがう
遞	逓（十画）	
遝	トウ	あつまる およぶ
遙	ヨウ	はるか
遛	リュウ ル	とどまる
趙	チョウ	おもむく すこし

【十五画】

〔제 1 부〕

字	音	訓
○億	オク	（はかる やすんじる）
○儀	ギ	（のり,のっとる たぐい）
僾	アイ	ほのか
價	価（八画）	
僵	キョウ	たおれる たおす
儆	ケイ	いましめ
儇	ケン	とし はやい
儉	倹（十画）	
儁	シュン	すぐれる
儋	タン	になう
儂	ドウ ノウ	われ かれ
僻	ヘキ ヒ	ひがむ,ひがみ かたよる
凜	リン	さむい
○噴	フン（ホン）	（はく）
○嘱囑	ショク	（たのむ）
嘻	キ	やわらぐ,たのしむ,ああ
噎	エツ イツ	むせぶ
噓	キョ コ	うそぶく
嘷	コウ	ほえる さけぶ
嘬	サイ セ	かむ
噆	サン	かむ ふくむ
嘴	シ	くちばし
噍	ショウ	かむ きびしい
嘯	ショウ	うそぶく
嘶	セイ サイ	いななく
噂	ソン	うわさ
噀	ソン	ふく
嘲	チョウ	あざける
嘸	ブ	さぞ
嘿	ボク モク	だまる

字	音	訓
嘹	リョウ	ほがらかな こえ
○墳	フン	（はか,ほとり つちまんじゅう）
增	増（十四画）	
墱	トウ	かけはし いしだん
墩	トン	もりつち どて,つか
墟	キョ コ	おか,しろあと いちば
嬉	キ	たわむれる,たのしい,うれしい
嬌	キョウ	しなやか たおやか
嬈	ジョウ ニョウ	あでやか
嬋	セン ゼン	うるわしい
嫵	ブ	こびる
嶒	ショウ ソウ	けわしい
嶝	トウ	さか
幟	シ	のぼり
幢	トウ ドウ	はた
幡	ハン ホン	のぼり ひるがえる
○徹	テツ	（とおる とる,おさめる）
○衝	ショウ	（つく）
徵	徴（十四画）	
德	徳（十四画）	
○憤	フン	いきどおる（いかる）
憒	カイ ケ	こころ,みだれる
憪	カン ケン	たのしむ
憬	ケイ	さとる あこがれる
憯	サン セン	いたむ
憧	ショウ トウ	あこがれる おろか
憔	ショウ	やつれる
憎	憎（十四画）	
憚	タン ダン	はばかる
憫	ビン ミン	うれえる あわれむ
憮	ブ ム	いつくしむ,ぼんやり おどろく
憐	レン リン	あわれむ
○撮	サツ	（つまむ とる）
○撤	テツ	（はなす ちらす）
○撲	ボク	うつ

字	音	訓
撟	キョウ	あげる,ためる つよい
撠	ケキ キャク	うつ,もつ
撒	サツ サン	まく,ちらす
撰	セン サン	えらぶ もつ
撙	ソン	くじく,へりくだる,とどめる
撐	トウ チョウ	ささえる,つっぱり,さおさす
撞	トウ	つく うつ
撓	ドウ	たわむ みだす
撚	デン ネン	ひねる かく
播	ハ	しく,まく うつる
撥	ハツ ヘツ	のぞく ひらく
撫	フ,ブ	なでる したがう
撇	ヘツ	うつ はらう
撩	リョウ	かすめ,かする すくう
撈	ロウ	とる
○潔	ケツ（ケチ）	いさぎよい
○潤	ジュン	うるおう（めぐみ,おだやか）
○澄	チョウ	すむ
○潮	チョウ	しお
○潜潛	セン	ひそむ（くぐる,ひそかに,もぐる）
潛	潜（同前）	
潰	カイ エ	ついえる つぶれる
澗	カン ケン	たに たにみず
澆	ギョウ キョウ	そそぐ うすい
潢	コウ オウ	みずたまり
潸	サン セン	なみだをながす
澌	シ セイ	つきる,ちる
澁	渋（十一画）	
潯	シン ジン	ふち,きし
潟	セキ シャク	ひがた かた
潺	セン サン	みずがながれる
潭	タン ドン	ふかい ふち
潴	ショ チョ	みずたまり
潑	ハツ	そそぐ
潘	ハン バン	しろみず うずまき

漢字	音	訓
濆	フン ホン	みずきわ
澎	ホウ ヒョウ	わく
潦	ロウ	にわたみず
滙	ワイ	めぐる
○隣	リン	となり
隤	タイ デ	くずれる くだる
獗	ケツ	わるづよい，たけだけしい
獠	リョウ ロウ	かり（狩）
彈	弾（十二画）	
暱	ジツ ニチ	なれる ちかづく
膠	コウ	にかわ
膝	シツ シチ	ひざ
膣	チツ	ちつ
○橫横	(オウ)	よこ (ほしいまま よこしま)
○標	ヒョウ	(すえ，しるし はた)
○權権	ケン ゴン	(おもり，はかり ごと，はかる)
槶	カイ	そこ，くぬぎ
槪	概（十三画）	
槨	カク	ひつぎ
槻	キ	つき
樛	キュウ	まがる くぬぎ
槿	キン コン	むくげ
槹	コウ	はねつるべ
槲	コク	かしわ
樟	ショウ	くすのき
樅	ショウ	もみ
樞	枢（八画）	
槭	シュク サク	もみじ
槽	ソウ	かいばおけ
樕	ソク	むらがりはえる
樗	チョ	ごんずい おおち
樋	トウ	ひ
模	ボ モ	かた ならう
樒	ビツ ミツ	しきみ
槱	ユウ	やく たく
樣	様（十四画）	
樓	楼（十三画）	
樫	日字	かし
殤	ショウ	わかじに
殣	キン	うえじに うずめる
熛	ヒョウ	あかい
熯	ゼン カン	つつしむ かわかす
熠	ユウ シュウ	かがやく
瑾	キン コン	うつくしい たま
璋	ショウ	とがったたま
璃	リ	
璉	レン	もりものだい
鴉	ア	からす
鴆	チン	どくをもったとり
鴇	ホウ	のがん
牖	ユウ ユ	まど
禡	バ メ	いくさまつり
皚	ガイ	しろい
皞	コウ	しろい あきらか
魄	ハク	たましい
瞎	カツ	かため めくら
瞋	シン	いかる まなじり
瞍	ソウ	めくら
瞑	ベイ・ベン メイ・メン	つぶる めくら
○確	カク	たしか
磈	カイ	おおくのいし
磑	ガイ	うす
磋	サ	みがく
磔	タク チャク	さく，さらす ひらく
磌	デン テン	いしうす
磅	ホウ	おちるいしのおと ポンド
○稿	コウ	(わら，やがら したがき)
○穗穂	スイ (ズイ)	ほ (さき)
稼	カ ケ	みのり うえる
稽	ケイ カイ	かんがえる とどまる
稷	ショク	きび
稺	チ	おさない
稻	稲（十四画）	
稹	シン テン	こまかい あつめる
褪	トン タイ	あせる ぬぐ
褫	チ	なぐ うばう
褥	ジョク	しとね
糊	コ	のり
糅	ジュウ	まじる
糂	サン ソン	こながき
糉	ソウ	ちまき
糎	日字	センチメートル
○線	セン	(すじ)
○編	ヘン	あむ
○締	テイ	しまる (しめる)
○緣縁	エン	ふち(へり)
○緩	カン	(ゆるやか)
○緯	イ	(よこ，よこいと)
縅	日字	おどす
緘	カン	とじる
緦	シ	もふく
緝	シュウ	つむぐ あつまる
緖	緒（十四画）	
緗	ソウ ショウ	あさぎいろ
緻	チ	こまか こまやか
緞	タン ダン	どんす
緲	ビョウ	かすか
緡	ビン コン	いと，さし つりいと
緥	ホウ	むつき
緬	ベン メン	ほそいいと はるか
練	練（十四画）	
羯	ケツ カツ	きょせいし たひつじ
羭	ユ	おひつじ うつくしい
*蝶	チョウ	ちょう
蝟	イ	はりねずみ
蝘	エン	なつぜみ やもり
蝦	カ	えび
蝸	カ	かたつむり
蝎	カツ	すくもむし
蝴	コ	こちょう
蝗	コウ	いなご
蝤	シュウ	きくいむし あぶらむし
蝡	ゼン	うごめく
蝠	フク	こうもり
蝮	フク	まむし
蝙	ヘン	こうもり かわほり
蝣	ユウ	かげろう
○輝	キ	かがやく
耦	グウ ゴウ	たぐい
頟	ガク	ひたい
頡	キツ・ケツ カツ	ぬすみとる
頫	フ チョウ	ふす，うつむく みる
○課	カ	(わりあて こころみる)
○談	ダン	(かたる はなし)
○調	チョウ	しらべる (みつぎ，しらべ)
○論	ロン	(はかる あげつらう)
○諸諸	ショ	(もろもろ これ)
○請	セイ，シン (ジョウ)	こう，うける
○誕	タン	(いつわる ほしいままにする)
○諾	ダク	(こたえる，うけがう ゆるす)
○謁謁	エツ	(なふだ，まみゆ あう)
諉	イ	かこつける わずらわしい
誼	ギ	よし，よしみ みち
諏	シュ ス	はかる とう
諄	シュン ジュン	ねんごろ さとす
諚	ジョウ	おおせ いいつけ
諗	シン	いさめる つげる
誶	スイ サイ	せめる とう
誰	スイ	たれ
談	タン ダン	かたる はなし

漢字	音	訓
諍	ソウ ショウ	いさめる,あらそう うったえる
諂	テン	へつらう
誹	ヒ	そしる
諒	リョウ	まこと
○賜	シ	たまわる (たまもの)
○賠	バイ	(つぐなう)
○賦	フ	(みつぎ,とりたて あたえる)
賤	セン	いやしい
賙	シュウ	めぐむ すくう
○踏	トウ	ふむ
踝	カ	くるぶし
踦	キ	ちんば
踞	キョ コ	—うずくまる
踡	ケン	かがむ
踐	践(十三画)	
踪	ソウ	あと
踔	トウ チョウ	ふむ はしる
踟	チ	たちもとおる
踧	テキ	やすやすゆく たいらか
踣	ホク ハイ	たおれる
躶	ラ	はだぬぎ
○輪	リン	わ
輜	シ	にぐるま
輟	テツ	とどめる
輧	ヘイ ヒョウ	くるま
輞	ボウ モウ	くるまの たが
輛	リョウ	
醋	サク ソ,ス	むくいる す
醇	シュン ジュン	こしざけ まじりけのない
醉	酔(十一画)	
醁	リョク ロク	あじのよい さけ
醂	リン ラン	ほしがき みりん
醃	エン アン	しおずけ
醅	ハイ バイ	もろみざけ
豌	ワン エン	まめ
○鋭	エイ	するどい (とがる,ほさき)
○鋳鑄	チュウ	いる
鋏	キョウ	つるぎ つか,はさみ
銹	シュウ	さび,はさみ
鋤	ジョ ショ	すき くわ
銷	ショウ	とける
鋌	テイ チョウ	かねのぼう
鋪	ホ フ	つらねる しく
鋒	ホウ	ほこ ほさき
鋩	ボウ モウ	ほこさき きっさき
鋲	日字	びょう
○舗	ホ	(みせ)
靚	セイ	あおぐろい
辤	辞(十三画)	
緜	ベン メン	わた つづく
○餓	ガ	(うえる)
餌	ジ	えさ,えじき, たべもの
餉	ショウ	かれいい
蝕	ショク	むしばむ
餂	テン	とりだす うまい
鞋	アイ カイ	くつ,わらじ
鞍	アン	くら
鞐	日字	こはぜ
翩	ヘン	とぶ,ひるがえる
○駐	チュウ	(とどまる)
*駒	ク	こま
駈	ク	かける
駛	シ	かける
駟	シ	くるま
駔	ソウ ソ	さかんなうま
駝	タ ダ	せむし
駘	タイ	にぶいうま
駙	フ	そえうま
皺	シュウ ス・スウ	しわ
骶	テイ タイ	しり
○魅	ミ (ビ)	(もののけ)
魃	ハツ バチ	ひでり
魴	ホウ	ごしきうを
魦	サ	さめ
歐	欧(八画)	
敺	ク	かる,うつ
毆	殴(八画)	
鴃	ケキ	もず
麩	フ	ふすま
麪	ベン メン	むぎこ
○歓歡	カン	(よろこぶ)
歎	タン	なげく
*毅	キ	つよい
穀	穀(十四画)	
毿	サン ソン	けがながい
翫	ガン	もてあそぶ
○戯戲	ギ	たわむれる
戮	リク ロク	ころす はずかしめる
○敵	テキ	(かたき)
○敷	フ	しく
數	数(十三画)	
鄭	テイ ジョウ	
鄲	タン	
鄰	リン	となり
○影	エイ	かげ
○劇	ゲキ	(はげしい)
劍	剣(十画)	
劉	リュウ	ころす
劊	カイ	きる

〔제 2 부〕

漢字	音	訓
槀	コウ	わら
褎	シュウ	そで
褒	ホウ	ほめる あつめる
厲	レイ	はげむ,やむ はげしい
鴈	ガン	かり
敻	ケイ	はるか
魯	ロ	おろか
○審	シン	(つまびらか くわしく)
○寮	リョウ	(まど つかさ)
○賓	ヒン	(まろうど,きゃく しりぞける)
寬	寛(十三画)	
寫	写(五画)	
鞌	アン	くら
○窮	キュウ	きわめる (きわみ,こまり)
○窯	ヨウ	(かま)
窳	ユ	ゆがむ おこたる
窰	ヨウ	かま
○履	リ	(ふむ,くつ)
層	層(十四画)	
屧	ショウ	くつ
○慶	ケイ	(よろこぶ)
○摩	マ	(する,こする)
廣	広(五画)	
廝	シ	しもべ
廚	チュウ	くりや
廛	テン	やしき
廢	廃(十二画)	
廟	ビョウ ミョウ	おたまや
廡	ブ ム	ひさし しげる
塵	ジン	ちり
麾	キ	さしまねく
賡	コウ	つぐ,つづける
罷	罷(十六画)	
蝨	シツ	しらみ
蔚	ウツ イ	おとこよもぎ しげる
蔭	イン オン	かげ おかげ
蔻	コウ ク	まめ
蔪	セン ゼン	かる
蓰	シ	ごばい
蓿	シュク	うまごやし

字	音	訓
蓴	シュン ジュン	じゅんさい
蔗	ショ シャ	さとうきび
蔌	ソク	あおな
蔟	ソク ソウ	まぶし
蔕	テイ タイ	へた もと
蔀	ブ	しとみ
蔔	ブク	だいこん すずしろ
蔑	ベツ	くらい, ないがしろにする
摹	ボ	うつす, のっとる
蓬	ホウ	よもぎ
蔓	バン マン	つる
蔆	リョウ	ひし
蓼	リョウ ロウ	たで
蓮	レン	はす はちす
賣	売（七画）	
○暴	ボウ バク	(にわか, あばれる, さらす)
齒	歯（十二画）	
○罷	ヒ	(やむ, まかる つかれる)
罸	罰（十四画）	
罵	バ	ののしる
罹	リ	うれえ, かかる
瘞	エイ	うずめる
瘥	ザ	なおる
瘡	ソウ	かさ
瘦	ソウ シュウ	やせる
瘢	ハン バン	あと
瘤	リュウ ル	こぶ
駕	ガ	のりもの, のせる, くるま
駑	ド	にぶいうま にぶい
磊	ライ	おおきい おおくのいし
○箱	(ショウ ソウ)	はこ
○範	ハン	(のり てほん)
篋	キョウ	はこ
箶	コ ゴ	やなぐい
篁	コウ オウ	たかむら

字	音	訓
篌	コウ グ	くだらごと
箴	シン	はり いましめ
節	節（十三画）	
箭	セン	や
箸	チョ ド	はし
篆	テン デン	
篇	ヘン	まき
○慮	リョ (ロ)	(おもんばかり)
○膚	フ	はだ
鞏	キョウ ク	つかねる かたい
餈	シ ジ	むしもち こめもち
○器	キ	うつわ
○憂	ユウ	うれい, うれえる(も)
靠	コウ コク	たがう, よる, もたれる
○賞	ショウ	(ほめる)
豎	シュ ジュ	たつ こども
○賢	ケン	かしこい
○賛	サン	(たすける)
輦	レン	てぐるま
○震	シン	ふるう
○霊靈	レイ	(みたま, まごころ いのち)
霄	ショウ	そら
霆	テイ ジョウ	かみなり いなびかり
霅	トウ コウ	ひかりかがやく かまびすしい
霈	ハイ	おおあめ
○輩	ハイ	(ならび ともがら)
瑩	エイ ヨウ	ひかり あきらか
慧	ケイ エ	さかしい かしこい
○質	シツ シチ	(もちまえ めあて)
賚	ライ	たもう たまもの
黎	レイ ライ	もちきびのり, もろもろ
犛	ボウ リ	からうし
翦	セン	たつ きる
蝥	ボウ ム	こめくいむし
髭	シ	ひげ

字	音	訓
髯	ゼン ネン	あごひげ
髮	髪（十四画）	
髴	フツ ホチ	さもにたり かみがみだれる
髱	ホウ ビョウ	つと たぼ
○盤	バン (ハン)	(さら たらい)
磐	バン ハン	いわ いわお
漿	ショウ ソウ	す のみもの
槳	ショウ ソウ	かい かじ
熬	ゴウ	いる
獒	ゴウ	たけだけしい おおいぬ
○暫	ザン (サン)	(しばらく しばし)
慙	サン ザン	はずかしい
槧	セン ゼン	ふだ
○慰	イ	なぐさめる
熨	イ ウツ	おさえる ひのし
慤	カク	つつしむ
憩	ケイ	いこう
慫	ショウ	ときすすめる
⿱辱心	ジク ジョク	わるい
慾	ヨク	
慼	セキ	うれえる
憃	トウ ショウ	おろか
○撃擊	ゲキ	うつ
摯	シ	すすむ きわまる
槩	概（十三画）	
樂	楽（十三画）	
○熱	ネツ	あつい (ほとぼり)
○熟	ジュク	(にる みのる)
○勲勳	クン	(いさお)
○黙默	モク	だまる
熢	ホウ	のろし
○幣	ヘイ	(ぬさ たから)
○弊	ヘイ	(やぶる つかる)
墮	タ ダ	おとす やぶる
○墜	ツイ	(おとす うしなう)

字	音	訓
墨	墨（十四画）	
○導	ドウ	みちびく
劈	ヘキ ヒャク	つんざく やぶる

〔제 3 부〕

字	音	訓
○閲	エツ	(かぞえる みる)
誾	ギン	おだやかにいう
閫	コン	しきみ
閭	リョ ロ	むらざとのもん むらざと
鬧	ドウ トウ	さわがしい
匳	レン	はこ
畿	キ	しきみ, さかい みやこ
○養	ヨウ	やしなう
○選	セン	えらぶ
○遺	イ ユイ	(すてる, わすれる のこす)
○遵	ジュン	(したがう)
○遷	セン	(うつる)
遨	ゴウ	あそぶ
遮	シャ	さえぎる
遬	ソク	ちぢむ すみやか
遲	遅（十二画）	
遯	トン	のがれる あざむく
遰	テイ ダイ	ゆく はるかにへだてる
○趣	シュ	おもむき (ゆく, おもむく)

【十六画】

〔제 1 부〕

字	音	訓
○儒	ジュ	
儕	セイ サイ	とも ともがら
儞	ジ	なんじ
儘	ジン	つくす まま
儔	チュウ	たぐい とも
僱	チョウ	たずな
儜	ドウ	なやむ, もてあます
儚	ボウ モウ	はかない
儐	ヒン	しりぞく

字	音	訓
∘凝	ギョウ	こる
噯	アイ	いき，おくび
噫	イ ヨク アイ	ああ，なげく おくび
噲	カイ	のど，こころよい
噱	キャク ガク	わらう
噤	キン ゴン	つぐむ
噬	セイ ゼイ	かむ およぶ
噪	ソウ	さわぐ
噸	トン	日字
噺	日字	はなし
∘壊壞	カイ (エ)	(やぶる くずれる)
∘壇	ダン	(にわ)
墺	オウ	おか きし
壅	ヨウ ユウ	ふさぐ つちかう
∘衛	エイ	(まもる まもり)
∘衡	コウ	(はかり，てすり よこ，くびき)
徼	キョウ	めぐる，あな， とりで
∘懐懷	カイ	(おもう)
∘憶	オク	(おもう)
∘憾	カン	(うらむ)
懌	エキ ヤク	よろこぶ
懊	オウ	なやむ
懈	カイ ケ	おこたる
憸	セン ケン	へつらう よこしま
憺	タン	やすらか
懍	リン ラン	おそれる いたむ
憹	ドウ ノウ	よろこぶ
∘操	ソウ	みさお (とる，あつかう)
∘擁	ヨウ	(いだく ふさぐ)
撼	カン	うごく うごかす
據	拠（八画）	
擒	キン	とりこ
擎	ケイ	ささげる あげる
擐	カン ゲン	つらぬく
撿	ケン	しらべる とらえる
擅	セン	ほしいまま
擇	択（七画）	
撻	タツ	むちうつ
擔	担（八画）	
擗	ヘキ ビャク	むねうつ
擂	ライ	する うつ
∘激	ゲキ	はげしい (はげます)
∘濁	ダク (ジョク)	にごる
∘濃	ノウ	こい
澳	イク オク	くま みぎわ
澮	カイ ケ	ちいさいな がれ
澣	カン	あらう
澨	ゼイ	きし みぎわ
澡	ソウ	あらう
澤	沢（七画）	
澹	タン ダン	あはい うすい
澱	テン デン	どろ よどむ
澼	ヘキ ヒャク	さらす
澪	レイ リョウ	みお
∘獲	カク	える
獪	カイ ケ	わるがしこい
獧	ケン	おどる きびしい
獨	独（九画）	
隨	随（十二画）	
隧	スイ ツイ	みち
險	険（十一画）	
隩	オウ オク	かくれる，くま へこんだところ
∘嬢孃	ジョウ	(むすめ，はは)
幔	マン	ひきまく
彊	キョウ ゴウ	つよい
曉	暁（十二画）	
暾	トン	あさひ
曄	ヨウ	かがやく
曈	トウ	ひがでる
∘橋	キョウ	はし
∘機	キ	はた
∘樹	ジュ	(き たつ)
樾	エツ オチ	こかげ なみき
樺	カ	かば
橄	カン	オリーブ
*橘	キツ ケチ	たちばな
橇	キョウ ゼイ	そり
橛	ケツ ガチ	くい，くつわ とじきみ
橫	横（十五画）	
樲	ジ	さねぶとなつめ
橡	ショウ	とち，つるばみ
樵	ショウ	まき きこり
樽	ソン	たる
橢	タ ダ	こばんがた
橙	トウ	だいたい
橦	トウ ショウ	ほばしら，はたざ お，きぎれ
橈	ドウ ニョウ	たわめる かじ
橅	ボ	のり，かたぶな
殪	エイ	しぬ たおれる
殫	タン	つくす ことごとく
∘燈	トウ	(ともしび)
∘燃	ネン	もえる
燗	ラン	かん ただれる
熿	コウ オウ	かがやく
熾	シ	さかん
燋	ショウ	こげる こがす
燒	焼（十二画）	
燀	セン タン	たく，かがやく
燂	セン	あたたかい ただれる
燔	ヘン ハン	やく，ひもろぎ あぶる
燁	ヨウ ユウ	かがやく
燐	リン	おにび
燎	リョウ	にわび，もえる やく
璣	キ	たま
璚	ケイ ケツ	たま
璜	コウ オウ	たま
璞	ハク ホク	あらたま
璘	リン	たまのひかり
∘膨	ボウ	(ふくれる)
膩	ジ ニ	あぶら
膳	ゼン	たべる，ぜん
縢	トウ	からげる むかばき
膰	ハン	ひもろぎ
膴	コク ブ，ム	ほじし，のり
膵	スイ	日字
豫	予（四画）	
瞠	トウ ドウ	みはる
瞞	バン マン	くらい だます
磧	セキ シャク	かわら すなはら
磥	磊（十五画）	
∘積	セキ	つむ，つもる (かけざん，たくわえ)
∘穏穩	オン	おだやか
穅	コウ	ぬか，かす
穉	チ	おさない
穆	ボク	きよい，つつしむ，や わらぐ，おくぶかい
鴨	オウ	おしどり かも
鴞	キョウ	ふくろう
鴣	コ	しゃこ
鴟	シ	ふくろう
鴒	レイ リョウ	せきれい
鴫	日字	しぎ
襁	キョウ	むつき
褶	チョウ シュウ	あわせ
褸	ル ロウ	おくみ，つづれ
∘糖	トウ	(あめ，さとう)
糗	キュウ	いりごめ
糕	コウ	こなもち
糒	ヒ，ビ ハ，バ	ほしいい
∘縫	ホウ	ぬう
∘縛	バク	しばる

漢字	音	訓
○縱縱	ジュウ	たて(ゆるす,ほしいまま,よし)
縊	イ	くびる,くびくくる
縑	ケン	かとり，ふたこ
縞	コウ	しろぎぬ しま
縗	サイ	もふく
縡	サイ	こと,いき(息)
縟	ジョク	かざり,いろどり,, しげい
縉	シン	はさむ うすあかいろ
縐	シュウ	ちぢみ
緻	チ	こまかい
縋	ツイ	すがる
艘	ソウ シュウ	ふね
艙	ソウ	ふなぐら
螘	ギ	あり
螈	ゲン	いもり
螓	シン	なつぜみ むぎわらぜみ
螗	トウ	なつぜみ
螟	ベイ ミョウ	ずいむし
螂	ロウ	かまきり
臻	シン	いたる
○謀	ボウ (ム)	(はかる はかりごと)
○諭	ユ	(さとす さとる)
諮	シ	(とう，はかる)
○謡謠	ヨウ	うたい (うたう,うわさ)
諳	アン	そらんじる
謂	イ	いう いわれ
諱	キ	いむ，きらう，いみな
謁	謁（十五画）	
諧	カイ ガイ	ととのう やわらぐ
諤	ガク	ただしくいう
諴	カン ガン	やわらぐ たわむる
諫	カン	いさめる
謔	ギャク	たわむる おどけ
諠	ケン カン	わすれる いつわる
諼	ケン カン	わすれる いつわる
諺	ゲン ガン	ことわざ
諢	コン	たわむれ おどけ,あだな
諡	シイ	おくりな
諸	諸（十五画）	
諶	シン ジン	まこと
諾	ダク	うなづく へんじ
諜	チョウ ショウ	かんちょう
諦	テイ タイ	つまびらか まこと,あきらめる
諵	ナン ダン	かまびすしい
諜	チョウ	うかがう，ふだ まわしもの
諷	フウ フ	そらよみする うたう,いさめる
諞	ヘン ベン	たくみにいう へつらう
諛	ユ	へつらう へつらい
賭	ト	かける
賵	ボウ	おくる
頳	テイ	あかい
赬	テイ	あかい
貓	ビョウ ミョウ	ねこ
蹂	ジュウ	ふむ
踵	ショウ シュ	かがと
蹀	チョウ	ふむ
蹄	テイ ダイ	ひずめ
踶	テイ	ふむ
蹁	ヘン ベン	ちどりあし
踰	ユ ヨウ	こえる ますます
○輸	ユ (シュ)	(おくる,いたす つくす)
輯	シュウ	あつめる やわらぐ
輳	ソウ ス	あつまる
輴	チュン	ひつぎぐるま, そり
輻	フク	くるまのや
輶	ユウ	かるいくるま
辦	ハン ベン	そなえる つとめる
辨	弁（五画）	
醐	コ ゴ	
醒	セイ ショウ	さめる
醍	ダイ テイ	すみざけ
豬	チョ	いのしし
躾	シン	しつけ
○頭	トウ ズ	あたま (かしら おさ はじめ)
○頼賴	ライ	たのむ (たより)
穎	エイ	ほさき
頤	イ	やしなう
頷	カン ガン	あご，うなずく
頰	キョウ	ほほ
頸	ケイ キョウ	くび
頹	タイ デ	おとがい おとす，はげ
頻	ヒン	すみやか しきりに
○録錄	ロク	(うつす,しるす, すべる，とる)
○鋼	コウ	(はがね)
○錯	サク	(やすり,まじる あやまる)
○錠	ジョウ	(たかつき)
○錘	スイ	つむ (おもり)
○錬鍊	レン	(ねる)
*錦	キン コン	にしき
錏	ワ・ア エ	しころ
鋺	エン オン	かなまり さら
錡	キ ギ	のみ,はものかけ
鋸	キョ コ	のこぎり
錮	コ	ふさぐ つなぐ
錙	シ	
錫	シャク セキ	すず，たもう
錆	セイ ショウ	さび
錐	スイ	きり,や,するどい
錢	銭（十四画）	
錚	ソウ ショウ	かね どら
錣	テツ	しころ
錑	ライ ルイ	もじり
錵	日字	にえ
靜	静（十四画）	
靛	テン デン	あいぞめ あい(藍)
翰	カン	やまどり とぶ,はね,ふみ
雕	チョウ	わし
○隷隸	レイ	(てした しもべ)
燄	エン	ほのお
○館	カン	やかた
餒	ダイ	うえ ただれる
餘	余（七画）	
餔	ホ フ	ゆうめし たべる
鞘	ショウ	むち，さや
靦	テン	まのあたり はじる
縣	県（九画）	
○親	シン	おや,したしい (みずから)
覩	ト	みる
覦	ユ	のぞむ うかがう
*龍	リュウ ロウ	たつ
駭	ガイ	おどろく
駮	ハク	まだら みだる
駱	ラク	かはらけうま
骸	カイ ガイ	むくろ
○融	ユウ (ユ)	(とける，とおる)
翮	カク	はね
鮓	サ シャ	すし
鮐	タイ イ	ふぐ としより
鮎	デン	あゆ
鮒	フ	ふな
鮑	ホウ	あわび
鮗	日字	このしろ
鮃	日字	ひらめ
鴕	タ ダ	だちょう
甌	オウ ウ	ほとぎ かめ
甎	セン	かわら しきがわら
瓢	ヒョウ	ひさご ふくべ
皻	サ シャ	しわ ひび
黔	ケン ゲン	くろい
默	黙（十五画）	

漢字	音	訓
蕭	ショウ	よもぎ
蕘	ジョウ	たきぎ きこり
蕈	シン ジン	きのこ
蕤	スイ	はな，かざり
蕊	ズイ	しべ
蔬	ソ	やさい あおもの
蕩	トウ ドウ	ひろい
蕃	バン	しげる ふえる
蕪	ブ ム	あれる あれち
蕡	フン ブン	おおきい かざる，つわもの
蔽	ヘイ ベイ	おおう
蕕	ユウ	わるいにおい
甍	ボウ	いらか
瞢	ボウ ム	くらい めくら
o奮	フン	ふるう
熹	キ	
嬴	エイ ヨウ	あまる
o曇	ドン	くもる
橤	ズイ	しべ
橐	タク	ふくろ
冀	キ	こいねがわ くは
瘴	ショウ	ねつびょう
瘰	ルイ ラ	るいれき ぐりぐり
瘳	リョウ チュウ	いえる
瘻	ロウ ル	せむし
鴛	エン オン	おしどり
鴦	ヨウ オウ	おしどり
器	器（十五画）	
盧	ロ リョ	ひいれ さけうりば
翯	コク カク	はねがうつくしい
o築	チク	きずく
o篤	トク	（あつい）
篝	コウ ク	ふせご かがり
篙	コウ	ふなざお
篩	シ	ふるい
篪	チ	ふえ
篚	ヒ	かたみ はこ
篥	リキ リツ	ふえ
篭	ロウ ル	かご
餐	サン	のむ，くうめし あいだぐい
霍	カク	にわか はやい
霓	ゲイ	にじ
霎	ソウ	こさめ
霑	テン	うるおす
霏	ヒ	ふる，ふらす たなびく
霖	リン	ながあめ
縈	エイ ヨウ	めぐる
螢	ケイ	ほたる
觱	ヒツ ヒチ	ひちりき
o覧覽	ラン	（みる）
髹	キュウ ク	うるしぬる
髷	キョク	まげ わげ
髻	ケイ	もとどり たぶさ
o繁	ハン （ボン）	（しげし しげる）
磬	ケイ キョウ	いしのがっき
禦	ギョ ゴ	ふせぐ
盥	カン	そそぐ，てあらう たらい
o憩	ケイ （カイ）	（いこふ やすむ）
憖	ギン キン	なまじいに
憝	タイ ダイ	うらむ
憊	ハイ ヘイ	つかれる
憑	ヒョウ	たのむ よる
o整	セイ	ととのえる
撆	ヘツ	わかる，うつ， はらう
曁	キ	とも，および， いたる
氅	ショウ	はね
勳	勲（十五画）	
o壁	ヘキ （ヒャク）	かべ （かき）
o墾	コン	（たがやす ひらく）
罹	リ	うれえ かかる
o獣獸	ジュウ	けもの
戰	戦（十三画）	
歔	キョ	すすりなく
氄	ジョウ ニュ	にこげ
劓	ビ ゲイ	はなきる
劑	剤（十画）	
劒	ケン	つるぎ
叡	エイ	あきらか さとい

〔제 2 부〕

漢字	音	訓
橜	ケツ	くい
歷	歴（十四画）	
曆	暦（十四画）	
壅	ヨウ	ふさぐ
o憲	ケン （コン）	（のり）
寰	カン	あめつち あめのした
窺	キ	うかがう
褰	ケン	はかまをかかげる
窻	ソウ	まど
寠	ロウ ク	まずしい やつれる
*磨	マ	みがく
廨	ゲ カイ	やくしょ
麈	シュ	おおじか ほつす
廩	リン	くら こめぐら
o薬藥	ヤク	くすり
o薄	ハク	うすい （せまる）
o薪	シン	（たきぎ）
o薫	クン	（かおりぐさ よいかおり）
o薦	セン	（すすめる しきもの）
燕	エン	つばめ
蕎	キョウ	そば
蕙	ケイ エ	かおりぐさ
蕨	ケツ	わらび
蕞	サイ	ちいさい
蕣	シュン	むくげ あさがお
蕉	ショウ	ばしょう
嬖	ヘイ	いつくしむ きにいり
學	学（八画）	
o興	コウ キョウ	（おこる，おきる たつ，おもしろみ）

〔제 3 부〕

漢字	音	訓
閼	アツ ヨ	とどむ ふさぐ
閹	エン	もんばん こもの
閻	エン	さとのもん みめよし
閽	コン	もんばん
閾	ヨク イキ	しきみ くぎり
閧	コウ	とき ときのこえ
圜	カン ケン	まるい まどか
龜	亀（十一画）	
o避	ヒ	さける
o還	カン （ゲン）	（かえる めぐる）
遶	ジョウ ニョウ	めぐる
遼	リョウ	とおい，は るか
遷	セン	のぼる すすむ

【十七画】

〔제 1 부〕

漢字	音	訓
o償	ショウ	つぐなう
o優	ユウ	やさしい （すぐれる，まさる）
儡	ライ	やぶる よわる
o嚇	カク	（おどかす おどす）
嚄	カク	よぶ，さけぶ
嚆	コウ	さけぶ，かぶら なる
嚔	テイ タイ	くさめ，くしゃみ
嚀	ネイ	ねんごろ
嚊	ヒ	いびき
壒	アイ カイ	ちり
壎	クン	つちぶえ
壕	ゴウ	ほり
嶸	コウ	けわしい
嶼	ショ	しま
懦	ダ ジュ	よわい おそれる

懥	チ	いかる
懤	チュウ トウ	うれえる
○擬	ギ	(なぞらえる はかる)
○擦	サツ	(する, こする なする)
擱	カク	とどめる おく
擭	カク	にぎる, とる, わな
擠	セイ サイ	おしおとす おちる
擡	タイ	もたげる
擢	タク	ぬく ぬきんでる
擣	トウ チュウ	つく あつまる
擯	ヒン	しりぞく
擫	ヨウ	おさえる
擥	ラン	とる
○濫	ラン	(みだる みだりに)
濩	カク ガク	したたる にる(煮)
濠	コウ ゴウ	ほり
濕	湿 (十二画)	
濡	ジュ ニュ	うるおす
澀	シウ	しぶる しぶ
濬	シュン	さらう, ふかい
濟	済 (十一画)	
濯	タク ジョク	あらう すすぐ
濤	トウ	おおなみ なみ
濘	ネイ	ぬかる どろ
濱	浜 (十画)	
濛	ボウ モウ	こさめ うすぼんやり
獮	セン	かり(狩)
獰	ドウ	わるい, あらあらしい
獱	ヒン	かわおそ
隱	隠 (十四画)	
隰	シツ シュウ	さわ, はりた みぎわ
隮	セイ	のぼる
嬪	ヒン	つま, こしもと
孺	ジュ	ちのみご わかもの
幬	チュウ トウ	とばり

彌	ビ ミ	わたる, あまねし, いよいよ
徽	キ	よし, はた
檐	エン タン	ひさし のき
檟	カ	ひさぎ
檜	カイ	ひのき
橿	キョウ	かしのき
檠	ケイ	ゆだめ ためぎ
檄	ゲキ	てがみ ふれぶみ
檢	検 (十二画)	
檎	ゴ	りんご
檣	ショウ	ほばしら
檀	タン ダン	まゆみ
檉	テイ	かわやなぎ ぎょりゅう
○燥	ソウ	(かわく)
燠	オウ	あたたか
燦	サン	あきらか きらびやか
燭	ショク	ともしび
燧	スキ	ひうち
○環	カン	(たまき, わ めぐる)
璨	サン	うつくしい たま
璫	トウ	みみだま
○謄	トウ	(うつす)
臆	オク ヨク	むね, おもい
膾	カイ	なます
臉	ケン	ほほ
膻	セン	なまぐさい
臊	ソウ	なまぐさい
膽	胆 (九画)	
臑	ドウ	あまる
膿	ドウ ノウ	うみ
臃	ヨウ	はれる
牆	ショウ	かき
○犧犠	ギ	(いけにえ)
禧	キ	さいわい
禪	セン ゼン	ゆずる しずか

皞	コウ	しろい あきらか
皤	ハ バ	しろい
○瞬	シュン	(またたく)
瞰	カン	みる うかがう
瞪	トウ	みはる
瞳	トウ ドウ	ひとみ
瞭	リョウ	あきらか
矯	キョウ	いつわる ためる, つよい
矰	ソウ	いぐるみ
○礁	ショウ	(かくれいわ)
*磯	キ ケ	いそ
磽	コウ	かたい
磴	トウ	さか, いしばし
磷	リン	いしのつや けわしい
穗	穂 (十五画)	
穜	トウ チョウ	おくて
襏	ツチ ハチ	あまぎ
褌	コン	ふんどし したおび
糠	コウ	ぬか もみぬか,
糝	サン シン	こながき こめつぶ
糟	ソウ	かす もろみ
糙	ソウ	くろごめ あらい
○績	セキ	(つむぐ, うむ いさおし)
○縮	シュク	ちぢむ ちぢみ
○纖纖	セン	(ほそい ちいさい)
繦	キョウ	むつき
縱	縦 (十六画)	
繅	ソウ	くる まゆからいとをとる
總	総 (十四画)	
繆	ビョウ ボク	まとう あやまり
縹	ヒョウ	はなだ
繃	ホウ	つかぬ まく
縵	バン マン	きぢ, くつろぐ
縷	ル	いと くわしい
縲	ルイ	つなぐ, なわ

縺	レン	もつれる
○聽聴	チョウ	(きく ゆるす)
聰	聡 (十四画)	
聯	レン	つらなる つらねる
蟋	シツ シチ	こおろぎ きりぎりす
蟀	シュツ シュチ	こおろぎ きりぎりす
螬	ソウ	すくもむし
螭	チ	みずち
螳	トウ ドウ	かまきり
蟆	バク マク	がま かえる
螺	ラ	にな
螻	ロウ ル	けら
○臨	リン	のぞむ
罅	カ ケ	ひび すきま
○講	コウ	(とく, ならう しらべる, はかる)
○謝	シャ	(ことわる わびる, さる)
○謙	ケン	(へりくだる)
○謹謹	キン	(つつしむ)
謊	コウ	うそ
謖	シュク ショク	たちあがる
謟	トウ	うたがう
謐	ヒツ	しずか やすらか
謗	ボウ ホウ	そしる
謎	メイ マイ	なぞ
謠	謡 (十六画)	
貔	ヒ	あらあらしい けもの
○購	コウ	(あがなう かう)
賺	タン レン	だまかす すかす
賻	フ ブ	おくりもの たから
蹊	ケイ	こみち
蹉	サ シ	つまずく
蹐	セキ シャク	ぬきあし さしあし
蹌	ショウ ソウ	うごく はしる
蹍	テン デン	ふむ
蹈	トウ	ふむ

漢字	音	訓
蹋	トウ	ふむ
○轄	カツ	（くさび,つかさ とりしまり）
轅	エン	ながえ
輾	テン デン	めぐる きしる
○醜	シュウ	みにくい
醞	ウン	かもす
醢	カイ	しおから ししびしお
嬲	ジョウ ドウ	なぶる たわむれる
○鍛	タン	きたえる
鍜	カ	しころ
鍋	カ	かりも なべ
鍔	ガク	つば やいば
鍵	ケン	かぎ
鍬	シュウ	くわ すき
鍼	シン	はり
鍤	ソウ	すき
鍮	チュウ	しんちゅう
鍍	ト	めっき
錨	ビョウ	いかり
鍑	フク	おおがま
鍚	セキ シャク	すず
鍊	錬（十六画）	
韓	カン	
顆	カ	つぶ ちいさいあたま
餡	アン	
餧	イ ダイ	くいもの,すえる うえる,あざる
餞	セン	おくる はなむけ
餛	コン ゴン	むしもち
餤	タン	すすむ くらわす
餠	ヘイ ヒョウ	もち
鞠	キク キュウ	まり
鞳	トウ	かわぐつ
韔	チョウ	ゆみぶくろ
隸	隷（十六画）	
雖	スイ	いえども ども
颶	ク グ	つむじかぜ はやて
馘	カク	みみきる くびきる
駿	シュン	すぐれたうま とし
駸	シン	はしるさま
騂	セイ ショウ	こうじあかげ あかいいろのうま
騁	テイ	はしる,ほしいまま
駵	リュウ	くりげ
骾	コウ	ほねがのどにたつ
覬	キ	うかがう こいねがう
覯	コウ ク	であう あう
豁	カツ カチ	ひらく ひろい
谿	ケイ	たにがわ たに
繇	ヨウ チュウ	えだち,うた, うらないことば
○鮮	セン	（あざやか）
鮟	アン	なまず
鮭	ケイ	さけ
鮫	コウ	さめ ふか
鮨	シ	ししびしお すし
鮪	イ ユウ	しび まぐろ
黏	デン ネン	つく ねばる
艱	カン	なやまし,なやむ あやうい,くるしむ
黜	チュツ	しりぞける
點	点（九画）	
黝	ユウ	あおぐろい くろい
甑	ソウ	こしき
甒	ブ	かめ
黻	フツ	ぬい,あや ひざかけ
黏	デン ネン	つく ねばる
○齡齢	レイ	（とし）
斂	レン	おさめる
斁	エキ	やぶる
戲	戯（十五画）	
斲	タク	きる けずる
氈	セン	もうせん けむしろ
觳	コク カク	うすい,つく あとあし,くらべる
轂	コク	こしき くるま
虧	キ	かける
鼾	カン	いびき ねいき
勵	励（七画）	
齔	シン	みそっぱ

〔제 2 부〕

漢字	音	訓
襄	ジョウ ショウ	のぼる あがる
褻	セツ セチ	ふだんぎ けがる
襃	ホウ	ほめる
齋	斎（十一画）	
壓	圧（五画）	
龠	ヤク	ふえ
嶽	岳（八画）	
嶷	ギ ギョク	やまがたかい さとい
嶺	レイ リョウ	みね
謇	ケン	どもる
蹇	ケン	あしなえ なやむ
賽	サイ	まつる れいまいり
窿	リュウ	ゆみなり
應	応（七画）	
廛	テン	みせ やしき
縻	ビ ミ	なづな はなづら
糜	ビ ミ	かゆ ただる
麋	ビ ミ	なれしか
膺	ヨウ オウ	むね うく,あたる
○療	リョウ	（いやす）
○厳嚴	ゲン ゴン	
薤	カイ	にら らっきょう
薑	キョウ	しょうが はじかみ
薊	ケイ カイ	あざみ
薨	コウ	おわる,しぬ
薔	ショク	みずたで ばら
薛	セツ セチ	くさよもぎ
薙	テイ タイ	かる
蟇	バ マ	がま
薇	ビ ミ	ぜんまい
薜	ヘイ	まさきのかずら
蕷	ヨ	やまのいも
蕾	ライ	つぼみ
蕗	ロ	ふき
薐	リョウ	ほうれんそう
○爵	シャク （サク）	（さかずき くらい）
罾	ソウ	やつであみ あみする
螽	シュウ シュ	いなご
黛	タイ ダイ	まゆ まゆずみ
篲	セイ スイ	ほうき
簀	サク シャク	す すのこ
篡	サン	うばう
篠	ショウ	ささ しのだけ
簎	セキ シャク	やす
癎	カン	かん きょうふう
癈	ハイ	なおらぬやまいのひと
癃	リュウ	つかれる やむ
癆	ロウ	ろうしょう いたむ
癌		がん
簇	ゾク ソウ	むらがる
篳	ヒツ ヒチ	まがき しば,いばら
篷	ホウ ブ	とま
糞	フン	くそ
○翼	ヨク	つばさ
○霜	ソウ	しも
霙	エイ	みぞれ あられ
霞	カ ゲ	かすみ
營	営（十二画）	
幫	ホウ	そう,つく たすける
鍪	ボウ ム	かま かぶと
髽	サ ザ	くくりがみ
罄	ケイ	むなしい
聲	声（七画）	
螯	ゴウ	はさみ

字	音	訓
聱	ゴウ	いうことをきかぬ, かたくな
蟄	チツ シュウ	かくれる
縶	チュウ	つなぐ
繁	ハン	しげる
聳	ショウ	そびえる そばたつ
翳	エイ アイ	きぬがさ
螿	ショウ	つくつくぼうし
螫	セキ シャク	さす
盪	トウ	あらう ほしいまま
瞥	ベツ	ちらとみる
擎	ケイ	ささぐ
檠	ケイ	ためぎ ともしびだい
擘	ハク	さく, ひらく わかつ
檗	ハク ヒャク	きはだ
擊	撃（十五画）	
○懇	コン	(ねんごろ まこと)
懃	キン ゴン	ねんごろ
懋	ボウ ム	つとめる
臀	デン	しり いしき
臂	ヒ	ひじ
擧	挙（十画）	
壑	ガク	たに みぞ
嬰	エイ ヨウ	みどりご
燮	ショウ	やわらぐ
輿	ヨ	くるま

〔제3부〕

字	音	訓
闇	アン オン	くらい やみ
闈	イ	わきもん
闊	カツ	ひろい
闃	ゲキ ケキ	しずか ひっそり
闋	ケツ ケチ	おわる
闌	ラン	さえぎる, みだりに たけなわ
邂	カイ	ふとあう
遽	キョ	すみやか あわただしい
邅	テン	たちもとおる めぐる
邁	バイ マイ	ゆく, すぐ すぐれる
邀	ヨウ	むかう もとめる
趨	スウ ジュ	はしる おもむく

【十八画】

〔제1부〕

字	音	訓
儲	チョ	たくわえ もうけ
儵	ユウ チョウ	はえ はや
擴	拡（八画）	
擷	ケツ ケチ	つむ はさむ
擾	ジョウ	みだす, ならす したがう
攄	チョ	のべる しく
擿	テキ チャク	なげうつ あばく
擲	テキ チャク	なげうつ なげる
擺	ハイ	ひらく
擽	レキ	うつ くすぐる
瀉	シャ	そそぐ
濺	セン	そそぐ
瀆	トク ドク	みぞ けがす
瀑	ホウ バク	にわかあめ たき, あらし
瀌	ヒョウ	ゆきふる
瀁	ヨウ	ただよう
瀏	リュウ ルュ	きよい
濾	リョ ロ	こす
獷	コウ	あらい わるい
獶	ドウ	たわむれる さる
獵	猟（十一画）	
嚙	ゴウ	かむ
壙	コウ	はかあな
幮	チュウ	とばり
彍	カク	ゆみひく ゆみはる
憾	カン	うらむ
○曜	ヨウ	(ひかり かがやく)
曛	クン	くれる くれ
曙	ショ	あけぼの あける
曚	ボウ モウ	くらい
○臟臓	ゾウ	(はらわた)
臍	セイ	ほぞ へそ
臑	ドウ ジュ	ひじ, かいな にる, ただれる
臏	ヒン	ひざのほね
朦	ボウ モウ	おぼろ
燻	クン	ふすべる
燼	ジン	もえのこり もえさし
燿	ヨウ	かがやく
旛	ハン バン	はた
殯	ヒン	かりもがり
璿	セン	うつくしい たま
檻	カン	てすり おり
櫃	キ	ひつ はこ
檮	トウ チュウ	きりかぶ おろか
櫂	トウ タク	かい かじ
檳	ビン ヒン	びんろう
禮	礼（五画）	
○礎	ソ	いしずえ
礒	ギ	いそ
礑	トウ	はたと
○穫	カク	(かる)
穠	ジョウ	さかん
穡	ショク	とりいれ
穢	ワイ アイ	けがれる よごれる
瞻	セン	みあげる
*穣	ジョウ	みのる
襖	オウ	うわぎ ふすま
襟	キン コン	えり むね
襛	ジョウ	あついころも うつくしい
襡	ショク	ながじゅばん
襚	スイ	しにんにおくる きもの
襜	セン タン	ひざかけ まえかけ
襢	タン テン	はだぬぐ あらわす
襠	トウ	うちかけ まち
○織	ショク シキ	おる (はたいと, おりもの)
○繕	ゼン	つくろう (そなえる)
繡	シュウ ショウ	ぬい ぬいとり
繞	ジョウ ニョウ	めぐる まとう
繒	ソウ	きぬ
繙	ハン ホン	ひもとく ひろげる
繚	リョウ ジョウ	まとう めぐる
○職	ショク (シキ)	(つかさ, つかさどる つとめ, はたらき)
聵	ガイ ゲ	つんぼ
蟪	ケイ エ	なつぜみ むぎわらぜみ
蟬	セン ゼン	せみ
蟠	ハン	わらじむし わだかまる
蟒	ボウ モウ	うわばみ おろち
○糧	リョウ	(かて, ほしいい あてがい)
艟	トウ ドウ	いくさぶね
謳	オウ ク	うたう
謸	ゴウ	おごる, いつわる さわがし
謹	謹（十七画）	
謼	コ	よぶ さけぶ
譾	セン	あさい あさはか
謫	タク	せめる, とがめる つみ
謬	ビュウ	あやまる あやまり
謨	ボ	はかる はかりごと
謾	バン マン	あざむく あなどる
蹝	シ	ふむ
蹤	ショウ	あと
蹟	セキ	あと
蹠	セキ	ふむ あしうら
蹢	テキ	とどめる たたずむ
蹕	ヒツ	さきばらい
蹣	ハン マン	よろめく
轉	転（十一画）	
轆	ロク	くるまのはやく はしるおと
醨	リ	うすざけ
醪	ロウ	にごりざけ

漢字	音	訓
○贈贈	ゾウ	おくる (おくりもの)
鵙	ケキ ゲキ	もず
鵝	ガ	がちょう
鵑	ケン	ほととぎす
鵠	コタ	はくちょう
鵜	テイ	がらんちょう う
豵	ソウ ショウ	いのこ
貘	バク	ゆめくうけもの
軀	ク	からだ
○鎖	サ	くさり (かけがね, とざす)
○鎮鎭	チン	(しずむ, おさえ とどめ, とこしえに)
鎧	ガイ	よろい
鎬	コウ	なべ しのぎ
鎗	ソウ	やり
鎡	シ ジ	くわ
鎭	鎮（十八画）	
鎔	ヨウ ユ	いがた とける, とかす
*鎌	レン	かま
鎹	日字	かすがい
巍	ギ	たかい
鞫	キク	きわまる といつめる
鞬	ケン	やぶくろ
鞦	シュウ	しりがい ぶらんこ
鞣	ジュウ	なめしがわ なめす
鞭	ヘン ベン	むち むちうつ
颺	ヨウ	あがる
餬	コ	かゆ
餳	トウ ドウ	あめ
○額	ガク	ひたい (ぬかずく)
○顔	ガン	かお (かんばせ)
○題	ダイ	(ひたい, しるし かしら, しるす)
○類類	ルイ	(たぐい, にる なかま, わかち)
○顕顯	ケン	(あきらか, あらわれ る, あらわに)
顎	ガク	あご
顋	サイ	あご
馥	フク	かおり こうばしい
○験驗	ケン	(ためし, しるし ききめ, しらべる)
○騎	キ	(のる うまのり)
○騒騷	ソウ	さわぐ
騏	キ	あおぐろのうま すぐれたうま
騅	スイ	あしげ
騈	ヘン	ならぶ
騑	ヒ	そえうま
髀	ヒ ヘイ	もも
骿	ヘン ベン	いちまい あばら
魍	モウ	すだま
魎	リョウ	すだま
○難難	ナン (ダン)	かたい (くるしむ, むずかしい)
雞	ケイ カイ	にわとり
雜	雑（十四画）	
雛	ス スウ	ひな
雝	ヨウ ユ	やわらぐ ふさぐ
歸	帰（十画）	
鯇	カン	あめのうお
鯀	コン	おおきいうお
鮹	ソウ ショウ	たこ
*鯉	リ	こい
鯒	日字	こち
○観觀	カン	(みる, あらわす しめす)
覲	キン	まみゆ めどおりする
覰	ショ ソ	うかがう
黠	カツ ゲチ	さとい わるがしこい
○翻飜	ホン (ハン)	ひるがえる (とぶ, やくする)
翹	ギョウ	はねあがる
翺	ゴウ	とびまわる さまよう
鼪	セイ ショウ	いたち むささび
鼫	セキ	おかつぎ
鼬	ユウ ユ	いたち
斷	断（十一画）	
歟	ヨ	か, よ(反語詞)
鄽	テン	みせ
齕	コツ ケチ	かむ かじる

〔제 2 부〕

漢字	音	訓
甕	オウ ウ	かめ つるべ
擪	ヨウ	おさえる
彝	イ	そなえもの たる, のり
竅	キョウ	あな
竄	ザン	のがれる
燾	トウ	おおう てらす
○繭	ケン	まゆ
○藩	ハン	(まがき さかい)
*藤	トウ	ふじ
舊	旧（五画）	
薰	薫（十六画）	
藁	コウ	わら
薩	サツ	
藷	ショ	いも
藎	シン ジン	かりやす すすむ, あつい
薺	セイ	なずな
藉	セキ シャ	しく, かりる, ゆるす もし, かす, よる
藏	蔵（十四画）	
薹	タイ ダイ	はますげ とう
薶	バイ マイ	うずむ
藐	ビョウ バク	かろんじる, とお い, ちいさい
藍	ラン	あい
麌	グ ゴ	おじか
*麿	日字	まろ
叢	ソウ ス	むらがる くさむら
爵	爵（十七画）	
○癖	ヘキ	くせ
癙	ソ	やむ ペスト
癜	テン デン	なまず
癒	ユ	いえる
癘	レイ ライ	かったい えやみ
疊	畳（十二画）	
羂	ケン	わな
○簡	カン (ケン)	(たけふだ, おおまか えらぶ, てがみ)
簣	キ	あじか もっこ
簧	コウ オウ	ふえのした
簪	シン サン	かんざし
簫	ショウ	ふえ
簞	タン	はこ わりご
簟	テン	たかむしろ
簠	ホ フ	もりものいれ
○覆覆	フク (フ)	(くつがえす おおう)
嚚	ギン ゴン	おろか
聶	ジョウ	ささやく
蟲	虫（六画）	
鯊	サ シャ	はぜ ふか
鵞	ガ	がちょう
霤	リュウ ル	あまだれ
餮	テツ	むさぼる
鬆	ソウ	みだれがみ ゆるむ
瞿	ク	にらむ
謷	謸（十八画）	
贅	ゼイ セイ	しちいれ, むだ いぼ, こぶ
謦	ケイ	しわぶき せき
贄	シ	にえ
蹔	サン ザン	しばらく
蹙	シュク セキ	せまる, しじむ ちぢまる
醫	医（七画）	
醬	ショウ ソウ	ひしお みそ, しょうゆ
豐	豊（十三画）	
斃	ヘイ	たおれる
璧	ヘキ ヒャク	たま
甓	ヘキ ビャク	かわら しきがわら
瞽	コ	めしい めくら
鼕	トウ	つづみのこえ
盬	コ ク	しお もろい

○懲懲	チョウ	こらす (こらしめ)
懟	ツイ タイ	うらむ
懣	マン モン	もだえる
擥	ラン	つまむ とる
燹	セン	のろし，いくさで おこるかじ
雙	双（四画）	

〔제 3 부〕

○闘鬪	トウ	(たたかう)
闕	ケツ	もん，かく むなしい・
闑	ゲツ	しきみ
闔	コウ	とびら．とじる すべて
闖	チン	うかがう ふいにいりこむ
闐	テン デン	さかんな みちる
闍	トウ	やぐらやね
鬩	ゲキ キャク	せめぐ あらそう
戴	タイ	いただく
邇	ジ ニ	ちかい
邃	スイ	おくふかい
邈	バク マク	とおい はるか

【十九画】

〔제 1 부〕

儳	ザン	みだれる まじる，はやい
儵	シュク	たちまち にわかに
嚥	エン	のど のむ
嚬	ヒン	しかめる
壞	壊（十六画）	
壜	ビン	さけがめ
壚	ロ	くろつち さかば，いろり
壠	リョウ ロウ	うね つか
懷	懐（十六画）	
懵	ボウ	くらい，もだえる おろか
懶	ライ	きらう にくむ
懶	ラン	おこたる，なまける ものうい
攏	ロウ	とる，かすめる うつ

○瀬瀨	(ライ)	せ(はやせ)
瀛	エイ	うみ
瀚	カン	ひろい
瀟	ショウ	ふかい きよい
瀞	セイ ジョウ	しずか，きよい とろ
瀦	チョ	みずたまり
瀕	ヒン	ほとり せまる，ちかずく
瀨	瀬（十九画）	
瀝	レキ	したたる しずく
瀧	ロウ	たき はやせ
獺	タツ タチ	かわうそ
隴	リョウ ロウ	うね おか
檻	カン	てすり，おばしま れんじ，かこい
櫛	シツ	くし，くしけずる ならぶ
櫝	トク	はこ ひつぎ
櫚	リョ	しゅろ
櫟	レキ	しぬぎ
櫓	ロ	たて やぐら
櫳	ロウ	いぼた
○爆	バク	(やく さける)
爍	シャク	ひかる とける
曠	コウ	からにする むなしい
曝	バク ボク	さらす
旝	カイ	はた
牘	トク ドク	ふだ
犢	トク	こうし
瓊	ケイ	たま，に
臘	ロウ リョウ	としのくれ くれのまつり
禰	デイ ナイ	みたまや
禱	トウ	いのる まつる
穧	セイかり	とったいね
穤	ダ	もちごめ
穩	穏（十六画）	
疇	チュウ	どて うね
矉	ヒン	ひそめる しかめる

矇	ボウ モウ	めくら くらい
礙	ガイ ゲ	さまたげる
襦	ジュ	はだぎ
襣	ビ	ふんどし
襤	ラン	ぼろ ふちなしころも
○繰	(ソウ)	くる (からくり)
繹	エキ ヤク	たずねる つらなる
繪	絵（十二画）	
繳	シャク	いぐるみ
繩	ジョウ	なわ ただす
艤	ギ	ふなよそおい
艣	ロ	ふねのろ
蟹	カイ	かに
蠍	ケツ カツ	さそり
蟻	ギ	あり
蟾	セン	ひきがえる
蟺	セン	みみず
蠅	ヨウ	はえ
羶	セン	なまぐさい くさい
疆	キョウ	さかい かぎり
○識	シキ	(しる，しるす みわける)
○譜	フ	(かきもの けいず)
譁	カ ケ	かまびすしい やかましい
譏	キ	そしる
譎	キツ ケツ	いつわる たくらみ
證	証（十二画）	
譙	ショウ スイ	せめる，しかる ものみ
譖	シン	そしる そしり
譔	セン サン	のべる，つくる あつめる
譚	タン ダン	はなし
譊	ドウ	さけぶ ののしる
蹻	キョウ	あげる わらぐつ
蹶	ケツ	つまずく，たおす はしる，とびたつ
蹴	シュウ シュク	ふむ ける
蹭	ソウ ショウ	ふみまよう

蹲	ソン	うずくまる
蹬	トウ	ふみまよう
蹯	ハン	あしのうら
蹼	ボク	みずかき
轎	キョウ	小さいくるま やまかご
轍	テツ	わだち あと
轓	ヘン ハン	くるまのおおい
轔	リン	とどろく
醯	ケイ カイ	す
醮	ショウ	まつる いのる
醱	ハツ	かもす
贈	贈（十八画）	
瓣	弁（五画）	
○鏡	キョウ (ケイ)	かがみ
鏗	コウ	かねのおと
鏇	セン	かなだらい
鏃	ゾク	やじり
鏑	テキ	かぶらや
鏜	トウ	たいこのおと
鏝	バン マン	こて
鏞	ヨウ	おおつりがね
鏈	レン	あらがね くさり
鏤	ロウ ル	ちりばめる
○鶏鷄	ケイ	にわとり
鵷	エン	ほうおう
鵠	コウ ク	ぬえ
鵾	コン	とうまる
鶉	シュン ジュン	うずら
鵰	チョウ	わし くまだか
鶇	トウ	つぐみ
鵯	ヒツ	ひよどり
鵩	フク	みみずく
鵬	ホウ	ほうおう
鵡	ブ ム	おうむ
鵺	ヤ	おにつぐみ ぬえ

韛　フク ヒ　うつぼ
韜　トウ　ゆみぶくろ
韛　ハイ　ふいごう
○韻　イン　(ひびき おもむき)
饂　日字　うどん
饋　キ　おくる
餽　キ　おくる
餻　コウ　こなもち
饁　ヨウ　かれいい おくる
騙　ヘン　とびのる かたる
颻　ヨウ　かぜにうごく
○願　ガン　ねがう (ねがい)
顙　ソウ　ひたい
顚　テン　くつがえる たおれる
類　類（十八画）
○髓髄　ズイ　(のうみそ)
○鯨　ゲイ　くじら (おくじら)
鯣　エキ ヤク　するめ
鯢　ゲイ　さんしょううお めくじら
鯤　コン　はららご
鯔　シ　ぼら
鯖　セイ ショウ　さば よせなべ
*鯛　チョウ　たい
鯡　ヒ　にしん うおのこ
鯥　リク　むつ
鯱　日字　しゃち
鯰　日字　なまず
麒　キ　きりん
難　難（十八画）
○離　リ　はなれる (わける，さる)
麴　キク　こうじ さけ
辭　辞（十三画）
黼　フ ホ　ぬい あや
*艷　エン　つやつやしい つや
獸　獣（十六画）
歠　セツ　すする

〔제 2 부〕

贋　ガン カン　にせもの
蹶　ケツ　つまずく たおれる
靡　ヒ ビ　なびく
龐　ホウ　たかどの
廬　ロ　いおり はたごや
鏖　オウ　みなごろし
麕　キン クン　あつまる，のろ，くじか
麑　ゲイ　ライオン，しし かのこ
寵　チョウ　いつくしむ めでる，めぐみ
竆　窮（十五画）
蠃　ラ　にな かたつむり
羸　ルイ　よわい つかれる
藕　グウ　はすのね
藝　芸（七画）
藪　ソウ ス　やぶ
蠆　タイ　さそり
藥　薬（十六画）
藟　ルイ　かずら つたかずら
藜　レイ ライ　あかざ
*蘭　ラン　らん ふじばかま
罷　ハイ　まかる やむ
冪　ベキ　まく
羅　ラ　あみ つらなる
○簿　ボ (ハク)　(えびら，すだれ ちょうめん)
簷　エン タン　のき ひさし
簳　カン　しのだけ
簽　セン　かご，ふだ
簸　ハ　ひる，あおる
簾　レン　みす すだれ
羹　コウ　あつもの
鼗　トウ　ふりつづみ
覈　カク　しらべる，たしかめる かんがえる
覇　ハ　はたがしら
鯗　ショウ ソウ　ひうお ほしうお
櫜　コウ　ゆみぶくろ
○霧　ム (ブ)　きり
霪　イン　ながあめ
麓　ロク　ふもと
○麗　レイ (リ)　うるわしい (つい)
騖　ブ　かけまわる
○警　ケイ (キョウ)　(いましめる)
瞥　ベツ ヘツ　ちらとみる
贊　賛（十五画）
毉醫　医（六画）
嚮　キョウ コウ　さきに むかう
繫　ケイ　つなぐ
臀　デン　しり いしき
蟹　カイ　かに
襞　ヘキ ヒャク　ひだ しわ
○璽　ジ　(しるし おしで)
甖　オウ　かめ
懲　懲（十八画）
攀　ハン　よじる ひく，とる
孼　ゲツ　わざわい めかけのこ
壟　ロウ　つか うね

〔제 3 부〕

闚　キ　うかがう
關　関（十四画）
邊　辺（五画）

【二十画】

〔제 1 부〕

孃　嬢（十六画）
孅　セン　たおやか かよわい
孀　ソウ ショウ　やもめ
攘　ジョウ　しりぞける，はらう ぬすむ
攔　ラン　さえぎる
瀰　ビ　はるか ひろい
瀹　ヤク　にる，ゆでる あらう
瀾　ラン　なみ なみだつ
嚶　オウ ヨウ　とりのなくこえ
壤　ジョウ　つち くにゆたか
巉　サン ザン　けわしい
懺　サン ザン　くいあらためる
獼　ビ　おおざる
○欄欄　ラン　(てすり おばしま)
櫬　シン　ひつぎ
櫪　レキ リャク　うまや くぬぎ
櫨　ロ ル　はぜ
曦　キ ギ　ひかり
曨　ロウ　うすぐらい
○騰　トウ　(おどる のぼる，あがる)
臙　エン　べに
臛　カク　あつもの
臚　リョ ロ　かわ，はだ つらねる
朧　ロウ　おぼろ
瓏　ロウ　うつくしい
旟　ヨ　はた
爐　炉（八画）
犧　犠（十七画）
礦　コウ　あらがね
礧　ライ　おおいし
礪　レイ　と，とぐ みがく
礫　レキ リャク　こいし
皫　ヒョウ　いろあせる
襭　ケツ ケチ　つまばさむ
襪　バツ　たび
繼　継（十三画）
繾　ケン　ねんごろ まつわる
繻　シュ　うすぎぬ，ろ
繽　ヒン　おおい，さかんに みだれとぶ
蠑　エイ　いもり
蠖　カク　しゃくとりむし

字	音	訓
蠐	セイ サイ	すくもむし
蠕	ゼン	うごめく
○艦	カン	(いくさぶね)
艨	ボウ モウ	いくさぶね
耀	ヨウ	かがやく
○議	ギ	(はかる, えらぶ あげつらう)
○護	ゴ	(まもる)
○譲讓	ジョウ	ゆずる (せむ, なじる)
譫	セン	たわごと うわごと
譟	ソウ	さわぐ さわがし
譜	譜(十九画)	
譯	訳(十一画)	
躁	ソウ	さわぐ
躇	チョ	ためらう
躅	チョク タク	あしぶみ あしずり, あと
躃	ヘキ ヒャク	いざり
轗	カン	くるまがうごかない ふしあわせ
○醸釀	ジョウ	(かもす)
醵	キャク キョ	かねをだす
醲	ジョウ ノウ	こいさけ
醴	レイ	あまざけ
辮	ベン	あむ くむ
觸	触(十三画)	
贍	セン	おおい(多) たる
釋	釈(十一画)	
○鐘	ショウ	かね
鐚	ア ワ	しころ びた
鐍	ケツ	びじょう
鐏	ソン	いしづき
鐔	シン ジン	かたなのつば
鐓	タイ トン	いしづき
鐙	トウ	あぶみ
鐃	ドウ	どら
饉	キン	うえ
饅	バン マン	まんじゅう
鼞	トウ	かねのおと

字	音	訓
疈	ヘキ ヒョク	さく つんざく
鶚	ガク	みさご
鵰	鵰(十八画)	
騶	シュウ ソウ, スウ	うまが はしる
騷	騒(十八画)	
騮	リュウ	くりげ
髆	ハク	かたのほね
○競	キョウ ケイ	きそう
鰐	ガク	わに
鰓	サイ	えら
鰍	シュウ	どじょう かじか
鰌	シュウ	うなぎ どじょう
鰆	シュン	さわら
鰒	フク	あわび
鰊	レン	にしん
鰙	日字	はえ はや
鰚	日字	はらか
飄	ヒョウ	つむじかぜ ひるがえる
鹹	カン	しおけ
麵	ベン メン	むぎこ
黥	ゲイ	いれずみ
鼯	ゴ	むささび
齣	シャク	きり だん
齟	ショ ソ	かむ
齠	チョウ	みそっぱ
齡	齢(十七画)	
斆	コウ	おしえる
獻	献(十三画)	
勸	勧(十三画)	

〔제 2 부〕

字	音	訓
寶	宝(八画)	
騫	ケン	かけそんじる とぶ, すすむ
竇	トウ トク	あな
藹	アイ	さかん, しげる おだやか
蘊	ウン オン	つむ, あつまる たくわえ
藿	カク	まめのは まめ
蘄	キン キ	やまぜり もとめる
孽	ゲツ	わざわい
藷	ショ	さとうきび いも
蘇	ス ソ	ふさ よみがえる
藻	ソウ	も
蘋	ヒン	うきくさ かたばみも
藾	ライ	くさよもぎ
藺	リン	い
蘆	ロ リョ	あし よし
*巖巌	ガン	がけ, いわあな いわ, いわお
黨	党(十画)	
贏	エイ	あまり もうけ
礨	ライ	ちいさいあな
癢	ショウ ヨウ	かさ かゆみ
○籍	セキ (ジャク)	(ふみ, ふだ こせき)
籌	チュウ	かずとり はかりごと
籃	ラン	かご
纂	サン	あつめる
嚴	厳(十七画)	
霰	サン	あられ みぞれ
黧	レイ ライ	くろ くろい
矍	カク	おどろく あわてる
鶩	ボク	あひる
鬒	シン	うつくしい くろかみ
*馨	ケイ キョウ	かおり かんばしい
○響	キョウ	ひびく (ひびき)
譽	誉(十三画)	
譬	ヒ	たとえる
躄	ヘキ	いざり あしなえ
躉	トン	はしけ
覺	覚(十二画)	
罌	オウ ヨウ	かめ
礬	ハン バン	みょうばん
○懸	ケン ケ	(かける へだたる)

〔제 3 부〕

字	音	訓
闞	カン	うかがう みる
闡	セン	ひらく
鬪	闘(十八画)	

【二十一画】

〔제 1 부〕

字	音	訓
儺	ダ ナ	おにやらい
儷	レイ ライ	ならぶ つれあい
嚼	シャク	かむ
囁	ショウ	ささやく
囃	ゾウ	はやし
囀	テン	さえずる
懽	カン	よろこぶ
懼	ク	おそれる
懾	ショウ	おそれる
攜	ケイ	たずさえる つらなる
攝	摂(十三画)	
灌	カン	そそぐ あつまる
櫻	桜(十画)	
欅	キョ	けやき
欂	ハク	ますがた たるき
欄	欄(二十画)	
櫺	レイ リョウ	れんじ
爚	ヤク	かがやく やく
爛	ラン	ただれる あきらか
斕	ラン	あや
殲	セン	みなごろし
瓔	エイ	くびかざり
礮	砲(十画)	
襯	シン	はだぎ したぎ
纊	コウ	わた わたいれ
纈	ケツ	しぼり
續	続(十三画)	
纏	テン	まとう

漢字	音	訓
蠣	レイ	かき
蠟	ロウ	みつろう ろうそく
糲	レイ ライ	あらいこめ くろごめ
耰	ユウ	すき
艪	櫓（十九画）	
衊	ベツ メツ	けがす はなぢ
譴	ケン	せめる，とがめる
贐	シン ジン	はなむけ せんべつ
贓	ゾウ	わいろ ぬすんだしなもの
○躍	ヤク	（おどる）
躋	セイ サイ	のぼる
躊	チュウ	ためらう
辯	弁（五画）	
醺	クン	よう さけのにおい
鐶	カン	わ
鐫	セン	のみ ほる
鐸	タク	すず(鈴)
鐵	テツ	くろがね
鐺	トウ	なべ
饑	キ	うえる
饋	キ	おくる，すすめる
饒	ジョウ	ゆたか，おおい
饌	サン セン	そなえもの めし
騢	カ	あかくりげ
驅	駆（十四画）	
驂	サン	そえうま
驄	ソウ	あおうま あしげ
驃	ヒョウ	しろかげ つよい
騾	ラ	らば
髏	ロウ ル	されこうべ
鶻	コツ	かむりどり はやぶさ
魑	チ	すだま
鷃	アン エン	かやくき ふなしうずら
*鶴	カク	つる
鷄	鶏（十九画）	

漢字	音	訓
鷁	ゲキ	みずとり
鶺	セキ	せきれい
鶸	ジャク	とうまる ひわ
鷂	ヨウ	はしたか はいたか
鰛	オン	いわし
鰥	カン コン	やもお
鰭	キ ギ	ひれ
鰤	シ	ぶり
鰩	ヨウ	とびうお
鰯	日字	いわし うるめ
鰰	日字	はたはた
黯	アン	くらい，くろい かなしい
飆	ヒョウ	つむじかぜ
飜	翻（十八画）	
○顧	コ	かえりみる （おもう）
顥	コウ	しろいひかり おおきい
顦	ショウ	やつれる
齦	ギン ゴン	はぐき
齩	コウ	かむ

〔제 2 부〕

漢字	音	訓
亹	ビ ミ	つとめる
齎	セイ サイ	もたらす
○魔	マ	（まもの）
麝	シャ ジャ	じゃこうじか じゃこう
廱	ヨウ	やわらぐ
蘖	ゲツ	ひこばえ
蘘	ジョウ	みょうが
蘚	セン	こけ
蘗	ハク	きはだ
驀	バク	まっしぐらに すすむ
蘩	ハン ボン	しろよもぎ
蘞	レン	やぶからし
蘭	蘭（十九画）	
屬	属（十二画）	
巍	ギ	たかい

漢字	音	訓
竈	ソウ	かまど
臝	ラ	はだぬぐ はだか
曩	ドウ ノウ	むかし さきに
癪	日字	しゃく かんしゃく
癩	ライ	らいびょう
癧	レキ	るいれき
纍	ルイ ライ	なわ，つなぐ まとう
罍	ライ	さかだる
籔	シュ ス	やぶ
籒	チュウ	
籐	トウ	とう(竹)
囂	ゴウ	かまびすしい
齧	ケツ	かむ
贔	ヒ	
轟	ゴウ	とどろく
○露	ロ	つゆ (あらわす)
霸	ハ ハク	はたがしら
霹	ヘキ ヒャク	いかづち
鶯	オウ	ちょうせんうぐいす うぐいす
蠢	シュン	うごめく
蠡	レイ ライ	ひさご，むしばむ
鬘	バン マン	かずら
鼙	ヘイ	せめつづみ
覽	覧（十六画）	
礱	ロウ ル	みがく する

〔제 3 부〕

漢字	音	訓
闥	タツ	もん
闢	ヘキ ビャク	ひらく

【二十二画】

〔제 1 부〕

漢字	音	訓
儼	ゲン	つつしむ，おごそか いかめしい
儻	トウ	もし
攢	サン	あつまる
攤	タン ダン	ひらく まく
灑	サイ	そそぐ あらう
灘	ダン	なだ はやせ
囈	ゲイ	うわごと
爟	カン ケイ	ひをあげる かがりび
爝	シャク	たく もやす
權	権（十五画）	
癯	ク	やせる
臟	臓（十八画）	
禳	ジョウ	はらう
穰	穣（十八画）	
礴	ハク	ひろくお おう
襴	ラン	すそ
纑	ロ	ぬのいと あさいと
艫	ロ	とも，へさき
罎	タン ドン	びん
讀	読（十四画）	
躚	セン	まう よろめく
躓	チ	つまずく
躕	チュウ	たちもとおる
躑	テキ	たちもとおる つつじ
躔	テン	ふむ めぐる
躐	リョウ	ふむ
贖	ショク	あがなう つぐなう
轢	レキ	ひく
○鑑	カン	（かがみ）
鑊	カク	かなえ おおかま
鑄	鋳（十五画）	
糴	テキ	かいいれたこめ
鑓	日字	やり
韁	キョウ	きずな
韃	タツ	むちうつ
饘	セン	かゆ
驕	キョウ	ほこる おごる
驍	ギョウ	つよい
聽	聴（十七画）	

字	音	訓
鰹	ケン	はも，かつお
鱇	日字	あんこう
鰺	ソウ	あじ
鰾	ヒョウ	さかなのうき ぶくろ，ふえ
鰻	バン マン	うなぎ
鰱	レン	たなご
鱈	セツ	たら
鷗	オウ ウ	かもめ
鷓	シャ	しゃこ
竸	競 (二十画)	
黐	チ	とりもち
懿	イ	うるわしい あつい
鼴	エン オン	もぐらもち
顫	セン	ふるえる
齬	ゴ	くいちがう
齪	サク ソク	せまい，こまかい せかづく
覿	テキ	あう
龢	カ ワ	やわらぐ，やすい なごやか
歡	歓 (十五画)	

〔제 2 부〕

字	音	訓
贗	贋 (十九画)	
巓	テン	やまのいただき
竊	窃 (九画)	
蠹	ト	きくいむし
癬	セン	たむし
疊	畳 (十二画)	
羇	キ	おもがい，つなぐ きずな，たび
囊	ドウ ノウ	ふくろ
籞	ギョ ゴ	とめば，いけす
籜	タク	たけのかわ
籟	ライ	ふえ
籙	リョク ロク	しょもつ 未来記
霽	セイ	はれる
霾	バイ	つちふる
鬚	シュ	ひげ
鼇	ゴウ	すっぽん
鷙	シ チツ	あらどり つよい
鬻	イク シュク	うる，やしなう，かゆ
◦驚	キョウ	おどろく (おどろき)
響	響 (二十画)	
饗	キョウ	もてなす ごちそうする
饕	トウ	むさぼる
饔	ヨウ	あさげ，あさめし
鑒	カン	かんがみる みる
孌	レン ラン	うるわしい
孿	レン	ふたご
巒	ラン	みね
彎	ワン	まがる
轡	ヒ ビ	たづな

【二十三画】

〔제 1 부〕

字	音	訓
攪	コウ カク	みだす，みだれる
攫	カク	つかむ，とる
黴	バイ ビ	すすける，くろい かび，くさる
欑	サン ザン	あつまる
欛	ハ	かたなのつか
欐	レイ ライ	むなぎ，うつばり こぶね
曬	シ サイ	さらす
皭	シャク	しろい
襷	日字	たすき
纓	エイ ヨウ	むながい ひも
纔	サン ザン サイ	わずか
纖	繊 (十七画)	
讌	エン	はなす，さかもり
轣	レキ リャク	きしる
轤	ロ	ろくろ
躪	リン	ふむ
鑛	鉱 (十三画)	
鑕	シツ	かなとこ
鑠	シャク	とかす
鑣	ヒョウ	くつわ
鑢	リョ	やすり
鑞	ロウ	すず(錫)
讎	シュウ	かたき
驛	駅 (十四画)	
驗	験 (十八画)	
髓	髄 (十九画)	
體	体 (七画)	
髑	トク ドク	どくろ
蠲	ケン ケイ	いさぎよい ゆるす，あきらか
鱏	ジン	かじき
鱓	セン・タ ゼン・ダ	うみへび
鱗	リン	うろこ
鱚	日字	きす
麟	リン	きりん
鷸	イツ	しぎ，かわせみ
鷳	ケン	きじ
鷦	ショウ	みそさざい
鷭	ハン バン	ばん
鷯	リョウ	みそさざい
鼹	エン	もぐらもち
鼷	ケイ ガイ	はつかねずみ
顯	顕 (十八画)	
顬	ジュ	こめかみ

〔제 2 부〕

字	音	訓
靨	ヨウ	えくぼ
饜	エン	あく
巖	巌 (二十画)	
蘖	ゲツ	こうじ，かもす
虀	セイ サイ	あえもの なます
蘿	ラ	つた
癯	ク	やせる
癰	ヨウ	かさ，よう
籤	セン	くじ，しるし
籥	カク	ふえ
籠	ロウ	かご
羈	キ	たび，たびびと
龕	カン ガン	ずし
蠱	コ	こめむし，まじもの そこなう，まどわす
鷲	シュウ	わし
鷩	ベツ	きんけいちょう
鼈	ベツ	どろがめ すっぽん
讐	シュウ	かたき，あだむくいる，あたる
◦襲	シュウ	おそう(かさねきる，かさねる)
聾	ロウ	つんぼ
變	変 (九画)	
戀	恋 (十画)	
欒	ラン	ひじぎ おおち(木名)
攣	レン	ひきつる かかる

〔제 3 부〕

字	音	訓
邏	ラ	めぐる
邐	リ	つらなる つづく

【二十四画】

〔제 1 부〕

字	音	訓
齧	ケツ	かむ
囑	嘱 (十五画)	
攬	ラン	とる，もつ
灝	コウ	ひろい，とおい
衢	ク	みち ちまた
鸛	カン	ほとぎ，つるべかん
讒	サン ザン	そしる
讓	譲 (二十画)	
讖	シン	しるし よげんしょ
釀	醸 (二十画)	
醾	ビ	どぶろく もろみ
軈	日字	やがて
韈	ベツ	たび，したぐつ
韤	ベツ	たび，したぐつ
驟	シュウ ソウ	にわか，はしる， すみやか

鱠	カイ	なます
鱣	テン ダン	ふか, うみへび うなぎ
鱧	レイ	はも, やつめ うなぎ
鹼	ケン	しおけ, しおみず あく
靆	タイ ダイ	たなびく
鸇	セン	たか はやぶさ
齷	アク	せまい, こせつく
齶	ガク	はぐき
齲	ウ	むしば
艷	艶 (十九画)	

〔제 2 부〕

魘	エン ヨウ	おそわれる うなされる
鷹	ヨウ	たか
癲	テン	くるう, きちがい
羈	キ	たづな つなぐ
靄	アイ	たなびく もや
靈	霊 (十五画)	
靂	レキ	かみなり
蠶	蚕 (十画)	
鬢	ヒン ビン	びん
鼇	ゴウ	うみがめ
鷽	カク	はと, うそ おながどり
鷺	ロ	さぎ
顰	ヒン ビン	しかめる
鹽	塩 (十三画)	

〔제 3 부〕

鬭鬪闘	(十八画)

【二十五画～三十四画】

〔제 1 부〕

灣	湾 (十二画)	
欛	ハ	つか
欖	ラン	かんらん
矚	ショク	よくみる
纘	サン	うけつぐ あつめる
纜	ラン	ともづな
讙	カン	よろこぶ かまびすしい
讛	ゲイ	たわごと
讚	サン	ほめる, たたえる
釃	シ	こす
躧	シ ソ	ふむ わらぐつ
躩	カク キャク	はねる, つつしむ
躡	ジョウ	ふむ
躪	リン	ふむ ふみにじる
鑵	カン	つるべ, かん
钁	カク	くわ
鑽	サン	のみ, ほこ さす, あつまる
鑼	ラ	どら
驩	カン	よろこぶ
驥	キ	よいうま
驤	ジョウ	あがる はしる
驪	リ レイ	くろうま
驢	リョ ロ	ろば
髖	カン	こしぼね
鱶	ショウ	ふか ひもの
鱸	ロ	すずき
糶	チョウ	うりよね うるこめ
黷	トク ドク	けがれる
靉	アイ	たなびく, さかんなくも
籲	ユ ヤク	よぶ, やわらぐ
觀	観 (十八画)	
豔	艶 (十九画)	
顴	カン	ほほぼね
顳	ショウ	こめかみ
鸚	オウ	おうむ
鸛	カン	こうのとり
鸕	ロ	う

〔제 2 부〕

黶	エン	ほくろ
廳	庁 (五画)	
籬	リ	まがき かき
覊	キ	おもがい, たづな つなぐ
纛	トウ	はた はたぼこ
麤	ソ	ほぼ, あらい
鬱	ウツ	ふさぐ しげる
鬱	(同前)	
鼈	ベツ	すっぽん
黌	コウ	まなびや
釁	キン	ちまつり ちぬる
爨	サン	かまど かしぐ
蠻	蛮 (十二画)	
鑾	ラン	くるまのすず
鸞	ラン	めでたいとり
鑿	サク	のみ うがつ

〔제 3 부〕

鬮	キュウ ク	くじ

읽기 힘든 漢字語

읽기 힘든 漢字語를 획수에 따라 늘어놓고 그 읽는 법을 밝혔읍니다.
이 表로 읽는 법을 알고, 뜻을 알고 싶은 분은이 辞典의 本文에서 찾아 보아 주시기 바랍니다.

【一画】

一入 ひとしお
一寸 ちょっと
一日廻り ひとひめぐり
一匹 いっぴき
一片食 ひとかたげ ひとかたけ
一疋 いっぴき
一年 ひととせ
一行 ひとくだり
一昨年 おととし
一廉 ひとかど いっかど
一節切り ひとよぎり
一齣 ひとこま ひとくさり いっせき
乙 きのと めり
乙女 おとめ
乙子 おとご
乙夜 いつや おつや
乙張 めりはり

【二画】

丁 よぼろ ひのと
丁稚 でっち
丁髷 ちょんまげ
七夕 たなばた
七顛八倒 しちてんばっとう
乃公 だいこう
乃至 ないし
九十九髪 つくもがみ
九仞の功 きゅうじんのこう
九品 くほん
九鼎大呂 きゅうていたいりょ
二十 はた はたち
二十重 はたえ
二布 ふたの
二形 ふたなり
二黒 じこく
二進も三進も にっちもさっちも
二幅 ふたの
人集り ひとだかり
入 しお
入水 じゅすい
入内 じゅだい
入木道 じゅぼくどう
入来 じゅらい
入声 にっしょう
入洛 じゅらく
入御 じゅぎょ
入魂 じゅこん じゅっこん
入輿 じゅよ
八入 やしお
八十 やそ
八尺瓊の勾玉 やさかにのまがたま
八百屋 やおや
八束 やつか
八咫の鏡 やたのかがみ
八朔 はっさく
八衢 やちまた
几帳 きちょう
刀自 とじ とうじ
十寸 とき
十六夜 いざよい
十露盤 そろばん
卜する ぼくする
卜部 うらべ
卜筮 ぼくぜい
〆粕 しめかす

【三画】

丈 たけ
丈夫 ますらお
三一 さんぴん
三化螟虫 さんかめいちゅう
三布蒲団 みのぶとん
三河 みかわ
三宝柑 さんぼうかん
三和土 たたき
三枝 さきくさ さいぐさ
三昧 さんまい
三途の川 さんずのかわ
三椏 みつまた
三幅蒲団 みのぶとん
三藐三菩提 みんみゃくさんぼだい
上人 しょうにん
上下 かるめる しょうか
上巳 じょうし じょうみ
上手 じょうず うわて かみて
上声 じょうしょう じょうせい
上局 うへつぼね
上品 じょうぼん
上野 こうずけ
上総 かずさ
上簇 じょうぞく
上臈 じょうろう
下手 へた したて しもて
下司 げす
下枝 しづえ
下野 しもつけ
下衆 げす
下種 げす
下総 しもうさ
下臈 げろう
下襲 したがさね
万 よろず
万年青 おもと
万朶 ばんだ
万歳 ばんぜい
与 むた
丸屋 まろや
久留米絣 くるめがすり
乞巧奠 きこうでん
乞丐人 ほがいびと
乞食 こつじき こじき
也 なり や
亡い ない
亡くなる なくなる
亡者 もうじゃ
凡例 はんれい
千万 ちよろづ
千生 せんなり
千羽鶴 せんばづる
千屈菜 みそはぎ
千尋 ちひろ
千歳 ちとせ せんざい
千種 ちぐさ
叉手網 さであみ
叉焼麺 チャーシューメン
口占 くちうら
口吻 こうふん
口惜しい くやしい
口訣 くけつ
土一揆 つちいっき
土公神 どくじん
土耳古 トルコ
土佐 とさ
土師 はにし はじ
土産 みやげ
土瓶 どびん
土筆 つくし つくづくし
土器 かわらけ
土壇場 どたんば
土龍(竜) もぐら もぐらもち
夕占 ゆうけ ゆううら
夕庚 ゆうずつ
夕餉 ゆうげ
大人 おとな
大八洲 おおやしま
大刀 たち
大夫 たゆう
大臣 おとど おおおみ
大呂 たいりょ
大角豆 ささげ
大和 やまと
大雨 ひさめ
大炊寮 おおいりょう
大祓 おおはらえ おおはらい

大宰 だざい
大連 おおむらじ
大般若経 だいはんにゃきょう
大晦日 おおつごもり おおみそか
大蛇 おろち だいじゃ
大隅 おおすみ
大鼓 おおかわ
大殿 おとど
大殿油 おおとなぶら
大禍時 おおまがとき
大蒜 にんにく
大輔 たいふ
大嘗祭 だいじょうさい おおにえまつり
大幣 おおぬさ
大鋸 おが
女 め
女夫 めおと みょうと
女形 おやま
女波 めなみ
女官 にょうかん にょかん
女神 めがみ
女郎花 おみなえし
女の童 めのわらわ
子 ね
子規 ほととぎす
孑孒 ぼうふら ぼうふり
寸 き
小女子 こうなご
小火 ぼや
小半 こなから
小半蔀 こはじとみ
小太刀 こだち
小手毬 こでまり
小百合 さゆり
小牡鹿 さおしか
小男鹿 さおしか
小枝 さえだ
小姑 こじゅうとめ
小夜 さよ
小舎人 こどねり
小唄 こうた
小雀 こがら
小童 こわっぱ
小遣い こづかい
小舅 こじゅうと

小綬鶏 こじゅけい
小蔀 こじとみ
小賢しい こざかしい
小鼯鼠 ももんがあ
山女 やまめ
山毛欅 ぶな
山羊 やぎ
山車 だんじり だし
山姥 やまうば やまんば
山茶 つばき
山茶花 さざんか
山幸 やまさち
山峡 やまかい
山雀 やまがら
山颪 やまおろし
山椒 さんしょう
山葵 わさび
山窩 さんわ さんか
山の端 やまのは
山賤 やまがつ
山鸌 やまひだ
川蟬 かわせみ
川獺 かわうそ
己惚れる うぬぼれる
己 つちのと き こ
巳 み し
巾子 こじ
巾着 きんちゃく
干支 えと かんし
干瓢 かんぴょう
弓杖 ゆんづえ
弓筈の調 ゆはずのみつぎ
弓勢 ゆんぜい
弓箭 きゅうせん
才 ざえ
尸 しかばね
尸位 しい

【四画】

不 ふ
不二 ふじ
不手際 ふてぎわ
不可 べからず ふか
不如帰 ほととぎす

不束 ふつつか
不味い まずい
不知火 しらぬい
不取敢 とりあえず
不貞寝 ふてね
不貞腐る ふてくさる
不倶戴天 ふぐたいてん
不埒 ふらち
不惜身命 ふしゃくしんみょう
不撓不屈 ふとうふくつ
不壊 ふえ
不躾 ぶしつけ
不羈 ふき
丑 うし
中山道 なかせんどう
中仙道 なかせんどう
中臣祓 なかとみのはらい
中務省 なかつかさしょう
中﨟 ちゅうろう
丹 に
丹波 たんば
之 これ
之繞 しんにょう しんにゅう
云爾 しかいふ
互に かたみに
五十路 いそじ
五月 さつき
五月雨 さみだれ
五月蠅い うるさい
五月蠅 さばえ
五加 うこぎ
五百 いお
五衣 いつつぎぬ
五倍子 ふし
五節 ごせち
五濁 ごじょく
五蘊 ごうん
井守 いもり
仁王 におう
仁寿殿 じじゅうでん
仄か ほのか
仄めく ほのめく
仄聞 そくぶん
什器 じゅうき
今日 きょう

今年 ことし
今朝 けさ
仏手柑 ぶしゅかん
仏刹 ぶっさつ ぶっせつ
仏陀 ぶつだ
仏菩薩 ぶつぼさつ
仏掌薯 つくねいも
仏蘭西 フランス
元寇 げんこう
内外 うちと
内舎人 うどねり
内侍 ないし
内絡 ないど
内宮 ないくう
内障眼 そこひ
内蔵寮 くらりょう
公文所 くもんじょ
公方 くぼう
公司 こうし コンス
公事 くじ
公家 くげ
公孫樹 いちょう
公魚 わかさぎ
公卿 くぎょう
公達 きんだち
六十 むそ
六合 りくごう
六芸 りくげい
六花 りっか
六国 りっこく
六波羅探題 ろくはらたんだい
六書 りくしょ
六経 りくけい
六朝 りくちょう
六韜 りくとう
円 つぶら
円か まどか
円居 まどい
円墻 えんとう
分泌 ぶんぴつ ぶんぴ
分葱 わけぎ
分蘖 ぶんけつ
切めて せめて
切支丹 キリシタン
切瑳琢磨 せっさたくま

切り斑 きりふ
勾かす かどわかす
勾引かす かどわかす
勾玉 まがたま
勾当 こうとう
勾配 こうばい
勾欄 こうらん
匂う におう
卍 まんじ
勿れ なかれ
勿忘草 わすれなぐさ
化ける ふける ばける
化粧 けわい けしょう けそう
区区 まちまち くく
匹儔 ひっちゅう
午 うま
厄 やく
厄除け やくよけ
双子 ふたご
双六 すごろく
双葉 ふたば
双璧 そうへき
反る そる
反古 ほご ほぐ ほうご ほうぐ ほんご
反故 ほご ほぐ ほうご ほうぐ ほんご
反芻 はんすう
反歯 そっぱ
予て かねて
予め あらかじめ
天一神 なかがみ
天辺 てっぺん てんぺん
天丼 てんどん
天平時代 てんぴょうじだい
天気 ていけ
天地 あめつち
天狗 てんぐ
天竺 てんじく
天皇 すめらみこと
天柱 ちりけ
天保銭 てんぽうせん
天秤 てんびん
天蚕糸 てぐす
天麩羅 テンプラ
天狼星 てんろうせい
天晴 あっぱれ
天誅 てんちゅう
天稟 てんぴん
天爾乎波 てにをは
天鵞絨 ビロード
天譴 てんけん
天籟 てんらい
太刀 たち
太太しい ふてぶてしい
太夫 たゆう
太白神 ひとひめぐり
太占 ふとまに
太神楽 だいかぐら
太宰 だざい
夫 そ それ か つま せ おっと ふ ぶ
夫役 ぶやく ふえき
夫婦 めおと みょうと
孔雀 くじゃく
孔孟 こうもう
少女 おとめ
尤も もっとも
尤物 ゆうぶつ
尺 さし
尺牘 せきとく
屯 たむろ
屯倉 みやけ
弔う とむらう
引目勾鼻 ひきめかぎばな
心太 ところてん
心地 ここち
心遣り こころやり
心算 つもり
心憂し こころうし
手土産 てみやげ
手水 ちょうず
手末の調 たなすえのみつぎ
手向け たむけ
手折る たおる
手足 てだれ
手斧 ちょうな
手実 てまめ
手風 てぶり
手真似 てまね
手弱女 たわやめ
手透き てすき
手械 てかせ
手許 てもと
手絡 てがら
手強い てごわい
手馴れ たなれ
手解き てほどき
手隙き てすき
手纏 たまき
手鑑 てかがみ
水上 みなかみ
水口 みなくち
水中り みずあたり
水戸学 みとがく
水母 くらげ
水団 すいとん
水底 みなそこ
水松 いちい みる
水門 みと みなと
水泡 みなわ すいほう
水風呂 すいふろ
水垢離 みずごり
水屑 みくず
水城 みずき
水面 みのも
水渉 みしぶ
水雲 もずく
水晶 すいしょう
水葱 なぎ
水無月 みなづき
水嵩 みずかさ みかさ
水漬く みづく
水精 すいしょう
水鶏 くいな
水蠟 いぼた
犬蓼 いぬたで
戈 ほこ
支那 しな
文 ふみ あや
文月 ふみづき ふづき
文机 ふづくえ ふみづくえ
文色 あいろ
文殊 もんじゅ
文章博士 もんじょうはかせ
文筥 ふばこ ふみばこ
文箱 ふばこ ふみばこ
文質彬彬 ぶんしつひんぴん
斗擻 とそう
方 さま
方人 かたうど
方便 たづき
方違へ かたたがへ
日次 ひなみ
日向 ひなた ひゅうが
日和 ひより
日記 にき
日嗣 ひつぎ
日僑 にっきょう
日蝕 にっしょく
曰はく のたまはく
月代 さかやき
月次 つきなみ
木乃伊 ミイラ
木工 こだくみ
木天蓼 またたび
木瓜 ぼけ
木豇豆 きささげ
木斛 もっこく
木偶 でく
木犀 もくせい
木挽き こびき
木曾街道 きそかいどう
木賊 とくさ
木遣り きやり
木菟 ずく みみずく
木蔭 こかげ
木端 こっぱ
木綿 もめん ゆう
木綿付鳥 ゆうつけどり
木履 ぼくり ぼっくり
木霊 こだま
木槿 もくげ むくげ
木槵子 むくろじ
木鐸 ぼくたく
欠 あくび
欠伸 あくび
止し さし
比丘 びく
比丘尼 びくに
比目魚 ひらめ
比律賓 フィリピン
比喩 ひゆ

毛唐 けとう
火筒 ほづつ
火照り ほてり ほでり
火傷 やけど
火影 ほかげ
火熨斗 ひのし
父 とと てて
牛王 ごおう
牛車 ぎっしゃ
牛蒡 ごぼう
牛頭馬頭 ごずめず
牛膝 いのこずち
巴 ともえ
壬 みずのえ じん

【五 画】

丙 ひのえ
丙午 ひのえうま へいご
主 あるじ じゅう ぬし
主典 さかん しゅてん
主計寮 かずへりょう
主従 しゅうじゅう しゅじゅう
主馬寮 しゅめりょう
主殿 とのもり とのも
主殿寮 とのもりょう
仕る つかまつる
仕業 しわざ
仕種 しぐさ
仕舞屋 しもたや
他 ほか
仙人掌 しゃぼてん
仙洞 せんとう
代 しろ
代田 しろた
代物 しろもの
代赭 たいしゃ
令外 りょうげ
令閨 れいけい
兄 せ え このかみ
兄人 せうと
册子 そうし さっし
册立 さくりつ
冬瓜 とうがん とうが
凧 いかのぼり たこ
凸凹 でこぼこ とつおう
凹 くぼ ぼこ おう
出会す でくわす
出来す でかす
出来 しゅったい しゅつらい でき
出衣 いだしぎぬ
出羽 でわ
出居 でい いでい
出初め でぞめ
出家 すけ しゅっけ
出雲 いずも
出端 では ではな
出藍 しゅつらん
出廬 しゅつろ
功 てがら いさをし
包 パオ
包む くるむ
包子 パオズ
北辰 ほくしん
北政所 きたのまんどころ
北寄貝 ほっきがい
北陸道 ほくろくどう
半 なから なかば
半蔀 はじとみ
卯 う
卯木 うつぎ
卯月 うづき
卯槌 うづち
去ぬ いぬ
去年 こぞ
台 うてな
台詞 せりふ
弁別 わいだめ
弁鰓類 べんさいるい
古 いにしえ ふる
古兵 ふるつわもの
句読 くとう
叩首 こうしゅ
只 ただ
只管 ひたすら
可し べし
叱咤 しった
史 ふびと ふみ
右手 めて
司 つかさ
囚われる とらわれる
囚人 めしゅうど
四十 よそ よそぢ
四十雀 しじゅうから
四方山 よもやま
四阿 あずまや
四幅 よの
外 はずれ と
外国 とつくに
外郎 ういろう
外の面 とのも
外宮 げくう とつみや
外連 けれん
外戚 げさく がいせき
外寇 がいこう
外様 とざま
失せる うせる
奴婢 ぬひ どひ
尻久米縄 しりくめなわ
尻尾 しっぽ しりお
左右 とこう とかく
左官 しゃかん さかん
左褄 ひだりづま
巨刹 きょさつ
巨細 こさい
巨魁 きょかい
巨擘 きょはく
布衣 ほうい ほい ふい
布袋 ほてい
市女 いちめ
平仄 ひょうそく
弗 ダラー ドル
弘法 ぐほう こうぼう
弘通 ぐづう
弘誓 ぐぜい
弘徽殿 こきでん
払子 ほっす
打 ダース
打遣る うっちゃる
打擲 ちょうちゃく
氷 ひ
氷雨 ひさめ
氷柱 つらら
氷室 ひむろ
氷魚 ひうお ひお
永とは とこしえ とこしなへ
永久 とこしえ とは
汀 みぎわ てい
辺 ほとり あたり へ べ
辺陬 へんすう
戊 つちのえ ぼ
旦那 だんな
旧 ふる もと
旧い ふるい
旧年 ふるとし きゅうねん
朮 おけら
札 さね
札片 さつびら
本卦 ほんけ
本意 ほい ほんい
末成り うらなり
末 うれ うら
未し まだし いまだし
未 ひつじ み び
未曾有 みぞう
正しく まさしく
正身 むざね さうじみ
正面 まとも
正朔 せいさく
正嫡 しょうちゃく せいてき
母 おも
母衣 ほろ
母屋 もや おもや
礼 ゐや らい れい
礼拝 らいはい
礼盤 らいばん
礼讃 らいさん
玄孫 やしゃご やしゃまご げんそん
玄翁 げんのう
玉章 たまずさ ぎょくしょう
玉蜀黍 とうもろこし
玉筋魚 こうなご
玉箒 たまははき
玉櫛笥 たまくしげ
瓜 ふり うり
甘藍 かんらん
生る なる ある
生欠伸 なまあくび
生い立ち おいたち
生兵法 なまびょうほう

生飯 さば
生絹 すずし
生業 すぎはひ なりわい
生憎 あやにく あいにく
生蕎麦 きそば
生薑 はじかみ しょうが
生贄 いけにえ
田作 ごまめ
田舎 いなか
田麩 でんぶ
田螺 たにし
田鶴 たづ
甲 きのえ かん かる よろい かぶと
甲乙 かりめり かるめる
甲声 かんごえ
甲冑 かっちゅう
甲高 かんだか
甲斐 かい
申 さる
白耳義 ベルギー
白地 あからさま
白衣 びゃくえ びゃくい
白和 しらあえ
白南風 しらはえ
白洲 しらす
白馬の節会 あおうまのせちえ
白酒 しろき
白粉 おしろい
白湯 さゆ
白皙 はくせき
白楊 はこやなぎ どろやなぎ はくよう
白蓮 びゃくれん しらはす
白鳳時代 はくほうじだい
白髪 しらが
白膠木 ぬるで
白檀 びゃくだん
白癜 しろなまず
白齏 しらあえ
白癬 しらくも はくせん
白鑞 しろめ びゃくろう
目処 めど
目利き めきき
目交ひ まなかひ
目差し まなざし
目細し まぐはし

目蓋 まぶた
目論む もくろむ
矛 ほこ
矢作 やはぎ
矢矧 やはぎ
石見 いわみ
石清水 いわしみず
石斑魚 うぐい
石楠花 しゃくなげ
石蕗 つわぶき
石蓴 あおさ
石榴 ざくろ
立坪 りゅうつぼ
乎古止点 をことてん
仞 じん
丼 どんぶり
叶う かなう

【六画】

叫ぶ おらぶ さけぶ
両 テール リャン
丞相 じょうしょう しょうじょう
亘る わたる
交 こもごも
交喙 いすか
交際 つきあい
亥 い がい
亦 また えき
仮令 たとえ たとい
仮名遣い かなづかい
仮庵 かりお かりいお
仮粧 けわい
仲人 なこうど
仲合 なからい
件 くだり くだん
任 まま まにまに まけ
任那 みまな
伊太利 イタリア
伊豆 いず
伊達 だて
仰け あおむけ のっけ
伍 ご
伎楽 ぎがく
伝 つて

伝奏 てんそう
会厭 ええん
兆す きざす
先ず まず
先帝 せんだい
先達 せんだち せんだつ
先蹤 せんしょう
光風霽月 こうふうせいげつ
共 むた
凪 なぎ
夙に つとに
夙夜 しゅくや
刑部省 ぎょうぶしょう
列 つら なみ
匠 たくみ しょう
争ふ すまふ
争で いかで
争う あらがう
吃音 きつおん
吃逆 さくり しゃくり
吃驚 びっくり
合力 こうりょく ごうりき
合従 がっしょう
合歓(木) ねぶ ねむ
吉 きつ きち
吉利支丹 キリシタン
吉備 きび
同士 どし どうし
同胞 はらから
同苗 どうみょう
同棲 どうせい
后 きさい きさき
向脛 むかはぎ
因む ちなむ
因幡 いなば
団居 まどい
団栗 どんぐり
団扇 うちわ
団欒 だんらん
在す います おはす
圭角 けいかく
多なり さはなり
多し まねし
夷 えびす い
奸し かたまし

奸佞 かんねい
好事 こうず
好悪 こうお
加之 しかのみならず
如く しく
如し ごとし
如月 きさらぎ
如何 いかが いかに いかん
如何にか どうにか
如是我聞 にょぜがもん
妃 きさき きさい ひ
妄想 もうそう もうぞう
字 な あざ なんじ
存らえる ながらえる
宅 やけ やか
守 かみ もり
守宮 やもり
守部 もりべ
守殿 こうのとの
安芸 あき
安居 あんご
安房 あわ
安寝 やすい
尖る とがる
当に まさに
尽れる すがれる
年 とせ
年次 としなみ ねんじ
年貢 ねんぐ
年魚 あゆ
年増 としま
式三番 しきさんば
弛緩 しかん ちかん
忖度 そんたく
忙しい せわしい いそがしい
忙しない せわしない
扛秤 ちきり
汗衫 かざみ
汚れる けがれる よごれる
汚穢 おわい おあい
汝 な なれ いまし みまし なんじ
江湖会 ごうこえ
艾 もぐさ
辻占 つじうら
戌 いぬ じゅつ

戎衣 じゅうい
戎克 ジャンク
早乙女 さおとめ
早生 わせ
早苗 さなえ
早苗饗 さなぶり
早急 さっきゅう
早朝 つとめて
早稲田 わさだ わせだ
早蕨 さわらび
旭日 きょくじつ
曲 くせ わた
曲玉 まがたま
曲舞 くせまい
曲輪 くるわ
有卦 うけ
有耶無耶 うやむや
有頂天 うちょうてん
有漏 うろ
有職 ゆうそく ゆうそこ ゆうしき ゆうしょく
朱 あけ
朱雀 しゅじゃく すざく
朱雀大路 すざくおおじ
朴 ほお ぼく
朴念仁 ぼくねんじん
朴訥 ぼくとつ
次官 すけ
此 こ これ し
此方 こち こちら こなた
此方様 こなさん こなたさま こちらさま
此岸 しがん
此許 ここもと
毎 ごと つね
気色 けわい けしき きしょく
気疎し けうとし
気障 きざ
気鬱 きうつ
灰汁 あく
祈む のむ
老成ぶ ねぶ
老成る ませる
老海鼠 ほや
老酒 ラオチュウ
老耄 おいぼれ ろうもう
老舗 しにせ ろうほ
老麺 ラーメン
肉 しし
肉刺 まめ にくし
肉桂 にっけい
肌 はだえ はだ
百 もも
百千 ももち
百合 ゆり
百舌 もず
百足 むかで
百日紅 さるすべり
百重 ももへ
百敷 ももしき
衣 そ きぬ え
衣更 ころもがえ
衣被き きぬかずき
衣魚 しみ
竹刀 しない
竹柏 なぎ
竹の園生 たけのそのう
竹篦 しっぺい
竹叢 たかむら たけむら
米 よね メートル
米利堅 メリケン
糸瓜 へちま
羊歯 しだ
羊羹 ようかん
羽斑蚊 はまだらか
羽団扇 はうちわ
而して しかして しこうして
而立 じりつ
臣 おみ
自ずから おのずから
自棄 やけ じき
虫唾 むしず
艮 うしとら ごん
血餅 けっぺい
行 くだり
行火 あんか
行李 こうり
行宮 あんぐう
行幸 みゆき
行脚 あんぎゃ
行燈 あんどん
行縢 むかばき
西比利亜 シベリア
西瓜 すいか
西班牙 スペイン
西蔵 チベット

【七画】

乱がはし らうがはし
乱声 らんじょう
亜爾然丁 アルゼンチン
些少 さしょう
伯父 おじ はくふ
伯剌西爾 ブラジル
伯耆 ほうき
但 ただ ただし
但馬 たじま
住処 すみか
伴 とも
伴天連 バテレン
伴侶 はんりょ
伴の造 とものみやつこ
伴の緒 とものを
伶人 れいじん
伸す のす
似而非 えせ
似我蜂 じがばち
似非 えせ
伽 とぎ
伽藍 がらん
伽羅 きゃら
作麼生 そもさん
佗び わび
佇む たたずむ
佇立 ちょりつ
何ら いづら
何れ いずれ
何方 いづち いづら どちら どなた
何卒 どうぞ なにとぞ
何呉 なにくれ
何時 いつ なんどき
佃 つくだ
侏儒 しゅじゅ
余り まり
余所 よそ
余殃 よおう
兌換 だかん
来す きたす
来迎 らいごう
克つ うちかつ かつ
児 こ
兎唇 みつくち
兵 つわもの
兵児 へこ
兵法 ひょうほう
兵衛 ひょうえ
兵糧 ひょうろう
初 うい うぶ はつ
初める そめる
初心 うぶ
初切り しょっきり
初初しい ういういしい
初冠 うひかうぶり
初時雨 はつしぐれ
判官 じょう はうがん はんがん
利し とし
利く きく
利目 ききめ
利け者 きけもの
利酒 ききざけ
利益 りやく
利鞘 りざや
利鎌 とがま
別る あかる
別墅 べっしょ
劫 こう ごう
劫火 ごうか
劫初 ごうしょ
労 いたづき
労う ねぎらう
労わる いたわる
努 ゆめ
冶金 やきん
呑気 のんき
呑噬 どんぜい
含む ふふむ ふくむ
含羞 がんしゅう はにかみ
含嗽 うがい がんそう
吝い しわい
吝か やぶさか
吝嗇 りんしょく

呉竹 くれたけ
呉呉(も) くれぐれ(も)
呉織 くれはとり
吻合 ふんごう
吾 あれ あ われ わ
吾子 わこ あこ
吾亦紅 われもこう
吾妹 わぎも
吾殿 わどの
吾輩 わがはい
吾嬬 あづま
吹雪 ふぶき
告る のる
告文 こうもん
呂 りょ
呂律 ろれつ りょりつ
吶吶 とつとつ
吭 ふえ
呎 フート フィート
吠陀 ベーダ
困ず こうず
困憊 こんぱい
囲繞 いじょう いにょう
図る はかる
図体 ずうたい
図図しい ずうずうしい
囮 おとり
均らす ならす
均霑 きんてん
坐す まします ます
巫 かんなぎ
巫女 みこ ふじょ
巫山戯る ふざける
声明 しょうみょう
声聞 しょうもん
売僧 まいす
壱岐 いき
扱く こく
汲汲 きゅうきゅう
彷彿 ほうふつ
狆 ちん
邪 よこしま
妓 ぎ
妖姫 ようき
妖艶(婉) ようえん

孝養 きょうよう
完璧 かんぺき
宋 そう
庇う かばう
屁 へ
対馬 つしま
対蹠的 たいせきてき たいしょてき
寿ぐ ことほぐ
寿 ほがひ ことぶき
寿司 すし
寿詞 よごと じゅし
尾籠 おこ びろう
尿 しと いばり
尿瓶 しびん
局 つぼね
夾侍 きょうじ
夾竿 きょうさん
尨 むく
弟子 でし, ていし
弟姫 おとひめ
役 えだち
岐阜提燈 ぎふぢょうちん
岐路 きろ
希う こいねがう
希はくは こいねがわくは
希有 けう
希(稀)覯書 きこうしょ
床几 しょうぎ
序でる ついでる
序品 じょぼん
弄う いらう
弄する ろうする
弄ぶ もてあそぶ
忌む いむ
忌忌し ゆゆし いまいまし
忌詞 いみことば
忌部 いみべ いんべ
忌憚なく きたんなく
忌諱 きき きい
忍冬 すいかずら
忍辱 にんにく
忍摺 しのぶずり
快楽 けらく
忸怩 じくじ
扱く しごく こく

扶持 ふち
抛つ なげうつ
抛る ほうる
扮する ふんする
抉る くじる こじる えぐる
扼する やくする
折ぎ へぎ
折伏 しゃくぶく しゃっぶく
折板 へぎいた へぎ
把 わ ば ぱ
投網 とあみ
投錨 とうびょう
抓る つねる
抓む つむ
抑 そも そもそも
求ぐ まぐ
求法 ぐほう
求肥 ぎゅうひ
沈 じん ちん
沈丁花 じんちょうげ ちんちょうげ
没分暁漢 わからずや
没法子 メーファーズ
没義道 もぎどう
沖する ちゅうする
沖積土 ちゅうせきど
沙汰 さた
沙門 しゃもん さもん
沙弥 しゃみ
沙翁 しゃおう さおう
沙魚 はぜ
沙羅双樹 さらそうじゅ しゃらそうじゅ
決める きめる
沍寒 ごかん
沢瀉 おもだか
狂れる ふれる
近江 おうみ
近畿 きんき
迄 まで
花弁 はなびら かべん
花梨 かりん
花崗岩 かこうがん
花筐 はながたみ
花薄 はなすすき
花魁 おいらん
花簪 はなかんざし

花鬘 はなかずら
芳醇 ほうじゅん
芒 すすき
芍薬 しゃくやく
邑 おおざと
那羅延 ならえん
邪慳 じゃけん
我 あれ あ わ
我儘 わがまま
我御寮 わごりょう
戒飭 かいちょく
杉 すぎ
李 すもも
李下 りか
杏 あんず
杏子 あんず
杏林 きょうりん
村主 すぐり
村雨 むらさめ
杣 そま
杞憂 きゆう
杓 ひしゃく ひさご
杓子 しゃくし
杓文字 しゃもじ
杖 じょう つえ
杙 くい
杜氏 とうじ とじ
杜松 ねず
杜若 かきつばた
杜漏 ずろう
杜撰 ずさん ずざん
杜鵑 とけん ほととぎす
条播 すじまき じょうは
灸 やいと
束 つか たば
災い わざわい
牡 おす
牡丹 ぼたん ぼうだん
牡丹餅 ぼたもち
牡蠣 かき
社稷 しゃしょく
肖る あやかる
町奴 まちやっこ
町奉行 まちぶぎょう
皂莢 さいかち

禿びる ちびる
禿筆 ちびふで とくひつ
秀でる ひいでる
秀句 すく
私語 ささめごと
究竟 くきょう くっきょう
虬 みずち
見す めす
見える まみえる
見参 げんざん けんざん
見栄 みえ みばえ
見(身)窄しいみすぼらしい
貝独楽 べいごま ばいごま
車前草 おおばこ
辰 たつ
辰砂 しんしゃ
角力 すもう
角髪 みずら
角壔 かくとう
言伝 ことづて
言挙げ ことあげ
言祝ぐ ことほぐ
言語 げんぎょ
言質 げんち
言霊 ことだま
谷まる きわまる
豆汁 ごじる
赤目魚 めなだ
赤熊 しゃぐま
赤楝蛇 やまかがし
良人 おっと
良賈 りょうこ
走る わしる
足枷 あしかせ
足掻く あがく
足袋 たび
身柱 ちりけ
身屋 もや
辛 かのと
辛夷 こぶし
辛辣 しんらつ
酉 とり
里長 さとをさ
里神楽 さとかぐら
串 くし
即ち すなわち
即く つく
旱魃 かんばつ
肝心 かんじん
肝魂 きもだま
肝煎り きもいり
形 なり
形而下 けいじか
形而上 けいじじょう
更かす ふかす
更紗 さらさ
防人 さきもり

【八画】

並に なべに
乳母 めのと おんば うば
京洛 きょうらく
京畿 けいき
例えば たとえば
侍り はべり はんべり
供花 くげ
供奉 ぐぶ
供華 くげ きょうか
供御 くご くぎょ
供進 ぐしん
依怙 えこ
侃侃諤諤かんかんがくがく
佩びる おびる
佩く はく
其 し そ
其方そなた そち そちら そっち
其処 そこ
具ふ よろふ
具さに つぶさに
罔象女神みずはのめのかみ
刷子 はけ
刷毛 はけ
刮げる こそげる
刹那 せつな
刺 とげ
刺客 せっきゃく しきゃく
刺胳 しらく
効 かい ききめ
刳る くる
刳り貫く くりぬく
卒す しゅっす
卒塔婆 そとば そとうば
卒爾 そつじ
卓袱 しっぽく
卦 け
巻子 へそ
巻繊汁 けんちんじる
参差 しんし
参覲 さんきん
叔父 おじ しゅくふ
叔母 おば しゅくぼ
周り ぐるり めぐり まわり
周防 すおう
味寝 うまい
味醂 みりん
呪 じゅ
呪う まじなう のろう
呪師 のろんじ じゅし
呪詛 じゅそ
咄 はなし とつ
咄嗟 とっさ
咎める とがめる
咀嚼 そしゃく
呻ぶ によぶ
呱呱 ここ
命 みこと
和える あえる
和ぐ なぐ
和す やわす
和む なごむ
和毛 にこげ
和声 かせい
和尚 おしょう
和泉 いずみ
和寇 わこう
和栲 にぎたへ
和御前 わごぜ
和御魂 にぎみたま
和琴 わごん やまとごと
和幣 にぎて にぎたへ
固陋 ころう
固唾 かたず
国帑 こくど
国造 くにのみやつこ
国栖 くず
囹圄 れいご
坦坦と たんたんと
坤 ひつじさる こん
坤徳 こんとく
坤輿 こんよ
垂 しで
垂れる しだれる たれる
垂んとする なんなんとする
垂水 たるみ
垂氷 たるひ
垂乳根 たらちね
垂迹 すいじゃく
垂涎 すいせん
夜叉 やしゃ
夜半 よわ
夜降ち よくだち
奇し くすし
奇魂 くしみたま
奇嬌 ききょう
奈何 いかん
奈落 ならく
奉る まつる
奉行 ぶぎょう
奔湍 ほんたん
奄奄 えんえん
妬く やく
妬む ねたむ
妹 いも
妻子 めこ
妻夫 めおと みょうと
姑 しゅうとめ
姑娘 クーニャン
姓 かばね
姓氏 しょうじ せいし
姐様 ねえさん
委しい くわしい
委ねる ゆだねる
委曲 つばら
孤 みなしご
学ぶ まねぶ
学舎 まなびや
宗 むね
官 つかさ
宛 ずつ

宛ら さながら
宜 うべ むべ
宜う うべなう
実 さね
実に げに
実実しい まめまめしい
定者 じょうざ
空薫物 そらだきもの
尚 なお
尚侍 ないしのかみ しょうじ
尚歯 しょうし
居士 こじ
屈む こごむ かがむ
屈ず くんず
岩代 いわしろ
岩魚 いわな
岩漿 がんしょう
岨 そば そわ
帚木 ははきぎ
帙 ちつ
幸 さち さきはひ
幸ふ さきはふ
幸く さきく
幸先 さいさき
幸魂 さきみたま
底方 そこひ
底翳 そこひ
店 たな みせ
庚申 こうしん
庖厨 ほうちゅう
弥 いや
弥生 やよい
弥立つ よだつ
弥陀 みだ
弥明後日 やのあさって
弥栄 いやさか
弥勒 みろく
弥猛 やたけ
弥撒 ミサ
弥縫 びほう
弩 いしゆみ
往ぬ いぬ
彼方 おち あなた かなた あちら
彼奴 きゃつ あやつ あいつ
彼処 かしこ あそこ

征矢 そや
性 さが
怖じる おじる
怖気 おじけ
忠実やか まめやか
忠恕 ちゅうじょ
念珠 ねんず
怜悧 れいり
忽焉 こつえん
怪 け
怪し けし あやし
怪我 けが
怪異 けい
怪訝 けげん
忽然 こつぜん こつねん
怯む ひるむ
怯懦 きょうだ
怏怏 おうおう
忿怒 ふんぬ
忿懣 ふんまん
怫然 ふつぜん
承け引く うけひく
抽斗 ひきだし
拐帯 かいたい
拘泥 こうでい
拙い つたない まずい
招く をぐ
拝む をろがむ
拗ねる すねる
拗れる こじれる
拗ける ねじける
拗音 ようおん
拠る よる
拠無い よんどころない
拈る ひねる
拈香 ねんこう
披露 ひろう
拉ぐ ひしぐ
拉する らっする
拉致 らち らっち
河内 かわち
河骨 こうほね
河原 かわら
河豚 ふぐ
河童 かっぱ

況して まして
況や いわんや
法 のり フラン
法主 ほうしゅ ほっす
法被 はっぴ
法度 はっと
法相宗 ほっそうしゅう
法華経 ほけきょう
法眼 ほうげん
法橋 ほっきょう
法螺 ほら
波布 はぶ
波斯 ペルシャ
波蘭 ポーランド
波羅門 バラモン
波羅蜜多 はらみった
沾づ ひづ
沽券 こけん
泥 どろ ひぢ でい
泥濘 ぬかるみ でいねい
泥鰌 どじょう
泌尿器 ひつにょうき ひにょうき
注す さす
注連縄 しめなわ
注疏 ちゅうそ
狐 きつね
狐疑 こぎ
狛犬 こまいぬ
苗代 なわしろ
苗字 みょうじ
苗裔 びょうえい
苆 すさ
芥 あくた
芥子 からし
芬蘭 フィンランド
芹 せり
芭蕉 ばしょう
若し夫れ もしそれ
若く しく
若干 そこばく じゃっかん
若布 わかめ
若狭 わかさ
若力 クリー
若汁 にがり
若塩 にがり

若恵 くげん
英吉利 イギリス
邯鄲の夢 かんたんのゆめ
阜偏 こざとへん
阻む はばむ
阿る おもねる
阿片 あへん
阿吽 あうん
阿波 あわ
阿弥陀 あみだ
阿修羅 あしゅら
阿堵物 あとぶつ
阿媽 あま
阿漕 あこぎ
阿闍梨 あじゃり
阿諛 あゆ
陀羅尼 だらに
所以 ゆえん
所有 あらゆる
所為 せい しょい
所狭し ところせし
所謂 いわゆる
斧 おの
斧鉞 ふえつ
放く こく
放る はふる
放らかす はふらかす
放恣 ほうし
放肆 ほうし
放縦 ほうしょう
沓 くつ
昇汞 しょうこう
明 さや みん
明太(魚) めんたい
明白 あからさま
明笛 みんてき
明礬 みょうばん
易簀 えきさく
朋輩 ほうばい
服 ぶく
服ふ まつらふ
服部 はとり はとりべ
服膺 ふくよう
肥前 ひぜん
肥後 ひご

東 ひんがし あづま
東夷 あづまえびす
東風 こち
東屋 あずまや
東路 あづまぢ
東雲 しののめ
杳として ようとして
松明 たいまつ
松脂 まつやに
松魚 かつお
枕く まく
枕詞 まくらことば
林檎 りんご
枚 ばい
枝折 しおり
杭 くい
杵 きね
枘 ほぞ
枇杷 びわ
枉駕 おうが
柿 こけら
果物 くだもの
枢 とまら とぼそ
枡 ます
欣求 ごんぐ
歩 ふ ぶ ほ
武士 さむらい もののふ
武蔵 むさし
炎 ほむら ほのお
炊く たく
炊ぐ かしぐ
炒める いためる
炒る いる
炒飯 チャーハン
炊爨 すいさん
炙る あぶる
物の怪 もののけ
物部 もののべ
祈ぐ ねぐ
玩ぶ もてあそぶ
祈年祭 としごいまつり きねんさい
股肱 ここう
育む はぐくむ
忝い かたじけない
肴 さかな
背んずる がえんずる
肯綮 こうけい
迚も とても
盲 めしい
直 あたひ じか じき ひた
直に じかに じきに
直会 なおらい
直衣 なほし
直面 ひためん
直垂 ひたたれ
直直 じきじき
直截 ちょくせつ
直諌 ちょくかん ちょっかん
知辺 しるべ
知食す しろしめす
空ろ うつろ
空也念仏 くうやねんぶつ
空木 うつぎ
空言 むなごと そらごと
空柱 うつぼばしら
空梅雨 からつゆ
空穂 うつぼ
空蟬 うつせみ
突兀 とっこつ
孟宗竹 もうそうちく もうそうだけ
盂蘭盆 うらぼん
表衣 うへのきぬ
臥す こやす
臥く転ぶ ふしまろぶ
臥所 ふしど
臥薪嘗胆 がしんしょうたん
臥龍(竜) がりょう がりゅう
舎人 とねり
虎子 まる
虎列剌 コレラ
虎杖 いたどり
虎魚 おこぜ
虎斑 とらふ
虱 しらみ
軋る きしる
軋轢 あつれき
采女 うねめ
采邑 さいゆう
金打 きんちょう
金木犀 きんもくせい
金平 きんぴら
金米糖 コンペートー
金団 きんとん
金糸雀 カナリヤ
金毘羅 こんぴら
金柑 きんかん
金甌無欠 きんおうむけつ
金泥 こんでい きんでい
金鍔 きんつば
金盞花 きんせんか
金鳳花 きんぼうげ
金椀 かなまり
金海鼠 きんこ
金鎚 かなづち
金襴 きんらん
長 たけ をさ
長ける たける
長へ とこしへ とこしなへ
長刀 なぎなた
長女 をさめ
長雨 ながめ
長官殿 こうのとの
長押 なげし
長唄 ながうた
長門 ながと
長閑 のどか
長閑けし のどけし
長須鯨 ながすくじら
隹 ふるとり
青鈍 あおにび
青嵐 せいらん
青葛 あおつづら
青鞜派 せいとうは
非時 ときじく

【九画】

亭 ちん
侶 とも
俠 きゃん
俚ぶ さとぶ
俚諺 りげん
信夫摺 しのぶずり
信天翁 あほうどり
信田鮨 しのだずし
信濃 しなの
信憑 しんぴょう
俟つ まつ
便 よすが
俘囚 ふしゅう
俘虜 ふりょ
匍匐 ほふく
冑 かぶと
冠木門 かぶきもん
冠者 かじゃ かんじゃ
冠冕 かんべん
則 のり
則る のっとる
則ち すなわち
前妻 こなみ
削る はつる
削ぐ そぐ
剃力 かみそり
勃牙利 ブルガリア
南京 なんきん
南瓜 かぼちゃ
南風 はえ
南無 なむ
南殿 なでん
品 ほん
品部 ともべ
咳 しわぶき
咳く しわぶく
咫尺 しせき
咽ぶ むせぶ
奏でる かなでる
契丹 きったん
姥 うば
姦しい かしましい
姦佞 かんねい
専ら もはら
威す おどす
城 き
城戸 きど
宣はく のたまはく
宣ふ のたまふ
宣る のる
客人 まらうど
宥める なだめる
宦官 かんがん

屏風 びょうぶ
峡 かい
峙つ そばだつ
海 わた
海人 あま
海人草 まくり
海老 えび
海老茶 えびちゃ
海苔 のり
海松 みる
海星 ひとで
海胆 うに
海の原 わたのはら
海豹 あざらし
海豚 いるか
海酸漿 うみほおずき
海髪 おごのり
海鼠腸 このわた
海鼠 なまこ
海鞘 ほや
海螺 つび
海獺 らっこ
海蘊 もずく
海驢 あしか
洒落 しゃらく しゃれ
封戸 ふこ
封度 ポンド
封緘 ふうかん
垢離 こり
垣間見る かいまみる
巷 ちまた
帝 みかど
帝釈天 たいしゃくてん
帥 そち そつ
狭し せし
狭間 はざま さま
狭隘 きょうあい
狭筵 さむしろ
狭霧 さぎり
独活 うど
独楽 こま
独鈷 とこ とっこ どっこ
独擅 どくせん
狩衣 かりぎぬ
狩座 かりくら
狩野派 かのうは
狡い ずるい
狡知 こうち
狡猾 こうかつ
狡獪 こうかい
狢 むじな
狒狒 ひひ
幽か かすか
幽けし かそけし
栄え はえ さかえ
栄す はやす
栄螺 さざえ
単 ひとえ
建立 こんりゅう
迷子 まいご まよいご
退く しぞく しりぞく のく
退る しさる
逃がす のがす
逃がれる のがれる
逃散 ちょうさん
追従 ついしょう
追捕便 ついぶし
追儺 ついな なやらひ
逆 さか さかさ さかしま
逆上せる のぼせる
逆旅 げきりょ
逆睹 ぎゃくと
逆鱗 げきりん
逆艪 さかみ
迦陵頻 かりょうびん
律呂 りつりょ
律師 りし
律義 りちぎ
後 しり
後方 しりへ
後妻 うはなり
後凋 こうちょう
後朝 きぬぎぬ
思惟 しゆい しい
思惑 おもわく
怨ず えんず えず
怨憎 おんぞう
怨霊 おんりょう
恒河沙 ごうがしゃ
急く せく
悔しい くやしい
恬然 てんぜん
恬澹 てんたん
恪勤 かくごん かくきん
恰幅 かっぷく
恫喝 どうかつ
恤兵 じゅっぺい
拱く こまぬく
拱手 きょうしゅ
指図 さしず
指物 さしもの
指貫 さしぬき
按察使 あぜち
括る くくる
括れる くびれる
挂冠 けいかん
拵える こしらえる
降伏 ごうぶく
映える はえる
映す はやす
昨日 きのう きぞ
昨夜 よべ ゆうべ こぞ
星月夜 ほしづくよ
星菫派 せいきんは
胚 はい
胚嚢 はいのう
昂然 こうぜん
昴 すばる ぼう
春宮 とうぐう
是 これ こ
染みる しみる
染む しむ
柚 ゆず
柚子 ゆず
柾 まきき
柾目 まさめ
柏 かしわ
栂 とが つが
柞蚕 さくさん
栃の木 とちのき
柵 しがらみ さく
柄 つか え から
柄杓 ひさく ひしゃく
柄樽 えだる
柩 ひつぎ
枳殻 からたち きこく
柑子 こうじ
柊 ひいらぎ
枷 かせ
枸杞 くこ
枸櫞酸 くえんさん
枹 ばち
某 なにがし くれがし それがし
柔肌 やわはだ
荘 しょう
荘司 しょうじ
荘園 しょうえん
荘厳 しょうごん そうごん
草臥れる くたびれる
草冠 くさかんむり そうこう
草莽 そうもう
草履 ぞうり
草鞋 わらじ わらんじ
茶巾 ちゃきん
茶袱台 ちゃぶだい
茶袱紗 ちゃぶくさ
茶筅 ちゃせん
荒む すさむ
荒布 あらめ
荒栲 あらたへ
荒磯 ありそ
苛む さいなむ
苛つ いらつ
苛苛 いらいら
苛斂 かれん
苫 とま
茅 かや
茅巻 ちまき
茅蜩 ひぐらし
茅萱 ちがや
茅屋 ぼうおく
茅渟鯛 ちぬだい
苟も いやしくも
苟且 かりそめ こうしょ
苔生す こけむす
苞 つと
苞苴 つと ぼうしょ
茉莉 まつり
苺 いちご
苧 からむし お

苧麻 からむし ちょま
苧環 おだまき
段 きざ きだ
殆ど ほとんど
歪 いびつ
歪み ひずみ ゆがみ
歪曲 わいきょく
毘沙門天 びしゃもんてん
毘盧遮那仏 びるしゃなぶつ
洗滌 せんでき
浅茅 あさじ
浅黄 あさぎ
浅葱 あさぎ
洟 はな
泊夫藍 サクラン
洪水 こうずい
洪牙利 ハンガリア
洪積層 こうせきそう
浄玻璃 じょうはり
津津 しんしん
炭団 たどん
炭櫃 すびつ
昵懇 じっこん
為る なる する
為 ため
為人 ひととなり
為ん方 せんかた
為体 ていたらく
為替 かわせ
点 ちょぼ
点る ともる
点ける つける
点す ともす
点綴 てんてつ てんてい
炮烙 ほうらく ほうろく
炸裂 さくれつ
玲瓏 れいろう
玻璃 はり
珊瑚 さんご
玳瑁 たいまい
扁舟 へんしゅう
扁桃腺 へんとうせん
政所 まんどころ
政つ まつりごつ
故 かれ け もと ふる
故里 ふるさと
疫神 やくじん
疫病 やくびょう えきびょう
疥 はたけ
疥癬 かいせん
疣 いぼ
爼 まないた
爼上 そじょう
瓲 トン
牴牾く もどく
甚く いたく
甚雨 ひさめ
矩尺 かねざし
研ぐ とぐ
砂 いさご
砂蚕 ごかい
界ふ さかふ
皇 すめろぎ すべらぎ
皇神 すめがみ
皇祚 こうそ
皇儲 こうちょ
相応しい ふさわしい
相模 さがみ
相聞 そうもん
相撲 すまひ すもう
県 あがた
眉尖刀 なぎなた
眉間 みけん
看做す みなす
看経 かんきん
眈眈 たんたん
盾 たて
眇たる びょうたる
眇む すがむ
矜持 きょうじ
剝ぐ はぐ
神人 よりまし
神子 みこ
神主 かんぬし
神妙 しんびょう しんみょう
神神しい こうごうしい
神酒 みき
神道 しんとう
神無月 かんなづき
神業 かみわざ
神嘗祭 かんなめまつり
神楽 かぐら
神輿 みこし
神籬 ひもろぎ
祝 はふり ほがひ
祝ぐ ほぐ
祝言 しゅうげん
祝詞 のりと
祝歌 ほぎうた
祖父 おほぢ じじ そふ
祖母 おほば ばば そぼ
祇園精舎 ぎをんしょうじゃ
秋蚕 あきこ
秋刀魚 さんま
秋海棠 しゅうかいどう
科 とが しな
科戸の風 しなとのかぜ
科白 せりふ
穿く はく
穿つ うがつ
穿る ほじる ほじくる
穿山甲 せんざんこう
穿鑿 せんさく
竕 デシリットル
美作 みまさか
美濃 みの
経伊 きい
紅 もみ
紅蓮 ぐれん
紅葉 もみじ
紅葉づ もみづ
紅絹 もみ
紅藻類 こうそうるい
紅鱒 べにます
約まる つづまる
約やか つづまやか
紆余曲折 うよきょくせつ
胆 い きも たん
胞衣 えな
背 そびら せ
背く そむく
背向 そがひ
背面 そとも
背負う しょう
背美鯨 せみくじら
胡瓜 きゅうり
胡沙 こさ
胡床 あぐら
胡坐 こざ あぐら
胡乱 うろん
胡狄 こてき
胡麻 ごま
胡桃 くるみ
胡椒 こしょう
胡籙花 しゃが
胡籙 やなぐい
胡蘿蔔 にんじん
舁く かく
虹 にじ
虻 あぶ あむ
癸 みずのと き
発つ たつ
発条 ばね ぜんまい
発条秤 ばねばかり
竿秤 さおばかり
要 かなめ
要黐 かなめもち
訃 ふ
訃音 ふいん
軍 いくさ
軍兵 ぐんびょう
軍鶏 しゃも
郎子 いらつこ
郎女 いらつめ
降つ くだつ
限 きり かぎり
耶馬台 やまたい やばたい
耶蘇 やそ
陋屋 ろうおく
陋巷 ろうこう
重石 おもし
重吹く しぶく
閂 かんぬき
面 も つら
面子 メンツ
面妖 めいよう
面映い おもはゆい
面皰 にきび
面繋 おもがい
音頭 おんど

頁 おおがい
韋駄天 いだてん
風土記 ふどき
風呂 ふろ
風呂敷 ふろしき
風炉 ふろ
風俗歌 ふぞくうた
風信子 ヒヤシンス
風情 ふぜい
飛白 かすり
飛沫 しぶき
飛鳥時代 あすかじだい
飛騨 ひだ
飛礫 つぶて
首 おびと しるし
首丈 くびたけ
首肯く うなずく
首陀羅 スードラ シュドラ
食 けし
食う くらう
食む はむ
食す をす
食わす くらわす
食物 をしもの
香 きょう
香車 きょうしゃ
香具師 やし
香華 こうげ
香魚 あゆ
香奠 こうでん
乗羃 じょうべき

【十画】

修法 ずほう
修験 しゅけん
修羅 しゅら
倶利加羅 くりから
俳優 わざをぎ
倉稲魂 うかのみたま
倉廩 そうりん
候 さぶらふ さふらふ そろ
値 ね あたい
倦厭 けんえん
借問 しゃもん
倣う ならう
倹しい つましい
倦ず うんず
倦む うむ
俯く うつむく
倅 せがれ
倭文 しづ
倭寇 わこう
兼兼 かねがね
冥加 みょうが
冥途 めいど
凍む しむ
凋む しぼむ
准后 じゅごう
凋落 ちょうらく
凌霄花 のうぜんかずら
凌駕 りょうが
剝ぐ へぐ はぐ
剝ずる へずる
芻蕘 すうじょう
匿う かくまう
哨吶 チャルメラ
唆かす そそのかす
哩 マイル
哭する こくする
哮る たける
哺乳動物 ほにゅうどうぶつ
埒 らち らつ
唐土 もろこし とうど
唐手 からて
唐茄子 とうなす
唐黍 とうきび もろこし(きび)
唐破風 からはふ
唐意 からごころ
唐棣 はねず
唐箕 とうみ
唐櫃 からびつ
夏安居 げあんご
夏至 げし
娘子 じょうし
娑婆 しゃば
宵衣旰食 しょういかんしょく
宴 うたげ
案山子 かがし かかし
宸翰 しんかん
宸襟 しんきん
家司 けいし
家苞 いえづと
家壁蝨 いえだに
家鴨 あひる
容易い たやすい
容喙 ようかい
娉ふ つまどふ
屑屑 せつせつ
屐子 けいし
射干 ひおうぎ しゃが
射干玉の ぬばたまの
将 はた
将に まさに
将監 しょうげん
島嶼 とうしょ
峻し さがし
峻険 しゅんけん
蚩尾 しび
差支える さしつかえる
差別 けじめ しゃべつ
差含む さしぐむ
師走 しわす しはす
帯刀 たてわき たちはき
座 くら
座す います おはす ます
庫裡 くり
庭訓 ていきん
庭潦 にはたづみ
弱竹 なよたけ
躬行 きゅうこう
徒 いたずら ただ むだ
徒士 かちざむらい かち
徒然 つれづれ
従兄弟 いとこ
従姉妹 いとこ
従容 しょうよう
恐い こわい
恣 ほしいまま
恣意 しい
恩賚 みたまのふゆ おんらい
恩頼 みたまのふゆ
息巻く いきまく
恵方 えほう
恵比須(寿) えびす
悄げる しょげる
悄悄 すごすご しょうしょう
悖る もとる
悖徳 はいとく
悚然 しょうぜん
悋気 りんき
恙 つつが
恙虫 つつがむし
恕する じょする
拳 こぶし
挙る こぞる
挙句 あげく
挨拶 あいさつ
捗捗しい はかばかしい
挫く くじく
挿頭 かざし
捉える つかまえる とらえる
捌ける はける さばける
捕える つかまえる とらえる
拿捕 だほ
浦曲 うらわ うらみ
浩然 こうぜん
浪花節 なにわぶし
浪速 なにわ
浪漫主義 ローマンしゅぎ
涅槃 ねはん
浮子 うき
浮図 ふと
浴衣 ゆかた
消息 せうそこ しょうそく
消渇 しょうかち
流石 さすが
流行 はやり
流行る はやる
流離 さすらい
流鏑馬 やぶさめ
浜木綿 はまゆう
浣腸 かんちょう
狼狽 ろうばい
狼煙 のろし
狸 たぬき
狷介 けんかい
茨 うばら いばら
茸 きのこ
荷う になう

荷前 のざき
華奢 きゃしゃ
華鬘 けまん
莟 つぼみ
茹でる ゆでる うでる
茜 あかね
茘枝 れいし
荏苒 じんぜん
茗荷 みょうが
茱萸 ぐみ
荊棘 いばら けいきょく
荊妻 けいさい
茵 しとね
透る とおる
透垣 すいがい
透廊 すいろう
透綾 すきや
逐鹿 ちくろく
逐電 ちくでん
通草 あけび
造 みやつこ
造次顛沛 ぞうじてんぱい
連 つら むらじ
連れ弾き つれびき
連袂 れんべい
連枷 からざお
連銭葦毛 れんぜんあしげ
連翹 れんぎょう
郡 こおり
除目 じもく
陥穽 かんせい
郢曲 えいきょく
扇骨木 かなめもち
敏し とし
旅籠 はたご
旁 つくり
時化 しけ
時雨 しぐれ
時鳥 ほととぎす
時偶 ときたま
時艱 じかん
晋 しん
晒す さらす
晏如 あんじょ
書 ふみ
書肆 しょし
書籍 しょじゃく
書牘 しょとく
朔 ついたち さく
朔日 ついたち さくじつ
校合 きょうごう
校倉 あぜくら
株 くひぜ かぶ
核 さね
格 きゃく
格式 きゃくしき
桂馬 けいま
桐 きり とう
桐壺 きりつぼ
梅雨 つゆ ばいう
梅醤 うめびしお
梅擬 うめもどき
栲 たへ
棗 なつめ
栞 しおり
桔梗 きちこう ききょう
桎梏 しっこく
栓塞 せんそく
栴檀 せんだん
栗 くり
栗鼠 りす
梁 うつばり はり やな りょう
桁 けた
殺ぐ そぐ
殺生 せっしょう
殺陣 たて さつじん
殺戮 さつりく
桀紂 けっちゅう
殊更 ことさら
殷 いん
烏兎匆匆 うとそうそう
烏滸 をこ
烏龍茶 ウーロンちゃ
烏帽子 えぼし
烏賊 いか
烏鷺 うろ
烙印 らくいん
祠 ほこら
祓う はらう
祥 さが
耄る ほる
耄碌 もうろく
耆婆扁鵲 きばへんじゃく
能登 のと
脂 やに あぶら
胸椎 きょうつい
脇立 わきだち
脇侍 きょうじ わきじ
脇能 わきのう
脇息 きょうそく
脆弱 ぜいじゃく
脊黄青鸚哥 せきせいいんこ
脊梁 せきりょう
脊索 せきさく
脊椎 せきつい
珪化木 けいかぼく
珪砂 けいしゃ
珪酸 けいさん
珪藻 けいそう
畔 あぜ くろ
畝 うね ほ
畚 もっこ ふご
畢竟 ひっきょう
疼痛 とうつう
疾うに とうに
疾し とし
疾風 はやて しっぷう
病葉 わくらば
痀瘻 せむし くる
疱瘡 ほうそう
益荒男 ますらお
益荒猛男 ますらたけを
益無し やうなし
真っ赤 まっか
真っ青 まっさお
真中 ただなか まんなか
真田 さなだ
真字 まな
真平 まっぴら
真秀 まほ
真砂 まさご
真逆 まさか
真面 まとも
真面目 まじめ
真魚 まな
真魚板 まないた
真葛 さねかずら
真澄鏡 ますみかがみ ますかがみ
真鍮 しんちゅう
眩い まばゆい
眩う まう
眩しい まぶしい
眩む くらむ
眩暈 げんうん
破る わる やる やぶる
破子 わりご
破風 はふ
破落戸 ごろつき ならずもの
破籠 わりご
砧 きぬた
砥 と
砦 とりで
祗候 しこう
秘か ひそか
秘露 ペルー
秩父絹 ちちぶぎぬ
称える となえる たたえる
秤 はかり
秣 まぐさ まつ
秦 しん
窈窕 ようちょう
窄む つぼむ すぼむ
衾 ふすま
袖手傍観 しゅうしゅぼうかん
袖珍 しゅうちん
裂く かずく
被す かぶす
被る かがふる かぶる こうむる
被衣 かずき
袍 うへのきぬ ほう
衵 あこめ
袘袛 ふき
笑う ゑまう
笑む えむ
笑い ゑまい
笑窪 えくぼ
笑顔 えがお
笋 たけのこ たかんな
笈摺 おいずり おいずる
笊 ざる

笊蕎麦 ざるそば
粉 デシメートル
粃 しいな
粃糠疹 ひこうしん
紊乱 ぶんらん
納戸 なんど
紙魚 しみ
紙鳶 いかのぼり たこ
紙縒 こより かみより
紙燭 しそく
級長戸の風しなとのかぜ
紛う まがう
紛擾 ふんじょう
紐帯じゅうたい ちゅうたい
紗 しゃ
素人 しろうと
素面 しらふ すめん
素晴しい すばらしい
素袍 すおう
素襖 すおう
素麵 そうめん
素馨 そけい
紡錘 つむ ぼうすい
翁 おきな おう
耽溺 たんでき
索麪 そうめん
耘る くさぎる
耕耘 こううん
般若 はんにゃ
舫う もやう
蚕豆 そらまめ
蚕飼 こがい
蚋 ぶよ ぶゆ ぶと
舐る ねぶる
舐める なめる
訓詁 くんこ
訓蒙 きんもう
豹 ひょう
豺狼 さいろう
貢 みつぎ
起請 きしょう
軒輊 けんち
辱い かたじけない
酌み交す くみかわす
酒 き ささ

酒祝 さかほがひ
針孔 みず みぞ
隻影 せきえい
隼 はやぶさ
隼人 はやと
飢饉 ききん
馬刀貝 まてがい
馬子 まご
馬手 めて
馬車 マーチョ
馬尾藻 ほんだわら
馬鹿 ばか
馬喰 ばくろう
馬道 めどう
馬酔木 あせび あしび
馬鈴薯 ばれいしょ
馬銜 くつわ くつばみ
馬寮 めりょう
馬鍬 まんが まぐわ
骨無し こちなし
骨牌 カルタ こっぱい
骨董 こっとう
高天が原 たかまがはら
高句(勾)麗 こうくり
高庇 こうひ
高砂 たかさご
高志の国 こしのくに
高粱 こうりゃん
高野聖 こうやひじり
高御座 たかみくら
高邁 こうまい
高麗 こま こうらい
鬼子母神 きしもじん きしぼじん
鬼灯 ほおずき

【十一画】

壺中 こちゅう
乾 いぬい けん
乾す ほす
乾坤 けんこん
乾飯 かれいひ ほしいひ
乾瘡 はたけ
乾鮭 からざけ
乾鰯 ほしか

乾麵麭 かんパン
乾瓢 かんぴょう
健児 こんでい
健気 けなげ
停止 ちょうじ
側 そば がわ
偶 たまさか たまたま
偶蹄類 ぐうているい
偽る いつわる
偏に ひとえに
偏衫 へんさん
偕老 かいろう
偸安 とうあん
偸盗 ちゅうとう
偈 げ
兜 かぶと
兜巾 ときん
兜率天 とそつてん
剰え あまつさえ
剪む はさむ
剪定 せんてい
匙 かい さじ
匏 ひさご
帷 とばり
帷子 かたびら
帷幄 いあく
帳 とばり
崩ゆ くゆ
強い こわい
強いて しいて
強いる しいる
強か したたか
強ち あながち
強顔い つれない
強飯 こはいひ こわめし
強盗 がんどう ごうとう
強靱 きょうじん
強請 ゆすり ごうせい
商人あきんど あきゅうど
棄つ うつ すつ
執念し しふねし
基督 キリスト
培う つちかう
堆い うずたかい
堆石 たいせき

埠頭 ふとう
埴 はに
埴生 はにふ
埴輪 はにわ
菫 すみれ
婚ふ よばふ
婚 よばひ
婀娜 あだ
孰れ いずれ
常とは とことは とこしなへ
常陸 ひたち
常滑 とこなめ
常闇 とこやみ
常磐 ときは
庶幾う こいねがう
庵 いほ いほり
彗星 すいせい
彩 あや
彩画 だみえ
彩絵 だみえ
彫る える ほる
彫心鏤骨ちょうしんるこつ
進捗 しんちょく
逸物 いちもつ いつぶつ
啓蒙 けいもう
逝く ゆく
逢引 あいびき
逗留 とうりゅう
逡巡 しゅんじゅん
這般 しゃはん
這這の體ほうほうのてい
這裏 しゃり
唯 ただ
唾 つ つば
唾棄 だき
啀む いがむ
啄 くちばし ついばむ
啄木 たくぼく
徘徊るもとほる たもとほる
尉と姥 じょうとんば じょうとうば
御 み
御手洗 みたらし
御玉杓子おたまじゃくし
御名代 みなしろ
御衣みぞ おんぞ みけし

御言 みこと
御伽 おとぎ
御食 みけ
御法 みのり
御幸 みゆき
御佩刀 みはかし
御門 みかど
御修法 みしほ みずほう
御首 みぐし
御酒 みき
御息所 みやすどころ みやすんどころ
御斎 おとき
御厠 おかわ
御達 ごたち
御統 みすまる
御寝る およる
御殿 みあらか
御稜威 みいつ
御髪 おぐし みぐし
御影 みかげ みえい
御霊 みたま
御襁褓 おむつ
御饌 みけ
御簾 みす
御鬮 みくじ
得 う
猛し たけし
猛る たける
猛者 もさ
猫 ねこ
猪口 ちょこ ちょく
猪口才 ちょこざい
猪牙舟 ちょきぶね
猟矢 さつや
猟虎 らっこ
猖獗 しょうけつ
猜疑 さいぎ
猊下 げいか
掛詞 かけことば
措く おく
掘立 ほったて
掘削 くっさく
掘建 ほったて
掘鑿 くっさく
探湯 くかだち
据置 すえおき
掃部寮 かもんりょう
排仏毀釈 はいぶつきしゃく
推敲 すいこう
接骨木 にわとこ
挽く ひく
挽茶 ひきちゃ
挽歌 ばんか
掉尾 とうび
掬ぶ むすぶ
掬する きくする
捺染 なっせん なせん
捥ぐ もぐ
掠る かする
捷径 しょうけい
掏る する
掏摸 すり
捩じる もじる ねじる
捩じれる もじれる ねじれる
捩子 ねじ
捻る ひねる
捻じる ねじる
捻子 ねじ
捻挫 ねんざ
寄人 よりゅうど
寄生木 ほや やどりぎ
寄居虫 ごうな
寄席 よせ よせせき
密か ひそか みそか
密やか ひそやか
宿世 すくせ
宿直 とのゐ
宿禰 すくね
宿曜 すくよう
寅 とら
冤 えん
深山 みやま
深雪 みゆき
淡竹 はちく
淡路 あわじ
清 さや しん
清けし さやけし
清水 しみず
清浄 しょうじょう せいじょう
清清 すがすが
清搔 すががき
清規 しんぎ
清穆 せいぼく
混沌 こんとん
混凝土 コンクリート
済済 せいせい さいさい
淋巴 リンパ
淋漓 りんり
淑景舎 しげいしゃ
涸れる かれる
淘げる よなげる
淘る ゆる
淘汰 とうた
淪落 りんらく
淙淙 そうそう
淦 あか
著し しるし
著けし しるけし
莨 タバコ
莫れ なかれ
莫大小 メリヤス
莫告藻 なのりそ
莫迦 ばか
莫連女 ばくれんおんな
莧 ひゆ
莢 さや
莞爾 かんじ
莫蓙 ござ
茶吉尼天 だきにてん
茶毘 だび
逸れる それる はぐれる
逸る はやる
部曲 ともべ かきべ
郭 しるわ
都都逸 どどいつ
陳 ひね
陳べる のべる
陳者 のぶれば
陸 くが
陸な ろくな
陸屋根 ろくやね
陸奥 むつ みちのく
陸稲 おかぼ りくとう
陸蒸気 おかじょうき
陶冶 とうや
陶物 すえもの
陰陽師 おんみょうじ
陰嚢 ふぐり
悪阻 つわり おそ
悪寒 おかん
悪戯 わるさ いたずら
悉曇 しったん
情強 じょうごわ
惨め みじめ
惨い むごい
惚れる ほれる
惚ける ほうける のろける ほける ぼける
悌 てい
悽愴 せいそう
悠紀 ゆき
惟みる おもんみる
惟神 かんながら
斜 なのめ
斜子 ななこ
斜交 はすかい
族 やから ぞう ぞく
旋毛 つむじ
旋風 つむじかぜ
旋頭歌 せどうか
瓠 ふしべ ひさご
烱眼 けいがん
扈従 こしょう こじゅう
救世 くせ ぐせ
救恤 きゅうじゅつ
教外別伝 きょうげべつでん
晨鶏 しんけい
曹達 ソーダ
曹司 そうし
曼陀羅 まんだら
曼珠沙華 まんじゅしゃげ
曼荼羅 まんだら
晦ます くらます
晦渋 かいじゅう
晦冥 かいめい
望 もち
望月 もちづき
梶 かじ
梢 こずえ
梨園 りえん
梯子 はしご

梱 こり
梱包 こんぽう
梓 あずさ
梳く すく とく
梳る けずる くしけずる
梗塞 こうそく
梃子 てこ
桿菌 かんきん
桴 とねりこ
梔 くちなし
梔子 くちなし
梲 うだつ
桴 ばち
梛 なぎ
梭魚 かます
梟 ふくろう
梵 ぼん
梵刹 ぼんさつ ぼんせつ
梵妻 ぼんさい だいこく
梵論字 ぼろんじ
欲る ほる
毬 いが
毬杖 ぎっちょう
毬藻 まりも
殻竿 からざお
率る ゐる
甜瓜 まくわうり
甜菜 てんさい
産す むす
産土 うぶすな
産霊 むすび
産養 うぶやしなひ
瓶 かめ
瓶子 へいじ へいし
略 ほぼ
異 け
異し けし あやし
異しかり けしかり
畦 あぜ うね
祭粢料 さいしりょう
窒扶斯 チフス
竟に ついに
章魚 たこ
羚羊 かもしか
笞 しもと むち
笞杖 ちじょう
笥 け
翌朝 つとめて
盛者しょうじゃ じょうしゃ
盗汗 ねあせ とうかん
牽牛 けんぎゅう
牽強附会けんきょうふかい
犀 さい
理 ことわり
理なし わりなし
琅玕 ろうかん
現 うつつ うつし
現人神 あらひとがみ
現心 うつしごころ
現世 うつしよ
現身 うつしみ
脚立 きゃたつ
脚気 かっけ
脚絆 きゃはん
勘解由 かげゆ
眼奈太 めなだ
眼差し まなざし
眼間 まなかい
眼鏡 めがね
眥 まなじり
眷恋 けんれん
眷属 けんぞく
舂く うすづく つく
粗目 ざらめ
粗砥 あらと
粗菰 あらごも
粘す ねやす
粘土 へなつち ねんど
粘稠 ねんちゅう
虚 うつろ うろ
虚妄 きょもう こもう
虚仮 こけ
虚言 むなごと
疵 きず
痕跡 こんせき
術 すべ じゅつ
裄 ゆき
裄丈 ゆきたけ
袷 あわせ
袵 おくみ
袿 うちぎ
裃 かみしも
袱紗 ふくさ
細 ささら さざれ ささめ
細やか ささやか
細石 さざれいし さざれ
細波 さざなみ さざなみ
細流 せせらぎ
細魚 さより
細螺 きしゃご きさご
経つ たつ
経営 けいめい けいえい
経緯 たてぬき
終に ついに
終日 ひねもす
終夜 よすがら よもすがら
終焉 しゅうえん
紺屋 こうや こんや
紺碧 こんぺき
紫丁香花むらさきはしどい
紫雲英 げんげ れんげそう
紫苑 しおん
紫宸殿 ししいでん ししんでん
紫陽花 あじさい
紫羅欄花 あらせいとう
絆 きずな ほだし
絆纏 はんてん
絁 あしぎぬ
紬 つむぎ
紮げる からげる
羞悪 しゅうお
船首 みよし
船棚 ふなだな
船霊 ふなだま
舳 みよし
舷 ふなばた
舵 かじ
聊爾 りょうじ
蛋白 たんぱく
蛇 へび くちなわ じゃ
蛇皮線 じゃびせん
蛇腹 じゃばら
蛇蝎 だかつ
蛇の髭 じゃのひげ
蛇籠 じゃかご
蚰蜒 げじげじ
蛞蝓 なめくじ
衒う てらう
許 がり ばかり
許多ここら ここだ あまた
訪ふおとなふ とぶらふ とふ
設く まく もうく
訥弁 とつべん
袞龍こんりょう こんりゅう
規 ぶんまわし
貫 ぬき
販ぐ ひさぐ
貪る むさぼる
貪婪 たんらん どんらん
貶する へんする
貶す けなす
転す こかす
転ぶ まろぶ ころぶ
転げる ころげる
軟障 ぜじょう
酔ふ ゑふ
野木瓜 あけび
野守 のもり
野老 ところ
野点 のだて
野面 のもせ
野狐禅 やこぜん
野晒 のざらし
野師 やし
釈迦 しゃか
釈奠 せきてん
釣瓶 つるべ
釧 くしろ
趺坐 あぐら ふざ
雀 すずめ
雀斑 そばかす
雀躍こおどり じゃくやく
斎 とき
斎む いむ
斎まはる ゆまはる
斎忌 ゆき
斎部 いみべ いんべ
斎場 ゆには
頃日 けいじつ
雪ぐ そそぐ すすぐ

雪山 せっせん
雪洞 ぼんぼり
雪消 ゆきげ
雪崩 なだれ
雪冤 せつえん
雪隠 せっちん
雪駄 せった せきだ
雪踏 せった せきだ
頂戴 ちょうだい
魚 な
魚子 ななこ
魚籃 ぎょらん
魚籠 びく
魚鱗 ぎょりん
鳥羽絵 とばえ
鳥兜 とりかぶと
鳥渡 ちょっと
鳥頭 とりかぶと
鳥黐 とりもち
鹵獲 ろかく
鹵簿 ろぼ
鹿 しし しか
鹿毛 かげ
鹿尾菜 ひじき
鹿柴 ろくさい
鹿砦 ろくさい
麻 お あさ
麻呂 まろ
麻雀 マージャン
麻疹 はしか ましん
麻笥 をけ
麻幹 おがら
黄昏 たそがれ
黄金 こがね おうごん
黄泉 よみ
黄泉国 よもつくに
黄葉 もみじ
黄楊 つげ
黄檗宗 おうばくしゅう
黄櫨 はじ はぜ
黄蘗 きはだ
黒子 ほくろ
黒百合 くろゆり
黒南風 くろはえ
黒酒 くろき
黒檀 こくたん
亀卜 きぼく

【十二画】

傍 そば かたわら かたえ
傍目 はため おかめ あからめ
傍惚れ おかぼれ
傍痛し かたはらいたし
傍輩 ほうばい
傘下 さんか
備に つぶさに
備中 びっちゅう
備前 びぜん
備後 びんご
傀儡 くぐつ かいらい
傅 めのと ふ
傅く かしずく
傅育 ふいく
堯 ぎょう
凱旋 がいせん
割烹 かっぽう
勝鬨 かちどき
勤しむ いそしむ
馮河 ひょうが
博士 はかせ
博多 はかた
博労 ばくろう
博奕 ばくえき ばくち
卿 きょう けい
卿大夫 けいたいふ
卿相 けいしょう
厨 くりや ちゅう
厨子 ずし
厨房 ちゅうぼう
善知鳥 うとう
喚く おめく わめく
喋る しゃべる
喋喋 ちょうちょう
喧嘩 けんか
喧喧囂囂 けんけんごうごう
喧擾 けんじょう
喫驚 びっくり
喉頭 こうとう
喃 のう
啼く なく
嘉する よみする
喘息 ぜんそく
喇叭 ラッパ
喇麻 ラマ
啾啾 しゅうしゅう
喟然 きぜん
喬木 きょうぼく
堪える こらえる たえる
堰 せき
堰堤 えんてい
塁 とりで るい
塔頭 たっちゅう
堵 と
堅磐 かきは
奢侈 しゃし
奠都 てんと
奥津城 おくつき
媒 なかだち なこうど
富貴 ふっき ふうき
富饒 ふうじょう ふじょう
寒蟬 つくつくぼうし
寔に まことに
窘める たしなめる
寓 ぐう
寓居 ぐうきょ
就中 なかんずく
尋 ひろ
尋む とむ
属する しょくする
属目 しょくもく
屠る ほふる
屠蘇 とそ
嵌まる はまる
嵌入 かんにゅう
順 ずん じゅん
巽 たつみ
象る かたどる
幇間 ほうかん
帽額 もこう
弑す しす しいす
弑逆 しぎゃく しいぎゃく
弾く はじく ひく
粥 かゆ
復 また ふたたび
復辟 ふくへき
街衢 がいく
惑溺 わくでき
惻隠 そくいん
愕然 がくぜん
掌 てのひら たなごころ
提子 ひさげ
提灯(燈) ちょうちん
掲焉なり けちえんなり
捏ねる つくねる こねる
捏造 ねつぞう でつぞう
揚句 あげく
揚巻 あげまき
揚雲雀 あげひばり
揚繰 あぐり
揮毫 きごう
揺蕩ふ たゆたふ
揺籃 ゆりかご ようらん
揶揄 やゆ
揣摩 しま
挿す さす
掾 じょう
掣肘 せいちゅう
渚 なぎさ みぎわ
減 めり へり かん
減張 めりはり
渡殿 わたどの
温い ぬるい ぬくい
温める ぬくめる
温泉 いでゆ
渾沌 こんとん
渾身 こんしん
湯女 ゆな
湯湯婆 ゆたんぽ
湯婆 たんぽ
湯熨 ゆのし
満天星 どうだんつつじ
満俺 まんがん
滋籐弓 しげどうのゆみ
湛える たたえる
滑み したみ
渤海 ぼっかい
渺茫 びょうぼう
渺渺 びょうびょう
猶 なお

猶太 ユダヤ
猶予ふ たゆたふ ためらふ
猩猩 しょうじょう
菅 すげ すが
菅笠 すががさ すげがさ
菅薦 すがごも
菅垣 すがかき
菩提 ぼだい
菩薩 ぼさつ
菱 ひし
萠える もえる
萌黄 もえぎ
萎れる しおれる
萎む しぼむ
萎びる しなびる
落人 おちゅうど
落款 らっかん
葬る はふる はぶる
菘 すずな
菰 こも
菖蒲 あやめ しょうぶ
遂に ついに
遊ぶ すさぶ あそぶ
遊山 ゆさん
遊行 ゆぎょう
遊走子 およぎし
遍し あまねし
遍羅 べら
過ぎる よぎる
道触りの神 ちぶりのかみ
達磨 だるま
違う たがう
逼迫 ひっぱく
逼塞 ひっそく
陽炎 かぎろひ かげろふ
隈 くま
猥褻 わいせつ
階 きざはし
随に ままに まにまに
随神 かみながら かんながら
隋 ずい
郷 さと ふるさと
幾十許 いくそばく
幾十度 いくそたび
幾許 ここら ここだ

散華 さんげ
散飯 さば
敦圉く いきまく
敬ふ ゐやまふ
欺瞞 ぎまん
無言 しじま
犂 すき
数多 あまた
斑 ふ はだれ ぶち
斑鳩 いかる いかるが
斑猫 はんみょう
琺瑯 ほうろう
斯う こう
斯界 しかい
普し あまねし
普門品 ふもんぼん
普賢 ふげん
普請 ふしん
智利 チリ
晩稲 おしね おくて
最中 もなか
最果 さいはて
最寄 もより
曾て かつて
曾祖父 ひいじじい そうそふ
曾孫 ひまご ひこ そうそん
曾遊 そうゆう
朝臣 あそん
朝餉 あさがれひ
棉 わた
棘 おどろ
棚霧ふ たなぎらふ
棟梁 とうりょう
桟俵 さんだわら
桟留 さんとめ
桟敷 さじき
棲息 せいそく
棺 ひつぎ かん
検校 けんぎょう
検見 けみ
検非違使 けびいし
極まる きわまる
極める きわめる きめる
椀 まり わん
椀飯 おうばん

椎 しい
椎茸 しいたけ
椒 はじかみ
椒房 しょうぼう
棕櫚 しゅろ
楉 しもと
椙 すぎ
椋鳥 むくどり
棠棣 はねず
棘 とげ きょく
棘皮動物 きょくひどうぶつ
欽定 きんてい
欽羨 きんせん
欽仰 きんこう きんぎょう
鈍まし おぞまし
鈍色 にびいろ
鈍甲 どんこ
焙る あぶる
焙ずる ほうずる
焙炉 ほいろ
焙烙 ほうろく
焚く やく たく
焚書坑儒 ふんしょこうじゅ
焜炉 こんろ
無才 むざえ
無礼し なめし
無花果 いちじく
無患者 むくろじ
無碍 むげ
無辜 むこ
無漏 むろ
無礙 むげ
焰 ほむら ほのお
然 さ しか
然然 しかじか
然様 さよう
焦れる じれる こがれる
焼売 シュウマイ
焼酎 しょうちゅう
牌 はい ぱい
琢磨 たくま
琴柱 ことじ
琴瑟 きんしつ
琵琶 びわ
脹らむ ふくらむ

腋 わき えき
腋芽 えきが
腋臭 わきが
腔腸動物 こうちょうどうぶつ
腕 ただむき かいな
腓 こむら こぶら ひ
腑甲斐ない ふがいない
腊葉 さくよう
犇めく ひしめく
甦る よみがえる
番い つがい
畳紙 たとうがみ
畳なはる たたなはる
畳なづく たたなづく
疎 まばら そ
疎む うとむ
疎か おろそか
痘瘡 もがさ とうそう
痘痕 あばた いも
痣 あざ
痙攣 けいれん
登攀 とうはん
皓歯 こうし
短尺 たんざく
短冊 たんざく たんじゃく
硫黄 いおう ゆおう
硯北 けんぽく
硯滴 けんてき
硨磲 しゃこ
碌な ろくな
稀有 けう
税 ちから
稍 やや
竦む すくむ
童 わらは わらべ わらんべ わらはべ
童謡 わざうた
装束く さうぞく
補綴 ほてつ ほてい ほせつ
補陀落 ふだらく
裙帯 くたい
禄 ろく
等 など なんど なぞ
等閑 なおざり
筐 かたみ はこ
筋斗 とんぼ もんどり

筋交 すじかい
筑前 ちくぜん
筑紫 つくし
筌 うけ
筍 たけのこ
笄 こうがい
筬 おさ
粟 あわ ぞく
結城 ゆうき
結着 けっちゃく
結跏趺坐 けっかふざ
結縄 けつじょう
絡む からむ
絡繹 らくえき
絢爛 けんらん
絣 かすり
給ぶ たぶ
絨毯 じゅうたん
絎 くけ
絖 ぬめ
絓 しけ
絮説 じょせつ
翔る かける
翔破 しょうは
着丈 きたけ
翕然 きゅうぜん
蛙 かわず かえる
蛙鳴蟬噪 あめいせんそう
蛟 みずち
蛟龍 こうりょう こうりゅう
蛭 ひる
蛤 はまぐり
覗く のぞく
証憑 しょうひょう
詐る いつわる
詞 ことば し
詞書 ことばがき
詠む よむ ながむ
詛う のろう
貂 てん
貴なり あてなり
貴人 うまびと あてびと
貼付 ちょうふ
貽貝 いがい
跛 ちんば
跋渉 ばっしょう
跋扈 ばっこ
超す こす
越中 えっちゅう
越前 えちぜん
越後 えちご
軽む かろむ
軽蔑 けいべつ
酣 たけなわ
酢和 すあえ
酢漿草 かたばみ
酢韲 すあえ
釉薬 うわぐすり ゆうやく
量 こく
量る はかる
開ける はだける
開眼 かいげん
開闢 かいびゃく
間 あい
間狂言 あいきょうげん
閏 うるう
閏月 じゅんげつ
雁 かり がん
雁皮 がんぴ
雁来紅 はげいとう がんらいこう
雁垂 がんだれ
雁擬 がんもどき
雄蕊 おしべ ゆうずい
集い つどい
集く すだく
集る たかる
集注 しっちゅう
雅 みやび が
雅楽寮 うたのつかさ
雲丹 うに
雲母 きらら うんも
雲呑 ワンタン
雲脂 ふけ
雲雀 ひばり
飯 いい
飯店 ファンテン
飯蛸 いいだこ
飯櫃 いいびつ めしびつ
飲食 おんじき
飲酒 おんじゅ
項 うなじ こう
項垂れる うなだれる
須く すべからく
須要 しゅよう すよう
須臾 しゅゆ すゆ
須弥山 しゅみせん
黍 きび
靫 ゆぎ うつぼ
靫負 ゆげひ
靫帯 じんたい
靫蔓 うつぼかづら
颪 おろし

【十三画】

債る はたる
催馬楽 さいばら
傷 きず
傾れる なだれる
傾城 けいせい
僉議 せんぎ
傲岸 ごうがん
勢子 せこ
勤行 ごんぎょう
勧請 かんじょう
剽悍 ひょうかん
剿滅 そうめつ
嗅ぐ かぐ
嗅覚 きゅうかく
嗚咽 おえつ
嗜む たしなむ
嗣 つぎ し
嗄れる かれる しわがれる
嗇い しわい
園生 そのう
塞ぐ ふたぐ ふさぐ
塞の神 さえのかみ
塞翁が馬 さいおうがうま
塗す まぶす
塗れる まみれる
塗る まぶる ぬる
塗師 ぬし ぬりし
填める はめる
塒 とぐろ ねぐら
塙 はなは
夢 いめ ゆめ
夢現 ゆめうつつ
嫁ぐ とつぐ
嫉む そねむ ねたむ
嫉妬 しっと
嫌悪 けんお
媾曳 あいびき
嫋やか たおやか
嫋嫋 じょうじょう
媼 おうな
寝ぬ いぬ
寛ぐ くつろぐ
寛に ゆたに ゆたかに
幹 から みき かん
廉 かど
微か かすか
微りせば なかりせば
微妙 みみょう
微笑む ほほえむ
微温湯 ぬるまゆ びおんとう
微睡む まどろむ
微塵 みじん
愁眉 しゅうび
愛し をし
愛でたい めでたい
愛でる めでる
愛し うつくし はし いとし
愛子 まなご いとしご
愛敬 あいぎょう あいきょう
慈姑 くわい
慄然 りつぜん
慊焉 けんえん
愚痴 ぐち
搔爬 そうは
搏風 はふ
搗く つく
搾滓 しめかす
溜飲 りゅういん
溝萩 みそはぎ
滅入る めいる
滅茶苦茶 めちゃくちゃ
滑 ぬめ なめ
滑子 なめこ
渓谷 けいこく
溯る さかのぼる

滂沱 ぼうだ
溘焉 こうえん
滔滔 とうとう
溲瓶 しゅびん
献ぐ みつぐ ささぐ
猿 ましら さる
猿楽 さるごう さるがく
獏 ばく
萩 はぎ
葛 くず かずら
葛籠 つづら
葦 よし あし
葦芽 あしかび
葦簀 よしず
葦簾 よしず
葦鶴 あしたづ
蒸かす ふかす
萱 かや
萱草 かんぞう
葡萄 ぶどう えび
葡萄牙 ポルトガル
葡萄茶 えびちゃ
蓑虫 みのむし
葷酒 くんしゅ
葫 にんにく
韮 にら
蓖麻 ひま
葯 やく
萵苣 ちしゃ ちさ
隔靴搔痒 かくかそうよう
歳 とし とせ
遠 をち
遠江 とおとうみ
遠近 をちこち
遠流 おんる
遠眼鏡 とおめがね
遣り水 やりみず
遣隋使 けんずいし
隘路 あいろ
戦 いくさ たたかい
戦く わななく おののく
戦ぐ そよぐ
数奇 すき さっき
数寄 すき
数珠 じゅず ずず

感佩 かんぱい
新 にい さら あら
新地 さらち
新発意 しぼち しんぼち
新嘗祭 にいなめさい
新墾 にひばり
新墾田 あらきだ
新羅 しらぎ
暈 かさ
暈す ぼかす
暖簾 のれん
椿 つばき
椿象 かめむし
楚 すわえ
楚囚 そしゅう
楠 くす
楊梅 やまもも
椰子 やし
楢 なら
楯 たて
楕円 だえん
椽大の筆 てんだいのふで
椹 さわら
楸 ひさぎ
楤 たら
椴 とど
楡 にれ
楓 かえで
楔 くさび
楔形文字 くさびがたもじ せっけいもじ
楽府 がふ
楽車 だんじり
殿 しんがり との との
殿守 とのもり
毀す こわす
毀つ こぼつ
毀れる こぼれる こわれる
毀誉褒貶 きよほうへん
毀傷 きしょう
煎じる せんじる
煎る いる
煎餅 せんべい
煩い うるさい
煩悩 ぼんのう
煩瑣 はんさ

煙草 タバコ
煙管 きせる
煉瓦 れんが
煉羊羹 ねりようかん
煉獄 れんごく
煌く きらめく
煌らか きららか
煌煌 こうこう
煠でる ゆでる うでる
瑞 ずい
瑞西 スイス
瑞枝 みずえ
瑞典 スウエーデン
瑞歯 みずは
瑞穂 みずほ
瑕疵 かし
瑇瑁 たいまい
矮鶏 ちゃぼ
矮軀 わいく
禁闕 きんけつ
禍 まが わざわい
禍津日 まがつひ
腫瘍 しゅよう
腸加答児 ちょうカタル
腺 せん
痴 をこ
痴めく をこめく
痴れる しれる
痴言 しれごと
痴絵 をこえ
痼り しこり
睡蓮 すいれん
睦まじい むつまじい
睦月 むつき
睦言 むつごと
睫毛 まつげ
睥睨 へいげい
罫 けい
罨法 あんぽう
碇 いかり
碑 いしぶみ
硼酸 ほうさん
碍子 がいし
稚児 ちご
稜 そば

稜角 りょうかく
稜威 いつ りょうい
稠密 ちゅうみつ
稗 ひえ
稗史 はいし
裔 えい
褄 つま
節 よ ふし せち
節会 せちえ
節供 せちく
節分 せちぶん
筮 めどぎ ぜい
筮竹 ぜいちく
筥 はこ
筥迫 はこせこ
筧 かけひ
筵 むしろ えん
筵道 えんどう
継 まま つぎ
続飯 そくい
絽 ろ
羨し ともし
羨ましい うらやましい
羨道 えんどう
羨望 せんぼう
聖 ひじり
聖人 しょうにん
聖衆 しょうじゅ
聖観世音 しょうかんぜおん
聘する へいする
辞別く ことわく
虞れ おそれ
虞美人草 ぐびじんそう
虜 りょ
虜擒 とりこ
蜑 あま
蜀 しょく
蜀黍 もろこし もろこしきび
蜀魂 ほととぎす しょくこん
蜂 はち
蜃気楼 しんきろう
蜉蝣 かげろう ふゆう
蛼 こおろぎ
蛹 さなぎ
蛸 たこ

蜈蚣 むかで
蛻ける もぬける
粳 うる うるち
越の国 こしのくに
舅 しゅうと
舅姑 きゅうこ
解ける ほどける
解れる ほぐれる ほつれる
解す ほぐす ほごす
触書 ふれぶみ
詣でる もうでる
詫 わび
詭弁 きべん
詮方 せんかた
詰草 つめくさ
詳か つまびらか
誅する ちゅうする
誅戮 ちゅうりく
誄 るい しのびごと
豊明 とよのあかり
豊前 ぶぜん
豊後 ぶんご
豊御酒 とよみき
豊葦原 とよあしはら
跨ぐ またぐ
跨線橋 こせんきょう
跳ねる はねる
践祚 せんそ
貉 むじな
賄う まかなう
賄賂 まいない わいろ
跫音 あしおと きょうおん
跪座 きざ
辟易 へきえき
鉄刀木 タガヤサン
鉄傘 てっさん
鉄漿 かね
鉱滓 こうし
鉦 かね しょう
鉤 かぎ はり
鉗子 かんし
鉋 かんな
鉉 つる
閘門 こうもん
雉 きじ きぎし きぎす
雉子 きぎし きぎす
雌蕊 めしべ しずい
零す こぼす
零余子 むかご ぬかご
雷 いかづち かみなり
雹 ひょう
電為 でんかわ
靴 くつ か
頌 じゅ しょう
頌歌 しょうか
頌する しょうする
頑 かたくな がん
頑是無い がんぜない
頑癬 たむし がんせん
頓 とみ とん
頓着 とんじゃく とんちゃく
頓証菩提 とんしょうぼだい
馴れる なれる
馴致 じゅんち
髢 かもじ
鳩尾 みぞおち みずおち
鳩首 きゅうしゅ
鳰 にお
鳧 けり
鼎坐 ていざ
鼠 ねずみ

【十四画】

僕 やつがれ しもべ
僥倖 ぎょうこう
塾 じゅく
夥しい おびただしい
夥多 かた
厭う いとう
厭離穢土 おんりえど えんりえど
嗾ける けしかける
嗽 うがい
嗽ぐ しちすすぐ
嘔吐 おうと
嘖嘖 さくさく
嘗て かつて
嘗める なめる
塹壕 ざんごう
嫗 おうな おう
嫣然 えんぜん
嫦娥 じょうが
孵る かえる
孵化 ふか
寧ろ むしろ
寨 とりで
窪 くぼ
寥寥 りょうりょう
寡 やもめ
寡婦 やもめ かふ
屢述 るじゅつ
層 こし
廓 くるわ
徴 しるし
徴る はたる
態と わざと
態態 わざわざ
慢慢的 マンマンデ
憎悪 ぞうお
慳貪 けんどん
慇懃 いんぎん
慫慂 しょうよう
慟哭 どうこく
摘む つまむ つむ
摺鉢 すりばち
摑む つかむ
滲む にじむ
漁り いさり すなどり あさり
漆 うるし
漆食 しっくい
漏斗 じょうご ろうと
漏泄 ろうせつ ろうえい
漏洩 ろうせつ ろうえい
演繹 えんえき
漢才 からざえ
漢心 からごころ
漫 そぞろ すずろ
漱ぐ くちすすぐ すすぐ
漬づ ひづ
滾つ たぎつ
滾滾 こんこん
漉く すく
漉餡 こしあん
獄 ひとや ごく
蒔く まく
蒔絵 まきえ
蒙る こうむる
蒙塵 もうじん
蒲公英 たんぽぽ
蒲葵 びろう びりょう
蒲鉾 かまぼこ
蒼穹 そうきゅう
蒼氓 そうぼう
蓋し けだし
蓚酸 しゅうさん
蒜 ひる
蓐瘡 じょくそう
蒿雀 あおじ
蒟蒻 こんにゃく
蓍 めど
蓆 むしろ
蓴菜 じゅんさい
遜る へりくだる
遡る さかのぼる
適 たまさか たま
適う かなう
隙 ひま げき
際 きわ
障子 そうじ しょうじ
障礙 しょうげ しょうがい
隠る なばる こもる
隠亡 おんぼう
隠岐 おき
鄙 ひな ひ
截然 せつぜん
斡旋 あっせん
暢気 のんき
暢達 ちょうたつ
槐 えんじゅ
槐門 かいもん
榊 さかき
榾 ほだ ほた
槓杆 こうかん
榛 はん はり はしばみ
榻 しじ
槇 まき
榑 くれ
歌留多 カルタ
歌舞伎 かぶき
熊 くま

熊の胆 くまのい
熊襲 くまそ
爾 なんじ しか
爾来 じらい
爾後 じご
犒う ねぎらう
腐す くたす くさす
膏血 こうけつ
膏肓 こうこう
膃肭獣 おっとせい
監物 けんもつ
碧瑠璃 へきるり
碧潭 へきたん
瑠璃 るり
瑪瑙 めのう
膂力 りょりょく
碩儒 せきじゅ
種 くさ くさはひ
種子島 たねがしま
稲荷 いなり
稲熱病 いもちびょう
稭 しべ
穀潰し ごくつぶし
黎民 れいみん
端 つま は はした はつ
端唄 はうた
端端 はつはつ
端境 はざかい
瘋癲 ふうてん
皹 あかぎれ ひび
皹る かがる
罰 ばち ばつ
稽首 けいしゅ
禊 みそぎ
禊祓 みそぎはらい
褌 ふんどし ふどし たふさぎ
褐色 かちいろ かっしょく
裳 も
裳層 もこし
裳瘡 もがさ
箋註 せんちゅう
箏 そう
箒 ははき ほうき
算盤 そろばん
管領 かんれい かんりょう

箔 はく
箜篌 くご
箝口 かんこう
箙 えびら
箕 み
箍 たが
精しい くわしい
精げる しらげる
精進 そうじ しょうじん
精霊 しょうりょう
粽 ちまき
総 ふさ
総角 あげまき
綜る へる
綴代 とじしろ
綴字 てつじ ていじ せつじ
綸旨 りんし
綺語 きぎょ きご
綺羅 きら
綺麗 きれい
緊褌一番 きんこんいちばん
練り貫 ねりぬき
練馬大根 ねりまだいこん
網代 あじろ
綾羅 りょうら
緋 あけ ひ
緋縅 ひおどし
綽綽 しゃくしゃく
綬 じゅ
綰す たくす
綰ねる わがねる
綟じる もじる
緇衣 しい しえ
綯う なう
銜える くわえる
銜む くくむ
翠眉 すいび
翠黛 すいたい
翠巒 すいらん
翡翠 かわせみ ひすい
聞道 きくならく
聡い さとい
聚落 しゅうらく
肇国 ちょうこく
蜜柑 みかん

蜩 ひぐらし
蜻蛉 とんぼ あきつ
蜻蜓 やんま とんぼ
蜘蛛 ささがに くも
蜥蜴 とかげ
蜿蜒 えんえん
蜾蠃 すがる
認める したためる
誓約 うけひ せいやく
誓湯 くかだち
誘る をこづる
誣いる しいる
誣言 しいごと ふげん ぶげん
誦する ずする じゅする しょうする
読点 とうてん
読経 どきょう
読誦 どくじゅ
誑かす たらかす たぶらかす
豪宕 ごうとう
豪猪 やまあらし
賑わしい にぎわしい
輔弼 ほひつ
跼まる せぐくまる くぐまる
跼蹐 きょくせき
辣韮 らっきょう
辣腕 らつわん
酷い ひどい むごい
酸い すい
酸模 すいば すかんぽ
酸漿 ほおずき
銀 しろがね
銀杏 いちょう ぎんなん
銅拍子 どびょうし
銅鐸 どうたく
銅鑼 どら
銑 ずく せん
銛 もり
銚子 ちょうし
銚釐 ちろり
鉾 ほこ
閨 ねや けい
閨秀 けいしゅう
雑魚 ざこ じゃこ
雑纂 ざっさん
静寂 しじま せいじゃく

静謐 せいひつ
鞄 かばん
鞅掌 おうしょう
鞆 とも
頗る すこぶる
領く うしはく
領ず ろうず
領巾 ひれ
颯爽 さっそう
駁する ばくする
駅 うまや はゆま
駅路 はゆまじ
駅馬 はゆま
髣髴 ほうふつ
魂 たま たましい
魂消る たまげる
魂魄 こんぱく
鳳仙花 ほうせんか
鳳梨 ほうり
鳳凰 ほうおう
鳳輦 ほうれん
鳳闕 ほうけつ
鳶 とび

【十五画】

僻 ひが
僻目 ひがめ
僻事 ひがごと
僻陬 へきすう
億劫 おっくう おっこう
儂 わし
裏曲 うらがね
裏漉 うらごし
凜乎 りんこ
凜凜しい りりしい
劈く つんざく
嘸 さぞ
嘯く うそぶく
噎ぶ むせぶ
噎せる むせる
嘶える いばえる
嘰る つづしる
壊疽 えそ
嬉遊 きゆう

嬌羞　きょうしゅう

審か　つまびらか

窶す　やつす

履　くつ　り

幡　はた　ばん

幢　はた　どう

幣　ぬさ　みてぐら　にぎて　へい

廟　たまや　びょう

影面　かげとも

影供　えいぐ

衝く　つく

衝立　ついたて

慧眼　けいがん

慮る　おもんぱかる

憤怒　ふんぬ　ふんど

憤懣　ふんまん

憧れる　あくがれる　あこがれる

憧憬　しょうけい　どうけい

憂い　うい

憫察　びんさつ

憔悴　しょうすい

摩る　する　さする

摩訶不思議　まかふしぎ

撒水　さっすい

撒布　さっぷ

撚糸　ねんし

撞く　つく

撞木　しゅもく

撞球　どうきゅう

撫子　なでしこ

撮る　とる

撰　えらぶ　せん

播く　まく

撓　たわわ　たわ

撓う　しなう

撓り　しおり

撓む　たわむ

撓め革　いためがわ

撓垂れる　しなだれる

播種　はしゅ

播磨　はりま

撥　ばち　はつ

撥ねる　はねる

撥条　ばね　はつじょう

撥釣瓶　はねつるべ

撃柝　げきたく

潜る　くぐる

潟湖　せきこ

潤む　うるむ

潮　うしお　しお

潮騒　しおさい

潰える　ついえる

潰瘍　かいよう

溌剌　はつらつ

溌溂　はつらつ

澎湃　ほうはい

澆季　ぎょうき

潸然　さんぜん

潺湲　せんかん

蓬　よもぎ

蓬萊　ほうらい

蓮　はす　はちす　れん

蓮華　れんげ

蔦　つた

蔑　ないがしろ　べつ

蔑む　さげすむ

蔑する　なみする

蔓る　はびこる

蔗糖　しょとう

蓼　たで

蔀　しとみ

蔕　へた

蔵人　くらんど　くろうど

遮る　さえぎる

遮二無二　しゃにむに

遮莫　さばれ　さもあらばあれ

遮蔽　しゃへい

選る　える　すぐる　よる

鄭声　ていせい

戯る　あざる　たわる

戯れる　ざれる　じゃれる　たわむれる

戯ける　たわける

戯言　たわごと　ざれごと

戯作　げさく

戯歌　ざれうた

戮力　りくりょく

敵　かたき　てき

敵愾心　てきがいしん

敷衍　ふえん

暴利屋　ぼりや

暴虎馮河　ぼうこひょうか

標　しめ　しるし

標縄　しめなわ

樟　くす

樟脳　しょうのう

樒　しきみ

槲　かしわ

樅　もみ

槻　つき

槿花　きんか

樋　とい　ひ

磔　はりつけ　たく

熟　つらつら

熟れる　なれる　うれる

熟寝　うまい

熱れる　いきれる

熨斗　のし

黙　もだ

黙す　もだす

熬る　いる

膝元　ひざもと

膝下　ひざもと

膠化　こうか

膠質　にかわしつ　こうしつ

畿内　きない

瘡　かさ　くさ　そう

歔欷　きょき

犛牛　やく　りぎゅう

皺　しぼ　しわ

瞑坐　めいざ

瞋恚　しんに　しんい

磊落　らいらく

磐　いわ

磐城　いわき

磐座　いわくら

碾く　ひく

碾臼　ひきうす

碾茶　ひきちゃ

碼　ヤード　ヤール

碼頭　マートー

稼穡　かしょく

穂芒　ほすすき

穂薄　ほすすき

窮める　きわめる

窯　かま　よう

罵詈　ばり

褞袍　どてら　わんぼう

褒貶　ほうへん

瘧　わらわやみ　おこり　えやみ

瘦軀　そうく

範疇　はんちゅう

罷る　まかる

褫奪　ちだつ

箴　しん

篦　の　へら

篁　たかむら

篩　ふるい

箭　や　せん

緯　ぬき　い

篆　てん

糊口　ここう

緘口　かんこう

糎　センチメートル　サンチ

縁　ゆかり　よすが　えにし　へり　ふち

緡　さし

緞子　どんす

編纂　へんさん

羹　あつもの

翩翻　へんぽん

翫ぶ　もてあそぶ

膚　はだえ　はだ

蝕む　むしばむ

蝦　えび

蝦夷　えみし　えぞ

蝦蛄　しゃこ

蝦蟇　がま

蝶　ちょう

蝶番　ちょうつがい

蜷　にな

蜷局　とぐろ

蝗　いなご

蝟　はりねずみ　い

蝮　まむし　はみ

蝸牛　かたつむり　かぎゅう

蝌蚪　おたまじゃくし　かと

蝲蛄　ざりがに

蝙蝠　かわほり　こうもり

誰　た　たれ　すい

誰何　すいか

誹る　そしる

誹諧 はいかい
調 つき みつぎ
調布 たづくり つきぬの
諂う へつらう
諄い くどい
諄諄 じゅんじゅん
請じる しょうじる
諒する りょうする
諒恕 りょうじょ
諒闇 りょうあん
論う あげつらう
諸人 もろびと
諸子 もろこ
諾ふ うべなふ
諾威 ノルウェー
賜う たまう
賜ぶ たぶ
賜る たばる
賜物 たまもの
賞でる めでる
賢しい さかしい
賤 しづ
質 たち しち しつ
賓頭盧 びんずる
踏鞴 たたら
踠く もがく
踝 くるぶし
輜重 しちょう
輩 やから ばら
輦台 れんだい
輦轂の下れんこくのもと
輪奐 りんかん
輪廻 りんね
輓近 ばんきん
醋 す さく
醂す あわす さわす
醇 じゅん
醇乎 じゅんこ
鋭し とし するどし
鋤 すき
鋤簾 じょれん
鋏 はさみ
錻力 ブリキ
閲する けみする
霊 たま
霊屋 たまや
霊廟 れいびょう
霊鷲山 りょうじゅせん
養す ひたす
霄壌の差しょうじょうのさ
餉 かれひ
餃子 ギョウズ ギョウザ
鞍 くら あん
鞐 こはぜ
鞏膜 きょうまく
駐剳 ちゅうさつ
駕籠 かご
駘蕩 たいとう
駝鳥 だちょう
髭 ひげ
髱 つと たぼ
髫髪 うなゐ
皚皚 がいがい
麾く さしまねく
麾下 きか
魳 かます
魴鮄 ほうぼう
魯 ろ
鴇 とき
鴃舌 げきぜつ
梟首 きょうしゅ
梟雄 きょうゆう
鴉片 あへん
麪 めん
麬麩 ふすま

【十六画】

壅塞 ようそく
凝り こごり しこり こり
叡覧 えいらん
噸 トン
噦る しゃくる
噯 おくび
噬臍 ぜいせい
壊死 えし
赭 そほ
赭熊 しゃぐま
壁蝨 だに
嶮し さがし
憐愍 れんみん れんびん
憐憫 れんみん れんびん
憑く つく
憑人 よりまし
懐 ふところ
懐く なつく いだく
懐かしい なつかしい
憖じ なまじ
懈怠 けたい
擁護 おうご
操る あやつる
操觚 そうこ
擂鉢 すりばち
澱 おり
澱粉 でんぷん
激る たぎる
激つ たぎつ
濁世 じょくせ
濃 こく
濃絵 だみえ
澪 みお
獣 しし けだもの けもの
遼東の豕りょうとうのいのこ
隧道 すいどう
蕃人 ばんじん
蕃椒 とうがらし
蕊 しべ ずい
蕩かす とろかす
薪能 たきぎのう
薬研 やげん
薬師 くすし
樺 かにわ かば
蕨 わらび
甍 いらか
蕪 かぶ かぶら
蕚 がく
蕁麻疹 じんましん
蕎麦 そば
蕭条 しょうじょう
蕭殺 しょうさつ
蕉翁 しょうおう
蕞爾 さいじ
瓢 ひさご ふくべ
瓢虫 てんとうむし
瓢箪 ひょうたん
還俗 げんぞく
曇る くぐもる
樹 き じゅ
樹懶 なまけもの
橘 たちばな
橡 つるばみ とち
橇 そり
橙 だいだい
樵 きこり
橄欖 かんらん
轂 こしき
熾 さかん し
熾る おこる
熾烈 しれつ
燈 ともし ひ
燐 りん
燠 おき
燎原の火りょうげんのひ
燕 つばめ つばくろ
燕子花 かきつばた
膳夫 かしはで
膵臓 すいぞう
甎 せん
冀う こいねがう
瘭疽 ひょうそ
瞞着 まんちゃく
瞠若 どうじゃく
磨る する
磨く みがく
磨硝子 すりガラス
磬 けい
確と しかと しっかと
確り しっかり
磚茶 たんちゃ
磚 せん
穏し おだし
罹る かかる
罹災 りさい
襁褓 むつき きょうほ
築地 ついじ つきじ
簁 とおし
簗 やな
篝 かがり
簒奪 さんだつ
糒 ほしい

縊る　くびる　くくる
縦よし　たとえ　ほしいまま
縦令　たとえ　たとい
繁吹　しぶき
繁蔞　はこべ
繁縟　はんじょく
縫腋の袍　ほうえきのほう
縑　かとり
縞　しま
縒る　よる
縟礼　じょくれい
縉紳　しんしん
盧遮那仏　るしゃなぶつ
螟虫　ずいむし　めいちゅう
螟蛉　あおむし
螢　ほたる
螢雪の功　けいせつのこう
蟒　うわばみ
衡　はかり　こう
衛士　えじ
親炙　しんしゃ
諭す　さとす
諮る　はかる
諮詢　しじゅん
諳んじる　そらんじる
諱　いみな
諺　ことわざ
諺文　オンモン　　オンムン
謀　はかりごと
謀つ　はかりごつ
謀反　むほん
謀叛　むほん
謡歌　わざうた
諡　おくりな　し
諡号　しごう
諫言　かんげん
諷諫　ふうかん
墾道　はりみち
賭　かけ　と
賭物　のりもの　かけもの
踵　きびす　くびす　かかと
蹂躙　じゅうりん
輻　や　ふく
輻射　ふくしゃ
輻輳　ふくそう
醍醐味　だいごみ
鋼　はがね　こう
錐　きり　すい
錘　つむ　おもり　すい
錦　にしき
錦繍　きんしゅう
錫　すず
錫杖　しゃくじょう
錯綜　さくそう
錨　いかり
錆　さび
錣　しころ
鋺　まり　わん
錚錚　そうそう
鬩ぐ　せめぐ
閾　しきみ　いき
閼伽　あか
閻浮提　えんぶだい
閻魔　えんま
雕る　える　ほる
霍乱　かくらん
霏霏　ひひ
館　やかた　たち　たて
鞘　さや
頭　つむり　つむ　かしら
頭巾　ときん　ずきん
頭陀　ずだ
頭蓋　ずがい
頬白　ほおじろ
頸椎　けいつい
頷く　うなずく
頤　おとがい
頤使　いし　あご
穎悟　えいご
駱駝　らくだ
頻りに　しきりに
骸　むくろ
髻　もとどり
髻華　うず
髷　まげ
髪　くし
髫　たぶさ
鬨の声　ときのこえ
鮎　あゆ
鮒　ふな
鮓　すし
鮑　あわび
鴨　かも
鴫　しぎ
鴟尾　しび
鴛鴦おしどり　おし　えんおう
龍　たつ　りゅう　りょう
龍頭　りゅうず
龍頭鷁首りゅうとうげきしゅ
龍馬　りゅうめ
龍涎香　りゅうぜんこう
龍攘虎搏りゅうじょうこはく

【十七画】

褻衣　けごろも
償う　まどう　つぐなう
優婆塞　うばそく
優曇華　うどんげ
嚔　くしゃみ　くさめ
嚔る　ひる　はなひる
嚆矢　こうし
賽　さい
蹇ぐ　なえぐ　あしなえぐ
嬰児　みどりご　えいじ
嬥歌　かがひ
嬲る　なぶる
膺懲　ようちょう
懇ろ　ねんごろ
懦夫　だふ
擢んでる　ぬきんでる
擦る　する　こする
擬く　もどく
濠　ごう
濛濛　もうもう
濤声　とうせい
濫觴　らんしょう
濯ぐそそぐ　すすぐ　ゆすぐ
獰猛　どうもう
薙刀　なぎなた
薙髪　ていはつ　ちはつ
薨ず　こうず
蕾　つぼみ
臈　ろう
臈纈染　ろうけつぞめ
薄　すすき
薄氷　うすらひ
薦　こも
薦める　すすめる
薔薇ばら　しょうび　そうび
薊　あざみ
薇　ぜんまい　わらび
蕗　ふき
蟇蛙　ひきがえる
厳か　おごそか
厳めしい　いかめしい
戴冠式　たいかんしき
膾　なます　かい
檀那　だんな
檀越　だんおつ　だんのつ　だんおち
檜　ひ　ひのき
檜皮　ひわだ
燥ぐ　はしゃぐ
燦爛　さんらん
膿　うみ　のう
膾炙　かいしゃ
臀部　でんぶ
燧石ひうちいし　すいせき
甑　こしき
癇癪　かんしゃく
遢い　とろい
瞥見　べっけん
瞬く しばたたく　またたく
瞬ぐまじろぐ　めまじろぐ
磯馴松　そなれまつ
篠　しの
篠懸　すずかけ
簓　ささら
簇　まぶし
簀　す　さく
簀子　すのこ
篳篥　ひちりき
糠　ぬか　こう
糝粉　しんこ
縮緬　ちりめん
縷　る
縷言　るげん
縲紲　るいせつ
績む　うむ
繊弱　ひわず

縹 はなだ
簎 やす
縹渺 ひょうびょう
翳る かげる
翳す かざす
聳動 しょうどう
聴く きく
艱苦 かんく
皹 ひび
蟄する ちっする
蟆 ぶと ぶよ ぶゆ
蟆子 ぶと ぶよ ぶゆ
螺 つび にし
螺子 ねじ らし
螺鈿 らでん
螻蛄 けら
蟋蟀 こおろぎ きりぎりす
螽蟖 きりぎりす
謗る そしる
豁然 かつぜん
賺す すかす
蹉跌 さてつ
蹌踉 そうろう
輿 こし
輿地 よち
轅 ながえ
輾転反側 てんてんはんそく
醜女 しこめ
醜男 しこを
醢 ひしお
鍍金 めっき
鍛冶 かじ たんや
鍬 くわ
鍔 つば
鍾愛 しょうあい
鍾馗 しょうき
鍼灸 しんきゅう
闃として げきとして
闌 たけなわ
闌ける たける
闌れる すがれる
闌干たり らんかんたり
霙 みぞれ
餞 はなむけ うまのはなむけせん
鞠躬如 きっきゅうじょ

顆粒 かりゅう
韓 から かん
馘首 かくしゅ
駿河 するが
駿府 すんぷ
駿馬 しゅんめ
駸駸 しんしん
鮭 さけ しゃけ
鮨 すし
鮠 はや はえ
鮪 しび まぐろ
鮫 さめ
鮟鱇 あんこう
鴻業 こうぎょう
鴻儒 こうじゅ
鴻鵠 こうこく
鴻臚館 こうろかん
鴲 しめ
鴟尾 しび
鴾毛 つきげ ときげ
齢 よわい とし
齣 こま せき
齝む にれがむ
齟齬 そご

【十八画】

儲君 ちょくん
嚠喨 りゅうりょう
彝倫 いりん
叢 くさむら
癜 なまず
擾乱 じょうらん
擲つ なげうつ
擲弾 てきだん
擽る くすぐる
瀆職 とくしょく
瀉血 しゃけつ
檳榔子 びんろうじ
檳榔毛 びろうげ
櫂 かい
藤袴 ふじばかま
薫る かおる
薫物 たきもの
薯蕷 とろろ

燻る いぶる くゆる
燻す いぶす
燻べる くすべる ふすべる
殯 もがり
殯宮 ひんきゅう
殯の宮 あらきのみや
甕 みか かめ
藐姑射の山 はこやのやま
薹 とう
薩埵 さった
薩摩 さつま
藁苞 わらづと
藁沓 わらぐつ
藁稭 わらしべ わらすべ
藁薦 わらごも
朦朦 もうもう
臍 ほぞ へそ
臍下 せいか
瞼 まぶた まなぶた
瞽女 ごぜ
瞿麦 なでしこ
羃 べき
穢す けがす
穢土 えど
襠 まち
襖 ふすま あを
襟度 きんど
襟懐 きんかい
斃死 へいし
簞笥 たんす
簣 あじか
簪 かんざし
簧 した
簫 しょう
繙読 はんどく
繚乱 りょうらん
繭紬 けんちゅう
繧繝 うんげん
蟬 せみ
蟬噪蛙鳴 せんそうあめい
蟠踞 ばんきょ
蟠る わだかまる
蟯虫 ぎょうちゅう じょうちゅう
覆る くつがえる
覆轍 ふくてつ

謫する たくする
謬見 びゅうけん
蹙む しじかむ
贅 ぜい
贅疣 ぜいゆう
贄 にえ
軀 むくろ く
轆轤 ろくろ
醬 ひしお
醬蝦 あみ
醪 もろみ
鎹 かすがい
鎧 よろい
鎧袖一触 がいしゅう いっしょく
鎖帷子 くさりかたびら
鎖す さす とざす
鎮火 ほしずめ ちんか
鎮魂 たましずめ
闕 けち けつ
闕所 けっしょ
闕腋の袍 けってきのほう
闖入 ちんにゅう
雛 ひな ひいな ひよこ
雛罌粟 ひなげし
離る さかる かる
難波 なにわ
鞦 しりがい
鞦韆 ぶらんこ しゅうせん
鞭撻 べんたつ
鞣す なめす
題簽 だいせん
額 ぬか ひたい
顎 あご
顔容 かんばせ
類 たぐい
類聚 るいじゅう
顕国 うつしくに
顕証 けそう けしょう
顋門 ひよめき
馥郁 ふくいく
験 しるし げん
験者 げんざ げんじゃ
髀肉の嘆 ひにくのたん
魍魎 もうりょう
鯉 こい

鯉濃漿 こいこく
鵜 う
鵠 くぐい
鵙 もず
鼕鼕 とうとう
鼬 いたち
竄する ざんする
竄入 ざんにゅう

【十九画】

嚮導 きょうどう
壟断 ろうだん
寵 ちょう
寵姫 ちょうき
瀕する ひんする
瀟洒 しょうしゃ
獺 うそ かわうそ
瀞 とろ
瀝青 チャン れきせい
懶ける なまける
懶惰 らんだ
隴 ろう
藩別 ばんべつ
藩屏 はんぺい
藪柑子 やぶこうじ
蘭 あららぎ らん
蘭麝 らんじゃ
藜 あかざ
曠日弥久 こうじつびきゅう
曠古 こうこ
曠職 こうしょく
曠野 あらの こうや
曝す さらす
曝書 ばくしょ
櫓 やぐら
櫓櫂 ろかい
櫛 くし
櫛風沐雨 しっぷうもくう
櫛笥 くしげ
櫟 くぬぎ いちい
爆ぜる はぜる
爆竹 どんど ばくちく
瓊矛 ぬぼこ
臘月 ろうげつ
禰宜 ねぎ
羅甸 ラテン
羅城門 らしょうもん らじょうもん
羅紗 ラシャ
羅馬尼 ルーマニア
羆 ひぐま
襞 ひだ
襦袢 じゅばん ジバン
襤褸 ぼろ らんる
簾 す すだれ
簸る ひる
繋辞 けいじ
羸弱 るいじゃく
艨艟 もうどう
艤す ぎす
艶めく なまめく
蟷螂 かまきり とうろう
蠁子 さし
蠍 さそり
蟾蜍 ひきがえる
覇 は
覇王樹 サボテン
譎詐 けっさ きっさ
譏る そしる
警策 きょうさく きょうざく
警蹕 けいひつ
警邏 けいら
譚歌 たんか
贋 にせ がん
蹴鞠 けまり しゅうきく
蹼 みずかき
蹲う つくばう
蹶起 けっき
轍 わだち てつ
鏤める ちりばめる
鏤刻 るこく
鏝 こて
鏑 かぶら
鏖殺 おうさつ
霧る きる
饂飩 ワンタン うどん
顛末 てんまつ
韜晦 とうかい
鞴 ふいご
騙る かたる
騙す だます
鯣 するめ
鯛 たい
鯖 さば
鯡 にしん
鯰 なまず
鯔 いな ぼら
鯨波 とき げいは
鯱 しゃち
鶏 かけ くたかけ
鶏冠 とさか
鶍 いすか
鵬 おおとり ほう
鶉 うずら
鵼 ぬえ
鶫 つぐみ
鵲 かささぎ
鵯 ひよどり
麒麟 きりん
麹 こうじ
麹黴 こうじかび

【二十画】

瀰漫 びまん
懺悔 ざんげ さんげ
懸詞 かけことば
懸巣 かけす
懸樋 かけひ
懸壅垂 けんようすい
攘夷 じょうい
蘆 よし あし
蘆荻 ろてき
蘇る よみがえる
蘇芳 すおう
蘇鉄 そてつ
蘇格蘭 スコットランド
藺 い
蘂 ずい
藹藹 あいあい
蘊奥 うんおう
朧 おぼろ
櫨 はぜ はじ
臙脂 えんじ
矍鑠 かくしゃく
礫石 さざれ さざれいし
礫瓦 たびしがはら
礫岩 れきがん
礬砂 どうさ
競 くら せり
糯 もち
繻珍 しゅちん
蠕動 ぜんどう
蠑螈 いもり
譬える たとえる
譬喩 ひゆ
譫言 うわごと
躄る いざる
躁鬱病 そううつびょう
轗軻不遇 かんかふぐう
醸す かもす
醵金 きょきん
鐘楼 しょうろう しゅろう
鐃鈸 にょうばち
鐔 つば
鐙 あぶみ
鐚銭 びたせん
闡明 せんめい
霰 あられ
饅 ぬた
饅頭 まんじゅう
響む とよむ どよむ
馨る かおる
鰈 かれい
鰊 にしん
鰐 わに
鰕 えび
鰍 かじか
鯷 ひしこ
鰒 あわび
鶚 みさご
鹹湖 かんこ
麵麭 パン
鼯鼠 むささび

【二十一画】

囁く ささやく
囂しい かしましい
囂囂 ごうごう

囃す はやす
囃子 はやし
巍然 ぎぜん
攪拌 こうはん かくはん
攪乱 こうらん かくらん
曩日 のうじつ
灌腸 かんちょう
殲滅 せんめつ
欅 けやき
欄 おばしま
蘖 ひこばえ
爛漫 らんまん
瓔珞 ようらく
癪 しゃく
竈へっつい へつい かまど
籐 とう
纏る まつる
纏わるまつわる まとわる
纏う まとう
纏足 てんそく
纏綿 てんめん
纐纈 こうけち
蠟 ろう
蠟梅 ろうばい
蠢く をごめく うごめく
蠢動 しゅんどう
譴責 けんせき
蠹 はなむけ
贔屓 ひいき
贓品 ぞうひん
躊躇う ためらう
躊躇 ためらい たゆたい ちゅうちょ
鐺 こじり
露 あらわ
霹靂神 はたたがみ
饒舌じょうぜつ にょうぜつ
饐える すえる
齎す もたらす
驀地 まっしぐら ましくら
驀進 ばくしん
騾馬 らば
鬘 かずら
魑魅 すだま ちみ
鰭 はた ひれ
鰤 ぶり
鰥夫 やもお
鰥寡 かんか
鶴 つる
鶺鴒 せきれい
鶸 ひわ
鶲 ひたき
鷂 はいたか
麝香 じゃこう
齧る かじる

【二十二画】

嚢中 のうちゅう
囈語 うわごと
轡 くつわ くつばみ
攤 だ
羇旅 きりょ
襲 おすひ かさね
襷 たすき
籠 こ かご
籠る こもる
籠める こめる
籠手 こて
聾 みみしい つんぼ ろう
聾啞 ろうあ
艫 とも ろ
覿面 てきめん
讃岐 さぬき
贖う あがう あがなう
贖物 あがもの
躑躅 つつじ
躓く つまずく
轢く ひく
轢死 れきし
鑑 かがみ
鑑みる かんがみる
鑒 かがみ
饗 あるじ あえ
饗する きょうする
顫音 せんおん
鬚 ひげ
鬻ぐ ひさぐ
鷗 かもめ かまめ
鱈 たら
鰻 うなぎ
鰾 ふえ
鰹 かつお
鷓鴣 しゃこ
黐 もち
龕 がん
龕燈 がんとう

【二十三画】

攫う さらう
攫む つかむ
蘿蔔 すずしろ
癰 よう
籤 ひご くじ
纔か わずか
蠱物 まじもの
躙る にじる
轣轆 れきろく
鑞 ろう
鑵 つちふる ばい
靨 えくぼ
髑髏しゃれこうべ されこうべ どくろ
鱏 えい
鱒 ます
鱗 いろくづ うろこ こけ
鱗翅目 りんしもく
黴菌 ばいきん
鷭 ばん
鷲 わし
鷦鷯みそさざい しょうりょう
鼹鼠 もぐらもち

【二十四画】

癲癇 てんかん
蠹毒 とどく
讖 しん
軈て やがて
讒 ざん
讒謗 ざんぼう
讒佞 ざんねい
鑢 やすり
顰 しかみ ひそみ
顰める しかめる ひそめる
顰蹙 ひんしゅく
驟雨 しゅうう
鬢 びん
魘される うなされる
鱠 なます
鱧 はも
鷺 さぎ
鷹 たか
鷽 うそ
鼇頭 ごうとう
齲歯 うし くし
齷齪あくせく あくさく

【二十五画】

糶市 せりいち
籬 まがき ませ り
鬣 たてがみ
鼈 すっぽん べつ
鼈甲 べっこう

【二十六画】

鑵子 かんす
黶 あざ
驢馬 ろば
鱶 ふか

【二十七画】

纜 ともづな
鑽る きる
鑿 のみ
顴骨 けんこつ かんこつ
顳顬 こめかみ
驥尾に付すきびにふす
鱸 すずき

【二十八画】

鸚哥 いんこ
鸚鵡 おうむ

【二十九画】

鬱金色 うこんいろ
鸛 こうのとり

日語慣用句集

あ

ああ ①감동하여 나오는 소리. 감탄하거나 놀라거나 또는 이상히 생각하거나 기쁘거나 한탄하거나 비웃거나 할 때의 모양. ②사람을 부르는 소리. ③반응을 나타내는 소리. ④답하는 소리. ⑤상대방의 말을 긍정하거나 승인하는 소리.

あいきょうがある ①매력이 있다. 귀엽다. 사람을 매혹하다. ②방긋 웃고 있다. 정답고 부드럽다. 친절하고 사랑이 깃들어 있다. 친밀한 정이 있다.

あいきょうがこぼれる ①귀염이 넘치다. 귀염이 얼굴에 가득히 나타나다. 넘칠 듯한 귀염이 있다. 대단히 매력적이다. ②친밀한 정이 넘치다. 인정미가 얼굴에 가득히 나타나다. 넘칠 듯한 인정미가 있다. 「北八「(略)弥次さん見ねえ. こちらの比丘尼がおれを見て. アレいつそにこにこと愛敬がこぼれるやうだ. 斎類め」」

あいきょうがない ①호감을 받지 못하다. ②정답지 못하다. 친절하지 않다. 인정미가 없다.

あいきょうを振りまく 누구에게나 애교를 부리다. 누구에게나 거침 없이 애교를 부리다. 모든 사람에게 웃는 얼굴로 대하다.

あいそがいい ①방긋방긋 웃으면서 대인 관계가 좋다. ②친절하며 정다운 말씨로 말하다. 입에 발린 말을 잘하다. ③사람을 대하는데 능숙하다. 손님 접대를 능란히 하다. 「あの人も気に如在はなささうなが, ぢたいの顔が憎体に, 慳貪に見ゆるゆゑ, 詞もあいそがなささうな」

あいそが悪い ①차가운 얼굴 표정으로 대인 관계가 좋지 않다. ②친절하고 정다운 말을 하지 못하다. 말솜씨가 서툴다. ③사람 대하는 방법이 능란하지 못하다. 손님 대접하는 방법이 서툴다.

あいそもこそも尽き果てる 정이 뚝 떨어지다. 딱 싫증이 나다. 「こそ」는 어운(語韻)을 겹쳐 구조(口調)를 맞게 한 것. 「姉に生れて其の卑怯, あいそもこそもつきはてた」

あいた 아! 아프다. 「これや地獄の習ひとて. 行かんとすれば引き留む止まれば杖にてちやう. あいた」

あいづちを打つ ①일정한 사이를 두고 서로 망치질을 하다. 불에 달군 쇠를 한 사람이 망치로 치면, 이어 사이를 두고 또 한 사람이 치고 하여 서로 번갈아 가며 망치질하는 것. ②상대방의 이야기에 자기도 덧붙여 수긍하다. 이야기의 분위기를 맞추다. 이야기의 분위기를 맞추어서 재미있게 하는 모양이나 비유(比喩). 「合槌打つ」

あいよりいでてあいより青し 청색(青色)은 남색(藍色)에서 나온 것이지만 남색보다 더 푸르다는 말로 제자가 스승보다도 훌륭할 때에 가리키는 말. 영향을 받은 후진이 그 선배보다도 더 훌륭히 되는 것을 비유한 말. 「藍より出でて藍より青く, 泡鳴は花袋以上の自己暴露小説作家になり, 不屈不倒の自然主義主張者になったのだが」

(顔・色が)青くなる ①창백해지다. 얼굴빛이 나빠지다. ②놀라거나 두려워하는 모양. 「的のあたりにだにちかくよらず, 無辺世界をいたまへるに, 関白殿いろあをくなりぬ」

青びょうたん ①푸른 호리병박. 아직 채 익지 않은 표단(瓢簞). ②병색으로 푸른 얼굴을 비유한 말. 「顔の色は青瓢簞の如く」 ③여위고 안색이 푸른 사람을 비유한 말.

あかぎれがきれる 추위로 손발의 피부가 붉게 갈라지다. 살결에 균열(亀裂)이 생기다. 「イヤサ, 足へ赤切が切れて歩行かれずは…」

(顔が)赤くなる 딱하거나 부끄러워서 얼굴이 붉어지는 모양. 「かほはそこらけさうじたりつれど, くさのはのいろのやうにて, 又あかくなりなど」

明るくなる 주위가 밝아지다. 하늘이 밝아지다.

飽きるほど 싫증이 나도록 음식을 많이 먹는 모양.

悪に走る 나쁜 방향으로 기울어지다. 부도덕(不道徳)한 짓을 하게 되다.

あくびをする ①피로하거나 졸려서 무료(無聊)하여 자기도 모르게 하품을 하다. ②피로하거나 졸려서 심심해 하는 모양이나 그 비유. ③싫증나고 심심함을 일부러 나타내는 몸짓. ④활동하지 않고 능력을 발휘하지 않고 있는 모양이나 그 비유. 「財貨は, 使われ道もなくって, あくびをしていたので, こういう場合にこそ造作なくお役に立った」

あぐらをかく ①발을 포개어 앉다. 「みると, 涼み台の上に継之助があぐらをかいていた」 ②뻔뻔스럽게 앉아 있는 모습.

あげくのはて 끝장. 맨 끝. 최후. 결국. 「老い狼があげくのはてに歩む時」

あごが落ちそうだ 맛이 너무 좋아 턱이 떨어질 것 같다는 말로 매우 맛이 좋은 것을 비유한 말. 「あごの落ちそうな御ちそう」

あごが出る 턱밑의 앞부분이 튀어나오다. 아래턱이 앞으로 나오다. 매우 피로하여 기운이 없어 보이는 모습이나 그 비유.

あごが干上がる 턱이 말라 버리다. 입안이 마르다. 먹을 것이 없어지다. 굶주리다. 생활이 안되다. 생활의 방도를 상실한 모습이나 그 비유.

あごで 손이나 발을 쓰지 않고 아래턱을 내밀면서 가리키는 시늉. 상대방을 경멸하다. 사람을 자기 생각대로 움직이다. 매우 피로했을 때 하는 몸짓.

あごではえを追う 손을 쓰지 않고 턱으로 얼굴에 붙은 파리를 쫓는다는 말로 체력이 쇠약해 있거나 매우 피로해 있다는 말. 기운이 없는 모습이나 그 비유. 「あごで蠅追ふやうな馬常世持ち」

あごをしゃくる 턱을 가볍게 누르면서 문지르다. 만족감을 나타내는 몸짓. 「顎をしゃくり, 聴衆を呑んだような顔付で路傍にあぐらし」

あごを出す 아래턱의 앞부분을 앞으로 내밀다. 아래턱이 앞으로 나오다. 매우 피로하여 기력이 없는 모습. 「ええ, おばあちゃんの方とうちを行ったり来たりで大分顎出していますよ」

あごを突き出す ①아래턱의 앞부분을 앞으로 내밀다. 아래턱이 앞으로 나오다. 매우 피로하여 기력을 잃고 기진 맥진해 있는 모습. ②턱을 앞으로 내밀고 의젓한 태도를 보이는 모습. 「あごをつき出して御しんぞ中に立ち」

あごをなでる 턱을 슬슬 문지르다. 턱을 보드랍게 문지르다. 만족한 기분을 나타내는 몸짓. 턱을 가볍게 누르면서 문지르다.

あごをはずす ①어떤 목적이 있어 일부러 턱을 벌리다. ②너무 크게 웃어서 무의식중에 턱이 빠진다는 말로 대단히 재미있는 모양이나 그 비유.

朝日(日)に向かって戦う 작전(作戦)이 원칙에서 벗어난 것을 말한다. 「日に向ひて戦ふこと良からず. 故, 賤しき奴が痛手を負ひぬ. 今者より行き廻りて, 背に日を負ひて撃たむ」

足がすべる 땅이 미끄러워 디딘 발이 미끄러지다.

足が地に付く ①발을 땅에 굳건히 딛다. 요동하지 않고 침착해 있는 모습. ②상태가 안정된 모양.

味がない(ある) ①음식이 입에 거슬리다. 맛이 없다. ②멋이 없다. 쾌적한 느낌이 없다. ③함축성(含蓄性)이 없다.

足もとから鳥が立つ 뜻밖에도 발밑에서 새가 난다는 말로 신변(身辺)에 급히 뜻밖의 일이 일어나거나 급히 일을 시작한다는 것을 비유한 말. 「あしもとからとりのたつごとし, いそがばまはれ」

足もとの明るいうち 해가 져서 발밑이 어두워지기 전에란 말로 위험이 다가오기 전, 즉 무슨 일을 당하기 전을 비유한 말.

足を痛める 발을 다치다. 발에 상처를 입다.

足を食われる ① 개한테 발을 물리다. 「堀川殿にて舎人が寝たる足を狐にくはる」 ②모기에 물리다. ③왜나막신이나 짚신의 끈이 발을 죄다. 「和泉式部がかもにまゐりけるにわらうづにあしをくはれてかみをまきたりけるをみて」

足をすりこ木にする 다리가 절굿공이처럼 되다. 다리가 막대기처럼 뻣뻣하게 된 모습. 다리가 피로하여 뻣뻣해질 때까지 걷다. 다리가 피로하여 막대기처럼 될 때까지 찾아다닌다는 말. 「足を擂木にする——奔走に疲るるを云ふ」

足を空に 발이 땅에 붙지 않고 땅 위에 떠 있는 것처럼, 침착하지 못하고 당황하여 서두르는 모양. 「(略)と, しのびやかにのたまひて, よわげに泣き給へば, いふかひなきことをば, おきて, 「いみじく惜し」と, 思ひきこゆ. 殿の内の人, 足を空にて, 思ひまどふ. 内裏より, 御使, 雨の脚よりも, げにしげし」

足を突っ込む ①발을 내딛다. ②어떤 일에 관계한다는 말. 「紛争に足を突っ込む」

足をとられる ①걷고 있는 발이 잡히다. 제대로 걸을 수가 없다. 물속에서 발이 바닥에 닿지 않는 모양을 비유. ②굳건한 정신을 상실한 모양. 「安吾が繰返し語っていたことは「無用のものに足を取られるな」ということだろう. 家だとか, 骨董だとか, 無用の装飾に足を取られて, 人間の活眼を曇らせられるなということだったろう」

足を伸ばす ①다리를 곧게 펴다. ②다리를 펴고 쉬는 모습. ③더 멀리 발걸음을 옮기다. 더 멀리 가다. 「若い時代に台湾や朝鮮に足をのばされた杉谷先生は, 生涯かかって集められた標本を, どうしたらいちばんよいか, と考えられたに違いない」

足を運ぶ 자기 발을 자신이 옮기다. 나아가다. 가다. 「代替地などの補償, 騒音防止林など具体的な対策も話合って, 現地にもひんぱんに足を運ぶつもりです」

足を引く ①발을 질질 끌다. 발을 끌어 당기듯이 걷다. ②병으로 다리가 부자유스럽다. 다리가 저리고 힘이 빠져 보행이 부자유스럽다.

足をもむ 뻣뻣해진 다리를 문지러서 부드럽게 하다. 다리에 안마를 하다. 「君はわがお部屋にお越しになられて, 中将の君というに御足など揉ませて御寝になった」

汗が出る ①더워서 땀이 배어나오다. 땀에 젖다. 「倉の山田の麻呂の臣, (略)流づる汗〔流汗〕身に浹くして. 声乱れ手動く」 ②식은 땀이 나다. 식은 땀에 젖다.

汗になる 땀투성이가 되다. 땀에 흠뻑 젖다. 「来しときは, ひざにふし給へりし人を, いかでかやすらかにと思ひつつ, わが身はあせになりつつ, さりともと思ふ心そひてたのもしかりき」

汗水になる ①놀라든지 하여 식은 땀이 줄줄 흐르다. 매우 상기(上気)하여 흥분한 모양. 「かたみに

みれば，かほはそこらけさうじたりつれど，くさのはのいろのやうにて，又あかくなりなど，さまざまに，あせみづになりて，みかはしたり」②물줄기처럼 땀을 흘리며 열심히 노력하는 모양.「さてもさても．昼夜汗水になって作る物をこのやうにしをつた．何としたものであらうぞ」

汗水を流して ①땀을 흘리다. ②열심히 일하는 모양.

汗をかく ①땀을 발산하다. 땀이 나오는 모양. ②식은 땀이 나다. 초조하여 안절부절 못하는 모양. ③음식이 썩어서 표면에 땀이 난 것처럼 보이는 것. ④스스로 일하는 것을 비유한 것.

汗を流す ①땀을 흘리다. 땀이 뚝뚝 떨어지다. 땀이 배어나오다.「爰に無動寺の法師乗円律師が童，鶴丸とて生年十八歳になるが，身心を苦しめ，五体に汗を流いて，俄に狂ひ出でたり」②일을 열심히 하는 모양.「然るに竊に一心の精誠を抽んで孤島に幽祠に詣で，瑞離の下に冥恩を仰ぎ，懇念を凝して汗を流し，宝宮の内に霊託を垂る．其の告げの心に銘する在り」③목욕물을 온몸에 끼얹어 몸의 땀을 씻어내리다.

頭が上がらない ①머리를 숙인 채 상대를 바로 보지 못하다. 상대의 힘이 너무 세어서 대등한 입장에 설 수가 없다.「新聞威力に便乗すると云っても，新聞の方でも，人気のある新聞小説家には頭の上らない事になりそうである」②마음속으로 부끄러워하는 바가 있어 열등감을 느끼는 모양. ③피로하거나 아파서 베개에서 머리를 들고 일어날 기운이 없다.「私が元気な間は石にかじりついてもと思うが，最近はからだのぐあいが悪く，夜中におシメをかえてやろうとしてもマクラから頭が上がらなかったり，夫が手を貸してくれるが，睡眠不足で日に日に顔が青ざめてゆく」④병으로 일어나지 못하는 모습을 비유한 말.

頭が痛い ①머리에 아픔을 느끼다. 머리가 아프다. ②걱정거리가 있어 머리가 아픈 것처럼 느껴지다. 정신적으로 괴롭다. 머리를 너무 많이 쓰다. 마음이 몹시 초조하다는 비유.「"理想なき繁栄社会"が生んだ隠花植物…といわれるのがフーテンだが，このシワ寄せを受けた現場の当事者としては，まことに頭の痛いところ」

頭が痛む 머리에 아픔을 느끼다. 머리가 아프다.

頭が重い ①머리가 무겁게 느껴지다. 기분이 상쾌하지 않다.「身共はあたま下りに寝たと見えて，しきりに頭が重う成つた」②머리가 무거워서 몸 전체의 균형을 잡을 수가 없다.

頭が堅い ①머리가 움직이지 않다. 머리를 쓰지 못하다. 이해(理解)가 없다. 완고하다. 고집이 세다. ②이해력이 불충분하다. 머리가 나쁘다.

頭が高い(低い) 인사할 때 고개를 쳐들어 거만하게(숙여 겸손하게) 보이다. 존대(尊大)하다. 뽐내는(겸손한) 모습.

頭から ①머리부분에서부터. 머리쪽에서부터.「シテおのれ呑まさぬにおいては，あたまから一口に，いで喰はう」②맨위쪽에서부터. 처음부터.「ア、置きや置きや．なう欲市殿，其の拍子では踊られぬ．銭太鼓の三味線，知らずば知らぬと頭からいうたが能い」③전연(全然).「いや伝三さうでない，お手前こそ念比，廓中の女郎衆へ苦労をかけた此の山三が，穿鑿にあふ悲しや，と屈んでゐる程ならば，里通ひもよね交りも，あたまからせぬがよし」④아무말도 듣지 않고 다짜고짜로. 딱잘라.「かんじんの審議はやらず，法案に賛成か反対かをあたまからきめて，会期ギリギリになれば，"体力"でカタをつける」

頭から水を浴びたよう 머리에서부터 찬물을 끼얹어 몸이 움츠려지는 모양.

頭にある 생각이나 기억에 남다. 그것을 생각하고 있다. 틀림없이 기억하고 있다. 관심이 있다.「ウエートレスがサラを落したとき頭にあったのは，店と自分の関係であって，自分と客の関係などは思いもつかなかったのだろう」

頭に来る 〔속어(俗語)〕①머리에 느끼다. 머리에 울리다. 세차게 머리를 자극하다. 직감적으로 알다. ②취기가 머리에까지 오다. 취한 모양.「酒が頭に来る」③노기(怒気)가 머리에 치밀다. 자신도 모르게 노하다. 대수롭지 않은 일에 감정이 자극되다. 갑자기 흥분하는 모습.「最近よく"頭に来たからやった"ということを聞きますが，これは自己の感情や衝動に従っているだけで，自己に忠実ということになりません」④머리가 이상해지다. 미칠 듯하다.「清太郎は工務店を経営して大変繁盛しているが，最近，妻とき子が占いにこって家事をおろそかにしがちなので不満でしかたがない．しかもとき子の占いがはやって，客が押すな押すなの状態とあって，清太郎の不満はつのる一方，とうとう清太郎は頭にきた——」⑤병이 머리까지 오다. 머리까지 침범당하다.

頭に湯気を立てる 노기에 불타 머리에서 김이 모락모락 난다는 뜻으로 매우 무섭게 성낸 모습을 말함.

頭の黒いねずみ 머리가 회색인 쥐에 대해서, 머리가 검은 색다른 쥐, 즉 인간을 비유한 말.「是ほど遠ありきいたす鼠を見た事なしあたまの黒いねずみの業是からは油断のならぬ事」

頭を上げる ①머리를 위쪽으로 치켜들다. ②활약이 대단하여 세상에 이름이 난다는 말.

頭を痛める ①머리를 썩히다. 머리에 상처가 나다. ②머리를 괴롭히다. 마음을 괴롭히다. 괴로와하고 근심하는 모습을 비유한 말.

頭を押える ①다치거나 두통이 나서 머리 양쪽을 손으로 누르다. ②권력으로써 내리누르다. 압박하는 모습을 비유한 말.「上に二人も兄があつて絶えず頭を押へられることも，三郎を不平にしたらしい」

頭をかかえる 두 손으로 머리를 에워싸듯이 누르다. 무엇을 깊이 생각하는 모습.「じつはこの長岡

藩がいまあたまをかかえこんでいる問題がある. 新領地の百姓が, 藩になつかず, つねにごたごたをおこしている, という問題であった」

頭をかく 머리를 긁다. 비행(非行)이 탄로되어 당황하거나 그 사실을 인정하거나 실패를 반성하는 따위의 몸짓. 「九平次声顫はし, 「(略)こりやマア何としたもの」と頭掻いても済まぬ事」

頭を壁にぶっつける ①머리를 일부러 벽에 부딪다. ②앞을 분간할 수 없는 어둠 속에서 머리를 부딪쳐 다치다. ③장애물이 있어 앞으로 나아가지 못하는 모습. 「彼らは, 頭を政治のカベにぶっつけて, 骨膜までやられているのではないか」

頭を刈る ①남의 머리카락을 깎아 고르다. ②자기의 머리를 깎이다. 즉 남의 동작을 자기가 하는 것처럼 표현하는 말, 또는 자기가 한 일에 대해서는 스스로 책임진다는 말투.

頭を下げる ①머리를 아래로 숙이다. ②고개를 숙여 인사하는 모습. ③자기의 잘못을 인정하고, 사과하고 굴복하는 모습.

頭を絞る 머리를 꽉 죄다. 머리를 죄이듯이 거듭 생각하여 훌륭한 생각을 짜낸다는 뜻을 비유.

頭をそる 머리카락을 바싹 깎다. 중이 되거나 중의 머리처럼 됨을 일컫는 말.

頭をそろえる ①머리의 높이를 같게 하다. 같은 모양으로 늘어 세우다. 꼭 같게 하는 모양. 「三人は頭をそろえておじぎをした」②머리의 수를 채우다.

頭をたたく ①머리를 계속해서 치다. ②어때? 하면서 주의를 주거나 얼른 생각이 떠오르게 또는 갑자기 생각을 바꾸게 하는 몸짓. 「この年の一月, 吉野作造が「憲政の本義を説いて其有終の美を済す道を論じ」たとき, 私もびっくりして飛上がったが, ついて河上のこのエッセーには直接に頭をたたかれた. このため私はついフラフラとなって, 経済学の勉強という迷路にまよいこんでしまった」

頭を縦(横)に振る 머리를 상하(좌우)로 움직이다. 찬성・승낙・인정(반대・거절・부인)을 나타내는 몸짓.

頭を使う 머리를 쓰다. 잘 생각하다. 사려(思慮)를 깊게 하는 모습.

頭を悩ます 머리가 복잡하다. 많은 생각으로 머리가 괴롭다. 고생하다. 「星の政治界に於けるは随分無理を遣りとほし人を凌ぎとほしたれど儡るる, 時となれば此の如く脆きものに候顕晦窮通のために頭をなやますは大損に御座候」

頭をはねる ①수수료를 약취(略取)하다. 남이 차지할 몫의 일부를 슬쩍 가로채다. 구전이나 수수료의 명목으로 대금(代金)이나 임금(賃金)의 일부를 자기 몫으로 차지하다. ②남이 가져야 할 돈의 얼마를 수수료 등의 명목으로 갈취하다.

頭をひねる 머리에서 생각을 짜내다. 무엇인가를 짜내기 위해서 골몰하다.

頭をほぐす 헝클어진 머리를 빗어 단정하게 정리하다. 「こんがらがった糸をあわててほぐす愚はやりません. 水割りでも飲んで, 自分の頭をほぐすことから始めたい」

頭を丸める 삭발하여 머리가 둥글번번하다. 중이 되는 것을 비유한 말. 「やい, 坊主, 頭は丸めたれども物は知らぬ」

頭をもたげる ①머리를 들어올리다. ②표면에 나타나다. 일어난다는 뜻의 비유. 「意見が頭をもたげる」

頭を持ち上げる ①머리를 손으로 들어올리다. 머리를 치켜들다. ②자신의 머리를 들어올리는 몸짓. ③표면에 나타나다. 일어나다. 많은 무리 가운데서 특출하게 뛰어나다. 세력을 잡는 모습의 비유. 「旧作家は戦争によって時世が変ったので, もはや頭を持上げる力はなくなっている. 将来復活の望みもなしと断言していた」④기울어지고 쇠퇴한 형세를 재건하는 모습을 비유.

頭を割る ①머리를 쪼개다. ②정신없이 상처를 내어 자기의 머리를 쪼개다. 머리가 쪼개지다.

新しい(魚) 갓 잡은(고기). 신선한(고기).

あだをする 앙갚음을 하다. 「(略)そなた衆の内儀は死んだによつて. 蛇身となつて仇をせいでは置くまい」

あっ(と) ①놀라거나 감동했을 때 나오는 소리. 「蟬丸「あっ」と感歎あり」 ②응답(応答)하는 소리. 「(略)と, 羽織の下より一升入りの秘蔵の瓢簞取り出し, 「サア親の酌一つ飲め」「あっ」と云ふより素焼の盃取り出す」

熱いもの 감격적인 눈물을 비유한 말. 「目には熱いものさえ浮べていたが」

熱くなる ①외계의 온도가 높아지다. ②체온이 높아지다. 열이 있다. ③열중하는 모양을 비유. 「これを聞く才介あつくなり. 残りのかねをあらため見てびつくり」

あてがはずれる 계획이나 목적이 뜻대로 되지 않다. 예기・예상이 빗나가다. 일이 예상에서 벗어나다.

あとへもさきへも行けない 뒤로 물러설 수도 앞으로 나아갈 수도 없다. 이렇게도 저렇게도 할 수 없는 상태를 비유. 「このあたりに住居する博奕打で御座る. 人の意見を聴かいで. ひたもの打つて御座れば. さんざん不仕合はせで. 金銀は申すに及ばず. 家財まで打ちこうで. ばらりさんとなつて. 後へも先へも参らぬ」

穴があく ①이지러져 비어 있다. ②대신(代身)이 될 수 없는 사람. 위대한 인물이 죽은 것을 비유한 것. ③공백이 생기다. 소상하지 못한 부분을 비유한 말. 「彼〔石川啄木〕の年譜の大切なところにはいまだに大きな穴があいている」 ④금전상의 결손이 생기다. 있어야 할 돈이 없어진 상태를 비유한 말.

穴を掘る 땅을 파서 구멍을 만들다. 구멍을 뚫다. 「かかれぱこそ, むかしの人は, ものいはまほしくなれば, あなをほりてはいひいれ侍りけめと, おぼえ侍り」

あのつらで 그런 얼굴을 해가지고. 「けん好はあのつらでかとなぐり書き」

あひるのように ①집오리처럼 가랑이를 벌려 뒤뚱뒤뚱 걷는 모습을 비유. 「この世の中に, 旧式の丸髷, 泥鴨のやうな歩き振, 温順と貞節とより他に何物をも有せぬ細君に甘んじて居ることは時雄には何よりも情けなかつた」 ②술을 많이 마시고 취한 모습을 비유. 「で, 夕暮の膳の酒は夥しく量を加へて, 泥鴨の如く酔つて寝た」

油汗を流す 몹시 힘들거나 피로와서 진땀을 흘리다. 「油汗を流して民俗採集の旅を歩いている時に, 歌なんかできはしない」

あぶらが乗る ①물고기나 짐승들이 적당한 계절을 맞아 기름이 오르고 맛이 좋아지다. 「今がしゆんで, あぶらが乗る」 ②일이나 취미에 흥미를 느끼어 적극적으로 활동하게 되는 모습을 비유한 말. 「ちょうどあぶらの乗った年ごろ」 ③사업(事業)에 흥미를 가지고 열중하는 모습. 「しごとにあぶらが乗る」

油を絞る ①짜서 기름을 빼내다. ②실패나 잘못을 책하고 엄하게 꾸짖다. 장래를 위해 훈계하거나 꾸짖는 것을 비유한 말. ③풀 수 없는 문제나 어려운 문제를 내놓고 괴롭히다.

(うに・から)あふれる ①가득하다. 가득 차서 넘칠 정도이다. 「たらいに水があふれる」 ②가득 차서 남아 넘치다. 남아서 나오다. 가득 차서 넘쳐 내리다. 「雨で, 川の水があふれる」 ③양이 많은 모양을 비유. 많다.

甘いことば 엄하지 않은 말. 관대한 말. 부드러운 말. 응석을 받아 주는 말. 남의 기분에 들게 하는 말. 「此間花子が方へ使ひにやるとおもうて, 詞あまういうて置けば方量もない」

網にかかる ①물고기나 새가 그물에 걸리다. 그물에 걸려서 잡히다. 「鳥は木にすむ, 木のひきき事をおぢて木の上枝にすむ. しかれども, ゑにばかされて網にかかる」 ②범인이 수사망에 걸리다. ③함정에 빠지다. 남의 계략(計略)에 걸려들다.

網を打つ ①그물을 던져 물고기를 잡다. ②그물을 길게 쳐서 새를 잡다.

網を張る ①물고기나 새를 잡기 위하여 그물을 치다. 「遂に高志国に追ひ到りて, 和那美の水門に網を張りて(張網)その鳥を取りて持ち上りて献りき」 ②범인을 잡기 위하여 준비를 갖추고 걸리기를 기다리다. ③어떤 사태가 일어날 것을 예상하여 준비하다. 시험문제 등을 예상하여 준비하다.

雨がうつすように降る 비가 그릇의 물을 한꺼번에 뒤엎듯이 쏟아지다. 즉 세차게 내리는 큰 비의 모양을 비유. 「晴天と見るも俄に雲の出で来て, 雨うつすが如き事もあるものに候へば」

雨(長雨・りん雨)に打たれる 비를 맞다. 비가 때리듯이 오다. 비가 소리를 내면서 오다. 비가 심하게 오다. 「それで, 戦争中は霖雨に打たれてしおれた花のようであった旧作家も, 雲間からもれる光に照らされて, 勢いづくようになった」

雨の足 ①비가 내리면서 지나가는 상태를 비유한 말. 「やうやう風なほり, 雨の脚しめり, 星の光も見ゆるに」 ②빠른 것을 비유한 말. 「殿の内の人, 足を空にて, 思ひまどふ. 内裏より, 御使, 雨の脚よりも, けにしげし」

雨降って地固まる 비 온 뒤에는 맑게 개인 하늘이 나타난다는 말로 나쁜 일이 있은 뒤에는 반드시 좋은 일이 있다는 것을 비유한 말. 「東照宮, 「石田が乱は雨降りて地固まるといふに同じ. これより静謐ならん」と仰せありしに」

危いところを助かる 위험한 지경에서 구원되다.

アルコールが頭に来る ①알코홀의 해독이 머리에까지 미치다. 술에 취하다. 술로서 흥분하다. 무엇인지 분간 못하는 모습을 비유한 말. ②술에 중독되다. 술로서 이상해지는 모습을 비유.

い

いい色 주기(酒気)를 띠어 혈색이 좋고 붉은 얼굴을 하고 있는 모습.

いい気なものだ(である) 우쭐하다. 자기 혼자 기분이 좋아서 잘난 체하며 반성의 기미가 없는 모습을 비유한 말. 「その頃のことを憶ひ出すと, いかに若年だったとは言へ, 自分の甘たれ根性がつくづくと恥かしくなる. 全く, いい気なものだった, と思ふ. 学校を怠けたり, 欠席したりするのを, さもエライことをやってでもゐるかのやうに鼻にかけ, 得々としてゐたのだから, なってゐない」

いい線を行く 좋은 방향(方向)으로 가다. 일이 잘되어 나가다. 바람직한 형편을 비유한 말.

いい月日の下で生まれる 좋은 운명과 환경에서 태어남을 비유한 말. 「よそのおかみさん達は押し返されねえ形でお正月を遊ばすが, こちとらはつまらねえものさ. あの衆はよくよく能い月日の下で生れた大だちうよ」

いいところ ①가장 뛰어난 부분. 적당한 허용한도(許容限度). 그 이상은 허용할 수 없는 한도를 비유한 말. 「関係者は「営業妨害もいいところ」とカンカンだ」 ②기껏해서.

いい(よい)所へ気が付く 아주 효과적인 데에 생각을 잘하다. 마침 알맞게 좋은 생각을 하다. 사람들이 미처 생각할 수 없는 것을 잘 생각하다. 「さうあらば此の様な事は内沙汰というて内で沙汰をして見るものぢやといひます程に先内でいうて見させられシテ是はよい所へ気が付いた. さりながら誰も地頭殿に成りに成つて理非を聞く者がない」

いい年をして 「よい年して」라고도 한다. 상당한 나

이가 들어도. 분별이 있는 연령이면서.「おのれ, よい年して, おやにくらうさせる. かんだうぢやぞ」

いいのさ "지장이 없다"라고 현상태를 부인(否認)하려는 상대편의 경고에 대해서 현상태로도 별 지장이 없다는 응답의 말.「いいのさと後家しんるゐと不和になり」

いいも悪いもない ①좋다고도 나쁘다고도 말할 수 없다. 판단할 수가 없다. ②좋다든가 나쁘다든가 말할 필요도 없다. 어느 편이라도 좋다.

いう口の下から ①그런 말과 함께. 말하자 곧.「ソリヤソリヤ, 言はねえ事か, それ見なせえ. いふ口の下から湯が目へ這入つた」②자기가 말하자마자 곧. 자기가 그렇게 말하면서도.「もうのまないという口の下から, たばこをのんでいる」

いうことばの下から ①그런 말과 함께. 말하자 곧.「たれをかあひ手にさすべきと, ざしきをきっとみまはしければ, たきぐちが第の三郎,「出よ」といふこと葉の下より出にけり」②자신이 그렇게 말하면서도. 자기가 그런 말을 하면서도.「さて御前に出でたるに, (略)と仰せらるる半より, はつと思ひながら, 色に出さず, (略)といふことばの下より, 新六罷り出でて. (略)と, 色をかへて, 詞だだかひするを」③자기가 그렇게 말하고는 곧. 자기가 그렇게 말하면서. 자기가 그렇게 말하는 주제에.

いうにいわれぬ 말하려 해도 말할 수 없는. 어떻게 말할 수도 없는.「二百余里の山川を隔てて, もう其の美しい表情をも見ることが出来なくなると思ふと, 言ふに言はれぬ佗しさを感ずるが」

いえばいうほど 말하자면 말한 만큼이나. 말하면 더욱 더.「悋気したらば厭かれうかと, こらへてもこらへられず, いへばいふ程云ひじらけ」

家をあける ①문을 열어 놓고 집을 비우다. 이사하는 것을 비유. ②외출하는 것을 비유.

家をたたむ ①집 살림을 정리하다. 집 살림을 해체하다. 이사하는 것을 비유.「然しかうなると四畳半も引き払はなければならん. (略)家を畳んでからも清の所へは折折行つた」②가업(家業)을 그만두다. 파산(破産)하는 것을 비유.

怒りに燃える 노여움으로 마음속이 불타오르다. 매우 노한 모양을 비유.

いかりをおろす 닻을 물 속에 넣다. 배를 붙잡아 두기 위해서 쇠나 구리로 만든 추(錘)를 물 밑에 가라앉히다.「殊に万戸が唐土へも帰らす, 此の浦に碇をおろし逗留す」

怒りを解く 노여움을 풀다. 기분을 전환하다.「此の大角. いかなる言を述べて. 峠屋が怒をとき. かく枕をともになしたるや」

息が詰まる ①호흡이 정지하다. 숨이 막히다.「庖丁をおしあてらるれば眼もくらみ息つまつて」②숨이 막히듯 긴장하다. 거북한 모양을 비유.「盗賊方はおどろき, めっそうもございませぬ, お奉行さまとご酒を飲んでは息がつまりまする, と逃げようとすると」③흥분하는 모양을 비유.

生きた(体言)「生きている」라고도 함. ①생존하고 있는. 생명을 가진 것으로 그 구실을 하고 있는.「之を要するに, 哲学は世の中の無形の真理を解剖して, 殺して見せるものである, 然るに美術は其真理を引きくるめて, 生きたところをあらはすものである」②활동하고 있는. 생생한.「何故つて, さう, 活きてる頭を, 死んだ講義で封じ込めちや, 助からない. 外へ出て風を入れるさ」

生きたここちもしない「生きここちもない」라고도 함. 살아 있는 기분이 아니다.「いし火矢をうつ時は. しろの近所を触れ廻りて. おぢやつた. (略)其のふれが有れば. ひかりものがして. かみなりの鳴るをまつやうな心しておぢつた. はごめのほどは. いきたここちもなく. ただものおそろしや, こはやとばかり. われ人おもうたが. 後々は. なんともおぢやる物ぢやない」

意気に燃える 의기로 마음이 불타오르다. 어떤 일을 하려고 용기를 내는 모습을 비유한 말.

息を殺す 숨을 억지로 눌러 막다. 호흡을 누르고 가만히 있는 모양을 비유.「午後になって攻撃が意外に激しいことがわかると, 市民はヨロイ戸をかたく閉ざし, 息を殺して家に閉じこもった」

息をする ①숨쉬다. ②한숨 돌리다. 잠깐 쉬며 숨을 돌리다. 생기를 돌이키는 모습을 비유.「ことに泉州の堺はよろづに古風残りて物ごとうちばにかまへ, 律義を本にして. 人みな花車に世智かしこく灸ばしにて目をつくごとく. 其のせはしさ息も鼻もさせぬ所なり」

息をつく ①숨을 쉬다.「「なう是には云訳だんだん有り. 取り押へてたべ人人なう. 息も絶ゆる」と叫ぶにぞ,「先云訳を御聞」きとたつてさゆれば(略)妹苦しき息をつき, 乱れし髪を掻き撫で撫で涙をおさえ」②한숨 돌리다. 잠깐 쉬며 생각을 되돌리는 모양을 비유.「これに気を得て柳輔はかたなうちふりわたりあふ. 今はみなみなかなひがたく. 雲を霞に逃げちつたり. 柳助ほつと息をつき」

息を詰める ①호흡을 정지하다. 숨을 죽이고 호흡하지 않는 것처럼 하다. 꼼짝 않고 가만히 있다. 있는 기색을 나타내지 않다. 긴장한 모양을 비유한 말.「(略)とほろほろ涙の一人言, 隠るる間の隔てねば, 聞えて治兵衛も息を詰め, 涙呑み込むばかりなり」②흥분하는 모양을 비유. ③쉴새없이 일하는 모습을 비유.

息を潜める. 숨소리를 죽여 들리지 않게 하다. 조용히 하다. 긴장하고 있는 모습을 비유.

意地が悪い 성품이나 기질이 좋지 않다. 마음이 비뚤어지다. 남에게 악의(悪意)있는 행동을 하는 모양을 비유.「また中には. 意地の悪い者が御座つて. さてさて誰といふ者は. 物を取りつくろうて云ふ者ぢや. あの吝い伯母が. どのやうに酒を振舞ふものぢや. 飲うだが誠ならば. さあ誓文を立ていと申す」

痛い質問 어딘지 고통을 느끼는 질문. 답변에 궁한 질문. 격렬한 질문. 통렬한 질문.「長たらしい退

屈な講義をきいて，時には痛い質問をしてくれたそのころの学生諸君にいまも感謝の念を持っている」

痛い星を落とす 진다면 큰 영향을 주는 점수를 잃다. 시합에 져서 매우 불리해지다.「優勝争いにひびく痛い星を落した柏戸は，口を半分あけ，しばらくは放心したよう」

痛い目を見る 아프다고 생각하는 일을 경험하다. 괴로운 지경을 당하다. 뼈아픈 경험을 하다.

一言もない ①한마디도 말하지 않다. 부질없는 말은 한마디도 안하다. ②어떻게 말할 수가 없다. 대수로운 것이 못되다. 머리가 숙여지다.「大滝は一言も無いところなり 次第次第に」③대답할 말이 없다. ④한마디의 변명할 말도 없다. 어떻게도 변명할 길이 없다. 머리를 숙이다.

一を聞いて十を知る(悟る) 한 가지를 듣고는 열 가지를 깨우치다. 일부분을 듣고 그 전체를 깨우치다. 사리(事理)에 매우 통달함을 비유한 말.

一銭も持たない 한푼의 돈도 안가졌다. 전혀 돈이라고는 가지고 있지 않은 모양을 비유.「シテ代りのいる茶ならば，のみますまいものを. チまだ其のつれをおせある. 此所の大法で，一服一銭ぢや. 早うおいてお行きあれ.シテ愧かしい事でござれども，茶代りというては一銭も持ちませぬ」

一杯食う 먹지 않아도 되는 것을 먹다. 남에게 속다. 사기를 당한 것을 비유한 말.「さて巧んだりだり. 一杯食うたか無念やな. ハテ何んとせう」

命が助かる 구조되어 죽음을 면하다. 생명이 위험에서 구원되다. 목숨을 건지다.「シテア、真平命を助けてくれい. オモアド何ぢや，命が助かりたいシテなかなか」

命を生かす 살려 두다. 생명을 구하다.「そもそも壇の浦にて生きながら捕られし人々は大路を渡して頭をはねられ，妻子に離れて遠流せらる. 池大納言の外は一人も命を生けられず，都に置かれず」

命を生きる 살다. 생존하다. 생명을 구조받다.

命をかける ①생명을 맡기다. 어떤 강력한 근거로 삼는 것을 비유한 말.「数ならぬみ島がくれに鳴く鶴をけふもいかにと訪ふ人ぞなき よろづに，思う給へむすぼほほ有様を，かく，たまさかの御慰めにかけ侍る命のほども，はかなくなむ. げに，うしろやすく思う給へおくわざもがな」②목숨을 걸다. 목숨을 걸고 어떤 일을 한다는 것을 비유한 말.「命をかけて，何の契りに，かかる目を見るらむ…」③비상한 각오를 가지고 일을 하다. 성실하게 하다. 결사적으로 한다는 것을 비유한 말.

命を助かる 생명이 위험에서 구조되다. 목숨을 건지다.「ハテおのしのお身ばかりか，不便になさるる四郎二郎まで，命を助かることなれば，御了簡あそばしませ」

命を取る 생명을 빼앗다. 죽이다.「おのか親のえを，かく申すまじけれど，罪ある時，命をもとらるる物なればなん，かかる事の由を奏するなり」

いびきがする 코고는 소리가 나다. 코를 골다.

いびきをかく 코고는 소리를 내다. 코를 골다.「我が身を覚えず鼾をかき，夜の明けがたまで目のあくものはなかり」

いびきをする 코를 골다.「にくきもの（略）忍びて来る人見知りてほゆる犬. あながちなる所に隠しふせたる人のいびきしたる」

意表に出る 예상밖의 일을 하다. 예상하지 않던 일을 하여 사람을 놀라게 하다. 사람들이 생각지 않던 일을 해버리다.

今来たように 다른 데를 들러서 온 것을 숨기고，곧장 온 것같은 시늉을 하는 모양을 비유.「さきなども，おはせ給はず，しのび入りて，人見ぬ廊に，御直衣ども召して，着かへ給ひ，つれなう，今来るやうにて，御笛ども吹きすさびておはすれば」

今という今 지금이야말로. 때마침.「という」는「今」를 강조하는 방법.「夜の雨に，人はおそるる神鳴を. 哀れをしらば，爰に落ちて，我をつかめよかし，惜しからぬは命，今といふ今，浮世に，ふつふつとあきぬ」

いやというほど 싫다고 할 정도로. 싫증이 날 정도로. 나쁜 짓이 그 정도가 매우 높은 것을 비유한 말.「役人はいわば知事の手足でしかないのだ，ということを都庁幹部はいま，イヤというほど思い知らされている」

色に出す 빛깔을 내다. 외부에 나타내다. 남이 알아 차리도록 하다.「「わが，御咎あることは，あへん. 二ついはむには，女の御ためにこそ，いとほしなけれ」など，おぼして，色にもいだし給はず」

色に出る ①빛깔로써 나타나다. 밖으로 나타나다. 사람들에게 알려지다.「託馬野に生ふる紫草衣に染めいまだ著ずして色に出でにけり」②술을 마시어 얼굴이 붉다.

色を失う 실색(失色)하다. 매우 놀라서 낭패한 모양.「寄方まけ色に成りければ，為義・為朝勝つにのつて責めたたかふ. 義朝・清盛色をうしなひて引き退き，所所にひかへたり」

いわない(ぬ)ことではない 말한 그것이다. 말한 그대로다. "그러니 내가 말하지 않던가"라는 말의 뜻.「それ見させられ. わらはがいはぬ事か」

言わぬは言うにまさる 말하지 않는 것이 말하는 것보다 낫다.「言はぬをもいふに勝ると知りながら押しこめたるは苦しかりけり」

う

飢えを助く 굶주림을 도우다. 굶주리지 않게 하다.「山林に入りても餓をたすけ，嵐をふせぐよすがなくてはあられぬわざなれば」

魚が水を得る 고기가 생존에 필요한 물을 얻다. 고

기가 불 속에서는 살 수가 있다. 살아 나가는 장소를 얻는 것을 비유한 말. 「水を得た魚――幸福そうな顔が, 五月の風のなかで, 魚を語ってやまない」

うかうかと ①침착하지 못하고 불안한 모양. ②세심한 주의를 게을리하다. 「この辺に隠れもない勝負師でござる. (略)やれやれ, 皆人の意見をめさるる時, 思ひ止まれば好うござるに, 取り返さうさうと思うて, うかうか致し, この体になつてござる」 ③자신도 모르게 행동하는 모양을 비유한 말. 「うかうかと来ては花見の留守居哉…」

浮かばれぬ ①괴로운 환경에서 벗어나지 못하다. 구원받지 못하다. 좋은 환경으로 이룩될 수 없다. ②번뇌(煩悩)에서 벗어나서 왕생(往生)할 수가 없다. 갈 길을 잃은 영혼이 성불(成仏)할 수가 없다.

うけがいい 사람들과 잘 사귀다. 환영받다. 평판이 좋다. 「そんなに云ひなさんな. わつちらが内へ来なすつちやア, とんだ世事が能いはな. それだから方方で請けが能いよ」

牛は牛連れ馬は馬連れ 소는 소끼리 어울리고 말은 말끼리 어울린다는 말로 같은 종류끼리는 어울리고 다른 종류와는 어울리지 않는다. 같은 종류끼리 어울리는 것이 좋다는 비유. 「牛は牛づれがよい, わづかな賃とつて索麺の磨挽にゆく身で, 大名聟にとつたとの広言, かならず罰のあたるものぢや」

うすをつく 절굿공이로 절구질을 하다. 절구통에 넣어서 절굿공이로 찧다.

うすをひく 맷돌질을 하다. 맷돌로 물건을 갈다. 맷돌로 갈은 것을 가루로 만들어 내다. 맷돌로 갈아서 만든 가루로서 무엇을 만들다. 「正ぢきぢぢ, 松の木をきりうすをこしらへ, だんごをひき, いぬにたむけんといふ」

うずを巻く ①물이 빙빙 돌면서 소용돌이치다. 물이 소용돌이치면서 돌다. 소용돌이치다. 「藻をよめる 人麿 川の瀬のうづまくみれば玉藻かるちりみだれたる川の舟かも」 ②세상이 소란스러워지는 모양을 비유. 「テロがウズ巻く香港を去ってきたのだから, すっかり神経がまいっているようだ」

うそのようだ 「うそみたいだ」라고도 한다. 사실처럼 생각할 수가 없을 것 같다. 믿을 수가 없다. 사태가 좋은 편이나 나쁜 편으로 급변하는 것을 비유. 「うそのように空が晴れてきた」

うそ八百 모든 종류의 거짓말. 갖가지 거짓말. 크나 큰 거짓말. 「此の所はじめて参詣の人に先立ち. 当社へ御案内申しますと早口に腰をかがめ. (略)と酔うた顔付きして偽八百銭をとらぬと云ふ事なし」

うそをいいなさい 「うそをつきなさい」라고도 함. 거짓말을 하고 있다. 거짓말을 하는 게 아니라 바른말을 하라는 것을 역설적으로 한 말. 「うそをつきなさいと袖でたたくなり」

うそをつかぬ者 거짓말을 안할 것이라는 생각에서 어린이들을 비유한 말이다. 「冠者いえ. 某が事ではござりますまり. との嘘をつかぬ者が云うた. 冠者誰が申しました. とのかな法師が云うわ冠者さてもさても幼いは, 何を仰しやれうも存ぜぬことでござる. 人のをばことづかりましてござりました」

うそをつく 거짓말을 토하다. 거짓말을 하다. 「是お雪どの, 人にこそよれ川側伴之丞殿の妹御. 君傾城をなぶる様に, 権三が嘘をつくものか」

腕が上がる 솜씨가 나아지다. 기술이 숙달하다. 실력이 붙다. 숙련자가 되는 모양을 비유한 말. 「ハア, わごりよは最前ので乗り覚えたと見えて, 乗りぶりが上つた」

腕を折る ①남의 팔을 부러뜨리다. ②무의식 중에 자기의 팔을 꺾다. 잘못하여 팔을 꺾다. 운동 경기에서 팔을 부러뜨리다.

腕を買われる 실력·기술·수완 등을 인정받다. 특히 그런 점에서는 뛰어났다고 인정받는 것을 비유한 말. 「副議長時代も野党との折衝にその腕を買われた」

うなぎを逃がす 잘못하여 장어(長魚)를 놓치다. 장어를 잡으려다 놓치다. 장어가 도망치다.

うふふ 애를 썼지만 참을 수 없이 터뜨린 웃음 소리. 「あまりの我田引水に気がひけたのか思わず「ウフフ…」」

うまいことやる 맵시있게 해치우다. 교묘히 하다. 교활하게 여러 사람 사이를 돌아다니다. 「禁制のむらさき鯉をうまいことやって売っいる料亭がある. 目を光らせた半七の前で, この鯉を密漁していた男が殺される. 半七の調べが始まる」

馬から降りる 말에서 내리다. 「兵ども皆馬より下りて畏まる」

うまくいく 운수좋게 일이 잘 진행되다. 「二代三代の継代培養はうまくいかなかった」

馬の耳に風 말 귀에 스치는 바람이란 말로 남의 비평이나 의견을 조금도 귀담아 듣지 않고 곧 흘려버림을 일컫는 말. 「むまのみみに風 うしのまへにしらぶる琴」

馬を射る 활을 당겨 화살로 말을 쏘려 하다. 화살로써 말을 쏘다. 「平家の方に聞こゆる唐皮といふ鎧ごさんなれ. おしさげて馬を射て, 落ちん所をよせてくめ」

海の物とも山の物とも 바다의 산물이든, 산의 산물이든. 어떤 일이 어느 편으로도 결정이 되지 않는 모양을 비유. 「オレが代表質問に立つのは七年ぶりだ. 中身はまだ海のものとも山のものともつかないがね」

裏には裏がある 이면(裏面)에는 또 깊은 이면이 있다. 내부 사정이 매우 복잡한 것을 비유한 말.

恨みつらみを募らせる 원망스런 기분, 괴로운 기분이 점점 격노(激怒)하다. 「このクラスにゼイキンの恨みつらみをつのらせてよいのだろうか」

裏を返せば 뒤집어 보면. "같은 것을 되풀이하면, 말하자면"의 뜻으로도 비유된다. 「(略) 当然, 東京の所得額もナンバーワン, 人口の集中度をはるかに上回って(略), 全国の一八・九パーセントに達して

いる．裏を返せば，個人の所得額も全国平均以上ということになるが」

売りことばに買いことば 남의 기분을 상하게 하는 말에 대해서 거기에 상대하여 응답하는 말. 한쪽이 거만한 말투로 걸어오면 상대편도 거기에 응해서 거만하게 굴게 된다. 말의 수작(酬酌)은 상대편의 태도에 따르게 됨을 말해 주는 속담. 오는 말이 고와야 가는 말이 곱다.「人間これはいかなこと. このあたりで某に向こうて，あのようにおうへいに申す者はござらぬが，さだめて道通りの者であろう. よいよい，こちからも返事の致しようがござる. 人間大名に向かってヤイヤイ，何かいな者に物が問いたいと言うは，こちのことか，何事じゃいやい.（略）大名これはもっともじゃ. それならば言葉を直いて問おう. 太郎冠者それがようござりましょう. 大名人間に向かって申し申し，向かいな人に，物が問いとうござる. 人間さればこそ 言葉を直いた. こちからも言葉を直いて返事を致そうと存ずる. 人間大名に向かって申し申し，向かいな者に物が問いたいと仰せらるるは，こちのことでござるか何事でばしござるぞ. 大名ござるぞ ござるぞ ござるぞ. 笑ってさればこそ 言葉を直いた. 昔から「売り言葉に買う言葉」とは，よう言うたものじゃなあ. 太郎冠者さようでござる」

うれし涙を流す 기뻐서 눈물을 흘리다. 기쁨에 겨워 울다. 눈물을 흘리면서 기뻐하다.

うわさに上る 사람들의 화제(話題)에 오르다. 화제가 되다. 화제로 취급되다. 평판(評判)이 자자하다. 소문이 자자하다.「もっとも，日本の作家が，ノーベル文学賞の候補者としてうわさにのぼるようになってから，もう十年近くになる」

運がいい(よい) 운이 좋다. 좋은 운이다. 행운이다. 형편이 매우 좋다.「是がサ私の運のよい処で，(略)そこでサ，わたくしの運のよろしいと申す訳は」

運が尽きる 운이 그 극한에 달하다. 운이 막히다.

運が強い 운명(運命)에 있어서 강하다. 운명의 도움을 받다. 행운이다.「是も上様の御雲〔運〕のつよき故なり」

運が悪い 운이 좋지 않다. 불운하다. 불행하다.「今おめえのやうに，ア、，趣向もかなりに出来たけれど，運がわるくって，しそこなってばかり居る」

うんという ①승낙을 나타내면서 답하는 소리.「あたりさはりのあるむしんだ. うんといひたいが，まづ十か十八ならない事とおもへ，長吉」②인정하고 승낙하는 것을 비유한 말.

え

得たり賢し 잘 되었다. 다행이다. 뜻대로 일이 잘 되어서 기분이 좋음을 뜻하는 부르짖음.

えてして ①손에 넣어 자기 것을 만들다.「児を，わりなう，らうたきものにし給ふ御心なれば，「得て，抱きかしづかばや」と おぼす」②사물에 통하다. 모든 일에 뛰어나다. 능란하다.「みな，おのおの，得たる方ありて，取る所なくもあらねど，又とりたてて，わがうしろ見に思ひ，まめまめしく選び思はんには，ありがたきわざになん」③할 수가 있다. 가능하다.「忍ぶれど涙こぼれぬれば，をりをりごとに，え念じえず，くやしき事も多かめるに，仏も，「なかなか，心ぎたなし」と，見給ひつべし」④자칫하면.

絵にかいたよう 그대로 그려내어 그림을 만든 것처럼. 그림처럼 아름답게 그린. 어떤 물건의 견본(見本)이나 또는 아름다운 것을 비유한 말.「ウチの社長ときたら，石部金吉. 勤勉・実直を絵にかいたようなものだ」

絵にかく 그림으로서 그리다. 그려서 그림으로 만들다.「わが妻も画にかきとらむ〔画爾可伎等良無〕暇もか旅行く吾は見つつしのはむ」

えびのように 삶은 새우처럼 발이나 손이 빨개서 웅크리고 있는 모습을 비유.「ちひさき子のき雪をわけて，足手は蝦のやうにて，走り来るをるに，いと悲しくて，涙をながして」

えへへえ 인사를 하거나 아첨할 때의 웃음 소리「妹お藤も立ち出て「(略)それお盃でも持つてこいやい父様はお留守か，独り女子ははひで〔ポット出なりや，お客が一人あつてもア、不都合な事ばかりア、ほんにゑへらゑ，おはづかしや」と会釈する」

えらいはえらいか 훌륭하기는 훌륭한데. 훌륭하지마는.

エンジンがかかる 힘이 작용하여 엔진이 움직이기 시작하다. 기계가 시동(始動)하다. 활동이 시작되다. 일이 태동(胎動)하기 시작하는 모습을 비유한 말.「いずれにせよ，待望のベトナム和平会談という車に，ようやくエンジンがかかった. 車がどう走るか，いつ目的地に着くか，たんたんたるハイウエーを走るようなわけにはいくまい. だが 和平という方向を向いていることだけはたしかだ」

エンジンをかける 힘을 작용하여 엔진을 발동시키다. 기계를 움직이게 하다. 활동을 시작하다. 일을 시작하는 모양을 비유한 말.

(〜に・と)縁もゆかりもない 아무런 관계도 없다.「それは，この事件には 縁もゆかりもない」

お

追い立てを食う 쫓김을 당하다. 내어쫓기다. 집의 명도를 재촉받다.「なにも追い立てを喰つてる訳ぢ

やないんだから——ここにゐたつて，ゐられないことはないんだから」

負うた子に教えられて浅瀬(浅い瀬)を渡る 업고 있는 아이에게 여울의 어디가 얕은가를 배워서 강물을 건느다는 말로 자기보다 못한 사람에게 도리어 배운다는 것을 비유.「ア丶寔に負うた子に教へられて浅い瀬を渡るといふが此の事ぢや」

大汗になる 땀투성이가 되다. 땀을 많이 흘리다.「然りし所へ千手太郎，薄手少少受けながら，大汗に成りて馳せ帰り」

大汗を流す 대단히 많은 땀을 흘리다. 땀을 뻘뻘 흘리다.「某が内にあらうずる奴めが，ひめ糊，忠度のわけ差別も知り居らず，大骨折らせ，大汗を流させる，前代未聞の曲者」

大きい目「大きな目」라고도 함. ①커다란 눈. 크게 부릅뜬 눈. ②뭣인가를 하려고 하는，뭣인가를 골똘히 찾고 있는，뭣을 깊이 생각하고 있는，희망에 차 있는 모습을 비유한 말.「安寿はけさも毫光のさすような喜を額に湛へて，大きい目を赫かしてゐる」

大きくため息をつく 크게 한숨을 쉬다. 심각하게 한숨을 쉬다. 매우 근심스럽고 피로와하는 모습을 비유.

大きな顔 ①크게 생긴 얼굴. ②크게 보이는 얼굴. 때를 잘 만났고，자만스럽고 뽐내고 거만한 얼굴을 비유한 말.「視聴率があがれば担当者は大きな顔ができるが，あまりさがりすぎると，「番組の中止」という最悪の事態さえもおこりかねない，頭の痛い話だ」③나쁜 짓을 하고 있으면서도 태연한 얼굴을 비유한 말.

大きな口をきく 큰소리를 치다. 허풍을 떨다. 허황한 계획을 늘어놓다. 허세를 부리다.

大骨を折る 매우 수고하다. 매우 고생하다.「大骨折らせ，大汗を流させる」

お変わりございませんか 전과 다른 일은 없으십니까?라고 이상이 없음을 문안하는 인사의 말.

おぎゃあ(と泣く) 갓난아이의 울음 소리.「おぎやあおぎやあとつれぶしのはづかしさ」

(こどもに)おくれる 뒤에 처지다. 남다. 자식이 먼저 죽다.

おくれをとる 뒤에 처지게 되다. 이기지 못하다. 남보다 못하다.「実用衛星の分野でソ連が米国に遅れをとったのも，主として電子工学技術の劣勢のためだった」

恐れをなす 무서워하다. 매우 겁을 내다. 무서워 행동을 삼가하다.「惣じて海士の潜きと申すも，わづか十尋か廿尋，それより底には鰐，鮫，鯱，などの悪魚すんで，人を捕るとて恐れをなす」

おちついている 침착하다. 급하거나 큰 일을 당했을 때 마음이 흔들리지 않다. 태연하다.

お茶をひく ①손님이 없어서 한가한 유녀(遊女)들이 맷돌로 엽차를 갈아 차를 만들고 있다. 유녀나 예기(芸妓)들이 손님이 없어 한가함을 비유한 말.「今も三都とも遊女芸子の終日或は通夜，客に見えざりしを，おちやひくと方言す」②손님이 없어 한가하다. 일이 없어 한가하다는 말의 비유.

(大学を)落ちる (대학의)입학시험에 실패하다.(대학의)입학시험에 불합격되다.

夫を持つ 부부의 관계에 있어 남성을 얻다. 남자와 부부가 되다. 남자를 배우자로 갖다.

おとがいを解く 턱이 빠지도록 크게 웃다.「時に常盛衣を著するに及ばず，裸にて件の馬に乗り，鞭を揚げて逐電す．義秀後悔千万，観る者 頤を解く，彼馬は奥州一の名馬なり，広元朝臣之を献ず，常盛日来平に所望を成すと雖も，下されず」

男が立つ 남자로서의 면목이 서다. 남자로서 면목이 유지되다.「平イヤおのれ憎くい事をぬかす．おれも男ぢや．すつぱりときれて．ふたたび見かへりもせんは．大ようきれなさつた．それでおまはんの男がたつてよかろ．ドレこれから柳さんとゆつくり寝ましよ」

(物を)落とす ①낙하(落下)시키다. 일부러 물건을 떨어뜨리다. ②자기도 모르게 물건을 떨어뜨리다. 자기도 모르게 물건을 떨어뜨려 잃어버림을 비유한 말.「お二人の御蔭で煙草入れを落しました．中に頼母の懸銭七十四文あつた物，定めて狗賓に掴まれたで御座らう．正真の天狗頼母子ぢや」

音を立てる 소리를 내다. 소리가 울리게 하다. 일부러 소리를 내다. 큰소리를 내는 몸짓.

同じ屋根の下「屋根の下」또는「この屋根の下」라고도 한다. 한 지붕 아래서，한곳에서 함께 모여 살다. 동거(同居)하는 모양을 비유.「一旦は私の心も今の住居を捨てたものである．しかし，もう一度この屋根の下に辛抱して見ようと思ふ心は既にその時に私の内に萌して来た」

鬼も頼めば人を食わない 귀신도 잡아 먹어 달라고 부탁을 하면 도리어 잡아 먹지 않는다는 말로 주문(注文)을 하면 도리어 잘 안해 준다는 비유.「お好みが出たからうたひな．鬼もたのめば人を食はねえとやらだ」

おひろい族 택시를 타지 않고 걸어서 다니는 사람들.「自家用車を持っているか，あるいはタクシーを拾ってばかりいる人にとっては，ご用とお急ぎの心をいらだたせる赤ランプの停止信号が，シャクのタネかもしれないが，おひろい族にとっては，かれこそ救いなのである」

汚名を着せる 불명예스런 이름을 덮어 씌우다. 부끄러운 평가를 받게 되다.「国賊の汚名をきせて排撃する」

お目玉をちょうだいする 꾸중을 듣는 것을 비유한 말.

お目に掛ける 보여주다.「(略)慮外ながら，むかふずねと鼻のさきを御目に掛けませう」

思いを潜める 생각을 숨기다. 남몰래 생각하다. 생각을 골똘히 하다. 조용히 바라보다. 사랑하는 것을 비유한 말.「藤村は自分の青春に思いをひそめて

唄ったのであった」

思うように(だ) ①이쪽의 생각대로. 생각하던 대로. 훌륭하게. 나무랄 데가 없는. 「女君の御有様の思ふやうなる〔申シ分ガナイ〕事も語り給ふ」②자기가 생각하던 대로. 생각대로. 「わづらふ事あるには, 七日二七日など療治とて籠り居て, 思ふやうによきいもがしらをえらびて, ことにおほく食ひて, 万の病をいやしけり」

おもくろい 「おもしろい」를 해학적(諧謔的)으로 나타낸 말. 「明け給ふまでは神楽も面黒し〔評釈〕天宇受売神の舞は, まことに面白いのでみなドッと笑ったが, 実はまだ天岩屋戸が開いてないので, 暗闇だったのである. 面白しと面黒しと対していったのがこの句の働きである」

おもしろい人(事) 재미가 있는 사람(일). 흥미를 갖게 하는 사람(일). 「扨扨, 御坊は面白い人ぢや. 此の様な事を知つたらば, とうから船にのせて 秀句を聞かうものを. (略)いや, 爰な者が訳もない事をおいひある. 此の面白い事が船の着く迄何とまたるるものぢや」

おもしろいように 그 일이 말하는 사람에게 유쾌하게 느껴지도록. 많이. 「わが世の春のスズメも, この冬の寒波ではエサがなく, 簡単な仕掛けで面白いようにつかまったというから」

おもしろおかしく 재미있기도 하고 우습기도 하다. 매우 흥미롭다. 매우 유쾌하다. 「いたずらざかりの小さいこどもたちに, 生活のチエを, おもしろおかしく教えこもうとするもので」

おれがおれが 내가 어쨌어? 내가 어쨌단 말이야? 내 어디가 어떻단 말이야?라는 말로 교만하고 자만(自慢)하고 만심(慢心)하는 모양을 비유한 말. 「おれがおれがの向う見ず, 是を放其心而不知求と申します. なんぼおれがおれがで物をやり附けうとしても, なかなかおれがの細工では出来ませぬ」

終わりを告げる ①끝마친 것을 알리다. 끝났음을 널리 알리다. ②끝나는 모습을 비유한 말. 「当時はと言えば, 戦後の時代がそろそろ終わりを告げて生活も安定し, 家庭電化が進み, レジャーなることが流行し始めた時である」

女にもろい 여성에게 쉬 열중하다. 여성에게 유혹되기 쉽다. 여자에 약하다.

か

かあかあ(鳴く) 까마귀의 울음 소리. 「仏といふも, 神といふも, 跡から付けた名ぢや. 烏といふ名のないさきから, かあかあいうてゐる」

があがあいう ①가아가아 하는 소리. ②가아가아 우는 소리. 오리나 개구리의 울음 소리. ③시끄럽게 떠드는 소리를 비유한 말. 「仕方ないよ. 多数決だからね. しかも, その多数の人を選んだのは国民なんだから. 何もガアガアいうことはないよ. 民主主義っていうのは, 数の勝ちだからね」

会議を持つ 회의를 열다.

顔が赤い ①얼굴이 붉다. 붉은 얼굴이다. ②술을 마시고 붉은 얼굴을 하고 있는 모습. 「あるとき三八が顔あかく, 機嫌よさうなるを, 人見つけて, 「そちはあらけなく酔ひたる体ぞ」といへば. 「道理かな. 今朝のふるまひに, 汁の椀のおりべで, つづけさま三ばい飲みたるもの」」③부끄러워 얼굴을 붉히고 있는 모습.

顔がつぶれる 면목이 없어지다. 면목이 없다. 불명예스럽게 되다. 체면을 더럽히다.

顔が広い 여러 곳에 얼굴이 잘 알려져 있다. 교재 범위가 매우 넓음을 비유.

顔がよごれる ①얼굴이 더러워지다. ②면목을 잃음을 비유. 「いかに此頃ふつていなというても. わが身に客をすりおろさせ. そのかねで身請したといはれては. 今までみがいたかほがよごれる」

顔にどろを塗る 얼굴에 진흙칠을 하여 더럽히다. 창피를 주다. 면목을 잃다.

顔に免ずる 얼굴을 보고 용서하다. 체면을 유지하기 위하여 용서하다.

顔を赤くする 정도가 심할 때는 「顔をまっかにする」라고도 한다. 얼굴에 붉은 색을 나타내다. 「山出しの下女平気にてとび出し, 水舟のそば へ行き, 升から水をのんで耳にしめし, かほは真赤にしてふかしたてのごとくからだに湯気を立ててゐる」②얼굴을 붉히다. 「顔を赤らめる」혹은 「顔を赤める」라고도 함. 입장이 딱하든지 부끄러워하는 모양.

顔を合わせる(合わす) 얼굴을 서로 만나게 하다. 한 장소에 함께 모이게 하다. 「ある朝, 学校で顔を合すと, 広津がそう云ったのを覚えている」

顔をする ①그런 모양의 얼굴을 보이다. 그런 얼굴이 되다. 「芳子は白粉をつけて, 美しい顔をして, 火鉢の前にぽつねんとして居た」②배역(配役)에 알맞은 화장을 하다. 「顔をしてくるくる巻くは花ぐもり」

顔をそむける 얼굴을 상대방과 반대 쪽으로 돌리다. 상대의 얼굴을 안보려고 고개를 돌리다. 부끄러워 얼굴을 남에게 보이지 않으려는 시늉.

顔を出す ①얼굴을 보이다. 사람들 앞에 나선다는 것을 비유. 「どこへでも顔を出す〔デシャバル〕」②달이 떠오르는 모습을 비유. 「月が温泉の山の後からのつと顔を出した. 往来はあかるい」

顔を立てる 체면이 서다. 명예가 유지되다. 한쪽의 요청을 들어 주게 하든지 뜻대로 하게 하는 것을 비유.

顔をのぞかせる 「顔をのぞかす」라고도 한다. ①들여다보며 얼굴을 드러내다. ②잠시 동안 모습을 보이다. 깜박깜박 보이는 모습을 비유한 말. 「八王子市鑓水の農家の庭先で, 雪をかきわけるようにし

て，土の香と恵みをいっぱいに含んだフキノトウが顔をのぞかせた」「その達意にして流麗な散文には随所に簡潔にして巧みな表現がちりばめられているし，ときどき皮肉やユーモアが顔をのぞかせている」

顔をふくらす 「顔をふくらかす」라고도 함. 얼굴이 부은 것처럼 보이게 하다. 퉁퉁 부은 얼굴을 하다. 성내고, 기분 나쁘고, 토라지고, 불만이 많은 모습을 비유한 말.「戸次不興気に顔ふくらし」

顔をよごす 면목을 잃게 하다. 체면을 더럽히다.「武蔵の国の果までも顔を汚せし隅田川」

蚊が食う 모기가 물다.「子や泣かん其の子の母も蚊の喰はん」

鏡のように 거울처럼 미끄럽고 편편한. 길이 편편하고, 호수가 물결없이 고요함을 비유한 말.「その路鏡の如く(如鏡)，広さ一町許，直きこと墨縄の如く，辺に木草立てり」

かき消すように 싹 지워버린 것처럼.「舟の中より紅の袴きたる女房，二三十あがり，鼓を打ち声を調へて，(略)と三返歌ひ澄して，掻きけす様にぞ失せにける」

かぎをかける ①대문에 자물쇠를 걸어 채우다. ②마음의 문을 열지 않는다는 말로 상대방에게 방심하지 않고 긴장해 있음을 비유한 말.「心のとびらにカギをかけているみたい．だけど暖かさが知れる不思議な魅力」

影が薄い 모습이나 형체가 희미하게 보이다. 세력이 없어 보이다. 생기가 없다. 앞날이 근심스럽다. 형체가 차차 없어지는 모양을 비유.「茶の会にかげのうすいがてい主なり」

影が薄れる 모습이나 형체가 희미해지다. 세력이 없어 보이다. 생기가 없다. 앞날이 걱정스럽다. 형체가 차차 없어지는 모양을 비유.「カラーテレビの売れ行きが盛返してきた．(略)庶民のものというにはほど遠い値段だが，高根の花とか，地位の象徴といわれたデラックスなイメージは影が薄れてきたようだ」

影がさす ①빛을 가로막아 지면이나 수면 등에 그림자가 지다. ②물에 달의 그림자가 비치다. ③흡사한 모습이 보이다. 모습이 생각난다는 뜻을 비유.「親譲りの財産の処分に悩んだ心境なんかに，聖人仁者の影がさしていたとみるべきか」

陰口が飛ぶ 본인이 없는 데서 그의 험담이 어디선지 나오다. 험담이 갑자기 튀어나오다.「時に言動が「軽すぎる」というカゲロが飛ぶほどである」

影のように 그림자처럼 언제나 뒤따라다니는 모습을 비유.「そのためか，ニヒルな表情が，ふっと影のように通りすぎる人である」

かけらもない 「かけらすらない」라고도 한다. 한 조각도 없다. 조금도 없는 모양을 비유한 말.「首都には旧正月攻勢直後の緊迫感と恐怖がよみがえり，和平ムードのカケラすらない」

影を潜める 모습을 감추다. 보이지 않게 되다.「ポンド切下げ後，世界的に高まったドルを金(きん)にかえる動きが，今年にはいって急速に影をひそめてきた」

がさがさ ①마른 나뭇잎이 바람에 흔들려서 나는 소리.「とうもろこしの葉は夏のうちはサワサワいう，それがガサガサいうように聞こえはじめたらそれも秋さ」②급히 서둘러 걸어갈 때 옷의 마찰로 나는 소리. 급히 서두르는 모양.

かさをさす ①삿갓을 덮다. 삿갓을 쓰다.「男のみに雨ふる夜かさをやりて呼びけれど来ざりければよみ人しらず　さして来と思ひしまのを三笠山かひなく雨のもりにけるかな」②지우산(紙雨傘)·양산(洋傘)·양산(陽傘) 등을 두 손으로 올리며 펴다. 양산을 펴들다.「別にむつかしい事でもをりない笠をさすなる春日山春日山．是も神の誓ひとて，人が傘をさすなら，我も傘を指さうよ」

かしらをおろす 머리를 깎다 깎아버리다. 중의 모습이 되다. 중이 되는 모양을 비유.「頭おろし捨てて，罷り籠らむとなん思ひ給ふる」

数を尽くす 남김없이 전부. 되도록 많이 하다.「いとどしき御祈りの，数をつくしてせさせ給へれど，例の執念き御物の怪一つ，さらに動かず」

風(かぜ)が起こる ①바람이 일어나다. 심한 바람이 일어나다. 바람이 심해지다. ②감기가 유행하다. ③감기가 들다.

かぜ(風)が重い 감기가 심하다. 감기로 위험하다. 감기가 들어서 매우 위급하다.「風いと重き人にて，腹いとふくれ，こなたかなたの目には李をふたつつけたるやうなり」

かせぐに追い付く貧乏なし 집안일을 열심히 하면 가난이 붙지 못한다. 가업(家業)을 부지런히만 하면 가난해지지는 않는다는 속담.「(略)との御詠歌の心は，惣じて，産業の道，かせぐに追ひ付く貧乏なしと，言触が，いうてまはりしに」

風の吹き回し ①바람이 방향을 정하지 않고 이리저리 부는 것. 바람이 부는 형편. ②일정하지 않고 그때의 형세·사정에 따라서 변하는 것. 또는 그러한 형세나 사정.

かぜを引く ①바람을 몸안으로 끌어들이다. 바람을 정면에서 맞다. 감기에 걸리다. 풍병(風病)이 도지다. 감기 기운이 있다. 감기가 들다.「板の上に夜中まで立ちゐ，戸をあけ侍りし程に，風引きて〔持病ノ風病ガオコッテカ〕，腹のこほこほと申ししを，一二度は聞き過して，猶しふねくあけんとし侍りし程に，みだれがはしき事の出でまうで来にしかば，物も覚えで，まづまかり出でて，しつつみたりし物を洗ひし程に，夜は明けにけり」②경제적으로 넉넉하지 못한 것을 비유한 말.「日本の造船業界は"利益なき繁栄"といわれている．(略)ちょっと冷たい風にあたるとすぐカゼをひいて熱を出す．そんな状態でいい気持になるのはまだ早い」

肩が重い 어깨가 무거운 느낌이 들다. 어깨의 활동이 둔하다. 투구력(投球力)이 불충분하다.「きょうは合宿を出るとき肩が重かったが，投げているう

ちに軽くなった」

肩が軽くなる ①어깨의 활동이 활발하다. 투구력(投球力)이 왕성하다. ②(굳어진 어깨가 나아서)어깨가 가볍게 느껴지다.(책임이 없어져서)해방된 기분이 되다.

肩が凝る ①어깨가 굳어지다. 어깨 근처의 피가 순환이 잘 안되어 근육이 굳어지는 것. 어깨의 근육이 굳어져서 고통스럽고 불쾌한 모양. 어깨가 뻐근하다. ②이야기가 어려워져서 어깨가 굳어지는 듯한 느낌을 비유한 말.

肩がつかえる ①어깨 근처의 피가 돌지 않게 되다. 어깨가 굳어지다. 어깨가 뻐근하다. 「アド(略)私は肩を打ち按摩をとる事を得てゐます. こなたにも定めで肩がつかへませうほどに. 肩を打つて進ぜませう」

肩が強い 어깨의 힘이 세다. 어깨의 힘이 오래 가다. 「足はたしかに速いかもしれないが, なんでも, かんでも盗塁されることはない. 対策を考えれば——岡村の肩は強いもの. 十分対抗できる」

肩が休まる ①어깨의 짐이 내려져서 어깨가 수월해지다. 어깨가 가벼워지다. ②고생스러움이 가시는 것을 비유. 「頼朝一臂をふるひて其の乱をたひらげたり. 王室はふるきにかへるまでなかりしかど, 九重の塵もをさまり, 万民の肩もやすまりぬ」

堅くなる 긴장하다. 「——九回の緊張感は…「堅くなるより, 打たれたってもともとだといった気持でしたね」」

肩車に乗せる 목말을 태우다. 보통 어린아이를 어깨 위에 얹고 두 다리를 목의 좌우로 오게 하여 태우고 다니다. 「今度は肩車に乗せてすかしませう. 子を肩に乗せて, ハア, いとし殿御を肩に乗せて, のせて乗せて御所へ参らうらう」

語るに落ちる 이야기하고 있는 동안에 자신이 말해버리다. 이야기하고 있는 동안에 자기도 모르게 비밀을 누설하다. 속마음을 드러내다. 「語るに落ちた格好だった」

肩を入れる 여러 사람 가운데 자기의 어깨를 비벼넣으면서 한패가 되다. 패거리를 모아 도우다. 협력하다. 한편의 역성을 들다. 「鳥羽院の御代にや, 諸国の武士の源平の家に属することをとどむべしと云ふ制符たびたびありき. 源平ひさしく武をとりてつかへしかども, 事ある時は, 宣旨を給はりて諸国の兵をめしぐしけるに, 近代となりてやがて肩をいるる族おほくなりしによりて, 此の制符はくだされき」

肩を並べる ①어깨와 어깨를 나란히 하다. 나란히 서 있다. 나란히 걸어가다. 같아지다. ②같은 지위에 있다. 비교하면 동등하다. 동등한 지위에 있으면서 경쟁하다. 「つひに肩をならぶる人出で来ぬめり」 ③많은 물건이 나란히 쌓여 있는 모습을 비유. 「丁銀入りし箱四五十荷も. 肩をならべてつづきぬ, ある所には有る物也」

肩を張る ①어깨를 젖히다. 어깨를 으쓱하고 으시대다. 격한 감정을 나타내는 몸짓. 「海援隊でも仲間はずれで, ほかの連中が討幕とか挙兵とか, 肩を張って議論しているときでも, 静かに本を読んだり思考しているのは陸奥と関雄之助の二人であった」 ②뽐내다. 위세가 당당한 모양을 비유.

肩をひねる 어깨를 비틀다. 어깨를 주무르다. 「ことさら, 夜前のまはりやろ, これつかへたる肩まで, ひねらせた」

肩をもむ(굳어진)어깨를 손이나 손가락 사이에 끼워 잡고 비벼서 부드럽게 하다. 안마를 하다. 주무르며 치료를 하는 몸짓.

学校を失敗する 입학시험에서 떨어지다. 「チョウチョウを追回して勉強をおろそかにした天罰テキメンで福岡高校を失敗しました. 同時に受けた宮崎高農が〔二〕幸いパスしたので, 南国のコン虫を採集する希望もあり, あそこに入学しました」

合点が行く 알만하다. 내용을 잘 알겠다. 이해할 수 있다. 납득이 간다. 「是程, 我等にくる事, 何とも合点がゆかぬ」

悲しい顔 ①자기의 슬픈 얼굴. ②다른 사람의 슬퍼보이는 얼굴. 다른 사람이 슬퍼하고 있는 얼굴. 「先生は悲しそうな顔で何も言われなかった. (略)これが非常に悲しい顔をされた意味だったと思います. (略)あの悲しい顔が, いまだに忘れられません」

悲しい目を見る 한탄스런 처지를 보다. 엄청난 일을 경험하다. 슬픈 지경을 당하다. 「われら, いかなる罪を犯して, かく, 悲しき目を見るらむ」

金がたまる 돈이 붓다. 돈이 많아지다. 「(略)それぢやア金もたまるはずさネ」

金ができる ①필요한 돈이 마련되다. 돈 마련이 되다. 「けふはそのかねが出来る日ぢやさかひ」 ②부자가 되다. 재산가가 되다. 「男なら江戸へ下らずに他の国へ商をして, 金持になって見なせえ. そりやア出来めえ. 江戸のおかげて金が出来るのだ」

金に詰まる 돈에 쪼달리다. 돈에 몰려 괴롭다. 자금이 없어지다. 필요한 돈이 마련 안되어 어찌해야 할 줄을 모르다. 「ものいりが多くて, 金に詰まった」

金に手を付ける 써서는 안될 돈을 쓰다. 「武家にうまれた者なら, どういう放蕩者でも具足櫃の金だけは手をつけた者はあるまい」

金回りがいい(悪い) 돈 형편이 좋다(나쁘다). 수입상태가 좋다(나쁘다). 돈을 가진(안가진) 상태의 비유.

かねや太鼓で捜す 미아(迷児)를 찾을 때 징과 북을 치면서 찾는다. 큰 소동을 벌여 많은 사람이 찾아도 잘 찾지 못한다는 것을 비유. 또는 매우 적은 양(量)을 비유하기도 함. 「三度の飯のほかに食ふものは, 冷飯を干した糒の塩いり. 其の中へ田舎から貰つた味噌豆をいれたとこが, 豆の数は鉦太鼓で探すほどだアおめえ」

金を落とす 자기도 모르게 돈을 떨어뜨려 분실하다. 자기도 모르게 돈을 빠뜨려 잃다. 「ある所へ

行き候へば，道に黄金がおびただしく落ちて御座候ほどに，さてもうれしき事かなと 存じ，おもふ存分に拾ひ申し，帰る所へ，落したる主来りて…」

金をためる 돈을 저축하다.「此の男小判を溜めて人の思はくの外なる内証なれば」

鐘をつく 막대 따위로 달아놓은 종을 치다. 인경을 쳐서 종소리를 울리다.「寺々の，かねつくやつは憎いな 恋ひ恋ひて，稀に逢ふ夜は日の出づるまでも，寐よとすればまだ夜深きに，ごんごんごごんごごん，ごうとつくに又寐られぬ」

壁に馬を乗りかける「壁に馬を乗り上げる」라고도 함. ①탄 채로 말을 벽에 걸리도록 하다. 말을 탄 채로 벽에 오르다. 무리하게 서둘러 일을 하다. 급히 하든지, 급히 가는 것을 비유한 말.「壁に馬乗りかけては明くべき埒も明かぬもの．前びろに手形しようために，呼びに遣つた」②당돌(唐突)하다. 급히 남에게 폐를 끼치는 모양을 비유.「是は是は日比の御懇意，お揃ひなされての御出，主人郷左衛門さぞ満足．只今の殿様前代と違ひ，何かに付けて軽いお身持，壁に馬乗りかけし今日のお成り．主人は御供我々が当惑，掃除等もそこそこ」③별안간에 곤란한 지경을 만나 당황하는 모습을 비유.「カベに馬を乗上げる前に，内部において自律的に調整力が働く．これが民主主義の長所である」

壁に耳あり「壁に耳」「壁の耳」라고도 함. 저쪽의 벽에 귀를 기울여 엿듣고 있는 사람이 있다. 밀실(密室)의 이야기도 바깥으로 들리다. 사람이 몰래 듣고 있다. 비밀이 누설되기 쉽다는 것을 비유한 말.「これは伏屋がしたのささめごとなれば，壁の耳もおぼつかならず」②벽에도 귀가 있다는 말로 말을 할 때는 신중히 해야 한다는 뜻을 비유한 말.「「さても不思議の事を申し出したるものかな．露もおぼし召しよらぬものを」と仰せければ，院中の切り者に西光といふ者あり．境節御前近う候ひけるが，「天に口なし．人を以ていはせよと申す．平家以外に過分に候間，天の御計らひにや」とぞ申しける．人々「この事よしなし，壁に耳あり，おそろしおそろし」とぞ申しあはれける」

壁を破る 앞을 가로막는 장애물을 쳐부수다. 장애물을 밀어내면서 나아가다. 몸을 움직일 수가 있게 되다. 활동할 수가 있도록 길이 트인다는 것을 비유한 말.「伝統的な学部のカベを打ち破り，ひろく人文，社会系学部の再編成に発展しそうな気配も強い」

果報にあやかる 남의 행운을 닮다. 남과 같은 행운이 돌아오다.「左様では御ざりませうが，こなたの御年にも御果報にもあやかりたうぞんじて，金ぼふしが願でござる」

果報は寝て待て 행운은 누워 있으면서 기다려라. 사람의 행운은 사람의 힘으로는 어떻게도 할 수가 없는 것이니 초조하게 굴지 말고 기다려야 한다는 것을 비유한 말.「貧福は自然の物なり．果報は寝て待てと云ふ事がある」

かまの下をたく 가마솥 밑에다 불을 지피다. 가마솥 아래에 불을 피워서 가마솥을 뜨겁게 하여 밥을 짓다.「餅舂にも夫婦まゐりて，かかは大釜の下を焼けば，男は水風呂に水を汲み込み」

かまをたく 불을 피워 가마솥을 데워 음식을 익히다.「七大寺古は室に釜槍をおかず．政所に飯をかしぎて，露車につみて，朝ごとに僧坊の前よりやりて一人の僧ごとに，飯四升をうく」

上が降る 위쪽(북쪽)에서 비나 눈이 내리다.「主イヤ，来るほどにいつもの溝河へ出た．シテ誠に河へ出ました．主上が降つたと見えて水が増した．シテ仰せらるる通り，上が降つたと見えて，ことの外水が増しまして御座る」

雷が落ちる 갑자기 크게 노한 소리가 들리는 것을 비유.「…馬の足おと，八大山も崩れかかるがごとし．為朝がいかれる声は，又雷のなりおつるにもことならず」

雷を落とす 사람을 매우 꾸짖는 것을 비유한 말.

髪を刈る ①머리카락을 깎아내다. ②머리카락을 잘라낸 모양을 비유한 말.

髪をそる 머리카락을 깎아 밀어버리다. 중의 모습이 되다. 중이 되는 모양을 비유.「然て朕は髪をそりて(髪乎曽利天)，仏の御袈裟を服てあれども，国家の政を行はずあること得ず」

髪を結う 머리를 틀어얹어 손질하다.「髪を結ふ時に女は目がすわり」

からだが大きい 키가 크고 여위지 않은 몸매를 두고 하는 말. 예로부터 몸의 크기, 몸집, 신장(身長)을 나타낸다.「年三十ばかりなる男の，たけ高やかに，物々しうちち太りて，きたなげなれど，思ひなし疎ましく，荒らかなる振舞など，見るもゆゆしく思ゆ」

からだが溶ける 몸이 녹아내리다. 마음의 긴장감이 없어지다. 이성을 잃게 되는 모양을 비유.「おさめ「葉がくれは誰でも好いた歌さ『ひと夜ひと夜の仇枕．ほんにしみじみ憂やつらや』といふ所はまことに能いのう初「ア丶，モウおつしやいますな．あすこの所を承ると，骸が解けるやうになりますよ，噂におつしやり出してもぞつといたしますはな」

からだからあふれる 가득 차서 밖으로 넘치다. 넘쳐나다.「辺地の清浄な空気と，胸いっぱいの夢がヒフからあふれているような感じの人である」

からだをおおう 천이나 이불을 덮어 씌워서 몸을 싸 감추다.

(熱情に)駆られる (열정에) 휘말리다. 재촉을 당하다.「十字軍は，キリスト教の聖地を異教徒の手から奪いかえそうという，宗教的熱情に駆られた戦争であった」

かりかり(鳴く) 기러기의 울음 소리.「かつては東京の空を，毎朝，毎夕，ガンがカリカリカリと大声で鳴きながら飛び，こどもは小学唱歌にあった「ガンガン，おまえらは…」とガンまでとどけと歌ったものだった」

借りる時の地蔵顔返す時のえんま顔 물건을 빌릴 때에는 보살처럼 상냥한 얼굴을 하고 빌린 물건을 돌려줄 때에는 염라대왕처럼 무서운 얼굴을 한다는 말로 사람의 마음이 언제나 자기중심적이라는 것을 나타낸 말.

〜がる ①다른 사람이나 물건을 〜라고 생각하다. 다른 인물을 〜라 생각하다. 골똘히 생각하다. 「かくや姫, 例も月をあはれがりたまへども, このごろとなりては, ただごとにも侍らざめり」 ②다른 사람이나 물건은 〜라 하다. 되풀이하여 말하다. 「是は端渓です, と二遍も三遍も端渓がるから, 面白半分に端渓た何だいと聞いたら, すぐ講釈を始め出した」③자기를 〜라 생각하다. 자기를 〜가 있다고 생각하다. 〜의 흉내를 내다. 체하다. 자랑하다. 「(宮の内侍)えんがりよしめくかたはなし」

眼高手低 눈은 높은 곳을 바라보고 손은 낮고 가까운 곳을 향한다는 말. 「だとすると, 眼高手低という語は, 眼は高いところを目ざすべし, 素材は卑近な日常の現実にとれ, という芸の秘義をあかした言葉ではないのでろらか」

がんじがらめに(締める・なる) 「がんじがらみに」라고도 함. ①끈이나 새끼줄을 여러 겹으로 하여 몸을 감아 묶는 모양으로. 「…すかさず客が飛びかかり, 両手をつかんでぐつと引き入れ, 刀の下緒手ばしかく, 格子の柱にがんじがらみ, しつかと締め付け」 ②몸이 묶여서 어떻게 할 수도 없는 모양을 비유. 「名もなき英国人は伝統と分別とスノッバリー(紳士気取りの俗物根性)とにがんじがらめになった古い英国の 偽善に生 の 体でぶつかっていくこの"痛快きわまる熱血漢"に心の底で拍手を送っている」

完全に ①이지러진 데가 없는 완성된 모양. ②죄다. 전혀. 철저하게. 나쁜 방면에도 같은 뜻으로 쓰인다. 「"復活"を読み始めたのはこの時である. が, 先生が教えてくださる分量ではとうてい満足できず, 僕はそれ以来完全に学校を休み, 食事と睡眠の時間以外, ほとんど一日の全部をイットがらザットまで字引を引くといったような語学力で, "復活"の耽読に没入した」

感に打たれる 크게 감동하다. 강한 감동을 받은 모양. 「藤村は花袋の小説 や 論文から感化を受けたとは思っていなかったであろう. いわんや「蒲団」のような作品を読んで, 感に打たれるはずはない」

感に堪えない 참을 수 없을 정도로 감심(感心)하다. 매우 감동된 모양. 「仲頼, 感に堪へず, おりはしり, 万歳楽ををれかへり, 舞ふに, あるじのおとど袙ぬぎ給ふ」

看板に偽りなし 간판에 거짓이 없다. 외견(外見)과 내실(内実)이 일치되다. 길가에서 소리 치며 물건을 파는 사람들이 손님을 끌어들이는 말투. 「かんばんにいつはりなしの浮虚にて」

(酒の)かんをする 「燗を付ける」라고도 함. 술을 적당히 데우다. 「向後見廻ひに来たならば, 夏ならば冷しすまし, 又冬ならば燗を仕すまいて, あれがいやといふほど, 呑まさうか, 呑ますまいか…」

き

黄色い声 높고 날카로운 목소리. 「入道のような先生が, 紋付, ハカマで登壇すると黄色い声が頭のてっぺんからとび出した. その声のかんじは, あまり堂々たるものでも, 快いものでもなかった」

気が荒い 성격이 거칠다. 감정이 세련되어 있지 않다. 난폭하다. 「気があらくなくてはお杉いたがらず」

気が多い 여러 방면으로 기분을 쓰다. 변덕스럽다. 기분이 살 만하다는 비유. 「気の多さ医者に成ってと囲ひやき」

気が置ける 자연히 체면을 차리게 되다. 어딘지 모르게 체면을 차리다. 「「叔父さん, ごめんなさいよ.」と 言って, 姪は幾人もの子供を生んだことのある乳房を小さなものにふくませながら話した. そんなにこの人は気の置けない道連れだ」

気が勝つ ①기력(気力)이 뛰어나다. 기상이 강하다. 「二人の中で, 姉娘は足を引き摩るやうにして歩いてゐるが, それでも気が勝つてゐて, 疲れたのを母や弟に知らせまいとして, 折々思ひ出したやうに弾力のある歩附をして見せる」 ②남에게 지지 않으려 하다. 자기 고집을 세우다. 지기 싫어하는 모양을 비유.

気が変わる 기분이 변하다. 생각이 달라지다. 「気が替るまいものか鎌倉で疱瘡」

気がきく 마음씨를 잘 쓰다. 임기응변으로 생각을 잘 하다. 「気の きいた女はくわやうぶ人〔華陽夫人〕なり」

機が熟する 좋은 기회가 충분히 마련되어 오다. 좋은 기회가 돌아오게 되다. 기회를 포착할 만한 시기가 다가오다. 기운(機運)이 다가오다. 「機が熟したら, 博士号コースも置く考えで準備しているという」

気が知れない 어떤 기분인지 알 수가 없다. 본마음을 사람들이 알지 못해서 기분이 나쁘다는 비유.

気が知れる 기분을 잘 알다. 성질을 잘 알고 있다. 「気の知れた男女房をよぶとやめ」

気がせく 기분이 초조하다. 일을 빨리 시작하려고 마음이 초조하다.

気が違う 정신이 이상해지다. 발광하다. 미친 사람이 되다. 「きやつは気が違うたさうな. 愚僧も負くる事ではない」

気が付く ①요긴한 곳에 주의를 잘 하다. 보고 들어서 마음을 잘 쓰다. 「いや, まことによいところへ気が付いた」 ②세미(細微)한 점에도 주의를 잘하

다.「ちょっとしたことにもよく気が付く」 ③바른 정신으로 돌아가다. 본정신으로 돌아오다. 본정신이 되다.

気が詰まる 기분이 막힌 듯하다. 마음이 트이지 않고 막히다. 마음속이 불편하다. 마음이 시원하지 못하다. 마음이 편치 못하다는 뜻을 비유.「あの若い衆の内にはこなたの子達や孫達も御座るに, あれへ出させられては何れも気が詰まりまする」

気が遠くなる 정신의 움직임이 먼 곳으로 가다. 의식이 사라져 없어지다. 멍한 모양을 비유.「年収一億ドル(三百六十億円)以上の長者百五十三人, 聞いただけでも, 気の遠くなりそうな話である」

気がとがめる 어쩐지 가책을 받다. 기분이 꺼림칙하다. 양심에 꺼리끼다.

気が長い ①기분이 천천히 늘어지다. 성격이 느리고 서둘지 않는 것을 비유.「気が長くて, いい主人だ」 ②일을 조급하게 끝내지 않다. 일을 시작하는데 느릿느릿 시간이 걸리다. 언제까지나 끈기 있게 기다리는 성질을 비유.「うちの主人は, 気が長くて困る」

気が早い 마음의 움직임이 빠르다. 빨리 결론(結論)을 내리다. 성급하다. 성질이 몹시 급하다.「「初優勝は七分通り決定」と喜ぶ気の早いファンも多い」

気が短い ①마음가짐이 몹시 빠르다. 일을 너무 서두르고 속단(速断)하여 처리하는 성질을 비유. ②참을성이 없고 성급함을 비유한 말.

気が向く 마음이 쏠리다. 하고 싶은 생각이 들다. 의욕이 생기다.「気のむいた方へつき出す畳さし」

気がもめる 걱정스럽게 생각하다. 걱정이 되어 초조하다. 안절부절 못하는 모양.「気がもめんすとよりかかるからだんす」

気がよい「気がいい」라고도 함. ①성질이 좋다. 성질이 온화하다. 성질이 부드럽다.「口答へばつかりして動き啼きをする野郎よ. 旦那が気が好いから済んで通るが他所へ出ては一日も勤まらねへぞ」 ②성질이 너무 좋아서, 날세지 못하다.「気のいい娘蛇がなめ蜂がなめ」

気が弱い ①기개(気概)가 없다. 마음이 약하다. 의지가 굳세지 못하다. 겁이 많다.「気のよわい下女はつまらぬ子をまうけ」 ②인정이 있다. 인정에 약하다. 부드럽다.「気のよわさ蛇を殺して寐つけえず」

気が悪い 기분이 나쁘다. 이상한 기분이다. 싫은 기분임을 나타내는 말.「気のわるいものあふのけにねた女」

機関銃のように 기관총의 방아쇠를 당기면 자동적으로 연속사격을 할 수 있듯이 다음에서 다음으로 빠른 속도로 계속해서 질문을 퍼붓는 모습.「機関銃の応酬のような記者会見をつねとしている欧州の報道人」

きき酒をする 술맛을 감정(鑑定)하다. 술맛의 좋고 나쁨을 알기 위하여 시음(試飲)하다.「…みなさまの御鑑定, 是にてとつくりきき〔掛ケコトバ〕酒仕りまして御座います」

聞きしにまさる 소문에 듣기보다는 실지가 더 낫다. 세상의 소문보다 낫다.「この石, ききしよりは見るはまさりれり」

聞き分けがいい 말을 잘 알아 듣다. 분별이 있다. 이해력이 풍부하다.「さう, さう, 能く云ふ事をお聞きだぞ. 坊は聞き訳が能いから御褒美をやりませう」

聞き分けがない 분별이 없다. 남의 말을 알아 들을 힘이 없다. 이해력이 부족하다. 조리(条理)를 분별하지 못하다. 일컫는 말을 듣지 않다.「さりとて御聞わけのない. 成らぬでは御ざらねども, 後に御ざれと申す事で御ざる」

聞き分けが悪い 분별하는 힘이 모자라다. 남의 말을 듣고 분별하는 힘이 약하다. 분별할 만한 힘이 없다.「さてさて, おまへさまは聞き分けのわるい, 世話を焼かせるお方だ」

きげんがいい「きげんがよい」라고도 한다. 기분이 맑아지다. 기분이 매우 좋다.「惣じて主と云ふ物は機嫌の能い時もあり, 又機嫌のあしい時も有るものぢや」

きげんがそこねる 기분이 나빠지다.「ヤ, 余り声高にいうたに依つて機嫌がそこねた. すこしすかしませう」

きげんが直る 기분이 좋아지다. 나쁜 기분이 가셔지다. 유쾌해지다.「ハア, 流石都の者ぢや. ぬかば唯もぬかいで, 御機嫌の直る囃子ものをゝしへた」

きげんが悪い 기분이 나쁘다. 기분이 맑지 못하다. 불쾌하다.

きげんをそこねる ①남의 감정을 해치다. 남을 성나게 하다. 불유쾌하게 만들다. ②자기의 기분을 나쁘게 하다.「これはいかな事. 大きな声をして笑うたに依つ機嫌をそこねた」

きげんを取る ①남의 기분을 살리다. 상대의 기분을 미리 알아 차리고 언동을 적당히 하다. 남의 기분에 들게 하다.「七日というても明日の事. とても渡す金なれば, 早う戻して親方様の, 機嫌をも取らんせ」 ②손님을 접대하다.「食焼く下女も, 見るを見まねに, 色つくりて, 大客の折ふしは, 次の間に行きて. 御機嫌を取る」 ③아첨하다. 아부하다.

きげんを直す ①상대방의 기분을 되살리다. 나쁜 기분을 가시게 하다. 기분을 좋게 하다. 유쾌하다.「其の御機嫌あしい時, 御機げんを直す囃子物を教へておまさうかといふ事でをりやる」 ②자기의 기분을 되살리다. 나쁜 기분을 털어버리다. 기분이 좋아지다. 유쾌해지다.

きしきし ①싸락눈이 내리는 소리.「あられふり吉志美が嶽を険しみと草とりはなち妹が手を取る」 ②물건이 걸려서 매끄럽게 앞으로 나아가지 못할 때 나는 소리.「にくきもの(略) 硯にかみの入りてすられたる. また, 墨の中に石のきしきしときしみ鳴りたる」 ③잠결이나 매우 분할 때 이(歯)를 가는

소리. 부드득부드득 이 가는 소리.

ぎしぎし ①물건이 걸려서 매끄럽게 나아가지 않을 때 나는 소리.「にくらしいもの(略)ぎしぎしきしむ車を乗りまわす人間. つんぼなのかしらと, ひどく腹立たしい」 ②잠결이나 매우 분할 때 이(齒)를 가는 소리. 부드득부드득 이 가는 소리.

期待にそむく 기대를 배반하다. 기대에 어긋나다.

きつねにつままれる ①여우의 손끝에 잡혀버리다. 여우에 홀린 것을 비유. ②뜻밖의 사건이 벌어져 멍한 모습을 비유.「キツネにつままれたように, キョトンとした表情」

木で鼻をくくる ①나무로 코를 비비다. 냉정하게 대하다. 냉담하게 대접하다.「内を覗けば飯焚きの, 万めが酒屋へ行く体なり. 彼奴は木で鼻もぎだう者, ただは云ふまご, 濡れかけて, だまして問はむ, と思案する間に」 ②일이 안되다. 가능성이 없음을 비유.「そうさね, こいつア深川の八幡だが, この札なんざア木で鼻アくくったような数だ, そてしてこんなのが当るもんなんだ」

気に入る ①「何かがだれかの気に入る」라고도 한다. 사랑 받다. 귀염 받다. 만족하게 여기다. 납득하다.「(略)ヤ, あたたかな. ハア, 其の上見れば御印相が気に入らぬ. 直いてもらはう」 ②「だれかが(は)何かが気に入る」라고도 한다. 사랑하다. 좋아하다.

気にかける 마음에 꺼리끼다. 근심하다. 걱정하다. 걱정이 되어 잊지 못하다.「それはこれに限らず, 皆人毎に, 悪口を云ふものぢや. 気にかけな」

気に食わない 마음에 안들다. 기분에 들지 않다.「でんがくにすすきおやぶん気にくはず」

気にする 걱정거리로 삼다. 근심하다. 마음에 꺼리껴 생각하는 모습을 비유.「気にするも道理十九で袖をふり」

気になる 걱정거리가 되다. 걱정이 되다. 걱정스럽게 생각하는 모습을 비유.「気に成つて負けると内義たたき付け」

気に向く 자기 기분에 맞다.「気に向いた方へ島さしあるき出し」

きねをつく 절굿공이로 절구질을 하다. 절구통에 곡식이나 찐 떡쌀을 넣어 절굿공이로 쳐서 가루나 떡을 만들다.

希望に燃える 희망에 부풀어 마음이 타오르다. 밝은 장래를 생각하며 가슴이 설레임을 비유.

気味がいい 기분이 좋다. 좋은 기분이다. 유쾌하다. 다른 사람이 불행한 재난을 당하는 것을 보고 당연한 일이라고 생각하며 기뻐하는 기분.

気味が悪い ①자기 일에 관해서 기분이 나쁘다. 불유쾌하다.「さりながら, まだ何処やら痛みの残つた処があつて, 気味が悪い」 ②어떤 일이 기분 나쁘게 느껴지다.「おいへ「江戸でも役者の化粧するのは, すき油を付けるぢやアねえかエ」おかべ「さうさ. 其のかほよ香といふ物も, すき油の様 なものさ」おいへ「いやだのう, 気味の悪い. それよりは三馬が所の江戸の水をつけた方がさつぼりして, 薄くも濃くも化粧がはげねえで能い」 ③대상(対象)이 불길하다. 무서운 것을 비유.「…身の毛弥立っばかりなり. 清貫今が見始め, 何とやら気味悪く, 枝に取り付き見る所に, 又向ふより同し姿の人影見ゆる」

肝がつぶれる 예상 밖의 돌연한 사태에 놀라다. 매우 놀라다. 깜짝 놀라다. 당황하다.「(祭の行列)わたりさふらふてといふ時に, 各肝つぶるるやうにあらそひ走りのぼりて」

気持ちがいい(よい) ①공기가 맑아서 기분이 좋다. ②유쾌하다. 마음이 즐거워지고 재미있는 것을 비유.「こういう話は, 気持ちがいい」

気持ちが悪い ①몸이 불편하여 기분이 좋지 않다. 불유쾌한 모양을 비유. ②기분 나쁘다. 어쩐지 기분이 언짢다.「気持ちの悪い顔をした人」

肝にこたえる 마음속에 울리다. 가슴을 뭉클하게 하다. 크게 마음을 자극하다.「其処な男よ, 正月布子した者と同じ様に口を利くな. 見れば此の寒さに綿入著ずに何を申すぞ」と, 推量にいひけるに, 自然と此の男が肝に徹へ, 返す言葉もなくて, 大勢の中へ隠れて, 一度にどつと笑はれける」

肝をいる ①애를 태우다. 안달이 나다. 마음이 조급한 모양을 비유.「かねがね滝川に恋する者ありて, きもをいり返事待つ事あるが」 ②주선하다. 중개를 하다. 중재하다.「…在所にも祭酒が大分入りまするが, ちと肝を煎つて売つて進じませうか」

肝を消す 불안으로 마음을 상하다. 놀라서 슬퍼하다. 크게 놀람을 비유.「風の吹く日は今日もや船に乗り給ふらんと肝を消し, 軍といふ時は, 唯今もや討たれ給ふらんと心を尽くす」

肝をつぶす 예상 밖의 일에 깜짝 놀라다. 크게 놀라는 것을 비유.「中差にて下野殿を射落し奉らんと思へども, かたがた存ずる旨あれば, 疵はつけ申さじ. 矢風計をひかせ奉りて, 肝をつぶさせ申さん」

肝を冷やす 간담을 서늘하게 하다. 오싹하게 하다. 오싹하다는 말의 비유.「人肝を冷さずといふ事なし」

ぎゃあ(と鳴く) 멧돼지의 울음 소리.「普通イノシシは「キャー」とほえるのに, ブーチャン, 見なれぬ人を見ると太く低い声でワンワンと家人に知らせる」

きゃっきゃっと鳴く 「きゃあきゃあと鳴く」라고도 함. 원숭이의 울음 소리.「きやあきやあと云うて. 身ぜぜり. 猿の真似する」

きゃんきゃん 강아지의 울음 소리.「むりなぢいさんだ. きやんきやん」

窮地から抜け出す 매우 곤란한 지경에서 빠져나가다. 곤경에서 벗어나다.「失敗したと思ってもそれをくやまず, なんとか窮地から抜け出す方法はないか, 常に努力せよ」

窮地を脱する 궁지에서 빠져 나가다. 매우 곤란한 지경에서 벗어나다. 곤경을 벗어나다.

旧に倍する 옛날에 비하면 곱이 되는. 옛날의 두배가 되는. 매우 증가한 모양을 비유.「それ等の劇場は，旧に倍して繁盛し，大入満員を毎日続けている」

きりがいい「きりがよい」라고도 함. 끝마치기에 알맞다. 끝내는 데 적당한 형편이다.「きりの良いところで打ち切る」

きれいな商売 손발을 더럽히지 않고 할 수 있는 장사. 깨끗한 장사. 앉아서 하는 장사.

気を大きく持つ 생각을 크게 가지다. 여유가 있다. 작은 일에 걱정하지 않는 모양을 비유.「気を大きく持つて若後家はさせる」

気を変える 기분을 전환하다. 생각을 바꾸다.「気をかへて見たが内義の越度なり」

気をせく 자기가 자기를 재촉하다. 일을 빨리 하기 위해 마음이 급하다. 초조하다. 조급하다.「サー馬場せめて勝負せう. サア乗れ乗れと気を喘いたり」

気をそらす ①기분을 다른 데로 돌리다. ②상대방의 기분을 해치는 모양을 비유.「学者や美術家とはちがって，俳優は，ことに歌舞伎役者は，あたりがいい. 態度も話しっぷりも，相手の気をそらさぬように振舞っていた」

気を付ける ①면밀한 주의를 하다. 똑똑히 보고 듣고 마음속에 다짐하다.「親子の人々物ごしの手に取る様に聞えしを，女房はつと思ふ顔. 宗清気をつけ」②다른 사람에게 주의를 주다. 알아 차리게 하다. 충고를 하다.「定めで忘れさせられた物で有らう. 立ち戻つで気を付けて見うとなずる」③ 자세를 바로잡다. 긴장하다.「気をつけ…」④정신을 차리다. 경계하다.「道を迷わないように気を付けなさい」

気を取り直す 기분을 되돌리다. 기분을 좋게 하다.「気をとり直し直し嫉はらみ」

気をのまれる 기가 죽다. 압도되는 모양을 비유.

気をもむ 걱정하다. 걱정하여 조조히 굴다. 안절부절 못하다. 조급해지다.「…鎰の手前も恥しく，胸に願立て神おろし，狂気の如く気を揉みしが」

気をよくする 기분을 좋게 하다. 기분이 좋아지다. 으시대는 모습을 비유.「気をよくするは大そんと遣らぬなり」

木を割る ①나무를 가로 쪼개다.「年ごとに 咲くや吉野の山桜，木を割りてみよ 花のありかは」②잘라낸 나무를 가로 쪼개어 땔나무를 만들다.

銀行を落ちる 은행의 채용시험에 떨어지다.

く

ぐあい(具合)が悪い ①형편이 나쁘다.「戸のぐあいが悪い」②입장이 딱하다.「かれに会うとぐあいが悪い」③건강이 좋지 않다.

くぎづけにする ①못질을 하여 움직이지 않게 하다. ②본보기로 사람의 목을 못으로 쳐서 내어걸다.「三位の中将，奈良の大衆の中へ出されて，今は限りの御有様，御首は大卒堵婆に釘打にせられ給へる事，又大臣殿父子の御首，大路を渡して獄門の木に懸けられたる事，人参りて細細と申しければ」③문에 못질하여 열지 못하게 하다. 문을 잠그서 집에 들어가지 못하게 하다. ④에도시대(江戸時代)에 서민의 형벌로 집의 문에 못질을 하여 근신(謹慎)시켰다는 데서 나온 말. ⑤꼼짝 못하게 하다. 움직이지 못하게 하다. 발목을 묶어둔다는 말의 비유. ⑥주의를 집중시키다. 한곳을 응시케 한다는 말의 비유.「人ごみをかきわけ，何か所かの検問所を通過して，クレムリンの城壁を背にした来賓席についたときは，キューバ人の一団がおりからのキューバ危機を反映して，盛んな気勢をあげて人々の注意を釘づけにしてりるところでした」

くぎを打つ ①못을 치다. 못으로 단단히 죄다. 못을 꽂다. ②굳게 약속하여 변함 없게 하다. 약속을 어기든지 문제를 일으키지 않게 다짐을 받는 말의 비유.「まちがわないようにくぎをさす」

くぎをさす ①못을 꽂다. 못을 쳐서 꽂아 넣다. 못으로 굳게 죄다. 못을 치다. ②약속을 어기거나 달리 문제가 일어나지 않게 다짐받다. ③발에 못이 박히다.

くさびを打ち込む ①쐐기를 넣어 나무를 쪼개거나 물건을 죄다. ②적진으로 쳐들어가서 세력을 둘로 쪼개는 것. ③자기편의 세력을 힘으로 밀어 넣는 것을 비유. ④억지로 새로운 사태를 만드는 것을 비유.「放送時間がふえ，番組が面白くなれば一般のカラーテレビの購入意慾が一段と刺激される，そこをねらって安い新製品を売出し，ブームづくりのクサビを打込もうというのが各メーカーの算段」

口がおごる 입으로 까불다. 다른 데보다도 입이 사치스럽다. 음식이 사치하다. 맛있고 비싸고 자기의 구미에 맞지 않으면 먹지 않는다. 미각이 발달했다는 말의 비유.

口が重い 말하는 투가 믿음직하다 입놀림이 무겁다. 많이 지껄이지 않다. 말 수가 적은 것을 비유.「この人にも，さなむありしなども明し給はむ事は，口重き心地して」

口が軽い ①말하는 투가 경박하다. 입놀림이 가볍다. 잘 지껄이다. 말 수가 많음을 비유. ②비밀을 쉬 누설하는 것을 비유. ③아무 생각없이 경박하게 지껄이는 것을 비유.「あの人は，口が軽くて，よくあとで 困る」

口がすべる ①말이 거침없이 나오다. ②말해서는 안되는 것 또는 말 안해도 괜찮은 것을 자기도 모르게 말해 버리는 것을 비유.

口がふさがる 입이 닫혀지다. 입이 굳어지다. 말을 할 수가 없다. 어이가 없어 말이 나오지 않는 것

을 비유.

口から出す 물건을 입에서 내다.

口が悪い ①입이 좋지 않다. 사람들의 기분에 들지 않는 말을 하다. 남에게서 미움받을 말을 함부로 하는 것을 비유.「きみは口が悪くていけない」②입맛이 없다. 입에 나쁜 것이 남아 있는 것을 비유.「口が悪くて, 何も食べる気がしない」

口車に乗せる 잘 돌아가는 입살에 올리다. 교묘한 말로써 속이다. 교묘히 둘러대어 사람을 기만하여 유혹하는 것을 비유.「人を口車に乗せる」

口車に乗る 잘 돌아가는 입살에 오르다. 교묘한 말에 속다. 교묘한 궤변에 넘어가는 것을 비유.「口車に乗って損をした」

口だけ ①입으로만. 단지 입으로 읽을 뿐. 입으로 말할 뿐. ②성의가 없다. 실천이 따르지 않는 모양을 말한다.

口と心が違う 말하고 있는 것과 실지의 마음이 틀리다.

口に合う 입에 적합하다. 자기의 구미와 일치하다. 음식이나 그 맛이 기분에 들다. 맛이 좋다. 좋은 맛이다.「錦祥女立ち出で, (略)孰れも賴む. 食物も違ふとや. お口に合ふ物伺うて進ぜてくれよ…」

口に出す 입에서 밖으로 내어놓다. 중대한 말을 하다.「人のきはめたる大事なれば, あへて口よりほかにいださず」

口に上る ①입에서 이야기되다. 말하여지다.「作句五十年, いまはその老俳人と同齢の六十五歳となり, 淡々として句が口にのぼる」②소문이 나다.「世間の人の口にのぼる」

くちびるをかむ「下くちびるをかむ」라고도 함. 입술을 깨물다. 분하게 생각하다. 원통함을 참는 시늉을 비유.「なぜ, 二年も続けて……くちびるをかむ主婦ら」

口をあけさせない 말을 못하게 하다. 누구에게도 말을 못하게 하다.「今の世の言に, 人に口あかさぬといふこと有り, 閉口のこころばへなり…」

口をあける ①다물고 있는 입을 상하로 벌리다. 입을 열다.「巣をとると知らで口あく雀かな」②멍청한 모양. ③물건의 일부분을 열다. 닫혀진 마개를 빼어서 열다.

口を入れる 다른 사람 일에 입을 대다. 간섭을 하다. 필요없는 말을 하다.

口をおおう 소매로 입을 가리다. 수줍어 하는 모양.「いたう恥ぢらひて, 口おほひし給へるさへ, 鄙び古めかしう」

口をきく ①말을 하다. 이야기를 하다. ②능숙하게 말을 하다. ③잘난 체 말을 하다.「坂東武者は, 馬の上でこそ口はきき候とも, 船軍にはいつ調練し候べき. 縱ば魚の木に上つたるでこそ候はんずれ. 一々に取つて海につけ候はん」④양쪽을 소개하다. ⑤양쪽의 사이를 중재(中裁)하다.「口をきいて, まるく納める」

愚知をこぼす 그냥「こぼす」라고도 함. 쓸데 없는 한탄을 하다. 탄식하며 말하다. 불평을 털어 놓다.「教えるとたちまち理解し, 記憶してしまう. 年月をかけて自分のものにしたものを, 一晩のうちに吸いとられたのではやりきれない, とぐちをこぼしていたそうである」

口をそろえる 사람들이 동시에 같은 말을 하다.「庄屋問屋口をそろへ, (略)と云ひ渡す」

口を出す 다른 사람의 일에 입을 대다. 쓸데 없는 말을 하다. 주제넘게 참견하다.「先刻から傍で口を出したかつたが, 喧嘩になつては悪いと, 目を長くして居ました」

口をたたく 입으로 때리는 소리를 내다. 내리치는 듯한 말투로 말하다. 기분내키는 대로 말하다.「小者めまでも同じやうに口をたたき…」

口を閉じる 입을 다물다. 말을 하지 않다. 침묵을 지키는 모양.「盛広, 口を閉ぢて云ふ事なかりけり」

口をぬぐう「口をのごふ」라고도 함. ①먹은 뒤에 입언저리를 닦다. 입을 닦고 더러운 것을 훔쳐내다. 입언저리에 더러움을 닦아내다.「一文菜の鰯をおむらさきのおぼそのと, 首筋もとばかりせせり箸して, 手元に延紙おいて一口喰うては口のごふなど」②집어 먹고 난 뒤에 입을 닦고 모른 체하는 모양을 비유.「ある一人坊主, 烏賊をくろあへにしてたまはる処へ, ふと人来れり. 口をぬぐはん料簡もなかりつるに,「そなたの口はなにとて黒いぞや. 鉄奨をつけられたか」と問ふ.「いやあまり寒さに, ただ今燃えさしを一口くうた」と」③훔쳐 먹은 뒤 입을 닦고 모른 체하는 모양을 비유. ④일을 저질러 놓고는 모른 체하다, 아무일도 없었다는 듯이 모른 체하는 모양을 비유.「口をぬぐって知らん顔をする」⑤나쁜 짓을 하고도 모른 체하는 모양.

口をふさぐ ①입을 닫다. 말을 안하다.「段々詰つて後には法花が念仏をとなへ, 浄土が題目をとなへて互に口をふさぎて」②다른 사람의 입을 닫다. 말을 못하게 하다.

くつくつ ①후두(喉頭)를 울리는 소리.「ややしばしになれば, あやしと思ふほどに, 台盤に額をあてて, のどを, くつくつと, くつめくやうにならせば」②사람을 간지럽게 하여 웃기는 모양.「どりやどりや. ちとこそぐつて機嫌を直さう. くつくつくつ. そりや機嫌が直つた」③참을 수가 없어 소리를 내어 웃는 소리.「又ひとりの女, われながら, くつくつ笑ひ出して. 物をも, いはざるを」

ぐっと飲む 단숨에 마시다.「(蛇と蛙と)げにもあぶなき見参也. ぐつとのまれなば, かばかりの事と思ふとも, よみがへるみちもあらじ」

首が飛ぶ ①목이 잘려서 튀다. 참수(斬首)되다.「是さ是さ, いふまでもない, 御損かけては忠衛が首が飛ぶ」②면직당하다. 해고당하다는 뜻을 비유. 하는 수 없이 사직하지 않으면 안되게 되는 것을 비유.「なぜ, 親分のクビが飛ぶような反乱を起したか」

首がない ①목이 붙어 있지 않다. ②목이 없어지

다. 잘리다. 참수된다는 비유.「仕損へばお梅が首がないぞ. 脱るな」③면직되다. 해고당하는 것을 비유한 말.

首にする ①목이 잘린 상태로 하다.「五日の後, 親家の郎従藤内光澄が武蔵国入間川で追ついて, 首にして戻つて来た. 姫には内証にして居たが, いつかは知れて, 其の嘆は一通りではない」②해직(解職) 또는 해고하다는 것을 비유한 말.

首のすげ替えをする ①인형의 목을 바꿔 붙이다. ②직무를 담당할 사람을 교체하는 것을 비유.「大臣の首のすげ替えをする」

首をかしげる 고개를 갸우뚱하다. 이상하게 생각하다. 이상하게 생각하는 시늉.「こういえば, 首をかしげる向きも多いだろう, しかし, これは数学という学問の本質的な性格に深い関係のあることがらなのである」

首を切る ①목을 쳐 자르다. 목을 치다. 참수하다.「「然らば, 国をも預けて令知めむ. 若し, 不来ずは, 其の頸を可斬し」と」②참죄(斬罪)로 처형하다. 사형에 처하여 죽이다.「こんな事をせうよりも盗みをせい徳兵衛. エ、首を斬らせる奴なれど懇意がひに許して置く」③면직 또는 해고하다는 말의 비유.

首をつなぐ ①목이 오래도록 잘리지 않게 하다.「紺直垂の上下を著くるの男, 頻りに面を垂れて落涙するの間, 由緒を問はしめ給ふ, 故佐竹の事を思ふに依りて, 頸を継ぐに拠る所無きの由之を申す, 仰せて曰く, 所存有らば, 彼の誅伏の刻, 何ぞ命を棄て畢らざるか者」

首を取る ①싸움터에서 목을 잘라 빼앗다.「明雲大僧正, 円慶法親王も, 御馬より射落されて, 御頸取られさせ給ひけり」②빗대신 목을 빼앗다.「大三十日首でも取つて来る気なり」③매우 기뻐하는 모습.「首でも取ったように喜ぶ」

首を長くする 목을 늘어뜨리다. 이제야 저제야 하며 일의 성취를 기다리다.「先刻から頸を長くしてもう帰るかと思ふに」

首をひねる ①목을 비틀다.「鶏の首をひねって殺す」②목을 한쪽으로 갸웃거리다. 목을 갸웃뚱거리다. ③목을 한쪽으로 갸웃뚱거리다. 열심히 생각하다. 골똘히 생각하다. 깊이 생각하다. 어떤 의문을 가지는 모습을 비유.「「さて, それは」側の者が, くびをひねった」

首を振る ①머리를 가로 젓다. 승인하지 않거나 모른다는 것을 나타내는 시늉.「男の店員がその手袋をみて, 首をふるのがこちらからもみえた」②머리를 세로 젓다. 승인하거나 알았다는 것을 나타내는 시늉.

首をやる 자기의 목을 상대방에게 주다. 약속을 어기지 않을 것을 맹세하는 말.「大晦日首でも取って来る気なり」

くふうの限りを尽くす 최대한도로 머리를 짜내다. 더 이상은 짜낼 수 없이 머리를 쓴다는 말.「映画なんかは, いかにして多数の見物を喜ばせようかと工夫の限りを尽している芸術で, 作者か読者をも見物をも眼中に置かないで, おのれの欲するままを表現した芸術とはちがうのである」

くふうを凝らす 마음을 한곳에 집중시켜 좋은 생각이나 방법을 찾아내다.

くもの子を散らすように 땅에 반쯤 파묻힌 거미집을 끄집어내면 그 속의 거미새끼들이 사방에 흩어지듯이, 많은 것들이 동시에 사방으로 흩어지는 것을 비유.「六条判官父子, 為朝を始めとして, 四方を馳せめぐりて防ぎ戦ひけれ共, 門々破れて蛛の子をちらすがごとくなりてんげり」

雲をかすみと 구름과 안개처럼. 구름이나 안개같이 손에 잡을 수 없는. 멀리 도망가버려서 알지 못하는 것을 비유.

車がこむ ①많은 승객으로 차가 혼잡하다. 차 안에 많은 사람이 타고 있다. ②길에 차가 끊이지 않아 혼잡하다.「除目の頃など, 院の御時をば, 更にもいはず, 年頃, おとるけぢめなくて, 御門のわたり所なく立ち込みたりし馬, 車, うすらぎて, さぶらひに, 宿直物の袋, をさをさ見えず」

黒く(人で埋まる) 사람들이 많이 모여서 검게 보이는 모양을 비유.「今度は届け出もせずに, 規律を犯し, 無断で城下を離れて江戸に向う者が多い. その為, 淋しい路上が時に黒く人で埋まる」

黒山の人だかり 많은 사람의 검은 머리로 산을 이룬다는 말로 사람들이 많이 모여 있는 모양.

黒山を築く 많은 사람의 머리로 검은 산을 만들다. 사람이 많이 모여 있는 모양을 비유.

くんくん(鳴く) ①강아지나 여우의 우는 소리. ②코를 킁킁거리면서 냄새를 맡는 모양.

群を抜く ①어의(語義)는 무리 중에서 뛰어나다는 뜻. ②군중보다 뛰어나 있다. 다른 사람보다 우수하다. 낫다.

け

敬意を払う 존경하는 뜻을 가지고 대하다. 존경하는 마음을 가지다. 존경하는 마음이나 호의를 나타내다. 경의를 표하다.

消し飛ぶ ①힘차게 날다. 세차게 날다.「悪源太の馬逆木にけしとんで倒れければ」②보이지 않게 날다. 힘차게 날아가서 보이지 않다. 아무것도 보이지 않다. 갑자기 없어지는 모양.

けじめを付ける 구별을 짓다. 선을 긋다. 할 수 있는 일과 할 수 없는 일을 확실히 구별하다. 해서 안되는 일은 아니한다는 말의 비유.

下足をとる 벗은 신발을 받아 챙기다. 지키기 위해서 벗어놓은 신발을 받아서 정리하다.「連れのU浦和支局長が, 東京でただ一つ, いまだに下足(げ

そく)番がいて下足をとっているこの寄席をひどくめずらしがった」

決闘に及ぶ 사태가 심각해져서 결투에까지 이르다. 결투하다.

仮病を使う 한때 병인 것처럼 보이게 하다. 거짓으로 병을 가장하다.

煙が立つ ①물건을 불에 태울 때 연기가 솟아 오르다.「火のない所に煙は立たない」②밥을 짓거나 반찬을 끓이는 연기가 오르다.

煙を立てる 밥을 짓거나 반찬을 끓이면서 연기를 올리다.「何とおもはしますぞ. そなたやそれがしが朝夕の煙さへ立てかねる身代で, 連歌にすくといふは片腹いたい事では無いか」

けりがつく 옛 문장의 마침법은 거의「けり」로 끝난다. ①끝나다. ②일단락짓다. 일이 해결되다.

見識が高い ①사물에 대해서 식견의 정도가 상위에 있다. 충분한 견식이 있다. 탁월한 견식을 가지고 있다.「なかなか見識が高い」②자존심이 강하다.「見識が高くて, どうも相手になれない」

見当が付く ①일을 진행할 때의 목표가 짐작되다. 예상이 서다. 대략은 짐작되다.「ぼんやりして見当が付かない」②어느 방향인지 대략은 짐작되다.「どの辺か見当がつかない」

見当を付ける ①일을 할 때 대략의 목표를 정하다. 대강의 예상을 하다. 대략은 알 수 있도록 하다.「どうにかしごとの見当を付ける」②어딘가를 대략 방향을 알고 정하다.「どの辺かおおよその見当を付ける」

こ

好意に出る 친절한 마음에서 출발하다. 호의에서부터 시작하다.

行為に出る 행위를 하게 되다. 그 행위를 하다.「宗教心にも欠けるところのない彼らが, どうしてそのような行為にでることができたのだろうか」

香をたく 향나무를 태워서 좋은 향의 연기를 내다.「えならず, たきしめ給へる御けはひ, いはむ方なし(香を焚きしめた御装い)」

声の下より 소리가 들리는 아래 쪽에서. 소리에 맞추어서. 소리가 들림과 동시에.「新五新六駈け合はせ, 遙の谷を見れば武者二騎組んであり. 上が股野か, 下が俣野かと呼ばはる声の下よりいはく, 我こそ俣野よ下り合い給へと言ひければ…」

声を上げて泣く 소리를 한층 더 높여서 울다. 큰 소리로 울다.「(略)と, 声を上げて泣き給ふ」

声を上げる 소리를 높이다. 큰 소리를 내다. 큰 소리를 지르다.

声を絞り出す 목을 쥐어짜듯이 소리를 지르다.「験者のものの怪調ずとて, いみじうしたり顔に, 独鈷や数珠など持たせ蟬の声(せみ声に)しぼり出だして読みゐたれど」

声をそろえて ①소리를 같이 하여. 같은 소리로.「子供たちは, なぜ声をそろえて歌わなくなったのであろう」②많은 사람들이 동시에 같은 말을 하다. 많은 사람들의 설(說)이 동시에 일치하는 것을 비유한 말.

声を立てる 소리를 내다. 소리를 울리게 하다. 일부러 소리를 지르다. 큰 소리를 지르는 시늉을 말한다.「佐渡と宮崎とは顔を見合せて, 声を立てて笑つた」

声を潜める 소리를 죽이다. 소리를 낮게 하다. 조용히 한다는 말의 비유.

ごくっと 꿀꺽 삼키는 모습.「蔵相や大蔵官僚は, 正月早々の疲れ直しに, ゴクッと一杯やるかもしれない. が, 発表された予算をみて, ゴクッとやる気にならぬのが庶民の心境だ」

こけっこっこ 닭이 우는 소리.「雄が太い声でこけつこつこと云ふと, 雌が細い声でけけつこつこと云ふ」

ここここ 닭이 우는 소리.「爰爰(ココココ)と妻鶏呼ぶや門涼み」

小言をいう ①불평을 늘어놓다. 불평스런 말의 비유.「柿盗みながら小言を言はずとも, 急いで往ね」②가르치고 훈계하는 것을 비유.「まづ, 小言を言はずとも, そなたも解かせませ」③시끄럽게 구는 모습을 비유.「やかましかりし老妻ことしなく小言いふ相手もあらばけふの月」

心がおちつく 마음이 조용해지다. 안정하다.「ア先心が落ち付いた」

心がけが悪い 마음씨가 나쁘다. 마음의 준비가 돼먹지 않다. 생각・주의・노력이 부족함을 말하는 것.「さうさ, 痛はしさもいたはしいネ. 心がけがわるいと皆あの通りだ」

心がこもる 마음속 깊숙히 인정이 깃들다. 정신이 숨어 있다. 혼이 깃들어 있다.

心がせく 마음이 급하다. 빨리 일을 시작하고파 마음이 조급하다.「そなたがその様におしやると心がせくによって, いよいよ某が目には見えぬ」

心がときめく 가슴이 두근거리다. 아찔아찔 가슴이 설레이다. 불안・기대・동경・환희 등을 나타내는 시늉.「私は, 荷風が帰国後最初に文壇に提出した「祭りの夜語り」(略)を読んで, 心ときめく思いをしたのであった」

心が留まる 생각이 나다. 눈에 띄다. 눈에 익혀 생각을 다지다. 눈여겨 보다.「まほに目やすく, ものし給ひけりと, 心とまりぬれど」

心が残る 생각이 남다. 걱정이다. 단념할 수 없다.「太兵衛めに請け出さるる腐り女の四足めに. 心はゆめゆめ残らねども」

心が広い ①마음이 넓다. 기상이 크다.「心のどかに慈悲の御心広く, 世を保たせ給へれば, 世の人い

みじく惜しみ申す」②관대하다. 도량이 넓은 것을 비유한 말.「あこぎ,「(略) かく心ひろくおはしませども, 人の御心ざしやは見ゆる」と, 腹だち居たれば」

心が燃える 마음이 불타오르다. 어떤 감정이 치솟다.「五日蠅なす 騒ぐ児等を 棄つてては 死には死らず 見つつあれば 心は燃えぬ〔心波母延農〕かにかくに 思ひわづらひ ねのみし泣かゆ」

心でほめて口でけなす 마음속으로 좋게 생각하면서도 입으로서는 나쁘게 말하다. 입과 마음이 일치하지 않는 것. 입버릇이 나쁜 모양을 비유.

心と実がこもる 정다운 마음씨와 진실이 깃들다. 진실한 마음이 들어 있다.「飲みものにもサカナにもココロとジツがこもっている」

心にかかる 마음에 꺼리끼다. 걱정이다. 불안한 모양을 비유.「こよひいまだ尋常なるかたきにあはず. 言ひがひなき人の郎党の手にかからむずらんと心にかかりつるに, 御辺に会ふこそうれしけれ」

心にしみる 마음속 깊이 배이다. 사람의 마음을 감동시키다. 깊이 느껴짐을 비유. 깊이 느껴지다.「韓人の衣染むとふ紫のこころに染みて(情爾染而)思ほゆるかも」

心に留める 마음속에 새겨 남기다. 소홀히 하지 않다. 잊지 않다.

心も空に「心も空に浮き立つ」라고도 함. 마음이 들떠 침착하지 못하다. 침착하지 못한 것을 비유한 말.「暮れぬれば, 心も空に浮きたちて,「いかで出でなむ」と思ほすに, 雪, かきくれて降る」

心ゆくばかり ①만족할 때까지. 마음껏.「二人河原へ出であひて, 心行くばかりにつらぬきあひて, 共に死ににけり」②막혔던 생각이 자연히 시원스럽게 트이다. 기분이 상쾌하다. 만족하다.「かくや姫の心ゆきはてて」③기분이 시원하여 좋다. 상쾌한 기분을 비유.「心ゆくもの」

心を入れる 정신을 쏟다. 매우 열중하는 것을 비유한 말.「学問に心入れて」

心を堅くする 마음을 굳게 먹다. 마음이 변하지 않다. 변함없이 사랑하고 있음을 비유한 말.「娼婦はやくこれをさとり. 且柳の心をかたくせんがために, わざと柳にきかせて. かくなせしものなり」

心を凝らす 마음을 한 가지 일에만 집중하다. 온 정신을 쏟다.「心を凝らして描写を試みていたのであったが, 描写の才能は私には乏しかった」

心をそそる 마음을 끄다. 마음을 이끌다.「暗く, せちがらい出来ごとの多い昨今, 心をそそる楽しい話題ではある」

心を留める 주의하다. 마음을 두다.「ゐなか家だつ柴垣して, 前栽に, 心とめて, うゑたり」

心をとらえる 마음을 사로잡다. 인상이 깊다. 주의를 하게 된다는 말의 비유.「薩摩にたいする拭いようのない不信と猜疑が, 長州人のこころをつよくとらえていたとしても, あまり不思議はなかった」

心を引かれる 마음이 끌리다. 흥미를 가지게 되다. 호의를 받게 되다. 흥미를 느끼다. 호의를 베푸는 것을 비유한 말.「私は, 本で読んだ西洋の芝居では, ギリシァの悲劇と, イブセン晩年の悲曲とに最も心を惹かれている」

心を病む ①마음의 병에 걸리다. ②좋지 않게 생각하다. 무사하지는 못할 것으로 생각하는 것을 비유한 말.「「つひに, この人を, え消たずなりぬる事」と, 心やみおぼしけれど, みかどは, 院の御遺言を, 思ひ聞え給ふ」

腰が抜ける ①허리에 힘이 빠지다. 앉은 채로 일어서지 못함을 비유한 말.「身共は. 腹を立てたれば. 腰が抜けて一生立居のならぬ法もあれ. 腹は立てますまい」②기력이 없어지다. 망설이고 주저함을 비유한 말.「五常軍甘輝が日本の武勇に聞き怖ぢする者でなし, 女に絆され縁に引かれ, 腰が抜けて弓矢の義を忘れし」③자립할 힘이 없어지는 것을 비유한 말.「家業のこしがぬけて, おのづから精を出して勤めること がならぬゆゑ」④매우 놀라는 것을 비유한 말로서 보통은「腰を抜かす」라고 한다.「あまりびっくりして腰が抜けてすわりこん でし まった」

腰を浮かせる ①허리가 중간에 뜬 것처럼 하는 시늉(엉거주춤한 모양). 자기도 모르게 허리를 움직이는 모양. ②자기도 모르게 일어서는 모습을 비유한 말.「均衡を破った決勝のトライ.“金時さん”みたいな童顔監督は腰を浮かせた」

腰をすえる ①허리를 꼿꼿이 정착(定着)시키다. 흔들림이 없이 좌정한다. 정착하여 움직이지 않다. 정주(定住)하는 모습을 말한다.「しかし, 彼は, 徹底的に, 根強く郷里に腰を据えて, 一生を終った」②침착한 태도로 일을 하다. 당황하지 않는 모양을 비유.「田舎で教育しながら画をかくなんて人もあるが, ほんたうに百姓しながらやるといふ画家は少い. そこまで腰を据ゑてかかつて御覧. 一家を成せるかも知れない」

御大層に扱う 격에 맞지 않게 떠들썩한 대접을 하다. 떠들썩하게 대접하다. 터없이 소란스런 대접을 하다.「有名な政治家か軍人ならとにかく, 一介の小説家をなぜこんなに御大層に扱うかと世人は奇異に感じたが, 編集長も眉をひそめていた」

御大層にいう 터없이 실제 이상으로 말하다. 떠벌려서 말하다. 매우 과장하여 말하다.

こつんと ①단단한 물건끼리 부딪치는 소리.「こつんと音がする」②힘차게 부딪거나 부딪치는 소리.「こつんと頭をぶつける」③강한 자극을 받다. 생각지도 않던 감정이 되다. 마음이 자극을 받아 감정적으로 저항을 느끼는 것을 비유.「あの皮肉は, こつんと頭に来る」

事だ 특별히 말할 만한 일이다. 큰 사건이다. 큰일이다.「長堀橋の南に. 人声もの音さわがしく. スハことなりと尻からげ. かけ行く橋の北詰にてべつたり出であふ峠屋平」

事による 일에 따라서. 때와 장소에 따라서.「それ

は事によつたものぢや」
ことばがない 뭐라고 말할 수가 없다.
ことばも出ない「ことばもない」라고도 함. 말소리도 안나오다. 뭐라고 말할 수가 없다. 매우 놀라거나 감격하거나 딱한 입장일 때를 비유한 말. 「〔法政〕田淵, 堀井のデッカイ本塁打を含む21安打のつるべ打ち. 豪打で鳴らした石井早大監督は言葉もなかった」
ことばをかける 다른 사람에게 말을 걸다. 상대방에게 말을 주다. 「まづ此のあたりにやすらうて, 似合はしい者も通らば, 詞をかけ同道致さうと存ずる」
ことばを飾る ①말을 아름답게 하다. 깨끗한 말을 쓰다. ②말로서 꾸미다. 말을 아름답게 꾸며서 사실을 속이다.
ことばを尽くす 더 할 말이 없이 다 해버리다. 할 수 있는 말은 다하다. 「いみじきことばを尽くして」
ことばをはく 말을 토하다. 말을 거칠게 하는 모양. 「猶忿怒に堪へず, 西侍に於て, 自ら刀を取りて髻を除ひ, 詞を吐きて云ふ」
事を欠く ①일을 하는데 부족한 점이 있다. 일에 있어 좋지 못한 일이 생기다. 「「われひとりもて行きて, 布をばとりてもてまゐらん」(略)「(略)ただその用途おこせよ. とにもかくにも御事をかかじとてかくはいふぞ」」②부족하다. 없어서 아쉽다.
粉が吹く ①가루가 표면에 일어나다. ②가루가 표면에 끼였히다. 「粉のふいた子を抱いて出る夕涼」
粉を吹く ①불어낸 것처럼 가루가 표면에 나타나다. ②가루를 불어서 털어버리다.
子に過ぎたる宝はなし 자식보다 더 귀중한 보배는 없다.
小耳にはさむ 얼른 듣다. 우연히 듣다. 문득 듣다. 「ほんにほんに子供衆といふものは, 能くまア子耳にはさんで, お忘れなさんねえ物でござい ますネエ. 功者な口をおききだ」
これでみんな 이것이 전부다. 이것밖에는 없다. 이로서 끝.
ころがり込む ①굴러서 안으로 들어오다. 구르면서 들어오다. ②구르듯이 급히 뛰어오는 모습. 「十一時半ごろで, もう見えるかと思っていたら, 運転手がころがり込んできて「今やられました」と言う」③뜻하지 않던 일이 닥쳐오는 것을 말한다. 특히 나쁜 일, 골치 아픈 일일 때를 말함.
ころばぬ先のつえ 자빠지지 않게 미리부터 지팡이를 준비하다. 실패하지 않게 사전에 잘 주의하다. 「倒けぬ前に杖突こ 転ばぬ前の杖ぢや」
こんこん(鳴く) 여우의 울음 소리. 「これこれ, 地紙好くとは, この紙の事でおりやる. 師走狐のごとく. こんこんといふほど張つてござる」
魂胆を凝らす 계획을 열심히 짜다. 마음을 집중하여 계획을 짜다. 「どうかして生きようとしてさまざまな魂胆を凝らすのが, 浅間しいようでもあるが」

さ

細工は流々しあげを見よ「細工は流々しあげをごろうじよ」라고도 함. 일을 해나가는 방식에는 여러가지가 있다. 그 방법의 좋고 그름은 그 일을 마치고 나서 판단하라는 말. 방법에 대한 시비는 그 일을 마치고 나서 하라는 뜻을 비유한 말. 「細工は流々しあげを見やれ」
財布の底をはたく ①지갑바닥을 털다. 아무것도 없다는 것을 뜻하는 시늉. 「財布をはたく」「ポケットをはたく」「最後の一銭まではたく」라고도 함. ②돈을 남김없이 써버리는 것을 비유. 「西ドイツのラッツエブルクの町のある貯蓄銀行の前に写真のような彫像が立った. すなおな向きはポケットをはたいて有り金全部を貯金せよとの勧告と受取ったが, なかにはさっぱり貯金しようとしない町の人たちを銀行があてこすったのだとカンぐる向きもあり, このポケットの意味をめぐって, ちょっとした論争が起きている」
財布を落とす 지갑을 자기도 모르게 떨어뜨리다. 지갑을 떨어뜨려 잃어버리다. 「見物皆皆立ちのきける時, 奥島の財布を拾ひあげて, 「是れ落したる主はなきか」といへば, 年の頃五十あまりの法体の人, 「我落しけるにもらかし給へ」といふ」
さえない顔をする 어두운 표정을 짓다.
杯を傾ける 잔을 기울여 술을 마시다. 잔 안에 있는 술을 마시다. 술잔을 들어 술을 마시는 시늉을 말함.
先が詰まる 앞길이 막히다. 앞쪽이 막혀 있다. 「万の事さきのつまりたるは, 破れにちかき道なり」
酒をあたためる 마시기 위해 술을 데우다. 술을 뜨겁게 하다. 「残れる枝, 散れる木葉をば掻き聚めて, 風寒じかりけるあしたなれば, 縫殿の陣にて, 酒煖めてたべける薪にこそしてんげれ」
酒をきらす 술을 떨어지게 하다. 술이 없다. 저장된 술이 없어지다. 「烏丸の代りにここで, 盃出したいが, をりしも酒をきらした. これで呑んで下され」
酒をくらう「大酒をくらう」라고도 함. 술을 매우 많이 마시다. 독한 술을 마시다. 자포자기하여 술을 마시다. 폭음을 하다. 「鈍重で, 折れ釘や石ころを呑めといわれればのんでしまう連中だ. のむ前はさすがにつらい. つい大酒をくらう. 大酒で勢をつけ, 唄でもうたって騒ぎ, いざのみこんでしまっては, ぼろぼろ涙をながしている」
座ぶとんを敷く 방석을 깔고 그 위에 앉다. 방석을 깔고 앉다.

座ぶとんをとる ①방석을 손에 잡다. 방석을 손으로 집어 깔고 앉다. ②방석을 주문하다. 방석을 세를 주고 빌리다. 돈을 내고 빌린 방석에 앉다.「座ブトンとアンカをとってすわる. 高座には桂三木助(略)老の小さい顔があった」

さるのしり笑い 원숭이가 자기의 볼기도 붉은 줄은 모르고, 다른 원숭이의 붉은 볼기를 보고 웃는다는 말로 자기의 결점은 알지 못하고 다른 사람의 결점을 비웃거나 다른 사람이 가지고 있는 자기와 같은 결점을 나무라는 것을 비유한 말.「月の女郎に銀つりかへてあふなどまだるい事ぢやと, 我を忘るるなど猿の尻わらひぞかし」

座を立つ 앉은 자리에서 일어서다. 앉은 자리에서 일어서서 나가다. 일어서서 자리를 떠나다.

し

試合に負ける 시합에서 지다. 시합을 해서 지다.「試合に負けて勝負に勝ったとはこのことでしょう」

しいしい ①행동을 제지(制止)하는 소리.「「おれにも大きな太夫買うて下され」と, あどなき詞に, こし本ども気の毒がり,「是しゐしゐ」と目まぜすれば源之介, ヤイ駄賃馬の様にしゐしゐとは不調法な…」②말을 모는 소리.「歎くな駒にせい付けて, ハイシイ足柄越えは風荒く」

塩をたく 해초에 바닷물을 적셔 태워 소금을 만들다. 해초를 태워 소금을 만들다.

塩を焼く 바닷물에 적신 해초를 태워 소금을 만들다.「この船〔枯野〕のこはれたるもて, 塩を焼き(妏船破壊以焼塩), その焼けのこれる木を取りて, 琴に作りしに, その音七里に聞えたりき」

死がいのように 「死んだように」라고도 함. 죽은 송장처럼 움직이지 않고 힘이 빠져 녹초가 되어 있는 모양.「臥所の上に倒れた二人は, 暫く死骸のやうに動ずにゐたが, 忽ち厨子王が「姉えさん, 早く お地蔵様を」と叫んだ」

しくしくと泣く 힘없이 가련하게 우는 모양.「しくしくと泣くより外の事ぞなく」

試験に落ちる 시험에 실패하다. 시험에 낙제하다. 시험에서 합격을 거부당하다.

試験にすべる 시험에 실패하다.

試験にパスする 시험에 성공하다. 다행히 시험에 합격하다.

試験にはずれる 시험에서 빠지다. 시험합격자 속에 들지 않다.

試験を落ちる 시험에서 실패하다. 입학·진급 등의 자격을 상실하다. 불합격이 되다. 낙제하다.

しごとにあぶれる 직업이 떨어지다. 일자리를 얻을 수가 없다. 일이 없다.

仕事をためる 해야할 일을 하지 않고 모아두다. 점점 일거리가 불어가다.

しこりを残す 「しこりが残る」라고도 함. ①굳어진 부분을 남기다. 근육이 굳어지다. 응어리가 생기다. ②기분이 잘 들어맞지 않다. 기분적으로 서로의 관계가 어색하다. 어딘지 좋지 못한 것을 남긴다는 것을 비유.「新聞報道によれば, 田中幹事長は「(略)あとにシコリを残すおそれがある政策問題で争うことは好ましくない」

しさまに 하는 것과 동시에. 하자마자.「いかにも色くろく逞しき男の, 手にもちさし出しさまに,「代は五百でおぢやらします」と言ひけり」

自信に満ちる 자신에 넘치다. 대단한 자신이 있다.「むしろ, 欧州の先進国の老人のほうが, いまも自信に満ちて, ゆっくりと家の中で構えているのではないか」

地震・雷・火事・おやじ 지진·벼락·불·아버지, 즉 생활을 통해서 사람들이 두려워하는 것을 순서대로 말해 놓은 것. 겁나고 두려운 것을 비유한 말.

姿勢を正す ①자세를 바로 하다. ②태도를 똑바로 하다. 엄정(厳正)하게 한다는 것을 비유.

下帯をかく 아랫속옷을 매다. 아랫속옷을 매듯이 죄다. 아랫속옷을 둘러서 몸에 감다.「うちの肌着に不断ひざやの下帯かく事人のしらぬ費えなり」

舌が回る 혀끝이 잘 움직이다. 잘 지껄이는 모양을 비유.

舌鼓を打つ 혀끝에서 장고치는 소리가 난다는 말로 맛있는 음식을 먹는 것을 비유.「源右衛門戴きて素より上戸の家の者, 舌鼓たんたんと打ち」

舌をかむ ①혀를 물다. 혀를 물어 끊다. 혀를 물어 끊어서 죽는 시늉. ②말해서 안된다는 것을 알고 입을 다물다. 말해버린 것을 뉘우치는 시늉. ③발음하기가 어려움을 말함.「アメリカシロヒトリ——この舌をかむような名前の緑の敵は, 年々その加害地を広げている」

舌を出す ①혀를 입밖으로 내다. 은밀히 비방하거나 놀리는 시늉.「此の様子を, 時政, 勝手口から覗いて居て, しすましたりと舌を出した」.

舌を巻く ①마음속으로 크게 두려워하여 혀를 내어두르다. 놀라거나 크게 느끼거나 하여 말을 못하게 되다. 매우 놀라는 시늉.「代々相伝の家領を奪ふと云へども, 上裁も恐れて舌を巻き, 宮々相承の庄園を取ると云へども, 権威に憚つてもの言ふことなし」②황송하다. 사죄하는 모습「仍つて宗親を召し决せらるるの処, 陳謝舌を巻き, 面を泥沙に垂る」

下を向く ①낮은 곳을 내려다보다. 눈을 아래로 돌리다.「下を向けばとかく狭い気持にとらわれる. 上を向けば気分も明るく, 視野がひらける」②부끄러워하는 시늉.「そして西本監督は「スペンサーがチャンスに打てなかったのが痛かった」と下を向いた」

実がこもる 마음속에 진실이 깃들다. 정다운 마

음이 들어있다. 「実のこもった贈り物」

しっぽを出す 감추고 있던 소리를 자기도 모르게 드러내다. 감추고 있던 일이 표면에 드러나다. 속여오던 일이 폭로되는 것을 비유. 「しっぽを出してつかまる」

しないうちに 옛날에는 「せぬうちに」라고 했다. ①하지 않는 동안에. 「イヤ, 参るほどに是が寿福寺ぢや. 久しう参らぬ内に, 是は能う修覆が出来た」 ②하지 않을 그전에. 하기 전에. 「さて汝は此の状を女どもに渡いたならば, 見ぬ内に早う戻れ」

しない先 하지 않을 그전에. 하지 않을 동안에. 하기 전에. 「おのが思ふやうは, あまねく人の知らぬさきに, 部屋にこめて守らせん」

しない前 하지 않을 동안. 하기 전에. 하지 않을 그전에.

死にそうだ ①죽을 것처럼 보이다. 당장에라도 죽을 것 같다. ②피로와서 죽을 것 같다. ③부끄러워서 죽을 것 같다.

死にたい 사랑이 괴로와 죽고 싶은 기분이다. 「恋しとは誰が名づけけむ(誰がいひそめし) 言ならむ(言の葉ぞ)死ぬとぞただにいふべかりける」

死に残る 다른 것은 다 죽고 그것만 남아 있다. 다른 것은 죽었는데 남아 있다. 죽어야만 하는데 죽지 않고 있다. 죽지 않고 남다. 「平家年来祗候の伊賀伊勢近国の死に残りたる輩」

死ぬほど 죽고 싶도록. 죽을 지경이 되도록. 그렇게 하고 싶어 못견디다. 그대로는 할 수 없는. 정도가 매우 심함을 비유.

死ぬほど笑う 죽도록 웃는다는 말로 매우 웃는 것을 비유.

四の五のいう 넷이니 다섯이니 하며 말하다. 이것이니 저것이니 하며 말하다. 귀찮게 이것 저것 따지다. 「何んとおまん見やつたか. 安う積つて百両足. 何程四の五のいやつても, 我が身の細工で, 彼れ程の男は些と持ち憎かろ」

渋い声 ①텁텁한 목소리. 화사하지 않고 침착한 느낌의 목소리. ②불만족・불복종・불찬성・불쾌감을 나타내는 말소리. 「魚屋の店先をのぞくと, 「今年は荷が少なくてねえ」——渋い声がかえってくる」

渋皮がむける ①과실 나무의 속껍질이 벗겨지다. ②해묵고 추한 껍질이 벗겨지다. 「去年の春は大網を, 沖の方より置き廻し, のがれもやらず引き上げられて渋皮も, むけよむけよと洗はれて…」 ③여자의 얼굴이 세련되어 아름다와지는 모양. ④일에 익숙해져서 잘하는 것. 숙달하다는 것을 비유.

自分の耳で聞く 자기의 귀로 직접 듣다. 전해서 듣는 것이 아니고 자기가 직접 듣다.

しめた ①생각대로 하다. 생각대로 되다. 「移植ガンでなく, ねずみに自然発生したガンが注射で消えるようになれば, 確かにシメたものだが, まだそこまでいかない」 ②생각대로 되어서 기뻐하고 있는 말로 영유(領有)・점유(占有)의 뜻에서 온 말.

耳目に触れる 귀나 눈에 닿다. 이목에 뜨이다. 자연히 보고 듣게 되다. 알려지다. 「船がニューヨークの埠頭場に着いた時, 英国王退位問題が耳目に触れたので, 歴史的大事件を現地で見ているような気持がした」

車軸の雨 수레의 굴대와 같은 빗줄기. 줄기가 굵은 비를 비유. 「車軸の雨がふり懸る処に, 永禄三年庚申, …」

修練を積む 수양・단련을 거듭 쌓아 올리다. 연습・훈련을 거듭하다. 「巨大選手のこまかい動きは, よほど修練をつまなくては出来ないだろう」

趣向を凝らす 마음을 집중시켜 멋있는 고안(考案)을 하다. 연구하여 좋은 것을 생각하다. 「…人知が進むにつれて発生した小説や物語には面白い趣向をこらすのが常例となっていた」

情がこわい 의지가 굳다. 고집이 세다. 「それならば云はう. そなたの宗ていを世間で情がこはいといふ…」

情にもろい 인정에 약하다. 다감(多感)하다. 마음씨가 부드럽다. 인정에 끌리기 쉽다. 동정에 끌리기 쉽다.

商売に来る ①장사하러 오다. ②물건을 팔러 오다.

蒸発人間 「昇華人口」라고도 함. 집을 나가서 행방불명이 된 사람을 두고 하는 말. 「蒸発人間というやな言葉を使わねばならぬ現象がそれだ. 戸籍制度も, 住民登録もちゃんとあるわが国で……これ以外に, 秩序からはずれた昇華人口がなお八万六千もあるときくと」

勝負がつく 승부가 결정되다. 「一二回の内野の乱れ, 中京の攻撃力よりも, あるいはこの守りで勝負がついたといった方がよさそう」

勝負に勝つ 승부에서 이기다. 시합에서 이기다.

勝負にこだわる 승부에만 너무 신경을 쓰다. 지는 것, 진 것을 마음에 끼다. 「外国の優秀選手がどんどん出てくることは, それだけ, 世界スポーツとしての柔道の発展だと考えれば, 必ずしも勝負にこだわる必要はなかろう」

小便をする 「小便する」 「小用する」라고도 함. 또 한 그런 형편에 있는 것을 「小便が漏れる」라고도 함. 오줌을 누다. 「小便をせぬが大谷刑部なり」

正面を切る ①바로 정면을 자르다. 똑바로 부딪치다. 정면에서 공공연히 공격하는 모양을 말한다. 「正面切った世相批判」 ②태도를 바꾸다. 앉은 자세를 고치다. 「正面を切った見解」

勝利に沸く 승리하여 떠들썩하다. 승리로 크게 떠들썩하다. 「エルサレムを回復した彼〔ダヤン将軍〕の得意や思うべしだが, 勝利にわくさなかに, エシコル首相は「ダヤン氏の自賛はほめたことではない」と戒めたことがある」

錠をあける 열쇠로 자물쇠를 열다. 잠겨진 자물쇠를 열다. 자물쇠를 열어젖히다. 「鎖あけて, 潰戸あくるに, いとかたければ, 立ち居ひろろぐほどに」

錠をおろす 자물쇠를 걸고 열쇠로 잠그다. 「戸棚掛硯には錠もおろさず銭さしの鷹もはかず」

錠をさす 자물쇠를 채워서 움직이지 않게 하다. 자물쇠로 문을 열지 못하게 하다.「手づからついさして, 鎖鑰くさして去む」

食指が動く「食指を動かす」라고도 한다. ①집게손가락이 자연히 움직이다. 식욕이 일어나는 것을 비유. ②먹고 싶은 듯한 모양. ③물건에 탐을 내는 모양.

食事を抜く 건강상의 이유로 식사를 아니하다.

食卓につく 식탁 앞에 앉다. 식탁 앞에 위치하다. 몸을 두다.「殿上の台盤に, 人々あまたつきて, 物くひけるに」

職にあぶれる 직업에서 떨어지다. 직업을 잃다. 취직하지 못하다.「繁栄に取残され, 職にあぶれた若者」

知らぬが仏 ①모르고 있는 것이 부처님과 같은 경지에 있을 수 있는 것이다. 부처님과 같은 경지에 있을 수 있는 것은 모르기 때문이다. 알게 되면 괴롭고 노엽기도 하지만 모르고 있으면 마음이 평온하고 태연할 수가 있다는 말.「知らぬが仏知るが煩悩 知らぬが仏見るが秘事」②모르기 때문에 무관심할 수가 있다.「…帰国した時には, 東洋の風雲ははなはだ急であったのであろうが, 私などいつになっても, 政治の事は知らぬが仏であった」③본인만 모르고 태연하다는 뜻으로 조소하는 말.

しりが暖まる「しりがぬくもる」라고도 함. 같은 곳에 오래 있기 때문에 자리가 떳떳하다. 한 직장에 오래 근무하는 것을 비유한 말.「一年一年尻が温もり」

しりが軽い ①엉덩이가 가벼워서 잘 움직이다. 활발히 움직이다. 일을 잘하다. 일을 신나게 잘한다는 것을 비유한 말.「しりが軽くて, いいお手伝いさんだ」②침착하지 않다. 거동이 경망한 것을 비유한 말.「尻がかるいとしんめう〔針妙〕は叱られる」③특히 여자가 경망하고 바람기가 있음을 비유한 말.「おかみのしりが軽くて, いかん」

しりが来る 뒷처리할 일이 닥치다. 영향이 미치다. 관계자로서 사건의 해결을 재촉받다. 항의를 당하다. 책망을 당함을 비유. 자기의 실수로 혹은 방법이 서툴러서 다른 사람으로부터 손해의 배상이나 항의를 받게 되는 것을 말한다.「並に外れて大金を使ふ故, 尻が来ようかと」

しりがすわらない(ぬ) 엉덩이가 한곳에 잠자코 붙어 있지 않다. 한곳에 오래 머물러 있지 못하다. 같은 장소나 직업·지위에 오래 붙어 있지 못하는 것을 비유.「ヲ、知るまい. わごりよの処にばツかり居て, 内に尻が居わらぬとて, 蠑螺の五郎介と, 土地で異名が付いて有る」

しりが長い 엉덩이를 오래도록 붙여 놓고 있다. 오래 머물러 있는 것을 비유.

しりから焼けてくる 뜻밖에 엉덩이에서 불이 타오르다. 예상하지 않던 일에 떠들썩하다. 당황하여 떠드는 모양을 비유.

しりくらえ "엉덩이나 처먹어" "뭣이 어째? 이 바보자식"라고 상대를 욕하는 말.

しりに敷く 엉덩이 아래에 깔다. 엉덩이 밑에 깔고 앉다. 손위 사람을 시쁘게 여겨 자기 마음대로 하다. 아내가 남편을 가벼이 여겨 제 마음대로 행동하다. 아내가 남편을 시쁘게 여기는 것을 비유.「男を尻に敷金の威光娘」

しりに付く 사람의 엉덩이에 달라 붙다. 남의 뒤만 따라다니다. 언제나 남의 뒤에 있다. 남에게 종속되다. 남의 배하(配下)에 붙다. 남의 배하에 붙음을 비유.「やぶれ僧ゑぼしきたればこめらはの男とみてやしりにつくらん」

しりに火が付く 엉덩이에 불이 붙어 타오르다. 큰일이다. 일이 절박한 모양.「三人の子どものことを思うとですネ, 凝っとしておられなくて, 尻に火がついた思いで机に向ってますヨ…」

しりに帆を掛ける 엉덩이에 돛을 단 모양이 되다. 급히 도망치느라고 아래 속옷이 풀어져 바람에 날려서 돛을 단 것처럼 보이다. 당황하여 도망치다. 곧장 도망치는 모양을 비유.「是から二つ三ついひあうて下下の耳に入るほど泣き出し, 髪先すこし切りて辻駕籠に打ちのり, 尻に帆かけて親里へ立ち帰り」

しりも結ばぬ糸「しりを結ばぬ糸」라고도 한다. ①바늘에 꿴 실의 끝을 맺지 아니한 것. 끝맺음하지 않은 실. 거침이 없다. 끝이 없음을 비유.「紙びいなの首くくつて千を十文づつの賃仕事, つみわたかけ物仕立物, 尻をむすばぬ糸ぞかし」②끝이 잘 빠져서 곤란하다. 매듭 짓는 데가 없다. 무책임하다.「この婆が眼が見えぬと思ひやるか, 針のみみずなりとも通して見せん. 尻も結ばぬ糸をいやる. 其れは後へ抜け事」

しりをすえる ①엉덩이를 붙이고 움직이지 않다. 어떤 장소에 쭉 앉아 있다. 한 직업이나 지위에 변함없이 붙어 있다. 오로지 한 일에만 종사하는 것을 비유.「しりをすえて, 事に当たる」②주소를 정하다.「ここにしりをすえるとしよう」

しりをたたく 엉덩이를 계속하여 치다. 한눈 팔 틈없이 일을 시키다. 격려하다. 촉구(促求)하다.「どの水槽でも, 魚たちは, なにかやらされている. (略) この魚どものシリをたたいているのが, だれあろう魚博士の末広さん」

しりをつめる「しりをつねる」라고도 함. 엉덩이를 꼬집다. 손끝으로 눌러 세게 비틀다. 주의를 주다. 애정을 표시하다. 책망하는 시늉.「尻をつめればいかほどのとくか有る」

しりをはしょる ①옷의 끝을 접어서 말아 올리다. 의복의 밑부분을 말아 올려 허리띠 사이에 끼우다.「まづずるけたなりでは済まぬと, かひかひしく,「貴様も尻をはしよつた, おれもはしよる」と, 七の図までひつからげ…」②잘라내어 짧게 하다. 일을 서두르다. 이야기의 끝을 적당히 잘라 간단히 요약함을 말함.

しりを引く 엉덩이를 끌어 당기다. 사전의 원인을

씌어지다. 끝끝내 사건의 영향에서 벗어나지 못함을 비유.
しりをひっぱたく ①엉덩이를 세게 두드리다. 엉덩이를 세게 때리다. ②열심히 하여 일을 빨리 마치도록 격려하는 모양.
しりを結ぶ ①바늘이 낀 실의 끝을 맺다. 실에 매듭을 짓다.「しりをむすばずぬふ程に出来かかり」②일의 매듭을 짓다. 멈추는 곳이 있다. 나쁜 곳에 다니는 것을 그치다. 분별이 생기다.「四十の尻をむすびし思案」
しりを持ち込む 뒤처리를 책임지게 하다. 뒤처리나 책임질 것을 강요당하다.
しりをよこす 뒤처리를 떠맡게 되다. 정리하지 않은 것이나 실패의 뒤처리를 시키다. 남의 불평을 듣게 되다.「水風呂の釜をぬきたる科ゆゑにやど屋の亭主尻をよこした」
しりを割る 감추고 있던 부분이 나타나게 되다. 은밀한 일이 드러나다. 비밀이나 나쁜 짓이 폭로되다. 은밀하게 저지른 나쁜 일을 폭로하다.「しりを割ってひどいめにあわせる」
城を抜く 성(城)을 약취(略取)하다. 성을 공격하여 점령하다.
神経をさかなでにすろ 신경을 거꾸로 쓰다듬다. 신경에 거슬리는 짓을 비유한 말.「そこがまた教育パパママの神経をさかなでにする点でもあり」
心臓が強い(弱い) 뻔뻔스럽다. 몰염치하다.
身代をつぶす 재산을 망치다. 재산을 없애다. 파산하다.「女郎買ひをして金をつかふ者はおそかれ速かれ身代を滅すから, 野暮だと云つたさうだが悟つて見ればそんなものかい」
死んだ気になる 죽은 기분이 되다. 잠자코 있다. 참고 있다. 굳게 결심하여 행동하는 것을 비유.「…とかく姑が口を出すと納らねえよ. おめえ死にたいたいといふから, 死んだ気になつて居れば, 何もやかましい筈はねえ」
死んだ人が生き返った(ような) 죽은 사람이 되살아나다. 있을 수 없는 일로 매우 기쁜 일을 비유한 말.「被帰れたれば, 宿所には女房達死んだる人の生き返りたる心地して, さしつどいて, 皆悦び泣きどもせられけり」
死んだようだ 죽은 것처럼 되어 있다. 죽은 사람과 같다. 축 늘어져 녹초가 되어 있는 모양을 비유한 말.

す

頭が高い 절을 할 때 머리가 아래로 숙이지 않고 높게 쳐든 것. 거만하고 뽐내는 모양.
姿を消す 자취를 감추다. 숨다. 도망치다.「幹部クラスの大半とともに事件後まもなく姿を消していることがわかり」
スカンク(スコンク)を食う ①영패(零敗)당하다. 영패하다.「スカンク」는 원래 미국어이며 영어의 속어 Skunk. ②완전히 당하다. 심하게 비난 받다.
すき間がある 빈틈이 있다. 실수가 있다. 이지러진 곳이 있다는 것을 비유.「欧米の技術にも必ずスキ間があるので, そこをつけば恐れることはない」
筋書きどおり ①각본대로. ②예정이나 계획대로.
涼しい顔をする 자기에게 책임이나 관계가 있는데도 모른 체하다. 관계가 없는 듯이 가장하다. 무관심한 표정을 하다. 태연한 표정을 하다.
すたすた 걸음을 걷는 모양을 나타낸 의태어(擬態語)로 걸음의 정도에 따라「のろのろ」「ぐずぐず」「しゃなりしゃなり」「ぶらぶら」「さっさと」「どんどん」등이 있다.
頭痛がする ①두통을 느끼다. 머리가 아픈 병에 걸리다. 병으로 머리가 아프다.「此の此近所に酒盛が有るやら頭痛がして」②골치 아픈 일을 생각하여 고민이 되다.
捨てたものではない 버릴 것이 못되다. 미상불 버릴 것이 아니다. 내버리고 돌아보지 않을 것도 아니다. 희망이 있다.「いま, 断絶と疎外の生んだ暴力と破壊が世に横行している. 人間不信の時代とさえいわれる. だがどうやら, 絶望するのはまだ早いようだ. 人間とはそうすてたものではない」
捨てばちになる 내버린 밥그릇처럼 되다. 자신이나 희망을 잃고 자포자기하다. 자포자기하는 모양.「人間の行衛に失望して捨鉢になったとしても, その捨鉢が, 明治の小説に出ているような捨鉢とはちがうのであろう」
すねをかじる 다른 사람의 신세를 지고 있음을 비유한 말.「御覧, お前達がみんなで嚙るもんだから, 父さんの脛はこんなに細くなつちやつた」
すべったの(は)ころんだの(は)と 미끄러져서는 미끄러졌다고 하고 굴러서는 굴렀다고 한다. 이것저것 주워대어 말하는 것. 특히 어떤 점을 들어서 말하는 것을 비유.「茶屋だの女郎屋だの, すべったはころんだはと, 内外の物入が強くなる」
墨で書く 먹으로 선·글자·그림 등을 그리다.
すみに置けない 구석에 두어서는 안되다. 경멸해서는 안되다. 주목할 만하다. 생각이 잘 돌아가다. 교활하다. 빈틈없다. 굼굼하다. 의외로 지식이나 능력을 가지고 있다. 생각했던 것보다는 세상일을 잘 알고 있다.「弥生子さんは先づその態度から見て尊敬すべき作家であります. さうして安全な地位を保ちつつ, いはゆる進歩的な短い評論をぼつぼつとお出しになるところなどは, 中中心憎い隅におけぬ婆さんです」
すもうをとる 서로 엉켜 싸우다. 씨름을 하다.
順風に帆を揚げる ①순풍을 따라 돛을 올리다.「あの船止れと招けども, 舟人是を見ぬ由にて, 順風に

帆を揚げたれば，船は其の日の暮ほどに，越後の府にぞ著きにける」②일이 지장없이 잘 진행되는 것을 비유한 말.

するうちに 하는 동안에. 하자 곧. 「…人人手分して，国国を尋ね侍る. 過ぎつる六日の夜，御親父様御果て遊ばしけると語る内に，又京より人来りて，是は不思議に参り候…」

するや ①하는가 생각했더니. 하자 곧. 「小学校を卒業するや，僕は県下の中学校に入つて了ひ，暫時故郷を離れたが」②하는가 마는가 했더니.

するや否や 하는가 마는가 하는 동안에. 하자 마자 곧. 하자 곧 그대로. 함과 동시에. 「ゆくゆくは見習うて魚類の料理をもせうと存じて参つたれば，来るやいなや此の様な赤い魚や黒いうをを出いて，…」

する矢先に 「する矢先」라고도 한다. 하기 전에. 그 전에. 「一年隔てし永の留守，月よ星よと待ちうけて，漸と今朝殿御の貌，見たぞ嬉しや来年までは，一ツに寝臥もせうものをと，悦ぶ矢先におのれめは，姉を去れの離別のとは，ようもいうた畜生面，生けておくも腹立ちや」

すればするほど 하자 거기에 응해서 더욱 더. 「ア、，扨も扨ものめば呑むほどうまい酒ぢや」

すわというときに 급한 일에 깜짝 놀라서 무슨 소리를 지르는 것. 급한 때를 비유한 말. 「常時携帯せず，警察に保管しておき，スワというときだけ装備すれば，といっても…」

巣を食う 나뭇가지 등을 물어와서 보금자리를 만들다. 보금자리를 만들다. 「大炊寮の飯がしぐ(かしく)屋のむねにつくの穴ごとに，燕は巣をくひはべり」

寸がつまる 길이가 짧아지다. 길이가 짧다. 짧은 느낌이 들다. 「今の菊五郎(六代目)と先代の菊五郎とでは，顔の寸が少くとも一寸以上つまっているに違いない…」

せ

声援が飛ぶ 힘차게 격려하는 소리가 들리다. 갑자기 격려하는 소리가 들리다. 힘찬 소리를 외치면서 응원하다. 「張本と土井がぶつかり合った西京極球場は両側のスタンドから二人に思い思いの声援がとんでにぎやか」

生活にあえぐ 생활이 어려워 숨가쁘다. 생활고(生活苦)를 비유한 말. 「もしも一家が生活にあえいでいるのを忘れてもよいのなら」

生活費をかせぐ 부지런히 일을 해서 생활비를 벌다.

生活をかける 생활을 걸다. 생활의 수단으로서 그것을 하다. 비상한 각오를 가지거나 진실한 마음을 가지고 어떤 일을 하는 것을 비유한 말. 「自分たちは，生活をかけてプレーをやっている，だから納得のいかない判定には，どうしても服することが出来ない」

精が出る 일에 신이 나다. 열심히 일하는 모양을 비유. 「ヤ権三お身も遠乗か. いかう精が出て，馬持が能いゆゑに，其の月も一両年めつきりと能くなつた」

精魂を傾ける 온 정성을 다 쏟다. 모든 힘을 다 내다.

背が高い 키가 크다. 신장이 길다.

席につく 자리를 잡다. 위치하다. 몸을 앉히다.

せき一つしない 기침소리 하나 안들리다. 매우 조용한 것.

せきを切る 둑을 끊어 물을 흘려보내다. 둑을 끊고 물이 흐르다. 큰물이 한꺼번에 급히 흐르든지, 사태가 갑자기 격동하는 것을 비유. 「広い車道を埋めつくしていたくるまはいっせいに動き出していた. 堰を切って，襲いかかって来る洪水に似ていた」

世間が恐ろしい 세상이 무섭다. 세상사람들이 어떻게 생각할까 생각하니 두렵다.

世間が静かになる 「世間が静まる」라고도 한다. 외계(外界)가 조용해지다. 근처가 소리 하나 없이 조용해지다. 「権三戴き繰り返し，読めば世間も静りて，蛙の声も更け渡る」

世間が広い 활동범위가 넓다. 교제범위가 넓다.

世間に顔が出せない 세상에 나아갈 수가 없다. 병신이 되어 사람들 앞에 나갈 수가 없다. 매우 창피하고 체면을 잃은 것을 비유. 「かねての恋のいしゆばらし. 世間へ顔の出されぬやうにしてやらう」

背に腹はかえられない 등과 배를 바꿀 수는 없다. 중요한 것을 그다지 중요하지 않는 것과 바꿀 수는 없다. 큰 일을 하기 위해서는 작은 희생은 하는 수 없다. 「持つて参らぬにおいては御手討に被成うとの御事で御座るに依つて，背に腹はかへられず，持つて参りました」

選に漏れる 낙선(落選)하다. 뽑히지 않다.

千年も万年も 천만년의 긴 세월. 천년이나 만년이나 오래 살아서. 「申し申し，是が則私の娘で御座る. こなたと妻合はせまするに依つて，千年も万年も中能う添うて被下い」

せんを抜く ①깊이 박혀 있는 것을 빼내다. ②병의 마개를 빼다. 병마개를 잡아당겨서 빼다. ③없애다. 털어버리다.

そ

総スカンを食う 모든 사람으로부터 비난을 받다.

총공격을 당하다. 모든 사람으로부터 공격을 받다. 「文相に総スカンの厄日(略)総スカンをくった形の文相(略)表情も沈痛そのものだった」

相場が狂う ①상품의 시장가격이나 시가(時価)가 예상보다 엄청나게 변하다. 움직이다. 「彼岸には, かならず天気あしく, 別けて中日あれとて, 大いにあれる, 其の時, 米の相場くるふ」 ②평가(評価)가 정해지지 않다. 움직이다.

底が知れない 「底知れずだ」라고도 한다. ①바닥을 알 수 없다. ②끝이 없다. 「ただ世上には底知らずぢやと申す」

底抜けに ①밑바닥이 빠져 없어지도록 끝이 없다. 정도가 매우 심한 것을 비유. 「底抜けに明るい」 ②술을 많이 마시다. 술을 마시고는 크게 떠드는 것을 말함. 「底抜けに騒ぐ」

底を突く ①넣어두었던 물건이 없어져서 바닥을 드러내다. 넣어두었던 것이 없어지다. 물건이 없어짐을 비유한 말. 「人手不足ますます深刻 底をついた学卒者 配転・合理化が課題に」

そつがない 실수가 없다. 결점이 없다. 완전무결하다. 일이 튼튼함을 말함. 「たしかに中京の攻めはソツがなかった」

そでにする 뿌리치다. 관계없는 것으로 하다. 제외하다. 소홀히 하다. 소홀하게 하는 것을 비유한 말. 「商売は袖にして, …いふさへ泪がこぼるるぞや」

そでを引く ①소매를 끌어당기면서 말리는 시늉. ②주의를 시키는 시늉 「「あの, 主人にお預けなされた嚢は」と, 姥竹が主の袖を引く時, 山岡大夫は空舟をつと押し出した」 ③화제(話題)를 삼는 시늉. 「…弁当持ちだぜ. 庭木の冬支度をしている下男たちが, そっと袖をひきあった」

その足で 그대로 계속 걸어가서. 쭉 걸어서. 어느 집에도 들리지를 말고 다른 곳을 계속 걸어가는 모양을 비유. 「宿の者が『桂さんは未だ会社です』と言ふから, 会社の様子も見たく, 其足で会社を訪うた」

た

大事にする 소중하게 간직하다.

体をかわす ①몸의 위치를 바꾸다. 습격을 피하기 위해 몸을 옆으로 비끼다. 「西土俵に明武谷を押し込んだものの, 二度目に出たとき体をかわされた栃光は」 ②비난이나 공격을 살짝 피하다.

高いびきをかく 크게 코를 골다. 코고는 소리가 높다. 마음 놓고 잘 자고 있는 모양. 「文覚は是を事ともせず. 高鼾かいて臥したりけるが, 何とか思ひけん…」

高く買う ①물건을 비싼 값으로 사다. 물건을 표준 이상의 값으로 사다. ②귀한 가치가 있는 것으로 생각하는 것을 비유한 말. 「…『源氏物語』の価値は知っているが, 我我としては, 欧米人にもっと高く買ってもらいたいものが外にあり…」

高く止まる 높은 데 앉아 있다. 자기를 높이면서 거만한 태도를 취함을 비유. 건방진 몸짓을 비유한 말. 「風見の鳥を見るやうに高くとまつてすまアして居るも小癪に障らア」

高根の花 올라갈 수도 없는 높은 산봉우리에 피어 있는 꽃으로 갖고 싶으나 손이 닿지 않는 것이나 달성될 수 없는 목적을 비유한 말. 「高根の花か学生下宿」

たがを掛ける 통의 둘레에 테를 감아 단단히 죄다. 「竹輪のかけたすり鉢へ唐がらし」

高をくくる 수량・총량(総量)・한도를 미리 알아 버리거나 예측하다. 이 정도라고 생각하다. 대수롭지 않을 것이라고 생각하다. 가치가 없는 것으로 여기다. 깔보다. 「折ふしかうてもらう陰子にさへ高をくくられ」

だだをこねる 아이들이 제멋대로 응석을 부리다. 무슨 말을 지껄이며 앵돌아진 모양을 비유.

立つ瀬がない 냇물이 얕아서 설 만한 곳이 없다. 어찌해야 좋을지 모르겠다. 설 곳이 없다.

縦の物を横にもしない 세로로 있는 물건을 가로로 하는 일조차 안하다. 아무일도 안하다. 극히 적은 노력도 안하다. 「百で買つた馬が磁石の劒を見たやうに, 横つ倒しに寝そべつ居て, 年中堅の物を横にもしねえ」

たとえがあたる 비유(比喩)가 기막히게 적중하다. 좋은 비유가 있다. 「仏の経どもに, 殊に多く見えたるたとへは, おほくは物どほくして, よくあたれりとも聞えぬ事を…」

たとえにとる 있는 사실을 들어 비유하여 말하다.

たとえをとる 어떤 사실을 들어 비유하다. 그것을 예로 들다. 「…さればこのたとへといふ事, 神代より有りて, 歌にも見え, 今の世の人も, 常にものすることなり」

たなごころをさす 자기의 손바닥을 가리키다. 일이 명백하고 손쉽다는 비유. 「試に石橋合戦を企てしより以降, 平氏の逆乱を対治せしむること, 掌を指すが如し」

たばこを吸う 담배연기를 빨아들이다. 담배를 피우다.

たばこをのむ 담배연기를 목 안으로 빨아들이다. 담배를 피우다. 「日本では煙草を呑むといふが, 支那流にいへば喫烟で, たべるのであり, 西洋流の smoke はくゆらす, ふかすの義である」

たばこをのむ間(ま) 담배를 피우는 동안. 잠시동안을 비유한 말. 「けふあつて明日は. 露も消ゆるに間のあり. 稲妻石火, たばこ呑む間も. 女良の命程はかなき物はなし」

たまが甘い 던지는 보올에 힘이 없다. 정확히 판단해서 공을 던지고 있지 않다. 보올을 조잡하게

던지다. 「球が甘いと, やはり王に打たれる…」

魂を消す 깜짝 놀라다. 매우 놀라다. 갑자기 깜짝 놀라는 모습. 「令旨の趣肝に銘じ, 同類の悲魂を消す…」

魂をとろ(ら)かす 넋을 잃게 하다. 사람을 혹하게 하여 본심을 잃게 하다. 교묘히 속이는 것을 말함. 「峠屋もかくはづかしめをうけて. 此ままきるるの心あれど. 元来大角に於て. 魂をとらかしたるものなれば.…」

玉の汗 구슬같은 땀. 방울이 큰 땀을 말한다. 「信長は, 小姓に南蛮献上の羽根団扇で煽がせながら, 広い額に玉の汗をうかべながら云った」

ため息が出る ①걱정이나 괴로움이 있어 자기도 모르게 한숨을 쉬다. 걱정하고 괴로와하는 모습을 비유. ②어처구니가 없어 자기도 모르게 한숨을 쉬다. 어처구니 없어 하는 모습. 「「一層のこと全員の母親を召集しようか」と検事の間でタメ息がでたほど」

ため息をつく 숨을 모아 한꺼번에 쉬다. 한숨을 쉬다. "후유"하며 숨을 몰아 쉬다. 걱정하고 괴로와하는 모습을 비유(근심이나 괴로움을 치른 뒤에 쉬는 수도 있다). 「…弁慶あまりうれしさにこしをおさへて空へ向つてためいきついて居たりける」

ためにならない 도움이 안되다. 나쁜 결과가 나타나다. 「シテ(略)此の年寄つたものをしたたかに痛めおつて, 為に成るまいぞ. 亭主為に成らぬといぅて何と召さる. シテ目に物を見せう」

ためにわるい 그에게 좋지 않다. 도움이 안되다. 「おのれ此の宿老のいふ事を聞かずは, 為にわるからうぞよ」

(出し)たら(出し)たで 일이 실현되면 실현된 사실을 책임지고. 「ひざを出したら出したで, 女性はひざの美しさに気をつけ, ポーズや姿勢で美を補って行くようになる」

ち

ちーん ①단단한 것이 금속 따위에 부딪치는 소리. 「おお, 金貨! きょうこそ手にもとれ目にも見よ, 耳にも聞け, このさやけきチィーンのひびき…一九三〇年の初春は金貨から生れでた」②괘종시계가 시간을 알리면서 치는 소리.

知恵を絞る 지혜를 짜내다. 머리를 쥐어짜면서 억지로 꾀를 생각해내다.

(寺が)近い 가까운 곳에 있다. 「それそれ, 寿福寺が近い. 寿福寺へ参らう」

血がたれる 핏방울이 뚝뚝 떨어지다.

血がつく 피가 묻다. 「馬は, 血つきて, 宇治の大路の家に走り入りたり」

違っている 이것과 저것은 한결 다르다. 일치하지 않다. 뛰어나다. 전연 다르다는 것을 비유한 말. 「さてもさても結構な普請かな. イヤ, 又有徳人の普請は違うた物ぢや. 角から角までも手のこうだ能い普通ぢや」

力に余る 힘에 벅차서 자기의 힘으로는 감당할 수 없다. 처리할 수가 없다. 「第二の"破戒" 第三の"破戒"を続出することの, 自分の力に余る困難を, 藤村は感じなかったであろうか」

力を注ぐ 힘을 쏟다. 오로지 그쪽에만 노력을 집중하다. 「文部省も小学校の設立と就学の督励にとくに力を注いだ」

ちくりと刺す 바늘 따위로 몸을 찌르다. 모기 따위가 따끔하게 물다. 슬그머니 상대의 결점을 찌르는 것을 비유한 말. 빈정거리다. 「(略)蚊は雌しか人体を刺さないから, 山上ではこの襲来を「河内アネゴのなぐりこみ」と呼ぶ…以上は生駒山上のある住人から聞いた話だが, 現代をチクリと刺すおもむきがありませんか?」

乳が張る 젖퉁이가 탱탱하다. 젖퉁이가 붓다. 젖퉁이가 딴딴한 느낌이다. 젖퉁이에 젖이 꽉 찬 것을 비유. 「ア、何の因果にか悦びしてもう三年, 今宵の乳のはることよ. 絞り捨てうか. 可愛や是は金松が呑む筈」

乳を絞る 젖을 세게 쥐다. 젖을 안쪽으로 밀어누르다. 젖을 짜내다.

地に付いた ①발이 땅에 붙다는 말로 굳굳하고 침착한 모습. ②형편이 정착되어 있다. 안정되어 있는 것을 비유한 말. 「それにしても近鉄の底力にはおどろいた. あれを地につつた強さというのでしょうね」

(東京育ちの)ちゃきちゃき ①적류(嫡流), 즉 정통의 혈통. 순수한 것. 잡티가 없는 것. 진짜. ②많은 사람 가운데서 뛰어나고 힘이 있는 사람. 패거리 중에서 세력이 있는 사람. 세력이 있는 사람을 비유.

茶々を入れる 방해하다. 「どうぞ逸さんやうにと. いろいろ狂言かけても. あの四郎めがちやちやいれて, どうもならんよつて」

茶にする ①차를 마시는 시간을 마련하다. 차를 마시다. 차를 대접하다. 잠깐 쉬다. 쉰다는 뜻을 비유. ②그 장면을 얼렁뚱땅해 버리다. 놀리다. 바보취급을 하다. 농담으로 얘기를 혼란케 하다. 신용하지 않음을 비유. 「茶にする ちやかす――ちやかまかするとも云ふ. 人を眩惑するを云ふ」

茶をひく 맷돌에 엽차를 갈아서 차를 만들다. 「啞竹にて弓を射るまね, 鐘を遣ふまね, 茶を挽くまねをする」

注意を払う 그쪽을 주의하다. 그쪽에 마음을 두다. 생각을 하다.

宙を飛ぶ ①공중을 날다. 닿아야 할 곳에 닿지 않다. 침착하지 못함을 말한다. 「中間めらが見付けうか, と馬に乗る心もせず, 気が宙を飛ぶ様で, こ

れこのごく汗かいた」

ちんちろりん 청귀뚜라미의 울음 소리.「チンチロリンの松虫は，うたを楽しんでいるような鳴き方だ」

つ

つえに突く 지팡이로 삼고 짚다. 지팡이로 삼고 쓰다. 지팡이로 삼고 짚고 가다. 지팡이로 삼고 기대어 걷다.「優婆塞，その鋤柄を持ち，杖に撞きて往き(持彼鋤柄撞杖而往)，水門の口に立てて居く」

つえを突く ①지팡이를 짚어 세우다. ②지팡이를 짚으며 걷다. 지팡이에 기대어 걸어가다.「天雲の遠隔の極 天地の至れるまでに 杖策きも(杖策毛) 衝かずも(不衝毛)行きて」

月の顔 ①달의 표면.「月の顔見るは忌むこと」②달과 같은 얼굴.「大経 惜しむかな月の御顔も影きえて鶴の林にけぶりたえけむ」

角を矯めて牛を殺す 쇠뿔이 비뚤어진 것을 바로 고치려다가 소를 죽인다는 말로 결점이나 상처를 고치려다가 방법이 지나쳐서 그 본체를 결단낸다는 것을 비유.「角をなほして牛をころす」

つばを飲む 입안에 고인 침을 삼키다. 침을 꿀꺽 삼키다. 매우 긴장하서 숨을 죽이다. 긴장하는 모습을 비유.「継之助は，つばをのんだ…」

つばをはく "퉤퉤"하며 침을 뱉다.

罪に報いる ①자기가 저지른 나쁜 짓에 대해서 보상하다.「人手にかからんよりは，心とまゐりて，かつは年来のつみをもむくはんがために，頸をのべてまゐりて候なん」②상대방이 자기에게 저지른 나쁜 짓에 대해서 앙갚음을 하다.

罪を着せる 죄를 입히다. 다른 사람의 죄를 뒤집어 씌우다.

露にぬれる 이슬에 젖다.「わが背子を大和へ遣るとさ夜ふけて暁露に(露爾) わが立ちぬれし (所霑之)」

つらの皮千枚張り 낯가죽이 천장(千張)이나 겹쳐 바른 것처럼 두껍다. 매우뻔뻔스런 모습을 말한다.

て

手入れをする ①보전(保全)하기 위해 손질을 하다. 손질하다.「はつ，このぢゆうは手入れをいたさぬによつて，いかう穢うござりまする」②불충분한 점을 보완하다. ③경찰이 수사를 시작하다. 범죄의 현장에 뛰어들다.

手が上がる ①글씨 쓰는 솜씨가 나아지다. ②일반적으로 기술이 늘어감을 말한다. ③특히 마시는 술의 양이 많아짐을 비유.

出がある 배우가 무대에 나갈 차례가 되다.「出があるに早くと馬のあしをよび」

手がきく 손이 민첩하게 움직이다. 수완이 좋다.「自らも，いつとなく，手のききければ，お物師役の勤めをせしに」

手が込む ①많은 잔손질을 하다. 수공이 정밀하다.「角から角までも手のこうだ能い普請ぢや」②복잡하다.

手がすべる ①손이 매끄럽게 움직이다. 글씨를 거침없이 써내려가다.「手がよくすべる」②손에 쥔 물건이 미끄러워 손이 빨리 움직이다. 손이 미끌미끌하여 자기도 모르게 물건을 떨어뜨리다.「二十分も待って，注文した料理がやっと運ばれてきた，と思ったら，ヴエートレスの手がすべってガチャーン」

手が届く ①손이 닿다. ②마음씨가 자상하여 구석구석에까지 미치다. 돌봐주는 마음씨가 자상하게 미치다. 충분하다는 것을 비유. ③따라 붙다. 성취하다. 할 수가 있다는 것을 말한다.「芸者遊びはもちろんバー，キャバレーには手がとどかない」④닿을 듯이 가까운 것을 비유한 말.「九十に手が届く老人」

手が鳴る 손에서 소리를 내다. 사람을 불러 심부름을 시키기 위해 손뼉을 치는 소리가 나다.「今おてがなつたからいつたらかしはでとやらだ」

手が回る ①빈틈 없이 수배(手配)가 되다.「ハテいろハテいろな物を売る. 能く手が廻るナ」②경찰의 손이 뻗치다. 범인체포의 준비가 되다.

敵に後ろを見せる「かたきに後ろを見せる」라고도 한다. ①적에게 등을 보인다. 즉 도망치는 모습.「いかに瀬尾殿，正なうも敵に後をば見する者哉. 返せや返せ」②도망칠 듯한 몸짓을 하다. 겁장이를 비유한 말.「戦う前から敵にうしろを見せるようでは……と及び腰を心配する声もある」

できぬ相談 타협이 될 수 없는 이야기. 부탁을 받아도 할 수 없는 이야기. 하고 싶어도 할 수 없는 일.「かりに私が文芸時評家として意識的な汚職をおこなおうと思っても，それはついにできぬ相談というものにすぎないのだ」

でしをとる 제자(弟子)를 떠맡다. 제자를 만들다. 제자로 삼다.「諸侍物を稽古して，上手に成りても，弟子取ること不可有之ものなり」

出たとこ勝負 주사위에서 나온 수로써 승부가 결정되는 것. 우선 부딪혀 보고 그때의 사정으로 일을 결정한다는 것을 비유한 말.

手続きを踏む 필요한 절차를 규칙대로 밟다. 필요한 절차를 전부 마치다.「およそ不信任案は，手続きさえ踏めば，いつでも，いくらでも出すことができるが」

手と手を組み合う 손과 손을 잡다. 「高野の道に紀の川といふ大川がある. 三人手と手を組み合うて渡つたが」
手に汗をにぎる 걱정스러운 일을 곁에서 보고 듣고 하여 매우 마음이 쓰이다. 조마조마하다. 「相撲も立ち方と, 手に汗を握つてぢつと見物して居たれば」
手に余る ①손에 버겁다. 손에서 비어져 나오다. 손보다 크다. 「手にあまる鼻かみにくし大天狗」 ②능력의 한도를 넘다. 처치할 수가 없다. 취급할 수가 없다. 「しからば思ひ切つたの小勢を一息に討たんとせば, 手に余つて討たれぬ事有るべし」
手に合わない 그의 손으로 할 수 있는 능력의 한도를 넘다. 「さる所に不孝な息子殿があつて, 母御の手に合はぬ. 友達が気の毒がつて. さる先生の方へ道話を聴聞に連れて行きました」
手に入る ①자기의 것이 되다. 입수하다. 「信濃は御手に入り」 ②받다. 받아 가지다. ③그 방면에 숙달하다. 숙련됨을 비유. 「いにしへぶりのかきざまは, 手に入つた物でござります」
手に負えない 자기의 손으로써는 감당할 수가 없다. 자기 힘으로는 어찌할 도리가 없다. 자기의 능력으로는 감당할 수 없음을 비유.
手に落ちる 그의 손에 떨어지다. 수중으로 떨어지다. 그의 소유가 되다. 「竜門に跳る魚も, 時あれば漁人の手に落つるとかや」
手に掛かる ①그 사람 손에 빼앗기다. ②그 사람 손으로 행해지다. ③그 사람의 신세를 지다. ④그 사람에게서 죽음을 당하다. 「こよひいまだ尋常なるかたきにあはず. 言ひがひなき人の郎党の手にかからむずらんと心にかかりつるに」
手に掛ける ①손에 잡다. 「手にかくる物にしあらば藤の花松よりこゆる色を見ましや」 ②자기 손수 하다. 마음대로 행동함을 비유한 말. ③자기 몸소 돌봐준다. 돌보아 길러내다. ④손을 써서 죽이다. 「人手に懸けて御覧候はんより, 同じくは御手にかけまいらせて, 後の御教養をこそ能能(よくよく)せさせ給はんずれ. なにかくるしく候ふべき」
手に付かない 일이 손에 잘 안맞다. 마음이 가라앉지 못하고 일이 손에 잡히지 않는다는 것을 비유. 「指貫, 糸巻も, 手につかずして. 御小袖, 縫ふ事は外になし. うかうかと思ひ暮しと」
手に取るように 손에 잡힐 듯이 매우 가깝게, 혹은 똑똑히 보이거나 들리는 것. 잘 알아 차린다는 것을 비유. 「親子の人々物ごしの手に取る様に聞えしを, 女房はつと思ふ顔」
手に乗る ①사람을 조종하는 계획에 말려들다. 생각대로 되다. 사람을 자유로이 다룰 수 있음을 비유. 「どうせ作者の作り事で, 筆先で読者を操ろうとするだけなのだから, その手に乗らなくってもよかろうという心構えが私には出来ているのである」 ②속임을 당하는 것을 비유. 「その手には乗らない」
手に持つ 손에 가지다. 손으로 가지다. 「第一大気物にて人のほしがる黄色にておもき物をも手にはもたず. さもしきことのなきに」
手の舞い足の踏む所も知らない(覚えない) 손이 어떻게 춤추고 있는지, 발이 어떻게 땅을 밟고 있는지 분간하지 못하다. 매우 즐거운 모양을 말한다. 「行隆手の舞ひ足の踏むところも覚えず」
でぶでぶと 뚱뚱한 모양. 뚱뚱하고 살에 탄력이 없다. 보기 흉하게 살이 찐 모양.
手前がよい 부엌 쪽의 형편이 좋다. 생활이 넉넉하다. 생계가 잘 유지되고 있다. 「左近殿は手前がよいに依つて定めて人を大勢つれて馬の乗物のというて参らせられう」
手前もあり 그냥 「手前」이라고도 한다. 사정(事情)으로. 「いとしぼやお梅様, 涙を流し手を合せ, お頼みなされた手前も有り, どうぞお共いたしたし. 詳しい事はお筆に」
手も足も出ない 손을 댈 수가 없다. 손을 쓸 수가 없다. 어찌할 수가 없다. 「この明白な刑法事犯に対して, 首都の警察が手も足も出ないことは, 市民感情として釈然としないものを感じる」
でれでれ ①호색적이고 단정하지 못하다. ②우물쭈물하며 결단력이 없다. 야무진 데가 없는 모양.
手を合わせる ①두 손바닥을 모으다. ②절하며 비는 시늉(신불(神仏)이나 은인에게도 하는 수가 있다). 「音を留めて泣き止み, 西に向かひて手を合せ, 父入道殿, 我等四人一所へ迎へ給へ」 ③탄핵하다. 용서를 받는 시늉. 「其の時に, 敵の国の王, 忽に馬より下りて, 二の手を合せて太子に向ひて居たり」
手を入れる ①손을 집어 넣다. 「最早乱鬢長髪となりまして, 傍若美人に懐中へ手を入れて, 縞の財布を引き出しまして」 ②보전・보존하기 위하여 손질을 하다. 손질을 하다. ③불비한 점을 보완하다. 가필(加筆)을 하다. ④경찰이 수사를 시작하다. 범죄현장에 뛰어들다.
手を打つ ①손뼉을 치다. 두 손을 쳐서 소리를 내다. 손을 마주 쳐서 소리를 내다. ②희로애락 등의 감정을 터뜨리거나 또한 뜻밖의 일에 놀라고 낙담하고 억울해 하는 시늉. 「力ある王, 見て手拍ち攢ねて, 石を取りて投ぐ」 ③감탄하여 칭찬하다. 잘하는 것을 칭찬하는 시늉. 「「一段おもしろい. めいよ小鼓に手をうつところぢや」とほめられた」 ④신호를 하는 모양. 「手を打つてお出で出でと子ぼんなう」 ⑤매매계약의 성립을 나타내는 시늉. ⑥싸움 따위의 화해를 나타내는 시늉. ⑦필요한 수단을 취하다. 「デトロイト暴動の後, ジョンソン大統領は急いで諮問委員会を設けたが, 決して早急な手を打つという構えではない」
手を書く ①손으로 글을 쓰다. 글을 쓰다. 필적을 남기다. 「これや惟成が妻の手, いたうこそ書きけれ」 ②글을 곱게 쓰다. 훌륭한 필적이다. 매우 잘 쓴 글이다. 「又, この頃は, ただ 仮名の定めをし給ひて, 世の中に手書くとおぼえたる」

手を貸す 노력을 빌려주다. 협조하다. 조력하다. 「手をかしてくんなと五文ぐりをとき」

手を下す ①손을 내리다. 손으로 때려 징계하는 모양. 「幼少な時分から自分の側に置いた太郎や次郎を打ち懲すことは出来ても，十年他に預けて置いた三郎に手を下すことは，どうしても出来なかつた」②스스로 공격하거나 죽음을 비유한 말. ③일을 시작하다. 착수하는 것을 비유한 말.

手をする ①두 손을 서로 비비다. 손을 비비다. ②간청·사죄·목숨 따위를 비는 시늉. 파리가 앞뒷발을 비비다. 「この人々ある時は竹取を呼び出でて「むすめを我に食べ」とふしをがみ，手をすりのたまへど」③사은(謝恩)·감사하는 모양 「「あなかしこあなかしこ」と，本尊をばおきて，手をおしすりてぞよろこび侍りし」

手を出す 「手を差し出す」라고도 한다. ①손을 앞으로 내어밀다. 안기다. 물건을 내어주다. 물건을 받아 잡다. 때리다. 얻어맞다. 사모(思慕)하는 따위를 나타내는 몸짓. 「何ぢや，手を出いて．懐からう，をを，抱きませう抱きませう」②관계를 가지게 되다. 그 일에 손을 대는 것을 말한다. ③여자와 통하다. 「手を出すな気になるよせとひぢでつき」④싸울 때 상대방보다 먼저 손질을 하여 폭력을 휘두르다.

手をたたく ①두 손을 마주치다. 손을 마주쳐서 소리를 내다. 「手をたたき給へば，山彦の答ふる声，いとうとまし」②신불(神仏)을 예배하는 시늉. 「かたみ子や母が来るとて手をたたく」③사람을 부르는 시늉. 「「いかでか，まからむ，暗うて」といへば，「あな，若若し」と，うち笑ひ給ひて，手をたたき給へば，山彦の答ふる声，いと，うとまし」④즐겁거나 사람을 칭찬하는 시늉. ⑤무용을 가르치는 시늉. 「手叩いて親の教ふる踊かな」

手をつかねる ①팔짱을 끼다. 읍(揖)을 하는 자세로, 두 손을 마주 끼고 절을 하다. 두 손을 마주 끼다. ②다른 사람의 사정을 보고 듣고 하면서도 모른 체하다. 방관하고 아무 일도 하지 않는 시늉. 「手を束ねつつあたなす人に苦しめられて」③저항하지 않고 굴복하는 모습. 「時に景親に与せしめ，源家を射奉るの輩，後悔魂を銷すと云々，仍つそ荻野五郎俊重，曽我太郎祐信等，手を束ねて参上すと云々」

手を突く ①두 손 혹은 한 손을 땅 위나 다다미를 짚다. 인사·웃사람에게 올리는 말·감사·사죄 등의 시늉. 「手をついて歌申しあぐる蛙かな」②배의 밑바닥 따위에 붙어 앉아 있는 시늉. 「手をついて猪牙にのつてる恥かしさ」③검도(剣道) 시합에서 져서 손으로 바닥을 짚는 모습.

手をつける ①손을 대다. 손으로 만지다. 「イヤモシ，そんなにお手をおつけなすつては…」②아래서 부리는 여자와 은밀히 정을 통하는 것을 비유. ③일을 착수한다.

手を取る ①상대방의 손을 자기의 손으로 잡다. 손을 내밀어 도와주거나 애정을 나타내는 시늉. 「あられふり吉志美が嶽を険しみと草とりはなち妹が手を取る」②손님의 손을 잡고 안으로 인도하다. 접대하거나 환영하는 시늉. 「「など，かくあやしき所には，ものするぞ」とて，御手を取りて，ひき起て給ふ」③몸소 친절히 가르치고 인도하는 것을 비유. 「さかし．手を取る手を取る．おぼつかなからぬ，物の師なりかし」

手を広げる ①두 팔을 좌우로 벌리다. 사람을 가로막는 것을 나타내는 시늉. 「母は堪へかね手を拡げ…」②손뼉을 치는 시늉. ③일의 범위를 넓히는 것을 비유.

手をふどこるに入れる ①손을 자기의 품속에 넣다. 양손을 호주머니에 넣다. ②아무 일도 하지 않고, 다른 사람이 하는 대로 맡기고 자기는 조금도 관계하지 않는 모양. 「其の心からの慰み事一つもよからぬたくみ，手を懐に入れて世を渡る才覚さまざまこはき事ども…」

手を振る ①손을 전후좌우로 움직이다. 흔들어 움직이다. 사람에게 신호하는 시늉. ②사람을 맞이하는 시늉. ③거절하는 시늉. 「米兵はちょっと読んでポケットに入れ，あとは手をふってもう二度と新しいものを受取らない」

手を触れる 손으로 만지다. 손을 대다. 손에 잡다. 잠시 손으로 만져보다. 손에 대어보고 이리저리 뒤지다. 착수하는 시늉을 비유. 「手ふれ〔開花ノ力ヲ与エル〕ねど花はさかりになりにけりとどめおきける露にかかりて」

手をもむ 양손을 비비다. 손님을 맞아 들일 때 놀

手を握る ①폈던 손을 오므리다. 손가락을 모두 굽히다. 불안을 느끼거나 긴장했을 때 하는 시늉. 「定の当りを知らざれば，源氏の兵各手をぞ握りける」②손을 서로 잡다. 악수하다. 사이가 좋아지다. 동맹(同盟)을 맺다. 「アメリカという巨人が二十年来差出している手を握っていさえすれば，(略)この巨人の足元が，ドルとベトナムとでぐらつき…」③좋지 않았던 사이를 새로 좋게 하다. 서로 화해하는 시늉. ④사랑의 그리움을 나타내는 시늉. 「是より脇にて人に手を握らるる事神ぞいたさじといひかはせり」

手を抜く 수고를 덜다. 해야 할 일을 하지 않는 것. 「値を安くして手を抜く」

手を離れる ①손에서 떨어지다. (손의)도움을 받지 않다.

手を払う ①손을 가로 젓다. ②빈손이 되다. 돈 따위를 다 써버리는 모양. 「金銀手にもたせ置かば，おそろしき虎落どもにかたられ，新田金山芝居の銀本博奕の箇にかかり，何ほどあつても手を払ふものなり」

手を引く ①다른 사람의 손을 끌어당기다. ②다른 사람의 손을 잡고 인도하다. 서로 손을 잡다. 「手を引いて行くはと一つうけさせる」③손길을 끊다. 관계를 단절하다. 「ベトナムから手をひく」

라고 즐겁고 황송하고 이상하게 생각하고 사과하고 간절히 원하는 모습을 비유한 말.「そのうちに, 私は三郎をも今の住居の方に迎へるやうになつた. 私は独りで手を揉みながら, 三郎をも迎へた」

手を焼く ①불에 손이 데다. ②뼈아픈 경험을 하다. 괴로운 지경을 당하다. 일을 실패하여 이제는 넌더리가 나다. 실패하다. ③어찌해야 좋을지 모르다. 처치가 곤란하다. 감당할 수 없다. 힘에 겨워 처치가 곤란하다.「道楽むすこに手を焼く」

手をやる 저편으로 손을 내어밀다. 손을 움직이다.「こなたは物にくるはせらるるか. 身共は算木を仕廻うて居て, そこへ手もやりはせぬものを…」

点が甘い(辛い) 평점(評点)이나 채점의 기준이 너그럽다(엄하다).

天下晴れて「晴れて」라고도 한다. 온 세상의 하늘에 구름이나 안개가 없는. 하늘이 활짝 개이다. 정식으로 당당히.「天下晴れて夫婦となる」

天気があぶない 날씨가 위태롭다. 날씨가 불안하다. 날씨가 좋을는지 의심스럽다. 날씨가 개일는지 어떨지 모르겠다.

天気がよい(悪い)「天気がいい」라고도 한다. 날씨가 좋다(나쁘다)「先づ地紙ようと云ふは此の紙の事. 美濃紙の上々を以て. 天気のよいに張つたに依つてこれ. こんこん致す」

天地をおおう 눈 따위가 내려서 천지를 덮다.「天の下すでに覆ひてふる雪の光を見ればたふとくもあるか」

でんと ①무겁고 침착한 모양. 묵직하게.「でんとすわる」②당당하다. 위엄이 있는 모양.「デンとしたところに日の丸の旗をかかげた公館がだせるよう予算もふやしてもらいたい」

と

どうあっても 어떤 일이 있더라도, 어떻게 하더라도. 아무래도. 어떻든지.「いやいやどう有つてもいやでござる」

どうどう 말을 천천히 가게 하는 소리. 빨리 가는 말을 멈추게 하는 소리.「先づ山桃の粉を飼へば. すはすは面より馬になる シテどうどうどう」

問うに落ちず語るに落ちる 상대가 물을 때는 말하지 않고, 혼자 지껄이고 있는 동안에 자신도 모르게 말하다. 사람이 물으면, 경계해서 말하지 않으나, 혼자 지껄이고 있을 때에는 비밀이나 속마음을 자기도 모르게 말해 버리다.「それそれ問ふには落ちず語るに落ちると. 利口さうにそれが信心の観音参りか. 喧嘩師ののら参り」

道理に折れる 도리(道理) 앞에 고집을 꺾다. 도리를 이길 수 없어 따른다는 말.

道理につまる 상대가 도리를 앞세워 말하는데는 아무 말도 할 수가 없다. 도리에 맞는 일이기에 맞서서 할 말이 없다.

当を得る 타당하다. 도리에 맞다. 지당하다.「今度の菊池賞は, それ等よりは授賞範囲が広くって, 他と類を異にしているのが面白い. 銓衡も当を得ているようである」

どきどきする 겁나든지 놀라든지 하여 가슴이 두근거리다. 심장의 고동이 다른 때보다 심한 모양을 비유한 말.「あまりおどろいたので, 胸がどき胸がどきしておさまらない」

時をかせぐ 일이 시작될 때까지 여유 있는 시간을 얻다. 될 수 있는 데까지 준비를 위하여 일의 시작을 늦추다. 시작이나 착수·해결을 될 수 있는 데까지 늦추다.

床につく ①잠자리에 들다. 침소에 들다. 잠자다. ②앓아 눕다. 병으로 눕게 되다.「思ひがけない病が五十の坂を越した頃の身に起つて来た. 私はどつと床についた」

どこにでもころがっている 어디에나 있다. 흔하게 있는 것을 비유한 말.「東京の批評を楽しみにしてたら, どこにでもころがっている言葉だけの記事が, 会場にひとりですわっていたような記事で, 聴衆の熱狂にさえ一言もふれてないものか. がっかりしたな」

年が詰まる 한 해가 다 가려고 하다. 연말이 되다.「今日ははや極月廿六日なれば, 年もつまり候」

年を寄る 나이가 많아지다. 나이가 쌓이다. 노인이 되다.「としはよりたれども」

年を送る 한 해를 보내다. 차례로 해를 보내다.「ながらへてすぐしければ, ある事なきことにつけて, さいなまれてのみ年をおくりけり」

年を取る ①해를 더하다. 새해를 맞이하다. 나이를 더하다. ②나이가 많아지다. 늙은 나이가 되다. 노인이 되다.

どっちにころぶか 어느 편으로 기울어지느냐. 어느 쪽으로 기울어져서 일이 결정되는가. 승부가 나거나 어느 편인가에 무슨 결정이 내려지는 모양.「今週中に結論が出ることはまちがいないと思うが, どっちにころぶか, さっぱりわからん」

取って付けたような 다른 데서 떼어다 붙인 것처럼 어울리지 않다. 척한다. 억지로 갖다 붙인 것처럼 너무 기교적임을 비유한 말.「そこに出てくる言葉も思い切った土佐語を振りまわしている. (略)しかし私たち生粋の土佐人の耳には, どこか取ってつけたような無理と不自然さを感じないでもない」

どど 울려 퍼지는 소리가 나고 굉장히 소란스럽게 나는 소리. 유령이나 귀신 따위가 나타날 때의 소리.「清水へ参り, 水を汲もうと存じ, 上の青みどりをかきのけてござれば, うしろの山が, ドドドドドドと どどめきましたによって…」

殿様芸を抜き出る 예능의 수준이 영주(領主)님과

같은 높으신 분이 심심풀이로 하는 정도를 훨씬 넘어선 수준이다. 영주님과 같은 신분이면서도 그가 하는 예능은 그들이 심심풀이로 하는 수준을 훨씬 넘어서서 매우 잘한다. 「なにをやっても"殿様芸"を抜出た手腕を示すので, "名門出"のなかの優等生という評がある」

どのつら下げて 무슨 낯짝을 쳐들고. 무슨 얼굴로. 무슨 면목으로. 부끄러운 줄도 모르고. 「どのつら下げて来やがった〔俗語〕」

土俵に上がる ①씨름장소에 오르다. 씨름을 하기 위하여 씨름터에 올라가다. ②어떤 직책을 맡다. 일을 떠맡다. 「新空港建設の仕事は, 海外からも注目のマトなんです. それだけに, なんとしても円満にやりとげたい. 土俵にあがった以上, 一日の睡眠四・五時間, 好きな俳句をひねるヒマなどなくても結構, と自分を慰めてるんです」

飛ぶように ①빨리 가는 모습을 비유. 「海賊舟にやあらむ, 小さき舟の, 飛ぶやうにて来る」 ②물건이 빨리 팔리는 모양을 비유. 거침 없이. 굉장하게. 「飛ぶように売れる」

とらの子渡し ①호랑이가 새끼를 내어주는데 매우 피로왔다는 뜻으로 세상살이의 피로움을 비유한 말. 「又は切りの延びたる薬種を買受け, 其の蔵ながら質に置き, 虎の子わたしにはし給へども, 一度は蛇の口を遁れず」 ②릴레이 식으로 일을 진행하는 것.

取りあえず ①챙겨야할 것도 미쳐 챙기지 않고. ②아무 일도 볼 틈 없이 바로 서둘러 빨리. 「高潮といふ物になむ, とりあへず, 人そこなはるる」 ③급히 모든 일을 뒤로 미루고. 「この岩根の松も, こまかに見れば, えならぬ作りごとどもなりけり. かく, とりあへず思ひより給へる故る故しさなどを, をかしく御覧ず」 ④첫째. 우선 이것부터의 뜻을 비유. ⑤당면하여.

鳥が掛かる 새가 그물이나 덫에 걸리다.

鳥が飛ぶ 새가 날아가다. 빨리 가는 모양을 비유. 「鳥のとぶとも, いかでかこれ程はやき事は侍るべき」

取り付(着)く島もない 기대고 붙을 섬도 없다. 가서 닿을 섬도 없다. 어떻게 할 수가 없다. 어떻게 해야할지 아주 난처하다. 「茶屋は取りつく島もなく夢見のわるい宝船尻に帆かけてにげ帰り」

努力を払う 노력을 기울이다. 노력을 하다. 「この幕府のとったあたらしい措置は, 第一次の長州征討を終結させるために薩摩がはらった調停の努力を, ほとんど無視するにひとしい決定であった」

(師匠を)とる ①맞아들이다. 초청하다. 「舞の師どもなど, 世になべてならぬをとりつつ…」 ②어떤 스승 밑에서 가르침을 받다.

取る物もとりあえず ①챙길 것도 미쳐 챙기지 않고. 「取る物も取り敢へず, 我先にとぞ落ち行きける」 ②모든 것을 다 버리고 급히 서두르는 것을 비유한 말. 「是をも「髻切れ」と大衆ひしめきければ, 取る物も取り敢へず, 逃上る」

どん(と) ①넓게 울리고 힘차게 나는 소리. ②북치는 소리. ③탄환이 발사되는 소리. ④찌르듯이 힘차게 들이대는 시늉.

な

(〜じゃ)ない ①〜은 아니다. ②〜은 아니냐. 〜일 것이다. 「桂君じゃない〔桂君じゃないか〕」 ③〜다. 「冗談じゃないとおもった」

無い袖を振る 없는데도 있는 체하다. 쓸 데 없는 짓을 하다. 무리를 하다. 「伊勢海老の名代に車海老, いかにしてもかり著のごとく, ない袖振る人は是非もなし」

ないわけだ 있을 리가 없다. 도리에 벗어나다. 「しかしながら其の目ざしてゐる傾向はおもしろい. 是れに批難を加へることは無い訳だ. 無い訳の批難を強ひて加へやう〔よう〕とする所に種々の滑稽が演ぜられる」

仲たがいをする 사이가 나빠지더라도. 사이가 나빠지다. 교제 관계가 나빠지다. 「入道, 内府に中違うては, 悪しかりなんとや思はれけん」

なぐりこみをかける 작당하여 남의 집에 난입을 감행하다. 떼를 지어 폭력으로 밀어 닥치다.

情けをかける ①상대에게 애정을 베풀다. ②아랫사람을 사랑하다. ③동정하다.

なべの下へたき付ける 불쏘시개에 불을 붙여 남비 밑에 불을 피우다. 남비 밑에 불을 때다. 「母親隠居の戸をあけて下女をおこし, 大豆がらにて鍋の下へ焼き付け」

なべの下をたく 남비 밑에서 불을 때다. 남비 밑에 불을 피워 남비를 데워 물건을 삶다.

涙が落ちる 눈물이 흘러나오다. 눈물이 나오다. 슬퍼서 눈물이 나오다. 감동하여 눈물이 나오다.

涙がこぼれる 눈물이 솟아나오다. 슬프거나 기쁘거나 감격하여서 눈물이 나오다. 「大神宮御祭日によめる　何事のおはしますをば知らねどもかたじけなさに涙こぼるる」

涙が流れる 얼굴에 눈물이 흐르다. 눈물이 나오다. 눈물이 뺨을 따라 흐르다. 「いとどしき涙は吾が身さへながれいぬばかりにものもおぼえず」

涙に暮れる ①눈물로 캄캄해지다. 눈물로 보이지 않다. 눈물로 아무것도 보이지 않을 정도로 슬프다. 「涙にくれて, 筆の立所も覚えねども」 ②감격의 눈물을 흘리다. ③눈물 속에 하루가 지나다. 눈물로 지내다. 눈물로 밤을 새우다.

涙にぬれる 눈이나 얼굴이나 소매가 눈물에 의하여 젖다. 눈물로 젖다. 「涙にところどころ濡れそこなはれて, あさましう, その人となむ見えざりし」

涙もかきあえず 눈물을 닦을 수가 없이. 「ぬるが中なる夢の世は，いまにはじめぬならひとはしりながら，かずかずめのまへなる心ちして老の泪もかきあへねば，筆の跡さへとじこほりぬ」

涙を落とす 눈물이 나오다. 슬퍼서 울다. 감동하여 울다. 「年ごろへだてて御らんずるは浅ましうこのよの物ならず御目も驚きてとばかりものもおほせられて涙落させ給へる御気色かたじけなきに」

涙をこぼす 저절로 눈물이 나오다. 「涙をさへこぼして臥したり」

涙を流す 눈물을 흘리다. 눈물을 보이다.

涙をぬぐう 눈물을 닦아내다. 눈을 닦다. 눈을 씻다. 울다. 슬퍼서 울다. 감동하여 울다. 「おもしろくあはれなるに，帝，涙を拭ひ給ふに，上達部・親王たちも，みな泣き給ひぬ」

(～が)なみなみならぬものである 보통은 없는 일이다. 보통은 아니다. 대단하다. 「防衛にかける熱意がなみなみならめものであることが明らかになり」

波を乗り切る ①파도를 헤치고 배가 나아가다. 배를 타고 파도를 넘다. ②난국을 돌파한다는 뜻의 비유. 「そんな事ぐらいで新聞小説海の波涛は乗切れるものじゃないとも思われているだろう」

なりふりかまわず 복장・옷차림・자태(姿態) 따위에 관심 없이, 일만 할 줄 아는 모양을 비유하는 말. 「我菊やなりにもふりにも構はずに」

鳴りをしずめる ①음성을 낮추다. 소리가 나지 않도록 하다. 「講説のをり，大方の鳴りをしずめて，のどかに，物の心を聞きわくべき事なれば，はばかりなき衣の音なひ，人のけはひ，しづめてなむよかるべき」 ②아주 잠잠한 모양. 「されども城中鳴を静めて，人ありとも見えざりければ，敵はや落ちたりと心得て」 ③긴장되어 열심히 보고 있는 모양.

なわに掛かる ①새끼나 밧줄에 걸리다. 붙잡히는 모양. 「すずめがなわに掛かる」 ②죄인이 체포되는 모양.

名を取る 명성(名声)을 얻다. 평판을 얻다. 유명하게 되다. 「勝がなければ，名はとられぬものにて候」

なんです "어떻게 된 일이냐"라고 남을 문책하거나 충고 또는 훈계할 때에 사용하는 말투.

何といっても ①뭐라 말하더라도. 어쨌든지. ②몹시. 참으로.

に

憎まれっ子世にはばかる 누구에게나 미움을 받는 사람이 도리어 세상에서 세력을 잡고 뻐긴다는 말. 「後にはあまたの首が唯一つに固まりて，坪にはばかる程の大頸にて，長三尺許りなる眼の四五十有つて而も逆なるをもつて，人道をはたと睨みたり」

にっこと 웃음의 한 가지. 싱글벙글 웃는 모양. 「八屋立ちどまり．につこと笑ひて」

にっと 생긋방긋 웃는 모양. 「遺に左近も道理に詰つてにつとわらうてゐた」

にゃあ 야옹하고 고양이가 우는 소리. 「にやんにやんあまえる女猫の声，もれてやよそに妻恋の，男猫の声々，三毛はこがれてかけ出づる」

ぬ

(袋を)縫う 바느질하다. 바느질하여 만들다. 「生ける世に吾はいまだ見ず言絶えてかくおもしろく縫へる嚢(縫流嚢)は」

ぬからぬ顔をする 빈틈없는 표정을 하다. 방심치 않은 표정을 하다. 「ぬからぬ顔したる男，大名のもとへ参る．「何とて久しく見えなんだぞ．」手をついて「この一両月，癲癇気に取り紛れ不参仕り候」と申し上げし．友だちと座を出づるに，「そちは咳気をこそ煩ひつれ．ありのまま申さずして，いらぬ病の名をいひつる事よ．」「いや咳気は初心に，誰も知りたり．ちとこぼして癲癇といはいで」

ね

ねこにも人にも合縁奇縁 사람이나 고양이에 있어서 마음이 맞는 것과 안 맞는 것끼리는 이상한 인연에 의한 것이 있다는 말.

ねじを巻く ①나사가 풀려 있는 것을 틀어서 죄다. ②태도나 행동이 해이되거나 문란해진 것을 똑바로 잡는다는 말. 「大震災後の応募当選標語に「ゆるむ心のジネを巻け」というのがあった」

ねずみが食う ①쥐가 물다. 쥐에게 깨물리다. ②쥐가 먹다. ③쥐가 없애다.

熱がこもる 열기가 가득 차다. 열의가 대단하다. 기세가 있다. 감격하고 있다. 「熱のこもった演説」

熱がさめる ①병환으로 올랐던 열이 내리다. 높던 체온이 내리다. ②열중하고 감격하고 마음을 쏟던 일이 식어지거나 그 정도가 낮아지는 뜻의 비유. 열이 식다.

根も葉もない 아무 근거도 없다. 사실 무근이다.

念が入る ①주의하다. 조심조심하다. 주의에 주의를 더하다. 「太郎冠者左様には存じて御座れども，もし御客ばし御座らうかと存じて，それゆゑ案内を

乞ひまして御底る．女それは念の入つた事ぢや」②시간과 수고가 들다. 공이 들다.
念に念を入れる 주의에 주의를 더 기울이다. 정성에 정성을 들이다.
念を入れる ①주의를 기울이다. 충분히 주의하다. ②잘 정성들여 일을 하다. 공을 들이다.
念頭を去らない 마음에서 떠나지 않다. 늘 마음속에 있다. 잊을 수가 없다.

の

のどがかわく 목이 마르다. 「その国の人，あやしがりて問ひたてまつれば，「道に迷ひたる人なり．喉かわきをり．水のませよ．」と仰せられければ，大きなるつるべに水を汲みてまゐらせたりければ」
のど笛をかく 목의 숨통을 칼로 자르다.「可れ遁様無かりければ，宿屋の中門に走り上りで，自喉ぶえ掻き放ち返す刀に腹切つて，袈裟引き被きて死にけり」
のどもとまで出る 말이 목구멍까지 나오다. 말하려고 하다가 말하지 못하는 것을 비유한 말.
のどを絞る 목을 좁혀 소리를 세게 내다. 목이 터지도록 소리를 지르다.
乗り掛かった舟 이미 올라탄 배. 이미 배에 올라타면, 배가 목적지에 도착할 때까지 도중에서 내릴 수가 없는 것처럼, 착수한 일은 중도에서 중지할 수 없다는 비유.「乗りかかつたる舟なれば，しかまづより暮をいそぎ，清十郎，おなつを盗み出し，上方へのぼりて，年浪の日数を立て」
乗り掛かる ①올라타다. 배를 타다. 올라타서 몸을 기대다. ②올라타려고 하다. 일을 시작하다. 착수하다.
乗り物がこむ ①배나 차 따위가 많은 승객으로 혼잡하다. ②어느 탈 것이나 다 만원이다.

は

はい ①응답하는 소리. 부를 때 대답하는 소리.「あい」보다는 친절하고「はあ」처럼 낮추지 않은 것. ②주의를 재촉하는 소리. ③말을 모는 소리.
歯が浮く ①이가 솟아 나오다. 이가 들뜨다. 이가 흔들흔들하다. 이를 앓거나 음식물 관계로 이의 뿌리가 흔들려서 들떠 오르는 느낌이나 비유. ②경솔하고 시시한 언동에 대하여 불쾌하게 생각하는 비유.「大磯海岸，片瀬の浜とでもよべばよいところを，大磯ロングビーチだの，片瀬マイアミなどと，歯の浮くような名前をつける」
歯が立たない ①이가 들어가지 않다. ②상대하기가 어렵다.「この場合には責任者がインタビューに応ぜず，著者もこの王国だけには歯が立たなかったようだ」③어려워서 이해가 안가다. ④경쟁 대상이 안되는 비유.「あふぎがあるとて，はがたつものか．などくちぐるしい．さがりめされい」
ばかにする 사람을 바보 취급하다. 깔보다. 업신여기다.
ばかに付ける薬はない 바보에게 써서 고칠 약은 없다. 바보를 고치는 방법은 없다. 바보는 별 수 없다. 바보에 대해서는 단념하는 수밖에 없다는 말.
ばかに強い 몹시 세다. 몹시 강하다.
ばかの夫を待つ 불행한 일의 비유.
ばかの鉄砲打ったよう 쓸 데 없다는 비유.
ばかの孫ぼめ 손자를 칭찬하는 어리석은 짓. 바보 같은 짓을 비유하는 말.
ばか者ばか念突く 어리석은 사람이 지나치게 주의를 기울이거나 다짐을 한다는 말의 비유.
ばか者はよけて通せ 어리석은 자는 이쪽이 피해서 보내라.
ばかりちぎ 지나치게 의리가 있다.
派が別れる 소속된 파가 따로따로 되다. 다른 파에 소속되다.
ばかを見る ①바보 같은 자를 보다. ②바보 같은 짓을 하다. 손해를 보다.
はきだめにつる 쓰레기통에 학이 앉다. 쓰레기통 같은 불결한 곳에 깨끗한 학이나 황새가 앉는다는 말로 보잘 것 없는 곳에 훌륭한 것이 있어 격에 어울리지 않는다는 말.「はき溜めへ鶴のおりたは小松どの」
はげたかのように 목에 털이 없는 콘돌(배의 한가지)이 빼지어 동물의 시체를 뜯어 먹는 것처럼 지나치게 욕심이 많은 사람을 비유하는 말.「都ではジサマの作品が評判になり政府はジサマを"人間国宝"に指定した．と，都の商人たちがハゲタカのように群がってきて，かってに七十万，百万というような値段をつけては，かたっぱしから作品を持去り始めた」
化けの皮をあらわす ①가면을 벗기고 본성을 드러내다. 숨겼던 본성을 드러내다. 가장했던 자태를 벗어나서 본래의 자태로 돌아가다.「聖なれど，無智なれば，かやうにばかされけるなり．猟師なれども，おもんばかりありければ，たぬきを射害し，其のばけをあらはしけるなり」②숨겼던 근성이 나타나다. 진상이 밝혀지다. 근성을 드러내다.
はしをとる 젓가락을 집다. 무엇을 먹음을 비유하는 말.「一向箸を執りませぬ」
バスに乗り遅れる 영어의 "miss the bus"와 같은 말로 "실수하다·실패하다"의 뜻. 좋은 기회를 놓치다.「私はバスに乗り遅れまいと軍部に陪乗した連中が，今度もバスに乗り遅れまいと平和平和と叫

んで居る声には,俄に同調ができません」
(史跡を)はずれる (사적에서)벗어나다. (사적을) 저버리다. 「朝堂院跡は国の特別史跡に指定されている. しかし,史跡をはずれるあたりには,すでに家並みが建ち始めていた」
旗色を見る 전쟁터에서 기가 펄럭이는 모양을 보다. 전황(戦況)을 살피는 모양을 비유한 말. 「旗色を御覧じて,雲気烟気を見わけ」
裸 ①의복을 걸치지 않고 살갗을 드러낸 모양. ②덮어 씌우지 않은 모양을 비유한 말. ③아무것도 갖고 있지 않은 모양을 비유한 말. 빈털털이. ④시집가는데 지참품(持参品) 없이 가는 모양을 비유한 말.
はたと手を打つ 「手を打つ」라고도 함. 손뼉을 치다. 희로애락 따위의 감정이 격발한 일이나, 또는 뜻밖의 일로 놀라거나 낙담(落胆)하는 것을 나타내는 말. 「たとへば,或る人の,世に虚言をかまへ出だして,人をはかる事あらんに,(略)又ことなるやうもなかりけりと,手を打ちてわらふ人あり」
はち巻きをする 「はち巻きをまく」라고도 함. ①머리에 수건을 쓰다(매다). 「与一誠にと思ひ,兜をば脱ぎ童に持たせ,揉烏帽子引き立てて,薄紅梅の鉢巻して, 手網搔いくり扇の方へぞ打ち向ひける」 ②머리에 수건 따위로 두르다. 머리에 두르는 수건을 「はちまき」라고 한다. ③모자 따위에 천을 두르다. ④수건을 두른 모양을 하다.
ばつが悪い 기회가 나쁘다. 전후 관계로서 기회가 좋지 못한 모양이나, 또는 그 비유.
発言権を持つ 「発言権がある」라고도 함. ①의회·회의 따위에서 발언할 권리·자격이 있다. ②어떤 사건에 대해서 발언할 수 있는 권리·자격·실력이 있다. 「準備不足のためもあって,暫定協定に加わらなかったソ連は,その際には,もっと大きな発言権を持って米国と交渉するようになるだろう」 ③취득할 권리·자격이 있다.
歯止めをする 어떤 장치를 하여 톱니바퀴가 돌지 않도록 하다. 회전을 중지하다. 브레이크를 걸다. 휴지(休止)시키는 비유. 「学生運動の暴走になんらかの歯止めをすべきだ」
鼻があぐらをかいている 코가 넓적하고 크다. 코가 낮고 콧구멍이 들창처럼 생긴 흉하고 천한 모양.
鼻がきく 냄새에 민감하다. 냄새를 잘 맡는 모양. 「動物実験で, 犬の赤ちゃんを牛乳で育てたら, 立派な犬にはなったが,犬としていちばん大切なハナがきかなくなったという報告がある」
花が咲く ①꽃봉오리가 터져 꽃이 피다. 꽃이 피다. ②꽃같은 물건이 생기다. ③대단해지다. 번성하다. 「物おもひ(御物おもひ) の花のみ咲きまさりて」
鼻が高い ①코끝이 높다. 미남자나 미녀에 대한 모양이나 비유. ②잘난 체하다. 교만하고 뻐기는 모양. 「今は誰殿のよめ子にもおそらくはと. 母親鼻の高き事白山の天狗殿もかほを振つて逃げ給ふべし」
話しじょうずに聞きべた 말을 잘하는 사람은 남의 말을 잘 들을 줄 모르는 사람이 많다. 이러쿵저러쿵 말 많은 사람은 어쨌든 남의 말을 듣지 않는다는 비유.
話しじょうずの口べた 너무 말을 잘하는 사람은 혀가 잘 돌아가지 않는다는 말과 같이 떠들지 않는 사람이 말을 잘한다는 비유.
話に花が咲く 말이 활기를 띠다. 차츰차츰 말이 활기를 띠다.
鼻であしらう 코로 받아 넘기다. 코로 응답하다. 남에게 제대로 인사도 안하다. 냉대하는 모양이나 비유하는 말. 「兄に生まれたる者は,世間からも親の眼鏡に放れし者と,心ある人は鼻であひしらはれ,交はりうとくなり行けば」
鼻に掛ける 뻐기거나 자랑하는 것을 비유하는 말. 「高いのが上等と思はれたから, 自慢することを鼻にかけるといひ,鼻を高くするといふ. 少し得意になれば鼻をうごめかす. 意張る人は鼻の先で人をあしらふことがある」
鼻に付く ①코에 붙이다. ②냄새가 코를 감돌다. 냄새가 코를 찌르다. ③싫증이 나는 일에 대한 비유.
鼻の先 ①코끝. ②눈앞. 「尻がるに,乗り移りて,悦喜,鼻の先に,あらはなり」 ③감정이 나타나는 곳.
鼻の先をこすって 콧대를 건드리다. 잠깐 생각에 잠기거나 만족스러워 하는 동작이나 모양. 바로 눈앞에서 행동하는 모양. 「又今度は酒肴と見えて,是も結構に餝つた台を,目八分に持つて出まする所で,最前の菓子こそ身共へ呉れずとも,今度こそ急度それがしへ呉れるで有らうと存じ,しらぬふりで居ましたれば,私の鼻の先をこすつて,またつつと奥へ持つて参りまして御座る」
花実が咲く 좋은 결과를 얻다. 잘 되다. 영예를 차지하는 비유. 「たしかに, 死んでは花実は咲かない. だからといって,いつ死ぬとも限らない」
鼻持ちがならない ①지독한 냄새로 코를 댈 수가 없다. 고약한 냄새로 견딜 수가 없다. ②태도·행동·언어 등이 견딜 수 없을 정도로 아니꼽다. 「生けるがままの本当の江戸人に接触したら,その江戸人たる事に,鼻持のならぬいや味を覚えるであろうが」
鼻もひっかけない 상대를 안하다. 무뚝뚝하여 쳐다보지도 않는다는 비유.
鼻を怒らす 몹시 성이 난 모양을 비유하는 말. 「其の間にお山が暴れて来て, 天狗殿が鼻を怒らかし,大雨大風雷霆,大事の山を久米之介が穢したと叩き出されて,かくの体にておはします」
花を生ける 꽃꽂이를 하다. 꽃이 죽지 않도록 병 같은 데에 꽂다. 꽃꽂이한다는 비유.
鼻をうごめかす 코를 벌름거리다. 득의 양양하여 기뻐하는 모양.
花を折る ①꽃을 꺾다. 꽃나무 가지를 꺾다. ②꽃을 꺾어서 모양을 화려하게 치장하는 행위. ③미

녀를 손에 넣다는 말의 비유. ④미남을 손에 넣는다는 비유.「清正時に万松寺に宿りき. 万松寺には名高き桜の老大木ありき. (略)これによりて俚謡あり. およびなけれど万松寺の花を折りて一枝ほしうござると. 蓋し, 小姓の美少年を万松寺の桜花によそへたるなりJ ⑤종이 따위를 꽃 모양으로 접다.

花を飾る ①꽃으로 장식하다. (불당 따위에) 꽃을 바치다. ②꽃을 달아서 자기를 아름답게 하다. ③아름다운 의복을 입다. 성장(盛裝)하다. 몸치장하고 있는 모양을 비유하는 말.「一門の女中花を飾り, 面客は松竹の島台まはして酒宴はじまり, さまざまの芸づくし, いづれも七杯機嫌の大笑ひやむことなし」④아름답게 보여주다.

鼻をかむ ①코를 풀다. ②감격하거나 한탄하고 있는 모양을 비유하는 말.

花を咲かす ①꽃을 피게 하다. ②한창 번성하고 좋은 일이 생기거나 또는 성공함을 비유하는 말.「ちょうどそのころ, グラウンドでは, 西鉄の反撃が花を咲かそうとしていた」

鼻をすする ①콧물을 훌쩍거리다. ②흐느껴 울다. 훌쩍거리며 우는 모양의 비유.

鼻を高くする 「鼻を高うす」이라고도 한다. ①뻐기다. 자랑하다. 득의 양양한 모양.「しかじかのよしを語れば, 此の法師鼻を高くして, これらの蟲物らを捉らんは何の難き事にもあらじ. 必ず静まりおはせとやすげにいふに, 人々心落ちゐぬ」②명성을 떨치는 모양을 비유하는 말.

鼻をつまむ ①코를 손가락으로 꼭 집다. ②코를 막고 있는 행위.「番組では, ある脅迫事件を想定して模擬捜査をし, 作り声でも, ハナをつまんでも, 電話機にハンカチをあてても識別できるという, 声の分析の威力を紹介する」③음성을 바꾸는 행위. ④상대의 말을 부인하다. 상대방의 언동(言動)을 거부하거나 또는 반대의 태도를 나타내는 행위.

鼻をひしぐ ①콧대를 꺾다. ②세력을 꺾다. 거만심을 억누르다. 창피를 주는 모양이나 비유.「けふはそのかねが出来る日ぢやさかひ. これからいんで. 取引して. あしたはわが身の親方にかねわたし. すみやかに身うけして. 柳のゐなかものや. 八木四郎の毛唐人やら. 木津甚のやつらの. 鼻をひしいでやるは」

鼻をふさぐ 코에 손을 대고 냄새를 막다. 냄새를 싫어 하는 행위 또는 비유.

派に別れる 하나가 분리되어 여러 파로 되다.

幅をきかせる 위세의 효과를 발휘시키다. 위세를 떨치다. 세력이 미치다. 세력이 있다. 뻐길 수가 있다.

浜のまさご 바닷가의 모래. 수자가 많아서 다 셀 수 없는 일을 비유하는 말.「浜の真砂はよみつくしつくすとも, この道は尽きせめや」

腹が痛い ①배가 아프다. ②해산(解産)할 때의 복통(腹痛). ③손해를 보는 비유.

腹がごろごろ鳴る ①배가 꼬르륵꼬르륵하다.「風引きて, 腹のこほこほと申ししを」②공복(空腹)으로 배가 꼬르륵거리다. 무엇이 먹고 싶어 하는 모양의 비유.

腹がしくしくする 「腹がしくしく痛む」라고도 함. 배가 조금씩 아픈 모양.

腹がすく 뱃속이 텅 비다. 공복(空腹)이 되다.「日本のデフレ政策は“アラシに向かって窓を開いた”といわれたように, 不景気と生活難は加速度的に強まり, 東京の下町では“腹がすいたよう”とせがむ子供たちを見て, 気が狂った母親もあった」

腹が減る 배가 고프다.「他所のおかみさんがたとは違ツて, 一文からの商で日がな一日ゐたり立つたりするものを, 腹もへらうぢやアねえか」

腹が悪い ①배가 편안하지 않다. 위장이 나쁘다. 속이 좋지 않다. ②마음이 나쁘다. 마음이 비뚤어지다. 뱃속이 검다.「善法比丘これを見て, 我をばかやうに供養せずして他国の僧を重くする事, 本意なく, そねましく思ひて, もとより腹あしき比丘にて, 悪口しけり」

腹にすえかねる 화를 참을 수가 없다. 참을 수가 없다는 뜻의 비유.

腹の皮をよじる 뱃가죽을 비틀다. 요절하다. 배꼽을 쥐고 웃다. 요절복통하는 모양.

腹の中がかき乱れる 마음이 흐트러지다. 어찌할 바를 모르다.「国からは便もなし, 和尚の顔つきも, 此のごろは, めつきりわるし, 寒空には向うてくる, どうしたら能からう, イツソ腹切らうか, 首縊らうかと, 腹の中はかき乱したやうに成つて」

腹をかかえる 배를 움켜 잡다. 너무 우스워서 딩구는 모양을 비유하는 말.

腹を切る ①배를 가르다.「さらばよし自害せんと思し召して, 既に推膚脱がせ給ひたりけるが, 事叶はざらん期に臨んで, 腹を切らん事は最可安. もしやと隠れて見ばやと思し召し返して」②실패의 책임을 지고 직위에서 물러나다.

腹をさぐる ①진찰이나 치료를 위하여 배를 손으로 두드려 보거나 만져 보다.「四月五月に成る程に妻も懐任〔妊〕して, 悩む氣色にて三月許に成りぬるに, 昼, 前に長しき者二人副ひ居て, 腹打ち捜りなどして有るに」②상대방의 마음을 떠보다. 상대방의 진의(真意)를 타진하려고 하는 모양이나 비유.

腹をすえる ①꾹 참다. 마음을 꾹 참고 견디다. ②안정되다. 각오(覚悟)를 하거나 결심하는 모양을 비유하는 말.「入道相国の心に天魔入りかはりて腹を居ゑかね給へりと聞えしかば, 又天下に如何なる事か出でこんとて京中上下怖れおののく」

腹を減らす 배를 굶주리다. 배를 곯다.「お昼はチツト早かつたから, 未だ腹が能いかと思つて, 食ツて見たら, 又いける. イヤ, ほんに聞きなせえ. 腹をへらして物を食ふほど, うまい物はおそらくねえによ」

腹を病む ①배를 앓다. ②해산(解産)을 위한 배를 앓다.「月満ちて, 后既に腹を病む時に, 人に懸り

て産するに」

腹をよじる 요절하다. 배를 움켜잡고 웃다. 요절 폭소하는 모양을 비유하는 말. 「一門一家親兄弟が片唾を呑んで臓腑を揉むとはよも知るまい」

腹を悪くする「護をそこなふ」라고도 함. 위장을 나쁘게 만들다. 위장을 버리다. 「そのころ腹そこなひたる上に, 衣いと薄し, 板の冷えのぼりて, 腹こほこほと鳴れば, 翁, 「あなさがな. 冷えこそ過ぎにけれ」」

張り合いがない 맥이 없다. 맥이 풀리다. 할 보람이 없다. 실망하다. 맥이 빠진 모양을 비유하는 말. 「青年が全力をあげて進んで行く目標があった. (略)ところが今は, そういう力強い目標がない, 青年として張合いがない というのである」

針のある 바늘처럼 찌르는 데가 있는. 상대방의 마음을 찌르는 것 같은 비꼬움. 말이 가시 돋은 듯 한. 「連れに来たと口に〔コトワザ「口ニ蜜, 腹ニ針(劍)」ノ転化〕針有る苦い顔」

ばりりばりりと 딱딱한 것을 이로 갉아 먹는 소리. 단단한 것을 이로 깨무는 소리. 「あとをも見ずして逃げて参りましたが, あとで, バリリバリリと音が致しましたによって, 桶はさだめて, 噛み砕いたものでござろう」

はりを立てる地 얼마 안되는 토지. 약간의 여지(余地).

春先のたけのこのような 쑥쑥 자라는 모양. 성장이 빠른 것을 비유하는 말. 「私は春先の筍のやうな勢ひでずんずん成長して来た次郎や, 三郎や, それから末子をよく見て, 時にはこれが自分の子供かと心に驚くことさへもある」

歯を食いしばる 이를 악물다. 고통과 분노와 아니꼬움이 몹시 치밀다. 또는 그러한 것을 참고 견디다. 참고 시기를 기다리는 모양을 비유하는 말.

反感を買う 남의 반감을 사다. 감정적인 저항(抵抗)을 받다.

番をする 지키다. 망을 보다. 「ハイ, 私は二階の番をいたす者でござります」

ひ

ピアノをひく 피아노를 치다.

日が当たる ①해가 비치다. 해가 잘 비치다. ②좋은 일이 있다. 희망이 밝다. 희망에 넘치는 비유. 「その後, 八木沢(東京), 三輪田両投手のカゲにかくれて鳴かずとばず, その彼に日が当るようになったのは今春の対法大三回戦」

日が暮れる 해가 넘어가다. 해가 지다. 「いづくにか吾は宿らむ高島の勝野の原にこの日暮れなば (此日暮去者)」

日が沈む 태양이 기울어서 서편으로 숨어 안보이게 되다. 해가 넘어가다.

日が高くなる 태양이 하늘 높이 떠오르는 모양. 태양이 높이 솟아 있다. 낮에 가까운 모양을 비유하는 말. 「日高くなれど, 起きあがり給はねば, 人々あやしがりて」

ひがともる 불이 켜지다. 「肝をつぶしてのきて, 火が燈つて有る. 先づ落ち着いた」

(ねこ・ねずみが)引く 손 가까이 끌어가다. 훔쳐가다. 몰래 훔치는 것을 비유하는 말. 「首玉の入りし白猫, 御ひざうなれば. たとへ, 肴を引くとても, 追はぬ事なり」

ひげをそる 수염을 깎다. 「俄に鬚髮を剃りて黒き衣を着て, 彼の山に行きて木の下に居たり」

ひけをとる 끌려가게 되다. 지다(負). 「度々において引けを取り, 人に後指さされたる者」

ひざを打つ 갑자기 생각이 나서, 또는 감탄하여 무릎을 치다.

ひざを突き合わせる 무릎을 맞대다. 가까이 마주 앉다. 친근하게 앉는 모양이나 비유. 「必要なときはいつでも自らすすんで産業人とも, 家庭の主婦ともヒザを突き合わせて語る対話ムードをかもし出している」

ひざを突く 무릎을 꿇다. 상대방을 존경하거나 인사하는 따위의 행위.

ひざを乗り出す 앉은 채로 앞으로 나가다. 앞으로 나서다. 「「次郎ちやんと姉やとは互角だ,」そんなことを言って見てゐる三郎達の側で, また二人は勝負を争つた. 健康そのものとも言ひたいお徳が肥つた膝を乗り出して, 腕に力を入れた時は, 次郎もそれをどうすることも出来なかつた」

額から汗が出ろ ①더워서 이마에서 땀이 나다. ②몸이 약해서 땀이 나기 쉬운 모양을 비유하는 말. ③창피해 하는 모양.

額に汗を流す 「汗を流す」라고도 함. 땀을 흘리며 일하다. 고생을 무릅쓰고 성의껏 일하는 모양을 비유하는 말.

一息つく ①한번 숨을 쉬다. 숨을 내쉬다. 숨을 돌리다. 안심하다. 「久馬平は土丸と揉みに揉うで組み合ひしが. 土丸四ッ手に引きむすび目より高くさし上げ. えいというて打ちつくる中にてひらりとはねかへし. 土丸が小足をとり大地へどうど打ちつけ. 馬のりにしっかと乗り. 一息はっとついたるは, こどちよかりし手がらなり」 ②중단하는 모양을 비유하는 말.

ひどい目にあう 몹시 고통스러운 경험에 부닥치다. 지독한 경험을 하다.

一色に塗りつぶす 모두 같은 색이 되도록 칠하여 밑의 색을 없애다. 모두 같은 종류로 만들다. 전부 같은 것으로 만든다는 비유.

ひとかけらの誠意 사소한 성의. 불과 얼마 안되는 성의. 「あの人にはひとかけらの誠意もない」

人が見る 누가 보다. 누가 보고 있다. 누가 보고 있

지나 않을까 하고 신경을 쓰거나, 또는 누가 보고 있다고 하여 상대방의 행동을 제지(制止)하는 것을 나타내는 언사(言辭).

人っ子ひとりいない 누구 한 사람도 없다. 조용한 모양을 비유하는 말.

一つにする 부부가 되다.「父親遺言にて, あの𛀁もん太郎殿を, われわれと一つになし候へと, かたく母様に御申しおき候ゆゑ, 一つになし候うてから」

一つ飲む 술을 한잔하다. 술 따위를 마시다.「船頭こなたにはさだめて, お出がけに一つ参つたでござろうの. 鄲なかなか, 一つ飲うでござるが, きょうの寒さではもはや醒めましてござる」

人にあやかる 어떤 사람을 닮다. 어떤 사람처럼 행운을 차지하다. 되고 싶어 하는 것이 되다.「野ぼとけグラマー弁天 (略)そういえば, 地元出身のＳＫＤの踊り子さんが, あなたにあやかろうと, 境内に舞台をつくって派手に踊りまくったこともありましたね」

人に落ちる ①그 사람의 의사(意思)를 따르다. 동의(同意)하는 모양. ②설득되어 하라는 대로 하다. 유혹(誘惑)에 빠지는 모양을 비유하는 말.

人に劣る 남에게 지다. 남보다 뒤떨어지다.「直人の, 上達部などまで, なり昇りたる, 我は顔にて, 家のうちを飾り,「人に劣らじ」と思へる」

人にもらす 비밀 따위를 몰래 다른 사람에게 알리다. 비밀을 누설하다.「「人に, もらさじ」と, おもう給ふれば, 惟光おり立ちて, よろづは物し侍り」

人の口には戸が立てられない 사람의 입에 문을 달 수는 없다. 사람 입에 문을 달아 말을 못하게 하여도 소용없다. 남의 입을 막을 수는 없다. 세상의 소문이나 평판을 막을 수는 없다는 비유.「扨扨, 人の口には戸がたてられぬ. 某が秀句にすくといふ事を東の果迄持ていて咄さずとも咄す事も有らうに壁に耳ぢやなう」

人のせん気を頭痛に病む 남의 일에 골치를 앓다. 남의 병이 근원이 되어 머리를 앓다. 남의 일에 쓸데 없는 근심을 한다는 비유.

人のふんどしですもうをとる 타인의 물건을 이용하여 자기의 할 일을 해치우다. 남은 생각지도 않고 자기의 이익만을 취한다는 뜻.

人のもとに 남이 있는 곳에. 남 앞에서. 타인 앞에서.

人の物をとる 남의 물건을 훔치다.

ひとみを凝らす 빤히 쳐다 보다. 주시(注視)하는 모양을 비유하는 말.

人目を奪う 주목을 끌게 하다. 남을 전적으로 그 점에 주의를 끌게 하다.「その極秘の想の一つは, 新派の女王鳳晶子の詩歌文章が絢爛人目を奪うという」

人目を忍ぶ 남의 눈을 피하다.

人を(人に)からかふ 조롱하다. 희롱하다.「あなたは人が英語を知らないのを御存じの癖にわざと英語を使って人にからかふのだから,宜しう御座います」

人を食う 사람을 무시하다. 경멸하다. 무례(無礼)하다. 희롱하다. 유우머러스한 것의 비유.「首相をやめて大磯の私邸で悠々(ゆうゆう)自適の生活を送る吉田さんをたずねた人が,「血色がよいですね. なにか特別な長寿食でも？」と聞くと, 即座に「ハハ, わたしはいつも人を食ってますからネ」と答えた」

人をけなす 남을 헐뜯다. 남을 욕하다.

人をたきつける 사람의 마음을 태우다. 선동하다. 남을 꾀는 비유.「ア、奥様のあんまり結構過ぎました. (略)こりや御用に遊ばせ」と, 焚ぎ付けらるる女心」

人を抜く 남을 앞지르다.

人をのむ 상대를 깔보다. 경멸하는 모양을 비유하는 말.

人をばかにする 남을 바보 취급하다. 남을 어리석은 사람으로 취급하다. 경멸하다. 깔보다.「人を馬鹿にした 人を空気にしたとも云ふ」

微に入り細をうがつ 사소한 데까지 파고 들어 자세히 조사하다.「石川啄木には全集だけで七, 八種もあり, さらに文献学的な研究にいたってはおそらく鷗外, 漱石を越えるかも知れない. 微に入り細をうがって, 一首, 一首の歌のモデルまでが追究, 考証されているほどだが, それにもかかわらず彼の年譜の大切なところにはいまだに大きな穴があいている」

ひねた顔 ①나이가 들어 보이는 얼굴. ②나이에 비해 조숙(早熟)한 얼굴. 그리 탐탁치 않은 얼굴.

ひねたたくあん 오래 묵은 단무지. 케케묵은 습성·사상을 가지고 있는 모양을 비유하는 말.「しかし現在でも尊敬する人物に石原将軍をあげる正直さ, 独特の正義感, ひねたタクアンのような一種の風格を持っている」

火の手が上がる ①불이 붙어 손처럼 올라가다. 불길이 솟아 오르는 모양을 비유하는 말.「軍が始らば, 第一番に火をかけよ. 余は此処より火の手の揚るのを見物して居ようぞ」②어떤 행동이 일어나다.

ひびがきれる 피부가 트다. 살갗이 트다.

ひびがはいる ①금이 가다. 갈라지다.「花びんにひびがはいる」②애정에 금이 가는 모양. ③몸이 병이 들다. 건강을 해롭게 하는 비유.

ひび割れがする ①금이 가다. 갈라지다.「一枚岩にも, このような大きなヒビ割れが早くからはいっていたという事実は,大いにわれわれの関心をそそる」

暇を盗む ①몰래 틈을 내다. 숨어서 무엇을 하는 모양.「御いとまなきやうにて, せちに思す所ばかりにこそ, 盗まはれ給へ, かのわたりには, いとおぼつかなくて, 秋, 暮れはてぬ」②분주한 중에도 약간의 틈(시간)을 내서 무엇을 하는 모양.

秘密が漏れる「漏れる」라고도 함. 비밀이 새다. 비밀이 밖으로 흘러나가 밖의 사람들에게 알려지는 것을 비유하는 말.「車, 十ばかりぞ, 袖口・物の色あひなども, もり出でて見えたる」

ひもを切らす 끈이 풀어지다. 「今の吉岡くんにしたって，あたしがボストンバッグの紐切らして，どうしようと思ったとたん，すっと呼ばれたみたいに寄って来て，持ってあげましょうって声かけてくれたのよ」
病気をする 앓다. 병에 걸리다. 「その家なりける下人の，病しけるが，にはかに出であへで，亡くなりにけるを」
病人のよう 병에 걸린 사람같이 지쳐서 맥이 풀려 있는 모양을 비유하는 말. 「笑ひこうじて，あつまりふして，病むやうにぞしける」
費用を持つ 남의 비용을 자기 측에서 부담하다.
(車を)拾う 걸어가다가 달리는 택시를 손을 들어 세우고 타다. 택시를 잡아 타다. 「いっしょに玄関を出た人が「ひろっていこうか」上誘った.「じゃ，流しを呼びましょう」と，手をあげようとすると「それにはおよばんだろう. お元気もいいし，ひろって〔歩ク〕いった方が運動になる」
火をいける 불을 살리다. 불덩어리를 꺼지지 않게 하기 위하여 재 따위로 덮어 준다는 비유.
火をおこす 불을 피우다. 「冬は つとめて. 雪の降りたるはいふべきにもあらず，霜のいと白きもまたさらでも，いと寒きに火など急ぎおこして炭もてわたるもいとつきづきし」
火をたく 불을 때다. 나무 따위에 불을 피워 태우다. 「海少女漁り焚く火の(伊射里多久火能) おほほしく都努の松原おもほゆるかも」
火を付ける ①점화(点火)하다. 불을 피우다. 「たきぎに火を付ける」 ②아궁이에 불을 지피다. ③방화(放火)하다. 불을 놓다. 「何でもないような事が，フランス革命の動機となった. 日本の文学も何とかしなければならぬという「蒲団」がその気運に火をつける事になったのである」
ひをともす ①불을 붙이다. 불을 켜다. ②장래를 밝게 만들다. 밝은 내일을 개척하다. 「故，左の御角髪に刺せる湯津津間櫛の男柱一箇取り闕きて，一つ火燭して入り見たまづひし時」
火を放つ 불을 붙이다. 불을 놓다. 방화하다. 「亦合戦の際，先づ火を放つ可し，故は其の煙を覧んと欲す」
火を吹く ①불어서 불을 일으키다. 「火吹く力もなし」는 입불도 없어서 불어서 불을 사를 수 있는 여력(余力)도 없다는 뜻에서 무력하고 원기가 없으며 가난하다는 비유. 「なほ日向に氷のごとく，水ばかり残りて後は火吹く力もなく，其の年の波胸にさわがしく」 ②불을 뿜는 듯이 심한 것의 비유.
火を見るより明らかである 참으로 분명하다. 몹시 명확하다는 것을 비유하는 말. 「こんなことがたび重なっていけばプロ野球の衰退は火を見るより明らかである」
ひんひん 말의 울음 소리. 「太郎くわじやがひんひんといばゆる」
びんびんする 두려워하는 모양. 「コレそないにびんびんすることはない. なんぼわしが坊主ぢやというて. 訳のわからぬことはしやせん」

不安に閉ざされる 불안 속에 파묻히다. 불안 속에 마음이 잠기다.
ぶい 방귀 소리.
ぷいと(立ち去る) 무뚝뚝하게 자리를 차고 일어나는 모양. 「次郎がぷいと表へ出て行つた後で，太郎は二階の梯子段を降りて来た」
不意を突く 뜻밖의 일을 하다. 뜻밖에 행동하다.
ぶうん(と鳴く) 「ぶんぶん」라고도 함. 모기가 우는 소리. 「(略) このごろの蚊にはそんな風情はない. 大型で，図々しい. タタキ殺そうとすると，すばやく逃げる. 寝るとブーンとやってくる. まったくいまいましい」
ふき出して笑う 「吹き出す」라고도 함. 갑자기 웃는 소리를 내다. 참고 견딜 수가 없어 웃어 버리다. 「清貫恐さも打ち忘れ，「急な所の悋気講」と可笑どうも耐らず，ふつと吹き出すばかりなり」
(男を)ふすべる 질투로 남자를 비난하다. 「こと女にものをいふと聞きて，もとのめの内侍の子すべ侍りければ目もみえず涙の雨のしぐるれば身の濡れぎぬはひるよしもなし」
ふたをする ①뚜껑을 덮다. ②뚜껑을 막다. 물건의 기능을 파괴하는 행위를 비유하는 말. 「建物のフタはできても，引き始めた潮にフタはできまい」 ③보이지 않도록 하다. 숨기는 행위를 비유하는 말. 「臭い物にふたをする」
(演説を)ぶつ (연설을)하다.
普通に過ぎる 보통보다 넘다. 보통보다 정도가 넘다. 보통 이상이다. 「此の風は追手にて候へども，普通に過ぎたる風で候」
筆を絶つ ①붓을 멈추다. 글쓰기를 중지하다. 그만 쓰다. 「昔，「仲尼は獲麟に筆をたつ」とあれば，ここにてとどまりたくはべれど，神皇正統のよこしまなるまじき理を申しのべて，素意の末をもあらはさまほしくて，しひてしるしつけ侍るなり」 ②문필 활동을 그치다. 작가 생활을 그만두다. 「時世の変遷につれて作品が売れなくなり，自ら筆を絶ってしまったので，生活に困って居られた」
筆をふるう ①붓을 휘두르다. 힘있게 글을 잘 쓰는 모양을 비유하는 말. 「〔鳥羽僧正〕さまざまおもしろう筆をふるひてかかれたりけるを」 ②글을 쓰다. 또는 그림을 그리는 비유.
ふところが暖かい 돈지갑이 두둑하다. 주머니가 두둑하다. 돈이 많다. 부자를 가리키는 말. 「第一次世界戦争(略)の進むにつれて，日本は急速に金持になったらしく，いろんな方面で生活が豊かになっ

たようであったが貧乏を看板にしていた文壇も戦争景気のおこぼれにあずかって，雑誌も売れ，本も売れ，金に縁のなかった文筆業者の懐も暖かくなりだしたのであった」
ふところが暖まる 주머니가 두둑하게 되다. 돈이 생기다. 돈이 들어오는 모양을 비유하는 말.
ふところが寒い 「ふところが寂しい」라고도 한다. 돈이 없어서 주머니 안이 텅텅 비다. 지갑에 돈이 얼마 없다. 가난함을 비유하는 말.
ふとんを敷く 이부자리를 펴다. 잘 준비를 하는 모양.
舟がかえる 배가 뒤집히다. 배가 전복하다.
舟をこぐ 노를 젓다. 배를 저어 나아가다. 노를 저어 배를 나아가게 하다.
舟をもやう 배를 옮겨서 물가에 매고 정박(停泊)시키다. 「そこに舟が二艘止まつてゐる.（略）そして自分もそこへ舟を舫つた」
ぶらんこをこぐ 그네를 뛰다. 그네를 타고 배를 저어가는 것처럼 움직여서 그네를 앞뒤로 흔들다.
ふろが立つ 목욕물이 따뜻해지다. 목욕탕이 수증기로 따스해지다.
ふろに入る 목욕하다. 목욕탕에 들어가다. 「静かに案じみれば，昨日の晩風呂に入り，たづな〔下帯〕をすすぎしぼり，袂に入れもち忘れたるを，何ぞと思ひ気づかひし，あげくに捨ててけるをかしさよ」
ふろをたく 목욕탕 물을 데우다. 불을 지피어 목욕물을 끓이다. 「されば誰を馬にせうぞ．風呂をたく道金にせうか」
文章を抜く 문장을 발탁하다. 문장을 인용하다.
踏んだりけったり ①발로 짓밟거나 또는 차버리다. 「おまへにあうて．此のかねをわたし．身ぬけの相談をしようと．たのしんで飛び立つやうに来たのに．人の心もしらずいきなりにふんだり蹴つたり．こないに髷までへたばるやうに．うち打擲」②차츰차츰 더 혼을 내주다. 혼나는 모양의 비유.
ふんどしをかく 굳은 결심을 하고 일에 착수하다.
ぶんぶん鳴く 모기가 앵앵거리며 우는 것처럼 소리를 내며 날아 다니다.

へ

へい 서로 응답하는 소리. 불렀을 때에 대답하는 소리. 「ヘイハアとは京六角堂前の五倍子の粉屋が時華詞なり」
へそ 얕은 것의 비유. 「先生寝惚けたか．そこまた臍ぢや．臍より浅き汝か知恵」
へそがくねる 우스워서 배꼽을 빼다. 우스워서 배꼽을 쥐고 뒹구는 모양. 「ハ、、、、いか様口は調法な物ぢやな．ハ、、、ハ、、、エヘ、、、エヘ、、、ハ、、、．主人への道立て臍がくねるわい」
へそが曲がっている 뱃장이 보통이 아니다. 남의 말을 이유없이 반대하며 따르지 않다. 근성이 비뚤어져 있는 모양을 비유하는 말. 성질이 비뚤어지다.
へそを曲げる 기분을 상하게 하다. 역정내는 모양의 비유.
へたの考え休むに似たり 서툰 사람이 생각하는 것은 쉬고 있는 것과 같다. 오랫동안 생각하여도 아무 소용이 없다는 비유. 「サアサア早くしねえか．下手の考休むに似たりだ」
ぺっぺっ 어떤 물건을 내뱉는 모양.
へのような 방귀처럼 가치가 없다. 쓸모 없는 모양의 비유. 「維時文化六年巳の春の発市にせばやと，辰の重九に亳を起して例の急案．后の観月の芋を食つて，屁のごとき小冊成る」
へやがあく ①자물쇠를 열거나 문을 열어서 방 안으로 들어갈 수 있게 되다. ②방이 비다. 사람이 살지 않다. 방이 비어 있는 비유.
へをひってしりをすぼめる 방귀를 뀌고 빈 궁둥이를 움츠리다. 과오를 저지른 후에 바로 고치려는 모양을 비유하는 말.
へをひる 방귀를 뀌다. 「髪をふりかけて，「あな，あさまし」といひて，くるめきける程に，いとたかくならしてけり．」
返事を渋る 대답을 자진해서는 안하다. 대답을 싫어하다. 대답을 망설이다.
弁当を使う 점심을 먹다.
弁当をひろげる 보따리를 펴서 도시락을 내놓다. 도시락을 먹는 모양의 비유.
べんべんと 일이 지연되는 모양. 시간을 허송하는 모양. 진력나게 길게 끄는 모양. 「おとなりのお娘御をさそひ合せて三人ずれ留桶をひかへてべんべんとの長湯」

ほ

法衣を飾る 승복을 차려 입다. 법의를 입다. 중이 되는 것을 비유하는 말. 「爰に文覚適俗塵を打ち仏つて，法衣を飾ると云へども，悪行猶心に逞しうして，日夜に造り，善苗又耳に逆つて朝暮に廃る」
ほうきで掃いたように 비로 먼지를 깨끗이 쓸어 치운 것 같은 모양을 비유하는 말. 「誠に世話にも，建長寺の庭を鳥箒ではいた様なと申すが，角から隅に塵が一つござらぬ」
帽子をかぶる 모자를 쓰다. 「白き水干に，さうまきをささせ，烏帽子をひき入れたりければ，をとこ

まひとぞいひける」

棒に振る 막대기처럼 보잘 것 없는 것으로 만들다. 버리다. 쓸모 없이 만들다. 무익하게 만들다. 그때까지의 노력이나 고생을 보람없이 하다. 장래를 망치는 모양의 비유.

暴力をふるう 폭력을 쓰다. 폭력을 휘두르다.

ほおづえを突く 팔꿈치를 세우고 손바닥으로 턱을 괴다. 깊이 생각하다. 한탄하다.「物もいはず，つらづゑをつきて，いみじら歎かしげに思ひたり」

ほおを赤らめる ①뺨을 붉히다. 얼굴이 빨갛게 되다. 부끄러워하는 모양.「「大学以来の基礎研究の積上げが役立ったのでしょう」とほおを赤らめながら語ったが」②흥분되는 모양, 또는 비유.

ほおを紅潮させる 얼굴을 붉히다. 흥분하는 모양.「「わかったわ，イソカヤン．あんたの言う通りにする」お登勢は頬を紅潮させて頷いた」

ほおをふくらす「ほおをふくらかす」라고도 한다. 화를 내다. 기분이 나쁘다. 불만스러운 모양을 비유하는 말.

ほおをふくらます ①얼굴을 불통하게 하다. ②화난 얼굴을 하다. 불평하다. 역정내는 모양이나 그 비유.

ぽかをやる 정신 없이 실패하다. 망하고 큰 실패를 하는 모양을 비유하는 말.「三横綱快調で，せっかく盛りあがりかけた場所だったが，とうとう柏戸がポカをやった」

ほこりがする 먼지가 일다. 먼지가 나다.「お坊主，埃がするに，これなる膾を取り給へ」

ほこりが出る 나쁜 일이 표면에 나타나는 것을 비유한 말.

誇り高き ①자부심이 강하다. 스스로를 높이다. 잘난 체하다. ②자랑할 수가 있다. 훌륭한.「誇り高き母校」

ぽっと(ぽうっと)(赤くなる) 얼굴이 저절로 차츰 빨갛게 되는 모양.「お茶を飲むとさっぱりと変な後味が残らないで惜しいような気のするものをいい，お酒に弱いご婦人やお子さんが食べると，ポーッと赤くなるようなものだと思う」

骨が折れる ①몸의 뼈가 부러지다. ②우산 따위의 살이 부러지다. 보다 고생이나 노력이 들다. 귀찮다. 곤란한 비유.「やれやれ，骨折りやりや．骨が折れたら台所へ行て，水でもひいやりと飲まぬか」

骨を折る ①신체의 뼈를 부러뜨리다. ②우산 따위의 살을 꺾다. ③몹시 힘을 들이다. 성의를 다하여 일하다. 고생하는 비유. ④남을 위하여 힘을 다쓰다. 진력(尽力)하는 비유.「かはいそに馬も骨折らせ，今日一時に稽古せねば叶はぬか」

ぼろを出す 숨긴 의복의 해진 부분을 드러내다. 자기의 결점이나 나쁜 짓이 표면에 드러나다. 폭로되는 모양의 비유.

帆を揚げる「帆をかける」라고도 한다. 악마가 붙다. 악마에 홀리다. 마침내 앙심을 품거나 나쁜 결과를 불러 일으키는 따위를 비유하는 말.

ま

負けがこむ 계속하여 못견디다.「負けがこんで悪い胃がよけい悪化した」

まちにあふれる 거리에 가득 차 있다. 거리에 차서 넘칠 듯한 정도.「街にあふれる失業者」

真っ黒になる ①태양 따위에 타서 빛이 까맣게 되다. ②땀 따위에 젖어서 더러워지다. 열심히 일하는 모양의 비유.「ナント人はからだのこと世話してやると滅多にうれしがつて直す，心の世話をする人があると真黒になつて腹をたて，その心を直さうとせぬは，どういふ拍子の間違ひで，是ほどまで迷うたものでござりませうぞ」

(顔・色が)真っ青になる ①아주 창백해지다. 죽은 사람 같은 얼굴빛을 하다. ②놀라거나 두려워하는 모양의 비유.

末席に着く ①아랫자리에 자리를 차지 또는 위치하거나 앉다.「さぶらひにまかで給ひて，人人御酒などまゐる程，親王たちの御座の末に，源氏着き給へり」②최하위(最下位)에 위치하는 모양이나 비유하는 말.

的を射る 활을 쏘아 목표물을 맞히다.「ますらをがさつ矢手ばさみ立ち向かひ射る的形は見るに清けし」

的をしぼる 목표의 범위를 좁히다. 목표를 정한다는 비유.「熊は手をおひ，たきぐちにたけりてかかる．せこのものどもこれをみて，四方へはつとぞにげたりける．たきぐち二の矢をつがひしぼり返して，月のわをはすじろに胆をかけて射ければ，くまはすこしもうごかず，矢二つにてとどまりけり」

的をはずれる 맞지 않고 목표에서 벗어나다. 목표에 맞지 않다. 목표에 닿지 않다.

豆をいる ①콩을 볶다. ②콩 볶는 듯한 소리의 비유.「まるで豆をいってるようだ」③말이 많고 시끄러우며 바쁜 모양의 비유.

まゆを開く 찌푸린 눈살을 펴다. 안심된 얼굴빛을 하다. 근심이 가고 기쁨이 얼굴에 나타나는 모양의 비유.「御成敗の処，直光定めて眉を開く可し」

まゆを寄せる 웃는 모양의 한 가지.

丸い ①둥근 모양을 하다. ②둥글다. ③모가 없다. 온전하다. ④사이가 좋다. 원만하다. ⑤결점이 없다. 인격이 원만하다.

丸い卵も切りようで四角 원래의 형태는 둥굴지만, 그 둥근 계란은 자르는 방법에 따라 사각으로도 된다. 모든 일은 취급하는 방법에 따라서 원만하게도 되고 모가 생기기도 한다는 비유.「パリ会談， 机は正方形か長方形か．「丸い玉子も切りよで四角，物も言いよで角が立つ」」

まるく(まろく)とも一かどあれ 원만하여도 조

금은 모가 있는 것처럼, 원만이 지나쳐 모가 없는 것도 좋지 않다는 비유. 「円くとも一角あれよ人心あまりまろきは転び安きぞ (に)」

(へやを)丸く掃く 가운데만 둥글게 쓸다. 구석구석 끝까지 쓸지 않다. 마음 내키는 대로 쓰는 모양. 게으른 자를 비유하는 말.

まんざら(~ない) 전적으로 그렇다고는. 그래도. 밑에 부정하는 말이 따른다. 「まんざら悪くもない」

まんざ~悪くもない 그처럼 나쁜 것도 아니다. 어느 정도 마음에 든다.

み

身が固まる 「因まる」라고도 함. ①마음이 고정되다. 마음을 스스로 단단히 먹다. 생활이 남처럼 되다. 「さん「ア、母様伯父様のお蔭で, 私も心落ち付き, 子中なしてもつひに見ぬ堅め事. 皆悦んで下さんせ」伯母 「ヲもっとももっとも此の気になれば堅まる. 商事も繁昌しよ」 ②직업을 얻어 마음이 고정되다. 마음이 안정되다. 생활이 안정됨을 비유하는 말. ③결혼하여 마음을 안정시키다. 가족을 가지는 비유.

身が軽い 몸이 가볍다. 몸무게가 가볍다. 몸이 잘 움직이는 모양의 비유.

身がはいる 정성을 쏟다. 열중하는 모양을 비유하는 말.

身が震える 몸이 떨리다. 놀라거나 두려워서 몸이 부들부들 떨리다. 「彼の堂の扉を引き開けしに, 各別なる事にて各横手を拍ちける. 凄じき雷の形を八方へ鉄の鎖を懸けて縛め, 目を留めて見るも身の慄へる事なり」

身が燃える 몸이 불타는 것처럼 되다. 노여움·증오감·질투·욕망 따위의 격렬한 감정이 한창 일어나다. 「さられたとおもへば身が燃ゆる様に腹が立ついやい」

右も左もわからない 어느 쪽이 바른 편이고 어느 쪽이 왼 편인지도 모르다. 좌우의 구별도 못한다는 말로 나이가 어리거나 둔해서 사리를 분별 못하는 모양을 비유하는 말. 「私は又, さう思つた. あの米騒動以来, 誰しもの心を揺り動かさずには置かないやうな時代の焦躁が, 右も左もまだほんたうにはよく分らない三郎のやうな少年のところまでもやつて来たかと」

みこしをすえる ①신을 모신 가마를 공손히 놓다. 엉덩이를 대고 앉다. ②앉아서 일어나지 않는 모양을 비유하는 말. 「どこへみこしをすゑようと土手でいい」

店をあける ①가게문을 열고 장사를 시작하다. ②집을 비우다. 외출을 비유하는 말.

水がいい 「水がよい」라고도 함. 물의 질이 좋다. 음료수나 차(茶) 따위가 질이 좋다. 「それにつき, 某も明日は何れもを御茶で申し入るるが, 茶は水がせんぢやといふが, どこ許の水が能いと聞いた. (略) 某もさう聞いた. 汝は太儀ながら, 今から清水へいて水を汲んで来い」

水がたれるようである 물에 젖어서 자르르하고 흘러 떨어지는 듯하다. 싱싱하고 아름답다. 광택이 있어 아름답다. 「水々と水の垂る〔垂るる〕やうな後家」

水に絵を書く 「水に文学」라고도 한다. 물에 그림(선·수자) 따위를 그리다. 믿을 수 없는 것을 비유하는 말. 「ゆく水にかずかくよりもはかなきはおもはぬ人をおもふなりけり」

水に放たれた魚のよう 물에 놓아준 물고기처럼 팔딱팔딱하다. 생채(生彩)가 있는 모양의 비유.

水のあわ ①물 위에 생기는 거품. 물 위에 뜨는 물거품. ②없어지기 쉽거나 변하기 쉬운 것의 비유. ③노력한 보람이 없는 비유.

水のような汗みかく 물처럼 많은 땀을 흘리다.

水の流れ(行くえ)と身(人)の行くえは知れない 물이 어디까지 흘러가는지, 자기가 어디까지 가는지 알지 못하다. 행선지·장래를 모르는 비유. 「水のゆくへと人のゆくへはしれぬ」

水はさかさまに流れない 물은 낮은 데로 흐르고 높은 데는 흐르지 않는다. 자연의 흐름이나 조류에 대항하기 어렵다는 비유. 「水はさかさまに流れぬ」

水もたまらず 물이 한 군데로 모이는 일도 없이. 물이 나와서 괴일 수도 없이. 물기를 품고 있는 물건을 순식간에 자르는 모양의 비유. 「祐成いかつて「ユ、曲もなし忠常, 雑兵の手にかかつて名をくだせとの事なるか. ぜひに及ばず自害せん」と立ちあがれば, 忠常「ヲ、誤つたり御免あれ. 南無阿弥陀仏」と諸共に, 水もたまらず打ちおとし, きつさきに首つらぬき」

水も漏らさない ①물샐 틈 없다. 친밀한 것을 비유하는 말. 「むかし, 色好みなりける女, 出でていにければ, などてかくあふごかたみに〔「逢ふ期難み」ト「籠・筐」トヲカケタナドトイワレル〕なりにけん水もらさじと結びしものを」 ②경계(警戒) 따위가 엄중하여 빈틈 없는 비유. ③계획 따위가 물샐 틈 없이 엄밀한 것.

水をあける 수영이나 보우트 경기에서 한편이 앞서서 키 한 길 이상이나 또는 보오트 길이 이상으로 간격을 취할 수 있게 하다. 「この早慶戦, 数の上ではケイオーに大分, 水をあけられていたことになるが, その差を縮めるトップバッターがこの人である」

水をさす ①물을 부어 넣다. 물을 타다. 진한 것을 엷게 하다. ②남과 남 사이에 불화(不和)를 일으키게 하다. 남녀간 따위의 다정한 사이를 이간시키는 비유. ③일을 방해하여 실패하게 만드는 비

유. ④말을 중단시키는 비유.

水を向ける ①기절했거나 지진 맥진하여 혼수 상태에 있을 때에 머리에 물을 끼얹어 정신을 차리게 하다. ②펌프로 물을 뽑아 올리기 위하여 펌프에 물을 부어 넣고 물을 뽑아올리다. 행동이나 말을 하도록 하기 위하여 수단과 방법을 부리는 것을 비유하는 말.「報道陣に「法大打陣は荒いし，甘いと思うが」と水を向けられると「いや一，一発長打がありますし，とんでもない」

水を割る 물을 타다.「ぶどう酒に水を割る」

みそといえばみそだが 특기라면 특기지만. 특색이라면 특색이지만. 자랑이라면 자랑이지만.「歌いまわしといい，ゼスチュアといい，おとなのプロ歌手の，俗悪下品な特徴だけをみごとにとらえて，おくさずに歌うところがミソといえばミソだが」

みそをする ①된장을 짓이기다. ②노력을 제공하다. ③알랑거리다. 알랑대는 비유.

みそを付ける ①그릇에 된장을 칠하다. 된장을 그릇에 묻히다. ②솜씨가 서툴다. 실수하다. 체면을 잃는 비유. ③체면을 잃게 하다. 얼굴에 흙칠하다. 체면을 더럽히는 비유. ④조리(調理)할 때에 여러가지 방법을 써 보고, 잘 되지 않으므로 최후에 된장칠하는 것으로 처치하다. ⑤임시적으로 그때만을 회피하다. 속이다.

道が分かれる ①가는 길이 갈라지다. 통로가 몇 개로 갈라지다. ②생활하여 나가는 방법이나 태도가 서로서로 다름을 비유하는 말.

道にはずれる「道をはずれる」「道からはずれる」라고도 함. ①도리(道理)나 규칙에 배반하다. ②그곳에서 새어 나오다. 밖으로 비어져 나오다. 밖에서 보이다. ③떠나다. 빗나가다. ④미치지 못하다. ⑤빠지다. 탈락되다.

(正義に)満ちる (정의에)넘치다. (정의로)마음이 가득 차 있다.「私は過去の人類の歴史が勝者の正義にみちていた事実を，歴史家として否定することはできない」

身なりがいい 외모(外貌)가 좋다. 옷차림이 좋다. 입은 의복이 좋다.「例の宮〔匂〕も，おはしけり．丁子に，深く染めたるうす物の単衣を，こまやかなる直衣に着給へる，いと，好ましげなり．女〔女一宮〕の御身なりの，めでたかりしにも，おとらず，白く清らにて，猶，ありしよりは，面痩せ給へる，いと，見るかひあり」

みなりが悪い 옛날에는「みなりあし」라고도 했다. 외모가 좋지 않다. 입은 의복이 나쁘다.「翌朝おとど昼殿におはしけるに，落窪をさし覗きて見給へば，なりのいと悪しくて，さすがに髪のいとうつくしげにて，かかりて居たるを，あはれとや見給ひけん，「みなりいと悪し」

身に余る ①그 사람 분에 넘는다. 과분(過分)하다.「身にあまるまでの，御心ざしの，よろづにかたじけなきに，人げなき恥をかくしつつ，まじらひたまふめるを」②자기 힘에 버겁다. 자기의 힘에 겨워 감당할 수 없다. 마음대로 되지 않다.「思ふ事身にあまるまでなる滝のしばしよどむを何恨むらむ　この歌は身の沈める事を歎きて東の方へ罷らむと思ひ立ちける人熊野の御前に通夜して侍りける夢に見えけるとぞ」③정도를 넘거나 또는 대단한 모양을 비유하는 말.

身にしみる ①몸에 깊이 스며 들어가다. 그리움이 뼈에 사무쳐서 마음을 흔들고 깊이 생각에 잠기는 것을 비유하는 말.「いちしろく身に染りとおほり(身爾染保里) 村肝の心砕けて 死なむ命 急になりぬ」②두견새 따위의 우는 소리가 사람의 마음을 흔들어 놓는 것 같은 것의 비유.「このごろは，めづらしげなう，ほととぎすの群鳥，厠におりゐたる」などいひののしる声すれど，〔ホトトギス〕空をうち翔けりて，二声三声聞えたるは，身にしみてをかしうおぼえたれば」③가을 바람이나 가을의 차가운 기운이 몸에 사무치는 것의 비유. ④음식의 맛이 깊이 느껴지는 것의 비유. ⑤감동이 마음을 흔드는 비유. ⑥교훈(教訓) 따위가 마음을 감동시키는 것의 비유.

身に付く 자기의 것이 되다. 돈이나, 기술이나 지식 따위가 진정으로 자기의 것이 되는 모양이나 비유.「なう悋気も男の大切さ，そんな事は聞くもいや．上つ方の縁が何んのここらへ入聟．たとへそれが定にても，夫やへ聟の命を売つて，儲けた金が身に付かうか」

耳が痛い ①귀가 아프다. 귀에 고통을 느끼다. ②듣기 싫은 말을 하므로 싫거나 불쾌하며 부끄럽다.「政府，与党にとって衆院議長の“おしかり”は耳に痛いところ」

耳がかゆい 귀가 가렵다. 듣기 싫거나 듣기 거북하거나 또는 몇 번이고 들은 이야기를 거듭하는 모양의 비유.

耳がきく ①들리다.「おほかた，これは(略)ただ心一つにおのづから思ふことをたはぶれに書きつけたれば，ものに立ちまじり，人なみなみなるべき〔聞ク内容〕耳をも聞くべきものかはと思ひしに」②귀가 잘 들리다. 귀가 밝다.

耳が留まる 귀에 머무르다. 귀에 남다. 귀가 멈추다.「この帯刀の女親は，左大将と聞えける御息子，左近の少将にておはしけるをなむ養ひ奉りける．まだ妻もおはせで，よき人の女など，人に問ひ聞き給ふついでに，帯刀，落窪の君の上を語り聞えければ少将耳とまり(とどまり)て，静かなる人間に細に語らせて」

耳が悪い ①귀를 앓다. ②잘 들리지 않다. 귀가 멀다.

耳で聞く 귀로 듣다. 무엇을 듣다.

耳にたこができる 자꾸 들어서 귀에 못이 박히다. 듣기에 싫증이 나는 것의 비유.「みみにたこできいしたにと高尾いひ」

耳につく ①귀에 남다. 한번 들었던 일이 잊어지지 않다. ②들어서 싫어지다. 자꾸 들어서 싫증이 나

다.「秋の頃ほひ，しづかに思し続けて，かの砧の音も，耳につきて聞きにくかりしさへ，恋しう思し出でらるるままに」

耳に留まる 귀에 들리다. 들려서 귀에 남다.「などかは，女といはんからに，世にあることの，公・私につけて，むげに，知らず至らずしもあらむ．わざと，ならひまねばねども，少し才あらん人の，耳にも目にも，とまること，自然に多かるべし」

耳にはいる 귀에 들어오다. 귀에 들리다.「奥深なる家にて平秤針口の響，さもしくも耳に入りて」

耳に触れる 무슨 소리가 귀에 스치고 지나가다. 귀에 들리는 모양을 비유하는 말.「此の事此の説を聞かしめ，思ひ出し訖んぬ，正に耳に触るる事候ひき，面白く候」

耳のあかを取って聞く 귀를 후벼서 밝게 하여 잘 듣다. 귀담아 듣는 모양을 비유하는 말.「浄土まづお語りやれ．法華耳の垢を取りて聞かせませ」

耳を洗う ①귀를 물로 씻어 깨끗이 하다. 달갑지 않은 이야기를 들은 것을 비유하는 말. ②잘 듣기 위해서 하는 거동. ③개운한 생각이 든다는 비유.「その前に(略)を聞き，ごつごつした漢語ずくめの対談にうんざりしていたので，すらすらとわかるこの二人のやりとりに耳を洗われる思いであった」

(自分の)耳を疑う 자기의 귀를 의심하다. 잘못 듣지나 않았나 하고 생각하다. 있을 리가 없다고 생각하고 들은 것을 이상하게 생각하거나 의심하거나 또는 놀라는 모양이나 그 비유.「「旅費,宿賃からこづかいまでもつから，映画を持って，モントリオールへ来ないか」といわれて，はじめはわが耳を疑った」

耳をおおう ①손으로 자기의 귀를 가리다. 귀를 막다. 듣지 않으려고 하는 행위를 비유하는 말.「大学は治外法権か，という批判に耳をおおってまで，警察力の導入を承知しない」②남의 귀를 막다. 남에게 들리지 않도록 하다.

耳を傾ける 귀를 소리나는 쪽으로 기울이다. 귀를 기울이다. 주의하여 듣거나 경청하는 모양.「金解禁によって人々が"チィーン"という金貨の音にしばし耳をかたむける間もなく」

耳を澄ます 마음을 가다듬어 듣다. 주의해서 듣다. 잘 듣다.「シテ此のあとで愚僧が法文を説くは惜しけれど，ここが宗論ぢや．説いて聞かさう．耳をすまいておききやれ．アド耳を澄さずとも承らう」

耳を立てる 귀를 세우고 잘 듣다. 귀를 기울이고 주의해서 잘 들으려고 노력하는 모양을 비유하는 말.「経読む，耳立てて聞くにいとたふとく」

耳をとどめる 주의하여 듣다. 기를 기울여 잘 듣다.「思ひあがれる気色に聞きおき給へる女なれば，ゆかしくて，耳とどめ給へるに，この西おもてにぞ，人のけはひする」

耳をふさぐ ①귀에 손을 대고 들리지 않게 하다. 듣지 않으려는 모양. ②남에게 들리지 않도록 하는 모양.

身も世もない 자기 앞이나 남의 앞을 생각할 여지가 없다. 가만히 참고 있을 수 없다. 정도가 높은 모양이나 또는 비유.「いいえ，けっしてお耳に入れはいたしませぬ，もしうかとお伝えいたせば，お優しい気性ゆえ，身も世もなくお悲しみでございましょう．(略) わが身の不徳からとお嘆きが眼に見えるようでございます」

身を入れる 하는 일에 몸을 바치다. 성의껏 하다. 열심히 하는 모양의 비유.「私はどちらにも感心しなかった．身を入れて読みもしなかった」

身を投げる ①불 같은 데에 몸을 던지다. 투신자살(投身自殺)하는 행위.「鞠に身を投ぐる若君達の,花の散るを惜しみもあへぬ気色どもを見るとて，人々，あらはを，ふとも，え見つけぬなるべし」

身を震わす 몸을 부들부들 떨다. 놀라거나 공포(恐怖)로 몸을 떠는 모양.「お花も身を振はし，「サアそんな事であらうと推量に違はぬ．いとしや私ゆゑ種々にお身を狂はする．詮議の時は皆私が業にして身を逃れて下さんせ」

身をもがく 몸부림 치다. 고민과 번민으로 몸부림치다. 허위적거리다.

身をもだえる 고민(苦悶)하여 몸부림치다. 고민하다.

身をもって ①자기 몸으로. 자기 자신으로. 자기가 어떻게 되든 말든 생각하지 않고 크게 결심하여 어떤 일을 한다는 따위를 비유하는 말. ②다만 몸 하나만으로써 겨우 혹은 간신히의 모양을 비유하는 말.

む

昔のまま ①먼 옛날 그대로. ②이전의 그대로.「神無月に御八講し給ふ．世の人の，なびき仕うまつる事，昔のやうなり」

向きになる ①그쪽으로 향하다. 진심으로 되다. 진정한 태도로 되다. 자극을 받아 열중하는 모양을 비유하는 말. ②흥분하다. 화를 내다.

麦飯を食う 가난과 가난한 사람을 비유하는 말.

婿入りをする 데릴사위가 되다.「「我が身若後家なれば，入聟を取り候へと，あたりの衆も申さるるより，(略)みな様の御意見につき，夫をまうけて候へば，いたづらもののあの女が，我が男にて候と申し上ぐる事，何とも迷惑に存じ候．(略)」(略)「其の事にて御座候．我らはどちともなしにむこ入りを仕つたる」と申した」

婿をとる 사위를 삼다. 부모가 딸의 신랑을 삼다. 딸이 신랑을 맞이하다.「まゐらせんと申すに，(略)雲をむこにとれと，仰せられければ，誠にと思ひて黒き雲の見ゆるにあひて，此のよし申すに」

虫が付く ①벌레가 붙다. 벌레가 발생하다. 풀(草木)이나 의류(衣類)나 서화(書画) 따위에 해충이 붙어 손해를 입히다. ②미혼의 젊은 처녀에게 마음에 들지 않는 남자가 생기다. 「かの柄巻屋の半七と云ふ虫が差いて, 何の彼のと入れ性根, お花が一切呑み込まぬ」

虫の息 벌레가 쉬는 듯한 숨소리. 거의 죽어가는 가냘픈 숨소리. 「のたうつ藍の虫の息, 苦む体に気も迷ひ」

虫も殺さぬ 「虫も殺さない」라고도 함. 벌레들이라도 죽이지 아니하다. 신용이 많고 온화하고, 몹시 온순한 모양. 「それで, あのころの盛んな戦争否定論専売の間にも, 虫も殺さぬような気持になっている間にも, 人は闘争興味は忘れないのである」

娘にきずがつく 딸의 결혼에 방해가 되는 일을 비유하는 말. 딸이 상처를 입다. 「与治右衛門真直者, ぐつと急いて (略)銀返すはやすけれど, 云ひ詰められて戻したといはるるが口惜しい, 娘にも疵が付く. サア男のある証拠を出せ」

胸ぐらを取る 멱살을 잡다. 화가 나거나 남을 꾸짖는 따위의 행위. 「むなぐら取り手どり足どりしける程に」

胸が痛い ①가슴이 아프다. 신체적으로 가슴에 고통을 느끼다. 「ぐっと締められて胸が痛くなる」②병으로 가슴이 아프다. 「さまざま思ひつる事, 物にもあらずおぼえて, 佗しきに, 逃げかくるべき方はなし. いかでただ今死なんと思ひ入るに, 胸いたければおさへて, うつぶしふして, 泣く事いみじ」③정신적으로 가슴에 고통을 느끼다. 마음이 아프다. 몹시 슬픈 모양을 비유하는 말.

胸が痛む ①신체적으로 가슴에 고통을 느끼다. 병으로 가슴이 아프다. ②정신적으로 가슴에 고통을 느끼다. 마음이 찢어지는 듯하다. 몹시 비통함을 비유하는 말.

胸が騒ぐ 「胸打騒ぐ」라고도 함. 가슴이 두근거리다. 마음이 안정되지 않은 비유. 「「明日の臨時の祭, 三の君に見せ奉らん. 蔵人少将のわたり給ふを」と, 北方は念じ居るを, 阿濃聞きて, いとうれしきひまあるべかンなりと, 胸うちさわぎて思ふ」

胸がつかえる ①가슴이 막히다. 음식 따위로 가슴이 답답하다. 이 이상 먹을 수도 없고 먹고 싶지도 않고 보기만 하여도 기분이 나쁜 것의 비유. ②가슴 아프게 느끼다. 정신적으로 고통스러운 모양.

胸がつぶれる 가슴이 무너지듯하다. 마음이 내려앉다. 불안하거나 근심되거나 몹시 놀라는 모양의 비유. 애를 태우다. 조마조마하다. 두근거리다. 「胸つぶるるもの競馬見る. 元結よる. (略)こと人などのそのうへなどいふにもまづこそつぶるれ. (略)あやしくつぶれがちなるものは胸こそあれ」

胸が開く 열리다. 마음이 시원하다. 「「なき後まで, 人の胸あくまじかりける, 人の御思えかな」とぞ, 弘徽殿などには, なほ許しなう, のたまひける」

胸がふさがる ①가슴이 가득 차서 막히다. 음식물이 내려가지 않는 모양. ②슬퍼서 아무 말도 할 수 없게 되는 모양. 「大学の君, むねのみふたがりて, 物なども見入れられず」

胸が焼ける 생리적으로 가슴이 쓰리고 아프다. 과식(過食) 따위로 명치 부분이 답답하며 불쾌감을 주며 쓰린 모양. 「無理な事にあひ, もちを過し, 胸がやくるやうに御座ある」

胸が悪い ①가슴앓이를 하다. ②속(위)이 나쁘다. 메슥메슥하다. 「食べ過ぎて胸が悪くなる」③불쾌하다. 싫다.

胸にあまる 가슴이 벅차다. 가슴에 담아둘 수가 없이 벅차다. 「勤操酒の気ありてねぶりいりて, おどろきてみるに, 日のかげかたぶけり. 即わらはにめをくはせて, 例の飯をやりつ. 母語りて云く. 「老いぬる身の口惜しかりけるは例の時すこしすぎつればけさなむ心地あしかりつ.」といふに, 童悲しみの心むねにあまりてたへずして」

胸に手を置く ①가슴에 손을 대다. 잘 생각해 보는 행위의 비유. ②일을 당하여 어찌할 바를 몰라 갈팡질팡하며 난처해 하는 모양. 「胸に手を置いて, こはいかにせんとぞあきれ給ふ」

胸を打たれる 마음을 두들기다. 강하게 감동시키는 모양의 비유.

胸を打つ ①남의 가슴을 치다. ②가슴을 부딪치다. ③～으로 놀라다. ～이 놀라게 하다. ④몹시 감동시키는 모양을 비유하는 말.

胸をおどらす ①심장의 고동을 격화시키다. ②기다리는 모양의 비유. ③근심스러운 일 등을 예상하는 모양. 「問へども訳は咄されず, はつとばかりに胸躍らし, 「詮義〔議〕に逢はばどうせう」」

胸をさする 가슴을 가볍게 쓰다듬다. 아픔을 참다. 견디어 내다. 「おれも男気を出してじつと胸をさすつてこらへて居たいやい」

胸をそらす 가슴을 젖히다. 자랑스러운 모양의 비유.

胸をたたく 자신(自信)이나 자랑스러운 것을 나타내는 행위를 비유함.

胸を突く ①가슴을 찌르다. ②무엇이 가슴을 찌르듯이 놀라게 하다. 정신을 차리게 하다. 깜짝 놀라다. 「扨も胸をついたこと誰にどうと談合せん」

胸をなでおろす 가슴을 쓰다듬으며 손을 내리다. 안심하는 모양의 비유. 「天英院の御機嫌が納まったので, 江島は月光院のために胸撫でおろした」

胸を張る ①가슴을 펴다. 자세를 바로 잡는 태도의 비유. ②자신이 있고 득의 양양하여 뻐기는 모양. 「小声でしか話さなかった子が大声で話すようになり, いつも前かがみだった子が堂々と胸をはって歩くようになった」

胸を病む ①가슴앓이를 하다. 가슴이 아프다. 배가 갑작스럽게 아프다. 「ここに胸やみ給ふめり. 物の積み〔食物ノトドコオリ〕かと, かいさぐり, 薬などもまゐらせ給へ」②특히 폐병에 걸리다. ③정신적으로 고민하는 모양.

め

目があく ①눈이 보이게 되다. ②눈을 뜨다. ③이해한다는 말.「男の晶負をするぢやアねえが, 惣体男といふものは表を勤める者だから, ちつとづゞのつき合えもありうちだアな. そこを女房も得心して居ねえぢやアならねえ. 目が明かずに悪くやかましくばかり云つて見ねえな. それこそ猶さからつて出懸けるはな」

目がある(ない) 안식(眼識)이 있다(없다). 눈이 좋다. 눈이 밝다.

目が痛くなる 눈이 아프다. 오래 보면 눈이 아파지다. 눈이 아파서 볼 수가 없다.「門ぎわの櫨が真っ黄に色づいていて, 目が痛くなるほどに美しい」

目が輝く ①눈이 반짝반짝 빛나다. 눈이 빛나다. 영리한 모양을 비유하는 말. ②찾아내려는 듯한 모양의 비유. ③희망에 넘치거나 기쁨에 찬 모양의 비유.

目が腐る 눈에 기운이 없다. 늙음의 비유하는 말.「極めていろはくろうて, 口はゆがみて目はくさり, 老いぼれたるか祖父とて」

目がくらむ ①눈이 캄캄해지다. 눈앞이 캄캄하여 보이지 않다. 눈앞이 아찔아찔하다.「めがゆくゆく. おめがゆき候. ああ, いかう酔うな. まづ, ちつと寝て行かうず」②물욕(物慾)에 마음이 사로잡혀 사물의 식별을 못하게 되다. 도리(道理)의 분별을 못하게 되다.

目がくれる ①눈이 캄캄해지다. 눈앞이 어두워 보이지 않게 되다. 사물의 분별을 할 수 없게 되다. 눈이 아찔해지다.「いで, あな心憂. 墨染こそ, なほ, いとうたて, 目もくるる色なりけれ」②물욕에 마음을 빼앗기어 사물의 식별을 못하게 되다. 도리의 분별이 없어지는 모양의 비유.

目が黒い ①눈(眼) 빛이 까맣다. 눈동자가 까맣다. ②살고 있는 모양을 비유하는 말.「お前の目が白く為つては後悔いさ, せめて黒い内に了簡をつければ能いのさ」

目がさめる ①잠이 깨다. 일어나다. ②졸음이 없어지다. ③놀라서 눈을 크게 뜨다. ④제 정신으로 돌아가다. 올바른 길로 돌아서다.「文壇人でも, 一時目が醒めて世界を見直すようになったのではなかったか」

目頭が熱くなる 눈시울이 뜨겁다. 감동되어 눈물이 나올 듯한 모양.

目がつぶれる 눈이 쓸모가 없게 되다. 쓸모 없이 되다. 소경이 되는 모양을 비유하는 말.「某は. 若し腹を立てたれば. 目が潰れて盲目になる法もあれ. 腹は立てますまい」

目が留まる 자연히 눈이 멈추어지다. 자연히 잘 보이다. 주의되다. 눈길이 쏠리다.

目がはれる ①눈이 아파서 붓다. ②울어서 눈이 붓다.「君は物もおぼえでふし給へるを, おましなほさんとひきおこしたてまつれば, 面あかみて, げんにくるしげなるまで, 御目も泣きはれ給へり」

目が舞う ①눈이 돌다. 눈앞이 캄캄하다. 눈이 아찔하다.「「是母様いか様の事か存ぜねども, 詞にて御叱りもあるべきに, 荒気なき打擲叔母様目でも眩うたらば, 何と云訳なされん」と苦々しくいひければ」②몹시 놀라거나, 어찌할 바를 몰라 하는 모양을 비유하는 말. ③몹시 서둘거나 바쁜 모양의 비유하는 말.

目が回る「目玉が回る」라고도 한다. ①눈이 어지럽다. 기절하다.「加助殿加助殿, 手負つて目玉がまはるとても, へいとうに水や湯をのまない物だ. 先気を能くおつ鎮めろ」②몹시 놀란 모양. ③몹시 바쁜 모양.

目が見える 눈에 시력(視力)이 있다.「三条院の御目も御覧ぜられざりしは, 寛算供奉が霊なり」

目が弱い 눈이 잘 보이지 않다. 눈이 쉽게 피로하다.

目が悪い ①눈이 병에 걸려 악화되다. 눈병에 걸리다. ②시력이 나쁘다. 시력이 약하다.「おとど, おし放ち, 引き寄せて見給へど, え目うとくてみ給はで(目うとくてえ見給はで・えみ給はで)」

目くばせする 눈짓하다. 눈을 움직이다. 눈으로 의사(意思)를 통하게 하다. 눈으로 알리는 행위의 비유.

飯ものどを通らない「水ものどを通らない」라고도 함. 근심스러운 일이 있어 밥(물)도 먹을 수 없다. 근심으로 먹을 수도 마실 수도 없는 형편을 비유하는 말.「けふをおくりかねて〔生活ノ苦労カラ〕朝の露も咽を通りかね目前の限りとなりぬ」

目じりが下がる ①눈초리가 떨어지다. ②여성에게 정신을 잃거나 또는 정신이 빠지는 것을 말함.「カナカ人と日本人はかなり似ている. ただ, 子供たちにもわかる違いは, 目つきだと聞いた. カナカ人は目ジリが下がっており, 日本人はつり上がっているというのだ」

目じりを下げる ①눈초리를 내리다. ②여성에게 넋을 잃고 있거나 혹은 빠져 있는 모양의 비유.

飯を食う ①음식을 먹다.「和御寮は山伏に似合はぬ, 人の中食をよう盗んで食うたな. (略)シテ(略)一祈り祈つて. 飯を食うた者を祈り出して見せう」②식사를 하다. ③생활비를 마련하다. 생계를 세우다. 생활하다. ④직장에 틀어박혀 생활하다.

飯をたく 밥을 짓다.「かまどには 火気ふき立てず こしきには 蜘蛛の巣かきて 飯炊く(飯炊) 事も忘れて」

目と鼻の間 눈과 코처럼 간격이 몹시 좁거나 거리가 몹시 가까운 것을 비유하는 말.

目と鼻の先 눈과 코의 간격 정도밖에 없는 거리의 장소.「目と鼻の先 の 霞ケ関には警視庁機動部隊が集合していたが」

目に余る ①시력을 벗어나다. 볼 수가 없다.「細川刑部大輔目に余るほどの大勢なり」②보고 있을 수가 없다. 가만히 보고 있을 수가 없다. 참을 수가 없다. 용서할 수 없다.「(文覚) 庄内の童を催し従へて, 野山を走り田畠を損じ, 馬牛を打ち張り, 目に余りたる不用仁也伝ければ」③지나치다. 너무 과격하다.

目に入る ①눈에 들다. 보이다. 눈에 띄다. ②눈에 잘 띄다. 주의해서 보게 되다. 마음에 들다.

目にかどを立てる 눈을 부릅뜨다. 날카로운 눈초리로 무섭게 하고 성난 태도를 비유하는 말.「彦九郎大 の 眼に角をたて,「町人風情壱人におのれらを召し連れて, 此の彦九郎に弥恥を与ふるか. 壱人にても付き来らば勘当なり」と怒りける」

目に近い 가까이 보이다. 눈앞에 보이다. 늘 보고 있다. 끊임없이 보고 있다.「やすからぬ事多くて, 明け暮れ, 物を思ひてなむ, なくなり侍りにし.「物思ひに, 病づくもの」と目に近く見給へし」

目に付く ①눈에 드러나다. 잘 보이다. 주목 받게 되다. 눈에 띄다. ②눈에서 잊어지지 않다.「綜麻形の林の始のさ野榛の衣に著くなす目に著く (目尒都久) わが背」③보고 마음에 드는 모양의 비유. ④몇 번이고 보아서 싫어지다. 싫증나다. 눈에 거슬리는 모양의 비유.

目に留まる ①눈에 띄다. 저절로 보이다. 주목되다. 눈에 남다.「朝夕の出で入りにつけても, 公・私の, 人のたたずまひ, 善き悪しき事の, 目にも耳にもとまる有様を, 疎き人に, わざとうちまねばんやは」②마음에 들다.「後醍醐帝御廟前どれどれが御目にとまりし桜かな」

目にとどめる 주의하여 잘 보다.

目に涙がたまる 자연히 눈물이 나오다.

目にはいる ①눈안에 들다. 눈에 띄다. ②작은 것을 비유하는 말. 눈에도 차지 않는. ③어린이 따위의 귀여운 모양을 비유하는 말.

目に触れる 눈에 띄다. 무심코 보이다. 자연히 눈치 차리는 것의 비유.「天心の独裁ぶりや, 容赦なき批判は, その後私の目に触れ耳に入ったが, 天心主宰の美術院の画風も, 新を求めながら, 迷路をたどっていたのであった」

目に見える ①눈에 잘 보이다. 확실히 보이다. ②현저한 모양.「目に見えて上達する」

目に見る 눈으로 보다. 실제로 보다.「この作家は小説家としての目を具えている人で, 描く事は鮮明である. 京都, 尾道, 大山などの風物が目に見る如く描かれている」

目に物を見せる ①눈에 그 모양을 보여주다. ②혼을 내다. 알도록 하다.「シテおのれ憎い奴の. これほどに云ふに, ならぬといふ. それなら, 目にもの見せう. やどそれは誰が. シテおれが. やどやあ」

目の色を変える 눈에 핏대를 세우다. 눈을 부릅뜨고 안색이 변하다. 흥분하거나 화를 내거나 또는 놀라거나 하는 모양을 비유하는 말.「目の色をかえた興奮と混迷とその間を声をからして守衛が整理してゆくが潮のような人波, 人波」

目のかたきにする 적대시(敵対視)하다. 적의(敵意)를 계속 가지다.「だからといってプロ野球を目のかたきにしているのではない」

目のはたが痛い 양눈시울이 아프다.「イヤはや御座つたさうな. さらば目をあいて見よう. ああ気詰まりやのやの. これは目をあいたれば気が広うなつた. 久しう目を塞いでゐたれば, 目の端がいたい」

目は口ほどに物をいう 눈은 입과 같이 마음의 움직임을 표현한다. 눈이 마음의 동향을 잘 나타낸다는 비유.「目の色を変へるのは兎に角非常の場合で目がすわるのは酔つた人の形容. 諺に曰く,「目は口程に物をいふ」と」

目も当てられない(ぬ) 눈을 뜨고 볼 수가 없다. 지독하여 보고 견딜 수가 없다는 비유.「三人手に手を取り組みて, 声を揃へて歎きしは, 目もあてられぬ次第なり」

目もあやに ①너무 눈부시어 쳐다 볼 수 없을 정도로 눈부시게 아름답다. 아름답게 빛나고 있는 모양.「目もあやなる光そひてなむありける」②눈앞이 아찔할 정도로 놀라 혼이 나는 모양의 비유.「〔海女ヲ〕落し入れてただよひありく男は, 目もあやにあさましかし」

目をあいて 눈을 뜨고.「最早頼うだ人は行かれたしらぬ. 頼うだ人, 頼うだ御方. はや行かれたさうな. さらばちと目を明いて見う. はあ夜の明けた様な」

目を怒らす 성난 눈초리를 하다.

目を疑う 눈을 의심하다. 잘못 보지나 않았나 하고 생각하다. 있을 리가 없다고 생각하는 것을 보고 이상하게 여기는 모양을 비유하는 말.

目を奪われる 정신 없이 한 군데만 주의를 기울여 보다. 눈을 빼앗기다.「表面に出た現象だけに, われわれは目を奪われがちだが, それではいけないのではないか」

目をうるませる 눈물로 눈을 조금 적시다. 눈물이 눈을 흐리게 만들다. 눈시울을 적시다.「「あんなにはしゃでいる子は初めてです」と, 引取りにきた親たちは目をうるませていた」

目をおおう ①눈을 가리다. 눈을 안 보이게 하다. ②판단이 안되도록 하거나 잘못된 판단을 하도록 하는 비유.「開国政策について, 国民の目をおおわなければならない. そこで引っぱり出してきたのが進動という言葉です」

目を大きくする 눈을 크게 뜨다. 놀라거나 어처구니 없어 하다.「宮化粧じ給へる御顔の色たがひて, 御目も大きになり給ひぬ」

目を輝かす「目を輝かせる」라고도 함. 눈을 빛나게 하다. 눈을 반짝거리다. 희망에 차거나 기쁨에 넘치는 모양.

目をかける ①주의하다. 기대를 걸다. ②친절히 하는 비유.「いつしか梅さかなむ, 来むとありしを, さやあると, 目をかけて待ち渡るに, 花もみな咲きぬれど, 音もせず. 思ひわびて花を折りてやる」

目を切る 밤톨 따위의 배꼽을 칼로 베어 놓다.「これは栗が飛んだ. 何として飛んだか知らぬまで. さうぢや目を切る事をはつたと忘れた. さてもさても油断した事かな」

目を配る 한눈을 팔다. 이리저리 보다. 주위를 휘둘러 보다. 주의하여 보다. 주의하다.「〔僧ガ見舞イノ女房ニ〕目を配りて読みてゐたるこそ罪や得らむとおぼゆれ」

目をさかだてる 눈을 치켜뜨다. 눈을 부릅뜨다. 눈초리를 위로 올려뜨다.

目をさます ①잠자던 눈을 뜨다. 잠에서 깨다. ②놀라다.「われ人ちからはしらねども, 雲ふきたつる山風の, 松とさくらにこゑたてて, 鳥もおどろく木ずゑかと, 諸人目をこそさましけれ」③잘못된 길에서 올바른 길로 되돌아가다.

目を澄ます 마음을 가다듬고 보다. 주의하여 보다. 잘 보다.

目をそばたてる 곁눈질하다. 눈을 기울이다. 정면에서 똑바로 볼 수 없다. 부끄러워 똑바로 볼 수가 없다. 훌륭하여 참고 있을 수가 없는 모양.「新聞の編集部で予選して, 物になりそうなもの何篇かを, 数人の選者が検討するのだが, 目を峙だたしめるような傑作はないにしても, 「これだけでのものでもおれには書けまい」と, 私をして感じさせるものも少くなかった」

目をそらす 눈을 옮기다. 주시(注視)하기를 피하다. 눈을 피하다.

芽を出す「芽が出る」라고도 함. ①식물(植物)이 싹이 트다.「梅の木の芽が出始める」②행운이 돌아오다.「近年にない好い芽が出たわい」

目をつぶる「目をつむる」라고도 함. ①눈을 감다. 기도하거나 생각에 잠길 때의 행위.「鏡史郎が眼をつむったのは, その昔大伴家持があぶみを濡らして渡渉した延槻川のイメージを失いたくなかったからである」②잠을 자다. 또는 그 비유. ③죽음을 비유하는 말. ④보지 않은 체하다. 묵인하는 모양. ⑤참고 견디다. 단념하는 모양. ⑥무관심하다. 거부하다.「私は (略)勝負事に一切目をつぶる癖もついて来た. 広い場所をとっている新聞の, さまざまな勝負事の記事は一行も読まず」

芽を摘む ①발아된 어린 싹을 손끝으로 집어 따다. 순을 치다. 꽃봉오리를 따다. ②나타난 좋은 소질이나 경향을 키우지 못하는 비유.「数学への芽は, 山口県柳井高校時代に生じた」③미연에 방지하다.

目をつり上げる 눈초리를 위로 끌어 올리다. 눈초리를 치켜 올리다.「ペリリュー島の波止場. ボートから降りると, 四, 五人の子供たちが魚釣りをやめて走ってきた. 一列に並んだかと思うと, それぞれ自分の手で, 目をつりあげて, “ネコの目”をつくった」

目を留める 잘 보다. 주의하다.「凄じき雷の形を八方へ鉄の鎖を懸けて縛め, 目を留めて見るも身の慄へる事なり」

目を抜く ①눈을 뽑아내다. 눈을 도려내다. ②남의 눈을 속이다. 남을 속이다.「知らぬに依つてよばはつてありきます. シテ是は身どもが誤りぢやが, 夫は人が目をぬかうぞやと云ふと, アト両眼を両手にてふさぐ. いやいやそなた眼の事ではない. 惣じて安い物を高う売り又そでない物をそぢやというてうるを目をぬくといふ. アトムウさてさてそなたは仕合な人ぢや」

目をぬぐう 눈물을 닦고 눈을 깨끗이 하다. 눈물을 닦다.「ハンカチで目をぬぐう」

目を盗む 보이지 않게 하다. 숨어서 일을 하다. 숨어서 나쁜 짓을 하는 것을 비유하는 말. 눈을 피해서 일을 하다.「課長の目を盗んで執務外の事をする」

目を眠る「目をねぶる」라고도 함. ①잠자다. ②눈을 감다.「サア目をしつかりとねむつて居たり」③못본 체하다. ④보이지 않다. 눈먼 것을 비유하는 말.「しかし貴さまたちは, 三百六十日目を睡つて居るから, ねぶたくはあるまいな」⑤죽음을 비유하는 말.

目をぱちくりさせる 눈을 크게 뜨고 깜박거리다. 놀라서 하는 모양.「正直で, 根気よくて, 眼をぱちくりさせるやうな癖のあるところまで, 何となく太郎は義理ある祖父さんに似て来た」

目を離す ①눈을 멀리하다. 시선을 피하다. ②주의를 하지 않다. 주의에 태만하다.「知音は知ることわりにて, 此ものただ人ならずと目をはなさでみるに」

目を光らせる ①눈을 빛내다. 눈초리를 예리하게 하다. 부주의하지 않고 눈을 크게 뜨고 살피고 감시하는 모양의 비유. ②긴장하거나 흥분하는 모양.

目を開く ①감았던 눈을 뜨다. ②그쪽으로 눈을 돌리다. 주의하여 보는 모양. ③사정을 잘 알고 사태를 인식하는 모양을 비유하는 말.「こういう味覚の変化に消費地の関係業者はまだ目を開き切っていないようだ」④진리를 알다.「天外のゾラ研究なんか, はなはだ浅いものであったようだが, とにかく彼はそれによって目を開かれたのだ」

目をふさぐ ①눈을 감다. ②잠을 자거나 죽음을 비유하는 말. ③보지 않은 일이나 알지 못하는 일에 대하여 용서함을 비유하는 말.「それまでは目を塞いでおさんに添はせて給はれ」

目を伏せる 눈을 아래로 내리 뜨다. 눈을 밑으로 내리 뜨다. 슬퍼하거나 부끄러워하는 모양.

目を細くする「目を細める」라고도 함. 기쁘거나 귀여움으로 눈을 살며시 뜨고 웃는 모양.「教授はこういって目を細め, にやっと笑った」

目を丸くする 눈을 크게 뜨다. 깜짝 놀란 표정.

目を回す「目が舞う」와 같은 말. 눈이 아찔아찔하다. 기절하다. 「櫓もゆるゆるうごき. 地もさけるやうに. すさまじいさかひに. 気のよわき婦人なぞは. 即時に目をまはして. 難義した. それゆゑに. まへかたにふれておいた」

目を見張る 눈을 크게 뜨고 보다. 기대하거나 놀라거나 성을 내는 모양. 「今までの文壇洋行者のうちで抱月ほどその洋行価値について期待された者はなかった. ことに私など早稲田関係者は, 帰国後の抱月の言行については目を見張っていたのであった」

目を見開く 눈을 뜨다. 「耀子はまるい光る目を大きく見開き, 政之を見つめた」

目を向ける ①눈을 그쪽으로 돌리다. ②주의하다. 관심을 갖는다는 비유. 「露日戦争があったために, 文学でも演劇でも, 西洋に目を向けられるようになったのだ」

目を喜ばせる 보고 있는 사람을 기쁘게 해주다. 멋이 있거나 굉장한 것 따위를 보고 있는 사람을 기쁘게 하여 주는 비유. 「おろかなる人の目をよろこばしむるたのしみ, またあぢきなし」

も

もう 음매 하고 소가 우는 소리.

(男・女が)燃える 불타는 것 같다. 정열에 불타다. 정열에 넘치는 모양. 「さくらんぼ「燃えた女が泣いている」(略)ライバルの女性が登場, 女ごころに火をつけられた蕗子を描く」

燃えるようである 불타오르고 있는 것 같다. 새빨갛게 된 모양을 비유하는 말. 「大夫の赤顔が, 座の右左に焚いてある炬火を照り反して, 燃えるやうである」

(食物が)もたれる 음식에 체하다. 먹은 음식이 소화되지 않고 위에 머물러 남아 있는 모양. 「あれはさう云ひなさんな. 常住鯛ばかり食つて滞れるとか云つて. さんまの干物も一口いくやつだはな」

もちをつく 떡쌀을 쪄서 절굿공이로 치다. 떡을 만들다. 「年の内に春は来にけり. 一臼に, 餅花開く餅搗の, 賑々はしや九軒町, 嘉例の日取吉屋の, 庭の竈は難波津の, 歌の心よ蒸籠の湯気の大杵, 舁夫の長兵衛が大汗で, 「やあゑい」中ゐの万が臼取の, 「さツ, やあゑい, さツ, やあゑいさツ」「さツさ搗け搗け」」

物心が付く 사물에 대한 분별력이 생기다. 물정을 알게 되다. 철이 들다. 이치를 알게 되다. 5~6세가 되는 것의 비유. 「凡物の心をしれりしより四十余の春秋を送る間に, 世の不思議を見る事やや度々になりぬ」

もののみごとに 매우 훌륭하게. 「今おれに何程持たせたりとも欲には為まい, 物の見事に遣うて, 世界の揚屋に目を覚まさして, 来いと呼べば一度に十人ばかり返事をさす事ぢやに」

物もいえない 말할 수도 없다. 몹시 두려워서 어찌할 바를 모르는 모양의 비유. 「暮るれば今宵はいたく更かさでおはしたるさへ空恐しく, 始めたる事のやうに覚えて物だにいはれずながら」

物も覚えず 무슨 일인지도 모르고. 일에 대한 이치의 분별도 없이. 모든 것을 생각하지도 않는 모양. 정신 없이 무턱대고. 「「いとよかなり. 只今追ひもてゆきて, 此の北の部屋にこめて, 物なくれそ. しをり殺してよ」と, 老いほけて, 物のおぼえぬ儘にの給へば」

物わかりが早い 이해가 빠르다. 빨리 이해하다.

物忘れをする 어떤 일을 잊어버리다. 실념(失念)하다. 사물을 잊어버리다. 「『心にもあらぬ』とのたまはせたるは, なににかあらむ. 『かからぬさまにて』とか, 物忘れをせさせ給はざりけると見たまふるなむ, いとうしろやすき」

物笑いになる 남의 웃음거리가 되다. 다른 사람이 자기가 한 일에 대하여 웃을 만한 놀림감이 되다. 남에게 웃음을 당하다. 「此の兵部少輔に見なしては, えねんぜず, ほほと笑ふ中にも, 蔵人の少将ははなばなと物笑する人にて, 笑ひ給ふ事限りなし」

物をいう ①말을 하다. 발언하다. 「またその鳥を見たまはば, 物言はむ(物言)と思ほせしに, 思ほすが如くに言ひたまふ事なかりき」②이러쿵저러쿵 말을 하다. ③말을 바꾸다. ④친절한 눈치를 보이는 모양. ⑤효과가 있다.

物を書く「書き物をする」라고도 함. ①무엇인가 쓰다. 글을 쓰다. 「しるしばかり物書きつけ給へ」②저작(著作)하다. 저술(著述) 활동을 하다.

物を食う 무엇을 먹다. 식사를 하다. 「されども, 物喰はんともおぼえでおきつ. (略)北の方さすがに, 日にひとたび物くはせん, 物ぬひにより, 命は殺さじと思ひて」

物を散らす ①이것 저것을 이리저리로 흐트러뜨리다. 「「(略)いざ給へ. おとどのの給ふ事あり」とて, 衣の肩を引き立てて立ち給へば, あこぎ泣くこといみじ. 君はたさらに我にもあらず. 物も散らしながら, 逃ぐる者からむるやうに, 袖をとらへ, さまにおしたておはす」②종이 따위를 공중에 뿌리다.

物を縫う 바느질을 하다. 「つくづく暇のあるままに, 物縫ふ事を習ひければ, いとをかしげにひねり縫ひ給ひければ」

物を見る ①무엇을 보다. 읽다. ②영화·연극·텔레비 따위를 보다. ③구경하다. 「四月, 大将殿の北の方, 宮たち, 桟敷にて物見給ふに, 中将の君に, 「二条に物見せ聞え給へ. わかく物し給ふ人は, 物見まほしくし給ふものを. おのれも今まで対面せぬ, 心もとなきに, かかるついでにとなん思ふ」と聞え給へば」

もみじのような手「かえでのような手」라고도 함.

어린이나 여자의 손이 단풍처럼 빨갛고 귀여운 모양. 「この荒くもしい松の木のやうな手を. 楓の嫩葉のやうな華奢な手で引かせられて」

もみ手をする 두 손을 비비고 주무르는 모양. 놀라거나 기쁠 때, 두렵거나 겁날 때에 빌거나, 또는 애원할 때, 손님을 끌 때의 모양을 비유하는 말. 「劇場の使者の「手すりゴボウのもみ手をして」」

門があく 「門をあける」라고도 함. 잠겼던 문이 열리다. 문을 열다. 「宮には (略) 驚きて, あけさせ給ふ. 御門守, (略) とみにも, えあけやらず, ごほごほと引きて, 「錠の, いといたく錆びにければ, 開かず」と, うれふるを」

問題だ ①해답을 구하는 문제. ②해결하지 않으면 안될 일. ③해결하기 어려운 일.

問題にする ①문제로 삼다. 해답을 요하는 일이나, 연구 사항으로 하다. ②해보려고 하거나 중시(重視)하는 모양을 비유하는 말.

や

やあ ①감동하는 소리. ②남을 부르는 소리. ③인사말. 「「中将, 召しつればなん. 人知れぬ思ひの, しるしある心地して」と, のたまふを, ともかくも思ひわかれず. 物におそはるる心地して, 「や〔やあっあっ〕」と, おびゆれど, 顔に衣のさはりて, 音にもたてず」

やいばにかける 칼에 올려 놓다. 칼 따위로 베어 죽이는 비유. 「只今にも逆臣おこり宮中に攻め入り. (略)玉体をやみやみと逆臣の刃にかけんこと. 勿体なしとも浅ましとも. 悔むに甲斐の有るべきか」

やいばに伏する 칼 위에 엎드리다. 칼 따위로 자살하다. 「(略) 約に背くがゆゑに, 自ら刃に伏して陰魂百里を来る」

約束にたがわず 약속대로. 약속을 위배하지 않고. 「駿河の海磯べに生ふる浜つづら汝をたのみ母に違ひぬ」

約束をたがえる 약속을 저버리다. 약속대로 하지 않다. 약속을 어기다. 「日比の契約を違へずして参りたるこそ神妙なれ」

やぶから棒 숲속에서 뜻하지 않은 막대기가 튀어나오는 일. 뜻하지 않는 일이 생기다. 또는 그러한 일에 부닥치는 일의 비유. 「此の伝授は一子相伝にて我が子の外へは伝へられず. 適れぬ弟子は親子の契約有つての上. 絵図巻物も渡す事. それに付き次手がましい近比麁相な. 藪から棒と申さうか寐耳に水と申さうか. 思召も如何なれど」

山が暮れる 산에 해가 지다. 산이 어두워지다. 「山は暮れて野は黄昏の芒哉」

山にを張る ①만약에 잘 될지도 모른다고 요행을 바라고 투기적인 모험을 하다. ②허세를 부리다.

山をかける ①요행수를 바라고 일을 하다. 노다지를 캐느냐 마느냐 하고 일을 해보다. ②만일의 요행수를 바라고 투기적인 모험을 하다. 「はじめてあう投手なのでヤマをかけることができなかった. アッと思ったら……」 ③충분한 근거도 없이 잘될 것을 추정하고 준비하는 비유.

山を張る ①산에다 노다지를 걸다. ②만일의 요행수를 바라고 투기적인 모험을 하는 비유. 「おなじ山を張るのならば, 一かばちで大きな山を張つて見んと」 ③충분한 근거도 없이 잘될 것을 추측하고 준비하는 비유.

やみ夜のきつね火 「やみの夜のきつね火」라고도 함. 캄캄한 밤에 왔다갔다하는 도깨비 불. 어두운 밤에 도깨비가 입으로 내뿜는 것으로 생각한 불. 캄캄한 어둠 속에서 사람을 홀리고 유인하는 것으로 생각해 왔던 도깨비 불. 「先はいづくと詠むれど, 富士さへ見えぬ闇の夜の, 今宵一夜は十五夜の, 月にぞ替へまほしの影, ちらちらちらちら螢火か. いや兄弟の亡魂よ, 結び止めんと下がへの, 褄吹きかへす夜嵐に, ぱつと消えては狐火の, 我とわが身を迷はする」

矢もたてもたまらない ①활도 막을 수 없고 방패도 지탱할 수가 없다. 지탱해 나갈 수가 없다. 「同じくは矢のたまらん所を, わが弓勢を敵にみせん」 ②그렇게 하고 싶어서 참고 견딜 수가 없다. 그렇게 하고 싶은 생각으로 가득 차다. 가만히 있을 수가 없다는 모양을 비유하는 말. 「箭も楯もたまらぬやうにいふ人」

(のどを)やられる ①목에 해를 입히다. 목을 찔리다. ②병 따위로 목을 쉬게 하다. 「この数日, 急に冬めいて, 鼻やノドをやられた人も多い」

やりきれない 도저히 해 낼 수 없다. 어찌할 도리가 없다. 견디어 낼 수가 없다. 「またその上にいざこざの言い方を聞かされるのはやりきれない」

矢を射る 목표를 향하여 활을 쏘다. 활을 쏘다. 「金子十郎家忠は, 保元の合戦に, 為朝の陣にかけ入り, 高鳥三郎兄弟を射て, 為朝の矢さきのがれて名をあげけるが, 平治にもさきをかけて戦ひける. 矢だねも射つくし, 弓を引きをれてすてぬ」

ゆ

(〜を)結う ①비끄러매다. 매다. 끈을 매다. 「吾妹子が結ひてし紐を(結手師紐乎)解かめやも絶えば絶ゆとも直にあふまでに」 ②띠를 매다. 「一重のみ妹が結ばむ帯をすら三重結ぶべくわが身はなりぬ」 ③묶기 위하여 비끄러매다. 끈으로 묶다. 「口のかたを結ひたるに」 ④풀을 매어 놓거나 새끼줄을 치거

나 또는 표적을 하기 위하여 표지를 해 놓다.「山守のありける知らにその山に標結ひ立てて結ひのはぢしつ」⑤풀을 엮어서 삿갓이나 우장(雨裝) 등을 만들다. ⑥풀을 묶어서 베개를 만들다. ⑦머리칼을 묶다. 머리를 동여매다. ⑧묶어서 만들다. 집 따위를 짓다.「門毎に八つのさずきを結ひ」⑨감치다. 호다. 바느질하다.「几帳どもの綻びゆひつつこぼれ出でたり」⑩짐승의 털을 묶어 놓거나 붓을 매다.「念を入れ結うたる筆は天下一」

夕やみに閉ざされる 어둠으로 둘러 싸 있다. 주변 일대에 해가 지고 달이 없는 캄캄한 것을 비유하는 말.「帰り様の法然院は, ひっそりと夕闇にとざされようとしていた」

雪に閉ざされる 눈으로 갇히다. 눈 때문에 통행할 수 없게 되다.「雪に閉ざされた道」

ゆずを締る 유자를 짜다. 유자를 짜서 즙을 내다.

油断がならない 방심하고 있을 수가 없다. 마음을 놓을 수가 없다. 안심되지 않다.「こいつ油断のならぬ奴とは思ひましたなれども」

指を差させる 손가락으로 재어 보다. 손가락을 집다. 손을 내밀게 하다.「そちにゆびなりとささする事では無い程に」

指を差される ①손가락질을 하다. ②뒤에서 남을 손가락질하는 일의 비유. 뒤에서 악평을 하다. 놀림을 받다.「人に指をさされて何かはせむ」

指を差す ①손가락으로 찌르다. 손가락을 대다. 손을 내미는 모양. ②손가락을 찌르듯이 내밀다. 손가락으로 가리키는 모양을 나타내는 비유. ③손가락질을 하여 이러쿵저러쿵 이야기하다. 뒤에서 악담을 하다.

弓を射る 활을 쏘다.「弓射るといふ心なるよし, 古き絵さうしたまま見及びぬ. 今も遠境には用ふる所あり」

弓を張る 활을 당기다. 활을 쏘려는 모양.「天の原ふりさけ見れば白真弓張りて〔白真弓張而〕懸けたり夜路は吉けむ」

弓を引く ①활을 잡아 당기다. 활을 당기어 목표를 향하여 쏘다.「袈裟に隠れて弓を引きて毒の箭を以て是を射つ」②활을 쏘며 싸우다. 활을 쏘며 대항하다.「「為朝が兄に向かつて弓を引くが冥加尽きて候はば, いかに殿は現在の父に向かひて弓をひかれ候ぞ. (略)」といふ」③배반하다. 모반(謀叛)하다.「然るに其の恩忘れて, 当家に向つて弓を引くにこそあんなれ」

夢に見る 꿈속에서 보다. 보고 싶은 사람이나 생각을 현실화시키려는 소원을 꿈에서 보다.「すべもなき片恋をすとこのころにわが死ぬべきは夢に見えきや」

夢の(ゲーム) 꿈처럼 즐겁다. 꿈에 소원을 이루게 하는 비유.「前半にこれほど一方的な試合となっては"夢のゲーム"にほど遠いものだった」

夢のような事 꿈과 같이 믿을 수 없는 일의 비유. 즐거운 일이나 괴로운 일에 대하여 좋은 일이나 나쁜 일을 말함.「かくて, かの女君, 夢の事有りしに, ただならずなり〔妊娠スル〕にけり」

夢のように過ぎる 꿈처럼 빨리 지나가다. 어느 사이에 빠르게 지나가는 모양을 비유하는 말. 괴로운 일이나 좋은 일에도 사용하는 말.「年月の程も, あはれに, 夢のやうなる御身の有様も, おぼし続けらる」

湯を沸かす ①마시기 위하여 물을 끓이다. ②목욕물을 데우다.「然は此に湯涌したりけるか」

よ

(して)よい 그렇게 하여도 좋다. 허락하는 말투.「いやここな. 出家が魚類を喰うてよいものか」

(するが)よい 하는 편이 좋다. 하여야 한다.

(すると)よい ①그렇게 하면 편리하다. 그렇게 되면 하고 기대하는 모양. ②그렇게 하여라 하는 말투.

(すれば)よい ①그렇게 하면 좋다. 그렇게 하면 좋겠다. 불안스럽지만 그렇게 되었으면 하고 기대하다. 그렇게 되었으면 하고 좋겠는데 불안스러운 모양.「今朝は雨が降りさうにあつたに依つて, 傘を用意致して御座る. 降らねばよう御座るが」②그렇게 하라는 완곡한 말투.「わしも, あすから花さかせにでませう. 花がさけばよいが」

よい肝をつぶす 간이 콩알만하게 되다. 몹시 놀란 모양.「能い肝をつぶさせた」

よい子 ①착한 아이. 귀여운 아이. 아름다운 아이. 귀엽게 생긴 아이. 기분이 좋은 아이. 옷차림이나 행동이 바른 아이. 어린이를 칭찬하여 부르는 말.「さてもさてもよう寝入つてゐるは. 色白な. 鼻筋の押し通つた美しいよい子ぢや. わあわあ. 目をぼつちりとあいて. なうなう. こはい者では御座らぬ. 俺は伯父ぢやぞやぞや. 笑ふ. さてもさても. 機嫌のよい子かな.」②착한 어린이 또는 학생.「よい子に人形贈る」

よい年 「いい年」라고도 함. 고령(高齡). 노령(老齡).「ままた〔モハヤ〕親仁もよい年なれば, 尊い所へまゐられたがましで御座る」

酔いにまぎれて 「酔いのまぎれに」라고도 한다. 취하여 정신을 잃고. 정신 없이 취하여. 취한 김에 좋지 않은 일을 하는 모양을 비유.「酔ひに紛れて, おはしまし暮らしつ」

よいやみが迫る 「夕闇が迫る」라고도 함. 어둠이 다가오다. 저녁 때에 해가 지고 달도 없이 캄캄하다. 저녁에 차츰차츰 어두워지는 모양.「宵闇せまれば悩みははてなし　みだるるこころにうつるは誰がかげ 君恋し」

様相を帯びる 양상을 띠다. 내포하다.「事態はも

はや一揆そのものの様相を帯びはじめている」

よく来た 마침 잘 왔다. 와주어 기쁘다. 남을 환영하는 인사말.「わらは打ちゑみて, よくも来ませり」

よくなくって 사정이 좋지 않았더라면 어찌 될 뻔했는가? 고생한 것을 나타내는 말.「よくなくつて大晦日にやうやうの思ひで取りよしたのだ」

(病気が)よくなる 병이 회복되어 가다. 좋아지다. 건강하게 되다.「日数へてぞからくしてよくなりにける」

欲に目がくれる 욕심에 의하여 눈이 어둡다. 이욕(利欲)에 의하여 마음이 달라지다.

よく寝る「よう寝る」라고도 함. 충분히 잠을 자다.

横になる 옆으로 눕다. 몸을 옆으로 기대다. 휴식을 취하다. 자는 모양을 비유하는 말.「ちと横になりませうか」

横目でにらむ 곁눈으로 노려 보다. 싫은 일이나 물건을 곁눈질하며 쏘아보다. 미워하는 것을 나타내는 행위의 비유.「ある証券マンは, 下がりっ放しの株価を横目でにらみながらいった」

横を向く 얼굴을 옆으로 돌리다. 곁눈질하다. 상대방을 피하거나 무시하거나, 불만·경멸의 뜻을 나타내는 행위의 비유.

装いを凝らす ①마음을 집중시켜 의상(衣裳)을 성장(盛装)하다. 취미를 살리고 연구하여 아름다운 복장을 차려 입다. ②일반적으로 외관(外観)을 아름답게 꾸미다.

四つに組む ①씨름에서 쌍방이 서로 두 손을 펴서 버티어 서다.「手を差し込んで, 親子四つ手に取り組んだり」②정면으로 맞대고 싸우다. 당당하게 싸우다. 정면으로 당당히 대항하는 모양.「これまで四つに組んで折衝を続けてきた政府, 与党, 国会の三者の表情はさまざま」

世にある ①이 세상에 있다. 생존해 있다.「世にある程聊かのきず無き人」②세상에 있다. 존재해 있다. 실제로 있다.「女と言はんからに, 世にあることの, 公・私につけて, むげに, 知らず至らずしもあらむ」③속세(俗世)에 있다.「世にあれば, 我が身を思ひ」④생활하다. 살아 나가다.「貧しくして世にありわびたる若き女房ありけり」⑤번영해 가다. 권세가 있고 부귀(富貴)롭다.「今夜こそ世にある人はゆかしけれいづこもかくや月を見るらむ」

世にそむく ①세상에서 하는 일에 거역하다. 세상에 순응하지 않다.「世に随ふを以て人倫とし, 世に背くを以て狂人とすと云ふ事侍り」②집을 나가다. 사회에 거역하다.

世にない ①이 세상에 없다. 생존하고 있지 않다. ②이 세상에 존재하지 않다. 세상에 다시 없는. 그 예가 없는.「『世になき物』と聞き伝へし御琴の音をも」③세상에 퍼지지 않은.「世になき身なれば, 馬もなき次第」

夜が長い 밤이 길다. 밤의 시간이 길다.「九月廿日のことなれば, 夜もながし」

夜が寝られぬ 밤잠을 잘 수가 없다.「夜が寝られぬに夜とともに咄さう」

寄るとさわると ①다가서서 비비대면. 모두가 함께 모여들자마자 곧.「寄るも障〔触〕るも銭を遣ふ算段ばかりで, 友達めらが又ろくなものは一人もねえ」

夜ともなく昼ともなく 밤낮의 분간 없이. 주야의 구별 없이. 하루 종일.「誠に. 主命と申すものは浅ましいもので御座る. 夜ともなく昼ともなく. 斯様にありかねばならぬ事で御座る」

夜の目も寝ない 밤에도 자지 않다. 밤에도 쉬지 않다.「悉皆彼の坊主は, 夜の目が寝られぬと見えた. 某も看経を致さう」

夜も寝られず 밤도 잠을 잘 수 없다. 불안한 모양을 비유하는 말.「いやいや大事のお金預れば気遣で夜も寝られず」

(お)よろこびをいう 상대방의 일에 기쁜 마음을 말로 표현하다. 축하의 말을 하다.「いとありがたきことなれば, したしきうときよろこびをいふ」

世をそむく 등지고 사회에 나서다. 집을 나서다.「世をそむく苔の衣はただひとへかさねばつらし(うとし)いざふたりねむ」

夜を日に継ぐ 밤낮으로 계속하다. 주야의 구별 없이 일을 행하다. 주야겸행(昼夜兼行)하는 모양의 비유. 밤을 낮으로 삼다.「夜を日につぎて, 此の事彼の事, おこたらず成じてん」

夜を昼にして 주야의 구별 없이. 밤낮을 가리지 않고. 주야겸행으로.「夜を昼にして急ぎ下れ」

世を渡る 세월을 보내다. 생활하거나 생계를 세우는 비유.「これ〔馬〕を人にもかし, われもつかひつつ, 世をわたるたよりにしける程に, このむまいかがしたりけん, いづちともなくうせにけり」

ら

らちを明ける 결정을 내리다. 결말을 짓다.「申しかはした女にもとくと合点させ, 何国も首尾よう埒明けたしようこ, 明六日の昼まで待つて下され」

り

りいんりいん ①방울 소리. ②방울벌레(귀뚜라미의 한 가지).「リーン, リーンと文字で現わすよりは, もっと複雑で微妙なこえだ. 鳴きはじめは小鈴をふるかと思われるが, その中から弦楽器の涼しい調べがひろがる. くさむらできく鈴虫のこえは, 夜かぜ

が虫の音をさそうのか，虫の音が涼しい夜かぜをさそうのか，風とともに鳴く」

りゅう飲が下がる ①위장 속에 있는 음식이 소화되어 내려가다. ②가슴이 시원하여 기분이 좋다. 불평・불만이나 원망이 풀려서 마음이 상쾌하고 안정되는 모양을 비유하는 말.「文学者として劇界に対して，溜飲の下がる思いのされる書状である」

粒々辛苦 ①밥알의 하나하나가 모두 농부의 피땀에 의하여 만들어졌다. ②일을 완성하기 위해서 차츰차츰 사소한 노력을 쌓아 올려야 된다는 말의 비유.

量から質へ 양보다는 질적으로.「米の生産を量から質へ転換するのは，いまやシリに火がついている問題」

量見が狭い ①생각이 좁다. 생각이 부족하다. ②견문(見聞)이 얕다.

良心がとがめる 양심의 가책을 받다. 양심이 자기의 나쁜 점을 책망하거나 비난하다.

両手に物を持つがごとし ①양 손에 물건을 쥐고 있는 듯하다. 자기가 바라는 물건이나 좋은 물건을, 또는 아름다운 물건을 동시에 둘, 또는 그 이상 가지는 듯하다. ②좋은 것을 혼자 차지해서는 안된다.

りんごのように 사과처럼 얼굴이 둥글고 뺨이 빨개서 귀여운 모양.「ほおがりんごのようにわいい」

る

類を引き友を呼ぶ 뜻이 같은 사람을 유인하여 같은 패로 끌어 들이다. 뜻을 같이 하는 사람끼리 서로 즐기며 모여서 일을 꾸미는 비유.

塁を摩する ①적의 성벽에 바싹 다가선다는 말로, 적진 가까이 공격해 들어가는 비유. ②다른 대작가(大作家)들과 어깨를 나란히 하는것을 칭찬하여 하는 말. ③기량(技量)이나 지위가 거의 비슷해지는 것을 비유하는 말.

類をもって集まる 비슷한 사람들 끼리끼리가 자연적으로 모이다. 좋든 나쁘든, 옳든 그르든 간에 같은 종류끼리 모이다. 선량한 사람들 주위에는 선량한 사람들만 모이고, 나쁜 사람은 나쁜 자들로 한 패가 된다.「方以類聚，物以群分」

るす人とはかかの異名 집을 보고 있는 사람이란 뜻의「るす人」라는 것은 처(妻)의 별명이다. 아내는 집에 있어서 남편이 없는 동안에 집을 지킨다는 말에서 유래했다.「留守人とは嚊の異名」

るす見舞は間遠にせよ 과오가 생기거나 오해를 초래하지 않도록 주의하다.

るすをする ①주인이 외출중에 그 집을 지키다.「るすをしているのは，年寄りばかりだ」②아내로서 집을 보다. 집을 지키다.「是は妹お俊あれは行く行く清十郎が，留守をもさせんと存じお三と申し娘分」③일시적으로 딴 데 가서 집을 비우다. ④외국 따위에 가서 오랫동안 집에 있지 않다.

るすを使う 집을 지키는 사람이 아니면서 집을 지키는 체하다. 없는 체하다. 집에 있으면서도 없는 체하다.「身共が来たに何として留守を遣うたぞ」

るすをつかうとしわぶきが出たがる 집에 있으면서도 없는 체하려니 기침이 나오려고 한다는 말로 거짓말은 참기 어렵다는 말.

れ

例にもれず 통례에서 벗어나지 않고. 예외(例外)가 없이.

例によって 늘 하는 방법대로. 평상시와 같이.

例により(よって)例のごとし 언제나 다름 없이 늘 같다. 지금까지와 같이 특별히 뛰어나게 새로운 것은 없다.

例の事 언제나 같은 일. 상대방이 알고 있는 일. 누구나가 알고 있는 일. 그 일.

れん木で腹を切る ①절굿공이로 배를 가르다. 될 일이 아닌 일을 비유하는 말. 될 리가 없다는 말을 비유하는 것. ②형식적인 일을 한다는 비유.

ろ

労多くして功少なし 고생만 많이 하고 효과는 적다. 고생만 하고 그다지 큰 효과는 오르지 않다. 모처럼 고생했지만 그 보람이 없다는 말. 보람이 없다.「彊不能，告不知，謂之労而無功」

老骨にむち打つ 나이 먹은 몸에 매질한다. 노체(老体)를 격려하다. 노인이면서도 노력하다.

露命を頼む 이슬같이 덧없는 목숨을 미끼로 삼다. 존명(存命)을 비는 것을 비유.「来年はかならず上り候而何得御意候．互に露命頼ㄙ＝御座候」

わ

若あゆのように 팔팔한 새끼 은어처럼. 젊고 팔팔한 모양의 비유.「をどりはねあがるや鮎の若盛」

若さを売る 젊음을 팔다. 젊음을 손님을 끄는 간판으로 하거나 명성을 세상에 떨치거나 또는 세간의 주목을 끌기 위한 이용물로 삼는다는 비유. 「若さを売る派手な行動(略)依然"若さ"が看板, いつも派手な話題に包まれる人だ」

わが世の春をうたう 자기 일생의 가장 좋은 시기라고 소리 높이 떠들다. 모든 일은 자기 마음대로 되어 만족하다고 기뻐하다. 가장 자랑스러운 시기라고 뻐기는 모양의 비유. 「米ＲＣＡ社から導入したシャドーマスク方式のカラーテレビをつくって, わが世の春をうたっていたのを横目に, ソニー社はクロマトロン方式の開発に"固執"していたため, 月産やっと千台で, カラーテレビではすっかり水をあけられていた」

(天地が)別れる ①하늘과 땅이 갈라지다. 하늘과 땅 따위가 갈라지다. 따로따로 되다. 서로 헤어지다. 「親兄弟が散り散りに別れる」 ②구분이 되다. 차별이 생기고 확실하다. 「色をも音をも増すけぢめ, 殊になむ分れける」

(人に(と))別れる ①헤어지다. 떨어지다. 생이별하다. 사별(死別)하다. 「馴れ聞えつる人に, にはかに別れたてまつりて」 ②떨어져 있다. 떨어져 살다. 「こどもたちと別れて暮らす」

わさびがきく ①고추냉이가 맛의 효과를 잘 발휘하다. 고추냉이 맛이 입을 자극시키다. ②자극적이다. 흥분시키는 듯하다. 얼얼하다. 활기가 있는 모양의 비유. 「わざわざ開いた議員総会にしては, いまひとつワサビのきかない集りだった」 ③풍자적이고 비웃고 빈정대는 비유.

わたしはわたし 나는 나. 자기는 자기이고 남과 다르다. 외면하거나 높이 치켜드는 말. 「「我はわれ」と, うちそむきながめて」

わなに掛かる 「わなにひっ掛かる」「わなに落ちる」「わなにはまる」라고도 한다. ①장치해 놓은 올가미에 조류(鳥類) 따위가 걸리거나 떨어지다. ②계략에 속아 걸려 들어가는 비유.

笑いがこぼれる 웃음이 흘러 넘치다. 기뻐서 웃음이 밖에 퍼져 나가다. 몹시 기뻐서 참는 웃음이 갑자기 터지는 모양. 「こぼれんばかりの笑顔をみせた清国」

笑いとばす 힘있게 웃다. 껄껄 웃다. 「「ほんとうなら君たちがここにはいって, 僕が外にいるべきなんだ」と笑いとばした」

悪いみたい 나쁜 짓을 한 것 같다. 미안하고 말할 여지가 없는 기분을 나타내는 말. 「「胸を借りては"恩返し"悪いみたいですヨ 佐田に三連勝の琴桜(略)気の弱い面のある琴桜が「恩返しもいいけれど, 悪いみたい」」

悪くいう 남의 일이나 어떤 일을 나쁘게 말하다. 욕을 하다. 「私のことを少将さまにわるくお話し申し上げてしまったんですね」

わるくない気持ちである 기분이 나쁘지 않다. 기분이 좋다. 유쾌하다. 「スズメ焼きが好きでも, わるくない気持である」

われもわれもと 나도 남과 같이 뒤떨어지지 않으려고 선두를 겨루다. 함께 밀어 닥치다. 여럿이 함께 밀어 닥치는 모양. 제각기. 서로 서로 생각나는 대로. 잇따라. 「めじりの小寺の, ちひさき鐘ども, 我も我もとうちたたき鳴らし」

割れるような 회의 장소가 떠나갈 듯이 박수 따위가 대단한 모양. 「一瞬シーンとしたスタンドから, 割れるような拍手とどよめきがまき起った」

輪を掛ける ①통에 테를 두르다. 그 물건 이상의 모양으로 만들거나 크게 늘이는 뜻의 비유. 「輪を掛けて言う」 ②더한층 억세게 하거나 나쁘게 하는 모양의 비유. 「国民のくらしを昨年よりも, いっそう輪をかけてわるくする政治」

わんわん 개 짖는 소리. 「ちひさきひきめをとて射たりけるに, 犬いられてけいけい〔ケンケンカ〕となきてはしるを, やがておなじさまに, 矢つぎばやに射てけり」

を

～を肩に ～을 어깨에 메고. 어깨에 물건을 메고 운반하는 모양(단순히 가지고 가는 것도 말함). 「銃を肩に猟に出かける」

～をしり目に ①～을 얕보다. ～을 깔보다. 곁눈질하다. 눈동자만 움직여 뒤를 보다. ②～을 보지 않도록 무시하거나 업신 여기는 모양의 비유. 흘기어 보는 모양. 「国鉄運賃法改正案を審議した先の衆院本会議では, 社会, 公明両党の審議拒否をシリ目に, 共産党が審議に参加」

～を良薬に ～을 병에 잘 듣는 좋은 약으로서. 쓴 ～을 좋은 약으로서. ～을 살려. 「この経験を良薬に, 夏にはもっとたくましいチームにしますよ」

ん

ん(ぬ) ①「ます」에 잇따라 부정하는 말씨. ②「無理からぬ」와 같은 문법에는 벗어난 부정의 말씨. ③「けしからぬ」와 같이 강의(強意)의 「ず・ぬ」를 붙인 말씨. 「けしからぬ」는 「けし(けしかり)」에 「ず」가 붙은 것. 보통이 아니다. 대단하다. 무례하다. 용서할 수 없다. 「わびては, すきずきしき下衆などの人などにかたりつべからむをがなと思ふも, いとけしからず」 ④「なんのかんの」와 같은 유추(類推) 「ん」을 붙여 하는 말씨.

完璧 日韓辭典

重版 印刷●2000年 4月 15日
重版 發行●2000年 4月 20日

編著者●朴 成 媛
發行者●金 東 求

發行處●明 文 堂
서울특별시 종로구 안국동 17~8
대체 010041-31-0516013
전화 (영) 733-3039, 734-4798
(편) 733-4748
FAX 734-9209
등록 1977. 11. 19. 제1~148호

값 15,000원
ISBN 89-7270-605-1 11730

本書의 內容